S0-ADC-734

Duden Deutsches Universalwörterbuch

Duden

Deutsches Universalwörterbuch

4., neu bearbeitete und erweiterte Auflage

Herausgegeben von der Dudenredaktion

Dudenverlag

Mannheim · Leipzig · Wien · Zürich

Herausgegeben
vom Wissenschaftlichen Rat
der Dudenredaktion
Dr. Annette Klosa
Dr. Kathrin Kunkel-Razum
Dr. Werner Scholze-Stubenrecht
Dr. Matthias Wermke (Vors.)

Bearbeiter der 4. Auflage
Anette Auberle, Angelika Haller-Wolf,
Dr. Kathrin Kunkel-Razum,
Dieter Mang, Karin Rautmann M. A., Dr. Christine Tauchmann,
Marion Trunk-Nußbaumer M. A., Olaf Thyen
sowie Dieter Baer, Pia Fritzsche, Werner Lange
und Gudrun Vogel und weitere Mitarbeiter
der Dudenredaktion in Mannheim und Leipzig

Unter Mitarbeit von Jürgen Volz, Wolfgang Worsch

Typographisches Konzept Iris Farnschläder, Hamburg
Umschlaggestaltung Sven Rauska, Wiesbaden
Herstellung Monika Schoch

Die **Duden-Sprachberatung** beantwortet Ihre Fragen zur Rechtschreibung, Zeichensetzung, Grammatik u. Ä. montags bis freitags zwischen 9.00 und 17.00 Uhr unter der Telefonnummer **(01 90) 87 00 98** (3,63 DM [1,86 €] pro Minute, deutschlandweit).

Die Deutsche Bibliothek – CIP-Einheitsaufnahme.
Ein Titeldatensatz für diese Publikation
ist bei Der Deutschen Bibliothek erhältlich.

Satz Satz und Technik GmbH, Mannheim
Druck Augsburger Druck- und Verlagshaus, Augsburg
Bindearbeit Franz Spiegel Buch GmbH, Ulm
Printed in Germany
ISBN 3-411-05504-9

Vorwort

Seit seiner ersten Auflage im Jahre 1983 ist das »Deutsche Universalwörterbuch« – von langjährigen Benutzern auch »Universal-Duden« genannt – zu einem Standardwerk geworden, das im deutschen Sprachraum und darüber hinaus weltweit als verlässliches Nachschlagewerk für die deutsche Sprache geschätzt und genutzt wird.

Seither haben sich die Entwicklungen im politischen und gesellschaftlichen Leben, nicht zuletzt durch die Vereinigung der beiden über 40 Jahre getrennten deutschen Staaten, auch in der deutschen Sprache niedergeschlagen und sie in Form von Neuschöpfungen und Neubedeutungen bereichert. Dies gilt zum Beispiel für Bereiche wie Umwelt, Technologie, Medien und Kultur.

An der Schwelle einer neuen Ordnung in Europa, die weniger durch die Zufälligkeit der Jahreszahl 2000 als vielmehr von der Einführung einer gemeinsamen europäischen Währung und den damit verbundenen neuen politischen, wirtschaftlichen und kulturellen Strukturen bestimmt sein wird, wird die Frage nach dem Stellenwert der deutschen Sprache im gesamteuropäischen Kontext neu zu stellen und zu beantworten sein.

In dieser Situation ist die aktuelle, umfassende, objektive und zuverlässige Darstellung der deutschen Sprache an der Jahrtausendwende ein wesentlicher Beitrag zum Selbstverständnis des Deutschen in einer sich zunehmend globalisierenden sprachlichen Umwelt. So gesehen erhebt die Neubearbeitung des »Deutschen Universalwörterbuchs« den Anspruch, sowohl Bestandsaufnahme als auch Wegweiser zu sein. Sie will dazu beitragen, dass die deutsche Standardsprache weiterhin als Trägerin der politischen, kulturellen und wissenschaftlichen Entwicklung verlässlich bleibt.

Mannheim, im Januar 2001
Die Dudenredaktion

Inhalt

HINWEISE FÜR DIE WÖRTERBUCHBENUTZUNG

<table>
<tr><td>1. a) Die Stichwörter sind streng alphabetisch angeordnet.</td><td>Abb. …
Ab|ba …
ab|ba|cken …
ab|bag|gern …</td></tr>
<tr><td>b) Jedes Stichwort, auch eine Wortzusammensetzung, erhält einen eigenen Eintrag, d. h. jedes Stichwort beginnt auf einer neuen Zeile.</td><td>Alm|auf|trieb …
al|men …
Al|men|rausch …
Al|mer …
Al|me|rin …
Alm|hüt|te …</td></tr>
<tr><td>2. Hat das Stichwort eine im Alphabet unmittelbar folgende Variante, erscheint diese, durch Komma getrennt, ebenfalls halbfett. Zusatzangaben zur Variante stehen in runden Klammern davor.</td><td>Fries, der, -es, -e, (Fachspr. auch:) [1]Frie|se, die; -, -n</td></tr>
<tr><td>3. Steht die Variante eines Stichworts alphabetisch nicht unmittelbar nach der Hauptform, wird auf sie in gewöhnlicher Schrift verwiesen. An ihrer alphabetischen Stelle erscheint sie halbfett als Stichwort mit Verweis auf die Hauptform.</td><td>Aben|teu|e|rin: ↑ Abenteurerin
…
Aben|teu|re|rin, (gek. auch) Abenteuerin, die; -, -nen: …</td></tr>
<tr><td>4. Von den nach den neuen Rechtschreibregeln zulässigen Nebenformen wird auf die entsprechende Hauptform verwiesen.</td><td>Del|fin, Del|fi|na|ri|um usw.: ↑ Delphin, Delphinarium usw.</td></tr>
<tr><td>5. Hochgestellte Ziffern vor dem Stichwort differenzieren zwischen gleich lautenden, aber semantisch oder grammatikalisch völlig unterschiedlichen Wörtern.</td><td>[1]Band, das; - [e]s, Bänder u. -e …
[2]Band, der; -[e]s, Bände …
[3]Band [bɛnt, engl.: bænd], die; -, -s …</td></tr>
<tr><td>6. Der vertikale Strich (|) im Stichwort gibt die Möglichkeiten der Worttrennung am Zeilenende an.</td><td>Ori|gi|nal|aus|ga|be …</td></tr>
<tr><td>7. Ein unter den Vokal gesetzter Punkt gibt betonte Kürze, ein Strich betonte Länge an.</td><td>ab|be|din|gen ⟨st. V.; hat⟩ (Rechtsspr.): …
Aben|teu|er …</td></tr>
<tr><td>8. Die Aussprache folgt dem Stichwort und steht in eckigen Klammern. Sie steht nur bei Wörtern oder Wortteilen, deren Aussprache Schwierigkeiten bereitet.
Gleich gebliebene Teile einer vorhergehenden Ausspracheangabe werden durch drei Punkte wiedergegeben.
Bei bloßen Betonungsvarianten werden die Silben durch Striche ersetzt.</td><td>Han|dy [ˈhɛndi], …

cle|ver [ˈklɛvɐ] …
Cle|ver|ness […nɛs], …

De|chant [dɛˈçant, auch, vor allem österr.: ˈ– –], …</td></tr>
</table>

9. Grammatische Angaben folgen – außer beim Substantiv – dem Stichwort in Winkelklammern. Gehört ein Stichwort zwei oder mehreren Wortarten an, erscheint die Wortartangabe hinter der römischen Gliederungszahl. Beim Substantiv stehen die Angaben des Genus (Geschlechts) mit **der, die, das** und die Endungen des Genitivs Singular und des Nominativs Plural nicht in Winkelklammern.	**ab|brau|chen** ⟨sw. V.; hat⟩: ... **bis** [...]: **I.** ⟨Präp.⟩ ... **II.** ⟨Adv.⟩ ... **III.** ⟨Konj.⟩ ... **Ana|nas,** die; -, - u. -se: ...
10. Angaben über die **Herkunft der Wörter** folgen auf die grammatischen Angaben in eckigen Klammern.	**Bon** [bɔŋ, bõ:], der; -s, -s [frz. bon, zu: bon = gut < lat. bonus]: ...
11. Stilistische Bewertungen, räumliche und zeitliche **Zuordnungen,** Zuordnungen zu Bereichen und Fach- und Sondersprachen folgen den etymologischen Angaben in runden Klammern.	**Schwarz|ma|le|rei,** die (ugs.) ... **Al|pe,** die; -, -n (österr.) ... **Wan|del|stern,** der (veraltet) ... **Al|pha|strah|len, α-Strah|len** ⟨Pl.⟩ (Kernphysik) ... **zom|big** ⟨Adj.⟩ [H. u.] (Jugendspr.) ...
12. Bedeutungsangaben werden mit einem Doppelpunkt angekündigt, sind kursiv gedruckt und werden mit arabischen Zahlen und (bei enger zusammengehörenden Bedeutungen) mit Kleinbuchstaben gegliedert.	**ab|bie|gen** ⟨st. V.⟩: **1.** *sich von einer eingeschlagenen Richtung entfernen, eine andere Richtung einschlagen* ⟨ist⟩: ich, das Auto bog [von der Straße, nach links] ab; die Straße biegt [nach Norden] ab. **2.** ⟨hat⟩ **a)** *in eine andere Richtung biegen:* einen Finger nach hinten a.; **b)** (ugs.) *einer Sache geschickt eine andere Wendung geben u. dadurch eine unerwünschte Entwicklung verhindern:* sie bog das Gespräch ab; er hat die Sache noch einmal abgebogen *(mit Geschick abgewendet).*
13. Bedeutungsschattierungen, Kontextbedeutungen und die **Bedeutungen der idiomatischen Ausdrücke** stehen in runden Klammern hinter dem betreffenden Wort oder der betreffenden Fügung und sind kursiv gedruckt.	[1]**Fut|ter,** das; -s [mhd. vuoter, ahd. fuotar, verw. mit lat. pascere, ↑Pastor]: *Nahrung für [Haus]tiere:* dem Hund, den Hühnern [das] F. geben; Ü dieses F. (salopp: *Essen*) passt dir wohl nicht?; der Mitarbeiter braucht neues F. (ugs.; *neue Arbeit*); * **gut im F. sein/stehen** (ugs.; *gut genährt sein*).
14. Die **Beispiele** sind grob nach eigentlichem und übertragenem Gebrauch gegliedert. Beispiele für den eigentlichen Gebrauch stehen vor den Beispielen für den übertragenen Gebrauch. Diese werden durch Ü (= **Übertragung**) angekündigt. In den Beispielen und den idiomatischen Ausdrücken wird das Stichwort im Allgemeinen mit dem Anfangsbuchstaben abgekürzt.	**ab|wra|cken** ⟨sw. V.; hat⟩: *(bes. Schiffe) zerlegen u. verschrotten:* ein Schiff a.; Ü ein abgewrackter Komiker ...

Adjektive und Substantive sind zusätzlich nach syntaktischen Gesichtspunkten gegliedert. Bei Adjektiven ist die Reihenfolge attributiv, prädikativ, adverbial. Verwendungsweisen, die in runden Klammern erklärt werden (Kontextbedeutungen o. Ä.), erscheinen gewöhnlich am Ende der attributiven, prädikativen bzw. adverbialen Beispiele. Beim Substantiv erscheint das Stichwort zunächst in der Subjektrolle, dann – beginnend mit dem Akkusativobjekt – in der Objektrolle und schließlich als Bestandteil präpositionaler Verbindungen. Kontextbedeutungen o. Ä. werden gewöhnlich der syntaktischen Reihenfolge entsprechend aufgeführt.	**hei|ser** 〈Adj.〉 [mhd. heis(er), ahd. heis(i), urspr. = rau]: *(von der menschlichen Stimme) durch Erkältung od. durch vieles Reden, Singen, Schreien u. Ä. rau u. fast tonlos [u. flüsternd]:* ein -es Lachen; eine -e Stimme haben; ich bin heute ganz h.; h. sprechen; sich h. schreien; sie sprach h. **Arm;** ...: kräftige, behaarte -e; ihr linker A. ist steif; die -e aufstützen, [nach jmdm.] ausstrecken, [über der Brust] kreuzen; jmds. A. nehmen *(jmdn. unterhaken);* im Krieg hatte er einen A. verloren; sie schlang ihre -e um seinen Hals; beide -e voll haben *(bepackt sein u. daher nichts anderes mit den Armen machen können);* wir brauchen noch einen A. voll *(Menge, die jmd. im Arm tragen kann),* zwei A. voll, mehrere A. voll Holz ; wir können hier noch zwei starke -e *(jmdn., der kräftig zupacken, helfen kann)* gebrauchen; ich habe mir den A. gebrochen; er nahm, packte ihn am/beim A.; ein Kind auf den A. nehmen; sie riss sich aus seinen -en [los]; jmdn. im A., in den -en halten; A. in A. mit jmdm. gehen; sie lagen sich gerührt in den -en; den Mantel über den A. nehmen, über dem A. tragen; er nahm die Mappe unter den A.; Ü der A. *(die Reichweite)* des Gesetzes; ...
15. Idiomatische Ausdrücke (feste Verbindungen und Wendungen) werden bei der Bedeutung aufgeführt, zu der sie gehören, und stehen dort immer am Ende aller Beispiele. Sie erscheinen halbfett gedruckt, wobei der erste idiomatische Ausdruck mit einem * gekennzeichnet wird.	**Arm** ... ***einen langen A. haben** *(weit reichenden Einfluss haben);* ...
16. Bei **Ländernamen**, die mit dem Artikel gebraucht werden, steht der Artikel vor dem Genitiv. Bei artikellos gebrauchten Ländernamen, die generell Neutra sind, wird nur der Genitiv aufgeführt. Die Definitionen (Erklärungen) von Namen sind im Gegensatz zu den Bedeutungsangaben nicht kursiv gesetzt. Einwohnerbezeichnungen werden nicht definiert, sondern durch **Ew.** gekennzeichnet.	**Schweiz,** die; -: Staat in Mitteleuropa ... **Bel|gi|en;** -s: Staat in Westeuropa ... **To|kio:** Hauptstadt Japans ... **Ös|ter|reich;** -s: Staat im südlichen Mitteleuropa. **Ös|ter|rei|cher;** der; -s, -: Ew.
17. Abkürzungen werden gewöhnlich nur mit ihrer einfachen Auflösung registriert. Wird die Bedeutung aus der bloßen Auflösung nicht ersichtlich, werden die Abkürzungen definiert und mit Ausspracheangabe, Artikel und Genitivangabe versehen. Die Auflösung erscheint in diesen Fällen als etymologische Angabe.	**BGB** = Bürgerliches Gesetzbuch **BBC** [bi:bi:ˈsi:], die; - [Abk. für: British Broadcasting Corporation]: britische Rundfunkgesellschaft.

ANLAGE UND ARTIKELAUFBAU

Wortauswahl

Das *Deutsche Universalwörterbuch* will den aktuellen Wortschatz des modernen Deutsch möglichst umfassend darstellen, wobei sich Verlag und Bearbeiter der Tatsache bewusst sind, dass Vollständigkeit bei geschätzten 500 000 Wörtern der Alltagssprache und einer nach oben unbegrenzten Zahl von fachsprachlichen Fügungen schlechterdings unmöglich ist.

Das *Deutsche Universalwörterbuch* verzeichnet zusätzlich zum zentralen Wortschatz des Deutschen, der mit rund 70 000 Wörtern zu veranschlagen ist, auch Wörter außerhalb des sprachlichen Kernbereiches, soweit es der begrenzte Raum eines einbändigen Wörterbuches zulässt. Es handelt sich dabei um Wörter aus Fachsprachen **(abteufen)**, aus von der Norm abweichenden Sprachebenen **(jobben)**, aus unterschiedlichen Sprachregionen **(Rundstück)** und Wörter, die veraltet sind, also sprachhistorischen Wert besitzen **(dünken)**.

Aufgenommen wurden auch gängige Abkürzungen **(GmbH)** und Kurzwörter **(Kripo)**, ebenso wichtige geographische Begriffe **(Bosporus)**, die Namen von Institutionen und Organisationen **(Deutschlandfunk)** sowie Eigennamen aus Astronomie **(Andromeda)**, Mythologie **(Hephaistos)** und Ethnologie **(Etrusker)**.

Personennamen, Warenzeichen oder willkürliche Prägungen fanden nur Aufnahme, wenn sie als Gattungsbezeichnungen oder wie Wörter der natürlichen Sprache gebraucht werden, z. B. **Blaubart, Jeep®** oder **NATO.**

Verkleinerungsformen wurden nur aufgenommen, wenn sich durch sie der Stamm des Wortes verändert, z. B. **Äffchen (→ Affe)** oder **Döschen (→ Dose)**.

Berücksichtigt wurden zudem produktive Wortbildungselemente des Deutschen, wie etwa **a-, super-, -abel** oder **-muffel.** Die Darstellung der Wortbildungselemente vermittelt zum einen ein Bild vom Aufbau des modernen Wortschatzes und hilft so, die in ihrer Zahl ständig zunehmenden Ad-hoc-Bildungen zu verstehen, zum andern gibt sie ein »Werkzeug« an die Hand, selbst produktiv mit dem Deutschen umzugehen.

Nicht berücksichtigt wurden Ad-hoc-Bildungen, die durch individualsprachliche oder situative Besonderheiten entstehen, wie ***Fußballhimmel** (... die bayerische Hauptstadt schwebt im siebten F.).

In den letzten Jahren fand in vielen Bereichen des alltäglichen Lebens eine rasante Entwicklung statt, die sich im Wandel der Sprache spiegelt. Daher wurde in dieser Neubearbeitung des *Deutschen Universalwörterbuchs* eine Vielzahl an Neuwörtern (Neologismen) aufgenommen, bei denen aufgrund der Belegstellenlage die realistische Annahme zu rechtfertigen ist, dass es sich dabei nicht nur um kurzlebige Momentprägungen handelt, wie es etwa bei dem Wort ***Eierwerfer** der Fall war.

Die Basis für die lexikographische Bearbeitung von bekanntem und neuem Wortschatz ist wie seit jeher die stets auf aktuellem Stand gehaltene Duden-Sprachkartei. Mit den nahezu unbegrenzten Möglichkeiten, die Recherchen in Datenbanken und im Internet bieten, haben die Bearbeiter des Wörterbuchs »Werkzeuge« an der Hand, die verlässliche Informationen zum Stand der deutschen Sprache von heute garantieren.

Anordnung und Behandlung der Stichwörter

Dem langjährigen Benutzer des *Deutschen Universalwörterbuchs* wird schon beim ersten Blick in diese Neubearbeitung ein wesentlicher Unterschied zu den Vorgängern ins Auge springen. Den neuesten Erkenntnissen der Wörterbuchdidaktik folgend, wurde jedem Eintrag, also auch zusammengesetzten Wörtern (Komposita) und Ableitungen (Derivate), Stichwortstatus eingeräumt, d.h., jedes Stichwort beginnt auf einer neuen Zeile. So werden umfangreiche »Nester« vermieden, die in ihrer Komplexität den Zugang zum gesuchen Wort erschweren. Benutzerfreundlichkeit wurde über Platzersparnis gestellt; damit werden die Einträge jetzt noch leichter auffindbar.

Abitur ...
Abiturient ...
Abiturientenlehrgang ...
Abiturientin ...
Abiturklasse ...
Abiturzeitung ...
Abiturzeugnis ...

Natürlich werden die Stichwörter streng alphabetisch angeordnet. Dabei werden die Umlaute **ä, ö** und **ü** – anders als in Telefonbüchern – wie die ihnen zugrunde liegenden Vokale **a, o** und **u** behandelt.

Raucherbein ...
Raucherei ...
Räucherei ...
Räuchergefäß ...
Räucherhering ...
Raucherhusten ...
räucherig ...
Raucherin ...

Grundsätzlich weisen die Einträge folgende Struktur auf:

An erster Stelle steht in halbfetter Schrift das Stichwort, in dem bei mehrsilbigen Wörtern durch vertikale Striche die Trennmöglichkeiten angegeben werden. In Stichwörtern ohne eigene Lautschriftangabe werden durch unter dem Wort platzierte Punkte (kurze Silbe) bzw. Striche (lange Silbe) Hinweise zur Betonung gegeben.

Gegebenenfalls folgt dem Stichwort in eckigen Klammern die Aussprache unter Verwendung des Zeichensystems der *International Phonetics Association (IPA).*

Es folgen die grammatische Information und gegebenenfalls die etymologischen Angaben, sodann die Zuordnung des Wortes nach Sprachebene, Fachgebiet und regionalem Ursprung.

Zentral in jedem Eintrag ist die genaue Bestimmung des Bedeutungsgehalts des Stichworts. Den typischen Gebrauch eines Wortes zeigen Anwendungsbeispiele und idiomatische Wendungen.

Angaben, die nicht das gesamte Stichwort betreffen, sondern etwa nur eine Unterbedeutung, werden an der betreffenden Stelle angeführt.

1. Die Aussprache

Die Angaben zur Aussprache erfolgen bei Wörtern oder Wortteilen, deren Aussprache Schwierigkeiten bereiten könnte. Bei den übrigen Stichwörtern – und dies sind die meisten – werden auf die oben beschriebene Weise Hinweise zur Betonung gegeben.

Die folgende Tabelle zeigt Lautzeichen und Lautzeichenkombinationen, wie sie im Wörterbuch Verwendung finden. In der ersten Spalte steht das Lautzeichen bzw. die Lautzeichenkombination, in der zweiten Spalte ein dazu passendes Beispiel, in der dritten Spalte dessen korrekte Aussprache.

a	**hat**	hat	ɛ̃:	**Timbre**	ˈtɛ̃:brə	ŋ	**lang**	laŋ	s	**Hast**	hast
a:	**Bahn**	ba:n	ə	**halte**	ˈhaltə	o	**Moral**	moˈra:l	ʃ	**schal**	ʃa:l
ɐ	**Ober**	ˈo:bɐ	f	**Fass**	fas	o:	**Boot**	bo:t	t	**Tal**	ta:l
ɐ̯	**Uhr**	u:ɐ̯	g	**Gast**	gast	o̯	**loyal**	lo̯aˈja:l	t͜s	**Zahl**	t͜sa:l
ã	**pensee**	pãˈse:	h	**hat**	hat	õ	**Fondue**	fõˈdy:	t͜ʃ	**Matsch**	mat͜ʃ
ã:	**Abonnement**	abɔnəˈmã:	i	**vital**	viˈta:l	õ:	**Fond**	fõ:	u	**kulant**	kuˈlant
ai̯	**weit**	vai̯t	i:	**viel**	fi:l	ɔ	**Post**	pɔst	u:	**Hut**	hu:t
au̯	**Haut**	hau̯t	i̯	**Studie**	ˈʃtu:di̯ə	ø	**Ökonom**	økoˈno:m	u̯	**aktuell**	akˈtu̯ɛl
b	**Ball**	bal	ɪ	**Birke**	ˈbɪrkə	ø:	**Öl**	ø:l	ʊ	**Pult**	pʊlt
ç	**ich**	ɪç	j	**ja**	ja:	œ	**göttlich**	ˈgœtlɪç	v	**was**	vas
d	**dann**	dan	k	**kalt**	kalt	œ̃	**chacun à**	ʃakœ̃a	x	**Bach**	bax
d͜ʒ	**Gin**	d͜ʒɪn	l	**Last**	last		**son goût**	sõˈgu	y	**Physik**	fyˈzi:k
e	**Methan**	meˈta:n	l̩	**Nabel**	ˈna:bl̩	œ̃:	**Parfum**	parˈfœ̃:	y:	**Rübe**	ˈry:bə
e:	**Beet**	be:t	m	**Mast**	mast	ɔy	**Heu**	hɔy	y̆	**Etui**	eˈty̆i:
ɛ	**hätte**	ˈhɛtə	m̩	**großem**	ˈgro:sm̩	p	**Pakt**	pakt	ʏ	**füllen**	ˈfʏlən
ɛ:	**wählen**	ˈvɛ:lən	n	**Naht**	na:t	p͜f	**Pfahl**	p͜fa:l	z	**Hase**	ˈha:zə
ɛ̃	**timbrieren**	tɛ̃ˈbri:rən	n̩	**baden**	ˈba:dn̩	r	**Rast**	rast	ʒ	**Genie**	ʒeˈni:

Von diesen Zeichen und ihren Kombinationen werden [ɐ̯ ai̯ au̯ d͜ʒ l̩ m̩ n̩ ɔy p͜f t͜s t͜ʃ] nicht für fremdsprachliche Aussprache verwendet.

Die folgende Tabelle zeigt Lautzeichen, wie sie im Englischen verwendet werden. Wegen des zunehmenden Eindringens englischer Wörter in unsere Alltagssprache, und nicht nur in beruflich bedingten »Jargon«, wird die Kenntnis der korrekten englischen Aussprache bestimmter Wörter immer wichtiger.

ɑ:	**Hardware**	engl. hɑ:dwɛə	ð	**on the rocks**	engl. ɔn ðə ˈrɔks
æ	**Campus**	engl. ˈkæmpəs	θ	**Thriller**	engl. ˈθrɪlə
ʌ	**Countrymusic**	engl. ˈkʌntrɪmju:zɪk	w	**Whisky**	engl. ˈwɪskɪ

Sonstige Lautschriftzeichen:

| Der Stimmritzenverschlusslaut (»Knacklaut«) im Deutschen, wie z. B. in Aa [aˈ|a], wird vor Vokalen, die am Wortanfang stehen, weggelassen. Die Lautschrift zum Stichwort **Effet** erscheint also als [ɛˈfe:] und nicht als [|ɛˈfe:].

: Das Längezeichen bezieht sich auf den unmittelbar davor stehenden Vokal, wie etwa in **Chrom** [kro:m].

˜ Die hochgestellte Tilde über Lauten kennzeichnet deren nasalierte Aussprache, z. B. in **Fond** [fõ:].

ˈ Das Betonungszeichen steht unmittelbar vor der betonten Silbe: **Exposé** [ɛkspoˈze:].

ˌ Das Zeichen für silbische Konsonanten steht unmittelbar unter diesen, wie in [2]**han|deln** [ˈhɛndl̩n].

̯ ˘ Unter- oder übergestellte Halbkreise kennzeichnen unsilbische Vokalbildung, wie in **Milieu** [miˈli̯ø:] oder **Etui** [eˈty̆i:].

2. Grammatische Angaben

Zu jedem Stichwort werden die erforderlichen grammatischen Informationen gegeben – mit Ausnahme bei denjenigen Stichwörtern, von denen aus lediglich auf einen anderen Eintrag verwiesen wird. Außer der Wortart werden Deklinations- und Konjugationsformen angegeben sowie bei Verben die Verwendung von »haben« bzw. »sein« in den Perfektbildungen. Die weitere Formenbildung, die von Positionierung und Funktion des Stichworts im Satzzusammenhang abhängt, erschließt sich aus den Anwendungsbeispielen. Aus Gründen der Platzersparnis und Benutzerfreundlichkeit wird auf komplizierte metasprachliche Darstellung verzichtet.

3. Etymologische Angaben

Jedes Wort hat seine Geschichte – und darüber geben die etymologischen Angaben Auskunft. Sie gehen, was die rein grammatische Form angeht, nicht über das Althochdeutsche hinaus. Was die Bedeutung anbelangt, wird bei so genannten »wichtigen« Wörtern die ursprüngliche und damit eigentliche Bedeutung angegeben, um das Verständnis der heutigen Verwendung zu ermöglichen. Die Entwicklung von Lehn- oder Fremdwörtern wird gewöhnlich bis in die Ursprungssprache zurückverfolgt.

Das *Deutsche Universalwörterbuch* erfüllt damit eine doppelte Funktion. Es dokumentiert den Ist-Zustand der deutschen Sprache (synchroner Ansatz) und liefert zusätzlich Informationen zur Sprachgeschichte (diachroner Ansatz).

Die etymologischen Angaben folgen in eckigen Klammern nach den grammatischen Angaben:

> **Einigkeit,** die: - [mhd. einecheit = Einigkeit; Einzigkeit: ahd. einigheit = Einzigkeit, Einsamkeit].

Bei allen deutschen Grundwörtern werden die mittelhochdeutschen (mhd.) wie auch die althochdeutschen (ahd.) Formen angeführt, wenn sie belegt sind. Der mhd. Form folgt nach einem Komma die ahd. Form, wenn sich die Bedeutungen entsprechen: **Bad,** das; -[e]s, Bäder [mhd. bat, ahd. bad ...]. Sind sowohl Bedeutung wie Schreibung identisch, wird der Einfachheit halber zusammengefasst: [1]**Bank,** die; -, Bänke [mhd., ahd. banc ...].

Bei den etymologischen Angaben zu Lehn- und Fremdwörtern werden bedeutungsgleiche Entlehnungen in anderen Sprachen durch das Zeichen < verbunden: **Bar|bier ...** [mhd. barbier < frz. barbier < mlat. barbarius ...] ...; **Butter,** die: - [mhd. buter, ahd. butera, über das Vlat. < lat. butyrum < griech. boútyron, ... eigtl. = Kuhquark]. Gehört die Wurzel eines Wortes einer anderen Wortart an, steht die Präposition »zu«: **basieren ...** [frz. baser, zu: base < lat. basis, ↑Basis] ...

Komposita erhalten nur dann etymologische Angaben, wenn die Wortteile oder ein Wortteil als solche nicht im Wörterbuch vorkommen **(Manuskript)** oder wenn sie durch ihre sprachgeschichtliche Entwicklung hindurch stets als Einheit interpretiert wurden **(Maulwurf).** Auch wenn die Kompositumbildung eine besondere semantische Qualität aufweist, werden die etymologischen Angaben angeführt **(Weißbuch).**

4. Stilistische Angaben, regionale bzw. zeitliche Zuordnung sowie Zugehörigkeit zu Fach- und Sondersprachen

a) Stilistische Angaben

Es unterliegt dem individuellen Sprachgefühl, in welcher Qualität Wörter wie »Scheiße«, »blöd«, »Dreckspatz«, »saukalt«, »affengeil« oder »beölen« wahrgenommen werden. Was manchen Benutzern normalsprachlich – weil dem eigenen vertrauten Lebens- und Sprachalltag entstammend – erscheint, ist für andere schon »ugs.« (= umgangssprachlich), ja gar »derb« oder sogar »vulg.« = vulgär. Ähnlich verhält es sich mit Bewertungen wie »geh.« (= gehoben) oder »fachspr.« (= fachsprachlich).

Angaben zum Sprachstil, zur Sprachebene, sind immer wertend und damit oft subjektiv. Dies gilt bis zu einem gewissen Grad auch für dieses Wörterbuch, obgleich es sich auf eine Fülle statistisch ausgewerteten Materials berufen kann und so mit empirisch abgesicherten Daten die Ebene der rein subjektiven Bewertung hinter sich lässt.

Im Stichwortartikel folgen die stilistischen Angaben in runden Klammern auf die etymologischen Hinweise (falls vorhanden) bzw. direkt auf die grammatikalischen Informationen oder, wo sie sich nur auf eine Bedeutungskategorie beziehen, unmittelbar hinter der halbfetten arabischen Ziffer; auch idiomatische Wendungen werden ggf. entsprechend markiert:

> **Antlitz,** das; -es, -e ⟨Pl. selten⟩ [mhd. antlitze, ahd. antlizzi ...] (geh.)
> **Emporkömmling,** der; -s, -e (abwertend) ...
> **Affe,** der; -n, -n [...] **1.** *(zu einer Unterordnung der Herrentiere gehörendes) Säugetier ...*
> **2.** (derb) *dummer Kerl ...*
> **Hemd,** das; -[e]s, -en [...] **1. a)** ...; R mach dir nicht ins H. (salopp; ...) ...

Normalsprachliche Wörter werden nicht besonders gekennzeichnet. Sie bilden im Sinne der oben angedeuteten Wertungsskala den statistischen Durchschnitt und haben vor allem den bei weitem größten Anteil am Gesamtwortschatz. Oberhalb dieser Schicht ist eine Ausdrucksweise angesiedelt, die mit gewissen überdurchschnittlichen Kenntnissen bzw. einer höheren als der durchschnittlichen Bildung zusammenhängt. Sie wird oft mit »bildungsspr.« (= bildungssprachlich) markiert. Es handelt sich dabei meist um Fremdwörter, die weder einer Fachsprache noch der Umgangssprache angehören, etwa **Affront, homogen** oder **explizit.**

Daran angrenzend trifft man auf Wörter, wie sie bei feierlichen Anlässen und gelegentlich in der Literatur verwendet werden. Diese gehobene (»geh.«) Ausdrucksweise, zu der Wörter wie **Antlitz, sich befleißigen** oder **emporlodern** gehören, wirkt im sprachlichen Alltag mitunter übertrieben, zumindest feierlich.

Verwandt damit sind veraltete Wörter, wie sie eigentlich nur noch in literarischen Texten vorkommen, wie **Aar, beglänzen** oder **Odem.** Diese werden mit »dichter.« (= dichterisch) markiert.

»Unterhalb« dieses angenommenen sprachlichen Durchschnitts trifft man auf eine größere Vielfalt an Stilebenen. Die mit der Abkürzung »ugs.« markierte »Umgangssprache« ist der Sprachstil, wie man ihn im alltäglichen »Umgang« zwischen den Menschen – vor allem – h ö r t bzw. dort liest, wo individuelle Abweichungen von der Norm der Hochsprache üblich sind, etwa in persönlichen Briefen und mittlerweile auch in Fax- und E-Mail-Texten. Umgangssprachliche Ausdrücke dieser Art sind z. B. **flitzen, gewieft** oder **mailen.**

Die rasante Entwicklung auf dem Gebiet der Massenmedien während der letzten fünfzehn Jahre hat unsere Gesellschaft auf den Weg zu einer Multimediagesellschaft gebracht, die prägend in den täglichen Umgang der Menschen miteinander eingreift und damit auch auf die »Umgangssprache« ausstrahlt. Stellvertretend dafür sei das Präfix **Mega-** genannt, dessen ursprüngliche Bedeutung als Maßbezeichnung für *eine Million,* wie in **Megavolt** oder **Megabyte,** erweitert wurde zur Funktion eines Steigerungselements wie in **Megahit** oder **Megastar.**

So gesehen, beginnt die Markierung »ugs.« zunehmend die negative Aura zu verlieren, die ihr traditionell in Wörterbüchern anhaftet. Sie beschreibt eher einen Umgang mit der Sprache, der zwar von der Sprachnorm abweicht, jedoch eine hohe Frequenz wie auch eine breite Akzeptanz aufweist.

Anders verhält es sich mit den folgenden stilistischen Markierungen. Recht nachlässige und oft auch negativ motivierte und verwendete Wörter wie **eiern, Armleuchter** oder **bekloppt** werden als »salopp« eingestuft. Noch stärker negativ besetzte Begriffe wie **Arsch, bescheißen** oder **Fresse** gelten als »derb«. Die Markierung »vulg.« (= vulgär) erhalten Wörter, die eindeutig sexuell-obszön sind, wie **Fotze** oder **vögeln.**

Eine eigene Gruppe bilden diejenigen Wörter oder Wendungen, die man für gewöhnlich nur im engeren Freundeskreis oder innerhalb der Familie antrifft, da sie nur verwendet werden, wenn ein besonderer Grad an Vertrautheit gegeben ist. Sie werden im Wörterbuch mit »fam.« (= familiär) markiert und zu ihnen gehören z. B. **Bäuerchen, einkuscheln, Frechdachs** oder die Wendung **ich guck dir nichts ab** unter dem Stichwort **abgucken.**

Wörter, die zwar im alltäglichen Gebrauch nachgewiesen sind, jedoch nur selten verwendet werden, erhalten die entsprechende Markierung »selten«, wie **einkeilen ... 1. ...** oder **widerreden.**

Zu diesen stilistischen Bewertungen wie zu den normalsprachlichen Wörtern und Verwendungen können Informationen zum Gebrauch bzw. zur Sprechintention treten. Es handelt sich um Angaben wie »scherzhaft, spöttisch, ironisch, abwertend, nachdrücklich, gespreizt, verhüllend, Schimpfwort« etc.

b) Regionale bzw. zeitliche Zuordnung

Wörter und Wendungen, die nicht im gesamten Verbreitungsgebiet der deutschen Sprache Bestandteil des Normalsprachlichen sind, sondern nur regional Verwendung finden, werden entsprechend markiert.

Ein **Brötchen** wird so in einem Teil des deutschen Sprachgebiets zum **Rundstück** ... (nordd., bes. Hamburg), in einem anderen Teil zum **Weck** oder **Wecken** ... (bes. südd., österr.). Und was dem einen sein **Hendl** ... (bayr., österr.), ist dem andern sein **Broiler** ... (regional). Für **Tomate** wird in Österreich das Wort **Paradeiser** ... (österr.) verwendet, in der Schweiz sagt man **Saaltochter** ... (schweiz.), wenn man **Bedienung** meint.

Lässt sich ein nur regional verwendetes Wort bzw. eine Wendung nicht eindeutig einer bestimmten Region zuordnen, wird die Markierung »landsch.« (= landschaftlich) verwendet.

Die sprachlichen Eigenheiten der ehemaligen Deutschen Demokratischen Republik werden mit »DDR« gekennzeichnet, wenn es sich um Dinge, Einrichtungen, Organisationen usw. handelt, die nach der Vereinigung der beiden deutschen Staaten nicht mehr existieren, etwa **Abschnittsbevollmächtiger, FDJ** oder **Volkskammer.** DDR-typische Wörter und Verwendungsweisen, die auch nach der Vereinigung in den neuen Bundesländern weiterhin üblich sind, erhalten die Markierung »regional« (siehe oben **Broiler,** oder auch **Feinfrost, Plaste** etc.).

Die zeitliche Zuordnung von Wörtern oder Verwendungsweisen kennzeichnet sprachliche Elemente, die nicht mehr zum aktuellen Wortschatz gehören.

So bedeutet die Markierung »veraltend«, dass das damit bezeichnete Wort nicht mehr zur allgemein benutzten Gegenwartssprache gehört, sondern, wie etwa **Backfisch 2.** oder **chloroformieren,** meist bzw. ausschließlich von der älteren Generation verwendet wird.

Wörter, die allenfalls noch in älteren literarischen Texten zu finden sind, ansonsten aber nicht mehr oder wenn, dann mit ironischer oder scherzhafter Absicht verwendet werden, erhalten die Markierung »veraltet«, wie **fürbass, Brachet, Muhme** oder **Gevatter.**

Mit »hist.« (= historisch) werden Wörter markiert, die etwas bezeichnen, was einer vergangenen historischen Epoche angehört, z. B. **Absolutismus, Gegenreformation** oder **Doge.**

Wörter, die mit »nationalsoz.« (= nationalsozialistisch) markiert sind, gehören zum typischen Vokabular der nationalsozialistischen Ideologie und des auf ihr basierenden staatlichen und gesellschaftlichen Systems, z. B. **BDM, Rassenschande** oder **Sturmbann.**

Die Angabe »früher« steht bei Wörtern, die Sachen oder Sachverhalte beschreiben, die es so nicht mehr gibt, wie **Hungerturm, Leibeigenschaft, Lehrherr** oder **³Regal.**

c) Zugehörigkeit zu Fach- und Sondersprachen

Die rasante Entwicklung von Wissenschaft und Technik und das rasche Fortschreiten der damit in Verbindung stehenden gesellschaftlichen Veränderungen hat eine Fülle von sprachlichen Elementen in die Alltagssprache einfließen lassen. In gleichem Maße gewinnt die Kompetenz hinsichtlich fachsprachlicher Termini zunehmend an Bedeutung, nicht nur beruflich, sondern auch in der täglichen Kommunikation mit anderen Menschen und im Umgang mit den uns zur Verfügung stehenden Medien.

Das Wörterbuch grenzt daher das Allgemeinsprachliche vom Fachsprachlichen ab und kennzeichnet genau die semantischen Bereiche, in denen die jeweiligen Wörter verwendet werden: **Thorax** ... (Anat.), **Binder ... 3.** (Bauw.), **Infanterie** ... (Milit.), **Ozonschicht** ... (Met.). Wörter, deren Sachgebietszugehörigkeit aus der Bedeutungserklärung bzw. Definition eindeutig ablesbar ist, werden nicht besonders markiert, etwa **Esche** oder **Fasan.**

Sondersprachen sind etwa die spezifisch kindlichen Äußerungen wie **Muhkuh** oder **Pipi** bzw. der spezielle Jargon bestimmter Personengruppen, wie der Jäger **(²Losung, Spiegel 5.).**

Auch hier werden die jeweils zutreffenden Zuordnungen vorgenommen, im ersten Fall durch die Markierung »Kinderspr.«, im zweiten Fall durch »Jägerspr.«.

Hier eine Auflistung der in diesem Wörterbuch vorkommenden Sachgebiete und deren Fach- und Sondersprachen:

Akustik	Frachtwesen	Mathematik	Sozialpsychologie
Anatomie	Funktechnik	Mechanik	Sozialversicherung
Anthropologie	Funkwesen	Medizin	Soziologie
Arbeitsrecht	Gartenbau	Meereskunde	Sport
Arbeitswissenschaft	Gastronomie	Metallbearbeitung	(Boxen, Fußball,
Archäologie	Gaunersprache	Metallurgie	Reiten usw.)
Architektur	Geldwesen	Meteorologie	Sportmedizin
Astrologie	Genealogie	Militär	Sprachwissenschaft
Astronomie	Genetik	Mineralogie	Sprengtechnik
Bakteriologie	Geographie	Mode	Statistik
Ballett	Geologie	Münzkunde	Steuerwesen
Ballistik	Geometrie	Musik	Stilkunde
Bankwesen	Gewerbesprache	Mythologie	Straßenbau
Bautechnik	Gießerei	Nachrichtentechnik	Studentensprache
Bauwesen	grafische Technik	Nachrichtenwesen	Tabakindustrie
Bergbau	Handarbeiten	Naturwissenschaft[en]	Technik
Bergmannssprache	Handwerk	Optik	Textilindustrie
Betriebswissenschaft	(Gerberei, Böttcherei,	Pädagogik	Theater
bildende Kunst	Bäckerei usw.)	Paläontologie	Theologie
Biochemie	Hauswirtschaft	Parlamentssprache	Tiermedizin
Biologie	Heraldik	Pharmazie	Tierzucht
Bodenkunde	Hochfrequenztechnik	Philatelie	Touristik
Börsenwesen	Hochschulwesen	Philosophie	Uhrmacherei
Botanik	Holzverarbeitung	Phonetik	Verfassungswesen
Buchbinderei	Hotelwesen	Physik	Verhaltensforschung
Buchführung	Hüttenwesen	Physiologie	Verkehrswesen
Buchwesen	Imkersprache	Politik	Vermessungswesen
Bürowesen	Informationstechnik	Polizeiwesen	Versicherungswesen
Chemie	Jagdwesen	Postwesen	Verslehre
Datenverarbeitung	Jägersprache	Prähistorie	Verwaltung
Dichtkunst	Kartenspiel	Psychoanalyse	Viehzucht
Diplomatie	Kaufmannssprache	Psychologie	Völkerkunde
Druckersprache	Kerntechnik	Raumfahrt	Völkerrecht
Druckwesen	Kindersprache	Rechtssprache	Volkskunde
Eisenbahnwesen	Kino	Religion	Waffentechnik
Elektronik	Kirchensprache	Rentenversicherung	Wasserbau
Elektrotechnik	Kochkunst	Rundfunk	Wasserwirtschaft
Fernsehen	Kommunikationsfor-	Rundfunktechnik	Werbesprache
Fernsprechwesen	schung	Schiffbau	Winzersprache
Fertigungstechnik	Kosmetik	Schifffahrt	Wirtschaft
Film	Kraftfahrzeugtechnik	Schriftwesen	Wohnungswesen
Finanzwesen	Kraftfahrzeugwesen	Schülersprache	Zahnmedizin
Fischereiwesen	Kunstwissenschaft	Schulwesen	Zahntechnik
Fliegersprache	Kybernetik	Seemannssprache	Zeitungswesen
Flugwesen	Landwirtschaft	Seewesen	Zollwesen
Forstwesen	Literaturwissenschaft	Sexualkunde	Zoologie
Fotografie	Malerei	Soldatensprache	

5. Bedeutungsangaben

Wir können uns sprachlich verständigen, weil wir von Kindheit an lernen, bestimmten lautlichen oder schriftlichen Zeichen Bedeutungen zuzuordnen. In der Muttersprache geschieht dies im Prozess der Erziehung bzw. Sozialisation, bei Fremdsprachen sind dafür unter Umständen spezielle Hilfsmittel (Wörterbücher etc.) oder Techniken (Intensivkurse etc.) erforderlich. Die Bedeutungen, die semantische Dimension menschlicher Äußerungen, machen das Wesen, den Kern jeglicher auf Sprache basierenden Kommunikation aus. Ohne die Kompetenz, sie lautlich wie schriftlich zu realisieren, ist Kommunikation qua Sprache unmöglich.

Daher gilt das Hauptaugenmerk des »Deutschen Universalwörterbuchs« neben der grammatikalischen Einordnung der Wörter der exakten Begriffsbestimmung ihrer semantischen Vielfalt.

Auf der Basis umfangreicher Corpora an Sprachmaterial wurden dabei die Bedeutungsnuancen bis ins Detail analysiert, bewertet und – wo durch aussagekräftige Frequenzbefunde gerechtfertigt – im Wörterbuch dargestellt.

a) Wörter, die nur eine Bedeutung tragen, die sozusagen »unmissverständlich« sind, sind dabei die Ausnahme:

Oxy|mo|ron, das; -s, ...ra [griech. oxýmoron ...] (Rhet., Stilk.): *Zusammenstellung zweier sich widersprechender Begriffe in einem Kompositum od. in einer rhetorischen Figur* (z. B. bittersüß; Eile mit Weile!).

b) In der Regel haben Wörter mehrere, unter Umständen viele Bedeutungen, die von der jeweiligen Situation abhängen, in der sie gebraucht werden, oder die von der Sprecherintention und anderen Faktoren beeinflusst werden:

zie|hen ... 20. ⟨unpers.⟩ *als Luftzug in Erscheinung treten, unangenehm zu verspüren sein* ⟨hat⟩: in der Halle zieht es; es zieht vom Fenster her, an die Beine.

c) Im Gegensatz zu den Erklärungen in **Enzyklopädien,** die den Benutzern Informationen zu Dingen, historischen Begebenheiten, Personen etc. (also: Sachinformationen) bieten, findet man in einem **Wörterbuch** üblicherweise Informationen zur Sprache und ihren Bedeutungen. In diesem Werk werden an gegebenem Ort auch Sachinformationen zu finden sein:

Ku|ba; -s: Inselstaat im Karibischen Meer.

Zeus: (griech. Myth.) höchster Gott.

Doch ist die Darstellung der sprachlichen Bedeutungsstrukturen das eigentliche Anliegen dieses Wörterbuchs.

d) Die Bedeutungsangaben enthalten im Allgemeinen nur Wörter, die der normalsprachlichen Ebene angehören und die im Wörterbuch selbst als Stichwörter erscheinen, also erklärt werden. Sie sind leicht verständlich formuliert und erlauben es den Benutzern damit auch, die Bedeutung des Stichworts nachzuvollziehen, wenn es in Redewendungen bzw. Sprichwörtern oder übertragenen Anwendungsbeispielen gebraucht wird.

Steu|er|be|ra|ter, der: *staatlich zugelassener Berater u. Vertreter in Steuerangelegenheiten* (Berufsbez.).

Wo immer es die Bedeutung eines Wortes zulässt, werden zu dessen Erklärung Wörter gleicher Bedeutung (Synonyme) verwendet:

ab|nib|beln ⟨sw. V.; ist⟩ [...] ...: *sterben:* ich nibb[e]le bald ab.

e) Mitunter werden situations- bzw. kontextabhängige Zusatzinformationen in eckigen Klammern gegeben:

Ar|beits|tref|fen, das: *[informelles] Treffen zur gemeinsamen Arbeit an einer Aufgabe.*

f) Die Bedeutungsangaben stehen nach einem Doppelpunkt und erscheinen in kursivem Druck. Bei Wörtern mit mehreren Unterbedeutungen werden sie mittels arabischer Ziffern untergliedert. Wo Unterbedeutungen semantisch eng verwandt sind, wird mithilfe von Kleinbuchstaben unterschieden:

ab|ko|chen ⟨sw. V.; hat⟩: **1. a)** (seltener) *bis zum Garsein kochen:* Futterkartoffeln, Eier für den Salat a.; **b)** *durch Kochen keimfrei machen:* wir mussten das Trinkwasser a.; **c)** *im Freien kochen:* die Pfadfinder kochen ab; **d)** *durch Kochen ausziehen:* [Heil]kräuter a. ... etc.

g) Die Erklärungen zu bestimmten Nebenbedeutungen, die sich nur aus konkreten Kontexten ergeben bzw. in idiomatischen Wendungen zutreffen, werden in runden Klammern hinter dem entsprechenden Wort oder der Redewendung angegeben:

Gras, das; -es, Gräser [mhd., ahd. gras, eigtl. = das Keimende, Hervorstechende]: **1.** *(in vielen Gattungen u. Arten über die ganze Welt verbreitete) Pflanze mit ...* R wo der hinhaut/hintritt/hinfasst, da wächst kein G. mehr (ugs.; *er ist in seinem Tun ziemlich grob, hat eine ziemlich grobe Art*); ***das G. wachsen hören** (ugs. spött.; *an den kleinsten od. auch an eingebildeten Anzeichen zu erkennen glauben, wie die Lage ist od. sich entwickelt*); etc.

6. Anwendungsbeispiele und Phraseologie

Die Anwendungsbeispiele in diesem Wörterbuch zeigen den Gebrauch der Stichwörter im Textzusammenhang. Damit leisten sie sowohl beim (passiven) Verstehen wie auch beim (aktiven) Verfertigen von Texten wertvolle Hilfestellung.

a) Die Beispiele, die die konkrete Bedeutung zeigen, stehen an erster Stelle. Ihnen folgen, für gewöhnlich mit »Ü« angekündigt, die Beispiele mit übertragener Bedeutung:

Wol|ke, die; -, -n [mhd. wolke, ahd. wolka, eigtl. = die Feuchte (d. h. »die Regenhaltige«)]: **1.** sichtbar in der Atmosphäre schwebende Ansammlung, Verdichtung von Wassertröpfchen od. Eiskristallen (von verschiedenartiger Form u. Farbe): weiße, schwarze, tief hängende, dicke -n; -n ziehen auf, türmen sich auf, regnen sich ab; ...; das Flugzeug fliegt über den -n; Ü dunkle -n ziehen am Horizont auf (geh.; *unheilvolle Ereignisse bahnen sich an); ...*

b) Bei Adjektiven werden die Beispiele in der Regel so angegeben, dass der attributive Gebrauch vor dem prädikativen steht und beide vor dem adverbialen Gebrauch gezeigt werden:

brav ⟨Adj.⟩ [frz. brave < ital. bravo = wacker; unbändig,wild, über das Vlat. zu lat. barbarus = fremd; ungesittet, ↑Barbar]: **1.** *(von Kindern) sich so verhaltend, wie es die Erwachsenen erwarten od. wünschen; gehorsam; artig:* ein -es Kind; sei b.!; b. sitzen bleiben. **2.** [...]

c) Anwendungsbeispiele, die bestimmte (in Klammern erklärte) Kontextbedeutungen veranschaulichen, werden am Ende des Eintrags bzw. der Bedeutungskategorie dargestellt.

olym|pisch ⟨Adj.⟩: **1.** *den Olymp* (1) *betreffend:* -er Nektar. **2.** *die Olympiade* (1) *betreffend, zu ihr gehörend:* eine -e Disziplin; ein -er Rekord; der -e Gedanke; den -en Eid schwören *(schwören, sich an den olympischen Gedanken zu halten);* [...]

d) Substantive werden in der Regel zunächst als Subjekt (mit vorangestelltem oder folgendem Attribut) gezeigt, dann in ihrer Funktion als Akkusativobjekt und schließlich als Teil präpositionaler Wendungen. Auch hier stehen Anwendungsbeispiele, die das Wort in bestimmten, in Klammern erklärten Kontexten zeigen, am Ende des Eintrags bzw. der Unterbedeutung:

Bein, das; -[e]s, -e, (landsch., südd., österr. auch: -er) [mhd., ahd. bein, H. u.]: **1.** *zum Stehen u. Forbewegen dienende Gliedmaße bei Mensch u. Tier (die beim Wirbeltier u. beim Menschen vom Hüftgelenk bis zu den Zehen reicht):* das rechte, linke B.; gerade -e; ein künstliches B.; die -e spreizen, von sich strecken, übereinander schlagen; sich mühsam auf die -e stellen; R auf einem B. kann man nicht stehen *(ein Glas Alkohol genügt nicht)* [bei der Aufforderung od. dem Wunsch, ein zweites Glas zu trinken]); [...]

e) Bestimmte Wendungen erlangen als semantische Einheit eine Bedeutung, die mehr ist, als die Summe der Einzelbedeutungen der die Wendung ausmachenden Wörter, etwa ***den Löffel sinken lassen/fallen lassen/hinlegen/wegwerfen/wegschmeißen/abgeben** (salopp; *sterben*). Diese idiomatischen Wendungen stehen am Ende der Anwendungsbeispiele eines Stichworts und werden mit dem Zeichen »*« markiert:

Bein, das; -[e]s, -e, (landsch., südd., österr. auch: -er) [mhd., ahd. bein]: **1.** [...]; auf einem B. kann man nicht stehen (*ein Glas Alkohol genügt nicht* [bei der Aufforderung od. dem Wunsch, ein zweites Glas zu trinken]); ***kein Bein** (schweiz., sonst landsch.; *kein Mensch*); **jmdm. [lange] -e machen** (ugs.; 1. *jmdn. fortjagen.* 2. *jmdn. antreiben, sich schneller zu bewegen*); **jüngere -e haben** (ugs.; *besser als ein Älterer laufen können*); [...]

Idiomatische Wendungen stehen für gewöhnlich unter dem ersten auftretenden Substantiv bzw. unter dem ersten semantisch signifikanten Wort:

Au|ge, das; -s, -n [...]: **1.** *Sehorgan des Menschen u. vieler Tiere:* blaue, mandelförmige, tief liegende -n; die -n strahlen, [...] ***magisches A.** *(elektronische Röhre am Rundfunkempfänger zur Regelung der Abstimmschärfe);* **das A. des Gesetzes** (scherzh.; *Polizei*); **so weit das A. reicht** *(so weit man sehen kann);* [...]

dick ⟨Adj.⟩ [mhd. dic[ke], ahd. dicki ...]: **1.** von beträchtlichem, mehr als normalem Umfang; massig, nicht dünn: [...] **2.b)** [...] ***mit jmdm. durch d. und dünn gehen** (*jmdm. in allen Lebenslagen beistehen ...*); **d. auftragen** (ugs. abwertend; *übertreiben ...*); **es nicht so d. haben** (ugs.; *nicht über viel Geld verfügen*); [...]

Im Wörterverzeichnis verwendete Abkürzungen

A

a... mit folgender Sprachangabe: alt...
Abk. Abkürzung
Abl. Ableitung
a. c. i. accusativus cum infinitivo (Akkusativ+Infinitiv)
adj. adjektivisch
Adj. Adjektiv
adv. adverbial
Adv. Adverb
aengl. altenglisch
afghan. afghanisch
afläm. altflämisch
afränk. altfränkisch
afries. altfriesisch
afrik. afrikanisch
afrz. altfranzösisch
ägypt. ägyptisch
ahd. althodeutsch
aind. altindisch
air. altirisch
aisl. altisländisch
aital. altitalienisch
Akk. Akkusativ
akkad. akkadisch
Akk.-Obj. Akkusativobjekt
alat. altlateinisch
alban. albanisch
alchimistenlat. alchimistenlateinisch
alemann. alemannisch
alit. altlitauisch
allg. allgemein
altgriech. altgriechisch
alttest. alttestamentlich
amerik. amerikanisch
amtl. amtlich
Amtsdt. Amtsdeutsch
Amtsspr. Amtssprache
Anat. Anatomie
andalus. andalusisch
angloamerik. angloamerikanisch
anglofrz. anglofranzösisch
angloind. angloindisch
Anm. Anmerkung
annamit. annamitisch
anord. altnordisch
Anthrop. Anthropologie
apoln. altpolnisch
apreuß. altpreußisch
aprovenz. altprovenzalisch
arab. arabisch
aram. aramäisch
Arbeitswiss. Arbeitswissenschaft
Archäol. Archäologie
Archit. Architektur
armen. armenisch
Art. Artikel
aruss. altrussisch
asächs. altsächsisch
aschwed. altschwedisch
aslaw. altslawisch
assyr. assyrisch
Astrol. Astrologie
Astron. Astronomie
A. T. Altes Testament
attr. attributiv
Attr. Attribut
Ausspr. Aussprache
awest. awestisch
aztek. aztekisch

B

babyl. babylonisch
Bakteriol. Bakteriologie
balt. baltisch
baltoslaw. baltoslawisch
Bankw. Bankwesen
Bantuspr. Bantusprache
bask. baskisch
Bauw. Bauwesen
bayr. bayrisch
bed. bedeutet, bedeuten
Bed. Bedeutung[en]
begr. begründet
Bergmannsspr. Bergmannssprache
berlin. berlinisch
Berufsbez. Berufsbezeichnung
bes. besonders
best. bestimmt
Best. Bestimmungswort
Betriebswiss. Betriebswissenschaft
Bez. Bezeichnung[en]
bibl. biblisch
bild. Kunst bildende Kunst
bildl. bildlich
bildungsspr. bildungssprachlich
Biol. Biologie
BM Berliner Morgenpost
Bodenk. Bodenkunde
böhm. böhmisch
Börsenw. Börsenwesen
Bot. Botanik
bras. brasilianisch
bret. bretonisch
Bruchz. Bruchzahl
Buchf. Buchführung
Buchw. Buchwesen
bulgar. bulgarisch
Bürow. Bürowesen
byzant. byzantinisch
bzw. beziehungsweise

C

chald. chaldäisch
chem. chemisch
chilen. chilenisch
chin. chinesisch
christl. christlich

D

dän. dänisch
Datenverarb. Datenverarbeitung
Dativobj. Dativobjekt
DDR Deutsche Demokratische Republik
Dekl. Deklination
Demonstrativpron. Demonstrativpronomen
dgl. dergleichen
d. h. das heißt
d. i. das ist
dichter. dichterisch
Dichtk. Dichtkunst
Dipl. Diplomatie
Druckerspr. Druckersprache
Druckw. Druckwesen
dt. deutsch

E

ebd. ebenda
ehem. ehemals, ehemalig
Eigenn. Eigenname
eigtl. eigentlich
eingef. eingeführt
einschl. einschließlich
Einz. Einzahl
Eisenb. Eisenbahnwesen
elektr. elektrisch
Elektrot. Elektrotechnik

engl.	englisch
entspr.	entsprechend, entspricht
entw.	entweder
erw. (aus, zu)	erweitert
eskim.	eskimoisch
etrusk.	etruskisch
etw.	etwas
ev.	evangelisch

F

fachspr.	fachsprachlich
Fachspr.	Fachsprache
fam.	familiär
Familienn.	Familienname
Fem.	Femininum
Ferns.	Fernsehen
Fernspr.	Fernsprechwesen
Fertigungst.	Fertigungstechnik
Finanzw.	Finanzwesen
finn.	finnisch
finnougr.	finnougrisch
Fischereiw.	Fischereiwesen
fläm.	flämisch
Fliegerspr.	Fliegersprache
Flugw.	Flugwesen
Forstw.	Forstwesen
fot.	fotografisch
Fot.	Fotografie
Frachtw.	Frachtwesen
fränk.	fränkisch
fries.	friesisch
frühnhd.	frühneuhochdeutsch
frz.	französisch
Funkt.	Funktechnik
Funkw.	Funkwesen

G

gäl.	gälisch
gall.	gallisch
galloroman.	galloromanisch
gaskogn.	gaskognisch
Gastr.	Gastronomie
Gattungsz.	Gattungszahlwort
gaunerspr.	gaunersprachlich
Gaunerspr.	Gaunersprache
geb.	geboren
geb. (aus)	gebildet
gebr.	gebräuchlich, gebraucht
Gegenw.	Gegenwart (Präsens)
gegr.	gegründet
geh.	gehoben
gek. (aus)	gekürzt
Geldw.	Geldwesen
gelegtl.	gelegentlich
gemeingerm.	gemeingermanisch
Gen.	Genitiv
Gen.-Obj.	Genitivobjekt
Geogr.	Geographie
Geol.	Geologie
Geom.	Geometrie
gepr.	geprägt
germ.	germanisch
Ges.	Gesellschaft
gew.	gewöhnlich
Gewerbespr.	Gewerbesprache
Ggb.	Gegenbildung
Ggs.	Gegensatz
gleichbed.	gleichbedeutend
got.	gotisch
graph. Technik	graphische Technik
griech.	griechisch

H

hait.	haitisch
Handarb.	Handarbeiten
Handw.	Handwerk
Hausw.	Hauswirtschaft
hebr.	hebräisch
Her.	Heraldik
hess.	hessisch
hethit.	hethitisch
hindust.	hindustanisch
hist.	historisch
hochd.	hochdeutsch
Hochfrequenzt.	Hochfrequenztechnik
Hochschulw.	Hochschulwesen
hochspr.	hochsprachlich
Holzverarb.	Holzverarbeitung
Hotelw.	Hotelwesen
hottentott.	hottentottisch
Hptst.	Hauptstadt
H. u.	(weitere) Herkunft ungeklärt
Hüttenw.	Hüttenwesen

I

iber.	iberisch
idg.	indogermanisch
illyr.	illyrisch
Imkerspr.	Imkersprache
ind.	indisch
Indefinitpron.	Indefinitpronomen
indekl.	indeklinabel
indian.	indianisch
Indianerspr.	Indianersprache
Indik.	Indikativ
indoiran.	indoiranisch
indon.	indonesisch
Inf.	Infinitiv
Informationst.	Informationstechnik
Interj.	Interjektion
intr.	intransitiv
ir.	irisch
iran.	iranisch
iron.	ironisch
islam.	islamisch
isländ.	isländisch
ital.	italienisch

J

Jagdw.	Jagdwesen
Jägerspr.	Jägersprache
jakut.	jakutisch
jap.	japanisch
jav.	javanisch
Jes.	Jesaja
Jh.	Jahrhundert
jidd.	jiddisch
jmd.	jemand
jmdm.	jemandem
jmdn.	jemanden
jmds.	jemandes
jüd.	jüdisch
Jugendspr.	Jugendsprache
jugoslaw.	jugoslawisch
jur.	juristisch

K

kalm.	kalmükisch
kanad.	kanadisch
Kardinalz.	Kardinalzahl
karib.	karibisch
katal.	katalanisch
kath.	katholisch
Kaufmannsspr.	Kaufmannssprache
kaukas.	kaukasisch
kelt.	keltisch
Kfz-T.	Kraftfahrzeugtechnik
Kfz-W.	Kraftfahrzeugwesen
Kinderspr.	Kindersprache
kirchenlat.	kirchenlateinisch
kirchenslaw.	kirchenslawisch
Kirchenspr.	Kirchensprache
kirchl.	kirchlich

kirg. kirgisisch
klass. klassisch
klass.-lat. klassisch-lateinisch
Kochk. Kochkunst
Kommunikationsf. Kommunikationsforschung
kommunist. im kommunistischen Sprachgebrauch
Komp. Komparativ
Konj. Konjunktion
kopt. koptisch
korean. koreanisch
Kosef. Koseform
Kosew. Kosewort
kreol. kreolisch
kret. kretisch
krimgot. krimgotisch
kroat. kroatisch
kuban. kubanisch
Kunstwiss. Kunstwissenschaft
Kurzf. Kurzform (von)

L

ladin. ladinisch
Lallw. Lallwort
landsch. landschaftlich
Landw. Landwirtschaft
langob. langobardisch
lapp. lappisch
lat. lateinisch
latinis. latinisiert, latinisierend
lautm. lautmalend
lett. lettisch
lit. litauisch
Literaturw. Literaturwissenschaft
Lok. Lokativ
LÜ Lehnübersetzung
luxemb. luxemburgisch

M

m... mit folgender Sprachangabe: mittel...
m. männlich
ma. mittelalterlich
MA. Mittelalter
malai. malaiisch
marx. marxistisch
Mask. Maskulinum
math. mathematisch
Math. Mathematik
md. mitteldeutsch
Mech. Mechanik
med. medizinisch
Med. Medizin
Meeresk. Meereskunde
Mehrz. Mehrzahl
melanes. melanesisch
mengl. mittelenglisch
Met. Meteorologie
Metallbearb. Metallbearbeitung
mex. mexikanisch
mfrz. mittelfranzösisch
mgriech. mittelgriechisch
mhd. mittelhochdeutsch
Milit. Militär
militär. militärisch
mind. mittelindisch
Mineral. Mineralogie
mir. mittelirisch
mlat. mittellateinisch
mniederd. mittelniederdeutsch
mniederl. mittelniederländisch
mong. mongolisch
mpers. mittelpersisch
mundartl. mundartlich
Münzk. Münzkunde
mus. musikalisch
Myth. Mythologie

N

n... mit folgender Sprachangabe: neu...
Nachrichtent. Nachrichtentechnik
Nachrichtenw. Nachrichtenwesen
Naturw. Naturwissenschaft[en]
Nebenf. Nebenform
neutest. neutestamentlich
Neutr. Neutrum
nfrz. neufranzösisch
ngriech. neugriechisch
nhd. neuhochdeutsch
niederd. niederdeutsch
niederl. niederländisch
nlat. neulateinisch
Nom. Nominativ
nord. nordisch
nordamerik. nordamerikanisch
nordd. norddeutsch
nordgerm. nordgermanisch
nordostd. nordostdeutsch
nordwestd. nordwestdeutsch
norm. normannisch
norw. norwegisch
nationalsoz. nationalsozialistisch
N. T. Neues Testament
Num. Numerale

O

o. ohne
o. Ä. oder Ähnliche[s], Ähnlichem
o. Art. ohne Artikel
obersächs. obersächsisch
Obj. Objekt
od. oder
o. dgl. oder dergleichen
Off. Offenbarung Johannis
offz. offiziell
ohne Akk.-Obj. ohne Akkusativobjekt
ohne Präp.-Obj. ohne Präpositionalobjekt
ökon. ökonomisch
ökum. ökumenisch (Ökumenisches Verzeichnis der biblischen Eigennamen nach den Loccumer Richtlinien. Stuttgart 1971)
o. Pl. ohne Plural
Ordinalz. Ordinalzahl
Ortsn. Ortsname
osk. oskisch
osman. osmanisch
o. Steig. ohne Steigerung[sformen]
ostd. ostdeutsch
österr. österreichisch
Österr. Österreich
ostfrz. ostfranzösisch
ostgerm. ostgermanisch
ostmd. ostmitteldeutsch
ostniederd. ostniederdeutsch
ostpreuß. ostpreußisch

P

Päd. Pädagogik
Paläont. Paläontologie
palästin. palästinensisch
Papierdt. Papierdeutsch
Parapsych. Parapsychologie
Parl. Parlamentssprache

part.	partizipial
Part.	Partizip
Perf.	Perfekt
pers.	persisch; persönlich
Pers.	Person
Personenn.	Personenname
peruan.	peruanisch
pfälz.	pfälzisch
Phantasiebez.	Phantasiebezeichnung
pharm.	pharmazeutisch
Pharm.	Pharmazie
Philat.	Philatelie
philos.	philosophisch
Philos.	Philosophie
Phon.	Phonetik
phöniz.	phönizisch
phryg.	phrygisch
physik.	physikalisch
Physiol.	Physiologie
pik.	pikardisch
Pl.	Plural
Pl. ungebr.	Plural ungebräuchlich
Plusq.	Plusquamperfekt
polit.	politisch
Polizeiw.	Polizeiwesen
poln.	polnisch
polynes.	polynesisch
port.	portugiesisch
Postw.	Postwesen
präd.	prädikativ
Prähist.	Prähistorie
Präp.	Präposition
Präp.-Obj.	Präpositionalobjekt
Präs.	Präsens
Prät.	Präteritum
preuß.	preußisch
Pron.	Pronomen
provenz.	provenzalisch
Ps.	Psalm
Psych.	Psychologie

R

R	Redensart
®	Warenzeichen (Etwaiges Fehlen dieses Zeichens besagt nicht, dass ein Wort von jedermann frei benutzt werden kann.)
Raumf.	Raumfahrt
rechtl.	rechtlich
Rechtsspr.	Rechtssprache
refl.	reflexiv
rel.	religiös
Rel.	Religion
Rentenvers.	Rentenversicherung
rhein.	rheinisch
Rhet.	Rhetorik
röm.	römisch
roman.	romanisch
rückgeb. [aus]	rückgebildet [aus]
rumän.	rumänisch
Rundf.	Rundfunk
Rundfunkt.	Rundfunktechnik
russ.	russisch
rzp.	reziprok

S

s.	siehe; sächlich
S.	Seite
sächs.	sächsisch
sanskr.	sanskritisch
scherzh.	scherzhaft
schles.	schlesisch
schott.	schottisch
schriftspr.	schriftsprachlich
Schriftw.	Schriftwesen
schülerspr.	schülersprachlich
Schülerspr.	Schülersprache
Schulw.	Schulwesen
schw.	schwach [gebeugt]
schwäb.	schwäbisch
schwed.	schwedisch
schweiz.	schweizerisch
s. d.	siehe dies, siehe dort
seem.	seemännisch
Seemannsspr.	Seemannssprache
Seew.	Seewesen
semit.	semitisch
serb.	serbisch
serbokroat.	serbokroatisch
Sexualk.	Sexualkunde
Sg.	Singular
sibir.	sibirisch
singhal.	singhalesisch
sizilian.	sizilianisch
skand.	skandinavisch
slaw.	slawisch
slowak.	slowakisch
slowen.	slowenisch
s. o.	siehe oben
sold.	soldatisch
Soldatenspr.	Soldatensprache
sorb.	sorbisch
Sozialpsych.	Sozialpsychologie
Sozialvers.	Sozialversicherung
Soziol.	Soziologie
Sp.	Spalte
span.	spanisch
spätahd.	spätalthochdeutsch
spätgriech.	spätgriechisch
spätlat.	spätlateinisch
spätmhd.	spätmittelhochdeutsch
Sportmed.	Sportmedizin
spött.	spöttisch
Spr	Sprichwort
sprachw.	sprachwissenschaftlich
Sprachw.	Sprachwissenschaft
Sprengt.	Sprengtechnik
standardspr.	standardsprachlich
Steig.	Steigerung[sformen]
Steuerw.	Steuerwesen
Stilk.	Stilkunde
Studentenspr.	Studentensprache
st. V.	starkes Verb
StVO	Straßenverkehrsordnung
s. u.	siehe unten
subst.	substantivisch, substantiviert
Subst.	Substantiv
südamerik.	südamerikanisch
südd.	süddeutsch
südslaw.	südslawisch
südwestd.	südwestdeutsch
sumer.	sumerisch
Sup.	Superlativ
svw.	soviel wie
sw. V.	schwaches Verb
Syn.	Synonym
syr.	syrisch

T

Tabakind.	Tabakindustrie
tahit.	tahitisch
tamil.	tamilisch
tat.	tatarisch
techn.	technisch
tessin.	tessinisch
Textilind.	Textilindustrie
Theol.	Theologie
thrak.	thrakisch
thüring.	thüringisch

tib.	tibetisch
Tiermed.	Tiermedizin
tirol.	tirolisch
tochar.	tocharisch
tr.	transitiv
Trenn.	Trennung
tschech.	tschechisch
tungus.	tungusisch
türk.	türkisch
turkotat.	turkotatarisch

U

u.	und
Ü	Übertragung
u. a.	und and[e]re, und and[e]res, unter and[e]rem, unter ander[e]n
u. ä., u. Ä.	und ähnliche[s], und Ähnliche[s]
[Übers.]	Übersetzung (in Zitaten)
übertr.	übertragen
u. dgl.	und dergleichen
u. d. T.	unter dem Titel
ugr.	ugrisch
ugs.	umgangssprachlich
Ugs.	Umgangssprache
ukrain.	ukrainisch
umbr.	umbrisch
unbest.	unbestimmt
unflekt.	unflektiert
ung.	ungarisch
ungebr.	ungebräuchlich
unpers.	unpersönlich
unr. V.	unregelmäßiges Verb
unv.	unverwandt
urspr.	ursprünglich
urverw.	urverwandt
usw.	und so weiter

V

v. a.	vor allem
venez.	venezianisch
verächtl.	verächtlich
Verbindungsw.	Verbindungswesen
Verfassungsw.	Verfassungswesen
Verhaltensf.	Verhaltensforschung
verhüll.	verhüllend
Verkehrsw.	Verkehrswesen
Vermessungsw.	Vermessungswesen
Versiche-rungsw.	Versicherungs-wesen
verw.	verwandt
vgl. [d.]	vergleiche [dies]
Vgr.	Vergrößerungsform
viell.	vielleicht
Vkl.	Verkleinerungsform
vlat.	vulgärlateinisch
Völkerk.	Völkerkunde
Völkerr.	Völkerrecht
volksetym.	volksetymologisch
Volksk.	Volkskunde
volkst.	volkstümlich
Vorn.	Vorname
vulg.	vulgär

W

w.	weiblich
Waffent.	Waffentechnik
wahrsch.	wahrscheinlich
Wasserwirtsch.	Wasserwirtschaft
weidm.	weidmännisch
Wemf.	Wemfall
Wenf.	Wenfall
Werbespr.	Werbesprache
Werf.	Werfall
Wesf.	Wesfall
westd.	westdeutsch
westfäl.	westfälisch
westgerm.	westgermanisch
westmd.	westmitteldeutsch
westniederd.	westniederdeutsch
westslaw.	westslawisch
Wieder-holungsz.	Wiederholungs-zahlwort
Winzerspr.	Winzersprache
wiener.	wienerisch
Wirtsch.	Wirtschaft
Wissensch.	Wissenschaft
Wohnungsw.	Wohnungswesen
Wz.	Wurzel

Z

Zahlw.	Zahlwort
Zahnmed.	Zahnmedizin
Zahnt.	Zahntechnik
z. B.	zum Beispiel
Zeitungsw.	Zeitungswesen
Zigeunerspr.	Zigeunersprache
Zollw.	Zollwesen
Zool.	Zoologie
Zus.	Zusammen-setzung[en]
Zusb.	Zusammen-bildung[en]
zusger. aus	zusammengerückt aus
zusgez. aus	zusammengezogen aus
Zusschr.	Zusammenschreibung
z. T.	zum Teil
zw.	zwischen

KURZE GRAMMATIK DER DEUTSCHEN SPRACHE

Wörter und Wortarten

Die Form der Wörter

Neben unveränderlichen Wörtern *(und, auf, über, bis ...)* gibt es eine große Anzahl von Wörtern, die sich je nach ihrer Funktion im Satzzusammenhang in ihrer Form verändern können. Diese Formveränderung nennt man **Flexion** (Beugung). Die Flexion wird unterteilt in **Deklination, Konjugation** und **Steigerung (Komparation).**

Deklination: Dekliniert werden Substantive, Adjektive, Artikel, Pronomen nach Geschlecht (Genus: männlich, weiblich, sächlich), Zahl (Numerus: Einzahl, Mehrzahl) und Fall (Kasus: Nominativ, Genitiv, Dativ, Akkusativ).	das alte Schloss des alten Schlosses dem alten Schloss das alte Schloss	die alten Schlösser der alten Schlösser den alten Schlössern die alten Schlösser
Konjugation: Konjugiert werden Verben nach Person, Zahl, Zeit, Aussageweise und Handlungsart (Aktiv, Passiv).	ich sage du sagst er/sie/es sagte	wir werden sagen ihr sagtet sie hätten gesagt es wird gesagt
Steigerung: Die Steigerung ist eine besondere Art der Formveränderung bei Adjektiven (und einigen Adverbien). Es gibt drei Steigerungsstufen: Grundstufe, Höherstufe, Höchststufe.	kühl kühler der kühlste [Tag]	viel mehr am meisten

Der Aufbau der Wörter

	Vorsilbe(n)	Stamm	Nachsilbe	Flexionsendung
Wörter setzen sich meist aus Wortteilen **(Morphemen)** zusammen. Man unterscheidet gewöhnlich: Stamm, Vorsilbe (Präfix), Nachsilbe (Suffix), Flexionsendung. Viele Wortteile kommen nicht für sich allein vor; sie haben aber doch eine eigene Bedeutung, mit der sie zur Gesamtbedeutung eines Wortes beitragen.	un	klar		
		Klar	heit	
		klär		t
	Ver	klär	ung	
	un-er	klär	lich	e

Wortbildung

Aus einem Grundbestand aus Wörtern und Wortteilen können nach bestimmten Regeln oder Mustern neue Wörter gebildet werden. Man unterscheidet zwei Hauptarten von Wortbildung, die Zusammensetzung (Komposition) und die Ableitung.

1. Zusammensetzung (Kompositum, Pl. Komposita): Ein zusammengesetztes Wort besteht aus zwei oder mehreren selbstständig vorkommenden Wörtern, gewöhnlich aus einem Grundwort und einem vorangehenden Bestimmungswort.	Tisch - bein heim - gehen	Hunde - futter wasser - dicht
2. Ableitung: Eine Ableitung besteht aus einem selbstständig vorkommenden Wort (bzw. seinem Stamm) und einem oder mehreren unselbstständigen Wortteilen.	er - kennen Mess - ung	ur - alt lieb - lich

Wortarten

Wörter lassen sich anhand bestimmter Merkmale in Klassen einteilen, die man Wortarten nennt:

Wortart	Merkmale			
	der Form	der Verwendung im Satz		der Bedeutung
Verb	**flektierbar:** Konjugation	**Rolle:** **Verteilung:**	v. a. Prädikat (Satzaussage) in Übereinstimmung mit dem Subjekt (Personalform)	Zustände, Vorgänge, Tätigkeiten, Handlungen
Substantiv	**flektierbar:** Deklination	**Rolle:** **Verteilung:**	Subjekt (Satzgegenstand), Objekt (Ergänzung), adverbiale Bestimmung (Umstandsangabe), Attribut (Beifügung) mit Artikel	Lebewesen, Sachen (Dinge), Begriffe (Abstrakta)
Adjektiv	**flektierbar:** Deklination (Steigerung)	**Rolle:** **Verteilung:**	Attribut (Beifügung), adverbiale Bestimmung (Umstandsangabe) mit Substantiv bzw. Verb	Eigenschaften, Merkmale
Artikel, Pronomen	**flektierbar:** Deklination	**Rolle:** **Verteilung:**	Attribut (Beifügung) oder selbstständig mit Substantiv oder anstelle eines Substantivs	Verweis, nähere Bestimmung
Adverb	**nicht flektierbar**	**Rolle:** **Verteilung:**	Attribut (Beifügung) oder Umstandsangabe mit Substantiv, Adjektiv, Verb	nähere Umstände
Präposition	**nicht flektierbar**	**Rolle:** **Verteilung:**	Präpositionalkasus (Präpositionalfall) vor Substantiven (Pronomen)	Verhältnisse, Beziehungen
Konjunktion	**nicht flektierbar**	**Rolle:** **Verteilung:**	Verbindung, Einleitung, Unterordnung zwischen Sätzen, innerhalb von Satzgliedern und Attributen	Verknüpfung im logischen, zeitlichen, begründenden, modalen u. ä. Sinn
Interjektion	**nicht flektierbar**	gewöhnlich syntaktisch isoliert; dialogsteuernde und -gliedernde Funktion		Empfindungen, Gefühle, Stellungnahmen

Das Verb (Tätigkeitswort, Tu[n]wort, Zeitwort)

Neben einfachen Verben *(trinken, lesen ...)* gibt es viele Verben, die durch Ableitung oder Zusammensetzung entstanden sind *(be-kommen, teil-nehmen ...)*. Zusammengesetzte Verben gehören in der Regel zu den trennbaren Verben *(nahm ... teil)*; Verben mit Vorsilbe sind teils trennbar, teils untrennbar. Nach ihrer Grundbedeutung unterscheidet man:

1. Zustandsverben; **2. Vorgangsverben;** **3. Tätigkeitsverben.**	Claudia *ist* krank. Der Schaden *beträgt* 3 000 DM. Ich konnte nicht *einschlafen*. Er ist spät *aufgewacht*. Der Fahrer wollte *abbiegen*. Die Kinder *spielen*.

Vollverben: Vollverben sind alle Verben, die allein im Satz vorkommen können.	Sie *liebt* ihn. Der Fahrer *übersah* den entgegenkommenden Bus. Der Unfall *forderte* zwei Verletzte.

Hilfsverben *(haben, sein, werden):* Hilfsverben kommen zusammen mit einem Vollverb vor und dienen dazu, bestimmte Zeitformen (*haben, sein:* Perfekt, Plusquamperfekt; *werden:* Futur) und das Passiv *(werden)* zu bilden.	Die Kinder *haben* geschlafen/*sind* aufgewacht, *hatten* geschlafen/*waren* aufgewacht, *werden* schlafen; *werden/wurden* geweckt.
Haben, sein und *werden* können auch selbstständig, als Vollverben, auftreten.	Ich *habe* keine Zeit. Gestern *waren* wir im Kino. Er *wird* Ingenieur. *Werde* bald wieder gesund.

Modalverben: Modalverben drücken in Verbindung mit einem Vollverb im Infinitiv aus, dass etwas möglich, notwendig, gewollt, erlaubt, gefordert ist.	*Können* wir uns morgen treffen? Ich *muss* den Termin absagen. Wir *möchten/wollen* ins Kino gehen. *Darf* ich rauchen? Wir *sollen* uns gedulden.
Modifizierende Verben: Modifizierende Verben wandeln in Verbindung mit einem Vollverb im Infinitiv mit *zu* dessen Inhalt ab.	Er *drohte* (war im Begriff) zu ertrinken. Es *schien* (hatte den Anschein) zu glücken. Auf dem Foto *war* nichts zu erkennen (konnte man nichts erkennen). Ich *habe* noch zu arbeiten (muss noch arbeiten).

Funktionsverben: Funktionsverben verlieren in Verbindung mit bestimmten Substantiven ihre eigentliche Bedeutung. Die Verbindungen mit einem Funktionsverb **(Funktionsverbgefüge)** stehen gewöhnlich als Umschreibung für ein einfaches Verb: zur Aufführung bringen = aufführen.	zum Abschluss bringen; zur Verteilung gelangen; zur Anwendung kommen; in Erwägung ziehen.

Persönliche und unpersönliche Verben: Persönliche Verben können in allen drei Personen gebraucht werden. Unpersönliche Verben können nur mit *es* verbunden werden. Bei übertragenem Gebrauch können sie auch ein anderes Pronomen oder Substantiv bei sich haben.	Ich *laufe*. Du *lachst*. Sie *arbeitet*. Es *regnet/nieselt/donnert/blitzt/schneit*. Die Küche *blitzt* vor Sauberkeit.

Reflexive Verben: Echte reflexive Verben treten immer mit einem Reflexivpronomen, das sich auf das Subjekt des Satzes bezieht, auf. Unechte reflexive Verben können statt mit einem Reflexivpronomen auch mit einem Substantiv oder Pronomen gebraucht werden.	Ich schäme *mich.* Freust du *dich* nicht? Sie schafft *sich* ein Auto an. (Reflexiv:) Sie wäscht *sich.* (Nicht reflexiv:) Sie wäscht *das Kind/es.*

Das Verb und seine Ergänzungen

Jedes Verb fordert (»regiert«) eine bestimmte Anzahl von Ergänzungen. Diesen Sachverhalt bezeichnet man als Wertigkeit (Valenz) des Verbs. Man unterscheidet:

– Verben, die nur ein Subjekt haben;	Das Baby schläft. Die Sonne scheint.
– Verben mit Subjekt und Akkusativobjekt;	Er repariert sein Auto. Sie liest einen Roman.
– Verben mit Subjekt und Dativobjekt;	Das Buch gehört mir. Sie dankte den Rettern.
– Verben mit Subjekt, Dativ- und Akkusativobjekt;	Sie schenkt ihm ein Buch.
– Verben mit Subjekt und Genitivobjekt;	Sie gedachten der Toten.
– Verben mit Präpositionalobjekt;	Inge achtete auf ihre Schwester.
– Verben mit einem Prädikatsnomen;	Das Essen schmeckt gut. Er wird Maurer. Sie ist intelligent.
– Verben mit Subjekt und Raum-, Zeit- oder Artergänzung.	Die Sitzung dauerte zwei Stunden.

Transitive und intransitive Verben: Verben, die eine Akkusativergänzung haben und von denen ein Passiv gebildet werden kann, nennt man transitive (»zielende«) Verben. Alle anderen Verben nennt man intransitive (»nichtzielende«) Verben.	Die Feuerwehr *löschte* den Brand. (Passiv:) Der Brand *wurde* von der Feuerwehr *gelöscht.*

Die Konjugation

Die wichtigsten Unterschiede in der Konjugation der Verben bestehen in den Formen des Präteritums und des Partizips II. Nach den Bildungsweisen dieser beiden Formen unterscheidet man:

	Stammformen		
	Infinitiv	**1. Pers. Sg. Prät.**	**Partizip II**
1. regelmäßige (»schwache«) Konjugation: Bei den schwachen Verben bleibt der Stammvokal in allen Formen gleich; das Präteritum wird mit *-t-* zwischen dem Stamm und den Endungen gebildet, das Partizip II mit der Vorsilbe *ge-* und mit der Endung *-t.*	sagen	sagte	gesagt
	lieben	liebte	geliebt
2. unregelmäßige (»starke«) Konjugation: Bei den starken Verben wechselt der Stammvokal (Ablaut); das Partizip II wird mit der Vorsilbe *ge-* und mit der Endung *-en* gebildet.	reiten	ritt	geritten
	sprechen	sprach	gesprochen
	binden	band	gebunden
	werfen	warf	geworfen
Bei einigen Verben verändert sich auch der auf den Stammvokal folgende Konsonant.	ziehen	zog	gezogen
	stehen	stand	gestanden
Eine weitere Gruppe der unregelmäßigen Verben hat im Präteritum und Partizip II Vokal- (und Konsonanten)wechsel, wird aber in den Endungen regelmäßig konjugiert.	brennen	brannte	gebrannt
	denken	dachte	gedacht
	bringen	brachte	gebracht

Verbformen

1. Personalform:

Verbformen, die in Person und Zahl mit dem Subjekt übereinstimmen, heißen Personalformen (finite Verbformen, konjugierte Verbformen). Person und Zahl werden durch Endungen (Personalendungen) angezeigt, die an den Verbstamm angefügt werden. Die Personalform des Verbs gibt Auskunft über:

1. die Person;	1., 2., 3. Person	Wer tut etwas?
2. die Zahl (Numerus);	Singular, Plural	Wie viele tun etwas?
3. die Zeit (Tempus);	Präsens, Perfekt, Präteritum, Plusquamperfekt, Futur I/II	Wann geschieht etwas?
4. die Handlungsart (Genus);	Aktiv	Tut die Person etwas?
	Passiv	Wird etwas getan?
5. die Aussageweise (Modus).	Indikativ	Geschieht etwas wirklich?
	Konjunktiv	Ist es möglich, dass etwas geschieht?
	Imperativ	Aufforderung, etwas zu tun

2. Infinitiv und Partizip:

Der Infinitiv (Grund- oder Nennform) besteht aus dem Verbstamm und der Endung *-en* oder (bei Verben auf *-el, -er*) *-n* (komm-en, les-en, dunkel-n, kletter-n). Der Infinitiv steht:

– in Verbindung mit anderen Verben (vor allem mit dem Hilfsverb *werden* und Modalverben); – als Satzglied oder als Attribut zu einem Substantiv.	Ich muss *abreisen*. Er scheint noch nicht ganz wach zu *sein*. Wann werden wir uns *wiedersehen?* Satzglied: *Reisen* bildet den Menschen. Attribut: Unser Entschluss *abzureisen* stand fest.
– Hängen von einem Infinitiv andere Wörter oder Wortgruppen ab, liegt eine **Infinitivgruppe** (erweiterter Infinitiv) vor.	*Dieses Problem zu lösen* ist schwierig. Er nahm sich vor, *im neuen Jahr ein besserer Mensch zu werden.*

Infinitiv oder Partizip II: Manche Verben, die mit einem anderen Verb im Infinitiv verbunden werden, ersetzen die Form des Partizips II durch den Infinitiv (immer bei Modalverben und *brauchen*).	Das hätte er mir auch schreiben *können* (nicht: *gekonnt*). Sie hätte sich besser vorbereiten *sollen.* Wir haben nicht lange zu warten *brauchen.*

Partizip I (Mittelwort I): – Bildung: Infinitiv + *-d;* – Gebrauch: als Attribut zu einem Substantiv oder als Artangabe.	kommen *-d,* weinen *-d,* blühen *-d;* Attribut: ein *weinendes* Kind; Artangabe: Das Kind lief *weinend* zur Mutter.

Partizip II (Mittelwort II): – Bildung: In der Regel erhält es die Vorsilbe *ge-; ge-* entfällt bei untrennbaren Verben, Verben auf *-ieren, -eien* u. a. und bei Zusammensetzungen mit Verben dieser beiden Gruppen. – Bei trennbaren Verben tritt *-ge-* zwischen Vorsilbe und Verbstamm. – Gebrauch: hauptsächlich in der Verbindung mit Hilfsverben (Zeitformen und Passiv); als Attribut zu einem Substantiv oder als Artangabe. Partizipien, die nur noch als Adjektive empfunden werden, können auch Steigerungsformen bilden und in Verbindung mit *sein, werden* etc. als Artergänzung dienen.	stellen – gestellt, arbeiten – gearbeitet, brechen – gebrochen, bestellen – bestellt, verarbeiten – verarbeitet, zerbrechen – zerbrochen, prophezeien – prophezeit, vorbestellen – vorbestellt; vorstellen – vorgestellt, anbinden – angebunden; er hat *gesagt*/er hatte *gesagt* (Perf./Plusqu.); er wird *gesagt* haben/es wird *gesagt* (Fut. II/Passiv); Attribut: ein *geprügelter* Hund; Artangabe: Sie dachte *angestrengt* nach. Partizip I: Die Reise war *anstrengender,* als ich dachte. Partizip II: Er ist *gewandter* geworden. Du hast immer die *verrücktesten* Ideen.
Partizipialgruppe und Partizipialsatz: Hängen von einem Partizip andere Wörter oder Wortgruppen ab, liegt eine Partizipialgruppe (ein erweitertes Partizip) vor. Partizipialgruppen als Artangaben haben fast den Charakter eines Nebensatzes (Partizipialsatz).	der *dem Prozess* (Dativ) *vorausgegangene* Streit = der Streit, der dem Prozess (Dativ) vorausgegangen ist; *Laut lachend* ging er aus dem Zimmer (= Er ging aus dem Zimmer, indem er laut lachte).

Die sechs Zeitformen im Deutschen und ihr Gebrauch

1. Das Präsens: Mit dem Präsens kann ausgedrückt werden: – ein gegenwärtiges Geschehen; – eine allgemeine Gültigkeit; – ein zukünftiges Geschehen (Zeitangabe); – ein vergangenes Geschehen (historisches Präsens).	Wohin *gehst* du? Ich *gehe* nach Hause. Zwei mal drei *ist* sechs. Morgen *fliege* ich nach Irland. Das *bereut* er noch. Im Jahre 55 v. Chr. *landen* die Römer in Britannien.
2. Das Präteritum: Das Präteritum schildert ein Geschehen als vergangen oder in der Vergangenheit ablaufend; es dient auch der Kennzeichnung unausgesprochener Gedanken (»erlebte Rede«).	Es *war* einmal ein König, der *hatte* drei Töchter. Im Jahre 44 v. Chr. *wurde* Cäsar *ermordet.* Er dachte angestrengt nach. Wie *konnte* das geschehen?
3. Das Perfekt: Das Perfekt wird gebildet mit den Präsensformen des Hilfsverbs *sein* oder *haben* und dem Partizip II; die meisten Verben (alle transitiven) bilden das Perfekt mit *haben,* intransitive Verben bilden das Perfekt teils mit *haben,* teils mit *sein.* Das Perfekt dient der Darstellung eines abgeschlossenen Geschehens oder eines erreichten Zustandes, gelegentlich auch in der Zukunft.	Intransitive Verben, die einen Zustand oder ein Geschehen in seiner **Dauer** ausdrücken: Wir *haben* früher in Bochum *gewohnt.* Ich *habe* die ganze Nacht nicht *geschlafen.* Im Urlaub *haben* wir viel *geschwommen.* Intransitive Verben, die eine Zustands- oder Orts**veränderung** bezeichnen: Er *ist* nach Bochum *gefahren.* Erst gegen Morgen *bin* ich *eingeschlafen.* Einmal *sind* wir bis zu der Insel *geschwommen.* Es *hat geschneit.* *Hast* du das Buch *gekauft?* Sie *sind* gestern *abgefahren.* Morgen *haben* wir es *geschafft.*

4. Das Plusquamperfekt: Das Plusquamperfekt wird gebildet mit den Präteritumformen des Hilfsverbs *haben* oder *sein* und dem Partizip II; es dient der Darstellung eines abgeschlossenen Geschehens. In Verbindung mit dem Präteritum oder dem Perfekt drückt es aus, dass ein Geschehen zeitlich vor einem anderen liegt (Vorzeitigkeit; Vorvergangenheit).	Ich *hatte gespielt.* Du *warst gekommen.* Er gestand, dass er das Buch *gestohlen hatte.* Als er kam, *waren* seine Freunde schon *gegangen.* Er *hatte* zwar etwas anderes *vorgehabt,* aber er *hat* uns trotzdem *begleitet.*
5. Das Futur I: Das Futur I wird gebildet mit den Präsensformen des Hilfsverbs *werden* und dem Infinitiv; es drückt aus: – eine Ankündigung, Voraussage; – eine Absicht, ein Versprechen; – eine nachdrückliche Aufforderung; – eine Vermutung.	Ich *werde lesen.* Du *wirst kommen.* Nachts *wird* der Wind *auffrischen.* Ich *werde* pünktlich da *sein.* Du *wirst* das sofort *zurücknehmen.* Er *wird* schon längst in Rom *sein.*
6. Das Futur II: Das Futur II wird gebildet mit den Präsensformen des Hilfsverbs *werden* und dem Infinitiv Perfekt; es dient der Darstellung eines Geschehens, das zu einem künftigen Zeitpunkt beendet sein wird (vollendete Zukunft), oder drückt eine Vermutung über ein vergangenes Geschehen aus.	Ich *werde abgereist sein.* Bis morgen *werde* ich die Aufgabe *erledigt haben.* Du *wirst geträumt haben.* Es *wird* schon nicht so schlimm *gewesen sein.*

Die Aussageweise (Modus, Pl.: Modi)

Im Deutschen gibt es drei Aussageweisen. Sie werden durch bestimmte Verbformen angezeigt: **Indikativ** (Wirklichkeitsform), **Konjunktiv** (Möglichkeitsform) und **Imperativ** (Befehlsform).

Indikativ: Der Indikativ ist die Grund- oder Normalform sprachlicher Äußerungen. Er stellt einen Sachverhalt als gegeben dar.	Peter *hat* das Abitur *bestanden* und *geht* jetzt auf die Universität. Schnell *sprang* das Rotkäppchen aus dem Bauch des Wolfes und die Großmutter auch.
Konjunktiv: Nach Bildung und Verwendung unterscheidet man: – Konjunktiv I, gebildet vom Präsensstamm des Verbs; – Konjunktiv II, gebildet vom Präteritumstamm. Die *würde*-Form des Konjunktivs ist aus den Konjunktiv-II-Formen von *werden* und dem Infinitiv Präsens bzw. Perfekt gebildet.	Indikativ Präsens: er *geh-t* Indikativ Präteritum: er *ging* Konjunktiv I: er *geh-e* Konjunktiv II: er *ging-e* er *würde gehen* / er *würde gegangen sein*

Der Gebrauch des Konjunktivs

Konjunktiv I als Ausdruck des Wunsches und der Aufforderung: Selten; gewöhnlich nur noch in festen Formeln und Redewendungen und kaum noch in Anweisungstexten.	Dem Himmel *sei* Dank! Er *lebe* hoch! Er *ruhe* in Frieden. Man *nehme:* …
Konjunktiv II als Ausdruck der Nichtwirklichkeit: – drückt aus, wenn etwas nur vorgestellt, nicht wirklich der Fall (»irreal«) ist; – besonders häufig in »irrealen Bedingungssätzen«; – ebenso in »irrealen Vergleichssätzen«; – auch in höflichen Aufforderungen (in Form einer Frage) oder vorsichtigen Feststellungen.	Stell dir vor, es *wären* Ferien, … Wenn er Zeit *hätte, käme* er mit. Er rannte, als wenn es um sein Leben *ginge.* *Hätten* Sie einen Moment Zeit für mich? Ich *würde* sagen/meinen/dafür plädieren, …

Der Konjunktiv in der indirekten Rede

Der Konjunktiv ist das Hauptzeichen der indirekten Rede. In der indirekten Rede wird eine Äußerung vom Standpunkt des berichtenden Sprechers aus wiedergegeben. Sie wird meist durch ein Verb des Sagens (auch Fragens) oder Denkens oder durch entsprechende Substantive eingeleitet.

Konjunktiv I in der indirekten Rede:
Die indirekte Rede sollte immer im Konjunktiv I stehen.
Die indirekte Rede steht immer in derselben Zeit wie die entsprechende direkte Rede.

Direkte Rede:		**Indirekte Rede:**
Kann ich ins Kino gehen?	Sie fragt/fragte/wird fragen usw.,	ob sie ins Kino gehen *könne.*
Ich *habe* nichts *gesehen.*/ Ich *sah* nichts.	Er behauptet/behauptete/wird behaupten usw.,	er *habe* nichts *gesehen.*
Ich *werde* nicht *auftreten.*	Er erklärt/erklärte/wird erklären usw.,	dass er nicht *auftreten werde.*

Konjunktiv II in der indirekten Rede: Lautet der Konjunktiv I mit dem Indikativ gleich, wird in der indirekten Rede der Konjunktiv II verwendet, um Unklarheiten und Missverständnisse zu vermeiden.	Der Minister berichtete über den Verlauf der Verhandlungen: Die Partner *hätten* intensiv miteinander gesprochen; die Gespräche *hätten* zu guten Ergebnissen geführt.

Der Imperativ

Imperativ: – Drückt eine Aufforderung (Befehl, Verbot, Anweisung, Empfehlung, Rat, Wunsch, Bitte, Mahnung, Warnung) aus und tritt nur in der 2. Person (Singular und Plural) und in der Höflichkeitsform mit *Sie* auf. Er wird gebildet vom Präsensstamm des Verbs und endet im Singular im Allgemeinen mit *-e.* – Einige starke Verben, die im Präsens zwischen *e* und *i (ie)* wechseln, bilden den Imperativ immer endungslos und mit dem Stammvokal i *(ie).*	*Komm! Kommt! Kommen Sie!* *Beeil(e)* dich! *Putz(e)* dir die Zähne! *Halte/Halten Sie* das bitte fest! *Sprich* (nicht: *Sprech*) lauter! *Lies* (nicht: *Les*) das! Hilf (nicht: *Helf*) mir! Aber: *Werd* (nicht: *Wird*) endlich vernünftig.

Aktiv und Passiv (Tat- und Leideform; Genus Verbi)

Die Verbformen **Aktiv** und **Passiv** drücken eine unterschiedliche Blickrichtung bzw. Handlungsart aus. Zu allen Verben kann ein Aktiv gebildet werden, nicht jedoch zu allen ein Passiv.

Aktiv: Im Aktiv wird das Geschehen von seinem Träger (»Täter«) her dargestellt.	Der Vorstand *beschloss* den Spielerkauf. Die Mitschüler *wählten* ihn zum Klassensprecher.

Vorgangspassiv (*werden*-Passiv): Das Vorgangspassiv wird gebildet mit *werden* und dem Partizip II des betreffenden Verbs; es stellt den Vorgang (das Geschehen, die Handlung) in den Vordergrund; der Handelnde muss nicht immer genannt werden.	Der Motor *wurde* von den Mechanikern *ausgebaut.* Die Fenster *sind* vom Hausmeister *geöffnet worden.* Die Rechnung *wurde bezahlt.*
Zustandspassiv (*sein*-Passiv): Das Zustandspassiv wird gebildet mit den Formen von *sein* und dem Partizip II des entsprechenden Verbs; es drückt aus, dass ein Zustand besteht (als Folge eines vorausgegangenen Vorganges).	Das Gelände *ist* von Demonstranten *besetzt.* Die Autobahn *ist* wegen Bauarbeiten *gesperrt.* Der Antrag *ist* bereits *abgelehnt.*

Passivfähige Verben: – Passivfähig sind die meisten Verben mit einer Akkusativergänzung; die Akkusativergänzung (das Objekt) des Aktivsatzes wird im Passivsatz zum Subjekt; dem Subjekt des Aktivsatzes entspricht im Passivsatz ein Satzglied mit einer Präposition (in der Regel mit *von*).	Die Behörde *lehnte* den Antrag *ab.* Der Antrag *wurde* von der Behörde *abgelehnt.*
– Von einigen Verben, die eine Akkusativergänzung haben, kann kein Passiv gebildet werden (*haben, besitzen, bekommen, kennen, wissen, enthalten* usw.). – Von den intransitiven Verben können nur bestimmte Tätigkeitsverben *(helfen, lachen, tanzen, feiern, sprechen)* ein unpersönliches Passiv bilden.	Sie *hat* eine neue Frisur (nicht möglich: Eine neue Frisur *wird* von ihr *gehabt*). Damit *ist* mir auch nicht *geholfen.* Gestern *ist* bei uns lange *gefeiert worden.* Es *wurde* viel *gelacht.*

Andere passivartige Formen: – *bekommen/erhalten* + Part. II (Art des Vorgangspassivs); – *sein* + Infinitiv mit *zu* (entspricht Vorgangspassiv mit *können* oder *müssen*); – *sich lassen* + *Infinitiv* (entspricht Vorgangspassiv mit **können**); – bestimmte Funktionsverbgefüge werden häufig anstelle eines Vorgangspassivs gebraucht.	Sie *bekam* einen Blumenstrauß *überreicht.* Er *erhielt* ein winziges Zimmer *zugeteilt.* Der Motor *war* nicht mehr *zu reparieren.* Das Formular *ist* mit Bleistift *auszufüllen.* Die Uhr *ließ* sich nicht mehr *aufziehen.* Nicht abgeholte Fundsachen *kommen zur Versteigerung.*

Konjugationstabellen

Konjugationsmuster für das Aktiv

	1. regelmäßige (schwache) Konjugation:			**2. unregelmäßige (starke) Konjugation:**		
	Indikativ	**Konjunktiv I**	**Konjunktiv II**	**Indikativ**	**Konjunktiv I**	**Konjunktiv II**
Präsens	ich frag-e du frag-st er sie frag-t es wir frag-en ihr frag-t sie frag-en	ich frag-e du frag-est er sie frag-e es wir frag-en ihr frag-et sie frag-en		ich komm-e du komm-st er sie komm-t es wir komm-en ihr komm-t sie komm-en	ich komm-e du komm-est er sie komm-e es wir komm-en ihr komm-et sie komm-en	
Präteritum	ich frag-t-e du frag-t-est er sie frag-t-e es wir frag-t-en ihr frag-t-et sie frag-t-en		ich frag-t-e du frag-t-est er sie frag-t-e es wir frag-t-en ihr frag-t-et sie frag-t-en	ich kam du kam-st er sie kam es wir kam-en ihr kam-t sie kam-en		ich käm-e du käm-(e)st er sie käm-e es wir käm-en ihr käm-(e)t sie käm-en
Perfekt	ich habe gefragt du hast gefragt er sie hat gefragt es wir haben gefragt ihr habt gefragt sie haben gefragt	ich habe gefragt du habest gefragt er sie habe gefragt es wir haben gefragt ihr habet gefragt sie haben gefragt		ich bin gekommen du bist gekommen er sie ist gekommen es wir sind gekommen ihr seid gekommen sie sind gekommen	ich sei gekommen du sei(e)st gekommen er sie sei gekommen es wir seien gekommen ihr seiet gekommen sie seien gekommen	
Plusquamperfekt	ich hatte gefragt du hattest gefragt er sie hatte gefragt es wir hatten gefragt ihr hattet gefragt sie hatten gefragt		ich hätte gefragt du hättest gefragt er sie hätte gefragt es wir hätten gefragt ihr hättet gefragt sie hätten gefragt	ich war gekommen du warst gekommen er sie war gekommen es wir waren gekommen ihr wart gekommen sie waren gekommen		ich wäre gekommen du wär(e)st gekommen er sie wäre gekommen es wir wären gekommen ihr wär(e)t gekommen sie wären gekommen
Futur I	ich werde fragen du wirst fragen er sie wird fragen es wir werden fragen ihr werdet fragen sie werden fragen	ich werde fragen du werdest fragen er sie werde fragen es wir werden fragen ihr werdet fragen sie werden fragen		ich werde kommen du wirst kommen er sie wird kommen es wir werden kommen ihr werdet kommen sie werden kommen	ich werde kommen du werdest kommen er sie werde kommen es wir werden kommen ihr werdet kommen sie werden kommen	
Futur II	ich werde du wirst er sie wird gefragt haben es wir werden ihr werdet sie werden	ich werde du werdest er sie werde gefragt haben es wir werden ihr werdet sie werden		ich werde du wirst er sie werde gekom-men sein es wir werden ihr werdet sie werden	ich werde du werdest er sie werde gekom-men sein es wir werden ihr werdet sie werden	

Infinitiv Präsens fragen
Infinitiv Perfekt gefragt haben
Partizip I fragend
Partizip II gefragt

Imperativ Singular frag[e]!
Imperativ Plural fragt!
Höflichkeitsform fragen Sie!

Infinitiv Präsens kommen
Infinitiv Perfekt gekommen sein
Partizip I kommend
Partizip II gekommen

Imperativ Singular komm!
Imperativ Plural kommt!
Höflichkeitsform kommen Sie!

Lautliche Besonderheiten:

e-Einschub vor der Endung bei Verben, deren Stamm auf *d* oder *t* ausgeht: du *find-e-st,* ihr *hielt-e-t,* und bei Verben, deren Stamm auf Konsonant + *m* oder *n* (außer *lm, ln, rm, rn*) endet: du *atm-e-st,* sie *rechn-e-t* (aber: du *lern-st,* du *qualm-st*);
s-Ausfall bei Verben, deren Stamm auf *s, ß, ss, x* oder *z* endet: reisen – du *reist,* mixen – du *mixt,* reizen – du *reizt;* das *s* bleibt erhalten, wenn der Verbstamm auf *sch* endet: du *wäschst,* du *herrschst;*
e-Ausfall bei den Verben auf *-eln* und *-ern* in der 1. und 3. Person Plural Präsens: handeln – wir *handeln,* sie *handeln,* ändern – wir *ändern,* sie *ändern;* bei Verben auf *-eln* meist auch in der 1. Person Singular Präsens und im Imperativ Singular: ich *handle,* ich *lächle; handle!, lächle!;* bei Verben auf *-ern* bleibt das *e* gewöhnlich erhalten: ich *ändere,* ich *wandere; ändere!, wandere!;*
Umlaut bei den meisten unregelmäßigen Verben mit dem Stammvokal *a, au* oder *o* in der 2. und 3. Person Singular Präsens: tragen – du *trägst,* er *trägt,* laufen – du *läufst,* er *läuft,* stoßen – du *stößt,* er *stößt;*
e/i-Wechsel bei einer Reihe von unregelmäßigen Verben in der 2. und 3. Person Singular Präsens und im Imperativ Singular: geben – du *gibst,* er *gibt; gib!,* nehmen – du *nimmst,* er *nimmt; nimm!,* sehen – du *siehst;* er *sieht; sieh!*

Konjugationsmuster für das Passiv

In den folgenden vereinfachten Mustern ist nur die 3. Person Singular aufgeführt; die übrigen Personalformen können leicht ergänzt werden.

	1. *werden*-Passiv:			**2.** *sein*-Passiv:		
	Indikativ	**Konjunktiv I**	**Konjunktiv II**	**Indikativ**	**Konjunktiv I**	**Konjunktiv II**
Präsens	er / sie / es wird gefragt	er / sie / es werde gefragt		er / sie / es ist gefragt	er / sie / es sei gefragt	
Präteritum	er / sie / es wurde gefragt		er / sie / es würde gefragt	er / sie / es war gefragt		er / sie / es wäre gefragt
Perfekt	er / sie / es ist gefragt worden	er / sie / es sei gefragt worden		er / sie / es ist gefragt gewesen	er / sie / es sei gefragt gewesen	
Plusquamperfekt	er / sie / es war gefragt worden		er / sie / es wäre gefragt worden	er / sie / es war gefragt gewesen		er / sie / es wäre gefragt gewesen
Futur I	er / sie / es wird gefragt werden	er / sie / es werde gefragt werden		er / sie / es wird gefragt sein	er / sie / es werde gefragt sein	
Futur II	er / sie / es wird gefragt worden sein	er / sie / es werde gefragt worden sein		er / sie / es wird gefragt gewesen sein	er / sie / es werde gefragt gewesen sein	

Die Konjugation der Verben **haben, sein** und **werden** und der **Modalverben**

Die mehrgliedrigen Verbformen (Perfekt, Plusquamperfekt, Futur I, Futur II) werden nur beispielhaft (in der 3. Person Singular) aufgeführt.

	1. *haben:*			2. *sein:*		
	Indikativ	**Konjunktiv I**	**Konjunktiv II**	**Indikativ**	**Konjunktiv I**	**Konjunktiv II**
Präsens	ich habe du hast er sie hat es wir haben ihr habt sie haben	ich habe du habest er sie habe es wir haben ihr habet sie haben		ich bin du bist er sie ist es wir sind ihr seid sie sind	ich sei du sei(e)st er sie sei es wir seien ihr seiet sie seien	
Präteritum	ich hatte du hattest er sie hatte es wir hatten ihr hattet sie hatten		ich hätte du hättest er sie hätte es wir hätten ihr hättet sie hätten	ich war du warst er sie war es wir waren ihr wart sie waren		ich wäre du wär(e)st er sie wäre es wir wären ihr wär(e)t sie wären
Perfekt	er sie hat es gehabt	er sie habe es gehabt		er sie ist es gewesen	er sie sei es gewesen	
Plusquamperfekt	er sie hatte es gehabt		er sie hätte es gehabt	er sie war es gewesen		er sie wäre es gewesen
Futur I	er sie wird es haben	er sie werde es haben		er sie wird es sein	er sie werde es sein	
Futur II	er wird sie gehabt es haben	er werde sie gehabt es haben		er wird sie gewesen es sein	er werde sie gewesen es sein	

haben:
Infinitiv Präsens: haben
Infinitiv Perfekt: gehabt haben
Partizip I: habend
Partizip II: gehabt
Imperativ Singular: hab[e]!
Plural: habt!
Höflichkeitsform: haben Sie!

sein:
Infinitiv Präsens: sein
Infinitiv Perfekt: gewesen sein
Partizip I: seiend
Partizip II: gewesen
Imperativ Singular: sei!
Plural: seid!
Höflichkeitsform: seien Sie!

3. *werden:*

	Indikativ	Konjunktiv I	Konjunktiv II
Präsens	ich werde du wirst er / sie / es wird wir werden ihr werdet sie werden	ich werde du werdest er / sie / es werde wir werden ihr werdet sie werden	
Präteritum	ich wurde du wurdest er / sie / es wurde wir wurden ihr wurdet sie wurden		ich würde du würdest er / sie / es würde wir würden ihr würdet sie würden
Perfekt	er / sie / es ist geworden	er / sie / es sei geworden	
Plusquamperfekt	er / sie / es war geworden		er / sie / es wäre geworden
Futur I	er / sie / es wird werden	er / sie / es werde werden	
Futur II	er / sie / es wird geworden sein	er / sie / es werde geworden sein	

Infinitiv Präsens: werden
Infinitiv Perfekt: (ge)worden sein
Partizip I: werdend
Partizip II: (Vollverb:) geworden
(Hilfsverb:) worden

Imperativ Singular: werd[e]!
Plural: werdet!
Höflichkeitsform: werden Sie!

4. Modalverben und *wissen:*
Die mehrgliedrigen Formen werden mit *haben* (Perfekt, Plusquamperfekt) bzw. *werden* (Futur I, Futur II) gebildet.

		dürfen	können	mögen	müssen	sollen	wollen	wissen
Indikativ Präsens	ich	darf	kann	mag	muss	soll	will	weiß
	du	darfst	kannst	magst	musst	sollst	willst	weißt
	er / sie / es	darf	kann	mag	muss	soll	will	weiß
	wir	dürfen	können	mögen	müssen	sollen	wollen	wissen
	ihr	dürft	könnt	mögt	müsst	sollt	wollt	wisst
	sie	dürfen	können	mögen	müssen	sollen	wollen	wissen
Konjunktiv I	ich	dürfe	könne	möge	müsse	solle	wolle	wisse
	du	dürfest	könnest	mögest	müssest	sollest	wollest	wissest
	er / sie / es	dürfe	könne	möge	müsse	solle	wolle	wisse
	wir	dürfen	können	mögen	müssen	sollen	wollen	wissen
	ihr	dürfet	könnet	möget	müsset	sollet	wollet	wisset
	sie	dürfen	können	mögen	müssen	sollen	wollen	wissen
Indikativ Präteritum	ich	durfte	konnte	mochte	musste	sollte	wollte	wusste
	du	durftest	konntest	mochtest	musstest	solltest	wolltest	wusstest
	er / sie / es	durfte	konnte	mochte	musste	sollte	wollte	wusste
	wir	durften	konnten	mochten	mussten	sollten	wollten	wussten
	ihr	durftet	konntet	mochtet	musstet	solltet	wolltet	wusstet
	sie	durften	konnten	mochten	mussten	sollten	wollten	wussten
Konjunktiv II	ich	dürfte	könnte	möchte	müsste	sollte	wollte	wüsste
	du	dürftest	könntest	möchtest	müsstest	solltest	wolltest	wüsstest
	er / sie / es	dürfte	könnte	möchte	müsste	sollte	wollte	wüsste
	wir	dürften	könnten	möchten	müssten	sollten	wollten	wüssten
	ihr	dürftet	könntet	möchtet	müsstet	solltet	wolltet	wüsstet
	sie	dürften	könnten	möchten	müssten	sollten	wollten	wüssten

Partizip II: gedurft, gekonnt, gemocht, gemusst, gesollt, gewollt, gewusst

Die gebräuchlichsten unregelmäßigen Verben:

Verben mit Vorsilbe werden nur in Ausnahmefällen aufgeführt; in der Regel sind ihre Formen unter dem entsprechenden einfachen Verb nachzuschlagen. Bei der 1. Stammform wird die 2. Person Singular Präsens hinzugesetzt, wenn Umlaut oder e/i-Wechsel auftritt; bei der 2. Stammform wird der Konjunktiv II angegeben, wenn er Umlaut aufweist; bei der 3. Stammform wird deutlich gemacht, ob das Perfekt mit *haben* oder *sein* gebildet wird.

1. Stammform (Infinitiv)	**2. Stammform (Präteritum)**	**3. Stammform (Partizip II)**
backen du bäckst/backst	backte/buk büke	hat gebacken
befehlen du befiehlst	befahl beföhle/befähle	hat befohlen
beginnen	begann begänne/begönne	hat begonnen
beißen	biss	hat gebissen
bergen du birgst	barg bärge	hat geborgen
bersten du birst	barst bärste	ist geborsten
bewegen	bewog bewöge	hat bewogen
biegen	bog böge	hat/ist gebogen
bieten	bot böte	hat geboten
binden	band bände	hat gebunden
bitten	bat bäte	hat gebeten
blasen du bläst	blies	hat geblasen
bleiben	blieb	ist geblieben
braten du brätst	briet	hat gebraten
brechen du brichst	brach bräche	hat/ist gebrochen
brennen	brannte brennte	hat gebrannt
bringen	brachte brächte	hat gebracht
denken	dachte dächte	hat gedacht

1. Stammform (Infinitiv)	**2. Stammform (Präteritum)**	**3. Stammform (Partizip II)**
dringen	drang	hat/ist gedrungen
dürfen	durfte dürfte	hat gedurft
empfangen du empfängst	empfing	hat empfangen
empfehlen du empfiehlst	empfahl empföhle/ empfähle	hat empfohlen
erlöschen du erlischst	erlosch erlösche	ist erloschen
erschrecken du erschrickst	erschrak erschräke	ist erschrocken
essen du isst	aß äße	hat gegessen
fahren du fährst	fuhr führe	hat/ist gefahren
fallen du fällst	fiel	ist gefallen
fangen du fängst	fing	hat gefangen
fechten du fichtst	focht föchte	hat gefochten
finden	fand fände	hat gefunden
flechten du flichtst	flocht flöchte	hat geflochten
fliegen	flog flöge	hat/ist geflogen
fliehen	floh flöhe	ist geflohen
fließen	floss flösse	ist geflossen
fressen du frisst	fraß fräße	hat gefressen

1. Stammform (Infinitiv)	2. Stammform (Präteritum)	3. Stammform (Partizip II)
frieren	fror fröre	hat gefroren
gären	gor göre	hat/ist gegoren
gebären du gebierst	gebar gebäre	hat geboren
geben du gibst	gab gäbe	hat gegeben
gedeihen	gedieh	ist gediehen
gehen	ging	ist gegangen
gelingen	gelang gelänge	ist gelungen
gelten du giltst	galt gölte/gälte	hat gegolten
genießen	genoss genösse	hat genossen
geschehen es geschieht	geschah geschähe	ist geschehen
gewinnen	gewann gewönne/gewänne	hat gewonnen
gießen	goss gösse	hat gegossen
gleichen	glich	hat geglichen
gleiten	glitt	ist geglitten
glimmen	glomm glömme	hat geglommen
graben du gräbst	grub grübe	hat gegraben
greifen	griff	hat gegriffen
haben	hatte hätte	hat gehabt
halten du hältst	hielt	hat gehalten
hängen	hing	hat gehangen
hauen	hieb	hat gehauen
heben	hob höbe	hat gehoben
heißen	hieß	hat geheißen
helfen du hilfst	half hülfe/hälfe	hat geholfen
kennen	kannte kennte	hat gekannt
klingen	klang klänge	hat geklungen
kneifen	kniff	hat gekniffen
kommen	kam käme	ist gekommen
können	konnte könnte	hat gekonnt
kriechen	kroch kröche	ist gekrochen
laden du lädst	lud lüde	hat geladen
lassen du lässt	ließ	hat gelassen
laufen du läufst	lief	ist gelaufen
leiden	litt	hat gelitten
leihen	lieh	hat geliehen
lesen du liest	las läse	hat gelesen
liegen	lag läge	hat gelegen
lügen	log löge	hat gelogen
mahlen	mahlte	hat gemahlen
meiden	mied	hat gemieden
messen du misst	maß mäße	hat gemessen
misslingen	misslang misslänge	ist misslungen
mögen	mochte möchte	hat gemocht
müssen	musste müsste	hat gemusst
nehmen du nimmst	nahm nähme	hat genommen

1. Stammform (Infinitiv)	2. Stammform (Präteritum)	3. Stammform (Partizip II)
nennen	nannte nennte	hat genannt
pfeifen	pfiff	hat gepfiffen
preisen	pries	hat gepriesen
quellen du quillst	quoll quölle	ist gequollen
raten du rätst	riet	hat geraten
reiben	rieb	hat gerieben
reißen	riss	hat/ist gerissen
reiten	ritt	hat/ist geritten
rennen	rannte rennte	ist gerannt
riechen	roch röche	hat gerochen
ringen	rang ränge	hat gerungen
rinnen	rann ränne/rönne	ist geronnen
rufen	rief	hat gerufen
saufen du säufst	soff söffe	hat gesoffen
schaffen	schuf schüfe	hat geschaffen
scheiden	schied	hat/ist geschieden
scheinen	schien	hat geschienen
scheißen	schiss	hat geschissen
schelten du schiltst	schalt schölte	hat gescholten
schieben	schob schöbe	hat geschoben
schießen	schoss schösse	hat/ist geschossen
schlafen du schläfst	schlief	hat geschlafen
schlagen du schlägst	schlug schlüge	hat geschlagen
schleichen	schlich	ist geschlichen

1. Stammform (Infinitiv)	2. Stammform (Präteritum)	3. Stammform (Partizip II)
schleifen	schliff	hat geschliffen
schließen	schloss schlösse	hat geschlossen
schlingen	schlang schlänge	hat geschlungen
schmeißen	schmiss	hat geschmissen
schmelzen du schmilzt	schmolz schmölze	ist geschmolzen
schneiden	schnitt	hat geschnitten
schreiben	schrieb	hat geschrieben
schreien	schrie	hat geschrien
schreiten	schritt	ist geschritten
schweigen	schwieg	hat geschwiegen
schwimmen	schwamm schwömme/ schwämme	hat/ist geschwommen
schwinden	schwand schwände	ist geschwunden
schwingen	schwang schwänge	hat geschwungen
schwören	schwor schwüre/schwöre	hat geschworen
sehen du siehst	sah sähe	hat gesehen
sein	war wäre	ist gewesen
senden	sandte sendete	hat gesandt
singen	sang sänge	hat gesungen
sinken	sank sänke	ist gesunken
sinnen	sann sänne	hat gesonnen
sitzen	saß säße	hat gesessen
sollen	sollte	hat gesollt
spalten	spaltete	hat gespalten

1. Stammform (Infinitiv)	2. Stammform (Präteritum)	3. Stammform (Partizip II)	1. Stammform (Infinitiv)	2. Stammform (Präteritum)	3. Stammform (Partizip II)
speien	spie	hat gespien	tun	tat täte	hat getan
sprechen du sprichst	sprach spräche	hat gesprochen	verderben du verdirbst	verdarb verdürbe	hat/ist verdorben
sprießen	spross sprösse	ist gesprossen	vergessen du vergisst	vergaß vergäße	hat vergessen
springen	sprang spränge	ist gesprungen	verlieren	verlor verlöre	hat verloren
stechen du stichst	stach stäche	hat gestochen	verlöschen du verlischst	verlosch verlösche	ist verloschen
stecken (= sich in etwas befinden)	stak stäke	hat gesteckt	wachsen du wächst	wuchs wüchse	ist gewachsen
stehen	stand stünde/stände	hat gestanden	waschen du wäschst	wusch wüsche	hat gewaschen
stehlen du stiehlst	stahl stähle/stöhle	hat gestohlen	weben	wob wöbe	hat gewoben
steigen	stieg	ist gestiegen	weichen	wich	ist gewichen
sterben du stirbst	starb stürbe	ist gestorben	weisen	wies	hat gewiesen
stinken	stank stänke	hat gestunken	wenden	wandte wendete	hat gewandt
stoßen du stößt	stieß	hat/ist gestoßen	werben du wirbst	warb würbe	hat geworben
streichen	strich	hat gestrichen	werden du wirst	wurde würde	ist geworden
streiten	stritt	hat gestritten	werfen du wirfst	warf würfe	hat geworfen
tragen du trägst	trug trüge	hat getragen	wiegen	wog wöge	hat gewogen
treffen du triffst	traf träfe	hat getroffen	winden	wand wände	hat gewunden
treiben	trieb	hat getrieben	wissen	wusste wüsste	hat gewusst
treten du trittst	trat träte	hat/ist getreten	wollen	wollte	hat gewollt
trinken	trank tränke	hat getrunken	ziehen	zog zöge	hat/ist gezogen
trügen	trog tröge	hat getrogen	zwingen	zwang zwänge	hat gezwungen

Das Substantiv (Hauptwort; Nomen, Pl.: Nomina)

Substantive machen den bei weitem größten Teil des Wortschatzes aus und können auf vielfältige Weise zu neuen Wörtern zusammengesetzt werden. Wörter aller anderen Wortarten können substantiviert werden. Substantive haben in der Regel ein festes Geschlecht. Sie verändern sich aber nach Zahl (Numerus) und Fall (Kasus). Man unterscheidet:

1. Gegenstandswörter (Konkreta) – Eigennamen; – Gattungsbezeichnungen; – Stoffbezeichnungen.	Tisch, Lampe; Tulpe, Rose; Auto, Hammer, Werkstatt, Schiedsrichter. Anna, Neumann, Japan, Rom, Goethehaus, Feldberg. Mensch, Frau, Freund, Katze, Rose, Stern, Haus, Tisch. Stahl, Silber, Holz, Leder, Leinen, Wolle, Öl, Fleisch.
2. Begriffswörter (Abstrakta).	Mut, Stress, Alter, Torheit, Verstand, Frieden, Abrüstung.

Die Deklinationsarten

Im Satz treten die Substantive in verschiedenen Fällen auf, und sie können – in der Regel – Einzahl (Singular) und Mehrzahl (Plural) bilden. Sie werden also nach Fall (Kasus), Zahl (Numerus) und Geschlecht (Genus) dekliniert. Nach den Formen des Genitivs Singular und der Bildung des Plurals unterscheidet man starke, schwache und gemischte Deklination:

Starke Deklination	**Singular**	**männlich**	**weiblich**	**sächlich**
Der Genitiv Singular der männlichen und sächlichen Substantive endet auf *-es/-s.*	**Nominativ**	der Vogel	die Nacht	das Bild
	Genitiv	des Vogel-s	der Nacht	des Bild-es
	Dativ	dem Vogel	der Nacht	dem Bild(-e)
	Akkusativ	den Vogel	die Nacht	das Bild
Es treten verschiedene Pluralformen auf.	**Nominativ**	die Vögel	die Nächt-e	die Bild-er
	Genitiv	der Vögel	der Nächt-e	der Bild-er
	Dativ	den Vögel-n	den Nächt-en	den Bild-ern
	Akkusativ	die Vögel	die Nächt-e	die Bild-er

-es steht: – bei Substantiven auf -s, -ß, -ss, -x, -z, -tz; – häufig bei einsilbigen Substantiven mit Konsonant (Mitlaut) am Ende; – häufig bei mehrsilbigen Substantiven mit Endbetonung und bei Zusammensetzungen mit Fugen *-s.*	des Hauses, des Fußes, des Fasses, des Komplexes, des Schmerzes, des Gesetzes; des Bildes, des Raumes, des Buches, des Stuhles; des Betrages, des Besuches, des Arbeitsplanes.
-s steht: – immer bei Substantiven auf *-el, -em, -en, -er, -chen, -lein;* – meist bei Substantiven mit Vokal (+*h*) am Ende; – meist bei mehrsilbigen Substantiven ohne Endbetonung.	des Vogels, des Atems, des Gartens, des Lehrers, des Mädchens, des Bäumleins; des Knies, des Neubaus, des Schuhs; des Monats, des Antrags, des Urlaubs.
Dativ*-e:* – heute nur noch ganz selten; – noch in bestimmten festen Wendungen.	am nächsten *Tag(e),* auf dem *Weg(e);* in diesem *Sinne,* im *Laufe* der Zeit, im *Grunde.*

Schwache Deklination		**männlich**	**weiblich**
(keine sächlichen Substantive): Der Singular der männlichen Substantive (außer Nominativ) endet auf *-en.*	**Nominativ**	der Mensch	die Frau
	Genitiv	des Mensch-en	der Frau
	Dativ	dem Mensch-en	der Frau
	Akkusativ	den Mensch-en	die Frau
Im Plural steht nur *-en.*	**Nominativ**	die Mensch-en	die Frau-en
	Genitiv	der Mensch-en	der Frau-en
	Dativ	den Mensch-en	den Frau-en
	Akkusativ	die Mensch-en	die Frau-en

Gemischte Deklination		**Singular**	**Plural**
Einige männliche und sächliche Substantive (*Auge, Ohr, Doktor* u. a.) werden im Singular stark und im Plural schwach dekliniert.	**Nominativ**	der Staat	die Staat-en
	Genitiv	des Staat-(e)s	der Staat-en
	Dativ	dem Staat(-e)	den Staat-en
	Akkusativ	den Staat	die Staat-en

Zur Deklination der Personennamen vgl. die folgende Tabelle:

	ohne Artikel	**mit Artikel**
ein Name	mit *-s* im Genitiv *die Rede Meiers*	ohne *-s* im Genitiv *die Rede des Meier*
mehrere Namen	nur der letzte mit *-s* im Genitiv *die Rede Horst Meiers*	ohne *-s* im Genitiv *die Rede des Horst Meier*
ein Titel o. Ä. + Name	Der Name wird dekliniert *die Rede Direktor Meiers*	Der Titel wird dekliniert *die Rede des Direktors Meier*

	ohne Artikel	**mit Artikel**
mehrere Titel o. Ä. + Name	Der Name wird dekliniert *die Rede Direktor Professor Meiers*	Nur der 1. Titel wird dekliniert *die Rede des Direktors Professor Meier*
Herr (+ Titel) + Name	*Herr* wird immer dekliniert *die Rede Herrn Meiers*	*die Rede des Herrn Direktor Meier*
Doktor (Dr.) + Name	*Dr.* wird nie dekliniert *die Rede Doktor Meiers*	*die Rede des Doktor Meier*

Geographische Namen erhalten, soweit sie männlich oder sächlich sind, im Genitiv die Endung *-s*, wenn sie ohne Artikel gebraucht werden.	die Einheit *Deutschlands, Schwedens* Königin, die Nationalmannschaft *Uruguays*, die Geschichte *Roms*.

Singular und Plural (Einzahl und Mehrzahl)

Singular: Aufgrund ihrer Bedeutung nur im Singular stehen können:

– viele Abstrakta; – Stoffbezeichnungen (außer in Fachsprachen).	Adel, Epik, Hitze, Kälte, Verborgenheit; Gold, Stahl, Blei (techn. auch: Stähle, Bleie).

Plural: Es gibt im Deutschen verschiedene Arten, den Plural zu bilden. Manchmal kann eine Mehrzahl allerdings nur durch zusammengesetzte Wörter ausgedrückt werden (z. B. Fleisch – *Fleischsorten*, Regen – *Regenfälle*). Manche Substantive kommen nur im Plural vor (z. B. *Einkünfte, Jugendjahre, Kosten*).

Mit doppelten Pluralformen werden häufig verschiedene Bedeutungen des Wortes unterschieden, z. B. *Bank – Bänke* (Sitzgelegenheiten), *Banken* (Geldinstitute); besondere Pluralformen haben viele Fremdwörter aus dem Griechischen, Lateinischen und Italienischen (z. B. *das Album – die Alben, das Cello – die Celli, das Praktikum – die Praktika*).	*-en* *-n*	die Frau, der Mensch der Bote, die Nadel	die Frauen, die Menschen die Boten, die Nadeln
	-e *-e* + Umlaut	der Tag, das Brot die Nacht, der Sohn	die Tage, die Brote die Nächte, die Söhne
	– Umlaut	der Zettel, das Segel der Vogel, der Garten	die Zettel, die Segel die Vögel, die Gärten
	-er *-er* + Umlaut	das Bild, das Feld der Wald, das Haus	die Bilder, die Felder die Wälder, die Häuser
	-s	das Auto, der Park	die Autos, die Parks

Das Geschlecht (Genus)

Jedes Substantiv hat ein bestimmtes grammatisches Geschlecht. Es ist entweder männlich (maskulin), weiblich (feminin) oder sächlich (neutral). Einige Substantive haben schwankendes Geschlecht (z. B. *der/das Barock*). Bei manchen Substantiven zeigt verschiedenes Geschlecht unterschiedliche Bedeutung an (z. B. *der Band, die Bände* ⟨-⟩ *das Band, die Bänder*).

Das Geschlecht wird durch den bestimmten Artikel *(der, die, das)* angezeigt.	männlich (maskulin): der Baum, der Apfel, der Ball; weiblich (feminin): die Tanne, die Birne, die Uhr; sächlich (neutral): das Holz, das Obst, das Blei.

Wortbildung des Substantivs

1. Substantivierungen: – des Verbs; – des Adjektivs; – von unflektierbaren Wörtern.	das *Rauschen* des Flusses; das *Blau* des Himmels; alles *Liebe* zum Geburtstag; vergiss das *Gestern.*
2. Zusammensetzungen: – Das Geschlecht des Grundwortes legt das Geschlecht des ganzen zusammengesetzten Substantivs fest (z. B. die Haus*tür*).	Substantiv + Substantiv: Haus-tür, Hof-hund; Verb + Substantiv: Kehr-woche, Mal-kasten; Adjektiv + Substantiv: Hoch-altar, Blau-licht;
Bestimmungswort und (seltener) Grundwort können mehrgliedrig sein;	Um welt schutz organisation
Bei einem Teil der Zusammensetzungen werden zwischen die Bestandteile bestimmte Laute bzw. Buchstaben eingefügt (Fugenzeichen).	*-(e)s* Geburtstag, Liebesdienst, Arbeitsplatz; *-e* Hundehütte, Mauseloch, Lesebuch, Wartesaal *-(e)n* Nummernschild, Taschentuch, Strahlenschutz; *-er* Wörterbuch, Kindergarten, Rinderbraten.
3. Ableitungen: – mithilfe von Vorsilben (Präfixen) aus Substantiven;	Miss-erfolg, Un-sinn, Anti-teilchen, Ex-kanzler, Poly-gamie, Pseudo-krupp;
– mithilfe von Nachsilben (Suffixen) aus anderen Wörtern.	landen → Landung, retten → Rettung; schön → Schönheit, heiter → Heiterkeit; reiten → Reiter, bohren → Bohrer; Lehrer → Lehrerin.
4. Kurzformen von Substantiven sind: – Kurzwörter; – Abkürzungswörter; – Buchstabenabkürzungen.	Rad ← Fahrrad; Krimi ← Kriminalroman; Kripo ← Kriminalpolizei; Juso ← Jungsozialist; Ufo ← (unbekanntes Flugobjekt).

Die Apposition (Beisatz)

Als Attribut zu einem Substantiv (oder Pronomen) kann ein Substantiv (oder eine Substantivgruppe) treten, das in der Regel im gleichen Fall wie das Bezugswort steht.

– Vornamen, Beinamen, Bezeichnungen des Berufs, Titel u. Ä. sind Appositionen; – nähere Bestimmungen für Mengen.	*Peter* Müller; er spricht über Karl *den Großen;* *Direktor Dr.* Schmidt; mein *Onkel* Theo; ein Glas *Wein;* mit einer Tasse *Kaffee;* mit einem Pfund *Nüssen.*
– Appositionen können vor- oder nachgestellt sein;	Peter hat Herrn Müller, *seinen Klassenlehrer,* auf der Straße gesehen.
– Appositionen können mit *wie* oder *als* angeschlossen werden.	Unternehmungen *wie einen Ausflug* schätzt er nicht. Ihm *als dem Kapitän* des Schiffes ist zu vertrauen.

Begleiter und Stellvertreter des Substantivs

Der **bestimmte Artikel** *(der, die, das)* tritt mit Substantiven auf; er bezeichnet in seinen deklinierten Formen deren Geschlecht, Zahl und Fall.

	Singular			Plural
Nom.	der Stuhl	die Lampe	das Bild	die Stühle, Lampen, Bilder
Gen.	des Stuhles	der Lampe	des Bildes	der Stühle, Lampen, Bilder
Dativ	dem Stuhl	der Lampe	dem Bild	den Stühlen, Lampen, Bildern
Akk.	den Stuhl	die Lampe	das Bild	die Stühle, Lampen, Bilder

Der **unbestimmte Artikel** *(ein, eine, ein)* tritt mit Substantiven auf, jedoch ohne Pluralform.

Nom.	ein Stuhl	eine Lampe	ein Bild
Gen.	eines Stuhles	einer Lampe	eines Bildes
Dativ	einem Stuhl	einer Lampe	einem Bild
Akk.	einen Stuhl	eine Lampe	ein Bild

Ohne Artikel stehen häufig:	
– Abstrakta;	*Widerstand* ist zwecklos. *Ende* der Woche.
– Stoffbezeichnungen;	Er trinkt gern *Wein. Gold* ist ein Edelmetall.
– Substantive in festen Fügungen oder in Aufzählungen;	*Fuß* fassen, *Widerstand* leisten, *Frieden* schließen, an *Bord* gehen, bei *Tisch.*
– Substantive in verkürzten Äußerungen;	*Fraktion* fordert *Mitspracherecht.*
– Personennamen.	*Johann Wolfgang von Goethe* starb in Weimar.
– Geographische Namen stehen teils ohne, teils mit Artikel. Namen von Bergen, Gebirgen, Flüssen, Seen und Meeren stehen mit Artikel.	Deutschland, Frankreich, die Niederlande; der Königstuhl, das Riesengebirge, der Rhein, der Bodensee

Das **Personalpronomen** bezeichnet den Sprecher (1. Person), den Angesprochenen (2. Person), die Person oder Sache, über die man spricht (3. Person). Nur in der dritten Person steht es stellvertretend für das Substantiv.

	Singular					Plural		
Nom.	ich	du	er	sie	es	wir	ihr	sie
Gen.	meiner	deiner	seiner	ihrer	seiner	unser	euer	ihrer
Dativ	mir	dir	ihm	ihr	ihm	uns	euch	ihnen
Akk.	mich	dich	ihn	sie	es	uns	euch	sie

Das **Reflexivpronomen** bezieht sich gewöhnlich auf das Subjekt des Satzes und stimmt in Person und Zahl mit ihm überein. Der Fall hängt vom Verb ab.

– Für die 3. Person hat es die Form *sich.*	(Dativ Singular:) (Akkusativ Singular:) (Dativ Plural:) (Akkusativ Plural:)	Damit schadet er *sich* nur. Sie schminkt *sich.* Sie haben *sich* viel erzählt. Die Gäste begrüßten *sich.*
– Für die 1. und 2. Person werden die entsprechenden Formen des Personalpronomens verwendet.	Ich langweile *mich.* Damit schadest du *dir* nur. Wir haben *uns* sehr über die Geschenke gefreut. Ihr werdet *euch* wundern!	

Das **Possessivpronomen** gibt ein Besitzverhältnis an, drückt aber auch eine Zugehörigkeit, Zuordnung oder Verbundenheit aus. Es kann Begleiter oder Stellvertreter des Substantivs sein; seine Form richtet sich nach der Person, auf die es sich bezieht; es stimmt in Fall, Zahl und Geschlecht mit dem Substantiv überein, vor dem es steht. Das Possessivpronomen lautet im Singular und Plural in der ersten Person *mein/unser,* in der zweiten Person *dein/euer* und in der dritten Person (männlich; weiblich; sächlich) *sein; ihr; sein/ihr.*

	Singular			Plural
Nom.	mein Sohn	mein-e Tochter	mein Kind	mein-e Söhne/Töchter/Kinder
Gen.	mein-es Sohnes	mein-er Tochter	mein-es Kindes	mein-er Söhne/Töchter/Kinder
Dativ	mein-em Sohn(e)	mein-er Tochter	meinem Kind(e)	mein-en Söhnen/Töchtern/Kindern
Akk.	mein-en Sohn	mein-e Tochter	mein Kind	mein-e Söhne/Töchter/Kinder

Steht das Possessivpronomen stellvertretend für ein Substantiv, hat die männliche Form im Nominativ Singular die Endung *-er,* die sächliche im Nominativ und Akkusativ Singular die Endung *-(e)s.*	Mein Mantel ist zerrissen und *deiner* auch. Ich habe genug Geld, du kannst *dein(e)s* behalten.

Das **Demonstrativpronomen** weist auf etwas hin, was bereits bekannt oder aber näher zu bestimmen ist. Es richtet sich in Geschlecht, Zahl und Fall nach dem Substantiv, bei dem es steht oder das es vertritt.

		Singular			**Plural**
		männlich	**weiblich**	**sächlich**	
Dieser und *jener* kommen sowohl als Begleiter wie als Stellvertreter des Substantivs vor. Dabei weist *dieser* auf etwas Näheres, *jener* auf etwas Entfernteres hin.	**Nom.**	dies-er	dies-e	dies(-es)	dies-e
	Gen.	dies-es	dies-er	dies-es	dies-er
	Dativ	dies-em	dies-er	dies-em	dies-en
	Akk.	dies-en	dies-e	dies(-es)	dies-e
Derjenige kann bei einem Substantiv oder an der Stelle eines Substantivs stehen. *Derselbe/der gleiche* wird wie *derjenige* dekliniert.	**Nom.**	der-jenige	die-jenige	das-jenige	die-jenigen
	Gen.	des-jenigen	der-jenigen	des-jenigen	der-jenigen
	Dativ	dem-jenigen	der-jenigen	dem-jenigen	den-jenigen
	Akk.	den-jenigen	die-jenige	das-jenige	die-jenigen
Das Demonstrativpronomen *der* als Stellvertreter des Substantivs ist vom Artikel *der* (als Begleiter des Substantivs) zu unterscheiden. Es ist im Allgemeinen voraus- und zurückweisend.	**Nom.**	der	die	das	die
	Gen.	dessen	deren/derer	dessen	deren/derer
	Dativ	dem	der	dem	denen
	Akk.	den	die	das	die

Die Indefinitpronomen

jemand – niemand – etwas – nichts Mit *jemand* werden ganz allgemein und unbestimmt Lebewesen bezeichnet, mit *etwas* Dinge, Sachverhalte u. Ä.; *etwas* und *nichts* können nur im Nominativ, im Akkusativ oder nach Präpositionen gebraucht werden.	*jemanden/etwas* loben, *jemandes* gedenken, *jemandem etwas* schenken, *jemanden* an *jemanden* verweisen. *Etwas* ist geschehen. Ich weiß davon *nichts.* Ich habe *etwas* darüber gehört. Daraus wird *nichts.*
alle – jeder – kein *Alle* bezeichnet eine Gesamtheit und wird im Allgemeinen wie ein Adjektiv dekliniert, das vor einem Nomen steht; *jeder* bezieht sich dagegen auf die einzelnen Teile oder Glieder dieser Gesamtheit; es wird im Allgemeinen wie ein Adjektiv dekliniert, das vor einem Nomen steht; *kein* ist das Gegenwort zu *jeder.*	Sie haben *allen* Schülern etwas geschenkt. *Alles* Hoffen/*Alle* Mühe war umsonst. *Jeder* Schüler wurde aufgerufen. *Jeder* musste ein Gedicht vortragen. Sie haben *jedem* dasselbe Buch geschenkt. Ich haben *keinen* Hund besessen. Ich habe *keinen.*
manche – mehrere – einige bezeichnen eine unbestimmte Anzahl; sie werden im Allgemeinen wie ein Adjektiv vor einem Nomen dekliniert.	*Manche* kamen nie an. *Mehreren* von ihnen dauerte es zu lang. *Einige* sind gegangen.
man Mit *man* wird ganz unbestimmt von einer Person gesprochen; es hat nur diese Form und wird nur im Nominativ Singular gebraucht.	*Man* sagt, er gehe oft ins Theater. *Man* hat ihn gestern im Theater gesehen.

Die Interrogativpronomen

<table>
<tr><td rowspan="4">Das Fragepronomen wer/was wird als Stellvertreter des Substantivs gebraucht; es hat nur Singularformen und unterscheidet nur zwischen Person (wer) und Sache bzw. Sachverhalt (was).</td><td>Nom.</td><td>Wer kauft ein?</td><td>Was ist das?</td></tr>
<tr><td>Gen.</td><td>Wessen Hemd ist das?</td><td>–</td></tr>
<tr><td>Dativ</td><td>Wem gehört das Hemd?</td><td>–</td></tr>
<tr><td>Akk.</td><td>Wen sehe ich da?</td><td>Was sehe ich da?</td></tr>
<tr><td>Das Fragepronomen welcher, welche, welches kommt als Begleiter und als Stellvertreter des Substantivs vor, fragt nach Personen oder Sachen, und zwar auswählend aus einer bestimmten Art oder Menge; es wird wie dieser dekliniert.</td><td colspan="3">Welches Kleid soll ich nehmen (– das blaue oder das schwarze)? Welches steht mit besser? Welche Partei wählt er eigentlich? (Ich hätte gern 100 g Schinken.) Welcher darfs denn sein? Mit welchem Zug kommst du? Welche von diesen Sachen sollen wir aufheben, welche können weggeworfen werden?</td></tr>
<tr><td>Mit was für ein(er) fragt man nach der Art, Beschaffenheit von Personen oder Sachen; was bleibt immer unverändert; nur ein(er) wird dekliniert.</td><td colspan="3">Was für ein Mensch ist das eigentlich? – Was für einer ist das eigentlich? Was für einen Wein möchten Sie (– einen trockenen oder einen lieblichen)?</td></tr>
</table>

Die **Relativpronomen** *der, die, das* und das wenig gebräuchliche *welcher, welche, welches* leiten einen Nebensatz (Relativsatz) ein. In Geschlecht und Zahl richten sie sich nach dem Bezugswort im übergeordneten Satz; der Fall ist dagegen abhängig vom Verb (oder einer Präposition) des Relativsatzes selbst (z. B. Ich sah *den Mann, der* den Brief eingeworfen hat. Er begrüßt *die Frau, welche* ihn eingeladen hat. Wer ist *der* Mann, *dem* ich das Paket geben soll?).

Das Relativpronomen *wer/was* bezeichnet allgemein eine Person oder eine Sache bzw. einen Sachverhalt. Es leitet einen Nebensatz ein, der eine Ergänzung des übergeordneten Satzes vertritt.	*Wer* nicht hören will, muss fühlen. Ich kann mir denken, *wen/was* du meinst. Mach, *was* du willst.

Das Adjektiv (Eigenschaftswort)

Man unterscheidet im Allgemeinen drei Arten von Adjektiven:

Eigenschaftswörter im eigentlichen Sinne: Sie beschreiben/bewerten, wie jemand oder etwas beschaffen ist (Farbe, Form, Ausdehnung, Qualität), wie etwas vor sich geht.	*Rote* Rosen sind ihre Lieblingsblumen. Es war ein *kalter* Winter. Mit *großer* Freude haben wir von seinem *guten* Examen erfahren.
Beziehungsadjektive: Sie drücken eine bestimmte Beziehung zwischen Personen oder Gegenständen aus.	Urheber: *polizeiliche* Maßnahmen, *ärztliche* Hilfe; Raum/Zeit: die *finnischen* Seen, der *gestrige* Tag; Bezugspunkt/Bereich: *wirtschaftliche* Zusammenarbeit, *technischer* Fortschritt.
Zahladjektive: Adjektive sind alle Zahlwörter, die als Beifügung (Attribut) zu einem Substantiv stehen können: – Grundzahlen; – Ordnungszahlen; – Bruchzahlen; – Vervielfältigungszahlwörter; – unbestimmte Zahladjektive.	die *erste* Gruppe; mit *fünf* Punkten; am *zweiten* April; ein(s), zwei, siebzehn, achtundachtzigtausend; der/die/das Erste, Dritte, Siebenundzwanzigste; halb, drittel, achtel, zwanzigstel, hundertstel; dreifach, fünffach, tausendfach; ganz, viel, wenig, zahllos, sonstig.

Die Deklination des Adjektivs

Fast alle Adjektive werden, wenn sie als Attribut vor einem Substantiv stehen, in Übereinstimmung (Kongruenz) mit dem Substantiv nach Geschlecht, Zahl und Fall dekliniert. Nach den Wortformen, die in einer Substantivgruppe vor dem Adjektiv stehen können, unterscheidet man die Deklination des Adjektivs:

ohne Artikel (starke Deklination):	**Singular**			
ebenso nach: – endungslosen Zahladjektiven (z. B. Er sah *zwei* helle Lichter.); – *manch, solch, welch, viel, wenig* (z. B. bei *solch* schönem Wetter; *welch* herrlicher Blick); – *etwas* und *mehr* (z. B. mit *etwas* gutem Willen; ich brauche *mehr* helles Licht); – *deren/dessen* (z. B. Der Libero, von *dessen* überlegtem Spiel alle begeistert waren.).	**Nom.**	hell-er Tag	hell-e Nacht	hell-es Licht
	Gen.	hell-en Tages	hell-er Nacht	hell-en Lichtes
	Dativ	hell-em Tag(e)	hell-er Nacht	hell-em Licht
	Akk.	hell-en Tag	hell-e Nacht	hell-es Licht
	Plural			
	Nom.	hell-e Tage / Nächte / Lichter		
	Gen.	hell-er Tage / Nächte / Lichter		
	Dativ	hell-en Tagen / Nächten / Lichtern		
	Akk.	hell-e Tage / Nächte / Lichter		

nach dem bestimmten Artikel (schwache Deklination): ebenso nach den Pronomen *dieser, jener, derselbe, derjenige, jeder, welcher.*	**Singular**			
	Nom.	der hell-e Tag	die hell-e Nacht	das hell-e Licht
	Gen.	des hell-en Tages	der hell-en Nacht	des hell-en Lichtes
	Dativ	dem hell-en Tag(e)	der hell-en Nacht	dem hell-en Licht
	Akk.	den hell-en Tag	die hell-e Nacht	das hell-e Licht
	Plural			
	Nom.	die hell-en Tage / Nächte / Lichter		
	Gen.	der hell-en Tage / Nächte / Lichter		
	Dativ	den hell-en Tagen / Nächten / Lichtern		
	Akk.	die hell-en Tage / Nächte / Lichter		

nach dem unbestimmten Artikel (gemischte Deklination): ebenso nach den Pronomen *mein, dein, sein, ihr* usw.	**Singular**			
	Nom.	ein hell-er Tag	eine hell-e Nacht	ein hell-es Licht
	Gen.	eines hell-en Tages	einer hell-en Nacht	eines hell-en Lichtes
	Dativ	einem hell-en Tag(e)	einer hell-en Nacht	einem hell-en Licht
	Akk.	einen hell-en Tag	eine hell-e Nacht	ein hell-es Licht
	Plural			
	Nom.	keine hell-en Tage / Nächte / Lichter		
	Gen.	keiner hell-en Tage / Nächte / Lichter		
	Dativ	keinen hell-en Tagen / Nächten / Lichtern		
	Akk.	keine hell-en Tage / Nächte / Lichter		

– Mehrere Adjektive vor einem Substantiv werden parallel dekliniert. – Nach Personalpronomen wird das (substantivierte) Adjektiv im Allgemeinen stark dekliniert. – Bei *mir, dir, wir* und *ihr* wird das Adjektiv meist schwach dekliniert.	Es geschah an einem *schönen, sonnigen* Morgen. Er besitzt ein *altes, klappriges* Auto. Ich *altes* Kamel; du *armer* Junge; du *lieber* Himmel; du *Guter* (männlich), du *Gute* (weiblich). Mir *alten, erfahrenen* Frau; dir *jungen* Kerl (neben: dir *jungem* Kerl); wir *alten* Freunde.

Bei unbestimmten Pronomen (*alle, manche* usw.) und unbestimmten Zahladjektiven (*viele, wenige* usw.) schwankt die Deklination des Adjektivs:

	schwach (wie nach *der*)	**parallel** (gleiche Endung)	
all-	•		Bei allem *guten* Willen, das geht entschieden zu weit. Aller *guten* Dinge sind drei.
ander-		•	Man hat noch anderes *belastendes* Material gefunden. Es gibt noch andere *fähige* Leute.
beide	•		Die Vorsitzenden beider *großen* Parteien sind anwesend. Beide *kleinen* Mädchen weinten.
einig-		•	Wir haben noch einiges *französisches* Geld übrig. Ich greife einige *wichtige* Punkte heraus.
etlich-		•	Im Keller stand etliches *altes* Gerümpel. Der Betrieb hat etliche *alte* Mitarbeiter entlassen.

	schwach (wie nach *der*)	parallel (gleiche Endung)	
folgend-	• (im Sing.)	• (im Plur.)	Die Maschine arbeitet nach folgendem *einfachen* Prinzip. Der Test hat folgende *neue* Erkenntnisse gebracht.
irgendwelch-	•		Er hat irgendwelches *dumme* Zeug geredet. Die Meinung irgendwelcher *fremden* Leute interessiert mich nicht.
manch-	•		Wir haben manches *freie* Wochenende dort verbracht. Man trifft dort manche *interessanten* Leute.
mehrere		•	Er hat mehrere *schwer wiegende* Fehler gemacht. Er steht wegen mehrerer *kleiner* Vergehen vor Gericht.
sämtlich-	•		Sämtliches *gestohlene* Geld konnte sichergestellt werden. Sie alarmiert sämtliche *erreichbaren* Nachbarn.
solch-	•		Solches *herrliche* Wetter hatten wir lange nicht mehr. Sie sagt immer solche *merkwürdigen* Sachen.
viel-		•	Das hat er in vieler *mühsamer* Kleinarbeit gebastelt. Sie haben viele *schöne* Reisen zusammen gemacht.
wenig-		•	Die Flüsse führen nur noch weniges *trübes* Wasser. Er hat nur wenige *gute* Freunde.

	stark	schwach
Substantivierte Adjektive: Substantivierte Adjektive werden dekliniert wie attributive (bei einem Substantiv stehende) Adjektive, also stark, wenn sie ohne Artikel oder nach endungslosen Wörtern stehen, und schwach, wenn sie nach Wörtern mit Endung stehen.	*Vorsitzender* ist Herr Müller. Ich wünsche dir nur *Gutes.* *Liberale* und *Grüne* stimmten dagegen. Mein *Bekannter* ist *Angestellter* bei der Bank. *Reisende* ohne Gepäck bitte zu Schalter 3. Im Westen nichts *Neues.*	Der *Vorsitzende* heißt Müller. Ich wünsche dir alles *Gute.* Die *Liberalen* und die *Grünen* stimmten dagegen. Die *Angestellten* der Bank sind unsere *Bekannten.* Die *Reisenden* nach Hongkong bitte zur Abfertigung. Hast du schon das *Neueste* gehört?

Adjektive ohne Deklinationsformen:	
– Grundzahlwörter ab *zwei;*	*sieben* Raben; die *sieben* Raben; von *sieben* Raben
– Ableitungen von Orts- und Ländernamen;	die Türme des *Ulmer* Münsters;
– Adjektive wie *super, fit, egal, klasse;* nur wenige von ihnen können als Beifügung stehen;	ein *super* Essen; ein *klasse* Auto.
– Farbadjektive wie *rosa, lila, orange.*	Er packt das Buch in *rosa* Geschenkpapier.

Die Steigerung des Adjektivs

Viele Adjektive können Vergleichs- oder Steigerungsformen bilden. Man unterscheidet: **Grundstufe** (Positiv: *schnell*), **Höherstufe** (Komparativ: *schneller*) und **Höchststufe** (Superlativ: *am schnellsten*). An *-er* und *-st* treten die üblichen Endungen, wenn das Adjektiv attributiv bei einem Substantiv steht.

Gebrauch der Vergleichsformen:	
– Positiv: Eine Eigenschaft ist bei den verglichenen Personen oder Gegenständen in gleichem Maße vorhanden;	Klaus ist *so* *alt* *wie* Peter.
– Komparativ: drückt den ungleichen (höheren oder niedrigeren) Grad einer Eigenschaft aus;	Maria ist *älter* *als* Claudia.
– Superlativ: drückt den höchsten Grad einer Eigenschaft aus oder, wenn kein Vergleich zugrunde liegt, ganz allgemein einen sehr hohen Grad (Elativ).	Er ist der *jüngste* von drei Brüdern. Das ist das *Neueste*, was es auf dem Markt gibt. Der Betrieb arbeitet mit *modernsten* Maschinen.

Bei manchen Adjektiven werden durch die Steigerung lautliche Veränderungen bedingt; *gut* bildet die Höher- und Höchststufe in einem anderen Wortstamm *(gut, besser, best)*.				
	-er, -st	tief	tiefer	tiefste
	-er, -st, Umlaut	warm	wärmer	wärmste
	-er, -st, Umlaut und Konsonantenwechsel	hoch nah	höher näher	höchste nächste
	-er, -st, e-Ausfall	dunkel	dunkler	dunkelste
	-er, -est	heiß	heißer	heißeste
	-er, -est, Umlaut	kalt	kälter	kälteste

Adjektive ohne Vergleichsformen: Bei vielen Adjektiven ist eine Steigerung nur möglich, wenn sie in übertragener Bedeutung zur Kennzeichnung einer Eigenschaft (z. B. das *lebendigste* Kind = das *lebhafteste* Kind) oder in bestimmten Kontexten umgangssprachlich gebraucht werden (z. B. *Das neue Programm ist noch optimaler als der Vorgänger.*).		
	»absolute« Adjektive	tot, lebendig, stumm, blind, kinderlos
	Adjektive, die bereits einen höchsten Grad ausdrücken	maximal, minimal, optimal, total, absolut, erstklassig
	Formadjektive	rund, viereckig, quadratisch, kegelförmig
	Beziehungsadjektive	karibisch, wirtschaftlich, dortig, jetzig
	Zahladjektive	drei, halb, siebenfach, ganz, einzig

Die Wortbildung des Adjektivs

Die weitaus meisten Adjektive sind abgeleitete *(un-schön, berg-ig, zeit-lich)* oder zusammengesetzte *(hell-rot, stein-hart, bären-stark)* Adjektive. Daneben gibt es solche, die aus Fügungen »zusammengebildet« sind (ein *viertüriges* Auto = ein Auto *mit vier Türen*).

1. Ableitungen von Adjektiven:	
– mithilfe von Vorsilben (Präfixen);	atypisch, intolerant, unzufrieden, erzkonservativ, uralt;
– mithilfe von Nachsilben (Suffixen).	dehnbar, hölzern, seiden, fehlerhaft, sandig, italienisch, gewerblich, reparabel, katastrophal, formell, intensiv.

2. Zusammensetzungen: – Sie bestehen aus zwei (selten mehr) Wörtern, wovon das zweite immer ein Adjektiv (oder Partizip) ist. – Meist wird der zweite Bestandteil (das Adjektiv) durch das vorangehende Wort näher bestimmt.	Verb + Adjektiv: röst-frisch, koch-fertig, denk-faul; Adjektiv + Adjektiv: hell-rot, bitter-böse, nass-kalt; Substantiv + Adjektiv: stein-hart, wetter-fest; steinhart = hart wie Stein, kochfertig = fertig zum Kochen, denkfaul = faul im Denken;
– Bei einigen Adjektiv-Adjektiv-Zusammensetzungen sind die Teile einander gleichgeordnet.	nasskalt (= nass und kalt), taubstumm, dummdreist, feuchtwarm, wissenschaftlich-technisch.

Steigerung zusammengesetzter Adjektive: – Der erste Teil (Bestimmungswort) wird gesteigert, wenn beide Glieder noch ihre Bedeutung tragen. In diesen Fällen wird getrennt geschrieben.	ein *schwerwiegender* Grund – ein noch *schwerer wiegender* Grund – der *am schwersten wiegende* Grund;
– Das Grundwort wird in die Steigerungsform gesetzt, wenn die Zusammensetzung einen einheitlichen, neuen Begriff bildet.	in *altmodischster* Kleidung; die *weittragendsten* Entscheidungen; die *hochfliegendsten* Pläne; *zartfühlender* sein.

Die Verwendung des Adjektivs im Satz

Adjektive können als Beifügung zu einem Substantiv (attributiv), in Verbindung mit *sein, werden* und ähnlichen Verben (prädikativ) und in Verbindung mit anderen Verben (adverbial) gebraucht werden.

Als Attribut steht das Adjektiv – in der Regel vor dem Substantiv und wird dekliniert; – gelegentlich hinter dem Substantiv und undekliniert.	ein *trockener* Wein; die *bunten* Bilder; *blaue* Augen; Whisky *pur;* Röslein *rot.*

Adjektive in Verbindung mit *sein, werden* und ähnlichen Verben: – Das Adjektiv ist Artergänzung und wird nicht dekliniert. – Bei Adjektiven in der Höchststufe wird das Adjektiv dekliniert und mit Artikel gebraucht.	Sie ist *neugierig.* Es wird *dunkel.* Er blieb *freundlich.* Die Westküste ist die *schönste.* Dieses Foto ist das *neueste.*
Adjektive bei anderen Verben: – Das Adjektiv ist nicht notwendige Artangabe und wird nicht dekliniert.	Der Vater liest *laut* vor. Sie spricht *leise.* Sie hatte ihn *sehnsüchtig* erwartet. Sie lag *ohnmächtig* da.

Adjektive können oder müssen in Verbindung mit bestimmten Verben eine Ergänzung zu sich nehmen. Man unterscheidet:

– Adjektive mit einer Ergänzung im Genitiv;	*einer Sache* schuldig, bewusst, eingedenk, gewiss sein;
– Adjektive mit einer Ergänzung im Dativ;	*jemandem* behilflich, bekömmlich, ähnlich, bekannt sein;
– Adjektive mit einer Ergänzung im Akkusativ;	*eine Sache* wert sein; *jemanden* leid sein;
– Adjektive mit einer Ergänzung, die mit einer Präposition angeschlossen wird;	*auf etwas* angewiesen, gespannt sein; *bei jemandem* beliebt sein; *für jemanden* nachteilig sein;
– Adjektive mit einer Ortsergänzung.	*irgendwo* wohnhaft, beheimatet, tätig sein.

Das Adverb (Umstandswort)

Adverbien beziehen sich auf einzelne Wörter, Wortgruppen oder auf den ganzen Satz. Sie bezeichnen die Umstände eines Geschehens. Adverbien gehören zu den undeklinierbaren Wortarten. Nur einige wenige Adverbien können gesteigert werden. Die wichtigsten Arten von Adverbien sind:

Lokaladverbien/ Umstandswörter des Ortes	wo? wohin? woher?	da, daher, dorthin, hierher, drinnen, innen, vorn, links, oben, unten, vorwärts, unterwegs …
Temporaladverbien/ Umstandswörter der Zeit	wann? seit wann? bis wann? wie lange?	jetzt, nie, jemals, niemals, bald, stets, immer, einst, bisher, neuerdings, allezeit, heute, morgen, winters, zeitlebens, jahrelang, vorher …
Modaladverbien/ Umstandswörter der Art und Weise	wie? wie sehr? auf welche Art und Weise	allein, zusammen, umsonst, beinahe, fast, genau, gewiss, nur, gern, durchaus, leider, möglicherweise, etwa, wohl, kopfüber …
Kausaladverbien/ Umstandswörter des Grundes	warum? weshalb? wozu? wodurch? worüber?	daher, darum, deswegen, demzufolge, folglich, dadurch, deshalb …

Wortbildung des Adverbs

1. Ableitung von Adverbien: mithilfe von Nachsilben (Suffixen).	morgens, abends, anfangs, frühestens; ostwärts, talwärts; glücklicherweise, seltsamerweise; zugegebenermaßen.
2. Zusammengesetzte Adverbien: Größte Gruppe sind die Adverbien, die aus *da, hier, wo* und einer Präposition gebildet sind. Beginnt die Präposition mit einem Vokal, wird an *da* und *wo* ein *r* angefügt.	daran, dabei, dahinter, danach, darüber, dazwischen; hierauf, hierdurch, hierfür, hiermit, hierunter, hiervor; voraus; wobei, worin, worüber, wovon, wozu.

Pronominaladverbien (Präpositionaladverbien)

Pronominaladverbien wie *darauf, hierüber* etc. werden häufig wie bestimmte Pronomen stellvertretend für eine bestimmte Substantivgruppe (mit Präposition) gebraucht. Man unterscheidet:

Präpositionaladverb (Bezug auf Sachen):	**Präposition + Pronomen (Bezug auf Personen):**
Wir diskutieren gerade über die Pausenregelung. Wissen Sie etwas Genaueres *darüber?* Kann ich mich *darauf* verlassen, dass die Arbeit morgen fertig ist? *Hiermit* will ich nichts zu tun haben.	Wir sprechen gerade über den neuen Chef. Wissen Sie etwas Genaueres *über ihn?* Er ist eine gute Kraft. *Auf ihn* kann man sich verlassen. *Mit dem/ihm/denen* … will ich nichts zu tun haben.

Steigerung von Adverbien

Nur einige wenige Adverbien haben Steigerungs- oder Vergleichsformen. Meist werden die Höher- und die Höchststufe von einem anderen Wortstamm als dem der Grundstufe gebildet.	oft bald gern sehr wohl (= gut)	öfter eher lieber mehr besser/wohler	am öftesten/häufigsten am ehesten am liebsten am meisten am besten/wohlsten

Verwendung des Adverbs im Satz

– als selbstständiges Satzglied (adverbiale Bestimmung), wenn es sich auf das Verb oder den ganzen Satz bezieht;	*Hier* entstehen fünf Neubauten. *Gestern* hat es geregnet. Ich konnte *leider* nicht kommen. Warum sagst du mir das *jetzt*?
– als Attribut, wenn es einzelnen Wörtern oder Wortgruppen zugeordnet ist; – als Attribute können Adverbien vor- oder nachgestellt werden.	Sie ist *sehr* nett. *Bald* nach dem Vorfall ist sie weggezogen. Die Läden schließen hier *schon* um 18 Uhr. *So* einfach ist das nicht. Die Vorstellung *gestern* war ausverkauft. Die zweite Straße *links* führt zum Bahnhof. In dem Haus *dort* haben wir früher gewohnt.
– Bei Präpositionalgruppen, die eine Zahlangabe enthalten, können Gradadverbien auch innerhalb der Fügung, hinter der Präposition stehen.	Ich bin in *spätestens* zwei Tagen/*spätestens* in zwei Tagen zurück. Sie kommt in *frühestens/frühestens* in zwanzig Minuten zurück.

Präpositionen (Verhältniswörter)

Präpositionen sind ihrer Form nach unveränderlich. Sie treten immer mit einem anderen Wort, in der Regel einem Substantiv oder Pronomen auf, dessen Fall sie bestimmen (»regieren«). Viele Präpositionen können auch zwei Fälle »regieren«. Präpositionen stehen meist vor dem regierten Wort. Zusammen mit diesem bilden sie die Präpositionalgruppe. Man kann vier Hauptbedeutungsgruppen unterscheiden:

1. Ort (lokal):	*an* (der Grenze), *auf* (dem Hof), *aus* (Frankreich), *in* (der Stadt), *neben* (dem Haus), *über* (den Wolken), *vor* (der Baustelle);
2. Zeit (temporal):	*an* (diesem Tage), *in* (der nächsten Woche), *seit* (zwei Jahren), *um* (12 Uhr), *während* (des Krieges);
3. Grund, Folge, Zweck u. a. (kausal):	*wegen* (Bauarbeiten), *dank* (seiner Hilfe), *aus* (Mitleid), *durch* (Neugierde), *zu* (Ihrer Information);
4. Art und Weise (modal):	*ohne* (mein Wissen), *mit* (ihrer Zustimmung), *gemäß* (den Vorschriften), *gegen* (seinen Rat).

Die wichtigsten Präpositionen und ihre Rektion

ab **Dat./Akk.**	bis **Akk.**	inklusive **Gen./Dat.**	um – willen **Gen.**
abseits **Gen.**	dank **Gen./Dat.**	inmitten **Gen.**	ungeachtet **Gen.**
abzüglich **Gen./Dat.**	diesseits **Gen.**	innerhalb **Gen./Dat.**	unter **Dat./Akk.**
an **Dat./Akk.**	durch **Akk.**	jenseits **Gen.**	unterhalb **Gen.**
angesichts **Gen.**	einschließlich **Gen./Dat.**	kraft **Gen.**	von **Dat.**
anhand **Gen.**	entgegen **Dat.**	längs **Gen./Dat.**	vor **Dat./Akk.**
anlässlich **Gen.**	entlang **Gen./Dat./Akk.**	laut **Gen./Dat.**	während **Gen./Dat.**
(an)statt **Gen./Dat.**	entsprechend **Dat.**	mangels **Gen./Dat.**	wegen **Gen./Dat.**
anstelle **Gen.**	exklusive **Gen./Dat.**	mit **Dat.**	wider **Akk.**
auf **Dat./Akk.**	für **Akk.**	mittels **Gen./Dat.**	zeit **Gen.**
aufgrund **Gen.**	gegen **Akk.**	nach **Dat.**	zu **Dat.**
aus **Dat.**	gegenüber **Dat.**	neben **Dat./Akk.**	zufolge **Gen./Dat.**
ausschließlich **Gen./Dat.**	gemäß **Dat.**	oberhalb **Gen.**	zuliebe **Dat.**
außer **Dat.**	halber **Gen.**	ohne **Akk.**	zu(un)gunsten **Gen.**
außerhalb **Gen./Dat.**	hinsichtlich **Gen./Dat.**	seit **Dat.**	zuzüglich **Gen./Dat.**
bei **Dat.**	hinter **Dat./Akk.**	trotz **Gen./Dat.**	zwischen **Dat./Akk.**
bezüglich **Gen./Dat.**	in **Dat./Akk.**	über **Dat./Akk.**	
binnen **Gen./Dat.**	infolge **Gen.**	um **Akk.**	

Präpositionen mit unterschiedlicher Rektion

lokal: mit Dativ (Ort, wo?) mit Akkusativ (Richtung, wohin?)	Das Bild hängt an der Wand. Sie hängt das Bild an die Wand.	an, auf, hinter, in, neben, über, unter, vor, zwischen
lokal: mit Dativ **temporal:** mit Dativ oder Akkusativ	ab unserem Werk; ab erstem/ersten Juli;	ab
im Allgemeinen mit Genitiv; mit Dativ, wenn Wortformen nicht als Genitiv erkennbar sind oder die Präpositionalgruppe einen weiteren Genitiv enthält.	abzüglich der bezahlten Kosten; abzüglich Steuerfreibeträgen; während Herrn Meiers langem Vortrag.	abzüglich, zuzüglich, ausschließlich, einschließlich, außerhalb, innerhalb, mangels, mittels, trotz, während, wegen

– Präpositonen, die den gleichen Fall regieren, können gereiht und auf ein Substantiv oder Pronomen bezogen werden.	Sie suchte *in und unter dem Schrank. Vor, hinter und neben dem Minister* drängten sich die Reporter. *Diesseits und jenseits der Grenze* herrschte reger Verkehr.
– Bei unterschiedlicher Rektion wählt man den Fall der zuletzt stehenden Präposition.	Kommt ihr *mit oder ohne* (+ Akk.) *Kinder?* Sie kommen *teils ohne, teils mit* (+Dat.) *Kindern.*

Die Stellung der Präposition

– Die meisten Präpositionen stehen vor dem regierten Wort.	*für* mich, *nach* Feierabend, *im Auto;*
– Einige Präpositionen können vor oder hinter dem regierten Wort stehen.	*wegen* der Kinder/der Kinder *wegen, nach* meiner Meinung/meiner Meinung *nach, entlang* dem Fluss/des Flusses (Dativ/Gen.)/den Fluss *entlang* (Akk.);
– Einige wenige Präpositionen werden nur nachgestellt; »Doppelpräpositionen« umschließen das regierte Element.	dem Pressesprecher *zufolge,* der Wahrheit *halber; um* des lieben Friedens *willen, von* morgen *an.*

Verschmelzung von Präposition und Artikel

– Einige Präpositionen können mit Formen des Artikels zu einer Wortform verschmelzen.	an/in + dem → am/im, bei + dem → beim, an/in + das → ans/ins, von + dem → vom, zu + dem/der → zum/zur;
– In vielen Fügungen und festen Wendungen sind nur die verschmolzenen Formen möglich.	*am schönsten* sein, *zum Tanzen* auffordern, *im Juli* beginnen, *aufs Ganze* gehen, *hinters Licht* führen.

Konjunktionen (Bindewörter)

Konjunktionen gehören zu den unveränderlichen Wörtern. Sie verbinden Sätze und Teile von Sätzen miteinander. Es gibt nebenordnende Konjunktionen *(und, oder, aber, denn)* und unterordnende Konjunktionen *(weil, obwohl, dass, ob)*. Konjunktionen stellen eine bestimmte inhaltliche Beziehung zwischen den verbundenen Sätzen bzw. Satzteilen her. Neben einfachen Konjunktionen wie *oder, aber, ob* gibt es mehrteilige wie z. B. *sowohl – als auch, entweder – oder.*

Nebenordnende Konjunktionen (s. o.) verbinden: – gleichrangige Haupt- und Nebensätze;	Es klingelte an der Tür, *aber* sie machte nicht auf. Wir hoffen, dass es dir gut geht *und* (dass) dir der Aufenthalt gefällt.
– Wortgruppen;	*Sowohl* in Rom *als auch* in Paris; durch List *oder* durch Gewalt;
– Wörter;	auf *und* ab; arm, *aber* glücklich; rechts *oder* links;
– Wortteile.	West- *und* Osteuropa; be- *oder* entladen.
Zu den nebenordnenden Konjunktionen gehören *als* und *wie*, wenn sie bei den Vergleichsformen des Adjektivs stehen.	Er ist ein besserer Schüler *als* sein Freund. Heute ist das Wetter nicht so schön *wie* gestern.
Unterordnende Konjunktionen: – Unterordnende Konjunktionen wie *dass, weil, nachdem, bis* schließen immer einen Nebensatz an einen Hauptsatz an;	Er konnte nicht glauben, *dass* das schon die Entscheidung gewesen sein sollte. Es dauerte lange, *bis* das nächste Tor fiel.
– *um zu, ohne zu, (an)statt zu* leiten Nebensätze ein, in denen das Verb im Infinitiv steht.	Die Mannschaft kämpfte, *um* das Spiel *herumzureißen.* Sie kämpfte, *ohne* zum Erfolg *zu kommen.*

Bei den **nebenordnenden Konjunktionen** unterscheidet man vier Bedeutungsgruppen:	Reihung, Zusammenfassung:	und, (so)wie, sowohl – als/wie, sowohl – als auch/ wie auch;
	verschiedene Möglichkeiten:	oder, entweder – oder, bzw. (= beziehungsweise);
	Gegensatz, Einschränkung:	aber, (je)doch, allein, sondern;
	Grund:	denn.
Die wichtigsten Bedeutungsgruppen der **unterordnenden Konjunktionen** sind:	Zeit (temporal):	als, nachdem, bis, während, ehe, bevor, sobald, solange, wenn;
	Grund (kausal):	weil, da, zumal;
	Zweck (final):	damit, dass, um zu;
	Bedingung (konditional):	wenn, falls, sofern, soweit;
	Gegensatz (konzessiv):	obwohl, obgleich, obschon, wenn auch;
	Art und Weise (modal):	indem, wie, als ob, ohne dass;
	ohne eigene Bedeutung:	dass, ob.

Interjektionen (Ausrufe-, Empfindungswörter)

Interjektionen stellen eigene, selbstständige Äußerungen dar und stehen im Satz isoliert. Sie kommen vor allem in gesprochener Sprache vor und drücken oft eine Empfindung oder eine Haltung des Sprechers aus (Überraschung, Freude, Überlegen, Zögern, Schreck). Man unterscheidet:

– Empfindungswörter;	ach, ah, au, hurra, igitt, oh;
– Aufforderungswörter;	hallo, he, heda, tschüs, dalli, hü, pst;
– Lautnachahmungen;	haha, hatschi, miau, kikeriki, peng, klirr;
– Gesprächswörter;	hm, ja, aha, genau, richtig, bitte?, was?
– Antwortpartikel.	ja, nein.

Der Satz

Sätze sind selbstständige sprachliche Einheiten, aus denen Texte bestehen. Nach Form und Äußerungsabsicht unterscheidet man:

Aussagesätze: In Aussagesätzen steht die Personalform des Verbs an zweiter Stelle.	Wir *fahren* heute Nachmittag nach Frankfurt. Stephan *kommt* heute aus Rostock zurück. Das *ist* ja toll!
Fragesätze: – Entscheidungsfragen (Antwort: ja/nein) beginnen mit der Personalform des Verbs; – Ergänzungsfragen (Antwort: Einzelheiten zu einem Sachverhalt) beginnen mit einem Fragewort.	*Fährst* du zum Zoo? *Kann* ich auch mitkommen? *Womit* fahrt ihr denn? *Über wen* sprecht ihr?
Aufforderungssätze: – Sie beginnen mit der Befehlsform (Imperativ) des Verbs. – Bezieht sich der Sprecher in die Aufforderung mit ein oder siezt er die angesprochene Person, steht das Verb im Konjunktiv I Präsens. – Bei allgemeinen Aufforderungen steht das Verb meist im Infinitiv.	*Fahr* doch endlich! *Seid* möglichst pünktlich! *Seien* wir doch ganz ehrlich! *Seien* Sie unbesorgt! Vor Gebrauch *schütteln!*

Gesamtsatz und Teilsatz

Der Sprecher kann in einfachen Sätzen (Einzelsätzen) oder aber in zusammengesetzten Sätzen sprechen, wenn er komplizierte Zusammenhänge (z. B. Begründung für ein Geschehen) ausdrücken will. Diese Gesamtsätze bestehen aus Teilsätzen (Hauptsatz [Trägersatz] und Nebensatz [Gliedsatz]).

Nebensätze sind durch Wörter wie *weil, als, nachdem* an einen anderen Satz gebunden oder gefügt; die gebeugte Form des Verbs (Personalform) steht am Satzende. Sie können nicht ohne den Hauptsatz, an den sie gebunden sind, gebraucht werden. Der Nebensatz kann dem Hauptsatz nachgestellt (a), vorangestellt (b) oder in ihn eingeschoben sein (c).	a) Er kam nach Mannheim zurück, *nachdem er drei Wochen in Rom gewesen war.* b) *Nachdem er drei Wochen in Rom gewesen war,* kam er nach Mannheim zurück. c) Er kam, *nachdem er drei Wochen in Rom gewesen war,* nach Mannheim zurück.

Bauteile des Satzes

Ein Satz besteht aus Bauteilen (Satzgliedern), die in bestimmter Weise zusammengefügt sind. Die Satzglieder kann man mit der **Verschiebeprobe** oder der **Umstellprobe** ermitteln. Satzglieder sind in der Regel diejenigen Teile des Satzes, die man innerhalb des (Aussage)satzes als selbstständige Teile oder Blöcke verschieben kann. Sie sind mit Wörtern und Wortgruppen austauschbar, die im Satz an derselben Satzgliedstelle gebraucht werden können **(Ersatzprobe)**. Sie bestehen aus Einzelwörtern oder Wortgruppen.

Verschiebeprobe:	*Nach einer Weile* *Pauls Schwester*	kommt kommt	*Pauls Schwester.* *nach einer Weile.*
Ersatzprobe: Die Ersatzprobe zeigt, dass ein Satzglied immer nur durch ein Satzglied der gleichen Art ersetzt werden kann.	Pauls Schwester Elke Sie	kommt kommt kommt	nach einer Weile. später. in einer Stunde.

Die Satzaussage (Prädikat)

Der Satzteil, der durch die Personalform des Verbs vertreten wird und bei der Verschiebeprobe seinen festen Platz behält, heißt **Satzaussage (Prädikat).** In der Prädikatsrolle stehen Verben, die nach Person und Zahl mit dem **Satzgegenstand (Subjekt)** übereinstimmen (grammatische Kongruenz). Die Personalform des Verbs drückt aus, was in der Prädikatsrolle geschieht (geschehen ist/wird/soll etc.), was jemand tut.

		Personalform		**Restform** (Infinitive/Verbzusatz)
Das Prädikat kann einteilig oder mehrteilig sein.		*hilft*		–
		hat		*geholfen.*
	Peter	*will*	seinem Vater	*helfen.*
		pflegt		*zu helfen.*
		hilft		*aus.*

Der Satzgegenstand (Subjekt)

Mit dem Prädikat wird etwas über denjenigen Teil des Satzes ausgesagt, der auf die Frage *wer?/was?* antwortet. Die *Wer?/Was?*-Rolle heißt **Satzgegenstand (Subjekt).**

Das Subjekt kann aus einem Nomen, Pronomen oder einer Substantivgruppe bestehen.	*Der Lehrer/Er/Sie/Man*	niest.
	Ein erkälteter Mensch	
	Ein Mensch, der Schnupfen hat,	
	Der Leiter der Schule	
	Jeder in der Klasse	
Das Subjekt kann auch aus einem ganzen Satz bestehen **(Subjektsatz).**	*Ob er kommt/Dass er kommt,*	interessiert uns nicht.
	Wann er kommt,	
	Wen er besuchen will,	

Das Prädikat und seine Ergänzungen

Die Satzglieder, die Subjekt und Prädikat zu einem Satz vervollständigen, nennt man **Ergänzungen.** Grundsätzlich hängt es vom Verb ab, wie viele und welche Ergänzungen nötig sind, damit ein vollständiger Satz entsteht. Verben ohne Ergänzungen nennt man **absolute Verben,** Verben mit einer oder mehreren Ergänzungen nennt man **relative Verben,** Verben mit Akkusativergänzung nennt man **transitiv,** alle anderen **intransitiv.**

Akkusativergänzung (Akkusativobjekt) (Fragewort: wen?/was?): Als Akkusativergänzungen kommen vor allem Substantivgruppen und Pronomen vor, bei bestimmten Verben auch Nebensätze. Einige Verben können nur mit einer »persönlichen« Akkusativergänzung stehen.	Der Junge ruft *den Hund/die Kinder/ihn.* Ich weiß, *dass er teilnimmt/was los ist.* *Mich* friert. Es ekelt *ihn.*
Dativergänzung (Dativobjekt) (Fragewort: wem?): Als Dativergänzungen kommen fast nur Substantivgruppen und Pronomen vor.	Sie hilft *ihrem Freund/den wilden Tieren/ihm.*

Dativ- und Akkusativergänzung: Die Akkusativergänzung ist in einem Satz mit mehreren Ergänzungen notwendiger Bestandteil; auf das Dativobjekt kann verzichtet werden.	Peter zeigt (wem?) *Frank* / *dem Vater* / *ihm/ihr* / *seiner Klasse* (was?) *das Buch.* / *das Bild.* / *den Bären.* / *Berlin.*
Genitivergänzung (Genitivobjekt) (Fragewort: wessen?): Nur wenige Verben stehen mit einer Genitivergänzung. Als Genitivergänzung kommen Substantivgruppen und Pronomen vor, selten auch Nebensätze (Infinitivsätze).	Wir gedenken *unserer Verstorbenen/seiner.* Er enthielt sich *eines Urteils.* Er befleißigt sich *liebenswürdig zu sein.*
Ergänzung mit einer Präposition (Präpositionalobjekt) (Präposition + Fragewort): Als Präpositionalergänzung kommen vor allem Präpositionalgruppen und Pronominaladverbien vor. Bei einigen Verben steht es dem Sprecher frei, ob er das Objekt mit oder ohne Präposition anschließen will.	Die Spieler warten *auf den Anpfiff.* Er begnügt sich *damit,* dass er schweigt. Können wir uns *darauf* verlassen? Er beginnt *mit der Arbeit/die Arbeit.* Sie vertraut *auf ihn/ihm.*
Gleichsetzungsergänzung (Gleichsetzungsnominativ) (Fragewort: was?):	Inge ist (bleibt/wird ...) *Vorsitzende.*
Adverbiale Ergänzungen: – Raumergänzungen (Fragewort: wo?, wohin?, woher?); – Zeitergänzungen (Fragewort: wann?); – Artergänzungen (Fragewort: wie?).	Sein Onkel wohnt *in Bremen*/fährt *nach Hamburg*/kommt *aus München.* Das Unglück geschah *frühmorgens.* Die Lage ist *ernst.*

Angaben (Umstandsangaben/adverbiale Bestimmungen)

Der Sprecher kann in einen Satz, in dem alle notwendigen Rollen besetzt sind, zusätzlich Angaben einfügen, die das Verb oder den ganzen Satz genauer bestimmen. Im Gegensatz zu den adverbialen Ergänzungen, die vom Verb gefordert werden und notwendige Satzglieder sind, handelt es sich bei den adverbialen Angaben um freie Satzglieder. Man unterscheidet vier Hauptgruppen von Angaben:

Raumangaben	Ort	wo?	Sie traf ihn *auf dem Markt.*
	Richtung	wohin?	Sie verschwand *ins Freie.*
	Herkunft	woher?	Er kam *aus der Dunkelheit* zurück.
	Entfernung	wie weit?	Er ist *den ganzen Weg* zu Fuß gegangen.
Zeitangaben	Zeitpunkt	wann?	*Eines Tages* stand sie einfach vor der Tür.
	Wiederholung	wie oft?	Er läuft *jeden Tag* diese Strecke.
	Erstreckung	wie lang?/seit/bis wann?	Sie arbeitet *ein ganzes Jahr/seit einem Jahr/bis 16 Uhr.*

Angaben des Grundes	Grund/Ursache	warum?	Er tötete sie *aus Eifersucht.* Er starb *an seinen Verletzungen.*
	Bedingung	in welchem Fall? / unter welcher Bedingung?	*Bei Regen/Unter diesen Umständen* kommt er nicht.
	Folge	mit welcher Folge? / mit welchem Ergebnis?	Er weinte *zum Steinerweichen.*
	Folgerung	aufgrund welcher Prämisse?	*Angesichts des Wetters* gehen wir nicht. *Bei seinem Einkommen* kann er sich das leisten.
	Zweck	wozu? / in welcher Absicht?	Wir fahren *zur Erholung* ans Meer.
	(wirkungsloser) Gegengrund	mit welcher Einräumung? / trotz welchen Umstands?	*Trotz/Ungeachtet des Regens* kam er.
Angaben der Art und Weise	Beschaffenheit	wie?	Er geht *sehenden Auges* ins Unglück.
	Quantität	wie viel?	Otto arbeitet *genug/zu wenig.*
	Grad/Intensität	wie sehr?	Er peinigt mich *bis aufs Blut.*
	graduelle Differenz	um wie viel?	Der Index ist *um fünf Punkte* gestiegen.
	stoffliche Beschaffenheit	woraus?	Er schnitzt *aus Holz* eine Figur.
	Mittel/Werkzeug	womit/wodurch?	Er schneidet das Brot *mit dem Messer.*
	Begleitung	mit wem?	Sie fährt *mit ihrem Mann* nach Hamburg.

Die Wortstellung

Die Bedeutung eines Satzes ergibt sich aus seinen einzelnen Teilen und ihrer Anordnung (Wortstellung). Damit ist nicht die Stellung einzelner Wörter, sondern die **Satzgliedstellung** und die Stellung des Prädikats gemeint.

Im Unterschied zu anderen Sprachen hat das Deutsche eine relativ freie Wortstellung.	*Heute* liefert die Spedition die neuen Möbel an. Die Spedition liefert *heute* die neuen Möbel an. Die Spedition liefert die neuen Möbel *heute* an.

Die Stellung des Prädikats und die Satzklammer

Im einfachen Aussagesatz steht als zweites Satzglied die Personalform (finite Form) des Verbs. Ändert man die Zweitstellung der Personalform des Verbs im Satz, verändert sich auch die Satzart.

	Fragesatz Aufforderungssatz	**Aussagesatz**	**Gliedsatz**
Spitzenstellung	*Kommt* Elke später? *Komm* später, Elke!		
Zweitstellung		Elke *kommt* später.	
Endstellung			(Ich vermute,) dass Elke später *kommt.*

Man nennt die auseinander tretenden Prädikatsteile die **Satzklammer (Verbklammer).** In den Nebensätzen besteht sie aus der einleitenden Konjunktion und dem Prädikat.	*Ist* er heute wieder nicht *erschienen?* ... *weil* er heute wieder nicht *erschienen ist.*

Nebensätze

Nebensätze sind Sätze, die einen Satzteil eines anderen Satzes vertreten. Sie können nicht für sich allein stehen, sind dem Hauptsatz untergeordnet und bilden mit ihm zusammen eine Äußerung. Nach der Form (abhängend vom Einleitungswort des Nebensatzes) unterscheidet man Konjunktionalsätze, Relativsätze, indirekte Fragesätze und Infinitiv- und Partizipialsätze. Je nachdem, welchen Teil des Hauptsatzes die Nebensätze vertreten, unterscheidet man Ergänzungssätze, Adverbialsätze und Attributsätze.

Konjunktionalsätze, Relativsätze, Fragesätze, Infinitiv- und Partizipialsätze

– Konjunktionalsatz (Einleitungswort: Konjunktion);	Es ist nicht sicher, *ob er spielen kann.*
– Relativsatz (Einleitungswort: Relativpronomen);	Siehst du den Mann, *der dort arbeitet?*
– indirekter Fragesatz, *w*-Satz (Einleitungswort: *w*-Wort);	Ich habe alles gesagt, *was ich weiß.* Zeig ihm, *wie man das Schloss ausbaut.* Weiß jemand, *wo die Küche ist?*
– Infinitivsatz;	*Vater werden* ist nicht schwer. Ich freue mich *euch wieder zu sehen.*
– Partizipialsatz.	*Vor Anstrengung keuchend* konnte er nichts sagen.

Ergänzungssätze

Ergänzungssätze stehen anstelle eines notwendigen Satzgliedes im Hauptsatz. Man unterscheidet Subjektsätze und Objektsätze. Am häufigsten kommen Objektsätze anstelle einer Akkusativergänzung vor.

– Subjekt (wer oder was?);	*Dass du mich besuchen willst,* freut mich. *Ob er kommt,* ist völlig ungewiss.
– Akkusativergänzung (wen oder was?);	Er sagt, *dass er krank sei.* Ich weiß, *wo sie wohnt.* Sie beschloss, *eine Pause zu machen.* Er sagte, *Peter sei krank.* Ich glaube, *sie wohnt in Berlin.*
– Genitivergänzung (wessen?);	Peter rühmt sich, *dass er unschlagbar sei.* Peter rühmt sich *unschlagbar zu sein.*
– Dativergänzung (wem?);	Sie hilft nur, *wem sie helfen will.*
– Präpositionalergänzung;	Er kümmert sich darum, *dass nichts verloren geht.*
– Gleichsetzungsergänzung.	Peter ist [das], *was er schon immer war.*

Adverbialsätze

Ein Adverbialsatz liegt vor, wenn eine adverbiale Angabe (Umstandsangabe) in Form eines Satzes auftritt. Man unterscheidet:

Temporalsätze: Zeitform des Verbs und bestimmte Konjunktionen zeigen an, ob das Geschehen des Nebensatzes	
– vor dem Hauptsatzgeschehen liegt (Vorzeitigkeit: *nachdem, als, seit[dem]*);	*Nachdem er die Bestellung zusammengestellt hat,* füllt er den Lieferschein aus.
– parallel zum Hauptsatzgeschehen abläuft (Gleichzeitigkeit: *als, während, wenn, wie, sobald, solange*);	*Als er das Fenster öffnete,* verursachte er einen gewaltigen Durchzug.
– nach dem Hauptsatzgeschehen abläuft (Nachzeitigkeit: *bevor, ehe, bis*);	*Bevor wir verreisen,* müssen wir noch manches erledigen.
Kausalsätze (Begründungssätze): – Kausalsätze werden mit *weil* oder *da* eingeleitet.	Er kann nicht kommen, *weil er keine Zeit hat.* *Da er verreist war,* konnte er nicht kommen.

Konditionalsätze (Bedingungssätze): – Konditionalsätze werden vor allem mit *wenn* und *falls* eingeleitet.	*Wenn das wahr ist,* dann müssen wir uns beeilen. *Falls die Tür geschlossen ist,* geh durch den Hof.
Konzessivsätze (Einräumungssätze): – Konzessivsätze werden mit *obwohl, obgleich, obschon, wenn auch* eingeleitet.	*Obwohl/Obgleich er nur wenig Zeit hatte,* kam er. Sie geht ins Büro, *obwohl/obgleich sie krank* ist.
Konsekutivsätze (Folgesätze): – Konsekutivsätze stehen immer hinter dem Hauptsatz; einleitende Konjunktion ist vor allem *(so)dass.*	Sie sangen, *dass sie heiser wurden.* Die Sonne blendete ihn, *sodass er nichts sah.*
Finalsätze (Absichtssätze): – Finalsätze werden meist mit *damit* oder *um zu + Infinitiv* eingeleitet.	Er beeilte sich, *damit er pünktlich war.*
Modalsätze: – Modalsätze sind Nebensätze, die die Art und Weise, auch das Mittel oder die Begleitumstände einer Handlung erläutern; die typische Konjunktion ist *indem.* Zu den Modalsätzen zählen auch Vergleichssätze.	Er begrüßte ihn, *indem er sich verbeugte.* Er machte sich bemerkbar, *indem (dadurch, dass) er schrie.* Er ist so groß, *wie sein Vater ist.*

Attributsätze

Ein Attributsatz ist ein Nebensatz, der nicht ein ganzes Satzglied, sondern nur einen Teil, und zwar ein Attribut (Beifügung), vertritt.

Relativsatz: Der Relativsatz ist die wichtigste Form des Attributsatzes; er wird durch ein Relativpronomen eingeleitet, das in Geschlecht und Zahl mit der Beifügung des Hauptsatzes übereinstimmt und sich im Fall (Kasus) nach dem Verb des Relativsatzes richtet; der Relativsatz steht unmittelbar hinter dem Bezugswort. Manche Relativsätze drücken einen neuen Gedanken aus, der sich auf den gesamten im Hauptsatz genannten Sachverhalt bezieht **(weiterführender Relativsatz).**	Ich kenne den Mann nicht,	*der* (Subjekt) dort steht. *dem* (Dativergänzung) Gaby gerade zulächelt. *den* (Akkusativergänzung) du mir gezeigt hast. *mit dem* (Präpositionalergänzung) Eva spricht.
	Wir wollten unsere Lehrerin besuchen, *die aber nicht zu Hause war.* Ich komme aus der Stadt, *wo ich Zeuge eines Unglücks gewesen bin.*	
Andere Arten des Attributsatzes: – legen den Inhalt des Bezugswortes dar; Bezugswort ist oft eine Substantivbildung von einem Verb.	Mein Entschluss, *das Spiel abzubrechen,* stand fest. Die Vermutung lag nahe, *dass der Spion zu den engsten Mitarbeitern des Ministers gehörte.* Seine Behauptung, *er sei zu Hause gewesen,* trifft nicht zu.	

Die Verknüpfung von Sätzen

Man unterscheidet grundsätzlich zwei Arten von Satzverknüpfung: die nebenordnende und die unterordnende.

– Nebenordnung; – Unterordnung.	Ich wollte gehen, da schaltete die Ampel auf Rot. Sie war krank, deswegen konnte sie nicht kommen. Ich bin gegangen, als die Ampel auf Rot schaltete. Weil sie krank war, konnte sie nicht kommen.
Satzreihe: Eine Satzreihe besteht aus zwei oder mehreren Hauptsätzen. – Satzteile, die den aneinander gereihten Sätzen gemeinsam sind, können im angeschlossenen Satz (manchmal auch im ersten Satz) weggelassen werden.	Am Sonntag fuhren wir nach Frankfurt, denn wir wollten zum Flughafen. Wir kamen um 15 Uhr an und gerade landete die Maschine aus München. Vertrauen ist gut, Kontrolle ist besser. Er geht auf das Gymnasium und sein Bruder geht auf die Realschule. – Er geht auf das Gymnasium und sein Bruder auf die Realschule.
Satzgefüge: Ein Satzgefüge besteht aus einem Hauptsatz und mindestens einem Nebensatz. – Kommen mehrere Nebensätze im Satzgefüge vor, kann es verschiedene Stufen und Grade der Unterordnung geben. – Dem Hauptsatz können auch zwei oder mehrere gleichrangige Nebensätze untergeordnet sein.	Am Sonntag fuhren wir nach Frankfurt, weil wir zum Flughafen wollten. Der Fahrer des Unfallwagens hatte zu spät gebremst, weil er glaubte, dass er Vorfahrt vor dem Wagen, der von links kam, hätte. Er ging nach Hause, weil es schon spät war und weil er noch zu tun hatte.

Grundsätzlich gibt es drei Möglichkeiten der Stellung von Nebensätzen im Verhältnis zum Hauptsatz:

– vorangestellt; – nachgestellt; – eingeschoben.	*Wer einmal hier gewesen ist,* kommt immer wieder. Ich will wissen, *was hier gespielt wird.* Die Platte, *die du mir geschenkt hast,* gefällt mir.

A

a, A [aː], das; - (ugs.: -s), - (ugs.: -s) [mhd., ahd. a]: 1. *erster Buchstabe des Alphabets:* ein kleines a, ein großes A; eine Broschüre mit praktischen Hinweisen von A bis Z *(unter alphabetisch angeordneten Stichwörtern);* R wer A sagt, muss auch B sagen *(wer etwas beginnt, muss es fortsetzen u. auch unangenehme Folgen auf sich nehmen);* * **das A und O,** (auch:) **das A und das O** (ugs.; *die Hauptsache, Quintessenz, das Wesentliche, Wichtigste, der Kernpunkt;* urspr. = der Anfang und das Ende, nach dem ersten [Alpha] und dem letzten [Omega] Buchstaben des griech. Alphabets); **von A bis Z** (ugs.; *von Anfang bis Ende, ganz und gar, ohne Ausnahme;* nach dem ersten u. dem letzten Buchstaben des dt. Alphabets). 2. (Musik) *sechster Ton der C-Dur-Tonleiter:* der Kammerton a, A.

ä, Ä [ɛː], das; - (ugs.: -s), - (ugs.: -s) [mhd. æ]: *Umlaut aus a, A.*

[1]a = a-Moll; [1]Ar.

[2]a ⟨Präp.⟩ [ital. a < lat. ad = zu] *auf, mit, zu* (in ital. Fügungen, z. B. a conto, a tempo).

A = A-Dur; Ampere; Autobahn.

Å (früher auch: A, AE, ÅE) = Ångström, Ångströmeinheit.

α, A: ↑Alpha.

à [a] ⟨Präp.⟩ [frz. à < lat. ad = zu]: 1. (Kaufmannsspr., ugs.) *[das Stück] zu:* zehn Marken à 50 Pfennig. 2. *nach, um* (in formelhaft gebrauchten frz. Fügungen, z. B. à la carte, à tout prix).

@ [ɛt; urspr. auf amerik. Schreibmaschinentastaturen das Zeichen für »(commercial) at« = à]: meist in E-Mail-Adressen verwendetes Symbol.

a. = am (bei Ortsnamen, z. B. Frankfurt a. Main); alt (schweiz.; vor Amtsbezeichnungen, z. B. a. Bundesrat).

a., A. = anno, Anno.

a- [griech. a- = nicht, un-]: verneint in Bildungen mit Adjektiven deren Bedeutung: apolitisch, asinnlich, atypisch.

a. a. = ad acta.

Aa [aˈ|a], das; - [lautm.] (Kinderspr.): *feste menschliche Ausscheidung, Kot:* * **Aa machen** *(seine große Notdurft verrichten).*

AA = Auswärtiges Amt; Anonyme Alkoholiker.

Aa|chen: Stadt in Nordrhein-Westfalen.

[1]Aa|che|ner, der; -s, -: Ew.

[2]Aa|che|ner ⟨indekl. Adj.⟩: A. Printen.

Aa|che|ne|rin, die; -, -nen: w. Form zu ↑[1]Aachener.

Aal, der; -[e]s, -e [mhd., ahd. āl; H. u.]: *in Süßwasser u. Meer lebender, schlangenförmiger Fisch mit schlüpfriger Haut:* A. grün (Kochk.; *gedünsteter Aal*); A. blau (Kochk.; *gekochter, durch Übergießen mit heißem Essigwasser blau verfärbter Aal*); sich wie ein A. durch etw. hindurchwinden; -e fangen, stechen; * **glatt wie ein A. sein** *(nicht zu fassen sein, sich aus jeder Situation geschickt herauszuwinden verstehen);* **sich [drehen und] winden, krümmen wie ein A.** *(sich aus einer unangenehmen, schwierigen Lage zu befreien suchen).*

aa|len, sich ⟨sw. V.; hat⟩ [eigtl. = sich winden wie ein Aal] (ugs.): *sich behaglich ausgestreckt ausruhen:* sich am Strand, in der Sonne a.

Aal|fang, der ⟨o. Pl.⟩: *das Fangen von Aalen:* die Männer sind alle beim A.

Aal|fi|sche|rei, die: *Aalfang.*

aal|glatt ⟨Adj.⟩: 1. (seltener) *überaus glatt:* -e Griffe. 2. (abwertend) *schwer zu fassen; fähig, sich aus jeder Situation herauszuwinden:* jmdm. a. ausweichen.

Aal|kas|ten, der: *aus Lattenrosten bestehende Fangvorrichtung, in die das einströmende Wasser den Aal hineinzieht.*

Aal|korb, der: *einem Korb ähnliches Gerät zum Aalfang.*

Aal|lei|ter, die: *Fischpass für Aale.*

Aal|mut|ter, die ⟨Pl. -n⟩ [nach der Ähnlichkeit der Jungen mit jungen Aalen]: *(in kalten Meeren, teilweise in großen Tiefen lebender) Fisch, der lebende Junge zur Welt bringt.*

Aal|quap|pe, die [nach dem aalförmigen Körper]: 1. *Rutte.* 2. (bes nordd.) *Aalmutter.*

Aal|rau|pe, die [2. Bestandteil (in Anlehnung an ↑Raupe) mhd. ruppe, rutte < mlat. rubeta < lat. rubeta = Kröte]: *Rutte.*

Aal|reu|se, die: *Reuse für den Aalfang.*

Aal|speer, der: *einem Speer ähnliches Gerät mit mehreren Zinken zum Aalstechen.*

Aal|ste|chen, das; -s, -: *das Fangen von Aalen durch Stechen mit dem Aalspeer.*

Aal|tier|chen, das: *Älchen* (2).

a. a. O. = am angeführten, (auch:) angegebenen, (veraltet:) angezogenen Ort.

Aar, der; -[e]s, -e [mhd. ar(e), ahd. aro, daneben mhd., ahd. arn, verw. mit griech. órnis = Vogel] (dichter. veraltet): *Adler.*

Aa|rau: Hauptstadt des Kantons Aargau.

Aa|re, die; -: Fluss in der Schweiz.

Aar|gau, der; -s: schweizerischer Kanton.

Aas, das; -es, -e u. Äser [im nhd. Wort sind zusammengefallen mhd., ahd. āʒ = Essen, Speise; Futter u. mhd. ās = Fleisch zur Fütterung der Hunde u. Falken, Aas; beides zu ↑essen u. eigtl. = Essen, Fraß]: 1. a) ⟨Pl. Aase⟩ *[verwesende] Tierleiche, Kadaver.* b) ⟨o. Pl.⟩ *Fleisch verendeter Tiere:* A. fressende Tiere. 2. ⟨Pl. Äser⟩ (ugs. abwertend, oft als Schimpfwort) a) *durchtriebener, gemeiner, niederträchtiger Mensch:* so ein A.!; sie ist ein freches, raffiniertes, faules A.; (mitleidig:) du armes A.!; (mit dem Unterton widerstrebender Anerkennung:) ein tolles A.; * **ein A. auf der Bassgeige sein** (salopp; ↑[1]Ass 2 a); **kein A.** (ugs.; *kein Mensch, niemand*): kein A. ist gekommen; b) *widerspenstiges [Haus]tier:* das A. hat mich gebissen; das A. (= der Esel) bockt schon wieder.

Aas|blu|me, die: *Blume mit nach Aas* (1) *riechender Blüte, die Aasfliegen anzieht* (z. B. Aronstab, Stapelie u. a.).

aa|sen ⟨sw. V.; hat⟩ [zu ↑Aas (1)] (landsch.): *(mit etw.) verschwenderisch, nicht haushälterisch umgehen; etw. verschwenden:* mit dem Geld, mit seinen Kräften a.

Aas|flie|ge, die: *größere Fliege, deren Weibchen die Eier an Aas* (1) *ablegt u. deren Larve von Aas lebt.*

Aas fres|send: s. Aas (1 b).

Aas|fres|ser, der: *Tier, das Aas* (1 b) *frisst* (z. B. Hyäne).

Aas|gei|er, der: 1. *von Aas* (1b) *lebender Geier.* 2. (ugs. abwertend) *Mensch, der darauf aus ist, sich [an anderen] zu bereichern.*

Aas|ge|ruch, der: *Geruch von Aas* (1).

aa|sig ⟨Adj.⟩: 1. *vom Aas* (1) *herrührend, faulig:* ein -er Hauch. 2. *von Niedertracht, Infamie erfüllt; gemein:* ein -es Lächeln. 3. ⟨intensivierend bei Verben u. Adjektiven⟩ (landsch.) *über alles Maß, sehr:* es war a. kalt; a. frieren;

Aas|in|sekt, das: *Insekt, das sich von Aas* (1 b) *nährt.*

Aas|jä|ge|rei, die; - (abwertend): *unweidmännisches Jagen.*

Aas|kä|fer, der: *Käfer, der sich von Aas* (1b) *nährt.*

Aas|krä|he, die: *Rabenvogel (Nebelkrähe u. Rabenkrähe), der u. a. Aas* (1b) *frisst.*

Aas|sei|te, die (Gerberei): *Fleischseite der tierischen Haut.*

Aast, das; -[e]s, Äster (landsch.): *Aas* (2).

Aas|vo|gel, der: *Vogel, der Aas* (1b) *frisst.*

ab [mhd. ab(e), ahd. ab(a), verw. mit griech. apó = von, ab]: I. ⟨Präp. mit Dativ⟩ 1. (räumlich) (bes. Kaufmannsspr., Verkehrsw.) *von ... an, von ... weg:* [frei] ab Werk; ab [unserem] Lager; wir fliegen ab allen deutschen Flughäfen. 2. ⟨bei artikellosen Substantiven mit adj. Attribut gelegtl. auch mit Akk.⟩ (zeitlich) *von ... an:* ab dem 35. Lebensjahr; Jugendliche ab 18 Jahren/(auch:) Jahre; ab kommendem/(auch:) kommenden Montag; ab Mai; ab 1990; ab heute [Nacht]; ab morgen wird gefastet. 3. ⟨bei artikellosen Substantiven mit adj. Attribut gelegtl. auch mit Akk.⟩ bei einer Reihenfolge, Rangfolge o. Ä.; *von ... an:* die Dienstgrade ab Unteroffizier; ab nächster/(auch:) nächste Ausgabe. II. ⟨Adv.⟩ 1. *weg, fort; entfernt:* gleich hinter der Kreuzung links ab; nicht sehr weit ab vom Weg liegen; die Hütte soll weit von jeder menschlichen Behausung ab sein; zwei Kilometer ab [von dieser Stelle]; (Verkehrsw.:) Darmstadt ab 7:30; Bayrischer Bahnhof ab, ab Bayrischer Bahnhof; (oft in Aufforderungen:) los, ab ins Bett!; (als Bühnenanweisung:) ab *(geht ab, soll abgehen);* * **ab trimo/trümo** (landsch.; *weg, ab; verschwinde!* H. u.). 2. a) *herunter, hinunter, nieder* (gewöhnlich in militär. Kommandos): Gewehr ab!; Helm ab zum Gebet!; Ü ich weiß nicht, warum ich so ab (ugs.; *müde, erschöpft*) bin; b) *losgelöst, abgetrennt, abgegangen:* der Knopf wird bald ab sein; die Farbe ist fast ganz ab. 3. * **ab und zu** (1. *gelegentlich; von Zeit zu Zeit:* ab und zu besucht er uns. 2. veraltend; *[in Bezug auf eine Bewegung] weg u. wieder herbei; aus u. ein:* die Bedienung ging ab und zu;); **ab und an** (bes. nordd.; *gelegentlich; von Zeit zu Zeit*): er kommt ab und an, um nach dem Rechten zu sehen.

A. B. = Augsburger Bekenntnis.

Aba|kus [ˈa(ː)bakʊs], der; -, - [1: lat. abacus < griech. ábax (Gen.: ábakos); H. u.]: 1. a) *Rechen- od. Spielbrett der Antike;* b) *Rechengerät, bei dem die Zahlen durch auf Stäben verschiebbare Kugeln dargestellt werden.* 2. (Archit.) *obere Platte auf dem Säulenkapitell.*

ab|än|der|bar ⟨Adj.⟩: *sich abändern lassend:* -e Entscheidungen; a. sein.

Ab|än|der|bar|keit, die; -: *das Abänderbarsein.*

ab|än|der|lich ⟨Adj.⟩ (veraltet): *abänderbar.*

Ab|än|der|lich|keit, die; - (veraltet): *das Abänderbarsein.*

ab|än|dern ⟨sw. V.; hat⟩: 1. *ein wenig, in Teilen ändern:* das Testament, den Antrag, Beschluss, das Programm a. 2. (Biol.) *(durch Mutation od. Umwelt) in den Artmerkmalen variieren, sich wandeln:* die Farben der Blüten ändern oft stark ab.

Ab|än|de|rung, die; -, -en: *das Abändern.*

Ab|än|de|rungs|an|trag, der (Parl.): *Antrag auf Abänderung eines Gesetzentwurfs o. Ä.*

ab|ängs|ti|gen, sich ⟨sw. V.; hat⟩: *sich um jmdn., etw. längere Zeit hindurch im Übermaß ängstigen:* sich jmds., einer Sache wegen a.

ab|ar|bei|ten ⟨sw. V.; hat⟩: 1. a) *durch eine Arbeitsleistung nach u. nach abtragen, tilgen:* Schulden, einen Vorschuss, das Essen a.; b) *durch Arbeit erledigen; als Arbeitszeit hinter sich bringen:* sein Pensum, die Wochentage a. 2. a) *durch schwere körperliche Arbeit stark beanspruchen:* du hast dir die Finger abgearbeitet; ⟨oft im 2. Part.:⟩ abgearbeitete Hände; b) *durch Arbeit [mit einem Gerät] fortschaffen, beseitigen:* die vorstehenden Enden a.; c) (Seemannsspr.) *wieder flottmachen.* 3. ⟨a. + sich⟩ *längere Zeit im Übermaß arbeiten; sich abplagen:* ich arbeite mich ab, und du schaust zu; sich an einem Problem a. *(sich damit abmühen);* eine abgearbeitete alte Frau; abgearbeitet aussehen.

Ab|ar|bei|tung, die; -: *das Abarbeiten.*

Ab|art, die; -, -en: a) (bes. Biol.) *ähnliche, sich nur durch wenige Merkmale unterscheidende Art; Spielart; Varietät:* das Tannhörnchen ist eine A. des Eichhörnchens; b) (Philat.) *von der normalen Ausführung unbedeutend abweichende Briefmarke.*

ab|ar|tig ⟨Adj.⟩: *(bes. in sexueller Hinsicht) vom Normalen krankhaft abweichend; pervers* (1): eine -e Neigung haben; auf etwas a. reagieren.

A

Ab|ar|tig|keit, die; -, -en: *Abnormität, Widernatürlichkeit.*
Ab|ar|tung, die; -, -en (Biol.: *Mutation einer Tier- od. Pflanzenart.*
ab|äsen ⟨sw. V.; hat⟩ (Jägerspr.): **1.** *durch Äsen kahl fressen:* das Reh äste die ganze Stelle ab. **2.** *äsend fressen, abfressen:* Blätter a.
ab|as|ten, sich ⟨sw. V.; hat⟩ [zu ↑asten] (salopp): *sich [schwer tragend] längere Zeit hindurch sehr mit etw. abplagen:* ich astete mich mit dem Koffer ab; * **sich einen a.** (ugs.; *sich mit etwas Schwerem abplagen*): ich habe mir mit der Kiste einen abgeastet.
ab|äs|ten ⟨sw. V.; hat⟩: *einen Baum von [überflüssigen] Ästen befreien:* einen gefällten Baum a.
Aba|ta: Pl. von ↑Abaton.
Aba|te, der; -[n], -n u. (ital.:) ...ti [ital., span. abate < spätlat. abbas, ↑Abt]: *Weltgeistlicher in Italien u. Spanien.*
ab|at|men ⟨sw. V.; hat⟩ (Med.): *durch Atmen abgeben, ausatmen:* Kohlendioxid a.
Aba|ton [ˈa(ː)batɔn], das; -s, Abata [griech. ábaton, zu: ábatos = unzugänglich] (Rel.): *Allerheiligstes* (1), *bes. der Altarraum in den Kirchen mit orthodoxem Ritus.*
a batt. = a battuta.
a bat|tu|ta [ital., zu: battuta = das Schlagen (mit dem Taktstock)] (Musik): *(wieder streng) im Takt* (Abk.: a batt.).
ab|ät|zen ⟨sw. V.; hat⟩: **1.** *durch ätzende Mittel entfernen:* den Lack a. **2.** *durch ätzende Mittel reinigen:* den Marmor a.
Ab|ät|zung, die; -, -en: *das Abätzen.*
Abb. = Abbildung (2).
Ab|ba [spätlat. abba(s) < spätgriech. abba(s) < aram. abaʾ = Vater; Lallw.]: **1.** Anrede Gottes im N. T. **2.** (früher) Anrede von Geistlichen der Ostkirche.
ab|ba|cken ⟨unr. V.; bäckt ab/backt ab, backte/(veraltend:) buk ab, abgebacken⟩: *durch Backen fertig stellen* ⟨hat⟩: Kuchen, Plätzchen bei mittlerer Hitze a.
ab|bag|gern ⟨sw. V.; hat⟩: *mit dem Bagger beseitigen:* eine Sandbank a.
Ab|bag|ge|rung, die; -, -en: *das Abbaggern.*
ab|bal|gen ⟨sw. V.; hat⟩: **1.** (Jägerspr.) *einem Tier den Balg abziehen:* einen Hasen a. **2.** ⟨a. + sich⟩ (ugs.) *sich balgen:* die Kinder haben sich nun genug abgebalgt.
ab|bal|zen ⟨sw. V.; hat⟩ (Jägerspr.): *(vom Federwild) die Balz beenden:* der Hahn balzt ab.
Ab|bau, der; -[e]s, -e u. -ten: **1.** ⟨o. Pl.⟩ *Zerlegung von Aufgebautem in seine Einzelteile; Abbruch:* der A. von Gerüsten, Baracken, Ständen. **2.** ⟨o. Pl.⟩ *Herabsetzung, Senkung:* ein A. von Privilegien, Rückständen, Vorurteilen; dem sozialen A. *(der Verschlechterung der Lebensbedingungen)* entgegenwirken. **3.** ⟨o. Pl.⟩ *allmähliche Beseitigung, Auflösung:* das skandinavische Tief ist im A. befindlich; der A. der Müllhalde. **4.** ⟨o. Pl.⟩ *Verringerung im Bestand, in der Zahl der Personen:* ein A. der Verwaltung, von Beamten, von Lehrstellen, Arbeitsplätzen, Planstellen. **5.** ⟨o. Pl.⟩ (Chemie, Biol.) *Zerlegung komplizierter Moleküle, Strukturen in einfachere:* A. von Traubenzucker, von Eiweiß, Stärke; der A. des Alkohols im Blut. **6.** (Bergbau) **a)** ⟨o. Pl.⟩ *Förderung, Gewinnung von Erzen u. Mineralien im Tief- od. Tagebau:* der A. von Kohle; der A. *(das Ausbeuten* 1 a) der Flöze; Kali in A. nehmen *(abbauen);* **b)** ⟨Pl. Abbaue⟩ *Ort des bergmännischen Abbaus* (6 a): ältere -e. **7.** ⟨o. Pl.⟩ **a)** *Rückgang (von Kulturpflanzen) im Ertrag u. in der Qualität, Schwund:* die Weizensorte unterliegt dem A.; **b)** *Schwund, Rückgang von Kräften:* ein biologischer A.; der körperliche A. im Alter. **8.** ⟨Pl. Abbauten⟩ (landsch., bes. nordostd.) *abseits liegendes Anwesen, Einzelgehöft, das zu einer größeren Siedlung gehört.*
ab|bau|bar ⟨Adj.⟩: *sich biologisch abbauen lassend:* leicht, schwer -e Stoffe.
ab|bau|en ⟨sw. V.; hat⟩: **1.** *Aufgebautes unter Erhaltung des Materials zwecks Wiederverwendung in seine Einzelteile zerlegen:* Gerüste, Zelte, Maschinen, Fabrikanlagen a.; Ü (Kunstkraftsport:) eine Pyramide a. **2.** *herabsetzen, senken:* die Gehälter, Löhne, Preise a. **3. a)** *allmählich beseitigen, abschaffen:* Steuervergünstigungen wieder a.; Vorurteile, Feindbilder a.; Ängste, Schuldgefühle, Aggressionen a.; **b)** ⟨a. + sich⟩ *allmählich verschwinden, sich auflösen:* die Vorurteile bauen sich immer stärker ab. **4.** *(in der Personenzahl) verkleinern, verringern:* ein Warenlager a. **5.** (Bergbau) **a)** *(Erze, Mineralien) fördern, gewinnen:* Erze, Kohle, Schiefer a.; **b)** *ausbeuten* (1a): die Flöze wurden im Tagebau abgebaut. **6. a)** (Chemie, Biol.) *komplizierte Moleküle, Strukturen in einfachere zerlegen:* Kohlehydrate zu Milchsäure a.; **b)** ⟨a. + sich⟩ *in niedrige Bauelemente zerfallen:* der Stoff baut sich nur langsam ab. **7.** (Landw.) *(von Kulturpflanzen) im Ertrag u. in der Qualität zurückgehen:* diese Kartoffelsorte hat [infolge einer Viruskrankheit] abgebaut. **8.** *in der Leistung nachlassen, an Kraft, Konzentration verlieren:* einige Zuhörer bauten stark ab; im Alter körperlich und geistig a.
Ab|bau|er|schei|nung, die: *Anzeichen, Merkmal, das ein Abbauen (7,8) erkennen lässt.*
Ab|bau|feld, das (Bergbau): *Bereich des Abbaus* (6 b).
Ab|bau|ge|rech|tig|keit, die (Rechtsspr.): *Recht zum Abbau* (6 a) *von Mineralien auf fremdem Grundstück.*
Ab|bau|pro|dukt, das: *durch Abbau* (5) *entstehendes Produkt.*
Ab|bau|pro|zess, der: *Prozess des Abbauens* (3–8).
Ab|bau|recht, das (Rechtsspr.): *Abbaugerechtigkeit.*
Ab|bau|stel|le, die (Bergbau): vgl. Abbaufeld.
Ab|bau|ver|mö|gen, das ⟨o. Pl.⟩ (Chemie, Biol.): *Fähigkeit zum Abbau* (5).
ab|bau|wür|dig ⟨Adj.⟩: *würdig, lohnend, bergmännisch abgebaut zu werden.*
Ab|bé [aˈbeː], der; -s, -s [frz. abbé < spätlat. abbas, ↑Abt]: *Weltgeistlicher in Frankreich.*
ab|be|din|gen ⟨st. V.; hat⟩ (Rechtsspr.): *durch Vertrag außer Kraft setzen:* diese Vorschriften können nicht abbedungen werden.
Ab|be|din|gung, die; -, -en (Rechtsspr.): *Außerkraftsetzung.*
ab|bee|ren ⟨sw. V.; hat⟩ (landsch.): **1.** *Beeren von den Stielen lösen:* Johannisbeeren a. **2.** *von Beeren leer pflücken:* wir haben den letzten Strauch noch nicht abgebeert.
ab|be|hal|ten ⟨st. V.; hat⟩: *die Kopfbedeckung nicht wieder aufsetzen:* den Hut a.
ab|bei|ßen ⟨st. V.; hat⟩: *(ein Stück von etw.) mit den Zähnen abtrennen:* einen Bissen vom Brot a.; jmdn. von etw. a. lassen; ihm wurde von einem Hund ein Ohr abgebissen; du hast dir wieder einen Fingernagel abgebissen; * **einen a.** (landsch., bes. nordd.; *ein Glas eines alkoholischen Getränks trinken;* eigtl. = ein Glas abtrinken).
ab|bei|zen ⟨sw. V.; hat⟩: **1.** *(Farbe o. Ä.) mit einem chemischen Lösungsmittel entfernen:* den alten Anstrich, die Farbe a. **2.** *mit einem chemischen Lösungsmittel (von Farbe o. Ä.) befreien, reinigen:* ich habe die Tür abgebeizt.
Ab|beiz|mit|tel, das: *Mittel zum Abbeizen.*
ab|be|kom|men ⟨st. V.; hat⟩: **1.** *sein Teil von etw. bekommen:* [die Hälfte von] etw. a.; nichts von dem Erbe a. **2. a)** *der Einwirkung von etw. (Positivem) unterliegen:* nicht genug Sonne a.; **b)** *(einen Schaden) davontragen, (etw. Nachteiliges) hinnehmen müssen:* der Wagen hat nichts abbekommen *(ist nicht beschädigt worden).* **3.** *etw. fest Haftendes, fest Aufgeschraubtes o. Ä. lösen:* die Farbe nicht von den Fingern a.; den Deckel nicht a.
ab|be|ru|fen ⟨st. V.; hat⟩: *zum Zwecke der Amtsenthebung od. Versetzung von seinem Posten zurückrufen:* einen Botschafter [von seinem Posten] a.; Ü Gott hat ihn [aus diesem Leben, in die Ewigkeit] abberufen (geh. verhüll.; *er ist gestorben).*
Ab|be|ru|fung, die; -, -en: *das Abberufen, Abberufenwerden.*
ab|be|stel|len ⟨sw. V.; hat⟩: **1.** *eine Bestellung, einen Auftrag zurücknehmen, widerrufen:* die Zeitung, ein Hotelzimmer a. **2.** *eine Person, die jmd. wegen einer auszuführenden Arbeit zu sich bestellt hat, nicht kommen lassen:* den Klempner a.
Ab|be|stel|lung, die; -, -en: *das Abbestellen.*
ab|bet|teln ⟨sw. V.; hat⟩ (ugs.): *durch Betteln od. drängendes Bitten von jmdm. erlangen:* der Mutter Geld für ein Eis a.
ab|beu|teln ⟨sw. V.; hat⟩ (österr.): *abschütteln.*
ab|be|zah|len ⟨sw. V.; hat⟩: **1.** *(eine geschuldete Summe) in Teilbeträgen zurückzahlen:* seine Schulden [in Raten] a. **2.** *(eine Ware) in Teilbeträgen bezahlen:* den Fernseher a.
Ab|be|zah|lung, die; -, -en: *das Abbezahlen.*
ab|bie|gen ⟨st. V.⟩: **1.** *sich von einer eingeschlagenen Richtung entfernen, eine andere Richtung einschlagen* ⟨ist⟩: ich, das Auto bog [von der Straße, nach links] ab; die Straße biegt [nach Norden] ab. **2.** ⟨hat⟩ **a)** *in eine andere Richtung biegen:* einen Finger nach hinten a.; **b)** (ugs.) *einer Sache geschickt eine andere Wendung geben u. dadurch eine unerwünschte Entwicklung verhindern:* sie bog das Gespräch ab; er hat die Sache noch einmal abgebogen *(mit Geschick abgewendet).*
Ab|bie|ge|spur, die: *Spur einer Fahrbahn, die für das Links- bzw. Rechtsabbiegen bestimmt ist.*
Ab|bie|gung, die; -, -en: **1.** *das Abbiegen* (1). **2.** *Stelle, an der ein Weg, eine Straße die Richtung ändert.*
Ab|bild, das; -[e]s, -er: *getreues Bild, genaue Wiedergabe, Spiegelbild:* ein getreues A. der Natur; ein A. von jmdm., etw; Ü ein verklärtes A. der Wirklichkeit.
ab|bil|den ⟨sw. V.; hat⟩: *nachbildend, bildlich darstellen, nachgestalten:* jmdn., einen Gegenstand naturgetreu a.; er ist auf dem Titelblatt abgebildet *(dargestellt).*
Ab|bil|dung, die; -, -en: **1.** ⟨Pl. selten⟩ *das Abbilden, bildliche Darstellen:* sich nicht für eine A. eignen; Ü die Erkenntnis beruht auf der A. *(Widerspiegelung)* der objektiven Realität im Bewusstsein des Menschen. **2.** *das Abgebildete, bildliche Wiedergabe, einem Buch- od. Zeitschriftentext beigegebene bildliche Darstellung, die im Text Behandeltes veranschaulicht; Bild:* das Lexikon enthält viele -en (Abk.: Abb.). **3.** (Math.) *Zuordnung, durch die für jedes Element einer Menge x genau ein zugeordnetes Element einer Menge y festgelegt wird:* eine A. f der Menge A in die Menge B; eine A. auf M *(der Menge M in sich selbst).*
Ab|bil|dungs|feh|ler, der (Optik): *Fehler bei der Abbildung eines Gegenstandes durch ein optisches System.*
Ab|bil|dungs|frei|heit, die: *Freiheit der Presse, Abbildungen bekannter Persönlichkeiten zu veröffentlichen.*
ab|bim|sen ⟨sw. V.; hat⟩ (landsch.): *abschreiben* (1 c): die Rechenaufgaben a.
ab|bin|den ⟨st. V.; hat⟩: **1.** *etw., was gebunden od. angebunden ist, losbinden, lösen, abnehmen:* die Schürze, das Kopftuch a. **2. a)** *abschnüren:* eine Arterie a.; die Nabelschnur a.; das verletzte Bein wurde abgebunden *(an einer Stelle mit einer Schnur fest umwickelt, um das Blut am Ausfließen zu hindern);* ein Kind a. *(bei der Geburt abnabeln);* **b)** *zu einem Bund binden:* das Haar am Hinterkopf a. **3. a)** (Zimmerei) *(Bauhölzer) durch Bearbeiten passend machen u. probeweise zusammenfügen, verbinden:* den Dachstuhl a.; **b)** (Böttcherei) *(Fässer) durch Reifen zusammenbinden:* das Fass muss neu abgebunden werden. **4.** (Landw.) *(ein Kalb) entwöhnen:* ein Kalb a. **5.** (Gastr.) *(mit einem Bindemittel) verdicken:* die Suppe mit Mehl a. **6.** (Bauw.) *(von bestimmten Baustoffen) hart werden:* der Beton hat noch nicht abgebunden; der Mörtel, Gips, Kalk bindet gut, schlecht ab.
Ab|bin|dung, die; -, -en: *das Abbinden* (2, 3, 6).

A

b|biss, der; -es, -e (Jägerspr.): a) *vom Wild durch Abbeißen beschädigte Stelle an Pflanzen;* b) *vom Wild abgebissener Pflanzentrieb:* -e von Fichten bedecken den Boden.

b|bit|te, die; -, -n ⟨Pl. selten⟩: *(förmliche) Bitte um Verzeihung:* jmdm. A. leisten, schulden; öffentlich A. tun.

b|bit|ten ⟨st. V.; hat⟩: *jmdn. (für ein zugefügtes Unrecht) förmlich um Verzeihung bitten:* ich habe ihm vieles abzubitten.

b|bla|sen ⟨st. V.; hat⟩: **1. a)** *durch Blasen entfernen; wegblasen:* den Staub von etw. a.; **b)** *durch Blasen von Staub o. Ä. reinigen:* Bücher, den Tisch a. **2.** (Technik) **a)** *(unter Druck Stehendes) aus einem Behälter entweichen lassen:* Dampf a.; **b)** *(eine [industrielle] Feuerungsanlage) außer Betrieb setzen:* einen Hochofen a. **3. a)** (Jägerspr., Milit.) *durch Blasen eines Signals beenden:* die Jagd, ein Manöver a.; **b)** (ugs.) *(von geplanten, angekündigten od. angelaufenen Aktionen) absagen, abbrechen:* sie haben das ganze Unternehmen abgeblasen.

blas|sen (sw. V.; ist) (geh.): *allmählich an Farbe verlieren; blass, farblos werden; [ver]bleichen:* die Farben blassen ab; Ü abgeblasste *(schwächer gewordene)* Erinnerungen; abgeblasste *(sinnentleerte)* Redensarten.

blät|tern ⟨sw. V.⟩: **1.** *(von Pflanzen, Blüten) einzelne Blätter verlieren* ⟨ist⟩: die Rosen sind abgeblättert. **2.** *sich in Blättchen lösen u. abfallen* ⟨ist⟩: die Farbe, der Bewurf blättert ab. **3.** (landsch.) *(die Blätter) von etw. entfernen* ⟨hat⟩: die Rüben a.

blei|ben ⟨st. V.; ist⟩ (ugs., bes. nordd.): *sich an einem nicht bekannten Ort aufhalten, befinden, zurückbleiben:* wo mag er nur abgeblieben sein?; Ü auch er ist im Krieg abgeblieben *(gefallen).*

blei|chen ⟨sw. V.; ist⟩ (seltener): *bleich, blass, farblos werden, die Farbe verlieren, verbleichen:* die Farbe bleicht ab; abgebleichte Stoffe.

blen|de, die; - (Film): *allmählicher Übergang von normaler Belichtung zu völliger Schwärze.*

blen|den ⟨sw. V.; hat⟩: **1. a)** *eine Lichtquelle (mit einer Blende) verdecken, möglichst unsichtbar machen; abschirmen, abdunkeln:* die Lampe, Laterne, die Fenster a.; **b)** (Verkehrsw.) *die Abstrahlung von Scheinwerfern so einstellen, dass Entgegenkommende nicht geblendet werden:* die Scheinwerfer a.; ich blendete sofort ab. **2. a)** *(von Lichtquellen) verlöschen, abgeschaltet werden:* die Scheinwerfer blendeten ab; **b)** (Fot.) *die Öffnung der Blende kleiner stellen u. dadurch den Eintritt des Lichts durch die Linse verringern:* zu stark a.; **c)** (Film) *eine Aufnahme, Einstellung beenden:* bitte a.!

blend|licht, das: *abgeblendetes* (1 b) *Scheinwerferlicht bei Kraftfahrzeugen:* mit A. fahren.

blen|dung, die; -, -en: *das Abblenden.*

blit|zen ⟨sw. V.; ist⟩ [urspr. = (vom Pulver) wirkungslos von der Pfanne des Gewehrs abbrennen] (ugs.): *mit etw. abgewiesen werden, keine Gegenliebe finden:* bei jmdm. mit einer Bitte a.; er ist bei ihr abgeblitzt.

blo|cken ⟨sw. V.; hat⟩ **1.** (bes. Boxen, Volley-, Basket-, Handball): *(einen gegnerischen Angriff, Schlag, Wurf, Schuss) durch Blocken abwehren:* den Ball am Netz, den linken Haken a. **2.** *abrupt, ungerührt abwehren, verhindern:* alle Bestrebungen, jede Kritik a.; Fragen, Forderungen, Initiativen a.

blo|ckung, die; -, -en: *das Abblocken.*

blü|hen ⟨sw. V.; hat/ist⟩ (geh.): *aufhören zu blühen:* die Rosen haben/sind abgeblüht *(sind verblüht).*

bö|schen ⟨sw. V.; hat⟩: *mit einer Böschung versehen:* das Ufer a.

bö|schung, die; -, -en: **1.** *das Abböschen.* **2.** *Böschung; abgeböschte Stelle.*

brand, der; -[e]s, Abbrände: **1.** (selten) *das Abbrennen, Verbrennen.* **2.** (Kerntechnik) *Umwandlung der spaltbaren Atomkerne im Reaktor.* **3.** (Hüttenw.) **a)** *Metallverlust durch Oxidation u. Verflüchtigung beim Schmelzen;* **b)** *Rückstand nach dem Rösten sulfidischer Erze.* **4.** (Raketentechnik) *das Abbrennen fester Treibstoffe.*

ab|brau|chen ⟨sw. V.; hat⟩: *durch ständigen Gebrauch abnutzen:* er braucht seine Kleidung rasch ab; ⟨oft im 2. Part.:⟩ abgebrauchte Sachen.

ab|brau|sen ⟨sw. V.⟩: **1.** *mit der Brause abspülen; duschen* ⟨hat⟩: den Salat a.; ich habe mich, das Kind abgebraust. **2.** (ugs.) *geräuschvoll u. rasch davonfahren* ⟨ist⟩: das Motorrad brauste ab.

ab|bre|chen ⟨st. V.⟩: **1.** ⟨hat⟩ **a)** *(einen Teil von etw.) brechend lösen, abtrennen:* einen Zweig, [sich] einen Stock a.; den Stiel von etw. a.; (mit der Nebenvorstellung des Unabsichtlichen:) er hat ihm im Ringkampf, ich habe mir beim Nüsseknacken einen Zahn abgebrochen; *** sich** ⟨Dativ⟩ **einen a.** (ugs.: 1. *sich bei etw. sehr ungeschickt anstellen.* 2. *sich übermäßig anstrengen.* 3. *übertrieben vornehm tun*); **b)** *(etw. Aufgebautes) in seine Einzelteile zerlegen:* ein Gerüst, die Zelte a.; **c)** *ab-, niederreißen:* ein altes Haus a.; Ü die Brücken zur Vergangenheit a. **2.** ⟨hat⟩ *unvermittelt, vorzeitig beenden; mit etw. aufhören:* die diplomatischen Beziehungen zu einem Staat, ein Experiment, Verhandlungen a.; seinen Urlaub a.; der Kampf musste in der 3. Runde abgebrochen werden; (Med.:) eine Schwangerschaft a.; (Math.:) eine Reihe nach dem zehnten Glied a.; abgebrochene *(halb unterdrückte, unzusammenhängende)* Sätze. **3.** *sich brechend lösen, durch einen Bruch entzweigehen* ⟨ist⟩: der Henkel, das Stuhlbein brach ab; der Absatz ist [mir] abgebrochen; der Bleistift *(die Spitze des Bleistifts)* ist abgebrochen. **4. a)** *in, mit etw. unvermittelt, vorzeitig aufhören, in einer Tätigkeit nicht fortfahren* ⟨hat⟩: sie lachte laut, brach aber mitten im Lachen ab; **b)** *unvermittelt aufhören, enden, ein plötzliches, nicht erwartetes Ende haben* ⟨ist⟩: die Unterhaltung, der Brief, die Verbimdung brach ab; die Musik brach nach wenigen Takten ab. **5.** *(von Erhebungen, Aufragendem) [steil] abfallen* ⟨ist⟩: der Felsen bricht fast senkrecht ab.

ab|brem|sen ⟨sw. V.; hat⟩: *die Geschwindigkeit [von etw.] herabsetzen, bis zum Stillstand verringern:* die Fallgeschwindigkeit auf 400 km/h a.; der Fahrer konnte gerade noch a.

Ab|brem|sung, die; -, -en: *das Abbremsen.*

ab|bren|nen ⟨unr. V.⟩: **1. a)** *durch Brand zerstören, niederbrennen* ⟨hat⟩: eine alte Baracke a.; ganze Dörfer wurden abgebrannt; **b)** *herunterbrennen* ⟨ist⟩: das Feuer brennt langsam ab; die Kerzen sind abgebrannt; (Kerntechnik:) abgebrannte *(verbrauchte)* Brennstäbe, Brennelemente; **c)** *durch Feuer von etw. befreien, reinigen, säubern* ⟨hat⟩: Felder, Wiesen, ein Moor a.; Geflügel a. *(absengen);* **d)** *durch Feuer beseitigen, entfernen* ⟨hat⟩: Benzinreste a.; **e)** *anzünden u. verbrennen, explodieren lassen* ⟨hat⟩: ein Feuerwerk a. **2.** (österr. ugs.) *bräunen* ⟨hat⟩: die Sonne hat sein Gesicht abgebrannt; sich [von der Sonne] a. lassen; abgebrannt aus dem Urlaub heimkehren. **3.** ⟨ist⟩ **a)** *durch Brand zerstört werden, niederbrennen:* die Gebäude sind bis auf den Grund, bis auf die Grundmauern abgebrannt; **b)** (ugs.) *durch Brand geschädigt werden, Hab u. Gut verlieren:* wir sind schon zweimal abgebrannt; *** abgebrannt sein** (ugs.; *kein Geld mehr haben*): ich bin völlig abgebrannt.

Ab|bre|vi|a|tur, die; -, -en [wohl zu ↑abbreviieren; mlat. abbreviatura = kurze Notariatsaufzeichnung]: *abgekürztes Wort in Schrift u. Druck; Abkürzung [in der Notenschrift].*

ab|bre|vi|ie|ren ⟨sw. V.; hat⟩ [spätlat. abbreviare, zu lat. brevis = kurz] (veraltet): *(bes. ein Wort) [mit einem Zeichen] abkürzen.*

ab|brin|gen ⟨unr. V.; hat⟩: **1.** *dazu bringen, von etw. od. jmdm. abzulassen od. von etw. abzugehen:* jmdn. von einem Weg, von einer Richtung a.; er ist durch nichts von ihr, von seinem Plan abzubringen. **2.** (ugs.) *(Anhaftendes) von etw. lösen:* bringst du den Flecken vom Tischtuch nicht ab? **3.** (Seemannsspr.) *(ein auf Grund gelaufenes od. gestrandetes Schiff) wieder flottmachen:* mit zwei Schleppern konnte der Tanker abgebracht werden.

ab|brö|ckeln ⟨sw. V.⟩: **1.** *sich brockenweise, in Bröckchen lösen u. abfallen* ⟨ist⟩: der Verputz war abgebröckelt; abgebröckeltes Erdreich. **2.** (selten) *etw. brockenweise, in Bröckchen lösen* ⟨hat⟩: das Hochwasser hat hier das Erdreich abgebröckelt. **3.** (Börsenw.) *(von Kursnotierungen) leicht zurückgehen* ⟨ist⟩: die Notierungen bröckeln überwiegend leicht ab.

Ab|brö|cke|lung, Ab|bröck|lung, die; -: *das Abbröckeln.*

Ab|bruch, der; -[e]s, Abbrüche: **1.** ⟨o. Pl.⟩ *das Abbrechen* (1 b), *Zerlegen in einzelne Teile:* der A. der Zelte, des Lagers. **2.** ⟨o. Pl.⟩ *das Abbrechen* (1 c), *Abreißen:* der A. des alten Hauses; der Bau ist reif für den A., zum A.; *** etw. auf A. verkaufen** *(ein abbruchreifes, für den Abbruch vorgesehenes Gebäude zum entsprechenden Gegenwert verkaufen).* **3.** ⟨Pl. selten⟩ *das Abgebrochen-, Beendetwerden; plötzliche, unerwartete oder vorzeitige Beendigung:* mit dem A. der diplomatischen Beziehungen drohen; der A. des Studiums; bei jmdm. einen A. *(Schwangerschaftsabbruch)* vornehmen; (Boxen:) durch A. unterliegen; **auf A. heiraten** (ugs. scherzh.; *in Erwartung des baldigen Todes des Ehepartners heiraten*). **4. a)** *das Abbrechen* (3); *[Los]lösung:* der A. von Eis bei einem Gletscher; **b)** *bei einem Abbruch* (4 a) *abgebrochenes Stück:* an dieser Stelle muss ein A. niedergegangen sein. **5.** ⟨o. Pl.⟩ *Beeinträchtigung, Schaden* ⟨nur in Verbindung mit Verben⟩: etw. erfährt, erleidet durch etw. [keinen] A.; das Regenwetter tat ihrer Fröhlichkeit keinen A. *(beeinträchtigte sie nicht).*

Ab|bruch|ar|beit, die ⟨meist Pl.⟩: *bei einem Abbruch* (2) *anfallende Arbeit.*

Ab|bruch|bir|ne, die: *Abrissbirne.*

Ab|bruch|ge|neh|mi|gung, die: *Genehmigung zum Abbruch* (2).

Ab|bruch|haus, das: *Haus, das zum Abbruch* (2) *vorgesehen ist, abgerissen wird.*

Ab|bruch|ma|te|ri|al, das: *durch einen Abbruch* (2) *angefallenes Material.*

ab|bruch|reif ⟨Adj.⟩: *(von Bauwerken) in einem Zustand, der einen Abbruch* (2) *nötig macht, nötig erscheinen lässt.*

Ab|bruchs|ar|beit (österr.): ↑Abbrucharbeit.

Ab|bruch|sieg, der (Boxen): *Sieg durch Abbruch* (3) *des Kampfes.*

ab|brü|hen ⟨sw. V.; hat⟩: *zu verschiedenen Zwecken durch Brühen mit kochendem Wasser zur Weiterverarbeitung vorbereiten:* Kalbfleisch, Geflügel a. *(blanchieren).*

ab|brum|men ⟨sw. V.⟩ (ugs.): **1.** *eine Freiheitsstrafe in einer Haftanstalt verbüßen* ⟨hat⟩: eine dreijährige Strafe, fünf Jahre a. **2.** *sich mit brummendem Geräusch entfernen* ⟨ist⟩: der Lastzug brummte ab; er war mit seiner Maschine abgebrummt.

ab|bu|chen ⟨sw. V.; hat⟩ (Bankw.): *(einen Posten) von der Habenseite eines Kontos wegnehmen:* die Bank buchte den Betrag von meinem Konto ab.

Ab|bu|chung, die; -, -en (Bankw.): **1.** *das Abbuchen.* **2.** *abgebuchter Betrag.*

ab|bü|cken ⟨sw. V.; hat⟩ (Turnen): *mit einer Bücke vom Gerät abgehen, einen Übungsteil mit einer Bücke abschließen:* vom Reck, aus dem Handstand a.

ab|bü|geln ⟨sw. V.; hat⟩: (Schneiderei) *(ein fertig gestelltes Kleidungsstück) bügeln:* Sakkos a.

ab|bum|meln ⟨sw. V.; hat⟩ (ugs.): *(geleistete unbezahlte Mehrarbeit) durch Freistunden, Freizeit ausgleichen:* Überstunden a.

ab|bürs|ten ⟨sw. V.; hat⟩: **1. a)** *mit einer Bürste von etw. entfernen:* jmdm., sich die Fusseln von der Jacke a.; **b)** *mit der Bürste säubern:* ich habe [ihm] den Mantel, habe ihn abgebürstet. **2.** (ugs.) *in scharfer, unfreundlicher Form zurechtweisen, schelten:* einen Untergebenen a.

ab|bus|seln ⟨sw. V.; hat⟩ (ugs., bes. österr.): *abküssen.*

ab|bü|ßen ⟨sw. V.; hat⟩: **1.** (bes. Rel.) *büßend wie-*

der gutmachen: eine Schuld a. **2.** (bes. Rechtsspr.) *eine Straftat sühnen, die Strafe dafür auf sich nehmen u. voll ableisten:* eine lange Freiheitsstrafe, ein Vergehen mit drei Jahren Haft a.

Abc [a(:)be(:)'tse:], das; -, - ⟨Pl. selten⟩ [mhd. ābēcē, abc, nach den ersten drei Buchstaben des Alphabets]: **1.** *festgelegte Reihenfolge aller Buchstaben der deutschen Sprache, Alphabet:* das Abc lernen, aufsagen. **2.** *Buch mit alphabetisch geordneten Stichwörtern.* **3.** *Anfangsgründe; Grundlage:* dieses Wissen gehört zum Abc der Wirtschaft.

ABC-Ab|wehr, die [ABC = Abk. für atomar, biologisch, chemisch]: *Abwehr gegen ABC-Kampfmittel.*

ABC-Alarm, der: *bei Einsatz von ABC-Kampfmitteln ausgelöster Alarm.*

Ab|cha|si|en; -s: autonome Republik innerhalb Georgiens.

ạb|che|cken ⟨sw. V.; hat⟩: **a)** *nach einem bestimmten Verfahren o. Ä. prüfen, kontrollieren:* Funktionen a.; **b)** *die auf einer Liste aufgeführten Personen usw. kontrollierend abhaken:* die Passagiere a.; **c)** (Jugendspr.) *überprüfen:* hast du abgecheckt, wann der Film anfängt?

ABC-Kampf|mit|tel ⟨Pl.⟩: atomare, biologische, chemische Kampfmittel.

Abc-Schüt|ze, der [veraltet Schütze = junger Schüler, nach lat. tiro = Rekrut, Anfänger]: *Schulanfänger.*

ABC-Staa|ten ⟨Pl.⟩ [nach den Anfangsbuchstaben der drei Staatennamen]: Argentinien, Brasilien u. Chile.

ABC-Waf|fen ⟨Pl.⟩: *ABC-Kampfmittel.*

ABC-Waf|fen-frei ⟨Adj.⟩: *von ABC-Waffen frei:* eine -e Zone schaffen.

ạb|da|chen, sich ⟨sw. V.; hat⟩: *sich dachartig neigen; allmählich abfallen, sich abflachen:* das Waldland dacht sich nach Nordwesten zu ab; der abgedachte Ausläufer der Hochebene.

Ạb|da|chung, die; -, -en: *dachartige Neigung.*

ạb|däm|men ⟨sw. V.; hat⟩: **a)** *Wasser [durch einen Damm] von etw. abhalten:* einen Teich a.; **b)** *durch einen Damm gegen Wasser schützen:* das Land a.

Ạb|däm|mung, die; -, -en: **1.** *das Abdämmen.* **2.** *abgedämmter Bereich.*

Ạb|dampf, der; -[e]s, Abdämpfe (Technik): *in einem Arbeitsvorgang bereits genutzter [abgeleiteter] Dampf.*

ạb|damp|fen ⟨sw. V.⟩ [2: urspr. mit dem Dampfschiff od. mithilfe der Dampflokomotive]: **1.** ⟨ist⟩ **a)** *Dampf abgeben:* die heiße Flüssigkeit a. lassen; **b)** (Chemie) *als Dampf, Gas abgeschieden werden:* Alkohol dampft ab. **2.** (ugs.) *abfahren, abreisen; sich entfernen* ⟨ist⟩: die Urlauber sind heute abgedampft. **3.** (Chemie) *das Lösungsmittel einer Lösung durch Erhitzen u. Verdampfen vom gelösten Stoff trennen* ⟨hat⟩: das Wasser a. und dadurch das Salz gewinnen.

ạb|dämp|fen ⟨sw. V.; hat⟩: **1.** *[in seiner Wirkung] mildern:* den Schall durch Isolierung a. **2.** *abdampfen (1 a) lassen:* Kartoffeln, Gemüse a. **3.** *ein mit einem feuchten Tuch bedecktes Kleidungsstück bügeln, um es von Glanz zu befreien:* einen Rock, eine Hose a.

Ạb|dampf|schal|le, die (Chemie): *flaches Gefäß, in dem flüssige Stoffe abdampfen können.*

Ạb|dampf|wär|me, die: **1.** (Technik) *im Abdampf enthaltene Wärme.* **2.** (Chemie) *zum Abdampfen eines Stoffes aufzuwendende Wärmemenge.*

ạb|dan|ken ⟨sw. V.; hat⟩: **1.** *von einem Amt zurücktreten:* der König dankte ab *(verzichtete auf den Thron);* der Minister hat freiwillig abgedankt. **2.** (veraltet) *(bes. Soldaten u. Dienstboten) verabschieden, aus dem Dienst entlassen:* ⟨nur noch im 2. Part.:⟩ abgedankte Offiziere. **3.** (schweiz., sonst landsch.) *die kirchliche Trauerfeier halten.*

Ạb|dan|kung, die; -, -en: **1. a)** *das Zurücktreten von einem Amt, Rücktritt:* seine A. erklären, vollziehen; **b)** (veraltet) *Entlassung:* die A. des Generals. **2.** (schweiz., sonst landsch.) *Trauerfeier.*

Ạb|deck|creme, die: *Creme zum Abdecken von Hautunreinheiten u. Ä.*

ạb|de|cken ⟨sw. V.; hat⟩: **1. a)** *(etw. Bedeckendes) von etw. weg-, herunternehmen:* die Bettdecke, das Tuch von dem Krug a.; **b)** *von etw. Bedeckendem, darauf Befindlichem frei machen:* das Bett a.; den Tisch a. *(abräumen);* bei dem Sturm wurden viele Dächer abgedeckt *(die Ziegel, Teile des Daches flogen herunter).* **2.** *[zum Schutz] mit etw. Bedeckendem versehen; zudecken, bedecken, verdecken:* ein Grab mit Tannenzweigen a.; einen Schacht [mit Brettern] a. **3.** (veraltet) *(einen Tierkadaver) beseitigen:* verendete Tiere a. **4.** (Schach) *schützen, abschirmen:* die Dame durch, mit dem Turm a. **5.** (Sport) *decken* (8): den gegnerischen Stürmer a. **6.** (bes. Kaufmannsspr.) *ausgleichen, tilgen, bezahlen:* bestehende Verpflichtungen a. **7.** *befriedigen:* (2 a) Bedürfnisse a.

Ạb|de|cker, der; -s, -: *jmd., der verendete Tiere abdeckt* (3).

Ab|de|cke|rei, die; -, -en (veraltend): **1.** ⟨o. Pl.⟩ *Gewerbe des Abdeckers.* **2.** *Arbeitsstätte des Abdeckers.*

Ạb|deck|plat|te, die (Bauw.): *Platte zum Abdecken, Zudecken von dem Wetter ausgesetzten Bauteilen.*

Ạb|deck|stift, der: *getönter Stift zum Abdecken* (2) *von Hautunreinheiten.*

Ạb|de|ckung, die; -, -en: *das Abdecken* (2, 4, 5, 6, 7).

ạb|dich|ten ⟨sw. V.; hat⟩: *dicht, undurchlässig machen:* ein Leck a.; etw. mit Filz, Kitt, Hanf a.; Wände gegen Feuchtigkeit a.

Ạb|dich|tung, die; -, -en: **1.** ⟨o. Pl.⟩ *das Abdichten:* die A. der Rohre war nicht einfach. **2.** *etw., was etw. abdichtet:* die A. hält das Grundwasser fern.

ạb|die|nen ⟨sw. V.; hat⟩: (veraltend) *(eine vorgeschriebene Dienst-, Ausbildungszeit o. Ä.) voll ableisten.*

ạb|ding|bar ⟨Adj.⟩ (Arbeitsrecht): *durch (abweichende) freie Vereinbarung ersetzbar:* -e Vertragsteile.

ab|di|zie|ren ⟨sw. V.; hat⟩ [lat. abdicare, eigtl. = sich von etw. lossagen, zu: dicare = (feierlich) verkünden] (veraltet): *ein Amt niederlegen; abdanken:* der Herrscher musste a.

Ab|do|men, das; -s, - [lat. abdomen, viell. zu: abdere = verbergen u. eigtl. = Verborgenes, nicht Sichtbares]: **1.** (Med.) *Bauch, Unterleib:* akutes A. *(plötzlich auftretende heftige Schmerzen im Bauch).* **2.** (Zool.) *Hinterleib bes. der Gliederfüßer.*

ab|do|mi|nal ⟨Adj.⟩ (Med.): *das Abdomen betreffend, von ihm ausgehend.*

ạb|drän|gen ⟨sw. V.; hat⟩: *von einer Stelle, aus einer eingeschlagenen Richtung drängen:* sich nicht von seinem Platz a. lassen; Demonstranten a.

ạb|dre|hen ⟨sw. V.⟩: **1.** ⟨hat⟩ **a)** *durch Drehen einer entsprechenden Vorrichtung ausschalten, abstellen:* das Radio, den Heizofen, die Lampe a.; den Wasserhahn a. *(zudrehen);* **b)** *durch Drehen einer entsprechenden Vorrichtung die Zufuhr von etw. unterbinden:* den Strom, das Gas, das Wasser a. **2.** *durch eine drehende Bewegung von etw. abtrennen, lösen* ⟨hat⟩: den Stiel vom Apfel, einen Knopf vom Mantel a. **3.** *wegdrehen, abwenden* ⟨hat⟩: das Gesicht a.; er hatte sich halb abgedreht. **4.** *(einen Film, Filmszenen) drehen* ⟨hat⟩: einen Spiel-, Dokumentarfilm a.; die bereits abgedrehten Passagen. **5.** *eine andere Richtung einschlagen, einen anderen Kurs nehmen* ⟨ist/hat⟩: das Flugzeug, das Schiff dreht [nach Osten] ab.

ạb|dre|schen: ↑abgedroschen.

Ạb|drift, die; -, -en ⟨Pl. selten⟩ (bes. Schiff-, Luftfahrt): *durch Wind od. Strömung hervorgerufene Abweichung bes. eines Schiffes, Flugzeugs von seinem Kurs, von der eingeschlagenen Richtung:* eine starke A.

ạb|drif|ten ⟨sw. V.; ist⟩: *Abdrift erleiden, vom Kurs, von der eingeschlagenen Richtung abweichen:* das Boot driftete ab; Ü die Partei ist nach rechts abgedriftet.

ạb|dros|seln ⟨sw. V.; hat⟩: **1.** (selten) *jmdm. die Luftröhre völlig zudrücken [u. ihn dadurch an der Atmung hindern]:* ich dross[e]le ihm die Luftröhre ab. **2.** (Technik) **a)** *im Zustrom hemmen, die Zufuhr von etw. verringern od. ganz unterbinden:* den Dampf a.; Ü den Verkehr a.; **b)** *durch Drosseln des Betriebsstoffes verlangsa men od. ganz zum Stillstand bringen:* den Motor a.; **c)** *so weit schließen, dass der Zustro von etw. aufhört:* den Gashahn a.

Ạb|dros|se|lung, Ạb|dross|lung, die; -, -en: *das Abdrosseln.*

¹Ạb|druck, der; -[e]s, -e: **1.** ⟨o. Pl.⟩ *das Abdrucken Abgedrucktwerden:* der A. des Romans beginn im nächsten Heft. **2.** *etw. Abgedrucktes:* von dem Bild wurden mehrere -e hergestellt.

²Ạb|druck, der; -[e]s, Abdrücke: **1.** ⟨o. Pl.⟩ *das Abdrücken* (5 a): der A. in Wachs dauert nicht lange. **2.** *etw. Abgedrücktes; durch Eindrücken od. Berühren auf od. in etw. hinterlassene Spur* Abdrücke ihrer Finger, ihrer Füße im Sand.

ạb|dru|cken ⟨sw. V.; hat⟩: *in einer Zeitung, Zeitschrift gedruckt erscheinen lassen, edieren:* etw gekürzt, unverändert, wörtlich, in der Zeitung a.; ein Gedicht, einen Roman a.; die hier abgedruckten Bilder.

ạb|drü|cken ⟨sw. V.; hat⟩: **1. a)** *durch Drücken, Zudrücken o. Ä. im Zuströmen hemmen:* sie umarmte ihn so stürmisch, dass es ihm fast die Luft abdrückte; **b)** *etw. so drücken, dass der Zustrom von etw. gehemmt wird; abpressen:* ic habe [mir] die Ader abgedrückt. **2.** *drückend vo etw. entfernen; wegdrücken:* ich habe mich, er hat das Boot mit dem Fuß vom Ufer abgedrück (Eisenb.:) Waggons beim Rangieren [vom Ablaufberg] a. **3. a)** *den Abzug einer Schusswaffe betätigen, um den Schuss auszulösen:* da Gewehr a.; der Verbrecher drückte sofort ab; a jmdn. a.; **b)** *den Auslöser beim Fotoapparat betätigen:* durch den Sucher gucken und a. **4.** (ugs.) *im Überschwang heftig an sich drücke u. küssen:* die Mutter drückte ihr Kind ab. **5. a)** *durch Eindrücken in eine weiche Masse nachbilden:* Zähne in Gips, einen Schlüssel in Wachs a.; **b)** ⟨a. + sich⟩ *sich abzeichnen:* die Spur hatte sich im Erdboden abgedrückt. **6.** (ugs.) *(eine Geldsumme) bezahlen:* mein Alt hat noch mal 100 Mäuse abgedrückt.

ạb|du|cken ⟨sw. V.; hat⟩ (Boxen): *dem Schlag ein Gegners durch Ducken ausweichen:* er duckte blitzschnell ab.

Ab|duk|ti|on, die; -, -en [spätlat. abductio = das Wegführen] (Med.): *das Bewegen eines Körpe teils von der Körperachse weg.*

Ab|duk|tor, der; -s, ...oren (Med.): *Muskel, der eine Abduktion bewirkt, dem Abspreizen dien*

ạb|dun|keln ⟨sw. V.⟩: **1.** ⟨hat⟩ **a)** *gegen den Einfal od. die Aussendung hellen Lichts abschirmen:* die Positionslaternen a.; abgedunkelte Fenster **b)** *(bes. eine Farbe) dunkler machen:* das Weiß zu einem Hellgrau a. **2.** (selten) *(bes. von Farben) dunkler werden* ⟨ist/(seltener:) hat⟩: das Fell des Tieres ist abgedunkelt.

ạb|du|schen ⟨sw. V.; hat⟩: *durch Duschen reinige* sie duschte sich, das Kind warm ab; du solltest das Geschirr zuerst kurz a.

ạb|eb|ben ⟨sw. V.; ist⟩: *mit der Zeit an Intensitä verlieren; abnehmen:* der Lärm, der Sturm, sei Erregung ebbt langsam ab.

Abe|ce: ↑Abc.

abe|ce|lich ⟨Adj.⟩ (selten): *alphabetisch.*

ạb|eg|gen ⟨sw. V.; hat⟩ (Landw.): **1.** *mit der Egge entfernen:* er eggte das Kartoffelkraut ab. **2.** *et in seiner Länge mit der Egge bearbeiten:* den Acker a.

-a|bel [frz. -able < lat. -abilis]: drückt in Bildung mit Verben (Verbstämmen) aus, dass etw. gemacht werden kann: konsumabel, reparabe transportabel.

Abend, der; -s, -e [mhd. ābent, ahd. āband, eigt = der hintere od. spätere Teil des Tages, wahrsch. verw. mit ↑After]: **1.** *Tageszeit um die Dämmerung, das Dunkelwerden vor Beginn der Nacht:* ein warmer, kühler, klarer, sommerlicher A.; der letzte, folgende A.; heute, gestern, morgen A.; es wird A.; es ist schon später A. *(die Nacht hat bereits begonnen, es ist schon Nacht);* es war gestern ein langer A. bei euch *(es dauerte bis [tief] in die Nacht);* der A. kommt, naht, bricht herein; jeden, keinen A., alle -e fernsehen; viele -e warten; wie hast du den A. verbracht?; die Bedienung hat ihren freien A.; des -s (geh.; *abends*); eines [schönen] -s; am A. [vorher]; am frühen, späten, gestrigen, gleichen A.; am A. des 31. März; es geht dem A., auf den A. zu; bis heute, morgen A.!; A. für A.; gegen A.; vom Morgen bis zum A.; während des -s; **R** je später der A., desto schöner die Gäste *(höflich-scherzhafte Begrüßung eines später hinzugekommenen Gastes);* *** guten A.** (Grußformel): [zu] jmdm. Guten, (auch:) guten A. sagen; **zu A. essen** *(die Abendmahlzeit [in gesellschaftlichem Rahmen] einnehmen);* **der Heilige A.** *([Tag u.] Abend des 24. Dezember);* **er** usw. **kann mich am A. besuchen** (salopp; *er* usw. *soll mich in Ruhe lassen;* verhüll. für: er kann mich am Arsch lecken). **2.** *[geselliges] Beisammensein am Abend:* ein gemütlicher A.; der musikalische A. *(die musikalische Soiree)* beim französischen Botschafter; *** bunter A.** *(Abendveranstaltung mit heiterem, abwechslungsreichem Programm).* **3.** ⟨o. Pl.⟩ (veraltet, noch altertümelnd) *Westen.*

bend|aka|de|mie, die: *Volkshochschule.*

bend|an|dacht, die: *Andacht* (2) *am Abend.*

bend|an|zug, der: *Gesellschaftsanzug.*

bend|aus|ga|be, die: *abends erscheinende [Ausgabe einer] Zeitung.*

bend|blatt, das: *Abendzeitung.*

bend|brot, das ⟨Pl. selten⟩ [mhd. ābentbrōt]: *abends eingenommenes [bescheideneres] Essen, zumeist mit Brot:* das A. machen, richten; zum A. bleiben.

bend|däm|me|rung, die: *Dämmerung am Abend.*

ben|de|lang ⟨Adj.⟩: *sich über mehrere Abende hinziehend:* -e Gespräche.

bend|es|sen ⟨sw. V.; nur im Inf. u. 2. Part.⟩ (österr.): *zu Abend essen:* wir gehen a.; habt ihr schon abendgegessen?

bend|es|sen, das [mhd. ābenteʒʒen]: *[größere, in gesellschaftlichem Rahmen] abends eingenommene Mahlzeit:* das A. auftragen.

bend|frie|de[n], der (geh.): *abendlicher Frieden* (2b).

bend|fül|lend ⟨Adj.⟩: *(von Darbietungen) den ganzen Abend ausfüllend:* ein -er Film; ein -es Thema.

bend|ge|bet, das: *Gebet vor der Nachtruhe.*

bend|got|tes|dienst, der: vgl. Abendandacht.

bend|hauch, der (dichter.): *kühler Abendwind.*

bend|him|mel, der: *Himmel zur Zeit des Sonnenuntergangs.*

bend|kas|se, die (bes. Theater, Kino): *unmittelbar vor einer Abendvorstellung geöffnete Kasse:* es gibt noch Karten an der A.

bend|kleid, das: *[bodenlanges] festliches Kleid für den Abend.*

bend|kurs, Abend|kur|sus, der: *abends (meist für berufstätige Erwachsene) stattfindender Kurs.*

bend|land, das ⟨o. Pl.⟩ [zu ↑Abend (3)]: *durch Antike u. Christentum geformte kulturelle Einheit der europäischen Völker; Europa; Alte Welt; Okzident.*

end|län|disch ⟨Adj.⟩: *das Abendland betreffend:* das -e Denken; die -e Kultur, Kunst, Tradition; -er Geist.

end|läu|ten, das; -s: *abendliches Läuten der Kirchenglocke[n].*

end|lich ⟨Adj.⟩ [mhd. ābentlich, ahd. ābandlīh]: *in die Abendzeit fallend; abends stattfindend, auftretend, erscheinend; für den Abend charakteristisch:* zu -er Stunde; das -e Bad; -e Gäste; -e Kühle, Stille.

end|luft, die ⟨Pl. selten⟩: *abendliche Luft.*

Abend|mahl, das [1: mhd. ābentmāl]: **1.** (geh. veraltend) *Abendessen.* **2.** ⟨o. Pl.⟩ *Abschiedsmahl Christi mit seinen Jüngern in der Passahnacht.* **3.** ⟨o. Pl.⟩ (ev. Kirche) *Sakrament, bei dem mit Bezug auf Jesu Abendmahl* (2) *für den Gläubigen Christus in Brot u. Wein gegenwärtig ist:* das A. empfangen, nehmen; am A. *(an der Abendmahlsfeier)* teilnehmen; zum A. gehen.

Abend|mahls|brot, das ⟨o. Pl.⟩: *den Leib Christi symbolisierendes Brot, das beim Abendmahl* (3) *verteilt wird.*

Abend|mahls|fei|er, die (ev. Kirche): *Feier des heiligen Abendmahls.*

Abend|mahls|ge|rät, das (ev. Kirche): *Karaffe, Kelch u. Teller, die beim Abendmahl* (3) *verwendet werden.*

Abend|mahls|kelch, der (ev. Kirche): *Kelch, mit dem der Wein beim Abendmahl ausgeteilt wird.*

Abend|mahls|wein, der ⟨Pl. selten⟩: *Wein, der bei der Abendmahlsfeier verwendet wird.*

Abend|mahl|zeit, die: *am Abend eingenommene Mahlzeit.*

Abend|mu|sik, die: *kleines Konzert am Abend [mit geistlicher Musik].*

Abend|nach|rich|ten ⟨Pl.⟩: *von Rundfunk u. Fernsehen am Abend gesendete Nachrichten.*

Abend|pro|gramm, das: *abendliches [Rundfunk-, Fernseh]programm.*

Abend|rot, das ⟨o. Pl.⟩, **Abend|rö|te,** die ⟨o. Pl.⟩: *rote Färbung des westlichen Himmels durch den Sonnenuntergang.*

abends ⟨Adv.⟩: *zur Zeit des Abends:* a. um 8 [Uhr]; von morgens bis a.; dienstags a. (Abk.: abds.)

Abend|schu|le, die: *Bildungsstätte, an der sich bes. berufstätige Menschen im Abendunterricht weiterbilden.*

Abend|se|gen, der [mhd. ābentsegen]: *kurze Abendandacht.*

Abend|son|ne, die: *abendliche Sonne.*

Abend|stern, der; -[e]s: als auffallend hell leuchtender Stern erscheinender Planet Venus am westlichen Himmel nach Sonnenuntergang.

Abend|stun|de, die ⟨meist Pl.⟩: *Zeit, Stunde am Abend.*

Abend|un|ter|richt, der: *abends (meist für Berufstätige) stattfindender Unterricht.*

Abend|ver|an|stal|tung, die: *abendliche Veranstaltung.*

Abend|vor|stel|lung, die: *Aufführung eines Theaterstücks o. Ä. am Abend.*

Abend|zeit, die ⟨o. Pl.⟩: *die Abendstunden umfassende Zeit:* ein Spaziergang in der A., zur A.

Abend|zei|tung, die: *abends erscheinende Zeitung.*

Abend|zug, der: *abends verkehrender Eisenbahnzug.*

Aben|teu|er, das; -s, - [mhd. āventiure, āventiure < afrz. aventure, über das Vlat. zu lat. advenire, ↑Advent]: **1.** *mit einem außergewöhnlichen, erregenden Geschehen verbundene gefahrvolle Situation, die jmd. zu bestehen hat:* A. bestehen, suchen; sich in ein gefährliches A. stürzen. **2.** *außergewöhnliches, erregendes Erlebnis:* die Fahrt war ein A. **3.** (auch abwertend) *riskantes Unternehmen:* wir beschlossen, uns auf das A. Hausbau nicht einzulassen. **4.** *Liebesabenteuer:* ein flüchtiges, erotisches A.; Claudia war sein erstes A. *(er hatte mit ihr sein erstes Liebeserlebnis).*

Aben|teu|er|buch, das: *Buch, in dem Abenteuer* (1) *geschildert werden.*

Aben|teu|er|film, (auch:) Abenteurerfilm, der: vgl. Abenteuerbuch.

Aben|teu|e|rin: ↑Abenteurerin.

aben|teu|er|lich ⟨Adj.⟩: **1.** *Abenteuer* (1, 2) *enthaltend:* -e Geschichten erzählen. **2.** (gelegtl. abwertend) *gewagt; riskant:* ein -es Unternehmen, Vorhaben. **3.** *ungewöhnlich, seltsam, fantastisch, malerisch, bizarr:* ein -er Hut; in -er Vermummung; auf der Reise ging es recht a. zu.

Aben|teu|er|lich|keit, die; -, -en: **1.** ⟨o. Pl.⟩ *abenteuerliche Art.* **2.** ⟨meist Pl.⟩ *abenteuerliches Erlebnis, Vorkommnis.*

Aben|teu|er|lust, (auch:) Abenteurerlust, die ⟨o. Pl.⟩: *Verlangen, Abenteuer zu erleben; Lust am Abenteuer.*

aben|teu|er|lus|tig ⟨Adj.⟩: *von dem Verlangen erfüllt, Abenteuer zu erleben; voller Lust am Abenteuer.*

aben|teu|ern ⟨sw. V.; ist⟩: *auf Abenteuer* (1, 2) *ausgehen, -ziehen:* durch die Welt a.

Aben|teu|er|ro|man, (auch:) Abenteurerroman, der: *[volkstümlicher] Roman, in dem der Held viele Abenteuer zu bestehen hat.*

Aben|teu|er|spiel|platz, der: *Spielplatz, der nicht mit den üblichen Geräten o. Ä. ausgestattet ist, sondern auf dem sich die Kinder mit zur Verfügung gestelltem Material selbstständig bauend usw. betätigen können.*

Aben|teu|er|ur|laub, der: *[von einem Reiseunternehmen organisierte] Urlaubsreise mit bestimmten, von den normalen touristischen Angeboten abweichenden [nicht alltäglichen] Unternehmungen.*

Aben|teu|rer, der; -s, - (abwertend): *jmd., der das Abenteuer* (1–3) *liebt; Glücksritter.*

Aben|teu|rer|film: ↑Abenteuerfilm.

Aben|teu|re|rin, (auch:) Abenteuerin, die; -, -nen: w. Form zu ↑Abenteurer.

Aben|teu|rer|lust: ↑Abenteuerlust.

Aben|teu|rer|ro|man: ↑Abenteuerroman.

aber [mhd., ahd. aber, aver, eigtl. = weiter weg; später; noch einmal wieder]: **I.** ⟨Konj.⟩ **1. a)** drückt einen Gegensatz aus; *[je]doch, dagegen:* heute nicht, a. morgen; er schlief, sie a. wachte; **b)** drückt aus, dass etw. der Erwartung nicht entspricht; *indessen, [je]doch:* es wurde dunkel, a. wir machten kein Licht. **2. a)** drückt eine Einschränkung, einen Vorbehalt, eine Berichtigung, Ergänzung aus; *doch, jedoch, allerdings:* arm, a. nicht unglücklich; **b)** drückt die Anknüpfung, die Weiterführung aus; *jedoch:* als es a. dunkel wurde, machten sie Rast. **3.** drückt einen Einwand, eine Entgegnung aus: einer von uns muss es a. gewesen sein; a. warum denn?; »Es wird schon klappen.« »A. wenn es doch schief geht?« **II.** ⟨Partikel; unbetont⟩ **a)** drückt eine Verstärkung aus: a. ja; a. gern; alles, a. auch alles würde er tun; verschwinde, a. dalli!; **b)** nur emphatisch zur Kennzeichnung der gefühlsmäßigen Anteilnahme des Sprechers, der Sprecherin und zum Ausdruck von Empfindungen: du spielst a. gut!; die ist a. dick!; die hat sich a.!; a., meine Herrschaften; a., a.! *(nicht doch!, was soll das?);* a. ich bitte dich! **III.** ⟨Adv.⟩ (veraltet) *wieder[um]* (noch in festen Wortverbindungen): a. und abermals *(immer wieder).*

Aber, das; -s, -, ugs.: -s: **1.** *Einwand, Bedenken:* kein A.!; er hat sich dafür entschieden ohne jedes Wenn und A. **2.** *bedenklicher Punkt; beeinträchtigende Gegebenheit, Schwierigkeit; Haken:* die Sache hat ihr A.

Aber|glau|be, der; -ns, (selten:) **Aber|glau|ben,** der; -s [zu ↑aber in der veralteten Bed. »falsch, schlecht«; vgl. Aberwitz, Abersinn] (abwertend): *als irrig angesehener Glaube an die Wirksamkeit übernatürlicher Kräfte in bestimmten Menschen u. Dingen:* ein verbreiteter, dummer, törichter A.; einem Aberglauben anhängen; aus Aberglauben.

aber|gläu|big ⟨Adj.⟩ (seltener; meist von Personen): *abergläubisch.*

aber|gläu|bisch ⟨Adj.⟩: *im Aberglauben befangen; dem Aberglauben entspringend:* -e Scheu; ein -er Mensch; vorzeitige Glückwünsche lehnt sie a. ab.

aber|hun|dert, Aber|hun|dert ⟨unbest. Zahlw.; indekl.⟩ [zu ↑aber III] (geh.): *viele Hundert:* a., A. Lichter.

aber|hun|der|te, Aber|hun|der|te ⟨Pl.⟩ (geh.): *viele Hunderte:* vor -n von Jahren.

ab|er|ken|nen ⟨unr. V.; erkennt ab/(selten:) aberkennt, erkannte ab/(selten:) aberkannte, hat aberkannt⟩: *(jmdm. etw.) [durch einen (Gerichts)beschluss] absprechen:* jmdm. die bürgerlichen Ehrenrechte a.

Ab|er|ken|nung, die; -, -en: *das Aberkennen.*

A

aber|ma|lig ⟨Adj.⟩: *erneut, nochmalig:* eine -e Verlängerung der Dienstzeit; ein -er Versuch.
aber|mals ⟨Adv.⟩: *von neuem, wieder[um]:* er verlor a.
ab|ern|ten ⟨sw. V.; hat⟩: **1.** *in seiner Gesamtheit ernten:* man erntete das Getreide ab. **2.** *durch Ernten der Frucht völlig leer machen:* das Feld a.
Ab|er|ra|ti|on [ap|...], die; -, -en [lat. aberratio = Abweichung]: **1.** (Biol.) *[starke] Abweichung von der normalen Art durch strukturelle Änderung eines Chromosoms od. der Chromosomenzahl.* **2.** (Astron.) *scheinbare Ortsveränderung eines Gestirns in Richtung der Erdbewegung:* tägliche, jährliche A. **3.** (Optik) *Abweichung der Strahlen vom idealen Bildpunkt eines optischen Instruments:* sphärische, chromatische A.
Aber|sinn, der; -[e]s [vgl. Aberglaube] (selten, altertümelnd): *Widersinn, Aberwitz.*
aber|sin|nig ⟨Adj.⟩ (selten, altertümelnd): *widersinnig, aberwitzig.*
aber|tau|send, Aber|tau|send ⟨unbest. Zahlw.; indekl.⟩ [zu ↑aber III] (geh.): *viele Tausend.*
aber|tau|sen|de, Aber|tau|sen|de ⟨Pl.⟩ (geh.): *viele Tausende:* a., A. von Menschen.
Aber|witz, der; -es [vgl. Aberglaube] (geh.): *Unsinnigkeit, Wahnwitz:* welch ein A.!
aber|wit|zig ⟨Adj.⟩ (geh.): *unsinnig; wahnwitzig:* ein -er Mensch, Plan.
ab|er|zie|hen ⟨unr. V.; hat⟩: *jmdm. etw. durch erzieherische Maßnahmen abgewöhnen:* einem Kind eine Unart a.
ab|es|sen ⟨unr. V.; hat⟩: **1. a)** *von etw. herunter-, wegessen:* wer hat die Streusel vom Kuchen abgegessen? **b)** *[säuberlich] leer essen:* den Teller a.; **c)** (ugs.) *(einen für den Verzehr bestimmten Geldbetrag) aufbrauchen:* die hundert Mark kann man hier gar nicht a. **2.** *die Mahlzeit [durch Verzehr des Essens] beenden* ⟨meist nur in den Vergangenheitsformen⟩: wir hatten gerade abgegessen; es ist abgegessen.
Abes|si|ni|en; -s: **1.** ältere Bez. für ↑Äthiopien. **2.** (ugs. scherzh., veraltet) *Nacktbadestrand.*
ab|fa|ckeln ⟨sw. V.; hat⟩: **1.** (Technik) *nicht verwertbare od. überschüssige Gase durch Abbrennen beseitigen od. unschädlich machen:* Gas, Kohlenwasserstoffe über den Schornstein a. **2.** (ugs.) *abbrennen, niederbrennen:* unbekannte Täter haben versucht das Haus abzufackeln.
Ab|fa|cke|lung, Ab|fack|lung, die; -, -en: *das Abfackeln.*
ab|fahr|be|reit ⟨Adj.⟩: *bereit zum Abfahren* (1 a): die -en Gäste; der Zug ist a.
ab|fah|ren ⟨st. V.⟩ [1 d: wohl urspr. Fechterspr., eigtl. = mit der Klinge abgleiten lassen; 1 e: eigtl. = jmdn. gewaltsam mit sich nehmen]: **1.** ⟨ist⟩ **a)** *(von Personen od. Fahrzeugen) einen Ort zu einer bestimmten Zeit fahrend verlassen; weg-, davonfahren:* der Zug, der Bus fährt gleich ab; ich fahre in ein paar Tagen ab; **b)** (salopp) *fortgehen, verschwinden:* fahr ab!; **c)** *durch Einschlagen einer anderen Richtung fahrend verlassen:* an der nächsten Ausfahrt von der Autobahn a.; **d)** *abwärts fahren, bes. auf Skiern:* ins Tal a.; **e)** (salopp) *abgewiesen werden* (oft in Verbindung mit »lassen«): er war auf blamable Art abgefahren; jmdn. derb a. lassen *(abweisen);* **f)** (salopp) *mit jmdm. hart umgehen, ihn streng zurechtweisen:* mit dem Kerl sind wir aber abgefahren! **2. a)** *mit einem Fahrzeug abtransportieren* ⟨hat⟩: Müll, Bauschutt a. [lassen]; **b)** *an etw., jmdm. zum Zweck der Besichtigung od. Kontrolle entlangfahren; von einem Fahrzeug aus besichtigen, absuchen* ⟨hat/ist⟩: die Beamten haben/sind die nähere Umgebung abgefahren; **c)** *(ein Gelände) abwärts fahren* ⟨ist⟩: einen steilen Hang a.; **d)** *durch An-, Überfahren abtrennen, abreißen* ⟨hat⟩: ich fuhr mit dem Wagen ein Stück von der Mauer ab; **e)** *durch vieles Fahren abnutzen* ⟨hat⟩: die Reifen a.; **f)** ⟨a. + sich⟩ *sich durch vieles Fahren abnutzen* ⟨hat⟩: der rechte Hinterreifen hat sich, ist am stärksten abgefahren; **g)** ⟨ugs.⟩ *(eine zum [mehrmaligen] Fahren berechtigende Karte) aufbrauchen* ⟨hat⟩: hast du deine Mehrfahrtenkarte schon abgefahren?; abgefahrene *(benutzte)* Fahrscheine; **h)** (Film, Rundf., Ferns.) *[zu] spielen [beginnen]* ⟨hat⟩: die MAZ a. **3.** (ugs.) *von jmdm., etw. persönlich besonders stark beeindruckt sein, sich angesprochen fühlen* ⟨ist⟩: auf eine Musik, auf eine Band a.; die meisten Jungs sind auf die neue Mitschülerin sofort voll abgefahren.
Ab|fahrt, die; -, -en: **1.** *das Abfahren* (1 a): die A. verzögert sich. **2.** (Ski, Rodeln) **a)** *abwärts führende Fahrt; Lauf:* die A. war gefährlich; in der A. *(im Abfahrtslauf)* ist er stärker als im Riesenslalom; **b)** *abwärts führende Strecke:* der Berg mit seinen steilen -en; **c)** *Ort, Stelle, wo abgefahren wird:* zur A. der Rodelbahn hinaufgehen. **3.** (Amtsspr.) *Abtransport, Abfuhr:* die A. von Holz, Sperrmüll. **4.** *Autobahnausfahrt:* die A. [nach] Wiesbaden.
ab|fahrt|be|reit ⟨Adj.⟩: *zur Abfahrt* (1) *bereit; abfahrbereit.*
Ab|fahrt|gleis: ↑Abfahrtsgleis.
Ab|fahrts|gleis, (Fachspr.:) Abfahrtgleis, das: *Gleis, auf dem ein Zug o. Ä. abfährt.*
Ab|fahrt|si|gnal: ↑Abfahrtssignal.
Ab|fahrts|lauf, der (Ski): *das Abfahren* (1 d) *als Disziplin des alpinen Skilaufs.*
Ab|fahrts|plan, der: **1.** *Abfahrtstafel.* **2.** ⟨Pl.⟩ *Pläne, die jmds. Abfahren* (1 a) *von einem Ort betreffen.*
Ab|fahrts|si|gnal, (Fachspr.:) Abfahrtsignal, das: *Zeichen zur Abfahrt* (1).
Ab|fahrts|stre|cke, die (Ski): *Strecke für den Abfahrtslauf.*
Ab|fahrts|ta|fel, (Fachspr.:) Abfahrttafel, die: *Tafel mit den Abfahrtszeiten der Züge.*
Ab|fahrts|ter|min, (Fachspr.:) Abfahrttermin, der: *Termin der Abfahrt* (1).
Ab|fahrts|zei|chen, (Fachspr.:) Abfahrtzeichen, das: *Abfahrtssignal.*
Ab|fahrts|zeit, (Fachspr.:) Abfahrtzeit, die: vgl. Abfahrtstermin.
Ab|fahrt|ta|fel: ↑Abfahrtstafel.
Ab|fahrt|ter|min: ↑Abfahrtstermin.
Ab|fahrt|zei|chen: ↑Abfahrtszeichen.
Ab|fahrt|zeit: ↑Abfahrtszeit.
Ab|fall, der; -[e]s, Abfälle: **1.** *Reste, die bei der Zubereitung od. Herstellung von etw. entstehen; unbrauchbarer Überrest:* Kübel mit übel riechendem A.; radioaktive Abfälle. **2.** ⟨o. Pl.⟩ (bes. Rel., Politik) *Lossagung von einem Glauben, einem Bündnis, einer bestehenden Bindung; das Abtrünnigwerden gegenüber jmdm., etw.:* ein A. von Gott, vom Glauben, von der Partei. **3.** ⟨o. Pl.⟩ *Neigung eines Geländes:* die Wiese erstreckt sich in sanftem A. bis zur Straße. **4.** ⟨o. Pl.⟩ *Abnahme, Rückgang:* der A. seiner Leistungen, in seiner Leistung ist unverkennbar.
Ab|fall|be|sei|ti|gung, die (Fachspr.): *Gesamtheit der Maßnahmen u. Methoden zur Verringerung, Ablagerung, Umwandlung od. Weiter- u. Wiederverwendung von festen, flüssigen u. gasförmigen Abfallstoffen.*
Ab|fall|ei|mer, der: *Eimer für den Abfall* (1).
ab|fal|len ⟨st. V.; ist⟩: **1. a)** *bei der Zubereitung od. Herstellung von etw. übrig bleiben:* in der Küche fällt immer viel ab; beim Zuschneiden ist kaum Stoff abgefallen; **b)** *jmdm. nebenher als Anteil, Gewinn zufallen:* wenn er mir beim Verkaufen hilft, fallen auch ein paar Mark für ihn ab. **2.** *sich von etw. loslösend herunterfallen, sich lösen:* der Mörtel fällt [von der Wand] ab; Ü all seine Hektik war von ihm abgefallen. **3.** (bes. Rel., Politik) *sich von jmdm., etw. lossagen; jmdm., einer Sache gegenüber abtrünnig werden:* von Gott, vom Glauben, von der Partei a. **4.** *schräg nach unten verlaufen:* das Gebirge fällt nach Osten ab; abfallende Wege, Dächer, Schultern. **5. a)** *an Intensität, Leistung o. Ä. verlieren, abnehmen:* der Wasserdruck, die Leistung des Motors fiel ab; **b)** (bes. Sport) *im Vergleich zu anderen zurückbleiben, schwächer werden, einen schlechteren Eindruck machen:* der Läufer fällt ab; gegen seinen Freund fiel er sehr ab; **c)** (seltener) *abmagern:* nach der Krankheit ist er ganz abgefallen.
Ab|fall|gru|be, die: *Erdgrube zur Aufnahme von Abfallstoffen.*
Ab|fall|hau|fen, der: *aus Abfällen* (1) *bestehender Haufen:* etw. auf den A. werfen.
ab|fäl|lig ⟨Adj.⟩ [wohl als Gegenwort zu ↑beifällig geb.]: *(in Bezug auf Äußerungen) ablehnend, missbilligend, abschätzig:* eine -e Bemerkung; sich a. über jmdn., etw. äußern.
Ab|fall|pro|dukt, das: **1.** *aus Abfällen hergestelltes Produkt.* **2.** *bei der Herstellung zusätzlich abfallendes Produkt.*
Ab|fall|stoff, der (Fachspr.): *Abfall* (1), *Rückstand* (1), *der bei Produktion, Konsum oder Energiegewinnung entsteht, gelegentlich auch als Nebenprodukt genutzt wird.*
Ab|fall|ver|wer|tung, die: *Recycling.*
Ab|fall|wirt|schaft, die: *Abfallbeseitigung [u. -verwertung].*
ab|fäl|schen ⟨sw. V.; hat⟩ (Ballspiele, Eishockey): *den Ball, die Scheibe durch [unabsichtliche] Berührung aus einer vorgegebenen Richtung lenken:* einen Schuss, den Ball [zur Ecke] a.
ab|fan|gen ⟨st. V.; hat⟩ [2: zu weidm. Fang = Stoß]: **1. a)** *nicht sein Ziel, seinen Bestimmungsort erreichen lassen [u. in seine Gewalt bringen]:* einen Brief, eine Nachricht, einen Agenten a.; **b)** *jmdn., auf den jmd. gewartet hat, aufhalten, um sich wegen etw. an ihn zu wenden; abpassen:* den Briefträger a.; **c)** (Sport) *jmdn. ein- u. überholen u. dadurch seinen Sieg verhindern:* jmdn. erst auf den letzten zwanzig Metern a.; **d)** *einen Gegner, etw. von ihm Ausgehendes aufhalten, abwehren:* den Vorstoß des Feindes, den Feind a.; (Sport:) den Gegner, einen Angriff a.; **e)** (Bauw., Technik) *etw., was durch sein Gewicht drückt, durch Balken u. a. abstützen:* bei dem Umbau der unteren Stockwerke müssen die oberen abgefangen werden; **f)** *wieder unter Kontrolle [u. in die normale Richtung od. Lage] bringen:* die Maschine, einen schleudernden Wagen, sich a. **2.** (Jägerspr.) *angeschossenem Wild mit dem Hirschfänger den Fang* (3) *geben.*
ab|fär|ben ⟨sw. V.; hat⟩: **1.** *die eigene Farbe (unerwünscht) auf etw. anderes übertragen:* der blaue Pyjama färbte beim Waschen ab, färbte auf die andere Wäsche ab. **2.** *Einfluss auf jmdn., etw. ausüben:* der schlechte Umgang färbt auf den Jungen ab.
ab|fas|sen ⟨sw. V.; hat⟩: **1.** *einem vorgegebenen, nicht allzu umfangreichen Stoff die entsprechende sprachliche Form geben:* ein Testament a.; ein teils deutsch, teils französisch abgefasster Brief. **2.** (ugs.) *[bei etw. Verbotenem] abfangen* (1 a), *ergreifen:* einen Dieb a.
Ab|fas|sung, die; -, -en: *das Abfassen* (1).
ab|fau|len ⟨sw. V.; ist⟩: *sich durch Fäulnis[einwirkung] lösen:* die Blätter, die Wurzeln faulen ab.
ab|fe|dern ⟨sw. V.; hat⟩: **1. a)** *(einen Stoß, eine Erschütterung, ein Gewicht, Hindernis) federnd abfangen:* jede Bodenwelle a.; Ü soziale Härten, die Folgen der Arbeitslosigkeit a. *(abmildern);* **b)** (Sport, bes. Turnen) *mit Armen od. Beinen federn, um aus der nach unten gerichteten Bewegung eine nach oben gerichtete einzuleiten:* mit den Beinen vom niederen Holm a.; **c)** (Leichtathletik) *nachfedern.* **2.** (Technik) *mit einer Federung versehen:* man hat die Achsen schlecht abgefedert.
Ab|fe|de|rung, die; -, -en: *das Abfedern* (1 a, 2).
ab|fe|gen ⟨sw. V.⟩: **1.** ⟨hat⟩ (bes. nordd.) **a)** *durch Fegen entfernen;* [2]*abkehren* (a): den Schnee [vom Geländer] a.; der Hirsch fegt den Bast ab (Jägerspr.; *streift ihn vom Geweih durch Reiben an Baumstämmen od. Ästen ab*); **b)** *durch Fegen reinigen;* [2]*abkehren* (b): den Flur, die Fensterbank a. **2.** (ugs.) *rasch davonlaufen, -fahren* ⟨ist⟩: mit dem Motorrad a.
ab|fei|ern ⟨sw. V.; hat⟩: **1.** (Jargon) *(Mehrarbeit) durch Freistunden, Freizeit ausgleichen:* Überstunden a. **2.** (ugs. seltener) *mit einer Feier verabschieden:* man feierte ihn mit großem Trara ab.
ab|fei|len ⟨sw. V.; hat⟩: **1. a)** *durch Feilen beseiti-*

A

gen: ich feilte die scharfen Zacken ab; b) *durch Feilen [von etw.] entfernen:* er feilte die Krampen [von der Kiste] ab. 2. a) *durch Feilen glätten:* ich feilte [mir] den eingerissenen Fingernagel ab; b) *durch Feilen verkürzen:* ich habe den Schlüsselbart abgefeilt. 3. (ugs.) *abschreiben* (1 c): bei der Klassenarbeit a.; er hat ganze Passagen abgefeilt.

ab|fer|keln ⟨sw. V.; hat⟩ (Landw.): *ferkeln* (1): die Sau hat abgeferkelt.

ab|fer|ti|gen ⟨sw. V.; hat⟩: 1. *zur Beförderung, zum Versand, zur Fahrt fertig machen:* Briefe, Pakete a. 2. *jmdn. bedienen:* die Kunden der Reihe nach a.; die Reisenden [am Schalter] a. *(ihre Formalitäten erledigen).* 3. (ugs.) *jmdn., der ein Anliegen hat, unfreundlich behandeln:* jmdn. kurz, schroff, an der Tür a.; er wollte mich mit 20 Mark a. *(abspeisen).* 4. (Sport) *überlegen schlagen:* die Gastmannschaft wurde klar 6:1 abgefertigt. 5. (österr.) *abfinden:* bei seinem Ausscheiden hat man ihn abgefertigt.

Ab|fer|ti|gung, die; -, -en: *das Abfertigen.*

Ab|fer|ti|gungs|ge|bäu|de, das: *Gebäude, in dem Reisende, Gepäck, Fracht abgefertigt* (1) *werden.*

ab|feu|ern ⟨sw. V.; hat⟩: 1. *(eine Feuerwaffe) abschießen:* eine Kanone a. 2. *(ein Geschoss) abschießen:* eine Rakete, Salutschüsse a.; Ü einen Schuss aufs Tor a. *(Fußball; einen Ball mit Wucht aufs Tor schießen).*

ab|fie|seln ⟨sw. V.; hat⟩ [zu veraltet fiseln = nagen]: 1. (südd., österr.) *abnagen:* einen Knochen a. 2. (ugs.) a) *deutlich, vernichtend besiegen:* im Hinspiel hatten sie den Erzrivalen mit 5:1 abgefieselt; b) *schonungslos herabsetzen, kritisieren:* in dem neuen Restaurantführer wird das Lokal mit vernichtender Beurteilung abgefieselt.

ab|fin|den ⟨st. V.; hat⟩: 1. *durch eine einmalige Geldzahlung, Sachleistung für etw. [teilweise] entschädigen:* jmdn. großzügig a.; Ü ich ließ mich mit dieser Bemerkung nicht a. *(zufrieden stellen).* 2. ⟨a. + sich⟩ a) *sich einigen, vergleichen:* ich fand mich mit den Gläubigern ab; b) (landsch.) *sich durch etw. erkenntlich zeigen, einer Verpflichtung entledigen:* ich habe mich bei ihm für seine Gefälligkeit mit einem Buch abgefunden; c) *sich mit jmdm., etw. zufrieden geben; sich in etw. fügen:* sich mit den Gegebenheiten a.; ich fand mich mit meinem Schicksal ab; schließlich hat er sich abgefunden.

Ab|fin|dung, die; -, -en: 1. *das Abfinden* (1): die A. der Gläubiger. 2. *zum Abfinden* (1) *bestimmte Summe:* er hat eine einmalige A. von 50 000 Mark bekommen.

ab|fin|gern ⟨sw. V.; hat⟩: *überall mit den Fingern betasten:* Münzen, Geld a.

ab|fi|schen ⟨sw. V.; hat⟩: *(ein Gewässer) leer fischen:* den Teich a.

ab|fla|chen ⟨sw. V.⟩: 1. *flach[er] machen* ⟨hat⟩: die Seitenkanten der Steine a. 2. ⟨a. + sich; hat⟩ a) *flacher werden:* die Schwellung flachte sich langsam ab; abgeflachte Höhenzüge; b) *an Quantität verlieren, abnehmen:* der Zuwachs der Produktion wird sich weiter a. 3. *im Niveau sinken* ⟨ist⟩: die Unterhaltung flachte später merklich ab.

Ab|fla|chung, die; -, -en ⟨Pl. selten⟩: *das Abflachen.*

ab|flan|ken ⟨sw. V.; hat⟩ (Turnen): *mit einer Flanke (vom Gerät) abgehen:* vom Reck a.

ab|flau|en ⟨sw. V.; ist⟩: 1. *allmählich schwächer werden, nachlassen:* der Wind war abgeflaut. 2. *geringer werden, sinken:* die Begeisterung, der Verkehr, das Geschäft flaute ab; ⟨subst.:⟩ das Interesse an der Ausstellung war schon im Abflauen.

ab|flie|gen ⟨st. V.⟩: 1. ⟨ist⟩ a) *(von Vögeln) weg-, davonfliegen:* die Taube flog ab; b) *(von Flugzeugen u. Personen) seinen Ort zu einer bestimmten Zeit fliegend verlassen:* er, seine Maschine fliegt noch in der Nacht Richtung Berlin ab; c) (ugs.) *sich plötzlich lösen und fortgeschleudert werden:* die Radkappe ist [mir] abgeflogen. 2. ⟨hat⟩ a) *[aus einer bedrohlichen Situation] mit dem Flugzeug wegbringen:* man flog die Verwundeten [aus dem Kessel] ab; b) *zum Zweck der Besichtigung od. Kontrolle überfliegen:* die Front a.

ab|flie|ßen ⟨st. V.; ist⟩: 1. a) *herab-, herunterfließen:* der Regen fließt vom Dach ab; b) *sich fließend entfernen, wegfließen:* das Wasser im Waschbecken fließt nicht, nur langsam ab; aus der Wunde floss Eiter ab; das Regenwasser ist nicht abgeflossen *(versickert);* der elektrische Strom fließt ab *(geht verloren);* Ü der Verkehr fließt schlecht ab; das Geld fließt ins Ausland ab *(wird ins Ausland transferiert).* 2. *sich durch Abfließen (des Wassers) leeren:* die Wanne fließt sehr schlecht ab.

Ab|flug, der; -[e]s, Abflüge: 1. ⟨o. Pl.⟩ *das Weg-, Davonfliegen:* der weiche A. der Eule. 2. *Start eines Flugzeugs:* den A. einer Maschine bekannt geben; der A. verzögert sich; ***einen A. machen** (ugs.; *fortgehen, verschwinden):* sei so gut und mach nen A.

Ab|flug|zeit, die: *Zeit des Abflugs* (2).

Ab|fluss, der; -es, Abflüsse: 1. ⟨o. Pl.⟩ *das Abfließen* (1 b): den A. des Wassers erleichtern. 2. *Stelle, an der etw. abfließt:* der A. der Badewanne ist verstopft.

Ab|fluss|gra|ben, der: *Graben, durch den etw. abfließen kann.*

Ab|fluss|loch, das: vgl. Abflussgraben.

Ab|fluss|re|gi|me, das (Geogr.): *das vom Klima abhängige, auf ein monatliches Mittel umgerechnete Auftreten von Hoch- u. Niedrigwasser eines Flusses während eines Jahres.*

Ab|fluss|rohr, das: vgl. Abflussgraben.

Ab|fluss|ven|til, das: *Absperrventil für Abwasser.*

ab|foh|len ⟨sw. V.; hat⟩ (Landw.): *fohlen.*

Ab|fol|ge, die; -, -n: *Aufeinander-, Reihenfolge:* die A. der Ereignisse; in chronologischer, rascher, logischer A.

ab|for|dern ⟨sw. V.; hat⟩: *von jmdm. nachdrücklich fordern; jmdm. abverlangen:* der Polizist forderte mir die Kennkarte ab; dem Volk ein Bekenntnis a.

ab|for|men ⟨sw. V.; hat⟩: *durch Eindrücken in eine weiche Masse, durch Formen einer weichen Masse nachbilden:* jmds. Züge in Gips a.

Ab|for|mung, die; -, -en: 1. *das Abformen.* 2. *etw. Abgeformtes.*

ab|fo|to|gra|fie|ren ⟨sw. V.; hat⟩: *durch Fotografieren abbilden, eine Fotografie von jmdm., etw. machen:* die Familie a.; abfotografiertes Theater.

Ab|fra|ge, die (EDV): *Gewinnung von Daten aus einem Datenspeicher od. Feststellung von Informationen auf bestimmten Speicherplätzen.*

ab|fra|gen ⟨sw. V.; hat⟩: 1. *jmds. Kenntnisse durch Fragen [über]prüfen:* ich fragte ihn/ihm lateinische Vokabeln ab; das Einmaleins a.; der Lehrer hat mich abgefragt. 2. a) (Fernspr.) *durch Anruf prüfen, ob eine Leitung zu vermitteln od. noch intakt ist:* alle Leitungen a.; b) (Elektrot., EDV) *[ermitteln, feststellen und] sich geben lassen:* Informationen, den Kontostand über den Computer a.

ab|fres|sen ⟨st. V.; hat⟩: 1. *von etw. wegfressen:* die Hasen fraßen den Kohl *(die Kohlblätter)* ab; (derb, meist abwertend von Menschen:) wer hat die Streusel [vom Kuchen] abgefressen? 2. *kahl fressen:* die Vögel fressen die Holundersträucher ab.

ab|frie|ren ⟨st. V.⟩: 1. *durch Frost absterben [und abfallen]* ⟨ist⟩: die Knospen froren ab; die Ohren waren [ihm] abgefroren. 2. (ugs. übertreibend) *an einer Körperstelle Frost bekommen* ⟨hat⟩: wir werden uns hier noch die Füße a.; ***sich** ⟨Dativ⟩ **einen a.** (ugs.; *sehr frieren*): ich habe mir bei der Warterei [ganz schön] einen abgefroren.

Ab|fuhr, die; -, -en [2: zu ↑abführen (1 b)]: 1. *Abtransport:* die A. von Müll, Sperrgut, Holz. 2. a) *entschiedene Abweisung:* jmdm. eine A. erteilen; sich eine A. holen; b) (Sport) *[hohe] Niederlage:* sich eine schwere A. holen.

ab|füh|ren ⟨sw. V.; hat⟩: 1. a) *jmdn., der ergriffen wurde, wegführen; bes. jmdn., der festgenommen wurde, in polizeilichen Gewahrsam bringen:* die Gangster wurden abgeführt; b) *ableiten:* Abgase, Abwärme a.; c) *von etw. wegführen, abbringen:* dieser Weg führt uns von unserem Ziel ab; Ü dieser Gedankengang führt nur vom Thema ab; d) *von etw. abzweigen:* an dieser Stelle führt der Weg von der Hauptstraße ab; e) *Gelder an jmdn., etw. abliefern, zahlen:* Steuern an das Finanzamt a. 2. a) *den Stuhlgang fördern:* Rhabarber führt ab; abführende Mittel; b) *den Darm leeren:* sie konnte schon drei Tage nicht a. 3. (Schrift- u. Druckw.) *(einen Satz, Textteil) mit einem schließenden Anführungszeichen versehen.* 4. (Jägerspr.) *(den Hund) beim Jagen auf Wild anleiten:* einen Jagdhund a.

Ab|führ|mit|tel, das: *den Stuhlgang förderndes* [1]*Mittel* (2 a).

Ab|füh|rung, die; -, -en: *das Abführen* (1 a, b, d, e; 3).

Ab|füll|an|la|ge, die: *technische Anlage zum Abfüllen von Stoffen.*

ab|fül|len ⟨sw. V.; hat⟩: 1. *[im Rahmen eines Gewerbebetriebs] (Gefäße nacheinander) füllen:* man füllte die Flaschen [mit Apfelwein] ab; Ü er hat ihn in eine Bar geschleppt und abgefüllt (ugs.; *betrunken gemacht*). 2. *aus einem größeren Behälter in einen kleineren füllen:* Wein a.; in Gläser abgefülltes Gelee.

Ab|fül|lung, die; -, -en: 1. *das Abfüllen.* 2. *etw. Abgefülltes.*

[1]**ab|füt|tern** ⟨sw. V.; hat⟩: a) *die Fütterung von Tieren vornehmen:* ich füttere [das Vieh] ab; b) (salopp) *(Menschen in der Gruppe) zu essen geben:* die Kinder waren schon abgefüttert.

[2]**ab|füt|tern** ⟨sw. V.; hat⟩: *(ein Kleidungsstück) mit Futterstoff versehen:* einen Rock a.

[1]**Ab|füt|te|rung,** die; -, -en: *das* [1]*Abfüttern.*

[2]**Ab|füt|te|rung,** die; -, -en: *das* [2]*Abfüttern.*

Abg. = Abgeordnete.

Ab|ga|be, die; -, -n: 1. ⟨o. Pl.⟩ *das Abgeben* (1 a): die A. der Stimmzettel, der Prüfungsarbeiten; gegen A. der Coupons. 2. ⟨meist Pl.⟩ *einmalige od. laufende Geldleistung an ein öffentlich-rechtliches Gemeinwesen; Steuer:* hohe, jährliche, soziale -n; -n entrichten. 3. (Wirtsch.) *Verkauf:* größere -n an der Börse. 4. (Ballspiele, [Eis]hockey) a) *das Abgeben* (4), *Abspielen:* er hat mit der A. [des Balles] an den Linksaußen zu lange gezögert; b) *abgespielter Ball:* der gegnerische Läufer konnte die A. erlaufen; c) *Verlust:* die A. eines Satzes, Punktes, Titels. 5. ⟨o. Pl.⟩ *das Abgeben* (5), *Abfeuern:* bei der A. eines Schusses. 6. *das Abgeben* (6), *Ausströmen, Ausstrahlen:* unter A. von Wärme, Energie. 7. *das Abgeben* (7), *Äußern:* die A. einer Erklärung, eines Urteils.

ab|ga|ben|frei ⟨Adj.⟩: *frei von Abgaben* (2), *keine Abgaben erfordernd.*

Ab|ga|ben|ord|nung, die (Rechtsspr.): *grundlegendes, die Steuern betreffendes Gesetzeswerk* (Abk. AO).

ab|ga|ben|pflich|tig ⟨Adj.⟩: *verpflichtet, Abgaben* (2) *zu entrichten.*

ab|ga|be|pflich|tig ⟨Adj.⟩: 1. (Wirtsch.) *zur Abgabe* (3) *verpflichtet.* 2. ↑abgabenpflichtig.

Ab|ga|be|ter|min, der: *Termin der Abgabe* (1).

Ab|gang, der; -[e]s, Abgänge: 1. a) ⟨o. Pl.⟩ *das Weg-, Fortgehen:* Sie dürfen den A. vom Schalter nicht behindern; ein dramatischer A. (von der Bühne); der von Beifall umrauschte A. des berühmten Schauspielers; ***einen A. machen** (ugs.; *fortgehen, verschwinden);* ***sich einen guten** o. ä. **A. verschaffen** *(beim Weggehen einen guten Eindruck hinterlassen);* b) *das Verlassen eines Wirkungskreises, das Ausscheiden aus einem Bereich:* nach dem A. von der Schule; der A. des Ministers aus seinem Amt; c) *jmd., der ausscheidet, einen Wirkungskreis verlässt:* an unserer Schule haben wir 5 Abgänge; d) (bes. Milit., Med.) *Todesfall, Tod:* es gab viele Abgänge; ***[einen] A. machen** (salopp; *sterben).* 2. *Abfahrt:* kurz vor A. des Zuges, Schiffes, Flugzeuges. 3. ⟨o. Pl.⟩ *Absendung:* der A. der Post, der Waren. 4. *das Abgehen von einem Turngerät:* die Riesenwelle am Reck mit gegrätschtem A. 5. a) ⟨o. Pl.⟩ *Ausscheidung:* das Mittel befördert den A. der Steine; b) (Med.) *Tot-, Fehlgeburt,* [2]*Abort:* einen A. haben; c) (salopp) *[unwillkürlicher] Samenerguss:* einen A. haben, kriegen. 6. ⟨o. Pl.⟩ (Kaufmannsspr.) *Absatz* (3): diese Ware hat, findet reißenden A. 7. ⟨Pl. selten⟩ (veralt., noch Kaufmannsspr.) *Wegfall, Verlust:* der A. muss wieder ersetzt werden; beim Obsthandel gibt es viel A. 8. (österr. Amtsspr.) *Fehlbetrag:* den A. von 50 Schilling musste die Kassierin ersetzen.

Ạb|gän|ger, der; -s, -: 1. (bes. Amtsspr.) *Schüler, der von der Schule abgeht.* 2. (salopp) *Abgang* (5 c).

Ạb|gän|ge|rin, die; -, -nen: w. Form zu Abgänger (1).

ạb|gän|gig ⟨Adj.⟩: 1. (landsch.) *überzählig, überflüssig, weil unbrauchbar:* es wurden meist -e alte Kühe geschlachtet. 2. (Amtsspr., bes. österr.) *(von Personen) nicht mehr vorhanden; vermisst, verschollen:* es werden alle -en Personen registriert.

Ạb|gangs|klas|se, die: *Klasse der Schulabgänger.*

Ạb|gangs|zeug|nis, das: *Zeugnis, das ein Schüler ohne Schulabschluss statt eines Abschlusszeugnisses erhält.*

Ạb|gas, das; -es, -e ⟨meist Pl.⟩: *bei technischen od. chemischen Prozessen (bes. bei Verbrennungsprozessen) entstehendes, meist nicht mehr nutzbares Gas:* die -e der Motoren.

ạb|gas|arm ⟨Adj.⟩: *(von Kraftfahrzeugen) nur noch wenig [schädliche] Abgase produzierend:* -e Autos, Fahrzeuge.

Ạb|gas|ka|ta|ly|sa|tor, der: *Katalysator* (2), *mit dessen Hilfe die Abgase von Kraftfahrzeugen entgiftet werden.*

Ạb|gas|tur|bi|ne, die: *Turbine, die mit Abgasen getrieben wird.*

Ạb|gas|un|ter|su|chung, die: *Kraftfahrzeuguntersuchung, bei der der Gehalt an Kohlenmonoxid im Abgas bei Leerlauf des Motors gemessen wird* (Abk.: AU).

ạb|gau|nern ⟨sw. V.; hat⟩ (ugs. abwertend): *jmdm. etw. durch Gaunerei[en] abnehmen:* jmdm. etw. a.

ạb|ge|ar|bei|tet: ↑abarbeiten.

ạb|ge|ben ⟨st. V.; hat⟩: 1. a) *etw. dem zuständigen Empfänger [od. jmdm., der es an den Empfänger weiterleitet] geben, übergeben, aushändigen:* einen Brief, ein Geschenk [persönlich, eigenhändig], den Stimmzettel, die Klassenarbeit a.; er gab die Waren beim Nachbarn für mich ab; Ü die bearbeiteten Daten werden per Mausklick an den Zentralspeicher abgegeben; b) *zur Aufbewahrung geben:* den Mantel in der Garderobe a. 2. a) *mit jmdm. teilend freiwillig überlassen, abtreten:* er hat mir die Hälfte des Kuchens, vom Kuchen abgegeben; er gibt von seinem Verdienst keinen Pfennig an den Haushalt ab; b) *jmdm. etw. od. jmdn. [gezwungenermaßen] überlassen, abtreten:* die Leitung, den Vorsitz a.; Personal, Mitarbeiter a. müssen; (Sport:) die Spitze, zwei Punkte a. 3. *verkaufen:* Obst, Eier a.; gebrauchter Kinderwagen günstig abzugeben. 4. (Ballspiele, [Eis]hockey) *(den Ball, die Scheibe) an einen Mitspieler geben:* den Ball an den Verteidiger a.; er muss schneller a. 5. *(einen Schuss) abfeuern:* einen Warnschuss a. 6. *von sich geben; ausströmen, ausstrahlen:* der Ofen gibt genügend Wärme ab; das Blut gibt Kohlensäure ab; 7. *verlauten lassen, äußern:* sein Urteil, eine Erklärung, ein Statement a.; das U-Boot hatte einen Funkspruch abgegeben; seine Stimme [bei der Wahl] a. *(abstimmen, wählen).* 8. (ugs.) a) *eine bestimmte Rolle auf der Bühne spielen; jmdn. darstellen, geben:* den Wilhelm Tell a.; b) *jmdn. darstellen, als jmd., etw. figurieren:* einen guten Familienvater a.; c) *die Grundlage für etw. bilden;* [1]*ergeben* (1): den Rahmen, den Hintergrund für etwas a. 9. (Kartenspiel) *die Karten zum letzten Spiel austeilen:* du gibst ab. 10. ⟨a. + sich⟩ a) *sich mit etw., jmdm. beschäftigen, befassen:* sich mit Gartenarbeit a.; sich viel mit kleinen Kindern, mit Tieren a.; damit gebe ich mich nicht ab; b) (ugs.) *mit jmdm. Umgang pflegen; sich mit jmdm. einlassen:* sich mit Prostituierten, mit Ganoven a.

ạb|ge|blasst: ↑abblassen.

ạb|ge|brannt: ↑abbrennen (2, 3 b).

ạb|ge|braucht: ↑abbrauchen.

ạb|ge|bro|chen: ↑abbrechen (2).

ạb|ge|brüht ⟨Adj.⟩ [zu ↑abbrühen, eigtl. = mit heißem Wasser übergossen] (ugs.): *[zynisch] abgestumpft, unempfindlich gegen etw.:* ein -er Bursche; er ist, handelt immer ziemlich abgebrüht.

Ạb|ge|brüht|heit, die; -: *abgebrühte Art.*

ạb|ge|dankt: ↑abdanken (2).

ạb|ge|dreht ⟨Adj.⟩ [2. Part. von ↑abdrehen] (ugs.): *absonderlich, skurril, verrückt, überspannt:* ein total -er Typ.

ạb|ge|dro|schen ⟨Adj.⟩ [zu veraltet abdreschen, eigtl. = leer wie ausgedroschenes Getreide] (ugs.): *bis zum Überdruss gebraucht, phrasenhaft:* -e Redensarten; diese Ausdrücke sind schon sehr a.

Ạb|ge|dro|schen|heit, die; -: *das Abgedroschensein.*

ạb|ge|fah|ren ⟨Adj.⟩ [zu ↑abfahren (3)] (ugs.): *beeindruckend, außergewöhnlich, hervorragend, begeisternd:* eine -e Rockband.

ạb|ge|feimt ⟨Adj.⟩ [zu veraltet abfeimen, eigtl. = von unreinem Schaum befreit u. dadurch gereinigt, zu ↑[1]Feim]: *in allen Schlichen u. Schlechtigkeiten erfahren, in unmoralischer Weise schlau:* ein -er Schurke; eine -e Bosheit.

Ạb|ge|feimt|heit, die; -, -en: 1. ⟨o. Pl.⟩ *abgefeimte Art, Handlungsweise.* 2. *abgefeimte Handlung.*

ạb|ge|fuckt [...fakt] ⟨Adj.⟩ [zu engl. to fuck = koitieren (wohl nach dem Muster von »abgewichst«)] (derb): *in üblem Zustand, heruntergekommen:* ein -er Typ; ein -es Hotel; total a. sein.

ạb|ge|gan|gen: ↑abgehen (11 b).

ạb|ge|grif|fen: ↑abgreifen (1 a).

ạb|ge|hackt ⟨Adj.⟩ [2. Part. von ↑abhacken]: *(in Bezug auf Sprechweise, Bewegungen o. Ä.) nicht fließend, sondern ständig stockend, für einen Augenblick aussetzend:* eine -e Redeweise; -e Bewegungen; a. sprechen.

ạb|ge|half|tert: ↑abhalftern (2).

ạb|ge|han|gen: ↑[1]abhängen (1).

ạb|ge|härmt: ↑abhärmen.

ạb|ge|här|tet: ↑abhärten.

ạb|ge|hen ⟨unr. V.; ist⟩: 1. a) *sich gehend entfernen, einen Schauplatz verlassen:* er drehte sich um und ging schimpfend ab; (Theater:) ... geht über den Korridor nach links ab; b) *an jmdm., etw. prüfend o. ä. entlanggehen; bei einem Rundgang besichtigen:* einen Weg noch einmal a.; der Bahnwärter geht die Strecke ab; c) *aus einem Wirkungsbereich ausscheiden; eine Ausbildungsstätte, bes. eine Schule, verlassen:* nach der zehnten Klasse a. 2. *einen Platz, Ort, eine Stelle [fahrplanmäßig] verlassen (um irgendwohin zu gelangen):* das Schiff, der Zug geht gleich ab. 3. *abgeschickt werden:* das Schreiben ist abgegangen; die Waren werden mit dem nächsten Schiff a. 4. (Turnen) *ein Gerät mit einem Schwung, Sprung o. Ä. verlassen u. damit eine Übung beenden:* mit einem Grätschabschwung vom Reck a. 5. a) *von etw. ausgehen, abzweigen:* der Weg geht von der Hauptstraße ab; b) *in anderer Richtung verlaufen:* der Weg geht dann links, nach Norden ab. 6. *sich lösen* (1 b): hier ist der Putz, die Farbe abgegangen; mir ist ein Knopf, der Daumennagel abgegangen; der Fleck geht nicht ab *(lässt sich nicht entfernen).* 7. *ausgeschieden, abgesondert werden:* die Würmer gehen mit dem Stuhlgang ab; * **jmdm. geht einer ab** (salopp; *jmd. hat [ohne Geschlechtsverkehr auszuüben] einen Samenerguss).* 8. *(von einem Schuss) sich lösen* (6 b): plötzlich ging ein Schuss ab. 9. *Absatz finden:* die Ware geht reißend ab. 10. *abgezogen, abgerechnet werden:* von dem Gewicht geht noch die Verpackung ab. 11. a) *jmdm. fehlen, mangeln:* jmdm. geht der Humor, jedes Taktgefühl ab; b) (veraltet, noch Fachspr.) *aufgegeben werden, nicht mehr erhalten bleiben:* ⟨meist im 2. Part.:⟩ abgegangene Siedlungen; abgegangene Flussnamen. 12. *von etw. Abstand nehmen:* von einer Gewohnheit, einem Grundsatz a. 13. *in einer bestimmten Weise ablaufen* (5 c): es ist noch einmal glimpflich, ohne Geschrei abgegangen. 14. (ugs.) *sich abspielen; los sein:* er ist überall zu finden, wo etwas abgeht.

ạb|ge|ho|ben: ↑abheben (4).

ạb|ge|hun|gert: ↑abhungern (3).

ạb|ge|kämpft: ↑abkämpfen (2).

ạb|ge|kar|tet: ↑abkarten.

ạb|ge|klap|pert ⟨Adj.⟩ (salopp abwertend): 1. *aufgrund starker Beanspruchung durch Bewegung abgenutzt; verbraucht:* -e Gäule; die Schreibmaschine, das Auto ist schon recht a. 2. *abgedroschen, nichts sagend; phrasenhaft:* -e Schlager; diese Redewendungen sind ziemlich a.

ạb|ge|klärt ⟨Adj.⟩: *aufgrund von Lebenserfahrung über den Dingen stehend; ausgeglichen und weise; voller Besonnenheit; eine entsprechende Geisteshaltung erkennen lassend:* ein -er Mensch; ein -es Urteil; a. über etw. sprechen.

Ạb|ge|klärt|heit, die; -: *abgeklärtes Wesen; besonnene Ruhe:* die A. des Alters.

ạb|ge|la|gert: ↑ablagern (2).

Ạb|geld, das (Bankw.): *Disagio.*

ạb|ge|lebt ⟨Adj.⟩ (geh.): 1. *vom langen Leben verbraucht, entkräftet; alt u. kraftlos:* -e Greise. 2. *überlebt, überholt, altmodisch:* diese Prämissen sind a.

Ạb|ge|lebt|heit, die; -: *das Abgelebtsein.*

ạb|ge|le|dert ⟨Adj.⟩ [zu ↑abledern (1)] (landsch.): *abgerissen* (1 a).

ạb|ge|le|gen ⟨Adj.⟩: *abseits, entfernt liegend:* ein -es Dorf; der Ort ist sehr a.; a. wohnen.

Ạb|ge|le|gen|heit, die, -: *das Abgelegensein.*

ạb|ge|lei|ert: ↑ableiern (2).

ạb|gel|ten ⟨st. V.; hat⟩: *[pflicht-, ordnungsgemäß] ausgleichen; eine empfangene Leistung durch eine gleichwertige andere ersetzen:* mit dieser Zahlung sind alle Ansprüche abgegolten; eine Schuld in Devisen a.

Ạb|gel|tung, die; -, -en: *das Abgelten.*

ạb|ge|macht: ↑abmachen (2).

ạb|ge|ma|gert: ↑abmagern (1).

ạb|ge|mer|gelt: ↑abmergeln.

ạb|ge|mes|sen ⟨Adj.⟩ (geh.): a) *gleichmäßig, ruhig, gemessen:* sich a., in -em Schritt bewegen; b) *maßvoll [u. beherrscht]:* eine -e Lebensweise.

Ạb|ge|mes|sen|heit, die; -: *abgemessene Art.*

ạb|ge|neigt ⟨Adj.⟩ [zu veraltet sich abneigen = sich wegwenden]: in der Verbindung **jmdm., einer Sache a. sein** *(jmdm., einer Sache gegenüber ablehnend eingestellt sein):* einem Plan, Bündnis a. sein; jmdm. persönlich [nicht] a. sein; nicht a. sein, etwas zu tun; er zeigte sich [nicht] a.; ⟨auch attr.:⟩ die der modernen Literatur -en Leser.

Ạb|ge|neigt|heit, die; -: *das Abgeneigtsein.*

ạb|ge|nutzt: ↑abnutzen.

Ạb|ge|ord|ne|te, der u. die; -n, -n [zu ↑abordnen] *vom Volk für eine festgelegte Zeit in eine parlamentarische Institution gewählte Person; deputierte, delegierte Person:* Beispiele zur Dekl.: ein -r; eine A.; einige A. (selten: einige -n); viele A. (selten: viele -n); beide -n (seltener: beide A.); zwei A.; alle -n (selten: alle A.); er ist -r; er ist als -r, sie ist als A. gewählt worden; der Wahlkreis des [Herrn] -n, der [Frau] -n Müller; Herrn, Frau -n Müllers Wahlkreis; dem, der -n Müller; genanntem -n (veraltet: genanntem -m) wurde ein Vorwurf gemacht; ihm als -n (auch: als -m); ihr als -n (auch: als -r); an Herrn -n, an Frau A. Müller; er sprach mit Herrn -n Müller, mit Frau -n (auch: Frau -r) Müller; der Besuch von -n (= dem Abgeordneten) Müller, von -r (= der Abgeordneten) Müller; Abk.: Abg.

Ạb|ge|ord|ne|ten|bank, die ⟨Pl. ...bänke⟩: *Platz für Regierungsmitglieder mit Sitz im Parlament*

Ab|ge|ord|ne|ten|haus, das: **1.** *Körperschaft der Abgeordneten.* **2.** *Tagungsgebäude der Abgeordneten.*
Ab|ge|ord|ne|ten|man|dat, das: *Mandat eines od. einer Abgeordneten.*
Ab|ge|ord|ne|ten|sitz, der: **1.** *Abgeordnetenbank.* **2.** *Abgeordnetenmandat.*
ab|ge|plat|tet: ↑abplatten.
ab|ge|ra|ten (st. V.; ist) (veraltend): *sich, ohne es zu merken, von etwas entfernen; abkommen:* sie waren vom Weg abgeraten.
ab|ge|rech|net: ↑abrechnen.
ab|ge|ris|sen (Adj.): **1. a)** *zerlumpt:* -e Kleidung; ein -es *(abgewetztes)* Sofa; **b)** *in zerlumpten Kleidern, äußerlich heruntergekommen:* ein -er Häftling; a. aussehen. **2.** *unzusammenhängend, zusammenhanglos:* -e Sprachfetzen, Gedanken; a. *(abgehackt, stoßweise)* sprechen.
Ab|ge|ris|sen|heit, die; -: *das Abgerissensein.*
ab|ge|run|det: ↑abrunden.
Ab|ge|run|det|heit, die; -: *das Abgerundetsein.*
ab|ge|sagt (Adj.): meist in der Fügung **ein -er Feind von etw.** (geh.; *ein erklärter, entschiedener Gegner von etw.*): er ist ein -er Feind des Alkohols.
Ab|ge|sand|te, der u. die; -n, -n (Dekl. ↑Abgeordnete) (geh.): *Person, die mit einem bestimmten Auftrag, mit einer [offiziellen] Botschaft zu jmdm. geschickt wird:* die -n des Königs.
Ab|ge|sang, der; -[e]s, Abgesänge: **1.** (Verslehre) *abschließender, dritter Teil der Strophe in den Liedern des Minne- u. Meistersangs:* der A. folgt auf Stollen und Gegenstollen. **2.** (geh.) **a)** *Ausklang, [wehmütiger] Abschied:* das ist der A. des Herbstes; **b)** *letztes Werk bes. eines Dichters, Komponisten:* die Ode ist der A. des greisen Dichters an sein Jahrhundert, auf sein Jahrhundert.
ab|ge|schabt: ↑abschaben (2).
ab|ge|schie|den (Adj.) [mhd. abegescheiden = zurückgezogen] (geh.): **1.** *entlegen, einsam, abgelegen:* ein -es Dorf; das Gehöft ist, liegt a. **2.** *verstorben, tot:* -e Seelen *(die Seelen Verstorbener).*
Ab|ge|schie|de|ne, der u. die; -n, -n (Dekl. ↑Abgeordnete) (geh.): *verstorbener Mensch.*
Ab|ge|schie|den|heit, die; -: *das Abgeschiedensein:* sie lebten in der A. einer sommerlichen Idylle.
ab|ge|schlafft: ↑abschlaffen (b).
ab|ge|schla|gen (Adj.): **1.** (bes. Sport) *vom Sieger hinter sich gelassen, klar besiegt:* der weit -e Favorit; sie landete a. auf dem letzten Platz. **2.** (landsch.) *ermattet, erschöpft:* einen -en Eindruck machen; ich bin völlig a. **3.** *(von Geschirr) mit kleinen Beschädigungen:* -e Tassen.
Ab|ge|schla|gen|heit, die; -: *das Abgeschlagensein* (2): die Erkältung ging mit Kopfschmerzen und A. einher.
ab|ge|schlif|fen: ↑abschleifen.
Ab|ge|schlif|fen|heit, die; -: *das Abgeschliffensein.*
ab|ge|schlos|sen (Adj.): **1.** *abgesondert, isoliert, von der Welt getrennt:* ein -es Leben führen; mein Leben ist still und a. **2.** *in sich geschlossen [u. deshalb für Fremde nicht ohne weiteres zugänglich]:* eine -e Anlage, Wohnung. **3.** *abgerundet, durchgestaltet, in sich vollendet:* ein -es Werk.
Ab|ge|schlos|sen|heit, die; -: *das Abgeschlossensein* (1, 3).
ab|ge|schmackt (Adj.) [zu gleichbed. veraltet abgeschmack; vgl. Geschmack; schmecken]: *dem Empfinden zuwider; fade, geistlos, töricht, albern:* -e Reden, Komplimente; seine Worte waren äußerst a.; etw. a. finden.
Ab|ge|schmackt|heit, die; -, -en: **1.** *das Abgeschmacktsein:* die A. seiner Reden. **2.** *etw. Abgeschmacktes:* seine -en *(abgeschmackten Reden, Verhaltensweisen)* wirken abstoßend.
ab|ge|schnit|ten: ↑abschneiden (1, 2, 3).
Ab|ge|schnit|ten|heit, die; -: *das Abgeschnittensein.*
ab|ge|se|hen: ↑absehen (4).
ab|ge|son|dert: ↑absondern (1).
Ab|ge|son|dert|heit, die; -: *das Abgesondertsein.*
ab|ge|spannt (Adj.) [urspr. vom Bogen oder von Saiteninstrumenten, deren Spannung nachgelassen hat]: *(nach großer körperlicher od. geistiger Anstrengung) angegriffen, müde, erschöpft:* einen -en Eindruck machen; er sieht a. aus, ist sehr a.
Ab|ge|spannt|heit, die; -: *das Abgespanntsein.*
ab|ge|spielt: ↑abspielen (1 b).
ab|ge|stan|den (Adj.) [zu veraltet, noch landsch. abstehen = schal, schlecht werden; zugrunde gehen]: **1. a)** *durch langes Stehen schal geworden:* -er Kaffee; das Bier ist, schmeckt a.; **b)** *nicht mehr frisch, verbraucht:* -e Luft; die Wärme, der Geruch war a. **2.** *fade, nichts sagend:* -e Phrasen.
ab|ge|stimmt: ↑abstimmen (2).
ab|ge|stor|ben: ↑absterben (1 a, 2).
ab|ge|stumpft: ↑abstumpfen (2).
Ab|ge|stumpft|heit, die; -: *das Abgestumpftsein.*
ab|ge|ta|kelt (Adj.) (salopp abwertend): *vom Leben mitgenommen; verlebt, ausgedient, heruntergekommen:* eine -e Stripperin; a. aussehen.
ab|ge|tan: ↑abtun (3).
ab|ge|trie|ben: ↑abtreiben (4).
ab|ge|wetzt: ↑abwetzen (1 b).
ab|ge|wichst (Adj.) (salopp): *in üblem Zustand, heruntergekommen:* ein -er Typ.
ab|ge|win|nen (st. V.; hat): **a)** *von jmdm. im Spiel oder [Wett]kampf als Gewinner, Sieger erlangen:* sie hat ihm [im Kartenspiel] viel Geld abgewonnen; **b)** *abnötigen, abringen; durch intensive Bemühungen entlocken:* dem Meer Land a.; jmdm. ein Lächeln abzugewinnen versuchen; **c)** *etw. Gutes, Positives an einer Sache finden:* er hat der Sache keinen Reiz, nichts abgewonnen.
ab|ge|wirt|schaf|tet: ↑abwirtschaften.
ab|ge|wo|gen: ↑abwägen.
Ab|ge|wo|gen|heit, die; -: *das Abgewogensein.*
ab|ge|wöh|nen (sw. V.; hat): *jmdn., sich dazu bringen, eine [schlechte] Gewohnheit abzulegen:* jmdm. das Fluchen a.; ich habe mir das Rauchen abgewöhnt; (subst.:) einen (scherzh.; *ein letztes alkoholisches Getränk*) noch zum Abgewöhnen; *** zum Abgewöhnen sein** (ugs.; *sehr schlecht sein u. daher keinen Reiz mehr bieten*): das war Fußball zum A.
ab|ge|wohnt: ↑abwohnen (1).
ab|ge|wrackt: ↑abwracken.
ab|ge|zehrt: ↑abzehren.
ab|ge|zir|kelt: ↑abzirkeln.
ab|gie|ßen (st. V.; hat): **1. a)** *einen Teil einer Flüssigkeit, der als zu viel erscheint, aus einem Gefäß heraus-, weggießen:* gieß Wasser [aus dem Eimer] ab!; **b)** *durch das Herausgießen von Flüssigkeit den Inhalt eines Gefäßes verringern:* den Eimer a. **2. a)** *von etwas gießen, weggießen:* das Wasser von den Nudeln a.; **b)** *etw. Gekochtes vom Kochwasser befreien:* die Kartoffeln a. **3.** (bild. Kunst; Gießerei) *durch einen Guss formen, nachbilden:* eine Büste a. **4.** (Gießerei) *(eine Form) mit flüssigem Metall füllen:* eine Form a.
Ab|glanz, der; -es: **1.** *Reflex glänzender Lichter, Farben; Widerschein:* der A. der Abendröte. **2.** *etw., worin etwas anderes von gleicher Wesensart noch spürbar ist; Nachklang:* ein schwacher, matter A. vergangener Pracht.
Ab|gleich, der; -[e]s, -e (Pl. selten) (Funkt., Elektronik): *das Abgleichen* (3).
ab|glei|chen (st. V.; hat): **1.** (Bauw., Handw.) *in der Höhe, im Verlauf gleichmachen:* den Beton a. **2.** *vergleichend auf etw. abstimmen:* die Maße a. **3.** (Funkt., Elektronik) *Spulen, Kondensatoren auf den richtigen Wert einstellen, um die Eigenfrequenzen von Schwingkreisen in Übereinstimmung zu bringen:* einen Rundfunkempfänger a. **4.** (Optik) *(zwecks richtiger Brillenbestimmung) die Sehschärfen beider Augen einander anpassen.*
Ab|glei|chung, die; -, -en: *das Abgleichen.*
ab|glei|ten (st. V.; ist) (geh.): **1. a)** *die Haftung, den Halt verlieren u. von etw. unbeabsichtigt seitwärts [und nach unten] gleiten:* sie glitt vom Beckenrand ab; Ü die Beleidigungen glitten von ihm ab *(berührten ihn nicht);* **b)** *sich von etw. entfernen, ohne es zu merken; von etw. abirren, abschweifen:* ihre Gedanken glitten immer wieder ab. **2. a)** (selten) *von etw. nach unten gleiten:* ich ließ mich vom Pferd a.; Ü in Anarchie a.; **b)** *nachlassen, schlechter werden:* seine Leistungen sind in letzter Zeit abgeglitten; **c)** *moralisch absinken, herunterkommen:* nach dem Tod seiner Frau ist er immer mehr abgeglitten; **d)** *an Wert verlieren; fallen:* der Dollar gleitet ab; abgleitende Preise.
ab|glie|dern (sw. V.; hat): *[sich] als Teil eines Ganzen räumlich abgrenzen, absondern:* die Essecke ist vom Wohnbereich abgegliedert.
Ab|glie|de|rung, die; -, -en: *das Abgliedern.*
Ab|gott, der; -[e]s, Abgötter [mhd., ahd. abgot, wahrsch. zu einem alten Adj. mit der Bed. »gottlos« (vgl. got. afguþs, das griech. asebḗs = gottlos wiedergibt)]: **1.** (veraltet) *falscher Gott; Götze:* sie umtanzen ihren hölzernen A. **2.** *vergöttertes Wesen; etw. leidenschaftlich Verehrtes:* dieses Kind ist der A. seiner Eltern; etwas zu seinem A. machen.
Ab|göt|tin, die; -, -nen (veraltet): **1.** w. Form zu ↑Abgott (1). **2.** *abgöttisch geliebte weibliche Person.*
ab|göt|tisch (Adj.): **1.** (veraltend) *götzendienerisch:* ein hölzernes Bild a. verehren. **2.** (emotional) *wie einen Abgott, mit übersteigerter Zuneigung:* jmdn. a. lieben.
ab|gra|ben (st. V.; hat): **1.** *mit dem Spaten o. Ä. abtragen:* er grub das Erdreich ab. **2.** *durch Graben, durch Gräben ableiten:* Wasser a.
ab|gra|sen (sw. V.; hat): **1.** *Gras, Kräuter o. Ä. von etw. abfressen; abweiden:* das Vieh graste die Böschung ab; Ü dieser Themenkreis ist schon abgegrast (ugs.; *bietet keine Möglichkeiten mehr für eine Bearbeitung*). **2.** (ugs.) *eine Gegend, Haus für Haus o. Ä. nach etw. absuchen, wegen etw. aufsuchen:* die ganze Umgebung a.
ab|grät|schen (sw. V.; ist) (Turnen): *mit einer Grätsche vom Gerät abgehen:* er grätschte [vom Barren] ab.
ab|grei|fen (st. V.; hat): **1. a)** *durch häufiges Anfassen abnutzen:* viele Finger haben den alten Einband abgegriffen; ein abgegriffener Türknauf; **b)** (a. + sich) *durch häufiges Anfassen abgenutzt werden:* die Farbe greift sich rasch ab. **2.** *greifend abtasten:* die Ärztin griff die Körperstelle, den Knochen ab. **3.** *[greifend zwischen zwei Finger o. Ä. nehmen und dadurch] messen, ausmessen:* ich griff die Entfernung mit dem Zirkel ab. **4.** (Elektrot., Elektronik) *feststellen; wahrnehmen:* eine Spannung a.; ein Signal a. **5.** *aufgreifen* (1).
ab|gren|zen (sw. V.; hat): **1.** *von etw. durch eine Grenze abtrennen:* einen Garten vom Nachbargrundstück [mit einem Zaun, einer Hecke] a. **2.** *etw., sich durch genaue Bestimmung von etw., jmdm. trennen, absetzen:* die Aufgabengebiete sind genau abgegrenzt.
Ab|gren|zung, die; -, -en: *das Abgrenzen.*
Ab|griff, der; -[e]s, -e (Elektrot., Elektronik): **1.** (o. Pl.) *das Abgreifen* (4): die Geschwindigkeit des -s. **2.** *Vorrichtung zum Abgreifen* (4): pneumatische -e, photoelektrische -e.
Ab|grund, der; -[e]s, Abgründe [mhd., ahd. abgrunt, eigtl. = abwärts gehender (Erd)boden]: **1.** *unermessliche, gefährliche Tiefe:* ein A. tat sich vor mir auf; in den A. stürzen; er riss den Bergführer mit sich in den A. **2.** (geh.) **a)** (häufig Pl.) *unergründlicher Bereich:* die Abgründe der menschlichen Seele; **b)** *unvorstellbares Ausmaß von etw.:* ein A. von Gemeinheit; **c)** *Untergang, Verderben:* am Rande des -s; an den Rand des -s geraten; das Volk in den A. führen; vor dem A. stehen; **d)** *unüberbrückbare Kluft, Gegensatz:* einen A. zwischen Ost und West aufreißen.
ab|grund|häss|lich (Adj.) (emotional): *überaus hässlich.*
ab|grün|dig (Adj.) (geh.): **1.** *geheimnisvoll, rätselhaft [u. gefährlich] in seiner Unergründlichkeit:*

ein -es Geheimnis; a. lächeln. **2. a)** *von unvorstellbarem Ausmaß, unermesslich, überaus groß:* -e Wut; eine -e Verachtung; **b)** ⟨intensivierend bei Adj.⟩ *sehr, überaus:* a. boshaft, gemein.

Ạb|grün|dig|keit, die; -: *abgründige Art.*

ạb|grund|tief ⟨Adj.⟩ (emotional): *(meist in Bezug auf negative Empfindungen) unermesslich [tief]:* -er Hass; jmdn. a. verachten.

ạb|grup|pie|ren ⟨sw. V.; hat⟩: *in eine niedrigere Lohn- od. Gehaltsgruppe einstufen:* jmdn. [in eine niedrigere Lohnstufe] a.

ạb|gu|cken ⟨sw. V.; hat⟩: **1.** (ugs.) *durch genaues Hinsehen von jmdm. lernen, übernehmen:* bei wem hast du dir denn das abgeguckt?; jmdm. ein Kunststück, einen Trick a. **2.** (Schülerspr.) *(in der Schule, bei einer Prüfung) unerlaubt von jmdm. abschreiben:* sie ließ nur ihre Freundin a.; darf ich bei dir, von dir a.? **3.** * **jmdm. nichts a.** (fam. scherzh. veraltend; in Aufforderungen [an Kinder], sich auszuziehen und sich nicht zu genieren): du brauchst keine Angst zu haben, ich guck dir nichts ab!

Ạb|guss, der; -es, Abgüsse: **1.** (landsch.) *Ausguss.* **2.** (bild. Kunst) *durch Gießen hergestellte Nachbildung:* der A. einer Büste; einen A. in Gips, in Bronze anfertigen. **3.** (Gießerei) *Gussstück im Rohzustand.*

Abh. = Abhandlung (2).

ạb|ha|ben ⟨unr. V.; hat⟩ (ugs.): **1.** *(einen Teil von etw.) erhalten* ⟨meist im Inf.⟩: willst du was a.?; * **einen a.** (salopp; 1. *betrunken sein.* 2. *nicht recht gescheit sein*): du hast wohl einen ab! **2.** *abgenommen, abgezogen haben:* er hatte den Schlips, den Hut, die Brille ab. **3.** *(etwas fest Haftendes) gelöst, entfernt haben:* hast du den Fleck, den Verschluss ab?

ạb|ha|cken ⟨sw. V.; hat⟩: *einer Sache od. jmdm. [einen Teil von] etw. mit einem scharfen Werkzeug abschlagen, abtrennen:* sie hackte dem Huhn den Kopf ab; beinahe hätte ich mir den Daumen abgehackt; jmdm. den Kopf, die Rübe a. (derb emotional; *ihn enthaupten*); (emotional:) eher lasse ich mir die Hand a., als dass ich mich dafür hergebe.

ạb|ha|ken ⟨sw. V.; hat⟩: **1.** *von einem Haken abnehmen, aus einer Öse o. Ä. loshaken:* den Tragriemen von der Tasche a.; die Fensterläden a. **2.** *als erledigt, ausgeführt, zur Kenntnis genommen mit einem Haken* (1 b) *kennzeichnen:* die Namen in einer Liste, eine Liste a.; Ü die Streitfragen in der Sache waren rasch abgehakt *(erledigt).*

ạb|half|tern ⟨sw. V.; hat⟩: **1.** (selten) *einem Zugtier das Halfter abnehmen:* ich halfterte das Pferd ab. **2.** (ugs.) *aus seiner Stellung entfernen, seines Postens, Einflusses berauben:* man hat ihn einfach abgehalftert.

ạb|hal|ten ⟨st. V.; hat⟩: **1. a)** *in Händen Gehaltenes von jmdm., sich od. etw. weg-, entfernt halten:* die Zeitung beim Lesen weiter [von sich] a.; **b)** *ein Kind so halten, dass es seine Notdurft verrichten kann:* der Vater hielt die Kleine ab. **2. a)** *nicht herankommen od. eindringen lassen; abwehren:* die Fliegen von dem schlafenden Säugling a.; die Scheibe hält den Wind ab; **b)** *von etw. zurückhalten; an etw. hindern:* jmdn. von einer unüberlegten Handlung a.; eine dringende Angelegenheit hielt mich davon ab, an der Feier teilzunehmen; sie hielt ihn davon ab, noch mehr zu trinken; die Kinder vom Lernen a. **3.** *eine Veranstaltung, Zusammenkunft durchführen:* eine Konferenz, eine Versammlung a.; Wahlen a. **4.** (landsch.) *aushalten:* der Junge, der Stoff, das Material hält viel, wenig ab. **5.** (Seemannsspr.) **a)** *den Kurs so ändern, dass er von etwas wegführt; wegsteuern:* das Schiff hat von der Klippe abgehalten; **b)** *abfallen* (6): die Jolle hält [vom Wind] ab.

Ạb|hal|tung, die; -, -en: **1.** *Verhinderung:* ich hatte eine dringende A. **2.** *Durchführung:* die A. von Wahlen.

ạb|han|deln ⟨sw. V.; hat⟩: **1.** *jmdm. nach längerem Handeln abkaufen:* sie hat ihm die alte Uhr schließlich für die Hälfte abgehandelt; Ü ich lasse mir von meinem Recht nichts a. **2.** *[wissenschaftlich] darstellen, gründlich behandeln:* ein Thema, einen Gegenstand a.

ab|hạn|den [eigtl. = von den Händen weg] ⟨Adv.⟩: in der Verbindung **[jmdm.] a. kommen** *(verloren gehen):* mir ist meine Brieftasche a. gekommen; ⟨auch attr.:⟩ die a. gekommene Brieftasche.

Ab|hạn|den|kom|men, das; -s: *das Verlorengehen.*

Ạb|hand|lung, die; -, -en: **1.** *das Abhandeln* (2). **2.** *schriftliche [wissenschaftliche] Darstellung; längerer Aufsatz* (Abk.: Abh.): eine A. über die einheimische Fauna; eine A. verfassen, schreiben.

Ạb|hang, der; -[e]s, Abhänge: *sich neigende Seite einer Bodenerhebung, eines Gebirges:* ein schroffer A.; den A. hinunterrutschen.

[1]ạb|hän|gen ⟨st. V.; hat⟩: **1.** *(bes. von Schlachtfleisch) durch längeres Hängen mürbe werden:* der Hase kann mehrere Tage a.; ⟨meist im 2. Part.:⟩ gut abgehangene Steaks; Ü im Urlaub einfach nur a. (ugs.; *sich entspannen, rumhängen*). **2.** (selten) **a)** *herunterhängen;* **b)** *abfallen* (4): ein nach Osten abhängendes Gelände. **3. a)** *durch etw. bedingt sein; jmds. Willen od. Macht unterworfen sein:* etw. hängt von den Umständen, vom Wetter, vom Zufall ab; ihre Zukunft hing von dieser Entscheidung ab; **b)** *auf jmdn. od. etw. angewiesen, von jmdm. od. etw. abhängig sein:* viele Studierende hängen finanziell von ihren Eltern ab.

[2]ạb|hän|gen ⟨sw. V.; hat⟩: **1.** *von einem Haken, Nagel [ab-, herunter]nehmen:* ich hängte das Bild ab. **2.** *aus der Verbindung mit etw. lösen:* der Speisewagen wird in München abgehängt. **3. a)** (salopp) *jmdn. loswerden, die Bindung zu ihm lösen:* sie hat ihn einfach abgehängt; **b)** (ugs., bes. Sport) *jmdn. abschütteln, hinter sich lassen:* er hat alle Konkurrenten abgehängt. **4.** (veraltend) *den Telefonhörer auflegen u. damit das Gespräch beenden:* der Teilnehmer hat abgehängt. **5.** (Bauw.) *die Decke eines Raumes niedriger machen:* eine Decke a.

ạb|hän|gig ⟨Adj.⟩: **1. a)** *durch etw. bedingt, bestimmt; von etw. entscheidend beeinflusst:* das ist von den Umständen a.; er ist vom Alkohol, von Drogen a.; etw. von einer Bedingung a. machen *(für etw. eine bestimmte Bedingung stellen);* **b)** *auf jmdn. od. etw. angewiesen, an jmdn. od. etw. gebunden:* von den Eltern [finanziell] a. sein; von einem Land wirtschaftlich a. sein. **2.** *unselbstständig:* in -er Stellung sein; a. Beschäftigte, Erwerbstätige (Amtsspr.; *Personen, die nicht selbstständig, sondern als Angestellte, Beamte, Arbeiter od. Auszubildende arbeiten*); Sprachw.: -er *(untergeordneter)* Satz *(Neben-, Gliedsatz),* -e *(indirekte)* Rede, -er *(obliquer)* Fall. **3.** (veraltet) *abfallend, geneigt:* ein -er Untergrund.

-ab|hän|gig: drückt in Bildungen mit Substantiven eine Abhängigkeit aus: **1.** *durch etw. bestimmt, von etw. entscheidend beeinflusst:* leistungs-, temperatur-, zeitabhängig. **2.** *körperlich und seelisch von etw. abhängend, auf etw. angewiesen:* heroin-, rauschgift-, tablettenabhängig.

Ạb|hän|gig|keit, die; -, -en: **1.** *das Abhängigsein* (1 b): die wirtschaftliche, politische A. von einem anderen Land; jmdn. seine A. fühlen lassen; in A. von jmdm. geraten. **2.** *das Abhängigsein* (1 a; 2).

Ạb|hän|gig|keits|ge|fühl, das ⟨o. Pl.⟩: *Gefühl des Abhängigseins.*

Ạb|hän|gig|keits|ver|hält|nis, das: *Verhältnis, bei dem jmd. von einem andern abhängig ist:* in ein A. geraten.

ạb|har|ken ⟨sw. V.; hat⟩ (nordd.): **a)** *mit der Harke entfernen:* Laub a.; **b)** *mit der Harke säubern:* den Rasen a.

ạb|här|men, sich ⟨sw. V.; hat⟩: *sich jmds., einer Sache wegen stark härmen:* ich härmte mich seinetwegen/um ihn ab; ⟨oft im 2. Part.:⟩ abgehärmt aussehen.

ạb|här|ten ⟨sw. V.; hat⟩: *an Beanspruchungen durch raues Wetter, Kälte, Entbehrungen gewöhnen u. dadurch widerstandsfähig machen:* seinen Körper durch Sport a.; sich gegen Erkältungen a.; die Kinder sind abgehärtet.

Ạb|här|tung, die; -: *das Abhärten.*

ạb|has|peln ⟨sw. V.; hat⟩: **1.** *[von einer Rolle, Winde] abwickeln, abspulen:* ich hasp[e]le den Faden ab. **2.** *hastig, ohne rechte Betonung aufsagen, vortragen:* eine Rede, einen Vortrag a. **3.** ⟨a. + sich⟩ (landsch.) *sich abhetzen.*

ạb|hau|en ⟨unr. V.; haute/(geh.:) hieb ab, abgehauen⟩ [2: eigtl. = flüchtig herunterhauen, vgl. abschmieren; 3: zu veraltet hauen = eilen, laufen, vom Einhauen der Sporen in die Weichen des Pferdes]: **1.** ⟨hat⟩ **a)** *abschlagen:* die Maurer hauten den Putz ab; **b)** *abtrennen:* ich hieb/ (ugs.:) haute die Äste mit der Axt ab; beinahe hätte er sich den Daumen abgehauen. **2.** ⟨nur: haute⟩ (Schülerspr.) *(in der Schule, in einer Prüfung) unerlaubt [schnell u. nicht sauber] abschreiben* ⟨hat⟩: er haute die Rechenaufgaben [von mir] ab. **3.** ⟨nur: haute⟩ (salopp) *sich davonmachen, verschwinden* ⟨ist⟩: er haute mit dem ganzen Geld ab; Mensch, hau bloß, endlich ab!; sie sind über die Grenze abgehauen; von zu Hause a.

ạb|häu|ten ⟨sw. V.; hat⟩: *einem Tier die Haut abziehen:* einen Hasen, ein Lamm a.

ạb|he|ben ⟨st. V.; hat⟩ [2: für älter: heben, nach ital. levare; 5: wohl aus der Schützensprache]: **1. a)** *anheben u. entfernen; ab-, herunternehmen:* den Deckel, den Hörer a.; Karten [von einem Kartenspiel] a.: du musst noch a. *(vor Spielbeginn einen Teil der [bereits gemischten] Karten vom Stapel herunternehmen und die übrig gebliebenen obenauf legen);* eine Masche a. (Stricken; *durch Überziehen einer Masche über die davor liegende die Gesamtmaschenzahl um eins reduzieren*); **b)** ⟨a. + sich⟩ *sich ablösen:* die Kruste hebt sich ab. **2.** *sich etw. aus zahlen lassen:* Geld [vom Konto] a. **3. a)** ⟨a. + sich⟩ *gegenüber einem Hinter-, Untergrund, seiner Umgebung deutlich unterscheidbar hervortreten:* die Bäume hoben sich vom/gegen den Abendhimmel ab; **b)** *etw. optisch gegenüber etw. hervortreten lassen:* etw. unterstreichen und es dadurch von seiner Umgebung a. **4.** (Fliegerspr.) *(von Flugzeugen, Raketen) sich in die Luft erheben:* die Rakete hat von der Startrampe abgehoben; Ü er ist Realist geblieben, hat innerlich nicht abgehoben *(hat den Bezug zur Realität nicht verloren).* **5.** *auf etw. nachdrücklich Bezug nehmen, in einem gegebenen Zusammenhang hinweisen:* die Fraktionsvorsitzende hat bewusst auf die Gewissensentscheidung jedes einzelnen Abgeordneten abgehoben.

ạb|he|bern ⟨sw. V.; hat⟩ (bes. Chemie): *eine Flüssigkeit aus etw. mit einem Heber entnehmen.*

Ạb|he|bung, die; -, -en: *das Abheben* (2).

ạb|hef|ten ⟨sw. V.; hat⟩: **1.** *etw. in einen Hefter einordnen:* Rechnungen, Durchschläge in einem Ordner a. **2.** *etw. mit Heftstichen befestigen:* sie heftete die Falte ab.

Ạb|hef|tung, die; -, -en: *das Abheften.*

ạb|hei|len ⟨sw. V.; ist⟩: *verheilen [u. verschwinden]:* der Ausschlag heilte [nicht] ab; gut abheilende Wunden.

Ạb|hei|lung, die; -, -en: *das Abheilen.*

ạb|hel|fen ⟨st. V.; hat⟩: *eine Notlage, ein Übel beheben; sich einer Sache annehmen u. den Grund zur Unzufriedenheit o. Ä. beseitigen:* einem Übel, einem Missstand, berechtigten Beschwerden a.; dem ist leicht abzuhelfen.

ạb|het|zen ⟨sw. V.; hat⟩: **1.** *(Wild, Pferde, Hunde) durch ständiges Antreiben erschöpfen:* er hat die Pferde abgehetzt. **2.** ⟨a. + sich⟩ *sich bis zur Erschöpfung beeilen:* ich habe mich so abgehetzt, um den Zug noch zu erreichen; abgehetzt aussehen.

ạb|heu|ern ⟨sw. V.; hat⟩: **1.** (Seemannsspr.) *aus dem Dienst auf einem Schiff entlassen:* ein Besatzungsmitglied a. **2.** (Seemannsspr.) *den Dienst auf einem Schiff aufgeben; abmustern:*

der zweite Steuermann hat abgeheuert. 3. (ugs.) *[jmdm.] jmdn. abwerben:* [einem Unternehmen] Arbeitskräfte a.

Ab|hieb, der; -[e]s (Forstw.): 1. *das Abhauen, Fällen von Bäumen:* vor dem A. des Bestandes. 2. *Stelle, an der ein Baum abgehauen worden ist:* drei Meter über A.

Ab|hil|fe, die; -, -n: *das Abhelfen:* A. versprechen, schaffen; auf A. sinnen; für A. sorgen.

ab|ho|beln ⟨sw. V.; hat⟩: 1. *mit dem Hobel glätten:* die Kanten von etw. a. 2. *mit dem Hobel entfernen:* ich hob[e]le noch 1 cm vom Brett ab. 3. *mit dem Hobel dünner, kleiner machen:* die Türkante a.

ab|ho|cken ⟨sw. V.; ist⟩: 1. (Turnen) *mit einer Hocke vom Gerät abgehen:* in den Stand a. 2. (Ski) *in die Hocke gehen:* vor dem Sprung tief a.

ab|hold ⟨Adj.⟩ [mhd. abholt = feindlich gesinnt, aus ↑ab u. ↑hold]: in der Verbindung **jmdm., einer Sache a. sein** (geh.; *jmdm., einer Sache abgeneigt sein*): großen Worten a. sein; er war dem Alkohol nicht a. *(trank gern u. viel Alkohol);* ein allen Phrasen -er Politiker.

ab|ho|len ⟨sw. V.; hat⟩: 1. *(Bereitliegendes) sich geben lassen u. mitnehmen:* ein Paket auf der Post, Theaterkarten an der Kasse a. 2. *jmdn. an einem vereinbarten Ort treffen u. mit ihm weggehen:* jmdn. zum Spaziergang a.; sie holte mich am Bahnhof, von der Bahn ab. 3. (ugs. verhüll.) *verhaften:* jmdn. nachts a.

Ab|hol|markt, der: *Verkaufsstelle, bei der die Käufer Waren, die sonst üblicherweise geliefert werden, selbst abholen.*

Ab|ho|lung, die; -, -en: *das Abholen.*

ab|hol|zen ⟨sw. V.; hat⟩: 1. *(Bäume) in einem Gebiet fällen:* Bäume, Wälder a. 2. *ein Gebiet durch Kahlschlag seines Baumbestandes berauben:* die Hänge waren teilweise abgeholzt.

Ab|hol|zung, die; -, -en: *das Abholzen.*

Ab|hör|an|la|ge, die: vgl. Abhörgerät: eine A. installieren.

ab|hor|chen ⟨sw. V.; hat⟩: 1. a) *mit dem Ohr auf Geräusche prüfen:* den Boden a.; b) *durch Prüfen bestimmter Geräusche im Körper untersuchen:* das Herz, die Lunge a. 2. (selten) *heimlich überwachen, mit anhören:* Telefongespräche a.

Ab|hör|ein|rich|tung, die: vgl. Abhörgerät.

ab|hö|ren ⟨sw. V.; hat⟩: 1. *jmdn. etw. Gelerntes ohne Vorlage aufsagen lassen, um festzustellen, ob er es beherrscht:* die Schülerinnen u. Schüler/den Schülerinnen u. Schülern die Vokabeln a.; jmdn., einander, sich [gegenseitig] a.; der Lehrer hat die Vokabeln abgehört. 2. *abhorchen* (1 b), *auskultieren:* die Lunge a.; die Ärztin hörte den Kranken ab. 3. *zur Überprüfung, zum Wissenserwerb, zum Vergnügen o. Ä. anhören:* eine Aufnahme, ein Band a. 4. *heimlich überwachen, mit anhören:* die Telefonleitung, ein Gespräch a.; sie *(ihre Gespräche)* wurden abgehört. 5. *wegen eines Verbots heimlich hören, um sich zu informieren:* ausländische Sender a.

Ab|hör|ge|rät, das: *hoch empfindliches, mit Mikrofon u. Sender ausgestattetes Gerät zum Abhören von [Telefon]gesprächen.*

ab|hör|si|cher ⟨Adj.⟩: *gegen Abhören* (4) *gesichert:* -e Telefone.

Ab|hö|rung, die; -, -en: *das Abhören.*

Ab|hör|wan|ze, die (Jargon): *Abhörgerät in Form eines kleinen Senders, der in einem Raum versteckt angebracht wird.*

Ab|hub, der; -[e]s: (veraltend abwertend) *Abschaum:* übelster A. der Gesellschaft.

ab|hun|gern ⟨sw. V.; hat⟩: 1. ⟨a. + sich⟩ *sich durch Hungern absparen, ermöglichen:* ich habe mir das Geld dazu, die Reise abgehungert. 2. *durch Hungern bewirken, dass das Körpergewicht geringer wird:* ich habe zehn Pfund, einige Pfunde abgehungert. 3. ⟨a. + sich⟩ *sehr hungern; sich durch Hunger entkräften:* er hat sich im Lager abgehungert; abgehungert aussehen.

ab|hus|ten ⟨sw. V.; hat⟩: *durch Husten Schleim aus der Lunge entfernen:* ich kann nicht a.; du musst erst einmal ordentlich [den Schleim] a.

Ạbi, das; -s, -s ⟨Pl. selten⟩ (Schülerspr.): Kurzf. von ↑Abitur.

Abi|djan [abiˈdʒa:n]: Hafenstadt der Elfenbeinküste (2).

ạb|ir|ren ⟨sw. V.; ist⟩ (geh.): *von der Richtung abkommen:* in der Dunkelheit vom Weg a.; ihr Blick, ihre Augen irrten ab; Ü ihre Gedanken irrten immer wieder ab.

Ạb|ir|rung, die; -, -en: *das Abirren.*

ạb|iso|lie|ren ⟨sw. V.; hat⟩ (Fachspr.): *die Isolierung von einem Kabelende entfernen.*

Ạb|iso|lier|zan|ge, die: *besondere Zange zum Entfernen der Isolierung von einem Kabelende.*

Abi|tur, das; -s, -e ⟨Pl. selten⟩ [zu nlat. abiturire, ↑Abiturient]: *Reifeprüfung an einer höheren Schule:* das, sein A. machen; das A. bestehen, nachholen; durchs A. fallen.

Abi|tu|ri|ent, der; -en, -en [nlat. abituriens (Gen.: abiturientis), 1. Part. von: abiturire = (von der Schule) ab-, weggehen werden, zu lat. abire = abgehen]: *Schüler kurz vor, im u. nach dem Abitur.*

Abi|tu|ri|en|ten|lehr|gang, der (österr.): *einjähriger Lehrgang für Abgänger einer allgemein bildenden höheren Schule, nach dem die Reifeprüfung einer berufsbildenden Schule abgelegt werden kann.*

Abi|tu|ri|en|tin, die; -, -nen: w. Form zu ↑Abiturient.

Abi|tur|klas|se, die: *Schulklasse, die das Abitur vor sich oder [gerade] hinter sich hat.*

Abi|tur|zei|tung, die: *von Abiturienten in Form einer Zeitung zusammengestellte Beiträge, in denen humorvoll an Personen und Ereignisse des zurückliegenden Schullebens erinnert wird.*

Abi|tur|zeug|nis, das: *Zeugnis, mit dem Abiturientinnen u. Abiturienten nach bestandener Reifeprüfung die höhere Schule verlassen; Reifezeugnis.*

ạb|ja|gen ⟨sw. V.; hat⟩: 1. *jmdm. etw. nach längerer Verfolgung entreißen, abnehmen:* die Polizei konnte den Dieben die Beute noch rechtzeitig a.; der Stürmer jagte ihm wieder den Ball ab; Ü jmdm. Kunden a. 2. a) *durch ständiges Antreiben erschöpfen:* die Pferde a.; b) ⟨a. + sich⟩ (ugs.) *sich abhetzen* (2); sie hatte sich abgejagt, um den Zug noch zu erreichen.

Abk. = Abkürzung.

ạb|ka|cken ⟨sw. V.⟩ (derb): 1. *[schnell] seine große Notdurft verrichten* ⟨hat⟩. 2. *[plötzlich] völlig versagen* ⟨ist⟩: ihm ist der Motor abgekackt; die beiden Angeber sind am Ende total abgekackt.

ạb|kal|ben ⟨sw. V.; hat⟩ (Landw.): *kalben.*

ạb|käm|men ⟨sw. V.; hat⟩: 1. *mit dem Kamm [aus dem Haar] entfernen.* 2. *systematisch absuchen:* ein Waldstück [nach einem Sträfling] a.

ạb|kämp|fen ⟨sw. V.; hat⟩: 1. (veraltend) *jmdm., sich abringen:* ich habe ihm seine Zustimmung mit großer Mühe abgekämpft. 2. ⟨a. + sich⟩ *sich bis zur Erschöpfung anstrengen:* die Raufenden haben sich abgekämpft; abgekämpft sein.

ạb|kan|ten ⟨sw. V.; hat⟩: 1. *scharfe Kanten bei etw. beseitigen:* ein Brett a. 2. *die Kante von etw. umbiegen:* die Bleche sind abgekantet worden. 3. *mit einer Kante versehen:* einen Stein scharf a. 4. *über die Kante abladen:* Geräte vom Wagen a.

ạb|kan|zeln ⟨sw. V.; hat⟩ [urspr. = jmdn. von der Kanzel (1) herab rügen] (ugs.): *(bes. einen Untergebenen) betont unhöflich, scharf tadeln:* er musste sich vor allen Anwesenden a. lassen.

Ạb|kan|ze|lung, (seltener:) **Ạb|kanz|lung,** die; -, -en (ugs.): *das Abkanzeln.*

ạb|kap|pen ⟨sw. V.; hat⟩ [zu ↑kappen]: 1. *die Spitze von etw. abschneiden:* die oberen Zweige a. 2. *kappen* (1): er kappte das Tau ab.

ạb|kap|seln ⟨sw. V.; hat⟩: 1. a) *in einer Art Kapsel dicht abschließen:* die Krankheitserreger a.; b) ⟨a. + sich⟩ *sich in einer Art Kapsel dicht abschließen:* die Würmer kapseln sich in der Muskulatur ab. 2. ⟨a. + sich⟩ *sich gegenüber der Umwelt absondern, abschließen:* ich kaps[e]le mich gegen meine Umwelt, von der Welt ab; abgekapselt leben.

Ạb|kap|se|lung, (selten:) **Ạb|kaps|lung,** die; -, -en: *das Abkapseln.*

ạb|kar|ren ⟨sw. V.; hat⟩: *mit der Karre abtransportieren:* Sand, Steine a.

ạb|kar|ten ⟨sw. V.; hat⟩ [eigtl. = die Karten nach heimlicher Verabredung einsehen] (ugs.): *zum Nachteil eines anderen heimlich verabreden:* die Sache war abgekartet; ein abgekartetes Spiel.

ạb|kas|sie|ren ⟨sw. V.; hat⟩ (ugs.): *Geld von jmdm. kassieren:* die Fahrgäste a.; der Ober hat [alle Tische, die Getränke] bereits abkassiert.

ạb|kau|en ⟨sw. V.; hat⟩: 1. a) *durch ständiges Beknabbern, Kauen verunstalten, hässlich aussehen lassen:* Nägel a.; abgekaute Bleistifte; b) *durch häufiges Beißen abnutzen:* das Mundstück der Pfeife a.; abgekaute Zähne. 2. (vulg.) *fellationieren:* jmdm. einen a.

ạb|kau|fen ⟨sw. V.; hat⟩: *von jmdm. kaufen:* jmdm. ein altes Radio a.; er kaufte ihr einen Blumenstrauß ab; Ü was du da sagst, kauft dir keiner ab (ugs.; *glaubt dir niemand*).

Ạb|kehr, die; -: *Abwendung von jmdm., etw.:* eine A. von der bisherigen Politik.

[1]ạb|keh|ren ⟨sw. V.; hat⟩: *abwenden* (1): sie kehrte ihr Gesicht ab; ich kehrte mich von ihr, vom Fenster ab; die uns abgekehrte Seite des Mondes; Ü sich von der Welt a.

[2]ạb|keh|ren ⟨sw. V.; hat⟩ (bes. südd.): a) *durch [2]Kehren [von etw.] entfernen; abfegen* (1 a): ich kehrte den Schmutz [von der Treppe] ab; b) *durch [2]Kehren säubern; abfegen* (1 b): die Treppe a.

ạb|ket|ten ⟨sw. V.; hat⟩: 1. *von der Kette lösen:* ich kettete den Hund ab. 2. *(Maschen) zu einem festen Rand verbinden.*

ạb|kip|pen ⟨sw. V.⟩: 1. a) *kippend nach unten fallen lassen* ⟨hat⟩: die Bordwand des Lieferwagens a.; b) *nach unten fallen, abrutschen* ⟨ist⟩: der Balken kippte plötzlich ab; Ü die Maschine ist abgekippt (Fliegerspr.; *ist aus der normalen Fluglage gekippt*). 2. *[Müll o. Ä.] abladen, beseitigen* ⟨hat⟩: Müll, Sand, Säure a.

ạb|klap|pen ⟨sw. V.; hat⟩: 1. *nach unten klappen:* die Seitenwände a. 2. *(von Müll o. Ä.) abladen, beseitigen.*

ạb|klap|pern ⟨sw. V.; hat⟩: [viell. nach dem Klappern der Holzpantoffeln von Hausierern, die ihre Kunden abgingen] (ugs.): *(eine Anzahl Personen, Orte) der Reihe nach aufsuchen:* Kunden a.; er hatte die halbe Stadt [nach einem Zimmer] abgeklappert.

ạb|klä|ren ⟨sw. V.; hat⟩: *völlig klären:* einen Sachverhalt, Tatbestand a.

Ạb|klä|rung, die; -, -en (bes. schweiz.): *das Abklären.*

Ạb|klatsch, der; -[e]s, -e: a) (Kunstwiss.) *Nachbildung, Negativ einer Vorlage:* der A. eines Reliefs; b) (abwertend) *bloße, minderwertige Nachahmung eines Vorbildes; Kopie.*

ạb|klat|schen ⟨sw. V.; hat⟩: 1. *durch Klatschen in die Hände jmdn., der gerade mit einem andern tanzt, für sich als Tanzpartner[in] erbitten u. erhalten:* sie klatschte mehrmals den Tanzpartner ihrer Freundin ab. 2. (Theater, Film) *durch Klatschen in die Hände jmdn. in etw. unterbrechen:* die Akteure bei der Probe a.; der Regisseur musste mehrmals a. 3. (Ballspiele) *(einen Ball) mit flachen Händen abwehren, zurückschlagen:* den Ball a. 4. (Sport) *(zur Aufmunterung, als Zeichen der Anerkennung o. Ä.) die Handflächen gegen die eines Mitspielers, Mannschaftskameraden o. Ä schlagen:* jmdn. a. 5. a) (Kunstwiss.) *in einem Abklatsch* (a) *nachbilden:* ein Relief a.; b) (abwertend) *kopieren* (4); *unverarbeitet, unreflektiert wiedergeben:* in seinen Romanen klatscht er das Leben nur ab.

ạb|kle|ben ⟨sw. V.; hat⟩: *mit Klebeband o. Ä. abdecken.*

ạb|klem|men ⟨sw. V.; hat⟩: 1. *durch Klemmen ab-, durchtrennen:* das Telefon [von der Leitung] a.; (mit der Nebenvorstellung des Unabsichtlichen:) ich hätte mir beinahe einen Finger abgeklemmt. 2. a) *[mit einer Klemme] zusammen-*

pressen: eine Ader, die Nabelschnur a.; **b)** *von einer Klemme, von Klemmen lösen:* die Verteilerkappe a.

Ab|klem|mung, die; -, -en: *das Abklemmen.*

Ab|kling|be|cken, das (Reaktortechnik): *durch dicke Betonschichten abgeschirmtes Wasserbecken, in dem Brennelemente aus Reaktoren nach dem Ausbau gelagert werden, bis ihre Radioaktivität auf einen bestimmten Wert gesunken ist.*

ab|klin|geln ⟨sw. V.; hat⟩ (ugs.:) *durch Klingeln das Zeichen zur Weiterfahrt geben:* die Schaffnerin klingelte ab.

ab|klin|gen ⟨st. V.; ist⟩: **1.** *in der Lautstärke abnehmen, leiser werden:* der Lärm klingt ab. **2.** *weniger werden; schwinden, nachlassen:* die Erregung, das Fieber klingt ab. **3.** (Physik) *in der radioaktiven Strahlung nachlassen.*

ab|klop|fen ⟨sw. V.; hat⟩ [5: nach dem Klopfen an die Haustür]: **1. a)** *durch Klopfen entfernen:* den Putz von den Wänden, den Schnee vom Mantel a.; **b)** *durch Klopfen säubern:* ich klopfte [mir] den Mantel ab, klopfte mich ab. **2.** *klopfend liebkosen:* das Pferd a. **3.** (bes. Med.) *durch Klopfen untersuchen, prüfen; perkutieren:* die Ärztin klopft den Patienten, die Brust des Patienten [mit dem Finger] ab; Fässer a.; Ü eine Aussage auf ihre Glaubwürdigkeit a. **4.** *(vorgetragene Musik) durch Klopfen mit dem Taktstock auf das Dirigentenpult unterbrechen:* der Dirigent klopfte nach den ersten Takten ab. **5.** (ugs.) *(Orte, Gebäude u. Ä.) der Reihe nach aufsuchen:* die Nachtlokale a.

ab|klop|pen ⟨sw. V.; hat⟩ (landsch. salopp): **1.** *abklopfen* (5). **2.** *abschreiben* (1 c).

ab|knab|bern ⟨sw. V.; hat⟩ (ugs., fam.): **1.** *in kleinen Bissen abbeißen:* ich knabbere gern die knusprige Brotrinde ab. **2.** *leer knabbern; abnagen* (2): einen Knochen a.

ab|knal|len ⟨sw. V.; hat⟩ (salopp abwertend): *hemmungslos, kaltblütig niederschießen:* streunende Hunde, einen Flüchtling a.

ab|knap|pen ⟨sw. V.; hat⟩ (landsch.): *abknapsen.*

ab|knap|sen ⟨sw. V.; hat⟩ (ugs.): *(einen Teil von etw.) wegnehmen:* für den Urlaub knapst sie jeden Monat ein paar Mark vom Haushaltsgeld ab.

ab|knei|fen ⟨st. V.; hat⟩: *(mit einer Zange, mit den Fingernägeln) abtrennen.*

ab|kni|cken ⟨sw. V.⟩: **1.** ⟨hat⟩ *nach unten knicken [u. abtrennen]:* einen Stiel, dünne Zweige a. **2.** *einen Knick machen, bilden* ⟨ist⟩: in der Hüfte a. (bei der Gymnastik); abknickende Vorfahrt (Verkehrsw.; *Vorfahrt einer nach rechts od. links abbiegenden Straße*).

Ab|kni|ckung, die; -, -en: **1.** *das Abknicken.* **2.** *abgeknickte Stelle.*

ab|knip|sen ⟨sw. V.; hat⟩ (ugs.): **1.** *(etwas Dünnes, Kleines mit einer Schere, Zange o. Ä.) abtrennen:* eine Blüte, das Ende der Zigarre a. **2.** *(einen Film) zu Ende knipsen.*

ab|knöp|fen ⟨sw. V.; hat⟩ [2: viell. mit Bezug auf Wertsachen, die (wie z. B. Uhren) am Knopfloch befestigt waren]: **1.** *(Angeknöpftes) abnehmen:* dem Kind, sich die Kapuze vom Anorak a. **2.** (ugs.) *jmdm., ohne dass er sich dagegen recht wehren, sträuben kann, einen Geldbetrag abnehmen:* jmdm. beim Kartenspielen 10 Mark a.; du hast dir für den gebrauchten Wagen zu viel a. lassen.

ab|knut|schen ⟨sw. V.; hat⟩ (salopp, oft abwertend): *jmdn. unter Umarmungen fortgesetzt küssen:* er knutschte sie, sie knutschten sich im Hausflur ab.

ab|ko|chen ⟨sw. V.; hat⟩: **1. a)** (seltener) *bis zum Garsein kochen:* Futterkartoffeln, Eier für den Salat a.; **b)** *durch Kochen keimfrei machen:* wir mussten das Trinkwasser a.; **c)** *im Freien kochen:* die Pfadfinder kochen ab; **d)** *durch Kochen ausziehen:* [Heil]kräuter a. **2.** (salopp) *(jmdn.) zermürben, erledigen, fertig machen:* sich nicht a. lassen. **3.** (salopp) *schröpfen, ausnehmen:* sie haben ihn beim Skat ganz gehörig abgekocht. **4.** (Sport Jargon) *vor einem Kampf [durch Schwitzen] sein Körpergewicht in kurzer Zeit verringern [um für eine bestimmte Klasse zugelassen zu werden]:* eine Woche vor dem Fight musste der Europameister noch [2 Kilo] a.

ab|kom|man|die|ren ⟨sw. V.; hat⟩ (meist Milit.): *dienstlich zur Erfüllung einer besonderen Aufgabe entsenden; abstellen, abordnen:* jmdn. an die Front, für etw., nach Südamerika, zum Ölschaufeln an der Küste a.

Ab|kom|man|die|rung, die; -, -en: *das Abkommandieren.*

Ab|kom|me, der; -n, -n [zu veraltet abkommen = abstammen] (veraltet): *Nachkomme:* er ist ein direkter A. des Kurfürsten.

ab|kom|men ⟨st. V.; ist⟩: **1. a)** *sich, ohne es zu merken, ohne es verhindern zu können, von einer eingeschlagenen Richtung entfernen:* vom Weg[e], vom Kurs, bei Glatteis von der Fahrbahn a.; **b)** *abschweifen* (2): vom Thema a.; **c)** *etw. aufgeben:* von einem Plan wieder a. **2. a)** (Sport) *einen Wettkampf, eine sportliche Übung in bestimmter Weise beginnen:* der Springer ist gut [von der Sprungschanze] abgekommen; **b)** (Schießen) *bei der Abgabe des Schusses eine bestimmte Zielrichtung haben:* er ist zu tief, ist 8 hoch links abgekommen. **3.** *sich von einer Tätigkeit freimachen* ⟨meist im Inf.⟩: für ein paar Stunden [vom Dienst] a. können. **4.** *außer Gebrauch, aus der Mode kommen:* diese Sitte ist heute ganz abgekommen.

Ab|kom|men, das; -s, - [zu veraltet abkommen = zu einer Abmachung kommen, mhd. abekomen = (von einer Schuld) durch eine Abmachung loskommen]: *[vertragliche] Übereinkunft [bes. zwischen Staaten, wirtschaftlichen Institutionen o. Ä.]:* ein geheimes A. zwischen zwei Staaten; ein A. [mit jmdm., über etw.] treffen, schließen.

ab|kömm|lich ⟨Adj.⟩: *imstande, sich von einer Tätigkeit freizumachen; entbehrlich:* ich bin im Moment nicht, schlecht a.

Ab|kömm|ling, der; -s, -e [1: vgl. Abkomme]: **1.** (bes. Rechtsspr.) *Nachkomme:* der A. einer alten Familie. **2.** (Chemie) *abgeleitete Verbindung; Derivat.*

ab|kön|nen ⟨unr. V.; hat⟩ (bes. nordd. ugs., meist verneint): **a)** *leiden können, ertragen können:* den, das kann ich einfach nicht ab; **b)** *aushalten, vertragen:* ein Glas wirst du doch noch a.; es ist unglaublich, was der alles abkann.

ab|kop|peln ⟨sw. V.; hat⟩: **1.** *(ein Tier) von der* [2]*Koppel* (3) *losmachen:* ich kopp[e]le die Hunde ab. **2.** *(einen Wagen o. Ä. von einem anderen) durch Lösen der Kupplung trennen:* den Anhänger, die Mondlandefähre [von der Kommandokapsel] a.

Ab|kop|pe|lung, Ab|kopp|lung, die; -, -en: *das Abkoppeln.*

ab|kra|gen ⟨sw. V.; hat⟩ [zu ↑Krage] (Bauw.): *(einen Stein) abschrägen:* ein nach unten abgekragter Stein.

ab|krat|zen ⟨sw. V.⟩ [2: urspr. mundartl. = weggehen (u. dabei einen Kratzfuß machen)]: **1.** ⟨hat⟩ **a)** *durch Kratzen von etw. entfernen:* das Preisschild, alte Farbe a.; **b)** *durch Kratzen reinigen:* die Schuhe a. **2.** (derb) *sterben* ⟨ist⟩: er wird wohl bald a.

Ab|krat|zer, der; -s, -: *neben Haustüren angebrachtes Eisen zum Abkratzen* (1 a) *des Schmutzes von den Schuhen.*

ab|krie|gen ⟨sw. V.; hat⟩ (ugs.): **1.** *abbekommen* (1): ein Stück, nichts a.; sie hat keinen Mann abgekriegt *(ist nicht geheiratet worden).* **2.** *in einer gefahrvollen Situation einen Schaden erleiden:* etwas a.; das Schiff hatte zwei Torpedotreffer abgekriegt. **3.** *etwas Haftendes, Festsitzendes mit Mühe lösen können, losbekommen:* den Deckel nicht a.

ab|ku|cken (nordd.): *abgucken.*

ab|küh|len ⟨sw. V.; hat⟩: **1.** *auf eine niedrigere Temperatur bringen:* die Milch a.; ich habe mich vor dem Baden rasch abgekühlt; Ü das Erlebnis hat seine Liebe abgekühlt. **2.** ⟨a. + sich⟩ *kühl[er] werden, an Wärme verlieren:* nach dem Regen hat es sich stark abgekühlt; das Badewasser hat sich inzwischen, ist nun abgekühlt; ⟨auch ohne »sich«:⟩ der Motor, die Suppe muss noch a.; Ü ihre Beziehungen kühlten sich ab.

Ab|küh|lung, die; -, -en ⟨Pl. selten⟩: **1.** *das Abkühlen, Sichabkühlen.* **2.** *Temperaturrückgang.*

ab|kün|di|gen ⟨sw. V.; hat⟩ (kirchl.): *von der Kanzel herab bekannt geben:* der Pfarrer kündigte die Brautpaare ab.

Ab|kün|di|gung, die; -, -en: *das Abkündigen.*

Ab|kunft, die; - [zu ↑abkommen; 2. Bestandteil veraltet Kunft, mhd. kunft, kumft, ahd. chumft, ↑künftig]: *Abstammung, Herkunft:* ein Dichter österreichisch-böhmischer A.; bescheidener, bürgerlicher A. sein; Ü die slawische A. dieses Wortes.

ab|kup|fern ⟨sw. V.; hat⟩ [eigtl. = einen Kupferstich vervielfältigen] (ugs. abwertend): *unerlaubt übernehmen, abschreiben:* einen Artikel aus einem Lexikon a.; bei jmdm., von jmdm. a.

ab|kup|peln ⟨sw. V.; hat⟩: *abkoppeln* (2).

ab|kür|zen ⟨sw. V.; hat⟩: **1.** *räumlich kürzer machen:* einen Weg a.; [den Weg] ein Stück a.; in abgekürztem *(gezügeltem, verhaltenem)* Trab. **2.** *in seiner Zeitdauer beschränken; vorzeitig beenden:* eine Rede, ein Verfahren a.; er hatte seinen Besuch abgekürzt. **3.** *(in Sprache u. Schrift) kürzer ausdrücken, in einer verkürzten Form wiedergeben:* ein Wort, einen Namen a.

Ab|kür|zung, die; -, -en: **1.** *das Abkürzen, Verkürzen.* **2.** *eine Entfernung, Wegstrecke abkürzender Weg:* eine A. kennen, nehmen. **3.** *abgekürztes Wort;* Abk.: Abk.

Ab|kür|zungs|ver|zeich|nis, das: *Verzeichnis, in dem Abkürzungen* (3) *aufgeführt u. erklärt werden.*

Ab|kür|zungs|wort, das: *Kurzwort, Buchstabenwort, verkürztes Wort.*

Ab|kür|zungs|zei|chen, das: *Sigel.*

ab|küs|sen ⟨sw. V.; hat⟩: *oft u. heftig küssen:* sie küsst den Jungen ab; sie küssten sich [gegenseitig] ab.

ab|la|chen ⟨sw. V.; hat⟩: (ugs.) *ausgiebig u. herzhaft lachen.*

ab|la|den ⟨st. V.; hat⟩: **1. a)** *von einem Transportmittel laden:* das Gepäck, Fässer [vom Wagen] a.; Ü wo kann ich Sie a.? (ugs. scherzh.; *absetzen?*); seinen Kummer im Wirtshaus a. *(loswerden);* die Schuld auf einen anderen a. *(abwälzen);* **b)** *durch Herunternehmen der Ladung leer machen:* einen Lastwagen, Waggon a. **2.** (Seew.) *ein Schiff mit Waren beladen:* Schiffe a.

Ab|la|ge, die; -, -n: **1.** ⟨o. Pl.⟩ *das Ablegen:* das Weibchen wurde bei der A. der Eier gestört; Akten zur A. geben; A. machen (Bürow.; *Schriftstücke o. Ä. zur Aufbewahrung in einen Ordner legen).* **2.** *Raum, Stelle, Vorrichtung, wo etw. abgelegt wird:* Akten in die A. bringen. **3.** ⟨meist Pl.⟩ (selten) *abgelegtes Schriftstück.* **4.** (schweiz.) *Annahme-, Zweigstelle:* den Totoschein zur A. bringen. **5.** (schweiz.) *das Ablagern* (3); *Ablagerung* (3).

ab|la|gern ⟨sw. V.; hat⟩: **1. a)** *sich absetzen, ansammeln lassen:* der Fluss lagert hier viel Geröll ab; **b)** ⟨a. + sich⟩ *sich absetzen, ansammeln:* der Stoff lagert sich im Bindegewebe ab. **2.** *durch (längeres) Lagern an Qualität gewinnen:* das Holz muss a., hat abgelagert; ⟨meist im 2. Part.:⟩ abgelagerte Weine. **3.** *etw. zur Lagerung geben, deponieren:* Fässer a.

Ab|la|ge|rung, die; -, -en: **1. a)** *das Ablagern* (1); **b)** *etw. Abgelagertes, Anhäufung fester Stoffe:* eiszeitliche -en. **2.** *das Ablagern* (2), *Lagerung.* **3.** *das Abladen, Deponieren.*

ab|lan|dig ⟨Adj.⟩ (Seemannsspr.): *(vom Land weg) seewärts gerichtet:* -er Wind; die Strömung ist a.

Ab|lass, der; -es, Ablässe [mhd. aplāʒ, ahd. ablāʒ] (kath. Kirche): *Nachlass von auferlegten Strafen, die von dem Sünder nach seiner Umkehr noch zu verbüßen sind.*

Ab|lass|brief, der (MA.): *Urkunde über erteilten Ablass.*

ab|las|sen ⟨st. V.; hat⟩: **1. a)** *abfließen, herauslaufen lassen:* das Öl [aus dem Motor] a.; Wasser aus der Wanne a.; **b)** *ausströmen, entweichen lassen:* Dampf a.; die Luft aus einem Reifen a.; Ü seinen Groll, Sprüche a.; **c)** *durch Ablassen* (1 a) *entleeren:* einen Teich a.; die Kessel müssen vor der Reparatur abgelassen werden. **2.** *sich in Bewegung setzen lassen:* Brieftauben a.; einen Zug a. **3.** *aus Gefälligkeit [preiswert] verkaufen, abgeben:* ich würde Ihnen das Buch für zwölf Mark a. **4.** *[jmdm.] einen bestimmten Preisnachlass gewähren:* er lässt [ihr] von dem Preis 15 % ab. **5.** (ugs.) *nicht [wieder] befestigen, nicht [wieder] anlegen:* das Schildchen a. **6. a)** *von etw. absehen u. es nicht weiterverfolgen, von etw. abgehen u. sich nicht mehr daran halten:* von einem Vorhaben a.; **b)** *sich nicht mehr mit jmdm. befassen:* von dem Unterlegenen a.

Ab|lass|schrau|be, die: *Schraube an einem Behälter, die dazu dient, etw. abzulassen* (1).

Ab|la|tiv ['ab..., 'ap...], der; -s, -e [lat. (casus) ablativus = die Trennung ausdrückend(er Fall)] (Sprachw.): **1.** *Kasus in bestimmten Sprachen, der einen Ausgangspunkt, eine Entfernung oder Trennung angibt.* **2.** *Wort im Ablativ.*

Ab|la|ti|vus ab|so|lu|tus, der; - -, ...vi ...ti [↑Ablativ, ↑absolut] (Sprachw.): *(in der lat. Sprache) syntaktisch einem Nebensatz gleichwertige Ablativkonstruktion.*

ab|lat|schen ⟨sw. V.⟩ (salopp): **1.** *(Schuhwerk) [durch nachlässigen Gang] abnutzen* ⟨hat⟩: seine Schuhe a.; abgelatschte Stiefel. **2.** *sich latschend entfernen* ⟨ist⟩: endlich latschte der Kerl ab.

Ab|lauf, der; -[e]s, Abläufe: **1.** ⟨o. Pl.⟩ (Sport) *Startplatz, Start:* sich am A. einfinden; die Pferde am A. versammeln; an den A. gehen. **2. a)** ⟨o. Pl.⟩ *das Ablaufen* (2): für schnellen A. des Wassers sorgen; **b)** *Stelle, an der etw. abläuft:* den A. mit einem Tuch verstopfen. **3.** (Seemannsspr.) *Stapellauf.* **4. a)** *Verlauf:* der A. der Ereignisse, des Programms; die geschichtlichen Abläufe; **b)** (Ferns., Rundf.) *Abfolge von Programmpunkten.* **5.** ⟨o. Pl.⟩ *Beendigung einer Zeit, Erlöschen einer Frist:* nach, vor A. der gesetzten Frist. **6.** (Leichtathletik) *Start des den Stab übernehmenden Läufers bei Staffelwettbewerben.*

Ab|lauf|berg, der (Eisenb.): *(auf Verschiebebahnhöfen) Gefällstrecke mit Gleisverzweigungen, auf der Waggons zur Zusammenstellung von Güterzügen ablaufen* (4 a) *können.*

ab|lau|fen ⟨st. V.⟩: **1.** ⟨ist⟩ **a)** (selten) *sich laufend von einer Stelle entfernen:* alle liefen rasch ab von dem Platz; **b)** (Sport) *starten:* das Feld der Marathonläufer lief ab; **c)** (Seemannsspr.) *einen [anderen] Kurs nehmen; abdrehen.* **2.** ⟨ist⟩ **a)** *ab-, wegfließen:* das Wasser aus der Wanne a. lassen; ablaufendes Wasser bei Ebbe; **b)** *abfließen* (2): die Badewanne läuft schlecht ab. **3.** ⟨ist⟩ **a)** *von etw. herab-, herunterfließen, -rinnen:* der Regen läuft [am Mantel, vom Schirm] ab; Ü an ihm läuft alles ab *(alles lässt ihn gleichgültig);* **jmdn. a. lassen** (ugs. selten; *kühl ab-, zurückweisen;* wohl aus der Fechterspr., von der Klinge des Gegners, die abgleitet, ohne zu verwunden); **b)** *durch das Ablaufen des Wassers trocken werden:* die Weintrauben müssen noch a.; das Geschirr a. lassen. **4.** ⟨ist⟩ **a)** (Eisenb.) *den Ablaufberg hinunterfahren:* in 24 Stunden bis zu 5 000 Waggons a. lassen; **b)** (Seemannsspr.) *vom Stapel laufen:* das Schiff seitlich a. lassen. **5.** ⟨ist⟩ **a)** *sich (von Anfang bis Ende) abrollen, abwickeln:* das Kabel ist [von der Trommel] abgelaufen; das Tonband, den Film a. lassen; **b)** *mechanisch zu Ende laufen u. dann stehen bleiben:* die Uhr ist abgelaufen; **c)** *in bestimmter Weise vonstatten gehen, vor sich gehen, verlaufen:* alles ist gut, glimpflich abgelaufen; wie ist die Diskussion abgelaufen? **6.** *zu Ende gehen; zu bestehen, zu gelten aufhören* ⟨ist⟩: die Frist, die Amtszeit läuft am 1. Januar ab; das Visum, der Pass, der Ausweis ist abgelaufen; wann läuft der Vertrag ab? **7.** (selten) *abgehen, abzweigen* ⟨ist⟩: von der Landstraße läuft ein Weg ab. **8.** ⟨ist/hat⟩ **a)** *an etw. zum Zweck der Besichtigung od. Kontrolle entlanggehen, -laufen:* den ganzen Weg a.; **b)** *der Reihe nach nach jmdm., etw. absuchen:* alle Läden, Lokale, Kunden a.; ich habe/bin die ganze Gegend *(Haus für Haus)* abgelaufen. **9.** ⟨hat⟩ **a)** *durch vieles Gehen, Laufen abnutzen:* du hast die Absätze schon wieder ganz abgelaufen; **b)** ⟨a. + sich⟩ *sich durch vieles Gehen, Laufen abnutzen:* die Sohlen haben sich schnell abgelaufen.

Ab|lauf|plan, der: *Plan, nach dem ein bestimmtes Programm ablaufen soll.*

Ab|lauf|rin|ne, die: *Rinne, durch die eine Flüssigkeit ablaufen kann.*

ab|lau|gen ⟨sw. V.; hat⟩: **a)** *mit Lauge behandeln, reinigen:* die Tür a.; **b)** *mit Lauge entfernen:* die Farbe a.

Ab|lau|gung, die; -, -en: *das Ablaugen.*

ab|lau|sen ⟨sw. V.; hat⟩: **1.** (ugs.) *jmdm. die Läuse absuchen:* der Affe laust die Jungen, dem Jungen den Kopf ab. **2.** (salopp) *listig [Stück für Stück] abnehmen, ablisten:* jmdm. seine Moneten a.

Ab|laut, der; -[e]s, -e ⟨Pl. selten⟩ (Sprachw.): *gesetzmäßiger Vokalwechsel in der Stammsilbe etymologisch verwandter Wörter.*

ab|lau|ten ⟨sw. V.; hat⟩ (Sprachw.): *Ablaut aufweisen:* wie lautet dieses Verb ab?; ablautende Verben.

ab|läu|ten ⟨sw. V.; hat⟩: **a)** (ugs.) *durch Läuten das Zeichen zur Weiterfahrt geben:* der Schaffner läutete ab; **b)** (bes. Sport) *durch Läuten beenden:* eine Runde a.

ab|le|ben ⟨sw. V.⟩ (veraltend): **1.** *einen Zeitraum (bis zu Ende) leben, durchleben* ⟨hat⟩: er lebte die restlichen Jahre im Exil ab. **2.** (geh.) *sterben* ⟨ist⟩: in dem Jahr, als sie abgelebt ist.

Ab|le|ben, das; -s (geh.): *Tod:* das frühe A. des Staatsoberhauptes.

ab|le|cken ⟨sw. V.; hat⟩: **a)** *durch Lecken entfernen:* das Blut mit der Zunge a.; **b)** *durch Lecken säubern; an jmdm., etw. leckend entlangfahren:* mit der Zunge die Zähne a.; der Hund hat mich abgeleckt.

ab|le|dern ⟨sw. V.; hat⟩: **1.** (veraltend) *einem Tier das Fell abziehen.* **2.** (landsch.) *heftig verprügeln:* jmdn. a. **3.** (ugs.) *etw. mit einem Ledertuch trockenwischen u. blank putzen:* das gewaschene Auto a.

ab|le|gen ⟨sw. V.; hat⟩ [3: urspr. = (das Geld für) eine geschuldete Summe hinlegen (= bezahlen)]: **1. a)** *(ein Kleidungsstück o. Ä.) ausziehen, abnehmen:* Mantel und Hut a.; willst du nicht a.?; **b)** *(bes. Kleidung) nicht mehr tragen:* die Trauerkleidung a.; sie legte den Verlobungsring ab; abgelegte Sachen; Ü seinen Namen a.; seine Untugenden a. *(sie sich abgewöhnen);* sie hatte ihre Scheu abgelegt *(sich davon frei gemacht).* **2. a)** *an einen Ort legen:* den Hörer a.; den Schriftwechsel a. (Bürow.; *zur Aufbewahrung in einen Ordner o. Ä. legen*); die Daten in einem Speicher a. (EDV; *speichern*); den Satz a. (Druckw. früher; *die einzelnen Buchstaben wieder in den Setzkasten legen*); Herzass a. (Kartenspiel; *beiseite legen, weil die Karte nicht mehr benötigt wird*); **b)** (bes. Jägerspr.) *(einen Hund) sich niederlegen u. warten lassen.* **3.** ⟨in Verbindung mit bestimmten Substantiven⟩ *vollziehen, leisten, machen:* ein Examen a. *(machen);* einen Eid a. *(schwören);* die Beichte a. (geh.; *beichten*); für jmdn. od. etw. Zeugnis a. *(für jmdn. zeugen, etw. bezeugen);* ein Geständnis a. *(gestehen);* ein Bekenntnis [über etwas] a. *([etw.] bekennen);* ein Gelübde a. *(geloben);* Rechenschaft [über etwas] a. *(geben);* einen Beweis [für etwas] a. *([etw.] beweisen).* **4.** (veraltet, noch landsch.) *es auf etw. anlegen, absehen.* **5.** (Seemannsspr.) *vom Kai o. Ä. wegfahren:* das Schiff hatte in der Nacht abgelegt.

Ab|le|ger, der; -s, - [eigtl. = Trieb, der vom Baum abgemacht u. in die Erde gelegt wird]: **1. a)** *vorjähriger Trieb, der zwecks vegetativer Vermehrung in ganzer Länge waagerecht in eine Rille gelegt u. festgehakt wird;* **b)** *Steckling.* **2. a)** (ugs. scherzh.) *Sohn, Sprössling;* **b)** *Zweigstelle:* der deutsche A. der IBM.

ab|leh|nen ⟨sw. V.; hat⟩ [4: eigtl. = die Lehne (= Stütze) von etw. wegnehmen]: **1.** *(Angebotenes) nicht annehmen:* jmds. Einladung a.; ein Geschenk a.; er hat die Wahl abgelehnt. **2.** *einer Forderung o. Ä. nicht stattgeben:* einen Antrag a.; die Zahlung von tausend Mark a. **3.** *nicht gelten lassen, nicht gutheißen; missbilligen:* jede Gewalt a.; die moderne Malerei a.; er lehnt seinen Schwiegersohn ab. **4.** *als nicht in Betracht kommend zurückweisen:* ich muss jede Verantwortung a.; jmdn. als Zeugen a. **5.** *sich weigern, etw. zu tun; verweigern:* die Ausführung eines Befehls a.; er lehnte es ab, einen mitzutrinken; sich ablehnend verhalten; ablehnend antworten.

Ab|leh|nung, die; -, -en: *das Ablehnen.*

ab|lei|ern ⟨sw. V.; hat⟩ (ugs. abwertend): **1.** *(etw. auswendig Gelerntes, einen Text) eintönig vortragen:* ich leiere den Text, das Gedicht ab. **2.** *(anderen bereits Bekanntes) immer wieder vorbringen:* ⟨meist im 2. Part.:⟩ abgeleierte Phrasen.

ab|leis|ten ⟨sw. V.; hat⟩: *[voll u. ganz, bis zum Ende] leisten:* den Wehrdienst, ein Probejahr, ein Praktikum a.

Ab|leis|tung, die; -, -en: *das Ableisten.*

ab|lei|ten ⟨sw. V.; hat⟩: **1.** *in eine andere Richtung leiten:* den Rauch [durch den Schacht] a.; einen Bach a.; der Blitz wurde abgeleitet. **2. a)** *von etw. od. jmdm. herleiten:* einen Anspruch, ein Vorrecht aus seiner Stellung a.; ein Wort a. (Sprachw.; *zu einem anderen Wort bilden*); eine Formel a. (Math.; *entwickeln*); eine Gleichung a. (Math.; *ermitteln*); **b)** *auf jmdn., etw. als seinen Ursprung zurückführen:* seine Herkunft von den Einwanderern a.; **c)** ⟨a. + sich⟩ *sich herleiten* (b): der Anspruch leitet sich aus ererbten Privilegien ab; (Sprachw.:) das Wort leitet sich aus dem Griechischen ab.

Ab|lei|tung, die; -, -en: **1.** *das Ableiten* (1, 2). **2.** *abgeleitetes Wort:* »hämmern« ist eine A. von »Hammer«.

Ab|lei|tungs|mor|phem, das (Sprachw.): *der Bildung neuer Wörter dienendes Morphem.*

Ab|lei|tungs|sil|be, die (Sprachw.): *der Bildung neuer Wörter dienende Vor-, Nachsilbe.*

ab|len|ken ⟨sw. V.; hat⟩: **1.** *in eine andere Richtung lenken:* den Ball [zur Ecke] a.; die Lichtstrahlen werden abgelenkt. **2. a)** *von etw. abbringen, wegbringen:* jmdn. [von der Arbeit] a.; jmds. Aufmerksamkeit a.; vom Thema a. *(die Aufmerksamkeit auf etw. anderes [weniger Heikles] lenken);* er versuchte, den Verdacht von sich abzulenken; **b)** *auf andere Gedanken bringen; zerstreuen:* jmdn., sich mit etw. abzulenken versuchen; sie blätterte in einer Zeitschrift, um sich abzulenken; **c)** *das Gesprächsthema wechseln:* er lenkte schnell ab.

Ab|len|kung, die; -, -en: **1.** *das Ablenken* (1): die A. der Magnetnadel. **2.** *Zerstreuung:* das ist eine willkommene A.; A. brauchen, suchen.

Ab|len|kungs|ma|nö|ver, das: *Maßnahme, Handlung, die jmdn. geschickt, unauffällig von etw. ablenken, seine Aufmerksamkeit, Konzentration o. Ä. auf etw. anderes lenken soll.*

¹ab|le|sen ⟨st. V.; hat⟩: **a)** *[ein]sammelnd einzeln von etw. abnehmen:* er liest Kartoffelkäfer ab; **b)** *durch ¹Ablesen* (a) *von etwas leer, frei machen:* Kartoffelpflanzen a.

²ab|le|sen ⟨st. V.; hat⟩: **1.** *nach einer schriftlichen Vorlage sprechen:* seine Rede [vom Blatt] a.; der Redner liest ab. **2. a)** *den Stand eines Messgerätes feststellen:* den Stromzähler a.; **b)** *die verbrauchte Menge, die [zurückgelegte] Entfernung o. Ä. an einem Messgerät feststellen:* Strom, die Entfernung a. **3. a)** *[bei jmdm. od. etw.] durch genaue Beobachtung erkennen:* jmdm. jeden Wunsch von den Augen a.; **b)** *aus etw. erschließen:* die Bedeutung des Ereignisses kann man daran a., dass alle erschienen waren.

Ab|le|ser, der; -s, -: *Person, die etw. ²abliest* (2).

Ab|le|sung, die; -, -en: *das ²Ablesen* (2).

ab|leuch|ten ⟨sw. V.; hat⟩: **a)** *mit einer Lichtquelle absuchen:* ich habe mit der Taschenlampe den Hof [nach ihm] abgeleuchtet; **b)** (Berg-

A

mannsspr.) *die Luft in einer Grube* (3 a) *auf Methangehalt untersuchen.*

ạb|leug|nen ⟨sw. V.; hat⟩: *mit großem Nachdruck leugnen:* seine Schuld a.

Ạb|leug|nung, die; -, -en: *das Ableugnen.*

ạb|lich|ten ⟨sw. V.; hat⟩: **1.** *fotokopieren:* er lichtete die Buchseite ab. **2.** (ugs.) *fotografieren.*

Ạb|lich|tung, die; -, -en: **1.** *das Ablichten.* **2.** *Fotokopie:* eine A. machen, anfertigen.

ạb|lie|fern ⟨sw. V.; hat⟩: **1.** *pflichtgemäß [einem zuständigen Empfänger] übergeben, aushändigen:* Waren bei der Firma a.; Ü sie hat eine bemerkenswerte Show abgeliefert *(präsentiert, dargeboten).* **2.** (ugs.) *an einen vereinbarten Ort bringen, einer zuständigen Stelle übergeben:* die Tochter bei den Eltern a.

Ạb|lie|fe|rung, die; -, -en: *das Abliefern.*

Ạb|lie|fe|rungs|ter|min, der: *Termin für die Ablieferung von etw.*

ạb|lie|gen ⟨st. V.; hat⟩: **1.** *(von etw.) entfernt liegen:* der nächste Ort liegt drei Kilometer [weit] ab. **2.** (südd., österr.) *durch längeres Liegen mürbe werden, an Qualität gewinnen.*

ạb|lis|ten ⟨sw. V.; hat⟩: *jmdn. mit List dazu bringen, etw. herzugeben:* jmdm. sein Geld a.

ạb|lo|chen ⟨sw. V.; hat⟩ (EDV früher): *auf Lochkarten, Lochstreifen übertragen:* den ganzen Jahrgang einer Zeitung vollständig a.

ạb|lo|cken ⟨sw. V.; hat⟩: **1.** *[durch Schmeicheln, Überreden] abgewinnen, ablisten:* etw. lockt jmdm. Bewunderung ab; er hat mir 100 Mark abgelockt. **2.** *weglocken:* jmdn. vom Weg a.

ạb|lö|schen ⟨sw. V.; hat⟩: **1. a)** *ab-, wegwischen:* er löschte das an die Tafel Geschriebene ab; **b)** *durch Ablöschen* (1 a) *reinigen:* er hat die Tafel abgelöscht. **2.** *mit einem Löschblatt trocknen:* die Tinte a. **3. a)** *(einen Brand) löschen:* das Feuer konnte erst am Morgen abgelöscht werden; **b)** (Kochk.) *einer Sache kalte Flüssigkeit zusetzen:* das angebratene Fleisch mit einem Glas trockenem Weißwein a.

Ạb|lö|se, die; -, -n: **1.** (selten) *Ablösung* (2 a). **2. a)** (ugs.) Kurzf. von ↑ Ablösesumme; **b)** (österr.) *bei Beginn eines Mietverhältnisses für eine Wohnung einmal vom Mieter zu entrichtende Summe.* **c)** (ugs.) *Summe, die an den Vormieter für übernommene Einrichtungsgegenstände gezahlt wird; Abstand* 3.

ạb|lö|sen ⟨sw. V.; hat⟩: **1. a)** *von seinem Untergrund lösen; abmachen:* die Briefmarke behutsam a.; er löste das Fleisch von den Knochen ab; **b)** ⟨a. + sich⟩ *sich lösen:* die Sohle hat sich abgelöst. **2.** *die Tätigkeit, den Dienst, die Stellung von jmdm. [im Wechsel] übernehmen:* einen Kollegen [bei der Arbeit] a.; der Vorsitzende muss abgelöst (verhüll.; *aus seinem Amt entfernt*) werden. **3.** (Geldw.) *durch eine einmalige Zahlung tilgen, abgelten:* eine Hypothek a.; eine Rente a. *(durch eine Abfindung mit einer bestimmten Summe ersetzen).*

Ạb|lö|se|sum|me, die (Berufssport): *Geldsumme, die dem Verein, den ein Berufssportler verlässt, von dem neuen Verein, zu dem er überwechselt, gezahlt wird.*

Ạb|lö|sung, die; -, -en: **1.** *das Ablösen* (1). **2. a)** *das Ablösen* (2); **b)** *Person, die jmdn. ablöst; ablösende Personengruppe:* wann kommt unsere A.? **3.** (Geldw.) *Tilgung, Abgeltung einer Schuld:* die A. einer Rente, einer Hypothek.

Ạb|lö|sungs|sum|me, die (Berufssport): *Ablösesumme.*

ạb|luch|sen ⟨sw. V.; hat⟩ (salopp): **1.** *durch Überredung von jmdm. erhalten; ablisten:* sie hat dem Großvater wieder Geld abgeluchst. **2.** *durch aufmerksame Beobachtung von jmdm. erfahren:* jmdm. ein Geheimnis a.

Ạb|luft, die; -, Abluüfte (Technik): **1.** ⟨o. Pl.⟩ *verbrauchte Luft, die aus Räumen abgesaugt wird:* Reinigung der A. **2.** *von einem Industrieunternehmen o. Ä. in die Außenluft abgegebene Luft.*

ạb|lut|schen ⟨sw. V.; hat⟩ (ugs.): **a)** *durch Lutschen entfernen:* er hat die Marmelade [von den Fingern] abgelutscht; **b)** *durch Lutschen von etw. säubern, befreien:* Pflaumenkerne a.; Ü ein abgelutschtes Thema; **c)** *durch Lutschen verzehren:* der Bonbon war schon zur Hälfte abgelutscht.

ABM = Arbeitsbeschaffungsmaßnahme.

ạb|ma|chen ⟨sw. V.; hat⟩: **1.** (ugs.) *von etw. loslösen u. entfernen:* den Rost a.; das Schild [von der Tür] a. **2.** *vereinbaren:* einen neuen Termin a.; wir hatten abgemacht, dass jeder die Hälfte zahlen soll; ⟨häufig im 2. Part.⟩ (bekräftigend, zustimmend in Bezug auf den Abschluss einer Vereinbarung:) abgemacht! **3.** *(in bestimmter Weise) klären, ins Reine bringen:* etwas gütlich a.; wir wollen die Sache unter uns a.; das musst du mit dir selbst a. *(du musst selbst sehen, wie du damit fertig wirst).* **4.** (ugs.) *ableisten, hinter sich bringen:* seine Dienstzeit abgemacht haben.

Ạb|ma|chung, die; -, -en: *Vereinbarung:* mit jmdm. [über etw.] eine A., -en treffen.

ạb|ma|gern ⟨sw. V.⟩: **1.** *mager werden* ⟨ist⟩: sie ist [bis auf die Knochen, zu einem Skelett] abgemagert. **2.** *das Volumen, den Gehalt von etwas verringern* ⟨hat⟩: eine abgemagerte Ausstattung.

Ạb|ma|ge|rung, die; -, -en: *das Abmagern.*

Ạb|ma|ge|rungs|kur, die: *Kur, die der Verringerung des Körpergewichts dienen soll.*

ạb|mä|hen ⟨sw. V.; hat⟩: **1.** *mit der Sense, Mähmaschine abschneiden:* das Gras a. **2.** *(eine Wiese o. Ä.) durch Mähen von hohem Gras frei machen:* eine abgemähte Wiese.

ạb|mah|nen ⟨sw. V.; hat⟩: **1.** (veraltend) *jmdm. eindringlich von etw. abraten:* er mahnte mich von dem Unternehmen ab. **2.** (Rechtsspr.) *zu vertrags- od. gesetzesgemäßem Verhalten auffordern, eindringlich [er]mahnen:* die Firma ist vom Bundeskartellamt abgemahnt worden.

Ạb|mah|nung, die; -, -en: **1.** (veraltend) *das Abmahnen* (1). **2.** (Rechtsspr.) **a)** *das Abmahnen* (2); **b)** *Schreiben, das eine Abmahnung* (2 a) *enthält:* die A. ist bereits abgeschickt.

ạb|ma|len ⟨sw. V.; hat⟩: **1.** *malend genau wiedergeben, genau nach der Vorlage malen:* ich habe das Haus abgemalt; sich a. lassen. **2.** ⟨a. + sich⟩ (geh.) *sich in etw. widerspiegeln, zum Ausdruck kommen:* in seinem Gesicht malte sich Verlegenheit ab.

ạb|mar|ken ⟨sw. V.; hat⟩ [zu ↑ ²Mark] (Amtsspr.): *(ein Gebiet) durch [Grenz]zeichen markieren, abgrenzen:* Grenzpunkte a.

Ạb|marsch, der; -[e]s, Abmärsche ⟨Pl. selten⟩: *das Abmarschieren:* Vorbereitungen für den A. treffen.

ạb|marsch|be|reit ⟨Adj.⟩: *zum Abmarsch bereit.*

ạb|mar|schie|ren ⟨sw. V.⟩: **1.** *in Formation u. im Gleichschritt abziehen, abrücken* ⟨ist⟩: die Soldaten sind abmarschiert. **2.** *zur Kontrolle [marschierend] abgehen* ⟨ist/hat⟩: das ganze Gebiet a.

ạb|meh|ren ⟨sw. V.; hat⟩ [vgl. Mehr (2)] (schweiz.): **1.** *durch eine mit Handerheben festgestellte Mehrheit verwerfen, abschaffen:* die Gemeinde mehrte den Antrag ab. **2.** *durch Handerheben über etw. abstimmen, beschließen:* eine Vorlage a.

ạb|mei|ern ⟨sw. V.; hat⟩ [zu ↑ Meier] (hist.): *jmdm. das Pachtgut, den Erbhof entziehen:* man meierte die Pächter ab.

ạb|mei|ßeln ⟨sw. V.; hat⟩: **1.** *durch Meißeln entfernen:* ich meiß[e]le die scharfe Kante ab. **2.** *durch Meißeln kleiner machen:* einen Stein stückchenweise a. **3.** (selten) *meißelnd nachbilden:* den großen Sohn der Stadt a.

Ạb|mei|ße|lung, (seltener:) **Ạb|meiß|lung,** die; -, -en: *das Abmeißeln.*

ạb|mel|den ⟨sw. V.; hat⟩: **1. a)** (bes. Milit.) *den Weggang ordnungsgemäß melden:* sich, die Kameraden bei seinem Kommandeur a.; **b)** *die Aufgabe des Wohnsitzes bei der dafür zuständigen Stelle melden:* hast du dich, deine Familie schon [bei der Polizei] abgemeldet?; **c)** *das Ausscheiden bei der zuständigen Stelle melden:* seinen Sohn von der Schule, sich bei seinem Verein a.; **d)** *der zuständigen Stelle melden, dass etw. nicht mehr benutzt wird, nicht [mehr] in Betrieb ist:* das Fernsehgerät, das Auto a. **2.** (Sport Jargon) *seinen Gegner nicht zur Entfaltung kommen lassen, ihn beherrschen:* der Verteidiger hatte den englischen Linksaußen völlig abgemeldet. **3.** * [bei jmdm.] abgemeldet sein (ugs *nicht mehr [von jmdm.] beachtet werden, seine Gunst verloren haben).*

Ạb|mel|dung, die; -, -en: *das Abmelden* (1).

ạb|mel|ken ⟨st. u. sw. V.; melkt/(veraltet:) milkt ab, melkte/(veraltend:) molk ab, hat abgemelkt (häufiger:) abgemolken⟩ (Landw.): **1. a)** *(bes. einer Kuh) durch Melken Milch abnehmen:* der Kuh ein wenig Milch a.; **b)** *(bes. eine Kuh beim Trächtigsein) bis zum letzten Tropfen melken:* das Tier ist abgemolken *(steht trocken);* **2.** *das Melken beenden.*

Ạb|melk|wirt|schaft, die; -, -en (Landw.): **1.** ⟨o. Pl⟩ *Rinderhaltung nur zur Milchgewinnung.* **2.** *Betrieb mit Abmelkwirtschaft* (1).

ạb|mer|geln, sich ⟨sw. V.; hat⟩ [↑ ausmergeln] (landsch.): *sich durch übermäßige Arbeit u. ständige Sorge erschöpfen:* ich merg[e]le mich ab; ⟨meist im 2. Part.:⟩ abgemergelte Gesichter

ạb|mes|sen ⟨st. V.; hat⟩ [vgl. abgemessen]: **1.** *nac einem bestimmten Maß (Länge, Größe, Umfar o. Ä.) bestimmen:* eine Strecke a.; Ü das Ausma eines Schadens noch nicht a. *(abschätzen, beu teilen)* können. **2.** *messend abteilen u. wegneh men:* einen Meter Stoff [vom Ballen] a.

Ạb|mes|sung, die; -, -en: **1.** *das Abmessen* (1). **2.** *[Aus]maß, Dimension:* einheitliche -en; die -en des Schrankes.

ạb|mil|dern ⟨sw. V.; hat⟩: *abschwächen:* den Aufprall a.; etw. in seinen Folgen abzumildern versuchen.

Ạb|mil|de|rung, die; -, -en: *das Abmildern.*

ạb|mi|schen ⟨sw. V.; hat⟩ (Film, Funk, Ferns.): *mischen* (6): Lieder, eine CD a.

Ạb|mo|de|ra|ti|on, die (Rundf., Ferns.): *das Abmoderieren:* die A. machen.

ạb|mo|de|rie|ren ⟨sw. V., hat⟩ (Rundf., Ferns.): *a Moderator einer Sendung die abschließenden Worte sprechen:* [eine Sendung] a.

ạb|mon|tie|ren ⟨sw. V.; hat⟩: *[einen Teil von] etw mit technischen Hilfsmitteln entfernen:* ein Ra [vom Auto], eine Antenne a.

ABM-Stel|le, die: *Stelle* (4), *die im Zuge einer Arbeitsbeschaffungsmaßnahme geschaffen wird.*

ạb|mü|hen, sich ⟨sw. V.; hat⟩: *sich (mit etw., jmdm.) bis zur Erschöpfung mühen:* sich an einer Aufgabe, mit jmdm., etw. a.

ạb|murk|sen ⟨sw. V.; hat⟩ [urspr. Studentenspr., niederd. murken = töten < mniederd. morken = zerdrücken]: **1.** (salopp) *umbringen:* jmdn. a Ü den Motor a. (ugs.; *durch unsachgemäßes Schalten od. Bremsen zum Stillstand bringen*) **2.** ⟨a. + sich⟩ (ugs.) *sich (mit etw.) abmühen.*

ạb|mus|tern ⟨sw. V.; hat⟩ [eigtl. = aus der Muste rolle gestrichen werden] (Seemannsspr.): **a)** *a dem Dienst auf einem Schiff entlassen:* den Schiffskoch a.; **b)** *den Dienst auf einem Schiff aufgeben:* ich kann morgen schon a.

Ạb|mus|te|rung, die; -, -en: *das Abmustern.*

ạb|na|beln ⟨sw. V.; hat⟩: **1.** *(ein neugeborenes Kind) von der Nabelschnur trennen:* ich nab[e]le das Neugeborene ab. **2.** ⟨a. + sich⟩ (salopp scherzh.) *sich von etw. lösen:* sich vom Elternhaus a.; ⟨auch ohne »sich«:⟩ von diesem Traum konnte er nur schwer a.

Ạb|na|be|lung, (seltener:) **Ạb|nab|lung,** die; -, -en: *das Abnabeln.*

ạb|na|gen ⟨sw. V.; hat⟩: **1.** *durch Nagen entferne* die Maus hat ein Stück [von dem Speck] abgenagt. **2.** *leer nagen:* die Hühnerknochen saube a.

ạb|nä|hen ⟨sw. V.; hat⟩: *durch eine keilförmige Naht, durch das Einnähen einer Falte in den Stoff enger machen:* sie nähte den Rock ab.

Ạb|nä|her, der; -s, -: *keilförmige Naht, eingenäh Falte, mit der ein Kleidungsstück enger gemac wird.*

Ạb|nah|me, die; -, -n [2. Bestandteil mhd. nāme ahd. nāma = das (gewaltsame) Nehmen, Verbalabstraktum von ↑ nehmen]: **1.** *das Abneh-*

men, Entfernung: die A. des Kronleuchters, des Verbandes; die A. *(Amputation)* eines Beines. **2.** ⟨Pl. selten⟩ *Verminderung:* eine merkliche A. des Gewichts. **3.** ⟨Pl. selten⟩ *das Abnehmen* (7); *Kauf:* bei A. größerer Mengen gewähren wir Rabatt; * **A. finden** *(sich verkaufen lassen):* die Ware findet reißende A. **4.** ⟨Pl. selten⟩ *das Abnehmen* (3): die A. eines Versprechens. **5.** ⟨Pl. selten⟩ **a)** *das Abnehmen* (5): die A. der Parade; die A. einer Strecke; **b)** *mit der Abnahme* (5 a) *betraute Personen:* die A. hat den Wagen beanstandet.

bnah|me|prü|fung, die: *bei einer Abnahme* (5) *stattfindende Prüfung.*

b|neh|men ⟨st. V.; hat⟩: **1.** *von einer Stelle fort-, herunternehmen:* den Hut a.; den Deckel a.; die Wäsche von der Leine a.; niemand nahm [den Hörer] ab *(nahm das Telefongespräch entgegen);* ich nahm mir den Bart ab *(rasierte ihn mir ab);* Beeren, Äpfel a. *(abpflücken, ernten);* das Bein musste [ihm] schließlich abgenommen *(amputiert)* werden. **2. a)** *jmdm. helfend etw. [Schweres] aus der Hand nehmen:* jmdm. die Pakete, die Tasche a.; **b)** *etw., was jmdm. aufgebürdet ist, an seiner Stelle übernehmen:* der Mutter eine Arbeit, einen Weg a. **3.** *sich etw. von jmdm. geben lassen; etw. von jmdm. entgegennehmen:* dem Briefträger das Päckchen a.; sie nahm ihm die Blumen nicht ab; Ü er ließ sich Blut a. *(spendete Blut);* jmdm. einen Eid a. *(jmdn. einen Eid ablegen lassen);* jmdm. ein Versprechen a. *(sich von jmdm. ein Versprechen geben lassen);* der Priester nahm ihm die Beichte ab *(ließ ihn sie ablegen).* **4.** *von jmdm. für eine Gegenleistung fordern:* er will mir für die Reparatur nur 50 Mark a. **5.** *nach Fertigstellung, vor der Zulassung prüfen, ob alles den Vorschriften entspricht; prüfend begutachten:* einen Neubau, ein Fahrzeug a.; die Parade a.; wer hat die Prüfung abgenommen? **6. a)** *[widerrechtlich] wegnehmen, entreißen:* jmdm. die Brieftasche a.; der Mann nahm ihm die Uhr ab; der Polizist hat ihm den Führerschein abgenommen *(hat ihn beschlagnahmt);* **b)** *im Spiel oder Wettkampf abgewinnen:* jmdm. beim Skat viel Geld a. **7.** *jmdm. abkaufen:* der Händler will uns die alten Sachen a.; Ü das nehme ich ihm nicht ab (ugs.; *glaube ich ihm nicht*). **8. a)** *von einem Original übertragen:* Fingerabdrücke a.; **b)** (veraltend, noch scherzh.) *aufnehmen* (10 b), *fotografieren:* lass dich mal a.! **9.** (Handarb.) *Maschen zusammenstricken, um ihre Zahl zu verringern:* ich muss jetzt [Maschen] a. **10.** (veraltend) *aus etw. schließen:* ich konnte an/aus ihrem Verhalten nichts a.; **11.** *an Körpergewicht verlieren:* ich muss noch einige Pfund a.; sie hat in der letzten Zeit sehr, stark abgenommen. **12.** *an Größe, Umfang, Substanz, Stärke o. Ä. verlieren; sich verringern:* die Geschwindigkeit, die Helligkeit nimmt ab; die Vorräte nehmen ab; seine Kräfte nahmen rasch ab; die Tage nehmen ab *(werden kürzer);* bei abnehmendem Mond *(in der Zeit zwischen Vollmond u. Neumond).*

neh|mer, der; -s, -: **1.** *Person, die [als Zwischenhändler] eine Ware kauft.* **2.** *jmd., der etw. von einem anderen annimmt:* für etw. keinen A. finden *(niemanden finden, der etw. Bestimmtes, das jmd. abgeben will, gerne haben möchte).*

neh|me|rin, die; -, -nen: w. Form zu ↑ Abnehmer.

nei|gung, die; -, -en ⟨Pl. selten⟩ [vgl. abgeneigt]: *deutlich bewusste Empfindung, jmdn. od. etw. nicht zu mögen:* gegen jmdn., etw. eine unüberwindliche A. haben, empfinden.

nib|beln ⟨sw. V.; ist⟩ [H. u.; viell. zu niederd. nibbeln = mit den Lippen, Zähnen kleine Stücke von etw. lösen] (nordd., bes. berlin. salopp): *sterben:* ich nibb[e]le bald ab.

ni|cken ⟨sw. V.; hat⟩ [eigtl. = mit einem Kopfnicken zustimmen] (ugs.): *befürworten, genehmigen:* die Geschäftsleitung hat großzügig alle Forderungen des Betriebsrats abgenickt.

norm ⟨Adj.⟩ [lat. abnormis, zu: norma, Norm]: **1.** *vom Normalen abweichend; krankhaft:* dieser Trieb, diese Veranlagung ist a. **2.** *das gewohnte Maß übersteigend, vom Üblichen abweichend, ungewöhnlich:* -e Ausmaße; der Junge ist a. dick.

ab|nor|mal ⟨Adj.⟩ [aus lat. ab- = weg-, ent-, un-, miss- u. ↑ normal] (bes. österr. u. schweiz.): *nicht normal:* ein -es Kind; sich a. verhalten.

Ab|nor|mi|tät, die; -, -en [lat. abnormitas]: **1.** *Abweichung vom Normalen, Fehlbildung:* der Psychiater stellte eine A. im Gehirn des Angeklagten fest. **2.** *fehlgebildetes Wesen:* früher stellte man auf Jahrmärkten oft -en zur Schau.

ab|nö|ti|gen ⟨sw. V.; hat⟩ (geh.): *bewirken, dass jmd. sich zu einem bestimmten Verhalten o. Ä. genötigt sieht; zwingend abgewinnen:* sein Verhalten nötigt mir Respekt ab.

ab|nut|zen, (südd., österr. u. schweiz. meist:) **ab|nüt|zen** ⟨sw. V.; hat⟩: **a)** *durch Gebrauch, Beanspruchung im Wert, in der Brauchbarkeit mindern:* die Autoreifen a.; ⟨häufig im 2. Part.:⟩ ein abgenutzter Teppich; **b)** ⟨a. + sich⟩ *durch Benutzung an Wert und Brauchbarkeit verlieren:* die Bürste hat sich rasch abgenutzt; Ü große Worte nutzen sich ab.

Ab|nut|zung, (südd., österr. u. schweiz. meist:) **Ab|nüt|zung,** die; -, -en ⟨Pl. selten⟩: *das Abnutzen.*

Ab|nut|zungs|er|schei|nung, (südd., österr. u. schweiz. meist:) **Ab|nüt|zungs|er|schei|nung,** die: vgl. Verschleißerscheinung.

Abo, das; -s, -s (ugs.): Kurzf. von ↑ Abonnement.

Abo|li|ti|on, die; -, -en [lat. abolitio = Abschaffung, Aufhebung] (Rechtsspr.): *Niederschlagung eines Strafverfahrens vor seinem rechtskräftigen Abschluss.*

Abon|ne|ment [abɔnəˈmã:, schweiz. auch: ...əˈmɛnt], das; -s, -s, schweiz. auch: -e [frz. abonnement, zu: abonner, ↑ abonnieren]: *für eine längere Zeit vereinbarter und deshalb meist verbilligter Bezug von Zeitungen, Zeitschriften, Eintrittskarten, Mittagessen o. Ä.:* das A. des »Sprachspiegels«/(bes. schweiz.:) auf den »Sprachspiegel« beginnt, endet, erlischt am 1. Januar; ein A. haben; sein A. *(Anrecht)* für die Oper erneuern, verlängern.

Abon|ne|ment|vor|stel|lung, Abon|ne|ments|vor|stel|lung, die: *Theateraufführung für Abonnenten.*

Abon|nent, der; -en, -en: *Inhaber eines Abonnements:* neue -en werben.

Abon|nen|tin, die; -, -nen: w. Form zu ↑ Abonnent.

abon|nie|ren ⟨sw. V.; hat⟩ [frz. s'abonner (à), zu: abonner = etw. für jmdn. abonnieren, älter = eine zeitlich begrenzte Leistung vereinbaren < afrz. bonne, Nebenf. von: borne, ↑ borniert]: *im Abonnement beziehen:* eine Zeitung a.; wir haben im Theater abonniert; * **auf etw. abonniert sein** (1. *etw. abonniert haben; ein Abonnement haben.* 2. *etw. immer wieder haben, bekommen, erringen:* auf Erfolg abonniert sein; die Mannschaft ist auf Sieg abonniert).

ab|ord|nen ⟨sw. V.; hat⟩ [eigtl. = jmdn. aus einer Gruppe mit einem Auftrag absondern]: *dienstlich zur Erfüllung einer Aufgabe entsenden:* jmdn. nach Berlin, zu einer Konferenz a.

Ab|ord|nung, die; -, -en: **1.** ⟨o. Pl.⟩ *das Abordnen:* die A. eines Bevollmächtigten befürworten. **2.** *Gruppe von abgeordneten Personen:* eine A. empfangen.

¹Ab|ori|gi|ne [aploˈri:gine:, engl.: æbəˈrɪdʒɪni:], der; -s, -s [engl. aborigine < lat. Aborigines (Pl.) = Name der Ureinwohner von Latium, zu: ab origine = vom Ursprung an]: Bez. für *Ureinwohner [Australiens].*

²Ab|ori|gi|ne, die; -, -s: w. Form zu ↑ ¹Aborigine.

¹Abort [schweiz. nur: ˈabɔrt], der; -[e]s, -e [wohl aus dem Niederd., eigtl. = abgelegener Ort] (wird heute hochsprachlich gemieden, in der Amts- u. Fachspr. aber noch gebr.): *Toilette* (2).

²Abort, der; -s, -e [lat. abortus, zu: aboriri, ↑ abortieren] (Med.): **1.** *Fehlgeburt* (1). **2.** *Schwangerschaftsabbruch.*

³Abort, der; -s, -e [engl. abort < lat. abortus, ↑ ²Abort] (Raumf.): *Abbruch eines Raumfluges.*

Abort|gru|be, die: *Grube beim Haus, die die Fäkalien aus den Toiletten aufnimmt.*

abor|tie|ren ⟨sw. V.; hat⟩ [zu lat. abortum, 2. Part. von: aboriri = (von der Leibesfrucht) abgehen] (Med.): *einen ²Abort haben.*

abor|tiv ⟨Adj.⟩ [lat. abortivus] (Med.): *einen ²Abort bewirkend; abtreibend.*

ab ovo [ap ˈo:vo; lat., eigtl. = vom Ei an] (bildungsspr.): *von Anfang an; von vornherein.*

ab|pa|cken ⟨sw. V.; hat⟩ (Kaufmannsspr.): *(eine Ware) für den Verbraucher in einer bestimmten Menge verpacken:* Zucker a.; abgepackte Waren.

ab|pas|sen ⟨sw. V.; hat⟩ [1: vgl. aufpassen]: **1. a)** *(den passenden Zeitpunkt) abwarten:* den richtigen Zeitpunkt a.; **b)** *auf jmdn. warten u. ihn aufhalten, um sich wegen etw. an ihn zu wenden:* den Briefträger a. **2.** (veraltend) *in Bezug auf etw. abstimmen u. passend anfertigen:* den Rock, den Vorhang in der Länge a.

ab|pa|trouil|lie|ren ⟨sw. V.; hat⟩: *[zum Zweck der Überwachung] patrouillierend abgehen, abfahren:* die Straßen a.

ab|pau|sen ⟨sw. V.; hat⟩: *mit Pauspapier übertragen:* eine Zeichnung a.

ab|pel|len ⟨sw. V.; hat⟩ (landsch., bes. nordd.): *pellen* (1 a): Kartoffeln, die Wurst a.

ab|per|len ⟨sw. V.; ist⟩: *(von Flüssigkeit) an etw. in Perlen herunterrinnen:* das Wasser perlt an dem Mantel ab.

ab|pfei|fen ⟨st. V.; hat⟩ (Sport): **a)** *(vom Schiedsrichter bei einem Spiel) durch Pfeifen unterbrechen:* das Spiel wegen Abseits a.; der Schiedsrichter hatte schon vorher abgepfiffen; **b)** *(vom Schiedsrichter bei einem Spiel) durch Pfeifen beenden:* die erste Halbzeit a.; Ü die ganze Aktion wurde wieder abgepfiffen.

Ab|pfiff, der; -[e]s, -e (Sport): *Pfiff als Zeichen zur Beendigung eines Spiels.*

ab|pflü|cken ⟨sw. V.; hat⟩: **a)** *pflückend von einer Pflanze, einem Baum entfernen:* sie hat die Kirschen abgepflückt; **b)** *eine Pflanze, einen Baum von etw. leer machen:* die Stachelbeersträucher sind alle abgepflückt.

ab|pin|nen ⟨sw. V.; hat⟩ (Schülerspr.): *abschreiben:* vom Nachbarn a.

ab|pla|cken, sich ⟨sw. V.; hat⟩ (landsch.): *sich abplagen.*

ab|pla|gen, sich ⟨sw. V.; hat⟩: *sich mit etw., jmdm. abmühen, mühselige Arbeit verrichten:* sich mit den unartigen Kindern a.; ich habe mich mein ganzes Leben lang abgeplagt.

ab|plat|ten ⟨sw. V.⟩: **1.** *platt[er] machen* ⟨hat⟩: Rundungen a. **2.** *platt[er] werden* ⟨ist⟩: die Oberfläche plattet ab.

ab|plät|ten ⟨sw. V.; hat⟩ (nordd., md.): *durch Bügeln auf einen Stoff übertragen:* ein Muster a.

ab|plat|zen ⟨sw. V.; ist⟩: *[einen Riss bekommen u.] sich ruckartig von etw. lösen:* Gips platzt ab; mir ist ein Knopf von der Jacke abgeplatzt.

ab|pols|tern ⟨sw. V.; hat⟩: *(zum Schutz gegen Stoß od. Schlag, zum Abdämpfen von Geräuschen o. Ä.) mit einer Polsterung versehen:* etw. mit alten Autoreifen a.

ab|prä|gen ⟨sw. V.; hat⟩: *in etw. prägend abbilden:* der Künstler prägte ihre Gestalt in Metall ab; Ü das Wesen des Menschen prägt sich in seiner Geschichte ab.

Ab|prall, der; -[e]s, -e ⟨Pl. selten⟩: *das Abprallen.*

ab|pral|len ⟨sw. V.; ist⟩: *beim harten Auftreffen auf etw. [federnd] zurückgeworfen werden:* die Geschosse prallten an der Mauer ab; der Ball prallte von der Latte ab; Ü die Vorwürfe prallten an ihm ab.

Ab|pral|ler, der; -s, - (Ballspiele): *vom Torpfosten, Spieler abprallender Ball:* den A. aufnehmen, einschießen.

ab|pres|sen ⟨sw. V.; hat⟩: **1.** *herauspressen; unter Druck absondern:* die Hitze presste ihm manchen Schweißtropfen ab. **2.** *abnötigen, abzwingen:* jmdm. ein Versprechen, ein Geständnis a.; ich presste mir ein Lächeln ab. **3.** *abschnüren* (1): diese Vorstellung presste ihm den Atem ab.

Ab|pres|sung, die; -, -en: *das Abpressen.*

A

Ab|pro|dukt, das (Fachspr.): *(bes. in Industrie und Landwirtschaft) bei der Produktion entstehende Abfälle.*

ạb|pum|pen ⟨sw. V.; hat⟩: **1.** *durch Pumpen entfernen:* Öl, Wasser a. **2.** (salopp) *von jmdm. leihen, borgen.*

ạb|put|zen ⟨sw. V.; hat⟩: **1. a)** *durch Wischen o. Ä. säubern, von etw. den Schmutz entfernen:* sich die Hände a.; hast du dir die Schuhe richtig abgeputzt?; das Kind a. *(von Kot säubern);* **b)** (seltener) *wischend, bürstend entfernen:* die Flecken a. **2.** *verputzen:* ein Haus a. **3.** (landsch.) *tadeln, zurechtweisen.*

ạb|quä|len ⟨sw. V.; hat⟩: **1. a)** ⟨a. + sich⟩ *sich so abmühen, dass es einem zur Qual wird:* sich lange [mit einer Arbeit] a.; **b)** *sich mühsam abzwingen:* ich quälte mir ein Lächeln ab. **2.** (veraltet) *quälend erschöpfen:* seinen Geist a.

ạb|qua|li|fi|zie|ren ⟨sw. V.; hat⟩: *abfällig beurteilen; in der Qualifizierung herabsetzen:* ein Buch, eine politische Überzeugung a.; er hat sie als Dilettantin abqualifiziert.

Ạb|qua|li|fi|zie|rung, die; -, -en: *das Abqualifizieren.*

ạb|quat|schen ⟨sw. V.; hat⟩ (salopp): *jmdn. überreden, etw. herzugeben.*

ạb|quet|schen ⟨sw. V.; hat⟩: *durch Quetschen abtrennen:* sich den Finger a.

Ạb|quet|schung, die; -, -en: *das Abquetschen.*

ạb|ra|ckern, sich ⟨sw. V.; hat⟩ (salopp): *sich abmühen, abarbeiten:* ich rackerte mich [mit dem schweren Koffer] ab; sich für jmdn. a.

Ạbra|ham: in der Wendung **wie in -s Schoß** (ugs.; *sicher u. geborgen; gut aufgehoben;* nach Luk. 16, 22).

ạb|rah|men ⟨sw. V.; hat⟩: *die Fettschicht von der Milch abschöpfen:* die Milch vorher a. Ü da hat jemand [alles] abgerahmt (ugs.; *das Beste für sich genommen).*

Abra|ka|da|bra [auch: '‒‒‒'‒‒], das; -s [1: spätlat. abracadabra, H. u.]: **1.** ⟨o. Art.⟩ Zauberformel. **2.** *sinnloses, unverständliches, unsinniges Gerede.*

ạb|ra|sie|ren ⟨sw. V.; hat⟩: **a)** *(Haare) mit dem Rasiermesser, -apparat unmittelbar an der Haut abschneiden:* ich rasierte [ihm, ihr] die Haare ab; **b)** (ugs.) *dem Erdboden gleichmachen:* die Luftminen haben ganze Straßenzüge abrasiert.

Ab|ra|si|on, die; -, -en [spätlat. abrasio = Abschabung]: **1.** (Fachspr.) *Abschabung.* **2.** (Geol.) *Abtragung der Küste durch die Brandung.* **3.** (Med.) *Auskratzung, Ausschabung.*

ạb|ra|ten ⟨st. V.; hat⟩: *raten, etw. nicht zu tun:* [jmdm.] von der Lektüre eines Buches a.; sie riet ihm [davon] ab, allein dorthin zu gehen; das rate ich dir ab.

Ạb|raum, der; -[e]s: **1.** (Bergbau) *[abgeräumte] Deckschicht ohne nutzbare Mineralien über Lagerstätten.* **2.** (landsch.) *Abfall* (1).

ạb|räu|men ⟨sw. V.; hat⟩: **1. a)** *(von einer Oberfläche) weg-, herunternehmen [um Platz zu schaffen]:* die Teller, das Frühstück a.; der Kellner räumt ab; Ü sie hat schon beim ersten Wurf abgeräumt (Kegeln; *alle Kegel umgeworfen*); **b)** (Bergbau) *(Abraum) wegschaffen:* die Deckschicht a. **2.** *durch Abräumen* (1 a) *von etw. leer machen:* den Tisch a.

Ạb|raum|hal|de, die (Bergbau): *Halde* (2 a).

Ạb|raum|kip|pe, die: *Abraumhalde.*

ạb|rau|schen ⟨sw. V.; ist⟩ (ugs.): **a)** *sich rasch (mit Auto, Motorrad o. Ä.) entfernen;* **b)** *sich auffällig entfernen:* die Diva rauschte ab.

Abrạ|xas ⟨o. Art.⟩ [spätgriech. Abráxas, H. u.]: Zauberformel.

ạb|re|a|gie|ren ⟨sw. V.; hat⟩ (Psych.): **1.** *(eine seelische Spannung o. Ä.) durch eine bestimmte Reaktion verringern, ableiten, zum Verschwinden bringen:* Aggressionen, seine schlechte Laune [an den Kindern] a. **2.** ⟨a. + sich⟩ *sich durch eine bestimmte Reaktion beruhigen:* nach dem Ärger hat er sich beim Joggen abreagiert.

Ạb|re|ak|ti|on, die; -, -en (Psych.): **a)** *Beseitigung seelischer Hemmungen u. Spannungen durch das bewusste Nacherleben;* **b)** *Entladung seelischer Spannungen u. gestauter Affekte in Handlungen.*

ạb|rech|nen ⟨sw. V.; hat⟩: **1.** *von einer Summe abziehen:* die Mehrwertsteuer a.; Ü das abgerechnet *(nicht berücksichtigt),* bin ich einverstanden. **2. a)** *eine Schlussrechnung aufstellen:* die Kasse a.; sie hat schon abgerechnet; **b)** *mit jmdm. eine Geldangelegenheit in Ordnung bringen:* mit dem Taxifahrer a. **3.** *sich mit jmdm. wegen einer moralischen Schuld auseinander setzen, jmdn. zur Rechenschaft ziehen:* nach all diesen Ereignissen werden wir mit denen a.

Ạb|rech|nung, die; -, -en: **1.** *das Abrechnen, Abzug:* nach A. der Unkosten; *** etw. in A. bringen** (Papierdt.; *etw. abziehen*); **in A. kommen** (Papierdt.; *abgezogen werden*). **2. a)** *Rechenschaft über Einnahmen u. Ausgaben, Schlussrechnung:* die A. machen; **b)** *Blatt mit einer Abrechnung* (2 a): er hat die A. unterschrieben. **3.** *Vergeltung, Rache:* mit jmdm. od. etw. [scharfe] A. halten; die Stunde der A. wird kommen.

Ạb|rech|nungs|ter|min, der: *Termin für bestimmte Abrechnungen* (2 a).

Ạb|re|de, die; -, -n: **1.** ⟨Pl. selten⟩ (veraltend) *Verabredung, Vereinbarung:* keiner A. bedürfen. **2.** *** etw. in A. stellen** (Papierdt.; *be-, abstreiten*).

ạb|re|gen, sich ⟨sw. V.; hat⟩ (ugs.): *sich beruhigen:* nun reg[e] dich wieder ab!

ạb|reg|nen, sich ⟨sw. V.; hat⟩: *in Form von Regen niedergehen:* die Wolken haben sich an der Küste abgeregnet; ⟨auch ohne »sich«:⟩ die Wolken regnen ab.

ạb|rei|ben ⟨st. V.; hat⟩: **1. a)** *durch Reiben entfernen, beseitigen:* den Rost [von dem Metall] a.; **b)** *durch Reiben säubern:* ich rieb [mir] die Hände an den Hosen ab. **2. a)** *trockenreiben:* das Kind nach dem Baden a.; die Pferde wurden mit Stroh abgerieben; **b)** *frottieren:* jmdn. mit einem nassen Handtuch a. **3.** (selten) *durch Reiben abnutzen:* das Polster ist an dieser Stelle stark abgerieben; ⟨auch: a. + sich:⟩ der Gummi hat sich abgerieben. **4.** *[die Schale von etw.] mit dem Reibeisen entfernen:* eine Muskatnuss a.; abgeriebene Zitronenschale. **5.** (landsch.) *rühren:* abgeriebener Kuchen *(Rührkuchen).*

Ạb|rei|bung, die; -, -en [2 a: zu landsch. abreiben = prügeln]: **1.** *das Abreiben* (2 b), *Frottieren:* eine feuchte A. **2.** (ugs.) **a)** *Prügel:* jmdm. eine A. verpassen; **b)** *scharfe Zurechtweisung.*

Ạb|rei|se, die; -, -n: *Aufbruch, Abfahrt zu einer Reise:* die A. erfolgte, vollzog sich wie vorgesehen; seine A. um einen Tag verschieben.

ạb|rei|sen ⟨sw. V.; ist⟩: **1.** *eine Reise antreten:* in aller Frühe nach München a. **2.** *die Rückreise antreten, einen Aufenthalt beenden u. abfahren:* ich reise morgen [wieder] ab.

Ạb|reiß|block, der ⟨Pl. ...blöcke u. ...blocks⟩: *Schreibblock mit Blättern* (2 a), *die durch Reißen am oberen od. seitlichen Rand leicht entfernt werden können.*

ạb|rei|ßen ⟨st. V.⟩: **1.** ⟨hat⟩ **a)** *durch [ruckhaftes] Reißen [von jmdm., sich od. etw.] lösen, abtrennen:* ein Kalenderblatt, ein Pflaster, ein Plakat [von der Hauswand] a.; **b)** *[bei jmdm., sich od. etw.] hastig, mit einem Ruck entfernen:* ich riss [mir] rasch den Kopfhörer ab. **2.** ⟨ist⟩ **a)** *sich [infolge starker Belastung, Beanspruchung] von jmdm. od. etw. ablösen, abgehen; entzweigehen, zerreißen:* der Schnürsenkel riss ab; ein abgerissener Knopf; **b)** *plötzlich unterbrochen werden, aufhören:* die Funkverbindung riss ab; Kontakte nicht a. lassen; der Strom der Flüchtlinge riss nicht ab *(nahm kein Ende).* **3.** *(ein baufälliges od. nicht mehr gebrauchtes Bauwerk) durch Niederreißen beseitigen* ⟨hat⟩: ein baufälliges Haus a. [lassen]. **4.** (ugs.) *(ein Kleidungsstück) durch unachtsames Tragen stark abnutzen, zerschleißen* ⟨hat⟩: du reißt deine Sachen viel zu schnell ab. **5.** (salopp) *(einen Dienst o. Ä., eine vorgeschriebene Dienst-, Ausbildungszeit) voll ableisten* ⟨hat⟩: seinen Militärdienst a.

Ạb|reiß|ka|len|der, der: *Kalender mit Blättern, die durch Reißen am [oberen] Rand leicht entfernt werden können.*

ạb|rei|ten ⟨st. V.⟩: **1. a)** *weg-, davonreiten* ⟨ist⟩: sie sind eben abgeritten; **b)** (Jägerspr.) *(von Auer- und Birkwild) wegfliegen* ⟨ist⟩: der Auerhahn reitet ab. **2. a)** *an etw. zum Zwecke der Besichtigung od. Kontrolle entlangreiten, etw. bei einem Ritt besichtigen* ⟨hat/ist⟩: die Front der Schwadron, die Posten, Stellungen a.; **b)** *ein Pferd müde reiten* ⟨hat⟩; **c)** (Seemannsspr.) *(schlechtes Wetter, raue See) vor Anker liegend auf See überstehen* ⟨hat⟩: wir müssen den Sturm draußen a.

ạb|ren|nen ⟨unr. V.⟩ [3: zu ↑rennen (3)] (ugs.): **1.** *eine Anzahl Orte od. Personen der Reihe nach wegen etw. eilig aufsuchen* ⟨hat, seltener: ist⟩: alle Läden, die ganze Stadt nach etw. a. **2.** ⟨a. + sich⟩ *sich durch Rennen ermüden* ⟨hat⟩: warum rennst du dich so ab?

ạb|rich|ten ⟨sw. V.; hat⟩: *(ein Tier, bes. einen Hund) zu bestimmten Leistungen od. Fertigkeiten erziehen; dressieren:* einen Hund [falsch, richtig] a.; er richtete den Falken zur Beize ab.

Ạb|rich|tung, die; -: *das Abrichten, Dressur.*

Ạb|rieb, der; -[e]s, -e: **1.** ⟨o. Pl.⟩ *das [Sich]abreiben:* der A. ist bei Winterreifen besonders stark. **2.** *etw. Abgeriebenes:* der A. von Steinkohle bei der Aufbereitung; die -e von Gummireifen auf der Fahrbahn.

ạb|rieb|fest ⟨Adj.⟩: *gegen Abrieb* (1) *unempfindlich:* -e Reifen, Beläge.

ạb|rie|geln ⟨sw. V.; hat⟩: **a)** *mit einem Riegel [ver]sperren:* den Stall a.; riegeln Sie bitte die Tür ab!; **b)** *den Zugang blockieren, absperren:* alle Zufahrtswege wurden hermetisch abgeriegelt.

Ạb|rie|ge|lung, Ạb|rieg|lung, die; -, -en: **1.** *das Abriegeln.* **2. a)** *Riegel* (1, 2); **b)** *Sperre* (1 a).

ạb|rin|gen ⟨st. V.; hat⟩: *von jmdm., etw. durch intensive Bemühung erlangen; abzwingen:* dem Meer neues Land a.; ich habe ihm das Versprechen abgerungen, nicht mehr zu rauchen; sich ein Lächeln a.

ạb|rin|nen ⟨st. V.; ist⟩: **1.** *an etw. abwärts rinnen:* das Wasser rann an der, von der Zeltbahn ab. **2.** *rinnend verschwinden:* das Regenwasser rinnt nur langsam ab.

Ạb|riss, der; -es, -e [vgl. Reißbrett]: **1. a)** ⟨o. Pl.⟩ *das Ab-, Niederreißen:* der A. des Hauses; **b)** *Teil, der von etw. (z. B. von Eintrittskarten) abgerissen werden soll:* ohne A. ungültig. **2.** (veraltet) *[Umriss]zeichnung:* einen A. von etw. machen. **3.** *knappe Darstellung, Übersicht, Zusammenfassung, auch als kurz gefasstes Lehrbuch; Kompendium:* der Hauptteil enthält einen A. der Lautlehre.

Ạb|riss|ar|bei|ten ⟨Pl.⟩: *Arbeiten, die mit einem Abriss* (1 a) *verbunden sind.*

Ạb|riss|bir|ne, die: *beim Abriss von Häusern o. Ä. verwendete Stahlkugel, die an einem Kran hängt u. durch dessen Bewegung mit Wucht gegen das Mauerwerk geschleudert wird, das auf diese Weise zum Zusammenstürzen gebracht wird.*

ạb|rol|len ⟨sw. V.⟩: **1. a)** *von einer Rolle [ab]wickeln* ⟨hat⟩: ein Kabel, Tau a.; **b)** *sich von einer Rolle abwickeln, ablaufen* ⟨ist⟩: der Film, die Leine rollt ab. **2. a)** (Turnen) *eine rollende Bewegung von der Ferse zu den Zehen ausführen* ⟨hat⟩: beim Laufen über den ganzen Fuß a.; **b)** (Turnen) *eine Rolle machen* ⟨ist⟩: nach vorn über den rechten Arm a. **3. a)** (Fachspr.) *(Fracht gut mit einem Fahrzeug) abtransportieren* ⟨hat⟩: Bierfässer a.; der Spediteur hat die Kisten abgerollt; **b)** *sich (auf Rädern o. Ä.) rollend entfernen* ⟨ist⟩: das Flugzeug rollt zum Start ab; der Zug ist eben abgerollt. **4.** *ablaufen, vonstatten gehen, sich abspielen* ⟨ist⟩: das Programm rollt reibungslos ab; ihr Leben rollte noch einmal vor ihren Augen ab.

ạb|rub|beln ⟨sw. V.; hat⟩ (landsch., bes. nordd.): *rubbelnd trockenreiben:* ich habe mir nach dem Bad den Körper, habe mich abgerubbelt.

ạb|rü|cken ⟨sw. V.⟩: **1.** *von jmdm., etw. wegschieben* ⟨hat⟩: ich rückte das Bett [von der Wand] a

2. *sich von jmdm., etw., von seinem Platz rückend, ein kleines Stück entfernen* ⟨ist⟩: ich rückte ein wenig von ihm ab. 3. *sich von jmdm., etw. distanzieren, lossagen* ⟨ist⟩: er ist von seinen Äußerungen abgerückt. 4. (bes. Milit.) *in geschlossener Formation abmarschieren* ⟨ist⟩: in die Quartiere, in die Kaserne a.; Ü eines Tages rückte er heimlich ab (ugs.; *ging er heimlich weg*).

Ạb|ruf, der; -[e]s, -e ⟨Pl. selten⟩: 1. *Aufforderung, sich von einem Ort, einer Stelle wegzubegeben; Abberufung:* sich auf A. (*für die Weisung zu kommen*) bereithalten. 2. (Kaufmannsspr.) *Weisung des Käufers an den Verkäufer, eine Ware zu einem bestimmten Zeitpunkt zu liefern:* eine Ware auf A. kaufen, bestellen; den Käufer zum A. (*zum Abrufen*) der Ware auffordern. 3. (Bankw.) *Abheben vom Konto:* der A. einer Summe.

ạb|ruf|bar ⟨Adj.⟩: *sich abrufen lassend.*

ạb|ruf|be|reit ⟨Adj.⟩: *bereit zum Abgerufenwerden.*

ạb|ru|fen ⟨st. V.; hat⟩: 1. a) *veranlassen, sich von einem Ort, einer Stelle wegzubegeben:* jmdn. aus einer Sitzung a. b) (seltener) *von einem Posten zurückrufen, abberufen:* einen Funktionär [von seinem Posten] a. 2. a) (EDV) *abfragen* (2 b): Informationen, Daten a.; b) (Flugw.) *zur Landung auffordern:* eine Maschine a. 3. a) (Kaufmannsspr.) *(vom Käufer) den Verkäufer anweisen, eine bereitgestellte Ware zu liefern:* den Rest einer Ware a.; b) (Bankw.) *Geld (von einem Konto) abheben, Geld [zurück]verlangen:* eine bestimmte Summe vom Konto a.

ạb|run|den ⟨sw. V.; hat⟩: 1. *rund machen, in runde Form bringen:* die Ecken a.; alle Kanten sind sorgfältig abgerundet. 2. *Landbesitz durch den Erwerb angrenzenden Landes vergrößern; arrondieren:* seinen Grundbesitz a. können. 3. *eine Zahl durch Abziehen od. Hinzufügen auf die nächste runde Zahl bringen:* 81,5 auf 81 od. 82 a.; eine Summe a. (häufiger: *durch Abziehen auf die nächste runde Zahl bringen*). 4. a) *(eine Sache) durch Hinzufügen von etw. ausgewogener, vollständiger machen:* einen Bericht mit etw. a.; Milch oder Sahne runden den Geschmack ab; ⟨häufig im 2. Part.:⟩ eine stilistisch abgerundete Erzählung; b) ⟨a. + sich⟩ *eine abschließende, vervollständigte, ausgewogene Form bekommen:* mein Eindruck rundet sich allmählich ab.

Ạb|run|dung, die; -, -en: 1. *das Abrunden.* 2. *abgerundete Form.*

ạb|rup|fen ⟨sw. V.; hat⟩: *[auf unachtsame, lieblose Weise] ruckartig abreißen:* Blumen a.

ab|rupt [ap'rʊpt] ⟨Adj.;⟩ [lat. abruptus, adj. 2. Part. von: abrumpere = abreißen]: 1. *plötzlich und unvermittelt, ohne dass jmd. damit gerechnet hat:* alles fand ein -es Ende; etw. a. unterbrechen. 2. *ohne erkennbaren Zusammenhang:* a. antworten.

ạb|rüs|ten ⟨sw. V.; hat⟩: 1. *die Rüstung, die Streitkräfte vermindern:* die Großmächte haben abgerüstet; ⟨seltener mit Akk.-Obj.:⟩ die Atomwaffen a. 2. (Bauw.) *von einem Bauwerk das Gerüst wegnehmen:* wir haben das Haus schon längst abgerüstet.

Ạb|rüs|tung, die, -: *das Abrüsten* (1): eine totale, allgemeine, atomare A.

Ạb|rüs|tungs|kon|fe|renz, die: *Konferenz, bei der zwei od. mehrere Staaten über Fragen der Abrüstung beraten.*

ạb|rut|schen ⟨sw. V.; ist⟩: 1. *abgleiten* (1 a), *abwärts od. seitwärts rutschen:* vom Beckenrand a.; das Messer ist mir abgerutscht. 2. a) *nach unten rutschen:* Erdmassen sind abgerutscht; Ü der Verein ist auf den letzten Tabellenplatz abgerutscht; b) *nachlassen, schlechter werden:* ihre Leistungen rutschen immer mehr ab; in seinen Leistungen a.; c) *[moralisch] herunterkommen:* sie ist völlig abgerutscht.

Ab|rụz|zen ⟨Pl.⟩: 1. Gebiet im südlichen Mittelitalien. 2. Abruzzische Apennin.

Abrụz|zi|sche Apen|ni̲n, der: Teil des Apennins.

ABS = Antiblockiersystem.

Abs. = Absatz (2); Absender.

ạb|sä|beln ⟨sw. V.; hat⟩ (ugs.): *[in großen Stücken] ungeschickt, nicht säuberlich abschneiden:* ich säb[e]le [mir] ein Stück von der Wurst ab.

[1]ạb|sa|cken ⟨sw. V.; hat⟩ [zu ↑[1]sacken]: *in Säcke abfüllen:* Getreide a.

[2]ạb|sa|cken ⟨sw. V.; ist⟩ (ugs.): 1. a) *nach unten* [2]*sacken:* der Boden, das Fundament sackt ab; b) *(von Schiffen) sinken, untergehen;* c) *an Höhe verlieren:* das Flugzeug sackt ab. 2. a) *absinken:* das Thermometer, sein Blutdruck sackt ab; der Umsatz ist abgesackt; b) *nachlassen, schlechter werden, abrutschen* (2 b): er ist [in seinen Leistungen, in Mathematik] stark abgesackt; c) *[moralisch] herunterkommen, abrutschen* (2 c): in der Großstadt sackte er völlig ab.

Ạb|sa|cker, der; -s, - (ugs.): *letztes Glas Alkohol am Ende eines Zusammenseins, vor dem Schlafengehen:* einen A. können wir jetzt noch trinken.

Ạb|sa|ge, die; -, -n: 1. a) *Zurücknahme [eines Übereinkommens], ablehnender Bescheid:* eine A. erhalten; b) *Ablehnung, Zurückweisung:* eine A. an totalitäre Politik. 2. (Rundf.) *am Schluss einer Sendung folgende Bemerkungen des Ansagers.*

ạb|sa|gen ⟨sw. V.; hat⟩: 1. *nicht stattfinden lassen:* eine Veranstaltung, das Training a. 2. *(von einem Vorhaben) mitteilen, dass es nicht stattfindet:* seinen Besuch, die Teilnahme a. 3. *jmdm. mitteilen, dass etw. Vereinbartes nicht stattfindet:* ich habe dem Mann, mit dem ich mich treffen wollte, abgesagt. 4. (geh.) *etw. aufgeben, einer Sache entsagen:* dem Alkohol a. 5. (Rundf.) *die Absage* (2) *machen, sprechen.*

ạb|sä|gen ⟨sw. V.; hat⟩: 1. *durch Sägen entfernen, abtrennen:* einen Baum, einen Ast a. 2. (ugs.) *von seinem Posten entfernen, um seine Stellung bringen; jmdm. kündigen:* einen Beamten, den Trainer a.

ạb|sah|nen ⟨sw. V.; hat⟩: 1. (landsch.) *den Rahm von der Milch entfernen:* die Milch a. 2. (ugs.) *sich (etw. Wertvolles, das Beste) [in nicht ganz korrekter Weise] aneignen:* der Staat sahnt wieder [Steuern] ab.

ạb|sat|teln ⟨sw. V.; hat⟩: *(einem Pferd) den Sattel abnehmen:* das Pferd a.; wir haben schon abgesattelt.

Ạb|satz, der; -es, Absätze: 1. *erhöhter Teil der Schuhsohle unter der Ferse:* flache, hohe, spitze Absätze; die Absätze ablaufen, schief treten; * **sich auf dem A. umdrehen, umwenden; auf dem A. kehrtmachen** *(sogleich umkehren).* 2. a) *Unterbrechung in einem fortlaufend gedruckten od. geschriebenen Text (nach der mit einer neuen Zeile begonnen wird):* einen A. machen; b) *Abschnitt eines Textes auf einer gedruckten od. geschriebenen Seite:* Kapitel III, vorletzter A. (Abk.: Abs.). 3. (Kaufmannsspr.) *Verkauf:* der A. der Waren stockte; reißenden A. finden *(gut verkauft werden).* 4. *Unterbrechung einer Fläche, von etw. Fortlaufendem:* der A. eines Berges, einer Treppe, einer Mauer. 5. ⟨Pl. selten⟩ (Geol.) *Ablagerung.*

Ạb|satz|flau|te, die (Kaufmannsspr.): *Flaute im Absatz* (3).

Ạb|satz|ge|biet, das (Kaufmannsspr.): *Gebiet, in dem etw. abgesetzt* (9) *wird.*

Ạb|satz|schwie|rig|kei|ten ⟨Pl.⟩: *den Warenabsatz betreffende Schwierigkeiten.*

ạb|satz|wei|se ⟨Adv.⟩: *in Absätzen* (2 b).

ạb|sau|fen ⟨st. V.; ist⟩: 1. a) (salopp) *untergehen:* der Kutter ist abgesoffen; b) (derb) *ertrinken:* fünf Matrosen soffen ab. 2. (ugs.) *(vom Kfz-Motor) nicht mehr laufen, weil dem Vergaser zu viel Benzin zugeführt wird:* im Leerlauf säuft der Motor ab. 3. (bes. Bergmannsspr.) *sich mit Wasser füllen:* die Grube ist abgesoffen.

ạb|sau|gen ⟨sw. V.; hat⟩: 1. *durch Saugen entfernen:* die Pumpe saugt das Wasser ab. 2. *durch Saugen von etw. frei machen, säubern:* den Teppich a.

ạb|sau|sen ⟨sw. V.; ist⟩ (ugs.): *rasch davonlaufen, -fahren:* er sauste in großem Tempo ab.

ạb|scha|ben ⟨sw. V.; hat⟩: 1. a) *durch Schaben entfernen:* mit einem Spachtel den Putz [von der Mauer] a.; b) *durch Schaben von etw. frei machen:* die Wand a. 2. *abwetzen* (1 b): ein abgeschabter Kragen.

ạb|schaf|fen ⟨sw. V.; hat⟩: 1. a) *aufheben* (3 a), *außer Kraft setzen, beseitigen, was bisher bestand, üblich war:* ein Gesetz, die Todesstrafe a.; b) *aus der Welt schaffen:* die Autos müssten alle abgeschafft werden; c) *etw., was jmd. besitzt, für immer fortgeben:* den Hund, sein Auto a. 2. ⟨a. + sich⟩ (südwestd., schweiz.) *sich abarbeiten:* du schaffst dich zu sehr ab, bist abgeschafft.

Ạb|schaf|fung, die; -, -en ⟨Pl. selten⟩: *das Abschaffen* (1): die A. der Sklaverei, aller Privilegien.

ạb|schä|len ⟨sw. V.; hat⟩: 1. a) *durch Schälen von etw. entfernen:* die Rinde a.; b) ⟨a. + sich⟩ *sich in kleinen Stücken ablösen:* die Haut schält sich ab. 2. *durch Schälen von etw. frei machen:* einen Baumstamm a.

ạb|schal|ten ⟨sw. V.; hat⟩: 1. a) *durch Betätigung eines Schalters unterbrechen, ausmachen:* den Strom a.; er schaltete die Musik ab; b) *abstellen, ausschalten:* das Radio, den Motor a.; ein Kernkraftwerk, einen Reaktor a. *(vorübergehend od. endgültig stilllegen).* 2. (ugs.) a) *nicht mehr konzentriert auf das achten, was eigentlich die Aufmerksamkeit beansprucht; unaufmerksam, geistesabwesend sein:* einige Zuhörer hatten bereits abgeschaltet; b) *Abstand gewinnen, sich entspannen:* im Urlaub einmal richtig a.; gut, nicht a. können.

Ạb|schal|tung, die; -, -en: *das Abschalten* (1).

ạb|schat|ten ⟨sw. V.; hat⟩: 1. *abschattieren.* 2. *mit Schatten* (1 b) *versehen, abdunkeln:* einen Raum a.

ạb|schat|tie|ren ⟨sw. V.; hat⟩: *durch Schattieren abheben, nuancieren:* den Hintergrund eines Bildes a.

Ạb|schat|tie|rung, die; -, -en: *das Abschattieren.*

Ạb|schat|tung, die; -, -en: *das Abschatten.*

ạb|schät|zen ⟨sw. V.; hat⟩: a) *(nach Größe, Menge usw.) prüfend schätzen, veranschlagen, taxieren:* die Entfernung, die Kosten nicht richtig a. [können]; b) *nach bestimmten Gesichtspunkten beurteilen:* er versuchte sein Gegenüber abzuschätzen; sie schätzten einander ab, sich [gegenseitig] ab.

ạb|schät|zig ⟨Adj.⟩ [urspr. schweiz., zu veraltet abschätzen = eine Ware als minderwertig beurteilen]: *geringschätzig, abfällig:* -e Bemerkungen; die Äußerung ist nicht a. gemeint; sich a. zu etw. äußern.

Ạb|schät|zung, die; -, -en: *das Abschätzen* (a).

ạb|schau|en ⟨sw. V.; hat⟩ (landsch.): *absehen* (1, 5, 6).

Ạb|schaum, der; -[e]s (abwertend): *übelster, minderwertigster Teil von einer Gesamtheit (gewöhnlich von Menschen):* A. der Menschheit; dieser Kerl ist A.

ạb|schäu|men ⟨sw. V.; hat⟩ (Kochk.): *den unreinen Schaum von etw. entfernen:* die Brühe a.

ạb|schei|den ⟨st. V.⟩: 1. a) (selten) *von jmdm. absondern, abtrennen* ⟨hat⟩: die kranken Tiere von den gesunden a.; er scheidet sich von der Gruppe ab; b) (Fachspr.) *ausscheiden* ⟨hat⟩: die Wunde scheidet Eiter ab; die Lösung hat Salz abgeschieden. 2. (geh. verhüll.) *sterben* ⟨ist⟩: in Frieden a.; ⟨subst.:⟩ vor, nach seinem Abscheiden.

Ạb|schei|dung, die; -, -en: *das Abscheiden* (1 b).

ạb|sche|ren ⟨st. V.; hat⟩: *durch* [1]*Scheren* (1 b) *völlig entfernen:* den Schafen wurde die Wolle abgeschoren; ich schor mir den Bart ab.

Ạb|scheu, der; -s, seltener: die; - [zu ↑Scheu]: a) (selten) *physischer Ekel:* sein A. vor Spinnen ist unbeschreiblich; b) *heftiger Widerwille, starke [moralische] Abneigung:* seinen/(auch:) seine A. über, gegen etw. zum Ausdruck bringen; vor einem Menschen A. haben; jmds. A.

erregen; bei, in jmdm. A. erregen; eine [großen] A. erregende Handlungsweise; etw. erfüllt jmdn. mit A.

ab|scheu|ern ⟨sw. V.; hat⟩: **1. a)** *durch Scheuern entfernen:* den Schmutz a.; **b)** *durch Scheuern reinigen:* den Fußboden, den Tisch a. **2.** *durch starkes Reiben ablösen:* ich habe mir die Haut am Arm abgescheuert. **3. a)** *durch beständiges Reiben abnutzen:* du hast den rechten Ärmel abgescheuert; **b)** ⟨a. + sich⟩ *durch beständiges Reiben abgenutzt werden, sich abnutzen:* der Kragen hat sich abgescheuert.

ab|scheu|er|re|gend ⟨Adj.⟩: *jmds. Abscheu erregend:* eine äußerst -e Handlungsweise; das ist ja a.

ab|scheu|lich ⟨Adj.⟩: **a)** *ekelhaft, widerwärtig:* ein -er Geruch, Anblick; a. schmecken; ich finde die Umgebung der Stadt a. *(hässlich);* **b)** *[moralisch] verwerflich, schändlich:* eine -e Tat; sich a. benehmen; **c)** ⟨intensivierend bei Adjektiven u. Verben⟩ (ugs.) *sehr, überaus:* es ist a. kalt; a. wehtun.

Ab|scheu|lich|keit, die; -, -en: **1.** ⟨o. Pl.⟩: *das Abscheulichsein:* die A. eines Verbrechens. **2.** *abscheuliche Handlung; abscheuliche Sache:* wir werden die in diesem Krieg begangenen -en nicht vergessen.

ab|schi|cken ⟨sw. V.; hat⟩: **a)** *ab-, versenden:* Waren, Post a.; **b)** *mit einem bestimmten Auftrag wegschicken:* einen Boten a.

Ab|schie|be|haft: ↑Abschiebungshaft.

ab|schie|ben ⟨st. V.⟩: **1.** ⟨hat⟩ **a)** *von seinem bisherigen Standort [weg]schieben, schiebend entfernen:* das Bett von der Wand a.; Ü die Verantwortung, die Schuld auf andere abzuschieben suchen; **b)** *gerichtlich des Landes verweisen, ausweisen:* jmdn. aus einem Land, über die Grenze, in sein Heimatland a.; er wurde ohne genaue Angabe des Grundes abgeschoben; **c)** (ugs.) *jmdn., um ihn seines Einflusses zu berauben od. weil er als lästig empfunden wird, aus seiner Umgebung entfernen:* einen Funktionär [in die Provinz] a.; Ü man wollte den invalide gewordenen Arbeiter in die Frührente a. **2.** (salopp) *weggehen* ⟨ist⟩: er schob beleidigt ab; schieb ab!

Ab|schie|be|stopp, der (ugs.): *(vorläufiges) Aussetzen einer geltenden Praxis des Abschiebens* (b).

Ab|schie|bung, die; -, -en: *das Abschieben* (1); *das Abgeschobenwerden.*

Ab|schie|bungs|haft, die: *vom Richter angeordnete Haft, durch die erreicht werden soll, dass eine Person abgeschoben* (1 b) *werden kann.*

Ab|schied [zu ↑abscheiden], der; -[e]s, -e: **1.** ⟨Pl. geh.⟩ *Trennung von jmdm., etw.:* der erste A. von zu Hause fiel ihm sehr schwer; ein A. für immer; jmdn. zum A. winken; ***A. nehmen** (geh.; 1. *sich vor einer längeren Trennung verabschieden:* von den Freunden, von der Heimat A. nehmen; 2. *einem Toten den letzten Gruß entbieten:* die Bevölkerung nahm A. von dem Verstorbenen. **2.** ⟨Pl. selten⟩ (veraltet) *Entlassung (bes. von Offizieren, Beamten):* den A. erteilen, geben; als Major seinen A. nehmen; seinen A. *(sein Entlassungsgesuch)* einreichen.

Ab|schieds|brief, der: *Brief, in dem jmd. für längere Zeit od. für immer von jmdm. Abschied nimmt.*

Ab|schieds|fei|er, die: *Feier zu Ehren eines Abschiednehmenden.*

Ab|schieds|gruß, der: *Gruß zum, beim Abschied* (1).

Ab|schieds|re|de, die: **a)** *Rede des Abschiednehmenden;* **b)** *Rede des Verabschiedenden.*

Ab|schieds|vor|stel|lung, die: *letzte Vorstellung* (3) *eines scheidenden Künstlers.*

ab|schie|ßen ⟨st. V.⟩: **1.** ⟨hat⟩ **a)** *losschießen, abfeuern:* einen Pfeil, Torpedo a.; Ü wütende Blicke a.; die Reporter schossen ihre Fragen ab; **b)** *(eine Schusswaffe) betätigen, abfeuern:* ein Gewehr a. **2.** ⟨hat⟩ **a)** *[hinterlistig] durch Schießen töten:* krankes Wild a.; jmdn. kaltblütig aus dem Hinterhalt a.; ***zum Abschießen aussehen, sein** (salopp; *überaus komisch, grotesk aussehen*); **b)** (ugs.) *aus seiner Stellung entfernen:* den Trainer, einen Politiker a. **3.** *ein Kriegsgerät, bes. ein Flugzeug durch Schießen kampfunfähig machen, zerstören* ⟨hat⟩: einen Panzer, ein Flugzeug a.; er *(sein Flugzeug)* ist über dem Atlantik abgeschossen worden. **4.** *ein Körperglied mit einem Schuss wegreißen* ⟨hat⟩: man hat ihm im Krieg beide Beine abgeschossen. **5.** (österr., südd.) *in den Farben verblassen, verschießen* ⟨ist⟩: der Stoff ist abgeschossen. **6.** (Ballspiele) *einen Ball wuchtig schießen* ⟨hat⟩: er schoss aus halblinker Position kraftvoll ab. **7.** (Boxen) *jmdm. den entscheidenden Schlag versetzen, jmdn. k. o. schlagen* ⟨hat⟩.

ab|schil|fern ⟨sw. V.; ist⟩ (landsch.): *(besonders von der Haut) sich in kleinen Schuppen ablösen.*

ab|schin|den, sich ⟨unr. V.; schindete sich ab, hat sich abgeschunden⟩: (ugs.) *sich längere Zeit übermäßig schinden:* sich mit einem Koffer a.; ich habe mich jahrelang für den Jungen abgeschunden.

Ab|schirm|dienst, der (Milit.): *Geheimdienst, der mit der Abschirmung* (3) *befasst ist.*

ab|schir|men ⟨sw. V.; hat⟩: **1. a)** *vor jmdm., etw. schützen, gegen jmdn., etw. absichern:* seine Augen mit der Hand a.; jmdn. gegen schädliche Einflüsse a.; sein Privatleben a.; **b)** *isolieren, nicht zur Wirkung kommen lassen:* der feindliche Spion wurde von unserem Geheimdienst abgeschirmt. **2. a)** *(Licht) durch etw. zurückhalten:* das grelle Licht mit einem Tuch, durch ein Tuch a.; **b)** *etw., was Licht aussendet, mit etw. verdecken, sodass es nicht stört:* eine Lampe mit einem Tuch a.

Ab|schir|mung, die; -, -en: **1.** *das Abschirmen; das Abgeschirmtwerden.* **2.** *etw., was etw. abschirmt.*

ab|schir|ren ⟨sw. V.; hat⟩: *(einem Zugtier) das Geschirr* (2) *abnehmen:* er schirrte das Pferd ab.

ab|schlach|ten ⟨sw. V.; hat⟩: **1.** *(Tiere [vorzeitig, notgedrungen]) schlachten:* die erkrankten Schweine mussten abgeschlachtet werden. **2.** *grausam töten:* der Despot hat Tausende a. lassen.

ab|schlaf|fen ⟨sw. V.⟩ (ugs.): **a)** *matt, kraftlos, schlaff machen* ⟨hat⟩: das endlose Gerede hatte ihn abgeschlafft; **b)** *müde, erschöpft sein u. deshalb matt, kraftlos, schlaff werden, sich entspannen* ⟨ist⟩: nach einem langen Tag a., endlich a. können; Ü langsam geistig a.; ⟨oft im 2. Part.:⟩ ein abgeschlaffter Typ *(ein energieloser, unentschlossener Mensch, der keine Initiative, Unternehmungslust hat).*

Ab|schlag, der; -[e]s, Abschläge [3: zu veraltet abschlagen = (ratenweise) abzahlen]: **1. a)** (Fußball) *Abstoß des Torwarts aus der Hand;* **b)** (Hockey) *Bully;* **c)** (Golf) *kleine rechtwinklige Fläche, von der aus bei jedem zu spielenden Loch mit dem Schlagen des Balles begonnen wird:* der Golfer ging am ersten A. in Position. **2. a)** (Kaufmannsspr.) *Senkung eines Preises, Preisrückgang:* bei verschiedenen Waren ist ein A. [des Preises] festzustellen; **b)** (Bankw.) *Disagio.* **3.** *Abschlagszahlung, Teilzahlung, Rate:* ein A. auf den Lohn; etw. auf A. kaufen, liefern. **4.** (Prähist.) *als Werkzeug benutzter, von Knollen des Feuersteins u. Flussgeröll abgeschlagener Teil:* herumliegende Abschläge und Knochensplitter. **5.** (Fachspr.) *Ableitung eines Wasserlaufs.* **6.** (Bergbau) *freier Raum, der unter Tage abschnittweise durch Sprengarbeit entsteht.* **7.** (veraltet) *abschlägiger Bescheid.*

ab|schla|gen ⟨st. V.; hat⟩: **1.** *etw. durch Schlagen gewaltsam von etw. trennen, abhauen:* Äste vom Baum a.; den Putz [von den Wänden] a.; jmdm. den Kopf a. **2.** (landsch.) *(Aufgebautes) in seine Teile zerlegen, auseinander nehmen; abbrechen:* eine Bude, ein Gerüst a.; sie schlugen die Möbel für den Transport ab. **3. a)** (Fußball) *(vom Torwart) den Ball durch Abschlag* (1 a) *ins Spiel bringen:* der Torwart schlug [den Ball] weit und genau ab; **b)** (Hockey) *den ins Toraus gegangenen Ball vom Schusskreis durch einen Schlag mit dem Schläger ins Spiel bringen.* **4.** (bes. Milit.) *abwehren, zurückschlagen, -weisen:* einen Angriff des Feindes, den Feind a. **5.** *ablehnen, verweigern, nicht gewähren:* jmdm. eine Bitte a.; er hat mein Anliegen glatt, rundweg abgeschlagen. **6.** ⟨a. + sich⟩ *sich niederschlagen:* die Feuchtigkeit hat sich an den Scheiben abgeschlagen.

ab|schlä|gig ⟨Adj.⟩ [zu ↑abschlagen (5)] (Amtsspr.): *ablehnend, verweigernd:* eine -e Antwort erteilen; er wurde a. beschieden *(erhielt einen ablehnenden Bescheid);* ihre Bitte ist a. beschieden *(abgelehnt)* worden.

Ab|schlags|sum|me, die: *Abschlag* (3).

Ab|schlags|zah|lung, Ab|schlag|zah|lung (BGB), die: *(erster) Teil einer zu leistenden Zahlung; Teilzahlung:* eine A. auf sein Gehalt erhalten.

ab|schläm|men ⟨sw. V.; hat⟩: **1.** *Bodenteilchen wegspülen und als Schlamm absetzen* (6 a). **2.** *von Schlamm o. Ä. befreien:* Gold a. und so vom Gestein trennen.

ab|schle|cken ⟨sw. V.; hat⟩ (südd., österr., schweiz.): *ablecken.*

ab|schlei|fen ⟨st. V.; hat⟩: **1. a)** *durch Schleifen (von etw.) entfernen:* Unebenheiten a.; ich habe den Rost [vom Messer] abgeschliffen; **b)** *durch Schleifen glätten:* die Kanten der Bretter a.; das Parkett a. *(glätten u. dabei reinigen).* **2.** ⟨a. + sich⟩ *durch Reibung abgenutzt werden, nach und nach schwinden:* der Belag schleift sich im Laufe der Zeit ab; Ü seine rauen Seiten werden sich schon noch a. *(mildern).*

Ab|schlepp|dienst, der (Kfz-W.): *Unternehmen, das fahruntüchtig* (2) *gewordene Kraftfahrzeuge abschleppt.*

ab|schlep|pen ⟨sw. V.; hat⟩: **1. a)** *ein Fahrzeug mit einem anderen Fahrzeug irgendwohin ziehen, abtransportieren:* ein Auto, ein Schiff a.; ich musste mich *(mein Fahrzeug)* a. lassen; **b)** (salopp scherzh.) *jmdn. (oft wider dessen Willen) irgendwohin bringen:* einen Betrunkenen a.; jmdn. noch für ein Bier, in eine Kneipe a.; er wollte sie [auf seine Bude] a. **2.** ⟨a. + sich⟩ (ugs.) *sich mit dem Tragen eines schweren Gegenstandes abmühen:* ich habe mich mit dem Koffer, an dem Koffer abgeschleppt.

Ab|schlepp|seil, das: *Seil zum Abschleppen eines Kraftfahrzeugs.*

ab|schlie|ßen ⟨st. V.; hat⟩: **1. a)** *(einen Raum o. Ä.) mit einem Schlüssel [ver]sperren, zuschließen:* das Zimmer, die Wohnung, den Schrank a.; das Auto, das Fahrrad *(das Fahrradschloss)* a.; die Tür war abgeschlossen; ⟨auch ohne Akk.-Obj.:⟩ du musst noch a.; **b)** (landsch.) *wegschließen, verschließen:* Geld a. **2.** *von etw., jmdm. absondern, trennen:* etw. luftdicht, hermetisch a. **3.** *einen Abschluss von etw. bilden:* das Theater schloss die eine Seite des Platzes ab. **4.** *beenden, zum Abschluss bringen, zu Ende führen:* ein Gespräch, seine Studien, einen Roman a.; die Untersuchungen, Messungen, die Vorbereitungen für die Unternehmung waren abgeschlossen; sein Rücktritt schloss eine Epoche ab; ein abschließendes Urteil; eine abschließende Bemerkung; ... sagte er abschließend; ein abgeschlossenes Universitätsstudium; die Bücher, ein Konto a. (Kaufmannsspr., Bankw.; *Bilanz ziehen*). **5. a)** *mit etw. enden, aufhören, seinen Abschluss finden:* die Tapete schließt mit einer goldenen Borte ab; der Roman schließt mit dem Tod des Helden ab; mit einem Fehlbetrag, mit Gewinn a. (Kaufmannsspr.; *Bilanz ziehen*); **b)** *mit jmdm., etw. zu einem Ende kommen, die Beziehungen zu jmdm., etw. abbrechen:* ich habe mit ihr abgeschlossen; mit dem Leben, der Welt abgeschlossen haben *(nichts mehr vom Leben erwarten, resignieren).* **6.** *(durch Vertrag o. Ä.) vereinbaren:* einen Vertrag mit jmdm., eine Versicherung, Geschäfte a.; eine Wette [mit jmdm., auf etw.] a. *(mit jmdm., in Bezug auf etw. wetten).*

Ab|schluss, der; -es, Abschlüsse: **1.** *Verschluss:* einen luftdichten A. herstellen. **2.** *abschließender Teil, Verzierung u. Ä.:* der [obere] A. eines Kleides, der Tapete. **3. a)** ⟨o. Pl.⟩ *Ende, Beendi-*

gung: der A. der Arbeiten; den A. bilden; in etw. seinen krönenden A. finden; die Verhandlungen nähern sich dem A., stehen kurz vor dem A.; nach A. des Studiums; zum A. kommen/gelangen (nachdrückl.; *abgeschlossen, beendet werden*); etw. zum A. bringen (nachdrückl.; *etw. abschließen, beenden*); **b)** (Wirtsch., Kaufmannsspr.) *Bilanz mit Gewinn-und-Verlust-Rechnung:* der A. der Bücher, Konten; **c)** (Ballspiele) *Beendigung eines Spielzuges durch einen Schuss aufs Tor:* beim A. Pech haben; **d)** (ugs.) *Abschlussprüfung, -examen:* keinen A., einen guten A. haben; einen A. anerkennen. **4. a)** ⟨o. Pl.⟩ *das Abschließen, Vereinbaren; abschließende Vereinbarung:* der A. eines Bündnisses, Vertrages; bei den Tarifverhandlungen kam man zu keinem A. **b)** (Kaufmannsspr.) *geschäftliche, ein Geschäft abschließende Vereinbarung:* einen vorteilhaften A. [über 200 Tonnen Getreide] tätigen.

b|schluss|ball, der: [2]*Ball, mit dem etw. abgeschlossen (4) wird.*

b|schluss|prü|fung, die: **1.** *letzte Prüfung vor Verlassen einer Klasse, Schule.* **2.** (Wirtsch.) *Prüfung des Jahresabschlusses.*

b|schluss|zeug|nis, das: *nach Absolvieren eines bestimmten Ausbildungsgangs erworbenes Zeugnis.*

b|schmäl|zen ⟨sw. V.; hat⟩ (Kochk.): *(eine Speise) mit gebräunter Butter [u. gerösteten Zwiebeln od. Bröseln] übergießen:* Nudeln a.

b|schmat|zen ⟨sw. V.; hat⟩ (ugs.): *hörbar, geräuschvoll abküssen.*

b|schme|cken ⟨sw. V.; hat⟩: **a)** *den Geschmack einer zubereiteten Speise prüfen und danach würzen:* die Soße [mit Wein] a.; das Essen ist gut abgeschmeckt; **b)** *schmeckend prüfen:* er schmeckt [den Wein] ab.

b|schmei|cheln ⟨sw. V.; hat⟩: *von jmdm. durch vieles Schmeicheln erlangen:* jmdm. ein Lob, Geld a.

b|schmei|ßen ⟨st. V.; hat⟩ (ugs.): *abwerfen* (1 a, b, 2 a, c).

b|schmel|zen ⟨st. V.⟩: **1.** *(von Eis, Metallen) flüssig werden u. zerlaufen* ⟨ist⟩: das Blei schmilzt ab; Wasser von abschmelzendem Eis. **2.** *(Eis, Metalle) flüssig machen u. zerlaufen lassen* ⟨hat⟩: die Hitze schmolz das Blei ab; Ü der Schuldenberg muss abgeschmolzen werden.

b|schmet|tern ⟨sw. V.; hat⟩ (ugs.): *entschieden, schroff ablehnen:* einen Antrag, eine Forderung a.

b|schmie|ren ⟨sw. V.⟩: **1.** (Technik) *(eine Maschine o. Ä. [an den Schmierstellen]) mit Fett versehen* ⟨hat⟩: die Achsen, das Auto a. **2.** (Schülerspr.) **a)** *etw. unsauber abschreiben* ⟨hat⟩; **b)** *unerlaubt abschreiben* ⟨hat⟩. **3.** (Fliegerspr.) *abkippen [u. abstürzen]* ⟨ist⟩: das Segelflugzeug schmierte plötzlich in 30 m Höhe ab.

b|schmin|ken ⟨sw. V.; hat⟩: **1.** *das Gesicht, sich von Schminke säubern:* ich muss [mir] noch das Gesicht a.; ich schminkte mich ab. **2.** (ugs.) *etwas aufgeben, auf etwas verzichten:* die Reise schminken wir uns besser ab; das kannst du dir gleich a. *(das kommt nicht infrage).*

b|schmir|geln ⟨sw. V.; hat⟩: **1.** *durch Schmirgeln glätten, polieren:* das Werkstück a. **2.** *durch Schmirgeln entfernen:* Unebenheiten a.

b|schmü|cken ⟨sw. V.; hat⟩ (ugs.): *den Weihnachtsschmuck entfernen.*

schn. = Abschnitt (1).

b|schnal|len ⟨sw. V.; hat⟩: **1.** *durch Öffnen der Schnallen, Lösen von Riemen, eines Gurtes [mit einer Schnalle] abnehmen:* den Tornister a.; jmdm., sich die Schlittschuhe a.; ich habe mir das Koppel abgeschnallt. **2.** *durch Öffnen der Schnalle[n], Lösen von Riemen, eines Gurtes [mit einer Schnalle] befreien; losschnallen:* nach der Landung schnallte ich mich ab; sich im Auto a. **3.** (ugs.) *nicht mehr mitmachen, nicht mehr [geistig] folgen können:* restlos, völlig a.; R da schnallst du ab *(da bist du fassungslos vor Staunen; das ist nicht zu glauben).*

b|schnap|pen ⟨sw. V.⟩: **1. a)** (bes. schweiz.) *plötzlich abbrechen, aufhören* ⟨ist/hat⟩: die Musik schnappte ab; **b)** (salopp) *sterben* ⟨ist⟩: vor einer Stunde ist er abgeschnappt. **2.** (ugs.) *im letzten Augenblick noch erreichen, abfangen* ⟨hat⟩: ich schnappte ihn an der Haustür gerade noch ab.

ab|schnei|den ⟨unr. V.; hat⟩ [5: eigtl. wohl = vom Kerbholz abschneiden, d. h., als Schulden tilgen]: **1. a)** *durch Schneiden von etw. trennen:* Stoff [vom Ballen], ein paar Blumen, ein Stück Brot a.; **b)** *kürzer schneiden, bis zum Ansatz wegschneiden:* jmdm. die Haare, den Bart a.; ich habe mir die Fingernägel abgeschnitten. **2.** *jmdn. [wider seinen Willen] von jmdm., etw. trennen, isolieren:* man lebt hier völlig von der Welt abgeschnitten. **3.** *(bereits Eingeleitetes) vereiteln, unterbinden, jmdm. etw. entziehen:* einen Einwurf, das Wort, alle Einwände a.; die Möglichkeit zu Auslandsreisen war abgeschnitten. **4.** *(den Weg) ab-, verkürzen:* dieser Pfad schneidet [den Bogen der Straße] ab; jmdm. den Weg a. *(einen kürzeren Weg gehen u. so einem anderen zuvorkommen);* wir schneiden ab, wenn wir hier gehen. **5.** *in bestimmter Weise Erfolg haben:* bei einer Prüfung gut, schlecht a.; er hat bei diesem Vergleich nicht gut abgeschnitten.

ab|schnel|len ⟨sw. V.⟩: **1.** ⟨hat⟩ **a)** *durch Schnellen wegfliegen lassen:* einen Pfeil a.; **b)** ⟨a. + sich⟩ *unter kräftigem Abstoßen vom Boden springen:* ich schnellte mich vom Brett ab. **2.** ⟨ist⟩ **a)** *schnellend wegfliegen:* der Pfeil schnellte [von der Sehne] ab; **b)** *sich kräftig vom Boden o. Ä. abstoßend springen:* er schnellt [vom Brett] ab.

ab|schnip|peln ⟨sw. V.; hat⟩ (ugs.): *[unsachgemäß] schnippelnd [in kleinen Stücken] abschneiden:* ich habe [mir] von dem harten Käse mühsam ein paar Stücke abgeschnippelt.

Ab|schnitt, der; -[e]s, -e: **1.** *Teil[stück] von etw. Geschriebenem od. Gedrucktem; Kapitel, Passus:* hier endet der erste A.; die Schrift zerfällt in mehrere -e (Abk.: Abschn.). **2. a)** *Teil eines Gebietes, Geländes:* einen A. nicht einsehen können, verteidigen; **b)** (DDR) *[Wohn]bereich, Bezirk.* **3.** *Zeitspanne, Periode:* ein neuer A. im Leben des Künstlers. **4.** *abgeschnittenes Stück:* ein A. Heftpflaster. **5.** *abtrennbarer Teil eines Formulars, einer Eintrittskarte o. Ä.:* der A. der Postanweisung. **6.** (Math.) *Segment:* der A. eines Kreises.

Ab|schnitts|be|voll|mäch|tig|te, der u. die (DDR): *für einen bestimmten Abschnitt* (2 b) *zuständiger Volkspolizist, zuständige Volkspolizistin* (Abk.: ABV).

Ab|schnitts|glie|de|rung, die: *[alpha]numerische Gliederung eines Abschnitts* (1) *[nach bestimmten Richtlinien].*

ab|schnitts|wei|se, ab|schnitt|wei|se ⟨Adv.⟩: *in Abschnitten:* etw. a. gliedern; ⟨mit Verbalsubstantiven auch attr.:⟩ a. Gliederung.

ab|schnü|ren ⟨sw. V.; hat⟩: **1.** *durch festes Zusammenziehen einer Schnur o. Ä. das Strömen, Zirkulieren von etw. unterbrechen:* jmdm. die Luft a.; das Gummiband schnürt [mir] das Blut ab. **2.** *den Zugang blockieren, abriegeln:* Panzer schnüren die Ausfallstraßen ab.

Ab|schnü|rung, die; -, -en: *das Abschnüren.*

ab|schöp|fen ⟨sw. V.; hat⟩: **1.** *(etw. oben Befindliches schöpfend von etw.) herunternehmen:* Schaum, Fett, den Rahm von der Milch a. **2.** (Wirtsch.) *(eine Geldmenge) aus dem Verkehr ziehen:* Gewinne, Kaufkraft a.

Ab|schöp|fung, die; -, -en: **1.** *das Abschöpfen.* **2.** *(von der EG verordnete) Abgabe auf Waren, die aus nicht der EG angehörenden Ländern eingeführt wurden.*

ab|schot|ten ⟨sw. V.; hat⟩ **1.** (bes. Schiffbau) *mit einem* [2]*Schott, mit Schotten versehen.* **2.** *gegen äußere Einflüsse, gegen die Außenwelt abschließen:* jmdn., sich gegen jmdn., von jmdm. a.

ab|schrä|gen ⟨sw. V.; hat⟩: *schräg* (1), *schräger machen:* Balken a.; eine abgeschrägte Wand.

ab|schram|men ⟨sw. V.⟩: **1.** (ugs.) *abschürfen* ⟨hat⟩. **2.** ⟨ist⟩ (landsch.) **a)** *sich eilig entfernen:* er ist zornig abgeschrammt; **b)** (derb) *sterben.*

ab|schrau|ben ⟨sw. V.; hat⟩: **a)** *etw. (mit einem Gewinde Versehenes) von etw. schrauben, aus etw. herausschrauben:* die Kappe [von der Tube], den Deckel a.; **b)** *etw., was an einer bestimmten Stelle an-, festgeschraubt ist, durch Lösen der Schrauben entfernen:* das Türschild a.

ab|schre|cken ⟨sw. V.; hat⟩: **1.** *(durch bestimmte Eigenschaften o. Ä.) vor etw. zurückschrecken lassen, von etw. zurückhalten, abbringen:* der hohe Preis, die Kälte, der weite Weg schreckte ihn ab; er lässt sich durch nichts a.; eine abschreckende Wirkung haben; ein abschreckendes *(warnendes)* Beispiel. **2. a)** (Technik) *(Metall u. Ä.) beschleunigt abkühlen, um bestimmte Eigenschaften zu erzielen:* glühenden Stahl a.; **b)** (Kochk.) *nach dem Kochen mit kaltem Wasser be-, übergießen, in kaltes Wasser tauchen:* die gekochten Eier a.

Ab|schre|ckung, die; -, -en: *das Abschrecken; abschreckende Wirkung.*

Ab|schre|ckungs|mit|tel, das: *Mittel zum Abschrecken* (1).

Ab|schre|ckungs|stra|fe, die (Rechtsspr.): vgl. Abschreckungsmittel.

Ab|schre|ckungs|waf|fe, die (Milit.): *Waffe, mit der ein potenzieller Gegner abgeschreckt werden soll.*

ab|schrei|ben ⟨st. V.; hat⟩: **1. a)** *(von etw., was schriftlich od. gedruckt vorliegt) eine Abschrift machen:* [sich] eine Stelle aus einem Buch a.; **b)** *etw. [was im Konzept vorliegt] ins Reine schreiben; noch einmal schreiben:* das Ganze noch einmal sauber a.; **c)** *(bes. in der Schule) [unerlaubt] von jmds. Vorlage schreibend übernehmen:* von einem Mitschüler a.; diese Stelle hat er wörtlich aus dem Buch eines Kollegen abgeschrieben. **2.** (Wirtsch.) **a)** *(einen Gegenstand des bewertbaren Anlagevermögens) wegen Abnutzung im bilanzmäßigen Wert herabsetzen:* Maschinen a.; **b)** *(einen Betrag) streichen, abziehen:* ich habe den Betrag [von ihrer Rechnung] abgeschrieben. **3.** *brieflich absagen:* ich muss dir leider a. **4. a)** *durch Schreiben abnutzen:* einen Bleistift a.; **b)** ⟨a. + sich⟩ *durch Schreiben abgenutzt werden:* der Bleistift schreibt sich schnell ab. **5.** (ugs.) *aufgeben, verloren geben; mit jmdm., etwas nicht mehr rechnen:* den verlorenen Ring kannst du a.; er ist so krank, dass ihn schon alle abgeschrieben haben.

Ab|schrei|bung, die; -, -en: **1.** *das Abschreiben* (2 a). **2.** *der abzuschreibende Betrag.*

ab|schrei|bungs|fä|hig ⟨Adj.⟩: *sich abschreiben* (3 a) *lassend.*

ab|schrei|ten ⟨st. V.⟩ (geh.): **1. a)** *an etw. [zur Kontrolle, prüfend o. ä. mit langsamen Schritten] entlanggehen* ⟨hat/ist⟩: der General hat/ist die Front abgeschritten; **b)** *mit Schritten abmessen* ⟨hat⟩: die Entfernung a. **2.** (geh.) *mit gemessenen Schritten davongehen* ⟨ist⟩.

Ab|schrift, die; -, -en: *das Abgeschriebene; Doppel, Kopie:* beglaubigte -en von Zeugnissen und Bescheinigungen; eine A. von etw. anfertigen.

ab|schrift|lich ⟨Adj.⟩ (Bürow.): *in Abschrift:* einen Brief a. mitschicken.

ab|schrub|ben ⟨sw. V.; hat⟩ (ugs.): **a)** *mit einer Bürste reinigen:* ich schrubbe mich, mir den Rücken mit einer Bürste ab; den Fensterrahmen a.; **b)** *durch Schrubben von etw. entfernen:* den Dreck a.

ab|schuf|ten, sich ⟨sw. V.; hat⟩ (ugs.): *längere Zeit übermäßig arbeiten u. sich dadurch erschöpfen; sich abarbeiten:* mein ganzes Leben lang habe ich mich [für euch] abgeschuftet.

ab|schup|pen ⟨sw. V.; hat⟩: **1.** *(einen Fisch) von Schuppen befreien.* **2.** *(von der Haut) sich in Schuppen lösen:* die Hautpartikel schuppen ab; ⟨auch a. + sich:⟩ an dieser Stelle schuppen sich die Hautpartikel vermehrt ab.

Ab|schup|pung, die; -, -en: *das Sichabschuppen.*

ab|schür|fen ⟨sw. V.; hat⟩: **a)** *durch Schürfen verletzen, aufreißen:* du hast dir die Haut am Ellbogen abgeschürft; **b)** *durch Schürfen an der Ober-*

fläche leicht verletzen: ich habe mir bei dem Sturz die Knie abgeschürft.

Ab|schür|fung, die; -, -en: **1.** *das Abschürfen.* **2.** *abgeschürfte Stelle, Schürfwunde.*

Ab|schuss, der; -es, Abschüsse: **1. a)** *das Abschießen* (1 a): der A. des Torpedos; **b)** *das Abschießen* (1 b): die Abschüsse der Kanonen. **2.** *das Abschießen* (2 a): der A. von Wild. **3.** *das Abschießen* (3): der A. eines Flugzeugs. **4. * das ist der A.!** (ugs.; *das ist unglaublich, unerhört [frech]*).

Ab|schuss|ba|sis, die: *Basis* (4), *von der Raketen abgeschossen werden.*

ab|schüs|sig ⟨Adj.⟩ [zu veraltet Abschuss = steiler Abhang]: *stark abfallend:* eine -e Straße, Strecke.

Ab|schüs|sig|keit, die; -: *das Abschüssigsein.*

Ab|schuss|lis|te, die (Jagdw.): *Liste, die Art und Zahl des innerhalb eines bestimmten Zeitraumes erlegten Wildes enthält:* geschossenes Wild in die A. eintragen; Ü jmdn. auf die A. setzen *(zur Entlassung vorsehen).*

Ab|schuss|ram|pe, die: *Gerüst zum Abschießen von Raketen.*

Ab|schuss|vor|rich|tung, die: *Startvorrichtung für Raketen.*

ab|schüt|teln ⟨sw. V.; hat⟩: **1. a)** *durch Schütteln entfernen, herunterschütteln:* den Schnee [von sich, vom Mantel] a.; Ü ein Joch, die Knechtschaft a.; **b)** *durch Schütteln von etw. säubern:* das Tischtuch, die Zeltplane a. **2. a)** *sich von etw. frei machen; überwinden:* die Müdigkeit, den Ärger, seine Sorgen a.; **b)** *es fertig bringen, jmdn. (dessen Nähe einen stört, der einem lästig ist o. Ä.) loszuwerden:* er hat den zudringlichen Menschen abgeschüttelt; **c)** *durch größere Schnelligkeit, durch geschicktes Taktieren o. Ä. einem Verfolger entkommen:* seine Verfolger, die Polizei a.

ab|schüt|ten ⟨sw. V.; hat⟩: **1. a)** *einen Teil einer Flüssigkeit, der als zu viel erscheint, aus einem Gefäß schütten:* die Hälfte des Wassers aus dem Eimer a.; **b)** *durch Herausschütten von Flüssigkeit den Inhalt eines Gefäßes verringern:* den Eimer a. **2. a)** *von etw. schütten:* das Wasser von den Kartoffeln a.; **b)** *(etw. Gekochtes) vom Kochwasser befreien:* die Kartoffeln a.

ab|schwä|chen ⟨sw. V.; hat⟩: **1.** *[allmählich] schwächer, geringer machen; mildern:* die Wirkung, einen bestimmten Eindruck von etw. a.; etw. in abgeschwächter Form wiederholen. **2.** ⟨a. + sich⟩ **a)** *schwächer werden, sich mildern:* der Lärm schwächte sich ab; **b)** (Met.) *an Wirkung verlieren:* das Hoch über Osteuropa schwächt sich ab.

Ab|schwä|chung, die; -, -en: *das [Sich]abschwächen.*

ab|schwar|ten ⟨sw. V.; hat⟩: **1.** (bes. Jägerspr.) *(von Dachs und Schwarzwild) die Schwarte* (1 b) *abziehen:* eine Sau a. **2.** (landsch.) *verprügeln.*

ab|schwat|zen, (bes. südd.:) **ab|schwät|zen** ⟨sw. V.; hat⟩ (ugs.): *von jmdm. durch Überredung erlangen:* er hat ihm 300 Mark abgeschwätzt.

ab|schwei|fen ⟨sw. V.; ist⟩: **1.** (geh.) *den eingeschlagenen Weg [vorübergehend] verlassen:* sie waren vom Weg abgeschweift und hatten sich dann verlaufen. **2.** *(in Gedanken, in einer Erörterung o. Ä.) [vorübergehend] vom eigentlichen Ziel, von seinem Thema abkommen:* jmd. schweift, jmds. Gedanken schweifen [von etw.] ab.

Ab|schwei|fung, die; -, -en: *das Abschweifen.*

ab|schwel|len ⟨st. V.; ist⟩: **1.** *(von etw. Geschwollenem) in der Schwellung zurückgehen:* das verletzte Knie schwoll ab. **2.** *allmählich leiser werden:* das Gebrüll schwillt ab.

ab|schwem|men ⟨sw. V.; hat⟩: **a)** *wegschwemmen; schwemmend entfernen:* das Hochwasser schwemmte den Sand ab; **b)** *durch Schwemmen von etw. befreien, reinigen:* der Regen hat das beschmutzte Pflaster abgeschwemmt.

ab|schwen|ken ⟨sw. V.⟩: **1.** *durch eine Schwenkung die Richtung ändern* ⟨ist⟩: die Kolonne schwenkt links ab; Ü du bist schon wieder vom Thema abgeschwenkt. **2.** ⟨hat⟩ **a)** *durch Hin-und-her-Schwenken von etw. entfernen:* die Tropfen [von den Gläsern] a.; **b)** *durch Hin-und-her-Schwenken reinigen:* die Gläser a.

ab|schwim|men ⟨st. V.⟩: **1.** ⟨ist⟩ **a)** *sich schwimmend entfernen, wegschwimmen:* er schwamm vom Boot ab und winkte noch einmal; **b)** (landsch.) *sich entfernen, weggehen:* eben ist er abgeschwommen. **2.** ⟨hat⟩ **a)** (ugs.) *durch Schwimmen verlieren:* überflüssige Pfunde a.; **b)** *(als Übung) eine bestimmte Strecke od. Zeit schwimmen:* ich hatte meine halbe Stunde abgeschwommen.

ab|schwin|deln ⟨sw. V.; hat⟩: *von jmdm. durch Schwindelei erlangen:* er hat ihr tausend Mark abgeschwindelt.

ab|schwin|gen ⟨st. V.; hat⟩: **1.** (bes. Turnen) *mit einem Schwung von etw. (einem Gerät) abgehen:* ich schwang vorwärts in den Stand ab. **2.** (Ski) *mit einem Schwung die Fahrtrichtung ändern [und langsamer fahren].*

ab|schwir|ren ⟨sw. V.; ist⟩: **a)** *(von Vögeln, Insekten) schwirrend wegfliegen:* die Libelle, der Kolibri schwirrte ab; **b)** (ugs.) *weggehen, wegfahren, sich entfernen:* nun schwirrt endlich ab, ihr beide!

ab|schwit|zen ⟨sw. V.; hat⟩: *durch Schwitzen das Körpergewicht verringern:* a. müssen; ⟨mit Akk.-Obj.:⟩ er hat Gewicht, die überflüssigen Pfunde abgeschwitzt; *** sich einen a.** (ugs.; *stark schwitzen*).

ab|schwö|ren ⟨st. V.; hat⟩: **1.** *sich von jmdm., etw. (mit einem Schwur) lossagen; etw. aufgeben:* seinem Glauben a.; Ü dem Alkohol a. **2.** (veraltend) *ableugnen:* eine Schuld a.

Ab|schwung, der; -[e]s, Abschwünge: **1.** *das Abschwingen* (1): ein A. vom Barren. **2.** *das Abschwingen* (2): einen A. machen. **3.** (Wirtsch.) *Rückgang der Konjunktur, Rezession:* das Unternehmen, die Konjunktur ist im A.

ab|se|geln ⟨sw. V.⟩: **1.** *(von Segelschiffen, -booten) sich segelnd entfernen* ⟨ist⟩: der Schoner segelte Ende des Monats von Hamburg ab. **2.** ⟨hat⟩ **a)** *(eine Strecke) segelnd zurücklegen:* [eine Strecke von] 10 000 km a.; **b)** *an etw. mit dem Segelschiff, -boot entlangfahren:* die Küste a. **3.** (Segeln) *zum letzten Mal gemeinschaftlich in der Saison segeln:* wir haben noch nicht abgesegelt; ⟨subst.:⟩ morgen ist Absegeln.

ab|seg|nen ⟨sw. V.; hat⟩ (ugs.): *die Ausführung eines Vorhabens o. Ä. (als höhere Instanz) befürworten, genehmigen:* das Vorhaben wurde noch nicht offiziell abgesegnet.

ab|seh|bar ⟨Adj.⟩: *sich absehen* (2) *lassend:* die -en Folgen seines Handelns; in -er *(nicht zu langer)* Zeit; das Ende ist noch nicht a.

ab|se|hen ⟨st. V.; hat⟩: **1.** *beobachtend, zusehend von jmdm. lernen:* das Kunststück hat er seinem Bruder abgesehen. **2.** *im Voraus erkennen, voraussehen:* die Folgen lassen sich nicht a. **3.** *auf etw. verzichten, von etw. Abstand nehmen:* von einer Anzeige, einem Besuch, von Beileidsbekundungen a. **4.** *etw. nicht in Betracht ziehen, außer Acht lassen:* wenn man von diesem Einwand absieht; ⟨oft im 2. Part.:⟩ von wenigen Ausnahmen abgesehen; abgesehen davon *(ungeachtet dessen)*, dass ... **5.** *(von Schülern) unerlaubt vom Heft o. Ä. des Platznachbarn abschreiben:* er hat [die Lösung der Aufgabe] bei mir abgesehen. **6.** *(von Gehörlosen u. Schwerhörigen) durch Beobachtung der Mundbewegungen des Sprechers verstehen:* die Kinder lernen a. **7. * es auf etw. abgesehen haben** *(etw. als Ziel im Auge haben)*; **es auf jmdn., etw. abgesehen haben** *(auf jmdn., etw. begierig sein; jmdn., etw. gerne für sich haben wollen):* die Frau hat es auf ihn, [nur] auf sein Geld abgesehen; **es auf jmdn. abgesehen haben** *(jmdn. fortgesetzt schikanieren):* der Chef hat es heute auf dich abgesehen.

ab|sei|fen ⟨sw. V.; hat⟩: *mit [Wasser u.] Seife reinigen:* den Holztisch a.; sie seifte ihm den Rücken ab.

ab|sei|hen ⟨sw. V.; hat⟩: *durch ein Sieb gießen [u. dadurch reinigen od. von festen Bestandteilen befreien]:* Milch, Bratensaft a.

ab|sei|len ⟨sw. V.; hat⟩: **1.** *an einem Seil herunterlassen:* ich seilte [ihn, mich] ab. **2.** ⟨a. + sich⟩ (ugs.) *weggehen, sich davonmachen, verschwinden:* die Ganoven hatten sich längst mit dem Schmuck abgeseilt.

ab sein: s. ab (II 1, 2).

Ab|sei|te, die; -, -n [eigtl. = Seite, die von etw. abliegt]: **1.** (Textilw.) *linke Seite eines Gewebes.* **2.** *Rückseite:* die A. eines Gebäudes.

ab|sei|tig ⟨Adj.⟩: **a)** (geh.) *abseits liegend:* eine -e Gasse; Ü er bewegte sich in Gedanken auf -em Terrain; **b)** *dem Üblichen, Normalen nicht entsprechend; ausgefallen, abwegig:* -e Interessen; eine Idee für a. halten; **c)** *in den Bereich der Perversion gehörend:* -e Neigungen haben.

ab|seits [älter: abseit; ↑-seits; II b: nach engl. offside]: **I.** ⟨Präp. mit Gen.⟩ *(ein wenig) entfernt von etw.:* a. des Weges, des Verkehrs; sie wohnen a. jeglicher Zivilisation; Ü er bewegte sich damals durchaus a. des Rechts. **II.** ⟨Adv.⟩ **a)** *beiseite, fern, außerhalb:* das Haus steht etwas a.; a. von jeder menschlichen Behausung; **b)** (bes. Ballspiele) *im Abseits* (1): a. sein, laufen; der Stürmer stand a.

Ab|seits, das; -, - (Sport): **1.** *(beim Fußball) regelwidrige Stellung eines Spielers, dem der Ball zugespielt wird, wenn er sich näher an der gegnerischen Torlinie befindet als zwei gegnerische Spieler od. (beim Eishockey) wenn ein Spieler vor dem Puck in das Angriffsdrittel gelaufen ist:* im A. stehen; ins A. laufen; Ü im technologischen, politischen, gesellschaftlichen A. stehen. **2.** *Verstoß gegen die Abseitsregel:* der Schiedsrichter pfiff A.

Ab|seits|fal|le, die (bes. Fußball): *Taktik, mit der die Abwehrspieler den angreifenden Gegner ins Abseits* (1) *locken.*

Ab|seits|re|gel, die (Ballspiele): *das Abseits* (1) *betreffende Regel.*

ab|seits|ver|däch|tig ⟨Adj.⟩ (Ballspiele): *ein Abseits* (1) *vermuten lassend:* ein Tor aus -er Position erzielen.

Ab|sence [ap'sã:s], die; -, -n [...sn̩; frz. absence < lat. absentia, ↑Absenz] (Med.): *(bes. bei Epilepsie auftretende) kurze Zeit dauernde Trübung des Bewusstseins; Absenz* (d): eine A. haben.

ab|sen|den ⟨unr. V.; sandte/(seltener:) sendete ab/hat abgesandt/(seltener:) abgesendet⟩: **a)** *etw. (an einen Empfänger) schicken; abschicken:* eine Nachricht, ein Paket a.; **b)** *jmdn. (mit einem Auftrag) losschicken:* einen Boten, einen Kurier a.

Ab|sen|der, der; -s, -: **1.** *jmd., der etwas absendet, abschickt:* er ist der A. des Briefes (Abk.: Abs.). **2.** *(auf einer Postsendung angegebene) Adresse von jmdm., der etwas absendet, abschickt:* steht ein A. auf dem Brief?

Ab|sen|de|rin, die; -, -nen: w. Form zu ↑Absender (1).

Ab|sen|dung, die; -, -en: *das Absenden.*

ab|sen|gen ⟨sw. V.; hat⟩: **a)** *durch Sengen von etw. entfernen:* die Federreste von den Schlachthühnern a.; **b)** *durch Sengen von Resten von Flaum od. Federn befreien:* ein Huhn a.

ab|sen|ken ⟨sw. V.; hat⟩: **1.** ⟨a. + sich⟩ *sich mit einem bestimmten Gefälle senken, neigen:* das Gelände senkt sich zum Fluss hin ab. **2.** *niedriger, tiefer legen:* das Grundwasser, einen Stausee a.; Ü den Verbrauch, die Produktion, die Temperatur a. **3.** (Gartenbau) *(Pflanzen) durch Absenker vermehren:* Weinstöcke a.

Ab|sen|ker, der; -s, -: *in bestimmter Weise gepflanzter Ableger.*

Ab|sen|kung, die; -, -en: *das [Sich]absenken.*

ab|sent [ap'zɛnt] ⟨Adj.⟩ [lat. absens (Gen.: absentis), 1. Part. von: abesse = abwesend sein] (veraltet): *abwesend.*

Ab|senz, die; -, -en [lat. absentia]: **a)** (bildungsspr.) *das Fehlen, Nichtvorhandensein von etw.:* die A. von Störungen, von Lärm; eine A. aller Werte; **b)** (bes. österr., schweiz.) *das Abwesendsein von* *einem Ort:* sich für seine -en entschuldigen; **c)** *geistige Abwesenheit;* **d)** (Med.) *Absence.*

b|ser|vie|ren ⟨sw. V.; hat⟩: **1. a)** *(gebrauchtes Geschirr) vom Tisch abräumen:* das Geschirr a.; würden Sie bitte a.; **b)** *(einen Tisch) von Geschirr frei machen:* den Tisch a. **2.** (salopp) *seines Einflusses od. seiner Wirkung berauben; kaltstellen:* sie haben ihn abserviert; ich lasse mich doch nicht einfach so a.; Ü ein Killer hat ihn abserviert *(ermordet).*

b|setz|bar ⟨Adj.⟩: **1.** *sich von dem zu versteuernden Einkommen absetzen* (10) *lassend:* die Zinsen sind [steuerlich] a. **2.** *sich absetzen* (9) *lassend, verkäuflich:* leicht -e Ware. **3.** *(vom Träger eines Amtes o. Ä.) der Möglichkeit unterliegend, abgesetzt* (7) *zu werden:* der Papst, ein Kaiser ist nicht a.

b|set|zen ⟨sw. V.; hat⟩: **1.** *etw., was jmd. auf dem Kopf, auf der Nase trägt, abnehmen, herunternehmen:* den Hut, die Brille a. **2.** *etw. [Schweres], was jmd. in Händen hält, auf den Boden, an eine Stelle setzen:* das Gepäck, den Koffer a. **3.** *von einer Stelle wegnehmen u. dadurch etw. unterbrechen od. beenden:* das Gewehr, den Geigenbogen, das Glas vom Mund a.; sie trinkt, ohne abzusetzen *(in einem Zug).* **4.** *jmdn. an einer bestimmten Stelle aus einem Fahrzeug aussteigen lassen:* jmdn. in seinem Wagen mitnehmen und am Bahnhof a. **5.** *(von einem Reittier) den Reiter abwerfen:* das Pferd setzte ihn ab. **6. a)** *[langsam] sinken lassen, ablagern:* der Fluss setzte eine Masse Geröll ab; **b)** ⟨a. + sich⟩ *sich irgendwo niederschlagen u. dort verbleiben:* eine Menge Staub hat sich hier abgesetzt. **7.** *aus Amt od. Stellung entfernen:* einen Minister a.; die Regierung wurde abgesetzt. **8. a)** *(Anberaumtes, Angekündigtes) absagen, nicht stattfinden lassen:* etw. von der Tagesordnung a.; ein Theaterstück, ein Fußballspiel a.; **b)** *abbrechen, nicht weiterführen:* eine Therapie, Behandlung a.; **c)** *nicht weiter einnehmen:* ein Medikament, die Pille a. **9.** (Kaufmannsspr.) *[in größeren Mengen] verkaufen:* wir haben alle Exemplare a. können. **10.** (Steuerw.) *etw., was nicht versteuert wird, von der zu versteuernden Summe abziehen:* die Kosten für etw. [von der Lohnsteuer] a. können. **11.** (Landw.) *(ein junges Tier) entwöhnen:* ein Kalb a. **12. a)** (Schrift- u. Druckw.) *als neue Zeile beginnen lassen:* eine Zeile, die folgenden Zeilen, die Verse a.; **b)** (Druckw.) *den Drucksatz von etw. anfertigen:* ein Manuskript a. lassen. **13.** (Seemannsspr.) *von der Anlegestelle o. Ä. abstoßen, wegdrücken:* das Boot von der Brücke, vom Schiff a. **14.** ⟨a. + sich⟩ **a)** (ugs.) *sich [heimlich] davonmachen:* ich hatte mich nach Österreich, ins Ausland, über die Grenze abgesetzt; **b)** (Milit.) *sich zurückziehen.* **15.** *(Kanten eines Kleidungsstücks) mit etw. besetzen:* einen Saum mit einer Borte a.; ⟨oft im 2. Part.:⟩ mit Samt abgesetzte Ärmel.

b|set|zung, die; -, -en: *das Absetzen* (bes. 7, 8); *das Abgesetztwerden.*

b|si|chern ⟨sw. V.; hat⟩: **1. a)** *(eine Gefahrenstelle o. Ä.) gegen mögliche Unfälle sichern:* eine Baustelle a.; die Unfallstelle mit Warnzeichen a. **b)** *jmdn., etw. gegen mögliche Gefahren sichern:* gefährdete Personen a.; einen Tresorraum a.; Ü einen Direktkandidaten auf der Landesliste a. *(ihm für den Fall, dass er nicht direkt gewählt wird, einen sicheren Listenplatz geben);* tariflich abgesicherte *(durch einen Tarifabschluss festgelegte, gesicherte)* Löhne. **2.** *untermauern:* eine Methode wissenschaftlich a. **3.** ⟨a. + sich⟩ *sich bei etw. durch entsprechende Vorkehrungen gegen etw. schützen:* ich sicherte mich vertraglich ab.

b|si|che|rung, die; -, -en: *das Absichern; das Abgesichertsein.*

b|sicht, die; -, -en [zu ↑absehen (7)]: *Bestreben; Wollen:* edle, böse -en haben; das war nie meine A.; es war nicht meine A., das zu tun; ich hatte nicht die A. *(hatte nicht vor),* sie zu informieren; man weiß nicht, welche -en er hegt *(was er vorhat, plant);* die A. *(der Plan)* besteht allerdings; jmds. -en erkennen, durchschauen, vereiteln; das lag nicht in meiner A. *(das wollte ich nicht);* sie trägt sich mit der A. *(beabsichtigt)* zu verreisen; mit A. *(absichtlich, vorsätzlich, willentlich);* ohne A. *(absichtslos);* von einer A. weit entfernt sein; * **-en [auf jmdn.] haben** (ugs. veraltend; *jmdn. heiraten wollen);* er hat ernste -en auf sie.

ab|sicht|lich [nachdrücklich auch: -'- -] ⟨Adj.⟩: *mit Absicht [gezeigt, geschehend usw.]; vorsätzlich:* eine -e Kränkung; das hat er a. getan.

Ab|sicht|lich|keit [auch: -'- - -], die; -, -en ⟨Pl. selten⟩: *das Absichtlichsein.*

Ab|sichts|er|klä|rung, die (Rechtsspr.): *(bes. in völkerrechtlichen Abkommen verwendete) Erklärung, durch die eine unverbindliche Absicht [offiziell] mitgeteilt wird.*

ab|sichts|los ⟨Adj.⟩: *ohne besondere Absicht; nicht absichtlich; unabsichtlich:* er drehte sich ganz a. um.

Ab|sichts|lo|sig|keit, die; -, -en ⟨Pl. selten⟩: *das Absichtslossein.*

ab|sichts|voll ⟨Adj.⟩: *mit voller Absicht [geschehend]:* sie sah ganz a. weg, als er vorbeikam.

ab|sie|deln ⟨sw. V.; hat⟩: *Metastasen bilden; metastasieren:* der Tumor hat Tochtergeschwülste abgesiedelt.

Ab|sied|lung, die; -, -en: *Metastase.*

ab|sin|gen ⟨st. V.; hat⟩: **1.** *von Anfang bis Ende singen:* alle Strophen eines Liedes a.; ⟨subst.:⟩ sie zogen unter Absingen schmutziger Lieder (scherzh.; *mit großem Hallo, ausgelassen, fröhlich [singend])* weiter. **2.** *vom Blatt singen, ohne geübt zu haben:* sie singt [alle Lieder] vom Blatt ab.

ab|sin|ken ⟨st. V.; ist⟩: **1. a)** *in die Tiefe, auf Grund sinken; [im Wasser] versinken:* das Boot sank in Sekundenschnelle ab; **b)** *sich [allmählich] senken [u. dadurch niedriger werden]:* der Wasserspiegel ist abgesunken. **2. a)** *schwächer, niedriger werden:* der Blutdruck, das Fieber, die Temperatur sinkt ab; etw. sinkt um ein Drittel, auf die Hälfte ab; **b)** *schwächer, geringer werden:* das Interesse sinkt weiter ab; **c)** *nachlassen, schlechter werden:* in seinen Leistungen a.; **d)** *[moralisch] herunterkommen:* er sinkt immer mehr ab.

Ab|sinth, der; -[e]s, -e [frz. absinthe < lat. absinthium < griech. apsínthion = Wermut]: *grünlicher Branntwein aus Wermut mit Zusatz von Anis u. Fenchel.*

ab|sit|zen ⟨unr. V.⟩: **1.** ⟨hat⟩ (ugs.) **a)** (abwertend) *die Zeit an einem bestimmten Ort widerwillig, nur durch sein Anwesendsein hinter sich bringen:* er sitzt in seinem Büro die Dienststunden ab; **b)** *(eine Strafe, eine Zeit als Strafe) im Gefängnis o. Ä. verbüßen:* er hat seine Strafe abgesessen; neun Monate Gefängnis a. **2.** ⟨ist⟩ **a)** *von einem Reittier steigen:* er saß [vom Pferd] ab; abgesessen! (Reitkommando); **b)** (Turnen) *von einem Gerät aus dem Sitz in den Stand auf den Boden springen:* vom Kasten a.; **c)** *von einem Fahrzeug absteigen, abspringen:* sie saßen [von ihren Rädern] ab. **3.** *von etw. entfernt sitzen* ⟨hat⟩: du sitzt viel zu weit [vom Tisch] ab. **4.** *durch vieles Sitzen abnutzen* ⟨hat⟩: du hast das Polster bereits abgesessen. **5.** (schweiz.) *sich [hin]setzen, sich niederlassen* ⟨ist⟩: sitz doch bitte ab!

ab|so|lut ⟨Adj.⟩ [(frz. absolu <) lat. absolutus, adj. 2. Part. von: absolvere, ↑absolvieren]: **1.** *allein herrschend, souverän; unumschränkt:* ein -er Herrscher; die -e Monarchie. **2.** *unbedingt, uneingeschränkt, unangefochten, völlig:* -e Glaubens- und Gewissensfreiheit; hier ist -es Halteverbot. **3.** *vollkommen, in höchster Weise ideal, ungetrübt, ungestört:* die Suche nach dem -en Glück. **4.** *nicht mehr steigerbar, überbietbar:* eine -e Grenze erreichen; etw. ist eine -e Notwendigkeit, etw. besitzt -e Priorität; -er Nullpunkt (Physik; *die tiefste überhaupt mögliche Temperatur,* −273,15 °C); -e Temperatur (Physik; *auf den absoluten Nullpunkt bezogene Temperatur).* **5.** *völlig, gänzlich, vollständig:* für -e Ruhe sorgen. **6.** (meist Philos.) *rein, beziehungslos, für sich betrachtet:* -es Denken; das -e Sein; -e Kunst, Musik. **7.** *unabhängig; ohne Hilfsmittel, Bindungen, Beeinflussungen [auskommend]:* -e Größen. **8.** (Naturw.) *chemisch [fast] rein:* -er Alkohol, Äther. **9.** ⟨intensivierend bei Adj. u. Verben⟩ *überhaupt, ganz u. gar:* das kann ich a. nicht leiden; das ist a. unsinnig.

Ab|so|lut|heit, die; -: *das Absolutsein; absolute* (2, 6, 7) *Beschaffenheit.*

Ab|so|lut|heits|an|spruch, der: *Anspruch auf absolute Richtigkeit od. Gültigkeit (bes. in Bezug auf Religionen, philosophische u. politische Lehren):* einen A. erheben.

Ab|so|lu|ti|on, die; -, -en [lat. absolutio = das Freisprechen (vor Gericht), zu: absolvere, ↑absolvieren] (kath. Kirche): *Vergebung von Sünden nach der Beichte:* die A. erhalten; jmdm. [die] A. erteilen.

Ab|so|lu|tis|mus, der; - [frz. absolutisme] (hist.): **a)** *Regierungsform, bei der eine Person als Träger der Staatsgewalt eine von anderen Personen od. Institutionen nicht kontrollierte Macht ausübt;* **b)** *Epoche des europäischen Absolutismus im 17. u. 18. Jh.:* der aufgeklärte A.; im Frankreich des A.

ab|so|lu|tis|tisch ⟨Adj.⟩: **a)** *den Absolutismus betreffend, auf ihm beruhend:* der -e Staat; **b)** *unumschränkt:* ein -er Herrscher.

Ab|sol|vent, der; -en, -en [lat. absolvens (Gen.: absolventis), 1. Part. von: absolvere, ↑absolvieren]: *Besucher einer Schule kurz vor od. nach der abschließenden Prüfung:* die -en der Kunstschule.

Ab|sol|ven|tin, die; -, -nen: w. Form zu ↑Absolvent.

ab|sol|vie|ren ⟨sw. V.; hat⟩ [lat. absolvere = vollenden; freisprechen (vor Gericht), aus: ab = los, weg u. solvere = lösen; befreien]: **1. a)** *(eine Schule o. Ä.) durchlaufen, [erfolgreich] beenden:* das Gymnasium, einen Lehrgang a. **b)** *verrichten, bewältigen, ableisten:* einen Achtstundentag a. müssen; ein Training, ein anstrengendes Programm a.; **c)** *(eine Prüfung) bestehen:* hat er sein Examen absolviert? **2.** (kath. Rel.) *jmdm. Absolution erteilen:* jmdn. a.

Ab|sol|vie|rung, die; -: *das Absolvieren.*

ab|son|der|lich ⟨Adj.⟩: *vom Gewöhnlichen, Üblichen abweichend:* -e Reaktionen; ein -er Mensch; sein Verhalten wirkte ziemlich a.

Ab|son|der|lich|keit, die; -, -en ⟨Pl. selten⟩: *das Absonderlichsein; absonderliche Gewohnheit.*

ab|son|dern ⟨sw. V.; hat⟩: **1.** ⟨a. + sich⟩ *sich von jmdm., etw. fern halten; Kontakte meiden; lieber für sich bleiben:* sie sonderte sich meist von ihren Mitschülerinnen ab. **2.** *isolieren, mit anderen nicht zusammenkommen lassen:* die an Diphtherie Erkrankten a. **3.** *von sich geben, ausscheiden:* Gifte a.; Schleim, eine Flüssigkeit a.; Ü er hat wieder lauter Unsinn abgesondert *(geredet).*

Ab|son|de|rung, die; -, -en: **1.** *das [Sich]absondern.* **2.** *ausgeschiedener Stoff; Ausscheidung.*

Ab|sor|bens, das; -, ...benzien u. ...bentia [lat. absorbens, 1. Part. von: absorbere, ↑absorbieren] (Chemie, Physik): *absorbierender Stoff.*

ab|sor|bie|ren ⟨sw. V.; hat⟩ [lat. absorbere = verschlucken; aufsaugen]: **1.** (Naturw.) *aufsaugen, in sich aufnehmen:* Strahlen a.; Schall, Geräusche a. *(schlucken).* **2.** *in Anspruch nehmen:* jmds. Aufmerksamkeit völlig a.; von etw. absorbiert sein.

Ab|sorp|ti|on, die; - [spätlat. absorptio = das Verschlingen] (Naturw.): *das Absorbieren.*

Ab|sorp|ti|ons|fä|hig|keit, die ⟨o. Pl.⟩: *Fähigkeit, etw. zu absorbieren.*

Ab|sorp|ti|ons|spek|trum, das (Physik): *durch Absorption bestimmter Wellen entstehendes Spektrum.*

ab|sorp|tiv ⟨Adj.⟩: *zur Absorption fähig.*

Ab|sorp|tiv, das; -s, -e: *absorbierter Stoff.*

ab|spal|ten ⟨unr. V.; spaltete ab, hat abgespalten/(auch:) abgespaltet⟩: **1.** *durch Spalten von etw. trennen:* ich habe ein Stück Holz abgespalten/(auch:) abgespaltet. **2.** ⟨a. + sich⟩ *sich von*

A

jmdm., etw. lösen: eine Minderheit hat sich von der Partei abgespalten/(auch:) abgespaltet. 3. (Chemie) *(einen Teil eines Moleküls, Moleküle durch chemische Reaktion) abtrennen:* das Enzym hat Phosphat abgespaltet.

Ab|spal|tung, die; -, -en: *das [Sich]abspalten.*

Ab|spann, der; -[e]s, -e (Ferns.): *Nachspann.*

ab|span|nen ⟨sw. V.; hat⟩: **1.** *(einem Zugtier, Zugtieren) das Geschirr* (2) *lösen:* hast du die Pferde abgespannt?; den Wagen *(das Zugtier, die Zugtiere vom Wagen)* a. **2.** (selten) *sich von einer Spannung lösen, entspannen:* die Glieder, sich nach einem langen Tag a. **3.** (Technik) *(in die Luft Ragendes) mit gespannten Seilen sichern:* einen Pylon mit Schrägseilen a.

Ab|spann|seil, das: *Seil zum Abspannen* (3).

Ab|span|nung, die; -: **1.** *körperliche, geistige Ermüdung:* das Gesicht drückte äußerste A. aus. **2. a)** *das Abspannen* (3); **b)** (Technik) *Abspannseil[e]:* die A. ist gerissen.

ab|spa|ren, sich ⟨sw. V.; hat⟩: *[unter Entbehrungen] sparen u. für den Kauf von etw. erübrigen:* ich habe mir das Geld für das Rad [von meinem Taschengeld] abgespart; den Wintermantel *(das Geld für den Wintermantel)* musste sie sich regelrecht vom Munde a.

ab|spe|cken ⟨sw. V.; hat⟩ (salopp): *eine Abmagerungskur machen, abnehmen:* unter ärztlicher Aufsicht a.

ab|spei|chern ⟨sw. V.; hat⟩ (EDV): *Daten in einen Speicher* (2 b) *eingeben u. aufbewahren:* Daten, Musik a.; etw. auf Magnetband a.; einen Text auf der Festplatte, auf Diskette a.

ab|spei|sen ⟨sw. V.; schweiz. auch st. V.; hat⟩: **a)** *(in liebloser Weise) mit einer Mahlzeit versorgen, beköstigen:* die Kinder werden in der Küche abgespeist; **b)** (ugs.) *mit weniger, als erhofft od. erwartet, abfertigen:* jmdn. mit Redensarten, mit Vertröstungen a.

ab|spens|tig [eigtl. = weggelockt, zu älter abspannen = weglocken, zu mhd. spanen, ↑Gespenst]: in der Verbindung **jmdm. jmdn., etw. a. machen** *(jmdn. dazu bringen, sich von einem anderen abzuwenden; jmdn. durch Überreden dazu bringen, etw., was er besitzt, herzugeben):* er hat ihm die Freundin, seinen Wagen a. gemacht.

ab|sper|ren ⟨sw. V.; hat⟩: **1.** (österr., südd., westmd.) *(einen Raum o. Ä.) mit einem Schlüssel zu-, abschließen:* das Zimmer, die Wohnungstür a.; der Schrank war abgesperrt. **2.** *(den Zugang zu etw.) sperren, etw. abriegeln:* die Unglücksstelle hermetisch a. **3.** *(das Fließen, Strömen von etw.) unterbrechen, abdrosseln:* [jmdm.] das Wasser, das Gas a.

Ab|sperr|hahn, der (Technik): *Hahn, mit dem etw. abgesperrt* (3) *wird.*

Ab|sperr|ket|te, die: *Kette von Menschen, Polizisten, die etw. absperren* (2).

Ab|sper|rung, die; -, -en: **1.** *das Absperren.* **2.** *Sperre, Barriere, durch die ein Bereich abgesperrt* (2) *wird:* die -en durchbrechen.

ab|spie|geln ⟨sw. V.; hat⟩: **a)** *als Spiegelbild wiedergeben, spiegelnd zurückwerfen:* das Wasser spiegelt den Baum ab; **b)** ⟨a. + sich⟩ *als Spiegelbild zu sehen sein:* der Baum spiegelt sich [im Wasser] ab.

Ab|spie|ge|lung, Ab|spieg|lung, die; -, -en: *das [Sich]abspiegeln.*

Ab|spiel, das; -s, -e (Ballspiele): **1.** *das Abspielen* (3). **2.** *abgespielter Ball:* der Verteidigerin unterlief ein schlechtes A.; sein schlechtes A. *(sein schlecht abgespielter Ball)* landete beim Gegner.

ab|spie|len ⟨sw. V.; hat⟩: **1. a)** *[von Anfang bis Ende] spielen, ablaufen lassen:* eine CD, eine Kassette, ein Band a.; die Nationalhymne a.; **b)** *durch vieles Spielen abnutzen:* du hast die Videokassette schon ganz schön abgespielt; ⟨meist im 2. Part.:⟩ abgespielte Karten, Tennisbälle. **2.** *vom [Noten]blatt spielen, ohne geübt zu haben:* er kann alles vom Blatt a. **3.** (Ballspiele, Eishockey) *(den Ball, die Scheibe einem Spieler der eigenen Mannschaft) abgeben, zuspielen:* der Verteidiger muss früher, schneller a.; [den Ball] an den Linksaußen a. **4.** ⟨a. + sich⟩ *(als Vorgang) [in bestimmter Weise] seinen Verlauf nehmen; vor sich gehen:* alles spielte sich rasend schnell, vor ihren Augen ab; etw. spielt sich hinter den Kulissen, auf einer anderen Ebene ab; R da/hier spielt sich nichts ab! (ugs.; *das kommt nicht infrage, daraus wird nichts*).

ab|spin|nen ⟨st. V.; hat⟩: **a)** *(Garn von der Spindel, dem Rocken) spinnend aufbrauchen:* sie hat den Faden ganz abgesponnen; **b)** ⟨a. + sich⟩ *spinnend aufgebraucht werden:* unter ihren Händen spinnt sich das Garn schnell ab.

ab|split|tern ⟨sw. V.⟩: **1.** *in Splittern von etw. ablösen* ⟨hat⟩: der Blitz splitterte den Ast ab. **2.** *sich in Splittern ablösen* ⟨ist⟩: der Lack ist abgesplittert; abgesplitterte Farbe. **3.** ⟨a. + sich⟩ *sich abspalten* ⟨hat⟩: die kleine Gruppe splitterte sich von der Partei ab.

Ab|split|te|rung, die; -, -en: *das [Sich]absplittern.*

Ab|spra|che, die; -, -n: *das [Sich]absprechen* (2); *Vereinbarung:* eine A. [mit jmdm.] treffen; sich nicht an die getroffene A. halten; ohne vorherige A.

ab|spra|che|ge|mäß ⟨Adj.⟩: *einer getroffenen Absprache entsprechend.*

ab|spre|chen ⟨st. V.; hat⟩: **1. a)** *aufgrund eines [gerichtlichen] Urteils aberkennen:* jmdm. die bürgerlichen Ehrenrechte a.; **b)** *behaupten, dass jmdm. eine bestimmte Eigenschaft o. Ä. fehlt:* er sprach ihm jede Sachkenntnis ab; jmdm. ein Recht zu etw. a. *(streitig machen).* **2. a)** ⟨a. + sich⟩ *sich im Gespräch über eine Frage einigen u. einen gemeinsamen Beschluss fassen:* ich hatte mich mit ihr abgesprochen; sie hatten sich abgesprochen *(einen gemeinsamen Beschluss gefasst);* **b)** *besprechen u. festlegen, vereinbaren:* eine Sache, neue Maßnahmen a.; sie haben ihre Aussagen offensichtlich miteinander abgesprochen.

ab|spre|chend ⟨Adj.⟩ (seltener): *abfällig, ablehnend, tadelnd:* ein -es Urteil.

ab|sprei|zen ⟨sw. V.; hat⟩: **1.** *(ein Körperglied) seitwärts strecken:* die Arme a. **2.** (Bauw.) *(senkrecht verlaufende Bauteile) waagrecht gegeneinander abstützen.*

ab|spren|gen ⟨sw. V.; hat⟩: **1.** *von etw. lossprengen:* ein Gesteinsstück a. **2.** *von einem Ganzen trennen u. isolieren:* abgesprengte Einheiten.

ab|sprin|gen ⟨st. V.; ist⟩: **1. a)** *sich aus einem Anlauf, dem Stand heraus abdrücken u. springen:* sie springt mit dem linken Bein ab; **b)** *von einem [fahrenden] Fahrzeug, einem Reittier o. Ä. herunterspringen:* von der Straßenbahn, vom Pferd a.; der Pilot ist mit dem Fallschirm abgesprungen; **c)** *sich plötzlich von etw. lösen:* die Fahrradkette ist abgesprungen; **d)** *von etw. abplatzen:* an einigen Stellen war der Lack abgesprungen; **e)** *von etw. abprallen, zurückspringen:* der Ball sprang vom Pfosten ab. **2.** (ugs.) *von etw. Abstand nehmen, sich von etw. unvermittelt zurückziehen; zurücktreten; sich von etw. lösen:* vor Unterzeichnung eines Vertrages a.; ein Teil der Kundschaft wird a.

ab|sprit|zen ⟨sw. V.⟩: **1.** ⟨hat⟩ **a)** *(jmdn., sich, etw.) durch Bespritzen mit Wasser nass machen, reinigen:* ich habe den Wagen abgespritzt; er spritzte sich mit dem Gartenschlauch ab; **b)** *mithilfe eines Wasserstrahls entfernen:* ich werde den Dreck [mit dem Schlauch] a.; **c)** *(Pflanzen) mit einer chemischen Lösung besprühen:* die Sträucher a. **2.** *durch eine Injektion töten* ⟨hat⟩: einen Hund vom Tierarzt a. lassen. **3.** *von etw. spritzend abprallen* ⟨ist⟩: die Wassertropfen spritzten von der Scheibe ab. **4.** (salopp) *eilig davongehen, -fahren* ⟨ist⟩: sie spritzte ab. **5.** (derb) *ejakulieren* ⟨hat⟩. **6.** (Kochk.) *mit ein paar Tropfen von etw. würzen, abschmecken* ⟨hat⟩: den Drink gut gekühlt und abgespritzt mit frischer Zitrone servieren.

Ab|sprung, der; -[e]s, Absprünge: **a)** *das Losspringen:* den Körper nach dem A. weit nach vorn werfen; Ü nach einer langen Drogenkarriere hat er den A. doch noch geschafft; **b)** *das Herunterspringen:* A. vom Sprungturm.

ab|spu|len ⟨sw. V.; hat⟩: **1. a)** ⟨a. + sich⟩ *sich von einer Spule o. Ä. abwickeln:* der Faden, das Garn spult sich ab; **b)** *von einer Spule o. Ä. abwickeln, herunterwickeln:* das Garn a.; einen Film a. *(von der Filmspule abrollen lassen, vorführen).* **2.** (ugs.) *in einfallsloser, immer gleicher Weise tun, hinter sich bringen:* sein übliches Programm, immer die gleichen Sprüche a.

ab|spü|len ⟨sw. V.; hat⟩: **a)** *durch Spülen entfernen mit Wasser o. Ä. wegspülen:* den Seifenschaum mit Wasser a.; **b)** *durch Spülen von etw. reinigen, frei machen:* die Arme a.; den Teller mit heißem Wasser a.; **c)** (landsch.) *(in der Küche) den Abwasch machen:* er spült nicht gerne ab.

Ab|spü|lung, die; -, -en (Geol.): *Abtragungstätigkeit des an der Oberfläche der Erde abfließenden Wassers.*

ab|stam|men ⟨sw. V.; hat⟩: *der Nachfahre einer Person, eines Lebewesens sein:* er stammte in direkter Linie von Karl dem Großen ab.

Ab|stam|mung, die; -: *Herkunft, Abkunft:* er ist adliger A.; der Erwerb der Staatsbürgerschaft durch A.; sie ist Britin indischer A.

Ab|stam|mungs|leh|re, die (Biol.): *Lehre von der Abstammung aller die Erde bewohnenden Organismen von niederen Arten durch allmähliche Umbildung.*

Ab|stam|mungs|merk|mal, das: *(bei Zuchttieren) die Abstammung kennzeichnendes, für die Abstammung signifikantes Merkmal.*

Ab|stand, der; -[e]s, Abstände: **1. a)** *räumliche Entfernung zwischen zwei Punkten, Körpern; Zwischenraum, Distanz* (1): der A. beträgt 3 Meter; der A. zwischen ihnen hatte sich verkleinert, vergrößert; in 50 Meter A.; über einen A. von sechs Metern hinweg; Ü der soziale A. *(die gesellschaftlichen Rangunterschiede);* * **mit A.** *(weitaus, bei weitem):* sie war mit A. die Beste; **von etw. A. nehmen** (geh.; *etw. nicht tun von etw. absehen, auf etw. verzichten*); **b)** *Spanne zwischen zwei Zeitpunkten:* ein A. von 14 Sekunden; der A. beträgt 6 Minuten; jmdn. in regelmäßigen Abständen besuchen; Ü es fehlt ihm noch der innere A. zu den Ereignissen *(es ist noch nicht genug Zeit verstrichen, die ihm eine klarere, ruhigere Beurteilung der Ereignisse erlaubte).* **2.** *Reserviertheit, Zurückhaltung im Umgang mit anderen Menschen; Distanz* (2 b): den gebührenden A. wahren; er kann nicht genügend A. halten. **3.** (ugs.) *Abstandssumme, Abfindung:* einen A. zahlen, verlangen.

Ab|stand|hal|ter, der: *seitlich am Fahrrad angebrachter waagerechter Arm* (2), *der überholende Autofahrer veranlassen soll, den richtigen Abstand zu halten.*

Ab|stands|sum|me, die [zu veraltet Abstand = das Aufgeben eines Rechts]: **a)** *Summe, die jmdm. gezahlt wird, damit er auf einen Besitz, ein Recht verzichtet:* eine A. leisten; **b)** *Summe, die beim Auszug einer Mietpartei von der nachfolgenden Mietpartei für überlassene Einrichtungsgegenstände gezahlt werden muss.*

ab|stat|ten ⟨sw. V.; hat⟩ [zu mhd. staten = an eine Stelle bringen]: *etw. offiziell, formell, aus Pflichterfüllung tun:* jmdm. Bericht a. *(berichten);* jmdm. einen Besuch a. *(jmdn. besuchen);* jmdm. seinen Dank a. *(jmdm. danken).*

ab|stau|ben ⟨sw. V.; hat⟩: **1.** *vom Staub befreien:* die Möbel, die Bilder a.; gründlich a. **2.** (salopp) *sich etw. auf nicht ganz korrekte Weise aneignen, irgendwo unbemerkt mitnehmen:* ein paar Zigaretten, eine Uhr a. **3.** (bes. Fußball) *durch Ausnutzen eines glücklichen Zufalls, durch Fehler des Gegners od. durch Vorarbeit der Mitspieler mühelos ein Tor erzielen.* **4.** (landsch.) *ausschimpfen.*

ab|stäu|ben ⟨sw. V.; hat⟩ (landsch.): *abstauben* (1, 4).

ab|ste|chen ⟨st. V.; hat⟩: **1.** *(ein Schlachttier) durch das Durchstechen der Halsschlagader töten:* ein Schwein, einen Hammel a.; (derb von Menschen:) er hat seine Opfer brutal abgestochen. **2.** *(mit einem scharfen Gegenstand) aus einem zusammenhängenden Ganzen heraustrennen:*

die Grasnarbe [mit dem Spaten] a.; Torf a.; Teig mit einem Löffel a. **3. a)** *(etw. Flüssiges) durch eine Öffnung in einem Behälter o. Ä. abfließen lassen:* Bier a.; Stahl a.; **b)** *das Abflussloch o. Ä. öffnen:* einen Hochofen a. **4.** *ein Maß mit einem Zirkel übertragen.* **5.** *zu jmdm., etw. einen Kontrast bilden, sich [stark] abheben:* sie stach durch ihr gepflegtes Aussehen von den anderen ab; eine abstechende Farbe.

Ạb|ste|cher, der; -s, - [aus dem Niederd., eigtl. = kurze Fahrt mit dem (Bei)boot, zu veraltet seem. abstechen = staken (1 a)]: *das Aufsuchen eines abseits von der Reiseroute liegenden Ziels:* einen kurzen A. nach Berlin machen, unternehmen.

ạb|ste|cken ⟨sw. V.; hat⟩: **1.** *(ein Gebiet, eine Strecke) mit in den Boden gesteckten Pfählen, Fähnchen u. Ä. abgrenzen:* die Zeltplätze a.; den Kurs für ein Skirennen a.; Ü seine Position a. *(umreißen).* **2.** (Schneiderei) *(ein nicht passendes Kleidungsstück) mit Stecknadeln so stecken, dass es danach passend genäht werden kann:* die Schneiderin steckt das Kleid ab. **3.** *(etw. Festgestecktes) wieder abnehmen:* die Brosche, eine Nadel, eine Plakette a.

ạb|ste|hen ⟨unr. V.; hat; südd., österr., schweiz. auch: ist⟩: **1. a)** *in einem bestimmten Abstand stehen:* der Schrank steht zu weit [von der Wand] ab; **b)** *nicht anliegen:* die Zöpfchen standen weit [von ihrem Kopf] ab; ⟨oft im 1. Part.:⟩ abstehende Ohren. **2.** (geh.) *von etw. ablassen, etw. aufgeben:* von einem Plan, einer Absicht a. **3.** (ugs.) *(eine Zeit) stehend hinter sich bringen:* zwei Stunden Wache a. **4.** *(bes. von einer Flüssigkeit) längere Zeit stehen:* zum Blumengießen soll das Wasser über Nacht in der Gießkanne a.

ạb|stei|fen ⟨sw. V.; hat⟩ (Bauw.): *durch Balken o. Ä. stützen, abfangen:* die Mauer, der Schacht muss abgesteift werden.

Ạb|stei|ge, die; -, -n (ugs. abwertend): *billiges [Stunden]hotel:* sie sind in einer schäbigen A. untergekommen.

ạb|stei|gen ⟨st. V.; ist⟩: **1. a)** *von etw. heruntersteigen:* vom Rad, vom Pferd a.; **b)** *nach unten, abwärts steigen:* ins Tal a.; **c)** *abwärts gehen, verlaufen:* ⟨oft im 1. Part.:⟩ ein absteigendes Heizungsrohr; Ü die absteigende Linie (Genealogie; *Nachkommenschaft*); eine absteigende Tonfolge. **2.** *in einem Gasthof, Hotel [einkehren u.] übernachten:* in einem kleinen Hotel a. **3.** (Sport) *in eine niedrigere Leistungsklasse eingestuft werden:* der Verein ist in der vorigen Saison in die Kreisklasse abgestiegen.

Ạb|stei|ge|quar|tier, (österr.:) **Ạb|steig|quar|tier,** das: **1.** *Hotel od. Privatquartier, in dem jmd. auf einer Reise absteigt* (2). **2.** *Absteige.*

Ạb|stei|ger, der; -s, - (Sport): *Mannschaft, die abgestiegen* (3) *ist.*

Ạb|stell|bahn|hof, der: *Betriebsbahnhof.*

ạb|stel|len ⟨sw. V.; hat⟩: **1.** *(etw., was jmd. trägt, in der Hand hält) niedersetzen, an einen sich gerade anbietenden Platz stellen:* einen Korb, ein Tablett a.; er stellte seinen Koffer neben sich, auf dem Bürgersteig ab. **2. a)** *(etw., was nicht [mehr] benutzt wird) an einen sonst nicht genutzten Ort stellen:* die alten Möbel in der Dachkammer a.; **b)** *vorübergehend an einem geeigneten Platz unterbringen, hinstellen:* das Fahrrad an der Wand, das Auto im Hof a. **3.** *abrücken, weiter entfernt stellen:* wir müssen den Schrank ein wenig von der Wand a. **4. a)** *das Fließen, Strömen o. Ä. von etw. unterbrechen:* das Wasser, das Gas a.; **b)** *(die Vorrichtung, die Maschine o. Ä., mit der etw. betrieben wird) außer Betrieb setzen:* das Radio, den Motor, die Heizung, die Klingel a.; den Haupthahn a. *(zudrehen).* **5.** *unterbinden, beheben:* eine Unsitte, Missstände a. **6.** *abkommandieren, beordern:* einen Häftling [für Außenarbeiten] a. **7. a)** *auf etw. gründen; nach etw. ausrichten, einstellen:* die Produktion auf den Publikumsgeschmack a.; **b)** *sich auf etw. beziehen, auf etw. Rücksicht nehmen, einer Sache Rechnung tragen:* er hatte bereits auf diesen Einwand abgestellt. **8.** (Sport) *einen Spieler für Spiele außerhalb der Vereinsmannschaft zur Verfügung stellen:* einen Spieler a.

Ạb|stell|gleis, das: *totes Gleis, auf dem Eisenbahnwagen od. -züge abgestellt* (2 b) *werden:* * **jmdn. aufs A. schieben** (ugs.; *jmdn. seines Wirkungsbereiches, Einflusses berauben*).

Ạb|stell|hahn, der: *Hahn zum Abstellen* (4 a).

Ạb|stell|he|bel, der: *Hebel zum Abstellen* (4).

Ạb|stell|kam|mer, die: *kleiner [Neben]raum, in dem Dinge, die nicht [mehr] benutzt werden, untergebracht werden können.*

Ạb|stell|platz, der: *Platz zum Abstellen* (2 b).

Ạb|stell|raum, der: vgl. Abstellkammer.

ạb|stem|peln ⟨sw. V.; hat⟩: **1.** *mit einem Stempel versehen:* Briefmarken, den Ausweis, eine Karte a. **2.** *mit einer meist negativen Wertung versehen u. darauf festlegen:* jmdn. zum, als Außenseiter a.; eine Bewegung als reaktionär a.

Ạb|stem|pe|lung, Ạb|stemp|lung, die; -, -en: *das Abstempeln; das Abgestempeltwerden.*

ạb|step|pen ⟨sw. V.; hat⟩: *mit Steppnähten versehen:* Falten a.; ein abgesteppter Kragen.

ạb|ster|ben ⟨st. V.; ist⟩: **1. a)** *(von Teilen des menschlichen, tierischen od. pflanzlichen Organismus) allmählich aufhören zu leben:* die Zellen, Blätter sterben ab; abgestorbene Bäume, Äste; **b)** *verschwinden, aufhören [zu existieren, zu funktionieren]:* das alte Brauchtum stirbt allmählich ab. **2.** *(von Gliedern) durch Frost od. mangelhafte Durchblutung gefühllos werden, die Empfindung verlieren:* die Zehen sind vor Kälte [wie] abgestorben. **3.** (ugs.) *(vom Kfz-Motor) ausgehen* (11 b): vor der Ampel, durch die Kälte starb der Motor immer wieder ab. **4.** (selten) *sterben:* die Leichname der hier abgestorbenen Personen.

Ạb|stich, der; -[e]s, -e: *das Abstechen* (2, 3).

Ạb|stieg, der; -[e]s, -e: **1. a)** *das Abwärtssteigen von einer Erhöhung, aus der Höhe:* der A. vom Gipfel war recht beschwerlich; **b)** *abwärts führender Weg:* ein steiler A. **2. a)** *Niedergang:* einen wirtschaftlichen, sozialen A. erleben; **b)** (Sport) *das Eingestuftwerden in eine niedrigere Leistungsklasse:* gegen den A. kämpfen.

Ạb|stiegs|ge|fahr, die (Sport): *aufgrund eines schlechten Tabellenrangs drohender Abstieg* (2 b): Nach der Heimniederlage geriet die Mannschaft erstmals in A.

ạb|stiegs|ge|fähr|det ⟨Adj.⟩ (Sport): *vom Abstieg* (2 b) *bedroht:* eine -e Elf.

ạb|stil|len ⟨sw. V.; hat⟩: *das Stillen eines Säuglings endgültig beenden, ihn entwöhnen:* du musst die Kleine a.; sie hat abgestillt.

ạb|stim|men ⟨sw. V.; hat⟩: **1.** *durch Abgabe der Stimmen eine Entscheidung über etw. herbeiführen:* geheim, mit Ja od. Nein a.; über einen Antrag a. **2.** *[etw.] in Einklang mit etw. bringen:* seine Rede auf die Zuhörer a.; sie stimmen den Urlaub immer aufeinander ab; ⟨häufig im 2. Part.:⟩ eine fein abgestimmte Mischung; **3.** ⟨a. + sich⟩ *sich mit jmdm. absprechen:* ich habe mich darüber, in dieser Frage mit ihr abgestimmt; wir müssen uns [miteinander, untereinander] a.

Ạb|stimm|schär|fe, die (Elektrot.): *Genauigkeit beim Einstellen einer Frequenz.*

Ạb|stim|mung, die; -, -en: **1.** *das Abstimmen* (1); *Stimmabgabe:* eine geheime A. vornehmen; eine Wahl durch A.; zur A. schreiten; zwei Anträge der Opposition gelangten, kamen zur A. *(wurden abgestimmt).* * **A. mit den Füßen** (ugs.; *Entscheidung für od. gegen etw. durch Hingehen, Weggehen od Wegbleiben*). **2.** *das Abstimmen* (2), *In-Einklang-Bringen:* die A. von Interessen, Plänen; die A. (Kaufmannsspr.; *Kontrolle*) der Konten.

Ạb|stim|mungs|er|geb|nis, das: *Ergebnis des Abstimmens* (1).

abs|ti|nẹnt ⟨Adj.⟩ [lat. abstinens (Gen.: abstinentis), 1. Part. von: abstinere = sich enthalten]: *auf bestimmte Genüsse (bes. alkoholische Getränke) völlig verzichtend; enthaltsam:* a. leben; er ist ein Alkoholiker, der a. geworden ist.

Abs|ti|nẹnz, die; - [(unter Einfluss von engl. abstinence <) lat. abstinentia]: *das Abstinentsein:* jmdn. zur A. anhalten; A. halten; in A. leben.

Abs|ti|nẹnz|ler, der; -s, - (oft abwertend): *Person, die Abstinenz übt; Antialkoholiker.*

Abs|ti|nẹnz|le|rin, die; -, -nen: w. Form zu ↑ Abstinenzler.

Abs|ti|nẹnz|tag, der (kath. Kirche): *Tag, an dem die Gläubigen kein Fleisch essen dürfen:* Aschermittwoch und Karfreitag sind -e.

ạb|stop|pen ⟨sw. V.; hat⟩: **1. a)** *(Fahrzeuge, Maschinen o. Ä.) zum Stehen, zum Stillstand bringen:* das Auto, die Maschine a.; **b)** *zum Stillstand kommen, [an]halten:* der Wagen, die Fahrerin stoppte plötzlich ab; der Stürmer konnte noch rechtzeitig a. *(im Laufen anhalten).* **2.** *mit der Stoppuhr messen:* die Zeit, die Läufer a.

Ạb|stoß, der; -es, Abstöße: **1.** *Stoß von etw. weg:* ein kräftiger A. [vom Boden, Ufer]. **2.** (Fußball) *Beförderung des Balles aus dem Strafraum ins Spielfeld:* A. machen; den A. ausführen; der A. landete beim Gegner.

ạb|sto|ßen ⟨st. V.⟩: **1. a)** *mit einem kräftigen Stoß von etw. wegbewegen* ⟨hat⟩: er hat das Boot, hat sich vom Ufer abgestoßen; ich stieß mich mit den Füßen [vom Boden] ab; **b)** *sich mit einem kräftigen Stoß von etw. entfernen* ⟨ist/hat⟩: die Boote, die Segler stoßen ab; die Stelle, von der das Boot abgestoßen war/hatte. **2.** *von sich wegstoßen, abwerfen* ⟨hat⟩: die Schlange stößt ihre alte Haut ab; Ü Transplantate werden oft vom Organismus abgestoßen *(sie verwachsen nicht damit);* das Gewebe stößt den Schmutz ab *(lässt ihn nicht eindringen).* **3.** ⟨hat⟩ **a)** *durch Bezahlen loswerden:* seine Schulden abzustoßen suchen; **b)** *(aus Gründen der Rentabilität) verkaufen:* Aktien a. **4. a)** *durch einen beschädigenden Stoß von etw. abtrennen* ⟨hat⟩: Kanten, Spitzen, Ränder a.; die Politur von den Möbeln a.; (mit der Nebenvorstellung des Unabsichtlichen:) ich habe mir die Haut am Knöchel abgestoßen *(abgeschürft);* **b)** *durch Anstoßen beschädigen:* die Möbel a.; abgestoßene Teller, Tassen. **5.** *mit Widerwillen, Abscheu, Ekel erfüllen* ⟨hat⟩: dieser Mensch, sein Wesen, seine Art stößt mich ab; ⟨auch o. Akk.-Obj.:⟩ ihr Geruch stößt ab; ein abstoßendes Benehmen, Äußere[s]; er war abstoßend hässlich *(sehr hässlich);* etw. a. finden.

Ạb|sto|ßung, die; -: *das Abstoßen* (2, 3).

ạb|stot|tern ⟨sw. V.; hat⟩ (ugs.): **a)** *in [kleineren] Raten bezahlen:* das Auto mussten sie mühsam a.; **b)** *(einen bestimmten Betrag) ratenweise zahlen:* seine Schulden a.

Abs|tract ['æbstrækt]; das; -s, -s [engl. abstract, zu spätlat. abstractus, ↑ abstrakt]: *kurzer Abriss* (3), *kurze Inhaltsangabe eines Artikels od. Buches.*

ạb|stra|fen ⟨sw. V.; hat⟩: *mit einer Strafe belegen, bestrafen:* einen Dieb mit Schlägen a.; die Ordnungswidrigkeiten wurden stets abgestraft.

abs|tra|hie|ren ⟨sw. V.; hat⟩ [lat. abstrahere = ab-, wegziehen] (bildungsspr.): **1.** *aus dem Besonderen das Allgemeine entnehmen, verallgemeinern:* aus etw. Normen, Begriffe, Prinzipien a.; der Maler begann in seinem Spätwerk stark zu a. *(abstrakt zu malen).* **2.** *von etw., von sich absehen, auf etw. verzichten:* die Darstellung abstrahiert völlig von konkreten Beispielen.

ạb|strah|len ⟨sw. V.; hat⟩: *in Form von Strahlen, Wellen aussenden:* der Ofen strahlt behagliche Wärme ab; Sonnenwärme a.; diese Programme werden über Satelliten abgestrahlt.

Ạb|strah|lung, die; -, -en: *das Abstrahlen.*

abs|trạkt ⟨Adj.⟩ [spätlat. abstractus, adj. 2. Part. von: abstrahere, ↑ abstrahieren]: **1.** (bes. Philos.) *die wesentlichen, gesetzmäßigen o. ä. Züge aus etw. Konkretem, sinnlich Wahrnehmbarem ableitend:* -e Begriffe; -es Denken. **2.** *sich [nur] im Gedanklichen, Theoretischen bewegend [u. keinen unmittelbar feststellbaren Bezug zur Wirklichkeit habend]:* -es Wissen; die Lehrsätze waren ihm zu a. **3.** *(von Kunstwerken des 20. Jh.s) nicht etw. sinnlich Wahrnehmbares, sondern*

A

den gedanklichen, abstrakten (1) *Gehalt von etw. darzustellen suchend:* -e Kunst; a. malen.

Abs|trakt|heit, die; -, -en ⟨Pl. selten⟩: *das Abstraktsein.*

Abs|trak|ti|on, die; -, -en [spätlat. abstractio]: a) *das Abstrahieren* (1): zu keiner A. fähig sein; b) *verallgemeinerter, unanschaulicher Begriff:* eine A. aus etw. gewinnen.

Abs|trak|ti|ons|ver|mö|gen, das: *(geistige) Fähigkeit zu abstrahieren* (1).

Abs|trak|tum, das; -s, ...ta [lat.]: **1.** (Philos.) *etwas Abstraktes* (1), *abstrakte Idee.* **2.** (Sprachw.) *abstraktes Substantiv; Hauptwort, das etw. nicht Gegenständliches benennt.*

ab|stram|peln, sich ⟨sw. V.; hat⟩ (ugs.): **a)** *sich beim Betätigen von Pedalen, beim Radfahren o. Ä. sehr anstrengen:* ich fahre ständig gegen den Wind, stramp[e]le mich ab; **b)** *sich abmühen:* ich stramp[e]le mich ab, und du liegst auf der faulen Haut.

ab|strei|chen ⟨st. V.⟩: **1.** *durch Streichen* (1 b) *von etw. entfernen* ⟨hat⟩: den Dreck von den Schuhen a. **2.** *abziehen* (14) ⟨hat⟩: er streicht von seiner Forderung hundert Mark ab. **3.** *absuchen* ⟨hat⟩: Polizisten mit Spürhunden strichen das Gelände ab. **4.** (Jägerspr.) **a)** *(bes. vom Federwild) wegfliegen* ⟨ist⟩; **b)** *(bes. von Greifvögeln) im Flug nach Beute absuchen* ⟨hat⟩.

ab|strei|fen ⟨sw. V.⟩: **1.** ⟨hat⟩ **a)** *durch Herunterstreifen von etw. entfernen, ablegen, von sich tun:* die Asche [von der Zigarre], seine Armbanduhr, die Handschuhe, das Kleid a.; **b)** *ablegen; sich einer Sache entledigen:* Vorurteile, Unarten a. **2.** *(ein Gelände) absuchen* ⟨hat⟩: Polizisten streifen die ganze Umgegend nach flüchtigen Gefangenen ab. **3.** (landsch.) *durch Herunterstreifen von etw. reinigen* ⟨hat⟩: ich habe [mir] die Füße, Schuhe abgestreift. **4.** (seltener) *sich umherstreifend von etw. entfernen* ⟨ist⟩: vom Weg[e] a.

Ab|strei|fer, der; -s, - (regional): *Abtreter, Fußabtreter.*

ab|strei|ten ⟨st. V.; hat⟩: **1.** *in Abrede stellen, leugnen, bestreiten:* jede Beteiligung an etw. a. **2.** *streitig machen, absprechen, aberkennen:* er ist ein guter Organisator, das kann ihm keiner a.

Ab|strich, der; -[e]s, -e: **1. a)** ⟨meist Pl.⟩ *Streichung, Kürzung, Abzug:* ein A. am Etat; Ü man muss im Leben oft -e machen *(zurückstecken);* **b)** ⟨Pl.⟩ *Einschränkungen:* einige -e an Bequemlichkeit muss man bei diesem Wagen in Kauf nehmen. **2.** (Med.) **a)** *Entnahme von Haut, Schleimhaut o. Ä. für eine Untersuchung:* einen A. machen; **b)** *durch Abstrich* (2 a) *gewonnene Haut, Schleimhaut o. Ä.:* den A. einfärben. **3.** (Schriftw.) *Strich nach unten.* **4.** *(bei Streichinstrumenten) abwärts geführter Bogenstrich.*

ab|strö|men ⟨sw. V.; ist⟩: **1.** *von etw. herabströmen, herabfließen:* abströmender Regen. **2.** *strömend abfließen:* endlich strömte das Wasser ab; Ü die Menge strömte aus dem Stadion ab.

abs|trus ⟨Adj.⟩ [lat. abstrusus = verborgen, adj. 2. Part. von: abstrudere = verbergen]: *verworren u. daher unverständlich:* eine -e Idee; -e Vorstellungen von etw. haben; die Sache ist völlig a.

ab|stu|fen ⟨sw. V.; hat⟩: **1.** *in Stufen abteilen, stufenförmig machen:* einen Hang in Terrassen a.; Ü die Gehälter a. *(nach der Höhe staffeln);* ein vielfältig abgestuftes Grau. **2.** *eine od. mehrere Stufen im Lohn o. Ä. herabsetzen:* die Lagerarbeiter a.

Ab|stu|fung, die; -, -en: **1.** *das Abstufen.* **2.** *stufenartige Gliederung, Staffelung.* **3.** *Nuance, Übergang:* Stoffe in allen -en der Farbenskala.

ab|stump|fen ⟨sw. V.⟩: **1. a.)** *stumpf machen* ⟨hat⟩: die Spitze, Kante etwas a.; **b)** (selten) *stumpf werden* ⟨ist⟩: die Schneide ist abgestumpft. **2. a)** *gefühllos, teilnahmslos machen* ⟨hat⟩: die Not hat sie abgestumpft; die monotone Tätigkeit stumpft ab; **b)** *gefühllos, teilnahmslos werden* ⟨ist⟩: sie stumpfte allmählich völlig ab; abgestumpfte Menschen.

Ab|sturz, der; -es, Abstürze: **1.** *das Abstürzen; Sturz in die Tiefe:* der A. des Flugzeuges; das Geländer soll Abstürze verhindern; Ü ein A. in eine tiefe Depression. **2.** *sehr steiler [Ab]hang:* ein fast senkrechter A. **3.** (EDV Jargon) *das Abstürzen* (3); *Systemabsturz, -zusammenbruch.*

ab|stür|zen ⟨sw. V.; ist⟩: **1.** *aus großer Höhe herunterstürzen, in die Tiefe stürzen:* er, das Flugzeug stürzte ab; abgestürzte Felstrümmer; Ü er stürzte ab in Hoffnungslosigkeit und Verzweiflung. **2.** *steil abfallen:* der Hang stürzt fast senkrecht zum Meer ab. **3.** (EDV Jargon) *(von einem Computerprogramm) bedingt durch ein Computervirus, einen Fehler im Programm od. einen falschen Befehl des Anwenders abgebrochen werden, keine Zugriffsmöglichkeit mehr bieten, funktionsunfähig sein.*

ab|stüt|zen ⟨sw. V.; hat⟩: **1.** *gegen Einsturz stützen:* einen Stollen mit Balken, eine Decke a. **2.** ⟨a. + sich⟩ *sich stützend von etwas weghalten, sich auf etw. stützen:* sich mit einem Fuß a.; ich stützte mich von der Wand ab.

Ab|stüt|zung, die; -, -en: **1.** *das [Sich]abstützen.* **2.** *Vorrichtung zum Abstützen.*

ab|su|chen ⟨sw. V.; hat⟩: **1. a)** *suchend durchstreifen:* die Polizei suchte [mit Hunden] die Gegend ab; **b)** *den Blick suchend über etw. gleiten lassen:* den Himmel [nach Fallschirmen] a.; **c)** *gründlich durchsuchen:* das ganze Haus nach der Brille a. **2. a)** *suchend ablesen:* Läuse a.; Raupen [von den Sträuchern] a.; **b)** *durch gründliches Untersuchen, Absammeln von etw. befreien:* die Sträucher a.; die Affen suchen einander, sich gegenseitig [nach Läusen] ab.

ab|surd ⟨Adj.⟩ [lat. absurdus, eigtl. = unrein klingend, zusgez. aus: absonus = misstönend u. surdus = taub; nicht verstehend]: *gesundem Menschenverstand völlig fern:* eine -e Idee; a. sein, klingen; etw. a. finden.

Ab|sur|di|tät, die; -, -en ⟨Pl. selten⟩ [spätlat. absurditas]: *das Absurdsein; etw. Absurdes.*

Abs|zess, der, österr. auch: das; -es, -e [lat. abscessus, zu: abscedere (2. Part.: abscessum) = sich ablagern] (Med.): *Ansammlung von Eiter im Gewebe; eitrige Geschwulst:* einen A. haben.

Abs|zis|se, die; -, -n [nlat. (linea) abscissa = abgeschnitten(e Linie)] (Math.): **1.** *auf der Abszissenachse abgetragene erste Koordinate eines Punktes.* **2.** *Abszissenachse.*

Abs|zis|sen|ach|se, die (Math.): *horizontale Achse eines Koordinatensystems.*

Abt, der; -[e]s, Äbte [mhd. abt, ahd. abbat < spätlat. abbas (Gen.: abbatis), ↑Abba]: *Vorsteher eines Klosters für Mönche.*

Abt. = Abteilung.

ab|ta|keln ⟨sw. V.; hat⟩ (Seemannsspr.): *die Takelage von einem Schiff entfernen [u. dieses dadurch außer Dienst stellen]:* ein Schiff a. müssen.

Ab|ta|ke|lung, Ab|tak|lung, die; -, -en: *das Abtakeln.*

ab|tan|ken ⟨sw. V.; hat⟩: *aus dem Tank, Behälter entfernen.*

ab|tan|zen ⟨sw. V.⟩ (salopp): **1.** *fortgehen* (2) ⟨ist⟩: die beiden sind schon abgetanzt. **2.** ⟨hat⟩ **a)** *sich beim Tanzen völlig verausgaben, sich tanzend austoben* (1 b): dort kann man voll a. **b)** *durch Tanzen überwinden:* seinen Frust a.

ab|tas|ten ⟨sw. V.; hat⟩: **1.** *tastend befühlen [um nach etw. zu suchen]:* jmds. Schädel a.; den Mann nach versteckten Waffen a.; Ü das Licht der Taschenlampe tastete die Wände ab. **2.** (EDV) *mithilfe bestimmter elektronischer Vorrichtungen (z. B. Scanner) erfassen:* die Zahlen werden von elektrischen Fühlern abgetastet.

Ab|tast|na|del, die: *Nadel* (4) *am Tonabnehmer eines Plattenspielers zum Abtasten der rotierenden Schallplatte.*

Ab|tas|tung, die; -, -en: *das Abtasten.*

ab|tau|chen ⟨sw. V.; ist⟩: **1.** (Seemannsspr.) *(von U-Booten) unter Wasser gehen:* das Boot tauchte langsam ab. **2.** (Jargon) *in den Untergrund gehen:* nach der Haftentlassung ist er abgetaucht; in den Untergrund a. **3.** (Boxen) *abducken.*

ab|tau|en ⟨sw. V.⟩: **1.** ⟨hat⟩ **a)** *von Eis befreien:* die Fensterscheibe, den Kühlschrank a.; **b)** *Eis zum Abschmelzen bringen:* das Eis von den Scheiben a. **2.** ⟨ist⟩ **a)** *von Eis frei werden:* der Hang taute ab; **b)** *[weg]schmelzen:* das Eis taute ab.

Ab|tausch, der; -[e]s: **1.** *Schlagabtausch.* **2.** (Schach) *das Abtauschen* (1 a): A. der Türme. **3.** (schweiz.) *Tausch:* A. von Grundstücken.

ab|tau|schen ⟨sw. V.; hat⟩: **1. a)** (Schach) *(etwa gleichwertige Figuren) wechselseitig schlagen:* die Damen a.; **b)** *von jmdm. tauschend erwerben:* diese Marken habe ich [ihm] abgetauscht. **2.** (schweiz.) *tauschen:* den Platz mit jmdm. a.

ab|ta|xie|ren ⟨sw. V.; hat⟩: *abschätzen; einzuschätzen versuchen:* die Möglichkeiten für etw. a.; jmdn. kritisch a.

Ab|tei, die; -, -en [mhd. abbeteie, ahd. abbateia < kirchenlat. abbatia, zu: abbas, ↑Abt]: *Kloster[gebiet], dem ein Abt od. eine Äbtissin vorsteht.*

Ab|teil [auch: ´– –], das; -[e]s, -e [1 a: gek. aus ↑Abteilung (1 b), für ↑Coupé (1)]: **1. a)** *abgeteilter Raum in einem Personenwagen der Eisenbahn:* ein A. erster, zweiter Klasse; das A. ist besetzt; **b)** (ugs.) *Insassen eines Abteils* (1 a): das ganze A. schlief. **2.** *durch etw. abgeteilter Platz, Stelle:* das hinterste A. des Kellers.

ab|tei|len ⟨sw. V.; hat⟩: *in einzelne Teile teilen, teilend voneinander trennen, abtrennen:* durch eine Trennwand einen Abstellraum a.; in einer abgeteilten Ecke des Raumes.

Ab|tei|lung, die; -, -en: **1.** [ˈaptai̯lʊŋ] **a)** *das Abteilen;* **b)** *abgeteilte Stelle, abgeteilter Raum:* in der hinteren A. des Raums. **2.** [apˈtai̯lʊŋ] **a)** (Milit.) *geschlossene Gruppe von Soldaten u. Ä.;* **b)** (Milit.) *dem Bataillon entsprechender Verband bei bestimmten Einheiten (bis 1945);* **c)** *relativ selbstständiger Teil einer größeren Organisationseinheit (Unternehmen, Warenhaus, Krankenhaus u. a.):* die chirurgische A.; A. für Haushaltswaren; Abk.: Abt.; **d)** (Geol.) *nächstfolgende Untergliederung einer Formation;* **e)** (Forstw.) *Gliederung eines Reviers.*

Ab|tei|lungs|lei|ter, der: *Leiter einer Abteilung* (2 c); Abk.: Abt.-Leiter.

Ab|tei|lungs|lei|te|rin, die; -, -nen: w. Form zu ↑Abteilungsleiter; Abk.: Abt.-Leiterin.

ab|te|le|fo|nie|ren ⟨sw. V.; hat⟩ (ugs.): **1.** *telefonisch absagen:* sie hat abtelefoniert, weil sie Besuch bekommen hat. **2.** *(zu einem bestimmten Zweck) eine größere Zahl von Personen, Stellen anrufen:* ich habe bestimmte dreißig Makler abtelefoniert – ohne Erfolg. **3.** *(eingeworfene Münzen od. das Guthaben einer Telefonkarte) durch Telefonieren aufbrauchen.*

ab|te|le|gra|fie|ren ⟨sw. V.; hat⟩ (ugs.): *telegrafisch absagen.*

ab|teu|fen ⟨sw. V.; hat⟩ (Bergbau): *einen Schacht in die Tiefe bauen:* einen Schacht a.

ab|tip|pen ⟨sw. V.; hat⟩ (ugs.): *(einen vorliegenden Text) auf der Schreibmaschine abschreiben:* ein Manuskript a.

Äb|tis|sin, die; -, -nen [mhd. eppetisse, ahd. abbatissa < kirchenlat. abbatissa, zu: abbas, ↑Abt]: *Vorsteherin eines Nonnenklosters.*

ab|tö|nen ⟨sw. V.; hat⟩: *Farben ein wenig abändern, nuancieren [u. aufeinander abstimmen]:* Lack a.

Ab|tö|nung, die; -, -en: **1.** *das Abtönen.* **2.** *Nuance:* Farben in vielerlei -en.

Ab|tö|nungs|par|ti|kel, die (Sprachw.): [1]*Partikel* (2), *die dazu dient, der eigenen Aussage eine bestimmte subjektive Tönung zu geben od. auf vorangegangene Äußerungen in bestimmter Weise mit Zustimmung, Ablehnung, Einschränkung, Erstaunen o. Ä. Bezug zu nehmen; Modalpartikel.*

ab|tör|nen <sw. V.; hat> (ugs.): *aus der Stimmung bringen.*

ab|tö|ten ⟨sw. V.; hat⟩: *Mikroorganismen, Zellen o. Ä. vernichten:* Bakterien a.; Ü Gefühle a.

Ab|tö|tung, die; -, -en: *das Abtöten.*

Ab|trag, der; -[e]s: **1.** (geh.) *Beeinträchtigung, Minderung:* etw. ohne A. genießen; keinen A.

erleiden; * **jmdm., einer Sache A. tun** *(jmdm., einer Sache schaden).* **2.** *Abtragung:* A. von Erdreich.

[a]b|tra|gen ⟨st. V.; hat⟩: **1. a)** *(eine Geländeerhebung, etw. an einer Stelle Aufgehäuftes) beseitigen, einebnen:* einen Erdhaufen, einen Hügel a.; das Wasser trägt das Erdreich ab; **b)** *abbrechen, abreißen:* eine Mauer, Ruine a.; **c)** (geh.) *vom Esstisch wegtragen:* die Speisen, die Teller a. **2.** (geh.) *nach und nach bezahlen, zurückzahlen:* eine Schuld a. **3.** *durch Tragen abnutzen, verschleißen:* du hast den Anzug ziemlich rasch abgetragen; abgetragene Sachen, Kleider. **4.** (Math.) *[auf eine Gerade] übertragen:* die Strecke [auf der Geraden] a.

[ab]|träg|lich ⟨Adj.⟩: *nachteilig, schädlich:* eine -e Bemerkung, Äußerung; das direkte Sonnenlicht ist dem empfindlichen Stoff a.

[a]b|träg|lich|keit, die; -, -en ⟨Pl. selten⟩: *das Abträglichsein.*

[a]b|tra|gung, die; -, -en: *das Abtragen.*

[ab]|trai|nie|ren ⟨sw. V.; hat⟩: *durch Training bewirken, dass [Über]gewicht abgebaut wird:* einige Pfunde a. müssen; Ü jmdm. die Angst, einem Tier die Aggressivität a. *(durch Training davon frei machen).*

[a]b|trans|port, der; -[e]s, -e: *das Abtransportieren; das Abtransportiertwerden:* die Möbel warteten auf ihren A.

[ab]|trans|por|tie|ren ⟨sw. V.; hat⟩: *mit einem Fahrzeug wegbringen:* die Möbel mit einem Lastwagen a.; die Gefangenen wurden abtransportiert.

[ab]|trei|ben ⟨st. V.⟩: **1. a)** *etw., was schwimmt od. fliegt, in eine andere, nicht gewünschte Richtung treiben* ⟨hat⟩: die Strömung hat mich, das Boot abgetrieben; der Wind hat den Ballon weit abgetrieben; **b)** *(von etw. Schwimmendem od. Fliegendem, von jmdm., der schwimmt) in eine nicht gewünschte Richtung geraten, vom Kurs abkommen* ⟨ist⟩: das Boot, der Schwimmer treibt vom Ufer ab. **2.** ⟨hat⟩ **a)** *bewirken, dass etw. aus dem Körper ausgeschieden wird:* das Mittel hat die Würmer, die Gallensteine abgetrieben; **b)** *eine Schwangerschaft durch Bewirken einer Fehlgeburt od. durch Entfernung eines Embryos od. Fetus aus der Gebärmutter abbrechen [lassen]:* ein Kind a.; sie hat ihr Kind a. lassen; sie hat abgetrieben. **3.** *(Vieh) von der Hochweide zu Tal treiben* ⟨hat⟩. **4.** (veraltet) *(ein Zugtier) durch ständiges Antreiben erschöpfen* ⟨hat⟩: die Pferde a.; ⟨meist im 2. Part.:⟩ ein abgetriebener Klepper.

[a]b|trei|bung, die; -, -en: *das Abtreiben* (2 b); *Schwangerschaftsabbruch:* eine A. vornehmen.

[a]b|trei|bungs|kli|nik, die (ugs.): *Klinik, in der Schwangerschaftsabbrüche vorgenommen werden.*

[a]b|trei|bungs|pa|ra|graph, der (ugs.): *die Abtreibung betreffender Paragraph des Strafgesetzbuchs.*

[Ab]trei|bungs|pil|le, die: *Pille* (1 a), *durch deren Einnahme eine Fehlgeburt ausgelöst wird.*

[ab]|tren|nen ⟨sw. V.; hat⟩: **1. a)** *(An-, Festgenähtes) von etw. trennen, lösen:* die Knöpfe, die Ärmel a.; **b)** *(an einer dafür vorgesehenen Stelle) von etw. loslösen:* die Quittung, den Kassenzettel [vom Block], eine Briefmarke vom Bogen a.; **c)** *(ein Körperglied, einen Körperteil) [gewaltsam] vom Körper trennen:* bei dem Unfall wurde ihm ein Bein abgetrennt. **2. a)** *von jmdm., etw. räumlich trennen:* von der Truppe abgetrennt werden; **b)** *(einen Teil eines Raumes, Gebietes von dem anderen) trennen:* ein Vorhang trennt einen Teil des Raumes ab; Ü einen Anklagepunkt von dem Hauptverfahren a. (Rechtsspr.; *gesondert behandeln*).

[Ab]|tren|nung, die; -, -en: *das Abtrennen; das Abgetrenntwerden.*

[ab]|tre|ten ⟨st. V.⟩: **1.** *[auf Befehl hin] eine bestimmte Stelle verlassen* ⟨ist⟩: Sie können a.; unter starkem Applaus trat die Schauspielerin ab *(verließ sie die Bühne).* **2. a)** *seinen Wirkungskreis verlassen, sich zurückziehen* ⟨ist⟩: als sie abtrat, hinterließ sie eine große Lücke; **b)** (ugs.) *sterben* ⟨ist⟩. **3.** ⟨hat⟩ **a)** *überlassen, zur Verfügung stellen:* jmdm. seinen Platz a.; **b)** *etw. auf jmdn. [juristisch] übertragen:* seine Ansprüche, Rechte einem anderen, an einen anderen a. **4.** ⟨hat⟩ **a)** *durch häufiges Begehen abnutzen:* den Teppich a.; **b)** *Schuhwerk u. Ä. durch langen Gebrauch abnutzen:* seine Schuhe rasch a.; abgetretene Absätze; **c)** ⟨a. + sich⟩ *sich durch Begehen abnutzen:* der Teppich tritt sich sehr schnell ab. **5.** ⟨hat⟩ **a)** *(auf etw. tretend) den Schmutz o. Ä. von den Schuhen entfernen:* hast du [dir] den Schnee abgetreten?; **b)** *(das Schuhwerk) von anhaftendem Schmutz o. Ä. säubern:* hast du [dir] die Stiefel/(ugs.:) die Füße an der Fußmatte abgetreten? **6.** *durch Darauf-, Darantreten losreißen* ⟨hat⟩: eine Wächte, ein Schneebrett a.; er hat ihr auf der Treppe den Absatz abgetreten.

[A]b|tre|ter, der; -s, -: *Fußmatte od. kleinerer Gitterrost zum Abtreten des Schmutzes von den Schuhen; Abstreifer.*

[A]b|tre|tung, die, -, -en: *das Abtreten* (3).

[A]b|trieb, der; -[e]s, -e: *das Treiben des Viehs von der Hochweide zu Tal:* der A. des Viehs von der Alm.

[A]b|trift usw.: ↑ Abdrift usw.

[a]b|trin|ken ⟨st. V.; hat⟩: **a)** *aus einem bis zum Rand vollen Trinkgefäß vorsichtig ein wenig trinken:* trink erst ab, damit du nichts verschüttest!; **b)** *das Oberste von etw. wegtrinken:* die Blume vom Bier a.

[A]b|tritt, der; -[e]s, -e: **1.** *das Abtreten* (1); *Abgang:* der A. von der Bühne; **2.** *das Abtreten* (2). **3.** (veraltend, noch landsch.) *[einfacher] Abort.*

[a]b|trock|nen ⟨sw. V.⟩: **1.** ⟨hat⟩ **a)** *(mit einem Handtuch o. Ä.) trockenreiben:* die Mutter trocknete sich, das Kind ab; ich trocknete mir die Hände ab; Geschirr a.; ⟨auch o. Akk.-Obj.:⟩ sie half ihm a.; **b)** *(Nasses, Feuchtes) wegwischen:* ich trocknete mir, dem Kind die Tränen ab. **2.** *trocken werden* ⟨ist/(auch:) hat⟩: die Straße trocknet ab; nach dem Regen ist/hat es schnell wieder abgetrocknet.

[a]b|trop|fen ⟨sw. V.; ist⟩: **1. a)** *in Form von Tropfen herabfallen:* der Regen tropft von den Bäumen ab; **b)** *anhaftende [Reste von] Flüssigkeit von etw. ablaufen lassen:* die Nudeln werden abgetropft; **c)** *Flüssigkeit in Form von Tropfen abgeben:* die Wäsche muss erst a. **2.** (Sport Jargon) *(vom Ball) gegen den Körper od. einen Körperteil prallen u. von dort fast senkrecht nach unten fallen:* den Ball von der Brust a. lassen.

[a]b|trot|ten ⟨sw. V.; ist⟩ (ugs.): *langsam, trottend davongehen:* missmutig a.

[a]b|trot|zen ⟨sw. V.; hat⟩: *(von jmdm.) durch Beharrlichkeit, Trotz erzwingen:* sie hat den Eltern die Heirat abgetrotzt.

[a]b|tru|deln ⟨sw. V.; ist⟩: **1.** (Fliegerspr.) *(von Flugzeugen) trudelnd abstürzen:* das Flugzeug trudelte [über den Schwanz] ab. **2.** (salopp) *weggehen:* ich trud[e]le ab.

[a]b|trün|nig ⟨Adj.⟩ [mhd. abetrünnec, ahd. ab(a)trunnīg, eigtl. = wer sich von etw. trennt]: *ungetreu, treulos:* ein -er Vasall; sie ist [der Partei] a. geworden *(hat sich [von ihr] abgewendet, ist abgefallen).*

[A]b|trün|ni|ge, der u. die; -n, -n ⟨Dekl. ↑ Abgeordnete⟩: *jmd., der abtrünnig ist.*

[A]b|trün|nig|keit, die; -: *das Abtrünnigsein.*

Abts|stab, der: *einem Abt als Zeichen seiner Macht und Würde verliehener Stab.*

[a]b|tun ⟨unr. V.; hat⟩: **1.** (ugs.) *ablegen* (1 a), *absetzen* (1): den Schlips, die Schürze, die Brille a. **2. a)** *einer [unangenehmen, lästigen] Sache keine Bedeutung beimessen u. sie beiseite, von sich schieben:* jmds. Einwände mit einer Handbewegung a.; etw. als unwichtig, unbegründet a.; **b)** *jmdm. die Anerkennung verweigern, ihn geringschätzig behandeln, übergehen:* jmdn. arrogant a. **3.** (seltener) *erledigen:* eine Sache so schnell wie möglich a.; ⟨meist im 2. Part. + sein:⟩ die Affäre war abgetan. **4.** (veraltet, noch landsch.) *töten.*

[a]b|tup|fen ⟨sw. V.; hat⟩: **a)** *[mit einem saugfähigen Stoff] tupfend entfernen:* ich tupfte das Blut [mit Watte] ab; **b)** *tupfend säubern:* ich tupfte mir die Stirn ab.

[1][a]b|tur|nen ⟨sw. V.; hat⟩: **a)** *zum letzten Mal in einem bestimmten Zeitabschnitt zum Turnen zusammenkommen:* wir turnen morgen ab; ⟨subst.:⟩ das Abturnen beendet die Freiluftsaison; **b)** vgl. abtrainieren.

[2][a]b|tur|nen[ˈaptœrnən] <sw. V.; hat>: *abtörnen.*

[a]b|tü|ten ⟨sw. V.; hat⟩: *in bestimmter Menge in Tüten abpacken:* Kartoffeln a.

[A]bu [auch: ˈabu]: Vater (in arab. Eigenn.).

[A]bu Dh[a]|bi: 1. Scheichtum der Vereinigten Arabischen Emirate. **2.** Hauptstadt von Abu Dhabi (1).

abun|d[a]nt ⟨Adj.⟩ [lat. abundans (Gen.: abundantis), 1. Part. von: abundare = überfließen] (bildungsspr., Wissenschaftsspr.): *häufig [vorkommend], reichlich:* das -e Vorkommen von etw.; eine -e Zahl (Math.; *natürliche Zahl, deren Doppeltes kleiner ist als die Summe aller ihrer Teiler*).

Abun|d[a]nz, die; - [lat. abundantia] (bildungsspr., Wissenschaftsspr.): *[große] Häufigkeit; Häufigkeit, Dichte des Vorkommens, Fülle.*

ab [u]r|be c[o]n|di|ta [lat.]: seit Gründung der Stadt [Rom] (altrömische Zeitrechnung, beginnend 753 v. Chr.); Abk.: a. u. c.

[a]b|ur|tei|len ⟨sw. V.; hat⟩: **1.** *[in einer Gerichtsverhandlung] verurteilen:* der Verbrecher wurde vom Schwurgericht abgeurteilt; eine Straftat a. **2.** *verdammen:* als Laie kann man diese Sache nicht einfach a.

[A]b|ur|tei|lung, die; -, -en: *das Aburteilen.*

Ab|usus [apˈ|uːzʊs], der; -, - [...zuːs; mlat. abusus] (bildungsspr., auch Med.): *Missbrauch, übermäßiger Gebrauch (z. B. von bestimmten Arznei- od. Genussmitteln).*

ABV = Abschnittsbevollmächtigte[r].

[A]b|ver|kauf, der; -[e]s: **a)** (bes. österr.) *Verkauf von Waren unter ihrem Wert;* **b)** (Kaufmannsspr.) *Verkauf in großen Mengen.*

[a]b|ver|kau|fen ⟨sw. V.; hat⟩: **a)** (bes. österr.) *einen Abverkauf veranstalten:* Ausstellungsstücke a.; **b)** (Kaufmannsspr.) *in großen Mengen verkaufen.*

[a]b|ver|lan|gen ⟨sw. V.; hat⟩: *[mit Dreistigkeit] von jmdm. für eine Gegenleistung fordern, als Preis verlangen:* er hat ihr für das alte Auto einen viel zu hohen Preis abverlangt; Ü du verlangst dir oft zu viel ab; ihr Verhalten verlangt uns Respekt ab.

[a]b|ver|mie|ten ⟨sw. V.; hat⟩: *weiter-, untervermieten:* ein Zimmer [an jmdn.] a.

[a]b|wä|gen ⟨st. u. sw. V.; wog/(auch:) wägte ab, hat abgewogen/(auch:) abgewägt⟩: **1.** *vergleichend u. prüfend genau bedenken, überlegen:* das Pro und Kontra einer Sache a.; man muss a., was wichtiger ist; etw. kritisch abwägend erörtern; sorgfältig abgewogene Worte. **2.** (veraltet) *das Gewicht, Maß von etw. feststellen.*

[A]b|wä|gung, die; -, -en: *das Abwägen.*

[A]b|wahl, die; -: *das Abwählen; das Abgewähltwerden:* er hat die Vorwände für seine A. selbst geliefert.

[a]b|wähl|bar ⟨Adj.⟩: **1.** *sich abwählen lassend:* ein -es Schulfach. **2.** *absetzbar* (3): der Papst ist nicht a.

[a]b|wäh|len ⟨sw. V.; hat⟩: **1.** *jmds. Wahl rückgängig machen:* der Vorsitzende wurde von den Mitgliedern abgewählt; er wurde im ersten Wahlgang als Klassensprecher abgewählt. **2.** (Schulw.) *(ein Fach) nicht mehr belegen:* sie hat Latein abgewählt.

[a]b|wäl|zen ⟨sw. V.; hat⟩: **1.** *durch Wälzen von einer Stelle entfernen.* **2.** *(Lästiges, Unangenehmes, Unerwünschtes) von sich schieben und einem anderen aufbürden:* die Verantwortung, Schuld auf einen anderen a.

[a]b|wan|deln ⟨sw. V.; hat⟩: **1.** *leicht verändern, teilweise anders machen, variieren:* ich wand[e]le das Thema ab; einen Ausspruch in abgewandelter Form wiederholen. **2.** (Sprachw. veraltet) *flektieren.*

Ạb|wan|de|lung (seltener): ↑Abwandlung.
ạb|wan|dern (sw. V.): **1. a)** (selten) *sich von einem Ort [wandernd] entfernen* ⟨ist⟩: er wanderte morgens ab; **b)** *ein Gebiet durchwandern* ⟨hat/ist⟩: wir wanderten den ganzen Schwarzwald ab. **2.** *(in einen anderen [Lebens- od. Berufs]bereich) überwechseln* ⟨ist⟩: viele arme Bauern sind [in die Stadt] abgewandert; Ü ⟨subst.:⟩ die Inserenten wandern von den Tageszeitungen ab. **3.** (Sport) *seinen Verein verlassen, um bei einem anderen zu spielen* ⟨ist⟩: einige Spieler sind abgewandert.
Ạb|wan|de|rung, die; -, -en: *das Abwandern* (1 b, 2, 3).
Ạb|wand|lung, die; -, -en: **1.** *das Abwandeln.* **2.** *abgewandelte Form, Variation:* ein Muster in vielfachen -en.
Ạb|wär|me, die (Technik): *bei einem wärmetechnischen Prozess entstehende, aber bei diesem nicht genutzte Wärme:* die A. von Kernkraftwerken; die A. nutzen, verwerten.
Ạb|wart, der; -s, -e, (seltener:) Abwärte (schweiz.): *Hausmeister, Hauswart.*
ạb|war|ten (sw. V.; hat): **1.** *auf das Eintreffen, Eintreten von etw., das Eintreffen von jmdm. warten:* eine günstige Gelegenheit, jmds. Antwort a.; den Briefträger a.; man musste untätig a.; sich abwartend verhalten. **2.** *auf das Ende von etw. warten:* das Unwetter a.
Ạb|war|tin, die; -, -nen: w. Form zu ↑Abwart.
ạb|wärts (Adv.) [↑-wärts]: *nach unten, hinunter, hinab:* a. gehen, fahren, steigen, klettern; schön, dass der Weg jetzt a. führt; Ü vom Major [an] a.; *** mit jmdm., etw. geht es a.** *(jmds. Situation o. Ä. verschlechtert sich):* mit ihr, mit ihrer Gesundheit, ihren Geschäften geht es a.
Ạb|wärts|be|we|gung, die: *nach unten führende Bewegung.*
Ạb|wärts|ent|wick|lung, die: vgl. Abwärtstrend.
ạb|wärts ge|hen: s. abwärts.
Ạb|wärts|trend, der: *Trend zum Schlechteren hin:* ein wirtschaftlicher A.; der A. setzt sich fort.
[1]Ạb|wasch, der; -[e]s (ugs.): **a)** *das Abwaschen:* machst du den A.?; *** das ist ein A.; das geht, das machen wir in einem A.** (↑Aufwasch); **b)** *zu spülendes Geschirr:* wir lassen den A. im Becken stehen.
[2]Ạb|wasch, die; -, -en (österr.): *Spülbecken.*
ạb|wasch|bar (Adj.): *sich abwaschen* (2) *lassend.*
ạb|wa|schen (st. V.; hat): **1.** *mit Wasser [und Seife o. Ä.] entfernen, wegwaschen:* den Schmutz [vom Gesicht] a. **2.** *mit Wasser [und Seife o. Ä.] reinigen:* das Gesicht a.; das Geschirr a.; wollen wir gleich a.?; *** das ist ein Abwaschen; das geht, das machen wir in einem A.** (salopp; ↑Aufwasch 1).
Ạb|wa|schung, die; -, -en: *das Abwaschen des Körpers od. von Körperteilen [um den Kreislauf anzuregen u. sich abzuhärten]:* kalte, [wechsel]warme -en.
Ạb|wasch|was|ser, das ⟨Pl. ...wässer⟩: **1.** *für den [1]Abwasch bestimmtes Wasser.* **2.** *trübes Wasser, das zum [1]Abwasch gebraucht wurde.*
Ạb|was|ser, das; -s, Abwässer (Technik): *durch häuslichen, gewerblichen od. industriellen Gebrauch verunreinigtes abfließendes Wasser:* A. reinigen, aufbereiten; Abwässer in einen Fluss einleiten.
Ạb|was|ser|auf|be|rei|tung, die (Technik): *das Aufbereiten von Abwasser.*
Ạb|was|ser|ka|nal, der: *Kanal für Abwasser.*
Ạb|was|ser|lei|tung, die: vgl. Abwasserkanal.
Ạb|was|ser|rei|ni|gung, die: *Reinigung von Abwasser (mithilfe von Kläranlagen o. Ä.).*
ạb|wat|schen (sw. V.; hat) [zu ↑Watsche] (bayr., österr. ugs.): **a.** *heftig ohrfeigen:* er hat ihn erbärmlich abgewatscht; **b.** *heftig kritisieren:* er musste sich für seine Äußerungen öffentlich a. lassen.
ạb|wech|seln, sich (sw. V.; hat): **1.** *im Wechsel aufeinander folgen:* Regen und Sonnenschein wechselten sich/(auch:) einander ab; ⟨auch ohne »sich«:⟩ die Farben der Beleuchtung wechselten ständig ab; ⟨oft im 1. Part.:⟩ sie heulte und fluchte abwechselnd. **2.** *sich bei etw. ablösen, miteinander wechseln:* ich wechs[e]le mich bei der Wache immer mit ihr ab; wir wechselten uns/(auch:) einander ab; ⟨auch ohne »sich«:⟩ die beiden wechseln in der Pflege des Kranken ab.
Ạb|wech|se|lung (selten), **Ạb|wechs|lung,** die; -, -en: *Unterbrechung des Einerleis:* eine willkommene A.; keine A. haben; A. in etw. bringen; das Leben hier bietet wenig A.; für A. sorgen; zur A. fährt sie mal alleine fort; *** die A. lieben** (ugs.; *häufig den Partner, die Partnerin wechseln).*
ạb|wechs|lungs|los (Adj.): *ohne Abwechslung; eintönig.*
ạb|wechs|lungs|reich (Adj.): *reich an Abwechslung; nicht eintönig:* es waren -e Tage.
Ạb|weg, der; -[e]s, -e ⟨meist Pl.⟩: *moralisch oder gedanklich falscher Weg, Irrweg:* auf -e geraten.
ạb|we|gig (Adj.): *irrig, verfehlt:* ein -er Gedanke; eine -e Frage; ich finde das nicht so a.
Ạb|we|gig|keit, die; -, -en ⟨Pl. selten⟩: *das Abwegigsein.*
Ạb|wehr, die; -: **1. a)** *ablehnende Haltung, innerer Widerstand gegen jmdn., etw.:* er spürte ihre stumme A.; auf A. stoßen; mit innerer A. reagieren; **b)** *das Abwehren von etw., Zurückweisung:* die A. staatlicher Eingriffe; **c)** *Verteidigung gegen jmdn., etw.:* die A. des Feindes war nur gering. **2.** (Milit.) **a)** *Widerstand leistende Truppe:* die A. wurde vernichtet; **b)** kurz für ↑Abwehrdienst. **3.** (Sport) **a)** *Gesamtheit der verteidigenden Spieler einer Mannschaft:* eine stabile A.; die A. überlaufen; **b)** *Aktion, mit der der Ball abgewehrt wird:* eine riskante A.
Ạb|wehr|ak|ti|on, die: *Aktion des Abwehrens.*
Ạb|wehr|dienst, der (Milit.): *Geheimdienst zur Verhinderung von Spionage.*
ạb|weh|ren (sw. V.; hat): **1.** *abschlagen, zurückschlagen:* den Feind, einen Angriff a.; (Sport:) einen Eckball a. **2.** *erfolgreich abwenden; vereiteln:* ein Unheil, eine Gefahr a.; das Schlimmste konnte ich a. **3.** *von sich weisen; zurückweisen; sich gegen etw. wehren:* eine Zumutung, einen Verdacht, jmds. Dank a. **4.** *nicht zulassen; fern halten; verscheuchen:* einen Besucher, Neugierige, Fliegen von jmdm. a. **5.** *auf etw. ablehnend reagieren:* als sie das hörte, wehrte sie erschrocken ab; abwehrend die Hand heben.
Ạb|wehr|ket|te, die (Sport): *bei einem gegnerischen Angriff auf gleicher Höhe stehende Abwehrspieler:* eine dichte A. durchbrechen.
Ạb|wehr|kraft, die ⟨meist Pl.⟩ (bes. Physiol.): *Fähigkeit des Organismus, Krankheitserreger, Allergene u. Ä. abzuwehren:* zur Stärkung der Abwehrkräfte empfehlen sich meist natürliche Mittel.
Ạb|wehr|me|cha|nis|mus, der: **1.** (Psychoanalyse) *unbewusste Verhaltensweise gegenüber Triebforderungen, die von der Kontrollinstanz (dem sog. Über-Ich) nicht gebilligt werden.* **2.** (Physiol.) *im Körper wirksamer Mechanismus in der Abwehr fremder Stoffe.*
Ạb|wehr|re|ak|ti|on, die (bes. Physiol., Verhaltensf.): *Reaktion, mit der etw. abgewehrt werden soll.*
Ạb|wehr|schlacht, die (Milit.): *heftige, der Verteidigung dienende Schlacht;* Ü das Fußballspiel war eine einzige A.
Ạb|wehr|spie|ler, der (Sport): *Verteidiger.*
Ạb|wehr|spie|le|rin, die: w. Form zu ↑Abwehrspieler.
Ạb|wehr|stoff, der (Med.): *Antikörper.*
[1]ạb|wei|chen (sw. V.): **a)** *(Haftendes, Festgeklebtes) durch Feuchtigkeit weich machen und ablösen* ⟨hat⟩: das Etikett [von der Flasche] a.; **b)** *(von etw. Haftendem, Festgeklebtem) durch Feuchtigkeit weich werden u. sich ablösen* ⟨ist⟩: das Plakat weichte ab.
[2]ạb|wei|chen (st. V.; ist): **1.** *eine eingeschlagene Richtung verlassen, sich von ihr entfernen:* vom vorgeschriebenen Kurs, von der Straße a.; Ü sie ist niemals von ihren Grundsätzen abgewichen *(ihnen nicht untreu geworden).* **2.** *verschieden sein, sich unterscheiden:* die Fassung weicht im Wortlaut von der anderen ab; abweichende Ansichten.
Ạb|weich|ler, der; -s, - [für russ. uklonist]: *jmd., der von einer [politischen] Lehrmeinung o. Ä. abweicht.*
Ạb|weich|le|rin, die; -, -nen: w. Form zu ↑Abweichler.
ạb|weich|le|risch (Adj.): *in der Weise eines Abweichlers, einer Abweichlerin [handelnd]:* ei[n] -er Kurs.
Ạb|wei|chung, die; -, -en: **1.** *das [2]Abweichen:* ein[e] A. von der Regel; linke, rechte -en von der Parteilinie. **2.** *Unterschied, Differenz:* es gibt erheb[liche] -en in ihrer Auffassung von der Sache.
ạb|wei|den (sw. V.; hat): **a)** *weidend abfressen:* das Gras a.; **b)** *abgrasen* (1): die Wiesen, Hänge a.
ạb|wei|sen (st. V.; hat): **a)** *nicht zu sich lassen, nicht vorlassen; von sich weisen, zurückweisen:* einen Bettler, die Besucher, Neugierige a.; jmd[n.] abweisend behandeln; **b)** *ablehnen:* jmds. Ange[bot], einen Antrag, eine Klage a.; **c)** *zurückschla[gen], abwehren:* die Angreifer, einen Angriff a.
Ạb|wei|sung, die; -, -en: *das Abweisen; das Abge[]wiesenwerden.*
ạb|wen|den (unr. V.): **1.** ⟨wandte/wendete ab, ha[t] abgewandt/abgewendet⟩ *(sich, etw.) nach der anderen Seite wenden, von etw. wegwenden:* den Blick, die Augen, den Kopf a.; ich wandte/wendete mich schnell ab; er wendet sich entsetzt ab; mit abgewandtem/abgewendetem Gesicht dasitzen; Ü sie hat sich [innerlich] von ihren Freunden abgewandt/abgewendet. **2.** ⟨wendete ab, hat abgewendet⟩ **a)** *ablenken, ableiten:* einen Hieb, Schlag a.; **b)** *verhindern, von jmdm. fern halten:* eine Katastrophe, Gefahr, drohendes Unheil a.
Ạb|wen|dung, die; -: **1.** *Abkehr von jmdm., einer Sache:* die A. von einer bestimmten Politik. **2.** *Verhinderung:* die A. der Not, Gefahr.
ạb|wer|ben (st. V.; hat) (bes. Wirtsch.): *jmdn. einer Firma, Mannschaft o. Ä. durch Unterbrei[]tung eines guten Angebots abspenstig machen, um ihn für die eigene zu gewinnen:* Arbeitskräfte a.
Ạb|wer|bung, die; -, -en: *das Abwerben.*
ạb|wer|fen (st. V.; hat) [3: urspr. von Früchten, d[ie] ein Obstbaum zur Erde wirft]: **1. a)** *aus der Höhe herabfallen lassen, herunterwerfen:* Bomben, Flugblätter, Ballast a.; **b)** *(etw. Lästiges) vo[n] sich werfen:* seinen Mantel, die Bettdecke a.; da[s] Pferd warf die Reiterin ab; Ü Zwänge a.; **c)** (Ka[r]tenspiel) *(eine Karte, Farbe) ablegen:* eine Farb[e], den König a.; **d)** *sich von etw. Bedrückendem befreien:* das Joch der Sklaverei, eine Bürde a. **2.** (Sport) **a)** *herunterstoßen:* beim Hochsprung die Latte a.; **b)** (Fußball) *(vom Torwart) den Ba[ll] ins Spielfeld werfen:* der Torwart wirft ab; **c)** (Schlag-, Völkerball) *einen Gegenspieler durch einen Wurf mit dem Ball treffen u. so aus[]schalten.* **3.** *(finanziell, als Ertrag) einbringen:* Gewinne a.
ạb|wer|ten (sw. V.; hat): **1.** (Geldw.) *die Kaufkraf[t] von etw. herabsetzen, vermindern:* den Dollar a. **2.** *in seinem Wert, in seiner Bedeutung herabse[t]zen:* Ideale a.; er wertet alles ab; eine abwertende Kritik.
Ạb|wer|tung, die; -, -en: *das Abwerten, Abgewer[]tetwerden.*
ạb|we|send (Adj.) [1: aus dem Niederd., für lat. absens, ↑absent]: **1.** *nicht an dem erwarteten Ort befindlich, nicht zugegen, nicht vorhanden nicht da:* der -e Geschäftsführer; er war viel vo[n] zu Hause a. **2.** *in Gedanken verloren, nicht bei der Sache, unaufmerksam:* mit -en Blicken, Augen; a. lächeln.
Ạb|we|sen|de, der u. die; -n, -n ⟨Dekl. ↑Abgeordnete⟩: *jmd., der abwesend (1) ist.*
Ạb|we|sen|heit, die; -, -en ⟨Pl. selten⟩: **1.** *körperli[]ches Abwesendsein:* ferienbedingte, häufige -er jmds. A. zu etw. benutzen; in, während meiner A.; jmdn. in A. verurteilen; Ü die A. *(das Fehlen* störender Einflüsse; *** durch A. glänzen** (iron.; *durch Abwesenheit auffallen;* nach frz. briller

par son absence, dies nach Tacitus, Annalen III, 76). 2. *geistiges Abwesendsein:* er saß in völliger A. da.

Ab|wet|ter ⟨Pl.⟩ (Bergbau): *verbrauchte Grubenluft:* die A. abführen.

ab|wet|tern ⟨sw. V.; hat⟩ (Seemannsspr.): *(einen Sturm) auf See überstehen (bes. von Segelschiffen, -booten):* einen Sturm abwettern.

ab|wet|zen ⟨sw. V.⟩: **1.** ⟨hat⟩ **a)** (seltener) *durch Wetzen entfernen:* den Rost [von der Sense] a.; **b)** *(von Kleidungsstücken, Polstern o. Ä.) durch Reiben bewirken, dass etw. dünn, speckig glänzend wird:* du hast den Mantel an der Seite mit der Tasche ganz abgewetzt; abgewetzte Hosen, Sitze. **2.** (ugs.) *schnell davonlaufen* ⟨ist⟩: er ist eben zum Bus abgewetzt.

ab|wi|ckeln ⟨sw. V.; hat⟩: **1.** *(Aufgewickeltes, Aufgerolltes) vom Knäuel, von der Rolle u. Ä. wickeln:* ich wick[e]le den Faden ab; ein Kabel a.; ich wickelte [mir] den Verband ab. **2. a)** *ordnungsgemäß ausführen, erledigen:* ein Geschäft, einen Auftrag a.; **b)** *ordnungsgemäß ablaufen lassen:* eine Veranstaltung a. **3.** ⟨a. + sich⟩ *ordnungsgemäß hintereinander ablaufen:* der Verkehr wickelt sich reibungslos ab. **4.** (Wirtsch.) *liquidieren* (1 a): eine Firma, ein Unternehmen a.

Ab|wi|cke|lung (seltener): ↑Abwicklung.

Ab|wick|lung, Abwickelung, die; -, -en: *das [Sich]abwickeln; das Abgewickeltwerden.*

ab|wie|geln ⟨sw. V.; hat⟩: **1.** (seltener) *jmdn. (meist eine aufgebrachte Menschenmenge) beschwichtigen:* er versuchte, die erboste Menge abzuwiegeln. **2.** (oft abwertend) *jmds. (berechtigte) Erregung durch Herunterspielen, Verharmlosung ihrer Ursachen dämpfen:* in der Diskussion versuchte er immer wieder abzuwiegeln.

Ab|wie|ge|lung, Abwieglung, die; -: *das Abwiegeln.*

ab|wie|gen ⟨st. V.; hat⟩: **1.** *so viel von einer größeren Menge wiegen, bis die gewünschte Menge erreicht ist:* Äpfel, Kartoffeln, die Zutaten a. **2.** *durch genaues Wiegen das präzise Gewicht von jmdm., einer Sache feststellen:* die Ernte a.

Ab|wieg|lung, die; -: ↑Abwiegelung.

ab|wim|meln ⟨sw. V.; hat⟩ (ugs.): *(eine Person od. Sache, die als lästig empfunden wird) von sich schieben, abweisen:* eine Arbeit, einen Auftrag a.; ich wimm[e]le den Frager ab.

Ab|wind, der; -[e]s, -e: **1.** (Met.): *abwärts gerichtete Luftströmung.* **2.** (Flugw.) *abwärts gerichteter Luftstrom im Bereich eines Tragflügels.*

ab|win|keln ⟨sw. V.; hat⟩: *so halten, dass ein Winkel entsteht:* das Bein a.

ab|win|ken ⟨sw. V.; hat⟩: **1.** *[mit einer Handbewegung] seine Ablehnung zum Ausdruck bringen, zu verstehen geben:* ärgerlich, ungeduldig a. **2.** (Motorsport) **a)** *durch ein Winkzeichen beenden:* ein Rennen a.; ***bis zum Abwinken** (ugs.; *in Hülle u. Fülle, bis zum Überdruss*): es gab Champagner bis zum A.; **b)** *durch ein Winkzeichen zum Anhalten bewegen:* einen Rennfahrer a.

ab|wirt|schaf|ten ⟨sw. V.; hat⟩: **a)** *durch schlechtes Wirtschaften herunterkommen, seine Existenzgrundlage vernichten:* die Firma, der Unternehmer hat abgewirtschaftet; Ü diese Partei hat [bei den Wählern] abgewirtschaftet; **b)** *durch schlechtes Wirtschaften herunterbringen:* seinen Hof abgewirtschaftet haben; ein abgewirtschaftetes Gut.

ab|wi|schen ⟨sw. V.; hat⟩: **a)** *durch Wischen entfernen:* den Staub, jmds. Tränen, sich den Schweiß von der Stirn a.; **b)** *durch Wischen reinigen:* den Tisch mit einem Tuch a.; ich wischte mir die Hände an der Hose ab.

ab|woh|nen ⟨sw. V.; hat⟩ (ugs.): **1.** *durch langes Wohnen abnutzen, verwohnen:* eine Wohnung a.; abgewohnte Räume. **2.** *eine im Voraus gezahlte Geldsumme mit der Miete verrechnen:* einen Baukostenzuschuss a.

ab|wra|cken ⟨sw. V.; hat⟩: *(bes. Schiffe) zerlegen u. verschrotten:* ein Schiff a.; Ü ein abgewrackter Komiker.

Ab|wra|ckung, die; -, -en: *das Abwracken.*

Ạb|wurf, der; -[e]s, Abwürfe: **1.** *das Abwerfen* (1 a): der A. einer Wasserstoffbombe. **2.** (Sport) **a)** *das Abwerfen* (2 b); **b)** (Ballspiele) *vom Torwart abgeworfener Ball;* **c)** (Schlag-, Völkerball) *Wurf, mit dem ein Gegenspieler getroffen u. ausgeschaltet wird.*

ạb|wür|gen ⟨sw. V.; hat⟩: **1.** (selten) *durch Würgen töten:* der Marder würgte das Huhn ab. **2.** *(autoritär, mit undemokratischen Mitteln) unmöglich machen, unterdrücken:* eine Diskussion, eine Forderung, einen Streik a. **3.** (ugs.) *(den Kfz-Motor) durch Einlegen eines zu großen Ganges* (6 a) *od. zu schnelles Loslassen der Kupplung beim Anfahren od. durch Unterlassen des Auskuppelns beim Anhalten zum Stillstand bringen:* den Motor a.

abys|sisch ⟨Adj.⟩ [zu ↑Abyssus]: **1.** (Geol.) *aus den Tiefen der Erde stammend:* -e Gesteine. **2.** (Meeresk.) *zum Tiefseebereich gehörend:* -e Ablagerungen; in -en Tiefen; -e Region. **3.** (bildungsspr. veraltet) *abgrundtief.*

Abys|sus, der; - [mhd. abyss(e) < spätlat. abyssus < griech. ábyssos = Abgrund] (veraltet): **1.** *Abgrund* (1). **2.** *Unterwelt.*

ạb|zah|len ⟨sw. V.; hat⟩: **a)** *in Raten bezahlen:* ein Auto, die Waschmaschine a.; **b)** *zurückzahlen:* ich muss das Darlehen [mit monatlich hundert Mark] a.

ạb|zäh|len ⟨sw. V.; hat⟩: **a)** *zählen, um die vorhandene Anzahl festzustellen:* die Anwesenden a.; Wäsche a. *(die Anzahl der jeweiligen Stücke feststellen);* das Geld abgezählt *(passend)* bereithalten; **b)** (Sport, Milit.) *Gruppen bilden, indem fortlaufend immer nur bis zu einer bestimmten Anzahl gezählt wird:* [zu zweien, zu vieren] a.!; **c)** *eine bestimmte Anzahl zählend von einer Menge wegnehmen:* Zigaretten, Knöpfe, Nägel, Schrauben a.; **d)** *durch Zählen entscheiden:* die Kinder zählen ab *(bestimmen mithilfe eines Abzählreims),* wer Blindekuh sein soll.

Ạb|zähl|reim, der: *Abzählvers.*

Ạb|zah|lung, die; -, -en: *Raten-, Teilzahlung:* etw. auf A. [ver]kaufen.

Ạb|zah|lungs|ver|pflich|tung, die: *Verpflichtung, Abzahlungen zu leisten.*

Ạb|zähl|vers, der: *Reim* (b), *mit dessen Hilfe ein Kind durch eine Zufallsentscheidung für etw. (ein Spiel) bestimmt wird; Abzählreim.*

ạb|zap|fen ⟨sw. V.; hat⟩: **a)** *zapfend entnehmen:* Wein, Bier a.; jmdm. Blut a. (ugs.; *aus der Vene abnehmen*); Ü jmdm. Geld a. (ugs.; *es unbescheiden, dreist von ihm fordern u. erhalten*); **b)** (selten) *zapfend allmählich leeren:* ein Fass a.

ạb|zäu|men ⟨sw. V.; hat⟩: *einem Reit- od. Zugtier das Zaumzeug abnehmen.*

ạb|zäu|nen ⟨sw. V.; hat⟩: *durch einen Zaun abtrennen:* ein Grundstück, Lager a.

Ạb|zäu|nung, die; -, -en: **1.** *das Abzäunen; das Abgezäuntwerden.* **2.** *Zaun:* die A. wurde niedergerissen.

ạb|zeh|ren ⟨sw. V.; hat⟩: *abmagern lassen, allmählich entkräften:* die Krankheit hatte ihn völlig abgezehrt; abgezehrt sein, aussehen; ein abgezehrter Körper.

Ạb|zeh|rung, die; - (veraltet): *Abmagerung, Kräfteverfall.*

Ạb|zei|chen, das; -s, - [urspr. = (Kenn)zeichen]: **a)** *Anstecknadel als Kennzeichen einer Zugehörigkeit, Mitgliedschaft:* ein A. am Rockaufschlag tragen; **b)** *Plakette:* wir verkaufen morgen A. für die Caritas; **c)** *[Erkennungs-, Kenn]zeichen, Merkmal, Attribut:* er trug die A. eines Generals; **d)** (Viehzucht) *bei Haustieren von der Grundfarbe abweichender, meist weißer Fleck im Fell.*

ạb|zeich|nen ⟨sw. V.; hat⟩: **1.** *zeichnend genau wiedergeben, genau nach einer Vorlage zeichnen:* eine Blume, ein Bild a. **2.** *mit seinem Namenszeichen versehen; als gesehen kennzeichnen:* einen Bericht a. **3.** ⟨a. + sich⟩ **a)** *sich abheben, in seinen Umrissen [deutlich] erkennbar sein:* die Konturen, Umrisse von etw. zeichnen sich auf einem Hintergrund ab; Ü eine Entwicklung, Tendenz, Gefahr zeichnet sich ab *(wird erkennbar, deutet sich an);* **b)** *sich widerspiegeln, sichtbar werden:* in seinem Gesicht zeichnete sich ein plötzliches Erschrecken ab.

Ạb|zeich|nung, die; -, -en: *das Abzeichnen* (2).

Ạb|zieh|bild, das: *Bild, das spiegelverkehrt auf ein wasserlöslich grundiertes Papier gedruckt ist u. nach Anfeuchten auf einen Gegenstand übertragen werden kann, wobei das Papier abgezogen wird:* -er abziehen.

ạb|zie|hen ⟨unr. V.⟩: **1.** ⟨hat⟩ **a)** *[von, aus etw.] ziehend entfernen, weg-, herunter-, herausziehen:* den Zündschlüssel a.; einen Ring vom Finger a.; **b)** (landsch.) *(bes. eine Kopfbedeckung) abnehmen, ablegen:* die Mütze a. **2.** ⟨hat⟩ **a)** *(von einem Tier) das Fell, die Haut entfernen:* dem Hasen das Fell a.; **b)** *(vom Körper eines erlegten, geschlachteten Tieres) das Fell, die Haut ziehend entfernen:* den Hasen a. **3.** *durch Weg-, Herunterziehen von etw. frei machen* ⟨hat⟩: Pfirsiche, Tomaten a.; die Bohnen müssen abgezogen *(von den Fäden befreit)* werden. **4.** ⟨hat⟩ **a)** *die Bettwäsche vom Bett abnehmen:* das Bettzeug, den Bezug a.; **b)** *ein Bett von der Bettwäsche frei machen:* die Betten a. **5.** *den Abzug einer Waffe o. Ä. betätigen* ⟨hat⟩: die Handgranate a.; er lud durch und zog ab. **6.** *durch Abschleifen von Unebenheiten glätten* ⟨hat⟩: das Parkett [mit Stahlspänen] a. **7.** *(eine Klinge) schärfen* (1) ⟨hat⟩: das Messer auf einem Stein a. **8.** ⟨hat⟩ **a)** (Fot.) *einen Abzug* (2 a) *machen:* ein Negativ a. lassen; **b)** (Druckw.) *einen Abdruck von etw. machen, vervielfältigen:* einen Text [20 Mal] a. **9.** (Kochk.) *mit etw. (bes. Eidotter) verrühren u. dadurch eindicken; legieren* ⟨hat⟩: die Suppe a. **10. a)** *(aus einem Fass o. Ä. entnehmen u.) in Flaschen abfüllen* ⟨hat⟩: Wein, Most [auf Flaschen] a. **b)** (Winzerspr.) *(von jungem Wein) von einem Fass in ein anderes umfüllen u. dadurch vom Bodensatz trennen.* **11.** (Textilw.) *(eine Farbe aus einem Stoff) herausziehen* ⟨hat⟩: die alte dunkle Farbe a. **12.** (Milit.) *(Truppen, Waffen) zurückziehen* ⟨hat⟩: Truppen a. **13.** *weglocken, entziehen* ⟨hat⟩: die vielen Ablenkungen zogen ihn von seiner Arbeit ab, zogen seine Aufmerksamkeit ab. **14. a)** *von etw. abrechnen, durch Subtraktion wegnehmen, subtrahieren* ⟨hat⟩: 20 von 100 a.; **b)** *den Preis berechnen u. kassieren:* können Sie bitte der Kundin rasch noch den Liter Milch a.? **15.** (salopp) *vonstatten gehen lassen, routinemäßig durchführen, veranstalten* ⟨hat⟩: eine Party, eine Fete a. **16.** *von einer Luftströmung weggetragen werden; wegziehen* ⟨ist⟩: der Rauch, der Nebel, die Gewitterfront zieht ab. **17.** ⟨ist⟩ **a)** (Milit.) *abrücken, abmarschieren:* die Truppen zogen ab; **b)** (ugs.) *weggehen, sich entfernen:* das kleine Mädchen zog strahlend ab. **18.** (Ballspiele Jargon) *plötzlich wuchtig schießen* ⟨hat⟩: der Torjäger zog entschlossen ab.

Ạb|zieh|stein, der: *feinkörniger Stein zum [Nach]schleifen von Schneidewerkzeugen.*

ạb|zie|len ⟨sw. V.; hat⟩: *zum Ziel haben, anstreben; auf etw. hinzielen, gerichtet sein:* sie zielt mit ihren Worten auf das Mitgefühl der Zuhörenden ab; eine auf Gewinn abzielende Taktik.

ạb|zin|sen ⟨sw. V.; hat⟩ (Bankw.): *das Anfangskapital aus einem gegebenen Endkapital ermitteln:* später fällige Zahlungen a.; abgezinste Wertpapiere.

Ạb|zin|sung, die; -, -en: *das Abzinsen.*

ạb|zir|keln ⟨sw. V.; hat⟩: *[mit dem Zirkel] genau abmessen:* eine Entfernung auf der Karte a.; Beete, Wege genau a.; Ü seine Worte a. *(abwägen, wohl überlegt setzen).*

Ạb|zir|ke|lung, Ạb|zirk|lung, die; -, -en: *das Abzirkeln.*

ạb|zi|schen ⟨sw. V.; ist⟩ (salopp): *sich schnell entfernen:* zisch ab!

ạb|zit|tern ⟨sw. V.; ist⟩ (salopp): *sich entfernen:* zittere bloß ab!

ạb|zo|cken ⟨sw. V.; hat⟩ (salopp): **a)** *ausnehmen* (3 a): wir wollen uns hier nicht a. lassen; **b)** *abgaunern:* wegen abgezockter öffentlicher Mittel vor Gericht stehen.

Ạb|zo|cker, der; -s, - (salopp): *jmd., der andere [auf hinterlistige, unredliche Weise] finanziell übervorteilt, sie um ihr Geld bringt:* er ist als A. bekannt.

Ạb|zo|cke|rin, die; -, -nen: w. Form zu ↑Abzocker.

ạb|zot|teln ⟨sw. V.; ist⟩ (salopp): *sich langsam, trottend entfernen:* ich zott[e]le ab.

Ạb|zug, der; -[e]s, Abzüge: **1.** *Hebel an Schusswaffen zum Auslösen des Schusses:* den Finger am A. haben. **2. a)** (Fot.) *von einem Negativ hergestelltes Positiv:* Abzüge machen lassen; **b)** (Druckw.) [1]*Abdruck* (2). **3. a)** *das Abziehen* (14); *Abrechnung:* nach A. der Unkosten; *** etw. in A. bringen** (Papierdt.; *etw. bei einer Berechnung abziehen*); **b)** ⟨Pl.⟩ *Steuern, Abgaben:* meine Abzüge sind sehr hoch. **4. a)** ⟨o. Pl.⟩ *das Abziehen* (16): wir müssen für ausreichenden A. [der Gase] sorgen; **b)** *Vorrichtung, Öffnung, durch die etw. abziehen* (16) *kann:* ein A. für den Rauch. **5.** ⟨Pl. selten⟩ (bes. Milit.) *das Abrücken, der Abmarsch:* der A. der Besatzungstruppen.

ạb|züg|lich ⟨Präp. mit Gen.⟩ (bes. Kaufmannsspr.): *nach, unter Abzug* (3 a): a. des gewährten Rabatts; ⟨ein folgendes allein stehendes, stark gebeugtes Subst. im Sg. bleibt ungebeugt:⟩ a. Rabatt; ⟨mit Dat. bei allein stehendem Subst. im Pl.:⟩ a. Getränken.

ạb|zugs|fä|hig ⟨Adj.⟩ (Steuerw.): *sich bei der Berechnung des steuerpflichtigen Einkommens abziehen lassend:* -e Ausgaben.

ạb|zugs|frei ⟨Adj.⟩: *frei von Steuerabzügen.*

Ạb|zugs|gra|ben, der: *Abfluss-, Entwässerungsgraben.*

Ạb|zugs|hau|be, die: *dem Dunstabzug dienende haubenartige Vorrichtung über Feuerungen, Kochherden o. Ä.*

Ạb|zugs|he|bel, der: *Hahn* (4).

Ạb|zugs|schacht, der (Bauw.): *Schacht zum Abzug von Dämpfen, Gasen, Gerüchen.*

Ạb|zugs|vor|rich|tung, die: *Vorrichtung zum Abziehen* (5, 16).

ạb|zup|fen ⟨sw. V.; hat⟩: **a)** *durch Zupfen von etw. lösen, abtrennen:* die [Blüten]blätter, Beeren, Stiele a.; **b)** *durch Zupfen von etw. frei machen:* abgezupfte Traubenstiele.

ạb|zwa|cken ⟨sw. V.; hat⟩ (ugs.): **1.** *abkneifen* (1): ein Stück Draht a. **2.** *[aus Kleinlichkeit] abziehen, entziehen; abknapsen:* vom Haushaltsgeld zehn Mark für Kosmetik a.; Ü sich ein wenig Zeit für etw. a.

Ạb|zweig, der; -[e]s, -e: **1.** (Verkehrsw.) *abzweigende Autobahn, Straße:* ein A. von der Autobahn. **2.** (Technik) *Teilstück, das zum Abzweigen einer Rohrleitung verwendet wird.*

Ạb|zweig|do|se, die (Elektrot.): *(bei elektrischen Installationen) einer Dose ähnlicher, mit Löchern versehener Gegenstand zum Abzweigen elektrischer Leitungen; Verteilerdose.*

ạb|zwei|gen ⟨sw. V.⟩: **1.** ⟨ist⟩ **a)** *(von Wegen o. Ä.) seitlich abgehen, in eine andere Richtung führen:* dort zweigt ein Weg von der Landstraße, zum Dorf ab; **b)** (seltener) *(von Personen) sich von einer als Hauptrichtung angesehenen Richtung entfernen, sie verlassen:* weiter unten zweigt er vom Weg ab. **2.** *zu einem bestimmten Zweck von etw. wegnehmen* ⟨hat⟩: einen Teil des Geldes für den Urlaub a.

Ạb|zwei|gung, die; -, -en: **1.** *Stelle, an der von einer Straße o. Ä. eine andere abzweigt.* **2.** *Strecke, Leitung o. Ä., die von einer zentralen Strecke, Leitung o. Ä. abzweigt.*

ạb|zwi|cken ⟨sw. V.; hat⟩: *abkneifen* (1): ein Stück Draht a.

ạb|zwin|gen ⟨st. V.; hat⟩: *durch intensive Bemühung, durch einen gewissen Zwang erhalten, erreichen; jmdm., sich abnötigen, abringen:* dem Gegner Bewunderung a.; jmdm. ein Versprechen, ein Zugeständnis a.; ich zwang mir ein Lächeln ab *(zwang mich zu lächeln).*

ạb|zwit|schern ⟨sw. V.; ist⟩ (salopp): *davongehen, sich entfernen:* lasst uns nach dem Frühstück a.

Ac = Actinium.

a c. = a conto.

à c. = à condition.

a. c. = anni currentis; anno currente.

a cap|pẹl|la [ital., zu: cappella = [1]Kapelle, d. h. in der Art eines hier singenden Chores] (Musik): *(vom Chorgesang) ohne Begleitung von Instrumenten:* die Chöre sind alle a c.; a c. singen.

A-cap|pẹl|la-Chor, der: *Chor, der ohne Instrumentalbegleitung singt.*

acc. c. inf. = accusativus cum infinitivo (↑Akkusativ).

ac|cel. = accelerando.

ac|ce|le|ran|do [atʃeleˈrando] ⟨Adv.⟩ [ital., zu: accelerare = beschleunigen] (Musik): *schneller werdend;* Abk.: accel.

Ac|cent ai|gu [aksãteˈgy], der; - -, -s -s [aksãteˈgy; frz. accent aigu, aus: accent (< lat. accentus, ↑Akzent) u. aigu < lat. acutus = scharf, spitz]: *Akut im Französischen* (é).

Ac|cent cir|con|flexe [aksãsirkõˈflɛks], der; - -, -s -s [aksãsirkõˈflɛks; frz. accent circonflexe, aus: accent (↑Accent aigu) u. circonflexe < lat. circumflexum, 2. Part. von: circumflectere = umbiegen, eine Silbe lang betonen]: *Zirkumflex im Französischen* (ê).

Ac|cent grave [aksãˈgra:v], der; - -, -s -s [aksãˈgra:v; frz. accent grave, aus: accent (↑Accent aigu) u. grave < lat. gravis, ↑Gravis]: *Gravis im Französischen* (è).

Ac|cen|tus [akˈtsɛntʊs], der; -, - [...tu:s; lat. accentus, ↑Akzent]: *Sprechgesang in der Liturgie der katholischen u. protestantischen Kirche.*

Ac|ces|soire [aksɛˈsoa:ɐ̯], das; -s, -s [aksɛˈsoa:ɐ̯(s)] ⟨meist Pl.⟩ [frz. accessoires (Pl.), eigtl. = Nebensachen, zu lat. accessum, 2. Part. von: accedere = hinzukommen]: *modisches Zubehör zur Kleidung, zur Wohnung, zum Auto u. Ä.:* die -s aufeinander abstimmen.

Ạc|cra: Hauptstadt von Ghana.

Acẹl|la®, das; - [Kunstwort]: *Kunststofffolie aus Polyvinylchlorid für Wandverkleidungen u. a.*

Acẹt|al|de|hyd, der [zu ↑Acetat u. ↑Aldehyd] (Chemie): *farblose Flüssigkeit von betäubendem Geruch, die ein wichtiger Ausgangsstoff od. ein wichtiges Zwischenprodukt bei chemischen Synthesen ist.*

Ace|tạt, das; -s, -e [zu lat. acetum = (Wein)essig] (Chemie): **1.** ⟨o. Pl.⟩ *(auf der Basis von Zellulosederivaten hergestellte) Chemiefaser.* **2.** *Salz od. Ester der Essigsäure.*

Ace|tạt|sei|de, die ⟨o. Pl.⟩: *Kunstseide, die aus mit Essigsäure behandeltem Zellstoff hergestellt wird.*

Ace|tọn, das; -s (Chemie): *farblose, stark riechende Flüssigkeit, die als Lösungsmittel verwendet wird.*

Ace|ty|lẹn, das; -s [zu griech. hýlē = Stoff, Materie] (Chemie): *aus Kalziumkarbid u. Wasser gewonnenes, farbloses, brennbares Gas.*

ạch ⟨Interj.⟩ [mhd. ach, ahd. ah]: **1.** als Ausdruck des Schmerzes, der Betroffenheit, des Mitleids o. Ä.: ach, musste das wirklich so kommen?; ach je; ach, die Armen; *** a. und weh schreien** (ugs.; *jammern u. klagen*); **2.** ⟨meist betont⟩ **a)** als Ausdruck des [ironischen] Bedauerns: ach, wie schade!; verstärkend vor »so« + Adj.: ein ach so beliebtes Thema!; **b)** als Ausdruck der Verwunderung, des [freudigen] Erstaunens, des Unmuts: ach, das ist mir neu!; ach, ist das schön!; ach, lassen wir das; **c)** als Ausdruck des Verlangens o. Ä.: ach, wäre doch schon Feierabend!; **d)** als Ausdruck des Verstehens (ach + so). **3.** ⟨unbetont⟩ als Ausdruck der Verneinung (ach + wo[her], was; ugs.): ach wo, wir waren zu Hause; ach was, das ist doch gar nicht wahr.

Ạch, das; -s, -[s]: Ausruf, mit dem jmd. Betroffenheit, Bedauern, Verwunderung o. Ä. ausdrückt: ein A. des Bedauerns; sein ewiges A. und Weh *(Klagen, Gejammer)* fällt mir auf die Nerven; *** A. und Weh schreien** (ugs.; *jammern u. klagen*); **mit A. und Krach** (ugs.; *mit Mühe u. Not; nur unter großen Schwierigkeiten*): mit A. und Krach hat sie das Examen geschafft.

Achä|er, der; -s, -: Angehöriger eines altgriechischen Volksstammes.

Achä|e|rin, die; -, -nen: w. Form zu ↑Achäer.

Acha|ia; -s: griechische Landschaft im Nordwesten des Peloponnes.

Achạt, der; -[e]s, -e [mhd. achāt(es) < lat. achates < griech. achátēs, H. u.] (Mineral.): *gebänderter Chalzedon von verschiedener Färbung.*

acha|ten ⟨Adj.⟩: *aus Achat bestehend.*

ạcheln ⟨sw. V.; hat⟩ [jidd., zu hebr. ạkal = essen] (landsch.): *essen.*

Ạchen|see, der; -s: See in Nordtirol.

Ạche|ron, der; -[s] [griech. Achérōn (Gen.: Achérontos)]: (griech. Myth.) *Fluss der Unterwelt.*

ache|rọn|tisch ⟨Adj.⟩ [spätlat. Acheronticus]: **1.** *den Acheron betreffend.* **2.** *zur Unterwelt* (1) *gehörend.*

Achịl|les|fer|se, die; -, -n ⟨Pl. selten⟩ [nach der einzigen verwundbaren Stelle am Körper des griech. Sagenhelden Achilles] (bildungsspr.): *jmds. verwundbare Stelle; empfindlicher, schwacher Punkt.*

Achịl|les|seh|ne, die; -, -n [analog zu ↑Achillesferse] (Anat.): *Sehne, die zwischen Fersenbein und Wadenmuskel verläuft.*

Ạch|laut, der; -[e]s, -e: *der Laut ch, wie er im Deutschen nach a, o, u gesprochen wird* (z. B. ach, Koch, Geruch).

a. Chr. [n.] = ante Christum [natum].

Ạchs|ab|stand, der: *Abstand zwischen zwei Achsen; Radstand.*

Ạchs|an|trieb, der (Kfz-T.): *Antrieb der Treibachse durch das vom Getriebe kommende Drehmoment.*

Ạchs|druck, der ⟨Pl. ...drücke⟩: *Achslast.*

Ạch|se, die; -, -n [1 a: mhd. a(c)hse, ahd. ahsa, urspr. = Drehpunkt (der geschwungenen Arme)]: **1.** (Technik) **a)** *Teil, das zwei in Fahrtrichtung nebeneinander liegende Räder eines Fahrzeugs, Wagens verbindet:* die A. ist gebrochen, hat sich heiß gelaufen; *** auf [der] A. sein** (ugs.; *unterwegs, auf Reisen, auf Geschäftsreise sein*); **per A.** (Wirtsch., Verkehrsw.; *mittels eines in der Landwirtschaft eingesetzten Kraftfahrzeugs*); **b)** *stabförmiges [mit Zapfen versehenes] Maschinenteil zum Tragen u. Lagern von Rollen, Rädern, Scheiben, Hebeln u. a.:* die A. der Schleifscheibe. **2.** *[gedachte] Mittellinie, um die sich ein Körper dreht; Drehachse.* **3. a)** (Math.) *Gerade, die bei einer Drehung ihre Lage nicht verändert; Koordinaten-, Symmetrieachse;* **b)** (Geol.) *gedachte Linie, um die die Schichtung herumgebogen ist;* **c)** (Archit.) *Linie senkrechter od. waagerechter Richtung, auf die Bauwerke, Grundrisse o. Ä. bezogen sind.* **4.** (Bot.) *Sprossachse.* **5.** *Verbindung, Verbindungslinie:* die Bahnlinie als A. zwischen dem Norden u. dem Süden des Landes.

Ạch|sel, die; -, -n [1 a: mhd. ahsel, ahd. ahsla, vgl. Achse]: **1. a)** *Schulter* (1): die -n hochziehen, fallen lassen; die, mit den -n zucken (↑Schulter 1); **b)** *Achselhöhle:* die -n ausrasieren; das Gewehr in die A. schieben; in, unter der A. Fieber messen; **c)** (Schneiderei veraltend) *Schulter* (2) *an einem Kleidungsstück:* die A. muss gehoben werden. **2.** (Bot.) *Blattachsel.*

Ạch|sel|griff, der: *bei der Rettung eines Ertrinkenden angewandter Griff unter die Achseln.*

Ạch|sel|haa|re ⟨Pl.⟩: *in der Achselhöhle wachsende Haare:* die A. ausrasieren.

Ạch|sel|höh|le, die: *(beim Menschen) grubenartige Vertiefung unter dem Schultergelenk.*

Ạch|sel|klap|pe, die ⟨meist Pl.⟩: *Schulterklappe.*

Ạch|sel|knos|pe, die (Bot.): *in den Blattachseln angelegte seitliche Knospe.*

ạch|seln ⟨sw. V.; hat⟩ (landsch.): *schultern:* den Sack a.

ạch|sel|stän|dig ⟨Adj.⟩ (Bot.): *in der Blattachsel stehend.*

Ạch|sel|stück, das ⟨meist Pl.⟩: *Schulterstück* (1).

Ạch|sel|zu|cken, das; -s: *kurzes Hochziehen der Schultern (als Gebärde des Nichtwissens od. der Gleichgültigkeit):* ein A. war die Antwort.

ạch|sel|zu|ckend ⟨Adj.⟩: *mit einem Achselzucken:* ein -es Bedauern; etw. a. sagen.

Ạch|sen|bruch, der: *Bruch der Achse* (1 a).

Ach|sen|dre|hung, die: *Drehung um die [eigene] Achse:* die A. der Erde.
Ach|sen|kreuz, das (Math.): *von den Achsen eines ebenen Koordinatensystems gebildetes Kreuz.*
ach|ser in Zusb., z. B. Dreiachser (mit Ziffer: 3-Achser): *Wagen mit drei Achsen* (1 a).
ach|sig ⟨Adj.⟩: *axial.*
ach|sig: in Zusb., z. B. dreiachsig (mit Ziffer: 3-achsig): *mit drei Achsen* (1 a) *[versehen].*
Ach|sig|keit, die; -: *Axialität.*
Achs|la|ger, das ⟨Pl. ...lager⟩ (Technik): *Lager* (6 a), *in dem eine Achse* (1 a) *liegt.*
Achs|last, die: *von einer Achse* (1 a) *auf Fahrbahn od. Schiene ausgeübte Kraft; Achsdruck.*
achs|recht ⟨Adj.⟩: *axial.*
Achs|schen|kel, der (Kfz-T.): *Verbindung zwischen dem Ende der Vorderachse u. dem Vorderrad.*
Achs|sturz, der ⟨Pl. ...stürze⟩ (Kfz-T.): *von der Senkrechten abweichende Neigung eines Rades.*
Achs|wel|le, die: **a)** *als Achse dienende Welle* (5); **b)** (Kfz-T.) *Antriebswelle eines Kraftfahrzeugs.*
acht ⟨Kardinalz.⟩ [mhd. aht, ahd. ahto; wohl eigtl. = die beiden Viererspitzen (nämlich der Hände ohne Daumen); urspr. Zahl eines alten Vierersystems] (als Ziffer: 8): a. und eins ist/macht/gibt neun; wir sind a. Personen, zu -en, (geh.:) unser a.; die ersten, letzten a.; das kostet a. Mark; es ist, schlägt a. [Uhr]; um a., Punkt a., (ugs.:) Schlag a.; ein Viertel vor/(seltener:) auf/nach a.; halb a.; sie kommt gegen a. [Uhr]; alle a. Tage; sie wird heute a. [Jahre], a. Jahre alt; im Jahre a. nach Christus; ich fahre mit der Linie a.; die Mannschaft gewann a. zu vier (8:4).
acht: in der Fügung **zu a.** *(als Gruppe von acht Personen):* sie kamen zu a.
Acht, die; -, -en: **a)** *Ziffer 8:* eine A. schreiben; die Zahl, Ziffer Acht; eine arabische, römische A.; eine A. schießen; **b)** *etw. von der Form der Ziffer 8:* sein Fahrrad hatte hinten eine A. (ugs.; *der Hinterreifen des Fahrrads war zur Form einer 8 verbogen*); **c)** (ugs. scherzh.) *Handschellen:* jmdm. die [stählerne] A. anlegen; **d)** *Spielkarte mit acht Zeichen:* die A. abwerfen; **e)** (ugs.) *[Straßen]bahn, Omnibus der Linie 8;* **f)** *Figur, die die Form einer 8 beschreibt:* auf dem Eis eine A. laufen; **g)** *mit der Ziffer 8 in einer Liste o. Ä. Gekennzeichnetes:* ich nehme die A. und die Vierzehn *(die Gerichte Nummer 8 u. 14 auf der Speisekarte).*
Acht, die; - [mhd. ähte, ahd. āhta, H. u.] (hist.): *Ausschluss einer Person vom Rechtsschutz, wodurch sie vogelfrei wird:* über jmdn. die A. verhängen; jmdn. mit der A. belegen; * **jmdn. in A. und Bann tun** (1. hist.; *aus der weltlichen u. kirchlichen Gemeinschaft ausschließen.* 2. geh.; *aus einer Gemeinschaft ausschließen, verdammen*).
Acht, die; - [mhd. ahte, ahd. ahta, eigtl. = das Nachdenken] (veraltet): *Aufmerksamkeit* ⟨noch in bestimmten Wendungen⟩: **A. geben** *(vorsichtig, achtsam sein);* **auf jmdn., etw. A. geben** *(auf jmdn., etw. achten 2, aufpassen):* auf seine Gesundheit A. geben; gib auf dich A.!; **auf jmdn., etw. A. haben** (geh.; *auf jmdn., etw. Acht geben*); **auf etw./(auch:) einer Sache A. haben** (geh. veraltend; *einer Sache Aufmerksamkeit schenken, etw. beachten*); **etw. außer A./(seltener:) aus der A., außer aller A. lassen** *(etw. nicht beachten);* **etw. in A. nehmen** *(etw. vorsichtig, sorgsam behandeln);* **sich in A. nehmen** *(vorsichtig sein, aufpassen).*
acht... ⟨Ordinalz. zu ↑acht⟩ [mhd. aht..., ahted..., ahd. ahtod...] (als Ziffer: 8.): das achte Kapitel; heute ist der achte Januar; ⟨subst.:⟩ jeder Achte; er ist der Achte, den ich treffe; sie wurde Achte im Weitsprung; heute ist der Achte *(der achte Tag des Monats);* am Achten [des Monats]; Heinrich der Achte.
acht|ar|mig ⟨Adj.⟩: *mit acht Armen* (2): ein -er Leuchter.
acht|bän|dig ⟨Adj.⟩: *acht Bände umfassend:* ein -es Lexikon.
acht|bar ⟨Adj.⟩ [mhd. aht(e)bære, zu ↑[3]Acht]: *Achtung, Anerkennung, Wertschätzung verdienend:* -e Leute; sie hat sich a. geschlagen.
Acht|bar|keit, die; - (geh.): *das Achtbarsein.*
acht|blätt|rig ⟨Adj.⟩ (Bot.): *acht Blütenblätter aufweisend.*
Acht|eck, das: *Figur mit acht Ecken; Oktogon.*
acht|eckig ⟨Adj.⟩: *acht Ecken aufweisend:* ein -er Bau.
acht|ein|halb ⟨Bruchz.⟩ (in Ziffern: $8\frac{1}{2}$): vor a. Jahren.
ach|tel ⟨Bruchz.⟩ (als Ziffer: $\frac{1}{8}$): *den achten Teil einer genannten Menge ausmachend:* ein a. Zentner; drei a. Liter.
[1]Ach|tel, das, schweiz. auch: der; -s, - [a: mhd. ahtel, ahteil, ahd. ahto teila]: *der achte Teil einer Menge, Strecke:* ein A. Butter; ich habe zwei A. Rotwein getrunken; drei A. des Weges.
[2]Ach|tel, die; -, - (Musik): *Achtelnote.*
Ach|tel|fi|nal, Achtelsfinal, der (schweiz.), **Ach|tel|fi|na|le,** das (Sport): *Ausscheidungsrunde der sechzehn Mannschaften, die sich in einem Meisterschafts- od. Pokalwettbewerb qualifiziert haben.*
Ach|tel|li|ter, der: *achter Teil eines Liters:* einen A. Wein bestellen.
ach|teln ⟨sw. V.; hat⟩: *in acht Teile teilen, in Achtel zerlegen:* Tomaten a.
Ach|tel|no|te, die (Musik): *Note, die den achten Teil des Zeitwertes einer ganzen Note hat.*
Ach|tel|pau|se, die (Musik): *Pause für die Dauer einer Achtelnote.*
Ach|tels|fi|nal (schweiz.): ↑Achtelfinale.
ach|ten ⟨sw. V.; hat⟩ [2 a, 3: mhd. ahten, ahd. ahtōn, zu ↑[3]Acht]: **1.** *jmdm. Achtung entgegenbringen; jmdn. respektieren:* das Gesetz, das Alter, die Gefühle anderer a. **2. a)** *jmdm., einer Sache Beachtung, Aufmerksamkeit schenken; jmdn., eine Sache beachten* (2): er achtete nicht auf die Passanten; er sprach weiter, ohne auf die Zwischenrufe zu achten; ⟨geh. veraltend mit Gen. u. veraltet mit Akk.; gewöhnlich in verneinten Sätzen⟩ er achtete nicht des Schmerzes, die Gefahr; **b)** *aufpassen, Acht geben:* auf das Kind a.; auf Pünktlichkeit a. **3.** (geh. veraltend) *für jmdn., etw. halten, erachten:* etwas für Betrug a.; jmdn., etw. für wenig, nichts a.
äch|ten ⟨sw. V.; hat⟩ [a: mhd. æhten, ahd. āhten; zu ↑[2]Acht]: **a)** (hist.) *über jmdn. die* [2]*Acht verhängen:* er wurde [vom Kaiser] geächtet; **b)** *aus einer Gemeinschaft ausstoßen:* die anderen Häftlinge ächteten ihn; ich fühlte mich geächtet; **c)** *(als gemeinschaftsfeindlich) verdammen:* ein Land wegen seiner Rassenpolitik ä.; die Todesstrafe ä.
Acht|en|der, der (Jägerspr.): *Hirsch, dessen Geweih an jeder Stange vier Enden hat.*
ach|tens ⟨Adv.⟩ (als Ziffer: 8.): *als achter Punkt, an achter Stelle.*
ach|tens|wert ⟨Adj.⟩: *wert, geachtet od. beachtet zu werden; [Be]achtung verdienend:* -e Leistungen; ein -er Mann.
Ach|ter, der; -s, -: **1.** (Sport) **a)** (Rudern) *Rennboot für acht Ruderer od. Ruderinnen (mit je einem Riemen) u. einen Steuermann od. einer Steuerfrau;* **b)** (Eis[kunst]lauf, Rollschuhlauf, Reiten) *Figur in Form einer* [1]*Acht.* **2.** (landsch.) **a)** [1]*Acht* (a); **b)** [1]*Acht* (b): sie hat einen A. im Vorderrad *(das Vorderrad ist zur Form einer 8 verbogen);* **c)** [1]*Acht* (e): der A. *(die [Straßen]bahn, der Omnibus der Linie* 8) fährt zum Bahnhof.
Ach|ter|bahn, die; -, -en: *(auf Jahrmärkten, Volksfesten o. Ä.) mit großer Geschwindigkeit auf- u. abwärts fahrende Bahn mit Kurven, die z. T. die Form einer* [1]*Acht haben.*
Ach|ter|deck, das [zu (m)niederd. achter, ↑achterlich] (Seemannsspr.): *Hinterdeck.*
ach|ter|lei ⟨bestimmtes Gattungsz.; indekl.⟩ [↑-lei]: **a)** *von achtfach verschiedener Art:* in a. Farben; auf a. Weise; a. Sorten Papier; **b)** *acht verschiedene Dinge:* a. zu besorgen haben.
ach|ter|lich ⟨Adj.⟩ [zu (m)niederd. achter = hinter, niederd. Form von mhd. after, ↑After] (Seemannsspr.): *von hinten kommend:* -e See.
ach|tern ⟨Adv.⟩ [zu (m)niederd. achter, ↑achterlich] (Seemannsspr.): *hinten:* das Wasser läuft a. ab; nach a.
Ach|ter|rei|he, die: **a)** *von acht Personen od. Gegenständen gebildete Reihe:* sich in einer A. aufstellen; die Stühle standen in -n hintereinander; **b)** *Reihe beliebig vieler zu addierender Ziffern mit dem Zahlenwert 8.*
Ach|ter|ste|ven, der (Seemannsspr.): *Hintersteven.*
acht|fach ⟨Vervielfältigungsz.⟩ (mit Ziffer: 8fach): *achtmal genommen, ausgeführt u. Ä.:* die -e Menge, Portion: etw. a. aufeinander legen, ausfertigen.
Acht|fa|che, das; -n ⟨Dekl. ↑[2]Junge, das⟩ (mit Ziffer: 8fache): *achtfache Menge, Größe (von etw.):* etw. um das A. erhöhen.
acht|fäl|tig ⟨Adj.⟩ (veraltet): *achtfach.*
Acht|flach, das, **Acht|fläch|ner,** der; -s, - (Geom.): *Oktaeder.*
Acht|fü|ßer (Zool.), **Acht|füß|ler,** der; -s, -: *Oktopode.*
Acht ge|ben: s. [3]Acht.
acht|ge|schos|sig ⟨Adj.⟩ (mit Ziffer: 8-geschossig): *mit acht Geschossen gebaut:* ein -es Hochhaus.
acht|glie|de|rig, acht|glied|rig ⟨Adj.⟩ (mit Ziffer: 8-glied[e]rig): *mit acht Gliedern.*
Acht ha|ben: s. [3]Acht.
acht|hun|dert ⟨Kardinalz.⟩ (in Ziffern: 800): vgl. hundert.
acht|jäh|rig ⟨Adj.⟩ (mit Ziffer: 8-jährig): **a)** *acht Jahre alt:* ein -es Mädchen; **b)** *acht Jahre dauernd:* eine -e Amtszeit.
Acht|jäh|ri|ge, der u. die; -n, -n ⟨Dekl. ↑Abgeordnete⟩ (mit Ziffer: 8-Jährige): *Junge bzw. Mädchen von acht Jahren.*
acht|jähr|lich ⟨Adj.⟩: *sich alle acht Jahre wiederholend:* in -em Turnus.
acht|kan|tig ⟨Adj.⟩: *mit acht Kanten versehen:* -e Muttern; * **jmdn. a. hinauswerfen/hinausschmeißen/rausschmeißen:** (salopp; *jmdn. [handgreiflich u.] ausgesprochen grob aus dem Haus, dem Zimmer weisen, entlassen*).
acht|klas|sig ⟨Adj.⟩ (mit Ziffer: 8-klassig): *aus acht Schulklassen bestehend.*
acht|los ⟨Adj.⟩ [zu ↑[3]Acht]: *ohne jmdm., einer Sache Beachtung zu schenken; unachtsam, gleichgültig:* etw. a. wegwerfen.
Acht|lo|sig|keit, die; -: *das Achtlossein; achtloses Verhalten.*
acht|mal ⟨Wiederholungsz., Adv.⟩: *acht Male:* ich bin a. in München gewesen; dieses Grundstück ist a. so groß wie das andere; acht- bis neunmal.
acht|ma|lig ⟨Adj.⟩ (mit Ziffer: 8-malig): *acht Male stattfindend:* -es Niederknien; nach -er Wiederholung.
Acht|me|ter, der: *Strafstoß beim Hallenfußball.*
acht|mo|na|tig ⟨Adj.⟩ (mit Ziffer: 8-monatig): **a)** *acht Monate alt:* ein -es Fohlen; **b)** *acht Monate dauernd:* ein -er Aufenthalt.
acht|mo|nat|lich ⟨Adj.⟩ (mit Ziffer: 8-monatlich): *sich alle acht Monate wiederholend:* a. wechseln.
Acht|mo|nats|kind, das: *nach nur achtmonatiger Schwangerschaft geborenes Kind.*
Acht|pfün|der, der; -s, - (mit Ziffer: 8-Pfünder): *etw., was acht Pfund wiegt.*
acht|pfün|dig ⟨Adj.⟩ (mit Ziffer: 8-pfündig): *acht Pfund wiegend.*
Acht|pol|röh|re, die (Elektrot.): *Elektronenröhre mit acht Elektroden, Oktode.*
acht|pro|zen|tig ⟨Adj.⟩ (mit Ziffer: 8-prozentig, 8%ig): *acht Prozent enthaltend, mit acht Prozent.*
acht|sam ⟨Adj.⟩ [zu ↑[3]Acht] (geh.): **a)** *aufmerksam, wachsam:* ein -es Auge auf jmdn., etw. haben; **b)** *vorsichtig, sorgfältig:* mit etw. a. umgehen.
Acht|sam|keit, die; -: *das Achtsamsein; achtsames Wesen, Verhalten.*
acht|sei|tig ⟨Adj.⟩ (mit Ziffer: 8-seitig): **1.** *acht Seiten* (1 a) *aufweisend:* ein -es Vieleck. **2.** *acht Seiten* (6 a, b) *enthaltend, umfassend:* ein -er Prospekt.

ạcht|sil|big ⟨Adj.⟩: *aus acht Silben bestehend:* ein -es Wort.
ạcht|spän|nig ⟨Adj.⟩: *mit acht Pferden bespannt:* eine -e Kutsche; a. fahren.
ạcht|stel|lig ⟨Adj.⟩ (mit Ziffer: 8-stellig): *aus acht hintereinander geordneten Zahlen bestehend, die als Einheit zu lesen sind:* eine -e Zahl.
ạcht|stö|ckig ⟨Adj.⟩ (mit Ziffer: 8-stöckig): *mit acht Stockwerken:* ein -es Haus.
Ạcht|stun|den|tag, der: *acht Stunden dauernder Arbeitstag.*
ạcht|stün|dig ⟨Adj.⟩ (mit Ziffer: 8-stündig): *acht Stunden dauernd:* ein -er Arbeitstag.
ạcht|stünd|lich ⟨Adj.⟩ (mit Ziffer: 8-stündlich): *sich alle acht Stunden wiederholend:* a. wechseln.
ạcht|tä|gig ⟨Adj.⟩ (mit Ziffer: 8-tägig): *acht Tage dauernd:* ein -er Kongress.
ạcht|täg|lich ⟨Adj.⟩ (mit Ziffer: 8-täglich): *sich alle 8 Tage wiederholend:* die Mülltonnen werden a. geleert.
ạcht|tau|send ⟨Kardinalz.⟩ (in Ziffern: 8000): vgl. tausend.
Ạcht|tau|sen|der, der: *Gipfel von u. über 8000 m Höhe:* einen A. bezwingen.
ạcht|tei|lig ⟨Adj.⟩ (mit Ziffer: 8-teilig): *aus acht Teilen bestehend:* ein -es Service.
Ạcht|ton|ner, der; -s, - (mit Ziffer: 8-Tonner): *Lastwagen mit acht Tonnen Ladegewicht.*
Ạcht|uhr|vor|stel|lung, die: *Vorstellung in Theater, Kino o. Ä., die abends um acht Uhr beginnt.*
Ạcht|uhr|zug, der: *Zug, der morgens od. abends um acht Uhr abfährt.*
ạcht|und|ein|halb ⟨Bruchzahl⟩: verstärkend für ↑achteinhalb.
Ạcht|und|sẹch|zi|ger, der; -s, - (mit Ziffer: 68er): *jmd., der an der Studentenrevolte zu Ende der Sechzigerjahre des 20. Jh.s aktiv teilgenommen od. mit ihr sympathisiert hat.*
Ạcht|und|sẹch|zi|ge|rin, die; -, -nen (mit Ziffer: 68erin): w. Form zu ↑Achtundsechziger.
Ạcht|und|vier|zi|ger [...'fɪr...], der; -s, -: *Person, die an der deutschen Revolution von 1848 teilgenommen od. mit ihr sympathisiert hat.*
Ạch|tung, die; - [mhd. ahtunge, ahd. ahtunga = Meinung, Schätzung, zu ↑achten]: **1.** *Hoch-, Wertschätzung, Respekt:* das gebietet die gegenseitige A.; eine A. gebietende *(imponierende)* Persönlichkeit; jmdm. A. entgegenbringen; die A. der Kollegen genießen; vor jmdm., etw. A. haben; aus A. vor seinen Eltern; sie ist in unserer A. gestiegen, gefallen, gesunken, steht hoch in unserer A.; *** alle A.!** *(das verdient Anerkennung!).* **2.** als Ruf od. Aufschrift, um zur Vorsicht od. Aufmerksamkeit zu mahnen: A.!; A., Stufe!; A., Hochspannung; A., Aufnahme! **3.** als militärisches Ankündigungskommando: A., präsentiert das Gewehr!
Ạ̈ch|tung, die; -, -en [a: mhd. æhtunge, ahd. āhtunga, zu ↑ächten]: **a)** (hist.) *Verhängung der* [2]*Acht über jmdn.;* **b)** *Verdammung, Verfemung, Boykott:* der sozialen, gesellschaftlichen Ä. entgehen wollen, verfallen.
Ạch|tung ge|bie|tend: s. Achtung (1).
Ạch|tungs|ap|plaus, der: *nur aus Achtung für die Darbietenden, nicht aus Begeisterung über das Dargebotene gespendeter Applaus.*
Ạch|tungs|er|folg, der: *Erfolg, der jmdm. zwar Achtung einbringt, der aber nicht sehr bedeutend ist:* das 1:1 war immerhin ein A.
ạch|tungs|voll ⟨Adj.⟩: *[große] Achtung erkennen lassend; respektvoll:* mit -en Mienen; jmdm. a. begegnen.
ạcht|wö|chent|lich ⟨Adj.⟩ (mit Ziffer: 8-wöchentlich): *sich alle acht Wochen wiederholend.*
ạcht|wö|chig ⟨Adj.⟩ (mit Ziffer: 8-wöchig): **a)** *acht Wochen alt:* ein -es Baby; **b)** *acht Wochen dauernd.*
ạcht|zehn ⟨Kardinalz.⟩ (in Ziffern: 18): vgl. acht.
ạcht|zehn|hụn|dert ⟨Kardinalz.⟩ (in Ziffern: 1800): *eintausendachthundert:* der Berg ist a. Meter hoch; im Jahr a.
ạcht|zehn|jäh|rig ⟨Adj.⟩ (mit Ziffern: 18-jährig): **a)** *achtzehn Jahre alt:* ein -es Mädchen; **b)** *achtzehn Jahre dauernd:* nach -er Ehe.
ạcht|zei|lig ⟨Adj.⟩ (mit Ziffer: 8-zeilig): *aus acht Zeilen (1 a) bestehend.*
ạcht|zig ⟨Kardinalz.⟩ [mhd. ah(t)zec, ahd. ahtozug] (in Ziffern: 80): sie ist Mitte [der] a.; in die a. kommen; mit a. bin ich dafür zu alt; sie ist über a. [Jahre alt]; a. (ugs.; *80 Stundenkilometer*) fahren; *** auf a. sein, kommen** (ugs.; *sehr ärgerlich, wütend sein, werden*); **jmdn. auf a. bringen** (ugs.; *sehr ärgerlich, wütend machen*); **zwischen a. und scheintot sein** (ugs. scherzh.; *sehr alt sein*).
Ạcht|zig, die; -: *Ziffer, Zahl 80.*
ạcht|zi|ger ⟨indekl. Adj.⟩ (mit Ziffern: 80er): **1.** (ugs.) *die Zahl, die Nummer, das Jahr, den Wert achtzig betreffend:* eine a. Briefmarke, Schraube, Glühbirne; der a. Bus; das ist ein a. Jahrgang *(ein Jahrgang* a, b *aus dem Jahr achtzig eines Jahrhunderts).* **2. a)** *das die Jahre 80 bis 89 umfassende Jahrzehnt eines bestimmten Jahrhunderts betreffend:* in den a. Jahren des vorigen Jahrhunderts; **b)** *das zwischen achtzigstem u. neunzigstem Geburtstag liegende Lebensjahrzehnt betreffend:* in den a. Jahren sein; vgl. Achtzigerjahre.
[1]Ạcht|zi|ger, der; -s, -: **1. a)** *Mann von achtzig Jahren;* **b)** *Mann in den Achtzigerjahren:* er ist ein guter, hoher A.; **c)** ⟨Pl.⟩ kurz für ↑Achtzigerjahre (1): sie ist Mitte der A., [hoch] in den -n; **d)** ⟨Pl.⟩ kurz für ↑Achtzigerjahre (2): seit Mitte der A. **2.** *Wein aus dem Jahre achtzig eines bestimmten Jahrhunderts.*
[2]Ạcht|zi|ger, die; -, - (ugs.): *80-Pfennig-Briefmarke.*
Ạcht|zi|ge|rin, die; -, -nen: w. Form zu ↑[1]Achtziger (1 a, b).
Ạcht|zi|ger|jah|re [auch: '– – – '– –] ⟨Pl.⟩: **1.** *zwischen achtzigstem u. neunzigstem Geburtstag liegendes Lebensjahrzehnt:* in den -n sein. **2.** *die Jahre 80 bis 89 eines bestimmten Jahrzehnts umfassendes Jahrzehnt:* in den -n des zwanzigsten Jahrhunderts.
ạcht|zig|jäh|rig: vgl. achtjährig.
ạcht|zigst... ⟨Ordinalz. zu ↑achtzig⟩ (in Ziffern: 80.); vgl. acht...
ạcht|zigs|tel ⟨Bruchz.⟩ (in Ziffern: $\frac{1}{80}$): vgl. achtel: in einer a. Sekunde.
Ạcht|zigs|tel, das, schweiz. auch: der; -s, -: vgl. Achtel.
ạcht|zöl|lig, (auch:) **ạcht|zol|lig** ⟨Adj.⟩ (mit Ziffer: 8-zöllig): *acht Zoll lang:* ein -es Rohr.
Ạcht|zy|lin|der, der (ugs.): a) kurz für ↑Achtzylindermotor; **b)** *Kraftwagen mit Achtzylindermotor.*
Ạcht|zy|lin|der|mo|tor, der: *Kfz-Motor mit acht Zylindern (2).*
ạcht|zy|lin|drig ⟨Adj.⟩ (mit Ziffer: 8-zylindrig): *mit acht Zylindern:* ein -er Motor.
ạ̈ch|zen ⟨sw. V.; hat⟩ [mhd. echzen, achzen, eigtl. = (oft) ach sagen]: *vor Schmerzen od. bei einer körperlichen Anstrengung kurz u. mit gepresst klingendem Laut ausatmen:* leise, laut ä.; ächzend aus dem Wagen steigen; **Ü** eine ächzende Tür.
Ạ̈ch|zer, der; -s, - (ugs.): *ächzender Laut:* einen Ä. von sich geben.
a. c. i. = accusativus cum infinitivo (↑Akkusativ).
Acid ['æsɪd], das; -s [engl. acid, eigtl. = Säure, sauer] (Jargon): *LSD.*
Acid... [a'tsi:t...; lat. acidus = scharf, sauer] (chem. fachsprachl.): Bestandteil von zusammengesetzten Wörtern, die sich auf Säure beziehen.
Acid House ['æsɪdhaʊs], das; - - [engl. acid house, aus acid (↑Acid) u. house; 2. Bestandteil viell. nach der Diskothek »The Warehouse« in Chicago]: *von schnellen [computererzeugten] Rhythmen geprägter Tanz- u. Musikstil, der die Tanzenden in einen rauschartigen Zustand versetzen soll.*
Aci|di|tät, die; - [zu lat. acidus = sauer, scharf] (Chemie): *Säuregrad einer Flüssigkeit.*
Aci|do|se, die; -, -n (Med.): *krankhafte Übersäuerung des Körpers.*
Ạcker, der; -s, Äcker u. (Feldmaß:) - [mhd. acker, ahd. ackar; urspr. = Viehweide]: **1.** *mit dem Pflug bearbeitete, für den Anbau von Nutzpflanzen bestimmte Bodenfläche:* ein fruchtbarer, ertragreicher, lehmiger A.; die Äcker liegen brach; den A. bestellen, düngen; *** sich vom A. machen** (salopp; *sich davonmachen, weggehen, verschwinden*): ich mache mich jetzt vom A. **2.** *altes Feldmaß:* 10 A. Land.
Ạcker|bau, der ⟨o. Pl.⟩: *systematische Bebauung des Ackers mit Nutzpflanzen; Feldbau, Agrikultur:* A. treiben; die A. treibenden *(mit Ackerbau beschäftigten, vom Ackerbau lebenden)* Völker; *** von A. und Viehzucht keine Ahnung haben** (ugs.; *von einer Sache nicht das Geringste verstehen*).
Ạcker|bau|er: 1. der; -n, selten: -s, -n (veraltet): *Landwirt, Bauer.* **2.** der; -s, - ⟨meist Pl.⟩ (Völkerk.) *Bebauer von Äckern (im Gegensatz zu Jägern u. Sammlern).*
Ạcker|bau|e|rin, die: w. Form zu ↑Ackerbauer (2).
Ạcker|bäu|e|rin, die: w. Form zu ↑Ackerbauer (1).
Ạcker|bau trei|bend: s. Ackerbau.
Ạcker|beet, das: *zwischen zwei Furchen liegender erhöhter Teil eines Ackers.*
Ạcker|bo|den, der: *landwirtschaftlich nutzbarer Boden:* das Land ist arm an A.
Ạ̈cker|chen, das; -s, -: Vkl. zu ↑Acker.
Ạcker|flä|che, die: *für den landwirtschaftlichen Anbau genutzte Fläche.*
Ạcker|fur|che, die: *Furche (1).*
Ạcker|gaul, der (abwertend): *Ackerpferd.*
Ạcker|ge|rät, das ⟨meist Pl.⟩: *Gerät zur Bodenbearbeitung u. Pflege der Saat.*
Ạcker|kru|me, die (Landw.): *oberste Schicht des bearbeiteten Ackerbodens mit hohem Humusgehalt.*
Ạcker|land, das ⟨o. Pl.⟩: *als Acker genutztes Land:* das A. neu verteilen.
Ạcker|mann: ↑Ackersmann.
ạckern ⟨sw. V.; hat⟩ [1: mhd. ackern]: **1. a)** *den Acker bestellen:* die Bauern a.; **b)** *mit dem Pflug bearbeiten:* das Feld a. **2.** (ugs.) *viel u. mühselig arbeiten:* er hat sein ganzes Leben lang für das Häuschen geackert.
Ạcker|pferd, das: *in der Landwirtschaft als Zugtier bes. für Ackergeräte eingesetztes schweres, kräftiges Pferd.*
Ạcker|schach|tel|halm, der: *bes. auf Äckern u. an Wegrändern wachsender Schachtelhalm.*
Ạcker|schol|le, die: *beim Pflügen eines Ackers aufgeworfene Scholle (1 a).*
Ạcker|senf, der: *(zu den Kreuzblütlern gehörende) gelb blühende Pflanze, die bes. auf Äckern, Schuttplätzen u. an Wegrändern wächst.*
Ạckers|mann, der ⟨Pl. ...leute u. ...männer⟩ (veraltet): *Bauer, Landwirt.*
Ạcker|wa|gen, der: *in der Landwirtschaft gebrauchter Wagen (1 a) als Anhänger.*
Ạcker|wal|ze, die: *aus mehreren Walzen (2) bestehendes Ackergerät zum Walzen des Ackerbodens.*
Ạcker|wi|cke, die: *als Futterpflanze angebaute hoch wachsende Wicke mit rotvioletten Blüten.*
Ạcker|win|de, die: *auf Äckern, an Zäunen wachsende kleine Winde mit weißen od. rosafarbenen Blüten.*
Ạck|ja, der; -[s], -s [schwed. ackja < finn. ahkio]: **1.** *lappländischer Schlitten, der die Form eines Bootes hat.* **2.** *Rettungsschlitten der Bergwacht.*
à con|di|ti|on [akõdi'sjõ; frz., zu: condition = Bedingung < lat. conditio, ↑Kondition] (Kaufmannsspr.): *(bes. im Buchhandel) mit Rückgaberecht im Falle von ausbleibendem Weiterverkauf [geliefert, bezogen];* Abk.: à c.
a cọn|to [ital., zu: conto, ↑Konto] (Bankw.): *auf [laufende] Rechnung, auf Konto von ...:* eine Zahlung a c. leisten; Abk.: a c.
Ac|quit [a'ki:], das; -s, -s [frz. acquit, zu: acquitter = schuldenfrei machen, zu lat. quietus, ↑quitt] (veraltet): *Quittung, Empfangsbescheinigung.*

Acro|le|in: ↑Akrolein.

Acryl, das; -s [zu ↑Acrolein u. griech. hýlē = Materie, Stoff] (Chemie): *zur Herstellung von Textilien verwendete Chemiefaser aus hochmolekularen Stoffen.*

Acryl|fa|ser, die: *Chemiefaser wie Orlon, Dralon u. a.*

Acryl|säu|re, die: *(Ausgangsmaterial für viele Kunststoffe u. Lacke bildende) stechend riechende Karbonsäure.*

ACS = Automobil-Club der Schweiz.

Ac|ti|ni|um, das; -s [zu griech. aktís (Gen.: aktī̃nos) = Strahl]: *radioaktives Metall (chemisches Element,* Zeichen: Ac).

Ac|tion [ˈækʃən], die; - [engl. action < frz. action < lat. actio, ↑Aktion]: *spannende Handlung, turbulente Szenen, Aktion (in einer Erzählung, im Film u. a.):* dieser Film hat nicht genug A.; Ü hier ist mir zu wenig A. *(hier ist nichts los);* A. machen, in A. sein.

Ac|tion|film, der: *Spielfilm mit spannungsreicher Handlung u. turbulenten, oft gewaltbetonten Szenen.*

Ac|tion-Pain|ting [...peɪntɪŋ], das; - [engl. action painting, eigtl. = Aktionsmalerei]: *(im amerikanischen abstrakten Expressionismus) Methode des Malens, bei der das Bild Ergebnis eines spontanen Malvorgangs ist.*

ad [lat. ad = (bis) zu, (bis) nach]: in formelhaft gebrauchten lat. Fügungen, z. B. ad absurdum, ad acta; ad 1: ..., ad 2: ... *(zu Punkt 1, zu Punkt 2).*

a d. = a dato.

a. d. = an der (bei Ortsnamen, z. B. Frankfurt a. d. Oder).

a. D. = außer Dienst.

A. D. = Anno Domini.

ad ab|sur|dum [zu ↑ad u. ↑absurd]: in der Wendung **etw., jmdn., sich ad a. führen** (bildungsspr.; *das Widersinnige, die Sinnlosigkeit von etw. nachweisen; jmdn. des Widersinns seiner Behauptung o. Ä. überführen; sich als widersinnig, sinnlos erweisen).*

ADAC [a:de:la:ˈtse:], der; -[s]: Allgemeiner Deutscher Automobil-Club.

ad ac|ta [lat.; ↑Akte]: in der Wendung **etw. ad a. legen** (1. veraltet; *ablegen, zu den Akten legen.* 2. bildungsspr.; *eine [lästige] Sache, Angelegenheit als erledigt betrachten).*

ada|gio [aˈda:dʒo] ⟨Adv.⟩ [ital., eigtl. = auf langsame Art, zu agio = Bequemlichkeit, letztlich zu lat. adiacere = in der Nähe liegen] (Musik): *langsam, ruhig.*

Ada|gio, das; -s, -s (Musik): 1. *langsames, ruhiges Tempo.* 2. *Musikstück mit der Tempobezeichnung »adagio«.*

Adam [hebr. adam = der erste, von Gott erschaffene Mensch im Alten Testament]: 1. der; -s, -s (ugs. scherzh.) *Mann [als Partner der Frau].* 2. * **seit -s Zeiten** (ugs.; *seit je, von jeher, solange man denken kann);* **von A. und Eva abstammen** (ugs.; *[von Dingen] sehr alt sein);* **bei A. und Eva anfangen/beginnen** (ugs.; *in einem Vortrag, bei seinen Ausführungen sehr weit ausholen).*

Adam Rie|se: in der Fügung **nach A. R.** (ugs. scherzh.; *richtig gerechnet;* nach dem Rechenmeister Adam Ries[e], 1492–1559): das macht nach A. R. zehn Mark.

Adams|ap|fel, der [nach der Vorstellung, dass Adam das Kerngehäuse des verbotenen Apfels im Halse stecken geblieben sei] (ugs. scherzh.): *hervortretender Schildknorpel des männlichen Kehlkopfes.*

Adams|kos|tüm, das: in der Wendung **im A.** (ugs. scherzh. von männlichen Personen; *nackt):* im A. herumlaufen.

Adap|ta|bi|li|tät, die; -: *Fähigkeit, sich zu adaptieren (1).*

Adap|ta|ti|on, die; -, -en [mlat. adaptatio, zu lat. adaptare, ↑adaptieren]: 1. ⟨o. Pl.⟩ (Biol.) *Anpassung des Organismus, von Organen an die jeweiligen Umweltbedingungen.* 2. ⟨o. Pl.⟩ (Soziol.) *Anpassung des Menschen an die soziale Umwelt:* die A. des Menschen an seinen Lebensraum. 3. *Umarbeitung eines literarischen Werkes mit der Absicht, es den Erfordernissen einer anderen literarischen Gattung od. eines anderen Kommunikationsmediums (z. B. Film, Fernsehen) anzupassen.*

Adap|ter, der; -s, - [engl. adapter, zu: to adapt = anpassen < lat. adaptare, ↑adaptieren]: *Zusatz- od. Verbindungsteil, das den Anschluss eines Gerätes od. Geräteteils an ein Hauptgerät od. an den elektrischen Strom ermöglicht.*

adap|tie|ren ⟨sw. V.; hat⟩ [lat. adaptare = anpassen, passend herrichten]: 1. *anpassen; einer Adaptation (1–3) unterziehen.* 2. (österr.) *(bes. eine Wohnung, ein Haus) für einen bestimmten Zweck einrichten, herrichten:* ein Schloss als Museum a.; eine [neu] adaptierte *(renovierte)* Wohnung.

Adap|tie|rung, die; -, -en: *das Adaptieren; das Adaptiertwerden.*

Adap|ti|on, die; -, -en (Fachspr.): *Adaptation.*

adap|tiv ⟨Adj.⟩: *auf Adaptation beruhend.*

adä|quat ⟨Adj.⟩ [zu lat. adaequatum, 2. Part. von: adaequare = angleichen] (bildungsspr.): *angemessen, entsprechend:* ein -er Ausdruck; etw. ist jmdm., einer Sache nicht a.

Adä|quat|heit, die; - (bildungsspr.): *das Adäquatsein.*

a da|to [aus lat. a = von u. ↑dato] (Wirtsch.): *vom Tage der Ausstellung an;* Abk.: a d.

ad ca|len|das grae|cas [lat.; zu ↑ad, ↑Kalenden u. graecus, ↑Graecum; eigtl. = an den griechischen Kalenden, d. h. niemals; die Griechen kannten keine Kalenden] (bildungsspr.): *niemals, am Sankt-Nimmerleins-Tag:* das geschieht ad c. g.

Ad|den|dum, das; -s, ...da [lat. addendum, zu: addere, ↑addieren]: a) (veraltet) *Zusatz, Nachtrag, Ergänzung;* b) ⟨Pl.⟩ *[Verzeichnis der] Nachträge (in wissenschaftlichen Publikationen, Wörterbüchern).*

ad|die|ren ⟨sw. V.; hat⟩ [lat. addere = hinzutun, zu: ad = (hin)zu u. dare = geben]: a) *etw. zusammenzählen:* Zahlen a.; b) *zu etw. hinzufügen:* etw. zu etw. a.; c) ⟨a. + sich⟩ *sich zu etw. summieren:* die Kosten addieren sich auf 100 000 Mark.

Ad|dis Abe|ba [- ˈabeba, auch: - aˈbe:ba]: Hauptstadt von Äthiopien.

Ad|di|ti|on, die; -, -en [lat. additio, zu: addere, ↑addieren]: *das Addieren, Zusammenzählen.*

ad|di|ti|o|nal ⟨Adj.⟩ (bildungsspr.): *zusätzlich, nachträglich.*

ad|di|tiv ⟨Adj.⟩ (bes. Fachspr.): *auf Addition beruhend, durch Addition entstanden; hinzufügend, aneinander reihend:* ein -es Verfahren; -e Farbmischung *(Überlagerung von Farben, durch die eine neue Farbe entsteht).*

Ad|di|tiv, das; -s, -e [engl. additive, subst. aus: additive = hinzufügbar < spätlat. additivus, zu lat. addere, ↑addieren] (Chemie): *Zusatz zu Mineralölen, Kunststoffen, Waschmitteln u. a. zur Abschwächung unerwünschter od. zur Verstärkung erwünschter Eigenschaften.*

ad|di|zie|ren ⟨sw. V.; hat⟩ [lat. addicere, aus: ad = zu u. dicere = sagen, sprechen] (bildungsspr.): *(bes. einen Frühdruck, ein Gemälde) zuschreiben:* einem Maler ein Gemälde a.

Ad|duk|ti|on, die; -, -en [spätlat. adductio = das (Her)anziehen, zu lat. adducere = (her)anziehen] (Med.): *das Heranziehen einer Gliedmaße zur Körperachse hin.*

Ad|duk|tor, der; -s, ...oren (Med.): *Muskel, der eine Adduktion bewirkt.*

ade [mhd. adē < altfrz. adé = zu Gott, Gott befohlen! < lat. ad deum; vgl. adieu] (veraltet, noch landsch.): *auf Wiedersehen!, leb[t] wohl!;* jmdm. a. sagen.

Ade, das; -s, -s: *Abschiedsgruß, Lebewohl:* jmdm. A. sagen, ein A. zurufen.

-a|de, die; -, -n [frz.]: bezeichnet in Bildungen mit Substantiven (meist Namen) eine Handlung, eine Tätigkeit, die in der bestimmten Art von jmdm. ausgeführt wird: Chaplinade, Harlekinade, Valentinade.

Ade|bar, der; -s, -e [mhd. odebar, ahd. odebero, eigtl. = Segenbringer, wohl umgedeutet aus dem germ. Wort für »Sumpfgänger«] (volkst. scherzh.): *Storch.*

Adel, der; -s [2: mhd. adel, ahd. adal = Geschlecht, Abstammung; H. u.]: 1. a) *Klasse, Gesamtheit von Familien, die [durch Geburt] einem in früherer Zeit mit bestimmten Vorrechten ausgestatteten Stand angehören:* dem A. angehören; b) *adlige Familie[n]:* aus verarmtem A. stammen. 2. *adlige Herkunft, adliges Geschlecht:* von A. sein; R A. verpflichtet (↑noblesse oblige). 3. *Adelstitel:* den erblichen A. erwerben. 4. *vornehme, edle Gesinnung; Würde, Vornehmheit:* der A. des Herzens.

ade|lig: ↑adlig.

Ade|li|ge, Adlige, der u. die; -n, -n ⟨Dekl. ↑Abgeordnete⟩: *jmd., der dem Adel angehört.*

adeln ⟨sw. V.; hat⟩: 1. *in den Adelsstand erheben, jmdm. den Adelstitel verleihen:* er wurde für seine Verdienste vom König geadelt. 2. (geh.) *(geistig, sittlich) über etw., jmdn. erheben; jmdm., einer Sache Adel* (4) *verleihen:* diese Gesinnung adelt sie.

Adels|brief, der: *Urkunde, durch die die Erhebung in den Adelsstand bestätigt wird.*

Adels|fa|mi|lie, die: *adlige Familie.*

Adels|ge|schlecht, das: *adliges Geschlecht* (3 c).

Adels|herr|schaft, die: *Herrschaft des Adels* (1 a).

Adels|ka|len|der, der: *genealogisches Handbuch adliger Familien.*

Adels|prä|di|kat, das: *dem Adel* (1 a) *zukommende Rangbezeichnung.*

Adels|stand, der: *Stand* (5 c) *des Adels* (1 a).

Adels|ti|tel, der: *dem Adel* (1 a) *zukommender Titel.*

Ade|lung, die; -, -en: *das Adeln* (1); *das Geadeltwerden.*

Aden: Hafenstadt in Jemen.

Ade|ni|tis, die; -, ...itiden [zu griech. adḗn = Drüse] (Med.): 1. *Drüsenentzündung.* 2. kurz für ↑Lymphadenitis.

Ade|nom, das; -s, -e (Med.): *meist gutartige, im Inneren von Organen abgekapselte, vom Drüsengewebe ausgehende Geschwulst.*

ade|no|ma|tös ⟨Adj.⟩ (Med.): *mit der Bildung von Adenomen verbunden; adenomartig.*

Adept, der; -en, -en [lat. adeptus, subst. 2. Part. von: adipisci = erreichen, erfassen]: a) (früher) *in geheime Wissenschaften u. Künste, bes. in die Mysterien u. in die Alchemie, Eingeweihter;* b) (bildungsspr. scherzh.) *[als Schüler, Lernender] in etw., bes. eine Wissenschaft, Eingeweihter:* ein A. der Wissenschaft und der Künste.

Adep|tin, die; -, -nen: w. Form zu ↑Adept.

Ader, die; -, -n [1: mhd. āder, ahd. ād(e)ra, eigtl. = Eingeweide, urspr. Bez. für alle Gefäße u. inneren Organe des menschlichen Körpers]: 1. *Blutgefäß:* die -n traten an seinen Schläfen hervor; ihre -n klopften; eine A. bei der Operation abklemmen, unterbinden; * **sich** ⟨Dativ⟩ **die -n öffnen** (geh.; *durch Öffnen der Pulsader[n] Selbstmord begehen);* **jmdn. zur A. lassen** (1. veraltet; *jmdm. zur Heilbehandlung Blut aus der Vene abnehmen.* 2. ugs. scherzh.; *jmdm. Geld abnehmen).* 2. ⟨o. Pl.⟩ *Veranlagung, Begabung:* sie hat eine dichterische A.; keine A. für etw. haben *(für etw. keinen Sinn haben, nicht aufgeschlossen sein);* eine leichte A. haben *(leichtlebig sein).* 3. a) (Bot.) *Blattader;* b) (Zool.) *feine Röhre in den Flügeln der Insekten;* c) (Holztechnik) *schmale Verzierung aus andersartigem Holz zur Belebung der Fläche;* d) (Geol., Mineral., Bergbau) *kluftähnlicher kleiner Gang, der mit Mineralien, Erz o. Ä. ausgefüllt ist;* e) (Elektrot.) *einzelner, isolierter, Strom führender Leiter in Kabeln.*

Äder|chen, das; -s, -: Vkl. zu ↑Ader (1).

Ader|ge|flecht, das: *Geflecht* (b) *von Adern, das unter der Haut erkennbar ist.*

ade|rig, äde|rig, adrig, ädrig ⟨Adj.⟩ (Fachspr.): *mit*

[vielen] Adern versehen: eine -e Hand; sich a., ä. verzweigen.

Ader|lass, der; -es, ...lässe [a: mhd. āderlāȝ, āderlæȝe]: **a)** (Med.) *Entnahme einer [größeren] Blutmenge aus einer Vene als Heilbehandlung:* bei jmdm. einen A. vornehmen; **b)** *Einbuße, spürbarer Verlust:* ein finanzieller, personeller A.

ädern, (Fachspr.:) **adern** ⟨sw. V.; hat⟩ (selten): *mit Adern* (1, 3 a–c) *versehen.*

Äde|rung, Ade|rung, die; -, -en: *das Ädern; das Geädertsein.*

à deux mains [adø'mɛ̃; frz., aus: à = mit, deux = zwei u. mains = Hände] (Klavierspiel): *mit zwei Händen, zweihändig [zu spielen].*

ADFC [a:de:|ɛf'tse:], der; -[s]: Allgemeiner Deutscher Fahrrad-Club.

Ad|go, die; - [Kurzwort für Allgemeine Deutsche Gebührenordnung für Ärzte]: *privates Gebührenverzeichnis für die Abrechnung zwischen Ersatzkassen u. Ärzten.*

ad|hä|rent ⟨Adj.⟩ [lat. adhaerens, 1. Part. von adhaerere, ↑adhärieren] (bes. Fachspr.): **1.** *anhaftend, anhängend.* **2.** *(von Geweben, Pflanzenteilen) angewachsen, verwachsen.*

ad|hä|rie|ren ⟨sw. V.; hat⟩ [lat. adhaerere, aus: ad = an, zu u. haerere = (fest)hängen, haften] (veraltet): *an etw. hängen, haften.*

Ad|hä|si|on, die; -, -en [lat. adhaesio]: **1.** (Physik) *das Aneinanderhaften der Moleküle zweier Stoffe od. Körper.* **2.** (Med.) *Verklebung od. Verwachsung zweier Organe nach Operationen od. Entzündungen.* **3.** (Bot.) *Verwachsung in der Blüte einer Pflanze (z. B. des Staubblatts mit dem Fruchtblatt).* **4.** *Akzession* (2).

Ad|hä|si|ons|kraft, die (Physik): *an Berührungsflächen wirksam werdende molekulare Anziehungskraft.*

Ad|hä|si|ons|ver|schluss, der: *mit einer Haftschicht versehener Verschluss an Briefumschlägen o. Ä., der geöffnet u. wieder geschlossen werden kann.*

ad|hä|siv ⟨Adj.⟩: *auf Adhäsion beruhend, anhaftend.*

ad hoc [at 'hɔk, at 'ho:k; lat., eigtl. = zu diesem] ⟨in Verbindung mit bestimmten Verben⟩ (bildungsspr.): **a)** *zu diesem Zweck, dafür:* einen Ausdruck ad h. bilden; **b)** *aus dem Augenblick heraus [entstanden]:* sich ad h. ein Urteil über etw. bilden.

Ad-hoc-Bil|dung, die: *ad hoc gebildetes Wort.*

Ad|hor|ta|tiv, der; -s, -e [spätlat. adhortativus = mahnend, zu: adhortari = mahnen] (Sprachw.): *Imperativ, der zu gemeinsamer Tat auffordert* (z. B.: hoffen wir es!).

adi|a|ba|tisch ⟨Adj.⟩ [griech. adiábatos = nicht hindurchtretend] (Physik, Met.): *(von Gas, Luft) ohne Wärmeaustausch:* ein Gas a. verdichten.

adieu [a'djø:; frz. adieu (= à dieu) = zu Gott, Gott befohlen, vgl. ade] (landsch., sonst veraltend): *auf Wiedersehen!, leb[t] wohl!:* jmdm. a. sagen.

Adieu, das; -s, -s: *Lebewohl:* jmdm. A. sagen, ein A. zurufen.

ad in|fi|ni|tum [lat., aus: ad (↑ad) u. infinitum = das Unendliche] ⟨in Verbindung mit bestimmten Verben od. nachgestellt bei Verbalsubstantiven⟩ (bildungsspr.): *bis ins Unendliche, unbegrenzt [sich fortsetzen lassend]:* diese Aufzählung kann man ad i. fortsetzen; eine Verlängerung ad i.

adi|pös ⟨Adj.⟩ [zu lat. adeps (Gen.: adipis) = Fett] (Med.): **a)** *fett[reich];* **b)** *fettleibig; verfettet.*

Adi|po|si|tas, die; - [nlat.] (Med.): **a)** *Fettleibigkeit;* **b)** *Fettsucht.*

Ad|jek|tiv das; -s, -e [spätlat. (nomen) adiectivum, eigtl. = zum Beifügen dienend(es Nomen), zu: adicere (2. Part.: adiectum) = bei-, hinzufügen] (Sprachw.): *Wort, das ein Wesen od. Ding, ein Geschehen, eine Eigenschaft od. einen Umstand als mit einem bestimmten Merkmal, mit einer bestimmten Eigenschaft versehen kennzeichnet; Eigenschaftswort.*

ad|jek|ti|vie|ren ⟨sw. V.; hat⟩ (Sprachw.): *(ein Substantiv, Adverb) zu einem Adjektiv machen* (z. B. ernst, schuld, spitze; selten).

Ad|jek|ti|vie|rung, die; -, -en (Sprachw.): *das Adjektivieren; Verwendung (eines Substantivs, Adverbs) als Adjektiv.*

ad|jek|ti|visch [auch: - - '- -] ⟨Adj.⟩ (Sprachw.): *das Adjektiv betreffend; als Adjektiv gebraucht; eigenschaftswörtlich.*

Ad|ju|di|ka|ti|on, die; -, -en [spätlat. adiudicatio] (Rechtsspr.): *gerichtliche Zuerkennung.*

ad|ju|di|zie|ren ⟨sw. V.; hat⟩ [lat. adiudicare, aus: ad = zu u. iudicare, ↑judizieren] (Rechtsspr.): *gerichtlich zuerkennen.*

ad|jus|tie|ren ⟨sw. V.; hat⟩ [relatinisiert aus frz. ajuster, zu: juste = genau, richtig < lat. iustus]: **1. a)** (Technik) *[Werkstücke] zurichten;* **b)** (Messtechnik) *(Messinstrumente, optische Instrumente) durch Stellschrauben genau einstellen.* **2.** (österr., sonst Amtsspr. veraltet) *jmdn., sich dienstmäßig kleiden, ausrüsten:* Soldaten a.

Ad|jus|tie|rung, die; -, -en: **1.** *das Adjustieren.* **2.** (österr.) **a)** *dienstmäßige Kleidung, Uniform:* die Ordonnanz in ihrer dienstlichen A.; **b)** (scherzh.) *Aufmachung:* in sonderbarer A. auftreten.

Ad|ju|tant, der; -en, -en [span. ayudante, subst. 1. Part. von: ayudar = helfen < lat. adiutare, zu: adiuvare = helfen] (Milit.): *dem Kommandeur einer militärischen Einheit zur Unterstützung beigegebener Offizier.*

Ad|ju|tan|tur, die; -, -en: *Dienststelle eines Adjutanten.*

Ad|ju|tor [auch: ...to:ɐ̯], der; -s, -en [lat. adiutor] (veraltet): *Helfer, Gehilfe.*

ad l. = ad libitum.

Ad|la|tus, der; -, ...ten [aus lat. ad latus = zur Seite] (veraltet, noch scherzh.): *meist jüngerer [Amts]gehilfe, untergeordneter Helfer:* einen A. haben, beschäftigen.

Ad|ler, der; -s, - [1: mhd. adler, adelar(e), eigtl. = Edelaar, zu mhd. ar (↑Aar), das auch die »unedlen« Jagdvögel wie Bussard u. Sperber bezeichnete]: **1.** *großer Greifvogel mit kräftigem Hakenschnabel, befiederten Läufen u. starken Krallen.* **2.** *stilisierter Adler (als Wappentier):* der preußische A. **3.** ⟨o. Pl.⟩ Sternbild beiderseits des Himmelsäquators.

Ad|ler|blick, der: *scharfer, durchdringender Blick (eines Menschen).*

Ad|ler|na|se, die: *große, gebogene Nase (eines Menschen).*

Ad|lers|fit|ti|che ⟨Pl.⟩, **Ad|lers|flü|gel** ⟨Pl.⟩: in den Fügungen **auf -n** (dichter. veraltet; *so schnell wie möglich*): auf -n herbeieilen.

ad lib. = ad libitum.

ad li|bi|tum [aus ↑ad u. spätlat. libitus = Wunsch]: **a)** (bildungsspr.) *nach Belieben:* einige Beispiele ad l. herausgreifen; **b)** (Musik) *Vortragsbezeichnung, mit der das Tempo eines Stücks dem Interpreten freigestellt wird;* Abk.: ad l., ad lib., a. l.

ad|lig, (geh.:) adelig ⟨Adj.⟩ [mhd. adellich, ahd. adallīh]: **1. a)** *den Adel* (1, 2) *betreffend, ihm gemäß:* von -er Herkunft sein; **b)** *dem Adel* (1) *angehörend:* eine -e Dame. **2.** (geh.) *von innerem Adel* (4) *zeugend:* eine -e Gesinnung. **3.** (geh.) *vornehm, edel, hoheitsvoll:* eine -e Haltung.

Ad|li|ge, Adelige, der u. die; -n, -n ⟨Dekl. ↑Abgeordnete⟩: *Angehörige[r] des Adelsstandes, des Adels* (1 a).

Ad|mi|nis|tra|ti|on, die; -, -en [lat. administratio, eigtl. = Dienstleistung, zu: administrare, ↑administrieren]: **1. a)** *das Verwalten;* **b)** *verwaltende Behörde; Verwaltung:* die neue A. in Washington (Politik; *der Regierungs- u. Verwaltungsapparat des Präsidenten der USA*). **2.** (DDR abwertend) *bürokratisches Anordnen, Verfügen.* **3.** (Milit.) *Regelung militärischer Angelegenheiten außerhalb von Strategie u. Taktik.*

ad|mi|nis|tra|tiv ⟨Adj.⟩: **1. a)** *zur Verwaltung gehörend;* **b)** *behördlich.* **2.** (DDR abwertend) *bürokratisch, von oben her [bestimmt].*

Ad|mi|nis|tra|tor, der; -s, ...oren [lat. administrator]: **a)** *Verwalter, Verwaltungsangestellter:* ein geschickter A.; **b)** (kath. Kirche) *Pfarrverweser:* er ist A. der Benediktinerabtei; **c)** *selbstständiger Verwalter eines größeren Landwirtschaftsbetriebs bes. in Norddeutschland.*

Ad|mi|nis|tra|to|rin, die; -, -nen: w. Form zu ↑Administrator (a, c).

ad|mi|nis|trie|ren ⟨sw. V.; hat⟩ [lat. administrare, zu: ministrare, ↑Ministrant]: **1.** *verwalten.* **2.** (DDR abwertend) *bürokratisch anordnen, verfügen.*

ad|mi|ra|bel ⟨Adj.; ...abler, -ste⟩ [lat. admirabilis] (veraltet): *bewundernswert.*

Ad|mi|ral, der; -s, -e, auch ...räle [1: frz. amiral (afrz. admiral) < arab. amīr (ar-raḥl) = Befehlshaber (des Transports), ↑Emir]: **1.** ⟨Pl. auch: Admiräle⟩ *Vertreter der höchsten Dienstgradgruppe der Marineoffiziere:* er ist A. zur See. **2.** ⟨Pl. nur: -e⟩ (Zool.) *schwarzbrauner Tagfalter mit weißen Flecken u. orangeroter Bänderung.* **3.** ⟨o. Pl.⟩ *warmes Getränk aus Rotwein, Eiern, Zucker u. Gewürzen.*

Ad|mi|ra|li|tät, die; -, -en: **a)** *Gesamtheit der Admirale;* **b)** *oberste Kommandostelle u. Verwaltungsbehörde einer Kriegsmarine.*

Ad|mi|ra|li|täts|in|seln ⟨Pl.⟩: zum Bismarckarchipel gehörende Inselgruppe.

Ad|mi|ral|stab, der (Milit.): *oberster Führungsstab einer Kriegsmarine.*

Ad|nex, der; -es, -e [lat. adnexum, Nebenf. von: annexum, ↑Annex] (veraltet): *Anhang, Beigabe.*

ad|no|mi|nal ⟨Adj.⟩ [zu ↑ad u. ↑Nomen] (Sprachw.): *zum Nomen (Substantiv) hinzutretend u. von ihm abhängig:* -es Attribut.

ado|les|zent ⟨Adj.⟩ [lat. adolescens, adj. 1. Part. von: adolescere = heranwachsen]: *heranwachsend, in jugendlichem Alter stehend.*

Ado|les|zent, der; -en, -en [lat. adolescens (Gen.: adolescentis)] (Med.): *Heranwachsender, Jugendlicher.*

Ado|les|zenz, die; - [lat. adolescentia] (Med.): *Endphase des Jugendalters.*

Ado|nai [hebr. ădōnay = mein Herr]: (im A. T.) Name Gottes.

[1]Ado|nis (griech. Myth.): schöner, von Aphrodite geliebter Jüngling.

[2]Ado|nis, der; -, -se (bildungsspr.): *schöner junger Mann:* er ist ein A.; ihr Freund war nicht gerade ein A.

[3]Ado|nis, die; -, -: *Adonisröschen.*

Ado|nis|rös|chen, das [[1]Adonis wurde von Aphrodite nach seinem Tod in eine Blume verwandelt]: *(zu den Hahnenfußgewächsen gehörende) Pflanze mit gefiederten Blättern gelben od. roten Blüten.*

adop|tie|ren ⟨sw. V.; hat⟩ [lat. adoptare, eigtl. = hinzuerwählen, aus: ad = (hin)zu u. optare, ↑optieren]: **1.** *als eigenes Kind annehmen:* ein Kind a. **2.** *übernehmen, sich zu Eigen machen:* jmds. Namen a.; die amerikanische Lebensform a.

Adop|ti|on, die; -, -en [lat. adoptio]: *das Adoptieren* (1), *Adoptiertwerden.*

Adop|tiv|el|tern ⟨Pl.⟩: *[Ehe]paar, das ein Kind adoptiert hat.*

Adop|tiv|kind, das: *adoptiertes Kind.*

ado|ra|bel ⟨Adj.; ...abler, -ste⟩ [lat. adorabilis] (veraltet): *anbetungswürdig:* adorable Heilige.

Ado|ra|ti|on, die; -, -en [a: lat. adoratio]: **a)** (bildungsspr.) *Anbetung, Verehrung;* **b)** (kath. Kirche) *dem neu gewählten Papst erwiesene Huldigung der Kardinäle (durch Kniefall u. Fußkuss).*

ado|rie|ren ⟨sw. V.; hat⟩ [lat. adorare, eigtl. = jmdn. anreden, zu: orare, ↑Orakel] (bildungsspr.): *verehren, anbeten.*

Adr. = Adresse (1).

adre|nal ⟨Adj.⟩ (Med.): *die Nebennieren betreffend.*

Adre|na|lin, das; -s [zu lat. ad = (hin)zu, bei u. ren = Niere] (Med.): *Hormon des Nebennierenmarks.*

Adre|na|lin|spie|gel, der (Med.): *Grad des Vorhandenseins von Adrenalin im Blut.*

Adres|sant, der; -en, -en (veraltet): *Absender [einer Postsendung].*

Adres|sat, der; -en, -en: *jmd., an den etw. gerichtet ist, für den etw. bestimmt ist; Empfänger [einer Postsendung]:* der A. ist nicht zu ermitteln; seine Kritik galt einem ganz anderen -en.

Adres|sa|tin, die: w. Form zu ↑Adressat.

Adress|buch, das: *als Buch gedrucktes, alphabetisches Verzeichnis der Adressen der Einwohner, Firmen, Behörden u. Ä., einer Stadt od. eines größeren Gebiets:* das A. der Stadt Nürnberg; Ü ein digitales A. *(Adressenverzeichnis in einem elektronischen Medium).*

Adres|se, die; -, -n [frz. adresse, eigtl. = Richtung, zu: adresser, ↑adressieren; 2: engl. address, zu frz. adresser, ↑adressieren]: **1. a)** *Angabe von jmds. Namen u. Wohnung, Anschrift:* [jmdm.] seine A. hinterlassen; jmds. A. notieren, ausfindig machen; Ü das Vorortviertel ist eine teure A. *(das Wohnen ist dort sehr kostspielig);* eine Warnung an die A. der Aggressoren; das Unternehmen gehört zu den ersten Adressen *(den führenden Firmen)* auf diesem Sektor; *** sich an die richtige A. wenden** (ugs.; *sich an die zuständige Stelle wenden*); **bei jmdm. an die falsche/verkehrte/unrechte A. kommen, geraten** (ugs.; *an den Falschen kommen, scharf abgewiesen werden*); Abk.: Adr.; **b)** kurz für ↑Internetadresse; **c)** kurz für ↑E-Mail-Adresse.**2.** (bildungsspr.) **a)** *schriftlich formulierte [politische] Meinungsäußerung, Willenskundgebung, die von einzelnen Personen od. Gruppen an das Staatsoberhaupt od. die Regierung gerichtet wird;* **b)** *offizielles Gruß-, Dank- od. Huldigungsschreiben [an eine höhere Stelle]:* eine A. an den Parteitag richten. **3.** (EDV) *Nummer einer bestimmten Speicherzelle im Speicher einer Rechenanlage.*

Adres|sen|bü|ro, das: *Betrieb, der Adressen* (1) *von Personen od. Firmen ermittelt, zusammenstellt u. an Interessenten verkauft.*

Adres|sen|ver|zeich|nis, das: *Verzeichnis von Adressen* (1).

adres|sie|ren ⟨sw. V.; hat⟩ [frz. adresser, über das Vlat. zu lat. directum, 2. Part. von: dirigere, ↑dirigieren]: **1.** *mit einer Adresse* (1) *versehen:* einen Brief falsch a. **2.** *an jmds. Adresse* (1) *richten:* der Brief ist an dich adressiert; Ü seine Worte waren an mich adressiert *(für mich bestimmt).* **3.** (Ballspiele) *(mit einer Flanke, einem Pass) einen Mitspieler anspielen:* der Spieler adressiert seine Pässe haargenau. **4.** (veraltet) *sich an jmdn. wenden; gezielt ansprechen.*

Adres|sier|ma|schi|ne, die: *halb- od. vollautomatische Maschine, die regelmäßig gebrauchte Adressen* (1 a) *aufdruckt.*

adrett ⟨Adj.⟩ [älter: adroitt < frz. adroit = geschickt, über das Vlat. zu lat. dirigere (2. Part.: directum), ↑dirigieren] (veraltend): *sauber u. ordentlich in der äußeren Erscheinung u. deshalb einen gefälligen, angenehmen, netten Eindruck machend:* ein -er junger Mann; sie ist immer a. [gekleidet].

Adria, die; -: Adriatisches Meer.

Adri|a|ti|sche Meer, das; -n -[e]s: Teil des Mittelländischen Meeres zwischen Balkan- u. Apenninenhalbinsel.

adrig, ädrig: ↑aderig, äderig.

ad|sor|bie|ren ⟨sw. V.; hat⟩ [zu lat. ad = (hin)zu u. sorbere = schlürfen] (Chemie, Physik): *Gase, Dämpfe od. gelöste Stoffe an der Oberfläche fester, bes. poröser Körper anlagern, binden.*

Ad|sorp|ti|on, die; -, -en (Chemie, Physik): *das Adsorbieren, Adsorbiertwerden.*

Ad|sorp|ti|ons|koh|le, die (Chemie, Med.): *Aktivkohle.*

ad|sorp|tiv ⟨Adj.⟩ (Chemie, Physik): *zur Adsorption fähig, nach Art einer Adsorption.*

Ad|sorp|tiv, das; -s, -e (Chemie, Physik): *adsorbierter Stoff.*

Ad|strin|gens [...gens], das; -, ...genzien u. ...gentia [lat. a(d)stringens, 1. Part. von: a(d)stringere, ↑adstringieren] (Med.): *auf Schleimhäute od. Wunden zusammenziehend wirkendes (entzündungshemmendes, blutstillendes) Mittel.*

Ad|strin|gent, das; -s, -s: *Gesichtswasser, das ein Zusammenziehen der Poren bewirkt.*

ad|strin|gie|ren ⟨sw. V.; hat⟩ [lat. a(d)stringere = zusammenziehen] (Med.): *als Adstringens wirken, zusammenziehen:* ein adstringierender Stoff.

Adu|lar, der; -s, -e [ital. adularia, nach dem Gebirgsmassiv Adula in den Alpen]: *(zu den Feldspaten gehörender) farbloser od. weißlicher bis bläulicher Schmuckstein mit irisierendem Glanz.*

adult ⟨Adj.⟩ [zu lat. adultum, 2. Part. von: adulescere (adolescere), ↑adoleszent] (Med): *erwachsen.*

A-Dur [auch: ˈ–ˈ–], das; -: *auf dem Grundton A beruhende Durtonart* (Zeichen: A).

A-Dur-Ton|lei|ter, die: *auf dem Grundton A beruhende Durtonleiter.*

Ad|van|tage [ədˈvɑːntɪdʒ], der; -s, -s [engl. advantage < frz. avantage, zu: avant = vor < spätlat. abante] (Tennis): engl. Bez. für *Vorteil* (2).

Ad|vent, der; -[e]s, -e ⟨Pl. selten⟩ [mhd. advent(e) < lat. adventus = Ankunft, zu: advenire = ankommen; sich ereignen] (christl. Rel.): **a)** *vierwöchige Zeit vor dem Weihnachtsfest (mit vier Sonntagen):* im, vor, nach A.; **b)** ⟨mit vorangestellter Ordinalzahl⟩ *Sonntag in der Adventszeit, Adventssonntag:* erster, zweiter, dritter, vierter A.

Ad|ven|tist, der; -en, -en [engl. adventist]: *Angehöriger einer der Glaubensgemeinschaften, die an die baldige Wiederkehr Christi glauben.*

Ad|ven|tis|tin, die; -, -nen: w. Form zu ↑Adventist.

Ad|ven|tiv|pflan|ze, die (Bot.): *Pflanze eines Gebietes, die dort ursprünglich nicht heimisch war.*

Ad|vent|ka|len|der (österr.): ↑Adventskalender.

Ad|vent|kranz (österr.): ↑Adventskranz.

ad|vent|lich ⟨Adj.⟩: *zum Advent gehörend:* -e Bräuche, Musik.

Ad|vents|ka|len|der, der: *für Kinder bestimmter Kalender mit Bildern o. Ä. hinter 24 geschlossenen Fensterchen, von denen zwischen dem 1. und 24. Dezember täglich eines geöffnet wird.*

Ad|vents|ker|ze, die: *zur Feier des Advents entzündete Kerze [auf dem Adventskranz].*

Ad|vents|kranz, der: *von der Decke herabhängender od. auf einem Tisch stehender Kranz [aus Tannengrün] mit vier Kerzen für die vier Adventssonntage.*

Ad|vents|lied, das: *[Kirchen]lied, das in der Adventszeit gesungen wird.*

Ad|vent|sonn|tag (österr.): ↑Adventssonntag.

Ad|vents|sonn|tag, der: *einer der vier Sonntage der Adventszeit.*

Ad|vents|zeit, (österr.:) **Ad|vent|zeit,** die: *Advent* (a).

Ad|verb, das; -s, -ien [lat. adverbium, eigtl. = das zum Verb Gehörende, zu ↑ad u. lat. verbum, ↑Verb] (Sprachw.): *[unflektierbares] Wort, das ein im Satz genanntes Verb, ein Substantiv, ein Adjektiv oder ein anderes Adverb seinem Umstand nach näher bestimmt; Umstandswort.*

ad|ver|bal ⟨Adj.⟩ (Sprachw.): **1.** *zum Verb hinzutretend, zu ihm gehörend:* -er Kasus. **2.** ↑adverbial.

ad|ver|bi|al ⟨Adj.⟩ [spätlat. adverbialis] (Sprachw.): *zum Adverb gehörend, als Adverb gebraucht:* -e Bestimmung; ein Wort a. gebrauchen.

Ad|ver|bi|al, das; -s, -e (Sprachw.): *Adverbialbestimmung.*

Ad|ver|bi|al|be|stim|mung, die (Sprachw.): *Ergänzung od. freie Angabe, die einen im Satz genannten Umstand bezeichnet; Umstandsbestimmung.*

Ad|ver|bi|a|le, das; -s, ...lien (Sprachw.): *Adverbialbestimmung.*

Ad|ver|bi|al|satz, der (Sprachw.): *Gliedsatz, der den Umstand angibt, unter dem das Geschehen im Hauptsatz verläuft; Umstandssatz.*

ad|ver|bi|ell (seltener): *adverbial.*

Ad|vo|ca|tus Dei, der; - -, ...ti - [lat. = Anwalt Gottes, zu: advocatus (↑Advokat) u. deus = Gott]: *Geistlicher, der im katholischen kirchlichen Prozess für eine Heilig- od. Seligsprechung eintritt.*

Ad|vo|ca|tus Di|a|bo|li, der; - -, ...ti - [lat. = Anwalt des Teufels, zu kirchenlat. diabolus, ↑Diabolus]: **a)** *Geistlicher, der im katholischen kirchlichen Prozess Gründe gegen eine Heilig- oder Seligsprechung vorbringt;* **b)** *jmd., der um der Sache willen mit seinen Argumenten die Gegenseite vertritt, ohne selbst zur Gegenseite zu gehören, od. jmd., der bewusst Gegenargumente in eine Diskussion einbringt, um sie zu beleben:* den A. D. spielen.

Ad|vo|kat, der; -en, -en [lat. advocatus, eigtl. = der Herbeigerufene, zu: advocare = herbeirufen] (landsch., schweiz., sonst veraltet od. abwertend): *[Rechts]anwalt:* Richter und -en; Ü die -en *(Fürsprecher)* der sozialen Marktwirtschaft.

Ad|vo|ka|tur, die; -, -en (veraltend): **a)** ⟨o. Pl.⟩ *Amt des [Rechts]anwalts, [Rechts]anwaltschaft;* **b)** *Anwaltsbüro:* sie arbeitet in einer A.

Ad|vo|ka|tur|bü|ro, das (schweiz.): *Anwaltsbüro.*

Ad|vo|ka|turs|kanz|lei, die (österr.): *Büro eines Rechtsanwalts.*

AE 1. = Ångström[einheit]. **2.** astronomische Einheit.

ÅE = Ångström[einheit].

ae|ri|fi|zie|ren ⟨sw. V.; hat⟩ [zu lat. aer (↑[1]Air) u. facere = machen] (Gartenbau): *vertikutieren.*

ae|rob ⟨Adj.⟩ [zu ↑Aerobier] (Biol.): *Luftsauerstoff zum Leben benötigend.*

Ae|ro|bic [ɛˈroːbɪk], das; -s, auch: die; - ⟨meist o. Art.⟩ [engl.-amerik. aerobics, zu: aerobic = unter Einfluss von Sauerstoff stattfindend]: *Fitnesstraining, bei dem durch tänzerische u. gymnastische Übungen der Umsatz von Sauerstoff im Körper verstärkt werden soll.*

Ae|ro|bi|er, der; -s, - [zu griech. aḗr = Luft u. bíos = Leben] (Biol.): *Organismus, der nur mit Luftsauerstoff leben kann.*

Ae|ro|bi|ont, der; -en, -en [zu griech. biōn (Gen.: bioũntos), 1. Part. von: bioũn = leben]: *Aerobier.*

Ae|ro|dy|na|mik, die; - (Physik): *Wissenschaft von den strömenden Gasen, bes. von der strömenden Luft.*

ae|ro|dy|na|misch ⟨Adj.⟩: **a)** *zur Aerodynamik gehörend;* **b)** *den Gesetzen der Aerodynamik unterliegend, sie berücksichtigend:* eine a. geformte Karosserie.

Ae|ro|flot, die; -: russische Luftfahrtgesellschaft.

Ae|ro|klub, der; -s, -s: *Verein für Flugsport.*

Ae|ro|me|ter, das; -s, -: *Gerät zum Messen von Dichte u. Gewicht der Luft.*

Ae|ro|nau|tik, die; - (veraltet): *Luftfahrt* (1 a)

Ae|ro|pau|se, die; - [zu griech. paũsis = Ende]: *Übergangszone zwischen der Atmosphäre u. dem Weltraum.*

Ae|ro|sa|lon, der; -s, -s: *Luftfahrtausstellung.*

Ae|ro|sol, das; -s, -e [zu lat. solutio = Lösung]: **a)** *feinste Verteilung schwebender fester od. flüssiger Stoffe in Gasen, bes. in der Luft* (z. B. Rauch, Nebel); **b)** (Med.) *zur Einatmung bestimmtes, nebelförmig verteiltes Medikament.*

Ae|ro|son|de, die; -, -n: *an einem Ballon hängendes Messgerät, das während des Aufstiegs Messwerte über Temperatur, Luftdruck u. Feuchtigkeit zur Erde sendet.*

Ae|ro|ta|xi, das; -s, -s: *Mietflugzeug; Lufttaxi.*

AF = Air France.

Af|fai|re [aˈfɛːrə]: ältere Schreibung für ↑Affäre.

Af|fä|re, die; -, -n [c: frz. affaire, zusger. aus: (avoir) à faire = zu tun (haben)]: **a)** *unangenehme Angelegenheit; peinlicher, skandalöser [Vor-, Zwischen]fall:* die A. um die Vorsitzende; in dunkle, peinliche -n verwickelt sein; jmdn. in eine A. mit hineinziehen; *** sich [mit etw.] aus der A. ziehen** (ugs.; *sich geschickt u. ohne Schaden [mit etw.] aus einer unangenehmen Situation herauswinden*); **b)** (veraltend) *Liebschaft, Verhältnis:* sie hatte eine kurze A. mit ihrem

Chef; **c)** (ugs.) *Sache, Angelegenheit:* das ist eine A. von höchstens zwei Stunden, von tausend Mark.

Äff|chen, das; -s, -: Vkl. zu ↑Affe (1, 2b).

Af|fe, der; -n, -n [1: mhd. affe, ahd. affo; H. u.; 3: H. u.; 4: nach dem Affen, der früher auf der Schulter des Gauklers saß]: **1.** *(zu einer Unterordnung der Herrentiere gehörendes) Säugetier mit zum Greifen geeigneten Händen u. gelegentlich mit aufrechter Körperhaltung, das vorwiegend in den Tropen u. meist auf Bäumen lebt:* die -n im Zoo anschauen, füttern; der Mensch stammt vom -n ab; sich benehmen wie ein wild gewordener A.; R [ich denke,] mich laust der A.! (salopp; *das überrascht mich sehr;* nach den von Gauklern mitgeführten Affen, die sich an einzelne Zuschauer heranmachten u. unter allgemeinem Spott bei ihnen scheinbar nach Läusen suchten); * **dasitzen wie ein A. auf dem Schleifstein** (ugs. scherzh.; *krumm sitzen, eine unglückliche Figur machen;* wohl bezogen auf den früher von wandernden Scherenschleifern oftmals mitgeführten Affen u. seine mehr od. weniger gelungenen Kunststücke); **seinem -n Zucker geben** (ugs.; *immer wieder über sein Lieblingsthema sprechen; seiner Marotte, Schwäche nachgeben*); **wie vom wilden -n gebissen** (salopp; *ganz von Sinnen, verrückt*). **2.** (derb) **a)** *dummer Kerl* (oft als Schimpfwort): dieser blöde A. soll mich in Ruhe lassen; **b)** *eitler, gezierter Mensch; Geck:* ein geleckter A. **3.** (salopp) *Rausch:* einen -n haben; * **einen -n [sitzen] haben** *(betrunken sein).* **4.** (ugs. veraltend) *Tornister.*

Af|fekt, der; -[e]s, -e [a: lat. affectus, zu: afficere (2. Part.: affectum) = in eine Stimmung versetzen]: **a)** *heftige Erregung, Gemütsbewegung; Zustand außergewöhnlicher seelischer Angespanntheit:* im A. handeln; **b)** ‹Pl.› *Leidenschaften:* jmds. -e aufrühren.

Af|fekt|aus|bruch, der: *das Hervorbrechen eines Affektes* (a).

Af|fekt|hand|lung, die: *im Affekt begangene strafbare Handlung.*

af|fek|tiert ‹Adj.› [zu veraltet affektieren = sich zieren, verstellen] (bildungsspr.): *gekünstelt, geziert:* ein -es Benehmen.

Af|fek|tiert|heit, die; -, -en: **1.** ‹o. Pl.› *affektiertes Benehmen, Wesen.* **2.** *einzelne affektierte Handlung, Äußerung.*

af|fek|tiv ‹Adj.› [spätlat. affectivus] (Psych.): *gefühlsbetont, durch Affekte gekennzeichnet.*

Af|fek|ti|vi|tät, die; - (Psych.): *das Affektivsein; Neigung, emotional bis affektiv auf Umweltreize zu reagieren.*

äf|fen ‹sw. V.; hat› [mhd. effen, zu ↑Affe]: **1.** (geh.) *irreführen, täuschen:* man hat uns geäfft. **2.** (selten) *nachahmen.*

af|fen-, Af|fen- (ugs. emotional verstärkend): **1.** drückt in Bildungen mit Adjektiven eine Verstärkung aus: *sehr:* affenschnell, -stark. **2.** drückt in Bildungen mit Substantiven einen besonders hohen Grad von etw. aus: Affengeschwindigkeit, -kälte, -tempo.

af|fen|ähn|lich ‹Adj.›: *einem Affen, den Affen ähnlich.*

af|fen|ar|tig ‹Adj.›: *in der Art u. Weise eines Affen:* eine -e Behändigkeit; mit -er (ugs.; *sehr großer*) Geschwindigkeit liefen alle davon; sich a. bewegen.

Af|fen|brot|baum, der: *(bes. in den Steppengebieten Afrikas wachsender) hoher Baum mit ungewöhnlich dickem Stamm, starken, waagerecht ausladenden Ästen u. gurkenförmigen, essbaren Früchten; Baobab.*

af|fen|geil ‹Adj.› [zu ↑geil (3)] (salopp, bes. Jugendsprache): *in besonders begeisternder Weise schön, gut; äußerst großartig, ganz toll:* das war ein -er Film; sie trägt immer die -sten Klamotten.

Af|fen|haus, das: *Gebäude im Zoo, in dem die Affen untergebracht sind.*

Af|fen|hit|ze, die (ugs. emotional verstärkend): *sehr große Hitze.*

Af|fen|kä|fig, der: *Käfig [im Zoo], in dem Affen gehalten werden.*

Af|fen|lie|be, die ‹o. Pl.›: *übertriebene, blinde Liebe:* mit wahrer A. an jmdm. hängen.

Af|fen|mensch, der (Paläont.): *den Übergang zum Urmenschen bildender affenähnlicher Vormensch.*

Af|fen|pin|scher, der [nach der affenähnlichen Form u. Behaarung des Kopfes]: *Zwerghund mit struppigem Fell u. kugeligem Kopf.*

Af|fen|schan|de: in der Wendung **eine A. sein** (ugs. emotional verstärkend; *unerhört, empörend, unglaublich sein*).

Af|fen|schau|kel, die: **1.** (Soldatenspr. scherzh.) *Fangschnur* (b), *Schulterschnur.* **2.** ‹meist Pl.› (ugs.) *zu beiden Seiten des Kopfes in Form einer Schlinge herabhängender Zopf:* das Mädchen trägt -n.

Af|fen|tem|po, das (ugs.): *große Geschwindigkeit, große Eile:* mit einem A. fahren.

Af|fen|the|a|ter, das (ugs. abwertend): *im Zusammenhang mit einer bestimmten Angelegenheit stehendes, als unsinnig, lästig od. übertrieben empfundenes Tun:* dieses A. mache ich nicht mehr länger mit.

Af|fen|zahn, der ‹o. Pl.› (salopp): *sehr hohe Geschwindigkeit:* der Wagen hatte einen A. drauf, raste mit einem A. vorbei.

Af|fen|zeck, der (ugs. abwertend): *Affentheater.*

af|fet|tu|o|so ‹Adv.› [ital. affettuoso < spätlat. affectuosus, zu lat. affectus, ↑Affekt] (Musik): *leidenschaftlich, bewegt.*

Af|fi|che [aˈfɪʃə, auch: aˈfiːʃə], die; -, -n [frz. affiche, zu: afficher, ↑affichieren] (Werbespr. u. schweiz., österr., sonst veraltet): *Anschlag, Plakat.*

af|fi|chie|ren [afɪˈʃiːrən] ‹sw. V.; hat› [frz. afficher, zu: ficher, ↑[1]Fiche] (veraltet): *(Plakate) ankleben, befestigen.*

af|fig ‹Adj.› [zu ↑Affe] (ugs. abwertend): *übermäßig auf sein Äußeres bedacht; eitel u. geziert wirkend:* ein -es Benehmen.

Af|fig|keit, die; -, -en (ugs., abwertend): **a)** ‹o. Pl.› *affiges Wesen, affige Art;* **b)** *affige Handlung o. Ä.:* lass diese -en!

Af|fi|li|a|ti|on, die; -, -en [mlat. affiliatio = Adoption, zu kirchenlat. filiatio = die Sohnwerdung, zu lat. filius = Sohn]: **1.** *Anschluss, Angliederung.* **2.** (Freimaurerei) *Wechsel der Loge eines Mitgliedes u. das folgende Ritual der Aufnahme in die neue Loge.* **3.** (Sprachw.) *Verwandtschaftsverhältnis von Sprachen, die sich aus einer gemeinsamen Grundsprache entwickelt haben.* **4.** (Wirtsch.) *Tochtergesellschaft bes. einer großen Bank.*

af|fi|li|ie|ren ‹sw. V.; hat› [mlat. affiliare = adoptieren]: *einer größeren Gemeinschaft o. Ä. angliedern, anschließen.*

af|fin ‹Adj.› [lat. affinis, eigtl. = angrenzend, zu: finis, ↑Finis]: **1.** (selten) *mit etw. verwandt; auf Affinität (1) beruhend:* ihre Ideologie war der der Kommunisten a. **2.** (Math.) *(von geometrischen Figuren) durch Parallelprojektion einer Ebene auf eine zweite auseinander hervorgehend.*

Äf|fin, die; -, -nen [mhd. effinne, affinne, ahd. affinna]: w. Form zu ↑Affe (1).

Af|fi|ni|tät, die; -, -en [lat. affinitas, zu ↑affin]: **1.** *Wesensverwandtschaft, Ähnlichkeit u. dadurch bedingte Anziehung:* zu jmdm., etw. eine A. haben, fühlen. **2. a)** (Chemie) *Neigung von Atomen od. Atomgruppen, sich miteinander zu vereinigen bzw. sich umzusetzen;* **b)** (Geom.) *affine* (2) *Abbildung.*

Af|fir|ma|ti|on, die; -, -en [lat. affirmatio] (bes. Logik): *Bejahung, Versicherung.*

af|fir|ma|tiv ‹Adj.› [lat. affirmativus] (bes. Logik): *bejahend, bestätigend:* eine -e Antwort; ein -es Urteil (Logik; *Urteil, das einem Subjekt ein Prädikat zuspricht*); ein -er Aussagesatz.

äf|fisch ‹Adj.›: *nach der Art eines Affen, affenähnlich:* ein -es Wesen; -e Merkmale; ein ä. geformter Kopf.

Af|fix, das; -es, -e [zu lat. affixus = angeheftet, adj. 2. Part. von: affigere = anheften] (Sprachw.): *Bildungselement, das zur Wurzel od. zum Stamm eines Wortes hinzutritt (Präfix, Suffix).*

Af|fi|xo|id, das; -s, -e [zu griech. -oeidés = ähnlich] (Sprachw.): *affixähnlicher Bestandteil eines Wortes.*

af|fi|zie|ren ‹sw. V.; hat› [lat. afficere, ↑Affekt]: **1.** (selten) *Eindruck machen, bewegen, reizen.* **2.** (Med.) *angreifen, krankhaft verändern.*

Af|fri|ka|ta, Af|fri|ka|te, die; -, ...ten [zu lat. affricare = anreiben, zu: fricare, ↑Frikativ] (Sprachw.): *Verschlusslaut mit folgendem Reibelaut* (z. B. pf, z [= ts]).

Af|front [aˈfrõː, auch: aˈfrɔnt], der; -s, -s [aˈfrõːs] u. (schweiz.:) -e [aˈfrɔntə; frz. affront, zu: affronter = beleidigen, vor den Kopf stoßen, zu: front, ↑Front] (bildungsspr.): *Schmähung, herausfordernde Beleidigung, Kränkung:* ein gezielter A. gegen ihn, gegen sein Land, gegenüber seiner Person, seinem Land; etw. als einen A. betrachten.

Af|ghan, der; -[s], -s: *überwiegend aus dem nördlichen Afghanistan kommender handgeknüpfter, meist dunkelroter Wollteppich mit geometrischer Musterung.*

Af|gha|ne, der; -n, -n: **1.** Ew. zu ↑Afghanistan. **2.** *(aus Afghanistan stammender) Windhund mit langem, seidigem Fell unterschiedlicher Färbung u. langem, meist in einem Ringel endendem Schwanz.*

Af|gha|ni, der; -[s], -[s]: *Währungseinheit in Afghanistan* (1 Afghani = 100 Puls).

Af|gha|nin, die; -, -nen: w. Form zu ↑Afghane (1).

af|gha|nisch ‹Adj.›: *Afghanistan, die Afghanen betreffend.*

Af|gha|nis|tan; -s: Staat in Vorderasien.

Afla|to|xin, das; -s, -e [Kurzwort aus Aspergillus flavus (= ein auf Lebensmitteln wachsender Schimmelpilz) und ↑Toxin]: *durch bestimmte Schimmelpilze erzeugtes Gift.*

AFN [eɪlefˈen], der; - [American Forces Network]: Rundfunkanstalt der außerhalb der USA stationierten amerikanischen Streitkräfte.

a|fo|kal ‹Adj.› [aus griech. a- = nicht, un- u. ↑fokal] (Optik): *ohne Fokus* (1).

a fres|co [ital., zu: fresco = frisch; vgl. Fresko]: *(von Malereien) auf den noch feuchten Verputz einer Wand:* ein Bild a f. malen.

Afri|ka [ˈaːfrika, auch: ˈaf...]; -s: drittgrößter Erdteil.

Afri|kaan|der, der; -s, - [afrikaans, eigtl. = Afrikaner]: *in der Republik Südafrika geborener, Afrikaans sprechender Weißer.*

Afri|kaan|de|rin, die; -, -nen: w. Form zu ↑Afrikaander.

afri|kaans ‹Adj.› [eigtl. = afrikanisch]: *in Afrikaans gesprochen od. geschrieben, kapholländisch:* -e Literatur; a. sprechen.

Afri|kaans, das; -: *aus niederländischen Dialekten entstandene Sprache der Buren in Südafrika.*

Afri|kan|der: ↑Afrikaander.

Afri|ka|ner, der; -s, -: *aus Afrika stammende Person [von schwarzer Hautfarbe].*

Afri|ka|ne|rin, die; -, -nen: w. Form zu ↑Afrikaner.

afri|ka|nisch ‹Adj.›: *Afrika, die Afrikaner betreffend; in Afrika gelegen, aus Afrika stammend:* die -en Staaten; im -en Dschungel.

afri|ka|ni|sie|ren ‹sw. V.; hat›: *unter afrikanischen Einfluss bringen, unter afrikanische Herrschaft stellen.*

Afri|ka|ni|sie|rung, die; -: *das Afrikanisieren.*

Afri|ka|nis|tik, die; -: *Wissenschaft von der Kultur u. den Sprachen der afrikanischen Völker.*

Afro|ame|ri|ka|ner [ˈaːf..., auch: ˈaf...], der; -s, -: *Amerikaner schwarzer Hautfarbe, dessen Vorfahren aus Afrika stammen.*

Afro|ame|ri|ka|ne|rin [ˈaːf..., auch: ˈaf...], die; -, -nen: w. Form zu ↑Afroamerikaner.

afro|ame|ri|ka|nisch [ˈaːf..., auch: ˈaf...] ‹Adj.›: **1.** *Afrika u. Amerika betreffend:* -e Beziehungen. **2.** *die Afroamerikaner betreffend:* -e Musik.

afro|asi|a|tisch [ˈaːf..., auch: ˈaf...] ‹Adj.›: *Afrika u. Asien betreffend.*

fro|look ['a:f..., auch: 'af...], der; -s, -s: *Frisur, bei der das Haar in stark gekrausten, dichten Locken nach allen Seiten hin absteht.*
f|ter, der; -s, - [mhd. after, ahd. aftero, eigtl. = Hinterer, Substantivierung von mhd. after, ahd. aftero = hinter, nachfolgend, zu mhd. after, ahd. aftar (Adv. u. Präp.)]: *hinterer, der Ausscheidung dienender Ausgang des Darms (bei der Mehrzahl der Tiere u. beim Menschen); Anus.*
f|ter|drü|se, die (Zool.): *in den od. am After mündende Drüse.*
f|ter|flos|se, die (Zool.): *in der Aftergegend liegende Flosse bei Fischen.*
f|ter|fur|che, die (Med.): *Einkerbung zwischen den beiden Gesäßhälften, in deren Zentrum der After liegt.*
f|ter|le|hen, das [zu älter after, mhd. after, ahd. aftar (Präp., Adv.) = nach, hinter] (hist.): *durch den Lehnsmann weiterverliehenes Lehen.*
f|ter|sau|sen, das; -s (derb): **a)** *Abgang von Blähungen:* der hat chronisches A.; **b)** *Angst:* du hast wohl A.?; nun krieg mal bloß kein A.
f|ter|shave ['ɑ:ftəʃeiv], das; -[s], -s, **After-Shave-Lo|tion,** (auch:) **Af|ter|shave|lo|tion** ['ɑ:ftəʃeivˈloʊʃən], die; -, -s [engl. after shave = nach der Rasur]: *nach der Rasur zu verwendendes Gesichtswasser.*
f|ter|va|sall, der (hist.): *Inhaber eines Afterlehens.*
f|ter|wis|sen|schaft, die (bildungsspr.): *Scheinwissenschaft.*
g = Argentum.
G 1. = Aktiengesellschaft. **2.** Amtsgericht.
G. 1. = auf Gegenseitigkeit. **2.** als Gast (an einem Theater).
ga, der; -s, -s [türk. ağa = Herr] (früher): *Titel höherer, dann auch niederer Offiziere u. Zivilbeamter in der Türkei.*
gä|is, die; -, **Ägä|i|sche Meer,** das; -n -[e]s: Meer zw. Balkanhalbinsel u. Kleinasien.
ga Khan, der; - -s, - -e [aus ↑Aga u. ↑Khan]: *Oberhaupt der islamischen Sekte der Hodschas in Indien u. Ostafrika u. dessen erblicher Titel.*
ga|met, der; -en, -en (Zool.): *durch Agamogonie entstandene Zelle niederer Lebewesen, die der ungeschlechtlichen Fortpflanzung dient.*
ga|mo|go|nie, die; - [zu griech. gonḗ = Erzeugung] (Biol.): *ungeschlechtliche Vermehrung durch Zellteilung.*
gar-Agar, der od. das; -s [malai.]: *getrocknete u. gebleichte, in heißem Wasser lösliche Gallerte aus verschiedenen Rotalgenarten.*
ga|ve, die; -, -n [frz. agave < griech. agauḗ, eigtl. = die Edle]: *Pflanze mit dickfleischigen, oft dornig-gezähnten Blättern, aus denen Fasern gewonnen werden.*
gen|da, die; -, ...den [lat. agenda = Dinge, die zu tun sind, zu: agere, ↑agieren]: **1.** *Buch, in das die zu erledigenden Dinge eingetragen werden; Notizbuch.* **2.** *Liste von Gesprächs-, Verhandlungspunkten:* etw. auf die A. setzen; auf jmds. A. stehen; Ü ganz oben auf der politischen A. stehen *(zu den vordringlichsten politischen Aufgaben gehören).*
gen|de, die; -, -n: **1.** (ev. Kirche) **a)** *Buch, in dem Riten, Gebete u. a. für den Gottesdienst u. gottesdienstliche Handlungen aufgezeichnet sind;* **b)** *Gottesdienstordnung.* **2.** ⟨nur Pl.⟩ (bes. österr.): *zu erledigende Aufgaben, Obliegenheiten:* die fremdenpolizeilichen -n wahrnehmen.
gens ['a:gɛns], das u. (Sprachw. selten:) der; -, Agenzien u. (Sprachw.:) -, (Med. auch:) Agentia [zu lat. agens, 1. Part. von: agere, ↑agieren]: **1.** ⟨Pl. Agenzien⟩ (bildungsspr.) *treibende Kraft:* die europäische Integration sollte das wichtigste A. in der deutschen Politik sein. **2.** ⟨Pl. Agenzien⟩ (Philos.) *wirkendes, handelndes, tätiges Wesen od. Prinzip.* **3.** ⟨Pl. Agenzien, auch: Agentia⟩ (Med.) **a)** *medizinisch wirksamer Stoff;* **b)** *krank machender Faktor:* Benzpyren ist ein gefährliches A. **4.** ⟨Pl. -⟩ (Sprachw.): *Träger eines durch das Verb ausgedrückten aktiven Verhaltens.*
gent, der; -en, -en [ital. agente < lat. agens (Gen.: agentis), ↑Agens]: **1.** *Person, die im Geheimauftrag einer Regierung, einer militärischen od. politischen Organisation o. Ä. bestimmte, meist illegale Aufträge ausführen soll; Spion.* **2. a)** (Wirtsch. veraltend) *jmd., der – meist auf Provisionsbasis – Geschäfte vermittelt u. abschließt, [Handels]vertreter;* **b)** *jmd., der berufsmäßig Künstlern Engagements vermittelt.* **3.** (Dipl.) *Person im diplomatischen Dienst ohne diplomatischen Charakter.*
Agen|ten|ring, der: *Ring* (4) *von Agenten* (1).
Agen|ten|tä|tig|keit, die: *Tätigkeit als Agent* (1): ein Ermittlungsverfahren wegen geheimdienstlicher A.
Agen|tia: Pl. von ↑Agens.
agen|tie|ren ⟨sw. V.; hat⟩ (österr. veraltend): *als Agent* (2) *tätig sein; Käufer, Kunden werben.*
Agen|tin, die; -, -nen: w. Form zu ↑Agent.
Agent pro|vo|ca|teur, (auch:) **Agent Pro|vo|cateur** [a'ʒɑ̃: provoka'tøːɐ̯], der; - -, -s -s [a'ʒɑ̃: provoka'tøːɐ̯; frz., eigtl. = provozierender Agent]: *Agent* (1), *der verdächtige Personen zu strafbaren Handlungen verleiten od. Zwischenfälle od. kompromittierende Handlungen beim Gegner provozieren soll; Lockspitzel.*
Agen|tur, die; -, -en [zu ↑Agent (2)]: **1.** (bes. Wirtsch.) **a)** *Institution, die jmdn., etw. vertritt, jmdn., etw. vermittelt;* **b)** *Geschäftsstelle, Büro eines Agenten* (2). **2.** kurz für ↑Nachrichtenagentur.
Agen|tur|be|richt, der: vgl. Agenturmeldung.
Agen|tur|mel|dung, die: *Meldung einer Agentur* (2): nach einer A., einer A. zufolge.
Agen|zi|en: Pl. von ↑Agens (1, 2, 3).
Ag|glo|me|rat, das; -[e]s, -e [zu lat. agglomeratum, 2. Part. von: agglomerare, ↑agglomerieren]: **1.** (bildungsspr.) *Anhäufung von etw.* **2. a)** (Metallurgie) *aus feinkörnigen Erzen durch Behandlung zu groben Stücken gefertigtes Erz;* **b)** (Geol.) *meist unverfestigte Anhäufung loser, eckiger, grober Gesteinsstücke aus vulkanischem Auswurf.*
Ag|glo|me|ra|ti|on, die; -, -en [mlat. agglomeratio]: **1.** (bildungsspr.) *Anhäufung, Zusammenballung:* -en hässlicher Betonklötze. **2.** (schweiz.) *Ballungsgebiet.*
ag|glo|me|rie|ren ⟨sw. V.; hat⟩ [lat. agglomerare] (bildungsspr.): **a)** *etw. anhäufen, zusammenballen;* **b)** ⟨a. + sich⟩ *sich anhäufen, sich zusammenballen.*
Ag|glu|ti|na|ti|on, die; -, -en [spätlat. agglutinatio = das Ankleben]: **1.** (Med.) *Verklebung, Verklumpung von Zellen, Blutkörperchen u. Ä.* **2.** (Sprachw.) **a)** *Verschmelzung* (z. B. des Artikels od. einer Präposition mit dem folgenden Substantiv); **b)** *Anfügung von Bildungselementen (Affixen) an den mehr od. weniger unveränderten Wortstamm.*
ag|glu|ti|nie|ren ⟨sw. V.; hat⟩ [lat. agglutinare = ankleben]: **1.** (Med.) *eine Agglutination* (1) *herbeiführen:* Blutkörperchen, Zellen a. **2.** (Sprachw.) *eine Agglutination* (2) *herbeiführen:* agglutinierende Sprachen ([*im Unterschied zu den flektierenden u. isolierenden Sprachen] Sprachen, in denen die grammatischen Funktionen durch das Anfügen von Affixen an den Wortstamm ausgedrückt werden;* z. B. das Türkische).
Ag|gre|gat, das; -[e]s, -e [zu lat. aggregare = hinzunehmen; ansammeln; 4: nach engl. aggregate]: **1.** (Technik) *Satz von zusammenwirkenden einzelnen Maschinen, Apparaten, Teilen, bes. in der Elektrotechnik:* ein A. für elektrischen Strom. **2.** (Math.) *mehrgliedriger Ausdruck, dessen einzelne Glieder durch + od. – verknüpft sind.* **3.** (Geol.) *Verwachsung von Mineralien gleicher od. ungleicher Art.* **4.** (Soziol.) *bloße Summe von Personen, die (z. B. bei statistischen Untersuchungen) ausgewählt werden, ohne in einer sozialen Beziehung zueinander zu stehen.* **5.** (Chemie) *Aggregation* (2).
Ag|gre|ga|ti|on, die; -, -en [lat. aggregatio]: **1.** *Anhäufung:* eine A. von Kenntnissen, Fakten. **2.** (Chemie) *lockere Zusammenlagerung von Molekülen od. Ionen.* **3.** (Med.) *Anhäufung, Zusammenschluss von Teilchen:* eine A. von Blutplättchen.
Ag|gre|gat|zu|stand, der (Chemie): *Erscheinungs- u. Zustandsform, in der die Materie existiert:* fester, flüssiger, gasförmiger A.
Ag|gres|si|on, die; -, -en [lat. aggressio = Angriff, zu: aggressum, 2. Part. von: aggredi = angreifen]: **1.** (Völkerr.) *rechtswidriger militärischer Angriff auf ein fremdes Staatsgebiet;* feindliche, militärische -en gegen Nachbarstaaten. **2.** (Psych.) **a)** *durch Affekte ausgelöstes, auf Angriff ausgerichtetes Verhalten des Menschen, das auf einen Machtzuwachs des Angreifers bzw. eine Machtverminderung des Angegriffenen zielt;* **b)** *feindselige, ablehnende Einstellung, Haltung:* jmd. ist voller -en; etw. löst -en aus; seine -en nicht steuern, mit seinen -en nicht umgehen können; jmdm. gegenüber -en haben, entwickeln.
Ag|gres|si|ons|krieg, der: *Angriffskrieg.*
Ag|gres|si|ons|lust, die: *Neigung zu Aggressionen* (1, 2): jmds. A.; die A. eines Diktators, eines Kindes.
Ag|gres|si|ons|po|li|tik, die: *auf eine Aggression* (1) *abzielende Politik:* eine A. verfolgen, betreiben.
Ag|gres|si|ons|trieb, der (Psych., Verhaltensf.): *Antrieb* (2) *für Aggressionen* (2): das ungehemmte Ausleben des -s.
ag|gres|siv ⟨Adj.⟩ [nach frz. agressif, zu lat. aggressum, ↑Aggression]: **1. a)** *angriffslustig, streitsüchtig:* ein -er Mensch; seine Frau war sehr a.; a. reagieren; **b)** *auf Aggression* (1) *gerichtet:* eine -e Politik; **c)** *herausfordernd [wirkend]:* ein -er Tonfall; -e Songs. **2. a)** *(von Dingen) aufdringlich:* -e Farben; ein -er Duft; **b)** *in schädigender Weise auf etw. einwirkend; zerstörend:* -e Stoffe, chemische Substanzen; weiches Wasser ist gegen Metalle -er als hartes. **3.** *sich gezielt-kräftig auf etw., jmdn. richtend:* eine -e Therapie; -e Werbemethoden. **4.** *rücksichtslos, hemmungslos u. nicht auf Sicherheit bedacht:* -e *(andere Verkehrsteilnehmer gefährdende)* Fahrweise; er fährt sehr a.
Ag|gres|si|vi|tät, die; -, -en: **1.** ⟨o. Pl.⟩ **a)** (Psych.) *mehr od. weniger unbewusste, sich nicht immer offen zeigende aggressive Haltung eines Menschen:* seine A. beim Sport ausleben; **b)** *offen aggressive Haltung, aggressives Verhalten; Angriffslust.* **2.** *einzelne aggressive Handlung.*
Ag|gres|sor, der; -s, ...oren [lat. aggressor] (Völkerr.): *Staat, Führer eines Staates, der eine Aggression* (1) *begeht:* die faschistischen -en.
Ägi|de [lat. aegis < griech. aigís (Gen.: aigídos) = Schild des Zeus]: in der Fügung **unter jmds. Ä.** (bildungsspr.; *unter jmds. Schirmherrschaft, Leitung).*
agie|ren ⟨sw. V.; hat⟩ [lat. agere = (an)treiben] (bildungsspr.): **1.** *handeln, tätig sein, wirken:* selbstständig zu a. versuchen; als Bremser, auf der politischen Bühne, gegen jmdn., mit unlauteren Mitteln a. **2. a)** (veraltend) *eine bestimmte Rolle* (5 a) *spielen:* die komische Alte a.; **b)** *als Schauspieler auftreten:* über 120 Nebendarsteller a. lassen. **3.** *etw. lebhaft bewegen; gestikulieren:* mit den Händen a.
agil ⟨Adj.⟩ [frz. agile < lat. agilis] (bildungsspr.): *von großer Beweglichkeit zeugend; regsam u. wendig:* ein -er Geschäftsmann; sie ist trotz ihres Alters körperlich und geistig noch sehr a.
Agi|li|tät, die; - [frz. agilité < lat. agilitas]: *agiles Wesen, agile Art.*
Agio ['a:dʒo, auch: 'a:ʒi̯o], das; -s, -s u. Agien [...i̯ən; älter ital. agio, zu griech. allagḗ = Tausch] (Bank- u. Börsenw.): *Betrag, um den der Preis eines Wertpapiers über dem Nennwert, der Kurs einer Geldsorte über der Parität liegt; Aufgeld.*
Agio|ta|ge [aʒi̯o'ta:ʒə, österr.: ...'ta:ʃ], die; - [frz. agiotage]: **1.** *Börsenspekulation durch Ausnutzung von Kursschwankungen.* **2.** (österr.) *unerlaubter Handel mit Eintrittskarten.*
Agio|teur [aʒi̯o'tøːɐ̯], der; -s, -e [frz. agioteur]:

A

1. *Börsenmakler, -spekulant.* **2.** (österr.) *jmd., der unerlaubt mit zu überhöhten Preisen angebotenen Eintrittskarten handelt.*

Agio|teu|rin, die; -, -nen: w. Form zu ↑Agioteur.

agio|tie|ren [aʒi̯o'ti:rən] ⟨sw. V.; hat⟩ [frz. agioter]: *an der Börse spekulieren.*

Agi|ta|ti|on, die; -, -en [engl. agitation < lat. agitatio = das In-Bewegung-Setzen, zu: agitare, ↑agitieren]: **a)** (abwertend) *aggressive Tätigkeit zur Beeinflussung anderer, vor allem in politischer Hinsicht; Hetze:* A. betreiben; eine radikale A. gegen alle bestehenden Ordnungsbegriffe; **b)** *politische Aufklärungstätigkeit; Propaganda für bestimmte politische od. soziale Ziele:* A. für eine Koalition.

agi|ta|to [adʒi'ta:to] ⟨Adv.⟩ [ital.] (Musik): *sehr bewegt, erregt.*

Agi|ta|tor, der; -s, ...oren [ag...; engl. agitator < lat. agitator = Treiber (eines Tieres)]: **a)** *Person, die Agitation* (a) *betreibt;* **b)** (DDR) *Person, die Agitation* (b) *betreibt:* ein A. der Partei.

agi|ta|to|risch ⟨Adj.⟩: **a)** *die Agitation betreffend:* -e Mittel einsetzen; **b)** *den Agitator betreffend.*

agi|tie|ren ⟨sw. V.; hat⟩ [engl. agitate < lat. agitare = eifrig betreiben, zu: agere, ↑agieren]: **a)** *Agitation betreiben:* für Streik a.; gegen jmdn. a.; **b)** *auf jmdn. agitatorisch einwirken:* die Werktätigen a.

Agit|prop, die; - [Kurzwort für: Agitation und Propaganda] (marx.): *ideologisch-propagandistische Arbeit mit dem Ziel, die Massen zur Entwicklung des revolutionären Bewusstseins zu führen u. zur aktiven Teilnahme am Klassenkampf zu veranlassen.*

Agit|prop|the|a|ter, das: *Laientheater in sozialistischen Ländern, das der politischen Bildung dienen u. zur politischen Aktion der Massen aufrufen soll.*

Agno|men, das; -s, ...mina [lat. agnomen, zu ↑ad u. lat. nomen, ↑Nomen]: *(im antiken Rom) Beiname, der persönliche Eigenschaften od. besondere Verdienste kennzeichnet* (z. B. P. Cornelius Scipio *Africanus*).

Agno|sie, die; - [griech. agnōsía = Unkenntnis]: (Philos.): *Nichtwissen (als Ausgangspunkt od. Endergebnis allen Philosophierens).*

Agnos|ti|ker, der; -s, -: *Vertreter des Agnostizismus.*

Agnos|ti|ke|rin, die; -, -nen: w. Form zu ↑Agnostiker.

Agnos|ti|zis|mus, der; - [zu griech. ágnōstos = nicht erkennbar] (Philos.): *Lehre von der Unerkennbarkeit des wahren Seins sowie des Göttlichen u. Übersinnlichen.*

agnos|ti|zis|tisch ⟨Adj.⟩: *den Agnostizismus betreffend, von ihm ausgehend.*

Agnus Dei, das; - -, - - [lat. = Lamm Gottes, zu: agnus = Lamm u. deus = Gott]: **a)** (christl. Rel.) ⟨o. Pl.⟩ *Bezeichnung Christi im Neuen Testament* (Joh. 1, 29); **b)** (kath. Kirche) *(in der* [1]*Messe* 1) *dreifacher Bittruf um Sündenvergebung u. Frieden;* **c)** *Wachstäfelchen mit einem eingeprägten (mit bestimmten Attributen versehenen) Lamm sowie Namen u. Regierungsjahr des Papstes.*

à go|go [agɔ'go; frz.; zu: gogo = scherzh. Verdoppelung der Anfangssilbe von afrz. gogue = Scherz]: *in Hülle und Fülle, nach Belieben:* Hits à g.

Agon, der; -s, -e [griech. agṓn, eigtl. = Versammlung] (griech. Antike): **1.** *sportlicher u. musischer Wettkampf.* **2.** *Streitgespräch als Hauptbestandteil der attischen Komödie.*

Ago|nie, die; -, -n [kirchenlat. agonia < griech. agōnía = Kampf, auch: Angst] (bildungsspr., Med.): *Todeskampf:* in A. verfallen; in der A. liegen.

Ago|nist, der; -en, -en [1: griech. agōnistḗs; 2: rückgeb. aus ↑Antagonist (2)]: **1.** *Teilnehmer an einem Agon* (1). **2.** (Anat.) *Muskel, der eine Bewegung bewirkt, die der des Antagonisten* (2) *entgegengesetzt ist.*

[1]Ago|ra, die; -, -s u. Agoren [griech. agorá]: *Marktplatz der altgriechischen Stadt.*

[2]Ago|ra, die; -, Agorot [hebr. ăğôrā]: *israelische Währungseinheit* (100 New Agorot = 1 Schekel).

Ago|ra|pho|bie, die; -, -n [aus ↑[1]Agora u. ↑Phobie] (Med., Psych.): *zwanghafte, mit Schwächegefühl od. Schwindel verbundene Angst, freie Plätze o. Ä. zu überqueren; Platzangst* (2).

Ago|ras, Ago|ren: Pl. von ↑[1]Agora.

Ago|rot: Pl. von ↑[2]Agora.

Agram: früherer dt. Name von Zagreb.

Agrar|be|reich, der: *landwirtschaftlicher Bereich* (b).

Agrar|be|trieb, der: *landwirtschaftlicher Betrieb* (1 a).

Agrar|er|zeug|nis, das: *landwirtschaftliches Erzeugnis.*

Agrar|ex|port, der: *landwirtschaftlicher Export.*

Agra|ri|er, der; -s, - [zu lat. agrarii (Pl.) = Freunde der Ackergesetze u. Ackerverteilung, zu: agrarius = zu den Äckern, Feldern gehörend; Acker-, Feld-] (veraltend): *Landwirt, bes. Großgrund-, Gutsbesitzer in Ostdeutschland nach 1871.*

agra|risch ⟨Adj.⟩: *landwirtschaftlich:* -e Erzeugnisse; ein -er Staat *(Agrarstaat).*

Agrar|land, das ⟨Pl. ...länder⟩: **1.** *Agrarstaat.* **2.** ⟨o. Pl.⟩ (selten) *landwirtschaftlich genutzter Boden.*

Agrar|markt, der: *Markt* (3 a) *für Agrarprodukte.*

Agrar|po|li|tik, die: *Gesamtheit der staatlichen Maßnahmen zur Regelung u. Förderung der Landwirtschaft.*

agrar|po|li|tisch ⟨Adj.⟩: *die Agrarpolitik betreffend.*

Agrar|preis, der ⟨meist Pl.⟩: *Preis* (1) *von landwirtschaftlichen Produkten.*

Agrar|pro|dukt, das: *landwirtschaftliches Erzeugnis.*

Agrar|re|form, die: *landwirtschaftliche Reform* (z. B. Bodenreform).

Agrar|staat, der: *Staat, dessen Wirtschaft überwiegend durch die Landwirtschaft bestimmt wird.*

Agrar|wis|sen|schaft, die: *Agronomie.*

agrar|wis|sen|schaft|lich ⟨Adj.⟩: *die Agronomie betreffend.*

Agree|ment [ə'gri:mənt], das; -s, -s [engl. agreement < frz. agrément = Einwilligung, zu: agréer = einwilligen] (Völkerr.): *zwischen Staatsmännern getroffene Übereinkunft auf Treu u. Glauben, die nicht der parlamentarischen Zustimmung od. Ratifikation bedarf.*

Agré|ment [agre'mã:], das; -s, -s [frz. agrément, ↑Agreement]: **1.** (Dipl.) *Zustimmung einer Regierung zur Ernennung eines ausländischen diplomatischen Vertreters in ihrem Land:* jmdm., für jmdn. das A. als Botschafter erteilen. **2.** ⟨Pl.⟩ (Musik) *Verzierungen* (z. B. Triller, Tremolo).

Agri|kul|tur, die; - [lat. agricultura, zu: ager = Acker u. cultura, ↑Kultur]: *Ackerbau, Landwirtschaft.*

Agri|kul|tur|che|mie, die; -: *Teilgebiet der angewandten Chemie, das sich bes. mit Bodenanalyse u. der Entwicklung von Dünge- u. Schädlingsvernichtungsmitteln befasst.*

Agro|che|mie, die; -: *Wissenschaft, die sich mit den chemischen Grundlagen bes. der Pflanzen- u. Tierernährung befasst.*

Agro|nom, der; -en, -en [a: griech. agronómos = Aufseher über die Stadtländereien, zu: agrós = Acker; b: nach russ. agronom]: **a)** *akademisch ausgebildeter Landwirt, Diplomlandwirt;* **b)** (DDR) *Landwirtschaftssachverständiger in der LPG.*

Agro|no|mie, die; - [zu griech. nómos = Gesetz]: *wissenschaftliche Lehre vom Ackerbau; Landwirtschaftswissenschaft.*

Agro|no|min, die; -, -nen: w. Form zu ↑Agronom.

agro|no|misch ⟨Adj.⟩: *die Agronomie betreffend, dazu gehörig, darauf beruhend.*

Ägyp|ten; -s: arabischer Staat in Nordostafrika.

Ägyp|ter, der; -s, -: Ew.

Ägyp|te|rin, die; -, -nen: w. Form zu ↑Ägypter.

ägyp|tisch ⟨Adj.⟩: **a)** *Ägypten, die Ägypter betreffend; von den Ägyptern stammend, zu ihnen gehörend;* **b)** *in der Sprache der alten Ägypter.*

Ägyp|tisch, das; -[s] u. ⟨nur mit best. Art.:⟩ **Ägyp|ti|sche,** das; -n: *die Sprache der alten Ägypter.*

Ägyp|to|lo|ge, der; -n, -n [zu griech. lógos, ↑Logos]: *Wissenschaftler auf dem Gebiet der Ägyptologie.*

Ägyp|to|lo|gie, die; - [zu griech. lógos, ↑Logos]: *Wissenschaft von Kultur u. Sprache der alten Ägypter.*

Ägyp|to|lo|gin, die; -, -nen: w. Form zu ↑Ägyptologe.

ägyp|to|lo|gisch ⟨Adj.⟩: *die Ägyptologie betreffend.*

ah ⟨Interj.⟩ [mhd. ā]: **a)** Ausruf der Verwunderung, der [bewundernden] Überraschung, der Freude: ah, das wusste ich nicht!; ah, wie schön!; **b)** Ausruf zum Ausdruck des plötzliche[n] Verstehens: ah so [ist das]!; ah deshalb!

Ah, das; -s, -s: Ausruf der Verwunderung o. Ä., d[er] Freude, des plötzlichen Verstehens: beim Auspacken der Weihnachtsgeschenke ertönte ein lautes Ah.

Ah = Amperestunde.

äh [ɛ(:)]: **I.** ⟨Interj.⟩ Ausruf des Ekels: äh, das kan[n] ich nicht sehen! **II.** ⟨Gesprächspartikel⟩ dient dazu, bei unkonzentriertem Sprechen kurze Sprechpausen zu überbrücken.

aha [a'ha(:)] ⟨Gesprächspartikel⟩: dient dazu, ei[ne] Information zu bestätigen, auszudrücken, das[s] man etw. verstanden hat: a., so hängt das zusammen!

Aha-Er|leb|nis, das (Psych.): *plötzliches Erkenne[n] eines Zusammenhanges zweier Vorgänge o. Ä.:* ein A. haben.

Ahas|ver [ahas've:ɐ̯, auch: a'hasvɐ], der; -s, -s u. -e [Ahasverus = der Ewige Jude < Ăḥašwērôš, hebr. Form von Xerxes]: *ruhelos umherirrende[r] Mensch.*

ahd. = althochdeutsch.

ahis|to|risch ⟨Adj.⟩ [aus griech. a- = nicht, un- u. ↑historisch]: *nicht historisch, von der Historie nicht beeinflusst, außerhalb der Historie stehend:* eine -e Betrachtungsweise.

Ah|le, die; -, -n [a: mhd. āle, ahd. āla, verw. mit aind. ārā = Ahle, alter idg. Werkzeugname]: **a)** *Werkzeug, mit dem Löcher in Leder, Pappe usw. gestochen werden; Pfriem;* **b)** *Werkzeug d[es] Schriftsetzers bei der Ausführung von Korrekt[uren];* **c)** *Reibahle.*

Ahn, der; -[e]s u. -en, -en [mhd. an(e), ahd. ano, urspr. Lallwort der Kinderspr. für ältere Personen aus der Umgebung des Kindes]: **1.** ⟨meist Pl.⟩ (geh.) *Vorfahr.* **2.** (veraltet, noch landsch.) *Großvater.*

ahn|den ⟨sw. V.; hat⟩ [mhd. anden, ahd. antōn, z[u] mhd. ande = Kränkung; Unwille, ahd. anto = das Eifern; Eifersucht; Ärger; Zorn, wahrsch. z[u] ↑an u. eigtl. = das, was einen ankommt] (geh.) *(eine missliebige Verhaltensweise o. Ä.) bestra[fen]:* ein Unrecht, Vergehen streng a.; etw. mit einer Geldbuße a.

Ahn|dung, die; -, -en: *das Ahnden.*

[1]Ah|ne, der; -n, -n: ↑Ahn.

[2]Ah|ne, die; -, -n [mhd. ane, ahd. ana]: w. Form z[u] ↑Ahn.

äh|neln ⟨sw. V.; hat⟩ [für älter ähnlichen, mhd. anelīchen, zu ↑ähnlich]: *ähnlich sehen, sein:* e[r] ähnelt seinem Bruder; die Geschwister ähneln sich/(geh.:) einander.

ah|nen ⟨sw. V.; hat⟩ [mhd. anen, wohl zu ↑an u. eigtl. = einen an- oder überkommen]: **1.** *ein undeutliches Vorgefühl von etw. Kommendem haben:* ein Unglück, nicht das Mindeste a.; (geh.:) mir ahnte nichts Gutes; die nichts ahnenden Besucher; wir liefen nichts ahnend ins Unglück. **2. a)** *ein undeutliches Wissen von etw. haben, vermuten:* die Wahrheit a.; sie ahn[te] dunkel ein Geheimnis; wer konnte das a.!; (geh.:) ihm ahnte nichts von den Schwierigkei[ten]. * **[ach,] du ahnst es nicht!** (ugs.; Ausruf d[er] unangenehmen Überraschung); **b)** ⟨im Infiniti[v] mit zu⟩ *(nur) undeutlich, schwach zu erkenne[n]*

A

die Gestalt war in der Dunkelheit nur zu a., mehr zu a. als zu sehen.

Ah|nen|bild, das: **1.** *Bild, Gemälde, das einen Ahnen od eine [2]Ahne darstellt.* **2.** (Völkerk.) *Ahnenfigur.*

Ah|nen|fi|gur, die (Völkerk.): *figürliche Darstellung, in der der Ahne gegenwärtig ist.*

Ah|nen|for|schung, die: *Genealogie.*

Ah|nen|ga|le|rie, die: *Galerie mit Ahnenbildern* (1).

Ah|nen|kult, der (Völkerk.): *kultische Verehrung einer Reihe vorhergegangener Generationen.*

Ah|nen|rei|he, die: *Reihe, Gesamtheit der nachweisbaren Vorfahren.*

Ah|nen|ta|fel, die: **1.** (geh.) *genealogische Tafel, auf der die Ahnen einer Person in aufsteigender Linie angegeben sind.* **2.** (Tierzucht) *nach Generationen geordnete Übersicht der Vorfahren eines Zuchttieres mit Angaben über die jeweiligen Eigenschaften.*

Ah|nen|ver|eh|rung, die: *Ahnenkult.*

Ahn|frau, die (geh. veraltend): *Stammmutter eines Geschlechts.*

Ahn|herr, der (geh. veraltend): *Stammvater eines Geschlechts.*

Ahn|her|rin, die: w. Form zu ↑Ahnherr.

Ah|nin, die; -, -nen (selten): *[2]Ahne.*

ähn|lich [vermischt aus mhd. ane-, enlich = ähnlich, gleich (für ahd. anagilih, zu ↑an u. ↑gleich) u. mhd. einlich, ostmd. enlich »einheitlich« (zu ↑[1]ein)] ⟨Adj.⟩: **1.** *in bestimmten Merkmalen übereinstimmend:* -e Interessen, Gedanken; ä. schöne Bilder; ein sehr -es Porträt; ein inhaltlich -er Vortrag; auf -e Weise; sie ist ihrer Schwester sehr wenig ä., wird ihr immer -er; es erging mir ä. wie damals; jmdm., einer Sache täuschend, zum Verwechseln, kaum, auffallend ä. sehen; ⟨subst.:⟩ wir haben schon Ähnliches *(solches)* erlebt; und Ähnliche[s] (Abk.: u. Ä.); etwas Ähnliches *(ähnliche Dinge)*; * **jmdm. ä. sehen** (ugs.; *zu jmds. Charakter, sonstigem Verhalten passen; jmdm. zuzutrauen sein).* **2.** ⟨in der Funktion einer Präp. mit Dativ⟩ *wie das nachfolgend Genannte; dem nachfolgend Genannten vergleichbar:* ä. einer Stilistik/einer Stilistik ä. gibt dieses Buch gute sprachliche Ratschläge.

Ähn|lich|keit, die; -, -en: *ähnliches Aussehen, ähnlicher Zug:* mit jmdm., einer Sache Ä. haben; es besteht eine Ä. zwischen beiden.

Ah|nung, die; -, -en [zu ↑[1]ahnen]: **1.** *undeutliches, dunkles Vorgefühl:* eine A. des kommenden Unheils; meine bösen -en trogen mich nicht. **2.** *intuitives Wissen, Vermutung, Vorstellung von etw.:* von etw. absolut keine A., keine blasse, nicht die geringste, mindeste, entfernteste, A. haben; hast du eine A. (ugs.; *weißt du*), wo sie hingegangen ist?; keine A. (ugs.; als Antwort auf eine Frage; *ich weiß es nicht*); hast du eine A.! (ugs.; *da irrst du dich aber sehr!; wenn du wüsstest!*).

ah|nungs|los ⟨Adj.⟩: *nichts ahnend, völlig unwissend:* der -e Betrachter, Besucher; völlig a. sein; a. hereinkommen.

Ah|nungs|lo|sig|keit, die; -: *Unwissenheit in Hinblick auf etw. Bestimmtes; das Ahnungslossein.*

ah|nungs|voll ⟨Adj.⟩ (geh.): *von Ahnung* (1) *erfüllt; etw. [Schlimmes] ahnend.*

ahoi [engl. ahoy, zu: hoy = he!] (Seemannsspr.): Anruf eines Schiffes (dem Namen des Schiffes od. der Bezeichnung der Schiffsart folgend): »Pfeil« a.!; Boot a.!

Ahorn, der; -s, -e [mhd., ahd. ahorn, verw. mit lat. acer = scharf, spitz (nach den spitz eingeschnittenen Blättern)]: **1.** *(in mehreren Arten vorkommender) Laubbaum mit meist gelappten Blättern u. zweigeteilten, geflügelten Früchten.* **2.** ⟨o. Pl.⟩ *Holz des Ahorns:* ein Schlafzimmer in A. dunkel.

Ahorn|si|rup, der: *Sirup, der aus dem Saft des Zuckerahorns gewonnen u. vor allem als Süßmittel verwendet wird.*

Ahr, die; -: linker Nebenfluss des Rheins.

Ähr|chen, das; -s, -: **1.** Vkl. zu ↑Ähre. **2.** *Teilblütenstand der zusammengesetzten Ähre der Gräser.*

Äh|re, die; -, -n [mhd. eher, ahd. ehir, verw. mit lat. acer = scharf, spitz (nach den spitzen Grannen)]: **1.** (Bot.) *Blütenstand mit unverzweigter Hauptachse, an der die ungestielten Blüten sitzen.* **2.** *oberster Teil des Getreidehalms, an dem die Körner sitzen:* reife, volle, schwere -n; -n lesen.

Äh|ren|feld, das (geh.): *in Ähren stehendes Getreidefeld.*

Äh|ren|le|se, die: *Sammeln der bei der Ernte auf dem Feld zurückgebliebenen Ähren.*

Aide [ɛːt], der; -n, -n [ˈɛːdn̩; frz. aide, zu: aider = helfen < lat. adiutare]: **1.** (schweiz.) *Küchengehilfe, Hilfskoch.* **2.** *Mitspieler, Partner beim Kartenspiel, bes. im Whist.*

Aide-mé|moire [ˈɛːtmeˈmo̯aːɐ̯], das; -, -[s] [frz., eigtl. = Gedächtnishilfe, zu: mémoire, ↑Memoiren] (Politik, Dipl.): *auf diplomatischem Wege zugestellte Niederschrift einer Stellungnahme, eines Sachverhalts, um Missverständnisse od. Unklarheiten zu beseitigen.*

Aids [eɪdz], das; - ⟨meist o. Art.⟩ [Kurzwort für engl. acquired immune deficiency syndrome] (Med.): *Erkrankung, die zu schweren Störungen im Abwehrsystem des Körpers führt und meist tödlich verläuft.*

aids|krank ⟨Adj.⟩: *an Aids erkrankt:* ein -er Bluter.

Aids|kran|ke, der u. die: *jmd., der an Aids erkrankt ist.*

Aids|test, der: *medizinisches Untersuchungsverfahren zur Feststellung von Aids:* sie will [sich] den A. machen lassen.

aids|ver|seucht ⟨Adj.⟩: *durch das Aidsvirus verseucht:* -es Blut.

Aids|vi|rus, das, außerhalb der Fachspr. auch: der: *HIV.*

Aigret|te [ɛˈgrɛtə], die; -, -n [frz. aigrette < prov. aigreta, zu: aigron = Reiher]: **1.** *als Schmuck im Haar od. am Hut getragene, in einem Ring aus Edelmetall zusammengefasste [Reiher]federn.* **2.** *büschelförmiges Gebilde bei Feuerwerken.*

Ai|ki|do, das; -[s] [jap., aus: ai = Harmonie, ki = (lenkende) Kraft u. dō = Weg]: *Weg zur Bildung von Körper u. Geist auf der Basis wirksamer Selbstverteidigungstechniken.*

[1]Air [ɛːɐ̯], das; -s, -s ⟨Pl. selten⟩ [frz. air < lat. aer < griech. aḗr = Luft(schicht), Dunstkreis] (bildungsspr.): **a)** *Aussehen, Haltung:* sich ein weltmännisches A. geben; **b)** *Hauch, Fluidum:* er war vom A. des Abenteurers umgeben.

[2]Air, das; -s, -s [frz. air < ital. aria, ↑Arie] (Musik): *vorwiegend für den vokalen, aber auch für den instrumentalen Vortrag bestimmte, einfach angelegte Komposition ohne formale Bindung.*

Air|bag [ˈɛːɐ̯bɛk], der; -s, -s [engl. air bag, aus: air < (a)frz. air = Luft (↑[1]Air) u. bag = Beutel, Sack]: *Luftkissen im Auto, das sich bei einem Aufprall automatisch aufbläst, um die Insassen vor schweren Verletzungen zu schützen.*

Air|bus®, der; -[ses], -se [engl. airbus, aus: air (< frz. air, ↑[1]Air) u. bus, ↑Bus] (Luftf.): *Großraumflugzeug für Kurz- u. Mittelstrecken.*

Air|con|di|tio|ner [...kɔndɪʃənɐ], der; -s, - [engl. air conditioner], **Air|con|di|tio|ning** [...kɔndɪʃnɪŋ], das; -s, -s [engl. air conditioning]: *Klimaanlage.*

Aire|dale|ter|ri|er [ˈɛədeil...], der; -s, - [nach einem »Airedale« genannten Talabschnitt des Aire (England), zu engl. dale = Tal]: *größerer, muskulöser Hund mit kurzem, rauhaarigem, hellbraunem, am Rücken u. an der Oberseite von Hals u. Schwanz dunkelgrauem bis schwarzem Fell.*

Air France [ɛrˈfrãːs], die; - -: französische Luftfahrtgesellschaft (Abk.: AF).

Air|line [ˈɛːɐ̯lain], die; -, -s [engl. airline]: *Fluglinie, Fluggesellschaft.*

Air|mail [ˈɛːɐ̯meːl], die; -: engl. Bez. für *Luftpost.*

Air|port, der; -s, -s [engl. airport]: *Flughafen.*

ais, Ais, das; -, -: *um einen halben Ton erhöhtes a, A* (2).

Aja|tol|lah, der; -[s], -s [pers. āyaʾullāh = Zeichen Gottes]: Ehrentitel für geistliche Würdenträger im schiitischen Islam.

à jour, (österr.:) **ajour** [aˈʒuːɐ̯; frz., aus: à = zu u. jour = Tag < lat. diurnum = Tagesration, zu: diurnus = täglich, Tages-; 1: eigtl. = bis zum (heutigen) Tag; 2–4: zu frz. jour in der Bed. »Fenster«, eigtl. = durchbrochen]: **1. a)** *aktualisiert:* etw. ist à j.; etw. à j. bringen *(aktualisieren)*; **b)** (Buchf.) *auf dem Laufenden, ohne Buchungsrückstand.* **2.** *(von Edelsteinen) nur an den Kanten, am Rand u. mit freier Rückseite:* à j. gefasst. **3.** (Textilw.) *(von Spitzen, Geweben) durchbrochen, mit Durchbrüchen.* **4.** (Archit.) *(von Ornamenten u. Bauteilen) frei gegen den Raum stehend.*

Ajour|ar|beit, die: **a)** *à jour* (2) *gearbeitete Fassung* (1 a) *für Edelsteine;* **b)** *Durchbrucharbeit* (1); **c)** *Fläche mit Ornamenten, die à jour* (4) *gestaltet sind.*

ajou|rie|ren [aʒuˈriːrən] ⟨sw. V.; hat⟩: **1.** (österr.) *Ajourarbeit (b) machen.* **2.** (bildungsspr.) *auf dem Laufenden halten, aktualisieren:* das Handbuch muss in kurzen Abständen ajouriert werden.

Ajour|sti|cke|rei, die: **1.** ⟨o. Pl.⟩ *Stickereitechnik, bei der eine Durchbrucharbeit* (1) *entsteht.* **2.** *Durchbrucharbeit* (1), *bei der durch Ausziehen, Ausschneiden u. Umsticken von Fäden eines Stoffs ein bestimmtes Muster entstanden ist.*

Ajour|stil, der (Archit.): *für die gotische u. die islamische Baukunst charakteristischer Stil, bei dem Oberflächen siebartig durchbrochen sind.*

AK = **1.** Aktienkapital. **2.** Armeekorps.

Aka|de|mie, die; -, -n [1 a: frz. académie < lat. Academia < griech. Akadēmeia = Lehrstätte Platons bei Athen]: **1. a)** *wissenschaftliche Gesellschaft; Vereinigung von Gelehrten, Künstlern od. Dichtern:* A. der Wissenschaften, der Künste; **b)** *Gebäude, in dem eine Akademie* (1 a) *ihren Sitz hat.* **2.** *Fach[hoch]schule.* **3.** (österr.) *literarische od. musikalische Veranstaltung.*

Aka|de|mie|mit|glied, das: *Mitglied einer Akademie* (1 a).

Aka|de|mi|ker, der; -s, - [2: nach russ. akademik = Akademiemitglied]: **1.** *jmd., der eine Universitäts- od. Hochschulausbildung hat.* **2.** (selten) *Mitglied einer Akademie* (1 a).

Aka|de|mi|ke|rin, die; -, -nen: w. Form zu ↑Akademiker.

aka|de|misch ⟨Adj.⟩: **1.** *an einer Universität od. Hochschule erworben, erfolgend, üblich, vorhanden:* eine -e Position; a. [vor]gebildet sein. **2. a)** (bild. Kunst abwertend) *herkömmlich u. formal musterhaft, aber unlebendig u. ohne Verve:* eine Kunst von -er Blässe; ein a. gemaltes Porträt; **b)** (abwertend) *lebensfern, trocken, theoretisch, voller Abstraktionen:* ein in -em Stil verfasster Aufsatz; **c)** *müßig, überflüssig:* wenn es bei diesem Preis bleibt, wird die Frage sowieso a.

Akan|thus, der; -, - [1: lat. acanthus < griech. ákanthos, zu: ákantha = Dorn]: **1.** *Bärenklau* (1). **2.** (Kunst) *Ornament nach dem Vorbild der Blätter des Akanthus* (1), *bes. am korinthischen Kapitell.*

Akan|thus|blatt, das: *Akanthus* (2).

akau|sal ⟨Adj.⟩ [aus griech. a- = nicht u. ↑kausal] (Philos.): *nicht kausal; ohne ursächlichen Zusammenhang.*

akaus|tisch ⟨Adj.⟩ [aus griech. a- = nicht, un- u. ↑kaustisch] (Chemie): *nicht kaustisch* (a).

Aka|zie, die; -, -n [lat. acacia < griech. akakía]: **1.** *(zu den Mimosengewächsen gehörender) Baum od. Strauch mit gefiederten Blättern u. meist gelben od. weißen, in Büschen dicht beieinander stehenden kleinen, kugeligen Blüten;* R das ist [ja]/es ist, um auf die -n zu klettern (ugs.; *das ist zum Davonlaufen, zum Verzweifeln;* vielleicht nach der Beobachtung, dass Affen aus Furcht od. in der Erregung auf Akazien, Palmen od. andere Bäume klettern). **2.** (volkst.) *Robinie.*

Ake|lei, die; -, -en [mhd. ackelei, ahd. agaleia < mlat. aquile(g)ia, H. u.]: *(zu den Hahnenfußgewächsen gehörende) Pflanze mit großen, meist blauen, orange od. gelben Blüten, deren innere*

Blütenblätter in einen nach hinten gerichteten Sporn auslaufen.

Akk. = Akkusativ.

Ak|kla|ma|ti|on, die; -, -en [lat. acclamatio, zu: acclamare, ↑akklamieren] (bildungsspr., bes. österr. u. schweiz.): 1. *Beifall; Zustimmung.* 2. *Abstimmung durch Zuruf:* jmdn. durch/per A. [wieder] wählen. 3. (christl. Rel.) *(im Gottesdienst) Zuruf des Geistlichen od. Erwiderung der Gemeinde* (z. B. Amen, Kyrie eleison).

ak|kla|mie|ren ⟨sw. V.; hat⟩ [lat. acclamare, zu: ad = zu u. clamare = rufen] (bildungsspr., bes. österr.): 1. a) *mit Beifall bedenken, aufnehmen:* der Solist, die Szene wurde heftig akklamiert; b) *zustimmen, beipflichten:* »Gut gesagt!«, akklamierte ihm der Vater. 2. *jmdn. in einer Versammlung durch Zuruf wählen:* das Volk akklamierte den Kaiser.

Ak|kli|ma|ti|sa|ti|on, die; -, -en: 1. *Anpassung von Lebewesen an veränderte klimatische Verhältnisse:* den Organismus zur A. bringen. 2. *Gewöhnung an veränderte Lebensumstände.*

ak|kli|ma|ti|sie|ren, sich ⟨sw. V.; hat⟩ [(unter Einfluss von frz. acclimater) zu ↑Klima] (bildungsspr.): 1. *sich an veränderte klimatische Verhältnisse anpassen:* akklimatisiere dich erst mal! 2. *sich an veränderte Lebensumstände gewöhnen:* sich in Amerika völlig akklimatisiert haben.

Ak|kli|ma|ti|sie|rung, die; -, -en: *Akklimatisation.*

Ak|kom|mo|da|ti|on, die; -, -en [frz. accommodation < lat. accommodatio = das Anpassen]: 1. (Physiol.) a) *Anpassung;* b) *Einstellung des Auges auf die jeweilige Entfernung.* 2. (Theol.) *Angleichung einer Religion an die Ideen u. Werte einer anderen.*

ak|kom|mo|die|ren ⟨sw. V.; hat⟩ [frz. accommoder < lat. accommodare]: 1. (Physiol.) a) *anpassen:* dadurch wird das Auge akkommodiert; b) ⟨a. + sich⟩ *sich anpassen:* die Muskeln akkommodieren sich den gegebenen Verhältnissen. 2. ⟨a. + sich⟩ (veraltet) a) *sich mit jmdm. über etw. einigen:* sich mit jmdm. über die Vorgehensweise a.; b) *sich anpassen:* die Nachbarn akkommodierten sich schnell.

Ak|kord, der; -[e]s, -e [frz. accord, zu: accorder = (Instrumente) stimmen, ↑akkordieren]: 1. (Musik) *Zusammenklang von mehr als zwei Tönen mit verschiedener Tonhöhe:* volle, dissonante -e; -e anschlagen; Ü ein A. von Düften. 2. (Wirtsch.) a) *Bezahlung nach der erzeugten Stückzahl; Stücklohn:* einen schlechten A. haben; die -e herabsetzen; b) *Arbeitsverhältnis, in dem jmd. nach Stückzahlen entlohnt wird:* im, (selten auch:) in, auf A. arbeiten. 3. a) (Rechtsspr.) *Übereinkommen, Vergleich, Vereinbarung:* einen A. mit seinen Gläubigern abschließen; b) (veraltet) *Übereinstimmung, Einklang:* ein A. der Atommächte.

Ak|kor|dant, der; -en, -en: 1. *jmd., der im Akkord (2) arbeitet.* 2. (schweiz.) *kleiner Unternehmer (bes. im Bauwesen u. Ä.), der Aufträge zu einem Pauschalpreis je Einheit auf eigene Rechnung übernimmt.*

Ak|kor|dan|tin, die; -, -nen: w. Form zu ↑Akkordant.

Ak|kord|ar|beit, die: *Arbeit im Akkord (2).*

Ak|kord|ar|bei|ter, der: *jmd., der Akkordarbeit verrichtet.*

Ak|kord|ar|bei|te|rin, die: w. Form zu ↑Akkordarbeiter.

Ak|kor|de|on, das; -s, -s [1829 (als »Accordion«) geb. zu ↑Akkord von dem österr. Instrumentenmacher C. Demian]: *bes. für Volks- u. Unterhaltungsmusik verwendetes Harmonikainstrument mit gleichem Ton bei Zug u. Druck; Schifferklavier:* A. spielen.

Ak|kor|de|o|nist, der; -en, -en: *jmd., der [berufsmäßig] Akkordeon spielt.*

Ak|kor|de|o|nis|tin, die; -, -nen: w. Form zu ↑Akkordeonist.

ak|kor|die|ren ⟨sw. V.; hat⟩ [frz. accorder, zu lat. cor (Gen.: cordis) = Herz, Verstand, Gestimmtheit]: a) *einen Akkord (3 a) über etw. abschließen; etw. vereinbaren:* sie akkordierten Gewinnbeteiligung; b) ⟨a. + sich⟩ *sich mit jmdm. einigen; einen Vergleich schließen:* ich akkordierte mich mit meinen Gläubigern.

ak|kor|disch ⟨Adj.⟩: a) *den Akkord (1) betreffend;* b) *in Akkorden (1) geschrieben.*

Ak|kord|leh|re, die ⟨o. Pl.⟩ (Musik): *Harmonielehre.*

Ak|kord|lohn, der (Wirtsch.): *Stücklohn.*

Ak|kord|zu|schlag, der (Wirtsch.): *Zuschlag zum Akkordlohn.*

ak|kre|di|tie|ren ⟨sw. V.; hat⟩ [frz. accréditer, zu: crédit, ↑[1]Kredit]: 1. (bes. Dipl.) *einen [diplomatischen] Vertreter beglaubigen, bevollmächtigen:* einen Botschafter a.; bei der Kammer akkreditiert sein; ein akkreditierter Korrespondent. 2. (Bankw.) *jmdm. Kredit einräumen, ein Akkreditiv (2) stellen:* jmdn. für den Gesamtbetrag von 50 000 Mark a.

Ak|kre|di|tie|rung, die; -, -en: *das Akkreditieren; das Akkreditiertsein.*

Ak|kre|di|tiv, das; -s, -e: 1. (Dipl.) *Beglaubigungsschreiben eines diplomatischen Vertreters, das dem Staatsoberhaupt des fremden Landes überreicht wird.* 2. (Bankw.) *Anweisung eines Kunden an seine Bank, auf seine Rechnung einem benannten Dritten einen bestimmten Betrag zur Verfügung zu stellen:* ein A. stellen, eröffnen.

Ak|ku, der; -s, -s: Kurzf. für ↑Akkumulator (1).

Ak|kul|tu|ra|ti|on, die; -, -en [zu lat. ad u. ↑Kultur] (Völkerk., Sozialpsych.): *Übernahme von Elementen einer fremden Kultur durch den Einzelnen od. eine Gruppe; kultureller Anpassungsprozess.*

ak|kul|tu|rie|ren ⟨sw. V.; hat⟩: *einer Akkulturation unterziehen:* eine fremde Religion a.

Ak|ku|mu|la|ti|on, die; -, -en [lat. accumulatio = Aufhäufung]: 1. (bildungsspr.) *[An]häufung, [Auf]häufung, [An]sammlung, Speicherung:* eine A. von Insektiziden. 2. a) (Wirtsch.) *Anhäufung von Reichtum, bes. von Produktionsmitteln:* die A. von Kapital; b) (Geol.) *mechanische Anhäufung von Gesteinsmaterial durch Flüsse, Meer, Wind u. a.;* c) (Stilk.) *syndetische od. asyndetische Aneinanderreihung mehrerer Unterbegriffe vor einem [gedachten] zusammenfassenden Oberbegriff.*

Ak|ku|mu|la|tor, der; -s, ...oren [lat. accumulator = Anhäufer] (Technik): 1. *auf elektrochemischer Basis arbeitender Stromspeicher:* der A. ist leer. 2. *(z. B. bei hydraulischen Pressen vorhandener) Behälter mit Druckwasser o. Ä., der mechanische Energie speichert.* 3. (EDV) *Speicherzelle einer Rechenanlage.*

ak|ku|mu|lie|ren ⟨sw. V.; hat⟩ [lat. accumulare, zu: cumulare, ↑kumulieren] (bildungsspr., Fachspr.): a) *ansammeln, anhäufen, zusammentragen:* Kapital, Wissen a.; kleine Mengen der Pflanzenschutzmittel werden durch die Meerestiere akkumuliert; b) ⟨a. + sich⟩ *sich anhäufen, in großer Zahl zusammenkommen:* die Risiken akkumulierten sich.

ak|ku|rat [lat. accuratus = sorgfältig, zu: accurare = mit Sorgfalt tun, zu: curare, ↑kurieren]: I. ⟨Adj.⟩ 1. *sorgfältig, ordentlich:* ein -er Mensch; äußerst a. gekleidet sein. 2. *exakt, genau:* die -e Führung der Gesangsstimmen. II. ⟨Adv.⟩ (landsch.) *genau, gerade:* a. das habe ich gemeint; es ist a. sechs Uhr.

Ak|ku|ra|tes|se, die; - [geb. mit frz. Endung]: *Sorgfalt, Genauigkeit:* mit äußerster A. gemalt sein.

Ak|ku|sa|tiv, der; -s, -e [lat. (casus) accusativus = die Anklage betreffend(er Fall), zu: accusare = anklagen; falsche lat. Übersetzung von griech. (ptōsis) aitiatikḗ = Ursache u. Wirkung betreffend(er Fall)] (Sprachw.): 1. ⟨o. Pl.⟩ *Kasus, in dem bes. das Objekt eines transitiven Verbs u. bestimmte Umstandsangaben stehen; Wenfall, vierter Fall;* Abk.: Akk.: A. mit Infinitiv (lat.: accusativus cum infinitivo; *eine grammatische Konstruktion, in der ein mit einem Infinitiv verbundener Akkusativ für einen Objektsatz steht;* Abk.: acc. c. inf., a. c. i.); die Präposition »gegen« regiert den A.; das Wort steht im A. 2. *Wort, das im Akkusativ (1) steht:* der Satz enthält zwei -e.

ak|ku|sa|ti|visch ⟨Adj.⟩ (Sprachw.): *den Akkusativ (1) betreffend, zum Akkusativ gehörend; im Akkusativ [stehend, gebraucht]:* ein Wort a. verwenden.

Ak|ku|sa|tiv|ob|jekt, das (Sprachw.): *Ergänzung eines (transitiven) Verbs im Akkusativ.*

Ak|ne, die; -, -n [falsche Lesart von griech. akmḗ, urspr. wohl = Spitze] (Med.): *mit Knötchen- u. Pustelbildung einhergehende Entzündung der Talgdrüsen.*

Ako|lyth, der; -en u. -s, -en [mlat. acolythus, acoluthus < griech. akólouthos = Begleiter, Diener] (kath. Kirche): 1. *Laie (2), der während der [1]Messe (1) bestimmte Dienste am Altar verrichtet.* 2. (früher) *Kleriker im 4. Grad der niederen Weihen.*

Akon|to, das; -s, ...ten u. -s [↑a conto] (österr.): *Anzahlung:* ein A. leisten.

Akon|to|zah|lung, die (Bankw.): *Anzahlung, Abschlagszahlung:* eine A. leisten.

ak|qui|rie|ren ⟨sw. V.; hat⟩ [lat. acquirere]: 1. *erwerben, anschaffen:* Aufträge a. 2. (Wirtsch.) *als Akquisiteur tätig sein, Kunden werben.*

Ak|qui|se, die; -, -n (ugs.): *Akquisition* (2).

Ak|qui|si|teur [akvizi'tøːɐ̯], der; -s, -e [französierende Bildung]: a) (Wirtsch.) *Kundenwerber;* b) (Zeitungsw.) *Person, die Anzeigen für eine Zeitung einholt.*

Ak|qui|si|teu|rin, die; -, -nen: w. Form zu ↑Akquisiteur.

Ak|qui|si|ti|on, die; -, -en [(frz. acquisition <) lat. acquisitio]: 1. *Erwerbung, Anschaffung:* das Auto ist eine tolle A. 2. (Wirtsch.) *Kundenwerbung:* Talent zur A. von Kunden haben.

Ak|qui|si|tor, der; -s, ...oren [lat. acquisitor = Erwerber] (österr.): *Akquisiteur.*

ak|qui|si|to|risch ⟨Adj.⟩: 1. *den Akquisitor betreffend.* 2. *die Akquisition (2) betreffend:* -e Fähigkeiten haben.

Akri|bie, die; - [kirchenlat. acribia < griech. akribeia] (bildungsspr.): *höchste Genauigkeit, Sorgfalt in Bezug auf die Ausführung von etw.:* wissenschaftliche A.; A. im Detail.

akri|bisch ⟨Adj.⟩ (bildungsspr.): *peinlich genau, höchst sorgfältig, äußerst gründlich:* -es Quellenstudium; etw. a. kontrollieren.

Akro|bat, der; -en, -en [zu griech. akróbatos = auf den Fußspitzen gehend, zu: ákros = äußerst..., oberst...; spitz]: *jmd., der turnerische, gymnastische od. tänzerische Übungen, die besondere körperliche Beweglichkeit u. Gewandtheit erfordern, beherrscht [u. im Zirkus od. Varieté vorführt].*

Akro|ba|tik, die; -: a) *Körperbeherrschung u. Geschicklichkeit eines Akrobaten:* eine bewundernswerte A.; b) *Gesamtheit der Übungen eines Akrobaten:* sie sieht gern A.

Akro|ba|tin, die; -, -nen: w. Form zu ↑Akrobat.

akro|ba|tisch ⟨Adj.⟩: a) *Akrobaten, Akrobatinnen u. ihre Leistung betreffend;* b) *körperlich besonders gewandt, geschickt:* -e Figuren, Tanzeinlagen.

Akro|le|in, Acrolein, das; -s [zu griech. ákros (↑Akrobat) u. lat. olere = riechen] (Chemie): *scharf riechender Aldehyd, der den beißenden Geruch von angebranntem Fett verursacht.*

Akro|nym, das; -s, -e [zu griech. ákros = Spitze, äußerstes Ende u. ónyma = Name]: *aus den Anfangsbuchstaben mehrerer Wörter gebildetes Kurzwort* (z. B. EDV aus elektronische Datenverarbeitung).

Akro|po|lis, die; -, Akropolen [griech. akrópolis]: a) *(in vielen griechischen Städten der Antike) auf einem Hügel oberhalb einer Stadt gelegene Burg;* b) ⟨o. Pl.⟩ *Burg oberhalb Athens.*

Akros|ti|chon, das; -s, ...chen u. ...cha [zu griech. akron = Höchstes, Spitze u. stíchos = Vers, erster Buchstabe eines Verses]: a) *Gedicht, bei dem die Anfangsbuchstaben, -silben od. -wörter der Verszeilen od. Strophen ein Wort od. einen Satz ergeben;* b) *Gesamtheit der Anfangsbuchstaben*

-silben od. -wörter der Verszeilen od. Strophen, die ein Wort od. einen Satz ergeben.

Akro|ter, der; -s, -e, (älter:) **Akro|te|rie,** die; -, -n, **Akro|te|ri|on,** das; -s, ...ien, **Akro|te|ri|um,** das; -s, ...ien [lat. acroterium < griech. akrōtḗrion]: *(in der antiken Architektur) bekrönende Verzierung auf dem First u. an den Ecken des Giebels repräsentativer Bauten u. a.*

Akryl usw.: ↑ Acryl usw.

Akt, der; -[e]s, -e u. -en [lat. actus, zu: agere (2. Part. actum) = handeln, tätig sein]: **1.** ⟨Pl. -e⟩ **a)** *Handlung, Vorgang, Tat:* ein schöpferischer A.; rechtswidrige -e; ein A. des Willens; **b)** *Feierlichkeit, Zeremonie:* dem A. der Einweihung beiwohnen; **c)** *juristisches Verfahren, Rechtsvorgang.* **2.** ⟨Pl. -e⟩ *Aufzug* (4): ein Schauspiel in 5-en; im ersten A. **3.** ⟨Pl. -e⟩ *(im Zirkus, Varieté) Darbietung, Nummer:* ein akrobatischer A. **4.** ⟨Pl. -e⟩ (bildl. Kunst) *künstlerisch [stilisiert] dargestellter nackter menschlicher Körper:* sie malt einen A. **5.** ⟨Pl. -e⟩ kurz für ↑ Geschlechtsakt. **6.** ⟨Pl. -en⟩ (bes. südd., österr.) ↑ Akte.

Ak|tant, der; -en, -en [frz. actant] (Sprachw.): *[vom Verb] abhängiges Satzglied.*

Akt|auf|nah|me, die: *fotografische Aufnahme eines Aktes* (4).

Akt|bild, das: *Bild, das einen Akt* (4) *darstellt.*

Akt|dar|stel|lung, die: *[Art u. Weise der] Darstellung eines Aktes* (4).

Ak|te, die; -, -n [rückgeb. aus: Akten (Pl.) < lat. acta, eigtl. = das Verhandelte, die Ausführungen] (bes. Verwaltung, Gericht): *[Sammlung von] Unterlagen zu einem geschäftlichen od. gerichtlichen Vorgang:* eine A. anlegen, einsehen, bearbeiten, ablegen; in einer A. blättern; das kommt in die -n *(wird als Notiz in die Akten eingetragen);* * **über etw. die -n schließen** *(etw. für erledigt erklären, über etw. nicht mehr verhandeln);* **etw. zu den -n legen** (ugs.; *etw. als erledigt betrachten).*

Ak|ten|de|ckel, der: *gefalzter Karton, in dem Akten u. andere Papiere aufbewahrt werden.*

Ak|ten|ein|sicht, die: *Einsicht* (1 b) *in eine Akte:* jmdm. A. gewähren.

Ak|ten|kof|fer, der: *kleinerer Koffer zum Transport von Akten, Schriftstücken u. Ä.*

ak|ten|kun|dig ⟨Adj.⟩ (Amtsspr.): *in Akten vermerkt, durch eine Akte beweisbar, belegbar:* ihre Psychose ist a.

Ak|ten|map|pe, die: **1.** *Sammelmappe aus Pappe für Akten.* **2.** (nordd.) *Aktentasche.*

Ak|ten|no|tiz, die: *Notiz, Vermerk in einer Akte:* eine A. machen.

Ak|ten|ord|ner, der: *Ordner* (2) *für Akten.*

Ak|ten|schrank, der: *Schrank zum Aufbewahren von Akten.*

Ak|ten|stück, das: *einzelne Akte, Vorgang* (2): in einem A. blättern.

Ak|ten|ta|sche, die: *größere Tasche mit Tragegriff für Akten, Bücher, Schriftstücke u. Ä.*

Ak|ten|ver|merk, der: *Vermerk in einer Akte:* einen A. machen.

Ak|ten|zei|chen, das: *Signatur zur Kennzeichnung einer Akte.*

Ak|teur [akˈtøːɐ̯], der; -s, -e [frz. acteur < lat. actor] (geh.): **1.** *Handelnder, an einem bestimmten Geschehen Beteiligter; handelnde Person.* **2. a)** *Schauspieler:* ein großartiger A.; **b)** (Sport) *Spieler, Wettkämpfer:* die -e von Bayern München.

Ak|teu|rin, die; -, -nen: w. Form zu ↑ Akteur.

Akt|fo|to, das: *Aktaufnahme.*

Akt|fo|to|graf, der: *Fotograf, der auf Aktdarstellungen spezialisiert ist.*

Akt|fo|to|gra|fie, die: **1.** ⟨o. Pl.⟩ *Bereich der Fotografie, der die Aktdarstellung zum Gegenstand hat.* **2.** *Aktfoto.*

Ak|tie [ˈaktsi̯ə], die; -, -n [niederl. actie < lat. actio = Tätigkeit; einklagbarer Anspruch] (Wirtsch.): *Urkunde, in der das Anteilsrecht am Grundkapital einer Aktiengesellschaft festgelegt u. der Anspruch auf einen bestimmten Teil des Gewinnes verbrieft ist:* die -n steigen, fallen; sein Vermögen in -n anlegen; **R** wie stehen die -n? (ugs. scherzh.; *wie gehts?*); * **jmds. -n steigen** (ugs.; *jmds. Aussichten auf Erfolg werden besser).*

Ak|ti|en|aus|ga|be, die: *das Ausgeben* (1 c) *von Aktien.*

Ak|ti|en|be|sitz, der: *Besitz in Form von Aktien.*

Ak|ti|en|ge|sell|schaft, die: *Handelsgesellschaft, deren Grundkapital von einzelnen Gesellschaftern aufgebracht wird, die in Höhe ihrer Einlage an dem Unternehmen beteiligt sind* (Abk.: AG).

Ak|ti|en|ge|setz, das (Rechtsspr.): *Aktiengesellschaften betreffende Gesetzgebung* (Abk.: AktG).

Ak|ti|en|in|dex, der (Börsenw.): *Index der durchschnittlichen Kurswerte der wichtigsten an der Börse gehandelten Aktien.*

Ak|ti|en|in|ha|ber, der: *Aktionär.*

Ak|ti|en|in|ha|be|rin, die: w. Form zu ↑ Aktieninhaber.

Ak|ti|en|ka|pi|tal, das: *in Aktien gestückeltes Grundkapital einer Aktiengesellschaft.*

Ak|ti|en|kauf, der: *Kauf von Aktien.*

Ak|ti|en|kurs, der: *Kurs* (4) *von Aktien:* die -e steigen, fallen, erholen sich, ziehen an.

Ak|ti|en|markt, der: **1.** *Börse, an der Aktien gehandelt werden:* die wichtigsten Aktienmärkte. **2.** ⟨o. Pl.⟩ *Handel mit Aktien.*

Ak|ti|en|mehr|heit, die: *den Aktienbesitz betreffende Mehrheit eines Gesellschafters:* die A. besitzen.

Ak|ti|en|pa|ket, das: *größerer Posten von Aktien eines Unternehmens in einer Hand.*

Ak|ti|nie, die; -, -n [zu griech. aktís (Gen.: aktĩnos) = Strahl]: *sechsstrahlige Koralle; Seeanemone.*

Ak|ti|ni|um: ↑ Actinium.

Ak|ti|on, die; -, -en [lat. actio, ↑ Aktie]: **1.** *[gemeinschaftlich geplante] Unternehmung, Maßnahme:* eine gemeinsame, gewaltfreie, militärische A. planen; die A. kommt nicht in Gang, wird eingestellt; eine konzertierte A. (bes. Politik; *durch Übereinstimmung aller Partner erzieltes gemeinsames Vorgehen;* 1967 geprägt von Bundeswirtschaftsminister Karl Schiller); in Namen von Verbänden u. Ä.: A. Sühnezeichen; die Katholische A. **2.** *das Handeln, Tätigsein:* A. und Kontemplation; * **in A.** *(in Tätigkeit):* in A. sein, setzen, treten; etw. in A. zeigen. **3.** (Reiten) *bestimmte charakteristische Beinbewegung beim Pferd; Gangart.* **4.** (Physik) *Wirkung.* **5.** (schweiz.) *Sonderangebot.*

Ak|ti|o|när, der; -s, -e [frz. actionnaire, zu: action = Aktie]: *Gesellschafter einer Aktiengesellschaft; Aktieninhaber.*

Ak|ti|o|nä|rin, die; -, -nen: w. Form zu ↑ Aktionär.

Ak|ti|o|närs|ver|samm|lung, die: *zu bestimmten Terminen einberufene Versammlung der Aktionäre.*

Ak|ti|o|nis|mus, der; -: **1.** *Bestreben, das Bewusstsein der Menschen od. bestehende Zustände durch [provozierende, revolutionäre, künstlerische] Aktionen zu verändern.* **2.** (oft abwertend) *übertriebener Betätigungsdrang:* blinder A.

Ak|ti|o|nist, der; -en, -en: *Vertreter des Aktionismus* (1).

Ak|ti|o|nis|tin, die; -, -nen: w. Form zu ↑ Aktionist.

ak|ti|o|nis|tisch ⟨Adj.⟩: *den Aktionismus* (1), *den od. die Aktionisten betreffend:* -e Gruppen.

Ak|ti|ons|art, die (Sprachw.): *Art u. Weise, wie die Aktion* (2), *das durch das Zeitwort ausgedrückte Geschehen vor sich geht.*

Ak|ti|ons|be|reich, der: *Tätigkeitsbereich.*

Ak|ti|ons|ein|heit, die: *gemeinsames Vorgehen politischer Kräfte:* A. der Arbeiterklasse.

ak|ti|ons|fä|hig ⟨Adj.⟩: *zur Aktion* (2) *fähig, handlungsfähig:* a. sein, bleiben.

Ak|ti|ons|feld, das: vgl. Aktionsbereich.

Ak|ti|ons|ge|mein|schaft, die: vgl. Aktionseinheit.

Ak|ti|ons|kunst, die ⟨o. Pl.⟩: *Kunstform, die künstlerische Aktionen an die Stelle von Kunstobjekten stellt.*

Ak|ti|ons|künst|ler, der: *bildender Künstler, der Aktionskunst hervorbringt.*

Ak|ti|ons|künst|le|rin, die: w. Form zu ↑ Aktionskünstler.

Ak|ti|ons|preis, der: *herabgesetzter Verkaufspreis im Rahmen einer Sonderaktion:* Brathähnchen zum A.

Ak|ti|ons|pro|gramm, das: *Programm für eine Aktion* (1): ein landesweites A. gegen den Alkoholmissbrauch.

Ak|ti|ons|ra|di|us, der: **1.** *Wirkungsbereich, Reichweite.* **2.** *Entfernung, die ein Schiff, [Kampf]flugzeug, Fahrzeug zurücklegen kann, ohne neuen Treibstoff aufzunehmen; Fahr-, Flugbereich.*

Ak|ti|ons|tag, der: *Tag, an dem eine bestimmte Aktion* (1) *durchgeführt wird.*

ak|ti|ons|un|fä|hig ⟨Adj.⟩: *nicht aktionsfähig.*

Ak|ti|ons|wo|che, die: *Woche, in der von bestimmten Gruppierungen, Organisationen in gemeinschaftlichen Aktionen für eine bestimmte Sache geworben, gearbeitet wird:* eine A. durchführen.

Ak|ti|ons|zen|trum, das: **1.** *Zentrum, von dem eine Aktion* (1) *ausgeht.* **2.** (Met.) *die Großwetterlage bestimmendes Gebiet überwiegend hohen od. tiefen Luftdrucks.*

ak|tiv [auch: ˈ– –] ⟨Adj.⟩ [lat. activus, zu: agere (2. Part.: actum), ↑ Akt]: **1. a)** *tätig, rührig, zielstrebig, eifrig, unternehmend, tatkräftig:* ein -er Teilnehmer; sexuell, politisch a. sein; **b)** *selbst in einer Sache tätig, sie ausübend (im Unterschied zum bloßen Erdulden o. Ä. von etw.); nicht passiv:* a. beteiligt sein; a. Politik betreiben; bei etw. a. werden *(etw. unternehmen);* **c)** *in besonderer Weise wirksam:* biologisch -es Insulin; die Kur wirkt a. auf Haar und Kopfhaut; **d)** *durch Aktivitäten* (1) *gekennzeichnet:* -e Erholung, Nachbarschaftshilfe; -er Umweltschutz; im -en Ruhestand leben. **2.** (Milit.) **a)** *[als Berufssoldat] im Militärdienst stehend:* ein -er Offizier; a. dienen; **b)** *den militärischen Pflichtdienst betreffend:* -e Dienstzeit. **3. a)** *als Mitglied einer Vereinigung die von ihr geforderten Tätigkeiten regelmäßig ausübend:* -es Mitglied; a. sein (Verbindungsw.; *als vollverpflichtetes Mitglied einer studentischen Verbindung angehören*); **b)** (Sport) *als Mitglied einer Sportgemeinschaft an Übungen u. Wettkämpfen teilnehmend:* ein -er Sportler. **4.** (Chemie) *besonders reaktionsfähig:* -e Festkörper. **5.** (Sprachw.) *aktivisch:* -e Verbformen.

[1]Ak|tiv, das; -s, -e ⟨Pl. selten⟩ [lat. (genus) activum] (Sprachw.): *Verbform, die eine vom Satzgegenstand her gesehene Richtung einer Tätigkeit, eines Verhaltens, eines Geschehens o. Ä. ausdrückt* (z. B. Fritz *schlägt* den Hund; die Rosen *blühen*): das Verb steht im A.

[2]Ak|tiv, das; -s, -s, (seltener:) -e [russ. aktiv] (DDR): *Gruppe von Personen, die sich für eine wirtschaftliche, gesellschaftspolitische od. kulturelle Aufgabe innerhalb eines Kollektivs, einer Organisation u. Ä. besonders aktiv einsetzen.*

Ak|ti|va, Aktiven [schweiz. ˈak...] ⟨Pl.⟩ [subst. Neutr. Pl. von lat. activus, ↑ aktiv]: *auf der Aktivseite der Bilanz eines Unternehmens stehende Vermögenswerte.*

Ak|tiv|bür|ger, der (schweiz.): *Bürger mit aktivem Wahlrecht, Staatsbürger, der in vollem Besitz seiner politischen u. bürgerlichen Rechte ist.*

Ak|tiv|bür|ge|rin, die: w. Form zu ↑ Aktivbürger.

Ak|tiv|bür|ger|schaft, die (schweiz.): *Gesamtheit der Aktivbürger.*

[1]Ak|ti|ve, der u. die; -n, -n ⟨Dekl. ↑ Abgeordnete⟩: **1.** *aktiv Sport treibende Person, die ständig an Wettkämpfen teilnimmt.* **2.** *jmd., der irgendwo [noch] aktiv mitmacht, tätig ist.*

[2]Ak|ti|ve, die; -n, -n ⟨Dekl. ↑ Abgeordnete⟩ (ugs. veraltet): *nicht selbst gedrehte Zigarette.*

Ak|ti|ven: ↑ Aktiva.

Ak|tiv|ge|schäft, das (Bankw.): *Bankgeschäft, bei dem die Bank Kredite an Dritte gewährt.*

ak|ti|vie|ren ⟨sw. V.; hat⟩ [frz. activer, zu: actif = tätig, aktiv < lat. activus, ↑ aktiv]: **1.** *aktiv* (1) *machen, zu einer [verstärkten] Tätigkeit bewegen, in Gang, Schwung bringen; die Wirkung von etw. verstärken; etw. wirksamer machen; einer Sache zu größerer Wirksamkeit verhelfen:* die Jugend, die Arbeit an einem Projekt a.; durch dieses Präparat wird die Drüsentätigkeit aktiviert. 2. (Chemie) *aktiv* (4), *besonders reaktionsfähig machen.* 3. (Physik) *stabile Atomkerne durch Beschuss mit energiereichen Teilchen zu künstlich radioaktiven Atomkernen machen.* 4. (Wirtsch.) *etw. in der Bilanz als Aktivposten erfassen, in die Bilanz als Vermögensteil einsetzen, durch buchhalterische Belastung ausgleichen:* eine Werterhöhung, Kosten a.

Ak|ti|vie|rung, die; -, -en: *das Aktivieren; das Aktiviertwerden.*

ak|ti|visch [auch: '– – –] ⟨Adj.⟩ (Sprachw.): *das* [1]*Aktiv betreffend, im* [1]*Aktiv stehend:* die -en Formen des Verbs; den Satz a. konstruieren.

Ak|ti|vis|mus, der; -: 1. *aktives* (1) *Verhalten, [fortschrittliches] zielstrebiges Handeln, Betätigungsdrang.* 2. *(von etwa 1915 bis 1920 herrschende) die Literatur als Mittel zur Durchsetzung bestimmter Ziele begreifende geistig-politische Bewegung.*

Ak|ti|vist, der; -en, -en [2: russ. aktivist]: 1. *bes. politisch aktiver* (1) *Mensch, zielstrebig Handelnder.* 2. (DDR) *Person, die im sozialistischen Wettbewerb durch wesentliche Erhöhung der Leistungen u. durch neue Arbeitsmethoden die Produktion steigert:* A. der sozialistischen Arbeit.

Ak|ti|vis|ten|be|we|gung, die (DDR): *Bewegung, die sich die höchstmögliche Produktionssteigerung in einem Betrieb o. Ä. zum Ziel gesetzt hat.*

Ak|ti|vis|tin, die; -, -nen: w. Form zu ↑Aktivist (1).

ak|ti|vis|tisch ⟨Adj.⟩: 1. *die Aktivisten* (1) *betreffend.* 2. *den Aktivismus betreffend, ihn vertretend.*

Ak|ti|vi|tät, die; -, -en [(frz. activité <) mlat. activitas]: 1. ⟨o. Pl.⟩ *aktives Verhalten, Betätigungsdrang, Energie; Wirksamkeit:* die politische A. der Partei hat sich verstärkt; A. entfalten. 2. ⟨meist Pl.⟩ *Handlung, Tätigkeit, Maßnahme:* illegale -en; weltweite -en *(geschäftlichen Aktionen, Unternehmungen)*; jede A. ist hier verboten. 3. (Chemie) *wirksame chemische Konzentration.* 4. *Radioaktivität.*

Ak|tiv|koh|le, die (Chemie): *aktivierte staubfeine, poröse Pflanzenkohle.*

Ak|tiv|pos|ten, der (Kaufmannsspr.): *auf der Aktivseite der Bilanz aufgeführter Vermögensposten:* Ü solche Vorzüge sind ein erheblicher A.

Ak|tiv|sei|te, die (Buchf.): *linke Seite, Stelle eines Kontos, einer Bilanz, auf der die Vermögensposten aufgeführt sind.*

Ak|tiv|stoff, der (Chemie): *Stoff von großer chemischer Reaktionsfähigkeit.*

Ak|tiv|ur|laub, der: *Urlaub mit sportlichen Aktivitäten, Wandern o. Ä.*

Akt|ma|le|rei, die ⟨o. Pl.⟩: *das Malen von Akten* (4).

Akt|mo|dell, das: *Modell für einen Akt* (4).

Ak|tri|ce [ak'tri:sə], die; -, -n [frz. actrice, w. Form von: acteur, ↑Akteur]: *Schauspielerin.*

Akt|stu|die, die: *Studie zu einem Akt* (4).

ak|tu|a|li|sie|ren ⟨sw. V.; hat⟩ (bildungsspr.): a) *auf die Gegenwart beziehen, in die gegenwärtige Wirklichkeit überführen, für die Gegenwart verwirklichen:* einen alten Film wieder a.; b) *auf den neuesten Stand bringen:* ein Lehrbuch, Daten, Texte a.

Ak|tu|a|li|sie|rung, die; -, -en: *das Aktualisieren.*

Ak|tu|a|li|tät, die; -, -en [1: nach frz. actualité, zu ↑aktuell]: 1. ⟨o. Pl.⟩ *gegenwärtige Wirklichkeit, Bedeutsamkeit für die unmittelbare Gegenwart, Gegenwartsbezogenheit, Zeitnähe:* der Film ist von außerordentlicher A.; etw. gewinnt, verliert an A. 2. ⟨Pl.⟩ *Tagesereignisse, jüngste Geschehnisse.*

Ak|tu|a|li|tä|ten|ki|no, das (veraltend): *Filmtheater mit [durchgehend laufendem] aus Kurzfilmen verschiedener Art gemischtem aktuellem Programm.*

Ak|tu|ar, der; -s, -e [lat. actuarius = Buchhalter]: 1. (schweiz.) *Schriftführer eines Vereins.* 2. *wissenschaftlicher Versicherungs- u. Wirtschaftsmathematiker.*

ak|tu|ell ⟨Adj.⟩ [frz. actuel < spätlat. actualis = tätig, wirksam]: 1. *gegenwärtig vorhanden, bedeutsam für die unmittelbare Gegenwart; gegenwartsbezogen, -nah, zeitnah, zeitgemäß:* ein -es Thema; dieses Problem ist heute nicht mehr a.; eine -e *(für aktuelle Themen bestimmte)* Fragestunde im Bundestag. 2. (Mode, Wirtsch.) *ganz neu, modisch, up to date, en vogue:* bei den Sakkos sind feine Streifen sowie Fischgräten a.

Akt|zeich|nen, das: *Zeichnen von Akten* (4).

Akt|zeich|nung, die: *Zeichnung, die einen Akt* (4) *darstellt.*

Aku|i|tät, die; - [frz. acuité = Schärfe, Heftigkeit, zu lat. acutus, ↑akut] (Med.): *akuter* (2) *Verlauf einer Krankheit; akutes* (2) *Krankheitsbild.*

Aku|pres|sur, die; -, -en [zu lat. acus = Nadel u. pressura = Druck]: *(mit der Akupunktur verwandtes) Verfahren, bei dem durch kreisende Bewegungen der Fingerkuppen – unter leichtem Druck – auf bestimmten Stellen des Körpers Schmerzen od. Beschwerden beeinflusst werden sollen.*

Aku|punk|teur [...'tø:ɐ̯], der; -s, -e: *jmd., der akupunktiert.*

Aku|punk|teu|rin, die; -, -nen: w. Form zu ↑Akupunkteur.

aku|punk|tie|ren ⟨sw. V.; hat⟩: *mit Akupunktur behandeln.*

Aku|punk|tur, die; -, -en [zu lat. punctura = der Stich] (Med.): *(aus China u. Japan stammende) Heilbehandlung, bei der durch Einstiche mit feinen Nadeln in bestimmte Hautstellen Schmerzen od. Beschwerden beeinflusst werden sollen.*

Akus|tik, die; -: 1. (Physik) *Lehre vom Schall, von den Tönen.* 2. *Beschaffenheit, Eigenschaft eines Raumes hinsichtlich der den Klang, den Schall betreffenden Gegebenheiten, der klanglichen Wirkung:* der Konzertsaal hat eine gute A.

Akus|ti|ker, der; -s, -: 1. *Fachmann auf dem Gebiet der Akustik.* 2. *akustischer Typ[us].*

Akus|ti|ke|rin, die; -, -nen: w. Form zu ↑Akustiker.

akus|tisch ⟨Adj.⟩ [zu griech. akoustikós = das Gehör betreffend]: 1. *die Akustik betreffend.* 2. *den Schall, Klang betreffend, klanglich, klangmäßig, durch das Gehör:* -e Signale; -er Typ[us] (Psych.; *Typ* 1 a, *der Gehörtes besser behält als Gesehenes*); etw. a. wahrnehmen.

akut ⟨Adj.⟩ [lat. acutus, eigtl. = scharf, spitz, adj. 2. Part. von: acuere = schärfen, spitzen]: 1. *im Augenblick herrschend; vordringlich, brennend; unmittelbar:* eine -e Frage; eine -e Gefahr bilden; dieses Problem wird jetzt a.; du musst a. *(unmittelbar, für den Augenblick)* etwas unternehmen. 2. (Med.) *unvermittelt [auftretend], schnell u. heftig [verlaufend]:* eine -e fieberhafte Erkrankung; a. auftreten.

Akut, der; -[e]s, -e [lat. acutus (accentus) = scharf(e Betonung)]: 1. (Sprachw.) *steigende Stimmführung anzeigender Akzent.* 2. (Schriftw.) *diakritisches Zeichen* (´), *das (z. B. im Französischen) die geschlossene Aussprache eines e angibt.*

Akut|kli|nik, die: *Klinik für Akutkranke.*

Akut|kran|ke, der u. die: *jmd., der an einer akuten Krankheit leidet.*

AKW = Atomkraftwerk.

AKW-Geg|ner, der: *Atomkraftwerkgegner.*

Ak|ze|le|ra|ti|on, die; -, -en [lat. acceleratio = Beschleunigung]: 1. a) (bildungsspr.) *Beschleunigung des Wachstums u. Vorverlagerung der sexuellen Reife bei Jugendlichen;* b) (Biol.) *Beschleunigung in der Aufeinanderfolge der Entwicklungsvorgänge bei Tieren.* 2. (Fachspr.) *allmähliche Beschleunigung eines Vorgangs.* 3. (Astron.) *Zunahme der Umlaufgeschwindigkeit des Mondes.*

Ak|ze|le|ra|tor, der; -s, ...oren (Kerntechnik): *Teilchenbeschleuniger.*

ak|ze|le|rie|ren ⟨sw. V.; hat⟩ [lat. accelerare, zu: celer = schnell]: *beschleunigen, vorantreiben; fördern.*

Ak|zent, der; -[e]s, -e [lat. accentus, eigtl. = das An-, Beitönen, zu: accinere = dazu tönen, dazu singen, zu: canere = singen]: 1. (Sprachw.) a) *Betonung (einer Silbe, eines Wortes, eines Satzes):* dynamischer, musikalischer A.; der A. liegt auf der zweiten Silbe; den A. tragen; b) *Betonungszeichen.* 2. ⟨o. Pl.⟩ *bestimmter Tonfall, Aussprache, Sprachmelodie, -färbung:* mit ausländischem A. sprechen. 3. *Betonung, Nachdruck, Gewicht, Schwerpunkt, Bedeutsamkeit:* modische -e sind Rückengurte, Schlitze; auf etw. einen besonderen A. legen; nur -e setzen *(nur Hinweise, Anregungen geben)*; das Jahr 1989 hat neue -e gesetzt *(gezeigt, worauf in Zukunft das Gewicht zu legen ist, hat eine neue Richtung gewiesen).*

ak|zent|frei ⟨Adj.⟩: *ohne Akzent* (2): sie spricht das Russische a.

ak|zent|los ⟨Adj.⟩: *akzentfrei.*

Ak|zen|tu|a|ti|on, die; -, -en: *Akzentuierung.*

ak|zen|tu|ie|ren ⟨sw. V.; hat⟩ [mlat. accentuare, zu lat. accentus, ↑Akzent]: a) *(einen Buchstaben, eine Silbe, ein Wort) betonen, scharf aussprechen:* [die Wörter] genau a.; deutlich und akzentuiert sprechen; b) *hervorheben, deutlich zeigen:* diese Duftnote akzentuiert das Gefühl des Wohlbefindens; c) *etw. besonders kennzeichnen; einer Sache eine besondere Bedeutung geben:* weiße Nähte akzentuieren die Tasche; d) ⟨a. + sich⟩ *deutlich werden; sich nachdrücklich zeigen:* eine Frage hat sich akzentuiert.

Ak|zen|tu|ie|rung, die; -, -en: *das Akzentuieren; Betonung.*

Ak|zept, das; -[e]s, -e [lat. acceptum = das Empfangene, subst. 2. Part. von: accipere, ↑akzeptieren] (Bankw.): a) *Annahmeerklärung des Bezogenen (Zahlungspflichtigen) auf einem Wechsel,* b) *akzeptierter Wechsel.*

ak|zep|ta|bel ⟨Adj.⟩ [frz. acceptable < spätlat. acceptabilis]: *annehmbar, brauchbar:* ein akzeptables Angebot; akzeptable Preise; Ihr Vorschlag ist nicht a.; die Mannschaft hat ganz a. gespielt.

Ak|zep|ta|bi|li|tät, die; - (bildungsspr.): *Annehmbarkeit.*

Ak|zep|tant, der; -en, -en [lat. acceptans (Gen.: acceptantis), 1. Part. von: acceptare, ↑akzeptieren]: a) (Bankw.) *Annehmer, Bezogener eines Wechsels;* b) (bildungsspr.) *Empfänger, Aufnehmender.*

Ak|zep|tan|tin, die; -, -nen: w. Form zu ↑Akzeptant.

Ak|zep|tanz, die; -: *Bereitschaft, etw. zu akzeptieren:* eine hohe, geringe A. von etw.; keine A. in der Bevölkerung haben.

ak|zep|tier|bar ⟨Adj.⟩: *akzeptabel.*

ak|zep|tie|ren ⟨sw. V.; hat⟩ [lat. acceptare, Intensivbildung zu gleichbed. accipere, zu: capere, ↑kapieren]: *annehmen, hinnehmen, billigen; anerkennen; mit jmdm. od. etw. einverstanden sein:* eine Entschuldigung a.; der Vorschlag wurde von allen akzeptiert; sie wurde [als Chefin] von allen akzeptiert; er akzeptierte schließlich, dass er zurückstehen musste; er akzeptierte *(nahm das Angebot an).*

Ak|zep|tie|rung, die; -, -en: *das Anerkennen, Einverstandensein mit etw., jmdm.*

Ak|zept|kre|dit, der: *Wechselkredit.*

Ak|zep|tor, der; -s, ...oren [lat. acceptor = Empfänger]: 1. (Bankw.) *Annehmer, Empfänger [eines Wechsels].* 2. (Chemie) *Stoff od. Körper, der einen anderen bindet.*

Ak|zep|to|rin, die; -, -nen: w. Form zu ↑Akzeptor (1).

Ak|zess, der; -es, -e [lat. accessus = Zutritt, Zugang, zu: accessum, ↑akzessorisch] (österr.): *[Zulassung zum] Vorbereitungsdienst an Gerichten u. Verwaltungsbehörden.*

Ak|zes|si|on, die; -, -en [lat. accessio = das Hinzukommen, zu: accedere, ↑akzessorisch]: 1. (Verwaltung) *neue Erwerbung, Zugang:* A. von Kunstwerken. 2. *Beitritt zu einem Staatsvertrag.*

ak|zes|so|risch ⟨Adj.⟩ [mlat. accessorius, zu lat. accessum, 2. Part. von: accedere = hinzukommen]: *hinzutretend; nebensächlich, weniger wichtig:* -e Rechte (Rechtsspr.; *von einem anderen, übergeordneten Recht abhängige Rechte*).

Ak|zi|dens, das; -, ...denzien (Fachspr. für b auch: ...dentien) u. ...dentia [a: lat. accidens, 1. Part. von: accidere = anfallen, vorkommen]: **a)** (Philos.) *etw. Zufälliges, nicht unbedingt zum Wesen einer Sache Gehörendes; Zufall, Zufälligkeit; Akzidenz* (2); **b)** (Musik) *Vorzeichen, Versetzungszeichen.*

ak|zi|den|tell ⟨Adj.⟩ [frz. accidentel < mlat. accidentalis]: **a)** (Philos., bildungsspr.) *zufällig; unwesentlich;* **b)** (Med.) *zufällig auftretend; nicht unbedingt zum Krankheitsbild gehörend.*

ak|zi|den|ti|ell: ↑akzidentell.

Ak|zi|den|ti|en: Pl. von ↑Akzidens (b).

Ak|zi|denz, die; -, -en [1: urspr. = gelegentliche (Druck)arbeit; 2: lat. accidentia]: **1.** (Druckw.) *Druckerzeugnis, das nicht zum Buch- od. Zeitschriftendruck gehört* (z. B. Anzeige, Formular, Prospekt). **2.** (Philos.) *Akzidens* (a).

Ak|zi|den|zi|en: Pl. von ↑Akzidens.

al [ital., aus: a (↑[2]a) u. il = m. Form des best. Art.]: in italienischen Fügungen bes. aus der Musik: *[bis] zu, auf,* z. B. al fine, al pari.

Al = Aluminium.

a. l. = ad libitum.

a. L. (Genealogie) = ältere[r] Linie.

-al [lat. -alis]: kennzeichnet in Bildungen mit Substantiven die Zugehörigkeit zu diesen/ *etw. betreffend, in Bezug auf etw.:* hormonal, personal, proximal.

à la [a la; frz., aus ↑à u. frz. la = w. Form des best. Art.]: **a)** (ugs.) *im Stile von; so wie ...; auf eine bestimmte Art:* eine Kurzgeschichte à la Poe; **b)** (Gastr.) *nach Art von:* Schnitzel à la Holstein.

alaaf ⟨Interj.⟩ [eigtl. allaf = all(es) ab, (= alles andere weg)] (Kölner Karnevalsruf): *hoch!; hurra!*

Ala|ba|ma; -s: Bundesstaat der USA.

Ala|bas|ter, der; -s, - [1: mhd. alabaster < lat. alabaster, alabastrum < griech. alábastros]: **1.** ⟨Pl. selten⟩ *feinkörnige, weißliche, meist durchscheinende Gipsart:* Schmuck aus A.; weiß wie A. **2.** (nordd.) *Murmel; bunte Glaskugel, die die Kinder beim Murmelspiel gegen die kleineren Tonkügelchen werfen.*

ala|bas|ter|far|ben ⟨Adj.⟩: *durchscheinend weiß.*

ala|bas|tern ⟨Adj.⟩: **a)** *aus Alabaster;* **b)** (geh.) *wie Alabaster wirkend; durchscheinend weiß.*

à la bonne heure [alabɔˈnœːr; frz., zu: bonne, w. Form von: bon = gut (< lat. bonus) u. heure < lat. hora = Stunde, eigtl. = »zur guten Stunde«] (bildungsspr.): *recht so!, bravo!*

à la carte [alaˈkart; frz., zu: carte, ↑Karte] (Gastr.): *so, wie es auf der Speisekarte steht; nach der Tageskarte zusammengestellt, nicht als Menü:* à la c. essen; Ü eine Änderung à la c. *(nach eigenen Wünschen, Vorstellungen o. Ä.).*

à la jar|di|ni|è|re [alaʒardiˈnjɛːr; frz., zu: jardinière = Gärtnerin, zu: jardin = Garten, aus dem Germ.] (Gastr.): *nach Gärtnerinart.*

à la longue [alaˈlõːg; frz., zu longue = Dauer, zu lat. longus = lang] (bildungsspr.): *auf die Dauer; auf längere Zeit [hin]:* à la l. ist das nicht akzeptabel.

à la mai|son [alamɛˈzõ; frz.] (Gastr.): *nach Art des Hauses.*

à la mode [alaˈmɔd; frz., vgl. Mode] (veraltet): *der Mode entsprechend, nach der neuesten Mode:* sie ist ganz à la m. gekleidet.

Ala|mo|de|zeit, die ⟨o. Pl.⟩: *(in Deutschland im 17. Jahrhundert) Zeit des Alamodewesens.*

Aland, der; -[e]s, -e [mhd. alant, alent, ahd. alant, alunt; H. u.]: *(in nördlichen Seen u. ruhigen Flüssen lebender) großer Karpfenfisch, der sehr viele Gräten hat.*

Alant, der; -[e]s, -e [mhd., ahd. alant; H. u.]: *(zu den Korbblütlern gehörende) hoch wachsende, gelb blühende, bes. auf feuchten Wiesen vorkommende Pflanze, die als Heilkraut verwendet wird.*

Alant|öl, das o. Pl.: *aus der Wurzel des Alants gewonnenes Öl (das in der Volksmedizin bei Magen- und Lungenleiden sowie als Gallen- u. Wurmmittel verwendet wird).*

Alarm, der; -[e]s, -e [ital. allarme, zusgez. aus: all'arme! = zu den Waffen!, zu: arme, Pl. von: arma < spätlat. arma = Waffe < lat. arma (Pl.) = Waffen]: **1.** *Notsignal; Warnung bei Gefahr:* A.!; A. auslösen, geben; er hat den A. gehört; * **blinder A.** (1. *versehentlich ausgelöster, falscher Alarm.* 2. *grundlose Aufregung*); **A. schlagen** *(die [öffentliche] Aufmerksamkeit auf etw. Bedrohliches, Gefährliches lenken; laut Hilfe fordern).* **2.** *Alarmzustand:* ein längerer A.; heute Nacht war A. *(Fliegeralarm).*

Alarm|an|la|ge, die: *Anlage, durch die Alarm ausgelöst wird:* optische, akustische -n.

alarm|be|reit ⟨Adj.⟩: *einsatzfähig; auf Abruf stehend:* ein stets -er Löschzug; man war, hielt sich a.

Alarm|be|reit|schaft, die ⟨o. Pl.⟩: *alarmbereiter Zustand:* die Truppen in A. versetzen; in A. stehen, sein; die Polizei hielt sich in höchster A.

Alarm|glo|cke, die: vgl. Alarmklingel: -n läuten, schrillen; Ü als kein Anruf von ihm kam, schrillte bei ihr die A.

alar|mie|ren ⟨sw. V.; hat⟩ [frz. alarmer, zu: alarme < ital. allarme, ↑Alarm]: **1.** *(eine Hilfsorganisation) zum Einsatz, zu Hilfe rufen:* die Feuerwehr, Polizei a. **2.** *aufschrecken, beunruhigen, warnen:* das nächtliche Klingeln alarmierte alle; sie alarmierte den Chef mit der beunruhigenden Mitteilung; eine alarmierende Luftverschmutzung; der Leistungsabfall ist alarmierend.

Alar|mie|rung, die; -, -en: *das Alarmieren.*

Alarm|klin|gel, die: *Klingel, mit der Alarm gegeben wird.*

Alarm|schal|ter, der: *Schalthebel, der [automatisch] Alarm auslösen kann.*

Alarm|si|gnal, das: *akustisches od. optisches Zeichen, mit dem Alarm gegeben wird.*

Alarm|si|re|ne, die: vgl. Alarmklingel: die -n heulten.

Alarm|stu|fe, die: *bestimmte Stufe der Alarmbereitschaft, des Alarmiertseins bei Gefahr:* A. 3; A. Rot.

Alarm|zei|chen, das: vgl. Alarmsignal: das A. geben.

Alarm|zu|stand, der ⟨o. Pl.⟩: *Zustand des Vorbereitetseins auf eine möglicherweise unmittelbar auftretende Gefahr:* die Polizei war, befand sich im, in A.; eine Stadt in [den] A. versetzen.

Alas|ka; -s: **1.** nordamerikanische Halbinsel. **2.** Bundesstaat der USA.

Alaun, der; -s, -e [mhd. alūn < lat. alumen] (Chemie): *Doppelsalz des Schwefels, das u. a. als blutstillendes Mittel, als Beiz- u. Färbemittel verwendet wird.*

Alaun|er|de, die: *schwefelhaltiger Ton.*

alaun|hal|tig ⟨Adj.⟩: *Alaun enthaltend.*

Alaun|stein, der: **1.** *farbloses weißes od. rötlich gelbes Mineral, das zur Gewinnung von Alaun dient.* **2.** *meist aus Bauxit od. Kaolin gewonnene Alaunverbindung (Kalialaun), die als mildes Ätzmittel od. als blutstillendes Mittel verwendet wird.*

a-Laut, der: *Klang des Vokals a:* verschiedene -e.

[1]Alb, der; -[e]s, -en ⟨meist Pl.⟩ [mhd., ahd. alb, alp; H. u.] (germ. Myth.): *unterirdischer Naturgeist.*

[2]Alb, Alp, der; -[e]s, -e [mhd., ahd. alp, alb; H. u.]: **1.** *(im alten Volksglauben) koboldhaftes, gespenstisches Wesen, das sich nachts auf die Brust des Schlafenden setzt u. bei ihm ein drückendes Gefühl der Angst hervorruft; [Nacht]mahr:* etw. liegt wie ein A. auf jmds. Brust. **2.** ⟨o. Pl.⟩ (geh.) *schwere seelische Last, seelische Bedrückung, Beklemmung:* ein A. ist von mir gewichen; von einem A. befreit sein.

Al|ba|ner, der; -s, -: Ew. zu ↑Albanien.

Al|ba|ne|rin, die; -, -nen: w. Form zu Albaner.

Al|ba|ni|en; -s: Balkanstaat.

al|ba|nisch ⟨Adj.⟩: **a)** *Albanien, die Albaner betreffend; von den Albanern stammend, zu ihnen gehörend;* **b)** *in der Sprache der Albaner.*

Al|ba|nisch, das; -[s] u. ⟨nur mit best. Art.:⟩ **Al|ba|ni|sche,** das; -n: *die albanische Sprache.*

Al|ba|tros, der; -, -se [niederl. albatros < engl. albatross, unter Einfluss von lat. albus = weiß (wegen des weißen Gefieders) < span. alcatraz < älter alcaduz = Brunnenrohr < arab. al-qādūs = Schöpfkrug; der Vogel ist nach der hornigen Nasenröhre auf dem Schnabel benannt]: **1.** *(auf den Meeren der südlichen Halbkugel beheimateter) großer Meeresvogel mit meist weißem u. grauem Gefieder, großem Hakenschnabel u. sehr langen, schmalen Flügeln.* **2.** (Golf) *das Erreichen eines Lochs mit drei Schlägen weniger als nötig.*

Alb|druck, Alpdruck, der ⟨Pl. selten: ...drücke⟩: [2]*Alb* (2): von einem A. befreit sein.

Alb|drü|cken, Alpdrücken, das; -s: *drückendes Gefühl der Angst im [Halb]schlaf:* A. haben.

[1]Al|be, die; -, -n [mhd. albe, ahd. alba < kirchenlat. alba, zu lat. albus, ↑Album]: *weißes liturgisches [Unter]gewand katholischer u. anglikanischer Geistlicher.*

[2]Al|be, der; -n, -n: ↑[1]Alb.

Al|ben: Pl. von ↑[1]Alb, ↑[1]Albe, ↑[2]Albe, ↑Album.

Al|be|rei, die; -, -en: *albernes Benehmen; kindischer Spaß:* lass doch diese -en!

[1]al|bern ⟨sw. V.; hat⟩: *sich* [2]*albern benehmen, Dummheiten machen:* ich albere ein bisschen mit ihr; er kann nichts als a.

[2]al|bern ⟨Adj.⟩ [mhd. alwære = schlicht; einfältig; ahd. alawāri = freundlich, zu einem untergegangenen Adj. mit der Bed. »freundlich« u. eigtl. = ganz freundlich] (abwertend): **a)** *einfältig, töricht, kindisch:* -e Witze; ein -es Mädchen; sei nicht so a.!; sich a. benehmen; **b)** (ugs.) *klein, wertlos, unbedeutend:* wegen dieser -en Fünf ist sie sitzen geblieben!

Al|bern|heit, die; -, -en: **1.** ⟨o. Pl.⟩ *alberne Art, albernes Benehmen.* **2.** *alberne Handlung, Äußerung.*

Al|bi|gen|ser, der; -s, -: *Angehöriger einer mittelalterlichen häretischen Gruppe in Südfrankreich.*

Al|bi|nis|mus, der; - (Med., Biol.): *erbliches Fehlen von Farbstoffen in Haut, Haaren u. Augen.*

Al|bi|no, der; -s, -s [span. albino, zu: albo = weiß < lat. albus]: **a)** *Mensch od. Tier mit fehlender Farbstoffbildung;* **b)** *[Blüten]blatt, Samenkorn o. Ä. mit fehlender Farbstoffbildung.*

al|bi|no|tisch ⟨Adj.⟩ (Med., Biol.): *den Albino betreffend; auf Albinismus beruhend.*

Al|bi|on; -s (dichter.): *England.*

Alb|traum, Alptraum, der: *mit Albdrücken verbundener Traum; Angsttraum:* von Albträumen geplagt werden; Ü ein A. von einem Tisch; etw. ist ein A. für jmdn.; ein A. aus Beton.

Al|bum, das; -s, Alben, ugs.: -s [lat. album = weiße Tafel für Aufzeichnungen, zu: albus = weiß]: **1. a)** *einem Buch ähnlicher Gegenstand mit meist unbedruckten stärkeren Seiten, Blättern, auf denen Fotografien, Briefmarken, Postkarten u. a. zum Aufbewahren befestigt werden:* ein dickes A.; Bilder ins A. kleben; **b)** kurz für ↑Plattenalbum. **2. a)** (veraltend) *zwei zusammengehörige Langspielplatten in zwei zusammenhängenden Hüllen;* **b)** (veraltend) *Langspielplatte;* **c)** *(bes. im Bereich der Unterhaltungsmusik) CD mit der Veröffentlichung mehrerer Titel eines Künstlers, einer Gruppe:* ein A. aufnehmen, abmischen, produzieren.

Al|bu|men, das; -s [lat. albumen] (Biol.): *Eiweiß* (1).

Al|bu|min, das; -s, -e (Biol.): *einfacher, wasserlöslicher tierischer Eiweißkörper.*

al|bu|mi|nös ⟨Adj.⟩ (Biol.): *eiweißhaltig.*

Al|bu|mi|nu|rie, die; -, -n [zu griech. oũron = Harn] (Med.): *Ausscheidung von Eiweiß im Harn.*

Al|can|ta|ra®, das; -[s] [Kunstwort] (Textilind.): *hochwertiges Velourslederimitat.*

Al|cá|zar: ↑Alkazar.

Al|che|mie, die; - [frz. alchimie < span. alquimia < arab. al-kīmiyāʾ = Kunst des Legierens]: *mittelalterliche, mystisch u. symbolisch verbrämte Chemie.*

Al|che|mist, der; -en, -en [mlat. alchimista]: *jmd., der sich mit Alchemie befasst; Goldmacher:* ein mittelalterlicher A.

Al|che|mis|ten|kü|che, die: *Arbeitsstätte eines Alchemisten:* eine mittelalterliche A.

al|chemis|tisch ‹Adj.›: *die Alchemie betreffend, zu ihr gehörend; mit den Mitteln der Alchemie [hergestellt].*

Äl|chen, das; -s, -: 1. Vkl. zu ↑Aal. 2. (Zool.) *[in Pflanzen u. Tieren als Parasit lebender] sehr kleiner Fadenwurm.*

Al|chi|mie usw.: vgl. Alchemie usw.

Al|de|hyd, der; -s, -e [gek. aus nlat. Alcoholus dehydrogenatus = Alkohol, dem Wasserstoff entzogen wurde] (Chemie): *organische Verbindung, die entsteht, wenn Alkoholen Wasserstoff entzogen wird.*

al den|te [ital., etwa = für den Zahn (zu spüren), aus ↑al u. dente = Zahn] (Gastr.): *(von Nudeln, Reis) nicht ganz weich gekocht:* die Spaghetti könnten etwas mehr a. d. sein.

Al|der|man ['ɔldɐmən], der; -s, ...men [...mən; engl. alderman < aengl. (e)aldorman, aus: (e)aldor = Familienoberhaupt u. man = Mann]: *Vorsteher, Ratsherr, Stadtrat (in angelsächsischen Ländern).*

Ale [eːl, engl.: eɪl], das; -s [engl. ale < aengl. (e)alu, H. u.]: *helles, obergäriges englisches Bier.*

alea iac|ta est [lat. = der Würfel ist geworfen (↑Würfel 2; angeblich Ausspruch Cäsars, als er 49 v. Chr. durch Überschreiten des Rubikons den Bürgerkrieg entfesselte)]: *die Entscheidung ist gefallen, es ist entschieden.*

Ale|a|to|rik, die; - [zu lat. aleator = Würfel-, Glücksspieler] (Musik): *Kompositionsverfahren der zeitgenössischen Musik mit individueller Notation* (2) *und beabsichtigten großen Interpretationsspielräumen.*

ale|a|to|risch ‹Adj.› [lat. aleatorius = zum Würfelspieler gehörend] (bildungsspr.): *vom Zufall abhängig, auf Zufall beruhend, dem Zufall überlassen:* -e Technik, Musik; -e Dichtung.

Ale|man|ne, der; -n, -n: Angehöriger eines germanischen Volksstammes.

Ale|man|nin, die; -, -nen: w. Form zu ↑Alemanne.

ale|man|nisch ‹Adj.›: **a)** *die Alemannen betreffend, von ihnen stammend, zu ihnen gehörend;* **b)** *in der Mundart der Alemannen.*

Ale|man|nisch, das; -[s] u. ‹nur mit best. Art.:› **Ale|man|ni|sche,** das; -n: *alemannische Mundart.*

Alep|po|kie|fer, die; -, -n [nach der syrischen Stadt Aleppo]: *(im Mittelmeerraum heimische) harzreiche Kiefer.*

alert ‹Adj.› [frz. alerte, zusgez. aus: à l'erte < ital. all'erta = auf die (An)höhe!]: **a)** *flink, munter:* ein -er Page; sie ist, Gott sei Dank, wieder a. *(munter, nicht mehr krank);* **b)** *geistig beweglich, aufgeweckt:* -e Geschäftsleute.

Ale|u|ten ‹Pl.›: Inseln zwischen Beringmeer u. Pazifischem Ozean.

Ale|xan|dria, Ale|xan|dri|en: ägyptische Stadt.

[1]**Ale|xan|dri|ner,** der; -s, -: Ew.

[2]**Ale|xan|dri|ner,** der; -s, - [nach frz. vers alexandrin = Vers des Alexanderromans (von 1180)] (Verslehre): *sechshebiger Reimvers mit 12 oder 13 Silben.*

Ale|xan|dri|ne|rin, die; -, -nen: w. Form zu ↑Alexandriner.

ale|xan|dri|nisch ‹Adj.›: *Alexandria, Alexandrien betreffend.*

Ale|xie, die; -, -n [zu griech. a- = nicht, un- u. léxis = das Sprechen, Wort] (Med.): *Unfähigkeit, Geschriebenes zu lesen bzw. Gelesenes trotz intakten Sehvermögens zu verstehen.*

Al|fa, die; -, -s, **Al|fa|gras,** das; -es, ...gräser [arab. ḥalfā']: *Esparto* (a).

al fres|co: ↑a fresco.

Al|gar|ve, die u. der; -: südlichste Provinz Portugals.

Al|ge, die; -, -n [lat. alga = Seegras, Seetang]: *(in vielen Arten vorkommende) niedere blütenlose Wasserpflanze.*

Al|ge|bra [österr.: al'geːbra], die; -, Algebren [arab. al-ǧabr, eigtl. = die Einrenkung (gebrochener Teile)] (Math.): **a)** *Lehre von den Gleichungen; Theorie der Verknüpfungen mathematischer Strukturen;* **b)** *algebraische Struktur.*

Al|ge|bra|i|ker, der; -s, -: *jmd., der berufsmäßig Algebra betreibt.*

Al|ge|bra|i|ke|rin, die; -, -nen: w. Form zu ↑Algebraiker.

al|ge|bra|isch ‹Adj.›: *die Algebra betreffend:* eine -e Gleichung, Funktion, Zahl; -e Struktur *(Menge von Elementen mit den zwischen ihnen definierten Verknüpfungen).*

al|gen|ähn|lich ‹Adj.›: *algenartig.*

al|gen|ar|tig ‹Adj.›: **a)** *mit den Algen verwandt;* **b)** *wie Algen aussehend.*

Al|gen|kun|de, die: *Wissenschaft von den Algen; Algologie.*

Al|gen|pest, die: *übermäßiges, Schaden bewirkendes Auftreten von Algen im Meer.*

Al|gen|pilz, der: *niederer, algenähnlicher Pilz; Fadenpilz.*

Al|ge|ri|en; -s: Staat in Nordafrika.

Al|ge|ri|er, der; -s, -: Ew.

Al|ge|ri|e|rin, die; -, -nen: w. Form zu ↑Algerier.

al|ge|risch ‹Adj.›: *Algerien, die Algerier betreffend; von den Algeriern stammend, zu ihnen gehörend.*

Al|gier [...ʒiːɐ̯]: Hauptstadt von Algerien.

Al|gol, der; -s: Stern im Sternbild Perseus.

ALGOL, das; -[s] [Kurzwort aus engl. **algo**rithmic **l**anguage] (EDV): *bes. auf wissenschaftliche u. technische Aufgaben ausgerichtete Programmiersprache.*

Al|go|lo|gie, die; - [zu griech. lógos, ↑Logos]: *Algenkunde.*

[1]**Al|gon|kin,** der; -[s], - ‹meist Pl.›: Angehöriger einer Sprachfamilie der nordamerikanischen Indianer.

[2]**Al|gon|kin,** das; -[s]: *Sprache der Algonkin.*

al|gon|kisch ‹Adj.›: *dem Algonkium angehörend; das Algonkium betreffend.*

Al|gon|ki|um, das; -s [nach dem Land der [1]Algonkin] (Geol.): *Formation des jüngeren Präkambriums; Proterozoikum.*

al|go|rith|misch ‹Adj.›: *einem Algorithmus folgend.*

Al|go|rith|mus, der; -, ...men [mlat. algorismus = Art der indischen Rechenkunst, in Anlehnung an griech. arithmós = Zahl, entstellt aus dem Namen des pers.-arab. Mathematikers Al-Ḫwarizmī, gest. nach 846] (Math., EDV): *Verfahren zur schrittweisen Umformung von Zeichenreihen; Rechenvorgang nach einem bestimmten [sich wiederholenden] Schema.*

Al|ham|bra, die; -: Palast bei Granada.

Alia: Pl. von ↑Aliud.

ali|as ‹Adv.› [lat. alias]: *anders ...; sonst ...; eigentlich ...; oft auch ... genannt:* der Beschuldigte Meyer a. Müller a. Schulze.

Ali|bi, das; -s, -s [lat. alibi = anderswo]: **a)** (Rechtsspr.) *[Nachweis der] Abwesenheit vom Tatort zur Tatzeit:* ein lückenloses A. haben; ein hieb- u. stichfestes A. beibringen; für die Tatzeit besitzt er kein A.; **b)** *Ausrede, Entschuldigung; Rechtfertigung:* die Wirtschaftskrise als A. für Entlassungen nehmen; ein moralisches A. für sein Amüsement finden.

Ali|bi-: drückt in Bildungen mit Substantiven aus, dass jmd. oder etw. nur als Alibi, als Ausrede dient und keine wirkliche Funktion oder Bedeutung hat: Alibibeitrag, -charakter, -dezernat.

Ali|bi|frau, die (abwertend): *Frau, der unterstellt wird, sie habe ihre berufliche Position nur erhalten, um damit die Verwirklichung der Chancengleichheit zu dokumentieren.*

Ali|bi|funk|ti|on, die: *jmdm., einer Sache zugeteilte Funktion, die den Zweck hat, einen Missstand zu verschleiern.*

Ali|en ['eɪliən], der od. das; -s, -s [engl. alien = Ausländer, Fremder, Außenseiter; ausländisch, fremd < lat. alienus]: *(bes. in Filmen, Romanen, Comicstrips auftretendes) außerirdisches Wesen, utopisches Lebewesen fremder Planeten.*

ali|men|tär ‹Adj.› [lat. alimentarius]: *die Ernährung betreffend.*

Ali|men|ta|ti|on, die; -, -en [mlat. alimentatio, zu: alimentare, ↑alimentieren]: *Versorgung, finanzielle Leistung für den Lebensunterhalt:* finanzielle A.

Ali|men|te ‹Pl.› [lat. alimenta (Sg.: alimentum) = Nahrungsmittel, zu: alere = ernähren; aufziehen]: *regelmäßig zu zahlender Unterhaltsbeitrag, Aufwendungen für den Lebensunterhalt, bes. für ein nichteheliches Kind:* er muss A. für das Kind zahlen.

ali|men|tie|ren ‹sw. V.; hat› [mlat. alimentare, zu lat. alimentum, ↑Alimente]: *mit Geldmitteln unterstützen, unterhalten.*

ali|pha|tisch ‹Adj.› [zu griech. áleiphar (Gen.: aleíphatos) = Fett] (Chemie): *(von bestimmten Verbindungen) in der Strukturformel azyklische* (1) *Kohlenstoffketten aufweisend:* -e Kohlenwasserstoffe.

Al|ita|lia, die; -: italienische Luftfahrtgesellschaft.

Ali|ud, das; -, Alia (Rechtsspr.): *etwas anderes als der vereinbarte Gegenstand, als die vertraglich festgelegte Leistung.*

[1]**Alk,** der; -[e]s od. -en, -e[n] [anord. alka]: *(in mehreren Arten vorkommender) einem Pinguin ähnlicher Meeresvogel.*

[2]**Alk,** der; -[e]s (Jargon): *Alkohol.*

al|kä|isch ‹Adj.› [lat. Alcaicus < griech. Alkaïkós (nach dem griech. Lyriker Alkaios)]: *ein bestimmtes antikes Odenmaß betreffend:* -e Strophe *(vierzeilige Odenstrophe).*

Al|kal|de, der; -n, -n [span. alcalde < arab. al-qāḍī = Richter]: *[Straf]richter, Bürgermeister in Spanien.*

Al|ka|li [al'kaːli, auch: 'alkali], das; -s, Alkalien ‹meist Pl.› [frz. alcali < span. álcali < arab. al-qalī = Pottasche] (Chemie): **a)** *[ätzende] Verbindung eines Alkalimetalls mit einer Hydroxylgruppe;* **b)** *Karbonat eines Alkalimetalls.*

al|ka|li|frei ‹Adj.›: *ohne Seifenrückstand:* ein -es Waschmittel.

Al|ka|li|me|tall, das (Chemie): *eines der sehr reaktionsfähigen Metalle aus der ersten Hauptgruppe des Periodensystems* (z. B. Lithium, Natrium, Kalium).

Al|ka|li|salz, das: *Salz eines Alkalimetalls.*

al|ka|lisch ‹Adj.› (Chemie): *basisch; laugenhaft; Laugenwirkung zeigend:* eine -e Reaktion; die Lösung ist a.; a. reagieren.

Al|ka|lo|id, das; -[e]s, -e [zu griech. -eidḗs = -förmig] (Chemie): *basische, bes. in Pflanzen vorkommende Stickstoffverbindung.*

Al|ka|zar [al'kaːzar, auch: alka'tsaːɐ̯, al'kaːtsar], der; -s, -e [span. alcázar < arab. al-qaṣr = Burg]: *Burg, Schloss, Palast in Spanien.*

Al|ko|hol ['alkohoːl, auch: – –'–], der; -s, -e [2 a: aus der Sprache der Alchemisten, urspr. = feines, trockenes Pulver < span. alcohol < arab. al-kuḥl = (Augenschminke aus) Antimon]: **1.** (Chemie) *organische Verbindung mit einer oder mehreren Hydroxylgruppen:* primärer, mehrwertiger A. **2. a)** ‹o. Pl.› *brennbare, brennend schmeckende, desinfizierende Flüssigkeit; Weingeist, Spiritus:* reiner A.; A. destillieren; eine Wunde mit A. betupfen; **b)** ‹Pl. selten› *Weingeist enthaltendes Getränk; geistiges Getränk:* keinen A. trinken; den A. nicht vertragen; dem A. ergeben, verfallen sein; seine Sorgen in/im A. ertränken; nach A. riechen; ***jmdn. unter A. setzen** (ugs.; *jmdn. betrunken machen*); **unter A. stehen** *(betrunken sein).*

al|ko|hol|ab|hän|gig ‹Adj.›: *alkoholsüchtig.*

Al|ko|hol|ab|hän|gi|ge, der u. die: *Alkoholsüchtige.*

Al|ko|hol|ab|hän|gig|keit, die: *Alkoholsucht.*

al|ko|hol|arm ‹Adj.›: *(von Getränken) wenig Alkohol enthaltend:* ein -es Getränk.

Al|ko|hol|aus|schank, der: [1]*Ausschank* (1) *von alkoholischen Getränken.*

Al|ko|hol|ein|fluss, der ‹o. Pl.›: *Einfluss, Einwirkung des Genusses von Alkohol auf das Handeln u. Verhalten von jmdm.:* unter A.

Al|ko|hol|fah|ne, die ‹o. Pl.› (ugs.): *unangenehmer Geruch des Atems nach Alkohol:* eine A. haben.

al|ko|hol|frei ‹Adj.›: **a)** *(von Getränken) ohne Alkoholgehalt:* -es Bier (Fachspr.; *Bier, das nicht* *mehr als 0,5 Gewichtsprozent Alkohol enthält);* **b)** *ohne Alkoholausschank:* ein -es Gasthaus.

Al|ko|hol|ge|halt, der: *Gehalt einer Flüssigkeit an Alkohol.*

Al|ko|hol|ge|nuss, der ⟨o. Pl.⟩: *Genuss von Alkohol.*

al|ko|hol|hal|tig ⟨Adj.⟩: *Alkohol enthaltend.*

Al|ko|ho|li|ka ⟨Pl.⟩: *alkoholische Getränke, Spirituosen.*

Al|ko|ho|li|ker, der; -s, -: *Gewohnheitstrinker:* er ist A.; * **Anonyme A.** *(Selbsthilfeorganisation von Alkoholabhängigen, deren Mitglieder anonym bleiben;* Abk.: AA).

Al|ko|ho|li|ke|rin, die; -, -nen: w. Form zu ↑Alkoholiker.

al|ko|ho|lisch ⟨Adj.⟩: **1. a)** *Alkohol enthaltend:* -e Getränke; **b)** *Alkoholika betreffend; durch sie bewirkt:* -e Exzesse. **2.** (Chemie) *Alkohol* (1, 2 a) *betreffend, zur Bildung von Alkoholen führend:* -e Gärung; etw. a. vergären.

al|ko|ho|li|sie|ren ⟨sw. V.; hat⟩: **1.** *mit Alkohol* (2) *versetzen:* Wein a.; alkoholisierte Früchte aus dem Rumtopf. **2.** *betrunken machen; jmdm. reichlich alkoholische Getränke vorsetzen:* den Kollegen werden wir heute Abend a.; der offenkundig alkoholisierte *(unter Alkoholeinfluss stehende, betrunkene)* Mann; in alkoholisiertem *(durch Alkoholgenuss herbeigeführtem)* Zustand.

Al|ko|ho|lis|mus, der; -: **a)** *Trunksucht; fortgesetzter Alkoholmissbrauch.* **b)** (Med.) *durch Alkoholmissbrauch hervorgerufene Schäden; chronische Alkoholvergiftung.*

Al|ko|hol|kon|sum, der ⟨o. Pl.⟩: *das Konsumieren von alkoholischen Getränken:* er hat einen beträchtlichen A.

Al|ko|hol|miss|brauch, der ⟨o. Pl.⟩: *Missbrauch von Alkohol.*

Al|ko|hol|pe|gel, der (ugs.): *Alkoholspiegel:* ein hoher A.

Al|ko|hol|pro|blem, das; -s, -e ⟨meist Pl.⟩ (verhüll.): *Alkoholismus* (a): sie hat -e *(ist alkoholsüchtig).*

al|ko|hol|reich ⟨Adj.⟩: *viel Alkohol enthaltend:* -e Getränke.

Al|ko|hol|spie|gel, der: *Grad der Konzentration von Alkohol im Blut:* sein A. betrug 1,5 Promille.

Al|ko|hol|sucht, die: *krankhafte Sucht nach Alkoholgenuss.*

al|ko|hol|süch|tig ⟨Adj.⟩: *an Alkoholsucht leidend.*

Al|ko|hol|süch|ti|ge, der u. die: *jmd., der alkoholsüchtig ist.*

Al|ko|hol|sün|der, der (ugs.): *jmd., der in alkoholisiertem Zustand Auto fährt.*

Al|ko|hol|test, der: *Test zur Ermittlung des Alkoholspiegels.*

Al|ko|hol|ver|bot, das: **a)** *Verbot, alkoholische Getränke zu sich zu nehmen:* vom Arzt bekam er striktes A.; **b)** *Prohibition* (b).

Al|ko|hol|ver|gif|tung, die (Med.): *durch übermäßigen Alkoholgenuss verursachte Vergiftung.*

Al|ko|ven [al'ko:vn̩, auch: '– – –], der; -s, - [frz. alcôve < span. alcoba = Schlafgemach < arab. al-qubbah = Kuppel]: **a)** *Nische mit Bett;* **b)** *kleiner, abgetrennter Nebenraum ohne Fenster.*

Al|kyl, das; -s, -e [zu ↑Alkohol u. griech. hýlē = Stoff, Materie] (Chemie): *einwertiger Kohlenwasserstoffrest, dessen Verbindung z. B. mit einer Hydroxylgruppe einfache Alkohole* (1) *liefert.*

all ⟨Indefinitpron. u. unbest. Zahlw.⟩ [mhd., ahd. al, eigtl. = ausgewachsen, wahrsch. verw. mit ↑alt]: **1.** ⟨Sg.⟩ **a)** auf etw. in seiner Gesamtheit, in seinem ganzen Umfang, seiner ganzen Größe od. Stärke bezogen; *ganz, gesamt:* ⟨attr.:⟩ aller gesunde Fortschritt; alle Freude; alles Glück dieser Erde; alles Übrige; er hat alles Geld/all sein Geld verloren; die Wurzel allen (veraltet: alles) Übels; bei allem guten (auch: gutem) Willen; in aller Öffentlichkeit; mit allem Nachdruck, aller Kraft; trotz aller Mühe; ⟨für »ganz« + Adj.:⟩ in aller Unschuld *(ganz unschuldig);* in aller Stille *(ganz still);* mit aller Deutlichkeit *(ganz deutlich);* ⟨unflekt.:⟩ all dies[es]; all das andere; all deine Mühe; in all seiner Unschuld; all ihr bisschen magere Kraft; ⟨allein stehend:⟩ alles in Ordnung; alles in mir sträubt sich dagegen; das ist alles; nach allem, was man hört; trotz allem; dies[es] alles; was soll das alles?; ⟨mit Trennung vom Demonstrativpron. usw.:⟩ das geht Sie doch alles nichts an!; dies hier kannst du alles wegwerfen; * **alles in allem** *(im Ganzen gesehen, zusammengenommen):* alles in allem war er kein Macho; **vor allem** *(hauptsächlich, besonders, in erster Linie):* vor allem [in] Berlin; **b)** stärker vereinzelnd, die Einzelglieder einer Gesamtheit betrachtend; *jeder, jedes, jegliches:* ⟨attr.:⟩ alle wesentliche Information; Bücher aller Art; die Grenze alles Übersetzens; jmdm. alles Gute wünschen; führend in aller Art von Schmuck; auf alle Weise *(in jeder Beziehung);* ⟨allein stehend:⟩ es geht alles vorüber; alles *(jedes Ding)* hat [seine] zwei Seiten; wir waren in allem *(in jeder Beziehung)* Antipoden; ⟨alles (unflekt.):⟩ wem alles *(welchen Leuten insgesamt u. im Einzelnen)* hat er wohl diese Geschichte erzählt!; was war dort alles zu sehen?; vorn sind alles *(nur, ausschließlich)* Wagen erster Klasse; **R** was es [nicht] alles gibt! (Ausruf der Verwunderung); * **all[es] und jedes** *(jegliches ohne Ausnahme);* **allen voran** *(hauptsächlich, besonders, in erster Linie, vor allen anderen);* **c)** ⟨Neutr. Sg.⟩ (ugs.) *alle Leute hier; jeder Anwesende; jeder Einzelne:* alles aussteigen! **2.** ⟨Pl.⟩ **a)** *sämtliche; die gesamten, vollzähligen:* ⟨attr.:⟩ alle Leute; alle schönen (veraltet: schöne) Mädchen; das durchschnittliche Einkommen aller Versicherten; in allen Farben schimmern; all die Jahre über; ⟨nachgestellt, nachdrücklich:⟩ diese Vorurteile alle taten ihre Wirkung; ⟨allein stehend:⟩ wir, ihr, sie alle; diese alle; das Wohl aller *(das Gemeinwohl);* alle miteinander; **b)** stärker vereinzelnd; *jede[r] [von diesen]; jeder, jede, jedes Einzelne aus einer bestimmten Anzahl:* ⟨attr.:⟩ das übersteigt alle Erwartungen; dem Wunsch aller Teilnehmer *(jedes einzelnen Teilnehmers)* entsprechen; alle Deutschen; für alle solche Überraschungen gut sein; ⟨allein stehend:⟩ alle vier; alle diejenigen, die fehlen; der Kampf aller gegen alle *(jedes Einzelnen gegen jeden);* ⟨nachgestellt, nachdrücklich:⟩ die Leute können alle nicht mehr *(keiner kann mehr).* **3.** ⟨alle + Zeit- oder Maßangabe im Pl., seltener im Sg. [in Verbindung mit einem Zahlbegriff]⟩ zur Bezeichnung von etwas regelmäßig Wiederkehrendem; *im Abstand von …:* alle Jahre *(jedes Jahr)* wieder; der Omnibus fährt alle 12 Minuten; alle halbe[n] Stunden/alle halbe Stunde; alle fünf Meter; ⟨landsch., bes. md., im Gen.:⟩ aller vierzehn Tage.

All, das; -s [für: Universum]: *Weltraum, Universum:* das weite, unermessliche A.; das A. erforschen.

al|la [ital., aus ↑²a u. la = w. Form des best. Art.] in italienischen Fügungen aus der Musik u. Malerei: *in der Art von; nach … Art; auf … Weise,* z. B. alla breve.

all|abend|lich ⟨Adj.⟩: *jeden Abend geschehend, stattfindend:* der -e Spaziergang.

al|la bre|ve [ital., aus ↑alla u. breve = Doppeltaktnote] (Musik): *im Alla-breve-Takt* (Zeichen: ¢).

Al|la-bre|ve-Takt, der (Musik): *Taktart, bei der die halben Noten wie Viertelnoten zählen.*

Al|lah; -s [arab., wohl zusgez. aus al-ilāh = der Gott od. aram. alāhā = der Gott] (islam. Rel.): *Gott* (1): sie beten zu A.

al|la mar|cia [- 'martʃa; u. marcia = ital., aus ↑alla u. ¹Marsch] (Musik): *nach Art eines ¹Marsches* (2); *marschmäßig.*

al|la po|lac|ca [ital., aus ↑alla u. polacca = polnisch] (Musik): *nach Art einer Polonäse.*

al|la pri|ma [ital., aus ↑alla u. prima, ↑prima] (Malerei): *mit nur einer Farbschicht [gemalt].*

al|lar|gan|do [ital., zu allargare = verbreitern] (Musik): *langsamer, breiter werdend.*

al|la te|des|ca [ital., aus ↑alla u. tedesca = deutsch] (Musik): *nach Art eines deutschen Tanzes; im deutschen Stil.*

al|la zin|ga|re|se [ital., aus ↑alla u. zingarese = zigeunerhaft] (Musik): *nach Zigeunerart.*

all|be|kannt ⟨Adj.⟩: *allgemein, überall bekannt:* ein -es Sprichwort; eine -e Tatsache; es ist a., dass sie ausscheidet.

all|da ⟨Adv.⟩ (veraltend): *ebenda, dort.*

all|dem: ↑alledem.

all|deutsch ⟨Adj.⟩ (hist.): *die politischen Ziele des Alldeutschen Verbandes (1894 bis 1939) betreffend, nationalistisch im Sinn einer Zusammenfassung aller Deutschsprechenden.*

all|die|weil [I, II: mhd. al(le) die wīl(e)] (veraltet, noch scherzh.): **I.** ⟨Konj.⟩ *weil.* **II.** ⟨Adv.⟩ *währenddessen, inzwischen.*

al|le ⟨Adv.⟩ [wohl elliptisch für: alle verbraucht] (ugs.): **a)** *aufgebraucht, zu Ende gegangen:* der Schnaps ist, wird a.; du kannst die Suppe a. machen; der Wald war a. *(zu Ende);* **b)** *abgespannt, erschöpft:* ich bin ganz a.; * **jmdn. a. machen** (1. salopp; *moralisch, gesellschaftlich ruinieren.* 2. Gaunerspr.; *umbringen*).

al|le|dem, alldem ⟨nur in Verbindung mit einer Präp.⟩: *all diesem:* aus, bei, mit, von, trotz a.

Al|lee, die; -, Alleen [frz. allée, eigtl. = Gang, zu: aller = gehen, über das Vlat. zu lat. ambulare, ↑ambulant]: *von hohen Bäumen dicht gesäumte Straße, [Park]weg:* eine endlose A. mit hellen Birken.

Al|le|go|re|se, die; -, -n: *allegorische Deutung.*

Al|le|go|rie, die; -, -n [lat. allegoria < griech. allēgoría, eigtl. = das Anderssagen] (bild. Kunst, Dichtk.): *[personifizierendes] rational fassbares Bild als Darstellung eines abstrakten Begriffs:* diese Frauengestalt ist eine A. der Gerechtigkeit.

Al|le|go|rik, die; -: *allegorische Darstellungsweise; Übertragung in eine Metapher.*

al|le|go|risch ⟨Adj.⟩ [lat. allegoricus < griech. allēgorikós]: *die Allegorie betreffend, für sie charakteristisch, in der Art einer Allegorie:* -e Gestalten.

al|le|go|ri|sie|ren ⟨sw. V.; hat⟩ [kirchenlat. allegorizare]: *als Allegorie, gleichnishaft darstellen, versinnbildlichen.*

al|le|gret|to ⟨Adv.⟩ [ital. allegretto, Vkl. von ↑allegro] (Musik): *nicht so schnell wie allegro, mäßig schnell, mäßig lebhaft.*

Al|le|gret|to, das; -s, -s u. …tti: **1.** *mäßig schnelles, mäßig lebhaftes Tempo.* **2.** *Musikstück mit der Tempobezeichnung »allegretto«.*

al|le|gro ⟨Adv.⟩ [ital. allegro, über das Vlat. zu lat. alacer (Gen.: alacris)] (Musik): *schnell, lebhaft:* a. ma non troppo *(nicht allzu schnell).*

Al|le|gro, das; -s, -s u. …gri: **1.** *schnelles, lebhaftes Tempo.* **2.** *Musikstück mit der Tempobezeichnung »allegro«.*

al|lein, (ugs. auch [bes. I]:) alleine [mhd. alein(e), aus: al (↑all) u. ein(e) = allein, einzig]: **I.** ⟨Adj.⟩ **a)** *(von einer od. mehreren Personen) ohne die Anwesenheit, Gegenwart eines anderen od. anderer, getrennt von anderen, ohne Gesellschaft, für sich:* a. reisen, fahren; jmdn. a. lassen; sie wohnt a. in dem großen Haus; hier sind wir [ganz] a. *(ungestört);* * **a. stehen** *(nicht verheiratet, ohne Familie sein):* er steht jetzt a.; eine a. stehende Frau; a. stehend sein; die a. Stehenden; **b)** *einsam, vereinsamt:* sich sehr a. fühlen; ich bin unvorstellbar a.; **c)** *ohne fremde Hilfe, Unterstützung, ohne fremdes Zutun:* das habe ich a. gemacht; das Kind kann schon a. stehen, kann jetzt a. laufen; eine a. erziehende (bes. Amtsspr.; *ein Kind, Kinder ohne Partner erziehende*) Mutter; * **von allein[e]** (ugs.; *von sich aus, automatisch*): das weiß ich von a.; das geschieht nicht von a. **II.** ⟨Adv.⟩ **a)** (geh.) *nur, ausschließlich:* er a. ist daran schuld; a. bei ihr liegt die Entscheidung; * **allein selig machend** (kath. Kirche; *einzig zum Heil führend*): die a. selig machende Kirche, Lehre; der a. selig machende Glaube; **b)** *von allem anderen abgesehen, anderes nicht gerechnet, schon* (häufig in Verbindung mit »schon«): [schon] a. der Gedanke/[schon] der Gedanke a./a. schon der

A

Gedanke ist schrecklich; die Baukosten a. betragen 20 Millionen Mark. **III.** ‹Konj.› (geh.) *aber* (I 1, b), *jedoch, indessen:* ich hoffte auf ihn, a. ich wurde bitter enttäuscht.

Al|lein|be|rech|ti|gung, die: *Berechtigung, über etw. allein zu verfügen, etw. allein zu tun usw.*

Al|lein|be|sitz, der: *Besitz, der jmdm. allein gehört.*

Al|lein|be|sit|zer, der: *alleiniger Besitzer.*

Al|lein|be|sit|ze|rin, die; -, -nen: w. Form zu ↑Alleinbesitzer.

al|lei|ne: ugs. für ↑allein.

Al|lein|ei|gen|tum, das: *Sache, die jmd. allein zum Eigentum hat.*

Al|lein|ei|gen|tü|mer, der: *alleiniger Eigentümer.*

Al|lein|ei|gen|tü|me|rin, die; -, -nen: w. Form zu ↑Alleineigentümer.

Al|lein|er|be, der: *Person, die jmdn. allein, ohne Miterben beerbt; einziger Erbe, Universal-, Gesamterbe.*

Al|lein|er|bin, die: w. Form zu ↑Alleinerbe.

al|lein er|zie|hend: s. allein (I c).

Al|lein|er|zie|hen|de, der u. die; -n, -n ‹Dekl. ↑Abgeordnete› (bes. Amtsspr.): *Elternteil, der sein Kind, seine Kinder allein* (I c) *erzieht.*

Al|lein|gang, der: **a)** (bes. Pferdesport, Radsport, Leichtathletik) *Wettkampf, Rennen ohne [ernsthaften] Konkurrenten:* er unterbot den bestehenden Rekord im A.; **b)** *(im Mannschaftsspiel) Durchbruch eines einzelnen Spielers mit dem Ball o. Ä. durch die gegnerische Verteidigung, ohne ihn abzuspielen:* zu einem A. starten; **c)** (Alpinistik) *Aufstieg, den ein Einzelner ohne die Hilfe anderer unternimmt;* **d)** *das Handeln, Unternehmen im Vertrauen auf die eigene Kraft unter [bewusstem] Verzicht auf die Hilfe od. Zustimmung anderer:* ein nationaler A.

Al|lein|herr|schaft, die ‹o. Pl.›: *alleinige, uneingeschränkte Herrschaft einer einzigen Person, Gruppe, Partei o. Ä.:* die A. anstreben.

Al|lein|herr|scher, der [LÜ für Monarch]: *Person, die die Alleinherrschaft innehat.*

Al|lein|herr|sche|rin, die: w. Form zu ↑Alleinherrscher.

al|lei|nig ‹Adj.›: **1.** *einzig, ausschließlich:* der -e Vertreter, Erbe, Gegner; das -e Mittel. **2.** (österr.) *allein stehend:* eine -e Dame; a. sein.

Al|lein|in|ha|ber, der (Wirtsch.): *alleiniger Inhaber.*

Al|lein|in|ha|be|rin, die: w. Form zu ↑Alleininhaber.

Al|lein|recht, das: *alleiniges Recht; Monopol.*

Al|lein|rei|sen|de, der u. die: *jmd., der allein reist.*

Al|lein|schuld, die ‹o. Pl.›: *alleinige Schuld:* die A. an etw. tragen.

Al|lein|sein, das: **1.** *Fürsichsein, Beisammensein ohne [störende] Dritte.* **2.** *Verlassenheit, Isoliertheit, Einsamkeit:* das A. des Menschen in der Menge.

al|lein se|lig ma|chend: s. allein (II a).

al|lein ste|hend: s. allein (I a).

Al|lein|ste|hen|de, der u. die; -n, -n ‹Dekl. ↑Abgeordnete›: *jmd., der allein lebt, keine Familie hat:* in diesem Haus wohnen viele A.

Al|lein|un|ter|hal|ter, der: *Unterhaltungskünstler, der sein Programm allein bestreitet:* Ü der Reiseführer machte den A.

Al|lein|un|ter|hal|te|rin, die: w. Form zu ↑Alleinunterhalter.

Al|lein|ver|die|ner, der: *einzige Person einer Familie, die verdient.*

Al|lein|ver|die|ne|rin, die: w. Form zu ↑Alleinverdiener.

Al|lein|ver|kauf, der ‹o. Pl.›: *Verkauf bestimmter Waren, der ausschließlich von einer einzigen Person (Gruppe, Firma, Land) getätigt wird.*

Al|lein|ver|tre|ter, der (Wirtsch.): *Händler, der in einem bestimmten Bezirk allein berechtigt ist, Erzeugnisse einer Firma zu verkaufen.*

Al|lein|ver|tre|te|rin, die: w. Form zu ↑Alleinvertreter.

Al|lein|ver|tre|tung, die (Wirtsch., Politik): *Vertretung, die ausschließlich von einer einzigen Person (Gruppe, Firma usw.) übernommen wird.*

Al|lein|ver|trieb, der ‹o. Pl.›: *Alleinverkauf.*

Al|lein|wort, das (schweiz.): meist in der Wendung **das A. führen** *(allein das Wort führen).*

al|lel ‹Adj.› (Biol.): *das Allel betreffend:* -e Gene.

Al|lel, das; -s, -e [zu griech. allēlōn = einander] (Biol.): *eines von zwei (od. mehr) Genen homologer Chromosomen, die zwar einander entsprechen, sich aber im Erscheinungsbild des Lebewesens unterschiedlich auswirken.*

al|le|lu|ja usw.: ↑halleluja usw.

al|le|mal ‹Adv.›: **1.** *immer, jedes Mal:* er hat a. versagt. **2.** (ugs.) *gewiss, freilich, natürlich, in jedem Fall:* bis morgen schaffen wir das noch a./a. noch; »Sie fahren?« – »Allemal!«

Al|le|man|de [alə'mã:də], die; -, -n [frz. (danse) allemande, eigtl. = deutsch(er Tanz)] (Musik): **a)** *alter deutscher Tanz in geradem Taktmaß u. gemäßigtem Tempo;* **b)** *Satz einer Suite (eine Allemande in stilisierter Form).*

al|len|falls ‹Adv.›: **a)** *höchstens, bestenfalls:* a. noch eine Stunde; **b)** *möglicherweise, vielleicht, gegebenenfalls:* das Mittel könnte a. helfen.

al|lent|hal|ben ‹Adv.› [↑-halben] (geh. veraltend): *überall:* das Lied ist jetzt a. zu hören.

Al|ler, die; -: Nebenfluss der Weser.

al|ler|al|ler|best... ‹Adj.›: verstärkend für ↑allerbest...: die allerallerbesten Wünsche.

al|ler|art ‹unbest. Gattungsz.; indekl.› (veraltend): *allerlei:* a. schöne Dinge.

al|ler|äu|ßerst... ‹Adj.›: verstärkend für ↑äußerst...: die alleräußerste Ecke.

Al|ler|bar|mer, der; -s: christl. Bez. für *Gott od. Christus.*

al|ler|best... ‹Adj.›: verstärkend für ↑best...: in den allerbesten Jahren; dein Kuchen ist der allerbeste, am allerbesten; ‹subst.:› es ist das Allerbeste zu schweigen.

al|ler|dings: **I.** ‹Adv.› **1.** *freilich, jedoch* (drückt eine Einschränkung aus): ich muss a. zugeben, dass dies gewollt ist; er ist sehr stark, a. wenig geschickt. **2.** *natürlich, gewiss [doch], aber gewiss* (als nachdrückliche Bejahung einer Frage): »Hast du das gewusst?« – »Allerdings!« **II.** ‹Partikel; meist unbetont; vor Adj. u. Adv.› drückt verstärkend die Anteilnahme des Sprechers aus; *in der Tat:* das ist a. fatal; das war a. dumm von dir.

al|ler|en|den ‹Adv.› (veraltend, noch regional): *überall:* es gab Schwierigkeiten a.

al|ler|erst... ‹Adj.›: verstärkend für ↑erst...: die allerersten Tropfen; allererste *(beste)* Qualität; ‹subst.:› er war der Allererste.

al|ler|frü|hes|tens ‹Adv.›: verstärkend für ↑frühestens: er kommt a. Montag.

Al|ler|gen, das; -s, -e ‹meist Pl.› [zu ↑Allergie u. griech. -genēs = verursacht] (Med.): *Stoff (z. B. Blütenpollen, Haare), der bei dagegen bes. empfindlichen Menschen eine Allergie hervorrufen kann.*

Al|ler|gie, die; -, -n [zu griech. állos = anderer u. érgon = Tätigkeit, eigtl. = Fremdeinwirkung] (Med.): *krankhafte Reaktion des Organismus auf bestimmte körperfremde Stoffe (Allergene); Überempfindlichkeit:* an einer A. leiden; eine A. gegen Katzenhaare.

Al|ler|gie|pass, der (Med.): *Ausweis eines Allergikers, auf dem vom Arzt festgestellte Allergien mit ihren auslösenden Substanzen eingetragen sind.*

Al|ler|gie|schock, der: *durch starke allergische Reaktion ausgelöster schockartiger Zustand:* einen A. erleiden.

Al|ler|gi|ker, der; -s, - (Med.): *jmd., der an Allergien leidet.*

Al|ler|gi|ke|rin, die; -, -nen: w. Form zu ↑Allergiker.

al|ler|gisch ‹Adj.› (Med.): **a)** *von einer Allergie herrührend, auf ihr beruhend:* -e Krankheiten; ein -er Schock; auf Fremdstoffe a. reagieren; Ü auf jede Kritik a. reagieren; **b)** *an einer Allergie leidend:* -e Menschen; ich bin a. gegen das Waschmittel; Ü gegen Busfahren bin ich a.

al|ler|gnä|digst... ‹Adj.› (früher): verstärkend für: gnädigst..., bes. in Anreden an Kaiser, Könige u. andere hoch gestellte Personen: unser allergnädigster Herr.

Al|ler|go|lo|ge, der; -n, -n: *Wissenschaftler auf dem Gebiet der Allergologie.*

Al|ler|go|lo|gie, die; - [zu ↑Allergie u. ↑-logie]: *Teilgebiet der Medizin, das sich mit der Untersuchung der verschiedenen Allergien befasst.*

Al|ler|go|lo|gin, die; -, -nen: w. Form zu ↑Allergologe.

al|ler|go|lo|gisch ‹Adj.›: *die Allergologie betreffend.*

al|ler|größt... ‹Adj.›: verstärkend für ↑größt...: die allergrößten Probleme; ‹subst.:› du bist die Allergrößte.

al|ler|hand ‹unbest. Gattungsz.; indekl.› (ugs.): *ziemlich viel, allerlei, vielerlei:* sie weiß a. [Neues]; a. Schwierigkeiten; a. Gerümpel; 100 Mark ist/sind a. Geld; ich bin ja a. gewöhnt; **R** das ist [ja, doch o. Ä.] a. *(das hätte ich nicht erwartet; das ist unerhört).*

Al|ler|hei|li|gen ‹o. Art.; mit Attr.: das nächste A.; des nächsten A.› [gek. aus: Allerheiligentag, für kirchenlat. omnium sanctorum dies] (bes. kath. Kirche): *Fest zum Gedenken an alle Heiligen* (1. November): heute ist A.; bis, nach, vor, zu A.

Al|ler|hei|li|gen|bild, das: *Darstellung der Anbetung des Lammes od. Christus' durch Vertreter der gesamten Menschheit.*

Al|ler|hei|li|gen|fest, das: vgl. Allerheiligen.

al|ler|hei|ligst... ‹Adj.›: verstärkend für: heiligst...

Al|ler|hei|ligs|te, das; -n ‹Dekl. [2]Junge, das›: **1.** *Abaton.* **2.** (jüd. Rel.) *hinterster Raum des Tempels in Jerusalem mit der Bundeslade:* Ü es gelang ihr, in sein -s, seine Bibliothek, vorzudringen. **3.** (kath. Kirche) *geweihte Hostie im Tabernakel od. in der Monstranz; Sanktissimum.* **4.** (Sport Jargon) *Tor:* das A. hüten.

al|ler|herz|lichst... ‹Adj.›: verstärkend für: herzlichst...: allerherzlichste Grüße; Sie sind a. eingeladen.

al|ler|höchst... ‹Adj.›: verstärkend für ↑höchst...: in allerhöchster Erregung; ‹subst.:› der Allerhöchste (geh.; *Gott*).

al|ler|höchs|tens ‹Adv.›: verstärkend für ↑höchstens: sie ist allerhöchstens sechzehn.

al|ler|lei ‹unbest. Gattungsz.; indekl.› [mhd. aller lei(e), ↑-lei]: *[von] ziemlich verschiedener Art; mancherlei, vielerlei, divers:* a. Ausgaben, Gerümpel; a. Gutes, Beachtenswertes; a. war passiert; man munkelt so a.

Al|ler|lei, das; -s, -s ‹Pl. selten›: *buntes Gemisch, kunterbuntes Durcheinander; Mischung, Kunterbunt:* das ganze A.; * **Leipziger A.** *(Mischgemüse aus Möhren, Erbsen, Spargelköpfen u. a.).*

al|ler|letzt... ‹Adj.›: **1.** verstärkend für ↑letzt...: der allerletzte Rest; im allerletzten Moment, Augenblick; ‹subst.:› er ist der Allerletzte. **2.** ‹nur attr.› (salopp) *äußerst schlecht, hässlich, geschmacklos:* das ist ja der allerletzte Hut, den du da aufhast; ‹subst.:› **R** jmd., etw. ist [ja, wirklich] das Allerletzte! (Ausruf des Tadels, Missfallens, der Entrüstung, Empörung).

al|ler|liebst ‹Adj.›: **1.** verstärkend für: liebst...: es ist sein -es Spielzeug; das wäre mir am -en; ‹subst.:› du bist mir das Allerliebste; der, die Allerliebste (iron.; *Freund, Freundin*). **2.** *ganz reizend, wunderhübsch, niedlich:* ein -es Kleidchen; sie ist a.; hat sie es nicht a. gesagt?

al|ler|meist ‹Adv.›: verstärkend für ↑meist: es wird a. so entschieden; man hat a. anders entschieden.

al|ler|meist... ‹Indefinitpron. u. unbest. Zahlwort›: verstärkend für ↑meist...: in den allermeisten Fällen; das freut mich am allermeisten; die allermeisten handeln nicht so.

al|ler|min|dest... ‹Adj.›: verstärkend für ↑mindest...: sie hat nicht die allermindeste Ahnung; ‹subst.:› er versteht nicht das Allermindeste/(auch:) allermindeste davon; zum Allermindesten/(auch:) allermindesten *(zumindest, wenigstens)* hätte er sich entschuldigen können.

al|ler|min|des|tens ‹Adv.›: verstärkend für ↑mindestens: a. die Hälfte.

ller|nächst... ‹Adj.›: verstärkend für ↑nächst...: in allernächster Zeit; er wohnt am allernächsten.

ller|neu|est..., al|ler|neust... ‹Adj.›: verstärkend für: neu[e]st...: das allerneu[e]ste Modell; auf dem allerneu[e]sten Stand sein; ‹subst.:› Wissen Sie schon das Allerneu[e]ste?

ller|nö|tigst..., al|ler|not|wen|digst... ‹Adj.›: verstärkend für: nötigst..., notwendigst...: die allernötigsten/allernotwendigsten Dinge, Vorkehrungen; ‹subst.:› sie konnten nur das Allernotwendigste mitnehmen.

ller|or|ten ‹Adv.› (veraltend): *überall.*

ller|orts ‹Adv.› (geh.): *überall:* a. wird davor gewarnt.

ller|schlimmst... ‹Adj.›: verstärkend für: schlimmst...: die allerschlimmste denkbare Lage; das war am allerschlimmsten; ‹subst.:› das Allerschlimmste war, dass niemand ihr half; sich auf das Allerschlimmste gefasst machen.

ller|schlimms|ten|falls ‹Adv.›: verstärkend für ↑schlimmstenfalls.

ller|schönst... ‹Adj.›: verstärkend für: schönst...: in allerschönster Harmonie; das war am allerschönsten; ‹subst.:› das hat sich aufs Allerschönste/(auch:) allerschönste bestätigt; es ist das Allerschönste, was ich je gesehen habe.

ller|see|len ‹o. Art.; mit Attr.: das nächste A., des nächsten A.› [gek. aus: Allerseelentag, für kirchenlat. omnium animarum dies] (kath. Kirche): *Gedenktag für alle Verstorbenen (gewöhnlich am 2. November).*

ller|see|len|tag, der: vgl. Allerseelen.

ller|seits ‹Adv.› [↑-seits]: **1.** *alle [zusammen]:* guten Abend a. **2.** *allseits:* eine a. beliebte Lehrerin.

ller|spä|tes|tens ‹Adv.›: verstärkend für ↑spätestens.

ller|un|ter|tä|nigst... ‹Adj.› (früher): verstärkend für: untertänigst...

ller|wärts ‹Adv.› [↑-wärts]: *überall.*

ller|we|ge[n], al|ler|wegs ‹Adv.› (veraltet, noch landsch.): *überall u. immer, unaufhörlich.*

ller|weil: ↑allweil.

ller|welts- (ugs. leicht abwertend): drückt in Bildungen mit Substantiven aus, dass etw. nichts Außergewöhnliches, sondern das Übliche, das Normale ist: Allerweltsname, -philosophie, -wohnung.

ller|welts|ge|sicht, das (ugs. leicht abwertend): *Gesicht, wie es häufig zu finden ist; gewöhnliches Gesicht ohne besondere Ausprägung; Durchschnittsgesicht.*

ller|welts|kerl, der (ugs.): *jmd., der auf allen möglichen Gebieten beschlagen ist; Tausendsassa, Hansdampf in allen Gassen, Allroundman.*

ller|welts|wort, das ‹Pl. ...wörter› (ugs. leicht abwertend): *nicht gehobenes, häufig gebrauchtes Wort ohne besonderen Bedeutungsgehalt:* »interessant« ist ein A.

ller|we|nigst... ‹Adj.›: verstärkend für: wenigst...: das hatte ich am allerwenigsten erwartet.

ller|we|nigs|tens ‹Adv.›: verstärkend für ↑wenigstens.

ller|wer|tes|te, der; -n, -n ‹Dekl. ↑Abgeordnete› (ugs. verhüll. scherzh.): *Gesäß.*

ller|wich|tigst... ‹Adj.›: verstärkend für: wichtigst...: der Beruf ist ihr am allerwichtigsten.

lles: ↑all.

lle|samt ‹Indefinitpron. u. unbest. Zahlwort› (ugs.): *alle zusammen, alle miteinander, alle ohne Ausnahme:* es sind a. Teilzeitkräfte; wir standen a. auf.

lles|fres|ser, der (Zool.): *Tier, das sowohl von pflanzlicher wie von tierischer Nahrung lebt.*

lles|kle|ber, der: *wasserfester Klebstoff, der die verschiedensten Materialien zusammenklebt.*

lles|kön|ner, der: *jmd. mit zahlreichen Fähigkeiten u. Fertigkeiten auf den verschiedensten Gebieten.*

lles|kön|ne|rin, die: w. Form zu ↑Alleskönner.

Al|les|wis|se|rei, die; - (abwertend): *Besserwisserei, Rechthaberei.*

al|le|we|ge: ↑allerwege[n].

al|le|weil: ↑allweil.

al|lez [a'le:] ‹Interj.› [frz., eigtl. = geht!, gehen Sie!] (veraltet, noch landsch.): *vorwärts!, los!:* a. hopp, los gehts!

al|le|zeit, allzeit ‹Adv.› (veraltend, noch landsch.): *immer:* a. gültig sein.

all|fäl|lig [auch: –'– –] ‹Adj.› (bes. österr., schweiz.): *etwa[ig]; allenfalls, gegebenenfalls [vorkommend], eventuell.*

All|gäu, das; -s: ein Alpengebiet.

¹All|gäu|er, der; -s, -: Ew.

²All|gäu|er ‹indekl. Adj.›.

All|gäu|e|rin, die; -, -nen: w. Form zu ↑¹Allgäuer.

all|gäu|isch ‹Adj.›: *das Allgäu, die ¹Allgäuer betreffend; von den ¹Allgäuern stammend, zu ihnen gehörend.*

All|ge|gen|wart, die; -: **1.** (christl. Theol.) *Eigenschaft Gottes, überall u. in allem gegenwärtig zu sein.* **2.** (dichter.) *ständiges Vorhandensein:* die A. des Meeres.

all|ge|gen|wär|tig ‹Adj.›: **1.** *(von Gott) die Eigenschaft der Allgegenwart (1) besitzend.* **2.** *überall u. immer gegenwärtig:* die Technik -er Überwachung.

all|ge|mach ‹Adv.› (geh. veraltend): *allmählich, nach u. nach:* wir waren a. alt geworden.

all|ge|mein [mhd. algemeine ‹Adv.› = auf ganz gemeinsame Weise; insgesamt, aus ↑all u. ↑gemein] ‹Adj.›: **1. a)** *allen gemeinsam, überall verbreitet; allseitig, generell:* auf -en Wunsch; die -e Meinung; im -en Sprachgebrauch; **b)** *überall, allerseits; von allen, für alle:* a. geachtet, beliebt sein; so wird leider a. erzählt; eine a. gültige Definition des Wortes »Bürger«; etw. a. gültig formulieren, festlegen; a. verbindliche Beschlüsse; etw. a. verbindlich regeln; a. verständliche Erläuterungen; etw. a. verständlich erklären; **c)** *alle erfassend:* die Nervosität wird a. *(breitet sich bei allen aus).* **2. a)** *alle angehend, betreffend; für alle geltend, verbindlich:* das -e Wohl; das -e Wahlrecht; -e Geschäftsbedingungen; die -e Wehrpflicht; Allgemeine Ortskrankenkasse (Abk.: AOK); die Enttäuschung ist a.; **b)** *gemeinsam, von allen ausgehend:* -er Aufbruch. **3. a)** *nicht auf Einzelheiten eingehend; nicht besonders, nicht speziell:* wenige, ganz -e Grundsätze; -ste Fragestellungen; die a. bildenden *(Allgemeinbildung vermittelnden)* Schulen; eine a. gehaltene Darstellung; das Gespräch war mir zu a.; ‹subst.:› er bewegt sich stets nur im Allgemeinen; *** im Allgemeinen** *(ohne Beachtung kleinerer Unterschiede, im Großen und Ganzen, meist[ens], [für] gewöhnlich, generell):* im Allgemeinen schaffe ich mein Pensum; **b)** (oft leicht abwertend) *unbestimmt, unverbindlich, unklar:* -es Geschwätz; ihre Ausführungen blieben viel zu a.; **c)** *umfassend:* ihre -e Bildung ist erstaunlich.

All|ge|mein|arzt, der: *Allgemeinmediziner.*

All|ge|mein|ärz|tin, die: w. Form zu ↑Allgemeinarzt.

All|ge|mein|be|fin|den, das (Med.): *allgemeines Befinden:* Störungen des -s.

All|ge|mein|be|griff, der (Philos., Sprachw.): *Begriff, der eine Gattung, Klasse, Art zusammenfasst.*

All|ge|mein|be|sitz, der: *Besitz aller, etw. allen Gehörendes:* die Weiden sind A.; Ü leider ist diese Erkenntnis noch nicht A. geworden.

all|ge|mein bil|dend: s. allgemein (3 a).

All|ge|mein|bil|dung, die ‹o. Pl.›: **a)** *allseitige Bildung:* eine umfassende A. besitzen; eine Spezialisierung, die auf Kosten der A. geht; **b)** *nicht berufs- oder fachbezogener Teil der Bildung.*

all|ge|mein gül|tig: s. allgemein (1 b).

All|ge|mein|gül|tig|keit, die: *allgemeine Gültigkeit, Geltung, Verbindlichkeit:* Anspruch auf A. erheben.

All|ge|mein|gut, das ‹Pl. selten›: *etw., das alle geistig besitzen, worüber alle geistig verfügen:* diese Ideen, Gedanken sind A. geworden.

All|ge|mein|heit, die; -, -en: **1.** ‹o. Pl.› *Öffentlichkeit, Gesamtheit, alle:* etw. für die A. tun; eine Tätigkeit im Dienste der A.; etw. geht auf Kosten der A. **2.** ‹o. Pl.› *Unbestimmtheit, Undifferenziertheit, Unverbindlichkeit:* Ausführungen, Erklärungen von [zu] großer A. **3.** ‹Pl.› *allgemeine, oberflächliche Redensarten, Bemerkungen; Allgemeinplätze:* sich in -en ergehen, erschöpfen.

All|ge|mein|in|te|res|se, das: *allgemeines Interesse:* etwas liegt im A.

All|ge|mein|me|di|zin, die ‹o. Pl.›: *fachärztlicher Bereich der Medizin für die Erkennung u. Behandlung jeder Art von Erkrankungen u. für die Krankheitsvorsorge (ohne Spezialisierung in einem Teilgebiet):* [Fach]arzt für A.

All|ge|mein|me|di|zi|ner, der: *Arzt für Allgemeinmedizin.*

All|ge|mein|me|di|zi|ne|rin, die: w. Form zu ↑Allgemeinmediziner.

All|ge|mein|platz, der ‹meist Pl.›: *abgegriffene, banale Redensart, Gemeinplatz, Plattheit, Plattitüde:* sich in Allgemeinplätzen ergehen, erschöpfen.

All|ge|mein|spra|che, die: *Gemeinsprache* (a).

all|ge|mein|sprach|lich ‹Adj.› *die Allgemeinsprache betreffend, zu ihr gehörend.*

all|ge|mein ver|bind|lich: s. allgemein (1 b).

All|ge|mein|ver|bind|lich|keit, die ‹o. Pl.›: *allgemeine Verbindlichkeit.*

all|ge|mein ver|ständ|lich: s. allgemein (1 b).

All|ge|mein|ver|ständ|lich|keit, die: *Verständlichkeit für alle.*

All|ge|mein|wis|sen, das: *allgemeines Wissen:* ein gutes A. haben.

All|ge|mein|wohl, das: *Wohlergehen aller.*

All|ge|mein|zu|stand, der (Med.): vgl. Allgemeinbefinden: ein schlechter, guter A.

All|ge|walt, die; -, -en ‹Pl. selten› (geh.): *Gewalt über alles; unbeschränkte, umfassende, höchste Gewalt; Allmacht:* mit der A. eines Naturereignisses; die A. Gottes.

all|ge|wal|tig ‹Adj.›: **a)** (geh.) *Allgewalt besitzend, allmächtig:* der -e Gott; **b)** (ugs.) *uneingeschränkt führend:* ein -er Vorstandsvorsitzender.

all|gü|tig ‹Adj.›: *(bes. von Gott) gütig:* die -e Mutter; Gott ist allwissend und a.

All|gü|ti|ge, der; -n ‹Dekl. ↑Abgeordnete› (geh.): *Gott.*

All|heil|mit|tel, das; -s, -: *[Haus]mittel gegen alle möglichen Beschwerden; Universalmittel:* etw. als A. preisen; Ü Rationalisierung ist kein A.

All|heit, die; - (Philos.): *Gesamtheit, Totalität.*

all|hier ‹Adv.› (Amtsspr. veraltet): *eben hier.*

Al|li|anz, die; -, -en [frz. alliance, zu afrz. aleier, ↑alliieren]: **1.** (Völkerr.) *Bündnis zwischen Staaten:* eine A. zwischen zwei Staaten; eine A. bilden; die atlantische A. *(die NATO).* **2.** *Bündnis, Vereinigung, Gemeinschaft:* eine europäische A. der Autohersteller. **3.** (veraltet) *Heirat, eheliche Verbindung.*

Al|li|ga|tor, der; -s, ...oren [engl. alligator < span. el lagarto = die Eidechse < lat. lacertus, lacerta, zu: lacertus = Oberarm u. wohl eigtl. = die Biegsame; die Bewegliche]: *(in tropischen u. subtropischen Flüssen u. Sümpfen Amerikas u. Südostasiens lebendes) zu den Krokodilen gehörendes Reptil mit verhältnismäßig kurzer Schnauze.*

al|li|ie|ren, sich ‹sw. V.; hat› [frz. allier < afrz. aleier < lat. alligare = an-, verbinden]: *(von Mächten, Truppen) sich verbünden:* die beiden Staaten haben sich alliiert.

al|li|iert ‹Adj.›: **a)** *verbündet:* die -en Truppen, Soldaten; **b)** *von den Alliierten* (b) *ausgehend, durchgeführt, eingerichtet:* die -en Beschlüsse.

Al|li|ier|te, der; -n, -n ‹meist Pl.; Dekl. ↑Abgeordnete›: *einem Bündnis angehörende Macht, Verbündeter, Bundesgenosse:* unser -r; die -n *([im Zweiten Weltkrieg] die gegen Deutschland verbündeten Staaten).*

Al|li|te|ra|ti|on, die; -, -en [zu ↑ad u. lat. littera = Buchstabe] (Verslehre): *Gleichheit des Anlauts*

A

bei betonten Silben bedeutungsschwerer Wörter; An[laut]reim; vgl. Stabreim.

al|li|te|rie|ren ⟨sw. V.; hat⟩: *Alliteration zeigen:* diese Verse alliterieren nicht; alliterierende Dichtung.

all|jähr|lich ⟨Adj.⟩: *jedes Jahr [geschehend, stattfindend]:* -e Zusammenkünfte, Treffen; a. besuchen viele Touristen diese Kirche.

all|lie|bend ⟨Adj.⟩ (geh.): *(von Gott) alle u. alles liebend:* der -e Vater.

All|macht, die; - (geh.): *Macht über alle u. alles, grenzenlose Machtfülle, uneingeschränkte Macht; Allgewalt:* die A. Gottes, des Staates, des Geldes; seine A. beginnt zu bröckeln.

all|mäch|tig ⟨Adj.⟩ [LÜ von lat. omnipotens, ↑omnipotent]: *über alle u. alles herrschend, grenzenlos mächtig, allgewaltig; omnipotent:* der -e Gott; -er Gott! (Ausruf des erschreckten Erstaunens).

All|mäch|ti|ge, der; -n ⟨Dekl. ↑Abgeordnete⟩ (geh.): *Gott:* beim -n schwören; -r! (Ausruf des erschreckten Erstaunens).

All|mäch|tig|keit, die; -: *das Allmächtigsein; Allmacht.*

all|mäh|lich ⟨Adj.⟩ [mhd. almechlich, zu ↑gemach]: *langsam [fortschreitend], fast unmerklich: mit der Zeit, nach u. nach:* das -e Nachlassen der Kräfte; sich a. wieder beruhigen.

All|meind, All|mend, die; -, -en (schweiz.): *Allmende.*

All|men|de, die; -, -n [mhd. almende, al(ge)meinde]: *Gemeindegut, -flur.*

all|mo|nat|lich ⟨Adj.⟩: vgl. alljährlich: -e Zahlungen; sich a. mit jmdm. treffen; die a. fälligen Gebühren.

all|mor|gend|lich ⟨Adj.⟩: *jeden Morgen [geschehend, stattfindend]:* das -e Zeremoniell; a. seinen Kaffee trinken.

All|mut|ter, die; - (dichter.): *Mutter alles Lebenden:* A. Natur.

all|nächt|lich ⟨Adj.⟩: vgl. allabendlich.

Al|lod, das; -[e]s, -e [mlat. al(l)odium, aus dem Germ., eigtl. = Ganzbesitz] (MA.): *von Abgaben befreiter privater Grund u. Boden (im Gegensatz zum Lehen).*

al|lo|di|al ⟨Adj.⟩ [mlat. al(l)odialis]: *das Allod betreffend.*

Al|lo|ka|ti|on, die; -, -en [mlat. allocatio = Verpachtung, zu ↑ad u. lat. locare = setzen, stellen] (Wirtsch.): *[in einem Etat] Zuweisung von finanziellen Mitteln, Materialien u. Produktivkräften.*

Al|lo|ku|ti|on, die; -, -en [lat. allocutio]: *Ansprache des Papstes bei bestimmten Gelegenheiten.*

all'on|ga|re|se: ↑all'ongharese.

Al|lon|ge|pe|rü|cke, die [zu frz. allonge, eigtl. = Verlängerung, zu: allonger = verlängern, zu lat. longus = lang u. ↑Perücke]: *Perücke des 17. u. 18. Jh.s für den Mann mit langen, Schultern u. Nacken bedeckenden Locken.*

all'on|gha|re|se [allɔŋga're:zə; ital., zu: ungherese = ungarisch] (Musik): *nach Art ungarischer (zigeunerischer) Musik.*

Al|lo|pa|thie, die; -: *Heilmethode der Schulmedizin, bei der Krankheiten im Unterschied zur Homöopathie mit entgegengesetzt wirkenden Medikamenten behandelt werden.*

al|lo|pa|thisch ⟨Adj.⟩: *die Allopathie betreffend.*

Al|lo|tria, das; -[s], - ⟨Pl. selten⟩ [griech. allótria = fremde, abwegige Dinge, zu: allótrios = fremd, zu: állos = anderer]: *mit Lärm, Tumult o. Ä. ausgeführter Unfug; dummes Zeug, Dummheiten, Albernheiten:* A. treiben.

all'ot|ta|va [ital., zu ↑²alla u. ottava, ↑Oktave] (Musik): *in der Oktave, eine Oktave höher [zu spielen]* (Zeichen: 8va........).

al|lo|zie|ren ⟨sw. V.; hat⟩ [zu ↑Allokation] (Wirtsch.): *eine Allokation vornehmen.*

All|par|tei|en|re|gie|rung, die (Politik): *Regierung, in der alle im Parlament vertretenen Parteien vertreten sind.*

All|rad, der ⟨o. Pl.⟩ (ugs.): 1. *Fahrzeug mit Allradantrieb:* per A. durch die Wüste. 2. *Allradantrieb.*

All|rad|an|trieb, der (Kfz-T.): *auf sämtliche Räder eines Fahrzeugs wirkender Antrieb.*

all|rad|ge|trie|ben ⟨Adj.⟩ (Kfz-T.): *mit Allradantrieb versehen:* -e Traktoren.

All|roun|der ['ɔ:l'raʊndə], der; -s, - [engl. all-rounder, zu: all-round = vielseitig]: **1.** *Allroundman:* für unsere Niederlassung suchen wir einen A. **2.** *vielseitig einsetzbares Gerät:* diese Kamera ist ein A.

All|roun|de|rin die; -, -nen: w. Form zu ↑Allrounder (1).

All|round|man ['ɔ:l'raʊndmən], der; -s, -men [-mən; engl. man = Mann]: *wendiger, vielseitig interessierter Mann, der Kenntnisse u. Fähigkeiten auf mehreren Gebieten besitzt u. anwendet.*

all|sei|tig ⟨Adj.⟩: **a)** *an, auf allen Seiten* (2a): ein a. von Gebäuden umschlossener Hof; **b)** *allgemein; auf, von allen Seiten* (9a): -e Unterstützung, Zufriedenheit; **c)** *umfassend, vielfältig, vielseitig:* eine -e Ausbildung; a. interessiert sein.

all|seits ⟨Adv.⟩ [↑-seits]: *überall; nach, von allen Seiten* (9a); *von, bei allen:* man war a. einverstanden; eine a. verbreitete Meinung; ein a. geschätzter, beliebter Kollege.

all|stünd|lich ⟨Adj.⟩: vgl. alljährlich.

All|tag, der; -[e]s, -e [zu älter alletag = täglich, gewöhnlich]: **1.** ⟨Pl. selten⟩ *Werktag, Arbeitstag:* die Feier fand an einem A. statt. **2.** ⟨o. Pl.⟩ (geh.) *tägliches Einerlei, gleichförmiger Ablauf im [Arbeits]leben:* der graue A. hat uns wieder; aus dem A. ausbrechen.

all|täg|lich ⟨Adj.⟩: **1.** [' – – –] (selten) *für den Alltag* (1) *bestimmt, werktäglich:* -e Kleidung; a. und sonntäglich. **2.** [–' – –] *gewöhnlich, üblich, nichts Besonderes aufweisend, ohne außergewöhnliche Kennzeichen, durchschnittlich; banal, trivial:* die -[st]en Dinge; ein -er Mensch; ihre Gesichter waren sehr a.; die Geschichte kommt mir recht a. vor. **3.** [' – ' – –, auch: – ' – –] *jeden Tag [geschehend, stattfindend]:* im -en Leben.

All|täg|lich|keit, die; -, -en: **a)** ⟨o. Pl.⟩ *Üblichkeit, Gewöhnlichkeit;* **b)** *durch nichts Außergewöhnliches gekennzeichnete, übliche, alltägliche Erscheinung, alltäglicher Vorgang:* etw. wird zu einer A.

all|tags ⟨Adv.⟩: *an einem Alltag* (1), *Arbeitstag; werktags, wochentags:* a. unterrichtete der Kantor in der Dorfschule.

All|tags|an|zug, der: *Anzug, der alltags getragen wird.*

All|tags|din|ge ⟨Pl.⟩: *Dinge, Tätigkeiten, die im Alltag* (2) *verrichtet werden [müssen].*

All|tags|klei|dung, die: vgl. Alltagsanzug.

All|tags|le|ben, das: *Leben, das im Alltag* (2) *geführt wird.*

All|tags|sor|gen ⟨Pl.⟩: *Sorgen, die der Alltag* (2) *mit sich bringt.*

All|tags|spra|che, die (Sprachw.): *Sprache, die im alltäglichen Verkehr der Menschen untereinander angewendet wird u. zwischen Hochsprache u. Umgangssprache steht.*

All|tags|trott, der (leicht abwertend): *alltäglicher Trott; immer gleich bleibender, etwas eintöniger Tagesablauf:* den A. hinter sich lassen.

All|tags|wort, das ⟨Pl. ...wörter⟩: *gewöhnliches, übliches Wort, das von jedem verwendet wird.*

all|über|all ⟨Adv.⟩ (geh.): verstärkend für ↑überall.

all|um|fas|send ⟨Adj.⟩ (geh.): *alle u. alles umfassend:* eine -e Organisation, Regelung.

all'un|ghe|re|se: ↑all'ongharese.

Al|lü|re, die; -, -n ⟨meist Plural⟩ [frz. allure = Gang(art), Benehmen, zu: aller, ↑Allee] (bildungsspr., oft abwertend): *aus dem Rahmen fallende Umgangsform; auffallendes Benehmen, Gehabe:* seine -n beibehalten, ablegen, verlieren; er ist ein Mensch ohne -n.

al|lu|vi|al ⟨Adj.⟩ (Geol.): **a)** *das Alluvium betreffend;* **b)** *[durch Ströme] angeschwemmt, abgelagert.*

Al|lu|vi|um, das; -s [lat. alluvium = Anschwemmung]: älter für ↑Holozän.

All|va|ter, der ⟨meist ohne Art.⟩ (Myth., Rel.): *Gott als Vater aller Götter u. Menschen, als Schöpfer aller Dinge:* A. Wodan; Ü der rote A. Lenin.

all|weg ⟨Adv.⟩ (schwäb.): *jedenfalls.*

all|weil, alleweil, allerweil ⟨Adv.⟩ (bes. österr. ugs.): *immer.*

All|wet|ter|klei|dung, die: *Kleidung, die auch b[ei] schlechtem Wetter getragen werden kann.*

All|wet|ter|rei|fen, der: *Ganzjahresreifen.*

all|wis|send ⟨Adj.⟩: *alles wissend:* der -e Gott; ni[e]mand ist a.

All|wis|sen|de, der; -n ⟨Dekl. ↑Abgeordnete⟩: *Gott.*

All|wis|sen|heit, die; -: *das Alles-Wissen, das Wi[s]sen von allem:* die A. Gottes.

all|wo ⟨Adv.⟩ (Amtsspr. veraltet): *[ebenda] wo* (2a).

all|wö|chent|lich ⟨Adj.⟩: vgl. alljährlich.

all|zeit: ↑allezeit.

all|zu ⟨Adv.⟩: verstärkend für ↑zu II 1; *in zu hohe[m] Grade, übertrieben, übermäßig:* a. bald, früh, gern, lang, lange, leicht, oft, schnell, sehr, selte[n] weit; ein a. gewagtes Unternehmen; das weiß s[...] nur a. gut; es ging dort a. menschlich zu; Menschliches, a. Menschliches; (mit Verneinung:) einer Sache kein a. großes *(kein sehr gr[o]ßes)* Gewicht beilegen; **Spr** a. viel ist ungesund.

all|zu bald, all|zu früh, all|zu gern: s. allzu.

all|zu|gleich ⟨Adv.⟩: a) (dichter.) verstärkend für ↑zugleich; b) (geh.) *alle gemeinsam.*

all|zu groß, all|zu gut: s. allzu.

all|zu|hauf ⟨Adv.⟩ (veraltet): *alle in Haufen, in Massen.*

all|zu lang, all|zu lan|ge, all|zu leicht: s. allzu.

all|zu|mal ⟨Adv.⟩ (selten): **1.** *alle zusammen, ohn[e] Ausnahme; insgesamt.* **2.** *immer, überhaupt:* Gleichheit lässt sich a. nur so herstellen.

all|zu mensch|lich, all|zu oft usw.: s. allzu.

All|zweck|rei|ni|ger, der: *vielseitig verwendbare[r] Reinigungsmittel.*

Alm, die; -, -en [aus mhd. alben, gebeugte Form von: albe, ↑²Alp]: *im Sommer als Weide dienende Wiese im Gebirge; Hochweide:* eine A. bewirtschaften; das Vieh auf die A. treiben, vo[n] der A. abtreiben; droben auf der A.

Al|ma-A|ta: früherer Name von ↑Almaty.

Alm|ab|trieb, der: *das Abtreiben* (3) *des Viehs von der Alm in die Winterställe im Herbst.*

Al|ma Ma|ter, die; - - [lat. = nährende Mutter] (bildungsspr., oft scherzh.): *Universität.*

Al|ma|nach, der; -s, -e [mniederl. almanag < mla[t.] almanachus, H. u.] (Buchw.): a) (früher) *[mit einem Kalender verbundene] bebilderte Samm[-]lung von Texten aus verschiedenen Sachgebieten (Belletristik, Theater, Mode, Reisen u. a.);* b) *aus besonderem Anlass od. aus Werbegründen veröffentlichter Querschnitt aus der Jahres[-]produktion eines Verlages.*

Al|ma|ty: Hauptstadt von Kasachstan.

Alm|auf|trieb, der: *das Hinauftreiben des Viehs auf die Alm im Frühjahr.*

al|men ⟨sw. V.; hat⟩ (österr.): *(Vieh) auf der Alm halten:* die Bergbauern almen ihr Vieh.

Al|men|rausch: ↑Almrausch.

Al|mer, der; -s, - (österr.): *Senn; Almhirt.*

Al|me|rin, die; -, -nen: w. Form zu ↑Almer.

Alm|hüt|te, die: *Wohn- u. Wirtschaftsgebäude a[uf] der Alm.*

Al|mo|sen, das; -s, - [1: mhd. almouse, ahd. alamousa < kirchenlat. eleemosyna < griech. eleēmosýnē = Mitleid, Erbarmen]: **1.** (geh.) *einem Bedürftigen gewährte kleinere Gabe:* einem Bettler ein A. geben; um ein A. bitten; kein A. annehmen; von A. leben. **2.** (abwertend) *geringes, dürftiges Entgelt, das in keinem Verhältnis zu jmds. angemessener Forderung steht:* für ei[n] A. arbeiten müssen.

Al|mo|sen|pfle|ge, die (früher): *[Amt der] Verwaltung von Almosen.*

Alm|rausch, der; -[e]s [2. Bestandteil wohl zu lat. ruscus = Mäusedorn] (südd., österr.): *behaart[e] rostrote Alpenrose.*

Alm|ro|se, die (südd., österr.): *Alpenrose.*

Alm|wirt|schaft, die ⟨o. Pl.⟩: *Wirtschaftssystem*

bes. der Alpen, das auf der sommerlichen Nutzung der Almen beruht.

Aloe ['a:loe], die; -, -n [...oən; 1: mhd., ahd. ālōe < lat. aloe < griech. alóē]: **1.** *(zu den Liliengewächsen gehörende) in den Tropen u. Subtropen wachsende Pflanze mit Wasser speichernden, dicken Blättern.* **2.** ⟨o. Pl.⟩ *bitterer Saft vieler Aloearten.*

alo|gisch ⟨Adj.⟩ [aus griech. a- = nicht, un- u. ↑logisch]: *nicht logisch, außerhalb der Logik.*

¹Alp: ↑²Alb.

²Alp, die; -, -en [mhd. albe, ahd. alba, wahrsch. urspr. = Berg; schon früh volksetym. an lat. albus = weiß (↑Album) angeschlossen] (schweiz., sonst landsch.): *Alm.*

¹Al|pa|ka [span. alpaca < Ketschua (südamerik. Indianerspr.) (al)paco, zu: paco = rot(braun)]: **1.** <das; -s, -s> **a)** *langhaariges, schwarzes od. schwarzbraunes Lama in den Anden;* **b)** ⟨o. Pl.⟩ *Wolle des Alpakas* (1 a); **c)** ⟨o. Pl.⟩ *Reißwolle aus aufbereiteten Mischgeweben.* **2.** <der; -s> *glänzendes Gewebe aus Alpaka* (1 b) *u. Baumwolle bes. für Kleider u. Schürzen.*

²Al|pa|ka, das; -s [H. u.]: frühere Bez. für ↑Neusilber.

Al|pa|ka|wol|le, die: *Wolle des ¹Alpakas* (1 a).

al pa|ri [ital., eigtl. = zu gleichem (Wert), aus ↑al u. pari, ↑pari] (Börsenw.): *zum Nennwert.*

Alp|druck: ↑Albdruck.

Alp|drü|cken: ↑Albdrücken.

Al|pe, die; -, -n (österr.): ↑²Alp.

al|pen ⟨sw. V.; hat⟩ (schweiz., österr.): **a)** *(Vieh) auf der ²Alp halten;* **b)** *(bes. vom Vieh) auf der ²Alp sein.*

Al|pen ⟨Pl.⟩: höchstes europäisches Gebirge.

Al|pen|glöck|chen, das: *Troddelblume.*

Al|pen|glü|hen, das; -s: *rötlicher Widerschein des Lichtes auf den [schneebedeckten] Alpengipfeln.*

Al|pen|jä|ger, der: **1.** (selten) *Jäger in den Alpen.* **2.** dt. Bez. für *Angehöriger der italienischen u. französischen Gebirgstruppen.*

Al|pen|land, das ⟨Pl. ...länder⟩: **1.** ⟨o. Pl.⟩ *Gebiet, Region der Alpen.* **2.** ⟨meist Pl.⟩ *Staat, Land, zu dessen Territorium ein Teil der Alpen gehört* (z. B. Österreich, die Schweiz, Italien u. a.).

al|pen|län|disch ⟨Adj.⟩: *das Alpenland* (1), *die Alpenländer* (2) *betreffend.*

Al|pen|pass, der: *über die Alpen führender Pass* (2).

Al|pen|re|pu|blik, die ⟨o. Pl.⟩ (ugs. scherzh.): *Österreich.*

Al|pen|ro|se, die (Bot.): *(zu den Heidekrautgewächsen gehörende) rot blühende, als Strauch wachsende Pflanze der Hochgebirgsregion.*

Al|pen|rot, das: *meist durch Blutalgen verursachte rötliche Färbung des Schnees in Gebirgen u. Polargebieten.*

Al|pen|veil|chen, das: *(zu den Primelgewächsen gehörende) Pflanze mit großen runden bis herzförmigen Blättern u. einzeln an langen Stielen sitzenden roten, rosa od. weißen Blüten.*

Al|pen|ver|ein, der: *gemeinnütziger Verein, der das Bergsteigen u. Wandern im Hochgebirge unterstützen u. zu dessen Erschließung u. Erforschung beitragen will.*

Al|pen|vor|land, das; -[e]s: [nördliches] Vorland der Alpen.

Al|pha, das; -[s], -s [griech. álpha < hebr. ạlef, eigtl. = Ochse (nach der Ähnlichkeit des althebr. Buchstabens mit einem Ochsenkopf), aus dem Phönizischen]: *erster Buchstabe des griechischen Alphabets* (A, α).

Al|pha|bet, das; -[e]s, -e [mhd. alfabēte < kirchenlat. alphabetum < griech. alphábētos, aus: álpha (↑Alpha) u. bēta (↑Beta)]: *festgelegte Reihenfolge aller Schriftzeichen einer Sprache; Abc:* das kleine A. *(das Alphabet in Kleinbuchstaben),* das große A. *(das Alphabet in Großbuchstaben);* das russische A.; Namen nach dem A. ordnen.

al|pha|be|tisch ⟨Adj.⟩: *nach dem Alphabet [geordnet]; abecelich:* ein -es Register; eine Kartei a. ordnen.

al|pha|be|ti|sie|ren ⟨sw. V.; hat⟩: **1.** *nach dem Alphabet ordnen:* Karteikarten, Namen für eine Liste a. **2.** *(Analphabeten) lesen u. schreiben lehren:* sie sind nicht zu alt, um alphabetisiert zu werden.

Al|pha|be|ti|sie|rung, die; -, -en: *das Alphabetisieren.*

al|pha|nu|me|risch ⟨Adj.⟩ [gek. aus ↑Alphabet u. ↑numerisch] (EDV): *(von Zeichenfolgen) im Gegensatz zu numerischen Ausdrücken nicht nur Ziffern u. Operationszeichen, sondern auch beliebige Zeichen eines Alphabets enthaltend.*

Al|pha|strah|len, α-Strahlen ⟨Pl.⟩ (Kernphysik): *aus Alphateilchen bestehende radioaktive Strahlen.*

Al|pha|teil|chen, α-Teilchen, das (Kernphysik): *beim radioaktiven Zerfall bestimmter Elemente u. bei bestimmten Kernreaktionen ausgesendetes, aus zwei Protonen u. zwei Neutronen bestehendes Teilchen.*

Al|pha|tier, das (Verhaltensf.): *(bei Tieren, die in Gruppen mit Rangordnung leben) Tier, das die Gruppe beherrscht.*

Alp|horn, das ⟨Pl. ...hörner⟩ [zu ↑²Alp]: *volkstümliches, bis zu 4 m langes Blasinstrument in Hochgebirgsgegenden (bes. der Schweiz).*

Alp|hüt|te, die: *Almhütte.*

al|pin ⟨Adj.⟩ [lat. alpinus = zu den Alpen gehörig, zu: Alpes = Alpen]: **1.** *die Alpen bzw. das Hochgebirge betreffend; Hochgebirgscharakter aufweisend:* -e Skigebiete; die Landschaft ist fast a. **2.** *in den Alpen, im Hochgebirge vorkommend:* -e Flora. **3.** (Ski) *den Abfahrtslauf, Slalom, Riesenslalom u. Superriesenslalom betreffend:* die -en Disziplinen. **4.** *den Alpinismus, das Bergsteigen in den Alpen, im Hochgebirge betreffend:* -e Ausrüstung.

Al|pi|nis|mus, der; -: *Bergsteigen in den Alpen, im Hochgebirge.*

Al|pi|nist, der; -en, -en: *Bergsteiger in den Alpen, im Hochgebirge.*

Al|pi|nis|tik, die: *Alpinismus.*

Al|pi|nis|tin, die; -, -nen: w. Form zu ↑Alpinist.

al|pi|nis|tisch ⟨Adj.⟩: *den Alpinismus, den Alpinisten betreffend.*

Älp|ler, der; -s, -: **1.** *bäuerlicher Bewohner der Alpen.* **2.** (veraltet) *Hirt in den Alpen.*

Älp|le|rin, die; -, -nen: w. Form zu ↑Älpler (1).

älp|le|risch ⟨Adj.⟩: *den Älpler betreffend:* ä. gekleidet sein.

Alp|ran|ke: ↑Albranke.

Alp|traum: ↑Albtraum.

Alp|wei|de, die (schweiz., österr.): *Weide im Gebirge.*

Al|rau|ne, die; -, -n [1: mhd. alrūn(e), ahd. alrūn(a), aus ahd. alb (↑²Alb 2) u. rūnēn, ↑raunen, wohl eigtl. der Name des in die Wurzel gebannten Geistes]: **1.** *einer menschlichen Gestalt ähnliche od. entsprechend zurechtgeschnitzte Alraunwurzel, die nach dem Volksglauben Zauberkräfte besitzt u. zu Reichtum u. Glück verhilft.* **2.** *über Zauberkräfte verfügendes Wesen.*

Al|raun|wur|zel, die: *(hauptsächlich im Mittelmeergebiet vorkommendes) Nachtschattengewächs mit giftiger, in der Volksmedizin verwendeter Wurzel.*

als [I, II: mhd. als(e), alsō, ahd. alsō, ↑also]: **I.** ⟨als temporale Konj. in Gliedsätzen⟩ **1.** drückt die Vor-, Gleich- od. Nachzeitigkeit aus: a. wir das Haus erreicht hatten, [da] fing es an zu regnen; kaum hatte sie sich umgezogen, a. der Besuch eintraf. **2.** in Verbindung mit einer näher erläuternden Zeitangabe: zu der Zeit, a. seine Eltern noch lebten; damals, a. sie noch klein war. **II.** ⟨als modale Konj. in Satzteilen u. Gliedsätzen⟩ **1.** bei Ungleichheit **a)** nach Komp.: ich bin älter a. er; eher heute a. morgen; lieber sterben a. unfrei sein; mehr aus Mitleid a. aus Liebe; Karin ist noch schöner, a. es ihre Mutter im gleichen Alter war; **b)** nach ander..., anders, nichts, kein, niemand, umgekehrt, entgegengesetzt od. nach einem Fragepronomen [+ sonst, überhaupt u. a.]: alles andere a. schön; anders, a. ich es mir gedacht hatte; nichts a. Unfug; mit keinem Menschen a. ihm; entgegengesetzt, a. ich [es] erwartet hatte; wohin sonst a. zu ihr hätte er gehen sollen? **2.** bei Gleichheit in Sätzen, in denen ein Geschehen mit einem anderen angenommenen Geschehen verglichen wird, oft in Verbindung mit »ob« oder »wenn«: so, a. spräche sie eine ganz fremde Sprache; er sah, a. habe er nichts gehört, aus dem Fenster; nicht, a. wenn es schon sehr eilig wäre; mir kam es vor, a. ob ich schon Stunden gewartet hätte; ⟨gelegentlich mit Indikativ des Verbs:⟩ mir kam es vor, a. ob ich schon Stunden über Stunden in diesem Keller saß; verkürzt zum Ausrufesatz: a. ob es etwas Neues gewesen wäre! **3.** bei Gleichheit in verschiedenen, meist festen Verbindungen neben »wie«: so schnell a. möglich; so viel a. ein Eid; doppelt so groß a.; sowohl ... a. [auch]. **4. a)** (veraltend, noch ugs.) in Verbindung mit »wie« statt bloßem »wie« bei Gleichheit: obgleich er sich da nicht so fühlte a. wie zu Hause; **b)** (ugs.) bei Ungleichheit in Verbindung mit »wie« nach einem Komparativ statt bloßem »als«: eine schönere Umgebung, a. wie man sie hier in der Stadt hat. **5.** in Verbindung mit »insofern, insoweit« einschränkend: ich werde kommen, insofern a. ich dazu überhaupt imstande bin; insofern[,] a. du an ihre Rückkehr glaubst, hast du dich gründlich geirrt. **6.** (geh.) zur Einleitung einer Aufzählung: vornehme Bäder, a. da sind Wiesbaden, Baden-Baden. **7.** zur Einleitung der näheren Erläuterung eines Bezugswortes: Schmidt a. Vorgesetzter; ihm a. leitendem Arzt; meine Aufgabe a. Lehrer; das Wirken Albert Schweitzers a. Tropenarzt, des Herrn Müller a. des eigentlichen Führers der Opposition; ich habe a. Mädchen *(in meiner Mädchenzeit, als ich ein Mädchen war)* immer davon geträumt; du fühlst dich a. Held; die Geschichte erwies sich a. wahr; ihre Leistung wurde a. hervorragend beurteilt. **8.** in der Verbindung »zu + Adj., als dass« eine Folge ausdrückend: die Aufgabe ist viel zu schwierig, a. dass man sie auf Anhieb lösen könnte. **9.** in der Verbindung »umso (seltener: desto) + Komp., als« einen Grund ausdrückend: der Vorfall ist umso bedauerlicher, a. er unserem Ansehen schadet.

al s. = al segno.

als|bald ⟨Adv.⟩ [gek. aus ↑alsobald] (veraltend): *sogleich; kurz danach.*

als|bal|dig ⟨Adj.⟩ (Papierdt.): *umgehend, sofortig:* die Ware ist zum -en Verbrauch bestimmt.

als|dann ⟨Adv.⟩: **1.** (veraltend) *sodann, darauf, hierauf:* a. erwarb sie ihr Diplom. **2.** (südd., österr.) *also [dann]; nun [denn]* (als auffordernder Ausruf od. [zur Einleitung einer] abschließende[n] Bemerkung): a., Leute! Wir sind am Ziel.

al se|gno [al 'zenjo; ital., aus ↑al u. segno = Zeichen < lat. signum] (Musik): *(bei Wiederholung eines Tonstückes) bis zum Zeichen;* Abk.: al s.

al|so [mhd., ahd. alsō, urspr. = ganz so, aus ↑all u. ↑²so]: **I.** ⟨Adv.⟩ **1.** *folglich, demzufolge, demnach, somit, mithin:* er litt um sie, a. liebte er sie; er war Beamter, a. *(das heißt)* ein gewissenhafter Mensch/ein gewissenhafter Mensch a. **2. a)** fasst Vorausgegangenes zusammen, nimmt es erläuternd od. weiterführend auf: Laufvögel, a. Strauße, Nandus, Emus, sind flugunfähig; **b)** dient der Fortsetzung eines unterbrochenen Gedankenganges: a. ich meine, dass etwas geschehen muss. **3.** (veraltet) verstärkend für ↑so; *in ebendieser Weise:* a. geschah es. **II.** ⟨Partikel⟩ wirkt verstärkend bei gefühlsbetonten Aussagen, Fragen, Ausrufen, Aufforderungen: a. schön; a., kommst du jetzt oder nicht?; a., gute Nacht!; na a.! *(siehst du!; warum nicht gleich!).*

al|so|bald ⟨Adv.⟩ (veraltet): *alsbald.*

al|so|gleich ⟨Adv.⟩ (geh. veraltend): verstärkend für ↑[so]gleich.

Als|ter, die; -: rechter Nebenfluss der unteren Elbe.

Als|ter|was|ser, das ⟨Pl. ...wässer⟩ (landsch.): *Erfrischungsgetränk aus Bier u. Limonade.*

alt ⟨Adj.; älter, älteste⟩ [mhd., ahd. alt, eigtl. =

A

aufgewachsen, verw. mit lat. alere, ↑Alimente]: **1. a)** *(von Menschen, Tieren, Pflanzen) nicht [mehr] jung, in vorgerücktem Lebensalter, bejahrt:* ein -er Mann, Hund, Baum; sie ist nicht sehr a. geworden; mit 35 fühlte ich mich a.; ***nicht a. werden** (ugs.; *es nicht mehr lange aushalten*): hier, heute werde ich nicht a.; **a. aussehen** (ugs.; *das Nachsehen haben*): wenn er uns zuvorkommt, sehen wir sehr, ziemlich a. aus; **Alt und Jung** (1. *alte und junge Menschen:* Alt und Jung müssen zusammenhalten. 2. *jedermann:* ein Buch für Alt und Jung); **b)** *Merkmale des Alters aufweisend, Alterserscheinungen erkennen lassend; gealtert:* mit ihren -en, zittrigen Händen. **2.** *ein bestimmtes Alter habend:* ein drei Wochen -es Baby; der ältere Bruder (von zweien); **R** man ist so a., wie man sich fühlt. **3. a)** *eine bestimmte Zeit vorhanden, im Gebrauch befindlich:* ein drei Jahre -er Wagen; das Spiel ist gerade zwei Minuten a. (Sport Jargon; *es sind gerade zwei Minuten Spielzeit vergangen*); **b)** *nicht [mehr] neu; lange gebraucht, getragen; abgenutzt:* -e Schuhe; mit -en *(antiquarischen)* Büchern handeln; die -en *(baufälligen)* Häuser abreißen; **R** aus Alt mach Neu. **4. a)** *seit längerer Zeit vorhanden, bestehend, vor längerer Zeit erzeugt, hergestellt u. Ä. u. daher nicht [mehr] frisch:* eine -e Wunde; der Fisch ist schon a., schmeckt a.; **b)** *vom letzten Jahr, vorjährig:* die -en Kartoffeln aufbrauchen; das -e Jahr geht zu Ende. **5. a)** *seit langem vorhanden, bestehend; vor langer Zeit entstanden, begründet [u. deshalb bewährt]:* eine -e Erfahrung, Tradition; -er Besitz; **b)** *langjährig:* ein -es Mitglied; wir sind -e Freunde; **c)** *längst [überall] bekannt u. daher überholt, langweilig:* ein -er Witz. **6. a)** *einer früheren Zeit, Epoche entstammend; eine vergangene Zeit betreffend:* -e Meister; -e deutsche Sagen; die ältere Kolonialzeit; **b)** *antik; klassisch:* die -en Griechen, Römer; -e Sprachen *(Griechisch, Latein)* studieren; **c)** *durch Alter wertvoll [geworden]:* -es Porzellan; -er *(abgelagerter)* Wein. **7.** *unverändert, [von früher her] bekannt, vertraut, gewohnt [u. daher lieb geworden, geschätzt]:* es bot sich ihnen das -e Bild; alles geht seinen -en Gang *(wie immer)*; ⟨subst.:⟩ sie ist ganz die Alte *(hat sich nicht verändert)*; es bleibt alles beim Alten *(wie es war)*; alles beim Alten lassen *(nichts verändern, unverändert lassen)*. **8.** *vorherig, früher, ehemalig, einstig:* -e Bekannte, Kollegen; die -en Plätze wieder einnehmen. **9. a)** (fam.) in vertraulicher Anrede: na, -er Junge, wie gehts?; **b)** (ugs. abwertend) verstärkend bei negativ charakterisierenden Personenbezeichnungen u. Schimpfwörtern: der -e Geizkragen!; (derb:) -es Schwein!

[1]Ạlt, der; -s, -e ⟨Pl. selten⟩ [älter ital. alto, zu lat. altus = hoch, hell; urspr. Bez. für eine hohe Männerstimme, die später von einer tiefen Frauenstimme gesungen wurde] (Musik): **1. a)** *tiefe Singstimme einer Frau:* sie hat einen schönen A., singt A.; **b)** *Knabenalt;* **c)** *wie ein [1]Alt (1 a) gefärbte Sprechstimme einer Frau:* sie hat einen angenehmen A.; **d)** ⟨o. Pl.⟩ *Gesamtheit der tiefen Frauen- od. Knabensingstimmen in einem Chor:* der A. singt unrein; sie singt jetzt im A. mit. **2.** ⟨o. Pl.⟩ **a)** *solistische Altpartie in einem Musikstück:* den A. übernehmen; **b)** *Altstimme im Satz (4 a) eines Chors (2):* den A. einüben, studieren. **3.** (selten) *Sängerin mit Altstimme, Altistin:* der A. war indisponiert.

[2]Ạlt, das; -s, -: kurz für ↑Altbier.

ạlt|ade|lig, ạlt|ad|lig ⟨Adj.⟩: *aus altem Adel (1) stammend.*

Al|tai, der; -[s]: Gebirge in Zentralasien.

Al|ta̲n, der; -[e]s, -e, **Al|ta̲|ne,** die; -, -n [ital. altana, zu: alto = hoch < lat. altus] (Archit.): *vom Erdboden aus gestützter balkonartiger Anbau, Söller.*

Al|ta̲r, der; -[e]s, Altäre [mhd. altāre, altære, ahd. altāri, altār(e) < spätlat. altar(e) < lat. altaria = (Aufsatz auf dem) Opfertisch, Brandaltar]: **1.** *erhöhter, einem Tisch ähnlicher Aufbau für gottesdienstliche Handlungen in christlichen Kirchen:* an den, vor den, zum A. treten; ***jmdn. zum A. führen** (geh.; *eine Frau heiraten*). **2.** *heidnische [Brand]opferstätte:* der A. des Zeus in Pergamon; ***jmdn., etw. auf dem A. der Gerechtigkeit, der Freundschaft, der Liebe** o. Ä. **opfern** (geh.; *jmdn., etw. für die Gerechtigkeit, die Freundschaft, die Liebe o. Ä. preisgeben*).

Al|ta̲r|auf|satz, der: *auf dem Altar (1) errichtete, künstlerisch gestaltete Rückwand; Retabel.*

Al|ta̲r|bild, das: *Gemälde, religiöse Darstellung an od. über dem Altar.*

Al|ta̲r|de|cke, die: *über den Altar gebreitete, meist reich verzierte Schutzdecke.*

Al|ta̲r|raum, der: *Bereich innerhalb einer Kirche, in dem sich der Altar befindet.*

Al|ta̲r[s]|sa|kra|ment, das ⟨o. Pl.⟩: *Sakrament des Abendmahls in der christlichen Kirche; Eucharistie.*

Al|ta̲r|tuch, das ⟨Pl. ...tücher⟩: *über den Altar gebreitetes [Leinen]tuch.*

ạlt|ba|cken ⟨Adj.⟩: **1.** *(von Backwaren) nicht [mehr] frisch; trocken, hart:* -es Brot. **2.** (abwertend) *altmodisch, überholt, veraltet:* -e Ansichten; sie kleidet sich ziemlich a.

Ạlt|bau, der ⟨Pl. -ten⟩: *älteres, vor einem bestimmten Zeitpunkt fertig gestelltes Gebäude:* sie wohnen in einem A.

Ạlt|bau|mo|der|ni|sie|rung, die: *Modernisierung von Altbauten, von Altbauwohnungen.*

Ạlt|bau|woh|nung, die: *Wohnung in einem Altbau.*

ạlt|be|kannt ⟨Adj.⟩: *seit langem, von alters her bekannt:* eine -e Tatsache.

Alt-Ber|lin: das alte, historische Berlin.

ạlt|be|wa̲hrt ⟨Adj.⟩: *seit langem, von alters her bewährt:* -e Arzneimittel; ⟨subst.:⟩ sich an das Altbewährte halten.

Ạlt|bier, das: *obergäriges, meist dunkles, bitterwürziges Bier.*

Ạlt|block|flö|te, die: *in Altlage gestimmte Blockflöte.*

ạlt|bul|ga|risch ⟨Adj.⟩: *altkirchenslawisch.*

Ạlt|bun|des|kanz|ler, der: *nicht mehr amtierender Bundeskanzler.*

Ạlt|bun|des|prä|si|dent, der: vgl. Altbundeskanzler.

ạlt|christ|lich ⟨Adj.⟩: *aus dem Frühchristentum stammend:* die -e Kirche, Kunst.

ạlt|deutsch ⟨Adj.⟩: *aus früheren deutschen Kulturepochen (bes. dem 15./16. Jh.) stammend od. sie nachahmend:* -e Malerei; -e Stilmöbel.

[1]Ạl|te, der; -n, -n ⟨Dekl. ↑Abgeordnete⟩: **1.** *alter Mann, Greis:* ein -r bettelte; das macht der Junge wie ein -r *(wie ein erwachsener, erfahrener Mensch)*; komischer -r (Rollenfach im Theater). **2.** (salopp) *Vater:* mein -r. **3.** (salopp) *Ehemann:* ihr -r ist sehr eifersüchtig. **4.** (salopp) *Vorgesetzter, Arbeitgeber, Meister, Chef:* der A. hat getobt. **5.** (österr.) *Wein aus einem vergangenen Jahr, bereits ausgegorener Wein.*

[2]Ạl|te, die; -n, -n ⟨Dekl. ↑Abgeordnete⟩: **1.** *alte Frau, Greisin:* die gutmütige A.; komische A. (Rollenfach im Theater). **2.** (salopp) *Mutter:* meine A. **3.** (salopp) *Ehefrau:* ich habe Krach mit meiner -n. **4.** (salopp) *Vorgesetzte, Arbeitgeberin, Chefin.* **5.** (Zool.) *Muttertier.* **6.** (Jugendspr.) *Mädchen.*

[3]Ạl|te, das; -n ⟨Dekl. Junge, das⟩: *vergangene, aus früheren Zeiten stammende Konventionen, Bräuche, Gewohnheiten:* -s und Neues; am -n hängen.

ạlt|ehr|wür|dig ⟨Adj.⟩ (geh.): *aufgrund des hohen Alters, der Tradition als besonders ehrwürdig geltend:* ein -es Gebäude; ein -er Name.

ạlt|ei̲n|ge|ses|sen ⟨Adj.⟩: *seit langem [an einem Ort] eingesessen, ansässig, beheimatet:* -e Bürger; ⟨subst.:⟩ sie gehören zu den Alteingesessenen.

Ạlt|ei|sen, das ⟨o. Pl.⟩: *gebrauchtes, noch verwertbares Eisen; Schrott:* A. sammeln.

Ạl|ten ⟨Pl.⟩: **1.** *alte Menschen.* **2.** (salopp) *Eltern:* meine A. leben noch beide. **3.** (veraltet) **a)** *Vorfahren, Ahnen;* **b)** *Völker der Antike.* **4.** (Sport) *erfahrene Wettkämpfer, Altmeister (3).* **5.** (Zool.) *Tiereltern:* die A. sind noch beim Füttern, beim Brutgeschäft; **Spr** wie die A. sungen, so zwitschern auch die Jungen *(das [negative] Beispiel der Eltern ist den Kindern oft Grund zur Nachahmung).*

Ạl|ten|heim, das: *öffentliches od. privates Heim, in dem alte Menschen wohnen und betreut werden.*

Ạl|ten|hil|fe, die: *Unterstützung u. Betreuung hilfsbedürftiger alter Menschen mit öffentlichen Mitteln.*

Ạl|ten|pfle|ge, die: *Betreuung und Versorgung alter Menschen in Pflegeheimen und in häuslicher Pflege:* in der A. tätig sein.

Ạl|ten|pfle|ger, der: *jmd., der berufsmäßig alte Menschen betreut u. pflegt* (Berufsbez.).

Ạl|ten|pfle|ge|rin, die: w. Form zu ↑Altenpfleger.

Ạl|ten|ta|ges|stät|te, die: *Tagesstätte für alte Menschen.*

Ạl|ten|teil, das: *Anteil am Besitz, den sich jmd. bei Übergabe seines Besitztums (meist eines Bauernhofes) an den Nachfolger vorbehält:* sich auf sein A. zurückziehen; **Ü** jmdn. auf das A. schicken; sich aufs/ins A. zurückziehen, sich aufs A. setzen, auf dem A. sitzen *(sich vom öffentlichen Leben zurückziehen, nicht mehr aktiv tätig sein).*

Ạl|ten|wohn|heim, das: *Einrichtung mit Altenwohnungen speziell für alte Menschen.*

Ạl|ten|woh|nung, die: *selbstständige Kleinwohnung in einem Altenwohnheim.*

Ạl|ter, das; -s, - [mhd. alter, ahd. altar]: **1. a)** *höhere Anzahl von Lebensjahren; Bejahrtheit; letzter Lebensabschnitt:* ein biblisches, gesegnetes A.; 50 ist noch kein A. *(mit 50 Jahren ist man noch nicht alt)*; das A. macht sich langsam bemerkbar; ein sorgenfreies A. haben; man sieht ihm sein A. nicht an *(er sieht jünger aus, als er ist)*; die Würde, Weisheit des -s; für sein A. vorsorgen; sie kokettiert mit ihrem A. *(macht sich mit der Angabe ihres Alters interessant u. glaubt jünger eingeschätzt zu werden)*; **Spr** A. schützt vor Torheit nicht; **b)** *lange Zeit des Bestehens, des Vorhandenseins:* das A. hat die Handschriften brüchig gemacht; die Tapete ist vom A. vergilbt. **2. a)** *Anzahl der Lebensjahre, Lebenszeit; Lebensabschnitt:* ein jugendliches, blühendes A.; jedes A. *(jede Altersstufe)* war vertreten; das gesetzliche A. haben; ein hohes A. erreichen; das A. von Pferden erkennt man an ihren Zähnen; im fortgeschrittenen, vorgerückten A.; er ist im besten, in einem schwierigen A.; ins schulpflichtige A. kommen; Männer im gefährlichen A.; seine Frau ist im kritischen A. *(in den Wechseljahren)*; mein Freund ist in meinem A.; er starb im A. von 70 Jahren; ein Mann unbestimmten -s, von unbestimmtem A.; aus einem bestimmten Alter heraus sein; **b)** *Zeit des Bestehens, Vorhandenseins:* das A. eines Gemäldes schätzen. **3.** (veraltet) *Zeitraum, Zeitalter, Epoche:* das Goldene, Silberne, Eherne A. **4. a)** *alte Menschen:* man soll das A. ehren; **b)** *Menschen einer bestimmten Altersstufe:* das reifere A.

ạ̈l|ter ⟨Adj.⟩: **1.** ⟨absoluter Komp.⟩ **a)** *über das mittlere Lebensalter, die mittlere Zeit des Bestehens hinaus; nicht mehr jung, aber auch noch nicht ganz alt:* eine -e Dame; das Haus, das Auto ist schon ä.; **b)** (verhüll.) *alt.* **2.** Komp. zu ↑alt (2, 6 a).

Al|te|ra|ti|o̲n, die; -, -en [mlat. alteratio, zu lat. alterare, ↑alterieren]: **1. a)** (veraltet) *Aufregung, Gemütsbewegung; Schreck, Verwirrung;* **b)** (Med.) *krankhafte Veränderung, Verschlimmerung eines Zustands.* **2.** (Musik) *chromatische Veränderung eines Tones innerhalb eines Akkords.*

Ạl|ter|chen, das; -s, -: *alter Mann* (häufig als vertrauliche Anrede).

Ạ̈l|te|re, der u. die ⟨Dekl. ↑Abgeordnete⟩: *Person, die im Vergleich zu anderen älter ist:* die -n unter euch werden dies kennen; als Ergänzung bei Eigennamen (Abk.: d. Ä.): Lucas Cranach der Ä.

Al|ter Ego [auch: -ˈɛgo], das; - - [lat. = anderes Ich, aus: alter = ander... u. ego, ↑Ego]: **1.** *Person, mit der jmd. eng verbunden, häufig zusammen ist, sich ergänzt:* da kommt mein A. E. **2.** (Psych.) *abgespaltener seelischer Bereich bei Personen mit Bewusstseinsspaltung; zweites, anderes Ich.*

al|te|rie|ren ⟨sw. V.; hat⟩ [spätlat. alterare = anders machen, zu lat. alter = ander...]: **1. a)** (veraltet) *aufregen, ärgern, beunruhigen;* **b)** ⟨a. + sich⟩ (veraltend, noch landsch.) *sich aufregen, sich erregen, sich ärgern.* **2. a)** (veraltet) *verändern, abändern:* diese Tatsache ist durch nichts zu a.; **b)** (Musik) *einen od. mehrere Töne eines Akkords* (1) *chromatisch verändern:* alterierte Akkorde.

al|tern ⟨sw. V.⟩: **1. a)** *Merkmale des Alters zeigen, [sichtlich] älter werden; alt werden* ⟨ist/(selten:) hat⟩: sie ist stark, vorzeitig, um Jahre gealtert; ein alternder Künstler; **b)** (selten) *älter erscheinen lassen, alt machen* ⟨hat⟩. **2. a)** *sich in seiner Beschaffenheit im Laufe der Zeit verändern* ⟨ist/(selten:) hat⟩: Metalle altern *(ihre Werkstoffeigenschaften ändern sich, das Gefüge ihrer Kristalle wird verändert);* Öl lässt den Kat schneller a.; gealterter Wein *(lange gelagerter Wein);* **b)** *in seiner Beschaffenheit verändern, alt machen* ⟨hat⟩: Weine [künstlich] a.

Al|ter|nanz, die; -, -en [zu lat. alternare, ↑alternieren] (geh.): *das Alternieren; Wechsel, Abwechslung.*

Al|ter|na|ti|on, die; -, -en [lat. alternatio = Wechsel]: *Alternanz.*

al|ter|na|tiv ⟨Adj.⟩ [frz. alternatif, zu: alterne, ↑Alternative] (bildungsspr.): **1.** *zwischen zwei Möglichkeiten die Wahl lassend; eine zweite Möglichkeit darstellend:* ein -er Entwurf, Plan; -e Lebensformen. **2. a)** *eine Haltung, Einstellung vertretend, die bes. durch Ablehnung bestimmter gesellschaftlicher Vorgehens- u. Verhaltensweisen (z. B. übermäßige Technisierung, unbegrenzte Steigerung des wirtschaftlichen Wachstums o. Ä.) Vorstellungen von anderen, als menschen- u. umweltfreundlicher empfundenen Formen des [Zusammen]lebens zu verwirklichen sucht:* -e Gruppen; a. leben; **b)** *im Gegensatz zum Herkömmlichen stehend; anders im Hinblick auf die ökologische Vertretbarkeit o. Ä.:* -e Medizin, Landwirtschaft, Energie; ein -er Laden.

Al|ter|na|tiv|be|we|gung, die: *Protest- u. Reformbewegung (seit Beginn der 70er-Jahre des 20. Jh.s), die sich als Alternative zu Kultur u. Wertordnung der bürgerlichen Gesellschaft versteht.*

Al|ter|na|ti|ve, die; -, -n [frz. alternative, zu: alterne = abwechselnd, wechselweise < lat. alternus, ↑alternieren] (bildungsspr.): **1.** *freie, aber unabdingbare Entscheidung zwischen zwei Möglichkeiten; das Entweder-oder:* die A. zwischen Plan A und Plan B; vor die A. gestellt sein, werden. **2.** *zweite, andere Möglichkeit; Möglichkeit des Wählens zwischen zwei oder mehreren Dingen:* eine echte A. sein, darstellen; es gibt verschiedene -n, keine A. zu Europa, nur eine A. zur Lösung dieses Problems.

Al|ter|na|ti|ve, der u. die; -n, -n: *jmd., der der Alternativbewegung angehört od. ihr nahe steht:* er ist ein -r.

Al|ter|na|tiv|ener|gie, die: *durch neuartige Verfahren gewonnene od. nutzbar gemachte Energie (im Gegensatz zu Energie aus herkömmlichen Wärme- od. Kernkraftwerken).*

Al|ter|na|tiv|sze|ne, die: *alternative* (2) *Szene* (4).

al|ter|nie|ren ⟨sw. V.; hat⟩ [lat. alternare, zu alternus = abwechselnd, einer um den anderen, zu: alter = ander...] (bildungsspr.): *wechseln, sich abwechseln, einander ablösen:* mit jmdm. a.; in dieser Szene alternieren die schärfsten Kontraste; es geschieht alternierend *(im Wechsel)* einmal an diesem u. einmal an jenem Ort; alternierende Besetzung (Theater); alternierende Blattstellung (Bot.; *besondere Anordnung der Blätter am Stiel einer Pflanze*); alternierendes Fieber (Med.; *Erkrankung mit abwechselnd fiebrigen u. fieberfreien Zuständen*), alternierende Persönlichkeit (Psych.; *Person, bei der eine Spaltung des Bewusstseins auftritt*); alternierender Strom (Elektrot.; *Wechselstrom*); alternierende Reihe (Math.; *Reihe mit wechselnden Vorzeichen vor den einzelnen Gliedern*); alternierende Verse (Verslehre; *Verse, die einen regelmäßigen Wechsel zwischen unbetonten u. betonten bzw. langen u. kurzen Silben aufweisen*); ⟨subst.:⟩ ein Alternieren zwischen zwei Formen.

Al|terns|for|schung, die: *Erforschung des Prozesses des Alterns u. seiner Ursachen; Gerontologie.*

al|ters: in den Verbindungen **seit a./von a. her** (geh.; *von jeher, seit langer Zeit, schon immer*): seit a. wird an diesem Tag gefeiert; das haben wir von a. her so gemacht; **vor a.** (veraltet; *vor langer Zeit, einst[mals]*): vor a. stand hier ein prächtiges Schloss.

Al|ters|ab|stand, der: *Spanne zwischen verschiedenen Lebensaltern; Altersunterschied:* ein A. von 10 Jahren.

Al|ters|an|ga|be, die: *Nennung des Alters.*

Al|ters|ar|mut, die: *Armut im Alter.*

Al|ters|asyl, das (schweiz.): *Altenheim.*

Al|ters|auf|bau, der ⟨o. Pl.⟩: *Gliederung einer Gruppe (bes. einer Bevölkerung) nach dem Lebensalter.*

al|ters|be|dingt ⟨Adj.⟩: **1.** *durch das jeweilige Lebensalter, durch die Altersstufe bedingt:* -e Unarten eines Kindes. **2.** *durch hohes Alter, durch Bejahrtheit bedingt:* -e Krankheiten.

Al|ters|be|schwer|den ⟨Pl.⟩: *im vorgerückten Alter auftretendes, durch das Alter bedingtes Leiden, Gebrechen.*

Al|ters|be|stim|mung, die: *Feststellung des Alters von Tieren u. Pflanzen; Datierung in [Kunst]geschichte u. Geologie.*

Al|ters|di|a|be|tes, der (Med.): *in fortgeschrittenem Alter auftretender Diabetes mellitus.*

Al|ters|er|schei|nung, die: *Merkmal, typisches Zeichen des [nahenden] Alters:* sein Starrsinn ist eine A.

Al|ters|fleck, der ⟨meist Pl.⟩: *dunkelbraune Verfärbung der Haut, die im fortgeschrittenen Alter bevorzugt an exponierten Stellen auftritt.*

Al|ters|ge|nos|se, der: *Lebewesen im gleichen Alter.*

Al|ters|ge|nos|sin, die: w. Form zu ↑Altersgenosse.

al|ters|ge|recht ⟨Adj.⟩: **1.** *einem bestimmten Alter* (2 a) *gemäß, seinen Anforderungen entsprechend:* -es Spielzeug. **2.** *den Bedürfnissen älterer Menschen entsprechend:* -e Wohnungen.

Al|ters|gren|ze, die: **1.** *Lebensalter, mit dessen Erreichen bestimmte Rechte od. Pflichten verbunden sind:* eine A. festlegen. **2.** *Lebensalter, mit dessen Erreichen jmd. in den Ruhestand versetzt wird:* die flexible A.; die A. erreicht haben; über die A. hinaus.

Al|ters|grün|de ⟨Pl.⟩: *durch fortgeschrittenes Alter bedingte Gründe, Ursachen:* sein Amt, sein Geschäft aus -n aufgeben.

Al|ters|grup|pe, die: *Personen im gleichen Lebensalter.*

al|ters|hal|ber ⟨Adv.⟩: *aus Altersgründen:* a. aus seinem Amt ausscheiden.

Al|ters|heil|kun|de, die: *Teilgebiet der Medizin, das sich mit den spezifischen Erkrankungen des alten Menschen, ihrer Vorbeugung u. Behandlung befasst; Geriatrie.*

Al|ters|heim, das: *Altenheim.*

Al|ters|jahr, das (schweiz.): *Lebensjahr.*

Al|ters|klas|se, die: **1.** *Altersgruppe.* **2.** (Sport) *Gesamtheit der Wettkämpfer einer bestimmten Altersstufe* (z. B. Junioren, Senioren).

Al|ters|krank|heit, die: *durch fortgeschrittenes Alter begünstigte, vorzugsweise im Alter auftretende Krankheit.*

al|ters|mä|ßig ⟨Adj.⟩: *dem jeweiligen Alter entsprechend, dem Alter nach.*

Al|ters|pen|si|on, die (österr.): *dem Altersruhegeld in der Bundesrepublik Deutschland entsprechende Leistung der Sozialversicherung.*

Al|ters|prä|si|dent, der: *ältestes Mitglied einer Körperschaft od. eines Parlaments, das bis zum Amtsantritt eines gewählten Präsidenten den Vorsitz führt.*

Al|ters|prä|si|den|tin, die: w. Form zu ↑Alterspräsident.

Al|ters|py|ra|mi|de, die: *Altersaufbau einer Bevölkerung (die in Form einer Pyramide dargestellt wird).*

Al|ters|ren|te, die: *regelmäßige Geldzahlung an Personen, die die erforderliche Altersgrenze* (2) *erreicht haben.*

Al|ters|ru|he|geld, das: *Leistung der gesetzlichen Rentenversicherung, die Versicherten nach Erreichen der Altersgrenze* (2) *gewährt wird.*

Al|ters|ru|he|sitz, der: *Alterssitz.*

al|ters|schwach ⟨Adj.⟩: **a)** *vom Alter geschwächt; hinfällig:* -e Menschen, Tiere; **b)** *(von Gegenständen) durch lange Benutzung unbrauchbar, wacklig; ausgedient; im Verfall begriffen:* -e Möbel; eine -e Batterie.

Al|ters|schwä|che, die ⟨o. Pl.⟩: *das Altersschwachsein* (a, b).

Al|ters|schwach|sinn, der (ugs.): *senile Demenz.*

Al|ters|si|che|rung, die: *materielle Vorsorge für das Alter.*

al|ters|sich|tig ⟨Adj.⟩: *an Alterssichtigkeit leidend.*

Al|ters|sich|tig|keit, die: *Weitsichtigkeit durch altersbedingten Verlust der Fähigkeit des Auges zur Akkommodation* (1 b).

Al|ters|sitz, der: *Wohnsitz, Ort, an den sich jmd. im Alter zurückzieht.*

Al|ters|starr|sinn, der: *altersbedingter Starrsinn.*

Al|ters|stu|fe, die: *Abschnitt im Lebensalter:* Menschen verschiedener, aller -n.

Al|ters|teil|zeit, die ⟨o. Pl.⟩: *(bes. der Schaffung neuer Arbeitsplätze dienende) verkürzte Arbeitszeit für ältere Arbeitnehmer vor der Verrentung.*

Al|ters|un|ter|schied, der: *Unterschied im Lebensalter.*

Al|ters|ver|si|che|rung, die: *Versicherung, die den Lebensunterhalt im Alter gewährleistet.*

Al|ters|ver|sor|gung, die: *[gesetzlich geregelte] Versorgung alter Menschen:* eine betriebliche A.

Al|ters|werk, das: *Spätwerk.*

Al|ter|tum, das; -s [im 17. Jh. = das Altsein, seit dem 18. Jh. in der heutigen Bed.]: **a)** *älteste historische Zeit eines Volkes od. einer Kultur:* Sagen aus dem deutschen A.; **b)** *älteste historische Zeit der Griechen u. Römer; klassisches Altertum; Antike.*

Al|ter|tü|me|lei, die; -, -en: *übertriebene Nachahmung [von Stil u. Wesen] des Altertums.*

al|ter|tü|meln ⟨sw. V.; hat⟩: *Stil u. Wesen des Altertums übertrieben nachahmen; archaisieren:* eine altertümelnde Ausdrucksweise.

Al|ter|tü|mer ⟨Pl.⟩: *[Kunst]gegenstände, Denkmäler aus dem Altertum:* A. sammeln.

al|ter|tüm|lich ⟨Adj.⟩: *aus alter Zeit stammend; in der Art früherer Zeiten; archaisch:* eine -e Schrift.

Al|ter|tüm|lich|keit, die; -: *altertümliche Beschaffenheit.*

Al|ter|tums|for|schung, die ⟨o. Pl.⟩: *wissenschaftliche Erforschung der Kulturen des Altertums; Archäologie.*

Al|ter|tums|kun|de, die: *Lehre von den Kulturen des Altertums; Archäologie.*

Al|ter|tums|wert, der ⟨o. Pl.⟩: *besonderer Wert, den etw. wegen seines Alters hat:* A. haben; sein Fahrrad hat nur noch A. (scherzh.; *ist schon sehr alt u. kaum noch zu gebrauchen*).

Al|ter|tums|wis|sen|schaft, die ⟨o. Pl.⟩: *Wissenschaft von den Kulturen des Altertums.*

Al|te|rung, die; -, -en: **1.** ⟨o. Pl.⟩ *(von Lebewesen, hauptsächlich vom Menschen) Vorgang des Altwerdens; das Altern* (1 a): die A. der Bevölkerung. **2. a)** *(von Gebäuden, Materialien, Geräten, Flüssigkeiten) das Altern* (2 a): eine vorzeitige A.; das Material unterliegt einer natürlichen A.; **b)** *Veränderung des Gefüges, der Zusammensetzung od. der Eigenschaften durch natür-*

A

liches od. künstliches Altern (2b): die künstliche A. von Wein.

al|te|rungs|be|stän|dig ⟨Adj.⟩: *(von Materialien, Geräten, [Werk]stoffen) nicht alternd; widerstandsfähig, beständig gegen Alterung:* ein -er Kunststoff.

Al|te|rungs|pro|zess, der: *Vorgang, Ablauf der Alterung.*

äl|test...: ↑alt.

Äl|tes|te, der u. die; -n, -n ⟨Dekl. ↑Abgeordnete⟩: **1.** *ältestes Mitglied einer Gemeinschaft; Vorsteher, Oberhaupt einer [Kirchen]gemeinde; Presbyter:* der Rat der -n. **2.** *ältester Sohn, älteste Tochter:* an unserer -n haben wir eine große Stütze.

Äl|tes|ten|kreis, der: *Gesamtheit der Ältesten* (1) *einer Kirchengemeinde.*

Äl|tes|ten|rat, der ⟨Pl. ...räte⟩: **1. a)** *Ausschuss des Parlaments;* **b)** ⟨o. Pl.⟩ *Organ des Bundestages aus Vertretern der Fraktionen zur Unterstützung des Bundestagspräsidenten.* **2.** *bei Naturvölkern aus den Ältesten eines Gemeinwesens bestehende Institution zur Regelung des gesellschaftlichen Lebens.*

Alt|flö|te, die: *in Altlage gestimmte Flöte.*

alt|frän|kisch ⟨Adj.⟩ [mhd. altvrenkisch, eigtl. = in der Art der alten Franken] (veraltend): *altmodisch, altväterisch.*

alt|ge|dient ⟨Adj.⟩: *lange im Dienst, in einer bestimmten Position gewesen, bewährt, erprobt:* ein -er Soldat; -e Mitarbeiter.

alt|ge|wohnt ⟨Adj.⟩: *seit langem gewohnt, bekannt, vertraut:* die -e Ordnung.

Alt|glas, das ⟨o. Pl.⟩: *altes, noch als Rohmaterial verwertbares Glas.*

Alt|glas|be|häl|ter, der: *Altglascontainer.*

Alt|glas|con|tai|ner, der: *Container, in dem Altglas zur Wiederverwendung gesammelt wird.*

Alt|gold, das: **1.** (veraltend) *schon einmal verarbeitetes Gold.* **2.** *durch chemische Behandlung künstlich gedunkeltes Gold.*

alt|grie|chisch ⟨Adj.⟩: *das antike Griechenland, die Griechen der Antike betreffend.*

alt|her|ge|bracht ⟨Adj.⟩: *seit langem üblich, überliefert, gewohnt:* -e Sitten; ⟨subst.:⟩ das Althergebrachte.

Alt|her|ren|mann|schaft, die (Sport): *Mannschaft aus Spielern über 32 Jahre.*

alt|hoch|deutsch ⟨Adj.⟩: *das Althochdeutsche betreffend;* Abk.: ahd.

Alt|hoch|deutsch, das u. ⟨nur mit best. Art.:⟩ **Alt|hoch|deut|sche,** das: *älteste, vom Beginn der schriftlichen Überlieferung bis ins 11. Jh. reichende Stufe* (2a) *in der Entwicklung der hochdeutschen Sprache.*

Al|tist, der; -en, -en [älter ital. altista, zu: alto, ↑Alt]: *Sänger (meist Knabe) mit Altstimme.*

Al|tis|tin, die; -, -nen: w. Form zu ↑Altist.

Alt|jahrs|tag, der (österr., schweiz.): *letzter Tag des Jahres; Silvester.*

alt|jüng|fer|lich ⟨Adj.⟩ (abwertend): *altmodisch, verschroben, überängstlich:* -es Gehabe.

Alt|kanz|ler, der: vgl. Altbundeskanzler.

Alt|ka|tho|lik (die Kirchengemeinschaft selbst verwendet den Bindestrich: Alt-Katholik, alt-katholisch, Alt-Katholizismus), der: *Angehöriger der altkatholischen Religionsgemeinschaft.*

Alt|ka|tho|li|kin, die: w. Form zu ↑Altkatholik.

alt|ka|tho|lisch ⟨Adj.⟩: *sich zu derjenigen katholischen Religionsgemeinschaft bekennend, die sich um 1870 von Rom u. dem Dogma der Unfehlbarkeit des Papstes lossagte.*

Alt|ka|tho|li|zis|mus, der: *Geist u. Lehre des altkatholischen Glaubens.*

alt|kir|chen|sla|wisch ⟨Adj.⟩: *aus der ältesten Sprachstufe des Slawischen stammend; altbulgarisch.*

Alt|kla|ri|net|te, die: *Klarinette in Altlage.*

Alt|klei|der|samm|lung, die: *Sammlung* (1) *von getragener Kleidung bes. für karitative Zwecke:* etw. in die A. geben; eine A. des Roten Kreuzes.

alt|klug ⟨Adj.; -er, -ste⟩ [eigtl. = durch Alter klug]: *(von einem Kind) in seinen Äußerungen nicht kindgemäß, nicht seinem Alter, sondern eher Erwachsenen entsprechend.*

Alt|klug|heit, die: *altkluge Art.*

Alt|la|ge, die: *Stimmlage des* [1]*Alts* (1a).

Alt|last, die: *stillgelegte Müllkippe, Halde mit Produktionsrückständen, Aufschüttung, Auffüllung u. Ä., die eine Gefahr für Umwelt und Grundwasser darstellt.*

ält|lich ⟨Adj.⟩: *nicht mehr ganz jung; Anzeichen des Alters zeigend; nicht frisch* (3), *rüstig wirkend:* eine -e, ä. wirkende Person.

Alt|ma|te|ri|al, das: *gebrauchtes, noch verwertbares Material.*

Alt|meis|ter, der: **1.** (früher) *Zunftmeister, Vorsteher einer Innung.* **2.** *bedeutendster, als Vorbild geltender Vertreter eines Berufszweigs od. Fachgebiets; Ältester, Senior:* er gehört zu den -n der Kunstwissenschaft. **3.** (Sport) *Verein od. Spieler, der früher einen Meistertitel errungen hat:* A. Schalke 04.

Alt|meis|te|rin, die: w. Form zu ↑Altmeister (2, 3).

Alt|me|tall, das: *gebrauchtes, noch verwertbares Metall; Schrott.*

alt|mo|disch ⟨Adj.⟩: *nicht mehr der herrschenden Mode, dem Zeitgeschmack entsprechend; überholt, rückständig, gestrig, antiquiert, passee:* ein -es Hemd; -e Ansichten haben; Mutter ist furchtbar a.; a. gekleidet sein.

alt|nor|disch ⟨Adj.⟩: *das Altnordische betreffend.*

Alt|nor|disch, das; -[s] u. ⟨nur mit best. Art.:⟩ **Alt|nor|di|sche,** das; -n: *von etwa 800 bis zum 15. Jh. reichende Stufe* (2a) *in der Entwicklung der nordgermanischen Sprachen.*

Al|to|ku|mu|lus, der [zu lat. altus = hoch] (Met.): *Kumulus in mittlerer Höhe.*

Alt|öl, das: *verbrauchtes Schmieröl.*

Al|to|stra|tus, der [zu lat. altus = hoch] (Met.): *Stratus in mittlerer Höhe.*

Alt|pa|pier, das ⟨o. Pl.⟩: *gebrauchtes, wieder verwertbares Papier.*

Alt|pa|pier|samm|lung, die: *[öffentliche] Sammlung von Altpapier.*

Alt|par|tie, die; -, -n: *für die Altstimme geschriebener Teil eines Musikstücks.*

Alt|phi|lo|lo|ge, der: *Fachmann auf dem Gebiet der Altphilologie.*

Alt|phi|lo|lo|gie, die: *Sprach- u. Literaturwissenschaft des klassischen Altertums; klassische Philologie.*

Alt|phi|lo|lo|gin, die: w. Form zu ↑Altphilologe.

alt|phi|lo|lo|gisch ⟨Adj.⟩: *die Altphilologie betreffend, auf ihr beruhend.*

alt|rö|misch ⟨Adj.⟩: *das antike Rom, das antike römische Reich betreffend; römisch* (2).

alt|ro|sa ⟨indekl. Adj.⟩: *von dunklem, bläulichem Rosa:* ein a. Kleid.

Al|tru|is|mus, der; - [frz. altruisme, zu lat. alter = der andere] (bildungsspr.): *selbstlose Denk- u. Handlungsweise; Uneigennützigkeit.*

Al|tru|ist, der; -en, -en [frz. altruiste] (bildungsspr.): *selbstloser, uneigennütziger Mensch.*

Al|tru|is|tin, die; -, -nen: w. Form zu ↑Altruist.

al|tru|is|tisch ⟨Adj.⟩ (bildungsspr.): *selbstlos, uneigennützig, aufopfernd:* ein -er Mensch; -e Ziele verfolgen; a. handeln.

Alt|sän|ger, der: *Altist.*

Alt|sän|ge|rin, die: *Altistin.*

Alt|sa|xo|phon, das: *in Altlage gestimmtes Saxophon.*

Alt|schlüs|sel, der: *auf der mittleren Linie des Notensystems liegender C-Schlüssel; Bratschenschlüssel.*

Alt|schnee, der: *schon vor längerer Zeit gefallener, bereits körniger Schnee.*

Alt|schnee|de|cke, die: *Decke* (2) *aus Altschnee.*

Alt|sil|ber, das: **1.** (veraltend) *schon einmal verarbeitetes Silber.* **2.** *durch chemische Behandlung künstlich gedunkeltes Silber.*

alt|sprach|lich ⟨Adj.⟩: *die altgriechische, lateinische [u. hebräische] Sprache betreffend.*

Alt|stadt, die: *ältester Teil einer Stadt; historischer Stadtkern.*

Alt|stadt|sa|nie|rung, die: *Sanierung von Gebäuden in einer Altstadt.*

Alt|stein|zeit, die: *älteste Epoche der Menschheitsgeschichte; Paläolithikum.*

Alt|stim|me, die; -, -n: **1.** [1]*Alt* (1a). **2.** *Noten für den* [1]*Alt* (1d).

Alt|stoff, der: *gebrauchter, wieder verwertbarer Stoff* (2a); *Altmaterial.*

alt|tes|ta|men|ta|risch ⟨Adj.⟩: **a)** *alttestamentlich* -e Schriften; **b)** *nach Art des Alten Testaments:* -e Strenge.

alt|tes|ta|ment|lich ⟨Adj.⟩: *das Alte Testament betreffend, auf ihm beruhend:* -e Schriften; -e Theologie.

alt|über|kom|men ⟨Adj.⟩: *seit langem überkommen, überliefert, ererbt.*

alt|über|lie|fert ⟨Adj.⟩: *seit langem überliefert, weitergegeben, tradiert.*

Al|tus, der; -, ...ti [zu lat. altus = hoch, hell; vgl. [1]Alt] (Musik): **1.** *(bes. in der Musik des 16.–18. Jh.s) falsettierende Männerstimme in Altlage.* **2.** *Altist.*

alt|vä|te|risch ⟨Adj.⟩: *altmodisch, altfränkisch, veraltet, antiquiert:* -e Kleidung; -e Anschauungen.

alt|vä|ter|lich ⟨Adj.⟩: *[ehr]würdig, patriarchalisch:* -e Haltung; sein -es Auftreten.

alt|ver|traut ⟨Adj.⟩: *seit langem, von alters her vertraut, gut bekannt:* eine -e Umgebung.

Alt|vor|dern ⟨Pl.⟩ [eigtl. = Altfrühere] (geh.): *Vorfahren, Ahnen; ältere, frühere Generation.*

Alt|wa|ren ⟨Pl.⟩: *gebrauchte, noch verwertbare Waren, [Kunst]gegenstände.*

Alt|wa|ren|han|del, der: *Ein- u. Wiederverkauf von Altwaren.*

Alt|wa|ren|händ|ler, der: *Trödler, Gebrauchtwarenhändler.*

Alt|was|ser, das ⟨Pl. -⟩: *abgetrennter Arm eines begradigten Flusses mit stehendem Wasser.*

Alt|wei|ber|fas[t]|nacht, die (landsch.): *letzter Donnerstag vor Aschermittwoch.*

Alt|wei|ber|kno|ten, der (Seemannsspr.): *laienhaft geknüpfter, nicht belastbarer Knoten.*

Alt|wei|ber|müh|le, die (Volksk.): *Mühle, in der alte Frauen wieder in junge Mädchen verwandelt werden.*

Alt|wei|ber|som|mer, der [19. Jh.; H. u.]: **1.** *sonniger, warmer Nachsommer.* **2.** *im Spätsommer in der Luft schwebende lange Spinnfäden.*

alt|welt|lich ⟨Adj.⟩: *aus der Alten Welt stammend, sie betreffend od. nachahmend.*

Alu, das; -s (ugs.): Kurzf. von ↑Aluminium.

Alu|fo|lie, die: kurz für ↑Aluminiumfolie.

alu|mi|nie|ren ⟨sw. V.; hat⟩: *Metall[teile] mit Aluminium überziehen.*

Alu|mi|ni|um, das; -s [zu lat. alumen (Gen.: aluminis) = Alaun (nach seinem natürlichen Vorkommen in der Alaunerde)]: *silberweißes Leichtmetall (chemisches Element;* Zeichen: Al)

Alu|mi|ni|um|far|be, die: *Deckfarbe aus pulverisiertem Aluminium u. einem Bindemittel.*

Alu|mi|ni|um|fo|lie, die: *dünne Folie aus Aluminium für Verpackungs- u. Isolationszwecke.*

alu|mi|ni|um|hal|tig ⟨Adj.⟩: *Aluminium enthaltend.*

Al|ve|o|lar, der; -s, -e (Sprachw.): *an den Alveolen des Oberkiefers gebildeter Laut.*

Al|ve|o|le, die; -, -n ⟨meist Pl.⟩ [lat. alveolus = kleine Mulde] (Anat.): **a)** *Mulde, Vertiefung im Kieferknochen, in der die Zahnwurzel sitzt;* **b)** *Lungenbläschen.*

Alz|hei|mer, der; -s (ugs): kurz für ↑Alzheimerkrankheit.

Alz|hei|mer|krank|heit, die; - [nach dem dt. Neurologen Alois Alzheimer (1864–1915)]: *in einer Atrophie des Gehirns bestehende Krankheit, die mit fast völligem Erlöschen des Gedächtnisses und mit Persönlichkeitsverlust einhergeht.*

am ⟨Präp. + Art.⟩ [mhd. ame]: **1.** *an dem:* am Hang, am Berg, am See; (nicht auflösbar bei geographischen Namen u. in bestimmten Zeitangaben:) Frankfurt am Main; am Donnerstag; am Ende der Ferien; (nicht auflösbar in festen Verbindungen:) am Ziel, am Ende, am Werk sein; (Kaufmannsspr.:) sich am Markt behaupten, etw. am Lager haben; am Rande [bemerken]; etw. am Stück kaufen. **2.** (nicht auflösbar:) wird dem Superlativ vorangestellt, wenn dieser nicht Attribut od. Gleichsetzungsglied ist: am besten, am schönsten; nach einigen Verben mit an + Dativ: er zweifelte am Gelingen. **3.** (ugs.) (nicht auflösbar; bildet mit dem subst. Infinitiv u. »sein« die Verlaufsform:) ich bin noch am Überlegen; das Wasser ist am Kochen; er ist am Essen.

Am = Americium.

ama|bi|le ⟨Adv.⟩ [ital. amabile < lat. amabilis] (Musik): *liebenswürdig, sanft, zart.*

Amal|gam, das; -s, -e [mlat. amalgama, wohl < arab. al-malġam = erweichende Salbe, zu griech. málagma = das Erweichende] (Chemie): *Legierung eines Metalls mit Quecksilber:* **Ü** ein A. *(eine Mischung)* aus Positivismus und Materialismus.

Amal|gam|fül|lung, die (Zahnmed.): *Zahnfüllung aus Silber- od. Kupferamalgam.*

amal|ga|mie|ren ⟨sw. V.; hat⟩ [mlat. amalgamare]: **1.** (Technik) **a)** *(ein Metall) mit Quecksilber legieren:* Zinn, Zink, Kalium a.; **b)** ⟨a. + sich⟩ *sich zu einer Legierung verbinden:* Zinn und Silber amalgamieren sich sehr unterschiedlich. **2.** (Technik) *mithilfe von Quecksilber aus Erzen gewinnen:* Gold, Silber a. **3.** (bildungsspr.) *jmdn., sich od. etw. mit etw. verbinden, verschmelzen, vereinigen:* Menschen verschiedener Herkunft [zu einer Einheit] a.

Ama|ryl|lis, die; -, ...llen [griech. Amaryllís = Name einer Hirtin, eigtl. = die Glänzende]: *Pflanze mit riemenförmigen Blättern u. großen, trichterförmigen, oft leuchtend roten Blüten auf hohem Schaft.*

Ama|teur [ama'tøːɐ̯], der; -s, -e [frz. amateur < lat. amator = Liebhaber]: **1. a)** *jmd., der eine Tätigkeit aus Liebhaberei, als Hobby betreibt:* den Film hat ein A. gedreht; **b)** (leicht abwertend) *jmd., der eine Aufgabe ohne die nötigen Fachkenntnisse zu bewältigen versucht:* du arbeitest wie ein A. **2.** (Sport) *Aktiver in einem Sportverein, der seinen Sport regelmäßig, aber nicht gegen Entgelt betreibt:* er tanzt als A.; ein Turnier für -e.

Ama|teur-: drückt in Bildungen mit Substantiven aus, dass jmd. eine bestimmte Tätigkeit nicht berufsmäßig, sondern aus Spaß an der Sache selbst (und deshalb weniger perfekt) ausübt: Amateurarchäologin, -detektiv, -koch.

Ama|teur|film, der: *von einem Amateur* (1a) *gedrehter Film.*

Ama|teur|fil|mer, der: *jmd., der als Amateur* (1a) *Filme dreht.*

Ama|teur|fil|me|rin, die: w. Form zu ↑Amateurfilmer.

Ama|teur|fo|to, das: *Foto, das von einem Amateur* (1a) *gemacht wurde.*

Ama|teur|fuß|ball, der: *Fußballsport, den jmd. als Amateur* (2) *betreibt.*

Ama|teur|fuß|bal|ler, der: *Fußballer, der Amateur* (2) *ist.*

Ama|teur|fuß|bal|le|rin, die: w. Form zu ↑Amateurfußballer.

ama|teur|haft ⟨Adj.⟩: *dilettantisch, stümperhaft:* a. wirken.

Ama|teu|rin, die; -, -nen: w. Form zu ↑Amateur.

Ama|teur|li|ga, die (Sport): *Spielklasse für Amateursportler, -innen u. -mannschaften.*

Ama|teur|mann|schaft, die (Sport): *aus Amateuren* (2) *bestehende Mannschaft.*

Ama|teur|spiel, das (Sport): *Wettkampf zwischen Amateurmannschaften.*

Ama|teur|sport, der: *Sport, den jmd. als Amateur* (2) *betreibt.*

Ama|teur|sport|ler, der: *jmd., der sich als Amateur* (2) *sportlich betätigt.*

Ama|teur|sport|le|rin, die: w. Form zu ↑Amateursportler.

Ama|teur|sta|tus, der ⟨o. Pl.⟩ (Sport): *Eigenschaft, Stellung als Amateur* (2).

Ama|zo|nas, der; -: südamerikanischer Strom.

Ama|zo|ne, die; -, -n [1: lat. Amazon < griech. Amazṓn; 2 a: frz. amazone = (kühne) Reiterin]: **1.** (griech. Myth.) *Angehörige eines in Kleinasien beheimateten Volkes kriegerischer Frauen.* **2.** (Reiten) *[Turnier]reiterin.*

Am|ber, der; -s, -[n] [frz. ambre < arab. ʿanbar], Ambra, die; -, -s [ital. ambra < mlat. ambra, ambar < arab. ʿanbar]: **a)** *fettige Ausscheidung aus dem Darm des Pottwals;* **b)** *aus Amber* (a) *hergestellter Duftstoff.*

Am|bi|an|ce [ã'bjãːs(ə)], die; - [frz. ambiance, zu: ambiant < lat. ambiens, ↑Ambiente] (schweiz.): *Ambiente.*

Am|bi|en|te, das; - [ital. ambiente < lat. ambiens (Gen.: ambientis), 1. Part. von: ambire = herumgehen, aus: amb- = um – herum u. ire = gehen]: *Umwelt, Atmosphäre; Milieu, das eine Persönlichkeit, einen Raum od. ein Kunstwerk umgibt, ihm eigen ist:* ein italienisches A.

am|big, am|bi|gue ⟨Adj.⟩ [(frz. ambigu <) lat. ambiguus, zu: ambigere = bezweifeln; unschlüssig sein] (bes. Fachspr.): *mehrdeutig, doppelsinnig.*

Am|bi|gu|i|tät, die; -, -en [(frz. ambiguïté <) lat. ambiguitas] (bes. Fachspr.): *Mehr-, Doppeldeutigkeit.*

Am|bi|ti|on, die; -, -en ⟨meist Pl.⟩ [frz. ambition < lat. ambitio, eigtl. = das Herumgehen (als Bittsteller), zu: ambire, ↑Ambiente] (bildungsspr.): *auf ein bestimmtes Ziel gerichtetes Streben; [beruflicher] Ehrgeiz:* künstlerische -en; er hat keine -en *(will nicht weiterkommen, ist mit seinem beruflichen Rang zufrieden).*

am|bi|ti|o|niert ⟨Adj.⟩ (geh.): *ehrgeizig, anspruchsvoll, strebsam:* ein -es Projekt, Vorhaben; der Politiker ist sehr a.

am|bi|ti|ös [lat. ambitiosus] (meist abwertend): *ehrgeizig, geltungsbedürftig:* -e Pläne.

am|bi|va|lent ⟨Adj.⟩ [zu lat. ambi- = von zwei Seiten, herum u. valens (Gen.: valentis) = stark, mächtig, adj. 1. Part. von: valere, ↑Valenz] (bildungsspr.): *doppelwertig u. deshalb oft in sich widersprüchlich; zwiespältig:* -e Gefühle, Beziehungen; ihre Haltung ist a.

Am|bi|va|lenz, die; -, -en: *Zwiespältigkeit; Spannungszustand; Zerrissenheit [der Gefühle u. Bestrebungen].*

Am|bo, der; -s, -s u. ...ben [ital. ambo < lat. ambo = beide] (österr.): *Doppeltreffer beim Lotto.*

Am|boss, der; -es, -e [1: mhd. anebōȝ, ahd. anabōȝ, eigtl. = woran (worauf) man schlägt, aus ↑an u. mhd. bōȝen, ahd. bōȝan = schlagen, stoßen, klopfen; 2: nach der Form]: **1.** *eiserner Block mit ebener Fläche, auf dem der Schmied das Eisen schmiedet:* das glühende Eisen auf den A. legen; er schlug auf den A. **2.** (Anat.) *eines der drei Gehörknöchelchen.*

Am|böss|chen, das; -s, -: Vkl. zu ↑Amboss.

Am|bra: ↑Amber.

Am|bro|sia, die; - [lat. ambrosia < griech. ambrosía, eigtl. = Unsterblichkeit]: **1.** (griech. Myth.) *Nahrung der Götter, die ihnen ewige Jugend und Unsterblichkeit verleiht.* **2.** *Süßspeise aus Apfelsinen, Ananas, Mandeln, Zucker u. Sherry.*

am|bro|sisch ⟨Adj.⟩ [zu ↑Ambrosia] (geh. veraltend): *himmlisch, göttlich; köstlich:* -e Düfte.

am|bu|lant ⟨Adj.⟩ [frz. ambulant < lat. ambulans (Gen.: ambulantis), 1. Part. von: ambulare = herumgehen]: **1.** *wandernd, umherziehend; nicht ortsgebunden:* -er Handel; -e Händler, Dienste; ein Gewerbe a. betreiben. **2.** (Med.) *nicht an eine Krankenhausaufnahme gebunden; nicht stationär:* -e Behandlung; -e Patienten; der Verletzte konnte a. versorgt werden.

Am|bu|lanz, die; -, -en [frz. ambulance] (Med.): **a)** *bewegliches Feldlazarett; [fahrbare] ärztliche Untersuchungs- u. Behandlungsstation;* **b)** *Kranken-, Rettungswagen:* jmdn. mit der A. ins Krankenhaus bringen; **c)** *Sanitäts-, Behandlungsraum für erste Hilfe [in Betrieben];* **d)** *poliklinische Station für ambulante Behandlung.*

Am|bu|lanz|wa|gen, der: *Ambulanz* (a, b).

am|bu|la|to|risch ⟨Adj.⟩ [lat. ambulatorius = beweglich]: *ambulant* (2).

Am|bu|la|to|ri|um, das; -s, ...ien [nach russ. ambulatorija] (bes. DDR): *Einrichtung zur ambulanten Behandlung der Bevölkerung.*

am|bu|lie|ren ⟨sw. V.; hat/ist⟩ [lat. ambulare, ↑ambulant] (veraltet): *spazieren gehen; lustwandeln.*

Amei|se, die; -, -n [mhd. āmeiȝe, ahd. āmeiȝa, zu ahd. meiȝan = (ab)schneiden, eigtl. = die Abgeschnittene, wohl nach dem scharfen Einschnitt zwischen Vorder- und Hinterkörper]: *kleineres, in vielen Arten auftretendes, meist rotbraunes bis schwärzliches, Staaten bildendes Insekt, dessen Bau häufig die Form eines Haufens hat u. für das sein als emsig empfundenes Tätigsein charakteristisch ist:* sie ist fleißig wie eine A.; hier wimmelt es von -n.

Amei|sen|bär, der: *(in Mittel- und Südamerika beheimatetes) Ameisen und Termiten fressendes Säugetier mit röhrenförmig ausgebildeter Schnauze.*

Amei|sen|ei, das: **1.** (ugs.) *Puppe* (3) *der Ameise.* **2.** *Ei der Ameise.*

Amei|sen|hau|fen, der: *Bau der Ameisen, der an der Erdoberfläche als kleiner Hügel sichtbar wird.*

Amei|sen|krib|beln, das; -s, **Amei|sen|lau|fen,** das; -s: *Kribbeln od. feines Stechen in der Haut (ähnlich der Empfindung, die über die Haut laufende Ameisen hervorrufen).*

Amei|sen|säu|re, die ⟨o. Pl.⟩ (Chemie): *einfachste organische Säure, die bes. als Konservierungsmittel verwendet wird.*

Amei|sen|staat, der: *Insektenstaat der Ameisen.*

Amei|sen|stra|ße, die (Zool.): *von Ameisen zwischen ihrem Nest und den wichtigsten Nahrungsquellen angelegter Weg.*

amen ['aːmɛn, 'aːmən] ⟨Adv.⟩ [mhd. āmen < lat. amen < griech. amḗn < hebr. amen = wahrlich; es geschehe!]: dient dem bekräftigenden Abschluss nach Gebet, Segen, Schriftlesung, Predigt.

Amen, das; -s, - ⟨Pl. selten⟩: bekräftigende liturgische Abschlussformel nach Gebet, Segen o. Ä.: die Gemeinde sang das A.; **R** das ist so sicher wie das A. in der Kirche *(das ist ganz gewiss);* * **zu allem Ja und A./(auch:) ja und amen sagen** (ugs.; *mit allem einverstanden sein, sich mit allem abfinden).*

Ame|ri|can Foot|ball, der: *Football.*

Ame|ri|can Way of Life [ə'mɛrɪkən 'weɪ əv 'laɪf], der; - - - - [engl. = US-amerikanische Lebensweise]: *Lebensstil der Amerikaner* (1).

Ame|ri|ci|um, das; -s [engl. americium, nach dem Erdteil Amerika]: *künstlich hergestelltes metallisches Element (chemisches Element; Zeichen: Am).*

Ame|ri|ka; -s: **1.** aus den Erdteilen Nord- u. Südamerika bestehender Doppelkontinent. **2.** kurz für: Vereinigte Staaten von Amerika.

Ame|ri|ka|deut|sche, der u. die: *in Amerika geborene od. lebende Person deutscher Herkunft.*

Ame|ri|ka|haus, das: *von den USA in Deutschland u. Österreich unterhaltenes Kulturzentrum.*

Ame|ri|ka|ner, der; -s, - [2: H. u.]: **1.** Ew. zu ↑Amerika (2). **2.** *rundes Gebäckstück aus Weizenmehl mit Zucker- od. Schokoladenguss.*

Ame|ri|ka|ne|rin, die; -, -nen: w. Form zu ↑Amerikaner (1).

Ame|ri|ka|ner|wa|gen, der (schweiz.): *Automobil amerikanischer Herkunft.*

ame|ri|ka|nisch ⟨Adj.⟩: **1. a)** *Amerika* (2), *die Amerikaner* (1) *betreffend;* **b)** *in amerikanischem Englisch:* die -e Sprache, Literatur. **2.** (Film) *eine Einstellung betreffend, bei der eine Person bis etwa zum Knie zu sehen ist.*

Ame|ri|ka|nisch, das; -[s] u. ⟨nur mit best. Art.:⟩ **Ame|ri|ka|ni|sche,** das; -n: *amerikanisches Englisch:* ein Buch ins A. übersetzen.

ame|ri|ka|ni|sie|ren ⟨sw. V.; hat⟩: **a)** *der amerikanischen Sprache od. den amerikanischen* (1 a) *Verhältnissen angleichen;* **b)** (Wirtsch.) *(einen Betrieb, eine Firma) mit US-amerikanischem*

A

Kapital ausstatten, unter US-amerikanische Leitung stellen.

Ame|ri|ka|nis|mus, der; -, ...men [engl. americanism] (Sprachw.): **1.** *sprachliche Besonderheit des amerikanischen Englisch.* **2.** *Entlehnung aus dem Amerikanischen [ins Deutsche].*

Ame|ri|ka|nist, der; -en, -en: *Wissenschaftler auf dem Gebiet der Amerikanistik.*

Ame|ri|ka|nis|tik, die; -: **1.** *Wissenschaft von der Geschichte, Kultur, Sprache u. Literatur der USA.* **2.** *Teilgebiet der Völkerkunde, das sich mit Geschichte, Sprache u. Kultur der amerikanischen Indianer befasst.*

Ame|ri|ka|nis|tin, die; -, -nen: w. Form zu ↑Amerikanist.

ame|ri|ka|nis|tisch ⟨Adj.⟩: *die Amerikanistik betreffend.*

Ame|thyst, der; -[e]s, -e [lat. amethystus < griech. améthystos, eigtl. = nicht betrunken (nach der Annahme, dass der Stein vor Trunkenheit schütze)]: *violetter bis purpurroter Schmuckstein.*

ame|thyst|far|ben ⟨Adj.⟩: *violett.*

Ami, der; -[s], -[s] (ugs.): kurz für: *Amerikaner* (1).

Ami|go, der; -s, -s [span. amigo < lat. amicus = Freund] (ugs. abwertend): *jmd., der als Freund u. Gönner eines Politikers auftritt u. sich dadurch Vorteile erhofft.*

Amin, das; -s, -e [Kunstwort]: *von Ammoniak abgeleitete Stickstoffverbindung.*

Ami|no|säu|re, die: *organische Säure, bei der ein Wasserstoffatom durch eine aus einem Stickstoffatom u. zwei Wasserstoffatomen bestehende Gruppe ersetzt ist.*

Am|man: Hauptstadt von Jordanien.

Am|mann, der; -[e]s, Ammänner [mhd. amman, ambetman, ahd. ambahtman, zu ↑Amt] (schweiz.): **1.** kurz für ↑Gemeinde-, ↑Land-, ↑Stadtamman. **2.** (im Kanton Freiburg) *Gemeindepräsident.*

Am|me, die; -, -n [mhd. amme, ahd. amma, urspr. Lallw.]: *Frau, die ein fremdes Kind [mit ihrem eigenen zusammen] stillt u. betreut.*

Am|men|mär|chen, das: *unwahre, erfundene Geschichte, die für einen naiven, leichtgläubigen Zuhörer gedacht ist.*

Am|mer, die; -, -n, Fachspr. auch: der; -s, -n [mhd. amer, ahd. amaro, zu ahd. amar = Dinkel (↑Emmer), also eigtl. »Dinkelvogel«; der Vogel ernährt sich vorwiegend von Getreidekörnern]: *(zu den Finkenvögeln gehörender) in vielen Arten verbreiteter Vogel mit kurzem, kegelförmigem Schnabel u. langem Schwanz (z. B. Goldammer).*

Am|mo|ni|ak [auch: 'a..., österr.: a'mo:...], das; -s [lat. (sal) Ammoniacum = ammonisch(es Salz); nach der Ammonsoase (heute Siwa) in Ägypten] (Chemie): *stechend riechende, gasförmige Verbindung von Stickstoff und Wasserstoff.*

Am|mo|nit [auch: ...'nɪt], der; -en, -en [zu lat. cornu Ammonis = Horn des Ammon (nach der Gestalt des Kalkgehäuses, die einem Widderhorn – dem Attribut des ägyptischen Gottes Ammon – ähnelt)]: **a)** (Zool.) *zu einer ausgestorbenen Gruppe von Kopffüßern aus dem Mesozoikum gehörendes Tier;* **b)** (Geol., Archäol.) *(als Leitfossil dienende) spiralförmige Versteinerung eines Ammoniten (a), Ammonshorn.*

Am|mo|ni|um, das; -s: *Ammoniak enthaltende Atomgruppe, die sich in vielen chemischen Verbindungen wie ein Metall verhält.*

Am|mons|horn, das ⟨Pl. ...hörner⟩ [für älter: cornu Ammonis (nach der Form; vgl. Ammonit)]: *Ammonit* (b).

Am|ne|sie, die; -, -n [zu griech. a- = nicht, un- u. mnēsis = Gedächtnis, zu: mimnēskein = (sich) erinnern] (Med.): *Ausfall des Erinnerungsvermögens bezüglich eines bestimmten Zeitraums vor od. während einer Bewusstseinsstörung; Gedächtnislücke, -schwund.*

Am|nes|tie, die; -, -n [lat. amnestia < griech. amnēstía = Vergessen, Vergebung] (Rechtsspr.): *durch ein besonderes Gesetz verfügter Straferlass od. verfügte Strafmilderung für eine Gruppe bestimmter Fälle, bes. für politische Vergehen:* eine A. für politische Gefangene fordern, erlassen; unter die A. fallen.

Am|nes|tie|ge|setz, das (Rechtsspr.): *die Amnestie betreffendes Gesetz.*

am|nes|tie|ren ⟨sw. V.; hat⟩: *begnadigen, jmdm. durch Gesetz die weitere Verbüßung einer Freiheitsstrafe erlassen:* einige politische Häftlinge wurden amnestiert.

Am|nes|tie|rung, die; -, -en: *das Amnestieren, Amnestiertwerden.*

Am|nes|ty In|ter|na|tio|nal ['æmnɪstɪ ɪntə'næʃənl]: internationale Organisation zum Schutz der Menschenrechte, bes. für Gefangene, die aus politischen od. weltanschaulich-religiösen Gründen festgenommen wurden.

Am|ni|on, das; -s [griech. amníon] (Med., Biol.): *Eihaut der höheren Wirbeltiere u. des Menschen.*

Am|ni|o|zen|te|se, die; -, -n [zu griech. amníon = Eihaut und kéntēsis = das Stechen] (Med.): *Durchstechen der Eihaut (2) zur Gewinnung von Fruchtwasser für diagnostische Zwecke.*

Amö|be, die; -, -n [zu griech. amoibḗ = Wechsel, Veränderung]: *in sehr vielen Arten vorkommender Einzeller, der durch Fließbewegungen des Plasmas ständig die Gestalt wechselt; Wechseltierchen.*

Amö|ben|ruhr, die (Med.): *(in den Tropen u. Subtropen verbreitete) Dickdarmerkrankung.*

Amok ['a:mɔk, auch: a'mɔk], der; -s [malai. amuk = wütend, rasend]: meist in Verbindungen wie **A. laufen** *(in einem Zustand krankhafter Verwirrung [mit einer Waffe] umherlaufen u. blindwütig töten);* **A. fahren** *(in wilder Zerstörungswut mit einem Fahrzeug umherfahren).*

Amok|fah|rer, der: *jmd., der Amok fährt.*

Amok|fah|re|rin, die: w. Form zu ↑Amokfahrer.

Amok|fahrt, die: *Fahrt eines Amokfahrers.*

Amok|lauf, der: *wildes Umherlaufen eines Amokläufers.*

Amok|läu|fer, der: *jmd., der Amok läuft.*

Amok|läu|fe|rin, die: w. Form zu ↑Amokläufer.

Amok|schüt|ze, der: *mit einer Waffe blindwütig schießender Amokläufer.*

Amok|schüt|zin, die: w. Form zu ↑Amokschütze.

a-Moll [auch: '–'–], das; -: *auf dem Grundton a beruhende Molltonart;* Zeichen: a (↑a, A 2).

a-Moll-Ton|lei|ter, die: *auf dem Grundton a beruhende Molltonleiter.*

Amor (röm. Myth.): Gott der Liebe: * **von -s Pfeil getroffen** (dichter.; *verliebt*).

amo|ra|lisch [auch: – –'– –] ⟨Adj.⟩: **a)** *nicht moralisch, sich über die herrschende Moral hinwegsetzend; unmoralisch:* ein -er Mensch; **b)** *sich außerhalb moralischer Bewertung befindend.*

Amo|ra|li|tät, die; - (bildungsspr.): *Haltung, Lebensführung, die keine Moral für sich anerkennt.*

Amo|ret|te, die; -, -n [mit französierender Endung zu ↑Amor] (Kunstwiss.): *Figur eines nackten, geflügelten Knaben (als Begleiter des römischen Liebesgottes); Putte.*

amo|ro|so ⟨Adv.⟩ [ital. amoroso, zu: amore < lat. amor = Liebe] (Musik): *zärtlich, innig.*

amorph ⟨Adj.⟩ [griech. ámorphos, zu: a- = nicht, un- u. morphḗ = Gestalt, Form]: **1.** (bildungsspr.) *ungeformt, gestaltlos:* eine -e Masse. **2. a)** (Physik) *glasartig, nicht kristallin:* -e Stoffe; **b)** (Biol.) *ohne feste Gestalt:* -e Körperformen.

Amor|ti|sa|ti|on, die; -, -en [zu ↑amortisieren] (Wirtsch.): **a)** *allmähliche Tilgung einer Schuld nach einem bestimmten Plan:* eine kurzfristige, langfristige A.; **b)** *Deckung der für ein Investitionsgut aufgewendeten Anschaffungskosten aus dem damit erwirtschafteten Ertrag:* dadurch hat sich die A. des Mähdreschers verzögert; **c)** (DDR) *Abschreibung des Verschleißes, dem die Grundmittel in der Produktion ausgesetzt sind.*

amor|ti|sie|ren ⟨sw. V.; hat⟩ [zu frz. amortir, eigtl. = abtöten, über das Vlat. zu lat. mortuus = tot] (Wirtsch.): **1.** *(eine Schuld) nach einem vorgegebenen Plan allmählich tilgen:* eine Hypothek, ein Darlehen a. **2. a)** *(Kosten, Investitionen) durch Erträge wieder einbringen;* **b)** ⟨a. + sich⟩ *(von Kosten, Investitionen) sich bezahlt machen, wieder eingebracht werden.* **3.** (DDR) *den Verschleiß der Grundmittel in der Produktion einbringen.*

Amor|ti|sie|rung, die; -, -en: *Amortisation.*

Amou|ren [a'mu:rən] ⟨Pl.⟩ [frz. amours, Pl. von: amour = Liebe < lat. amor] (veraltend, noch scherzh.): *Liebschaften, Liebesabenteuer.*

Amour fou [amur'fu] die; - - [frz. amour fou]: *verhängnisvolle leidenschaftliche, rasende Liebe:* zwischen den beiden entwickelte sich eine A. f.

amou|rös [amu'rø:s] ⟨Adj.⟩ [frz. amoureux]: *Liebschaften betreffend, von Liebesbeziehungen handelnd:* -e Abenteuer.

Am|pel, die; -, -n [1: mhd. ampel, ampulle, ahd. amp(ul)la < lat. ampulla, ↑Ampulle]: **1.** *[schalenförmige, kleinere] Hängelampe.* **2.** *Beleuchtungsanlage, die der Verkehrsregelung dient; Verkehrsampel:* die A. zeigt Rot, ist auf Grün gesprungen; eine A. überfahren *(nicht beachten).* **3.** *hängendes Gefäß für Topfpflanzen.*

Am|pel|an|la|ge, die: *meist aus mehreren Ampeln (2) bestehende technische Einrichtung:* die A. warten, ausschalten; die A. ist ausgefallen.

Am|pel|kar|te, die (Fußball Jargon): *gelbe und rote Karte als optisches Zeichen für das Verweisen eines Spielers vom Spielfeld nach einem Foul und seine Sperre für das nächste Spiel.*

Am|pel|ko|a|li|ti|on, die [nach den Parteifarben Rot, Gelb, Grün]: *Koalition aus SPD, FDP und Grünen.*

Am|pel|pflan|ze, die: *Pflanze, die sich besonders für das Bepflanzen einer Ampel* (3) *eignet.*

Am|pere [am'pe:ɐ̯], das; -[s], - [nach dem französischen Physiker A. M. Ampère (1775–1836)]: *Einheit der elektrischen Stromstärke* (Zeichen: A).

Am|pere|me|ter, das: *Messinstrument für die elektrische Stromstärke.*

Am|pere|se|kun|de, die: *Einheit der Elektrizitätsmenge; Coulomb* (Zeichen: As).

Am|pere|stun|de, die: *Einheit der Elektrizitätsmenge* (Zeichen: Ah).

Am|phe|ta|min, das; -s, -e [engl. amphetamine, Kunstwort aus: a(lpha), m(ethyl), ph(enyl), et(hyl) u. amine] (Chemie, Med.): *als Weckamin u. Droge verwendete chemische Verbindung.*

Am|phi|bie, die; -, -n [spätlat. amphibion < griech. amphíbion zu: amphíbios = doppellebig, aus: amphí = zweifach u. bíos = Leben] (Zool.): *sowohl auf dem Land wie auch im Wasser lebendes Kriechtier; Lurch.*

Am|phi|bi|en|fahr|zeug, das: *schwimmfähiges Kraftfahrzeug, das im Wasser u. auf dem Land verwendet werden kann.*

am|phi|bisch ⟨Adj.⟩: **1.** *im Wasser u. auf dem Land lebend od. sich bewegend:* ein -es Lebewesen. **2.** (Milit.) *zu Lande u. zu Wasser operierend:* -e Kampfeinheit, Invasion.

Am|phi|the|a|ter, das; -s, - [lat. amphitheatrum < griech. amphithéatron, aus: amphí = ringsum u. théatron, ↑Theater, also eigtl. = Theater, in dem man von allen Seiten zuschauen kann]: *[nicht überdachtes] in elliptischer Form angelegtes [antikes] Theater mit stufenweise ansteigenden Sitzreihen.*

Am|pho|ra, die; -, ...oren, **Am|pho|re,** die; -, -n [lat. amphora < griech. amphoreús, gek. aus: amphiphoreús = an beiden Seiten zu tragender (Krug), zu: amphí = beidseitig u. phérein = tragen]: *bauchiges, enghalsiges Gefäß der Antike mit zwei Henkeln (zur Aufbewahrung von Wein, Öl, Honig usw.).*

Am|pli|tu|de, die; -, -n [lat. amplitudo = Größe, Weite] (Math., Physik): *größter Ausschlag einer Schwingung od. eines Pendels aus der Mittellage; Schwingungsweite:* die Messung einer A.

Am|pul|le, die; -, -n [lat. ampulla, Vkl. von: amphora, ↑Amphora] (Med.): *kleiner, keimfrei zugeschmolzener Glasbehälter für Injektionslösungen.*

Am|pu|ta|ti|on, die; -, -en [lat. amputatio, zu: amputare, ↑amputieren] (Med.): *operative Abtrennung eines Körperteils, bes. einer Gliedmaße:* eine A. vornehmen.

Am|pu|ta|ti|ons|stumpf, der (Med.): *nach einer Amputation verbleibendes Reststück.*

am|pu|tie|ren ⟨sw. V.; hat⟩ [lat. amputare, eigtl. = ringsum abschneiden] (Med.): **a)** *(einen Körperteil, eine Gliedmaße) operativ entfernen:* [jmdm.] ein Bein a.; **b)** *bei jmdm. eine Amputation vornehmen:* jmdn. a.

Am|sel, die; -, -n [mhd. amsel, ahd. ams(a)la, H. u.]: *(zu den Drosseln gehörender) größerer Singvogel mit beim Männchen schwarzem Gefieder und gelbem Schnabel, beim Weibchen dunkelbraunem Gefieder und braunem Schnabel.*

Ams|ter|dam [amstɐˈdam, auch: ˈ– – –]: Hauptstadt der Niederlande.

Amt, das; -[e]s, Ämter [mhd. amt, amb(e)t, ambahte, ahd. ambaht(i) = Dienst(leistung), aus dem Kelt.]: **1. a)** *offizielle Stellung (in Staat, Gemeinde, Kirche u. Ä.), die mit bestimmten Pflichten verbunden ist; Posten:* ein geistliches, öffentliches A.; das höchste A. im Staat; ein A. übernehmen, verwalten, antreten, ausüben, bekleiden, innehaben; sein A. niederlegen; jmdn. aus einem A. entfernen; für ein A. kandidieren; [noch] im A. sein; sich um ein A. bewerben; *** in A. und Würden** (oft iron.; *in einer festen, gesicherten Position*); **b)** *Aufgabe, zu der sich jmd. bereit gefunden hat; Obliegenheit, Verpflichtung:* ihm wurde das schwere A. zuteil, diese Nachricht zu überbringen; *** seines -es walten** (geh.; *Handlungen, die in jmds. Aufgabenbereich liegen, ausführen*). **2. a)** *Behörde, Dienststelle:* das A. für Denkmalpflege, für Statistik; in einem A. vorsprechen; *** Auswärtiges A.** (*Außenministerium;* Abk.: AA); **von -s wegen** (1. *auf behördliche Anordnung, in amtlichem Auftrag.* 2. *dienstlich, aus beruflichen Gründen*); **b)** *Gebäude, Raum, in dem ein Amt* (2 a) *untergebracht ist:* das A. betreten; **c)** (veraltend) *Telefonamt; Amtsleitung:* das A. anrufen; das Fräulein vom A. (früher; *Telefonistin, Telefonvermittlerin*). **3.** *(in einigen Bundesländern) Gemeindeverband.* **4.** (kath. Kirche) *Messe mit Gesang (des Priesters u. des Chors):* ein A. halten, besuchen; einem A. beiwohnen.

Ämt|chen, das; -s, - (oft abwertend): Vkl. zu Amt (1).

Am|tei, die; -, -en (schweiz. regional, sonst veraltet): *Amtsbereich.*

am|ten ⟨sw. V.; hat⟩ [mhd., ahd. ambahten] (bes. schweiz.): *sein Amt ausüben; amtieren.*

Äm|ter|häu|fung, die: *Bekleidung mehrerer öffentlicher Ämter durch eine Person.*

Äm|ter|kauf, der: *Erwerb eines Amtes durch Bestechung o. Ä.*

Äm|ter|pa|tro|na|ge, die: *Günstlingswirtschaft bei der Vergabe von Ämtern.*

Amt|frau, die: *Beamtin des gehobenen Dienstes (über der Oberinspektorin).*

am|tie|ren ⟨sw. V.; hat⟩: **a)** *ein Amt innehaben, ausüben; im Amt sein:* der Minister amtiert seit Gründung der Republik; der [derzeit] amtierende Bürgermeister; Ü der amtierende *(derzeitige)* Weltmeister; **b)** *eine Aufgabe übernehmen, als jmd. fungieren:* in einem Streit als Schiedsrichter a.

amt|lich ⟨Adj.⟩ [mhd. ambetlich, ahd. ambahtlīh]: **1. a)** *behördlich; von einem Amt, einer Behörde ausgehend:* -e Bekanntmachungen; der Wagen mit dem -en Kennzeichen ...; eine Abschrift, Fotokopie a. beglaubigen lassen; **b)** *dienstlich, von Amts wegen:* er ist in -em Auftrag, a. hier; **c)** *von einer Behörde, einem [Regierungs]amt stammend u. daher zuverlässig, glaubwürdig; offiziös:* eine -e Stellungnahme; Ü die Sache ist a. (ugs.; *ganz sicher, wirklich wahr*). **2.** *wichtig, ernst [aussehend]:* er machte eine -e Miene.

amt|li|cher|seits ⟨Adv.⟩: *von amtlicher* (1 a) *Seite:* a. wurde dazu nicht Stellung genommen.

Amt|mann, der; -[e]s, Amtmänner, auch: Amtleute [mhd. amtman, ambetman, ahd. ambahtman, ↑Ammann]: *Beamter des gehobenen Dienstes (über dem Oberinspektor).*

Amt|män|nin, die; -, -nen: w. Form zu ↑Amtmann.

Amts|an|ma|ßung, die (Rechtsspr.): *unbefugte Ausübung eines öffentlichen Amtes; unbefugte Vornahme einer amtlichen Handlung.*

Amts|an|tritt, der: *Antritt eines Amtes* (1 a); bei, seit, nach jmds. A.

Amts|ap|pa|rat, der ⟨o. Pl.⟩: *Menschen [u. Hilfsmittel], mit denen die staatlichen Funktionen ausgeübt werden.*

Amts|arzt, der: *beamteter Arzt im öffentlichen Gesundheitswesen.*

Amts|ärz|tin, die: w. Form zu ↑Amtsarzt.

amts|ärzt|lich ⟨Adj.⟩: *den Amtsarzt betreffend, von ihm ausgehend:* ein -es Gutachten.

Amts|be|reich, der: *Bereich, Umkreis, innerhalb dessen ein Beamter seine Funktion auszuüben hat.*

Amts|be|zeich|nung, die: **a)** *amtliche Benennung für eine Dienststellung; Titel;* **b)** *amtliche Bezeichnung für einen bestimmten Gebrauchsgegenstand.*

Amts|blatt, das: *von kommunalen od. staatlichen Dienststellen herausgegebene Zeitung mit amtlichen Bekanntmachungen u. Mitteilungen.*

Amts|bru|der, der: *Kollege im geistlichen Amt.*

Amts|dau|er, die ⟨schweiz. auch Pl.: -n⟩: *Amtsperiode.*

Amts|deutsch, das (abwertend): *gespreizte, umständliche, unanschauliche Ausdrucksweise, wie sie oft formelhaft von Behörden gebraucht wird.*

Amts|eid, der: *Eid, der bei der Übernahme eines Amtes zu leisten ist; Versprechen, seine Pflichten als Beamter gewissenhaft zu erfüllen.*

Amts|ein|füh|rung, die: *feierliche Einsetzung in ein Amt.*

Amts|ein|set|zung, die: *Einsetzung in ein Amt.*

Amts|ent|he|bung, die: *unehrenhafte Entlassung aus einem Amt.*

Amts|ent|set|zung, die (bes. österr., schweiz.): *Amtsenthebung.*

Amts|füh|rung, die ⟨o. Pl.⟩: *Führung eines Amtes (bes. im Hinblick auf die Art u. Weise, die Strategie).*

Amts|ge|bäu|de, das: vgl. Amt (2 b).

Amts|ge|heim|nis, das: **a)** ⟨o. Pl.⟩ *dienstliche Schweigepflicht:* sich auf das A. berufen; **b)** *Angelegenheit, die der Schweigepflicht unterliegt; geheime Tatsache:* -se ausplaudern.

Amts|ge|richt, das: **a)** *Gericht unterster Instanz für kleinere Strafsachen u. Zivilangelegenheiten;* **b)** *Gebäude, in dem das Amtsgericht* (a) *untergebracht ist.*

Amts|ge|schäf|te ⟨Pl.⟩: *dienstliche Obliegenheiten, die zur Verwaltung eines [öffentlichen] Amtes gehören.*

Amts|ge|walt, die ⟨o. Pl.⟩: *mit einem Amt* (1 a) *verbundene Befugnis, Vollmacht, Ermächtigung:* seine A. missbrauchen.

amts|hal|ber ⟨Adv.⟩: *wegen eines Amtes; aus amtlichen Gründen:* etwas a. beschlagnahmen.

amts|han|deln ⟨sw. V.; hat⟩ (österr.): *in amtlicher Eigenschaft vorgehen:* der Gendarm hat auf höheren Befehl amtsgehandelt.

Amts|hand|lung, die: *Handlung in Ausübung eines öffentlichen Amtes.*

Amts|hil|fe, die: *Beistandsleistung einer Behörde für eine andere (beispielsweise durch Gewährung von Akteneinsicht).*

Amts|hil|fe|er|su|chen, das: *Bitte um Amtshilfe.*

Amts|in|ha|ber, der: *jmd., der ein öffentliches Amt innehat.*

Amts|in|ha|be|rin, die: w. Form zu ↑Amtsinhaber.

Amts|ket|te, die: *um den Hals getragene Kette als Zeichen der Würde, mit der ein Amt verbunden ist:* eine goldene A.

Amts|kir|che, die: *von kirchlichen Amtsträgern, hauptamtlichen Führungskräften repräsentierte Kirche als öffentliche Institution.*

Amts|klei|dung, die: *bei bestimmten Amtshandlungen vorgeschriebene Kleidung.*

Amts|lei|tung, die: *öffentliche Telefonleitung (die nicht zu einer Nebenstelle, sondern über das Fernsprechamt zu einem anderen Hauptanschluss od. Knotenpunkt führt).*

Amts|mie|ne, die (meist spött.): *übertrieben strenger Gesichtsausdruck einer Amtsperson:* eine A. aufsetzen, machen, zur Schau tragen.

amts|mü|de ⟨Adj.⟩: *nicht mehr gewillt, ein Amt in Zukunft weiter auszuüben.*

Amts|pe|ri|o|de, die: *festgesetzte Zeitspanne der Tätigkeit in einem Amt.*

Amts|per|son, die: *jmd., der in amtlicher Eigenschaft auftritt od. tätig wird.*

Amts|pflicht, die: *Verpflichtung einer Amtsperson, die ihr übertragenen Aufgaben gewissenhaft auszuführen.*

Amts|raum, der: vgl. Amt (2 b).

Amts|rich|ter, der (ugs.): *Richter an einem Amtsgericht.*

Amts|rich|te|rin, die: w. Form zu ↑Amtsrichter.

Amts|schim|mel, der ⟨o. Pl.⟩ [2. Bestandteil viell. volksetym. umgestaltet aus älter österr. Simile = Formular od. viell. urspr. = Schimmel der (berittenen) Schweizer Amtsboten] (scherzh.): *übertrieben genaue Handhabung der Dienstvorschriften; Bürokratismus:* R der A. wiehert *(es herrscht Bürokratismus).*

Amts|sie|gel, das: *Dienstsiegel.*

Amts|sitz, der: **a)** *Ort, an dem sich die zuständige Behörde befindet;* **b)** *Dienstgebäude.*

Amts|spra|che, die: **1. a)** *offizielle Sprache eines Staates, Sprache der Gesetzgebung;* **b)** *in internationalen Organisationen zugelassene u. maßgebliche Sprache für Texte von Verträgen, Veröffentlichungen usw.* **2.** ⟨o. Pl.⟩ (oft abwertend) *Sprache der Verwaltung, der Behörden; trockenes Amtsdeutsch.*

Amts|stu|be, die (veraltend): *Dienstzimmer.*

Amts|tracht, die: *Amtskleidung.*

Amts|trä|ger, der: *jmd., der ein bestimmtes Amt, bes. in einer Partei, innehat.*

Amts|trä|ge|rin, die: w. Form zu ↑Amtsträger.

Amts|ver|we|ser, der (geh.): *Statthalter, stellvertretender Verwalter eines [hohen] Amtes.*

Amts|ver|we|se|rin, die: w. Form zu ↑Amtsverweser.

Amts|vor|stand, Amts|vor|ste|her, der: *Leiter einer [kleineren] Behörde.*

Amts|zeit, die: *Zeitspanne, in der jmd. ein Amt innehat.*

Amts|zim|mer, das: *Amtsraum.*

Amu|lett, das; -[e]s, -e [lat. amuletum, H. u.]: *kleiner, oft als Anhänger getragener Gegenstand, dem Unheil abwehrende u. Glück bringende Kräfte zugeschrieben werden.*

amü|sant ⟨Adj.⟩ [frz. amusant, zu: amuser, ↑amüsieren]: *unterhaltsam, belustigend, erheiternd; vergnüglich, Vergnügen bereitend:* -e Geschichten; ein -er Gesellschafter; er weiß a. zu erzählen.

Amü|se|ment [amyzəˈmãː], das; -s, -s [frz. amusement]: *unterhaltsamer, belustigender Zeitvertreib; [oberflächliches] Vergnügen.*

Amü|sier|be|trieb, der (oft abwertend): **1.** *Amüsierlokal.* **2.** ⟨o. Pl.⟩ *dem Amüsement gewidmetes Treiben.*

amü|sie|ren ⟨sw. V.; hat⟩ [frz. s'amuser, refl. Form von: amuser = belustigen; mit leeren Versprechungen abspeisen, zu einem vlat. Wort mit der Bed. »Maul, Schnauze«]: **1.** ⟨a. + sich⟩ *sich vergnügen; sich auf angenehme Art die Zeit vertreiben, seinen Spaß haben:* sich köstlich, großartig, königlich a.; amüsiert euch gut! **2.** ⟨a. + sich⟩ *sich über jmdn. od. etw. lustig machen:* die Leute amüsierten sich über ihn, sein Hobby. **3.** *jmdn. belustigen, erheitern; jmdn. angenehm u. vergnüglich unterhalten:* der Gedanke amüsierte ihn; er war sehr amüsiert, lachte amüsiert.

Amü|sier|lo|kal, das (oft abwertend): *Nachtlokal mit leichter Unterhaltung unterschiedlicher Art.*

Amü|sier|vier|tel, das: *Stadtviertel, in dem sich*

A

Unterhaltungslokale, Bars, Bordelle usw. befinden; Rotlichtviertel.

amu|sisch [auch: -'- -] ⟨Adj.⟩ [aus ↑a- u. ↑musisch] (bildungsspr.): *nicht musisch, ohne Kunstverständnis, ohne Kunstsinn.*

Amy|lo|id, das; -s, -e (Med., Chemie): *stärkeähnlicher Eiweißkörper, der durch krankhafte Prozesse im Organismus entsteht u. sich im Bindegewebe der Blutgefäße ablagert.*

an [mhd. an(e), ahd. an(a), urspr. = an etw. hin od. entlang]: **I.** ⟨Präp. mit Dativ u. Akk.⟩ **1.** (räumlich) **a)** ⟨mit Akk.⟩ zur Angabe der Richtung: die Leiter an den Baum lehnen; an eine andere Dienststelle versetzt werden; **b)** ⟨mit Dativ⟩ zur Angabe der Lage, der Nähe, der Berührung o. Ä.: die Leiter lehnt an einem Baum; eine Verletzung an der Wirbelsäule; Trier liegt an der Mosel; er geht an *(mithilfe von)* Krücken; der Blumentopf steht an (südd., österr.; *auf*) der Fensterbank; **c)** in Verbindung mit zwei gleichen Substantiven zur Angabe der Vielzahl od. der Regelmäßigkeit einer Reihe: sie standen Kopf an Kopf *(dicht gedrängt);* sie wohnen Tür an Tür *(in unmittelbarer Nachbarschaft).* **2.** ⟨mit Dativ⟩ zur Angabe des Zeitpunkts: an einem Wintermorgen; an diesem 31. Januar; an der Wende des Jahrhunderts; (bes. südd., österr., schweiz.:) an Ostern, an Weihnachten, an Pfingsten. **3.** ⟨mit Dativ u. Akk.⟩ stellt unabhängig von räumlichen od. zeitlichen Vorstellungen eine Beziehung zu einem Objekt od. Attribut her: an einer Krankheit sterben; an einem Roman schreiben; Mangel an Lebensmitteln; an jmdn., etw. glauben; sich an jmdn. erinnern; er war noch jung an Jahren; er ist schuld an dem Unglück; das gefällt mir nicht an ihm; das ist das Wichtigste an der ganzen Sache; was er an Rente bekam, war nicht viel; *** an [und für] sich** *(eigentlich, im Grunde genommen):* dagegen ist an sich nichts einzuwenden; **etw. an sich haben** (ugs.; *eine besondere Eigenart haben*); **an sich halten** *(sich mit großer Mühe beherrschen);* **es ist an dem** *(es ist so);* **es ist an jmdm., etw. zu tun** (geh.; *es ist jmds. Aufgabe, etw. zu tun*). **4.** ⟨mit Akk. u. vorausgehendem »bis«⟩ zur Angabe einer räumlichen od. zeitlichen Erstreckung: das Wasser reichte ihm bis an die Knie; er war gesund bis an sein Lebensende. **II.** ⟨Adv.⟩ **1. a)** (Verkehrsw.) zur Angabe der Ankunft: Frankfurt an: 17.30; **b)** in Verbindung mit der Präp. »von«, räumlich u. zeitlich: von Rom an; von der achten Reihe an; von [nächstem] Montag an; von heute an. **2. a)** *angeschaltet, angedreht, angestellt, angezündet:* die Heizung, das Radio, der Motor, das Feuer, der Ofen ist an; häufig elliptisch in Aufforderungen: Licht an *(einschalten, anmachen)!;* **b)** (ugs.) elliptisch: ohne etwas an *(unbekleidet);* häufig in Aufforderungen: nur rasch den Mantel an und weg von hier! **3.** (ugs.) in Verbindung mit Maß- u. Mengenangaben; *ungefähr, etwa:* die Strecke war an [die] 30 Kilometer lang; sie halfen an die fünfzig Kindern.

Ana, die; -, -s [subst. Endung -ana (z. B. in Goetheana)] (veraltend): *Sammlung von Aussprüchen berühmter Personen.*

Ana|bap|tist, der; -en, -en [mlat. anabaptista, zu mgriech. anabaptízein = nochmals taufen]: *Wiedertäufer.*

Ana|bo|li|kum, das; -s, ...ka ⟨meist Pl.⟩ [zu griech. aná = (hin)auf u. bállein = werfen] (Med.): *Präparat, das den Aufbau von Eiweiß in einem Organismus steigert u. zum Aufbau von Muskeln verwendet wird.*

Ana|cho|ret [anaço're:t, auch: ...ko..., ...xo...], der; -en, -en [lat. anachoreta < griech. anachōrētēs, eigtl. = zurückgezogen (Lebender)] (Rel.): *frühchristlicher Einsiedler mit strenger Lebensform; Klausner.*

Ana|cho|re|ten|tum, das; -s (Rel.): *Lebensform der Anachoreten.*

ana|cho|re|tisch ⟨Adj.⟩ [lat. anachoreticus < griech. anachōrētikós] (Rel.): *die Anachoreten, das Anachoretentum betreffend; einsiedlerisch.*

Ana|chro|nis|mus [anakro'nɪsmʊs], der; -, ...men [griech. anachronismós = Verwechslung der Zeiten] (bildungsspr.): **1.** *falsche zeitliche Einordnung.* **2.** *durch die Zeit überholte Einrichtung:* etw. als A. empfinden.

ana|chro|nis|tisch ⟨Adj.⟩ (bildungsspr.): **1.** *zeitlich falsch eingeordnet.* **2.** *nicht in eine bestimmte Zeit, Epoche passend u. daher überholt; zeitwidrig:* sich a. kleiden; ein für die Demokratie -es Amt, Verfahren.

an|ae|rob ⟨Adj.⟩ [aus griech. an- = nicht, un- und ↑aerob] (Biol.): *ohne Sauerstoff lebend.*

Ana|gramm, das; -s, -e [griech. anágramma] (bildungsspr.): **1.** *durch Umstellung von Buchstaben od. Silben innerhalb eines Wortes entstandenes neues sinnvolles Wort.* **2.** *Buchstabenrätsel.*

Ana|kon|da, die; -, -s [engl. anaconda, wahrsch. aus dem Singhal.]: *(in Südamerika beheimatete, überwiegend im Wasser lebende) Riesenschlange mit runden schwarzen Flecken auf dem gelbbraunen Rücken.*

Ana|kre|on|tik, die; - [nach dem altgriech. Lyriker Anakreon] (Literaturw.): *literarische Richtung, Lyrik zur Zeit des Rokokos mit den Hauptthemen Liebe, Wein, heitere Geselligkeit.*

Ana|kre|on|ti|ker, der; -s, - (Literaturw.): *Vertreter der Anakreontik.*

ana|kre|on|tisch ⟨Adj.⟩ (Literaturw.): *in der Art Anakreons, zur Anakreontik gehörend:* ein -es Gedicht.

anal ⟨Adj.⟩ [zu lat. anus, ↑Anus] (Med.): *den After betreffend, zum After gehörend:* -e Phase (Psychoanalyse; *frühkindliche, durch Lustgewinn im Bereich des Afters gekennzeichnete Entwicklungsphase.*)

Anal|ero|tik, die (Psychoanalyse): *[frühkindliches] sexuelles Lustempfinden im Bereich des Afters.*

An|al|ge|ti|kum, das; -s, ...ka [zu griech. an- = nicht, un- u. álgos = Schmerz] (Med.): *schmerzstillendes Mittel.*

Anal|ko|i|tus, der: *Analverkehr.*

ana|log [frz. analogue < lat. analogus < griech. análogos, eigtl. = dem Logos, der Vernunft entsprechend, zu: aná = gemäß u. lógos, ↑Logos]: **I.** ⟨Adj.⟩ **1.** (bildungsspr.) *entsprechend; ähnlich, vergleichbar, gleichartig:* eine -e Erscheinung; a. verlaufen. **2. a)** (EDV) *kontinuierlich, stufenlos;* **b)** (Physik) *durch ein und dieselbe mathematische Beziehung beschreibbar; einen Wert durch eine physikalische Größe darstellend:* -es Signal *(Analogsignal).* **II.** ⟨Präp. mit Dativ⟩ *entsprechend:* a. diesem Fall.

Ana|lo|gie, die; -, -n [lat. analogia < griech. analogía] (bildungsspr.): *Entsprechung, Ähnlichkeit, Gleichheit von Verhältnissen:* zwischen den beiden Fällen besteht eine A.; etw. in A. zu etw. anderem beurteilen.

Ana|lo|gie|bil|dung, die (Sprachw.): *nach dem Vorbild eines anderen Wortes od. einer anderen Form gebildetes Wort, gebildete Form.*

Ana|lo|gie|schluss, der (Philos.): *logisches Schlussverfahren, bei dem von der Übereinstimmung zweier Dinge in einigen Punkten auf Gleichheit auch in anderen Punkten geschlossen wird.*

ana|lo|gisch ⟨Adj.⟩: *auf Analogie beruhend.*

Ana|log|rech|ner, der (EDV): *Rechenanlage, in der die Ausgangswerte u. das Ergebnis einer Rechenaufgabe als physikalische Größen dargestellt werden.*

Ana|log|si|gnal, das (Informatik, Physik): *durch eine Analoggröße repräsentiertes od. mit ihr moduliertes Signal* (3).

Ana|log|uhr, die: *Uhr, bei der die Zeitangabe auf einem Zifferblatt durch Zeiger erfolgt.*

An|al|pha|bet [auch: '- - - -], der; -en, -en [griech. analphábētos, aus: an- = nicht, un- u. alphábētos, ↑Alphabet]: *jmd., der nicht lesen u. schreiben gelernt hat:* Ü ein politischer A.

An|al|pha|be|ten|tum, das; -s: *Vorhandensein, Verbreitung von Analphabeten in einem bestimmten Gebiet, Land.*

An|al|pha|be|tin, die; -, -nen: w. Form zu ↑Analphabet.

an|al|pha|be|tisch ⟨Adj.⟩: *des Lesens u. Schreibens unkundig, durch Analphabetismus gekennzeichnet:* ein -es Land.

An|al|pha|be|tis|mus, der; -: *Unfähigkeit, zu schreiben u. zu lesen.*

Anal|ver|kehr, der (Sexualk.): *Geschlechtsverkehr, bei dem der Penis in den After eingeführt wird.*

Ana|ly|sand, der; -en, -en (Psychoanalyse): *jmd., der sich einer psychoanalytischen Behandlung unterzieht.*

Ana|ly|san|din, die: w. Form zu ↑Analysand.

Ana|ly|se, die; -, -n [mlat. analysis < griech. análysis = Auflösung, Zergliederung, zu: analýein = auflösen, zu: lýein, ↑Lysis]: **1.** (bildungsspr.) *Untersuchung, bei der etw. zergliedert, ein Ganzes in seine Bestandteile zerlegt wird:* eine wissenschaftliche, sorgfältige A.; die A. der Marktlage; eine A. machen, vornehmen, durchführen. **2.** (Chemie) *Ermittlung der Einzelbestandteile von zusammengesetzten Stoffen od. Stoffgemischen mit chemischen od. physikalischen Methoden:* eine quantitative, qualitative A. durchführen.

ana|ly|sie|ren ⟨sw. V.; hat⟩ (bildungsspr.): *auf einzelne Merkmale hin untersuchen; zergliedern u. dadurch klarlegen:* einen Roman, eine Sonate, die Lage, eine Beziehung, seine Mitmenschen, sich selbst, seine Gefühle a.

Ana|ly|sis, die; - [mlat. analysis < griech. análysis, ↑Analyse]: **1.** (Math.) *Teil der Mathematik, in dem mit Grenzwerten gearbeitet, die Infinitesimalrechnung angewendet wird.* **2.** (Geom.) *Voruntersuchung beim Lösen geometrischer Aufgaben.*

Ana|lyst [auch engl.: 'ænəlɪst], der; -en, -en u. (bei engl. Aussprache:) -s, -s (Börsenw.): *Börsenfachmann, der die Lage u. Tendenz an der Börse beobachtet u. analysiert.*

Ana|lys|tin, die; -, -nen: w. Form zu ↑Analyst.

Ana|ly|tik, die; - [lat. analytice < griech. analytikḗ (téchnē)]: **1.** (Philos.) *Kunst der Analyse, Lehre von den Schlüssen u. Beweisen.* **2.** *analytische Chemie.*

Ana|ly|ti|ker, der; -s, - (bildungsspr.): *jmd., der [in seinem Fachgebiet, bes. in der Psychoanalyse] nach der analytischen Methode vorgeht.*

Ana|ly|ti|ke|rin, die; -, -nen: w. Form zu ↑Analytiker.

ana|ly|tisch ⟨Adj.⟩ [lat. analyticus < griech. analytikós] (bildungsspr.): *zergliedernd, zerlegend; auf logischer Zergliederung, auf einem logisch zergliedernden Verfahren beruhend:* eine -e Arbeit, Untersuchung, Methode, Begabung; -e Chemie *(Gebiet der Chemie, das sich mit der Analyse (2) befasst);* -e Geometrie *(Geometrie, bei der für geometrische Gebilde Funktionsgleichungen aufgestellt werden);* -e Sprachen *(Sprachen, bei denen syntaktische Beziehungen nicht am Wort selbst, sondern durch selbstständige Wörter ausgedrückt werden).*

Anä|mie, die; -, -n [griech. anaimía, zu: haîma = Blut] (Med.): *Verminderung des roten Blutfarbstoffs u. der roten Blutkörperchen; Blutarmut.*

anä|misch ⟨Adj.⟩ (Med.): *die Anämie betreffend; blutarm; blutleer.*

Anam|ne|se, die; -, -n [spätlat. anamnesis < griech. anámnēsis = Erinnerung] (Med.): *Vorgeschichte einer Krankheit:* die A. aufnehmen.

Ana|nas, die; -, - u. -se [port. ananás < indian. (südamerik.) (a)naná]: **1.** *tropische Pflanze mit rosettenartig angeordneten Blättern u. Blütenständen, die bei Entstehung der Frucht mit Teilen der Blüte u. der Deckblätter zu großen zapfenförmigen Früchten verwachsen.* **2.** *gelbe bis orangefarbene Frucht der Ananas* (1) *mit hellgelbem, saftig fleischigem, süßsäuerlich schmeckendem Fruchtfleisch.*

Anar|chie, die; -, -n [griech. anarchía, zu: ánarchos = führerlos; zügellos, zu: an- = nicht, un- u. árchein = Führer sein, herrschen]: **a)** *Zustand der Herrschaftslosigkeit, Gesetzlosigkeit; Chaos in rechtlicher, politischer, wirtschaftlicher, gesellschaftlicher Hinsicht:* einen Staat, die Wirtschaft an den Rand der A. bringen; in diesem Land herrscht A.; **b)** (Philos.) *gesellschaftlicher Zustand, in dem eine minimale Gewaltausübung durch Institutionen u. maximale Selbstverantwortung des Einzelnen vorherrschen.*

anar|chisch ⟨Adj.⟩: *gesetzlos, ohne eine gesetzliche Ordnung, chaotisch:* -e Zustände, Verhältnisse; a. leben.

Anar|chis|mus, der; -: *Lehre, die eine Gesellschaftsform ohne Staatsgewalt u. gesetzlichen Zwang propagiert:* sich zum A. bekennen.

Anar|chist, der; -en, -en [frz. anarchiste, zu: anarchie < griech. anarchía, ↑Anarchie]: *Anhänger des Anarchismus.*

Anar|chis|tin, die; -, -nen: w. Form zu ↑Anarchist.

anar|chis|tisch ⟨Adj.⟩: *den Anarchismus betreffend, ihn vertretend, dem Anarchismus entspringend:* -e Ideen, Parolen, Gruppen, Aktionen.

Anar|cho, der; -[s], -[s] (Jargon): *jmd., der sich gegen die bestehende bürgerliche Gesellschaft u. deren Ordnung gewaltsam auflehnt.*

An|äs|the|sie, die; -, -n [griech. anaisthēsía = Gefühllosigkeit] (Med.): **1.** *Betäubung, Ausschaltung der Schmerzempfindung bes. durch Narkose:* lokale A.; ohne A. operieren. **2.** *Unempfindlichkeit des Nervensystems gegen bestimmte Reize, Fehlen der Schmerzempfindung infolge von Erkrankungen od. Narkose.*

an|äs|the|sie|ren ⟨sw. V.; hat⟩ (Med.): *schmerzunempfindlich machen, betäuben:* den Patienten vor der Operation a.

An|äs|the|sist, der; -en, -en (Med.): *Facharzt für Anästhesie* (1).

An|äs|the|sis|tin, die; -, -nen: w. Form zu ↑Anästhesist.

An|äs|the|ti|kum, das; -s, ...ka (Med.): *schmerzstillendes, den Schmerz ausschaltendes Mittel:* ein allgemeines, örtliches A.

an|äs|the|tisch ⟨Adj.⟩ (Med.): **1.** *den Schmerz ausschaltend.* **2.** *mit Unempfindlichkeit gegen bestimmte Reize, bes. gegen Schmerzen, verbunden.*

an|äs|the|ti|sie|ren ⟨sw. V.; hat⟩: ↑anästhesieren.

Ana|to|li|en; -s: asiatischer Teil der Türkei.

ana|to|lisch ⟨Adj.⟩: *Anatolien betreffend.*

Ana|tom, der; -en, -en (Med.): *Wissenschaftler auf dem Gebiet der Anatomie.*

Ana|to|mie, die; -, -n [spätlat. anatomia < griech. anatomía, zu: anatémnein = aufschneiden; sezieren] (Med.): **1.** ⟨o. Pl.⟩ **a)** *Wissenschaft vom Bau des [menschlichen] Körpers u. seiner Organe:* systematische, topographische, pathologische, vergleichende A.; **b)** *Aufbau, Struktur des [menschlichen] Körpers:* die A. des Menschen, der Frau, der Hauskatze; die weibliche A. **2.** *anatomisches Institut:* eine Leiche an die A. geben. **3.** *Lehrbuch der Anatomie* (1).

Ana|to|mie|saal, der (Med.): *Hörsaal der Anatomie* (2).

Ana|to|min, die; -, -nen: w. Form zu ↑Anatom.

ana|to|misch ⟨Adj.⟩ (Med.): **a)** *den Bau des [menschlichen] Körpers betreffend:* -e Unterschiede, Merkmale; **b)** *die Wissenschaft der Anatomie betreffend:* ein -es Lehrbuch, Institut.

[1]**an|ba|cken** ⟨unr. V.; bäckt/(auch:) backt an, backte/(veraltend:) buk an, angebacken⟩: **1.** ⟨hat⟩ **a)** *kurze Zeit, nicht fertig backen:* den Kuchen nur a.; **b)** *nur kurze Zeit zum Backen im Backofen sein:* der Kuchen soll 10 Minuten a. **2.** *sich während des Backens an der Backform festsetzen* ⟨ist⟩: die Plätzchen sind alle am Blech angebacken.

[2]**an|ba|cken** ⟨sw. V.; ist⟩ (landsch.): *sich festsetzen, ankleben:* der Schnee, der Dreck backt [an den Schuhen] an.

an|bag|gern ⟨sw. V.; hat⟩ (salopp): *[herausfordernd] ansprechen u. unmissverständlich sein Interesse für die angesprochene Person zeigen:* da versucht er wieder, eine anzubaggern.

an|bah|nen ⟨sw. V.; hat⟩: **a)** *in die Wege leiten, anknüpfen:* eine Verbindung, Handelsbeziehungen, Gespräche a.; **b)** ⟨a. + sich⟩ *sich zu entwickeln beginnen, sich andeuten:* eine Freundschaft, ein neues Verhältnis bahnte sich zwischen ihnen an; in ihrer Beziehung bahnt sich eine Wende an.

An|bah|nung, die; -, -en: *das Anbahnen, das Sichanbahnen.*

an|ban|deln (südd., österr.), **an|bän|deln** ⟨sw. V.; hat⟩ [zu ↑Bändel] (ugs.): *mit jmdm. eine [nicht ernsthafte] Liebesbeziehung anknüpfen:* er wollte mit ihr a.

An|bau, der; -[e]s, -ten: **1. a)** ⟨o. Pl.⟩ *das Anbauen (eines Gebäudes od. Gebäudeteils an ein Hauptgebäude):* mit dem A. eines Seitenflügels beginnen; **b)** *Gebäude, das angebaut ist; angebauter Gebäudeteil:* er wohnt im A. **2.** ⟨o. Pl.⟩ (Landw.) *das Anbauen* (2), *Anpflanzen:* der A. von Getreide, Kartoffeln, Tabak; A. betreiben.

an|bau|en ⟨sw. V.; hat⟩: **1. a)** *an etw. bauend anfügen; hinzubauen:* eine Veranda, eine Garage a.; sie bauten einen Seitenflügel an das/(seltener:) an dem Hauptgebäude an; Ü Dominosteine a. *(ansetzen);* **b)** *ein Gebäude durch einen Anbau erweitern, vergrößern:* wir müssen a.; Ü wenn wir a. (ugs.; *einen zusätzlichen Tisch an die Tafel heranrücken*), finden alle Gäste Platz. **2.** *auf Feldern anpflanzen:* Gemüse, Getreide, Tabak, Wein a.

an|bau|fä|hig ⟨Adj.⟩: *für den Anbau* (2) *geeignet:* das -e Land.

An|bau|flä|che, die: *Fläche für den Anbau* (2): die A. einschränken.

An|bau|ge|biet, das: *Gebiet für den Anbau* (2).

An|bau|kü|che, die: *Kücheneinrichtung, die aus Anbaumöbeln besteht.*

An|bau|mö|bel, das: *Möbelstück, das als Teil eines ganzen Programms mit anderen Stücken der gleichen Art zusammengesetzt werden kann.*

An|bau|ver|fah|ren, das: *Verfahren, nach dem der Anbau* (2) *betrieben wird:* biologisches A.

An|bau|wand, die: *Kombination von Anbaumöbeln, die eine Wand bilden.*

an|be|feh|len ⟨st. V.; hat⟩ (geh.): **1.** *dringend anraten; ausdrücklich befehlen:* jmdm. größte Zurückhaltung a. **2.** *anvertrauen; unter jmds. Schutz stellen:* er befahl seine Kinder, sich, sein Haus der Obhut seines Freundes an.

An|be|ginn, der; -[e]s (geh.): *Beginn, Anfang:* seit A. der Welt; von A. war die Sache verfahren.

an|be|hal|ten ⟨st. V.; hat⟩ (ugs.): *nicht ablegen, nicht ausziehen:* den Mantel, die Schuhe, die Handschuhe a.

an|bei [auch: ˈ– –] ⟨Adv.⟩ (Amtsspr.): *als Anlage:* a. [schicken wir Ihnen] die gewünschten Unterlagen; Porto a.

an|bei|ßen ⟨st. V.; hat⟩: **1.** *von etw. das erste Stück abbeißen; etw. durch Hineinbeißen zu verzehren beginnen:* einen Apfel, eine Praline a.; ein angebissenes Stück Brot; *** zum Anbeißen sein, aussehen** (ugs.; *reizend anzusehen sein*). **2.** *den Köder an der Angel anfressen, verschlucken:* am besten beißen die Fische am Abend an; Ü er wollte nicht so recht a. (ugs.; *auf das Angebot eingehen*); keine Frau will bei ihm a. (ugs.; *ihn heiraten*).

an|be|kom|men ⟨st. V.; hat⟩: **1.** *(nur mit Mühe) anziehen können:* ich habe die Schuhe nicht anbekommen. **2.** *(nur mit Mühe) anzünden, in Gang bringen usw. können:* ich bekomme das Streichholz, den Motor, das Auto nicht an.

an|be|lan|gen ⟨sw. V.; hat⟩ [zu veraltet belangen = betreffen u. ↑anlangen]: in der Verbindung was **jmdn., etw. anbelangt** *(was jmdn., etw. betrifft, anlangt):* was mich, diese Sache anbelangt, [so] bin ich einverstanden.

an|bel|len ⟨sw. V.; hat⟩: *bellende Laute gegen jmdn., etw. ausstoßen:* der Dackel bellte ihn, das Denkmal, den Mond an.

an|be|que|men, sich ⟨sw. V.; hat⟩ (veraltend): *sich anpassen:* sich einer Forderung, den Verhältnissen, den herrschenden Sitten a.

an|be|rau|men ⟨sw. V.; hat⟩ [unter Einfluss von ↑Raum zu spätmhd. berämen = als Ziel festsetzen, zu mhd. rämen, ahd. rāmēn = zielen, streben] (Amtsspr.): *[für einen bestimmten Zeitpunkt, Termin] ansetzen, bestimmen:* er beraumte eine Sitzung an/(seltener auch:) er anberaumte eine Sitzung; der anberaumte Termin.

an|be|ten ⟨sw. V.; hat⟩: **a)** *(ein höheres Wesen) betend verehren:* Götzen, Götter a.; **b)** *jmdn. überschwänglich verehren, vergöttern:* er betet seine Frau an.

An|be|ter, der; -s, -: **a)** (seltener) *jmd., der jmdn., etw. betend verehrt;* **b)** *Verehrer:* ein heimlicher A.; eine Schar von -n erwartete den Künstler.

An|be|tracht: in der Verbindung **in A.** *(im Hinblick auf, angesichts):* in A. der Lage, seines hohen Alters; in A. dessen, dass er noch so jung war, ließ man ihn laufen.

an|be|tref|fen ⟨st. V.; hat⟩: in der Verbindung was **jmdn., etw. anbetrifft** *(was jmdn., etw. betrifft, anlangt):* was mich, diese Sache anbetrifft, [so] bin ich einverstanden.

an|bet|teln ⟨sw. V.; hat⟩: *sich bettelnd an jmdn. wenden; jmdn. nachdrücklich um etw., bes. eine Gabe bitten:* Kinder bettelten die Passanten [um Geld, Brot] an.

An|be|tung, die; -, -en ⟨Pl. selten⟩: **a)** *betende Verehrung:* die A. des Jesuskindes; in A. versunken sein; **b)** *bewundernde Verehrung, Vergötterung.*

an|be|tungs|wür|dig ⟨Adj.⟩: *in höchstem Maße verehrungswürdig, Bewunderung, Entzücken hervorrufend:* eine -e Frau.

an|be|zah|len ⟨sw. V.; hat⟩: *anzahlen.*

an|bie|dern, sich ⟨sw. V.; hat⟩ [zu ↑bieder] (abwertend): *sich jmdm. auf plump-vertrauliche Weise nähern, sich bei jmdm. einzuschmeicheln suchen:* ich dachte nicht daran, mich bei ihm anzubiedern.

An|bie|de|rung, die; -, -en: *das Sichanbiedern.*

An|bie|de|rungs|ver|such, der: *Versuch, sich bei jmdm. anzubiedern:* einen A. machen.

an|bie|ten ⟨st. V.; hat⟩: **1. a)** *jmdm. etw. zur Verfügung stellen u. seine Bereitschaft dazu erkennen lassen, zeigen:* jmdm. seine Hilfe, seinen Platz, seine Dienste a.; er bot ihr an, sie nach Hause zu fahren; **b)** ⟨a. + sich⟩ *sich für einen bestimmten Zweck bereithalten, zur Verfügung stellen:* er bietet sich als Vermittler an; ich biete mich zum Vorlesen an; **c)** *(einem Gast) zum Essen, Trinken o. Ä. reichen:* jmdm. etw. zu essen, ein Getränk, eine Zigarette a.; nichts anzubieten, ⟨subst.:⟩ zum Anbieten [im Haus] haben; **d)** *zur Wahl stellen, bereithalten:* an dem Gymnasium wird Griechisch angeboten; jmdm. etw. als Gegengabe, als Ersatz a. **2. a)** *vorschlagen; anregen:* jmdm. eine Lösung, neue Verhandlungen a.; jmdm. das Du anbieten; der Minister hat seinen Rücktritt angeboten *(hat sein Amt zur Verfügung gestellt);* **b)** *einen Handel vorschlagen, ein [Waren]angebot machen, offerieren:* auf dem Markt Waren zum Verkauf a.; etw. zu günstigem Preis a.; einem Verlag ein Manuskript a.; sich als Babysitter, Fotomodell a.; sich auf der Straße a. *(der Prostitution auf der Straße nachgehen);* **c)** *(ein Amt) antragen:* jmdm. eine neue Position, den Ministersessel a. **3.** ⟨a. + sich⟩ **a)** *in Betracht kommen, nahe liegen:* eine Lösung bietet sich an; **b)** *geeignet sein zu etw.:* der Ort bietet sich für das Treffen [geradezu] an.

An|bie|ter, der; -s, -: *jmd., der etw. anbietet* (2 b): die Konkurrenz zwischen öffentlichen und privaten -n.

An|bie|te|rin, die; -, -nen: w. Form zu ↑Anbieter.

an|bin|den ⟨st. V.; hat⟩: **1.** *mit einer Leine, Schnur o. Ä. an etw. befestigen, festmachen:* das Boot am Ufer a.; das Pony an einen Pflock a.; einen Rosenstrauch a.; Ü man kann die Kinder nicht a. *(kann sie nicht daran hindern, eigene Wege zu gehen);* sie ist wegen ihrer großen Familie sehr angebunden *(hat viele Verpflichtungen u. daher wenig Zeit);* *** kurz angebunden [sein]** *(unfreundlich, abweisend [sein]):* er ist immer sehr kurz angebunden. **2.** (geh.) **a)** *mit jmdm. Streit beginnen, suchen; anbändeln:* er wagt nicht, mit dem Meister anzubinden; **b)** *mit jmdm. ein nicht ernsthaftes Liebesverhältnis anfangen:* er wollte mit ihr a. **3.** (Verkehrsw.) *einen Ort, Bereich, einen Verkehrsweg o. Ä. mit* *anderen verbinden; eine Verkehrsverbindung herstellen:* ein Gewerbegebiet [durch einen neuen Zubringer] an die Autobahn a.

An|bin|dung, die; -, -en (Verkehrsw.): *das Anbinden* (3): die direkte A. an den Eisenbahnverkehr; die A. an das öffentliche Verkehrssystem verbessern.

An|biss, der; -es, -e: **1.** *das Anbeißen:* der A. des Apfels. **2.** *Stelle, an der etw. angebissen wurde:* den A. abschneiden.

an|blaf|fen ⟨sw. V.; hat⟩ (ugs. abwertend): **1.** *(von einem Hund) anbellen, mit Gekläff belästigen:* der Dackel blaffte ihn an. **2.** *heftig anfahren, zurechtweisen.*

an|bla|sen ⟨st. V.; hat⟩: **1.** *in Richtung auf jmdn., etw. blasen:* blas mich nicht mit dem Zigarettenrauch an! **2.** (salopp) *heftig anfahren, zurechtweisen:* vom Oberst angeblasen werden. **3.** (Musik) *zu blasen beginnen; ganz leicht blasen:* einen Ton, eine Trompete a. **4.** *durch Blasen anfachen:* die Glut, das Feuer a.; Ü den Lebensfunken wieder a. *(die Lebenskraft neu wecken).* **5.** *durch ein Horn, Signal o. Ä. das Zeichen für den Beginn von etw. geben; etw. ankündigen:* die Jagd, das neue Jahr a.

An|blick, der; -[e]s, -e: **a)** *etw., was sich dem Auge darbietet; Bild:* ein erfreulicher, trostloser A.; ihr den traurigen A. ersparen; sich in einen A. vertiefen, verlieren; R ein A. für Götter (ugs.; *ein köstlicher, lustiger Anblick*); **b)** ⟨o. Pl.⟩ *das Anblicken, Betrachten; Beobachten:* sie erschrak bei seinem Anblick.

an|bli|cken ⟨sw. V.; hat⟩: *[mit dem Ausdruck einer bestimmten Gefühlsregung] ansehen, seinen Blick, seine Augen auf jmdn., etw. richten:* er blickte sie lächelnd, vielsagend, von oben herab, unverwandt, mit großen Augen an; Ü die Rosen blickten sie traurig an.

an|blin|ken ⟨sw. V.; hat⟩: **a)** *blinkendes Licht auf jmdn. fallen lassen:* eine Taschenlampe blinkte mich an; **b)** *jmdm ein Blinkzeichen geben:* sie blinkte ihn kurz an und er folgte ihr.

an|blin|zeln ⟨sw. V.; hat⟩: **1.** *blinzelnd ansehen, bes. um das Auge vor zu großem Lichteinfall zu schützen:* er blinzelte mich verschlafen an. **2.** *augenzwinkernd seines [heimlichen] Mitgefühls, seiner Komplizenschaft versichern:* sie blinzelte ihn verstohlen an.

an|blit|zen ⟨sw. V.; hat⟩: *jmdn. mit blitzenden Augen (in einer Weise, die einen inneren Affekt verrät) ansehen:* jmdn. wütend a.; ihre Augen blitzten mich an.

an|boh|ren ⟨sw. V.; hat⟩: **1.** *mit einem Bohrer o. Ä. zu bearbeiten beginnen, ein Loch in etw. zu bohren beginnen:* Käfer bohren das Holz an; ein Brett a. **2.** *etw. durch Bohrung erschließen:* neue Quellen, ein Erdölvorkommen a. **3.** (ugs.) *jmdn. um etw. angehen, etw. von jmdm. bittend, fragend zu erlangen suchen:* jmdn. mit Fragen a.

An|bot, das; -[e]s, -e (österr.): *Angebot.*

an|bran|den ⟨sw. V.; ist⟩: *schäumend an etw. branden, sich an etw. brechen:* die anbrandenden Fluten.

an|bra|ten ⟨st. V.; hat⟩: *(Fleisch) bei großer Hitze kurz braten (um dann die Zubereitung auf andere Weise fortzusetzen):* das Fleisch [kurz] anbraten.

an|brau|chen ⟨sw. V.; hat⟩ (ugs.): *etw. anbrechen, in Gebrauch nehmen:* eine neue Packung a.; angebrauchte *(nicht mehr ganz neue, schon getragene)* Sachen.

an|bräu|nen ⟨sw. V.⟩: **1.** (Kochk.) *(auf dem Herd) nur ein wenig braun werden lassen, leicht bräunen* ⟨hat⟩: Fleisch, Mehl a. **2.** (ugs.) *ein wenig sonnengebräunt werden* ⟨ist⟩: du bist im Urlaub etwas angebräunt.

an|brau|sen ⟨sw. V.; ist⟩: *mit großer Geschwindigkeit unter Getöse herankommen:* der Zug brauste an; ⟨meist im 2. Part. in Verbindung mit »kommen«:⟩ ein Motorrad kam angebraust.

an|bre|chen ⟨st. V.⟩: **1.** *nicht ganz [durch-, zer]brechen* ⟨hat⟩: das Stuhlbein ist angebrochen; ich habe mir einen Wirbel angebrochen. **2.** *(einen Vorrat) zu verbrauchen beginnen, (etw. Verpacktes) zum Verbrauch öffnen* ⟨hat⟩: ein neues Paket Zucker a.; eine angebrochene Flasche; Ü ein angebrochener (ugs.; *nur zum Teil noch vor einem liegender*) Abend. **3.** (geh.) *(von einem Zeitabschnitt) anfangen, beginnen, eintreten* ⟨ist⟩: eine neue Zeit, Ära bricht an; der Tag bricht an *(die Morgendämmerung tritt ein).*

an|bren|nen ⟨unr. V.⟩: **1.** *anzünden, zum Brennen bringen* ⟨hat⟩: den Holzstoß, die Pfeife, ein Feuerchen a.; sich eine Zigarette a. **2.** *zu brennen beginnen* ⟨ist⟩: der Holzstoß, die Kohlen sind angebrannt. **3.** *(von einem Gericht, einem Nahrungsmittel) beim Kochen zu viel Hitze bekommen u. sich dadurch am Boden des Topfes o. Ä. in einer verkohlten Schicht ansetzen* ⟨ist⟩: das Essen ist angebrannt; Milch brennt leicht an; das Gemüse schmeckt angebrannt; *** nichts a. lassen** (1. ugs.; *sich nichts entgehen lassen:* die Angst junger Leute, ja nichts a. zu lassen. 2. Sport Jargon; *kein Tor zulassen:* die Mannschaft, der Torwart ließ nichts a.).

an|brin|gen ⟨unr. V.; hat⟩: **1.** (ugs.) *von irgendwoher herbeibringen, heranschleppen; mit nach Hause bringen:* die Kinder brachten eine Katze an. **2.** *an einer bestimmten Stelle festmachen, befestigen:* eine Lampe an der/(seltener:) an die Decke a.; eine Gedenktafel a.; Ü in einem Manuskript ein paar Korrekturen, kleine Änderungen a. **3.** *vorbringen, [beiläufig] zur Sprache bringen; äußern:* eine Beschwerde, eine Bitte bei jmdm. a.; eine Bemerkung a.; sein Wissen a. *(zeigen, beweisen)* können; einen Trinkspruch a. *(vortragen).* **4.** (ugs.) **a)** *(jmdn.) irgendwo unterbringen:* er hat seinen Sohn nur schwer als Lehrling, in einer Lehrstelle angebracht; sie bemüht sich, ihre Tochter anzubringen *(sie zu verheiraten);* **b)** *verkaufen; einen Käufer für etw. finden:* die Ware ist schwer anzubringen. **5.** (ugs.) *anbekommen.*

An|brin|gung, die; -: *das Anbringen* (2), *Befestigen.*

An|bruch, der; -[e]s, Anbrüche: **1.** ⟨o. Pl.⟩ (geh.) *Anfang, Beginn:* der A. einer neuen Epoche; bei, vor, mit A. der Dunkelheit. **2.** *Beginn eines Bruchs, einer Beschädigung durch Brechen.* **3.** *das Anbrechen* (2).

an|brül|len ⟨sw. V.; hat⟩: **1. a)** *(von bestimmten Tieren) brüllende Laute gegen jmdn. ausstoßen:* der Löwe, die Kuh brüllte mich an; **b)** (ugs.) *mit großem Stimmaufwand zurechtweisen, anfahren, seinen Unmut an jmdm. auslassen:* er brüllte den Jungen an; sie haben sich/(geh.:) einander angebrüllt. **2.** (ugs.) *mit lauter Stimme einen Lärm zu übertönen versuchen:* gegen den Motorenlärm a.

an|brum|men ⟨sw. V.; hat⟩: **1.** *(von bestimmten Tieren) Brummlaute gegen jmdn. ausstoßen:* der Bär brummte ihn an. **2.** (ugs.) *in brummigem Ton anfahren:* er brummte sie unwirsch an.

an|brü|ten ⟨sw. V.; hat⟩: *zu bebrüten anfangen, kurze Zeit bebrüten:* die Gans hat die Eier bereits angebrütet; angebrütete Eier.

An|chor|man [ˈɛŋkəmən], der; -, ...men [...mən; engl. anchorman, aus: anchor = Anker u. man = Mann]: *Journalist o. Ä., der im Rundfunk, Fernsehen bes. in Nachrichtensendungen die einzelnen journalistischen Beiträge vorstellt, die verbindenden Worte u. Kommentare spricht.*

An|chor|wo|man [ˈɛŋkəwʊmən], die; -, ...women [...wɪmɪn; engl. anchorwoman, zu: woman = Frau]: w. Form zu ↑ Anchorman.

An|cho|vis (Fachspr.): ↑ Anschovis.

An|ci|en|ni|tät [ãsi̯eniˈtɛ:t], die; -, -en [frz. ancienneté, zu: ancien = alt, zu lat. ante = vorher] (Fachspr.): **1.** *Dienstalter.* **2.** *Rang-, Reihenfolge nach dem Dienstalter.*

An|ci|en Ré|gime [ãˈsi̯ɛ̃: reˈʒi:m], das; - - [frz. = alte Regierungsform, aus: ancien, ↑ Anciennität u. régime, ↑ Regime]: *Zeit des französischen Absolutismus (vor der Revolution 1789).*

-and, der; -en, -en [lat. -andus]: bezeichnet in Bildungen mit Verben (Verbstämmen) eine Person, mit der etw. getan wird: Analysand, Informand.

An|dacht, die; -, -en [mhd. andâht, ahd. anadâht, eigtl. = das Denken an etwas, zu ↑ denken]: **1.** ⟨o. Pl.⟩ *Sammlung der Gedanken im Gebet:* in frommer A. vor dem Altar knien. **2.** *kurzer Gottesdienst, der bes. dem Gebet gewidmet ist:* eine A. halten. **3.** ⟨o. Pl.⟩ *innere Sammlung, Anteilnahme:* in tiefe A. versinken; mit A. zuhören; etw. mit A. (scherzh.; *bedächtig u. mit Genuss*) verspeisen.

an|däch|tig ⟨Adj.⟩ [mhd. andæhtec, ahd. anadâhtīg]: **1.** *in Andacht* (1): die -e Gemeinde; a. niederknien. **2.** *innerlich gesammelt, ergriffen, beteiligt:* jmdm. a. lauschen, zuhören; das Glas a. (scherzh.; *bedächtig u. mit Genuss*) austrinken. **3.** *Andacht* (3) *erzeugend; feierlich:* eine -e Stille.

An|dachts|bild, das: **a)** (Kunst) *Bild, Bildwerk aus dem Marienleben od. der Passion* (2 a); **b)** *Miniatur meist mit Motiven aus dem Leben der Heiligen als Einlage für das Gebetbuch.*

an|dachts|voll ⟨Adj.⟩ (geh.): *andächtig:* in -er Haltung.

An|da|lu|si|en; -s: Region in Spanien.

An|da|lu|si|er, der; -s, -: Ew.

An|da|lu|si|e|rin, die; -, -nen: w. Form zu ↑ Andalusier.

an|da|lu|sisch ⟨Adj.⟩: *Andalusien, die Andalusier betreffend; von den Andalusiern stammend, zu ihnen gehörend.*

an|damp|fen ⟨sw. V.; ist⟩: *dampfend, zischend näher kommen:* die Lokomotive dampfte an; ⟨meist im 2. Part. in Verbindung mit »kommen«:⟩ die Lok kam angedampft; Ü die Inspektorin kam angedampft.

an|dan|te ⟨Adv.⟩ [ital. andante, eigtl. = gehend, zu: andare = gehen < vlat. ambitare, zu lat. ambire, ↑ Ambiente] (Musik): *langsam, gemessen, ruhig.*

An|dan|te, das; -[s], -s (Musik): **1.** *langsames, ruhiges Tempo.* **2.** *Musikstück mit der Tempobezeichnung »andante«.*

an|dan|ti|no ⟨Adv.⟩ [ital. andantino] (Musik): *ein wenig bewegter, leichter akzentuiert als andante.*

An|dan|ti|no, das; -s, -s u. ...ni (Musik): **1.** *ein wenig bewegteres Tempo mit leichter akzentuiertem Vortrag als bei Andante.* **2.** *Musikstück mit der Tempobezeichnung »andantino«.*

An|dau|er, die; -: *Fortbestehen eines Zustandes auf unbestimmte Dauer:* bei längerer A. des Regens, des Fiebers.

an|dau|ern ⟨sw. V.; hat⟩: *nicht aufhören, weiter bestehen, anhalten; Dauer haben, von Dauer sein:* die Niederschläge dauerten den ganzen Tag an; andauernder Frost.

an|dau|ernd ⟨Adj.⟩: *[in ärgerlicher od. lästiger Weise] unausgesetzt, fortwährend; immer wieder:* diese -en Störungen!; a. fragt er dasselbe.

An|den ⟨Pl.⟩: Gebirge in Südamerika.

an|den|ken ⟨unr. V.; hat⟩: **1.** (selten) *gedanklich gegen etw. angehen:* gegen Vorurteile a. **2.** *beginnen über etw. nachzudenken, sich über etw. Gedanken zu machen:* ein Projekt a. **3.** *** denk an; denken Sie an** (ugs.; Ausdruck der Verwunderung).

An|den|ken, das; -s, - [spätmhd. andenken = Erinnerung, Wissen; 2: nach frz. souvenir, ↑ Souvenir]: **1.** ⟨o. Pl.⟩ *Erinnerung, Gedenken an jmdn., etw.:* bei jmdm. in gutem A. stehen; jmdm. ein liebevolles A. bewahren; jmds. A. in Ehren halten; jmdm. etw. zum A. schenken. **2.** *Gegenstand, an den sich die Erinnerung an jmdn., etw., eine Zeit knüpft; Souvenir:* ein hübsches, bleibendes A.; ein A. an ihre Mutter; ein Laden, der A. verkauft; etwas als A. aufbewahren, mitbringen; Ü da hast du dir ja ein schönes A. mitgebracht (spött.; *etw. Übles eingehandelt*).

an|der... [mhd., ahd. ander, alte Komparativbildung]: **1.** ⟨Indefinitpron.⟩ **a)** gibt an, dass ein Wesen oder Ding nicht identisch ist mit dem, dem es gegenübergestellt wird (bei zwei Wesen oder Dingen; nähert sich der Bedeutung von »der Zweite«): die eine Hälfte essen, die andere aufheben; von einer Seite auf die andere; am anderen Ende; weder das eine noch das andere *(keins von beiden);* das eine tun und das andere nicht lassen *(beides tun);* **b)** gibt an, dass ein Wesen oder Ding nicht identisch ist mit dem, dem es gegenübergestellt wird (bei mehreren Wesen oder Dingen; nähert sich der Bedeutung von »der Nächste, der Folgende, der Weitere«): ein anderes Problem besteht darin, dass sie keine Arbeit findet; er durfte bleiben, die beiden anderen mussten den Saal verlassen; ein[e]s nach dem ander[e]n erledigen *(etwas der Reihe nach, nacheinander erledigen);* eine Zigarette nach der anderen rauchen; ein Jahr um das andere *(die Jahre hindurch);* einen Brief über den ander[e]n, nach dem ander[e]n *(Briefe in rascher Folge)* schreiben; sie sprach unter anderem *(außerdem, auch noch;* Abk.: u. a.) über ihre neuen Pläne; zu den Rednern gehörte unter anderen *(auch noch;* Abk.: u. a.) sein Bruder; einer hinter dem ander[e]n *(hintereinander);* am ander[e]n Tag *(am folgenden Tag).* **2.** *nicht gleich, verschieden, andersartig:* das ist eine andere Welt; andere Maßstäbe anlegen; mit anderen Worten, er hat die Wette verloren; er ist anderer Meinung als ich; anderes gedrucktes Material; bei anderer seelischer Verfassung; es stand zwischen anderem wertlosen/(seltener:) wertlosem Gerümpel; das ist etwas [ganz] anderes; mit jemand anderem sprechen; sie hat jetzt einen anderen *(einen anderen Partner);* jemand anderen fragen; ein anderer Mensch werden *(sich völlig verändern);* er ist auf der Suche nach einem anderen *(neuen)* Arbeitsplatz; da müssen schon andere *(Tüchtigere)* kommen; man hat mich eines anderen *(Besseren)* belehrt; das machst du anderen *(Dümmeren)* weis; dem hätte ich an deiner Stelle etwas anderes erzählt *(ihm klar und deutlich die Meinung gesagt);* beinahe hätte ich etwas anderes (ugs.; *Unangebrachtes, Anstößiges)* gesagt; das ist alles andere als *(genau das Gegenteil von)* gelungen; das ist mal was ganz anderes *(ist etwas Neues gegenüber Bisherigem).*

n|der|bar ⟨Adj.⟩: *sich ändern lassend:* der Entwurf, Plan ist jederzeit ä.

n|der|bar|keit, die; -: *Eigenschaft, geändert werden zu können, änderbar zu sein:* die Ä. der Gesetzesvorlage.

n|de|ren|fạlls, andernfalls ⟨Adv.⟩: *sonst, im andern Fall:* die Anweisungen müssen befolgt werden, a. können Komplikationen eintreten; ich musste ihm helfen, weil er a. zu spät gekommen wäre.

n|de|ren|ọrts, andernorts, anderorts ⟨Adv.⟩ (geh.): *an anderer Stelle, an einem anderen Ort; anderswo:* ich kann a. mein Geld verdienen.

n|de|ren|tags, anderntags ⟨Adv.⟩ (geh.): *am nächsten, folgenden Tag:* a. wurde die Diskussion fortgeführt.

n|de|ren|teils, andernteils ⟨Adv.⟩: *andererseits* (meist in Verbindung mit »einesteils«): einesteils ärgerte ihn diese Entscheidung, a. erleichterte sie ihn.

n|de|rer|seits, anderseits, andrerseits ⟨Adv.⟩ [dafür mhd. andersīt; ↑-seits]: *auf der anderen Seite, zum andern:* es kränkte ihn, a. machte es ihn auch stolz; in Verbindung mit »einerseits«: einerseits machte das Spaß, a. Angst.

n|der|ge|schwis|ter|kind, das; -[e]s, -er (landsch.): *Verwandte, deren Großmütter od. Großväter Geschwister sind.*

n|der|kon|to, das; -s, ...ten: *Konto, über das nicht der Vermögensbesitzer, sondern dessen Notar, Anwalt o. Ä. als Treuhänder verfügt:* ein A. einrichten.

n|der|lei ⟨indekl. Adj.⟩ [↑-lei] (geh.): *von verschiedener Art, verschieden:* a. Meinungen kamen auf.

n|der|mal: nur in der Fügung **ein a.** *(zu einem anderen Zeitpunkt, bei anderer Gelegenheit):* wir befassen uns damit ein a.; heute nicht, ein a.

n|dern ⟨sw. V.; hat⟩ [mhd. endern, zu ↑ander...]: **1. a)** *[durch Hinzufügen oder Streichen, durch Veränderung von Details] abändern, modifizieren:* einen Mantel, einen Text ä.; das Flugzeug ändert seinen Kurs um 30 Grad; daran ist nichts zu ä. *(damit muss man sich abfinden);* **b)** *wechseln, durch etw. anderes ersetzen, umformen, wandeln:* seine Meinung, Ansicht, den Ton ä.; alte Menschen kann man nicht mehr ä. *(von ihren Gewohnheiten abbringen).* **2.** ⟨ä. + sich⟩ *anders werden, sich verändern:* sich grundlegend ä.; das Wetter, die Lage ändert sich; du hast dich sehr geändert; ⟨schweiz. auch ohne »sich«:⟩ wie rasch die Dinge ändern.

ạn|dern|falls: ↑anderenfalls.

ạn|dern|orts: ↑anderenorts.

ạn|dern|tags: ↑anderentags.

ạn|dern|teils: ↑anderenteils.

ạn|der|orts: ↑anderenorts.

ạn|ders [mhd. anders, ahd. anderes, eigtl. = Gen. Sg. Neutr. von ↑ander...] ⟨Adv.⟩: **1. a)** *auf andere, abweichende Art u. Weise, abweichend, verschieden:* a. denken, handeln, fühlen; die a. denkende *(eine andere Meinung vertretende)* Minderheit; die a. Denkenden, a. Gesinnten; a. gesinnt sein; a. geartete Probleme; a. lautende *(etw. anderes aussagende)* Berichte, Meldungen; sie ist, a. als er *(im Gegensatz, Unterschied zu ihm),* nicht geflohen; so und nicht a. *(gerade so);* etw. nicht a. *(nur so)* kennen; **b)** *andersartig, fremd, ungewohnt:* a. aussehen, wirken, sein; **c)** *besser, schöner:* früher war alles ganz a.; hätte ich es doch nicht getan, dann wäre es bestimmt a. gekommen. **2. a)** ⟨in Verbindung mit Indefinit-, Interrogativpronomen u. Adverbien⟩ *sonst:* wer, jemand, niemand, irgendwo, nirgends a.; wer, wie, was, wo a.; wie könnte es a. sein; wie a. könnte man sich das erklären; hier und nirgendwo a.; **b)** (ugs.) *im anderen Fall, anderenfalls, sonst:* wir müssen ihm zuerst helfen, a. lässt er uns nicht gehen.

ạn|ders|ar|tig ⟨Adj.⟩: *von anderer Art, verschiedenartig:* ein -es Aussehen, Verhalten.

Ạn|ders|ar|tig|keit, die; -: *Eigenschaft des Andersseins; Verschiedenheit.*

ạn|ders den|kend: s. anders (1a).

Ạn|ders|den|ken|de: der u. die; -n, -n ⟨Dekl. ↑Abgeordnete⟩: *anders denkender Mensch.*

ạn|der|seits: ↑andererseits.

ạn|ders|far|big ⟨Adj.⟩: *in einer anderen Farbe, nicht gleichfarbig:* ein -es Kleid.

Ạn|ders|far|bi|ge, der u. die: *Mensch mit anderer Hautfarbe.*

ạn|ders ge|ar|tet: s. anders (1a).

ạn|ders|ge|schlecht|lich ⟨Adj.⟩: *dem anderen Geschlecht zugehörend:* ein -er Partner.

ạn|ders ge|sinnt: s. anders (1a).

Ạn|ders|ge|sinn|te, der u. die; -n, -n ⟨Dekl. ↑Abgeordnete⟩: *anders gesinnter Mensch.*

ạn|ders|gläu|big ⟨Adj.⟩: *sich zu einem anderen Glauben bekennend.*

Ạn|ders|gläu|bi|ge, der u. die: *andersgläubiger Mensch.*

ạn|ders|he|rum ⟨Adv.⟩: **1. a)** *in die andere, in die entgegengesetzte Richtung:* etw. a. stellen; **b)** *in anderer, entgegengesetzter Richtung:* der Kühlschrank steht jetzt a.; **c)** *von der anderen, entgegengesetzten Richtung:* jetzt versucht er, a. an das Kabel zu kommen. **2.** (ugs. verhüll.) *homosexuell.*

ạn|ders lau|tend: s. anders (1a).

ạn|ders|rum (ugs.): *andersherum.*

Ạn|ders|sein, das (geh.): *das Anders-geartet-Sein, Verschiedensein; das Sichunterscheiden, Von-der-Norm-Abweichen:* das A. von Menschen aus einem anderen Kulturkreis.

ạn|ders|spra|chig ⟨Adj.⟩: **a)** *eine andere Sprache sprechend:* der -e Bevölkerungsteil; **b)** *in einer anderen Sprache verfasst:* die -e Literatur steht im zweiten Regal; englische Wörter gegen anderssprachige austauschen.

ạn|ders|wie ⟨Adv.⟩ (ugs.): *auf eine andere Weise:* das hättest du a. machen müssen; es hängt a. zusammen.

ạn|ders|wo ⟨Adv.⟩ (ugs.): *an einer anderen Stelle, nicht hier, woanders:* hier ist es schöner als a.

ạn|ders|wo|her ⟨Adv.⟩ (ugs.): *von einer anderen Seite, einer anderen Stelle:* die Waffen bekamen sie a.

ạn|ders|wo|hin ⟨Adv.⟩ (ugs.): *an eine andere Stelle, an einen anderen Ort:* wir stellen den Schrank a.

ạn|dert|halb ⟨Bruchz.⟩ [mhd. anderhalp, ahd. anderhalb, zu veraltet ander... = zweit... u. ↑halb, eigtl. = das zweite halb]: *ein[und]einhalb:* a. Liter Milch; a. Meter Stoff; ich habe a. Stunden gewartet.

ạn|dert|halb|fach ⟨Vervielfältigungsz.⟩: *eineinhalbfach.*

ạn|dert|halb|mal ⟨Wiederholungsz.; Adv.⟩: *eineinhalbmal.*

Ạ̈n|de|rung, die; -, -en: **1.** *Veränderung, Umgestaltung, Modifikation:* eine Ä. der Verfassung; technische -en; -en vorbehalten. **2.** *Wechsel, Wandel, Erneuerung:* eine Ä. der Meinung, der Situation.

Ạ̈n|de|rungs|an|trag, der (Politik): *Antrag an ein Parlament zur Änderung eines Gesetzes.*

Ạ̈n|de|rungs|kün|di|gung, die (Rechtsspr., bes. Arbeitsrecht): *Kündigung eines Vertrags, mit der eine Änderung der Bedingungen zwischen zwei Vertragspartnern herbeigeführt wird, nach der aber das vertragliche Verhältnis (zu den geänderten Bedingungen) fortgesetzt wird.*

Ạ̈n|de|rungs|vor|schlag, der: *Vorschlag, eine Änderung* (1) *vorzunehmen.*

ạn|der|wär|tig ⟨Adj.⟩ [↑-wärtig]: *an einer anderen Stelle befindlich; von anderer Stelle stammend:* -e Informationen.

ạn|der|wärts ⟨Adv.⟩ [↑-wärts] (geh.): *an einem anderen Ort, anderswo:* hier ist es immer kälter als a.

ạn|der|weit ⟨Adv.⟩ [mhd. anderweit, anderweide = zum zweiten Mal, zu veraltet ander... = zweit... u. ↑[2]Weide in der alten Bed. »Weg«] (geh.): *in anderer Hinsicht:* a. benötigt, entschädigt werden.

ạn|der|wei|tig ⟨Adj.⟩: **1.** *sonst noch vorhanden, sonstig, weiter..., ander...:* mit -en Dingen beschäftigt sein; die -e Verwendung. **2. a)** *anderswo erfolgend, an anderer Stelle:* sich a. mit allem Nötigen versorgen können; **b)** *anderswohin erfolgend, an eine andere Stelle, Person:* eine -e Vergabe; etw. a. vergeben.

An|de|si̱t [auch: ...ˈsɪt], der; -s, -e [nach den ↑Anden] (Geol.): *graues Ergussgestein.*

ạn|deu|ten ⟨sw. V.; hat⟩: **1. a)** *vorsichtig, durch einen leisen Hinweis, eine Bemerkung o. Ä. durchblicken lassen, zu verstehen geben:* einen Wunsch, ein Vorhaben vorsichtig a.; sie deutete ihr an, dass es Zeit sei aufzubrechen; der Chef deutete etwas von Entlassungen a.; **b)** *ahnen lassen, ankündigen:* der Grundriss deutet den Aufbau des Hauses an; **c)** *etw. nur skizzenhaft, nur in wenigen Grundzügen o. Ä. darstellen, nicht ausführen:* einen Plan nur in Umrissen a.; eine Verbeugung andeuten *(eine leichte Verbeugung machen).* **2.** ⟨a. + sich⟩ *sich abzeichnen, sich bemerkbar machen:* eine günstige Wendung, jmds. Absicht deutet sich an.

Ạn|deu|tung, die; -, -en: **1.** *[versteckter] Hinweis, Anspielung auf etw.:* geheimnisvolle, dunkle -en; -en über etw. machen; in -en sprechen *(sich nicht deutlich ausdrücken).* **2.** *schwache Spur, geringes Anzeichen von etw.:* die A. eines Lächelns, einer Verbeugung.

ạn|deu|tungs|wei|se ⟨Adv.⟩: *in Andeutungen* (2); *indirekt:* etw. a. erzählen, durchblicken lassen; ⟨mit Verbalsubstantiven auch attr.:⟩ der a. Versuch einer Annäherung.

ạn|dich|ten ⟨sw. V.; hat⟩: **1.** *zu Unrecht zuschreiben, nachsagen, unterschieben:* jmdm. unlautere Absichten, übernatürliche Fähigkeiten a.; angedichtete Verhaltensweisen. **2.** *auf jmdn. od. etw. ein Gedicht verfassen:* er dichtete mit Vorliebe die Frauen an.

ạn|di|cken ⟨sw. V.; hat⟩ (Kochk.): *mit Mehl o. Ä. sämig machen:* sie dickte die Soße mit Mehl an.

ạn|die|nen ⟨sw. V.; hat⟩: *(mit einer gewissen Aufdringlichkeit) [zum Kauf] anbieten; antragen,*

A

offerieren: jmdm. eine Position, eine Aufgabe a.; Ü sich als Vermittler, als Zeugin a.

An|die|nung, die; -, -en: 1. *das Andienen:* die A. von Waren. 2. (Seew.) *Erklärung des Versicherten, dass er entschädigt sein will.*

an|din ⟨Adj.⟩: *die Anden betreffend, in den Anden [lebend, vorkommend].*

an|dis|ku|tie|ren ⟨sw. V.; hat⟩: *etw. zu besprechen, über etw. zu diskutieren beginnen:* ein Thema a.

an|do|cken ⟨sw. V.; hat⟩ (Raumf.): *ein Raumfahrzeug an ein anderes ankoppeln:* ein Raumschiff dockt an die Raumstation an.

an|don|nern ⟨sw. V.; hat⟩ (ugs.): 1. *(von Maschinen) unter großem Lärm, donnernd näher kommen:* ein Güterzug donnert an; ⟨oft im 2. Part. in Verbindung mit »kommen«:⟩ ein Lastwagen kam angedonnert. 2. *zornig anfahren, anbrüllen:* der Unteroffizier hat die Rekruten schon wieder angedonnert.

An|dor|ra; -s: Staat in den Pyrenäen.

An|dor|ra|ner, der; -s, -: Ew.

An|dor|ra|ne|rin, die; -, -nen: w. Form zu ↑Andorraner.

an|dor|ra|nisch ⟨Adj.⟩: *Andorra, die Andorraner betreffend; von den Andorranern stammend, zu ihnen gehörend.*

An|drang, der; -[e]s: 1. *andrängende Menschenmenge; Gedränge; Zustrom von Menschen an einen Ort, an dem sich etw. Bestimmtes abspielt:* der A. bei der Eröffnung war enorm; es herrschte großer A. von Kauflustigen; wegen des zu erwartenden -es. 2. *heftiges Zuströmen, Heranströmen von etw.; Wallung:* er litt unter häufigem A. des Blutes zum Kopf.

an|drän|gen ⟨sw. V.; ist⟩: *an etw. herandrängen, andringen:* die andrängenden Wassermassen.

and|re...: ↑ander...

An|dre|as|kreuz, das; -es, -e [nach dem Apostel Andreas, der an einem solchen Kreuz gestorben sein soll]: 1. *Kreuz mit diagonal gekreuzten Balken, das im Christentum als Symbol des Leidens Christi gilt.* 2. (Verkehrsw.) *Verkehrszeichen in Form zweier weißer, gekreuzter Balken mit roten Enden, das zur Warnung an Bahnübergängen dient.*

an|dre|hen ⟨sw. V.; hat⟩: 1. a) *durch Betätigung eines [Dreh]schalters, Knopfes o. Ä. zum Fließen, Strömen o. Ä. bringen; die Zufuhr von etw. ermöglichen:* das Licht, das Gas, das Wasser a.; b) *durch Betätigung eines Knopfes o. Ä. in Betrieb setzen, einschalten, anstellen:* die Dusche, das Radio, eine Maschine a.; c) (ugs.) *einschalten:* die Nachrichten andrehen. 2. *durch Drehen befestigen, festdrehen:* die Schrauben, den Griff a. 3. (ugs.) *(jmdm.) etw. [Minderwertiges, Unnötiges] aufschwatzen, verkaufen:* sich einen Staubsauger a. lassen; Ü sie hat sich von ihm ein Kind a. lassen *(schwängern lassen).* 4. (Film) *(einen Film) zu drehen anfangen:* Anfang des Jahres wird [der Film] angedreht.

and|rer|seits: ↑andererseits.

an|dres|sie|ren ⟨sw. V.; hat⟩: *einem Tier etw. mithilfe der Dressur beibringen:* einem Hund ein Kunststück a.; Ü den Kindern Höflichkeit a. *(durch Drill o. Ä. anerziehen).*

an|drin|gen ⟨st. V.; ist⟩ (geh.) *mit Ungestüm, gewaltsam auf jmdn., etw. losstürmen, gegen jmdn., etw. anstürmen:* das feindliche Heer dringt gegen die Stadt an; andringende Massen, Fluten.

an|dro|gen ⟨Adj.⟩ (Med.): a) *von der Wirkung eines Androgens; die Wirkung eines Androgens betreffend;* b) *männliche Geschlechtsmerkmale hervorrufend.*

An|dro|gen, das; -s, -e [zu griech. -genḗs = verursachend] (Med.): *männliches Geschlechtshormon.*

an|dro|gyn ⟨Adj.⟩ [zu griech. anḗr (Gen.: andrós) = Mann u. gynḗ = Frau]: *männliche u. weibliche Merkmale aufweisend, in sich vereinigend.*

An|dro|gy|nie, die; -: *androgyne Beschaffenheit.*

an|dro|hen ⟨sw. V.; hat⟩: *mit etw. drohen; etw. unter Drohungen ankündigen:* jmdm. Rache, ein Gerichtsverfahren, Schläge, Prügel a.; die USA drohen Sanktionen an.

An|dro|hung, die; -, -en: *drohende Ankündigung:* die A. einer Strafe; unter A. von Gewalt.

An|dro|ide, der; -n, -n [zu griech. anḗr (Gen.: andrós) = Mann, Mensch u. -id < griech. -eidḗs = -förmig, zu: eĩdos, ↑Eidos]: *(bes. in der futuristischen Literatur) menschenähnliche Maschine; künstlicher Mensch.*

An|dro|lo|gie, die; - [zu griech. lógos, ↑Logos]: *Männerheilkunde.*

an|dro|lo|gisch ⟨Adj.⟩: *die Andrologie betreffend.*

An|dro|me|da, die; -: Sternbild am nördlichen Sternenhimmel.

An|dro|phi|lie, die; -, -n: *sexuelle Neigung zu älteren, reifen Männern.*

An|dro|sper|mi|um, das; -s, ...ien [zu griech. anḗr (Gen.: andrós) = Mann u. ↑Sperma] (Biol.): *Samenfaden des Mannes, der ein Y-Chromosom enthält u. damit das Geschlecht des gezeugten Kindes als männlich bestimmt.*

An|dro|zen|tris|mus, der; - [zu griech. anḗr (Gen.: andrós) = Mann u. ↑Zentrum]: *das Männliche, den Mann ins Zentrum des Denkens stellende Anschauung.*

An|druck, der; -[e]s, -e: 1. (Druckw.) *Probedruck:* der A. ist auf der Handpresse hergestellt worden. 2. ⟨o. Pl.⟩ (bes. Technik) *Kraft, mit der jmd., etw. bei Beschleunigung gegen etw. gedrückt wird.*

an|dru|cken ⟨sw. V.; hat⟩ (Druckw.): a) *einen Andruck* (1) *von etw. herstellen:* Bilder a.; b) *mit dem* [2]*Druck* (1a) *eines Werks beginnen:* der Verleger will erst im Herbst a. lassen.

an|drü|cken ⟨sw. V.; hat⟩: 1. *an etw. drücken, durch Druck an etw. befestigen:* mit Klebstoff bestrichene Bruchstellen fest a. 2. *durch Betätigen eines Druckknopfs in Funktion setzen:* das Licht a.

an|du|deln ⟨sw. V.; hat⟩: in der Verbindung **sich** ⟨Dativ⟩ **einen a.** (ugs.; *sich betrinken*): gestern hatte er sich ganz schön einen angedudelt.

an|düns|ten ⟨sw. V.; hat⟩ (Kochk.): *kurz dünsten lassen:* Gemüse in heißem Öl kurz a.

an|ecken ⟨sw. V.; ist⟩: 1. *versehentlich an etw. anstoßen:* mit dem Rad [am Bordstein] a. 2. (ugs.) *unangenehm auffallen:* irgendwo, bei jmdm., mit etw. a.; er ist bei seinem Lehrer angeeckt.

an|ei|fern ⟨sw. V.; hat⟩ (südd., österr.): *anspornen, anfeuern:* die Freunde eiferten sie an.

an|eig|nen, sich ⟨sw. V.; hat⟩: 1. *sich in den Besitz einer Sache setzen; etw. widerrechtlich an sich nehmen:* du hast dir das Buch einfach angeeignet. 2. *sich in etw. üben, bis man es beherrscht; sich etw. zu Eigen machen, etw. lernen:* sich Kenntnisse, Fremdsprachen, Wissen, Fertigkeiten a.

An|eig|nung, die; -, -en ⟨Pl. selten⟩: 1. a) (Rechtsspr.) *Eigentumserwerb von herrenlosen Sachen od. Tieren;* b) *widerrechtliche Inbesitznahme:* die A. fremden Eigentums wird bestraft. 2. (Päd.) *das Lernen:* in diesem Lebensalter hat die A. von Fremdsprachen Vorrang.

an|ei|nan|der ⟨Adv.⟩: *einer, eine, eines an den, die, das andere[n], an dem, der anderen:* a. denken; a. vorbeigehen; Häuser a. bauen; die Gefangenen a. binden, fesseln; die Enden der Schnur a. binden, knoten, knüpfen *(miteinander verknoten, verknüpfen);* die Bergsteiger haben sich mit einem Seil a. gebunden; die entgegenströmenden Menschen drängten die beiden dicht a.; in der Kälte, vor Angst drängten sich die Menschen dicht a.; zum Kleben muss man beide Teile fest a. drücken, pressen; die beiden Kinder drückten, pressten sich fest a.; Einzelteile a. fügen, legen; die einzelnen Teile des Bildes fügen sich harmonisch a. *(fügen, setzen sich harmonisch zusammen);* sie gerieten mit ihm, die beiden gerieten a. *(gerieten in Streit, fingen ein Handgemenge an);* unsere Gärten grenzen a.; zwei Stücke a. halten; sie begann, Girlanden a. zu hängen; die Lampions hingen zu dicht a.; die Sippe hing sehr a. *(war innerlich miteinander verbunden);* die Fotokopie und den Brief a. heften, klammern; die beiden Äffchen hatten sich fest a. geklammert *(sich gegenseitig mit der Armen umklammert);* erst müssen die beiden Hauptteile a. geklebt werden; die Einzelteile haften, kleben fest a.; Raumschiffe a. koppeln; die beiden lehnten sich a.; zwei Stoffstücke a. nähen; die Puzzlesteine passen genau a. *(fügen sich passend zusammen);* die Kisten alle a. reihen; die Bücher reihen sich im Regal a.; eng, dicht a. rücken *(zusammenrücken);* die Kisten a schieben; sie schlugen im Takt die Hölzer a.; sich eng a. schmiegen; Szenen a. schneiden (Film; *zusammenschneiden*); etw. fest a. schrau ben, schweißen; zwei Teile a. setzen; Spielsteine auf verschiedene Art a. stecken; die Spielsteine steckten a.; wir können die zwei Schränke a. stellen; die beiden Autos prallten, stießen a.; an dieser Nahtstelle stoßen Ost und West a. *(treffen Ost und West zusammen);* die Knochen müssen zuerst a. wachsen *(zusammenwachsen*

an|ei|nan|der bau|en, an|ei|nan|der bin|den, an|ei|nan|der drän|gen usw.: s. aneinander.

An|ei|nan|der|rei|hung, die; -, -en: *das Aneinanderreihen.*

an|ei|nan|der rü|cken, an|ei|nan|der schie|ben usw.: s. aneinander.

Anek|döt|chen, das; -s, -: Vkl. zu ↑Anekdote.

Anek|do|te, die; -, -n [frz. anecdote, nach »Anekdota« (griech. anékdota = Unveröffentlichtes), dem Titel eines Werkes des byzantinischen Geschichtsschreibers Prokop]: *kurze, meist wit zige Geschichte, die eine Persönlichkeit, eine soziale Schicht, eine Epoche u. Ä. treffend charakterisiert:* eine kleine, hübsche, wahre A. erzählen; sie gab eine A. zum Besten.

anek|do|ten|haft ⟨Adj.⟩: *im Stil einer Anekdote:* eine -e Geschichte; etw. a. erzählen, wiedergeben.

anek|do|tisch ⟨Adj.⟩: *in Form einer Anekdote ver fasst:* -e Bilder unserer Gesellschaft.

an|ekeln ⟨sw. V.; hat⟩: *jmdn. anwidern, jmds. Eke Abscheu, Widerwillen erregen:* der Anblick, die Person ekelte mich an; von etw. angeekelt sein; sich angeekelt abwenden.

Ane|mo|me|ter, das; -s, -: *Windmesser.*

Ane|mo|ne, die; -, -n [lat. anemone < griech. ane mṓnē (unter Anlehnung an: ánemos = Wind), H. u.]: *kleine, im Frühling bes. in Laubwäldern blühende Pflanze mit meist nach unten geneig ten weißen bis rosa Blüten; Buschwindröschen*

an|emp|feh|len ⟨st. V.; empfiehlt an/(auch:) anempfiehlt, empfahl an/(auch:) anempfahl, ha anempfohlen⟩ (geh.): a) *jmdm. dringend empfehlen:* jmdm. ein Verhalten ausdrücklich, wärmstens a.; b) *jmdm. nahe legen, ans Herz legen:* dem Herrn im Himmel die armen Seelen a.

An|emp|feh|lung, die; -, -en: 1. *das Anempfehle* 2. *Rat.*

An|er|be, der; -n, -n (Rechtsspr.): *bäuerlicher Alleinerbe, Hoferbe.*

An|er|ben|recht, das ⟨o. Pl.⟩ (Rechtsspr.): *altes bäuerliches Erbrecht, nach dem das Gesamterbe geschlossen an einen Alleinerben (meist den ältesten Sohn) übergeht.*

an|er|bie|ten, sich ⟨st. V.; erbietet an/(schweiz. auch:) anerbietet, erbot an/(schweiz. auch:) anerbot, hat anerboten⟩: *sich zu etw. bereit erklären, anbieten:* ich erbiete mich an, dich zu begleiten; sie anerbot sich, das Buch zu schicken.

An|er|bie|ten, das; -s, - ⟨Pl. selten⟩: *Angebot, Vorschlag:* ein großmütiges, ehrenvolles A.

an|er|kannt ⟨Adj.⟩: *allgemein geschätzt, angesehen; unbestritten:* eine -e Fachfrau, Wissenschaftlerin; sich a. *(bestätigt)* fühlen.

an|er|kann|ter|ma|ßen ⟨Adv.⟩: *wie allgemein anerkannt, bestätigt:* er gehört a. zu den tüchtigsten Metzgermeistern der Stadt.

an|er|ken|nen ⟨unr. V.; erkennt an/(auch:) anerkennt, erkannte an/(auch:) anerkannte, hat anerkannt⟩: 1. a) *gutheißen, billigen, akzeptieren, einer Sache zustimmen:* den neuen Chef a

Änderungen a.; ich will a., dass du dich bemüht hast; sie anerkennt die Tatsachen; etw. neidlos a.; **b)** *würdigen, loben, respektieren, achten:* die Mitmenschen, Spielregeln, jmds. Bemühungen a.; anerkennende Worte (*Worte der Anerkennung* 1). **2.** *(als jmdn., etw.) öffentlich bestätigen, für gültig erklären, legitimieren:* eine neue Regierung, einen Staat diplomatisch a.; die Vaterschaft a.

ạn|er|ken|nens|wert ⟨Adj.⟩: *lobenswert:* ein -es Verhalten; eure Bemühungen sind a.

¹Ạn|er|kennt|nis, die; -, -se ⟨Pl. selten⟩ (geh.): *Anerkennung, Billigung:* in A. der Zwangslage.

²Ạn|er|kennt|nis, das; -ses, -se (Rechtsspr.): *Erklärung des Beklagten im Zivilprozess, dass er den gerichtlich gegen ihn erhobenen Anspruch anerkenne:* das A. seiner Schuld.

Ạn|er|ken|nung, die; -, -en: **1.** *Würdigung, Lob, Achtung, Respektierung:* A. von Leistungen; keine A. finden; mit A. von jmdm. sprechen; nach A. dürsten; jmdm. seine A. zollen; in A. von jmds. Verdiensten. **2.** ⟨Pl. selten⟩ **a)** *[offizielle] Bestätigung, Erklärung der Gültigkeit, der Rechtmäßigkeit:* die diplomatische A. eines Staates durch andere Staaten; **b)** *Billigung, Zustimmung:* unter A. des Prinzips der Gleichberechtigung.

Ạn|er|ken|nungs|schrei|ben, das: *Schreiben, in dem die Anerkennung für eine selbstlose Tat, ein Jubiläum usw. ausgedrückt wird:* nach der Bundesverdienstkreuzverleihung erhielt sie zahlreiche A.

Ane|ro|id, das; -[e]s, -e [zu griech. a- = nicht, un- u. nērós = fließend, nass; das Barometer arbeitet ohne Flüssigkeit], **Ane|ro|id|ba|ro|me|ter,** das (Met.): *Gerät zum Anzeigen des Luftdrucks.*

ạn|er|zie|hen ⟨unr. V.; hat⟩: *durch Erziehung angewöhnen, beibringen:* jmdm. Pünktlichkeit a.

ạn|es|sen, sich ⟨unr. V.; hat⟩: **1.** *sich etw. durch vieles Essen erwerben:* du hast dir ein Bäuchlein angegessen. **2.** (österr. ugs.) *sich satt essen.*

Aneu|rys|ma, das; -s, ...men [griech. aneúrysma = Erweiterung] (Med.): *krankhafte, örtlich begrenzte Erweiterung einer Arterie.*

ạn|fa|chen ⟨sw. V.; hat⟩ (geh.): *[durch Blasen] zum Brennen, Aufflammen bringen:* ein Feuer, eine Glut a.; Ü jmds. Leidenschaften a. *(erregen);* jmds. Begierden a. *(anstacheln);* einen Streit a.

Ạn|fa|chung, die; -, -en: *das Anfachen.*

ạn|fah|ren ⟨st. V.⟩: **1.** *(von Fahrzeugen) zu fahren beginnen, losfahren, starten* ⟨ist⟩: die Straßenbahn fuhr an; langsam, weich, ruckartig a.; auf den anfahrenden Zug springen; ⟨subst.:⟩ das Anfahren am Berg. **2.** *(mit einem Fahrzeug) heranfahren, fahrend näher kommen* ⟨ist⟩: ein Auto fuhr hupend an; ⟨meist im 2. Part. in Verbindung mit kommen:⟩ in rasendem Tempo angefahren kommen. **3.** ⟨hat⟩ **a)** *bei einer Fahrt einen bestimmten Ort als Ziel haben:* Berlin a.; die nächste Tankstelle a.; **b)** *fahrend auf etw. zusteuern; sich in seiner Fahrweise auf ein kommendes Hindernis einstellen:* er fuhr die Kurve falsch an. **4.** *mit dem Fahrzeug herbeibringen* ⟨hat⟩: Erde, Kartoffeln a.; Ü Getränke a. lassen (ugs.; *in größerer Menge auftragen lassen, spendieren*). **5.** *beim Fahren durch das Fahrzeug verletzen; mit einem Fahrzeug streifen* ⟨hat⟩: er hat eine alte Frau, ein Kind angefahren; sie ist von einem Auto angefahren worden. **6.** *in heftigem Ton zurechtweisen* ⟨hat⟩: den Schüler heftig, in barschem Ton a. **7.** (Technik) *eine technische Anlage in Betrieb nehmen, die Produktion von etw. beginnen* ⟨hat⟩: einen Atomreaktor a. **8.** (Bergbau) **a)** *zur Arbeit unter Tage fahren* ⟨ist⟩: in die Grube a.; **b)** *eine Lagerstätte durch einen Grubenbau für den Abbau zugänglich machen* ⟨hat⟩.

Ạn|fahrt, die; -, -en: **1. a)** *das Heranfahren, die Ankunft mit einem Fahrzeug:* sie konnten nur die A. zweier Autos melden; **b)** *Strecke od. Zeit, die zu einer Anfahrt* (1 a) *benötigt wird:* die A. dauert mindestens eine Stunde, ist sehr lang. **2.** *Zufahrt, Zufahrtsstraße:* das Krankenhaus hat für die Krankenwagen eine besondere A. **3.** (Bergbau) *das Fahren zur Arbeit unter Tage.*

Ạn|fahrts|kos|ten ⟨Pl.⟩: *für die Anfahrt* (1 b) *z. B. eines Handwerkers zu bezahlende Summe.*

Ạn|fahrts|zeit, die: *Zeit, die für die Anfahrt* (1 a) *benötigt wird.*

Ạn|fall, der; -[e]s, Anfälle: **1.** *plötzliches Auftreten u. Wiederabklingen krampfartiger Symptome einer physischen od. psychischen Krankheit, Attacke:* einen epileptischen A. bekommen; einen A. von Hysterie haben, erleiden; Ü ein A. *(plötzlich auftretende Stimmung, Anwandlung)* von Fleiß, Energie, Eifersucht; *** **einen A. bekommen, kriegen** (ugs.; *außer sich geraten*): wenn ich den nur sehe, kriege ich schon einen A. **2.** ⟨o. Pl.⟩ *Ausbeute, Ertrag:* der A. an Roheisen, an Getreide ist sehr gering. **3.** ⟨o. Pl.⟩ *das Entstehen, Anfallen* (3) *von etw.:* der A. an Arbeit war sehr gering.

ạn|fall|ar|tig ⟨Adj.⟩: *in der Art eines Anfalls* (1), *kurz u. zugleich heftig:* die Schmerzen kommen a.

ạn|fal|len ⟨st. V.⟩: **1.** *plötzlich angreifen* ⟨hat⟩: sie haben ihn aus dem Hinterhalt, im Dunkeln angefallen; ein bissiger Köter fiel uns an; Ü er hat sie mit groben Worten angefallen *([unvermutet] heftig angefahren).* **2.** *(von Stimmungen, Gefühlen) befallen, überkommen* ⟨hat⟩: Angst, Müdigkeit fiel ihn an; Heimweh hat uns angefallen. **3.** *[nebenher, in der Folge von etw.] entstehen, sich ergeben* ⟨ist⟩: hohe Kosten sind angefallen; ⟨im 1. u. 2. Part.:⟩ alle anfallenden Arbeiten zu erledigen haben; angefallene Überstunden abfeiern.

ạn|fäl|lig ⟨Adj.⟩: *zu Krankheiten, Störungen neigend, ihnen ausgesetzt; nicht widerstandsfähig:* seit seiner Operation ist er sehr a. *(krankheitsanfällig);* sie ist ziemlich a. für/(seltener:) gegen Erkältungen; Ü der wirtschaftlich -e Mittelstand.

-an|fäl|lig: 1. drückt in Bildungen mit Substantiven aus, dass jmd., etw. leicht von etw. ergriffen wird, einer Sache ausgesetzt ist: bakterien-, stressanfällig. **2.** drückt in Bildungen mit Substantiven aus, dass jmd., etw. leicht zu etw. neigt: fehler-, panik-, pannenanfällig.

Ạn|fäl|lig|keit, die; -: *das Anfälligsein:* A. für Krankheiten; Ü Motor und Getriebe zeichnen sich durch geringe A. aus.

ạn|falls|wei|se ⟨Adv.⟩: *in Form eines Anfalls* (1) *auftretend:* die a. auftretende spastische Verengung von Herzkranzgefäßen; ⟨mit Verbalsubstantiven auch attr.:⟩ -s Hinken.

Ạn|fang, der; -[e]s, Anfänge [mhd. an[e]vanc, ahd. anafang]: **a)** ⟨Pl. selten⟩ *Entstehung, Ursprung, Beginn:* der A. der Weltgeschichte; der A. aller Leiden; von [allem] A. an *(von Anbeginn an);* *** **von A. bis Ende** *(vollständig, ohne etw. auszulassen);* **b)** *Ausgangspunkt, Start, Beginn:* ein viel versprechender A.; den A. nicht finden, verpassen; einen neuen A. machen [mit etw.] (*noch einmal [unter anderen Voraussetzungen] beginnen;* **R** das ist der A. vom Ende *(das schlimme Ende ist nicht mehr fern);* **Spr** aller A. ist schwer *(zu Beginn einer Arbeit o. Ä. treten immer Schwierigkeiten auf);* *** **den A. machen** *(als Erster mit etw. beginnen):* einer muss ja den A. machen; **seinen A. nehmen** (geh.; *anfangen, beginnen*); **c)** *erster Teil, erstes Stadium, Ansatz:* der A. der Erzählung, der Vorlesung war ziemlich unklar; die Erforschung des Weltraums steckt erst in den Anfängen; **d)** ⟨o. Pl.⟩ *erster Teil eines Zeitabschnitts, eines Alters:* A. 1999; A. des Monats; [seit] A. Januar; (ugs.:) die Frau dürfte so A. [der] fünfzig/der Fünfziger sein; **e)** *Beginn einer räumlichen Gegebenheit:* der A. einer Strecke, einer Straße; bei billiger Frischhaltefolie findet man den A. immer schlecht.

ạn|fan|gen ⟨st. V.; hat⟩ [mhd. an[e]vāhen, ahd. anafāhan, urspr. = anfassen, in die Hand nehmen]: **1. a)** *etw. in Angriff nehmen, mit etw. beginnen:* eine Arbeit, einen Brief, eine Freundschaft, ein Gespräch a.; sie fing wieder an zu paddeln/fing wieder zu paddeln an; gleich werden die Sirenen zu heulen a./a. zu heulen; du hast angefangen (ugs.; *hast den Streit begonnen; bist schuld*); ein Verhältnis, etwas mit jmdm. a. (ugs.; *eine Liebesbeziehung mit jmdm. beginnen*); **b)** *eine Ausbildung, eine berufliche Arbeit beginnen:* am 1. Januar können Sie a.; [ganz] von vorn[e], von klein auf a. *(mit dem untersten, am schlechtesten bezahlten Posten beginnen);* sie hat als Handelsvertreterin angefangen; **c)** *zu reden beginnen:* »Liebe Freundinnen und Freunde«, fing er an; sie fing mit diesen Worten an; **d)** (ugs.) *ein bestimmtes Thema anschneiden:* er fing immer wieder von Politik an; nun fang du auch noch damit/davon an! **2. a)** *zu etw. gebrauchen, anstellen:* nichts, etwas mit sich, mit seiner Freizeit anzufangen wissen; mit ihm ist heute nichts anzufangen *(er ist heute nicht in Form, nicht ansprechbar);* **b)** *machen, tun:* was können, sollen wir nachher a.?; eine Sache richtig, verkehrt a. **3.** *[mit etw.] einsetzen, beginnen, seinen Anfang nehmen:* hier fängt das Sperrgebiet an; der Unterricht fing um halb sieben an; das Wort fängt mit p an; (iron.:) das fängt ja gut, schön, heiter, nett an.

Ạn|fän|ger, der; -s, - [im 16. Jh. = Urheber]: *jmd., der am Beginn einer Ausbildung od. einer Tätigkeit steht:* A. und Fortgeschrittene; er ist noch ein blutiger A. (ugs.; *hat noch keinerlei Erfahrung*); A.! *(abwertend; Schimpfwort für einen ungeschickten Menschen);* Kurse für A.

Ạn|fän|ge|rin, die; -, -nen: w. Form zu ↑Anfänger.

Ạn|fän|ger|kurs, Ạn|fän|ger|kur|sus, der: *Kurs für Anfänger[innen].*

ạn|fäng|lich ⟨Adj.⟩: *zu Beginn noch vorhanden:* nach -em Zögern, Misstrauen.

ạn|fangs: I. ⟨Adv.⟩ *am Anfang, zuerst:* a. ging alles gut; die a. aufgestellte Hypothese war falsch. **II.** ⟨Präp. mit Gen.⟩ (ugs.) *am Anfang, zu Beginn eines Zeitraums:* a. des Jahres, der Woche.

Ạn|fangs|buch|sta|be, der: **a)** *erster Buchstabe eines Wortes; Initiale:* mit großen -n; die reich verzierten -n des alten Buches; **b)** ⟨nur Pl.⟩ *die ersten Buchstaben von Eigennamen, Monogramm:* in die Wäsche eingestickte -n *(eingesticktes Monogramm).*

Ạn|fangs|ge|halt, das ⟨Pl. ...gehälter⟩: *erstes, nach einer Probezeit meist gesteigertes Gehalt in einer neuen Anstellung:* als A. bekam sie 3 500 Mark.

Ạn|fangs|ge|schwin|dig|keit, die: *Geschwindigkeit am Anfang einer Bewegung:* eine hohe, niedrige A.

Ạn|fangs|grün|de ⟨Pl.⟩ [für lat. elementa, Pl. von: elementum, ↑Element]: *Grundlagen, elementare Kenntnisse;* die A. der Mathematik.

Ạn|fangs|ka|pi|tal, das: *Kapital, das bei der Gründung eines Unternehmens od. bei der Tätigung eines größeren Geschäftes bereitsteht, bereitstehen muss:* ein hohes, niedriges A.

Ạn|fangs|schwie|rig|keit, die ⟨meist Pl.⟩: *am Anfang typischerweise auftretende Schwierigkeit:* keine, große -en haben.

Ạn|fangs|sil|be, die: vgl. Anfangsbuchstabe.

Ạn|fangs|sta|di|um, das: *erster [Zeit]abschnitt eines Entwicklungsprozesses o. Ä.:* das A. einer Krankheit; der Bau ist noch im A.

Ạn|fangs|stück, das: *erstes, vorderstes Stück:* das A. eines Brotes, eines Rohrs.

Ạn|fangs|un|ter|richt, der: *Unterricht für Schulanfänger, Erstunterricht.*

Ạn|fangs|ver|dacht, der (Rechtsspr.): *auf gesicherten Anhaltspunkten beruhender gegen jmdn. gerichteter Verdacht, der das Einschreiten der Staatsanwaltschaft rechtfertigt.*

Ạn|fangs|wert, der (Math., Physik): *Wert einer gesuchten Funktion zu Beginn eines Vorgangs, dessen Ablauf von dieser Funktion beschrieben wird.*

Ạn|fangs|wort, das ⟨Pl. ...wörter⟩: *erstes Wort einer Zeile, Strophe, eines Textes.*

Ạn|fangs|zeit, die: **a)** *Zeitangabe für den Beginn von Veranstaltungen;* **b)** *erste Zeit einer Tätigkeit, eines Zustandes o. Ä.*

A

ạn|fär|ben ⟨sw. V.; hat⟩: *[leicht] färben; tönen:* Stoffteile a.; (Med., Biol.:) einen Zellkern, Bakterien a.

Ạn|fär|bung, die; -, -en: *das Anfärben.*

ạn|fas|sen ⟨sw. V.; hat⟩: **1. a)** *mit der Hand berühren, ergreifen, mit den Fingern befühlen:* ein Weinglas richtig am Stiel anfassen; etw. vorsichtig a.; sie lässt sich nicht gern a.; * **zum Anfassen** (ugs.; *die Möglichkeit zu engstem Kontakt bietend, [etwas Abstraktes] aus unmittelbarer Nähe mitzuerleben; hautnah* 3): Europa zum Anfassen; **b)** (landsch.) *bei der Hand nehmen:* die Mutter fasst das Kind an; ⟨subst.:⟩ Ringelpiez mit Anfassen (ugs. scherzh.; *geselliges Beisammensein mit Tanz*); **c)** ⟨a. + sich⟩ *sich in einer bestimmten Weise anfühlen:* der Stoff fasst sich glatt, wie Wolle an. **2.** *auf eine bestimmte Art u. Weise behandeln:* jmdn. verständnisvoll, zart, rücksichtslos, hart a. **3. a)** *bei etw. zupacken, helfen:* der Korb ist schwer, fass doch mal [mit] an!; **b)** *[in bestimmter Weise] in Angriff nehmen, anpacken, anfangen:* eine Arbeit, eine Sache, ein Problem klug, geschickt, mit Eifer a. **4.** (geh.) *anwandeln, befallen, packen:* Angst, Schrecken, Sehnsucht fasste ihn an.

ạn|fau|chen ⟨sw. V.; hat⟩: **1.** *fauchende Laute (gegen jmdn.) ausstoßen:* die Katze faucht den Hund an. **2.** *heftig anfahren, zurechtweisen.*

ạn|fau|len ⟨sw. V.; ist⟩: *zu faulen beginnen, in Fäulnis übergehen:* das Korn faulte schon an; angefaulte Äpfel.

ạn|fecht|bar ⟨Adj.⟩: *nicht ohne weiteres gültig; bestreitbar, angreifbar:* ein -es Urteil, Testament; der Vertrag, die Entscheidung ist [nicht] a.

Ạn|fecht|bar|keit, die; -: *das Anfechtbarsein.*

ạn|fech|ten ⟨st. V.; hat⟩ [mhd. anevehten = gegen jmdn. kämpfen; jmdm. etw. abgewinnen; beunruhigen, ahd. anafehtan = (an)kämpfen, schlagen]: **1.** *die Richtigkeit, Rechtmäßigkeit von etw. nicht anerkennen, bestreiten, angreifen; (gegen etw.) Einspruch erheben:* ein Urteil, einen Vertrag a. **2.** (geh.) *beunruhigen, bekümmern:* Versuchungen, Sorgen fechten sie an; das ficht mich nicht an; ich ließ es mich nicht a. *(ließ mich nicht davon beirren)*; was ficht dich an? *(was ist mit dir?).*

Ạn|fech|tung, die; -, -en: **1.** (Rechtsspr.) *das Anfechten* (1), *Einspruch gegen etw.:* die A. eines Urteils, eines Testaments. **2.** (geh.) *Versuchung:* eine innere A.; er war ablehnend gegenüber allen -en der Großstadt; schweren -en ausgesetzt sein.

ạn|fe|gen ⟨sw. V.; ist⟩ (ugs.): *mit großer Geschwindigkeit herankommen:* er hörte schon von weitem, wie sie anfegten; ⟨meist im 2. Part. in Verbindung mit »kommen«:⟩ sie kamen mit ihren Motorrädern angefegt.

ạn|fein|den ⟨sw. V.; hat⟩: *bekämpfen, jmdm. feindselig begegnen:* jmdn. heftig, unaufhörlich a.; sie wurde von allen angefeindet.

Ạn|fein|dung, die; -, -en: *das Anfeinden; das Angefeindetwerden; feindselige Haltung, Feindseligkeit:* dauernden -en ausgesetzt sein.

ạn|fer|ti|gen ⟨sw. V.; hat⟩: *als Ergebnis einer Arbeit in sach-, kunstgerechter, oft bestimmten Plänen entsprechender Weise entstehen lassen, hervorbringen; herstellen, produzieren, fabrizieren, machen:* ein Gutachten, ein Protokoll, eine Zeichnung a.; Strickwaren a.; sich beim Schneider einen Anzug a. lassen.

Ạn|fer|ti|gung, die; -, -en: **1.** ⟨o. Pl.⟩ *das Anfertigen.* **2.** *etw. Angefertigtes.*

Ạn|fer|ti|gungs|kos|ten ⟨Pl.⟩: *Kosten, die bei der Anfertigung von etw. entstehen.*

ạn|feuch|ten ⟨sw. V.; hat⟩: *[ein wenig] feucht machen:* Bügelwäsche, Briefmarken a.; ich feuchte mir die Lippen an.

ạn|feu|ern ⟨sw. V.; hat⟩: **1.** *anzünden, anheizen:* den Ofen, einen Herd, den Kessel a. **2.** *antreiben, anspornen:* die Sportlerinnen, jmds. Mut a.; jmdn. zu immer größeren Leistungen a.

Ạn|feu|e|rung, die; -, -en: **1.** ⟨o. Pl.⟩ *das Anfeuern.* **2.** *anfeuernder* (2) *Zuruf.*

ạn|fin|den, sich ⟨st. V.; hat⟩ (landsch.): *sich wieder finden, wieder zum Vorschein kommen, auftauchen:* das Fehlende wird sich schon [wieder] a.

ạn|fi|xen ⟨sw. V.; hat⟩ [zu ↑fixen (2)] (Jargon): *jmdn., der noch kein Rauschgift genommen hat, dazu überreden, sich zum ersten Mal eine Droge zu injizieren.*

ạn|flach|sen ⟨sw. V.; hat⟩ (ugs.): *verulken, veralbern:* er flachste die Mädchen an.

ạn|flat|tern ⟨sw. V.; ist⟩: *flatternd angeflogen kommen:* unsicher flatterte der kleine Vogel an; ⟨meist im 2. Part. in Verbindung mit »kommen«:⟩ ein Schmetterling, ein Blatt kommt angeflattert.

ạn|fle|hen ⟨sw. V.; hat⟩: *sich flehend an jmdn. wenden, eine flehentliche Bitte an jmdn. richten:* Gott a.; jmdn. weinend [um Hilfe] a.; ich flehe dich an, geh nicht fort!

Ạn|fle|hung, die; -, -en ⟨Pl. selten⟩: *das Anflehen.*

ạn|fli|cken ⟨sw. V.; hat⟩ (ugs.): **1.** *etw. an etw. flicken, ansetzen:* zur Verlängerung ein Stück Draht a. **2.** *jmdm. etw. Schlechtes nachsagen, jmdn. verleumden:* er wollte ihm unbedingt etwas a.

ạn|flie|gen ⟨st. V.⟩: **1.** *fliegend herankommen* ⟨ist⟩: die Vögel fliegen das Futterhäuschen an; der Hubschrauber musste mehrmals a., bevor er landen konnte; die anfliegenden Flugzeuge; ⟨häufig im 2. Part. in Verbindung mit »kommen«:⟩ ein Schneeball kam, Spatzen kamen angeflogen. **2.** *fliegend, mit einem Flugzeug o. Ä. ansteuern* ⟨hat⟩: den nächsten Flughafen a.; Bombengeschwader flogen deutsche Städte an; der Ort wird von verschiedenen Fluggesellschaften angeflogen. **3. a)** *(von Fertigkeiten, Kenntnissen u. Ä.) jmdm. mühelos zufallen* ⟨ist⟩: alles ist ihr [nur so] angeflogen; **b)** (geh.) *befallen, überkommen* ⟨hat⟩: Angst, Sehnsucht fliegt ihn an.

ạn|flit|zen ⟨sw. V.; ist⟩ (ugs.): *schnell laufend od. mit hoher Geschwindigkeit fahrend herankommen:* sie sah sie alle a.; ⟨meist im 2. Part. in Verbindung mit »kommen«:⟩ die Rennwagen kommen angeflitzt.

Ạn|flug, der; -[e]s, Anflüge: **1.** (Flugw.) **a)** *Flugweg zu einem bestimmten Ziel:* einen zu weiten A. haben; **b)** *letzte Phase des Flugs vor der Landung:* die Maschine befindet sich bereits im A. [auf die Stadt]. **2.** *Hauch, Spur, Schimmer, Andeutung:* ein leichter, winziger A. von Ironie; nicht ohne einen, mit einem A. von Feierlichkeit. **3.** (Forstw.) **a)** *Verbreitung von Samen durch den Wind;* **b)** *durch Anflug* (3 a) *hervorgebrachter junger Baumbestand.*

Ạn|flug|hö|he, die (Flugw.): *vertikaler Abschnitt des Luftraums über einem Flughafen zur Vermeidung von Kollisionen.*

Ạn|flug|zeit, die (Flugw.): **a)** *Zeitpunkt für den Beginn eines Anflugs* (1): Anflugzeit: 0.45; **b)** *Zeitraum, über den sich ein Anflug* (1) *erstreckt:* die A. ist abhängig von der Witterung.

ạn|flun|kern ⟨sw. V.; hat⟩ (ugs.): *anlügen, beschwindeln.*

ạn|for|dern ⟨sw. V.; hat⟩: *dringend verlangen, bestellen, erbitten:* Unterlagen, einen Katalog, ein Gutachten, zusätzliche Arbeitskräfte a.; jmdn. über Funk a.

Ạn|for|de|rung, die; -, -en: **1.** *das Anfordern:* eine schriftliche, telefonische A. von Ersatzteilen, Arbeitskräften. **2.** ⟨meist Pl.⟩ *Anspruch, Forderung an jmds. Leistung o. Ä.:* allen -en genügen, gerecht werden; die Aufgabe stellt hohe -en an Geist und Ausdauer.

Ạn|for|de|rungs|pro|fil, das: **a)** *Gesamtheit der Anforderungen, denen jmd., der sich um eine Stelle* (4) *bewirbt, im Hinblick auf eine bestimmte berufliche Position genügen soll:* eine Position mit hohem A.; das A. eines Managers; **b)** *Gesamtheit der Eigenschaften, die ein bestimmtes Produkt haben soll.*

Ạn|fra|ge, die; -, -n: *Ersuchen, Bitte um Auskunft:* eine telefonische, schriftliche A. an jmdn. richten; Ihre A. bei unserer Firma wegen der Reparatur; kleine A. (Parl.; *in der Regel schriftlich gestellte u. beantwortete Frage an die Regierung*); große A. (Parl.; *in einer Bundestagssitzung behandelte Frage an die Regierung*).

ạn|fra|gen ⟨sw. V.; hat⟩: *sich mit einer Frage an jmdn., eine Institution wenden:* brieflich, telefonisch, höflich wegen einer Sache bei jmdm. a.; bei jmdm. a. lassen, ob ein Besuch möglich ist; (schweiz. auch mit Akk.:) jmdn. höflich wegen einer Sache a.; die angefragte Referentin hat abgesagt.

ạn|fres|sen ⟨st. V.; hat⟩: **1.** *zu einem [kleinen] Teil fressen; annagen:* die Raupen haben den Kohl, die Mäuse den Kuchen angefressen. **2.** ⟨a. + sich⟩ (derb) *anessen:* du hast dir einen Bauch angefressen. **3.** *zu zersetzen, aufzulösen beginnen:* Rost frisst Eisen an.

ạn|freun|den, sich ⟨sw. V.; hat⟩: **1.** *sich mit jmdm., miteinander befreunden, eine Freundschaft beginnen:* sich leicht, schwer mit jmdm. a.; die beiden haben sich rasch angefreundet *(sind miteinander vertraut, zu Freunden geworden).* **2.** *sich an etw. gewöhnen, sich mit etw. vertraut machen:* sich mit einem Gedanken, einer Vorstellung a.

ạn|frie|ren ⟨st. V.⟩: **1.** *an etw. festfrieren* ⟨ist⟩: das Eis friert an den Behälter an. **2.** *ein wenig gefrieren, Frost abbekommen* ⟨ist⟩: die Kartoffeln, die Blumen sind angefroren. **3.** ⟨a. + sich⟩ (ugs.) *sich etw. leicht erfrieren* ⟨hat⟩: ich habe mir die Nase, die Füße angefroren. **4.** *leicht gefrieren lassen* ⟨hat⟩: das Fleisch wird zwei Stunden angefroren.

ạn|fü|gen ⟨sw. V.; hat⟩: *hinzusetzen, hinzufügen:* einem Brief einige Zeilen, einem Gutachten einen Kommentar a.

Ạn|fü|gung, die; -, -en: *das Anfügen.*

ạn|füh|len ⟨sw. V.; hat⟩: **a)** *prüfend betasten, anfassen:* einen Stoff a.; **b)** ⟨a. + sich⟩ *durch den Tastsinn o. Ä. ein bestimmtes Gefühl vermitteln:* etw. fühlt sich weich, rau, wie Leder an.

Ạn|fuhr, die; -, -en: *Heranschaffung größerer Mengen von etw.:* die A. von Holz und Kohle.

ạn|füh|ren ⟨sw. V.; hat⟩: **1. a)** *einer Gruppe o. Ä. führend vorangehen:* einen Festzug, die Polonäse a.; Ü der Verein führt die Tabelle an (Sport *ist Spitzenreiter*); **b)** *(eine Gruppe o. Ä.) leiten, befehligen:* eine Truppe a. **2. a)** *vorbringen, erwähnen, aufzählen:* etw. als Beispiel, Argument, Grund für etw. a.; etw. zu seiner Entschuldigung a.; die oben *(weiter vorne im Text)* angeführten Thesen; **b)** *benennen:* jmdn. als Zeugen a.; einen Gewährsmann a.; **c)** *zitieren, wörtlich wiedergeben:* seinen Vorredner a.; er führte mehrere Zitate, Stellen aus der Bibel an. **3.** (ugs. *zum Besten haben; foppen, hereinlegen:* du hast mich aber gründlich angeführt. **4.** (Schrift- u. Druckw.) *einen Satz, Textteil mit einem beginnenden Anführungszeichen versehen.*

Ạn|füh|rer, der; -s, - (oft abwertend): *Führer einer Gruppe, Bande:* der A. einer radikalen Gruppe.

Ạn|füh|re|rin, die; -, -nen: w. Form zu ↑Anführer.

Ạn|füh|rung, die; -, -en: **1.** meist in Verbindung mit »unter«: *Führung, Leitung:* unter A. eines Generals. **2. a)** *Erwähnung, Aufzählung:* besondere A. von Ereignissen, Daten, Namen; **b)** *Zitierung, Wiedergabe:* der Vortrag war aufgelockert durch die A. einiger Zitate. **3.** *angeführtes Zitat, angeführter Satz-, Textteil.* **4.** (Schrift- u. Druckwesen) *das Anführen* (4).

Ạn|füh|rungs|zei|chen, das ⟨meist Pl.⟩: *[paarweise gesetztes, strichförmiges] Satzzeichen, das bes. den Anfang u. das Ende einer angeführten Rede markiert; Gänsefüßchen:* halbe A.; ein Wort in A. setzen, mit A. versehen; Ü ich sage das in A. *(meine es nicht ganz wörtlich).*

ạn|fül|len ⟨sw. V.; hat⟩: *vollständig mit etw. füllen:* eine Grube mit Abfällen a.; das Zimmer ist mit Gerümpel angefüllt.

ạn|fun|keln ⟨sw. V.; hat⟩: *jmdn. [böse] mit funkelnden Augen, Blicken ansehen:* ich funk[e]le ihn wütend an.

ạn|fun|ken ⟨sw. V.; hat⟩: *durch Funkspruch anrufen:* einen Truppenteil, den Taxikollegen a.

ạn|fut|tern, sich ⟨sw. V.; hat⟩ (ugs.): *anessen.*

ạn|füt|tern ⟨sw. V.; hat⟩ (Angelsport): *Köder auswerfen, mit denen Fische zunächst angelockt werden sollen.*

Ạn|ga|be, die; -, -n: **1.** *Aussage, Auskunft, Information:* alle -n ohne Gewähr; genaue, falsche, zweckdienliche, keine, widersprechende -n zu etw., über jmdn., etw. machen; nach jmds. -n; ohne A. der Adresse *(ohne die Adresse anzugeben, zu nennen).* **2.** ⟨o. Pl.⟩ (ugs.) *Prahlerei, Angeberei:* diese Behauptung ist reine A. **3.** (Sport) **a)** *Anspielen des Balls über eine Leine, ein Netz hinweg:* der Spieler verfügt über eine starke A.; **b)** *bei der Angabe* (3 a) *gespielter Ball:* die A. ging ins Aus. **4.** (österr.) *Anzahlung:* eine A. leisten. **5.** (Sprachw.) *Satzglied (in bestimmten Grammatiktheorien):* freie, grammatisch weglassbare A.

ạn|gaf|fen ⟨sw. V.; hat⟩ (abwertend): *neugierig, aufdringlich anstarren:* sie gafften diese Frau unentwegt an.

ạn|gäh|nen ⟨sw. V.; hat⟩: *in die Richtung von jmdm., etw. gähnen:* mein Gegenüber gähnte mich fortwährend an.

ạn|ga|lop|pie|ren ⟨sw. V.; ist⟩: **1.** *[auf einem Reittier] im Galopp herankommen:* er sah die Pferde a.; ⟨meist im 2. Part. in Verbindung mit »kommen«:⟩ die Reiterinnen, die Pferde kommen angaloppiert; **Ü** die Kinder kamen angaloppiert (ugs.; *kamen in großen Sätzen rasch herbei*). **2.** *zu galoppieren beginnen:* der Reiter galoppierte hart an.

ạn|gän|gig ⟨Adj.⟩ [zu veraltet angehen = gelingen]: *möglich, erlaubt, zulässig:* eine nicht -e Handlungsweise; wenn irgend a., …

ạn|geb|bar ⟨Adj.⟩: *sich angeben* (1), *benennen lassend:* -e Gründe; etw. ist nicht a.

ạn|ge|ben ⟨st. V.; hat⟩: **1. a)** *nennen, mitteilen, Auskunft über etw. geben:* Personalien, seine Adresse, einen Termin a.; etw. nicht mit Bestimmtheit a. *(sagen)* können; etw. als Grund a.; zur angegebenen Zeit kommen; **b)** *bestimmen, festsetzen:* den Takt, die Richtung, das Tempo a.; **c)** *andeuten, markieren:* die Umrisse des Gebäudes, die Lage einer Anhöhe [auf der Karte] a. **2.** *anzeigen, melden, denunzieren, bes. einer Lehrperson Mitteilung über unerlaubte Handlungen o. Ä. anderer machen:* einen Diebstahl a.; er hat seinen Mitschüler beim Direktor angegeben. **3.** (ugs.) *sich mit etw. sehr wichtig tun, in großspuriger Weise damit prahlen, großtun:* gib bloß nicht so an!; er hat mit seinen Eroberungen furchtbar vor seinen Freunden angegeben. **4.** *(bei Ballspielen) als Erste[r] anspielen.*

Ạn|ge|ber, der; -s, -: **1.** *Verräter, Denunziant:* im Lager gab es einen A. **2.** (ugs.) *Prahler, Wichtigtuer:* er ist nichts als ein A.

An|ge|be|rei, die; -, -en (ugs.): **1.** ⟨o. Pl.⟩ *Prahlerei, Protzerei, Großtuerei:* was er sagt, ist alles A. **2.** *angeberische Handlung, Äußerung:* ihre -en beruhen auf einem Minderwertigkeitskomplex.

Ạn|ge|be|rin, die; -, -nen: w. Form zu ↑Angeber.

ạn|ge|be|risch ⟨Adj.⟩ [zu: Angeber (2)] (ugs.): *prahlerisch, großtuerisch:* ein -er Kerl; a. daherkommen.

Ạn|ge|be|te|te, der u. die; -n, -n ⟨Dekl. ↑Abgeordnete⟩ (meist scherzh.): *Verehrte[r], Geliebte[r].*

Ạn|ge|bin|de, das; -s, - [der Gegenstand wurde früher dem Beschenkten an den Arm gebunden] (geh. veraltet): *kleineres Geschenk als Geste der Zuneigung, Aufmerksamkeit o. Ä.*

ạn|geb|lich ⟨Adj.⟩: *wie behauptet wird; vermeintlich; nicht verbürgt:* eine -e Augenzeugin, ein -er Onkel; sie war a. verreist.

ạn|ge|bo|ren ⟨Adj.⟩: *von Geburt an vorhanden, bestehend:* -e Instinkte; ein -er Fehler; die Krankheit ist a.

Ạn|ge|bot, das; -[e]s, -e: **1. a)** *Kaufangebot, Offerte:* jmdm. ein [günstiges, unverbindliches] A. machen; ein A. erhalten, ablehnen; wir bitten Sie um Ihr A. über [die], für [die] Lieferung von …; **b)** *etw., was jmdm. angeboten, vorgeschlagen wird:* das kulturelle A. der Stadt ist dürftig; auf ein A. eingehen; von einem A. Gebrauch machen; **c)** *(bei einer Auktion) erstes Gebot:* das A. beträgt 500 DM. **2.** ⟨o. Pl.⟩ (Kaufmannsspr.) *angebotene Ware, Warenangebot:* ein großes, reichhaltiges A.; das A. ist breit gefächert; ein preiswertes A. an, von Kleidern; wir haben heute griechischen Spargel im A. *(bieten ihn vorübergehend billiger an).* **3.** ⟨o. Pl.⟩ (Wirtsch.) *Gesamtheit der Güter (Waren u. Dienstleistungen), die auf den Markt kommen:* das Verhältnis von A. und Nachfrage.

Ạn|ge|bots|kurs, der (Wirtsch.): *Kurs, zu dem ein Wertpapier od. eine Ware angeboten wird.*

Ạn|ge|bots|lü|cke, die (Wirtsch.): *Mangel an Angeboten in einem bestimmten Bereich:* eine A. im Konsumgüterbereich.

ạn|ge|bots|ori|en|tiert ⟨Adj.⟩ (Wirtsch.): *auf die Erhöhung des Angebots* (3) *gerichtet:* der Gegensatz zwischen -er und nachfrageorientierter Wirtschaftspolitik.

Ạn|ge|bots|pa|let|te, die (Wirtsch.): *Palette* (1 b) *an Angeboten:* die A. um bestimmte Produkte ergänzen.

Ạn|ge|bots|preis, der (Wirtsch.): *vom Anbieter geforderter Preis für angebotene Güter.*

Ạn|ge|bots|über|hang, der (Wirtsch.): *Gütermenge, um die das Angebot die Nachfrage übersteigt.*

ạn|ge|bracht ⟨Adj.⟩: *einer bestimmten Situation angemessen, für einen bestimmten Fall genau passend; sinnvoll, opportun:* eine keineswegs -e Bemerkung; etw. für a. halten.

ạn|ge|brannt: ↑anbrennen (2, 3).

ạn|ge|braucht: ↑anbrauchen.

ạn|ge|bräunt: ↑anbräunen.

ạn|ge|braust: ↑anbrausen.

ạn|ge|bro|chen: ↑anbrechen.

ạn|ge|brü|tet: ↑anbrüten.

ạn|ge|bun|den: ↑anbinden (1 a).

ạn|ge|dampft: ↑andampfen.

ạn|ge|dei|hen: nur in der Verbindung **jmdm. etw. a. lassen** (geh. od. iron.; *zuteil werden, zukommen lassen, gewähren*): jmdm. Schonung, Schutz, Gerechtigkeit a. lassen.

Ạn|ge|den|ken, das; -s: **1.** (veraltet) *Andenken, Souvenir.* **2.** (geh.) *Erinnerung, Gedenken:* jmdm. ein treues A. bewahren; zum ewigen A.; * **seligen -s** (1. veraltend; *verstorben:* mein Großvater seligen -s. 2. ugs. scherzh.; *einstig; früher vorhanden:* die gute Postkutsche seligen -s).

ạn|ge|don|nert: ↑andonnern (1).

ạn|ge|dunt ⟨Adj.⟩ [zu ↑dun] (landsch.): *[leicht] betrunken.*

ạn|ge|du|selt ⟨Adj.⟩ [zu ↑Dusel] (salopp): *[leicht] betrunken.*

ạn|ge|ekelt: ↑anekeln.

ạn|ge|fah|ren: ↑anfahren (2).

ạn|ge|fault: ↑anfaulen.

ạn|ge|fegt: ↑anfegen.

ạn|ge|fein|det: ↑anfeinden.

ạn|ge|flat|tert: ↑anflattern.

ạn|ge|flitzt: ↑anflitzen.

ạn|ge|flo|gen: ↑anfliegen (1).

ạn|ge|fro|ren: ↑anfrieren.

ạn|ge|fuckt [...fakt] ⟨Adj.⟩ [vgl. abgefuckt] (Jugendspr.): *abgerissen-salopp:* ich laufe gerne so a. rum, um meine Alten zu schocken.

ạn|ge|gan|gen ⟨Adj.⟩: **1.** (ugs.) in der Verbindung **a. kommen** (*gehend, zu Fuß herbeikommen*): er kam a., als ob nichts geschehen sei. **2.** (landsch.) *verdorben, in Fäulnis übergegangen:* -es Obst, Fleisch.

ạn|ge|gilbt ⟨Adj.⟩: *leicht vergilbt:* -e Buchseiten, Blätter.

ạn|ge|glie|dert: ↑angliedern.

ạn|ge|gos|sen: ↑angießen (3).

ạn|ge|graut ⟨Adj.⟩: *leicht ergraut:* ein Herr mit -en Schläfen; ihr Haar ist schon a.

ạn|ge|grif|fen: ↑angreifen (5 a).

Ạn|ge|grif|fen|heit, die; -: *angegriffener Zustand; das Angegriffen-, Geschwächtsein.*

ạn|ge|haucht: ↑anhauchen (3).

ạn|ge|hei|ra|tet ⟨Adj.⟩: *durch Heirat Mitglied einer Familie geworden:* ein -er Onkel; ein -e Cousine; die -e Verwandtschaft.

ạn|ge|hei|tert ⟨Adj.⟩: *durch Genuss von Alkohol beschwingt, in gehobene Stimmung versetzt; leicht angetrunken:* eine -e Gesellschaft; er war ziemlich a.

ạn|ge|heizt: ↑anheizen.

ạn|ge|hen ⟨unr. V.⟩: **1.** (ugs.) *beginnen, anfangen, losgehen* ⟨ist⟩: das Theater geht um halb acht an; die Schule geht morgen wieder an *(nach den Ferien beginnt der Unterricht wieder).* **2.** (ugs.) *zu brennen, zu leuchten beginnen* ⟨ist⟩: das Feuer, das Licht geht an. **3.** ⟨ist⟩ **a)** (ugs.) *anwachsen, festwachsen, Wurzeln schlagen:* die Ableger, Pflanzen sind [nicht] alle angegangen; **b)** (Med., Biol.) *(von Bakterien, Pilzen) auf präpariertem Grund anwachsen.* **4.** *gegen jmdn. vorgehen, ihn angreifen, sich ihm in feindlicher Absicht nähern* ⟨hat; südd., österr., schweiz. auch: ist⟩: einen Gegner a.; der Bär ging den Jäger an; (Sport:) der Verteidiger hat den Stürmer von hinten angegangen. **5.** *anpacken, in Angriff nehmen, zu bewältigen suchen; an etw. herangehen* ⟨hat; südd., österr., schweiz. auch: ist⟩: sie ging die anstehenden Probleme, Schwierigkeiten zielstrebig an; das Vorhaben von verschiedenen Seiten a.; (Sport:) die Mannschaft hat das Spiel zu schnell angegangen; der Rennfahrer hat die Kurve, Strecke zu überhastet angegangen; die Reiterin ging das letzte Hindernis im Galopp an *(ritt im Galopp darauf zu).* **6.** *gegen etw. Maßnahmen ergreifen, vorgehen; bekämpfen* ⟨ist⟩: gegen die Umweltverschmutzung, gegen ein Gerichtsurteil a.; gegen jmds. Willen, Absicht a. **7.** *jmdn. um etw. bitten, sich mit einer Bitte an jmdn. wenden* ⟨hat; südd., österr., schweiz. auch: ist⟩: er hat sie um ein Darlehen, um ihre Zustimmung, Hilfe, Vermittlung angegangen; jmdn. um [seinen] Rat a. **8.** *jmds. Sache sein* ⟨ist⟩: das geht ihn nichts, wenig, viel an; die Geschichte ist dich doch überhaupt nichts angegangen; was geht mich das an? *(was habe ich damit zu schaffen?).* **9.** *möglich, zulässig, vertretbar sein* ⟨ist⟩: das mag, mochte noch a.; die Hitze ist gerade noch angegangen; ⟨auch unpers.:⟩ mit dem Verkehr ging es noch an. **10.** in der Verbindung **was jmdn., etw. angeht** *(was jmdn., etw. betrifft, anlangt):* was deine Frage angeht, [so] kann ich dir nicht weiterhelfen.

ạn|ge|hend ⟨Adj.⟩: *in Ausbildung stehend; künftig:* die -en Lehrer, Schauspielerinnen; sie ist eine -e Physikerin.

ạn|ge|hetzt: ↑anhetzen.

ạn|ge|heult: ↑anheulen (2).

ạn|ge|hö|ren ⟨sw. V.; hat⟩: **a)** *zu etw., jmdm. gehören, einer Gruppe o. Ä. an-, eingegliedert sein:* der Regierung, einer Organisation, einer Nation a.; einem Verein als Mitglied a.; sie gehört der älteren Generation an; **b)** *mit jmdm., miteinander eng verbunden sein:* sie gehören einander an.

ạn|ge|hö|rig ⟨Adj.⟩: *zu etw., jmdm. gehörend, jmdm., einer Sache angehörend, zugehörig, zuzuordnen:* die einem Fußballverein -en Jugendlichen.

Ạn|ge|hö|ri|ge, der u. die; -n, -n ⟨Dekl. ↑Abgeordnete⟩: **a)** ⟨meist Pl.⟩ *dem engsten Familienkreis angehörende[r] Verwandte[r]:* die -n benachrichtigen; er hat keine -n mehr; **b)** *jmd., der einer bestimmten Gruppe angehört, Mitglied, Anhänger, Mitarbeiter:* -r eines Berufsstandes sein; A. anderer Nationalitäten.

ạn|ge|jagt: ↑anjagen.

ạn|ge|jahrt ⟨Adj.⟩: *leicht gealtert, nicht mehr ganz jung:* ein -er Mann.

ạn|ge|keucht: ↑ankeuchen.

Ạn|ge|klag|te, der u. die; -n, -n ⟨Dekl. ↑Abgeordnete⟩: *jmd., der unter gerichtlicher Anklage steht:* eine -e vernehmen.

ạn|ge|kle|ckert: ↑ankleckern.

ạn|ge|knab|bert: ↑anknabbern.

ạn|ge|knackst ⟨Adj.⟩ (ugs.): *nicht mehr in guter*

Verfassung: eine -e Gesundheit; ein -es Selbstbewusstsein; er, sein Prestige ist a.

ạn|ge|knackt: ↑anknacken.

ạn|ge|kohlt ⟨Adj.⟩ [zu ↑¹kohlen (1)]: *teilweise schwarz verbrannt, verkohlt:* -e Balken; das Holz war a.

ạn|ge|krän|kelt ⟨Adj.⟩: *nicht widerstandsfähig:* ein -es Adelsgeschlecht; Ü er war von Selbstsucht und Eitelkeit a.

ạn|ge|kratzt ⟨Adj.⟩ (ugs.): *[vom Leben] mitgenommen:* ein leicht -er Fünfziger; ein -es Nervenkostüm; seine Gesundheit ist a.; Ü er versucht sein -es Image aufzupolieren.

ạn|ge|kro|chen: ↑ankriechen.

Ạn|gel, die; -, -n [mhd. angel, ahd. angul, zu ahd. ango = Haken (eigtl. = der Gekrümmte, Gebogene), verw. mit ↑Anker]: **1.** *Gerät zum Fischfang, das aus einer Rute besteht, an deren Ende eine Schnur mit einem Haken befestigt ist:* die A. auswerfen, einziehen; einen dicken Fisch an der A. haben; Ü er ist ihr an die A. gegangen; **2.** *Zapfen, an dem eine Tür, ein Fenster o. Ä. drehbar befestigt ist:* quietschende -n; die Tür aus den -n heben; die Tür knarrt, hängt schief in den -n; *** etw. aus den -n heben** *(etw. aus dem Gleichgewicht bringen, grundlegend ändern):* die Welt aus den -n heben wollen. **3.** *im Griff eines Messers befestigte [spitz zulaufende] Verlängerung der Klinge.*

ạn|ge|latscht: ↑anlatschen.

ạn|ge|lau|fen: ↑anlaufen (1, 9).

ạn|ge|le|gen ⟨Adj.⟩ [zu veraltet anliegen = wichtig sein]: in der Verbindung **sich** ⟨Dativ⟩ **etw. a. sein lassen** (geh.; *sich [aus innerem Antrieb] um etw. bemühen, kümmern*): ich ließ mir die Erziehung meiner Kinder sehr a. sein.

Ạn|ge|le|gen|heit, die; -, -en: *Sachverhalt, dessen Lösung od. Erledigung für jmdn. von [großer] Bedeutung ist; Sache, Problem:* eine schwierige, ernste, dringliche, missliche, teure, peinliche, leidige A.; private, öffentliche, kulturelle -en; das ist meine A. *(geht keinen anderen etwas an);* eine A. in Ordnung bringen, klären, besprechen; sich in jmds. -en mischen; er kam in einer dienstlichen A. zu ihr.

ạn|ge|le|gent|lich ⟨Adv.⟩ (geh.): *eingehend, nachdrücklich:* eine -e Bitte; sich a. nach jmdm. erkundigen.

ạn|ge|legt ⟨Adj.⟩: *mit Anlagen zu etw. versehen; veranlagt:* auf Konsequenz, Sparsamkeit a. sein.

ạn|ge|lernt: ↑anlernen.

Ạn|ge|lern|te, der u. die; -n, -n ⟨Dekl. ↑Abgeordnete⟩: *Person, die keine Berufsausbildung besitzt u. für die von ihr ausgeübte Tätigkeit nur angelernt wurde.*

Ạn|gel|fi|sche|rei, die: *(oft als Sport betriebener) Fang von Fischen mit einer Angel* (1).

Ạn|gel|ge|rät, das: *zum Angeln benutztes Gerät.*

Ạn|gel|ha|ken, der: *Haken an der Angelleine.*

An|ge|li|ka, die; -, ...ken u. -s [mlat. angelica, zu spätlat. angelicus = Engeln zukommend < griech. aggelikós, zu: ággelos, ↑Engel; wohl nach der mit dem Wirken von Engeln verglichenen Heilkraft]: *Engelwurz.*

Ạn|gel|kö|der, der: *am Angelhaken befestigter Köder.*

Ạn|gel|lei|ne, die: *am oberen Ende mit der Angelrute verbundene Leine, die mit einem Köder am unteren Ende zum Angeln ins Wasser geworfen wird.*

ạn|geln ⟨sw. V.; hat⟩ [mhd. angeln]: **1. a)** *das Fangen von Fischen mit einer Angel* (1) *betreiben:* er angelt gern; wir gehen a.; sie saß am Bach und angelte; auf Hechte, nach Barschen a.; ⟨subst.:⟩ [das] Angeln ist mein Hobby; **b)** *durch Angeln* (1 a) *fangen, zu fangen suchen:* Forellen a.; Ü (ugs.:) sich einen Freund mit Geld a. **2.** (ugs.) *etw. entfernter Befindliches [vorsichtig] zu fassen, zu ergreifen suchen:* nach den Hausschuhen a.

ạn|ge|lo|ben ⟨sw. V.; hat⟩: **1.** (geh.) *feierlich zusagen, versprechen:* jmdm. Treue a. **2.** (österr.) *feierlich vereidigen.*

Ạn|ge|lo|bung, die; -, -en: *das Angeloben; das Angelobtwerden; Vereidigung.*

Ạn|gel|platz, der: *Stelle zum Angeln an einem Gewässer [für die ein Angelschein ausgestellt wurde].*

Ạn|gel|punkt, der [zu ↑Angel (2)]: *Punkt, um den sich alles dreht; Hauptsache; Zentrum:* diese Ereignisse sind zum A. der späteren Politik geworden.

Ạn|gel|ru|te, die: *Angel* (1).

Ạn|gel|sach|se, der; -n, -n: **1.** (hist.) Vertreter der im 5./6. Jh. nach England ausgewanderten westgermanischen Stämme der Angeln, Sachsen u. Jüten. **2.** Person englischer Abstammung u. Muttersprache, bes. Engländer od. aus England stammender Amerikaner.

Ạn|gel|säch|sin, die; -, -nen: w. Form zu ↑Angelsachse (2).

ạn|gel|säch|sisch ⟨Adj.⟩: **1.** *den Volksstamm der Angelsachsen betreffend, von ihm abstammend, zu ihm gehörend.* **2.** *die Angelsachsen* (2) *betreffend, zu ihnen gehörend, von ihnen stammend:* -e Literatur.

Ạn|gel|säch|sisch, das; -[s] u. ⟨nur mit best. Art:⟩ **Ạn|gel|säch|si|sche,** das; -n: *die angelsächsische* (1) *Sprache.*

Ạn|gel|schein, der: *[von einer Behörde ausgestellte] Genehmigung* (b) *zum Angeln.*

Ạn|gel|schnur, die: *Angelleine.*

Ạn|gel|sport, der: *sportlich ausgeübte Angelfischerei.*

An|ge|lus [ˈaŋgelʊs], der, auch: das; -, - [lat. angelus (domini) = Engel (des Herrn); nach dem Anfangswort des Gebets] (kath. Kirche): **a)** *Dankgebet, das morgens, mittags u. abends gebetet wird;* **b)** *Glockenzeichen für den Angelus* (3 a).

Ạn|ge|lus|läu|ten, das; -s: *Angelus* (b).

ạn|ge|mes|sen ⟨Adj.⟩: *richtig bemessen; adäquat:* ein -er Preis; etw. gegen -e Bezahlung tun; etw. für a. halten.

Ạn|ge|mes|sen|heit, die; -: *das Angemessensein:* die A. der Preise.

ạn|ge|na|gelt: ↑annageln.

ạn|ge|nä|hert: ↑annähern.

ạn|ge|nehm ⟨Adj.⟩: *eine positive Empfindung auslösend, erfreulich, wohltuend:* eine -e Nachricht; ein -es Klima; ein -er Mensch; [ich wünsche dir eine] -e Reise!; -e Ruhe!; es wäre mir [sehr] a., wenn ...; »Sehr a.« (formelhafte Antwort bei einer Vorstellung); a. überrascht, enttäuscht sein; a. berührt sein; a. auffallen; ⟨subst.:⟩ das ist das Angenehme daran.

ạn|ge|neh|mer|wei|se ⟨Adv.⟩: *zu jmds. Zufriedenheit, erfreulicherweise.*

ạn|ge|nom|men: ↑annehmen.

Ạn|ge|nom|men|sein, das; -s: *das Akzeptiertwerden, Geliebtwerden.*

ạn|ge|passt: a) *den Gegebenheiten angemessen:* eine der Witterung -e Fahrweise; a. fahren; **b)** *(von Personen) konformistisch; sich [aus opportunistischen Gründen] arrangiert habend:* allzu -e Typen.

Ạn|ge|passt|heit, die; -: *Zustand des Angepasstseins.*

ạn|ge|pest: ↑anpesen.

ạn|ge|pol|tert: ↑anpoltern.

ạn|ge|prescht: ↑anpreschen.

Ạn|ger, der; -s, - [mhd. anger, ahd. angar, eigtl. = Biegung, Bucht] (landsch.): *kleinere Grasfläche, Grasplatz [in einem Dorf]:* abends treffen sich die Einwohner auf dem A.

ạn|ge|ra|delt: ↑anradeln.

ạn|ge|rannt: ↑anrennen (1).

ạn|ge|ras|selt: ↑anrasseln.

ạn|ge|rast: ↑anrasen.

ạn|ge|rat|tert: ↑anrattern.

ạn|ge|raucht ⟨Adj.⟩: **1.** ↑anrauchen (1). **2.** (veraltend): *vom Rauch leicht angeschwärzt:* -e Wände.

ạn|ge|rauscht: ↑anrauschen.

ạn|ge|raut: ↑anrauen.

ạn|ge|regt ⟨Adj.⟩: *(bes. von einer Unterhaltung, einem Gespräch) lebhaft, interessant; animiert:* eine -e Unterhaltung; sich a. unterhalten.

Ạn|ge|regt|heit, die; -: *das Angeregtsein; gehobene Stimmung.*

ạn|ge|rei|chert: ↑anreichern.

ạn|ge|rit|ten: ↑anreiten.

ạn|ge|rollt: ↑anrollen (1 b).

ạn|ge|ros|tet: ↑anrosten.

ạn|ge|rührt: ↑anrühren.

ạn|ge|sagt ⟨Adj.⟩ [2. Part. von ↑ansagen]: in der Verbindung **a. sein** (ugs.; **1.** *im Schwange, in Mode, sehr gefragt, begehrt sein:* Zärtlichkeit, Romantik und Treue sind bei jungen Menschen heute wieder a. **2.** *bevorstehen, anstehen; gemacht, ausgeführt werden sollen, auf Erledigung warten:* Frühstück ist jetzt a.; heute ist ein Ausflug a.; jetzt ist Handeln/handeln a.; hier ist eine Renovierung, eine neue Tapete a.).

ạn|ge|säu|selt ⟨Adj.⟩ (ugs.): *leicht betrunken:* ein bisschen a. sein.

ạn|ge|saust: ↑ansausen.

ạn|ge|schest: ↑anschesen.

ạn|ge|schim|melt: ↑anschimmeln.

ạn|ge|schis|sen: ↑anscheißen (3).

ạn|ge|schla|gen ⟨Adj.⟩: *nicht mehr im Vollbesitz seiner Kräfte, nicht mehr [voll] leistungsfähig; erschöpft:* einen -en Eindruck machen; eine -e Gesundheit; a. sein, wirken; Ü die -e Autoindustrie.

ạn|ge|schlen|dert: ↑anschlendern.

ạn|ge|schli|chen: ↑anschleichen (1).

ạn|ge|schlos|sen: ↑anschließen.

ạn|ge|schmud|delt ⟨Adj.⟩ (ugs.): *angeschmutzt.*

ạn|ge|schmutzt ⟨Adj.⟩: *leicht verschmutzt:* -e Wäsche; das Buch ist etwas a.

ạn|ge|schnauft: ↑anschnaufen.

ạn|ge|schnit|ten: ↑anschneiden.

ạn|ge|scho|ben: ↑anschieben (3).

ạn|ge|schos|sen: ↑anschießen (3).

ạn|ge|schrie|ben: ↑anschreiben (2).

Ạn|ge|schul|dig|te, der u. die; -n, -n ⟨Dekl. ↑Abgeordnete⟩: *jmd., der (wegen einer Sache) angeschuldigt wird.*

ạn|ge|schwankt: ↑anschwanken.

ạn|ge|schwärmt: ↑anschwärmen (1).

ạn|ge|schwärzt: ↑anschwärzen.

ạn|ge|schwirrt: ↑anschwirren.

ạn|ge|schwom|men: ↑anschwimmen (1 b).

ạn|ge|se|gelt: ↑ansegeln (1 b).

ạn|ge|se|hen ⟨Adj.⟩: *Ansehen genießend; geachtet, geschätzt:* eine -e Familie; sie ist überall a.

Ạn|ge|sicht, das; -[e]s, -er u. (österr.:) -e [mhd. angesiht = das Ansehen, Aussehen; Angesicht, zu mhd. gesiht, ↑Gesicht] (geh.): *Gesicht:* das geliebte, vertraute A.; sein A. verhüllen; jmdn. von A. kennen; jmdm. von A. zu A. gegenüberstehen; *** im A.** (**1.** *im, beim Anblick:* im A. der Gefahr. **2.** *im Hinblick auf:* im A. dieser Tatsache wollen wir ihm vertrauen; im A. des Todes).

ạn|ge|sichts: I. ⟨Präp. mit Gen.⟩ (geh.) **a)** *im, beim Anblick:* a. des Todes, der Bergwelt; **b)** *im Hinblick auf, in Anbetracht:* a. dieser Tatsachen; a. der Lage, der wachsenden sozialen Spannungen. **II.** ⟨Adv.⟩ *beim Anblick von:* a. von so viel Elend.

ạn|ge|spannt: a) *angestrengt, konzentriert:* mit -er Aufmerksamkeit zuhören; **b)** *kritisch, bedenklich:* eine -e Lage; der -e Wohnungsmarkt; die Finanzlage ist a.

Ạn|ge|spannt|heit, die; -: *das Angespanntsein.*

ạn|ge|sprengt: ↑ansprengen.

ạn|ge|spritzt: ↑anspritzen (2).

ạn|ge|sprun|gen: ↑anspringen (3).

ạn|ge|stakst: ↑anstaksen.

ạn|ge|stammt ⟨Adj.⟩ [zu veraltet anstammen = durch Abstammung erwerben]: *durch Erbschaft od. Tradition erworben; überkommen:* -er Besitz; diese Rechte sind a.

ạn|ge|stapft: ↑anstapfen.

ạn|ge|staubt ⟨Adj.⟩: **1.** *leicht verstaubt.* **2.** (ugs.) *bereits etwas veraltet, überholt:* leicht -e Ansichten haben.

Ạn|ge|stell|te, der u. die; -n, -n ⟨Dekl. ↑Abgeordnete⟩: *jmd., der in einem vertraglichen Arbeits-*

verhältnis mit monatlicher Gehaltszahlung steht: ein höherer, leitender, kleiner -r; die kaufmännische A.; die Arbeiter/-innen und -n unserer Firma; die Bundesversicherungsanstalt für A. (Abk.: BfA).

An|ge|stell|ten|ge|werk|schaft, die: *Arbeitnehmerorganisation für Angestellte.*

An|ge|stell|ten|schaft, die; -: *Gesamtheit der Angestellten.*

An|ge|stell|ten|ver|hält|nis, das: *vertragliches Arbeitsverhältnis mit monatlicher Gehaltszahlung:* im A. stehen.

An|ge|stell|ten|ver|si|che|rung, die: *Sozialversicherung für Angestellte:* Beiträge für die A. entrichten.

an|ge|stie|felt: ↑ anstiefeln.

an|ge|strengt: a) *mit Anstrengung; konzentriert:* mit -er Aufmerksamkeit; a. nachdenken; **b)** *verkrampft, nicht locker:* Sitz doch nicht so a. da!

An|ge|strengt|heit, die; -: *das Angestrengtsein.*

an|ge|strömt: ↑ anströmen (2).

an|ge|stü|ckelt, an|ge|stückt: ↑ anstückeln, anstücken.

an|ge|stürmt: ↑ anstürmen (b).

an|ge|stürzt: ↑ anstürzen.

an|ge|tan ⟨Adj.⟩: in den Wendungen **es jmdm. a. haben** *(jmdn. bezaubern, entzücken; jmdn. für sich einnehmen):* er, sein Geigenspiel hat es ihr a.; **von jmdm., etw. a. sein** *(angenehm berührt, begeistert sein):* sie waren von dem Konzert sehr a.; **danach/dazu a. sein** *(geeignet sein, günstig für etw. sein):* die Lage ist nicht dazu a., Feste zu feiern.

an|ge|tanzt: ↑ antanzen.

an|ge|tobt: ↑ antoben.

an|ge|trabt: ↑ antraben (2).

An|ge|trau|te, der u. die; -n, -n ⟨Dekl. ↑ Abgeordnete⟩ (scherzh.): *Ehepartner, Ehepartnerin.*

an|ge|trun|ken ⟨Adj.⟩: *leicht betrunken:* der -e Fahrer wurde festgenommen.

An|ge|trun|ken|heit, die; -: *das Angetrunkensein.*

an|ge|turnt: ↑ [1]anturnen.

an|ge|wa|ckelt: ↑ anwackeln.

an|ge|wandt ⟨Adj.⟩: *in der Praxis nutzbar gemacht, angewendet:* -e Chemie, Mathematik; -e Kunst *(Kunsthandwerk).*

an|ge|wärmt: ↑ anwärmen.

an|ge|wat|schelt: ↑ anwatscheln.

an|ge|wetzt: ↑ anwetzen.

an|ge|wi|dert: ↑ anwidern.

an|ge|wie|sen ⟨Adj.⟩: in der Wendung **auf jmdn., etw. a. sein** *(von jmdm., etw. abhängig sein):* auf jmdn., jmds. Hilfe, Wohlwollen a. sein; auf sich selber a. sein *(keine Hilfe von außen bekommen);* aufeinander a. sein *(gegenseitiger Unterstützung bedürfen).*

an|ge|wöh|nen ⟨sw. V.; hat⟩: *zur Gewohnheit machen:* sich Pünktlichkeit a.; gewöhne dir endlich an, deutlich zu sprechen; den Kindern gute Manieren a. *(anerziehen).*

An|ge|wohn|heit, die; -, -en: *[schlechte] Gewohnheit, Eigenheit:* eine A. annehmen, ablegen.

An|ge|wöh|nung, die; -: *das Angewöhnen.*

an|ge|wur|zelt: ↑ anwurzeln.

an|ge|zeigt (geh.): *angebracht, ratsam, passend:* etw. [nicht] für a. halten; es war nicht a., sich zu der Angelegenheit zu äußern.

an|ge|zischt: ↑ anzischen (3).

an|ge|zo|ckelt: ↑ anzockeln.

an|ge|zo|gen: ↑ anziehen.

an|ge|zot|telt: ↑ anzotteln.

an|ge|zwit|schert: ↑ anzwitschern (1).

an|gie|ßen ⟨st. V.; hat⟩: **1.** *frisch gesetzte Pflanzen, Stecklinge zum Anwachsen, Anwurzeln gießend wässern:* die Salatpflanzen a. **2.** (Kochk.) *etwas Wasser, Brühe an Gebratenes gießen:* den Schmorbraten a. **3.** (Gießerei) *durch Guss mit etw. anderem zusammenfügen, verbinden:* ein Metallstück a.; *** wie angegossen sitzen, passen** (ugs.; *genau passen, einen tadellosen Sitz haben).*

an|gif|ten ⟨sw. V.; hat⟩ (ugs.): *böse, wütend, gehässig zurechtweisen, beschimpfen:* jmdn., einander a.

An|gi|na, die; -, ...nen [lat. angina, zu griech. agchónē = das Erwürgen] (Med.): *Entzündung des Rachenraumes, bes. der Mandeln.*

An|gi|na Pec|to|ris, die; - - [zu lat. pectus (Gen.: pectoris) = Brust] (Med.): *anfallartig auftretende Schmerzen hinter dem Brustbein infolge Erkrankung der Herzkranzgefäße.*

An|gio|gramm, das; -s, -e [zu griech. aggeĩon = (Blut)gefäß u. grámma, ↑ Gramm] (Med.): *bei der Angiographie erstelltes Röntgenbild.*

An|gio|gra|phie, auch: Angiografie, die; -, -n [zu griech. gráphein = schreiben] (Med.): *röntgenologische Darstellung von Blutgefäßen mithilfe injizierter Kontrastmittel.*

An|gi|o|lo|gie, die; -: *Teilgebiet der Medizin, das sich mit den Blutgefäßen u. ihren Erkrankungen befasst.*

An|gi|om, das; -s, -e: *Geschwulst aus Blut- od. Lymphgefäßen.*

An|gi|o|pa|thie, die; -, -n [↑ -pathie] (Med.): *Gefäßkrankheit.*

An|gio|sper|mi|um, das; -s, ...ien [zu ↑ Sperma]: *Blütenpflanze mit Fruchtknoten.*

an|glei|chen ⟨st. V.; hat⟩: *jmdm., einer Sache gleichmachen, anpassen:* die Löhne den Preisen/an die Preise a.; sie haben sich [einander] angeglichen.

An|glei|chung, die; -, -en: *das Angleichen, das Angeglichenwerden:* die A. des Lebensstandards in Ost- und Westdeutschland.

Ang|ler, der; -s, -: **1.** *jmd., der mit einer Angel* (1) *Fische fängt.* **2.** *Anglerfisch.*

Ang|ler|fisch, der: *essbarer Seefisch, dessen Kopf ein köderförmiges Anhängsel zum Anlocken von Beutetieren hat.*

Ang|le|rin, die; -, -nen: w. Form zu ↑ Angler (1).

an|glie|dern ⟨sw. V.; hat⟩: *an etw. anschließen, einer Sache hinzufügen:* der Schule ist ein Internat angegliedert; etw. an etw. a.

An|glie|de|rung, die; -, -en: *das Angliedern; das Angegliedertwerden.*

An|gli|ka|ner [aŋgli...], der; -s, - [engl. Anglican, ↑ anglikanisch]: *Angehöriger der Kirche von England od. einer ihrer Tochterkirchen.*

An|gli|ka|ne|rin, die; -, -nen: w. Form zu ↑ Anglikaner.

an|gli|ka|nisch ⟨Adj.⟩ [engl. Anglican, zu lat. Anglii = Angeln (westgerm. Stamm)]: *zur Kirche von England od. einer ihrer Tochterkirchen gehörend.*

An|gli|ka|nis|mus, der; -: *Lehre der Kirche von England.*

an|gli|sie|ren ⟨sw. V.; hat⟩: **1.** *an die Sprache, die Sitten od. das Wesen der Engländer angleichen.* **2.** ↑ englisieren.

An|gli|sie|rung, die; -, -en: *das Anglisieren; das Anglisiertwerden.*

An|glist, der; -en, -en: *jmd., der sich mit der Anglistik befasst.*

An|glis|tik, die; -: *Wissenschaft von der englischen Sprache u. Literatur.*

An|glis|tin, die; -, -nen: w. Form zu ↑ Anglist.

an|glis|tisch ⟨Adj.⟩: *die Anglistik betreffend.*

An|gli|zis|mus, der; -, ...men (Sprachw.): *Übertragung einer für das britische Englisch charakteristischen sprachlichen Erscheinung auf eine nicht englische Sprache:* Anglizismen in eine Rede einstreuen.

An|glo|ame|ri|ka|ner, der; -s, -: **1.** aus England stammender Amerikaner. **2.** Einwohner eines der angelsächsischen Länder.

An|glo|ame|ri|ka|ne|rin, die; -, -nen: w. Form zu ↑ Angloamerikaner.

an|glo|ame|ri|ka|nisch ⟨Adj.⟩: zu ↑ Angloamerikaner.

an|glo|phil ⟨Adj.⟩ (bildungsspr.): *England, seinen Bewohnern u. seiner Kultur besonders aufgeschlossen gegenüberstehend.*

An|glo|phi|lie, die; - [zu griech. philía = Liebe] (bildungsspr.): *Vorliebe für England, seine Bewohner, seine Kultur.*

an|glo|phob ⟨Adj.⟩ (bildungsspr.): *gegen alles Englische eingenommen.*

An|glo|pho|bie, die; - [↑ Phobie] (bildungsspr.): *Abneigung gegen alles Englische.*

an|glo|phon, anglofon ⟨Adj.⟩ [zu griech. phōnḗ, ↑ Phon] (bildungsspr.): *Englisch als Muttersprache sprechend.*

an|glot|zen ⟨sw. V.; hat⟩ (salopp): *ausdruckslos, starr, aufdringlich o. ä. ansehen:* glotz mich doch nicht so dämlich an!

an|glü|hen ⟨sw. V.; hat⟩: **1.** *kurz zum Glühen bringen:* ein Hufeisen a. **2.** *einen glühenden Schein auf jmdn. werfen:* das Feuer glühte sie an; Ü die Augen der Katze glühten ihn an.

An|go|la; -s: Staat in Afrika.

An|go|la|ner, der; -s, -: Ew.

An|go|la|ne|rin, die; -, -nen: w. Form zu ↑ Angolaner.

an|go|la|nisch ⟨Adj.⟩: *Angola, die Angolaner betreffend; von den Angolanern stammend, zu ihnen gehörend.*

An|go|ra|kat|ze, die [Angora = früherer Name von ↑ Ankara]: **a)** *Perserkatze;* **b)** (ugs.) *langhaarige Katze.*

An|go|ra|wol|le, die: *Wolle, die von Haustieren mit feinem, seidigem, langem Haar, bes. der Angoraziege, stammt; Mohair.*

An|go|ra|zie|ge, die: *in Vorderasien gezüchtete kleinere Hausziege mit feinem, langem Haar.*

An|gos|tu|ra®, der; -s, -s [Angostura = früherer Name der venezolanischen Stadt Ciudad Bolívar]: *(bes. zum Würzen u. zum Mixen von Getränken verwendeter) Bitterlikör.*

an|gra|ben ⟨st. V.; hat⟩ (salopp): *jmdn. [herausfordernd] ansprechen u. unmissverständlich sein Interesse an ihm zeigen:* ne Schnecke a. (ugs.; *eine Frau, ein Mädchen ansprechen);* Ü die regionale Wirtschaft als Sponsor a.

an|greif|bar ⟨Adj.⟩: *sich leicht angreifen, kritisieren, bezweifeln lassend; Kritik ermöglichend, kritisierbar:* ein -es Urteil; seine Thesen sind alle a.

An|greif|bar|keit, die; -: *das Angreifbarsein:* die A. seiner Thesen.

an|grei|fen ⟨st. V.; hat⟩ [mhd. an(e)grīfen, ahd. anagrīfan = berühren, anfassen]: **1. a)** *in feindlicher Absicht den Kampf gegen jmdn., etw. beginnen:* die Stadt mit Panzern, Geschützen a.; jmdn. tätlich a.; er wurde von einem Löwen angegriffen; **b)** *im sportlichen Wettkampf gegenüber dem Gegner die Initiative ergreifen, ihm Vorteile abzugewinnen, ihn zu besiegen suchen:* der Sturm der Fußballmannschaft griff planlos und hektisch an; **c)** *heftig kritisieren, zu widerlegen suchen, attackieren:* jmdn., jmds. Standpunkt, Rede, öffentlich, scharf a. **2.** (landsch.) **a)** *anfassen, berühren:* du darfst hier nichts a.; **b)** ⟨a. + sich⟩ *sich in bestimmter Weise anfühlen:* der Stoff greift sich weich, rau, derb an. **3.** *[notgedrungen] zu verbrauchen beginnen, anbrechen:* den Vorrat, die letzten Reserven, die Ersparnisse a. **4. a)** *[auf bestimmte Weise] anpacken, in Angriff nehmen, anfangen:* eine Aufgabe, ein Problem entschlossen, vernünftig a.; **b)** *an einer Stelle ansetzen, von etw. ausgehen:* die Reformpläne greifen nicht an der richtigen Stelle an. **5. a)** *schwächen, reduzieren; jmdm., einer Sache schaden:* die Anstrengung, Krankheit greift ihn an; ⟨oft im 2. Part.:⟩ er wirkte etwas angegriffen; angegriffen aussehen; sich in einem angegriffenen Zustand befinden; **b)** *etw. beschädigen, zersetzen:* der Rost greift das Eisen an.

An|grei|fer, der; -s, -: *jmd., der jmdn., etw. angreift* (1): den, die A. zurückschlagen.

an|grei|fe|risch (seltener): *angriffslustig.*

an|gren|zen ⟨sw. V.; hat⟩: *eine gemeinsame Grenze mit etw. haben, benachbart sein, an etw. stoßen:* das Grundstück grenzt [unmittelbar] an den Fluss an; das angrenzende Zimmer.

An|gren|zer, der; -s, - (landsch.): *Nachbar, Anlieger.*

An|gren|zung, die; -: *das Angrenzen.*

an|grie|nen ⟨sw. V.; hat⟩ (ugs.): *angrinsen.*

An|griff, der; -[e]s, -e [mhd. an(e)grīf, ahd. anagrif = Berührung, Umarmung]: **1. a)** *das Angreifen*

A

(1 a) *eines Gegners; Offensive; Eröffnung eines Kampfes:* heftige, feindliche, atomare -e; einen A. auf/gegen das Nachschublager fliegen, abwehren, vortragen, abschlagen; zum A. übergehen; **b)** (Sport) *beim sportlichen Wettkampf Versuch, dem Gegner Vorteile abzugewinnen, ihn zu besiegen:* einen A. starten, parieren; einen gegnerischen A. unterbinden; **c)** *Gesamtheit der Angriffsspieler:* der A. war ausgesprochen schlecht. **2.** *heftige [aggressive] Kritik; Anfeindung:* versteckte, massive -e gegen jmdn. richten; heftigen -en ausgesetzt sein; die Abwehr von -en gegen den Staat. **3.** * **etw. in A. nehmen** *(mit etw. beginnen; etw. entschlossen anpacken):* eine Arbeit in A. nehmen.

an|grif|fig ⟨Adj.⟩ (bes. schweiz.): **a)** *kämpferisch, streitbar; draufgängerisch;* **b)** *aggressiv* (2 b): die Säure ist, wirkt zu a. auf die Oberfläche.

An|griffs|be|we|gung, die: **a)** (Milit.) *Bewegung der Truppe zum Zweck des Angreifens, der Offensive;* **b)** (Sport) *Bewegung, die den Gegner zur Verteidigung zwingt.*

An|griffs|drit|tel, das (Eishockey): *Drittel* (2 a), *in dem das Tor der gegnerischen Mannschaft steht.*

An|griffs|flä|che, die: *Stelle, auf die etw. [schädlich] einwirken kann:* der Damm bietet dem Wasser hier keine A. mehr; **Ü** er wollte einem so gefährlichen Mann keinerlei -n bieten.

An|griffs|geist, der ⟨o. Pl.⟩: *in einer Gemeinschaft entstehende geistige Haltung, die die Angriffslust anregt:* einen Mangel an A. feststellen.

An|griffs|krieg, der: *Krieg, der im Angriff auf fremdes Territorium geführt wird; Aggressionskrieg.*

An|griffs|li|nie, die: **1.** (Volleyball) *Linie, die die hintere Zone (der Verteidiger) von der vorderen Zone (der Angreifer) trennt.* **2.** (Ballsport) *[in einer Linie postierte] angreifende Spieler; Sturm:* die gegnerische A. formierte sich blitzschnell.

An|griffs|lust, die ⟨o. Pl.⟩: *Bereitschaft, jederzeit jmdn. anzugreifen; Aggressivität.*

an|griffs|lus|tig ⟨Adj.⟩: *Angriffslust zeigend.*

An|griffs|punkt, der: **1.** (Milit.) *Punkt, an dem ein Angriff* (1 a) *stattfindet od. von dem ein Angriff ausgeht.* **2.** vgl. Angriffsfläche.

An|griffs|spiel, das (Sport): *auf Angriff* (1 b) *eingestellte Spielweise:* ein dynamisches A. zeigen.

An|griffs|spie|ler, der (Ballsport): **1.** *Spieler, der offensiv spielt.* **2.** *angreifender Spieler einer Mannschaft, Stürmer.* **3.** (Volleyball) *Netzspieler.*

An|griffs|tak|tik, die: *planmäßiges Vorgehen beim Angriff:* die A. ändern; die A. des Gegners durchschauen.

An|griffs|waf|fe, die (Milit.): *Waffe, die speziell für den Angriff* (1 a) *entwickelt wurde.*

an|griffs|wei|se ⟨Adv.⟩: *in der Art eines Angriffs:* eine a. geführte Verteidigung.

an|grin|sen ⟨sw. V.; hat⟩: *grinsend ansehen:* jmdn. albern, dümmlich, gutmütig a.; die beiden grinsen sich vorsichtig an.

angst: in den Wendungen **jmdm. ist, wird [es] a. [und bange]** *(jmd. hat, bekommt Angst).*

Angst, die; -, Ängste [mhd. angest, ahd. angust, eigtl. = Enge, verw. mit ↑ eng]: *mit Beklemmung, Bedrückung, Erregung einhergehender Gefühlszustand [angesichts einer Gefahr]; undeutliches Gefühl des Bedrohtseins* /in der Fachsprache der Psychologie u. Philosophie wird [öfter] zwischen »Angst« als unbegründet, nicht objektbezogen und »Furcht« als objektbezogen differenziert; in der Allgemeinsprache ist diese Differenzierung nicht üblich/: eine wachsende, würgende, bodenlose, panische A. befällt, beschleicht, quält jmdn.; die A., schwächer zu sein; jmdm. sitzt die A. im Nacken; A. um jmdn., etw., vor jmdm., etw. haben; er hat A. *(er fürchtet sich);* sie hat A. *(sie befürchtet),* dass alles entdeckt wird; jmdm. durch, mit etw. A. einjagen; jmdn. in A. [u. Schrecken] versetzen; in A. leben; in großer A.; in tausend Ängsten schweben *(in starker Unruhe, Sorge sein);* vor [lauter] A.; **R** die A. hat tausend Namen; * **mehr A. als Vaterlandsliebe haben** (scherzh.; *sehr ängstlich, furchtsam sein*); **jmdm. A. [und Bange] machen** *(jmdn. in Angst versetzen);* **es mit der A. [zu tun] bekommen/kriegen** *(plötzlich ängstlich werden, in Panik geraten).*

angst|be|setzt ⟨Adj.⟩ (bildungsspr., Fachspr.): *Angst verursachend:* -e Bereiche; Krieg ist ein -es Thema.

angst|er|füllt ⟨Adj.⟩: *von Angst erfüllt, voll[er] Angst; bang:* ein -es Gesicht.

angst|frei ⟨Adj.⟩: *ohne Angstgefühle auszulösen:* -e Erziehung; a. lernen.

Angst|ge|fühl, das: *Anflug von Angst.*

Angst|geg|ner, der (Sport Jargon): *Gegner, der jmdm. nicht liegt, den jmd. fürchtet.*

Angst|geg|ne|rin, die: w. Form zu ↑ Angstgegner.

Angst|ge|schrei, das: **a)** *vor Angst ausgestoßene Schreie;* **b)** (Jagdw.) *Geschrei des vom Bock getriebenen weiblichen Rehwildes.*

Angst|ha|se, der (ugs.): *ängstlicher Mensch, Feigling:* du A.!; er ist ein A.

ängs|ti|gen ⟨sw. V.; hat⟩: **1.** *in Angst, Sorge, Unruhe versetzen; jmdm. Angst einjagen:* ein unheimlicher Traum ängstigte ihn. **2.** ⟨ä. + sich⟩ *(vor jmdm., etw./um jmdn., etw.) Angst haben; sich (um jmdn., etw.) Sorgen machen:* die Mutter ängstigte sich um ihr Kind; ich ängstige mich vor der Zukunft.

Ängs|ti|gung, die; -, -en: *das Ängstigen, Sichängstigen.*

Angst|kauf, der: *Kauf von Waren des täglichen Bedarfs aus Angst vor Verknappung:* Angstkäufe vornehmen.

ängst|lich ⟨Adj.⟩ [mhd. angestlich, ahd. angustlīh]: **1. a)** *leicht Angst empfindend:* ein -er Typ; unser Kind ist sehr ä.; sie wirkte ein wenig ä.; **b)** *von Angst erfüllt; verängstigt; besorgt:* ein -es Gesicht machen; ihr wurde ganz ä. zumute; sich ä. umblicken, antworten. **2.** *sehr sorgsam, peinlich genau:* ein Geheimnis ä. hüten. **3.** * **[mit etw.] nicht ä. sein** (landsch.; *nicht dringend, nicht eilig sein*): mit der Rückgabe ist es nicht so ä.; das ist nicht so ä.

Ängst|lich|keit, die; -, -en ⟨Pl. selten⟩: *das Ängstlichsein; ängstliches Verhalten.*

Angst|ma|cher, der (ugs.): *jmd., der Angst erweckt od. schürt.*

Angst|ma|che|rei, die; - (abwertend): *absichtsvolles Ängstigen, Einflößen von Angst.*

Ång|ström [ˈɔŋstrœm, auch: ˈaŋ...], das; -[s], - [nach dem schwed. Physiker A. J. Ångström (1814 bis 1874)] (früher): *Einheit der Licht- u. Röntgenwellenlänge* ($1 \text{Å} = 10^{-10}$ m; Abk.: Å).

Angst|schrei, der: *vor Angst ausgestoßener Schrei.*

Angst|schweiß, der: *Schweiß, der jmdm. bei Angst ausbricht:* mir brach der A. aus.

Angst|traum, der: *Angst auslösender [Alb]traum.*

angst|ver|zerrt ⟨Adj.⟩: *große Angst widerspiegelnd, von Angst verzerrt:* ein -es Gesicht.

angst|voll ⟨Adj.⟩: *voller Angst:* -e Stimmung; sich a. umschauen.

Angst|zu|stand, der ⟨meist Pl.⟩: *unkontrollierbares Gefühl der Angst, das physische Störungen (Schwindel, Herzbeklemmung, Ohnmacht u. a.) auslöst, bedingt:* Angstzustände haben, bekommen.

an|gu|cken ⟨sw. V.; hat⟩ (ugs.): **1.** *[in bestimmter Weise] ansehen:* jmdn. komisch a.; jmdn. groß *(verwundert),* erstaunt a.; sich etw. sehr genau a. **2.** *prüfend ansehen, eingehend betrachten:* [sich] einen Text noch einmal genau a. **3.** *(im Kino, im Fernsehen o. Ä.) ansehen:* einen Film, ein Fußballspiel a.

an|gu|lar ⟨Adj.⟩ [lat. angularis = winklig, eckig]: *zu einem Winkel gehörend.*

an|gur|ten ⟨sw. V.; hat⟩: *mit einem Sicherheitsgurt auf dem Sitz eines Autos, Flugzeugs festschnallen:* es ist Vorschrift, sich im Auto anzugurten.

an|ha|ben ⟨unr. V.; hat⟩: **1.** (ugs.) *ein Kleidungsstück (ausgenommen Kopfbedeckungen) tragen, mit einem Kleidungsstück angetan sein:* ich sah, dass er neue Schuhe anhatte; wenig, nichts a.; sie hat immer schöne Kleider an. **2.** *jmdm., einer Sache Schaden zufügen* ⟨nur im Inf. in Verbindung mit Modalverben; gewöhnlich verneint⟩: der Sturm konnte dem Boot nichts a.; niemand konnte ihm etwas a. (ugs.; *ihm etwas Nachteiliges nachsagen*). **3.** (ugs.) *eingeschaltet haben:* das Radio, den Fernsehapparat a.; sie hatte kein Licht an.

an|haf|ten ⟨sw. V.; hat⟩: **1.** *an jmdm., etw. haften, kleben:* der Schmutz haftet an dieser Stelle fest an; anhaftende Farbreste. **2.** *jmdm., einer Sache eigen sein, zugehören:* ein Nachteil, ein Risiko haftet dieser Sache an.

an|ha|ken ⟨sw. V.; hat⟩: **1.** *mit einem Haken an etw. befestigen:* er hakte die Feldflasche am Gürtel an. **2.** *in einer Liste durch einen Haken kennzeichnen:* Daten, Namen auf einer Liste a.

an|half|tern ⟨sw. V.; hat⟩: *einem Pferd das Halfter anlegen.*

¹An|halt, der; -[e]s, -e ⟨Pl. selten⟩: *Anhaltspunkt, Erklärung:* keinen A. für einen Verdacht haben; einen A. für, zu etw. suchen, finden.

²An|halt: Land des ehem. Deutschen Reiches.

an|hal|ten ⟨st. V.; hat⟩: **1. a)** *zum Halten, zum Stillstand bringen, stoppen:* das Fahrzeug, den Wagen a.; von einer Streife angehalten werden; den Schritt a. *(stehen bleiben);* die Luft a. *(zurückhalten);* mit angehaltenem Atem sahen sie sich um; **b)** *stehen bleiben, zum Stillstand kommen, innehalten:* das Auto hielt vor dem Haus an. **2.** *[durch wiederholte Hinweise] zu etw. anleiten, erziehen:* ein Kind zur Sauberkeit a.; die Schülerinnen u. Schüler [dazu] a., selbstständig zu arbeiten. **3.** *andauern, fortdauern:* das schöne Wetter, seine gute Laune hält [immer noch, schon einige Tage] an. **4.** (veraltet) *die Eltern eines Mädchens um die Erlaubnis bitten, ihre Tochter heiraten zu dürfen:* um die Hand der Tochter a. **5.** *an jmdn., etw. halten, anlegen:* ich hielt mir den Rock [zur Probe] an. **6.** ⟨a. + sich⟩ *sich [an etw.] festhalten, sich stützen:* du musst dich am Geländer, an deinem Freund a.

an|hal|tend ⟨Adj.⟩: *unaufhörlich, ununterbrochen, permanent, ausdauernd:* -er Regen; a. husten, lachen.

¹An|hal|ter, der; -s, -: *Tramper:* als A. unterwegs sein; * **per A. fahren/reisen** (ugs.; *trampen*).

²An|hal|ter: ↑ Anhaltiner.

An|hal|te|rin, die; -, -nen: w. Form zu ↑ ¹Anhalter.

²An|hal|te|rin: ↑ Anhaltinerin.

An|hal|ti|ner, ²Anhalter, der; -s, -: Ew.

An|hal|ti|ne|rin, ²Anhalterin, die; -, -nen: w. Form zu ↑ Anhaltiner.

an|hal|tisch ⟨Adj.⟩: *²Anhalt betreffend.*

An|halts|punkt, der: *Stütze für eine Annahme; Hinweis:* einen A. geben, suchen, finden, bieten; es gab neue -e für ihre Schuld.

an|hand: **I.** ⟨Präp. mit Gen.⟩ *mithilfe:* a. des Zeugnisses; a. der Indizien. **II.** ⟨Adv.⟩ *mithilfe:* a. von Indizien, Gewebeproben.

An|hang, der; -[e]s, Anhänge: **1.** *nachträglicher schriftlicher Zusatz, Nachtrag:* der A. zu dem Vertrag; ein A. von fünfzig Seiten; die Anmerkungen befinden sich im A.; Abk.: Anh. **2.** ⟨o. Pl.⟩ **a)** *Anhängerschaft, Freundes-, Bekanntenkreis:* diese Bewegung hat keinen großen A.; mit etw. A. gewinnen; **b)** *Verwandtschaft; Angehörige:* Mann, Frau ohne A.

¹an|hän|gen ⟨st. V.; hat⟩ (geh.): **1.** *mit jmdm., einer Sache verknüpft sein; jmdm., einer Sache anhaften:* das Gefühl der Schuld wird ihm immer a. **2.** *sich jmdm., einer Sache verschrieben haben, zugehörig fühlen:* einer Sekte, der neuen Mode, einer Lehre, einem Glauben a.

²an|hän|gen ⟨sw. V.; hat⟩: **1. a)** *etw. an etw. hängen:* ein Schildchen [an die Tür] a.; den Mantel [an einen Haken] a.; [den Hörer] a. (veraltet; *den Telefonhörer an den Haken des Apparates hängen*); **b)** *(ein Fahrzeug [mit einem anderen]) verbinden, ankuppeln:* einen Schlafwagen [an den Zug] a.; den Wohnwagen a. **2.** ⟨a. + sich⟩ **a)** *sich an etw. festklammern, hängen:* die Jungen hängen sich an den Wagen an; **b)** (ugs.) *sich jmdm. beim Laufen, Fahren usw. unmittelbar anschlie-*

ßen: ich hängte mich an meinen Vordermann, an die Autoschlange an. **3.** *an etw. anschließen, anfügen:* ein Nachwort a.; an die Tagung noch 5 Tage Urlaub a. **4.** (ugs. abwertend) **a)** *jmdm. etw. [Übles] zuschreiben, aufbürden, in die Schuhe schieben:* jmdm. einen Betrug, einen Diebstahl a.; **b)** *jmdm. etw. [Unbrauchbares, Schlechtes] verkaufen, andrehen:* jmdm. eine ganze Lieferung schlechter Ware a. **5.** *(von Speisen) sich beim Kochen am Topfboden festsetzen [u. anbrennen]:* dass nur nicht der Kohlrabi unten im Topf anhängt.

An|hän|ger, der; -s, -: **1.** *jmd., der entschieden, überzeugt für jmdn., eine bestimmte Sache, politische Richtung, Partei o. Ä. eintritt:* ein leidenschaftlicher, glühender, überzeugter A. des Liberalismus, seiner Partei sein; ein A. des Rechtsstaates; seine Lehre hatte viele A. **2.** *angehängter Wagen ohne eigene Antriebskraft.* **3.** *Schmuckstück, das an einer Kette getragen wird:* ein wertvoller A.; sie trug einen A. aus Rosenquarz. **4.** *Schildchen mit Namen, Adresse od. Nummer, das an einem Gepäckstück befestigt wird:* einen A. am Koffer befestigen. **5.** (landsch.) *Aufhänger an Kleidungs- u. Wäschestücken:* der A. des Handtuchs ist abgerissen.

An|hän|ge|rin, die; -, -nen: w. Form zu ↑Anhänger (1).

An|hän|ger|schaft, die; -: *Gesamtheit der Anhängerinnen u. Anhänger* (1): seine A. vergrößert sich; die gesamte A. [für eine Aktion] mobilisieren.

An|hän|ger|zahl, die: *Zahl der Anhängerinnen u. Anhänger* (1).

An|hän|ge|vor|rich|tung, die (Kfz-T.): *Kupplung, die einen Anhänger mit einem Fahrzeug verbindet.*

an|hän|gig ⟨Adj.⟩ (Rechtsspr.): in den Wendungen **-es Verfahren** *(schwebendes Verfahren);* **a. sein** *(bei Gericht zur Entscheidung anstehen);* **etw. a. machen** *(vor Gericht bringen).*

An|hän|gig|keit, die; - (Rechtsspr.): *das Anhängigsein.*

an|häng|lich ⟨Adj.⟩: *an jmdm. sehr hängend, treu:* eine -e Art; der Hund ist sehr a.

An|häng|lich|keit, die; -: *anhängliche Haltung:* aus [alter] A.

an|hang|los ⟨Adj.⟩: *ohne Anhang* (2 b): sie ist alt und a.

An|häng|sel, das; -s, -: **1.** *kleines Schmuck- od. Erinnerungsstück, das an einer Kette o. Ä. getragen werden kann.* **2.** *als minderwertig, überflüssig betrachtete Begleiterscheinung von etw.:* in der Fabrik waren die Arbeiter nur A. der Maschinen.

An|hauch, der; -[e]s (geh.): *[gegen jmdn., etw. gerichteter] Hauch:* mein A. lässt die Eisblumen langsam schmelzen; Ü ein A. des Unheimlichen.

an|hau|chen ⟨sw. V.; hat⟩: **1.** *jmdn. [im Gesicht], etw. mit seinem Atem berühren, gegen jmdn., etw. hauchen:* einen Spiegel, die Brille [zum Reinigen] a.; Ü ihre Wangen waren rosig angehaucht; grün, alternativ, marxistisch angehaucht sein *(eine leicht grün, alternativ, marxistisch ausgerichtete Haltung einnehmen).* **2.** (salopp) *jmdn. heftig anfahren, zurechtweisen, tadeln:* der Chef hat ihn ordentlich angehaucht.

an|hau|en ⟨unr. V.; hieb/(ugs.:) haute an, hat angehauen⟩: **1.** *mit einem Werkzeug zu schlagen, zu hauen beginnen:* er hieb mit der Axt den Baum an. **2.** (salopp) *jmdn. plump-vertraulich ansprechen, um von ihm etw. zu erbitten od. zu erreichen:* jmdn. um 50 Mark a.; sie hauten den Schauspieler um ein Autogramm an.

an|häu|fen ⟨sw. V.; hat⟩: **a)** *zusammentragen, sammeln u. aufbewahren, aufspeichern:* Vorräte, Reichtümer a.; **b)** ⟨a. + sich⟩ *sich [an]sammeln, auflaufen:* die Arbeit häuft sich immer mehr an.

An|häu|fung, die; -, -en: **1.** *das Anhäufen, Sichanhäufen:* die A. von Kernwaffen. **2. a)** *etw., was angehäuft worden ist;* **b)** *etw., was sich angehäuft hat.*

an|he|ben ⟨st. V.; hat⟩: **1.** *ein wenig hochheben:* einen Schrank, die Gläser a. **2.** *erhöhen:* Preise, Gebühren a.; die Löhne um 10 % a.; die Mehrwertsteuer von 16 % auf 17 % a. **3.** ⟨Imperfekt veraltet: hub an⟩ (geh.) *[mit einer Tätigkeit o. Ä.] beginnen:* von neuem zu sprechen a.; der Gesang hob an.

An|he|bung, die; -, -en: *das Anheben* (1, 2).

an|hef|ten ⟨sw. V.; hat⟩: *mit großen Stichen, mit Nadeln, Heftklammern u. a. an etw. heften, [lose] an etw. befestigen:* den Saum a.; mit Reißnägeln ein Schild a.; einen Zettel an die/an der Tür a.; jmdm. einen Orden [an das Revers] a.

An|hef|tung, die; -, -en: *das Anheften.*

an|hei|len ⟨sw. V.; ist⟩: *in einem Heilungsprozess wieder anwachsen:* die Haut ist völlig angeheilt.

an|heim [bes. in der frühnhd. Kanzleispr. gebr. verdeutlichende Bildung für ↑heim]: in den Verbindungen **jmdm. a. fallen** (geh.; *als Eigentum zufallen*): die Güter der Flüchtlinge fielen dem Staat anheim; **einer Sache a. fallen** (geh.; *einer Sache zum Opfer fallen*): der Vergessenheit a. fallen; der Zerstörung, einem Betrug a. fallen; **jmdm., etw. jmdm., einer Sache a. geben** (geh.; *jmdn., etw. jmdm., einer Sache anvertrauen, übergeben*): das Kind wird der Obhut der Schwester a. gegeben; **sich einer Sache a. geben** (geh.; *sich einer Sache ganz hingeben, überlassen*): sich dem leichten Schaukeln des Bootes a. geben; **etw. jmdm. einer Sache a. stellen** (geh.; *jmdm., einer Sache die Entscheidung über etw. überlassen, etw. in jmds. Ermessen stellen*): ich stelle das Ihnen, Ihrem Ermessen a.; es bleibt dir a. gestellt, ob du kommen willst oder nicht.

an|hei|meln ⟨sw. V.; hat⟩ [zu ↑Heim]: *jmdn. behaglich, vertraut anmuten:* das Zimmer heimelte ihn an.

an|hei|melnd ⟨Adj.⟩: *vertraut, behaglich wirkend, heimelig:* eine -e Atmosphäre, Wärme.

an|heim ge|ben, an|heim stel|len: s. anheim.

an|hei|schig [unter Anlehnung an ↑heischen zu mhd. anheiȝec = verpflichtet, zu mhd., ahd. anheiȝ = Gelübde]: nur in der Wendung **sich a. machen** (geh.; *sich erbieten; sich verpflichten [zur Lösung eines schwierigen Sachverhalts]*): ich machte mich a., Beweise zu liefern.

an|hei|zen ⟨sw. V.; hat⟩: **1.** *(in einem Ofen o. Ä.) ein Feuer entfachen, zu heizen beginnen:* den Ofen, den Herd a. **2.** (ugs.) **a)** *steigern, größer, heftiger, stärker werden lassen; schüren:* die Stimmung, die Spannung, die Inflation a.; eine Diskussion über etw. a.; eine angeheizte Atmosphäre; **b)** *jmdn. in eine angeregte, ausgelassene, ekstatische o. ä. Stimmung versetzen:* die Bands heizten das Publikum an.

an|herr|schen ⟨sw. V.; hat⟩: *in herrischem, heftigem Ton zurechtweisen:* jmdn. grob, barsch, wütend a.; sie herrschte ihn wegen seines Fehlers an.

an|het|zen ⟨sw. V.; ist⟩ (ugs.): *in großer Hast, erschöpft, atemlos herankommen:* da vorne hetzt er an; ⟨meist im 2. Part. in Verbindung mit »kommen«:⟩ jeden Morgen kommt er als Letzter angehetzt.

an|heu|ern ⟨sw. V.; hat⟩: **1.** (Seemannsspr.) **a)** *auf einem Schiff in Dienst stellen, zum Dienst auf einem Schiff anwerben:* Matrosen, einen Schiffskoch a.; **b)** *auf einem Schiff in Dienst treten:* er heuerte auf der »Bremen« an. **2.** (ugs.) **a)** *anwerben:* ein Model für die Modenschau a.; **b)** *in Dienst treten:* der Masseur würde gern in unserem Hotel a.

an|heu|len ⟨sw. V.; hat⟩: **1.** *sich mit Geheul gegen jmdn., etw. wenden:* der Hund heult den Mond an. **2.** *mit einem (infolge der hohen Geschwindigkeit) heulenden Ton herankommen:* ein schweres Motorrad heulte an; ⟨meist im 2. Part. in Verbindung mit »kommen«:⟩ der Rennwagen kam angeheult.

An|hieb: nur in der Wendung **auf [den ersten] A.** *(beim ersten Versuch, sofort, gleich zu Beginn):* auf [den ersten] A. etw. bewirken, erreichen können; alles klappte auf A.; etw. auf A. schaffen; sie verstanden sich auf A.

An|him|me|lei, die; -, -en (ugs. abwertend): *beständiges Anhimmeln.*

an|him|meln ⟨sw. V.; hat⟩ (ugs.): **a)** *schwärmerisch ansehen:* sie himmelte ihn den ganzen Abend an; **b)** *schwärmerisch verehren:* die Schauspielerin wurde von Millionen Verehrern angehimmelt.

An|him|me|lung, (seltener:) **An|himm|lung,** die; -, -en: *das Anhimmeln; das Angehimmeltwerden.*

an|hin ⟨Adv.⟩ (schweiz.): *am nächsten, kommenden …:* am 1. Oktober a.; *** bis a.** *(bis jetzt, bisher).*

An|hö|he, die; -, -n: *mäßig hohe Erhebung im Gelände:* felsige -n; eine kleine A.; auf einer A. stehen.

an|hö|ren ⟨sw. V.; hat⟩: **1. a)** *bereitwillig, aufmerksam zuhören, was jmd. als Anliegen o. Ä. vorträgt, jmdm. Gehör schenken:* jmds. Beschwerden, Klagen a.; ich hörte mir die Pläne meines Freundes geduldig an; **b)** *[etw.] aufmerksam, bewusst bis zu Ende hören:* ein Konzert, eine Debatte, eine Rede a.; heute Abend höre ich mir [im Radio] ein Hörspiel an; Schallplatten a. **2.** *etw. unbeabsichtigt, unfreiwillig hören, mithören:* ein Gespräch am Nachbartisch [mit] a.; ich kann das nicht mehr mit a. *(es regt mich auf, wird mir lästig o. Ä.).* **3.** *jmdm. an der Stimme, an den Äußerungen oder deren Art etw. anmerken:* man hörte ihr die Verzweiflung an. **4.** ⟨a. + sich⟩ *durch einen typischen Klang, ein typisches Geräusch einen bestimmten Eindruck vermitteln:* das hört sich aber hässlich, nach Zank an; es hörte sich an, als ob sie stritten.

An|hö|rung, die; -, -en: **1.** *[öffentliche] Befragung von Fachleuten, Sachverständigen, Zeugen zu einem bestimmten Thema, Fall o. Ä. durch einen Untersuchungsausschuss, das Parlament o. Ä.; Hearing:* eine A. zum Bebauungsplan. **2.** *das Anhören, Befragen:* ein Verfahren mit A. von Zeugen.

An|hö|rungs|ver|fah|ren, An|hör|ver|fah|ren, das: *Verfahren einer Anhörung, eines Hearings:* ein A. vorbereiten, einleiten.

an|hus|ten ⟨sw. V.; hat⟩: **1.** *jmdm. ins Gesicht husten:* huste mich bitte nicht an! **2.** (salopp) *jmdn. heftig anfahren, zurechtweisen, tadeln:* der Chef hat ihn angehustet.

An|hy|drid, das; -s, -e [zu griech. ánhydros = wasserlos] (Chemie): *Verbindung, die durch Wasserentzug entstanden ist.*

An|hy|drit [auch: …'drɪt], der; -s, -e: *wasserfreier Gips.*

Änig|ma, das; -s, -ta u. …men [lat. aenigma < griech. aínigma] (bildungsspr. selten): *Rätsel.*

Ani|lin, das; -s [zu port. anil = Indigopflanze < arab. an-nīl; Anilin wurde erstmals aus Indigo gewonnen] (Chemie): *farblose, ölige Flüssigkeit als Ausgangsstoff für zahlreiche Arzneimittel, Farb- u. Kunststoffe.*

Ani|lin|le|der, das: *bereits während des Gerbens gefärbtes Leder.*

Ani|ma, die; -, -s [lat. anima, eigtl. = Lufthauch, Atem]: **1.** (Philos.) *Seele.* **2.** ⟨o. Pl.⟩ (Psych.) *Seelenbild der Frau im Unbewussten des Mannes* (nach C. G. Jung). **3.** *der aus unedlem Metall bestehende Kern einer mit Edelmetall überzogenen Münze.*

ani|ma|lisch ⟨Adj.⟩ [zu lat. animal = Tier, Lebewesen]: **a)** *vom Tier stammend, tierisch:* -er Dünger; **b)** *tierhaft, urwüchsig-kreatürlich:* -e Wärme ausstrahlen; **c)** *triebhaft:* das bereitet ihm ein geradezu -es Vergnügen; -er Hass.

Ani|ma|teur […'tø:ɐ̯], der; -s, -e [frz. animateur = Unterhalter; Initiator, zu: animer, ↑animieren]: *jmd., der von einem Reiseunternehmen o. Ä. zu dem Zweck angestellt ist, den Gästen durch Veranstaltung von Spielen, Sport o. Ä. Möglichkeiten für die Gestaltung ihres Urlaubs anzubieten:* im Hotel gab es viele -e.

Ani|ma|teu|rin […'tø:rɪn], die; -, -nen: w. Form zu ↑Animateur.

Ani|ma|ti|on, die; -, -en [lat. animatio = das Beleben]: 1. *organisierte Sport- und Freizeitaktivitäten für Urlauber bes. in Ferienklubs:* der Wunsch nach A. im Urlaub nimmt immer mehr zu. 2. (Film) *Verfahren, das unbelebten Objekten im Trickfilm Bewegung verleiht.* 3. kurz für ↑Computeranimation.

Ani|ma|ti|ons|film, der: *Trick-, Zeichentrickfilm.*

ani|ma|to ⟨Adv.⟩ [ital. animato < lat. animatus = beseelt] (Musik): *lebhaft, belebt, beseelt.*

Ani|mier|da|me, die: *möglichst verführerisch zurechtgemachte Frau, die in [Nacht]lokalen die Gäste, bes. Männer, zum Trinken von Alkohol animiert:* sie arbeitete als A.

ani|mie|ren ⟨sw. V.; hat⟩ [frz. animer < lat. animare = beseelen]: 1. *anregen; ermuntern; in Stimmung versetzen; bei jmdm. Lust zu etw. wecken:* jmdn. zum Trinken, zu einem neuen Vorhaben a.; animierende Musik. 2. (Film) *aus einer Folge einzelner, den Bewegungsablauf wiedergebender Bilder einen Film drehen.*

Ani|mier|lo|kal, das: *[Nacht]lokal mit Animierdamen.*

Ani|mier|mäd|chen, das: *Animierdame.*

Ani|mo, das; -s [ital. animo < lat. animus, ↑Animus] (österr.): a) *Schwung, Lust:* die Musiker sind mit A. bei der Sache; b) *Vorliebe:* er hat ein A. für gutes Essen.

Ani|mo|si|tät, die; -, -en [lat. animositas] (geh.): a) *feindselige Einstellung:* eine A. gegen jmdn., etw. haben; b) *feindselige Äußerung:* in der Zeitung standen ein paar -en gegen den Kandidaten.

Ani|mus, der [lat. animus = Seele; Gefühl, Gemüt]: 1. (Psych.) *Seelenbild des Mannes im Unbewussten der Frau* (nach C. G. Jung). 2. (ugs. scherzh.) *Ahnung [die einer Aussage od. Entscheidung zugrunde gelegen hat u. die durch die Tatsachen bestätigt u. als eine Art innerer Eingebung angesehen wird]:* mein A. hat mich den rechten Weg geführt; ich habe da so einen A.

An|ion [ˈaniǫ:n], das; -s, Aniǫnen [zu griech. aná = hinauf u. ↑Ion] (Physik, Chemie): *negativ geladenes elektrisches Teilchen, das bei der Elektrolyse zur Anode wandert.*

an|io|nisch ⟨Adj.⟩ (Physik, Chemie): *das Anion betreffend.*

Anis [aˈni:s, auch, österr. u. schweiz. nur: ˈa:nɪs], der; -[es], -e [mhd. anīs < lat. anisum < griech. ánison, ánēs(s)on, ánēthon = Dill]: 1. a) *(zu den Doldengewächsen gehörende) Pflanze mit kleinen weißen Doldenblüten, die als Gewürz- u. Heilpflanze verwendet wird;* b) *als Gewürz verwendete dem Kümmel ähnliche getrocknete Früchte des Anis* (1 a). 2. *auf der Grundlage von Anis* (1 b) *hergestellter Branntwein.*

Anis|bröt|chen, das (schweiz.): *Anisplätzchen.*

Anis|öl, das: *aus den Früchten des Anis gewonnenes Öl zur Herstellung von Medikamenten u. Gewürz.*

Anis|plätz|chen, das ⟨meist Pl.⟩: *mit Anis* (1 b) *gewürztes Plätzchen.*

Anis|schnaps, der: *auf der Grundlage von Anis* (1 b) *hergestellter Schnaps.*

an|ja|gen ⟨sw. V.; ist⟩ (ugs.): *in großer Hast herankommen* ⟨meist im 2. Part. in Verbindung mit »kommen«:⟩ sie kamen auf ihren Motorrädern angejagt.

an|kämp|fen ⟨sw. V.; hat⟩: *gegen jmdn., etw. kämpfen, vorgehen, Widerstand leisten:* sie kämpften gegen das Regime an; gegen den Sturm, gegen die Wellen a.; Ü gegen den Schlaf, die Inflation a.

An|ka|ra: Hauptstadt der Türkei.

an|kar|ren ⟨sw. V.; hat⟩ (ugs.): *eine größere Ladung von etw. anfahren:* Kartoffeln, Kohlen a.

An|ka|the|te, die; -, -n: *einem Winkel als dessen Schenkel anliegende Kathete im rechtwinkligen Dreieck.*

An|kauf, der; -[e]s, Ankäufe: *Kauf, Erwerb:* der A. des Geländes, von Wertpapieren, Altgold, Grundstücken; Ankäufe machen, tätigen.

an|kau|fen ⟨sw. V.; hat⟩: 1. *durch Kauf erwerben:* Aktien, Getreide a.; die Galerie hat ein Gemälde von einem niederländischen Meister angekauft; der Sender hat eine Unterhaltungsserie angekauft. 2. ⟨a. + sich⟩ *ein Grundstück, ein Haus, eine Wohnung kaufen, um dort zu leben:* er habe sich in einem kleinen Ort im Gebirge angekauft.

An|käu|fer, der; -s, -: *jmd., der etw. ankauft, Käufer.*

An|käu|fe|rin, die: w. Form zu ↑Ankäufer.

An|kaufs|etat, der: *für eine bestimmte Frist festgesetzter Geldbetrag, der für Ankäufe ausgegeben werden kann:* der A. des Landesmuseums.

an|keh|rig ⟨Adj.⟩ [zu landsch. ankehren = zur Hand nehmen] (schweiz.): *anstellig, geschickt.*

an|kei|fen ⟨sw. V.; hat⟩: *mit keifender Stimme zurechtweisen:* das Ehepaar keift sich an.

[1]**An|ker,** der; -s, - [(m)niederl. anker < mlat. anc(h)eria = kleine Tonne, H. u.]: *früheres Flüssigkeitsmaß von etwa 34 bis 39 Litern.*

[2]**An|ker,** der; -s, - [mhd., spätahd. anker < lat. ancora < griech. ágkyra, eigtl. = Gebogenes, Gekrümmtes, verw. mit ↑Angel]: 1. *schweres eisernes, an einer Kette od. einem Tau befestigtes, meist zweiarmiges hakenartiges Gerät, das vom Schiff auf den Grund eines Gewässers hinabgelassen wird, wo es sich festhakt u. dadurch das Schiff an seinem Platz festhält:* den A. auswerfen, einholen; den A. hieven, lichten; einen Sturm vor A. abwettern (Seemannsspr.; *vor Anker liegend abwarten, überstehen*); klar bei A.! (Seemannsspr.; *zum Lichten des Ankers bereit!*); * **sich vor A. legen** *(den Anker auswerfen);* **vor A. liegen/treiben** *(mit dem Anker am Grund festgemacht sein);* **A. werfen/vor A. gehen** (1. *den Anker auswerfen.* 2. ugs.; *an einer Stelle, bei jmdm. Rast machen, sich niederlassen*). 2. (Uhrmacherei) *ankerförmiges bewegliches Teil der mechanischen Steuerung der Uhr.* 3. (Bauw.) *Eisenhaken zur Befestigung von Mauerwerk, Balken o. Ä.* 4. (Elektrot.) *beweglicher Teil eines elektromagnetischen Geräts, der von einem Magneten angezogen wird.*

An|ker|bo|je, die: *Boje, die auf der Wasseroberfläche die Lage des* [2]*Ankers* (1) *anzeigt.*

An|ker|ket|te, die (Seew.): *schwere, bes. bruchfeste Kette als Verbindung zwischen Schiff u.* [2]*Anker* (1).

An|ker|kreuz, das (Kunstwiss.): *Kreuz mit ankerförmig auslaufenden Balken.*

an|kern ⟨sw. V.; hat⟩: a) *den* [2]*Anker* (1) *auswerfen, vor Anker gehen:* das Schiff muss im nächsten Hafen a.; b) *vor* [2]*Anker* (1) *liegen:* das Schiff ankert hier schon einen Monat.

An|ker|platz, der (Seew.): *Stelle zum Ankern.*

An|ker|tau, das (Seew.): *Tau, das einen leichteren* [2]*Anker* (1) *mit dem Schiff verbindet.*

An|ker|wi|cke|lei, die; -, -en: *Werkstatt, in der Elektromotoren repariert werden.*

An|ker|wick|lung, die (Elektrot.): *Umwicklung eines* [2]*Ankers* (4) *mit Leitungsdraht.*

An|ker|win|de, die (Seew.): *Vorrichtung zum Hochziehen des* [2]*Ankers* (1).

an|ket|ten ⟨sw. V.; hat⟩: *mit einer Kette an etw. festmachen, an die Kette legen:* das Fahrrad an einen, an einem Zaun a.; du musst den Hund unbedingt a.; die Gefangenen waren alle angekettet; die Jugendlichen ketteten sich aus Protest an die Fabriktore; Ü durch unseren Besuch sind wir zurzeit sehr angekettet (ugs.; *zeitlich beansprucht, gebunden*).

an|keu|chen ⟨sw. V.; ist⟩ (ugs.): *in großer Hast, keuchend herankommen:* stöhnend keuchte er mit zwei großen Koffern an; ⟨meist im 2. Part. in Verbindung mit »kommen«:⟩ sie kamen in letzter Sekunde angekeucht.

an|kie|ken ⟨sw. V.; hat⟩ (nordd.): *ansehen:* du kannst dir das Boot ja mal a.

an|kip|pen ⟨sw. V.; hat⟩: *ein wenig kippen* (2): den Schrank [etwas] a.; die Fenster sind angekippt.

an|kläf|fen ⟨sw. V.; hat⟩ (ugs.): *wütend, laut anbellen:* der Köter kläffte mich die ganze Zeit an.

An|kla|ge, die; -, -n: 1. ⟨o. Pl.⟩ a) *Klage, Beschuldigung vor Gericht:* die A. lautet auf Totschlag; eine A. wegen Betrugs; die A. stützt sich auf Indizien; A. gegen jmdn. erheben; eine A. einreichen, zurückziehen; jmdn., etw. zur A. bringen (Papierdt.; *anklagen*); unter A. stehen; b) *Anklagevertretung:* die Plädoyers der A. und der Verteidigung. 2. *Klage, Vorwurf, Beschuldigung:* massive, flammende -n gegen jmdn. vorbringen; soziale -n.

An|kla|ge|bank, die ⟨Pl. [selten] ...bänke⟩: *Bank im Gericht, die für den Angeklagten bestimmt ist:* sie brach auf der A. zusammen.

An|kla|ge|er|he|bung, die (Rechtsspr.): *Antrag auf gerichtliche Voruntersuchung od. Einreichung einer Anklageschrift.*

an|kla|gen ⟨sw. V.; hat⟩: 1. *vor Gericht zur Verantwortung ziehen, beschuldigen; gegen jmdn. Klage wegen etw. erheben:* jmdn. des Hochverrats, des Mordes an jmdm. a.; er wurde angeklagt und zum Tode verurteilt; das Gericht hat ihn wegen Hochverrats angeklagt. 2. *wegen etw. beschuldigen, für etw. verantwortlich machen:* er klagte sich als der eigentliche Schuldige/(seltener:) den eigentlichen Schuldigen an; der Film klagt die sozialen Missstände an; ein anklagendes Buch.

An|kla|ge|punkt, der: *einzelner Punkt der Anklage[schrift].*

An|klä|ger, der; -s, -: *jmd., der vor Gericht die Anklage vertritt:* der öffentliche A.

An|klä|ge|rin, die: w. Form zu ↑Ankläger.

an|klä|ge|risch ⟨Adj.⟩: *anklagend, vorwurfsvoll:* in -em Ton; ihr Blick war a.

An|kla|ge|schrift, die (Rechtsspr.): *vom Staatsanwalt eingereichte Schrift, die alle Punkte der Anklage zusammenfasst.*

An|kla|ge|ver|tre|tung, die: *Vertreter der Anklage; Staatsanwaltschaft.*

an|klam|mern ⟨sw. V.; hat⟩: 1. *mit einer Klammer an etw. befestigen:* Kleidungsstücke an der Wäscheleine a.; eine Fotokopie an einen/an einem Brief a. 2. ⟨a. + sich⟩ *sich krampfhaft festhalten:* das Kind klammerte sich ängstlich an die/an der Mutter an; Ü sich an eine Hoffnung a.

An|klang, der; -[e]s, Anklänge: 1. *Ähnlichkeit, Reminiszenz:* das Theaterstück enthält viele Anklänge an Brecht; Anklänge von Stolz empfinden. 2. * **A. finden** *(mit Zustimmung, Beifall aufgenommen werden).*

an|klat|schen ⟨sw. V.; hat⟩ (salopp): *achtlos, ohne Sorgfalt ankleben:* Plakate a.; Ü das Haar ist angeklatscht *(durch Feuchtigkeit flach anliegend).*

an|kle|ben ⟨sw. V.⟩: 1. *mit Klebstoff o. Ä. festmachen* ⟨hat⟩: ein Plakat [an die/an der Wand] a.; Tapeten a.; jmdm., sich falsche Wimpern, einen Bart a. 2. *an etw. festkleben, haften* ⟨ist⟩: der Teig ist an der Schüssel angeklebt.

an|kle|ckern ⟨sw. V.; ist⟩ (ugs.): 1. *immer wieder mit etw. belästigen* ⟨meist im 2. Part. in Verbindung mit »kommen«:⟩ komm doch nicht wegen jeder Kleinigkeit angekleckert. 2. *nach u. nach eintreffen* ⟨meist im 2. Part. in Verbindung mit »kommen«:⟩ die Gäste kommen einer nach dem anderen angekleckert.

An|klei|de|ka|bi|ne, die: *kleiner abgeteilter Raum zum An- u. Ausziehen od. Sichumziehen:* die -n im Schwimmbad.

an|klei|den ⟨sw. V.; hat⟩: *Kleidung anziehen:* die Schwester kleidet die Kranke an; ich bin noch nicht angekleidet.

An|klei|de|raum, der: *Raum zum An- u. Ausziehen od. Sichumziehen, in dem die Kleidung aufbewahrt wird.*

an|kleis|tern ⟨sw. V.; hat⟩ (salopp): *ankleben.*

an|kli|cken ⟨sw. V.; hat⟩ (EDV): *auf der Benutzeroberfläche mithilfe der Maus* (5) *markieren od. anwählen* (c): ein Menü a.; die neuen Nachrichten auf der Website a.

an|klin|geln ⟨sw. V.; hat⟩ (landsch.): *anrufen* (3).

an|klin|gen ⟨st. V.; hat⟩: a) *hier und da mit etw. übereinstimmen; eine leichte Ähnlichkeit mit etw. haben; Erinnerungen an etw. wecken:* die Melodie klingt an ein altes Volkslied an; b) *andeutungsweise zum Ausdruck kommen; spürbar, hörbar werden:* in ihren Worten klang so etwas wie Wehmut an.

n|klop|fen ⟨sw. V.; hat⟩: 1. *(als Zeichen für die Absicht, einen Raum zu betreten) an die Tür klopfen:* leise, vorsichtig, energisch an die Tür/an der Tür a.; er trat ein, ohne [vorher] anzuklopfen. 2. (ugs.) *bei jmdm. vorsichtig um etw. bitten, wegen etw. fragen:* bei jmdm. um Geld a.

n|knab|bern ⟨sw. V.; hat⟩: **a)** *(von Tieren) an etw. knabbern, nagen:* Mäuse knabbern die Nüsse an; Ü sein angeknabbertes (ugs.; *verletztes*) Selbstbewusstsein; * **zum Anknabbern aussehen** (ugs.; *reizend aussehen*); **b)** (ugs.) *anbrechen:* eine Tafel Schokolade a.

n|kna|cken ⟨sw. V.; hat⟩: **a)** *leicht, ein wenig knacken* (3 a); **b)** (ugs.) *(von etw. Brechbarem) leicht anbrechen* (1): die Erschütterung hat die Scheiben angeknackt; das Stuhlbein ist angeknackt.

n|knack|sen ⟨sw. V.; hat⟩ (ugs.): *(von etw. Brechbarem) leicht anbrechen* (1): Geschirr, eine Fensterscheibe a.; ich habe mir den Fuß angeknackst; ein angeknackstes Tischbein; Ü ihre Gesundheit, ihr Stolz war ziemlich angeknackst.

n|knal|len ⟨sw. V.; hat⟩ (salopp): 1. *heftig anstoßen:* mit dem Kopf gegen einen Pfosten a. 2. * **sich** ⟨Dativ⟩ **einen a.** (salopp; *sich betrinken*). 3. *schwängern.* 4. *befestigen:* etw. an die/an der Wand a.

n|kni|cken ⟨sw. V.; hat⟩: *leicht knicken:* ein angeknickter Zweig lag auf der Erde.

n|knip|sen ⟨sw. V.; hat⟩ (ugs.): *durch Knipsen, Drücken des Schalters an-, einschalten:* das Licht, die Taschenlampe a.

n|knöp|fen ⟨sw. V.; hat⟩: *durch Knöpfen an etw. befestigen:* die Träger an den Rock a.

n|kno|ten ⟨sw. V.; hat⟩: *durch Knoten mit etw. verbinden:* ein Seil, einen Faden a.

n|knüp|fen ⟨sw. V.; hat⟩: 1. *durch Knüpfen an etw. befestigen:* eine Schnur, ein Band wieder a. 2. *(in der Absicht, eine Sache fortzuführen) etw. wieder aufnehmen, an etw. anschließen:* an einen Gedanken, eine Entwicklung, an alte Traditionen, längst Vergangenes, alte Bräuche a. 3. *(als Kontakt zu jmdm.) in Gang bringen, herstellen:* eine Unterhaltung, ein Gespräch, Beziehungen a.; Bekanntschaften a.

n|knüp|fung, die; -, -en: *das Anknüpfen.*

n|knüp|fungs|punkt, der: *Punkt, an dem [im Gespräch] angeknüpft werden* (3) *kann:* einen A. suchen; etw. bietet sich als A. an.

n|knur|ren ⟨sw. V.; hat⟩: 1. *knurrende Laute gegen jmdn., etw. ausstoßen:* der Hund knurrte den Vertreter an. 2. (ugs.) *jmdn. böse anfahren:* jmdn. wütend a.

n|ko|chen ⟨sw. V.; hat⟩: *etw. kurze Zeit kochen:* die Spargel sollen nur kurz angekocht werden.

n|kö|dern ⟨sw. V.; hat⟩: 1. (Angelsport) *einen Köder am Angelhaken anbringen:* er nahm den Fang vom Haken und köderte neu an. 2. (Jagdw.) *Wild mit Futter anlocken.* 3. *durch Versprechungen anlocken, zu gewinnen suchen:* man hatte versucht, ihn mit Geld anzuködern.

n|koh|len ⟨sw. V.; hat⟩ [zu ↑ [2]kohlen] (ugs.): *jmdn. [im Scherz] belügen; jmdm. [spaßeshalber] Unwahrheiten erzählen:* du kohlst mich mit deiner Geschichte ja nur an!

n|kom|men ⟨st. V.; ist⟩: 1. *einen Ort erreichen, an einem Ort eintreffen:* ein Brief, ein Päckchen ist angekommen; pünktlich, völlig unerwartet, [glücklich] in Berlin, mit der Bahn, um 8 Uhr, zu Hause a.; Ü bei unseren Nachbarn ist kürzlich das vierte Kind angekommen *(geboren worden);* wir waren schon beim Nachtisch angekommen, als er endlich eintraf. 2. (ugs.) *sich [wiederholt, in lästiger Weise] mit etw. an jmdn. wenden:* kommst du schon wieder an!; die Zuhörer kamen mit immer neuen Fragen an. 3. (ugs.) *eine Stellung finden:* er ist in diesem Betrieb als Werbefachmann angekommen. 4. (ugs.) *Anklang, Widerhall finden:* dieser Schlager, das Buch, die Werbung kommt bei den Leuten an; die Sängerin kam gut, schlecht, nicht [beim Publikum] an. 5. *gegen jmdn., etw. aufkommen, sich durchsetzen; jmdm., einer Sache beikommen:* gegen ihn, gegen diese Entwicklung kann man nicht, nur schwer a. 6. (geh.) **a)** *befallen, überkommen:* ein Gefühl, Angst, ein Verlangen kommt ihn/(veraltet:) ihm an; **b)** *(in bestimmter Weise) auf jmdn. wirken, ihn berühren:* etwas kommt jmdn. hart, sauer an *(fällt ihm schwer).* 7. *von jmdm., etw. abhängen:* auf ihn, seine Initiative, auf den Stand der Dinge, auf einen Versuch kommt es an; auf ein paar Mark kommt es mir nicht an; es kommt aufs Wetter an, ob wir morgen fahren können; er glaubt, es käme auf ihn an *(er hält sich für besonders wichtig);* * **es auf etw. a. lassen** *(vor etw. nicht zurückschrecken, etw. riskieren):* es auf einen Versuch, einen Prozess mit jmdm. a. lassen; **es d[a]rauf a. lassen** (ugs.; *abwarten, wie etw. kommt, wie sich etw. von selbst fügt).* 8. *[für jmdn.] wichtig, von Bedeutung sein:* es kommt mir nicht darauf an; es kommt ihr auf gutes Benehmen an.

An|kömm|ling, der; -s, -e: *der soeben, kürzlich Angekommene:* der Empfang, die Begrüßung der -e.

an|kön|nen ⟨unr. V.; hat⟩ (ugs.): *sich gegen jmdn., etw. durchsetzen, etw. gegen jmdn. ausrichten können:* gegen seine Konkurrenten kann er nicht an.

an|kop|peln ⟨sw. V.; hat⟩: 1. **a)** *mithilfe einer Kupplung* (2 a) *mit etw. verbinden:* Güterwagen a.; **b)** *sich mithilfe einer Kupplung* (2 a) *mit etw. verbinden:* das Landegefährt koppelte an das Mutterschiff an. 2. *Tiere in Gruppen festbinden:* sie koppelten die Jagdhunde an.

An|kop|pe|lung, An|kopp|lung, die; -, -en: *das Ankoppeln.*

an|kör|nen ⟨sw. V.; hat⟩: 1. (Jägerspr.) *Wild durch Ausstreuen von Körnerfutter anlocken.* 2. (Handw.) *zu bohrende Löcher in Werkstoffen mit dem [1]Körner markieren.*

an|kot|zen ⟨sw. V.; hat⟩ (derb): 1. *anekeln, anwidern; jmdm. zuwider sein:* euer Gejammere, dein ewiges Geschwätz kotzt mich an; du kotzt mich gewaltig an. 2. *grob anfahren:* der Spieß hat ihn gehörig angekotzt.

an|kral|len ⟨sw. V.; hat⟩: 1. ⟨a. + sich⟩ *sich mit den Krallen festhalten:* der Vogel krallt sich am Käfig an; Ü das Kind krallte sich an das Gitter des Laufstalls an *(hielt sich krampfhaft daran fest).* 2. (landsch.) *aufdringlich mit einer Bitte um etw. ansprechen, angehen:* er hat mich schon wieder wegen 30 Mark angekrallt.

an|krat|zen ⟨sw. V.; hat⟩: 1. *etw. [durch Kratzer] leicht beschädigen:* bei dem Unfall wurde der Wagen nur leicht angekratzt; Ü seine Ehre ist angekratzt; 2. ⟨a. + sich⟩ (ugs.) **a)** *sich einschmeicheln:* du hast dich beim Lehrer angekratzt; **b)** *zum Freund, zur Freundin nehmen:* ich kratz mir einen an.

an|krau|sen ⟨sw. V.; hat⟩: *Stoff mit einem Faden zusammenziehen, um die Weite zu verringern:* ein leicht angekrauster Rock.

an|krei|den ⟨sw. V.; hat⟩: 1. (veraltet) *(bes. in Wirtshäusern) Schulden notieren, anschreiben:* alle Getränke a. 2. *zum Vorwurf machen; anlasten:* jmdm. etw. übel a.; jmdm. sein Verhalten als Schwäche a.

An|kreis, der; -es, -e (Geom.): *Kreis, der eine Seite eines Dreiecks von außen u. die Verlängerungen der beiden anderen Seiten von innen berührt.*

An|kreuz|brief, der (Bürow.): *Brief mit vorgedruckten kurzen Mitteilungen od. vorbereiteten Antworten, die statt eines ausführlichen Schreibens lediglich entsprechend angekreuzt werden.*

an|kreu|zen ⟨sw. V.⟩: 1. *in einem Text, in einer Liste zur Hervorhebung mit einem Kreuz markieren* ⟨hat⟩: er kreuzte den Namen an. 2. (Segeln) *gegen den Wind segeln* ⟨hat/ist⟩.

an|krie|chen ⟨st. V.; ist⟩: *kriechend herankommen:* einen feindlichen Posten von hinten a.; ⟨meist im 2. Part. in Verbindung mit »kommen«:⟩ der Hund kam unterwürfig angekrochen.

an|krie|gen ⟨sw. V.; hat⟩ (ugs.): *anbekommen.*

an|ku|cken (nordd.): ↑ angucken.

an|kün|den ⟨sw. V.; hat⟩ (geh. veraltend): **a)** *ankündigen* (a); **b)** ⟨a. + sich⟩ *ankündigen* (b).

an|kün|di|gen ⟨sw. V.; hat⟩: **a)** *im Voraus bekannt geben; in Aussicht stellen; jmdn. wissen lassen:* etw. rechtzeitig, feierlich a.; seinen Besuch a.; eine Veranstaltung in der Zeitung a.; sich zum Abendessen ankündigen *(wissen lassen, dass man zum Abendessen nach Hause kommt);* **b)** ⟨a. + sich⟩ *durch bestimmte Anzeichen sein Herannahen erkennen lassen:* die Krankheit kündigt sich durch Kopfschmerzen und Durchfall an.

An|kün|di|gung, die; -, -en: *das Ankündigen, Sichankündigen.*

An|kün|di|gungs|kom|man|do, das (Milit.): *erster, gedehnt gesprochener Teil eines Kommandos.*

An|kunft, die; -, (selten:) Ankünfte [zum 2. Bestandteil vgl. Abkunft]: *das Ankommen:* die rechtzeitige, verspätete A. [des Zuges]; jmds. A. mitteilen, erwarten; Ü die glückliche A. *(Geburt)* eines Stammhalters.

An|kunfts|hal|le, die: *großer Warteraum für ankommende Fluggäste im Flughafen.*

An|kunfts|ta|fel, die: *(in Flughäfen od. Bahnhöfen) Tafel mit den Ankunftszeiten.*

An|kunfts|zeit, die: *Uhrzeit, zu der jmd., ein Zug, Flugzeug o. Ä. irgendwo fahrplanmäßig ankommt.*

an|kup|peln ⟨sw. V.; hat⟩: *(einen Anhänger an ein Motorfahrzeug o. Ä.) [2]anhängen (1b), anschließen:* einen Waggon a.; die Mondfähre an das Raumschiff a.

An|kup|pe|lung, An|kupp|lung, die; -, -en: *das Ankuppeln.*

an|kur|beln ⟨sw. V.; hat⟩: 1. *(einen Motor) mithilfe einer Kurbel in Gang bringen:* den Motor, ein Grammophon a.; 2. *etw. [was darniederliegt, was beschleunigt werden soll] in Schwung bringen:* die Wirtschaft, die Produktion a.; den Tourismus, das Geschäft a.

An|kur|be|lung, An|kurb|lung, die; -, -en: *das Ankurbeln.*

an|ku|scheln, sich ⟨sw. V.; hat⟩: *sich anschmiegen:* die Kinder kuscheln sich an die Mutter an.

An|ky|lo|se, die; -, -n [zu griech. agkýlos = gekrümmt; vgl. [2]Anker] (Med.): *Gelenkversteifung.*

an|la|bern ⟨sw. V.; hat⟩ (ugs. abwertend): *in lästiger od. herausfordernder Weise ansprechen* (1): sie wurde ständig angelabert.

an|lä|cheln ⟨sw. V.; hat⟩: *lächelnd ansehen:* jmdn. freundlich, bedeutungsvoll, hintergründig a.

an|la|chen ⟨sw. V.; hat⟩: 1. *lachend ansehen:* jmdn. fröhlich, freundlich a.; sie lachten sich/(geh.:) einander an; Ü ein blauer Himmel lachte uns an; der Kuchen auf dem Tisch lachte uns an *(sah sehr einladend, appetitanregend aus).* 2. ⟨a. + sich⟩ (ugs.) *mit jmdm. anbändeln, ein Liebesverhältnis beginnen:* du hast dir einen Studenten angelacht.

An|la|ge, die; -, -n: 1. *das Anlegen* (5), *Schaffen:* jmdn. mit der A. seines Gartens beauftragen. 2. *das Anlegen* (6 a) *von Geld:* eine sichere prämienbegünstigte A. 3. *nach einem Plan für einen bestimmten Zweck gestaltete Flächen, Bauten o. Ä.:* städtische, öffentliche -n *(Grünflächen, Parks);* -n für den Sport. 4. *Vorrichtung, Einrichtung:* eine technische, elektronische A.; sanitäre -n *(Toiletten).* 5. *Entwurf, Gliederung:* die A. des Romans, der Symphonie. 6. *Veranlagung:* eine krankhafte A.; eine A. *(Begabung)* zur Musik. 7. (Bürow.) *Beilage zu einem Schreiben:* in der/als A. sende ich ein Attest; -n: 1 Lichtbild, 1 Lebenslauf.

an|la|ge|be|dingt ⟨Adj.⟩: *durch eine Anlage* (6) *bedingt, verursacht:* die Krankheit ist a.

An|la|ge|be|ra|ter, der (Wirtsch.): *jmd., der bei Anlagen* (2) *berät* (Berufsbez.): einen A. konsultieren.

An|la|ge|be|ra|te|rin, die: w. Form zu ↑ Anlageberater.

An|la|ge|ka|pi|tal, das (Wirtsch.): *bestimmter Teil des Anlagevermögens.*

An|la|gen|bau, der ⟨o. Pl.⟩: *Planung u. Bau technischer Anlagen.*

An|la|gen|fi|nan|zie|rung, die (Wirtsch.): *Finanzierung* (2), *bei der das beschaffte Kapital der*

A

Erneuerung od. Erweiterung von betrieblichen Anlagen (4) dient.
Ạn|la|ge|pa|pier, das ⟨meist Pl.⟩ (Wirtsch.): *[festverzinsliches] Wertpapier, das einer längerfristigen Anlage (2) von Geldmitteln dient.*
ạn|la|gern ⟨sw. V.; hat⟩ (Chemie): **a)** *an sich binden:* die Kolloidteilchen lagern Wassermoleküle an; **b)** *sich mit einem anderen Stoff o. Ä. verbinden:* das Molekül lagert sich an ein Ion an.
Ạn|la|ge|rung, die; -, -en (Chemie): *das Anlagern, Sichanlagern.*
Ạn|la|ge|ver|mö|gen, das (Wirtsch.): *unveräußerlicher Teil des Vermögens einer Unternehmung.*
ạn|lan|den ⟨sw. V.⟩: **a)** *vom Schiff an Land bringen* ⟨hat⟩: Truppen a.; **b)** *an einem Ort landen, anlegen* ⟨ist⟩: das Schiff landete in einer Bucht an; **c)** *vom Schiff an Land gehen* ⟨ist⟩: die Touristen landen in Übersee an; **d)** (Geol.) *sich durch Schlick od. Ansammlung von Sand verbreitern* ⟨hat/ist⟩: die Sandbank, die Insel landet an.
Ạn|lan|dung, die; -, -en: **a)** *das Anlanden* (a); **b)** (Geol.) *Entstehung von Land durch Anlanden* (d).
ạn|lan|gen ⟨sw. V.⟩: **1.** *an einem Ziel ankommen* ⟨ist⟩: glücklich am Ziel, zu Hause, unten a.; Ü er war auf der Höhe des Ruhmes angelangt. **2.** (landsch.) *anfassen* ⟨hat⟩: du darfst die Ausstellungsstücke, Waren nicht a. **3.** in der Verbindung **was jmdn., etw. anlangt** *(was jmdn., etw. betrifft, angeht):* das ist meine Antwort, was mich, unsere Familie, diese Frage anlangt.
Ạn|lass, der; -es, ...lässe: **1.** *Veranlassung; Ausgangspunkt; äußerer Beweggrund:* der A. des Streites, des Gesprächs; A. für seine Beschwerde; ein unmittelbarer A. zur Besorgnis besteht nicht; jmdm. A. zu etw. geben; allen A. haben, etw. zu tun; keinen A. zu etw. sehen; den äußeren A. zu etw. bieten, darstellen; jmdm. A. geben, sich zu beschweren; beim geringsten, ohne besonderen A.; aus gegebenem A. **2.** *Gelegenheit; Ereignis:* ein willkommener, besonderer A.; festliche Anlässe; alle waren dem A. entsprechend gekleidet. **3.** (schweiz.) *Veranstaltung, Lustbarkeit.*
ạn|las|sen ⟨st. V.; hat⟩: **1.** *(einen Motor) in Gang setzen:* den Motor, Wagen, die Triebwerke a. **2.** (ugs.) *anbehalten, nicht ausziehen:* den Mantel, die Schuhe a. **3.** *in Funktion belassen, nicht ausmachen, nicht abstellen:* das Radio, Licht, die Lampe a.; **4.** ⟨a. + sich⟩ (ugs.) *sich zu Beginn in bestimmter Weise entwickeln, erweisen:* der Auszubildende ließ sich gut an; das Geschäft, der Tag lässt sich gut an. **5.** (geh.) *schelten, anfahren* (6): jmdn. grob, hart a. **6.** (Technik) *erwärmen u. dadurch härten:* Stahl a.
Ạn|las|ser, der; -s, - (Technik): *Vorrichtung zum Anlassen eines Motors.*
ạn|läss|lich ⟨Präp. mit Gen.⟩: *bei Gelegenheit, aus Anlass* (2): eine Feier a. seines Geburtstages.
ạn|las|ten ⟨sw. V.; hat⟩: **a)** *die Schuld an etw. zuschreiben; jmdm. etw. vorwerfen, zur Last legen:* jmdm. ein Verbrechen, die Schuld an etw. a.; **b)** (veraltend) *aufbürden:* die Kosten den Verursachern a.
ạn|lat|schen ⟨sw. V.; ist⟩ (salopp): *latschend herankommen:* ein abgerissener Kerl latschte an; ⟨meist im 2. Part. in Verbindung mit »kommen«:⟩ nach einer Stunde kam sie endlich angelatscht.
Ạn|lauf, der; -[e]s, Anläufe: **1.** *das Anstürmen gegen etw.:* eine Festung im ersten A. nehmen; Ü etw. gelingt beim ersten A. *(Versuch).* **2.** (Sport) **a)** *das Anlaufen* (3 a): A. nehmen; ein Sprung mit, ohne A.; beim A. zu langsam sein; **b)** *Strecke für das Anlaufen:* ein kurzer A., der A. muss verlängert werden. **3.** ⟨o. Pl.⟩ *das Einsetzen, der Beginn einer Tätigkeit, Aktion o. Ä.:* der A. der Produktion. **4.** *Versuch:* sie schafften es nicht beim, im ersten A.; der A. zur Reform ist stecken geblieben; *** einen neuen A. nehmen/machen** *(erneut anfangen; einen neuen Versuch machen):* sie machte immer wieder neue Anläufe, ihn umzustimmen.
Ạn|lauf|adres|se, die: *Adresse einer [öffentlichen] Stelle, an die sich jmd. mit einem bestimmten Anliegen, bestimmten Fragen, in einer Notlage o. Ä. wenden kann.*
ạn|lau|fen ⟨st. V.⟩: **1.** *herbeilaufen* ⟨ist; meist im 2. Part. in Verbindung mit »kommen«⟩: die Kleine kam [heulend] angelaufen. **2.** ⟨ist⟩ **a)** *beim Laufen gegen jmdn., etw. prallen:* gegen die Parkuhr a.; **b)** *angehen, Schritte unternehmen:* gegen Vorurteile a. **3.** ⟨ist⟩ **a)** (Sport) *durch Laufen Schwung holen:* für den Hochsprung kräftig a.; **b)** (Leichtathletik) *ein Rennen, den ersten Teil eines Rennens (in einer bestimmten Art u. Weise od. Zeit) laufen:* die ersten 200 m zu langsam a.; die 400 m in 57 Sekunden a. **4.** *(von Schiffen, mit dem Schiff) ansteuern* ⟨hat⟩: einen Hafen a. **5.** *in Gang kommen, zu laufen beginnen* ⟨ist⟩: der Motor läuft an. **6.** *einsetzen, beginnen* ⟨ist⟩: die Fahndung läuft sofort an; die Produktion läuft an; der Film läuft demnächst in den Kinos an *(wird in den Kinos gezeigt);* die Saison läuft an. **7.** (landsch.) *anschwellen* ⟨ist⟩: die Backe läuft an. **8.** *eine bestimmte Farbe annehmen* ⟨ist⟩: sein Gesicht war rot angelaufen. **9.** [1]*beschlagen* (2 a, b) ⟨ist⟩: die Fensterscheibe läuft an. **10.** *zunehmen, sich steigern* ⟨ist⟩: die Kosten laufen leider ziemlich an. **11.** (veraltend) *Missfallen erregen, schlecht ankommen* ⟨ist⟩: bei jmdm. übel a.
Ạn|lauf|schwie|rig|keit, die ⟨meist Pl.⟩: *Anfangsschwierigkeit.*
Ạn|lauf|zeit, die: **a)** (Kfz-T.) *Zeit, die der Motor zum Warmlaufen braucht;* **b)** *Vorbereitungszeit;* **c)** (Theater, Film) *Zeit der ersten Aufführungen.*
Ạn|laut, der; -[e]s, -e (Sprachw.): *Laut am Beginn einer Silbe od. eines Wortes:* im A. stehen.
ạn|lau|ten ⟨sw. V.; hat⟩ (Sprachw.): *mit einem bestimmten Laut beginnen:* Wörter, die mit einem Vokal anlauten; der anlautende *(im Anlaut stehende)* Vokal.
ạn|läu|ten ⟨sw. V.; hat⟩: **1.** (südd., österr., schweiz.) *anrufen* (3): bei jmdm. a.; den/(schweiz.:) dem Vater a. **2.** (Sport) *durch Läuten beginnen lassen:* ein Spiel a.
ạn|le|cken ⟨sw. V.; hat⟩: *ein wenig an etw. lecken [um es zu befeuchten]:* den Lutscher, die Briefmarke a.
Ạn|le|ge|ap|pa|rat, der (Druckw.): *Vorrichtung zum automatischen Anlegen von Druckbogen bei Schnellpressen.*
Ạn|le|ge|brü|cke, die: *Landungsbrücke.*
Ạn|le|ge|ma|nö|ver, das: *Manöver* (2) *des Anlegens:* das A. einer Raumkapsel, eines Schiffs.
ạn|le|gen ⟨sw. V.; hat⟩: **1.** *an jmdn., etw. legen:* die Leiter, ein Lineal, Karten a.; den Säugling a. *(zum Trinken an die Brust legen);* einen Verband a.; Ü einen strengen Maßstab a. *(streng beurteilen).* **2.** *Brennmaterial aufs Feuer legen:* Kohlen, Holz a. **3. a)** *das Gewehr in Anschlag bringen:* er legte an und schoss; **b)** *mit dem Gewehr auf jmdn. zielen:* auf den Flüchtenden a. **4.** (geh.) *anziehen, sich mit etw. Bestimmtem schmücken:* Trauerkleidung, die Uniform, Orden, Schmuck a. **5.** *planvoll erstellen, gestalten:* einen Garten a.; Statistiken, ein Verzeichnis, eine Akte a.; Reserven, einen Vorrat a. **6. a)** *investieren:* sein Geld vorteilhaft [in Wertpapieren] a.; **b)** *zahlen, ausgeben:* wie viel wollen Sie für das Bild a.? **7.** *absehen, abzielen:* es auf jmdn. a.; alles darauf a., jmdn. zu täuschen. **8.** ⟨a. + sich⟩ *Streit suchen:* sich mit jmdm. a. wollen. **9.** *landen, festmachen:* das Schiff legt pünktlich am Kai an. **10.** (Elektrot.) *mit einer Stromquelle verbinden:* eine Spannung a.
Ạn|le|ger, der; -s, -: **1.** (Druckw.) **a)** *jmd., der bei der Druckpresse das Papier einführt* (Berufsbez.); **b)** *Anlegeapparat.* **2.** (Wirtsch.) *Investor.* **3.** (Seemannsspr.) *Landungsplatz.*
Ạn|le|ge|rin, die; -, -nen: w. Form zu ↑Anleger (1 a, 2).
Ạn|le|ge|stel|le, die: *Landungsplatz.*
ạn|leh|nen ⟨sw. V.; hat⟩: **a)** *an jmdn., etw. lehnen:* eine Leiter an die Mauer a.; sich [mit dem Rücken] an die Wand a.; nicht a.! (warnender Hinweis bei frisch gestrichenen Flächen); Ü sich eng an ein Vorbild a. *(einem Vorbild folgen);* **b)** *nicht ganz schließen, einen Spalt offen lassen:* die Tür nur a.; ein angelehntes Fenster.
Ạn|leh|nung, die; -, -en: **a)** *das Sichstützen; Halt:* A. an jmd. Stärkeren, Größeren suchen, finden; **b)** *enge Orientierung:* die A. an Brecht ist deutlich zu merken; in/unter A. an die Romantik; Bezahlung in A. an den öffentlichen Dienst.
Ạn|leh|nungs|be|dürf|nis, das: *Bedürfnis, sich an jmdn. anzuschließen:* starkes A. zeigen, haben.
ạn|leh|nungs|be|dürf|tig ⟨Adj.⟩: *voll Anlehnungsbedürfnis:* -e Menschen; [besonders] a. sein.
Ạn|leh|re, die; -, -n (schweiz.): *berufliche Ausbildung für Jugendliche mit fehlenden od. ungenügenden Voraussetzungen für eine Lehre* (1).
ạn|lei|ern ⟨sw. V.; hat⟩ (ugs.): *in Gang setzen:* wer hat die ganze Sache angeleiert?
Ạn|lei|he, die; -, -n: *größere langfristige Geldaufnahme am Kapitalmarkt:* eine bis 1999 unkündbare A.; öffentliche, staatliche -n; eine A. [auf etw.] aufnehmen; eine A. bei jmdm. machen *(Geld borgen);* Ü -n bei Bach machen *(bestimmte Elemente von Bach übernehmen).*
Ạn|lei|he|ka|pi|tal, das (Wirtsch.): *durch Anleihe beschafftes Kapital.*
Ạn|lei|he|markt, der (Wirtsch.): *Markt, auf dem Anleihen gehandelt werden.*
Ạn|lei|hen, das; -s, - (schweiz.): ↑Anleihe.
Ạn|lei|he|pa|pier, das (Wirtsch.): *Wertpapier.*
Ạn|lei|he|schuld, die (Wirtsch.): *Geldschuld durch Aufnahme von Anleihen.*
Ạn|lei|he|zeich|nung, die (Wirtsch.): *durch Unterschrift eingegangene Verpflichtung zur Übernahme eines bestimmten Betrages neu ausgegebener Anleihen.*
ạn|lei|men ⟨sw. V.; hat⟩: **1.** *mit Leim an etw. befestigen:* ein abgeplatztes Stück Holz an den Tisch (seltener:) am Tisch wieder a.; ein Stuhlbein a. **2.** (ugs.) *betrügen:* eine alte Frau a.
ạn|lei|nen ⟨sw. V.; hat⟩: *(ein Tier) an die Leine nehmen; mit der Leine festmachen, festbinden:* den Hund [am Türpfosten] a.
ạn|lei|ten ⟨sw. V.; hat⟩: **a)** *unterweisen; jmdn. bei etw. leiten, führen:* die Schüler [bei der Arbeit] a.; **b)** *zu etw. anhalten, etw. lehren:* die Kinder zur Selbstständigkeit a.
Ạn|lei|tung, die; -, -en: **1.** *Anweisung, Unterweisung:* etw. unter [der] A. eines anderen tun. **2.** *Zettel mit einer aufgedruckten Anleitung* (1): die A. befolgen.
Ạn|lern|be|ruf, der: *Beruf, der keine Lehrzeit, sondern nur eine bestimmte Anlernzeit voraussetzt.*
ạn|ler|nen ⟨sw. V.; hat⟩: **1.** *in eine bestimmte berufliche Tätigkeit [die keine Berufsausbildung voraussetzt] einarbeiten:* einen Hilfsarbeiter a.; jmdn. als Maler anlernen; ein angelernter Arbeiter. **2.** ⟨a. + sich⟩ (ugs.) *sich etw. durch Übung aneignen:* das habe ich mir angelernt.
Ạn|lern|ling, der; -s, -e: *jmd., der angelernt* (1) *wird, einen Anlernberuf ausübt.*
Ạn|lern|zeit, die: *Ausbildungszeit eines Anlernlings.*
ạn|le|sen ⟨st. V.; hat⟩: **1.** *nur die ersten Seiten von etw. lesen:* ein Buch, einen Aufsatz a. **2.** *sich durch Lesen [oberflächlich] aneignen:* ich habe mir dieses Wissen angelesen; angelesene Kenntnisse.
ạn|leuch|ten ⟨sw. V.; hat⟩: *Licht auf jmdn., etw. richten:* den Dieb mit der Taschenlampe a.; ein angeleuchtetes Schloss.
ạn|lie|fern ⟨sw. V.; hat⟩: *eine größere Sendung von etw. zustellen, liefern:* Waren, Möbel [fristgerecht] a.; die Firma hat noch nicht angeliefert.
Ạn|lie|fe|rung, die; -, -en: **1.** *das Anliefern.* **2.** *angelieferte Ware.*
ạn|lie|gen ⟨st. V.; hat; südd., österr., schweiz. auch: ist⟩: **1.** *sich der Körperform anpassen:* der Pullover liegt eng an; ⟨häufig im 1. Part.:⟩ sie trug ein sehr eng anliegendes Kleid; anliegende *(nicht abstehende)* Ohren haben. **2.** (ugs.) *zur Bearbeitung anstehen, zu erledigen sein:* liegt etwas Besonderes an? **3.** (geh.) *jmdn. bewegen, beschäftigen:* dem Minister liegt die Reform an

4. (geh.) *belästigen, mit etw. behelligen, jmdm. in den Ohren liegen:* jmdm. mit Beschwerden a. 5. (Seemannsspr.) *steuern:* seewärts a.

Ạn|lie|gen, das; -s, -: *Angelegenheit, die jmdm. am Herzen liegt; Wunsch, Bitte:* ein A. an jmdn. haben; ein dringendes A. vorbringen, vortragen.

ạn|lie|gend ⟨Adj.⟩: 1. *angrenzend, benachbart:* -e Grundstücke, Häuser. 2. (Bürow.) *beigefügt, beiliegend:* -e Schriftstücke, Kopien.

Ạn|lie|ger, der; -s, - (bes. Verkehrsw.): *Anwohner:* frei für A.

Ạn|lie|ge|rin, die; -, -nen: w. Form zu ↑Anlieger.

Ạn|lie|ger|staat, der: *bes. großen Gewässern, Meeren anliegender Staat:* die -en der Nordsee.

Ạn|lie|ger|ver|kehr, der: *auf die Anlieger einer Straße o. Ä. beschränkter Verkehr.*

ạn|lo|cken ⟨sw. V.; hat⟩: *zu sich locken, heranlocken:* Vögel [mit Futter] a.; Ü die Musik hatte viele Leute, Schaulustige angelockt.

ạn|lö|ten ⟨sw. V.; hat⟩: *durch Löten anbringen, befestigen:* den Draht an den/(seltener:) dem Bügel a.

ạn|lü|gen ⟨st. V.; hat⟩: *jmdn. ohne Zögern, Bedenken belügen:* jmdn. frech, unverschämt a.

Anm. = Anmerkung (2).

Ạn|ma|che, die; -, -n (salopp): a) *das Anmachen* (4 a): Frauen vor A. und Vergewaltigung schützen; b) *das Anmachen* (4 d): in der U-Bahn gibt es Rüpeleien und A.

ạn|ma|chen ⟨sw. V.; hat⟩: 1. (ugs.) *befestigen, anbringen:* Gardinen a.; ein Schild an der Haustür a. 2. (ugs.) a) *anschalten; einschalten:* die Lampe, das Radio a.; wir müssen die Heizung a.; mach doch bitte mal das Licht an!; b) *anzünden:* Feuer a. 3. *mischend gebrauchsfertig machen, zubereiten, anrühren:* Gips, Mörtel a.; Salat mit Öl und Essig a. 4. (salopp) a) *[herausfordernd] ansprechen u. dabei unmissverständlich [sexuelles] Interesse zeigen:* Mädchen in der Disco a.; dürfen Frauen auch Männer a.?; b) *zum Mitmachen animieren:* der Sänger fing an zu klatschen und machte das Publikum an; c) *in irgendeiner Weise ansprechen, anregen, reizen; in Stimmung bringen:* das macht mich nicht an; die Musik hat ihn angemacht; mach mich nicht an! *(lass mich in Ruhe!)*; d) *jmdm. hartnäckig zusetzen; jmdn. behelligen, belästigen:* einen Menschen wegen seines fremdländischen Aussehens a.

ạn|mah|nen ⟨sw. V.; hat⟩: *eine Verpflichtung o. Ä. mündlich od. schriftlich in Erinnerung bringen:* eine Ratenzahlung, ein ausgeliehenes Buch a.

Ạn|mah|nung, die; -, -en: 1. *Erinnerung an eine Verpflichtung.* 2. *Schreiben, das eine Anmahnung* (1) *enthält.*

ạn|ma|len ⟨sw. V.; hat⟩: a) *anzeichnen* (a): Bilder [an die Wände] a.; b) (ugs.) *anstreichen* (1); *mit Farbe versehen:* etw. blau a.; den Gartenzaun a.; c) (ugs.) *bemalen:* die Vorlage, Bilderbücher a.; d) (ugs.) *schminken:* ich male mir, ihr die Lippen an; e) *mit etw. bemalen.*

Ạn|marsch, der; -[e]s: 1. *das Anmarschieren:* der A. der Truppen; * **im A. sein** (1. *anrücken:* der Feind ist im A. 2. ugs. scherzh.: *auf dem Weg hierher sein:* sie ist bereits im A.; Nachwuchs *(ein Baby)* ist … im A.). 2. (ugs.) *Anmarschweg:* ein A. von einer halben Stunde.

ạn|mar|schie|ren ⟨sw. V.; ist⟩: *marschierend herankommen:* die Truppen marschierten an; ⟨oft im 2. Part. in Verbindung mit »kommen«:⟩ die Wanderer kommen anmarschiert (ugs.; *nähern sich zügig*).

Ạn|marsch|weg, der: *Wegstrecke, die bis zu einem bestimmten Ziel zurückzulegen ist:* ein langer A.

ạn|ma|ßen, sich ⟨sw. V.; hat⟩: *ohne Berechtigung für sich in Anspruch nehmen:* sich Vorrechte, Kritik a.; du maßt dir ein Urteil darüber an.

ạn|ma|ßend ⟨Adj.⟩: *überheblich, arrogant:* ein -er Ton; a. auftreten.

Ạn|ma|ßung, die; -, -en: a) *Überheblichkeit, Arroganz:* diese unglaubliche, freche A. weisen wir zurück; b) *unberechtigte Inanspruchnahme:* die A. von Rechten, Befugnissen; die A. eines Amtes.

ạn|mau|len ⟨sw. V.; hat⟩ (ugs. abwertend): *mürrisch, unfreundlich anreden.*

ạn|me|ckern ⟨sw. V.; hat⟩ (ugs.): *grundlos, in kleinlicher Weise kritisieren, [dauernd] der Kritik unterwerfen:* er wird immer nur angemeckert.

ạn|mei|ern ⟨sw. V.; hat⟩ (landsch.): *betrügen:* sie hat mich ganz gehörig angemeiert.

Ạn|mel|de|for|mu|lar, das: *Vordruck für eine Anmeldung.*

Ạn|mel|de|frist, die: *festgesetzter Zeitraum für eine Anmeldung.*

ạn|mel|den ⟨sw. V.; hat⟩: 1. *ankündigen:* seinen Besuch telefonisch a.; sich beim Direktor a. lassen; Ü Nachwuchs, ein Baby hat sich angemeldet. 2. *bei einer zuständigen Stelle (Behörde, Institution o. Ä.) eintragen lassen:* seinen Wohnsitz, das Radio a.; ein Patent, etw. zum Patent a.; ein Gewerbe a.; Konkurs a.; sich polizeilich a. 3. *die Teilnahme an etw., den Eintritt in etw., den Besuch bei jmdm. vormerken lassen:* das Kind in der Schule, im Kindergarten a.; sich beim Arzt, zu einem Kurs a. 4. *geltend machen, vorbringen:* seine Bedenken, Forderungen, Wünsche, Zweifel a.

Ạn|mel|de|pflicht, die: *gesetzliche Verpflichtung zur Anmeldung bei einer Behörde.*

ạn|mel|de|pflich|tig ⟨Adj.⟩: *der Anmeldepflicht unterworfen:* -e Krankheiten.

Ạn|mel|dung, die; -, -en: 1. *das Anmelden* (1–4). 2. (ugs.) *Raum, in dem man sich anmeldet:* zuerst müssen Sie in die A. gehen.

ạn|mer|ken ⟨sw. V.; hat⟩: 1. *an jmdm., einer Sache feststellen, spüren:* jmdm. den Ärger, die Erregung, die Besorgnis a.; sie lässt sich nichts a. von ihrem Entsetzen *(bewahrt die Haltung)*. 2. *notieren, anstreichen:* einen Tag im Kalender [rot] a. 3. (geh.) *zu einer Sache äußern, bemerken:* dazu möchte ich noch Folgendes a. …

Ạn|mer|kung, die; -, -en: 1. *mündliche Äußerung zu einer Sache, Bemerkung:* eine beiläufige, flüchtige A. 2. *kurze Erläuterung zu einem Text; Fußnote;* Abk.: Anm.

ạn|mes|sen ⟨st. V.; hat⟩: 1. *nach Maß anfertigen:* jmdm. einen Anzug, ein Paar Stiefel a. [lassen]. 2. (Physik) *den Abstand eines Himmelskörpers von der Erde messen:* den Mond, den Jupiter, einen Sternennebel a.

ạn|mie|ten ⟨sw. V.; hat⟩: *[vorübergehend] für einen bestimmten Zweck o. Ä. mieten:* Räume, einen Leihwagen a.; Büroräume, ein Ladenlokal a.

ạn|mit ⟨Adv.⟩ (schweiz. Amtsspr.): *hiermit:* a. wird bekannt gegeben, dass …

Ạn|mo|de|ra|ti|on, die (Rundf., Ferns.): *das Anmoderieren.*

ạn|mo|de|rie|ren ⟨sw. V.; hat⟩ (Rundf., Ferns.): *als Moderator einer Sendung die einführenden Worte sprechen:* [eine Sendung] a.

ạn|mon|tie|ren ⟨sw. V.; hat⟩: *mit technischen Hilfsmitteln anbringen:* einen Feuerlöscher [an die/der Wand] a.

Ạn|mon|tie|rung, die; -, -en: *das Anmontieren.*

ạn|mot|zen ⟨sw. V.; hat⟩ (ugs.): *beschimpfen:* die Männer motzten sich lautstark an.

ạn|mus|tern ⟨sw. V.; hat⟩ (Seemannsspr.): a) *für ein Schiff in Dienst stellen:* zwei neue Leichtmatrosen a.; sich a. lassen; b) *Dienst auf einem Schiff nehmen:* als Schiffsjunge, auf einem Windjammer a.

Ạn|mus|te|rung, die; -, -en: *das Anmustern; das Angemustertwerden.*

Ạn|mut, die; - [mhd. anemuot = Vergnügen, Lust, eigtl. = der an etw. gesetzte Sinn, aus: ane (↑an) u. muot, ↑Mut]: *Harmonie [der Bewegung]:* A. besitzen; sich mit A. bewegen; Ü die A. *(Lieblichkeit)* einer Landschaft.

ạn|mu|ten ⟨sw. V.; hat⟩: 1. *[auf jmdn.] einen bestimmten Eindruck machen, in bestimmter Weise wirken:* das mutet mich seltsam, wie im Märchen an; ein seltsam anmutender Anblick. 2. (schweiz., sonst veraltet) *zumuten:* jmdm. etw., zu viel a.

ạn|mu|tig ⟨Adj.⟩ [spätmhd. anemüetic = Verlangen, Lust hervorrufend]: *voller Anmut:* eine -e Erscheinung; a. tanzen.

ạn|mut|los, anmutslos ⟨Adj.⟩ (geh.): *ohne Anmut, reizlos:* ein -es Geschöpf; a. wirken.

Ạn|mut|lo|sig|keit, Anmutslosigkeit, die; - (geh.): *das Anmutlossein.*

ạn|muts|los: ↑anmutlos.

Ạn|muts|lo|sig|keit: ↑Anmutlosigkeit.

ạn|muts|voll, anmutvoll ⟨Adj.⟩: *sehr anmutig, voll Grazie.*

Ạn|mu|tung, die; -, -en: 1. (bes. schweiz.) *Zumutung.* 2. *gefühlsmäßiges, unbestimmtes Eindruckserlebnis:* die äußere A. des Autos.

ạn|mut|voll: ↑anmutsvoll.

ạn|na|geln ⟨sw. V.; hat⟩: *mit Nägeln befestigen:* Bretter a.; wie angenagelt sitzen bleiben.

ạn|na|gen ⟨sw. V.; hat⟩: *an etw. zu nagen beginnen:* Mäuse haben das Brot angenagt; angenagte Äpfel; Ü die Ersparnisse sind angenagt.

ạn|nä|hen ⟨sw. V.; hat⟩: *durch Nähen [wieder] an etw. befestigen:* einen Knopf, den Saum a.

ạn|nä|hern ⟨sw. V.; hat⟩: 1. ⟨a. + sich⟩ a) *sich nähern* (1 a): die Raumsonde nähert sich der Erde an; b) *sich nähern* (1 c): sich dem westlichen, östlichen Block a. 2. *einer Sache anpassen, angleichen, in weitgehende Übereinstimmung bringen:* etw. einem Vorbild a.; verschiedene Standpunkte einander a.

ạn|nä|hernd ⟨Adv.⟩: *ungefähr, fast:* die Kinder sind a. gleich groß; ⟨seltener auch attr.:⟩ mit -er Sicherheit.

Ạn|nä|he|rung, die; -, -en: 1. a) *das Herannahen, Herankommen:* bei der A. feindlicher Flugzeuge; b) *das [gegenseitige] menschliche Sich-näher-Kommen; Anknüpfen menschlicher Beziehungen:* die A. der beiden geschah im Verborgenen. 2. *Anpassung, Angleichung:* eine A. der gegenseitigen Standpunkte erzielen; eine A. an europäische Verhältnisse.

Ạn|nä|he|rungs|po|li|tik, die: *Politik mit dem Ziel engerer Beziehungen zwischen [zwei] Staaten.*

Ạn|nä|he|rungs|ver|such, der: *[aufdringlicher] Versuch, mit jmdm. näher in Kontakt zu kommen:* ein plumper A.; -e machen.

ạn|nä|he|rungs|wei|se ⟨Adv.⟩: *annähernd:* etw. nur a. erreichen.

Ạn|nä|he|rungs|wert, der: *ungefährer, annähernder Wert:* -e angeben, berechnen.

Ạn|nah|me, die; -, -n [zum 2. Bestandteil vgl. Abnahme]: 1. ⟨Pl. selten⟩ a) *das Annehmen* (1 a), *Entgegennehmen:* die A. eines Pakets, einer Sendung verweigern; b) (Sport) *Ballannahme;* c) *Billigung; Zustimmung zu etw.:* die A. einer Gesetzesvorlage, Resolution; d) *Übernahme, Aneignung; das Annehmen:* die A. einer Gewohnheit; die A. eines anderen Namens; e) *Zulassung, Einstellung:* über jmds. A. entscheiden; * **A. an Kindes statt** (früher für ↑Adoption). 2. *Annahmestelle:* etw. bei der A. abgeben. 3. *Vermutung, Ansicht:* eine weit verbreitete A.; ich war der A., er sei krank; etw. beruht auf der irrtümlichen A., dass …; gehe ich recht in der A., dass …?

Ạn|nah|me|be|stä|ti|gung, die: *Bescheinigung über die Annahme einer Postsendung o. Ä.:* eine A. vorlegen, unterschreiben.

Ạn|nah|me|er|klä|rung, die: vgl. Annahmebestätigung.

Ạn|nah|me|frist, die: *für die Annahme* (1 a) *gesetzte Frist.*

Ạn|nah|me|stel|le, die: *Ort der Annahme* (1 a): etw. an der A. abgeben.

Ạn|nah|me|ver|wei|ge|rung, die: *das Verweigern der Annahme einer Postsendung o. Ä.:* das Recht der A./auf, zur A.

An|na|len ⟨Pl.⟩ [lat. (libri) annales, zu: annus = Jahr]: *chronologisch geordnete Aufzeichnungen von [geschichtlichen] Ereignissen; Jahrbücher:* in den A. verzeichnet sein; Ü in die A. [der Geschichte] eingegangen sein (bildungsspr.; *unvergessen bleiben*).

ạn|nehm|bar ⟨Adj.⟩: a) *geeignet, angenommen od.*

A

gebilligt zu werden; akzeptabel: ein -er Vorschlag; diese Bedingungen, die Preise sind a.; **b)** *ziemlich gut:* ein -es Wetter; sie spielt ganz a. Klavier.

An|nehm|bar|keit, die; -: *das Annehmbarsein.*

an|neh|men ⟨st. V.; hat⟩: **1. a)** *etw. [gerne, ohne Bedenken] in Empfang nehmen, nicht zurückweisen:* ein Geschenk, Trinkgeld a.; einen Brief für den Nachbarn a.; einen Wechsel a. *(einlösen);* Reiseschecks a. *(umwechseln);* **b)** *mit etw. einverstanden sein, mit etw. übereinstimmen, verinnerlichen* (2): eine Einladung, jmds. Hilfe a.; eine Wette, die Herausforderung a.; das Urteil, die Methoden a.; die Bevölkerung hat die neue Einrichtung noch nicht angenommen *(hat sich noch nicht damit vertraut gemacht);* Ü die Vergangenheit a. *(sich ihr stellen);* **c)** *übernehmen:* eine Arbeit, einen Job a. **2.** *seine Zustimmung geben, billigen:* eine Resolution a.; der Antrag wurde einstimmig angenommen. **3. a)** *sich etw. zu Eigen machen, zulegen:* schlechte Gewohnheiten, Starallüren, einen anderen Namen, ein Pseudonym a.; **b)** verblasst in Verbindung mit Subst., drückt aus, dass sich etw. in bestimmter Weise verändert, entwickelt: der Arbeitskampf nimmt immer schärfere Formen an; etw. nimmt unvorstellbare Ausmaße an. **4. a)** *aufnehmen, zulassen:* einen Bewerber a.; im Kindergarten nicht angenommen werden; **b)** (ugs.) *adoptieren:* sie wollen ein kleines Mädchen a. **5.** *eindringen, haften lassen:* dieser Stoff nimmt Farbe, Feuchtigkeit gut an. **6. a)** *vermuten, meinen, glauben:* mit Recht, ernstlich a., dass ...; er ist nicht, wie vielfach angenommen wird, der Autor; **b)** *voraussetzen:* etw. als Tatsache a.; angenommen, dass ...; R das kannst du a. (ugs.; *das ist sicher).* **7.** *sich um jmdn., etw. kümmern:* sich der Verletzten, der Kinder a.; die Stadt will sich verstärkt der Ausländerbetreuung a. **8.** (veraltend) *sich etw. zu Herzen nehmen:* ich werde mir das a. **9.** (Jägerspr.) **a)** *(eine Fährte) aufnehmen u. ihr folgen:* eine Fährte a.; **b)** *(einen Wechsel) betreten:* einen Wechsel a. **10.** (Jägerspr.) *(Futter) nicht verschmähen; fressen:* Futter a. **11.** (Jägerspr.) *angreifen:* jmdn., ein Tier a.; * **jmdn. [hart] a.** (ugs.; *attackieren).* **12.** (Sport) *den zugespielten Ball in seinen Besitz, unter Kontrolle bringen:* den Ball a.

an|nehm|lich ⟨Adj.⟩ (veraltet): **a)** *angenehm, zufrieden stellend:* eine -e Position; **b)** *annehmbar* (a): die Bedingungen sind a.

An|nehm|lich|keit, die; -, -en ⟨meist Pl.⟩: *Bequemlichkeit, Vorteil:* sich viele -en leisten können; -en genießen; dort muss er auf manche A. verzichten.

an|nek|tie|ren ⟨sw. V.; hat⟩ [frz. annexer; relatinisiert nach lat. annectere = verknüpfen]: *gewaltsam u. widerrechtlich in seinen Besitz bringen:* ein Gebiet a.

An|nek|tie|rung, die; -, -en: *das Annektieren, Annektiertwerden.*

An|nex, der; -es, -e [zu lat. annexum, 2. Part. von: annectere, ↑annektieren] (bildungsspr.): **1.** *Anhängsel, Zubehör:* die Vereinbarungen werden in -en festgehalten. **2.** *Annexbau.*

An|nex|bau, der ⟨Pl. -ten⟩: *Anbau, Seitenbau.*

An|ne|xi|on, die; -, -en [frz. annexion < lat. annexio = Verknüpfung]: *gewaltsame u. widerrechtliche Aneignung fremden Gebiets.*

An|ne|xi|o|nis|mus, der; - (abwertend): *Bestrebungen, die auf Annexionen abzielen.*

an|ni cur|ren|tis [lat., zu annus = Jahr u. currere = laufen] (veraltet): *laufenden Jahres;* Abk.: a. c.

an|nie|sen ⟨sw. V.; hat⟩: **1.** *jmdm. ins Gesicht niesen:* jmdn. a. **2.** (ugs.) *grob anfahren:* er hat ihn wieder einmal angeniest.

an|nie|ten ⟨sw. V.; hat⟩: *durch Nieten an etw. befestigen.*

An|ni|hi|la|ti|on, die; -, -en [zu ↑annihilieren]: **1. a)** *Vernichtung, Zunichtemachung;* **b)** *Ungültigkeitserklärung.* **2.** (Kernphysik) *das Annihilieren* (2).

an|ni|hi|lie|ren ⟨sw. V.; hat⟩ [zu lat. ad (in Zus. an-) = zu u. nihil = nichts]: **1. a)** *zunichte machen;* **b)** *für nichtig erklären.* **2.** (Kernphysik) *Elementar- u. Antiteilchen zerstören.*

An|ni|ver|sar, das; -s, -e [mlat. anniversarium, zu lat. anniversarius = alljährlich, zu: annus = Jahr u. vertere, ↑Vers]: **1.** (bildungsspr.) *Jahrestag, Jubiläum:* sein 50. A. begehen, feiern. **2.** (kath. Kirche) *jährlich wiederkehrende Gedächtnisfeier für einen Toten.*

an|no [lat. anno, Ablativ von: annus = Jahr] (veraltet): *im Jahre:* erbaut a. 1911; Abk.: a.; * **a. dazumal**/(ugs. scherzh.:) **dunnemals** *(früher, in jener [alten, vergangenen] Zeit);* **a.**/(in älteren Dokumenten o. Ä.:) **Anno Domini** (früher; *im Jahre des Herrn;* lat.): Anno Domini 1584; Abk.: A. D.; **a. Tobak** (ugs. scherzh.; *alte [längst überholte] Zeit; in, aus alter [längst überholter] Zeit):* dein Hut ist noch von a. Tobak.

an|no cur|ren|te [lat., zu annus = Jahr u. currere = laufen] (veraltet): *im laufenden Jahr;* Abk.: a. c.

An|non|ce [aˈnõ:sə], die; -, -n [frz. annonce, zu: annoncer, ↑annoncieren]: *Anzeige in einer Zeitung od. Zeitschrift:* eine A. aufgeben, in die Zeitung setzen, schalten; sich auf eine A. melden.

An|non|cen|blatt, das: *Zeitung, die vorwiegend od. nur aus Annoncen besteht; Anzeigenblatt:* das A. aufschlagen, durchlesen.

An|non|cen|teil, der: *in sich abgeschlossener Teil einer Zeitung, der nur Annoncen enthält.*

an|non|cie|ren [anõˈsi:rən] ⟨sw. V.; hat⟩ [frz. annoncer < lat. annuntiare = an-, verkündigen]: **a)** *eine Annonce in einer Zeitung o. Ä. aufgeben:* in einer Zeitung a.; **b)** *durch eine Annonce ankündigen:* neue Modelle, das Erscheinen eines Buches a.; **c)** *ankündigen, bekannt geben:* er hat seinen Besuch für morgen annonciert.

An|no|ta|ti|on, die; -, -en ⟨meist Pl.⟩ [1: lat. annotatio]: **1.** (veraltet) *Aufzeichnung; Vermerk.* **2.** (Buchw.) *kurze Charakterisierung eines Buches (für bibliothekarische Zwecke).*

an|nul|lie|ren ⟨sw. V.; hat⟩ [spätlat. annullare, zu lat. nullus, ↑null]: *[amtlich] für ungültig, nichtig erklären:* ein Gerichtsurteil, einen Vertrag, die Ehe a.

An|nul|lie|rung, die; -, -en (bildungsspr.): *das Annullieren, Annulliertwerden.*

An|o|de, die; -, -n [engl. anode < griech. ánodos = Aufweg, Eingang; von Faraday (vgl. Farad) 1834 eingeführt] (Physik): *positive Elektrode.*

an|öden ⟨sw. V.; hat⟩ (ugs.): **a)** *langweilen:* die Arbeit ödet ihn an; **b)** *belästigen.*

An|o|den|span|nung, die (Physik): *(in Elektronenröhren) Spannung zwischen Anode u. Kathode.*

An|o|den|strom, der (Physik): *von der Kathode zur Anode fließender Elektronenstrom.*

an|o|disch ⟨Adj.⟩: *die Anode betreffend, mit ihr zusammenhängend.*

ano|mal [ˈanoma:l, auch: - - ˈ-] ⟨Adj.⟩ [spätlat. anomalus < griech. anṓmalos = unregelmäßig, ungleich, aus: an- = nicht, un- u. omalós = gleich, eben]: *nicht normal [entwickelt]; abnorm:* -e Beziehungen, Verhältnisse; eine -e Entwicklung; sich a. verhalten.

Ano|ma|lie, die; -, -n [lat. anomalia < griech. anōmalía]: **a)** ⟨o. Pl.⟩ *Abweichung vom Normalen; Abnormität;* **b)** (Biol.) *körperliche Fehlbildung:* eine angeborene A.; -n des Gehirns; **c)** (Physik) *das unregelmäßige Verhalten des Wassers im Vergleich mit den meisten anderen Stoffen bei Temperaturänderungen;* **d)** (Astron.) *Winkel zur mathematischen Beschreibung der Stellung eines Planeten in seiner Bahn um die Sonne.*

ano|ma|lis|tisch ⟨Adj.⟩ (Astron.): *auf gleiche Anomalie* (d) *bezogen:* -er Mond *(Zeit von einem Durchgang des Mondes durch den Punkt seiner größten Erdnähe bis zum nächsten Durchgang);* -es Jahr *(Zeit von einem Durchgang der Erde durch den Punkt ihrer größten Sonnennähe bis zum nächsten Durchgang).*

ano|nym ⟨Adj.⟩ [spätlat. anonymus < griech. anṓnymos, zu: an- = nicht, un- u. ónoma (ónyma) = Name] (bildungsspr.): **a)** *ungenannt, ohne Namensnennung:* ein -er Verfasser, Brief; -e Waren *(No-Name-Produkte);* **b)** *unpersönlich, durch Fremdheit geprägt:* -e Wohnblocks; ein[en] Traktat a. herausgeben; er ist bestrebt, a. *(unbekannt)* zu leben, zu bleiben.

Ano|ny|ma ⟨Pl.⟩: *Schriften ohne Angabe des Verfassers.*

ano|ny|mi|sie|ren ⟨sw. V.; hat⟩: *(aus einer Statistik, aus Fragebogen, Unterlagen u. Ä.) den Namen einer Person, persönliche Daten löschen:* eine Statistik a.; anonymisierte Daten, Fragebogen.

Ano|ny|mi|tät, die; - (bildungsspr.): *das Nichtbekannt-Sein, Nicht-genannt-Sein; Namenlosigkeit:* die A. wahren, aufgeben.

Ano|ny|mus, der; -, ...mi u. Anonymen (bildungsspr.): *namentlich nicht genannter Autor, Briefschreiber o. Ä.:* der Autor ist ein A. aus dem 17. Jh.

Ano|phe|les, die; -, - [zu griech. anōphelḗs = schädlich]: *(in tropischen u. südeuropäischen Ländern vorkommende) Stechmücke [die Malaria überträgt].*

An|o|pie, An|op|sie, die; -, -n [zu griech. a- = nicht, un- u. ōps (Gen.: ōpós) = Auge] (Med.): *Funktionsuntüchtigkeit eines Auges (z. B. beim Schielen).*

Ano|rak, der; -s, -s [eskim. anorak = Pelzüberzug Schneejacke]: *Windjacke mit Kapuze.*

an|ord|nen ⟨sw. V.; hat⟩: **1.** *in einer bestimmten Weise, nach einem bestimmten Plan ordnen, aufstellen:* die Bücher neu a.; das Verzeichnis ist nach Sachgruppen angeordnet. **2.** *veranlassen, befehlen, verfügen:* etw. dienstlich a.; der Arzt ordnete strenge Bettruhe an.

An|ord|nung, die; -, -en: **1.** *das Anordnen* (1), *Gruppierung:* eine übersichtliche A. vornehmen **2.** *Verfügung:* eine polizeiliche A.; eine einstweilige A. (Rechtsspr.; *eine Entscheidung des Gerichts, die vorläufigen Rechtsschutz bezweckt);* -en erlassen, treffen; jmds. -en nachkommen, befolgen; sich einer A. widersetzen; das geschah auf meine A., auf ärztliche A. *(Veranlassung).*

Ano|re|xia ner|vo|sa, die; - - [nlat., zu ↑Anorexie u. nlat. nervosus = nervös] (Med.): *Magersucht.*

Ano|re|xie, die; -, -n [griech. anorexía] (Med.): *Appetitlosigkeit.*

an|or|ga|nisch ⟨Adj.⟩ [aus griech. an- = nicht, un- u. ↑organisch]: **1. a)** *zum unbelebten Teil der Natur gehörend, ihn betreffend:* -er Dünger; **b)** *nicht durch Lebewesen entstanden:* organischen und -en Abfall trennen. **2.** *nicht nach bestimmten [natürlichen] Gesetzmäßigkeiten erfolgend:* -es Wachstum.

anor|mal ⟨Adj.⟩ [mlat. anormalis, aus lat. a- = nicht, un- u. normalis, ↑normal]: *nicht normal; von der Norm abweichend; ungewöhnlich:* einen -en Eindruck auf jmdn. machen.

an|pa|cken ⟨sw. V.; hat⟩: **1. a)** *fest [mit den Händen] fassen:* jmdn. grob am Arm a.; er packte die Kiste mit beiden Händen an; **b)** *jmdn. durch Zufassen angreifen:* der Vogel packte das Jungtier mit den Klauen an; pack an! (Aufforderung an einen Hund: *beiß zu!);* **c)** *mit zugreifen; mithelfen:* wenn alle mit a., haben wir die Sachen schnell weggeschafft. **2.** *in Angriff nehmen:* ein Problem, eine Arbeit a. **3.** (ugs.) *in einer bestimmten Art behandeln; mit jmdm. auf eine bestimmte Weise umgehen:* der Lehrer hat die Schüler hart angepackt; eine Sache richtig anzupacken verstehen.

an|pap|pen ⟨sw. V.⟩: **1.** (ugs.) *[notdürftig od. behelfsmäßig] ankleben* ⟨hat⟩: ich pappe einen Zettel an meine/meiner Tür an; ein angepapptes Bärtchen. **2.** (landsch.) *festkleben, festsitzen* ⟨ist⟩: der Schnee pappt an.

an|pas|sen ⟨sw. V.; hat⟩: **1.** *jmdm., einer Sache anmessen; für jmdn., etw. passend machen:* jmdm. einen Anzug, Kleider a.; Türrahmen und Türen müssen einander angepasst werden. **2.** *etw. einer Sache angleichen; etw. auf etw. abstimmen:* seine Kleidung dem festlichen Anlass a.; die Renten wurden angepasst *(den Lebenshaltungskosten angeglichen).* **3.** ⟨a. + sich⟩ *sich jmdm., einer Sache angleichen; sich* *nach jmdm., etw. richten:* sich der/an die Umgebung, Wirklichkeit a.; sich in der Kleidung den anderen a.; sich [gegenseitig]/(geh.:) einander a. können.

Ạn|pas|ser, der; -s, - (ugs.): *jmd., der [ständig] geneigt ist, sich anzupassen* (3).

Ạn|pas|se|rin, die; -, -nen: w. Form zu ↑Anpasser.

Ạn|pas|sung, die; -, -en ‹Pl. selten›: *das Sicheinstellen auf jmdn., etw.; das [Sich]einfügen, Angleichen:* A. der Löhne, Gehälter, Renten; die A. an bestimmte Normen; über den Mangel an A. klagen; A. an veränderte räumliche Gegebenheiten; A. (Med.; *Adaptation* 1) des Auges; der Begriff der A. (*Adaptation* 2) wurde hauptsächlich in der amerikanischen Psychologie und Soziologie entwickelt.

ạn|pas|sungs|be|reit ‹Adj.›: *bereit, sich anzupassen:* eine -e Kollegin; er ist überhaupt nicht a.

ạn|pas|sungs|fä|hig ‹Adj.›: *fähig, sich anzupassen:* ein -er Mensch; er ist sehr a.

Ạn|pas|sungs|fä|hig|keit, die: *Anpassungsvermögen.*

Ạn|pas|sungs|pro|zess, der: *Prozess, Vorgang des [Sich]anpassens.*

Ạn|pas|sungs|schwie|rig|kei|ten ‹Pl.›: *[seelische] Schwierigkeiten bei der Umstellung auf andere Umwelt-, Lebens- od. Arbeitsverhältnisse:* bei der Eingliederung der ausländischen Arbeitskräfte ist mit A. zu rechnen.

Ạn|pas|sungs|ver|mö|gen, das ‹Pl. selten›: *Fähigkeit, sich anzupassen:* er hat keinerlei A.

ạn|pei|len ‹sw. V.; hat›: **a)** (Schifffahrt, Flugw.) *mittels Peilung ansteuern:* den Leuchtturm a.; Ü diesen Meistertitel hatte sie stets angepeilt; **b)** (Rundf.) *durch Peilung den Standort o. Ä. von etw. bestimmen:* ein Flugzeug, einen feindlichen Agentensender a.

ạn|peit|schen ‹sw. V.; hat›: *brutal [mit Drohungen] zu etw. antreiben:* die Arbeiter werden zu immer neuen Sonderschichten angepeitscht.

ạn|pel|len ‹sw. V.; hat› (landsch. salopp): *Kleidung anziehen:* du musst dich dick anpellen, es ist kalt draußen.

ạn|pe|sen ‹sw. V.; ist› (ugs.): **a)** *eilig, hastig herbeilaufen:* ganz aufgeregt peste er an; ‹meist im 2. Part. in Verbindung mit »kommen«:› da kommt er angepest; **b)** *sich schnell fahrend nähern:* ‹meist im 2. Part. in Verbindung mit »kommen«:› gerade kommt sie mit ihrem Motorrad angepest.

ạn|pfei|fen ‹st. V.; hat›: **1.** (Sport) *(vom Schiedsrichter) ein Spiel od. einen Spielabschnitt durch Pfeifen eröffnen:* ein Spiel, die zweite Halbzeit wurde angepfiffen; der Schiedsrichter hat angepfiffen. **2.** (ugs.) *in scharfem Ton zurechtweisen:* der Chef hat ihn angepfiffen.

Ạn|pfiff, der; -[e]s, -e: **1.** (Sport) *Pfiff als Zeichen für den Beginn eines Spiels od. Spielabschnitts:* nach dem A. des Schiedsrichters. **2.** (ugs.) *scharfe Zurechtweisung, Rüge:* einen A. bekommen.

ạn|pflan|zen ‹sw. V.; hat›: **a)** *an eine bestimmte Stelle pflanzen:* Blumen, Sträucher, Obstbäume [im Garten] a.; **b)** *(einen Garten, ein Beet) bepflanzen:* die Beete sind frisch angepflanzt; **c)** *(eine bestimmte Pflanzenart) anbauen:* Mais, Tabak, Kaffee a.

Ạn|pflan|zung, die; -, -en: **1.** *das Anpflanzen* (a, b): dieser Boden ist zur A. von Getreide nicht geeignet. **2.** *bepflanzte Fläche:* auf dem Kahlschlag wurde eine neue A. angelegt.

ạn|pflau|men ‹sw. V.; hat› [wohl zu ↑[2]Pflaume] (ugs.): **1.** *jmdn. verulken, verspotten, necken, hänseln:* er hat mich ständig angepflaumt. **2.** *jmdn. scharf zurechtweisend ansprechen:* ihr Vorgesetzter pflaumt sie schon beim kleinsten Fehler sofort an.

ạn|pflo|cken ‹sw. V.; hat›: **a)** *an einem Pflock befestigen:* ein Boot, eine Ziege a.; **b)** *mit Pflöcken befestigen:* die Zelte müssen angepflockt werden.

ạn|pi|cken ‹sw. V.; hat›: *pickend anfressen.*

ạn|pi|cken ‹sw. V.› (österr.): **a)** *festsitzen, angeklebt sein* ‹ist›: das Blatt pickt an; **b)** *an-, festkleben* ‹hat›: er hat den Henkel wieder angepickt.

ạn|pin|keln ‹sw. V.; hat› (salopp): **1.** *an, auf etw. urinieren:* einer pinkelte das Wahlplakat an. **2.** *gegen jmdn. äußerst ausfällig werden:* von dem lass ich mich nicht a.

ạn|pin|nen ‹sw. V.; hat› (ugs.): *mit Pinnen* (3) *anheften:* Fotos an die Schranktür a.; etw. ans schwarze Brett a.

ạn|pin|seln ‹sw. V.; hat› (ugs.): *bemalen, anmalen, anstreichen:* Fenster, Wände [bunt] a.; hast du den Namen [an die Tür] angepinselt?; du hast dich aber gewaltig angepinselt *(geschminkt).*

ạn|pir|schen ‹sw. V.; hat› (Jägerspr.): **a)** *sich leise u. vorsichtig einem Wild nähern:* Wild in der freien Steppe a.; **b)** ‹a. + sich› *sich heranschleichen:* ich pirschte mich mit schussbereiter Kamera an.

ạn|pis|sen ‹sw. V.; hat› (derb): *an, auf etw. urinieren.*

An|pö|be|lei, die; -, -en (ugs. abwertend): *das Anpöbeln:* Schluss mit der A.!; von denen haben wir nur -en zu erwarten.

ạn|pö|beln ‹sw. V.; hat› (ugs. abwertend): *durch beleidigende, unflätige o. ä. Äußerungen od. entsprechende Handlungen belästigen, provozieren o. Ä.:* die Leute auf der Straße a.

Ạn|pö|be|lung, (auch:) **Ạn|pöb|lung,** die; -, -en (abwertend): *das Anpöbeln, Angepöbeltwerden.*

ạn|po|chen ‹sw. V.; hat› (landsch. od. geh.): *[vorsichtig] anklopfen; [bittend] an die Tür klopfen:* bei jmdm. zaghaft a.; Ü ich werde einmal bei meiner Mutter a. *(vorsichtig, bittend nachfragen),* ob sie uns helfen kann.

ạn|pol|tern ‹sw. V.; ist›: *mit polternden Schritten herankommen:* von weitem schon hörte ich ihn a.; ‹meist im 2. Part. in Verbindung mit »kommen«:› eben kommt sie angepoltert.

Ạn|prall, der; -[e]s: *das Anprallen; heftiger Stoß gegen etwas Hartes; [plötzliches] Aufschlagen:* der A. der Wellen gegen den Deich; dem A. standhalten.

ạn|pral|len ‹sw. V.; ist›: *an od. gegen jmdn., etw. prallen, heftig anstoßen:* hart an, gegen die Mauer a.

ạn|pran|gern ‹sw. V.; hat›: *öffentlich tadeln, verurteilen, brandmarken, als Missstand herausstellen, an die Öffentlichkeit bringen:* die Korruption der Verwaltung a.; jmdn. als Betrüger a.; die Missstände, die niedrigen Gehälter wurden angeprangert; das muss als Missbrauch der Amtsgewalt angeprangert werden.

Ạn|pran|ge|rung, die; -, -en: *das Anprangern; das Angeprangertwerden.*

ạn|prei|sen ‹st. V.; hat›: *wegen besonderer Vorzüge empfehlen, rühmen:* eine Ware, ein Lokal, eine Sehenswürdigkeit a.; das Hotel preist sich als mit allem Komfort ausgestattet an.

Ạn|prei|sung, die; -, -en: *das Anpreisen; das Angepriesenwerden.*

ạn|pre|schen ‹sw. V.; ist› (ugs.): *[im Laufschritt] eiligst herankommen:* wutschnaubend preschte sie an; ‹meist im 2. Part. in Verbindung mit »kommen«:› atemlos angeprescht kommen.

ạn|pres|sen ‹sw. V.; hat›: *fest an etw. pressen:* sie presste das Ohr an die Tür an und horchte; ich habe mich an den Boden angepresst.

Ạn|pro|be, die; -, -n: *das Anprobieren eines [in Arbeit befindlichen] Kleidungsstückes:* zur A. kommen; ich bin um 10 Uhr zur A., zu einer A. bestellt.

ạn|pro|bie|ren ‹sw. V.; hat›: **a)** *etw. anziehen, um zu sehen, ob es passt:* einen Anzug, Kleider, Schuhe a.; morgen können Sie a. (ugs.; *zur Anprobe*) kommen; **b)** *veranlassen, dass jmd. etw. zur Probe anzieht:* der Schneider probierte ihm den Anzug an.

ạn|pum|meln ‹sw. V.; hat› [zu ↑Pummel] (landsch.): *dick, warm anziehen:* du hast dich aber angepummelt!

ạn|pum|pen ‹sw. V.; hat› (ugs.): *sich Geld von jmdm. leihen:* sie hat mich [um 50 Mark] angepumpt.

ạn|pus|ten ‹sw. V.; hat› (ugs.): *seinen Atem gegen jmdn., etw. blasen, pusten:* das Feuer a.; eine Pusteblume a.; sie ist so schwach, dass sie umfällt, wenn man sie anpustet; Ü draußen pustet uns ein starker Wind an.

ạn|quä|len ‹sw. V.; hat›: **a)** *(ein Kleidungsstück) nur mit Mühe anziehen können:* sich, dem Kind den Anorak a.; **b)** ‹a. + sich› *sich etw. mit Mühe verschaffen:* sich Kondition a.

ạn|quas|seln ‹sw. V.; hat› (ugs.): *anquatschen.*

ạn|quat|schen ‹sw. V.; hat› (ugs.): *ungeniert ansprechen:* ich habe keine Lust, mich von jedem Flegel a. zu lassen.

ạn|quir|len ‹sw. V.; hat› (Kochk.): **a)** *an etw. quirlen, mit dem Quirl in etw. einrühren:* du musst noch ein Ei a.; **b)** *etw. anrühren, mit dem Quirl verquirlen:* das Puddingpulver wird mit einigen Esslöffeln Milch angequirlt.

ạn|ra|deln ‹sw. V.; ist› (ugs.): *mit dem Fahrrad herankommen:* ohne große Eile radelte sie an; ‹meist im 2. Part. in Verbindung mit »kommen«:› schnell kam sie angeradelt.

ạn|rai|nen ‹sw. V.; hat› [zu ↑Rain]: *angrenzen:* die anrainenden Siedlungen.

Ạn|rai|ner, der; -s, -: *Grundstücksnachbar; Anlieger:* die Straßenbaukosten müssen von den -n mitgetragen werden; darüber müssen Sie sich mit Ihrem A. verständigen; Ü die arabischen A. des Roten Meeres.

Ạn|rai|ner|grund|stück, das: *angrenzendes Grundstück.*

Ạn|rai|ner|staat, der: *angrenzender Staat:* die -en der Ostsee.

Ạn|rai|ner|ver|kehr, der ‹o. Pl.› (bes. österr.): *Anliegerverkehr.*

ạn|ran|zen ‹sw. V.; hat› (ugs.): *scharf tadeln, in barschem Ton zurechtweisen:* seine Untergebenen a.

Ạn|ran|zer, der; -s, - (ugs.): *scharfer Tadel; barsche Zurechtweisung:* einen A. bekommen.

ạn|ra|sen ‹sw. V.; ist› (ugs.): *in rasendem Tempo herankommen; herbeirennen:* wild gestikulierend raste er an; ‹meist im 2. Part. in Verbindung mit »kommen«:› er ist angerast gekommen und ins Haus gestürzt.

ạn|ras|seln ‹sw. V.› (ugs.): **1.** *rasselnd heranfahren* ‹ist›: die Feuerwehr rasselte an; ‹meist im 2. Part. in Verbindung mit »kommen«:› die alte Straßenbahn kam angerasselt. **2.** *grob zurechtweisen, anfahren* ‹hat›.

ạn|ra|ten ‹st. V.; hat›: *empfehlen; jmdm. raten, etw. zu tun:* das wollte ich dir auch angeraten haben!; ‹subst.:› auf Anraten des Arztes.

ạn|rat|tern ‹sw. V.; ist› (ugs.): *unter Rattern, mit großem Lärm herankommen:* endlich ratterte die alte Tram an; ‹meist im 2. Part. in Verbindung mit »kommen«:› sie kam in ihrem alten Wägelchen angerattert.

ạn|rau|chen ‹sw. V.; hat›: **1.** *(eine Zigarette, Zigarre, Pfeife) anzünden u. die ersten Züge tun:* rauch mir bitte eine Zigarette an!; die angerauchte Zigarette ausdrücken. **2.** *mit Rauch belästigen; jmdm. Rauch ins Gesicht blasen.*

ạn|räu|chern ‹sw. V.; hat›: *leicht, kurz räuchern:* mageres Schweinefleisch, leicht angeräuchert.

ạn|rau|en ‹sw. V.; hat›: *(Stoff, Leder o. Ä.) an der Oberfläche ein wenig rau machen:* der Stoff ist auf der Unterseite leicht angeraut.

Ạn|raum, Anreim, der; -[e]s [zu mhd., ahd. rām = Schmutz] (landsch., bes. bayr., österr.): *Raureif.*

ạn|raun|zen ‹sw. V.; hat› (ugs.): *anfahren; mit groben Worten scharf zurechtweisen.*

Ạn|raun|zer, der; -s, - (ugs.): *grobe, scharfe Zurechtweisung.*

ạn|rau|schen ‹sw. V.; ist; meist im 2. Part. in Verbindung mit »kommen«› (ugs.): **a)** *mit einem rauschenden Geräusch herankommen;* **b)** *mit großer Gebärde, Aufmerksamkeit auf sich lenkend herankommen.*

ạn|rech|nen ‹sw. V.; hat›: **1. a)** *[gesondert] in Rechnung stellen, berechnen:* die vielen privaten Telefongespräche muss ich Ihnen a.; diese Zusatzleistung hat sie [uns] nicht [mit] angerechnet; **b)** *bewerten:* die Schülerin war so lange krank, dass ihr die schlechte Arbeit nicht ange-

A

rechnet wurde; **c)** *gegen etw. aufrechnen, in etw. einbeziehen; bei etw. berücksichtigen:* das Auto wurde ihnen mit 5 000 Mark angerechnet; die Untersuchungshaft wurde [auf die Strafe] angerechnet. **2.** *in einer bestimmten Weise werten; [vergleichend] einschätzen:* etwas als strafmildernd a.; jmdm. etw. als Verfehlung a.; jmdm. etw. übel a.; * **jmdm. etw. hoch a.** *(jmds. Verhalten besonders anerkennen, würdigen).*

An|rech|nung, die; -, -en ⟨Pl. selten⟩: *das Anrechnen; Berechnung, Berücksichtigung:* eine A. der Transportkosten erfolgt nicht; unter A. der Untersuchungshaft; etw. in A. bringen (Papierdt., nachdrücklich; *anrechnen; mit berechnen).*

an|rech|nungs|fä|hig ⟨Adj.⟩: *sich anrechnen* (1 c) *lassend; geeignet, angerechnet zu werden:* -e Versicherungszeiten.

An|recht, das; -[e]s, -e: **1.** *Recht auf etw., was einem zusteht; Anspruch:* sie hat, besitzt ein altes A. auf diese Wohnung; sein A. geltend machen; auf sein A. verzichten. **2.** *[Theater-, Konzert]abonnement:* wir bitten unsere Abonnenten, ihr A. bis zum 1. September zu erneuern.

An|rechts|schein, der (Wirtsch.): *Zwischenschein, den ein Aktionär vor der Emission der eigentlichen Aktien erhält.*

An|re|de, die; -, -n: **1.** *Bezeichnung, mit der man jmdn. anredet:* eine höfliche, steife, vertrauliche A.; eine A. umgehen, vermeiden. **2. a)** (selten) *das Ansprechen eines anderen; an einen anderen gerichtete Worte:* sie sehnte sich nach einer A.; **b)** (schweiz. veraltet) *Ansprache* (1).

An|re|de|fall, der (Sprachw.): [1]*Fall* (5), *in dem jmd. angesprochen wird;* vgl. Vokativ.

An|re|de|für|wort, das (Sprachw.): *zum Anreden gebrauchtes Personalpronomen:* du, ihr und Sie sind Anredefürwörter.

an|re|den ⟨sw. V.; hat⟩: **1. a)** *ansprechen; Worte an jmdn. richten:* die Nachbarin redete mich an; **b)** *in einer bestimmten Form, mit einer bestimmten Bezeichnung ansprechen:* jmdn. mit Sie, mit Du, mit dem Vornamen, mit seinem Titel a. **2.** *sich durch Reden gegen jmdn., etw. durchzusetzen versuchen, redend gegen etw. angehen:* gegen solchen Lärm kann ich nicht mehr a.

An|re|de|pro|no|men, das (Sprachw.): *Anredefürwort.*

an|re|gen ⟨sw. V.; hat⟩: **1. a)** *jmdn. zu etw. veranlassen, ermuntern, inspirieren:* das Ereignis regte sie zum Nachdenken, zu einer Bemerkung an; angeregt durch das Beispiel der anderen, machte sie sich an die Arbeit; **b)** *etw. vorschlagen, den Anstoß zu etw. geben:* ich möchte die Frage a., ob ...; Prof. Müller hat diese Dissertation angeregt. **2.** *(von bestimmten Stoffen) beleben, aufmuntern:* Kaffee und Tee regen [die Lebensgeister] an; etw. regt den Appetit, das Wachstum, die Fantasie an; ein anregendes Mittel; Ü die Diskussion war sehr anregend; in angeregtem Gespräch. **3.** (Physik) *Atom[kern]e od. Moleküle (im Quantensprung) aus dem Grundzustand in einen höheren Energiezustand versetzen:* ein Atom kann nur sprunghaft angeregt werden.

An|re|gung, die; -, -en: **1. a)** ⟨o. Pl.⟩ *das Anregen:* die A. von Diskussionen, Debatten; **b)** *Impuls, [Denk]anstoß:* [fruchtbare] -en geben, erhalten; sich wertvolle -en holen; eine A. befolgen, aufgreifen; -en unterbreiten. **2.** ⟨o. Pl.⟩ *das Beleben; Belebung:* ein Mittel zur A. des Appetits, der Verdauung, der Herztätigkeit.

An|re|gungs|mit|tel, das: *Aufputschmittel, Stimulans:* der Arzt hat ihr ein A. verschrieben.

an|rei|ben ⟨st. V.; hat⟩: **1.** (landsch.) *(ein Streichholz) durch Reiben entzünden:* ein Streichholz a. **2.** (Fachspr.) **a)** *(Farbe mit Wasser od. einem Bindemittel) mischen, anrühren:* sie hat etwas Farbe angerieben; **b)** *ein mit einem Klebemittel beschichtetes Material auf der zu beklebenden Fläche durch Reiben festdrücken:* das Einbandgewebe wird auf dem Buchdeckel angerieben.

an|rei|chen ⟨sw. V.; hat⟩ (landsch.): *helfend zureichen, hinüberreichen:* ich muss die Bücher dort oben einordnen, kannst du sie mir mal anreichen?

an|rei|chern ⟨sw. V.; hat⟩: **1. a)** *ansammeln, aufspeichern:* die giftigen Stoffe werden im Körpergewebe angereichert; bestimmte Pflanzen reichern Stickstoff im Boden an; mit Rauch, Gas, Staub und Dämpfen angereicherte Luft; **b)** ⟨a. + sich⟩ *sich ansammeln, aufgespeichert werden:* diese Stoffe können sich im Nervensystem a. **2.** *verbessern, vermehren; gehaltvoller machen:* Lebensmittel mit Vitaminen a.; ein angereichertes Gemisch (Kfz-T.; *Kraftstoff-Luft-Gemisch mit besonders hohem Kraftstoffanteil, wie es beim Kaltstart u. im hohen Drehzahlbereich gebraucht wird*); angereichertes Uran (Kerntechnik; *Uran, bei dem der Anteil von spaltbarem U 235 erhöht wurde*).

An|rei|che|rung, die; -, -en: *das Anreichern, Sichanreichern, Angereichertwerden.*

[1]**an|rei|hen** ⟨sw. V.; hat⟩: **a)** *einer Reihe anfügen:* Perlen a.; **b)** ⟨a. + sich⟩ (geh.) *sich [einer Reihe] anschließen:* ein weiterer Bericht reiht sich an; das reiht sich seinen Taten würdig an.

[2]**an|rei|hen** ⟨sw., auch st. V.; reihte/(seltener:) rieh an, hat angereiht/angerihen⟩: *mit großen Stichen, lose annähen, anheften:* sie hat den Rock zur Anprobe erst einmal angeriehen.

An|reim, der; -[e]s: ↑Anraum.

An|rei|se, die; -, -n: **a)** *Hinfahrt, Fahrt (an ein bestimmtes Ziel):* die A. erfolgt über München, die Rückfahrt über Ulm; die A. dauert 10 Stunden; **b)** *[erwartetes] Eintreffen, Ankunft:* wir erwarten die A. einer größeren Reisegesellschaft.

an|rei|sen ⟨sw. V.; ist⟩: **a)** *an ein bestimmtes Ziel reisen, fahren:* sie reisen mit dem Auto, mit der Bahn, mit einem Sonderzug an; **b)** *eintreffen; von weit her (mit einem Verkehrsmittel) ankommen:* die Teilnehmer reisen aus allen Himmelsrichtungen an; aus Hamburg angereist kommen.

An|rei|se|tag, der: *Tag der Anreise:* der Montag gilt als A.

an|rei|ßen ⟨st. V.; hat⟩ [5: vgl. Reißbrett]: **1.** *zu zerreißen beginnen, am Rande einreißen:* Stoff, Papier a.; das Buch hat schon angerissene Ecken. **2.** (ugs.) *(nach dem Aufreißen der Verpackung) zu verbrauchen beginnen:* seine Vorräte a. **3.** (landsch.) *(ein Streichholz o. Ä.) anzünden.* **4.** *einen Motor (mithilfe einer Leine) in Gang setzen, anwerfen:* sie riss den Außenbordmotor an, und das Boot schoss los. **5.** (Technik) *(auf einem zu bearbeitenden Werkstück, bes. Metall) zeichnen; mit einem spitzen Gerät Linien angeben:* der Blechzuschneider reißt [das Material] an. **6.** (Forstw.) *zu fällende Bäume mit einem besonderen Werkzeug markieren.* **7.** *zur Sprache bringen, gesprächsweise berühren:* soziale Probleme a.; die Aufgaben der Kunst kurz a. **8.** (ugs.) *in aufdringlicher Weise als Kunden anlocken:* er hatte sich auf den Markt gestellt, um die Leute anzureißen.

an|rei|ße|risch ⟨Adj.⟩ (ugs.): *in aufdringlicher, billiger Art werbend; unseriös:* ein -es Plakat; der -e Titel eines Buches.

an|rei|ten ⟨st. V.⟩: **1.** *reitend herankommen* ⟨ist⟩: sie sind angeritten; ⟨meist im 2. Part. in Verbindung mit »kommen«:⟩ da kommen die Ersten angeritten. **2. a)** *auf einen bestimmten Punkt (ein Ziel, ein Hindernis) zureiten* ⟨hat⟩: ein Hindernis energisch a.; **b)** (Milit.) *gegen jmdn., etw. reiten; reitend kämpfen* ⟨ist⟩: die Schwadron reitet gegen den Feind an. **3. a)** *zu reiten beginnen; losreiten* ⟨ist⟩: er ist gerade angeritten; ⟨subst.:⟩ das Anreiten im Schritt; **b)** *die Reitsaison eröffnen* ⟨hat⟩: morgen wird angeritten. **4.** *ein Pferd abrichten, zureiten* ⟨hat⟩: er hat das Pferd gut angeritten.

An|reiz, der; -es, -e: *etw., was jmds. Interesse erregt, ihn motiviert, etw. zu tun; Antrieb:* ein materieller, finanzieller A.; ein A. zum Sparen; etw. erhöht den A., bietet keinen A. mehr.

an|rei|zen ⟨sw. V.; hat⟩: **a)** *den Anreiz zu etw. geben:* Steuerermäßigungen sollen zum Sparen a.; die ausgesetzte Prämie hat ihn zu besonderen Leistungen angereizt; **b)** *anregen, wecken:* den Appetit a.; der Unfall hat die Sensationsgier der Leute angereizt.

An|rem|pe|lei, die; -, -en (ugs.): **a)** *dauerndes Anrempeln* (a): auf dieser Straße ist man oft -en von Betrunkenen ausgesetzt; **b)** *Anrempeln* (b): ich kann die dauernden -en nicht mehr hören!

an|rem|peln ⟨sw. V.; hat⟩ (ugs.): **a)** *[absichtlich] im Vorübergehen anstoßen:* ich remp[e]le im Dunkeln so leicht irgendwo an; von einem Betrunkenen angerempelt werden; **b)** *beschimpfen, beleidigen.*

An|rem|pe|lung, Anremplung, die; -, -en (ugs.): *das Anrempeln; das Angerempeltwerden.*

an|ren|nen ⟨unr. V.⟩: **1.** *rennend, laufend herankommen* ⟨ist; meist im 2. Part. in Verbindung mit »kommen«:⟩ da kommt er ja schon angerannt! **2.** *gegen jmdn., etw. anlaufen* ⟨ist⟩: er ist die ganze Zeit gegen den Sturm angerannt. **3.** ⟨ist⟩ **a)** (ugs.) *an od. gegen etw. rennen, rennend anstoßen [u. sich dabei verletzen]:* mit dem Ellbogen an, gegen die Fensterecke a.; **b)** *[in feindlicher Absicht] gegen jmdn., etw. laufen, anstürmen:* gegen feindliche Stellungen a.; der Feind versucht überall anzurennen, kommt aber nicht durch; Ü gegen Konkurrenten, gegen die Zeit a. **4.** ⟨hat⟩ **a)** (landsch.) *anstoßen:* er hat mich angerannt; **b)** ⟨a. + sich⟩ (ugs.) *sich einen Körperteil an etw. stoßen:* an dieser Ecke renne ich mir immer wieder das Knie an.

An|rich|te, die; -, -n: **a)** *Geschirrschrank mit einer Fläche zum Anrichten u. Bereitstellen der Speisen; Büfett:* das Essen steht auf der A.; die Teller aus der A. nehmen; **b)** *Raum mit Geschirrschränken u. Flächen zum Anrichten:* in der A. arbeiten.

an|rich|ten ⟨sw. V.; hat⟩: **1.** *vorbereitete Speisen, Salate, Brote u. Ä. auf Schüsseln u. Platten [garnieren u.] zum Verzehr bereitstellen:* das Essen a.; Ragout im Reisrand a.; es ist angerichtet (geh.; *das Essen steht auf dem Tisch).* **2.** *[unbeabsichtigt] etw. Negatives verursachen:* Unfug, heillose Verwirrung a.; was hast du wieder alles angerichtet!; der Orkan richtete schwere Verwüstungen an; Unheil a.; er muss für den angerichteten Schaden aufkommen; die Kinder können hier nichts a. *(sie können keinen Schaden stiften).*

an|rie|chen ⟨st. V.; hat⟩ (selten): **a)** *beriechen, beschnüffeln:* der Hund riecht den Knochen an; **b)** *jmdm., einer Sache durch den Geruch anmerken:* man riecht der Wurst an, dass sie nicht mehr frisch ist; den Alkohol riecht man ihm schon von weitem an.

An|riss, der; -es, -e: **1.** *kleiner Riss; Beginn eines Risses:* sich beim Bodenturnen einen A. der Achillessehne zuziehen. **2.** (Technik) *als Vorlage dienende Zeichnung, Vorzeichnung auf einem danach zu bearbeitenden Material:* einen A. auf einem Werkstück anfertigen. **3.** (Ruder-, Kanusport) *kräftiges Durchziehen beim Eintauchen des Ruderblattes od. Paddels:* den A. verstärken.

an|rit|zen ⟨sw. V.; hat⟩: *ein wenig ritzen:* einen Baum a.; zur Blutentnahme wurde dem Patienten das Ohr leicht angeritzt.

an|rol|len ⟨sw. V.⟩: **1.** ⟨ist⟩ **a)** *zu rollen beginnen; losfahren:* der Zug rollte an; Ü dieProduktion des neuen Modells rollt langsam an; **b)** *heranrollen:* mit Gütern beladene Waggons rollen an; ⟨subst.:⟩ die Maschine war beim Anrollen zur Startbahn von der Piste abgekommen; ⟨oft im 2. Part. in Verbindung mit »kommen«:⟩ da kommen sie angerollt! **2.** *(in feindlicher Absicht) auf jmdn., etw. zufahren* ⟨ist⟩: dann rollten Panzer gegen die Stadt an; Ü die Wellen rollten gegen den Deich an. **3.** *rollend heranschaffen* ⟨hat⟩: er hat die Fässer angerollt; Ü sie haben ein tolles Menü a. lassen (ugs.; *bestellt, kommen lassen).*

an|ros|ten ⟨sw. V.; ist⟩: *zu rosten beginnen, ein wenig rostig werden:* wenn die Speichen erst einmal anrosten, sieht das Rad bald unansehnlich aus; angerostete Messer; der Wagen ist schon ziemlich angerostet.

an|rös|ten ⟨sw. V.; hat⟩: *leicht rösten:* die Weißbrotscheiben dürfen nur angeröstet werden.

an|rot|zen ⟨sw. V.; hat⟩ (salopp): **1.** *jmdn. anspucken.* **2.** *mit Kraftausdrücken beschimpfen:* ich lasse mich doch von so einem Schnösel nicht a.!

an|rü|chig ⟨Adj.⟩ [in Anlehnung an »riechen, Geruch« zu mniederd. anrüchtig = von schlechtem Leumund]: **a)** *von sehr zweifelhaftem Ruf:* ein -es Lokal; es handelt sich um eine ziemlich -e Person; **b)** *[leicht] anstößig:* -e Witze; ⟨subst.:⟩ das ist nichts Anrüchiges.

An|rü|chig|keit, die; -: *das Anrüchigsein; zweifelhafte Beschaffenheit, Natur.*

an|ru|cken ⟨sw. V.; hat⟩: **a)** *(von einem Fahrzeug) mit einem Ruck anfahren:* der Zug ruckte an. **b)** (selten) *ruckartig an etw. ziehen:* die Taucherleine kurz a.

an|rü|cken ⟨sw. V.⟩: **1.** *in einer Gruppe od. [militärischen] Formation näher kommen, herankommen* ⟨ist⟩: die Polizei rückte an; die anrückenden Truppen; **Ü** (ugs.:) wir kamen mit Sack und Pack angerückt. **2. a)** *an jmdn., etw. heranrücken* ⟨hat⟩: den Tisch an die Wand a.; **b)** *näher heranrücken* ⟨ist⟩: das Kind rückte aus Furcht an die Mutter an.

An|ruf, der; -[e]s, -e: **1.** *an eine bestimmte Person gerichteter, auffordernder Ruf, Zuruf:* auf einen A. reagieren; ohne A. schießen; **Ü** der A. des Gewissens. **2.** *telefonische Verbindung; Telefongespräch:* heute kamen sechs -e; ein anonymer A.; einen A. erwarten, erhalten, entgegennehmen.

An|ruf|be|ant|wor|ter, der; -s, - (Fernspr.): *Gerät, das bei Abwesenheit des Inhabers dem Anrufer eine aufgezeichnete Mitteilung durchgibt [u. eine Nachricht des Anrufers aufzeichnet]:* dieser Anschluss ist mit einem automatischen A. ausgerüstet.

an|ru|fen ⟨st. V.; hat⟩: **1.** *durch Rufen jmdn. auf sich aufmerksam machen, jmds. Namen rufen:* der Wachposten rief ihn an. **2.** *jmdn. bitten, vermittelnd, helfend o. ä. einzugreifen:* eine Schiedsstelle, das Verfassungsgericht a.; jmdn. als Zeugen, um Hilfe a.; Gott um Gnade a.; sie haben die Gerichte angerufen *(sind vor Gericht gegangen).* **3.** *mit jmdm. telefonisch Verbindung aufnehmen:* einen Bekannten, die Auskunft, die Polizei a.; bei der Bank in München a.; jeden Tag a.; er hat schon dreimal angerufen; ⟨nicht standardspr., südwestd. u. schweiz. ugs. auch mit Dativ:⟩ du kannst mir heute Abend noch anrufen.

An|ru|fer, der; -s, -: *jmd., der telefonisch Verbindung mit einem anderen aufnimmt:* ein anonymer A.

An|ru|fe|rin, die; -, -nen: w. Form zu ↑Anrufer.

An|ru|fung, die; -, -en: *das Anrufen (2); Beschwörung.*

an|rüh|ren ⟨sw. V.; hat⟩: **1. a)** *[mit der Hand] berühren, anfassen:* rühr mich nicht an!; sein Bett ist nicht angerührt *(war unbenutzt);* er rührte seine Frau nicht mehr an (verhüllend; *hatte keinen Geschlechtsverkehr mehr mit ihr*); kein Buch a. *(nie ein Buch lesen);* **b)** *von etw. essen, trinken, nehmen, verbrauchen* (meist verneint od. eingeschränkt): das Essen kaum a.; keine Zigaretten a. **2.** (geh.) *jmdn. innerlich berühren:* das Leid der Flüchtlinge rührte ihn an. **3.** *[mit etw.] verrühren, mischen:* Farbe, Gips [mit Wasser] a.; einen Teig a.; frisch angerührter Kleister.

an|ru|ßen ⟨sw. V.; hat⟩: *leicht verrußen, durch Ruß schwarz machen:* die vielen Kerzen haben die Zimmerdecke angerußt; angerußte Häuserwände.

ans ⟨Präp. + Art.⟩: *an das:* ans Meer reisen; sich ans Steuer setzen; nicht auflösbar in festen Verbindungen: ans Tageslicht kommen; nicht auflösbar in Verbindung mit einem subst. Inf.: ans Weggehen denken.

an|sä|en ⟨sw. V.; hat⟩: *(etw.) säen, anbauen:* [auf diesem Feld will er] Weizen a.; Gras a.

An|sa|ge, die; -, -n: **1.** *das Ansagen, das Bekanntgeben von etw. [zu Beginn od. während einer Sendung, Veranstaltung o. Ä.]:* die A. des Programms, des nächsten Titels; eine A. machen; auf die A. der Ergebnisse warten. **2.** (Kartenspiel, bes. Bridge, Whist) *Angabe des Kartenwerts beim Bieten.*

An|sa|ge|dienst, der: kurz für ↑Fernsprechansagedienst.

an|sa|gen ⟨sw. V.; hat⟩: **1.** *ankündigen, bekannt geben:* die Zeit, das Programm a.; Bankrott a. *(seine Zahlungsunfähigkeit erklären).* **2.** ⟨a. + sich⟩ *seinen Besuch ankündigen:* sich bei jmdm., für Dienstag, in Bonn, zum nächsten Wochenende a.; bei jmdm. angesagt sein. **3.** (Bürow.) *diktieren:* [jmdm.] einen Brief a.; ⟨subst.:⟩ der Chef ist gerade beim Ansagen. **4.** (veraltet) *sagen, mitteilen, melden:* jmdm. etw. a.; sag an, wo warst du so lange?

an|sä|gen ⟨sw. V.; hat⟩: *eine Kerbe, einen Einschnitt in etw. sägen:* ein Brett, einen Balken a.

An|sa|ger, der; -s, -: **a)** *Sprecher im Rundfunk, Fernsehen;* **b)** *jmd., der im Kabarett, Varieté usw. [auf witzig unterhaltende Art] die einzelnen Teile des Programms ansagt.*

An|sa|ge|rin, die; -, -nen: w. Form zu ↑Ansager.

an|sam|meln ⟨sw. V.; hat⟩: **1.** *verschiedene Dinge nach u. nach zusammentragen u. aufbewahren:* Reichtümer, Kunstschätze a. **2.** ⟨a. + sich⟩ **a)** *zusammenströmen, sich versammeln:* immer mehr Leute, Neugierige sammelten sich an; **b)** *sich anhäufen, zusammenkommen:* es hat sich viel Staub, Schmutz angesammelt; im Bindegewebe sammelt sich Flüssigkeit an; **Ü** Zorn, Missmut und Empörung haben sich in ihnen angesammelt.

An|samm|lung, die; -, -en: **1. a)** *das Ansammeln* (1); **b)** *etw., was sich angesammelt hat:* eine A. von Kunstschätzen. **2.** *Menschenmenge, die sich angesammelt hat:* eine A. von Schaulustigen.

an|säs|sig ⟨Adj.⟩ [zu frühnhd. anseß = fester Wohnsitz, zu mhd. seȝ, ↑sesshaft]: *mit festem Wohnsitz wohnend, lebend:* eine in England -e französische Familie; die -e *(eingesessene)* Bevölkerung; in Düsseldorf a. sein.

An|säs|sig|keit, die; -: *das Ansässigsein.*

An|satz, der; -es, Ansätze: **1.** (Technik) *das Angesetzte; Verlängerungsstück:* ein Rohr mit einem A. versehen. **2.** *erstes sichtbares Zeichen; Spross, Anflug von etw.:* der A. von Knospen; der Baum zeigte einen reichlichen A. von Früchten; du hast ein wenig A. zum Bauch. **3. a)** *das Ansetzen* (5 b): dieses Mittel verhindert den A. von Kalkstein; **b)** *Schicht, die sich angesetzt hat:* der A. lässt sich nur schwer entfernen. **4.** (Anat.) *Stelle, wo ein Körperteil, Glied ansetzt, beginnt:* der A. der Oberarme, des Halses, des Nackens. **5.** *erstes Anzeichen:* der erste A. zu einer Besserung; etw. schon im A. unterdrücken; sie kam nicht über die ersten Ansätze hinaus; die Sache war schon vom A. her *(von Anbeginn)* falsch. **6.** (Musik) **a)** *bestimmte Stellung und Spannung der Lippen beim Anblasen von Blasinstrumenten:* einen weichen, harten A. haben; den A. üben; **b)** *Art der Erzeugung von* [2]*Tönen* (1 b) *beim Singen:* einen schönen, reinen A. haben. **7.** (Wirtsch.) *Veranschlagung, Voranschlag, Kalkulation:* der ursprüngliche A. im Haushalt ist überschritten worden; etw. in A. bringen (Papierdt.; *etw. ansetzen, veranschlagen*); außer A. bleiben (Papierdt.; *nicht berechnet, nicht mit eingerechnet werden*). **8.** (Math.) *Umsetzung einer Textaufgabe in eine mathematische Form:* der A. ist falsch; eine Aufgabe in A. bringen. **9.** (Chemie) *Zusammenstellung der Bestandteile für eine chemische Reaktion.*

An|satz|punkt, der: *Punkt, an dem angefangen, angesetzt werden kann:* ein methodischer A.; ein A. zur Kritik; einen A. für etw. suchen, bieten.

an|säu|ern ⟨sw. V.⟩: **1.** *anfangen, sauer zu werden* ⟨ist⟩: die Milch ist schon ein wenig angesäuert. **2.** ⟨hat⟩ **a)** *(einen Teig) mit Sauerteig versetzen:* den Brotteig a.; **b)** (Chemie) *mit einer Säure versetzen:* eine Lösung a.

an|sau|fen, sich ⟨st. V.; hat⟩ (salopp): *sich betrinken [u. sich dadurch in einen bestimmten Zustand bringen]:* sich einen Rausch a.; du hast dir wohl erst Mut a. müssen?; * **sich** ⟨Dativ⟩ **einen a.** (salopp; *sich betrinken*).

an|sau|gen ⟨sw., geh. auch: st. V.; hat⟩: **1.** *durch Saugen anziehen:* Luft, Wasser [mit einer Pumpe] a. **2.** ⟨a. + sich⟩ *sich saugend festsetzen:* ein Blutegel hat sich [an meiner Wade] angesaugt.

An|saug|rohr, das (bes. Kfz-T.): *Rohr, durch das Luft angesaugt wird.*

an|säu|seln, sich ⟨sw. V.; hat⟩: in der Wendung **sich** ⟨Dativ⟩ **einen a.** (ugs.; *sich [leicht] betrinken*): heute säusel ich mir einen an.

an|sau|sen ⟨sw. V.; ist⟩ (ugs.): *in sehr schnellem Tempo herankommen* ⟨meist im 2. Part. in Verbindung mit »kommen«⟩: angesaust kommen.

An|schaf|fe, die; -: **1.** (bayr.) *Anordnung, Befehl.* **2.** (landsch.) *Erwerbsmöglichkeit:* eine A. suchen. **3.** (salopp) *Prostitution:* auf [die] A. gehen. **4.** (salopp) *Diebstahl.*

an|schaf|fen ⟨sw. V.; hat⟩: **1.** *etw. erwerben, kaufen, was länger Bestand hat, nicht zum direkten Verbrauch bestimmt ist:* ich habe mir ein Auto, einen Hund angeschafft; wir haben neue Möbel angeschafft. **2. a)** (landsch.) *Geld verdienen:* ich muss a. [gehen]; **b)** (salopp) *Prostitution betreiben:* sie muss a. [gehen]; **c)** (salopp) *stehlen.* **3.** (südd., österr.) *anordnen; befehlen:* wer hat dir das angeschafft?; **Spr** wer zahlt, schafft an *(wer die Kosten zu tragen hat, darf auch bestimmen).*

An|schaf|fung, die; -, -en: **a)** *das Anschaffen* (1): die A. eines Autos; [größere, kleinere] -en machen; **b)** *etw., was sich jmd. angeschafft* (1) *hat:* das Sofa ist unsere neueste A.

An|schaf|fungs|kos|ten ⟨Pl.⟩: *Kosten, die beim Erwerb von etw. entstehen.*

An|schaf|fungs|wert, der: *Wert eines Gegenstandes zur Zeit der Anschaffung.*

an|schal|ten ⟨sw. V.; hat⟩: *durch Betätigen eines Hebels od. Schalters in Betrieb setzen, anstellen, einschalten:* das Radio, den Computer, das Licht a.

an|schau|en ⟨sw. V.; hat⟩ (bes. südd., österr., schweiz., sonst geh.): **1.** *ansehen* (1): jmdn. nachdenklich, aufmerksam, prüfend, vorwurfsvoll, erstaunt, von oben bis unten a.; sich (geh.:) einander unverwandt a.; sich im Spiegel a.; lass dich mal a.! **2.** *ansehen* (2): ich habe mir die Stadt angeschaut; sich Fotos a.

an|schau|lich ⟨Adj.⟩ [mhd. anschouwelich = beschaulich]: *deutlich, verständlich [dargestellt]; bildhaft, lebendig:* eine -e Darstellung, Erzählung; [jmdm.] etw., durch etw. a. machen; a. erklären, erzählen, schildern.

An|schau|lich|keit, die; -: *bildhafte Deutlichkeit, Verständlichkeit:* die Darstellung gewinnt auf diese Weise an A.

An|schau|ung, die; -, -en: **1.** *grundsätzliche Meinung, Betrachtungsweise:* moderne, veraltete, politische, soziale -en; ich teile deine A. von der Sache; nach neuerer A. **2. a)** ⟨o. Pl.⟩ *das Anschauen, Betrachten; Meditation:* in A. versunken vor einem Bild stehen; **b)** *Vorstellung, Eindruck:* etw. aus eigener, unmittelbarer A. kennen, wissen.

An|schau|ungs|kraft, die ⟨Pl. selten⟩: *Vorstellungskraft.*

An|schau|ungs|ma|te|ri|al, das: *Material, das [im Unterricht] dazu dient, etw. zu verdeutlichen, zu veranschaulichen:* er hatte reichliches A. zusammengetragen.

An|schau|ungs|un|ter|richt, der ⟨o. Pl.⟩ (Päd.): *Unterricht, Belehrung mithilfe von Anschauungsmaterial.*

An|schau|ungs|wei|se, die: *Denkweise, Art der Anschauung* (1).

An|schein, der; -[e]s [mhd. anschīn = Deutlichkeit, Verständlichkeit]: *äußerer Schein, [falscher] Eindruck:* dem äußeren A. zum Trotz; es

A

hat den A., als ob ...; den A. erwecken; sich den A. geben, sehr wissend zu sein; einer Sache einen wissenschaftlichen A. geben; * **dem/allem A. nach** *(vermutlich; offenbar; anscheinend).*

an|schei|nen ⟨sw. V.; hat⟩: *bescheinen:* sich von der Sonne a. lassen.

an|schei|nend ⟨Adv.⟩ [zu frühnhd. anscheinen = sich zeigen]: *wie es scheint; dem Augenschein, Anschein nach; offenbar:* er ist a. begabt; a. wusste er noch nicht, was ihm bevorstand.

an|schei|ßen ⟨st. V.⟩ (derb): **1.** *betrügen* ⟨hat⟩: der Verkäufer hat mich angeschissen. **2.** *jmdn. grob zurechtweisen, beschimpfen* ⟨hat⟩: ich lass mich nicht ständig von dir a. **3.** in der Verbindung **angeschissen kommen** *(lästigerweise herkommen):* jetzt kommt der auch noch angeschissen!

an|sche|sen ⟨sw. V.; ist⟩ (ugs.): *[eilig, hastig] herankommen:* nach einer Stunde scheste er endlich an; ⟨meist im 2. Part. in Verbindung mit »kommen«:⟩ endlich kam sie angeschest.

an|schi|cken, sich ⟨sw. V.; hat⟩ (geh.): *sich bereitmachen, im Begriff sein, etw. zu tun:* sich a. zu gehen; sich zum Gehen a.

an|schie|ben ⟨st. V.⟩: **1.** *(ein Fahrzeug) durch Schieben in Bewegung setzen* ⟨hat⟩: den Karren a.; der Motor springt nicht an, könnt ihr mich, den Wagen mal a.; den Ball a. (Hallenhockey; *den Ball durch Schieben mit dem Schläger ins Spiel bringen*); Ü jmds. Karriere a. **2.** *etw. dicht an etw. schieben, heranrücken* ⟨hat⟩: das Sofa an die Wand a.

an|schie|len ⟨sw. V.; hat⟩ (ugs.): *schielend, von der Seite her ansehen:* jmdn. ängstlich, misstrauisch a.

an|schie|ßen ⟨st. V.⟩: **1.** *durch einen Schuss verletzen; mit einem Schuss treffen* ⟨hat⟩: jmdn., ein Tier a.; er raste umher wie ein angeschossener Eber. **2.** (Milit., Jagdw.) *Waffen auf ihre Genauigkeit u. Treffsicherheit prüfen; einschießen* ⟨hat⟩: schwere Waffen a. **3.** ⟨hat⟩ **a)** *mit Böllerschüssen o. Ä. begrüßen:* das neue Jahr a.; **b)** (Leichtathletik) *den Beginn eines Rennens od. der letzten Runde eines Rennens durch einen Schuss signalisieren:* die letzte Runde a. **4.** (Fußball) *den Ball gegen einen Spieler schießen* ⟨hat⟩: den herauslaufenden Torwart a. **5.** (ugs.) *[in übler Weise] kritisieren* ⟨hat⟩: die Konkurrenz a. **6.** *in schnellem Tempo, geräuschvoll herankommen* ⟨ist⟩: donnernd schossen die schweren Maschinen an; ⟨meist im 2. Part. in Verbindung mit »kommen«:⟩ der Damm war gebrochen, das Wasser kam brausend angeschossen.

an|schim|meln ⟨sw. V.; ist⟩: *zu schimmeln beginnen:* die Wurst ist schon angeschimmelt; angeschimmeltes Brot; etw. schmeckt angeschimmelt.

an|schimp|fen ⟨sw. V.; hat⟩ (landsch.): *beschimpfen, mit lauten Worten zurechtweisen.*

an|schir|ren ⟨sw. V.; hat⟩: *(ein Zugtier) anspannen; (einem Zugtier) das Geschirr anlegen:* die Pferde a.

An|schiss, der; -es, -e [zu ↑anscheißen (2)] (salopp): *heftiger Tadel, grobe Zurechtweisung:* einen A. kriegen.

An|schlag, der; -[e]s, Anschläge: **1.** *Bekanntmachung, die am schwarzen Brett, an einer Mauer, Litfaßsäule o. Ä. angeschlagen ist:* einen A. machen, lesen, ans schwarze Brett hängen; etw. durch [einen] A. [am schwarzen Brett] bekannt machen. **2.** *gewalttätiger, auf Vernichtung, Zerstörung zielender Angriff:* ein verbrecherischer, gemeiner A.; der A. ist missglückt; einen A. auf das Staatsoberhaupt, auf jmds. Leben planen, verüben; Ü einen A. auf jmdn. vorhaben (ugs. scherzh.; *jmdn. um etw. bitten wollen*). **3.** ⟨o. Pl.⟩ *das Anschlagen* (2 a): den A. der Wellen an die Schiffswand hören. **4. a)** ⟨Pl. selten⟩ *Art des Anschlagens* (5 b): einen weichen, schönen A. haben; er spielt mit zu hartem A.; **b)** ⟨o. Pl.⟩ *Art, in der sich etw. anschlagen* (5 a) *lässt:* diese Maschine hat einen ganz leichten A. **5. a)** ⟨Pl.⟩ *das einzelne Anschlagen* (5 a), *Niederdrücken einer Taste (auf der Schreib- od. Rechenmaschine):* sie schreibt 300 Anschläge in der Minute; **b)** ⟨meist Pl.⟩ *Maß für ein Zeichen od. einen Zwischenraum auf der Schreibmaschine:* die Zeilenlänge auf 50 Anschläge einstellen. **6. a)** (Schwimmen) *das Anschlagen* (3 a); **b)** *(beim Versteckspiel) verabredete Stelle, an die man mit der Hand schlägt zum Zeichen, dass man einen andern gesehen hat:* zum A. laufen; **c)** *(beim Versteckspiel) das (von dem Ausruf »Anschlag für ...« begleitete) Anschlagen* (3 b) *mit der Hand an der verabredeten Stelle:* A. für Emil!; A. für mich! **7.** (Milit., Jagdw.) *schussbereite Stellung:* A. liegend, kniend, stehend freihändig; ein Posten mit dem Karabiner im A.; die Gewehre gehen in A. **8.** (Kaufmannsspr.): *Kostenvoranschlag:* der A. beläuft sich auf dreitausend Mark; etw. in A. bringen (Papierdt.; *mit berechnen, einbeziehen, berücksichtigen*). **9.** ⟨Pl. selten⟩ *Stelle, bis zu der sich etw. bewegen od. drehen lässt:* den Hahn bis zum A. aufdrehen. **10.** (Handarb.) *erste Maschenreihe beim Häkeln u. Stricken:* für den A. rechnet man 30 Luftmaschen; 80 Maschen A., dann jede zweite Reihe 2 Maschen zunehmen. **11.** (Sport, Radball) *Schlag, mit dem der Ball ins Spiel gebracht wird.* **12.** (selten) *kurzes, warnendes Bellen:* der A. des Hundes schreckte ihn auf. **13.** (Angeln) *Drehbewegung mit Hand oder Arm, durch die nach dem Anbiss der Angelhaken fest in das Maul des Fischs getrieben werden soll.*

An|schlag|brett, das: *schwarzes Brett; Tafel für Anschläge* (1).

an|schla|gen ⟨st. V.⟩: **1.** *(als Bekanntmachung, Ankündigung, Inserat o. Ä.) zur allgemeinen Kenntnisnahme irgendwo anbringen* ⟨hat⟩: das Programm am schwarzen Brett a.; ich habe diese Mitteilung irgendwo angeschlagen gesehen. **2. a)** *an etw. stoßen, auf etw. auftreffen* ⟨ist⟩: mit dem Kopf [an die Wand] a.; die Wellen schlugen kaum hörbar [an das/an dem Ufer] an; **b)** *mit einem Körperteil an etw. stoßen [u. sich verletzen]* ⟨hat⟩: ich habe mir an einer scharfen Ecke das Knie angeschlagen. **3.** ⟨hat⟩ **a)** (Schwimmen) *beim Wenden u. am Ziel mit der Hand den Beckenrand kurz berühren:* bei der Wende hatte er als Erster [am Beckenrand] angeschlagen; **b)** *(beim Versteckspiel) den vereinbarten Anschlag* (6 b) *mit dem Ausruf »Anschlag für ...« berühren:* er schlug einen nach dem andern an; ⟨subst.:⟩ wir spielen Verstecken mit Anschlagen. **4.** *(durch Anstoßen) beschädigen* ⟨hat⟩: beim Geschirrspülen einen Teller a.; angeschlagene Tassen, Biergläser. **5.** ⟨hat⟩ **a)** *die Tasten (einer Maschine) bis zum Anschlag* (9) *niederdrücken:* die Tasten lassen sich gut a.; **b)** *(durch Tastendruck od. Schlag gegen etw.) zum Tönen bringen:* die Stimmgabel, einzelne Tasten, ein Saiteninstrument a.; **c)** *erklingen lassen:* den Kammerton, eine Melodie a.; **d)** *etw. anders weiterführen; in anderer Weise mit etw. beginnen od. fortfahren:* eine schnellere Gangart a.; die Reiterin schlug scharfen Galopp an. **6.** *erklingen, ertönen [u. dadurch etw. anzeigen]* ⟨hat⟩: die Turmuhr schlägt [die Stunden] an. **7.** ⟨hat⟩ **a)** *durch Hämmern, Nageln o. Ä. an etw. befestigen:* ein Brett, eine Leiste, Beschläge a.; **b)** (Seemannsspr.) *mit etw. verbinden; fest [an etw.] anmachen:* die Leine a.; **c)** (Technik, Bergbau) *(eine Last, ein Fördergefäß) am Seil befestigen, um es hochzuziehen:* der Steiger schlug den Förderkorb an. **8.** ⟨hat⟩ **a)** *(mit einer Axt o. Ä.) einkerben, zum Fällen vorbereiten:* ein Dutzend Bäume a.; **b)** *(ein Fass) anstechen, anzapfen.* **9.** ⟨hat⟩ (Milit., Jagdw. veraltend) **a)** *eine Feuerwaffe in Anschlag* (7) *bringen;* **b)** *auf jmdn., etw. mit einer angeschlagenen* (9 a) *Waffe zielen:* auf den Fuchs a. **10.** *den Ball durch Anschlag* (12) *ins Spiel bringen* ⟨hat⟩. **11.** (geh.) *in bestimmter Weise einschätzen, veranschlagen* ⟨hat⟩: jmds. Verdienste hoch a. **12.** *einen bestimmten Erfolg haben; [s]eine Wirkung zeigen* ⟨hat⟩: die Kur, das Mittel schlägt bei ihm an; das gute Essen hat bei ihr gleich angeschlagen (ugs.; *hat sie zunehmen lassen*). **13. a)** *kurz u. warnend bellen* ⟨hat⟩; **b)** *(von bestimmten Vögeln) schlagen* (7 c).

An|schlag|säu|le, die: *Litfaßsäule.*

An|schlag|win|kel, der (Handw.): *Winkelmaß aus Holz od. Metall zur genauen Ausrichtung von rechten Winkeln.*

an|schlei|chen ⟨st. V.⟩: **1.** *heranschleichen, sich langsam [heimlich] nähern* ⟨ist⟩: ⟨häufig im 2. Part. in Verbindung mit »kommen«:⟩ auf leisen Sohlen angeschlichen kommen; kommst du schon wieder angeschlichen? **2.** ⟨hat⟩ **a)** *zum Ziel nehmen u. sich ihm schleichend nähern:* das Wild a.; **b)** ⟨a. + sich⟩ *sich schleichend nähern:* sich mit dem Fotoapparat in der Hand [an das Wild] a.

[1]**an|schlei|fen** ⟨st. V.; hat⟩: **a)** *ein wenig* [1]*schleifen:* einen Stein an einer Seite a.; **b)** *durch* [1]*Schleifen anschärfen, anspitzen:* Werkzeugstähle a.; **c)** *einer Sache durch* [1]*Schleifen eine bestimmte Form geben:* dem Messer eine Spitze a.

[2]**an|schlei|fen** ⟨sw. V.; hat⟩ (ugs.): [2]*schleifend heranbringen:* einen schweren Sack a.; er schleifte viele Bücher an *(holte sie herbei).*

an|schlen|dern ⟨sw. V.; ist⟩ (ugs.): *sich nachlässig, gemütlich, langsam nähern:* mit unschuldiger Miene schlenderte sie an; ⟨meist im 2. Part. in Verbindung mit »kommen«:⟩ Arm in Arm kamen sie angeschlendert.

an|schlep|pen ⟨sw. V.; hat⟩: **1.** *mühsam heranbringen:* Tische und Stühle a.; etw. angeschleppt bringen; Ü viele Freunde a. (ugs.; *unerwartet, unerwünscht mitbringen*). **2.** *ein Kraftfahrzeug ziehen, um das Starten des Motors zu ermöglichen:* der Wagen musste angeschleppt werden.

an|schlie|ßen ⟨st. V.; hat⟩: **1.** *festmachen, (durch ein Schloss) sichern:* das Fahrrad [am/(seltener:) an den Zaun] a. **2.** *anbringen; verbinden:* einen Schlauch an den/(auch:) am Wasserhahn a.; der Herd muss noch angeschlossen werden; das Haus an die Fernheizung a.; die angeschlossenen *(die dasselbe Programm ausstrahlenden)* Sender. **3.** *folgen lassen, anfügen, hinzufügen:* ich möchte meiner Frage/an meine Frage eine weitere a.; einige Bemerkungen a. **4.** ⟨auch a. + sich⟩ *räumlich od. zeitlich unmittelbar folgen, sich anreihen:* an das Haus schließen [sich] im Norden Stallungen an; an den Vortrag schließt [sich] eine Diskussion an; Besichtigungsreise mit anschließendem Theaterbesuch. **5.** ⟨a. + sich⟩ **a)** *sich zugesellen:* sich jmdm., einer Reisegesellschaft a.; sich einer Partei a. *(ihr beitreten);* **b)** *zustimmen, beipflichten:* sich einer Meinung, einer Theorie a.; ich schließe mich an *(bin der gleichen Ansicht);* **c)** *sich zuwenden, sich hinwenden:* sich einem Menschen, großen Vorbildern a.; sich aneinander a.; sich schnell, leicht, schwer a. [können] *(Kontakt finden).* **6.** *(von Kleidungsstücken) anliegen:* der Kragen schließt eng [am Hals] an.

an|schlie|ßend ⟨Adv.⟩: *danach, hinterher:* a. verreisen wir.

An|schliff, der; -[e]s, -e: **a)** ⟨o. Pl.⟩ *das* [1]*Anschleifen;* **b)** *durch* [1]*Anschleifen hergestellte Form, Fläche:* ein Stichel mit elliptischem A.

An|schluss, der; -es, Anschlüsse: **1. a)** *Verbindung zu einem Leitungsnetz:* A. an die Kanalisation, ans Internet erhalten; **b)** *Telefonanschluss:* einen A. beantragen; der A. ist gestört; kein A. unter dieser Nummer (Hinweis des Telefondienstes, dass ein Anschluss mit der gewählten Nummer nicht existiert); **c)** *telefonische Verbindung:* keinen A. bekommen. **2.** *anschließende Verkehrsverbindung:* sofort A. haben; seinen A. *(Anschlusszug)* erreichen, verpassen; der Zug hat A. an den ICE nach Berlin; * **den A. verpassen** (ugs.; 1. *keinen Ehepartner finden.* 2. *im Beruf nicht vorwärts kommen*). **3.** ⟨o. Pl.⟩ **a)** *menschliche Verbindung, Kontakt, Bekanntschaften:* A. suchen, finden; **b)** *Verbindung (nach vorn):* A. an die Spitzengruppe; unsere Mannschaft darf nicht den A. verlieren; * **im A. an** (1. *unmittelbar nach:* im A. an den Vortrag findet eine Aussprache statt. 2. *nach dem Vorbild von, in Anlehnung an:* im A. an Schönberg komponieren); **c)** (Sport) *Anschlusstreffer:* den A. herstellen, besorgen, schaffen; zum A. kommen. **4.** *Angliederung, politische Vereinigung:* der A. des Saargebiets [an das Deutsche Reich].

An|schluss|flug, der: vgl. Anschlusszug.

An|schluss|ka|bel, das: *Kabel, mit dem ein Anschluss (1 a) hergestellt wird.*

An|schluss|stel|le, die: *Stelle an einer Autobahn, an der die Möglichkeit zur Ab- bzw. zur Auffahrt gegeben ist:* Stau an der A. Hockenheim.

An|schluss|tor, das, **An|schluss|tref|fer,** der (Ballspiele): *Tor, Treffer, der eine zurückliegende Mannschaft [bis auf ein Tor] an die Tor- od. Trefferzahl der anderen heranbringt:* den Anschlusstreffer erzielen.

An|schluss|zug, der: *Zug, mit dem jmd. Anschluss (2) hat:* den A. verpassen.

an|schmach|ten ⟨sw. V.; hat⟩: *schmachtend, schwärmerisch ansehen:* einen Filmstar a.

an|schmei|ßen ⟨st. V.; hat⟩ (salopp): *anlassen, in Gang setzen, anwerfen:* den Motor, die Maschine a.

an|schmie|den ⟨sw. V.; hat⟩: *durch Schmieden befestigen.*

an|schmie|gen ⟨sw. V.; hat⟩: *zärtlich an jmdn., etw. schmiegen:* das Kind schmiegte sich, sein Gesicht [an die Mutter] an; Ü das Kleid schmiegt sich dem Körper, [eng] an den Körper an.

an|schmieg|sam ⟨Adj.⟩: *sich zärtlich anschmiegend; anpassungsfähig:* a. sein.

An|schmieg|sam|keit, die; -: *das Anschmiegsamsein.*

an|schmie|ren ⟨sw. V.; hat⟩: **1. a)** *versehentlich beschmutzen:* sich [mit Tinte] a.; **b)** (ugs. abwertend) *achtlos, lieblos anmalen, anstreichen:* sie hat sich allzu sehr angeschmiert *(zu stark geschminkt).* **2.** (salopp) *täuschen, betrügen:* der Verkäufer wollte mich a.; mit diesem Teppich ist er angeschmiert worden.

an|schmo|ren ⟨sw. V.; hat⟩ (Kochk.): *nur kurz schmoren:* das Fleisch a.

an|schnal|len ⟨sw. V.; hat⟩: *festbinden; [mit Schnallen, mit Riemen, einem Gurt (mit einer Schnalle)] befestigen, festmachen:* die Steigeisen a.; jmdm., sich die Schlittschuhe a.; das Kind im Wagen a.; sich a. *(im Auto od. Flugzeug den Gurt anlegen);* bitte a.! (Aufforderung im Flugzeug, den Sicherheitsgurt anzulegen).

An|schnall|gurt, der: *Halte-, Sicherheitsgurt.*

An|schnall|pflicht, die ⟨o. Pl.⟩: *Verpflichtung, sich [beim Autofahren] anzuschnallen.*

an|schnau|fen ⟨sw. V.; ist⟩: *sich schnaufend nähern:* völlig abgehetzt schnaufte er an; ⟨meist im 2. Part. in Verbindung mit »kommen«:⟩ der letzte Läufer, die Lokomotive kommt angeschnauft.

an|schnau|zen ⟨sw. V.; hat⟩ (ugs.): *mit groben Worten anfahren:* die Kinder a.; dauernd angeschnauzt werden; sie schnauzten sich [gegenseitig] an.

An|schnau|zer, der; -s, - (ugs.): *Rüffel, grobe Zurechtweisung:* einen A. kriegen.

an|schnei|den ⟨unr. V.; hat⟩: **1. a)** *durch Abschneiden des ersten Stückes zu verbrauchen beginnen:* das Brot, den Kuchen a.; **b)** *(von Schnittblumen) den Stiel ein wenig kürzen [u. unten einritzen]:* du musst die Tulpen a., bevor du sie in die Vase stellst. **2.** *zur Sprache bringen:* ein Thema, Problem a. **3.** (Schneiderei) *ein Teil mit einem anderen in einem Stück zuschneiden:* eine Kapuze a.; angeschnittene Ärmel. **4. a)** (Verkehrsw., Motorsport) *eine Kurve von innen her anfahren, nicht voll ausfahren:* eine Kurve a.; **b)** (Ski) *ein Tor dicht an der Torstange durchfahren:* beim Slalom die Tore geschickt a. **5.** (Ballspiele) *dem Ball einen Drall geben, damit er die Richtung ändert:* ein gefährlich angeschnittener Ball. **6.** (Jägerspr.) *(gefallenes Wild) anfressen:* Wildkatze, Luchs und Fuchs schneiden das Wild an. **7.** (Fot., Film) *nur zu einem Teil mit in den Bildausschnitt nehmen:* die Menschen sind nur angeschnitten auf dem Foto.

An|schnitt, der; -[e]s, -e: **1. a)** *Schnittfläche:* den A. der Wurst mit einer Folie vor dem Austrocknen schützen; **b)** *das abgeschnittene erste Stück:* der A. des Brots. **2.** (Fot., Film) *Ausschnitt.*

an|schnor|ren ⟨sw. V.; hat⟩ (ugs.): *anbetteln; unverfroren, aufdringlich um etw. bitten:* jmdn. [um etw.] a.

An|scho|vis, (Fachspr.:) Anchovis [anˈʃoːvɪs], die; -, - [niederl. ansjovis < span. anchoa, über das Ital. u. Vlat. < griech. aphýē = Sardelle]: *gesalzene Sardelle, auch Sprotte, kleiner Hering in Würztunke:* mit Ei und A. belegte Brötchen.

an|schrau|ben ⟨sw. V.; hat⟩: *mit Schrauben befestigen:* ein Schild a.

an|schrei|ben ⟨st. V.; hat⟩: **1.** *an eine für andere sichtbare Stelle schreiben:* Vokabeln [an die Tafel] a.; an den Hauswänden/an die Hauswände angeschriebene Parolen; der Name steht dort angeschrieben. **2.** *(eine Geldsumme, die jmd. schuldig bleibt) für die spätere Bezahlung notieren:* in der Kneipe a. lassen; * **bei jmdm. gut, schlecht angeschrieben sein** (ugs.; *bei jmdm. in gutem/schlechtem Ansehen stehen [u. dadurch leicht/schwer etw. erreichen können]*): er ist beim Chef nicht gut angeschrieben. **3.** (Amtsspr., Papierdt.) *sich schriftlich an jmdn. wenden:* jmdn., eine Behörde, eine Versicherung a. **4.** (schweiz.) *mit einer Aufschrift versehen; beschriften:* Akten a. **5.** *schreibend gegen etw. angehen:* der Dichter schrieb gegen die Verzweiflung an.

An|schrei|ben, das; -s, - (Amtsspr.): *[kurzes] Begleitschreiben:* die Unterlagen mit einem A. an die zuständige Stelle schicken.

an|schrei|en ⟨st. V.; hat⟩ (abwertend): *laut ansprechen; mit lauter Stimme zurechtweisen:* jmdn., sich [gegenseitig]/(geh.:) einander aufgeregt, wütend a.; ich lasse mich nicht dauernd a.!

An|schrift, die; -, -en: *[postamtliche] Angabe der Wohnung; Adresse:* seine A. angeben.

An|schrif|ten|ver|zeich|nis, das: *Verzeichnis von Anschriften.*

An|schub, der; -[e]s, Anschübe: **1.** *das Anschieben (1).* **2.** *auslösende Wirkung, Impuls.*

An|schub|fi|nan|zie|rung, die (Wirtsch.): *Finanzierung (1), stützende finanzielle Maßnahme, mit der Anfangsschwierigkeiten eines Projekts überwunden u. eine schnellere günstige Entwicklung herbeigeführt werden soll.*

an|schub|sen ⟨sw. V.; hat⟩ (ugs.): *jmdm., etwas einen leichten Stoß geben:* das Kind schubst den Ball an.

an|schul|di|gen ⟨sw. V.; hat⟩ [zu ↑schuldig] (geh.): *[öffentlich] bezichtigen, [vor Gericht] anklagen:* jmdn. des Diebstahls/wegen eines Diebstahls a.; Sie sind angeschuldigt, den Mord begangen zu haben.

An|schul|di|gung, die; -, -en: *das Anschuldigen, Bezichtigung:* eine schwere, falsche A.; die -en zurückweisen.

an|schü|ren ⟨sw. V.; hat⟩: **a)** *durch Schüren [neu] entfachen, in Gang setzen:* das Feuer, die Flammen a.; **b)** *anheizen:* den Ofen a.

an|schwan|ken ⟨sw. V.; ist⟩: *sich schwankend nähern* ⟨meist im 2. Part. in Verbindung mit »kommen«⟩: zwei Betrunkene kamen angeschwankt.

an|schwär|men ⟨sw. V.⟩: **1.** *in Schwärmen herbeifliegen* ⟨ist⟩: die Bienen schwärmen an; ⟨meist im 2. Part. in Verbindung mit »kommen«:⟩ sie kommen [in Scharen] angeschwärmt. **2.** *schwärmerisch verehren* ⟨hat⟩: seinen Lehrer, einen Schauspieler a.

an|schwär|zen ⟨sw. V.; hat⟩: **1.** (selten) *schwarz machen:* Glas mit Ruß a. **2.** (ugs. abwertend) *schlecht machen, denunzieren, in Misskredit bringen, verdächtigen, verleumden:* einen Kollegen [beim Chef] a.

an|schwe|ben ⟨sw. V.; ist⟩: *schwebend herankommen:* ein anschwebendes *(zur Landung ansetzendes)* Flugzeug; ⟨meist im 2. Part. in Verbindung mit »kommen«:⟩ da kommt ein Ballon angeschwebt.

an|schwei|gen ⟨st. V.; hat⟩: *jmdm. mit Schweigen begegnen; demonstrativ jedes Gespräch vermeiden:* jmdn., sich [gegenseitig]/(geh.:) einander a.

an|schwei|ßen ⟨sw. V.; hat⟩ (Technik): *durch Schweißen befestigen:* ein Winkeleisen [an das/an dem Gerät] a.; (Med.:) mithilfe der Lasertechnik die abgelöste Netzhaut des Auges a.

an|schwel|len ⟨st. V.; ist⟩: **1. a)** *dicker werden, (in einem krankhaften Prozess) an Umfang zunehmen:* die Beine schwellen an; angeschwollene Lymphdrüsen; **b)** *lauter werden:* der Lärm, die Musik, die Stimme schwoll an. **2.** *[bedrohlich] wachsen, an Umfang, Menge o. Ä. zunehmen:* das Wasser, die Wassermenge schwillt an; nach dem Regen schwoll der Fluss an *(führte er zunehmend mehr Wasser);* Ü die Arbeit schwillt immer mehr an.

An|schwel|lung, die; -, -en: *Verdickung, leichte Schwellung:* eine A. am Knie.

an|schwem|men ⟨sw. V.; hat⟩: *ans Ufer spülen:* die Flut schwemmt Baumstämme an; angeschwemmter Sand.

An|schwem|mung, die; -, -en: **1.** *das Anschwemmen.* **2.** *angeschwemmtes Land.*

an|schwim|men ⟨st. V.⟩: **1. a)** *auf etw. zuschwimmen* ⟨hat⟩: eine Boje a.; **b)** *sich schwimmend nähern* ⟨ist⟩: pfeilschnell schwamm der Hai an; ⟨meist im 2. Part. in Verbindung mit »kommen«:⟩ da kommt er angeschwommen. **2.** *sich schwimmend einer Kraft entgegenbewegen, schwimmend gegen etw. angehen, ankämpfen* ⟨ist⟩: gegen die Strömung a.

an|schwin|deln ⟨sw. V.; hat⟩ (ugs.): *anlügen, jmdm. ins Gesicht schwindeln:* jmdn. [mit etw.] a.; du willst mich wohl a.?

an|schwir|ren ⟨sw. V.; ist⟩: *(von Vögeln od. Insekten) schwirrend herbeifliegen.*

an|schwit|zen ⟨sw. V.; hat⟩ (Kochk.): *in heißem Fett leicht gelb werden lassen:* Zwiebeln, Mehl a.

an|se|geln ⟨sw. V.⟩: **1. a)** *sich segelnd auf ein Ziel zubewegen* ⟨hat⟩: eine Insel a.; **b)** *sich segelnd oder im Gleitflug nähern* ⟨ist⟩: elegant segelte das Flugzeug an; ⟨meist im 2. Part. in Verbindung mit »kommen«:⟩ eine Möwe kommt angesegelt. **2.** *zum ersten Mal gemeinschaftlich in der Saison segeln od. segelfliegen* ⟨hat⟩: wir haben gestern angesegelt; ⟨subst.:⟩ heute ist Ansegeln.

an|se|hen ⟨st. V.; hat⟩: **1.** *den Blick auf jmdn., etw. richten; ins Gesicht blicken, betrachten:* einen Menschen ernst, tadelnd, freundlich, böse, herausfordernd, fragend, missbilligend, von der Seite a.; sieh mich [nicht so] an!; sich [gegenseitig]/(geh.:) einander a.; jmdn. groß a. *(erstaunt, mit großen Augen anblicken);* Ü jmdn. von oben [herab] a. *(herablassend, gönnerhaft behandeln);* * **[nur] von/vom Ansehen** (*[nur] vom Sehen, nicht mit Namen*): er ist mir nur vom Ansehen bekannt; **ohne Ansehen der Person** *(ganz gleich, um wen es sich handelt):* es müssen alle ohne Ansehen der Person gehört werden. **2.** *etw. [aufmerksam, prüfend] betrachten (um es kennen zu lernen):* [sich] Bilder, einen Film, ein Theaterstück a.; eine Wohnung a. *(besichtigen);* ⟨subst.:⟩ vom bloßen Ansehen wird man nicht satt; das ist nicht des Ansehens wert; R a. kostet nichts!; Ü ich werde mir die Sache a. *(mich damit beschäftigen);* * **sieh [mal] [einer] an!** (ugs.; *wer hätte das gedacht!*); **[das] sehe [sich] einer an!** (ugs.; *das ist doch nicht zu glauben, ist ganz erstaunlich!*). **3. a)** ⟨a. + sich⟩ *in bestimmter Weise aussehen:* das sieht sich ganz hübsch an; es sah sich an *(hatte den Anschein),* als würde es sich bessern; **b)** * **anzusehen sein** *(aussehen):* sie ist in diesem Kleid hübsch anzusehen; der Verletzte war schrecklich anzusehen. **4.** *vom Gesicht ablesen können; an der äußeren Erscheinung erkennen:* jmdm. etw. schon von weitem a.; man sieht ihm seine Unsicherheit an; jmdm. sein Alter [nicht] a. **5. a)** *einschätzen, beurteilen:* etw. anders, mit anderen Augen a.; **b)** *als etw. betrachten, auffassen; für jmdn., etw. halten:* jmdn. als seinen

Freund, als Betrüger a.; etw. als/für seine Pflicht a.; etw. als/für eilig a.; sich als Held, (veraltend:) als Helden a.; * **jmdn. nicht für voll a.** *(nicht für ganz zurechnungsfähig halten, nicht ernst nehmen).* **6.** *Zeuge sein; zusehen, ohne etw. dagegen zu unternehmen:* er musste mit ansehen, wie sie in den Fluten versank; das Elend nicht mehr [mit] a. können.

Ạn|se|hen, das; -s: **1.** *Achtung, Wertschätzung, hohe Meinung:* großes A. genießen; der Vorfall schadet seinem A.; [bei jmdm.] in hohem A. stehen; zu A. kommen. **2.** (geh.) *Aussehen:* ein Greis von ehrwürdigem A.

ạn|se|hens|wert ⟨Adj.⟩: *wert, betrachtet zu werden:* eine -e Ausstellung.

ạn|sehn|lich ⟨Adj.⟩: **1.** *beträchtlich; so groß, dass es Beachtung verdient:* ein -er Betrag; -e Mengen. **2.** *gut aussehend, stattlich:* eine -e Person; die Dekoration ist recht a.

Ạn|sehn|lich|keit, die; -: *das Ansehnlichsein.*

Ạn|se|hung: nur in der Fügung **in A.** (veraltend; *unter Berücksichtigung; angesichts*): in A. der Tatsache, dass ...; in A. seiner Verdienste.

ạn|sei|len ⟨sw. V.; hat⟩: *(bes. beim Bergsteigen zur Sicherung gegen das Abstürzen) an ein Seil binden:* jmdn., sich a.

ạn sein: s. an (II 2 a).

ạn|sen|gen ⟨sw. V.; hat⟩: *ein wenig versengen:* ich habe mir die Haare, das Kleid angesengt; es riecht angesengt *(brenzlig).*

ạn|set|zen ⟨sw. V.; hat⟩: **1.** *etw. für eine bestimmte Tätigkeit in die entsprechende Lage, Stellung bringen:* das Glas [zum Trinken], den Bohrer, die Trompete, den Geigenbogen a.; den Wagenheber a.; er setzte die Feder, den Pinsel an. **2.** *anfügen u. befestigen:* ein Verlängerungsstück [an ein/einem Rohr] a.; einen Saum [am/an das Kleid] a.; tief angesetzte Taschen. **3.** *seinen Ausgang haben, beginnen:* die Haare setzen bei ihm sehr tief, über einer hohen Stirn an. **4. a)** *mit etw. beginnen:* zum Reden, zum Sprechen, zum Sprung a.; [mit der Arbeit, den Überlegungen] an einer bestimmten Stelle a.; zum Überholen a. *(einen Überholvorgang einleiten);* zum Endspurt a.; **b)** *beginnen, einsetzen:* hier muss die Kritik a. **5. a)** *hervorbringen, zu bilden beginnen:* die Bäume setzen Knospen an; die Erdbeeren haben gut angesetzt *(viele Früchte gebildet);* **b)** *(etw. Unerwünschtes) ausbilden:* Rost, Patina a.; Speck a. *(fett, dick werden);* **c)** ⟨a. + sich⟩ *sich festsetzen:* an den Seiten hat sich Kalk, Grünspan angesetzt. **6. a)** *(für einen bestimmten Zeitpunkt) bestimmen, festsetzen:* eine Besprechung a.; die Aufführung ist für den/auf den 1. Mai angesetzt; **b)** *veranschlagen, vorausberechnen:* die Kosten mit drei Millionen, zu niedrig a.; für die Proben vier Monate a.; **c)** (Math.) *einen Ansatz* (8) *machen:* eine Gleichung a. **7. a)** *für etw. vorsehen, einsetzen, mit etw. beauftragen:* Hunde [auf eine Spur] a.; einen Ermittler auf einen Fall a.; **b)** (Sport Jargon) *einen Spieler zur besonderen Bewachung, Abschirmung eines anderen einsetzen:* der Trainer hatte gleich zwei Spieler auf den Torjäger angesetzt; **c)** *mit jmds. Beobachtung beauftragen:* einen Detektiv auf jmdn. a. **8. a)** *mischen, anrühren o. Ä. u. zur weiteren Verarbeitung vorbereiten:* eine Bowle, einen Hefeteig a.; Leim, Gips a.; **b)** (landsch.) *aufsetzen* (2): die Kartoffeln a.; sie hatte das Essen schon angesetzt. **9.** *sich beim Erhitzen am Boden des Topfes festsetzen; anbrennen:* der Pudding darf nicht a.; Milch setzt [sich] leicht an.

Ạn|set|zung, die; -, -en: *das Ansetzen.*

Ạn|sicht, die; -, -en: **1.** *Meinung, Überzeugung:* die richtige, eine irrige A.; altmodische, vernünftige -en haben; eine A. vertreten, teilen; ich bin anderer, deiner, derselben A.; wir sind einer *(derselben)* A.; nach meiner A./meiner A. nach; ich kenne deine -en davon, darüber, über ihn. **2.** *Bild, Abbildung:* eine A. der Stadt, der Landschaft; bunte -en von der alten Kirche. **3.** *sichtbarer Teil, Seite, Front:* die vordere, hintere A. des Schlosses. **4.** * **zur A.** *(zum prüfenden Ansehen):* eine Ware, ein Buch zur A. bestellen, liefern.

ạn|sich|tig ⟨Adj.⟩: nur in der Verbindung **jmds., einer Sache a. werden** (geh.; *jmdn., etw. sehen, erblicken*): er erschrak, als er des Feuerscheins a. wurde.

Ạn|sichts|kar|te, Ạn|sichts|post|kar|te, die: *Karte mit einer Ansicht* (2).

Ạn|sichts|sa|che: in der Wendung **etw. ist A.** *(über etw. kann man verschiedene Ansichten 1 haben):* das ist A.

ạn|sie|deln ⟨sw. V.; hat⟩: **a)** ⟨a. + sich⟩ *sich niederlassen, sesshaft werden:* sich [auf dem Land, in der Stadt] a.; **b)** *ansässig, sesshaft machen:* Flüchtlinge auf dem Land, eine Tierart in Europa a.; **c)** *zeitlich, rangmäßig o. ä. einordnen:* dieses Kunstwerk ist in der frühen Gotik anzusiedeln; eine Angelegenheit sehr hoch a. *(ihr einen hohen Rang beimessen).*

Ạn|sie|de|lung: ↑ Ansiedlung.

Ạn|sied|ler, der; -s, -: *jmd., der sich ansiedelt; Kolonist:* die ersten A. kamen aus Holland.

Ạn|sied|le|rin, die; -, -nen: w. Form zu ↑ Ansiedler.

Ạn|sied|lung, Ansiedelung, die; -, -en: **a)** *das Ansiedeln, Angesiedeltwerden:* die A. von Flüchtlingen in einem Gebiet; **b)** *Niederlassung, kleine Siedlung, Einzelgehöft:* dort entstanden die ersten -en.

ạn|sin|gen ⟨st. V.; hat⟩: **1. a)** *sich mit einem Lied an jmdn., etw. wenden:* die Freundin, den Mond a.; **b)** *das Kommen, den Anfang von etw. besingen:* den Frühling, den Advent a.; **c)** *das gemeinsame Singen eröffnen:* dieser Chor singt an. **2.** *mit Gesang jmdn., etw. zu übertönen versuchen:* gegen das Orchester, gegen den Sturm a.

Ạn|sin|nen, das; -s, -: *unannehmbare Forderung; Vorschlag, Zumutung:* ein freches, seltsames A.; jmds. A. ablehnen, zurückweisen; ein A. an jmdn. stellen, richten.

Ạn|sitz, der; -es, -e: **1.** (Jägerspr.) **a)** *Platz, von dem aus das Wild erwartet wird; Hochsitz:* auf den A. gehen; **b)** *das Warten auf dem Ansitz* (1 a): nach zweistündigem A. **2.** (österr.) *großer, repräsentativer Wohnsitz:* einen A. in den Bergen haben.

ạn|sit|zen ⟨unr. V.; hat; südd., österr., schweiz. auch: ist⟩: **1.** (Jägerspr.) *das Erscheinen des Wildes erwartend auf dem Ansitz* (1 a) *sitzen.* **2.** *seinen Ansitz* (2) *haben; ansässig sein.*

an|sọnst (seltener), **an|sọns|ten** ⟨Adv.⟩ (ugs.): **a)** *im Übrigen, sonst:* a. gibt es nichts Neues; **b)** *im anderen Falle, sonst:* zur Vermeidung von Steuererhöhungen, die a. notwendig wären; ⟨österr., schweiz. auch als unterordnende Konj.⟩: er verlangte eine Entschuldigung, a. er sie wegen Beleidigung anzeigen werde.

ạn|span|nen ⟨sw. V.; hat⟩: **1.** *(ein Zugtier, Zugtiere) vor etw. spannen* (3): die Pferde a.; den Wagen a. *(ein Zugtier vor den Wagen spannen);* a. lassen; der Kutscher hat angespannt. **2.** *straffer spannen:* ein Seil, die Zügel a. **3. a)** *anstrengen, zur Höchstleistung zusammenfassen:* die Muskeln, Nerven a.; **b)** ⟨a. + sich⟩ *sich spannen:* alle Muskeln spannen sich an.

Ạn|span|nung, die; -, -en: **1.** ⟨o. Pl.⟩ *das Anspannen, Angespanntsein* (3 a): unter A. aller Kräfte. **2.** *Anstrengung, Konzentration:* die A. war zu groß; man merkt ihr die A. an.

ạn|spa|ren ⟨sw. V.; hat⟩: *durch [regelmäßiges] Sparen zusammenbringen:* 40 % der Bausparsumme, das Geld für einen neuen Wagen a.

Ạn|spa|rung, die; -, -en: *das Ansparen.*

ạn|spa|zie|ren ⟨sw. V.; ist⟩ (ugs.): *in gemütlichem Tempo herankommen:* gemächlich spazierte sie an; ⟨meist im 2. Part. in Verbindung mit »kommen«:⟩ da kommt sie endlich anspaziert.

ạn|spei|en ⟨st. V.; hat⟩ (geh.): *anspucken:* sie haben ihn angespien.

Ạn|spiel, das; -[e]s, -e (Sport, Spiele): *das Anspielen* (1, 2).

ạn|spiel|bar ⟨Adj.⟩ (Sport): *frei stehend; bereit, angespielt* (2) *zu werden:* ein -er Spieler.

ạn|spie|len ⟨sw. V.; hat⟩: **1.** (Sport) *(den Ball, die Scheibe) jmdm. zuspielen:* den Linksaußen a. **2.** (Sport, Spiel) *das Spiel beginnen; die erste Karte ausspielen:* Trumpf, Herz a.; der Spielführer hat angespielt. **3.** *versteckt hinweisen:* auf die Vorgänge, auf sein Alter a.; er spielte auf den Minister an. **4.** *sich im Spiel gegen jmdn., etw. zu behaupten suchen:* gegen jmdn., etw. a.

Ạn|spie|lung, die; -, -en: *Andeutung, versteckter Hinweis:* eine persönliche, freche A.; [zweideutige] -en absichtlich überhören.

ạn|spie|lungs|reich ⟨Adj.⟩: *mit vielen Anspielungen:* -e Äußerungen.

ạn|spie|ßen ⟨sw. V.; hat⟩: *auf einen spitzen Gegenstand spießen, auf einer Spitze befestigen:* Kartoffeln, den Braten a.

ạn|spin|nen ⟨st. V.; hat⟩: **a)** (selten) *behutsam beginnen, anbahnen, anknüpfen:* eine Unterhaltung, ein Liebesverhältnis [mit jmdm.] a.; **b)** ⟨a. + sich⟩ *sich allmählich entwickeln, anbahnen:* ein Gespräch spinnt sich an; da, zwischen ihnen hat sich etwas angesponnen.

ạn|spit|zen ⟨sw. V.; hat⟩: **1.** *spitz machen:* Bleistifte, Pfähle a. **2.** (ugs.) *in Schwung, Trab bringen, [zu besonderen Leistungen] antreiben:* der Meister hat den Lehrling tüchtig angespitzt. **3.** (ugs.) *zu etw. veranlassen, anstiften:* du musst ihn einmal a., dass er sich um die Sache kümmert.

Ạn|spit|zer, der; -s, -: *Gerät zum Anspitzen* (1).

Ạn|sporn, der; -[e]s: *Antrieb, Anreiz:* etw. ist ein A. für jmdn.

ạn|spor|nen ⟨sw. V.; hat⟩: **1.** *(dem Pferd) die Sporen geben:* die Reiterin spornt das Pferd an. **2.** *antreiben, anfeuern, jmdm. einen Ansporn geben:* der Trainer spornt die Sportlerin zu größeren Leistungen an.

Ạn|spra|che, die; -, -n: **1.** *kurze Rede:* eine zündende, witzige A. **2.** (bes. Milit.) *kennzeichnende Beschreibung eines Ziels durch genaue Angaben über Richtung, Entfernung, Orientierungshilfen; Zielansprache.* **3. a)** (geh. selten) *Anrede;* **b)** *das Angesprochenwerden:* der Kunde vermisst heute im Laden oft die A. des Verkäufers. **4.** (bes. südd., österr.) *Gespräch, Aussprache, Kontakt:* sie suchte die persönliche A.; keine, viel A. *(Umgang)* haben.

ạn|sprech|bar ⟨Adj.⟩: **1.** *nicht mit etw. beschäftigt u. daher bereit, eine Mitteilung o. Ä. entgegenzunehmen:* ich bin jetzt nicht a., ich muss mich zu sehr konzentrieren. **2.** *fähig, in der Lage, auf etw. einzugehen, auf etw. zu reagieren:* der Kranke ist noch nicht wieder a. **3.** (seltener) *offen, zugänglich u. dadurch leicht anzusprechen* (1).

Ạn|sprech|bar|keit, die; -: *das Ansprechbarsein.*

ạn|spre|chen ⟨st. V.; hat⟩: **1.** *Worte an jmdn. richten; mit jmdm. ein Gespräch beginnen:* jmdn. auf der Straße a.; sie wird dauernd von Männern angesprochen. **2.** *in einer bestimmten Weise anreden:* jmdn. in der dritten Person, mit Vornamen, mit seinem Titel a. **3. a)** *sich an eine Gruppe wenden:* die Bürger, die Betriebsangehörigen [direkt] a.; **b)** *sich in einer bestimmten Angelegenheit an jmdn. wenden:* jmdn. auf einen Vorfall a. *(seine Stellungnahme erbitten);* jmdn. um seine Hilfe, um Geld a. *(bitten).* **4.** *zur Sprache bringen, behandeln:* das Thema, die Schwierigkeiten a. **5.** *als etw. bezeichnen, ansehen:* jmdn. als Nachfolger a.; **6. a)** (Jagdw.) *(ein Wild) erkennen u. beurteilen:* das Wild, den Raubvogel [richtig] a.; **b)** (Milit.) *beschreiben, genau ausmachen:* einen anfliegenden Verband a. **7.** *einen bestimmten positiven Eindruck hinterlassen; gefallen, anrühren:* der Vortrag hat viele Menschen angesprochen; das Stück sprach nicht besonders an. **8. a)** *in positiver Form reagieren, eine Reaktion zeigen:* der Patient spricht auf das Mittel nicht an; das Messgerät spricht auf die kleinsten Schwankungen an; gut ansprechende Bremsen; **b)** *Wirkung haben, wirken:* das Mittel spricht [bei ihm] nicht an. **9.** (Musik) *zum Klingen gebracht werden:* diese Flöte spricht leicht an.

ạn|spre|chend ⟨Adj.⟩: *gefällig, reizvoll:* ein -es

Wesen; ein wenig -es Äußeres haben; -e Resultate, Leistungen; das ist recht a. gestaltet.

An|spre|cher, der; -s, - (schweiz.): *Bittsteller.*

An|spre|che|rin, die; -, -nen: w. Form zu ↑ Ansprecher.

An|sprech|part|ner, der: *jmd., den man ansprechen kann, um eine Auskunft o. Ä. zu erhalten, um ein Kontaktgespräch zu führen:* Ihr A. in unserer Firma ist Herr Müller.

An|sprech|part|ne|rin, die; -, -nen: w. Form zu ↑ Ansprechpartner: sie ist unsere A.

an|spren|gen ⟨sw. V.; ist⟩: *sich im Galopp reitend nähern:* die Schwadron sprengte an; ⟨meist im 2. Part. in Verbindung mit »kommen«:⟩ da kommen sie angesprengt.

an|sprin|gen ⟨st. V.⟩: **1. a)** *sich mit einem Sprung auf jmdn. od. ein Tier stürzen; anfallen* ⟨hat⟩: der Luchs springt sein Opfer an; Ü (geh.) Furcht springt sie an *(überkommt sie);* **b)** *an jmdm. hochspringen* ⟨hat⟩: der Hund springt seinen Herrn an; **c)** *gegen etw. springen* ⟨ist⟩: gegen die Tür a. **2.** ⟨hat/ist⟩ (Turnen) **a)** *nach kurzem Anlauf od. aus dem Stand an das Gerät springen:* den hohen Holm a.; in den Stütz a.; **b)** *aus einem Sprung heraus turnen:* eine Rolle a.; ein angesprungener Überschlag. **3.** *sich in großen Sprüngen nähern* ⟨ist; meist im 2. Part. in Verbindung mit »kommen«⟩: die Kinder kommen angesprungen. **4.** *in Gang kommen* ⟨ist⟩: der Wagen, der Motor springt [gut, schwer, nicht] an; Ü die anspringende Konjunktur. **5.** (ugs.) *zustimmend auf etw. eingehen* ⟨ist⟩: auf ein Angebot [sofort, nicht] a.; mal sehen, ob er [drauf] anspringt.

an|sprit|zen ⟨sw. V.⟩: **1.** ⟨hat⟩ **a)** *mit etw. bespritzen:* die Kinder [mit dem Gartenschlauch] a.; **b)** *auf jmdn., etw. spritzen:* ich habe ihr, mir Parfüm angespritzt. **2.** (ugs.) *sich schnell nähern* ⟨ist; meist im 2. Part. in Verbindung mit »kommen«⟩: sie kam sofort angespritzt.

An|spruch, der; -[e]s, Ansprüche: **1.** *Forderung:* ein berechtigter A.; bescheidene Ansprüche; Ansprüche an das Leben haben; seine Ansprüche anmelden, befriedigen, durchsetzen; er erhebt A. auf *(beansprucht)* sein Erbteil; sie erhob A. darauf *(verlangte),* angemessen beteiligt zu werden; er stellt keine Ansprüche *(ist bescheiden);* die Pflanze stellt keine großen Ansprüche an den Boden; *** jmdn., etw. in A. nehmen** (1. *jmdn. beanspruchen, von etw. Gebrauch machen:* er nahm ihn, seine Hilfe gern in A. 2. *erfordern, beanspruchen:* der Beruf nimmt sie ganz in A.; das nimmt alle meine Kräfte in A.); **etw. für sich in A. nehmen** *(etw. Bestimmtes von sich behaupten).* **2.** *Recht, Anrecht:* sein A. ist erloschen; [keinen] A. auf Ruhegeld haben; A. auf einen Kindergartenplatz haben.

an|spruchs|be|rech|tigt ⟨Adj.⟩ (Amtsspr.): *berechtigt, einen Anspruch zu stellen:* -e Gläubiger.

An|spruchs|be|rech|tig|te, der u. die; -n, -n ⟨Dekl. ↑ Abgeordnete⟩ (Amtsspr.): *jmd., der in einem bestimmten Zusammenhang anspruchsberechtigt ist.*

An|spruchs|den|ken, das: *Einstellung, Denkweise, die in der Überzeugung gründet, bestimmte, meist überzogene Ansprüche zu haben:* das A. der im Wohlstand aufgewachsenen Kinder gegenüber ihren Eltern.

an|spruchs|los ⟨Adj.⟩: **a)** *genügsam, ohne große Ansprüche:* ein -er Mensch; **b)** *schlicht; bescheidenen Ansprüchen genügend:* ein -es Vergnügen; diese Musik ist sehr a.

An|spruchs|lo|sig|keit, die; -: *das Anspruchslossein.*

An|spruchs|ni|veau, das: *Niveau (2) der Ansprüche, der Forderungen:* ein steigendes A.

an|spruchs|voll ⟨Adj.⟩: **a)** *mit großen [Qualitäts]ansprüchen; wählerisch:* ein -es Publikum; zu a. sein; **b)** *hohen Ansprüchen genügend; hohe Anforderungen stellend; einen hohen Anspruch (1) erhebend:* -e Lektüre.

an|sprü|hen ⟨sw. V.; hat⟩: *auf der Oberfläche besprühen:* Pflanzen a.; sich/jmdm. ein Parfüm a.

An|sprung, der; -[e]s, Ansprünge ⟨Pl. selten⟩: **1.** *das Anspringen (gegen jmdn. od. etw.):* eine Raubkatze im A. **2.** (Turnen) **a)** *nach kurzem Anlauf od. aus dem Stand erfolgender Sprung an das Gerät;* **b)** *mit einem Bein ausgeführter Sprung, der den beidbeinigen Absprung einleitet:* der A. zum Absprung vom Reutherbrett.

an|spu|cken ⟨sw. V.; hat⟩: *gegen jmdn., etw. spucken.*

an|spü|len ⟨sw. V.; hat⟩: *an das Ufer, an den Strand spülen:* Strandgut a.; die Strömung spülte einen Ertrunkenen an.

An|spü|lung, die; -, -en: **1.** *das Anspülen.* **2.** *durch angespülten Sand, Schlamm entstandenes Land.*

an|spü|ren ⟨sw. V.; hat⟩ (geh.): *an jmds. Verhalten, Reaktion o. Ä. spüren, merken:* man konnte ihm den Schrecken [kaum] a.

an|sta|cheln ⟨sw. V.; hat⟩: *anfeuern, anspornen:* jmds. Ehrgeiz, Eifer [durch Lob] a.; der Erfolg hat sie zu neuen Anstrengungen angestachelt.

An|sta|che|lung, An|stach|lung, die; -, -en: *das Anstacheln.*

an|stak|sen ⟨sw. V.; ist⟩ (ugs.): *staksig herankommen:* schüchtern stakste der Junge an; ⟨meist im 2. Part. in Verbindung mit »kommen«:⟩ da hinten kommt sie angestakst.

An|stalt, die; -, -en [mhd. anstalt = Richtung, Beziehung; Aufschub, zu: an(e)stellen = einstellen; aufschieben; die heutigen Bed. unter Anlehnung an veraltet anstellen = einrichten; anordnen]: **a)** *[öffentliche] einem bestimmten Zweck dienende Einrichtung u. das sie beherbergende Gebäude (z. B. Schule, Internat, Erziehungsheim u. Ä.):* nach wiederholtem Verweis musste der Zögling die A. verlassen; **b)** (oft verhüll.) *Heilstätte für nerven- u. geisteskranke Menschen, für Alkoholiker, Rauschgiftsüchtige u. a.:* eine geschlossene A. (Amtsspr.; *Anstalt, in der Personen unter Entziehung der Freiheit untergebracht sind*); jmdn. in eine A. einweisen; **c)** *Betrieb, Institut:* eine kartographische A.; eine A. des öffentlichen Rechts (Rechtsspr.; *Verwaltungseinrichtung mit einem bestimmten Nutzungszweck*).

An|stal|ten ⟨Pl.⟩: *Vorbereitungen, Vorkehrungen:* A. zu einer Reise treffen; *** [keine] A. machen** *(etw. [nicht] tun wollen, [keine] Absichten zu etw. zeigen):* er machte A. wegzugehen.

An|stalts|arzt, der: *Arzt an einer Anstalt* (b).

An|stalts|ärz|tin, die: w. Form zu ↑ Anstaltsarzt.

An|stalts|geist|li|che, der u. die: vgl. Anstaltsarzt.

An|stalts|klei|dung, die: *bestimmte einheitliche Kleidung, die in einer Anstalt* (a, b) *getragen wird.*

An|stalts|pa|ckung, die: *große Packung eines Medikaments, wie sie bes. von Krankenhäusern o. Ä. verwendet wird.*

An|stand, der; -[e]s, Anstände [mhd. anstand = Waffenstillstand; Aufschub, zu: an(e)stān = zum Stehen kommen; sich gehören; 2: zu älter Anstand = Einwand, Aufschub]: **1.** ⟨o. Pl.⟩ *gute Sitte, schickliches Benehmen:* A. haben; keinen A. besitzen; das erfordert der A., ist gegen allen A.; etw. mit A. hinter sich bringen. **2.** (südd., österr.) *Schwierigkeit, Ärger:* Anstände bei der Zollkontrolle; es hat keinen A. gegeben; *** [keinen] A. an etw. nehmen** *([keinen] Anstoß nehmen, sich [nicht] an etw. stoßen):* die Nachbarn haben an dem nächtlichen Lärm A. genommen. **3.** (Jägerspr.) *Ansitz* (1).

an|stän|dig ⟨Adj.⟩: **1. a)** *den Sitten, den geltenden Moralbegriffen entsprechend:* -es Betragen; sich a. benehmen; **b)** *ehrbar, korrekt:* er ist ein -er Mensch, Kerl; eine -e Gesinnung; a. handeln. **2.** (ugs.) *zufrieden stellend, durchaus genügend:* -es Aussehen; die Leistung war ganz a.; jmdn. a. bezahlen; ⟨subst.:⟩ etw. Anständiges in den Magen bekommen. **3.** (ugs.) *beträchtlich, ziemlich:* eine -e Tracht Prügel bekommen; wir mussten a. draufzahlen.

an|stän|di|ger|wei|se ⟨Adv.⟩: *aus Anstand* (1), *Rücksicht:* sie hat a. geschwiegen.

An|stän|dig|keit, die; -: *anständige Gesinnung:* sie tat es aus lauter A.

An|stands|be|such, der: *formeller Höflichkeitsbesuch:* einen A. machen.

An|stands|da|me, die (früher): *Begleiterin eines jungen Mädchens, die dessen Umgang überwacht.*

An|stands|frist, die: *Frist, die man anstandshalber einhält od. verstreichen lässt:* eine A. verstreichen lassen.

An|stands|ge|fühl, das ⟨o. Pl.⟩: *Gefühl für Anstand* (1): etw. verletzt jmds. A.; kein A. im Leib haben.

an|stands|hal|ber ⟨Adv.⟩: *um die Form zu wahren; nur aus Höflichkeit:* a. müssen wir ihn besuchen.

an|stands|los ⟨Adv.⟩ [zu älter Anstand = Einwand, Aufschub; vgl. Anstand (2)]: *ohne weiteres; ohne Schwierigkeiten zu machen:* etw. a. bezahlen, anerkennen, umtauschen.

An|stands|re|gel, die ⟨meist Pl.⟩: *Regel, die der Anstand vorschreibt.*

An|stands|un|ter|richt, der ⟨o. Pl.⟩: *bes. in Tanzschulen erteilte Unterweisung in den Regeln des guten Benehmens.*

An|stands|wau|wau, der (ugs. scherzh.): *jmd., der durch seine Anwesenheit über Sitte u. Anstand bes. eines jungen Mädchens wachen soll.*

an|stän|kern ⟨sw. V.; hat⟩ (salopp abwertend): *sich mit groben, beleidigenden Worten gegen jmdn., etw. wenden:* jmdn., sich [gegenseitig] a.

an|stap|fen ⟨sw. V.; ist⟩: *sich mit schweren, stapfenden Schritten nähern* ⟨meist im 2. Part. in Verbindung mit »kommen«⟩: die Männer kamen durch den Schnee angestapft.

an|star|ren ⟨sw. V.; hat⟩: *den Blick starr auf jmdn., etw. richten:* jmdn. [unverwandt, neugierig] a.; die Wände a.; was starrst du mich so an?; sie starren sich [gegenseitig]/(geh.:) einander an.

an|statt [mhd. an stat, ↑ Statt]: **I.** ⟨Konj.⟩ *statt, anstelle von:* er las, a. zu arbeiten/(veraltend:) a. dass er arbeitete; **II.** ⟨Präp. mit Gen.⟩ *anstelle:* a. eines Helms trug er nur eine Mütze; ⟨mit Dativ, wenn der Genitiv formal nicht zu erkennen ist:⟩ a. Worten will ich Taten sehen.

an|stau|ben ⟨sw. V.; ist⟩: *ein wenig staubig werden:* Wäsche, leicht angestaubt, billig abzugeben; angestaubte Bücher.

an|stau|en ⟨sw. V.; hat⟩: **1.** *(eine Flüssigkeit, Wasser eines Flusses o. Ä.) stauend aufhalten u. sich ansammeln lassen:* einen Fluss, einen Bach a.; Wasser a. **2.** ⟨sich a.⟩ *sich ansammeln:* Geröllmassen stauen sich an den Brückenpfeilern an; das Blut hat sich in den Beinen angestaut; Ü angestaute Wut.

an|stau|nen ⟨sw. V.; hat⟩: *staunend betrachten, bewundern:* jmdn., etw. neugierig, ängstlich a.

An|stau|ung, die; -, -en: *das Anstauen, das Sichanstauen.*

an|ste|chen ⟨st. V.; hat⟩: **1. a)** *in etw. ein wenig hineinstechen:* ein Stück Fleisch [mit der Gabel] a.; die Kartoffeln a. *(prüfen, ob sie gar sind);* **b)** *durch Hineinstechen beschädigen od. verletzen:* Autoreifen a.; ein angestochener *(wurmstichiger)* Apfel, Balken; er rennt rum wie ein angestochenes Schwein. **2.** *durch Einstich öffnen, anzapfen:* ein Fass Bier, den Wein a.

An|steck|blu|me, die: *künstliche Blume zum Anstecken.*

an|ste|cken ⟨sw. V.; hat⟩: **1. a)** *[mit einer Nadel] befestigen; an etw. stecken:* eine Blume, eine Nadel [am/an den Rockaufschlag] a.; [sich] falsche Zöpfe a.; **b)** *(einen Ring) an den Finger stecken:* er steckt ihr einen Ring an. **2.** (landsch.) **a)** *anzünden:* Gas, Kerzen a.; die Heizung a.; **b)** *anbrennen:* ich steckte mir eine Zigarette an; **c)** *in Brand stecken:* die Scheune a. **3. a)** *(eine Krankheit) auf jmdn. übertragen, sich selbst zuziehen:* er steckt uns alle [mit seiner Erkältung] an; ich habe mich [bei ihr (mit Grippe)] angesteckt; Ü andere mit seinem Lachen, seiner Angst a.; **b)** *sich übertragen; leicht auf andere*

A

übergehen: Grippe steckt an; eine [sehr] ansteckende Krankheit; diese Entzündung ist nicht ansteckend; Ü Lachen, Gähnen steckt an, wirkt ansteckend. 4. (landsch.) *anstechen* (2).

Ạn|ste|cker, der; -s, -: *Anstecknadel* (2).

Ạn|steck|na|del, die: **1.** *[längliche] Schmucknadel zum Anstecken* (1 a). **2.** *Plakette* (1) *als Kennzeichen einer Zugehörigkeit, Mitgliedschaft.*

Ạn|ste|ckung, die; -, -en ⟨Pl. selten⟩: *das Anstecken* (3), *Angestecktwerden:* A. durch Berührung; sich vor A. schützen.

Ạn|ste|ckungs|ge|fahr, die: *Gefahr der Ansteckung.*

Ạn|ste|ckungs|herd, der: *Ansteckungsquelle.*

Ạn|ste|ckungs|quel|le, die: *Ausgangspunkt einer Welle von Erkrankungen:* nach der A. suchen.

ạn|ste|hen ⟨unr. V.; hat; südd., österr., schweiz. auch: ist⟩: **1.** *mit anderen zusammen bis zum Abgefertigtwerden wartend stehen:* an der Kasse a.; [stundenlang] bei einer Behörde, nach Eintrittskarten, um Brot a.; ⟨subst.:⟩ stundenlanges Anstehen. **2. a)** *auf Erledigung warten:* diese Arbeit steht schon lange an; anstehende Probleme; *** etw. a. lassen** *(vor sich herschieben, hinausschieben, nicht erledigen, nicht angehen);* **b)** *festgelegt, angesetzt sein:* die Wahl eines neuen Präsidenten, die Schließung des Instituts steht in diesem Jahr an; ein Termin steht noch nicht an. **3. a)** (geh.) *sich ziemen; zu jmdm., einer Sache in bestimmter Weise passen:* das steht ihm wohl, übel, nicht an; **b) * nicht a., etw. zu tun** (geh.; *etw. ohne weiteres, ohne Bedenken tun*): ich stehe nicht an, dies zu entscheiden. **4.** (Geol., Bergbau) *hervortreten, zutage liegen:* hier steht Gneis an; anstehender Schiefer. **5.** (österr.) *auf jmdn., etw. angewiesen sein* ⟨ist⟩: auf ihn, auf sein Geld stehe ich nicht an.

ạn|stei|gen ⟨st. V.; ist⟩: **1. a)** *aufwärts führen:* die Straße, das Gelände steigt an; sanft ansteigende Wiesen; **b)** *aufwärts steigen, aufsteigen:* schräg a. **2. a)** *höher werden:* das Wasser, die Flut, die Temperatur steigt an; **b)** *zunehmen, wachsen:* die Besucherzahlen sind stark angestiegen; ansteigende Preise.

an|stel|le (auch: an Stelle): **I.** ⟨Präp. mit Gen.⟩ *statt, stellvertretend für:* a. seines Bruders; a. großer Reden werden Taten erwartet. **II.** ⟨Adv. in Verbindung mit »von«⟩ *statt, stellvertretend für:* a. von großen Reden werden Taten erwartet.

ạn|stel|len ⟨sw. V.; hat⟩: **1. a)** *etw. an etw. stellen, lehnen:* eine Leiter an den/(seltener:) am Baum a.; **b)** ⟨a. + sich⟩ *sich anreihen, sich in eine Reihe von Wartenden stellen (um abgefertigt zu werden od. etw. zu erhalten):* sich hinten a.; sich an der Haltestelle, nach Eintrittskarten a. **2. a)** *zum Fließen, Strömen bringen:* das Gas, das Wasser a.; **b)** *einschalten, in Betrieb setzen:* die Maschine, das Radio, die Heizung a. **3. a)** *einstellen; in eine Stelle einsetzen:* jmdn. als Sachbearbeiter a.; er ist fest, zur Probe, im Krankenhaus angestellt; **b)** (ugs.) *mit einer Arbeit beauftragen, beschäftigen:* jmdn. zum Schuheputzen a.; du willst immer andere für dich a. *(deine Arbeit machen lassen).* **4.** *vornehmen* (in Verbindung mit bestimmten Substantiven; häufig verblasst): mit jmdm. ein Verhör a. *(jmdn. verhören);* Vermutungen a. *(Verschiedenes vermuten);* Überlegungen über etw. a. *(etw. überlegen);* Nachforschungen a. *(nachforschen).* **5.** (ugs.) **a)** *versuchen, tun:* der Arzt hat alles Mögliche [mit ihr] angestellt; wie wir es auch anstellten, es gelang uns nicht; **b)** *anrichten; etw. Dummes, Übermütiges tun:* Unfug a.; was hast du da wieder angestellt!; **c)** *in einer bestimmten Weise anfangen:* wie soll ich das a.? **6.** ⟨a. + sich⟩ (ugs.) *sich in einer bestimmten Weise verhalten:* sich geschickt, dumm [bei etw.] a.; stell dich nicht so an! *(sei nicht so wehleidig!; zier dich nicht so!).*

ạn|stel|lig ⟨Adj.⟩: *geschickt:* ein -er Mensch; er ist a. und flink.

Ạn|stel|lig|keit, die; -: *Geschicklichkeit.*

Ạn|stel|lung, die; -, -en: **a)** *das Anstellen* (3 a); *Einstellung:* die A. weiterer Mitarbeiter; **b)** *Stellung:* eine feste A. [in einer Schneiderei] finden.

Ạn|stel|lungs|ver|trag, der: *Vertrag über eine Anstellung* (a) *u. ihre Bedingungen.*

ạn|stem|men ⟨sw. V.; hat⟩: *gegen etw. stemmen:* die Füße a.; sich mit den Schultern [gegen die Tür] a.

ạn|steu|ern ⟨sw. V.; hat⟩: **1.** *auf etw. zusteuern, die Richtung auf etw. einschlagen:* eine Bucht, den Flugplatz a.; den nächsten Parkplatz, freien Tisch a.; Ü ein ehrgeiziges Ziel a.; eine Karriere als Musiker a. **2.** (Elektronik) *eine Spannung an ein bestimmtes Schaltelement legen.*

Ạn|steu|e|rung, die; -, -en: *das Ansteuern.*

Ạn|stich, der; -[e]s, -e: **1.** *das Anstechen* (2): der A. eines Bierfasses. **2.** *erster Ausschank aus dem angestochenen Fass:* den frischen A. probieren.

ạn|stie|feln ⟨sw. V.; ist⟩ (ugs.): *herankommen, -laufen:* ohne große Eile stiefelte sie an; ⟨meist im 2. Part. in Verbindung mit »kommen«:⟩ endlich kam sie angestiefelt.

Ạn|stieg, der; -[e]s, -e: **1.** ⟨o. Pl.⟩ *Steigung; das Ansteigen* (1): der A. der Straße. **2.** ⟨o. Pl.⟩ *Erhöhung, Zunahme:* der A. der Temperatur, der Kosten. **3. a)** *das Hinaufsteigen, Aufstieg:* ein mühsamer A.; der A. zum Kraterrand dauerte drei Stunden; **b)** *Weg zum Gipfel:* der nördliche A.

ạn|stie|ren ⟨sw. V.; hat⟩ (abwertend): *mit starrem Blick ansehen:* er stierte mich unverwandt an.

ạn|stif|ten ⟨sw. V.; hat⟩: **a)** *(etw. Unheilvolles) ins Werk setzen:* Unheil, Verschwörungen a.; **b)** *zu etw. Schlechtem, Bösem verleiten, überreden:* jmdn. zum Betrug, zu dummen Streichen a.

Ạn|stif|ter, der; -s, -: *jmd., der andere zu etw. anstiftet.*

Ạn|stif|te|rin, die; -, -nen: w. Form zu ↑Anstifter.

Ạn|stif|tung, die; -, -en: *Verleitung, Verführung:* A. zum Mord, zum Widerstand.

ạn|stim|men ⟨sw. V.; hat⟩: **a)** *zu singen, zu spielen beginnen:* ein Lied a.; **b)** *in etw. ausbrechen:* ein Gelächter, Geschrei a.; Klagen a.

ạn|stin|ken ⟨st. V.; hat⟩ (ugs.): **1.** *jmdn. anwidern:* der Kerl stinkt mich an!; die Sache stinkt mich allmählich an. **2.** *angehen, sich auflehnen:* wenn du gegen mich a. willst, musst du mehr bieten!; gegen die da oben nicht a. können *(nichts gegen sie ausrichten können).*

ạn|stol|zie|ren ⟨sw. V.; ist⟩: *sich stolzierend nähern:* grinsend stolzierte er an; ⟨meist im 2. Part. in Verbindung mit »kommen«:⟩ da kommt er anstolziert.

Ạn|stoß, der; -es, Anstöße: **1.** *das Anstoßen; Ruck:* die Wucht des -es. **2.** (Fußball) *erstes Stoßen des Balles zum Spielbeginn od. nach einer Unterbrechung:* den A. haben, ausführen. **3.** *auslösende Wirkung; Impuls:* der erste A. zu dieser Tat; es bedurfte nur eines -es; die Ablehnung des Antrags gab den A. zum Aufstand. **4. * A. erregen** *(jmds. Unwillen hervorrufen):* mit seinem Benehmen hat er A. [bei ihr] erregt; **an etw. A. nehmen** *(Ärger, Unwillen über etw. empfinden):* ich nehme an seiner saloppen Kleidung keinen A.

ạn|sto|ßen ⟨st. V.⟩: **1.** ⟨hat⟩ **a)** *einen kleinen Stoß geben:* das Pendel einer Uhr a.; jmdn. [aus Versehen] a.; jmdn. mit dem Fuß [unter dem Tisch] a.; Ü ein innovatives Projekt, neue Investitionen a.; **b)** (Fußball) *den Anstoß* (2) *ausführen.* **2.** *an etw. stoßen, prallen* ⟨ist⟩: mit dem Kopf [an, gegen eine scharfe Ecke] a.; sie ist mit dem Tablett angestoßen. **3.** *lispeln* ⟨hat⟩: sie stößt beim Sprechen [mit der Zunge] an. **4.** *die gefüllten Gläser leicht gegeneinander stoßen (um auf etw. zu trinken)* ⟨hat⟩: auf jmds. Wohl, auf die Zukunft a.; mit Korn a. **5.** *jmds. Unwillen hervorrufen, Anstoß* (4) *erregen* ⟨ist⟩: mit dieser Bemerkung ist sie beim Chef angestoßen; jmd. stößt überall an. **6.** (selten) *angrenzen* ⟨hat⟩: das Grundstück stößt an den Wald an.

Ạn|stö|ßer, der; -s, - (schweiz.): *[Grundstücks]nachbar, Anlieger.*

Ạn|stö|ße|rin, die; -, -nen: w. Form zu ↑Anstößer.

ạn|stö|ßig ⟨Adj.⟩: *Anstoß* (4) *erregend:* -e Witze; etw. a. finden.

Ạn|stö|ßig|keit, die; -, -en: **1.** *das Anstößigsein; Unanständigkeit.* **2.** *anstößige Bemerkung, Handlung.*

ạn|strah|len ⟨sw. V.; hat⟩: **1.** *Licht[strahlen] auf jmdn., etw. richten:* das Schloss a.; der Schauspieler wurde hell angestrahlt; von der Sonne angestrahlte Berggipfel. **2.** *strahlend anblicken:* sie, ihre Augen strahlten ihn an.

ạn|stre|ben ⟨sw. V.; hat⟩ (geh.): *zu erreichen suchen; nach etw. streben:* das Glück, eine bessere Stellung, den Kauf eines Hauses a.

ạn|stre|bens|wert ⟨Adj.⟩: *wert, angestrebt zu wer den:* ein -es Ziel.

ạn|strei|chen ⟨st. V.; hat⟩: **1.** *Farbe auf etw. streichen:* Gartenmöbel [bunt] a.; das Haus frisch a. lassen. **2.** *durch einen Strich kennzeichnen, her vorheben:* die wichtigen Stellen in einem Aufsatz, Buch a.; die Fehler [rot] a.; die angestriche nen Stellen. **3.** *(ein Streichholz) anzünden.* **4.** (landsch.) *heimzahlen:* das werde ich ihr a. **5.** (Jägerspr.): *(vom Federwild) anfliegen:* Feldhühner strichen an.

Ạn|strei|cher, der; -s, -: *Maler* (2).

Ạn|strei|che|rin, die; -, -nen: w. Form zu ↑Anstre cher.

ạn|stren|gen ⟨sw. V.; hat⟩ [wohl zu ↑streng]: **1. a)** ⟨a. + sich⟩ *sich mit allen Kräften einsetzen sich große Mühe geben, um etw. zu leisten:* sich sehr, nicht sonderlich a.; du musst dich [in der Schule] mehr a.; **b)** *zu besonderer Leistung steigern:* seinen Geist, Verstand, seine Kräfte, sein Gehör a. **2.** *stark beanspruchen, strapazieren:* die kleine Schrift strengt die Augen an; der Besuch, das Reden hat den Kranken [zu sehr] angestrengt; diese Arbeit strengt an *(ist anstrengend).* **3.** (Rechtsspr.) *(ein gerichtliches Verfahren) einleiten, veranlassen:* eine Klage [gegen jmdn.] a.

ạn|stren|gend ⟨Adj.⟩: *ermüdend, strapaziös:* ein -es Leben; -e Arbeit; es war ein -er Tag; es ist sehr a., diesem Vortrag zu folgen.

Ạn|stren|gung, die; -, -en: **1.** *Bemühung, Kraftau wand, Einsatz (für ein Ziel):* vergebliche -en; seine -en verstärken, verdoppeln; mit äußerste letzter A.; -en machen, (geh.:) unternehmen *(sich anstrengen, sich sehr bemühen).* **2.** *[Über]beanspruchung, Strapaze:* geistige, kö perliche -en; sich von den -en einer Reise erholen.

Ạn|strich, der; -[e]s, -e: **1. a)** ⟨o. Pl.⟩ *das Anstreichen* (1): ein neuer A. wird 2 000 Mark kosten; **b)** *aufgetragene Farbe:* der helle A. gefällt mir. **2.** ⟨o. Pl.⟩ *Aussehen, Note:* die Sache hat einen offiziellen, einen gelehrten A.; einer Veranstaltung einen künstlerischen A. geben.

ạn|stri|cken ⟨sw. V.; hat⟩: *durch Stricken anfügen* Ärmel, einen Rand an den Pullover a.

ạn|strö|men ⟨sw. V.; ist⟩: **1.** *strömend heranfließen:* anströmende Kaltluft. **2.** *in großer Zahl herbeikommen:* ⟨meist im 2. Part. in Verbindun mit »kommen«⟩: viele kamen [zum Fußballspiel] angeströmt.

ạn|stü|ckeln, ạn|stü|cken ⟨sw. V.; hat⟩: **a)** *(ein kle neres Stück, kleinere Stücke) ansetzen* (2); **b)** *(durch Anfügen eines kleineren Stückes, klei nerer Stücke) ausbessern od. verlängern:* das Kleid a.

ạn|stup|sen ⟨sw. V.; hat⟩ (ugs.): *anstoßen:* sie stupste ihren Tischnachbarn an.

Ạn|sturm, der; -[e]s, Anstürme ⟨Pl. selten⟩: **a)** *da Heranstürmen; stürmisches Andrängen:* der A. des Feindes; dem A. des Gegners trotzen, nicht gewachsen sein; Ü ein A. der Gefühle; unter dem A. der Erinnerung; **b)** *großer Andrang:* de A. von Autogrammjägern; A. nach Karten, auf die Ware.

ạn|stür|men ⟨sw. V.; ist⟩: **a)** *gegen etw. stürmend andrängen; angreifen:* gegen eine Festung a.; Wellen stürmen gegen die Küste an; **b)** *sich eil u. ungestüm nähern:* eine Schar lärmender Kin der stürmte an; anstürmende Elefanten; ⟨meis im 2. Part. in Verbindung mit »kommen«:⟩ auf ihren Ruf kamen die Jungen angestürmt.

ạn|stür|zen ⟨sw. V.; ist⟩: *sich eilig, in großer Hast nähern:* atemlos stürzte er an; ⟨meist im 2. Par in Verbindung mit »kommen«:) im letzten Augenblick kamen sie angestürzt.

an|su|chen ⟨sw. V.; hat⟩ (österr., sonst Papierdt. veraltend): *förmlich bitten, ersuchen:* um Asyl, Einreiseerlaubnis, um einen Kredit a.

An|su|chen, das; -s, -: *förmliche Bitte, Gesuch:* ein A. einreichen; auf A. meines Mandanten; einem A. stattgeben.

An|su|cher, der; -s, - (österr.): *Antragsteller.*

An|su|che|rin, die; -, -nen: w. Form zu ↑Ansucher.

ant-, Ant-: ↑anti-, Anti- (1).

-ant, der; -en, -en [lat. -ans (Gen.: -antis)]: bezeichnet in Bildungen mit Verben (Verbstämmen) eine Person – selten eine Sache –, die etw. tut: Demolant, Informant, Sympathisant.

An|ta|go|nis|mus, der; -, ...men [zu griech. antagṓnisma = (Wider)streit, zu: antí = gegen u. agṓn, ↑Agon] (bildungsspr.): *Gegensatz, Widerstreit:* der A. der Geschlechter, Klassen; Antagonismen innerhalb einer Gesellschaft.

An|ta|go|nist, der; -en, -en [spätlat. antagonista < griech. antagōnistḗs]: **1.** *Gegner, Gegenspieler, Widersacher:* die beiden sind -en. **2.** (Med.) *Muskel, der dem Agonisten* (2) *entgegenwirkt:* der Beuger ist der A. des Streckers. **3.** (Biochemie) *Stoff, der in seiner Wirkung einem anderen entgegengesetzt ist u. dessen Wirkung aufhebt.*

An|ta|go|nis|tin, die; -, -nen: w. Form zu ↑Antagonist (1).

an|ta|go|nis|tisch ⟨Adj.⟩: *gegensätzlich, widerstreitend:* -e Gefühle; eine -e Ordnung.

An|ta|na|na|ri|vo: Hauptstadt von Madagaskar.

an|tan|zen ⟨sw. V.; ist⟩ (salopp): *[auf eine Einladung, ein Kommando hin] herbeikommen, erscheinen, sich irgendwo einstellen:* die ersten Gäste tanzen bereits an; ⟨im 2. Part. in Verbindung mit »kommen«:⟩ kommst du schon wieder angetanzt? (abwertend; *störst du mich schon wieder?*).

Ant|ark|ti|ka; -s: antarktischer Kontinent.

Ant|ark|tis, die; -: Gebiet um den Südpol.

ant|ark|tisch ⟨Adj.⟩: *zur Antarktis, zu Antarktika gehörend:* der -e Kontinent.

an|tas|ten ⟨sw. V.; hat⟩: **1.** (selten) *mit den Händen tastend anfühlen, berühren:* einen ausgestellten Gegenstand [vorsichtig] a. **2.** *zu verbrauchen beginnen* (meist verneint): das Geld, die Vorräte [nicht] a. **3.** *etw. schmälern, beeinträchtigen, verletzen:* jmds. Ehre, Würde a.; der Staat darf die Freiheit des Individuums nicht a.

an|tat|schen ⟨sw. V.; hat⟩ (ugs.): *jmdn., etw. [tollpatschig] anfassen, angreifen:* tatsch nicht alles an!

an|tau|en ⟨sw. V.⟩: **1.** *an der Oberfläche leicht zu tauen beginnen* ⟨hat/ist⟩: die Schneedecke war wider Erwarten angetaut. **2. a)** *etw. kurze Zeit tauen lassen* ⟨hat⟩: die gefrorenen Lebensmittel a.; **b)** *ein wenig auftauen* ⟨ist⟩: das Fleisch aus der Kühltruhe taut an, ist angetaut.

an|täu|schen ⟨sw. V.; hat⟩ (Sport): *so tun, als liefe, schösse man in eine bestimmte Richtung, u. dadurch den Gegner täuschen.*

an|te Chris|tum [na|tum] [lat.]: *vor Christus, vor Christi Geburt* (Abk.: a. Chr. [n.]).

An|teil, der; -[e]s, -e: **1. a)** *Teil von einem Ganzen [der jmdm. zukommt od. gehört, den Personen od. Sachen o. Ä. bilden]:* der A. des Einzelnen am Sozialprodukt; seinen A. fordern; jmdm. seinen ihm gebührenden A. geben; auf seinen A. am Erbe verzichten; * **A. an etw. haben** *(an etw. beteiligt sein):* sie hatte großen A. am Sieg ihrer Mannschaft; **b)** *Beteiligung am Kapital einer Firma:* seine -e verkaufen. **2.** ⟨o. Pl.⟩ *das Beteiligtsein; [geistige] Teilnahme:* voller A. für alles sein; * **[tätigen] A. an etw. nehmen** *(sich an etw. beteiligen, daran mitwirken):* sie nahm A. an der Diskussion; **A. an jmdm., etw. nehmen/zeigen/(geh.:) bekunden** (1. *Interesse zeigen:* sie zeigte regen A. an den Tagesereignissen. 2. *Teilnahme, Mitgefühl zeigen:* A. an jmds. Schicksal, Trauer nehmen.).

an|tei|lig ⟨Adj.⟩: *den Anteilen (1 a) entsprechend:* der -e Urlaub.

an|teil|mä|ßig, anteilsmäßig ⟨Adj.⟩ (Papierdt.): *in Bezug auf die Anteile* (1 a): a. ist das nicht viel.

An|teil|nah|me, die; - [zum 2. Bestandteil vgl. Abnahme]: **1.** *Beteiligung:* unter reger, starker A. der Bevölkerung. **2.** *innere Beteiligung; Interesse; Mitgefühl:* menschliche A.; seine A. aussprechen; mit A. zuhören.

An|teil|schein, der (Wirtsch.): *Wertpapier, das Ansprüche an eine Gesellschaft od. das Anrecht auf eine Aktie nachweist.*

An|teils|eig|ner, der (Wirtsch.): *Inhaber eines Investmentzertifikats od. eines sonstigen Anteilscheins:* den Gewinn an die A. ausschütten.

An|teils|eig|ne|rin, die: w. Form zu ↑Anteilseigner.

an|teils|mä|ßig: ↑anteilmäßig.

an|te|le|fo|nie|ren ⟨sw. V.; hat⟩ (ugs.): *anrufen* (3): die Freundin, bei der Firma a.

An|ten|ne, die; -, -n [ital. antenna, eigtl. = (Segel)stange < lat. antenna]: **1.** *[an einem erhöhten Punkt angebrachte, hoch aufragende] Vorrichtung zum Empfang od. zur Ausstrahlung elektromagnetischer Wellen:* eine A. [auf dem Dach] anbringen; * **eine A. für etw. haben** (ugs.; *ein Gefühl, Gespür für etw. haben; etw. vorausahnen, fühlen können*): er hat keine A. dafür. **2.** (Zool.) *Fühler der Gliedertiere.*

An|ten|nen|mast, der: *Mast, an dem eine Antenne* (1) *befestigt ist.*

An|ten|nen|wald, der (ugs. scherzh.): *Häufung von Antennen* (1) *auf Hausdächern.*

An|tho|lo|gie, die; -, -n [griech. anthología, eigtl. = Blütenlese, zu: ánthos = Blume]: *Sammlung von ausgewählten literarischen Texten (Gedichte od. Prosa):* eine A. moderner Lyrik.

An|thra|cen, (auch:) **An|thra|zen,** das; -s, -e [zu griech. ánthrax = Kohle]: *aus Steinkohlenteer gewonnene chemische Verbindung, die als Ausgangsmaterial für viele Farbstoffe dient.*

an|thra|zit ⟨indekl. Adj.⟩: kurz für ↑anthrazitfarben.

An|thra|zit, der; -s, -e ⟨Pl. selten⟩ [lat. anthracites < griech. anthrakítēs = Kohle(nstein)]: *hochwertige, glänzende Steinkohle.*

an|thra|zit|far|ben, an|thra|zit|far|big, an|thra|zit|grau ⟨Adj.⟩: *von der Farbe des Anthrazits; schwarzgrau:* ein -er Anzug.

An|thra|zit|koh|le, die: *Anthrazit.*

an|thro|po-, An|thro|po- [griech. ánthrōpos = Mensch, H. u.] ⟨Best. in Zus. mit der Bed.⟩: *menschen-, Menschen-* (z. B. anthropologisch, Anthropologe).

an|thro|po|gen ⟨Adj.⟩ [zu griech. -genḗs = verursacht]: *durch den Menschen beeinflusst, verursacht.*

An|thro|po|lo|ge, der; -n, -n [zu griech. lógos, ↑Logos]: *Wissenschaftler auf dem Gebiet der Anthropologie.*

An|thro|po|lo|gie, die; -: *Wissenschaft vom Menschen u. seiner Entwicklung.*

An|thro|po|lo|gin, die; -, -nen: w. Form zu ↑Anthropologe.

an|thro|po|lo|gisch ⟨Adj.⟩: *die Anthropologie betreffend, zu ihr gehörend.*

an|thro|po|morph ⟨Adj.⟩ [griech. anthrōpómorphos]: *von menschlicher Gestalt:* ein -er Gott.

an|thro|po|mor|phisch ⟨Adj.⟩: *die menschliche Gestalt betreffend, sich auf sie beziehend.*

an|thro|po|mor|phi|sie|ren ⟨sw. V.; hat⟩: *vermenschlichen; menschliche Eigenschaften auf Nichtmenschliches übertragen:* Tiere a.; eine anthropomorphisierende Betrachtung Gottes.

An|thro|po|mor|phi|sie|rung, die; -, -en: *das Anthropomorphisieren.*

An|thro|po|mor|phis|mus, der; -, ...men: **1.** ⟨o. Pl.⟩ *Übertragung menschlicher Eigenschaften auf Nichtmenschliches, bes. in der Vorstellung, die man sich von Gott macht.* **2.** *menschliche Eigenschaft an nichtmenschlichen Wesen.*

An|thro|po|soph, der; -en, -en: *Anhänger der Anthroposophie.*

An|thro|po|so|phie, die [griech. sophía = Weisheit]: *Lehre, nach der der Mensch höhere seelische Fähigkeiten entwickeln u. dadurch übersinnliche Erkenntnisse erlangen kann.*

An|thro|po|so|phin, die; -, -nen: w. Form zu ↑Anthroposoph.

an|thro|po|so|phisch ⟨Adj.⟩: *auf der Anthroposophie beruhend, die Grundsätze der Anthroposophie vertretend:* eine -e Weltanschauung.

an|thro|po|zen|trisch ⟨Adj.⟩: *den Menschen in den Mittelpunkt stellend:* ein -es Weltbild; a. denken.

An|thu|rie, die; -, -n, **An|thu|ri|um,** das; -s, ...ien [zu griech. ánthos = Blüte u. ourá = Schwanz] (Bot.): *(zu den Aronstabgewächsen gehörende) Zimmerpflanze mit meist auffallend rot gefärbtem Hochblatt u. schmalen, gestielten dunkelgrünen Blättern; Flamingoblume.*

an|ti-, An|ti-, (vor Vokalen u. gelegentlich vor h:) ant-, Ant- [griech. antí]: **1.** bedeutet in Bildungen mit Substantiven od. Adjektiven *gegen[über], entgegen, nicht:* Antonym, Antidiabetikum; antipathisch. **2.** drückt in Bildungen mit Substantiven oder Adjektiven eine gegnerische Einstellung gegenüber einer Person oder Sache, eine ablehnende Haltung gegen jmdn. oder etw. aus: antiautoritär, -bürgerlich, -demokratisch; Antifaschist, -kommunismus, -sozialismus. **3.** drückt in Bildungen mit Adjektiven oder – in Verbindung mit einem Substantiv – in Bildungen mit Substantiven aus, dass etw. verhindert wird oder werden soll, dass einer Sache entgegengewirkt wird: antiallergisch; Antiinflationspolitik, Antikrebsmittel, Antikriegsfilm. **4.** drückt in Bildungen mit Substantiven einen [ergänzenden] Gegensatz zu etw. oder etw. Entgegengesetztes aus: Antirakete, -schnulze, -teilchen. **5.** drückt in Bildungen mit Substantiven aus, dass jmd. oder etw. nicht das ist, was man üblicherweise darunter versteht: Antifußball, -held, -star.

An|ti|al|ko|ho|li|ker, der; -s, -: *jmd., der grundsätzlich keinen Alkohol trinkt.*

An|ti|al|ko|ho|li|ke|rin, die; -, -nen: w. Form zu ↑Antialkoholiker.

an|ti|ame|ri|ka|nisch ⟨Adj.⟩: *gegen die USA gerichtet.*

An|ti|ame|ri|ka|nis|mus, der; -: *ablehnende Haltung gegenüber Gesellschaftssystem, Politik und Lebensstil der USA.*

an|ti|au|to|ri|tär ⟨Adj.⟩: *autoritäre Normen, [missbrauchte] Autorität ablehnend; nicht autoritär:* ein -er Kinderladen; -e Erziehung; sein Kind a. erziehen.

An|ti|ba|by|pil|le [...'be:bi...], die; -, -n (ugs.): *empfängnisverhütendes Mittel in Pillenform auf hormonaler Grundlage.*

an|ti|bak|te|ri|ell ⟨Adj.⟩: *gegen Bakterien wirkend.*

An|ti|bi|o|ti|kum, das; -s, ...ka [zu griech. biōtikós = zum Leben gehörig] (Med.): *aus den Stoffwechselprodukten von Mikroorganismen gewonnener Wirkstoff gegen Krankheitserreger.*

an|ti|bi|o|tisch ⟨Adj.⟩ (Med.): *dem Wachstum von Mikroorganismen entgegenwirkend.*

An|ti|blo|ckier|sys|tem, das; -s, -e (Kfz-T.): *Bremssystem, das den Bremsvorgang so steuert, dass ein Blockieren der Räder ausgeschaltet wird:* ein Wagen mit A. (Abk.: ABS).

an|ti|cham|brie|ren [antiʃam'bri:rən] ⟨sw. V.; hat⟩ [zu Antichambre = Vorzimmer < frz. antichambre < ital. anticamera, zu: ante (< lat. ante) = vor u. camera < lat. camera, ↑Kammer]: *(mit dem Ziel, etw. Bestimmtes zu erreichen) sich unterwürfig, diensteifrig um jmds. Gunst bemühen:* im Ministerium, beim Präsidenten a.

An|ti|christ [mhd., ahd. Antikrist < spätlat. antichristus < griech. antíchristos]: **1.** ⟨der; -[s]⟩ *der Widersacher Christi, der Teufel.* **2.** ⟨der; -en, -en⟩ *Gegner des Christentums.*

an|ti|christ|lich ⟨Adj.⟩: *gegen das Christentum eingestellt.*

an|ti|de|mo|kra|tisch ⟨Adj.⟩: *gegen die Demokratie gerichtet:* -e Gesetze; -e Tendenzen; a. eingestellt sein.

An|ti|de|pres|si|vum, das; -s, ...va ⟨meist Pl.⟩ (Med.): *Medikament gegen Depressionen.*

An|ti|fa|schis|mus, der; -: **1.** *Gesamtheit der Bewegungen u. Ideologien, die sich gegen Faschismus u. Nationalsozialismus richten.* **2.** *Gegnerschaft gegen Faschismus u. Nationalsozialismus.*

An|ti|fa|schist, der; -en, -en: *Vertreter des Antifaschismus.*

An|ti|fa|schis|tin, die; -, -nen: w. Form zu ↑Antifaschist.

an|ti|fa|schis|tisch ⟨Adj.⟩: *den Antifaschismus betreffend:* -e Bücher, Filme.

An|ti|gen, das; -s, -e [zu griech. -genḗs = verursachend] (Med., Biol.): *artfremder Eiweißstoff, der im Körper die Bildung von Antikörpern gegen sich selbst bewirkt.*

An|ti|gua; -s: Insel im Bereich der Kleinen Antillen.

An|ti|gua und Bar|bu|da; - - -s: Inselstaat im Karibischen Meer.

An|ti|haft|schicht, die: *Beschichtung* (2), *an der andere Substanzen nicht od. kaum haften bleiben.*

An|ti|hal|tung, die; -, -en: *[bewusst zur Schau getragene] Haltung, die jmds. Gegnerschaft gegen etw. Bestimmtes ausdrückt:* eine A. einnehmen.

An|ti|held, der; -en, -en: *inaktive, negative od. passive Hauptfigur in Drama, Roman, Film im Unterschied zum aktiv handelnden Helden.*

an|tik ⟨Adj.⟩ [frz. antique < lat. antiquus = alt]: **1.** *das klassische Altertum, die Antike betreffend; aus dem klassischen Altertum stammend:* ein -es Bauwerk; die -e Kultur. **2.** *in altertümlichem Stil hergestellt; vergangene Stilepochen (jedoch nicht die Antike) nachahmend:* -er Schmuck; a. eingerichtet sein.

An|ti|ke, die; -, -n [zu ↑antik]: **1.** ⟨o. Pl.⟩ *das klassische Altertum u. seine Kultur:* die griechische, römische A. **2.** ⟨meist Pl.⟩ *aus der Antike stammendes Kunstwerk.*

An|ti|ken|samm|lung, die: *Sammlung antiker* (1) *Kunstgegenstände.*

an|ti|kisch ⟨Adj.⟩: *in der Art der Antike* (1), *ihr nachstrebend:* eine -e Statue; a. stilisierte Figuren.

an|ti|ki|sie|ren ⟨sw. V.; hat⟩: *nach der Art der Antike* (1) *gestalten; die Antike* (1) *nachahmen* ⟨meist im 1. Part.⟩: antikisierende Dichtung.

an|ti|kle|ri|kal ⟨Adj.⟩: *kirchenfeindlich:* -e Strömungen; a. eingestellt sein.

An|ti|kle|ri|ka|lis|mus, der; -: *kirchenfeindliche Einstellung; Gegnerschaft gegen den Klerikalismus.*

An|ti|kli|max, die; - (Stilk.): *Übergang vom stärkeren zum schwächeren Ausdruck, vom Wichtigeren zum weniger Wichtigen.*

An|ti|klopf|mit|tel, das; -s, -: *die Klopffestigkeit erhöhender Zusatz zu Vergaserkraftstoffen.*

An|ti|kom|mu|nis|mus, der; -: *Gegnerschaft gegen den Kommunismus u. seine Vertreter.*

An|ti|kom|mu|nist, der; -en, -en: *Vertreter des Antikommunismus.*

An|ti|kom|mu|nis|tin, die; -, -nen: w. Form zu ↑Antikommunist.

an|ti|kom|mu|nis|tisch ⟨Adj.⟩: *gegen den Kommunismus u. seine Vertreter gerichtet.*

An|ti|kon|zep|ti|vum, das; -s, ...va (Med.): *empfängnisverhütendes Mittel.*

An|ti|kör|per, der; -s, - ⟨meist Pl.⟩ (Med.): *im Blutserum als Reaktion auf das Eindringen von Antigenen gebildeter Schutzstoff.*

An|til|len ⟨Pl.⟩: westindische Inselgruppe: die Großen, die Kleinen A.

An|ti|lo|pe, die; -, -n [frz., niederl. antilope < engl. antelope < mlat. ant[h]alopus < mgriech. anthólōps = ein Fabeltier, eigtl. = Blumenauge]: *(in Afrika u. Asien vorkommendes, in Herden lebendes) Säugetier (von unterschiedlicher Größe) mit schlankem Körper u. gekrümmten od. geringelten Hörnern.*

An|ti|ma|te|rie, die; -: *hypothetische, auf der Erde nicht existierende Form der Materie, deren Atome aus den Antiteilchen der irdischen Materie aufgebaut sind.*

An|ti|mi|li|ta|ris|mus, der; -: *grundsätzliche Ablehnung jeder Form militärischer Rüstung.*

An|ti|mi|li|ta|rist, der; -en, -en: *Anhänger des Antimilitarismus.*

An|ti|mi|li|ta|ris|tin, die; -, -nen: w. Form zu ↑Antimilitarist.

an|ti|mi|li|ta|ris|tisch ⟨Adj.⟩: *den Antimilitarismus betreffend, auf ihm beruhend.*

An|ti|mon, das; -s [mlat. antimonium, H. u.]: *ein silberweiß glänzendes Halbmetall (chemisches Element);* Zeichen: Sb (↑Stibium).

An|ti|pas|to, der od. das; -[s], ...ti [ital., aus: anti- = vor u. pasto = Mahlzeit < lat. pastus = Nahrung]: ital. Bez. für *Vorspeise.*

An|ti|pa|thie, die; -, -n [lat. antipathia < griech. antipátheia] (bildungsspr.): *Abneigung, Widerwille:* eine unüberwindliche A. gegen jmdn., etw. haben.

An|ti|per|so|nen|mi|ne, die; -, -n: *Landmine, die bes. gegen Zivilisten bei innerstaatlichen Konflikten eingesetzt wird.*

An|ti|phon, die; -, -en [spätlat. antiphona < griech. antíphōna]: *liturgischer Wechselgesang.*

An|ti|po|de, der; -n, -n [griech. antípodes (Pl.), eigtl. = Gegenfüßler]: **1.** (Geogr.) *an einem diametral entgegengesetzten Punkt der Erde wohnender Mensch.* **2.** *Mensch von entgegengesetzter Geisteshaltung, Eigenart:* wir beide waren in allem -n.

An|ti|po|din, die; -, -nen: w. Form zu ↑Antipode.

an|tip|pen ⟨sw. V.; hat⟩: *leicht u. kurz berühren:* er tippte mich vorsichtig an; Ü ein heikles Thema a.

An|ti|qua, die; - [lat. antiqua = die alte (Schrift)] (Druck- u. Schriftw.): *heute allgemein gebräuchliche Buch- u. Schreibschrift; Lateinschrift.*

An|ti|quar, der; -s, -e [lat. antiquarius = Kenner u. Anhänger des Alten]: *jmd., der ein Antiquariat* (b) *od. einen Kunsthandel betreibt.*

An|ti|qua|ri|at, das; -[e]s, -e: **a)** ⟨o. Pl.⟩ *Handel mit [wertvollen] gebrauchten Büchern:* das moderne A. *(der Restebuchhandel);* **b)** *Buchhandlung, in der antiquarische Bücher verkauft werden:* ein wissenschaftliches A. betreiben.

An|ti|qua|rin, die; -, -nen: w. Form zu ↑Antiquar.

an|ti|qua|risch ⟨Adj.⟩: **a)** *aus dem, im Antiquariat:* -e Bücher; eine Zeitschrift a. erwerben; **b)** *alt, gebraucht:* ein Liebhaber -en Spielzeugs.

An|ti|qua|schrift, die: *Antiqua.*

an|ti|quiert ⟨Adj.⟩ (abwertend): *veraltet; altmodisch, überholt:* ein -es Frauenbild; diese Verordnung ist völlig a.; a. denken.

An|ti|quiert|heit, die; -: *das Antiquiertsein.*

An|ti|qui|tät, die; -, -en ⟨meist Pl.⟩ [lat. antiquitates = Altertümer, Pl. von: antiquitas = Altertum (a)]: *altertümlicher Gegenstand aus dem Kunsthandwerk.*

An|ti|qui|tä|ten|han|del, der: *An- u. Verkauf von Antiquitäten.*

An|ti|qui|tä|ten|händ|ler, der: *jmd., der mit Antiquitäten handelt.*

An|ti|qui|tä|ten|händ|le|rin, die: w. Form zu ↑Antiquitätenhändler.

An|ti|qui|tä|ten|samm|ler, der: *jmd., der Antiquitäten sammelt.*

An|ti|qui|tä|ten|samm|le|rin, die: w. Form zu ↑Antiquitätensammler.

An|ti|qui|tä|ten|samm|lung, die: *Sammlung von Antiquitäten.*

An|ti|ra|ke|te, An|ti|ra|ke|ten|ra|ke|te, die; -, -n: *Rakete zur Abwehr von Interkontinentalraketen.*

An|ti|rau|cher|kam|pa|gne, die; -, -n: *Kampagne* (1) *gegen das Rauchen von Tabakprodukten.*

An|ti|se|mit, der; -en, -en [geb. um 1879 von dem dt. Publizisten W. Marr]: *jmd., der antisemitisch eingestellt ist; Gegner des Judentums.*

An|ti|se|mi|tin, die; -, -nen: w. Form zu ↑Antisemit.

an|ti|se|mi|tisch ⟨Adj.⟩: *feindlich gegenüber den Juden [eingestellt], gegen das Judentum gerichtet:* -e Äußerungen.

An|ti|se|mi|tis|mus, der; -: **a)** *Abneigung od. Feindschaft gegenüber den Juden;* **b)** *[politische] Bewegung mit ausgeprägt antisemitischen Tendenzen.*

An|ti|sep|ti|kum, das; -s, ...ka (Med.): *keimtötendes Mittel, bes. zur Wundbehandlung.*

an|ti|sep|tisch ⟨Adj.⟩ (Med.): *keimtötend, Wundinfektionen verhindernd:* ein -er Verband; a. wirken.

An|ti|se|rum, das; -s, ...ren od. ...ra (Med.): *spezifische Antikörper enthaltendes Heilserum.*

an|ti|sta|tisch ⟨Adj.⟩ (Physik): *elektrostatische Aufladungen verhindernd od. aufhebend.*

An|tis|tes, der; -, ...stites [...tite:s; lat. antistes, eigtl. = Vorsteher]: **1.** *Titel von Priestern in der Antike.* **2.** *Ehrentitel katholischer Bischöfe u. Äbte.*

An|ti|stro|phe, die; -, -n [lat. antistrophe < griech. antistrophḗ]: *(in der altgriechischen Tragödie) die der Strophe folgende, eine tänzerische Wendung des Chors begleitende Strophe.*

An|ti|teil|chen, das; -s, - (Kernphysik): *Elementarteilchen, dessen Eigenschaften zu denen eines anderen Elementarteilchens in bestimmter Weise komplementär sind.*

An|ti|ter|ror|ein|heit, die; -, -en: *Einheit* (3), *die bei terroristischen Anschlägen od. Überfällen (z. B. zur Befreiung von Geiseln) eingesetzt wird.*

An|ti|the|a|ter, das; -s: *modernes, experimentelles Theater unterschiedlichster Richtung.*

An|ti|the|se, die; -, -n [lat. antithesis < griech. antíthesis]: **1.** *einer These entgegengesetzte Behauptung; Gegensatz.* **2.** (Stilk.) *Gegenüberstellung gegensätzlicher Begriffe u. Gedanken* (z. B. Freund und Feind).

an|ti|the|tisch ⟨Adj.⟩ [spätlat. antitheticus < griech. antithetikós]: *gegensätzlich; Gegensätze enthaltend.*

An|ti|to|xin [auch: ' - - - -], das; -s, -e (Med.): *vom Körper gebildetes Gegengift gegen von außen eingedrungene Gifte.*

an|ti|to|xisch ⟨Adj.⟩ (Med.): *als Antitoxin wirkend.*

An|ti|trans|pi|rant, das; -s, -e u. -s [↑transpirieren]: *die Schweißabsonderung hemmendes Mittel.*

An|ti|typ, der; -s, -en, **An|ti|ty|pus,** der; -, ...typen **a)** *jmd., der von seiner Persönlichkeit, seinem Auftreten, seinem Aussehen her den allgemein üblichen Vorstellungen von einem bestimmten Typ* (1 a) *in keiner Weise entspricht:* sie ist der A der deutschen Hausfrau; **b)** *Gegenfigur:* Pompidou: der A. zu de Gaulle.

An|ti|zi|pa|ti|on, die; -, -en [lat. anticipatio]: *Vorwegnahme, Vorgriff:* die A. eines Gedankens; die A. von Tönen eines folgenden Akkords.

an|ti|zi|pa|to|risch ⟨Adj.⟩: *[bewusst] vorwegnehmend.*

an|ti|zi|pie|ren ⟨sw. V.; hat⟩ [lat. anticipare, zu: ante = vor(her) u. capere = nehmen]: **1.** (bildungsspr.) *vorwegnehmen:* den Stil späterer Epochen a. **2.** (Kaufmannsspr.) *vor dem Fälligkeitstermin zahlen.*

an|ti|zy|klisch [auch: ...'tsʏk..., ' - - - -] ⟨Adj.⟩: **1.** *in unregelmäßiger Folge wiederkehrend.* **2.** (Wirtsch.) *einem bestehenden Zustand der Konjunktur entgegenwirkend:* eine -e Wirtschaftspolitik.

An|ti|zy|klo|ne, die; -, -n (Met.): *Hoch[druckgebiet].*

Ant|litz, das; -es, -e ⟨Pl. selten⟩ [mhd. antlitze, ahd. antlizzi, eigtl. = das Entgegenblickende] (geh.): *Gesicht, Angesicht:* ein edles A.; sein A. verhüllen; Ü das A. der Macht; dem Tod ins A. blicken.

an|to|ben ⟨sw. V.⟩: **1.** ⟨hat⟩ **a)** *gegen jmdn., etw. toben, wüten, rasen:* der Gefangene tobte gegen seine Wärter, seine Fesseln an; **b)** *wütend anschreien:* er hat mich furchtbar angetobt. **2.** *sich lärmend u. tollend nähern* ⟨ist⟩: laut bellend tobte der Hund an; ⟨meist im 2. Part. in Verbindung mit »kommen«:⟩ die Kinder kamen angetobt.

A̱n|ton: in der Fügung **blauer A.** (ugs.; *blauer Monteuranzug*).

a̱n|tö|nen ⟨sw. V.⟩: **1.** (geh. selten) *erklingen, anklingen* ⟨ist⟩: eine Melodie tönt an. **2.** (österr., schweiz.) *andeuten* ⟨hat⟩.

A̱n|to|nym, das; -s, -e [zu griech. antí = gegen u. ónyma = Name] (Sprachw.): *Gegen[satz]wort, Oppositionswort* (z. B. schwarz – weiß).

a̱n|tör|nen ⟨sw. V.; hat⟩ [aus engl. to turn on, eigtl. = aufdrehen] (ugs.): **1.** *in einen Drogenrausch versetzen.* **2.** *in Erregung, Rausch o. Ä. versetzen:* sie törnt mich ganz schön an; die Musik törnte sie an.

a̱n|tra|ben ⟨sw. V.⟩: **1.** *zu traben beginnen* ⟨hat⟩: der Gaul trabte an. **2.** *sich trabend nähern* ⟨ist⟩: schnaubend trabte der Hengst an; ⟨meist im 2. Part. in Verbindung mit »kommen«:⟩ sie kam auf einer Stute angetrabt; Ü wenig später kam die zweite Gruppe angetrabt (ugs.; *anmarschiert*).

A̱n|trag, der; -[e]s, Anträge: **1. a)** *Gesuch, Forderung:* ein formloser A.; einen schriftlichen A. einreichen; einen A. auf Beihilfe stellen; (Papierdt.:) dem A. wurde [nicht] stattgegeben; jmdn. auf A. verfolgen; **b)** *Antragsformular:* sich am Schalter einen A. besorgen. **2.** *zur Abstimmung eingereichter Entwurf; Vorschlag:* einen A. im Parlament einbringen; über einen A. abstimmen, beraten; auf/(österr. auch:) über A. von Frau Schmidt. **3. a)** (geh. veraltend) *Angebot:* sie machte den A. zu vermitteln; **b)** *Heiratsantrag:* einer Frau einen A. machen.

a̱n|tra|gen ⟨st. V.; hat⟩ (geh.): *anbieten:* man trug ihr den Vorsitz an; er hat mir das Du, seine Freundschaft angetragen.

A̱n|trags|for|mu|lar, das: *Formular für einen Antrag* (1 a).

a̱n|trags|ge|mäß ⟨Adj.⟩: *einem Antrag* (1 a, 2) *entsprechend.*

A̱n|trag|stel|ler, der; -s, -: *jmd., der einen Antrag* (1 a) *stellt.*

A̱n|trag|stel|le|rin, die; -, -nen: w. Form zu ↑ Antragsteller.

a̱n|trai|nie|ren ⟨sw. V.; hat⟩: *durch Training vermitteln; sich durch Training aneignen:* sich Muskeln, gute Nerven a.; einem Tier bestimmte Verhaltensweisen a.

a̱n|trans|por|tie|ren ⟨sw. V.; hat⟩: *an einen bestimmten Ort transportieren; anliefern:* die Möbel sind gerade antransportiert worden.

a̱n|trau|en ⟨sw. V.; hat⟩ (veraltend): *mit jmdm. verheiraten:* der [ihr] angetraute Ehemann.

a̱n|tref|fen ⟨st. V.; hat⟩: *vorfinden:* jmdn. bei der Arbeit, bei guter Gesundheit, in großer Armut a.; sie trifft mich nie zu Hause an; diese Tiere sind überall anzutreffen; ich habe eine völlig veränderte Situation angetroffen.

a̱n|trei|ben ⟨st. V.⟩: **1.** ⟨hat⟩ **a)** *vorwärts treiben:* sie trieb die Pferde [mit der Peitsche] an; **b)** *zu höherer Leistung zwingen, anstacheln:* der Chef trieb uns zur Eile an; **c)** *zu etw. bringen, veranlassen:* die Neugier hat sie [dazu] angetrieben, den Raum zu betreten. **2.** *in Bewegung setzen bzw. halten* ⟨hat⟩: eine Turbine durch Dampf a.; die Mühlräder werden vom Wasser angetrieben. **3. a)** *angeschwemmt werden* ⟨ist⟩: Eisschollen sind [ans Ufer/am Ufer] angetrieben; Leichen trieben an; **b)** *ans Ufer spülen, anschwemmen* ⟨hat⟩: die Flut treibt den Tang [am Ufer/ans Ufer] an; **c)** *herantreiben* ⟨ist⟩: graue Wolken sind von Westen angetrieben. **4.** (Gartenbau) *künstlich zum Treiben bringen* ⟨hat⟩: die Pflanzen im Gewächshaus a.

A̱n|trei|ber, der; -s, - (abwertend): *jmd., der andere [zur Arbeit] antreibt.*

A̱n|trei|be|rin, die; -, -nen: w. Form zu ↑ Antreiber.

a̱n|tre|ten ⟨st. V.⟩: **1.** *festtreten* ⟨hat⟩: die Erde um die Pflanzen herum a. **2.** *durch Treten auf den Anlasser in Gang bringen* ⟨hat⟩: das Motorrad a. **3.** (Sport) *zu spurten beginnen* ⟨ist⟩: plötzlich, kräftig a. **4.** ⟨ist⟩ **a)** *sich in einer Formation aufstellen:* die Schüler sind/stehen der Größe nach angetreten; **b)** (Sport) *sich zum Wettkampf stellen:* gegen den Weltmeister a.; Ü gegen den Parteivorsitzenden a.; **c)** *sich zu etw. an einem bestimmten Ort einfinden, erscheinen:* wir sind pünktlich zum Dienst angetreten; **d)** *seinen Dienst aufnehmen:* der neue Rektor trat an. **5.** ⟨hat⟩ **a)** *sich zu etw. anschicken, mit etwas beginnen:* eine Reise, den Heimweg a.; sie hat eine neue Stelle, die Lehrzeit angetreten; eine Strafe a. *(abzubüßen beginnen);* den Urlaub a.; die Regierung a.; **b)** *übernehmen:* jmds. Nachfolge, ein Amt, ein Erbe a. **6.** (Sprachw.) *zu etw. hinzutreten* ⟨ist⟩: die Endung tritt an den Stamm an. **7.** (geh.) *sich jmdm. nähern* ⟨hat⟩: unverhofft trat ihn der Tod an.

A̱n|trieb, der; -[e]s, -e: **1.** *Triebkraft, bewegende Kraft:* ein Motor mit elektrischem A.; den A. drosseln. **2.** *Anreiz, Impuls, Beweggrund, innere Triebfeder:* die -e seines Handelns; der Erfolg gab ihr neuen A.; aus eigenem A. *(von sich aus)* handeln.

A̱n|triebs|ach|se, die (Technik): *Achse, an der die Antriebsräder eines Fahrzeugs angebracht sind.*

A̱n|triebs|ag|gre|gat, das (Technik): *Aggregat* (1), *das einen Antrieb* (1) *erzeugt.*

a̱n|triebs|arm ⟨Adj.⟩ (Psych.): *unter einem Mangel an innerem Antrieb* (2) *leidend.*

A̱n|triebs|kraft, die (Technik): *Kraft, die beim Umsetzen eines Antriebs* (1) *in Bewegung wirksam ist.*

A̱n|triebs|rad, das (Technik): *Rad, das von einem Motor [direkt] angetrieben wird.*

a̱n|triebs|schwach ⟨Adj.⟩ (Psych.): *mit nur schwachem Antrieb* (2) *ausgestattet, zur Passivität neigend:* ein -er Mensch.

a̱n|triebs|stark ⟨Adj.⟩ (Psych.): *mit starkem Antrieb* (2) *ausgestattet.*

A̱n|triebs|sys|tem, das: *Anlage u. Funktion eines [Raketen]triebwerks.*

A̱n|triebs|wel|le, die (Technik): *Welle* (5), *die einen Antrieb* (1) *überträgt.*

a̱n|trin|ken ⟨st. V.; hat⟩: **1.** *nur wenig von etw. trinken, nicht austrinken:* den Wein a.; ⟨meist im 2. Part.:⟩ angetrunkene Bierflaschen. **2.** *sich durch Trinken in einen bestimmten Zustand bringen:* sich einen Rausch, Schwips a.; du hast dir Mut angetrunken; * **sich** ⟨Dativ⟩ **einen a.** (ugs.; *sich betrinken*). **3.** ⟨a. + sich⟩ (österr. ugs.) *sich betrinken.*

A̱n|trin|ket, der; -s (schweiz.): **1.** *gemeinsamer Trunk vor einem [Kirchweih]fest.* **2.** *Geschäftseröffnung durch einen neuen Wirt.*

A̱n|tritt, der; -[e]s: **1. a)** *der Beginn, das Antreten* (5 a): der A. einer Reise; bei/vor A. der Fahrt; **b)** *Übernahme:* der A. eines Amtes, einer Regierung, einer Erbschaft. **2.** (Sport) *[Fähigkeit zur plötzlichen] Erhöhung des Lauftempos:* der Läufer hat einen schnellen A.

A̱n|tritts|be|such, der: *der Vorstellung dienender Höflichkeitsbesuch:* seinen A. abstatten, bei jmdm. machen.

A̱n|tritts|re|de, die: *erste Rede, die jmd. nach Übernahme eines [akademischen, politischen] Amtes hält.*

A̱n|tritts|vor|le|sung, die: *[im Rahmen einer festlichen Veranstaltung gehaltene] Vorlesung eines Hochschullehrers nach Übernahme eines Lehrstuhls.*

a̱n|trock|nen ⟨sw. V.; ist⟩: **1.** *an etw. trocken werden u. festkleben:* die Reste sind am Teller angetrocknet; angetrocknete Blutspuren. **2.** *ein wenig trocknen:* die Wäsche ist nur angetrocknet.

a̱n|tun ⟨unr. V.; hat⟩: **1. a)** *etw. tun, zuteil werden lassen, erweisen:* jmdm. Gutes, eine Wohltat a.; sich etw. Gutes a. *(sich etw. gönnen);* **b)** *zufügen:* jmdm. Böses, Unrecht, ein Leid a.; tu mir das ja nicht an (ugs.; *lass es bitte sein*); tut euch keinen Zwang an *(zwingt euch nicht zu etwas, was ihr nicht wollt);* * **sich** ⟨Dativ⟩ **etw. a.** (ugs. verhüll.; *Selbstmord begehen*). **2.** *jmdn. anziehen, bezaubern:* ihr Aussehen hat es ihm angetan; mir hatte es der Clown angetan. **3.** (geh.) **a)** *etw. Bestimmtes anziehen:* sie tat ihre Jacke an; **b)** *jmdm., sich Kleidung anlegen:* sie hat sich elegant angetan; ⟨meist im 2. Part. in Verbindung mit »sein«:⟩ er war angetan mit Jeans und T-Shirt.

[1]a̱n|tur|nen ⟨sw. V.; ist⟩ (ugs.): *sich tollend, sich ausgelassen bewegend nähern:* lachend turnte sie an; ⟨meist im 2. Part. in Verbindung mit »kommen«:⟩ die Kinder kamen fröhlich angeturnt.

[2]an|tur|nen [ˈantœrnən] ⟨sw. V.; hat⟩: *antörnen.*

Ant|we̱r|pen: Stadt in Belgien.

A̱nt|wort, die; -, -en [mhd. antwürte, ahd. antwurti, eigtl. = Gegenrede]: **a)** *mündliche od. schriftliche Erwiderung, Entgegnung:* eine höfliche, bissige, witzige, kluge A.; die A. blieb aus; die A. lautet folgendermaßen; eine A., freche -en geben; keine A. geben; die A. verweigern; nur eine ausweichende A. [auf eine Frage] bekommen; jmdm. eine abschlägige A. erteilen; [jmdm.] die A. schuldig bleiben *([jmdn.] ohne Antwort lassen);* (geh.:) jmdn. keiner A. würdigen; um keine A. verlegen sein; etw. zur A. geben; **Spr** keine A. ist auch eine A.; wer viel fragt, bekommt viel Antwort[en]; Abk.: Antw.; u. [od. U.] A. w. g. *(um [od. Um] Antwort wird gebeten;* auf Einladungsschreiben); **b)** *Reaktion:* als A. wies er stumm auf die Tür; ihr Fernbleiben ist die A. auf deine Beleidigung.

A̱nt|wort|brief, der: *schriftliche Erwiderung auf einen Brief.*

a̱nt|wor|ten ⟨sw. V.; hat⟩ [mhd. antwürten, ahd. antwurten]: **a)** *mündlich od. schriftlich erwidern; Antwort, Auskunft geben:* auf eine Frage ausführlich, ausweichend, der Wahrheit gemäß a.; mit Ja oder Nein a.; er hat mir noch nicht [auf meinen Brief] geantwortet; wie/was soll ich ihr a.?; Ü ein kurzes Lachen antwortete mir; **b)** *reagieren:* sie antwortete mit einem Achselzucken.

A̱nt|wort|kar|te, die: *Karte, auf der eine Rückantwort vorbereitet ist.*

a̱nt|wort|lich ⟨Präp. mit Gen.⟩ (Papierdt., Kaufmannsspr. veraltet): *in Beantwortung:* a. Ihres Schreibens *([als Antwort] auf Ihr Schreiben).*

A̱nt|wort|no|te, die (Dipl.): *offizielle Antwort einer Regierung an eine andere.*

A̱nt|wort|schein, der: in der Fügung **internationaler A.** *(international gültiger Gutschein für das Rückporto eines Briefes).*

A̱nus, der; -, Ani [lat. anus, eigtl. = Ring] (Med.): *After.*

A̱nus prae̱|ter, der; - -, Ani -, ugs. auch: - - [nlat., kurz für Anus praeternaturalis] (Med.): *künstlich angelegter Darmausgang.*

a̱n|ver|trau|en ⟨sw. V.; hat⟩: **1.** *vertrauensvoll übergeben, überlassen:* jmdm. ein Amt, ein Dokument, eine Geldsumme a.; wir haben uns ihrer Führung, seiner Obhut anvertraut; Ü sie vertrauten ihre sterbliche Hülle der Erde an (geh. verhüllend; *begruben sie*). **2. a)** *im Vertrauen mitteilen:* jmdm. ein Geheimnis, seine Pläne a.; ich vertraue dir meine Entdeckung an, (selten:) ich anvertraue dir meine Entdeckung; Ü das Geständnis nur dem Papier anvertrauen; **b)** ⟨a. + sich⟩ *sich vertrauensvoll offenbaren:* sich jmdm. rückhaltlos a.

a̱n|ver|wan|deln ⟨sw. V.; hat⟩ (geh.): *sich zu Eigen machen:* du verwandelst dir gern fremde Auffassungen an/ du anverwandelst dir gern fremde Auffassungen.

A̱n|ver|wand|lung, die; -, -en (geh.): *das Anverwandeln.*

a̱n|ver|wandt ⟨Adj.⟩ (geh. selten): **1.** *mit jmdm. verwandt:* eine mir -e Dame. **2.** *verwandt* (2): -e Branchen.

A̱n|ver|wand|te, der u. die; -n, -n ⟨Dekl. ↑ Abgeordnete⟩ (geh.): *Verwandter, Verwandte.*

a̱n|vi|sie|ren ⟨sw. V.; hat⟩: **1.** *ins Visier nehmen, als Zielpunkt nehmen:* einen feindlichen Panzer a.; einen Berg am Horizont a.; Ü die anvisierte Zielgruppe. **2.** *ins Auge fassen, anstreben:* eine Aufgabe, ein Ziel a.

a̱n|wach|sen ⟨st. V.; ist⟩: **1. a)** *festwachsen:* die transplantierte Haut ist angewachsen; angewachsene Ohrläppchen; **b)** *Wurzeln schlagen:* die verpflanzten Bäume sind gut angewachsen; Ü wir wollen auf dieser Bank nicht a. **2.** *stetig*

A

zunehmen: die Bevölkerung, der Verkehr wächst bedrohlich an; die Anzahl der Mitglieder ist auf über 1 000 angewachsen *(gestiegen);* anwachsende Schulden; die Fachliteratur ist zu einer unübersehbaren Flut angewachsen; ⟨subst.:⟩ das Anwachsen der Produktivität.

an|wa|ckeln ⟨sw. V.; ist⟩ (ugs.): *sich langsam [unbeholfen] nähern:* schlurfend wackelte sie an; ⟨meist im 2. Part. in Verbindung mit »kommen«:⟩ eine Ente kam angewackelt.

an|wäh|len ⟨sw. V.; hat⟩: **a)** *durch Wählen der entsprechenden Nummer eine telefonische Verbindung herzustellen versuchen:* jmdn., eine Nummer, einen Anschluss a.; London kann direkt angewählt werden; **b)** *durch ein [Funk]signal rufen, mit jmdm., etw. in Verbindung treten:* die angeschlossene Funkstation wählt man durch Tastendruck an; **c)** (EDV) *(am Computer) ein zu bearbeitendes Programm aufrufen, aktivieren.*

An|walt, der; -[e]s, Anwälte [mhd. anwalte = Bevollmächtigter, ahd. anawalto = Machthaber, zu ↑walten, eigtl. = jmd., der über etw. Gewalt hat]: **1.** *Rechtsanwalt:* sich als A. niederlassen; ich habe mir einen A. genommen; sich vor Gericht durch seinen A./von seinem A. vertreten lassen. **2.** *Verfechter einer Sache; Fürsprecher:* als A. einer guten Sache auftreten.

An|wäl|tin, die; -, -nen: w. Form zu ↑Anwalt.

an|walt|lich ⟨Adj.⟩: *die Tätigkeit als Rechtsanwalt betreffend:* -e Aufgaben.

An|walts|bü|ro, das: **1.** *Geschäftsräume eines Anwalts* (1). **2.** *aus mehreren Anwälten* (1) *bestehende Firma.*

An|walt|schaft, die; -, -en ⟨Pl. selten⟩: **1.** *Gesamtheit der Anwälte* (1) *u. Anwältinnen:* die A. unserer Stadt. **2.** ⟨o. Pl.⟩ *Amt des Anwalts* (1): das Prinzip der freien A. **3.** ⟨o. Pl.⟩ *Vertretung einer Sache als Anwalt* (1, 2): die A. in einem Prozess [für jmdn. od. etw.] übernehmen.

an|walt|schaft|lich ⟨Adj.⟩: *von einem Anwalt* (1) *ausgehend, ihn betreffend:* jmds. -e Vertretung übernehmen.

An|walts|kam|mer, die: *Berufsorganisation der Rechtsanwälte u. Rechtsanwältinnen.*

An|walts|kanz|lei, die: *Anwaltsbüro.*

an|wan|deln ⟨sw. V.; hat⟩ (geh.): *erfassen, befallen, überkommen:* eine Stimmung, ein Gefühl, eine Laune wandelte sie an.

An|wan|de|lung, (häufiger:) **An|wand|lung,** die; -, -en: *plötzlich auftretende Stimmung, Laune:* eine A. von Furcht überkam, befiel ihn; sonderbare -en haben *(sich merkwürdig benehmen);* einer plötzlichen A. folgend, aus einer A. heraus; in einer A. von Großzügigkeit.

an|wär|men ⟨sw. V.; hat⟩: *ein wenig wärmen:* die Suppe, die Milch a.; angewärmte Teller; Ü manche Interpreten müssen sich erst a. *(langsam einspielen).*

An|wär|ter, der; -s, - [zu mhd. an(e)warten, ahd. anawartēn = erwarten]: *aussichtsreicher Bewerber, Kandidat für etw.:* ein sicherer A. auf Mitgliedschaft, auf olympische Medaillen; A. auf einen Posten sein.

An|wär|te|rin, die; -, -nen: w. Form zu ↑Anwärter.

An|wart|schaft, die; -, -en ⟨Pl. selten⟩: *Anspruch, begründete Aussicht auf etw.:* die A. auf ein Amt, eine Stellung haben, anmelden.

an|wat|scheln ⟨sw. V.; ist⟩ (salopp): *sich watschelnd nähern:* gemächlich watschelte er an; ⟨meist im 2. Part. in Verbindung mit »kommen«:⟩ eine Ente, eine dicke alte Frau kam angewatschelt.

an|we|hen ⟨sw. V.⟩: **1.** (geh.) *gegen jmdn. wehen* ⟨hat⟩: ein kühler Hauch wehte sie an; Ü der Tod wehte einen an. **2. a)** *durch Wehen anhäufen* ⟨hat⟩: der Wind hat viel Schnee, Sand, viele Blätter angeweht; **b)** *sich durch Wehen anhäufen* ⟨ist⟩: hier weht immer viel Sand an.

an|wei|sen ⟨st. V.; hat⟩: **1.** *zuweisen, zuteilen:* man wies mir eine Arbeit an; jmdm. ein Quartier, ein Zimmer, einen Stuhl, einen Tisch im Restaurant a. **2.** *beauftragen, jmdm. etw. befehlen:* ich habe ihn angewiesen, die Sache sofort zu erledigen; sie ist angewiesen, uns sofort zu verständigen. **3.** *anleiten:* den Lehrling [bei der Arbeit] a. **4. a)** *die Auszahlung veranlassen:* das Gehalt, ein Honorar a.; **b)** *als Postsendung o. Ä. überweisen:* ich habe [ihr] den Betrag durch die Post angewiesen.

An|wei|sung, die; -, -en: **1.** *das Anweisen* (1). **2.** *Anordnung, Befehl:* eine A. befolgen; wir haben strikte A. weiterzuarbeiten; auf ausdrückliche A. des Ministeriums, von Herrn Meyer; eine A. von oben. **3.** *[gedruckte] Anleitung:* eine A. ist dem Gerät beigefügt. **4. a)** *Überweisung:* um A. des Geldes auf ein Konto bitten; **b)** *Anordnung zur Auszahlung:* die A. des Gehalts erfolgt demnächst; **c)** (Bankw.) *Bankanweisung o. Ä., die zur Überweisung od. Auszahlung eines Betrages ermächtigt:* eine A. auf die Kasse haben; eine A. auf/über einen Betrag ausstellen, ausschreiben.

an|wend|bar ⟨Adj.⟩: *zur Anwendung geeignet:* eine -e Methode finden; die Theorie erwies sich als nur bedingt auf die Praxis/in der Praxis a.

An|wend|bar|keit, die; -: *das Anwendbarsein.*

an|wen|den ⟨unr. V.; hat⟩: **1.** *gebrauchen, verwenden; mit etw. arbeiten (um etw. zu erreichen):* eine Technik, ein [Heil]mittel richtig a.; eine List, einen Trick a.; Gewalt a.; wir haben viel Sorgfalt, viel Mühe auf die Sache angewandt/(seltener:) angewendet. **2.** *auf etw. beziehen, übertragen:* einen Paragraphen auf einen Fall a.; eine Verfügung auf jmdn. a.

An|wen|der, der; -s, -: *jmd., der etw. (bes. ein Programm 4) anwendet, verwendet.*

an|wen|der|freund|lich ⟨Adj.⟩: *für den Anwender angenehm, praktisch (in der Handhabung):* ein -es System.

An|wen|de|rin, die; -, -nen: w. Form zu ↑Anwender.

An|wen|der|pro|gramm, das (EDV): *Programm* (4), *das es dem Anwender ermöglicht, am Computer spezielle Aufgaben (z. B. Textverarbeitung, Tabellenkalkulation, Erstellung einer Datenbank) durchzuführen; Anwendungsprogramm.*

An|wen|dung, die; -, -en: **1. a)** *das Anwenden* (1): die A. eines Verfahrens; auf A. von Gewalt verzichten; etw. in/zur A. bringen (Papierdt.; *anwenden*); zur A. kommen/gelangen/A. finden (Papierdt.; *angewendet werden*). **b)** *das In-Beziehung-Setzen:* die A. einer Bestimmung auf einen Fall; **2.** (Med.) *therapeutische, bes. hydrotherapeutische Maßnahme [im Rahmen einer Kur]:* -en haben, bekommen, nehmen. **3.** (EDV) *Anwenderprogramm.*

An|wen|dungs|be|reich, der: *Bereich, in dem etw. Anwendung findet:* der A. eines Heilmittels.

An|wen|dungs|ge|biet, das: *Anwendungsbereich.*

An|wen|dungs|mög|lich|keit, die: *Möglichkeit der Anwendung.*

An|wen|dungs|pro|gramm, das: *Anwenderprogramm.*

An|wen|dungs|soft|ware, die (EDV): *Software, die ein od. mehrere Anwenderprogramme enthält.*

an|wer|ben ⟨st. V.; hat⟩: *durch Werben für eine bestimmte Tätigkeit zu gewinnen suchen:* Soldaten, Arbeitskräfte, Freiwillige a.; sich [für einen/zu einem Dienst] a. lassen.

An|wer|be|stopp, der: *Verfügung, durch die das Anwerben von ausländischen Arbeitskräften (aus Ländern, die nicht der EU angehören) gestoppt wird.*

An|wer|bung, die; -, -en: *das Anwerben.*

an|wer|fen ⟨st. V.; hat⟩: **1.** *etw. an etw., jmdn. werfen:* zum Verputzen wird Kalk [an die Wand] angeworfen. **2. a)** *in Gang setzen:* den Motor, den Wagen, den Propeller a.; **b)** (ugs. scherzh.) *anschalten, einschalten:* das Radio, den Fernseher, den Staubsauger a.; **3.** (bes. Hand-, Korbball) *den Ball ins Spiel bringen.*

An|we|sen, das; -s, - [eigtl. subst. mhd. anewesen, ↑anwesend]: *[bebautes] größeres Grundstück:* ein ländliches A.; er besitzt ein großes A.

an|we|send ⟨Adj.⟩ [zu mhd. an(e)wesen, ahd. anawesen, LÜ von lat. adesse = dabei sein, da sein]: *aus einem bestimmten Anlass an einem Ort befindlich, zugegen:* alle -en Personen; bei einer Sitzung a. sein; Ü nicht ganz a. sein (ugs. scherzh.; *geistesabwesend sein, nicht aufpassen*).

An|we|sen|de, der u. die; -n, -n ⟨Dekl. ↑Abgeordnete⟩: *jmd., der anwesend ist:* verehrte A.!; alle -n erhoben sich; A. ausgenommen.

An|we|sen|heit, die; -: **1.** *das Zugegensein:* jmds. A. feststellen, vermissen; bei, während meiner A.; in A. sämtlicher Mitglieder; jmdn. mit seiner A. beglücken (meist iron.; *jmdn. stören, jmdm. lästig fallen*). **2.** *das Vorhandensein:* die A. von Metall feststellen.

An|we|sen|heits|lis|te, die: *Liste, in der die Anwesenheit* (1) *von Personen verzeichnet ist.*

an|wet|zen ⟨sw. V.; ist⟩ (salopp): *sich eilig nähern:* atemlos wetzte er an; ⟨meist im 2. Part. in Verbindung mit »kommen«:⟩ da kam meine Freundin angewetzt.

an|wi|dern ⟨sw. V.; hat⟩ (abwertend): *jmdm. zuwider sein; jmds. Ekel erregen:* er, sein Anblick widert mich an; sich von etw. angewidert fühlen.

an|win|keln ⟨sw. V.; hat⟩: *ein wenig winkeln, zu einem Winkel beugen, biegen:* die Arme a.; leicht angewinkelte Ellbogen.

an|win|seln ⟨sw. V.; hat⟩: *winselnde Laute gegen jmdn. ausstoßen:* der Hund winselte seinen Herrn an; Ü er winselte mich um Hilfe an (abwertend; *er flehte mich unterwürfig an, ihm zu helfen*).

An|woh|ner, der; -s, -: *jmd., der in unmittelbarer Nähe von etw. wohnt; Anlieger:* die A. einer Straße.

An|woh|ne|rin, die; -, -nen: w. Form zu ↑Anwohner.

An|woh|ner|schaft, die; -: *Gesamtheit der Anwohner.*

An|wurf, der; -[e]s, Anwürfe: **1.** ⟨o. Pl.⟩ (bes. Hand-, Korbball) *das Anwerfen* (3), *Anspiel in der Mitte des Spielfeldes:* den A. ausführen; A. haben. **2.** (veraltend) *das Angeworfene* (1); *Verputz.* **3.** *Vorwurf, unbegründete Anschuldigung:* scharfe Anwürfe gegen jmdn. erheben, richten.

an|wur|zeln ⟨sw. V.; ist⟩: *Wurzeln schlagen:* die Pflanzen sind gut angewurzelt; *** wie angewurzelt [da]stehen, stehen bleiben** *(ohne sich zu bewegen dastehen, stehen bleiben).*

An|zahl, die; -, (Fachspr.:) -en: **a)** *eine gewisse Zahl von Personen, gewisse Menge von Sachen:* eine unbedeutende, eine stattliche A.; eine ganze A. Kinder/von Kindern kam/(seltener:) kamen uns entgegen; eine A. leer stehender/(seltener:) leer stehende Häuser; **b)** *[Gesamt]zahl:* die A. der Teilnehmer war nicht ausreichend; die Mannschaften waren in ungleicher A. angetreten.

an|zah|len ⟨sw. V.; hat⟩: **a)** *als ersten Teilbetrag zahlen:* die Hälfte des Preises a.; was, wie viel hat sie angezahlt?; **b)** *den ersten Teilbetrag für etw. zahlen:* die Waschmaschine a.

an|zäh|len ⟨sw. V.; hat⟩ (Sport): *einen Boxer bei Kampfunfähigkeit auszuzählen beginnen:* der Boxer wurde bis acht angezählt; Ü der Politiker wirkte schwer angezählt.

An|zah|lung, die; -, -en: *Zahlung des ersten Teilbetrages einer Kaufsumme:* eine A. leisten, machen; etwas gegen eine kleine A., ohne A. kaufen, bekommen.

An|zah|lungs|sum|me, die: *als Anzahlung gezahlte Summe.*

an|zap|fen ⟨sw. V.; hat⟩: **a)** *etw. anstechen* (2) *u. daraus herausfließen lassen:* ein Fass a.; Bäume zur Harzgewinnung a.; der Wirt hat frisch angezapft *(angestochen);* **b)** (ugs.) *sich durch bestimmte technische Manipulationen die Möglichkeit zum heimlichen Abhören einer Telefonverbindung o. Ä. verschaffen:* eine Leitung, das Telefon, einen Draht a.; **c)** (ugs.) *von jmdm. Geld leihen; jmdn. dreist um Geld angehen.*

An|zei|chen, das; -s, -: **a)** *Vorzeichen:* A. eines Gewitters; die A. für eine Krise mehren sich; die ersten A. *(Symptome)* einer Krankheit; wenn nicht alle A. trügen, verlässt sie bald unsere

Abteilung; **b)** *Zeichen, das etw. erkennen lässt; Merkmal:* A. von Reue erkennen lassen.

an|zeich|nen ⟨sw. V.; hat⟩: **a)** *etw. an eine senkrechte Fläche zeichnen:* etw. [an die Wandtafel] a.; **b)** *durch ein Zeichen kenntlich machen, kennzeichnen:* eine Stelle in einem Buch a.

An|zei|ge, die; -, -n: **1.** *Meldung einer strafbaren Handlung an eine Behörde:* eine A. gegen unbekannt; bei der Polizei ist eine anonyme A. eingegangen; eine A. verfolgen, niederschlagen; A. gegen jmdn. [wegen einer Sache] erstatten *(jmdn. anzeigen);* jmdn., etw. zur A. bringen (Papierdt.; *anzeigen*). **2. a)** *gedruckte Bekanntgabe eines privaten Ereignisses:* wir haben die A. ihrer Vermählung erhalten; **b)** *in einer Zeitung, Zeitschrift o. Ä. veröffentlichte private, geschäftliche oder amtliche Mitteilung; Inserat; Annonce:* eine A. aufgeben, in die Zeitung setzen, schalten; sich auf eine A. [hin] melden. **3. a)** *das Anzeigen* (3); *ablesbarer Stand:* die A. eines Messinstruments; **b)** *Anlage, die etw. anzeigt:* die elektrische A. ist ausgefallen.

An|zei|ge|blatt: ↑Anzeigenblatt.

An|zei|ge|ge|rät, das: *Gerät, das etw. anzeigt* (3).

an|zei|gen ⟨sw. V.; hat⟩: **1.** *Strafanzeige erstatten:* einen Dieb, einen Diebstahl [bei der Polizei] a.; den rücksichtslosen Autofahrer a. **2. a)** *durch eine Anzeige bekannt geben:* die Geburt eines Kindes a.; der Verlag hat die neuen Bücher angezeigt; **b)** *wissen lassen, mitteilen, ankündigen:* der Trainer zeigte der Mannschaft die restliche Spielzeit an; sie hat uns ihren Besuch angezeigt (geh.; *sich zu einem Besuch angemeldet*). **3.** *den Stand von etw. angeben, zeigen:* das Barometer hatte schönes Wetter angezeigt; der Zähler zeigt den Stromverbrauch an.

An|zei|gen|blatt, das: *überwiegend aus Anzeigen* (2b) *bestehende kleine Zeitung.*

An|zei|gen|kam|pa|gne, die: *Kampagne* (1) *mit Anzeigen* (2b).

An|zei|gen|teil, der: *Teil der Zeitung, der die Anzeigen* (2b) *enthält.*

An|zei|ger, der; -s, -: **1.** *Gerät, das etw. anzeigt:* der A. für den Ölstand ist defekt. **2.** *kleinere Zeitung, Zeitschrift* (oft im Titel von Zeitungen): im lokalen, im literarischen A. blättern.

An|zei|ge|ta|fel, die (Sport): *[elektronische] Einrichtung in Stadien u. Sporthallen zur Angabe von Ergebnissen, Mannschaftsaufstellungen u. Ä.*

An|zet|te|ler, Anzettler, der; -s, -: *jmd., der etw. anzettelt.*

An|zet|te|le|rin, die; -, -nen: w. Form zu ↑Anzetteler.

an|zet|teln ⟨sw. V.; hat⟩ [zu ↑¹Zettel, eigtl. = durch das Aufziehen der Längsfäden mit dem Weben beginnen] (abwertend): *(etw. Negatives) [heimlich] vorbereiten u. in die Wege leiten:* einen Streit, eine Schlägerei a.; einen Krieg, einen Aufstand a.

An|zet|te|lung, Anzettlung, die; -, -en: *das Anzetteln.*

An|zett|ler: ↑Anzetteler.

An|zett|le|rin, die; -, -nen: w. Form zu ↑Anzettler.

An|zett|lung: ↑Anzettelung.

an|zie|hen ⟨unr. V.⟩: **1.** ⟨hat⟩ **a)** *an sich ziehen, heranziehen:* die Beine, die Knie a.; **b)** *(bes. von Lebensmitteln) etw. aus der Luft der Umgebung, in der es sich befindet, aufnehmen:* Salz zieht die Feuchtigkeit an; Lebensmittel ziehen leicht an *(nehmen schnell den Geschmack, den Geruch von etw. an);* **c)** *in seinen Bann ziehen, anlocken:* die Ausstellung zog viele Besucher an; sie scheint das Unglück geradezu anzuziehen; sich von jmdm. angezogen fühlen. **2.** ⟨hat⟩ **a)** *straffer spannen:* die Zügel a.; **b)** *festziehen:* eine Schraube a.; er hatte vergessen, die Handbremse anzuziehen; Ü der Staat hat die Steuerschraube angezogen *(höhere Steuern erhoben).* **3.** (landsch.) *bis auf einen Spalt schließen* ⟨hat⟩: die Tür leise a. **4. a)** *sich in Bewegung setzen* ⟨hat⟩: die Pferde zogen an; der Zug zog langsam an; **b)** (veraltet) *anrücken, heranziehen* ⟨ist⟩: das feindliche Heer zog an; ⟨häufig im 2. Part. in Verbindung mit »kommen«:⟩ die Herden kamen langsam angezogen; **c)** (Brettspiele) *den ersten Zug machen, das Spiel eröffnen* ⟨hat⟩: Weiß zieht an. **5.** ⟨hat⟩ **a)** *jmdm., sich Kleidung anlegen:* zieht euch an; sie ist noch nicht angezogen *(ist noch nicht fertig angekleidet);* **b)** *(ein Kleidungsstück) anlegen:* den Mantel, die Hosen, die Schuhe a.; die Mütze, den Hut a. (landsch.; *aufsetzen*); nichts anzuziehen haben; sich, dem Kind frische Wäsche a.; **c)** *jmdn., sich in bestimmter Weise kleiden:* sich, das Kind warm, dick, zu dünn a.; sie ist sportlich, elegant, lässig angezogen. **6.** (Börsenw., Kaufmannsspr.) *[im Preis] steigen* ⟨hat⟩: die Aktien, die Preise ziehen an; Baumwolle hat angezogen. **7.** *[das Tempo vom Stand an] in bestimmter Weise beschleunigen* ⟨hat⟩: der Wagen zieht gut an; der Sprinter zog vom Start weg energisch an. **8.** (veraltend) *zitieren* ⟨hat⟩: einen Autor, eine Stelle a.

an|zie|hend ⟨Adj.⟩: *reizvoll, gewinnend, sympathisch; attraktiv:* ein -es Äußeres; sie war, wirkte sehr a.

An|zieh|pup|pe, die: *Puppe, für die es verschiedene Kleidungsstücke zum An- u. Ausziehen gibt.*

An|zieh|sa|chen ⟨Pl.⟩ (ugs.): *Kleidungsstücke.*

An|zie|hung, die; -, -en: **1.** ⟨o. Pl.⟩ *das Anziehen* (1c); *Anziehungskraft* (2): eine starke A. auf jmdn. ausüben. **2.** *Verlockung, Reiz:* den -en der Großstadt erliegen.

An|zie|hungs|kraft, die: **1.** (Physik) *magnetische Kraft; Schwerkraft:* die A. der Erde. **2.** ⟨o. Pl.⟩ *Vermögen, jmdn. in seinen Bann zu ziehen:* eine erotische A. besitzen; eine starke, unwiderstehliche A. auf jmdn. ausüben.

An|zie|hungs|punkt, der: *Ort, Einrichtung o. Ä., die viele Menschen anzieht:* das Schloss, der Park ist ein A. für die Besucher der Stadt.

an|zie|len ⟨sw. V.; hat⟩: *etw. zum Ziel haben, etw. anstreben:* Verbesserungen a.; das angezielte Ergebnis wurde nicht erreicht; Ü das Medikament zielt eine bestimmte Wirkung an.

an|zi|schen ⟨sw. V.⟩: **1.** *zischende Laute gegen jmdn. ausstoßen* ⟨hat⟩: der Schwan hat mich böse angezischt. **2.** (ugs.) *jmdn. heftig, böse anfahren* ⟨hat⟩: sie zischte ihre Mutter an. **3.** (salopp) *sich schnell nähern* ⟨ist⟩: wütend zischte sie an; ⟨meist im 2. Part. in Verbindung mit »kommen«:⟩ er kam sofort angezischt.

an|zo|ckeln ⟨sw. V.; ist⟩ (ugs.): *sich langsam nähern:* ohne Eile zockelte sie an; ⟨meist im 2. Part. in Verbindung mit »kommen«:⟩ ein Fuhrwerk kam angezockelt.

an|zot|teln ⟨sw. V.; ist⟩ (ugs.): *sich zottelnd nähern:* mit schlurfenden Schritten zottelte er an; ⟨meist im 2. Part. in Verbindung mit »kommen«:⟩ eine Schar müder Kinder kam angezottelt.

An|zucht, die; -, Anzüchte: **1.** (Bergmannsspr.) *Abwassergraben.* **2.** ⟨o. Pl.⟩ *das Heranziehen* (2a) *von etw.:* die A. von Pflanzen, Stauden.

an|züch|ten ⟨sw. V.; hat⟩: *heranzüchten; die Anzucht* (2) *von etw. betreiben:* Pflanzen a.; Ü Haltungsschäden werden geradezu angezüchtet.

An|zug, der; -[e]s, Anzüge [1: zu ↑anziehen (5); 2: zu ↑anziehen (7)]: **1.** *aus Hose u. Jacke [u. Weste* (1) *bestehendes Kleidungsstück (für Männer):* ein eleganter, abgeschabter, zweireihiger A.; der A. sitzt schlecht, passt nicht; einen A. von der Stange *(einen Konfektionsanzug)* kaufen; einen A. nach Maß anfertigen lassen; im dunklen A. erscheinen; ***jmdn. aus dem A. stoßen/boxen** (salopp; *jmdn. verprügeln*); **aus dem A. fallen** (salopp; *stark abgemagert sein*); **aus dem A. kippen** (salopp; 1. *zu Boden fallen:* der kippt ja schon nach drei Bier aus dem A. 2. *sehr überrascht sein:* als ich hörte, dass sie schwanger sei, bin ich aus dem A. gekippt). **2.** *Beschleunigungsvermögen:* das Auto ist schlecht im A. **3.** ***im A. sein** *(sich nähern, herankommen):* der Feind, ein Gewitter ist im A.; **4.** *das Anziehen* (4c). **5.** (schweiz.) *[Bett]bezug, Überzug.* **6.** (schweiz.) *Antrag im Parlament:* ein A. zur Einschränkung der Gewerbefreiheit.

an|züg|lich ⟨Adj.⟩ [zu spätmhd. anzuc = Beschuldigung]: **1.** *auf etw. Unangenehmes anspielend:* -e Fragen stellen; werde nur nicht a.!; er lächelte a. **2.** *zweideutig, anstößig:* -e Witze erzählen.

An|züg|lich|keit, die; -, -en: **1.** ⟨o. Pl.⟩ *anzügliche Art.* **2.** *anzügliche Bemerkung, Äußerung:* seine Rede war voller -en.

An|zugs|kraft, die: *Kraft des Anzugs* (2).

An|zug|stoff, der: *Stoff für Anzüge* (1).

an|zün|den ⟨sw. V.; hat⟩: **a)** *zum Brennen bringen:* ein Streichholz, das Gas, ein Feuer im Ofen a.; **b)** *anbrennen:* ich zündete mir eine Zigarette an; **c)** *in Brand stecken:* ein Haus a.; die Felder a.

An|zün|der, der; -s, -: *Gerät, mit dem etw. (bes. Gas) angezündet wird.*

an|zwei|feln ⟨sw. V.; hat⟩: *nicht recht glauben; infrage stellen:* jmds. Glaubwürdigkeit, die Echtheit eines Bildes a.; eine nicht anzuzweifelnde Tatsache.

An|zwei|fe|lung, An|zweif|lung, die; -, -en: *das Anzweifeln.*

an|zwin|kern ⟨sw. V.; hat⟩: *zwinkernd ansehen:* jmdn. verschmitzt a.

an|zwit|schern ⟨sw. V.⟩: **1.** (ugs.) *lässig, ohne Eile ankommen* ⟨ist⟩: nach etwa einer Stunde zwitscherte er wieder an; ⟨meist im 2. Part. in Verbindung mit »kommen«:⟩ endlich kamen sie angezwitschert. **2.** ***sich** ⟨Dativ⟩ **einen a.** (ugs.; *sich einen Schwips antrinken* ⟨hat⟩).

AO = Abgabenordnung; Anordnung.

ao., a. o. = außerordentlich.

AOK [a:oˈka:], die; -: Allgemeine Ortskrankenkasse.

Äo|li|en; -s: antike Landschaft an der Nordwestküste Kleinasiens.

äo|lisch ⟨Adj.⟩: **1.** *Äolien betreffend, von dort stammend:* -e Tonart (Musik; *auf dem Grundton a stehende Kirchentonart*); Äolische Inseln (Liparische Inseln). **2.** (Geol.) *durch Windeinwirkung entstanden.*

Äo|lus: (griech. Myth.): Gott des Windes.

Äon [auch: ˈɛ:ɔn], der; -s, -en ⟨meist Pl.⟩ [lat. aeon < griech. aiōn] (bildungsspr.): *Zeitalter, [unendlich] langer Zeitraum; Weltalter, Ewigkeit.*

a. o. Prof. = außerordentliche Professorin, außerordentlicher Professor.

Ao|rist, der; -[e]s, -e [spätlat. aoristos < griech. aóristos] (Sprachw.): *[erzählende] Zeitform der Vergangenheit, bes. im Griechischen.*

Aor|ta, die; -, ...ten [griech. aortḗ, zu aeírein = zusammen-, anbinden u. eigtl. = das Anbinden, (am Herzbeutel) Angebundenes, Angehängtes] (Med.): *Hauptschlagader.*

Aor|ten|klap|pe, die (Med.): *eine der drei taschenförmigen Klappen an der Mündung der Herzkammer in die Aorta.*

Apa|che, der; -n, -n [2: frz. apache, nach ↑Apache (1)]: **1.** [auch: aˈpatʃə] Angehöriger eines Indianerstammes im Südwesten der USA. **2.** (veraltend) *Großstadtganove (bes. im Paris der Jahrhundertwende).*

Apa|na|ge [apaˈna:ʒə], die; -, -n [frz. apanage, zu altfrz. apaner = ausstatten, zu lat. panis = Brot]: **a)** *Zuwendung in Form von Geld od. Grundbesitz an nicht regierende Mitglieder eines Fürstenhauses zur Sicherung des standesgemäßen Unterhalts:* eine A. beziehen, erhalten; **b)** *regelmäßige finanzielle Zuwendung größeren Stils:* eine jährliche A. von 2 Millionen Mark.

apart ⟨Adj.⟩ [frz. à part = beiseite, besonders, eigenartig, aus: à = zu u. part = Seite < lat. pars, ↑Part]: **1. a)** *von eigenartigem Reiz; besonders reizvoll, geschmackvoll:* ein -es Kleid, Aussehen, Gesicht; der Mantel ist a.; sie ist sehr a.; **b)** *ungewöhnlich, pikant:* sein Angebot halte ich für a. **2.** (Buchhandel) *einzeln, gesondert:* fehlende Einzelbände werden a. nachgeliefert.

Apart|heid, die; - [afrikaans apartheid, eigtl. = Abgesondertheit, zu: apart = besonders, einzeln, vgl. apart]: (früher) *politisch-gesellschaftliche Doktrin, nach der die einzelnen Bevölke-*

rungsgruppen in der Republik Südafrika voneinander getrennt werden.

Apart|heid|po|li|tik, die: *auf Apartheid beruhende Politik.*

Apart|heit, die; -: *das Apartsein; apartes Wesen.*

Apart|ho|tel, das [aus ↑Apartment u. ↑Hotel]: *Hotel, das Appartements vermietet, in denen die Gäste auch selbst wirtschaften können.*

A|part|ment [engl.: əˈpɑːtmənt], das; -s, -s [engl.-amerik. apartment = Wohnung, Etage < frz. appartement, ↑Appartement]: *Appartement* (b).

Apart|ment|haus, das: *modernes Mietshaus mit einzelnen Kleinwohnungen.*

Apa|thie, die; -, -n [lat. apathia < griech. apátheia]: **a)** *Teilnahmslosigkeit; Zustand der Gleichgültigkeit gegenüber den Menschen und der Umwelt:* aus seiner A. erwachen; in A. verfallen, versinken; **b)** (Med.) *krankhaft verminderte Ansprechbarkeit des Gefühls.*

apa|thisch ⟨Adj.⟩: *teilnahmslos; abgestumpft, gleichgültig:* ein -er Mensch; in -em Zustand; völlig a. sein, dasitzen.

Apa|tit [apaˈtiːt, auch: ...ˈtɪt], der; -s, -e [zu griech. apátē = Täuschung (bei der Bestimmung sind mehrmals Irrtümer vorgekommen)]: *kristallenes Mineral.*

Apa|to|sau|ri|er, der; -s, -, **Apa|to|sau|rus,** der; -, ...rier [zu griech. apátē = Täuschung; man hielt die ersten Funde möglicherweise für Überreste einer anderen Saurierart]: *Pflanzen fressender Dinosaurier der Kreidezeit.*

Apen|nin, der; -s, (auch:) **Apen|ni|nen** ⟨Pl.⟩: Gebirge in Italien.

Apen|ni|nen|halb|in|sel, die; - (Geogr.): Italien (als von den Apenninen durchzogene Halbinsel des Mittelmeers).

aper ⟨Adj.⟩ [mhd. äber, ahd. ābar, eigtl. = nicht (Schnee) tragend, zu: beran, ↑gebären] (südd., österr., schweiz.): *schneefrei:* die Straßen sind a.

Aper|çu [apɛrˈsyː], das; -s, -s [frz. aperçu = kurzer Überblick, subst. 2. Part. von: apercevoir = wahrnehmen, zu: percevoir = wahrnehmen < lat. percipere] (bildungsspr.): *geistreiche, prägnant formulierte Bemerkung.*

Ape|ri|tif [auch: ...ˈtɪf], der; -s, -s, auch: -e [...iːvə; frz. apéritif, eigtl. = (Magen)öffner, zu lat. aperire = öffnen]: *appetitanregendes alkoholisches Getränk:* einen A. nehmen, servieren.

apern ⟨sw. V.; hat⟩ [zu ↑aper] (südd., österr., schweiz.): **a)** *schneefrei werden:* die Hänge apern bereits; es apert *(taut);* **b)** (selten) *schneefrei machen.*

Apex, der; -, Apizes [ˈaːpitseːs; lat. apex = Spitze]: **1.** (Astron.) *Zielpunkt eines Gestirns (bes. der Sonne u. der Erde), auf den dieses in seiner Bewegung gerade zusteuert.* **2.** (Sprachw.) *Zeichen zur Kennzeichnung langer Vokale* (ˆ od. ´). 3. (Sprachw.) *Hilfszeichen zur Kennzeichnung einer betonten Silbe, das über den Vokal gesetzt wird* (´).

Ap|fel, der; -s, Äpfel [mhd. apfel, ahd. apful, urspr. wohl = Holzapfel; H. u.]: **1.** *rundliche, fest-fleischige, aromatisch schmeckende Frucht mit Kerngehäuse; Frucht des Apfelbaums:* ein grüner, saurer, wurmstichiger, rotbäckiger, gebratener A.; A. im Schlafrock *(ein Gebäck);* Äpfel pflücken, [vom Baum] schütteln, schälen, reiben; **Spr** der A. fällt nicht weit vom Stamm/(ugs. scherzh.:) nicht weit vom Pferd *(jmd. ist in seinen [negativen] Anlagen, in seinem Verhalten den Eltern sehr ähnlich);* *** Äpfel und Birnen zusammenzählen/Äpfel mit Birnen addieren** (ugs.; *Unvereinbares zusammenbringen*); **für einen A. und ein Ei** (ugs.; *sehr billig, für einen unbedeutenden Betrag*): etw. für einen A. und ein Ei kriegen; **in den sauren A. beißen** (ugs.; *etwas Unangenehmes notgedrungen tun*). **2. a)** kurz für ↑Apfelbaum: die Äpfel blühen dieses Jahr spät; **b)** *Apfelsorte:* dies ist ein früher A. **3.** ⟨Pl.⟩ (verhüll.) *Brüste.*

Ap|fel|baum, der: *rötlich weiß blühender Obstbaum mit Äpfeln als Früchten.*

Ap|fel|blü|te, die: **a)** *Blüte des Apfelbaums;* **b)** *Zeit, in der die Apfelbäume blühen; das Blühen der Apfelbäume;* die A. war dieses Jahr besonders schön.

Äp|fel|chen, das; -s, -: Vkl. zu ↑Apfel (1, 3).

Ap|fel|ge|häu|se, das: *Kerngehäuse des Apfels.*

Ap|fel|ge|lee, der od. das: *Gelee aus Äpfeln.*

ap|fel|grün ⟨Adj.⟩: *kräftig hellgrün.*

Ap|fel|kern, der: *Samenkern im Gehäuse des Apfels.*

Ap|fel|ku|chen, der: vgl. Pflaumenkuchen.

Ap|fel|most, der: **a)** *aus Äpfeln hergestellter unvergorener, alkoholfreier Saft; Apfelsaft;* **b)** (bes. südd.) *leicht alkoholisches Getränk aus vergorenem Apfelsaft.*

Ap|fel|mus, das: *helles, dickes Mus aus gekochten Äpfeln;* *** gerührt [sein] wie A.** (ugs. scherzh.; *sehr gerührt [sein]*).

äp|feln ⟨sw. V.; hat⟩: *(vom Pferd) Pferdeäpfel fallen lassen.*

Ap|fel|saft, der: *aus Äpfeln hergestellter unvergorener, alkoholfreier Saft.*

Ap|fel|saft|kon|zen|trat, das: *eingedickter, konzentrierter Apfelsaft.*

Ap|fel|saft|schor|le, die: *Getränk aus mit Mineralwasser gemischtem Apfelsaft.*

Ap|fel|schim|mel, der: *Schimmel* (2), *in dessen Fell die graue bis weiße Grundfärbung von dunkleren, apfelförmigen Flecken durchsetzt ist.*

Ap|fel|schor|le, die (ugs.): *Apfelsaftschorle.*

Ap|fel|si|ne, die; -, -n [aus dem Niederd. < älter niederl. appelsina, eigtl. = Apfel aus China]: **a)** *rötlich gelbe, runde Zitrusfrucht mit saftreichem, wohlschmeckendem Fruchtfleisch u. dicker Schale; Frucht des Apfelsinenbaums; Orange:* süße, saftige -n; eine A. schälen, auspressen; **b)** kurz für ↑Apfelsinenbaum.

Ap|fel|si|nen|baum, der: *kleiner Baum mit länglich-eiförmigen Blättern u. weißen Blüten mit Apfelsinen als Früchten.*

Ap|fel|sor|te, die: *bestimmte Sorte von Äpfeln.*

Ap|fel|stru|del, der: *mit einer Füllung aus Äpfeln u. anderen Zutaten eingerolltes Gebäck aus Nudelteig.*

Ap|fel|wein, der: *durch alkoholische Gärung aus dem Saft von Äpfeln erzeugtes, weinähnliches Getränk.*

Aphä|re|se, die; -, -n [lat. aphaeresis < griech. aphaíresis, eigtl. = das Wegnehmen] (Sprachw.): *Wegfall eines Lautes od. einer Silbe am Wortanfang (z. B. 's für es).*

Apha|sie, die; -, -n [griech. aphasía = Sprachlosigkeit]: **1.** (Med.) *Verlust des Sprechvermögens od. Sprachverstehens infolge einer Erkrankung des Sprachzentrums im Gehirn.* **2.** (Philos.) *Enthaltung des Urteils in Bezug auf Dinge, über die nichts Sicheres bekannt ist.*

Aphel, das; -s, -e, **Aphe|li|um,** das; -s, ...ien [zu griech. aph' hēlíou = von der Sonne weg] (Astron.): *Punkt der größten Entfernung eines Planeten von der Sonne.*

Apho|ris|mus, der; -, ...men [lat. aphorismus < griech. aphorismós, eigtl. = Abgrenzung, Bestimmung] (bildungsspr.): *prägnant-geistreicher, in sich geschlossener Sinnspruch in Prosa, der eine Erkenntnis, Erfahrung, Lebensweisheit vermittelt:* geschliffene Aphorismen.

Apho|ris|tik, die; -: *Kunst, Fähigkeit, Aphorismen zu formulieren, zu schreiben.*

Apho|ris|ti|ker, der; -s, -: *Verfasser von Aphorismen.*

Apho|ris|ti|ke|rin, die; -, -nen: w. Form zu ↑Aphoristiker.

apho|ris|tisch ⟨Adj.⟩: *in der Art eines Aphorismus; kurz u. treffend, prägnant-geistreich [formuliert]:* ein -er Stil; über etw. a. *(andeutungsweise)* berichten, sprechen; ein Thema nur a. *(kurz)* behandeln.

Aph|ro|di|si|a|kum, das; -s, ...ka [zu griech. aphrodisiakós = zum Liebesgenuss gehörend] (Med.): *Mittel zur Anregung u. Steigerung des Geschlechtstriebs u. der Potenz* (2).

Aph|ro|di|te (griech. Myth.): Göttin der Liebe.

Aph|the, die; -, -n [lat. aphtha < griech. áphtha] (Med.): *[schmerzhaftes] kleines Geschwür an der Mundschleimhaut.*

a pi|a|ce|re [a pi̯aˈtʃeːrə; ital., zu: piacere = Vergnügen, Belieben] (Musik): *nach Belieben* (Vortragsanweisung in der Notenschrift).

Api|zes: Pl. von ↑Apex.

Aplomb [aˈplõː], der; -s [frz. aplomb, eigtl. = senkrechte Stellung, Gleichgewicht, subst. aus: à plomb = senkrecht, aus: à = zu, nach (< lat. ↑ad) u. plomb = (Senk)blei < lat. plumbum]: **1.** (bildungsspr.) **a)** *Sicherheit [im Auftreten], Nachdruck;* **b)** *Forschheit, Dreistigkeit:* etw. mit A. durchzusetzen versuchen. **2.** (Ballett) *Standfestigkeit; Abfangen einer Bewegung in den unbewegten Stand.*

APO, (auch:) **Apo,** die; - [Kurzwort für außerparlamentarische Opposition]: (bes. während der Regierungszeit der großen Koalition zwischen CDU u. SPD von 1966 bis 1969 in der Bundesrepublik Deutschland) nicht fest organisierte Aktionsgemeinschaft bes. von Studierenden u. Jugendlichen, die als antiautoritäre Bewegung die Durchsetzung politischer u. gesellschaftlicher Reformen außerhalb der (als handlungsunfähig erachteten) parlamentarischen Opposition versuchte.

apo|dik|tisch ⟨Adj.⟩ [spätlat. apodicticus < griech. apodeiktikós = beweiskräftig]: **1.** (Philos.) *unwiderleglich, unumstößlich; unbedingt sicher; unmittelbar evident:* -e Beweise, Urteile. **2.** (bildungsspr.) *keinen Widerspruch duldend:* etw. in -er Form, Weise, mit -er Bestimmtheit behaupten; etw. a. erklären.

Apo|gä|um, das; -s, ...äen [griech. apógeion] (Astron., Raumf.): *von der Erde am weitesten entfernter Punkt auf der Bahn eines Körpers um die Erde; Erdferne.*

Apo|ka|lyp|se, die; -, -n [kirchenlat. apocalypsis < griech. apokálypsis, eigtl. = Enthüllung]: **1.** (Rel.) *Schrift, die sich in Visionen, Träumen, Abschiedsreden, Weissagungen mit dem kommenden Weltende befasst.* **2.** (bildungsspr.) *Untergang; Unheil; Grauen.*

Apo|ka|lyp|tik, die; -: **1.** (Rel.) *Gesamtheit der Apokalypsen* (1); *apokalyptisches Schrifttum.* **2.** *Deutung von Ereignissen im Hinblick auf ein nahendes Weltende.*

Apo|ka|lyp|ti|ker, der; -s, -: **1.** (Rel.) *Verfasser od. Ausleger einer Apokalypse* (1). **2.** (bildungsspr.) *Mensch, für den die Vorstellung eines kommenden Weltendes, einer Weltkatastrophe Realität hat.*

Apo|ka|lyp|ti|ke|rin, die; -, -nen: w. Form zu ↑Apokalyptiker.

apo|ka|lyp|tisch ⟨Adj.⟩: **1.** (Rel.) *die Apokalypse [des Johannes], die Apokalyptik betreffend, in ihr vorkommend, auf ihr beruhend:* -e Schriften; *** die -en Reiter** (Sinnbilder für Pest, Krieg, Hunger, Tod; nach Offenb. 6, 2–8). **2.** (bildungsspr.) **a)** *auf das Weltende hinweisend, Unheil bringend;* **b)** *dunkel, geheimnisvoll;* **c)** *die Apokalypse* (2) *betreffend.*

Apo|ko|pe [aˈpoːkope], die; -, Apokopen [lat. apocope < griech. apokopḗ, eigtl. = das Abschlagen] (Sprachw.): *Abfall eines Auslauts oder einer auslautenden Silbe* (z. B. hatt für: hatte).

apo|ko|pie|ren ⟨sw. V.; hat⟩ (Sprachw.): *ein Wort durch Apokope verkürzen.*

apo|kryph ⟨Adj.⟩ [lat. apocryphus < griech. apókryphos = unecht]: **1.** (Rel.) *zu den Apokryphen gehörend.* **2.** (bildungsspr.) *zweifelhaft; nicht zum Gültigen, Anerkannten gehörend; unecht.*

Apo|kryph, das; -s, -en, (auch:) **Apo|kry|phon,** das; -s, ...pha u. Apokryphen [spätlat. apocrypha (Pl.)] (Rel.): *nicht in den Kanon aufgenommene, den biblischen Büchern sehr ähnliche Schrift.*

apo|li|tisch ⟨Adj.⟩ [aus griech. a- = nicht, un- u. ↑politisch]: *gleichgültig, ohne Interesse gegenüber politischem Geschehen; unpolitisch:* ein -er Mensch; sie ist völlig a.

Apoll, der; -s, -s ⟨Pl. selten⟩ (geh.): [2]*Apollo* (1): er ist nun wirklich kein A.

apol|li|nisch ⟨Adj.⟩ [lat. Apollineus]: **1.** *den Gott Apollo betreffend, in der Art Apollos.* **2.** (bes. Philos.) *harmonisch, maßvoll, ausgeglichen.*

Apol|lo (griech.-röm. Myth.): Gott der Dichtkunst.

Apol|lo, der; -s, -s: *schöner [junger] Mann.*

Apol|lo: Bez. für ein amerikanisches Raumfahrtprogramm für die Landung bemannter Raumfahrzeuge auf dem Mond.

Apo|lo|get, der; -en, -en [zu ↑ apologetisch]: a) (bildungsspr.) *jmd., der mit seiner ganzen Überzeugung hinter einer Auffassung od. Lehre steht u. diese mit Nachdruck nach außen vertritt;* b) (Rel.) *Vertreter einer Reihe griechischer für das Christentum eintretender Schriftsteller aus dem 2. Jh.*

Apo|lo|ge|tik, die; -, -en [spätlat. apologeticum < griech. apologētikón]: 1. (bildungsspr.) *Verteidigung, wissenschaftliche Rechtfertigung von [christlichen] Lehrsätzen o. Ä.* 2. ⟨o. Pl.⟩ (Theol.) *Teilgebiet der Theologie, das sich mit der rationalen Rechtfertigung des Glaubens befasst.*

Apo|lo|ge|tin, die; -, -nen: w. Form zu ↑ Apologet (a).

apo|lo|ge|tisch ⟨Adj.⟩ [spätlat. apologeticus < griech. apologētikós, zu apologeĩsthai = sich verteidigen] (bildungsspr.): *eine Ansicht, Lehre o. Ä. verteidigend, rechtfertigend.*

Apo|lo|gie, die; -, -n [spätlat. apologia < griech. apología] (bildungsspr.): a) *Verteidigung, Rechtfertigung (einer Lehre, Position o. Ä.);* b) *Verteidigungsrede, -schrift:* eine A. halten, schreiben.

apo|lo|gi|sie|ren ⟨sw. V.; hat⟩ (bildungsspr.): *rechtfertigen, verteidigen.*

Apo|plek|ti|ker, der; -s, - [zu ↑ apoplektisch] (Med.): a) *jmd., der zu Schlaganfällen neigt;* b) *jmd., der an den Folgen eines Schlaganfalles leidet.*

Apo|plek|ti|ke|rin, die; -, -nen: w. Form zu ↑ Apoplektiker.

apo|plek|tisch ⟨Adj.⟩ [spätlat. apoplecticus < griech. apoplēktikós] (Med.): a) *zu einem Schlaganfall gehörend, davon zeugend, damit zusammenhängend; durch einen Schlaganfall bedingt:* ein -er Anfall; ein -es Gesicht; b) *zu Schlaganfällen neigend:* er ist stark a.

Apo|ple|xie, die; -, -n [spätlat. apoplexia < griech. apoplēxía]: 1. (Med.) *Schlaganfall; Gehirnschlag.* 2. (Bot.) *plötzliches teilweises od. gänzliches Absterben der Krone von Steinobstbäumen.*

Apo|rie, die; -, -n [spätlat. aporia < griech. aporía = Ratlosigkeit]: a) (Philos.) *Unmöglichkeit, eine philosophische Frage zu lösen, da Widersprüche vorhanden sind, die in der Sache selbst od. in den zu ihrer Klärung gebrauchten Begriffen liegen;* b) *Unmöglichkeit, in einer bestimmten Situation die richtige Entscheidung zu treffen; Ausweglosigkeit.*

Apos|ta|sie, die; -, -n [spätlat. apostasia < griech. apostasía]: a) (bildungsspr.) *Abfall, Lossagung, bes. vom christlichen Glauben;* b) (kath. Rel.) *Austritt eines Klosterangehörigen unter Bruch des Gelübdes.*

Apos|tel, der; -s, - [1: mhd. apostel, ahd. apostolo < kirchenlat. apostolus < griech. apóstolos, eigtl. = abgesandt; Bote, zu: apostéllein = (als Gesandten) wegschicken]: 1. a) *einer aus dem Kreis der zwölf Jünger Jesu;* b) *urchristlicher Missionar:* der A. Paulus. 2. (bildungsspr., oft iron.) *[allzu] eifriger Befürworter, Vertreter einer [neuen] Lehre o. Ä.:* ein A. der Gewaltlosigkeit, der Enthaltsamkeit, der freien Marktwirtschaft.

Apos|tel|brief, der (Theol.): *eine der 21 in Briefform verfassten Schriften im Neuen Testament, die den Aposteln zugeschrieben werden.*

Apos|tel|ge|schich|te, die (Theol.): 1. *eine der Apokryphen über das Wirken der Apostel.* 2. ⟨o. Pl.⟩ *Buch im Neuen Testament über das Wirken der Apostel nach der Auferstehung Jesu.*

a pos|te|ri|o|ri [lat. = vom Späteren her]: a) (Philos.) *aus der Erfahrung gewonnen, auf Erfahrung gründend:* eine Erkenntnis a p.; b) (bildungsspr.) *nachträglich, später:* das lässt sich erst a p. feststellen.

apos|te|ri|o|risch ⟨Adj.⟩ (Philos.): *auf Erfahrung beruhend, gründend; erfahrungsgemäß.*

Apos|to|lat, das, Fachspr. auch: der; -[e]s, -e [kirchenlat. apostolatus, zu: apostolus, ↑ Apostel] (Theol.): a) *Amt der Apostel, auch der Bischöfe u. Priester;* b) *Auftrag der Kirche, bes. auch der Laien in der katholischen Kirche.*

Apos|to|li|kum, das; -s (Theol.): *Apostolisches Glaubensbekenntnis.*

apos|to|lisch ⟨Adj.⟩ [kirchenlat. apostolicus < griech. apostolikós] (Theol.): a) *von den Aposteln ausgehend, in der Art der Apostel; die Apostel u. ihre Lehre betreffend:* Apostolisches Glaubensbekenntnis; b) (kath. Kirche) *päpstlich:* Apostolischer Nuntius; apostolischer Segen *(vom Papst od. einem von ihm bevollmächtigten Bischof od. Priester erteilter Segen, mit dem ein vollkommener Ablass verbunden ist);* Apostolischer Stuhl (↑ Stuhl 3).

Apo|stroph [schweiz.: 'apo...], der; -s, -e [spätlat. apostrophos < griech. apóstrophos, eigtl. = abgewandt; abfallend, zu: apostréphein, ↑ Apostrophe] (Sprachw.): *Häkchen, das den Ausfall eines Lautes od. einer Silbe kennzeichnet; Auslassungszeichen* (z. B. hatt', 'naus): einen A. setzen.

Apo|stro|phe [apo'stro:fə, a'pɔstrofe], die; -, Apostrophen [lat. apostrophe < griech. apostrophḗ, zu: apostréphein = abwenden, zu: stréphein, ↑ Strophe] (Rhet.): *überraschende Hinwendung des Redners zum Publikum od. zu abwesenden Personen.*

apo|stro|phie|ren ⟨sw. V.; hat⟩: 1. (Sprachw. selten) *mit einem Apostroph versehen.* 2. (bildungsspr.) a) *erwähnen, anführen; sich auf jmdn., etw. beziehen:* jmdn., etw. a.; b) *als etwas bezeichnen, in einer bestimmten Eigenschaft herausstellen:* jmdn. als naiv, als Ignoranten a.; c) (selten) *gezielt ansprechen, sich [feierlich] an jmdn. wenden:* einen hohen Gast mit wohlgesetzten Worten a.

Apo|stro|phie|rung, die; -, -en: *das Apostrophieren; das Apostrophiertwerden.*

Apo|the|ke, die; -, -n [mhd. apotēke < lat. apotheca < griech. apothḗkē = Aufbewahrungsort, zu thēkē, ↑ Theke]: 1. *Geschäft, in dem Arzneimittel verkauft u. zum Teil auch hergestellt werden:* welche A. hat Nachtdienst?; Ü aus der A. der Natur. 2. (ugs. abwertend) *Geschäft, das für hohe Preise bekannt ist:* der Laden ist eine A.

Apo|the|ken|hel|fe|rin, die: *weibliche Fachkraft, die in einer Apotheke Arbeiten ausführt, die keine pharmazeutische Vorbildung erfordern* (Berufsbez.).

apo|the|ken|pflich|tig ⟨Adj.⟩: *nur in Apotheken erhältlich:* das Mittel ist a.

Apo|the|ker, der; -s, - [mhd. apotēker < (m)lat. apothecarius]: *jmd., der aufgrund seiner Berufsausbildung u. seiner Approbation berechtigt ist, eine Apotheke zu betreiben* (Berufsbez.).

Apo|the|ker|ge|wicht, das: *(früher vorgeschriebene) Gewichtseinheit für Arzneimittel (z. B. Gran, Unze).*

Apo|the|ke|rin, die; -, -nen: w. Form zu ↑ Apotheker.

Apo|the|ker|waa|ge, die: *gleicharmige Präzisionswaage.*

Apo|the|o|se, die; -, -n [lat. apotheosis < griech. apothéōsis, zu: theós = Gott]: 1. (bildungsspr.) a) *Erhebung eines Menschen zum Gott; Vergöttlichung eines Menschen:* die A. Napoleons; b) *Verherrlichung, Verklärung;* die A. der modernen Naturwissenschaft; c) (Kunst) *Darstellung einer Apotheose* (1 a). 2. (Theater) *wirkungsvolles [verherrlichendes] Schlussbild eines Bühnenstücks.*

apo|tro|pä|isch ⟨Adj.⟩ [griech. apotrópaios = abwendend] (bildungsspr.): *Unheil abwehrend.*

Ap|pa|rat, der; -[e]s, -e [1: lat. apparatus = Zubereitung, Einrichtung, Werkzeuge, zu: apparare = beschaffen; ausrüsten]: 1. a) *aus mehreren Bauelementen zusammengesetztes technisches Gerät, das bestimmte Funktionen erfüllt:* ein kleiner, komplizierter A.; den A. ausschalten; b) kurz für *Radio-, Fernseh-, Rasier-, Fotoapparat u. a.;* c) kurz für *Telefonapparat:* du wirst am A. verlangt; bleiben Sie bitte am A.!; am A.! *(Sie sprechen mit ihm, ihr selbst);* wer ist am A.? *(mit wem spreche ich?);* d) (Fernspr.) *Nebenstelle:* verlangen Sie bei der Zentrale A. 721; Schneider, A. Kaufmann *(hier spricht Schneider, Sie sind mit der Nebenstelle von Herrn, Frau Kaufmann verbunden).* 2. *Gesamtheit der für eine bestimmte Aufgabe, Tätigkeit, Institution benötigten Personen u. Hilfsmittel:* ein technischer, militärischer A.; der schwerfällige A. der Verwaltung. 3. (Fachspr.) a) *Zusammenstellung von Büchern als Hilfsmittel für eine wissenschaftliche Arbeit:* ein wissenschaftlicher A. [zu einem Kolloquium]; das Buch steht im A.; b) *Zusammenstellung von Lesarten u. Verbesserungen von Texten:* eine Textausgabe mit [kritischem] A. 4. (Anat.) *System von Organen od. Köperteilen, die einer gemeinsamen Funktion dienen* (meist in Zusammensetzungen, z. B. Bewegungs-, Verdauungsapparat). 5. (ugs.) *etw., was durch ungewöhnliche Größe, durch seine Besonderheit, Ausgefallenheit Aufsehen od. Staunen erregt:* die Äpfel waren -e von mindestens 10 cm Durchmesser.

Ap|pa|ra|te|bau, der ⟨o. Pl.⟩ (Technik): *Herstellung, Konstruktion von Apparaten.*

Ap|pa|ra|te|me|di|zin, die: *Form der medizinischen Versorgung, die durch den Einsatz technischer Apparate zur Diagnose u. Therapie gekennzeichnet ist u. bei der die Betreuung durch den Arzt selbst zurücktritt.*

ap|pa|ra|tiv ⟨Adj.⟩ (Fachspr.): a) *die Apparate, den Apparatebau betreffend:* neuere -e Entwicklungen; b) *mit Apparaten arbeitend, mithilfe von Apparaten:* -e Diagnostik, Medizin; -e Methoden; a. *(mit Apparaten)* gut ausgestattet sein.

Ap|pa|rat|schik, der; -s, -s [russ. apparatčik, zu: apparat = (Verwaltungs)apparat] (abwertend): *Funktionär im Staats- u. Parteiapparat totalitärer Staaten des Ostens, der Weisungen u. Maßnahmen bürokratisch durchzusetzen sucht.*

Ap|pa|ra|tur, die; -, -en: *Gesamtanlage von Apparaten od. Instrumenten, die einem gemeinsamen Zweck dienen:* eine komplizierte, automatische A.

Ap|par|te|ment [apartə'mã:, schweiz. auch: ...'mɛnt], das; -s, -s, schweiz. auch: -e [...'mɛntə; a: frz. appartement < ital. appartamento = abgeteilte, abgeschlossene Wohnung, zu: appartare = abteilen, zu lat. a parte = abgetrennt]: a) *Zimmerflucht in einem größeren [luxuriösen] Hotel;* b) *moderne Kleinwohnung (meist in einem [komfortablen] Mietshaus), Apartment.*

Ap|par|te|ment|haus, das: *modernes Mietshaus mit einzelnen Kleinwohnungen.*

Ap|par|te|ment|woh|nung, die: *Appartement* (b).

ap|pas|si|o|na|to ⟨Adv.⟩ [ital., zu: passione = Leidenschaft < lat. passio, ↑ Passion] (Musik): *leidenschaftlich, stürmisch.*

Ap|peal [ə'pi:l], der; -s [engl. appeal < frz. appel, ↑ Appell]: a) (bildungsspr.) *Anziehungskraft, Ausstrahlung, Reiz:* der publikumswirksame A. eines Showmasters; der sportliche A. eines Autos; b) (Werbespr.) *Anreiz, Aufforderungscharakter:* wir müssen dem Produkt einen lang andauernden A. geben.

Ap|pease|ment [ə'pi:zmənt], das; -s [engl. appeasement < frz. apaisement = Beschwichtigung, zu: apaiser = beruhigen, besänftigen, zu altfrz. pais = Friede < lat. pax] (Politik, oft abwertend): *Politik ständigen Nachgebens gegenüber expansiver od. subversiver Machtpolitik bes. totalitärer Staaten; Beschwichtigungspolitik.*

Ap|pell, der; -s, -e [frz. appel, zu: appeler = (auf)rufen < lat. appellare, ↑ appellieren]: 1. a) *auffordernde, aufrüttelnde Mahnung:* ein A. an die Vernunft; einen dringenden A. an die Öffentlichkeit richten; b) *Aufruf, Aufforderung:* ein dringender A. an die Nation, zum Frieden, zur Zusammenarbeit. 2. (Milit.) *Aufstellung, Antreten zur Überprüfung, Entgegennahme einer Nachricht, eines Befehls o. Ä.:* der morgendliche A.; einen A. abhalten; zum A. antreten.

Ap|pel|la|ti|on, die; -, -en [lat. appellatio, eigtl. = das Ansprechen] (schweiz. Rechtsspr., sonst veraltet): *Berufung (im Zivil- u. Strafprozess).*

Ap|pel|la|ti|ons|ge|richt, das (Rechtsspr. veraltet): *Berufungsgericht.*

Ap|pel|la|tiv, das; -s, -e (Sprachw.): *Substantiv, das eine Gattung von Dingen od. Lebewesen u. zugleich jedes einzelne Wesen od. Ding dieser Gattung bezeichnet; Gattungsbezeichnung, -name (z. B. Mensch, Blume, Tisch).*

ap|pel|la|ti|visch ⟨Adj.⟩ (Sprachw.): *als Appellativ [verwendet]:* -e Substantive; ein Wort a. verwenden.

ap|pel|lie|ren ⟨sw. V.; hat⟩ [1: mhd. appellieren < lat. appellare = (um Hilfe) ansprechen]: **1.** (bildungsspr.) **a)** *sich nachdrücklich mit einer Mahnung, einer Aufforderung an jmdn. wenden; jmdn. zu etw. aufrufen:* an das Volk, an die Belegschaft, an die Bevölkerung a.; **b)** *mit Nachdruck etwas Bestimmtes in jmdm. ansprechen, es wachzurufen, herauszufordern suchen:* an jmds. Ehrgefühl, Humor, Einsicht a.; an das Gewissen a. **2.** (Rechtsspr. veraltet) *Berufung einlegen:* an ein höheres Gericht, gegen ein Urteil a.

Ap|pen|dix, der; -, ...dizes [...ditse:s] od. der; -es, -e [lat. appendix = Anhang]: **1.** (bildungsspr.) *Anhängsel:* die Organisation ist ein bloßer A. der Staatspartei; ein A. zur Syntax. **2.** (Fachspr.) *Anhang eines Buches.* **3.** ⟨Fachspr.: die; -, ...dizes, sonst auch: der; -, ...dizes⟩ (Anat.) **a)** *Wurmfortsatz;* **b)** *an Organen hängendes Gebilde.*

Ap|pen|di|zi|tis, die; -, ...itiden (Med.): *Blinddarmentzündung.*

Ap|pen|zell: 1. Kanton in der Schweiz: A. Außerrhoden, A. Innerrhoden (Halbkantone der Schweiz). 2. Hauptort von Innerrhoden.

[1]Ap|pen|zel|ler, der; -s, -: Ew.

[2]Ap|pen|zel|ler ⟨indekl. Adj.⟩: A. Käse.

[3]Ap|pen|zel|ler, der; -s, -: *[ursprünglich aus Appenzell stammender] würziger Hartkäse.*

Ap|pen|zel|le|rin, die; -, -nen: w. Form zu ↑[1]Appenzeller.

ap|pen|zel|lisch ⟨Adj.⟩: *Appenzell, die Appenzeller betreffend.*

Ap|per|zep|ti|on, die; -, -en [frz. aperception, geb. von Leibniz zu: apercevoir, ↑Aperçu]: **1.** (Philos.) *durch Reflexion des unterscheidenden Verstandes bewirktes Erfassen u. Einordnen in einen Bewusstseinszusammenhang.* **2.** (Psych.) *bewusste Wahrnehmung; aktive Aufnahme von [sinnlich] Gegebenem ins Bewusstsein.*

ap|per|zep|tiv ⟨Adj.⟩ (Psych.): *durch Apperzeption* (2) *bewirkt, zustande kommend:* -e Wahrnehmungen; etwas a. erfassen.

Ap|pe|tenz, die; -, -en [lat. appetentia = das Begehren] (Verhaltensf.): *Bedürfnis, Trieb, triebbedingtes Verhalten.*

Ap|pe|tenz|ver|hal|ten, das (Verhaltensf.): *sich in noch ungerichteter Aktivität äußerndes triebhaftes Verhalten [bei Tieren], das eine auslösende Reizsituation anstrebt, die zur Befriedigung eines Triebes führt.*

Ap|pe|tit [auch: ...'tɪt], der; -[e]s, -e ⟨Pl. selten⟩ [(m)lat. appetitus (cibi) = Verlangen (nach Speise), zu: appetere = verlangen, begehren, zu: petere, ↑Petition]: *Lust, Verlangen, etwas [Bestimmtes] zu essen:* A. auf Leberwurst; der A. ist mir vergangen; einen guten, gesegneten A. haben; den A. anregen; etw. hebt den A.; jmdm. den A. verderben, nehmen, verlegen; A. auf etwas haben, bekommen; [etw.] mit A. essen; das kann man mit A. essen *(das ist sauber, appetitlich, gut zubereitet);* R der A. kommt beim/mit dem Essen *(wenn man erst einmal mit etwas angefangen hat, kommt auch die Lust dazu);* Ü ich habe von den Bildern direkt A. auf Australien bekommen; *** guten A.!** (Wunschformel vor dem Essen).

ap|pe|tit|an|re|gend ⟨Adj.⟩: **a)** *appetitlich:* das sieht sehr a. aus; **b)** *den Appetit fördernd:* ein -es Mittel.

Ap|pe|tit|häpp|chen, das, **Ap|pe|tit|hap|pen,** der: *kleines Stück Brot od. Brötchen o. Ä. mit pikantem Belag:* A. reichen; Ü einzelne Szenen als A. vorführen.

ap|pe|tit|lich [ape'ti:tlɪç, auch: ...'tɪtlɪç] ⟨Adj.⟩: **a)** *zum Essen reizend:* a. angerichtete Speisen; a. aussehen, duften; **b)** *sauber, hygienisch einwandfrei u. dadurch ansprechend:* etwas ist a. verpackt; **c)** (ugs.) *adrett u. frisch aussehend:* ein -es junges Mädchen.

ap|pe|tit|los ⟨Adj.⟩: *ohne Appetit; keinen Appetit habend:* a. im Essen herumstochern.

Ap|pe|tit|lo|sig|keit, die; -: *Zustand des Appetitlosseins.*

Ap|pe|tit|züg|ler, der; -s, -: *das Hungergefühl, den Appetit verminderndes Medikament.*

Ap|pe|ti|zer ['æpɪtaɪzə], der; -s, - [engl. appetizer, zu lat. appetitus, ↑Appetit] (Pharm.): *appetitanregendes Mittel.*

ap|plau|die|ren ⟨sw. V.; hat⟩ [lat. applaudere, zu: plaudere (2. Part.: plausum), ↑plausibel] (bildungsspr.): **a)** *Beifall klatschen:* lebhaft, begeistert a.; dem Solisten a.; **b)** (seltener) *mit Beifall bedenken, beklatschen:* etw., jmdn. a. ⟨meist im Passiv⟩.

Ap|plaus, der; -es, -e ⟨Pl. selten⟩ [lat. applausus] (bildungsspr.): *Beifall, das Beifallklatschen:* frenetischer, stürmischer A.; der A. verebbt; es gab viel A. für die Künstlerin; unter donnerndem A.

ap|pli|ka|bel ⟨Adj.⟩ [zu lat. applicare, ↑applizieren] (bildungsspr.): *anwendbar:* ein applikables Modell.

Ap|pli|ka|ti|on, die; -, -en [lat. applicatio = das Sichanschließen]: **1.** (bildungsspr.) **a)** *Anwendung, Verwendung, Gebrauch;* **b)** *Anbringung, Befestigung.* **2.** (veraltet) **a)** *Bewerbung;* **b)** *Bittschrift, Gesuch.* **3.** (Med.) *Verabreichung (von Medikamenten); Anwendung (von Heilverfahren).* **4.** (veraltet) *Fleiß, Eifer.* **5.** (kath. Rel.) *das Feiern der Messe für einen bestimmten Zweck.* **6.** (Textilw., Schneiderei) *auf ein Gewebe aufgenähte Verzierung aus Stoff, Leder, Filz, dünnem Metall o. Ä.:* ein Kleid mit schwarzen -en. **7.** (EDV) *Anwenderprogramm.*

ap|pli|zie|ren ⟨sw. V.; hat⟩ [lat. applicare = anfügen, an-, hinwenden]: **1.** (bildungsspr.) *anwenden, verwenden, gebrauchen:* [sich] ein Parfum a.; eine Terminologie a.; diese Denkmodelle lassen sich nicht auf unsere Verhältnisse a. **2.** (Med.) *(ein Medikament) verabreichen, (bei jmdm. ein Heilverfahren) anwenden:* der Arzt applizierte ihr eine Spritze in den Unterarm. **3. a)** (bildungsspr.) *etw. irgendwo anbringen, befestigen;* **b)** (Textilw., Schneiderei) *eine Verzierung aus Stoff, Leder, Filz, dünnem Metall o. Ä. auf ein Gewebe aufnähen:* auf der Jeans war eine Mickymaus aus Stoff appliziert; **c)** (selten) *(Farben) auftragen, auflegen.*

ap|port [frz. apporte, Imperativ Sg. von: apporter, ↑apportieren] (Jägerspr.): *bring [es] her!* (Befehl an einen Hund).

Ap|port, der; -s, -e [frz. apport, eigtl. = das Herbeibringen, zu: apporter, ↑apportieren]: **1.** (Jägerspr.) *das Herbeibringen von Gegenständen od. erlegtem kleinen Wild durch einen Hund.* **2.** (Parapsych.) *(im Verständnis der Parapsychologie) von Geistern od. durch ein Medium bewirkte Lage- oder Ortsveränderung von Gegenständen; das Herbeischaffen, Erscheinenlassen von Gegenständen.*

ap|por|tie|ren ⟨sw. V.; hat⟩ [(beeinflusst von gleichbed. frz. rapporter) < frz. apporter = herbeibringen < lat. apportare] (Jägerspr.): *(von einem Hund) (Gegenstände od. erlegtes kleineres Wild) herbeibringen:* der Hund apportiert den Stock; der Hund kann a.

Ap|por|tier|hund, der: *Hund, der zum Apportieren abgerichtet ist od. sich dazu eignet.*

Ap|po|si|ti|on, die; -, -en [lat. appositio = das Hinsetzen, Zusatz] (Sprachw.): *substantivische nähere Bestimmung, die meist im gleichen Fall steht wie das Substantiv od. Pronomen, zu dem es gehört; Beisatz* (z. B. Karl *der Große,* er *als behandelnder Arzt*).

ap|po|si|ti|o|nal ⟨Adj.⟩, **ap|po|si|ti|o|nell** ⟨Adj.⟩ (Sprachw.): *die Apposition betreffend; als Apposition, in der Art einer Apposition gebraucht.*

ap|pre|tie|ren ⟨sw. V.; hat⟩ [frz. apprêter = zubereiten, zu lat. praestus = gegenwärtig, zur Hand] (bes. Textilind.): *Gewebe (auch Leder, Holz, Papier) durch entsprechendes Bearbeiten ein besseres Aussehen, Glätte, Glanz, größere Festigkeit geben.*

Ap|pre|tur, die; -, -en (bes. Textilind.): **a)** *mechanische u. chemische Bearbeitung von Geweben (auch von Leder, Holz, Papier) zur Erzielung von Glätte, Glanz, Festigkeit o. Ä.; Veredlung, Ausrüstung;* **b)** *Mittel, Masse zum Appretieren.*

Ap|proach [ə'proʊtʃ], der; -[e]s, -s [engl. approach, zu: to approach = sich nähern < frz. approcher < spätlat. appropiare]: **1.** (Wissensch *Annäherung an ein wissenschaftliches Problem Vorgehensweise; Ansatz:* er hat einen anderen A.; ein ganz neuer A. **2.** (Werbespr.) *wirkungsvolle Werbezeile (als Annäherung des Werbenden an den Konsumenten), bes. Anfang eines Werbetextes, der die Aufmerksamkeit des Konsumenten erregen soll.* **3.** (Flugw.) *Anflug* 1 b.

Ap|pro|ba|ti|on, die; -, -en [lat. approbatio]: *zur Ausübung des Berufs als Arzt od. Apotheker erforderliche staatliche Bestätigung, Zulassung* der Zahnärztin wurde die A. erteilt.

ap|pro|bie|ren ⟨sw. V.; hat⟩ [lat. approbare, zu: probare, ↑probieren] (österr., sonst veraltet): *[behördlich] genehmigen, zulassen:* ein Buch [für den Gebrauch an Schulen] a.

ap|pro|biert ⟨Adj.⟩: *als Arzt od. Apotheker zur Berufsausübung staatlich zugelassen, anerkannt:* ein -er Tierarzt.

Ap|pro|xi|ma|ti|on, die; -, -en [mlat. approximatio, zu lat. approximare = sich nähern]: **1.** (bildungsspr.) *Annäherung (an einen bestimmten Zielpunkt o. Ä.).* **2.** (Math.) *Näherung, Näherungswert.*

ap|pro|xi|ma|tiv ⟨Adj.⟩ (bildungsspr.): *angenähert; ungefähr:* -e Werte, Angaben; die Preise lauten a. wie folgt.

Apr. = April.

Après-Ski [aprɛ'ʃi:], das; - [frz. après ski = nach dem Ski(laufen)]: **a)** *sportlich-saloppe, modisch elegante Kleidung, die von Winterurlaubern im Allgemeinen nach dem Skilaufen getragen wird* **b)** *Unterhaltung, Vergnügen, Zerstreuung [nach dem Skilaufen] im Winterurlaub.*

Après-Ski-Klei|dung, die: *Après-Ski* (a).

apri|cot [...'ko:] ⟨indekl. Adj.⟩ [frz. abricot, in der Schreibung an ↑Aprikose angelehnt]: *von der Farbe der Aprikose; aprikosenfarben:* eine a. Bluse.

Apri|ko|se, die; -, -n [niederl. abrikoos < frz. abricot < span. albaricoque < arab. al-barqūq = Pflaumen, über das Spätgriech. < spätlat. praecoca = Pfirsiche, eigtl. = frühreife (Früchte)]: **a)** *rundliche, samtig behaarte, gelbe bis orange farbene, oft rotwangige Frucht mit [saftigem] wohlschmeckendem Fruchtfleisch u. glattem, scharfkantigem Stein;* **b)** kurz für ↑Aprikosenbaum.

Apri|ko|sen|baum, der: *weiß bis hellrosa blühender Obstbaum mit Aprikosen als Früchten.*

apri|ko|sen|far|ben ⟨Adj.⟩: *apricot.*

Apri|ko|sen|mar|me|la|de, die: *aus Aprikosen hergestellte Marmelade.*

Apri|ko|sen|saft, der: *Saft von Aprikosen.*

April, der; -[s], -e ⟨Pl. selten⟩ [mhd. aberelle, ahd. abrello < lat. Aprilis (mensis), H. u.]: *vierter Monat des Jahres:* der launische, unbeständige A.; Anfang, Ende A.; im Laufe des April[s], des Monats A.; Abk.: Apr.; *** jmdn. in den A. schicken** (*jmdn. am 1. April mit etw., mit einem scherzhaften Auftrag o. Ä. zum Narren halten;* H. u.); **A., A.!** *(spottender Zuruf an jmdn., der in den April geschickt wurde).*

April|schau|er, der: *plötzlicher, meist heftiger Regenschauer, wie er im April häufig auftritt.*

April|scherz, der: *Spaß, Ulk, mit dem jmd. in den*

April geschickt wird: auf einen A. hereinfallen; Ü das ist doch wohl ein A.! *(kann doch nicht wahr sein, ist doch wohl nicht ernst zu nehmen!).*

Ap|ril|wet|ter, das ⟨o. Pl.⟩: *unbeständiges, meist kühles Wetter mit raschem Wechsel zwischen heftigen Schauern u. Aufheiterungen, wie es im April häufig ist.*

a pri|ma vis|ta [ital. = auf den ersten Blick, aus ↑²a, prima (↑prima) u. vista = das Sehen, zu: vedere < lat. videre = sehen] (bildungsspr.): *ohne vorherige Kenntnis; unvorbereitet:* a p. v. etwas schwer beurteilen können.

a pri|o|ri [lat. = vom Früheren her, zu: prior, ↑Prior]: **a)** (Philos.) *von der Erfahrung od. Wahrnehmung unabhängig; aus der Vernunft durch logisches Schließen gewonnen; aus Vernunftgründen:* eine Erkenntnis, ein Urteil a p.; **b)** (bildungsspr.) *von vornherein; grundsätzlich; ohne weitere Beweise:* etw. a p. verurteilen; das bedeutet a p. keinen Widerspruch.

ap|ri|o|risch ⟨Adj.⟩ (Philos.): *aus der Vernunft gewonnen, durch Denken erschlossen; erfahrungsunabhängig; aus Vernunftgründen, vernunftgemäß.*

Ap|ri|o|ris|mus, der; - (Philos.): *Lehre, die eine von der Erfahrung unabhängige Erkenntnis annimmt.*

a pro|pos [apro'po:] ⟨Adv.⟩ [frz. à propos = der Sache, dem Thema angemessen, zu: propos = Gespräch(sthema), zu: proposer = vorschlagen] (bildungsspr.): *übrigens; nebenbei bemerkt; da wir gerade davon sprechen:* das kostet eine Menge Geld – a. Geld, ich muss ja noch zur Bank!

Ap|si|den: Pl. von ↑Apsis.

ap|si|di|al ⟨Adj.⟩ (Archit.): *die Apsis (1) betreffend, nach Art einer Apsis gebaut.*

Ap|sis, die; -, Apsiden [1: (spät)lat. apsis (Gen.: absidis); hapsis < griech. (ionisch) apsís = Gefüge; Masche eines Netzes, zu: háptein = (an)knüpfen]: **1.** (Archit.) *über einem halbkreisförmigen, oft auch vieleckigen Grundriss errichteter, mit einer Halbkuppel überwölbter Raum, der einen Hauptraum, meist einen Kirchenraum, abschließt:* eine halbrunde A. **2.** *[halbrunde] Nische im Zelt zur Aufnahme von Gepäck u. Ä.*

Apu|li|en; -s: italienische Region.

Apu|lisch ⟨Adj.⟩: *Apulien, die Apulier betreffend.*

Aquä|dukt, der, auch: das; -[e]s, -e [lat. aquae ductus = Leitung des Wassers]: *(in der römischen Baukunst) Wasserleitung, bei der das Wasser in offenen oder abgedeckten Kanälen über eine oft mehrgeschossige Bogenbrücke in natürlichem Gefälle dem Ziel zugeleitet wird.*

Aqua|jog|ging [...dʒɔgɪŋ], das; -s[zu lat. aqua = Wasser u. ↑Jogging]: *kraftvolles Sich-vorwärts-Bewegen od. andere Bewegungsübungen in brusthohem Wasser.*

aqua|ma|rin ⟨Adj.⟩: *von der Farbe des Aquamarins.*

Aqua|ma|rin, der; -s, -e [lat. aqua marina = Meerwasser]: *hellblauer bis meergrüner Edelstein, Abart des Berylls.*

aqua|ma|rin|blau, aqua|ma|rin|far|ben ⟨Adj.⟩: *aquamarin.*

Aqua|naut, der; -en, -en [zu griech. naútēs = Seemann]: *jmd., der [in einer Unterwasserstation o. Ä.] die besonderen Lebens- u. Umweltbedingungen in größeren Meerestiefen erforscht.*

Aqua|nau|tik, die; -: *Forschungsbereich der Ozeanographie, der sich vor allem mit den Möglichkeiten des Aufenthaltes von Menschen unter Wasser sowie mit der Erkundung u. Ausnutzung von Meeresbodenschätzen befasst; Unterwasserforschung.*

Aqua|nau|tin, die; -, -nen: w. Form zu ↑Aquanaut.

Aqua|pla|ning, das; -[s] [engl. aquaplaning, zu: to aquaplane = (auf nasser Straße) rutschen, schleudern, eigtl. = Wasserski fahren, zu: aquaplane = Wasserski]: *bei höheren Geschwindigkeiten auf regennasser Straße unkontrollierbares Gleiten eines Kraftfahrzeugs auf einer den unmittelbaren Kontakt zwischen Fahrbahnbelag u. Reifen aufhebenden Wasserschicht.*

Aqua|rell, das; -s, -e [ital. acquerello, zu: acqua = Wasser < lat. aqua] (Malerei): *mit Aquarellfarben auf meist weißem, saugfähigem Papier gemaltes Bild, bei dem der Grund durchscheint, teilweise auch ausgespart ist:* ein A. von Nolde; *** A. malen** *(mit Aquarellfarben malen);* **in A.** *(in Aquarellfarben):* eine Landschaft in A.

Aqua|rell|far|be, die: *durchscheinende, nicht deckende Wasserfarbe.*

aqua|rel|lie|ren ⟨sw. V.; hat⟩ (Malerei): *mit Aquarellfarben malen.*

Aqua|rel|list, der; -en, -en: *Aquarellmaler.*

Aqua|rel|lis|tin, die; -, -nen: w. Form zu ↑Aquarellist.

Aqua|rell|ma|ler, der: *Künstler, der Aquarelle malt.*

Aqua|rell|ma|le|rei, die: **1.** ⟨o. Pl.⟩ *das Malen, die Kunst des Malens mit Aquarellfarben.* **2.** *mit Aquarellfarben gemaltes Bild; Aquarell.*

Aqua|rell|ma|le|rin, die: w. Form zu ↑Aquarellmaler.

Aqua|rell|tech|nik, die: *beim Malen von Aquarellen angewandte Technik.*

Aqua|ri|a|ner, der; -s, -: *jmd., der sich aus Liebhaberei mit der Haltung u. Züchtung von Wassertieren u. -pflanzen in Aquarien beschäftigt.*

Aqua|ri|a|ne|rin, die; -, -nen: w. Form zu ↑Aquarianer.

Aqua|ri|en: Pl. von ↑Aquarium.

Aqua|ri|en|fisch, der: **a)** *zur Haltung in einem Aquarium geeigneter Fisch;* **b)** *Fisch, der in einem Aquarium gehalten wird.*

Aqua|ri|en|haus, das: *Gebäude, in dem zur Besichtigung von Wassertieren u. -pflanzen Aquarien untergebracht sind.*

Aqua|ri|en|kun|de, die: *Lehre vom sachgerechten Halten u. Züchten von Tieren u. Pflanzen in Aquarien; Aquaristik.*

Aqua|ri|en|pflan|ze, die: **a)** *Wasser- od. Sumpfpflanze, die in einem Aquarium gehalten wird;* **b)** *Wasser- od. Sumpfpflanze, die sich zur Haltung in einem Aquarium eignet.*

Aqua|ris|tik, die; -: *Aquarienkunde.*

Aqua|ri|um, das; -s, ...ien [zu lat. aquarius = zum Wasser gehörend]: **1.** *meist viereckiger Glas- od. Plexiglasbehälter, der, mit Süß- od. Seewasser gefüllt, zur Pflege, Zucht u. Beobachtung von Wassertieren (meist Fischen) u. Wasserpflanzen dient:* ein beleuchtetes A.; ein A. anlegen. **2.** *Aquarienhaus.*

aqua|tisch ⟨Adj.⟩: *dem Wasser zugehörend, im Wasser befindlich, lebend, entstanden:* eine -e Fauna; -e Sedimente.

Äqua|tor, der; -s, ...oren [lat. aequator = Gleichmacher, zu: aequare = gleichmachen, zu: aequus = gleich]: **1.** ⟨o. Pl.⟩ *größter Breitenkreis auf der Erde, der die Erdkugel in die nördliche u. südliche Halbkugel teilt; Erdäquator:* das Schiff hat den Ä. passiert, überquert. **2.** (Math.) *Großkreis auf einer Kugel, dessen Ebene senkrecht auf einem vorgegebenen Kugeldurchmesser steht u. der die Kugel in zwei gleiche Hälften teilt.*

äqua|to|ri|al ⟨Adj.⟩: **a)** *zum Äquator gehörend;* **b)** *unter dem Äquator od. in der Nähe des Äquators befindlich:* -e Meere.

Äqua|to|ri|al|gui|nea; -s: Staat in Afrika.

Äqua|tor|tau|fe, die: *seemännischer Brauch, nach dem jede Person, die zum ersten Mal den Äquator passiert, unter Wasser getaucht wird.*

Aqua|vit [auch: ...'vɪt], der; -s, -e [zu lat. aqua vitae = Lebenswasser, urspr. in der Apothekerspr. Bez. für »Branntwein«]: *meist wasserheller od. gelblicher, vorwiegend mit Kümmel [u. anderen Gewürzen] aromatisierter Branntwein.*

äqui|li|brie|ren ⟨sw. V.; hat⟩ [frz. équilibrer] (selten): *ins Gleichgewicht bringen.*

Äqui|li|brist, der; -en, -en [frz. équilibriste, zu lat. aequilibrium = Gleichgewicht, zu: aequus = gleich u. libra = Waage]: *Artist, der die Kunst des Gleichgewichthaltens beherrscht; Gleichgewichtskünstler, bes. Seiltänzer.*

Äqui|li|bris|tin, die; -, -nen: w. Form zu ↑Äquilibrist.

äqui|nok|ti|al ⟨Adj.⟩ [lat. aequinoctialis] (Astron., Geogr.): *das Äquinoktium betreffend, zu ihm gehörend.*

Äqui|nok|ti|um, das; -s, ...ien [lat. aequinoctium, zu: aequus = gleich u. nox (Gen.: noctis) = Nacht] (Geogr.): *Zeitpunkt, zu dem die Sonne auf ihrer jährlichen scheinbaren Bahn den Himmelsäquator schneidet u. für alle Orte auf der Erde Tag u. Nacht gleich lang sind; Tagundnachtgleiche.*

Aqui|ta|ni|en; -s: historische Landschaft in Südwestfrankreich.

äqui|va|lent ⟨Adj.⟩ [mlat. aequivalens (Gen.: aequivalentis), zu lat. aequus = gleich u. valere = wert sein] (bildungsspr.): *gleichwertig:* zwei -e Ausdrücke; -e Mengen (Math.; *Mengen, deren Elemente einander umkehrbar eindeutig zugeordnet werden können; Mengen gleicher Mächtigkeit*).

Äqui|va|lent, das; -[e]s, -e (bildungsspr.): *gleicher Wert, Gegenwert; gleichwertiger Ersatz, gleichwertige Entschädigung; Ausgleich, Entsprechendes:* es gibt für dieses englische Wort im Deutschen kein [wirkliches] Ä.

Äqui|va|lenz, die; -, -en [mlat. aequivalentia]: **1.** (bildungsspr.) *Gleichwertigkeit:* die Ä. zweier Begriffe, verschiedener Tauschobjekte. **2.** (Logik) *Gleichwertigkeit des Wahrheitsgehaltes, der Bedeutung zweier Aussagen.* **3.** (Math.) *Gleichwertigkeit zweier Mengen, die dann besteht, wenn es sich um Mengen gleicher Mächtigkeit (4) handelt.*

äqui|vok ⟨Adj.⟩ [spätlat. aequivocus, zu: aequus = gleich u. vocare, ↑Vokabel]: **a)** (Sprachw., Philos.) *zwei-, mehrdeutig, von verschiedener Bedeutung trotz gleicher Lautung* (z. B. »einsilbig« als Eigenschaft von Wörtern u. von Menschen); **b)** (bildungsspr.) *doppelsinnig, verschieden deutbar:* eine -e Aussage.

[1]Ar, das, auch: der; -s, -e (aber: 10 -) [frz. are < lat. area = freier Platz, Fläche]: *Flächenmaß von $100\,m^2$:* 25 Ar Land; eine Fläche von 87 Ar (Zeichen: a).

[2]Ar = Argon.

Ara, der; -s, -s [frz. ara < Tupi (südamerik. Indianerspr.) arara]: *(vor allem in den Wäldern Mittelamerikas lebender) in Baumhöhlen nistender großer, langschwänziger, sehr bunter Papagei.*

Ära, die; -, Ären ⟨Pl. selten⟩ [spätlat. aera, eigtl. = gegebene Zahl]: **1. a)** (hist.) *Zeitrechnung, der als Ausgangspunkt ein wirkliches od. fiktives Ereignis zugrunde liegt u. die durch fortlaufende Weiterzählung der einzelnen Jahre zustande kommt:* die christliche Ä. zählt die Jahre nach und vor Christi Geburt; **b)** (bildungsspr.) *in bestimmter Weise durch eine Person od. Sache geprägtes Zeitalter, gekennzeichnete Epoche; unter einem bestimmten Aspekt gesehener Zeitabschnitt:* eine neue Ä. begann; die Ä. der Raumfahrt; die Ä. des Feudalismus; die Ä. de Gaulle *(die Amtszeit de Gaulles).* **2.** (Geol.) **a)** *größte, mehrere Formationen umfassende Zeiteinheit der Erdgeschichte; Erdzeitalter;* **b)** *Zeitraum, in dem eine Reihe von zusammengehörenden Gebirgsfaltungen abläuft.*

Ara|ber [auch: 'ar..., österr. u. schweiz. auch: a'ra:bɐ], der; -s, - [lat. Arabes (Pl.) < griech. Árabes < arab. ʿarab, eigtl. = Wüstenbewohner]: **1.** Ew. zu ↑Arabien. **2.** *Pferd der edelsten Pferderasse des arabischen Vollbluts.*

Ara|be|rin, die; -, -nen: w. Form zu ↑Araber (1).

ara|besk ⟨Adj.⟩ [frz. arabesque < ital. arabesco = arabisch]: *Arabesken (1) aufweisend; rankenförmig verziert, verschnörkelt.*

Ara|bes|ke, die; -, -n [frz. arabesque < ital. arabesco, zu: arabo = arabisch]: **1.** (bild. Kunst) *aus der Dekorationskunst der römisch-hellenistischen Welt entwickeltes, stilisiertes Rankenornament, das das vorherrschende Dekorationselement in allen Gattungen der islamischen Kunst darstellt:* -n aus Gips. **2.** (Musik) **a)** *Verzie-*

rung einer Melodie, reiche Figuration; **b)** *heiteres Musikstück bes. für Klavier.*

Ara|bi|en; -s: das Gebiet der Arabischen Halbinsel.

ara|bisch ⟨Adj.⟩: **a)** *Arabien, die Araber betreffend; von den Arabern stammend, zu ihnen gehörend;* **b)** *in der Sprache der Araber.*

Ara|bisch, das; -[s] u. ⟨nur mit best. Art.:⟩ **Ara|bi|sche,** das; -n: *arabische Sprache.*

Ara|bist, der; -en, -en: *Wissenschaftler auf dem Gebiet der Arabistik.*

Ara|bis|tik, die; -: *wissenschaftliche Erforschung der arabischen Sprachen u. Literaturen.*

Ara|bis|tin, die; -, -nen: w. Form zu ↑Arabist.

Arach|ni|den, Arach|no|i|den ⟨Pl.⟩ [zu griech. aráchnē = Spinne] (Zool.): *Spinnentiere.*

Arach|no|lo|gie, die; -: *Teilgebiet der Zoologie, das sich mit den Spinnentieren befasst.*

Ara|gón [...'gɔn]; -s: span. Form von ↑Aragonien.

Ara|go|ni|en; -s: Region in Nordostspanien.

Ara|lie, die; -, -n [H. u.]: kurz für ↑Zimmeraralie.

Aral|see, der; -s: See in Mittelasien.

Ara|mäa; -s: alter Name Syriens.

Ara|mä|er, der; -s, -: Angehöriger eines westsemitischen Nomadenvolkes.

Ara|mä|e|rin, die; -, -nen: w. Form zu ↑Aramäer.

ara|mä|isch ⟨Adj.⟩: **a)** *Aramäa, die Aramäer betreffend;* **b)** *in der Sprache der Aramäer.*

Ara|mä|isch, das; -[s] u. ⟨nur mit best. Art.:⟩ **Ara|mä|i|sche,** das; -n: *aramäische Sprache.*

Ärar, das; -s, -e [lat. aerarium = Staatskasse, Schatzkammer, zu: aes = Kupfer (das älteste röm. Geld bestand aus Kupfer)] (österr. Amtsspr. veraltend): **a)** *Staatsvermögen, Staatseigentum;* **b)** *Fiskus.*

Ara|rat, der; -[s]: Berg in der Türkei.

Arau|ka|rie, die, -, -n [nach der chilenischen Provinz Arauco]: *auf der Südhalbkugel vorkommender Baum mit schuppen- bis nadelförmigen Blättern u. quirlig stehenden Ästen.*

Ar|beit, die; -, -en [1 c: mhd. ar(e)beit, ahd. ar(a)beit = schwere körperliche Anstrengung, Mühsal, Plage; die heutige Bed. seit Luther]: **1. a)** *Tätigkeit mit einzelnen Verrichtungen, Ausführung eines Auftrags o. Ä.:* eine leichte, anstrengende, mühsame, zeitraubende, langweilige, interessante A.; die -en können beginnen; die A. geht voran; diese A. geht mir gut, leicht von der Hand; die A. läuft uns nicht davon (scherzh.; *wir brauchen uns nicht damit zu beeilen*); eine A. übernehmen, ausführen, verrichten, erledigen; durch diese Maßnahmen können wir A. sparen; eine A. sparende Methode; in A. ertrinken, mit A. überhäuft sein; über einer A. sitzen; * **ganze, gründliche** o. ä. **A. leisten/tun/**(ugs.:) **machen** (*etw. so gründlich tun, dass nichts mehr zu tun übrig bleibt;* oft im negativen Sinn); **b)** ⟨o. Pl.⟩ *das Arbeiten, Schaffen, Tätigsein; das Beschäftigtsein mit etwas:* körperliche, geistige A.; schöpferische A. am Schreibtisch; die A. an einem Buch; soziale A. leisten; gute A. leisten; viel A. haben *(viel arbeiten müssen);* seine A. tun; die A. hat er auch nicht erfunden *(er ist nicht gerade arbeitsam);* an die A. gehen; sich an die A. machen; **Spr** nach getaner A. ist gut ruh[e]n; * **etw. in A. geben** *(etw. anfertigen, machen lassen);* **etw. in A. haben** *(an etw. zurzeit arbeiten; mit der Anfertigung von etw. gerade beschäftigt sein);* **in A. sein** *(gerade hergestellt werden);* **c)** ⟨o. Pl.⟩ *Mühe, Anstrengung; Beschwerlichkeit, Plage:* das war eine ziemliche A.; das war ein hartes Stück A. *(eine große Mühe);* viel A. mit jmdm., etw. haben; keine Mühe und A. scheuen; du hast dir [damit, dadurch] unnötige A. gemacht; das macht viel A.; **d)** ⟨o. Pl.⟩ *Berufsausübung, Erwerbstätigkeit; Arbeitsplatz:* eine A. suchen, finden; A. suchende Frauen; die A. verlieren; A. haben *(eine Stelle, eine Anstellung haben);* unsere Firma hat A. *(hat Aufträge);* einer [geregelten] A. nachgehen *(berufstätig sein);* (ugs.:) auf A. gehen *(berufstätig sein);* ohne A. sein *(arbeitslos sein);* von der A. kommen; zur A. gehen, fahren; **Spr** jede A. ist ihres Lohnes wert; * **[bei jmdm.] in A. sein, stehen** *([bei jmdm.] beschäftigt, angestellt sein);* **von seiner Hände A. leben** (geh.; *sich seinen Lebensunterhalt durch Erwerbstätigkeit verdienen*). **2.** ⟨o. Pl.⟩ (Sport) *körperliche Vorbereitung auf bestimmte Leistungen; Training;* die A. am Sandsack, mit der Hantel. **3.** ⟨o. Pl.⟩ **a)** (Pferdesport) *der Ausbildung für den jeweiligen Verwendungszweck dienende Beschäftigung mit dem Pferd:* die A. an der Longe, an der Hand; **b)** (Jagdw.) *Abrichtung u. Führung eines Jagdhundes, dessen Einübung in die Suche nach Wild:* die A. mit einem Leithund auf der Schweißfährte. **4. a)** *als Ergebnis einer Betätigung entstandenes Werk; Erzeugnis, Produkt:* eine sorgfältige, grundlegende A.; handgefertigte -en; eine A. veröffentlichen; junge Künstler stellen ihre -en aus; Ü das ist bestellte A. *(dahinter steckt Absicht, das war geplant);* * **nur halbe A. machen** *(etw. nur unvollkommen ausführen);* **b)** *Klassenarbeit:* wir schreiben morgen eine A.; Jan hat die A. in Deutsch nicht mitgeschrieben; **c)** *Werk in seiner Beschaffenheit, in der Art seiner Ausführung; Gestaltung:* eine saubere, tadellose A.; getriebene -en; diese Vase ist eine italienische A.; eine A. aus Silber, in Marmor; **5.** (Physik) *Produkt aus der an einem Körper angreifenden Kraft u. dem unter ihrer Einwirkung von dem Körper zurückgelegten Weg (wenn Kraft u. Weg in ihrer Richtung übereinstimmen).*

ar|bei|ten ⟨sw. V.; hat⟩ [mhd. ar(e)beiten, ahd. ar(a)beiten = (sich) plagen, angestrengt tätig sein, zu ↑Arbeit]: **1. a)** *Arbeit leisten, verrichten; tätig sein:* körperlich, geistig a.; gewissenhaft, fleißig, hart, den ganzen Tag, am Schreibtisch, im Garten a.; an einem Roman a. *(schreiben);* der Schauspieler hat viel an sich gearbeitet *(hat sich viel mit der Ausbildung seiner schauspielerischen Fähigkeiten beschäftigt);* für, gegen Geld a.; im Akkord, mit Hochdruck, unter schlechten Bedingungen, unter Tarif a.; mit den Händen, mit dem Kopf a.; er lässt gern andere für sich a.; Ü sein Geld a. lassen *(es gewinnbringend anlegen);* **b)** *beruflich tätig, beschäftigt sein:* halbtags a. [gehen]; auf dem Bau, bei der Bahn, in einer Fabrik, mit Kindern a.; er arbeitet als Monteur, fürs Fernsehen; die [nicht] arbeitende Bevölkerung, **c)** *sich mit jmdm., etw. befassen [u. darüber schreiben]:* er arbeitet über den Expressionismus; **d)** ⟨a. + sich; unpers.⟩ *sich in bestimmter Weise arbeiten* (1 a, b) *lassen:* es arbeitet sich gut mit diesem Gerät; am Abend arbeitet es sich ungestörter. **2. a)** *sich für etw. einsetzen; auf ein bestimmtes Ziel, Ergebnis hinarbeiten:* an der Lösung eines Problems a.; für eine bessere Zukunft a.; **b)** *jmdm., einer Sache zu schaden suchen;* gegen das Regime a. **3. a)** *alle Kräfte aufbieten;* der Ruderer musste schwer a., um gegen die Strömung anzukommen; Ü das Schiff arbeitet schwer in der Dünung; **b)** ⟨a. + sich⟩ *einen Weg [zu einem Ziel hin] mühevoll zurücklegen:* sich durch das Gebüsch a.; der Wurm arbeitete sich nach oben. **4. a)** ⟨a. + sich⟩ *durch Arbeit, körperliche Anstrengung in einen bestimmten Zustand gelangen:* sich müde, krank a.; du musst dich warm a.; **b)** *sich körperlich so sehr betätigen, dass ein Körperteil in einen bestimmten Zustand gerät:* ich arbeitete mir die Hände wund, den Rücken lahm. **5.** *in Funktion, Bewegung, Tätigkeit sein; in Betrieb, in Gang sein:* das Herz des Patienten arbeitet regelmäßig; ihr Gehirn arbeitete fieberhaft; die Maschine arbeitet einwandfrei, vollautomatisch; Ü das Holz arbeitet *(verzieht sich);* der Wein, Most arbeitet *(gärt);* der Teig arbeitet *(geht auf).* **6.** *jmdm. zu schaffen machen, jmdn. innerlich beschäftigen:* die Kränkung arbeitete in ihr. **7.** (Sport) *sich körperlich auf bestimmte Leistungen vorbereiten; trainieren:* mit den Hanteln, am Sandsack a. **8. a)** (Pferdesport) *(ein Pferd für seinen jeweiligen Verwendungszweck) ausbilden, zureiten, dressieren;* **b)** (Jagdw.) *(einen Jagdhund) abrichten u. führen, in die Suche nach Wild einüben.* **9.** (bes. Handw.) *anfertigen, herstellen:* ein Kostüm auf Taille a.; wo, bei wem lassen Sie a.?; eine Schale in Ton, in Silber a.

Ar|bei|ter, der; -s, - [mhd. arbeiter = Tagelöhner, Handwerker]: **a)** *jmd., der körperlich od. geistig [in bestimmter Weise] tätig ist:* er ist ein umsichtiger, gewissenhafter A.; **b)** *Arbeitnehmer, der überwiegend körperliche Arbeit leistet; Lohnarbeiter:* ein ungelernter A.; die A. am Gewinn beteiligen; die Gewerkschaft vertritt die Interessen der A.

Ar|bei|ter|auf|stand, der: *Aufstand, Revolte von Arbeitern.*

Ar|bei|ter|be|we|gung, die ⟨o. Pl.⟩ (Politik): *(im 19. Jh. sich entwickelnde) gegen die besitzenden Klassen u. deren politische Vertreter gerichtete, auf Verbesserung der ökonomischen, sozialen u. politischen Verhältnisse abzielende Bewegung der abhängigen Lohnarbeiter.*

Ar|bei|ter|bie|ne, die (Zool.): *Arbeiterin* (2) *in einem Bienenvolk.*

Ar|bei|ter|denk|mal, das: **1.** *die Arbeit glorifizierendes Standbild eines Arbeiters.* **2.** (ugs. scherzh.) *jmd., der (statt seine Arbeit zu verrichten) untätig dasteht.*

Ar|bei|ter|fa|mi|lie, die: *der Schicht der Arbeiter angehörende Familie:* er kommt aus einer A.

Ar|bei|ter|füh|rer, der: *in der Arbeiterbewegung aktiver politischer Führer.*

Ar|bei|ter|füh|re|rin, die; -, -nen: w. Form zu ↑Arbeiterführer.

Ar|bei|te|rin, die; -, -nen: **1.** w. Form zu ↑Arbeiter. **2.** (Zool.) *unfruchtbare weibliche Biene, Ameise, Termite, deren Aufgabe u. a. in Brutpflege, Bewachung, Beschaffung von Nahrung besteht.*

Ar|bei|ter|kampf|gruß, der: *in der Arbeiterbewegung üblicher, Solidarität u. Kampfbereitschaft signalisierender Gruß, bei dem die zur Faust geballte rechte Hand erhoben wird.*

Ar|bei|ter|kind, das: *Kind aus einer Arbeiterfamilie:* die Bildungschancen der -er.

Ar|bei|ter|klas|se, die ⟨o. Pl.⟩: *gesellschaftliche Schicht der Arbeiter:* der Kampf der A. um Verbesserung der sozialen Bedingungen.

Ar|bei|ter|mi|lieu, das: *Milieu, in dem die Arbeiter leben.*

Ar|bei|ter|or|ga|ni|sa|ti|on, die: *(im Zuge der Arbeiterbewegung entstandene) Organisation (wie Partei, Gewerkschaft, Verband), in der sich Arbeiter zusammenschließen.*

Ar|bei|ter|par|tei, die: *politische Partei, die die Interessen der Arbeiter vertritt u. deren Mitglieder überwiegend Arbeiter sind.*

Ar|bei|ter|rat, der: *(früher in einigen kommunistischen Ländern) Vertretungsorgan der Belegschaftsmitglieder in Betrieben u. Unternehmen.*

Ar|bei|ter|schaft, die; -: *Gesamtheit der Arbeiter u. Arbeiterinnen:* die Partei sieht ihre politische Basis in der A.

Ar|bei|ter|selbst|ver|wal|tung, die: *Verwaltung von Betrieben u. Institutionen durch die dort beschäftigten Arbeiter.*

Ar|bei|ter|sied|lung, die: *für Arbeiter errichtete, von Arbeitern bewohnte Siedlung:* eine A. aus dem 19. Jahrhundert.

Ar|bei|ter|stadt, die: *durch einen hohen Anteil von Arbeitern geprägte [Industrie]stadt:* Duisburg ist eine A.

Ar|bei|ter-und-Bau|ern-Staat, der (DDR): *von der Klasse der Arbeiter u. Bauern getragener u. geführter Staat.*

Ar|bei|ter-und-Sol|da|ten-Rat, der (hist.): *aus Arbeitern u. Soldaten gebildeter Rat* (3 c).

Ar|bei|ter|ver|ein, der: *[konfessionell od. politisch gebundener] Verein zur kulturellen u. wirtschaftlichen Förderung der Arbeiter innerhalb der Arbeiterbewegung.*

Ar|bei|ter|ver|tre|tung, die: *die Interessen der Arbeiter vertretende Organisation.*

Ar|bei|ter|vier|tel, das: *bes. von Arbeitern bewohntes Stadtviertel.*

Ar|bei|ter|wohl|fahrt, die ⟨o. Pl.⟩: *Verband der freien Wohlfahrtspflege, der auf allen Gebieten* *der Sozialarbeit u. in der Entwicklungshilfe tätig ist.*

r|beit|ge|ber, der: *Firma o. Ä., Person, die Arbeitnehmer im Arbeitsverhältnis beschäftigt.*

r|beit|ge|ber|an|teil, der: *Anteil an der Sozialversicherung des Arbeitnehmers, der vom Arbeitgeber getragen werden muss.*

r|beit|ge|be|rin, die; -, -nen: w. Form zu ↑Arbeitgeber.

r|beit|ge|ber|prä|si|dent, der: *Präsident einer Vereinigung der Arbeitgeber.*

r|beit|ge|ber|sei|te, die ⟨o. Pl.⟩: *Gesamtheit der Arbeitgeber (in Opposition zu den Arbeitnehmern):* die A. hat die Forderung zurückgewiesen.

r|beit|ge|ber|ver|band, der: *Interessenverband von Arbeitgebern.*

r|beit|ge|ber|ver|tre|ter, der: *Vertreter* (1b) *der Arbeitgeberseite.*

r|beit|neh|mer, der: *jmd., der von einem Arbeitgeber beschäftigt wird.*

r|beit|neh|mer|frei|be|trag, der: *Steuerfreibetrag für Arbeitnehmer.*

r|beit|neh|me|rin, die; -, -nen: w. Form zu ↑Arbeitnehmer.

r|beit|neh|mer|or|ga|ni|sa|ti|on, die: *Organisation zur Vertretung der Interessen der Arbeitnehmer.*

r|beit|neh|mer|sei|te, die ⟨o. Pl.⟩: vgl. Arbeitgeberseite.

r|beit|neh|mer|ver|tre|ter, der: vgl. Arbeitgebervertreter.

r|beits|ab|lauf, der: *das Ablaufen* (5c), *Verlauf einer Arbeit* (1): den A. regeln; eine Unterbrechung im A.

r|beits|ab|schnitt, der: *einzelner Abschnitt, einzelne Phase* (1) *einer Arbeit* (1).

r|beit|sam ⟨Adj.⟩ (veraltend): *eifrig u. viel arbeitend, fleißig:* ein -er Mensch.

r|beits|amt, das: *staatliche Behörde mit den Aufgaben der Arbeitsvermittlung, der Gewährung von Arbeitslosengeld u. -hilfe u. a.*

r|beits|an|fall, der ⟨o. Pl.⟩: *das Anfallen von Arbeit; anfallende Arbeit.*

r|beits|an|fang, der: *Anfang der täglichen beruflichen Arbeit:* um 8 Uhr ist A.

r|beits|an|lei|tung, die: *Anleitung, nach der eine Arbeit auszuführen ist.*

r|beits|an|wei|sung, die: vgl. Arbeitsanleitung.

r|beits|an|zug, der: vgl. Arbeitskleidung.

r|beits|at|mo|sphä|re, die ⟨Pl. selten⟩: *am Arbeitsplatz herrschende Atmosphäre* (2a).

r|beits|auf|fas|sung, die: *innere Einstellung zur Berufsarbeit in Bezug auf deren gewissenhafte Erledigung:* eine vorbildliche A.

r|beits|auf|wand, der: *Aufwand an Arbeit:* etw. mit großem, geringem A. erreichen; der A. für etw. ist unverhältnismäßig hoch.

r|beits|auf|wen|dig, (auch:) arbeitsaufwändig ⟨Adj.⟩: *mit viel Arbeit* (1a) *verbunden:* eine -e Aktion; ein -es Verfahren; das ist zu a.

r|beits|be|din|gun|gen ⟨Pl.⟩: *Bedingungen, Umstände, unter denen jmd. arbeitet.*

r|beits|be|ginn, der: *Arbeitsanfang.*

r|beits|be|las|tung, die: *Belastung, die durch die zu leistende Arbeit für jmdn. entsteht:* eine geringe, erhöhte A.

r|beits|be|reich, der, selten: das: 1. *Gebiet, auf dem jmd. arbeitet:* diese Aufgabe fällt, gehört in ihren A. 2. *Bereich, in dem jmd., etw. arbeitet:* eine spanische Wand trennt den A. vom übrigen Zimmer; der A. des Drehkrans.

r|beits|be|richt, der: *Bericht über geleistete Arbeit:* den monatlichen A. vorlegen.

r|beits|be|schaf|fung, die: *öffentliche Bereitstellung od. Subventionierung von Arbeitsplätzen, bes. bei allgemeiner Arbeitslosigkeit.*

r|beits|be|schaf|fungs|maß|nah|me, die ⟨meist Pl.⟩: *der Bereitstellung zusätzlicher Arbeitsplätze dienende Maßnahme* (Abk.: ABM).

r|beits|be|spre|chung, die: *die Arbeit betreffende Besprechung:* regelmäßige -en abhalten; zu einer A. zusammenkommen.

r|beits|bie|ne, die: 1. (Zool.) *Arbeiterbiene.* 2. (ugs.) a) *außerordentlich fleißige weibliche Person;* b) (abwertend) *arbeitssüchtige, -wütige weibliche Person.*

Ạr|beits|buch, das 1. (bes. Päd.): *Übungsbuch.* 2. *Buch* (2), *in dem sämtliche Arbeitsverhältnisse eines Arbeitnehmers eingetragen werden.*

Ạr|beits|büh|ne, die (Technik): *Plattform (mit Geländer) zum Ausführen von Arbeiten in größerer Höhe:* eine fahrbare, drehbare A.

Ạr|beits|dau|er, die: *Dauer einer Arbeit; für eine bestimmte Arbeit notwendiger Zeitaufwand.*

Ạr|beits|dienst, der: 1. *nicht voll entlohnte, freiwillige od. gesetzlich erzwungene körperliche Arbeit im Dienst der Allgemeinheit:* A. leisten; jmdn. zum A. heranziehen. 2. a) *für den Arbeitsdienst* (1) *zuständige Organisation:* der Freiwillige A. der Regierung Brüning; b) (nationalsoz.) kurz für ↑Reichsarbeitsdienst.

Ạr|beits|ei|fer, der: *Eifer, ernstes Bemühen bei der Arbeit:* mit viel A. anfangen.

Ạr|beits|ein|stel|lung, die: 1. *Niederlegung der Arbeit, Streik:* demonstrative -en in den Metall verarbeitenden Betrieben. 2. vgl. Arbeitsauffassung: eine vorbildliche A. zeigen.

Ạr|beits|elan, der: *Elan, Schwung, Eifer bei der Arbeit.*

Ạr|beits|emi|grant, der (Soziol.): *jmd., der sein Land verlässt, um im Ausland zu arbeiten.*

Ạr|beits|en|de, das: vgl. Arbeitsanfang.

Ạr|beits|ent|gelt, das: *Arbeitslohn.*

Ạr|beits|er|geb|nis, das: *Ergebnis einer Arbeit:* gute -se.

Ạr|beits|er|laub|nis, die: *Erlaubnis, (in einem bestimmten Land) berufstätig zu sein:* eine A. erteilen; um A. nachsuchen.

Ạr|beits|er|leich|te|rung, die: *Erleichterung, Vereinfachung der Arbeit.*

Ạr|beits|es|sen, das: *Essen, das dazu dient, anliegende Fragen, geschäftliche Dinge zu besprechen; Arbeitsbesprechung während eines Essens.*

Ạr|beits|ethik, die ⟨o. Pl.⟩: *auf die Arbeit bezogene Ethik:* die calvinistische A.

Ạr|beits|ethos, das: *im Ethisch-Sittlichen gegründetes Verhältnis zur beruflichen Arbeit.*

Ạr|beits|exem|plar, das: *Exemplar, bes. Buch, mit dem jmd. arbeitet od. das jmd. bearbeitet.*

ạr|beits|fä|hig ⟨Adj.⟩: *in der Lage, seine Arbeit zu verrichten:* eine -e Regierung; vom Arzt a. geschrieben werden.

Ạr|beits|fä|hig|keit, die ⟨o. Pl.⟩: *das Arbeitsfähigsein:* der Arzt hat ihm seine volle A. bestätigt.

Ạr|beits|feld, das (geh.): *Gebiet, auf dem jmd. arbeitet, das jmd. bearbeitet; Arbeitsgebiet, Aufgabenbereich:* jmdm. eröffnet sich ein neues, weites A.

ạr|beits|frei ⟨Adj.⟩: *von beruflicher Arbeit frei:* einen -en Tag haben; [einen Tag] a. haben, bekommen; heute ist a. *(ein arbeitsfreier Tag).*

Ạr|beits|frie|den, (geh. auch:) Arbeitsfriede, der: *dem Arbeitsrecht gemäßer, konfliktfreier Zustand des Verhältnisses zwischen Arbeitgeber u. Arbeitnehmer:* den Arbeitsfrieden gefährden.

Ạr|beits|gang, der: 1. *abgeschlossener Teil eines größeren Arbeitsvorgangs:* die einzelnen Arbeitsgänge bei der Herstellung von etw.; Zählen und Sortieren in einem A. abwickeln. 2. (selten) *[Fort]gang einer Arbeit:* jmdm. den A. erklären.

Ạr|beits|ge|biet, das: *Gebiet, auf dem jmd. arbeitet; Aufgabenbereich.*

Ạr|beits|ge|mein|schaft, die: 1. *Gemeinschaft, Gruppe, die mit einer bestimmten Arbeit, Aufgabe beschäftigt ist* (Abk.: AG): eine A. von Architekten; eine A. bilden, gründen; in der Schule gibt es eine A. »Theater«. 2. (seltener) *Gemeinsamkeit, Gedanken- u. Erfahrungsaustausch bei der Arbeit; Aufgabenteilung bei gemeinsamer Arbeit;* er hat das Werk in A. mit anderen geschrieben.

Ạr|beits|ge|neh|mi|gung, die: *Arbeitserlaubnis.*

Ạr|beits|ge|rät, das: 1. *für eine bestimmte Arbeit benötigtes Gerät* (1a). 2. ⟨o. Pl.⟩ *für eine bestimmte Arbeit benötigtes Gerät* (2).

Ạr|beits|ge|richt, das: *Gericht, das für arbeitsrechtliche Streitigkeiten zuständig ist.*

ạr|beits|ge|richt|lich ⟨Adj.⟩: *ein Arbeitsgericht betreffend, zu einem Arbeitsgericht gehörend, von ihm ausgehend:* -e Entscheidungen.

Ạr|beits|grund|la|ge, die: *Grundlage, Basis, auf der jmd. arbeitet, von der jmd. bei der Arbeit ausgeht:* eine vernünftige A.

Ạr|beits|grup|pe, die: *Personengruppe, die gemeinsam [u. arbeitsteilig] an etw. arbeitet, etw. bearbeitet.*

Ạr|beits|heft, das: 1. *Heft für Klassenarbeiten.* 2. vgl. Arbeitsbuch.

Ạr|beits|hy|po|the|se, die: *vorläufige Hypothese, die der weiteren Arbeit zugrunde gelegt wird:* diese Behauptung ist nur eine A.

Ạr|beits|im|mi|grant, der (Soziol.): *jmd., der in ein Land einwandert, um dort für [un]bestimmte Zeit zu arbeiten.*

Ạr|beits|in|spek|ti|on, die: *(in Österreich und in der Schweiz) staatliches Organ zur Durchführung der Arbeitsschutzgesetzgebung; Gewerbeaufsicht.*

ar|beits|in|ten|siv ⟨Adj.⟩ (Wirtsch.): *(gegenüber anderen Produktionsfaktoren, z. B. Kapital) überwiegend durch menschliche Arbeit bestimmt:* ein -es Verfahren; die Herstellung ist sehr a.

Ạr|beits|kampf, der: *unter Anwendung bestimmter Kampfmaßnahmen geführte Auseinandersetzung um Fragen der Arbeitsbedingungen, des zu zahlenden Entgelts u. Ä.*

Ạr|beits|kit|tel, der: vgl. Arbeitskleidung.

Ạr|beits|klei|dung, die: *bei der Arbeit getragene Kleidung.*

Ạr|beits|kli|ma, das ⟨o. Pl.⟩: *durch ein bestimmtes gemeinschaftliches Verhalten bei der Arbeit geprägte Stimmung, Atmosphäre:* in diesem Betrieb herrscht ein gutes A.

Ạr|beits|kluft, die (ugs.): *Arbeitskleidung.*

Ạr|beits|kol|le|ge, der: *Kollege* (b).

Ạr|beits|kol|le|gin, die: w. Form zu ↑Arbeitskollege.

Ạr|beits|kol|lek|tiv, das (DDR): *Arbeitsgruppe, Arbeitsgemeinschaft.*

Ạr|beits|kon|flikt, der: *kollektiver Konflikt zwischen Arbeitnehmern u. Arbeitgebern:* der A. wurde beigelegt.

Ạr|beits|ko|pie, die (EDV): *Kopie eines Anwenderprogramms, die [aus Sicherheitsgründen] anstelle des Originals für die Arbeit am Computer verwendet wird.*

Ạr|beits|kos|ten ⟨Pl.⟩: *Gesamtheit der Aufwendungen eines Betriebs für den Produktionsfaktor Arbeit.*

Ạr|beits|kraft, die: 1. *Kraft zu geistiger od. körperlicher Arbeit, Leistungskraft:* jmds. A. beanspruchen; die menschliche A. durch eine Maschine ersetzen. 2. *Arbeit leistender Mensch:* eine tüchtige A.

Ạr|beits|kräf|te|man|gel, der ⟨o. Pl.⟩: *Mangel an [bestimmten] Arbeitskräften* (2).

Ạr|beits|kreis, der: *Arbeitsgemeinschaft* (1): einen A. bilden.

Ạr|beits|la|ger, das: *Lager für Zwangsarbeiter.*

Ạr|beits|le|ben, das ⟨o. Pl.⟩: 1. *durch die Erwerbstätigkeit geprägter Teil des Lebens (eines Menschen):* ein erfülltes A.; im A. stehen. 2. *Arbeitswelt:* Szenen aus dem A.

Ạr|beits|leis|tung, die: *durch Arbeiten erbrachte Leistung:* eine gewaltige A. vollbringen; er steigerte seine A.

Ạr|beits|lohn, der: *Lohn für Arbeits- u. Dienstleistungen:* jmdm. seinen A. [aus]zahlen.

ạr|beits|los ⟨Adj.⟩: *trotz Arbeitsfähigkeit ohne berufliche Arbeit; beschäftigungslos, erwerbslos:* sie war, wurde a.

Ạr|beits|lo|se, der od. die; -n, -n ⟨Dekl. ↑Abgeordnete⟩: *arbeitslose Person.*

Ạr|beits|lo|sen|geld, das: *von der Arbeitslosenversicherung an stellensuchende Arbeitslose*

A

gezahltes Geld: A. beziehen, bekommen, beantragen.

Ar|beits|lo|sen|hil|fe, die ⟨o. Pl.⟩: 1. *Organisation u. Durchführung (bes. öffentlicher) finanzieller Hilfe zur Verhütung, Überbrückung, Beendigung von Arbeitslosigkeit.* 2. *bedürftigen Arbeitslosen, die keinen Anspruch [mehr] auf Arbeitslosengeld haben, vom Staat gewährte finanzielle Hilfe.*

Ar|beits|lo|sen|quo|te, die: *Quote* (a) *der Arbeitslosen in einem bestimmten Bereich.*

Ar|beits|lo|sen|un|ter|stüt|zung, die (früher): *Arbeitlosengeld.*

Ar|beits|lo|sen|ver|si|che|rung, die ⟨o. Pl.⟩: 1. *gesetzlich geregelte Pflichtversicherung gegen Nachteile durch Arbeitslosigkeit.* 2. *staatliche Einrichtung, Anstalt für Arbeitslosenversicherung* (1).

Ar|beits|lo|sen|zahl, die: *Anzahl der Arbeitslosen:* eine steigende A.

Ar|beits|lo|sig|keit, die; -: 1. *das Arbeitslossein; Zustand, arbeitslos* (1) *zu sein.* 2. *das Vorhandensein von Arbeitslosen:* es gab kaum, keine A.

Ar|beits|man|gel, der ⟨o. Pl.⟩: *Mangel an Arbeit:* wir können nicht über A. klagen.

Ar|beits|markt, der: *Bereich der Wirtschaft, in dem sich Angebot von u. Nachfrage nach Arbeit begegnen:* die Lage auf dem A.

Ar|beits|ma|schi|ne, die: 1. *für bestimmte Arbeiten eingesetzte Maschine:* Bagger und andere -n. 2. (abwertend) *Mensch, der seine Arbeit stur u. mechanisch verrichtet.*

Ar|beits|ma|te|ri|al, das: *für eine Arbeit benötigtes Material.*

Ar|beits|me|di|zin, die ⟨o. Pl.⟩: *Sondergebiet der Medizin, das sich mit dem Menschen beschäftigt, sofern er den Einwirkungen des Arbeitsprozesses ausgesetzt ist.*

Ar|beits|me|tho|de, die: *Methode, nach der gearbeitet wird.*

Ar|beits|mi|nis|te|ri|um, das: *für das Ressort »Arbeit [u. Soziales]« zuständiges Ministerium.*

Ar|beits|mit|tel, das: vgl. Arbeitsmaterial: Sand als A. benutzen; die A. des Germanisten.

Ar|beits|mög|lich|keit, die: *Möglichkeit zum Arbeiten:* sie hat eine A. entdeckt, gefunden.

Ar|beits|mo|ral, die: *Einstellung, Haltung gegenüber der eigenen Arbeit:* jmds. hohe A. loben; eine schlechte A. haben; die A. sinkt, steigt.

Ar|beits|nach|weis, der: 1. *Nachweis offener Arbeitsstellen.* 2. *behördliche Stelle, die offene Arbeitsstellen nachweist.*

Ar|beits|nie|der|le|gung, die: *als Kampfmaßnahme eingesetzte Niederlegung der Arbeit.*

Ar|beits|or|ga|ni|sa|ti|on, die: *Organisation der Arbeit:* die A. verbessern.

Ar|beits|ort, der: *Ort, in dem jmd. arbeitet:* Fahrten zwischen Wohn- und A.

Ar|beits|pa|pier, das: 1. (bes. Politik) *Papier, dessen Inhalt der weiteren Arbeit zugrunde gelegt werden soll:* der Minister hat ein A. vorgelegt. 2. ⟨Pl.⟩ *das bestehende u. die bisherigen Arbeitsverhältnisse betreffende, vom Arbeitgeber verwahrte Papiere des Arbeitnehmers:* seine -e abgeben; sich seine -e geben lassen.

Ar|beit spa|rend s. Arbeit (1a).

Ar|beits|pau|se, die: *bei der Arbeit eingelegte Pause.*

Ar|beits|pen|sum, das: *Pensum* (a): mein tägliches A.; ein großes A. bewältigen.

Ar|beits|pferd, das: *für bestimmte Arbeiten eingesetztes Pferd:* der Bauer spannt die -e an; Ü er, sie ist ein A. *(eine unermüdliche, tüchtige Arbeitskraft).*

Ar|beits|plan, der: *Plan, nach dem bei der Arbeit vorgegangen werden soll:* der A. dieser Woche.

Ar|beits|pla|nung, die: *Planung von Arbeit.*

Ar|beits|plat|te, die: *Platte zum Verrichten von [Küchen]arbeiten.*

Ar|beits|platz, der: 1. a) *zum Arbeiten bestimmter Platz:* das Kind braucht einen A., an dem es seine Aufgaben macht; b) *Arbeitsstätte* (2): sein letzter A. war das Deutsche Museum. 2. *Stellung, (berufliche) Beschäftigung:* ein gut bezahlter A.; Sicherung der Arbeitsplätze; seinen A. verlieren.

Ar|beits|platz|si|che|rung, die: *das Sichern von Arbeitsplätzen im Hinblick auf einen möglichen Abbau von Arbeitsplätzen.*

Ar|beits|platz|ver|lust, der: *Verlust des Arbeitsplatzes.*

Ar|beits|pro|zess, der: 1. ⟨o. Pl.⟩ *durch die Erwerbstätigkeit geprägter Lebensbereich des Menschen:* jmdn. in den A. eingliedern. 2. *Ablauf einer Arbeit:* den A. vereinfachen.

Ar|beits|raum, der: *(geschlossener) Raum, in dem gearbeitet wird.*

Ar|beits|recht, das ⟨o. Pl.⟩: *Recht auf dem Gebiet der vertraglichen, abhängigen Arbeit.*

ar|beits|recht|lich ⟨Adj.⟩: *das Arbeitsrecht betreffend, ihm entsprechend, zu ihm gehörend:* ein -er Streitfall.

ar|beits|reich ⟨Adj.⟩: *reich an Arbeit, erfüllt von Arbeit:* ein -es Leben; die Woche war, verlief a.

Ar|beits|rhyth|mus, der ⟨o. Pl.⟩: *bestimmte Regelmäßigkeit in Arbeitsabläufen.*

Ar|beits|rich|ter, der: *Richter für arbeitsrechtliche Streitigkeiten.*

Ar|beits|rich|te|rin, die: w. Form zu ↑Arbeitsrichter.

Ar|beits|ru|he, die: *das Ruhen der Arbeit (aus besonderen Gründen):* 5 Minuten A.

ar|beits|scheu ⟨Adj.⟩: *geregelter Arbeit abgeneigt, faul:* -e Elemente, Burschen.

Ar|beits|schicht, die: *Schicht* (3a) *der Industriearbeiter u. Bergleute.*

Ar|beits|schritt, der: *Schritt eines Arbeitsvorgangs:* etw. in drei -en bewerkstelligen.

Ar|beits|schutz, der: *[gesetzlicher] Schutz der Arbeitnehmer gegen Gefährdungen, die bei ihrer beruflichen Tätigkeit auftreten können.*

Ar|beits|schutz|be|stim|mung, die: *dem Arbeitsschutz dienende [gesetzliche] Bestimmung.*

Ar|beits|sit|zung, die: *Sitzung, bei der gemeinsam an einem Thema, Problem gearbeitet wird.*

ar|beits|spa|rend ⟨Adj.⟩: *weniger Arbeit verursachend:* eine -e Methode.

Ar|beits|spei|cher, der (EDV): *Speicher* (3), *der die Aufgabe hat, bestimmte Daten o. Ä. aufzunehmen u. für die gerade ablaufende Verarbeitung verfügbar zu halten; Hauptspeicher, Zentralspeicher.*

Ar|beits|stab, der: *Stab* (2b), *dessen Mitglieder an einer bestimmten Aufgabe arbeiten.*

Ar|beits|stät|te, die: 1. (geh.) *zum Arbeiten bestimmte Stätte, bestimmter Raum:* dieses Zimmer war Beethovens A. 2. *Stätte, Stelle beruflicher Tätigkeit, Arbeitsplatz* (1b), *Arbeitsstelle* (1a): Fahrten zwischen Wohnort und A.

Ar|beits|stel|le, die: 1. a) *Arbeitsstätte* (2): zu seiner A. fahren; b) *Arbeitsplatz* (2): eine A. finden. 2. *kleinere, mit einer bestimmten Arbeit, [Sonder]aufgabe beschäftigte Abteilung [eines Instituts]:* eine A. leiten.

Ar|beits|stil, der: *persönlicher Stil, in dem jmd. arbeitet, seine Arbeit tut.*

Ar|beits|streit, der (Rechtsspr.): *arbeitsrechtlicher Streit.*

Ar|beits|stun|de, die: *(bes. im Hinblick auf eine Entlohnung) arbeitend verbrachte Stunde:* der Installateur hat zwei -n berechnet.

Ar|beits|su|che, Arbeitsuche, die: *Suche nach einer Arbeit, Stellung, [beruflichen] Beschäftigung:* auf A. sein.

ar|beits|su|chend ⟨Adj.⟩: *eine Arbeit, Stellung, [berufliche] Beschäftigung suchend:* -e Männer und Frauen.

Ar|beits|su|chen|de: ↑Arbeitsuchende.

Ar|beits|sucht, die ⟨o. Pl.⟩: *krankhafter Drang, ständig zu arbeiten.*

ar|beits|süch|tig ⟨Adj.⟩: *an Arbeitssucht leidend.*

Ar|beits|tag, der: *Tag, an dem [berufliche] Arbeit geleistet wird od. zu leisten ist:* ein schwerer, harter A.

Ar|beits|ta|gung, die: *zu gemeinsamer Arbeit bestimmte Tagung.*

Ar|beits|takt, der: 1. (Mech.) *dauernd wiederkehrende Phase bei der Arbeit einer Maschine:* mit dem Steuergerät lassen sich unterschiedliche -e einstellen. 2. *in einer bestimmten kürzeren Zeitspanne (Taktzeit) wiederholter Abschnitt der Fließbandarbeit.*

Ar|beits|team, das: vgl. Arbeitsgruppe.

Ar|beits|tech|nik, die: *Technik, Methode des Arbeitens; technische Verfahrensweise bei der Arbeit:* eine spezielle A. anwenden.

ar|beits|tei|lig ⟨Adj.⟩: *auf Arbeitsteilung beruhend, in Arbeitsteilung:* die -e Gesellschaft; etw a. betreiben.

Ar|beits|tei|lung, die: *Verteilung einer Arbeit, Aufgabe auf verschiedene Personen [u. Gebiete] Tiere, [Teile von] Organismen:* die gesellschaftliche A.; Tierstöcke mit A.

Ar|beits|tem|po, das: *Tempo, in dem jmd. arbeitet.*

Ar|beits|tier, das: *zur Leistung von Arbeit eingesetztes Tier:* den Elefanten als A. abrichten; Ü sie ist ein A. *(arbeitet unermüdlich).*

Ar|beits|tisch, der: *Tisch, an dem gearbeitet wird:* der A. des Schneiders.

Ar|beits|ti|tel, der: *vorläufiger Titel einer geplanten od. entstehenden Arbeit:* der A. eines Films.

Ar|beits|tref|fen, das: *[informelles] Treffen zur gemeinsamen Arbeit an einer Aufgabe.*

Ar|beit|su|che: ↑Arbeitssuche.

Ar|beit su|chend: s. Arbeit (1d).

Ar|beit|su|chen|de, Arbeitsuchende, der u. die; -n, -n ⟨Dekl. ↑Abgeordnete⟩: *Person, die auf Arbeitssuche ist.*

ar|beits|un|fä|hig ⟨Adj.⟩: *durch Krankheit, Körperschaden o. Ä. unfähig zur Arbeit:* vom Arzt a. geschrieben werden.

Ar|beits|un|fä|hig|keit, die: *Zustand des Arbeitsunfähigseins:* bei A. infolge Krankheit oder Mutterschaft.

Ar|beits|un|fall, der: *Unfall, der in ursächlichem Zusammenhang mit der beruflichen Tätigkeit des Betroffenen steht.*

Ar|beits|un|ter|la|ge, die ⟨meist Pl.⟩: *für eine Arbeit benötigte, benutzte Unterlage* (2): meine -n sind alle im Büro.

ar|beits|un|wil|lig ⟨Adj.⟩: *nicht gewillt zu arbeiten.*

Ar|beits|ver|dienst, der: *Verdienst aus beruflicher Arbeit.*

Ar|beits|ver|fah|ren, das: *Verfahren, nach dem eine Arbeit erledigt wird:* ein neues A. anwenden.

Ar|beits|ver|gü|tung, die: *Vergütung für geleistete Arbeit.*

Ar|beits|ver|hält|nis, das: 1. *Rechtsverhältnis zwischen Arbeitnehmer u. Arbeitgeber:* das A. lösen; ein A. eingehen *(eine Stellung annehmen)*, in einem A. stehen *(Arbeitnehmer bei jmdm. sein).* 2. ⟨Pl.⟩ *die berufliche Arbeit betreffende Verhältnisse.*

Ar|beits|ver|lust, der: *Verlust des Arbeitsplatzes.*

Ar|beits|ver|mitt|ler, der: *jemand, der Arbeitsplätze* (2) *vermittelt:* private A.

Ar|beits|ver|mitt|le|rin, die: w. Form zu ↑Arbeitsvermittler.

Ar|beits|ver|mitt|lung, die: *Vermittlung von Arbeitskräften* (2) *u. Stellen.*

Ar|beits|ver|trag, der: *zwischen Arbeitgeber u. Arbeitnehmer abgeschlossener Vertrag, der ein Arbeitsverhältnis begründet:* einen A. abschließen, verlängern, unterschreiben.

Ar|beits|ver|wei|ge|rung, die: *Verweigerung der Arbeit (die zu tun jmd. verpflichtet ist):* A. ist ein Kündigungsgrund.

Ar|beits|vor|gang, der: *Vorgang, Prozess, Ablauf einer Arbeit:* den A. beschleunigen, verlangsamen.

Ar|beits|vor|la|ge, die: *Vorlage, Muster, Modell für die Arbeit:* der Zeichner hat mehrere Skizzen als A. benutzt.

Ar|beits|wa|gen, der: *Straßen- od. Eisenbahnwagen für Arbeiten an den Bahnanlagen.*

Ar|beits|wei|se, die: 1. *Art u. Weise, Methode des Arbeitens:* eine überholte A. 2. *Art zu funktionieren [u. Arbeit zu leisten]; technische Funktionsweise.*

Ar|beits|welt, die: *Lebensbereich, Welt der Arbeit:* die industrielle A.

Ar|beits|wil|le, der: *Wille zu arbeiten.*

ar|beits|wil|lig ⟨Adj.⟩: *willig, bereit zu arbeiten:* sich a. zeigen; ⟨subst.:⟩ Streikposten hinderten die Arbeitswilligen am Betreten des Werks.

Ar|beits|wis|sen|schaft, die: *Wissenschaft von der menschlichen Arbeit, ihrem ökonomischen Einsatz, ihren medizinischen, psychologischen, gesellschaftlichen u. wirtschaftlichen Problemen.*

Ar|beits|wo|che, die: vgl. Arbeitstag.

Ar|beits|wut, die (oft scherzh.): *[über]großer, leidenschaftlicher Arbeitseifer:* von einer wahren A. gepackt sein.

ar|beits|wü|tig ⟨Adj.⟩ (oft scherzh.): *von Arbeitswut erfüllt, beherrscht:* ein -er Mensch; a. sein.

Ar|beits|zeit, die: **1.** *für die Arbeit vorgesehene od. festgelegte Zeitspanne:* die ausfallende A.; verkürzte Arbeitszeit[en] in der Textilindustrie; gleitende A. *(zeitliche Regelung, nach der Arbeitsanfang u. -ende innerhalb eines bestimmten Rahmens variabel sind).* **2.** *Zeit, die für eine bestimmte Arbeit benötigt wird:* die -en einzeln anschreiben und in Rechnung stellen.

Ar|beits|zeit|kon|to, das: *(zur Flexibilisierung der Arbeitszeit beitragende) Maßnahme bzw. Möglichkeit für Arbeitnehmer, die zu einer bestimmten Zeit geleistete Mehrarbeit zu einer anderen Zeit in Freizeit umzuwandeln.*

Ar|beits|zeit|ver|kür|zung, die: *Verkürzung der [täglichen, wöchentlichen] Arbeitszeit für Arbeitnehmer.*

Ar|beits|zeug, das ⟨o. Pl.⟩ (ugs.): **1.** *Arbeitskleidung:* ein Mechaniker in seinem A. **2.** *Werkzeug für die Arbeit:* sein A. auspacken.

Ar|beits|zeug|nis, das: *dem Arbeitnehmer vom Arbeitgeber ausgestelltes schriftliches Zeugnis.*

Ar|beits|zim|mer, das: **1.** vgl. Arbeitsraum. **2.** *(bes. in einer Wohnung) Zimmer zum geistigen Arbeiten:* ein A. steuerlich absetzen.

Ar|bi|tra|ge [arbiˈtraːʒə], die; -, -n [frz. arbitrage, zu: arbitrer = als Schiedsrichter auftreten < lat. arbitrari]: **1.** (Handelsrecht) *Entscheidung eines Streits durch ein Schiedsgericht.* **2.** (Börsenw., Wirtsch.) *Ausnutzung von Kurs- od. Preisunterschieden an verschiedenen Börsen bzw. Märkten.*

ar|bi|trär ⟨Adj.⟩ [frz. arbitraire < lat. arbitrarius] (bildungsspr.): *dem Ermessen überlassen, beliebig; nach Ermessen, willkürlich:* eine -e Entscheidung; eine -e Größe (Math.; *durch einen Buchstaben angedeutete, beliebige konstante Größe*).

ar|bi|trie|ren ⟨sw. V.; hat⟩ [(franz. arbitrer <) lat. arbitrari, ↑Arbitrage]: **1.** (veraltet) *schätzen.* **2.** *eine Arbitrage* (2) *vollziehen.* **3.** (schweiz.) *Schiedsrichter sein.*

arc = Arkus.

Ar|cha|ik, die; - [griech. archaïkós = altertümlich, zu: archaîos = alt, altertümlich; ursprünglich, zu: archḗ, ↑Architekt]: **1.** *frühzeitliche Kulturepoche.* **2.** *archaische* (1 a, 2) *Art.*

Ar|cha|i|kum, Ar|chä|i|kum, das; -s (Geol.): *Archäozoikum.*

ar|cha|isch ⟨Adj.⟩ [griech. archaîos, ↑Archaik]: **1. a)** *der Vor-, Frühzeit angehörend od. aus ihr überkommen; vor-, frühzeitlich:* eine -e Pflanzenwelt, Fauna; die Wandzeichnungen sind noch ganz a.; **b)** (Psych.) *entwicklungsgeschichtlich älteren Schichten der Persönlichkeit angehörend:* -es Denken. **2.** *altertümlich, veraltet:* -e Wortformen. **3.** *der Frühstufe eines Stils, bes. der vorklassischen Epoche der griechischen Kunst angehörend, entstammend:* -e Vasenmalereien; die -e Plastik; -es Lächeln *(einem Lächeln ähnelnder Gesichtsausdruck in der frühgriechischen Kunst).*

ar|chä|isch ⟨Adj.⟩: *das Archäikum, Archaikum betreffend, ihm angehörend, entstammend:* eine -e Formation.

ar|cha|i|sie|ren ⟨sw. V.; hat⟩ [griech. archaïzein]: *archaische Sprach- od. Kunstformen verwenden:* eine Kunstepoche, in der man gern archaisierte; ⟨meist im 1. Part.:⟩ eine archaisierende *(altertümelnde)* Sprache.

Ar|cha|is|mus, der; -, ...men [griech. archaïsmós] (Sprachw., Stilk., Kunstwiss.): **1.** *einzelnes archaisches Element (in Sprache od. Kunst):* die Archaismen in Thomas Manns Romanen; »weiland« ist ein A. *(veralteter, altertümelnder Ausdruck).* **2.** ⟨o. Pl.⟩ *archaisierende sprachliche od. künstlerische Haltung, Gestaltungsweise:* der A. in der modernen Kunst.

Ar|chä|o|lo|ge, der; -n, -n [griech. archaiológos]: *Wissenschaftler auf dem Gebiet der Archäologie.*

Ar|chä|o|lo|gie, die; -, -n [griech. archaiología = Erzählungen aus der alten Geschichte, zu: archaîos (↑Archaik) u. lógos, ↑Logos]: *Wissenschaft von den sichtbaren Überresten alter Kulturen; Altertumsforschung, -kunde, -wissenschaft:* industrielle A. *(Industriearchäologie).*

Ar|chä|o|lo|gin, die; -, -nen: w. Form zu ↑Archäologe.

ar|chä|o|lo|gisch ⟨Adj.⟩: *auf der Archäologie beruhend, sie anwendend, betreffend, dazu gehörend.*

Ar|chä|op|te|ryx, der, auch: die; -, -e u. ...pteryges [...ˈteːryge:s; zu griech. ptéryx = Flügel]: *Urvogel.*

Ar|chä|o|zo|i|kum, das; -s [zu griech. zōḗ = Leben] (Geol.): *vor dem Algonkium liegende Formation des Präkambriums.*

Ar|che, die; -, -n [mhd. arche, ahd. archa, arka < lat. arca = Kasten]: **1.** * **die A. [Noah]** (bibl.; *schiffähnlicher Kasten, in dem Noah mit seiner Familie u. zahlreichen Tierpaaren die Sintflut überlebte*). **2.** (ugs.) *geräumiges [altes] Fahrzeug.*

Ar|che|typ, der; -s, -en [lat. archetypum < griech. archétypon, zu: týpos, ↑Typ]: **1.** (Philos.) *Urbild, Urform des Seienden:* die platonischen »Ideen« sind [die] -en des Seienden. **2. a)** (Psych.) *eins der ererbten, im kollektiven Unbewussten bereitliegenden urtümlichen Bilder, die Gestaltungen [vor]menschlicher Grunderfahrungen sind u. zusammen die genetische Grundlage der Struktur einer Persönlichkeit repräsentieren* (nach C. G. Jung); **b)** *Urform, Musterbild:* Byron, der A. des modernen Touristen. **3. a)** *älteste überlieferte od. erschließbare Fassung einer Handschrift, eines Druckes;* **b)** *Original eines Kunst- od. Schriftwerks im Gegensatz zu Nachbildungen od. Abschriften.* **4.** (Biol.) *rekonstruierte, die stammesgeschichtliche Verwandtschaft von Lebewesen begründende Ausgangsform.*

ar|che|ty|pisch ⟨Adj.⟩: *einem Archetyp entsprechend, zugehörend:* -e Bilder, Symbole.

Ar|che|ty|pus, der; -, ...pen: *Archetyp.*

ar|chi|me|disch ⟨Adj.⟩ [nach dem griech. Mathematiker Archimedes (um 285–212 v. Chr.)]: *von Archimedes herrührend, nach ihm benannt:* -es Prinzip (Physik; *Prinzip, nach dem der hydrostatische Auftrieb eines Körpers gleich dem Gewicht der von ihm verdrängten Flüssigkeits- od. Gasmenge ist*); -er Punkt *(von Archimedes geforderter fester Standpunkt außerhalb der Erde, von dem aus er die Erde in Bewegung setzen könne);* die -en Körper (Geom.; *die zehn geometrischen Körper, deren Begrenzungsflächen regelmäßige Vielecke zweier verschiedener Arten sind, sowie die drei Körper, die von je drei verschiedenen Vielecksarten begrenzt werden*); -e Schraube *(Gerät zur Be- od. Entwässerung, Wasserschnecke);* -es Axiom (Math.); -e Spirale (Geom.).

Ar|chi|pel, der; -s, -e [älter ital. archipelago, eigtl. = Hauptmeer, wohl umgebildet aus griech. Aigaîon pélagos = Ägäisches Meer] (Geogr.): *größere Inselgruppe:* der Malaiische A.

Ar|chi|tekt, der; -en, -en [lat. architectus < griech. architéktōn = Baumeister, aus: archi- = Haupt-, Ober- (zu: árchein = der Erste, Führer sein, archós = Anführer, Oberhaupt, zu: archḗ = Herrschaft, Regierung; Anfang, Ursprung) u. téktōn = Baumeister]: *auf dem Gebiet der Baukunst ausgebildeter Fachmann, der Bauwerke entwirft u. gestaltet, Baupläne ausarbeitet u. deren Ausführung einleitet u. überwacht; Baumeister:* die Bauten des -en Müller; [An] Herrn -en Schulze; Ü die A. *(Schöpfer)* der Europäischen Union.

Ar|chi|tek|ten|bü|ro, das: **1.** *Büro eines Architekten.* **2.** *geschäftlicher, wirtschaftlicher Zusammenschluss mehrerer Architekten:* ein A. gründen.

Ar|chi|tek|ten|wett|be|werb, der: *Wettbewerb, bei dem Architekten zu einem bestimmten Projekt Entwürfe einreichen, von denen einer od. mehrere prämiert werden.*

Ar|chi|tek|tin, die; -, -nen: w. Form zu ↑Architekt.

Ar|chi|tek|to|nik, die; -, -en: **1.** ⟨o. Pl.⟩ *Wissenschaft vom Bauen, von der Baukunst.* **2. a)** *[kunstgerechter] Aufbau eines Bauwerks:* die A. der Loireschlösser; **b)** *strenger, gesetzmäßiger [künstlerischer od. geistiger] Aufbau:* die A. des menschlichen Körpers, einer Dichtung.

ar|chi|tek|to|nisch ⟨Adj.⟩ [spätlat. architectonicus < griech. architektonikós]: **1.** *die Architektonik* (1, 2 a), *die Architektur betreffend, zu ihr gehörend, auf ihr beruhend, ihren Gesetzen gemäß; baulich.* **2.** *die Architektonik* (2 b) *betreffend, zu ihr gehörend, auf ihr beruhend, ihr gemäß:* die -e Gliederung der Fabel.

Ar|chi|tek|tur, die; -, -en [lat. architectura]: **1.** ⟨o. Pl.⟩ *Baukunst [als wissenschaftliche Disziplin]:* maurische A.; A. studieren; Ü geistige A. (bildungsspr.; *Kunst des strengen geistigen Aufbaus*). **2.** *[mehr od. weniger] kunstgerechter Aufbau u. künstlerische Gestaltung von Bauwerken:* die kühne, gotische A. eines Bauwerks; Ü die A. eines Musikstücks. **3.** ⟨o. Pl.⟩ *Gesamtheit von Erzeugnissen der Baukunst (bes. eines Volkes, Bereichs, Stils, einer Zeit); Baustil:* die A. der Griechen u. Römer.

ar|chi|tek|tu|ral ⟨Adj.⟩ [frz. u. engl. architectural] (schweiz.): *architektonisch* (1).

Ar|chi|tek|tur|bild, das (Kunst): *Darstellung von Innen- od. Außenansicht eines Bauwerks (als Bildgattung), bei der die nicht zur Architektur gehörigen Motive nur als Staffage dienen.*

Ar|chi|trav, der; -s, -e [ital. architrave, zu griech. archi- (↑Architekt) u. lat. trabs = Balken]: *auf Säulen ruhender tragender Querbalken [aus Stein od. Holz] in der antiken u. späteren Baukunst.*

Ar|chiv, das; -s, -e [spätlat. archivum < griech. archeîon = Regierungs-, Amtsgebäude, zu: árchein = regieren, herrschen, zu: archḗ, ↑Architekt]: **a)** *Einrichtung zur systematischen Erfassung, Erhaltung u. Betreuung von Schriftstücken, Dokumenten, Urkunden, Akten, insbesondere soweit sie historisch, rechtlich od. politisch von Belang sind:* das A. für Wohlfahrtspflege; **b)** *geordnete Sammlung von [historisch, rechtlich, politisch belangvollen] Schriftstücken, Dokumenten, Urkunden, Akten:* ein umfangreiches A.; ein A. anlegen; Ü im A. der Geschichte versinken; **c)** *Raum, Gebäude für ein Archiv* (1 a, b): im A. arbeiten.

Ar|chi|va|le, das; -s, ...lien ⟨meist Pl.⟩: *Schriftstück, Dokument, Urkunde; Akte in, aus einem Archiv:* die Benutzung der Archivalien erlauben.

ar|chi|va|lisch ⟨Adj.⟩: **1.** *ein od. mehrere Archive betreffend:* eine -e Tätigkeit ausüben. **2.** *zu einem od. mehreren Archiven gehörend, darin enthalten, daraus stammend:* -es Material.

Ar|chi|var, der; -s, -e: *fachlich ausgebildeter Betreuer eines Archivs.*

Ar|chi|va|rin, die; -, -nen: w. Form zu ↑Archivar.

Ar|chiv|be|am|te, der: *Beamter im Archivdienst.*

Ar|chiv|be|am|tin, die: w. Form zu ↑Archivbeamte.

Ar|chiv|bild, das: *Bild, Foto aus einem Bildarchiv.*

Ar|chiv|dienst, der: *Dienst der beamteten od. öffentlich angestellten Archivare:* die Laufbahn des gehobenen -es.

ar|chi|vie|ren ⟨sw. V.; hat⟩: *(Schriftstücke, Urkunden, Dokumente, Akten) in ein Archiv aufnehmen:* Dokumente a.; der Name ist archiviert.

Ar|chi|vie|rung, die; -, -en: *das Archivieren:* die A. von Bildmaterial.

A

Ar|chi̲v|we|sen, das ⟨o. Pl.⟩: *Gesamtheit dessen, was mit der Funktion, Einrichtung, Organisation u. Verwaltung von Archiven* (1) *zusammenhängt.*

A̲r|chon, der; -s, Archọnten, **Ar|chọnt,** der; -en, -en [lat. archon < griech. árchōn, subst. 1. Part. von árchein, ↑ Archiv]: *einer der [neun] höchsten Beamten in Athen u. anderen Städten der Antike.*

A̲r|cus: ↑ Arkus.

ARD [aːlɛrˈdeː], die; -: Arbeitsgemeinschaft der öffentlich-rechtlichen Rundfunkanstalten der Bundesrepublik Deutschland.

Ar|dẹn|nen ⟨Pl.⟩: größtenteils in Belgien gelegenes Gebirge.

A̲re, die; -, -n (schweiz.): [1]*Ar.*

Are|a̲l, das; -s, -e [zu mlat. arealis = Fläche, zu lat. area = Fläche]: **1.** *Bodenfläche:* ein A. von mehreren Quadratkilometern. **2.** *abgegrenztes Gebiet, Gelände, Stück Land, Grundstück:* ein geschlossenes A.; das A. der Akademie, des Schießplatzes. **3.** *Verbreitungsgebiet (bes. von Tieren, Pflanzen, sprachlichen Erscheinungen).*

Are̲|ka|nuss, die; -, ...nüsse [port. areca < Malayalam atecca]: *Betelnuss.*

a̲re|li|gi|ös ⟨Adj.⟩ [aus griech. a- = nicht, un- u. ↑ religiös]: *nicht religiös, außerhalb der Religion [stehend], irreligiös.*

Ä̲ren: Pl. von ↑ Ära.

Are̲|na, die; -, ...nen [lat. (h)arena, H. u.]: **1. a)** *Kampfbahn, [sandbestreuter] Kampfplatz im Amphitheater der römischen Antike:* die Gladiatoren in der A.; Ü die politische A. verlassen. **b)** *Sportplatz, Wettkampfstätte mit ringsum steigend angeordneten Zuschauersitzen:* sie trugen den Torschützen auf den Schultern aus der A. **2. a)** *Vorführplatz für Stierkämpfe;* **b)** *Manege eines Zirkus.* **3.** (österr. veraltend): *Sommerbühne.*

A̲res (griech. Myth.): Kriegsgott.

Are̲z|zo: italienische Stadt.

ạrg ⟨Adj.; ärger, ärgste⟩ [mhd. arc, ahd. arg, eigtl. wohl = zitternd; erregt]: **1. a)** (geh. veraltet) *von böser, niederträchtiger Gesinnung [erfüllt]; niederträchtig, böse:* die -e Welt; -e Gedanken; a. denken, handeln; ⟨subst.:⟩ nichts Arges im Sinn haben; **b)** (landsch.) *schlimm, übel; unangenehm:* -es Wetter; eine -e Zeit; ein -es Schicksal; das ist denn doch zu a.; ihr treibt es aber auch gar zu a.!; das Schicksal hat ihr a. mitgespielt; es ist mir a. *(tut mir sehr Leid, ist mir sehr unangenehm),* dass er das erfahren hat; etw. noch ärger machen, als es schon ist; sein ärgster Feind; ⟨subst.:⟩ ich sehe nichts Arges darin, dabei; an nichts Arges denken *(völlig ahnungslos sein u. unangenehm überrascht werden);* das Ärgste befürchten; *** im Argen liegen** (geh.; *in Unordnung, in einer verworrenen, ungeordneten Lage sein*). **2. a)** (landsch., auch geh.) *[unangenehm] groß, stark, heftig:* eine -e Enttäuschung; ein -er Spötter; (nur landsch. auch in Bezug auf Positives:) eine -e Freude; **b)** ⟨intensivierend bei Adj. u. Verben⟩ (landsch.) *sehr, überaus:* es ist a. warm; sich a. freuen, quälen.

Ạrg, das; -s [mhd. arc, ahd. arg]: (geh. veraltet): *Falschheit, Boshaftigkeit, Böses* ⟨meist verneint in festen Verbindungen ohne Art.⟩: es ist kein A. an ihm, in ihm, daran; kein A. an einer Sache finden; sie ist ohne A.

Ar|gen|ti̲|ni|en; -s: Staat in Südamerika.

Ar|gen|ti̲|ni|er, der; -s, -: Ew.

Ar|gen|ti̲|ni|e|rin, die; -, -nen: w. Form zu ↑ Argentinier.

ar|gen|ti̲|nisch ⟨Adj.⟩: *Argentinien, die Argentinier betreffend.*

Ar|gen|ti̲t [auch: ...ˈtɪt], der; -s [zu lat. argentum = Silber]: *graues, metallisch glänzendes Mineral; Silberglanz.*

Ar|gẹn|tum, das; -[s]: lat. Bez. für ↑ Silber (Zeichen: Ag).

ä̲r|ger: ↑ arg.

Ä̲r|ger, der; -s [zu ↑ ärgern]: **1.** *bewusstes, von starker Unlust u. [aggressiver] innerer Auflehnung geprägtes [erregtes] Erleben [vermeintlicher] persönlicher Beeinträchtigung, bes. dadurch, dass etw. nicht ungeschehen zu machen, nicht zu ändern ist; Aufgebrachtsein, heftige Unzufriedenheit, [heftiger] Unmut, Unwille, [heftige] Verstimmung, Missstimmung:* ohnmächtiger Ä. über jmdn., etw.; ihr Ä. verflog; Ä. empfinden; seinen Ä. an jmdm. od. etw. auslassen; seinen Ä. unterdrücken, herunterschlucken; Ä. [bei jmdm., mit etw.] erregen; seinem Ä. Luft machen; etw. aus Ä. tun; in Ä. geraten; du warst außer dir vor Ä.; (ugs.:) grün und gelb/schwarz vor Ä. werden; zu meinem großen Ä. kam sie nicht. **2.** *ärgerliches Erlebnis od. Gesamtheit ärgerlicher Erlebnisse; Verdruss, Unannehmlichkeit[en], Scherereien[en]:* geschäftlicher, beruflicher, häuslicher Ä.; der tägliche Ä. im Beruf, mit den Kunden; viel Ä. [mit jmdm., etw., wegen einer Sache] haben; es gibt Ä.!; macht doch keinen Ä.!; lass das, sonst bekommst/kriegst du Ä.! (Warnung); sich Ä. ersparen.

ä̲r|ger|lich ⟨Adj.⟩: **1.** *voller Ärger, verärgert, [sehr] verdrossen, verdrießlich, ungehalten, aufgebracht, unwillig, unmutig:* ein -er Blick; er war, wurde sehr ä.; sie ist ä. auf/über mich, über den Misserfolg; ä. reagieren. **2.** *Ärger erregend, bereitend; misslich, unerfreulich, unangenehm, unerquicklich, leidig:* ein -er Vorfall; eine sehr -e Geschichte, Angelegenheit; es ist sehr ä., dass wir uns verpasst haben; ⟨subst.:⟩ das ist das Ärgerliche an, bei der Sache.

ä̲r|ger|li|cher|we̲i|se ⟨Adv.⟩: *in einer ärgerlichen* (2), *unerfreulichen Weise.*

Ä̲r|ger|lich|keit, die; -, -en: **1.** ⟨o. Pl.⟩ *ärgerliche* (1) *Stimmung:* seine Ä. zeigen. **2.** ⟨o. Pl.⟩ *ärgerlicher* (2) *Charakter:* bei aller Ä. brachte die Sache auch ein Gutes mit sich. **3.** *ärgerlicher Umstand, Ärger bereitende Angelegenheit:* solche -en waren vermeidbar.

ä̲r|gern ⟨sw. V.; hat⟩ [mhd. ergern, argern, ahd. argerōn, geb. zum Komp. von ↑ arg u. eigtl. = ärger, schlechter machen]: **1.** *[dauernd] ärgerlich machen, [heftig] verstimmen, aufbringen:* sie hat mich mit ihrer Bemerkung, mit ihrem Verhalten sehr, bis aufs Blut geärgert; das hat er bloß getan, um mich zu ä.; seine Anwesenheit ärgerte mich; es ärgerte mich, dass er nicht kam; ihn ärgert die Fliege an der Wand (ugs.; *über jede Kleinigkeit ist er verstimmt*); die Jungen ärgerten *(neckten, reizten)* den Hund. **2.** ⟨ä. + sich⟩ *ärgerlich, verstimmt, aufgebracht sein, werden; Ärger empfinden:* ich habe mich über ihn, über mich selbst, über den Fehler furchtbar, maßlos geärgert; ich ärgere mich darüber, dass sie nicht die Wahrheit gesagt hat; sich krank, zu Tode ä. *(großen Ärger empfinden);* R nicht ä., nur wundern!; *** sich schwarz/sich grün und blau/sich gelb und grün ä.** (ugs.; *sich sehr ärgern*).

Ä̲r|ger|nis, das; -ses, -se [im 15. Jh. ergerniß]: **1.** ⟨o. Pl.⟩ *Anstoß, Verletzung des [religiösen od. sittlichen] Gefühls:* bei jmdm. Ä. erregen; jmdm. ein Ä. geben (veraltend; *jmdn. kränken*); Ä. an etwas nehmen (veraltend; *Anstoß an etwas nehmen*); Erregung öffentlichen -ses (Rechtsspr.; *Verletzung des sittlichen Gefühls in geschlechtlicher Hinsicht* [z. B. durch öffentlich vorgenommene sexuelle Handlungen]). **2.** *etw. Ärgerliches, Anstößiges, Skandalöses:* es ist jedes Mal ein Ä. für mich *(es ärgert mich jedes Mal),* wenn ich so etwas sehe; diese Kerle sind ein Ä., stellen ein Ä. dar; dieses Bauwerk ist ein öffentliches Ä. *(es ärgert die Betrachter).* **3.** ⟨meist Pl.⟩ *Ärger* (2), *Unannehmlichkeit; Widerwärtigkeit:* berufliche -se; die kleinen -se des Alltags.

Ạrg|list, die ⟨o. Pl.⟩ [mhd. arclist, zu ↑ arg]: **1.** (geh.) *Hinterlist, Heimtücke:* jmds. A. kennen; ohne A.; voll A. **2.** (Rechtsspr.) *bewusste Täuschung; Verstoß gegen Treu u. Glauben.*

ạrg|lis|tig ⟨Adj.⟩ [mhd. arclistec]: *voll Arglist, hinterlistig, heimtückisch, verschlagen:* ein -er Mensch, Plan; sie lockten ihn a. in die Falle; -e Täuschung (Rechtsspr.; *bewusste, böswillige Täuschung im Rechtsverkehr*).

Ạrg|lis|tig|keit, die: **1.** ⟨o. Pl.⟩ *das Arglistigsein; arglistiges Wesen.* **2.** *arglistige Handlung.*

ạrg|los: **1.** *ohne Arg; nichts Böses vorhabend; unschuldig, harmlos:* eine -e Bemerkung, Frage; -es *(gedankenloses)* Wegwerfen von Abfällen; a. lächeln. **2.** *nichts Böses ahnend, ohne Argwohn, vertrauensselig:* ein -es Kind; sie ging völlig a. darauf ein.

Ạrg|lo|sig|keit, die; -: *argloses Wesen:* die A. einer Frage; jmds. A. bezweifeln.

Ạr|go die; - [1: griech. Argṓ, entw. = die Schnelle od. nach dem Erbauer Argo, einem der ↑ Argonauten; 2: nach der griech. Myth. wurde das Schiff von Athene in den Himmel versetzt]: **1.** (griech. Myth.) Name des Schiffs, mit dem mehrere Helden ausfuhren, das Goldene Vlies zu holen. **2.** Sternbild am südlichen Sternenhimmel.

Ar|gon [ˈargɔn, auch: arˈgoːn], das; -s [zu griech. argós = untätig, träge]: *sehr träge reagierendes, farb- u. geruchloses Edelgas* (*chemisches Element;* Zeichen: Ar).

Ar|go|na̲ut, der; -en, -en [1: lat. Argonauta < griech. Argonaútēs]: **1.** (griech. Myth.) *auf dem Schiff Argo fahrender Held.* **2.** *Tintenfisch einer bestimmten Gattung.*

Ar|got [arˈgoː], das od. der; -s, -s [frz. argot, H. u.]: **1.** ⟨o. Pl.⟩ *Sondersprache der französischen Gauner u. Bettler.* **2.** *Sondersprache einer sozialen od. beruflichen Gruppe; Jargon* (a): das A. der Banker.

ä̲rgs|te: ↑ arg.

Ar|gu|mẹnt, das; -[e]s, -e [lat. argumentum, zu: arguere = erhellen; beweisen, eigtl. = etw., was der Erhellung u. Veranschaulichung dient]: **1.** *Rechtfertigungsgrund, [stichhaltiger, plausibler] Beweisgrund, Punkt einer Beweisführung:* ein stichhaltiges, schlagendes A.; politische -e; dieses A. überzeugt mich; gewichtige -e waren ihr ausgegangen; das ist kein A. [gegen meine Behauptung] *(keine stichhaltige Entgegnung);* -e für, gegen etw. vorbringen, vortragen; jmdm., einer Sache mit -en beizukommen suchen. **2.** (Math.) *unabhängige Variable einer Funktion.* **3.** (Sprachw.) *Satzglied, mit dem eine Leerstelle ausgefüllt wird.*

Ar|gu|men|ta|ti|o̲n, die; -, -en [lat. argumentatio]: *Darlegung der Argumente, Beweisführung:* ihre A. für, gegen den Plan stützt sich auf Erfahrung; er hat mit seiner A. Recht.

Ar|gu|men|ta|ti|o̲ns|hil|fe, die: *Hilfe in Form von Argumenten, die jmdm. an die Hand gegeben werden für seine Argumentation (in einem bestimmten Zusammenhang):* A. erhalten; er braucht, benötigt A. für seinen Vorschlag.

ar|gu|men|ta|ti̲v ⟨Adj.⟩ [lat. argumentativus] (bildungsspr.): **1.** *[die] Argumente betreffend:* eine -e Verunsicherung. **2.** *mithilfe von Argumenten [durchgeführt]:* eine -e Auseinandersetzung; a. auf etw. eingehen; der Wahlkampf soll a. geführt werden.

ar|gu|men|ti̲e|ren ⟨sw. V.; hat⟩ [lat. argumentari]: *seine Argumente [für od. gegen etw.] darlegen, seine Gründe auseinander setzen, den Beweis führen:* sachlich, schlagend [für, gegen etw.] a.; dahin gehend a., dass eine andere Lösung nicht möglich ist.

Ạr|gus, der; -, -se [nach dem hundertäugigen Riesen der griech. Sage] (bildungsspr.): *scharf u. misstrauisch beobachtender Wächter:* als A. über etw. wachen; sie war ein A., der uns nicht aus den Augen ließ.

Ạr|gus|au|gen ⟨Pl.⟩ [nach dem hundertäugigen Riesen der griech. Sage] (bildungsspr.): *scharf beobachtender Blick:* seinen A. entging nichts; jmdn., etw. mit A. bewachen, beobachten.

Ạrg|wohn, der; -[e]s [mhd. arcwān, ahd. argwān, zu ↑ arg u. ↑ Wahn] (geh.): *Einstellung, Neigung, hinter dem Tun od. dem Verhalten eines anderen eine gegen die eigenen Interessen gerichtete, feindselige od. unredliche Absicht zu vermuten; Misstrauen, Verdacht, schlimme Vermutung:* A. schöpfen; A. [gegen jmdn., etw.] hegen; jmds. A.

erregen, zerstreuen; jmdn. mit A., voller A. betrachten.

arg|wöh|nen ⟨sw. V.; hat⟩ [mhd. arcwænen, ahd. argwānen] (geh.): *mit Argwohn, misstrauisch vermuten, befürchten:* ich argwöhnte eine Falle; man argwöhnte einen Verräter in ihm.

arg|wöh|nisch ⟨Adj.⟩ [mhd. arcwænec, ahd. argwānīc] (geh.): *voll Argwohn, misstrauisch:* ein -er Blick, Mensch; jmdn. a. ansehen, betrachten.

Arhyth|mie usw.: ↑ Arrhythmie usw.

Ari|ad|ne|fa|den, der; -s [nach der griech. Sagengestalt Ariadne, die Theseus ein Wollknäuel gibt, das ihn aus dem Labyrinth wieder herausführt] (bildungsspr.): *etw., was jmdn. durch Wirrnis hindurchleitet, ihm aus einer unüberschaubaren Situation heraushilft.*

arid [lat. aridus] (Geogr.): *trocken, dürr, wüstenhaft.*

Arie, die; -, -n [ital. aria, urspr. = Weise (des Auftretens) < lat. aera (Akk. von: aer); vgl. [2]Air]: *Gesangsstück für Solo mit Instrumental-, bes. Orchesterbegleitung [in Oper od. Oratorium]:* eine A. singen.

[1]Ari|el: alter Name Jerusalems.

[2]Ari|el, der; -s: Mond des Uranus.

Ari|er, der; -s, - [sanskr. ārya = Edler]: **1.** (Völkerk., Sprachw.) *Angehöriger eines der frühgeschichtlichen Völker mit indogermanischer Sprache in Indien u. Iran.* **2.** (nationalsoz.) *(in der rassistischen Ideologie des Nationalsozialismus) Angehöriger einer (bes. in Gegensatz zu den Juden definierten) angeblich geistig, politisch und kulturell überlegenen nordischen (2) Menschengruppe.*

Ari|e|rin, die; -, -nen: w. Form zu ↑ Arier.

Ari|er|nach|weis, der (nationalsoz.): *(in der rassistischen Ideologie des Nationalsozialismus) amtlicher Nachweis der sog. arischen (2) Abstammung.*

Ari|er|pa|ra|graph, der (nationalsoz.): *die Ausschließung (bes. aus dem öffentlichen Dienst) der nicht als arisch (2) geltenden, jüdischen Bevölkerung beinhaltende gesetzliche Bestimmung.*

Ari|es, der; -: das Sternbild Widder.

ari|os ⟨Adj.⟩ [ital. arioso, zu: aria, ↑ Arie] (Musik): *liedhaft, gesanglich, melodiös:* -e Einschübe.

ari|o|so ⟨Adv.⟩ [ital. arioso] (Musik): *liedhaft [vorzutragen].*

Ari|o|so, das; -s, -s u. ...si: **1.** *instrumental begleitetes [gegen den Sprechgesang abgehobenes] liedhaft-ausdrucksvolles od. arienähnliches Gesangsstück, Zwischenstück [in einem größeren Vokalwerk].* **2.** *liedhaft-ausdrucksvolles Instrumentalstück.*

arisch ⟨Adj.⟩: **1.** (Völkerk., Sprachw.) *die Arier (1) od. ihre Sprachen betreffend, ihnen zugehörend, eigentümlich, von ihnen stammend:* die -en Völker, Sprachen. **2.** (nationalsoz.) *die sog. Arier (2) betreffend, ihnen zugehörend, ihnen eigentümlich; von sog. Ariern (2) stammend; nicht jüdisch:* -e Abstammung; -e Großeltern.

ari|sie|ren ⟨sw. V.; hat⟩ (nationalsoz.): *(zur Zeit der nationalsozialistischen Herrschaft) durch Enteignung od. zwangsweisen Verkauf jüdischen Besitz in arischen (2) Besitz überführen:* ein Grundstück, Unternehmen a.

Ari|sie|rung, die; -, -en (nationalsoz.): *das Arisieren:* die A. des jüdischen Besitzes.

Aris|to|krat, der; -en, -en [zu ↑ Aristokratie]: **1.** *Angehöriger der Aristokratie, Adliger.* **2.** *Mensch von vornehmer Gesinnung u. zurückhaltender Lebensart; vornehmer, edler Mensch.*

Aris|to|kra|tie, die; -, -n [lat. aristocratia < griech. aristokratía, zu: krateīn = herrschen]: **1. a)** ⟨o. Pl.⟩ *Staatsform, in der die Herrschaft im Besitz einer privilegierten sozialen Gruppe (Adel, Oberschicht) ist; Adelsherrschaft;* **b)** *Staat, Gemeinwesen, in dem eine Aristokratie (1 a) besteht.* **2.** *adlige Oberschicht, Adel[sstand]:* A. und Bourgeoisie; **Ü** die A. des Geldes, des Geistes *(durch Besitz einflussreiche, durch Bildung hervorragende Minderheit).* **3.** ⟨o. Pl.⟩ *Würde, Vornehmheit:* die A. ihres Wesens.

Aris|to|kra|tin, die; -, -nen: w. Form zu ↑ Aristokrat (1).

aris|to|kra|tisch ⟨Adj.⟩: **1.** *die Aristokratie (1) betreffend, ihr zugehörend, entsprechend, von ihr stammend:* eine -e Herrschaftsform. **2.** *adlig:* -e Kreise. **3.** *edel, vornehm:* ein -es Profil.

Aris|to|te|li|ker, der; -s, -: **a)** *Schüler des altgriechischen Philosophen Aristoteles (384–322 v. Chr.);* **b)** *Vertreter, Anhänger der Philosophie des Aristoteles.*

Aris|to|te|li|ke|rin, die; -, -nen: w. Form zu ↑ Aristoteliker (b).

aris|to|te|lisch ⟨Adj.⟩: *Aristoteles u. seine Lehre betreffend, seiner Lehre entsprechend, gemäß, auf seiner Lehre beruhend; nach Art des Aristoteles, nach Aristoteles benannt:* einen -en Standpunkt vertreten.

Aris|to|te|lis|mus, der; -: *von Aristoteles ausgehende, über die Scholastik bis in die Gegenwart reichende Philosophie.*

Arith|me|tik, die; -, -en [lat. arithmetica < griech. arithmētikē (téchnē) = Rechenkunst, zu: arithmētikós = zum Rechnen gehörend, zu: arithmeīn = zählen, rechnen, zu: arithmós = Zahl]: **1.** ⟨o. Pl.⟩ *Teilgebiet der Mathematik, das sich mit bestimmten u. allgemeinen Zahlen, Reihentheorie, Kombinatorik u. Wahrscheinlichkeitsrechnung befasst:* A. der natürlichen Zahlen; **Ü** die A. (bildungsspr., oft abwertend; *[System] ausgeklügelte[r] Berechnung*) bei der Verteilung von Ämtern. **2.** *Lehrbuch der Arithmetik (1).*

arith|me|tisch ⟨Adj.⟩: *die Arithmetik betreffend, zu ihr gehörend, ihr entsprechend, gemäß; auf ihr beruhend:* -e Formeln, Probleme; das -e Mittel (Math.; *Quotient aus dem Zahlenwert einer Summe u. der Anzahl der Summanden*); -e Folge, Reihe *(Folge, Reihe mit gleich bleibender Differenz zwischen je zwei benachbarten Gliedern).*

Ari|zo|na; -s: Bundesstaat der USA.

Ar|ka|de, die; -, -n [frz. arcade < ital. arcata, zu: arco = Bogen(gewölbe) < lat. arcus]: **1.** *Bogen (2) auf zwei Pfeilern od. Säulen.* **2.** ⟨meist Pl.⟩ *Reihe von Bogen (2); [einseitig offener] Bogengang [an Gebäuden]:* gedeckte -n.

Ar|ka|di|en: 1. ⟨-s⟩ [alt]griechische Landschaft. **2.** ⟨das; -[s]⟩ (bildungsspr.) *Schauplatz glückseligen, idyllischen [Land]lebens; glückseliges Land.*

Ar|ka|di|er, der; -s, - (bildungsspr.): *Bewohner von Arkadien.*

Ar|ka|di|e|rin, die; -, -nen: w. Form zu ↑ Arkadier.

ar|ka|disch ⟨Adj.⟩ (bildungsspr.): *Arkadien, die Arkadier betreffend; Arkadien, den Arkadiern zugehörend, eigentümlich:* in -en Gefilden; eine -e Landschaft (Literaturw., Malerei; *ideale, idyllische Landschaft*); -e Dichtung (Literaturw.; *idyllische Hirten- u. Schäferdichtung*).

Ar|kan|sas; Arkansas': Bundesstaat der USA.

Ar|ko|na; -s: Vorgebirge im Norden der Insel Rügen.

Ark|tis, die; -: Gebiet um den Nordpol.

ark|tisch ⟨Adj.⟩ [spätlat. arcticus < griech. arktikós = nördlich, zu: árktos = Bär (nach den Sternbildern des Großen u. des Kleinen Bären am nördlichen Himmel)]: **a)** *die Arktis betreffend, in der Arktis vorkommend:* die -e Fauna. **b)** *wie in der Arktis üblich:* -e Temperaturen.

Ar|kus, (auch:) Arcus, der; -, - [...u:s; lat. arcus] (Math.): *Kreisbogen, Bogenmaß eines Winkels* (Zeichen: arc).

Arles [arl]: Stadt in Südfrankreich.

arm ⟨Adj.; ärmer, ärmste⟩ [mhd., ahd. arm, wahrsch. urspr. = verwaist, wohl verw. mit ↑ [1]Erbe]: **1. a)** *ohne [genügend] Geld zum Leben, wenig besitzend, bedürftig, mittellos:* eine -e Familie; ein Kind -er Leute; a., aber glücklich; sie waren bitter a.; ⟨subst.:⟩ der Gegensatz zwischen Arm und Reich, zwischen Armen und Reichen; die Ärmsten der Armen; **R** es trifft ja keinen Armen (ugs.; *er hat ja genug Geld, sodass es ihn nicht sehr hart trifft*); *** Arm und Reich** (veraltet; *alle Menschen ohne Unterschied*); **b)** *wenig habend, aufweisend od. hergebend, ohne nutzbringenden Gehalt, ärmlich:* -e (*wenig ergiebige, wenig fruchtbare*) Böden; um das auszudrücken, ist unsere Sprache zu a.; geistig a. (abwertend; *geistig anspruchslos*) sein; *** a. an etw. sein** *(wenig von etwas haben):* das Leben ist a. an Freuden; diese Früchte sind a. an Vitaminen; **um jmdn., etw. ärmer werden** *(jmdn., etw. verlieren):* der Sport ist um zwei Meister ärmer geworden; mit diesem Vorfall war sie um eine Illusion ärmer geworden. **2.** *unglücklich, bedauernswert, beklagenswert:* das -e Kind; der -e Kerl; die -en Seelen [im Fegefeuer]; meine -en (ugs.; *übermäßig strapazierten, geschundenen, schmerzenden o. ä.*) Beine!; sie ist a. dran (ugs.; *es geht ihr nicht gut*); ⟨subst.:⟩ du Arme[r]!; der Ärmste, was hat er [alles] erdulden müssen!

Arm, der; -[e]s, -e [mhd., ahd. arm, urspr. = Fügung; Gelenk, Glied]: **1.** *bes. zum Greifen u. Halten dienendes, aus Ober- u. Unterarm [sowie Hand] bestehendes Körperglied an der rechten bzw. linken Schulter des Menschen (u. des Affen):* kräftige, behaarte -e; ihr linker A. ist steif; die -e aufstützen, [nach jmdm.] ausstrecken, [über der Brust] kreuzen; jmds. A. nehmen *(jmdn. unterhaken);* im Krieg hatte er einen A. verloren; sie schlang ihre -e um seinen Hals; beide -e voll haben *(bepackt sein u. daher nichts anderes mit den Armen machen können);* wir brauchen noch einen A. voll *(Menge, die jmd. im Arm tragen kann),* zwei A. voll, mehrere A. voll Holz; wir können hier noch zwei starke -e *(jmdn., der kräftig zupacken, helfen kann)* gebrauchen; ich habe mir den A. gebrochen; er nahm, packte ihn am/beim A.; ein Kind auf den A. nehmen; sie riss sich aus seinen -en [los]; jmdn. im A., in den -en halten; A. in A. mit jmdm. gehen; sie lagen sich gerührt in den -en; den Mantel über den A. nehmen, über dem A. tragen; er nahm die Mappe unter den A.; **Ü** der A. *(die Reichweite)* des Gesetzes; *** jmds. verlängerter A. sein** *(im Auftrag u. anstelle von jmdm. handeln, dessen Anliegen zu erfüllen suchen);* **einen langen A. haben** *(weit reichenden Einfluss haben);* **jmdn. am steifen/ausgestreckten A. verhungern lassen** (ugs.; *auf jmdn., der in irgendeiner Weise von einem abhängig ist, durch Entzug von etw. über längere Zeit Druck ausüben, um dadurch zu erreichen, dass er sich einer Forderung o. Ä. nicht mehr widersetzt;* meist als Drohung); **jmdn. auf den A. nehmen** (ugs.; *jmdn. zum Besten haben, foppen;* jmd. wird sozusagen auf den Arm genommen wie ein kleines Kind, mit dem man scherzt u. spielt); **jmdm. in den A. fallen** *(jmdn. an etw. hindern);* **jmdm. in die -e laufen** (ugs.; *jmdm. zufällig begegnen*): ich bin gestern deiner Frau in die -e gelaufen; **jmdn. jmdm., einer Sache in die -e treiben** *(verursachen, verschulden, dass sich jmd. zu seinem Schaden jmdm., einer Sache zuwendet):* der ewige Streit hat ihn dem Alkohol in die -e getrieben; **sich jmdm., einer Sache in die -e werfen** (oft abwertend; *sich jmdm., einer Sache ganz verschreiben, hingeben*); **jmdn. mit offenen -en aufnehmen/empfangen** *(jmdn. ohne Bedenken, als einen höchst Willkommenen empfangen);* **jmdm. [mit etw.] unter die -e greifen** *(jmdm. in einer Notlage [mit etw.] helfen).* **2.** *armartiger, armförmiger [Körper]teil; schmaler, seitlich abstehender, abzweigender Teil:* die -e *(Fangarme)* des Polypen; ein Kronleuchter mit acht -en; die beiden -e einer Waage, eines Hebels; der Fluss teilt sich an der Mündung in drei -e; ein toter A. des Rheins. **3.** (Fachspr.) *Ärmel:* ein Kleid mit kurzem, halbem A., mit weiten -en; *** die -e hochkrempeln** (↑ Ärmel). **4.** (salopp verhüll.) **a)** *Arsch (1):* setz dich auf deinen A.!; **b)** *Arsch (2):* du A.!

-arm: 1. drückt in Bildungen mit Substantiven aus, dass etw. nur in äußerst geringem Umfang vorhanden ist: emotions-, fleisch-, handlungsarm. **2.** drückt in Bildungen mit Substantiven aus, dass sich etw. nur in äußerst geringem Umfang entwickelt, dass etw. nur in äußerst geringem Grad hervorgerufen wird: austausch-, schadstoffarm. **3. a)** drückt in Bildungen mit Verben (Verbstämmen) aus, dass die beschriebene Sache etw. nur in äußerst geringem Grad macht: knitter-, klirrarm; **b)** drückt in Bildungen mit Verben (Verbstämmen) aus, dass etw. nur in äußerst geringem Grad gemacht zu werden braucht: bedien-, bügel-, pflegearm.

Ar|ma|da, die; -, ...den u. -s [span. armada, zu lat. armatus = bewaffnet] (bildungsspr.): *große [Kriegs]flotte; Pulk, Schwarm:* eine A. segelte voraus; Ü eine ganze A. von Omnibussen.

Ar|ma|ged|don, Harmagedon, das; - [griech. Harmagedōn, wohl < hebr. har-Mağiddô = Berg von Megiddo, nach Offenb. Joh. 16, 16 der mythische Ort, an dem die bösen Geister die Könige der gesamten Erde für einen großen Krieg versammeln] (bildungsspr.): *Katastrophe.*

Ar|ma|gnac [arman'jak], der; -[s], -s [nach der frz. Landschaft Armagnac]: *französischer Weinbrand hoher Qualität.*

arm|am|pu|tiert ⟨Adj.⟩: *einen Arm durch Amputation verloren habend.*

Ar|ma|tur, die; -, -en [lat. armatura = Ausrüstung, zu: arma, ↑armieren]: **a)** *Ausrüstung von technischen Anlagen, Maschinen od. Fahrzeugen;* **b)** ⟨meist Pl.⟩ *Gerät zum Schalten, Bedienen, Anzeigen, Messen o. Ä. an einer technischen Anlage, einer Maschine, einem Fahrzeug;* **c)** ⟨meist Pl.⟩ *Vorrichtung zum Drosseln od. Absperren von etw., Wasserhahn o. Ä. (in Badezimmern, an Duschen u. a.).*

Ar|ma|tu|ren|brett, das: *Tafel, Fläche, auf der die Armaturen* (b) *befestigt sind.*

Arm|band, das ⟨Pl. ...bänder⟩: *am Arm über dem Handgelenk zu tragendes [kettenähnliches, schmückendes] Band.*

Arm|band|uhr, die: *über dem Handgelenk an einem Armband zu tragende Uhr.*

Arm|beu|ge, die: **1.** *Innenseite des Ellbogengelenks.* **2.** (Turnen) *das Beugen der Arme im Liegestütz.*

Arm|be|we|gung, die: *mit einem Arm ausgeführte Bewegung.*

Arm|bin|de, die: **1.** *Stoffstreifen, der als Kennzeichen o. Ä. um den Arm getragen wird:* ein Blinder mit einer gelben A. **2.** *bei Verletzungen des Armes getragene Binde* (1 b).

Arm|bruch, der: *Bruch des Armes:* sie musste mit einem A. ins Krankenhaus.

Arm|brust, die; -, ...brüste, auch: -e [mhd. armbrust, umgebildet aus mlat. arbalista < spätlat. arcuballista = Bogenschleuder, zu lat. arcus = Bogen u. ballista = Wurfmaschine]: *alte, aus dem Bogen entstandene Schusswaffe, mit der Bolzen, Pfeile, Stein- u. Bleikugeln geschleudert werden.*

Ärm|chen, das; -s, -: Vkl. zu ↑Arm (1).

arm|dick ⟨Adj.⟩: *dick wie ein Arm:* ein -er Schlauch.

Ar|me, der u. die; -n, -n ⟨Dekl. ↑Abgeordnete⟩: *jmd., der arm* (1a) *ist:* die -n dieser Welt; Ü die Sprache der geistig -n; * **für A.** (salopp abwertend; *in billiger, minderwertiger Art, Ausführung*): ein Karajan für A.

Ar|mee, die; -, -n [frz. armée, zu: armer, ↑armieren]: **1. a)** *gesamte Streitmacht eines Landes, Staates:* eine A. aufstellen, unterhalten; so viel Lebensmittel, dass eine ganze A. davon satt würde; die Angehörigen der A.; die Rote A. (früher; *Armee der Sowjetunion*); * **zur großen A. abberufen werden** (veraltet verhüll.; *sterben*); **b)** *großer Truppenverband:* die zweite A. **2.** *sehr große Anzahl:* eine A. von Arbeitslosen; -n von Käfern.

Ar|mee|korps, das: *Großverband des Heeres.*

Är|mel, der; -s, - [mhd. ermel = Ärmel, ahd. armilo = Armring, Armfessel, zu ↑Arm]: *den Arm teilweise od. ganz bedeckender Teil eines Kleidungsstückes:* die Ä. hochkrempeln; jmdn. am Ä. zupfen; ein Kleid mit langen, kurzen -n, ohne Ä.; * **[sich ⟨Dativ⟩] die Ä. hochkrempeln** (ugs.; *bei einer Arbeit tüchtig zupacken*); **leck mich am Ä.!** (salopp verhüll.; *leck mich am Arsch!*); **[sich ⟨Dativ⟩] etw. aus dem Ä./aus den -n schütteln** (ugs.; *etw. mit Leichtigkeit hervorbringen, [be]schaffen;* wohl mit Bezug auf die weiten Ärmel bes. der spätmittelalterlichen Kleidung, die oft als Taschen dienten).

Är|mel|auf|schlag, der: *Aufschlag am unteren Ende eines Ärmels.*

Ar|me|leu|te|es|sen, das (abwertend): *aus sehr einfachen Zutaten bereitetes, bescheidenes Gericht.*

Är|mel|ka|nal, der; -s: Meeresstraße zwischen England u. Frankreich.

Är|mel|län|ge, die: *Länge des Ärmels.*

är|mel|los ⟨Adj.⟩: *keine Ärmel habend:* ein -es Kleid.

Är|mel|scho|ner, Är|mel|schüt|zer, der: *über einen Ärmel zu streifende Manschette (zur Schonung des Ärmels).*

Ar|men|für|sor|ge, die (früher): vgl. Fürsorge (2 a, b).

Ar|men|haus, das (früher): *Haus, in dem Arme untergebracht u. betreut werden:* Kinder aus dem A.; Ü das A. Europas.

Ar|me|ni|en; -s: Staat in Vorderasien.

Ar|me|ni|er, der; -s, -: Ew.

Ar|me|ni|e|rin, die; -, -nen: w. Form zu ↑Armenier.

ar|me|nisch ⟨Adj.⟩: **a)** *Armenien, die Armenier betreffend; von den Armeniern stammend, zu ihnen gehörend;* **b)** *in der Sprache der Armenier.*

Ar|me|nisch, das; -[s] u. ⟨nur mit best. Art.:⟩ **Ar|me|ni|sche,** das; -n: *die armenische Sprache.*

Ar|men|kas|se, die ⟨o. Pl.⟩ (früher): *soziale Einrichtung, Kasse zur Unterstützung der Armen:* * **etw. aus der A. kriegen** (landsch. verhüll. scherzh.; *Schläge bekommen;* unter scherzh. Anlehnung an ↑Arm).

Ar|men|pfle|ge, die ⟨o. Pl.⟩ (früher): *Fürsorge für die Armen.*

Ar|men|recht, das ⟨o. Pl.⟩ (Rechtsspr. früher): *Prozesskostenhilfe.*

Ar|men|sün|der|glo|cke (österr.): ↑Armsünderglocke usw.

Ar|men|vier|tel, das: *Stadtviertel, in dem vor allem Arme wohnen.*

är|mer: ↑arm.

Är|mes|län|ge, die; -, -n (geh.): *Länge eines Armes (als Entfernungs-, Maßangabe):* sich jmdm. auf A. nähern; er war ihr um zwei -n voraus.

Ar|me|sün|der, der (früher): *zum Tode Verurteilter:* er sitzt da wie ein A.; die beiden A.

Ar|me|sün|der|bank, die (früher): *Bank im Gericht für die Angeklagten:* die A. des Stadtgerichts; Ü Italien auf der A.!

Ar|me|sün|der|glo|cke, (auch:) **Ar|me-Sün-der-Glo|cke:** ↑Armsünderglocke usw.

Ar|me|sün|de|rin, die: w. Form zu ↑Armesünder.

arm|för|mig ⟨Adj.⟩: *in der Form eines Arms.*

Arm|fü|ßer, Arm|füß|ler, der; -s, - (Zool): *zu den Tentakelträgern gehörendes Tier mit Rücken- u. Bauchschale u. langen, spiralig eingerollten um den Mund angeordneten Armen.*

Arm|gei|ge, die (veraltet): *Bratsche.*

Arm|ge|lenk, das: *Gelenk zwischen Ober- u. Unterarm.*

Arm|hal|tung, die: *Haltung der Arme.*

ar|mie|ren ⟨sw. V.; hat⟩ [frz. armer < lat. armare = bewaffnen, zu: arma = Geräte; Waffen]: **1.** (Milit. veraltet) *mit Waffen ausrüsten od. bestücken:* ein Heer a.; eine Festung [mit Kanonen] a. **2. a)** (Bauw., Technik) *mit einer [verstärkenden] Ein-, Auflage, Umkleidung versehen;* **b)** (Technik) *mit Armaturen versehen.*

Ar|mie|rung, die; -, -en: **a)** *das Armieren;* **b)** *Eisen-, Stahleinlage in Beton.*

-ar|mig: in Zusb., z. B. acht-, mehrarmig.

Arm|krei|sen, das (Turnen): *kreisende Bewegung der Arme (als Übung).*

arm|lang ⟨Adj.⟩: *so lang wie ein Arm.*

Arm|län|ge, die: *Länge eines Arms:* die A. messen; jmdn. auf A., auf zwei -n herankommen lassen.

Arm|leh|ne, die: *seitliche Lehne (an einem Sitzmöbel, neben einem Sitz) zum Aufstützen eines Arms.*

Arm|leuch|ter, der: **1.** *Leuchter mit mehreren Armen* (2). **2.** (salopp abwertend) **a)** *blöder Kerl, Dummkopf;* **b)** (verhüll.) *Arschloch* (2).

ärm|lich ⟨Adj.⟩ [mhd. ermelich, ahd. armalīh, zu ↑arm]: **a)** (selten) *recht arm, bedürftig:* -e Familien; **b)** *aufgrund von materieller Armut dürftig, kümmerlich:* eine -e Wohnung, Kost; die Verhältnisse, in denen sie lebte, waren ä.; ä. gekleidet sein; **c)** (seltener) *armselig, unzulänglich:* ein -er Lichtschein.

Ärm|lich|keit, die; -: *das Ärmlichsein.*

Ärm|ling, der; -s, -e [mhd. ermelinc]: *Ärmel zum Überstreifen; Ärmelschoner.*

Arm|loch, das: **1.** *für den Arm ausgeschnittene Öffnung an einem Kleidungsstück.* **2.** (salopp verhüll.) *Arschloch* (2).

Arm|mus|kel, der: *zum Arm gehörender Muskel, bes. Bizeps.*

Arm|pro|the|se, die: *als Ersatz für einen fehlenden Arm dienende Prothese.*

Arm|reif, Arm|ring, der: *um den Arm, ums Handgelenk zu tragender Reif.*

Arm|schlag, der (Kraul- u. Rückenschwimmen): **1.** *einzelne vorwärts treibende Armbewegung.* **2.** *Rhythmus der (vorwärts treibenden) Armbewegungen; Schlagzahl od. -schnelligkeit der Arme.*

Arm|schutz, der: *Leder o. Ä. zum Schutz des Unterarms z. B. vor der zurückschnellenden Bogensehne.*

Arm|schüt|zer, der: **1.** *Armschutz.* **2.** *Ärmelschoner.*

arm|se|lig ⟨Adj.⟩ [zu mhd. armsal = Armut, Elend, zu ↑arm]: **a)** *aufgrund von materieller Armut kümmerlich, dürftig, ärmlich:* in einer -en Hütte hausen; die Mahlzeit war a.; a. leben; **b)** (abwertend) *als klein, wertlos, arm, unzureichend usw. empfunden, unzulänglich, jämmerlich:* er ist eine -e Figur, ein -er Stümper; für -e *(lächerliche)* fünf Mark.

Arm|se|lig|keit, die; -: *das Armseligsein.*

Arm|ses|sel, der; -s, -: *Sessel mit Armlehnen.*

Arm|span|ge, die: *Armreif in der Art einer Spange* (1).

Arm|spei|che, die: *Unterarmknochen an der Innenseite des Armes; Speiche, Radius.*

ärms|te: ↑arm.

Arm|stumpf, der: *am Körper verbliebener Rest eines amputierten Armes.*

Arm|sün|der|glo|cke, Armesünderglocke, die (früher): *bei Hinrichtungen läutende Glocke.*

Ar|mut, die; - [mhd. armuot(e), ahd. armuoti, aus ↑arm u. dem Suffix -ōti; schon ahd. fälschlich an Mut angelehnt]: **1. a)** *das Armsein; Bedürftigkeit:* es herrscht drückende A.; ein Leben in A. führen müssen; in A. leben, geraten, sterben; R A. ist keine Schande; **b)** *Dürftigkeit, Kümmerlichkeit, Kargheit:* innere A.; A. des Ausdrucks, des Geistes; die A. *(der Mangel)* eines Landes an Bodenschätzen. **2.** (veraltet) *Gesamtheit der Armen:* die Wohnungen der städtischen A.

Ar|muts|flucht, die (Soziol.): *das Abwandern in ein wirtschaftlich höher entwickeltes Land, um dort Arbeit zu suchen u. so der Armut im eigenen Land zu entgehen.*

Ar|muts|gür|tel, der [LÜ von engl. poverty belt] (Soziol.): *Zone der Länder der Dritten u. der Vierten Welt, in der besonders große Armut herrscht.*

Ar|muts|zeug|nis, das [für lat. testimonium paupertatis] (Rechtsspr. früher): *behördliche Beglaubigung des Anspruchs auf Armenrecht:* * **ein A. für jmdn., etw. sein** *(der Nachweis für jmds. Unvermögen, Unfähigkeit sein);* **jmdm., sich, einer Sache mit etw. ein A. ausstellen** *(jmdn., sich, etw. als unfähig in Bezug auf etw. hinstellen; sein Unvermögen offenbaren).*

Arm voll: s. Arm (1).

Ar|ni|ka, die; -, -s [nlat.; mhd. arnich, H. u.]: **1.** *krautige, würzig riechende Heilpflanze.* **2.** ⟨o. Pl.⟩ *aus den Blüten u. Wurzeln der Arnika hergestellter, heilkräftiger Extrakt.*

Ar|ni|ka|tink|tur, die: *aus dem Extrakt von Arnika hergestellte Tinktur.*

Ar|no, der; -s: italienischer Fluss.

Aro|ma, das; -s, ...men, -s u. (bildungsspr. veraltend:) -ta [lat. aroma < griech. árōma = Gewürz]: **1.** *ausgeprägter angenehmer Geschmack, würziger Duft; kräftiger, intensiver [Wohl]geruch; ausgeprägter Eigengeschmack od. Eigengeruch bes. eines pflanzlichen Genussmittels:* ein starkes, kräftiges, volles A.; das A. des Kaffees; kein A. haben. **2.** *[künstlicher] Geschmacksstoff für Lebensmittel, aromatisches Würzmittel:* natürliche, künstliche Aromen.

aro|ma|tisch ⟨Adj.⟩ [lat. aromaticus < griech. arōmatikós]: **1.** *voller Aroma* (1), *würzig, wohlschmeckend, wohlriechend:* ein -er Tee, Tabak; ein -er Duft, Geschmack; a. riechen. **2.** (Chemie) *(von organischen Verbindungen) in der Strukturformel zyklische* (3) *Kohlenstoffketten aufweisend:* -e Kohlenwasserstoffe.

aro|ma|ti|sie|ren ⟨sw. V.; hat⟩: *mit Aroma versehen:* Tabak, Tee a.

Aro|ma|ti|sie|rung, die; -, -en: *das Aromatisieren.*

Arons|stab, Aron|stab, der; -[e]s, ...stäbe [zu lat. aron < griech. áron, volksetym. angelehnt an den Hohenpriester A(a)ron im A. T.]: *(bes. in Laubwäldern wachsende) Pflanze mit pfeilförmigen Blättern, kolbenförmigem, rotbraunem Blütenstand u. roten Beeren.*

Aron|stab|ge|wächs, das: *(in zahlreichen Gattungen) als Staude, Kraut, seltener als Strauch wachsende Pflanze mit einem als Ähre od. als Kolben ausgebildeten Blütenstand, der von einem tüten-, glocken- od. röhrenförmigen Hochblatt umgeben ist.*

ar|peg|gio [ar'pɛdʒo] ⟨Adv.⟩ (Musik): *in Form von Akkorden, deren einzelne Töne sehr schnell nacheinander erklingen.*

Ar|peg|gio, das; -s u. ...ggien [...dʒi̯ən; ital. arpeggio, zu: arpeggiare = Harfe spielen, zu: arpa = Harfe < spätlat. harpa, aus dem Germ.] (Musik): *arpeggio gespieltes Musikstück.*

Ar|rak, der; -s, -e u. -s [frz. arak < arab. ʿaraq, eigtl. = Schweiß]: *[ostindischer] Branntwein aus Reis od. Melasse.*

Ar|ran|ge|ment [arãʒə'mã:, auch: araŋʒə'maŋ], das; -s, -s [frz. arrangement]: **1.** (bildungsspr.) **a)** *das Anordnen; [künstlerische] Anordnung; organisierende Vorbereitung:* das A. [einer Veranstaltung, von Gesellschaftsspielen] übernehmen; **b)** *das künstlerisch Angeordnete; Anordnung, geschmackvoll zusammengestelltes Ganzes:* jmdm. ein A. [aus Blumen] überreichen. **2.** (Musik) **a)** *das Einrichten, die Bearbeitung eines Musikstückes für andere Instrumente:* ein A. für Klavier; **b)** *Festlegung des Verlaufs von Harmonien, Stimmen, Formen im Jazz:* geschmackvolle -s. **3.** (bildungsspr.) *das Sicharrangieren; Übereinkommen, Abmachung, Vereinbarung:* ein A. mit seinen Gläubigern treffen; ein A. zwischen zwei Staaten. **4.** (Bankw.) *Abwicklung der Börsengeschäfte.*

Ar|ran|geur [arã'ʒø:ɐ̯], der; -s, -e [frz. arrangeur]: **1.** (bildungsspr.) *jmd., der etwas arrangiert* (1 b). **2.** (Musik) *jmd., der ein Musikstück einrichtet, einen Schlager instrumentiert.*

Ar|ran|geu|rin [arã'ʒø:rin], die; -, -nen: w. Form zu ↑Arrangeur.

ar|ran|gie|ren [arã'ʒi:rən] ⟨sw. V.; hat⟩ [frz. arranger, zu: ranger, ↑rangieren]: **1. a)** *für die Durchführung u. den Ablauf einer Sache, für die Gestaltung einer Veranstaltung o. Ä. sorgen; in die Wege leiten, bewerkstelligen:* ein Fest, eine Reise, ein Treffen a.; die Sache lässt sich a.; **b)** *gestalten, künstlerisch anordnen; geschmackvoll, künstlerisch zusammenstellen:* eine Sitzgruppe a.; eine effektvoll arrangierte Story; **c)** (Musik) *ein Musikstück für andere Instrumente einrichten, bearbeiten; einen Schlager instrumentieren:* eine Polka für eine Bigband a.; die Schlager waren neu arrangiert. **2.** ⟨a. + sich⟩ *[trotz gegensätzlicher Standpunkte] eine Übereinkunft treffen, sich verständigen u. eine Lösung für etw. finden:* sich [mit dem politischen Gegner] a.; du musst dich [mit den Verhältnissen] a. *(musst dich mit den Verhältnissen abfinden u. dich darauf einstellen).*

Ar|rest, der; -[e]s, -e [mlat. arrestum = Verhaftung, vgl. arretieren]: **1.** *Haft, Freiheitsentzug (bes. als Strafe innerhalb einer Gemeinschaft, z. B. Militär, früher auch Schule):* drei Tage leichten, strengen A. bekommen; der Schüler bekam eine Stunde A. *(musste eine Stunde nachsitzen);* in A. sitzen; unter A. stehen *(eine Haftstrafe verbüßen).* **2.** (Rechtsspr.) *Beschlagnahme, Sicherstellung:* jmds. Vermögen unter A. stellen, mit A. belegen.

Ar|res|tant, der; -en, -en [mlat. arrestans (Gen.: arrestantis)] (veraltend): *jmd., der sich im Arrest befindet; Häftling.*

Ar|res|tan|tin, die; -, -nen: w. Form zu ↑Arrestant.

Ar|rest|zel|le, die: *Zelle zur Unterbringung von Arrestanten.*

ar|re|tier|bar ⟨Adj.⟩: *sich arretieren* (2) *lassend:* der Kinderwagen hat -e Räder.

ar|re|tie|ren ⟨sw. V.; hat⟩ [frz. arrêter, über das Vlat. zu lat. restare = stillstehen]: **1.** (veraltend) *festnehmen, verhaften:* den Dieb a. **2.** *(bewegliche Teile eines Geräts) feststellen, sperren, blockieren:* einen Hebel a.; die Räder des Buggys, des Rollstuhls können arretiert werden.

Ar|re|tie|rung, die; -, -en: **1.** *das Arretieren* (1, 2). **2.** *Vorrichtung zum Arretieren* (2).

Ar|rhyth|mie, Arhythmie, die; -, -n [lat. arrhythmia < griech. arrhythmía, zu: a- = nicht, un- u. rhythmós, ↑Rhythmus]: **1.** *Unregelmäßigkeit, unregelmäßige Bewegung im Ablauf eines rhythmischen Vorgangs.* **2.** (Med.) *unregelmäßige Herztätigkeit.*

ar|rhyth|misch, arhythmisch ⟨Adj.⟩: *Arrythmie aufweisend; nicht rhythmisch* (1).

ar|ri|vie|ren ⟨sw. V.; ist⟩ [frz. arriver, eigtl. = ankommen, über das Vlat. zu lat. ripa = Ufer, also eigtl. = ans Ufer gelangen] (bildungsspr.): *in der Karriere vorwärts kommen, Erfolg haben; beruflich od. gesellschaftlich emporkommen:* rasch a.; als wir arriviert waren; Ü er ist inzwischen zum Staatsfeind Nummer eins arriviert.

ar|ri|viert ⟨Adj.⟩: *beruflich od. gesellschaftlich emporgekommen, Ansehen erlangt habend, erfolgreich:* eine -e Künstlerin; in diesem Lokal treffen sich die -en Bürger; das Publikum ist sehr a.; <subst.:> er gehört inzwischen zu den Arrivierten.

ar|ro|gant [frz. arrogant < lat. arrogans (Gen.: arrogantis), 1. Part. von: arrogare = sich anmaßen] (abwertend): *anmaßend, dünkelhaft, überheblich, eingebildet:* ein ganz -er Kellner; ein -es Wesen, Benehmen; a. lächeln.

Ar|ro|ganz, die; - [lat. arrogantia] (abwertend): *arrogante Art, arrogantes Wesen:* von aufreizender A. der Kundin gegenüber.

ar|ron|die|ren [auch: arõ...] ⟨sw. V.; hat⟩ [frz. arrondir, zu: rond = rund < lat. rotundus]: **1.** *abrunden, zusammenlegen;* seinen Besitz, sein Grundstück [mit, durch etw.] a. **2.** *(Kanten) abrunden:* Leisten a.

Ar|ron|dis|se|ment [arõdısə'mã:], das; -s, -s [frz. arrondissement, eigtl. = Abrundung]: **a)** *dem Departement untergeordneter Verwaltungsbezirk in Frankreich;* **b)** *Verwaltungseinheit, Stadtbezirk in französischen Großstädten:* das 4. Pariser A.

Arsch, der; -[e]s, Ärsche [mhd., ahd. ars, urspr. wohl = Erhebung; vorstehender Körperteil] (derb): **1.** *Gesäß:* ein fetter A.; auf den A. fallen; jmdm. in den A. treten; *** jmdm. geht der A. auf/mit Grundeis** (derb; *jmd. hat große Angst;* Grundeis ist die unterste Eisschicht auf dem Boden von Gewässern, die bei Tauwetter polternd losbricht; jmdm., der große Angst hat, rumort es in den Eingeweiden wie in einem Fluss, der mit Grundeis geht); **den A. offen haben** (derb; *nicht recht bei Verstand sein*); **den A. zukneifen** (derb; *sterben*); **sich** ⟨Dativ⟩ **den A. abfrieren** (derb; *sehr frieren*); **einen kalten A. kriegen** (derb; *sterben*); **einen kalten A. haben** (derb; *tot, gestorben sein*); **sich** ⟨Dativ⟩ **den A. aufreißen** (derb; *sich sehr anstrengen*); **jmdm. den A. aufreißen** (derb; *jmdn. hart herannehmen, drillen*); **jmdn. am A. haben** (derb; *jmdn. zu etw. weniger Angenehmem heranziehen*); **am A. der Welt** (derb; *am Ende der Welt, sehr abgelegen*): sie wohnt am A. der Welt; **leck mich am A.!** (derb; *lass mich in Ruhe!*); **sich** ⟨Dativ⟩ **etw. am A. abfingern können** (derb; *sich etw. denken können*); **sich auf den A. setzen** (derb; 1. *fleißig lernen, arbeiten.* 2. *aufs Gesäß fallen.* 3. *völlig überrascht sein*); **jmdm. in den A. kriechen** (derb; *sich in würdeloser Form unterwürfig-schmeichlerisch einem anderen gegenüber zeigen*); **sich in den A. beißen [können]** (derb; *sich sehr ärgern*); **in den A. gehen** (derb; *danebengehen, misslingen*): die Sache ist in den A. gegangen; **im/am A. sein** (derb; *verdorben, zerstört, vernichtet sein*): das Auto ist im A. **2.** (oft als Schimpfwort) *Trottel, Dummkopf:* dieser A. hat mir alles verdorben; du feiger A. mit Ohren!

arsch- (derb emotional): drückt in Bildungen mit Adjektiven eine Verstärkung aus/*sehr:* arschkahl, -kalt.

Arsch|ba|cke, die (derb): ²*Backe.*

Arsch|fi|cker, der; -s, - (vulgär abwertend): *Homosexueller.*

Arsch|gei|ge, die (derb abwertend): Schimpfwort: du A.!

Arsch|kar|te: in der Wendung **die A. ziehen** (derb; *der Benachteiligte sein, den Schaden tragen*): als Vierter hast du die A. gezogen.

Arsch|krie|cher, Arsch|le|cker, der (derb abwertend): *übertrieben schmeichlerischer Mensch.*

ärsch|lings ⟨Adj.⟩ (derb): *mit dem Hinterteil voran:* ä. hinplumpsen.

Arsch|loch, das (derb): **1.** *After.* **2.** Schimpfwort: dieses A.!

Ar|sen, das; -s [gek. aus ↑Arsenik]: *Halbmetall, das in verschiedener, nach unterschiedlichen Farben zu unterscheidender Form auftritt* (chemisches Element; Zeichen: As).

Ar|se|nal, das; -s, -e [ital. arsenale < arab. dār aṣ-ṣināʿaʰ, eigtl. = Haus des Handwerks]: **1.** *Geräte- u. Waffenlager:* ein A. anlegen, zerstören; Ü geistige und seelische -e nutzen. **2.** *Sammlung, Anhäufung:* ein A. von leeren Bierflaschen.

ar|sen|hal|tig ⟨Adj.⟩: *Arsen enthaltend.*

ar|se|nig: in der Fügung **-e Säure** *(in Wasser gelöstes Arsenik).*

Ar|se|nik, das; -s [spätlat. arsenicum < griech. arsenikón, aus dem Pers.]: *giftige Verbindung von Arsen mit Sauerstoff.*

Ar|sen|ver|gif|tung, die: *Vergiftung durch Arsen.*

Art, die, -, -en [mhd. art, H. u.]: **1.** ⟨o. Pl.⟩ *angeborene Eigenart, Eigentümlichkeit; Wesen[sart], Natur, die jmdm. innewohnt:* das ist nun einmal ihre A.; er hat eine lebhafte A.; es lag nicht in ihrer A., war nicht ihre A., voreilig Schlüsse zu ziehen; das entspricht nicht ihrer A.; der Junge war von stiller A. **2.** *Weise, Verhaltensweise, Verfahrensweise, Gewohnheit im Handeln:* eine höfliche, merkwürdige A.; es gibt verschiedene -en, darauf zu reagieren; das ist nicht gerade die feine [englische] A. *(das ist sehr unschön),* wie du dich verhältst; emotionale Ausbrüche waren nicht ihre A. *(gehörten nicht zu ihren Verhaltensweisen);* er hat eine ungenierte A. zu sprechen; das ist die einfachste A., sein Ziel zu erreichen; auf geheimnisvolle A. verschwinden; sie wollte auf natürliche A. leben; häufig in intensivierender Verbindung mit »Weise«: das ist die rechte A. und Weise; auf die eine oder andere A. und Weise *(so oder so);* (Sprachw.:) Umstandsbestimmung der A. und Weise; *** in der A. [von]** *(im Stil, wie);* **nach A.** *(jmdm. entsprechend; wie es irgendwo, bei jmdm. üblich ist):* Eintopf nach A. des Hauses. **3.** ⟨o. Pl.⟩ (ugs.) *gutes Benehmen:* das ist doch keine A.!; was ist denn das für eine A.? *(was soll das?);* ist das vielleicht eine A.? *(gehört sich das?);* *** ... dass es [nur so] eine A. hat** *(wie es kaum besser sein könnte).* **4. a)** *besondere, bestimmte Sorte von etw.:* alle -en von Blumen; jede A. von Gewalt ablehnen; Antiqui-

A

täten aller A.; er ist ein Verbrecher übelster A.; einzig in seiner A. sein; Spr A. lässt nicht von A. *(besondere Charaktereigenschaften der Eltern werden weitervererbt);* **b)** (Biol.) *Einheit im System* (7 a) *der Tiere u. Pflanzen, in der Individuen zusammengefasst sind, die in allen wesentlichen Merkmalen übereinstimmen u. die untereinander fruchtbare Nachkommen hervorbringen können:* diese A. ist ausgestorben; * **eine A. [von]** *(etwas Ähnliches wie):* eine A. Ratgeber; eine A. grober Schotter/(geh.:) groben Schotters/von grobem Schotter; der Weg war mit einer A. grobem Schotter/(geh.:) groben Schotters/von grobem Schotter befestigt; **aus der A. schlagen** *(anders als die übrigen Familienangehörigen sein;* urspr. zu mhd. art = Geschlecht); **in jmds. A. schlagen** *(einem seiner Verwandten ähneln).*

Art. = Artikel (2, 3).

Art|an|ga|be, die (Sprachw.): *Umstandsergänzung od. freie Umstandsangabe der Art u. Weise.*

Art|be|griff, der: *Begriff* (1), *der eine Art* (4 a) *bezeichnet.*

Art dé|co [arde'ko], der u. das; - - [frz. art déco(ratif), aus: art (< lat. ars, Gen.: artis) = Kunst u. décoratif, ↑dekorativ]: *künstlerische Richtung (bes. im Kunstgewerbe) in den Jahren von 1920 bis 1940.*

Art|di|rec|tor ['ɑːtdɪrɛktə, auch: ...daɪ'rɛktə], der; -s, -s [engl. art director, zu: director, über das (A)frz. < spätlat. director, ↑Direktor]: *künstlerischer Leiter, künstlerische Leiterin des Layouts in einer Werbeagentur o. Ä.*

Ar|te|fakt, das; -[e]s, -e [zu lat. arte = mit Geschick (Ablativ von: ars = Kunst, Geschick) u. factum = das Gemachte]: **1.** (Archäol.) *Gegenstand, der seine Form durch menschliche Einwirkung erhielt:* -e aus dem Paläolithikum. **2.** (Med.) *[mit Täuschungsabsicht] am eigenen Körper herbeigeführte Veränderung, Schädigung; Selbstverstümmelung:* die Verletzung sieht sehr nach einem A. aus. **3.** (bildungsspr.) *etw. von Menschenhand Geschaffenes.* **4.** (Elektronik) *Störsignal.*

art|ei|gen ⟨Adj.⟩ (Biol.): *der eigenen Art zugehörend:* -es Eiweiß.

Ar|te|mis (griech. Myth.): Göttin der Jagd.

ar|ten ⟨sw. V.; ist⟩ [mhd. arten, zu ↑Art] (geh.): *nach jmdm. geraten, jmdm. ähnlich werden:* nach der Mutter a.

ar|ten|arm ⟨Adj.⟩ (Biol.): *arm an Arten* (4 b).

ar|ten|reich ⟨Adj.⟩ (Biol.): *reich an Arten* (4 b): eine -e Tierwelt, Flora.

Ar|ten|reich|tum, der ⟨o. Pl.⟩: *Reichtum an Arten* (4 b).

Ar|ten|schutz, der: *Schutz für vom Aussterben bedrohte Tier- und Pflanzenarten durch bestimmte [behördliche] Maßnahmen.*

Ar|ten|schutz|ab|kom|men, das: *[internationales] Abkommen über den Artenschutz.*

Ar|ten|viel|falt, die: *Vielfalt der in einem bestimmten Bereich vorkommenden Tier- und Pflanzenarten:* ein Rückgang der A.

art|er|hal|tend ⟨Adj.⟩ (Biol., Verhaltensf.): *der Erhaltung der eigenen Art* (4 b) *dienend:* -e Instinkte.

Ar|te|rie, die; -, -n [lat. arteria < griech. artēría, zu: aeírein = anbinden; vgl. Aorta] (Med.): *Schlagader.*

ar|te|ri|ell ⟨Adj.⟩: *die Arterien betreffend, zu einer Arterie gehörend;* -es Gewebe; -es Blut *(in einer Arterie transportiertes, helles, sauerstoffhaltiges Blut).*

Ar|te|ri|en|ver|kal|kung, die (ugs.): *Arteriosklerose.*

Ar|te|ri|o|skle|ro|se, die [zu ↑Arterie u. ↑Sklerose] (Med.): *krankhafte Veränderung der Arterien vor allem als Folge von Kalkablagerungen an der inneren Wand; Arterienverkalkung.*

ar|te|sisch ⟨Adj.⟩: ↑Brunnen (1).

Ar|tes li|be|ra|les ['arte:s libe'ra:le:s] ⟨Pl.⟩ [lat. artes liberales (Pl.), zu: ars = Kunst u. liberalis, ↑liberal]: *die sieben freien Künste (Grammatik, Rhetorik, Dialektik, Arithmetik, Geometrie, Astronomie, Musik), die zum Grundwissen der Antike u. des Mittelalters gehörten.*

art|fremd ⟨Adj.⟩ (bes. Biol.): *der eigenen Art fremd:* -es Eiweiß; -e Verhaltensweisen; -e Sitten.

Art|ge|nos|se, der: *Individuum derselben Art* (4 b).

Art|ge|nos|sin, die: w. Form zu ↑Artgenosse.

art|ge|recht ⟨Adj.⟩: *den Ansprüchen einer bestimmten Tierart genügend:* -e Ernährung.

art|gleich ⟨Adj.⟩: *derselben Art angehörend, von gleicher Art.*

Ar|thri|tis, die; -, ...iti̱den [lat. arthritis < griech. arthrĩtis] (Med.): *Gelenkentzündung.*

ar|thri|tisch ⟨Adj.⟩: *von Arthritis befallen:* -e Knie.

Ar|thro|plas|tik, die; -, -en (Med.): *künstliche Bildung eines neuen Gelenks nach Resektion des alten:* eine A. durchführen; sich eine A. machen lassen.

Ar|thro|po|den ⟨Pl.⟩ [zu griech. poús (Gen.: podós) = Fuß] (Zool.): *Gliederfüßer.*

Ar|thro|se, die; -, -n (Med.): *chronische, auf Abnutzung beruhende Erkrankung eines Gelenks* (a).

ar|ti|fi|zi|ell ⟨Adj.⟩ [frz. artificiel < lat. artificialis, zu: artifex = Künstler, zu: ars (Gen.: artis) = Kunst u. facere = machen] (bildungsspr.): **a)** *künstlich:* die -e Umwelt; die Inszenierung war hoch a.; **b)** *gekünstelt:* eine etwas -e Freundlichkeit.

ar|tig ⟨Adj.⟩ [mhd. ertec = angestammte gute Beschaffenheit habend, zu ↑Art]: **1.** *sich so verhaltend, wie es die Erwachsenen erwarten; sich gut und folgsam benehmend:* -e Kinder; sei a.!; sich a. verhalten. **2. a)** (geh. veraltend) *höflich, galant:* -e Komplimente; mit einer -en Verbeugung; er küsste ihr a. die Hand; **b)** (veraltet) *anmutig, nett:* -es Aussehen; a. geflochtene Zöpfe.

-ar|tig: drückt in Bildungen mit Substantiven – selten mit Adjektiven – aus, dass die beschriebene Person oder Sache vergleichbar mit etw., so beschaffen wie etw. ist: balladen-, brei-, jazzartig.

Ar|tig|keit, die; -, -en: **1.** ⟨o. Pl.⟩ (geh. veraltend) *Höflichkeit, Zuvorkommenheit:* er umwarb sie mit größter A.; mit ausgesuchter A. **2.** ⟨meist Pl.⟩ *höfliche Redensart, Schmeichelei:* -en austauschen; jmdm. -en sagen.

Ar|ti|kel [auch: ...'tɪkl], der; -s, - [lat. articulus = Abschnitt, Teilchen, Vkl. von: artus = Gelenk, Glied; 3: nach frz. article]: **1.** *Aufsatz, Abhandlung; Beitrag:* ein A. in der Zeitung, im Lexikon; wissenschaftliche A.; einen A. über Ameisen lesen, schreiben. **2. a)** *[mit einer Nummer gekennzeichneter] Abschnitt in einem Gesetz, Vertrag o. Ä.:* nach A. 4 des Grundgesetzes; Abk.: Art.; **b)** *Glaubenssatz; Abschnitt eines Bekenntnisses od. Manifestes, These;* Abk.: Art. **3.** *[Handels]gegenstand, Ware:* preiswerte, beliebte, gefragte A.; Abk.: Art. **4.** (Sprachw.) *[der Genusbezeichnung von Substantiven dienende] Wortart mit identifizierender, individualisierender od. generalisierender Funktion; Geschlechtswort:* der bestimmte, unbestimmte A.

Ar|ti|kel|rei|he, die: *Folge von Artikeln* (1) *zu einem Hauptthema.*

Ar|ti|ku|la|ti|on, die; -, -en [spätlat. articulatio = gegliederter Vortrag]: **1. a)** *deutliche Aussprache, Gliederung des Gesprochenen;* **b)** (Sprachw.) *Bildung von Lauten mithilfe der Sprechwerkzeuge.* **2.** *das Artikulieren* (2): die A. der Gedanken. **3.** (Musik) *Binden od. Trennen der Töne.*

Ar|ti|ku|la|ti|ons|art, die (Sprachw.): *Art u. Weise, wie Artikulation* (1 b) *zustande kommt.*

Ar|ti|ku|la|ti|ons|or|ga|ne ⟨Pl.⟩ (Sprachw., Anat.): *Sprechwerkzeuge.*

Ar|ti|ku|la|ti|ons|ver|mö|gen, das: *Ausdrucksfähigkeit.*

ar|ti|ku|la|to|risch ⟨Adj.⟩: *die Artikulation betreffend.*

ar|ti|ku|lie|ren ⟨sw. V.; hat⟩ [lat. articulare]: **1.** *(Silben, Wörter, Sätze) in phonetisch gegliederter Form aussprechen:* deutlich, klar, einwandfrei a.; undeutlich artikulierte Laute. **2.** (bildungsspr.) **a)** *(Gedanken, Gefühle) in Worte fassen, [formuliert] zum Ausdruck bringen:* seinen Willen, seine Sorgen a.; **b)** ⟨a. + sich⟩ *sich angemessenen Ausdruck verschaffen:* sich nicht a. können; **c)** ⟨a. + sich⟩ *zum Ausdruck kommen:* der Umschwung artikuliert sich im Wahlergebnis.

Ar|ti|ku|lie|rung, die; -, -en: *Artikulation* (1, 2).

Ar|til|le|rie, die; -, -n ⟨Pl. selten⟩ [frz. artillerie, zu afrz. artill(i)er = mit Kriegsgerät bestücken, ausrüsten, H. u.] (Milit.): **a)** *mit meist schweren Geschützen ausgerüstete Kampfunterstützungstruppe;* **b)** *schweres Geschütz, Geschütze.*

Ar|til|le|rie|feu|er, das (Milit.): *konzentrierter Beschuss durch Artillerie.*

Ar|til|le|rie|ge|schoss, das (Milit.): *von den Geschützen der Artillerie abgefeuertes Geschoss.*

Ar|til|le|rist, der; -en, -en (Milit.): *Soldat der Artillerie* (a).

Ar|til|le|ris|tin, die; -, -nen: w. Form zu ↑Artillerist.

ar|til|le|ris|tisch ⟨Adj.⟩ (Milit.): *die Artillerie betreffend; von der Artillerie ausgehend.*

Ar|ti|scho|cke, die; -, -n [nordital. articiocco, H. u.]: **1.** *(mit den Disteln verwandte) Pflanze mit großen Blütenköpfen, deren verdickter unterer Teil als Gemüse gegessen wird.* **2.** *wohlschmeckende Blütenknospe der Artischocke* (1).

Ar|ti|scho|cken|bo|den, der: *als Delikatesse geltender Blütenboden der Artischocke* (1).

Ar|tist, der; -en, -en [unter Einfluss von frz. artiste < mlat. artista, zu lat. ars = Geschicklichkeit]: **1.** *[Geschicklichkeitsübungen vorführender] Künstler in Zirkus u. Varieté.* **2.** (selten) *Darstellungsmittel u. -formen souverän beherrschender Künstler:* ein A. unter den Filmemachern.

Ar|tis|tik, die; -: **1.** *Varieté- u. Zirkuskunst.* **2. a)** *außerordentliche körperliche Geschicklichkeit:* die A. der Abfahrtsläufer; **b)** *großes Maß an formaler Beherrschung:* mit bewundernswerter A.

Ar|tis|tin, die; -, -nen: w. Form zu ↑Artist.

ar|tis|tisch ⟨Adj.⟩: **1.** *Zirkuskunst u. -künstler betreffend:* -e Kunststücke, Glanzleistungen. **2. a)** *in der Art eines Artisten, überaus geschickt:* eine -e Ballbehandlung; **b)** *große formalkünstlerische Fertigkeiten zeigend:* mit -er Technik.

Art nou|veau [arnu'vo], der u. das; - - [frz. = neue Kunst; urspr. Name einer 1895 in Paris gegründeten Galerie]: Bez. für *Jugendstil* in Großbritannien, den USA u. Frankreich.

art|ver|schie|den ⟨Adj.⟩: *von verschiedener Art.*

art|ver|wandt ⟨Adj.⟩: *von ähnlicher Art:* -e Typen, Seelen.

Arz|nei, die; -, -en [mhd. arzenīe, für: arzātīe, zu ahd. arzāt, ↑Arzt] (veraltend): *Heilmittel, Medikament, [flüssige] Medizin:* eine A. verordnen, verschreiben; seine A. einnehmen; die Preise für -en erhöhen; Ü etw. ist für jmdn. eine bittere, heilsame A. *(Erfahrung, Lehre).*

Arz|nei|kun|de, die ⟨o. Pl.⟩: *Pharmazie.*

arz|nei|lich ⟨Adj.⟩: *Arznei betreffend.*

Arz|nei|mit|tel, das: *Heilmittel, Medikament:* die Preisbindung für A.

Arz|nei|mit|tel|ge|setz, das: *Gesetz, das bes. Herstellung u. Verbrauch von Arzneimitteln betrifft.*

Arz|nei|mit|tel|miss|brauch, der: *[suchthafter] Missbrauch von Arzneimitteln.*

Arzt, der; -es, Ärzte [mhd. arzet, arzāt, ahd. arzāt < spätlat. archiater < griech. archíatros = Oberarzt, zu: archi- (↑Architekt) u. iatrós = Arzt]: *jmd., der nach Medizinstudium u. klinischer Ausbildung die staatliche Zulassung (Approbation) erhalten hat, Kranke zu behandeln* (Berufsbez.): der behandelnde, leitende A.; den A. fragen, konsultieren, holen; zum A. gehen.

Arzt|be|ruf, der: *Beruf des Arztes:* den A. ergreifen.

Ärz|te|kam|mer, die: *Berufs- u. Standesvertretung der Ärzte.*
Ärz|te|schaft, die; -: *Gesamtheit der Ärzte.*
Ärz|te|schwem|me, die (salopp): *den Bedarf weit übersteigende Zahl an ausgebildeten Ärzten.*
Arzt|ge|löb|nis, das: *dem hippokratischen Eid entsprechendes Gelöbnis für Ärzte.*
Arzt|hel|fer, der: vgl. Arzthelferin.
Arzt|hel|fe|rin, die: *Angestellte, die dem Arzt in der Praxis hilft, Instrumente u. Patientenkartei betreut sowie Verwaltungsarbeiten erledigt* (Berufsbez.).
Arzt|ho|no|rar, das: *für eine ärztliche Leistung zu zahlendes Honorar.*
Ärz|tin, die; -, -nen [mhd. arzātinne, arzātīn]: w. Form zu ↑Arzt.
Arzt|kos|ten ⟨Pl.⟩: *Kosten für ärztliche Behandlung:* die A. senken.
ärzt|lich ⟨Adj.⟩ [mhd. arzātlich]: *vom Arzt ausgehend; sich auf den Arzt beziehend:* -e Untersuchung, Verordnung; die -e Schweigepflicht; ein -es Attest; alle -e Kunst war vergebens; die -e Hilfe kam zu spät; auf -en Rat; unter -er Aufsicht.
ärzt|li|cher|seits ⟨Adv.⟩ [↑-seits] (Papierdt.): *vonseiten des Arztes:* ä. gibt es keine Bedenken.
Arzt|pra|xis, die: **a)** *Räumlichkeiten für die ärztliche Berufsausübung;* **b)** ⟨o. Pl.⟩ *Patientenkreis eines Arztes:* eine große A. haben.
Arzt|rech|nung, die: *vom Arzt für seine Bemühungen erstellte Rechnung.*
Arzt|ro|man, der: *im ärztlichen Milieu spielender Unterhaltungsroman.*
Arzt|se|kre|tä|rin, die: *Sekretärin, die in einer Arztpraxis die schriftlichen Arbeiten erledigt.*
Arzt|se|rie, die: *Fernsehserie, die von einem oder mehreren Ärzten handelt.*
Arzt|ta|sche, die: *die notwendigsten Utensilien enthaltende Tasche, die ein Arzt bei Hausbesuchen mitnimmt.*
Arzt|wahl: in der Wendung **freie A. haben** *(als Pflichtversicherter das Recht haben, den Arzt seiner Wahl aufzusuchen).*
as, **¹Ạs,** das; -, - (Musik): *um einen halben Ton erniedrigtes a, A (2).*
²As: frühere Schreibung für ↑Ass.
³As = Arsen.
A-Sai|te, die: *auf den Ton a, A (2) gestimmte Saite eines Saiteninstruments.*
As|bẹst, der; -[e]s, -e [lat. asbestos < griech. ásbestos (líthos) = Asbest(stein), eigtl. = unzerstörbar(er Stein)]: *mineralischer, feuerfester Faserstoff.*
As|bẹst|an|zug, der: *feuerfeste Schutzkleidung.*
As|bes|to|se, die; -, -n (Med.): *durch das Einatmen von Asbeststaub hervorgerufene Lungenerkrankung.*
As|bẹst|staub, der: *bei der Verarbeitung von Asbest entstehender Staub.*
As|bẹst|ze|ment, der: *Gemisch aus Asbestfasern u. Zement, das bes. als Dämm- od. Isolierstoff verwendet wird.*
Aschan|ti, die; -, -, **Aschan|ti|nuss,** die [nach dem afrik. Stamm der Aschanti] (österr.): *Erdnuss.*
Ạsch|be|cher: ↑Aschenbecher.
ạsch|blond ⟨Adj.⟩: *(bezogen auf das Kopfhaar) von stumpfer blonder Farbe.*
Ạsche, die; -, (techn.:) -n [mhd. asche, ahd. asca, verw. mit ↑Esse]: **1.** *staubig-pulveriger Rückstand verbrannter Materie:* heiße, kalte, glühende A.; die A. [von der Zigarre] abstreifen, abklopfen; die A. in alle Winde zerstreuen; A. zu A.; etw. wird zu A. *(brennt nieder);* **R** das ist doch A.! (ugs.; *das taugt nichts; damit ist nichts los*); *** sich** ⟨Dativ⟩ **A. aufs Haupt streuen** (meist scherzh.; *demütig bereuen;* nach 1. Makkabäer 3, 47). **2.** ⟨o. Pl.⟩ (ugs.) *Geld:* A. zusammenkratzen; blanke A. *(Silbermünzen).*
Ạsch|ei|mer, der: *Eimer für die Asche (aus dem Herd).*
Ạschen|bahn, die (Sport): *mit einer Unterlage aus gemahlener Schlacke befestigte Bahn für Laufwettbewerbe:* auf der A. trainieren.
Ạschen|be|cher, der: *Schale o. Ä. zum Abstreifen od. Ausklopfen von Tabakasche u. für Zigaretten- u. Zigarrenreste.*
Ạschen|brö|del, das; -s, - [mhd. aschenbrodele = Küchenjunge, eigtl. = jmd., der in der Asche wühlt]: **1.** ⟨o. Pl.⟩ *weibliche Figur des gleichnamigen Volksmärchens.* **2.** *unscheinbare weibliche Person, die ständig zurückgesetzt (5) wird.*
Ạschen|ei|mer: ↑Ascheimer.
Ạschen|platz, der (Tennis): *Hartplatz mit einer Unterlage aus gemahlener Schlacke.*
Ạschen|put|tel, das; -s, - [zu hess. Pud(d)el = unordentliches, schmutziges Mädchen]: *Aschenbrödel.*
Ạschen|re|gen, der: *Niederschlag von [vulkanischer od. radioaktiver] Asche.*
Ạscher, der; -s, - (ugs.): *Aschenbecher.*
Ạscher|mitt|woch, der [im 15. Jh. für mhd. aschtac, geb. mit dem älteren Pl. Ascher von ↑Asche (an diesem Tag zeichnet der Priester im kath. Gottesdienst den Gläubigen mit Holzasche ein Kreuz als Zeichen der Buße auf die Stirn)]: *Tag nach Fastnacht; erster Tag der Fastenzeit.*
ạsch|fahl ⟨Adj.⟩: *fahl, grau wie Asche:* ein -es Gesicht.
ạsch|grau ⟨Adj.⟩: *von stumpfem Grau:* der -e Himmel; ihr Gesicht war a.; *** bis ins Aschgraue** (ugs.; *unendlich lange, bis zum Überdruss so weiter*).
Asch|ke|na|sim [auch: ...na'zi:m] ⟨Pl.⟩ [hebr. Aškenazzîm, nach einem biblischen Völkernamen (vgl. 1. Mos. 10, 3)]: *ost- u. mitteleuropäische Juden.*
Ạsch|ram, der; -s, -s [sanskr. āśram(a)]: **a)** *Einsiedelei eines indischen Asketen;* **b)** *einem Kloster ähnliche Anlage in Indien (bes. als Ort der Meditation für die Anhänger einer Lehre).*
ASCII-Code ['aski...], der; -s [Abk. für engl. American Standard Code of Information Interchange] (EDV): *Zeichencode, der in Rechnern zur Darstellung bestimmter Informationen verwendet wird.*
As|co|na: schweizerischer Ort am Lago Maggiore.
As|cor|bin|säu|re, (auch:) Askorbinsäure, die; - [zu griech. a- = nicht, un- u. ↑Skorbut] (Chemie): *Vitamin C.*
As|cot ['æskət]: Dorf nahe bei London (Austragungsort von Pferderennen).
Ạs-Dur, das; -: *auf dem Grundton ¹As beruhende Durtonart;* Zeichen: As (↑as, ¹As).
Ase, der; -n, -n [anord. āss] (germ. Myth.): *Vertreter des gewaltigsten Göttergeschlechts.*
ASEAN ['æsiæn], die [Kurzwort aus engl. Association of South East Asian Nations]: *Vereinigung südostasiatischer Staaten zur Förderung von Frieden und Wohlstand.*
a sẹc|co [ital. = auf dem Trockenen, zu: secco < lat. siccus = trocken]: *auf trockenem Putz [gemalt] (mittelalterliche Maltechnik).*
äsen ⟨sw. V.; hat⟩ [mhd. æȝen, zu: āȝ = Essen, Futter] (Jägerspr.): *(vom Wild mit Ausnahme des Schwarz- u. Raubwildes) Nahrung aufnehmen:* ein Hirsch äste zwischen den Kühen; ⟨auch ä. + sich:⟩ der Bock äst sich.
Asep|sis, die; - [aus griech. a- = nicht, un- u. ↑Sepsis] (Med.): *Keimfreiheit (von Wunden, Instrumenten u. Ä.).*
asep|tisch ⟨Adj.⟩ (Med.): **a)** *nicht septisch; keimfrei:* septische und -e Bereiche eines Krankenhauses; eine Wunde a. behandeln; **b)** *nicht auf Infektion beruhend.*
¹Äser, der; -s, - (Jägerspr.): *(vom Wild mit Ausnahme des Schwarz- u. Raubwildes) Maul.*
²Äser: Pl. von ↑Aas.
Aser|baid|schan; -s: **1.** Landschaft u. Provinz im nordwestlichen Iran. **2.** Staat am Kaspischen Meer.
Aser|baid|scha|ner, der; -s, -: Ew.
Aser|baid|scha|ne|rin, die; -, -nen: w. Form zu ↑Aserbaidschaner.
aser|baid|scha|nisch ⟨Adj.⟩: **a)** *Aserbaidschan, die Aserbaidschaner betreffend; von den Aserbaidschanern stammend, zu ihnen gehörend;* **b)** *in der Sprache der Aserbaidschaner.*
Aser|beid|schan usw.: ↑Aserbaidschan usw.
ạse|xu|al, ạse|xu|ell [auch: – – –'–] ⟨Adj.⟩ [aus griech. a- = nicht, un- u. ↑sexual]: **1. a)** *sexuell gefühllos;* **b)** *alles Sexuelle ausklammernd:* eine -e Erziehung. **2.** *ungeschlechtlich, geschlechtslos.*
Asi|at, der; -en, -en: Ew.
Asi|a|tin, die; -, -nen: w. Form zu ↑Asiat.
asi|a|tisch ⟨Adj.⟩: *zu Asien gehörend; aus Asien kommend.*
Asi|en; -s: größter Erdteil.
As|ke|se, die; - [griech. áskēsis = Übung, Lebensweise]: **a)** *streng enthaltsame u. entsagende Lebensweise [zur Verwirklichung sittlicher u. religiöser Ideale]:* A. üben; in strenger A. leben; **b)** *Bußübung zur Überwindung von Lastern und Abtötung von Begierden.*
As|ket, der; -en, -en [mlat. asceta < griech. askētēs]: *enthaltsam [in Askese] lebender Mensch.*
As|ke|tin, die; -, -nen: w. Form zu ↑Asket.
as|ke|tisch ⟨Adj.⟩: **a)** *die Askese (a) betreffend; entsagend, enthaltsam:* ein -es Leben; **b)** *Askese (b) übend;* **c)** *wie ein Asket:* ein -es Gesicht; eine -e Erscheinung; **d)** *formal zurückhaltend, sparsam, streng:* eine -e Farbgebung.
As|kle|pi|os, As|kle|pi|us: *Äskulap.*
As|kor|bin|säu|re: ↑Ascorbinsäure.
Äs|ku|lap (griech.-röm. Myth.): mit Schlange u. Stab dargestellter Gott der Heilkunde.
Äs|ku|lap|nat|ter, die: *oberseits glänzend braune, unterseits gelblich weiße Natter.*
Äs|ku|lap|stab, der: *von einer Schlange umwundener Stab Äskulaps (Sinnbild der Heilkunst).*
As|ma|ra, -s; Hauptstadt von Eritrea.
ạs-Moll [auch: '–'–], das; -: *auf dem Grundton as beruhende Molltonart;* Zeichen: as (↑as, ¹As).
äso|pisch ⟨Adj.⟩ (bildungsspr. veraltend): *in der Art, im Geist des altgriechischen Fabeldichters Äsop; witzig:* -er Stil; -e Erzählweise.
Asow|sche Meer, das; -n -[e]s: Teil des Schwarzen Meeres.
ạso|zi|al [auch: – –'–] ⟨Adj.⟩ [aus griech. a- = nicht, un- u. ↑sozial]: **1.** *unfähig zum Leben in der Gemeinschaft, sich nicht in die Gemeinschaft einfügend; am Rand der Gesellschaft lebend:* ein -er Charakter; a. veranlagt sein. **2.** (meist abwertend) *die Gemeinschaft, Gesellschaft schädigend:* -es Verhalten; er ist a.
Ạso|zi|a|le, der u. die; -n, -n (meist abwertend): *jmd., der asozial ist.*
As|pa|ra|gin, das; -s [zu ↑Asparagus]: *Derivat der Asparaginsäure.*
As|pa|ra|gin|säu|re, die: *in vielen Eiweißstoffen (bes. in Spargel) enthaltene Aminosäure.*
As|pa|ra|gus [as'pa:ragʊs, auch: ...'ra:gʊs], der; - [lat. asparagus < griech. aspáragos]: **a)** *Spargel (Gemüsepflanze);* **b)** *Spargelart, deren Kraut in der Blumenbinderei verwendet wird.*
As|pekt, der; -[e]s, -e [lat. aspectus, eigtl. = das Hinsehen]: **1.** (bildungsspr.) *Blickwinkel, Blickrichtung, Betrachtungsweise, Blick-, Gesichtspunkt:* den sozialen A. eines Problems betonen; finanzielle -e; etw. unter einem bestimmten A. sehen, betrachten. **2.** (Astron., Astrol.) *bestimmte Stellung von Sonne, Mond u. Planeten zueinander u. zur Erde.* **3.** (Sprachw.) *[in den slawischen Sprachen bes. ausgeprägte] grammatische Kategorie, mit der der Sprecher die Vollendung od. Nichtvollendung eines Geschehens aus seiner Sicht ausdrückt:* ein perfektiver, imperfektiver A.
As|phalt [auch: '– –], der; -s, (techn.:) -e [frz. asphalte < lat. asphaltus < griech. ásphaltos, eigtl. = unzerstörbar]: *Gemisch von Bitumen u. Mineralstoffen, das besonders als Straßenbelag verwendet wird:* der nasse A.; die Luft flimmert über dem A.
As|phalt|de|cke, die: *Straßenbelag aus Asphalt.*
as|phal|tie|ren ⟨sw. V.; hat⟩: *eine Straße o. Ä. mit einer Asphaltdecke versehen:* eine Straße a.; asphaltierte Gehwege.
as|phal|tisch ⟨Adj.⟩: *aus Asphalt bestehend.*
As|phalt|lack, der: *Lack aus einer Lösung von stark bitumenhaltigem Asphalt u. anderen organischen Lösungsmitteln.*

A

As|pik [as'pi:k, auch: as'pɪk, '– –], der (österr. das, auch: der); -s, -e [frz. aspic, H. u.]: *Gallert aus Gelatine od. Kalbsknochen:* Fleisch, Fisch in A.

As|pi|rant, der; -en, -en [frz. aspirant, zu: aspirer, ↑aspirieren]: **1.** *Bewerber, [Beamten]anwärter:* ein A. für/(seltener:) auf einen Posten. **2.** (DDR) *wissenschaftliche Nachwuchskraft an der Hochschule.*

As|pi|ran|tin, die; -, -nen: w. Form zu ↑Aspirant.

As|pi|ran|tur, die; -, -en (DDR): *besonderer Ausbildungsgang des wissenschaftlichen Nachwuchses.*

As|pi|ra|ti|on, die; -, -en [lat. aspiratio]: **1.** ⟨meist Pl.⟩ (bildungsspr.) *Bestrebung, Hoffnung, ehrgeiziger Plan:* -en auf, nach etw. haben. **2.** (Sprachw.) *[Aussprache eines Verschlusslautes mit] Behauchung.*

as|pi|rie|ren ⟨sw. V.; hat⟩ [frz. aspirer < lat. aspirare]: **1.** (bes. österr.) *sich um etw. bewerben:* auf einen Posten a. **2.** (Sprachw.) *mit Behauchung aussprechen:* einen [Verschluss]laut a.

As|pi|rin®, das; -s [Kunstwort]: *ein Schmerz- und Fiebermittel.*

aß: ↑essen.

Ass, das; -es, -e [frz. as < lat. as = das Ganze als Einheit]: **1.** *(in vielen geläufigen Kartenspielen) höchste Spielkarte, Eins:* kein A., alle vier -e in der Hand haben. **2.** (ugs.) **a)** *eine durch [sportliche] Leistung besonders hervorragende Persönlichkeit:* die -e der Mannschaft; ein A. in Mathematik sein; *** ein Ass auf der Bassgeige sein** (salopp; *clever sein;* vgl. Aas 2); **b)** (Werbespr.) *besonders beliebter Artikel:* das A. unter den neuen Wagen. **3.** (Sport) **a)** (Tennis) *für den Gegner unerreichbarer Aufschlagball:* ein A. servieren; **b)** (Golf) *mit einem Schlag vom Abschlag ins Loch gespielter Ball.*

Ass. = Assessor; Assistent.

as|sai [ital. assai < vlat. ad satis = genug] (Musik; in Verbindung mit einer Tempobezeichnung): *sehr, ziemlich:* allegro assai.

As|sam; -s: Bundesstaat der Republik Indien.

As|sas|si|ne, der; -n, -n [ital. assassino < arab. ḥaššāšīn, zu: ḥaššāš = Haschischgenießer]: **1.** ⟨meist Pl.⟩ *Angehöriger eines islamischen Geheimbundes, der seine Ziele auch mit Mordanschlägen durchzusetzen sucht.* **2.** (veraltet) *Meuchelmörder.*

As|saut [a'so:], das; -s, -s [frz. assaut, über das Vlat. zu lat. assultus = das Anspringen]: *Übungskampf beim Fechten, bei dem das Erlernte erprobt werden soll.*

äße: ↑essen.

As|se|ku|rant, der; -en, -en (Fachspr.): *Versicherer, Versicherungsträger.*

As|se|ku|ranz, die; -, -en [älter ital. assicuranza] (Fachspr.): *Versicherung[sgesellschaft].*

As|sel, die; -, -n [viell. aus lat. asellus = Eselchen (nach der grauen Farbe)] (Zool.): *(zu den Krebsen gehörendes) kleines Tier mit abgeflachtem, deutlich gegliedertem Körper, das sich vorwiegend an dunklen, sumpfigen Stellen u. in Tümpeln aufhält.*

As|sem|bla|ge [asã'bla:ʒ(ə)], die; -, -n [frz. assemblage = das Zusammenfügen, zu: assembler = zusammenfügen, versammeln, über das Vlat. zu lat. simul = zugleich, zusammen] (Kunst): *Hochrelief od. dreidimensionaler Gegenstand, der aus einer Kombination verschiedener Objekte entstanden ist.*

As|sem|bler [ə'sɛmblə], der; -s, - [engl. assembler, zu frz. assembler, ↑Assemblage] (EDV): **1.** *maschinenorientierte Programmiersprache:* das Programmieren in A. **2.** *Übersetzungsprogramm zur Umwandlung einer maschinenorientierten Programmiersprache in die spezielle Maschinensprache.*

As|sem|bling [ə'sɛmblɪŋ], das; -s, -s [engl. assembling] (Wirtsch.): *das Zusammenbringen, -schließen einzelner Komponenten zu einem Ganzen:* durch A. Kosten bei der Autoproduktion sparen.

as|se|rie|ren ⟨sw. V.; hat⟩ [lat. asserere, zu: serere, ↑Serie] (Philos.): *behaupten, versichern:* die Richtigkeit einer Theorie a.

As|ser|ti|on, die; -, -en [lat. assertio] (Philos.): *bestimmte, feststellende Behauptung, Versicherung.*

as|ser|to|risch ⟨Adj.⟩ [lat. assertorius] (Philos.): *behauptend, versichernd:* eine -e Aussage; -e Urteile (Logik; *Behauptungen von Tatsachen, die ohne Beweis Gültigkeit beanspruchen*).

As|ser|vat, das; -[e]s, -e [zu lat. asservatum, 2. Part. von: asservare = (amtlich) bewachen]: *in amtliche Verwahrung genommener, für eine Gerichtsverhandlung als Beweismittel wichtiger Gegenstand.*

As|ser|va|ten|kam|mer, die: *Aufbewahrungsort für Asservate (bei Gerichten od. Polizeidienststellen).*

As|sess|ment-Cen|ter, (auch:) **As|sess|ment|cen|ter,** das; -s, - [engl. assessment centre, aus: assessment = Einschätzung, Beurteilung u. centre, ↑Center]: *psychologisches Testverfahren, bei dem jmds. Eignung (bes. für eine Führungsposition) festgestellt werden soll:* ein A. absolvieren, durchlaufen.

As|ses|sor, der; -s, ...oren [lat. assessor = Beisitzer, Gehilfe, zu assidere (2. Part.: assessum) = (als Berater) zur Seite sitzen; verweilen]: **1.** *jmd., der die zweite juristische Staatsprüfung bestanden u. die Befähigung zum Richteramt erworben hat.* **2.** (früher) *Anwärter der höheren Beamtenlaufbahn nach der zweiten Staatsprüfung;* Abk.: Ass.

As|ses|so|rin, die; -, -nen: w. Form zu ↑Assessor.

¹As|si, der; -s, -s (ugs.): Kurzf. von ↑Assistent.

²As|si, die; -, -s (ugs.): Kurzf. von ↑Assistentin.

³As|si, der; -s, -s, u. die; -, -s (ugs. meist abwertend): Kurzf. von ↑Asoziale.

As|si|gna|te die; -, -n ⟨meist Pl.⟩ [frz. assignats, zu: assigner < lat. assignare, ↑assignieren]: *Papiergeld[schein] der Ersten Französischen Republik.*

as|si|gnie|ren ⟨sw. V.; hat⟩ [lat. assignare = an-, zuweisen, zu: signare, ↑signieren] (veraltet): *[Geld] anweisen.*

As|si|mi|la|ti|on, die; -, -en [lat. assimilatio = Ähnlichmachung, zu: assimilare, ↑assimilieren]: **1. a)** (Biol.) *das Assimilieren* (1); **b)** *Angleichung, Anpassung:* die A. an bestehende Verhältnisse. **2.** (Sprachw.) *Angleichung eines Konsonanten an einen anderen* (z. B. das b in mhd. lamb zu m in nhd. Lamm). **3.** (Soziol.) *Angleichung eines Einzelnen od. einer Gruppe an die Eigenart einer anderen Gruppe, eines anderen Volkes.* **4.** (Psych.) *Angleichung neuer Wahrnehmungsinhalte und Vorstellungen an bereits vorhandene.* **5.** (Physiol.) *Bildung von Assimilaten.* **6.** (Genetik) *erbliche Fixierung eines erworbenen Merkmals.*

as|si|mi|la|to|risch ⟨Adj.⟩: **a)** *die Assimilation betreffend;* **b)** *durch Assimilation gewonnen, entstanden:* -er Lautwandel.

as|si|mi|lie|ren ⟨sw. V.; hat⟩ [2: lat. assimilare, zu: similare (simulare), ↑simulieren]: **1.** (Biol.) *aufgenommene Nährstoffe in körpereigene Stoffe umwandeln:* die Pflanzen assimilieren Kohlensäure. **2.** (bildungsspr.) *[sich] angleichen, [sich] anpassen:* ich assimiliere mich rasch diesen Gepflogenheiten; sich leicht an eine Umgebung a.; die neue Schülerin wurde von der Klasse rasch assimiliert.

As|si|mi|lie|rung, die; -, -en: *Assimilation.*

As|si|sen ⟨Pl.⟩ [frz. assises, zu: asseoir = (sich) setzen, zu lat. sedere = (zu Gericht) sitzen]: *Schwurgericht und dessen Sitzungen in der Schweiz u. in Frankreich.*

As|si|si: Stadt in Italien.

As|sist, der; -s, -s [engl. assist, zu: to assist = helfen; mitarbeiten < frz. assister < lat. assistere, ↑assistieren] (schweiz.; Eishockey, Basketball): *Zuspiel, das zu einem Tor od. Korb führt.*

As|sis|tent, der; -en, -en [lat. assistens (Gen.: assistentis), 1. Part. von: assistere, ↑assistieren]: **a)** *jmd., der einem anderen assistiert; Mitarbeiter, Gehilfe;* **b)** *mit bestimmten Lehraufgaben betrauter wissenschaftlicher Mitarbeiter eines Hochschullehrers:* er ist A. bei Professor Müller, am Institut für Phonetik (Abk.: Ass.).

As|sis|ten|tin, die; -, -nen: w. Form zu ↑Assistent.

As|sis|tenz, die; -, -en ⟨Pl. selten⟩ [mlat. assistentia, zu lat. assistere, ↑assistieren]: *das Assistieren; Beistand, Mithilfe:* jmdm. A. leisten; jmds. A. anfordern; unter A. *(mithilfe)* von freiwilligen Helfern.

As|sis|tenz|arzt, der: *approbierter Arzt, der einem Chefarzt unterstellt ist.*

As|sis|tenz|ärz|tin, die: w. Form zu ↑Assistenzarzt.

as|sis|tie|ren ⟨sw. V.; hat⟩ [lat. assistere = dabeistehen; unterstützen]: *jmdm. nach dessen Anweisungen zur Hand gehen, bei einer Arbeit oder Tätigkeit behilflich sein:* jmdm. [bei etw.] a.; er lässt sich von einem Roboter a.

Ass. jur. = Assessor (1).

As|so|lu|ta, die; -, -s [ital. assoluta = die Vollkommene, zu: assoluto < lat. absolutus, ↑absolut]: *weiblicher Spitzenstar in Ballett u. Oper.*

As|so|nanz, die; -, -en [zu lat. assonare = tönend beistimmen, zu: sonare, ↑Sonant] (Metrik): *sich auf die Vokale beschränkender Gleichklang zwischen zwei od. mehreren Wörtern [am Versende]* (z. B. laben: klagen).

as|sor|tie|ren ⟨sw. V.; hat⟩ [frz. assortir, zu: sorte, ↑Sorte] (Kaufmannsspr.): *nach Warenarten ordnen u. vervollständigen:* die Bestände neu a.; ⟨meist im 2. Part.:⟩ ein gut assortiertes *(gut ausgestattetes)* Lager.

As|so|zi|a|ti|on, die; -, -en [frz. association]: **1.** (bildungsspr.) *ursächliche Verknüpfung von Vorstellungen:* -en erwecken, auslösen, erzeugen; eine bestimmte A. haben. **2.** (bes. Politik) *Zusammenschluss, Vereinigung:* die A. afrikanischer Staaten; in A. mit den Nachbarländern.

as|so|zi|a|tiv ⟨Adj.⟩ (bildungsspr.): **a)** *auf Assoziationen* (1) *beruhend, durch Verknüpfung von Vorstellungen entstehend:* eine -e Gedankenkette; a. reagieren; a. erzählen, schreiben; **b)** *verbindend, vereinigend:* -e Bestrebungen.

as|so|zi|ie|ren ⟨sw. V.; hat⟩ [frz. associer = vereinigen, verbinden < spätlat. associare, zu lat. sociare = vereinigen, verbinden, zu: socius, ↑Sozius]: **1.** (bildungsspr.) *Vorstellungen mit etw. verknüpfen, in Verbindung bringen:* mit Schnee assoziiere ich Kälte; sie assoziiert dabei Unangenehmes. **2.** ⟨a. + sich⟩ *sich zusammenschließen, vereinigen; sich anschließen:* sich [mit] einer Gemeinschaft/an eine Gemeinschaft a.; die [mit] der EU assoziierten Staaten; assoziierte Staaten (1. *Staaten, die ohne formelle Mitgliedschaft an einem Zusammenschluss teilnehmen.* 2. *Bezeichnung für bestimmte Staaten der Französischen Union [1946–1958]*).

ASSR = Autonome Sozialistische Sowjetrepublik (der ehemaligen Sowjetunion).

As|su|an; -s: Stadt in Ägypten.

As|sum|ti|on, die; -, -en [lat. assumptio = das An-, Aufnehmen, zu: assumptum, ↑Assunta]: **1.** ⟨o. Pl.⟩ (kath. Kirche) *Mariä Himmelfahrt.* **2.** (Kunstwiss.) *bildliche Darstellung der Himmelfahrt Mariens; Assunta.*

As|sun|ta, die; -, ...ten [ital. assunta, zu lat. assumptum, 2. Part. von: assumere = an-, aufnehmen]: *Assumtion* (2).

As|sy|rer, der; -s, -: Ew.

As|sy|re|rin, die; -, -nen: w. Form zu ↑Assyrer.

As|sy|ri|en; -s: (im Altertum) Reich in Mesopotamien.

As|sy|ri|er, der; -s, -: Ew.

As|sy|ri|e|rin, die; -, -nen: w. Form zu ↑Assyrier.

As|sy|ri|o|lo|gie, die; - [zu griech. lógos, ↑Logos]: *Wissenschaft von der assyrisch-babylonischen Geschichte, Kultur u. Sprache.*

as|sy|risch ⟨Adj.⟩: *Assyrien betreffend.*

Ast, der; -[e]s, Äste [mhd., ahd. ast, eigtl. = das, was (am Stamm) ansitzt]: **1.** *stärkerer Zweig eines Baumes [der unmittelbar aus dem Stamm hervorgeht]:* ein dicker, knorriger A.; der Vogel hüpft von A. zu A.; **Ü** die Äste einer Arterie; (Math.:) die Äste einer Parabel; *** den A. absä-**

gen, auf dem man sitzt (ugs.; *sich selbst seiner Lebensgrundlage berauben*); **auf dem absteigenden A. sein** (1. *in seinen Fähigkeiten, Leistungen nachlassen.* 2. *in schlechtere Lebensverhältnisse geraten*); **einen A. durchsägen** (ugs. scherzh.; *laut schnarchen*). **2.** *Stelle im bearbeiteten Holz, an der ein Ast abzweigte.* **3.** ⟨o. Pl.⟩ (landsch.) **a)** *Rücken:* den Rucksack auf den A. nehmen; **b)** *krummer, verwachsener Rücken:* einen A. haben; * **sich** ⟨Dativ⟩ **einen A. lachen** (salopp; *sehr heftig lachen*).

St. = alten Stils.

StA, der; -[s], -[s], auch: ASten: = Allgemeiner Studentenausschuss.

s|tat, As|ta|tin, das; -s [zu griech. ástatos = unbeständig; wegen des raschen radioaktiven Zerfalls des Elements]: *radioaktives Nichtmetall (chemisches Element;* Zeichen: At).

st|chen, das; -s, -: Vkl. zu ↑Ast (1).

s|ten ⟨sw. V.⟩ [zu ↑Ast (3)] (landsch.): **1.** *sich sehr anstrengen* ⟨hat⟩: er hat ganz schön a. müssen. **2.** *etwas Schweres irgendwohin tragen, schleppen* ⟨hat⟩: ein Klavier in den 4. Stock a. **3.** *mit Mühe eine Strecke zurücklegen* ⟨ist⟩: sie sind auf den Berg geastet. **4.** (Schülerspr.) *angestrengt lernen, büffeln.*

s|ten ⟨sw. V.; hat⟩ [mhd. esten] (selten): *Äste treiben.*

s|ter, die; -, -n [lat. aster < griech. astḗr, eigtl. = Stern]: *(zu den Korbblütlern gehörende) von Sommer bis Herbst in vielen Farben blühende Pflanze, deren Blüten strahlenförmig um das Körbchen angeordnete Blätter aufweisen; Sternblume.*

s|ter: Pl. von ↑Aast.

s|te|ris|kus, der; -, ...ken [lat. asteriscus < griech. asterískos] (Buch- u. Schriftw.): *Sternchen als Hinweis auf eine Fußnote bzw. als Kennzeichnung von erschlossenen, nicht belegten Wortformen* (Zeichen: *).

s|te|ro|id, der; -en, -en [zu griech. astḗr = Stern und -oeidḗs = ähnlich]: *kleiner Planet, Planetoid.*

st|ga|bel, die; -, -n: *Stelle, an der ein Ast abzweigt od. sich verzweigt.*

s|the|nie, die; -, -n [griech. astheneía, zu: asthenḗs = kraftlos, schwach] (Med.): **1.** ⟨o. Pl.⟩ *Schwäche, Kraftlosigkeit.* **2.** *[durch Krankheit bedingte] Entkräftigung.*

s|the|ni|ker, der; -s, - (Med., Anthrop.): *Mensch mit schmalem, schmächtigem, muskelarmem Körperbau:* vom Typ her A. sein.

s|the|ni|ke|rin, die; -, -nen: w. Form zu ↑Astheniker.

s|the|nisch ⟨Adj.⟩: *dem Körperbau des Asthenikers entsprechend; schlank-, schmalwüchsig:* ein -er Typ.

s|thet, der; -en, -en [griech. aisthētḗs = der Wahrnehmende]: *Mensch mit [übermäßig] stark ausgeprägtem Schönheitssinn:* er war ein ausgesprochener Ä.

s|the|tik, die; -, -en [griech. aisthētikḗ (téchnē) = Wissenschaft vom sinnlich Wahrnehmbaren, zu: aisthētikós = wahrnehmend, zu: aisthánesthai = wahrnehmen]: **1.** *Wissenschaft, Lehre vom Schönen:* Hegels Ä. **2.** ⟨o. Pl.⟩ *das stilvoll Schöne, Schönheit:* die Ä. darf nicht zu kurz kommen; sie hat einen Sinn für Ä. **3.** ⟨o. Pl.⟩ *Schönheitssinn:* der Gestaltung fehlen Geschmack und Ä.

s|the|tin, die; -, -nen: w. Form zu ↑Ästhet.

s|the|tisch ⟨Adj.⟩: **1.** *den Gesetzen der Ästhetik entsprechend, gemäß:* -e Maßstäbe, Gesichtspunkte; ihr -es Empfinden; die Darbietung war ein -er Genuss *(befriedigte das Empfinden für Stil).* **2.** *stilvoll, schön, geschmackvoll, ansprechend:* ein -er Anblick; sein Aussehen war nicht gerade ä. (verhüll.; *war abstoßend, unappetitlich*).

s|the|ti|sie|ren ⟨sw. V.; hat⟩: *[einseitig] nach den Gesetzen der Ästhetik [be]urteilen od. gestalten:* den Tod ä.; eine ästhetisierende Literatin.

sth|ma, das; -s [griech. ásthma = schweres, kurzes Atemholen, Beklemmung]: *anfallsweise auftretende Atemnot, Kurzatmigkeit:* A. haben, bekommen.

Asth|ma|ti|ker, der; -s, -: *jmd., der an Asthma leidet.*

Asth|ma|ti|ke|rin, die; -, -nen: w. Form zu ↑Asthmatiker.

asth|ma|tisch ⟨Adj.⟩ [nach griech. asthmatikós]: **1.** *durch Asthma bedingt:* -e Beschwerden. **2.** *an Asthma leidend, kurzatmig:* a. sein.

As|ti, der; -[s], -: *Wein aus dem Gebiet um die oberitalienische Stadt Asti.*

as|tig ⟨Adj.⟩: *reich an Ästen* (2): -es Holz.

äs|tig ⟨Adj.⟩: **1.** (selten) *reich an Ästen* (1), *[reich] verzweigt, verästelt:* eine -e Baumkrone. **2.** ↑astig.

as|tig|ma|tisch ⟨Adj.⟩: *(von Linsen od. vom Auge) Punkte strichförmig verzerrend.*

As|tig|ma|tis|mus, der; - [zu griech. a- = nicht, un- u. stígma, ↑Stigma]: **1.** (Physik) *Abbildungsfehler von Linsen.* **2.** (Med.) *Sehstörung infolge krankhafter Veränderung der Hornhautkrümmung.*

Ast|loch, das: *Loch im bearbeiteten Holz an einer Stelle, an der ein Ast abzweigte.*

[1]As|tra|chan: Stadt an der Wolga.

[2]As|tra|chan, der; -s, -s [nach ↑[1]Astrachan]: **1.** *Fell südrussischer Lämmer.* **2.** *Plüschgewebe mit fellartigem Aussehen.*

As|tra|gal, der; -s, -e [lat. astragalus < griech. astrágalos, eigtl. = Knöchel] (Archit.): *rundum laufende Verzierung, besonders zwischen Schaft u. Kapitell einer Säule.*

α-Strah|len: ↑Alphastrahlen.

as|tral ⟨Adj.⟩ [lat. astralis, zu: astrum = Stern(bild) < griech. ástron]: *die Gestirne betreffend, zu ihnen gehörend, von ihnen stammend:* ein -es Wesen; ein -er Mythos.

As|tral|leib, der: **1.** (Anthroposophie) *ätherisch gedachter Träger des Lebens im Körper des Menschen, (unsichtbarer) Leib der höchsten, geistigen Stufe; Seelenleib.* **2.** (Okkultismus) *den Tod überdauernder unsichtbarer Leib des Menschen.* **3.** (ugs., meist iron.) *[schöner] menschlicher Körper.*

As|tra|lon®, das; -s [Kunstwort]: *durchsichtiger Kunststoff.*

ast|rein ⟨Adj.⟩: **1.** *frei von Ästen* (2): -es Holz. **2.** (ugs.) *moralisch einwandfrei:* die Sache, der Typ ist nicht ganz a. **3.** (Jugendspr.): *sehr schön, gut:* eine -e Party.

as|tro-, As|tro- [zu griech. ástron = Stern(bild)]: ⟨Best. in Zus. mit der Bed.⟩: *Gestirn-, Stern-, Weltraum-.*

As|tro|graph, (auch:) **Astrograf,** der; -en, -en [zu griech. ástron = Stern(bild) u. gráphein = schreiben]: **1.** *astronomisches Fernrohr zur fotografischen Aufnahme von Gestirnen.* **2.** *Vorrichtung zum Zeichnen von Sternkarten.*

As|tro|lo|ge, der; -n, -n [lat. astrologus < griech. astrológos]: *jmd., der sich mit Astrologie beschäftigt; Sterndeuter.*

As|tro|lo|gie, die; - [lat. astrologia < griech. astrología]: *Lehre, die aus der mathematischen Erfassung der Örter u. Bewegungen der Himmelskörper sowie orts- u. zeitabhängiger Koordinatenschnittpunkte Schlüsse zur Beurteilung von irdischen Gegebenheiten u. deren Entwicklung zieht.*

As|tro|lo|gin, die; -, -nen: w. Form zu ↑Astrologe.

as|tro|lo|gisch ⟨Adj.⟩ [lat. astrologicus < griech. astrologikós]: **a)** *die Astrologie betreffend, zur Astrologie gehörend;* **b)** *mit den Mitteln der Astrologie erfolgend.*

As|tro|naut, der; -en, -en [zu griech. naútēs = Seemann]: *Teilnehmer an einem Raumfahrtunternehmen.*

As|tro|nau|tik, die; -: *[Wissenschaft von der] Raumfahrt.*

As|tro|nau|tin, die; -, -nen: w. Form zu ↑Astronaut.

As|tro|nom, der; -en, -en [spätlat. astronomus < griech. astronómos]: *Wissenschaftler auf dem Gebiet der Astronomie.*

As|tro|no|mie, die; - [lat. astronomia < griech. astronomía]: *Stern-, Himmelskunde als exakte Naturwissenschaft.*

As|tro|no|min, die; -, -nen: w. Form zu ↑Astronom.

as|tro|no|misch ⟨Adj.⟩ [lat. astronomicus < griech. astronomikós]: **1.** *die Astronomie betreffend, zu ihr gehörig, auf ihr beruhend:* -e Einheit *(mittlere Entfernung Erde–Sonne als astronomische Längeneinheit;* Abk.: AE); -e Uhr *(in der Astronomie, Geophysik u. a. gebrauchte Präzisionsuhr);* -e Zeichen *(Zeichen für Wochentage, Himmelskörper, Sternbilder des Tierkreises, Konstellationen, Mondphasen).* **2.** (ugs.) *(dem Betrag, der Menge nach) riesig, unvorstellbar, ungeheuer, überaus groß:* -e Zahlen, Gehälter; der Preisanstieg war a.

As|tro|phy|sik, die; -: *Teilgebiet der Astronomie, das den Aufbau u. die physikalische Beschaffenheit der Gestirne u. des Weltalls zum Gegenstand hat.*

as|tro|phy|si|ka|lisch ⟨Adj.⟩: *die Astrophysik betreffend, zu ihr gehörend.*

As|tro|phy|si|ker [auch: ˈastro...], der; -s, -: *Wissenschaftler auf dem Gebiet der Astrophysik.*

As|tro|phy|si|ke|rin [auch: ˈastro...], die; -, -nen: w. Form zu ↑Astrophysiker.

Ast|werk, das; -[e]s: *Gesamtheit der Äste eines Baumes; Geäst.*

ASU = Abgassonderuntersuchung.

Asun|ci|ón [...ˈθi̯ɔn]: Hauptstadt von Paraguay.

Äsung, die; -, -en (Jägerspr.): *durch Äsen zu gewinnende Nahrung:* Ä. finden.

Asyl, das; -s, -e [lat. asylum < griech. ásylon, eigtl. = Unverletzliches, aus: a- = nicht, un- u. sýlon = Plünderung; Raub, Beute]: **1.** *Heim, Unterkunft für Obdachlose.* **2.** ⟨Pl. selten⟩ *Aufnahme u. Schutz [für Verfolgte], Zuflucht[sort]:* politisches A. *(Zuflucht vor politischer Verfolgung);* bei jmdm. ein A. finden; jmdm. A. gewähren, geben; um A. bitten, nachsuchen; zum A. für Verfolgte werden.

Asy|lant, der; -en, -en: *jmd., der um Asyl* (2) *nachsucht; jmd., der Asylrecht beansprucht* (wird gelegentlich als abwertend empfunden): -en aufnehmen, abweisen, in ihr Land zurückschicken; anerkannte -en.

Asy|lan|tin, die; -, -nen: w. Form zu ↑Asylant.

Asyl|an|trag, der: *Antrag auf Gewährung von Asyl* (2): ein abgelehnter A.; die Zahl der Asylanträge steigt, sinkt.

Asyl|be|wer|ber, der: *jmd., der um Asyl nachsucht* (2).

Asyl|be|wer|be|rin, die: w. Form zu ↑Asylbewerber.

Asyl|recht, das ⟨o. Pl.⟩: **1.** *Recht aus politischen, religiösen od. anderen Gründen Verfolgter auf Asyl* (2) *im Zufluchtsstaat:* A. genießen. **2.** *Recht souveräner Staaten, aus politischen, religiösen od. anderen Gründen Verfolgten Asyl* (2) *zu gewähren.*

Asyl|su|chen|de, der u. die; -n, -n: *Asylbewerber.*

Asym|me|trie, die; -, -n [griech. asymmetría, aus: a- = nicht, un- u. ↑Symmetrie]: *Ungleichmäßigkeit, Mangel an Symmetrie:* die A. der Form; Ü die A. *(Ungleichheit)* beider Parteien war deutlich sichtbar.

asym|me|trisch [auch: – – ˈ– –] ⟨Adj.⟩: *nicht symmetrisch, ohne Symmetrie:* ein -es Gesicht; -e Figuren; Ü -e Gespräche (Soziol.; *autoritativ, nicht partnerschaftlich geführte Gespräche*).

Asymp|to|te, die; -, -n [griech. asýmptōtos, eigtl. = nicht zusammenfallend, zu: a- = nicht, un- u. sympiptein, ↑Symptom] (Math.): *Gerade, der sich eine ins Unendliche verlaufende Kurve beliebig nähert, ohne sie zu erreichen.*

asyn|chron [auch: – –ˈ–] ⟨Adj.⟩ [aus griech. a- = nicht, un- u. ↑synchron] (Fachspr.): *nicht synchron, nicht gleichzeitig, nicht mit gleicher Geschwindigkeit [ab]laufend;* -er Druck (Druckw.; *Mehrfarbendruck, bei dem für jede Farbe eine Druckplatte vorhanden ist*).

asyn|de|tisch [auch: – –ˈ– –] ⟨Adj.⟩ (Sprachw.): *nicht durch eine Konjunktion verbunden.*

as|zen|dent ⟨Adj.⟩: **1.** (Fachspr.) *aufsteigend*

(3 a, c). 2. (Geol.) *(von wässrigen Lösungen, Dämpfen, Gasen) aus dem Erduntergrund aufsteigend.*

As|zen|dent, der; -en, -en [lat. ascendens (Gen.: ascendentis), 1. Part. von: ascendere, ↑aszendieren]: 1. (Genealogie) *Vorfahr, Verwandter in aufsteigender Linie.* 2. (Astrol.) a) *im Augenblick der Geburt über den Osthorizont tretendes Tierkreiszeichen:* sie hat den Jupiter im -en; b) (Astron.) *Gestirn im Aufgang;* c) (Astron.) *Aufgangspunkt eines Gestirns.*

As|zen|denz, die; -: 1. (Genealogie) *Verwandtschaft in aufsteigender Linie.* 2. (Astron.) *Aufgang eines Gestirns.*

as|zen|die|ren ⟨sw. V.⟩ [lat. ascendere, zu: scandere, ↑skandieren]: 1. (Astron.) *(von Gestirnen) aufgehen* ⟨ist⟩. 2. (veraltet) *befördert werden, im Rang aufsteigen* ⟨ist/hat⟩.

at (veraltet) = technische Atmosphäre.

At = Astat.

A. T. = Altes Testament.

[1]ata (veraltet) = absolute Atmosphäre.

[2]ata: in der Verbindung **a. [a.] gehen** (Kinderspr.; *spazieren gehen*).

Ata|man, der; -s, -e [russ. ataman, H. u.]: *frei gewählter Stammes- u. militärischer Führer der Kosaken.*

Ata|vis|mus, der; -, ...men [zu lat. atavus = Großvater des Urgroßvaters, Urahne] (Fachspr.): 1. ⟨o. Pl.⟩ *(bei Pflanzen, Tieren, Menschen) das Wiederauftreten von Merkmalen od. Verhaltensweisen, die den unmittelbar vorhergehenden Generationen fehlen.* 2. *entwicklungsgeschichtlich als überholt geltendes, unvermittelt wieder auftretendes körperliches od. geistig-seelisches Merkmal.*

ata|vis|tisch ⟨Adj.⟩: a) (Fachspr.) *den Atavismus betreffend, zu ihm gehörig, auf ihm beruhend;* b) (bildungsspr. abwertend) *in Gefühlen, Gedanken, Handlungen usw. einem früheren, primitiven Stadium der Menschheit entsprechend:* ein -es Verhalten.

Ata|xie, die; -, -n [griech. ataxía = Unordnung, zu: a- = nicht, un- u. táxis = Ordnung] (Med.): *Störung im geordneten Ablauf u. in der Koordination von Muskelbewegungen.*

α-Teil|chen: ↑Alphateilchen.

Ate|li|er [atəˈli̯eː], das; -s, -s [frz. atelier < afrz. astelier = Werkstatt, urspr. = Haufen von Spänen (u. danach Bez. für die Werkstatt des Zimmermanns), zu afrz. astele = Splitter, Span < spätlat. astella]: a) *Arbeitsraum, Arbeitsstätte eines Künstlers, Maßschneiders, Fotografen:* das A. aufräumen; b) *Raum, Gebäude[komplex] für Filmaufnahmen.*

Ate|li|er|woh|nung, die: *großzügige Wohnung unter dem Dach eines Hauses.*

Atem, der; -s [mhd. ātem, ahd. ātum, H. u.]: 1. *das Atmen, Atmung:* kurzer, schneller, gleichmäßiger A.; ihm stockt der A.; ihr A. pfeift, fliegt, geht stoßweise, geht ruhig; * **einen langen, den längeren A. haben** *(es bei einer Auseinandersetzung o. Ä. lange, länger als der Gegner aushalten);* **einen kurzen A. haben** (geh.; *asthmatisch sein*); **jmdn., etw. in A. halten** *(jmdn., etw. in Spannung halten, nicht zur Ruhe kommen lassen, pausenlos beschäftigen);* **in einem/im selben/im gleichen A.** *([fast] gleichzeitig).* 2. *ein- u. ausgeatmete Luft:* warmer, dampfender A.; [tief] A. holen, schöpfen; [vor Schreck, Spannung] den A. anhalten; das Tempo verschlägt, raubt ihr den A.; außer A. sein, kommen *(atemlos sein, werden);* nach A. ringen; wieder zu A. kommen; * **A. holen/(geh.:) schöpfen** *(eine Pause machen u. sich zu weiterem Tun rüsten);* **jmdm. den A. verschlagen** *(jmdn. sprachlos machen);* **jmdm. geht der A. aus** *(jmd. ist mit seiner Kraft, mit seinen Mitteln, wirtschaftlich am Ende).*

atem|be|rau|bend ⟨Adj.⟩: *für jmdn. so erregend, dass es ihm fast den Atem nimmt; ungewöhnlich erregend:* eine -e Spannung, Darbietung; ein -es Tempo; Schluchten mit -en *(hinreißenden)* Wasserfällen.

Atem|be|schwer|den ⟨Pl.⟩: *Beschwerden beim Atmen.*

Atem|ho|len, das, -s: *Einziehen der Luft beim Atmen.*

Atem|läh|mung, die ⟨o. Pl.⟩ (Med.): *Lähmung der Atmung.*

atem|los ⟨Adj.⟩: 1. *außer Atem, keuchend, abgehetzt:* eine -e Läuferin; a. ankommen, berichten. 2. *schnell, ununterbrochen:* -es Tempo; in -er Folge. 3. *voller Spannung, Erregung:* -e Stille; a. lauschen.

Atem|lo|sig|keit, die; -: *das Atemlossein.*

Atem|luft, die ⟨o. Pl.⟩: *zum Atmen benötigte, gebrauchte Luft.*

Atem|mas|ke, die (Med.): *dicht am Gesicht anliegende Maske zum Einatmen von Sauerstoff, Narkosegemisch o. Ä.*

Atem|not, die ⟨o. Pl.⟩: *Zustand, in dem jmd. nicht durchatmen kann, nach Atem ringt.*

Atem|pau|se, die: *kurze Unterbrechung, kurze Pause zur Erholung.*

a tem|po [ital., aus ↑[2]a u. tempo < lat. tempus = Zeit]: 1. (Musik) *wieder im ursprünglichen Tempo.* 2. (ugs.) *sofort, schnell:* etw. a tempo besorgen.

Atem|schutz|ge|rät, das: *Gerät, das den Aufenthalt in Räumen ermöglicht, deren Luft nicht gefahrlos geatmet werden kann.*

Atem|tech|nik, die: *Technik des richtigen Atmens (z. B. beim Gesang, bei einem Vortrag).*

Atem|übung, die: *Übung zur Normalisierung u. Vertiefung der Atmung.*

Atem|we|ge ⟨Pl.⟩: *Bahnen der Atemluft im Körper.*

Atem|zen|trum, das (Med.): *Nervenzentrum, das die Atmung reguliert.*

Atem|zug, der: *einmaliges Einziehen [u. Ausstoßen] des Atems:* einen A. tun, machen; ein tiefer A.; ruhige Atemzüge; zwei Atemzüge lang; * **bis zum letzten A.** (geh.; *bis zuletzt*); **im nächsten A.** *(gleich danach);* **in einem/im selben/im gleichen A.** *([fast] gleichzeitig mit etwas im Grunde Gegensätzlichem).*

Äthan: ↑Ethan.

Ätha|nol: ↑Ethanol.

Athe|is|mus, der; - [zu griech. átheos = gottlos, aus: a- = nicht, un- u. theós = Gott]: *Weltanschauung, die die Existenz Gottes leugnet.*

Athe|ist, der; -en, -en: *Anhänger des Atheismus.*

Athe|is|tin, die; -, -nen: w. Form zu ↑Atheist.

athe|is|tisch ⟨Adj.⟩: a) *dem Atheismus anhängend:* ein -er Mensch, Staat; b) *zum Atheismus gehörend, ihm entsprechend.*

athe|ma|tisch [auch: ----ˈ--] ⟨Adj.⟩ [aus griech. a- = nicht, un- u. ↑thematisch] (Musik): *ohne Thema, ohne Verarbeitung eines Themas.*

Athen: Hauptstadt von Griechenland.

Athe|ne (griech. Myth.): Göttin der Weisheit.

[1]Athe|ner, der; -s, -: Ew.

[2]Athe|ner ⟨indekl. Adj.⟩.

Athe|ne|rin, die; -, -nen: w. Form zu ↑[1]Athener.

athe|nisch ⟨Adj.⟩: *Athen, die Athener betreffend; von den Athenern stammend, zu ihnen gehörend.*

Äther, der; -s [lat. aether < griech. aithḗr, eigtl. = der Brennende, Glühende, Leuchtende]: 1. (geh.) *Weite, Raum des Himmels:* die Bläue des -s. 2. *den Weltraum durchdringendes feines Medium, durch dessen Schwingung sich die elektrischen Wellen ausbreiten:* eine [Radio]nachricht durch den Ä. schicken; eine Rundfunksendung geht in den Ä. [hinaus]; eine Sendung geht über den Ä. 3. (griech. Philos.) *lebendiger, feiner Urstoff, Weltseele.* 4. a) (Chemie) ↑Ether; b) (Med.) (auch:) Ether: *farblose, als Narkosemittel (auch Fettlösungsmittel) verwendete Flüssigkeit.*

äthe|risch ⟨Adj.⟩: 1. a) (veraltet) *himmlisch:* -e Sphären; b) *[hauch]zart, engelhaft zart u. vergeistigt:* eine -e Erscheinung; -e Wesen. 2. a) *ätherartig, [daher flüchtig] u. angenehm riechend:* ein -er Duft; -e Öle *(Duftöle);* b) (Chemie veraltet) *etherisch.*

äthe|ri|sie|ren ⟨sw. V.; hat⟩ (Med.): *mit Äther behandeln.*

Äther|nar|ko|se, die (Med.): *mit Äther (4 b) vorg[e]nommene Narkose.*

Äther|wel|le, die ⟨meist. Pl.⟩: *Radiowelle.*

Äthi|o|pi|en; -s: Staat in Ostafrika.

Äthi|o|pi|er, der; -s, -: Ew.

Äthi|o|pi|e|rin, die; -, -nen: w. Form zu ↑Äthiopier.

äthi|o|pisch ⟨Adj.⟩: *Äthiopien, die Äthiopier betreffend; von den Äthiopiern stammend, zu ihnen gehörend.*

Ath|let, der; -en, -en [lat. athleta < griech. athlētḗs, zu: āthlos, āthlon = Wettkampf; Kampfpreis, H. u.]: 1. (ugs.) *kräftig gebauter, muskulöser Mann; Kraftmensch.* 2. (Sport) *Wettkämpfe[r]*

Ath|le|tik, die; - [lat. athletica]: 1. a) *Leicht- u. Schwerathletik;* b) *Wettkämpfe der Athleten (2) im antiken Griechenland.* 2. *Wettkampflehre.*

Ath|le|ti|ker, der; -s, - (Med., Anthrop.): *dem Kö[r]perbautyp nach starkknochiger, muskulöser Mensch.*

Ath|le|ti|ke|rin, die; -, -nen: w. Form zu ↑Athletiker.

Ath|le|tin, die; -, -nen: w. Form zu ↑Athlet.

ath|le|tisch ⟨Adj.⟩ [lat. athleticus < griech. athlētikós]: 1. a) *kräftig [gebaut] u. muskulös:* ein -er Typ; einen -en Körper[bau] haben; a. gebaut sein; b) *kräftig u. sportlich durchtrainiert, gestählt.* 2. *der Athletik zugehörig, eigentümlic[h]:* -e Übungen.

Athos, der; -: Berg auf der nordgriechischen Halb[-]insel Chalkidike.

Äthyl|al|ko|hol usw.: ↑Ethylalkohol usw.

Äti|o|lo|gie, die; -, -n [lat. aetiologia < griech. aitiología, zu: aitía = Grund, Ursache, zu: aítio[s] = Ursache, zu: aítios = schuldig; Urheber u. lógos, ↑Logos]: 1. ⟨o. Pl.⟩ (bildungsspr.) *Lehre von den Ursachen (bes. der Krankheiten).* 2. *zugrunde liegender ursächlicher Zusammenhang (bes. von Krankheiten):* Krankheiten der verschiedensten Ä.

-a|ti|on, die; -, -en [(frz. -ation <) lat. -atio]: bezeichnet in Bildungen mit Verben (Verbstämmen) das Ergebnis von etw. (einer Handlung, einer Tätigkeit) oder diese Handlung selbst: Kanalisation, Sozialisation, Zementation.

At|lant, der; -en, -en [griech. Átlas (Gen.: Átlantos), nach dem altgriech. Gott ↑[1]Atlas; vgl. [2]Atlas] (Archit.): *Gebälkträger in Form einer männlichen Figur.*

At|lan|ten: Pl. von ↑Atlant, [2]Atlas.

At|lan|tik, der; -s: Atlantischer Ozean.

At|lan|tis; -: der Sage nach im Meer versunkenes Inselreich.

at|lan|tisch ⟨Adj.⟩ [lat. atlanticus < griech. atlantikós, eigtl. = zum [6]Atlas gehörend]: 1. *den Atla[n]tischen Ozean betreffend, zu ihm gehörend, vo[n] ihm ausgehend:* -e Störungen; Ausläufer eines -en Tiefs. 2. *den Atlantikpakt betreffend, zu ihm gehörend:* die -e Gemeinschaft.

At|lan|ti|sche Oze|an, der; -n -s: Ozean, der den amerikanischen Kontinent von Europa u. Afrik[a] trennt.

[1]At|las (griech. Myth.): einer der Titanen.

[2]At|las, der; - od. -ses, Atlanten, auch: -se [nach [1]Atlas, der die Erdkugel auf seinen Schultern trug]: 1. *Sammlung [gleichartig bearbeiteter] geographischer Karten in Buchform.* 2. *Sammlung von Bildtafeln aus einem Wissensgebiet (z. B. der Anatomie) in Buchform.*

[3]At|las, der; - od. -ses (Med.): *erster Halswirbel; Halswirbel, der den Kopf trägt.*

[4]At|las, der; - od. -ses, -se [arab. aṭlas, eigtl. = glatt, fein]: *schweres, hochglänzendes Seidenge[-]webe in Atlasbindung, Satin.*

[5]At|las, der; - u. -ses, -e u. Atlanten (selten): *Atlant.*

[6]At|las, der; -: Gebirge in Nordwestafrika.

At|las|bin|dung, die (Textilind.): *Grundbindung einseitiger Gewebe.*

At|las|sei|de, die: *Seide in Atlasbindung.*

at|men ⟨sw. V.; hat⟩ [mhd. ātemen, ahd. ātamōn, zu ↑Atem]: 1. *Luft einziehen u. ausströmen las[sen]*

sen: tief, schwer, mühsam a.; durch den Mund a.; vor Angst kaum zu a. wagen; der Verunglückte atmete noch; ⟨subst.:⟩ man hörte das Atmen der Schlafenden; Ü frei a. können *(nicht unterdrückt werden).* **2.** (geh.) *einatmen:* die Nachtluft a. **3.** (geh.) *ausströmen, von etw. erfüllt sein:* das Buch atmet den Geist der Vergangenheit.

At|mo|sphä|re, die; -, -n [zu griech. atmós = Dunst u. sphaĩra = (Erd)kugel]: **1. a)** ⟨o. Pl.⟩ *Lufthülle der Erde; Luft:* der Satellit verglühte beim Wiedereintritt in die A.; **b)** *Gashülle eines Gestirns:* die A. der Venus. **2. a)** *eigenes Gepräge, Ausstrahlung; Stimmung; Fluidum:* eine kühle, frostige, angespannte A.; eine A. des Vertrauens; eine A. von Behaglichkeit; diese Stadt hat keine A.; A. um sich verbreiten; eine angenehme, behagliche A. schaffen; **b)** *Umgebung, Umwelt, Milieu:* die fremde A. ängstigte mich. **3.** (Physik) *Einheit des Druckes:* absolute Atmosphäre (Zeichen: [1]ata); physikalische A. (Zeichen: atm); technische A. (Zeichen: at); der Kessel steht unter einem Druck von 40 -n.

At|mo|sphä|ren|druck, der ⟨Pl. ...drücke⟩: *in Atmosphären (3) gemessener Druck.*

At|mo|sphä|ren|über|druck, der ⟨Pl. ...drücke⟩: *in Atmosphären (3) gemessener Druck über dem normalen Luftdruck* (Zeichen: atü).

At|mo|sphä|ri|li|en ⟨Pl.⟩: *physikalisch u. chemisch wirksame Bestandteile der Atmosphäre* (1 a).

at|mo|sphä|risch ⟨Adj.⟩: **1. a)** *die Atmosphäre* (1) *betreffend:* -e Beobachtungen; das -e Geschehen; **b)** *in der Atmosphäre* (1) *[befindlich]:* -e Elektrizität; -e Störungen, Erscheinungen. **2. a)** *Atmosphäre* (2) *schaffend:* das Buch besitzt -e Dichte; **b)** *nur in sehr feiner Form vorhanden u. daher kaum feststellbar:* eine -e Nuance.

AT-Mo|tor, der: *Austauschmotor.*

At|mung, die; -: *das Atmen:* künstliche A.; die A. beschleunigt sich.

at|mungs|ak|tiv ⟨Adj.⟩ (Werbespr.): *luftdurchlässig:* der Stoff ist a.

At|mungs|or|gan, das ⟨meist Pl.⟩ (Med., Biol.): *Organ bei Mensch u. Tier, durch das die Atmung ermöglicht wird;* Erkrankung der -e.

Ät|na [ˈɛːtna, auch: ˈɛtna], der; -[s]: Vulkan auf Sizilien.

Äto|li|en; -s: altgriechische Landschaft; Gebiet im westlichen Griechenland.

Atoll, das; -s, -e [engl. atoll < Malayalam aḍal = verbindend]: *aus einem ringförmigen Riff u. einer Lagune bestehende Koralleninsel in tropischen Meeren.*

Atom, das; -s, -e [lat. atomus < griech. átomos = unteilbar(er Urstoff), zu: átomos = ungeschnitten; unteilbar, zu: a- = nicht, un- u. témnein = schneiden]: **a)** *kleinste, mit chemischen Mitteln nicht, jedoch mit physikalischen Mitteln noch weiter zerlegbare Einheit eines chemischen Elements, die noch die für das Element charakteristischen Eigenschaften besitzt;* **b)** *winziges Teilchen, kaum wahrnehmbares Bruchstück:* nicht ein A.; kein A. *(gar nichts);* sich in -e auflösen (ugs.; *verschwinden*); eine Mine zerlegte das Haus in -e *(zerstörte es völlig, legte es in Trümmer).*

Atom|an|griff, der: *Angriff mit Atomwaffen.*

ato|mar ⟨Adj.⟩: **1.** *das Atom[innere], die Atome betreffend, darauf beruhend, dazu gehörend:* -e Vorgänge; die -e Struktur der Materie. **2. a)** *die Kernumwandlung u. Kernenergie betreffend, dazu gehörend, darauf beruhend:* das -e Zeitalter; -e Waffen; -e Sprengsätze, Brennstäbe; -er Antrieb; a. angetrieben werden; **b)** *Atomwaffen, die Ausrüstung mit, den Einsatz von Atomwaffen betreffend; durch Atomwaffen bewirkt:* die -e Bedrohung, Rüstung, Überlegenheit; ein -er *(mit Atomwaffen geführter)* Krieg, Gegenschlag; das -e Gleichgewicht, Patt; der -e Holocaust; eine -e Verseuchung des Wassers, der Lebensmittel; a. bewaffnet sein.

Atom|aus|stieg, der: *Ausstieg* (2) *aus der [zivilen] Nutzung der Kernenergie.*

atom|be|trie|ben ⟨Adj.⟩: *mit Atomenergie betrieben.*

Atom|bom|be, die: *Sprengkörper, bei dessen Explosion Atomkerne unter Freigabe größter Energiemengen zerfallen.*

Atom|ener|gie, die ⟨o. Pl.⟩: *bei Kernspaltung frei werdende Energie, Kernenergie.*

Atom|ex|plo|si|on, die: *Explosion einer Atombombe.*

Atom|for|schung, die ⟨o. Pl.⟩: *Forschung auf dem Gebiet der Atomphysik im Hinblick auf die Nutzung der Kernenergie.*

Atom|geg|ner, der: *Kernkraftgegner.*

Atom|geg|ne|rin, die: w. Form zu ↑Atomgegner: die engagierteste A. im Senat.

Atom|ge|wicht, das: *Vergleichszahl, die angibt, wievielmal die Masse eines Atoms größer ist als die eines Standardatoms.*

Atom|grup|pe, die: *bestimmte Anzahl gleicher od. verschiedenartiger Atome.*

ato|misch ⟨Adj.⟩: (schweiz.): *atomar:* das -e Potenzial.

ato|mi|sie|ren ⟨sw. V.; hat⟩: **1. a)** *in kleinste Teilchen zertrümmern, völlig zerstören;* ganze Häuserblocks wurden bei der Explosion atomisiert; **b)** *(von Flüssigkeiten) zerstäuben:* eine Flüssigkeit a. **2.** (abwertend) *etw. zerstückelnd, zersplitternd behandeln, betrachten u. dabei seine geistig-begriffliche Einheit, Ganzheit vernachlässigen, zerstören:* eine atomisierende Betrachtungsweise.

Ato|mi|sie|rung, die; -, -en: *das Atomisieren.*

Atom|kern, der: *aus Neutronen u. Protonen bestehender Kern eines Atoms, der von der Elektronenhülle umgeben ist.*

Atom|kraft, die ⟨o. Pl.⟩: *Kernkraft.*

Atom|kraft|werk, das: *Kraftwerk, das aus Atomenergie elektrische Energie gewinnt:* eine Bürgerinitiative gegen den Bau eines -s.

Atom|krieg, der: *Krieg, in dem Atomwaffen eingesetzt werden.*

Atom|macht, die: **1.** *Staat, der über Atomwaffen verfügt.* **2.** ⟨o. Pl.⟩ *mit Atomwaffen ausgerüstete Streitmacht, Streitkräfte.*

Atom|mei|ler, der: *großer Kernreaktor.*

Atom|mo|dell, das (Physik): *hypothetisch konstruiertes Bild eines Atoms, mit dessen Hilfe viele seiner Eigenschaften u. Wirkungen gedeutet werden können.*

Atom|müll, der: *radioaktiver Abfall.*

Atom|müll|trans|port, der: *Transport von Atommüll (über weite Strecken).*

Atom|phy|sik, die: *Physik der Atome, Ionen u. Moleküle.*

Atom|phy|si|ker, der: vgl. Kernphysiker.

Atom|phy|si|ke|rin, die: w. Form zu ↑Atomphysiker.

Atom|re|ak|tor, der: *Kernreaktor.*

Atom|spal|tung, die: *Kernspaltung.*

Atom|sperr|ver|trag, der ⟨o. Pl.⟩: *zwischenstaatlicher Vertrag über die Nichtweitergabe von Atomwaffen u. der zu ihrer Herstellung erforderlichen Produktionsmittel.*

Atom|spreng|kopf, der (Milit.): *nuklearer Sprengkörper, der auf der Spitze einer Trägerrakete montiert ist:* Raketen mit Atomsprengköpfen ausstatten.

Atom|stopp, der: *Einstellung der Atombombenversuche u. der Herstellung spaltbaren Materials.*

Atom|strah|len ⟨Pl.⟩: *bei der Atomumwandlung entstehende Strahlen.*

Atom|strom, der: *von Kernreaktoren erzeugter elektrischer Strom.*

Atom|test, der: *Erprobung von atomaren Sprengkörpern.*

Atom|tod, der ⟨o. Pl.⟩: *Tod durch Atomwaffen, Atomstrahlen.*

Atom|trans|port, der: *Transport radioaktiver Materialien (über weitere Strecken).*

Atom|uhr, die: *Uhr, deren hohe Genauigkeit darauf beruht, dass die Schwingung bestimmter Atome od. Moleküle für die Zeitmessung benutzt wird.*

Atom|um|wand|lung, die: *Veränderung des Atoms, des Atomkerns durch natürlichen Zerfall od. Beschuss mit Elementarteilchen.*

Atom|ver|such, der: *Atomtest.*

Atom|waf|fe, die ⟨meist Pl.⟩: *Waffe, deren Wirkung auf Kernspaltung od. Kernverschmelzung beruht.*

Atom|wirt|schaft, die: *Teil der Wirtschaft* (1), *der sich mit der Gewinnung und Nutzung von Atomenergie befasst.*

Atom|zeit|al|ter, das ⟨o. Pl.⟩: *Zeitalter, in dem die Atomphysik beherrschend ist.*

ato|nal [auch: – –ˈ–] ⟨Adj.⟩ [aus griech. a- = nicht, un- u. ↑tonal] (Musik): *nicht den herkömmlichen Gesetzen der Tonalität folgend, sie systematisch umgehend; nicht tonal:* -e Musik; a. komponieren.

Ato|na|li|tät, die; - (Musik): *atonale Kompositionsweise.*

Ato|nie, die; -, -n [zu griech. átonos = abgespannt, schlaff] (Med.): *Schlaffheit, Erschlaffung der Muskulatur.*

ato|nisch ⟨Adj.⟩ (Med.): *(vom Zustand der Muskulatur) schlaff, spannungslos, ohne Tonus.*

Atout [aˈtuː], das, auch: der; -s, -s [frz. atout, aus: à tout = für alles (stehend)]: *Trumpf im Kartenspiel.*

à tout prix [atuˈpriː; frz., aus: à = zu, für u. prix, ↑Prix] (bildungsspr.): *um jeden Preis.*

ato|xisch [auch: –ˈ– –] ⟨Adj.⟩ [aus griech. a- = nicht, un- u. ↑toxisch] (Fachspr.): *nicht toxisch, ungiftig.*

Atri|um, das; -s, ...ien [lat. atrium, H. u.]: **1.** *offener Hauptraum, Innenhof altrömischer od. moderner (bes. einstöckiger) Häuser.* **2.** *Säulenvorhalle (Paradies) altchristlicher u. romanischer Kirchen.*

Atro|phie, die; -, -n [lat. atrophia < griech. atrophía = Auszehrung] (Med.): *(bes. durch Ernährungsstörungen bedingter) Schwund von Organen, Geweben, Zellen.*

atro|phie|ren ⟨sw. V.; ist⟩ (Med.): *aufgrund einer Atrophie schwinden, schrumpfen:* der Muskel ist atrophiert.

Atro|pin, das; -s [zu nlat. Atropa belladonna = Tollkirsche]: *bes. als krampflösendes Arzneimittel verwendetes starkes Gift der Tollkirsche.*

Atro|pos (griech. Myth.): eine der drei Schicksalsgöttinnen.

ATS = internationaler Währungscode für: Schilling (1).

ätsch ⟨Interj.⟩ (Kinderspr.): Ausruf zum Ausdruck des schadenfrohen Spotts (oft verbunden mit einer besonderen Geste).

At|ta|ché [ataˈʃeː], der; -s, -s [frz. attaché, subst. 2. Part. von: attacher, ↑attachieren]: **1.** *Mitarbeiter einer diplomatischen Vertretung im niedrigsten Rang.* **2.** *diplomatischen Vertretungen zugeteilter Berater in Fragen der Kultur, des Handels u. des Militärs.*

At|ta|chée, die; -, -n: w. Form zu ↑Attaché.

at|ta|chie|ren [ataˈʃiːrən] ⟨sw. V.; hat⟩ [frz. attacher = zuweisen, zuordnen < afrz. estachier = festmachen, befestigen, zu: estache = Pfosten, Pfahl, aus dem Germ.; vgl. attackieren] (veraltet): **1.** *zuteilen, zur Unterstützung zuordnen:* einem Sachbearbeiter einen Berater [lose] a. **2.** ⟨a. + sich⟩ *sich jmdm. anschließen:* sich jmdm., an jmdn. a.

At|tack [əˈtæk], die; -, -s [engl. attack, eigtl. = Angriff < frz. attaque, attaquer, ↑Attacke] (Musik): **1.** *(im Jazz) intensives u. lautes Anspielen eines Tones.* **2.** *(beim Synthesizer) Zeitdauer des Ansteigens eines Tones bis zum Maximum.*

At|ta|cke, die; -, -n [1: frz. attaque, zu: attaquer, ↑attackieren; 4: engl. attack]: **1. a)** *Reiterangriff:* eine A. [auf, gegen den Feind] reiten; zur A. blasen; zur A. [gegen den Feind] übergehen; Ü eine A. gegen unsere Gesundheit; * **eine A. gegen jmdn., etw. reiten** *(sich scharf gegen jmdn., etw. wenden);* **b)** *scharfe Kritik, Feldzug gegen etwas:* eine A. der Opposition gegen die [Gesetzesvorlage der] Regierung. **2.** (Mannschaftsspiele) *Spielzug, durch den der Gegner in die Verteidigung gedrängt wird:* eine A. abwehren, zurückschlagen. **3.** (Med.) *Anfall* (1): der Herzkranke hat die A. überstanden. **4.** (Musik) *lautes, explosives Anspielen des Tones im Jazz.*

at|ta|ckie|ren ⟨sw. V.; hat⟩ [frz. attaquer < ital. attaccare = Streit anfangen, mit jmdm. anbinden, eigtl. = festhalten; befestigen, wohl aus dem Germ.; vgl. attachieren]: **a)** *einen militärischen Gegner zu Pferde angreifen:* den Feind, die feindlichen Stellungen a.; **b)** *angreifen* (1): plötzlich wurde er von hinten attackiert; **c)** *scharf kritisieren, gegen jmdn., etw. zu Felde ziehen;* jmdn. [wegen seines Verhaltens], jmds. Verhalten a.

Ạt|ten|tat [auch: ...ˈta:t], das; -[e]s, -e [älter = versuchtes Verbrechen; unter Einfluss von frz. attentat< lat. attentatum = Versuchtes, zu: attentare, attemptare = versuchen]: *politisch od. ideologisch motivierter [Mord]anschlag auf eine im öffentlichen Leben stehende Persönlichkeit:* ein A. [auf jmdn.] verüben; ein A. begehen; ein A. vereiteln, vorbereiten; einem A. zum Opfer fallen; *** ein A. [auf jmdn.] vorhaben** (ugs. scherzh.; *von jmdm. etwas Bestimmtes wollen).*

Ạt|ten|tä|ter [auch: ...ˈtɛ:tɐ], der; -s, -: *jmd., der ein Attentat verübt.*

Ạt|ten|tä|te|rin [auch: – –ˈ– – –], die: w. Form zu ↑Attentäter.

At|tẹst, das; -[e]s, -e [für älter Attestat < lat. attestatum, subst. 2. Part. von: attestari = bezeugen, bestätigen]: **1.** *ärztliche Bescheinigung (bes. über jmds. Gesundheitszustand):* [jmdm.] ein A. ausstellen, [aus]schreiben; ein A. [über jmds. Gesundheitszustand] beibringen, vorlegen. **2.** (veraltet) *Gutachten, Zeugnis.*

At|tes|ta|ti|on, die; -, -en [lat. attestatio = Bescheinigung] (DDR): **a)** *Erteilung der Lehrbefähigung unter Erlass bestimmter Prüfungen;* **b)** *Titelverleihung bzw. Bescheinigung einer bestimmten Qualifikation ohne Prüfungsnachweis (als Anerkennung für langjährige Praxis im Beruf);* **c)** *regelmäßige schriftliche Beurteilung der Fähigkeiten eines Offiziers der Nationalen Volksarmee.*

at|tes|tie|ren ⟨sw. V.; hat⟩ [lat. attestari]: **1.** *bescheinigen, bestätigen, zugestehen:* jmdm. seine Leistungen, einer Sache ihre hohe Qualität a.; die amtlich attestierte Unschädlichkeit des Medikaments. **2.** (DDR) *jmdm. eine Attestation erteilen:* als Lehrer der Oberstufe attestiert werden.

Ạt|ti, der; -s [mhd. atte, ahd. atto, Lallw. der Kinderspr.] (schweiz.): **1.** *Vater.* **2.** *Alter; Ältester.*

[1]Ạt|ti|ka; -s: griechische Halbinsel.

[2]Ạt|ti|ka, die; -, ...ken [lat. (columna) Attica = attischer od. athenischer (Pfeiler), zu: Atticus < griech. Attikós = attisch; aus Athen] (Archit.): *halbgeschossartiger Aufsatz über dem Hauptgesims eines Bauwerks, bes. als Träger von Skulpturen u. Inschriften (z. B. an römischen Triumphbogen).*

[1]Ạt|ti|la: König der Hunnen (5. Jh. n. Chr.).

[2]Ạt|ti|la, die; -s, -s [nach [1]Attila]: **1.** *kurzer Rock der ungarischen Nationaltracht.* **2.** *mit Schnüren besetzte Husarenjacke.*

ạt|tisch ⟨Adj.⟩: *[1]Attika betreffend, zu [1]Attika gehörend.*

At|ti|tu|de [atiˈty:d], die; -, -s [...y:d]: ↑Attitüde (3).

At|ti|tü|de, die; -, -n [frz. attitude < ital. attitudine < lat. aptitudo = Brauchbarkeit] (bildungsspr.): **1.** *bewusst eingenommene [gekünstelte] körperliche Haltung, affektiert wirkende Geste:* eine A. an-, einnehmen. **2.** *[zum Ausdruck gebrachte innere] Haltung, Einstellung:* mit, in der A. des Experten auftreten. **3.** (Ballett) *Körperhaltung, bei der der Oberkörper u. ein Bein in die Waagerechte gebracht sind.*

At|ti|zis|mus, der; - [griech. attikismós, zu: Attikós, ↑[2]Attika]: *konservative, sich an der klassischen Sprache orientierende Stilrichtung im antiken Griechenland; Nachahmung u. Pflege der attischen Klassiker.*

At|trak|ti|on, die; -, -en [engl. attraction < frz. attraction = Anziehung(skraft) < spätlat. attractio = das An(sich)ziehen, zu lat. attrahere = anziehen]: **1.** ⟨o. Pl.⟩ (bildungsspr.) *Anziehung, Anziehungskraft* (2): von jmdm., etw. geht eine A. aus; etw. gewinnt an A., verliert seine A. **2.** *etw., was durch seine Außerordentlichkeit, sein Hervorstechen große Anziehungskraft ausübt, staunendes u. gespanntes Interesse erregt;* der Aussichtsturm mit dem Drehrestaurant ist eine besondere A. für die Besucher; der Zirkus wartet mit neuen -en auf.

at|trak|tiv ⟨Adj.⟩ [frz. attractif < spätlat. attractivus, zu lat. attrahere, ↑Attraktion]: **1.** *starken Anreiz bietend, verlockend, begehrenswert, erstrebenswert:* -e Löhne, Arbeitsbedingungen, Berufe; als Wahlkandidat nicht a. genug sein. **2.** *[sehr] anziehend aufgrund eines ansprechenden Äußeren, hübsch, reizvoll:* eine -e Frau, Erscheinung; das Kleid ist sehr a.

At|trak|ti|vi|tät, die; -: *das Attraktivsein; Anziehungskraft* (2).

At|trạp|pe, die; -, -n [frz. attrape, eigtl. = Falle, zu: attraper = anführen, täuschen; fangen, zu: trappe = Falle, Schlinge, aus dem Germ.]: *täuschend ähnliche Nachbildung von etw. (bes. für Ausstellungszwecke):* leere -n; im Schaufenster liegen nur -n.

at|tri|bu|ie|ren ⟨sw. V.; hat⟩ [lat. attribuere = zuteilen, verleihen; beifügen, zu: tribuere, ↑Tribut]: **1.** (bildungsspr.) **a)** *als Attribut* (1 b) *beigeben:* der Justitia ist die Waage attribuiert; **b)** *als Eigenschaft beilegen:* jmdm., einer Sache Unfehlbarkeit a. **2.** (Sprachw.) **a)** *ein Attribut* (2 b) *beilegen:* einem Substantiv ein Adjektiv a.; **b)** (selten) *mit einem Attribut* (2 b) *versehen:* ein Substantiv a.

At|tri|bu|ie|rung, die; -, -en: *das Attribuieren; das Attribuiertwerden.*

At|tri|but, das; -[e]s, -e [lat. attributum, subst. 2. Part. von: attribuere, ↑attribuieren]: **1. a)** (bildungsspr.) *charakteristische Eigenschaft, Wesensmerkmal:* jmdm. das A. der Unfehlbarkeit zuschreiben; **b)** *charakteristische Beigabe [als Kennzeichen]:* die Waage ist ein A. der Justitia. **2. a)** (Philos.) *wesentliche Eigenschaft, Wesensmerkmal einer Substanz;* **b)** (Sprachw.) *einem Substantiv, Adjektiv od. Adverb beigefügte nähere Bestimmung; Beifügung:* das A. eines Substantivs.

at|tri|bu|tiv ⟨Adj.⟩ (Sprachw.): *als Attribut* (2 b) *fungierend; beifügend.*

At|tri|but|satz, der; -es, ...sätze (Sprachw.): *Nebensatz in der Rolle eines Attributs.*

atü = Atmosphärenüberdruck.

ạty|pisch [auch: –ˈ– –] ⟨Adj.⟩ [aus griech. a- = nicht, un- u. ↑typisch]: *nicht typisch, vom Typus abweichend, untypisch:* ein -er Krankheitsverlauf.

Ạt|ze [wohl zu ↑atzen (Ü)] (berlin.): **1.** die; -, -n, selten: der; -n, -n: **a)** *Bruder;* **b)** *Freund.* **2.** die; -, -n: **a)** *Schwester;* **b)** *Freundin.* **3.** ⟨o. Art.⟩ vertrauliche Anrede.

Ät|ze, die; -, -n (graf. Technik): *Säurelösung zum Ätzen.*

ạt|zen ⟨sw. V.; hat⟩ [mhd. atzen, ahd. āz[z]en, Nebenf. von ↑ätzen] (Jägerspr.): *Jungvögel mit Futter, Nahrung versorgen, füttern:* die Jungen a.; Ü jmdn. a. (scherzh.; *ihm zu essen geben).*

ặt|zen ⟨sw. V.; hat⟩ [mhd. etzen, ahd. ezzen = füttern, weiden, eigtl. = essen machen; die Säure frisst sich gleichsam in das Metall hinein]: **1.** *etw. mit Säure, Lauge o. Ä. behandeln, um es aufzulösen od. zu entfernen:* Wundränder mit Höllenstein ä. **2.** *(von Säuren, Laugen o. Ä.) zerstörend, zerfressend auf etw. wirken:* die Säure ätzt; ätzende Chemikalien; Ü ätzender *(beißender, scharfer)* Rauch; ätzender *(beißender, verletzender)* Spott. **3.** *durch Gebrauch von Säuren, Laugen o. Ä. etw. auf der Oberfläche eines Materials erzeugen, einätzen:* ein Bild auf, in die Kupferplatte ä.; geätztes *(durch Einätzung verziertes)* Glasgeschirr.

ặt|zend ⟨Adj.⟩ (Jugendspr.): **1.** *abscheulich, furchtbar:* diese ätzende Musik! Hausaufgaben sind ä.; **2.** (seltener) *toll, sehr gut:* der Film ist echt ä.

Ặtz|kalk, der: *Branntkalk.*

Ặtz|kunst, die ⟨o. Pl.⟩: *Radierkunst.*

Ặtz|stift, der: *zum Ätzen* (1) *verwendeter Stift aus Höllenstein.*

Ặt|zung, die; -, -en: *das Ätzen; das Geätztwerden.*

au ⟨Interj.⟩ [mhd. ou]: **1.** als Ausdruck des körperlichen Schmerzes: au, das tut weh!; Ü au! (bei schlechten Witzen, gleichsam als ob die Pointe dem Hörer Schmerzen verursachte). **2.** als Ausdruck der Freude: au ja!; au [fein], das macht Spaß!

Au = Aurum.

Au, die; -, -en (südd., österr.): ↑Aue (1).

AU = Abgasuntersuchung.

aua ⟨Interj.⟩ (Kinderspr.; auch ugs.): als Ausdruck des körperlichen Schmerzes: a., du hast mich getreten!

au|ber|gi|ne [obɛrˈʒi:n] ⟨indekl. Adj.⟩: *rötlich violett:* ein a. Kleid.

Au|ber|gi|ne [...nə], die; -, -n [frz. aubergine < katal. albergínia < arab. al-bāḏinǧān]: **a)** *Eierpflanze;* **b)** *Eierfrucht.*

au|ber|gi|ne|far|ben ⟨Adj.⟩: *aubergine.*

a. u. c. = ab urbe condita.

auch [mhd. ouch, ahd. ouh; wahrsch. Vermischung aus einem adverbiell erstarrten Kasus u. einer alten Partikel]: **I.** ⟨Adv.⟩ **1.** *ebenfalls, genauso:* du bist a. [so] einer von denen; ich bin a. nur ein Mensch *(mehr kann ich auch nicht tun);* a. gut *(damit bin ich ebenfalls einverstanden);* alle schwiegen, a. der Fahrer sprach kein Wort; in Wortpaaren: sowohl ... als/wie a.; nicht nur ..., sondern a. **2.** *außerdem, zudem, überdies, im Übrigen:* ich kann nicht, ich will a. nicht; ich hatte a. [noch] die Kosten zu zahlen. **3.** *selbst, sogar:* a. die kleinste Freude wird einem verdorben; er arbeitete weiter, a. als er es nicht mehr nötig gehabt hätte; sie gab mir a. nicht *(nicht einmal)* einen Pfennig. **II.** ⟨Partikel; unbetont⟩ **1.** drückt gefühlsmäßige Anteilnahme, Ärger, Verwunderung o. Ä. aus: du bist aber a. stur; der ist a. überall dabei; a. das noch; warum kommst du a. so spät. **2.** bekräftigt od. begründet eine vorangegangene Aussage: sie sah krank aus, und sie war es a.; er wartete auf einen Brief, der dann a. am Vormittag eintraf; ich gehe jetzt, es ist a. schon spät. **3.** drückt im Fragesatz einen Zweifel, Unsicherheit o. Ä. aus: darf er das a. tun?; hast du dir das a. überlegt? **4. a)** verallgemeinernd; in Verbindung mit Interrogativ- oder Relativpronomen bzw. -adverbien: wer a. immer ... *(jeder, der);* was a. [immer] geschieht ... *(alles, was geschieht);* wo er a. *(überall, wo er)* hinkommt, wird er jubelnd begrüßt; wie dem a. sei ... *(ob es falsch od. richtig ist);* **b)** einräumend; in Verbindung mit »wenn«, »so« od. »wie«: er hat Zeit, wenn er a. *(obwohl er)* das Gegenteil behauptet; es meldete sich niemand, sooft ich a. anrief; wenn a.! (ugs.; *das macht doch nichts!*).

au con|traire [okõˈtrɛ:r; frz., zu: contraire = Gegenteil; gegensätzlich, ↑konträr] (bildungsspr.): *im Gegenteil.*

au cou|rant [okuˈrã; frz., zu: courant, ↑kurant] (bildungsspr.): *auf dem Laufenden.*

Au|di|ẹnz, die; -, -en [lat. audientia = Gehör, Aufmerksamkeit, zu: audire (2. Part.: auditum) = hören]: *offizieller Empfang bei einer hoch gestellten politischen od. kirchlichen Persönlichkeit:* jmdm. [eine] A. geben, gewähren; jmdn. in A. empfangen; jmdn. um eine A. bitten; jmdn. zur A. zulassen.

Au|di|max, das; -, - (Studentenspr.): Kurzwort für ↑Auditorium maximum.

Au|di|o|book [...bʊk], das; -s, -s: *Hörbuch.*

Au|di|o|me|ter, das (Med.): *Gerät zum Messen der menschlichen Hörleistung auf elektroakustischem Wege.*

Au|di|o|me|trie, die; - (Med.): *Prüfung des Gehörs mit Hörmessgeräten.*

Au|di|o|vi|si|on, die; - (Fachspr.): **1.** *Technik des*

Aufnehmens, Speicherns u. Wiedergebens von Ton u. Bild. **2.** *Information durch Bild u. Ton.*

au|di|o|vi|su|ell ⟨Adj.⟩ (Fachspr.): *zugleich hörbar u. sichtbar; Auge u. Ohr ansprechend [u. dadurch den Lernprozess unterstützend]:* -er Unterricht *(Unterricht mit technischen Lehr- u. Lernmitteln).*

Au|di|phon, das; -s, -e [zu griech. phōnḗ = Ton, Laut]: *Hörapparat für Schwerhörige.*

au|di|tiv ⟨Adj.⟩: **1.** (Med.) **a)** *das Hören, den Gehörsinn betreffend, darauf beruhend;* **b)** *(in Bezug auf das menschliche Gehör) fähig, Sprachlaute wahrzunehmen u. zu analysieren.* **2.** (Psych.) *vorwiegend mit Gehörsinn begabt.*

Au|di|tor, der; -s, ...oren [lat. auditor]: **1. a)** *Richter an der Rota* (1); **b)** *Richter in kirchlichen Prozessen mit der Aufgabe, Beweise zu erheben u. bestimmte Fragen zu entscheiden;* **c)** *Beamter der römischen Kurie.* **2. a)** (österr. früher, schweiz.) *öffentlicher Ankläger bei einem Militärgericht;* **b)** (schweiz.) *(im Kanton Zürich) angehender Jurist, der die vorgeschriebene praktische Ausbildung bei einem [Bezirks]gericht absolviert.* **3.** (Wirtsch.) *jmd., der Audits durchführt, die Qualitätssicherung kontrolliert o. Ä.*

Au|di|to|rin, die; -, -nen: **1.** (schweiz.) w. Form zu ↑Auditor (2 b). **2.** (Wirtsch.) w. Form zu ↑Auditor (3).

Au|di|to|ri|um, das; -s, ...ien [lat. auditorium]: **1.** *Hörsaal.* **2.** (bildungsspr.) *Zuhörerschaft.*

Au|di|to|ri|um ma|xi|mum, das; - -, ...ia ...ma [zu lat. maximus = größter]: *größter Hörsaal einer Hochschule.*

Aue, (südd., österr. u. geh.:) Au, die; -, Auen [mhd. ouwe, ahd. ouw[i]a = Land im od. am Wasser, urspr. subst. Adj. u. eigtl. = die zum Wasser Gehörende]: **1.** (landsch., dichter.) *[an einem (fließenden) Gewässer gelegenes] flaches Gelände mit saftigen Wiesen [u. verstreuten Büschen od. Bäumen].* **2.** (landsch.) *Insel (bes. in einem fließenden Gewässer).*

Au|en|land|schaft, die: *Landschaft, für die das Vorhandensein von Auen* (1) *charakteristisch ist.*

Au|er|hahn, der [mhd. ūrhan, unter dem Einfluss von ūr (↑Auerochse) umgebildet aus mhd. orhan, urspr. = männlich(es Tier)]: *männliches Auerhuhn.*

Au|er|hen|ne, die: *weibliches Auerhuhn.*

Au|er|huhn, das: *(in den Wäldern Eurasiens lebender) zu den Raufußhühnern gehörender großer Vogel.*

Au|er|och|se, der [mhd. ūrohse, ahd. ūrohso, verdeutlichende Zus. für gleichbed. mhd. ūr[e], ahd. ūro, urspr. wohl = (Samen)spritzer]: *ausgestorbenes wildes Großrind; Ur.*

Au|er|wild, das (Jägerspr.): *Auerhähne u. Auerhennen.*

auf [mhd., ahd. ūf, urspr. = von unten an etwas heran od. hinauf]: **I.** ⟨Präp. mit Dativ u. Akk.⟩ **1.** (räumlich) **a)** ⟨mit Dativ⟩ zur Angabe der Berührung von oben, der Lage, des Aufenthalts in einem Raum, einem Gebäude o. Ä., eines Seins-, Tätigkeitsbereichs o. Ä.: a. einer Bank, a. dem Pferd sitzen; die Vase steht a. dem Tisch; a. Deck, a. See sein; a. dem Mond landen; die Vegetation a. den Inseln; a. *(in)* seinem Zimmer bleiben; a. *(in, bei)* der Post arbeiten; a. *(in)* dem Rathaus etwas erledigen; a. dem *(beim)* Bau arbeiten; sie ist noch a. der Schule *(ist noch Schülerin);* zur Angabe der Teilnahme an etw., des Sichaufhaltens bei einer Tätigkeit (zeitlichem Gebrauch nahe stehend): a. einer Hochzeit, a. Wanderschaft, a. Urlaub sein; a. *(bei, während)* der Rückreise erkranken; **b)** ⟨mit Akk.⟩ zur Angabe der Richtung; bezieht sich auf eine Stelle, Oberfläche, auf einen Erstreckungsbereich, einen Zielpunkt o. Ä., bezeichnet den Gang zu einem/in einen Raum, zu einem/in ein Gebäude; gibt die Richtung in einem Seins-, Tätigkeitsbereich o. Ä. an: sich a. die Couch setzen; die Vase a. den Schrank stellen; a. den Baum klettern; aufs Land ziehen; a. das Meer hinausfahren; er geht a. sein Zimmer; jmdn. a. die Post schicken; sie geht a. die Universität *(sie ist Studentin);* Ü er geht schon a. die achtzig zu *(er wird bald achtzig);* gibt die Hinwendung zur Teilnahme an etw., den Beginn einer Handlung, den Antritt von etw. an: a. einen Ball gehen; a. eine Tagung fahren; **c)** ⟨mit Akk.⟩ zur Angabe der Entfernung: a. 100 Meter *(bis zu einer Entfernung von 100 Metern)* herankommen; die Explosion war a. zwei Kilometer [Entfernung] zu hören. **2.** (zeitlich) ⟨mit Akk.⟩ **a)** zur Angabe der Zeitspanne; *für [die Dauer von]:* a. längere Zeit mit etw. beschäftigt sein; a. ein paar Tage verreisen; **b)** (landsch.) zur Angabe des Zeitpunkts: a. den Abend *(am Abend)* Gäste bekommen; a. Weihnachten *(an Weihnachten)* verreisen wir; das Taxi ist a. *(für)* 16 Uhr bestellt; *** a. einmal** (ugs.; 1. *plötzlich:* a. einmal hatte er keine Lust mehr. 2. *zugleich, in einem Zug:* sie hat alles a. einmal gegessen); **c)** zur Angabe des Übergangs, des Nacheinanders, der Aufeinanderfolge: von einem Tag a. den anderen *(überraschend schnell)* änderte sich das Bild; in der Nacht vom 4. a. den *(zum)* 5. September; a. *(nach)* Regen folgt Sonnenschein; **d)** (emotional verstärkend) in Verbindung mit zwei gleichen Substantiven zur Angabe der Wiederholung, der direkten Aufeinanderfolge: Welle a. Welle; es folgte Angriff a. Angriff. **3.** ⟨mit Akk.⟩ zur Angabe der Art u. Weise: a. elegante Art; sich a. Deutsch unterhalten; ⟨vor dem Superlativ:⟩ jmdn. a. das/aufs Herzlichste, (auch:) herzlichste *(sehr herzlich)* begrüßen. **4.** ⟨mit Akk.⟩ zur Angabe des Ziels, des Zwecks od. Wunsches: a. Hasen jagen; a. Zeit spielen (Sport; *verlangsamt spielen, um Zeit zu gewinnen*); a. jmds. Wohl trinken. **5.** ⟨mit Akk.⟩ zur Angabe des Grundes, der Voraussetzung: a. Veranlassung, Initiative seiner Mutter, von seiner Mutter; a. wiederholte Aufforderung [hin]; a. einen Brief antworten. **6.** ⟨mit Akk.⟩ zur Angabe der bei der Aufteilung einer Menge zugrunde gelegten Einheit: a. jeden entfallen 50 Mark; 2 Esslöffel Waschpulver a. einen Liter. **7.** in idiomatisch-phraseologischer Abhängigkeit von anderen Wörtern: **a)** ⟨mit Akk.⟩ a. jmdn., etw. achten; sich a. jmdn., etw. freuen; böse a. jmdn. sein; das Recht a. Arbeit; **b)** ⟨mit Dativ⟩ a. einer Sache beruhen, beharren, fußen. **II.** ⟨Adv.⟩ **1. a)** *in die Höhe, nach oben* (bes. als Aufforderung, sich zu erheben): Sprung a., marsch, marsch! (milit. Kommando); *** a. und davon** (ugs.; *[schnell] fort*); **b)** *los, vorwärts* (als Aufforderung, mit etw. zu beginnen): a., an die Arbeit!; a. zum nächsten Kaufhaus! **2.** (ugs.) **a)** *geöffnet, aufgemacht:* die Tür, der Schrank ist a.; Fenster a.!; Augen a. im Straßenverkehr!; **b)** *nicht verschlossen, nicht abgeschlossen:* das Türschloss, der Koffer ist auf; die Tür wird a. sein; **c)** *(für den Verkauf o. Ä.) geöffnet, offen, nicht geschlossen:* wie lange werden die Läden heute a. sein?; die Bibliothek war nur vormittags a. **3.** (ugs.) *[nicht mehr od. noch] nicht im Bett:* früh a. sein; bist du noch a.?; der Patient darf schon ein paar Stunden a. sein. **4.** in Wortpaaren wie a. und ab, a. und nieder; **a)** *nach oben u. nach unten, hinauf u. hinab:* die Schaukel wippte a. und ab, a. und nieder; Ü ⟨subst.:⟩ das Auf und Ab des Lebens; ein ständiges Auf und Nieder; **b)** *hin u. her:* sie ging im Garten a. und ab, a. und nieder. **5.** in der Verbindung mit »von« in festen Wendungen; *von ... an:* von Jugend a.; von klein a.; von Grund a. *(ganz u. gar; völlig).*

auf|ar|bei|ten ⟨sw. V.; hat⟩: **1. a)** *(Liegengebliebenes) erledigen:* die Rückstände, die Akten a.; **b)** *aufbrauchen, völlig verarbeiten:* die Wolle a.; die Bestände sind noch nicht aufgearbeitet. **2.** *zusammenfassend betrachten, bearbeiten:* er hat die jüngsten Forschungsergebnisse [kritisch] aufgearbeitet. **3.** *sich mit etw. auseinander setzen, um Klarheit darüber zu gewinnen; etw. geistig verarbeiten:* die Vergangenheit, die Kindheit, Konflikte a.; **4.** *(alt u. unansehnlich Gewordenes) erneuern, überholen, auffrischen:* Polstermöbel, einen alten Schrank a. [lassen]. **5.** ⟨a. + sich⟩ (seltener) *sich aufraffen, sich unter Anstrengung langsam erheben:* der gestrauchelte Gegner konnte sich nur mühsam a.

Auf|ar|bei|tung, die; -, -en: *das Aufarbeiten* (1–4).

auf|at|men ⟨sw. V.; hat⟩: **1.** *einmal tief [und hörbar] atmen:* laut a.; **2.** *erleichtert sein, sich befreit fühlen:* ich werde a., wenn alles vorüber ist.

auf|ba|cken ⟨unr. V.; bäckt/backt auf, backte/(veraltend:) buk auf, hat aufgebacken⟩: **1.** *(nicht mehr frisches Gebäck) durch kurzes Erhitzen wieder knusprig machen:* Brötchen a. **2.** (landsch.) *aufwärmen:* das Mittagessen a.

auf|bah|ren ⟨sw. V.; hat⟩: *einen Toten auf einer Bahre o. Ä. liegend, den Sarg mit einem Toten an einem bestimmten Ort aufstellen:* einen Toten [feierlich] a.

Auf|bah|rung, die; -, -en: *das Aufbahren.*

Auf|bau, der; -[e]s, -ten: **1.** ⟨o. Pl.⟩ **a)** *das Aufbauen* (1 a); *Errichtung:* der A. der Tribünen, des Zeltlagers; **b)** *das Von-neuem-Aufbauen, Wiedererrichtung von Zerstörtem:* der A. der durch Bomben zerstörten Innenstadt. **2.** ⟨o. Pl.⟩ *die Errichtung, Schaffung, Organisation von etw.:* den wirtschaftlichen A. beschleunigen; der A. des Sozialismus; der A. des Heeres soll stufenweise erfolgen; der A. von Beziehungen. **3.** ⟨o. Pl.⟩ *Gliederung, Anordnung, Art der Anlage, Komposition, Struktur:* der A. der Erzählung, des Dramas; der A. der Gesellschaft, des Staates; den A. einer Zelle darstellen. **4. a)** *das Aufgebaute, Aufgesetzte:* ein bühnenartiger A.; der A. *(der aufgestockte Gebäudeteil)* muss noch verputzt werden; **b)** (Kfz-T.) *Karosserie:* Autos mit beschädigten -ten.

Auf|bau|ar|beit, die: *Arbeit des [Wieder]aufbaus:* A. leisten.

auf|bau|en ⟨sw. V.; hat⟩: **1. a)** *[vorübergehend] aufstellen, errichten; (aus Einzelteilen) zusammensetzen u. aufrichten:* ein Haus aus Fertigteilen a.; Zelte, Baracken a. *(aufschlagen);* Kameras für eine Fernsehübertragung a.; **b)** *(Zerstörtes, Niedergerissenes) von neuem errichten:* zerstörte Häuser wieder a.; **c)** *an einer bestimmten Stelle aufstellen, hinstellen, arrangieren:* ein kaltes Büfett, Geschenke auf dem Tisch a. **2.** *schaffen, organisieren; gestalten:* eine Partei zentralistisch a.; ich baue mir eine neue Existenz auf; eine Beziehung a. **3.** *auf eine Aufgabe vorbereiten:* eine Politikerin, ein Talent, Sänger a. **4.** *gliedern, anordnen, strukturieren:* sie hat ihren Vortrag, ihre wissenschaftliche Arbeit gut aufgebaut; das Musikstück ist kunstvoll aufgebaut. **5. a)** *etw. als Grundlage, Voraussetzung für etw. nehmen:* eine Theorie auf einer Annahme a.; die Anklage auf einem Gutachten a.; **b)** *auf etw. fußen, sich auf etw. gründen:* diese Lehre baut auf vagen Beobachtungen auf; seine Darstellung der Epoche baut auf ganz neuen Quellen auf; ⟨auch a. + sich:⟩ mein Plan baut sich auf folgenden Erwägungen auf. **6.** (Chemie) **a)** *zu einer Verbindung zusammensetzen:* diese Moleküle bauen die Verbindung auf; **b)** ⟨a. + sich⟩ *sich zusammensetzen, gebildet sein:* der Stoff baut sich aus folgenden Elementen auf. **7.** ⟨a. + sich⟩ **a)** *entstehen, sich bilden:* ein neues Hochdruckgebiet baut sich auf; **b)** *sich auftürmen:* schwere Gewitterwolken hatten sich aufgebaut. **8.** ⟨a. + sich⟩ (ugs.) *sich in bestimmter Haltung, an einer bestimmten Stelle meist vor jmdn. hinstellen:* er baute sich neben der Telefonzelle, vor ihm auf.

Auf|bau|gym|na|si|um, das: *Gymnasium, das Schüler der Hauptschule nach dem 6. od. 7. bzw. Schüler der Realschule nach dem 9. od. 10. Schuljahr zur Hochschulreife führt.*

auf|bau|men ⟨sw. V.; hat/ist⟩ (Jägerspr.): *(von Raub- u. Federwild) vom Boden aus auf einen Baum fliegen, klettern u. sich dort niederlassen:* der Marder hat/ist aufgebaumt.

auf|bäu|men, sich ⟨sw. V.; hat⟩: **1.** *sich ruckartig hoch, steil aufrichten:* das Pferd bäumte sich jäh auf *(erhob sich auf die Hinterbeine);* **2.** *sich auf-*

lehnen, sich empören: sich gegen jmdn., gegen sein Schicksal a.; du bäumst dich vergebens gegen ihn auf; alles in ihr bäumte sich dagegen auf.

Auf|bau|re|al|schu|le, die: *Realschule, die Hauptschüler nach dem 6. od. 7. Schuljahr zur mittleren Reife führt.*

auf|bau|schen ⟨sw. V.; hat⟩: **1. a)** *prall machen, aufblähen, aufschwellen:* der Wind bauscht die Segel, die Vorhänge auf; **b)** ⟨a. + sich⟩ *aufgebauscht* (1 a) *werden:* die Röcke bauschten sich im Wind auf. **2. a)** *einer Sache mehr Bedeutung beimessen, als ihr zukommt; übertreiben:* Kleinigkeiten unnötig a.; etw. zu einem Skandal a.; **b)** ⟨a. + sich⟩ *unvorhergesehene Ausmaße annehmen, sich zu etw. (Unverhältnismäßigem) entwickeln, auswachsen:* sich zu einer Krise a.

Auf|bau|schu|le, die: **a)** *Aufbaugymnasium;* **b)** *Aufbaurealschule.*

Auf|bau|stu|di|um, das ⟨o. Pl.⟩: *Studium, das auf eine bestimmte Ausbildung bzw. auf ein vorangegangenes Studium aufbaut.*

Auf|bau|ten ⟨Pl.⟩ (Schiffbau): *über das Oberdeck des Schiffes hinausragende Teile u. technische Anlagen.*

Auf|bau|trai|ning, das (Sport): *Training, in dem Leistungsfähigkeit u. -bereitschaft aufgebaut werden.*

auf|be|geh|ren ⟨sw. V.; hat⟩ (geh.): *heftigen Widerspruch erheben; sich auflehnen, wehren, empören:* dumpf a.; er begehrte gegen sein Schicksal auf; ⟨subst.:⟩ spontanes A.

auf|be|hal|ten ⟨st. V.; hat⟩: **1.** (ugs.) *(bes. eine Kopfbedeckung) nicht abnehmen:* den Hut, die Sonnenbrille a.; **2.** (ugs.) *geöffnet lassen:* den Schirm a. **3.** (veraltet) *aufheben, aufbewahren.*

auf|bei|ßen ⟨st. V.; hat⟩: **1.** *durch Beißen öffnen:* eine Nuss a. **2.** *durch Beißen verletzen, sodass eine klaffende Stelle, Wunde entsteht:* sich die Lippe a.

auf|be|kom|men ⟨st. V.; hat⟩ (ugs.): **1.** *(nur mit Mühe) öffnen können:* einen Koffer, eine Konservenbüchse schwer a.; schließlich bekam er die Tür doch auf; die Augen a. **2.** *(eine [Haus]aufgabe) vom Lehrer zur Erledigung bekommen:* wir haben für morgen 10 Rechenaufgaben aufbekommen. **3.** (bes. nordd.) *ganz aufessen können:* ich bekomme das Stück Torte schon noch auf. **4.** *[richtig] aufsetzen können:* die Mütze nur mit Mühe a.

auf|be|rei|ten ⟨sw. V.; hat⟩: **1.** *bestimmte Rohstoffe zur [weiteren] Verwendung vorbereiten, geeignet machen:* Trinkwasser a. *(reinigen, klären);* Wasser als Trinkwasser a.; etw. zu etw. a.; Erze, Kohlen, Salze a. (Hüttenw., Bergbau; *durch chemische od. mechanische Behandlung von unerwünschten Bestandteilen scheiden).* **2.** *etw. Vorgegebenes in bestimmter Weise bearbeiten [u. so für etw. Bestimmtes vorbereiten]:* einen verderbten Text a. **3.** *statistisch erhobene Daten o. Ä. auswerten:* Statistiken, Zahlenmaterial a.

Auf|be|rei|tung, die; -, -en: *das Aufbereiten.*

auf|bes|sern ⟨sw. V.; hat⟩: *in der Qualität od. Quantität steigern; verbessern:* das Gehalt, die Renten, die Verpflegung a.; seine Sprachkenntnisse, sein Image a.; das Budget um 30 000 DM a.

Auf|bes|se|rung, die; -, -en: *das Aufbessern.*

auf|be|wah|ren ⟨sw. V.; hat⟩: *in Verwahrung nehmen; sorgsam hüten, aufheben:* etw. gut, sorgfältig a.; die Medikamente sind kühl, im Kühlschrank aufzubewahren *(zu lagern);* Fotografien als, zum Andenken a.; etwas für die Nachwelt a. *(bewahren, erhalten);* Ü etwas in seinem Gedächtnis a.

Auf|be|wah|rung, die; -: **a)** *das Aufbewahren, Verwahren:* jmdm. etw. zur A. geben; **b)** *Gepäckaufbewahrung* (2): eine Reisetasche an, bei der A. abgeben.

Auf|be|wah|rungs|ort, der ⟨Pl. -e⟩: *Stelle, Platz, wo etw. aufbewahrt wird.*

Auf|be|wah|rungs|raum, der: *Raum zum Aufbewahren bestimmter Dinge.*

auf|bie|gen ⟨st. V.; hat⟩: **a)** *auseinander biegen:* den Schlüsselring, den Draht a.; **b)** *nach oben biegen:* den Deckel der Büchse a.

auf|bie|ten ⟨st. V.; hat⟩ [mhd. ūfbieten = (zeigend) in die Höhe heben]: **1.** *einsetzen, zusammenraffen, aufwenden:* alle Kräfte, seinen Einfluss, seine ganze Überredungskunst a., um jmdn. zu überzeugen. **2.** *zur Erledigung einer Aufgabe aufrufen, für die Erledigung einer Aufgabe einsetzen:* Militär, Polizei a.; alle verfügbaren Kräfte waren zum Einsatz aufgeboten; Soldaten a. (veraltet; *einberufen);* die aufgebotenen Streitkräfte. **3.** (früher) *die beabsichtigte Eheschließung eines Paares öffentlich bekannt geben, verkünden (um mögliche Ehehindernisse zu ermitteln).* **4.** *(bei Versteigerungen) den festgelegten Ausgangspreis ausrufen:* ein Bild mit 400 Mark a.

Auf|bie|tung, die; -, -en: **1.** ⟨o. Pl.⟩ *das Aufbieten* (1), *Aufwendung; Anspannung:* unter, (seltener:) mit, bei A. aller Kräfte, ihrer ganzen Energie. **2. a)** *das Aufbieten* (2), *Aufruf:* die A. der Jugend; **b)** *Einsatz:* die A. des Polizeiapparates. **3.** (früher) *die öffentliche Bekanntgabe der beabsichtigten Eheschließung, Aufgebot:* die A. des Brautpaares.

auf|bin|den ⟨st. V.; hat⟩: **1.** *(Zusammengebundenes, Zugeschnürtes) lösen, öffnen:* die Schnürsenkel, eine Schleife, die Schürze a.; ich band [mir] die Krawatte auf. **2.** *(Herunterhängendes) hochbinden:* Reben a.; aufgebundene Rosenstöcke; ein Mädchen mit aufgebundenem *(hochgestecktem)* Haar. **3. a)** *auf etw. festbinden:* das Kochgeschirr auf den Rucksack a.; **b)** (ugs.) *sich (Unangenehmes u. Beschwerliches) aufbürden:* mit dieser Einladung hast du dir ja was aufgebunden! **4.** (ugs.) *jmdm. etw. Unwahres erzählen, weismachen:* wer hat dir diese Lüge aufgebunden? **5.** (Buchw.) *(ein Buch) binden* (5 d): Bücher neu a.

auf|blä|hen ⟨sw. V.; hat⟩: **1. a)** *rund, prall machen, aufbauschen, aufschwellen:* die Nasenflügel a.; der Bauch der Kuh ist aufgebläht *(aufgetrieben);* Ü ein aufgeblähter *(in unangemessener Weise vergrößerter)* Verwaltungsapparat; **b)** ⟨a. + sich⟩ *aufgebläht* (1 a) *werden:* die Segel blähten sich im Wind auf. **2.** ⟨a. + sich⟩ (abwertend) *sich wichtig tun, sich großtun:* bläh dich nicht so auf!; dieser aufgeblähte Mensch!

Auf|blä|hung, die; -, -en: **1.** *das Aufblähen.* **2.** (Tiermed.) *Blähsucht (bes. bei Wiederkäuern).*

auf|blas|bar ⟨Adj.⟩: *sich aufblasen lassend:* eine -e Schwimmweste; -e Kleiderbügel, Möbel.

auf|bla|sen ⟨st. V.; hat⟩: **1.** *(durch kräftiges Hineinblasen) rund, prall machen, anschwellen lassen:* eine Papiertüte, einen Luftballon a.; vor Anstrengung die Backen a.; ⟨subst.:⟩ Gummitiere zum Aufblasen. **2.** ⟨a. + sich⟩ (ugs. abwertend) *sich wichtig tun:* blas dich doch nicht so auf!; so ein aufgeblasener *(eingebildeter, überheblicher)* Kerl.

auf|blät|tern ⟨sw. V.; hat⟩: **1. a)** *(die Seiten eines Buches, einer Zeitung o. Ä.) aufschlagen [um etw. zu suchen]:* ein Wörterbuch, den Anzeigenteil der Zeitung a.; **b)** *die Seiten eines Buches o. Ä. flüchtig u. schnell umschlagen:* gelangweilt eine Illustrierte a. **2.** ⟨a. + sich⟩ (geh.) *(von Blüten) sich öffnen:* die Rosen haben sich schon aufgeblättert.

auf|blei|ben ⟨st. V.; ist⟩ (ugs.): **1.** *geöffnet bleiben, offen bleiben:* das Fenster ist die ganze Nacht über aufgeblieben. **2.** *nicht zu Bett gehen:* bis 23 Uhr, die ganze Nacht a.

Auf|blen|de, die; - (Film): *allmählicher Übergang von völliger Schwärze zu normaler Belichtung.*

auf|blen|den ⟨sw. V.; hat⟩: **1.** *mit voller Lichtstärke scheinen:* die Scheinwerfer, die Lichter des Leuchtturms blendeten plötzlich auf. **2.** (Verkehrsw.) *(die Scheinwerfer) auf Fernlicht einstellen:* die Scheinwerfer a.; aufgeblendete Scheinwerfer; der Lkw blendete auf *(der Fahrer des Lkw schaltete das Fernlicht ein).* **3.** (Fot.) *durch Größerstellen der Blende verstärkt Licht einfallen lassen:* voll a. **4.** (Film): **a)** *eine Filmaufnahme, eine Einstellung beginnen:* Szene 1, bitte a.!; **b)** *(vom Film[ausschnitt]) abzulaufen beginnen:* eine Szene aus dem alten Film blendete auf.

Auf|blick, der; -[e]s, -e ⟨Pl. selten⟩ (geh.): *das Aufblicken, aufwärts gerichteter Blick:* ein kurzer, erstaunter A.

auf|bli|cken ⟨sw. V.; hat⟩: **1.** *den Blick nach oben, in die Höhe richten; hochschauen, aufsehen:* kurz, verwundert, freundlich a.; von seiner Arbeit, zu jmdm. a.; sie antwortete, ohne von ihrer Arbeit aufzublicken. **2.** *(jmdn.) bewundernd verehren:* ehrfürchtig, in Verehrung zu jmdm. a.; er ist ein Mensch, zu dem man a. kann.

auf|blin|ken ⟨sw. V.; hat⟩: *plötzlich, kurz blinken, schimmern; blinkend, schimmernd aufleuchten:* Lichter, Sterne blinken im Dunkel auf; Ü in seinen Augen blinkte Begierde auf.

auf|blit|zen ⟨sw. V.⟩: **a)** *plötzlich blitzend, blinkend aufleuchten* ⟨hat⟩: eine Taschenlampe blitzte plötzlich auf; in seinen Händen blitzte ein Messer auf; **b)** *plötzlich in jmds. Bewusstsein auftauchen* ⟨ist⟩: eine Idee, eine Erinnerung blitzte in ihm auf.

auf|blo|cken ⟨sw. V.; hat⟩ [zu ↑Block] (Jägerspr.): *(von Raubvögeln) sich auf einem Baum od. Felsen niederlassen.*

auf|blü|hen ⟨sw. V.; ist⟩: **1.** *sich blühend entfalten, die Blüten öffnen:* die Rosen fangen gerade an aufzublühen; Ü (geh.:) das Mädchen ist eine voll aufgeblühte Schönheit. **2. a)** *sich entfalten, sich entwickeln, Aufschwung nehmen:* Wissenschaft und Handel blühten auf; eine aufblühende Branche; **b)** *aufleben, eine positive Stimmung, eine lebensbejahende Haltung gewinnen:* er blüht sichtbar auf, seit er den Arbeitsplatz gewechselt hat.

auf|bo|cken ⟨sw. V.; hat⟩: *etw. mithilfe einer besonderen Vorrichtung auf ein Gestell, einen Bock stellen:* ein Auto a.; sie hatte ihr Motorrad am Straßenrand aufgebockt *(auf den Kippständer gestellt).*

auf|boh|ren ⟨sw. V.; hat⟩: *durch Bohren eine Öffnung schaffen; ein Loch in etw. bohren:* einen Backenzahn, die Schädeldecke a.; den Tresor, die Straßendecke a.

auf|bran|den ⟨sw. V.; ist⟩ (geh.): *(von Wellen) tosend hochschlagen (an Felsen o. Ä.):* die aufbrandende Flut.

auf|brau|chen ⟨sw. V.; hat⟩: *ganz, bis auf den letzten Rest verbrauchen:* alle Ersparnisse, seine Barschaft, seine Urlaubstage a.; seine Energie, seine Geduld ist aufgebraucht *(ist erschöpft).*

auf|brau|sen ⟨sw. V.; ist⟩: **1.** *brausend, schäumend hochsteigen; zu wallen beginnen:* Natron braust im Wasser auf; Ü Beifall, Jubel braust auf *(setzt plötzlich ein).* **2.** *zornig auf-, hochfahren:* schnell, leicht a.; er ist immer gleich aufgebraust; ein aufbrausendes *(cholerisches)* Temperament.

auf|bre|chen ⟨st. V.⟩ [3: eigtl. = das Lager aufbrechen (= abbrechen)]: **1.** ⟨hat⟩ **a)** *(Verschlossenes) gewaltsam öffnen:* ein Schloss, eine Tür, eine Kiste, einen Safe mit einem Stemmeisen a.; ein Auto a.; **b)** *(eine geschlossene Fläche) auseinander brechen:* den Asphalt mit dem Bohrer a.; das Schwarzwild hat die Erde aufgebrochen; Ü ein System, eine Situation a.; **c)** (geh.) *hastig, ohne Sorgfalt öffnen:* einen Brief, ein Telegramm a.; **d)** (Jägerspr.) *(erlegtes Wild) ausweiden:* einen Hirsch a. **2.** ⟨ist⟩ **a)** *sich öffnen, aufgehen, aufspringen:* die Kastanienknospen sind aufgebrochen; **b)** *(von einer Oberfläche) aufreißen, aufplatzen, auseinander brechen:* die Eisdecke, der Asphalt ist aufgebrochen; ein Geschwür, eine Wunde bricht [wieder] auf; Ü alte Wunden brachen in ihm auf; **c)** (geh.) *plötzlich hervortreten, auf einmal spürbar da sein:* ein Gegensatz war zwischen ihnen aufgebrochen. **3.** *einen Ort verlassen, fortgehen, sich auf den Weg machen* ⟨ist⟩: in aller Frühe, zu einer Orientreise a.; pünktlich a.; ⟨subst.:⟩ es ist Zeit zum Aufbrechen.

auf|bren|nen ⟨unr. V.⟩: **1.** *(ein Weidetier) mit einem Brandmal versehen, kennzeichnen* ⟨hat⟩: den Kälbern das Zeichen der Ranch a.; * **jmdm. eins a.** (salopp; 1. *jmdm. einen kräftigen Schlag versetzen:* sie hat ihm in ihrer Not eins aufgebrannt. 2. *anschießen:* dem vermeintlichen Wilddieb eins a.). **2.** (seltener) *durch Brennen öffnen* ⟨hat⟩: einen Verschluss mit dem Schneidbrenner a. **3.** (Weinbau) *(das Fass) mit einem Schwefelspan ausräuchern* ⟨hat⟩. **4.** (seltener) *emporlodern* ⟨ist⟩: die Flamme war leuchtend aufgebrannt.

auf|brin|gen ⟨unr. V.; hat⟩ [mhd. ūfbringen = großziehen; erfinden, zustande bringen]: **1.** *(Geldmittel) beschaffen, zusammenbringen, auftreiben:* die notwendigen Mittel, eine Kaution von 10 000 Mark a.; viel Geld für Reparaturen a. müssen; Ü Kraft, Energie, Geduld, den Mut zu etw. a. *(zusammennehmen, aufbieten).* **2.** (ugs.) *mit Mühe öffnen [können]:* die Tür, das Schloss kaum a. **3.** *einführen, in Umlauf setzen:* eine neue Mode, ein Schlagwort a.; wer hat denn nur dieses Gerücht aufgebracht? **4. a)** *in Wut bringen, erzürnen:* der geringste Anlass bringt ihn auf; mit aufgebrachter Stimme; **b)** *aufreizen, aufwiegeln, erzürnt machen:* sie versucht, ihn gegen seine Eltern aufzubringen. **5.** (Seemannsspr.) **a)** *beim Auftakeln Rahen u. a. montieren;* **b)** *(ein [feindliches] Schiff) zwingen, einen bestimmten Hafen anzulaufen:* der Tanker wurde auf hoher See aufgebracht. **6.** *auf etw. anbringen, auftragen, verteilen:* eine Isolierschicht, Farben a.; Creme auf das Gesicht a.; **7.** (veraltet) *großziehen:* er ist von Pflegeeltern aufgebracht worden; einen Jungvogel a.

Auf|brin|gung, die; -: *das Aufbringen* (1, 5, 6).

auf|bri|sen ⟨sw. V.; hat⟩ [zu ↑Brise]: *(vom Wind) an Stärke zunehmen:* am Morgen briste der Wind auf.

auf|brö|ckeln ⟨sw. V.⟩: **a)** *in kleine Brocken auseinander fallen* ⟨ist⟩: das Gestein bröckelt auf; **b)** *in Bröckchen brechen* ⟨hat⟩: ein Brötchen a.

auf|bro|deln ⟨sw. V.; ist⟩: *brodelnd emporsteigen:* Dampf, glühende Lava brodelt auf; aus dem Tal brodelt Nebel auf; Ü Unzufriedenheit war im Land aufgebrodelt.

Auf|bruch, der; -[e]s, Aufbrüche: **1.** ⟨Pl. selten⟩ *das Aufbrechen* (3): ein allgemeiner, überstürzter, verspäteter A.; der A. zur Jagd; im A. begriffen sein; zum A. mahnen, drängen. **2.** *aufgebrochene Stelle:* die durch Frost entstandenen Aufbrüche auf der Autobahn. **3.** (Jägerspr.) *Eingeweide des erlegten Wildes.* **4.** (geh.) *geistiges Erwachen u. das Sicherheben:* der A. der Völker Afrikas. **5.** (Bergbau) *von unten nach oben, aber nicht bis zur Erdoberfläche geführter Schacht im Grubenbau* . **6.** *das Aufbrechen* (1 a): der A. des Wagens.

auf|bruch[s]|stim|mung, die; -: *allgemeine Unruhe, die den bevorstehenden Aufbruch* (1) *ankündigt:* es herrschte A.; die Gäste waren in A.; Ü ein Land in A.

auf|brü|hen ⟨sw. V.; hat⟩: *(ein Getränk) durch Übergießen mit kochendem Wasser bereiten:* Kaffee, Tee a.

auf|brum|men ⟨sw. V.⟩: **1.** *plötzlich, kurz brummen* ⟨hat⟩: das Nebelhorn brummte mehrmals auf. **2.** (ugs.) *(als Strafe o. Ä.) auferlegen* ⟨hat⟩: jmdm. Arrest, Zwangsarbeit a.; wir bekamen eine Strafarbeit aufgebrummt; jmdm. die Kosten für etw. a. **3.** ⟨ist⟩ **a)** (ugs.) *auffahren, mit etw. zusammenstoßen;* **b)** (Seemannsspr.) *auf Grund geraten.*

auf|bü|geln ⟨sw. V.; hat⟩: **a)** *durch Bügeln wieder glätten, in die gehörige Form bringen:* ich büg[e]le den Rock auf; ⟨subst.:⟩ er gab seine Hosen zum Aufbügeln; **b)** *durch Bügeln auf einen Stoff übertragen.*

auf|bür|den ⟨sw. V.; hat⟩ (geh.): **1.** *jmdn. mit etw. belasten, ihm etw. abverlangen, was eine Bürde für ihn darstellt:* jmdm. Verantwortung, eine schwere Arbeit a. **2.** (seltener) *eine Traglast auflegen.*

auf|däm|mern ⟨sw. V.; ist⟩ (geh.): **1.** *allmählich hell, sichtbar werden:* der Tag dämmerte im Osten auf; Ü ein Hoffnungsschimmer dämmert auf. **2. a)** *jmdm. allmählich zu Bewusstsein kommen:* eine Vermutung, ein Verdacht dämmert in jmdm. auf; **b)** *jmdm. klar werden, jmdm. endlich aufgehen:* dämmert dir immer noch nicht auf, warum er das gesagt hat?

auf|damp|fen ⟨sw. V.⟩: **1.** *dampfend aufsteigen* ⟨ist⟩: über dem Fluss dampfte Nebel auf; **2.** (Technik) *verdampfende Metalle o. Ä. auf die Oberfläche von etw. einwirken lassen, die dadurch mit einer Schutzschicht überzogen wird* ⟨hat⟩: auf Zink eine Goldschicht a.

auf|dämp|fen ⟨sw. V.; hat⟩: *feucht aufbügeln, durch Dampf auffrischen:* einen Hut, eine Hose a.

auf|da|tie|ren ⟨sw. V.; hat⟩ [LÜ von engl. to update]: *auf den neuesten, aktuellen Stand bringen, aktualisieren:* Analysen überprüfen und a.

auf|de|cken ⟨sw. V.; hat⟩: **1.** *die Decke o. Ä. von etw., jmdm. ab-, herunternehmen:* das Kind, den Kranken, den zugedeckten Käfig a.; das Bett a. *(die Bettdecke zurückschlagen);* du hast dich im Schlaf aufgedeckt *(hast deine Bettdecke weggeschoben).* **2.** *(Spielkarten) mit der Bildseite nach oben hinlegen:* willst du deine Karten nicht endlich a.? **3. a)** *(eine Tischdecke) auflegen:* zum Abendessen ein neues Tischtuch a.; **b)** *den Tisch decken:* die Kinder hatten schon aufgedeckt. **4.** *(etw. Verborgenes, nicht Erkennbares) enthüllen, bloßlegen:* Missstände, Schwächen schonungslos a.; eine Verschwörung, eine Straftat, einen Skandal a.; Ursachen, Zusammenhänge a. *(offen legen, bewusst machen).*

Auf|de|ckung, die; -, -en: *das Aufdecken* (4): die A. des Betrugs, dieses Geheimnisses.

auf|don|nern, sich ⟨sw. V.; hat⟩ [H. u.] (salopp abwertend): *sich geschmacklos u. übertrieben zurechtmachen, kleiden:* sich fürchterlich a.

auf|drän|gen ⟨sw. V.; hat⟩: **1.** *hartnäckig anbieten, aufzunötigen versuchen:* jmdm. eine Ware a.; jmdm. seine Ansichten a. *(aufoktroyieren);* er hat mir seine Begleitung förmlich aufgedrängt; lass dir nichts a. **2.** ⟨a. + sich⟩ *sich (seine Dienste o. Ä.) jmdm. in aufdringlicher Weise, unaufgefordert anbieten:* allen Leuten hast du dich [als Ratgeber] aufgedrängt; ich will mich nicht a. *(will nicht lästig fallen).* **3.** ⟨a. + sich⟩ *sich unwillkürlich bei jmdm., in jmds. Bewusstsein einstellen:* ein Gedanke, ein Verdacht drängt sich [mir] auf.

auf|dre|hen ⟨sw. V.; hat⟩: **1. a)** *durch Drehen öffnen:* den Verschluss, den Wasserhahn a.; **b)** (ugs.) *durch Öffnen eines Ventils, einer Schließvorrichtung zuströmen lassen:* das Gas, das Wasser a.; **c)** *durch Drehen lockern:* eine Schraube a.; **d)** (ugs.) *durch Drehen lauter stellen:* das Radio a.; **e)** (südd., österr.) *einanschalten:* die Beleuchtung im Flur a.; **f)** (landsch.) *durch Drehen aufziehen, in Gang setzen:* die Spieldose a. **2. a)** *(das Haar) auf Lockenwickler aufwickeln:* ich drehte [mir] nach dem Waschen die Haare auf; **b)** *nach oben drehen, aufzwirbeln:* den Schnurrbart a. **3.** (ugs.) *Gas geben, beschleunigen:* auf der Autobahn mächtig, ordentlich a.; Ü in der zweiten Halbzeit hatte die Mannschaft noch einmal aufgedreht *(die Leistung, das Tempo gesteigert).* **4. a)** (ugs.) *in Stimmung kommen:* nach dem dritten Glas drehte er mächtig auf; **b)** (südd., österr.) *zu schimpfen anfangen, wütend werden.* **5.** (Seemannsspr.) *(das Schiff) gegen den Wind od. gegen die Strömung drehen.*

auf|dring|lich ⟨Adj.⟩: *sich aufdrängend, lästig fallend, [durch Bitten, Fragen o. Ä.] andere belästigend:* ein -er Vertreter; -e Musik; die Fans werden immer -er; Ü ein -er *(sehr starker, als unangenehm empfundener)* Geruch.

Auf|dring|lich|keit, die; -, -en: **a)** ⟨o. Pl.⟩ *das Sichaufdrängen, aufdringliche Art:* die freche A. dieses Reporters; **b)** *aufdringliche Äußerung, Annäherung:* jmds. -en nicht mögen.

auf|drö|seln ⟨sw. V.; hat⟩ (ugs.): *(Zusammengedrehtes o. Ä.) auf etw. mühevolle u. Zeit beanspruchende Weise wieder entwirren:* verhedderte Wolle a.; Ü ein Problem a. *(analysieren).*

Auf|druck, der; -[e]s, -e: **1.** *kurzer, auf etw. aufgedruckter Text.* **2.** (Physik) *in einer Flüssigkeit nach oben wirkender Druck.*

auf|dru|cken ⟨sw. V.; hat⟩: *druckend auf etw. übertragen, aufbringen:* Postwertstempel auf Drucksachen a.; seinen Namen auf etwas a.

auf|drü|cken ⟨sw. V.; hat⟩: **1. a)** *durch Drücken, durch Druck öffnen:* die Tür, das Fenster a.; **b)** (ugs.) *durch Knopfdruck öffnen:* auf ihr Klingeln hin wurde aufgedrückt *(die Haustür geöffnet);* **c)** (ugs.) *durch Drücken aufplatzen lassen [und auspressen]:* [sich, jmdm.] einen Pickel, ein Geschwür a. **2. a)** (ugs.) *fest auf den Kopf setzen:* jmdm., sich einen Kranz, einen Hut a.; **b)** *(als Stempel) auf etw. drücken, aufprägen:* das Amtssiegel auf ein Schriftstück a.; * **jmdm. einen a.** (salopp; *einen Kuss geben*); **c)** *fest auf etw. drücken, mit starkem Druck aufsetzen:* den Bleistift beim Schreiben nicht zu sehr a.; **3.** (ugs.) *aufzwingen, mit Druck auferlegen:* unserer Region will man eine große Industrieanlage a.

auf|ei|nan|der ⟨Adv.⟩: **1.** *eines auf dem andern, auf den andern:* a. auffahren; die Zähne a. beißen; die mit Klebstoff bestrichenen Seiten fest a. drücken; an mehreren a. folgenden Tagen; die Anzüge hingen a.; die Hunde a. hetzen; Steine a. häufen; die Bücher a. legen, schichten, setzen, stapeln, türmen; die Dreiecke passten a.; die beiden Autos prallten, stießen a.; die Meinungen prallten, stießen hart a. *(es gab heftige Meinungsverschiedenheiten);* die Lippen a. pressen; die Teile sitzen fest a.; die Reisenden mussten dicht a. *(dicht gedrängt)* sitzen; die Sieger treffen im Halbfinale a. **2.** *auf sich [gegenseitig]; einer auf den anderen:* a. angewiesen sein; a. warten; sich a. einstellen.

auf|ei|nan|der bei|ßen, auf|ei|nan|der drü|cken: s. aufeinander.

Auf|ei|nan|der|fol|ge, die; -: *Reihenfolge, Abfolge:* zeitliche A.; in rascher A. *(schnell nach-, hintereinander)* schoss er drei Tore.

auf|ei|nan|der fol|gen, auf|ei|nan|der hän|gen, auf|ei|nan|der häu|fen, auf|ei|nan|der het|zen, auf|ei|nan|der le|gen usw.: s. aufeinander (1) usw.

Auf|ent|halt, der; -[e]s, -e [mhd. ūfenthalt = Beistand, Unterhalt, Bleibe, zu ūfenthalten = aufrecht halten, beistehen; zurückhalten]: **1.** *das Sichaufhalten; zeitlich begrenzte Anwesenheit an einem Ort:* der A. im Depot ist verboten; bei meinem A., während meines -s in München. **2. a)** *Unterbrechung (einer Fahrt o. Ä.):* der Zug hat in Basel nur wenige Minuten A.; ohne A. durchfahren; **b)** (geh.) *Verzögerung, Unterbrechung:* es gab einen kleinen A. **3.** (geh.) *Ort, an dem sich jmd. aufhält; Wohnort:* sein jetziger A. ist Rom.

Auf|ent|halts|ge|neh|mi|gung, die: *behördlich erteilte Genehmigung für Ausländer, sich unter bestimmten Bedingungen in einem Land aufzuhalten:* eine A. erteilen, verlängern.

Auf|ent|halts|ort, der ⟨Pl. -e⟩: *Ort, an dem sich jmd. [vorübergehend] aufhält; Wohnort.*

Auf|ent|halts|raum, der: *größerer Raum (eines nicht privaten Hauses) zum Verweilen, zur freien Beschäftigung, Unterhaltung.*

auf|er|le|gen ⟨sw. V.; erlegte auf/(auch:) auferlegte, hat auferlegt⟩ (geh.): *aufbürden, zur Pflicht machen, als Verpflichtung auftragen:* jmdm. eine Geldbuße a.; du brauchst dir keinen Zwang aufzuerlegen *(kannst dich zwanglos geben).*

Auf|er|le|gung, die: *das Auferlegen.*

auf|er|ste|hen ⟨unr. V.; ersteht auf/aufersteht, erstand auf/auferstand, ist auferstanden; meist im Inf. u. im 2. Part. gebr.⟩ [mhd. ūferstēn, ahd. ūfarstēn = sich erheben; auferstehen; erst nhd. auf den religiösen Sinn eingeengt] (Rel.): *wieder zum Leben erwachen, erweckt werden:* die Toten werden a.; ⟨subst. 2. Part.:⟩ die Worte des Auferstandenen *(Jesu);* Ü bist du wieder aufer-

A

standen? (ugs. scherzh.; *[nach längerer Krankheit] wieder gesund?*).

Auf|er|ste|hung, die; -, -en (Rel.): *das Auferstehen:* die A. der Toten zum ewigen Leben; Ü (geh.) die alten Formen erlebten ihre A.; * **[fröhliche] A. feiern** (scherzh. od. iron.; *[von längst Vergessenem, Abgetanem, Überholtem] plötzlich wieder in Mode kommen, wieder Geltung haben*).

Auf|er|ste|hungs|fest, das ⟨o. Pl.⟩ (geh.): *Ostern.*

auf|er|we|cken ⟨sw. V.; auferweckt, auferweckte, hat auferweckt⟩: *wieder lebendig machen, vom Tode erwecken:* einen Toten a.

Auf|er|we|ckung, die; -, -en: *das Auferwecken.*

auf|es|sen ⟨unr. V.; hat⟩: *ganz verzehren:* du brauchst nicht die ganze Portion aufzuessen; den Teller nicht a. (ugs.; *etw. auf dem Teller zurücklassen*); iss bitte rasch auf!

auf|fä|chern ⟨sw. V.; hat⟩: **1.** *fächerartig ausbreiten, anordnen:* die Spielkarten a. **2. a)** *klar gegliedert ausbreiten:* in einem Buch den gesamten Bereich der Rhetorik aufgefächert finden; **b)** ⟨a. + sich⟩ *sich klar gegliedert aufteilen:* der große Bereich fächert sich in mehrere Abteilungen auf. **3.** ⟨a. + sich⟩ *von einem Punkt aus fächerförmig auseinander streben:* die Straßen fächern sich von einem Punkt aus auf.

Auf|fä|che|rung, die; -, -en: *das Auffächern.*

auf|fä|deln ⟨sw. V.; hat⟩: *auf einen Faden o. Ä. aufziehen; aufreihen:* Glasperlen a.

Auf|fä|de|lung, Auf|fäd|lung, die; -: *das Auffädeln.*

auf|fah|ren ⟨st. V.⟩: **1.** *während der Fahrt von hinten auf etw. aufprallen, gegen etw. fahren* ⟨ist⟩: auf ein parkendes Auto a. **2.** *sich dem Davorfahrenden dicht anschließen* ⟨ist⟩: [zu] dicht a. **3. a)** *an eine bestimmte Stelle heranfahren; vorfahren* ⟨ist⟩: die Busse fuhren in Reihen vor dem Rathaus auf; **b)** (Milit.) *an eine bestimmte Stelle heranfahren u. in Stellung gehen* ⟨ist⟩: Panzer sind aufgefahren; **c)** (Milit.) *an eine bestimmte Stelle fahren u. in Stellung bringen* ⟨hat⟩: Batterien a. **4.** (salopp) *(Speisen, Getränke) auftischen* ⟨hat⟩: etwas Vortreffliches a. **5.** (selten) *heranfahren u. aufschütten* ⟨hat⟩: Torf, Kies a. **6.** *durch vieles Befahren beschädigen, aufreißen, aufwühlen* ⟨hat⟩: der Traktor hat den Waldweg aufgefahren. **7.** ⟨ist⟩ **a)** *[aus einem Ruhezustand] aufschrecken, hochfahren:* plötzlich, verstört a.; aus dem Schlaf a.; **b)** *auf etw. zornig reagieren, aufbrausen:* verärgert a.; ein auffahrendes Naturell haben. **8.** (selten) *sich plötzlich u. heftig erheben, aufkommen* ⟨ist⟩: ein Sturm fuhr auf. **9.** (selten) *sich plötzlich weit öffnen* ⟨ist⟩. **10.** (Bergbau) **a)** *aufwärts fahren, aus dem Schacht herausfahren* ⟨ist⟩: die Kumpel sind [aus der Grube] aufgefahren; **b)** *einen Grubenbau durch Aushauen des Gesteins herstellen od. erweitern* ⟨hat⟩: Sohlen, Schächte a. **11.** (christl. Rel.) *in den Himmel aufsteigen* ⟨ist⟩: zum Himmel a.

Auf|fahrt, die; -, -en: **1.** *das Berganfahren, Hinauffahren:* die A. zum Gipfel dauert eine Stunde. **2. a)** *die [ansteigende] Zufahrtsstraße [zur Autobahn]:* an der A. standen zwei Anhalter; **b)** *[ansteigender] Fahrweg zu einem größeren Gebäude:* eine breite A.; die A. zum Palais. **3.** *das [geordnete] Vorfahren vor einem Gebäude:* die A. der Polizeiautos vor dem Rathaus. **4.** (veraltet) *feierlicher Aufzug:* in großer A. erscheinen. **5.** ⟨o. Pl.⟩ (christl. Rel.) **a)** (südwestd. veraltend, schweiz.) *Himmelfahrt Christi;* **b)** (südd., schweiz.) *Himmelfahrtstag:* an A. hat es geregnet. **6.** (Bergbau) *das Auffahren* (10 a).

auf|fal|len ⟨st. V.; ist⟩ [eigtl. = auf jmdn. fallen]: **1. a)** *Aufsehen erregen, die Aufmerksamkeit auf sich lenken, stark in Erscheinung treten:* sein Benehmen, ihre musikalische Begabung fiel auf; bloß nicht a.!; sie fiel durch ihr schrilles Lachen unangenehm auf; es fiel allgemein auf, dass du nicht da warst; auf fällt, dass sich keiner zu den Vorfällen geäußert hat; durch seinen Fleiß a.; **b)** *ins Auge fallen, von jmdm. bemerkt werden:* sie ist mir [wegen ihrer Frisur] sofort aufgefallen; ist Ihnen nichts aufgefallen?; die Ähnlichkeit zwischen beiden ist uns gleich aufgefallen. **2.** *auftreffen, aufprallen:* das Licht fiel schräg [auf die Wasserfläche] auf; auffallende Strahlen.

auf|fal|lend ⟨Adj.⟩: **1.** *eindrucksvoll, bemerkenswert:* eine -e Erscheinung; eine Frau von -er Schönheit. **2.** *auffällig:* die Ähnlichkeit zwischen ihnen ist a.; sie hat sich zu a. gekleidet; [das] stimmt a.! (ugs. scherzh.; *da hast du wirklich Recht!*); ⟨subst.:⟩ das Auffallendste an ihm waren die Hände. **3.** ⟨intensivierend bei Adj.⟩ *sehr, überaus:* ein a. ernstes Kind; sie ist a. schön.

auf|fäl|lig ⟨Adj.⟩: *die Aufmerksamkeit erregend, auf sich ziehend:* ein -es Benehmen; -e *(verdächtige)* Spuren; -e *(kräftige, grelle)* Farben; für mich ist bei der ganzen Sache a. *(mir fällt dabei auf)*, dass nur er zu spät kommt; sich [zu] a. kleiden; er ist a. *(un-, außergewöhnlich)* oft bei ihr; er ist schon mit 14 Jahren zum ersten Mal a. geworden *(ist durch gesetzwidriges o. ä. Verhalten aufgefallen)*; ⟨subst.:⟩ sie vermeidet alles Auffällige.

Auf|fäl|lig|keit, die; -, -en: **1.** ⟨o. Pl.⟩ *das Auffälligsein.* **2.** *etw. Auffälliges.*

auf|fal|ten ⟨sw. V.; hat⟩: **1. a)** *(etw. Gefaltetes) auseinander falten:* einen Brief a.; **b)** ⟨a. + sich⟩ *sich entfalten, sich öffnen:* der Fallschirm hatte sich nicht aufgefaltet. **2.** ⟨a. + sich⟩ (Geol.) *Falten bilden, aufwerfen.*

Auf|fal|tung, die; -, -en (Geol.): *das Sichauffalten.*

auf|fan|gen ⟨st. V.; hat⟩: **1.** *in einer Bewegung, im Fallen fassen:* den Ball geschickt a.; der Hund fängt den Bissen auf; **2. a)** *(in einem Gefäß o. Ä.) sammeln:* Regenwasser in einer Tonne a.; **b)** *Flüchtlinge, Einwanderer u. a. an einem Ort zusammenfassen u. vorläufig unterbringen:* die Flüchtenden in Lagern a. **3.** *[durch ein flugtechnisches o. ä. Manöver] abfangen u. einen Absturz verhindern:* der Pilot konnte die abtrudelnde Maschine noch a. **4. a)** *(einen Schlag, Stoß o. Ä.) in seiner Wucht abstoppen, abwehren:* einen Schlag, Stoß [mit dem Arm] a.; die Polsterung soll die Erschütterung a. *(abschwächen)*; **b)** *aufhalten, zum Stehen bringen:* den feindlichen Vorstoß a. **5.** *(in seinen negativen Auswirkungen) dämpfen, mildern, ausgleichen:* den Konjunkturrückgang a. **6.** *jmdn. auf der Flucht o. Ä. aufgreifen u. festnehmen:* entflohene Häftlinge a. **7.** (Handarb.) *eine von der Stricknadel heruntergerutschte Masche wieder auf die Nadel nehmen:* eine gefallene Masche a. **8.** *durch Zufall hören, bemerken, beobachten:* Brocken der Unterhaltung a. **9.** (Funkt.) *zufällig aufnehmen, abhören:* einen Funkspruch a.

Auf|fang|la|ger, das: *Sammellager, in dem bes. Flüchtlinge vorübergehend aufgenommen werden.*

Auf|fang|stel|lung, die (Milit.): *Ersatzstellung hinter der Front, die im Falle eines feindlichen Durchbruchs bezogen wird.*

auf|fas|sen ⟨sw. V.; hat⟩: **1.** *etw. in einer bestimmten Weise verstehen, auslegen, deuten:* jmds. Worte als Vorwurf, als Befehl a.; er hat meine Bemerkung persönlich aufgefasst *(als persönliche Kränkung, als Angriff empfunden)*; er hat meine Bemerkung falsch aufgefasst *(missverstanden)*; wie soll ich deine Worte a.? **2.** *mit dem Verstand aufnehmen, erfassen, begreifen:* schwierige Zusammenhänge schnell a.

Auf|fas|sung, die; -, -en: **1.** *Anschauung von etw., Meinung, Ansicht:* eine herkömmliche, [weit] verbreitete A.; eine strenge A. von der Ehe; unterschiedliche -en haben; sie war der A., dass man es besser hätte machen können; nach christlicher A.; er war zu der A. gelangt, dass er die richtige Entscheidung getroffen hatte. **2.** ⟨o. Pl.⟩ *Auffassungsgabe:* eine gute A.

Auf|fas|sungs|ga|be, die ⟨o. Pl.⟩: *Fähigkeit, Vermögen zu begreifen:* eine leichte und schnelle A. besitzen.

Auf|fas|sungs|sa|che, die: nur in der Wendung **A. sein** (ugs.; *verschiedener Meinung, Ansicht über etw. sein können:* wie das Problem am besten gelöst wird, ist weitgehend A., ist reine A.).

auf|fe|gen ⟨sw. V.; hat⟩: (bes. nordd.) *zusammen- u. auf eine Schaufel fegen:* den Schmutz a.

auf|fi: ↑ aufi.

auf|find|bar ⟨Adj.⟩: *sich auffinden lassend* (meist verneint): der Schlüssel ist nicht a.

auf|fin|den ⟨st. V.; hat⟩: *[zufällig] finden, entdecken:* jmdn. erfroren a.; der Schmuck war nirgends aufzufinden.

Auf|fin|dung, die; -, -en: *das Auffinden.*

auf|fi|schen ⟨sw. V.; hat⟩: **1.** (ugs.) *aus dem Wasser herausholen, herausziehen:* sie wurden von einem Dampfer aufgefischt. **2.** (salopp) *zufällig finden, treffen, kennen lernen; aufgabeln:* jmdn. in der Disco a.

auf|flam|men ⟨sw. V.; ist⟩: *plötzlich flammend aufleuchten:* ein Feuerzeug flammte kurz auf; Ü in seinen Augen flammte Zorn auf.

auf|flat|tern ⟨sw. V.; ist⟩: *flatternd auffliegen:* eine Krähe flatterte auf; die Buchseiten flatterten auf *(wurden durch einen Windzug aufgeschlagen).*

auf|flech|ten ⟨st. V.; hat⟩: **a)** *auflösen, entwirren;* **b)** (selten) *zu einem Zopf, zu Zöpfen flechten.*

auf|flie|gen ⟨st. V.; ist⟩: **1.** *hochfliegen; emporfliegen:* die Amsel flog erschreckt auf; Staubwolken, die aufflogen *(aufwirbelten)*. **2.** *sich plötzlich u. schnell öffnen:* das Fenster, das Gartentor flog auf. **3.** (ugs.) *ein jähes Ende nehmen:* die Versammlung, das Unternehmen ist aufgeflogen; eine Konferenz a. lassen; der Rauschgiftschmuggel ist aufgeflogen *(ist entdeckt worden u. hat damit ein Ende gefunden)*. **4.** (veraltet) *in die Luft gehen, explodieren.*

auf|for|dern ⟨sw. V.; hat⟩: **a)** *von jmdm. verlangen ihn nachdrücklich ersuchen, etw. zu tun;* dringend, wiederholt wurde er aufgefordert, sich zu melden; jeder Bürger ist aufgefordert, seine Pflichten wahrzunehmen; die Wählerschaft zur Stimmabgabe a.; **b)** *bitten, einladen, etwas zu tun:* jmdn. zum Sitzen, zu einer Partie Schach a. er nickte ihr auffordernd *(ermunternd)* zu; **c)** *zum Tanz bitten, engagieren:* er forderte die Tochter seines Chefs auf.

Auf|for|de|rung, die; -, -en: **a)** *mit Nachdruck vorgebrachte Bitte:* eine freundliche, energische, versteckte A.; wir können Ihrer A. zu sofortiger Zahlung leider nicht nachkommen; auf wiederholte A. [hin] öffnete er; **b)** *Einladung:* eine A. zu einem Besuch; * **A. zum Tanz** (ugs.; *Herausforderung*).

Auf|for|de|rungs|cha|rak|ter, der (Psych.): *von einer Sache od. einem Geschehen ausgehender Reiz, der zu einem bestimmten Verhalten auffordert, ein bestimmtes Verhalten provoziert.*

Auf|for|de|rungs|satz, der (Sprachw.): *Satz, der einen Wunsch od. Befehl ausdrückt* (z. B. wärst du doch gekommen!; folge ihm!).

auf|fors|ten ⟨sw. V.; hat⟩ (Forstw.): *ein [abgeholztes] Gelände mit Bäumen bepflanzen:* Ödland a.

Auf|fors|tung, die; -, -en: *das Aufforsten.*

auf|fres|sen ⟨st. V.; hat⟩: **1.** *ganz fressen* (1 b), *bis nichts mehr übrig ist:* das Futter a.; unsere Katze hat das ganze Fleisch aufgefressen; (derb von Personen:) die Jungen fraßen die Torte im Handumdrehen auf; Ü die Männer fraßen sie mit den Augen auf (ugs.; *blickten ihr gierig hinterher*); jmdn. vor Liebe a. können (ugs.; *überschwänglich lieben*); wenn die Sache schief geht frisst uns der Chef auf (ugs.; *ist er sehr ärgerlich auf uns*). **2.** (ugs.) *völlig, bis zur Erschöpfung beanspruchen, ruinieren:* die Arbeit frisst mich auf; der Ärger frisst sie, ihre Nerven auf.

auf|fri|schen ⟨sw. V.⟩: **1.** ⟨hat⟩ **a)** *(Abgenutztes, Verbrauchtes) wieder frisch machen, erneuern, wieder herstellen:* die Politur, die verblichenen Farben a.; Ü sie hat ihre Englischkenntnisse [wieder] aufgefrischt *(aktiviert)*; **b)** *(einen Vorrat o. Ä.) ergänzen:* den Weinvorrat [wieder] a. **2.** *(vom Wind) stärker werden, heftiger wehen* ⟨hat/ist⟩: der Wind hatte/war aufgefrischt.

Auf|fri|schung, die; -, -en: *das Auffrischen.*

auf|führ|bar ⟨Adj.⟩: *zur Aufführung geeignet:* eine kaum -e Oper; ist dieses Drama überhaupt a.?

Auf|führ|bar|keit, die; -: *Eignung zur Aufführung* (1).

auf|füh|ren ⟨sw. V.; hat⟩ [mhd. ūfvüeren = hinaufführen, ahd. ūffuoren = hinauftragen; 1: im 17. Jh. = jmdn. auf die Bühne (hinauf)führen]: **1.** *(Theaterstück, Film, Musik o. Ä.) einem Publikum darbieten:* Stücke moderner Autoren, ein Ballett, einen historischen Film a.; Majakowski a. *(seine Stücke spielen);* Ü musst du denn gleich so ein Theater a. (ugs.; *dich unnötig erregen*)? **2.** ⟨a. + sich⟩ *sich in bestimmter Weise benehmen, betragen:* sich anständig, normal, schlecht a.; er hat sich wie ein Verrückter aufgeführt; sie hat sich wieder einmal aufgeführt! *(unpassend, skandalös benommen).* **3.** *nennen, anführen, aufzählen:* jmdn. als Zeugen a.; Beispiele [für etw.] a.; die in der Rechnung aufgeführten Posten. **4.** (geh.) *errichten, hochziehen, bauen:* eine Mauer a.

Auf|füh|rung, die; -, -en: **1.** *das Spielen eines Stückes, Vorführung, Vorstellung:* eine gute, gelungene, mittelmäßige A.; bei der A. von Schnitzlers »Reigen« kam es zu einem Skandal; (Papierdt.:) etw. zur A. bringen *(aufführen);* **2.** ⟨Pl. selten⟩ (geh.) *Betragen, Verhalten:* eine sonderbare, unwürdige A. **3.** *das Aufführen* (3), *Nennen:* die A. der Ausgaben im Jahresbericht. **4.** (geh.) *das Aufführen* (4), *Errichten:* bei der A. des Gerüstes stürzte ein Bauarbeiter ab.

Auf|füh|rungs|recht, das: *das Recht des Urhebers, sein Werk öffentlich aufzuführen.*

auf|füh|rungs|reif ⟨Adj.⟩: *so weit gediehen, dass eine Aufführung* (1) *angebracht wäre:* das Stück ist noch nicht a.

auf|fül|len ⟨sw. V.; hat⟩: **1. a)** *nachfüllen:* Öl, Benzin a.; **b)** *fast Leergewordenes wieder füllen, mit einer Flüssigkeit bis zum Rand füllen:* den Tank a.; die Kanister mit Petroleum a. **2.** *ergänzen; zahlenmäßig wieder auf einen bestimmten Stand bringen:* einen Vorrat, Bestände wieder a. **3.** (ugs.) *in einen Teller o. Ä. füllen:* jmdm., sich die Suppe a.; ich ließ mir zum zweiten Mal a. *(noch einen Nachschlag geben).* **4.** (Gastr.) *eine größere Menge Flüssigkeit an, zu etw. gießen:* das Gemüse mit einer Fleischbrühe a. **5.** *(tiefer Liegendes durch Aufschütten) höher machen:* das Ufer a. **6.** ⟨a. + sich⟩ (Met.) *(von einem Tief) schwächer werden, [sich] abflachen:* das Tief hat sich aufgefüllt.

Auf|fül|lung, die; -, -en: *das Auffüllen* (1, 2, 5).

auf|fut|tern ⟨sw. V.; hat⟩ (ugs. scherzh.): *mit großem Appetit aufessen:* die letzten Brötchen a.

auf|füt|tern ⟨sw. V.; hat⟩: **a)** *(ein junges Tier) großziehen:* einen jungen Falken mit Hackfleisch a.; **b)** (fam.) *jmdn., der ausgehungert, geschwächt ist, durch reichliche Ernährung wieder kräftigen:* die Rekonvaleszentin a.

²auf|füt|tern ⟨sw. V.; hat⟩ (Bauw.): *eine feste Unterlage mit Brettern, Spänen o. Ä. belegen, bis eine bestimmte Höhe erreicht ist.*

Auf|ga|be, die; -, -n: **1.** ⟨Pl. selten⟩ *das Aufgeben* (1): die A. eines Telegramms, einer Annonce; die A. des Gepäcks am Gepäckschalter. **2. a)** *etw., was jmdm. zu tun aufgegeben ist; Auftrag, Obliegenheit:* eine verantwortungsvolle, reizvolle, dankbare A.; wichtige -n stehen ihr bevor, warten auf sie; das ist nicht meine A. *(Pflicht);* es ist nicht [die] A. *(Sinn, Zweck, Absicht)* dieser Darstellung, alle möglichen Fälle zu berücksichtigen; sie sah es als ihre A. an, den Chef zu unterrichten; eine A. übernehmen, bewältigen; er bekam, erhielt die A., Geld zu beschaffen; dieses Instrument hat die A. *(Funktion),* das Tempo anzuzeigen; sich einer A. [nicht] gewachsen fühlen; vor einer neuen A. stehen; sie sah sich vor die A. gestellt, die Absatzzahlen zu erhöhen; ich habe es mir zur A. gemacht *(zum Ziel gesetzt),* das Büro neu zu organisieren; **b)** *dem Denken aufgegebenes Problem:* eine schwierige, verwickelte, unlösbare A.; **c)** ⟨meist Pl.⟩ *Hausarbeit für die Schule, Schularbeit:* mündliche, schriftliche -n; keine -n [für/zum Montag, für den/zum 3. Februar] aufhaben; -n machen, erledigen; **d)** *Rechenübung:* in der letzten Mathematikarbeit hatte sie von fünf -n zwei nicht lösen können. **3.** ⟨Pl. selten⟩ **a)** *das Aufgeben* (7 a), *das Nichtfortsetzen:* die A. des Widerstandes; die A. *(vorzeitige Beendigung)* des Kampfes; **b)** *das Aufgeben* (7 b): die A. ihrer Pläne, Gewohnheiten; die A. *(Niederlegung)* seiner verschiedenen Ehrenämter; die Besitzer haben sich zur A. *(Schließung)* ihres Geschäftes entschlossen; sie wurde zur A. der Wohnung gezwungen. **4.** (Sport, bes. Volleyball) *das Hineinspielen des Balles in das gegnerische Feld:* eine platziert geschlagene A.; die A. ausführen.

auf|ga|beln ⟨sw. V.; hat⟩: **1.** (salopp) *irgendwo zufällig kennen lernen u. eine private, dienstliche Beziehung anknüpfen:* er hatte das Mädchen in einem Lokal aufgegabelt. **2.** *(Heu) mit der Heugabel aufnehmen u. aufladen.*

Auf|ga|ben|be|reich, der: *Bereich, in dem jmds. Aufgaben liegen:* das fällt nicht in ihren A.

Auf|ga|ben|ge|biet, das: *Aufgabenbereich:* sich mit einem neuen A. vertraut machen.

Auf|ga|ben|stel|lung, die: *Art u. Weise der Aufgabe, die sich jmdm. stellt:* unterschiedliche -en; eine neue A. bewältigen müssen.

Auf|ga|be|stem|pel, der (Postw.): *Poststempel, der Ort u. Zeit einer Aufgabe* (1) *angibt.*

Auf|gang, der; -[e]s, Aufgänge: **1.** *(von einem Gestirn) das Aufgehen, Erscheinen über dem Horizont:* der A. des Mondes, der Sonne; Ü die Erde vom A. der Sonne bis zu ihrem Niedergang (geh.; *die ganze Erde*). **2. a)** *aufwärts führende Treppe (zu einem Eingang hin):* das Theater hat mehrere Aufgänge; bitte den anderen A. benutzen!; **b)** (selten) *aufwärts führender Weg:* wir benutzten den bequemeren A. zum Gipfel. **3.** (Turnen) *Anfang, erster Teil einer Geräteübung:* sie nahm den A. mit elegantem Schwung. **4.** ⟨o. Pl.⟩ (Jagdw.) *Wiederaufnahme der Jagd nach Beendigung der Schonzeit.*

Auf|gangs|punkt, der (Astron.): *Stelle, an der ein Gestirn aufgeht:* der A. der Sonne im Osten verschiebt sich von Tag zu Tag.

auf|ge|bauscht: ↑aufbauschen (2).

auf|ge|ben ⟨st. V.; hat⟩ [mhd. ūfgeben = übergeben, fahren lassen; anheim stellen]: **1.** *zur Weiterleitung, Beförderung, Bearbeitung übergeben:* Pakete a.; ein Telegramm am Schalter, bei/auf der Post a.; wir gaben die Koffer bei der Bahn, am/auf dem Bahnhof auf; eine Annonce a. *(in die Zeitung setzen);* der Gast gab beim Ober seine Bestellung auf. **2. a)** *als Schularbeit auftragen:* der Lehrer gab ihnen eine Nacherzählung auf; **b)** *als Aufgabe stellen, zur Auflösung vorlegen:* die Sphinx, die jedem Vorübergehenden ein Rätsel aufgab; **c)** (geh.) *auferlegen; auftragen, etw. zu tun:* sie hat ihm einiges zum Nachdenken aufgegeben. **3.** (landsch.) *auffüllen* (3): wir ließen uns Bratkartoffeln a.; **4.** (Technik) *zu verarbeitendes Gut auf ein Fördergerät geben [u. an eine Maschine o. Ä. übergeben]:* Schotter a. **5.** (Kaufmannsspr.) *angeben* (1 a): der Auftraggeber muss richtige Maße a. **6.** (Ballspiele) *aufschlagen* (4). **7. a)** *mit einer Sache aufhören:* das Rauchen a.; seinen Widerstand, die Verfolgung a.; ich habe es aufgegeben, darüber nachzudenken; gibs auf! (ugs.; *bemühe dich nicht, es ist doch zwecklos!*); den Kampf, das Studium a. *(abbrechen, vorzeitig beenden);* **b)** *sich von etw. trennen; auf etw. verzichten:* sein Geschäft, seine Praxis a. *(schließen);* seine Wohnung a.; seinetwegen hat sie ihren Beruf, ihre Karriere aufgegeben *(nicht weiter ausgeübt);* ein Amt a. *(niederlegen);* Ansprüche, Gewohnheiten, Pläne, Grundsätze a.; die, alle Hoffnung a.; seine Träume a.; **c)** *als verloren od. tot ansehen, keine Hoffnung mehr auf jmdn. setzen:* die Ärzte hatten die Patientin schon aufgegeben *(hatten mit ihrem Tod gerechnet);* du darfst dich nicht a.; **d)** *nicht weitermachen; aufhören:* trotz aller Schwierigkeiten nicht a.; sie gibt nicht so leicht auf *(lässt sich nicht entmutigen);* **e)** (Sport) *ein Spiel, einen Wettkampf vorzeitig abbrechen:* der Europameister musste in der 7. Runde a.

auf|ge|bläht: ↑aufblähen.

auf|ge|bla|sen: ↑aufblasen (2).

Auf|ge|bot, das; -[e]s, -e [für mhd. ūfbōt, zu ↑aufbieten]: **1.** ⟨Pl. selten⟩ *eine (zur Erledigung einer Aufgabe) aufgebotene Anzahl:* ein starkes A. von Polizeikräften; mit einem gewaltigen A. an Hubschraubern und Sanitätswagen. **2.** (früher): *öffentliche Bekanntmachung der beabsichtigten Eheschließung eines Paares [durch Aushang im Standesamt]:* das standesamtliche A. bestellen. **3.** (Rechtsspr.) *öffentliche gerichtliche Aufforderung zur Anmeldung von Ansprüchen, Rechten.* **4.** ⟨o. Pl.⟩ (veraltend) *Aufbietung:* mit dem A., unter dem A. *(unter Aufbietung)* ihrer letzten Kräfte. **5.** (Milit.) **a)** (früher) *Aufruf zum Waffendienst; Heranziehung zum Kriegsdienst:* das A. von Landwehren in den Befreiungskriegen; Ü ihr seid das letzte A. *(die letzte Reserve);* **b)** (schweiz.) *Befehl, zur Erfüllung der allgemeinen Dienstpflicht einzurücken.*

auf|ge|bracht: ↑aufbringen (4 a).

Auf|ge|bracht|heit, die; -: *das Aufgebrachtsein; Wut, Zorn.*

auf|ge|don|nert: ↑aufdonnern.

auf|ge|dreht ⟨Adj.⟩ [zu ↑aufdrehen (4 a)] (ugs.): *überaus angeregt, animiert, in Stimmung:* eine -e Gesellschaft; sie war heute mächtig a.

Auf|ge|dreht|heit, die; -: *aufgedrehte Art.*

auf|ge|druckt: ↑aufdrucken.

auf|ge|dun|sen ⟨Adj.⟩ [2. Part. von veraltet aufdunsen = aufschwellen machen, ↑gedunsen]: *ungesund aufgequollen, aufgeschwemmt:* ein -er Leib; ihr Gesicht war müde und a.

Auf|ge|dun|sen|heit, die; -: *aufgedunsenes Aussehen.*

auf|ge|hen ⟨unr. V.; ist⟩: **1.** *am Horizont erscheinen:* der Mond, die Sonne ist aufgegangen; das Land der aufgehenden Sonne *(Japan).* **2. a)** *sich öffnen:* plötzlich ging die Tür auf; das Fenster geht nur schwer auf *(lässt sich kaum öffnen);* endlich ging der Vorhang auf und die Vorstellung begann; **b)** *aufplatzen:* ihre Lippen waren aufgegangen; sie drückte, bis das Geschwür aufging; **c)** *(von etw. Befestigtem, fest Zugemachtem) nicht zubleiben:* der Reißverschluss, der Knoten geht immer wieder auf; **d)** *sich entfalten:* die Knospen, die Tulpen gehen auf; der Fallschirm ging nicht auf. **3.** *(von Gewachsenem) sichtbar werden; aufkeimen, hervorkommen, emporwachsen:* der Samen, die Saat ging [nicht] auf. **4.** *(vom Teig) durch ein Treibmittel aufgetrieben werden:* der Hefeteig geht auf. **5.** *jmdm. zu Bewusstsein kommen, klar werden:* ihr geht die Tragweite dieses Geschehens [nicht] auf. **6.** (Math.) *keinen Rest lassen [u. in sich stimmen]; sich ohne Rest ausrechnen, teilen lassen:* alle geraden Zahlen gehen durch 2 geteilt auf; die Rechnung, die Patience ist [nicht] aufgegangen. **7. a)** *sich jmdm., einer Sache ganz widmen u. darin seine Erfüllung finden:* ganz in der Familie, in seinem Beruf a.; **b)** *mit etw. eins sein u. in dieser Einheit verschwinden:* nicht in der Masse a. wollen; die kleineren Betriebe gingen in den großen auf *(wurden von ihnen geschluckt);* **c)** *übergehen, sich auflösen, sich verwandeln:* in blauen Dunst a. **8.** (Jagdw.) *(von der Jagd) nach Beendigung der Schonzeit von neuem beginnen:* die Jagd auf Rehe ging auf. **9.** (Jagdw.) *(vom Federwild) aufsteigen, auffliegen.* **10.** (Bergmannsspr.) *(vom Grubenwasser) in die Höhe steigen.*

auf|ge|ho|ben: ↑aufheben (2, 3 a).

auf|gei|len ⟨sw. V.; hat⟩ (derb): *jmdn., sich in geschlechtliche Erregung bringen:* er geilte sich an Pornos auf.

auf|ge|klärt ⟨Adj.⟩: *frei von Aberglauben u. Vorurteilen:* ein -er Geist; sie gibt sich sehr a.

Auf|ge|klärt|heit, die; -: *aufgeklärte Art.*

auf|ge|knöpft ⟨Adj.⟩ [zu ↑aufknöpfen] (ugs.): *zugänglich u. mitteilsam:* sie war an diesem Abend erstaunlich a.

auf|ge|kratzt ⟨Adj.⟩ [zu ↑aufkratzen (3)] (ugs.): *gut gelaunt u. lebhaft:* er war völlig a., lachte und redete ohne Unterlass.

Auf|ge|kratzt|heit, die; -: *aufgekratzte Art.*

A

Auf|geld, das; -[e]s, -er: 1. (Bank- u. Börsenw.) *Agio.* 2. a) *zusätzlicher Betrag:* er kann alle Spiele der Nationalelf im Fernsehen ohne A. sehen; b) (bes. bei Auktionen): *zusätzlicher Betrag, den derjenige zahlen muss, der ein Kunstwerk ersteigert, u. der den Gewinn* (1) *des Auktionators darstellt.* 3. (landsch. veraltend) *Anzahlung bei Abschluss eines Kaufes.*

auf|ge|legt ⟨Adj.⟩: 1. *in bestimmter Weise gestimmt, gelaunt:* der gut, schlecht -e Vater; ich fühlte mich glänzend a.; sie ist heute besser a. als gestern; die gut aufgelegte (Sport; *sich in guter Verfassung befindende*) Amerikanerin gewann in zwei Sätzen; *** zu etw. a. sein** *(in der Stimmung sein, etw. zu tun):* sie war zum Tanzen a.; die Schüler sind mal wieder zu Streichen a.; ich bin heute nicht [dazu] a., Besuch zu empfangen. 2. (abwertend) *klar, offensichtlich, offenkundig:* das ist ein -er Unsinn.

Auf|ge|legt|heit, die; -: *das Aufgelegtsein.*

auf|gel|len ⟨sw. V.; ist⟩: *plötzlich, kurz gellen:* ein Schrei gellte auf.

auf|ge|lo|ckert: ↑auflockern (1, 3b).

auf|ge|löst ⟨Adj.⟩: a) *aus der Fassung gebracht; verwirrt:* sie war durch diesen Vorfall, über diese Nachricht ganz a.; sie war vor Freude, Schmerz, Trauer ganz a.; b) *erschöpft, schwach u. benommen:* ich bin ganz a. bei dieser Hitze.

Auf|ge|löst|heit, die; -: *das Aufgelöstsein.*

auf|ge|macht: ↑aufmachen (4).

auf|ge|putzt: ↑aufputzen.

auf|ge|räumt ⟨Adj.⟩: *gut gelaunt; in gelöster, heiterer Stimmung:* er war heute besonders a.

Auf|ge|räumt|heit, die; -: *aufgeräumte Art.*

auf|ge|regt: ↑aufregen (1 a).

Auf|ge|regt|heit, die; -, -en: a) ⟨o. Pl.⟩ *aufgeregte Art:* mediterrane A.; b) *aufgeregte Äußerung, aufgeregtes Verhalten.*

Auf|ge|sang, der; -[e]s, Aufgesänge (Verslehre): *meist aus zwei gleich gebauten Stollen* (4) *bestehender erster Teil der Meistersangstrophe.*

auf|ge|schlos|sen ⟨Adj.⟩: *am geistigen Leben interessiert u. bereit, neue Gedanken u. Erkenntnisse zu verarbeiten:* sie macht einen -en Eindruck; er war an diesem Abend heiter und a. *(zugänglich);* sie sind a. für religiöse, politische Fragen; einem Problem a. gegenüberstehen.

Auf|ge|schlos|sen|heit, die; -: *das Aufgeschlossensein:* A. für die Probleme junger Menschen, gegenüber neuen literarischen Strömungen zeigen.

auf|ge|schmis|sen [2. Part. von: aufschmeißen = stranden (vom Schiff)]: nur in der Verbindung **a. sein** (salopp; *sich in einer schwierigen Lage befinden u. nicht mehr weiterwissen*): wenn sie uns nicht hilft, sind wir a.; ohne unseren Wagen wären wir hier restlos a.

auf|ge|schos|sen: ↑aufschießen (1 b).

auf|ge|schwemmt: ↑aufschwemmen.

Auf|ge|schwemmt|heit, die; -: *aufgeschwemmtes Aussehen.*

auf|ge|sprun|gen: ↑aufspringen (5).

auf|ge|ta|kelt: ↑auftakeln (2).

auf|ge|weckt ⟨Adj.⟩: *für sein Alter von erstaunlich rascher Auffassungsgabe u. geistiger Regheit:* ein -es Kind; sie war a. und ehrgeizig; ein a. wirkender junger Mann.

Auf|ge|weckt|heit, die; -: *das Aufgewecktsein; aufgeweckte Art.*

auf|ge|wor|fen: ↑aufwerfen (1 c, 3, 5).

auf|ge|zo|gen: ↑aufziehen.

auf|gie|ßen ⟨st. V.; hat⟩: a) *(ein Getränk) aufbrühen:* Tee, Kaffee a.; b) *(Wasser o. Ä.) auf, über etw. gießen:* langsam das kochende Wasser a.; c) (Kochk.) *[mit etw.] auffüllen* (4): eine Mehlschwitze a.; man zieht den Topf vom Feuer und gießt mit kaltem Wasser auf.

auf|glei|sen ⟨sw. V.; hat⟩ (Technik): *etw. auf Gleise setzen:* einen neuen Güterwagen a.; die Arbeiter gleisten die Straßenbahn wieder auf.

auf|glei|ten ⟨st. V.; ist⟩ (Met.): *(von Luftmassen) sich [gleitend] über etw. schieben:* Wetterlagen, bei denen Warmluft über Kaltluft aufgleitet; ⟨subst.:⟩ das Aufgleiten wärmerer Luftmassen.

Auf|gleit|flä|che, die (Met.): *Trennfläche zwischen kalten u. warmen Luftmassen, bei denen das Aufgleiten eintritt.*

auf|glie|dern ⟨sw. V.; hat⟩: *(ein Ganzes) nach bestimmten Gesichtspunkten aufteilen:* die Gesellschaft soziologisch, in Klassen a.; die Verben sind aufgegliedert in starke, schwache und unregelmäßige.

Auf|glie|de|rung, die; -, -en: *das Aufgliedern.*

auf|glim|men ⟨st. u. sw. V.; glomm/(selten:) glimmte auf, ist aufgeglommen/(selten:) aufgeglimmt⟩ (geh.): *zu glimmen beginnen; glimmend aufleuchten:* ein einzelner Stern glomm auf; die Scheite glommen im Windzug noch einmal auf; Ü die in ihr aufglimmende Hoffnung.

auf|glit|zern ⟨sw. V.; hat/ist⟩: *glitzernd aufscheinen:* die Tautropfen glitzerten in der Sonne auf.

auf|glü|hen ⟨sw. V.; hat/ist⟩: *zu glühen beginnen; glühend aufleuchten:* die Zigarette glühte in der Dunkelheit auf; unter der Asche glühte das Feuer noch einmal auf; Ü ihr Gesicht glühte auf *(wurde rot)* vor Empörung, Scham; die plötzlich in ihm aufglühende Leidenschaft.

auf|gra|ben ⟨st. V.; hat⟩: a) *(Erde) umgraben, durch Graben auflockern:* die Weinbauern gruben den trockenen Lehmboden auf; b) *durch Graben öffnen, freilegen:* eine Wasserader a.

Auf|gra|bung, die; -, -en: *das Aufgraben.*

auf|grei|fen ⟨st. V.; hat⟩: 1. *(jmdn., der sich herumtreibt, bes. einen Jugendlichen, einen Verdächtigen o. Ä.) ergreifen, festnehmen:* den entlaufenen Häftling, einen jugendlichen Ausreißer bei einer Razzia a. 2. a) *[als Anregung] aufnehmen u. sich damit befassen:* ein Thema, einen Gedanken, einen Vorschlag a.; die Presse griff den Fall auf; b) *an etw. anknüpfen:* das frühere Gespräch a. 3. (selten) *aufheben, aufnehmen:* den Degen vom Boden a.

auf|grund (auch: auf Grund): I. ⟨Präp. mit Gen.⟩ *begründet, veranlasst durch; wegen:* a. des schlechten Wetters; a. der schwierigen Marktverhältnisse; II. ⟨Adv. in Verbindung mit »von«⟩ *begründet, veranlasst durch; wegen:* a. von Armut; a. von unterschiedlichen Untersuchungen.

auf|gu|cken ⟨sw. V.; hat⟩ (ugs.): *[aus der Versunkenheit herausgerissen] aufblicken* (1): er guckt kaum von der Arbeit auf.

Auf|guss, der; -es, Aufgüsse: *aufgegossene Flüssigkeit; Lösung aus mit [siedendem] Wasser übergossenen Pflanzenteilen:* einen A. von Sennesblättern bereiten; Ü was sie später schrieb, war nur noch ein zweiter, ein schwacher A. (abwertend; *Abklatsch*) ihrer ersten Gedichte.

auf|ha|ben ⟨unr. V.; hat⟩ (ugs.): 1. *aufgesetzt haben:* einen Hut, einen Helm a.; sie hat ihre Brille nicht aufgehabt. 2. *(Hausaufgaben) aufgetragen bekommen haben:* viel, wenig a.; haben wir für morgen etwas in Englisch auf? 3. a) *geöffnet haben:* wir hatten die Tür auf *(offen stehen);* das Kind hatte die Augen schon auf; b) *[nur mit Mühe] aufbekommen haben:* endlich den Knoten a.; hast du den Koffer noch nicht auf?; c) *(von Geschäften, Behörden o. Ä.) geöffnet haben:* der Bäcker hat schon ab 7 Uhr auf; die Hauptpost hat auch abends auf. 4. (landsch.) *aufgegessen haben:* sie hat ihr Brot noch nicht auf. 5. (Jägerspr.) *Geweih od. Gehörn tragen.*

auf|ha|cken ⟨sw. V.; hat⟩: a) *mit der Spitzhacke öffnen, aufbrechen:* die Eisfläche, das Straßenpflaster a.; b) *(von Vögeln) mit dem Schnabel öffnen:* eine Nuss a.

auf|hal|sen ⟨sw. V.; hat⟩ [eigtl. = auf den Hals laden] (ugs.): *jmdn., sich mit etw. od. jmdm. belasten:* jmdm. zu viel Arbeit, zu viel Verantwortung a.; sie hat ihrer Mutter auch noch das dritte Kind aufgehalst.

Auf|halt, der; -[e]s, -e (landsch.): *Verzug, Unterbrechung:* das Volk tanzte ohne A.

auf|hal|ten ⟨st. V.; hat⟩: 1. a) *[für eine Weile] daran hindern, weiterzugelangen:* einen Fliehenden, scheuende Pferde, den Vormarsch der feindlichen Truppen a.; ich bin durch meine Nachbarin aufgehalten worden; Ü eine Entwicklung, die Katastrophe nicht a. *(verhindern, abwenden)* können; das hält doch bloß den ganzen Betrieb auf *(wirkt hemmend);* b) *[für eine Weile] von einer anderen [wichtigeren] Tätigkeit abhalten; stören:* sie wollte ihn mit ihren Fragen nicht unnötig a.; lassen Sie sich durch mich nicht a.!; c) ⟨a. + sich⟩ *sich mit jmdm., etw. zu eingehend befassen:* sie kann sich nicht mit jedem schwachen Schüler a.; wir wollen uns nicht länger bei, mit diesen Fragen a. 2. ⟨a. + sich⟩ *bei jmdm., irgendwo vorübergehend leben, verweilen, sein:* sich zu Hause, bei Freunden a.; ich halte mich viel in Museen auf. 3. *[für einen anderen] öffnen u. geöffnet halten:* jmdm. die Tür a.; halten Sie bitte das Netz auf, damit ich die Kartoffeln hineinschütten kann; das Kind hielt seine, die Hand auf *(hielt sie mit der Innenfläche nach oben, um etwas hineingelegt zu bekommen).* 4. ⟨a. + sich⟩ *sich über einen andern u. seine Angelegenheiten o. Ä., die einen nichts angehen, entrüsten u. abfällig äußern:* sich über jmds. Lebenswandel, Aussehen a. 5. (nordd.) *aufhören:* kannst du nicht endlich mit dem Quatsch a.?

auf|hän|gen ⟨sw. V.; hat⟩: 1. a) *auf eine entsprechende Vorrichtung hängen:* Gardinen a.; den Mantel a.; das Bild [an einem Nagel] a.; Wäsche zum Trocknen a.; wo darf ich mich a.? (ugs. scherzh.; *meinen Mantel o. Ä. hinhängen?*); b) *den Hörer an den Haken am Telefonapparat hängen [u. dadurch das Gespräch beenden]:* ich wollte noch etwas sagen, aber er hatte [den Hörer] schon aufgehängt. 2. (emotional) a) *erhängen* (b): den Mörder [an einem Baum] a.; (als scherzhafte Drohung:) ich häng dich auf, wenn du nicht pünktlich bist; b) ⟨a. + sich⟩ *sich erhängen:* er hat sich an seinen Hosenträgern, mit einem Kabel aufgehängt. 3. (ugs. abwertend) a) *aufschwatzen, andrehen* (3): du hast dir einen viel zu teuren Teppich a. lassen; b) *aufbinden* (4): wer hat dir denn dieses Märchen aufgehängt?; c) *jmdm. etw. (Unangenehmes, Mühevolles) aufbürden, zuschieben:* warum hast du dir diese langweilige Arbeit a. lassen?; er hat ihr ein Kind aufgehängt *(sie geschwängert).* 4. *von einem Aufhänger* (2) *aus entwickeln:* die Journalistin wartete auf ein Ereignis, an dem sie ihren Bericht a. konnte.

Auf|hän|ger, der; -s, -: 1. *Bändchen, Schlaufe an Kleidungsstücken o. Ä. zum Aufhängen:* an den Handtüchern müssen noch A. angenäht werden. 2. *[aktuelles] Ereignis o. Ä., das als Anlass für die [journalistische] Behandlung eines Themas dient:* der Bestechungsskandal erwies sich als geeigneter A. für eine breit angelegte Kritik an der Regierung.

Auf|hän|gung, die; - (Technik): *Art und Weise, wie etw. aufgehängt, angebracht ist:* die A. der Räder ist bei den Automodellen unterschiedlich.

Auf|här|tung, die; - (Technik): *die beim Schweißen von Werkstücken erreichte höchste Härte:* die A. von Stählen.

auf|hau|en ⟨unr. V.; hieb/(ugs.:) haute auf, aufgehauen⟩: 1. *gewaltsam öffnen, aufschlagen* (3) ⟨hat⟩: die Kokosnuss mit einem Hammer a. 2. (ugs.) a) *aufschlagen* (1) ⟨ist⟩: sie ist mit dem Kopf auf die/(auch:) auf den Fliesen aufgehauen; b) *aufschlagen* (2) ⟨hat⟩: sich das Knie a. 3. (österr. ugs.) *schlemmen, prassen* ⟨hat⟩. 4. (Bergmannsspr.) *(bei schrägem Grubenbau) die Strecke einer Lagerstätte von unten nach oben vortreiben* ⟨hat⟩.

auf|häu|fen ⟨sw. V.; hat⟩: a) *zu [einem] Haufen aufeinander legen, aufschichten:* Erde, Kartoffeln a.; Ü sie hat Reichtümer aufgehäuft *(angesammelt);* b) ⟨a. + sich⟩ *sich zu einem Haufen auftürmen, zu einem Haufen anwachsen:* in der Abfallgrube häuft sich der Müll auf; Ü seine Schulden hatten sich so aufgehäuft *(angesammelt),* dass er Konkurs anmelden musste.

Auf|häu|fung, die; -, -en: *das Aufhäufen.*

auf|he|beln ⟨sw. V.; hat⟩: *mit einem Hebel gewaltsam aus einer Verankerung lösen, aufbrechen:* die Einbrecher hebelten die Haustür auf.

uf|he|ben ⟨st. V.; hat⟩: **1. a)** *[vom Boden] aufnehmen:* einen Stein a.; etw. Heruntergefallenes wieder a.; wir versuchten, den hilflos Daliegenden aufzuheben *(wieder aufzurichten);* **b)** ⟨a. + sich⟩ (geh. veraltend) *sich erheben, aufstehen:* ich hob mich mühsam vom Sessel auf; Ü die menschliche Klage, die sich zu Gott aufhob; **c)** *in die Höhe heben; erheben:* die Hand [zum Schwur] a.; die Schüler wagten nicht, den Kopf aufzuheben; sie hob den Blick, die Augen fragend zu ihm auf (geh.; *blickte zu ihm auf).* **2.** *aufbewahren:* etw. gut, sorgfältig a.; Briefe zur Erinnerung a.; sie hebt alles auf *(wirft nichts weg);* du hebst dir das Beste immer bis zum Schluss auf; sie sollte sich für den a. *(sie sollte auch für den ihre Jungfräulichkeit bewahren),* mit dem sie dann gehen wollte; ***bei jmdm., irgendwo gut/schlecht** o. ä. **aufgehoben sein** (1. *bei jmdm., irgendwo [nicht] in guter Obhut sein:* das Kind war bei seinen Pflegeeltern gut aufgehoben; ich fühlte mich in diesem Hospital bestens aufgehoben. 2. *bei jmdm., irgendwo [nicht] sicher, geschützt sein:* Geheimnisse sind bei ihr schlecht aufgehoben *(sie pflegt sie auszuplaudern).* 3. Sport; *von jmdm., irgendwo gut/schlecht gedeckt werden:* der Stürmer war bei dem kleinen Verteidiger gut aufgehoben). **3. a)** *nicht länger bestehen lassen:* die Todesstrafe a.; der Jesuitenorden wurde in manchen Ländern aufgehoben; einen Haftbefehl, Sanktionen a. *(rückgängig machen);* ein Urteil a. *(für ungültig erklären);* die Schwerkraft a. *(außer Kraft setzen);* R aufgeschoben ist nicht aufgehoben; **b)** *den gleichen Wert, die gleiche Wirkung wie etw. Entgegengesetztes haben u. es dadurch ausgleichen:* der Verlust hebt den Gewinn wieder auf; + 2 und − 2 heben sich gegenseitig auf; das [das beides] hebt sich auf; **c)** *etw. offiziell beenden:* die Belagerung, die Versammlung a. **4.** (veraltet) *festnehmen, verhaften:* die Bande wurde in der Nacht aufgehoben;

uf|he|ben, das; -s [nach den umständlichen Zeremonien der (Schau)fechter beim Aufheben der Waffe vom Boden vor einem Kampf]: meist in den Wendungen **viel Aufheben[s] von etw., jmdm. machen** *(etw., jmdn. übertrieben, ungerechtfertigt wichtig nehmen u. überflüssigerweise die Aufmerksamkeit anderer darauf, auf ihn lenken);* **kein A. von etw., jmdm. machen** *(etw., jmdn. nicht wichtig nehmen, als nebensächlich abtun);* **ohne [jedes, großes** o. ä.] **A.** *(ohne Aufsehen zu erregen, ohne große Umstände).*

uf|he|bung, die; -, -en: **1. a)** *das Aufheben* (3 a): die A. der Zölle; die A. der ehelichen Gemeinschaft (Rechtsspr.; *das Getrenntleben*); **b)** *das Aufheben* (3 c): die A. der Sitzung. **2.** (veraltet) *das Aufheben* (4).

uf|hei|tern ⟨sw. V.; hat⟩: **1.** *jmdn., der bedrückt ist, froher, heiterer stimmen:* vielleicht heitert ein Spaziergang sie etwas auf. **2.** ⟨a. + sich⟩ **a)** *einen heiteren* (1) *Ausdruck annehmen; heiter[er]* (1) *werden:* sein Gesicht, die Stimmung hatte sich aufgeheitert; **b)** *heiter* (2) *werden:* der Himmel hat sich am Vormittag aufgeheitert; ⟨auch unpers., auch ohne »sich«:⟩ es heitert [sich] auf; (Vorhersage:) gegen Nachmittag örtlich aufheiternd.

uf|hei|zen ⟨sw. V.; hat⟩: **a)** (Physik, Technik) *allmählich erwärmen, erhitzen:* Luft, Gas a.; Ü das oppositionelle Misstrauen a. *(verstärken, verschärfen);* **b)** ⟨a. + sich⟩ (Physik, Technik) *sich allmählich erhitzen:* das Wasser heizt sich auf.

uf|hel|fen ⟨st. V.; hat⟩: **a)** *beim Aufstehen behilflich sein; jmdm. helfen, sich [wieder] aufzurichten:* dem gestürzten Radfahrer a.; sie half der alten Dame [vom Sessel] auf; Ü dem in finanzielle Schwierigkeiten geratenen Schriftsteller a.; **b)** *etw. aufbessern:* durch zusätzliche Heimarbeit seinen Lohn a.; dieser Erfolg half seinem lädierten Selbstbewusstsein auf *(stärkte es).*

uf|hel|len ⟨sw. V.; hat⟩: **1. a)** *hell[er] machen:* ein altes Gemälde, das Haar a.; Ü diese Reise hatte ihr Gemüt etwas aufgehellt *(aufgeheitert);* **b)** *Klarheit in etw. (Ungeklärtes) bringen:* die Motive eines Verbrechens a. **2.** ⟨a. + sich⟩ **a)** *hell[er] werden:* der Himmel hatte sich am Horizont etwas aufgehellt; Ü ihre Miene hellte sich auf *(wurde heiter, freundlich);* **b)** *durchschaubar werden, sich klären:* erst nach mehrmaligem Lesen hellte sich [mir] der Sinn des Gedichtes auf.

Auf|hel|ler, der; -s, -: **1.** (Fot.) *Beleuchtungsgerät zur Aufhellung mit stark Licht streuender Wirkung.* **2.** *Substanz, die vergilbte od. grau gewordene Textilien u. a. aufhellt:* einen [optischen] A. benutzen.

Auf|hel|lung, die; -, -en: *das Aufhellen.*

auf|het|zen ⟨sw. V.; hat⟩ [eigtl. = Wild durch Hetzhunde aufjagen]: **a)** *durch Hetze* (2) *aufwiegeln:* das Volk [gegen jmdn.] a.; **b)** *durch Hetze* (2) *zu etw. aufstacheln:* er hetzte die Masse zu Gewalttaten auf.

Auf|het|ze|rei, die; -, -en: *dauerndes Aufhetzen.*

Auf|het|zung, die; -, -en: *das Aufhetzen.*

auf|heu|len ⟨sw. V.; hat⟩: **a)** *plötzlich, kurz heulen:* der Motor heulte auf; die Menge heulte auf vor Wut; **b)** (ugs.) *plötzlich laut aufweinen:* das Kind heulte von neuem auf.

auf|hin ⟨Adv.⟩ (österr., bayr.): *hinauf.*

auf|his|sen ⟨sw. V.; hat⟩: *hissen:* die Segel a.

[1]auf|ho|cken ⟨sw. V.⟩: **1.** (Turnen) *auf ein Gerät springen und in Hockstellung aufkommen* ⟨hat/ist⟩: hast du/bist du noch einmal [auf das Pferd, auf den Barren] aufgehockt? **2.** ⟨a. + sich⟩ (landsch.) *aufsitzen* ⟨hat⟩: ich hatte mich hinten aufgehockt.

[2]auf|ho|cken ⟨sw. V.; hat⟩: **1.** (landsch.) ↑aufhucken. **2.** (Landw.) *(Heu, Getreide) in Hocken aufstellen.*

auf|ho|len ⟨sw. V.; hat⟩: **1. a)** *(einen Rückstand) wieder ausgleichen:* der Zug holte die Verspätung auf; die zwei Tore der gegnerischen Mannschaft können noch aufgeholt werden; **b)** *den Unterschied zwischen dem eigenen Rückstand u. dem Vorsprung des anderen [um ein bestimmtes Maß] verringern:* der deutsche Läufer holte in der letzten Runde noch [ein paar Meter] auf; Bremer Jute holt auf (Börsenw.; *steigt im Kurs*). **2.** (Seemannsspr.) *nach oben holen, in die Höhe ziehen:* die Segel, den Anker a.

Auf|hol|jagd, die (Sport): *Bemühen, einen Rückstand im Wettkampf auszugleichen:* nach einer A. in Führung gehen; in der Rückrunde gelang es dem abstiegsbedrohten Verein durch eine furiose A., sich auf den rettenden 15. Platz zu verbessern; Ü die Industrie rüstet zur A., um der ausländischen Konkurrenz Marktanteile abnehmen zu können.

auf|hol|zen ⟨sw. V.; hat⟩ **a)** (Forstw.) *aufforsten;* **b)** (Jägerspr.) *aufbaumen;* **c)** (landsch.) *aufbürden.*

Auf|hol|zung, die; -, -en: *das Aufholzen.*

auf|hor|chen ⟨sw. V.; hat⟩: *plötzlich etw. hören, was die Aufmerksamkeit erregt, u. gespannt hinzuhören beginnen:* als sie ihren Namen hörte, horchte sie auf; misstrauisch a.; Ü in den Fünfzigerjahren erschienen von ihr Gedichte, die a. ließen *(Aufmerksamkeit erregten).*

auf|hö|ren ⟨sw. V.; hat⟩ [mhd. ūfhœren, eigtl. wohl = aufhorchend von etw. ablassen]: **a)** *nicht länger andauern; enden:* der Regen hat aufgehört; das Schwindelgefühl hörte plötzlich auf; an dieser Stelle hört der Weg auf *(führt er nicht weiter);* das muss a.! (ugs.; *so kann es nicht weitergehen!*); da hört der Spaß auf (ugs.; *das kann man nicht länger einfach so hinnehmen*); R da hört [sich] doch alles auf! (ugs.; *nun ist es aber genug!; das ist ja unerhört!*); **b)** *mit etw. nicht fortfahren; Schluss machen:* sie hörte nicht auf zu schimpfen; ⟨unpers.:⟩ es hat aufgehört zu schneien; hör endlich auf! *(schweig!; lass das sein!);* wir haben heute Abend früher aufgehört *(mit der Arbeit o. Ä. Schluss gemacht);* sie hört am nächsten Ersten [mit der Arbeit, in der Firma] auf *(beendet das Arbeitsverhältnis).*

auf|hu|cken ⟨sw. V.; hat⟩ [zu ↑Hucke] (ugs.): **a)** *(eine Last) auf den Rücken, auf die Schulter nehmen:* den Sack Kartoffeln a.; **b)** *jmdm. etw. aufladen, aufpacken:* er huckte ihm den Rucksack auf.

au|fi, auffi: ⟨Adv.⟩ [aus ↑aufhin] (bayr., österr.): *hinauf, nach oben.*

auf|ja|gen ⟨sw. V.; hat⟩: *(ein Tier) in seiner Ruhe stören u. aus seinem Versteck o. Ä. heraustreiben; hochjagen:* Rebhühner, Feldhasen a.; Ü das Klingeln jagte sie aus dem Schlaf auf.

auf|jau|len ⟨sw. V.; hat⟩: *plötzlich, kurz jaulen:* der Hund jaulte vor Schmerz auf; Ü vor dem Haus jaulte ein Motor auf.

auf|kau|en ⟨sw. V.; hat⟩ (selten): *zerkauen:* sie kaute das harte Brot auf.

Auf|kauf, der; -[e]s, Aufkäufe: *das Aufkaufen.*

auf|kau|fen ⟨sw. V.; hat⟩: *(einen Gesamtbestand, noch vorhandene Bestände von etw., ein größeres Objekt, einen ganzen Besitz) kaufen:* in Erwartung von Missernten Getreide a.; sie hat die Aktien der Firma aufgekauft.

Auf|käu|fer, der; -s, -: *jmd., der etw. aufkauft* (auch Berufsbez.): dieser Antiquar ist A. von Erstausgaben.

Auf|käu|fe|rin, die; -, -nen: w. Form zu ↑Aufkäufer.

auf|keh|ren ⟨sw. V.; hat⟩ (bes. südd.): *zusammenkehren u. aufnehmen; auffegen.*

auf|kei|men ⟨sw. V.; ist⟩: *keimend aus der Erde herauskommen:* der Weizen ist schon aufgekeimt; ⟨subst.:⟩ das Aufkeimen der Pflänzchen; Ü Zweifel, Zuneigung keimt in ihr auf *(beginnt in ihr zu entstehen);* er versuchte, die aufkeimende Leidenschaft zu ersticken.

auf|klaf|fen ⟨sw. V.; hat⟩: *(von etw., was sonst geschlossen ist) auseinander klaffen, weit offen stehen, einen [breiten] Spalt bilden:* die Wunde des Verletzten klaffte grässlich auf; aufklaffende Querspalten im Fels; Ü die Gegensätze zwischen den Siegermächten klaffen nach dem Krieg erneut auf *(brechen wieder auf).*

auf|klapp|bar ⟨Adj.⟩: *sich aufklappen lassend:* ein -es Verdeck.

auf|klap|pen ⟨sw. V.⟩: **1. a)** *etw., was aufeinander liegt, an einer Seite befestigt od. geschlossen ist, durch Bewegen, Anheben eines od. mehrerer Teile öffnen* ⟨hat⟩: einen Liegestuhl, den Kofferraum eines Pkws a.; das Butterbrot, das Messer a.; das Buch a. *(aufschlagen);* **b)** *aufschlagen* (5) ⟨ist⟩: der Fensterladen ist aufgeklappt. **2.** *hochschlagen, nach oben klappen* ⟨hat⟩: den Mantelkragen a.

auf|kla|ren ⟨sw. V.; hat⟩ [aus der niederd. Seemannsspr.]: **1.** (Met.) *klar, wolkenlos werden, sich aufhellen:* das Wetter, der Himmel klarte am Nachmittag wieder auf; örtlich aufklarend; ⟨subst.:⟩ nachts bei Aufklaren Frostgefahr; Ü ihre Mienen klarten a. **2.** (Seemannsspr.) *aufräumen, in Ordnung bringen:* die Kombüse a.

auf|klä|ren ⟨sw. V.; hat⟩: **1. a)** *Klarheit in etw. Ungeklärtes bringen:* ein Verbrechen a.; Vorkommnisse, die niemals aufgeklärt wurden; einen Irrtum, Widersprüche a.; **b)** ⟨a. + sich⟩ *klar werden, sich auflösen u. nicht mehr rätselhaft sein:* die Missverständnisse haben sich längst aufgeklärt. **2. a)** *jmds. Unwissenheit, ungenügende Kenntnis über etw., jmdn. beseitigen; jmdn. über etw., jmdn. genau unterrichten, informieren (damit er sich in Zukunft entsprechend verhalten kann):* sie klärte mich über den wahren Sachverhalt auf; die Bevölkerung über Suchtgefahren a.; können Sie mich [darüber] a. *(mir erklären),* was dieser Ausdruck bedeutet?; **b)** *(ein Kind, einen Jugendlichen) über geschlechtliche Vorgänge unterrichten:* seine Kinder a.; das Mädchen war noch nicht a. **c)** (DDR) *jmdm. in politischer Hinsicht etw. klarzumachen, jmdn. zu überzeugen versuchen; agitieren.* **3.** ⟨a. + sich⟩ *(vom Wetter) sich aufhellen; wolkenlos, klar werden:* der Himmel hatte sich nach dem Gewitter wieder aufgeklärt; R es klärt sich auf zum Wolkenbruch (↑Wolkenbruch); Ü ihre finstere Miene, ihr Gesicht klärte *(heiterte)* sich auf. **4.** (Milit.) *(die Verhältnisse*

A

auf der feindlichen Seite) erkunden, auskundschaften.

Auf|klä|rer, der; -s, -: **1.** *Vertreter der Aufklärung* (3). **2.** (Milit.) **a)** *Aufklärungsflugzeug.* **b)** *jmd., der die Verhältnisse beim Gegner erkundet.* **3.** (DDR) *Agitator.*

Auf|klä|re|rin, die; -, -nen: w. Form zu ↑Aufklärer (1, 2 b, 3).

auf|klä|re|risch ⟨Adj.⟩: **a)** *nach Art der Aufklärer* (1): -e Schriften; **b)** *durch Aufklärung* (2 c) *gegen Unwissenheit, Vorurteile angehend:* die -e Absicht seiner Romane; a. tätig sein.

Auf|klä|rung, die; -, -en: **1.** ⟨Pl. selten⟩ *völlige Klärung:* dieses Verbrechen harrt noch der restlosen A.; das trägt nicht gerade zur A. des Missverständnisses bei. **2. a)** ⟨Pl. selten⟩ *Darlegung, die über bisher unbekannte Zusammenhänge aufklärt, über etw., jmdn. den gewünschten Aufschluss gibt:* um A. bitten; von jmdm. die gewünschte A. erhalten; **b)** ⟨o. Pl.⟩ *Belehrung über geschlechtliche Vorgänge:* die [sexuelle] A. der Jugendlichen; **c)** *Belehrung, Information über politische o. ä. Fragen:* die A. der Bevölkerung über Möglichkeiten der Geburtenregelung; A. durch Presse und Rundfunk; **d)** (DDR) *Agitation.* **3.** ⟨o. Pl.⟩ *von Rationalismus u. Fortschrittsglauben bestimmte europäische geistige Strömung des 17. u. bes. des 18. Jahrhunderts, die sich gegen Aberglauben, Vorurteile u. Autoritätsdenken wendet:* das Zeitalter der A.; die A. als Wegbereiterin der Französischen Revolution. **4.** (Milit.) *Erkundung der militärischen Situation des Feindes:* taktische A.

Auf|klä|rungs|buch, das: *Buch, das über geschlechtliche Vorgänge unterrichtet.*

Auf|klä|rungs|flug|zeug, das (Milit.): *mit automatischen Kameras ausgerüstetes Flugzeug zur Aufklärung* (4).

Auf|klä|rungs|pflicht, die ⟨o. Pl.⟩ (Rechtsspr.): *Pflicht, über etw. aufzuklären:* die A. des Arztes *(Pflicht des Arztes, den Patienten über mögliche Gefahren einer geplanten Operation, einer medikamentösen Behandlung o. Ä. aufzuklären).*

Auf|klä|rungs|tä|tig|keit, die: *Tätigkeit, die der Aufklärung* (1, 2, 4) *dient.*

Auf|klä|rungs|zeit|al|ter, das: *Zeitalter, das durch die Aufklärung* (3) *geprägt war.*

auf|klat|schen ⟨sw. V.; ist⟩: **1.** *im Fall klatschend auftreffen:* der flache Stein war auf das Wasser aufgeklatscht. **2.** (Jugendspr.) *verprügeln, fertig machen; aufmischen* (2): die Angeklagten räumten ein, sie hätten Ausländer a. wollen.

Auf|kle|be|eti|kett, Aufklebetikett, das: *beschrifteter Zettel, der (zur Auszeichnung von Waren o. Ä.) auf etw. aufgeklebt wird.*

auf|kle|ben ⟨sw. V.; hat⟩: *auf etw. kleben:* die Adresse [auf ein Paket] a.; dem Kind ein Pflaster a.; säuberlich aufgeklebte Scherenschnitte.

Auf|kle|ber, der; -s, -: *(für einen bestimmten Zweck vorgefertigter) aufklebbarer Zettel.*

Auf|kleb|eti|kett: ↑Aufklebeetikett.

auf|klin|gen ⟨st. V.; ist⟩: *plötzlich für kurze Zeit erklingen, zu klingen beginnen:* Melodien, Stimmen klangen auf einmal neben ihm im Dunkel auf; Ü Wendungen, in denen noch etwas von alten Bräuchen aufklingt.

auf|klin|ken ⟨sw. V.; hat⟩: *durch Druck auf die Klinke öffnen:* die Tür mit dem Ellenbogen a.

auf|klop|fen ⟨sw. V.; hat⟩: **1.** *auf etw. klopfen:* vor jedem Bildwechsel klopfte der Vortragende [mit dem Zeigestock] auf. **2.** *(eine harte Schale) durch Klopfen zerstören, öffnen:* wir klopften die Nüsse [mit einem Hammer] auf; die Eierschale a. **3.** *(die Federfüllung eines Kissens o. Ä.) durch Klopfen aufschütteln:* [jmdm.] das Kopfkissen a.

auf|knab|bern ⟨sw. V.; hat⟩ (fam.): *(Festes) mit kleinen Bissen, knabbernd aufessen:* eine Tüte Erdnüsse a.

auf|kna|cken ⟨sw. V.; hat⟩: **a)** *knackend aufbrechen:* Nüsse, Mandeln [mit den Zähnen, mit dem Nussknacker] a.; **b)** (ugs.) *(unerlaubt) gewaltsam aufbrechen, um Zugang zu etw. zu erhalten:* ein Auto, einen Tresor a.

auf|knal|len ⟨sw. V.⟩ (salopp): **1.** *heftig auf etw. aufprallen* ⟨ist⟩: mit dem Kopf [auf den Asphalt] a.; das Auto ist auf einen Lkw aufgeknallt. **2.** *(Unangenehmes) [als Strafe] auferlegen* ⟨hat⟩: ich habe den Brüdern eine Stunde Mehrarbeit aufgeknallt. **3.** ⟨hat⟩ **a)** (selten) *(die Tür o. Ä.) so heftig aufreißen, dass sie mit einem Knall anschlägt* ⟨hat⟩; **b)** *(den Hörer o. Ä.) so heftig auflegen, dass er mit einem Knall zu liegen kommt:* wütend knallte sie den Hörer auf.

auf|knien ⟨sw. V.⟩: **a)** (Turnen) *so auf ein Gerät springen, dass man bei gestrecktem Oberkörper kniend aufkommt* ⟨hat/ist⟩: auf dem Kasten a.; **b)** ⟨a. + sich⟩ *sich auf die Knie niederlassen* ⟨hat⟩: sie kniete sich [auf die Bank] auf.

auf|knip|sen ⟨sw. V.; hat⟩ (ugs.): *(Druckknöpfe o. Ä.) aufmachen, wobei ein kurzer heller [metallener] Ton erzeugt wird:* sie knipste ihre Handtasche auf.

auf|knöp|fen ⟨sw. V.; hat⟩ [3: eigtl. = den Geldbeutel aufmachen]: **1.** *(Zugeknöpftes) öffnen:* den Kissenbezug a.; ich knöpfte mir den Mantel auf. **2.** *auf etw. knöpfen:* einen weißen Kragen auf das Hemd a.

auf|kno|ten ⟨sw. V.; hat⟩: **a)** *den, die Knoten in etw. lösen, aufmachen:* sie knotete die Schnur, ihre Schnürsenkel auf; **b)** *(Zugeknotetes) öffnen:* ein Paket, ein Aktenbündel a.

auf|knüp|fen ⟨sw. V.; hat⟩: **1.** (emotional) **a)** *erhängen* (b): jmdn. an einem Laternenpfahl a.; **b)** ⟨a. + sich⟩ *sich erhängen:* sie hat sich in einem Anfall von Schwermut aufgeknüpft. **2.** *Zusammengeknotetes öffnen:* das zusammengeknotete Tuch, den Schifferknoten wieder a.

auf|ko|chen ⟨sw. V.⟩: **1. a)** *etw. so lange erhitzen, bis es zum Kochen kommt* ⟨hat⟩: die Suppe unter Umrühren a.; **b)** *zu kochen, sieden beginnen* ⟨ist⟩: warte, bis das Wasser aufkocht; aufkochende Milch; Ü in mir kochte die Wut auf. **2.** *(schon einmal Gekochtes) erneut kurz kochen lassen* ⟨hat⟩: jmdm. aufgekochten Kaffee vorsetzen; Ü alte Geschichten noch mal a. **3.** (südd., österr.) *[bei besonderen Anlässen] gut u. in großer Menge kochen* ⟨hat⟩: für das Fest wurde groß aufgekocht.

auf|kom|men ⟨st. V.; ist⟩: **1.** *[unvermutet] entstehen:* Wind kommt auf; tagsüber stark bewölkt, aufkommende Niederschläge; ⟨subst.:⟩ diese Wetterlage begünstigt das A. von Nebel; Ü es kamen Gerüchte auf, er wolle zurücktreten; Misstrauen kam auf *(regte sich);* um keinerlei Zweifel a. zu lassen; es wollte keine rechte Stimmung a.; im 18. Jahrhundert kam der Frack auf *(wurde er Mode);* ⟨subst.:⟩ das A. der Kunststoffe. **2. a)** *entstehende Kosten übernehmen:* für die Kinder, für den Unterhalt der Kinder a.; für den entstandenen Sachschaden a.; **b)** *für etw. tätige Verantwortung tragen:* für die Sicherheit Berlins a. **3. a)** *sich gegenüber jmdm., etw. durchsetzen:* gegen einen mächtigen Mann nicht a. können; gegen die berechtigten Ansprüche war schwer aufzukommen; **b)** *jmdm. gleichkommen; an jmdn. heranreichen* (meist verneint): du wolltest niemanden neben dir a. lassen. **4. a)** *sich erheben, wieder aufstehen können:* sie kam nur mit Mühe vom Boden auf; **b)** (geh.) *wieder gesund werden:* sie hat einen so schlimmen Rückfall erlitten, dass sie wohl nicht mehr a. wird. **5.** (landsch.) *entdeckt werden, bekannt werden, herauskommen:* der Schwindel kam auf. **6.** *beim Sprung od. Fall auf etw. auftreffen, aufsetzen:* die Akrobatin kam auf das/auf dem Netz auf; der Skispringer kommt nicht so mühelos auf. **7.** (Sport) *aufholen* (1 b); *besser, überlegen werden:* dann aber kam die gegnerische Mannschaft auf und beherrschte das Geschehen bis zur Pause. **8.** (Seemannsspr.) *(von Schiffen) in Sicht kommen, herankommen.*

Auf|kom|men, das; -s, -: **1.** (Wirtsch.) **a)** *Summe der Einnahmen (aus Steuerabgaben u. a.) in einem bestimmten Zeitraum:* das A. [aus] der Körperschaftssteuer; **b)** (DDR) *in der Höhe festgelegte Abgabe; Pflichtablieferung landwirtschaftlicher Güter, Soll:* das staatliche A. an Eiern. **2.** ⟨o. Pl.⟩ (geh.) *Genesung:* wir dürfen wohl nicht mehr mit ihrem A. rechnen.

-auf|kom|men, das; -s, -: bezeichnet in Bildunger mit Substantiven eine Menge, Anzahl von etw.: Fahrgast-, Verkehrs-, Zuschaueraufkommen.

auf|kor|ken ⟨sw. V.; hat⟩ (ugs.): *entkorken:* korkst du bitte noch eine Flasche auf?

auf|kra|chen ⟨sw. V.; ist⟩ (ugs.): **1.** *(von etw. Genähtem) aufplatzen, aufreißen:* der Rock, die Naht ist aufgekracht. **2.** *mit einem krachenden Geräusch auffallen, aufschlagen:* der schwere Ast ist auf das/auf dem Wagendach aufgekracht. **3.** *sich plötzlich mit einem krachenden Geräusch öffnen:* die Tür krachte auf einmal au

auf|krat|zen ⟨sw. V.; hat⟩: **1. a)** *(eine abheilende Wunde o. Ä.) durch Kratzen wieder öffnen:* du kratzt die Wunde am Knie immer wieder auf; **b)** *durch Kratzen verletzen:* die Dornen kratzte ihm das Gesicht auf. **2.** *rau, wund machen:* der saure Wein kratzt mir ja die Kehle auf! **3.** (ugs. selten) *aufheitern.*

auf|krei|schen ⟨sw. V.; hat⟩: *plötzlich, kurz kreischen:* vor Entsetzen, voller Schrecken laut a.; Ü aufkreischende Bremsen.

auf|krem|peln ⟨sw. V.; hat⟩: *(den unteren Teil eines Kleidungsstückes) mehrmals umschlagen hochkrempeln:* ich kremp[e]le [mir] die Hemdsärmel bis zum Ellbogen auf; mit aufgekrempelten Hosen im Wasser waten.

auf|kreu|zen ⟨sw. V.⟩: **1.** (salopp) *bei jmdm., irgendwo unvermutet erscheinen* ⟨ist⟩: dann ist sie auf einmal wieder in ihrer Heimatstadt aufgekreuzt; er ist gestern schon wieder bei uns aufgekreuzt *(hat uns ... besucht).* **2.** (Seemannsspr.) *in Zickzacklinie gegen den Wind segeln* ⟨ist/hat⟩: der Schoner kreuzte gegen den starken Ostwind auf.

auf|krie|gen ⟨sw. V.; hat⟩ (ugs.): *aufbekommen.*

auf|kün|di|gen ⟨sw. V.; hat⟩: **a)** *(eine [vertragliche Verpflichtung) durch Kündigung für beendet, für aufgehoben erklären:* das Miet-, das Arbeitsverhältnis a.; jmdm. den Dienst a.; **b)** (geh.) *(eine Beziehung o. Ä.) für beendet erklären:* sie hat ihm die Freundschaft aufgekündigt.

Auf|kün|di|gung, die; -, -en: *das Aufkündigen.*

auf|kur|beln ⟨sw. V.; hat⟩: **1.** *durch Drehen einer Kurbel öffnen:* das Wagenfenster a. **2.** (Schneiderei) *(mit der Nähmaschine) applizieren:* sie hatte auf die Bluse eine farbige Borte aufgekurbelt.

Aufl. = Auflage (1 a).

auf|la|chen ⟨sw. V.; hat⟩: *plötzlich, kurz lachen:* schallend, herzlich, höhnisch a.; sie antwortete hell auflachend.

auf|la|den ⟨st. V.; hat⟩: **1. a)** *(Ladegut) auf ein Transportmittel laden:* Kartoffelsäcke, Rüben [auf den Lastwagen] a.; wir müssen noch a.; ⟨subst.:⟩ die Kinder halfen beim Aufladen; **b)** (ugs.) *eine Last auf den Rücken o. Ä. packen:* lädst du dir auch noch den schweren Seesack auf?; Ü er lädt sich zu viel Arbeit auf; er lud seiner Frau die Verantwortung, die Sorge für die Kinder auf. **2.** (Physik) **a)** *elektrisch laden:* eine Batterie a.; Ü eine emotional aufgeladene Diskussion; **b)** ⟨a. + sich⟩ *sich elektrisch laden:* manche Textilien laden sich elektrostatisch auf **3.** (Technik) *die Leistung eines Motors durch Einbringen verdichteter Luft erhöhen:* einen Dieselmotor a.

Auf|la|der, der; -s, -: *jmd., der Ladegut auf Transportmittel lädt* (Berufsbez.).

Auf|la|de|rin, die; -, -nen: w. Form zu ↑Auflader.

Auf|la|dung, die; -, -en: *das Aufladen, Aufgeladensein.*

Auf|la|ge, die; -, -n [mhd. ūflāge = Befehl, Gebot **1. a)** (Buchw.) *Gesamtzahl der nach einer bestimmten unveränderten Satzvorlage gedruckten Exemplare* (Abk.: Aufl.): die erste A dieses Werkes erschien 1923; Vorwort zur dritten A.; sechste, neu bearbeitete u. erweiterte A. die Bücher dieser Autorin erreichten hohe -n; **b)** (Wirtsch.) *Menge hergestellter Gegenstände,*

Waren; Anzahl der Serie in einem bestimmten Zeitraum: die A. des VW. **2.** (Amtsspr.) *mit etw. verbundene, auferlegte Verpflichtung:* die Strafaussetzung wird mit -n verbunden; er durfte hier ohne irgendwelche -n filmen; jmdm. etw. zur A. machen. **3. a)** *etw., was auf etw. gelegt wird:* die Matratze hat eine A. aus Schaumgummi; **b)** *aufgelegte [Metall]schicht; Überzug:* die Bestecke haben eine A. aus Silber. **4.** *Unterlage, Stütze, auf der etw. aufliegt od. auf die etw. aufgelegt werden kann:* ohne A. schießen.

Auf|la|ge|hö|he, (auch:) **Auf|la|gen|hö|he,** die (Buchw.): *Höhe einer Auflage* (1 a): diese Illustrierte hat eine A. von über einer Million Exemplaren; eine Schwindel erregende A.

auf|la|gen|stark ⟨Adj.⟩: *(bes. von Zeitungen od. Zeitschriften) eine hohe Auflage* (1 a) *habend:* eine -e Wochenzeitung.

Auf|la|ger, das; -s, - (Bauw.): *Stützkörper, Fläche (aus Holz, Stein o. Ä.) zum Tragen von Bauteilen.*

auf|la|gern ⟨sw. V.; hat⟩: **a)** *(zur Abstützung o. Ä.) auf etw. legen:* Bretter auf Stützböcke a.; **b)** *über etw. liegen, einer Sache aufliegen:* eine jüngere Gesteinsschicht, die den Granitmassen auflagert.

Auf|la|ge|rung, die; -, -en: *das Auflagern.*

auf|lan|dig ⟨Adj.⟩ (Seemannsspr.): *(von der See weg) landwärts gerichtet:* -er Wind; die Strömung ist a.

auf|las|sen ⟨st. V.; hat⟩: **1.** (ugs.) *offen lassen:* lass doch das Fenster auf; den Mantel a. **2.** (ugs.) *aufbehalten:* sie ließ während ihres Besuches den Hut auf. **3.** (ugs.) *aufbleiben* (2) *lassen:* sie lassen ihre Kinder abends lange auf. **4.** *in die Höhe steigen lassen:* ganze Bündel von Luftballons wurden aufgelassen. **5. a)** (landsch., bes. südd., österr.) *(einen Betrieb o. Ä.) aufgeben, auflösen, schließen:* ein Geschäft, einen Bahnhof a.; **b)** (Bergbau) *stilllegen:* Stollen a.; eine aufgelassene Grube. **6.** (Rechtsspr.) *(ein Grundstück o. Ä.) abtreten, übertragen, übereignen:* sie hat mehrere Hektar Wald aufgelassen; die Erbengemeinschaft hat den Bauplatz aufgelassen.

auf|läs|sig ⟨Adj.⟩ (Bergbau): *stillgelegt:* -e Bergwerke.

Auf|las|sung, die; -, -en ⟨Pl. selten⟩: **1. a)** (landsch., bes. südd., österr.) *Schließung, Aufgabe;* **b)** (Bergbau) *Stilllegung.* **2.** (Rechtsspr.) *Übereignung eines Grundstücks beim Grundbuchamt od. vor einem Notar in Anwesenheit von Veräußerer u. Erwerber.* **3.** * **die A. geben** (landsch. scherzh.; *als Gastgeber eine Festlichkeit eröffnen*): der Jubilar hob sein Glas und gab die A.

auf|lau|ern ⟨sw. V.; hat⟩: *auf jmdn. lauern* (a): der Reporter lauerte ihm an einer dunklen Straßenecke auf; Ü sie hatte das Gefühl, als würde Tod oder Wahnsinn ihr a.

Auf|lauf, der; -[e]s, Aufläufe [2: zu ↑auflaufen (2 a)]: **1.** *das spontane Zusammenströmen, Zusammenlaufen vieler erregter Menschen u. die auf solche Weise entstandene Ansammlung auf Straßen od. Plätzen:* vor dem Rathaus gab es einen A. empörter Bürger; es bildete sich ein A. **2.** *im Herd (in einer feuerfesten Form) überbackene [Mehl]speise:* ein A. mit Käse und Schinken.

auf|lau|fen ⟨st. V.⟩: **1.** ⟨ist⟩ **a)** (Seemannsspr.) *von oben her auf etw. auffahren, auf Grund laufen, sich festfahren:* der Dampfer lief auf eine Klippe auf; auf eine[r] Sandbank a.; Ü der Kanzler lief mit seiner Atompolitik auf *(konnte sich nicht durchsetzen);* **b)** *im Lauf, in der Fahrt gegen jmdn., etw. prallen:* ich wäre beinahe auf dich aufgelaufen; der Wagen lief auf die Fahrbahnbegrenzung auf; der Verteidiger ließ seinen Gegenspieler a. (Fußball; *veranlasste, dass sein Gegner im Lauf gegen ihn prallte [um ihn vom Ball zu trennen]*). **2.** ⟨ist⟩ **a)** (selten, landsch.) *anschwellen:* ihm liefen die Adern auf über den Schläfen; **b)** *anwachsen, zunehmen; sich anhäufen:* die Zinsen sind auf 150 DM aufgelaufen; die eingegangene Post ist während seines Urlaubs stark aufgelaufen. **3.** *(vom Wasser) mit der Flut ansteigen* ⟨ist⟩: das Wasser lief so schnell auf, dass die Schafe ertranken; auflaufendes Wasser *(landwärts gerichtete durch die Tide bewirkte Strömung).* **4.** (Landw.) *(von Gesätem o. Ä.) aufgehen* ⟨ist⟩: die Erbsen sind aufgelaufen. **5.** (Sport) *an jmdn. Anschluss gewinnen; aufrücken* ⟨ist⟩: im Endspurt lief sie zur Spitzengruppe auf; Ü Hemingway lief erst betrunken zu großer Form auf. **6.** ⟨a. + sich⟩ (ugs.) *sich etw. wund laufen* ⟨hat⟩: sich die Füße a. **7.** (Sport) *einlaufen* ⟨ist⟩.

Auf|lauf|form, die: *Backform für Aufläufe* (2): eine A. aus feuerfestem Glas.

auf|le|ben ⟨sw. V.; ist⟩: **a)** *neue Lebenskraft bekommen u. dies erkennen lassen:* sie lebt sichtlich auf, seit sie wieder für jemanden sorgen kann; die Regenfälle ließen die ausgetrocknete Natur wieder a.; Ü beim Anblick der Flasche Korn lebte er plötzlich auf *(wurde er munter);* **b)** *von neuem beginnen, zu neuem Leben erwachen:* das Gespräch lebte auf; antisemitische Gedanken lebten wieder auf.

auf|le|cken ⟨sw. V.; hat⟩: *vom Boden o. Ä. leckend wegnehmen:* die Katze hat die Milchlache vom Boden aufgeleckt.

Auf|le|ge|ma|trat|ze, die: *Matratze, die auf den Sprungfederrahmen eines Bettes aufgelegt wird.*

auf|le|gen ⟨sw. V.; hat⟩: **1. a)** *auf etw. legen:* eine neue Tischdecke a.; ein Gedeck a. *(beim Tischdecken hinlegen);* eine alte [Schall]platte a. *(zum Abspielen auf den Teller des Plattenspielers legen);* wir müssen noch mehr [Holz] a. *(in das Feuer legen, nachlegen);* Make-up a. *(auf das Gesicht auftragen);* die Ellbogen a. *(zum Abstützen auf die Tischplatte legen);* sie legte den Hörer auf *(legte den Hörer auf den Telefonapparat zurück);* man legte der Kranken kalte Kompressen auf; dem Pferd den Sattel a.; **b)** *durch das Auflegen des Hörers das Telefongespräch beenden:* der Teilnehmer hat aufgelegt; er wollte noch etwas sagen, aber sie hatte schon aufgelegt. **2.** (seltener) *auferlegen:* sich freiwillig Entbehrungen a. **3.** *zur Einsichtnahme o. Ä. auslegen:* die Liste für die Gemeinderatswahl wird erst morgen aufgelegt; den Umweltbericht öffentlich a. **4.** ⟨a. + sich⟩ (landsch.) *sich anlegen* (8): warum legst du dich ständig mit deinen Nachbarn auf? **5. a)** (Buchw.) *ein Werk [in einer Neuauflage] drucken, herausgeben:* einen Gedichtband neu a.; seine Romane sind später nicht wieder aufgelegt worden; **b)** (Wirtsch.) *mit der Herstellung eines Fabrikats in großer Stückzahl beginnen:* eine neue Serie von etw. a. **6.** (Geldw., Finanzw.) *(ein Wertpapier) ausschreiben, anbieten:* an der Börse waren neue Aktien aufgelegt worden. **7.** (Seemannsspr.) *(ein Schiff) für eine bestimmte Zeit stilllegen, außer Dienst stellen.*

Auf|le|ger, der; -s, -: **1.** *Auflegematratze.* **2.** *jmd., der etw. auflegt.* **3.** *Anhänger, der auf eine Zugmaschine aufgelegt, aufgesattelt* (2) *wird.*

Auf|le|ge|rin, die; -, -nen: w. Form zu ↑Aufleger (2).

Auf|le|gung, die; -, -en ⟨Pl. selten⟩: *das Auflegen.*

auf|leh|nen ⟨sw. V.; hat⟩ [1: mhd. ufleinen, eigtl. = sich aufrichten, zu ↑[1]lehnen]: **1.** ⟨a. + sich⟩ *jmdm., jmds. Willen od. Anschauung Widerstand entgegensetzen:* sich gegen den Vater, gegen die bestehende Ordnung a.; sein Stolz lehnt sich dagegen auf, bevormundet zu werden; sich gegen den Tod a. *(sich dagegen wehren zu sterben).* **2.** (landsch.) *(die Arme) auf etw. lehnen; aufstützen:* die Arme [auf das/auf dem Fenstersims] a.

Auf|leh|nung, die; -, -en: *das Sichauflehnen:* die erbitterte A. der Flüchtlinge gegen ihr Schicksal.

auf|lei|men ⟨sw. V.; hat⟩: *mit Leim auf etw. befestigen, festkleben:* die abgebrochenen Figuren wieder auf die/auf der Unterlage a.; aufgeleimte Leisten.

auf|le|sen ⟨st. V.; hat⟩: **1. a)** *(verstreut Umherliegendes) mit der Hand aufsammeln:* Fallobst, Scherben a.; die heruntergefallenen Glasperlen wieder a.; **b)** (ugs.) *(zufällig Gefundenes) [aufheben u.] mitnehmen:* ihre Hosentaschen waren voll von Dingen, die sie irgendwo aufgelesen hatte; Ü sie hatte ein paar spanische Redensarten aufgelesen; **c)** (ugs. scherzh.) *sich irgendwo holen* (4): ich hatte in den Tropen eine Viruskrankheit aufgelesen. **2.** (ugs.) *jmdn. irgendwo auffinden u. mit sich nehmen:* wo hast du den Kerl bloß aufgelesen?

auf|leuch|ten ⟨sw. V.; hat/ist⟩: *plötzlich, für kurze Zeit leuchten:* eine Lampe leuchtete auf; ein Sonnenstrahl ließ die Herbstlandschaft a.; Ü ihre Augen hatten freudig aufgeleuchtet.

Auf|licht, das; -[e]s (Optik, Fot.): *auf einen Gegenstand auffallendes [künstliches] Licht.*

auf|lich|ten ⟨sw. V.; hat⟩ (geh.): **1.** *die Dichte von etw. auflockern; irgendwo Zwischenraum schaffen (in den Licht einfallen kann):* den Wald a.; von Gärten aufgelichtete Stadtbezirke. **2.** *heller machen:* die Räume durch hellere Tapeten etwas a.; er hat die dunklen Partien des Bildes mit Deckweiß aufgelichtet. **3.** *aufhellen* (1 b), *aufklären:* ein Geheimnis a. **4.** ⟨a. + sich⟩ **a)** *heller werden:* der Himmel lichtete sich nachmittags etwas auf; **b)** *durchschaubar werden, sich aufklären:* die Zusammenhänge haben sich aufgelichtet.

Auf|lich|tung, die; -, -en: *das Auflichten.*

auf|lie|fern ⟨sw. V.; hat⟩: *zur Beförderung aufgeben:* eine Sendung bei der Bahn a.; ich liefere mein Reisegepäck morgen auf.

Auf|lie|fe|rung, die; -, -en: *das Aufliefern.*

auf|lie|gen ⟨st. V.⟩: **1.** ⟨hat; südd., österr., schweiz. auch: ist⟩ **a)** *auf etw. liegen:* die Bretter liegen auf Querbalken auf; der Deckel liegt nicht richtig auf; **b)** (geh. veraltend) *auf jmdm. lasten:* die Verantwortung lag ihr schwer auf; **2.** *zur Einsicht o. Ä. ausliegen:* ⟨hat; südd., österr., schweiz. auch: ist⟩: von morgen an liegen die Wahlverzeichnisse auf; der Schneebericht liegt bei größeren Reisebüros auf. **3.** ⟨hat⟩ (ugs.) **a)** ⟨a. + sich⟩ *sich wund liegen:* ich habe mich aufgelegen; **b)** ⟨a. + sich⟩ *wund liegen:* ich habe mir den Rücken aufgelegen. **4.** (Seemannsspr.) *(von Schiffen) für eine bestimmte Zeit außer Dienst gestellt sein* ⟨hat⟩.

auf|lis|ten ⟨sw. V.; hat⟩: *[mithilfe einer elektronischen Anlage] eine Liste von etw. herstellen; zu einer Liste zusammenstellen:* Zutaten, Adressen a.; ein Tabellenanhang listet auf *(führt in einer Liste auf),* wo Zwangsarbeiter untergebracht waren; ⟨subst.:⟩ das Sammeln u. Auflisten von Wortmaterial.

Auf|lis|tung, die; -, -en: *das Auflisten:* die A. von Verbrechen.

auf|lo|ckern ⟨sw. V.; hat⟩: **1.** *locker machen:* ich lockere die Erde mit der Hacke auf; aufgelockerte *(leichte)* Bewölkung. **2.** ⟨a. + sich⟩ *seine Muskeln lockern* (1 c): ich kreise die Schultern, um mich aufzulockern. **3. a)** *abwechslungsreicher machen:* ein Wohngebiet durch Grünanlagen a.; **b)** *gelöster, unbeschwerter machen:* an diesem Abend war sie aufgelockerter als sonst; der Alkohol trug dazu bei, die Atmosphäre aufzulockern *(zu entspannen, zwangloser zu machen);* das Gespräch durch einen Witz a.

Auf|lo|cke|rung, die; -, -en: *das Auflockern.*

auf|lo|dern ⟨sw. V.; ist⟩: **a)** *plötzlich lodernd emporflammen:* die Flammen loderten hoch auf; Ü in Irland loderten die Straßenkämpfe wieder auf; in ihren Augen loderte Hass auf; **b)** *in Flammen aufgehen:* die alten Briefe waren im Ofen aufgelodert.

auf|lös|bar ⟨Adj.⟩: **1.** *sich auflösen* (1 a) *lassend:* ein -er Stoff. **2.** *sich auflösen* (2 a) *lassend:* ein schwer -er Knoten. **3. a)** *sich auflösen* (3 a) *lassend:* ein -er Vertrag; **b)** sich *auflösen* (4 b) *lassend:* die Gleichung ist nicht weiter a.

Auf|lös|bar|keit, die; -: *das Auflösbarsein.*

auf|lö|sen ⟨sw. V.; hat⟩: **1. a)** *(in einer Flüssigkeit) zerfallen, zergehen lassen:* Tabletten in einem Glas Wasser a.; **b)** ⟨a. + sich⟩ *sich zerteilen:* der Zucker hat sich aufgelöst; die Wolke löste sich auf; Ü das Traumbild löste sich auf; Zeichen des sich auflösenden *(zerfallenden)* Reiches; **c)** ⟨a. +

sich⟩ *in etw. übergehen, sich in etw. verwandeln:* die dunklen Wolken lösten sich in prasselnden Regen auf; alles wird sich in eitel Freude a. **2. a)** (geh.) *(Gebundenes, Geflochtenes o. Ä.) aufbinden:* eine Schleife, Verschnürung a.; ich löste mir das Haar auf; mit aufgelösten Haaren; Ü eine die ältere Einheit von Politik und Ethik auflösende Lehre; **b)** ⟨a. + sich⟩ (geh.) *sich nicht in einer bestimmten Form halten; aufgehen:* die Schleife löst sich immer wieder auf. **3. a)** *nicht länger bestehen lassen:* einen Haushalt, ein Geschäft, das Parlament, eine Versammlung, einen Vertrag a.; einen Zug von Demonstranten a.; die Verlobung a. *(rückgängig machen);* die Ehe wurde aufgelöst *(geschieden);* du musst die Klammern a. (Math.; *durch Rechenoperationen entfernen*); **b)** ⟨a. + sich⟩ *nicht länger bestehen:* die alten Ordnungen lösten sich auf; der Verein löste sich bald wieder auf; die Menschenmassen hatten sich aufgelöst *(zerstreut, verteilt).* **4. a)** *klären, entwirren u. dadurch beheben:* wie kann man diesen Widerspruch a.?; **b)** *die Lösung von etw. finden:* ein Rätsel, eine mathematische Gleichung a.; **c)** ⟨a. + sich⟩ *sich aufklären* (1 b): das Missverständnis wird sich a. **5.** (Musik) **a)** *ein Versetzungszeichen aufheben u. dadurch den ursprünglichen Ton wieder herstellen:* das Kreuz ist im nächsten Takt wieder aufgelöst; **b)** *(eine Dissonanz) zur Konsonanz fortführen:* eine Dissonanz a. **6.** (Optik, Fot.) *nahe beieinander liegende Details eines Objekts deutlich unterscheidbar abbilden:* bei größerem Abstand werden Farbpunkte nicht mehr aufgelöst.

Auf|lö|sung, die; -, -en (Pl. selten): **1. a)** *das Sichauflösen* (1 b): die A. der Nebelfelder; der Körper des Toten ist schon in A. begriffen *(beginnt schon zu verwesen);* **b)** *das Sichauflösen* (3 b): so führte diese Gewohnheit zu einer A. jeder wirklichen Tradition; **c)** *das Aufgelöstsein* (a): in einem Zustand völliger A. betrat sie das Zimmer. **2.** *das Auflösen* (3 a): die A. einer Institution, eines Verhältnisses, einer Form. **3.** *das Auflösen* (4): die A. der Gleichung, des Geheimnisses; die A. *(Lösung)* des Rätsels finden Sie auf Seite 27. **4.** (Musik) *das Auflösen* (5). **5.** (Optik, Fot.) *das Auflösen* (6): diese Aufnahmen zeigen eine bessere A. von Einzelheiten.

Auf|lö|sungs|pro|zess, der: *Zerfallsprozess.*

Auf|lö|sungs|ver|mö|gen, das (Optik, Fot.): *Vermögen, Fähigkeit, nahe beieinander liegende Details eines Objekts deutlich unterscheidbar abzubilden.*

Auf|lö|sungs|zei|chen, das (Musik): *Zeichen, mit dem die Geltung eines Versetzungszeichens aufgehoben wird* (Zeichen: ♮).

auf|lö|ten ⟨sw. V.; hat⟩: *auf etw. löten:* der Juwelier hatte Goldpailletten auf das Schmuckstück aufgelötet.

auf|lut|schen ⟨sw. V.; hat⟩: *lutschend verzehren:* hast du die Bonbons schon alle aufgelutscht?

auf|lu|ven ⟨sw. V.; hat⟩ [zu ↑Luv] (Seemannsspr.): *den Winkel zwischen Kurs u. Windrichtung verkleinern.*

aufm (ugs.): *auf dem, einem.*

auf|ma|chen ⟨sw. V.; hat⟩: **1.** (ugs.) **a)** *öffnen:* das Fenster, den Koffer, den Mund a.; den Mantel, den obersten Knopf a. *(aufknöpfen);* sie hat mir nicht aufgemacht *(mich nicht eingelassen);* **b)** *öffnen, um an den Inhalt zu gelangen:* einen Brief, eine Flasche a.; einen Tresor a. (Gaunerspr.; *aufbrechen*); jmdn. a. *(jmds. Leib durch Operation öffnen);* das Haar a. *(lösen);* **c)** *zum Verkauf öffnen:* die Geschäfte machen um 8 Uhr auf. **2.** (ugs.) **a)** *eröffnen, gründen:* ein Geschäft, eine Filiale, eine Kneipe, ein Konto a.; **b)** *eröffnet werden:* hier haben viele neue Geschäfte aufgemacht. **3.** (Zeitungsw.) *mit etw. als Aufmacher versehen:* in der vorigen Woche war diese Zeitung mit folgenden Schlagzeilen aufgemacht: ... **4.** *effektvoll gestalten:* Auslagen, ein Buch hübsch a.; Restaurants, die im Stil der Schenken aufgemacht sind; (ugs.:) sie hatte sich auf jung aufgemacht *(zurechtgemacht).* **5.** ⟨a. + sich⟩ *sich auf den Weg machen:* sich zu einem Spaziergang a.; sie machten sich endlich auf *(schickten sich an),* uns zu besuchen. **6.** (Skispringen) *den Aufsprung einleiten, indem man die Arme vom Körper weg nach vorne bewegt:* der österreichische Springer hat zu früh aufgemacht. **7.** (ugs.) *anmachen* (1): Gardinen a.; ein Plakat a.

Auf|ma|cher, der; -s, -: **a)** (Zeitungsw.) *als Blickfang gestalteter Titel, Hauptartikel einer Zeitung, Illustrierten:* diese Zeitung hatte als einzige im A. über den Spendenskandal berichtet; diese Neuigkeit war der BZ gestern einen A. wert; **b)** (Ferns.) *die erste Meldung einer Nachrichtensendung.*

Auf|ma|cher|sei|te, die (Zeitungsw.): *die erste Seite eines Hauptartikels in einer Illustrierten.*

Auf|ma|chung, die; -, -en: **1.** *Art u. Weise, in der jmd., etw. aufgemacht* (4) *ist:* eine geschmackvolle A.; sie erschien in eleganter A.; die Blätter berichteten darüber in großer A. **2.** (Zeitungsw.) **a)** *das Aufmachen* (3); **b)** *Aufmacher.*

auf|ma|len ⟨sw. V.; hat⟩: **a)** *auf etw. malen, zeichnen:* ein großes Schild, auf das/auf dem eine schwarze Hand aufgemalt war; **b)** (ugs.) *umständlich groß, unbeholfen schreiben:* ein Zettel, auf den/auf dem das Kind einige Wörter aufgemalt hatte.

Auf|marsch, der; -[e]s, Aufmärsche: *das Aufmarschieren:* der A. der Truppe; das Regime liebte Aufmärsche; eine Veranstaltung, die einen großen A. (schweiz.; *zahlreichen Besuch*) verdient.

auf|mar|schie|ren ⟨sw. V.; ist⟩: *in größerer Zahl marschierend herankommen u. sich aufstellen:* die Einheit marschierte in Viererreihen auf; Ü (scherzh.:) sie ließ ihre sieben Kinder a.; Zeugen a. *(auftreten)* lassen.

auf|mei|ßeln ⟨sw. V.; hat⟩: *durch Meißeln öffnen:* den Kiefer, Schädel a.

auf|mer|ken ⟨sw. V.; hat⟩: **1.** (geh.) *aufpassen* (1 a): [auf alles] gut a. **2.** *plötzlich aufmerksam werden, aufhorchen:* bei diesem Namen merkte er auf.

auf|merk|sam ⟨Adj.⟩: **1.** *sehend, hörend seine geistige Aufnahmefähigkeit bereitwillig auf etw. richtend:* -e Zuhörer, Beobachter, Blicke; einer Darbietung a. folgen; er hörte sich das alles a. an; * **[jmdn.] auf jmdn., etw. a. machen** *(hinweisen):* ich mache [Sie] darauf a., dass ...; **[auf jmdn., etw.] a. werden** *(jmdn., etw. wegen einer gewissen Auffälligkeit wahrnehmen):* Vorsicht, die Leute werden schon a.; ich bin bei den Festspielen auf ihn a. geworden. **2.** *höflich u. dienstbereit:* ein [mir gegenüber] sehr -er junger Mann; das ist sehr a. von Ihnen.

Auf|merk|sam|keit, die; -, -en: **1.** ⟨o. Pl.⟩ *das Aufmerksamsein:* die A. der Zuhörer lässt nach; er schenkte ihr große A.; A. für etw. zeigen, bekunden; der Vorfall erregte meine A.; seine A. auf etw. richten; es scheint Ihrer A. entgangen zu sein, dass ... *(Sie haben offenbar noch nicht bemerkt, dass ...).* **2.** ⟨Pl. selten⟩ *aufmerksame* (2) *Art; aufmerksames Verhalten:* er umgab sie mit großer A. **3.** *kleines Geschenk:* jmdm. eine kleine A. mitbringen.

auf|mi|schen ⟨sw. V.; hat⟩: **1.** *neu mischen, aufrühren:* Farben a.; Ü die Mannschaft wurde noch einmal kräftig aufgemischt (ugs.: *aufgewirbelt*); den Markt a. **2.** (ugs.) *verprügeln:* die Skinheads wollten die Demonstranten a.

auf|mö|beln ⟨sw. V.; hat⟩ [urspr. wohl = alte Möbelstücke aufarbeiten] (ugs.): **1.** *etw. [wieder] in einen ansehnlicheren, besseren Zustand bringen:* einen alten Kahn a.; Ü die Mannschaft muss ihren Ruf a. **2.** *beleben* (1 a): der Kaffee hat mich aufgemöbelt. **3.** *jmdm. aus einer gedrückten Stimmung o. Ä. heraushelfen, jmdn. aufmuntern:* der Besuch, die Reise hatte sie wieder aufgemöbelt.

auf|mon|tie|ren ⟨sw. V.; hat⟩: *auf etw. montieren:* einen Gepäckträger [aufs Dach] a.

auf|mot|zen ⟨sw. V.; hat⟩ [spätmhd. ûfmutzen = herausputzen; zu: mutzen = schmücken, H. u.]: (ugs) *effektvoller gestalten:* ein Auto a.; die Maskenbildnerin hatte ihn schwer aufgemotzt.

auf|mu|cken, (auch:) **auf|muck|sen** ⟨sw. V.; hat⟩ (ugs.): *aufbegehren, Widerspruch erheben, sein Missfallen zum Ausdruck bringen:* keiner wagte es, gegen solche Willkür aufzumucken.

auf|mun|tern ⟨sw. V.; hat⟩: **1. a)** *aufheitern:* sie versuchte, die anderen mit lustigen Geschichten aufzumuntern; **b)** *beleben, leicht aufputschen:* der Sekt munterte sie auf. **2.** *jmdm. zu etw. Mut machen:* jmdn. [mit Zurufen] zum Weitermachen a.; jmdn. aufmunternd ansehen.

Auf|mun|te|rung, die; -, -en: *das Aufmuntern.*

auf|müp|fig ⟨Adj.⟩ [zu müpfig = widersprechend, schweiz. Form von ↑²muffig] (landsch.): *aufsässig, widersetzlich:* aus dem früher so braven Jungen war ein -er Bursche geworden.

Auf|müp|fig|keit, die; -, -en (landsch.): **1.** ⟨o. Pl.⟩ *Aufsässigkeit* (1). **2.** *Aufsässigkeit* (2).

aufn (ugs.): *auf den, auf einen.*

auf|nä|hen ⟨sw. V.; hat⟩: *auf etw. nähen:* eine Tasche [auf das Kleid] a.

Auf|nah|me, die; -, -n [zum 2. Bestandteil vgl. Abnahme]: **1.** *das Aufnehmen* (2): die A. von Verhandlungen, von diplomatischen Beziehungen. **2. a)** *Unterbringung, Beherbergung:* die A. von Flüchtlingen; jmds. A. in ein Krankenhaus veranlassen; **b)** *Art, in der jmd. irgendwo aufgenommen wird:* die A. [in der Familie] war überaus herzlich; die Vertriebenen fanden in anderen Ländern bereitwillige A.; **c)** *Raum, in dem die neu Aufzunehmenden ihre Personalien angeben müssen:* in der A. [des Krankenhauses] warten. **3.** *das Aufnehmen* (4 a); *Erteilung der Mitgliedschaft:* die A. in einen Verein beantragen. **4.** *das Aufnehmen* (8): die A. eines Kredits, von 100 000 Mark beschließen. **5. a)** *Übernahme:* die A. eines Wortes in eine Sprache; **b)** *das Registrieren, Verzeichnen in etw.:* die A. eines Wortes ins Wörterbuch. **6.** *Aufzeichnung:* die A. eines Protokolls, Diktats, Telegramms; die A. *(kartographische Vermessung)* eines Geländes. **7. a)** *das Fotografieren, Filmen:* Achtung, A.!; **b)** *Fotografie, Bild:* eine [un]scharfe, verwackelte A.; der Fotograf machte eine A. von dem Paar. **8. a)** *das Aufnehmen* (10 c) *auf Tonband, auf Schallplatte:* die -n dauerten 3 Monate; bei der A. [auf Tonband] muss absolute Ruhe herrschen; **b)** *Ton-, Musikaufzeichnung:* sich die A. eines Konzerts noch einmal anhören. **9.** *das Aufnehmen* (9): wie war die A. beim Publikum?; die Sendung fand [eine] begeisterte A. *(wurde begeistert aufgenommen).* **10.** ⟨o. Pl.⟩ *das Zu-sich-Nehmen:* die A. der Nahrung.

auf|nah|me|be|reit ⟨Adj.⟩: *bereit, etwas [in sich] aufzunehmen.*

auf|nah|me|fä|hig ⟨Adj.⟩: **1.** *in der Lage, etw. aufzunehmen* (6): abends ist er nicht mehr a. für Musik. **2.** *in der Lage, etw. aufzunehmen* (5): -e Märkte.

Auf|nah|me|fä|hig|keit, die ⟨o. Pl.⟩: *Fähigkeit, etw. aufzunehmen* (5, 6).

Auf|nah|me|lei|ter, der (Film): *jmd., der für die organisatorischen Arbeiten am Drehort zuständig ist.*

Auf|nah|me|lei|te|rin, die: w. Form zu ↑Aufnahmeleiter.

Auf|nah|me|lei|tung, die: **a)** ⟨o. Pl.⟩ *Leitung* (1 a) *der organisatorischen Arbeiten am Drehort;* **b)** *die mit der Aufnahmeleitung* (a) *betrauten Personen.*

Auf|nah|me|prü|fung, die: *für die Aufnahme in eine Ausbildungsstätte erforderliche Prüfung.*

Auf|nah|me|ver|mö|gen, das ⟨o. Pl.⟩: **1.** *Aufnahmefähigkeit.* **2.** *Fassungsvermögen.*

auf|nahms|fä|hig ⟨Adj.⟩ (österr.): *aufnahmefähig.*

Auf|nahms|prü|fung, die (österr.): *Aufnahmeprüfung.*

auf|neh|men ⟨st. V.; hat⟩: **1. a)** *vom Boden zu sich heraufnehmen:* den Handschuh [vom Boden] a.; den Rucksack a. *(auf den Rücken nehmen);* die Mutter nahm das Kind auf *(auf den Arm);* **b)** (bes. Fußball) *den Ball an sich nehmen, in seinen Besitz bringen:* eine Flanke a.; **c)** (nordd.) *(vom Boden o. Ä.) aufwischen:* die verschüttete Milch mit dem Lappen a.; * **es mit jmdm. a.**

[können] *(den Wettstreit mit jmdm. nicht zu scheuen brauchen; mit jmdm. konkurrieren, sich messen können;* eigtl. = die Waffen aufnehmen): mit dem nehme ich es [im Trinken] noch allemal auf. **2.** *etw. zu tun, zu schaffen, herzustellen beginnen:* den Kampf, die Verfolgung a.; Verhandlungen [mit jmdm.] a.; diplomatische Beziehungen mit einem Land, zu einem Staat a.; mit jmdm. Kontakt, Fühlung a.; ein Studium a.; ein Thema, einen Gedanken, eine Anregung a. *(aufgreifen u. weiterführen).* **3.** *empfangen; bei sich unterbringen, beherbergen:* jmdn. freundlich a.; Flüchtlinge [bei sich, in seinem Haus] a.; in ein/einem Krankenhaus aufgenommen werden. **4. a)** *die Mitgliedschaft gewähren, ein-, beitreten lassen:* jmdn. als Teilhaber in sein Geschäft a.; sie wurde in den Verein aufgenommen; **b)** (österr.) *an-, einstellen:* eine Hilfskraft a.; **c)** *in etw. mit hineinnehmen, [mit] einbeziehen:* ein Stück in den Spielplan a.; einen Punkt in die Tagesordnung a.; einen Artikel ins Sortiment a. **5.** *Platz für jmdn., etw. bieten; fassen:* eine Gondel der Seilbahn nimmt 40 Personen auf; der Arbeitsmarkt nimmt noch Arbeitskräfte auf. **6.** *in sein Bewusstsein dringen lassen; erfassen:* ich wollte neue Eindrücke, die Atmosphäre [in mich/(selten:) in mir] a.; das Gedächtnis kann das nicht alles a.; der Schüler nimmt leicht, schnell auf. **7.** *in sich hineinnehmen u. als chemischen Stoff verarbeiten:* der Rasen hat das Wasser aufgenommen; die Zellen nehmen Sauerstoff auf. **8.** *(Geld) von jmdm. leihen:* Geld, ein Darlehen, eine Hypothek, einen Kredit a. **9.** *in bestimmter Weise auf etw., was sich an einen wendet, reagieren:* einen Vorschlag, eine Darbietung, ein Theaterstück beifällig, freundlich, kühl, mit Zurückhaltung a.; eine vom Publikum begeistert aufgenommene Uraufführung. **10. a)** *aufzeichnen, schriftlich festhalten:* ein Diktat, Telegramm, jmds. Personalien, ein Protokoll, eine Bestellung a.; ein Gelände [in einer genauen Karte] a. *(kartographisch vermessen u. aufzeichnen);* **b)** *fotografieren, filmen:* jmdn. [für die Zeitung] a.; eine Szene, mehrere Bilder a.; **c)** *auf einem Tonträger festhalten:* ein Konzert a.; ein Gespräch auf ein neues Band a.; eine Platte, eine CD a. *(besingen, bespielen).* **11.** (Handarb.) *(von Maschen) beim Stricken zusätzlich auf die Nadel nehmen:* 10 Maschen a.

auf|neh|mer, der; -s, - (nordd.): **1.** *Aufwischlappen.* **2.** *Kehrichtschaufel.*

auf|nen ⟨sw. V.; hat⟩ [mhd. üfenen = erhöhen, zu: üf, ↑auf] (schweiz.): *[ver]mehren; (Kapital, Geld) bilden, ansammeln:* eine Sammlung, ein Kapital ä.

auf|nes|teln ⟨sw. V.; hat⟩: *(durch Schnur, Haken, Knöpfe, Knoten o. Ä. Verschlossenes) nestelnd öffnen:* die Verschnürung, einen Knoten, die Haare, die Schuhe a.

auf|nö|ti|gen ⟨sw. V.; hat⟩: *jmdn. nötigen, etw. anzunehmen, sich zu etw. bereit zu finden:* jmdm. ein zweites Stück Kuchen, einen Vertrag a.; die Lage nötigt uns Zurückhaltung auf *(zwingt uns zur Zurückhaltung).*

auf|ok|troy|ie|ren ⟨sw. V.; hat⟩ (bildungsspr.): *aufzwingen:* jmdm. seine Meinung, seinen Willen, dem Staat eine Verfassung a.

auf|op|fern ⟨sw. V.; hat⟩: **1.** (geh.) *einem höheren Zweck opfern, hingeben:* sein Leben für jmdn. a.; seine Existenz einer Idee a. **2.** ⟨a. + sich⟩ *sich ohne Rücksicht auf die eigene Person einsetzen:* sich für die Familie, für eine Sache a.

auf|op|fernd ⟨Adj.⟩: *sich hingebungsvoll einem höheren Zweck opfernd:* -e Liebe, Arbeit; sich a. einer Sache widmen.

Auf|op|fe|rung, die; -, -en ⟨Pl. selten⟩: *das Aufopfern:* die A. [des Lebens] für jmdn., etwas; für jmdn. mit A. *(aufopfernd)* sorgen.

auf|op|fe|rungs|be|reit ⟨Adj.⟩: *bereit, sich od. etw. aufzuopfern.*

auf|op|fe|rungs|voll ⟨Adj.⟩: *aufopfernd.*

auf|pa|cken ⟨sw. V.; hat⟩: **1. a)** *auf etw. packen:* dem Lasttier, jmdm., sich den Tornister a.; Koffer [auf den Wagen] a.; Ü jmdm. alle Verantwortung a.; **b)** *[hoch] voll packen:* den Wagen a. **2.** (selten) *auspacken* (1 b): ein Paket a.

auf|päp|peln ⟨sw. V.; hat⟩ (fam.): *(einen Kranken, ein Kind) mit sorgfältiger Ernährung [wieder] zu Kräften bringen:* ein Kind a.; einen Kranken [mit Diätkost] [wieder] a.

auf|pap|pen ⟨sw. V.; hat⟩ (landsch.): *aufkleben:* einen Zettel [auf den Koffer] a.

auf|pas|sen ⟨sw. V.; hat⟩ [zu veraltet passen = aufmerksam Vorübergehendes verfolgen]: **a)** *aufmerksam sein, Acht geben:* beim Unterricht in der Schule, im Straßenverkehr a.; auf die Verkehrszeichen a.; ihr müsst a., dass nichts passiert; aufgepasst! *(Achtung!, Vorsicht!);* pass auf (ugs.; *du wirst sehen*), das ändert sich; **b)** *beaufsichtigend auf jmdn., etw. Acht haben, um einen Schaden o. Ä. zu verhüten:* auf die Kinder a.; auf die Gans im Ofen a.; **c)** (ugs.) *durch Unterbrechen des Geschlechtsverkehrs vor dem Samenerguss dafür sorgen, dass keine Empfängnis stattfindet:* wir müssen a.

Auf|pas|ser, der; -s, -: **1.** (abwertend) *jmd., der die Aufgabe hat, auf andere [heimlich] aufzupassen, ihr Tun zu beobachten:* jmdn. als A. verdächtigen. **2.** *Wächter, Beobachter:* auf dem Hügel war ein A. postiert.

Auf|pas|se|rin, die; -, -nen: w. Form zu ↑Aufpasser.

auf|peit|schen ⟨sw. V.; hat⟩: **1.** *heftig bewegen u. in die Höhe treiben:* der Sturm peitscht das Meer, die Wellen auf. **2.** *in heftige Erregung versetzen:* die Musik peitscht die Sinne auf; die Redner peitschen das Volk auf; die Zeitungen sind voll mit aufpeitschenden Artikeln.

auf|pel|zen ⟨sw. V.; hat⟩ [zu ↑Pelz im Sinne von »Rücken, Buckel«] (österr., sonst landsch.): *aufbürden:* jmdm. eine Arbeit, eine Strafe a.

auf|pep|pen ⟨sw. V.; hat⟩ (ugs.): *einer Sache Pep geben; effektvoller, wirkungsvoller gestalten:* ein schlichtes Kleid mit einer Schleife a.

auf|pflan|zen ⟨sw. V.; hat⟩: **1. a)** *aufstellen, aufrichten:* eine Fahne a.; **b)** *aufstecken, auf das Gewehr stecken:* das Seitengewehr a.; mit aufgepflanztem Bajonett vorrücken. **2.** (ugs.) *sich provozierend vor jmdn., irgendwo hinstellen:* sich vor jmdm., vor dem Eingang a.

auf|pflü|gen ⟨sw. V.; hat⟩: *durch Pflügen aufreißen, auf-, umbrechen:* den Boden a.

auf|pfrop|fen ⟨sw. V.; hat⟩: *auf etw. pfropfen:* ein Edelreis [auf einen Stamm] a.; Ü einem Volk eine fremde Kultur a. *(als etwas Wesensfremdes aufzwingen).*

Auf|pfrop|fung, die; -, -en: **1.** *das Aufpfropfen.* **2.** *etw., was aufgepfropft worden ist.*

[1]auf|pi|cken ⟨sw. V.; hat⟩: **1.** *mit dem Schnabel pickend aufnehmen:* der Vogel pickt Körner [vom Boden] auf; Ü aufgepickte (ugs.: *durch Lesen zufällig gefundene*) Klassikerzitate. **2.** *durch Picken öffnen:* die Elster pickt Eier auf.

[2]auf|pi|cken ⟨sw. V.; hat⟩ [↑[2]picken] (österr. ugs.): *aufkleben.*

auf|plät|ten ⟨sw. V.; hat⟩ (nordd., md.): *aufbügeln.*

auf|plat|zen ⟨sw. V.; ist⟩: *sich platzend öffnen; auseinander platzen, platzend aufgehen, aufspringen:* die Knospen platzen auf; die Naht, die Wunde ist aufgeplatzt.

auf|plus|tern ⟨sw. V.; hat⟩ [zu ↑plustern]: **1.** *(das Gefieder) aufrichten:* der Vogel plustert seine Federn auf; Ü ein Ereignis a. (ugs. abwertend; *aufbauschen*); **2.** ⟨a. + sich⟩ **a)** *sich durch Aufrichten des Gefieders aufblähen:* der Vogel plustert sich auf; **b)** (ugs. abwertend) *sich wichtig tun:* sich [mit seinem Können] gewaltig a.

auf|po|lie|ren ⟨sw. V.; hat⟩: *durch Polieren wieder glänzend machen:* Möbel a.; Ü einen Text [durch Bearbeitung], seine Kenntnisse a.; sein Ansehen, sein [angeschlagenes] Selbstbewusstsein, sein Image a. (ugs.; *auffrischen; aufbessern*).

auf|pols|tern ⟨sw. V.; hat⟩: *die Polsterung von etw. aufarbeiten:* ein Sofa a. [lassen].

auf|pop|pen ⟨sw. V.; hat⟩ (ugs.): *nach Art der Popmusik, -kunst gestalten:* aufgepoppte Folksongs.

auf|prä|gen ⟨sw. V.; hat⟩: *auf etw. prägen:* auf die Vorderseite ließ er sein Wappen a.

Auf|prall, der; -[e]s, -e ⟨Pl. selten⟩: *das Aufprallen:* der A. der Maschine auf das/(seltener:) auf dem Wasser.

auf|pral|len ⟨sw. V.; ist⟩: *auf etw. prallen:* das Auto prallte auf den Mast auf; das Flugzeug war auf das/(seltener:) auf dem Wasser aufgeprallt.

Auf|prall|schutz, der: **a)** *(an Fahrzeugen) Vorrichtung zum Schutz der Insassen im Falle einer Kollision:* der seitliche A. ist bei Fahrzeugen der Oberklasse Standard; **b)** *(an Objekten im Bereich einer Ski-, Rennpiste, mit denen ein Fahrer bei einem Unfall kollidieren könnte) Vorrichtung zum Schutz der im Falle eines Aufpralls betroffenen Personen:* ohne A. stellen Begrenzungspfeiler auf Skipisten eine große Gefahr dar.

Auf|preis, der; -es, -e: *Aufschlag auf den regulären Preis:* der Wagen wird gegen einen A. auch mit Automatik geliefert; für einen A. erhalten Privatpatienten ein besseres Essen.

auf|pro|bie|ren ⟨sw. V.; hat⟩: *probeweise aufsetzen:* eine Mütze, eine neue Brille a.

auf|pum|pen ⟨sw. V.; hat⟩: **1. a)** *durch Pumpen mit Luft füllen:* einen Reifen, eine Luftmatratze a.; **b)** *die Reifen von etw. durch Pumpen mit Luft füllen:* ein Fahrrad a. **2.** ⟨a. + sich⟩ (ugs.) **a)** *sich aufblasen;* **b)** *sich ereifern; zornig werden.*

auf|pus|ten ⟨sw. V.; hat⟩ (ugs.): *aufblasen.*

auf|put|schen ⟨sw. V.; hat⟩ [zu ↑Putsch] (abwertend): **1.** *aufhetzen, aufwiegeln:* die Bevölkerung [zu Gewalttaten] a.; die öffentliche Meinung gegen jmdn., etw. a. **2.** *durch starke Reize, Drogen o. Ä. in einen Zustand unnatürlicher, künstlich gesteigerter Erregung [u. Leistungsfähigkeit] versetzen:* die Leidenschaften a.; die Athleten wurden durch frenetischen Beifall [zu einmaligen Leistungen] aufgeputscht; jmdn., sich, seine Nerven durch Kaffee, Tabletten a.; aufputschende Mittel.

Auf|putsch|mit|tel, das: *Mittel zum Aufputschen* (2).

Auf|putz, der; -es: *auffallender Schmuck* (1 b), *übertriebene Aufmachung:* in festlichem, lächerlichem, barockem A. erscheinen.

auf|put|zen ⟨sw. V.; hat⟩: **1.** *auffallend, übertrieben schmücken:* jmdn., sich, etw. [mit Bändern, Blumen, festlich] a. **2.** (ugs., meist abwertend) *durch künstliche Mittel wirkungsvoller erscheinen lassen:* sein Image, sich a.; eine Bilanz a. *(frisieren)* **3.** (landsch., bes. rhein., südd., schweiz.) *aufwischen.*

auf|quel|len ⟨st. V.; ist⟩: **1.** *quellend größer, umfänglicher werden:* der Teig quillt auf; Erbsen a. lassen; aufgequollene Augen, Wangen. **2.** (geh.) *quellend aufsteigen, empordringen:* Rauch quoll aus den Hütten auf; aufquellendes Blut; Ü Sehnsucht quillt in ihr *(steigt in ihrem Gemüt)* auf; aufquellender Zorn.

auf|raf|fen ⟨sw. V.; hat⟩: **1.** *raffend aufnehmen, aufheben:* Steine a. und damit werfen; den Rock a. *(raffend ein wenig hochnehmen).* **2.** ⟨a. + sich⟩ **a)** *mühsam, mit Überwindung aufstehen, sich erheben:* sich [vom Boden, vom Sitz] a. und weitertaumeln; **b)** *sich zu etw. überwinden:* sich zu einer Arbeit, Entscheidung a.; sich dazu a., etwas zu tun.

auf|ra|gen ⟨sw. V.; hat⟩: *in die Höhe ragen:* die Türme ragten [hoch] [in den, zum Himmel] auf.

auf|rap|peln, sich ⟨sw. V.; hat⟩ (ugs.): **a)** *sich aufraffen* (2 a); *aufstehen:* die Leute auf dem Fußboden rappelten sich auf; **b)** *einen Zustand von Schwäche, Krankheit mit Anstrengung, Energie überwinden:* es ging ihm eine Zeit lang sehr schlecht, aber jetzt hat er sich wieder aufgerappelt.

auf|rau|chen ⟨sw. V.; hat⟩: **1.** *zu Ende rauchen:* wenn ich [die Zigarre] aufgeraucht habe, gehe ich; die halb aufgerauchte Zigarette. **2.** *durch Rauchen verbrauchen:* die Packung ist schon wieder fast aufgeraucht.

auf|rau|en ⟨sw. V.; hat⟩: *durch Bearbeitung an der Oberfläche rau machen:* Leder, Stoffe a.

A

auf|räu|men ⟨sw. V.; hat⟩: **1. a)** *[wieder] Ordnung in etw. bringen:* das Zimmer, die Schublade a.; ich muss noch a. *(Ordnung machen);* **b)** *wegräumen; an seinen Platz stellen, legen:* die Spielsachen a. **2.** (emotional) *wüten, Opfer fordern:* die Seuche hat unter der Bevölkerung furchtbar aufgeräumt. **3.** *(mit etw.) Schluss machen; nicht länger bestehen lassen:* mit Vorurteilen, Missständen a.

Auf|räu|mung, die; -: *das Aufräumen* (1).

Auf|räu|mungs|ar|bei|ten ⟨Pl.⟩: *Arbeiten, durch die irgendwo aufgeräumt* (1 a), *etw. weggeräumt wird.*

auf|rau|schen ⟨sw. V.⟩: *plötzlich rauschend laut werden, zu rauschen beginnen* ⟨hat/ist⟩: die Wasserspülung hatte plötzlich aufgerauscht; Musik, tosender Beifall war aufgerauscht.

auf|rech|nen ⟨sw. V.; hat⟩: **1.** *in Rechnung stellen, anrechnen:* dem Hausbesitzer die Reparaturkosten a. **2.** *mit etw. verrechnen:* eine Forderung gegen die andere a.; Ü man kann doch die Kriegsverbrechen der einen Seite nicht gegen die der anderen a.

Auf|rech|nung, die; -, -en: *das Aufrechnen.*

auf|recht ⟨Adj.⟩ [mhd. ūfreht = aufrecht (1); aufrichtig; unverfälscht, zu ↑recht]: **1.** *gerade aufgerichtet:* eine -e Haltung; sein Gang war a.; etw. a. hinstellen; Ü diese Hoffnung hielt ihn bis zuletzt a.; *** sich nicht mehr/kaum noch a. halten können** *(zum Umsinken müde, erschöpft sein).* **2.** *rechtschaffen, redlich:* ein -er Mann; eine -e Gesinnung.

auf|recht|er|hal|ten ⟨st. V.; hat⟩: *weiter bestehen lassen:* den Kontakt [mit jmdm.] a.; eine Behauptung, eine Illusion, eine Lüge a.

Auf|recht|er|hal|tung, die; -: *das Aufrechterhalten.*

auf|re|cken ⟨sw. V.; hat⟩: **a)** *in die Höhe recken:* die Arme, den Kopf a.; **b)** ⟨a. + sich⟩ *sich in die Höhe recken, sich [aus gebückter Haltung] aufrichten:* der Gorilla reckte sich drohend auf; Ü ein Hochhaus reckt sich riesenhaft vor den Betrachtern auf.

auf|re|den ⟨sw. V.; hat⟩: *aufschwatzen:* die Wirtin redete ihm einen Schnaps auf.

auf|re|gen ⟨sw. V.; hat⟩: **1. a)** *in Erregung versetzen, beunruhigen:* die Nachricht regte sie sehr auf; er war sehr aufgeregt; ein aufregendes Ereignis; **b)** ⟨a. + sich⟩ *in Erregung geraten:* sich über jmdn., etw. a.; du darfst dich nicht so sehr a. **2.** ⟨a. + sich⟩ (ugs.) *sich über jmdn., etw. entrüsten, abfällig äußern:* die Nachbarn regen sich über ihren Lebenswandel auf.

Auf|re|gung, die; -, -en: **a)** *heftige Gefühlsbewegung, Erregung:* in A. geraten; wir müssen alle -en von dem Kranken fern halten; in der A. hatte ich alles vergessen *(ich war so aufgeregt, dass ich alles vergaß);* er stotterte vor A.; **b)** *Verwirrung, Durcheinander:* alles war in heller A.

auf|rei|ben ⟨st. V.; hat⟩: **1.** ⟨a. + sich⟩ *wund reiben:* ich habe mir [beim Kartoffelreiben] die Fingerspitze aufgerieben. **2. a)** ⟨a. + sich⟩ *seine Kräfte völlig verbrauchen:* du reibst dich bei dieser Arbeit, in deinem Beruf auf; **b)** *jmds. Kräfte völlig aufzehren, zermürben:* die Sorge [um ihre Familie] hat sie vorzeitig aufgerieben; eine aufreibende Tätigkeit. **3.** *völlig vernichten:* die Kompanie wurde völlig aufgerieben.

auf|rei|hen ⟨sw. V.; hat⟩: **a)** *hintereinander auf einen Faden aufziehen:* Perlen [auf eine Schnur] a.; **b)** *in einer Reihe aufstellen:* Bücher im Regal a.; die Polizisten reihten sich längs der Straße auf; die Sessel sind nebeneinander aufgereiht.

auf|rei|ßen ⟨st. V.⟩: **1.** *durch [Zer]reißen [der Umhüllung] öffnen* ⟨hat⟩: einen Brief, eine Packung Zigaretten a. **2.** *schnell, ruckartig öffnen* ⟨hat⟩: die Tür a.; den Mund, die Augen a. (ugs.; *vor Schreck, Staunen o. Ä. weit öffnen*). **3.** *aufbrechen* ⟨hat⟩: das Straßenpflaster a. **4. a)** *auseinander reißen* ⟨ist⟩: eine Naht, die Hose ist an der Seite aufgerissen; die Wolkendecke reißt auf; **b)** *durch Reißen beschädigen; ein Loch in etw. reißen* ⟨hat⟩: ich habe [mir] den Rocksaum aufgerissen; der Schiffsrumpf wurde aufgerissen; **c)** (Sport Jargon) *die gegnerische Deckung durch geschicktes Spiel auseinander ziehen u. somit Platz für einen Durchbruch schaffen* ⟨hat⟩: die gegnerische Abwehr a. **5.** (Technik) *einen Aufriss* (1) *machen* ⟨hat⟩: ein Konstruktionsteil a. **6.** *in großen Zügen darstellen* ⟨hat⟩: ein Thema a. **7.** ⟨hat⟩ (salopp) **a)** *kennen lernen u. als Partner, Partnerin zum Geschlechtsverkehr gewinnen:* eine Frau a.; **b)** *sich etw. verschaffen:* einen Job a.

Auf|rei|ßer, der; -s, - (salopp): *jmd., der jmdn. aufreißt* (7 a): A., die Sex für eine Nacht suchen, sind hier selten.

Auf|rei|ße|rin, die; -, -nen: w. Form zu ↑Aufreißer.

auf|rei|ten ⟨st. V.⟩: **1.** ⟨a. + sich⟩ *sich etw. durch Reiten aufscheuern; sich wund reiten* ⟨hat⟩: ich habe mich aufgeritten. **2.** *zu Pferd Aufstellung nehmen* ⟨ist⟩: die Wache ist auf dem Hof aufgeritten.

auf|rei|zen ⟨sw. V.; hat⟩: **1.** *aufhetzen, aufwiegeln:* jmdn. zum Widerstand, zur Opposition a. **2.** *in Erregung versetzen:* etw. reizt [die Leidenschaften, die Sinne] auf; er hat einen aufreizenden Gang.

Auf|rei|zung, die; -, -en: *das Aufreizen.*

Auf|rich|te, die; -, -n (schweiz.): *Richtfest.*

auf|rich|ten ⟨sw. V.; hat⟩: **1.** *aus liegender od. gebeugter Haltung in die Höhe richten, gerade richten:* einen Kranken, sich im Bett a.; den Oberkörper a.; das Boot wieder a.; jmdn. wieder a. *(auf die Beine stellen).* **2.** *errichten, aufbauen:* ein Baugerüst a.; Ü ein Reich a. **3. a)** *trösten, jmdm. Mut zusprechen:* einen Verzweifelten [durch Zuspruch] a.; **b)** ⟨a. + sich⟩ *wieder Mut schöpfen:* ich habe mich an ihm, an seinem Zuspruch aufgerichtet.

auf|rich|tig ⟨Adj.⟩: *dem innersten Gefühl, der eigenen Überzeugung ohne Verstellung Ausdruck gebend:* ein -er Mensch; -e Teilnahme, Bewunderung; -es Bemühen; a. sein; etw. a. bedauern; sie war a. entsetzt.

Auf|rich|tig|keit, die; -: *das Aufrichtigsein.*

Auf|rich|tung, die; -: *das Aufrichten.*

auf|rie|geln ⟨sw. V.; hat⟩: *durch Zurückschieben des Riegels öffnen:* das Tor, die Tür a.

Auf|riss, der; -es, -e [zu ↑aufreißen (5)]: **1.** (Bautechnik) *Zeichnung der Vorder- od. Seitenansicht eines Körpers:* ein Gebäude im A. darstellen. **2.** *kurz gefasste Darstellung eines Stoffes; Abriss:* ein A. der Literaturgeschichte.

auf|rit|zen ⟨sw. V.; hat⟩: **a)** *durch Ritzen öffnen:* die Verpackung an der dafür vorgesehenen Stelle a.; **b)** *durch Ritzen verletzen:* ich habe mir die Haut an dem Blech aufgeritzt.

auf|rol|len ⟨sw. V.; hat⟩: **1. a)** *auf eine Rolle, zu einer Rolle wickeln, zusammenrollen:* ein Kabel, den Teppich, die Jalousie a.; **b)** (ugs.) *auf Lockenwickler aufdrehen:* jmdm., sich die Haare a.; **c)** *aufkrempeln:* die Ärmel, Hosenbeine a.; **d)** ⟨a. + sich⟩ *sich zu einer Rolle winden, verbinden; sich zusammenrollen:* das Papier rollt sich immer wieder auf. **2. a)** *auseinander rollen:* eine Landkarte, Fahne a.; **b)** *durch Rollen öffnen:* eine Schiebetür a. **3.** *als Gegenstand einer umfassenden Erörterung aufgreifen:* eine Frage, ein Problem a.; einen Prozess, einen Fall noch einmal a. **4.** (Milit.) *[von der Seite her] angreifen u. einen Durchbruch erzielen:* eine feindliche Stellung a.; Ü das Feld von hinten a. (Sport; *[in einem Rennen] den Gegner aus einer hinteren Position heraus angreifen u. sich an die Spitze setzen*).

Auf|rol|lung, die; -, -en: *das Aufrollen.*

auf|rü|cken ⟨sw. V.; ist⟩: **1.** *vorrücken u. dadurch eine entstandene Lücke in einer Reihe schließen:* bitte a.!; können Sie etwas weiter a.? **2.** *befördert werden, in einen höheren [Dienst]rang aufsteigen:* in eine leitende Stellung, zum Abteilungsleiter, zur Weltspitze a.

Auf|rü|ckung, die; -, -en: *das Aufrücken.*

Auf|ruf, der; -[e]s, -e: **1.** *das Aufrufen* (1): Eintritt nur nach A. **2.** *öffentlicher Appell:* einen A. [an die Bevölkerung] erlassen, veröffentlichen; einen A. lesen, befolgen. **3.** (EDV) *das Aufrufen* (4).

auf|ru|fen ⟨st. V.; hat⟩: **1.** *jmdn. aus einer Menge heraus [beim Namen] rufen, um ihn zu etw. zu veranlassen:* einen Schüler, einen Patienten, jmds. Namen, Nummer a.; ist unser Flug schon aufgerufen worden? (Flugw.; *sind die Passagiere unseres Fluges schon aufgefordert worden, sich zum Flugzeug zu begeben?*). **2. a)** *öffentlich zu einem bestimmten Handeln od. Verhalten auffordern:* die Bevölkerung zu Spenden, zum Widerstand a.; **b)** (geh.) *etw. in jmdm. wachrufen:* jmds. Rechtsempfinden, Hilfsbereitschaft a. **3.** (EDV) *abrufen, in Gang setzen:* ein Programm a.

Auf|ru|fung, die; -: *das Aufrufen.*

auf|ru|hen ⟨sw. V.; hat⟩ (geh.): *mit seiner Schwere, seinem Gewicht auf etw. liegen, ruhen:* die Figuren ruhen auf einem Sockel auf.

Auf|ruhr, der; -s, -e ⟨Pl. selten⟩ [zu ↑[1]Ruhr in der alten Bed. »(heftige) Bewegung, Unruhe«]: **1.** *Auflehnung u. Zusammenrottung bes. gegen die Staatsgewalt:* das Land, das Militär ist in offenem A.; die Menschenmenge geriet in A. **2.** ⟨o. Pl.⟩ *heftige Erregung:* jmds. Gefühle, Sinne, Leidenschaften in A. bringen, versetzen; sein neues Buch sorgte für A.; Ü ein A. der Elemente (geh.; *Unwetter*).

auf|rüh|ren ⟨sw. V.; hat⟩: **1.** *durch Rühren o. Ä. nach oben, in aufsteigende Bewegung bringen:* Teeblätter, Schlamm, den Bodensatz a. **2. a)** (geh.) *hervorrufen, wecken:* Gefühle, die Leidenschaften a.; **b)** *etw. glücklicherweise [fast] in Vergessenheit Geratenes wieder in Erinnerung rufen:* eine längst vergessene, unangenehme Geschichte a. **3.** (geh.) *in heftige Erregung versetzen, innerlich aufwühlen:* etw. rührt jmdn. im Innersten auf. **4.** (selten) *in Aufruhr* (1) *versetzen:* die Massen a.

Auf|rüh|rer, der; -s, - [zu ↑Aufruhr (1)]: *jmd., der sich gegen die Staatsgewalt o. Ä. auflehnt, einen Aufruhr* (1) *verursacht:* die A. verhaften, vor Gericht stellen.

Auf|rüh|re|rin, die; -, -nen: w. Form zu ↑Aufrührer.

auf|rüh|re|risch ⟨Adj.⟩: **a)** *zum Aufruhr* (1) *anstachelnd:* -e Ideen, Schriften; seine Reden waren a.; **b)** *in Aufruhr* (1) *befindlich:* eine -e Volksmenge.

auf|run|den ⟨sw. V.; hat⟩: *nach oben runden:* die Summe [von 9,60 auf 10 Mark] a.

Auf|run|dung, die; -, -en: *das Aufrunden.*

auf|rüs|ten ⟨sw. V.; hat⟩: **a)** *die Rüstung* (2) *verstärken:* alle Länder der Region rüsten auf; **b)** *mit einer Streitmacht, mit bestimmten Waffen versehen:* ein Land [atomar] a.; Ü der Wagen wurde mit einigen Extras aufgerüstet *(verstärkt);* **c)** *aufrichten* (3 a): niedergeschlagene Arbeitslose mithilfe eines Psychotrainings a.

Auf|rüs|tung, die; -, -en: *das Aufrüsten.*

auf|rüt|teln ⟨sw. V.; hat⟩: *durch Rütteln aufwecken:* jmdn. [aus dem Schlaf] a.; Ü die Gesellschaft mit radikalen Protestaktionen a.; das Gewissen der Menschen a.; jmdn. aus seiner Lethargie a.; aufrüttelnde Worte finden.

Auf|rüt|te|lung, Auf|rütt|lung, die; -, -en: *das Aufrütteln.*

aufs ⟨Präp. + Art.⟩: *auf das:* a. Dach; a. Äußerste; häufig unauflösbar in festen Fügungen: a. Neue.

auf|sa|gen ⟨sw. V.; hat⟩: **1.** *etw. auswendig Gelerntes fehlerlos, aber nicht kunstvoll sprechend zu Gehör bringen:* ein Gedicht, das Einmaleins a. **2.** (geh.) *ein Verhältnis, in dem man zu jmdm. steht, für beendet erklären u. sich für die Zukunft nicht mehr daran gebunden fühlen:* seinen Dienst a.; jmdm. die Freundschaft, den Gehorsam a.

auf|sam|meln ⟨sw. V.; hat⟩: **1.** *(verstreut Liegendes) aufheben:* die Scherben [vom Boden] a. **2.** (ugs.) *aufgreifen u. mitnehmen:* die Polizei hat einige Betrunkene [auf der Straße] aufgesammelt.

auf|säs|sig ⟨Adj.⟩ [zu ↑sitzen, vgl. mhd. sāȥe = Lage, Stellung; Nachstellung, Hinterhalt]: **a)** *wi-*

dersetzlich, trotzig: ein -es Kind; a. sein; sich a. gegen jmdn. verhalten; **b)** *rebellisch, sich auflehnend:* -e Reden führen; das Volk ist a.

Auf|säs|sig|keit, die; -, -en: **1.** ⟨o. Pl.⟩ *aufsässige Art.* **2.** *aufsässige Handlung, trotzige Äußerung.*

auf|sat|teln ⟨sw. V.; hat⟩: **1.** *(einem Reittier) den Sattel auflegen:* ein Pferd a. **2.** (Kfz.-W.) *an der dafür vorgesehenen Stelle auf den Sattelschlepper auflegen:* den Hänger, Trailer a.

Auf|satz, der; -es, Aufsätze: **1. a)** *im Sprach-, bes. im Deutschunterricht über ein bestimmtes Thema unter Berücksichtigung bestimmter formaler u. stilistischer Prinzipien angefertigte Niederschrift:* einen A. schreiben; im A. *(im Aufsatzschreiben)* ist er gut; **b)** *kürzere Abhandlung über ein bestimmtes Thema:* einen [wissenschaftlichen] A. veröffentlichen; das Buch ist eine Sammlung von Aufsätzen. **2. a)** *Aufbau, aufgesetzter Teil bei einem Möbelstück o. Ä.:* den A. des Küchenschranks abnehmen; **b)** (Orgelbau) *auf die Pfeifen aufgesetzter Teil, der Klangfarbe u. Tonqualität beeinflusst;* **c)** kurz für ↑Tafelaufsatz: einen A. mit Konfekt auf den Tisch stellen.

Auf|satz|the|ma, das: *Thema eines Aufsatzes* (1 a).

auf|sau|gen ⟨sw. u. st. V.; saugte/sog auf, hat aufgesaugt/aufgesogen⟩: **1.** *saugend in sich aufnehmen:* die Erde, der Schwamm saugte/sog die Feuchtigkeit auf; saug doch mal schnell die Krümel auf *(entferne sie mit dem Staubsauger);* Ü den Wissensstoff begierig in sich a. *(aufnehmen);* von der Menge aufgesogen werden *(in der Menge verschwinden).* **2.** *jmdn. ganz in Anspruch nehmen, absorbieren:* die Arbeit hatte ihn völlig aufgesogen.

auf|schal|ten ⟨sw. V.; hat⟩ (Fernspr.): *eine Verbindung zu einem besetzten Anschluss herstellen [u. in das stattfindende Gespräch eingreifen]:* [sich] auf einen besetzten Anschluss a.

Auf|schal|tung, die; -, -en: *das Aufschalten, Aufgeschaltetwerden.*

auf|schar|ren ⟨sw. V.; hat⟩: **a)** *durch Scharren aufreißen:* die Erde [mit den Hufen] a.; **b)** *durch Scharren freilegen:* das Wild hat die Saat aufgescharrt.

auf|schau|en ⟨sw. V.; hat⟩: **1.** (landsch., bes. südd., österr., schweiz.) *aufblicken; den Kopf heben u. jmdn., etw. ansehen:* verwundert [von seiner Arbeit] a.; zum Himmel a. **2.** (geh.) *jmdn. verehren:* ehrfürchtig, voll Bewunderung zu jmdm. a.; sie wünscht sich einen Mann, zu dem sie a. kann.

auf|schau|keln, sich ⟨sw. V.; hat⟩: **1.** *zunehmend in Schwingung geraten:* beim Bremsen schaukelt sich das Fahrzeug auf. **2.** (ugs.) *sich [in der Wirkung] steigern:* in Kombination mit Quecksilber kommt es zu komplizierten, sich aufschaukelnden Reaktionen; Ü die Erregung der Massen schaukelte sich immer mehr auf.

auf|schäu|men ⟨sw. V.⟩: **1.** *unter Schaumbildung in die Höhe steigen* ⟨ist, auch: hat⟩: der Sekt schäumt [im Glas] auf; das Wasser, das Meer schäumte auf. **2.** *[schäumend] aufquellen lassen* ⟨hat⟩: Styropor a. **3.** (selten) *aufbrausen* (2) ⟨ist⟩: vor Wut a.

auf|schei|nen ⟨st. V.; ist⟩: **1.** (geh.) *aufleuchten:* in der Ferne schienen Lichter auf. **2.** (österr., sonst landsch.) *begegnen* (2 a), *auftauchen* (2 b): sein Name schien in den Spalten der Zeitungen auf.

auf|scheu|chen ⟨sw. V.; hat⟩: **1.** *scheuchend aufjagen:* Rehe a.; Tiere durch ein lautes Geräusch a.; die aufgescheuchten Vögel flatterten über uns. **2.** (ugs.) *in seiner Ruhe o. Ä. stören u. in Unruhe versetzen; aus einer Tätigkeit o. Ä. herausreißen:* jmdn. aus seiner Ruhe, aus seiner Kontemplation a.

auf|scheu|ern ⟨sw. V.; hat⟩: **a)** *durch Scheuern* (2 a) *verletzen:* jmdm., sich die Haut a.; aufgescheuerte Knie; **b)** ⟨a. + sich⟩ *durch Scheuern* (2 a) *verletzt werden:* seine Knie haben sich bei dem Sturz aufgescheuert.

auf|schich|ten ⟨sw. V.; hat⟩: **a)** *zu einem Stapel o. Ä. schichten:* Holzscheite [an der Hauswand] a.; **b)** *durch Übereinanderschichten herstellen:* einen Holzstoß a.

auf|schie|ben ⟨st. V.; hat⟩: **1. a)** *durch Schieben öffnen:* ein Schiebefenster, eine Tür a.; **b)** *zurückschieben:* den Riegel a. **2.** *auf einen späteren Zeitpunkt verschieben:* die Abreise, die Entscheidung [auf den, bis zum nächsten Tag] a.; R aufgeschoben ist nicht aufgehoben.

Auf|schie|bung, die; -, -en: *das Aufschieben* (2).

auf|schie|ßen ⟨st. V.⟩: **1.** ⟨ist⟩ **a)** *sich rasch nach oben bewegen; in die Höhe schießen:* ein Wasserstrahl, eine Stichflamme schießt auf; **b)** *schnell in die Höhe wachsen:* nach dem Regen ist die Saat aufgeschossen; ein hoch aufgeschossener Junge; **c)** *hochfahren, sich rasch erheben:* wütend schoss er von seinem Stuhl auf. **2.** (geh.) *plötzlich in jmdm. aufkommen, entstehen* ⟨ist⟩: Angst schoss in ihr auf; ein aufschießendes Gefühl von Hass. **3.** ⟨hat⟩ (Seemannsspr.) **a)** *aufrollen, zusammenlegen:* ein Tau a.; **b)** *ein Segelschiff od. -boot durch In-den-Wind-Drehen abstoppen.*

auf|schim|mern ⟨sw. V.; hat/ist⟩ (geh.): *schimmernd aufleuchten:* Lichter schimmern in der Ferne auf; Ü in seinen Augen schimmerte Hoffnung auf.

Auf|schlag, der; -[e]s, Aufschläge: **1.** *das Aufschlagen* (1); *heftiger Aufprall auf einer Fläche:* ein dumpfer, harter A.; beim A. zerschellen. **2.** (bes. Badminton, Tennis, Tischtennis) *das Spiel eröffnender Schlag:* ein harter A.; A. haben. **3.** *Verteuerung eines Preises:* einen A. von 10 % erheben. **4.** *nach außen umgeschlagener Teil an Kleidungsstücken (an Ärmel, Mantel, Hose):* eine Uniform mit roten Aufschlägen; Hosen ohne A.

Auf|schlag|ball, der (bes. Badminton, [Tisch]tennis): *zur Eröffnung eines Spiels über das Netz geschlagener Ball.*

auf|schla|gen ⟨st. V.⟩: **1.** *im Fall hart auftreffen, aufprallen* ⟨ist⟩: bei dem Sturz [mit dem Kopf auf dem/das Pflaster] a.; sein Hinterkopf schlug hart auf. **2.** *durch Aufschlagen* (1) *verletzen* ⟨hat⟩: ich habe mir bei dem Sturz das Knie aufgeschlagen. **3.** *durch einen od. mehrere Schläge* (1 a) *öffnen* ⟨hat⟩: eine Kokosnuss a.; ein Ei [mit einem Löffel, am Tellerrand] a.; das Eis a. *(ein Loch in die Eisdecke schlagen).* **4.** (Badminton, Tennis, Tischtennis, Volleyball) *den Ball zur Eröffnung des Spiels über das Netz schlagen* ⟨hat⟩. **5.** *sich mit einer heftigen Bewegung bis zum Anschlag öffnen* ⟨ist⟩: durch den Wind schlug die Tür auf. **6.** *ein od. mehrere Blätter eines Druckerzeugnisses o. Ä. zur Seite schlagen, sodass eine od. zwei Seiten darin offen daliegen* ⟨hat⟩: die Zeitung, ein Buch a.; sie überflog die aufgeschlagene Seite. **7.** *durch Aufheben der Lider öffnen* ⟨hat⟩: die Augen a. **8.** *nach außen umschlagen* ⟨hat⟩: den Kragen, die Ärmel a. **9.** *durch Zusammenfügen der Teile aufstellen, aufbauen* ⟨hat⟩: ein Bett, ein Zelt a. **10.** *sich irgendwo eine Wohnung einrichten* ⟨hat⟩: seinen Wohnsitz in München a. **11.** *auflodern* ⟨ist⟩: die Flammen schlugen hoch auf. **12. a)** *(den Preis) erhöhen, heraufsetzen* ⟨hat⟩: die Händler haben [die Preise, mit den Preisen] aufgeschlagen; **b)** *als Aufschlag* (3) *hinzurechnen* ⟨hat⟩: die Schreibgebühren werden auf diese Summe aufgeschlagen; **c)** *sich als, im Preis erhöhen* ⟨hat, seltener: ist⟩: die Preise schlagen auf; das Bier, die Miete hat [um 10 %] aufgeschlagen. **13.** (Stricken) *eine bestimmte Anzahl Maschen als erste Reihe auf die Nadel nehmen* ⟨hat⟩: für den Rücken einer Strickjacke 120 Maschen a. **14.** (Kochk.) *schlagen* (11) ⟨hat⟩.

Auf|schlä|ger, der; -s, - (Badminton, Tennis, Tischtennis): *Spieler, der den Aufschlag* (2) *ausführt.*

Auf|schlä|ge|rin, die; -, -nen: w. Form zu ↑Aufschläger.

Auf|schlag|li|nie, die (Badminton, Tennis): *Begrenzungslinie des Feldes, die beim Spielen des Aufschlags nicht überschritten werden darf.*

auf|schläm|men ⟨sw. V.; hat⟩: *schlämmen* (2).

Auf|schläm|mung, die; -, -en: **1.** *das Aufschlämmen.* **2.** *aufgeschlämmte Schicht.*

auf|schle|cken ⟨sw. V.; hat⟩ (südd., österr.): *auflecken.*

auf|schleu|dern ⟨sw. V.; hat⟩: *in die Höhe schleudern:* die Räder schleuderten Erde u. Steine auf.

Auf|schleu|de|rung, die; -, -en: *das Aufschleudern.*

auf|schlie|ßen ⟨st. V.; hat⟩: **1.** *durch Betätigen eines Schlosses öffnen, zugänglich machen:* den Schrank, die Haustür [mit einem Nachschlüssel] a.; sie hat mir [das Zimmer] aufgeschlossen; Ü der Lehrer hat den Schülern den Sinn des Gedichts aufgeschlossen (geh.; *erklärt*); eine neue Welt schloss sich ihr auf *(tat sich ihr auf, erschloss sich ihr).* **2.** (geh.) *offenbaren; mitteilen:* jmdm. sein Herz, sein Inneres a. **3.** (Bergbau) *für den Abbau erschließen, abbaureif machen:* Uranvorkommen a. **4.** (Hüttenw.) *durch Zerkleinern aufbereiten:* Erze a. **5.** (Chemie, Biol.) *löslich machen; auflösen:* Eiweiß a.; die Nahrung wird im Magen aufgeschlossen. **6.** (Amtsspr.) *an die öffentlichen Versorgungsanlagen anschließen:* einen Distrikt [für die Bebauung] a. **7. a)** *aufrücken; den Abstand zu jmdm., der einen Vorsprung hat, verringern, beseitigen:* bitte a.!; der Fahrer schloss zum Hauptfeld auf; **b)** (Sport) *einen führenden Spieler, eine führende Mannschaft einholen, erreichen:* mit diesem Sieg schloss die Mannschaft zur Spitzengruppe auf; Ü weitere Reformen sind in China unerlässlich, um zu den Industriestaaten des Westens aufzuschließen.

Auf|schlie|ßung, die; -: *das Aufschließen* (1–6).

auf|schlit|zen ⟨sw. V.; hat⟩: *durch einen Einschnitt, durch Aufreißen mit einem scharfen Gegenstand öffnen [u. beschädigen]:* einen Brief[umschlag], einen Sack, einen Reifen a.; jmdm. [mit einem Messer] den Bauch a.

auf|schluch|zen ⟨sw. V.; hat⟩: *plötzlich, kurz schluchzen:* aufschluchzend die Hände vor das Gesicht schlagen.

Auf|schluss, der; -es, Aufschlüsse: **1.** *[Auf]klärung, Auskunft:* über jmdn., etw. A. geben, bekommen; sich A. über etw. verschaffen; in der Philosophie, Religion A. über das Leben zu erlangen suchen. **2.** (Bergbau) *Erschließung von Bodenschätzen:* der A. neuer Kohlevorkommen. **3.** (Hüttenw.) *Aufbereitung.* **4.** (Chemie, Biol.) *das Löslichmachen, Auflösen von Stoffen.* **5.** (Geol.) *Stelle im Gelände, die Einblick in die Lagerung der Gesteine u. Ä. zulässt:* Felswände sind natürliche, Steinbrüche künstliche Aufschlüsse. **6.** *das Aufschließen der Tür einer Zelle im Gefängnis.*

auf|schlüs|seln ⟨sw. V.; hat⟩: *nach einem bestimmten Schlüssel* (3 c) *aufteilen, aufgliedern:* die Kosten a.; etw. nach Typen a.; eine Gruppe nach Alter, Beruf, Religion a.

Auf|schlüs|se|lung, Auf|schlüss|lung, die; -, -en: *das Aufschlüsseln:* die A. der Todesfälle nach den Ursachen.

auf|schluss|reich ⟨Adj.⟩: *Aufschlüsse* (1) *gebend; informativ:* eine -e Äußerung; die Vergleichszahlen sind höchst a.

auf|schmei|ßen ⟨st. V.; hat⟩ (österr. ugs.): *bloßstellen, blamieren.*

auf|schmel|zen ⟨st. V.⟩: **1.** (Technik) *einen Stoff in geschmolzener Form auf einen anderen aufbringen* ⟨hat⟩: einen Überzug auf ein Metallgefäß a. **2.** (selten) **a)** *sich durch Schmelzen verflüssigen, auflösen* ⟨ist⟩: das Eis ist aufgeschmolzen; **b)** *durch Erwärmen zum Schmelzen, zur Auflösung bringen* ⟨hat⟩: die Sonne hat die Eisdecke des Sees aufgeschmolzen.

auf|schnal|len ⟨sw. V.; hat⟩: **1.** *die Schnalle[n] von etw. lösen [u. öffnen]:* den Rucksack, die Schuhe a. **2.** *mit Riemen auf etw. befestigen:* das Gepäck auf das Autodach a.; jmdm., sich den Rucksack a. *(auf den Rücken schnallen).*

auf|schnap|pen ⟨sw. V.⟩: **1.** *aufspringen, aus dem Schloss springen u. sich öffnen* ⟨ist⟩: die Tür, das Schloss schnappt auf. **2.** *schnappend mit dem Maul auffangen* ⟨hat⟩: der Hund schnappt das

A

Stück Wurst auf. **3.** (ugs.) *zufällig hören, erfahren, mitbekommen* ⟨hat⟩: im Vorbeigehen jmds. Worte a.; die Kinder haben etw. aufgeschnappt, was sie nicht hören sollten.

auf|schnei|den ⟨unr. V.; hat⟩ [3: urspr. = (den Braten) mit dem großen Messer aufschneiden (= große Stücke abschneiden u. vorlegen)]: **1.** *durch Schneiden, durch einen Schnitt öffnen:* die Verpackung, einen Verband a.; ein Buch a. *(seine außen zusammenhängenden Seiten trennen);* [jmdm.] ein Geschwür a.; ich habe mir an dem Grashalm den Finger aufgeschnitten; jmdm. den Bauch a. (salopp; *jmdn. operieren*). **2.** *in Scheiben od. Stücke schneiden:* den Braten, die Torte, den Käse, das Brot a. **3.** (ugs. abwertend) *großsprecherisch übertreiben:* wenn er von seinen Erlebnissen berichtet, schneidet er immer fürchterlich auf.

Auf|schnei|der, der; -s, - (ugs. abwertend): *jmd., der aufschneidet* (3).

Auf|schnei|de|rei, die; -, -en (ugs. abwertend): *das Aufschneiden* (3).

Auf|schnei|de|rin, die; -, -nen: w. Form zu ↑Aufschneider.

auf|schnel|len ⟨sw. V.; ist⟩: **a)** *in die Höhe schnellen:* er schnellte erschrocken, wütend von seinem Sitz auf; **b)** (selten) *sich plötzlich öffnen:* der Deckel schnellte auf.

Auf|schnitt, der; -[e]s: *[verschiedene Sorten von] Wurst, Braten, Schinken in Scheiben:* eine Platte mit kaltem A.

auf|schnü|ren ⟨sw. V.; hat⟩: **1.** *die Verschnürung von etw. lösen:* ein Päckchen a.; [jmdm., sich] die Schuhe a. **2.** (selten) *mit Schnüren o. Ä. auf etw. befestigen:* den Schlafsack auf den Rucksack a.

auf|schram|men ⟨sw. V.; hat⟩: *durch Schrammen verletzen:* ich habe mir den Arm, die Haut [am Arm] aufgeschrammt.

auf|schrau|ben ⟨sw. V.; hat⟩: **1. a)** *durch [Ab]schrauben [des Schraubverschlusses] öffnen:* ein Marmeladenglas, einen Füller a.; **b)** *durch [Ab]schrauben lösen, lockern:* den Deckel a. **2. a)** *schraubend auf etw. befestigen:* den Verschluss, den Deckel [auf das Glas] a.; **b)** *mithilfe von Schrauben anbringen, auf etw. befestigen:* ein Namensschild [auf die Tür] a.

[1]**auf|schre|cken** ⟨sw. V.; hat⟩: *jmdn. so erschrecken, dass er darauf mit einer plötzlichen heftigen Bewegung o. Ä. reagiert:* mit seinem Geschrei jmdn. aus dem Schlaf a.; das Wild durch Schüsse a. *(aufscheuchen);* Ü die Ereignisse hatten die Menschen aus ihrer Gleichgültigkeit aufgeschreckt *(herausgerissen).*

[2]**auf|schre|cken** ⟨unr. V.; schreckt/(veraltend:) schrickt auf, schreckte/schrak auf, ist aufgeschreckt⟩: *vor Schreck hochfahren:* er schreckte/schrak aus dem Schlaf auf; aus seinen Gedanken a.

Auf|schrei, der; -[e]s, -e: *plötzlicher [kurzer] Schrei:* ein A. der Freude, der Überraschung; einen A. des Entsetzens ausstoßen, unterdrücken; Ü (geh.:) ein A. der Empörung ging durch das Land; es gab einen A.

auf|schrei|ben ⟨st. V.; hat⟩: **a)** *schriftlich festhalten; niederschreiben:* seine Beobachtungen, seine Gedanken a.; **b)** *notieren:* ich habe [mir, dir] die Telefonnummer aufgeschrieben; der Polizist hat den Verkehrssünder aufgeschrieben (ugs.; *seine Personalien notiert*); **c)** (ugs.) *verschreiben, verordnen:* der Arzt hat mir ein Kopfschmerzmittel aufgeschrieben.

auf|schrei|en ⟨st. V.; hat⟩: *plötzlich, kurz schreien:* entsetzt, vor Schmerz a.; die Zuschauer schrien laut auf.

Auf|schrift, die; -, -en: **a)** *kurzer Text, der auf etw. zur Bezeichnung, als Hinweis o. Ä. geschrieben ist:* das Schild, der Ordner, die Flasche trägt die A. ...; etw. mit einer A. versehen; eine goldgewirkte A.; **b)** (selten) *Anschrift, Adresse:* die A. des Briefes, Paketes war unleserlich.

Auf|schub, der; -[e]s, Aufschübe: *das Aufschieben* (2): etwas duldet keinen A.; etw. ohne A. *(unverzüglich)* tun; um A. bitten; einem Schuldner A. *(Fristverlängerung)* geben, gewähren.

auf|schür|fen ⟨sw. V.; hat⟩: *durch Schürfen verletzen:* sich das Knie, die Haut a.

Auf|schür|fung, die; -, -en: **1.** *das Aufschürfen.* **2.** *Schürfwunde.*

auf|schüt|teln ⟨sw. V.; hat⟩: *durch Schütteln auflockern:* die Kissen, das Bett a.

Auf|schüt|te|lung, Aufschüttlung, die; -, -en: *das Aufschütteln.*

auf|schüt|ten ⟨sw. V.; hat⟩: **1.** *auf etw. schütten, gießen:* Wasser [auf die Teeblätter] a.; Koks a. *(nachfüllen).* **2. a)** *schüttend aufhäufen:* Steine, Abraum, Stroh a.; **b)** *durch Aufhäufung von Erdmassen o. Ä. bauen, errichten:* einen Damm, einen Deich a.; **c)** *durch Aufbringung bestimmter Materialien erhöhen, verbreitern:* eine Straße a.

Auf|schütt|lung: ↑Aufschüttelung.

Auf|schüt|tung, die; -, -en: **1.** *das Aufschütten.* **2.** *durch Aufschütten, Aufhäufen bestimmter Materialien entstandene Erhöhung.*

auf|schwat|zen, (landsch.:) **auf|schwät|zen** ⟨sw. V.; hat⟩: *jmdn. zum Kauf, zum Annehmen o. Ä. von etw. überreden; jmdm. eine Sache od. Person aufreden:* ich habe mir [an der Haustür, von einem Vertreter] ein Zeitschriftenabonnement a. lassen; seine Mutter hat ihm die Partnerin aufgeschwatzt.

auf|schwei|ßen ⟨sw. V.; hat⟩: **1.** *durch Schweißen auf etw. befestigen, mit etw. verbinden.* **2.** *mithilfe des Schneidbrenners öffnen:* ein Wrack a.

[1]**auf|schwel|len** ⟨st. V.; ist⟩: **1.** *stark anschwellen* (1 a): sein Leib schwoll auf; ihre Füße sind aufgeschwollen. **2.** *stark anschwellen* (1 b): Lärm, Beifall schwillt auf.

[2]**auf|schwel|len** ⟨sw. V.; hat⟩: *stark anschwellen lassen:* der Wind schwellte die Segel auf; Ü die vielen Nachträge haben das Buch unnötig aufgeschwellt.

Auf|schwel|lung, die; -, -en: *das* [1]*Aufschwellen* (1), *das* [2]*Aufschwellen.*

auf|schwem|men ⟨sw. V.; hat⟩: *durch Ansammlung von Flüssigkeit im Gewebe dick, schwammig werden lassen:* übermäßiger Biergenuss hatte seinen Körper aufgeschwemmt; ein aufgeschwemmtes Gesicht haben.

Auf|schwem|mung, die; -, -en: *das Aufschwemmen* (1).

auf|schwim|men ⟨st. V.; ist⟩: **a)** *infolge des Auftriebs an die Wasseroberfläche kommen:* die luftgefüllten Behälter schwimmen auf; in Vorklärbecken werden aufschwimmende *(an die Wasseroberfläche gelangende)* Lösungsmittel von der Wasseroberfläche entfernt; **b)** (Schiffbau) *(beim Stapellauf) zu schwimmen beginnen:* auf der Werft schwimmt heute schon der zweite Frachter der neuen Baureihe »130« auf; **c)** (Verkehrsw.) *(von Kfz-Reifen beim Aquaplaning) auf dem Wasser der regennassen Straße gleiten:* die Reifen schwimmen auf.

auf|schwin|gen ⟨st. V.; hat⟩: **1.** ⟨a. + sich⟩ *sich in die Höhe schwingen, emporfliegen:* der Bussard schwingt sich [in die Luft] auf. **2.** (Turnen) *einen Aufschwung machen:* am Beginn der Übung schwingt der Turner auf. **3.** ⟨a. + sich⟩ **a)** *sich hocharbeiten:* er hat sich zum Klassenbesten aufgeschwungen; **b)** *sich zu etw. aufwerfen* (4): er schwingt sich zum Richter über andere auf; **c)** *sich zu etw. aufraffen:* endlich hast du dich zu einem Brief aufgeschwungen. **4.** *sich schwingend öffnen:* die Flügeltüren schwangen auf.

Auf|schwung, der; -[e]s, Aufschwünge: **1.** (Turnen) *das Aufwärtsschwingen am Turngerät:* einen A. [am Barren] machen. **2.** (geh.) *innerer Auftrieb, Schwung:* etw. gibt jmdm. [einen] neuen A. **3.** *lebhafte Aufwärtsentwicklung:* der A. der Naturwissenschaften, der Künste, der Kultur; der konjunkturelle A.; die Wirtschaft erlebte, nahm einen stürmischen A.

auf|se|hen ⟨st. V.; hat⟩: **1.** *aufblicken* (1): fragend, erstaunt [von der Arbeit] a.; zu jmdm., etw. a. **2.** *aufblicken* (2): [ehrfürchtig] zu jmdm. a.

Auf|se|hen, das; -s: *durch etw. Außer- od. Ungewöhnliches ausgelöste allgemeine starke Beachtung, Aufregung, Verwunderung, Überraschung:* das Buch verursachte großes A.; ein [viel] Aufsehen erregender Film; der Prozess ging ohne A. über die Bühne.

auf|se|hen|er|re|gend ⟨Adj.⟩: *einiges Aufsehen erregend; sensationell:* ein [höchst] -es Ereignis; seine wissenschaftlichen Arbeiten waren [äußerst] a.

Auf|se|her, der; -s, -: *jmd., der Aufsicht zu führen hat:* er ist A. in einem Museum, Gefängnis.

Auf|se|he|rin, die; -, -nen: w. Form zu ↑Aufseher.

auf sein: s. auf (II 2, 3).

auf|sei|ten (auch: auf Seiten) ⟨Präp. mit Gen.⟩: *seitens, auf jmds. Seite* (9 c): das Ergebnis der Verhandlungen wurde auch a. der Arbeitnehmer begrüßt.

auf|set|zen ⟨sw. V.; hat⟩: **1.** *auf den Kopf, die Nase setzen:* sich, dem Kind eine Mütze a.; die Brille a.; Ü eine freundliche Miene a. *(bewusst zeigen, zur Schau tragen);* ihr Lächeln wirkt aufgesetzt *(nicht natürlich, unecht).* **2.** *ein Gefäß mit etw. zum Kochen auf den Herd stellen:* Milch, das Essen, das Kaffeewasser, einen Topf mit Kartoffeln a. **3.** *etw. in einem bestimmten Wortlaut angemessen schriftlich formulieren:* ein Protokoll, einen Vertrag, eine Anzeige, [jmdm., für jmdn.] einen Brief, eine Rede a. **4.** (landsch.) *aufschichten:* Holz a. **5.** *wieder aufrecht hinstellen:* Kegel a. **6.** *auf etw. bereits Vorhandenes bauen; auf etw. bereits Vorhandenem errichten:* ein weiteres Stockwerk, einen Dachreiter a. **7.** *aufnähen:* Taschen auf das Kleid a.; einen Flicken a. **8.** *mit einer Unterlage, dem Boden in Berührung bringen:* den Tonarm [auf die Schallplatte] a.; die Füße auf den Boden a. **9.** *bei einer Landung in bestimmter Weise auf dem Boden auftreffen:* das Flugzeug setzte hart, weich auf der/(seltener:) auf die Piste auf; (Skisport:) der Skispringer setzte im zweiten Durchgang schon bei 93,5 m auf. **10.** *aufrichten u. aufrecht hinsetzen:* sich, das Kind [im Bett] a. **11.** (Fußball, Handball) **a)** *den Ball auf dem Boden aufprallen lassen:* der Torwart setzte den Ball auf; **b)** *(von einem Ball) einmal kurz auf den Boden aufprallen:* der Ball setzte noch einmal auf und sprang dann ins Netz.

Auf|set|zer, der; -s, -: **a)** (Fußball, Handball) *Ball, der einmal auf dem Boden aufprallt, kurz bevor er das Tor od. beim Zuspiel den Mitspieler erreicht;* **b)** (Rugby) *Spieler, der einen Tritt, bei dem der Ball auf den Boden gelegt wird, ausführt.*

auf|seuf|zen ⟨sw. V.; hat⟩: *unvermittelt, kurz seufzen:* tief, erleichtert a.

Auf|sicht, die; -, -en: **1.** ⟨o. Pl.⟩ *das Achten darauf, dass bestimmte Vorschriften eingehalten werden, dass nichts passiert:* die A. haben [über jmdn., etw.]; wer führt *(hat)* heute [die] A.?; die Aufsicht führende Lehrerin; die Kinder können nicht ohne A. sein; unter ärztlicher, polizeilicher A. stehen *(sich regelmäßig einer ärztlichen Untersuchung unterziehen, bei der Polizei melden müssen);* die/der die Aufsicht Führende; **2.** ⟨Pl. selten⟩ *Aufsicht führende Person, Stelle:* frag doch mal die A. **3.** *die Sicht von oben auf etw.:* einen Körper in [der] A. zeichnen.

auf|sicht|füh|rend ⟨Adj.⟩: *die Aufsicht* (1) *innehabend.*

Auf|sicht|füh|ren|de, der u. die; -n, -n ⟨Dekl. ↑Abgeordnete⟩: *Aufsicht führende Person.*

Auf|sichts|be|am|te, der: *Beamter, der Aufsicht führt.*

Auf|sichts|be|am|tin, die: w. Form zu ↑Aufsichtsbeamte.

Auf|sichts|be|hör|de, die: *Behörde, die die Staatsaufsicht durchführt.*

Auf|sichts|pflicht, die ⟨o. Pl.⟩ (Rechtsspr.): *vom Gesetz vorgeschriebene Pflicht, bestimmte Personen (bes. Minderjährige) od. Sachen zu beaufsichtigen.*

Auf|sichts|rat, der (Wirtsch.): **a)** *Gremium, das die Geschäftsführung eines Unternehmens überwacht;* **b)** *Mitglied des Aufsichtsrats* (a).

Auf|sichts|rats|vor|sit|zen|de, der u. die: *Vorsitzende[r] eines Aufsichtsrats* (a).

auf|sit|zen ⟨unr. V.⟩: **1.** ⟨ist⟩ **a)** *sich auf ein Reittier setzen:* die Reiter saßen auf und ritten davon; aufgesessen! (Reiterkommando); **b)** *als Mitfahrer auf ein Fahrzeug aufsteigen:* auf dem Rücksitz des Motorrads a.; hinter jmdm. a.; **c)** (Turnen) *auf dem Gerät in den Sitz springen od. schwingen:* auf einen Holm a. **2.** ⟨hat; südd., österr., schweiz. auch: ist⟩ (ugs.) **a)** *(im Bett) aufgerichtet sitzen:* der Kranke hat [im Bett] aufgesessen; **b)** *während der Nacht aufbleiben, nicht zu Bett gehen:* über seiner Arbeit nächtelang a. **3.** *auf etw. ausruhen, fest auf etw. sitzen* ⟨hat; südd., österr., schweiz. auch: ist⟩: das Gebälk sitzt [auf] den tragenden Wänden auf. **4.** (Seemannsspr.) *auf Grund geraten sein; festsitzen* ⟨hat⟩: das Schiff saß [auf der Sandbank] auf. **5.** (landsch.) *lästig werden* ⟨hat; südd., österr., schweiz. auch: ist⟩: sie sitzen ihren Nachbarn auf. **6.** *auf jmdn., etw. hereinfallen* ⟨ist⟩: einem Betrüger, einem Gerücht a. **7.** (ugs.) *im Stich gelassen werden* ⟨ist⟩: ich bin ganz schön aufgesessen; der Handwerker hat uns a. lassen *(im Stich gelassen; ist nicht, wie vereinbart, gekommen).*

auf|spal|ten ⟨unr. V.; spaltete auf, hat aufgespaltet/aufgespalten⟩: **a)** *durch Spalten zerlegen, teilen:* ein Stück Holz a.; Eiweiß wird durch Enzyme aufgespalten (Chemie; *in einfachere Bestandteile zerlegt*); **b)** ⟨a. + sich⟩ *sich spalten, trennen:* die Partei hat sich in zwei Lager aufgespalten; einen Konzern in mehrere Gesellschaften a.

auf|spal|tung, die; -, -en: *das Aufspalten, Aufgespaltetwerden.*

auf|span|nen ⟨sw. V.; hat⟩: **a)** *öffnen, ausbreiten u. spannen:* ein Sprungtuch, den Schirm, ein Sonnensegel a.; **b)** *auf etw. spannen:* Papier auf das Zeichenbrett a.; Leinwand [auf einen Rahmen] a.

auf|spa|ren ⟨sw. V.; hat⟩: *für einen späteren Zeitpunkt, für eine andere Verwendung o. Ä. aufheben:* einen Vorrat für Notzeiten a.; ich habe [mir] ein Stück Kuchen aufgespart; Ü sie hatte [sich] die Pointe bis zum Schluss aufgespart; sparen Sie sich die Komplimente für jüngere Damen auf!

auf|spa|rung, die; -: *das Aufsparen.*

auf|spei|chern ⟨sw. V.; hat⟩: **a)** *als Vorrat speichern:* Lebensmittel, Getreide a.; Ü Ärger in sich a.; aufgespeicherte Wut; **b)** ⟨a. + sich⟩ *sich in jmdm. ansammeln:* der Zorn hatte sich in ihm aufgespeichert.

auf|sper|ren ⟨sw. V.; hat⟩: **a)** (ugs.) *weit öffnen, aufreißen:* den Schnabel, den Rachen a.; alle Fenster a.; **b)** (landsch., bes. südd., österr.) *aufschließen* (1): die Wohnung [mit einem Nachschlüssel] a.

auf|spie|len ⟨sw. V.; hat⟩: **1.** *zum Tanz, zur Unterhaltung Musik machen:* eine Musikkapelle spielte [zum Tanz] auf. **2.** (Sport) *in bestimmter Weise spielen:* die Mannschaft spielte glänzend, stark, hervorragend auf. **3.** ⟨a. + sich⟩ (ugs. abwertend) **a)** *sich wichtig tun; angeben:* du spielst dich [vor Fremden] immer furchtbar auf; **b)** *sich als etw. Bestimmtes hinstellen:* du spielst dich gerne als Held, (veraltet:) als Helden auf.

auf|spie|ßen ⟨sw. V.; hat⟩: **1. a)** *mit einem spitzen Gegenstand aufnehmen:* einen Bissen, ein Stück Fleisch a.; **b)** *auf eine Nadel o. Ä. stecken u. auf etw. befestigen:* Schmetterlinge a. **2.** (ugs.) *öffentlich kritisieren, anprangern:* Missstände a.

auf|split|tern ⟨sw. V.⟩: **1.** *sich in Splitter auflösen* ⟨ist⟩: das Holz splittert durch den Druck auf. **2.** *in einzelne Teile, Gruppierungen auflösen* ⟨hat⟩: der Konflikt hat die Partei aufgesplittert; die Gruppe wird sich a.

auf|split|te|rung, die; -, -en: *das Aufsplittern, Aufgesplittertwerden.*

auf|spray|en ⟨sw. V.; hat⟩ (ugs.): *in Form von Spray auftragen:* Haarspray, Schuhpflegemittel a.

auf|spren|gen ⟨sw. V.; hat⟩: **a)** *(Verschlossenes) mit Gewalt öffnen:* eine Tür, ein Schloss, einen Geldschrank a.; **b)** *durch Sprengen in etw. eine Öffnung herstellen:* die Eisdecke wurde aufgesprengt.

auf|sprin|gen ⟨st. V.; ist⟩: **1.** *hochspringen* (1 a): vor Freude, erregt vom Stuhl a. **2.** *auf ein [fahrendes] Fahrzeug springen:* er versuchte [auf die anfahrende Straßenbahn] aufzuspringen. **3.** *sich plötzlich [ohne äußere Einwirkung] öffnen:* die Tür, das Schloss ist aufgesprungen; die Knöpfe an der Bluse sprangen auf; er ließ das Messer a. *(die Klinge des Messers aus dem* [1]*Heft schnellen);* die Knospen, Samenkapseln werden bald a. (geh.; *aufbrechen*); aufspringende Falten (Schneiderei; *Falten, die so gelegt sind, dass sie leicht klaffen*). **4.** *springend auf dem Boden auftreffen:* der Ball sprang hinter der Torlinie auf. **5.** *durch Witterungseinflüsse o. Ä. rissig werden, aufplatzen:* die Hände sind aufgesprungen; aufgesprungene Lippen. **6.** *(von Luftbewegungen in der Atmosphäre) plötzlich aufkommen:* ein scharfer Wind war aufgesprungen.

auf|sprit|zen ⟨sw. V.⟩: **1.** *in die Höhe spritzen* ⟨ist⟩: Schmutz, Wasser spritzte auf. **2.** (salopp) *aus sitzender Haltung o. Ä. rasch aufspringen* ⟨ist⟩: hastig spritzten sie von ihren Sitzen auf. **3.** *mit einer Spritze aufbringen* ⟨hat⟩: die Aufschrift wird mithilfe einer Schablone [auf die Karosserie] aufgespritzt; Farbe, Lack a.

auf|spru|deln ⟨sw. V.; ist⟩: *in die Höhe sprudeln:* beim Öffnen der Flasche ist die Limonade aufgesprudelt.

auf|sprü|hen ⟨sw. V.⟩: **1.** *in die Höhe sprühen* ⟨ist⟩: Funken sprühen auf; Gischt, Schaum sprüht auf. **2.** *sprühend auf etw. aufbringen* ⟨hat⟩: die Aufschrift wird mithilfe einer Schablone [auf die Karosserie] aufgesprüht; Lack, Farbe a.

Auf|sprung, der; -[e]s, Aufsprünge (Sport): **1. a)** *das Auftreffen auf dem Boden nach dem Sprung:* mit einem weichen A. auf der Erde aufsetzen; **b)** *das Aufspringen auf dem Sprungbrett vor dem Absprung.* **2. a)** *Sprung an od. auf das Gerät:* der A. am Barren; **b)** *Sprung nach oben:* ein A. am Trampolin.

auf|spu|len ⟨sw. V.; hat⟩: *auf eine Spule aufwickeln:* einen Film, Garn [auf eine Spule] a.

auf|spü|len ⟨sw. V.; hat⟩: **1.** *anspülen u. ablagern:* der Fluss, das Meer hat Sand aufgespült. **2.** (Seew.) *mit Baggersand, Schlick erhöhen:* einen Deich, das Ufer zur Befestigung mit Sand, Schlick a.

auf|spü|ren ⟨sw. V.; hat⟩: *durch intensives Nachforschen, Verfolgen einer Spur entdecken, ausfindig machen, finden:* eine Fährte, das Wild a.; einen Verbrecher a.; Ü die Ursache a.

auf|sta|cheln ⟨sw. V.; hat⟩: **1.** *durch aufhetzende Reden o. Ä. zu bestimmtem Tun veranlassen; aufwiegeln:* das Volk [zum Widerstand] a. **2.** *anspornen:* jmds. Ehrgeiz a.; die Schüler zu größerem Eifer a.

Auf|sta|che|lung, Auf|stach|lung, die; -, -en: *das Aufstacheln.*

auf|stamp|fen ⟨sw. V.; hat⟩: *fest, stampfend auftreten:* vor Wut mit dem Fuß a.

Auf|stand, der; -[e]s, Aufstände: *Empörung, Aufruhr, Erhebung:* ein bewaffneter A. des Volkes; einen A. [gegen den König] niederschlagen; das Signal zum A. geben; Ü wenn ich das sage, wird es einen A. geben (ugs.; *wird man empört sein*); mach keinen A.!

auf|stän|dern ⟨sw. V.; hat⟩: *mithilfe eines Ständers aufbauen, aufstellen; auf einem Ständer, auf Ständern errichten o. Ä.:* eine Hochstraße a.; eine aufgeständerte Maschine.

auf|stän|disch ⟨Adj.⟩: *in einem Aufstand begriffen; rebellisch, aufrührerisch:* -e Bauern, Arbeiter.

Auf|stän|di|sche, der u. die; -n, -n ⟨Dekl. ↑ Abgeordnete⟩: *jmd., der an einem Aufstand beteiligt ist.*

auf|sta|peln ⟨sw. V.; hat⟩: *zu einem Stapel, aufeinander schichten:* Kisten, Bretter, alte Zeitungen a.

Auf|sta|pe|lung, Auf|stap|lung, die; -, -en: *das Aufstapeln.*

auf|stäu|ben ⟨sw. V.; ist⟩: *als, wie Staub aufwirbeln:* der Sand, Schnee stäubte auf.

auf|stau|en ⟨sw. V.; hat⟩: **a)** *durch Stauen (in einem Stausee o. Ä.) sammeln, anstauen:* einen Fluss, zu Tal fließende Wassermassen [zu einem See] a.; **b)** ⟨a. + sich⟩ *sich anstauen, sammeln:* das Wasser staut sich hinter dem Damm auf; Ü Wut, Ärger, Aggressionen stauen sich in jmdm. auf.

Auf|stau|ung, die; -, -en: *das Aufstauen.*

auf|ste|chen ⟨st. V.; hat⟩: **1.** *durch einen Einstich öffnen:* [jmdm., sich] eine Blase, ein Geschwür a.; jmdm. die Reifen a. **2.** (ugs.) *bemerken, finden, aufdecken:* Fehler, Nachlässigkeiten a.

auf|ste|cken ⟨sw. V.; hat⟩: **1.** *in die Höhe stecken, hochstecken:* [jmdm., sich] das Haar a. **2.** *auf etw. stecken:* eine Fahne a.; [jmdm., sich] einen Ring a.; Kerzen [auf den Leuchter] a. **3.** *durch seine Mimik erkennen lassen, bewusst zeigen:* eine Amtsmiene a. **4.** (ugs.) *aufgeben, nicht weiter tun, nicht weiterverfolgen:* ein Vorhaben, das Studium a.; der Favorit musste wegen einer Verletzung a. **5.** (landsch.) *an einer entsprechenden Vorrichtung befestigen, aufhängen:* Gardinen a. **6.** (landsch.) *in die Futterraufe füllen:* [den Tieren] Heu, Futter a. **7.** (landsch.) *Eindruck machen, etw. erreichen:* mit seinem Verhalten wird er nicht viel a.

auf|ste|hen ⟨unr. V.⟩: **1.** ⟨ist⟩ **a)** *sich [von seinem Sitzplatz] erheben:* mühsam [von seinem Platz], vom Stuhl a.; zur Begrüßung stand er [vor der alten Dame] auf; vom Tisch a. *(die Mahlzeit beenden);* **b)** *sich aus liegender Stellung aufrichten, auf die Füße stellen:* der Gestürzte stand mühsam auf; * **nicht mehr, nicht wieder a.** (verhüll.; *nicht mehr genesen u. sterben*); **c)** *(nach dem Schlaf, nach einem Krankenlager) das Bett verlassen:* in aller Herrgottsfrühe, spät a.; der Kranke darf noch nicht a.; aus dem Bett a.; ⟨subst.:⟩ das frühe Aufstehen fällt ihm schwer; R da musst du früher, eher a. (salopp; *da musst du dir mehr Mühe geben, um zu erreichen, was du im Sinne hast*). **2.** (geh. veraltend) *sich auflehnen, Widerstand leisten, rebellieren* ⟨ist⟩: gegen die Unterdrücker, gegen die Unterdrückung a. **3.** (geh.) *in jmdm. wach werden, aufleben, entstehen* ⟨ist⟩: Hass stand in den Gepeinigten auf. **4.** *auf etw. stehen; aufruhen* ⟨hat; südd., österr., schweiz. auch: ist⟩: der Tisch steht nicht fest, nur mit drei Beinen [auf dem Boden] auf. **5.** *offen stehen, geöffnet sein* ⟨hat; südd., österr., schweiz. auch: ist⟩: der Schrank, die Tür, das Fenster steht auf.

auf|stei|gen ⟨st. V.; ist⟩: **1.** *auf ein Fahrzeug steigen, ein Fahrzeug, ein Reittier besteigen:* auf das Fahrrad, den Traktor a.; auf das Pferd a.; er startete sein Motorrad, ehe er mich [hinten] a. ließ. **2.** *bergan, auf einen Berg steigen; hinaufsteigen:* auf einen Berg, zum Gipfel a. **3. a)** *in die Höhe, aufwärts steigen, hochsteigen:* die warme Luft steigt auf; Nebel steigt [aus den Wiesen] auf; aus der Jurte stieg Rauch auf; der Saft steigt [in den Bäumen] auf; **b)** *sich fliegend in die Höhe bewegen:* ein Hubschrauber steigt auf; mit/in einem Ballon a.; die Sonne steigt am Horizont auf *(erhebt sich über den Horizont);* **c)** *an die Oberfläche steigen:* aus dem Meer a.; Blasen steigen [vom Grund des Sees] auf. **4.** (geh.) *aufragen, sich in große Höhe erheben:* vor ihnen, vor ihren Augen stieg ein Bergmassiv auf. **5.** (geh.) *in jmdm. aufkommen; wach werden:* Angst, Zweifel, ein Verdacht, ein Gedanke steigt, Tränen steigen in jmdm. auf; **6. a)** *beruflich, gesellschaftlich einen höheren Rang einnehmen, eine höhere Stellung erreichen:* beruflich a.; zur Abteilungsleiterin, aus der Arbeiterklasse, in die Oberschicht a.; er ist zu Macht u. Einfluss aufgestiegen; das aufsteigende Bürgertum; **b)** (Sport) *in die nächsthöhere Spielklasse eingestuft werden, sich dafür qualifizieren:* die Mannschaft ist [in die Bundesliga] aufgestiegen; **c)** (österr.) *in die nächste Klasse kommen, ver-*

setzt werden: die Schülerin ist geeignet, in die zweite Klasse aufzusteigen.

Auf|stei|ger, der; -s, -: **1.** (ugs.) *jmd., der in eine höhere Position u. damit in eine angesehenere gesellschaftliche Stellung aufgerückt ist:* ein sozialer A. **2.** (Sport) *Mannschaft, die in die nächsthöhere Spielklasse eingestuft wurde.*

Auf|stei|ge|rin, die; -, -nen: w. Form zu ↑Aufsteiger (1).

auf|stel|len ⟨sw. V.; hat⟩: **1. a)** *in einer bestimmten Ordnung o. Ä., an einen vorgesehenen Platz stellen, hinstellen:* Tische und Stühle [auf der Terrasse] a.; im Keller eine Mausefalle a.; **b)** *Aufstellung nehmen [lassen]; postieren:* einen Posten [an der Tür] a.; wir haben uns in Reih und Glied aufgestellt; **c)** *errichten, aufbauen:* ein Gerüst, eine Baracke, ein Denkmal a.; **d)** *(Umgestürztes) wieder aufrecht hinstellen:* die Kegel a. **2. a)** *aufrichten, aufwärts stellen, hochstellen:* den Kragen a.; der Hund stellt die Ohren auf; **b)** ⟨a. + sich⟩ *(von Fell, Haaren) sich aufrichten:* die Borsten, Haare haben sich aufgestellt. **3.** *zu einem bestimmten Zweck zusammenstellen, formieren:* eine Mannschaft, eine Truppe a. **4.** *für eine Wahl, einen Wettkampf o. Ä. vorschlagen, benennen:* einen Kandidaten, jmdn. [als Kandidaten] a.; sich a. lassen; **5. a)** *ausarbeiten, niederschreiben:* einen Plan, eine Liste, eine Bilanz a.; eine Gleichung a.; **b)** *erarbeiten:* eine Theorie, Regeln, Normen a.; **c)** *erringen, erzielen:* einen Rekord a.; **d)** *aussprechen:* eine Forderung, Vermutung, Behauptung a. *(etw. fordern, vermuten, behaupten).* **6.** (landsch.) *zum Kochen aufs Feuer setzen:* die Suppe, Kartoffeln a. **7.** (nordd.) *etw. anstellen, Dummheiten, Übles anrichten:* was habt ihr denn da wieder aufgestellt?

Auf|stel|ler, der; -s, -: **1.** (Werbespr.) *Werbeträger, der so beschaffen ist, dass man ihn, z. B. in einem Laden auf dem Fußboden od. auf dem Ladentisch aufstellen kann.* **2.** *jmd., der etw. aufstellt, aufgestellt hat:* bei Reklamationen wenden Sie sich an den A. des Automaten.

Auf|stel|lung, die; -, -en: **1. a)** *das Aufstellen:* * **A. nehmen** *(sich aufstellen)* **b)** *etw., was unter bestimmten Gesichtspunkten aufgestellt* (3, 4, 5 a, b) *worden ist.* **2.** (Sport) kurz für ↑Mannschaftsaufstellung.

auf|stem|men ⟨sw. V.; hat⟩: **1.** *gewaltsam, mit dem Stemmeisen öffnen:* eine Tür, den Deckel der Kiste a.; **2.** *mit viel Kraft aufstützen:* seinen Fuß, sich [mit seinem Fuß auf etw.] a. **3.** (Turnen) *seinen Körper ruckartig in den Stütz bringen.*

auf|stem|peln ⟨sw. V.; hat⟩: *mit einem Stempel aufprägen:* seinen Namen [auf den Briefkopf] a.

auf|step|pen ⟨sw. V.; hat⟩: **a)** *mit Steppstichen aufnähen, auf etw. steppen:* Taschen [auf den Mantel] a.; **b)** *mit Steppereien versehen:* Muster, Verzierungen auf etw. a.; aufgesteppte Blumen.

auf|sti|cken ⟨sw. V.; hat⟩: *auf etw. sticken:* ein Monogramm [auf ein Wäschestück] a.

auf|stie|ben ⟨st. V.; ist⟩: **1.** *stiebend in die Höhe fliegen:* Funken, Schneeflocken stieben auf. **2.** (Jägerspr.) *erschreckt, schnell auffliegen:* das Federwild stob auf.

Auf|stieg, der; -[e]s, -e: **1. a)** *das Aufwärtssteigen, Hinaufsteigen:* ein gefährlicher, beschwerlicher A. [zum Gipfel]; einen A. unternehmen; **b)** *aufwärts führender Weg:* es gibt einen steilen u. einen bequemen A. auf den Berg; **c)** ⟨Pl. selten⟩ *das Hochfliegen, In-die-Höhe-Fliegen:* den A. des Ballons, der Rakete beobachten. **2. a)** *Aufwärtsentwicklung:* der A. eines Landes zur Weltmacht; ein beruflicher, sozialer A.; einen konjunkturellen, wirtschaftlichen A. *(Aufschwung)* erleben; **b)** (Sport) *das Eingestuftwerden in eine höhere Leistungsklasse:* der A. des Vereins in die Bundesliga.

Auf|stiegs|chan|ce, die: *Möglichkeit zu beruflichem Vorwärtskommen.*

Auf|stiegs|mög|lich|keit, die: *Aufstiegschance.*

Auf|stiegs|spiel, das (Sport): *Ausscheidungsspiel um den Aufstieg* (2 b).

auf|stö|bern ⟨sw. V.; hat⟩: **1.** *ein Tier aus seinem Versteck aufjagen:* die Hunde stöbern das Wild auf. **2.** *[nach längerem Suchen] finden, aufspüren, entdecken:* ich habe das gesuchte Buch endlich aufgestöbert; ich habe ihn schließlich in seinem Wochenendhaus aufgestöbert.

Auf|stö|be|rung, die; -, -en: *das Aufstöbern, Aufgestöbertwerden.*

auf|sto|cken ⟨sw. V.; hat⟩: **1.** *um ein od. mehrere Stockwerke erhöhen:* ein Gebäude a.; wir haben aufgestockt. **2.** *etw. um eine bestimmte größere Menge, Anzahl o. Ä. vermehren, erweitern:* einen Etat, einen Kredit [um 10 Millionen auf 50 Millionen] a.; die Gesellschaft stockt auf *(erhöht ihr Kapital).*

Auf|sto|ckung, die; -, -en: *das Aufstocken, Aufgestocktwerden.*

auf|stöh|nen ⟨sw. V.; hat⟩: *plötzlich, unvermittelt laut stöhnen:* vor Schmerz, erleichtert a.

auf|stöp|seln ⟨sw. V.; hat⟩ (ugs.): *(ein Gefäß) durch Entfernen des Stöpsels öffnen:* eine Flasche a.

auf|stö|ren ⟨sw. V.; hat⟩ (selten): **a)** *[1]aufschrecken:* das Wild, Rebhühner durch Schüsse a.; **b)** *jmdn. durch eine Störung aus etw. herausreißen:* jmdn. [durch lautes Reden aus seinen Betrachtungen] a.

auf|sto|ßen ⟨st. V.⟩: **1.** *durch einen Stoß öffnen* ⟨hat⟩: die Tür, die Fensterläden a. **2. a)** *durch einen Stoß verletzen* ⟨hat⟩: sein Knie, sich ⟨Dativ⟩ das Knie a.; **b)** *mit etw. hart auf etw. auftreffen* ⟨ist⟩: mit der Stirn auf die Tischkante a. **3.** *fest auf etw. aufsetzen* ⟨hat⟩: beim Gehen stößt er den Stock [auf den Boden] auf. **4. a)** *Luft, die aus dem Magen aufgestiegen ist, hörbar durch den Mund entweichen lassen* ⟨hat⟩: das Baby muss nach jeder Mahlzeit a.; ⟨subst.:⟩ er leidet unter Aufstoßen; **b)** *ein [hörbares] Entweichen od. Ausstoßen von Luft, auch Mageninhalt aus dem Magen verursachen* ⟨ist/hat⟩: das Essen ist/hat ihm aufgestoßen. **5.** (ugs.) *jmdm. auffallen, begegnen* ⟨ist⟩: diese Bemerkung des Ministers ist der Opposition besonders übel aufgestoßen; bei seinen Beobachtungen ist ihm einiges Verdächtige aufgestoßen.

auf|strah|len ⟨sw. V.; hat⟩: **1.** *strahlend aufleuchten:* Scheinwerfer strahlen auf. **2.** *einen Ausdruck von Freude, Glück o. Ä. bekommen, widerspiegeln:* ihre Augen strahlten auf.

auf|stre|ben ⟨sw. V.; hat⟩: **1.** (geh.) *in die Höhe streben, sich erheben:* Bauten, Hochhäuser streben auf; hoch aufstrebende Berge. **2.** *danach streben, vorwärts zu kommen; vorwärts streben:* dieses Entwicklungsland strebt mit Macht auf; eine aufstrebende Industriestadt.

auf|strei|chen ⟨st. V.⟩: **1.** *streichend auftragen, auf etw. streichen* ⟨hat⟩: Farbe [auf die Wand], Salbe [auf die Wunde] a.; du streichst [dir] die Butter zu dick auf; **2.** (Jägerspr.) *vom Boden auffliegen* ⟨ist⟩: Federwild streicht auf.

auf|streu|en ⟨sw. V.; hat⟩: **a)** *etw. auf etw. streuen:* Puderzucker [auf den Kuchen] a.; **b)** *(als Streu) aufschütten:* den Tieren im Stall Stroh a.

Auf|strich, der; -[e]s, -e: **1.** (seltener) *Brotaufstrich.* **2.** *aufwärts geführter Strich in der Handschrift.* **3.** *(bei Streichinstrumenten) aufwärts geführter Bogenstrich:* mit A. spielen.

auf|stül|pen ⟨sw. V.; hat⟩: **1. a)** *auf od. über etw. stülpen:* einen Schirm auf die Lampe a.; **b)** *ohne große Sorgfalt auf den Kopf setzen, aufsetzen:* sich, dem Kind rasch eine Mütze a. **2.** *hochschlagen:* den Mantelkragen a.; Ü die Lippen a. *(schürzen, aufwerfen);* eine aufgestülpte *(am Ende etw. nach oben gerichtete)* Nase.

auf|stüt|zen ⟨sw. V.; hat⟩: **1.** *etw., sich auf etw. stützen:* die Arme [auf den, seltener: auf dem Tisch] a.; ich habe mich [mit den Armen] aufgestützt; mit aufgestütztem Kopf dasitzen. **2.** *stützend aufrichten:* sich, den Kranken [auf seinem Lager] a.

auf|su|chen ⟨sw. V.; hat⟩: **1.** *sich zu jmdm., an einen bestimmten Ort begeben:* Freunde [in ihrer Wohnung] a.; sie muss einen Arzt a. *(konsultieren);* die Toilette a.; ein Café a.; früh das Bett a. (geh.; *zu Bett gehen).* **2. a)** (selten) *am Boden Befindliches aufsammeln:* Geldstücke [vom Boden] a.; **b)** *(in einem Buch blätternd) eine bestimmte Textstelle o. Ä. suchen:* eine Adresse im Telefonbuch, eine Textstelle a.

auf|sum|men, auf|sum|mie|ren ⟨sw. V.; hat⟩: **a)** (EDV) *Werte addieren od. subtrahieren;* **b)** ⟨a. + sich⟩ *eine bestimmte Summe erreichen, sich zu einer bestimmten Summe addieren, sich summieren:* die Spenden haben sich zu einem hohen Betrag aufsummiert.

auf|ta|keln ⟨sw. V.; hat⟩: **1.** (Seemannsspr.) *mit Takelwerk versehen; Segel setzen:* die Segelboote a. **2.** ⟨a. + sich⟩ (ugs. abwertend) *sich sehr auffällig kleiden, zurechtmachen:* sie hat sich scheußlich aufgetakelt.

Auf|takt, der; -[e]s, -e: **1.** ⟨Pl. selten⟩ *Beginn, Eröffnung (einer Veranstaltung o. Ä.):* ein festlicher A.; die Demonstration bildete den A. zu einer Reihe von Krawallen **2.** (Musik) *der ein Musikstück o. Ä. eröffnende unvollständige Takt.* **3.** (Verslehre) *eine od. mehrere Silben vor der ersten tontragenden Silbe eines Verses.*

auf|tan|ken ⟨sw. V.; hat⟩: **a)** *den Treibstoffvorrat ergänzen:* ein Flugzeug bei einer Zwischenlandung a.; der Wagen steht aufgetankt und fahrbereit im Hof; die Maschine tankt hier auf *(der Treibstoffvorrat der Maschine wird ergänzt);* wir müssen noch [Benzin] a.; Ü im Urlaub mal wieder ein bisschen a. *(neue Kräfte sammeln);* **b)** *ein Fahrzeug mit Treibstoff voll tanken:* den Jagdbomber, das Auto a.

auf|tau|chen ⟨sw. V.; ist⟩: **1.** *an die Wasseroberfläche kommen, emportauchen:* das U-Boot ist wieder aufgetaucht; die Froschmänner tauchten nach einer Weile wieder [aus der Tiefe] auf; Ü Erinnerungsbilder tauchten in ihr auf *(traten in ihr Bewusstsein).* **2. a)** *unerwartet, plötzlich in Erscheinung treten, sichtbar werden:* aus dem Dunkel, in der Ferne, vor ihren Augen tauchten die Berge auf; **b)** *unerwartet, plötzlich auftreten, da sein:* nachdem er lange verschollen war, ist er auf einmal wieder [bei seiner Familie] aufgetaucht; keine Sorge, die Akte wird schon wieder a. *(gefunden werden);* Ü Fragen, Zweifel, Probleme tauchen auf *(stellen sich, erheben sich);* ein Verdacht tauchte auf *(kam auf).*

auf|tau|en ⟨sw. V.⟩: **1.** ⟨hat⟩ **a)** *(Gefrorenes) zum Tauen bringen:* die Sonne taut das Eis, den Schnee auf; Tiefkühlkost a.; **b)** *von Eis befreien:* die Wärme hat die Fensterscheiben aufgetaut. **2.** ⟨ist⟩ **a)** *sich tauend auflösen:* das Eis, der Schnee taut auf; **b)** *von Eis frei werden:* der See ist wieder aufgetaut. **3.** *die Befangenheit verlieren, gesprächig werden* ⟨ist⟩: er taut in Gesellschaft nur ganz langsam auf.

auf|tei|len ⟨sw. V.; hat⟩: **1.** *ein größeres Ganzes in Teile zerlegen u. verteilen:* das Land [an die Bauern] a.; die Schokolade unter die Kinder a.; den Gewinn, die Beute [untereinander, unter sich] a. **2. a)** *aufgliedern:* einen Raum a.; das Gelände in Parzellen a.; **b)** *in Gruppen o. Ä. einteilen:* die Exkursionsteilnehmer in mehrere Gruppen a.

Auf|tei|lung, die; -, -en: *das Aufteilen.*

auf|tip|pen ⟨sw. V.; ist⟩: *(von einem Ball) leicht auf den Boden auftreffen u. zurückprallen:* den Ball kurz a. lassen; der Ball tippte mehrmals auf und rollte dann ins Aus.

auf|ti|schen ⟨sw. V.; hat⟩: **1.** *zum Essen auf den Tisch bringen; zum Verzehr anbieten:* das Beste aus Küche und Keller a.; [jmdm.] reichlich a. *(ihn gut bewirten).* **2.** (ugs. abwertend) *etw. erzählen, berichten [was nicht der Wahrheit entspricht]:* [jmdm.] Lügen a.

Auf|trag, der; -[e]s, Aufträge: **1.** *Weisung; zur Erledigung übertragene Aufgabe:* ein wichtiger, schwieriger, ehrenvoller A.; sich eines -es entledigen; er kam im A. seiner Firma; im/Im Auftrag (Abk. vor Briefunterschriften: i. A./I. A.). **2.** *Bestellung (einer Ware od. Leistung):* ein A. in Höhe von 2 Millionen; ein A. über/(seltener:) auf die Lieferung von Schreibtischen; Aufträge bekommen, vergeben; * **etw. in A. geben** (Kaufmannsspr.; *bestellen).* **3.** ⟨Pl. selten⟩ *Verpflichtung, Mission:* der gesellschaftliche, geschichtl che A. der Partei. 4. ⟨Pl. selten⟩ *das Auftragen, Aufbringen von etw. auf etw.:* der Pinsel ermöglicht einen gleichmäßigen A. der Farbe.

uf|tra|gen ⟨st. V.; hat⟩: 1. (geh.) *zum Essen auf den Tisch bringen, servieren:* es, das Essen ist aufgetragen! 2. *auf etw. streichen* (2 a); *über etw. verteilen:* Salbe, Farbe a.; das Make-up [leicht auf das/(seltener:) auf dem Gesicht] a. 3. *(jmdm.) den Auftrag* (1) *geben, etw. Bestimmtes zu tun:* sie hat mir einen Gruß an dich aufgetragen; 4. *(ein Kleidungsstück) so lange tragen, bis es völlig abgetragen, zerschlissen ist:* ein Kleid a.; die jüngeren Geschwister müssen die Sachen der älteren a. 5. *dicker erscheinen lassen:* dieser Stoff, dieses Unterhemd trägt kaum, zu sehr auf.

uf|trag|ge|ber, der; -s, -: *jmd., der einen Auftrag* (1, 2) *erteilt.*

uf|trag|ge|be|rin, die; -, -nen: w. Form zu ↑Auftraggeber.

uf|trags|buch, das (Kaufmannsspr.): *Orderbuch.*

uf|trags|ge|mäß ⟨Adj.⟩: *gemäß einem Auftrag* (1): der Transport wurde a. durchgeführt; -e Erledigung.

uf|trags|la|ge, die (Kaufmannsspr.): *Stand der vorhandenen Aufträge* (2): eine schlechte A.

uf|trags|werk, das: *Kunstwerk, das aufgrund eines Auftrags* (2) *entstanden ist.*

f|tref|fen ⟨st. V.; ist⟩: *[bei einem Sturz o. Ä.] auf eine Fläche treffen, aufprallen, aufschlagen:* beim Sturz auf eine scharfe Kante a.; die auftreffenden Strahlen werden reflektiert.

f|trei|ben ⟨st. V.⟩: 1. ⟨hat⟩ a) *aufwirbeln, in die Höhe treiben:* der Wind treibt die Blätter, den Staub auf; b) *aus seiner Ruhe aufscheuchen, aufjagen:* die Sorge treibt sie [früh aus dem Bett] auf. 2. a) *(durch Druck, Gasbildung o. Ä.) in die Höhe treiben, aufblähen* ⟨hat⟩: die Hefe treibt den Teig auf; die Krankheit hat seinen Körper aufgetrieben; b) *in die Höhe getrieben, aufgebläht werden* ⟨ist⟩: der Teig treibt auf; der Kadaver ist aufgetrieben. 3. (ugs.) *etw., wonach man einige Zeit gefragt, gesucht hat, finden; ausfindig machen, beschaffen* ⟨hat⟩: einen Handwerker a.; wir müssen ein Taxi, etw. zu essen, das nötige Geld a. 4. ⟨hat⟩ a) *zum Verkauf auf den Markt bringen:* Schweine [zum Verkauf] a.; b) *Vieh auf die Bergweiden treiben.*

f|tren|nen ⟨sw. V.; hat⟩: 1. *die Fäden einer Naht zerschneiden [u. damit etw. wieder zertrennen], auseinander trennen:* eine Naht, den Saum a.; das Genähte wieder a. 2. (landsch.) *(etw. Gestricktes od. Gehäkeltes) aufziehen:* den Pullover a.

f|tre|ten ⟨st. V.⟩: 1. *die Füße in bestimmter Weise aufsetzen* ⟨ist⟩: fest, leise a.; sie kann mit dem verletzten Fuß nicht a. 2. *durch einen Tritt gewaltsam öffnen* ⟨hat⟩: er hat die Tür aufgetreten. 3. ⟨ist⟩ a) *ein bestimmtes Verhalten zeigen; sich in bestimmter Art benehmen:* selbstbewusst, bescheiden, forsch a.; b) *in einer besonderen Eigenschaft od. mit einer bestimmten Absicht [öffentlich] in Erscheinung treten, hervortreten:* als Sachverständiger, Zeuge, Käufer, Vermittler a.; er trat [in der Versammlung, vor einem großen Publikum] als Redner auf; gegen etw., mit Forderungen a.; c) *(als Schauspieler o. Ä.) spielen, auf die Bühne treten:* heute wird ein bekannter Pianist, Sänger, Künstler a.; bei dem Rockfestival treten viele weltbekannte Gruppen auf; als Hamlet, auf einer großen Bühne a. 4. ⟨ist⟩ a) *[plötzlich] eintreten, auftauchen:* Schwierigkeiten, Probleme, Meinungsverschiedenheiten traten auf; b) *plötzlich da sein, vorkommen:* Krankheiten, Seuchen, Schädlinge traten auf.

f|tre|ten, das; -s: a) *Benehmen, Verhalten (mit dem jmd. auftritt);* b) *das In-Erscheinung-Treten in bestimmter Eigenschaft);* c) *das Spielen (als Schauspieler, Künstler).*

f|trieb, der; -[e]s, -e: 1. ⟨o. Pl.⟩ (Physik) *der Schwerkraft entgegengesetzte Kraft, der ein in eine Flüssigkeit od. in ein Gas eingetauchter od. untergetauchter Körper unterworfen ist:* aerodynamischer, statischer A.; der Körper erfährt im Wasser einen A. 2. ⟨o. Pl.⟩ *Schwung, Elan, Schaffenskraft:* der Erfolg gab ihr A. 3. a) *Menge der zum Verkauf auf den Markt gebrachten Schlachttiere:* der A. an/von Kälbern; zum A. kommen; b) *das Hinauftreiben des Viehs auf die Bergweide:* der A. findet im Frühjahr statt.

Auf|triebs|kraft, die: *Auftrieb* (1).

Auf|tritt, der; -[e]s, -e: 1. (Theater) *das Auftreten des Schauspielers auf der Bühne:* vor seinem A. Lampenfieber haben; auf seinen A. warten; Ü der Minister hatte einen großen A., verpasste seinen A. 2. (Theater) *Teil eines Aufzugs, Szene:* der fünfte Akt hat nur zwei -e. 3. *heftige Auseinandersetzung, Streit:* ein peinlicher A.; einen A. mit jmdm. haben, provozieren, vermeiden.

auf|trock|nen ⟨sw. V.⟩: a) *[mit einem Tuch] vergossene Flüssigkeit aufwischen* ⟨hat⟩: das verschüttete Wasser a.; b) *(von Flüssigkeit, Farbe o. Ä.) an der Luft, Sonne o. Ä. trocken werden, trocknen* ⟨ist/(auch:) hat⟩: das Wasser trocknet in der Sonne schnell auf.

auf|trump|fen ⟨sw. V.; hat⟩ [eigtl. = im Spiel die höchsten Karten einsetzen]: 1. *seine Überlegenheit deutlich zeigen, unter Beweis stellen:* [mit Rekorden] a. 2. *seine Meinung, seinen Willen od. eine Forderung [aufgrund seiner Überlegenheit] durchzusetzen versuchen:* sie trumpfte auf und forderte bessere Bezahlung.

auf|tun ⟨unr. V.; hat⟩: 1. (geh. veraltend) *aufmachen, öffnen:* die Tür a.; den Mund a. (ugs.; *sprechen*). 2. ⟨a. + sich⟩ (geh.) a) *sich öffnen:* die Tür tat sich auf; Ü eine breite Straße, ein Abgrund tat sich [vor ihr] auf; b) *sich jmdm. erschließen, darbieten:* eine neue Welt, ein neuer Horizont tat sich ihr auf; 3. (ugs.) *durch Zufall entdecken, ausfindig machen:* ein gutes Lokal a. 4. (ugs.) *zum Essen auf den Teller legen:* sich, jmdm. [Kartoffeln] a. 5. (landsch.) *auf den Kopf, auf die Nase setzen:* den Hut, die Brille a.

auf|tup|fen ⟨sw. V.; hat⟩: *durch Tupfen entfernen, aufsaugen:* Blutstropfen, Tränen, Wasserflecke [mit einem Tuch] a.

auf|tür|men ⟨sw. V.; hat⟩: a) *hoch aufschichten, stapeln:* Schachteln [zu einem Berg] a. b) ⟨a. + sich⟩ *sich stapeln, zu einem großen Berg anwachsen:* Aktenberge türmen sich auf.

auf|wa|chen ⟨sw. V.; ist⟩: *wach werden, erwachen:* plötzlich, aus einem Traum, durch ein Geräusch, mit schwerem Kopf a.; aus der Narkose a. *(wieder zum Bewusstsein kommen).*

auf|wach|sen ⟨st. V.; ist⟩: 1. *groß werden, heranwachsen:* auf dem Lande, in kleinen Verhältnissen a.; wir sind zusammen aufgewachsen. 2. (geh.) *auftauchen, immer größer werdend hervortreten:* Türme wachsen aus dem Dunkel auf.

auf|wal|len ⟨sw. V.; ist⟩: a) *(beim Erhitztwerden) wallend hochsteigen:* die Soße kurz, einmal a. lassen; die Milch wallt [im Topf] auf; b) *in dichten Schwaden aufsteigen:* Nebel, Dunst wallt [aus einer Niederung] auf; c) (geh.) *plötzlich in jmdm. als heftige innere Bewegung hochsteigen:* Hass, Dankbarkeit wallte in ihr auf.

Auf|wal|lung, die; -, -en: *das Aufwallen* (c).

auf|wal|zen ⟨sw. V.; hat⟩ (Bauw.): *durch Walzen dünn auftragen:* eine neue Teerschicht a.

Auf|wand, der; -[e]s: a) *das Aufwenden; Einsatz:* ein großer A. an Energie, Geld; ein A. von zwei Millionen Mark; b) *aufgewendete Mittel, Kosten:* der A. hat sich [nicht] gelohnt; c) *übertriebener Prunk, Verschwendung:* unnötigen A. [mit etw.] treiben.

auf|wän|dig: ↑aufwendig.

Auf|wands|ent|schä|di|gung, die; -, -en: *Ausgleichszahlung für besondere im Dienst entstandene Kosten:* eine A. von 500 DM erhalten.

Auf|wands|steu|er, Auf|wand|steu|er, die; -, -n: *Steuer, die auf bestimmte Einkommensverwendungen erhoben wird (z. B. Kfz-Steuer, Hundesteuer).*

auf|wär|men ⟨sw. V.; hat⟩: 1. *(etw. Gekochtes) noch einmal, wieder warm machen:* das Essen vom Mittag a.; Ü alte Geschichten, einen alten Streit wieder a. (ugs. abwertend; *erneut zur Sprache bringen, aufleben lassen*). 2. ⟨a. + sich⟩ *sich an einer Wärmequelle o. Ä. wieder wärmen:* sich in einer Kneipe, am Ofen, mit einem Grog wieder a. 3. (Sport) *durch leichte Übungen die Muskulatur lockern, den Körper warm werden lassen (als Vorbereitung auf eine sportliche Betätigung):* der Sprinter wärmt sich vor dem Start auf.

Auf|war|te|frau, die; -, -en (landsch.): *Putzfrau, Zugehfrau.*

auf|war|ten ⟨sw. V.; hat⟩: 1. a) (geh.) *anbieten, vorsetzen:* den Gästen mit einer Flasche Champagner, mit einem fünfgängigen Menü a.; b) *zu bieten haben:* mit großen Neuigkeiten, Verbesserungen a. [können]; die Mannschaft wartete mit einer großen Leistung auf. 2. (veraltend) *(Gäste) bedienen:* den Gästen a. 3. (geh. veraltet) *jmdm. einen Höflichkeitsbesuch, seine Aufwartung machen:* gleich nach seiner Ankunft wartete er dem Bürgermeister auf.

auf|wärts ⟨Adv.⟩ [mhd. ūfwert(es); ↑-wärts]: *nach oben:* hier führt der Weg a.; den Fluss a. gehen, rudern; Ü von 100 Mark a., vom General a.; * **[mit jmdm., etw.] geht es a.** *(jmds. Situation, etw. bessert sich):* mit ihr, mit ihrer Gesundheit, mit der Wirtschaft geht es wieder a.

Auf|wärts|be|we|gung, die: *Bewegung nach oben.*

Auf|wärts|ent|wick|lung, die: *günstig verlaufende Entwicklung.*

auf|wärts ge|hen: s. aufwärts.

Auf|wärts|ha|ken, der (Boxen): *mit der Faust bei abgewinkeltem Arm nach oben geführter Stoß.*

Auf|wärts|trend, der: *Aufwärtsentwicklung.*

Auf|war|tung, die; -, -en: 1. a) (veraltet) *das Bedienen:* eine Hilfe zur A. haben; b) (landsch.) *das Saubermachen, Reinigen:* sie macht die A. im Hause. 2. (landsch.) *Aufwartefrau.* 3. (geh.) *Höflichkeitsbesuch:* jmdm. eine, seine A. machen.

Auf|wasch, der; -[e]s (landsch.): 1. *das Aufwaschen:* den A. besorgen, machen; R das ist ein A., das geht/das machen wir in einem A. (ugs.; *das lässt sich alles zusammen erledigen*). 2. *abzuwaschendes Geschirr:* in der Küche steht noch der ganze A.

auf|wa|schen ⟨st. V.; hat⟩ (landsch.): *spülen, abwaschen:* Geschirr a.; R das ist ein Aufwaschen, das geht/das machen wir in einem Aufwaschen (ugs.; *das lässt sich alles zusammen erledigen*).

Auf|wasch|was|ser, das ⟨Pl. ...wässer⟩ (landsch.): *Spülwasser.*

auf|we|cken ⟨sw. V.; hat⟩: *wach machen, aus dem Schlaf wecken:* die Kinder nicht a.; das Klingeln hat sie aufgeweckt.

auf|we|hen ⟨sw. V.; hat⟩: 1. a) *in die Höhe wehen:* eine Bö wehte Sand auf; b) *wehend auftürmen:* der Wind hatte den Schnee zu hohen Wehen aufgeweht; c) *aufgewirbelt werden:* der Straßenstaub weht auf. 2. (geh.) *wehend öffnen:* der Sturm hat Fenster und Türen aufgeweht.

auf|wei|chen ⟨sw. V.⟩: 1. *durch Feuchtigkeit weich machen* ⟨hat⟩: ein Brötchen in Wasser a.; der Regen hat den Boden aufgeweicht; Ü ein System a. *(von innen her allmählich zerstören).* 2. *weich werden* ⟨ist⟩: der Boden weicht auf; Ü die Fronten weichen auf.

Auf|wei|chung, die; -, -en: *das Aufweichen.*

auf|wei|nen ⟨sw. V.; hat⟩: *plötzlich für einen Augenblick laut weinen:* die Frau weinte laut auf.

Auf|weis, der; -es, -e: *das Aufzeigen, Darlegen:* der A. großer Irrtümer ist ihm nicht gelungen.

auf|wei|sen ⟨st. V.; hat⟩: a) *auf etw. hinweisen, etw. aufzeigen:* die Bedeutung, Wichtigkeit von etw. a.; der Redner wies neue Möglichkeiten auf; b) *durch etw. Bestimmtes gekennzeichnet sein u. dies zeigen, erkennen lassen:* Parallelen zu etw., einen Mangel, Vorzüge, Merkmale a.; * **etw. aufzuweisen haben** *(etw. haben, über etw. verfügen):* sie hatte keine außerordentlichen Qualitä-

A

ten aufzuweisen; gute Zeugnisse aufzuweisen haben.

auf|wen|den ⟨unr. V.; hat⟩: *(für einen bestimmten Zweck, ein erstrebtes Ziel) aufbringen; für etw. verwenden, einsetzen:* viel Kraft, Zeit, Kosten [für etw.] a.; er wendete/wandte alles auf, ihn zu überreden.

auf|wen|dig, aufwändig ⟨Adj.⟩ [zu ↑aufwenden]: *mit großem Aufwand verbunden; kostspielig:* ein -er Lebensstil, eine -e Dekoration.

Auf|wen|dung, die; -, -en: **a)** *das Aufwenden:* unter A. seiner ganzen Beredsamkeit etw. durchsetzen; **b)** ⟨Pl.⟩ *Ausgaben, Kosten; für etw. Bestimmtes aufzuwendender Betrag:* hohe -en haben; die -en für Löhne und Gehälter.

auf|wer|fen ⟨st. V.; hat⟩: **1. a)** *nach oben, in die Höhe werfen:* die Schiffsschrauben warfen das Wasser auf; das Schiff warf eine hohe Bugwelle auf; den Kopf a. *(ruckartig heben);* **b)** *auf etw. werfen:* Kohlen, Holzscheite a. *(auf das Feuer werfen);* die Karten a. *(auf den Tisch werfen);* **c)** *aufhäufen, aufschütten:* einen Damm, ein Grab a.; Schnee zu Wällen a.; aufgeworfene Erdmassen. **2.** *mit Wucht öffnen:* mit einem Schwung die Tür a. **3.** *zur Sprache bringen, zur Diskussion stellen:* eine Frage a.; **4.** ⟨a. + sich⟩ *sich eigenmächtig zu etw. machen, sich (zu etw.) erheben* (3 a): sich zum Richter, Beschützer, Tyrannen a. **5.** (selten) *(die Lippen) schürzen:* die Lippen a.; ein aufgeworfener Mund.

auf|wer|ten ⟨sw. V.; hat⟩: *dem Wert nach verbessern, den Wert von etw. erhöhen:* die D-Mark a.; die Renten, die Währung a.; Ü sein Ansehen, seine Stellung in der Gesellschaft wurde aufgewertet.

Auf|wer|tung, die; -, -en: *das Aufwerten, Aufgewertetwerden.*

auf|wi|ckeln ⟨sw. V.; hat⟩: **1. a)** *wickelnd zusammenrollen:* einen Bindfaden [auf eine Spule], Stoff [zu einem Ballen] a.; **b)** (ugs.) *auf Wickler aufdrehen:* jmdm., sich die Haare a. **2.** *etw. Verpacktes durch Auseinanderwickeln der Hülle öffnen:* ein Paket vorsichtig a.

Auf|wi|cke|lung, Auf|wick|lung, die; -, -en: *das Aufwickeln.*

Auf|wie|ge|lei, die; -, -en (abwertend): *das Aufhetzen zur Auflehnung:* jmdn. wegen A. anklagen.

auf|wie|geln ⟨sw. V.; hat⟩ [2. Bestandteil zu mhd. wegen = sich bewegen (↑²bewegen), also eigtl. = in heftige Bewegung versetzen]: *[eine Menschengruppe] zur Auflehnung aufhetzen:* Menschen [gegen etw.] a.; das Volk [zum Widerstand] a.

Auf|wie|ge|lung, Aufwieglung, die; -, -en: *das Aufwiegeln.*

auf|wie|gen ⟨st. V.; hat⟩: *ausgleichen, Ersatz für etw. bieten:* die Vorteile wiegen die Nachteile auf; der Erfolg hat den Einsatz nicht aufgewogen.

Auf|wieg|ler, der; -s, -: *jmd., der andere aufwiegelt.*

Auf|wieg|le|rin, die; -, -nen: w. Form zu ↑Aufwiegler.

auf|wieg|le|risch ⟨Adj.⟩: *andere aufwiegelnd:* -e Reden führen; -e Kundgebungen; a. reden.

Auf|wieg|lung: ↑Aufwiegelung.

auf|wim|mern ⟨sw. V.; hat⟩: *plötzlich, für einen Augenblick laut wimmern.*

Auf|wind, der; -[e]s, -e (Met.): *vom Boden aufsteigende Luftbewegung:* das Segelflugzeug hat guten A.; Ü durch erste Erfolge A. *(Auftrieb)* bekommen; im A. sein.

auf|win|den ⟨st. V.; hat⟩: **1.** *durch Winden in die Höhe ziehen od. heben:* den Anker a. **2.** (selten) *aufwickeln:* ein Kabel [auf eine Rolle] a.

auf|wir|beln ⟨sw. V.⟩: **a)** *etw., was locker irgendwo liegt, hoch-, in die Luft wirbeln* ⟨hat⟩: Staub, altes Laub a.; **b)** *in die Höhe wirbeln, aufstieben* ⟨ist⟩: Schnee wirbelte hoch auf.

auf|wi|schen ⟨sw. V.; hat⟩: **a)** *wischend aufnehmen, entfernen:* verschüttetes Wasser, Bier a.; **b)** *mit einem feuchten Lappen wischend bearbeiten:* den Boden, die Diele [feucht] a.; im Flur muss ich noch a. *(den Boden aufwischen).*

Auf|wisch|lap|pen, der: *Lappen zum Aufwischen.*

auf|wo|gen ⟨sw. V.; hat⟩: *in die Höhe wogen, heftig wogen:* das Meer, die See wogte wild auf; Ü etw. mit aufwogender Freude vernehmen.

auf|wöl|ben, sich ⟨sw. V.; hat⟩: *eine Wölbung bilden:* das Blech hat sich aufgewölbt.

Auf|wuchs, der; -es: *das Hochwachsen, Heranwachsen:* der A. der Pflanze ist von der Sonnenbestrahlung abhängig.

auf|wüh|len ⟨sw. V.; hat⟩: **1. a)** *wühlend an die Oberfläche bringen:* Steine, Knochen a.; **b)** *wühlend aufreißen:* den Boden a. **2.** *Wassermassen o. Ä. aufrühren, in stürmische Bewegung bringen:* der Sturm wühlte die See auf; aufgewühlter Schlamm verdunkelt das Wasser; Ü die Nachricht wühlte ihn bis ins Innerste auf *(erregte ihn heftig);* aufgewühlt *(innerlich stark erregt)* verließ er das Theater.

Auf|wurf, der; -[e]s, Aufwürfe (selten): **1. a)** *das Aufwerfen, Aufschütten:* der A. eines Erdhügels; **b)** *kleiner aufgeworfener Hügel:* ein A. aus Steinen. **2.** (südd.) *Auktion:* zwei Gemälde von Bracht kamen zum A.

auf|zah|len ⟨sw. V.; hat⟩ (südd., österr.): *(eine bestimmte Summe) zuzahlen.*

auf|zäh|len ⟨sw. V.; hat⟩: **a)** (selten) *zählend Stück für Stück vorlegen:* jmdm. das Geld einzeln, genau a.; **b)** *einzeln angeben, nacheinander aufführen, nennen:* bestimmte Namen, Daten, Verdienste a.; jmdm. seine Versäumnisse a.; ***jmdm. welche/ein paar a.** (ugs. veraltend; *jmdm. Schläge auf das Gesäß geben).*

Auf|zah|lung, die; -, -en: *das Aufzahlen.*

Auf|zäh|lung, die; -, -en: *das Aufzählen.*

auf|zäu|men ⟨sw. V.; hat⟩: *den Zaum anlegen:* die Pferde a.; Ü etw. verkehrt a. (ugs.; *falsch anpacken).*

auf|zeh|ren ⟨sw. V.; hat⟩ (geh.): **a)** *völlig aufbrauchen:* seine Vorräte, Ersparnisse a.; Ü die Krankheit zehrte sie, ihre gesamte Lebensfreude auf; **b)** ⟨a. + sich⟩ *sich verbrauchen, verzehren über etw.:* du hast dich die Jahre hindurch [innerlich] aufgezehrt.

Auf|zeh|rung, die; -, -en: *das Aufzehren, Sichaufzehren.*

auf|zeich|nen ⟨sw. V.; hat⟩: **1. a)** *auf etw. zeichnen:* ein Muster, einen Grundriss [auf ein Blatt] a.; **b)** *erklärend hinzeichnen:* jmdm. den Weg a. **2.** *zur Dokumentation schriftlich, auf Tonträger, Film od. Magnetband festhalten:* seine Erinnerungen, die Vorfälle wahrheitsgetreu a.; eine Rede wortwörtlich a.; eine Sendung a.

Auf|zeich|nung, die; -, -en: **1.** *das Zeichnen auf etw.:* eine genaue A. des Entwurfs. **2. a)** *das Festhalten von etw. durch Schrift, Bild od. Ton:* eine stenografische A.; -en [mit der Kamera, mit dem Tonbandgerät] machen; die Dichterin berichtet darüber in ihren -en; **b)** (Funkw., Ferns.) *in Bild od. Ton Festgehaltenes:* das war eine A. und keine Livesendung.

auf|zei|gen ⟨sw. V.; hat⟩ (geh.): *deutlich zeigen, nachweisen, darlegen, demonstrieren:* Fehler, Schwächen a.; er zeigte auf, wie groß die Umweltschäden sein würden.

auf|zer|ren ⟨sw. V.; hat⟩: **1.** *durch Zerren aufmachen, öffnen, lösen:* die Krawatte, ein Paket ungeduldig a. **2.** *durch Zerren hochheben:* jmdn. mit Gewalt vom Boden a.

auf|zie|hen ⟨unr. V.⟩: **1.** *nach oben ziehen* ⟨hat⟩: eine Fahne, Segel a. *(hissen).* **2.** ⟨hat⟩ **a)** *ziehend öffnen:* einen Reißverschluss a.; den Vorhang a. *(auseinander ziehen);* **b)** *durch Herausziehen öffnen:* die Schublade a.; **c)** *entkorken:* Flaschen a. **3.** *auf etw. spannen* ⟨hat⟩: eine Landkarte, Saiten [auf ein Instrument] a.; die Leinwand musste auf Pappe aufgezogen werden *(aufgeklebt, befestigt werden);* eine Stickerei a. *(auf den Rahmen spannen);* einen Reifen a.; **4.** ⟨hat⟩ **a)** *(eine Feder) spannen:* die Feder einer Spieluhr a.; **b)** *durch Spannen der Feder o. Ä. bereitmachen:* die Armbanduhr, das Spielzeugauto a.; Ü sie war heute sehr aufgezogen *(angeregt, animiert).* **5.** *großziehen* ⟨hat⟩: ein Kind im christlichen Glauben, nach bestimmten Grundsätzen a.; ein fremdes Kind wie sein eigenes a.; sie war von ihren Großeltern aufgezogen worden; ein Tier mit der Flasche a. **6.** (ugs.) *ins Werk setzen arrangieren* ⟨hat⟩: ein Fest, eine Unternehmung a.; die Sache war falsch, richtig, zu einseitig, ganz neu aufgezogen; der Prozess sollte politisch aufgezogen werden. **7.** (ugs.) *necken, verspotten* ⟨hat⟩: jmdn. wegen seiner, mit seinen z kurzen Hosen a. **8.** ⟨ist⟩ **a)** *aufmarschieren:* die Wache, der Posten ist aufgezogen; **b)** *näher kommen, aufkommen* (1): ein Gewitter, eine schwarze Wolke zieht auf. **9.** *etw. Gestricktes, Gehäkeltes auftrennen* ⟨hat⟩: den Ärmel noch einmal a. **10.** (landsch.) *aufwischen* ⟨hat⟩. **11.** ⟨hat⟩ (Med.) **a)** *eine zur Injektion bestimmte Flüssigkeit in die Spritze einsaugen:* eine Traubenzuckerlösung a.; **b)** *eine Spritze durch Einsaugen des flüssigen Präparates für eine Injektion vorbereiten:* eine Spritze a. **12.** *bei der Schaufensterdekoration Schaufensterpuppen anziehen* ⟨hat⟩: Figuren a.

Auf|zucht, die; -, -en: *das Aufziehen, Großzieher* die A. von Kälbern.

auf|züch|ten ⟨sw. V.; hat⟩: *zu Zuchtzwecken groß ziehen:* Milchkühe a.

auf|zu|cken ⟨sw. V.⟩: **1.** (geh.) *wie ein Blitz aufleuchten* ⟨hat/ist⟩: ein Lichtschein, eine Flamm zuckte auf. **2.** *ruckartig auffahren, zusammenzucken* ⟨hat⟩: plötzlich zuckte er auf.

Auf|zug, der; -[e]s, Aufzüge: **1. a)** *das Aufziehen* (8 a), *Aufmarschieren, Anrücken:* den A. der Wache beobachten; Aufzüge veranstalten; der feierliche A. der Professoren; **b)** *das Aufziehen* (8 b), *Herankommen:* der A. größerer Wolkenfelder. **2.** *mechanische Vorrichtung zum Auf- bzw. Abwärtstransportieren von Personen oder Lasten; Fahrstuhl:* den A. benutzen; in den A. steigen. **3.** (abwertend) *Aufmachung* (1); *Art der Kleidung:* ein lächerlicher, unmöglicher A.; in diesem A. kann ich mich nirgends blicken lassen. **4.** *größerer, in sich geschlossener Abschnitt einer Theateraufführung; Akt* (2): das Drama hat fünf Aufzüge. **5.** (Geräteturnen) *Übung, bei der man sich mit einer Drehung in den Stütz hochzieht:* einen A. am Reck turnen.

Auf|zug|füh|rer, der: *jmd., der einen Aufzug* (2) *bedient.*

Auf|zug|füh|re|rin, die: w. Form zu ↑Aufzugführer.

Auf|zug|schacht, Aufzugsschacht, der: *Schacht in dem sich der Aufzug* (2) *bewegt.*

auf|zün|geln ⟨sw. V.; ist⟩ (geh.): *in die Höhe züngeln:* Flammen züngelten auf; Ü hier und da züngelte Aufruhr auf.

auf|zup|fen ⟨sw. V.; hat⟩: **1.** *zupfend auftrennen:* eine Stickerei a. **2.** *durch Zupfen entwirren:* einen Knoten a.

auf|zwin|gen ⟨st. V.; hat⟩: **1.** *gewaltsam auferlegen; zwingen, etw. anzunehmen:* einem Volk eine neue Staatsform a.; jmdm. seinen Willen, seine Meinung a. **2.** ⟨a. + sich⟩ *sich aufdrängen, zwingend bewusst werden:* ein Gedanke, eine Melodie zwang sich ihm auf.

auf|zwir|beln ⟨sw. V.; hat⟩: *(einen Schnauzbart) mit den Fingerspitzen nach oben drehen:* die Bartenden a.

Aug. = ¹August.

Aug|ap|fel, der; -s, ...äpfel [mhd. ougapfel, ahd. ougapful]: *teilweise sichtbarer, gewölbter, in der Augenhöhle liegender Teil des Auges:* hervorquellende Augäpfel; mit den Augäpfeln/die Augäpfel rollen; ***jmdn., etw. wie seinen A. hüten** *(besonders sorgsam behüten).*

Au|ge, das; -s, -n [mhd. ouge, ahd. ouga, viell. eigtl. = Seher]: **1.** *Sehorgan des Menschen u. vieler Tiere:* blaue, mandelförmige, tief liegende -n; die -n strahlen, glänzen, leuchten, tränen; die -n öffnen, aufschlagen, auf jmdn. richten; einem Toten die -n zudrücken; sich die -n reiben, verderben; schlechte, gute -n haben *(schlecht, gut sehen können);* auf einem A. blind sein; jmdm. nicht in die -n sehen können *(jmdm. gegenüb* *ein schlechtes Gewissen haben);* jmdm. stehen die Tränen in den -n *(jmd. ist dem Weinen nahe);* etw. mit eigenen -n gesehen haben; etw. mit bloßem, unbewaffnetem A. *(ohne optisches Hilfsmittel)* sehen können; ein blaues A. haben *(durch eine Verletzung o. Ä. um das Auge einen Bluterguss haben);* das Kind verunglückte vor den -n seiner Mutter; ein klares Ziel vor -n haben; R die -n waren größer als der Magen *(jmd. hat sich mehr auf den Teller getan, als er essen kann);* Spr aus den -n, aus dem Sinn *(wer abwesend ist, wird leicht vergessen);* * **magisches A.** *(elektronische Röhre am Rundfunkempfänger zur Regelung der Abstimmschärfe);* **das A. des Gesetzes** (scherzh.; *Polizei*); **so weit das A. reicht** *(so weit man sehen kann);* **jmds. -n brechen** (geh.; *jmd. stirbt*); **jmdm. gehen die -n auf** *(jmd. durchschaut plötzlich einen Sachverhalt, erkennt Zusammenhänge, die er vorher nicht gesehen hatte);* **jmdm. gehen die -n noch auf** (ugs.; *jmd. wird früher od. später die bittere Erfahrung machen, dass sich etw. anders verhält, als er glaubte*); **jmdm. gehen die -n über** (1. *jmd. ist durch einen Anblick überwältigt.* 2. geh.; *jmd. beginnt zu weinen;* nach Joh. 11, 35); **sehenden -s** (geh.; *leichtsinnig; obwohl man die Gefahr kommen sieht*); **seinen [eigenen] -n nicht trauen** (ugs.; *vor Überraschung etw. nicht fassen können*); **das A. beleidigen** *(von einem ästhetischen Gesichtspunkt aus betrachtet sehr unschön, unharmonisch sein);* **ein A. voll Schlaf nehmen** *(ein wenig, für ganz kurze Zeit schlafen);* **-n wie ein Luchs haben** *(sehr scharf sehen u. alles bemerken);* **hinten keine -n haben** (ugs.; *nicht sehen können, was hinter einem vor sich geht*); **seine -n überall haben** *(auf alles aufpassen, sich nichts entgehen lassen);* **[große] -n machen** (ugs.; *staunen, sich wundern*); **jmdm. [schöne] -n machen** (ugs.; *mit jmdm. einen Flirt anfangen*); **die -n offen haben/halten** *(Acht geben, aufpassen);* **die -n schließen/zumachen** (verhüll.; *sterben*); **die -n vor etw. verschließen** *(etw. nicht zur Kenntnis nehmen, nicht wahrhaben wollen);* **sich [nach jmdm., etw.] die -n aus dem Kopf sehen/schauen** (ugs.; *intensiv [vergeblich] suchen od. erwartend Ausschau halten*); **jmdm. am liebsten die -n auskratzen mögen** (ugs.; *so wütend sein auf jmdn., dass man ihm am liebsten etw. Böses antäte*); **ein A./beide -n zudrücken** (ugs.; *etw. nachsichtig, wohlwollend übersehen*); **ein A. riskieren** (ugs.; *einen verstohlenen Blick auf jmdn., etw. werfen*); **ein A. auf jmdn., etw. werfen** (ugs.; *sich für jmdn., etw. zu interessieren beginnen*); **ein A. auf jmdn., etw. haben** (1. *auf jmdn., etw. Acht geben.* 2. *an jmdm., etw. Gefallen finden*); **die -n auf null gestellt haben** (salopp; *tot sein*); **-n machen wie ein gestochenes Kalb** (ugs.; *töricht dreinschauen*); **ein A. für etw. haben** *(das richtige Verständnis, ein Urteilsvermögen für etw. haben);* **kein A. zutun** (ugs.; *nicht schlafen [können]*); **-n im Kopf haben** (ugs.; *etw. durchschauen, beurteilen können*); **keine -n im Kopf haben** (ugs.; *nicht aufpassen*); **jmdm. die -n öffnen** *(jmdn. darüber aufklären, wie unerfreulich etw. in Wirklichkeit ist);* **sich die -n ausweinen/aus dem Kopf weinen** *(sehr weinen;* aus dem Klagelied Jeremias 2, 11); **jmdm. etw. an den -n ablesen** *(die unausgesprochenen Wünsche des anderen von allein erkennen);* **jmdm. etw. aufs A. drücken** (salopp; *jmdm. etw. [Unangenehmes] aufbürden*); **jmdn., etw. nicht aus den -n lassen** *(scharf beobachten);* **jmdn., etw. aus dem A./aus den -n verlieren** *(die Verbindung mit jmdm. verlieren, etw. nicht weiterverfolgen);* **nicht mehr/kaum noch aus den -n sehen können** (ugs.; *sehr müde, erschöpft, mitgenommen sein*); **geh mir aus den -n!** *(geh weg!, lass dich hier nicht mehr blicken!);* **jmdm. aus den -n sehen** *(jmds. Augen anzusehen sein);* **jmdm., einander A. in A. gegenüberstehen** *(jmdm., einander ganz nahe gegenüberstehen);* **etw. im A. haben** *(etw. im Sinn haben, vorhaben);* **jmdn., etw. im A. behalten** *(jmdn. beobachten, etw. verfolgen);* **in jmds. -n** *(nach jmds. Ansicht);* **[jmdm.] ins A./in die -n fallen/springen** *(auffallen);* **jmdm. ins A./in die -n stechen** (ugs.; *jmds. Wunsch wecken, es zu besitzen*); **jmdm. zu tief in die -n gesehen haben** *(sich in jmdn. verliebt haben);* **etw. ins A. fassen** *(sich etw. vornehmen);* **einer Gefahr ins A. sehen** *(mutig entgegentreten);* **ins A. gehen** (ugs.; *schlecht enden, üble Folgen haben*); **in jmds. -n steigen/sinken** *(bei jmdm. an Ansehen, Achtung gewinnen, verlieren);* **mit einem lachenden und einem weinenden A.** (*teils erfreut, teils betrübt;* wohl nach Shakespeare, Hamlet I, 2); **mit offenen -n schlafen** (ugs.: 1. *nicht aufpassen u. daher etw. nicht wissen od. wahrnehmen, was unangenehme od. nachteilige Auswirkungen hat;* oft als Vorwurf an jmdn. gerichtet. 2. *dösen*); **mit einem blauen A. davonkommen** (ugs.; *ohne großen Schaden, glimpflich davonkommen*); **etw., jmdn. mit anderen/neuen -n [an]sehen/betrachten** *(mit einem neuen Verständnis betrachten);* **jmdn., etw. mit den -n verfolgen** *(jmdm., einer Sache genau zusehen, aufmerksam hinterherblicken);* **jmdn., etw. mit den -n verschlingen** (ugs.; *mit begehrlichen Blicken ansehen*); * **jmdn. mit den -n ausziehen** (ugs.; *jmdn. voll sexueller Begierde ansehen*); **etw. nicht nur um jmds. schöner blauer -n willen tun** *(nicht aus reiner Gefälligkeit tun);* **A. um A., Zahn um Zahn** (*Gleiches wird mit Gleichem vergolten;* nach 2. Mos. 21, 24); **unter vier -n** *(zu zweit, ohne weitere Zeugen);* **unter jmds. -n** *(in jmds. Anwesenheit);* **jmdm. nicht [wieder] unter die -n kommen/treten dürfen** *(bei jmdm. unerwünscht sein, nicht wieder erscheinen dürfen);* **jmdm. wird [es] schwarz vor [den] -n** *(jmd. wird ohnmächtig);* **vor aller -n** *(in der Öffentlichkeit; öffentlich);* **jmdm., sich etw. vor -n führen/halten/stellen** *(deutlich zeigen, klar machen);* **jmdm. vor -n schweben** *(deutlich ins Bewusstsein treten).* **2.** *(bei Pflanzen, bes. bei Kartoffel, Rebe, Obstbaum) Keim, Knospenansatz:* die -n aus der Kartoffel ausschneiden. **3. a)** *Punkt auf dem Spielwürfel:* er hat sieben -n geworfen; **b)** *Zählwert bei bestimmten Spielen:* beim Skat zählt die Dame drei -n. **4.** *auf einer Flüssigkeit, meist auf der Suppe schwimmender Fetttropfen:* auf der Suppe schwimmen viele -n; R in diese Suppe schauen mehr -n hinein als heraus (ugs. scherzh.; *sie ist sehr dünn, wenig gehaltvoll*). **5.** (Seemannsspr.) **a)** *gelegte Schlinge am Ende eines Taus;* **b)** *große Öse in einem Tampen:* ein A. einspleißen. **6.** *Loch für den Stiel (bei Hammer od. Axt).*

Äu|gel|chen, das; -s, -: Vkl. zu ↑Auge (1).

Äu|ge|lein, Äuglein, das; -s, -: Vkl. zu ↑Auge (1).

äu|geln ⟨sw. V.; hat⟩ [mhd. öugeln]: **1.** *heimliche, verstohlene Blicke werfen:* nach jmdm. ä. **2.** (Gartenbau) *veredeln, okulieren:* Obstbäume, Rosen ä.

äu|gen ⟨sw. V.; hat⟩ [mhd. öugen]: *suchend blicken:* er äugte durch eine Luke, in unsere Richtung.

Au|gen|ab|stand, der (Med.): *Entfernung zwischen beiden Pupillen.*

Au|gen|arzt, der: *Facharzt für Augenkrankheiten; Ophthalmologe.*

Au|gen|ärz|tin, die: w. Form zu ↑Augenarzt.

au|gen|ärzt|lich ⟨Adj.⟩: *vom Augenarzt ausgehend.*

Au|gen|auf|schlag, der: *das Heben der Augenlider:* ein treuherziger A.

Au|gen|aus|druck, der: *Ausdruck der Augen.*

Au|gen|bank, die ⟨Pl. -en⟩ (Med.): *Institution, die menschliche Augen zum Transplantieren zur Verfügung stellt.*

Au|gen|blick [auch: --'-], der [mhd. ougenblick, eigtl.: (schneller) Blick der Augen]: *Zeitraum von sehr kurzer Dauer, Moment:* einen A. warten, aufpassen; einen A., bitte!; in dem A., wo/(geh. veraltend:) da ...; im richtigen A. *(zum richtigen Zeitpunkt);* den Zug im letzten A. erreichen; * **alle -e** (ugs.; *immer wieder*); **jeden A.** *(schon im nächsten Augenblick, sofort);* **im A.** *(jetzt, momentan);* **einen lichten A. haben** (1. *vorübergehend bei klarem Verstand sein.* 2. scherzh.; *eine gute Idee haben*).

au|gen|blick|lich [auch: --'--] ⟨Adj.⟩: **1.** *unverzüglich, sofort:* a. beginnen; auf -e Hilfe hoffen. **2.** *derzeitig, momentan:* -e Bedürfnisse; wo ist er a. beschäftigt?

au|gen|blicks ⟨Adv.⟩: *sogleich, sofort:* etw. a. vergessen; a. verlässt du das Zimmer!

Au|gen|blicks|bil|dung, die: *Ad-hoc-Bildung.*

Au|gen|blicks|sa|che, die: *Sache, die nur einen Augenblick dauert.*

Au|gen|blin|zeln, das, -s: *durch Blinzeln gegebenes Zeichen der Verständigung.*

Au|gen|braue, die: *Haarbogen über dem Auge:* buschige -n; sich die -n ausrasieren, auszupfen; eine Platzwunde an der A.

Au|gen|brau|en|stift, der: *Farbstift zum Nachziehen der Augenbrauen.*

Au|gen|de|ckel, der (ugs.): *[oberes] Lid:* mit den -n klappern.

Au|gen|dia|gno|se, die: *Methode, Krankheiten aus der Veränderung der Iris des Auges zu erkennen.*

au|gen|fäl|lig ⟨Adj.⟩: *auffällig, nicht zu übersehen:* ein -er Zusammenhang, Unterschied.

Au|gen|fält|chen ⟨Pl.⟩: *kleine Falten um die Augen:* beim Lachen wurden A. sichtbar.

Au|gen|far|be, die: *Farbe der Iris des Auges:* eine helle A. haben; A.: Graugrün.

Au|gen|feh|ler, der: *Mangel in Bezug auf die Sehfähigkeit des Auges.*

Au|gen|fleck, der (Biol.): *Sehorgan der Einzeller.*

Au|gen|flim|mern, das; -s: *nervöse Sehstörung durch scheinbares Flimmern vor den Augen.*

Au|gen|glas, das ⟨Pl. ...gläser⟩: **a)** ⟨meist Pl.⟩ (österr.) *Brille;* **b)** (veraltend) *Vorrichtung aus Glas zur Verbesserung der Sehleistung des Auges* (z. B. Brille, Zwicker, Monokel u. a.).

Au|gen|heil|kun|de, die: *Fachrichtung der Medizin, die sich mit den Krankheiten des Auges befasst; Ophthalmologie.*

Au|gen|hö|he, die: nur in der Fügung **in A.** *(in Höhe der Augen):* etw. in A. anbringen.

Au|gen|höh|le, die: *Vertiefung im Schädel, in die der Augapfel eingebettet ist.*

Au|gen|in|nen|druck, der (Med.): *auf der Innenwand des Auges lastender* [1]*Druck* (1), *der bes. von bestimmten Vorgängen im Augapfel beeinflusst wird; Augendruck.*

Au|gen|kli|nik, die: *Klinik für Augenkrankheiten.*

Au|gen|krank|heit, die: *Erkrankung des Auges.*

Au|gen|licht, das ⟨o. Pl.⟩ (geh.): *Sehkraft, Sehfähigkeit:* das A. verlieren, zurückgewinnen.

Au|gen|lid, das: *Lid.*

Au|gen|maß, das ⟨o. Pl.⟩: *Fähigkeit, mit den Augen Entfernungen abzuschätzen:* [ein gutes, schlechtes] A. haben; Ü Politik mit A.

Au|gen|merk, das; -[e]s: *Aufmerksamkeit:* ihr A. galt den spielenden Kindern; das, sein A. auf Wirtschaftsfragen richten, lenken, konzentrieren, legen.

Au|gen|mus|kel, der: *Muskel am od. innerhalb des Augapfels:* die äußeren *(den Augapfel bewegenden)* -n; die inneren -n.

Au|gen|op|ti|ker, der: *Optiker, der Sehhilfen (bes. Brillen) herstellt* (Berufsbez.).

Au|gen|op|ti|ke|rin, die: w. Form zu ↑Augenoptiker.

Au|gen|paar, das (geh.): *Paar zweier zusammengehörender Augen:* er sah erstaunte -e auf sich gerichtet.

Au|gen|par|tie, die: vgl. Mundpartie.

Au|gen|pul|ver, das: in der Verbindung **ein A. sein** (ugs.; *sehr klein [u. diffizil] sein u. daher für die Augen sehr anstrengend;* z. B. eine Schrift, eine Näharbeit).

Au|gen|rän|der ⟨Pl.⟩: *die Ränder von Ober- u. Unterlid des Auges:* gerötete A. haben.

Au|gen|rin|ge ⟨Pl.⟩: *Augenschatten.*

Au|gen|sal|be, die: *Heilsalbe für ein erkranktes Auge.*

A

Au|gen|schat|ten ⟨Pl.⟩: *halbkreisförmige Schatten unter den Augen:* große, dunkle A. haben.

Au|gen|schein, der ⟨o. Pl.⟩ (geh.): *das Anschauen, die unmittelbare Wahrnehmung durch das Auge:* wie der A. zeigt, lehrt; sich durch A. von etw. überzeugen; dem A. nach *(wahrscheinlich);* * **jmdn., etw. in A. nehmen** *(genau u. kritisch betrachten).*

au|gen|schein|lich [auch:--'--] ⟨Adj.⟩ (geh.): *offenbar, offensichtlich:* ein -er Mangel.

Au|gen|schmaus, der (scherzh.): *besonders erfreulicher Anblick:* das bunte Fastnachtstreiben war ein rechter A.

Au|gen|schwä|che, die: *Schwäche der Sehkraft.*

Au|gen|spie|gel, der (Med.): *besonderer Spiegel für die Untersuchung des Auges; Ophthalmoskop.*

Au|gen|spin|ner, der [nach dem augenähnlichen Fleck auf der Flügelmitte bei den meisten Arten]: *(in zahlreichen Arten bes. in den Tropen u. Subtropen vorkommender) vor allem nachts fliegender, großer, meist bunt gefärbter Schmetterling.*

Au|gen|stern, der (dichter.): *Pupille:* leuchtende -e; Ü das Kind war ihr [ganzer] A. (fam.; *war ihr Liebstes, Wertvollstes).*

Au|gen|täu|schung, die: *optische Täuschung.*

Au|gen|tier|chen, das: *Geißeltierchen.*

Au|gen|trop|fen ⟨Pl.⟩: *tropfenweise anzuwendende Flüssigkeit zur Heilung erkrankter Augen.*

Au|gen|trost, der [a: in der Volksmedizin hielt man die abgekochte Pflanze irrtümlich für ein Heilmittel bei Augenleiden]: **a)** *(auf Wiesen weit verbreitete) kleine Pflanze mit weißen od. violetten Blüten u. eiförmigen Blättern;* **b)** (dichter.) *das Liebste, Wertvollste:* das Mädchen war sein [ganzer] A.

Au|gen|wei|de, die ⟨o. Pl.⟩ [mhd. ougenweide, eigtl. = Speise, Labsal für die Augen, zu ↑[2]Weide in der alten Bed. »Nahrung, Speise«]: *sehr schöner, ästhetischer Anblick, den etw. od. jmd. bietet:* sie ist eine A.; es ist eine A. zu sehen, wie er tanzt.

Au|gen|wim|per, die: *Wimper* (1).

Au|gen|win|kel, der: *(beim geöffneten Auge) von Ober- u. Unterlid gebildeter Winkel:* jmdn. aus den -n betrachten.

Au|gen|wi|sche|rei, die; -, -en [für älter Augenauswischerei, entstanden aus der veralt. Wendung »jmdm. die Augen auswischen« = jmdn. täuschen, übervorteilen, betrügen]: *Betrug, Schwindel.*

Au|gen|zahl, die: *beim Spiel Anzahl der erreichten Augen* (3b): eine niedrige A.; seine A. zu erhöhen versuchen.

Au|gen|zeu|ge, der: *Zeuge, der ein Geschehen mit eigenen Augen verfolgt hat:* die zwei Männer waren A./(seltener:) -n der Tat.

Au|gen|zeu|gen|be|richt, der: *Bericht eines Augenzeugen.*

Au|gen|zeu|gin, die: w. Form zu ↑Augenzeuge.

Au|gen|zwin|kern, das; -s: *kurzes Zusammenziehen eines Auges, der Augen als Zeichen der Verständigung:* sich durch A. verständigen.

au|gen|zwin|kernd ⟨Adj.⟩: *mit [einem] Augenzwinkern:* jmdm. a. zuprosten.

Au|gi|as|stall [auch: 'augjas...], der; -[e]s ⟨o. Pl.⟩ [nach dem 30 Jahre lang nicht ausgemisteten Rinderstall des Königs Augias, den nach der altgriech. Sage Herkules reinigen musste]: **a)** *Raum, der sich in einem besonders verschmutzten od. vernachlässigten Zustand befindet;* **b)** *korrupte Verhältnisse, Zustände:* * **den A. ausmisten/reinigen** (geh.; *eine durch Schlamperei, Nachlässigkeit entstandene große Unordnung mit Mühe beseitigen; die Ordnung wiederherstellen).*

-äu|gig: in Zusb., z. B. bernstein-, mehr-, viel-, zweiäugig.

Au|git [auch: ...'gɪt], der; -s, -e [lat. augitis, zu griech. augḗ = Glanz, nach dem Glanz einiger Arten] (Geol.): *(in verschiedenen Arten vorkommendes) silikathaltiges Mineral von dunkelgrüner, dunkelbrauner od. schwarzer Färbung.*

Äug|lein, das; -s, -: *Äugelchen.*

Aug|men|ta|ti|on, die; -, -en [spätlat. augmentatio = Vermehrung] (Musik): **a)** *Wertverlängerung einer Note in der Mensuralnotation;* **b)** *Wiederaufnahme des Themas einer Komposition in größeren rhythmischen Werten.*

Aug|men|ta|tiv, das; -s, -e (Sprachw.): *durch ein Präfix od. ein Suffix gekennzeichnete Vergrößerungsform.*

Aug|men|ta|ti|vum, das; -s, ...va: *Augmentativ.*

au gra|tin [ogra'tɛ̃; frz. = mit Kruste, zu: gratin, ↑Gratin] (Gastr.): *überbacken.*

Augs|burg: Stadt am Lech.

[1]Augs|bur|ger, der; -s, -: Ew.

[2]Augs|bur|ger ⟨indekl. Adj.⟩: A. Bekenntnis *(wichtigste lutherische Bekenntnisschrift von 1530;* Abk.: A. B.).

Augs|bur|ge|rin, die; -, -nen: w. Form zu ↑[1]Augsburger.

augs|bur|gisch ⟨Adj.⟩.

Aug|spross, der; -es, -en (Jägerspr.): *unterster, kleinerer Spross des Hirschgeweihs.*

Au|gur, der; -s u. ...uren, ...uren [lat. augur = Vogelschauer u. Priester im antiken Rom] (bildungsspr., oft spött.): *jmd., der als Eingeweihter Urteile, Interpretationen von sich anbahnenden, bes. politischen Entwicklungen ausspricht.*

Au|gu|ren|lä|cheln, das; -s (geh.): *überheblich-wissendes Lächeln [des Einverständnisses unter Eingeweihten]:* mit A.

[1]Au|gust, der; -[e]s u. -, -e ⟨Pl. selten⟩ [lat. (mensis) Augustus, zu Ehren des Kaisers Augustus (63 v. Chr. bis 14 n. Chr.)]: *achter Monat des Jahres;* Abk.: Aug.; vgl. April.

[2]Au|gust [nach dem m. Vorn.]: in der Fügung **dummer A.** *(Zirkusclown, Spaßmacher).*

au|gus|te|isch ⟨Adj.⟩ [nach dem röm. Kaiser Augustus, ↑[1]August]: in der Fügung **ein -es Zeitalter** (bildungsspr.; *eine Epoche, in der Kunst und Literatur besonders gefördert werden).*

Au|gus|ti|ner, der; -s, - [nach dem Kirchenlehrer Augustinus (354–430)]: *Angehöriger der auf der Augustinerregel aufgebauten Ordensgemeinschaften.*

Au|gus|ti|ne|rin, die; -, -nen: *Angehörige einer nach der Augustinerregel lebenden weiblichen Ordensgemeinschaft.*

Au|gus|ti|ner|re|gel, die: *(angeblich von Augustinus stammende) um 1200 aufgestellte Regeln für das Zusammenleben und -wirken in einer Ordensgemeinschaft.*

Auk|ti|on, die; -, -en [lat. auctio, eigtl. = Vermehrung, vgl. Autor]: *Versteigerung:* sich etw. auf einer A. ersteigern.

Auk|ti|o|na|tor, der; -s, ...oren [spätlat. auctionator]: *Versteigerer.*

auk|ti|o|nie|ren ⟨sw. V.; hat⟩ [lat. auctionari]: *versteigern.*

auk|to|ri|al ⟨Adj.⟩ [zu lat. auctor, ↑Autor] (Literaturw.): **a)** *aus der Sicht des Autors (dargestellt, berichtet):* eine -e Erzählweise; **b)** *den Autor betreffend, ihm eigentümlich, für ihn charakteristisch:* -e Eigenheiten des Stils.

Aul, der; -s, -e [russ. aul < tatar. u. kirgis. aul] (früher): *Zeltlager, Dorfsiedlung der Turkvölker.*

Au|la, die; -, ...len u. -s [lat. aula < griech. aulḗ]: **1.** *größerer Raum für Veranstaltungen, bes. in Schulen u. Universitäten.* **2.** *in der Antike Hof des griechischen u. römischen Hauses.* **3.** *Palast in der römischen Kaiserzeit.* **4.** *Vorhof einer Basilika* (1).

au na|tu|rel [onaty'rɛl; frz. = nach der Natur, ↑Naturell] (Gastr.): *(von Speisen u. Getränken) ohne künstlichen Zusatz.*

au pair [o'pɛ:r; frz., eigtl. = zum gleichen Wert, zu: pair = gleich < lat. par]: *(in Bezug auf einen Arbeitsplatz meist in einem Haushalt im Ausland) ohne Bezahlung; nur gegen Unterkunft, Verpflegung u. Taschengeld:* ein Jahr au pair in Frankreich verbringen.

Au|pair|mäd|chen, (auch:) **Au-pair-Mäd|chen,** das: *Mädchen, das au pair arbeitet, um die Sprache des jeweiligen Landes zu erlernen:*

Au|pair|stel|le, (auch:) **Au-pair-Stel|le,** die: *Arbeitsstelle eines Aupairmädchens:* eine A. in England suchen.

AU-Pla|ket|te, die: *auf dem Nummernschild von Kraftfahrzeugen angebrachte Plakette (1), die die Abgasuntersuchung bescheinigt.*

Au|ra, die; - [lat. aura = Luft(hauch, -zug), Wehen; Schimmer, spätlat. auch = Duft, Dunst < griech. aúra, zu aḗr = Luft]: **1.** (geh.) *besondere [geheimnisvolle] Ausstrahlung:* von der A. eines Geheimnisses umgeben sein. **2.** (Med.): *Erweiterung des Bewusstseins, bes. Unbehagen, das einem epileptischen Anfall vorausgeht.*

Au|rar: Pl. von ↑Eyrir.

Au|re|o|le, die; -, -n [mlat. aureola, zu lat. aureolus = schön, golden, zu: aurum, ↑Aurum]: **1.** (bildungsspr.) *die Gestalt umgebender Strahlenkranz, Heiligenschein.* **2.** (Meteor.) *Sonne u. Mond wie ein Kranz umgebende atmosphärische Leuchterscheinung.* **3.** (Bergmannsspr.) *bläulicher, Grubengas anzeigender Lichtschein am Brenner der Bergmannslampe.*

Au|ri|gna|ci|en [orɪnja'si̯ɛ̃:], das; -[s] [nach der frz. Stadt Aurignac] (Anthrop.): *Kulturstufe der Jüngeren Altsteinzeit.*

Au|ri|kel, die; -, -n [lat. auricula = Öhrchen (nach der Form der Blätter), Vkl. von: auris = Ohr]: *(in den Alpen vorkommende) zu den Primeln gehörende Pflanze mit glatten, fleischigen Blättern u. leuchtend gelben Blüten; Schlüsselblume.*

au|ri|ku|lar, au|ri|ku|lär ⟨Adj.⟩ [spätlat. auricularis] (Med.): *zum Ohr, zu den Ohren gehörend.*

[1]Au|ro|ra (röm. Myth.): Göttin der Morgenröte.

[2]Au|ro|ra, die; - (meist ohne Artikel) (dichter.): *Morgenröte.*

Au|ro|ra|fal|ter, der [nach der der Morgenröte (↑[2]Aurora) ähnlichen Färbung]: *Tagfalter, dessen Vorderflügel zur Hälfte leuchtend orangerot od. leuchtend gelb gefärbt sind.*

Au|rum, das; -[s] [lat. aurum, eigtl. = das Leuchtende]: lat. Bez. für ↑Gold; Zeichen: Au

aus [mhd., ahd. ūʒ, urspr. = auf etw. hinauf, aus etwas hinaus]: **I.** ⟨Präp. mit Dativ⟩ **1. a)** zur Angabe der Richtung von innen nach außen: a. der Badewanne steigen; a. dem Haus gehen; ein Buch a. dem Schrank nehmen; **b)** zur Angabe der räumlichen od. zeitlichen Herkunft, des Ursprungs, des Bereichs, aus dem jmd. herkommt, etw. her- od. weggenommen wird: sie kommt, stammt, ist gebürtig a. Hamburg; ein Werk a. dem Jahr 1750; a. der Nähe; a. 100 m Entfernung; sie liest a. ihrem Roman; **c)** zur Angabe der Veränderung eines Zustandes: die Waage a. dem Gleichgewicht bringen; jmdn. a. seinen Träumen herausreißen; a. tiefem Schlaf erwachen. **2.** zur Angabe des Grundes, der Ursache für etw.: a. Angst, Überzeugung, Hunger; verstärkt durch das Adv. »heraus«: er handelte a. einer Laune, a. einer Notlage heraus; * **a. sich heraus** *(unaufgefordert).* **3. a)** zur Angabe des Materials, aus dem etw. besteht, des Ausgangsstoffes, aus dem etw. hergestellt wird od. entsteht: eine Bank a. Holz, a. Stein; ein Haus a. Fertigteilen; **b)** zur Angabe eines früheren Entwicklungsstadiums in Verbindung mit Verben, die ein Werden bezeichnen: a. den Raupen entwickeln sich Schmetterlinge; a. seiner Tochter wurde eine tüchtige Ärztin. **4.** (österr.) bei der Angabe eines [Schul]faches; *in:* eine Eins a. Mathematik; er hat die Prüfung a. Latein abgelegt. **II.** ⟨Adv.⟩ (ugs.) **1.** häufig imperativisch od. elliptisch; od. in Verbindung mit »sein«: **a)** *vorbei, Schluss, zu Ende:* die Schule, das Kino war a.; endlich ist der Krieg a. *(ist er beendet worden, hat er ein Ende gefunden);* ⟨auch unpers.:⟩ mit dem schönen Leben ist es a.; zwischen uns ist es a. *(unsere Beziehung, Freundschaft besteht nicht mehr);* a. der Traum von einem Sieg; (Boxen:) sieben, acht, neun – a.!; nachdem sie den Ball dreimal verfehlt hatte, war sie a. *(ausgeschieden);* Ü mit ihm, mit der Firma ist es a. *(er, die Firma ist ruiniert);* mit ihr ist es a. *(sie stirbt, es gibt keine Hoffnung mehr für sie; sie ist am Ende [ihrer Kraft, ihrer Möglichkeiten]);* **b)** erlo-

schen, nicht mehr brennend, ausgeschaltet: das Feuer, die Kerze ist a.; der Ofen ist schon a. gewesen; die Lampe, das Radio war a.; als Aufforderung: Licht, Scheinwerfer a.! *(ausschalten!);* Motor a. und aussteigen! **2.** in Verbindung mit »sein«: *ausgegangen:* wir waren gestern a.; sonntags sind sie immer a. *(sind sie nie zu Hause).* **3.** (Sport) *außerhalb der Spielfeldgrenze:* der Ball ist a.! **4.** * **auf etw., jmdn. a. sein** *(etw. sehr gern haben, erreichen wollen; auf etw., jmdn. versessen sein):* auf Abenteuer, auf eine Belohnung, auf diesen Posten a. sein; **bei jmdm. ein und a./a. und ein gehen** *(bei jmdm. verkehren);* **nicht a. noch ein/nicht ein noch a./nicht a. und ein/nicht ein und a./weder a. noch ein/weder ein noch a. wissen** *(völlig ratlos sein).*

Aus, das; -, - [LÜ von engl. out]: **1.** ⟨o. Pl.⟩ (Ballspiele) *Raum außerhalb der Spielfeldgrenzen:* der Ball rollte ins A. **2.** ⟨o. Pl.⟩ (Sport) *das Ausscheiden eines einzelnen Sportlers od. einer Mannschaft:* diese Niederlage bedeutete für die Mannschaft das A.

aus|agie|ren ⟨sw. V.; hat⟩ (Psych.): *eine Emotion [ungehemmt] in Handlung umsetzen u. dadurch eine innere Spannung abreagieren:* seine Wut a.

aus|apern ⟨sw. V.⟩ (südd., österr., schweiz.): **a)** *schneefrei werden* ⟨ist⟩: eine ausgeaperte Skipiste; **b)** *schneefrei machen* ⟨hat⟩: die Sonne hat die Felder ausgeapert.

Aus|ape|rung, die; -, -en: **a)** *das Ausapern;* **b)** *ausgeaperte Stelle.*

aus|ar|bei|ten ⟨sw. V.; hat⟩: **1. a)** *erarbeiten, erstellen:* einen Plan, ein Konzept a.; **b)** *(etw., was im Entwurf vorliegt) vollständig, bis ins Einzelne ausführen:* etw. sorgfältig, in allen Einzelheiten, im Detail a.; Beine, Arme und Köpfe der Figur sind plastisch ausgearbeitet. **2.** ⟨a. + sich⟩ *sich durch körperliche Arbeit einen Ausgleich zu anderer Tätigkeit verschaffen:* an den Wochenenden arbeite ich mich im Garten, durch Gartenarbeit aus.

Aus|ar|bei|tung, die; -, -en: *das Ausarbeiten; das Ausgearbeitetwerden.*

aus|ar|ten ⟨sw. V.; ist⟩: **1. a)** *sich ins Negative entwickeln, steigern:* der Streit artete in eine Schlägerei aus; **b)** *sich ungehörig benehmen:* wenn er Alkohol getrunken hat, artet er leicht aus. **2.** (Biol., Zool.) *Degenerationserscheinungen zeigen, entarten.*

Aus|ar|tung, die; -, -en: *das Ausarten* (2).

aus|äs|ten ⟨sw. V.; hat⟩: **a)** *(Bäume) von überflüssigen od. dürren Ästen durch Ausschneiden befreien:* Obstbäume a.; **b)** *(gefällte Bäume) vom Astwerk befreien.*

aus|at|men ⟨sw. V.; hat⟩: **1.** *(vom Atem) aus der Lunge ausströmen lassen:* kräftig, langsam a.; atmen Sie ruhig ein und aus; Luft [durch die Nase, den Mund] a. **2.** ⟨nur im Perf.⟩ (geh., selten) *gestorben sein:* er hat ausgeatmet.

Aus|at|mung, die; -, -en ⟨Pl. selten⟩: *das Ausatmen.*

aus|ät|zen ⟨sw. V.; hat⟩: *wegätzen:* Farbe a.

aus|ba|cken ⟨unr. V.; bäckt/backt aus, backte/(veraltend:) buk aus, hat ausgebacken⟩ (Kochk.): **1.** *in [schwimmendem] Fett backen, garen:* die Pfannkuchen [in Öl] a. **2. a)** ⟨meist im 2. Part.⟩ *zu Ende backen, fertig backen:* der Kuchen ist noch nicht ganz ausgebacken; gut ausgebackenes Brot; **b)** *etw. so lange backen lassen, bis es gar ist:* du hast den Kuchen nicht ausgebacken.

aus|ba|den ⟨sw. V.; hat⟩ [1: früher musste im öffentlichen Bad der letzte Badegast das von mehreren Badenden benutzte Badewasser ausgießen u. das Bad säubern]: (ugs.): *die Folgen tragen für etw., was man selbst od. (häufiger) ein anderer verschuldet hat* ⟨meist in Verbindung mit einem Modalverb, bes. mit »müssen«⟩: das musst du allein a.; er lässt sie die Sache a.

aus|bag|gern ⟨sw. V.; hat⟩: **a)** *mit dem Bagger (eine Vertiefung) herstellen:* eine Baugrube a.; **b)** *mithilfe des Baggers säubern, von etw. befreien:* das Flussbett, die Kiesgrube a.; **c)** *(aus etw.) mithilfe des Baggers herausheben:* Schlamm, Geröll [aus der Fahrrinne] a.

Aus|bag|ge|rung, die; -, -en: *das Ausbaggern.*

aus|ba|lan|cie|ren ⟨sw. V.; hat⟩: **a)** *ins Gleichgewicht bringen, im Zustand des Gleichgewichts halten:* etw. richtig, genau a.; Ü Kräfte, Interessen a.; **b)** ⟨a. + sich⟩ *sich ausgleichen, ins Gleichgewicht kommen:* die Gewichte müssen sich exakt a.; Ü die verschiedenen Standpunkte haben sich [nicht] ausbalanciert.

Aus|ba|lan|cie|rung, die; -, -en: *das Ausbalancieren, Sichausbalancieren.*

aus|bal|do|wern ⟨sw. V.; hat⟩ [zu ↑baldowern] (salopp): *auskundschaften, mit Geschick ausfindig machen:* ein Versteck, eine geheime Zusammenkunft a.

Aus|ball, der; -[e]s, Ausbälle ⟨Pl. selten⟩ (Ballspiele): *über die (seitliche) Außenlinie od. die Torauslinie des Spielfeldes geratener Ball:* es gab einen A.

Aus|bau, der; -[e]s, -ten: **1.** ⟨o. Pl.⟩ *das Ausbauen* (1): der A. des Motors. **2.** ⟨o. Pl.⟩ *das Vergrößern, Erweitern von etw. Vorhandenem:* ein zügiger A. des Straßennetzes; sie planen den A. ihres Hauses; Ü der A. des Schulwesens; (Sport:) der A. seines Vorsprungs [an Punkten]. **3.** ⟨o. Pl.⟩ *das Umbauen, [Aus]gestalten von etw. zu etw. anderem:* der A. einer Scheune zu einem Wohngebäude.

aus|bau|en ⟨sw. V.; hat⟩: **1.** *(ein Teilstück von etw.) mithilfe von Werkzeugen entfernen:* den Motor, die Batterie [aus dem Auto] a.; das Türschloss muss ausgebaut werden; ausgebaute Maschinenteile; die ausgebauten Filter noch verpacken. **2.** *erweitern, vergrößern, [weiter] ausgestalten:* das Straßennetz a.; die Straße ist nicht ausgebaut *(nicht mit einem festen Belag versehen).* **3.** *weiterentwickeln; verbessern, vermehren:* eine Position, ein Thema, Handelsbeziehungen a.; (Sport:) einen Vorsprung a. **4.** *(zu etw.) umbauen, umgestalten:* das Dachgeschoss zu einer Wohnung a. **5.** (Weinbau) *(Wein) durch entsprechende Behandlung zur vollen Entwicklung und Ausreifung bringen.* **6.** (Bergbau) *einen Grubenbau betriebsfertig u. sicher machen:* einen Schacht [in Stahl(beton)] a. **7.** (veraltet) *vorspringend bauen:* einen Balkon a.

aus|bau|fä|hig ⟨Adj.⟩: *geeignet, ausgebaut (2, 3, 4) zu werden.*

aus|be|din|gen, sich ⟨st. V.; hat⟩: *sich etw. vorbehalten, zur Bedingung machen:* ich bedang mir Bedenkzeit aus; ich habe mir bestimmte Freiheiten, Rechte, die Verfügungsgewalt ausbedungen.

aus|bei|nen ⟨sw. V.; hat⟩ [zu ↑Bein (5)] (landsch.): *Knochen aus dem Fleisch (eines Schlachttiers) lösen:* Schinken, Koteletts a.

aus|bei|ßen ⟨st. V.; hat⟩: **1.** ⟨a. + sich⟩ *einen Zahn beim Zubeißen, Kauen ab-, herausbrechen:* sich ⟨Dativ⟩ [an etw.] einen Zahn a. **2.** (Geol.) *(von einer geologischen Schicht) an die Erdoberfläche treten:* hier beißt an mehreren Stellen das Gestein aus. **3.** (landsch.) *ausstechen, verdrängen:* er versuchte seinen Bruder auszubeißen.

aus|be|kom|men ⟨st. V.; hat⟩ (ugs.): **1.** *(nur mit Mühe) ausziehen können* (häufig verneint): die Schuhe, die Handschuhe, den Ring nicht a. **2.** (landsch.) *leer essen, leer trinken können* (häufig verneint): seinen Teller nicht a. können. **3.** (landsch.) *bis zum Ende lesen können* (häufig verneint): ein Buch in einem Tag [nicht] a.

aus|bes|sern ⟨sw. V.; hat⟩: **a)** *(schadhaft Gewordenes) reparieren, instand setzen, wiederherstellen:* das Dach, das Polster, den Zaun a.; die Wäsche muss ausgebessert *(geflickt)* werden; **b)** *(eine schadhaft gewordene Stelle an etw.) beseitigen:* einen Schaden [an der Tapete] a.

Aus|bes|se|rung, die; -, -en: *das Ausbessern, Ausgebessertwerden.*

Aus|bes|se|rungs|ar|beit, die; -, -en ⟨meist Pl.⟩: *Arbeit, durch die etw. ausgebessert, repariert wird:* -en ausführen.

aus|bes|se|rungs|be|dürf|tig ⟨Adj.⟩: *einer Reparatur, Ausbesserung bedürfend, sie nötig habend.*

aus|be|to|nie|ren ⟨sw. V.; hat⟩: *vollständig mit einer Betonschicht versehen:* den Boden a.; ein ausbetonierter Raum.

aus|beu|len ⟨sw. V.; hat⟩: **1. a)** *durch [längeres] Tragen ein Kleidungsstück an einer Stelle so dehnen, dass es die Form verliert, sich nach außen wölbt:* die Ärmel seiner Jacke a.; eine ausgebeulte Hose; **b)** ⟨a. + sich⟩ *(von einem Kleidungsstück) sich [an einer Stelle] so dehnen, dass die Form verloren geht u. eine Wölbung nach außen entsteht:* der Rock hat sich schnell ausgebeult. **2.** *eine eingedrückte Stelle, eine Beule aus etw. entfernen, herausschlagen:* den Kotflügel, den zerdrückten Hut a.

Aus|beu|lung, die; -, -en: *das Ausbeulen, Sichausbeulen.*

Aus|beu|te, die; -, -n ⟨Pl. selten⟩: *Ertrag, Gewinn aus einer bestimmten Arbeit:* die wissenschaftliche A. dieser Arbeit ist bescheiden; eine reiche, spärliche A. [an Erzen, Kohle].

aus|beu|teln ⟨sw. V.; hat⟩ (landsch.): **1.** (bes. österr.) *ausschütteln:* das Staubtuch, die Tischdecke a. **2.** *(ein Kleidungsstück) ausbeulen* (1 a): ausgebeutelte Hosenbeine. **3.** *jmdm. beim Spiel alles Geld abgewinnen:* jmdn. beim Kartenspiel [völlig] a.; ich bin ganz ausgebeutelt *(ohne Geld).* **4.** *aushorchen, ausfragen:* sie haben ihn beim Abendschoppen tüchtig ausgebeutelt.

aus|beu|ten ⟨sw. V.; hat⟩ [zu mhd. biuten = Kriegsbeute machen < mniederd. büten, ↑Beute]: **1. a)** *wirtschaftlich nutzen, abbauen:* eine Grube, ein Erzvorkommen, Bodenschätze a.; **b)** *systematisch nutzen, ausschöpfen:* alle historischen Quellen a.; sie hat die Arbeiten anderer Wissenschaftler schamlos ausgebeutet *(ohne Nennung der Quelle für ihre Arbeit verwendet).* **2. a)** (abwertend) *[skrupellos] für sich ausnutzen:* jmds. Arbeitskraft a.; **b)** (marx.) *sich als Eigentümer von Produktionsmitteln das von den Arbeitnehmern erzeugte Arbeitsprodukt aneignen;* **c)** (abwertend) *sich skrupellos zunutze machen:* jmds. Unkenntnis, Gutmütigkeit a.; die Not der Obdachlosen a.

Aus|beu|ter, der; -s, -: **a)** (abwertend) *jmd., der andere Menschen ausbeutet, ausnutzt;* **b)** (marx.) *Privateigentümer von Produktionsmitteln.*

Aus|beu|te|rei, die; - (ugs. abwertend): *das Ausbeuten* (2).

Aus|beu|te|rin, die; -, -nen: w. Form zu ↑Ausbeuter.

aus|beu|te|risch ⟨Adj.⟩: *in der Weise eines Ausbeuters.*

Aus|beu|ter|klas|se, die; - (marx.): *Klasse (2) der Ausbeuter* (b).

Aus|beu|tung, die; -, -en ⟨Pl. selten⟩: *das Ausbeuten; das Ausgebeutetwerden.*

aus|be|zah|len ⟨sw. V.; hat⟩: **a)** *jmdm. eine Geldsumme [die ihm zusteht] auszahlen:* jmdm. das Gehalt a.; das Darlehen wird sofort ausbezahlt *(zur Verfügung gestellt);* **b)** (landsch.) *[bei Beendigung einer Tätigkeit] entlohnen, bezahlen:* die Tagelöhner, die Hilfskräfte a.; **c)** *(jmdn., dem ein Teil von einem Vermögen zusteht, gehört) mit Bargeld abfinden:* die Erben, den Teilhaber a.

Aus|be|zah|lung, die; -, -en: *das Ausbezahlen; das Ausbezahltwerden.*

aus|bie|gen ⟨st. V.⟩: **1.** *(Verbogenes) gerade biegen, durch Biegen wieder in die ursprüngliche Form bringen* ⟨hat⟩: einen Draht a.; sie hat die verbogenen Metallstäbe wieder ausgebogen. **2.** (landsch.) *ausweichen, aus dem Wege gehen* ⟨ist⟩: sie ist dem Radfahrer ausgebogen; in letzter Zeit biegt sie [mir] immer aus *(sucht sie ein Zusammentreffen zu vermeiden);* Ü jeglicher Verantwortung a.

aus|bie|ten ⟨st. V.; hat⟩ (selten): **a)** *zum Kauf anbieten, feilbieten:* die Bauern bieten ihre Erzeugnisse auf dem Markt aus; **b)** *bei einer Versteigerung zum Kauf anbieten, versteigern.*

Aus|bie|tung, die; -, -en: *(bei der Versteigerung) Aufforderung zur Abgabe von Geboten.*

aus|bil|den ⟨sw. V.; hat⟩ [mhd. ūʒbilden = zu

A

einem Bild ausprägen]: **1. a)** *durch Vermittlung von Kenntnissen, Fertigkeiten auf einen bestimmten Beruf vorbereiten:* Nachwuchs, Lehrlinge a.; mehr Techniker a. *(heranbilden);* jmdn. an einer Maschine, im Zeichnen, zum Facharzt a.; sie stellt nur ausgebildete Kräfte ein; **b)** ⟨a. + sich⟩ *sich einer bestimmten Ausbildung unterziehen:* sich als Pianist, zum Pianisten a.; **c)** *durch Schulung bilden, zur Entfaltung bringen:* seine Anlagen, seine Stimme a.; seinen Geist, Verstand a. **2. a)** *aus sich entwickeln, hervorbringen:* eine bestimmte Eigenschaft, ein Verhalten a.; die Pflanzen bilden Blätter aus; **b)** *(in bestimmter Weise) gestalten, formen, herstellen:* etw. hohl a.; **c)** ⟨a. + sich⟩ *in bestimmter Weise entstehen, sich entwickeln:* die Blüten bilden sich sehr langsam aus.

Aus|bil|den|de, der u. die; -n, -n ⟨Dekl. ↑Abgeordnete⟩: *jmd., der die Aufgabe hat, andere auszubilden; Lehrherr.*

Aus|bil|der, der; -s, -: *Ausbildender, bes. beim Militär.*

Aus|bil|de|rin, die; -, -nen: w. Form zu ↑Ausbilder.

Aus|bild|ner, der; -s, - **1.** (österr.) *Ausbilder beim Militär.* **2.** (schweiz.) *Ausbildender.*

Aus|bild|ne|rin, die; -, -nen (schweiz.): w. Form zu ↑Ausbildner (2).

Aus|bil|dung, die; -, -en: **1.** *das Ausbilden* (1 a, b), *das Ausgebildetwerden:* eine gute A. ist das Wichtigste für beruflichen Erfolg; (milit.:) die A. am Geschütz, mit der Waffe. **2.** *das Ausbilden* (2), *Sichausbilden.*

Aus|bil|dungs|bei|hil|fe, die: *finanzielle staatliche Zuwendung für einen in der Ausbildung befindlichen Jugendlichen.*

Aus|bil|dungs|be|ruf, der: *Lehr- oder Anlernberuf.*

Aus|bil|dungs|dau|er, die: *Dauer der Ausbildung.*

Aus|bil|dungs|för|de|rung, die: *finanzielle staatliche Zuwendung aus Mitteln des Bundes u. der Länder für in der Ausbildung befindliche Jugendliche.*

Aus|bil|dungs|för|de|rungs|ge|setz, das: *Gesetz, das die Ausbildungsförderung regelt.*

Aus|bil|dungs|gang, der: *geregelter Verlauf der Ausbildung.*

Aus|bil|dungs|platz, der: *Stelle* (4), *auf der jmd. zu etw. ausgebildet wird.*

Aus|bil|dungs|stand, der ⟨o. Pl.⟩: *zu einer bestimmten Zeit erreichte Höhe einer Ausbildung.*

Aus|bil|dungs|stät|te, die: *Gebäude, in dem Ausbildung, Unterricht stattfindet.*

Aus|bil|dungs|zeit, die: *Ausbildungsdauer.*

aus|bim|meln ⟨sw. V.; hat⟩ (ugs.): *zu Ende bimmeln.*

aus|bit|ten ⟨st. V.; hat⟩: **1.** ⟨a. + sich⟩ **a)** (geh.) *sich etw. erbitten, jmdn. um etw. bitten:* ich bat mir Bedenkzeit aus; die Nachbarin hat sich den Staubsauger ausgebeten *(geliehen);* er bat sich ein Buch als Andenken aus; **b)** *verlangen, mit Nachdruck fordern:* ich bitte mir Ruhe, etwas mehr Höflichkeit aus; das möchte ich mir ausgebeten haben! *(das erwarte ich als selbstverständlich!)* **2.** (veraltet) *zum Ausgehen einladen:* jmdn. zum Essen a.

aus|bla|sen ⟨st. V.; hat⟩: **1.** *(etw. mit offener Flamme Brennendes) durch Blasen auslöschen:* das Streichholz, die Kerze, das Licht a. **2. a)** *durch Blasen entfernen:* den Dotter aus dem Ei a.; **b)** *(von etw.) leer blasen, durch Blasen säubern:* Eier a.; den Kamm, den Hobel a. **3.** *blasend ausatmen, ausstoßen:* den Rauch a. **4.** *aufhören zu blasen, zu wehen.* **5.** (Hüttenw.) *(den Hochofen) außer Betrieb setzen, indem man den Ofenraum völlig entleert.*

aus|blas|sen ⟨sw. V.; ist⟩ (geh.): *völlig verblassen, die Farbe fast ganz verlieren:* die Tapete ist ganz ausgeblasst; ausgeblasste Vorhänge.

aus|blei|ben ⟨st. V.; ist⟩: **a)** *(von etw. Erwartetem) nicht eintreten:* der Erfolg, die erhoffte Wirkung, das befürchtete Chaos blieb aus; die Folgen deines Leichtsinns werden nicht a. *(werden zwangsläufig eintreten);* es konnte ja nicht a. *(musste so kommen),* dass an dieser Stelle gelacht wurde; **b)** *nicht [mehr] kommen, fernbleiben:* die Kunden, Besucher, Gäste bleiben aus; ihre Regel war ausgeblieben; **c)** *fortbleiben; nicht zurückkommen, nicht heimkommen:* tagelang, bis zum nächsten Tag, über Nacht a.; **d)** *stocken, aussetzen:* der Puls, die Atmung blieb aus.

¹aus|blei|chen ⟨unr. V.; blich aus, ist ausgeblichen/(auch:) ausgebleicht⟩: *die Farbe, an Farbintensität verlieren; abblassen:* das Material, der Stoff bleicht aus; ausgeblichene Farben; ausgebleichte Gebeine.

²aus|blei|chen ⟨sw. V.; hat⟩: *bewirken, dass etw. seine Farbe verliert, blass wird:* die Sonne hat den Stoff, die Vorhänge, das Gerippe ausgebleicht; ein vom Licht ausgebleichter Gobelin.

aus|blen|den ⟨sw. V.; hat⟩: **a)** (Rundf., Ferns., Film) *(Ton, Bild) durch Ausschalten aus einer Sendung, einem Film herausnehmen:* während einer Livesendung den Ton a.; **b)** ⟨a. + sich⟩ (Rundf., Ferns.) *(von einem Sender o. Ä.) sich aus einer Sendung ausschalten:* der Bayerische Rundfunk wollte sich a.

Aus|blen|dung, die; -, -en: *das Ausblenden, Sichausblenden.*

Aus|blick, der; -[e]s, -e: **a)** *weiter Blick, Aussicht:* ein herrlicher, weiter A. [über das Tal]; jmdm. den A. versperren; **b)** *Vorausschau auf in der Zukunft Liegendes:* ein kurzer A. auf die bevorstehende Entwicklung.

aus|bli|cken ⟨sw. V.; hat⟩ (geh.): *[wartend od. suchend] nach jmdm., etw. Ausschau halten:* sehnsüchtig, verstohlen, ängstlich nach jmdm., etw. a.

aus|blü|hen ⟨sw. V.⟩: **1.** *aufhören zu blühen, verblühen* ⟨hat⟩: die Kastanienbäume haben schon ausgeblüht. **2.** ⟨ist⟩ **a)** (Geol., Mineral.) *(von bestimmten wasserlöslichen Salzen) durch Verdunstung der Bodenfeuchtigkeit an die Oberfläche treten und eine Verkrustung entstehen lassen:* an vielen Stellen des Bodens blüht Salpeter aus; **b)** *sich mit einer an die Oberfläche getretenen Salzkruste bedecken:* das Gestein, das Mauerwerk blüht aus.

Aus|blü|hung, die; -, -en: **1.** *das Ausblühen.* **2.** *durch Ausblühen* (2 a) *entstandene Kruste aus Salzen.*

aus|blu|ten ⟨sw. V.⟩: **a)** *leer bluten* ⟨ist⟩: ein geschlachtetes Tier a. lassen; das Schaf ist ausgeblutet; **b)** *aufhören zu bluten* ⟨hat⟩: die Wunde hat endlich ausgeblutet; **c)** *durch hohe Verluste an Menschenleben schwächen:* eine durch den Krieg ausgeblutete Stadt; **d)** ⟨a. + sich⟩ *sich finanziell ganz verausgaben* ⟨hat⟩: sich beim Bauen a.

aus|bo|gen ⟨sw. V.; hat⟩ (Schneiderei): *bogenförmig schneiden, nähen:* den Stoff, den Saum des Kleides a.; ausgebogte Ränder.

aus|boh|ren ⟨sw. V.; hat⟩: **a)** *(ein Loch o. Ä.) durch Bohren herstellen od. erweitern:* ein Bohrloch, einen Brunnen a.; **b)** *durch Bohren aus etw. entfernen, herausbohren:* Äste a.; das Kerngehäuse aus dem Apfel a.

aus|bom|ben ⟨sw. V.; hat; meist im Passiv u. im 2. Part.⟩: **a)** *durch einen Bombenangriff um Wohnung u. Habe bringen:* die Familie wurde im Krieg zweimal ausgebombt; **b)** *durch einen Bombenangriff zerstören:* sein Geschäft ist ausgebombt worden.

Aus|bom|bung, die; -, -en: *das Ausbomben; das Ausgebombtwerden.*

aus|boo|ten ⟨sw. V.; hat⟩: **1.** (Seew.) **a)** *vom Schiff mit einem Boot an Land bringen; ausschiffen:* die Passagiere, Fahrgäste werden ausgebootet; **b)** *mit einem Boot das Schiff verlassen, um an Land zu gehen:* vor der Insel mussten sie a.; **c)** *aus einem Boot heranschaffen:* die Heringe a. **2.** (ugs.) *[als nicht mehr genehm] aus seiner Stellung entfernen; aus einer Position verdrängen:* einen Rivalen a.

Aus|boo|tung, die; -, -en: *das Ausbooten; das Ausgebootetwerden.*

aus|bor|gen ⟨sw. V.; hat⟩ (landsch.): **a)** *sich ausleihen* (1): ich habe [mir] ein Buch [bei, von ihr] ausgeborgt; **b)** *leihen* (1): die Nachbarin hat mir ihre Leiter ausgeborgt; er wollte seine neue Platte nicht an einen Fremden a.

aus|bra|ten ⟨st. V.⟩: **a)** *(von Fett) sich beim Braten absondern* ⟨ist⟩: aus dem Speck ist viel Fett ausgebraten; ausgebratenes Fett; **b)** *durch Braten das Fett aus etw. auslassen* ⟨hat⟩: sie hat Speck ausgebraten; **c)** *bis zum Garsein braten* ⟨hat⟩: das Fleisch muss gut ausgebraten sein.

aus|brau|chen ⟨sw. V.; hat⟩ (ugs.): *so lange gebrauchen, bis man es nicht mehr benötigt:* die Schulbücher sind endgültig ausgebraucht; ich habe die Werkzeuge ausgebraucht *(brauche sie nicht länger).*

aus|bre|chen ⟨st. V.⟩: **1. a)** *(aus etw.) herausbrechen* ⟨hat⟩: Steine [aus der Mauer, aus der Wand], eine Wand a.; (mit der Nebenvorstellung des Unabsichtlichen:) ich habe mir einen Zahn ausgebrochen; **b)** *aus einer Verankerung herausbrechen; sich aus etw. lösen* ⟨ist⟩: der Bolzen ist ausgebrochen; **c)** *durch Herausbrechen von Mauerwerk herstellen* ⟨hat⟩: eine zusätzliche Tür, ein Fenster a. **2.** ⟨hat⟩ (Gartenbau, Weinbau) **a)** *unfruchtbare, überzählige Triebe ausschneiden, entfernen:* Geize a.; **b)** *von überzähligen Trieben befreien:* die Reben, Tomaten a.; **c)** (landsch.) *durch Ablösen von der Pflanze ernten:* Bohnen a. **3.** *(etw., was man gegessen hat) wieder erbrechen* ⟨hat⟩: der Kranke brach das Essen [wieder] aus. **4.** ⟨ist⟩ **a)** *aus einem Gewahrsam entkommen:* ein Gefangener ist [aus dem Gefängnis] ausgebrochen; die Raubtiere brachen [aus den Käfigen] aus; **b)** (Milit.) *eine Einkreisung durch feindliche Truppen durchbrechen:* aus einem Kessel a.; **c)** *sich aus einer Bindung lösen, eine Gemeinschaft verlassen:* aus seiner Ehe, aus der bürgerlichen Gesellschaft, aus dem Alltag a. **5.** ⟨ist⟩ **a)** *(von Reittieren) vor einem Hindernis verweigern u. sich seitwärts aus der vorgesehenen Richtung wegdrehen, wegbewegen:* das Pferd ist vor der Hürde ausgebrochen; **b)** *die eingeschlagene Richtung, Bahn verlassen:* bei einer Bremsprobe war [ihm] der Wagen seitlich ausgebrochen *(aus der Spur geraten);* in der Kurve wollte der Wagen mit dem Heck a. **6.** ⟨ist⟩ **a)** *(vom Schweiß, aus den Poren austreten:* mir, dem Kranken brach der Schweiß aus; **b)** *mit Heftigkeit einsetzen; plötzlich beginnen:* Jubel, Streit, eine Meuterei, ein Aufstand, der Frühling, eine Panik, ein Krieg, eine Feuersbrunst bricht aus; **c)** *(von Krankheiten o. Ä.) zum Ausbruch kommen; mit Heftigkeit auftreten:* eine Epidemie, Krankheit bricht aus; Ü der Wohlstand ist ausgebrochen *(allgemein verbreitet);* **7.** *(von einem Vulkan) in Tätigkeit treten* ⟨ist⟩: ein Vulkan bricht aus. **8.** *(in Bezug auf Gefühlsäußerungen) plötzlich u. heftig in etw. verfallen, mit etw. beginnen* ⟨ist⟩: in Gelächter, Weinen, Zorn a.; in Klagen, Tränen, Schluchzen a.; die Menge war in Jubel ausgebrochen.

Aus|bre|cher, der; -s, -: **1.** (ugs.) *Gefangener, der aus dem Gewahrsam ausgebrochen ist:* der A. wurde wieder gefasst. **2.** *Reittier, das die Neigung hat, vor einem Hindernis auszubrechen:* dieses Tier ist ein A.

Aus|bre|che|rin, die; -, -nen: w. Form zu ↑Ausbrecher (1).

Aus|bre|cher|kö|nig, der: *Gefängnisinsasse, dem immer wieder ein Ausbruch gelingt.*

Aus|bre|cher|krebs, der (Med.): **a)** *bösartiger Tumor, der auf benachbarte Organe übergreift;* **b)** ⟨o. Pl.⟩ *das umgebende Knochen- u. Weichteilgewebe in Mitleidenschaft ziehender expansive Krebs der Lunge od. der Bronchien im Bereich der Lungenspitze.*

aus|brei|ten ⟨sw. V.; hat⟩: **1. a)** *(Zusammengelegtes, -gefaltetes) zu seiner ganzen Größe auseinander breiten:* einen Stadtplan auf dem Tisch a.; eine Decke, eine Zeitung a.; sie breitete ein Tuch über den (auch: dem) Käfig aus *(deckte es ausgebreitet darüber);* Ü seine Ansichten, Gedanken, Probleme, sein Leben [vor jmdm.] a *(darlegen);* **b)** *(aus Einzelteilen Bestehendes) nebeneinander hinlegen, auf einer Fläche verteilen:* seine Bücher, den Inhalt eines Paketes auf dem Tisch a.; die Händler breiten ihre Waren [auf dem Markt, vor den Käufern] aus. **2.** *[paarweise Angeordnetes] nach den Seiten hin ausstrecken:* die Flügel, Schwingen, Fittiche a.; mit ausgebreiteten Armen auf jmdn. zukommen; die Bäume breiten ihre Äste, Zweige aus. **3.** ⟨a. + sich⟩ **a)** *sich verbreiten; Raum, Boden gewinnen:* das Unkraut breitet sich auf dem Beet aus; Rauchschwaden breiteten sich über der (auch: die) Stadt aus; Dunkelheit, Stille, ein übler Geruch breitet sich aus; **b)** *um sich greifen:* das Feuer breitete sich mit Windeseile aus; Seuchen, Krankheiten breiten sich aus; **c)** *sich über eine bestimmte Fläche ausdehnen, erstrecken:* Wiesen und Felder breiten sich vor seinen Augen aus. **4.** ⟨a. + sich⟩ (abwertend) *sich über etw. verbreiten, weitschweifig erörtern:* sie konnte sich stundenlang über ihr Lieblingsthema a. **5.** ⟨a. + sich⟩ (ugs.) *es sich an einem Platz bequem machen [und dabei viel Raum für sich beanspruchen]:* breite dich nicht so sehr aus!; sie hat sich auf dem Sofa ausgebreitet.

Aus|brei|tung, die; -: *das Ausbreiten, Sichausbreiten.*

Aus|brei|tungs|ge|biet, das: *Gebiet, in dem sich etw. ausbreitet, ausgebreitet hat.*

aus|brem|sen ⟨sw. V.; hat⟩: **1. a)** (Rennsport) *(einen Fahrer, ein Fahrzeug) beim Einfahren in eine Kurve durch absichtlich spätes Bremsen überholen;* **b)** *sich vor jmdn. setzen und durch Bremsen behindern.* **2.** (ugs.) *überlisten, geschickt als Konkurrenten o. Ä. ausschalten:* die Konkurrenz a.

aus|bren|nen ⟨unr. V.⟩: **1.** *(von etw. mit offener Flamme Brennendem) zu Ende brennen, völlig herunterbrennen* ⟨ist⟩: die Kerze, das Feuer brennt aus; eine ausgebrannte Glühbirne; ein ausgebrannter *(erloschener)* Krater; (Kerntechnik:) ausgebrannte Kernbrennstäbe. **2.** ⟨ist⟩ **a)** *im Innern durch Feuer völlig zerstört werden:* die Wohnung, das Gebäude, das Schiff brannte völlig aus; **b)** (ugs.) *durch Brand seine Habe verlieren:* sie waren im Krieg zweimal ausgebrannt. **3.** (landsch.) *durch Feuer vernichten; ausräuchern* ⟨hat⟩: ein Wespennest a. **4.** ⟨hat⟩ **a)** *durch Ätzen reinigen:* eine Wunde a.; Weinfässer a. (landsch.; *ausschwefeln*); **b)** *durch Ätzen entfernen:* eine Warze a. **5.** (Textilw.) *(ein Gewebe) mit einer ätzenden Paste bedrucken, die eine Faserart des aus verschiedenen Fasern bestehenden Gewebes zerstört u. dadurch ein Muster entstehen lässt* ⟨hat⟩. **6.** (selten) *völlig ausdörren, versengen* ⟨hat⟩: die Sonne hat die Wiesen ausgebrannt; Ü die Kehle war ihm [wie] ausgebrannt. **7.** ⟨meist im 2. Part.; ist⟩ **a)** *seelisch und körperlich völlig erschöpft:* sich ausgebrannt fühlen; **b)** (Sport) *physisch nicht mehr in der Lage, eine sportliche Hochleistung zu erbringen:* dieser Läufer ist ausgebrannt.

Aus|bren|ner, der; -s, - (Textilw.): *Gewebe, dessen Muster durch Ausbrennen* (5) *entstanden ist.*

aus|brin|gen ⟨unr. V.; hat⟩: **1.** *(mit erhobenem Glas einen Trinkspruch o. Ä.) sprechen, darbringen:* einen Trinkspruch, Toast, ein Hoch auf jmdn., etw. a.; jmds. Gesundheit a. (geh. selten; *auf jmds. Gesundheit trinken*). **2.** (Seemannsspr.) *(vom Schiff) ins Wasser bringen, zu Wasser lassen, nach außenbords bringen:* die Netze, den Anker, das Rettungsboot a. **3.** (ugs.) *(nur mit Mühe) ausziehen können:* ich bringe die Schuhe nicht aus. **4.** (Druckw.) *beim Schriftsatz durch nachträgliches Vergrößern der Wortzwischenräume die Anzahl der gesetzten Zeilen erhöhen:* eine Zeile a. **5.** (Jägerspr.) *(von Federwild;* landsch. auch *von Geflügel)* ausbrüten (1): die Enten bringen ihre Jungen aus; die Eier werden ausgebracht. **6.** (Landw.) *(auf dem Acker o. Ä.) verteilen:* flüssigen Stickstoff a. **7.** (veraltet) *ausplaudern, unter die Leute bringen:* ein Geheimnis, ein Gerücht a. **8. a)** (Bergbau) *fördern:* in dieser Grube wird Eisenerz ausgebracht; **b)** (Hüttenw.) *(aus Erzen) durch Aufbereitung gewinnen:* aus diesen Erzen wird Zink, Uran ausgebracht.

Aus|brin|gung, die; -, -en: *das Ausbringen* (2, 4, 6)*; das Ausgebrachtwerden.*

aus|brö|ckeln ⟨sw. V.; ist⟩: **a)** *sich (in Brocken) von etw. lösen u. abfallen:* Mauerwerk bröckelt aus; **b)** *durch brockenweises Sichlösen einzelner Teile schadhaft werden:* die Mauer bröckelt aus; eine ausgebröckelte Stelle.

Aus|bruch, der; -[e]s, Ausbrüche: **1. a)** *das gewaltsame Ausbrechen aus einem Gewahrsam; Flucht:* der A. der Gefangenen; **b)** (Milit.) *das Durchbrechen der feindlichen Linie bei dem Bemühen, aus einer Einkesselung durch feindliche Truppen herauszukommen:* einen A. wagen; **c)** *das Sichlösen aus einer Bindung, das Verlassen einer Gemeinschaft:* der A. aus der bürgerlichen Gesellschaft. **2. a)** *plötzlicher Beginn:* der A. des Krieges, der Meuterei, des Streites; **b)** *plötzliches, heftiges Einsetzen von etw.:* der A. einer Krankheit, Krise; ein A. von Heiterkeit; der A. *(die Eruption, die mit Heftigkeit einsetzende Tätigkeit)* des Vulkans; der Konflikt kam ganz plötzlich zum A. **3.** *plötzliche Affektentladung; sich mit Heftigkeit äußernde Gemütsbewegung, Gefühlsentladung:* sich vor jmds. unbeherrschten Ausbrüchen fürchten. **4.** (Weinbau) *Wein, der aus besonders ausgelesenen, überreifen Trauben hergestellt wird; Auslese.* **5.** (Bergbau) *durch Sprengen entstandener Hohlraum unter Tage:* ein A. wird durch den Ausbau gesichert.

aus|bruch|si|cher, (seltener:) **aus|bruchs|si|cher** ⟨Adj.⟩: *gegen Ausbruch* (1 a) *geschützt.*

Aus|bruchs|ver|such, der: **a)** *Versuch, gewaltsam aus einem Gewahrsam auszubrechen;* **b)** *Versuch, sich aus einer Bindung, einer Gemeinschaft zu lösen.* **c)** (Milit.) *Versuch, aus einer feindlichen Einkreisung auszubrechen.*

aus|brü|ten ⟨sw. V.; hat⟩: **1. a)** *(junge Vögel) durch Bebrüten der Eier zum Ausschlüpfen bringen:* Enten a.; **b)** *(Eier) bis zum Ausschlüpfen der Jungen bebrüten:* die Henne brütet die Eier aus. **2. a)** (ugs.) *[Übles] ersinnen, sich ausdenken;* **b)** (ugs. scherzh.) *im Begriff sein, krank zu werden:* die Kinder brüten etwas aus.

Aus|brü|tung, die; -: *das Ausbrüten* (1).

aus|bu|chen ⟨sw. V.; hat⟩: **1.** *bis zum letzten Platz belegen, ausverkaufen, vollständig reservieren:* Hotels, Flugzeuge, Busse und Fähren waren wochenlang ausgebucht; Ü (ugs.:) der Künstler ist auf Monate hin ausgebucht *(hat keinen freien Termin mehr);* die beiden nächsten Wochenenden bin ich vollkommen ausgebucht. **2.** (Kaufmannsspr., Bankw.) *eine Buchung austragen, streichen:* einen Posten aus dem Konto a.

aus|buch|ten ⟨sw. V.; hat⟩ [zu ↑Bucht]: **1.** *sich buchtähnlich ausweiten:* die Straße buchtet hier aus; **2.** *mit einer Ausbuchtung versehen:* die Wände des Gewölbes sind ausgebuchtet *(nach außen gewölbt):* ein ausgebuchtetes *(viele Buchten aufweisendes)* Ufer.

Aus|buch|tung, die; -, -en: **a)** *buchtähnlich nach außen gewölbte Form:* -en der Küste; **b)** *ausgebuchtete Stelle.*

aus|bud|deln ⟨sw. V.; hat⟩ (landsch.): *ausgraben* (1): eine vergrabene Kiste [aus der Erde] a.; Kartoffeln a. *(ernten);* Ü alte Briefe aus der Schublade a. *(hervorziehen, hervorholen).*

aus|bü|geln ⟨sw. V.; hat⟩: **1. a)** *durch Bügeln glätten:* den Anzug, eine Hose a.; die Nähte müssen noch ausgebügelt werden; **b)** *durch Bügeln aus etw. entfernen:* Falten, Knitter [aus einem Kleidungsstück] a. **2.** (salopp) *bereinigen, wieder in Ordnung bringen:* die Angelegenheit, dieser Fehler muss wieder ausgebügelt werden; Mängel auszubügeln suchen.

aus|bu|hen ⟨sw. V.; hat⟩ (ugs.): *durch Buhrufe sein Missfallen an jmdm., etw. bekunden:* die Theateraufführung, der Künstler, Redner wurde ausgebuht.

Aus|bund, der; -[e]s [urspr. Kaufmannsspr., eigtl. = das an einer Ware nach außen Gebundene, d. h. das beste Stück als Schaustück] (oft abwertend od. iron.): *Muster* (2), *Inbegriff:* sie ist ein A. an/von Klugheit, Tugend, Bosheit.

aus|bür|gern ⟨sw. V.; hat⟩ [für frz. expatrier]: *jmdm. [gegen seinen Willen] die Staatsangehörigkeit aberkennen, entziehen:* sie wurde unter Honecker ausgebürgert.

Aus|bür|ge|rung, die; -, -en: *das Ausbürgern.*

aus|bürs|ten ⟨sw. V.; hat⟩: **a)** *mit einer Bürste aus etw. entfernen:* den Staub [aus dem Mantel] a.; **b)** *mit einer Bürste reinigen:* die Kleider a.; **c)** *(Haare) kräftig bürsten, durchbürsten:* das Haar a.

aus|bü|xen ⟨sw. V.; ist⟩ [niederd. utbücksen, H. u.] (ugs. scherzh.): *sich davonmachen:* die Kinder waren [auf dem Weg zum Spielplatz] ausgebüxt; sie ist ihrem Mann ausgebüxt *(hat ihn verlassen).*

aus|che|cken ⟨sw. V.; hat⟩ (Flugw.): **a)** *(nach der Ankunft) abfertigen:* Passagiere, Gepäck a.; **b)** *(nach der Ankunft) sich abfertigen lassen:* vor der Passkontrolle müssen wir noch a.; Ü in diesem Hotel müssen die Gäste vor zwölf Uhr a. *(die Formalitäten erledigt haben).*

Ausch|witz: Stadt in Polen, in der im Zweiten Weltkrieg unter deutscher Besatzung das größte nationalsozialistische Vernichtungslager errichtet wurde: nach A. *(in das Vernichtungslager)* kommen; Ü ist Dichtung nach A. *(nach dem nationalsozialistischen Holocaust)* überhaupt noch möglich?

aus|damp|fen ⟨sw. V.⟩: **a)** *in Form von Dampf abgeschieden werden* ⟨ist⟩: Feuchtigkeit, Nässe ist aus den Wäldern ausgedampft; **b)** *bis zur Abkühlung Dampf abgeben* ⟨hat⟩: die heiße Flüssigkeit dampft aus; **c)** *zu Ende dampfen; aufhören zu dampfen* ⟨hat⟩: die Kartoffeln haben noch nicht ausgedampft.

Aus|dau|er, die; - [rückgeb. aus veraltet ausdauern = ertragen, aushalten]: *Beharrlichkeit (bei einer Arbeit, Tätigkeit):* sie hat keine A. bei der Arbeit; nur mit großer A. wird er sein Ziel erreichen.

aus|dau|ern ⟨sw. V.; hat⟩ (geh. veraltend): *überdauern; Dauer, Bestand haben:* die stabil gebauten Häuser werden a.

aus|dau|ernd ⟨Adj.⟩: **1.** *beharrlich; unermüdlich; von großer Ausdauer:* ein -er Läufer; an -es Arbeiten gewohnt sein. **2.** (Bot.) *(von Stauden, Halbsträuchern u. Holzgewächsen) mehrere Jahre überdauernd u. austreibend; perennierend:* -e Pflanzen.

Aus|dau|er|trai|ning, das: *Training, das eine Steigerung der Leistung bes. von Herz, Lunge u. Kreislauf für bestimmte sportliche Belastungen bewirken soll.*

aus|dehn|bar ⟨Adj.⟩: **a)** *die Möglichkeit zur Erweiterung bietend:* die Handelsbeziehungen sind noch erheblich a.; **b)** *(von elastischem Material) so beschaffen, dass ein Ausdehnen möglich ist; sich dehnen lassend:* -es Material; das Gewebe ist wenig a.

Aus|dehn|bar|keit, die; -: *das Ausdehnbarsein.*

aus|deh|nen ⟨sw. V.; hat⟩: **1. a)** *den Umfang, das Volumen von etw. vergrößern, ausweiten:* die Hitze hatte die Eisenbahnschienen ausgedehnt; **b)** ⟨a. + sich⟩ *an Umfang, Volumen zunehmen:* Metall, Wasser, Gas dehnt sich bei Erwärmung aus; **c)** *über einen bestimmten Bereich hinaus erweitern:* die Grenzen eines Staates a.; **d)** *jmdn., etw. in etw. einbeziehen:* die Nachforschungen auf die ganze Stadt a. **2.** ⟨a. + sich⟩ *sich ausbreiten, verbreiten; räumliche Ausdehnung gewinnen:* das Schlechtwettergebiet dehnt sich [rasch über das Land] aus; der Handel dehnte sich bis nach Indien aus. **3. a)** *verlängern, zeitlich in die Länge ziehen:* seinen Besuch, Aufenthalt bis zum folgenden Tag, über mehrere Wochen a.; ausgedehnte *(lange)* Morgenspaziergänge; ein ausgedehntes Frühstück; **b)** ⟨a. + sich⟩ *(sehr lange) dauern:* die Besprechung, Sitzung dehnte sich bis nach Mitternacht, über viele Stunden, über Gebühr lange aus. **4.** ⟨a. + sich⟩ *sich (räumlich) erstrecken, über einen grö-*

A

ßeren Bereich ausbreiten: weites Land dehnt sich vor seinen Augen aus; sie besaß ausgedehnte *(große)* Ländereien.

Aus|deh|nung, die; -, -en: *das Ausdehnen, Ausgedehntwerden, Sichausdehnen; Verbreitung.*

Aus|deh|nungs|ko|ef|fi|zi|ent, der (Physik): *Zahl, die das Ausdehnungsvermögen eines Stoffes ausdrückt.*

Aus|deh|nungs|ther|mo|me|ter, das (Technik): *Thermometer, dessen Temperaturanzeige auf den durch die Temperaturänderungen bewirkten Volumen- od. Längenänderungen fester, flüssiger od. gasförmiger Stoffe beruht.*

Aus|deh|nungs|ver|mö|gen, das: *Expansionsvermögen.*

aus|dei|chen ⟨sw. V.; hat⟩: *(Landflächen) durch Zurückverlegen des Deichs aus dem geschützten Bereich herausnehmen, preisgeben:* große Flächen wurden ausgedeicht.

Aus|dei|chung, die; -, -en: *das Ausdeichen; das Ausgedeichtwerden.*

aus|den|ken ⟨unr. V.; hat⟩: **1. a)** *ersinnen; sich in Gedanken, in seiner Vorstellung zurechtlegen:* sich eine Überraschung, einen Trick, etwas Lustiges a.; neue Methoden, Systeme a.; ich hatte mir den Plan in allen Einzelheiten ausgedacht; R da musst du dir schon etwas anderes a. (ugs.; *damit kannst du mich nicht überzeugen; das, was du sagst, glaube ich dir nicht*); **b)** *sich etw. ausmalen, vorstellen:* ich hatte mir die Sache so schön ausgedacht; das ist eine ausgedachte *(erfundene)* Geschichte. **2.** *zu Ende denken; durchdenken:* er hat die Sache nicht konsequent ausgedacht; *** nicht auszudenken sein** *(unvorstellbar sein):* die Folgen dieses Leichtsinns sind gar nicht auszudenken; nicht auszudenken, was passiert wäre, wenn …!

aus|deu|ten ⟨sw. V.; hat⟩: *(einer Sache) eine bestimmte Deutung geben:* jmds. Worte, Äußerungen [richtig, falsch] a.

Aus|deu|tung, die; -, -en: **1.** ⟨o. Pl.⟩ *das Ausdeuten.* **2.** *ausdeutende Auslegung, Interpretation:* die theologische A. eines Gleichnisses.

aus|die|nen ⟨sw. V.; hat; nur im 2. Part. u. in den mit »haben« gebildeten Zeitformen⟩: **1.** (veraltend) *seine Militärzeit beenden:* im Juli hat er ausgedient; ein ausgedienter Offizier. **2.** (ugs.) *unbrauchbar werden:* diese Schuhe haben ausgedient; ausgediente Glühbirnen.

aus|dif|fe|ren|zie|ren, sich ⟨sw. V.; hat⟩: *sich in einem Differenzierungsprozess von etw. ablösen u. verselbstständigen.*

Aus|dif|fe|ren|zie|rung, die; -, -en: **1.** ⟨o. Pl.⟩ *das Ausdifferenzieren:* die starke A. der Organisation im modernen Arbeitsprozess. **2.** *etw., was sich aus etw. ausdifferenziert hat.*

aus|dis|ku|tie|ren ⟨sw. V.; hat⟩: *(eine Frage, ein Problem) so lange diskutieren, bis man in allen strittigen od. unklaren Punkten zur Übereinstimmung gekommen ist:* ein Problem a.; ein noch nicht ausdiskutierter Punkt.

aus|dor|ren ⟨sw. V.; ist⟩: *[durch anhaltende Hitze, Wärmezufuhr] völlig trocken werden:* der Erdboden ist durch die Hitze völlig ausgedorrt.

aus|dör|ren ⟨sw. V.⟩: **a)** *ausdorren* ⟨ist⟩: Wiesen und Felder sind ausgedörrt; mein Hals ist ausgedörrt; **b)** *(etw.) völlig austrocknen, trocken werden lassen* ⟨hat⟩: die Hitze hat das Land ausgedörrt; ⟨häufig im 2. Part.:⟩ ausgedörrtes Holz.

aus|dre|hen ⟨sw. V.; hat⟩: **1. a)** *ausschalten, abstellen:* das Radio, das Licht a.; **b)** *durch Drehen eines Schalters o. Ä. die Zufuhr von etw. unterbinden:* das Gas a. **2.** (selten) *aus etw. herausdrehen:* die Sicherungen, die Birnen a. **3.** (Technik) *(eine Bohrung) durch Bearbeiten des Werkstücks auf der Drehbank herstellen:* ein Bohrloch a. **4.** (landsch.) *auswringen u. dadurch von Wasser befreien:* die Wäsche, den Badeanzug a. **5.** (landsch.) *ausrenken; auskugeln:* die Schulter a. **6.** (Kfz-T.) *(den Motor eines Wagens bis zur höchstzulässigen Drehzahl) belasten, ausfahren:* die Gänge zu hoch a.; die Maschine voll a.

aus|dre|schen ⟨st. V.; hat⟩: **1. a)** *(bes. Getreide) dreschen, bis alle Körner, Samen herausgelöst sind:* Korn, Raps a.; die Garben a.; **b)** *durch Dreschen (den Samen) aus etw. gewinnen:* die Körner, den Samen a. **2.** *das Dreschen beenden:* die Bauern haben für dieses Jahr ausgedroschen.

aus|dril|len ⟨sw. V.; hat⟩ (Landw.): *(Saatgut) mit der Drillmaschine aussäen:* Gerste a.

[1]Aus|druck, der; -[e]s, Ausdrücke [nach frz. expression für älteres Ausdruckung, aber schon mhd. (Mystik) ūʒdruc]: **1.** *Wort, Bezeichnung, Terminus, Wendung:* ein gewählter, umgangssprachlicher, fachsprachlicher, mundartlicher, ordinärer A; einen A. nicht verstehen, nicht kennen; Ausdrücke gebrauchen, im Munde führen, an sich haben *(derbe Wörter, Schimpfwörter gebrauchen)*; sich im A. vergreifen *(in unangemessenem Ton sprechen)*; R das ist gar kein A.! *(das ist viel zu schwach ausgedrückt, zu zurückhaltend formuliert).* **2.** ⟨o. Pl.⟩ **a)** *sprachlicher Stil, Ausdrucksweise:* sie besitzt große Gewandtheit im A.; **b)** *Aussagekraft, künstlerische Gestaltung:* ein Gedicht mit viel A. vortragen; sein Gesang, sein Spiel ist ohne A. **3.** ⟨o. Pl.⟩ *äußeres, sichtbares Zeichen, in dem sich eine innere Beschaffenheit od. Struktur widerspiegelt; Kennzeichen:* Monumentalität ist der A. dieser Epoche; eine Äußerung mit dem A. *(mit der Bekundung)* tiefen Bedauerns zurücknehmen; einer Sache A. geben/verleihen (geh.; *etw. zu erkennen geben, äußern*); in ihren Worten kam ihre Verbitterung zum A. *(drückte sich darin aus).* **4.** ⟨Pl. selten⟩ *Miene, [Gesichts]zug o. Ä., der Widerspiegelung einer psychischen Verfassung, einer Gemütsbewegung, Einstellung u. a. ist:* sein Gesicht bekam einen ärgerlichen A. **5.** (Math.) *durch eine spezielle Zeichenreihe dargestellte Aussage.*

[2]Aus|druck, der; -[e]s, -e: **1. a)** (Nachrichtent.) *vom Fernschreiber gelieferter ausgedruckter Text;* **b)** (EDV) *Output* (2); **c)** *von einer Rechenanlage, einem Drucker* (2) *gelieferter ausgedruckter Text:* dem Kunden wird ein A. mit sämtlichen Buchungsvorgängen zugeschickt. **2.** (Druckerspr.) *Beendigung des Druckes:* Termin für den A. des Lexikons ist der 1. Dezember.

aus|dru|cken ⟨sw. V.; hat⟩: **1.** (Druckerspr.) **a)** *fertig drucken, zu Ende drucken:* die erste Auflage des Lexikons ist ausgedruckt; **b)** *(von Buchstaben u. Ä.) in bestimmter Weise im Druck erscheinen:* einige Buchstaben haben schlecht ausgedruckt; **c)** *unabgekürzt, im vollen Wortlaut drucken:* der Name, der Titel des Buches, der Text ist ganz auszudrucken. **2.** (EDV, Nachrichtent.) *gedruckt wiedergeben, ausgeben:* der Fernschreiber, Computer druckt einen Text aus. **3.** *(in einem Katalog o. Ä.) aufführen, angeben:* unsere Angebote finden Sie im Katalog ausgedruckt.

aus|drü|cken ⟨sw. V.; hat⟩: **1. a)** *(Flüssigkeit) aus etw. herauspressen:* den Saft [aus den Apfelsinen] a.; **b)** *durch Drücken, Pressen die enthaltene Flüssigkeit aus etw. austreten lassen; auspressen:* eine Zitrone, den Schwamm a. **2.** *(Brennendes od. Glimmendes) durch Zerdrücken zum Erlöschen bringen:* die Zigarette, die Glut [im Aschenbecher] a. **3. a)** *in bestimmter Weise formulieren:* etw. verständlich, klar, präzise a.; etw. kaum mit Worten a. können *(in Worte fassen, aussprechen können)*; etw. in Prozenten a. *(angeben)*; **b)** ⟨a. + sich⟩ *in bestimmter Weise sprechen, sich äußern:* sich gewählt, verständlich a.; sie hatte manchmal Mühe, sich in der fremden Sprache auszudrücken; **c)** *mit Worten zum Ausdruck bringen, aussprechen:* [jmdm.] sein Mitgefühl, Bedauern, seine Dankbarkeit a. **4. a)** *erkennen lassen, zeigen, widerspiegeln:* seine Haltung, seine Miene, sein Gesicht drückte Trauer und Müdigkeit aus; **b)** ⟨a. + sich⟩ *in etw. sichtbar, offenbar werden, in Erscheinung treten:* in ihren Worten drückte sich ihre Dankbarkeit, ihre Freude aus.

aus|drück|lich [auch: -ˈ--] ⟨Adj.⟩: *mit Nachdruck, unmissverständlich [vorgebracht]:* auf -en Wunsch; etw. a. *(extra, besonders)* betonen.

Aus|drück|lich|keit, die; -: *ausdrückliche Betonung, Forderung o. Ä.*

Aus|drucks|be|we|gung, die (Psych.): *Bewegung (Geste, Mimik u. a.), die unwillkürlicher [1]Ausdruck* (4) *eines psychischen Vorgangs ist.*

aus|drucks|fä|hig ⟨Adj.⟩: *von Ausdrucksfähigkeit zeugend, Ausdrucksfähigkeit beweisend.*

Aus|drucks|fä|hig|keit, die ⟨o. Pl.⟩: *Fähigkeit, Gabe, etw. durch Sprache od. durch außersprachliche Mittel auszudrücken.*

Aus|drucks|form, die: *Form, Weise, in der etw. [1]Ausdruck* (3) *findet.*

Aus|drucks|kraft, die ⟨o. Pl.⟩: *Kraft des [künstlerischen] [1]Ausdrucks* (2).

aus|drucks|los ⟨Adj.⟩: **a)** *ohne [1]Ausdruck* (4): ein -es Gesicht; **b)** *ohne Emphase, ohne [1]Ausdruck* (2 b): a. sprechen, singen.

Aus|drucks|lo|sig|keit, die; -: *das Ausdruckslossein.*

Aus|drucks|mit|tel, das ⟨meist Pl.⟩: *etw., was geeignet ist, einen [künstlerischen] Gedanken od. eine Empfindung auszudrücken:* sprachliche, künstlerische A.

Aus|drucks|mög|lich|keit, die ⟨meist Pl.⟩: *die Möglichkeit, etw. auszudrücken, zu gestalten.*

Aus|drucks|psy|cho|lo|gie, die: *Teilgebiet der Psychologie, das sich mit der Erforschung des menschlichen Ausdrucksverhaltens befasst.*

aus|drucks|schwach ⟨Adj.⟩: *schwach im [1]Ausdruck* (2).

Aus|drucks|sei|te, die (Sprachw.): *der Lautkörper eines sprachlichen Zeichens im Unterschied zu dem damit verbundenen Inhalt.*

aus|drucks|stark ⟨Adj.⟩: *stark im [1]Ausdruck* (2), *expressiv.*

Aus|drucks|tanz, der ⟨o. Pl.⟩: *künstlerischer Tanz, der seelische Empfindungen durch Bewegung ausdrücken will.*

Aus|drucks|ver|hal|ten, das ⟨o. Pl.⟩ (Verhaltensf.): *für einen Partner derselben od. einer anderen Art bestimmte Ausdrucksbewegung, durch die etw. Bestimmtes signalisiert wird.*

aus|drucks|voll ⟨Adj.⟩ [nach frz. expressif]: **a)** *voll [1]Ausdruck* (4): sie hat -e Augen; **b)** *mit Emphase, mit viel [1]Ausdruck* (2 b): er singt sehr a.

Aus|drucks|wei|se, die: *Art des mündlichen od. schriftlichen [1]Ausdrucks* (2 a); *Diktion:* eine gewählte A.

Aus|drusch, der; -[e]s, -e (Landw.): **a)** ⟨o. Pl.⟩ *das Ausdreschen:* beim A. sein; **b)** ⟨Pl. selten⟩ *Ertrag des Dreschens.*

aus|dün|nen ⟨sw. V.; hat⟩ [zu ↑dünn]: **1. a)** (Garten bau) *(an Obstbäumen) zu dicht stehende Blüten od. Fruchtansätze entfernen, um dadurch größere u. besser entwickelte Früchte zu erzielen;* **b)** (Landw.) *(zu dicht stehende Pflanzen) verein zeln; Saat lichten:* Rüben werden [maschinell] ausgedünnt. **2.** *(zu dichtes Kopfhaar) durch Herausschneiden reduzieren; effilieren:* [jmdm.] das Haar a. **3. a)** *bewirken, dass etw. in geringerem Maß vorhanden ist; verringern, vermindern:* das Angebot an Luxusgütern a.; **b)** *sich verringern; spärlicher, weniger werden:* die Bevölkerung in den Ballungsgebieten dünnt aus.

Aus|dün|nung, die; -, -en: *das Ausdünnen, Ausgedünntwerden.*

aus|duns|ten (seltener): ↑ausdünsten.

aus|düns|ten ⟨sw. V.; hat⟩: **a)** *Feuchtigkeit u. andere flüchtige Substanzen an die Luft abgeben, absondern:* der Boden, die Wiese dünstet aus; **b)** *(einen Geruch o. Ä.) ausströmen:* den Geruch unsauberer Wäsche a.

Aus|duns|tung (seltener), **Aus|düns|tung,** die; -, -en: **1.** *das Ausdünsten.* **2.** *häufig unangenehmer [Körper]geruch, der von jmdm., etw. ausgeschieden wird:* er kam ihr so nah, dass sie seine -en riechen konnte.

aus|ei|nan|der ⟨Adv.⟩: **1. a)** *an voneinander entfernten Orten [befindlich]; räumlich od. zeitlich voneinander getrennt:* die beiden Familien woh nen weit a.; ihre Zähne standen weit a.; die Vorgänge liegen zeitlich weit, zwei Jahre a.; die Kinder sind im Alter nicht weit a. (ugs.; *sind fast gleich alt*); *** jmdn., etw. a. halten** *(jmdn., etw. voneinander unterscheiden, nicht verwechseln)* sie konnte die Zwillinge, Ursache und Wirkung nicht a. halten; **jmdn., etw. a. kennen** (ugs.; *jmdn., etw. unterscheiden können*): Zwillinge nicht a. kennen; **a. sein** (landsch.; *aufgeregt, verstört sein*): sie war ganz a.; **b)** *in [zwei] verschiedene, entgegengesetzte Richtungen, voneinander weg:* die Gitterstäbe a. biegen; die Demonstranten, eine Herde a. jagen, scheuchen, sprengen, treiben; die Arme, Beine, Zähne a. machen; die Kisten a. schieben; die Finger a. spreizen; die Gardinen a. ziehen; weiter kriege, bekomme ich die Zehen nicht a.; ich habe die Stühle etwas a. gerückt; der Wind wehte den Sand a.; a. fahren, fliehen, fliegen, flitzen, laufen, spritzen, stieben, streben, strömen, treiben; die Afrikanische und die Amerikanische Platte driften a.; die westlichen Staaten drohen immer weiter a. zu driften *(sich voneinander zu entfernen);* der Vorhang ging a.; die Menschenmenge war a. getreten, gewichen; das Laub war a. geweht; die beiden haben ein Jahr zusammen gewohnt, aber dann sind sie wieder a. gezogen; sie wollte die beiden Freunde durch ihr Gerede a. bringen *(entzweien);* er versuchte vergebens, die beiden Streithähne a. zu bringen *(zu trennen);* das Garn a. fitzen (ugs.; *entwirren*); Nägel a. klauben (landsch.; *trennen*); eine Familie a. reißen *(trennen);* ein Wort a. *(getrennt)* schreiben; die guten und die schlechten Nüsse a. sortieren *(voneinander trennen);* Kabel a. ziehen *(entwirren);* ein Gummiband a. ziehen *(in die Länge ziehen, dehnen);* die Fahrzeugkolonne hat sich a. gezogen *(die Abstände zwischen den einzelnen Fahrzeugen sind größer geworden);* die Lava floss a. *(zerfloss, breitete sich fließend aus);* die Farben flossen, liefen a. *(verliefen);* die Butter ist a. geflossen, gelaufen *(hat sich aufgelöst);* sie gingen grußlos a., in bestem Einvernehmen a. *(trennten sich in bestem Einvernehmen);* die Wege gehen, laufen an dieser Stelle a. *(verlaufen von dieser Stelle an in verschiedenen Richtungen);* die Wunde klafft a. *(steht klaffend offen);* unsere Meinungen klaffen a. *(sind äußerst verschieden);* die Geschwister waren im Laufe der Jahre a. gekommen (ugs.; *hatten den Kontakt verloren, waren sich fremd geworden*); die beiden sind a. (ugs.; *haben sich getrennt*); die Partner streben a., haben sich im Laufe der Jahre immer mehr a. entwickelt, a. gelebt; a. strebende (geh.; *divergierende*) Meinungen; *** a. gehen** *(sich unterscheiden, divergieren):* die Urteile, Ansichten gehen a.; wie das zu bewältigen sei, darüber gingen die Meinungen a.; **c)** *in einzelne Teile, Stücke; entzwei:* einen Motor a. bauen, machen, nehmen, schrauben; die Teile waren so miteinander verklebt, dass man sie kaum a. bekam, brachte, kriegte; sie hat die Schokolade a. gebrochen; einen Stock a. hacken, säbeln, sägen, schneiden; Kartons, einen Umschlag a. reißen; einen Schrank a. schlagen, trennen; einen alten Bunker a. sprengen; eine Nuss a. treten; die Beute a. zerren; Salat a. pflücken; eine Blüte a. rupfen, zupfen; etw., was eine Einheit darstellt, a. dividieren wollen; der Stuhl ist a. gebrochen, gefallen, gegangen, gekracht; der Glasbehälter, die Glühbirne ist a. geplatzt, gesprungen; das Papier, der Faden reißt gleich a.; das Auto war durch die Explosion einer Zeitbombe a. geflogen, a. gerissen worden; die Koalition ist a. gebrochen; die Gruppe fiel a.; der Bereich faltete sich, fächerte sich in mehrere Unterbereiche a. *(gliederte sich auf);* eine Theateraufführung a. pflücken *(in der Zeitung o. Ä. kritisch analysieren);* es war schwierig, die Sache a. zu klamüsern (landsch.; *sie zu entwirren, zu ordnen*); *** a. gehen** *([von menschlichen Bindungen] sich wieder [auf]lösen):* ihre Verlobung, die Ehe ging a.; **jmdm. etw. a. klamüsern** (landsch.; *jmdm. etw. erklären, im Einzelnen darlegen*): kannst du mir das mal a. klamüsern?; **etw. a. machen** (landsch.; *[Ererbtes] teilen, aufteilen*): die Geschwister haben das Erbe a. gemacht; **etw. a. nehmen** (salopp; *vollständig demolieren, zerstören*): die Hooligans haben ihm den Laden total a. genommen; **jmdn. a. nehmen** *(jmdn. vollständig besiegen):* er hat seinen Gegner a. genommen; **jmdm. etw. a. posamentieren** (landsch.; *jmdm. etw. in Einzelheiten [umständlich] erklären*): hast du ihm a. posamentiert, welchen Weg er fahren muss?; **a. sein** (ugs.; *[von menschlichen Bindungen] nicht mehr bestehen, aufgelöst sein*): ihre Verlobung, die Ehe ist a.; **jmdm. etw. a. setzen** *(jmdm. etw. erläutern, erklären, darlegen):* jmdm. seine Pläne, Absichten [umständlich] a. setzen; **sich mit etw. a. setzen** *(sich mit etw. eingehend beschäftigen, etw. kritisch durchdenken):* sich mit einem Problem, einer Frage a. setzen; ich habe mich lange mit diesem Philosophen a. gesetzt; **sich mit jmdm. a. setzen** *(mit jmdm. strittige Fragen, unterschiedliche Standpunkte im Gespräch klären):* sich mit seinem Kontrahenten a. setzen; **sich a. setzen** (Rechtsspr.; *sich über die Aufteilung eines Erbes einigen*); **etw. a. setzen** (Rechtsspr.; *auf dem Rechtsweg gemeinschaftlichen Besitz aufteilen*); **d)** *nicht zusammen[gelegt, -gefaltet, -gerollt o. Ä.]:* eine Landkarte a. falten, machen; einen Teppich, ein Poster a. rollen; die Zeitung a. breiten; die Hülle, ein Segel a. wickeln; *** a. gehen** (ugs.; *dick werden, an Körperfülle zunehmen*): in letzter Zeit ist er sehr a. gegangen. **2.** *eines aus dem anderen heraus:* etw. a. entwickeln; Formeln a. ableiten.

aus|ei|n̲an|der be|kom|men, aus|ei|n̲an|der bie|gen, aus|ei|n̲an|der bre|chen usw.: s. auseinander (1).

Aus|ei|n̲an|der|ent|wick|lung, die: *das Sich-auseinander-Entwickeln.*

aus|ei|n̲an|der fä|chern, sich: s. auseinander (1 c).

Aus|ei|n̲an|der|fä|che|rung, die: *das Sich-auseinander-Fächern.*

aus|ei|n̲an|der fah|ren, aus|ei|n̲an|der fal|len, aus|ei|n̲an|der fal|ten usw.: s. auseinander (1).

Aus|ei|n̲an|der|set|zung, die: **1.** *eingehende Beschäftigung mit etw.:* die politische und ideologische A. mit dem Nationalsozialismus. **2. a)** *Diskussion, Debatte, [Streit]gespräch:* scharfe, erbitterte -en; **b)** *[mit Worten ausgetragener] heftiger Streit, Kontroverse:* erregte, heftige -en zwischen Eheleuten; gewalttätige, tätliche -en; **c)** *(zwischen Völkern) mit militärischen Mitteln ausgetragener Streit, Kampfhandlung:* eine militärische, kriegerische A.; Ü (Sport:) gleich nach der ersten A. *(im ersten Wettkampf)* des Abends stand der Sieger fest. **3.** (Rechtsspr.) *auf dem Rechtswege vorgenommene Aufteilung von gemeinschaftlichem Besitz:* die Erben beantragten die A.; eine gerichtliche A. herbeiführen.

aus|ei|n̲an|der sprei|zen, aus|ei|n̲an|der spren|gen, aus|ei|n̲an|der sprin|gen usw.: s. auseinander (1).

au̲s|ent|wi|ckeln ⟨V.; hat⟩: **1.** ⟨a. + sich⟩ *sich vollständig, bis zu seiner Vollendung entwickeln:* der Embryo konnte sich [nicht] a. **2.** (Fot.) *vollständig entwickeln:* bei hellem Licht a.

Au̲s|ent|wick|lung, die; -, -en: *das Ausentwickeln, Sichausentwickeln.*

au̲s|er|kie|sen ⟨st. V.; hat⟩ [↑erkiesen] (geh.): *auserwählen, erwählen* ⟨im Inf. u. im Präs. Aktiv ungebr.⟩: man erkor ihn dazu aus; (scherzh.:) ich habe mir dieses Auto auserkoren; sie war auserkoren, die Rede zu halten.

au̲s|er|ko|ren ⟨Adj.⟩ (geh.): *auserwählt:* er war a., dieses Amt zu übernehmen.

Au̲s|er|ko|re|ne, der u. die ⟨Dekl. ↑Abgeordnete⟩ (scherzh.): *Freund[in], Verlobte[r].*

[1]au̲s|er|le|sen ⟨st. V.; hat⟩ (geh. selten): *auswählen, erwählen:* man erlas ihn aus, den Preis zu überreichen.

[2]au̲s|er|le|sen ⟨Adj.⟩: **a)** (geh.) *erlesen, fein, von besonderer Güte:* -e Speisen, Genüsse; -e Eleganz; die Weine sind a.; **b)** ⟨intensivierend bei Adj.⟩ *sehr, überaus, ausgesucht:* a. schöne Stücke.

Au̲s|er|le|sen|heit, die; -: *das Auserlesensein* (a).

au̲s|er|se|hen ⟨st. V.; hat⟩ (geh.): *zu jmdm. od. etw. bestimmen, auswählen, für etw. vorsehen:* jmdn. als Leiter der Delegation a.; zu Großem a. sein.

au̲s|er|wäh|len ⟨sw. V.; hat⟩ (geh.): **a)** *auswählen, aussuchen:* sie war auserwählt worden, die Hauptrolle zu spielen; **b)** *erwählen, zu Besonderem bestimmen:* viele sind berufen, aber wenige sind auserwählt (nach Matth. 20, 16).

Au̲s|er|wähl|te, der u. die ⟨Dekl. ↑Abgeordnete⟩: **a)** (geh.) *jmd., der zu etw. Bestimmtem, zu Besonderem ausersehen ist:* er hält sich für einen -en; **b)** (scherzh.) *Freund[in], Verlobte[r].*

Au̲s|er|wäh|lung, die; -, -en ⟨Pl. selten⟩: *das Auserwählen.*

au̲s|es|sen ⟨unr. V.; hat⟩ **1.** (seltener): **a)** *leer essen:* du sollst den Teller a.; eine Pampelmuse, Melone a. *(mit einem Löffel leer essen);* **b)** *ganz aufessen:* hast du die Suppe ausgegessen? **2.** (ugs.) *zu Ende essen:* die Kinder haben noch nicht ausgegessen.

au̲s|fa|chen ⟨sw. V.; hat⟩: **1.** (Tischlerei) *(ein Möbelstück) mit Fächern versehen:* einen Schrank a. **2.** (Bauw.) *die Fächer im Fachwerk ausmauern:* Fachwerkwände a.

au̲s|fä|chern ⟨sw. V.; hat⟩: **1. a)** *fächerförmig auseinander gehen, streben:* ausfächernde Zweige; **b)** ⟨a. + sich⟩ *sich fächerförmig verteilen, auseinander streben:* am Bauwerk sich ausfächernde Streben. **2.** *ausfachen* (1).

Au̲s|fä|che|rung, die; -, -en: *das Ausfächern.*

Au̲s|fa|chung, die; -, -en: *das Ausfachen.*

au̲s|fä|deln ⟨sw. V.; hat⟩: **1. a)** *(einen Faden) aus dem Nadelöhr herausziehen:* das Nähgarn a.; **b)** ⟨a. + sich⟩ *aus dem Nadelöhr rutschen:* der Faden hat sich ausgefädelt; das Garn ist schon wieder ausgefädelt. **2.** ⟨a. + sich⟩ (Verkehrsw.) *im fließenden Verkehr aus einer Fahrspur, einer Wagenkolonne ausscheren:* du musst versuchen, dich jetzt auszufädeln.

au̲s|fahr|bar ⟨Adj.⟩: *sich ausfahren* (4 a) *lassend:* eine -e Antenne.

au̲s|fah|ren ⟨st. V.⟩: **1.** ⟨ist⟩ **a)** *hinausfahren, um [in der Ferne] ein Ziel zu erreichen:* am frühen Morgen fahren die Fischerboote zum Heringsfang aus; **b)** *aus etw. herausfahren, fahrend einen Ort verlassen:* das Schiff fuhr aus dem Hafen aus; aus einem Grundstück a.; **2. a)** *eine Ausfahrt machen, spazieren fahren* ⟨ist⟩: mit der Familie a.; **b)** *(bes. ein Kind) in einem Wagen spazieren fahren* ⟨hat⟩: die Mutter fährt das Baby aus. **3.** *(Waren u. a.) mit einem Fahrzeug ausliefern, verteilen* ⟨hat⟩: Getränke, Pakete, Pizzas a. **4.** (Technik) **a)** *(den ausfahrbaren Teil eines Apparates u. Ä.) mithilfe der Mechanik nach außen bringen* ⟨hat⟩: die Landeklappen, das Fahrwerk, die Antenne a.; **b)** *(von etw. Ausfahrbarem) hervorkommen, ausgefahren* (4 a) *werden* ⟨ist⟩: die Gangway fährt aus. **5.** ⟨hat⟩ (Seemannsspr.) **a)** *ausbringen* (2): die Matrosen haben den Anker ausgefahren; **b)** *(eine Trosse o. Ä.) mit dem Beiboot zu der Stelle bringen, wo das Schiff festmacht:* sie haben die Leine ausgefahren. **6.** *(eine Pontonbrücke o. Ä.) für die Durchfahrt öffnen* ⟨hat⟩: die Schiffbrücke a. **7.** *(Straßen, Wege) durch Befahren stark beschädigen* ⟨hat⟩: die Panzer haben die Wege völlig ausgefahren; ausgefahrene Feldwege. **8. a)** *(eine Strecke) in ihrer ganzen Länge durchfahren* ⟨ist⟩: das gesamte Straßennetz a.; **b)** *(eine Kurve) auf der äußeren Seite der Fahrbahn durchfahren* ⟨hat⟩: der Fahrer fuhr alle Kurven aus. **9.** (Rennen) *(ein Rennen o. Ä.) austragen* ⟨hat⟩: ein Rennen, eine Meisterschaft, den Großen Preis von Europa a. **10.** ⟨hat⟩ **a)** *(ein Fahrzeug) so fahren, dass die Leistungsfähigkeit des Motors voll ausgenutzt wird:* er hat seinen Wagen niemals voll ausgefahren; **b)** *(eine technische Anlage o. Ä. in ihrer Kapazität) voll ausnutzen:* eine Anlage nur zum Teil, voll a. **11.** (landsch.) *ausrutschen* (2) ⟨ist⟩: das Messer war ausgefahren und ihm in die Hand eingedrungen; die Schere war ihm ausgefahren. **12.** *eine heftige Bewegung machen* ⟨ist⟩: sein Arm fuhr aus, war ausgefahren; ausfahrende Bewegungen machen; **13.** *(in Bezug auf einen Dämon o. Ä.) den Körper eines Besessenen verlassen* ⟨ist⟩: der Teufel ist aus dem Kranken ausgefahren. **14.** (Jägerspr.)

A

(bes. von Fuchs, Dachs, Kaninchen) aus dem Bau herauskommen ⟨ist⟩: der Fuchs war ausgefahren. **15.** (Jägerspr.) *(in Bezug auf bestimmte erlegte Tiere, bes. auf Federwild) die Eingeweide herausnehmen* ⟨hat⟩: einen Hasen, einen Auerhahn a.

Aus|fahr|gleis, das (Eisenb.): *Gleis, auf dem Züge aus dem Bahnhof ausfahren können.*

Aus|fahr|si|gnal, das (Eisenb.): *Signal, das die Ausfahrt (1 b) freigibt.*

Aus|fahrt, die; -, -en: **1. a)** *das Ausfahren* (1 a): die A. zum Heringsfang; **b)** *das Ausfahren* (1 b): die A. aus dem Schacht dauert wenige Minuten; der Zug hat noch keine A. *(darf noch nicht aus dem Bahnhof fahren).* **2. a)** *Stelle, an der ein Fahrzeug aus einem bestimmten umgrenzten Raum hinausfährt:* die A. des Hofes, des Hafens; bitte die A. freihalten; **b)** kurz für ↑Autobahnausfahrt: die A. Mannheim-Süd. **3.** *Spazierfahrt:* eine kleine A. machen.

Aus|fahrt|er|laub|nis, die: *Erlaubnis zum Ausfahren* (1).

Aus|fahrt|gleis: ↑Ausfahrgleis.

Aus|fahrts|er|laub|nis: ↑Ausfahrterlaubnis.

Aus|fahrt|si|gnal: ↑Ausfahrsignal.

Aus|fahrts|schild, das ⟨Pl. -er⟩: *Schild, das auf eine Ausfahrt (2) aufmerksam macht.*

Aus|fahrts|si|gnal: ↑Ausfahrsignal.

Aus|fahrts|stra|ße, die: *Straße, die aus einem Ort hinausführt.*

Aus|fahrt|stra|ße (selten): ↑Ausfahrtsstraße.

Aus|fall, der; -[e]s, Ausfälle: **1.** ⟨o. Pl.⟩ **a)** *das Ausfallen* (1 a): der A. der Zähne, der Haare; **b)** (Sprachw.) *das Ausfallen* (1 b): der A. des »e«. **2. a)** *das Ausfallen* (3 a), *Nichtstattfinden:* der A. des Unterrichts; **b)** *das Ausfallen* (3 b), *Wegfall, Einbuße:* ein A. des Verdienstes, der Einnahmen; es gab Ausfälle in der Produktion; **c)** *das Fehlen, Nicht-anwesend-Sein:* mit einem mehrwöchigen A. des Erkrankten muss gerechnet werden; es gab Ausfälle durch Krankheit; dieser Spieler ist ein glatter A. (Sport; *ein Versager*); **d)** ⟨o. Pl.⟩ *das Ausfallen* (3 d), *das Nicht-mehr-Funktionieren:* der A. eines Triebwerks. **3.** *Ergebnis, Beschaffenheit von etw.:* der A. der Ernte. **4. a)** (Fechten) *Angriffsbewegung, bei der sich der bewaffnete Arm u. das ihm entsprechende Bein nach vorn bewegen:* einen A. parieren; **b)** (Gewichtheben) *Vor- bzw. Rückwärtsschritt mit einem Bein beim Umsetzen der Hantel:* er setzt ein Bein mit weitem A. nach hinten. **5.** (Milit.) *Ausbruch aus einer feindlichen Umklammerung od. Einschließung:* einen A. versuchen, wagen. **6.** *beleidigende Äußerung:* erspar dir deine -e.

aus|fäll|bar ⟨Adj.⟩ (Chemie): *in Form von Kristallen, Flocken od. Tröpfchen ausscheidbar.*

aus|fal|len ⟨st. V.⟩: **1.** ⟨ist⟩ **a)** *sich aus einem organischen Zusammenhalt lösen; herausfallen, ausgehen:* die Zähne fallen [jmdm.] aus; die Federn sind ausgefallen; das Korn fällt schon aus *(die reifen Körner fallen heraus)*; ausgefallene Haare; **b)** (Sprachw.) *synkopiert werden:* das »e« ist in diesem Wort ausgefallen. **2.** ⟨a. + sich⟩ (ugs.) *sich durch einen Sturz etw. ausbrechen* ⟨hat⟩: ich habe mir bei dem Sturz einen Zahn ausgefallen. **3.** ⟨ist⟩ **a)** *wegen eines widrigen Umstandes nicht stattfinden:* die Veranstaltung fällt aus; der Unterricht, die Schule ist ausgefallen; etw. a. lassen; **b)** *wegfallen:* sein Verdienst ist durch seine längere Krankheit ausgefallen; **c)** *fehlen, nicht anwesend, nicht verfügbar sein:* er ist wegen Krankheit eine Woche lang ausgefallen; **d)** *plötzlich nicht mehr funktionieren, aussetzen:* die Maschine, ein Triebwerk ist ausgefallen. **4.** *in bestimmter Weise geartet, beschaffen sein; ein bestimmtes Ergebnis zeigen* ⟨ist⟩: etw. fällt gut, schlecht, zufrieden stellend aus; die Niederlage in diesem Spiel fiel sehr deutlich aus. **5.** (Milit. veraltet) *aus einer feindlichen Umklammerung od. Einschließung ausbrechen, einen Ausfall* (5) *machen* ⟨ist⟩: die eingeschlossenen Soldaten waren ausgefallen. **6.** (Chemie) *sich abscheiden* ⟨ist⟩: aus der Lösung fällt Eiweiß aus.

aus|fäl|len ⟨sw. V.; hat⟩: **1.** (Chemie) *gelöste Stoffe in Form von Kristallen, Flocken, Tröpfchen ausscheiden:* aus einer gesättigten Lösung Kochsalz a. **2.** (schweiz. Rechtsspr.) *(eine Strafe) verhängen:* eine Haftstrafe a.

aus|fal|lend ⟨Adj.⟩ [1: zu ↑ausfallen (5)]: **1.** *in grober Weise beleidigend, frech:* eine -e Bemerkung; er wird leicht a. [gegen andere]. **2.** *ausfahrend* (12).

Aus|fall|er|schei|nung: ↑Ausfallserscheinung.

aus|fäl|lig ⟨Adj.⟩: *ausfallend* (1): eine -e Bemerkung, Äußerung; er wird leicht a.

Aus|fäl|lig|keit, die; -, -en: **1.** ⟨o. Pl.⟩ *das Ausfälligsein.* **2.** *ausfällige Äußerung, Geste o. Ä.*

Aus|fall|schritt, der (Sport): *Schritt zur Seite, nach vorn od. hinten.*

Aus|falls|er|schei|nung, die (Med.): *Symptom, das durch den vorübergehenden od. dauernden Ausfall einer Organfunktion o. Ä. hervorgerufen wird.*

Aus|fall|stra|ße, die (Verkehrsw.): *Straße, die aus einem Ortsbereich hinausführt.*

Aus|fäl|lung, die; -, -en: **1.** (Chemie) **a)** *das Ausfällen* (1); **b)** *ausgefällter Stoff.* **2.** (schweiz. Rechtsspr.) *das Ausfällen* (2).

Aus|fall|zeit, die: **1.** *(in der Rentenversicherung) Zeit, in der eine der Versicherungspflicht unterliegende Beschäftigung durch eine infolge Krankheit od. Unfall bedingte Arbeitsunfähigkeit, durch Arbeitslosigkeit o. Ä. unterbrochen wird.* **2.** ⟨meist Pl.⟩ *Zeit, in der jmd., etw. ausfällt, nicht zur Verfügung steht:* ihre Krankheit brachte eine lange A. mit sich.

aus|falt|bar ⟨Adj.⟩: *sich ausfalten* (1) *lassend:* der Reiseführer enthält mehrere -e Karten.

Aus|falt|bar|keit, die; -: *das Ausfaltbarsein.*

aus|fal|ten ⟨sw. V.; hat⟩: **1.** *(Gefaltetes) aus etw. ausklappen:* einen eingehefteten Stadtplan a. **2.** ⟨a. + sich⟩ (selten) *sich entfalten:* geistige Anlagen falten sich aus.

aus|fär|ben ⟨sw. V.⟩: **1.** *vollständig färben* ⟨hat⟩: Wolle blau a. **2.** *die Farbe verlieren, auslaufen* (10) ⟨ist⟩: die Farbe war völlig ausgefärbt.

Aus|fär|bung, die; -, -en: **1.** *[durch etw. entstehende] Färbung.* **2.** *das Farbeverlieren, Auslaufen der Farbe.*

aus|fa|sern ⟨sw. V.; ist/(auch:) hat⟩: *sich (am Rand o. Ä.) in einzelne Fasern, Fäden auflösen:* die Decke, der Teppich fasert aus.

aus|fech|ten ⟨st. V.; hat⟩: *bis zu einer Entscheidung durchfechten, durchkämpfen:* einen Streit, einen Prozess, eine Fehde a.; er hatte manchen Strauß auszufechten.

aus|fe|dern ⟨sw. V.; hat⟩: **1.** *(einen Stoß, eine Erschütterung o. Ä.) federnd auffangen:* die Stöße a. **2.** (Technik) *mit einer Federung versehen, ausstatten:* ein Polster gut a.; die Achse ist schlecht ausgefedert.

Aus|fe|de|rung, die; -, -en: *das Ausfedern.*

aus|fe|gen ⟨sw. V.; hat⟩: **1.** (bes. nordd.) **a)** *durch Fegen [aus etw.] entfernen:* den Schmutz (aus dem Raum) a.; **b)** *(einen Raum o. Ä.) durch Fegen reinigen:* den Flur a. **2.** (landsch.) *auslichten, ausästen:* die Apfelbäume a.

Aus|fe|ger, der; -s, - (landsch.): **1.** *Kehrbesen.* **2.** *Kehraus, letzter Tanz.*

aus|fei|len ⟨sw. V.; hat⟩: **1. a)** *durch Feilen in die gewünschte Form bringen; zurechtfeilen:* einen Schlüssel a.; **b)** *durch Feilen herstellen:* ein Loch a. **2.** *bis ins Einzelne ausformen, ausarbeiten:* eine Rede, einen Aufsatz a.; eine ausgefeilte Skizze.

Aus|fei|lung, die; -, -en: *das Ausfeilen.*

aus|fer|ti|gen ⟨sw. V.; hat⟩ (Amtsspr.): **a)** *in amtlicher Funktion schreiben, ausstellen:* einen Pass, ein Zeugnis, Attest a.; **b)** *in schriftlicher Form erstellen, ausarbeiten:* einen Vertrag a.; **c)** *in amtlicher Funktion unterzeichnen:* Gesetze a.

Aus|fer|ti|ger, der; -s, - (Amtsspr.): *jmd., der etw. ausfertigt.*

Aus|fer|ti|gung, die; -, -en: **a)** *das Ausfertigen;* **b)** *ausgefertigtes Schriftstück o. Ä.:* ein Lebenslauf in vier -en *(in vier Exemplaren, vierfach ausgefertigt);* **c)** (Rechtsspr.) *als Ersatz der Urschrift in gesetzlich vorgeschriebener Form gefertigte Abschrift eines amtlichen Schriftstücks* (z. B. Urteil, notarielle Urkunde): die A. hat die Kraft des Originals; **d)** *durch Unterschrift vorgenommene Beurkundung eines Gesetzestextes vor dessen Verkündung.*

aus|fet|ten ⟨sw. V.; hat⟩ (landsch.): *(eine Backform o. Ä.) innen mit Fett bestreichen:* vor dem Einfüllen des Teiges muss die Kuchenform ausgefettet werden.

aus|fie|ren ⟨sw. V.; hat⟩ (Seemannsspr.): *die Segelleine (Schot) nachlassen, um das Segel in die richtige Stellung zum Wind zu bringen.*

aus|fil|tern ⟨sw. V.; hat⟩ (bes. Technik): *mittels Filter abtrennen od. ausschalten:* bestimmte Frequenzen aus der Musik a.

Aus|fil|te|rung, die; -, -en (bes. Technik): *das Ausfiltern.*

aus|fil|zen ⟨sw. V.; hat⟩: **1.** (Sattlerei) *mit Rosshaar o. Ä. ausstopfen, auspolstern:* ein Polster a. **2.** (veraltet, noch landsch.) *heftig tadeln.*

aus|fin|den ⟨st. V.; hat⟩ (selten): **1.** *herausfinden.* **2.** ⟨a. + sich⟩ *sich zurechtfinden:* ich finde mich noch nicht gut aus in dem neuen System.

aus|fin|dig ⟨Adv.⟩: in der Verbindung **jmdn., etw. a. machen** *(jmdn., etw. [lange, mühsam] suchen u. schließlich finden):* eine Adresse, jmds. Aufenthaltsort, ein Urlaubsquartier, eine Möglichkeit a. machen.

aus|fir|nis|sen ⟨sw. V.; hat⟩: *inwendig mit Firnis streichen:* ein Schrankfach a.

aus|fi|schen ⟨sw. V.; hat⟩: **1. a)** *aus etw. herausfischen:* Karpfen [aus dem Teich] a.; **b)** *(ein [stehendes] Gewässer o. Ä.) leer fischen:* sie haben den See völlig ausgefischt. **2.** *aufhören zu fischen* ⟨meist in einer zusammengesetzten Zeitform⟩: sie haben für dieses Jahr ausgefischt.

aus|flag|gen ⟨sw. V.; hat⟩: **1.** (Seemannsspr.) *(ein Schiff) bei festlichen Anlässen über die Toppen flaggen, die Takelage mit aneinander gereihten Flaggen ausschmücken:* bei der Ausfahrt aus dem Hafen war das Schiff ausgeflaggt. **2.** (Seemannsspr.) *(ein Schiff) unter einer anderen nationalen Flagge fahren [lassen].* **3.** *durch Flaggen od. Fähnchen markieren, kennzeichnen:* die ausgeflaggte Strecke für den Slalom.

aus|flan|schen ⟨sw. V.; hat⟩ (Technik): *einen Teil des Flansches an beliebiger Stelle des Trägers aus diesem heraustrennen.*

aus|fle|cken ⟨sw. V.; hat⟩ [zu ↑Fleck(en)] (graf. Technik): *fehlerhafte Stellen mit spitzem Bleistift od. Pinsel beseitigen, retuschieren:* einen Fehler aus einem Negativ a.

aus|fli|cken ⟨sw. V.; hat⟩ (ugs.): *notdürftig flicken, ausbessern:* ein Dach, einen Zaun, eine Hose a.

aus|flie|gen ⟨st. V.⟩: **1.** ⟨ist⟩ **a)** *(von Vögeln, Insekten) hinausfliegen, ausschwärmen:* die beiden Störche sind ausgeflogen, um Futter zu suchen; Ü die ganze Familie war ausgeflogen (ugs.; *war nicht zu Hause*); **b)** *(von Jungvögeln) flügge geworden sein u. das Nest verlassen:* die jungen Vögel fliegen bald aus. **2. a)** *einen [eingeschlossenen] Ort, einen gefährdeten Bereich mit dem Flugzeug o. Ä. verlassen* ⟨ist⟩: aus einer Gefahrenzone a.; **b)** *(von Flugzeugen o. Ä.) einen bestimmten Luftraum verlassen* ⟨ist⟩: die unbekannten Flugzeuge sind wieder ausgeflogen; **c)** *mit dem Flugzeug o. Ä. von einem [gefährdeten] Ort wegbringen, abtransportieren* ⟨hat⟩: man hatte Frauen und Kinder ausgeflogen. **3.** *(ein Flugzeug) so schnell fliegen, dass die Leistungsfähigkeit voll ausgenutzt wird* ⟨hat⟩: eine Maschine a.

aus|flie|sen ⟨sw. V.; hat⟩: *(einen Raum o. Ä.) mit Fliesen auslegen, auskleiden:* das Bad wird neu ausgefliest.

aus|flie|ßen ⟨st. V.; ist⟩: **1. a)** *(aus einem Behälter, Gefäß o. Ä.) herausfließen:* durch ein Leck im Fass floss das Benzin aus; ausfließendes Öl; **b)** *[durch ein Leck, eine undichte Stelle] Flüssigkeit austreten lassen, auslaufen:* ein Wasserbehälter, ein Fass fließt aus; **c)** *(von einem fließen* *den Gewässer) seine Austrittsstelle haben:* bei Stein fließt der Rhein [aus dem Bodensee] aus. **2.** (selten) *(von Farbe o. Ä.) auseinander laufen, fließen:* ausgeflossene Farben.

us|flip|pen ⟨sw. V.; ist⟩ [nach engl. to flip (out) = verrückt werden] (ugs.): **a)** *sich einer als bedrückend empfundenen äußeren od. inneren Situation durch den gewohnheitsmäßigen Genuss von Drogen entziehen:* manche Jugendliche, die mit ihrer Situation nicht fertig wurden, flippten aus; **b)** *sich bewusst außerhalb der gesellschaftlichen Norm stellen, die Gesellschaft verlassen, weil ihre Wertmaßstäbe nicht akzeptiert werden:* er flippte aus, kündigte und reiste nach Indien; **c)** *die Nerven verlieren, kopflos werden:* er flippt bei jeder ungewöhnlichen Belastung aus; **d)** *vor Freude, Begeisterung o. Ä. ganz außer sich geraten:* über seinen Erfolg war er total ausgeflippt.

us|flo|cken ⟨sw. V.⟩ (Chemie): **a)** *(einen kolloiden Stoff) aus einer Lösung ausscheiden, ausfällen* (1) ⟨hat⟩: Kasein a.; **b)** *sich in Form von Flocken aus einer Flüssigkeit abscheiden* ⟨ist⟩: die Milch ist ausgeflockt.

us|flucht, die; -, Ausflüchte: **1.** ⟨meist Pl.⟩ *Ausrede, Vorwand:* nicht um Ausflüchte verlegen sein; Ausflüchte machen *(Ausreden vorbringen).* **2.** (seltener) *das Ausweichen; Flucht.*

us|flug, der; -[e]s, Ausflüge [mhd. ūȝvluc = erster Flug der Jungvögel u. Bienen]: **1.** *Wanderung, Spazierfahrt:* einen A. machen; Ausflüge unternehmen; **Ü** der Torhüter liebt weite Ausflüge (Sport Jargon; *dringt weit über die ihm vorgeschriebene Position im Spielfeld vor*); ein A. *(eine Abschweifung)* in die Theorie. **2. a)** *(von Bienen, Vögeln u. a.) das Ausfliegen, Ausschwärmen:* der A. der Bienen; **b)** (Imkerei) *Flugloch des Bienenstocks.*

us|flüg|ler, der; -s, -: *jmd., der einen Ausflug* (1) *macht.*

us|flüg|ler|in, die; -, -nen: w. Form zu Ausflügler.

us|flug|schnei|se, die; -, -n (Flugw.): *Flugschneise für die von einem Flughafen ausfliegenden Flugzeuge.*

us|flugs|dampf|fer, der: *im Ausflugsverkehr eingesetzter Dampfer.*

us|flugs|fahrt, die: *als Ausflug unternommene Fahrt.*

us|flugs|ort, der ⟨Pl. -e⟩: *Ort, der als Ausflugsziel beliebt ist.*

us|flugs|ver|kehr, der: *Verkehr von Ausflüglern.*

us|flugs|ziel, das: *Ziel eines Ausflugs* (1).

us|fluss, der; -es, Ausflüsse: **1. a)** ⟨o. Pl.⟩ *(von Flüssigkeiten, Gas u. a.) das Ausfließen, Ausströmen:* den A. des Öls einzudämmen suchen; **b)** (Technik) *in einer bestimmten Zeiteinheit aus einer Öffnung ausströmende Flüssigkeits- od. Gasmenge:* der A. wurde auf 100 Liter pro Minute verringert. **2. a)** *Stelle, an der etw. ausfließen kann; Abfluss:* der A. des Beckens, der Wanne ist verstopft; **b)** *Austrittsstelle (eines Flusses o. Ä. aus einem größeren Gewässer):* der A. des Rheins aus dem Bodensee. **3.** (Med.) **a)** *Absonderung:* ein übel riechender A. von Eiter; **b)** *vermehrte Absonderung aus den weiblichen Geschlechtsorganen;* [2]*Fluor:* an A. leiden. **4.** (geh.) *Auswirkung, Folge, Hervorbringung:* ein A. gesellschaftlicher Strömungen.

s|fol|gen ⟨sw. V.; hat⟩ [zu veraltet folgen = folgen lassen, zuteilen] (bes. österr. Amtsspr.): *aushändigen, übergeben.*

s|fol|gung, die; -, -en (bes. österr. Amtsspr.): *das Ausfolgen; das Ausgefolgtwerden.*

s|for|men ⟨sw. V.; hat⟩: **1. a)** *(eine weiche, formbare Masse) formen:* Wachs, Teig zu Klößen a.; **b)** *aus einer weichen, formbaren Masse formen:* Klöße, ein Tongefäß a. **2. a)** *einer Sache endgültige Form, Gestalt geben:* einen Text, ein Kunstwerk a.; **b)** (a. + sich) *bestimmte Form, Gestalt gewinnen, zu etw. Bestimmtem werden:* die Sache formte sich zu einem kompletten Fehlschlag aus.

s|for|mu|lie|ren ⟨sw. V.; hat⟩: *(seine Gedanken, Vorstellungen, einen Text o. Ä.) bis ins Einzelne formulieren; sprachlich ausarbeiten, in eine sprachliche Form bringen:* seine Gedanken, Auffassungen a.; ein Referat aufgrund von Stichworten a.

Aus|for|mu|lie|rung, die; -, -en: **1.** *das Ausformulieren.* **2.** *ausformulierter Text.*

Aus|for|mung, die; -, -en: **1.** *das Ausformen.* **2.** *Form, Gestalt.*

aus|for|schen ⟨sw. V.; hat⟩: **1.** *eingehend, bis ins Einzelne über jmdn. od. etw. befragen; ausfragen.* **2.** *durch eifriges Nachforschen herausfinden, erkunden; erforschen:* jmds. Versteck a. **3.** (österr. Amtsspr.) *ausfindig machen:* die Verantwortlichen konnten nicht ausgeforscht werden.

Aus|for|schung, die; -, -en: **1.** *das Ausforschen* (1, 2). **2.** (österr. Amtsspr.) *[polizeiliche] Ermittlung.*

aus|frach|ten ⟨sw. V.; hat⟩ (Seew.): *(Frachtgut) ausladen:* Container a.

aus|fra|gen ⟨sw. V.; hat⟩: **a)** *durch gezieltes Fragen von jmdm. zu erfahren suchen, aushorchen:* lass dich nicht von ihm a.!; jmdn. nach einem Sachverhalt, über eine Person, wegen einer Angelegenheit a.; **R** so fragt man die Leute aus *(ich lasse mich nicht ausfragen;* als Antwort auf jmds. als zu dreist empfundenes Fragen); **b)** *aufhören zu fragen* ⟨meist in einer zusammengesetzten Zeitform⟩: hast du bald ausgefragt?

Aus|fra|ger, der; -s, -: *jmd., der einen anderen ausfragt.*

Aus|fra|ge|rei, die; -, -en (ugs. abwertend): *beständiges, als lästig empfundenes Ausfragen.*

Aus|fra|ge|rin, die; -, -nen: w. Form zu ↑ Ausfrager.

aus|fran|sen ⟨sw. V.⟩: **a)** *(von Textilien, bes. Kleidungsstücken) sich an den Rändern in Fasern auflösen, ausfasern* ⟨ist⟩: die Ärmel fransen aus; in ausgefransten Hosen herumlaufen; ⟨auch a. + sich; hat:⟩ der Teppich hat sich ausgefranst; **b)** *(ein Gewebe) am Rand durch Ausziehen der Schussfäden mit Fransen versehen* ⟨hat⟩: eine Tischdecke rundum a.

aus|frä|sen ⟨sw. V.; hat⟩ (Technik): **a)** *mit der Fräse beseitigen:* Unebenheiten an einem Werkstück a.; **b)** *durch Fräsen glätten:* ein Werkstück a.

Aus|frä|sung, die; -, -en: *das Ausfräsen.*

aus|fres|sen ⟨st. V.; hat⟩: **1. a)** *(Futter) aus etw. fressend herausholen:* die Vögel haben die Körner [aus dem Futternapf] ausgefressen; **b)** *(ein Gefäß, eine Frucht u. a.) leer fressen:* den Trog a.; (derb in Bezug auf Menschen:) er hat die ganze Schüssel [Pudding] ausgefressen; **c)** *zu Ende fressen* ⟨meist in einer zusammengesetzten Zeitform⟩: die Pferde haben noch nicht ausgefressen. **2.** *(von Wasser) auswaschen, durch Unterspülen zerstören:* das Wasser hat die Ufer über weite Strecken ausgefressen. **3.** (salopp) *die Folgen tragen müssen für etw., was jmd. selbst od. häufiger ein anderer verschuldet hat; ausbaden müssen:* das musst du allein a. **4.** (ugs.) *etw. Unrechtes, Strafbares o. Ä. tun:* hat er was ausgefressen?

aus|frie|ren ⟨st. V.⟩: **1.** (Landw.) *durch Frost zugrunde gehen, erfrieren, auswintern* ⟨ist⟩: die Saat ist in dem kalten Winter fast ganz ausgefroren. **2.** *(von Gewässern) bis zum Grunde frieren* ⟨ist⟩: der See ist bei der Kälte ausgefroren. **3.** (landsch.) *durch u. durch frieren* ⟨im 2. Part. häufig in Verbindung mit »sein«⟩: sie waren ganz ausgefroren, kamen ganz ausgefroren *(durchgefroren)* nach Hause. **4.** (Technik) *einen Stoff durch Kälteeinwirkung in einen festen Aggregatzustand überführen, um ihn so von Stoffen mit anderem Gefrierpunkt zu trennen* ⟨hat⟩.

aus|fu|gen ⟨sw. V.; hat⟩ (Bauw.): *(bei einer Ziegelmauer o. Ä.) die Fugen ausfüllen, verfugen:* die Mauer muss noch ausgefugt werden; Steine mit Lehm a.

Aus|fu|gung, die; -, -en (Bauw.): *das Ausfugen.*

Aus|fuhr, die; -, -en: **a)** ⟨o. Pl.⟩ *das Ausführen* (2), *Exportieren;* [1]*Export* (1): die A. von Weizen; die A. fördern, drosseln; **b)** *das Ausgeführte, Menge an ausgeführten Waren;* [1]*Export* (2): die A. steigern; von der A. abhängig sein; die -en nach Übersee.

aus|führ|bar ⟨Adj.⟩: **1.** *durchführbar; geeignet, verwirklicht zu werden:* er hält den Plan nicht für a. **2.** *für die Ausfuhr, den* [1]*Export geeignet:* diese leicht verderblichen Produkte sind nicht a.

Aus|führ|bar|keit, die: *das Ausführbarsein* (1).

aus|füh|ren ⟨sw. V.; hat⟩: **1. a)** *ins Freie führen, spazieren führen:* einen Kranken, Blinden a.; sie führt morgens und abends ihren Hund aus; **b)** *zum Ausgehen* (1 b) *einladen; mit jmdm. ausgehen* (1 b): sich gerne a. lassen; die Eltern führen ihre Töchter aus; **c)** (ugs. scherzh.) *(ein [neues] Kleidungsstück) in der Öffentlichkeit tragen, sich damit sehen lassen:* sie wollte sofort das neue Kleid a. **2.** *Waren ins Ausland verkaufen; exportieren:* Getreide, Südfrüchte a. **3. a)** *verwirklichen, realisieren:* ein Vorhaben, einen Plan a.; **b)** *einem Auftrag gemäß tun, vollziehen:* einen Befehl, eine Order, eine übertragene Aufgabe a.; die ausführende Gewalt *(Exekutive);* **c)** *(eine bestimmte Arbeit) machen, erledigen:* eine Reparatur a.; alle Arbeiten zur vollen Zufriedenheit a. **4. a)** *in Einzelheiten ausarbeiten u. vollenden:* der Schluss des vierten Aktes ist von dem Dichter nicht ausgeführt worden; **b)** *in bestimmter Weise mit bestimmtem Material herstellen, gestalten:* ein Bild in Öl, in Wasserfarben a. **5.** *(eine bestimmte Bewegung o. Ä.) machen:* bestimmte Tanzschritte a.; (Fußball, Eishockey:) einen Freistoß, Strafstoß, Eckball a. **6.** *mündlich od. schriftlich ausführlich erläutern, darlegen:* etw. umständlich, an zahlreichen Beispielen a. **7.** (landsch. scherzh.) *wegnehmen; (was einem anderen gehört) an sich bringen:* sie wollte mir meinen neuen Hut a.

Aus|füh|ren|de, der u. die; -n, -n ⟨meist Pl.; Dekl. ↑ Abgeordnete⟩: *(bei künstlerischen Veranstaltungen) der od. die Vortragende, Mitwirkende:* A.: das Amati-Ensemble.

Aus|füh|rer, der; -s, -: *Exporteur.*

Aus|füh|re|rin, die; -, -nen: w. Form zu ↑ Ausführer.

Aus|fuhr|ga|ran|tie, die: *staatliche Garantie für Exportgeschäfte von Privaten mit Privaten im Ausland.*

Aus|fuhr|ha|fen, der: *Hafen, von dem aus Güter ausgeführt werden.*

aus|führ|lich [auch: -ˈ--] ⟨Adj.⟩: *eingehend, in allen Einzelheiten, detailliert:* eine -e Darstellung, Beschreibung; a. über etw. berichten.

Aus|führ|lich|keit [auch: -ˈ---], die; -: *das Ausführlichsein.*

Aus|füh|rung, die; -, -en: **1.** ⟨o. Pl.⟩ **a)** *das Ausführen, Verwirklichen, Realisieren:* etw. zur A. bringen (nachdrücklich; *etw. ausführen*); zur A. gelangen/kommen (nachdrücklich; *ausgeführt werden*); **b)** *das weisungsgemäße Ausführen; Vollzug:* die A. eines Befehls, eines Auftrags; **c)** *das Ausführen (einer Arbeit o. Ä.), Erledigung:* die A. der Reparatur nimmt mehrere Wochen in Anspruch. **2. a)** ⟨o. Pl.⟩ *Ausarbeitung, Vollendung:* die A. [der Skizzen] vornehmen; **b)** *Herstellungsart, Qualität, Ausstattung:* eine einfache, elegante A.; Ledertaschen in verschiedenen -en. **3.** ⟨o. Pl.⟩ *das Ausführen einer bestimmten Bewegung:* die exakte A. der Tanzschritte ist wichtig; (Fußball, Eishockey:) die A. eines Freistoßes. **4.** ⟨meist Pl.⟩ *Darlegung:* seine -en waren langweilig, nicht sehr überzeugend.

Aus|füh|rungs|be|stim|mung, die ⟨meist Pl.⟩: *Gesetz, Rechtsverordnung od. Verwaltungsvorschrift, die Einzelheiten zu einer im Allgemeinen höherrangigen Rechtsnorm enthält.*

Aus|fuhr|ver|bot, das: *Verbot durch staatliche Organe, bestimmte Waren (in bestimmte Länder) auszuführen.*

aus|fül|len ⟨sw. V.; hat⟩: **1. a)** *(einen Hohlraum) mit etw. [ganz] füllen, zuschütten:* einen Graben [mit Steinen] a.; **Ü** Lücken in der Gesetzgebung a.; **b)** *(einen bestimmten begrenzten Raum) völlig einnehmen, beanspruchen:* die Tür füllte fast die Breite der Zelle aus; er füllt seine Kleidungsstücke nicht richtig aus (scherzh.; *sie sind ihm zu weit*); **2.** *(ein Formular, einen Vordruck o. Ä.) mit den erforderlichen Eintragungen versehen:* ein Formular, einen Scheck, ein Kreuzworträtsel a.; füllen Sie bitte diesen Fragebogen aus! **3. a)** *(eine Zeitspanne) mit etw. zubringen, hinbringen, überbrücken:* eine Pause, Wartezeit, seine freie Zeit mit etw. a.; **b)** *(einen bestimmten Zeitraum) ganz beanspruchen, einnehmen:* die Tage waren mit Arbeit ausgefüllt. **4.** *(ein Amt o. Ä.) in bestimmter Weise versehen:* sie füllt ihren Posten zuverlässig aus. **5. a)** *(von einer Tätigkeit, Aufgabe o. Ä.) jmdn. innerlich befriedigen, ganz in Anspruch nehmen:* die Hausarbeit füllt sie nicht aus; **b)** *(von Vorstellungen, Gedanken u. Ä.) jmdn. völlig beherrschen:* der Gedanke an eine baldige Heimkehr füllte sie ganz aus.

Aus|fül|lung, die; - (seltener): *das Ausfüllen* (1–3).

aus|fut|tern: ↑[1]ausfüttern (2).

[1]aus|füt|tern ⟨sw. V.; hat⟩: **1. a)** *(ein Kleidungsstück o. Ä.) mit einem Innenfutter versehen:* der Mantel war mit Pelz ausgefüttert; **b)** *auskleiden, ausschlagen:* der Koffer ist [mit Stoff] ausgefüttert. **2.** (Bauw.) *(Hohl- od. Zwischenräume bei zusammengehörenden Teilen eines Bauwerks) ausfüllen:* die Hohlräume müssen noch ausgefüttert werden.

[2]aus|füt|tern ⟨sw. V.; hat⟩: *ein Tier reichlich mit [1]Futter versorgen:* das Vieh a.; er hat seine Tiere gut ausgefüttert; **Ü** (scherzh.:) in den Ferien sind die Kinder bei den Großeltern [ordentlich] ausgefüttert worden.

[1]Aus|füt|te|rung, die; -: *das [1]Ausfüttern.*

[2]Aus|füt|te|rung, die; -: *das [2]Ausfüttern.*

Ausg. = Ausgabe (4, 5 a).

Aus|ga|be, die; -, -n: **1.** ⟨o. Pl.⟩ **a)** *das Ausgeben, Verteilen, Austeilen von etw.:* die A. des Essens, des Proviants; **b)** *das Aushändigen von etw.:* die A. der Bücher, der Post; **c)** (Bankw., Postw.) *das Ausgeben (Verkauf, Emission) von Wertpapieren, Aktien, Briefmarken o. Ä.;* **d)** (Bankw.) *(von Banknoten o. Ä.) das Ausgeben, In-Umlauf-Bringen:* die A. neuer Fünfmarkstücke; **e)** *das Bekanntgeben, Verkünden von etw.:* die A. eines Befehls, einer Losung. **2.** *Ort, Stelle, wo etw. ausgegeben, ausgehändigt wird:* die A. ist heute geschlossen. **3.** ⟨meist Pl.⟩ *Geldausgabe, aufzuwendende Geldsumme:* abzugsfähige, laufende, ungewöhnliche -n. **4. a)** *(von einem Druckwerk o. Ä.) Form der Veröffentlichung; Edition:* eine gebundene, broschierte, kommentierte A.; eine A. erster, letzter Hand *(die erste, letzte vom Autor selbst betreute Ausgabe eines Werkes);* **b)** (selten) *Auflage* (1 a): die neueste A. des Wörterbuchs. **5. a)** *zu einem bestimmten Zeitpunkt erscheinende Nummer od. Folge einer Zeitung od. Zeitschrift:* alte -en einer Zeitschrift sammeln; **b)** *(bei Rundfunk u. Fernsehen) zu einem bestimmten Zeitpunkt gesendete od. ausgestrahlte Sendung:* die letzte A. der Tagesschau kommt heute um 0.45 Uhr. **6.** *Ausführung; Form, in der etw. hergestellt wird:* die viertürige A. des Autos. **7.** (EDV) *Arbeitsergebnis eines Rechners, Output* (2).

aus|ga|be|freu|dig ⟨Adj.⟩: *zu Geldausgaben stets geneigt:* eine -e Politik.

Aus|ga|be|kurs, der (Bankw.): *Kurs, zu dem ein Wertpapier ausgegeben wird.*

Aus|gang, der; -[e]s, Ausgänge: **1. a)** *das Hinausgehen, Verlassen des Hauses; Spaziergang:* es war der erste A. für den Rekonvaleszenten; **b)** *(von Hausangestellten u. Soldaten) freier Tag; Erlaubnis zum Ausgehen* (1): er hatte bis sechs A. **2. a)** *Tür, Öffnung, durch die jmd. hinausgehen, ein Gebäude, einen Raum verlassen kann:* den A. suchen; das Gebäude hat mehrere Ausgänge; am A. warten; **b)** *Stelle am Rand eines [Orts]bereichs, wo der Weg wieder aus diesem hinausführt:* sie wohnen am A. des Dorfes, des Waldes; **c)** *Öffnung an einem Organ, durch die etw. austreten kann:* ein Abszess am A. des Magens, des Darmes; bei der Operation wurde ein künstlicher A. *(Darmausgang)* geschaffen. **3. a)** ⟨o. Pl.⟩ *(von einem größeren Zeitraum, einer Epoche) Ende:* der A. des Mittelalters; **b)** *Ende, Ergebnis eines Vorgangs:* der A. des Krieges, des Prozesses, der Verhandlungen war ungewiss; ein glücklicher, unerwarteter A. des Unternehmens; **c)** *(von einer Zeile, einem Vers u. Ä.) Ende, Schluss:* der A. der Zeile, des Wortes *(Wortauslaut).* **4.** ⟨o. Pl.⟩ *Anfang, Ausgangspunkt:* sie kehrten an den A. ihres Gesprächs zurück; seinen A. von etw. nehmen *(von etw. ausgehen).* **5.** (Bürow.) **a)** ⟨o. Pl.⟩ *(von Post o. Ä.) das Abschicken;* **b)** ⟨meist Pl.⟩ *zum Abschicken vorbereitete Post o. Ä.:* die Ausgänge fertig machen, erledigen.

aus|gangs: I. ⟨Adv.⟩ *am Ausgang* (2 b), *am Rand:* a. von München. **II.** ⟨Präp. mit Gen.⟩ **a)** (räumlich) *am Ausgang* (2 b): a. des Dorfes; **b)** (zeitlich) *am Ende:* ein Mann a. der Fünfziger *(Ende fünfzig).*

Aus|gangs|ba|sis, die: *Grundlage, von der etw. ausgeht, auf der etw. aufbaut:* ein hohes Startkapital ist eine gute A.

Aus|gangs|ge|stein, das (Geol.): *Gestein, aus dem ein Boden entsteht.*

Aus|gangs|la|ge, die: *Lage, Situation, die am Beginn von etw. besteht.*

Aus|gangs|ma|te|ri|al, das: *Material, das als Grundlage für die Herstellung eines Produkts, für die Erarbeitung einer Konzeption o. Ä. verwendet wird.*

Aus|gangs|po|si|ti|on, die: *Situation, Position am Beginn von etw.*

Aus|gangs|pro|dukt, das: vgl. Ausgangsstoff.

Aus|gangs|punkt, der: **a)** *Stelle, Ort, von wo aus etw. seinen Ausgang nimmt, wo etw. beginnt:* der A. ihrer Reise; **b)** *Ursprung, Grundlage für die Entstehung, Entwicklung von etw.:* der A. eines Gesprächs; die Not hat ihren A. in der schlechten Wirtschaftslage.

Aus|gangs|sper|re, die (bes. Milit.): *Verbot, zu bestimmten Zeiten auszugehen, das Haus, die Kaserne zu verlassen.*

Aus|gangs|spra|che, die (Sprachw.): **1.** *Sprache, aus der übersetzt wird.* **2.** *Sprache des Muttersprachlers im Hinblick auf eine Zielsprache* (2).

Aus|gangs|stel|le, die: *Stelle, Ort, von wo etw. ausgeht.*

Aus|gangs|stel|lung, die: **1.** (Sport) *Stellung des Körpers, von der aus eine Übung erfolgt:* in A. gehen. **2.** (Milit.) *Stellung* (6), *von der aus angegriffen wird.*

Aus|gangs|stoff, der: *Stoff, Material als Grundlage für ein bestimmtes Produkt.*

Aus|gangs|zu|stand, der: *ursprünglicher Zustand am Beginn einer Entwicklung.*

aus|gä|ren ⟨sw. u. st. V.; gärte/(auch:) gor aus, hat/ist ausgegärt/(auch:) ausgegoren⟩: *zu Ende gären, aufhören zu gären:* der Wein hat/ist ausgegärt, ausgegoren; noch nicht ausgegorener Most.

aus|ga|sen ⟨sw. V.⟩: **1.** *(einen Raum) mithilfe von Gas desinfizieren od. von Ungeziefer befreien* ⟨hat⟩: Stallungen, Krankenzimmer a. **2. a)** *(von festen od. flüssigen Stoffen) Gas austreten lassen* ⟨hat⟩: das Metall gast aus; Kohle gast aus (Bergbau; *lässt Grubengas austreten*); **b)** *in Gasform aus etw. austreten* ⟨ist⟩.

Aus|ga|sung, die; -, -en: *das Ausgasen.*

aus|ge|ar|bei|tet: ↑ausarbeiten (1 b).

aus|ge|ba|cken: ↑ausbacken (2 a).

aus|ge|baut: ↑ausbauen (1–3).

aus|ge|ben ⟨st. V.; hat⟩: **1. a)** *(in offizieller Funktion) verteilen, austeilen:* Verpflegung, Proviant a.; **b)** *(an zuständiger Stelle) aushändigen:* die Fahrkarten, die Bücher werden am Schalter ausgegeben; **c)** (Bankw., Postw.) *(Aktien, Briefmarken o. Ä.) zum Kauf anbieten:* die Gesellschaft gibt neue Aktien aus; **d)** (Bankw.) *(neue Banknoten, Geldstücke) in Umlauf bringen:* neue Fünfmarkstücke a.; **e)** (bes. Milit.) *(in offizieller Funktion) bekannt geben, verkünden, erlassen:* einen Befehl, eine Parole a.; **f)** (EDV) *(einen Output) ausdrucken, gedruckt wiedergeben:* der Computer gibt einen Text aus. **2. a)** *(Geld) für etw. verbrauchen, aufwenden:* er hat sein ganze Geld ausgegeben; sie gibt gerne Geld aus *(ist verschwenderisch);* **b)** (ugs.) *(jmdm., einer Gruppe von Personen) spendieren:* [für die Kollegen] eine Runde, eine Lage Bier a.; * **einen a.** (ugs.; *eine Runde 4 spendieren*). **3.** ⟨a. + sich⟩ *sich kräftemäßig verausgaben, seine Kräfte völ lig verbrauchen:* du hast dich bei dieser Arbeit völlig ausgegeben. **4.** *fälschlich als jmdn., etw. bezeichnen; behaupten, jmd. od. etw. Bestimmtes zu sein:* du gibst dich für seinen Freund aus **5.** (landsch.) **a)** *(in bestimmter Weise) ergiebig sein, (eine bestimmte Menge o. Ä.) ergeben:* der Teig, die Wolle gibt viel, wenig aus; **b)** *einen bestimmten Ertrag geben, bringen:* der Acker hat wenig ausgegeben. **6.** (landsch.) *zur Bearbe tung weggeben, außer Hause arbeiten, fertigen lassen:* die Wäsche a.; sie gibt viele Arbeiten aus.

Aus|ge|beu|te|te, der u. die; -n, -n ⟨Dekl. ↑Abgeordnete⟩: *jmd., der ausgebeutet wird.*

aus|ge|bis|sen: ↑ausbeißen.

aus|ge|blasst: ↑ausblassen.

aus|ge|bleicht: ↑[1,2]ausbleichen.

aus|ge|bli|chen: ↑[1]ausbleichen.

aus|ge|blu|tet: ↑ausbluten.

aus|ge|bombt: ↑ausbomben.

Aus|ge|bomb|te, der u. die; -n, -n ⟨Dekl. ↑Abgeordnete⟩: *jmd., der ausgebombt wurde.*

Aus|ge|bot, das; -[e]s, -e: *Ausbietung.*

aus|ge|brannt: ↑ausbrennen (7).

aus|ge|bra|ten: ↑ausbraten.

aus|ge|bucht: ↑ausbuchen (1).

aus|ge|buch|tet: ↑ausbuchten (2).

aus|ge|bufft [zu landsch. buffen = stoßen, schla gen, Nebenf. von ↑puffen, eigtl. = durch Schläge, Püffe erfahren, gewitzt] (salopp, häuf abwertend): **1.** *(in einem bestimmten Bereich) erfahren u. trickreich, mit Raffinesse vorgehen clever:* ein -er Geschäftsmann. **2.** *erledigt, abge tan.*

Aus|ge|buff|te, der u. die; -n, -n ⟨Dekl. ↑Abgeord nete⟩: *jmd., der ausgebufft ist:* das ist ein ganz

Aus|ge|burt, die; -, -en (geh. abwertend): **a)** *[übl Hervorbringung, Auswuchs:* die -en eines kran ken Geistes; **b)** *jmd., der etw. Negatives, eine negative Eigenschaft in besonders ausgeprägt Form verkörpert; Ausbund:* er ist eine A. von Boshaftigkeit.

aus|ge|dacht: ↑ausdenken.

aus|ge|dehnt: ↑ausdehnen (3 a, 4).

aus|ge|dient: ↑ausdienen.

Aus|ge|din|ge, das; -s, -, (seltener:) **Aus|ge|ding** das; -[e]s, -e [zu ↑Gedinge] (landsch.): *Altente* (bes. eines Bauern): er hat sich auf sein, ins A. zurückgezogen.

aus|ge|druckt: ↑ausdrucken.

aus|ge|fah|ren: ↑ausfahren (7).

aus|ge|fal|len ⟨Adj.⟩ [eigtl. = aus dem Üblichen herausgefallen]: *ungewöhnlich, nicht alltäglich extravagant:* ein -es Muster; ihr Geschmack is etwas a.

aus|ge|feimt: *abgefeimt.*

aus|ge|flippt: ↑ausflippen.

Aus|ge|flipp|te, der u. die; -n, -n ⟨Dekl. ↑Abgeo nete⟩: *jmd., der ausgeflippt ist.*

aus|ge|franst: ↑ausfransen.

aus|ge|fuchst [zu Fuchs = angehender Student (ugs.): *(in einem bestimmten Bereich) sehr erfahren u. trickreich:* ein -er Verkäufer.

aus|ge|füllt: ↑ausfüllen (5 a).

aus|ge|gli|chen ⟨Adj.⟩: **a)** *harmonisch, in sich ruhend, gelassen:* ein -er Mensch; **b)** *gleichmä ßig, frei von Schwankungen:* eine -e Bilanz; ein -es Klima; die Mannschaft ist ein -es *(auf allen Positionen gleich gut besetztes)* Team.

Aus|ge|gli|chen|heit, die; -: *das Ausgeglichensein.*

aus|ge|glüht: ↑ausglühen.

aus|ge|go|ren: ↑ausgären.

Aus|geh|an|zug, der (bes. Milit.): *Anzug, der fü den Ausgang u. den Urlaub bestimmt ist.*

aus|ge|hen ⟨unr. V.; ist⟩: **1. a)** *(zu einem bestimmten Zweck, mit einer bestimmten Absicht) die Wohnung verlassen, aus dem Haus gehen:* sie war ausgegangen, um einen Besuch, um Einkäufe zu machen; **b)** *(zum Vergnügen, zum Essen, Tanzen u. Ä.) ein Lokal o. Ä. aufsuchen:* häufig, selten, sonntags a.; wir gehen ganz groß aus; ⟨subst.:⟩ sich zum Ausgehen anziehen. **2.** *von einer bestimmten Stelle seinen Ausgang nehmen, abgehen, abzweigen:* von diesem Knotenpunkt gehen mehrere Fernstraßen aus. **3.** *(von Postsendungen) abgeschickt werden:* die aus- und eingehende Post. **4. a)** *von jmdm. herrühren, vorgebracht, geäußert, vorgeschlagen werden:* die Anregung geht vom Minister aus; **b)** *ausgestrahlt, hervorgebracht werden:* Ruhe, Sicherheit, ein bestimmtes Fluidum geht von jmdm. aus. **5.** *zum Ausgangspunkt nehmen, etw. zugrunde legen:* du gehst von falschen Voraussetzungen aus; ich gehe davon aus *(nehme als sicher an, bin davon überzeugt)*, dass die Tarifparteien sich bald einigen werden. **6.** *sich etw. zum Ziel setzen, es auf etw. absehen:* auf Gewinn, Betrug a. **7. a)** *in bestimmter Weise enden:* das kann nicht gut a.; der Autounfall hätte schlimmer a. können; **b)** (landsch.) *aufhören, zu Ende gehen:* die Schule geht um 12 Uhr aus; das Theater war spät ausgegangen; **c)** (Sprachw.) *(auf einen bestimmten Buchstaben, eine bestimmte Silbe o. Ä.) enden:* auf einen Vokal a.; **d)** (selten) *in etw. übergehen, auslaufen:* das Muster geht am Rand in Bogen aus. **8.** *(von etw., was in bestimmter Menge vorhanden ist) sich erschöpfen, zu Ende gehen, schwinden:* die Vorräte sind ausgegangen; das Geld ging uns aus; Ü allmählich geht mir die Geduld aus. **9.** *sich aus einem organischen Zusammenhalt lösen, ausfallen:* die Zähne, Federn gehen aus; die Haare gehen ihm aus. **10.** (ugs.) *sich in bestimmter Weise ausziehen lassen:* die nassen Handschuhe gingen schwer aus. **11. a)** *aufhören zu brennen od. zu leuchten; erlöschen:* das Licht, die Lampe ging aus; die Pfeife war ihm ausgegangen; **b)** *(von einem Motor) stehen bleiben, aufhören zu laufen:* mit der Zündung stimmt etwas nicht, der Motor geht an jeder Ampel aus. **12.** (landsch.) **a)** *(von Farbe) beim Waschen aus einem Gewebe o. Ä. schwinden od. auslaufen:* die Farbe, das Rot in diesem Stoff ist beim Waschen ausgegangen; **b)** *(von Gewebe o. Ä.) beim Waschen die Farbe verlieren, Farbe abgeben:* der Stoff geht beim Waschen [nicht] aus. **13. a)** *(ein Gelände, eine Strecke o. Ä.) gehend durchmessen;* **b)** ⟨a. + sich⟩ (österr.) *gerade ausreichen:* das Geld, die Zeit geht sich aus; ⟨oft unpers.:⟩ es geht sich noch aus, dass wir den Zug erreichen.

aus|ge|hend ⟨Adj.⟩: *(von einem größeren Zeitraum, einer Epoche) sich dem Ende zuneigend, zu Ende gehend:* im -en Mittelalter.

aus|geh|fer|tig ⟨Adj.⟩: *fertig, bereit zum Ausgehen* (1).

aus|ge|ho|ben: ↑ausheben.

aus|ge|hun|gert ⟨Adj.⟩: **a)** *sehr hungrig; großen Hunger leidend:* nach dem langen Marsch waren sie ganz a.; **b)** *durch langes Hungern entkräftet:* die Flüchtlinge waren vollständig a.

aus|gei|zen ⟨sw. V.; hat⟩ (Landw., Weinbau): *Nebentriebe (Geize), die die Entwicklung des Haupttriebes beeinträchtigen, entfernen.*

aus|ge|klü|gelt: ↑ausklügeln.

aus|ge|kocht (ugs. abwertend): *raffiniert, durchtrieben:* ein -er Bursche, Gauner, Betrüger.

aus|ge|las|sen ⟨Adj.⟩ [2. Part. von: auslassen = los-, freilassen]: *in übermütiger, unbeschwerter Weise fröhlich:* eine -e Gesellschaft; in -er Stimmung sein.

Aus|ge|las|sen|heit, die; -, -en ⟨Pl. selten⟩: **a)** ⟨o. Pl.⟩ *das Ausgelassensein; unbekümmerte, überschäumende Fröhlichkeit;* **b)** *ausgelassene Handlung.*

aus|ge|las|tet: ↑auslasten.

aus|ge|lernt ⟨Adj.⟩ [vgl. gelernt]: *seine Lehrzeit beendet habend.*

Aus|ge|lern|te, der u. die; -n, -n ⟨Dekl. ↑Abgeordnete⟩: *jmd., der seine Lehrzeit beendet hat.*

Aus|ge|lie|fert|sein, das; -s: *das Preisgegebensein; das Schutzlossein gegenüber einer Macht:* das A. des Menschen an das Schicksal, den Tod.

aus|ge|lit|ten: nur in der Verbindung **a. haben** (geh.; *nach schwerem Leiden gestorben sein*).

aus|ge|lutscht ⟨Adj.⟩ [zu ↑auslutschen] (salopp): **1.** *kraftlos:* ein -er Typ; ich fühlte mich a. **2.** *abgenutzt [u. entsprechend reizlos]:* das Thema war bereits a.

aus|ge|macht [zu veraltet ausmachen = bis zu Ende machen]: **1.** *sicher, gewiss feststehend, beschlossen:* eine -e Sache, etw. als a. voraussetzen; als a. gelten. **2. a)** *sehr groß, ausgesprochen, vollkommen:* eine -e Dummheit, Schurkerei; er ist ein -er Snob; **b)** ⟨intensivierend bei Adjektiven⟩ *sehr, überaus, ausgesprochen:* das war ein a. schäbiges Verhalten.

aus|ge|mer|gelt: ↑ausmergeln.

aus|ge|nom|men ⟨Konj.⟩: *außer [wenn]* ⟨mit nachgestelltem Bezugswort od. mit Gliedsatz⟩: er widerspricht allen, a. dem Vater; wir werden kommen, a. es regnet; ⟨bei einem Bezugswort im Nom.:⟩ alle waren da, a. sein Bruder/sein Bruder a.

aus|ge|picht [2. Part. von veraltet auspichen = inwendig mit Pech verschmieren] (ugs.): **a)** *(in einem bestimmten Bereich) sehr erfahren [u. zugleich durchtrieben, raffiniert]:* ein -er Junge; -e Betrüger; **b)** *bis ins Letzte verfeinert:* -e Feinschmeckereien.

aus|ge|po|wert: ↑auspowern.

aus|ge|prägt: ↑ausprägen (2b).

Aus|ge|prägt|heit, die; -: *das Ausgeprägt-, Ausgebildetsein.*

aus|ge|pumpt ⟨Adj.⟩ (salopp): *nach einer körperlichen Anstrengung o. Ä. völlig erschöpft:* nach dem anstrengenden Training war die Mannschaft völlig a.

aus|ge|rech|net [auch: '---'--] ⟨Adv.⟩ [zu ↑ausrechnen] (ugs.): drückt in emotionaler Ausdrucksweise Verärgerung, Unwillen, Verwunderung o. Ä. aus; *gerade:* a. heute, wo ich keine Zeit habe; das muss a. mir passieren!; unter den Bewerbern war a. er ausgewählt worden.

aus|ge|reift: ↑ausreifen.

Aus|ge|reift|heit, die; -: *das Ausgereift-, Entwickeltsein.*

aus|ge|ris|sen: ↑ausreißen.

aus|ge|run|gen: ↑ausringen (2).

aus|ge|schamt, aus|ge|schämt [eigtl. = aufgehört habend, sich zu schämen] (landsch.): *unverschämt, schamlos:* er ist ein -er Kerl.

aus|ge|schie|den: ↑ausscheiden.

aus|ge|schil|dert: ↑ausschildern.

aus|ge|schis|sen: ↑ausscheißen.

aus|ge|schla|fen ⟨Adj.⟩ (ugs.): *hellwach* (b); *gewitzt:* eine ganz -e junge Frau.

aus|ge|schla|gen: ↑ausschlagen (5, 12).

aus|ge|schlos|sen [auch: '---'--] ⟨Adj.⟩ [zu ↑ausschließen (4)]: *unmöglich, undenkbar:* es ist nicht [ganz] a., dass sie noch kommt; a.! *(das kommt nicht infrage!)*; etw. für a. halten, für a. erklären.

aus|ge|schnit|ten ⟨Adj.⟩: *(von einem Kleid, einer Bluse o. Ä.) am Hals mit einem größeren Ausschnitt* (2b) *versehen:* ein -es Kleid; sie trägt gerne tief a. (ugs.; *Kleidung mit tiefem Ausschnitt, mit Dekolleté*).

aus|ge|schos|sen: ↑ausschießen.

aus|ge|schrie|ben ⟨Adj.⟩: *(von der Schrift) ausgeprägt:* er hat eine -e Handschrift.

aus|ge|setzt: ↑aussetzen.

Aus|ge|setzt|heit, die; - (geh.): *das Ausgesetzt-, Preisgegebensein.*

aus|ge|sorgt ⟨Adj.⟩: in der Verbindung **a. haben** (ugs.; *sich nicht mehr um seinen Lebensunterhalt sorgen müssen*): mit dieser Stellung hat er [für sein Leben] a.

aus|ge|spielt ⟨Adj.⟩: in der Verbindung **a. haben** *(nichts mehr gelten, keine Macht, Bedeutung, keinen Einfluss mehr haben):* dieser Politiker hat a.; er hat bei mir a. (ugs.; *ich will nichts mehr von ihm wissen*).

aus|ge|spro|chen: **1.** ↑aussprechen. **2.** ⟨Adj.⟩ **a)** *ausgeprägt:* eine -e Vorliebe für etw. haben; sie ist eine -e Schönheit; **b)** ⟨intensivierend bei Adj.⟩ *sehr, besonders:* eine a. malerische Landschaft.

aus|ge|spro|che|ner|ma|ßen ⟨Adv.⟩: *unverkennbar:* die Lage hat sich a. gebessert.

aus|ge|stal|ten ⟨sw. V.; hat⟩: **1. a)** *(in seinem Ablauf o. Ä.) planend gestalten, arrangieren:* ein Fest, eine Feier a.; **b)** *einer Sache eine bestimmte Gestalt od. Form geben; in bestimmter Weise ausformen:* einen Raum geschmackvoll a. **2.** *[umgestaltend] zu etw. erweitern, ausbauen:* eine Idee zu einer Methode a.

Aus|ge|stal|tung, die; -, -en: **a)** ⟨o. Pl.⟩ *das Ausgestalten, Ausgestaltetwerden;* **b)** *Gestalt, Form:* der Staat in der spezifischen A. des 19. Jahrhunderts.

aus|ge|stan|den: ↑ausstehen.

aus|ge|stellt: ↑ausstellen (5b).

aus|ge|sto|chen: ↑ausstechen.

aus|ge|stopft: ↑ausstopfen.

aus|ge|stor|ben ⟨Adj.⟩: *unbelebt, menschenleer:* abends ist die Innenstadt völlig a.

aus|ge|sto|ßen: ↑ausstoßen.

aus|ge|sucht: **1.** *besonders fein; erlesen, hervorragend:* -e Weine, Früchte, Stoffe, Speisen. **2. a)** *über das Übliche hinausgehend:* mit -er Freundlichkeit; **b)** ⟨intensivierend bei Adj.⟩ *sehr, überaus:* a. höflich; a. schöne Früchte. **3.** *übrig geblieben (nachdem das Gute herausgesucht wurde), wenig Auswahl bietend:* -e Ware; die Stoffe sind schon sehr a.

Aus|ge|sucht|heit, die; -: *das Ausgesuchtsein, ausgesuchte* (1) *Beschaffenheit.*

aus|ge|tre|ten: ↑austreten (2).

aus|ge|wach|sen ⟨Adj.⟩: **1.** *zur vollen Größe herangewachsen:* ein -er Bursche; Ü ein -er *(großer)* Skandal; ein -er (ugs.; *ausgesprochener*) Blödsinn. **2.** (landsch.) *schief, bucklig gewachsen, verwachsen:* der arme Kerl ist a.

aus|ge|wählt: ↑auswählen.

aus|ge|wa|schen: ↑auswaschen.

aus|ge|wech|selt: ↑auswechseln.

aus|ge|win|tert: ↑auswintern.

aus|ge|wo|gen: **1.** ↑auswägen. **2.** ⟨Adj.⟩ *genau, sorgfältig abgestimmt, harmonisch; sich in einem bestimmten Gleichgewicht befindend:* ein -er Rhythmus; eine -e Diät.

Aus|ge|wo|gen|heit, die; -: *das Ausgewogen-, Abgestimmtsein; Harmonie.*

aus|ge|zackt: ↑auszacken.

aus|ge|zehrt: ↑auszehren.

Aus|ge|zehrt|heit, die; -: *das Ausgezehrt-, Entkräftetsein.*

aus|ge|zeich|net [auch: '--'--] ⟨Adj.⟩ [zu ↑auszeichnen (3a)]: *sehr gut, hervorragend, vortrefflich; exzellent:* -e Weine; das Essen war a.; a. Deutsch sprechen.

aus|gie|big ⟨Adj.⟩ [zu ↑ausgeben (5b)]: **1.** *reichlich, in reichem Maße:* einen -en *(ausgedehnten)* Mittagsschlaf halten; sie hatten a. gefrühstückt. **2.** (veraltend) *ergiebig, viel ausgebend:* -es Mehl.

Aus|gie|big|keit, die; -: *das Ausgiebigsein.*

aus|gie|ßen ⟨st. V.; hat⟩: **1. a)** *aus einem Gefäß gießen, weggießen:* das Wasser, den restlichen Kaffee [in den Ausguss] a.; **b)** *durch Ausgießen* (1a) *der Flüssigkeit leeren:* eine Flasche [mit abgestandenem Bier] a.; sie goss ihr Glas aus. **2.** (geh.) *über jmdn., etw. gießen, gießend über jmdn., etw. verteilen:* sie haben Öl über die Toten ausgegossen; Ü Hohn über jmdn. ausgießen. **3.** (Technik) *(einen Hohlraum o. Ä.) mit einer zunächst flüssigen, später erstarrenden Masse füllen:* Fugen, Risse, Löcher [mit Teer] a.; die Glockenform wird mit dem flüssigen Metall ausgegossen. **4.** *(etw. Brennendes, Schwelendes) durch Übergießen mit einer Flüssigkeit löschen:* sie versuchten das schwelende Feuer auszugießen.

Aus|gie|ßer, der; -s, -: *Schnabel an einer Kanne od. einem Krug; Tülle.*

A

Aus|gie|ßung, die; -, -en ⟨Pl. selten⟩: **1.** *das Ausgießen von Hohlräumen mit einer flüssigen, später erstarrenden Masse:* die A. der Fugen soll mit Zement vorgenommen werden. **2.** * **die A. des Heiligen Geistes** (christl. Rel.; *das Erfülltwerden der Apostel mit dem Heiligen Geist*).

aus|gip|sen ⟨sw. V.; hat⟩: *mit Gips ausfüllen, ausschmieren:* Löcher, Risse [in der Wand] a.

Aus|gleich, der; -[e]s, -e ⟨Pl. selten⟩: **1. a)** *das Ausgleichen von Ungleichheiten, Gegensätzlichkeiten, Verschiedenheiten; Herstellung eines Gleichgewichts, einer Übereinstimmung:* auf [einen] A. bedacht sein; **b)** *etw., was ein Gleichgewicht wiederherstellt; Entschädigung, Ersatz:* er hat einen A. für den Schaden erhalten; als A., zum A. für seine sitzende Lebensweise treibt er Sport. **2.** (Bankw.) kurz für ↑Kontoausgleich. **3.** ⟨o. Pl.⟩ (Ballspiele) *Gleichstand des Torverhältnisses:* er erzielte den A. **4.** (Reiten) **a)** *das Bemühen, die nach Alter, Leistung u. a. unterschiedlichen Voraussetzungen von Rennpferden bei Rennen durch Auflegen von Gewichten auszugleichen;* **b)** *Ausgleichsrennen* (a).

aus|glei|chen ⟨st. V.; hat⟩: **1. a)** *(Unterschiedliches, Gegensätzliches o. Ä.) durch Angleichung beseitigen, aufheben:* Höhenunterschiede, Niveauunterschiede a.; **b)** ⟨a. + sich⟩ *(von Unterschiedlichem, Gegensätzlichem) sich aufheben:* die Unterschiede zwischen den beiden Gruppen glichen sich wieder aus; Einnahmen und Ausgaben gleichen sich aus. **2. a)** *(Unterschiedliches, Gegensätzliches o. Ä.) durch Vermitteln mildern od. aufheben:* Spannungen, Differenzen, Konflikte a.; ihre ruhige Art wirkte ausgleichend; **b)** ⟨a. + sich⟩ *(von Gegensätzen o. Ä.) sich mildern, nivellieren:* die Spannungen glichen sich allmählich wieder aus. **3.** *(Fehlendes, einen Mangel o. Ä. durch anderes) wettmachen:* er versucht seinen Mangel an Bewegung durch sportliche Betätigung auszugleichen. **4. a)** (Kaufmannsspr.) *(eine Rechnung o. Ä.) bezahlen, begleichen:* eine Rechnung, Schulden, Verbindlichkeiten a.; **b)** (Bankw.) *(bei einem Konto o. Ä.) Soll- u. Habenseite einander angleichen:* das Konto a.; **c)** ⟨a. + sich⟩ (Bankw.) *(von einem Konto o. Ä.) auf einen Gleichstand kommen:* das Konto hat sich wieder ausgeglichen. **5.** (Ballspiele) *den Ausgleich* (3) *erzielen:* die Mannschaft konnte a.

Aus|gleichs|ab|ga|be, die (Finanzw.): *Abgabe zum Ausgleich von Schäden, Nachteilen, Belastungen, bes. im Rahmen des Lastenausgleichs, der Fürsorge für Schwerbehinderte o. Ä.*

Aus|gleichs|amt, das: *Behörde, die mit der Durchführung des Lastenausgleichs befasst ist.*

Aus|gleichs|fonds, der (Finanzw.): *Fonds des Bundes, dem die Ausgleichsabgaben u. a. zufließen u. aus dem Zahlungen an Berechtigte geleistet werden.*

Aus|gleichs|ge|trie|be, das (Technik): *Differenzialgetriebe.*

Aus|gleichs|ren|nen, das: a) (Pferdesport) *Rennen, bei dem einzelnen Pferden Gewichte aufgelegt werden, womit ein möglicher Ausgleich der Gewinnchancen herzustellen versucht wird;* **b)** (Segelsport) *Rennen, an dem Jachten unterschiedlicher Größe teilnehmen.*

Aus|gleichs|sport, der: *Sport, den jmd. betreibt, um die einseitige Körperbeanspruchung [im Beruf] auszugleichen.*

Aus|gleichs|tor, das (Ballspiele): *Tor, das den Gleichstand des Torverhältnisses herstellt.*

Aus|gleichs|tref|fer, der (Ballspiele): *Ausgleichstor.*

aus|glei|ten ⟨st. V.; ist⟩ (geh.): **1.** *ausrutschen* (1): meine Füße glitten auf den feuchten Blättern aus; er ist auf der gebohnerten Treppe ausgeglitten. **2.** *ausrutschen* (2): das Messer war ihr ausgeglitten. **3.** *bis zum Stillstehen gleiten:* in einer Bucht ließ er das Boot a.

aus|glie|dern ⟨sw. V.; hat⟩: **a)** *(aus einem größeren Ganzen) herauslösen, von etw. abtrennen:* einzelne Gebiete wurden aus dem Verwaltungsbereich ausgegliedert; **b)** *ausklammern, nicht behandeln:* ein besonders heikles Problem wurde bei den Verhandlungen ausgegliedert.

Aus|glie|de|rung, die; -, -en: *das Ausgliedern.*

aus|glit|schen ⟨sw. V.; ist⟩ (landsch.): *auf glattem, schlüpfrigem Boden o. Ä. ausrutschen:* er war auf den nassen Holzplanken ausgeglitscht.

aus|glü|hen ⟨sw. V.⟩: **1.** ⟨hat⟩ **a)** *[zum Zweck der Reinigung, der Weiterverarbeitung] großer Hitze aussetzen:* Draht a.; Instrumente, Nadeln a.; **b)** *vollständig ausdörren:* die Hitze hatte das Land ausgeglüht. **2.** *aufhören zu glühen* ⟨hat⟩: die Drähte der Lampe glühten aus. **3.** *im Innern völlig ausbrennen* ⟨ist⟩: ein ausgeglühtes Autowrack. **4.** (Technik) *(Metall) erhitzen u. langsam abkühlen lassen u. so eine Änderung des Materialgefüges erreichen* ⟨hat⟩.

aus|gra|ben ⟨st. V.; hat⟩: **1. a)** *durch Graben wieder aus der Erde o. Ä. hervor-, herausholen:* einige Kisten mit Wertsachen a.; **b)** *(unter der Erdoberfläche Liegendes [Verschüttetes]) freilegen:* eine Amphore, einen Tempel a.; **c)** *(Pflanzen, Bäume) grabend aus dem Erdreich, in dem sie verwurzelt sind, herausnehmen:* Sträucher [mit den Wurzeln] a.; **d)** (selten) *(Kartoffeln u. a.) durch Graben aus der Erde herausholen, ernten:* die Bauern graben schon [die] Kartoffeln aus; **e)** *(Altes, Vergessenes) wieder hervorholen, wieder ans Licht ziehen; (Abgetanes) wieder aufleben lassen:* ein altes Theaterstück, alte Familiengeschichten wieder a.; **f)** ⟨a. + sich⟩ *sich freischaufeln.* **2.** (selten) *(eine Vertiefung o. Ä.) durch Graben herstellen; ausheben:* eine Grube, ein Loch a.

Aus|grä|ber, der; -s, -: *Archäologe, der Ausgrabungen durchführt.*

Aus|grä|be|rin, die: w. Form zu ↑Ausgräber.

Aus|gra|bung, die; -, -en: **a)** *systematisches, wissenschaftliches Ausgraben u. Freilegen von Gebäuden, Gegenständen u. a. aus der vor- u. frühgeschichtlichen Zeit:* die A. einer vorgeschichtlichen Siedlung; **b)** *archäologischer Fund:* das Museum zeigt -en aus dem mittelrheinischen Raum.

Aus|gra|bungs|ar|beit, die ⟨meist Pl.⟩: *Tätigkeit bei Ausgrabungen* (a).

Aus|gra|bungs|fund, der: *Ausgrabung* (b).

Aus|gra|bungs|ort, der ⟨Pl. -e⟩: *Ausgrabungsstätte.*

Aus|gra|bungs|stät|te, die: *Stätte, an der Ausgrabungen (a) vorgenommen werden.*

aus|grä|ten ⟨sw. V.; hat⟩ (seltener): *entgräten.*

aus|grei|fen ⟨st. V.; hat⟩: **a)** *(von Pferden) die Vorderbeine vorsetzen zur Vorwärtsbewegung:* ein Pferd zum Trab a. lassen; **b)** *ausholen* (1 b): sie ging mit ausgreifenden Schritten; Ü weit ausgreifende Pläne.

aus|gren|zen ⟨sw. V.; hat⟩: **a)** *aus einem größeren Ganzen herausnehmen, ausklammern:* diesen Bereich hat er bei seiner Untersuchung bewusst ausgegrenzt; **b)** *aus einer Gemeinschaft, Gruppe heraushalten, ausschließen:* sie fühlte sich ausgegrenzt.

Aus|gren|zung, die; -: **a)** *das Ausgrenzen* (a): die A. eines Aspekts aus einer Fragestellung; **b)** *das Ausgrenzen* (b): die A. von Frauen aus Spitzenpositionen.

Aus|griff, der; -[e]s, -e: *das Vordringen, Übergreifen in ein anderes [neues] Gebiet:* gelegentlich wagt sie in ihrem Aufsatz einen A. in einen benachbarten wissenschaftlichen Bereich.

aus|grü|beln ⟨sw. V.; hat⟩: *durch langes Nachdenken, Grübeln herausfinden, ersinnen:* er grübelte einen Plan aus.

aus|grün|den ⟨sw. V.; hat⟩ (Wirtsch.): *ein Unternehmen gründen durch Herausnahme u. Verselbstständigung eines Teiles einer bereits bestehenden größeren Firma:* eine Tochtergesellschaft a.

Aus|grün|dung, die; -, -en: **1.** *das Ausgründen.* **2.** *ausgegründetes Unternehmen.*

Aus|guck, der; -[e]s, -e [für niederd. ūtkīk < niederl. uitkijk]: **1.** (ugs.) *Stelle, von der aus jmd. ausgucken, Ausschau halten kann:* einen A. beziehen; seinen A. nicht verlassen; A. halten *(ausgucken).* **2.** (Seemannsspr.) **a)** *Beobachtungsplatz (an erhöhter Stelle) auf einem Schiff:* der A. war nicht besetzt; **b)** *Matrose, der auf dem Beobachtungsplatz Wache hält:* der A. war nicht im Boot.

aus|gu|cken ⟨sw. V.; hat⟩ (ugs.): **1.** *ausschauen, Ausschau halten:* der Vater guckte ungeduldig nach den Kindern aus. **2.** *sich etw. genau ansehen, auskundschaften:* ich habe mir genau ausgeguckt, wie der Weg verläuft.

Aus|guck|pos|ten, der: *Ausguck* (2 b).

Aus|guss, der; -es, Ausgüsse: **1. a)** *an die Abwasserleitung angeschlossenes Becken zum Ausgießen von Flüssigkeiten:* das Waschwasser, den Kaffee in den A. schütten; **b)** *Abfluss eines Ausgusses* (1 a): ein verstopfter A. **2.** (landsch.) *[durch den Ausguss] ausgegossenes Wasser:* der A. rinnt über die Steine. **3.** (landsch.) *Schnabel an einer Kanne, einem Krug; Tülle:* der A. der Kaffeekanne ist abgebrochen. **4.** (Hüttenw.) *im Boden von stählernen Gießpfannen eingelassener Auslaufstein.*

Aus|guss|be|cken, das: *Ausguss* (1 a).

aus|ha|ben ⟨unr. V.; hat⟩ (ugs.): **1.** *(ein Kleidungsstück) ausgezogen, abgelegt haben:* die Schuhe, den Mantel a. **2.** *zu Ende, ausgelesen haben:* sie hat das Buch schon aus. **3.** (landsch.) **a)** *leer gegessen, leer getrunken haben:* den Teller, die Flasche a.; **b)** *zu Ende gegessen, zu Ende getrunken haben:* hast du die Suppe, die Milch bald aus? **4.** *Schulschluss* (1) *haben:* wann habt ihr heute aus?

aus|ha|cken ⟨sw. V.; hat⟩: **1. a)** *mit der Hacke aus der Erde herausholen, ernten:* Kartoffeln, Rüben a.; **b)** *durch Hacken entfernen:* Unkraut a. **2.** *mit dem Schnabel hackend herauspicken:* Möwen hatten dem Toten die Augen ausgehackt; die Vögel hackten sich gegenseitig, hackten sich/ (geh.:) einander die Federn aus. **3.** (österr.) *(ein geschlachtetes Tier) zerlegen:* ein Schwein a.

aus|ha|ken ⟨sw. V.; hat⟩: **1. a)** *durch Lösen des Hakens öffnen, losmachen; loshaken:* eine Kette, den Fensterladen a.; **b)** ⟨a. + sich⟩ *sich aus der Verhakung lösen:* der Verschluss hatte sich ausgehakt; * **bei jmdm. hakt es aus** (ugs.; 1. *jmd. versteht, begreift die Handlungsweise eines anderen nicht, hat kein Verständnis dafür:* wenn ich so etwas höre, dann hakts bei mir aus. 2. *(bei einer Darlegung o. Ä.) jmd. verliert den Faden, weiß plötzlich nicht mehr weiter:* während er sprach, hakte es plötzlich bei ihm aus und er kam völlig aus dem Konzept. 3. *jmds. Geduld ist zu Ende, jmd. verliert die Nerven:* da hakte es bei ihm aus und er schrie ihn an). **2.** (Jägerspr.) *(bei Federwild, ausgenommen Auerhahn u. Trappe) Magen u. Gedärme mithilfe eines dazu bestimmten Hakens durch den After herausziehen.*

aus|hal|len ⟨sw. V.; hat⟩ (selten): *aufhören zu hallen:* der Donner hat ausgehallt.

aus|hal|ten ⟨st. V.; hat⟩: **1.** *(Unangenehmes) ertragen, (Unangenehmem, bestimmten Belastungen) ausgesetzt sein:* sie hatten Hunger, Schmerzen, Strapazen auszuhalten; es lässt sich a.; hier lässt es sich a. *(hier ist es sehr angenehm, hier lässt es sich gut leben);* ⟨subst.:⟩ es ist nicht zum Aushalten. **2.** *einer Sache standhalten, nicht ausweichen:* den Blick des Gegners a. **3.** *irgendwo unter bestimmten, schwierigen Umständen bleiben, ausharren, durchhalten:* sie hatte bei ihm ausgehalten bis zu seinem Tod. **4.** (Musik) *(einen Ton) eine durch bestimmte Zeichen in der Notenschrift angegebene Zeit anhalten, erklingen lassen:* eine Note, einen Dreiklang, eine Terz a. **5.** (ugs. abwertend) *den Lebensunterhalt für jmdn. bezahlen u. ihn so von sich abhängig machen:* sie lässt sich von ihm a. **6.** ⟨a. + sich⟩ (landsch.) *sich etw. vorbehalten:* du hast dir das Wohnrecht im Haus ausgehalten. **7.** (Forstw.) *(gefälltes Holz) nach den Vorschriften der Holzmessanweisung in Stücke bestimmter Länge sägen u. einteilen.*

aus|häm|mern ⟨sw. V.; hat⟩: **a)** *(eine Beule in einem Gegenstand aus Metall) durch Hämmern* *entfernen, ausbeulen:* eine Beule aus dem Kotflügel a.; **b)** *(einen Gegenstand aus Metall) durch Hämmern formen:* ein Gefäß a.

aus|han|deln ⟨sw. V.; hat⟩: *in Abwägung der Interessen vereinbaren:* einen Kompromiss, Vertrag, neue Tarife a.

aus|hän|di|gen ⟨sw. V.; hat⟩: *(jmdm., der zu dem Empfang berechtigt ist) etw. übergeben, in die Hand geben:* jmdm. Dokumente, Geld, seine Papiere a.; die Schlüssel an den Hausverwalter a.

Aus|hän|di|ger, der; -s, -: *Person, die einer anderen etw. aushändigt.*

Aus|hän|di|ge|rin, die: w. Form zu ↑ Aushändiger.

Aus|hän|di|gung, die; -: *das Aushändigen.*

Aus|hang, der; -[e]s, Aushänge: *öffentlich ausgehängte Bekanntmachung, Anschlag:* einen A. machen, lesen; etw. durch A. bekannt machen.

Aus|hän|ge|bo|gen, der (Druckw.): *[in der Druckerei] einem Druckwerk zur Qualitätskontrolle o. Ä. entnommener einzelner Bogen; Aushänger.*

Aus|hän|ge|kas|ten, der: *Schaukasten, in dem öffentliche Bekanntmachungen, Anschläge* (1) *o. Ä. ausgehängt werden.*

aus|hän|gen ⟨st. V.; hat⟩: *zur allgemeinen Kenntnisnahme öffentlich angeschlagen, an dafür vorgesehener Stelle aufgehängt sein:* ein Anschlag, eine Bekanntmachung hängt aus; die Teilnehmerinnen (ugs.; *die Namen, Bilder der Teilnehmerinnen*) haben am schwarzen Brett ausgehangen; die Brautleute hingen im Bürgermeisteramt aus (ugs.; *ihr Aufgebot war dort im Aushängekasten öffentlich bekannt gemacht worden*).

aus|hän|gen ⟨sw. V.; hat⟩: **1.** *zur allgemeinen Kenntnisnahme öffentlich, an dafür vorgesehene Stelle aufhängen, anschlagen:* eine Bekanntmachung, eine Zeitung, den neuen Fahrplan a.; die Kinder sind im Schaufenster des Fotografen ausgehängt (ugs.; *ihre Fotografie ist dort ausgestellt*). **2. a)** *aus der Haltevorrichtung herausheben:* eine Tür, einen Fensterflügel a.; **b)** ⟨a. + sich⟩ *sich aus der Haltevorrichtung lösen:* der Fensterladen, die Kette hat sich ausgehängt. **3.** ⟨a. + sich⟩ (ugs.) *den Arm, den jmd. bei jmdm. eingehängt hat, wieder zurückziehen:* plötzlich hängte sie sich bei ihm aus. **4.** (ugs.) *ausrenken:* ich habe mir das Kreuz ausgehängt; er hat ihm den Arm ausgehängt. **5.** ⟨a. + sich⟩ *(von Kleidungsstücken u. Ä.) sich durch Hängen wieder glätten:* die Hose hängt sich wieder aus.

Aus|hän|ger, der; -s, -: *Aushängebogen.*

Aus|hän|ge|schild, das ⟨Pl. -er⟩: **1.** (seltener) *Werbeplakat, Reklameschild.* **2.** *jmd., etw., mit dem für jmdn., etw. Reklame gemacht, um Vertrauen geworben wird:* sie diente mit ihrem bekannten Namen nur als A. für die Firma.

aus|har|ken ⟨sw. V.; hat⟩ (bes. nordd.): **a)** *mit der Harke entfernen:* das Unkraut zwischen den Bäumen a.; **b)** *mit der Harke von etw. frei machen:* ein Beet a.

aus|har|ren ⟨sw. V.; hat⟩ (geh.): *an einem bestimmten Ort [trotz widriger Umstände] geduldig weiter, bis zum Ende warten, aushalten:* sie wollte nicht länger in der Kälte a.

aus|här|ten ⟨sw. V.⟩ (Technik): **1. a)** *(in Bezug auf Metalllegierungen u. bestimmte Kunststoffe) durch bestimmte Verfahren eine bessere Festigkeit erzielen* ⟨hat⟩: eine Aluminiumlegierung a.; **b)** *durch bestimmte Verfahren eine bessere Festigkeit erlangen* ⟨ist⟩: die Legierung härtet aus. **2.** *(von Leimen o. Ä.) vom löslichen in den unlöslichen Zustand übergehen* ⟨ist⟩: der Lack, der Leim ist sehr rasch ausgehärtet.

aus|hau|chen ⟨sw. V.; hat⟩ (geh.): **a)** *hauchend ausatmen:* den Atem, die Luft a.; **b)** *ausströmen:* Düfte, einen üblen Geruch a.; der Steinboden hauchte eisige Kälte aus; **c)** *leise, hauchend aussprechen, hören lassen:* leise Worte a.

aus|hau|en ⟨unr. V.; haute/hieb aus, hat ausgehauen/(landsch. auch:) ausgehaut⟩: **1. a)** *mit einem Werkzeug eine Vertiefung, ein Loch in etw. schlagen:* ein Loch im Eis, Stufen im Fels a.; **b)** *mit Schlagwerkzeugen einen Durchbruch durch etw. schaffen:* einen Weg durch den Fels, eine Schneise a.; **c)** *durch Behauen herstellen, gestalten:* ein Standbild in Marmor a.; ein Steinmetz hat die Inschrift auf dem Grabstein ausgehauen (*ausgemeißelt*). **2. a)** *einzelne Bäume u. Ä. aus einem Baumbestand herausschlagen u. diesen dadurch lichten:* Fichten a.; **b)** *(einen Wald, einen Weinberg) roden:* die alten Weinberge müssen ausgehauen werden; **c)** *(einen Baum) auslichten, dürre Zweige, Äste herausschneiden:* die Obstbäume werden ausgehauen. **3.** (Bergmannsspr.) *abbauen* (6 a): man haute hier Eisenerz aus. **4.** (landsch.) *(ein Schlachttier) zerlegen:* er haute das Schwein aus. **5.** (landsch. ugs.) *verprügeln.*

aus|häu|sig ⟨Adj.⟩: *außer Haus [sich aufhaltend, stattfindend, geschehend]:* -e Aktivitäten; er ist oft a. (*unterwegs, nicht zu Hause*).

Aus|häu|sig|keit, die; -: *das Aushäusigsein.*

aus|he|beln ⟨sw. V.; hat⟩ (Ringen): *mit einem Hebelgriff* (1) *zu Fall bringen:* den Gegner a.; Ü die Verordnung wurde durch einen Gerichtsbeschluss wieder ausgehebelt.

aus|he|ben ⟨st. V.; hat⟩: **1. a)** *Erde o. Ä. ausschaufeln:* für das Fundament, den Graben musste viel Erde ausgehoben werden; **b)** *durch Ausschaufeln von Erde o. Ä. herstellen, ausschachten:* eine Baugrube, einen Graben a. **2.** *aus seiner Haltevorrichtung herausheben, aushängen:* einen Fensterflügel a. **3. a)** *(in zerstörerischer od. räuberischer Absicht) aus dem Nest herausnehmen, wegnehmen:* sie haben heimlich die Eier, die jungen Vögel ausgehoben; **b)** *ein Nest durch Herausnehmen der Eier od. der jungen Vögel leeren:* die Jungen haben ein Krähennest ausgehoben; die Bäuerin hebt abends die Nester aus (*sammelt die Eier ein*); **c)** (landsch.) *(einen Briefkasten) leeren:* dieser Briefkasten wird dreimal am Tag ausgehoben. **4.** *eine Gruppe von Personen, die gesucht werden, in ihrem Versteck auffinden u. verhaften:* eine Bande von Verschwörern a. **5.** (veraltet) *Soldaten zum Wehrdienst einberufen, einziehen:* ganze Regimenter a. **6.** (Ringen) *den Gegner durch Hochheben zu Fall zu bringen suchen.* **7.** (ugs.) *ausrenken:* ich habe mir den Arm, die Schulter ausgehoben. **8.** (ugs.) *aushebern:* bei der Untersuchung wurde ihm der Magen ausgehoben. **9.** (Druckw.) **a)** *von Hand gesetzte Zeilen aus dem gefüllten Winkelhaken nehmen;* **b)** *die Druckform nach dem Druck aus der Druckmaschine nehmen.*

Aus|he|ber, der; -s, -: **1.** (Ringen) *Griff, mit dem der Gegner ausgehoben* (6) *wird.* **2.** (Gerberei) *Fehler im Leder, der durch eine Verletzung der Haut bei der Bearbeitung der Fleischseite entstanden ist.*

aus|he|bern ⟨sw. V.; hat⟩ [zu ↑ Heber] (Med.): *Magensaft od. Mageninhalt durch Ansaugen über einen durch Mund u. Speiseröhre in den Magen eingeführten Schlauch entnehmen.*

Aus|he|bung, die; -, -en: *das Ausheben* (1, 3 c, 4, 5, 8).

aus|he|cheln ⟨sw. V.; hat⟩: *(Flachs) mit der Hechel reinigen.*

aus|he|cken ⟨sw. V.; hat⟩ [zu ↑ hecken] (ugs.): *mit List ersinnen, sich ausdenken, planen:* einen Plan, einen neuen Streich a.

aus|hei|len ⟨sw. V.⟩: **1.** (selten) *vollständig heilen; wieder gesund werden lassen* ⟨hat⟩: der Arzt hat den Patienten nie ganz a. können; du musst dich erst a. (*musst erst gesund werden*), bevor du wieder anfängst zu arbeiten. **2.** ⟨ist⟩ **a)** *(von Krankheiten) in einem Heilungsprozess wieder verschwinden:* ihre Tuberkulose ist vollständig ausgeheilt; **b)** *(von Organen, Körperteilen o. Ä.) wiederhergestellt werden, gesunden:* der Fuß kann bei dauernder Beanspruchung nicht a.

Aus|hei|lung, die; -, -en ⟨Pl. selten⟩: *das Ausheilen.*

aus|hel|fen ⟨st. V.; hat⟩: **a)** *jmdm. etw. geben od. leihen u. ihm damit in einer vorübergehenden Notlage, aus einer Verlegenheit helfen:* die Nachbarin hat mir mit Salz ausgeholfen; **b)** *vorübergehend helfen, Beistand leisten; für jmdn. einspringen:* sie musste vorübergehend in einer anderen Abteilung seines Betriebes a.; in der Erntezeit beim Bauern a.; sich gegenseitig, sich/(geh.:) einander a.

Aus|hel|fer, der; -s, -: *jmd., der vorübergehend irgendwo aushilft* (b), *Aushilfe* (2).

Aus|hel|fe|rin, die; -, -nen: w. Form zu ↑ Aushelfer.

aus|het|zen ⟨sw. V.; hat⟩ (Jägerspr.): *(einen Fuchs, Dachs) mit einem Hund aus dem Bau treiben:* einen Fuchs a.

aus|heu|len ⟨sw. V.; hat⟩: **1.** (ugs.) **a)** *aufhören zu weinen:* hast du bald ausgeheult?; **b)** ⟨a. + sich⟩ *sich ausweinen:* das Kind hat sich bei der Mutter ausgeheult. **2.** *aufhören zu heulen* (1): die Sirene hat ausgeheult.

Aus|hil|fe, die; -, -n: **1.** *das Aushelfen; Hilfe in einer bedrängten Situation:* jmdn. um A. bitten; jmdn. zur A. einstellen. **2.** *jmd., der Aushilfsarbeiten macht; Aushilfskraft:* wir suchen für vier Wochen eine A.

Aus|hilfs|ar|beit, die ⟨meist Pl.⟩: *Arbeit, die nur vorübergehend, aushilfsweise gemacht wird.*

Aus|hilfs|aus|ga|be, die (Philat.): **a)** *durch Aufdruck veränderte, für ihren ursprünglichen Verwendungszweck nicht geeignete Briefmarken;* **b)** *behelfsmäßig gedruckte Briefmarken.*

Aus|hilfs|kell|ner, der: vgl. Aushilfskraft.

Aus|hilfs|kell|ne|rin, die: w. Form zu ↑ Aushilfskellner.

Aus|hilfs|kraft, die: *nur vorübergehend beschäftigte Arbeitskraft.*

aus|hilfs|wei|se ⟨Adv.⟩: *zur Aushilfe:* er arbeitet a. in einer Buchhandlung; ⟨mit Verbalsubstantiven auch attr.:⟩ eine a. Beschäftigung, Tätigkeit.

aus|ho|beln ⟨sw. V.; hat⟩: *(etw. aus Holz Bestehendes) mit dem Hobel bearbeiten, bis die gewünschte Form erreicht ist:* Bretter a.

aus|höh|len ⟨sw. V.; hat⟩: *inwendig hohl, leer machen, eine Höhlung in etw. schaffen:* einen Kürbis a.; Ü Kompetenzen Stück für Stück a. (*schwächen, untergraben*).

Aus|höh|lung, die; -, -en: **1.** *das Aushöhlen.* **2.** *ausgehöhlte Stelle, Vertiefung.*

aus|ho|len ⟨sw. V.; hat⟩: **1. a)** *mit einem rückwärtigen Schwung zu einer heftigen Bewegung ansetzen:* er holte aus und versetzte seinem Gegner einen Schlag; mit dem Arm, der Hand a.; Ü zu einer verbalen Attacke a.; **b)** *sich mit großen, aus-, raumgreifenden Schritten fortbewegen:* die Wanderer mussten jetzt mächtig a.; sie ging mit [weit] ausholenden (*mit großen, raumgreifenden*) Schritten. **2.** *beim Erzählen, Berichten auf weit Zurückliegendes zurückgreifen; umständlich erzählen:* sie muss weit a., um die ganze Geschichte zu erzählen. **3.** (ugs.) *jmdn. ausfragen, aushorchen:* jmdn. über sein Privatleben a. **4.** (Seemannsspr.) *das Segel mithilfe des Ausholers festzurren:* das Segel a.

Aus|ho|ler, der; -s, - (Seemannsspr.): *Leine, die zum Ausholen* (4) *des Segels dient.*

aus|hol|zen ⟨sw. V.; hat⟩: **1.** *(einen Baumbestand o. Ä.) lichten:* die Fichten müssen ausgeholzt werden. **2.** *(eine mit Bäumen bestandene Fläche) abholzen, kahl schlagen:* ein Waldstück a.

Aus|hol|zung, die; -, -en: *das Ausholzen:* die A. eines Fichtenbestands.

aus|hor|chen ⟨sw. V.; hat⟩: *unauffällig ausfragen:* er kommt nur, um mich auszuhorchen.

Aus|hor|chung, die; -, -en ⟨Pl. selten⟩: *das Aushorchen.*

aus|hors|ten ⟨sw. V.; hat⟩ (Jägerspr.): *(einen jungen Greifvogel bes. zum Zwecke der Abrichtung zur Beizjagd) aus dem Horst herausholen.*

Aus|hub, der; -[e]s (Tiefbau): **1.** *das Ausheben von Erde, Erdmassen beim Herstellen von Gräben, Einschnitten, Baugruben:* mit dem A. beginnen. **2.** *ausgehobene Erde, Erdmassen:* den A. abtransportieren.

aus|hül|sen ⟨sw. V.; hat⟩: *(Hülsenfrüchte) von den Hülsen befreien:* Erbsen, Bohnen a.

aus|hun|gern ⟨sw. V.; hat⟩: **a)** *[bis zur völligen Entkräftung] hungern lassen:* unsere Leute werden vor unseren Augen ausgehungert; **b)** *(eine Gruppe von Eingeschlossenen, eine Stadt o. Ä.) durch Hungernlassen zur Kapitulation o. Ä.*

A

zwingen: die Stadt, die Belagerten, die Eingeschlossenen a.; **c)** (Schlagball) *als Fänger den Ball in das leere Schlagmal werfen od. tragen:* die Schlagpartei a.

aus|hus|ten ⟨sw. V.; hat⟩: **1.** *durch Husten aus den Luftwegen entfernen:* Schleim a.; bitte husten Sie einmal aus! **2.** *zu Ende husten:* Sie müssen richtig a.; ⟨auch a. + sich:⟩ du hast dich nicht richtig ausgehustet.

aus|ixen ⟨sw. V.; hat⟩: **1.** *(auf der Schreibmaschine Geschriebenes) durch Übertippen mit dem Buchstaben x unleserlich machen, tilgen:* ein Wort, eine Zeile a. **2.** (landsch.) *austüfteln:* er wird die Sache schon a.

aus|jam|mern ⟨sw. V.; hat⟩: **a)** *aufhören zu jammern; zu Ende jammern* ⟨meist in einer zusammengesetzten Zeitform⟩: hast du bald ausgejammert?; **b)** ⟨a. + sich⟩ *sich durch Klagen in seinem Schmerz Erleichterung verschaffen:* er hat sich bei der Nachbarin ausgejammert.

aus|jä|ten ⟨sw. V.; hat⟩: **a)** *(Unkraut) jätend entfernen:* Unkraut [aus den Beeten] a.; **b)** *(ein Beet o. Ä.) von Unkraut befreien, säubern.*

aus|kal|ken ⟨sw. V.; hat⟩: *(einen Raum) an Decke u. Wänden mit Kalkmilch bestreichen:* den Hühnerstall a.

aus|kal|ku|lie|ren ⟨sw. V.; hat⟩: *genau berechnen, vollständig veranschlagen, kalkulieren:* die Kosten genau a.

aus|käm|men ⟨sw. V.; hat⟩: **1. a)** *mit dem Kamm aus dem Haar entfernen:* den Staub, Schmutz [aus den Haaren] a.; jmdm., sich etw. [aus dem Haar] a.; **b)** *Haare durch Kämmen zum Ausgehen bringen:* [sich] beim Frisieren eine Menge Haare a. **2. a)** *(das Haar) durch kräftiges Kämmen ordnen, glätten:* [jmdm., sich] das Haar, die Frisur a.; **b)** *kämmen, frisieren:* der Friseur muss die Kundin noch a. **3. a)** *(eine Anzahl von Personen aus einer größeren Gruppe in bestimmter Absicht) heraussuchen, auswählen:* aus der ganzen Einheit wurden zehn Spezialisten ausgekämmt; **b)** (seltener) *(ein Gebiet, Gelände) systematisch nach jmdm., etw. durchsuchen.*

aus|kämp|fen ⟨sw. V.; hat⟩: **1.** (selten) *(einen Kampf) zu Ende kämpfen.* **2.** *bis zu seinem Ende od. bis zu einer Entscheidung durchfechten, ausfechten:* einen Rechtsstreit, einen Interessenkonflikt a. **3.** * **ausgekämpft haben** (geh. verhüll.; *[nach schwerem Leiden] gestorben sein).*

aus|kau|fen ⟨sw. V.; hat⟩: **1.** (ugs.) *leer kaufen:* die Touristen haben den ganzen Laden ausgekauft. **2.** (geh. selten) *nutzen:* die Zeit, die Tage a. **3.** *gegen Geld aus einer Stellung, Position verdrängen:* der Abteilungsleiter wurde gegen eine hohe Abfindung ausgekauft.

aus|ke|geln ⟨sw. V.; hat⟩ [2: zu landsch. Kegel = Gelenk(knochen)]: **1.** *um einen bestimmten Preis kegeln:* morgen werden sie den Pokal a. **2.** (landsch.) *ausrenken:* ich habe mir, er hat ihm den Arm ausgekegelt.

aus|keh|len ⟨sw. V.; hat⟩ (Tischlerei): *halbrunde, rinnenförmige o. ä. Vertiefungen, Hohlkehlen herstellen:* Bretter a.; ausgekehlte Balken.

Aus|keh|lung, die; -, -en: **1.** ⟨o. Pl.⟩ *das Auskehlen.* **2.** *Stelle, an der etw. ausgekehlt ist.*

[1]**aus|keh|ren** ⟨sw. V.; hat⟩ (bes. südd.): **a)** *durch* [2]*Kehren aus etw. entfernen:* mit dem Besen den Schmutz [aus der Werkstatt] a.; kannst du mal a., bitte?; **b)** *(einen Raum o. Ä.) durch* [2]*Kehren reinigen:* die Küche a.

[2]**aus|keh|ren** ⟨sw. V.; hat⟩ (seltener): *an jmdn. eine Summe, auf die er Anspruch hat, auszahlen:* eine Versicherungssumme a.

Aus|keh|rung, die; -, -en (seltener): *das* [2]*Auskehren.*

aus|kei|len ⟨sw. V.; hat⟩: **1.** *(von einer geologischen Schicht, einem Flöz od. Gang) nach einer Seite hin keilförmig auslaufen:* eine Gesteinsschicht keilt aus; ⟨auch a. + sich:⟩ der Gang hat sich an dieser Stelle ausgekeilt. **2.** *(von Huftieren) ausschlagen:* das Pferd keilt aus.

aus|kei|men ⟨sw. V.; ist⟩: *Keime bekommen, keimen; sich keimend entwickeln:* die Kartoffeln im Keller keimen aus; der Weizen ist ausgekeimt.

Aus|kei|mung, die; -, -en: *das Auskeimen.*

aus|kel|tern ⟨sw. V.; hat⟩ (Weinbau): *keltern:* die Trauben werden ausgekeltert.

Aus|kel|te|rung, die; -, -en: *das Auskeltern.*

aus|ken|nen, sich ⟨unr. V.; hat⟩: *mit etw. vertraut sein, umzugehen wissen; etw. gut kennen, in einem bestimmten Bereich genau Bescheid wissen:* ich kenne mich gut, nicht aus hier; sie kennt sich bei uns aus; in dieser Materie kenne ich mich aus *(ich bin darin bewandert).*

aus|ker|ben ⟨sw. V.; hat⟩: *mit Kerben versehen, Kerben in etw. schneiden:* einen Haselstock a.

Aus|ker|bung, die; -, -en: **1.** ⟨o. Pl.⟩ *das Auskerben.* **2.** *ausgekerbte Stelle.*

aus|ker|nen ⟨sw. V.; hat⟩: **1. a)** *(Steinobst) von Kernen befreien, entkernen:* Kirschen, Zwetschen, Mirabellen a.; **b)** (landsch.) *enthülsen:* Erbsen a. **2.** *im Innern völlig umbauen u. modernisieren:* das Gebäude wurde bis auf die Fassade ausgekernt.

Aus|ker|nung, die; -: *das Auskernen.*

aus|kip|pen ⟨sw. V.; hat⟩: **a)** *(aus einem Gefäß o. Ä.) durch Kippen ausschütten:* Zigarettenasche a.; **b)** *(ein Gefäß o. Ä.) durch Kippen leeren:* einen Eimer, Papierkorb a.

aus|kit|ten ⟨sw. V.; hat⟩: *mit Kitt ausstreichen u. dadurch schließen:* Löcher, Risse in der Wand a.

aus|kla|gen ⟨sw. V.; hat⟩: **1.** (geh.) **a)** *klagend vorbringen, äußern:* sein Leid a.; **b)** ⟨a. + sich⟩ *sein Leid klagen, sich klagend aussprechen:* sie hatte das Bedürfnis, sich auszuklagen; **c)** *aufhören zu klagen* ⟨meist in einer zusammengesetzten Zeitform⟩: es dauerte lange, bis er ausgeklagt hatte. **2.** (Rechtsspr.) **a)** *durch gerichtliche Klage eintreiben, einklagen:* die Miete, Schulden, eine Forderung a.; **b)** *durch gerichtliche Klage zwingen, etw. aufzugeben, zu verlassen:* sie wurden aus ihrer Wohnung ausgeklagt.

Aus|kla|gung, die; -, -en (Rechtsspr.): *das Ausklagen (2).*

aus|klam|mern ⟨sw. V.; hat⟩: **1.** (Math.) *vor od. hinter die eingeklammerte algebraische Summe stellen:* x, eine Zahl a. **2.** (Sprachw.) *einen Satzteil od. Attributsatz, der üblicherweise vor dem schließenden Prädikat steht, hinter dieses stellen:* einen Relativsatz a. **3.** *in einem bestimmten Zusammenhang unberücksichtigt, beiseite lassen, ausschließen:* eine heikle Frage a.

Aus|klam|me|rung, die; -, -en: *das Ausklammern.*

aus|kla|mü|sern ⟨sw. V.; hat⟩ [zu ↑klamüsern] (ugs.): *durch langes Nachdenken od. Probieren herausfinden:* eine neue Methode a.

Aus|klang, der; -[e]s, Ausklänge ⟨Pl. selten⟩: **1.** (selten) *Schluss eines Musikstücks o. Ä.:* die Sinfonie hat einen heiteren A. **2.** (geh.) *Ende, Abschluss von etw.:* das Fest hatte mit der Rede einen schönen A.

aus|klapp|bar ⟨Adj.⟩: *sich ausklappen lassend:* -e Bildtafeln.

Aus|klapp|bild, das: *ausklappbare Bildtafel (in einem Lexikon o. Ä.).*

aus|klap|pen ⟨sw. V.; hat⟩: *heraus-, nach außen klappen:* eine Schreibplatte a.

aus|klau|ben ⟨sw. V.; hat⟩ (landsch.): *mit den Fingern [mühsam] auslesen:* Erbsen, Linsen a.

aus|kle|ben ⟨sw. V.; hat⟩: *inwendig, auf den Innenflächen mit etw. bekleben:* eine Schublade, ein Schrankfach a.

aus|klei|den ⟨sw. V.; hat⟩: **1.** (geh.) *ausziehen, entkleiden:* einen Kranken a.; ich hatte mich bereits ausgekleidet. **2.** *die Innenflächen von etw. mit etw. überziehen, bedecken:* einen Raum mit einer Vertäfelung, einer Seidentapete a.; der Ofen ist mit feuerfesten Steinen ausgekleidet.

Aus|klei|dung, die; -, -en: **1. a)** *das Auskleiden* (2); **b)** *etw., womit die Innenflächen von etw. bedeckt, ausgekleidet sind;* [1]*Futter* (2, 4): eine abwaschbare A. für die Schrankfächer. **2.** ⟨o. Pl.⟩ (Milit.) *Rücknahme der Bekleidung u. persönlichen Ausrüstung eines Soldaten nach Beendigung der Dienstzeit.*

aus|kleis|tern ⟨sw. V.; hat⟩ (ugs.): *auskleben.*

aus|kli|cken ⟨sw. V.; ist⟩: *mit einem klickenden Laut ausrasten:* der Plattenspieler klickte aus.

aus|klin|gen ⟨st. V.⟩: **1. a)** *aufhören zu klingen* ⟨hat⟩: die Glocken klingen aus; **b)** *verklingen* ⟨ist⟩: als das letzte Lied ausgeklungen war, gingen sie nach Hause. **2.** ⟨ist⟩ **a)** *in bestimmter Weise enden; zu Ende gehen:* der Tag war harmonisch, festlich ausgeklungen; **b)** *an seinem Ende, Ausgang in etw. Bestimmtes übergehen:* der Roman klingt mit einem Appell an die Leser aus.

aus|klin|ken ⟨sw. V.⟩: **1. a)** *durch Betätigen eines Hebels o. Ä. aus einer Haltevorrichtung lösen, aushaken [und fallen lassen]* ⟨hat⟩: die Flugzeuge hatten ihre Bombenladung über der Stadt ausgeklinkt; **b)** *sich aus einer Haltevorrichtung lösen* ⟨ist⟩: das Seil muss automatisch a.; ⟨auch a. + sich; hat:⟩ das Halteseil darf sich nicht von selbst a. **2.** (ugs.) **a)** ⟨a. + sich⟩ *sich aus etw., bes. aus einer Gemeinschaft zurückziehen* ⟨hat⟩: ich kann nicht bis zum Ende bleiben und werde mich daher schon früher a.; **b)** *die Beherrschung verlieren; ausrasten* (2) ⟨ist⟩: das war zu viel für ihn, und er ist ausgeklinkt; * **bei jmdm. klinkt es aus** (ugs.; *jmd. verliert die Beherrschung, rastet aus*); **c)** (Jargon) *für jmdn. Geld geben, bezahlen* ⟨hat⟩: das nächste Mal musst du a.

aus|klop|fen ⟨sw. V.; hat⟩: **a)** *durch Klopfen aus etw. entfernen; aus etw. herausklopfen:* den Schmutz [aus der Fußmatte] a.; die Asche [aus der Pfeife] a.; **b)** *durch Klopfen von etw. befreien, reinigen, säubern:* einen Teppich, Kleidungsstücke a.

Aus|klop|fer, der; -s, -: *Teppichklopfer.*

aus|klü|geln ⟨sw. V.; hat⟩: *mit Scharfsinn ausdenken, ersinnen, austüfteln:* eine Methode a.; das hast du dir aber fein ausgeklügelt; ein raffiniert ausgeklügeltes System.

Aus|klü|ge|lung, Aus|klüg|lung, die; -, -en: *das Ausklügeln.*

aus|knei|fen ⟨st. V.; ist⟩ [für niederd. ütknîpen, zu knîpen, ↑[1]kneipen] (ugs.): *[aus Feigheit] heimlich weglaufen, ausreißen:* sie wollten vor der letzten Unterrichtsstunde a.

aus|knip|sen ⟨sw. V.; hat⟩ (ugs.): **1.** *durch Betätigen eines Schalters o. Ä. ein elektrisches Gerät od. Licht ausschalten:* die Taschenlampe, das Licht a. **2.** *(eine Zigarette o. Ä.) abkneifend ausdrücken:* die Zigarette a.

aus|kno|beln ⟨sw. V.; hat⟩ (ugs.): **1.** *durch Knobeln ermitteln; durch Knobeln entscheiden, auswürfeln:* wir knobelten aus, wer beginnen, wer die Sache bezahlen sollte. **2.** *durch intensives Nachdenken, Überlegen herausfinden, ersinnen; ausklügeln:* einen Plan, eine Methode a.

aus|kno|cken [ˈausnɔkn̩] ⟨sw. V.; hat⟩ [für engl. to knock out, ↑knock-out] (Boxen): *den Gegner durch einen Niederschlag, durch K. o. besiegen:* bereits in der dritten Runde knockte er seinen Gegner aus; Ü einen Konkurrenten a. *(ausstechen, ihm eine Niederlage beibringen).*

aus|knöpf|bar ⟨Adj.⟩: *sich ausknöpfen lassend:* ein Mantel mit -em Pelzfutter.

aus|knöp|fen ⟨sw. V.; hat⟩: *etw. Eingeknöpftes [losknöpfen u.] herausnehmen:* das Futter [aus dem Mantel] a.

aus|ko|chen ⟨sw. V.⟩: **1.** *(Suppenfleisch, Knochen o. Ä.) längere Zeit kochen lassen, um eine Brühe daraus zu gewinnen* ⟨hat⟩: sie hat Knochen, ein Stück Rindfleisch ausgekocht. **2.** (landsch.) *(Fett o. Ä.) auslassen* ⟨hat⟩: Gänsefett a. **3.** ⟨hat⟩ **a)** (selten) *(Wäsche) durch Kochenlassen säubern;* **b)** *in kochendem Wasser steril, keimfrei machen:* die Arzthelferin hat die Instrumente ausgekocht. **4.** (salopp abwertend) *[Übles] ersinnen, planen; sich ausdenken* ⟨hat⟩: das hat er ausgekocht, um mir zu schaden. **5.** (salopp) *durchdenken, entscheiden* ⟨hat⟩: ausgekocht ist die Frage noch lange nicht. **6.** (Sprengt.) *(von einer Sprengladung) ohne Detonation abbrennen* ⟨ist⟩. **7.** (selten) *aus einem Gefäß herauskochen; überkochen* ⟨ist⟩: die Milch ist [aus dem Topf] ausgekocht. **8.** (österr.) *für jmdn. kochen* *u. ihn voll verpflegen* ⟨hat⟩: sie kocht für ihren Untermieter aus.

aus|kom|men ⟨st. V.; ist⟩ [mhd. ūʒkomen, ahd. ūʒqueman, eigtl. = aus etw. herauskommen, bis zum Ende kommen]: **1.** *von etw. so viel zur Verfügung haben od. etw. so einteilen, dass es für einen bestimmten Zweck reicht:* mit dem Haushaltsgeld auszukommen versuchen; ich komme einigermaßen aus *(ich schaffe es mit dem, was ich habe).* **2.** *in einer gegebenen Situation, Lage ohne eine bestimmte Person od. Sache zurechtkommen, fertig werden:* er kommt nicht ohne seine Frau aus; die beiden kommen nicht ohne einander aus. **3.** *sich mit jmdm. vertragen, verstehen:* sie kommen glänzend miteinander aus. **4.** (südd., österr.) *entkommen, entfliehen, entwischen:* ein Gefangener ist [aus der Haftanstalt] ausgekommen. **5.** (landsch.) *ausschlüpfen:* die Küken sind ausgekommen; die Eier werden bald a. *(die Küken werden ausschlüpfen).* **6.** (landsch.) *entstehen, ausbrechen:* ein Feuer, ein Brand ist ausgekommen. **7.** (landsch.) *bekannt werden, herauskommen:* es ist ausgekommen, dass er gelogen hat.

Aus|kom|men, das; -s: **1.** *ausreichender Lebensunterhalt; für jmds. Lebensunterhalt ausreichendes Einkommen:* ein, sein [gutes, bescheidenes] A. haben, finden. **2.** *** mit jmdm. ist kein A.** (ugs.; *jmd. ist unverträglich, mit jmdm. ist nicht auszukommen* 3).

aus|kömm|lich ⟨Adj.⟩: *ausreichend (für den Lebensunterhalt):* -e Verhältnisse.

aus|kom|po|nie|ren ⟨sw. V.; hat⟩: *(im Rahmen einer musikalischen Komposition) bis in alle Einzelheiten ausführen, gestalten:* ein sorgfältig auskomponiertes Crescendo.

aus|kop|peln ⟨sw. V.; hat⟩: **1.** *(ein Tier, bes. einen Hund) aus der Koppel nehmen, losmachen.* **2.** *ein Lied, einen Song o. Ä., der bereits auf einer Langspielplatte, CD aufgenommen wurde, auf einer Single herausbringen.* **3.** *aus einem Zusammenhang herausnehmen, herauslösen:* diesen Aspekt darf man bei dem Thema nicht a.

Aus|kop|pe|lung, Aus|kopp|lung, die; -, -en: **1.** *das Auskoppeln.* **2.** *aus einer Langspielplatte, CD ausgekoppeltes Lied o. Ä.*

aus|kor|ri|gie|ren ⟨sw. V.; hat⟩: *(einen Fehler o. Ä.) durch Korrektur beseitigen, ausgleichen:* das Gerät korrigiert die Schwankungen selbst aus.

aus|kos|ten ⟨sw. V.; hat⟩ (geh.): **a)** *ausgiebig bis zum Ende genießen, ganz ausschöpfen:* die Urlaubstage a.; einen Triumph a. *(auf sehr wenig schöne Weise triumphieren);* **b)** *erleiden, durchleiden:* einen Schmerz a. müssen.

aus|kot|zen ⟨sw. V.; hat⟩ (derb): **a)** *ausbrechen* (3), *erbrechen* (2 a): das ganze Abendessen a.; **b)** ⟨a. + sich⟩ *sich heftig übergeben, erbrechen* (2 b): er hat sich ganz schön ausgekotzt; Ü ich habe mich bei ihm ausgekotzt *(mich ausgesprochen, ihm mein Leid geklagt, meinem Groll Luft gemacht).*

aus|kra|gen ⟨sw. V.; hat⟩ [zu ↑Krage] (Archit.): **a)** *(von Trägern od. Bauteilen an Bauwerken) überstehen, hinausragen; vorkragen* (a): ein Erker, ein Geschoss kragt aus; **b)** *einen Bauteil hervorspringen, hervorragen lassen; vorkragen* (b): einen Sims a.

Aus|kra|gung, die; -, -en (Archit.): **1.** ⟨o. Pl.⟩ *das Auskragen.* **2.** *aus der Fluchtlinie eines Baus vorspringender od. die Unterstützung überragender Bauteil (wie Balkon, Sims o. Ä.).*

aus|kra|men ⟨sw. V.; hat⟩ (ugs.): **1. a)** *irgendwo hervorsuchen, hervorkramen:* alte Fotografien, Briefe [aus der Schublade] a.; Ü Erinnerungen, alte Geschichten a. *(wieder ins Gedächtnis rufen);* **b)** *hervorkramend leeren:* sie hat die ganze Kiste ausgekramt, ohne das Gesuchte zu finden. **2.** *[Geheimnisse] ausplaudern:* er hat alles, die ganze Geschichte ausgekramt.

aus|krat|zen ⟨sw. V.⟩: **1.** *durch Kratzen mit einem scharfen Gegenstand tilgen, beseitigen; wegkratzen* ⟨hat⟩: einen Flecken a. **2.** ⟨hat⟩ **a)** *durch Kratzen aus etw. entfernen, aus einem Gefäß o. Ä. herauskratzen:* sie hat den Rest [aus der Schüssel] ausgekratzt; **b)** *(ein Gefäß o. Ä.) durch Herauskratzen von Anhaftendem reinigen:* sie hat die Schüssel ausgekratzt. **3.** (Med.) *ausschaben* (c) ⟨hat⟩: man hat [bei ihr] die Gebärmutter ausgekratzt; die Patientin wurde ausgekratzt *(ihre Gebärmutter wurde ausgeschabt).* **4.** (salopp) *ausreißen, sich davonmachen* ⟨ist⟩: er ist [vor dem Lehrer] ausgekratzt.

Aus|krat|zung, die; -, -en (Med.): *das Auskratzen* (3), *Ausschabung; Abrasion, Kürettage.*

aus|krie|chen ⟨st. V.; ist⟩: *ausschlüpfen.*

aus|krie|gen ⟨sw. V.; hat⟩ (ugs.): *ausbekommen.*

Aus|kris|tal|li|sa|ti|on, die; -, -en: *das Auskristallisieren; Kristallbildung.*

aus|kris|tal|li|sie|ren ⟨sw. V.⟩: **1.** *aus etw. herauskristallisieren; durch Kristallisation gewinnen* ⟨hat⟩: durch Verdunstenlassen der Lösung Kochsalz a. **2.** *sich als Kristall niederschlagen* ⟨ist⟩: die Salze können in der Lösung a.; ⟨auch a. + sich; hat:⟩ die Sole hat sich auskristallisiert.

aus|ku|geln ⟨sw. V.; hat⟩ [volksetymologisch umgedeutet aus ↑auskegeln]: *ausrenken.*

aus|küh|len ⟨sw. V.⟩: **1.** *durch u. durch kühl werden lassen; die Temperatur [eines Körpers] stark herabsetzen* ⟨hat⟩: der Aufenthalt in der Kälte hatte sie, ihren Körper völlig ausgekühlt. **2.** *stark an Temperatur verlieren, abkühlen* ⟨ist⟩: der Raum kühlt schnell aus.

Aus|küh|lung, die; -: *das Auskühlen, Ausgekühltwerden.*

Aus|kul|ta|ti|on, die; -, -en [lat. auscultatio] (Med.): *das Auskultieren.*

aus|kul|ta|to|risch ⟨Adj.⟩ (Med.): *durch Auskultieren feststellend od. feststellbar.*

aus|kul|tie|ren ⟨sw. V.; hat⟩ [lat. auscultare = mit Aufmerksamkeit zuhören, lauschen] (Med.): *ein Organ auf Geräusche hin abhorchen:* das Herz, die Lunge a.

aus|kund|schaf|ten ⟨sw. V.; hat⟩: *[heimlich] durch Nachforschen herausfinden, erkunden, ausmachen:* ein Versteck a.; jmds. Vermögensverhältnisse a.

Aus|kund|schaf|ter, der; -s, -: *jmd., der etw. auskundschaftet; Kundschafter.*

Aus|kund|schaf|te|rin, die: w. Form zu ↑Auskundschafter.

Aus|kund|schaf|tung, die; -, -en: *das Auskundschaften.*

Aus|kunft, die; -, Auskünfte [früher = Weg od. Mittel, um aus etw. herauszukommen; zu ↑auskommen, zum 2. Bestandteil vgl. Abkunft]: **1.** *auf eine Frage hin gegebene Information, aufklärende Mitteilung über jmdn., etw.:* eine A. erteilen, geben, einholen, verweigern; mit detaillierten Auskünften dienen können. **2.** ⟨o. Pl.⟩ *Stelle, die bestimmte Auskünfte* (1) *erteilt, bes. Fernsprechauskunft, Bahnauskunft:* die A. [im Hauptbahnhof] anrufen. **3.** (veraltet, noch landsch.) *Hilfsmittel, Ausweg.*

Aus|kunf|tei, die; -, -en [1889 gepr. von dem Germanisten v. Pfister]: *Unternehmen, das gewerbsmäßig Auskünfte über private od. geschäftliche Verhältnisse anderer, bes. über deren Kreditwürdigkeit erteilt.*

Aus|kunfts|bü|ro, das: *Informationsbüro, bes. für Touristen.*

Aus|kunfts|pflicht, die ⟨o. Pl.⟩ (Rechtsspr.): *die einer Person auferlegte Verpflichtung, einer anderen Person Auskünfte über bestimmte Sachverhalte zu geben.*

aus|kunfts|pflich|tig ⟨Adj.⟩: *der Auskunftspflicht unterliegend, nachkommen müssend.*

Aus|kunfts|recht, das ⟨o. Pl.⟩ (Rechtsspr.): *Recht einer Person, von einer anderen Person Auskunft über bestimmte Sachverhalte zu verlangen.*

Aus|kunfts|stel|le, die: *[amtliche] Stelle, die bestimmte Auskünfte erteilt.*

Aus|kunfts|ver|wei|ge|rungs|recht, das ⟨o. Pl.⟩ (Rechtsspr.): *Recht des Zeugen, auf bestimmte Fragen die Auskunft zu verweigern.*

aus|kup|peln ⟨sw. V.; hat⟩: *durch Bedienen der Kupplung die Verbindung von Motor u. Getriebe aufheben:* vor dem Schalten muss ausgekuppelt werden.

Aus|kup|pe|lung, Aus|kupp|lung, die; -, -en: *das Auskuppeln.*

aus|ku|rie|ren ⟨sw. V.; hat⟩ (ugs.): *vollständig heilen, ausheilen* (1), *wieder gesund werden lassen:* es dauerte lange, bis ich mich, meine Krankheit wieder auskuriert hatte.

aus|la|chen ⟨sw. V.; hat⟩: **1.** *sich lachend über jmdn. lustig machen, jmdn. wegen eines Verhaltens o. Ä. verspotten:* für seine seltsame Frisur wurde er kräftig ausgelacht; lass dich nicht a.! *(mache dich nicht lächerlich!).* **2.** ⟨a. + sich⟩ *so lange lachen, bis man sich wieder gefangen hat.* **3.** *aufhören zu lachen* ⟨meist in einer zusammengesetzten Zeitform⟩: endlich hatten sie ausgelacht.

Aus|lad, der; -s (schweiz.): *das* [1]*Ausladen* (1).

[1]**aus|la|den** ⟨st. V.; hat⟩: **1. a)** *(eine Ladung, Fracht o. Ä.) aus dem Transportfahrzeug herausnehmen, -holen:* die Fracht [aus dem Waggon] a.; Kartoffeln, Kisten, Mehlsäcke, Gepäck a.; einen Verletzten [aus dem Krankenwagen] a.; **b)** *ein Transportfahrzeug entladen:* den Lastwagen, das Schiff a. **2. a)** *auskragen* (a): der Erker, das Vordach lädt [weit] aus; **b)** *sich ausdehnen, ausbreiten:* ausladende Bäume; **c)** *weit ausgreifen, ausholen* ⟨meist im 1. Part.⟩: er machte mit den Armen eine ausladende Bewegung.

[2]**aus|la|den** ⟨st. V.; hat⟩ [Gegenbildung zu ↑[2]einladen]: *eine Einladung, die jmdm. gegenüber ausgesprochen wurde, rückgängig machen:* einen Gast wieder a.

Aus|la|de|ram|pe, die; -, -n: *dem Entladen eines Transportfahrzeugs dienende Rampe.*

[1]**Aus|la|dung,** die; -, -en: **1.** *das* [1]*Ausladen* (1). **2.** *Auskragung.*

[2]**Aus|la|dung,** die; -, -en: **a)** *das* [2]*Ausladen, das Rückgängigmachen einer Einladung:* eine A. der Gäste zu diesem Zeitpunkt ist unmöglich; **b)** *das Ausgeladenwerden, -sein:* er berichtete von seiner A.

Aus|la|ge, die; -, -n: **1. a)** *im Schaufenster o. Ä. ausgestellte Ware:* die Auslage[n] eines Juweliers bewundern; **b)** *Schaufenster, Schaukasten, Vitrine:* ein Kleid in der A. legen. **2.** ⟨meist Pl.⟩ *Geldbetrag, den jmd. ausgelegt* (3) *hat [u. der erstattet wird]; Unkosten, Ausgaben, Spesen:* hohe -n haben; jmdm. seine -n erstatten. **3.** (Sport) **a)** (Fechten) *Haltung in der Ausgangsstellung hinter der Startlinie:* in [die] A. gehen; **b)** (Boxen) *Körperhaltung des Boxers in der Grund- od. Ausgangsstellung vor, zwischen u. nach den einzelnen Aktionen;* **c)** (Rudern) *Körperhaltung des Ruderers in der ersten Phase eines Ruderschlags;* **d)** (Leichtathletik, bes. Kugelstoßen) *Grundstellung, Ausgangsstellung.* **4.** (Jägerspr.) *das Auseinanderstehen der Stangen eines Geweihs.*

aus|la|gern ⟨sw. V.; hat⟩: **1.** *(Wert-, Kunstgegenstände) zum Schutz vor möglicher Zerstörung an einen sicheren Ort bringen:* während des Krieges waren die Gemälde des Museums ausgelagert. **2.** *(eingelagerte Bestände) aus dem Lager herausnehmen u. zum Verkauf bringen:* Warenbestände a. **3.** *eine Firma, Behörde o. Ä. od. Teile davon an einen anderen Ort verlegen:* die Abteilung wird aus dem Konzern ausgelagert.

Aus|la|ge|rung, die; -, -en: *das Auslagern; das Ausgelagertwerden.*

Aus|land, das; -[e]s [rückgeb. aus ↑Ausländer, ausländisch]: **1.** *fremdes, anderes Land, dessen Staatsangehörigkeit jmd. nicht besitzt; (von einem Staat aus gesehen) nicht zum eigenen Hoheitsbereich gehörendes Territorium:* im A. leben; ins A. reisen; sein Bruder ist ins A. gegangen *(hat sich in einem fremden Land angesiedelt, ist ausgewandert).* **2.** *fremde Länder (im Hinblick auf ihre Regierungen, ihre Bewohner):* das feindliche, neutrale A.

Aus|län|der, der; -s, - [mhd. uʒlender = Ausländer, Fremder]: *Angehöriger eines fremden Staa-*

tes; ausländischer Staatsangehöriger od. Staatenloser: er ist [ein] A.; einem A. helfen.

aus|län|der|feind|lich ⟨Adj.⟩: *Ausländern gegenüber feindlich eingestellt, eine entsprechende Einstellung erkennen lassend:* -e Parolen.

Aus|län|der|feind|lich|keit, die: **1.** ⟨o. Pl.⟩ *feindliche Einstellung gegenüber Ausländern:* dort offenbart sich eine erschreckende A. **2.** *ausländerfeindliche Handlung:* den -en der Bewohner ausgesetzt sein.

Aus|län|de|rin, die; -, -nen: w. Form zu ↑Ausländer.

aus|län|disch ⟨Adj.⟩ [mhd. uȝlendic = ausländisch, fremd]: **a)** *aus dem Ausland kommend, stammend; einem fremden Land angehörend:* -e Waren, Zeitungen, Sender; ein -er Geheimdienst; -e Arbeitnehmer; **b)** (selten) *fremdländisch, exotisch:* er hat ein -es Aussehen.

Aus|lands|ab|tei|lung, die: *Abteilung eines Unternehmens, die den Handelsverkehr mit dem Ausland abwickelt.*

Aus|lands|an|lei|he, die (Bankw.): *im Ausland aufgelegte, auf ausländische Währung laufende festverzinsliche Schuldverschreibung.*

Aus|lands|auf|ent|halt, der: *Aufenthalt im Ausland.*

Aus|lands|be|zie|hun|gen ⟨Pl.⟩: *Kontakte zum Ausland.*

Aus|lands|brief, der: *Brief, der ins Ausland geht.*

aus|lands|deutsch ⟨Adj.⟩ (veraltend): *als Deutscher im Ausland lebend.*

Aus|lands|deut|sche, der u. die (veraltend): *im Ausland lebende deutsche Person.*

Aus|lands|fracht, die: vgl. Auslandsbrief.

Aus|lands|ge|schäft, das: *Geschäft, das mit dem Ausland abgewickelt wird; geschäftliche Beziehungen zum Ausland.*

Aus|lands|ge|spräch, das: *Telefongespräch mit einem Teilnehmer im Ausland.*

Aus|lands|in|ves|ti|ti|on, die (Wirtsch.): *langfristige Anlage inländischen Kapitals im Ausland.*

Aus|lands|kor|res|pon|dent, der: *im Ausland tätiger Korrespondent (von Zeitung, Rundfunk od. Fernsehen).*

Aus|lands|kor|res|pon|den|tin, die: w. Form zu ↑Auslandskorrespondent.

Aus|lands|kun|de, die: *Lehre u. Wissen von den besonderen geographischen, ethnologischen, politischen, sozialen, wirtschaftlichen, kulturellen Verhältnissen ausländischer Staaten.*

Aus|lands|markt, der (Wirtsch.): *Markt für wirtschaftliche Erzeugnisse, der sich im Ausland bietet.*

Aus|lands|rei|se, die: *Reise ins Ausland.*

Aus|lands|schutz|brief, der (Versicherungsw.): *Schutzbrief (2) für Reisen ins Ausland.*

Aus|lands|sen|dung, die: **1.** *Postsendung ins Ausland od. aus dem Ausland.* **2.** *Rundfunksendung, die ins Ausland ausgestrahlt od. aus einem anderen Land übernommen wird.*

Aus|lands|tour|nee, die: *Gastspielreise eines Künstlers od. einer Gruppe von Künstlern im Ausland.*

Aus|lands|ver|tre|tung, die: **a)** *Vertretung eines Unternehmens (2) im Ausland;* **b)** *diplomatische Vertretung eines Landes im Ausland.*

aus|lan|gen ⟨sw. V.; hat⟩ (landsch.): **1.** *ausholen* (1 a): er langte mit dem Arm [zum Schlag] aus. **2.** *für einen bestimmten Zweck reichen, ausreichen:* das Geld langt nicht aus; * **das/sein Auslangen finden, haben** (österr.; *den Lebensunterhalt bestreiten können; auskommen*).

Aus|lass, der; -es, Auslässe (bes. Technik): *Öffnung, durch die etw. austreten, entweichen kann.*

aus|las|sen ⟨st. V.; hat⟩: **1.** (selten) *aus etw. austreten, entweichen, herausfließen lassen:* Dampf a.; das Wasser [aus dem Kessel] a. **2.** (südd., österr.) **a)** *freilassen, loslassen, nicht länger festeingeschlossen halten:* wer hat den Hund ausgelassen?; **b)** *in Ruhe lassen, nicht weiter belästigen:* kannst du mich denn nicht a.? **3. a)** *weglassen, wegfallen lassen:* ein Wort, einen Satz [beim Schreiben versehentlich] a.; **b)** *in einer Reihenfolge überspringen, übergehen:* das Dessert werde ich a.; **c)** *versäumen, verpassen; sich etw. entgehen lassen:* kein Geschäft, keine Chance a. **4.** *(Ärger, Zorn o. Ä.) an einem Unschuldigen abreagieren; einen Unschuldigen etw. entgelten lassen:* seinen Ärger an den Untergebenen a. **5.** ⟨a. + sich⟩ *sich in bestimmter Weise äußern; sich [urteilend] über jmdn., etw. verbreiten:* er ließ sich eingehend über ihr Missgeschick aus. **6.** (Kochk.) *durch längeres Erhitzen zum Schmelzen bringen u. dadurch den reinen Fettanteil herauslösen; ausschmelzen:* Butter a.; ausgelassener Speck. **7.** (Schneiderei) *durch Auftrennen einer Naht länger, weiter machen:* den [Rock]saum, die Ärmel a. **8.** (ugs.) *(ein Kleidungsstück) weglassen, darauf verzichten, es anzuziehen:* es ist so warm, du kannst die Weste, den Mantel a. **9.** (ugs.) **a)** *(einen elektrischen Apparat, eine Lampe o. Ä.) ausgeschaltet lassen, nicht einschalten:* das Radio, das Licht a.; **b)** *(einen Ofen o. Ä.) nicht anzünden, nicht in Gang setzen:* wir lassen den Ofen aus.

Aus|las|sung, die; -, -en: **a)** *Weglassung, Wegfall:* die A. eines Wortes, Satzes; **b)** ⟨meist Pl.⟩ *Äußerung:* ihre -en über dich waren nicht sehr freundlich.

Aus|las|sungs|punk|te ⟨Pl.⟩: **1.** *drei Punkte, die gesetzt werden, um eine Auslassung im Text zu kennzeichnen.* **2.** *(in mathematischen Formeln) drei Punkte, die für Größen u. Zeichen stehen, die aus dem Vorhergehenden od. Nachfolgenden eindeutig zu erschließen sind.*

Aus|las|sungs|satz, der (Sprachw.): *Ellipse* (2 b).

Aus|las|sungs|zei|chen, das (Sprachw.): *Apostroph.*

aus|las|ten ⟨sw. V.; hat⟩: **1. a)** *(ein Fahrzeug o. Ä.) bis zur Grenze der Tragfähigkeit belasten:* ein Fahrzeug a.; **b)** *bis zur Grenze des Möglichen, der Leistungsfähigkeit nutzen:* die Kapazitäten des Betriebs sind völlig ausgelastet. **2.** *(von einer Arbeit, Tätigkeit) jmdn. ausfüllen, befriedigen; jmds. Kräfte voll beanspruchen:* die Hausarbeit lastete ihn nicht aus.

Aus|las|tung, die; -: *das Auslasten; das Ausgelastetsein.*

aus|lat|schen ⟨sw. V.; hat⟩ (ugs.): *(von Schuhwerk) durch häufiges, langes Tragen austreten, ausweiten:* seine Schuhe a.; er trägt völlig ausgelatschte Stiefel, Pantoffeln.

Aus|lauf, der; -[e]s, Ausläufe: **1. a)** ⟨o. Pl.⟩ (selten) *das Herauslaufen, Abfließen:* der A. des Kühlwassers; **b)** *Stelle, an der etw. heraus-, abfließen kann:* das Wasser sucht sich einen A. **2. a)** ⟨o. Pl.⟩ *Möglichkeit, sich im Freien zu bewegen, zu spielen; Bewegungsfreiheit:* die Kinder haben zu wenig A.; **b)** *Raum zum Umherlaufen:* den A. für die Hühner einfrieden. **3.** (Sport) **a)** (Leichtathletik) *Strecke zum Auslaufen hinter dem Ziel bzw. von der letzten Hürde bis zum Ziel;* **b)** (Skispringen) *Strecke, die dem Skispringer nach dem Aufsprung zum Abbremsen zur Verfügung steht;* **c)** (Fechten) *hinter der eigentlichen Fechtbahn gelegene Fläche.* **4. a)** *Bereich, in dem etw. aufhört:* am A. der Brandung; in den Ausläufen der Stadt; **b)** *Zeit, in der etw. aufhört, zu Ende geht:* der A. der Saison.

aus|lau|fen ⟨st. V.⟩: **1.** ⟨ist⟩ **a)** *aus einem Gefäß o. Ä. herausfließen:* das Benzin ist [aus dem Tank] ausgelaufen; **b)** *durch Herauslaufen der Flüssigkeit leer werden:* das ganze Fass ist ausgelaufen. **2.** *den Hafen verlassen, in See stechen* ⟨ist⟩: das Schiff wird morgen a.; die Trawler sind zum Fang ausgelaufen. **3.** *aufhören, in Tätigkeit, in Bewegung zu sein; allmählich zum Stillstand kommen* ⟨ist⟩: die Schwungräder, die Motoren laufen langsam aus. **4.** (Sport) *den Lauf hinter dem Ziel bis zum Stillstehen abbremsen* ⟨ist⟩: die Sprinter laufen locker aus. **5.** *nicht weiterführen; enden, aufhören* ⟨ist⟩: der Weg läuft am Waldrand aus. **6.** *nicht fortgesetzt, weitergeführt werden* ⟨ist⟩: eine Serie, ein Modell läuft aus; eine Aktion a. lassen *(nicht weiterführen).* **7.** *in etw. einmünden, übergehen* ⟨ist⟩: das Tal läuft in eine ausgedehnte Ebene aus. **8.** *aufhören zu bestehen, sich dem Ende zuneigen* ⟨ist⟩: der Mietvertrag, die Amtszeit der Präsidentin läuft bald aus. **9.** *einen bestimmten Ausgang nehmen* ⟨ist⟩: der Streit, die Angelegenheit wird böse für ihn a. **10.** *(von Farben, Mustern u. Ä.) verlaufen, auseinander laufen, ausgehen, sich verwischen* ⟨ist⟩: die Farben sind beim Waschen ausgelaufen. **11.** ⟨a. + sich⟩ *sich durch Laufen, Spazierengehen Bewegung verschaffen* ⟨hat⟩: ich habe mich wieder einmal ordentlich ausgelaufen.

Aus|läu|fer, der; -s, -: **1.** *etw., worin etw. ausläuft* (7), *endet:* die A. des Schwarzwaldes; (Met.:) die A. eines Randtiefs, eines Hochdruckgebietes streifen das Vorhersagegebiet. **2.** (Bot.) *Seitenspross, -trieb.* **3.** (österr., schweiz., sonst veraltet) *Bote:* einen A. suchen.

Aus|läu|fe|rin, die; -, -nen: w. Form zu ↑Ausläufer (3).

Aus|lauf|mo|dell, das (Kaufmannsspr.): *Modell* (3 b), *das aus dem Produktionsprogramm herausgenommen wurde, das nicht mehr hergestellt wird:* diese Waschmaschine ist ein A., deshalb ist sie so preisgünstig.

aus|lau|gen ⟨sw. V.; hat⟩ [zu ↑Lauge]: **1. a)** *(lösliche Bestandteile) aus etw. herauswaschen, herausziehen:* Salze [aus der Asche] a.; **b)** *(von Wasser, Lauge o. Ä.) einem Stoff bestimmte Bestandteile entziehen:* das Wasser laugt die Böden aus. **2.** *erschöpfen, entkräften:* die Arbeit hatte sie ausgelaugt; ein ausgelaugter Körper.

Aus|lau|gung, die; -, -en: *das Auslaugen* (1), *Ausgelaugtwerden.*

Aus|laut, der; -[e]s, -e (Sprachw.): *Laut, auf den ein Wort, eine Silbe endet.*

aus|lau|ten ⟨sw. V.; hat⟩ (Sprachw.): *mit einem bestimmten Laut enden:* Wörter, die mit einem Vokal auslauten; ein auslautendes *(im Auslaut stehendes)* d.

aus|läu|ten ⟨sw. V.; hat⟩: **1.** *das Ende von etw. mit Glockengeläut ankündigen, begleiten:* den Gottesdienst, das alte Jahr a. **2.** (früher) *unter Zuhilfenahme einer Handglocke ausrufen u. so allgemein bekannt machen:* der Gemeindediener läutet eine Nachricht aus. **3.** *aufhören zu läuten:* die Glocken haben ausgeläutet.

Aus|laut|ver|här|tung, die (Sprachw.): *Verwandlung eines stimmhaften auslautenden Konsonanten in einen stimmlosen.*

aus|le|ben ⟨sw. V.; hat⟩: **1.** ⟨a. + sich⟩ **a)** *das Leben ohne Einschränkung genießen, auskosten; ungebunden leben:* sich [ungehemmt] a.; **b)** *(von einem Gefühl, einer Eigenschaft o. Ä.) sich ungehemmt entfalten:* ihr Hass gegen den Vater hat sich noch lange nicht ausgelebt. **2.** (geh.) *[in seinem Leben, Schaffen o. Ä.] voll zur Entfaltung bringen, verwirklichen:* seine Begabung, Individualität, Persönlichkeit a. **3.** ⟨a. + sich⟩ (geh.) *Gestalt gewinnen:* in diesen Bildern lebt sich die Fantasie der Schöpferin aus.

aus|le|cken ⟨sw. V.; hat⟩: **a)** *aus einem Gefäß lecken:* den Brei a.; **b)** *durch Lecken leer machen, von Resten befreien:* die Schüssel a.

aus|lee|ren ⟨sw. V.; hat⟩: **a)** *(aus einem Gefäß) schütten; wegschütten:* das Abwaschwasser a.; **b)** *(durch Ausschütten des Inhalts) völlig leer machen, leeren:* einen Eimer a.

aus|le|gen ⟨sw. V.; hat⟩: **1. a)** *zur Ansicht, Einsicht nahme o. Ä. hinlegen, ausbreiten:* Waren [im Schaufenster] a.; eine Liste a.; **b)** *(als Köder, Fangvorrichtung o. Ä.) an dafür ausgesuchten Stellen hinlegen:* Köder, Rattengift, Schlingen, eine Aalreuse a.; **c)** *(zur Entwicklung von Wachstum) in die Erde bringen; setzen:* Saatgut Kartoffeln a.; **d)** *in die für die Funktion erforder liche Lage bringen:* Leitungen, Kabel a.; die Ruder a. *(in die für das Gleichgewicht des Bootes erforderliche Lage bringen).* **2. a)** *an den dafür vorgesehenen Flächen ganz mit etw. bedecken, auskleiden:* einen Raum mit Teppichboden, einen Schrank [mit Papier] a.; **b)** *mit einer Einlegearbeit schmücken:* eine Tischplatte mit Elfenbein a. **3.** *(eine Geldsumme) vorlegen, jmdm. vorübergehend zur Verfügung stellen:*

Geld [für jmdn.] a.; jmdm. 20 Mark, das Eintrittsgeld a. **4.** *in bestimmter Weise deutend interpretieren:* ein Gesetz, ein Gleichnis a.; eine Vorschrift, jmds. Worte falsch a.; etw. zu jmds. Gunsten a. **5.** (Technik) *auf eine bestimmte Leistung o. Ä. hin anlegen, einrichten, konstruieren:* der Wagen ist für so hohe Geschwindigkeiten nicht ausgelegt.

Aus|le|ger, der; -s, -: **1.** *jmd., der etw. auslegt* (4), *interpretiert.* **2.** (Technik) *über die tragende Konstruktion hinausragender Teil:* der A. eines Baggers. **3.** (Rudern) **a)** *Metallgestell, auf dem das Ruder liegt;* **b)** *seitlich am Boot angebrachte Kufe, die das Kentern verhindern soll.*

Aus|le|ger|boot, das: *Ruderboot mit Auslegern* (3).

Aus|le|ge|wa|re, die ⟨o. Pl.⟩: *Teppichstoffe zum Auslegen* (2 a) *von Fußböden.*

Aus|le|gung, die; -, -en: *das Auslegen* (1,4).

aus|lei|ern ⟨sw. V.⟩ (ugs.): **a)** *etw. durch vieles Drehen, häufigen Gebrauch so abnutzen, dass es sich nicht mehr fest ineinander fügt* ⟨hat⟩: ein Gewinde a.; **b)** *seine Festigkeit, Elastizität verlieren, locker werden* ⟨ist⟩: der Mechanismus leiert mit der Zeit aus; ⟨auch a. + sich; hat:⟩ das Gummiband hat sich ausgeleiert; ausgeleierte Federn.

Aus|lei|he, die; -, -n: **1.** ⟨o. Pl.⟩ *das Ausleihen von etw.:* die A. der Bücher ist kostenlos. **2.** *Raum in einer öffentlichen Bibliothek, in dem die Bücher ausgegeben werden:* die A. hat geschlossen.

aus|lei|hen ⟨st. V.; hat⟩: **1.** *sich etw., jmdn. bei jmdm. leihen:* ich habe [mir] ein Buch [bei, von ihrem Freund] ausgeliehen. **2.** *jmdm. etw., jmdn. leihen, borgen; etw. verleihen:* ich habe ihm/an ihn ein Buch ausgeliehen.

aus|ler|nen ⟨sw. V.; hat⟩: *die Lehrzeit abschließen:* sie lernt in diesem Jahr aus; R man lernt nie aus *(hört nie auf, Erfahrungen zu sammeln).*

Aus|le|se, die; -, -n: **1.** ⟨o. Pl.⟩ *das Aussuchen; Auswahl:* gezielte A. zur Erzielung bestimmter Eigenschaften; eine strenge A.; natürliche A. (Biol.; *Ausmerzung schwächerer, weniger gut an ihre Umwelt angepasster Individuen u. Überleben der am besten angepassten*). **2.** *die Besten aus einer Gruppe; Elite:* die A. der besten Sportlerinnen. **3.** *(nach dem deutschen Weingesetz) Wein einer bestimmten Kategorie der Qualitätsweine mit Prädikat.*

aus|le|sen ⟨st. V.; hat⟩: **1. a)** *(Minderwertiges) aussondern:* die faulen Äpfel a.; **b)** *von unbrauchbaren, verdorbenen Teilen befreien:* Erbsen a. **2.** (geh.) *auswählen:* die besten Schüler, die schönsten Früchte a.

aus|le|sen ⟨st. V.; hat⟩: **1. a)** *zu Ende lesen:* ein Buch in einem Zug a.; **b)** *aufhören zu lesen:* hast du bald ausgelesen? **2.** (EDV) *Daten od. Informationen auf einen Bildschirm, Drucker o. Ä. ausgeben:* die gespeicherten Bilder a.

aus|leuch|ten ⟨sw. V.; hat⟩: *vollständig u. gleichmäßig beleuchten:* einen Raum, die Fahrbahn a.; Ü die Hintergründe eines Vorgangs a. *(einen Vorgang zu durchschauen, aufzuklären suchen).*

Aus|leuch|tung, die; -, -en: *das Ausleuchten.*

aus|lich|ten ⟨sw. V.; hat⟩: *bei einem Baum, Strauch zu dicht stehende Äste, Zweige entfernen:* Obstbäume a.

aus|lie|fern ⟨sw. V.; hat⟩: **1.** *[auf eine Forderung hin] übergeben, überantworten:* einen straffällig gewordenen Flüchtling [an seinen Heimatstaat] a.; einen Verbrecher der Justiz a.; sich selbst der Polizei a. *(stellen);* Ü hilflos seinen Feinden, seinem Schicksal ausgeliefert *(preisgegeben)* sein. **2.** (Kaufmannsspr.) *zum Weiterverkauf an den Handel liefern:* Waren a.; wir liefern am 1. Dezember aus.

Aus|lie|fe|rung, die; -, -en: **1.** *das Ausliefern* (1) *eines Menschen:* die A. eines Verbrechers [an die Gerichte]; jmds. A. fordern, verweigern. **2. a)** *das Ausliefern* (2) *von Waren:* die A. [des Buchs] erfolgt Anfang Dezember; **b)** *für die Auslieferung* (2 a) *zuständige Abteilung eines Betriebs; Auslieferungslager.*

Aus|lie|fe|rungs|an|trag, der (Völkerrecht): *Antrag auf Auslieferung eines Flüchtlings, Verbrechers o. Ä.*

Aus|lie|fe|rungs|la|ger, das: *Lager, von dem aus Waren an Handel od. Verbraucher ausgeliefert werden.*

Aus|lie|fe|rungs|ver|trag, der (Völkerrecht): *Vertrag zwischen Staaten über die Auslieferung strafrechtlich verfolgter Personen.*

aus|lie|gen ⟨st. V.; hat; südd., österr., schweiz. auch: ist⟩: **1.** *zur Ansicht, Einsichtnahme hingelegt, ausgebreitet sein:* Waren liegen im Schaufenster aus; Zeitschriften liegen [in der Bibliothek] aus. **2.** *(als Fangvorrichtung o. Ä.) daliegen, ausgelegt sein:* Schlingen, Netze liegen aus.

Aus|li|nie, die; -, -n (Ballspiele): *Grenzlinie an der Längsseite des Spielfelds:* der Ball hatte die A. überschritten.

aus|lo|ben ⟨sw. V.; hat⟩: **1.** (Rechtsspr.): *als Belohnung aussetzen:* für die Aufklärung eines Verbrechens einen Geldbetrag a. **2.** *(einen Wettbewerb) ausschreiben* (3): ein Preisrätsel a.

aus|löf|feln ⟨sw. V.; hat⟩: **a)** *mit dem Löffel herausnehmen u. aufessen:* die Suppe, den Honig a.; **b)** *mithilfe eines Löffels leer essen:* den Teller, das Marmeladenglas a.

aus|log|gen, sich ⟨sw. V.; hat⟩ [aus gleichbed. engl. to log out] (EDV): *durch Eingabe bestimmter Daten die Verbindung zu einer Datenverarbeitungsanlage beenden.*

[1]aus|lö|schen ⟨sw. V.; hat⟩: **1. a)** *vollständig löschen:* das Feuer im Herd, die Glut a.; **b)** *zum Verlöschen bringen:* die Kerzen, die Fackel a.; **c)** (geh.) *ausmachen, ausschalten:* das Licht a. **2.** *wegwischen, tilgen:* die Schrift an der Tafel, die Spuren a.; Ü die Erinnerung an jmdn., etw. a. (geh.; *aus dem Bewusstsein tilgen*); ein Menschenleben a. (geh.; *einen Menschen töten*).

[2]aus|lö|schen ⟨st. u. sw. V.; lischt aus, losch/(auch:) löschte aus, ist ausgelöscht/(auch:) ausgeloschen⟩ (geh.): *völlig verlöschen:* das Feuer, die Kerze losch aus.

Aus|lö|schung, die; - (geh.): *völlige Vernichtung:* die A. ganzer Städte im Krieg; die A. des Individuums in der Massengesellschaft.

aus|lo|sen ⟨sw. V.; hat⟩: *durch das Los ermitteln:* Teilnehmer, eine Reihenfolge a.

aus|lö|sen ⟨sw. V.; hat⟩: **1. a)** *in Gang setzen, betätigen:* einen Mechanismus [durch Knopfdruck], den Verschluss des Fotoapparates a.; **b)** ⟨a. + sich⟩ *in Gang kommen:* die Alarmanlage löst sich automatisch aus. **2.** *hervorrufen* (2), *bewirken:* [bei jmdm.] eine bestimmte Reaktion, Freude, Überraschung a. **3.** (landsch.) *herauslösen, herausschälen:* die Knochen [aus dem Fleisch] a. **4.** (veraltend) **a)** *einlösen, durch Zahlung zurückerhalten:* ein Pfand a.; **b)** *loskaufen, freikaufen:* eine Geisel, einen Gefangenen a.

Aus|lö|ser, der; -s, -: **1.** (Technik) *Mechanismus, durch den etw. ausgelöst* (1 a) *wird:* der A. des Fotoapparates; auf den A. drücken. **2.** *etw., was etw. auslöst* (2): dieser Vorwurf war [der] A. des Streits. **3.** (Psych., Verhaltensf.) *Reiz, der bestimmte instinktmäßige Verhaltensweisen auslöst* (2).

Aus|lo|sung, die; -, -en: *das Auslosen, das Ausgelostwerden.*

Aus|lö|sung, die; -, -en: *das Auslösen, das Ausgelöstwerden.*

aus|lo|ten ⟨sw. V.; hat⟩: **1.** (Seew.) *mit dem Lot die Wassertiefe bestimmen:* das Fahrwasser a.; Ü etwaige Schwachpunkte des Gegners a.; jmds. Wesen auszuloten suchen (geh.; *ihn in seinem innersten Wesen zu erkennen suchen*). **2.** (Technik) *mit dem Lot die Senkrechte bestimmen:* Wände, Mauern a.

Aus|lo|tung, die; -, -en: *das Ausloten.*

aus|lüf|ten ⟨sw. V.; hat⟩: **1. a)** *gründlich lüften; frischer Luft aussetzen:* einen Raum, die Kleider a.; **b)** *frischer Luft ausgesetzt sein:* die Wintersachen müssen erst a. **2.** ⟨a. + sich⟩ (ugs. scherzh.) *sich in frischer Luft bewegen, spazieren gehen.*

Aus|lüf|tung, die; -, -en: *das Auslüften* (1).

Aus|lug, der; -[e]s, -e (veraltend): *Ausguck.*

aus|lut|schen ⟨sw. V.; hat⟩ (ugs.): **a)** *lutschend aus etw. heraussaugen:* den Saft [aus einer Zitrone] a.; **b)** *durch Lutschen bewirken, dass kein Saft o. Ä. mehr in etw. ist:* eine Zitronenscheibe a.

ausm, (auch:) **aus'm** ⟨Präp. + Art.⟩ (ugs.): *aus dem, aus einem.*

aus|ma|chen ⟨sw. V.; hat⟩: **1.** (ugs.) **a)** *durch Bedienen eines Schalters o. Ä. abschalten, ausschalten:* das Radio, das Licht a.; **b)** *nicht weiterbrennen lassen; auslöschen:* das Gas, das Feuer, die Kerze, die Zigarette a. **2.** (landsch.) *[bei der Ernte] aus der Erde herausholen, ausgraben:* Kartoffeln, einen Baumstumpf a. **3.** *vereinbaren, verabreden:* einen Termin, Treffpunkt a.; etw. mit jmdm., miteinander a. **4.** *durch scharfes Beobachten (z. B. mit dem Fernglas) in der Ferne erkennen, entdecken, ermitteln:* ein Flugzeug in großer Höhe a.; den Standort eines Schiffes, ein Versteck a.; etw. ist schwer auszumachen. **5.** *austragen, abmachen:* einen Rechtsstreit vor Gericht a.; etw. mit sich selbst, mit sich alleine, untereinander a. **6.** *betragen; als Preis, Menge o. Ä. haben, ergeben:* die Gesamtsumme macht 100 Mark aus; der Unterschied in der Entfernung hat 5 km ausgemacht. **7. a)** *das Wesentliche an etw. sein, darstellen, bilden:* die Farben machen den Reiz seiner Bilder aus; ihm fehlt alles, was einen großen Künstler ausmacht; **b)** (ugs.) *sich in bestimmtem Maße auswirken, in bestimmter Weise ins Gewicht fallen:* die hellere, die neue Tapete macht sehr viel aus; fünf PS [mehr oder weniger] machen kaum was aus. **8.** *der Inhalt von etw. sein; ausfüllen:* die Sorge für ihre Familie macht ihr Leben aus. **9.** *jmdn. stören; Mühe, Unbequemlichkeiten o. Ä. bereiten:* es macht ihm nichts, schon etwas, eine ganze Menge aus; macht es Ihnen etwas aus, wenn das Fenster geöffnet wird?; würde es Ihnen etwas a., die Zigarette auszumachen?

aus|mah|len ⟨unr. V.; hat⟩: *vollständig mahlen, zu Mehl verarbeiten:* Korn, Weizen a.; fein ausgemahlenes Weizenmehl.

aus|ma|len ⟨sw. V.; hat⟩: **1. a)** *mit Farbe ausfüllen:* die Figuren im Malbuch a.; einen Holzschnitt a. *(kolorieren);* **b)** *die Flächen eines Innenraumes bemalen, mit Malereien ausschmücken:* einen Kirchenraum a.; **c)** (landsch.) *etw. in seiner ganzen Fläche, vollständig streichen:* den Flur [mit Ölfarbe] a. **2. a)** *anschaulich darstellen, schildern:* [jmdm.] ein Erlebnis, die Folgen einer Handlung [in grellen Farben] a.; **b)** ⟨a. + sich⟩ *sich etw. in allen Einzelheiten vorstellen:* ich hatte mir die Reise, das Wiedersehen [in Gedanken] so schön ausgemalt.

Aus|ma|lung, die; -, -en: *das Ausmalen.*

aus|ma|nö|vrie|ren ⟨sw. V.; hat⟩: *durch geschickte Manöver, Winkelzüge als Konkurrenten o. Ä. ausschalten, hinausdrängen:* die Opposition a.

aus|mar|chen ⟨sw. V.; hat⟩ (schweiz.): *(Rechte, Interessen) abgrenzen, durch Auseinandersetzung festlegen.*

aus|mä|ren, sich ⟨sw. V.; hat⟩ (landsch.): *sehr viel reden, erzählen:* unsre Nachbarin hat sich wieder [eine Stunde] ausgemärt.

Aus|marsch, der; -[e]s, Ausmärsche: *das Ausmarschieren, Hinausmarschieren.*

aus|mar|schie|ren ⟨sw. V.; ist⟩: *aus einem umgrenzten Bereich o. Ä. marschieren, ausrücken:* die Kompanie ist ausmarschiert.

Aus|maß, das; -es, -e: **1.** *Größe, Ausdehnung, Dimension:* ein Bergmassiv von gewaltigen -en. **2.** *Umfang, Grad, Maß:* das A. der Zerstörung war furchtbar; ein Betrug größten -es, von größtem A.; bis zu einem gewissen A.

aus|mau|ern ⟨sw. V.; hat⟩: *die Innenfläche von etw. mit Mauerwerk auskleiden:* ein Gewölbe, einen Ofen a.

Aus|mau|e|rung, die; -, -en: *das Ausmauern.*

aus|mei|ßeln ⟨sw. V.; hat⟩: **a)** *mit dem Meißel aus einem harten Material herausarbeiten:* Inschriften aus dem Marmorblock a.; **b)** *meißelnd, mit dem Meißel herauslösen:* einen Zahn a.

Aus|mei|ße|lung, Aus|meiß|lung, die; -, -en: *das Ausmeißeln.*

aus|mel|ken ⟨st. V.; hat⟩: **a)** *leer melken:* die Euter ganz a.; eine Kuh *(das Euter einer Kuh)* a.; **b)** *melkend, durch Melken entnehmen:* die Milch vollständig a.

aus|mer|geln ⟨sw. V.; hat⟩ [zu ↑ ³Mark, eigtl. = das Mark ausziehen]: *entkräften, auszehren:* die Krankheit hatte sie völlig ausgemergelt; der Kalk mergelt den Boden aus *(entzieht ihm die Nährstoffe, macht ihn unfruchtbar);* ein ausgemergelter Körper; ein ausgemergeltes Gesicht.

Aus|mer|ge|lung, Aus|merg|lung, die; -: *das Ausmergeln.*

aus|mer|zen ⟨sw. V.; hat⟩ [H. u.; viell. zu ↑ März, weil um diese Zeit schwache u. zur Zucht nicht taugliche Schafe aus den Herden ausgesondert wurden]: **1. a)** *ausrotten, vertilgen:* Ungeziefer a.; **b)** *als zur Zucht ungeeignet aussondern:* die zur Zucht ungeeigneten Tiere a. **2.** *(als fehlerhaft o. ä.) tilgen, beseitigen, eliminieren:* die stehen gebliebenen Fehler im Manuskript a.; Ü etw. aus der Erinnerung a.

Aus|mer|zung, die; -, -en: *das Ausmerzen.*

aus|mes|sen ⟨st. V.; hat⟩: *die Größenverhältnisse von etw. durch Messen genau bestimmen:* ein Grundstück, einen Raum a.

Aus|mes|sung, die; -, -en: *das Ausmessen.*

aus|mie|ten ⟨sw. V.; hat⟩ (schweiz.): *[gelegentlich] vermieten:* ein Zimmer [an jmdn.] a.

Aus|mie|tung, die; -, -en (schweiz.): *das Ausmieten.*

aus|mis|ten ⟨sw. V.; hat⟩: **1.** *von Mist säubern, reinigen:* einen Stall a. **2.** (ugs.) **a)** *nicht mehr Gebrauchtes aus etw. entfernen, wegwerfen [u. dadurch Ordnung schaffen]:* eine Schublade, den Kleiderschrank a.; **b)** *als unbrauchbar aussortieren u. wegwerfen:* die alte Jacke wurde ausgemistet.

aus|mon|tie|ren ⟨sw. V.; hat⟩: *ein Teil aus etw. ausbauen:* den Motor [aus dem Auto], ein Maschinenteil a.

aus|mu|geln ⟨sw. V.; hat⟩ [zu ↑ Mugel] (österr. ugs.): *(einen Weg, ein Geländestück) ausfahren, uneben machen:* die Piste war ausgemugelt.

aus|mus|tern ⟨sw. V.; hat⟩: **1.** (Milit.) *bei der Musterung als für den Militärdienst untauglich einstufen:* er wurde [wegen seiner Krankheit] ausgemustert. **2.** *unbrauchbar Gewordenes aussondern, ausscheiden:* alte Modelle, Fahrzeuge a. **3.** (Textilind.) *Muster anfertigen:* neue Stoffe, Modelle a.

Aus|mus|te|rung, die; -, -en: *das Ausmustern.*

Aus|nah|me, die; -, -n [zu ↑ ausnehmen; zum 2. Bestandteil vgl. Abnahme]: **a)** *Abweichung von der geltenden Regel; Sonderfall:* eine A. machen; etw. bildet eine A., gilt als große A.; es beteiligten sich alle mit A. der Kinder; alle ohne A.; von wenigen -n abgesehen; R -n bestätigen die Regel; **b)** (südd., österr.) *Altenteil:* in die A. gehen.

Aus|nah|me|er|schei|nung, die: vgl. Ausnahmemensch.

Aus|nah|me|fall, der: *Sonderfall.*

Aus|nah|me|ge|neh|mi|gung, die: *Genehmigung, durch die für jmdn. oder etwas eine Sonderregelung getroffen wird:* für etw. eine A. erteilen; eine A. haben, bekommen; mit A.

Aus|nah|me|mensch, der: *Mensch, der in seiner Besonderheit unter vielen eine Ausnahme bildet.*

Aus|nah|me|si|tu|a|ti|on, die: *außergewöhnliche, unübliche, eine Ausnahme darstellende Situation.*

Aus|nah|me|zu|stand, der: **a)** vgl. Ausnahmesituation; **b)** (Staatsrecht) *in Ausnahmesituationen, wie sie z. B. durch Krieg, Aufruhr, eine Naturkatastrophe hervorgerufen werden können, geltender Rechtszustand, in dem bestimmte Staatsorgane (z. B. Regierung, Polizei, Militär) besondere Vollmachten erhalten, um normale Verhältnisse wieder herzustellen:* während des -s kann die Verfassung außer Kraft gesetzt werden; den A. verhängen.

Aus|nahms|fall (österr.): ↑ Ausnahmefall.

aus|nahms|los ⟨Adj.⟩: *ohne Ausnahme.*

aus|nahms|wei|se ⟨Adv.⟩: *als Ausnahme:* sie hat es a. erlaubt; ⟨mit Verbalsubstantiven auch attr.:⟩ eine a. Zustimmung.

aus|neh|men ⟨st. V.; hat⟩: **1. a)** *aus einem Nest o. Ä. herausnehmen, wegnehmen:* die Eier, junge Vögel [aus dem Nest] a.; **b)** *ein Nest o. Ä. durch Herausnehmen des Inhalts leeren:* die Nester im Hühnerstall a.; Ü ein Diebesnest, eine feindliche Stellung a. *(ausheben).* **2. a)** *die Eingeweide aus einem geschlachteten od. erlegten Tier entfernen:* die Eingeweide, Herz, Leber a.; **b)** *(ein geschlachtetes od. erlegtes Tier) von den Eingeweiden befreien:* ein Huhn, einen Hasen a. **3.** (ugs. abwertend) **a)** *jmdm. auf listige od. hinterhältige Weise Geld abnehmen; schröpfen:* jmdn. beim Spiel a.; er ist von seiner Geliebten tüchtig ausgenommen worden; **b)** *auf dreiste Art aushorchen, ausfragen:* er versuchte mich auszunehmen. **4.** *von etw. ausschließen; gesondert behandeln; nicht mitzählen:* du kannst dich, ihn bei der Schuldfrage nicht a.; sie vertraute allen, einen Einzigen ausgenommen. **5.** ⟨a. + sich⟩ (geh.) *in bestimmter Weise erscheinen, wirken:* das Bild nimmt sich in diesem Raum sehr gut, unpassend aus. **6.** (österr.) *erkennen, unterscheiden, wahrnehmen.*

aus|neh|mend ⟨Adj.⟩ (geh.): **a)** *sehr groß, außergewöhnlich, außerordentlich:* er sprach mit -er Höflichkeit; **b)** ⟨intensivierend bei Adj. u. Verben⟩ *sehr, ungewöhnlich:* sie ist a. hübsch.

aus|nüch|tern ⟨sw. V.; hat⟩: *nach übermäßigem Alkoholgenuss wieder nüchtern werden:* die Polizei hatte ihn in eine Arrestzelle gebracht, wo er a. sollte.

Aus|nüch|te|rung, die; -, -en: *das Ausnüchtern.*

Aus|nüch|te|rungs|zel|le, die: *Zelle* (1), *die zur Ausnüchterung Betrunkener dient.*

aus|nut|zen, (regional:) **aus|nüt|zen** ⟨sw. V.; hat⟩: **1. a)** *ganz nutzen, von einer bestehenden Möglichkeit vollen Gebrauch machen:* eine Gelegenheit, eine Situation a.; die zur Verfügung stehenden Mittel, den Raum, seine Zeit [gut, für etw.] a.; **b)** *aus seiner vorteilhaften Situation für sich bedenkenlos Nutzen, Vorteil ziehen:* seine Stellung, seine Bekanntheit in der Öffentlichkeit a. **2.** *in rücksichtsloser, egoistischer Weise für seine Zwecke in Anspruch nehmen:* jmds. Schwäche, Notlage, Gutmütigkeit schamlos a.; er hat seine Freunde, seine Angestellten immer ausgenutzt.

Aus|nut|zung, (regional:) **Aus|nüt|zung,** die; -: *das Ausnutzen, Ausnützen.*

aus|pa|cken ⟨sw. V.; hat⟩: **1. a)** *(Eingepacktes) aus der Verpackung auswickeln; aus dem Behältnis, in das etw. eingepackt ist, herausnehmen:* die Geschenke a.; die Kleider [aus dem Koffer] a.; **b)** *ein Behältnis, in das etw. eingepackt ist, durch Herausnehmen des Inhalts leeren:* den Koffer, das Päckchen a.; hast du schon ausgepackt? **2.** (ugs.) **a)** *[was jmd. lange für sich behalten hat] anderen mitteilen, in aller Breite berichten:* seine Sorgen, seine Erlebnisse a.; **b)** *Geheimnisse verraten [u. damit andere belasten]:* über die Machenschaften der Partei a.; das Opfer, ein Komplize des Täters hat [bei der Polizei] ausgepackt; **c)** *seinem Ärger Luft machen u. unmissverständlich seine Meinung sagen, Dinge beim Namen nennen:* jetzt werde ich aber a.

aus|par|ken ⟨sw. V.; hat⟩: *aus der Parklücke herausfahren:* ich kann nicht a.

aus|peit|schen ⟨sw. V.; hat⟩: *mit der Peitsche brutal schlagen, durch Peitschenhiebe bestrafen:* die Gefangenen wurden ausgepeitscht.

Aus|peit|schung, die; -, -en: *das Auspeitschen.*

aus|pen|deln ⟨sw. V.; ist⟩: *bis zum Stillstand hin u. her pendeln:* die Schaukel, die Waage a. lassen.

aus|pen|nen ⟨sw. V.; hat⟩ (salopp): *ausschlafen.*

aus|pfei|fen ⟨st. V.; hat⟩: *durch wiederholte Pfiffe zum Ausdruck bringen, dass einem etw. sehr missfällt, dass man jmdn., jmds. Leistung nicht akzeptiert, nicht gut, empörend findet:* der Schauspieler, das Stück wurde ausgepfiffen.

aus|pflan|zen ⟨sw. V.; hat⟩: **1.** *junge Pflanzen ins Freiland setzen:* Salat, Gemüse a. **2.** *explantieren.*

Aus|pflan|zung, die; -, -en: *Explantation.*

Aus|pi|zi|um, das; -s, ...ien ⟨meist Pl.⟩ [lat. auspicium, eigtl. = Vogelschau, zu: avis = Vogel u. specere = sehen] (bildungsspr.): *Vorbedeutung, Aussichten für etw.:* die Sache begann unter guten, schlechten Auspizien; * **unter jmds., einer Sache Auspizien** (bildungsspr.; *unter der Schirmherrschaft, Oberhoheit o. Ä. einer Person od. Institution o. Ä.*).

aus|plau|dern ⟨sw. V.; hat⟩: **1.** *(etw., was geheim bleiben sollte) weitererzählen, verraten:* Geheimnisse a. **2.** ⟨a. + sich⟩ (landsch.) *ausgiebig plaudern; sich aussprechen:* habt ihr euch wieder einmal ausgeplaudert?

aus|plau|schen ⟨sw. V.; hat⟩ (österr.): **1.** *ausplaudern* (1). **2.** ⟨a. + sich⟩ *ausplaudern* (2).

aus|plün|dern ⟨sw. V.; hat⟩: **a)** *jmdm. alles, was er besitzt od. bei sich trägt, mit Gewalt wegnehmen; jmdn. ausrauben:* die Reisenden, die Karawanen wurden ausgeplündert; **b)** *(ein Gebiet, einen Raum o. Ä.) durch Plünderung ganz ausrauben:* das Land, einen Laden a.; sie plündern die Völker aus *(beuten sie rücksichtslos aus).*

Aus|plün|de|rung, die; -, -en: *das Ausplündern.*

aus|pols|tern ⟨sw. V.; hat⟩: *die Innenflächen von etw. vollständig mit einer Polsterung versehen:* eine Kiste für das Porzellan [mit Holzwolle] a.; einen Mantel a. *(wattieren);* Ü er ist ganz schön ausgepolstert (scherzh.; *ziemlich dick*).

Aus|pols|te|rung, die; -, -en: **1.** *das Auspolstern.* **2.** *etw., was zum Auspolstern dient.*

aus|po|sau|nen ⟨sw. V.; hat⟩ (ugs. abwertend): *[etw., was nicht bekannt werden sollte] überall erzählen:* er hat alles gleich ausposaunt.

aus|po|wern ⟨sw. V.; hat⟩ [zu ↑ power] (ugs. abwertend): *[bis zur Verelendung] ausbeuten:* ein Land a.; ein ausgepowertes Volk.

Aus|po|we|rung, die; - (ugs. abwertend): *das Auspowern.*

aus|prä|gen ⟨sw. V.; hat⟩: **1. a)** *(Metall) zu Münzen o. Ä. prägen:* Silber [zu Münzen, Medaillen] a.; **b)** *(Münzen o. Ä.) prägen:* Münzen, Medaillen a. **2.** ⟨a. + sich⟩ **a)** *sich in etw. ausdrücken, zeigen; offenbar werden:* ihr Erstaunen hat sich in ihrem Gesicht ausgeprägt; **b)** *sich herausbilden:* sein Verstand war nicht sonderlich ausgeprägt; ein ausgeprägter Wesenszug; **c)** *herausbilden* (b); *sich ausprägen* (2 b) *lassen:* durch Übung jmds. Fähigkeiten a.

Aus|prä|gung, die; -, -en: *das Ausprägen; das Ausgeprägtsein.*

aus|prei|sen ⟨sw. V.; hat⟩ (Kaufmannsspr.): *(Waren) mit Preisschildern versehen:* die CD war nicht, war mit 29 Mark ausgepreist.

aus|pres|sen ⟨sw. V.; hat⟩: **a)** *durch Pressen herausholen, herausfließen lassen:* den Saft [aus der Zitrone] a.; **b)** *aus etw. durch Pressen die darin enthaltene Flüssigkeit austreten lassen, herausholen:* eine Apfelsine a.

aus|pro|bie|ren ⟨sw. V.; hat⟩: *[Neues] benutzen, um seine Brauchbarkeit festzustellen:* ein Rezept, ein Waschmittel a.; eine Methode a. *(erproben);* ein neues Medikament [an jmdm.] a.

Aus|puff, der; -[e]s, -e (Technik): *Gesamtheit der Bauteile, bes. Rohre, durch die die Abgase von Verbrennungsmotoren abgeleitet werden:* der A. ist verrostet.

Aus|puff|an|la|ge, die (Technik): *gesamte Anlage eines Auspuffs.*

Aus|puff|gas, das ⟨meist Pl.⟩: *dem Auspuff entweichendes Abgas von Verbrennungsmotoren:* stinkende, giftige -e.

Aus|puff|rohr, das (Technik): *Rohr an einem Auspuff, durch das die Abgase abgeleitet werden.*

Aus|puff|topf, der (Technik): *Teil des Auspuffs, der schalldämpfende Funktion hat.*

aus|pum|pen ⟨sw. V.; hat⟩: **a)** *durch Pumpen herausholen, herausfließen lassen:* Wasser [aus der Baugrube] a.; **b)** *durch Pumpen leeren:* die Baugrube, den Keller a.; [jmdm.] den Magen a. *(ausheben).*

aus|punk|ten ⟨sw. V.; hat⟩ (bes. Boxen): *(den Gegner) nach Punkten besiegen:* den Gegner a.

aus|pus|ten ⟨sw. V.; hat⟩ (ugs.): **1.** *ausblasen* (1):

die Kerze a. 2. *ausblasen* (3): den Rauch, die Luft a. 3. *ausblasen* (2).

us|put|zen ⟨sw. V.; hat⟩: 1. (landsch.) a) *von überflüssigen od. dürren Ästen od. Trieben befreien:* Bäume a.; b) *säuberlich (bes. an den Innenflächen) reinigen:* den Ofen a.; du musst dir die Ohren a. 2. (veraltend) a) *[mit etw.] ausschmücken:* das Zimmer festlich mit Blumen a.; b) *festlich kleiden, herausputzen:* sie hatte die Kinder ausgeputzt. 3. (Fußball) *als Ausputzer* (1) *spielen:* er putzte souverän aus.

us|put|zer, der; -s, - (Fußball): *Abwehrspieler, der hinter der eigenen Abwehr steht, um den vor dem Tor gelegenen Raum zu sichern.*

us|put|ze|rin, die; -, -nen: w. Form zu ↑ Ausputzer.

us|quar|tie|ren ⟨sw. V.; hat⟩: *jmdn. dazu veranlassen, [vorübergehend] sein Quartier, seine Unterkunft zu räumen:* wir mussten eines der Kinder wegen unseres Besuches a.

us|quar|tie|rung, die; -, -en: *das Ausquartieren.*

us|quat|schen ⟨sw. V.; hat⟩ (salopp): 1. *ausplaudern* (1): einen Namen a. 2. ⟨a. + sich⟩ *sich aussprechen; alles erzählen, was man auf dem Herzen hat:* wir hätten uns mal richtig a. sollen.

us|quet|schen ⟨sw. V.; hat⟩: 1. a) (seltener) *auspressen* (a): den Saft [aus den Früchten] a.; b) *auspressen* (b): Früchte, Beeren, Zitronen a. 2. (ugs.) *aufdringlich ausfragen:* sie haben ihn über vieles ausgequetscht.

us|ra|deln, aus|rä|deln ⟨sw. V.; hat⟩: 1. a) *mit einem Teigrädchen ausschneiden:* Teigstreifen, Plätzchen a.; b) *(ausgerollten Teig) mit einem Teigrädchen in bestimmte Formen schneiden:* den Teig ausrollen u. zu Formen a. 2. *(ein Schnittmuster) vom Schnittmusterbogen mit einem Kopierrädchen auf eine Unterlage übertragen:* einen Schnitt, ein Schnittmuster a.

s|ra|die|ren ⟨sw. V.; hat⟩: 1. *(Geschriebenes) durch Radieren tilgen:* den Preis, ein Wort [mit dem Radiergummi] a.; Ü etw. aus seinem Gedächtnis a. *(die Erinnerung an etw. tilgen).* 2. (salopp abwertend) a) *völlig zerstören, dem Erdboden gleichmachen:* die Stadt wurde [im Krieg durch Bomben] fast völlig ausradiert; b) *töten, vernichten.*

s|ran|gie|ren ⟨sw. V.; hat⟩: a) (ugs.) *(unbrauchbar Gewordenes) aussondern, nicht weiterverwenden:* einen alten Mantel a.; ausrangierte Möbel; b) *(einen Eisenbahnwaggon) auf ein Abstellgleis rangieren.*

s|ra|sie|ren ⟨sw. V.; hat⟩: a) *(Haare) durch Rasieren entfernen:* [jmdm., sich] die Haare [im Nacken] a.; b) *durch Rasieren von Haaren befreien:* [jmdm., sich] den Nacken a.; ausrasierte Achselhöhlen; c) *(eine Haartracht o. Ä.) durch Rasieren herstellen, in eine bestimmte Form bringen:* ein ausrasierter Backenbart.

s|ras|ten ⟨sw. V.; ist⟩: 1. (Technik) *sich aus einer ineinander greifenden Befestigung lösen, herausspringen:* aus einer Halterung a. 2. (ugs.) *durchdrehen, die Nerven verlieren:* wenn du das tust, rastet sie aus; * **bei jmdm. rastet es aus** (ugs.; *jmd. verliert die Nerven).*

us|ras|ten ⟨sw. V.; hat⟩ (südd., österr.): *[sich] ausruhen:* wir müssen jetzt a.; ⟨auch a. + sich:⟩ ich muss mich von Zeit zu Zeit a.

s|rau|ben ⟨sw. V.; hat⟩: 1. *durch Raub völlig leeren; ausplündern:* ein Geschäft, eine Wohnung, die Kasse a. 2. *jmdm. unter Gewaltanwendung alles wegnehmen, was er besitzt od. bei sich trägt:* sie wurde unterwegs ausgeraubt.

s|räu|bern ⟨sw. V.; hat⟩: 1. *in einen Raum o. Ä. eindringen u. darin Befindliches an sich bringen u. mitnehmen:* er hatte den Weinkeller ausgeräubert. 2. *jmdn. überfallen u. ihm alles, was er besitzt od. bei sich trägt, abnehmen:* er wurde niedergeschlagen u. ausgeräubert; Ü wir haben ihn beim Skat ganz schön ausgeräubert *(ihm viel Geld abgenommen).*

s|räu|be|rung, die; -, -en: *das Ausräubern.*

s|rau|bung, die; -, -en: *das Ausrauben.*

s|räu|chern ⟨sw. V.; hat⟩: 1. a) *(Schädlinge o. Ä.) mithilfe von Rauch od. Gas vertreiben od. vernichten:* Ungeziefer a.; b) (Jägerspr.) *durch Rauch, Gas aus dem Bau heraustreiben:* einen Fuchs, Dachs [aus dem Bau] a. 2. *(einen Raum o. Ä.) durch Räuchern von Ungeziefer befreien:* einen verwanzten Raum a.

Aus|räu|che|rung, die; -, -en: *das Ausräuchern.*

aus|rau|fen ⟨sw. V.; hat⟩ (selten): *in großer Menge [her]ausreißen, ausrupfen:* Gras, Blumen, Unkraut a.

aus|räu|men ⟨sw. V.; hat⟩: 1. a) *aus einem Raum herausschaffen, aus einem Behältnis o. Ä. herausnehmen:* die Möbel [aus dem Zimmer] a.; die Bücher aus dem Regal a.; b) *einen Raum, ein Behältnis o. Ä. durch Herausnehmen des Inhaltes leer machen:* die Schränke, die Wohnung a.; c) (ugs.) *ausrauben:* Diebe haben die Ladenkasse ausgeräumt. 2. (Med.) a) *nach einer Fehlgeburt Gewebsreste aus der Gebärmutter entfernen:* einen Abort a.; b) *Gewebspartien bes. aus vorgebildeten Körperhöhlen operativ entfernen:* Lymphdrüsen im Bereich der Achselhöhle a. 3. *(etw., was einer Sache hindernd im Wege steht) beseitigen, aus dem Weg räumen:* Bedenken, einen Verdacht, Missverständnisse a.

Aus|räu|mung, die; -, -en: *das Ausräumen.*

aus|re|chen ⟨sw. V.; hat⟩ (bes. md., südd.): a) *mit dem Rechen aus etw. entfernen:* das Unkraut auf den Wegen a.; b) *mit dem Rechen von etw. frei machen:* ein Beet a.

aus|rech|nen ⟨sw. V.; hat⟩: 1. a) *durch Rechnen lösen:* eine Rechenaufgabe a.; b) *durch Rechnen ermitteln, errechnen:* das Gewicht, den Preis, die Entfernung a.; * **sich ⟨Dativ⟩ etw. a. können** *(etw. vorhersehen können).* 2. *mit etw. rechnen, etw. erwarten:* ich hatte mir [keine] Chancen ausgerechnet.

Aus|rech|nung, die; -, -en: *das Ausrechnen.*

aus|re|cken ⟨sw. V.; hat⟩: a) *ausstrecken:* die Arme a.; b) ⟨a. + sich⟩ *sich sehr recken, strecken:* ich musste mich sehr a., um das Buch im obersten Regalfach zu erreichen.

Aus|re|de, die; -, -n: *nicht wirklich zutreffender Grund, der als Entschuldigung für etw. vorgebracht wird:* so eine faule A.!; sie hat immer eine passende A.; er ist um -n niemals verlegen.

aus|re|den ⟨sw. V.; hat⟩: 1. a) *zu Ende sprechen:* darf ich erst a.?; jmdn. [nicht] a. lassen; b) *seine Rede beenden:* hoffentlich hat er bald ausgeredet. 2. *jmdn. durch Worte von etw., jmdm. abbringen; jmdn. in einer bestimmten Sache umstimmen:* jmdm. ein Vorhaben, eine Idee a.; die Eltern versuchten, ihm das Mädchen auszureden. 3. ⟨a. + sich⟩ (landsch.) *sich aussprechen, jmdm. sein Leid klagen:* sie musste sich einmal [bei ihrer Freundin] a. 4. ⟨a. + sich⟩ (veraltend) *sich herausreden; Ausflüchte gebrauchen; etw. als Ausrede, Entschuldigung anführen:* damals hatte er sich schlecht ausgeredet.

aus|reg|nen ⟨sw. V.; hat⟩: a) ⟨unpers.⟩ *aufhören zu regnen:* es hat ausgeregnet; b) ⟨a. + sich⟩ *so lange regnen, bis die Wolken sich vollständig abgeregnet haben:* es hat sich ausgeregnet.

aus|rei|ben ⟨st. V.; hat⟩: 1. a) *durch Reiben aus etw. entfernen:* einen Flecken a.; b) *die Innenflächen von etw. durch Reiben säubern:* Gläser mit einem Tuch a.; c) *die Innenflächen von etw. einreiben:* die Fonduepfanne mit Knoblauch a. 2. (österr.) *eine Fläche mit einer Bürste scheuern:* den Fußboden, die Küche a.

Aus|reib|tuch, das ⟨Pl. ...tücher⟩ (österr.): *Scheuerlappen.*

aus|rei|chen ⟨sw. V.; hat⟩: 1. *in einem Maß od. einer Menge vorhanden sein, die für etw. reicht, genügt:* der Platz, der Vorrat, das Geld reicht [für den vorgesehenen Zweck, zu dem Vorhaben] aus; etw. ist in ausreichendem Maße vorhanden; er bekam für die Klassenarbeit die Note »ausreichend«; sie war nicht ausreichend informiert. 2. (ugs.) *mit einer vorhandenen Menge o. Ä. auskommen:* mit dem Stoff nicht a.

aus|rei|fen ⟨sw. V.; ist⟩: 1. a) *(von Früchten o. Ä.) völlig reif werden:* die Bananen reifen an der Staude aus; b) *sich voll, zur Reife entwickeln:* der Wein in diesen Fässern muss noch a. 2. *sich bis zu einer möglichen Vollkommenheit entwickeln:* eine Methode a. lassen; die Konstruktion ist ausgereift.

Aus|rei|fung, die; -: *das Ausreifen.*

Aus|rei|se, die; -, -n: *das Verlassen eines Landes [mit einem Verkehrsmittel]:* jmdm. die A. verweigern; bei der A. findet eine Zollkontrolle statt.

Aus|rei|se|er|laub|nis, die: *offizielle Erlaubnis zur Ausreise.*

Aus|rei|se|ge|neh|mi|gung, die: *Ausreiseerlaubnis.*

aus|rei|sen ⟨sw. V.; ist⟩: *ins Ausland reisen, die Landesgrenze überschreiten:* jmdn. nicht a. lassen.

aus|rei|ßen ⟨st. V.⟩: 1. *aus etw. herausreißen, durch Herausreißen entfernen* ⟨hat⟩: Blumen, Unkraut a.; jmdm., sich ein Haar a. 2. ⟨ist⟩ a) *sich aus etw. gewaltsam lösen, von etw. abreißen:* der Ärmel, Henkel ist ausgerissen; b) *einreißen, durch einen Riss weiter werden:* die Knopflöcher sind ausgerissen. 3. (ugs.) *weglaufen [um sich einer unangenehmen Situation, jmds. Zugriff zu entziehen]* ⟨ist⟩: von zu Hause a.; seine Frau ist ihm ausgerissen *(hat ihn verlassen).* 4. (Sport) *durch plötzliches Erhöhen der Geschwindigkeit einen Vorsprung gegenüber anderen Teilnehmern eines Rennens o. Ä. gewinnen* ⟨ist⟩: er ist seinen Konkurrenten ausgerissen.

Aus|rei|ßer, der; -s, -: 1. (ugs.) *jmd., der aus dem Haus weggelaufen ist, bes. ein Kind:* die beiden A. wurden von der Polizei aufgegriffen und wieder nach Hause gebracht. 2. (Technik Jargon) *einzelner Messwert einer Reihe, der von den übrigen Werten in auffälliger Weise abweicht.* 3. (Sport) *jmd., der durch plötzliches Erhöhen der Geschwindigkeit einen Vorsprung gegenüber anderen Teilnehmern eines Rennens o. Ä. gewinnt.* 4. (Schießsport) *Schuss, der weit vom Ziel abweicht.*

Aus|rei|ße|rin, die; -, -nen: w. Form zu ↑ Ausreißer (1, 3).

Aus|reiß|ver|such, der (Sport): *Versuch, durch Ausreißen (4) einen Vorsprung zu gewinnen.*

aus|rei|ten ⟨st. V.⟩: 1. a) *einen Ort reitend verlassen* ⟨ist⟩: die Kompanie ist [aus der Kaserne] ausgeritten; b) *einen Ausritt machen* ⟨ist⟩: sie reitet jeden Sonntag aus; c) *einem Pferd durch einen Ausritt Bewegung verschaffen* ⟨hat⟩: sie hat versprochen, unser Pferd täglich auszureiten. 2. ⟨hat⟩ (Reitsport) a) *(in einem Rennen) einem Pferd die äußerste Leistung abfordern:* ein Pferd [nicht voll] a.; b) *eine gekrümmte Strecke korrekt abreiten:* die Ecken richtig a.

aus|rei|zen ⟨sw. V.; hat⟩ (Kartenspiel): *bis zur höchsten Zahl reizen:* seine Karten a.; * **ausgereizt sein** (ugs.; *ausgeschöpft* 2 *sein):* das Thema ist ausgereizt.

aus|ren|ken ⟨sw. V.; hat⟩ [↑ renken]: *aus dem Gelenk drehen:* jmdm., sich den Arm a.; ich habe mir fast den Hals a. müssen, um etwas zu sehen.

Aus|ren|kung, die; -, -en: *das Ausrenken.*

aus|rich|ten ⟨sw. V.; hat⟩: 1. *im Auftrag eines anderen mitteilen, bestellen, übermitteln:* jmdm. Grüße [von jmdm.] a.; richte ihr aus, dass sie heute nicht zu kommen braucht. 2. *bei etw. Erfolg haben; erreichen, tun können, erwirken:* bei jmdm. etwas, nicht viel a. können. 3. *in eine bestimmte einheitliche Richtung bringen:* etw., sich in einer Linie a. 4. a) *auf etw., jmdn. einstellen, einrichten, abstellen:* das Warenangebot auf die Bedürfnisse/nach den Bedürfnissen der Käufer a.; b) *in bestimmter Weise, an einer bestimmten Ideologie o. Ä. orientieren:* die Arbeit der Verbände einheitlich a.; diese Gruppe ist kommunistisch ausgerichtet. 5. *(für jmdn.) gestalten, arrangieren:* sie haben für ihre Tochter die Hochzeit ausgerichtet; eine Tagung, Meisterschaften a. *(veranstalten).* 6. (südd., österr. ugs.) *jmdn. herabsetzen, schlecht machen:* sie richten gerne andere Menschen aus. 7. (schweiz.) *zahlen, auszahlen:* die Witwenrente, eine Subvention a.

Aus|rich|ter, der; -s, -: *jmd., Verein o. Ä., der eine Veranstaltung ausrichtet* (5); *Veranstalter:* A. der Veranstaltung ist das Kulturamt der Stadt.

Aus|rich|te|rin, die; -, -nen: w. Form zu ↑Ausrichter.

Aus|rich|tung, die; -: *das Ausrichten* (3–6).

aus|rin|gen ⟨st. V.; hat⟩ [entstanden durch Vermischung von ↑ringen mit dem nicht verwandten ↑wringen] (landsch.): ↑auswringen.

aus|rin|nen ⟨st. V.; ist⟩ (bes. südd., österr.): **a)** *langsam aus etw. fließen, herauslaufen:* das Benzin rinnt [aus dem Fass] aus; **b)** *durch Herausfließen leer werden:* das Fass rinnt aus.

Aus|ritt, der; -[e]s, -e: **a)** *das Ausreiten* (1 a): der A. der Reiter aus dem Stadion; **b)** *kürzerer Ritt im Gelände:* einen A. machen.

aus|ro|den ⟨sw. V.; hat⟩: *mit den Wurzeln ausgraben, vollständig roden:* Bäume, Buschwerk a.

aus|rol|len ⟨sw. V.⟩: **1.** *langsam aufhören, sich rollend fortzubewegen* ⟨ist⟩: das Flugzeug rollt [auf der Landebahn] aus. **2.** ⟨hat⟩ **a)** *(Zusammengerolltes) auf einer Fläche auseinander rollen:* einen Läufer [auf dem Boden] a.; **b)** *(Teig) auf einer Fläche in die Länge ziehend ausbreiten:* den Teig a.

aus|rot|ten ⟨sw. V.; hat⟩ [zu veraltet rotten = völlig vernichten, mhd. roten, Nebenf. von: riuten, ↑reuten]: *vollständig, bis zum letzten Exemplar vernichten, vertilgen:* Ungeziefer, Unkraut [mit Stumpf u. Stiel] a.; sie wollten alle ihre Feinde a.; Ü ein Übel, eine Unsitte a.

Aus|rot|tung, die; -, -en: *das Ausrotten.*

aus|rü|cken ⟨sw. V.⟩: **1.** (bes. Milit.) *sich (in Formation) von einem Standort aus irgendwohin begeben, ausmarschieren* ⟨ist⟩: die Kompanie, die Feuerwehr ist ausgerückt. **2.** (ugs.) *weglaufen, sich heimlich davonmachen* ⟨ist⟩: sie ist [aus Angst vor Strafe, von daheim] ausgerückt. **3.** (Druckw.) *(im fortlaufenden Text) vor den Zeilenbeginn od. hinter den rechten Zeilenrand rücken* ⟨hat⟩: ein Wort, eine Zahl a. **4.** (Technik) *durch Verschieben die Übertragung des Antriebs aufheben, auskuppeln* ⟨hat⟩: die Kupplung, einen Treibriemen a.

Aus|ruf, der; -[e]s, -e: **1.** *kurze, laute Äußerung als Ausdruck einer Gemütsbewegung:* ein A. des Entsetzens, der Überraschung; jmdn. mit einem freudigen A. begrüßen. **2.** (selten) *öffentliche Ankündigung, Bekanntmachung durch Ausrufen* (2 a): etw. durch A. bekannt machen.

aus|ru|fen ⟨st. V.; hat⟩: **1.** *spontan, in einem Ausruf* (1) *äußern:* »Wie schön!«, rief sie begeistert aus. **2. a)** *[laut rufend] nennen, mitteilen, bekannt geben:* die Stationen, eine Bekanntmachung, die Schlagzeilen einer Zeitung a.; man hat sie auf dem Bahnsteig ausgerufen; **b)** *öffentlich, offiziell verkünden, proklamieren:* die Republik, einen Streik, den Notstand a.; jmdn. als Sieger a.; er wurde zum Kaiser ausgerufen; **c)** *rufend zum Kauf anbieten, feilbieten:* die Abendzeitung a.

Aus|ru|fer, der; -s, -: *jmd., der öffentliche Bekanntmachungen ausruft* (2 a).

Aus|ru|fe|rin, die; -, -nen: w. Form zu ↑Ausrufer.

Aus|ru|fe|satz, der (Sprachw.): *Satz, der einen Sachverhalt mit starker innerer Anteilnahme des Sprechers ausdrückt* (z. B. Wie schnell die Zeit vergeht!).

Aus|ru|fe|wort, das ⟨Pl. ...wörter⟩ (Sprachw.): *Interjektion.*

Aus|ru|fe|zei|chen, das: *Satzzeichen, das nach Ausrufe-, Wunsch- u. Aufforderungssätzen sowie nach Ausrufewörtern steht.*

Aus|ru|fungs|zei|chen, das (selten): *Ausrufezeichen.*

aus|ru|hen ⟨sw. V.; hat⟩: **a)** *ruhen, um neue Kräfte zu sammeln, sich zu erholen:* du musst ein wenig a.; ⟨meist a. + sich:⟩ sich auf einer Bank, nach der Arbeit, von den Strapazen a.; sie kamen ausgeruht *(erholt)* aus den Ferien zurück; **b)** *vorübergehend in Ruhelage bringen, nicht beanspruchen:* seine Augen, Beine a.

aus|rup|fen ⟨sw. V.; hat⟩: *[mutwillig] ausreißen:* Gras, Unkraut, Blumen a.

aus|rüs|ten ⟨sw. V.; hat⟩: **1.** *mit etw. versehen, ausstatten, was zur Erfüllung einer bestimmten Aufgabe notwendig od. nützlich ist:* jmdn., sich, etw. [für etw.] a.; eine Expedition, ein Schiff a.; dieser Wagentyp kann wahlweise mit zwei oder mit vier Türen ausgerüstet werden; für eine Aufgabe gut, unzureichend ausgerüstet sein. **2.** (Textilind.) *Stoffe durch Nachbehandlung veredeln:* einen Stoff bügelfrei a.

Aus|rüs|ter, der; -s, - (Schifffahrt): **1. a)** *jmd., der ein ihm nicht selbst gehörendes Seeschiff für seine Rechnung verwendet, indem er es selbst führt bzw. einem anderen die Führung überträgt;* **b)** *Eigentümer eines Binnenschiffes.* **2.** *Appreteur.*

Aus|rüs|te|rin, die; -, -nen: w. Form zu ↑Ausrüster.

Aus|rüs|tung, die; -, -en: **1.** *das Ausrüsten* (1, 2); *das Ausgerüstetsein.* **2. a)** *Gesamtheit der Gegenstände, mit denen jmd., etw. für einen bestimmten Zweck ausgestattet ist:* eine A. für den Wintersport; **b)** *bestimmte technische Anlage, deren Vorhandensein für das Funktionieren von etw. unbedingt nötig ist:* der Export elektronischer -en.

Aus|rüs|tungs|ge|gen|stand, der: *einzelner zur Ausrüstung* (2 a) *gehörender Gegenstand.*

aus|rut|schen ⟨sw. V.; ist⟩: **1.** *durch Rutschen auf einer glatten Fläche o. Ä. das Gleichgewicht verlieren [und zu Fall kommen]; ausgleiten:* auf einer Bananenschale a. [und hinfallen]. **2.** *aus der Hand rutschen, wegrutschen:* beim Brotschneiden ist [ihr] das Messer ausgerutscht.

Aus|rut|scher, der; -s, -: **1.** (ugs.) *das Ausrutschen auf einer glatten Fläche.* **2.** (ugs.) *Fauxpas:* seine Bemerkung war ein peinlicher A. **3.** *nicht zu erwartender, überraschender Misserfolg:* ein guter Schüler kann sich auch mal einen A. leisten.

Aus|saat, die; -, -en: **1.** *das Aussäen:* die A. verzögert sich; mit der A. beginnen. **2.** *Saatgut; Pflanzgut:* es mangelt an -en.

aus|sä|en ⟨sw. V.; hat⟩: *Samen, Saatgut in die Erde bringen.*

Aus|sa|ge, die; -, -n: **1.** *geäußerte Meinung, Feststellung, Urteil:* die -n der Fachleute sind widersprüchlich. **2.** *[vor Gericht, vor der Polizei] abgegebene Erklärung zu einem Tatbestand:* eine belastende, eidliche A.; eine A. [über etw.] machen, entkräften; die A. verweigern; es steht A. gegen A. **3.** *geistiger Gehalt; etw., was ein Werk ausdrückt:* die künstlerische, dichterische A. des Romans.

Aus|sa|ge|kraft, die ⟨o. Pl.⟩: **1.** *Wirkung, Wirksamkeit einer Aussage* (3). **2.** *Geltung als Aussage* (1); *Beweiskraft:* die A. einer Belegkartei, von Statistiken.

aus|sa|ge|kräf|tig ⟨Adj.⟩: *Aussagekraft* (2) *besitzend:* -e Zahlen.

aus|sa|gen ⟨sw, V.; hat⟩: **1.** *zum Ausdruck bringen, ausdrücken, erkennen lassen, sagen; als Meinung o. Ä. kundtun:* diese Äußerung sagt einiges über ihre Einstellung aus. **2.** *vor Gericht, vor der Polizei eine Aussage* (2) *machen:* als Zeuge, gegen jmdn., vor Gericht a.; zugunsten des Angeklagten a. **3.** *[in künstlerischer Form] ausdrücken; eine bestimmte Ausdruckskraft besitzen:* die frühen Bilder des Malers sagen wenig aus.

aus|sä|gen ⟨sw. V.; hat⟩: **a)** *mit einer Säge aus etw. herauslösen:* ein Herz [aus der Holztür] a.; **b)** *mit einer Säge aus Holz o. Ä. herstellen:* Krippenfiguren a.

Aus|sa|ge|satz, der (Sprachw.): *Satz, der einen Sachverhalt einfach berichtend wiedergibt* (z. B. Die Sonne scheint).

Aus|sa|ge|ver|wei|ge|rung, die (Rechtsspr.): *Verweigerung einer Aussage* (2).

Aus|sa|ge|wei|se, die (Sprachw.): *Modus* (2).

Aus|sa|ge|wert, der: *Wert, Bedeutsamkeit einer Aussage* (1): nur einen begrenzten A. haben.

aus|sa|men, sich ⟨sw. V.; hat⟩: *sich durch Samen verbreiten.*

Aus|satz, der; -es [mhd. ūʒsaz, rückgeb. aus: ūʒsetzic, ↑aussätzig] (Med.): *(in den Tropen u. Subtropen verbreitete) Infektionskrankheit, die bes. zu entstellenden Veränderungen der Haut führt; Lepra.*

aus|sät|zig ⟨Adj.⟩ [mhd. ūʒsetzic, älter: ūʒsetze, ahd. ūʒsāzeo, zu ↑setzen, eigtl. = ausgesetzt, abgesondert]: *von Aussatz befallen.*

Aus|sät|zi|ge, der u. die; -n, -n ⟨Dekl. ↑Abgeordnete⟩: *jmd., der Aussatz hat:* man behandelte uns wie A.

aus|sau|fen ⟨st. V.; hat⟩: **a)** *(von Säugetieren) von etw. saufen, bis nichts mehr übrig ist:* die Tiere haben alles Wasser [aus dem Trog] ausgesoffen (derb in Bezug auf Menschen:) hast du den ganzen Wein ausgesoffen?; **b)** *leer saufen:* den Trog den Eimer a.; (derb in Bezug auf Menschen:) di Schnapsflasche a.

aus|sau|gen ⟨st. u. sw. V.; saugte/(geh.:) sog aus, hat ausgesaugt/(geh.:) ausgesogen⟩: **1. a)** *aus etw. saugen:* den Saft [aus der Zitrone] a.; Blut [aus der Wunde] a.; **b)** *durch Saugen von etw. befreien, leer saugen:* die Wunde a. **2.** *ausbeuten das Letzte herausholen:* die Herrscher haben das Land, die Menschen ausgesaugt.

aus|scha|ben ⟨sw. V.; hat⟩: **a)** *durch Schaben entfernen, aus etw. herausholen:* das Fleisch [aus einer Frucht] a.; **b)** *durch Ausschaben* (a) *leer machen, aushöhlen, von seinem Inhalt befreien* Gurken a.; **c)** (Med.) *von Gewebe befreien; küretieren:* die Gebärmutter a.

Aus|scha|bung, die; -, -en (Med.): *das Ausschaben* (c); *Abrasion, Kürettage.*

aus|schach|ten ⟨sw. V.; hat⟩ [zu ↑Schacht]: **a)** *[zu Herstellung einer Baugrube] ausheben, ausschaufeln:* Erde a.; **b)** *durch Ausheben von Erd herstellen:* eine Baugrube a.

Aus|schach|tung, die; -, -en: **1.** *das Ausschachten* **2.** *durch Ausschachten entstandene Grube o. Ä*

Aus|schach|tungs|ar|bei|ten ⟨Pl.⟩: *Arbeiten bei Ausschachten von etw.*

aus|scha|len ⟨sw. V.; hat⟩ (Bauw.): **a)** *die Schalun von einer Konstruktion entfernen:* das Gewölb a.; **b)** *eine zu errichtende Baukonstruktion verschalen, einschalen:* eine Wand, die Decke a.

aus|schä|len ⟨sw. V.; hat⟩: **1.** (selten) *(bestimmte Früchte, Samen) aus der äußeren [harten] Schale od. aus der Hülse, Schote herauslösen:* Hülsenfrüchte, Nüsse a. **2.** *aus dem Fleisch (eines Schlachttiers) herauslösen, herausschneden:* den Knochen aus dem Schinken a. **3.** (Med *durch Herausschneiden aus dem Gewebe o. Ä. entfernen:* die Mandeln, einen Abszess a.

aus|schal|ten ⟨sw. V.; hat⟩: **1. a)** *durch Bedienen eines Schalters o. Ä. abstellen:* den Motor, das Licht, das Radio, den Strom a.; **b)** ⟨a. + sich⟩ *durch einen Schalter in bestimmter Weise auß Betrieb gesetzt werden:* die Maschine schaltet sich von selbst, automatisch aus. **2.** *ausschließen, an einer weiteren Einflussnahme hinderr* das Gefühl bei etw. ganz a.; eine Fehlerquelle, die Konkurrenz a.; einen Gegner im Wettkam a. *(zum Ausscheiden bringen).*

Aus|schal|tung, die; -, -en: *das Ausschalten.*

Aus|scha|lung, die; -, -en: **1.** *das Ausschalen.* **2.** *Material zum Ausschalen* (b).

Aus|schä|lung, die; -, -en: *das Ausschälen* (3).

[1]**Aus|schank,** der; -[e]s, Ausschänke [zu ↑[1]Schank]: **1.** ⟨o. Pl.⟩ *das Ausschenken von Getränken:* der A. alkoholischer Getränke. **2. a)** *Gastwirtschaft, Raum, in dem alkoholisc Getränke ausgeschenkt werden:* einen A. aufschen; **b)** *Schanktisch, Büfett* (2 a): am A. stehe

[2]**Aus|schank,** die; -, Ausschänke (österr.): [1]*Ausschank* (2).

aus|schar|ren ⟨sw. V.; hat⟩: **a)** *durch Scharren au der Erde herausholen:* die Vögel haben den Samen [aus den Beeten] ausgescharrt; **b)** *durc Scharren herstellen:* eine Vertiefung, Mulde, e Loch a.

Aus|schau, die: in der Wendung **nach jmdm., etw. A. halten** (nachdrücklich; *ausschauen* 1,

aus|schau|en ⟨sw. V.; hat⟩: **1.** *einer Sache, jmdm auf dessen Erscheinen man wartet, entgegens* hen; ausblicken: sehnsüchtig, ungeduldig nach jmdm., nach dem Schiff a. **2.** (landsch.) *sich nach etw., jmdm. umsehen; etw., jmdn. zu erlangen, zu bekommen suchen:* nach einer guten Gelegenheit, einer neuen Arbeit a. **3.** (südd., österr.) **a)** *aussehen* (1 a): er schaut gut, krank aus; **b)** ⟨unpers.⟩ *aussehen* (1 b): mit ihr, mit dieser Sache schaut es nicht gut aus; wie schauts aus? (ugs.; *wie geht es dir [Ihnen, euch]?; wie steht es mit der Sache?*).

aus|schau|feln ⟨sw. V.; hat⟩: **a)** *schaufelnd [aus etw.] herausholen:* Erde [aus dem Graben] a.; **b)** *schaufelnd herstellen:* ein Loch, einen Abzugsgraben für das Wasser a.; **c)** *ausgraben, durch Schaufeln freilegen:* einen Verschütteten a.

aus|schäu|men ⟨sw. V.; hat⟩: *mit Schaumstoff ausfüllen.*

aus|schei|den ⟨st. V.⟩: **1.** ⟨ist⟩ **a)** *eine Tätigkeit aufgeben, [u. damit zugleich] eine Gemeinschaft, Gruppe verlassen:* am, zum, mit dem 31. 3. aus der Firma a.; aus einem Verein, aus dem Dienst a.; **b)** *an einem Spiel od. Wettkampf nicht weiter teilnehmen können:* in, nach der ersten Runde, nach einem Sturz [aus dem Rennen] a. **2.** *nicht infrage, nicht in Betracht kommen* ⟨ist⟩: dieser Bewerber, diese Möglichkeit scheidet aus. **3.** ⟨hat⟩ *aussondern, entfernen:* fehlerhafte Stücke aus einer Produktionsserie a. **4.** *von sich geben, absondern* ⟨hat⟩: der Körper hat die Giftstoffe [mit dem Stuhl, über die Haut] ausgeschieden.

Aus|schei|dung, die; -, -en: **1.** ⟨o. Pl.⟩ *das Ausscheiden* (1 b, 2–4). **2.** ⟨meist Pl.⟩ *abgesondertes, ausgeschiedenes Stoffwechselprodukt, bes. vom Darm Ausgeschiedenes.* **3.** (Sport) *Ausscheidungs[wett]kampf, -runde, -spiel:* die Mannschaft scheiterte in der A.

Aus|schei|dungs|kampf, der: *sportlicher Wettkampf, bei dem die schwächeren Bewerber ausscheiden bzw. sich die besseren für den weiteren Wettbewerb qualifizieren.*

Aus|schei|dungs|or|gan, das: *Körperorgan, das der Ausscheidung bes. von Stoffwechselprodukten dient.*

Aus|schei|dungs|pro|dukt, das: *Stoffwechselprodukt, das ausgeschieden wird.*

Aus|schei|dungs|run|de, die (Sport): vgl. Ausscheidungskampf.

Aus|schei|dungs|spiel, das (Sport): vgl. Ausscheidungskampf.

aus|schei|ßen ⟨st. V.; hat⟩ (derb): **1. a)** *etw. als Verdautes od. mit Verdautem ausscheiden:* alles, was er gegessen hat, hat er fast unverdaut wieder ausgeschissen; **b)** *aufhören, Kot zu entleeren* ⟨meist in einer zusammengesetzten Zeitform⟩: hast du bald ausgeschissen?; ***[bei jmdm.] ausgeschissen haben** (derb; *jmds. Achtung verloren haben*): nach diesem Vorfall hat er bei mir ausgeschissen. **2.** ⟨a. + sich⟩ **a)** *den Darm völlig entleeren:* sich richtig a.; **b)** *sich aussprechen* (5 a): immer kommt er zu mir, um sich auszuscheißen.

aus|schel|ten ⟨st. V.; hat⟩: *(jmdn.) heftig schelten:* sie schalt ihn wegen seiner Dummheit aus.

aus|schen|ken ⟨sw. V.; hat⟩: **a)** *Getränke (im Lokal) verkaufen:* Alkohol darf an Kinder nicht ausgeschenkt werden; **b)** *in ein Trinkgefäß gießen, ausgießen:* den Kaffee a.; würdest du bitte [den Wein] a.?

aus|sche|ren ⟨sw. V.; ist⟩ [zu ↑[4]scheren (2)]: **a)** *eine Linie, Reihe, Gruppe [seitlich ausbiegend] verlassen:* drei Boote, Flugzeuge, Läufer scherten aus; aus einer Kolonne [nach links] a. und zum Überholen ansetzen; Ü die jüngeren Politiker möchten gern a.; **b)** *rutschend aus der Spur geraten:* bei Glätte schert das Fahrzeug leicht aus.

aus|scheu|ern ⟨sw. V.; hat⟩: *innen durch Scheuern reinigen:* Töpfe [mit Sand] a.

aus|schi|cken ⟨sw. V.; hat⟩: *zur Erfüllung eines Auftrags wegschicken:* jmdn. nach Brot, auf Kundschaft a.; ein Rettungsboot a.

aus|schie|ßen ⟨st. V.⟩: **1.** *aus etw. herausschießen, durch einen Schuss zerstören* ⟨hat⟩: jmdm. ein Auge a. **2.** (landsch.) *(Brot) schiebend aus dem Ofen herausholen* ⟨hat⟩: Brot a. **3.** (veraltet) *aussondern* ⟨hat⟩: fehlerhafte Stücke einer Ware a. **4.** (Druckw.) *die Druckstöcke der Seiten eines Druckwerks so anordnen, dass die Seiten nach dem Falzen der bedruckten Bogen in der richtigen Reihenfolge liegen* ⟨hat⟩: Seiten a. **5.** (Schießsport) *durch Schießen die Entscheidung um einen Sieger, Preis o. Ä. herbeiführen* ⟨hat⟩: einen Preis, Pokal, den besten Schützen a.; eine Meisterschaft a. *(im Wettschießen austragen).* **6.** *(von Pflanzen) aus der Erde sprießend heraus-, hervorkommen* ⟨ist⟩: die Petersilie schoss aus. **7.** (südd., österr.) *bleichen, verschießen* ⟨ist⟩: die Vorhänge sind ausgeschossen.

aus|schif|fen ⟨sw. V.; hat⟩: *vom Schiff ans Land bringen:* Passagiere, Waren a.; sich ausschiffen *(an Land gehen).*

Aus|schif|fung, die; -, -en ⟨Pl. selten⟩: *das Ausschiffen.*

aus|schil|dern ⟨sw. V.; hat⟩: **a)** *mit allen erforderlichen Verkehrsschildern ausstatten:* eine vorschriftsgemäß ausgeschilderte Straße; **b)** *durch Hinweisschilder kenntlich machen, markieren:* die Umleitung ist ausgeschildert.

Aus|schil|de|rung, die; -, -en: *das Ausschildern.*

aus|schimp|fen ⟨sw. V.; hat⟩: *durch Schimpfen zurechtweisen, ausschelten:* Kinder wegen etw. a.

aus|schlach|ten ⟨sw. V.; hat⟩: **1.** *die Eingeweide von geschlachtetem Vieh herausnehmen:* ein Schwein a. **2.** (ugs.) *die noch brauchbaren Teile aus etw. ausbauen:* alte Autos a. **3.** (ugs. abwertend) *bedenkenlos für seine Zwecke ausnutzen:* einen Fall [politisch, weidlich] a.

Aus|schlach|tung, die; -, -en: *das Ausschlachten.*

aus|schla|fen ⟨st. V.; hat⟩: **1.** *schlafen, bis die Müdigkeit überwunden ist:* ordentlich, gründlich a.; ausgeschlafen haben, sein; ⟨auch a. + sich:⟩ ich muss mich endlich einmal a. **2.** *durch Schlafen vergehen lassen, überwinden:* seinen Rausch a.

Aus|schlag, der; -[e]s, Ausschläge ⟨Pl. selten⟩: **1.** *an der Haut auftretende krankhafte Veränderung:* A. bekommen, haben; sie leidet an einem A. im Gesicht, an den Händen. **2.** *das Abweichen vom Ruhe- od. Gleichgewichtszustand od. das Verlassen dieses Zustandes:* der A. des Pendels, der Magnetnadel, der Waage; ***den A. geben** *(entscheidend sein; die Entscheidung herbeiführen;* urspr. bezogen auf den Ausschlag des Züngleins an der Waage): dieses Argument hat den Ausschlag [für seine Entscheidung] gegeben.

aus|schla|gen ⟨st. V.⟩ [7: viell. aus der Fechtersprache, einen Streich ausschlagen = durch einen Gegenschlag parieren]: **1.** *(gewöhnlich von Pferden) nach jmdm. schlagen, stoßen* ⟨hat⟩: das Pferd hat vorn und hinten ausgeschlagen. **2.** *durch einen Schlag gewaltsam entfernen* ⟨hat⟩: ein Stück aus einer Kachel a.; er hat ihr einen Zahn ausgeschlagen. **3.** (landsch.) *durch eine schlagende Handbewegung von etw. befreien* ⟨hat⟩: ein Staubtuch a. **4.** *durch Schlagen ersticken* ⟨hat⟩: ein Feuer [mit einer Decke] a. **5.** *mit Stoff auskleiden* ⟨hat⟩: ein Zimmer, die Wände eines Zimmers schwarz, mit schwarzem Samt a. **6.** (Handw.) *breit schlagen, hämmern* ⟨hat⟩: Gold zu dünnen Blättchen a. **7.** *ablehnen, zurückweisen* ⟨hat⟩: ein Geschenk, ein Angebot, eine Einladung a. **8.** ⟨hat/ist⟩ **a)** *aus dem Ruhe- od. Gleichgewichtszustand geraten:* das Pendel, die Wünschelrute schlägt aus; die Magnetnadel ist/hat nach links, um zwei Striche ausgeschlagen; **b)** *einen Ausschlag* (2) *anzeigen:* der Geigerzähler hat/ist ausgeschlagen. **9.** *neue Triebe hervorbringen* ⟨hat/ist⟩: die Birken haben/sind schon ausgeschlagen. **10.** (selten) **a)** *austreten* ⟨ist⟩: Salpeter schlägt aus; **b)** *etw. austreten lassen, ausschwitzen* ⟨hat⟩: die Wände haben [Salpeter] ausgeschlagen. **11.** *sich entwickeln, zu etw. werden* ⟨ist⟩: die Sache ist gut, günstig, zu ihrem Nachteil ausgeschlagen. **12.** *aufhören zu schlagen* ⟨hat⟩: die Turmuhr hatte ausgeschlagen; Ü (geh.:) sein müdes Herz hat ausgeschlagen.

aus|schlag|ge|bend ⟨Adj.⟩: *entscheidend, bestimmend:* die Wahl war von -er Bedeutung; das ist dabei, dafür nicht a.

aus|schle|cken ⟨sw. V.; hat⟩: *auslecken.*

aus|schlei|chen ⟨st. V.; hat⟩ (Fachspr.): *(einen Suchtstoff o. Ä.) in immer kleiner werdender Dosis verabreichen u. schließlich ganz absetzen:* ein Suchtgift, ein Medikament a.

aus|schlei|fen ⟨st. V.; hat⟩: *durch Schleifen [innen] glätten:* eine Bruchstelle a.

Aus|schlei|fung, die; -, -en: *das Ausschleifen.*

aus|schlei|men ⟨sw. V.; hat⟩: **1.** *entschleimen.* **2.** ⟨a. + sich⟩ (salopp) *sich aussprechen* (5 a): nun schleim dich schon aus!

aus|schleu|sen ⟨sw. V.⟩: **1.** ⟨hat⟩ **a)** *aus der Schleuse herausfahren lassen:* ein Schiff, Personen a.; **b)** *durch geschicktes Verfahren [heimlich] aus einem geschlossenen Bereich herausbringen:* er hatte viele Bürger der DDR unter Missbrauch der Transitwege in die BRD ausgeschleust. **2.** *aus der Schleuse herausfahren* ⟨ist⟩.

Aus|schleu|sung, die; -, -en: *das Ausschleusen; das Ausgeschleustwerden.*

aus|schlie|ßen ⟨st. V.; hat⟩: **1.** *durch Verschließen der Tür jmdm. den Zutritt unmöglich machen:* sie konnte nicht ins Haus, man hatte sie ausgeschlossen. **2.** *aus einer Gemeinschaft entfernen:* sie schlossen ihn aus der Partei aus. **3. a)** *nicht teilhaben lassen:* jmdn. von einer Feier a.; Arbeiter nicht von der Vermögensbildung a.; **b)** *ausnehmen, nicht mit einbeziehen:* eine Möglichkeit a.; sie lobte alle, ohne einen auszuschließen; reduzierte Ware ist vom Umtausch ausgeschlossen *(wird nicht umgetauscht).* **4.** *unmöglich machen:* jeden Zweifel, Irrtum a. **5.** (Druckw.) *durch Füllen mit Ausschluss* (2) *die genaue Zeilenlänge herstellen:* Zeilen a.

aus|schließ|lich: **I.** ⟨Adj.⟩ *alleinig, uneingeschränkt:* das -e Recht auf etw. haben; sie dominiert, wenn auch nicht mehr so a. wie früher. **II.** ⟨Adv.⟩ *nur:* das ist a. sein Verdienst; sie lebt a. für ihre Familie. **III.** ⟨Präp. mit Gen.⟩ *ohne, außer:* die Kosten a. des genannten Betrages; ⟨ein stark dekliniertes Subst. im Sg. bleibt ungebeugt, wenn es ohne Art. od. Attr. steht:⟩ die Kosten a. Porto; ⟨im Pl. mit dem Dativ, wenn der Gen. nicht erkennbar ist:⟩ der Preis für die Mahlzeiten a. Getränken.

Aus|schließ|lich|keit, die; -: *Uneingeschränktheit, Absolutheit:* sie widmet sich ihrem Beruf mit einer A., die ihresgleichen sucht.

Aus|schlie|ßung, die; -, -en: *das Ausschließen* (1–4).

Aus|schlupf, der; -[e]s, -e u. Ausschlüpfe: *Öffnung, Stelle zum Herausschlüpfen, Entwischen:* ein A. für die Hühner; einen A. finden.

aus|schlüp|fen ⟨sw. V.; ist⟩: *aus dem Ei, aus der Puppe schlüpfen:* der Schmetterling ist ausgeschlüpft; ⟨subst.:⟩ Vögel kurz nach dem Ausschlüpfen.

aus|schlür|fen ⟨sw. V.; hat⟩: **a)** *schlürfend leer trinken:* ein Glas a.; **b)** *schlürfend zu Ende trinken:* seinen Tee a.

Aus|schluss, der; -es, Ausschlüsse: **1.** *das Ausschließen* (2, 3 a); *das Ausgeschlossenwerden:* den A. [aus der Partei] beantragen; das Verfahren fand unter A. der Öffentlichkeit statt. **2.** (Druckw.) *nicht druckende, niedrigere Typen für die Zwischenräume.*

aus|schmel|zen ⟨st., seltener sw. V.; hat⟩: *durch Schmelzen zum Herausfließen bringen:* das Metall aus dem Erz a.

aus|schmie|ren ⟨sw. V.; hat⟩: **a)** *durch Schmieren innen gänzlich mit etw. bedecken:* eine Backform [mit Fett] a.; **b)** *mit einer schmierfähigen Masse ausfüllen:* Fugen [mit Gips] a.

aus|schmü|cken ⟨sw. V.; hat⟩: **1.** *[einen Raum innen] vollständig schmücken, dekorieren:* einen Saal, eine Kirche [mit Blumen] a. **2.** *durch Zusätze ergänzen, durch zusätzliche erfundene Einzelheiten vorteilhafter erscheinen lassen:* eine Geschichte, einen Bericht a.

A

Aus|schmü|ckung, die; -, -en: 1. *das Ausschmücken.* 2. *etw. Ausschmückendes; Dekoration.*

aus|schnap|pen ⟨sw. V.; ist⟩: *(von einem Schloss o. Ä.) herausspringen, aufgehen, sich öffnen:* der Riegel, das Schloss schnappt aus.

aus|schnau|ben ⟨sw., veraltend st. V.; hat⟩ (landsch.): *sich die Nase gründlich putzen:* du musst kräftig a.; ⟨auch a. + sich:⟩ er schnaubt sich umständlich aus.

aus|schnau|fen ⟨sw. V.; hat⟩ (südd., österr. ugs.): *verschnaufen, rasten, ausruhen:* nach der Anstrengung muss ich ein wenig a.; ⟨auch a. + sich:⟩ hier kannst du dich etwas a.

aus|schnäu|zen ⟨sw. V.; hat⟩: *gründlich schnäuzen.*

Aus|schnei|de|bo|gen, der: *Bogen mit Bildern zum Ausschneiden.*

aus|schnei|den ⟨unr. V.; hat⟩: **a)** *durch Schneiden herauslösen, heraustrennen:* eine Annonce aus der Zeitung a.; faule, schwarze Stellen a.; **b)** *durch Herausschneiden [mit der Schere] herstellen:* Figuren, Sterne [aus Buntpapier] a.; **c)** *durch Herausschneiden von etw. befreien:* einen angefaulten Apfel a.; Bäume a. *(die überflüssigen Äste herausschneiden);* **d)** *mit einem Ausschnitt für den Hals versehen, dekolletieren:* ein Kleid tief a.

Aus|schnei|dung, die; -, -en (bes. Med.): *operative Entfernung durch Herausschneiden.*

Aus|schnitt, der; -[e]s, -e: 1. **a)** *etw., was aus etw. ausgeschnitten* (a) *ist:* ein A. aus einer Zeitung; **b)** *kleinerer Teil, der eine bestimmte Kenntnis des Ganzen vermittelt, zu dem er gehört:* ein A. aus einem Brief, Bild, Film; etw. in -en zeigen, lesen, kennen lernen. 2. **a)** *durch Herausschneiden hergestellte Öffnung:* die herzförmigen -e der Fensterläden; **b)** *Öffnung für den Hals an Kleidungsstücken:* ein Kleid, Pullover mit rundem, spitzem, tiefem A.

aus|schnitt|wei|se ⟨Adv.⟩: *im Ausschnitt* (1 b), *in Ausschnitten:* einen Vortrag a. abdrucken; ⟨mit Verbalsubstantiven auch attr.:⟩ eine nur a. Zitierung der Rede.

aus|schnit|zen ⟨sw. V.; hat⟩: *durch Schnitzen herausarbeiten.*

aus|schnüf|feln ⟨sw. V.; hat⟩ (ugs. abwertend): *durch Schnüffeln, Spionieren herausbekommen, ausspionieren:* er will immer alles a.; ich lasse mich nicht a. *(aushorchen).*

aus|schöp|fen ⟨sw. V.; hat⟩: 1. **a)** *durch Schöpfen herausholen, herausschöpfen:* das Wasser [aus der Tonne] a.; **b)** *leer schöpfen:* eine Tonne, einen Kahn, einen Brunnen a. 2. *sich etw. bis ins Letzte zunutze machen, ganz ausnutzen:* alle Möglichkeiten, Reserven a.

Aus|schöp|fung, die; -: *das Ausschöpfen.*

aus|schrau|ben ⟨sw. V.; hat⟩: *herausschrauben:* eine Birne [aus der Fassung] a.

aus|schrei|ben ⟨st. V.; hat⟩: 1. *nicht abgekürzt schreiben:* seinen Vornamen, ein Wort a. 2. *ausfüllen, ausfertigen, ausstellen:* einen Scheck, eine Rechnung, ein Rezept, ein Attest a.; jmdm. eine Quittung a. 3. *öffentlich u. schriftlich für Interessenten, Bewerber, Teilnehmer o. Ä. zur Kenntnis bringen, bekannt geben:* einen Wettbewerb, eine Meisterschaft a.; eine Wohnung [zum Vermieten], eine Stelle a.; Wahlen a. *(ansetzen).* 4. (seltener) *herausschreiben.*

Aus|schrei|bung, die; -, -en: 1. *das Ausschreiben* (3); *das Ausgeschriebenwerden:* die A. der geplanten Halle soll bald erfolgen. 2. *Text, mit dem etw. ausgeschrieben wird:* die Lieferbedingungen stehen in der A.

aus|schrei|en ⟨st. V.; hat⟩: 1. **a)** *schreiend, rufend zum Verkauf anbieten, ausrufen:* Zeitungen, Lose, Waren a.; **b)** *laut schreiend bekannt machen, mitteilen:* eine Nachricht a. 2. **a)** ⟨a. + sich⟩ *anhaltend, heftig, ungezügelt schreien:* das Kind muss sich einfach a.; **b)** *schreien, so laut man kann:* ich habe mir beinahe den Hals, die Kehle, die Lunge ausgeschrien; **c)** *aufhören zu schreien* ⟨meist mit einer zusammengesetzten Zeitform⟩: hast du bald ausgeschrien?

Aus|schrei|er, der; -s, -: *jmd., der etw. ausschreit* (1 a).

Aus|schrei|e|rin, die; -, -nen: w. Form zu ↑Ausschreier.

aus|schrei|ten ⟨st. V.⟩ (geh.): 1. *mit Schritten ausmessen* ⟨hat⟩: eine Strecke, den Weg bis zum Stall a. 2. *sich mit raumgreifenden Schritten vorwärts bewegen* ⟨ist⟩: eilig, forsch, rüstig, rascher a.

Aus|schrei|tung, die; -, -en ⟨meist Pl.⟩ [zu veraltet ausschreiten = vom Weg abgehen]: 1. *Übergriff, Gewalttätigkeit:* nach dem Fußballspiel kam es zu schweren -en.2. (geh.) *Ausschweifung:* die zügellose A. seiner Fantasie.

aus|schu|len ⟨sw. V.; hat⟩: 1. *(einen Schüler) aus der Schule nehmen.* 2. (österr.) **a)** *aus der Schule entlassen;* **b)** *ausgeschult* (2 a) *werden; von der Schule abgehen.*

Aus|schu|lung, die; -, -en: *das Ausschulen.*

Aus|schuss, der; -es, Ausschüsse [2, 3: zu ↑ausschießen (3)]: 1. *Austrittsstelle eines Geschosses:* der A. war ziemlich groß. 2. *für besondere Aufgaben aus einer größeren Gemeinschaft, Körperschaft ausgewählte Personengruppe:* ein ständiger A.; ein A. von Experten; ein A. tagt, tritt zusammen; einen A. bilden, wählen; in einen A. gewählt werden. 3. ⟨o. Pl.⟩ *aussortierte, fehlerhafte, minderwertige Produkte, Werkstoffe, Werkstücke, Waren:* das ist alles A.

Aus|schuss|mit|glied, das: *Mitglied eines Ausschusses* (2).

Aus|schuss|sit|zung, die: *Sitzung eines Ausschusses* (2).

Aus|schuss|wa|re, die: *Ausschuss* (3): A. verbilligt verkaufen.

aus|schüt|teln ⟨sw. V.; hat⟩: **a)** *durch Schütteln aus etw. entfernen:* den Staub [aus einem Tuch] a.; **b)** *durch Schütteln von etw. befreien:* ein Staubtuch, den nassen Schirm a.

aus|schüt|ten ⟨sw. V.; hat⟩: 1. **a)** *durch Schütten aus etw. entfernen, wegschütten:* Sand, schmutziges Wasser a.; das Kind hat die Milch ausgeschüttet *(verschüttet);* Ü Geschenke über jmdn. a. (geh.; *ihn reichlich beschenken*); jmdm. seinen Kummer a. *(erzählen, um sich zu erleichtern);* * **sich vor Lachen a.** (ugs.; *sehr heftig u. anhaltend lachen*); **b)** *durch Ausschütten des Inhalts leer machen:* den Sack, den Aschenbecher a.; sie schüttete den Kübel in den, im Rinnstein aus. 2. **a)** *auszahlen, verteilen:* Dividende, Prämien, Gewinne a.; **b)** *(von Wirkstoffen o. Ä.) abgeben.*

Aus|schüt|tung, die; -, -en: 1. **a)** *das Ausschütten* (2): die A. der Dividende; **b)** *ausgeschütteter Geldbetrag:* die A. beläuft sich auf über 100 DM. 2. *Produktion u. Abgabe bestimmter Wirkstoffe:* die A. von Adrenalin bewirken.

aus|schwär|men ⟨sw. V.; ist⟩: 1. *schwärmend, in Schwärmen aus-, wegfliegen:* die Bienen schwärmen aus; Ü die Touristen schwärmten aus *(zogen, fuhren massenweise [in die Umgebung] hinaus).* 2. (Milit.) *sich mit einem bestimmten Auftrag im Gelände verteilen:* die feindliche Infanterie schwärmte aus.

aus|schwat|zen, (bes. südd.:) **aus|schwät|zen** ⟨sw. V.; hat⟩ (abwertend): *unangebrachterweise, aus Geschwätzigkeit weitererzählen:* ein Geheimnis a.

aus|schwe|feln ⟨sw. V.; hat⟩: 1. *mit Schwefeloxid od. schwefliger Säure innen desinfizieren, ausräuchern* (2): ein Fass a. 2. *(Schädlinge o. Ä.) mithilfe von Schwefeldämpfen vertreiben od. vernichten, ausräuchern* (1 a): Insekten, Ungeziefer a.

aus|schwei|fen ⟨sw. V.⟩: 1. *das normale Maß [des Lebensgenusses o. Ä.] stark überschreiten* ⟨ist⟩: in seinen Vorstellungen, Gefühlen, Leidenschaften a. 2. (bes. Tischlerei) *nach außen schweifen* (2) ⟨hat⟩: die Stuhlbeine werden vom Tischler ausgeschweift; ausgeschweifte Biedermeierstühle.

aus|schwei|fend ⟨Adj.⟩: *maßlos, übertreibend, übertrieben:* -e Gefühle, Gedanken; eine -e Darstellung, Fantasie; ein -es *(zügelloses, sittenloses)* Leben führen; a. leben.

Aus|schwei|fung, die; -, -en: *Maßlosigkeit, Übertreibung, bes. im Lebensgenuss; Zügellosigkeit; Exzess:* nächtliche -en; -en der Fantasie.

aus|schwei|gen, sich ⟨st. V.; hat⟩: *zu etw. beharrlich schweigen; sich nicht äußern, nicht Stellung nehmen:* sich [über einen Vorfall] a.

aus|schwem|men ⟨sw. V.; hat⟩: 1. *aus etw. schwemmen, nach draußen schwemmen:* das Meer schwemmt Muscheln aus. 2. *durch Fließen aushöhlen, auswaschen* (2): das Ufer wurde stark ausgeschwemmt. 3. *durch Schwemmen, Spülen reinigen, von etwas befreien:* eine Wunde a.; Sand a., um Gold zu gewinnen.

Aus|schwem|mung, die; -, -en: *das Ausschwemmen.*

aus|schwen|ken ⟨sw. V.⟩: 1. *durch Schwenken in od. mit Flüssigkeit reinigen, mit Wasser ausspülen* ⟨hat⟩: einen Topf, Gläser [mit Wasser] a.; Wäsche a. 2. *nach außen schwenken* ⟨hat⟩: einen Drehkran a. 3. *zur Seite schwenkend die Richtung ändern* ⟨ist⟩: die Nachhut ist [nach] rechts ausgeschwenkt.

aus|schwin|gen ⟨st. V.⟩: 1. **a)** *allmählich aufhören zu schwingen* ⟨hat⟩: die Glocken schwingen aus; **b)** (geh.) *auslaufen* ⟨ist⟩: die Jacke hat eine leicht ausschwingende Schoßpartie. 2. ⟨hat⟩ **a)** *weit nach außen, bis zum äußersten Punkt schwingen:* die Schaukel schwang weit aus; ⟨subst.:⟩ das Ausschwingen des Pendels; **b)** *weit nach außen, bis zum äußersten Punkt schwingen lassen:* die Arme, Beine a. 3. (Ski) *schwingend, schwenkend eine andere Richtung nehmen* ⟨hat/ist⟩: beim Wedeln schwingt der Skiläufer nach links und rechts aus. 4. *mit weitem Schwung, in weitem Bogen verlaufen* ⟨ist⟩: eine weit ausschwingende Kurve. 5. (schweiz.) *den Endkampf im Schwingen* (9) *bestreiten, kämpfen* ⟨hat⟩.

Aus|schwin|get, der; -s (schweiz.): *Endkampf, Entscheidungskampf im Schwingen* (9).

aus|schwit|zen ⟨sw. V.⟩: 1. *schwitzend, durch Schwitzen ausscheiden* ⟨hat⟩: eine Flüssigkeit a.; Nikotin wird im Schlaf weitgehend ausgeschwitzt; Ü eine Erkältung a. *(durch Schwitzen heraustreiben).* 2. **a)** *austreten, sich absondern* ⟨ist⟩: aus den Wänden schwitzt Salpeter aus; **b)** *austreten lassen, absondern* ⟨hat⟩: die Wände schwitzten Feuchtigkeit aus. 3. (Kochk.) *durch Erhitzen von Feuchtigkeit befreien* ⟨hat⟩: Mehl a.

Aus|schwit|zung, die; -, -en: 1. ⟨o. Pl.⟩ *das Ausschwitzen* (1, 2). 2. *etw. Ausgeschwitztes* (2 a).

aus|seg|nen ⟨sw. V.; hat⟩ (Rel.): **a)** *einem Verstorbenen den letzten Segen erteilen:* einen Verstorbenen a.; **b)** *weihen, segnen:* sie ließ das Haus a.

Aus|seg|nung, die; -, -en (Rel.): *das Aussegnen.*

aus|se|hen ⟨st. V.; hat⟩: 1. **a)** *einen bestimmten Anblick bieten; einen bestimmten Eindruck machen; wirken:* hübsch, gut, krank, bleich, wie das blühende Leben a.; sie sah traurig, schuldbewusst aus; er sieht aus, als ob er krank wäre; wie siehst du denn aus? (Ausruf des Erstaunens über auffallendes od. unordentliches u. schmutziges Aussehen meist bei Kindern); der Fremde sah zum Fürchten aus; die Verletzung sieht gefährlich aus; im Zimmer sah es wüst aus; das Kleid sieht nach nichts aus (ugs.; *ist allzu schlicht*); R so siehst du aus! (ugs.; *das stellst du dir so vor!; da irrst du dich aber!*); sehe ich so/danach aus? (ugs.; *kann man das von mir glauben?*); Ü das sieht wie Verrat, nach Verrat aus *(scheint Verrat zu sein);* gegen jmdn. gut, schlecht a. (Sport; *ein gutes, schlechtes Spiel gegen jmdn. liefern*); ⟨auch unpers.:⟩ es sieht nach Gewitter aus *(es scheint ein Gewitter zu geben);* **b)** ⟨unpers.⟩ *in einer bestimmten Weise um jmdn., um etw. bestellt sein:* es sieht mit unseren Vorräten noch ganz gut aus; wie sieht es mit der Terminplanung aus? 2. (selten) *ausschauen, Ausschau halten:* sie sah nach den Gästen aus.

Aus|se|hen, das; -s: *äußere Erscheinung, Beschaffenheit; Erscheinungsbild, Gesicht[sausdruck]:*

ein gesundes, blühendes, vertrauenswürdiges A.; einer Sache ein harmloses A. geben; es hat das A. (veraltend; *es hat den Anschein*), wie wenn/als ob sie sich bei uns nicht wohl fühlte.

aus sein: s. aus (II).

au|ßen ⟨Adv.⟩ [mhd. ūȥen, ahd. ūȥan(a), zu ↑aus]: **1.** *auf der Außenseite:* der Becher ist a. und innen vergoldet; a. (Sport; *auf der äußeren Bahn*) laufen; a. *(an der Außenseite)* liegende Zimmer; die Tür geht nach a. *(nach der Außenseite hin)* auf; die Füße beim Gehen nach a. *(nach der Außenseite hin, nach auswärts)* setzen; wir haben die Kirche nur von a. *(von der Außenseite, von ihr nur die äußere Seite)* gesehen; diese Angelegenheit wollen wir einmal a. vor lassen (nordd.; *unberücksichtigt lassen*); R a. hui und innen pfui *(die inneren Qualitäten entsprechen nicht der schönen Fassade)*; Ü sie ist nur auf Wirkung nach a. [hin] *(auf äußerliche Wirkung, Wirkung anderen gegenüber)* bedacht; Hilfe von a. *(aus dem Ausland; von anderen, außen stehenden Menschen)* brauchen. **2.** (österr.) *(hier) draußen.*

Au|ßen, der; -, - (Sport): *Außenstürmer:* er spielt A. *(als Außenstürmer).*

Au|ßen|an|ten|ne, die: *außen an einem Gebäude angebrachte Antenne.*

Au|ßen|ar|bei|ten ⟨Pl.⟩: *Arbeiten, die außen an einem Bau ausgeführt werden.*

Au|ßen|auf|nah|me, die ⟨meist Pl.⟩ (Film): *Aufnahme, die außerhalb eines Studios gedreht wird.*

Au|ßen|bahn, die (Leichtathletik, Schwimmen): *an der äußeren Krümmung des Stadions bzw. am Beckenrand gelegene Bahn:* auf der A. starten.

Au|ßen|be|leuch|tung, die: *außen an einem Gebäude, einem Fahrzeug o. Ä. angebrachte Beleuchtung.*

Au|ßen|be|zirk, der: *Randbezirk, bes. einer Stadt.*

Au|ßen|bor|der, der; -s, - (ugs.): **1.** *Außenbordmotor.* **2.** *Boot mit Außenbordmotor.*

Au|ßen|bord|mo|tor, der: *kleiner Motor, der außen am Heck eines Bootes befestigt ist.*

au|ßen|bords ⟨Adv.⟩ (Seemannsspr.): *außerhalb der Schiffswände; außen an der Schiffswand; vom Schiff aus [nach] außen.*

aus|sen|den ⟨unr. V.; sandte/sendete aus, hat ausgesandt/ausgesendet⟩: **1.** *zur Erledigung eines Auftrags o. Ä. irgendwohin schicken:* sie sandten/sendeten eine Expedition aus; einen Boten nach jmdm. a. **2.** *nach verschiedenen Seiten, in die Weite senden, ausstrahlen:* Radium sendet Strahlen aus; das Gerät hat Signale ausgesandt/ausgesendet.

Au|ßen|dienst, der: *Dienst außerhalb der eigentlichen Dienststelle:* im A. arbeiten.

Au|ßen|dienst|ler, der; -s, -: *Person, die im Außendienst arbeitet.*

Au|ßen|dienst|le|rin, die; -, -nen: w. Form zu ↑Außendienstler.

Aus|sen|dung, die; -, -en: **1.** *das Aussenden.* **2.** (österr. Amtsspr.) *Rundschreiben, Verfügung, Verlautbarung.*

Au|ßen|flä|che, die: vgl. Außenseite.

Au|ßen|ha|fen, der: *weiter außen liegender Hafen für Schiffe mit großem Tiefgang.*

Au|ßen|han|del, der: *Handel mit dem Ausland; zwischenstaatlicher Handel.*

Au|ßen|han|dels|bi|lanz, die: *Gegenüberstellung der Warenein- und -ausfuhrwerte eines Landes.*

Au|ßen|han|dels|kauf|frau, die: vgl. Außenhandelskaufmann.

Au|ßen|han|dels|kauf|mann, der: *im internationalen Import- u. Exportgeschäft tätiger Kaufmann* (Berufsbez.).

Au|ßen|haut, die: *glatte äußere Verkleidung, Verschalung, Bespannung (bes. eines Schiffes, Flugzeugs).*

Au|ßen|kan|te, die: *äußere, an der Außenseite befindliche Kante:* die A. des Schuhs.

au|ßen lie|gend: s. außen (1).

Au|ßen|li|nie, die (Ballspiele): *Linie, die das Spielfeld nach außen abgrenzt.*

Au|ßen|luft, die ⟨o. Pl.⟩: *Luft im Freien:* bei dem Störfall ist keine Radioaktivität in die A. gelangt.

Au|ßen|mau|er, die: *ein Gebäude nach außen abschließende Mauer:* massive -n.

Au|ßen|mi|nis|ter, der: *Minister für auswärtige Angelegenheiten.*

Au|ßen|mi|nis|te|rin, die: w. Form zu ↑Außenminister.

Au|ßen|mi|nis|te|ri|um, das: *Ministerium für auswärtige Angelegenheiten.*

Au|ßen|netz, das (Ballspiele): *seitliches Tornetz von außen.*

Au|ßen|po|li|tik, die: *Teil der Politik eines Staates, der sich mit der Regelung auswärtiger Angelegenheiten befasst.*

au|ßen|po|li|tisch ⟨Adj.⟩: *die Außenpolitik betreffend, zu ihr gehörend, auf ihr beruhend.*

Au|ßen|rist, der (bes. Fußball): *äußere Seite des Fußrückens:* den Ball mit dem A. schießen.

Au|ßen|sei|te, die: *äußere Seite:* die A. eines Stoffes; Ü die glänzende, blendende, raue A. *([trügendes] Äußeres, äußerer Anschein)* einer Sache.

Au|ßen|sei|ter, der; -s, - [LÜ von engl. outsider]: **1.** (Sport) *Wettkampfteilnehmer, dessen Gewinnchancen gering zu veranschlagen sind:* ein krasser A. **2.** *abseits der Gesellschaft, einer Gruppe Stehender; jmd., der seine eigenen Wege geht:* er ist immer ein A. [der Gesellschaft] gewesen.

Au|ßen|sei|te|rin, die; -, -nen: w. Form zu ↑Außenseiter.

Au|ßen|sei|ter|rol|le, die: *Rolle eines Außenseiters* (2).

Au|ßen|ski, der: *beim Fahren von Bogen u. Schwüngen jeweils auf der Außenseite befindlicher Ski.*

Au|ßen|spie|gel, der: *außen angebrachter Spiegel (bes. beim Auto).*

Au|ßen|stän|de ⟨Pl.⟩: *Gesamtheit ausstehender Geldforderungen:* A. haben, einziehen, eintreiben.

Au|ßen|ste|hen|de, der u. die; -n, -n ⟨Dekl. ↑Abgeordnete⟩: *jmd., der außerhalb einer Gruppe, Gemeinschaft steht, nicht eingeweiht ist, keinen Einblick hat:* für einen -n, für A. ist das unbegreiflich.

Au|ßen|stel|le, die: *außerhalb einer Zentralstelle eingerichtete Zweigstelle:* die -n des Instituts.

Au|ßen|stür|mer, der (Ballspiele): *Links- od. Rechtsaußen.*

Au|ßen|stür|me|rin, die: w. Form zu ↑Außenstürmer.

Au|ßen|ta|sche, die: *äußere Tasche.*

Au|ßen|tem|pe|ra|tur, die: *im Freien herrschende Temperatur.*

Au|ßen|trep|pe, die: *Treppe, die außen an einem Gebäude hochführt.*

Au|ßen|tür, die: *äußere Tür.*

Au|ßen|wand, die: *äußere Wand, bes. eines Gebäudes:* das Zimmer hat zwei Außenwände *(Wände die gleichzeitig Außenwände des Hauses sind).*

Au|ßen|welt, die: **1.** *äußere Welt, Welt außerhalb des Ichs, außerhalb des Menschen, des eigenen Körpers:* die uns umgebende reale A. **2.** *Welt, Gesellschaft außerhalb des eigenen Bereichs; Umwelt:* von der A. völlig abgeschnitten leben, sein.

Au|ßen|win|kel, der (Math.): *außen an einer geometrischen Figur durch Verlängerung einer Seite gebildeter Winkel.*

Au|ßen|wirt|schaft, die ⟨o. Pl.⟩: *Gesamtheit der wirtschaftlichen Beziehungen zum Ausland; internationale Wirtschaft.*

au|ßen|wirt|schaft|lich ⟨Adj.⟩: *die Außenwirtschaft betreffend, zu ihr gehörend, auf ihr beruhend.*

au|ßer [mhd. ūȥer, ahd. ūȥar = außerhalb, heraus, zu ↑aus]: **I.** ⟨Präp. mit Dativ⟩ **1.** *abgesehen von:* a. dir habe ich keinen Freund; man hörte nichts a. dem Ticken der Uhr; a. *(neben)* ihrem Beruf hat sie noch verschiedene Ehrenämter. **2.** drückt aus, dass etw. außerhalb einer räumlichen od. zeitlichen Gegebenheit, Zuordnung od. einer anders gearteten Beziehung geschieht, sich abspielt, befindet o. Ä.: a. Sicht, Hörweite, [aller] Gefahr sein; du kannst auch a. der Zeit kommen; a. Dienst sein; das Kraftwerk ist jetzt a. Betrieb *(arbeitet nicht mehr)*; ich bin a. Atem *(bekomme nur keuchend Luft, bin atemlos)*; sie sind alle a. Haus[e]/⟨auch mit Gen.:⟩ a. Hauses (geh.; *haben das Haus verlassen, sind ausgegangen*); ⟨in Verbindung mit bestimmten Verben, meist in festen Wendungen, auch mit Akk.:⟩ etw. a. jeden Zusammenhang stellen; etw. a. Zweifel setzen; das Schiff wurde a. Dienst gestellt; ⟨mit Gen.:⟩ a. Landes gehen (veraltend; *das Land verlassen*); * **a. sich** ⟨Dativ⟩ **sein** *(sich nicht zu fassen wissen)*: ich bin ganz a. mir [vor Freude]; **a. sich geraten** *(die Selbstbeherrschung verlieren)*: ich geriet a. mich/(auch:) mir vor Wut. **II.** ⟨Konj.⟩ *ausgenommen, es sei denn:* ich habe nichts erfahren können, a. dass sie abgereist ist; ich komme, a. es regnet, a. wenn es regnet; das tut keiner a. ich selbst.

au|ßer-: drückt in Bildungen mit Adjektiven eine Verneinung aus, drückt aus, dass die beschriebene Sache außerhalb von etw. liegt: außersportlich, -tariflich, -universitär.

äu|ßer... ⟨Adj.⟩ [mhd. ūȥer, ahd. ūȥaro, zu ↑außer; Umlaut nach dem Superlativ ↑äußerst]: **a)** *sich außen befindend:* die äußere Schicht ablösen; es ist nur eine äußere Verletzung; **b)** *von außen kommend:* ein äußerer Anlass; **c)** *von außen wahrnehmbar, unmittelbar in Erscheinung tretend:* der äußere Rahmen; die äußere Ähnlichkeit täuscht; **d)** *auswärtig* (2): die äußeren Angelegenheiten; ⟨subst.:⟩ der Minister des Äußeren.

Au|ßer|acht|las|sung, die; -: *das Außer-Acht-Lassen.*

au|ßer|amt|lich ⟨Adj.⟩: *nicht amtlich.*

au|ßer|be|ruf|lich ⟨Adj.⟩: *nicht beruflich, außerhalb des Berufs.*

au|ßer|be|trieb|lich ⟨Adj.⟩: *außerhalb des Betriebes* (1 a) *[stattfindend]:* die -e Ausbildung.

au|ßer|dem ⟨Adv.⟩: *darüber hinaus, überdies:* der Angeklagte ist a. vorbestraft; ..., und a. ist es gesünder; es gab Bier und a. [noch] Sekt.

au|ßer|deutsch ⟨Adj.⟩: *nicht deutsch; außerhalb Deutschlands, des deutschen Sprachgebiets befindlich.*

au|ßer|dienst|lich ⟨Adj.⟩: *nicht dienstlich, außerhalb des Dienstes:* -e Telefongespräche; a. nicht mit jmdm. verkehren.

Äu|ße|re, das; -n ⟨Dekl. ↑[2]Junge, das⟩: *äußere Erscheinung:* ein gepflegtes, angenehmes, ansprechendes -s/(veraltend:) Ä.; auf sein -s achten; auf das Ä. Wert legen; nach dem -n zu urteilen; ein Herr von jugendlichem -m/(seltener:) -n.

au|ßer|ehe|lich ⟨Adj.⟩: *nicht ehelich, außerhalb der Ehe:* eine -e Beziehung; das Kind ist a. [geboren].

au|ßer|eu|ro|pä|isch ⟨Adj.⟩: vgl. außerdeutsch.

au|ßer|fahr|plan|mä|ßig ⟨Adj.⟩: *nicht fahrplanmäßig, über den Fahrplan hinaus [verkehrend]:* -e Züge; a. verkehren.

au|ßer|ga|lak|tisch ⟨Adj.⟩: *extragalaktisch.*

au|ßer|ge|richt|lich ⟨Adj.⟩ (Rechtsspr.): *ohne Mitwirkung eines Gerichts; nicht auf der Tätigkeit des Gerichts beruhend:* ein -er Vergleich.

au|ßer|ge|wöhn|lich ⟨Adj.⟩: **a)** *nicht in, von der gewöhnlichen, üblichen Art; vom Üblichen, Gewohnten abweichend; ungewöhnlich:* ein -er Umstand; sie ist ein -er Mensch; dieser Fall ist ganz a.; **b)** *über das gewohnte Maß hinausgehend; sehr groß:* eine -e Begabung; **c)** ⟨intensivierend bei Adj.⟩ *sehr, überaus:* es war a. heiß.

au|ßer|halb [mhd. ūȥerhalp, ahd. ūȥerhalb, eigtl. = (auf der) äußere(n) Seite]: **I.** ⟨Präp. mit Gen.⟩ **a)** *nicht in einem bestimmten, umgrenzten Raum:* a. der Stadt, der Landesgrenzen; a. Bayerns; Ü a. der Gemeinschaft; das ist a. *(nicht im Rahmen)* der Legalität; **b)** *nicht in einem bestimmten Zeitraum, nicht während eines* *bestimmten Zeitraums:* a. der Geschäftszeit, der Sprechstunden. **II.** ⟨Adv.⟩ *nicht am Ort; draußen, in der näheren Umgebung:* sie hat ihr Geschäft in der Stadt, wohnt aber a.; der Flugplatz liegt [ziemlich weit] a.; er kommt von a. *(von auswärts).*

au|ßer|häus|lich ⟨Adj.⟩: *außerhalb des Hauses:* -e Arbeiten.

au|ßer|ir|disch ⟨Adj.⟩: **1.** *außerhalb der Erde [befindlich]; extraterrestrisch* (1): eine -e Station. **2.** *nicht der Erde angehörend, nicht aus dem Bereich des Planeten Erde stammend; extraterrestrisch* (2): -e Wesen.

au|ßer|kirch|lich ⟨Adj.⟩: *nicht kirchlich, außerhalb der kirchlichen Ordnung, Organisation.*

Au|ßer|kraft|set|zung, die; -, -en (Papierdt.): *das Außer-Kraft-Setzen:* die A. eines Erlasses.

äu|ßer|lich ⟨Adj.⟩ [mhd. ūȝerlich, zu ↑äußer...]: **1. a)** *an der Außenseite; außen wahrnehmbar, anwendbar o. Ä.:* eine -e Verletzung; nur zur -en Anwendung! *(nicht zum Einnehmen!;* auf Beipackzetteln); **b)** *nach außen hin, dem äußeren Verhalten nach:* ä. blieb sie ganz ruhig, aber innerlich kochte sie vor Wut. **2. a)** *von außen gesehen, oberflächlich [betrachtet], dem äußeren Anschein nach, scheinbar, [nur] das Äußere betreffend, darauf beruhend:* die beiden Gegenstände haben eine -e Ähnlichkeit, sind ä. [betrachtet] gleich; **b)** *oberflächlich, nicht wesentlich:* das sind [nur] -e Einzelheiten.

Äu|ßer|lich|keit, die; -, -en: **a)** *äußere Form des Umgangs, Verhaltens, Auftretens:* meine Eltern legen Wert auf -en; **b)** *äußerliche, oberflächliche, unwesentliche Einzelheit:* das sind lächerliche, den Kern der Sache nicht berührende -en.

äu|ßerln ⟨sw. V.; nur im Inf. gebr.⟩ (österr. ugs.): *(einen Hund) auf die Straße führen:* seinen Dackel ä. [führen].

äu|ßern ⟨sw. V.; hat⟩ [mhd. ūȝern (refl.) = aus der Hand, aus dem Besitz geben, verzichten, zu ↑äußer...]: **1.** *aussprechen, kundtun:* seine Meinung, einen Wunsch, [seine] Bedenken ä.; Zweifel [an etw.], sein Befremden [über etw.] ä.; die Ansicht ä., dass ... **2.** ⟨ä. + sich⟩ *seine Meinung sagen, Stellung nehmen:* sich freimütig, anerkennend ä.; sich dahin [gehend] ä., dass alles in Ordnung sei; sich über jmdn. abfällig ä.; sich über etw., zu etw. ä. **3.** ⟨ä. + sich⟩ *in bestimmter Weise in Erscheinung treten:* die Krankheit äußert sich in, durch Schüttelfrost.

au|ßer|or|dent|lich ⟨Adj.⟩: **a)** *vom Gewohnten abweichend; ungewöhnlich:* eine -e Situation, Begebenheit; **b)** *außerhalb der gewöhnlichen Ordnung stehend, stattfindend o. Ä.:* eine -e Sitzung einberufen; ein -es Gericht *(Sondergericht);* -er Professor (früher; *Hochschulprofessor, der kein Institut leitet);* **c)** *über das Gewöhnliche hinausgehend; hervorstechend, bemerkenswert, überdurchschnittlich; enorm:* eine -e Begabung; ⟨subst.:⟩ Außerordentliches leisten; **d)** ⟨intensivierend bei Adj. u. Verben⟩ *sehr, überaus:* eine a. wichtige Sache; etw. a. schätzen.

au|ßer|orts ⟨Adv.⟩ (bes. schweiz., österr.): *(in Bezug auf den Straßenverkehr) außerhalb des Ortes:* von a. kommen.

au|ßer|par|la|men|ta|risch ⟨Adj.⟩: *nicht parlamentarisch:* die -e Präsidialregierung; die -e Opposition (↑APO).

au|ßer|plan|mä|ßig ⟨Adj.⟩: **1.** *nicht planmäßig, außerhalb eines Plans, über den Plan hinaus:* -e Staatsausgaben; -er Professor (früher; *Hochschulprofessor ohne bindende Anwartschaft auf einen Lehrstuhl).* **2.** kurz für ↑außerfahrplanmäßig.

au|ßer|schu|lisch ⟨Adj.⟩: *nicht schulisch, außerhalb der Schule.*

au|ßer|sprach|lich ⟨Adj.⟩: *nicht sprachlich, außerhalb des sprachlichen Bereichs liegend, sich vollziehend:* -e Mittel der Kommunikation.

äu|ßerst ⟨Adv.⟩: *in höchstem Maße, überaus, sehr:* ein ä. schwieriger Fall; ä. nervös sein; das ist ä. gefährlich.

äu|ßerst... ⟨Adj.⟩ [mhd. ūȝerst..., ahd. ūȝarest...]: **1.** *am weitesten entfernt:* am äußersten Ende; im äußersten Norden der Insel. **2.** *in stärkstem, höchstem Maße gegeben, größtmöglich:* mit äußerster Konzentration; von äußerster Wichtigkeit; auf das/aufs äußerste/Äußerste *(sehr)* erregt sein. **3.** *noch als Letztes möglich:* der äußerste Termin, Preis; ⟨subst.:⟩ das Äußerste wagen; sie geht bis zum Äußersten. **4.** *in höchstem Maße schlimm, ungünstig:* wenn der äußerste Fall eintritt; auf das Äußerste gefasst sein.

au|ßer|stand, (auch:) **au|ßer Stand** (seltener), **au|ßer|stan|de,** (auch:) **au|ßer Stan|de** ⟨nur in Verbindung mit bestimmten Verben⟩: *nicht in der Lage, nicht fähig:* a. sein, etw. zu tun; sich a. sehen, fühlen, zeigen, erklären; a. zu helfen, lief sie weg.

äu|ßers|ten|falls ⟨Adv.⟩: *im äußersten, schlimmsten, ungünstigsten Fall:* das kostet ä. fünfzig Mark.

au|ßer|ta|rif|lich ⟨Adj.⟩: *nicht tariflich gebunden.*

au|ßer|tour|lich ⟨Adj.⟩ (österr.): *außerhalb der Reihenfolge; zusätzlich [eingesetzt].*

Äu|ße|rung, die; -, -en [mhd. ūȝerunge, zu ↑äußern]: **1.** *ausgesprochene Worte; Bemerkung; Stellungnahme:* eine freimütige, unvorsichtige, befremdliche Ä.; politische -en; eine Ä. tun; sich jeder Ä. enthalten. **2.** *sichtbares Zeichen, Ausdruck:* eine Ä. großer Freude, seelischen Schmerzes; sein Benehmen war eine Ä. des Trotzes.

Äu|ße|rungs|form, die: *Form der Äußerung* (2).

au|ßer|uni|ver|si|tär ⟨Adj.⟩: *nicht universitär, außerhalb der Universität.*

aus|set|zen ⟨sw. V.; hat⟩ [6: eigtl. = bei der Warenprüfung als fehlerhaft aus der Reihe setzen]: **1. a)** *an einen Ort bringen [u. dort sich selbst überlassen]:* ein Kind a.; jmdn. auf einer einsamen Insel a.; ein Tier im Wald a.; das Schiff setzt Boote aus *(bringt sie zu Wasser);* **b)** (kath. Kirche) *zur Anbetung auf den Altar stellen:* das Allerheiligste a.; **c)** (Kaufmannsspr.) *zur Verpackung vorbereiten:* eine Sendung a.; **d)** (Billard) *zum Spielen hinsetzen:* die Kugel a. **2.** *[der Einwirkung von] jmdm. od. etw. preisgeben:* seinen Körper der Sonne a.; sich Vorwürfen, einer Gefahr, dem Verdacht a.; hohen Beanspruchungen ausgesetzt sein. **3.** *in Aussicht stellen, versprechen:* eine Belohnung von 1 000 DM a.; jmdm. ein Erbteil a. **4. a)** *mitten in einer Tätigkeit o. Ä. plötzlich [für eine gewisse Zeit] abbrechen, aufhören:* der Motor, der Atem, das Herz setzt aus; die Musik hat plötzlich ausgesetzt; **b)** *eine Pause machen:* ich muss eine Weile [wegen Krankheit] a.; beim Spiel einmal a. *(eine Runde nicht mitspielen);* mit der Ratenzahlung a. **5. a)** (seltener) *vorübergehend unterbrechen, nicht weiterführen:* die Kur auf einige Zeit a.; **b)** (Rechtsspr.) *auf-, hinausschieben:* die Verhandlung, eine endgültige Entscheidung a.; das Urteil zur Bewährung a. **6.** ⟨im Inf. mit »zu« in Verbindung mit bestimmten Verben⟩ *beanstanden, kritisieren:* immer etwas [an jmdm.] auszusetzen haben; ich finde nichts, es gibt wenig [daran] auszusetzen.

Aus|set|zer, der; -s, -: **1.** *jmd., der Waren, Sendungen o. Ä. aussetzt* (1 c). **2.** *plötzlicher, vorübergehender Ausfall von etw.*

Aus|set|ze|rin, die; -, -nen: w. Form zu ↑Aussetzer (1).

Aus|set|zung, die; -, -en: *das Aussetzen* (1, 3, 5).

Aus|sicht, die; -, -en [zuerst um 1700 in der Gartenkunst gebraucht]: **1.** ⟨Pl. selten⟩ *Sicht* (1 a) *nach verschiedenen Seiten, ins Weite, in die Ferne:* jmdm. die A. verbauen, versperren; ein Zimmer mit A. *(Blick)* aufs Meer; die schöne A. *(das, was man sieht, wenn man hinaus-, ins Weite blickt)* betrachten. **2.** *für die Zukunft sich ergebende, zeigende Möglichkeit:* eine erfreuliche A.; seine -en, den Posten zu bekommen, sind gering; weitere -en: Wetterbesserung und leichter Temperaturanstieg; * **A. auf etw. haben** *(auf etw. begründete Hoffnung haben; etw. erwarten lassen, können):* er hat A. auf eine neue Stelle; **etw. in A. haben** *(etw. Positives erwarten, damit rechnen können):* wir haben endlich eine Wohnung in A.; **jmdn., etw. für etw. in A. nehmen** *(jmdn., etw. für etw. vorsehen):* man hat ihn für diesen Posten in A. genommen; **jmdm. etw. in A. stellen** *(jmdm. etw. versprechen).*

aus|sichts|los ⟨Adj.⟩: *ohne Aussicht* (2) *auf Erfolg; hoffnungslos:* eine -e Lage.

Aus|sichts|lo|sig|keit, die; -: *das Aussichtslossein.*

Aus|sichts|punkt, der: *[hoch gelegene] Stelle mit schöner Aussicht* (1): an einem A. stehen bleiben.

aus|sichts|reich ⟨Adj.⟩: **1.** *mit Aussicht* (2) *auf Erfolg; Erfolg versprechend:* ein -es Projekt; ein -er *(gute Chancen auf den Titelgewinn bietender)* Tabellenplatz; **2.** *eine gute Aussicht* (1) *bietend:* ein Haus in -er Wohnlage.

Aus|sichts|turm, der: vgl. Aussichtspunkt.

Aus|sichts|wa|gen, der: *[zweistöckiger Eisenbahn]wagen mit großen Fenstern.*

aus|si|ckern ⟨sw. V.; ist⟩: *aus etw. sickern, tropfenweise aus etw. rinnen.*

aus|sie|ben ⟨sw. V.; hat⟩: **1.** *durch Sieben aus etw. aussondern:* Steine [aus dem Sand] a. **2. a)** *aus einer größeren Gruppe nach kritischer Prüfung als geeignet o. Ä. auswählen:* aus den Bewerbern wurden zwei ausgesiebt und angenommen; **b)** *aus einer größeren Gruppe nach kritischer Prüfung als nicht geeignet o. Ä. aussondern:* beim Übergang in die höhere Schule wurden die schwachen Schüler ausgesiebt.

aus|sie|deln ⟨sw. V.⟩: **1.** ⟨hat⟩ **a)** *durch amtliche Aufforderung zum Verlassen des ursprünglichen Wohngebietes u. zum Ansiedeln in einem anderen Gebiet veranlassen:* die Angehörigen der Minderheit wurden [zwangsweise] ausgesiedelt; **b)** *jmds. [landwirtschaftlichen] Betrieb aus einer geschlossenen Ortschaft aufs freie Land verlegen:* der Hof wurde in Sichtweite der Ortschaft ausgesiedelt. **2.** ⟨ist⟩ **a)** *sich aussiedeln* (1 a) *lassen, ausgesiedelt werden:* die Familie ist über Polen ausgesiedelt; **b)** *ausgesiedelt* (1 b) *werden.*

Aus|sie|de|lung, Aussiedlung, die; -, -en: *das Aussiedeln; das Ausgesiedeltwerden.*

Aus|sied|ler, der; -s, - (Amtsspr.): *jmd., der von der unter bestimmten Bedingungen bestehenden Möglichkeit Gebrauch macht, aus einem osteuropäischen Land in die Bundesrepublik Deutschland überzusiedeln.*

Aus|sied|ler|hof, der: *aus einer geschlossenen Ortschaft aufs freie Land, Feld verlegter Bauernhof.*

Aus|sied|le|rin, die; -, -nen: w. Form zu ↑Aussiedler.

Aus|sied|lung: ↑Aussiedelung.

aus|sin|gen ⟨st. V.; hat⟩: **1.** *zu Ende singen:* das Lied a.; den Sänger erst a. lassen. **2.** *singend ausformen:* das Lied in seinem ganzen Stimmungsgehalt a. **3.** (Seemannsspr.) *mit tönender Stimme ausrufen:* die gelotete Wassertiefe a.

aus|sin|nen ⟨st. V.; hat⟩ (geh.): *sich ausdenken; sinnend erfinden:* einen Plan a.; das hat sie klug ausgesonnen.

aus|sit|zen ⟨unr. V.; hat⟩: **1.** (Reiten) *(beim Trab) fest im Sattel sitzen bleiben und sich den Bewegungen des Reittiers anpassen:* die Reiterin sitzt den Trab, den Galopp aus. **2.** *durch Daraufsitzen ausbeulen:* einen Sessel, eine Hose a. **3.** (ugs.) *sich untätig verhalten in der Hoffnung, dass sich etwas Bestimmtes von selbst erledigt:* ein Problem, einen Skandal a.; ⟨subst.:⟩ seine Fähigkeit, Unangenehmes durch Aussitzen zu erledigen, war bekannt. **4.** *ausbrüten.*

aus|söh|nen ⟨sw. V.; hat⟩ [spätmhd. ūȝsüenen, zu ↑sühnen]: **a)** ⟨a. + sich⟩ *sich (oft nach entsprechenden, meist über einige Zeit hin sich erstreckenden Bemühungen) wieder ganz mit jmdm. versöhnen:* er hat sich mit seinem Bruder, die beiden Brüder haben sich endlich wieder ausgesöhnt; Ü sich mit seinem Schicksal a.; **b)** *(zwei miteinander im Streit liegende Personen, Parteien) veranlassen, sich auszusöhnen* (a); *mitei-*

nander versöhnen: die verfeindeten Brüder wieder [miteinander] a.

aus|söh|nung, die; -, -en: **a)** *das Sichaussöhnen;* **b)** *das Aussöhnen* (b); *das Ausgesöhntwerden.*

aus|son|dern ⟨sw. V.; hat⟩: **a)** *(nicht mehr Brauchbares o. Ä.) aus einer Menge heraussuchen u. entfernen:* die schlechten Früchte a.; **b)** (seltener) *als geeignet aus einer größeren Menge auswählen:* geeignete Leute für eine Aufgabe a.; die besten Stücke a.

aus|son|de|rung, die; -, -en: *das Aussondern; das Ausgesondertwerden.*

aus|sor|tie|ren ⟨sw. V.; hat⟩: **a)** *(nicht mehr Brauchbares o. Ä.) durch Sortieren ausscheiden:* alte Kleidungsstücke a.; Ausschuss wird von dieser Maschine selbsttätig aussortiert; **b)** *sortierend aus einer größeren Menge auswählen:* die besten Stücke a.

aus|sor|tie|rung, die; -, -en: *das Aussortieren; das Aussortiertwerden.*

aus|spä|hen ⟨sw. V.; hat⟩: **a)** *spähend, forschend Ausschau halten:* nach Nahrung, nach Hilfe a.; **b)** *auskundschaften, ausspionieren:* Geheimnisse a.; jmdn. a. (ugs.; *heimlich beobachten*).

aus|span|nen ⟨sw. V.; hat⟩: **1.** *weit ausbreiten u. gespannt halten:* ein Netz, ein Tuch a. **2. a)** *(ein Zugtier, Zugtiere) abschirren u. abspannen* (1): die Pferde a.; **b)** *etw. Eingespanntes lösen:* den Pflug a.; einen Bogen aus der Schreibmaschine a. **3.** (salopp) **a)** *mit sanfter Gewalt wegnehmen, von jmdm. entleihen:* für einen Abend der Mutter den Schmuck a.; **b)** *abspenstig machen:* er hat mir meine Freundin ausgespannt. **4.** *eine Zeit lang mit der Arbeit aufhören, um sich zu erholen:* von der Arbeit a.; sie will vier Wochen an der See a.

aus|span|nung, die; -: *Erholung, Ruhe:* er braucht dringend A.

aus|spa|ren ⟨sw. V.; hat⟩: **1.** *(in einem Raum, von einer Fläche) einen Teil für etw. frei lassen; in etw. nicht mit einbeziehen; für etw. Platz lassen:* einen Raum für die Zuhörer a.; eine ausgesparte Lücke in der Mauer. **2.** *ausnehmen, [für später] beiseite lassen:* eine Frage a.; das heikle Thema blieb ausgespart.

aus|spa|rung, die; -, -en: **a)** *das Aussparen;* **b)** *ausgesparter Raum:* eine A. für den Wandschrank.

aus|sper|ren ⟨sw. V.; hat⟩ [2: rückgebildet aus ↑Aussperrung]: **1.** *durch Verschließen der Tür jmdm. den Eintritt verwehren, ihn ausschließen:* sie hat ihn einfach ausgesperrt; die Tür schlug zu, und ich war ausgesperrt *(konnte nicht mehr in die Wohnung).* **2.** *(im Arbeitskampf) die [streikenden] Arbeitnehmer von der Arbeit ausschließen:* eine große Zahl Arbeiter wurde ausgesperrt.

aus|sper|rung, die; -, -en [nach engl. lockout]: *das Aussperren* (2): die Direktion droht mit A.

aus|spie|len ⟨sw. V.; hat⟩: **1.** (Kartenspiel) **a)** *(durch Hinlegen der ersten Karte) zu spielen beginnen:* geschickt, überlegt a.; wer spielt aus?; **b)** *(eine Karte) zum Spielbeginn auf den Tisch legen:* Herzass, Trumpf a.; Ü seine Erfahrung, seine künstlerischen Mittel a. *(zu seinen eigenen Gunsten ins Spiel bringen, einsetzen).* **2. a)** (Sport) *um einen Titel, Pokal o. Ä. spielen:* einen Wanderpreis a.; **b)** *(in der Lotterie o. Ä.) als Gewinn aussetzen:* es werden rund zwanzig Millionen ausgespielt. **3.** (Sport) *nicht zur Entfaltung, nicht an den Ball kommen lassen:* den gegnerischen Torwart a. **4.** (Theater) *in allen Einzelheiten spielen, durchgestalten:* eine Szene a.; die Rolle breit a. **5.** *[wechselseitig] eine Person gegen eine andere (zum eigenen Vorteil) einsetzen:* sie hat den Freund gegen den Bruder ausgespielt.

aus|spie|lung, die; -, -en: *Verlosung, Spielrunde in der Lotterie.*

aus|spin|nen ⟨st. V.; hat⟩: *Worte, Gedanken, eine Erzählung weiter ausbreiten, fortführen, ausmalen:* einen Gedanken a.; sie hat die Geschichte fantasievoll ausgesponnen.

aus|spi|o|nie|ren ⟨sw. V.; hat⟩: **a)** *durch Spionieren entdecken, ausfindig machen:* jmdn., jmds. Versteck a.; **b)** *aushorchen; durch Spionieren zu erfahren suchen:* jmdn. von einem Spitzel a. lassen.

Aus|spra|che, die; -, -n: **1.** ⟨o. Pl.⟩ **a)** *richtiges Aussprechen, Artikulation eines Wortes:* die A. ist in Lautschrift angegeben; **b)** *Art des Aussprechens, Artikulierens:* eine gute, schlechte, deutliche, klare A. haben; * **eine feuchte A. haben** (ugs. scherzh.; *beim Sprechen ungewollt spucken*). **2.** *Unterredung, klärendes Gespräch:* eine geheime, vertrauliche A.; eine offene A. wünschen; jmdn. um eine A. bitten.

aus|sprech|bar ⟨Adj.⟩: *(in bestimmter Weise) zum Aussprechen* (1, 3 a) *geeignet.*

aus|spre|chen ⟨st. V.; hat⟩: **1. a)** *in Lauten wiedergeben, artikulieren:* ein Wort deutlich, richtig, falsch, mit Akzent a.; dieser Laut ist schwer auszusprechen; **b)** ⟨a. + sich⟩ *sich in bestimmter Weise aussprechen* (1 a) *lassen:* ihr Name spricht sich schwer aus. **2.** *zu Ende sprechen:* er hatte kaum ausgesprochen, als es klopfte; man soll die anderen immer a. lassen! **3. a)** *äußern, ausdrücken, zur Kenntnis geben:* einen Gedanken, Wünsche, seine Meinung, sein Beileid a.; jmdm. sein Bedauern a.; der Regierung das Vertrauen a. (Parl.; *ein Vertrauensvotum für sie abgeben*); ein Urteil, eine Strafe a. *(verkünden);* **b)** ⟨a. + sich⟩ *in bestimmter Weise über jmdn., etw. sprechen:* sich lobend, tadelnd, anerkennend über jmdn. a.; sie hat sich nicht näher darüber ausgesprochen; **c)** ⟨a. + sich⟩ (seltener) *sich zeigen, zum Ausdruck kommen:* in ihren Gesichtern spricht sich Angst aus. **4.** ⟨a. + sich⟩ **a)** *(für jmdn. od. etw.) Stellung nehmen; etw. befürworten:* sich für die Bewerberin, für Reformen a.; **b)** *(gegen jmdn. od. etw.) Stellung nehmen; jmdn., etw. ablehnen:* sich gegen den Bewerber, gegen eine Maßnahme, gegen Atomwaffen a. **5.** ⟨a. + sich⟩ *sagen, was einen bewegt; sich etw. von der Seele reden:* sich offen a.; sie hat sich bei ihrer Mutter [darüber] ausgesprochen; sprich dich aus! (iron.; *was hast du mir noch alles vorzuwerfen?*); **b)** *zur Klärung einer Meinungsverschiedenheit o. Ä., in dem Wunsch nach Verständigung miteinander reden:* sich einmal in Ruhe a.

aus|spren|gen ⟨sw. V.; hat⟩: **1. a)** *versprühen:* Wasser a.; Ü Lügen über jmdn., ein Gerücht a. (geh.; *verbreiten*); **b)** *ganz u. gar mit etw. besprengen:* das Zimmer mit reinem Wasser a. **2. a)** *durch Sprengung beseitigen:* Fels, Mauerreste a.; **b)** *durch Sprengung herstellen:* einen Stollen a.

aus|sprit|zen ⟨sw. V.; hat⟩: **1. a)** *spritzend leeren:* den Schlauch a.; **b)** *spritzend herausschleudern, von sich geben:* das Insekt spritzt Gift aus; Ü sein Gift gegen jmdn. a. *(jmdn. mit Gehässigkeiten überschütten).* **2.** *durch Spritzen reinigen:* das Becken a.

Aus|sprit|zung, die; -, -en: *das Ausspritzen* (1 b, 2).

Aus|spruch, der; -[e]s, Aussprüche: *[von einer bekannten Persönlichkeit geprägter] Satz, in dem eine Ansicht, Weisheit ausgesprochen ist:* einen A. von Goethe zitieren.

aus|spu|cken ⟨sw. V.; hat⟩: **a)** *Speichel aus dem Mund ausstoßen:* er spuckte aus; (als Zeichen der Verachtung, des Abscheus:) verächtlich a.; der Gefangene spuckte vor ihm aus; **b)** *spuckend von sich geben:* Kirschkerne a.; Ü der Computer spuckt Informationen aus; dafür musste sie viel Geld a. (ugs.; *bezahlen, ausgeben*). **c)** (ugs.) *erbrechen:* er hat das Essen wieder ausgespuckt.

aus|spü|len ⟨sw. V.; hat⟩: **1. a)** *durch Spülen aus etw. entfernen:* die Rückstände a.; **b)** *durch Spülen reinigen:* ein Glas, die Spritze a.; ich muss mir den Mund a. **2.** *(von rasch fließendem Wasser o. Ä.) spülend aus etw. entfernen, von irgendwo wegreißen:* das Hochwasser hatte das Erdreich ausgespült.

aus|staf|fie|ren ⟨sw. V.; hat⟩: *mit etw. ausstatten, versehen:* sie hat ihr Zimmer mit allerlei Trödel ausstaffiert; sich völlig neu a. *(einkleiden);* du hast dich aber mächtig ausstaffiert (iron.; *herausgeputzt*)!

Aus|staf|fie|rung, die; -, -en: *das Ausstaffieren; das Ausstaffiertwerden.*

Aus|stand, der; -[e]s, Ausstände [1: Ende 19. Jh. aus den oberdeutschen Mundarten; 2: spätmhd. ūȝstant = ausstehendes Geld]: **1.** ⟨Pl. selten⟩ *Streik:* in den A. treten; sich im A. befinden; im A. stehen. **2.** ⟨Pl.⟩ (veraltend) *Außenstände.* **3.** ⟨Pl. selten⟩ (bes. südd., österr.): **a)** *das Ausscheiden aus der Schule od. aus einer Stellung;* **b)** *kleine Feier, Umtrunk zum Ausstand* (3 a).

aus|stan|zen ⟨sw. V.; hat⟩: *durch Stanzen hervorbringen, formen:* Schilder a.; ausgestanzte Metallteile.

aus|stat|ten ⟨sw. V.; hat⟩ [zu veraltet statten, mhd. staten = zu etw. verhelfen, zufügen]: **a)** *bestimmten Zwecken entsprechend vollständig mit etw. versehen, ausrüsten:* jmdn. mit Geldmitteln, mit Vollmachten a.; sie ist mit großen Fähigkeiten ausgestattet *(hat große Fähigkeiten);* **b)** *mit einer bestimmten Ausstattung* (2 b, c) *versehen:* ein Hotel neu, modern a.; ein prächtig ausgestatteter Bildband.

Aus|stat|tung, die; -, -en: **1.** *das Ausstatten:* Firma N. übernimmt die A. der Räume. **2. a)** *Ausrüstung* (2 a): die A. der Expedition; die technische A. eines Autos; **b)** *[Innen]einrichtung:* die Räume zeigen eine moderne, praktische A.; **c)** *Aufmachung, äußere Gestaltung:* Bücher in gediegener A.; die Revue wurde zum großen Erfolg durch ihre A. *(durch die in der Inszenierung verwendeten Bühnenbilder, Kostüme usw.);* **d)** (Rechtsspr.) *alles, was einem Kind zur Berufsausbildung, Geschäftsgründung od. Heirat mitgegeben, zugewendet wird.*

Aus|stat|tungs|stück, das: *Theaterstück, dessen Wirkung auf der Ausstattung beruht.*

aus|ste|chen ⟨st. V.; hat⟩ [3: urspr. = beim Turnier aus dem Sattel stechen]: **1.** *durch einen Stich zerstören:* jmdm. ein Auge a. **2. a)** *mit einem spitzen, scharfen Gerät entfernen, herausholen:* Torf, Unkraut a.; **b)** *durch Ausstechen* (2 a), *Ausheben von Erde o. Ä. herstellen:* einen Graben a.; **c)** *mithilfe von Ausstechformen aus ausgerolltem Teig herstellen:* Sterne, Plätzchen a. **3.** *eindeutig übertreffen [u. verdrängen]:* einen Konkurrenten a.; jmdn. bei seiner Freundin, im Beruf a. **4.** (Eishockey) *durch einen schnellen Schlag vom Gegner trennen.*

Aus|stech|form, die, **Aus|stech|förm|chen,** das: *etw. (Herzen, Sterne u. a.) im Umriss darstellende Figur aus Metall od. Plastik zum Ausstechen von Plätzchen.*

aus|ste|cken ⟨sw. V.; hat⟩: **1.** *eine Strecke durch Fähnchen markieren:* eine Slalomstrecke a. **2.** (österr.) *zum Zeichen, dass neuer Wein ausgeschenkt wird, einen Strauß, Kranz aus Zweigen o. Ä. über die Eingangstür des Gasthauses hängen.*

aus|ste|hen ⟨unr. V.⟩ [spätmhd. ūȝstēn = ausbleiben]: **1.** *[zum Verkauf] ausgestellt sein* ⟨hat; südd., österr., schweiz. auch: ist⟩: die neuen Modelle stehen im Schaufenster aus. **2.** *noch zu erwarten, noch nicht eingetroffen sein* ⟨hat; südd., österr., schweiz. auch: ist⟩: die Antwort, die Lösung steht noch aus; ausstehende Gelder *(Außenstände).* **3.** *ertragen, aushalten* ⟨hat⟩: Angst, Schmerz, Qualen a.; sie hat um ihn viel ausgestanden; * **ausgestanden sein** *(endlich vorbei, durchgestanden sein):* damit ist der Fall, die Sache ausgestanden; **jmdn., etw. nicht a. können** *(jmdn., etw. absolut nicht leiden können, unerträglich finden):* ich kann diesen Menschen, diesen furchtbaren Lärm nicht a. **4.** (südd., österr.) *aus einer Stellung ausscheiden; die Schule verlassen* ⟨ist⟩: sie ist schon letztes Jahr ausgestanden.

aus|stei|gen ⟨st. V.; ist⟩: **1.** *ein Fahrzeug, Beförderungsmittel verlassen:* nicht a., bevor der Zug hält!; aus dem Auto a.; der Pilot musste a. (Fliegerspr. Jargon; *musste sich durch Abspringen mit dem Fallschirm retten*). **2. a)** (ugs.) *sich bei etw. nicht mehr beteiligen:* aus einem Vertrag, einer Filmrolle a.; er ist aus dem Geschäft ausgestiegen; b) (Sport) *etw. aufgeben, bei etw. nicht mehr mitmachen:* aus einem Rennen a.; * **jmdn. a. lassen** (Fußball Jargon; *jmdn. ausspielen, umspielen*); c) (Jargon) *(meist ziemlich abrupt) seinen Beruf, seine gesellschaftlichen Bindungen o. Ä. aufgeben (um von allen Zwängen frei zu sein).*

Aus|stei|ger, der; -s, - (Jargon): *jmd., der aussteigt* (2c) *od. ausgestiegen ist.*

Aus|stei|ge|rin, die; -, -nen: w. Form zu ↑Aussteiger.

aus|stei|nen ⟨sw. V.; hat⟩: *entsteinen:* Kirschen, Pflaumen a.

aus|stel|len ⟨sw. V.; hat⟩: **1.** *zur Ansicht, zum Verkauf ins Schaufenster o. Ä. stellen:* Waren, neue Modelle [im Schaufenster] a.; bekannte Künstler stellen aus *(stellen ihre Kunstwerke zur Schau).* **2.** *(aus bestimmten Gründen) an einem Platz sichtbar aufstellen:* Warnschilder, Posten a. **3.** *ausschreiben, ausfertigen:* ein Visum, Attest a.; [jmdm.] ein Zeugnis, eine Bescheinigung a.; eine Rechnung auf jmds. Namen a. **4.** (ugs.) *ausschalten* (1a), *abstellen* (4b): den Motor, das Radio, die Heizung a. **5. a)** *schräg, nach außen stellen:* den Rollladen, das Fenster a.; **b)** ⟨meist im 2. Part.⟩ (Mode) *(ein Kleidungsstück) so zuschneiden, dass es sich nach unten erweitert:* ein leicht ausgestellter Rock.

Aus|stel|ler, der; -s, -: *jmd., der etw. ausstellt* (1), *auf einer Ausstellung* (2) *vertreten ist.*

Aus|stel|le|rin, die; -, -nen: w. Form zu ↑Aussteller.

Aus|stell|fens|ter, das (Technik): *Fenster, bes. im Auto, das sich ausstellen* (5a) *lässt:* das vordere A. öffnen.

Aus|stel|lung, die; -, -en: **1.** ⟨Pl. selten⟩ *das Ausstellen* (1, 2, 3). **2.** *Veranstaltung, bei der bestimmte wirtschaftliche od. künstlerische Erzeugnisse zur Schau gestellt werden; Schau:* eine landwirtschaftliche A.; eine A. moderner Kunst; eine A. eröffnen; in eine A. gehen.

Aus|stel|lungs|be|su|cher, der: *jmd., der eine Ausstellung* (2) *besucht.*

Aus|stel|lungs|be|su|che|rin, die: w. Form zu ↑Ausstellungsbesucher.

Aus|stel|lungs|flä|che, die: *gesamte Fläche, die für eine Ausstellung* (2) *zur Verfügung steht.*

Aus|stel|lungs|ge|län|de, das: *Gelände für eine Ausstellung* (2), *auf dem eine Ausstellung stattfindet.*

Aus|stel|lungs|hal|le, die: vgl. Ausstellungsgelände.

Aus|stel|lungs|ka|ta|log, der: *nummeriertes Verzeichnis der ausgestellten Gegenstände od. Werke [mit Abbildungen].*

Aus|stel|lungs|raum, der: vgl. Ausstellungsgelände.

Aus|stel|lungs|stück, das: *auf einer Ausstellung* (2) *gezeigtes [unverkäufliches] Einzelstück, Muster; Exponat.*

aus|ster|ben ⟨st. V.; ist⟩: *sich nicht fortpflanzen; zu bestehen aufhören:* eine Familie, Pflanze stirbt aus; Mammuts sind ausgestorben; ⟨subst.:⟩ vom Aussterben bedroht sein; Ü diese Mundart, Sitte stirbt aus *(es gibt bald niemanden mehr, der noch diese Mundart spricht, der diese Sitte weiter pflegt);* ein aussterbendes Handwerk.

Aus|steu|er, die; -, -n ⟨Pl. selten⟩ [rückgeb. aus ↑aussteuern (3)]: *vor allem aus Tisch- u. Bettwäsche bestehende Brautausstattung:* eine komplette, wertvolle A.; eine A. bekommen.

aus|steu|ern ⟨sw. V.; hat⟩: **1.** *durch geschicktes Steuern unter Kontrolle bringen:* wenn ein Reifen platzt, darf man nicht bremsen, sondern muss den Wagen a. **2.** (Elektronik) *so einstellen, dass unerwünschte Verzerrungen vermieden werden:* einen Verstärker a. **3.** *jmdm., bes. der Tochter, eine Aussteuer geben:* sie mussten drei Töchter a. **4.** (Versicherungsw.) *die Versicherungsleistungen an einen Versicherten beenden:* die Krankenkasse will ihn a.

Aus|steu|e|rung, die; -, -en: *das Aussteuern; das Ausgesteuertwerden.*

Aus|stieg, der; -[e]s, -e: **1. a)** *das Heraussteigen aus etw.:* der A. aus der Höhle erfolgt über eine Leiter; **b)** *Öffnung, Stelle zum Heraussteigen:* der A. ist hinten. **2.** *das Aussteigen* (2a): den A. aus der Atomenergie fordern.

Aus|stieg|lu|ke, die: *dem Ausstieg* (1a) *dienende Luke* (2).

aus|stop|fen ⟨sw. V.; hat⟩: **a)** *durch Hineinstopfen von etw. ganz ausfüllen:* ein Kissen a.; die Ritzen [mit Stroh] a.; **b)** *(den Balg eines Tieres) füllen, entsprechend präparieren u. ihm damit die natürliche Form geben:* einen Adler, Fuchs a.

Aus|stoß, der; -es, Ausstöße ⟨Pl. selten⟩ (Wirtsch.): *Produktionsmenge einer Maschine, eines Industriebetriebes in einer bestimmten Zeiteinheit:* ein A. von 10 000 Stück am Tag.

aus|sto|ßen ⟨sw. V.; hat⟩: **1.** *durch Druck nach außen pressen:* den Atem [durch die Nase] a.; der Vulkan stößt Rauchwolken aus. **2.** *von sich geben; laut hervorbringen, äußern:* einen Seufzer, Schrei a. **3.** *durch einen Stoß verletzen, zerstören:* er hat ihm mit der Stange fast das Auge ausgestoßen. **4.** *aus einer Gemeinschaft ausschließen:* jmdn. aus dem Verein a.; sich ausgestoßen fühlen. **5.** (Wirtsch.) *in einer bestimmten Zeiteinheit produzieren:* das Werk stößt täglich 400 Autos aus.

Aus|sto|ßung, die; -, -en: *das Ausstoßen* (4); *das Ausgestoßenwerden.*

aus|strah|len ⟨sw. V.; hat⟩: **1. a)** *nach allen Seiten, wie in Strahlen aussenden, verbreiten:* der Ofen strahlt Wärme aus; die Lampe strahlt ein mildes Licht aus; Ü sein Gesicht strahlt Zufriedenheit aus; **b)** *strahlenähnlich von einer Stelle ausgehen:* ein Licht strahlt von dem Turm aus; Ü die Schmerzen strahlten vom Kopf in den Arm aus. **2.** *vollständig mit Licht erfüllen; ausleuchten:* die Straße, die Bühne voll a. **3.** *auf jmdn., etw. wirken:* seine Ruhe strahlt auf die Umgebung aus. **4.** (Rundf., Ferns.) *über den Sender verbreiten, senden:* Nachrichten a.; das Programm wird von allen Sendern ausgestrahlt.

Aus|strah|lung, die; -, -en: **a)** *das Ausstrahlen* (4): von der Fußballübertragung wurden auch -en nach Übersee vorgenommen; **b)** *starke Wirkung:* A. haben; von ihrer Person ging eine große A. aus.

aus|stre|cken ⟨sw. V.; hat⟩: **1.** *in ganzer Länge von sich strecken:* die Beine [unter dem Tisch], den Arm [nach der Mutter] a.; die Schnecke streckt ihre Fühler aus; mit ausgestrecktem Zeigefinger. **2.** ⟨a. + sich⟩ *sich der Länge nach [auf etw.] hinlegen; sich hinstrecken:* er streckte sich behaglich [auf dem Sofa] aus; [auf dem Bauch] ausgestreckt daliegen.

aus|strei|chen ⟨st. V.; hat⟩: **1. a)** *streichend verteilen:* die Farbe auf den Brettern gut a.; **b)** *mit einer fest werdenden Masse ausfüllen:* die Fugen [mit Lehm] a.; **c)** *auf den Innenflächen ganz mit etw. bestreichen:* eine Backform [mit Butter] a.; **d)** *über etw. streichend glätten:* Knitterfalten a. **2.** *durch einen Strich Geschriebenes o. Ä. ungültig machen, durchstreichen:* ein Wort, das Geschriebene wieder a.; Ü diese Tat möchte er aus seinem Leben a.

aus|streu|en ⟨sw. V.; hat⟩: **1.** *durch Streuen verbreiten, (auf dem Boden) verstreuen:* [den Vögeln, für die Vögel] Futter a.; Ü ein Gerücht a.; sie ließ a. *(die Nachricht verbreiten),* sie sei verreist. **2.** *gänzlich bestreuen:* den Stall mit Häcksel, das Kuchenblech mit Semmelbröseln a.

aus|strö|men ⟨sw. V.⟩: **a)** *von sich geben u. verbreiten* ⟨hat⟩: Wärme a.; die Blumen strömen betörenden Duft aus; Ü der Raum strömt Behaglichkeit aus; **b)** *herausströmen, in großer Menge austreten* ⟨ist⟩: Gas, Dampf strömt aus; Ü von ihr strömt Ruhe, Sicherheit aus.

Aus|strö|mung, die; -, -en: *das Ausströmen.*

aus|stül|pen ⟨sw. V.; hat⟩: *nach außen stülpen, kehren.*

Aus|stül|pung, die; -, -en: **1.** *das Ausstülpen; das Ausgestülptwerden.* **2.** *Stelle, an der etw. ausgestülpt ist.*

aus|su|chen ⟨sw. V.; hat⟩: *aus einer Menge prüfend, wählend heraussuchen, auswählen:* ein Kleid, Bilder a.; drei Leute für eine Arbeit a.

aus|ta|pe|zie|ren ⟨sw. V.; hat⟩: *(einen Raum) vollständig tapezieren:* einen Raum, zwei Zimmer a.

aus|ta|rie|ren ⟨sw. V.; hat⟩: **a)** *ins Gleichgewicht bringen:* eine Waage a.; Ü Rechte und Pflichten a. *(abwägen);* **b)** (österr.) *auf einer Waage das Leergewicht (Tara) feststellen.*

aus|tas|ten ⟨sw. V.; hat⟩: **1.** (bes. Med.) *(einen Hohlraum) mit einem od. mehreren Fingern tas tend innen berühren:* das Rektum a. **2.** (Elektronik) *durch Drücken einer Taste* (2) *unterdrücken, ausschalten* (2): Störsignale a.

Aus|tas|tung, die; -, -en: *das Austasten* (1, 2).

Aus|tausch, der; -[e]s: **a)** *das Austauschen* (a): etw. im A. [gegen etw. anderes] erhalten; Ü ein A. von Erfahrungen, Erinnerungen; **b)** *das Austauschen* (b): ein A. der Ventile ist nötig geworden.

aus|tausch|bar ⟨Adj.⟩: *zum Austauschen geeignet:* -e Teile.

aus|tau|schen ⟨sw. V.; hat⟩: **a)** *wechselseitig (Gleichartiges) geben:* Botschafter, Gefangene a.; Ü Höflichkeiten, Erinnerungen, Gedanken a.; **b)** *durch Entsprechendes ersetzen:* den Motor a.; einen verletzten Spieler gegen einen anderen a.

Aus|tausch|mo|tor, der (Kfz-W.): *vom Werk überholter, teilweise aus neuen Teilen bestehender Ersatzmotor* (Abk.: AT-Motor).

Aus|tausch|schü|ler, der: *Schüler, der im Austausch gegen einen anderen Schüler eine Zeit lang in dessen Land zur Schule geht.*

Aus|tausch|schü|le|rin, die: w. Form zu ↑Austauschschüler.

aus|tei|len ⟨sw. V.; hat⟩: *an einen bestimmten Personenkreis verteilen:* Post, die Suppe a.; den Schülern die Hefte/die Hefte an die Schüler a.; Lebensmittel unter die Flüchtlinge/(selten:) unter den Flüchtlingen a.; Ü den Segen, Schläge, Ohrfeigen, Fußtritte, Prügel a.

Aus|tei|lung, die; -, -en: *das Austeilen; das Ausgeteiltwerden.*

Aus|te|nit [auch: ...ˈnɪt], der; -s, -e [nach dem engl. Metallurgen Sir W. Ch. Roberts-Austen (1843–1902)]: *bestimmter Kristall im System Eisen-Kohlenstoff.*

Aus|ter, die; -, -n [niederd. üster < (m)niederl. oester, über das Roman. < lat. ostreum < griech. óstreon, zu: ostéon = Knochen (nach der harten Schale)]: *essbare Meeresmuschel, die sich am Untergrund mit ihrer Schale festsetzt:* eine A. aufbrechen, ausschlürfen; -n essen.

Aus|te|ri|ty [ɔsˈtɛrɪtɪ], die; - [engl. austerity < frz. austérité = Strenge, Härte < lat. austeritas] (bildungsspr.): *wirtschaftliche Einschränkung; energische Sparpolitik.*

Aus|tern|bank, die ⟨Pl. ...bänke⟩: *Ansiedlung von Austern auf flachem Meeresgrund.*

Aus|tern|fisch, der: *Seewolf.*

Aus|tern|zucht, die: *Zucht* (1) *von Austern.*

aus|tes|ten ⟨sw. V.; hat⟩: *ganz u. gar durch Tests erforschen, untersuchen:* ein Medikament a.

aus|til|gen ⟨sw. V.; hat⟩: **a)** *vernichten, ganz u. gar beseitigen:* Unkraut, Ungeziefer, eine Krankheit a.; **b)** *gänzlich tilgen:* die Schrift a.

aus|to|ben ⟨sw. V.; hat⟩: **1.** ⟨a. + sich⟩ **a)** *ungezügelt toben, wild spielen:* Kinder müssen sich a. [können]; **b)** *seine überschüssige Kraft ungezügelt verausgaben:* die Jugend will sich a.; er hat sich vor der Ehe ausgetobt; **c)** *mit großer Vehemenz wüten:* draußen tobt sich ein Sturm aus. **2.** *ungezügelt abreagieren:* seinen Zorn, seine Wut [an jmdm.] a. **3.** ⟨meist in zusammengesetzten Zeitformen⟩ *zu Ende toben; (aus Erschöpfung) allmählich aufhören zu toben:* der Kranke hat ausgetobt; Ü das Fieber hat [sich] ausgetobt.

aus|tol|len, sich ⟨sw. V.; hat⟩ (ugs.): *sich vergnügt austoben* (1a): hier können die Kinder sich nach Herzenslust a.

aus|ton|nen ⟨sw. V.; hat⟩ (Seew.): *durch Tonnen (5) kennzeichnen:* die Fahrrinne a.
Aus|trag, der; -[e]s: 1. *das Austragen* (3 a): der A. von Streitigkeiten; zum A. kommen/gelangen (Papierdt.; *ausgetragen, entschieden werden*). 2. (Sport) *Durchführung:* der A. der Wettkämpfe. 3. (südd., österr.) *Altenteil:* im A. leben; in den A. gehen.
aus|tra|gen ⟨st. V.; hat⟩: 1. *jmdm. ins Haus bringen, zustellen:* Brötchen, Zeitungen, die Post a. 2. *(bis zur völligen Reife) im Mutterleib tragen, behalten:* ein Kind nicht a. können. 3. a) *klärend abschließen, entscheiden, ausfechten:* einen Streit, einen Konflikt, einen Kampf a.; b) (Sport) *durchführen:* ein Rennen a. 4. *eine Eintragung löschen:* Daten, Zahlen a.; sich aus der Anwesenheitsliste a. 5. (österr.) *ausbedingen:* ich muss mir strengste Verschwiegenheit a.
Aus|trä|ger, der; -s, -: *jmd., der etw. austrägt* (1); *Bote.*
Aus|trä|ge|rin, die; -, -nen: w. Form zu ↑ Austräger.
Aus|träg|ler, der; -s, - (südd., österr.): *jmd., der im Austrag* (3) *lebt.*
Aus|träg|le|rin, die; -, -nen: w. Form zu ↑ Austrägler.
Aus|tra|gung, die; -, -en (Pl. selten): *das Austragen* (1, 2).
Aus|tra|gungs|mo|dus, der: *Art u. Weise einer Austragung.*
Aus|tra|gungs|ort, der: *Ort, an dem ein Wettkampf ausgetragen* (3 b) *wird.*
aus|tra|lid ⟨Adj.⟩: *Merkmale der Australiden aufweisend.*
Aus|tra|li|de, der u. die; -n, -n ⟨Dekl. ↑ Abgeordnete⟩ [zu griech. -eidēs = -gestaltig]: *Angehörige[r] einer überwiegend in Australien beheimateten, zur Urbevölkerung gehörenden Gruppe von Menschen, die durch bestimmte Merkmale gekennzeichnet sind.*
Aus|tra|li|en; -s: 1. kleinster Erdteil. 2. aus Australien (1) u. einigen Inseln bestehender Staat.
Aus|tra|li|er, der; -s, -: Ew.
Aus|tra|li|e|rin, die; -, -nen: w. Form zu ↑ Australier.
aus|tra|lisch ⟨Adj.⟩: *Australien, die Australier betreffend; aus Australien stammend.*
aus|tra|lo|id ⟨Adj.⟩ [zu griech. -oeidēs = ähnlich]: *den Australiden zugehörige Merkmale aufweisend.*
Aus|tra|lo|i|de, der u. die; -n, -n ⟨Dekl. ↑ Abgeordnete⟩: *Mensch von australoidem Typus.*
aus|träu|men ⟨sw. V.; hat⟩: *zu Ende träumen:* hast du ausgeträumt und bist wach?; Ü der Traum vom Glück ist ausgeträumt.
aus|trei|ben ⟨st. V.; hat⟩: 1. *(Vieh) auf die Weide treiben:* die Kühe a. 2. a) (geh.) *vertreiben:* die Bewohner wurden aus ihren Häusern ausgetrieben; Ü der Frühling treibt den Winter aus; b) *durch Beschwörung verbannen; exorzieren:* den Teufel, Dämonen a.; c) *(aus den Poren) austreten lassen:* das trieb mir den Schweiß aus. 3. *jmdn. dazu bringen, von etw. abzulassen; (auf recht grobe Weise) abgewöhnen:* ich habe ihr ihre Launen, ihren Hochmut ausgetrieben. 4. a) *neue Triebe hervorbringen; ausschlagen:* die Birken treiben aus; b) *hervorbringen:* die Sträucher treiben Blüten aus. 5. (österr.) *Teig ausrollen:* den Teig a.
Aus|trei|bung, die; -, -en: *das Austreiben* (2); *das Ausgetriebenwerden.*
aus|tren|nen ⟨sw. V.; hat⟩: *durch Trennen entfernen:* das Futter [aus dem Mantel] a.
aus|tre|ten ⟨st. V.⟩: 1. *(Brennendes, Glühendes) durch Darauftreten ersticken* ⟨hat⟩: ein Feuer, eine Zigarette a. 2. ⟨hat⟩ a) *durch häufiges Treten bahnen, festtreten:* eine Spur im Schnee a.; ausgetretene Pfade; b) *durch häufiges Darauftreten abnutzen:* ausgetretene Stufen, Dielen; c) *durch Tragen ausweiten:* neue Schuhe a.; ausgetretene *(durch langes Tragen [übermäßig] ausgeweitete)* Schuhe. 3. (Jägerspr.) *ins Freie treten* ⟨ist⟩: das Rudel tritt aus dem Wald aus. 4. ⟨nur im Inf. gebr.⟩ (ugs.) *einen Raum verlassen, um seine Notdurft zu verrichten* ⟨ist⟩: ich muss [mal] a.; a. gehen. 5. *(aus einer Institution) freiwillig ausscheiden* ⟨ist⟩: aus einer Partei, aus der Kirche a. 6. *nach außen, ins Freie gelangen* ⟨ist⟩: hier tritt Öl aus; in die oberen Räume war Gas ausgetreten.
Aus|tria: lat. Bez. für Österreich.
Aus|tri|a|zis|mus, der; -, ...men [zu ↑ Austria]: *österreichische Spracheigentümlichkeit* (z. B. »Paradeiser« für Tomate).
aus|trick|sen ⟨sw. V.; hat⟩: a) (Sportspr., bes. Ballspiele Jargon) *(einen Gegner) mit einem Trick geschickt aus-, umspielen:* er trickste den Verteidiger aus; b) *geschickt, durch List [als Konkurrenten] ausschalten:* jmdn. mit einer Finte a.
Aus|trieb, der; -[e]s, -e ⟨Pl. selten⟩: *das Austreiben* (1, 4).
aus|trin|ken ⟨st. V.; hat⟩: a) *restlos, bis zum letzten Tropfen trinken; zu Ende trinken:* den Kaffee, das Bier a.; die Milch ist ausgetrunken; b) *leer trinken:* ein Glas, die Flasche a.; trinkt aus!
Aus|tritt, der; -[e]s, -e: 1. ⟨Pl. selten⟩ *das Hinaustreten:* beim A. aus dem Zimmer, ins Freie. 2. *das Austreten* (5): seinen A. [aus einer Partei] erklären; zahlreiche -e zu verzeichnen haben. 3. *das Austreten* (6): den A. von Gas bemerken. 4. (veraltend) *kleiner Balkon:* vom A. aus die Straße beobachten.
Aus|tritts|er|klä|rung, die: *Kündigung der Mitgliedschaft in einer Partei, einem Verein o. Ä.*
aus|trock|nen ⟨sw. V.⟩: 1. ⟨hat⟩ a) *alle Feuchtigkeit aus etw. herausziehen, ausdörren:* die Sonne trocknet den Boden aus; b) (selten) *trockenlegen:* den Sumpf, das Moor a. 2. *völlig trocken werden* ⟨ist⟩: der Fluss, das Brot, die Haut trocknet aus; meine Kehle war wie ausgetrocknet. 3. *mit einem trockenen Tuch o. Ä. im Innern von anhaftender Feuchtigkeit befreien; trocken machen* ⟨hat⟩: ich habe die Gläser innen ausgetrocknet.
Aus|trock|nung, die; -: *das Austrocknen.*
Aus|tro|fa|schis|mus, der; - [zu ↑ Austria]: *in Österreich entwickelte Ausprägung des Faschismus.*
Aus|tro|mar|xis|mus, der; - [zu ↑ Austria]: *in Österreich vor 1938 entwickelte Sonderform des Marxismus.*
aus|tro|mar|xis|tisch ⟨Adj.⟩: a) *den Austromarxismus betreffend;* b) *die Theorie des Austromarxismus vertretend.*
aus|trom|pe|ten ⟨sw. V.; hat⟩ (ugs.): *überall laut verkünden, ausposaunen:* eine Neuigkeit, ein Geheimnis a.
aus|tüf|teln ⟨sw. V.; hat⟩ (ugs.): *durch sorgfältiges Nachdenken ausarbeiten, ersinnen, ausdenken:* [sich] einen Plan a.
Aus|tüf|te|lung, Aus|tüft|lung, die; -: *das Austüfteln.*
aus|tup|fen ⟨sw. V.; hat⟩: *an den Innenseiten durch Tupfen trocknen, säubern:* ein Gefäß a.; eine Wunde a.
aus|üben ⟨sw. V.; hat⟩: 1. *eine Tätigkeit regelmäßig od. längere Zeit [berufsmäßig] ausführen:* ein Gewerbe, Handwerk, einen Beruf a.; eine Kunst a.; eine Praxis a. *(praktizieren).* 2. *innehaben u. anwenden:* die Macht, die Herrschaft a.; sein Wahlrecht a. *(davon Gebrauch machen).* 3. *wirksam werden lassen:* Zwang, Einfluss, Druck auf jmdn. a.; ihr Name übt eine magische Wirkung aus.
Aus|übung, die; -: *das Ausüben; das Ausgeübtwerden.*
aus|ufern ⟨sw. V.; ist⟩: 1. (selten) *(von Gewässern) über die Ufer treten:* der Strom ist ausgeufert. 2. *sich unkontrolliert, im Übermaß entwickeln; ausarten:* die Diskussion drohte auszuufern.
Aus|ufe|rung, die; -, -en: *das Ausufern.*
Aus|ver|kauf, der; -[e]s, ...käufe: *[jeweils am Ende einer Saison stattfindender] vollständiger [verbilligter] Verkauf von Waren zur Räumung des Lagers:* A. wegen Geschäftsaufgabe; etw. im A. billig erstehen; Ü der A. *(die Missachtung)* aller Werte.
aus|ver|kau|fen ⟨sw. V.; hat⟩: a) *restlos verkaufen:* alle Waren a.; ⟨meist im 2. Part.:⟩ die Karten sind ausverkauft; das Kino, die Vorstellung ist ausverkauft *(die Eintrittskarten dafür sind alle verkauft);* vor ausverkauftem *(voll besetztem)* Haus spielen; b) *durch restlosen Verkauf räumen:* wir müssen das Lager diesmal a.
aus|wach|sen ⟨st. V.⟩: 1. *(von Getreide o. Ä.) infolge beständig feuchtwarmer Witterung auf dem Halm keimen* ⟨ist⟩: das Getreide, Korn wächst aus. 2. (selten) *(von Kindern) aus einem Kleidungsstück herauswachsen* ⟨hat⟩: er wird die Sachen bald a.; ⟨meist im 2. Part.:⟩ ein ausgewachsenes Hemd. 3. ⟨a. + sich; hat⟩ a) *sich beim Wachstum normalisieren:* die Fehlbildung in der Zahnstellung wird sich noch a.; b) (geh.) *sich vergrößern, sich weiterentwickeln:* die Unruhe im Volk wächst sich aus; c) *sich zu etw. Bestimmtem entwickeln:* die Unruhen haben sich zur Rebellion ausgewachsen. 4. (ugs.) *die Geduld verlieren* ⟨ist⟩: ich bin bei dem stundenlangen Warten fast ausgewachsen; ⟨subst.:⟩ Das ist ja zum Auswachsen! *(das ist kaum zum Aushalten!).*
aus|wä|gen ⟨V.; wog / (selten:) wägte aus, hat ausgewogen⟩: 1. (Physik, Chemie) *das Gewicht von etw. genau feststellen:* eine Lösung a. 2. (Physik) *eichen:* Gewichte a.
Aus|wahl, die; -, -en: 1. ⟨o. Pl.⟩ *das Auswählen:* die [freie] A. haben *(wählen können);* eine A. treffen *(auswählen).* 2. a) *Zusammenstellung ausgewählter Dinge, Auslese:* eine A. von Goethes Werken; b) (Sport) *Auswahlmannschaft:* in der A. spielen. 3. *[Waren]angebot, Sortiment, das die Möglichkeit der Wahl bietet:* eine große A. an/von Gardinen haben; wenig A. *(Auswahlmöglichkeit)* bieten; in reicher A. vorhanden sein.
aus|wäh|len ⟨sw. V.; hat⟩: *prüfend aussuchen [u. zusammenstellen]:* Kleidung, Geschenke a.; unter mehreren Bewerbern einen a.; ich habe mir/für mich das Beste ausgewählt; ausgewählte *(in Auswahl zusammengestellte)* Werke.
Aus|wahl|mann|schaft, die (Sport): *Mannschaft von ausgewählten Spielern.*
Aus|wahl|mög|lich|keit, die: *Möglichkeit zur Auswahl* (1).
Aus|wahl|ver|fah|ren, das: *Verfahren, in dem bes. Personen für einen bestimmten Zweck ausgewählt werden.*
aus|wal|zen ⟨sw. V.; hat⟩: *(einen halb festen Stoff) in Länge u. Breite walzen:* Stahl a.; Aluminium zu Folien a.; Ü die Geschichte wurde lang und breit ausgewalzt (ugs. abwertend; *weitschweifig erörtert*).
Aus|wan|de|rer, der; -s, -: *jmd., der auswandert od. ausgewandert ist; Emigrant.*
Aus|wan|de|rer|schiff, das: *Schiff, das Auswanderer in ihre neue Heimat bringt.*
Aus|wan|de|rin, die; -, -nen: w. Form zu ↑ Auswanderer.
aus|wan|dern ⟨sw. V.; ist⟩: *seine Heimat für immer verlassen [u. in einem andern Land eine neue Heimat suchen]; emigrieren:* er ist [vor zwanzig Jahren, aus Deutschland] ausgewandert; nach Australien, in die USA a.
Aus|wan|de|rung, die; -, -en ⟨Pl. selten⟩: *das Auswandern; Emigration.*
Aus|wan|de|rungs|be|hör|de, die: *für die Auswanderung zuständige Behörde.*
aus|wan|de|rungs|wil|lig ⟨Adj.⟩: *bereit, willig auszuwandern:* -e Bundesbürger.
aus|wär|tig ⟨Adj.⟩ [↑ -wärtig]: 1. a) *an einem anderen Ort befindlich:* unsere -en Geschäftsstellen; ein -es Unternehmen; b) *von auswärts kommend, stammend:* -e Gäste, Kunden, Schüler. 2. *das Ausland, die Beziehungen zum Ausland betreffend:* -e Angelegenheiten; unsere -e Politik; im -en Dienst tätig sein; ⟨subst.:⟩ Bundesministerium des Auswärtigen *(Auswärtiges Amt* 2 a).
Aus|wär|ti|ge, der u. die; -n, -n ⟨Dekl. ↑ Abgeordnete⟩: *jmd., der von auswärts kommt.*
aus|wärts ⟨Adv.⟩ [↑ -wärts]: 1. *nach außen:* die Stäbe sind stark [nach] a. gebogen; a. gehen, lau-

fen (ugs.; *mit nach außen gerichteten Füßen gehen*). **2. a)** *nicht zu Hause:* a. essen; **b)** *nicht am Ort:* viele Schüler kommen von a. *(von einem anderen Ort);* a. (Sport; *auf dem gegnerischen Platz, in der gegnerischen Halle o. Ä.*) spielen, antreten müssen; * **a. reden, sprechen** (ugs. scherzh.; *nicht die heimische Mundart, eine andere Sprache sprechen*).

Aus|wärts|er|folg, der (Sport): *Auswärtssieg.*

aus|wärts ge|bo|gen: s. auswärts (1).

aus|wärts ge|hen, aus|wärts lau|fen: s. auswärts (1).

Aus|wärts|sieg, der (Sport): *auswärts* (2b) *errungener Sieg.*

Aus|wärts|spiel, das (Sport): *auswärts* (2b) *ausgetragenes Spiel.*

aus|wa|schen ⟨st. V.; hat⟩: **1. a)** *durch Waschen aus etw. entfernen:* den Schmutz [aus dem Kleid] a.; **b)** *durch Ausspülen o. Ä. von etw. säubern:* den Pinsel, Gläser a.; ich habe mir die Wunde ausgewaschen; **c)** *durch Waschen von Schmutz, Flecken o. Ä. befreien:* Socken, Unterwäsche a. **2.** *durch Wassereinwirkung abtragen, aushöhlen; erodieren:* vom Regen ausgewaschenes Gestein.

Aus|wa|schung, die; -, -en: *durch Wassereinwirkung entstandene Abtragung, Aushöhlung.*

Aus|wech|sel|bank, die ⟨Pl. ...bänke⟩ (Sport): *Bank, auf der während des Spieles die Auswechselspieler sitzen.*

aus|wech|sel|bar ⟨Adj.⟩: *zum Auswechseln geeignet:* -e Blechteile.

aus|wech|seln ⟨sw. V.; hat⟩: *durch einen anderen, durch etw. anderes ersetzen:* alte Zündkerzen gegen neue a.; der Torwart musste ausgewechselt werden; sie war wie ausgewechselt *(in Stimmung u. Benehmen völlig verändert).*

Aus|wech|sel|spie|ler, der (Sport): *Ersatzspieler.*

Aus|wech|sel|spie|le|rin, die: w. Form zu ↑Auswechselspieler.

Aus|wech|se|lung, Aus|wechs|lung, die; -, -en: *das Auswechseln; das Ausgewechseltwerden.*

Aus|weg, der; -[e]s, -e: *Hilfe, rettende Lösung in einer schwierigen Situation:* das ist kein A.; sich einen A. offen halten; ich sehe keinen anderen A., als zu fliehen; etw. erscheint als letzter A.

aus|weg|los ⟨Adj.⟩: *ohne Ausweg; hoffnungslos:* sich in einer -en Lage befinden; die Situation scheint a.

Aus|weg|lo|sig|keit, die; -: *das Ausweglossein.*

aus|wei|chen ⟨st. V.; ist⟩: **1. a)** *aus der Bahn eines anderen gehen [und Platz machen]:* der Fahrer wich [dem Auto, der Fußgängerin] geschickt, in letzter Sekunde aus; [nach] rechts, nach der/zur Seite a.; **b)** *vor etw. zur Seite weichen, zu entgehen versuchen:* einem Schlag, einem Angriff blitzschnell a.; er konnte dem Stein nicht mehr a.; **c)** *aus dem Weg gehen; jmdn., etw. meiden:* jmdm. [auf der Straße] a.; einer Frage, jmds. Blicken a.; sie wich [höflich] aus *(ging auf Fragen nicht ein);* ausweichende Antworten geben. **2. a)** *(gezwungenermaßen od. aus guten Gründen) etw. anderes wählen:* auf eine andere Möglichkeit a.; **b)** (Sport) *eine andere als in der Spielanlage vorgesehene Position einnehmen:* der Mittelstürmer wich immer wieder auf die Flügel aus.

Aus|weich|ma|nö|ver, das: *Manöver* (2), *durch das jmd. mit seinem Fahrzeug einem Hindernis ausweicht:* bei einem A. wurde das Auto beschädigt; Ü das sind nur A. *(Ausflüchte).*

aus|wei|den ⟨sw. V.; hat⟩: *einem geschlachteten, erlegten Tier die Eingeweide entnehmen, sie daraus entfernen:* ein Stück Wild a.

aus|wei|nen ⟨sw. V.; hat⟩: **1. a)** ⟨a. + sich⟩ *sich durch Weinen erleichtern:* sich in einer Ecke, bei jmdm. a.; **b)** (geh.) *durch Weinen zu lindern versuchen:* seinen Kummer a. **2.** *zu Ende weinen:* lass sie a.!

Aus|weis, der; -es, -e: **1. a)** *[amtliches] Dokument, das als Bestätigung, Legitimation für etw. ausgestellt worden ist, Angaben zur Person enthält [u. zu etw. berechtigt]:* ein gültiger A.; mein A. verfällt; einen A. beantragen, ausstellen, vorzeigen; **b)** *Beweis, Nachweis.* **2.** (österr. veraltend) *Zeugnis.* **3.** * **nach A.** (Papierdt.; *wie aus etw. zu erkennen ist*): nach A. der Statistik, des Berichts.

aus|wei|sen ⟨st. V.; hat⟩: **1.** *des Landes verweisen, jmdm. nicht länger den Aufenthalt in einem bestimmten Land gestatten:* einen Staatenlosen a.; jmdn. als unerwünschte Person a. **2.** *[mithilfe eines Ausweises* (1)*] seine, jmds. Identität nachweisen:* bitte weisen Sie sich aus!; die Dokumente haben ihn als Unterhändler ausgewiesen. **3. a)** ⟨a. + sich⟩ *sich erweisen:* sich als guter/ (selten:) guten Geschäftsmann a.; **b)** *unter Beweis stellen:* sein Talent a.; **c)** ⟨a. + sich⟩ (schweiz.) *(Kenntnisse, Fähigkeiten) nachweisen:* sich über eine abgeschlossene handwerkliche Berufslehre a. können; **d)** ⟨a. + sich⟩ (schweiz.) *beweisen* (2). **4.** *rechnerisch nachweisen, zeigen:* wie die Statistik ausweist; ausgewiesene Überschüsse. **5.** (Bauw.) *für einen bestimmten Zweck vorsehen, zur Verfügung stellen:* ein Gelände als Gartenstadt a.; der Bebauungsplan weist auch Grünflächen aus. **6. a)** *offiziell als etw. bezeichnen, zu etw. erklären, deklarieren:* ein Gutachten, das das Haus als einsturzgefährdet ausweist; **b)** *kennzeichnen, angeben:* die Kosten werden separat ausgewiesen.

Aus|weis|kar|te, die: *Ausweis* (1).

Aus|weis|kon|trol|le, die: *Kontrolle bestimmter Ausweise.*

aus|weis|lich ⟨Präp. mit Gen.⟩ (Papierdt.): *wie die entsprechenden Unterlagen ausweisen; wie aus etw. ersichtlich ist:* a. der Meinungsumfragen.

Aus|weis|pa|pie|re ⟨Pl.⟩: *[amtliche] Papiere, die jmdn. od. etw. legitimieren.*

aus|wei|ßen ⟨sw. V.; hat⟩: *einen Raum vollständig weißen, tünchen:* den Keller a.

Aus|wei|sung, die; -, -en: *das Ausweisen* (1, 6); *das Ausgewiesenwerden.*

aus|wei|ten ⟨sw. V.; hat⟩: **1. a)** *(beim Gebrauch) ausdehnen u. so zu weit machen:* du darfst meine Schuhe nicht anziehen, sonst weitest du sie aus; **b)** ⟨a. + sich⟩ *ein wenig zu weit werden, sich zu sehr dehnen:* das Gummiband weitet sich schnell aus; ein ausgeweiteter Pullover. **2. a)** *erweitern, vergrößern:* den Handel mit dem Ausland a.; **b)** ⟨a. + sich⟩ *sich erweitern; größer, umfangreicher werden:* die Unruhen drohten sich zu einer Revolution auszuweiten.

Aus|wei|tung, die; -, -en: *das Ausweiten* (2), *Sichausweiten.*

aus|wen|dig ⟨Adv.⟩ [eigtl. = von außen, ohne in das Buch zu sehen]: *ohne Vorlage, aus dem Gedächtnis:* ein Gedicht a. können; eine Klaviersonate a. spielen; etw. a. lernen *(etw. so lernen, dass es aus dem Gedächtnis wiedergegeben werden kann; memorieren);* Ü etw. schon a. können (ugs. abwertend; *etw. bis zum Überdruss gehört od. gesehen haben*).

Aus|wen|dig|ler|nen, das; -s: *das Lernen eines Textes o. Ä. zur Wiedergabe aus dem Gedächtnis.*

aus|wer|fen ⟨st. V.; hat⟩: **1.** *durch Werfen zu einem bestimmten Zweck an eine vorgesehene entferntere Stelle bringen:* eine Angel, Netze a.; das Schiff wirft die Anker aus. **2. a)** *nach außen schleudern:* der Vulkan wirft Asche aus; **b)** *als Auswurf* (2) *durch den Mund ausstoßen:* Schleim a. **3. a)** *schaufelnd herausschleudern, -werfen:* Erde a.; **b)** *durch Auswerfen* (3a) *von Erde anlegen:* einen Graben a. **4.** *zur Ausgabe festsetzen, bestimmen:* hohe Prämien a.; hohe Beträge für ein Projekt a. **5.** *(in größeren Mengen in einem bestimmten Zeitraum) automatisch herstellen, fertig stellen, produzieren:* wie viel Tabletten wirft die Maschine täglich aus? **6.** (Bürow.) *ausrücken, gesondert aufführen:* einen Posten rechts a.

aus|wert|bar ⟨Adj.⟩: *zum Auswerten geeignet.*

Aus|wert|bar|keit, die; -: *das Auswertbarsein.*

aus|wer|ten ⟨sw. V.; hat⟩: *im Hinblick auf seine Aussagekraft prüfen [u. aufbereiten], nutzbar machen:* Erfahrungen, eine Statistik a.

Aus|wer|tung, die; -, -en: *das Auswerten:* die A. der Umfrageergebnisse.

aus|wet|zen ⟨sw. V.; hat⟩: meist in der Wendung **eine Scharte a.** *(ein Versagen ausgleichen; einen Fehler wieder gutmachen;* nach dem Ausschleifen der Scharten in der Sense mit dem Wetzstein).

aus|wi|ckeln ⟨sw. V.; hat⟩: **a)** *die Umhüllung von etw. entfernen:* ein Bonbon, ein Päckchen, ein Geschenk a.; **b)** *etw., worin jmd. jmdn., sich eingehüllt hatte, wieder entfernen:* jmdn., sich aus den Decken a.; sie wickelte das Kind aus seinen Windeln aus.

aus|wie|gen ⟨st. V.; hat⟩: **1.** *das Gewicht von etw. genau feststellen:* die Ware a.; soll ich Ihnen das Stück Fleisch so a.? *(soll ich es bei diesem etwas zu hohen Gewicht des Fleisches belassen oder ein Stück davon wegnehmen?).* **2.** *kleine Mengen von etw. abwiegen:* Butter zu Portionen a.

aus|win|den ⟨st. V.; hat⟩ (landsch.): *auswringen:* Wäsche a.

aus|win|tern ⟨sw. V.; ist⟩ (Landw.): *(von Kulturpflanzen) durch Frost Schaden leiden, ausfrieren:* das Getreide ist ausgewintert.

Aus|win|te|rung, die; -: *das Auswintern.*

aus|wir|ken ⟨sw. V.; hat⟩: **1.** ⟨a. + sich⟩ *eine Wirkung ausüben, sich geltend machen:* der Streik wirkte sich verhängnisvoll auf die Wirtschaft aus; die Skandale wirken sich in den Wahlergebnissen aus. **2.** (veraltet) *erwirken, verschaffen:* er hat ihm eine Vergünstigung ausgewirkt. **3.** (Bäckerei) *(Teig) kneten, durcharbeiten:* den Brotteig a.

Aus|wir|kung, die; -, -en: *das Sichauswirken:* die -en der Entdeckung sind noch nicht abzusehen.

aus|wi|schen ⟨sw. V.⟩: **1.** ⟨hat⟩ **a)** *durch Wischen aus etw. entfernen:* den Staub [aus dem Regal] a.; **b)** *durch Wischen [an den Innenseiten] säubern:* das Glas a.; den Schrank feucht a.; ich habe mir die Augen ausgewischt; **c)** *durch Wischen tilgen, auslöschen:* Kreidestriche a. **2.** (landsch.) *entwischen* ⟨ist⟩: die Jungen sind uns ausgewischt. **3.** ⟨hat⟩ * **jmdm. eins a.** (ugs.; *jmdm. [in boshafter Absicht, aus Rache o. Ä.] etw. Übles antun, einen Schaden zufügen;* wohl gek. aus älter: einem [im Nahkampf] ein Auge auswischen).

aus|wrin|gen ⟨st. V.; hat⟩: *die Feuchtigkeit durch Zusammendrehen u. Drücken aus etw. herauspressen:* die Wäsche a.

Aus|wuchs, der; -es, Auswüchse: **1.** *[krankhafte] Wucherung:* krankhafte Auswüchse an Obstbäumen; einen A. am Hals operativ entfernen. **2.** (Landw.) *vorzeitiges Keimen der Getreidekörner auf dem Halm.* **3.** ⟨meist Pl.⟩ *ungesunde Entwicklung, Übersteigerung:* Auswüchse der Fantasie; gegen die Auswüchse in der Verwaltung vorgehen.

aus|wuch|ten ⟨sw. V.; hat⟩ [zu ↑Wucht (1)] (Technik): *sich drehende Teile von Maschinen, Fahrzeugen so ausbalancieren, dass sie sich einwandfrei um ihre Achse drehen:* die Räder a. lassen; ausgewuchtete Plattenteller.

Aus|wuch|tung, die; -, -en: *das Auswuchten.*

Aus|wurf, der; -[e]s, Auswürfe: **1.** ⟨o. Pl.⟩ *das Auswerfen* (2a): der A. von Asche aus dem Krater. **2.** ⟨Pl. selten⟩ (Med.) *in den Mund gelangte schleimige Absonderung aus den Luftwegen; Sputum:* zäher, blutiger A.; starken A. haben. **3.** ⟨o. Pl.⟩ (abwertend) *Abschaum:* der A. der Gesellschaft.

aus|wür|feln ⟨sw. V.; hat⟩: *durch Würfeln entscheiden, um etwas würfeln:* es wurde ausgewürfelt, wer bezahlen sollte.

Aus|würf|ling, der; -s, -e: (Geol.) *von einem Vulkan ausgeworfenes Magma- od. Gesteinsbruchstück:* -e bedeckten die Halde.

aus|wür|gen ⟨sw. V.; hat⟩: *durch Würgen von sich geben.*

aus|wü|ten ⟨sw. V.; hat⟩: *sich austoben, zu Ende toben:* er hat ausgewütet; ⟨auch a. + sich:⟩ er wütet sich wieder aus; der Sturm hat sich ausgewütet.

aus|za|cken ⟨sw. V.; hat⟩: *mit Zacken versehen:* den Saum a.; ⟨meist im 2. Part.:⟩ ein ausgezackter Rand.

aus|zah|len ⟨sw. V.; hat⟩: **1.** *jmdm. einen ihm zustehenden Geldbetrag zahlen, aushändigen:* Gehälter, Prämien a.; sich sein Erbteil a. lassen. **2. a)** *entlohnen:* die Saisonarbeiter a. und entlassen; **b)** *abfinden* (1): er hat seine Teilhaber ausgezahlt. **3.** ⟨a. + sich⟩ (ugs.) *sich bezahlt machen; sich lohnen:* Verbrechen zahlen sich nicht aus; jetzt zahlt sich meine Mühe aus.

aus|zäh|len ⟨sw. V.; hat⟩: **1.** *durch Zählen die genaue Zahl feststellen:* nach der Wahl die Stimmen a. **2.** (Boxen) *die Niederlage eines kampfunfähigen Boxers durch Zählen (bis zum Aus) feststellen.* **3.** (landsch.) *durch Abzählen aussondern u. zu etw. bestimmen:* für das nächste Spiel haben die Kinder schon ausgezählt.

Aus|zah|lung, die; -, -en: **1.** *das Auszahlen* (1, 2). **2.** (Bankw.) **a)** *Devise* (2 b): die A. London *(das englische Pfund);* **b)** *Bankanweisung:* eine telegrafische A.

Aus|zäh|lung, die; -, -en: *das Auszählen* (1).

aus|zeh|ren ⟨sw. V.; hat⟩ (geh.): *körperlich sehr schwächen, entkräften:* die Anstrengungen zehrten ihn völlig aus; eine ausgezehrte Gestalt.

Aus|zeh|rung, die; -: **1.** *Kräfteverfall:* das lange Hungern führte zu totaler A. **2.** (veraltet) *Schwindsucht.*

aus|zeich|nen ⟨sw. V.; hat⟩: **1.** *(Waren) mit einem Preisschild versehen:* die ausgestellten Stücke müssen noch ausgezeichnet werden. **2. a)** *durch etw. mit Vorzug behandeln, ehren:* jmdn. durch sein Vertrauen/mit seinem Vertrauen a.; **b)** *durch die Verleihung einer Auszeichnung ehren:* einen Forscher mit dem Nobelpreis a.; ein in Cannes ausgezeichneter Film. **3. a)** *aus einer Menge positiv herausheben, kennzeichnen:* Klugheit und Fleiß zeichneten sie aus; gute Fahreigenschaften zeichnen diesen Wagen aus; **b)** ⟨a. + sich⟩ *sich hervortun* (2 a): sich durch Ausdauer a.; dieser Kunststoff zeichnet sich durch große Härte aus *(unterscheidet sich dadurch von allen übrigen).* **4.** (Druckw.) **a)** *durch eine besondere Schriftart hervorheben:* ein Zitat durch Sperrung a.; **b)** *ein Manuskript durch Angeben der Schriftarten u. a. zum Satz fertig machen:* er hat das Manuskript ausgezeichnet.

Aus|zeich|nung, die; -, -en: **1.** *das Auszeichnen* (1, 2, 4). **2.** *Orden, Medaille, Preis:* eine hohe A. erringen. **3.** *** mit A.** *(mit dem Prädikat »ausgezeichnet«):* eine Prüfung mit A. bestehen.

Aus|zeich|nungs|pflicht, die ⟨o. Pl.⟩: *Pflicht, zum Verkauf ausgestellte Waren mit ihrem Preis zu versehen.*

Aus|zeit, die; -, -en (bes. Basketball, Volleyball, Handball, Eishockey): *Pause, Spielunterbrechung, die einer Mannschaft zusteht:* eine A. nehmen.

aus|ze|men|tie|ren ⟨sw. V.; hat⟩: *die Innenseiten von etw. mit einer Zementschicht versehen:* einen Stollen a.

aus|zieh|bar ⟨Adj.⟩: *sich ausziehen* (1 d) *lassend:* ein -er Tisch.

aus|zie|hen ⟨unr. V.⟩: **1.** ⟨hat⟩ **a)** *aus etw. herausziehen:* den Nagel mit der Zange a.; sich, jmdm. einen Splitter a.; **b)** *(Farben) durch Bleichen entfernen:* das Chlor hat die Farben ausgezogen *(ausgebleicht);* **c)** *einen Extrakt aus etw. herstellen:* Pflanzenstoffe a.; **d)** *durch Herausziehen von ineinander geschobenen Teilen verlängern, vergrößern:* ein Stativ, den Tisch a. **2.** ⟨hat⟩ **a)** *(ein Kleidungsstück) von sich tun, ablegen:* die Hose, den Mantel, Schuhe und Strümpfe a.; **b)** *jmdm. die Kleidung vom Körper nehmen; entkleiden:* die Mutter zieht die Kleinen aus; sich a.; ganz ausgezogen sein; *** jmdn. a.** (ugs.; *jmdm. überdurchschnittlich viel Geld abverlangen*): der zieht seine Kunden ganz schön aus; **c)** (bes. süd[west]d.) *ablegen* (1 a, b). **3.** *ins Freie ziehen, ausrücken* ⟨ist⟩: zur Jagd a.; auf Raub, auf Abenteuer a. **4.** *eine Wohnung, einen Arbeitsraum aufgeben u. verlassen* ⟨ist⟩: am Ersten müssen wir a. **5.** *aus etw. herausziehen, schwinden, verloren gehen* ⟨ist⟩: das Aroma ist [aus dem Kaffee] ausgezogen. **6.** *herausschreiben, exzerpieren* ⟨hat⟩: bestimmte Wörter aus einem Text a.; einen Roman, einen Schriftsteller *(einzelne Passagen aus dem Werk eines Schriftstellers)* a. **7.** *zu einer Linie vervollständigen, nachzeichnen* ⟨hat⟩: eine punktierte Linie a.; Umrisse mit Tusche a.

Aus|zieh|tisch, der: *Tisch, der durch Ausziehen* (1 d) *von Platten vergrößert werden kann.*

aus|zir|keln ⟨sw. V.; hat⟩: *genau aus-, abmessen:* den Kurs genau a.; Ü er bedankte sich mit einer sorgfältig ausgezirkelten *(überlegten, abgewogenen)* Ansprache.

Aus|zir|ke|lung, Aus|zirk|lung, die; -, -en: *das Auszirkeln.*

aus|zi|schen ⟨sw. V.⟩: **1.** *durch Zischen sein Missfallen über jmdn., etw. kundtun* ⟨hat⟩: das Stück wurde ausgezischt. **2.** (selten) *zischend verlöschen* ⟨ist⟩: die Zigarette zischte aus.

Aus|zu|bil|den|de, der u. die; -n, -n ⟨Dekl. ↑ Abgeordnete⟩ (Amtsspr.): *Lehrling, Anlernling;* Kurzwort: ↑ Azubi.

Aus|zug, der; -[e]s, Auszüge: **1. a)** *das Hinausziehen; geordnetes Verlassen eines Raumes o. Ä.:* ein überstürzter A.; der feierliche A. des Lehrkörpers aus der Aula; der A. *(die Auswanderung)* der Kinder Israel aus Ägypten; **b)** *das Aufgeben u. Verlassen einer Wohnung, eines Arbeitsraumes:* der A. muss bis zum Ersten nächsten Monats erfolgen. **2.** *aus etw., bes. aus Kräutern, gewonnener Saft:* einen A. aus Heilkräutern bereiten. **3. a)** *herausgeschriebener Ausschnitt, Teilabschrift:* ein beglaubigter A. aus dem Grundbuch; die Bank schickt die Auszüge *(Mitteilungen über den Kontostand);* **b)** *ausgewählte [wichtige] Stelle aus etw., bes. aus einem Schriftwerk:* Auszüge aus einer Rede hören; **c)** kurz für ↑ Klavierauszug: einen A. [aus einer Oper] anfertigen. **4.** *ausziehbarer Teil:* der A. am Fotoapparat. **5.** (südd.) *Altenteil:* im A. leben. **6.** (schweiz. früher) *erste Altersklasse der Wehrpflichtigen.*

Aus|zü|ger, Aus|züg|ler, der; -s, - (schweiz.): *Wehrpflichtiger der ersten Altersklasse.*

Aus|zugs|mehl, das: *besonders feines, kleiefreies Weizenmehl.*

aus|zugs|wei|se ⟨Adv.⟩: *in Auszügen* (3 b): eine Rede a. wiedergeben; ⟨mit Verbalsubstantiven auch attr.:⟩ ein -r Abdruck.

aus|zup|fen ⟨sw. V.; hat⟩: *zupfend herausziehen:* sich, jmdm. ein Haar a.

au|tark ⟨Adj.⟩ [griech. autárkēs, zu: autós = selbst u. arkeĩn = genügen, hinreichen]: **a)** *[vom Ausland] wirtschaftlich unabhängig:* ein -er Staat; die Wirtschaft dieses Landes ist a.; **b)** (bildungsspr.) *sich selbst genügend, auf niemanden angewiesen:* -es Denken; geistig a. sein.

Au|tar|kie, die; -, -n [griech. autárkeia]: **a)** *wirtschaftliche Unabhängigkeit eines Landes [vom Ausland]:* dieses Land strebt nach völliger A.; **b)** (bildungsspr.) *Unabhängigkeit von äußeren Dingen, Einflüssen, Affekten:* religiöse, innere A. besitzen.

au|tar|kisch ⟨Adj.⟩: *die Autarkie betreffend.*

Au|then|tie, die; - (bildungsspr.): *Authentizität.*

au|then|ti|fi|zie|ren ⟨sw. V.; hat⟩ [zu ↑ authentisch u. lat. facere = machen, tun] (bildungsspr.): *beglaubigen, die Echtheit von etw. bezeugen.*

au|then|tisch ⟨Adj.⟩ [spätlat. authenticus < griech. authentikós] (bildungsspr.): *echt; den Tatsachen entsprechend u. daher glaubwürdig:* ein -er Text; -en Berichten zufolge; eine -e Darstellung; die Meldung ist nicht a.

au|then|ti|sie|ren ⟨sw. V.; hat⟩ (Rechtsspr.): *glaubwürdig, rechtsgültig machen.*

Au|then|ti|zi|tät, die; - (bildungsspr.): *das Authentischsein.*

au|thi|gen ⟨Adj.⟩ [griech. authigenḗs = einheimisch] (Geol.): *(von Gesteinen) am Fundort entstanden; autogen* (3).

Au|tis|mus, der; - [zu griech. autós = selbst] (Med., Psych.): *auf einer psychotischen Störung der Persönlichkeit* (1) *beruhende extreme Insichgekehrtheit, Kontaktunfähigkeit.*

Au|tist, der; -en, -en (Med., Psych.): *jmd., der an Autismus leidet.*

Au|tis|tin, die; -, -nen: w. Form zu ↑ Autist.

au|tis|tisch ⟨Adj.⟩ (Med., Psych.): **a)** *den Autismus betreffend, auf ihm beruhend, durch ihn gekennzeichnet:* -e Sprache; -e Verhaltensweisen; **b)** *an Autismus leidend:* ein -es Kind.

Au|to, das; -s, -s [Kurzf. von ↑ Automobil]: *durch einen Motor angetriebenes Straßenfahrzeug mit gummibereiften Rädern u. offener od. geschlossener Karosserie zum Transport von Personen od. Gütern; Kraftwagen, Kraftfahrzeug, Automobil:* ein neues, altes, gebrauchtes A.; sein, das A. geriet ins Schleudern; ein A. haben, besitzen, fahren; gebrauchte -s verkaufen; A. fahren können; sie fährt gut A.; A. und Rad fahren; mit dem A. unterwegs sein; er ist unter ein A. gekommen *(wurde von einem Auto überfahren);* *** wie ein A. gucken** (ugs.; *sehr erstaunt, verblüfft dreinblicken*).

au|to-, Au|to- [zu griech. autós]: bedeutet in Bildungen mit Substantiven od. Adjektiven *selbst, persönlich, eigen:* autodynamisch, Autokinese.

Au|to|an|ti|kör|per, der (Med.): *Antikörper, der gegen körpereigene Substanzen wirkt.*

Au|to|at|las, der: *Atlas mit eingezeichneten Straßenverbindungen für die Autofahrt.*

Au|to|bahn, die: *durch Mittelstreifen in zwei Fahrbahnen getrennte, mehrspurige, kreuzungsfreie Schnellstraße, die nur für bestimmte Kraftfahrzeuge zugelassen ist.*

Au|to|bahn|auf|fahrt, die: *Straße, die auf die Autobahn führt.*

Au|to|bahn|aus|fahrt, die: *Straße, die von der Autobahn herunterführt.*

Au|to|bahn|ge|bühr, die: *für die Benutzung einer Autobahn zu entrichtende Gebühr.*

Au|to|bahn|kreuz, das: *Kreuzung zweier Autobahnen auf verschiedenen Ebenen (mit einer kleeblattförmigen Anlage), die den kreuzungsfreien Anschluss nach allen Richtungen erlaubt.*

Au|to|bahn|meis|te|rei, die; -, -en: *bautechnische Dienststelle, die für die Erhaltung eines Stückes Autobahn zuständig ist.*

Au|to|bahn|rast|stät|te, die: *an einer Autobahn gelegene, mit den auf die Bedürfnisse von Reisenden auf der Autobahn ausgerichteten Einrichtungen ausgestattete Gaststätte.*

Au|to|bat|te|rie, die: *Batterie* (2 a) *eines Autos.*

Au|to|bi|o|graf, (auch:) Autobiograph, der: *Verfasser einer Autobiografie.*

Au|to|bi|o|gra|fie, (auch:) Autobiographie, die: *literarische Darstellung des eigenen Lebens.*

au|to|bi|o|gra|fisch, (auch:) autobiographisch ⟨Adj.⟩: **a)** *das eigene Leben beschreibend:* sein Werk hat -e Züge; **b)** *in Form einer Autobiografie verfasst:* ein -er Roman.

Au|to|bus, der: *Bus* (1).

Au|to|car, der [frz. autocar, zu: auto(mobile) u. engl. car = (Kraft)wagen] (schweiz.): *Omnibus für Gesellschaftsreisen, Reiseomnibus.*

au|toch|thon [...ɔx'to:n] ⟨Adj.⟩ [griech. autóchthōn]: **1.** *(von Völkern od. Stämmen) alteingesessen, bodenständig:* -e Bevölkerung. **2.** (Biol., Geol.) *(von Lebewesen, Gesteinen) am Fundort vorkommend.*

Au|toch|tho|ne, der u. die; -n, -n ⟨Dekl. ↑ Abgeordnete⟩: *Ureinwohner[in].*

Au|to|cross, (auch:) **Au|to-Cross,** das; -, -e [↑ Crosscountry]: *Autorennen auf einer abgesteckten Strecke im Gelände.*

Au|to|da|fé [autoda'fe:], das; -s, -s [port. auto-de-fé, eigtl. = Urteil über den Glauben (für lat. actus fidei)]: **1.** (hist.) *öffentliche Verkündigung des Urteils eines Inquisitionsgerichts u. feierliche Durchführung dieses Urteils (meist Verbrennung von Ketzern).* **2.** (bildungsspr.) *Verbrennung von Büchern u. Schriften.*

Au|to|di|dakt, der; -en, -en [griech. autodídaktos = selbstgelehrt, zu ↑ auto-, Auto- u. griech. didaktikós, ↑ didaktisch] (bildungsspr.): *jmd., der sich ein bestimmtes Wissen ausschließlich durch Selbstunterricht angeeignet hat.*

au|to|di|dak|tisch ⟨Adj.⟩: **a)** *den Selbstunterricht betreffend;* **b)** *durch Selbstunterricht erworben.*

Au|to|dieb|stahl, der: *Diebstahl eines Autos.*

A

Au|to|drom, das; -s, -e [1: frz. autodrome, vgl. Motodrom]: 1. *Motodrom.* 2. (österr.) *Fahrbahn für Skooter.*

au|to|dy|na|misch ⟨Adj.⟩: *selbstwirkend, selbsttätig.*

Au|to|elek|trik, die: *elektrische Ausstattung moderner Kraftfahrzeuge.*

Au|to|fäh|re, die: *Fähre, auf die Autos verladen werden können.*

Au|to|fah|rer, der: *Fahrer eines Autos.*

Au|to|fah|re|rin, die: w. Form zu ↑Autofahrer.

Au|to|fahrt, die: *Fahrt mit dem Auto.*

Au|to|fo|kus, der (Fot.): *Einrichtung bei Kameras und Diaprojektoren, durch die sich die Bildschärfe automatisch einstellt:* eine Kamera mit A.

au|to|frei ⟨Adj.⟩: *ohne Autoverkehr:* -e Zonen.

Au|to|fried|hof, der (ugs.): *Sammelstelle für zu verschrottende Autos.*

au|to|gen ⟨Adj.⟩ [griech. autogenēs = selbst erregt, ↑-gen]: 1. (Technik) *(von Schweißen u. Brennschneiden) mit Stichflamme [ohne Zuhilfenahme eines Bindematerials]:* -e Metallbearbeitung; a. schweißen, schneiden. 2. (Psych.) *aus eigenen Kräften, von innen heraus:* -es Training (Med.; *Entspannung durch Selbsthypnose;* nach dem dt. Arzt J. H. Schultz, 1884-1970). 3. (Geol.) *authigen.*

Au|to|graf usw.: ↑Autograph usw.

Au|to|gramm, das: *eigenhändig geschriebener Namenszug [einer bekannten Persönlichkeit].*

Au|to|gramm|jä|ger, der (ugs.): *leidenschaftlicher Sammler von Autogrammen.*

Au|to|gramm|jä|ge|rin, die: w. Form zu ↑Autogrammjäger.

Au|to|graph, (auch:) Autograf, das; -s, -e[n] [spätlat. autographum, zu lat. autographus = mit eigener Hand geschrieben < griech. autógraphos] (Buchw.): *von einer bekannten Persönlichkeit eigenhändig geschriebenes Schriftstück.*

Au|to|gra|phen|samm|lung, (auch:) Autografensammlung, die: *Sammlung von Autographen.*

au|to|gra|phie|ren, (auch:) autografieren ⟨sw. V.; hat⟩: 1. (veraltet) *eigenhändig schreiben.* 2. *(nach einem heute veralteten Verfahren) vervielfältigen.*

au|to|gra|phisch, (auch:) autografisch ⟨Adj.⟩: 1. (veraltet) *eigenhändig geschrieben.* 2. *(nach einem heute veralteten Verfahren) vervielfältigt.*

Au|to|hyp|no|se, die: *hypnotischer Zustand, in den sich jmd. selbst versetzt; Selbsthypnose.*

Au|to|in|dus|trie, die: *Automobilindustrie.*

Au|to|in|fek|ti|on, die (Med.): *Infektion des eigenen Körpers durch einen Erreger, der bereits im Körper vorhanden ist.*

Au|to|kar|te, die: *Karte mit eingezeichneten Straßenverbindungen für die Autofahrt.*

Au|to|kenn|zei|chen, das: *Autonummer.*

au|to|ke|phal ⟨Adj.⟩ [spätgriech. autoképhalos = selbstständig, zu griech. kephalē = Kopf]: *(von orthodoxen Nationalkirchen) eigenständig, mit eigenem Oberhaupt.*

Au|to|ke|pha|lie, die; -: *das Autokephalsein.*

Au|to|ki|ne|se, die; - [zu griech. kínēsis = Bewegung] (Fachspr.): *scheinbare Eigenbewegung eines Gegenstandes.*

Au|to|ki|no, das: *Kino, das aus einem großen Gelände u. einer Leinwand im Freien besteht u. in dem der Film vom Auto aus angesehen wird.*

Au|to|kor|so, der: *Korso (1 a), der aus Autos besteht.*

Au|to|krat, der; -en, -en [zu griech. autokratḗs = unumschränkt herrschend; eigenmächtig, zu: krateĩn = herrschen] (bildungsspr.): 1. *Alleinherrscher, der die unumschränkte Staatsgewalt für sich beansprucht.* 2. *selbstherrlicher Mensch.*

Au|to|kra|tie, die; -, -n [griech. autokráteia] (bildungsspr.): *unumschränkte Staatsgewalt in der Hand eines einzelnen Herrschers.*

Au|to|kra|tin, die; -, -nen: w. Form zu ↑Autokrat.

au|to|kra|tisch ⟨Adj.⟩: 1. *die Autokratie betreffend, auf ihr beruhend; unumschränkt:* -e Gewalt ausüben. 2. *selbstherrlich.*

Au|to|ly|se, die; - [zu griech. lýsis, ↑Lysis]: 1. (Med.) *Abbau von Körpereiweiß ohne Mitwirkung von Bakterien.* 2. (Biol.) *Auflösung des Larvengewebes im Verlauf der Metamorphose bei Insekten.*

au|to|ly|tisch ⟨Adj.⟩ (Med.): *(von Körpereiweiß) sich selbst auflösend.*

Au|to|mar|ke, die: *Marke (2 a) von Autos:* er fährt immer die gleiche A. *(Wagen des gleichen Fabrikats).*

Au|to|mat, der; -en, -en [unter Einfluss von frz. automate zu griech. autómatos = sich selbst bewegend, aus eigenem Antrieb]: 1. a) *Apparat, der nach Münzeinwurf selbsttätig Waren abgibt od. eine Dienst- od. Bearbeitungsleistung erbringt:* Zigaretten, Kondome am -en ziehen; b) *Werkzeugmaschine, die Arbeitsvorgänge nach Programm selbsttätig ausführt:* die Werkstücke werden von einem -en noch einmal geprüft; c) *(in elektrischen Anlagen) automatische Sicherung zur Verhinderung von Schäden durch Überlastung.* 2. (Math., EDV) *kybernetisches System, das Informationen an einem Eingang aufnimmt, selbstständig verarbeitet u. an einem Ausgang abgibt.*

Au|to|ma|ten|kna|cker, der (ugs.): *jmd., der Verkaufsautomaten aufbricht u. ausraubt.*

Au|to|ma|tik, die; -, -en (Technik): a) *Vorrichtung, die einen eingeleiteten technischen Vorgang ohne weiteres menschliches Zutun steuert u. regelt:* die A. einer Armbanduhr; ein Auto mit A. *(Automatikgetriebe);* b) *Vorgang der Selbststeuerung:* die A. der Entlüftung setzt ein; Ü die tödliche A. des Verbrechens wird dargestellt.

Au|to|ma|tik|ge|trie|be, das (Kfz-T.): *automatisch schaltendes Getriebe.*

Au|to|ma|ti|on, die; - [engl. automation, zu griech. autómatos, ↑Automat]: *durch Automatisierung erreichter Zustand der modernen technischen Entwicklung, der durch den Einsatz weitgehend bedienungsfreier Arbeitssysteme gekennzeichnet ist.*

Au|to|ma|ti|sa|ti|on, die; -, -en: *Automatisierung.*

au|to|ma|tisch ⟨Adj.⟩ [frz. automatique]: 1. a) *(von technischen Geräten) mit einer Automatik ausgestattet:* ein -er Wärmeregler; b) *durch Selbststeuerung od. -regelung erfolgend:* ein -es Glockenzeichen; etw. a. regeln. 2. a) *unwillkürlich, zwangsläufig:* der Prozess läuft a. ab; b) *von selbst erfolgend:* eine -e Reaktion.

au|to|ma|ti|sie|ren ⟨sw. V.; hat⟩ [nach frz. automatiser]: *auf vollautomatische Fabrikation, Steuerung o. Ä. einstellen:* einen Betrieb a.; Ü bei dieser schnellen Sportart müssen viele Bewegungsabläufe vollkommen automatisiert *(automatisch und unbewusst)* erfolgen.

Au|to|ma|ti|sie|rung, die; -, -en: *das Automatisieren; das Automatisiertwerden.*

Au|to|ma|tis|mus, der; -, ...men [griech. automatismós = was von selbst geschieht]: 1. (Technik) *programmgesteuerter od. selbsttätig geregelter Mechanismus:* der A. eines Roboters. 2. (Med., Biol.) *spontan ablaufender Vorgang od. Bewegungsablauf, der nicht vom Bewusstsein od. Willen beeinflusst wird.* 3. (Psych.) *vom Bewusstsein nicht kontrolliert ablaufende Tätigkeit.*

Au|to|me|cha|ni|ker, der: *Mechaniker in einer Kfz-Werkstatt.*

Au|to|me|cha|ni|ke|rin, die; -, -nen: w. Form zu ↑Automechaniker.

Au|to|mi|nu|te, die: *Strecke, die ein Auto mit durchschnittlicher Geschwindigkeit in einer Minute zurücklegt:* der Strand ist zehn -n entfernt.

au|to|mo|bil ⟨Adj.⟩ (seltener): a) *das Auto betreffend, in Bezug auf das Auto:* der -e Laie; b) *vom Auto bestimmt:* eine -e Gesellschaft.

Au|to|mo|bil, das; -s, -e [zu lat. mobilis = beweglich] (veraltend, noch geh. u. scherzh.): *Auto.*

Au|to|mo|bil|aus|stel|lung, die: *Ausstellung, auf der die neuesten Modelle verschiedener Automarken vorgestellt werden.*

Au|to|mo|bil|in|dus|trie, die: *Autos herstellende Industrie.*

Au|to|mo|bil|klub, der: *Vereinigung von Autofahrern zur Durchsetzung gemeinsamer Interessen.*

au|to|nom ⟨Adj.⟩ [griech. autónomos, zu: nómos = Gesetz]: a) *verwaltungsmäßig selbstständig, unabhängig (b):* ein -er Staat; -e Gebiete; b) *unabhängig (1 a), eigenständig:* jedes Team arbeitet a. auf dem Gelände; c) *zu den Autonomen gehörend, von ihnen ausgehend o. Ä.:* militante -e Gruppen störten die Demonstration gegen Ausländerfeindlichkeit.

Au|to|no|me, der u. die; -n, -n ⟨Dekl. ↑Abgeordnete⟩: *Angehörige[r] einer politisch der Linken (2) zuzuordnenden, nach eigenem Selbstverständnis aber keiner Ideologie verpflichteten Gruppierung, die Staat u. Gesellschaftssystem ablehnt u. mit Gewaltaktionen bekämpft.*

Au|to|no|mie, die; -, -n [griech. autonomía]: 1. (bildungsspr.) *[verwaltungsmäßige] Unabhängigkeit, Selbstständigkeit:* die A. dieses Landes ist gefährdet; A. fordern. 2. (Philos.) *Willensfreiheit.*

Au|to|num|mer, die: *polizeiliches Kennzeichen eines Autos, das im Allgemeinen aus [Buchstaben u.] Zahlen besteht.*

Au|to|pi|lot, der (Technik): *automatische Steuerungsanlage in Flugzeugen, Raketen o. Ä.*

Au|top|sie, die; -, -n [griech. autopsía = das Sehen mit eigenen Augen]: 1. (Med.) *Leichenöffnung; Untersuchung des [menschlichen] Körpers nach dem Tod zur Feststellung der Todesursache.* 2. (Fachspr.) *Prüfung durch persönliche Inaugenscheinnahme.*

Au|tor, der; -s, ...oren [lat. auctor = Urheber, Schöpfer, eigtl. = Mehrer, Förderer, zu: augere (2. Part.: auctum) = wachsen machen, mehren]: a) *Verfasser eines Werkes der Literatur, eines Textes:* ein viel gelesener A.; unter Mitwirkung eines bekannten -s; neue -en gewinnen; b) (seltener) *Urheber eines Werks der Musik, Kunst, Fotografie, Filmkunst.*

Au|to|ra|dio, das: *speziell zum Betrieb in Kraftfahrzeugen eingerichtetes Rundfunkgerät.*

Au|to|ra|dio|gra|phie, (auch:) Autoradiografie, die: *(in der Medizin, der Biologie u. der Metallurgie angewandte) Methode zur Sichtbarmachung der räumlichen Anordnung radioaktiver Stoffe, die auf der Schwärzung von speziellen Platten (5) durch die Radioaktivität dieser Stoffe beruht.*

Au|to|rei|fen, der: *Reifen für das Auto.*

Au|to|rei|se|zug, der: *Zug, der Personen mit ihren Autos transportiert.*

Au|to|ren|film, der: *Film (3 a), bei dem der Verfasser des Drehbuchs auch die Regie führt.*

Au|to|ren|kol|lek|tiv, das; -s, -e, auch: -s (bes. DDR): *Gruppe von Autoren, die ein Werk in Zusammenarbeit herausgibt.*

Au|to|ren|le|sung, die: *Veranstaltung, bei der ein Autor aus seinen Werken vorliest.*

Au|to|ren|nen, das: *mit [Renn]autos ausgetragenes Rennen.*

Au|to|renn|sport, der: *mit Autos ausgeübter Rennsport.*

Au|to|ren|re|gis|ter, das: *am Ende eines Buches aufgeführte alphabetische Namenliste der zitierten Autoren.*

Au|to|re|verse, das: *Automatik, bes. bei Kassettenrekordern, die nach Ablauf einer Seite der Kassette auf die andere umschaltet.*

Au|to|rin, die; -, -nen: w. Form zu ↑Autor.

Au|to|ri|sa|ti|on, die; -, -en (bildungsspr.): *Ermächtigung, Vollmacht:* die A. erteilen.

au|to|ri|sie|ren ⟨sw. V.; hat⟩ [mlat. auctorizare] (bildungsspr.): 1. *jmdn. bevollmächtigen, [als Einzigen] zu etw. ermächtigen:* jmdn. zu etw. a. 2. *die Genehmigung zu etw. erteilen:* autorisierte *(vom Autor genehmigte u. für gut befundene)* Übersetzungen.

au|to|ri|tär ⟨Adj.⟩ [frz. autoritaire, zu: auteur < lat. auctor, ↑Autor]: 1. a) *totalitär, diktatorisch:* ein -es Regime; b) *unbedingten Gehorsam fordernd:* eine -e Erziehung; sein Vater war sehr a.

2. (veraltend) a) *auf Autorität beruhend:* -e Gewalt; b) *mit Autorität ausgestattet:* ein -er Herrscher.

Au|to|ri|tät, die; -, -en [lat. auctoritas]: 1. ⟨o. Pl.⟩ *auf Leistung od. Tradition beruhender Einfluss einer Person od. Institution u. daraus erwachsendes Ansehen:* kirchliche, elterliche A.; die A. des Staates; A. haben, besitzen; sich A. verschaffen. 2. *Persönlichkeit mit maßgeblichem Einfluss u. hohem [fachlichem] Ansehen:* eine medizinische A.; sie ist eine A., gilt als A. auf ihrem Gebiet; er ist für mich keine A.

Au|to|ri|ta|tiv ⟨Adj.⟩ (bildungsspr.): *auf Autorität, Ansehen beruhend; maßgebend; aufgrund, mithilfe seiner Autorität, Stellung:* der -e Umgangston des Dirigenten.

au|to|ri|täts|gläu|big ⟨Adj.⟩ (abwertend): *eine Autorität (2) für unfehlbar haltend.*

Au|to|ri|täts|gläu|big|keit, die; -: *das Autoritätsgläubigsein.*

Au|tor|schaft, die; -: *Urheberschaft:* seine A. bestreiten.

Au|to|schlan|ge, die: *mehr od. weniger lange Reihe dicht aufeinander folgender, langsam fahrender Autos bei sich stauendem Verkehr.*

Au|to|schlüs|sel, der: *Schlüssel für die Autotür, den Kofferraum, das Zündschloss o. Ä.*

Au|to|sex, der: 1. (Fachspr.) *am eigenen Körper vorgenommene sexuelle Handlung.* 2. (ugs.) *Sex (2) im Auto.*

Au|to|skoo|ter, der: *Skooter.*

Au|to|sla|lom, der (Motorsport): *Geschicklichkeitswettbewerb in der Art eines Slaloms.*

Au|to|som, das; -s, -en [zu ↑auto-, Auto- u. ↑Chromosom] (Med.): *Chromosom, das im Unterschied zu den Geschlechtschromosomen in den diploiden Zellen beider Geschlechter paarweise vorkommt.*

Au|to|ste|reo|typ, das ([Sozial]psych.): *Stereotyp, das eine Person od. Gruppe von sich selbst hat.*

Au|to|stopp, der [eindeutschende Schreibung von frz. autostop, aus: auto(mobile) u. engl. stop = das Anhalten, vgl. stoppen]: *das Anhalten von Autos zu dem Zweck, sich mitnehmen zu lassen:* A. machen; mit/per A. fahren.

Au|to|stra|ße, die: *Straße, die nur für Kraftfahrzeuge von einer bestimmten mindestens zu fahrenden Geschwindigkeit an zugelassen ist.*

Au|to|strich, der (ugs.): a) *Straße, Gegend, in der sich Prostituierte aufhalten, um sich Autofahrern anzubieten:* der A. am Rande der Stadt; b) *Form der Prostitution, bei der sich Prostituierte an Autostraßen aufhalten, um sich Autofahrern anzubieten:* der A. hat sie kaputtgemacht.

Au|to|stun|de, die: *Strecke, die ein Auto mit durchschnittlicher Geschwindigkeit in einer Stunde zurücklegt.*

Au|to|sug|ges|ti|on, die: *Steuerung des eigenen Verhaltens mit den Mitteln der Suggestion* (1 a).

au|to|sug|ges|tiv ⟨Adj.⟩: *sich selbst beeinflussend.*

Au|to|te|le|fon, das: *drahtloses Telefon, das in Kraftfahrzeugen eingebaut ist.*

Au|to|tour, die: *Tour (1) mit dem Auto.*

Au|to|tou|ris|mus, der: *touristischer Verkehr, Urlaubsverkehr mit Privatautos.*

Au|to|to|xin, das (Med.): *im eigenen Körper entstandenes Gift.*

Au|to|trans|fu|si|on, die (Med.): 1. *Eigenblutbehandlung.* 2. *Notmaßnahme (bei großen Blutverlusten) zur Versorgung der lebenswichtigen Organe mit Blut durch Hochlegen u. Bandagieren der Gliedmaßen.*

Au|to|tro|pis|mus, der; -, ...men [zu griech. tropḗ = (Hin)wendung] (Bot.): *Bestreben eines Pflanzenorgans, die Normallage einzuhalten od. sie nach einem Reiz wiederzugewinnen.*

Au|to|tür, die: *Tür eines Autos.*

Au|to|ty|pie, die; -, -n [↑Type] (Druckw.): *Druckverfahren, bei dem gerasterte Negative auf Glasplatten kopiert werden.*

Au|to|un|fall, der: *Unfall mit dem Auto:* die Zahl der Autounfälle ist leicht rückläufig; sie ist bei einem A. schwer verletzt worden.

Au|to|ver|kehr, der: *durch Autos entstehender Straßenverkehr.*

Au|to|ver|leih, der: *Unternehmen, das gegen Entgelt Autos verleiht.*

Au|to|werk|statt, die: *Werkstatt, in der Autos gewartet u. repariert werden.*

Au|to|wrack, das: *auch äußerlich stark beschädigtes funktionsunfähiges Auto.*

au|to|zen|triert ⟨Adj.⟩: *eigenständig, nicht integriert:* -e Entwicklung (Politik; *entwicklungspolitische Strategie, die nicht eine Integration des Entwicklungslandes in die Weltwirtschaft zum Ziel hat, sondern sich für eine eigenständige Entwicklung auf der Basis der im Lande verfügbaren Ressourcen ausspricht*).

Au|to|zoom, das; -s, -s (Fot.): *Vorrichtung an einer Filmkamera, die automatisch die Brennweite abstimmt u. die Entfernung einstellt.*

Au|to|zu|be|hör, das: *Teile, die nachträglich in ein Auto eingebaut werden u. die seine Ausstattung ergänzen od. verbessern.*

autsch ⟨Interj.⟩: Ausruf bei unvermutetem körperlichem Schmerz: a., ich habe mir den Finger verbrannt!

au|tum|nal ⟨Adj.⟩ [lat. autumnalis, zu: autumnus = Herbst] (Fachspr.): *herbstlich.*

Au|ver|gne [oˈvɛrnjə], die; -: Region in Frankreich.

au|weh ⟨Interj.⟩: Ausruf des Schmerzes und des Bedauerns.

au|wei[a] ⟨Interj.⟩ (salopp): Ausruf, durch den jmd. Überraschung, Bestürzung, Beklommenheit ausdrückt: a., ich habe meine Schlüssel vergessen!

aux fines herbes [ofinˈzɛrb; frz., ↑Fines Herbes] (Gastr.): *mit frisch gehackten Kräutern.*

au|xi|li|ar ⟨Adj.⟩ [lat. auxiliaris, zu: auxilium = Hilfe, Unterstützung, eigtl. = Zuwachs, zu: augere, ↑Autor] (Fachspr.): *helfend, zur Hilfe dienend.*

Au|xi|li|ar|verb, das (Sprachw.): *Hilfsverb.*

a v. = a vista.

Avan|ce [aˈvãːsə], die; -, -n [frz. avance, zu: avancer, ↑avancieren]: 1. (veraltet) a) *Vorteil, Gewinn;* b) *Geldvorschuss.* 2. *** jmdm. -n machen** (1. geh.: *jmdm. gegenüber sein Interesse an ihm, an einer Beziehung mit ihm deutlich erkennen lassen.* 2. *jmdm. bestimmter Vorteile wegen deutliches Entgegenkommen zeigen, um ihn für sich zu gewinnen*).

Avan|ce|ment [avãsəˈmãː], das; -s, -s [frz. avancement] (geh. veraltend): *Beförderung, Aufrücken in eine höhere Stelle.*

avan|cie|ren [avãˈsiːrən] ⟨sw. V.; ist⟩ [frz. avancer, zu einem vlat. Verb mit der Bed. »vorwärts bringen«, zu spätlat. abante = vorweg]: 1. (veraltend) *befördert werden, in einen höheren Dienstrang aufrücken:* er avancierte zum Direktor. 2. *zu etw. werden, aufsteigen, aufrücken:* er ist zum besten Spieler der Mannschaft avanciert. 3. (veraltet) *vorwärts gehen, vorrücken.*

Avan|ta|ge [avãˈtaːʒə], die; -, -n [frz. avantage, zu: avant, ↑Avantgarde]: (veraltet) *Vorteil, Gewinn.*

Avant|gar|de [avãˈgardə], die; -, -n [frz. avant-garde, aus: avant = vorn (< spätlat. abante, ↑avancieren) u. garde, ↑Garde]: 1. *Gruppe von Vorkämpfern einer geistigen Entwicklung:* er gehört zur A. 2. (veraltet) *Vorhut einer Armee.*

Avant|gar|dis|mus, der; -: *für neue Ideen eintretende kämpferische Richtung auf einem bestimmten Gebiet (bes. in der Kunst); fortschrittliche Haltung.*

Avant|gar|dist, der; -en, -en: *Vorkämpfer, Neuerer (bes. auf dem Gebiet der Kunst u. Literatur).*

Avant|gar|dis|tin, die; -, -nen: w. Form zu ↑Avantgardist.

avant|gar|dis|tisch ⟨Adj.⟩: *den Avantgardismus betreffend, zu ihm gehörend:* -e Literatur, Malerei.

avan|ti ⟨Interj.⟩ [ital. avanti < spätlat. abante, ↑avancieren]: *vorwärts!, los!, weiter!*

AvD = Automobilclub von Deutschland.

Ave [ˈaːve], das; -[s], -[s]: kurz für ↑Ave-Maria: ein A. beten.

Ave-Ma|ria, das; -[s], -[s] [nach den Anfangsworten des Gebets (nach Lukas 1, 28)] (kath. Kirche): *Gebet zur Verehrung Marias; Angelus* (a); *Englischer Gruß:* drei A. beten.

Ave-Ma|ria-Läu|ten, das; -s: *morgens, mittags u. abends ertönendes kurzes Glockenläuten als Aufforderung, das Ave-Maria zu beten.*

Ave|ni|da, die; -, -s u. ...den [span., port. avenida, zu lat. advenire = herankommen, hereinbrechen]: 1. *breite Prachtstraße spanischer, portugiesischer u. lateinamerikanischer Städte.* 2. *spanische u. portugiesische Bezeichnung für eine Sturzflut nach heftigen Regengüssen.*

Aven|tiu|re [avɛnˈtyːrə], die; -, -n [mhd. âventiure, ↑Abenteuer] (Literaturw.): 1. *(in der mittelhochdeutschen Literatur, bes. in der Artusdichtung) ritterliche Bewährungsprobe, die der Held bestehen muss.* 2. *Abschnitt in einem mittelhochdeutschen Epos, das nach einzelnen ritterlichen Bewährungsproben gegliedert ist.*

Aven|tu|rin, der; -s, -e [frz. aventurine, H. u., viell. zu: aventure (↑Abenteuer), die Einlagerungen erscheinen wie zufällig eingestreut] (Bergbau): *gelber, roter od. golden flimmernder Quarz mit metallisch glänzenden Einlagerungen.*

Aven|tu|rin|glas, das ⟨Pl. ...gläser⟩: *dem Aventurin ähnliches Glas mit glänzenden Einlagerungen.*

Ave|nue [avəˈnyː], die; -, -n [...ˈnyːən; frz. avenue, zu lat. advenire = herankommen]: *mit Bäumen bepflanzte Prachtstraße in einer Stadt.*

Ave|rage [ˈævərɪdʒ], der; -, -s [engl. average < frz. avarie, ↑Havarie]: 1. (bes. Statistik) *Durchschnitt, Mittelwert.* 2. (Kaufmannsspr.) *Ware mittlerer Güte.* 3. (Seew.) *Havarie* (1).

Aver|bo, das; -s, -s [aus lat. a verbo = vom Verb] (Sprachw.): *Stammform des Verbs.*

Avers, der; -es, -e [frz. avers < lat. adversus = mit der Vorderseite zugewendet] (Münzk.): *Vorderseite einer Münze od. einer Medaille.*

Aver|si|on, die; -, -en [frz. aversion < lat. aversio, eigtl. = das (Sich)abwenden]: *Abneigung, Widerwille:* gegen jmdn., etw. eine A. haben, -en hegen.

Avi|a|ri|um, das; -s, ...ien [lat. aviarium, zu: aviarius = zu den Vögeln gehörend, Vogel-, zu: avis = Vogel]: *großes Vogelhaus (in zoologischen Gärten).*

Avi|a|tik, die; -: *Flugtechnik, Flugwesen.*

Avi|a|ti|ker, der; -s, -: *Flugtechniker; Kenner des Flugwesens.*

Avi|a|ti|ke|rin, die; -, -nen: w. Form zu ↑Aviatiker.

Avi|gnon [avɪnˈjõː], : Stadt in Südfrankreich.

avi|ru|lent ⟨Adj.⟩ [aus griech. a- = nicht, un- u. ↑virulent] (Med.): *(von Mikroorganismen) nicht virulent* (1).

Avis [aˈviː], der od. das; - [aˈviː(s)], - [aˈviːs, auch aˈviːs], der od. das; -es, -e [frz. avis, aus afrz. ce m'est a vis = das ist meine Ansicht < vlat. mihi visum est = es scheint mir]: 1. (Kaufmannsspr.) *Anzeige, Ankündigung [einer Sendung an den Empfänger].* 2. (Bankw.) *Mitteilung des Ausstellers eines Wechsels an den Schuldner über die Deckung der Wechselsumme.*

avi|sie|ren ⟨sw. V.; hat⟩: a) *das Bevorstehen von etw., die Ankunft, das Eintreffen von jmdm. od. etw. schriftlich o. ä. ankündigen:* eine Warenlieferung a.; b) (schweiz.) *benachrichtigen.*

[1]Avi|so, der; -s, -s [frz. aviso, aus span. barca de aviso = Nachrichtenschiff, zu frz. avis, ↑Avis] (veraltet): *leichtes, schnelles, wenig bewaffnetes Kriegsschiff.*

[2]Avi|so, das; -s, -s [ital. avviso, aus afrz. ce m'est a vis, ↑Avis] (österr.): *Avis* (1).

a vis|ta [ital. = bei Sicht, aus ↑[2]a u. ↑Vista] (Bankw.): *bei Vorlage fällig* (Abk.: a v.).

Avis|ta|wech|sel, der: *Wechsel, der bei Vorlage fällig ist; Sichtwechsel.*

Avi|va|ge [aviˈvaːʒə], die; -, -n [frz. avivage] (Textilind.): *das Avivieren.*

avi|vie|ren ⟨sw. V.; hat⟩ [frz. aviver, zu: vif = lebendig < lat. vivus] (Textilind.): *Glanz u. Geschmeidigkeit von Geweben o. Ä. aus Chemiefasern durch Nachbehandlung mit fetthaltigen Stoffen erhöhen; schönen* (1 a).

Avo|ca̲|do, die; -, -s [älter span. avocado, volksetym. Umdeutung (unter Anlehnung an älter: abocado = Advokat) von aguacate < Nahuatl (mittelamerik. Indianerspr.) ahuacatl]: *birnenförmige, essbare Frucht eines südamerikanischen Baumes.*

A̱vus, die; - [Kurzwort für: Automobil-Verkehrs- u. -Übungsstraße]: frühere Rennstrecke für Autorennen in Berlin (heute Teil der Autobahn).

AWACS [ˈavaks, engl.: ˈeɪwæks; Abk. für engl. Airborne early warning and control system]: Frühwarnsystem der Nato.

A̱xel, der; -s, - [nach dem norw. Eiskunstläufer Axel Paulsen (1855–1938)] (Eis-, Rollkunstlauf): *von der Außenkante des linken Fußes vorwärts ausgeführter Sprung, bei dem der Läufer nach einer Umdrehung rückwärts laufend mit der Außenkante des rechten Fußes wieder aufsetzt.*

axi|a̲l ⟨Adj.⟩ [zu lat. axis = (Erd)achse, verw. mit ↑Achse] (Technik): *in der Achsenrichtung, längs der Achse, achsig:* -e Verschiebung; -e Belastung.

Axi|a|li|tä̲t, die; -, -en: *axiale Anordnung, Achsigkeit.*

Axi|a̲l|ver|schie|bung, die: *Verschiebung in Richtung der Längsachse.*

axil|la̲r ⟨Adj.⟩ [zu lat. axilla = Achselhöhle, Vkl. von: ala = Achsel]: **1.** (Med.) *zur Achselhöhle gehörend, in ihr gelegen.* **2.** (Bot.) *unmittelbar über der Ansatzstelle eines Blattes hervorbrechend od. gewachsen.*

Axil|la̲r|knos|pe, die (Bot.): *über einer Blattansatzstelle hervorbrechende Knospe.*

Axi|o̲m, das; -s, -e [lat. axioma < griech. axíōma, eigtl. = Würdigung; Würde, Ansehen, zu: áxios = würdig, wert] (Wissensch., Philos.): **1.** *als absolut richtig erkannter Grundsatz; gültige Wahrheit, die keines Beweises bedarf.* **2.** *nicht abgeleitete Aussage eines Wissenschaftsbereichs, aus der andere Aussagen deduziert werden.*

Axi|o|ma̲|tik, die; - (Wissensch.): **1.** *Lehre vom Definieren u. Beweisen mithilfe von Axiomen.* **2.** *axiomatisches Verfahren, Vorgehen.*

axi|o|ma̲|tisch ⟨Adj.⟩ [griech. axiōmatikós] (Wissensch.): **1.** *auf Axiomen beruhend.* **2.** *unanzweifelbar, gewiss.*

axi|o|ma|ti|sie̲|ren ⟨sw. V.; hat⟩ (Wissensch.): **1.** *zum Axiom erklären.* **2.** *axiomatisch festlegen.*

Ax|mins|ter|tep|pich [ˈɛksmɪnstə...], der; -s, -e [nach der engl. Stadt Axminster in Devonshire]: *gewebter Florteppich.*

Axo|lo̲tl, der; -s, - [aztekisch]: *mexikanischer Schwanzlurch, der sich schon im Larvenstadium fortpflanzen kann.*

Axo|no|me|tri̲e, die; -, -n [zu griech. áxōn = Achse u. métron, ↑Meter] (Math.): *geometrisches Verfahren, räumliche Gebilde durch Parallelprojektion auf eine Ebene darzustellen.*

A̱xt, die; -, Äxte [mhd. ackes, ax(t), ahd. ackus, wahrsch. aus einer kleinasiat. Spr.]: *Werkzeug mit schmaler Schneide u. langem Stiel, bes. zum Fällen von Bäumen:* die A. schwingen; R die A. im Haus erspart den Zimmermann (*jemand, der geschickt ist im Umgang mit Handwerkszeug, braucht für vieles nicht die Hilfe eines Fachmanns;* Schiller, Wilhelm Tell III, 1); R (ugs. scherzh.:) die A. im Haus ersetzt die Ehescheidung; * **wie eine/die A. im Walde** (ugs.; *ungehobelt, rüpelhaft in seinem Benehmen*): er benimmt sich wie die A. im Walde; **einer Sache die A. an die Wurzel legen, an einer Sache die A. anlegen** (*sich anschicken, einen Missstand zu beseitigen;* nach Matthäus 3, 10).

A̱xt|hieb, der: *Hieb mit einer Axt.*

Aya|to̲l|lah: ↑Ajatollah.

AZ, Az. = Aktenzeichen.

a. Z. = auf Zeit.

Aza|le̲e (Fachspr.), **Aza̲|lie,** die; -, -n [griech. azaléa, zu: azaléos = trocken, dürr]: *(zu den Heidekrautgewächsen gehörende) als Strauch wachsende Pflanze mit großen, weißen, rosa od. roten, trichterförmigen Blüten u. kleinen, dunkelgrünen Blättern.*

a̱zen|trisch ⟨Adj.⟩ [aus griech. a- = nicht, un- u. ↑zentrisch] (bes. Fachspr.): *ohne Zentrum; nicht zentrisch.*

aze|o|tro̲p ⟨Adj.⟩ [zu griech. a- = nicht, un-, zeĩn = sieden u. tropḗ = (Hin)wendung] (Chemie): *(von einem Flüssigkeitsgemisch aus mehreren Komponenten) einen konstanten Siedepunkt besitzend.*

Aze̲|tat usw.: ↑Acetat usw.

Azi|mu̲t, das, auch: der; -s, -e [arab. as-sumūt = die Wege] (Astron.): *Winkel zwischen der Vertikalebene eines Gestirns u. der Südhälfte der Meridianebene, gemessen von Süden über Westen, Norden u. Osten.*

azi|mu|ta̲l ⟨Adj.⟩: *das Azimut betreffend.*

Azi̲|ne ⟨Pl.⟩ [zu frz. azote = Stickstoff] (Chemie): *stickstoffhaltige Verbindungen des Benzols.*

A̱zo|grup|pe, die [zu frz. azote = Stickstoff] (Chemie): *chemische Gruppe aus zwei Stickstoffatomen.*

Azo̲|i|kum, das; -s [zu griech. ázōos = ohne Leben, aus a- = nicht, un- u. zōós = lebendig] (Geol.): *älteste erdgeschichtliche Formation.*

azo̲|isch ⟨Adj.⟩ (Geol.): **1.** *zum Azoikum gehörend.* **2.** *ohne Spuren organischen Lebens.*

Azo|o|sper|mi̲e [at̲soo...], die; -, -n [zu griech. ázōos (↑Azoikum) u. ↑Sperma] (Med.): *das Fehlen von beweglichen Spermien in der Samenflüssigkeit.*

Azo̲|ren ⟨Pl.⟩: Inselgruppe im Atlantischen Ozean.

Azo̲|ren|hoch, das (Met.): *häufig über dem mittleren Nordatlantik liegendes Hoch (2) mit Kern südlich od. westlich der Azoren, das zur Zone des subtropischen hohen Luftdrucks gehört u. großen Einfluss auf das Wettergeschehen West- u. Mitteleuropas hat.*

Az|te̲|ke, der; -n, -n: Angehöriger eines Indianerstammes in Mexiko.

Az|te̲|ken|reich, das: *Reich der Azteken in Mexiko vor der spanischen Eroberung.*

az|te̲|kisch ⟨Adj.⟩: *die Azteken betreffend; von den Azteken stammend, zu ihnen gehörend.*

Az|te̲|kisch, das; -[s] u. ⟨nur mit best. Art.:⟩ **Az|te̲|ki|sche,** das; -n: *Sprache der Azteken.*

Azu|bi [aˈt̲su:bi, ˈa:t̲subi], der; -s, -s u. die; -, -s (ugs.): Kurzwort für: Auszubildende[r].

Azu|le|jos [at̲suˈlɛxɔs, asu...] ⟨Pl.⟩ [span. azulejos < arab. (mit Art.) az-zulaiǧ = glasierte Keramik, Kacheln]: *mehrfarbig (vor allem dunkelgrün, blau, violett, rot) glasierte Wandkacheln aus Spanien.*

Azu|le̲n, das; -s, -e [zu ↑Azur] (Chemie): *blauer, bizyklischer aromatischer Kohlenwasserstoff.*

Azu̲r, der; -s [frz. azur < mlat. azzurum < arab. lāzaward (< pers. lāǧward) = Lapislazuli] (dichter.): **1.** *blaue Farbe des Himmels.* **2.** *der blaue Himmel.*

azu̲r|blau ⟨Adj.⟩: *himmelblau, leuchtend blau:* ein -er Himmel.

Azu|re̲e|li|ni|en ⟨Pl.⟩ [frz. azurée, 2. Part. von: azurer = lasurblau färben]: *waagerechtes, meist wellenförmiges Linienband auf Vordrucken, z. B. Schecks, zur Erschwerung von Änderungen od. Fälschungen.*

azu|ri̲ert ⟨Adj.⟩: *mit Azureelinien versehen.*

Azu|ri̲t [auch: ...ˈrɪt], der; -s: *blaues durchscheinendes Mineral, das als Schmuckstein verwendet wird.*

azu̲rn ⟨Adj.⟩ (geh.): *himmelblau:* ein -er Himmel.

azy|klisch [ˈat̲sy:klɪʃ, ˈat̲syk...] ⟨Adj.⟩ [aus griech. a- = nicht, un- u. ↑zyklisch]: **1.** (Chemie) *nicht kreisförmig:* -e Verbindungen. **2.** (bes. Med.) *zeitlich unregelmäßig, nicht zyklisch* (1): eine -e Menstruation. **3.** (Bot.) *(von Blütenblättern) spiralig angeordnet.*

A̱zy|mon [auch: ˈat̲s...], das; -[s], ...ma [kirchenlat. azymon < spätgriech. ázymon, zu griech. ázymos = ungesäuert]: **1.** *ungesäuertes Brot; Matze.* **2.** ⟨Pl.⟩ *Passahfest als Fest der ungesäuerten Brote.*

Az|zu̲r|ri, (auch:) **Az|zu̲r|ris** ⟨Pl.⟩ [ital. azzurri (Pl.) = die Blauen (nach der Farbe ihres Trikots), zu: azzurro = blau < arab. lāzaward, ↑Azur]: *italienische Sportmannschaft[en].*

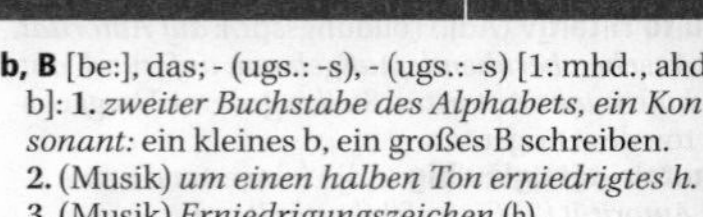

b, B [be:], das; - (ugs.: -s), - (ugs.: -s) [1: mhd., ahd. b]: **1.** *zweiter Buchstabe des Alphabets, ein Konsonant:* ein kleines b, ein großes B schreiben. **2.** (Musik) *um einen halben Ton erniedrigtes h.* **3.** (Musik) *Erniedrigungszeichen* (♭).

b = ²Bar; b-Moll

B = B-Dur; Bel; Bor; Bundesstraße.

β, B: ↑Beta.

b. = bei[m].

B. = Bachelor.

Ba = Barium.

Ba̲al: semitischer Wetter- u. Himmelsgott.

Ba̲as, der; -es, -e [niederl. baas < mniederl. baes, H. u.] (nordd., bes. Seemannsspr.): *Herr, Meister Aufseher, Vermittler.*

BAB = Bundesautobahn.

ba|ba̲, bä|bä̲ (Kinderspr.): weist auf etwas Schmutziges, Ekelhaftes hin, was nicht angefasst, nicht getan werden soll: nicht anfassen, das ist b.

¹Ba|ba̲, der; - [türk. baba = Vater] (früher): *türkischer Ehrentitel für einen Geistlichen.*

²Ba̲|ba, die; -, -s [slaw., vgl. poln. baba = Großmutter, russ. baba = alte Frau; Lallwort der Kinderspr.] (landsch.): *Großmutter.*

ba̲b|beln ⟨sw. V.; hat⟩ [lautm. nach den ersten kindlichen Sprechversuchen ba-ba] (landsch.): **1.** *(von Kleinkindern, bevor sie richtig sprechen können) noch unverständlich, einzelne Laute, Silben sprechen:* das Baby babbelt schon ein bisschen. **2.** *andauernd [töricht] reden, schwatzen; sich unterhalten:* dummes Zeug b.

¹Ba̲|bel, das; -s, - [hebr. Bavel für griech. Babylon < babyl. bābilāni = Pforte der Götter] (selten): **1.** *Ort des Lasters, der Verworfenheit; Sündenbabel.* **2.** *Stadt mit einem Gemisch von Völkern u. Gewirr von Sprachen:* New York ist ein B.

²Ba̲|bel: ↑Babylon.

Ba|bu̲|sche [auch: baˈbu:ʃə], die; -, -n ⟨meist Pl.⟩ [frz. babouche < pers. pāpuš = Fußbekleidung] (landsch., bes. ostmd.): *bequemer, warmer, aus Stoff hergestellter Hausschuh.*

Ba̲|busch|ka, die; -, -s [russ. babuška, vgl. ²Baba] (landsch.): *Großmutter.*

Ba|by [ˈbe:bi, engl.: ˈbeɪbɪ], das; -s, -s [engl. baby, Lallwort der Kinderspr.]: **1. a)** *Säugling, Kleinkind im ersten Lebensjahr:* ein süßes B.; sie benimmt sich wie ein B.; er ist noch ein richtiges B. *(unselbstständig, hilflos);* **b)** *Kind:* sich ein B. wünschen; sie erwartet, bekommt ein B. **2.** (Kosew.) *Schätzchen, Liebling.*

Ba|by|al|ter, das: *erstes Lebensjahr eines Kindes:* das B. ist bei ihm jetzt vorbei; sie ist noch im B.

Ba|by|aus|stat|tung, die: *Kleidung für das Baby* (1) *[u. Gegenstände für die Säuglingspflege].*

Ba|by|boom, der [↑Boom] (ugs.): *[plötzlicher] Anstieg der Geburtenziffer.*

Ba|by|boo|mer, der; -s, -[s] (ugs.): *jmd., der einem geburtenstarken Jahrgang entstammt.*

Ba|by|jahr, das: **1.** *bei Müttern für jedes Kind zusätzlich anzurechnendes Rentenversicherungsjahr.* **2.** *ein Jahr dauernder Erziehungsurlaub.*

Ba̲|by|lon: Ruinenstadt am Euphrat.

Ba|by|lo̲|ni|en; -s: antikes Reich zwischen Euphrat u. Tigris.

Ba|by|lo̲|ni|er, der; -s, -: Ew.

Ba|by|lo̲|ni|e|rin, die; -, -nen: w. Form zu ↑Babylonier.

ba|by|lo̲|nisch ⟨Adj.⟩: *Babylon, die Babylonier betreffend:* die -en Einwohner; die Babylonische

Gefangenschaft (bibl.; *Zwangsverschleppung der Juden nach Babylon 597 u. 587 v. Chr.*); * **-e Sprachverwirrung, -es Sprachengewirr** (bildungsspr.; *Vielfalt von Sprachen, die an einem Ort, meist in einer Weltstadt, gesprochen werden;* nach 1. Mos. 11, 9).

Ba|by|nah|rung, die: *für Säuglinge besonders zubereitete, geeignete Nahrung.*

Ba|by|pau|se, die (ugs.): *Unterbrechung der Erwerbstätigkeit nach der Geburt eines Kindes.*

ba|by|sit|ten ⟨V., nur im Inf.⟩ (ugs.): *sich als Babysitter betätigen:* heute Abend gehe ich b., muss ich b.

Ba|by|sit|ter, der; -s, - [engl. baby-sitter]: *Person, die kleine Kinder bei Abwesenheit der Eltern [gegen Entgelt] beaufsichtigt.*

Ba|by|sit|te|rin, die; -, -nen: w. Form zu ↑Babysitter.

Ba|by|sit|ting, das; -s [engl. baby-sitting, zu: to baby-sit = babysitten, aus: baby (↑Baby) u. to sit = sitzen]: *Beaufsichtigung kleiner Kinder bei Abwesenheit der Eltern.*

Ba|by|speck, der (ugs. scherzh.): **a)** *rundliche Formen, die der Körper eines Säuglings od. Kleinkindes aufweist;* **b)** *(meist unerwünschte) rundliche Körperformen eines Teenagers.*

Ba|by|strich, der (ugs.): **a)** ⟨o. Pl.⟩ *Prostitution von Minderjährigen;* **b)** *Straße, Gegend, in der sich Minderjährige für sexuelle Handlungen anbieten.*

Ba|by|zel|le, die: *kleine, längliche Batterie* (2 a).

Bac|cha|nal [baxaˈnaːl], das; -s, -e [lat. Bacchanal, zu ↑Bacchus] (geh.): *ungezügeltes, ausschweifendes Fest, Trinkgelage.*

[1]**Bac|chus** [ˈbaxʊs, österr. auch: ˈbakʊs; lat. Bacchus < gr. Bákchos] (griech.-röm. Myth.): Gott des Weines: * **[dem] B. huldigen** (geh. verhüll.; *Wein trinken*).

[2]**Bac|chus,** der; -, -: **a)** ⟨o. Pl.⟩ *Rebsorte aus einer Kreuzung von Silvaner, Riesling u. Müller-Thurgau;* **b)** *aus Bacchus* (a) *hergestellter fruchtiger Weißwein mit mehr od. weniger stark ausgeprägtem muskatähnlichem Bukett.*

Bạch, der; -[e]s, Bäche [mhd. bach, ahd. bah, H. u.]: **1.** *kleiner natürlicher Wasserlauf von geringer Tiefe u. Breite:* der B. rauscht, windet sich durch das Tal. **2.** *Rinnsal, das sich aus abfließendem Regenwasser, Schmutzwasser o. Ä. gebildet hat:* das Regenwasser floss in Bächen ab; Ü Bäche von Schweiß flossen an ihm herunter; * **[einen] B., [ein] Bächlein machen** (Kinderspr.; *urinieren*); **den B. runtergehen** (ugs.; *zunichte werden*): unsere Renten gehen eines Tages den B. runter.

bach|ab ⟨Adv.⟩ (schweiz.): *verloren; zunichte:* * **etw. b. schicken** *(etw., bes. einen Antrag o. Ä., verwerfen, ablehnen);* **b. gehen** *(zunichte werden).*

Bạch|bett, das: vgl. Flussbett.

Bạch|blü|ten|the|ra|pie, (auch:) **Bạch-Blü|ten-The|ra|pie,** die; - [nach dem engl. Arzt E. Bach]: *Therapie mit einer Essenz aus bestimmten Blüten u. Pflanzenteilen, durch die seelisch-geistige Zustände beeinflusst werden sollen.*

Bạ|che, die; -, -n [mhd. bache, ahd. bacho = Speckseite, Schinken, zu ahd. bah = Rücken (↑[2]Backe)]: *weibliches Wildschwein vom 3. Lebensjahr an.*

Bä|chel|chen, das; -s, -: Vkl. zu ↑Bach.

Ba|che|lor [ˈbɛtʃələ], der; -[s], -s [engl. bachelor < afrz. bacheler < mlat. baccalaris, ↑Bakkalaureus]: *niedrigster akademischer Grad in England, den USA u. anderen englischsprachigen Ländern* (Abk.: B.).

Bạch|fo|rel|le, die: *in klaren, sauerstoffreichen Gewässern lebende Forelle mit dunklem Rücken u. hellen Seiten, die große dunkelrote Tupfen aufweisen.*

Bạch|lauf, der; vgl. Flusslauf.

Bäch|lein, das; -s, -: Vkl. zu ↑Bach.

Bạch|stel|ze, die [mhd. bachstelz, volksetym. nach dem stelzenden Gang des Vogels, aber urspr. wohl = Vogel, der seinen Sterz (= Schwanz) ständig auf und ab bewegt]: *schwarz-weiß gefiederter Singvogel mit auffallend langem, wippendem Schwanz.*

bạck ⟨Adv.⟩ [engl. back = rückwärts; Rücken, verw. mit ↑[2]Backe] (Seemannsspr.): *entgegen, zurück, rückwärts.*

[1]**Bạck,** die; -, -en [1 a: (m)niederd. bak, wohl zu einem galloroman. Wort mit der Bed. »Wassergefäß«; vgl. Becken; 1 b: urspr. = Gruppe von Seeleuten, die aus einer Schüssel essen; 2: nach dem Raum für die [1]Back (1 b)] (Seemannsspr.): **1. a)** *hölzerne Schüssel, in der das Essen für die Schiffsmannschaft aufgetragen wird;* **b)** *Tischgemeinschaft der Schiffsmannschaft;* **c)** *zusammenklappbarer Esstisch der Schiffsmannschaft auf einem Schiff.* **2.** *Deckaufbau auf dem Vorschiff.*

[2]**Back** [bɛk, engl.: bæk], der; -s, -s [engl. back, ↑back] (veraltet; bes. Fußball): *Verteidiger.*

Bạck|aro|ma, das: *beim Backen verwendetes [künstliches] Aroma.*

Bạck|blech, das: *flache Platte aus Blech, auf der Kuchen o. Ä. zum Backen in den Ofen geschoben wird; Kuchenblech:* zwei -e mit Pizza.

bạck|bord, backbords ⟨Adv.⟩ (Seew., Luftf.): *links, auf der linken Schiffs- od. Flugzeugseite.*

Bạck|bord, das ⟨Pl. selten⟩ [aus dem Niederd. < mniederd. ba(c)kbort, aus: bak = Rücken (verw. mit ↑[2]Backe) u. ↑[2]Bord; nach dem früheren Standort des Steuermanns auf der rechten hinteren Schiffsseite, wobei ihm die linke Schiffsseite im Rücken lag] (Seew., Flugw.): *linke Seite des Schiffes (in Fahrtrichtung gesehen) od. linke Seite eines Luftfahrzeugs (in Flugrichtung gesehen):* das Ruder nach B. legen.

bạck|bords: ↑backbord.

Bạck|bord|sei|te, die (Seew.): *linker Schiffsteil (in Fahrtrichtung gesehen).*

Bäck|chen, das; -s, -: Vkl. zu ↑[1]Backe (1).

[1]**Bạ|cke,** die; -, -n [mhd. backe, ahd. backo, viell. eigtl. = Esser]: **1.** *Teil des Gesichts links bzw. rechts von Nase u. Mund; Wange:* runde -n; sie hat rote -n *(sieht frisch aus);* sie hatte eine dicke, geschwollene B. *(Schwellung der Backe);* der Junge strahlte über beide -n *(strahlte vor Freude, Glück);* Tränen liefen ihr über die -n; Ü die roten -n eines Apfels; * **au B. [mein Zahn]!** (salopper Ausruf der Verwunderung, der [unangenehmen] Überraschung). **2.** *(paarweise angeordneter) beweglicher Seitenteil od. bewegliche Seitenfläche eines Gegenstandes aus Metall, Holz od. ähnlichem festem Material zum Festklammern, Anpressen od. Zerkleinern von etw.:* die -n eines Schraubstocks, einer Bremse.

[2]**Bạ|cke,** die; -, -n [mhd. (ars)backe, bache, ahd. bahho = Schinken, Speckseite, urspr. = Rückenstück, zu ahd. bah = Rücken, H. u.; angelehnt an das nicht verwandte ↑[1]Backe] (ugs.): *Gesäßhälfte:* die -n zusammenkneifen; * **etw. auf einer B. absitzen/abreißen/runterreißen** (salopp; *etw., bes. eine Haftstrafe o. Ä. ohne [größere] Schwierigkeiten hinter sich bringen*).

[1]**bạ|cken** ⟨unr. V.; bäckt / backt, backte/(veraltend:) buk, hat gebacken⟩ [mhd. backen, ahd. backan, urspr. = wärmen, rösten]: **1. a)** *aus verschiedenen Zutaten einen Teig bereiten u. diesen unter Hitzeeinwirkung im Backofen gar u. genießbar machen:* sie bäckt/backt gern, gut; **b)** *durch Backen* (1 a) *herstellen:* Kuchen, Plätzchen b.; Ü wenn dir alle Männer nicht gefallen, musst du dir einen b. lassen (drückt Kritik aus an jmdm., der unerfüllbare Ansprüche hat); **c)** (landsch.) *in der Pfanne, im Topf auf dem Herd od. im Ofen in [schwimmendem] Fett unter starker Hitzeeinwirkung garen [u. knusprig braun werden lassen]:* Krapfen b.; **d)** *in den Teig mischen u. damit einem Gebäck o. Ä. zusetzen:* Leinsamen ins Brot b. **2.** *in der Ofenhitze eines Backofens garen:* der Kuchen muss eine Stunde b. **3.** (ugs.) *etw. zu Backendes auf bestimmte Weise garen:* unser Herd bäckt ganz gleichmäßig. **4.** (landsch.) *durch Hitzeeinwirkung dörren, trocknen:* Pflaumen b.; Backsteine werden im Ofen gebacken *(in einem Spezialofen gebrannt).*

[2]**bạ|cken** ⟨sw. V.; hat⟩ [übertr. von [1]backen, da sich der Teig während des Backens fest anhängt] (landsch.): **1.** *[an]kleben, sich zusammenballen, sich fest anhängen:* der Schnee backt an den Stiefeln. **2.** *festkleben, ankleben:* ein Schild b.

[3]**bạ|cken:** in der Wendung **b. und banken!** (Seemannsspr.; *Platz nehmen zum Essen;* eigtl. = Tisch u. Bänke herunterklappen, zu ↑[1]Back 1 c u. [1]Bank).

Bạ|cken|bart, der: *seitlich an beiden Backen wachsender Bart.*

bạ|cken|bär|tig ⟨Adj.⟩: *einen Backenbart tragend.*

Bạ|cken|kno|chen, der ⟨meist Pl.⟩: *Jochbein, bes. im Hinblick darauf, wie es die Form eines Gesichts prägt:* ein Gesicht mit hohen, starken B.

Bạ|cken|mus|kel, der: *Muskel im Bereich der Backen.*

Bạ|cken|ta|sche, die ⟨meist Pl.⟩: *Ausstülpung rechts bzw. links neben der Mundhöhle bei Säugetieren.*

Bạ|cken|zahn, der: *Mahlzahn.*

Bä|cker, der; -s, - [mhd. becker, zu ↑[1]backen]: *Handwerker, der Backwaren für den Verkauf herstellt* (Berufsbez.).

Bạck|erb|se, die (bes. österr.): *Suppeneinlage aus Mehlteig in Form von kleinen Kügelchen.*

Ba|cke|rei, die; - [zu ↑[1]backen (1)] (ugs. abwertend): *beständiges, als lästig empfundenes Backen:* die B. vor Weihnachten.

Bä|cke|rei, die; -, -en [spätmhd.]: **1.** *Betrieb [mit Laden], der Backwaren aller Art für den Verkauf herstellt:* eine B. übernehmen; in einer B. arbeiten. **2.** ⟨o. Pl.⟩ **a)** *das Herstellen von Backwaren, das Backen;* **b)** *Bäckerhandwerk:* die B. erlernen. 3. (südd., österr.) ⟨meist Pl.⟩ *Kleingebäck.*

Bä|cker|hand|werk, das: *Handwerk der Bäcker.*

Bä|cke|rin, die; -, -nen: w. Form zu ↑Bäcker.

Bä|cker|in|nung, die: *Innung der Bäcker.*

Bä|cker|meis|ter, der: *Meister* (1) *im Bäckerhandwerk.*

Bä|cker|meis|te|rin, die: **1.** w. Form zu ↑Bäckermeister. **2.** (veraltet) *Frau eines Bäckermeisters.*

Bä|ckers|frau, die: *Frau eines Bäckers.*

bạck|fer|tig ⟨Adj.⟩: *zum Backen vorbereitet, vorgefertigt:* -en Teig kaufen.

Bạck|fisch, der: **1.** *panierter gebackener Fisch.* **2.** (veraltend) *junges Mädchen.*

Bạck|form, die: *metallene od. irdene Form, in der etw. gebacken wird.*

Back|gam|mon [bækˈgæmən], das; -[s] [engl. backgammon, aus: back (↑back) u. gammon, wohl Nebenf. von mengl. gamen = Spiel]: *mit Spielsteinen u. zwei Würfeln zu spielendes Brettspiel für zwei Personen, bei dem derjenige gewinnt, der (mit taktischem Geschick bestimmten Regeln folgend) als Erster alle seine Spielsteine aus dem Spiel herausnehmen kann.*

Back|ground [ˈbɛkgraunt, engl.: ˈbækgraʊnd], der; -s, -s [engl. background, aus: back (↑back) u. ground = (Hinter)grund]: **1.** (bildungsspr.) *geistige Herkunft; Milieu, aus dem etw. erwachsen ist; geistiger, materieller, historischer Hintergrund von jmdm., etw.:* jmds. gesellschaftlicher B. **2.** *Berufserfahrung, Kenntnisse:* Exportkaufmann mit internationalem B. **3.** (Film) *Filmprojektion od. stark vergrößertes Foto als Hintergrund.* **4.** (Musik) *musikalischer Hintergrund.*

Bạck|hähn|chen, das; -s, -: *Backhendel.*

Back|hand [ˈbɛkhɛnt, engl.: ˈbækhænd], die; -, -s, auch: der; -[s], -s [engl. backhand, aus: back (↑back) u. hand = Hand] (Sport): *Rückhand[schlag] im [Tisch]tennis, Badminton, [Eis]hockey u. Polo.*

Bạck|hendl, das (österr.): *paniertes gebackenes Hähnchen.*

Bạck|hendl|sta|ti|on, die (österr.): *Restaurant, in dem bes. Backhendln angeboten werden.*

Back|lash [ˈbɛklɛʃ], der; - [engl. backlash, eigtl. = Gegenschlag, aus: back = zurück u. lash =

Schlag (mit der Peitsche)]: *Gegenreaktion, Gegenströmung; Konterschlag* (3).

Back|list [ˈbɛklɪst], die; -, -s [engl. backlist, aus: back = zurückliegend u. list = Verzeichnis, Liste] (Verlagsw.): *Anzahl, Reihe, Verzeichnis von Büchern, die nicht in neuester Zeit erschienen sind, aber weiterhin im Programm eines Verlags geführt werden.*

Back|mi|schung, die: *aus den für einen Teig notwendigen Zutaten bestehendes backfertiges Gemisch.*

Back|obst, das: *Dörrobst:* B. einweichen.

Back|ofen, der: a) *Ofen des Bäckers zum Backen von Brot, Kuchen u. a.;* b) *Teil des Herdes, in dem etw. gebacken werden kann.*

Back|pfei|fe, die [eigtl. wohl = Schlag, der um die Backen pfeift] (landsch.): *Ohrfeige.*

back|pfei|fen ⟨sw. V.; hat⟩ (landsch.): *ohrfeigen:* er hat mich gebackpfeift.

Back|pflau|me, die: *Dörrpflaume.*

Back|pul|ver, das: *Treibmittel für den [Kuchen]teig.*

Back|rohr, das (österr.): *Backofen* (b).

Back|röh|re, die: *Backofen* (b).

Back|slash [ˈbɛkslɛʃ, engl. ˈbækslæʃ], der; -s, -s [engl. backslash, aus: back = zurück u. slash = Hieb, Schnitt] (EDV): *Schrägstrich von links oben nach rechts unten.*

bäckst: ↑[1]backen.

back|stage [ˈbɛksteɪdʒ] ⟨Adv.⟩ (Jargon): *im Bereich hinter der Bühne, hinter den Kulissen.*

Back|stein, der: *Ziegel* (a).

Back|stein|bau, der ⟨Pl. -ten⟩: *Bau, Gebäude mit Backsteinen als Baumaterial.*

Back|stein|go|tik, die (Kunstwiss.): *Sonderform der Gotik in Norddeutschland, die sich durch die Verwendung von Backstein als Baumaterial auszeichnet.*

Back|stu|be, die: *Arbeitsraum eines Bäckers.*

bäckt: ↑[1]backen.

Back|trog, der: *langer Holztrog, in dem der Brotteig zubereitet wird.*

Back-up [ˈbækʊp], (auch:) **Back|up,** das; -s, -s [engl. back-up (copy), zu: to back up = unterstützen; hinter jmdm. stehen, zu: back = Rücken, ↑back] (EDV): *Sicherungskopie.*

Back|wa|re, die ⟨meist Pl.⟩: *vom Bäcker hergestellte Ware (wie Brot, Brötchen u. Kleingebäck).*

Back|werk, das ⟨o. Pl.⟩: *Gebäck verschiedener Art.*

Ba|con [ˈbeːkn̩, engl.: ˈbeɪkən], der; -s [engl. bacon < afrz. bacon, verw. mit ahd. bacho, ↑Bache]: *durchwachsener, leicht gesalzener u. angeräucherter Speck (der Bestandteil des englischen Frühstücks ist).*

Bad, das; -[e]s, Bäder [mhd. bat, ahd. bad]: **1. a)** *größere Menge temperiertes Wasser in einer Wanne zur Reinigung, Erfrischung des Körpers od. zu Heilzwecken:* ein kaltes, warmes B.; medizinische Bäder verabreichen; jmdm., sich ein B. einlaufen lassen; ins B. steigen; **b)** *das Baden in einer mit Wasser o. Ä. gefüllten Wanne (zum Zwecke der Erfrischung, Reinigung od. zu Heilzwecken):* der Arzt hat mir Bäder verordnet; das tägliche B. vermissen; ein B. nehmen *(baden);* Ü ein B. in heilkräftiger Moorerde, in heißem Sand, in warmer Luft, in praller Sonne; **c)** *das Baden, Schwimmen in einem Schwimmbad, See, im Meer o. Ä.:* ein erfrischendes B. im Meer; sich nach dem B. sofort umziehen; * **B. in der Menge** *(unmittelbarer Kontakt mit einer [wohlmeinenden] Menschenmenge)*: er liebt das B. in der Menge. **2. a)** *Badezimmer:* ein weiß gekacheltes B.; **b)** *Schwimmbad, Hallenbad, Erlebnisbad, Strandbad:* die öffentlichen Bäder sind ab 1. Mai geöffnet; ein römisches B. **3.** *Ort mit Heilquellen, Kurort:* in ein B. fahren, reisen. **4.** (Technik, Chemie) *bestimmte Lösung, Flüssigkeit, die bei eingetauchten Gegenständen eine Reaktion hervorruft:* ein B. zum Entwickeln eines Films, zum Galvanisieren von Metall.

Bad Bram|bach: Ort u. Heilbad in Sachsen.

Bad Dürk|heim: Stadt u. Heilbad in Rheinland-Pfalz.

Ba|de|an|la|ge, die: *Anlage* (3), *Einrichtung mit unterschiedlichen Bädern* (2 b).

Ba|de|an|stalt, die: *öffentliches Schwimmbad [im Freien].*

Ba|de|an|zug, der: *meist von Frauen beim Schwimmen getragenes einteiliges Kleidungsstück.*

Ba|de|arzt, der: *Arzt in einem Bad* (3), *der die Kurgäste betreut.*

Ba|de|gast, der: a) *[Kur]gast in einem Badeort;* b) *Besucher eines Schwimmbads.*

Ba|de|haus, das: *Gebäude mit Badeeinrichtungen in einem Bad* (3).

Ba|de|ho|se, die: *von Kindern, Jungen u. Männern beim Schwimmen getragene Hose.*

Ba|de|kap|pe, die: *Bademütze.*

Ba|de|kur, die: *mit Bädern* (1 b) *verbundene Kur in einem Bad* (3).

Bad Els|ter: Stadt u. Heilbad in Sachsen.

Ba|de|man|tel, der: *Mantel od. Umhang aus saugfähigem Stoff zum Abtrocknen u. Aufwärmen nach dem Baden.*

Ba|de|mat|te, die: *Fußmatte, Vorleger im Badezimmer.*

Ba|de|meis|ter, der: **1.** *jmd., der medizinische Bäder verabreicht* (Berufsbez.). **2.** (ugs.) *Schwimmmeister.*

Ba|de|meis|te|rin, die: w. Form zu ↑Bademeister.

Bad Ems: Stadt u. Heilbad in Rheinland-Pfalz.

Ba|de|müt|ze, die: *Kopfbedeckung, die jmd. beim Baden, Schwimmen trägt.*

ba|den ⟨sw. V.; hat⟩ [mhd. baden, ahd. badon, zu ↑Bad]: **1.** *durch ein Bad* (1) *säubern, erfrischen, heilen:* das Baby b.; die Wunde b.; Ü in Schweiß gebadet, wachte er auf. **2. a)** *ein Bad* (1 a) *in der Badewanne nehmen:* warm, in heißem Wasser b.; **b)** *sich in einem Schwimmbecken, im Wasser eines Sees, Flusses, des Meeres bewegen, schwimmen:* im Meer b.; b. gehen; ⟨subst.:⟩ er ist beim Baden ertrunken; * **[bei, mit etw.] b. gehen** (salopp; *bei, mit einer Sache keinen Erfolg haben; mit etw. hereinfallen; scheitern*): mit seinen hochfliegenden Plänen ist er b. gegangen.

Ba|den; -s: westlicher Landesteil von Baden-Württemberg.

Ba|den-Ba|den: Stadt im Schwarzwald.

[1]Ba|den-Ba|de|ner, der; -s, -: Ew.

[2]Ba|den-Ba|de|ner ⟨indekl. Adj.⟩: die B. Kuranlagen.

Ba|den-Ba|de|ne|rin, die; -, -nen: w. Form zu ↑[1]Baden-Badener.

[1]Ba|de|ner, der; -s, -: Ew. zu ↑Baden.

[2]Ba|de|ner ⟨indekl. Adj.⟩: ein B. Kurort.

Ba|de|ne|rin, die; -, -nen: w. Form zu ↑[1]Badener.

[1]Ba|den|ser, der; -s, -: *[1]Badener.*

[2]Ba|den|ser ⟨indekl. Adj.⟩: ein B. Kurort.

Ba|den|se|rin, die; -, -nen: w. Form zu ↑[1]Badenser.

ba|den|sisch ⟨Adj.⟩: *Baden, die Badenser betreffend.*

Ba|den-Würt|tem|berg; -s: deutsches Bundesland.

[1]Ba|den-Würt|tem|ber|ger, der; -s, -: Ew.

[2]Ba|den-Würt|tem|ber|ger ⟨indekl. Adj.⟩: die B. Weinbaugebiete.

Ba|den-Würt|tem|ber|ge|rin, die; -, -nen: w. Form zu ↑[1]Baden-Württemberger.

ba|den-würt|tem|ber|gisch ⟨Adj.⟩: *Baden-Württemberg, die [1]Baden-Württemberger betreffend; aus Baden-Württemberg stammend.*

Ba|de|ort, der: **1.** *Fremdenverkehrsort an der Küste od. an einem See mit Bademöglichkeiten.* **2.** *Ort mit Heilquellen, Kurort, Bad* (3).

Ba|der, der; -s, - [mhd. badære = Inhaber einer Badestube, der auch einfache medizinische Behandlungen vornahm u. Haare schnitt]: **1.** (veraltet) *auch als Heilgehilfe tätiger Haarschneider, Friseur.* **2.** (landsch. veraltend) *schlechter Arzt, Kurpfuscher.*

Bä|der: Pl. von ↑Bad.

Ba|de|rin, die; -, -nen: *Frau eines Baders* (1).

Ba|de|sa|chen ⟨Pl.⟩: *zum Baden benötigte Dinge.*

Ba|de|salz, das: *körniger, wohlriechender Zusatz für das Badewasser.*

Ba|de|strand, der: *Strand, an dem gebadet werden kann.*

Ba|de|stu|be, die (nordd.): *Badezimmer.*

Ba|de|tuch, das ⟨Pl. ...tücher⟩: *Tuch aus saugfähigem Stoff zum Abtrocknen nach dem Baden.*

Ba|de|wan|ne, die: *Wanne zum Baden:* die B. reinigen; stundenlang in der B. sitzen.

Ba|de|was|ser, das: *Wasser zum Baden in der Wanne:* das B. einlassen.

Ba|de|zeit, die: **1.** *vorgeschriebene Dauer eines Bades* (1 b): die B. darf nicht überschritten werden. **2.** ⟨Pl.⟩ *Öffnungszeiten einer Badeanstalt.* **3.** *Jahreszeit, in der im Freien gebadet werden kann.*

Ba|de|zim|mer, das: *zum Baden eingerichteter Raum der Wohnung.*

Ba|de|zu|satz, der: *flüssiger oder körniger, wohlriechender Zusatz für das Badewasser.*

Bad|gas|tein: Kurort in Österreich.

Bad Hers|feld: Stadt u. Heilbad in Hessen.

ba|disch ⟨Adj.⟩: *Baden, die [1]Badener betreffend; aus Baden stammend.*

Bad Ischl: Stadt u. Heilbad in Oberösterreich.

Bad Mer|gent|heim: Stadt u. Heilbad in Baden-Württemberg.

Bad|min|ton [ˈbɛtmɪntn̩], das; - [engl. badminton, nach dem Ort Badminton, wo das Spiel zuerst nach festen Regeln gespielt wurde]: *sportmäßig betriebenes Federballspiel.*

Bad Oeyn|hau|sen [- ˈøːn...]: Stadt u. Heilbad in Nordrhein-Westfalen.

Bad Pyr|mont: Stadt u. Heilbad in Niedersachsen.

Bad Rei|chen|hall: Stadt u. Heilbad in Bayern.

Bad Se|ge|berg: Stadt u. Heilbad in Schleswig-Holstein.

Bad Wil|dun|gen: Stadt u. Heilbad in Hessen.

Bad Wö|ris|ho|fen: Stadt u. Heilbad in Bayern.

Bae|de|ker®, der; -s, - [nach dem Begründer, dem Verleger u. Buchhändler K. Baedeker (1801 bis 1859)]: *Reiseführer* (2): dieses Hotel steht im B.

baff [lautm., eigtl. = verdutzt wie nach einem plötzlichen Schuss, vgl. paff]: in der Verbindung **b. sein** (salopp; *verblüfft, verdutzt, erstaunt sein über etw. Unerwartetes, Unvermutetes*): da bist du b., was?

BAföG, (auch:) **Ba|fög,** das; -[s] [Kurzwort für Bundesausbildungsförderungsgesetz]: **1.** *Gesetz das die Förderung von bedürftigen Auszubildenden, Schülern u. Schülerinnen sowie Studierenden regelt.* **2.** (ugs.) *Stipendium aufgrund des Bafög* (1): B. erhalten.

Ba|ga|ge [baˈgaːʒə], die; -, -n ⟨Pl. selten⟩ [1: urspr. = Tross < frz. bagage, zu gleichbed. bagues, H. u.; 2: nach dem übel beleumdeten Tross der früheren Heere]: **1.** (veraltet) *Reisegepäck.* **2.** (abwertend) *Gruppe von Menschen, über die sich jmd. ärgert.*

Ba|ga|tell|de|likt, das (Rechtsspr.): *geringfügige Straftat.*

Ba|ga|tel|le, die; -, -n [frz. bagatelle < ital. bagatella = kleine, unnütze Sache, Vkl. von: baga < lat. baca = Beere]: **1.** *unbedeutende, geringfügige Angelegenheit; Kleinigkeit:* etw. als B. betrachten, behandeln. **2.** (Musik) *kurzes, zweiteiliges Instrumentalstück.*

Ba|ga|tell|fall, der: a) (Rechtsspr.) *Bagatelldelikt;* b) *unbedeutende Angelegenheit.*

ba|ga|tel|li|sie|ren ⟨sw. V.; hat⟩: *als Bagatelle* (1) *ansehen, darstellen:* man darf dieses Problem nicht b.

Bag|dad: Hauptstadt von Irak.

[1]Bag|da|der, der; -s, -: Ew.

[2]Bag|da|der ⟨indekl. Adj.⟩: ein B. Hotel.

Bag|da|de|rin, die; -, -nen: w. Form zu ↑[1]Bagdader.

Bag|ger, der; -s, - [zu ↑baggern]: **1.** *große Baumaschine zum Abtragen von Erdreich o. Ä.:* etw. mit einem B. ab-, wegräumen. **2.** (Volleyball) *Zuspiel von unten, wobei der Ball mit den dicht aneinander gelegten Unterarmen geschlagen wird.*

bag|gern ⟨sw. V.; hat⟩ [aus dem Niederd. < niederl. baggeren = (ein Wasserbett) ausschlammen, zu mniederl. baggher = Schlamm, H. u.]: **1. a)** *mit* *einem Bagger arbeiten:* er hat den ganzen Nachmittag gebaggert; **b)** *mit dem Bagger herstellen:* eine Fahrrinne b. **2.** (Volleyball) *den geschmetterten tiefen Ball durch Abprallenlassen von der Hand od. dem Arm hochspielen.*

Bag|ger|see, der: *ausgebaggerte Kiesgrube, die sich mit Grundwasser gefüllt hat u. oft zum Baden benutzt wird.*

Ba|guette [baˈgɛt], die; -, -n [...tn], auch: das; -s, -s [frz. baguette, eigtl. = Stab, (Zier)leiste < ital. bacchetta, Vkl. von: bacchio < lat. baculum = Stab]: *französisches Stangenweißbrot.*

bah: ↑bäh (1).

bäh ⟨Interj.⟩: **1.** Ausruf des Ekels, der Verachtung, der Schadenfreude: b., da vergeht mir der Appetit!; b., dieser widerliche Kerl!; b., reingefallen! **2.** lautm. für das Blöken des Schafes.

Ba|hai, der u. die; -, -[s]: *Anhänger[in] des Bahaismus.*

Ba|ha|is|mus, der; - [zu pers. Baha Ullah = Glanz Gottes, dem Ehrennamen des Gründers Mirsa Husain Ali (1817–1892)]: *aus dem Islam hervorgegangene universale Religion.*

Ba|ha|ma|er, der; -s, -: Ew. zu ↑Bahamas.

Ba|ha|ma|e|rin, die; -, -nen: w. Form zu ↑Bahamaer.

ba|ha|ma|isch ⟨Adj.⟩: *die Bahamas, die Bahamaer betreffend; von den Bahamas stammend.*

Ba|ha|mas ⟨Pl.⟩: Inselstaat im Karibischen Meer.

Bahn, die; -, -en [1, 2: mhd. ban(e), viell. verw. mit got. banja = Schlag, Wunde, eigtl. = Schneise, Durchhau im Walde; 3: vgl. mhd. ban(e) = Turnierplatz]: **1.** *Weg, den sich jmd., etw. (durch unwegsames Gelände o. Ä.) bahnt:* jmdm., sich eine B. durch das Dickicht, den Schnee schaffen; sich eine B. schlagen; das Wasser hat sich eine B. gebrochen, eine neue B. gesucht; ***sich** ⟨Dativ⟩ **B. brechen** *(sich durchsetzen);* **einer Sache B. brechen** *(einer Sache zum Durchbruch verhelfen);* **jmdm., einer Sache die B. ebnen** (geh.; ↑Weg 1); **freie B. haben** *(alle Schwierigkeiten beseitigt haben);* **auf die schiefe B. geraten/kommen** *(auf Abwege geraten, herunterkommen* 2 a); **jmdn. aus der B. bringen, werfen, schleudern** *(jmdn. von seiner bisherigen Lebensweise, seinen [Berufs]zielen u. Ä. abbringen, ihn aus dem seelischen Gleichgewicht bringen);* ***sich auf die B. machen** *(aufbrechen, sich auf den Weg machen).* **2.** *Strecke, die ein Körper in einer vorgeschriebenen Richtung durchmisst; Linie, die ein Körper im Raum durchläuft:* die B. des Satelliten berechnen; eine kreisförmige B. beschreiben; der Mond zieht seine B.; Ü ihr Leben verläuft in geregelten -en; ***etw. in die richtige B. lenken** *(dafür sorgen, dass eine Sache sich erwartungsgemäß entwickelt).* **3. a)** *in einer bestimmten Breite und Länge abgesteckte od. abgeteilte Strecke für sportliche Wettkämpfe; Rennstrecke:* die B. *(Anlage für die Läufer)* besteht aus Tartan; die B. ist sehr schnell *(man kann auf ihr schnelle Zeiten laufen);* die deutsche Staffel läuft, schwimmt auf B. 6; der Bob wurde aus der B. getragen, kam von der B. ab; **b)** *Kegel-, Bowlingbahn:* eine Anlage mit zwölf -en; **c)** *abgeteilte Spur, Fahrbahn:* die Straße auf vier -en erweitern. **4.** *breiter Streifen, zugeschnittenes Teilstück o. Ä. aus einem bestimmten Material:* die -en eines Rockes; die einzelnen -en der Tapete. **5.** (Handw.) *glatter, flächiger Teil eines Werkzeugs, der der unmittelbaren Berührung mit etw. u. der Einwirkung von etw. ausgesetzt ist:* die B. eines Hammers. **6. a)** kurz für ↑Eisenbahn: Gepäck per B. schicken; mit der B. fahren, reisen; **b)** kurz für Straßen-, S- od. U-Bahn: die B. war überfüllt; die B. verpassen; ich nehme die nächste B. **7. a)** *Bahnhof:* jmdn. von der B. abholen, zur B. bringen; **b)** (ugs.) *Verwaltung einer Eisenbahn; die Eisenbahn als Institution (Deutsche Bahn AG):* die B. hat die Fahrpreise erhöht; bei der B. arbeiten.

Bahn|an|la|ge, die: *Gleisanlage.*

Bahn|an|schluss, der: **1.** *Lage eines Ortes an einer Bahnlinie:* ein abgelegener Ort ohne B. **2.** *Möglichkeit zur Weiterfahrt mit einer Bahn* (6 a).

Bahn|ar|bei|ter, der: *Arbeiter, der bei der Eisenbahn beschäftigt ist.*

Bahn|ar|bei|te|rin, die: w. Form zu ↑Bahnarbeiter.

Bahn|be|am|te, der: vgl. Bahnarbeiter.

Bahn|be|am|tin, die: w. Form zu ↑Bahnbeamte.

bahn|bre|chend ⟨Adj.⟩: *eine gänzlich neue Entwicklung einleitend; umwälzend:* -e wissenschaftliche Entdeckungen.

Bahn|bre|cher, der; -s, -: *jmd., der eine bahnbrechende Entwicklung einleitet.*

Bahn|bre|che|rin, die; -, -nen: w. Form zu ↑Bahnbrecher.

Bahn|brü|cke, die: *Eisenbahnbrücke.*

Bahn|card®, die; -, -s [zu engl. card = Karte]: *(käuflich erworbene, mit einem Passbild versehene) Ausweiskarte, die dazu berechtigt, Fahrkarten (der Deutschen Bahn AG) zu ermäßigtem Preis zu erwerben.*

Bähn|chen, das; -s, -: Vkl. zu ↑Bahn (6).

Bahn|damm, der: *Damm* (1 b), *auf dem die Gleise verlaufen.*

bah|nen ⟨sw. V.; hat⟩ [mhd. banen, zu ↑Bahn]: *(einen Weg) schaffen, gangbar machen:* ich bahnte mir, dem Kind einen Weg durch die Menge.

Bah|nen|rock, der: *Damenrock, der aus mehreren Stoffbahnen zusammengesetzt ist.*

Bahn|fahrt, die: *Fahrt mit der Bahn* (6 a).

bahn|frei ⟨Adj.⟩ (Kaufmannsspr.): *ohne Beförderungskosten.*

Bahn|hof, der: **1.** *Gesamtkomplex einer Bahnstation mit Gleisanlagen u. zugehörigen Gebäuden:* der Zug hält nicht an diesem B.; jmdn. am B. abholen. **2.** *zum Bahnhof* (1) *gehörendes Gebäude mit [großer] Halle, in der sich die Schalter für Fahrkarten u. Gepäck, Wartesäle, Geschäfte o. Ä. befinden:* im B. gibt es einen Friseur; ***[immer] nur B. verstehen** (ugs.; *nicht richtig, überhaupt nichts verstehen; nicht verstehen wollen;* H. u., viell. urspr. von Soldaten zu Ende des 1. Weltkriegs gesagt, die nur noch »Bahnhof«, d. h. Entlassung u. Heimfahrt, hören wollten); **großer B.** (ugs.; *festlicher Empfang, bei dem viele Personen zur Begrüßung auf dem Bahnsteig od. Flugplatz anwesend sind).*

Bahn|hofs|buch|hand|lung, die: *Buchhandlung in einem Bahnhof* (2).

Bahn|hofs|hal|le, die: *Halle im Bahnhof* (2).

Bahn|hofs|mis|si|on, die: *Einrichtung konfessioneller Art zur Betreuung von Reisenden.*

Bahn|hofs|res|tau|rant, das: *im Bahnhof* (2) *befindliches Restaurant.*

Bahn|hofs|vor|stand (österr.), **Bahn|hofs|vor|ste|her,** der: *Beamter, der einem Bahnhof* (1) *vorsteht.*

Bahn|hofs|vor|ste|he|rin, die: w. Form zu ↑Bahnhofsvorsteher.

Bahn|kör|per, der: *Gleisanlage.*

Bahn|li|nie, die: *Strecke, auf der eine Eisenbahn verkehrt.*

Bahn|po|li|zei, die: *Gesamtheit der Polizei- u. Bahnbeamten, die für Sicherheit u. Ordnung innerhalb des Bahngeländes sorgen.*

Bahn|post, die: *Postdienststelle im Zug.*

Bahn|rei|sen|de, der u. die: *Person, die mit der Bahn reist.*

Bahn|ren|nen, das: **1.** (Rad- u. Automobilrennsport) *auf einer Rennbahn gefahrenes Rennen.* **2.** (Leichtathletik früher) *Laufwettbewerb, der auf der Laufbahn des Stadions ausgetragen wird.*

Bahn|schran|ke, die: *Schranke auf Straßen u. Wegen, die die Bahn kreuzen.*

Bahn|schwel|le, die: *Schwelle aus Holz, Stahl od. Beton, auf der die Schiene auf dem Bahnkörper befestigt ist.*

Bahn|sta|ti|on, die: *Halteplatz an einer Bahnlinie.*

Bahn|steig, der: *neben den Schienen verlaufende Plattform auf einem Bahnhof, die den Fahrgästen das Ein- u. Aussteigen ermöglicht.*

Bahn|über|füh|rung, die: *Anlage zur Überführung einer Eisenbahnlinie über andere Verkehrswege hinweg.*

Bahn|über|gang, der: *Stelle, an der eine Straße, ein Weg über die Gleise der Bahn führt:* ein [un]gesicherter B.

Bahn|ver|bin|dung, die: *Zugverbindung.*

Bahn|wär|ter, der: *Angestellter der Eisenbahn, der die Schranken betätigt u. die Gleisanlagen überwacht.*

Bahn|wär|te|rin, die: w. Form zu ↑Bahnwärter.

Bah|rain; -s: Inselgruppe u. Scheichtum im Persischen Golf.

Bah|rai|ner, der; -s, -: Ew.

Bah|rai|ne|rin, die; -, -nen: w. Form zu ↑Bahrainer.

bah|rai|nisch ⟨Adj.⟩: *Bahrain, die Bahrainer betreffend; aus Bahrain stammend.*

Bah|re, die; -, -n [mhd. bare, ahd. bara, zu: beran = tragen; vgl. gebären]: **a)** *Tragbahre;* **b)** *Totenbahre.*

Bai, die; -, -en [niederl. baai < franz. baie < span. bahía < spätlat. baia]: *Meeresbucht, Meerbusen.*

Bai|kal|see, der; -s: See in Südsibirien.

bai|risch ⟨Adj.⟩ (Sprachw.): *in bayerischer Mundart.*

Bai|ser [bɛˈzeː], das; -s, -s [frz. baiser = Kuss]: *Schaumgebäck aus Eischnee u. Zucker.*

Bais|se [ˈbɛːsə], die; -, -n [frz. baisse, zu: baisser = senken, über das Vlat. zu spätlat. bassus = niedrig] (Börsenw.): *Fallen der Börsenkurse od. Preise:* auf B. spekulieren.

Ba|jaz|zo, der; -s, -s [venez. pajazzo, zu: paja (ital. paglia) = Stroh (wegen seines strohsackähnlichen Wollkleids) < lat. palea = Spreu]: *Possenreißer, Spaßmacher, komische Figur (im italienischen Theater).*

Ba|jo|nett, das; -[e]s, -e [frz. baïonnette, eigtl. Adj. zum Namen der frz. Stadt Bayonne; die Waffe wurde hier zuerst hergestellt]: *auf das Gewehr aufsetzbare Hieb-, Stoß- u. Stichwaffe mit Stahlklinge; Seitengewehr.*

Ba|jo|nett|ver|schluss, der (Technik): *leicht lösbare Verbindung von rohrförmigen Teilen (nach der Art, wie das Bajonett auf das Gewehr gesteckt wird).*

Ba|ju|wa|re, der; -n, -n (veraltet, noch scherzh.): *Bayer.*

Ba|ju|wa|rin, die; -, -nen: w. Form zu ↑Bajuware.

ba|ju|wa|risch ⟨Adj.⟩ (veraltet, noch scherzh.): *bayrisch.*

Ba|ke, die; -, -n [aus dem Niederd. < mniederd. bake < afries. baken = Wahrzeichen, (Feuer)signal, verw. mit mhd. bouchen, ahd. bouhhan = Zeichen; H. u.]: **1.** (Verkehrsw.) **a)** *Orientierungs- u. Signalzeichen für Schiffe u. Flugzeuge;* **b)** *(dreifaches) Ankündigungszeichen vor Eisenbahnübergängen u. Autobahnabfahrten;* **c)** *rechteckiges, tragbares Absperrbrett an Stellen, die Fahrbahnwechsel u. -verengung notwendig machen.* **2.** (Vermessungsw.) *Absteckpfahl für Vermessungen.*

Ba|ke|lit® [auch: ...ˈlɪt], das; -s [1909 von dem Belgier L. H. Baekeland erfunden]: *aus Kunstharzen hergestellter, spröder Kunststoff.*

Bak|ka|lau|re|at, das; -[e]s, -e [zu ↑Bakkalaureus]: **a)** *unterster akademischer Grad (in England u. Nordamerika);* **b)** *(in Frankreich) dem Abitur entsprechender Schulabschluss.*

Bak|ka|lau|re|us, der; -, ...rei [in Anlehnung an mlat. laureus = Lorbeer umgedeutet aus: baccalari(u)s = Knappe]: *Inhaber des Bakkalaureats* (a).

Bak|ka|rat [ˈbakara(t), ...ˈra], das; -s [frz. baccara, H. u.]: *Glücksspiel mit 104 Karten, an dem ein Bankhalter und zwei Mitspieler beteiligt sind.*

Bak|ken, der; -s, - [norw. bakke < anord. bakki = Hügel, Flussufer] (Skisport): **a)** *Sprungschanze;* **b)** *Schanzentisch.*

Bak|schisch, das; -[e]s, -e [pers. bahšīš = Geschenk]: *(im Orient) [kleinerer] Geldbetrag, der jmdm. als Trinkgeld od. für eine erwiesene Gefälligkeit gegeben wird.*

Bak|te|rie, die; -, -n ⟨meist Pl.⟩ [eingedeutscht aus ↑Bakterium] (Biol., Med.): *einzelliges Kleinstlebewesen, Spaltpilz:* eine -n tötende Substanz; sich mit -n infizieren.

bak|te|ri|ell ⟨Adj.⟩ (Biol., Med.): *Bakterien betreffend, durch Bakterien hervorgerufen:* -e Erkrankungen.

Bak|te|ri|en|kul|tur, die (Biol.): *auf künstlichem Nährboden gezüchtete Bakterien.*

Bak|te|ri|en tö|tend: s. Bakterie.

Bak|te|ri|en|trä|ger, der (Med.): *jmd., der Bakterien in sich trägt u. andere Personen ansteckt, ohne selbst krank zu sein.*

Bak|te|ri|o|lo|ge, der; -n, -n: *Wissenschaftler auf dem Gebiet der Bakteriologie.*

Bak|te|ri|o|lo|gie, die; - [↑-logie]: *Lehre von den Bakterien.*

Bak|te|ri|o|lo|gin, die; -, -nen: w. Form zu ↑Bakteriologe.

bak|te|ri|o|lo|gisch ⟨Adj.⟩: *die Bakteriologie, den Bakteriologen betreffend.*

Bak|te|ri|um, das; -s, ...ien [zu griech. baktḗrion, baktēría = Stäbchen, Stöckchen, nach dem stäbchenförmigen Aussehen] (veraltet): *Bakterie.*

Ba|ku: Hauptstadt von Aserbaidschan.

Ba|la|lai|ka, die; -, -s u. ...ken [russ. balalajka, H. u.]: *dreisaitiges russisches Saiteninstrument mit meist dreieckigem Klangkörper und langem Hals.*

Ba|lan|ce [baˈlaŋsə, auch: baˈlãːs(ə)], die; -, -n [...sn̩; frz. balance < lat. bilanx (Gen.: bilancis) = zwei Waagschalen habend]: *Gleichgewicht:* die B. verlieren, halten; aus der B. kommen; sich in [der] B. halten; Ü der Vorfall hatte ihn aus der B. *(um sein inneres Gleichgewicht)* gebracht.

Ba|lan|ce|akt, der: *Übung, Vorführung, bei der jmd. auf, über etw. balanciert:* einen B. ausführen.

ba|lan|cie|ren [balaŋˈsiːrən, auch: balãˈsiːrən] ⟨sw. V.⟩ [frz. balancer]: **a)** *[bei gleichzeitiger Bewegung] im Gleichgewicht halten* ⟨hat⟩: einen Korb [auf dem Kopf] b.; **b)** *beim Gehen auf einer sehr schmalen Lauffläche das Gleichgewicht [zu] wahren [suchen]* ⟨ist⟩: über ein Brett, einen Stamm b.; **c)** *über sehr unebenen, zerklüfteten o. ä. Boden klettern, steigen u. dabei nur mühsam das Gleichgewicht halten* ⟨ist⟩: er balanciert über die Trümmer.

Ba|lan|cier|stan|ge, die: *Stange, mit der auf Seilen, Balken o. Ä. das Gleichgewicht besser gehalten werden kann.*

bald ⟨Adv.⟩ [mhd. balde = sogleich; schnell, urspr. = mutig, kühn, ahd. bald = kühn, mutig, eigtl. = aufgeschwellt, hochfahrend]: **1.** ⟨Steig.: eher, am ehesten, landsch., ugs.: bälder, am bäldesten⟩ **a)** (landsch., bes. ostmd. auch: balde) *in[nerhalb] kurzer Zeit, nach einem relativ kurzen Zeitraum:* ich komme b. wieder; b. danach; b. ist Ostern; so b. als/wie möglich; möglichst b.; als drohende Frage od. Aufforderung: hast du jetzt b. genug? (landsch. ugs.; *hast du endlich genug?*); bist du b. still? (landsch. ugs.; *bist du endlich still?*); ***bis b.!; auf b.!** (ugs.; Abschiedsformel); **b)** *leicht, schnell, rasch:* etw. sehr b. begriffen haben; nicht so b. einschlafen können; **2.** (ugs.) *fast, nahezu:* das hätte ich b. vergessen; wir warten schon b. drei Stunden. **3.** ⟨nur in dem Wortpaar⟩ **b. – b.** (zur Bezeichnung einer raschen Aufeinanderfolge, eines Wechsels von zwei Situationen): *einmal – ein andermal, teils – teils:* bald lacht er, bald weint er.

Bal|da|chin [ˈbaldaxiːn], der; -s, -e [ital. baldacchino, zu: Baldacco, älter für: Bagdad, das wegen seiner Seidenstoffe berühmt war]: **1.** *[prunkvoller] Himmel* (3) *über einem Bett, einem Thron o. Ä.* **2.** *tragbarer Himmel* (3), *der bes. bei Prozessionen u. Umzügen über dem Altarsakrament und dem Priester getragen wird.* **3.** (Kunstwiss.) *steinerne Überdachung über einer Kanzel, einer Statue o. Ä.*

Bäl|de: in der Fügung **in B.** (Papierdt.; *bald, in[nerhalb] kurzer Zeit*): ich komme in B.

bal|dig ⟨Adj.⟩: *in kurzer Zeit erfolgend, kurz bevorstehend:* wir bitten um -e Antwort; auf -es Wiedersehen! (Abschiedsformel).

bal|digst ⟨Adv.⟩: *so bald wie möglich, schnellstens:* ich werde das b. nachholen.

bald|mög|lichst ⟨Adj.⟩ (Papierdt.): *so bald wie möglich:* -e Erledigung zusagen.

bal|do|wern ⟨sw. V.; hat⟩ [zu gaunerspr. baldower = Auskundschafter, zu hebr. baʿal = Herr u. davar = Sache, eigtl. = Herr der Sache] (landsch., bes. berlin.): *auskundschaften, nachforschen.*

Bal|dri|an, der; -s, -e [mlat. valeriana, H. u.]: **1.** *(als Kraut od. Strauch wachsende) Pflanze mit weißen od. rosa Blüten, deren Wurzeln ein stark riechendes, nervenberuhigendes Öl enthalten.* **2.** ⟨o. Pl.⟩ *Extrakt aus dem Öl der Wurzeln des Baldrians* (1).

Bal|dri|an|trop|fen ⟨Pl.⟩: *Beruhigungsmittel aus Baldrian* (2).

Ba|le|a|ren ⟨Pl.⟩: Inselgruppe im westlichen Mittelmeer.

Ba|les|ter, der; -s, - [ital. balestra, mlat. balestrum = Wurfmaschine; vgl. Balliste]: *Schnäpper* (3).

¹Balg, der; -[e]s, Bälge [mhd. balc, ahd. balg = (Beutel o. Ä. aus Tier)haut, im Sinne von »abgezogene Tierhaut, die durch Füllung prall wird« verw. mit ↑¹Ball]: **1. a)** *Fell* (1b), *Tierhaut:* einem Tier den B. abziehen; einen B. ausstopfen; **b)** (salopp) *(vom Menschen) Haut od. Körper:* seinen B. in Acht nehmen; ***jmdm. auf den B. rücken** (↑Pelz 3); **jmdm. den B. abziehen** *(jmdn. übervorteilen, betrügen, ausnützen).* **2.** (landsch., Biol.) *umschließende Hülle, Haut [einer Frucht]:* der aufgesprungene B. von Erbsen; die sauren Bälge der Stachelbeeren. **3.** *ausgestopfter Rumpf einer Puppe:* ein mit Sägemehl gefüllter B. **4.** *Teil eines Geräts, eines Instruments, das beim Zusammenpressen einen Luftstrom erzeugt:* die Bälge [der Orgel] treten; den B. des Akkordeons weit ausziehen. **5. a)** *harmonikaartig ausziehbare Hülle (als Verbindungsteil):* der B. einer Kamera; **b)** (Eisenb.) *bewegliches Verbindungsteil zwischen zwei Eisenbahnwagen.*

²Balg, der od. das; -[e]s, Bälger (bes. nordd.) u. Bälge (bes. südd.) [urspr. = ¹Balg (1b)] (ugs., meist abwertend): *[unartiges, schlecht erzogenes] Kind:* ein freches, süßes B.

bal|gen, sich ⟨sw. V.; hat⟩ [zu veraltet Balg = Balgerei, Lärm, Streit, zu mhd. belgen, ahd. belgan = zornig, erregt sein, verw. mit ↑¹Balg]: *sich [im Spiel, aus Übermut um etwas] raufen, sich [um etw.] ringend mit jmdm. auf dem Boden wälzen:* sich mit anderen Kindern b.; die Hunde balgten sich [um die Beute]; Ü die Erben balgten sich (abwertend; *stritten*) um ihren Anteil.

Bal|ge|rei, die; -, -en: *[dauerndes] Balgen; Rauferei:* eine B. mit jmdm., zwischen Jungen.

Ba|li; -s: westlichste der Kleinen Sundainseln.

Ba|li|ne|se, der; -n, -n: Ew.

Ba|li|ne|sin, die; -, -nen: w. Form zu ↑Balinese.

ba|li|ne|sisch ⟨Adj.⟩: *Bali, die Balinesen betreffend; aus Bali stammend.*

Bal|kan, der; -s: **1.** Gebirge in Südosteuropa. **2.** Balkanhalbinsel.

Bal|kan|halb|in|sel, die; -: Halbinsel Südosteuropas.

bal|ka|nisch ⟨Adj.⟩: *den Balkan betreffend; vom Balkan stammend.*

bal|ka|ni|sie|ren ⟨sw. V.; hat⟩: *staatlich zersplittern u. in verworrene politische Verhältnisse bringen (wie die Staaten der Balkanhalbinsel vor dem Ersten Weltkrieg).*

Bal|ka|ni|sie|rung, die; -, -en: *das Balkanisieren.*

Bal|ka|nis|tik, die; -: *Balkanologie.*

Bal|ka|no|lo|gie, die; - [↑-logie]: *Wissenschaft von den Sprachen u. Literaturen der Balkanhalbinsel; Balkanistik.*

bal|ka|no|lo|gisch ⟨Adj.⟩: *die Balkanologie betreffend:* -e Forschungen.

Bälk|chen, das; -s, -: Vkl. zu ↑Balken (1).

Bal|ken, der; -s, - [mhd. balke, ahd. balko, im Sinne von »dickes Brett« verw. mit ↑¹Ball]: **1.** *vierkantiges, massives, langes Stück Bauholz (bes. zum Stützen od. Tragen):* ein morscher, tragender B.; neue B. einziehen; ***lügen, dass sich die B. biegen** (ugs.; *maßlos lügen*). **2. a)** (Bauw., Archit.) *massiver Träger, z. B. aus Stein, Beton, Stahl;* **b)** (Sport Jargon) *Schwebebalken:* am B. turnen; **c)** (Musik) *der zwei od. mehrere Notenhälse verbindende dicke Strich; Querbalken;* **d)** (bes. Heraldik) *schmaler [Trennungs]streifen von eigener Farbe:* das Wappen zeigt einen roten B. in weißem Feld. **3.** (Anat., Med.) *kräftig ausgebildeter Teil des Gehirns, der die beiden Großhirnhälften verbindet.*

Bal|ken|über|schrift, die: *in großen, dicken Lettern gedruckte Schlagzeile in Zeitungen o. Ä.*

Bal|ken|werk, das ⟨o. Pl.⟩: *Gebälk* (1).

Bal|kon [balˈkɔŋ, balˈkoːn], der; -s, -s [balˈkɔŋs] u. -e [balˈkoːnə; frz. balcon < ital. balcone, eigtl. = Balkengerüst, aus dem Germ.]: **1.** *vom Wohnungsinnern betretbarer offener Vorbau, der aus dem Stockwerk eines Gebäudes herausragt:* ein sonniger B.; die -s gehen nach Süden; auf den B. [hinaus]treten. **2.** *stark erhöhter Teil des Zuschauerraums im Theater od. Kino:* wir haben [auf dem] B. gesessen; B. *(einen Platz auf dem Balkon)* nehmen.

Bal|kon|blu|me, die: *zur Bepflanzung von Balkonkästen geeignete, bevorzugte Blume* (z. B. Begonie, Geranie).

Bal|kon|brüs|tung, die: *Brüstung* (1) *eines Balkons.*

Bal|kön|chen, das; -s, -: Vkl. zu ↑Balkon (1).

Bal|kon|kas|ten, der: *auf od. an der Brüstung eines Balkons angebrachter Blumenkasten.*

Bal|kon|pflan|ze, die: vgl. Balkonblume.

¹Ball, der; -[e]s, Bälle [mhd., ahd. bal, eigtl. = geschwollener, aufgeblasener Körper]: **1.** *kugelförmiger, gewöhnlich mit Luft gefüllter [elastischer] Gegenstand, der als Spielzeug od. Sportgerät verwendet wird:* der B. springt auf, prallt gegen den Torpfosten; den B. werfen, schleudern, abschlagen, schießen, ins Tor köpfen, anschneiden, [am Fuß] führen, stoppen, fangen, annehmen, abgeben; den B. spielen, [wieder] ins Spiel bringen; jmdm. den B. zuwerfen, zuspielen; sich ⟨Dat.⟩ den B. vorlegen; am B. sein, bleiben; [mit dem] B. spielen; nach dem B. laufen; sich nicht vom B. trennen lassen; ***den B. flach halten** (ugs.; *sich zurückhalten, kein unnötiges Risiko eingehen;* nach der entsprechenden Taktik im Fußball: flach gespielte Bälle sind meist einfacher in den eigenen Reihen zu halten); **jmdm., einander/sich [gegenseitig] die Bälle zuspielen/zuwerfen** *(jmdn., einander [im Gespräch] geschickt begünstigen, unterstützen)* **am B. sein, bleiben** (ugs.; *sich von etw. nicht abbringen lassen; etw. mit Eifer weiterverfolgen*). **2.** (Ballspiele) *Art, wie ein Ball gespielt wird; Schlag, Wurf, Schuss u. Ä. [aufs Tor]:* der Torwart hielt die schwierigsten Bälle. **3.** (Tennis Baseball) *Punkt:* einen B. machen. **4.** *[Gegenstand in Form eines Balles, einer] Kugel:* ein B. aus Papier, Wolle; (geh.:) der glühende B. der Sonne.

²Ball, der; -[e]s, Bälle [frz. bal, zu veraltet baller = tanzen < spätlat. ballare]: *größere [festliche] Tanzveranstaltung:* ein festlicher, glanzvoller B. einen B. geben, veranstalten, besuchen; sie wollten zusammen auf den B. gehen.

Ball|ab|ga|be, die (Ballspiele): *Weitergabe des ¹Balls.*

Bal|la|de, die; -, -n [engl. ballad < afrz. balade = Tanzlied < provenz. ballada, zu: balar = tanzen < spätlat. ballare, ↑²Ball]: **1.** *[volkstümliches] Gedicht, in dem ein handlungsreiches, oft tragisch endendes Geschehen [aus Geschichte, Sage od. Mythologie] erzählt wird:* viele -n von Goethe sind vertont worden. **2.** *in langsamem od. gemäßigtem Tempo gehaltene Komposition im Bereich von Jazz u. Popmusik, die meist die Form eines Liedes, eines Songs hat.*

bal|la|den|haft ⟨Adj.⟩: *in der Art einer Ballade.*

bal|la|desk ⟨Adj.⟩: *balladenhaft.*

Ball|an|nah|me, die (Ballspiele): *das Annehmen u. Unter-Kontrolle-Bringen eines zugespielten Balls.*

Bal|last [auch österr. u. schweiz. nur: baˈlast], der; -[e]s, -e ⟨Pl. selten⟩ [aus dem Niederd. < mniederd. ballast = Sandlast zum Gewichtsausgleich im untersten Raum des Schiffes; 1. Bestandteil:

H. u., 2. Bestandteil: ↑Last]: 1. *schwere Last, die [als Fracht von geringem Wert] zum Gewichtsausgleich mitgeführt wird:* B. über Bord werfen, abwerfen. 2. *unnütze Last, überflüssige Bürde:* der dritte Koffer war nur B.; Ü historischen B. abwerfen.

Bạl|last|stof|fe ⟨Pl.⟩: *nicht od. nur teilweise verwertbare Bestandteile der aufgenommenen Nahrung.*

bạl|last|stoff|reich ⟨Adj.⟩: *viele Ballaststoffe enthaltend:* -e Kost.

Bạ̈ll|chen, das; -s, -: Vkl. zu ↑[1]Ball (1, 4).

bạl|len ⟨sw. V.; hat⟩ [mhd. ballen, zu ↑[1]Ball]: 1. a) *(die Hand, die Faust) [zusammenpressend] fest schließen:* die Hand zur Faust, die Faust b.; mit geballten Fäusten; b) *zusammenpressen, -schieben [sodass eine runde od. klumpige Form entsteht]:* ein Papierblatt b.; eine geballte Ladung (Milit.; *Sprengladung aus zusammengebundenen Handgranaten*); c) ⟨b. + sich⟩ *sich zusammenpressen, -schieben [sodass eine runde od. klumpige Form entsteht]:* der Schnee ballt sich zu Klumpen; Ü die Schwierigkeiten ballen *(häufen)* sich; geballte *(konzentrierte)* Kraft, Energie. 2. (landsch.) *mit dem Ball spielen, werfen:* die Kinder haben auf dem Spielplatz geballt.

Bạl|len, der; -s, - [mhd. balle, ahd. ballo, Nebenf. von ↑[1]Ball]: 1. a) *rundlicher Packen:* einige B. Stroh; b) *Zählmaß bestimmter Waren:* zwei B. Leder; c) *auf-, zusammengerollte Stoffbahn [von bestimmter Länge]:* ein B. Stoff. 2. a) *Muskelpolster an der Innenseite der Hand- u. Fußflächen bei Menschen u. Säugetieren:* auf den B. gehen; b) *krankhafte Verdickung an der Innenseite des Mittelfußknochens:* die B. operativ entfernen. 3. *Wurzelballen.*

Bal|le|ri|na, (selten:) **Bal|le|ri|ne,** die; -, ...nen [ital. ballerina, zu: ballare = tanzen < spätlat. ballare, ↑[2]Ball]: *Balletttänzerin.*

Bal|le|ri|no, der; -s, -s [ital. ballerino]: *Balletttänzer.*

Bạl|ler|mann, der; -s, ...männer [zu ↑ballern (1 a)] (ugs.): *Schusswaffe, bes. Revolver.*

bạl|lern ⟨sw. V.; hat⟩ [lautm., vgl. mniederd. balderen, schwed. mundartl. ballra = lärmen] (ugs.): 1. a) *anhaltend laut schießen, knallen:* mit Platzpatronen b.; b) (Sport Jargon) *den Ball [wuchtig] irgendwohin schießen:* den Ball gegen den Pfosten, ins Tor b. 2. a) *mit Wucht gegen etw. schlagen, klopfen, sodass ein lautes Geräusch entsteht:* an die Tür b.; * **jmdm. eine b.** (ugs.; *jmdm. eine kräftige Ohrfeige geben*); b) *mit Wucht auf, gegen etw. prallen, sodass ein lautes Geräusch entsteht:* Steine ballerten gegen die Tür; c) *mit Wucht [irgendwohin] werfen, schleudern, sodass ein lautes Geräusch entsteht:* etw. vor Wut in die Ecke b.; die Tür ins Schloss b. 3. *knallende, krachende Geräusche machen:* Schüsse, Donnerschläge ballerten; * **einen b.** (ugs.; *etw. Alkoholisches trinken*).

Bal|lẹtt, das; -[e]s, -e [ital. balletto, Vkl. von: ballo = Tanz, zu: ballare, ↑Ballerina]: 1. a) ⟨o. Pl.⟩ *künstlerischer Tanz auf einer Bühne mit dazugehöriger Musik:* das klassische B.; b) *einzelnes Werk des Balletts* (1 a): ein B. aufführen, tanzen. 2. *Tanzgruppe für Bühnentanz:* das B. ist auf Tournee; beim B. sein (ugs.; *Balletttänzer[in] sein*).

Bal|let|teu|se [balɛˈtøːzə], die; -, -n [französierend zu ↑Ballett] (geh.): *Balletttänzerin.*

Bal|lẹtt|korps, das: *Gruppe der Balletttänzerinnen u. -tänzer, die auf der Bühne den Rahmen u. Hintergrund für die Solisten bilden.*

Bal|lẹtt|meis|ter, der: *Ausbilder eines Balletts* (2).

Bal|lẹtt|schu|le, die: *Einrichtung, Ausbildungsstätte, in der Ballett* (1 a) *gelehrt wird.*

Bal|lẹtt|tän|zer, der: *Tänzer beim Ballett.*

Bal|lẹtt|tän|ze|rin, die: w. Form zu ↑Balletttänzer.

Bal|lẹtt|the|a|ter, das: *Theater, das Ballette* (1 b) *aufführt.*

Bal|lẹtt|trup|pe, die: *Truppe* (2) *von Balletttänzerinnen u. -tänzern.*

bạll|füh|rend ⟨Adj.⟩ (Ballspiele): *mit der Ballführung beschäftigt:* den -en Spieler angreifen.

Bạll|füh|rung, die (Ballspiele): *das Bewegen des Balls [in eine bestimmte Richtung], wobei der Spieler mit dem Ball mitläuft u. dessen Lauf ständig mit dem Fuß, der Hand od. einem Schläger steuert.*

Bal|lis|te, die; -, -n [lat. ballista, zu griech. bállein = werfen, schleudern]: *antikes Wurfgeschütz.*

Bal|lịs|tik, die; - [zu ↑ballistisch]: *Lehre von der Bewegung geschleuderter od. geschossener Körper.*

Bal|lịs|ti|ker, der; -s, -: *Forscher auf dem Gebiet der Ballistik.*

Bal|lịs|ti|ke|rin, die; -, -nen: w. Form zu ↑Ballistiker.

bal|lịs|tisch ⟨Adj.⟩ [zu ↑Balliste]: a) *die Ballistik betreffend, zu ihr gehörend, auf ihr beruhend:* -e Berechnungen; b) *die Flugbahn eines Körpers bzw. Geschosses betreffend, aufweisend:* die -e Kurve *(Flugbahn).*

Bạll|jun|ge, der; -n, -n (Tennis): *Junge, der die [1]Bälle aufsammelt.*

Bạll|kleid, das; -[e]s, -er: *festliches [langes] Kleid, das bei einem [2]Ball getragen wird.*

Bạll|mäd|chen, das (Tennis): *Mädchen, das die [1]Bälle aufsammelt.*

Bal|lon [baˈlɔŋ, baˈloːn], der; -s, -s [baˈlɔŋs] u. -e [baˈloːnə; frz. ballon < ital. pallone = großer Ball, Vgr. von: palla = [1]Ball, aus dem Germ.]: 1. a) *kugelförmiges, von einer mit Gas gefüllten Hülle getragenes Luftfahrzeug:* im B. aufsteigen, fliegen, fahren; b) *ballförmiges, mit Luft oder Gas gefülltes Kinderspielzeug:* einen B. aufblasen. 2. a) *große, bauchige [Korb]flasche:* den Wein in -s abfüllen; b) (Chemie) *Glaskolben:* Säuren in -s transportieren. 3. (Segeln) *leichtes großes Vorsegel auf Jachten, das im Wind wie ein Ballon aufgebläht wird.* 4. (ugs.) *Kopf:* du kriegst gleich ein paar an den, vor den B.; * **[so] einen B. bekommen/kriegen** (salopp; *[aus Verlegenheit] einen roten Kopf bekommen*).

Bal|lon|fah|rer, der: *Pilot eines Ballons* (1 a).

Bal|lon|fah|re|rin, die: w. Form zu ↑Ballonfahrer.

Bal|lon|füh|rer, der: *Ballonfahrer.*

Bal|lon|füh|re|rin, die: w. Form zu ↑Ballonführer.

Bal|lon|müt|ze, die: *hohe, runde Mütze [mit Schirm].*

Bal|lon|sei|de, die: *fester, wasserdichter Stoff für Ballons* (1 a), *Sportmäntel u. dgl.*

Bạll|saal, der: *Saal, in dem ein [2]Ball stattfindet.*

Bạll|sai|son, die: *Saison* (a), *bes. im Winter, in der viele [2]Bälle stattfinden.*

Bạll|spiel, das: *Spiel mit einem [1]Ball.*

Bạll|tech|nik, die (Ballspiele): *Technik beim Ballspiel.*

Bạl|lung, die; -, -en: 1. *das [Sich]ballen.* 2. a) *Verdichtung, Zusammendrängung;* b) *geballtes Auftreten.*

Bạl|lungs|ge|biet, das: *Gebiet, in dem sich Menschen u. Industrien zusammendrängen:* das B. an der Ruhr.

bạll|ver|liebt ⟨Adj.⟩ (Fußball Jargon): *dazu neigend, den Ball (aufgrund einer guten Balltechnik) zu lange selbst zu führen, zu spät abzuspielen:* ein [allzu] -er Spieler.

Bạll|wech|sel, der; -s, - ([Tisch]tennis, Badminton): *ständiges Hin u. Her des von den Spielern über das Netz geschlagenen Balls.*

Bal|ly|hoo [ˈbɛlihuː, auch: - - ˈ-], das; - [engl. ballyhoo, H. u.]: *marktschreierische Propaganda, Reklamerummel.*

Bạl|mung: Schwert Siegfrieds.

bal|neo-, Bal|neo- [lat. bal(i)neum = Bad (1–3) < griech. balaneĩon = Bad, Badeort] ⟨Best. in Zus. mit der Bed.⟩: *Bad[e]-, Bäder-* (z. B. balneologisch, Balneotherapie).

Bal|ne|o|lo|gie, die; - [zu lat. bal(i)neum = Bad (1–3) u. ↑-logie]: *Lehre von der therapeutischen Anwendung u. Heilwirkung des Wassers, von Schlamm, Moor u. a.*

bal|ne|o|lo|gisch ⟨Adj.⟩: *die Balneologie betreffend.*

Bal|neo|the|ra|pie, die; - (Med.): *Heilbehandlung durch Bäder.*

Bạl|sam, der; -s, ...sa̲me ⟨Pl. selten⟩ [mhd. balsame, ahd. balsamo < lat. balsamum = Balsam(strauch) < griech. bálsamon, aus dem Semit.]: 1. *dickflüssiges Gemisch aus Harzen u. ätherischen Ölen, bes. in der Parfümerie u. [als Linderungsmittel] in der Medizin verwendet.* 2. (geh.) *Linderung, Wohltat:* etw. ist B. für jmds. Seele.

Bạl|sam|es|sig, der: *dunkler, süßlicher Essig aus dem Most weißer italienischer Trauben.*

bal|sa|mie̲|ren ⟨sw. V.; hat⟩ [mhd. balsemen]: 1. *(einen Leichnam) durch Behandlung mit konservierenden Mitteln vor Verwesung schützen:* Leichen b. 2. (geh.) *mit Balsam od. anderen heilkräftigen od. wohlriechenden Mitteln einreiben.*

Bal|sa|mie̲|rung, die; -, -en: *das Balsamieren.*

bal|sa|misch ⟨Adj.⟩: 1. (geh.) *wohlriechend [u. lindernd] wie Balsam:* b. duften. 2. *Balsam enthaltend:* -e Öle.

Bạl|sam|trop|fen ⟨Pl.⟩: *aus Balsam* (1) *bestehende, Balsam enthaltende Flüssigkeit, die als Schmerzlinderungsmittel verwendet wird.*

Bạl|te, der; -n, -n: Ew.

Bạl|ti|kum, das; -s: aus Estland, Lettland u. Litauen bestehendes Gebiet in Osteuropa.

Bạl|tin, die; -, -nen: w. Form zu ↑Balte.

bạl|tisch ⟨Adj.⟩: *das Baltikum, die Balten betreffend; aus dem Baltikum stammend.*

Ba|lus|ter, der; -s, - [frz. balustre < ital. balaustro < mlat. balaustium = Blüte des Granatapfelbaums < griech. balaústion, nach der Form]: *kleine Säule als Stütze eines Geländers.*

Ba|lus|tra̲|de, die; -, -n [frz. balustrade < ital. balaustrata]: *Brüstung od. Geländer mit Balustern.*

Bạlz, die; -, -en [mhd. balz, H. u.]: 1. *Liebesspiel bestimmter größerer Wald- u. Feldvögel während der Paarungszeit:* die B. der Fasanen beobachten. 2. *Paarungszeit bestimmter größerer Wald- u. Feldvögel:* in die B. treten. 3. * **auf die B. gehen** (Jägerspr.; *Jagd auf balzende Vögel machen*).

Balz|arie, die: *von balzenden Vögeln hervorgebrachte Folge von Lauten.*

bạl|zen ⟨sw. V.; hat⟩ [mhd. balzen]: *(von bestimmten Wald- u. Feldvögeln) während der Balz* (2) *durch Lockrufe u. auffällige Bewegungen um das Weibchen werben:* die Auerhähne balzen; balzende Erpel; Ü (ugs. scherzh.:) guck mal, wie die beiden balzen.

Bạlz|laut, der: vgl. Balzarie.

Bạlz|platz, der: *Platz, an dem die Balz* (1) *stattfindet.*

Bạlz|zeit, die: *Balz* (2).

bạm ⟨Interj.⟩: lautm. für einen dunkleren [Glocken]klang.

Ba|ma|ko: Hauptstadt von Mali.

Bạm|berg: Stadt in Franken.

[1]Bạm|ber|ger, der; -s, -: Ew.

[2]Bạm|ber|ger ⟨indekl. Adj.⟩: B. Reiter (Reiterstandbild im Bamberger Dom).

Bạm|ber|ge|rin, die; -, -nen: w. Form zu ↑[1]Bamberger.

[1]Bạm|bi, das; -s, -s [nach W. Disneys 1941 entstandenem Zeichentrickfilm »Bambi«] (Kinderspr.): *Rehkitz.*

[2]Bạm|bi der; -s, -s: *jährlich verliehener Filmpreis (in Form eines Rehkitzes).*

Bam|bi|na, die; -, -s [ital. bambina]: w. Form zu ↑Bambino (2).

Bam|bi|no, der; -s, ...ni, ugs.: -s [ital. bambino, Vkl. von gleichbed. älter: bambo, Lallwort]: 1. (bild. Kunst) *Jesuskind in der Darstellung der italienischen Malerei u. Bildhauerei.* 2. (ugs.) *kleines [italienisches] Kind, kleiner [italienischer] Junge:* eine Familie mit acht Bambini.

Bam|bu|le, die; -, -n ⟨meist o. Art.⟩ [frz. bamboula (bes. in der Wendung faire la bamboula = tüchtig feiern) = Trommel; zu Trommelrhythmen getanzter Tanz der afrik. Schwarzen, über das Frz. der Insel Haiti aus einer westafrik. Spr.]: 1. (Gaunerspr.) *in Form von Krawallen geäußer-*

ter Protest bes. von Häftlingen: die Häftlinge machten B. **2.** (Jugendspr.) *bes. von Jugendlichen veranstaltetes äußerst ausgelassenes Treiben [auf einem Treffen, einem Fest o. Ä.].*

B

Bam|bus, der; -ses u. -, -se [niederl. bamboe(s) < malai. bambu]: *schnell wachsende [sub]tropische Graspflanze, deren leichter, hohler Stängel stark verholzt:* eine Wand, Hütte aus B.

Bam|bus|bär, der: *kleiner Bär, bei dem Ohren, Beine u. Augenringe schwarz gefärbt sind, das übrige Fell gelblich weiß ist.*

Bam|bus|hüt|te, die: *Hütte aus Bambus.*

Bam|bus|rohr, das: *Stamm des Bambus.*

Bam|bus|spross, der ⟨meist Pl. -en⟩: *für Gemüse, Salat verwendeter Keimling des Bambus.*

Bam|bus|stab, der: *Stab* (1 a, d) *aus Bambusrohr.*

Bam|bus|stock, der: *[Spazier]stock aus Bambusrohr.*

Bam|bus|vor|hang, der [in Analogie zum Eisernen Vorhang] (Politik): *[weltanschauliche] Grenze zum kommunistischen Machtbereich in Südostasien:* einen Blick hinter den B. werfen.

Ba|mi|go|reng, das; -[s], -s [indones., aus bami (bakmi) = chinesisches Nudelgericht u. goreng = gebraten, geröstet]: *indonesisches Nudelgericht.*

Bam|mel, der; -s [rückgeb. aus ↑bammeln] (salopp): *Angst, Furcht:* B. vor jmdm., etw. haben.

bam|meln ⟨sw. V.; hat⟩ [urspr. lautm.; vgl. bam; nach dem Hin- und Herschwingen der Glocke] (landsch.): *baumeln* (1 b, 2).

[1]Ban, der; -s, -e u. Banus, der; -, - [serbokroat. ban < türk. bay = reicher Mann] (hist.): *Statthalter, Gebietsvorsteher (bes. in Kroatien u. Südungarn).*

[2]Ban, der; -[s], Bani [rumän., eigtl. = Geld(stück)]: *Währungseinheit in Rumänien* (100 Bani = 1 Leu).

ba|nal ⟨Adj.⟩ [frz. banal, zu afrz. ban = Bann; urspr. = gemeinnützig] (bildungsspr.): **a)** (abwertend) *im Ideengehalt, gedanklich recht unbedeutend, durchschnittlich:* eine -e Frage; -e Weisheiten; sein Vortrag war b.; **b)** *keine Besonderheit, nichts Auffälliges aufweisend; alltäglich, gewöhnlich:* eine -e Geschichte; die Sache ist ganz b.

ba|na|li|sie|ren ⟨sw. V.; hat⟩ [frz. banaliser]: *ins Banale ziehen:* ein Geschehen b.

Ba|na|li|tät, die; -, -en [frz. banalité]: **1.** ⟨o. Pl.⟩: *das Banalsein.* **2.** *banale Äußerung, Aussage.*

Ba|na|ne, die; -, -n [1: port. banana, aus einer westafrik. Spr.; 2: nach der Form]: **1.** *wohlschmeckende, längliche, gelbe Frucht einer baumähnlichen tropischen Staude:* überreife -n; R ausgerechnet -n! (Ausruf des Unmuts, wenn etwas Unerwartetes eintritt; Kehrreim eines nach dem Ersten Weltkrieg entstandenen Schlagers: ausgerechnet -n, -n verlangt sie von mir!); dich haben sie wohl mit der B./Bananenschale aus dem Urwald gelockt (ugs.; *du bist, benimmst dich reichlich naiv*). **2.** (ugs. scherzh.) *Hubschrauber mit zwei Rotoren.*

Ba|na|nen|flan|ke, die [nach der gebogenen Flugbahn des Balls] (Fußball Jargon): *angeschnittene Flanke.*

Ba|na|nen|re|pu|blik, die [LÜ von engl. banana republic] (oft abwertend): *kleines Land in den tropischen Gebieten Amerikas, das bes. vom Export von Bananen lebt (u. von fremdem, meist US-amerikanischem Kapital abhängig ist).*

Ba|na|nen|scha|le, die: *Schale* (1 a) *einer Banane:* auf einer B. ausrutschen.

Ba|na|nen|split, das; -s, -s [engl. banana split, aus: banana = Banane u. split = geteilt]: *Eisspeise aus einer längs durchgeschnittenen Banane, Eis, Schlagsahne [u. Schokoladensoße].*

Ba|na|nen|ste|cker, der [nach der Form] (Elektrot.): *schmaler, einpoliger Stecker.*

Ba|nat, das; -[e]s: Gebiet zwischen den Flüssen Donau, Theiß u. Maros im südlichen Osteuropa.

Ba|nau|se, der; -n, -n [griech. bánausos = Handwerker, gemein, niedrig] (abwertend): *Mensch mit unzulänglichen, flachen, spießigen Ansichten in geistigen od. künstlerischen Dingen; Mensch ohne Kunstverständnis u. ohne feineren Lebensstil:* er ist ein entsetzlicher B.

Ba|nau|sen|tum, das; -s (abwertend): *Art, Wesen, typisches Verhalten eines Banausen.*

ba|nau|sisch ⟨Adj.⟩: *in der Art eines Banausen; verständnislos gegenüber geistigen u. künstlerischen Dingen:* ein -er Mann.

band: ↑binden.

[1]Band, das; -[e]s, Bänder u. -e [mhd. bant, ahd. band, zu ↑binden]: **I.** ⟨Pl. Bänder⟩ **1.** *längerer, schmaler [Gewebe]streifen zum Schmuck, zur Verstärkung, zum Zusammenhalten u. a.:* ein B. im Haar tragen; 5 Meter B. kaufen; eine Matrosenmütze mit langen, blauen Bändern; das B. der Ehrenlegion *(bedeutendster französischer Orden).* **2. a)** kurz für ↑Messband; **b)** kurz für ↑Farbband; **c)** kurz für ↑Zielband; **d)** *Tonband:* das B. bespielen, löschen; etw. auf B. [auf]nehmen, sprechen; **e)** kurz für ↑Förderband; **f)** kurz für ↑Fließband: am B. stehen, arbeiten; ein neues Automodell auf B. legen (Industrie; *anfangen, es serienmäßig zu produzieren*); *** am laufenden B.** (ugs.; *immer wieder, in einem fort*): das Kind nörgelt am laufenden B.; **g)** *dehnbarer, sehnenähnlicher Bindegewebsstrang zur Verbindung beweglicher Teile des Knochensystems:* ich habe mir ein B. angerissen, die Bänder gezerrt; **h)** (Technik) *Sägeblatt einer Bandsäge;* **i)** (Handw.) *Beschlag aus Metall, eingefügter Metallstreifen [mit dem die Tür-, Fensterangel od. ein Scharnier verbunden ist]:* die Tür ist aus den Bändern gerissen; **j)** (Technik) *etw. (z. B. Baumwollballen, Balken) befestigender u. zusammenhaltender Metallstreifen;* **k)** (Bauw.) *kürzerer Verbindungsbalken, Verstrebung;* **l)** (Böttcherei) *Fassreifen:* die Bänder halten die Fassdauben zusammen; **m)** (Bergsteigen) *Felsstreifen, über den eine Kletterroute führt;* **n)** (Nachrichtent.) *abgegrenzter schmaler Frequenzbereich.* **II.** ⟨Pl. -e⟩ **1.** ⟨Sg. selten⟩ (geh. veraltet) **a)** *[1]Fessel:* in -e schlagen *(fesseln, in Ketten legen);* **b)** *durch Zwang, Gewalt bewirkte Unfreiheit:* alle drückenden -e lösen, abschütteln, zerreißen. **2.** (geh.) *Bindung, enge Beziehung:* verwandtschaftliche -e; die -e des Bluts; *** zarte -e knüpfen** (oft scherzh.; *eine Liebesbeziehung anfangen*).

[2]Band, der; -[e]s, Bände: *einzelnes Buch [als Teil eines größeren Druckwerkes, einer Bibliothek]:* ein schmaler B. Gedichte; eine Ausgabe in zehn Bänden; das Werk hat, umfasst mehrere Bände; Ü darüber könnte man Bände *(sehr viel)* erzählen, schreiben; *** Bände sprechen** (ugs.; *sehr aufschlussreich sein, alles sagen*): ihr Gesicht spricht Bände (Abk.: Bd., Pl.: Bde.).

[3]Band [bɛnt, engl.: bænd], die; -, -s [engl. band, eigtl. = Verbindung (von Personen, die miteinander musizieren) < (a)frz. bande, ↑[2]Bande]: *Gruppe von Musikern, die vorzugsweise moderne Musik wie Jazz, Beat, Rock usw. spielt:* die B. spielte bis in die Nacht; der Sänger trat mit seiner B. auf.

Ban|da|ge [ban'da:ʒə], die; -, -n [frz. bandage, zu: bande, ↑[2]Bande]: **a)** *fester Verband od. Wickel zum Stützen od. Schützen eines verletzten Körperteils, einer Wunde:* jmdm. eine B. machen, anlegen; das Knie kam, musste in eine B.; **b)** (Boxen) *schützende [Mull]binde, mit der die Hand umwickelt wird:* die -n anlegen; *** mit harten -n kämpfen** *(hart, erbittert kämpfen).*

ban|da|gie|ren [banda'ʒi:rən] ⟨sw. V.; hat⟩: **a)** *mit einer Bandage* (a) *versehen:* jmds. Knie b.; **b)** (Boxen) *durch eine Bandage* (b) *stützen:* die Hände des Boxers waren noch bandagiert.

Band|auf|nah|me|ge|rät, das: *Tonbandgerät.*

Band|brei|te, die: **1.** *Breite eines [1]Bandes* (I 1, 2 a–m). **2. a)** (Physik) *Breite des Frequenzbereiches unterschiedlicher Schwingungen;* **b)** (Nachrichtent.) *Breite des Frequenzbandes [bei einer bestimmten Einstellung des Rundfunkgerätes].* **3.** *Bereich, Umfang, Spannweite:* die gesamte B. zeitgenössischer Literatur; Antibiotika in ihrer ganzen B. **4.** (Geldw.) *Spielraum innerhalb der Ober- u. Untergrenze, zwischen denen die Kurse schwanken können.*

[1]Bänd|chen, das; -s, - u. Bänderchen: Vkl. zu ↑[1]Band (I 1, 2 a–m).

[2]Bänd|chen, das; -s, -: Vkl. zu ↑[2]Band.

[1]Ban|de, die; -, -n [frz. bande = Truppe, Schar (von Soldaten) < provenz. banda, viell. < got. bandwa, bandwo Zeichen u. dann eigtl. = Personen, die dem gleichen Zeichen (= Banner) folgen]: **1.** *organisierte Gruppe von Verbrechern:* er gehörte einer B. an; der Kampf gegen kriminelle -n. **2.** (abwertend od. scherzh.) *Gruppe gleich gesinnter Menschen (häufig Gruppe Jugendlicher), die gemeinsam etw. unternehmen:* die ausgelassene B. grölte; eine B. von Halbwüchsigen.

[2]Ban|de, die; -, -n [frz. bande, aus dem Germ., verw. mit ↑binden]: **1.** (Sport) *fester Rand, feste Einfassung einer Spielfläche (z. B. Billardtisch, Kegelbahn), eines Spielfeldes (z. B. beim Eishockey) od. einer Bahn (z. B. Reitbahn):* die Kugel prallte an der, von der B. ab; den Puck an der B. einklemmen. **2.** (Physik) *Vielzahl eng benachbarter Spektrallinien.*

bän|de: ↑binden.

Ban|del, das; -s, - (bayr., österr.): Bändel.

Bän|del, der (schweiz. nur so) od. das; -s, - [mhd. bendel, ahd. bentil, Vkl. von ↑[1]Band] (regional): **a)** *[schmales] Band, Schnur:* bunte B. flattern am Hut; *** jmdn. am B. haben** (ugs.; *jmdn. unter Kontrolle haben*): sie hat ihn ganz schön, fest am B.; **b)** kurz für ↑Schuhbändel.

Ban|den|chef, der: *Bandenführer.*

Ban|den|che|fin, die: w. Form zu ↑Bandenchef.

Ban|den|füh|rer, der: *Anführer einer [1]Bande* (1).

Ban|den|füh|re|rin, die: w. Form zu ↑Bandenführer.

Ban|den|kri|mi|na|li|tät, die: *von [1]Banden* (1) *begangene Straftaten.*

Ban|den|mit|glied, das: *Mitglied einer [1]Bande* (1).

Ban|den|un|we|sen, das: *verwerfliches, Ruhe u. Ordnung störendes Treiben von [1]Banden* (1).

Ban|den|wer|bung, die: *Werbung (durch Plakate o. Ä.) auf der [2]Bande* (1) *in Stadien o. Ä.*

Ban|den|we|sen, das: *Gesamtheit dessen, was mit [1]Banden* (1) *u. ihren Aktivitäten zusammenhängt.*

Bän|der: Pl. von ↑[1]Band (I).

Bän|der|chen: Pl. von ↑[1]Bändchen.

bän|dern ⟨sw. V.; hat⟩: **1.** *mit [1]Bändern* (1) *od. bandförmigen Streifen versehen.* **2.** (Fachspr.) *aus etw. [1]Bänder* (1) *od. Bandförmiges herstellen, verfertigen.*

Ban|de|ro|le, die; -, -n [frz. banderole < ital. banderuola, Vkl. von: bandiera = Banner, aus dem Germ., vgl. Banner]: **1.** *[Klebe]band [aus Papier], bes. an abgabepflichtigen Waren, das ein Steuerzeichen trägt:* die B. von der Zigarettenschachtel lösen. **2.** *Spruchband* (2).

Bän|der|riss, der (Med.): *Riss in einem [1]Band* (I 2 g).

Bän|de|rung, die; -, -en [zu ↑bändern (1)]: *Muster in Form von Bändern, Streifenmuster:* die B. von Schneckenhäusern.

Bän|der|zer|rung, die (Med.): *schmerzhafte Überdehnung von [1]Bändern* (I 2 g).

band|för|mig ⟨Adj.⟩: *die Form eines [1]Bandes* (1) *aufweisend.*

Band|ge|ne|ra|tor, der: *(besonders in der Kernphysik verwendeter) Generator zur Erzeugung sehr hoher elektrischer Spannung.*

Band|ge|schwin|dig|keit, die: **1.** *Geschwindigkeit des Magnetbandes während der Aufnahme od. Wiedergabe von Ton- od. Bildaufzeichnungen.* **2.** *Geschwindigkeit eines Fließbandes:* die B. erhöhen, ändern.

bän|di|gen ⟨sw. V.; hat⟩ [zu veraltet bändig, mhd. bendec = (von Hunden) festgebunden, zu ↑[1]Band]: *[trotz starken Widerstandes] unter seinen Willen zwingen; [be]zähmen, zum Gehorsam bringen:* das Pferd b.; er konnte sich überhaupt nicht b. *(zusammennehmen);* die Kinder sind heute nicht zu b. *(sind außer Rand u.*

Band): Ü Naturgewalten, seinen Zorn b.; sie hatte ihr Haar in einem Knoten gebändigt.

Bän|di|ger, der; -s, -: *Person, die Tiere bändigt, zähmt.*

Bän|di|ge|rin, die; -, -nen: w. Form zu ↑Bändiger.

Bän|di|gung, die; -, -en: *das Bändigen; das Gebändigtwerden.*

Ban|dit [auch: ...ˈdɪt], der; -en, -en [ital. bandito = Straßenräuber, eigtl. = Geächteter, subst. 2. Part. von: bandire = verbannen, aus dem Germ.]: *Verbrecher, [Straßen]räuber:* von -en überfallen werden; (fam. scherzh.:) wo hast gesteckt, du B.; *** einarmiger B.** (ugs. scherzh.; *Spielautomat, der mit einem Hebel an der Seite betätigt wird;* für engl. one-armed bandit).

Ban|di|ten|stück, das (abwertend): *Tat von Banditen.*

Band|ke|ra|mik, die (Archäol.): **1.** *mit bestimmten Ornamenten verzierte Keramik der Jungsteinzeit in Mitteleuropa.* **2.** ⟨o. Pl.⟩ *Kultur der frühen Jungsteinzeit in Mitteleuropa (für die die Bandkeramik 1 typisch ist).*

Band|lea|der [ˈbentli:dɐ], der; -s, - [engl. bandleader, aus: band (↑³Band) u. leader = ¹Leiter]: **1.** *(im traditionellen Jazz) die führende Stimme im Jazzensemble übernehmender [Kornett- od. Trompeten]bläser.* **2.** *Leiter einer ³Band.*

Band|maß, das: *aufrollbares Metermaß.*

Band|nu|del, die; -, -n ⟨meist Pl.⟩: *wie ein ¹Band (I 1) geformte Nudel.*

Ban|do|ne|on, Ban|do|ni|on, das; -s, -s [nach dem dt. Erfinder H. Band (1821–1860)]: *Handharmonika mit Knöpfen zum Spielen an beiden Seiten.*

Band|sä|ge, die: *Motorsäge mit endlosem Sägeblatt.*

Band|schei|be, die (Med.): *knorpelige, zwischen je zwei Wirbeln der Wirbelsäule liegende Scheibe mit weichem, gallertartigem Kern.*

Band|schei|ben|scha|den, der, **Band|schei|ben|vor|fall,** der (Med.): *Verschiebung, Vorfall des inneren Gallertkerns einer Bandscheibe.*

Band|wurm, der: *langer Plattwurm, der als Schmarotzer im Darm von Menschen u. Wirbeltieren vorkommt:* ein Mittel zur Abtreibung eines -s; Ü dieser Satz ist ein richtiger B.

Band|wurm|satz, der (scherzh. abwertend): *überaus langer, verschachtelter Satz.*

bang: ↑bange.

Ban|ga|le, der; -n, -n: Ew. zu ↑Bangladesch.

Ban|ga|lin, die; -, -nen: w. Form zu ↑Bangale.

ban|ge, bang ⟨Adj.; banger, bangste; auch: bänger, bängste⟩ [mhd., (md.), mniederd. bange (Adv.), md. u. niederd. Form von mhd. ange, ahd. ango, altes Adv. von ↑eng, eigtl. = beengt]: *von ängstlicher Beklommenheit erfüllt; voll Angst, Furcht, Sorge:* bange Minuten; banges Schweigen; in banger Erwartung, Sorge; jmdm. ist, wird b. [zumute, ums Herz]; jmdm. wird bang und bänger; b. sein (landsch.; *Angst, Bedenken haben [etw. zu tun]*); b. um jmdn. sein (landsch.; *sich um jmdn. sorgen*); b. vor jmdm., etw. sein (landsch.; *Angst vor jmdm., etw. haben*); *** auf jmdn., etw. b. sein** (landsch.; *auf jmdn., etw. ängstlich gespannt sein*); **b. nach jmdm., etw. sein** *(sich nach jmdm., etw. ängstlich-sorgenvoll sehnen).*

Ban|ge, die; - [mhd., mniederd. bange] (landsch.): *Angst, Furcht:* nur keine B.!; [große, keine] B. haben; jmdm. B. machen; R B. machen (od.: Bangemachen) gilt nicht (fam.; *nur keine Angst haben, sich nur nicht einschüchtern lassen*)!

ban|gen ⟨sw. V.; hat⟩ [mhd., mniederd. bangen] (geh.): **1.** *sich ängstigen, sorgen; Angst haben, in Sorge sein:* die Mutter bangt um ihr Kind; sie bangt um ihren Arbeitsplatz; ⟨landsch. auch: b. + sich:⟩ ich bangte mich um sie. **2.** (landsch.) *sich nach jmdm., etw. sehnen:* die Kinder bangten nach der Mutter; ⟨auch: b. + sich:⟩ sie bangten sich nach ihrer Heimat. **3.** ⟨unpers.⟩ *sich fürchten:* mir bangt [es] vor der Zukunft.

bän|ger: ↑bange.

Ban|gig|keit, die; -: *Furcht.*

Bang|la|desch, -s: Staat am Golf von Bengalen.

Bang|la|de|scher, der; -s, -: Ew.

Bang|la|de|sche|rin, die; -, -nen: w. Form zu ↑Bangladescher.

bang|la|de|schisch ⟨Adj.⟩: *Bangladesch, die Bangladescher betreffend; aus Bangladesch stammend.*

bäng|lich ⟨Adj.⟩: *Ängstlichkeit, heimliche Angst erkennen lassend:* eine -e Antwort; ein wenig b. von etw. berichten.

Bang|nis, die; -, -se (geh.): *Angst, Beklommenheit.*

bängs|te: ↑bange.

Ba|ni: Pl. von ↑²Ban.

Ban|jo [ˈbanjo, ˈbɛndʒo], das; -s, -s [engl. banjo, nach der Aussprache von älter engl. bandore (= ein Zupfinstrument) durch die schwarzen Sklaven im Süden der USA]: *Zupfinstrument mit fünf bis neun Saiten, langem Hals u. rundem, trommelartigem Resonanzkörper.*

¹Bank, die; -, Bänke [mhd., ahd. banc = Bank, Tisch, urspr. = Erhöhung]: **1. a)** *Sitzgelegenheit aus Holz, Stein o. Ä., die mehreren Personen nebeneinander Platz bietet:* sich auf eine B. setzen; in der Schule in einer B. *(Schulbank)* sitzen; der Angeklagte saß unruhig in der B. *(Anklagebank)*; *** etw. auf die lange B. schieben** (ugs.; *etw. Unangenehmes aufschieben, hinauszögern;* eigtl. = bis zur Bearbeitung in den langen Aktentruhen der Gerichte aufbewahren lassen): er schob den Arztbesuch auf die lange B.; **durch die B.** (ugs.; *durchweg, ohne Ausnahme, ohne Unterschied;* eigtl. = in der Reihenfolge, wie die Leute auf einer Bank sitzen): das Obst war durch die B. frisch; **vor leeren Bänken** *(vor wenigen Zuhörern, Zuschauern):* sie spielten vor leeren Bänken; **b)** (Sport) *Auswechselbank.* **2. a)** kurz für verschiedene Handwerkstische wie Dreh-, Hobel-, Werkbank usw.: an der B. arbeiten; **b)** *bankförmiges Turngerät.* **3. a)** kurz für ↑Sandbank; **b)** *Anhäufung von Meereslebewesen, die eine Erhöhung über dem Meeresgrund hervorruft:* hohe Bänke von Austern, Korallen; **c)** *lange Wolken- od. Dunstschicht;* **d)** (Geol.) *vom umliegenden Gestein gesonderte, fest zusammenhängende Gesteinsschicht.* **4.** *unverändert beibehaltene Vorhersage auf Tippscheinen:* eine B. tippen; dieses Spiel ist eine B. *(kann man als Bank tippen)*; Ü dieser Spieler ist eine B. in unserem Team (ugs.; *man kann sich hundertprozentig auf ihn verlassen*); diese CD ist eine B. *(ein sicherer Erfolg)* als Geschenk. **5.** (Sport) *Ausgangsstellung auf dem Boden mit auf Knie u. Arme gestütztem Körper.*

²Bank, die; -, -en [ital. banco, banca, eigtl. = Tisch des Geldwechslers, aus dem Germ.]: **1. a)** *Unternehmen, das Geld- u. Kreditgeschäfte betreibt u. den Zahlungsverkehr vermittelt:* ein Konto bei der B. haben; Geld auf der B. [liegen] haben, von der B. holen; **b)** *Gebäude, in dem eine ²Bank (1 a) untergebracht ist:* die B. ist 1910 gebaut worden. **2.** (Glücksspiel) *Geldeinsatz eines einzelnen Bankhalters, der gegen alle anderen Spieler spielt od. den Einsatz verwaltet:* die B. halten, sprengen; gegen die B. spielen.

Bank|an|ge|stell|te, der u. die: *Angestellter, Angestellte in einer ²Bank (1 a).*

Bank|an|wei|sung, die: *Geldanweisung auf eine ²Bank (1 a).*

Bank|auf|trag, der: *Auftrag an eine ²Bank (1 a), ein Geldgeschäft durchzuführen.*

Bank|au|to|mat, der: *Automat, an dem bestimmte Bankgeschäfte (wie Geldabhebungen, Überweisungen u. Ä.) erledigt werden können.*

Bank|bürg|schaft, die: *Bürgschaft einer ²Bank (1 a) für bestimmte Geschäfte eines Kunden mit einem Dritten.*

Bänk|chen, das; -s, -: Vkl. zu ↑¹Bank (1).

Bank|di|rek|tor, der: *Direktor einer ²Bank (1 a).*

Bän|kel|lied, das: *Moritat.*

Bän|kel|sang, der; -[e]s: *das Singen von Bänkelliedern [als Kunstform, Darbietungsform].*

Bän|kel|sän|ger, der [zu: Bänkel, mundartl. Vkl. von ↑¹Bank (1), da die wandernden Sänger von einer kleinen Bank herab ihre Geschichten u. Lieder vortrugen]: *(bes. vom 17. bis zum 19. Jh.) fahrender Sänger, der auf Jahrmärkten u. Ä. Moritaten vorträgt.*

Bän|kel|sän|ge|rin, die: w. Form zu ↑Bänkelsänger.

bän|kel|sän|ge|risch ⟨Adj.⟩: *in der Art eines Bänkelsängers.*

Ban|ker [auch ˈbɛŋkɐ], der; -s, - [unter Einfluss von engl. banker zu ↑²Bank (1 a)] (ugs.): *Bankier, Bankfachmann.*

Ban|ke|rin, die; -, -nen: w. Form zu ↑Banker.

ban|ke|rott (selten): ↑bankrott.

Ban|kert, der; -s, -e [mhd. banchart, eigtl. = das auf der Schlafbank der Magd gezeugte Kind] (landsch. veraltend abwertend): *[nicht eheliches] Kind* (oft als Schimpfwort).

¹Ban|kett, das; -[e]s, -e [ital. banchetto, urspr. = Beistelltisch, Vkl. von: banco, ↑²Bank] (geh.): *Festessen, Festmahl:* [für jmdn.] ein B. geben.

²Ban|kett, das; -[e]s, -e, (auch:) **Ban|ket|te,** die; -, -n [frz. banquette = Fußsteig, Vkl. von: banc = ¹Bank]: *etwas erhöhter [befestigter] Randstreifen neben der Fahrbahn einer [Auto]straße:* B. nicht befahrbar!

Bank|fach, das: **1.** ⟨o. Pl.⟩ *Spezialgebiet des Bankkaufmanns.* **2.** *Schließfach in einer ²Bank (1).*

Bank|fach|frau, die: *Expertin auf dem Gebiet des Bankwesens.*

Bank|fach|mann, der: *Experte auf dem Gebiet des Bankwesens.*

Bank|ge|heim|nis, das: *Recht u. Pflicht einer ²Bank (1 a), Verhältnisse u. Konten ihrer Kunden geheim zu halten.*

Bank|ge|schäft, das: *Geschäft, das an ²Banken (1 a) abgeschlossen wird.*

Bank|ge|wer|be, das: *Gesamtheit der gewerblichen Unternehmen, die Geld- u. Kreditgeschäfte betreiben.*

Bank|gut|ha|ben, das: *Guthaben (a), das jmd. bei einer ²Bank (1 a) hat.*

Bank|hal|ter, der (Glücksspiel): *Person, die das Spiel leitet, die Einsätze verwaltet u. gegen den die übrigen Spieler spielen.*

Bank|hal|te|rin, die: w. Form zu ↑Bankhalter.

Ban|ki|er [baŋˈki̯e:], der; s, -s [frz. banquier, zu: banque = ²Bank]: *Inhaber od. Vorstandsmitglied einer ²Bank (1 a).*

Ban|king [ˈbæŋkɪŋ], das; -[s] [engl.]: *Bankwesen, Bankverkehr, Bankgeschäfte.*

Bank|in|sti|tut, das: *²Bank (1 b).*

Bank|kauf|frau, die: *Bankangestellte mit abgeschlossener Banklehre od. gleichartiger Ausbildung* (Berufsbez.).

Bank|kauf|mann, der: vgl. Bankkauffrau.

Bank|kon|to, das: *Konto bei einer ²Bank (1 a).*

Bank|kre|dit, der: *von einer ²Bank (1 a) gewährter Kredit.*

Bank|kun|de, der: *Kunde einer bestimmten ²Bank (1 a).*

Bank|kun|din, die: w. Form zu ↑Bankkunde.

Bank|leh|ne, die: *Lehne einer ¹Bank (1).*

Bank|leh|re, die ⟨o. Pl.⟩: *Lehre bei einer ²Bank (1 a).*

Bank|leit|zahl, die: *achtstellige Zahl zur numerischen Kennzeichnung von ²Banken (1 a) u. Sparkassen* (Abk.: BLZ).

Bänk|ler, der; -s, - (schweiz.): *Banker.*

Bänk|le|rin, die; -, -nen: w. Form zu ↑Bänkler.

Bank|nach|bar, der: *Schüler, der neben einem anderen Schüler in der Schulbank sitzt.*

Bank|nach|ba|rin, die: w. Form zu ↑Banknachbar.

Bank|no|te, die: *Geldschein aus Papier, der als Zahlungsmittel verwendet wird.*

Ban|ko|mat, der; -en, -en [aus ↑²Bank u. ↑Automat]: *Bankautomat.*

Bank|raub, der: *das Ausrauben einer ²Bank (1 a).*

Bank|räu|ber, der: *jmd., der einen Bankraub begeht, begangen hat.*

Bank|räu|be|rin, die: w. Form zu ↑Bankräuber.

Bank|rei|he, die: *Reihe von ¹Bänken (1):* die vorderen, hinteren -n.

bank|rott ⟨Adj.⟩: *(von Unternehmern) zahlungsunfähig:* der Betrieb ist b.; sich [für] b. erklären; diese Maßnahmen machen die Wirtschaft b.; du machst mich noch b. (ugs. scherzh.; *arm*); Ü wir mussten uns in dieser Frage b. erklären *(mussten zugeben, dass wir nicht weiterwussten).*

Bank|rọtt, der; -[e]s, -e [ital. banco rotto, eigtl. = zerbrochener Tisch (des Geldwechslers), aus: banco (↑[2]Bank) u. rotto = zerbrochen]: *Zahlungsunfähigkeit; Einstellung aller Zahlungen [eines Schuldners gegenüber seinen Gläubigern]:* den B. erklären, anmelden, [kurz] vor dem B. stehen; Ü politischer, geistiger B.; * **B. gehen** *(zahlungsunfähig werden);* **B. machen** (1. *zahlungsunfähig werden.* 2. *scheitern:* er hat mit seiner Politik B. gemacht).

Bank|rọtt|er|klä|rung, die: *öffentliche Erklärung des Bankrotts:* Ü ihre Ausführungen kommen einer B. gleich.

Bank|rot|teur [baŋkrɔˈtøːɐ̯], der; -s, -e [mit französierender Endung für älteres Bankrottierer]: *jmd., der bankrott ist.*

Bank|rot|teu|rin [baŋkrɔˈtøːrɪn], die; -, -nen: w. Form zu ↑Bankrotteur.

Bạnk|schal|ter, der: *Schalter* (2), *an dem Kunden einer* [2]*Bank* (1 a) *ihre Geschäfte erledigen.*

Bạnk|über|fall, der: *Überfall auf eine* [2]*Bank* (1 a).

Bạnk|ver|kehr, der: *geschäftlicher Verkehr mit* [2]*Banken* (1 a).

Bạnk|we|sen, das ⟨o. Pl.⟩: *alles, was mit* [2]*Banken* (1 a) *u. den von ihnen getätigten Geschäften zusammenhängt.*

Bạnn, der; -[e]s [mhd., ahd. ban, zu ↑bannen]: 1. *(im MA.) Ausschluss od. Ausweisung aus einer [kirchlichen] Gemeinschaft:* den B. über jmdn. aussprechen, verhängen; jmdn. mit dem B. belegen; vom B. gelöst werden. 2. (geh.) *beherrschender Einfluss; magische Kraft, Wirkung, der sich jmd. kaum entziehen kann; Zauber:* den B. [des Schweigens] brechen; sich aus dem B. einer Musik lösen; das Spiel hielt ihn in [seinem] B.; in jmds. B. geraten; unter dem B. der Ereignisse stehen; * **jmdn. in seinen B. schlagen/ziehen** *(ganz gefangen nehmen, fesseln).* 3. (nationalsoz.) *Gliederungsbereich innerhalb der Hitlerjugend.*

bạn|nen ⟨sw. V.; hat⟩ [mhd. bannen = bannen (1), (unter Strafandrohung) ge- od. verbieten, ahd. bannan = gebieten, befehlen; vor Gericht fordern, urspr. = sprechen; seit dem 15. Jh. als Abl. von ↑Bann empfunden u. sw. V.]: 1. *(im MA.) über jmdn. den Bann* (1) *aussprechen:* der Papst bannte den Kaiser. 2. (geh.) a) *durch Bann* (2) *[irgendwo] festhalten:* das Ereignis bannte die Zuschauer [auf ihre Plätze]; jmdn., etw. [wie] gebannt anstarren; Ü ein historisches Geschehen auf die Leinwand b. *(es malen od. filmen);* b) *jmdn., etw. durch magische Kraft vertreiben:* der Zauberer versuchte den bösen Geist zu b.; Ü die Hochwassergefahr war noch nicht gebannt *(abgewendet).*

Bạn|ner, das; -s, - [mhd. ban(i)er(e) < (a)frz. bannière, letztlich zu einem germ. Wort mit der Bed. »[Feld]zeichen«, vgl. [1]Bande]: *Fahne [mit Feld-, Hoheitszeichen, Wappen], die durch eine waagerecht hängende Querstange mit dem Fahnenschaft verbunden ist:* das B. tragen; Ü (geh.:) das B. der Freiheit.

Bạn|ner|trä|ger, der: *jmd., der ein Banner trägt:* B. bilden die Spitze des Zuges; Ü ein B. (geh.; *Vorkämpfer*) des Fortschritts.

Bạnn|fluch, der: *(im MA.) mit einer Verfluchung verbundener Kirchenbann.*

bạn|nig ⟨Adv.⟩ [wohl mniederd. bannich = gebannt, verdammt] (nordd.): *ungewöhnlich, außerordentlich, sehr:* ich habe mich b. gefreut.

Bạnn|kreis, der (geh.): *Einflussbereich:* sich jmds. B. nicht entziehen können.

Bạnn|mei|le, die: 1. (hist.) *nähere Umgebung einer Stadt, in der besondere Vorschriften galten.* 2. *nähere Umgebung von Regierungsgebäuden o. Ä., in der Versammlungsverbot besteht:* die B. des Bundestages.

Bạnn|strahl, der (geh.): *Bannfluch.*

Bạnn|wald, der: *[Schutz]wald [gegen Lawinen], in dem kein Holz geschlagen werden darf.*

Bạnn|wart, der (schweiz.): *Flur- u. Waldhüter.*

Bạn|tam|ge|wicht, das [nach engl. bantamweight, zu: bantam = frecher Knirps, eigtl. = Bantamhuhn (die Hähne sind bes. aggressiv), nach der indones. Stadt Bantam (Banten)] (Schwerathletik): a) ⟨o. Pl.⟩ *niedrige Gewichtsklasse;* b) *Sportler der Gewichtsklasse Bantamgewicht* (a).

Bạn|tam|ge|wicht|ler, der; -s, -: *Bantamgewicht* (b).

[1]Bạn|tu, der; -[s], -[s]: *Angehöriger einer Sprach- u. Völkergruppe in Afrika.*

[2]Bạn|tu, das; -[s]: *Sprache der Bantus.*

Bạn|tu|frau, die: *Angehörige einer Sprach- u. Völkergruppe in Afrika.*

bạn|tu|isch ⟨Adj.⟩: *die* [1]*Bantus, das* [2]*Bantu betreffend.*

Bạn|tu|spra|che, die: *einzelne Sprache des* [2]*Bantu.*

Ba̲|nus: ↑[1]Ban.

Ba̲|o|bab, der; -s, -s [aus einer zentralafrik. Spr.]: *Affenbrotbaum.*

Bap|tịs|mus, der; - [engl. baptism < griech. baptismós = Taufe]: *Lehre evangelischer Freikirchen, die als Bedingung für die Taufe ein persönliches Bekenntnis voraussetzt.*

Bap|tịst, der; -en, -en [engl. baptist < griech. baptistḗs = Täufer]: *Anhänger des Baptismus.*

Bap|tis|tẹ|ri|um, das; -s, ...ien [kirchenlat. baptisterium < lat. baptisterium = Schwimmbecken < griech. baptistḗrion = Badestube] (christl. Rel., Kunstwiss.): 1. *Taufbecken.* 2. *Taufkirche.*

Bap|tịs|tin, die; -, -nen: w. Form zu ↑Baptist.

[1]ba̲r ⟨Adj.⟩ [mhd., ahd. bar = nackt; frei von; sofort verfügbar]: 1. *in Geldscheinen od. Münzen; nicht im bargeldlosen Geldverkehr:* -es Geld; wenn Sie b. bezahlen, bekommen Sie 3 % Skonto; * **in b.** *(mit Geldscheinen, Münzen):* etw. in b. bezahlen; **gegen b.** *(gegen Geldscheine od. Münzen):* etw. nur gegen b. verkaufen. 2. (geh.) *rein, pur:* das ist -er Unsinn. 3. (veraltet) *nackt, bloß, unbedeckt:* mit -em Haupt; * **einer Sache b. sein** (geh.; *etw. nicht haben*): b. aller Vernunft, jeglichen Gefühls [sein]; sie war b. jeglichen Schmuckes.

[2]ba̲r = [2]Bar.

[1]Ba̲r, die; -, -s [engl. bar, urspr. = Schranke, die Gastraum u. Schankraum trennt < afrz. barre, ↑Barre]: 1. a) *intimes [Nacht]lokal, für das der erhöhte Schanktisch mit den dazugehörigen hohen Hockern charakteristisch ist:* eine B. besuchen, aufsuchen; in einer B. sitzen; b) *barähnliche Räumlichkeit in einem Hotel o. Ä.* 2. *hoher Schanktisch mit Barhockern:* an der B. sitzen.

[2]Ba̲r, das; -s, -s ⟨aber: 3 Bar⟩ [zu griech. báros = Schwere, Gewicht]: *Maßeinheit des [Luft]drucks;* Zeichen: bar (in der Met. nur: b).

[3]Ba̲r, der; -[e]s, -e [H. u.]: *regelmäßig gebautes, mehrstrophiges Lied des Meistergesangs.*

[1]Bä̲r, der; -en, -en [mhd. ber, ahd. bero, eigtl. = der Braune, verhüll. Bez.]: 1. *großes Raubtier mit dickem braunem Pelz, gedrungenem Körper u. kurzem Schwanz:* der B. brummt; -en jagen, erlegen; Ü er ist ein richtiger B. (ugs.; *ein großer, kräftiger, oft etw. ungeschickt, aber gutmütig wirkender Mensch*); R hier/da ist der B. los; hier/da geht der B. ab (ugs.; *hier/da ist etwas los, hier/da herrscht Stimmung;* die Wendungen beziehen sich wohl auf den [entlaufenen] Tanzbären od. den Bären im Zirkus; * **der Große B., der Kleine B.** (*Sternbilder des nördlichen Himmels;* nach lat. Ursa Major u. Ursa Minor); **wie ein B.** (ugs.; *sehr*): hungrig sein, stark sein wie ein B.; **jmdm. einen -en aufbinden** (ugs.; *jmdm. etw. Unwahres so erzählen, dass er es glaubt;* die Wendung geht wohl davon aus, dass es praktisch unmöglich ist, jmdm. – ohne dass er es merkt – einen Bären auf den Rücken zu binden). 2. (salopp) a) *weibliche Schambehaarung;* b) *Vulva.*

[2]Bä̲r, der; -s, -en, Fachspr.: -e (Technik, Bauw.): *Rammklotz, großer Hammer (zum Bearbeiten von Werkstücken od. Einrammen von Pfählen).*

-bar [mhd. -bære, ahd. -bāri; urspr. nur in Zus. vorkommendes Adj. mit der Bed. »tragend, fähig zu tragen«, zu ahd. beran, ↑gebären]: 1. drückt in Bildungen mit Verben (Verbstämmen) aus, dass mit der beschriebenen Person oder Sache etw. gemacht werden kann: bebaubar, heizbar, öffenbar. 2. drückt in Bildungen mit Verben (Verbstämmen) aus, dass die beschriebene Person oder Sache etw. machen kann: a) brennbar, haftbar; b) ⟨verneint in Verbindungen mit un-⟩ unverwechselbar, unverwitterbar. 3. drückt in Bildungen mit Verben (Verbstämmen) aus, dass die beschriebene Sache zu etw. geeignet ist: tanzbar, wanderbar.

Ba|ra̲|ber, der; -s, - [eigtl. = jmd., der »parlare« (= ital.) statt »sprechen« sagt, urspr. nur für italienische Arbeiter] (österr. abwertend): *Bauarbeiter.*

ba|ra̲|bern ⟨sw. V.; hat⟩ (österr.): 1. *als Hilfsarbeiter im Straßenbau, auf dem Bau arbeiten.* 2. *hart arbeiten.*

Ba|rạ|cke, die; -, -n [frz. baraque < span. barraca, zu: barro = Lehm, urspr. = Lehmhütte]: *nicht unterkellerter, einstöckiger [Holz]bau für eine behelfsmäßige Unterbringung:* -n aufbauen, aufstellen, abreißen; in einer B. hausen.

Ba|rạ|cken|la|ger, das: *aus Baracken bestehendes Lager, in dem Menschen behelfsmäßig untergebracht werden.*

Bar|ba̲|di|er, der; -s, -: Ew. zu ↑Barbados.

Bar|ba̲|di|e|rin, die; -, -nen: w. Form zu ↑Barbadier.

bar|ba̲|disch ⟨Adj.⟩: *Barbados, die Barbadier betreffend; von Barbados stammend.*

Bar|ba̲|dos; Barbados': Inselstaat im Osten der Kleinen Antillen.

Bar|ba̲r, der; -en, -en [lat. barbarus < griech. bárbaros, urspr. = mit der einheimischen Sprache nicht vertrauter Ausländer, Nichtgrieche, eigtl. = stammelnd] (abwertend): 1. *roher, empfindungsloser Mensch ohne Kultur:* -en haben den Friedhof verwüstet. 2. *[auf einem bestimmten Gebiet] völlig ungebildeter Mensch:* was versteht dieser B. von Musik? 3. *(für die Griechen u. Römer der Antike) Angehöriger eines fremden Volkes.*

Bar|ba|ra|zweig, der; -[e]s, -e ⟨meist Pl.⟩: *(bes. Kirschbaum- od. Forsythien)zweig, der am Barbaratag (4. Dezember) in die Vase gestellt wird, damit er zu Weihnachten blüht.*

Bar|ba|rei̲, die; -, -en [lat. barbaria]: 1. *Rohheit, Unmenschlichkeit, Grausamkeit:* die Zerstörung des Dorfes war ein Akt der Barbarei. 2. ⟨Pl. selten⟩ *Kulturlosigkeit, völlige Ungebildetheit, unzivilisierter Zustand:* in die B. zurücksinken.

Bar|ba̲|rin, die; -, -nen: w. Form zu ↑Barbar.

bar|ba̲|risch ⟨Adj.⟩ [mhd. barbarisch = fremd(ländisch)]: 1. *unmenschlich, roh, grausam:* -e Maßnahmen, Strafen; er wurde b. gefoltert. 2. *unkultiviert, unzivilisiert:* ein -es Land; Ü die Neubauten sehen b. aus. 3. a) *über das normale od. erlaubte Maß hinausgehend, sehr groß, furchtbar:* eine -e Hitze; das war ja eine -e Hetze; b) ⟨intensivierend bei Adj. u. Verben⟩ *sehr:* es war b. kalt; wir haben b. gefroren. 4. *die Barbaren* (3) *betreffend.*

Bar|ba|rịs|mus, der; -, ...men [lat. barbarismus < griech. barbarismós, zu: barbarízein = unverständlich, schlecht sprechen]: a) *ein in das klassische Latein od. Griechisch übernommener fremder Ausdruck;* b) *grober sprachlicher Fehler.*

Bar|be, die; -, -n [mhd. barbe, ahd. barbo < lat. barbus, zu: barba = Bart, nach den vier Bartfäden]: *(zur Familie der Karpfen gehörender) großer Fisch mit braun- bis schwarzgrüner Oberseite u. weißlichem Bauch, der bes. in rasch fließenden Gewässern lebt.*

Bar|be|cue [ˈbɑːbɪkjuː], das; -[s], -s [amerik. barbecue < span. barbacoa; aus dem Taino (südamerik. Indianerspr.), urspr. = Holzrost]: 1. *(im englischsprachigen Raum) Gartenfest, bei dem gegrillt wird.* 2. a) *Bratrost, der bei einem Barbecue* (1) *verwendet wird;* b) *auf dem Bratrost gebratenes Fleisch.*

bär|bei|ßig ⟨Adj.⟩ [eigtl. = bissig wie ein Bären-

B

beißer (= früher zur Bärenjagd verwendeter Hund)]: *brummig-unfreundlich:* ein -es Gesicht.
är|bei|ßig|keit, die; -: *das Bärbeißigsein.*
ar|be|trag, der: *Betrag in bar:* der Maskierte verlangte einen hohen B.
ar|bier, der; -s, -e [mhd. barbier < frz. barbier < mlat. barbarius = Bartscherer, zu lat. barba = Bart] (veraltet): **1.** (noch scherzh.) *Herrenfriseur.* **2.** *Wundarzt.*
ar|bie|ren ⟨sw. V.; hat⟩ (veraltet, noch scherzh.): *rasieren:* er ließ sich genussvoll b.
ar|bi|tu|rat, das; -s, -e (Pharm.): *Medikament auf der Basis von Barbitursäure, das als Schlaf- u. Beruhigungsmittel verwendet wird:* dieses B. gibt es nur auf Rezept.
ar|bi|tur|säu|re, die ⟨o. Pl.⟩ [H. u.] (Pharm.): *chemische Substanz, die (in Form bestimmter Derivate) eine narkotische Wirkung hat.*
ar|brüs|tig ⟨Adj.⟩ [zu [1]bar (3)]: *mit nackter Brust:* sie lief b. am Strand.
ar|bu|da: vgl. Antigua.
ar|bu|sig ⟨Adj.⟩ [zu ↑[1]bar (3)]: *mit nacktem Busen:* Plakate mit -en Damen.
ar|ce|lo|na [bartse..., barse...; span.: barθe'lona]: Stadt in Nordostspanien.
är|chen, das; -s, -: Vkl. zu ↑[1]Bär.
ar|chent, der; -s, -e [mhd. barchant < mlat. barchanus < afrz. barracan, span. barragán < arab. barrakān]: *auf der linken Seite aufgerauter Baumwollflanell:* ein Nachthemd aus B.
ar|da|me, die: *Angestellte in einer [1]Bar (1 a), die Getränke verkauft u. die Gäste unterhält.*
[1]Bar|de, die; -, -n [frz. barde, eigtl. = Reitkissen < span. albarda < arab. barda'a[h]] (Kochk.): *Speckscheibe, mit der das Geflügel beim Braten belegt wird.*
[2]Bar|de, der; -n, -n [frz. barde < lat. bardus, aus dem Kelt.]: **a)** *(bes. altkeltischer) Sänger u. Dichter von Heldenliedern;* **b)** (oft iron.) *Dichter;* **c)** *Verfasser von zeit- und gesellschaftskritischen Liedern u. Balladen, der seine Lieder selbst zur Gitarre vorträgt.*
är|ren|dienst: in der Wendung **jmdm. einen B. erweisen/leisten** (*in guter Absicht etw. tun, was einem anderen, zu dessen Nutzen es gedacht war, schadet;* viell. nach der Fabel »Der Bär und der Gartenliebhaber« von La Fontaine, in der der Bär diensteifrig eine Fliege von der Nase des Gärtners verscheucht, ihn dabei aber tötet).
är|ren|dreck, der (südd., österr., schweiz.): *Lakritze.*
är|ren|fang, der: *Likör aus Bienenhonig.*
är|ren|fell, das: *Fell des Bären.*
är|ren|füh|rer, der: **1.** (früher) *jmd., der mit einem Tanzbären umherzieht.* **2.** (ugs. scherzh.) *Fremdenführer:* den B. für jmdn. abgeben, spielen.
är|ren|füh|re|rin, die: w. Form zu ↑Bärenführer (2).
är|ren|haft ⟨Adj.⟩: *stark, plump, ungeschickt (wie ein Bär).*
är|ren|haut, die: *Bärenfell:* * **auf der B. liegen** (ugs. abwertend; *faulenzen, faul sein;* in Humanistenkreisen des 16. Jh.s aufgrund von Tacitus' »Germania« [Kap. 15] aufgestellte Behauptung über die Lebensweise der alten Germanen): während des verregneten Urlaubs lagen sie viel auf der faulen B.
är|ren|häu|ter, der [zuerst Soldatenschimpfwort, urspr. = einer, der nicht kämpft, sondern auf der Bärenhaut liegt]: **1.** ⟨o. Pl.⟩ Name einer Märchengestalt. **2.** (veraltet) *Faulpelz.*
är|ren|hun|ger, der (ugs.): *sehr großer Hunger.*
är|ren|jagd, die: *Jagd auf Bären.*
är|ren|klau, die; -, - od. der; -s, -: **1.** *Kraut od. Strauch mit großen, gespaltenen Blättern, Dornen in den Blattachseln u. weißen, blassvioletten od. bläulichen Blüten (meist Steppen- u. Wüstenpflanze); Akanthus.* **2.** *(in vielen Arten auf Wiesen u. an Rainen vorkommendes) kräftiges, Stauden bildendes Doldengewächs.*
är|ren|kraft, die (meist Pl.): *sehr große, ungewöhnliche körperliche Kraft:* mit seinen Bärenkräften zerbrach er das Eisengitter.

Bä|ren|stark ⟨Adj.⟩ (ugs.): *sehr stark* (1, 6, 8).
Bä|ren|tat|ze, die: **1.** *Tatze des Bären.* **2.** *Bärenklau.*
Bä|ren|trau|be, die: *Heidekrautgewächs mit eiförmigen, meist ledrigen Blättern, glockigen Blüten u. beerenartigen Früchten.*
Bä|ren|zu|cker, der (österr.): *Lakritze.*
Ba|rett, das; -[e]s, -e, selten: -s [mlat. barrettum, birretum, zu lat. birrus = Überwurf mit Kapuze]: *an den Seiten versteifte, flache, randlose Kopfbedeckung (auch Teil einer Amtstracht von Professoren, Richtern u. a.).*
Bar|frau, die: *Bardame.*
bar|fuß ⟨indekl. Adj.⟩: *mit bloßen Füßen:* b. gehen; die Kinder liefen b. durchs Gras; b. bis zum Hals (ugs. scherzh.; *völlig nackt*).
Bar|fuß|arzt, der: *(in der Volksrepublik China) jmd., der medizinische Grundkenntnisse hat u. bes. auf dem Land einfachere Krankheiten behandelt.*
bar|fü|ßig ⟨Adj.⟩: *barfuß:* sie lief b. durch das Gras.
barg: ↑bergen.
bär|ge: ↑bergen.
Bar|geld, das: [1]*bares* (1) *Geld.*
bar|geld|los ⟨Adj.⟩: *ohne Bargeld, nur durch Schecks, Kreditkarten, Bankanweisungen o. Ä. [erfolgend]:* -er Zahlungsverkehr.
Bar|ge|schäft, das (Kaufmannsspr.): *Geschäft, bei dem alles sofort bar bezahlt wird.*
bar|häup|tig ⟨Adj.⟩: *ohne Kopfbedeckung:* sie ging b. im Regen spazieren.
Bar|ho|cker, der; -s, -: *hoher Hocker, wie er in [1]Bars an der Theke steht.*
bä|rig ⟨Adj.⟩ [zu ↑[1]Bär]: **1.** (landsch.) *bärenhaft, stark, robust:* ein -er Kerl. **2.** (ugs.) *großartig; außergewöhnlich, gewaltig:* es war eine -e Stimmung; jmdn., etw. b. finden.
Bä|rin, die; -, -nen: w. Form zu ↑[1]Bär.
ba|risch ⟨Adj.⟩ [↑[2]Bar] (Met.): *den Luftdruck betreffend.*
Ba|ri|ton ['ba(:)rıtɔn], der; -s, -e [...o:nə; ital. baritono, zu griech. barýtonos = volltönend] (Musik): **1.** *Männerstimme in der mittleren Lage zwischen Tenor u. Bass.* **2.** ⟨o. Pl.⟩ *solistische Baritonpartie in einem Musikstück:* den B. singen. **3.** *Sänger mit Baritonstimme:* ein gefeierter B.
Ba|ri|ton|par|tie, die: *für die Baritonstimme geschriebener Teil eines Musikwerkes.*
Ba|ri|ton|stim|me, die: *Bariton* (1).
Ba|ri|um, das; -s [zu ↑Baryt (das Element wurde hierin erstmals festgestellt)]: *silberweißes Leichtmetall, das an der Luft rasch oxidiert; chemisches Element* (Zeichen: Ba).
Bark, die; -, -en [niederl., engl. bark < afrz. barque, ↑Barke]: *großes Segelschiff mit drei od. vier Masten, von denen nur zwei die volle Segelausrüstung haben.*
[1]Bar|ka|ro|le, die; -, -n [ital. barcarola = Schifferlied, zu: barcarolo = Gondoliere, zu: barca < spätlat. barca, ↑Barke]: **1. a)** *Lied der venezianischen Gondolieri (im ⁶/₈- od. ¹²/₈-Takt);* **b)** *Instrumentalstück in der Art einer Barkarole* (a). **2.** *früher auf dem Mittelmeer verwendetes Ruderboot.*
[2]Bar|ka|ro|le, der; -n, -n [ital. barcarolo, ↑[1]Barkarole]: *Schiffer auf einer [1]Barkarole* (2).
Bar|kas|se, die; -, -n [niederl. barkas < span. barcaza < ital. barcaccia, eigtl. = Großboot, Vgr. von: barca, ↑Barkarole]: **1.** *größtes Beiboot auf Kriegsschiffen.* **2.** *größeres Motorboot.*
Bar|kauf, der (Kaufmannsspr.): *Kauf gegen sofortige od. fristgerechte Zahlung.*
Bar|ke, die; -, -n [mhd. barke < mniederl. barke < (a)frz. barque < spätlat. barca, zu: baris < griech. bãris = Nachen]: *kleines Boot ohne Mast.*
Bar|kee|per [...ki:pɐ], der [engl. barkeeper, aus bar = [1]Bar u. keeper ↑Keeper]: *jmd., der in einer [1]Bar [alkoholische] Getränke, bes. Cocktails, mixt u. ausschenkt.*
Bär|lapp, der; -s, -e [zu ↑[1]Bär u. mhd. lappe, ahd. lappo (↑Lappen), eigtl. = Bärentatze, nach der Form]: *(zu den Farnpflanzen gehörende) bes. in feuchten Nadelwäldern wachsende, dem Moos ähnliche Pflanze mit langen, den Boden bedeckenden Sprossen.*
Bär|lauch, der: *(zu den Liliengewächsen gehörende, bes. in Auwäldern wachsende) weiß blühende, stark nach Knoblauch riechende Pflanze.*
Bar|mäd|chen, das: *Bardame.*
Bar|mann, der: *Barkeeper.*
Bär|me, die; - [aus dem Niederd. < mniederd. berme, eigtl. = Quellendes, [Auf]wallendes; vgl. Ferment] (landsch., bes. berlin.): *Hefe.*
bar|men ⟨sw. V.; hat⟩ [mhd. barmen, ahd. (ir)barmen, ↑erbarmen]: **1.** (landsch., veraltet) *mit Mitgefühl erfüllen:* die frierenden Kinder barmten ihn. **2.** (bes. nordd.) *jammern, lamentieren:* die Frau barmte um das Kind/wegen des Kindes; die Mutter ließ das Kind um Brot b. (*betteln*).
barm|her|zig ⟨Adj.⟩ [mhd. barmherze(c), ahd. barmherzi, durch Einfluss von: irbarmen (↑erbarmen) aus älterem armherzi, nach (kirchen)lat. misericors = mitleidig, eigtl. = ein Herz für die Armen (habend)] (geh.): *mitfühlend, mildtätig gegenüber Notleidenden; Verständnis für die Not anderer zeigend:* eine -e Lüge; sie war b. und half ihm; die Barmherzigen Brüder, Schwestern *(Angehörige katholischer Orden, die sich bes. der Krankenpflege widmen);* Ausruf in plötzlicher Angst: -er Gott!, -er Himmel!; ⟨subst.:⟩ Barmherzige halfen ihr.
Barm|her|zig|keit, die; - [mhd. barmherzekeit, barmherze, ahd. armherzi, nach (kirchen)lat. misericordia] (geh.): *barmherziges Wesen, Verhalten:* die B. Gottes; B. üben.
Bar|mit|tel ⟨Pl.⟩: *sofort verfügbares Bargeld (einschließlich Bank- u. Postscheckguthaben):* er verfügte nur über geringe B.
Bar|mi|xer, der [nach engl. to mix = mischen]: *Getränkemischer in einer [1]Bar* (1).
[1]Bar-Miz|wa, der; -s, -s [hebr. = Sohn des Gebots]: *männlicher Jude, der das 13. Lebensjahr vollendet hat u. auf die religiösen Vorschriften des Judentums verpflichtet ist.*
[2]Bar-Miz|wa, die; -, -s: *Feier in der Synagoge, bei der die [1]Bar-Mizwas in die jüdische Glaubensgemeinschaft eingeführt werden.*
Bar|mu|sik, die ⟨o. Pl.⟩: *leichte Unterhaltungsmusik (wie sie häufig in [1]Bars gespielt wird).*
ba|rock ⟨Adj.⟩ [frz. baroque < ital. barocco, eigtl. = sonderbar; unregelmäßig < port. barroco]: **a)** *im Stil des Barocks gestaltet, aus der Zeit des Barocks stammend; von üppigem Formenreichtum:* ein -er Bau; -e Figuren; die Ornamentik wirkt b.; **b)** (bildungsspr.) *seltsam, verschroben:* eine -e Fantasie, einen -en Geschmack haben.
Ba|rock, das od. der; -s (Fachspr. auch: -): **a)** *durch kraftvolle, verschwenderisch gestaltete Formen u. pathetischen Ausdruck gekennzeichneter Stil in der europäischen Kunst, Dichtung u. Musik von etwa 1600 bis 1750:* das Zeitalter, die Kirchen, die Musik, die Sprache des -s; **b)** *Barockzeit[alter]:* die Literatur im B.
Ba|rock|dich|tung, die: *Dichtung des Barocks.*
ba|ro|cki|sie|ren ⟨sw. V.; hat⟩: *den Barockstil nachahmen, im Barockstil [nach]bauen:* die ursprünglich spätgotische Kirche wurde später barockisiert.
Ba|rock|kir|che, die: *barocke* (a) *Kirche.*
Ba|rock|kunst, die ⟨o. Pl.⟩: *Kunst des Barocks.*
Ba|rock|ma|le|rei, die: *Malerei des Barocks.*
Ba|rock|mu|sik, die: *barocke* (a) *Musik.*
Ba|rock|stil, der ⟨o. Pl.⟩: *[Bau]stil des Barocks.*
Ba|rock|the|a|ter, das: **1.** *Schauspielkunst des Barocks.* **2.** *Theaterraum aus dem Barock.*
Ba|rock|zeit, die ⟨o. Pl.⟩: *Zeit[alter] des Barocks.*
Ba|ro|me|ter, das, landsch., österr., schweiz. auch: der; -s, -: *Luftdruckmesser:* das B. steigt, fällt, steht auf »Regen«; **Ü** die Börse ist ein B. der Konjunktur; **R** das B. steht auf Sturm *(es herrscht ein Zustand der Gereiztheit).*
Ba|ro|me|ter|stand, der: *Stand* (4 c) *des Barometers:* ein hoher, niedriger B.
ba|ro|me|trisch ⟨Adj.⟩ (Met.): *die Luftdruckmessung betreffend:* -es Maximum *(höchster Luft-*

druck; Hoch), -es Minimum *(tiefster Luftdruck; Tief).*

Ba|ron, der; -s, -e [frz. baron, aus dem Germ., eigtl. = streitbarer Mann]: **1.** ⟨o. Pl.⟩ *französischer Adelstitel, der dem deutschen »Freiherr« entspricht.* **2.** ⟨o. Art.⟩ *Anrede für einen Freiherrn.* **3.** *Träger des Titels.*

Ba|ro|nat, das; -[e]s, -e: *Baronie.*

Ba|ro|ness, Ba|ro|nes|se, die; -, ...essen: **a)** *Tochter eines Barons; Freifräulein;* **b)** ⟨o. Art.⟩ *Anrede für die Tochter eines Barons.*

Ba|ro|nie, die; -, -n [frz. baronnie]: **1.** *Freiherrnwürde.* **2.** *Besitz eines Barons.*

Ba|ro|nin, die; -, -nen: w. Form zu ↑Baron.

ba|ro|ni|sie|ren ⟨sw. V.; hat⟩: *in den Rang eines Freiherrn erheben.*

Bar|ra|ku|da, der; -s, -s [span. barracuda]: *(in tropischen Meeren lebender) schnell schwimmender Raubfisch mit lang gestrecktem Körper u. Kopf u. großen Zähnen.*

Bar|ras, der; - [urspr. (während der Napoleonischen Kriege) = Kommissbrot, H. u.] (Soldatenspr.): *Militär:* nicht beim B. gewesen sein; zum B. kommen, müssen.

Bar|re, die; -, -n [mhd. barre < (a)frz. barre = Stange, aus dem Vlat.-Roman.]: **1.** (veraltet) *Schranke aus waagerechten Stangen; Querriegel.* **2.** *Sandbank, Untiefe, bes. an der Mündung eines Flusses.*

Bar|rel [ˈbɛrəl, engl.: ˈbærəl], das; -s, -s ⟨aber: 3 -⟩ [engl. barrel, eigtl. = Holzgefäß < afrz. baril]: *in Großbritannien und den USA verwendetes Hohlmaß* (163,5645 l bzw. in den USA für Petroleum u. a. 158,987 l); *Fass, Tonne:* Öl ist um 50 Cent pro B. teurer geworden.

[1]Bar|ren, der; -s, - [eigtl. = (Metall)stange, zu ↑Barre; 2: 1812 gepr. von F. L. Jahn]: **1.** *Handelsform der unbearbeiteten Edelmetalle (urspr. in Stangen):* ein B. Gold, Silber. **2.** (Sport) *Turngerät mit zwei durch Stützen gehaltenen, parallel verlaufenden Holmen.*

[2]Bar|ren, der; -s, - [mhd. barn, barne, ahd. parno, H. u.] (südd., österr.): *Futtertrog für Rinder u. Pferde:* vor dem Füttern säuberte sie den B.

Bar|ren|gold, das: *Gold in [1]Barren* (1).

Bar|ren|sil|ber, das: *Silber in Barren.*

Bar|ren|tur|nen, das: *Turnen am [1]Barren* (2).

Bar|ri|e|re, die; -, -n [frz. barrière, zu: barre, ↑Barre]: **1.** *Absperrung, die jmdn., etw. von etw. fern hält:* eine B. errichten; -n durchbrechen; Ü ideologische -n. **2.** (landsch. veraltend, schweiz.) *Bahnschranke.*

Bar|ri|ka|de, die; -, -n [frz. barricade, zu: barrique = Fass (Barrikaden wurden oft aus Fässern errichtet)]: *[Straßen]sperre zur Verteidigung bes. bei Straßenkämpfen:* -n errichten, bauen; sie starben auf den -n; *** auf die -n gehen/steigen** (ugs.; *empört gegen etw. angehen; durch Protestaktionen etw. durchzusetzen versuchen*): für die Arbeitszeitverkürzung auf die -n steigen.

Bar|ri|ka|den|kampf, der: *[Straßen]kampf auf, hinter Barrikaden.*

Bar|ring, die; -, -s [niederl. barring, zu frz. barre, ↑Barre] (Seew.): *Gerüst auf Schiffen zwischen Fock- u. Großmast zur Aufstellung größerer Boote.*

barsch ⟨Adj.⟩ [aus dem Niederd. < mniederd. barsch = scharf, streng (von Geschmack), urspr. = scharf, spitz]: *mit heftiger oder unfreundlicher Stimme kurz und knapp [gesagt]; brüsk:* -e Worte; b. antworten; jmdn. b. abweisen.

Barsch, der; -[e]s, -e [mhd., ahd. bars, eigtl. = der Stachelige]: **a)** *im Süßwasser lebender Raubfisch mit stacheligen Kiemendeckeln, großem Kopf u. tief gespaltener Mundöffnung;* **b)** kurz für ↑Flussbarsch.

Bar|schaft, die; -, -en ⟨Pl. selten⟩ [mhd. barschaft]: *Gesamtheit des in jmds. Besitz befindlichen Bargeldes:* ihre ganze B. bestand aus zehn Mark.

Bar|scheck, der; -s, -s: *Scheck, der bei Vorlage bar ausgezahlt werden kann.*

Barsch|heit, die; -, -en: **a)** ⟨o. Pl.⟩ *barsches Wesen, Unfreundlichkeit;* **b)** *barsche Äußerung.*

Bar|sor|ti|ment, das; -[e]s, -e: *Betrieb des Buchhandels zwischen Buchhandlung u. Verlag.*

barst, bärs|te: ↑bersten.

Bart, der; -[e]s, Bärte [mhd., ahd. bart, wahrsch. eigtl. = Borste, Borstiges u. verw. mit ↑Barsch; vgl. Borste]: **1. a)** *die [steifen] Haare auf der unteren Gesichtspartie der Männer:* ein langer, dünner, schwarzer B.; der B. sticht, kratzt; einen starken B. *(Bartwuchs)* haben; einen B. bekommen; ich lasse mir einen B. wachsen, stehen; jmdm. den B. stutzen, schneiden, scheren; beim -e des Propheten! (scherzh.; *Ausruf der Beteuerung*); R der B. ist ab! (ugs.; *jetzt ist es zu Ende; nun ist es aber genug!*); Ü bemooste Bäume mit herabhängenden Bärten aus Flechten; *** [so] einen B. haben** (ugs. abwertend; *längst bekannt sein*); **etw. in seinen B. [hinein] brummen/murmeln** (ugs.; *etw. [unzufrieden od. unwillig] unverständlich vor sich hin sagen*); **jmdm. um den B. gehen/streichen** *(jmdm. schmeicheln);* **jmdm. Honig um den B. schmieren** (↑Honig); **b)** *[als Tastorgan dienende] Behaarung an der Schnauze vieler Säugetiere; Schnurrhaare;* **c)** *Haarbüschel am Schnabel mancher Vögel.* **2.** *unterer, geschweifter Teil des Schlüssels, mit dem durch Drehen im Türschloss das Zu- u. Aufschließen bewirkt wird:* der B. ist abgebrochen. **3.** (Segelfliegen) *thermischer Aufwind.*

Bart|bin|de, die (früher): *Binde, durch die der Schnurrbart rechtwinklig hochgerichtet wurde.*

Bärt|chen, das; -s, -: Vkl. zu ↑Bart (1).

[1]Bar|te, die; -, -n [mhd. barte, ahd. barta, zu ↑Bart, weil das Eisen vom Stiel wie ein Bart herabhängt] (veraltet): *breites Beil, Axt [als Waffe].*

[2]Bar|te, die; -, -n [viell. zu niederl. baarden, Pl. von baard = Bart, nach der Ähnlichkeit mit herabhängenden Barthaaren]: *Hornplatte im Oberkiefer der Bartenwale; Fischbein.*

Bar|tel, die; -, -n ⟨meist Pl.⟩ [Vkl. von ↑Bart (1)]: *lange, fadenförmige, Sinnesorgane aufweisende Gebilde, die vom Maul mancher Fische herabhängen.*

Bar|ten|wal, der: *Wal, der statt Zähnen zwei Reihen quer gestellter [2]Barten hat, mit deren Hilfe die aufgenommene Nahrung gefiltert wird.*

Bar|terl, das; -s, -[n] [mundartl. Vkl. von ↑Bart (1)] (bayr., österr. ugs.): *Lätzchen.*

Bart|haar, das: *einzelnes Haar des Bartes* (1).

Bar|thel: in den Wendungen **wissen, wo B. [den] Most holt** (ugs.; *alle Kniffe kennen;* viell. aus der Gaunerspr., entstellt aus rotwelsch barsel = Brecheisen u. Moos = Geld, also eigtl. = wissen, wo man mit dem Brecheisen an Geld herankommt); **jmdm. zeigen, wo B. [den] Most holt** (ugs.; *jmdm. alle Kniffe zeigen*).

bär|tig ⟨Adj⟩ [älter: bärticht, mhd. bartoht]: *einen Bart tragend:* -e Jünglinge, Gesichter.

bart|los ⟨Adj.⟩: *ohne Bart.*

Bart|lo|sig|keit, die; -: *das Bartlossein.*

Bart|stop|pel, die ⟨meist Pl.⟩ (ugs.): *kurzes Barthaar, wie es durch die tägliche Rasur entfernt wird.*

Bart|trä|ger, der: *jmd., der einen Bart trägt.*

Bart|wisch, der (bayr., österr.): *Handbesen.*

Bart|wuchs, der: *Wuchs* (1, 2) *des Bartes.*

Bar|ver|mö|gen, das: *aus Barmitteln bestehendes Vermögen:* sie verfügt über ein B. von 100 000 Mark.

Ba|ry|on, das; -s, ...onen [zu griech. barýs = schwer] (Kernphysik): *schweres, unstabiles Elementarteilchen.*

Ba|ry|sphä|re, die; - (Geol.): *innerster Teil der Erde.*

Ba|ryt [baˈryːt, auch: ...ˈrʏt], der; -[e]s, -e [zu griech. barýs = schwer]: *ein farbloses Mineral; Schwerspat.*

Bar|zah|lung, die; -, -en: *Zahlung in bar.*

ba|sal ⟨Adj.⟩ [zu ↑Basis]: **1.** *die Basis bildend, auf der Basis befindlich, zur Basis gehörend.* **2.** (bes. Geol., Med.) *unten; an der Grundfläche gelegen.*

Ba|sa|li|om, das; -s, -e [zu ↑basal] (Med.): *auf intakter Haut sitzende Hautgeschwulst, die bei meist vorhandener örtlicher Gewebszerstörung sehr selten Metastasen bildet.*

Ba|salt, der; -[e]s, -e [lat. basaltes, Verschreibung von: basanites < griech. basanítēs = (harter) Prüfstein]: *dunkles Ergussgestein (bes. im Straßen- u. Molenbau verwendet).*

Ba|salt|block, der ⟨Pl. ...blöcke⟩: *Block aus Basalt*

Ba|sal|tem|pe|ra|tur, die [↑basal] (Med.): *am Morgen vor dem Aufstehen gemessene Körpertemperatur der Frau (zur Feststellung des Eisprungs).*

ba|sal|ten ⟨Adj.⟩: *aus Basalt [hergestellt].*

ba|salt|hal|tig ⟨Adj.⟩: *Basalt enthaltend:* -es Gestein.

ba|sal|tig, ba|sal|tisch ⟨Adj.⟩: *aus Basalt bestehend:* -e Gebirgsmassen.

Ba|salt|tuff, der: *Basalt enthaltender Tuff.*

Ba|sar, Bazar, der; -s, -e [frz. bazar < pers. bāzār]: **1.** *Händlerviertel in orientalischen Städten.* **2.** *Verkauf[sstätte] von Waren für wohltätige Zwecke.*

Bäs|chen, das; -s, -: Vkl. zu ↑[1]Base.

Basch|ki|ri|en; -s: Republik der Russischen Föderation.

[1]Ba|se, die; -, -n [mhd. base = Vatersschwester, ahd. basa, wohl Lallw.]: **1.** (veraltet, noch südd.) *Cousine.* **2.** (österr. u. schweiz. veraltet) *Tante.*

[2]Ba|se, die; -, -n [rückgeb. aus dem Pl. Basen von ↑Basis] (Chemie): *Verbindung, die mit Säuren Salze bildet.*

[3]Base [beɪs], das; -, -s [engl. base = [2]Mal, eigtl. = Grundlage, Basis]: *(im Baseball) [2]Mal* (3 a).

Base|ball [ˈbeɪsbɔːl], der; -s [engl. baseball, aus: base (↑[3]Base) u. ball = [1]Ball]: *amerikanisches Schlagballspiel.*

Base|ball|schlä|ger, der: *beim Baseball verwendete Schlagkeule.*

Ba|se|dow [ˈbaːzədo], der; -s, **Ba|se|dow|krank|heit,** (auch:) **Ba|se|dow-Krank|heit,** die; -, **ba|se|dow|sche Krank|heit,** die; -n - [nach dem dt. Arzt K. von Basedow (1799–1854)]: *Krankheit, die auf einer Überfunktion der Schilddrüse beruht u. deren besonderes Kennzeichen das Hervortreten der Augäpfel, Kropfbildung u. schneller Herzschlag sind.*

Ba|sel: schweizerische Stadt.

Ba|sel|biet, das; -s: Baselland.

Ba|sel|bie|ter ⟨Adj.⟩: die B. Bevölkerung.

[1]Ba|se|ler: ↑[1]Basler.

[2]Ba|se|ler: ↑Basler 2.

Ba|se|le|rin, die; -, -nen: w. Form zu ↑[1]Baseler.

Ba|sel|land, (kurz für:) **Ba|sel-Land|schaft:** Halbkanton der Schweiz.

ba|sel|land|schaft|lich ⟨Adj.⟩: *den Halbkanton Basel-Landschaft betreffend.*

Ba|sel-Stadt: Halbkanton der Schweiz.

ba|sel|städ|tisch ⟨Adj.⟩: *den Halbkanton Basel-Stadt betreffend.*

Ba|sen: Pl. von ↑Basis, [1, 2]Base.

BASIC [ˈbeɪsɪk], das; -[s] [Kunstwort aus engl. beginner's all purpose symbolic instruction code] (EDV): *einfache Programmiersprache.*

ba|sie|ren ⟨sw. V.; hat⟩ [frz. baser, zu: base < lat. basis, ↑Basis] (bildungsspr.): **1.** *fußen, beruhen; sich gründen, sich stützen:* der Text basiert auf dem Vergleich einer großen Anzahl von Abschriften. **2.** (selten) *gründen:* wir haben unsere Pläne auf diese (auch: dieser) Tatsache basiert.

Ba|si|lie, die; -, -n [mhd. basīlie < mlat. basilia, zu griech. basíleia = Königin], **Ba|si|li|en|kraut,** das: *Basilikum.*

Ba|si|li|ka, die; -, ...ken [spätlat. basilica = Kathedrale (lat. = Prachtbau; Halle) < griech. basilikḗ (stoá) = königlich(e Halle)] (Kunstwiss.): **1.** *Kirche der frühchristlichen Zeit.* **2.** *Kirchenbau mit erhöhtem Mittelschiff in der Art der Basilika* (1): eine romanische, gotische B.

ba|si|li|kal ⟨Adj.⟩: *in der Form einer Basilika.*

Ba|si|li|kum, das; -s, -s u. ...ken [mlat. basilicum, zu lat. basilicus < griech. basilikós = königlich, wegen des edlen, würzigen Duftes]: *krautige oder strauchartige Pflanze mit weißen oder lila Blüten, die als Gewürz- u. Heilpflanze angepflanzt wird.*

Ba|si|lisk, der; -en, -en [1: mhd. basiliske < lat.

basiliscus < griech. basilískos = eine Schlangenart, eigtl. Vkl. von: basileús = König]: 1. *(auf orientalische Vorstellungen zurückgehendes) antikes u. mittelalterliches Fabelwesen mit tödlichem Blick, das von einer Schlange od. Kröte aus einem Hühnerei ausgebrütet worden sein soll u. meist als Hahn mit einem Schlangenschwanz dargestellt wird.* 2. *im tropischen Amerika heimischer Leguan mit Hautkämmen über Schwanz u. Rücken u. Hautlappen am Kopf.*

Ba|si|lis|ken|blick, der (bildungsspr.): *stechender, böser Blick.*

Ba|sis, die; -, Basen [lat. basis < griech. básis, zu: baínein = gehen, treten, also eigtl. = Gegenstand, auf den jmd. treten kann]: 1. (bildungsspr.) *Grundlage, auf der jmd. aufbauen, auf die sich jmd. stützen kann:* die B. für etw. bilden; auf der B. gegenseitigen Vertrauens; er sah die B. seiner Existenz bedroht. 2. **a)** (Archit., Technik) *[Säulen- od. Pfeiler]sockel, Unterbau;* **b)** (Bot.) *Pflanzenteil nahe der Wurzel.* 3. (Math.) **a)** *Grundlinie einer geometrischen Figur;* **b)** *Grundfläche eines Körpers;* **c)** *Grundzahl einer Potenz od. eines Logarithmus.* 4. (Milit.) *Ort od. Gelände als Stützpunkt militärischer Operationen:* neue Basen für Bomber schaffen. 5. **a)** (marx.) *die ökonomische Struktur einer Gesellschaft u. die gesellschaftlichen Verhältnisse als Grundlage der Existenz des Menschen:* B. und Überbau; **b)** *die Mitglieder einer politischen Partei, einer Gewerkschaft, Bewegung, die nicht zur Führung gehören:* die Zustimmung der B. einholen; **c)** *die breiten Volksmassen als Ziel politischer Arbeit:* an der B. arbeiten.

Ba|sis|ar|beit, die ⟨o. Pl.⟩: *Arbeit an der Basis* (5 b).

ba|sisch ⟨Adj.⟩ (Chemie): *sich wie eine [2]Base verhaltend:* b. reagieren.

Ba|sis|de|mo|kra|tie, die ⟨o. Pl.⟩: *(im Unterschied zur repräsentativen Demokratie) demokratisches System, in dem die Basis* (5 c) *selbst aktiv mitwirkt u. entscheidet.*

ba|sis|de|mo|kra|tisch ⟨Adj.⟩: **a)** *die Basisdemokratie betreffend, sie ausübend;* **b)** *auf der Grundlage der Basisdemokratie zustande gekommen.*

Ba|sis|grup|pe, die: *[linksorientierter] politisch aktiver Arbeitskreis [von Studenten], der auf einem bestimmten [Fach]gebiet an der Basis* (5 c) *progressive Ideen zu verbreiten versucht.*

Ba|sis|kurs, der (Börsenw.): *(im Prämiengeschäft) Tageskurs eines Wertpapiers.*

Ba|sis|la|ger, das: *Versorgungslager, bes. bei Hochgebirgsexpeditionen.*

Ba|sis|win|kel, der (Math.): *auf der Basis eines gleichschenkligen Dreiecks liegender (paarweise auftretender) Winkel.*

Ba|si|zi|tät, die; - [engl. basicity, geb. von dem engl. Chemiker Th. Graham (1805–1869), zu: base = [2]Base] (Chemie): 1. *Fähigkeit, [2]Basen zu bilden.* 2. *Zahl der Wasserstoffatome im Molekül einer Säure, die bei Salzbildung durch Metall ersetzt werden können.*

Bas|ke, der; -n, -n: Ew.

Bas|ken|land, das; -[e]s: z. T. zu Spanien, z. T. zu Frankreich gehörende Region am Golf von Biskaya.

Bas|ken|müt|ze, die [nach den Basken, einem Volksstamm im Baskenland u. in den westl. Pyrenäen]: *flache schirmlose Mütze aus Wolle od. Haarfilz:* er trug eine schwarze B.

Bas|ket|ball ['ba(:)skətbal], der; -[e]s, ...bälle [engl. basketball, aus: basket = Korb u. ball = [1]Ball]: 1. ⟨o. Pl.; meist o. Art.⟩ *zwischen zwei Mannschaften ausgetragenes Ballspiel, bei dem der Ball nach bestimmten Regeln in den gegnerischen Korb* (3 a) *geworfen werden muss.* 2. *beim Basketball* (1) *verwendeter Ball.*

Bas|ket|bal|ler, der; -s, -: *jmd., der Basketball* (1) *spielt.*

Bas|ket|bal|le|rin, die; -, -nen: w. Form zu ↑Basketballer.

Bas|kin, die; -, -nen: w. Form zu ↑Baske.

bas|kisch ⟨Adj.⟩: **a)** *das Baskenland, die Basken betreffend; aus dem Baskenland stammend;* **b)** *in der Sprache der Basken.*

Bas|kisch, das; -[s], ⟨nur mit bestimmtem Art.:⟩

Bas|ki|sche, das; -n: *die baskische Sprache.*

Bas|kü|le, die; -, -n [frz. bascule = Schaukelstuhl, Schaukelbrett, Schlagbalken, urspr. = das, was sich senkt]: *Verriegelung für Fenster u. Türen, die zugleich seitlich, oben u. unten greift.*

[1]Bas|ler (schweiz. nur so), Baseler, der; -s, -: Ew. zu ↑Basel.

[2]Bas|ler (schweiz. nur so), Baseler ⟨indekl. Adj.⟩: die B. Fasnacht.

Bas|le|rin, die; -, -nen: w. Form zu ↑[1]Basler.

bas|le|risch ⟨Adj.⟩: *Basel, die [1]Basler betreffend; aus Basel stammend.*

Bas|ma|ti, der; -s [aus dem Hindi]: *langkörnige, aromatische indische Reissorte.*

Bas|re|li|ef ['ba...], das; -s, -s u. -e [frz. bas-relief, aus: bas = niedrig (< vlat. bassus = dick, gedrungen) u. relief, ↑Relief] (bild. Kunst): *relativ flach gearbeitetes Relief.*

bass [mhd., ahd. baȥ = besser, zu einem Adj. mit der Bed. »gut« u. eigtl. umlautloses Adv. zu ↑besser, urspr. unregelmäßiger Komp. zu dem Adj. ↑wohl]: in den Wendungen **b. erstaunt/verwundert sein/sich b. [ver]wundern** (altertümelnd; *sehr erstaunt/verwundert sein*): alle waren darüber b. erstaunt, verwundert.

Bass, der; -es, Bässe [1, 2: ital. basso, Substantivierung von: basso = tief; klein, niedrig < vlat. bassus = dick, gedrungen; 4: kurz für: Bassgeige] (Musik): 1. **a)** *Bassstimme:* im tiefsten B. antworten; mit vollem B. singen; **b)** ⟨o. Pl.⟩ *Gesamtheit der tiefen Männerstimmen in einem Chor.* 2. ⟨o. Pl.⟩ *Bassstimme in einem Musikstück.* 3. *Bassist* (1). 4. **a)** *Kontrabass:* den B. streichen; **b)** ⟨meist Pl.⟩ *Gesamtheit, Klang der tiefsten Orgel- od. Orchesterstimmen:* die Bässe erdröhnten. 5. kurz für ↑Bassgitarre.

Bass|ba|ri|ton, der: *Sänger mit dunkler Baritonstimme.*

Bass|buf|fo, der: *Opernsänger mit einer Stimme, die sich besonders für komische Bassrollen eignet.*

Bas|se|na, die; -, -s [zu frz. bassin, ↑Bassin] (österr., bes. wiener.): *Wasserbecken im Flur eines alten Wohnhauses, von dem mehrere Mietparteien ihr Wasser holen.*

Bas|set [ba'se:, engl.: 'bæsɪt], der; -s, -s [frz. basset = Dachshund, subst. Vkl. von: bas = untersetzt, niedrig]: *Hund mit kurzen Beinen, langen Schlappohren u. kräftigem Körper.*

Bas|sett|horn, das; -[e]s, ...hörner [ital. bassetto, Vkl. zu: basso, ↑Bass]: *Altklarinette mit meist aufgebogenem Schalltrichter [u. geknickter Röhre].*

Bass|gei|ge, die: *Kontrabass.*

Bass|gi|tar|re, die: *viersaitige, besonders tief klingende Gitarre.*

Bas|si: Pl. von ↑Basso.

Bas|sin [ba'sɛ̃:], das; -s, -s [frz. bassin < afrz. bacin, aus dem Vlat.; vgl. Becken]: *künstlich erbauter Wasserbehälter, angelegtes Wasserbecken:* das Wasser im B. erneuern.

Bass|in|stru|ment, das: *Instrument (innerhalb einer Gruppe von Musikinstrumenten) mit dem dunkelsten Klang* (z. B. Bassgitarre).

Bas|sist, der; -en, -en [zu ↑Bass] (Musik): 1. *Sänger mit Bassstimme.* 2. *jmd., der [berufsmäßig] Bass* (4 a, 5) *spielt.*

Bas|sis|tin, die; -, -nen: w. Form zu ↑Bassist (2).

Bass|la|ge, die (Musik): *Stimmlage des Basses* (1 a).

Bas|so, der; -, Bassi [ital. basso, ↑Bass] (Musik): ital. Bez. für ↑Bass (1, 2).

Bas|so con|ti|nuo, der; - - [zu ital. continuo = ununterbrochen] (Musik): *Generalbass.*

Bas|so os|ti|na|to, der; - - [zu ital. ostinato = hartnäckig] (Musik): *sich oft wiederholendes Bassthema; Ostinato.*

Bass|par|tie, die: *für den Bass* (1 a) *geschriebener Teil eines Musikwerkes.*

Bass|sai|te, die: *Saite mit Basslage auf Streichinstrumenten.*

Bass|sän|ger, der: *jmd., der im Bass* (1 b) *singt; Bass* (3), *Bassist.*

Bass|stim|me, die: 1. *tiefe Männer[sing]stimme.* 2. *Noten für die Basssänger [in einem Chor].*

Bass|tu|ba, die: *Tuba in Basslage.*

Bast, der; -[e]s, -e [1: mhd., ahd. bast, H. u.; 2: weil sich die Haut später bastartig löst]: 1. *pflanzlicher Faserstoff zum Binden u. Flechten.* 2. (Jägerspr.) *behaarte, filzige Haut auf einem neu gebildeten Geweih.*

bas|ta ⟨Interj.⟩ [ital. basta, zu: bastare = genug sein, hinreichen < mlat. bastare, H. u.] (ugs.): Ausdruck, mit dem jmd. kundtut, dass er über etw. nicht mehr weiter zu sprechen wünscht; *Schluss!:* und damit b.!

Bas|tard, der; -s, -e [mhd. bast(h)art < afrz. bastard = rechtmäßig anerkannter außerehelicher Sohn eines Adligen, H. u.]: 1. **a)** (früher) *nichteheliches Kind bes. eines Adligen u. einer nicht standesgemäßen Frau;* **b)** (Schimpfwort) *als minderwertig empfundener Mensch:* du B.! 2. (Biol.) *durch Rassen- od. Artenkreuzung entstandenes Tier od. Pflanze; Hybride:* Maulesel sind -e aus Pferd und Esel.

bas|tar|die|ren ⟨sw. V.; hat⟩: *(verschiedene Rassen od. Arten) kreuzen.*

Bas|tar|die|rung, die; -, -en: *Artenkreuzung, Rassenmischung.*

Bas|tard|pflan|ze, die (Bot.): *durch Bastardierung entstandene Pflanze; Hybride.*

bast|ar|tig ⟨Adj.⟩: *wie Bast beschaffen.*

Bas|te, die; -, -n [frz. baste < span. basto = [1]Treff]: *Trumpfkarte in verschiedenen Kartenspielen.*

Bas|tei, die; -, -en [15. Jh. < ital. bastia, wohl aus dem Afrz.]: *vorspringender Teil an alten Festungsbauten; Bollwerk.*

Bas|tel|ar|beit, die: 1. ⟨o. Pl.⟩ *das Basteln.* 2. *Gegenstand, den jmd. bastelt od. gebastelt hat.*

Bas|tel|ecke, die: 1. *[in regelmäßigen Abständen erscheinende] Sparte mit Vorschlägen für Bastler in einer Zeitung.* 2. **a)** *Abteilung mit Bastelmaterial in einem Kaufhaus;* **b)** *Ecke in einem Kinderzimmer od. Gemeinschaftsraum, in der gebastelt wird.*

Bas|te|lei, die; -, -en: 1. *Gegenstand, an dem jmd. bastelt.* 2. *beständiges, als lästig empfundenes Basteln:* die ewige B. an dem alten Auto.

bas|teln ⟨sw. V.; hat⟩ [spätmhd. (bayr.) pästlen = Handwerkerarbeit verrichten, ohne in einer Zunft zu sein, viell. zu mhd., ahd. besten = binden, schnüren, zu ↑Bast]: 1. **a)** *sich [in der Freizeit] aus Liebhaberei mit der handwerklichen Anfertigung verschiedener kleiner Dinge beschäftigen:* ich bast[e]le gern; **b)** *durch kleinere Handwerksarbeiten [als Hobby] herstellen, [nach eigenen Ideen] anfertigen:* sie bastelt an einem neuen Lampenschirm; für die Kinder eine Puppenstube b.; Ü der Parteivorstand bastelte am Wahlprogramm. 2. *sich an etw., was verbesserungsfähig, um- od. ausbaufähig ist, handwerklich od. technisch betätigen:* an seinem Auto b.; Ü sie bastelte an ihrer Rede.

bas|ten ⟨Adj.⟩: *aus Bast* (1) *hergestellt:* ein -er Wandbehang.

bast|far|ben ⟨Adj.⟩: *von der Farbe des Basts* (1); *zartgelb, beige.*

Bast|fa|ser, die: *Faser des Basts* (1).

Bas|til|le [bas'ti:jə, ...'tɪljə], die; -, -n [frz. bastille, eigtl. Nebenf. von provenz. bastida = afrz. bastie, ↑Bastei]: 1. ⟨o. Pl.⟩ Staatsgefängnis in Paris. 2. (selten) *Festung, Gefängnis.*

Bas|ti|on, die; -, -en [frz. bastion < ital. bastione, Vgr. von: bastia, ↑Bastei]: *Bastei:* die Stadt wurde von den Feinden bis zur letzten B. erobert; Ü die Opposition versucht, verlorene -en zurückzugewinnen.

Bast|ler, der; -s, -: *jmd., der gern bastelt.*

Bast|le|rin, die; -, -nen: w. Form zu ↑Bastler.

Bast|mat|te, die: *aus Bast* (1) *geflochtene Matte.*

Bas|to|na|de, die; -, -n [frz. bastonnade < ital. bastonata = Schlag, zu: bastonare = prügeln, zu: bastone = Stock]: *Folter, Prügelstrafe, bes. durch Schläge auf die Fußsohlen.*

bat: ↑bitten.

BAT = Bundesangestelltentarif.

Bat. = Bataillon.

Ba|tail|le [ba'taljə, ba'ta:jə], die; -, -n [frz. bataille < vlat. battalia = Fechtübungen der Soldaten mit Stöcken < spätlat. battualia, zu lat. battuere = schlagen, klopfen] (veraltet): *Schlacht, Kampf, Gefecht.*

Ba|tail|lon [batal'jo:n], das; -s, -e [frz. bataillon < ital. battaglione, Vgr. von: battaglia = Schlacht(haufen) < vlat. battalia, ↑Bataille] (Milit.): *Truppenabteilung; Verband mehrerer Kompanien od. Batterien.*

Ba|tail|lons|kom|man|deur, der: *Offizier, der ein Bataillon kommandiert.*

Ba|ta|te, die; -, -n [span. batata, aus einer Indianerspr. Haitis]: **a)** *tropisches Windengewächs;* **b)** *süß schmeckende, kartoffelartige Knolle der Batate* (a).

Batch|pro|ces|sing ['bætʃproʊsesɪŋ], das; -[s], -s [engl., aus: batch = Schub (2) u. processing = Verarbeitung] (EDV): *stapelweise Verarbeitung von Daten, die während eines bestimmten Zeitabschnitts angesammelt worden sind; Stapelbetrieb.*

bä|te: ↑bitten.

ba|thy|al ⟨Adj.⟩ (Geogr.): *zum Bathyal gehörend.*

Ba|thy|al, das (Geogr.): *lichtloser Bereich des Meeres zwischen 200 u. 800 m Tiefe.*

Ba|thy|sphä|re, die ⟨o. Pl.⟩: *tiefste Schicht des Weltmeeres.*

Ba|tik, der; -s, -en od. die; -, -en [indones. batik = geblümt, gemustert]: **1.** ⟨o. Pl.⟩ *(aus Java stammendes) Verfahren zum Färben von Geweben, bei dem Wachs verwendet wird.* **2.** *durch Batik (1) gefärbtes Gewebe.*

Ba|tik|druck, der ⟨Pl. -e⟩: *Batik.*

ba|ti|ken ⟨sw. V.; hat⟩: *unter Verwendung von Wachs mit einem Muster versehen u. färben:* sie hat einen Schal gebatikt.

Ba|tist, der; -[e]s, -e [frz. batiste, viell. nach einem flandrischen Leinenweber des 13. Jh.s Ba(p)tiste aus Cambrai]: *feines [Baumwoll]gewebe:* ein Nachthemd aus B.

Ba|tist|blu|se, die: *Bluse aus Batist.*

ba|tis|ten ⟨Adj.⟩: *aus Batist:* ein -es Nachthemd.

Bat-Miz|wa, die; -, -s [hebr. = Tochter des Gebots]: *weibliche* [1]*Bar-Mizwa.*

Batt. = Batterie (1 a).

Bat|ter ['bætə], der; -s, - [engl. batter, zu: to batter = (ein)schlagen, über das Afrz. zu lat. battuere, ↑Batterie] (Baseball): *Spieler, der den Ball mit dem Baseballschläger wegzuschlagen hat; Schlagmann* (2).

Bat|te|rie, die; -, -n [frz. batterie, urspr. = Schlägerei; was zum Schlagen dient, zu: battre = schlagen < lat. bat(t)uere; 4: wohl über engl. battery = Schlagzeug(gruppe)]: **1.** (Milit.) **a)** *kleinste Einheit bei der Artillerie u. der Heeresflugabwehrtruppe;* **b)** *aus mehreren Geschützen bestehende Zusammenstellung für ein Gefecht:* eine B. leichter Haubitzen. **2.** (Technik) **a)** *aus parallel od. hintereinander geschalteten Elementen bestehender Stromspeicher:* eine B. von 12 Volt; die B. aufladen; **b)** *[zusammengeschaltete] Gruppe von gleichartigen technischen Vorrichtungen:* eine B. von Winderhitzern; **c)** kurz für ↑Mischbatterie. **3.** (ugs.) *große Anzahl von etw. Gleichartigem:* eine ganze B. [von] Champagnerflaschen; Hühner sollten nicht in -n *(Legebatterien)* gehalten werden. **4.** *Schlagzeuggruppe einer Band od. eines Orchesters.*

bat|te|rie|be|trie|ben ⟨Adj.⟩: *mit einer Batterie* (2 a), *mit Batterien betrieben:* ein -er Kassettenrekorder.

Bat|te|rie|ge|rät, das (Elektrot.): *Gerät, das mit einer Batterie* (2 a) *betrieben wird.*

Bat|te|rie|hal|tung, die ⟨o. Pl.⟩ (Landw.): *das Halten von Legehennen in Legebatterien.*

Bat|te|rie|strom, der ⟨o. Pl.⟩: *elektrischer Strom aus einer Batterie* (2 a).

Battr. = Batterie (1 a).

Bat|zen, der; -s, - [zu veraltet, noch mundartl. batzen = klebrig, weich sein, zusammenkleben, Intensivbildung zu ↑[2]backen, wegen des Aussehens der so genannten Dickpfennige]: **1.** (ugs.) **a)** *größerer unförmiger Klumpen [aus einer weichen, klebrigen Masse]:* ein B. Eis, Lehm; **b)** *sehr viel Geld:* das hat einen [schönen] B. [Geld] gekostet. **2. a)** *(im Wert zwischen Gulden und Kreuzer rangierende) Münze;* **b)** (schweiz. veraltend) *Zehnrappenstück.*

Bau, der; -[e]s, -e u. -ten [mhd., ahd. bū, urspr. = Errichtung eines Wohnsitzes u. Bearbeitung des Feldes beim Sesshaftwerden; zusammengefallen mit einem alten Fem. »Baute«, ↑Baute]: **1.** ⟨o. Pl.⟩ *das Bauen, Errichten, Herstellen:* der B. von Schulen, Straßen; etw. ist im (auch: in) B. *(es wird daran gebaut).* **2.** ⟨o. Pl.⟩ **a)** *Art, in der etw. gebaut, [kunstvoll] aus seinen Teilen zusammengefügt ist; Struktur:* den B. eines Dramas untersuchen; **b)** *Körperbau:* das Mädchen ist von schlankem, zartem B. **3.** ⟨o. Pl.⟩ (ugs.) *Baustelle, Platz, wo gebaut wird:* auf dem B. arbeiten; zum B. gehen; *** vom B. [sein]** (ugs.; *vom Fach [sein]*). **4.** ⟨Pl. Bauten⟩ *[größeres] Bauwerk, Gebäude:* ein lang gestreckter, moderner B.; historische -ten vor dem Verfall bewahren. **5. a)** ⟨Pl. Baue⟩ *Höhle als Unterschlupf bestimmter Säugetiere:* der Fuchs fährt aus seinem B.; **b)** ⟨o. Pl.⟩ (salopp) *Wohnung, Behausung:* bei dem Wetter rührt sich niemand aus seinem B.; **c)** ⟨o. Pl.⟩ (Soldatenspr.) *Gebäude, Raum, in dem Soldaten ihre Freiheitsstrafe verbüßen:* in den B. kommen *(mit einer Freiheitsstrafe bestraft werden);* **d)** ⟨Pl. Baue⟩ (Bergbau) *ausgebauter Stollen, Grube:* die alten -e sind eingestürzt. **6.** ⟨o. Pl.⟩ (Soldatenspr.) *Strafe, die im Bau* (5 c) *verbüßt wird:* drei Tage B. bekommen; zu zwei Monaten B. verurteilt werden. **7.** ⟨o. Pl.⟩ (bayr., österr.) *Anbau (von Feldfrüchten):* der B. von Rüben und Kartoffeln.

Bau|ab|nah|me, die: **1.** *behördliche Bestätigung, dass ein Bauvorhaben entsprechend der Baugenehmigung ausgeführt wurde.* **2.** *Überprüfung eines ausgeführten Baues durch den Bauherrn.*

Bau|ab|schnitt, der: **1.** *Zeitabschnitt, in dem etw. gebaut wird.* **2.** *etw., was in einem bestimmten Zeitabschnitt gebaut wird:* mit dem nächsten B. wird erst im Frühjahr begonnen.

Bau|amt, das: *Baubehörde.*

Bau|ar|bei|ten ⟨Pl.⟩: *Arbeiten auf einem Bau* (3), *auf einer Baustelle:* Umleitung wegen B.

Bau|ar|bei|ter, der: *Arbeiter auf einem Bau* (3).

Bau|ar|bei|te|rin, die: w. Form zu ↑Bauarbeiter.

Bau|art, die: *Art und Weise, wie ein Gebäude o. Ä. gebaut ist.*

Bau|auf|sicht, die: *Überwachung der Einhaltung der gesetzlichen Vorschriften für alle Bauten durch die Baupolizei.*

Bau|auf|sichts|be|hör|de, die: *für die Bauaufsicht zuständige Behörde.*

Bau|ba|ra|cke, die: *Bauhütte* (1).

Bau|be|ginn, der: *Beginn der Bauarbeiten.*

Bau|be|hör|de, die: *städtische od. staatliche Behörde, die für das Bauwesen zuständig ist.*

Bau|be|wil|li|gung, die: *Baugenehmigung.*

Bau|bio|lo|gie, die: *Lehre von den ganzheitlichen Beziehungen zwischen Lebewesen u. ihrer bebauten Umwelt.*

bau|bio|lo|gisch ⟨Adj.⟩: *die Baubiologie betreffend, ihren Anforderungen entsprechend:* ein nach -en Gesichtspunkten errichtetes Gebäude.

Bau|boom, der: *Hochkonjunktur im Bauwesen.*

Bau|bu|de, die: *Bauhütte* (1).

Bauch, der; -[e]s, Bäuche [mhd. būch, ahd. būh, urspr. = der Geschwollene]: **1. a)** *(bei Wirbeltieren einschließlich des Menschen) unterer Teil des Rumpfes zwischen Zwerchfell u. Becken:* den B. vorstrecken; der Arzt tastete ihm den B. ab; auf dem B. schlafen; die Zeitung las er auf dem B. liegend; jmdm. den B. aufschneiden (salopp; *bei jmdm. einen Bauchschnitt machen*); Ü diese Entscheidung kam nicht aus dem Kopf, sondern aus dem B. (ugs.; *dem Bauch als dem angeblichen Sitz der Emotion, des subjektiven Gefühls*); sie vertraut weniger ihrem Kopf als vielmehr ihrem B. *(ihrem Gefühl);* etw. mit dem Kopf und mit dem B. *(sowohl verstandes- als auch gefühlsmäßig)* begreifen; *** sich** ⟨Dativ⟩ **[vor Lachen] den B. halten** (ugs.; *sehr lachen müssen*); **auf den B. fallen** (ugs.; *etwas nicht erreichen; scheitern*): mit seiner Eingabe ist er auf den B. gefallen; **vor jmdm. auf dem B. liegen/kriechen** (ugs. abwertend; *jmdm. gegenüber unterwürfig sein*); **b)** *der sich vorwölbende Teil des Bauches* (1 a) *(als Anzeichen von Beleibtheit):* ein dicker, spitzer B.; einen B. ansetzen, haben; die Hände über dem B. falten; Ü der B. *(die Wölbung)* eines Kruges; *** einen schlauen B. haben** (ugs. iron.; *schlau, gewitzt sein;* hängt vielleicht mit jidd. bauchen = kundig sein zusammen). **2.** (ugs.) *der innere Teil des Rumpfes, in dem sich die Umsetzung u. Verdauung der Nahrung abspielen; Magen [u. Darm]:* einen leeren B. haben; sie hat sich den B. voll geschlagen *(sehr viel gegessen);* mir tut der B. weh; nichts im B. haben *(noch nichts gegessen haben u. daher hungrig sein);* **Spr** ein voller B. studiert nicht gern *(ein satter Mensch ist träge u. denkfaul;* nach lat. plenus venter non studet libenter); Ü im B. *(im Innern)* des Schiffes; *** aus dem hohlen B.** (salopp; *ohne gründliche Vorbereitung, ohne sich vorher fachlich orientiert zu haben*): die Frage kann ich dir nicht so aus dem hohlen B. beantworten.

Bauch|an|satz, der: *sich abzeichnende, sichtbar werdende Bildung eines Bauches* (1 b): sein B. war nicht zu übersehen.

Bauch|at|mung, die: *Zwerchfellatmung.*

Bauch|bin|de, die: **1.** *Leibbinde.* **2.** (ugs.) **a)** *Papierring um eine Zigarre [als Zeichen ihrer Qualität];* **b)** *mit einem Werbetext bedruckter Papierstreifen, der über den Schutzumschlag eines Buches gelegt wird.*

Bauch|de|cke, die (Anat.): *Muskel- u. Bindegewebsschicht über den Organen in der Bauchhöhle.*

Bäu|chel|chen, das; -s, -: Vkl. zu ↑Bauch (1).

bau|chen, sich ⟨sw. V.; hat⟩: *sich wölben:* die Gardinen bauchten sich; gebauchte Segel.

Bauch|fell, das (Anat.): *Haut, die die Bauchhöhle auskleidet u. an der die Eingeweide befestigt sind; Peritoneum.*

Bauch|fell|ent|zün|dung, die: *Entzündung im Bereich des Bauchfells; Peritonitis.*

Bauch|fleisch, das: *Fleisch bes. vom Schweinebauch.*

Bauch|flos|se, die: *Flosse am Bauch eines Fisches.*

Bauch|grim|men, das; -s [zu ↑[2]grimmen] (veraltend): *Bauchschmerz.*

Bauch|gurt, der: *Gurt um den Bauch des Pferdes (als Teil des Pferdegeschirrs u. des Sattelzeugs).*

Bauch|höh|le, die: *Hohlraum des Bauches, in dem die Organe liegen.*

Bauch|höh|len|schwan|ger|schaft, die (Med.): *Entwicklung einer Leibesfrucht außerhalb der Gebärmutter.*

bau|chig ⟨Adj.⟩: **1.** (seltener) *einen Bauch* (1 b) *habend, beleibt:* ein -er Endvierziger. **2.** *eine Wölbung, eine gleichmäßige runde Verdickung aufweisend:* eine -e Vase.

bäu|chig ⟨Adj.⟩: (selten) *bauchig* (1).

Bauch|klat|scher, der; -s, - (ugs.): *ungeschicktes Auftreffen mit dem Bauch auf dem Wasser beim Kopfsprung.*

Bauch|knei|fen, Bauch|knei|pen, das; -s (ugs.): *Bauchschmerz.*

Bauch|knöpf|chen, das (Kinderspr. landsch.): *Nabel.*

Bauch|la|den, der (ugs.): *an einem um den Hals gelegten Riemen befestigtes u. vor dem Bauch getragenes Brett od. kastenähnlicher Gegenstand, auf dem Waren kleineren Formats zum Kauf angeboten werden.*

Bauch|lan|dung, die (Fliegerspr. Jargon): *Landung mit eingezogenem Fahrwerk auf der Rumpfunterseite des Flugzeugs:* das Flugzeug machte notgedrungen eine B.; Ü die neue Talkshow machte eine B. *(wurde ein Reinfall, ein Misserfolg).*

Bäuch|lein, das; -s, -: Vkl. zu ↑Bauch (1).
bäuch|lings ⟨Adv.⟩ [mhd. biuchelingen]: *auf dem, den Bauch:* sich b. auf den Boden werfen.
Bauch|mus|kel, der ⟨meist Pl.⟩: *Muskel der Bauchdecke.*
Bauch|na|bel, der (ugs.): *Nabel.*
Bauch|or|gan, das: *im Bauch (1 a) befindliches Organ.*
bauch|pin|seln: ↑gebauchpinselt.
Bauch|re|de|kunst, die ⟨o. Pl.⟩: *Kunst des Bauchredens.*
bauch|re|den ⟨sw. V.; hat; meist im Inf.⟩: *ohne Lippenbewegung mit dem Kehlkopf sprechen.*
Bauch|red|ner, der [nach lat. ventriloquus, aus: venter = Bauch u. loqui = reden; die Stimme scheint aus dem Bauch zu kommen]: *jmd., der bauchreden kann [u. bes. im Zirkus od. Varieté auftritt]; Ventriloquist.*
Bauch|red|ne|rin, die: w. Form zu ↑Bauchredner.
Bauch|schmerz, der ⟨meist Pl.⟩: *Schmerz im Bauch.*
Bauch|schnitt, der (Med.): *Öffnung der Bauchhöhle durch einen operativen Eingriff.*
Bauch|schuss, der: *[Verwundung durch einen] Schuss in den Bauch.*
Bauch|sei|te, die: *Unterseite bei Wirbeltieren.*
Bauch|spei|chel|drü|se, die: *in der Bauchhöhle hinter dem Magen quer liegendes Organ, das Eiweiß, Fett u. Kohlehydrate zerlegende Enzyme absondert; Pankreas.*
Bauch|tanz, der: *orientalischer Tanz, bei dem die Tänzerin Hüften u. Bauchmuskeln rhythmisch bewegt.*
bauch|tan|zen ⟨sw. V.; meist nur im Inf.⟩: *einen Bauchtanz aus-, vorführen.*
Bau|chung, die; -, -en: *bauchige Stelle, Wölbung.*
Bauch|wand, die ⟨Pl. selten⟩: *innere Seite der Bauchdecke.*
Bauch|weh, das ⟨o. Pl.⟩ (ugs.): *Bauchschmerz.*
Bauch|zwi|cken, das; -s (ugs.): *Bauchschmerz.*
Baud [baut, bo:t], das; -[s], - [nach dem frz. Ingenieur E. Baudot (1845–1903)] (Fernspr.): *Einheit der Telegrafiergeschwindigkeit:* der Fernschreiber hat 50 B. je Sekunde.
Bau|de, die; -, -n [1: tschech. bouda < mhd. buode, ↑Bude] (ostmd.): **1.** *abgelegene Hütte im Gebirge [mit nur einem Raum].* **2.** *Berggasthof.*
Bau|den|abend, der (ostmd.): *geselliges abendliches Beisammensein auf einer Baude (2); Hüttenabend.*
Bau|denk|mal, das: *Bauwerk als Denkmal vergangener Baukunst.*
Bau|ele|ment, das: *eines der [Grund]bestandteile, aus dem etw. (bes. eine Maschine, ein Haus) zusammengebaut wird.*
bau|en ⟨sw. V.; hat⟩ [mhd. būwen, ahd. būan = wohnen, bewohnen, Landwirtschaft betreiben, urspr. = wohnen; werden]: **1.** *nach einem bestimmten Plan in einer bestimmten Bauweise ausführen [lassen], errichten, anlegen:* Städte, Brücken, Straßen b.; er hat [sich, für sich u. seine Eltern] ein Haus gebaut; die Schwalben bauen ihre Nester unter dem (auch:) unter das Dach; Ü einen neuen Staat b. *(schaffen);* Betten b. (ugs. scherzh.; *machen, in Ordnung bringen*). **2. a)** *einen Wohnbau errichten, ausführen [lassen]:* sie haben kürzlich gebaut; **b)** *einen Bau in bestimmter Weise ausführen:* die Firma baut sehr solide; großzügig gebaute Häuser. **3.** *mit dem Bau (1) von etw. beschäftigt sein:* an einer Brücke, Zufahrtsstraße b. **4. a)** *entwickeln, konstruieren:* einen Rennwagen, ein neues Modell b.; **b)** *herstellen, anfertigen:* Schiffe, Atombomben, Maschinen b.; Ü einen Satz b. (Sprachw.; *konstruieren*). **5.** (Fachspr.) *in bestimmter Weise technisch hergestellt, gebaut sein:* der Boxermotor baut flach. **6.** *sich auf jmdn., etw. verlassen können; jmdm. fest vertrauen:* auf jmds. Wort b.; auf diesen Mann, seinen Mut können wir b.; auf jmdes. Freundschaft b. **7.** (ugs.) **a)** *(eine Prüfung o. Ä.) machen, ablegen:* das Abitur, den Doktor b.; **b)** *(etw. Negatives) machen, verursachen:* einen Unfall b.; er hat Mist gebaut *(alles falsch gemacht).* **8. a)** (selten) *zu Ertragszwecken anbauen:* Weizen, Wein b.; **b)** (veraltet) *(Land) bestellen, mit etw. bebauen:* den Boden, seinen Acker b.
Bau|ent|wurf, der: *zeichnerischer Entwurf zu einem Bau (4).*
¹Bau|er, der; -n (selten: -s), -n [mhd. (ge)būre, ahd. gibūro, zu: būr = Wohnung, eigtl. = Mitbewohner, Dorfgenosse]: **1. a)** *jmd., der berufsmäßig Landwirtschaft betreibt; Landwirt:* er ist B.; sie holt bei einem -n frische Eier; **Spr** die dümmsten -n haben die dicksten/größten Kartoffeln (wird gesagt, wenn jmd. mühelos u. völlig unverdient Erfolg hat); was der B. nicht kennt, frisst er nicht (wird gesagt, wenn jemand eine ihm unbekannte Speise ablehnt); **b)** (ugs. abwertend) *grober, ungehobelter Mensch:* er ist ein richtiger B. **2. a)** *niedrigste Figur beim Schachspiel:* einen -n opfern; **b)** *(in vielen geläufigen Kartenspielen) in der Rangfolge an vierter Stelle stehende Spielkarte; Bube, Wenzel, Unter.*
²Bau|er, das, auch: der; -s, - [mhd. būr; ahd. būr = Haus, Kammer, Zelle, zu ↑bauen]: *Vogelkäfig:* der Vogel sitzt im B.
³Bau|er, der; -s, -: *Be-, Erbauer.*
Bäu|er|chen, das; -s, -: Vkl. zu ↑¹Bauer (1 a): * **[ein] B. machen** (fam.; *[von Säuglingen] aufstoßen*).
Bäu|e|rin, die; -, -nen [mhd. būrīn, gebūrinne]: w. Form zu ↑¹Bauer (1 a).
bäu|e|risch: ↑bäurisch.
Bäu|er|lein, das; -s, -: Vkl. zu ↑¹Bauer (1 a).
bäu|er|lich ⟨Adj.⟩ [mhd. būrlīch, gebūrlich; ahd. gebūrlīh = die Mitbewohner, Dorfgenossen betreffend]: *die ¹Bauern (1 a) betreffend, zu ihnen gehörend, von ihnen stammend:* die -e Kunst; -er Hausrat; sie leben alle ganz b.
Bau|ern|auf|stand, der (hist.): *Aufstand der Bauern im Feudalismus.*
Bau|ern|brot, das: **a)** *auf einem Bauernhof gebackenes Brot;* **b)** *dunkles, nach Art der Bauern gebackenes Brot.*
Bau|ern|bub, der (südd., österr., schweiz.), **Bau|ern|bur|sche,** der: *Sohn von Bauern; junger Mann vom Land.*
Bau|ern|dorf, das: *vorwiegend von Bauern bewohntes Dorf.*
Bau|ern|fang: nur in der Wendung **auf B. ausgehen** (ugs.; *auf leicht durchschaubare Weise seine Mitmenschen zu betrügen versuchen*).
Bau|ern|fän|ger, der [aus der Berliner Gaunerspr., zu: fangen = überlisten, urspr.: durchtriebener Städter, der die etwas schwerfälligen Bewohner auf dem Lande betrügt] (abwertend): *plumper Betrüger.*
Bau|ern|fän|ge|rei, die; -: *plumper [leicht durchschaubarer] Betrug.*
Bau|ern|frau, die: *Bäuerin.*
Bau|ern|früh|stück, das: *Mahlzeit aus Bratkartoffeln mit Rührei u. Speck.*
Bau|ern|haus, das: *Haus von Bauern.*
Bau|ern|hoch|zeit, die: *mit großem Aufwand, oft mehrtägig gefeierte Hochzeit auf einem Bauernhof, -gut.*
Bau|ern|hof, der: *Hof* (2).
Bau|ern|ka|len|der, der: *Sammlung von Bauernregeln, die sich bes. auf das Wetter beziehen.*
Bau|ern|krieg, der: *revolutionäre Bewegung der Bauern im Feudalismus.*
Bau|ern|lüm|mel, der (abwertend): *ungeschliffener, rüpelhafter junger Mann vom Land.*
Bau|ern|mäd|chen, das: *Tochter von Bauern; Mädchen vom Land.*
Bau|ern|magd, die (veraltend): *Magd* (1) *bei einem Bauern.*
Bau|ern|mö|bel, das ⟨meist Pl.⟩: *Möbel im bäuerlichen Stil.*
Bau|ern|op|fer, das (Schach): *das Preisgeben, Schlagenlassen eines Bauern (2 a) zugunsten einer bestimmten angestrebten Stellung:* durch das B. wurden für den Läufer die Diagonalen geöffnet; Ü die Entlassung des untergeordneten Beamten war ein echtes B. *(geschah nur, um die eigene Position behalten zu können).*
Bau|ern|re|gel, die: *altüberlieferte Lebensregel in Spruchform, bes. über das Wetter u. seine Auswirkungen auf die Landwirtschaft.*
Bau|ern|sa|me, Bauersame, die; - [mhd. gebūrsame] (schweiz. veraltend): *Bauernschaft.*
Bau|ern|schä|del, der (abwertend): **1. a)** *eigensinniger Mensch [vom Land];* **b)** *Starrsinnigkeit [eines Menschen vom Land]:* sein B. hat sich dem Vorschlag widersetzt. **2.** *kräftiger, breiter Schädel.*
Bau|ern|schaft, die; - [mhd. būrschaft]: *Gesamtheit der ¹Bauern (1 a).*
bau|ern|schlau ⟨Adj.⟩: *mit bäuerlicher Pfiffigkeit ausgestattet, pfiffig, gewitzt.*
Bau|ern|schläue, die: *das Bauernschlausein.*
Bau|ern|stand, der ⟨o. Pl.⟩: *Stand (5 b) der Bauern.*
Bau|ern|ster|ben, das: *kontinuierliches Zurückgehen der Zahl bäuerlicher Betriebe durch Rationalisierung in der Landwirtschaft u. Landflucht der jüngeren Dorfbewohner.*
Bau|ern|tanz, der: *bäuerlicher Volkstanz.*
Bau|ern|the|a|ter, das: **1.** *Theater, das ländliche Volksstücke aufführt.* **2.** *Laientruppe, deren Mitglieder der bäuerlichen Bevölkerung angehören.*
Bau|ern|tram|pel, der (ugs. abwertend): *Trampel.*
Bau|ern|ver|band, der: *Verband (2) von Bauern.*
Bau|er|sa|me: ↑Bauernsame.
Bau|ers|frau, die: *Bäuerin.*
Bau|ers|leu|te ⟨Pl.⟩: **1.** Pl. von ↑Bauersmann. **2.** *Gesamtheit der Bäuerinnen u. Bauern.*
Bau|ers|mann, der ⟨Pl. ...leute⟩ (veraltet): *Bauer.*
Bäu|ert, die; -, -en [ahd. gibūrdia = Gegend, Provinz, zu: būr = Wohnung] (schweiz.): *Fraktion* (1 c).
Bau|er|war|tungs|land, das ⟨o. Pl.⟩: *Boden, der in Kürze zur Bebauung freigegeben werden soll.*
Bau|fach, das ⟨o. Pl.⟩: *Fachgebiet des Bauwesens.*
bau|fäl|lig ⟨Adj.⟩ [Zusb. aus Bau u. fallen]: *sich in schlechtem baulichem Zustand befindend, vom Einsturz bedroht.*
Bau|fir|ma, die: *Firma, die die Ausführung von Bauvorhaben übernimmt.*
Bau|flucht, Bau|flucht|li|nie, die: *Grenze, über die hinaus eine Bebauung nach dem Bebauungsplan der Gemeinde verboten ist.*
Bau|form, die: *für einen Bau, seinen Baustil charakteristische Form der Ausführung:* moderne, barocke -en.
Bau|füh|rer, der: *jmd., der die Arbeiten auf einer Baustelle leitet.*
Bau|füh|re|rin, die: w. Form zu ↑Bauführer.
Bau|ge|län|de, das: **1.** *Bauland.* **2.** *Bauplatz.*
Bau|ge|neh|mi|gung, die: *(von der Bauaufsichtsbehörde erteilte) Genehmigung zur Errichtung eines Baues.*
Bau|ge|nos|sen|schaft, die: *auf gemeinnütziger Grundlage betriebene, durch Staat u. Gemeinde geförderte Genossenschaft, die für ihre Mitglieder [preisgünstige] Wohnbauten errichtet u. instand hält.*
Bau|ge|rüst, das: *bei Bauarbeiten verwendetes Gerüst.*
Bau|ge|sell|schaft, die: *Gesellschaft (4 b), die Bauten finanziert.*
Bau|ge|spann, das (schweiz.): *Stangen, die die Ausmaße eines geplanten Gebäudes anzeigen.*
Bau|ge|wer|be, das: *Gesamtheit der an der Errichtung von Bauten beteiligten Betriebe.*
bau|gleich ⟨Adj.⟩: *von gleicher Bauart, gleichem Bau (2 a):* das neue Modell ist mit seinem Vorgänger fast b.
Bau|gru|be, die: *für das Fundament eines Baues ausgeschachtete Grube:* die B. ausheben.
Bau|grund, der: **1.** ⟨o. Pl.⟩ *Bauland.* **2.** (bes. österr.) *Bauplatz.*
Bau|hand|werk, das ⟨o. Pl.⟩: *Handwerk des Bauwesens.*
Bau|hand|wer|ker, der: *jmd., der das Bauhandwerk erlernt hat.*
Bau|hand|wer|ke|rin, die: w. Form zu ↑Bauhandwerker.
Bau|herr, der: *Person od. Instanz, die einen Bau errichten lässt u. finanziert.*
Bau|her|ren|mo|dell, das: *Modell (5 a) zur Finan-*

B

zierung von Wohn- od. Geschäftsbauten, bei dem unter bestimmten Voraussetzungen Steuervorteile erzielt werden können.

Bau|her|rin, die: w. Form zu ↑Bauherr.

Bau|holz, das ⟨o. Pl.⟩: *massives Holz, das beim Bau verwendet wird.*

Bau|hüt|te, die: **1.** *Hütte für die Bauarbeiter.* **2.** *mittelalterliche Vereinigung der Steinmetzen u. Bildhauer beim Kirchenbau.*

Bau|in|dus|trie, die: **1.** *Industriezweig, der Material für das Baugewerbe herstellt.* **2.** ⟨o. Pl.⟩ *das Baugewerbe als Industriezweig.*

Bau|in|ge|ni|eur, der: *Ingenieur im Baufach.*

Bau|in|ge|ni|eu|rin, die: w. Form zu ↑Bauingenieur.

Bau|jahr, das: **1.** *Jahr, in dem etw. gebaut wurde:* das B. des Hauses ist unbekannt. **2.** *Zeitabschnitt von einem Jahr, der bei einem Bauvorhaben verstreicht.*

Bau|kas|ten, der: *Kasten mit Bauklötzen als Kinderspielzeug.*

Bau|kas|ten|sys|tem, das ⟨o. Pl.⟩: *Methode, größere Objekte, Anlagen o. Ä. aus vereinheitlichten, aufeinander abgestimmten kleineren Einzelteilen herzustellen (bes. im Maschinenbau):* Ü ein Waschmittel im B.

Bau|klam|mer, die: *große, schwere, beim Bauen verwendete Klammer aus Eisen.*

Bau|klotz, der ⟨Pl. ...klötze, ugs.: ...klötzer⟩: *Bauklötzchen;* * **Bauklötze[r] staunen** (ugs.; *äußerst erstaunt sein).*

Bau|klötz|chen, das: *(mit mehreren anderen zusammen) von Kindern zum spielerischen Bauen von etw. verwendetes [Holz]klötzchen.*

Bau|ko|lon|ne, die: *Gruppe von Bauarbeitern im Straßen- od. Gleisbau.*

Bau|kon|junk|tur, die: *[günstige] Wirtschaftslage für das gesamte Bauwesen:* eine überhitzte B.

Bau|kos|ten ⟨Pl.⟩: *Kosten für einen Bau.*

Bau|kos|ten|zu|schuss, der: *Zuschuss, mit dem sich der Mieter an den Baukosten des Vermieters beteiligt.*

Bau|kran, der: *Kran* (1), *der beim Bauen verwendet wird.*

Bau|kunst, die ⟨o. Pl.⟩: *das [sachgerechte, künstlerische] Bauen [einer Epoche, eines Volkes]; Architektur.*

Bau|land, das ⟨o. Pl.⟩: *Land, das bebaut werden kann.*

Bau|lei|ter, der: *jmd., der vom Bauherrn mit der Ausführung des Bauvorhabens beauftragt ist.*

Bau|lei|te|rin, die: w. Form zu ↑Bauleiter.

Bau|lei|tung, die: **1.** ⟨o. Pl.⟩ *Leitung der Ausführung eines Baues:* einen Architekten mit der B. beauftragen. **2.** *Kreis von Personen, die mit der Ausführung eines Baues beauftragt sind.*

bau|lich ⟨Adj.⟩: *den, einen Bau betreffend:* -e Veränderungen vornehmen.

Bau|lich|keit, die ⟨meist Pl.⟩ (Papierdt.): *Bau* (4): diese -en sind alle baufällig.

Bau|lö|we, der (ugs., meist abwertend): *Bauunternehmer od. Bauherr, der [mit zweifelhaften Methoden] durch Errichten, Verkaufen o. Ä. vieler Bauten großen Profit zu machen versucht.*

Bau|lü|cke, die: *unbebautes od. Trümmergrundstück zwischen bebauten Grundstücken:* die B. wird geschlossen.

Baum, der; -[e]s, Bäume [mhd., ahd. boum, H. u.]: **1.** *Holzgewächs mit festem Stamm, aus dem Äste wachsen, die sich in Laub od. Nadeln tragende Zweige teilen:* die Bäume werden grün, verlieren ihr Laub; einen B. fällen; er ist stark wie ein B. *(sehr stark);* R die Bäume wachsen nicht in den Himmel *(jeder Erfolg hat seine Grenzen);* einen alten B. soll man nicht verpflanzen *(einen alten Menschen soll man nicht aus seiner gewohnten Umgebung reißen);* es ist, um auf die Bäume zu klettern (ugs.; *es ist zum Verzweifeln);* * **Bäume ausreißen [können]** (ugs.; *sehr viel leisten können, sodass einem nichts zu anstrengend ist);* **vom B. der Erkenntnis essen** *(durch Erfahrung klug, wissend werden;* nach 1. Mos. 2, 9 einer der beiden mit Namen benannten Bäume im Garten Eden, von denen zu essen Gott Adam u. Eva verboten hatte; das Essen von diesem Baum ist im A. T. das Bild für den Ungehorsam des Menschen gegen Gott, die erste Sünde des Menschen); **zwischen B. und Borke sein/sitzen/stecken/stehen** *(in einem schweren Dilemma, in einer Zwickmühle sein;* nach der Situation eines Beils, das sich beim Behauen eines Baumes verklemmt hat). **2.** (ugs.) kurz für ↑Weihnachtsbaum: den B. schmücken; sie haben den B. angesteckt *(die Kerzen am Weihnachtsbaum angezündet).* **3.** (Math., Informatik) [1]*Graph mit mehreren Knoten* (4), *deren Verbindungslinien (Kanten) kein geschlossenes Netz bilden, sodass je zwei Knoten durch genau einen Weg miteinander verbunden sind.*

Bau|markt, der: **1.** *wirtschaftlicher, finanzieller Bereich des Bauens:* es herrscht eine Flaute auf dem B. **2.** *Verkaufsstätte für Baumaterialien, Werkzeuge o. Ä.:* Tapeten im B. kaufen.

baum|arm ⟨Adj.⟩: *einen nur geringen Baumbestand aufweisend:* eine -e Landschaft.

baum|ar|tig ⟨Adj.⟩: *einem Baum ähnlich, wie ein Baum aussehend, wirkend:* -e Pflanzen, Sträucher.

Bau|ma|schi|ne, die: *beim Bauen* (1) *verwendete Maschine.*

Bau|ma|te|ri|al, das: *zum Bauen* (1) *verwendetes Material.*

Baum|be|stand, der: *vorhandene Menge von Bäumen.*

Baum|blü|te, die: **1.** *das Blühen der [Obst]bäume.* **2.** *Zeit, in der die Bäume blühen:* während der B. eine Fahrt ins Grüne unternehmen.

Bäum|chen, das; -s, -: Vkl. zu ↑Baum: * **B., wechsle dich** (**1.** *Kinderspiel, bei dem alle Mitspieler außer einem an je einem Baum stehen u. auf den Ruf des in der Mitte stehenden Spielers »Bäumchen, wechsle dich« hin zu einem anderen Baum laufen, während dieser eine versucht, auch einen freien Baum zu erreichen.* **2.** ugs. scherzh.; *Partnerwechsel).*

Bau|meis|ter, der: **a)** (früher) *selbstständiger Bauunternehmer; Bauhandwerker mit Meisterprüfung* (Berufsbez.); **b)** *(im Altertum u. im MA.) Architekt; Erbauer [eines berühmten Bauwerks].*

Bau|meis|te|rin, die: w. Form zu ↑Baumeister (a).

bau|meln ⟨sw. V.; hat⟩ [entweder eigtl. = an einem Baum hängend sich hin u. her bewegen od. urspr. sächs.-thüring. Nebenf. von ↑bammeln]: **1.** (ugs.) **a)** *von etw. herabhängen u. dabei [gleichmäßig] hin u. her schwingen:* ich baum[e]le am Seil; **b)** *hin und her schwingen lassen:* er hing an einem Ast und baumelte mit den Beinen. **2.** (derb) *am Galgen hängen:* ich möchte den Kerl b. sehen.

bau|men, [1]bäu|men ⟨sw. V.; hat⟩ (selten): **1.** (Jägerspr.) **a)** *aufbaumen;* **b)** *(von kletternden Wildtieren u. Vögeln) auf einem Baum sitzen.* **2. a)** *(ein Fuder Heu u. Ä.) mit dem Heubaum befestigen;* **b)** (Weberei) *den Kettfaden am Kettbaum aufziehen.*

[2]bäu|men, sich ⟨sw. V.; hat⟩ [1: mhd. boumen (von Pferden), eigtl. = wie ein Baum in die Höhe streben]: **1.** *sich plötzlich, ruckartig aufrichten, eine aufrechte Haltung annehmen:* das Pferd bäumte sich unter seiner Reiterin. **2.** (geh.) *sich sträuben, sich gegen etw. auflehnen:* sich gegen das Schicksal b.

Baum|farn, der: *(in mehreren Arten vorkommender) Farn mit aufrechtem, verholztem, sehr hohem Stamm.*

Baum|fre|vel, der: *gegen das Feld- u. Forstpolizeigesetz verstoßende Beschädigung von Bäumen.*

Baum|gren|ze, die: *klimatisch bedingte Grenze, bis zu der normaler Baumwuchs noch möglich ist.*

Baum|grup|pe, die: *Gruppe von beieinander stehenden Bäumen.*

Baum|harz, das: [1]*Harz.*

Baum|haus, das: *in eine Baumkrone hineingebaute kleine Hütte (bes. zum Spielen für Kinder).*

baum|hoch ⟨Adj.⟩: *von der Höhe eines Baumes:* baumhohe Farne.

Baum|höh|le, die: *Höhlung in einem meist älteren Baumstamm.*

Baum|kro|ne, die: *vom Astwerk gebildeter Teil des Baumes, der als Ganzes eine mehr od. weniger ausladende Form hat:* die -n bewegten sich.

Baum|ku|chen, der: *schichtweise gebackener, hoher, zylindrisch geformter Kuchen aus Biskuitteig.*

baum|lang ⟨Adj.⟩ (ugs.): *(von Menschen) sehr groß.*

baum|los ⟨Adj.⟩: *keinen Baumbestand aufweisend.*

baum|reich ⟨Adj.⟩: *einen reichen Baumbestand aufweisend.*

Baum|rie|se, der (geh.): *alter, mächtiger Baum.*

Baum|rin|de, die: *Rinde* (1) *eines Baums.*

Baum|sche|re, die: *stabile Schere zum Abschneiden von Blumen, Zweigen von Bäumen u. Sträuchern u. Ä.*

Baum|schnitt, der: **1.** *Beschneiden der Baumkrone.* **2.** ⟨o. Pl.⟩ *beim Baumschnitt* (1), *beim Beschneiden von Sträuchern, Hecken o. Ä. anfallender Abfall.*

Baum|schu|le, die: *gärtnerische od. forstwirtschaftliche Anlage, in der Bäume u. Sträucher aus Sämlingen gezogen werden.*

Baum|stamm, der: *senkrecht gewachsener fester, verholzter Teil des Baumes, über den sich die verästelte, Laub od. Nadeln tragende Krone erhebt.*

baum|stark ⟨Adj.⟩: *(von Männern) sehr stark, kräftig [gebaut]:* ein langer, -er Kerl.

Baum|step|pe, die: *Gebiet in halbtrockenem Klima mit meist spärlichem Bewuchs von Gras u. einzelnen Baumgruppen.*

Baum|ster|ben, das; -s: vgl. Waldsterben.

Baum|strunk, der: *Baumstumpf.*

Baum|stumpf, der: *[in der Erde befindlicher] Rest eines gefällten Baumes.*

Baum|wip|fel, der: *Wipfel eines Baumes.*

Baum|wol|le, die [mhd. boumwolle; wohl nach der Überlieferung des griech. Historikers Herodot von Wolle tragenden indischen Bäumen]: **1.** *Malvengewächs mit großen Blättern, gelben Blüten u. walnussgroßen Kapselfrüchten, das (bes. in heißen Gegenden) in Strauchform gezogen wird u. dessen Samenfäden zu Baumwollgarn versponnen werden:* B. anpflanzen. **2.** *die geernteten Samenfäden der Baumwolle* (1): die B. wird in Ballen gepresst. **3.** *Gewebe aus Baumwolle* (2): ein Hemd aus reiner B.

baum|wol|len ⟨Adj.⟩: *aus Baumwolle* (2) *hergestellt:* ein -es Oberhemd.

Baum|woll|ern|te, die: **1.** *das Ernten der Samenfäden der Baumwolle* (1). **2.** *Gesamtheit der geernteten Baumwolle* (2).

Baum|woll|fa|ser, die: *Naturfaser der Baumwollpflanze.*

Baum|woll|feld, das: *mit Baumwolle* (1) *bebautes Feld.*

Baum|woll|garn, das: *Garn aus Baumwolle* (2).

Baum|woll|ge|we|be, das: *Gewebe aus Baumwollgarn.*

Baum|woll|hemd, das: *Hemd aus Baumwolle* (2).

Baum|woll|pflan|ze, die: *Baumwolle* (1).

Baum|woll|pflü|cker, der: *zur Baumwollernte* (1) *eingesetzte Arbeitskraft.*

Baum|woll|pflü|cke|rin, die: w. Form zu ↑Baumwollpflücker.

Baum|woll|plan|ta|ge, die: *Plantage, auf der Baumwolle angebaut wird.*

Baum|woll|sa|men, der: *Samen der Baumwollpflanze.*

Baum|woll|spin|ne|rei, die: *Spinnerei, in der Baumwolle* (2) *verarbeitet wird.*

Baum|woll|stoff, der: *Stoff aus Baumwolle* (2).

Baum|woll|tuch, das ⟨Pl. ...tücher⟩: *Tuch aus Baumwolle* (2).

Baum|wuchs, der: **1.** *Wachstum der Bäume:* den B. durch Düngen beschleunigen. **2.** *Form, Gestalt eines Baumes:* der eigenartige B. im Mittelmeerraum ist klimatisch bedingt.

Bau|zerl, das; -s, -n [H. u.] (österr.): *mürbes Milchbrötchen.*

Bau|ord|nung, die: *Verordnung, die die baupolizeilichen Richtlinien für die statische Berechnung u. Ausführung von Bauvorhaben enthält.*

Bau|par|zel|le, die: vgl. Parzelle.

Bau|plan, der: **1.** *Bauvorhaben.* **2.** *Entwurf für etw., was gebaut werden soll.*

Bau|platz, der: *für einen [Neu]bau bestimmtes Grundstück.*

Bau|po|li|zei, die ⟨o. Pl.⟩: *[Beamte der] Bauaufsichtsbehörde.*

bau|po|li|zei|lich ⟨Adj.⟩: *die Baupolizei betreffend; durch die Baupolizei [durchzuführend].*

Bau|preis, der: vgl. Baukosten.

Bau|pro|gramm, das: **1.** *Aufstellung von Bauvorhaben für einen bestimmten Zeitraum.* **2.** *Programm für die Durchführung eines Bauvorhabens.*

Bau|rat, der: *leitender Beamter eines Bauamts.*

Bau|rä|tin, die: w. Form zu ↑Baurat.

Bau|recht, das (Rechtsspr.): *Recht des Eigentümers eines Grundstücks auf Erteilung einer Baugenehmigung, wenn der Bauplan baupolizeilich zugelassen ist.*

bau|reif ⟨Adj.⟩: **a)** *(von Grundstücken o. Ä.) erschlossen u. zur Bebauung freigegeben:* -e Grundstücke; **b)** *so weit vorgeplant, dass mit dem Bau begonnen werden kann:* ein -es Projekt.

bäu|risch, (seltener:) bäuerisch ⟨Adj.⟩ [mhd. (ge)biurisch, zu ↑[1]Bauer (1)] (abwertend): *unfein, plump, grobschlächtig:* ein -es Benehmen.

Bau|ru|i|ne, die (ugs.): *angefangener u. nicht weitergeführter Bau.*

Bau|sach|ver|stän|di|ge, der u. die: *Sachverständige[r] (1) auf dem Gebiet des Bauwesens.*

Bau|satz, der: *Satz (6) vorgefertigter Bauteile, aus denen jmd. etw. (z. B. ein Haus, ein Auto, ein technisches Spielzeug o. Ä.) selbst bauen kann.*

Bausch, der; -[e]s, -e u. Bäusche [mhd. būsch = Wulst, Bausch, auch: Schlag (mit einem Knüppel), verw. mit ↑Beule]: **1.** *stark gebauschter Stoff[wulst]:* ein B. von gerafftem Taft. **2. a)** *etw. Weiches, Wollartiges, das leicht zusammengeknüllt ist:* ein B. Watte, Zellstoff; **b)** (veraltet) *Kompresse.* **3.** * **in B. und Bogen** *(insgesamt, ganz u. gar, ohne das Einzelne zu berücksichtigen;* aus der Rechts- u. Kaufmannsspr., urspr. = Abmessung von Grundstücken ohne Rücksicht auf auswärts [= Bausch] od. einwärts [= Bogen] laufende Grenzstücke): etw. in B. und Bogen verurteilen, ablehnen.

Bäusch|chen, das; -s, -: Vkl. zu ↑Bausch (1, 2 a).

bau|schen ⟨sw. V.; hat⟩ [mhd. būschen = schlagen, klopfen, beeinflusst von frühnhd. bausen = schwellen]: **1.** *[in lockere, duftige Form bringen u. dabei] stark hervortreten lassen, prall machen:* der Wind bauschte die Segel. **2.** *[durch viele duftige Falten] stark hervortreten, füllig werden; sich wölben:* die Ärmel bauschen; ⟨meist b. + sich:⟩ die Vorhänge bauschten sich.

Bau|schen, der; -s, - (bayr., österr.): *Bausch (2 a);*

bau|schig ⟨Adj.⟩ [zu ↑bauschen]: *wie ein Bausch (1, 2 a) beschaffen, füllig, weich, nach außen gewölbt:* -e Gewänder.

Bäusch|lein, das; -s, -: Vkl. zu ↑Bausch (1, 2 a).

Bau|schlos|ser, der: *im Baufach tätiger Schlosser.*

Bau|schlos|se|rin, die: w. Form zu ↑Bauschlosser.

Bau|schutt, der: *beim Bauen anfallender Schutt, Abfall.*

bau|seits ⟨Adv.⟩ [↑-seits] (Bauw.): *an die, zur Baustelle; bei der Baustelle, am Bau:* die Fenster wurden b. geliefert; 50 b. vorhandene Ziegel wurden eingesetzt.

Bau|sol|dat, der (DDR): *Wehrdienstverweigerer, der in einer besonderen Einheit ohne Waffen, die vorrangig beim Bau militärischer Anlagen eingesetzt wird, seinen Ersatzdienst leistet.*

bau|spa|ren ⟨sw. V.; hat; meist nur im Inf. gebräuchlich⟩: *aufgrund eines Bausparvertrages bei einer Bausparkasse sparen:* viele wollen jetzt b.

Bau|spa|rer, der: *jmd., der bauspart.*

Bau|spa|re|rin, die: w. Form zu ↑Bausparer.

Bau|spar|kas|se, die: *Kreditinstitut, das seinen Mitgliedern langfristige Darlehen zum Bau, Erwerb od. zur Renovierung von Häusern u. Ä. gewährt.*

Bau|spar|ver|trag, der: *Vertrag mit einer Bausparkasse:* einen B. abschließen.

Bau|stein, der: **1.** *Stein zum Bauen.* **2.** (meist Pl.) *Bauklötzchen.* **3.** *kleiner, aber wichtiger Bestandteil von etw.; einer von vielen Bestandteilen, aus denen etw. zusammengesetzt ist od. zusammengesetzt werden kann:* die -e der Materie.

Bau|stel|le, die: *Stelle, Platz, wo gebaut wird.*

Bau|stil, der: *Stil eines Bauwerks.*

Bau|stoff, der: **1.** *zum Bauen geeignetes, verwendetes Material.* **2.** (Biol.) *für den Aufbau u. die Erneuerung der Zellen benötigter Stoff.*

Bau|stopp, der: *Sperre für die Errichtung von Bauten.*

Bau|sub|stanz, die ⟨o. Pl.⟩: *Gesamtheit der wichtigsten Bauteile eines Gebäudes, Gebäudekomplexes (bes. im Hinblick auf die Beschaffenheit, das Alter, den Erhaltungszustand o. Ä.):* alte, erhaltenswerte B.; den Zustand der B. eines älteren Stadtteils untersuchen.

Bau|tä|tig|keit, die ⟨o. Pl.⟩: *Tätigsein, Aktivitäten im Bauwesen, beim Bauen.*

Bau|te, die; -, -n [geb. aus dem Pl. Bauten von ↑Bau]: (schweiz. Amtsspr.) *Bau[werk].*

Bau|tech|nik, die: *Technik des Bauens hinsichtlich der Methoden, des Materials u. der Ausrüstung.*

bau|tech|nisch ⟨Adj.⟩: *die Bautechnik betreffend.*

Bau|teil: **1.** ⟨der⟩ *Teil eines Bauwerks:* der hintere B. stammt aus dem vorigen Jahrhundert. **2.** ⟨das⟩ *vorgefertigtes Teilstück für den Bau von Häusern, Maschinen u. Ä.; Bauelement:* die Bauzeit wurde durch Verwendung von -en verkürzt.

Bau|ten: Pl. von ↑Bau (4).

Bau|trä|ger, der: *Firma, die im Auftrag eines od. mehrerer Bauherren einen Bau errichtet.*

Bau|trä|ge|rin, die: w. Form zu ↑Bauträger.

Bau|typ, der: *bestimmte [in einem Modell festgelegte] Bauart, bes. bei Maschinen.*

Bau|un|ter|neh|men, das: **1.** *größere Baufirma.* **2.** *größeres Bauvorhaben.*

Bau|un|ter|neh|mer, der: *Inhaber eines Bauunternehmens (1).*

Bau|un|ter|neh|me|rin, die: w. Form zu ↑Bauunternehmer.

Bau|vor|ha|ben, das: **1.** *Entwurf, Idee für einen Bau (4).* **2.** *im Bau befindliches Gebäude.*

Bau|wei|se, die: **1.** *Art u. Weise, in der gebaut wird; bestimmtes Verfahren beim Bauen.* **2.** *Art u. Weise, wie etw. gebaut ist.*

Bau|werk, das: *größerer, durch seine architektonische Gestaltung beeindruckender Bau.*

Bau|we|sen, das ⟨o. Pl.⟩: *Gesamtheit dessen, was mit dem Errichten von Bauten zusammenhängt.*

Bau|wirt|schaft, die ⟨o. Pl.⟩: *Bauwesen als Wirtschaftszweig.*

Bau|xerl, das; -s, -n [H. u.] (österr.): *kleines, niedliches, durch Aussehen u. Art liebenswertes Kind.*

Bau|xit [auch: ...ˈksɪt], der; -s, -e [frz. bauxite, nach dem ersten Fundort Les-Baux-de-Provence in Südfrankreich]: *durch Verwitterung entstandenes Mineral, das Rohstoff für die Aluminiumherstellung ist.*

bauz ⟨Interj.⟩ [lautm.]: Ausruf bei einem plötzlichen dumpfen Fall, vor allem wenn jmd., bes. ein Kind, hinfällt: b., da liegt sie!

Bau|zaun, der: *Einzäunung einer Baustelle.*

Bau|zeich|nung, die: *Bauentwurf.*

Bau|zeit, die: *für die Durchführung eines Bauvorhabens benötigte Zeit:* nach dreijähriger B. wurde die Autobahn dem Verkehr übergeben.

Ba|va|ria, die; - [nach dem nlat. Namen für Bayern]: *Frauengestalt als Sinnbild Bayerns.*

Bay|er, der; -n, -n: Ew.

Bay|e|rin, die; -, -nen: w. Form zu ↑Bayer.

bay|e|risch, bayrisch ⟨Adj.⟩: *Bayern, die Bayern betreffend; aus Bayern stammend:* die -en Landtagswahlen; eine typisch -e Brotzeit.

Bay|ern; -s: deutsches Bundesland.

bay|risch: ↑bayerisch.

Ba|zar [baˈzaːɐ̯]: ↑Basar.

Ba|zi, der; -[s], -[s] [gek. aus ↑Lumpazi(us)]: **1.** (südd., österr., meist scherzh.) *durchtriebener Mensch, Schlingel, Gauner:* er ist ein richtiger B. **2.** (spött. abwertend) *Bayer.*

ba|zil|lär ⟨Adj.⟩: **a)** *Bazillen betreffend;* **b)** *durch Bazillen verursacht.*

Ba|zil|le, die; -, -n [rückgeb. aus dem Pl. von ↑Bazillus] (ugs.): *Bazillus (1).*

Ba|zil|len|trä|ger, der: vgl. Bakterienträger.

Ba|zil|lus, der; -, ...llen [zu spätlat. bacillus = Stäbchen, Vkl. von lat. baculum = Stab]: **1.** (Biol., Med.) *oft als Krankheitserreger wirkende, stäbchenförmige, Sporen bildende Bakterie.* **2.** ⟨o. Pl.⟩ *etw. Negatives, was auf viele Menschen übergreift:* der B. der Unzufriedenheit.

Ba|zoo|ka [baˈzuːka], die; -, -s [engl. bazooka, nach einem Musikinstrument, das ähnlich aussieht; H. u.]: *tragbares Gerät zum Abschießen von Raketen kleinen Kalibers, das meist von zwei Mann bedient wird.*

BBC [biːbiːˈsiː], die; - [Abk. für: British Broadcasting Corporation]: britische Rundfunkgesellschaft.

BBk = Deutsche Bundesbank.

Bd. = [2]Band.

Bde. = [2]Bände.

BDM, der; - [Abk. für: Bund Deutscher Mädel] (nationalsoz.): *zur Hitlerjugend gehörende Organisation, bestehend aus Mädchen im Alter von 14 bis zu 18 Jahren.*

B-Dur, das; - (Musik): *auf dem Grundton B beruhende Durtonart;* Zeichen: B (↑b, B 2).

B-Dur-Ton|lei|ter, die: *auf dem Grundton B beruhende Durtonleiter.*

Be = Beryllium.

BE = Broteinheit.

be- [mhd. be-, ahd. bi-, zum Präfix gewordenes tonloses ↑bei]: **1. a)** macht in Bildungen mit intransitiven Verben diese transitiv: beangeln, belabern, beplaudern; **b)** macht in Bildungen mit transitiven Verben mit Präpositionalobjekt dieses zum Akkusativobjekt: bebauen, bestreuen, betippen. **2.** drückt in Bildungen mit Substantiven oder Formen des 2. Partizips aus, dass eine Person oder Sache mit etw. versehen wird, ist: beblumen, begittern; behaubt, beschlipst.

be|ab|sich|ti|gen ⟨sw. V.; hat⟩: *die Absicht haben, etw. zu tun; vorhaben; gedenken, etw. zu tun:* ich beabsichtige zu verreisen; die beabsichtigte Wirkung blieb aus; er hatte den Zusammenstoß nicht beabsichtigt.

be|ach|ten ⟨sw. V.; hat⟩ [mhd. beahten, ahd. biahtōn = zurechnen, bedenken]: **1.** *auf die Einhaltung von etw. achten; berücksichtigen, befolgen:* die Spielregeln, Vorschriften, Prinzipien, Sicherheitsmaßnahmen b.; **2.** *aufmerksam auf jmdn., etw. achten, zur Kenntnis nehmen:* das Kind lief über die Straße, ohne den Verkehr zu b.; einen Einwurf nicht b.; den beachte ich gar nicht *(ich sehe bewusst über ihn hinweg).*

be|ach|tens|wert ⟨Adj.⟩: *Beachtung verdienend, bemerkenswert:* eine -e Neuerscheinung.

be|acht|lich ⟨Adj.⟩: **a)** *ziemlich groß, beträchtlich:* -e Verbesserungen; -e Fortschritte machen; -e Schäden anrichten; **b)** *recht wichtig u. bedeutsam; respektabel:* er hat eine -e Position, Stellung; **c)** *in recht deutlich erkennbarer Weise, sehr:* die Rohstoffpreise sind b. gestiegen;

Be|ach|tung, die; -: *das Beachten:* die B. von Vorschriften erzwingen; etw. verdient B. *(ihm sollte Aufmerksamkeit geschenkt werden);* B. finden *(beachtet werden);* jmdm., einer Sache [keine] B. schenken *(jmdn., etw. [nicht] beachten);* einer Sache, jmdm. wird B. zuteil *(etw., jmd. wird beachtet).*

Beach|vol|ley|ball [ˈbiːtʃvɔlı...], der, auch: das ⟨o. Pl.⟩ [engl. beach volleyball, aus: beach = Strand u. volleyball, ↑Volleyball] *auf Sand von*

Zweiermannschaften gespielte Variante des Volleyballs (1).

be|ackern ⟨sw. V.; hat⟩: **1.** (selten) *(einen Acker) bebauen, bestellen.* **2.** (ugs.) **a)** *durchackern:* sie hat sämtliche Literatur über dieses Fachgebiet beackert; **b)** *[mit einem Anliegen] hartnäckig bearbeiten:* jmdn. so lange b., bis er zustimmt.

Bea|gle ['bi:gəl], der; -s, -[s] [engl. beagle, aus dem Afrz., viell. zu afrz. beer = offen, weit u. gueule = Mund, Maul]: *Hund mit kurzen Beinen u. meist weiß, schwarz u. braun gescheckten Fell, der bes. für die Jagd auf Hasen u. Wildkaninchen geeignet ist.*

Beam [bi:m], der; -s, -s [engl. beam = (Licht-, Leit)strahl, eigtl. = Balken, urspr. = Baum, verw. mit ↑Baum]: *keulenförmige Fläche, die der Sendestrahl eines Satelliten* (2) *abdeckt.*

bea|men ['bi:mən] ⟨sw. V.; hat⟩ [engl. to beam, eigtl. = aussenden, ausstrahlen (4), zu: beam, ↑Beam]: *(von Personen in der Science-Fiction-Literatur u. in Science-Fiction-Filmen) bewirken, dass jmd. bis zur Unsichtbarkeit aufgelöst wird u. an einen anderen [gewünschten] Ort gelangt, wo er wieder Gestalt annimmt:* die Mannschaft beamte sich vom Raumschiff auf den Planeten; Ü der Chef will dich sprechen, beam dich mal schnell (ugs. scherzh.; *begib dich schnell*) in sein Büro!

Bea|mer ['bi:mɐ], der; -s, -: *Projektor zur vergrößerten Wiedergabe des Computerbildschirms.*

be|am|peln ⟨sw. V.; hat⟩ (Fachspr.): *mit Verkehrsampeln versehen:* eine gefährliche Kreuzung b.

Be|am|te, der; -n, -n ⟨Dekl. ↑Abgeordnete⟩ [subst. aus veraltet beamt, Kurzf. von ↑beamtet]: *jmd., der im öffentlichen Dienst (bei Bund, Land, Gemeinde u. Ä.) od. im Dienst einer Körperschaft des öffentlichen Rechts steht und ein bestimmtes Rechtsverhältnis seinem Dienstherrn gegenüber hat:* ein kleiner -r; politischer -r *(Beamter [z. B. Staatssekretär, Regierungspräsident], der ein Amt bekleidet, bei dessen Ausübung er in fortwährender Übereinstimmung mit der jeweiligen Bundes- od. Landesregierung stehen muss u. der jederzeit [z. B. bei einem Regierungswechsel] in den Ruhestand versetzt werden kann);* die höheren -n; sämtliche -n/(auch:) B.; zwei B. erstatteten Bericht; tüchtigem -n/(veraltet:) -m wurde Auszeichnung verliehen; ihm als -n/(seltener:) -m; die Ernennung städtischer -r/(veraltend:) -n; er war erst drei Monate -r auf Probe.

Be|am|ten|ap|pa|rat, der: *Gesamtheit der Beamten [die für einen bestimmten Aufgabenbereich eingesetzt sind].*

Be|am|ten|be|lei|di|gung, die: *Beleidigung eines Beamten im Dienst.*

Be|am|ten|be|ste|chung, die: *Bestechung eines Beamten.*

Be|am|ten|bund, der: *Organisation, die die Interessen der Beamten vertritt.*

Be|am|ten|deutsch, das (abwertend): *unlebendige, unanschauliche, oft langatmige u. verschachtelt konstruierte trockene Ausdrucksweise [in behördlichen Bestimmungen u. Ä.]; Amts-, Behördendeutsch.*

Be|am|ten|lauf|bahn, die: *berufliche Laufbahn eines Beamten.*

Be|am|ten|recht, das ⟨o. Pl.⟩: *Gesamtheit der Gesetze, die die Rechtsverhältnisse der Beamten regeln.*

Be|am|ten|schaft, die; -: *Gesamtheit der Beamten innerhalb eines Staates, eines Landes, einer Gemeinde usw.*

Be|am|ten|stel|le, die: *Stelle, Posten eines Beamten.*

Be|am|ten|tum, das; -s: **1.** *Stand der Beamten:* das moderne B. **2.** *Beamtenschaft.*

Be|am|ten|ver|hält|nis, das: *Rechtsverhältnis eines Beamten zu seinem Dienstherrn.*

be|am|tet ⟨Adj.⟩ [2. Part. von veraltet beamten = mit einem Amt versehen] (Amtsspr.): *als Beamter angestellt, tätig:* die -en und die nicht -en Mitarbeiterinnen der Behörde.

Be|am|te|te, der; -n, -n ⟨Dekl. ↑Abgeordnete⟩ (Amtsspr.): *jmd., der beamtet ist.*

Be|am|tin, die; -, -nen: w. Form zu ↑Beamte.

be|an|ga|ben ⟨sw. V.; hat⟩ [zu ↑Angabe (4)] (österr. Kaufmannsspr.): *für etw. eine Anzahlung leisten:* die Ware mit 100 Schilling b.

be|ängs|ti|gen ⟨sw. V.; hat⟩ (veraltend): *jmdm. Angst machen, ihn ängstigen:* der Vorgang beängstigte ihn; ⟨meist im 1. Part.⟩: ein beängstigendes Gedränge.

be|an|spru|chen ⟨sw. V.; hat⟩: **1.** *auf etw. Anspruch erheben; fordern, verlangen [worauf man Anspruch hat]:* Schadenersatz, sein Erbteil b.; der Koalitionspartner beansprucht drei Ressorts; er beanspruchte für sich, wie ein Erwachsener behandelt zu werden; Ü ihre Thesen können auch heute noch Gültigkeit b. **2. a)** *von etw. Gebrauch machen, verwenden, ausnutzen:* jmds. Gastfreundschaft nicht länger b. wollen; **b)** *(jmdm. od. einer Sache) viel abverlangen; großen Anforderungen aussetzen:* der Beruf beansprucht sie völlig; bei so einer Fahrweise werden die Reifen stark beansprucht *(strapaziert);* **c)** *benötigen, brauchen:* viel Raum, Zeit b.; das beanspruchte einen Teil ihrer Gedanken *(nahm sie in Anspruch).*

Be|an|spru|chung, die; -, -en: *das Beanspruchen* (2 b); *das Beanspruchtwerden.*

be|an|stan|den, (österr. auch:) **be|an|stän|den** ⟨sw. V.; hat⟩ [zu veraltet Anstand = Einwand, Aufschub]: *als mangelhaft, als nicht annehmbar bezeichnen [u. zurückweisen, nicht akzeptieren]:* eine Rechnung, eine Ware b.; der TÜV hat die Bremsen beanstandet; ich habe an ihrer Arbeit nichts zu b. *(zu tadeln, zu kritisieren);* der Kunde hat beanstandet, dass die Ware nicht ordnungsgemäß verpackt war.

Be|an|stan|dung, (österr. auch:) **Be|an|stän|dung,** die; -, -en: *Bemängelung, Reklamation, Beschwerde:* sie, ihre Arbeit gibt keinen Anlass zu -en.

be|an|tra|gen ⟨sw. V.; hat⟩ [für älter antragen, zu ↑Antrag]: **a)** *[auf schriftlichem Wege] (die Gewährung von etw.) verlangen:* ein Visum, ein Stipendium, Kindergeld, seine Versetzung b.; [beim Chef] Urlaub b.; [bei der Krankenkasse] eine Kur b.; [bei der Geschäftsleitung] einen weiteren Mitarbeiter b.; **b)** *die [Beschließung u.] Durchführung von etw. verlangen:* die Auslieferung eines Straftäters b.; für einen Angeklagten Haftverschonung b.; beim/(schweiz. Amtsspr.:) dem Verwaltungsrat eine Vertagung b.

Be|an|tra|gung, die; -, -en: *das Beantragen.*

be|ant|wor|ten ⟨sw. V.; hat⟩: **1.** *auf eine Frage eine Antwort geben:* eine Frage mit [einem] Nein b.; der Prüfling beantwortete alle Fragen erschöpfend; die Frage nach der Unfallursache ist mit Gewissheit nicht zu b. *(zu lösen).* **2.** *sich auf einen Brief, ein Schreiben hin schriftlich äußern, darauf antworten:* einen Brief, eine Anfrage [schriftlich] b. **3.** *etw. als Reaktion auf etw. unternehmen; auf etw. mit etw. reagieren:* einen Gruß b.; er beantwortete die Ohrfeige mit einem Kinnhaken.

Be|ant|wor|tung, die; -, -en: *das Beantworten:* die B. meiner Frage steht noch aus; * **in B.** (Amtsspr., Kaufmannsspr.; *[als Antwort] auf ...*): in B. Ihres Schreibens vom 01. 12. 2000.

be|ar|bei|ten ⟨sw. V.; hat⟩: **1.** *sich mit einem Gesuch, einem Fall als entsprechende Instanz prüfend od. erforschend beschäftigen [u. darüber befinden]:* einen Antrag, Fall b.; ein seit drei Jahren ergebnislos bearbeiteter Raubmord; **2. a)** *zu einem bestimmten Zweck körperliche Arbeit an etw. wenden:* Metall, Leder, den Boden b.; sie bearbeitete ihre Finger mit einer Nagelbürste; er hat die elektronische Orgel so bearbeitet *(so wild, kräftig darauf gespielt),* dass die Scheiben klirrten; **b)** *mit etw. behandeln:* die Möbel mit Politur b.; er bearbeitete seine Stiefel mit Schuhcreme. **3.** *mit etw. heftig schlagen, wiederholt auf jmdn. einschlagen:* jmdn., etw. mit den Fäusten b. **4. a)** *unter einem bestimmten Gesichtspunkt neu gestalten, überarbeiten, verändern:* ein Manuskript, einen Text b.; ein Schauspiel für das Fernsehen b.; ein Buch für den Film b.; eine Komposition für großes Orchester b.; **b)** *durchforschen, untersuchen; über etw. wissenschaftlich arbeiten:* ein Thema b. **5.** (ugs.) *eindringlich auf jmdn. einreden, einwirken, um ihn von etw. zu überzeugen od. für etw. zu gewinnen:* jmdn. politisch, diplomatisch b.; die Wähler b.; sie bearbeiteten den Festgenommenen so lange, bis er die Information preisgab.

Be|ar|bei|ter, der; -s, -: *jmd., der etw. bearbeitet* (1, 4) *hat.*

Be|ar|bei|te|rin, die; -, -nen: w. Form zu ↑Bearbeiter.

Be|ar|bei|tung, die; -, -en: **1.** *das Bearbeiten.* **2.** *überarbeitete, neue Fassung:* eine B. eines alten Theaterstücks; Lenz' »Hofmeister« in der B. von Brecht.

Be|ar|bei|tungs|ge|bühr, die: *für die Bearbeitung eines Antrags o. Ä. [von einer Behörde] erhobene Gebühr.*

Be|ar|bei|tungs|zeit, die: *für eine Bearbeitung benötigte Zeit:* die B. verkürzen.

be|arg|wöh|nen ⟨sw. V.; hat⟩ (geh.): *gegen jmdn., etw. Argwohn haben; verdächtigen, jmdm. misstrauen:* einen Fremden b.; sie fühlte sich von allen beargwöhnt.

Be|arg|wöh|nung, die; -, -en: *das Beargwöhnen.*

Be|ar|ner So|ße, die: *Sauce béarnaise.*

Beat [bi:t], der; -[s], -s [engl. beat, zu: to beat = (Takt) schlagen] (Musik): **1.** *gleichmäßige Reihenfolge betonter Taktteile.* **2.** ⟨o. Pl.⟩ kurz für ↑Beatmusik: B. hören, spielen.

Beat|band ['bi:t...], die: [3]*Band, die Beat* (2) *spielt.*

Beat|ge|ne|ra|tion ['bi:tdʒɛnəreɪʃən], die; - [engl.(-amerik.) beat generation, viell. zu: beat = geschlagen; viell. in Anlehnung an: beatitude = Glückseligkeit]: *Gruppe amerikanischer, eng der Jazzszene verbundener Schriftsteller, die in den Jahren 1956–60 literarische Bedeutung gewann u. in deren Schaffen ein bestimmtes, bes. durch eine radikale Ablehnung alles Bürgerlichen gekennzeichnetes Lebensgefühl Ausdruck fand.*

Beat|grup|pe ['bi:t...], die: *Beatband.*

Bea|tle ['bi:tl̩], der; -s, -s [nach den Beatles, den Mitgliedern einer Liverpooler Beatband, die lange Haare (»Pilzköpfe«) trugen] (veraltend): *Jugendlicher mit langen Haaren.*

be|at|men ⟨sw. V.; hat⟩ (Med.): *jmdm. zu Heilzwecken künstlich Luft od. Gasgemische in die Atmungsorgane blasen:* einen Patienten künstlich b.

Be|at|mung, die; -, -en: *das Beatmen.*

Be|at|mungs|ge|rät, das: *Gerät zur Beatmung.*

Beat|mu|sik ['bi:t...], die: *Art des Jazz mit besonderer Betonung des Beat* (1) *u. charakteristischer Instrumentierung (Gitarren mit Verstärkern als Rhythmus- u. Harmonieinstrumente).*

Beat|nik ['bi:tnɪk], der; -s, -s [engl. beatnik, geb. mit dem jidd. Suffix -nik, das die Zugehörigkeit zu einer Gruppe kennzeichnet]: **1.** *Vertreter der Beatgeneration.* **2.** *jmd., der sich durch unkonventionelles Verhalten gegen die bürgerliche Norm wendet.*

Beat|schup|pen, der (salopp): vgl. Schuppen (2).

Beau [bo:], der; -, -s [frz. beau, eigtl. = der Schöne, zu: beau < lat. bellus = schön] (meist spött.): *gut aussehender Mann.*

be|auf|la|gen ⟨sw. V.; hat⟩ [zu ↑Auflage (2 b)] (DDR): *(einer Person, einem Betrieb u. Ä.) eine Aufgabe als Pflicht auferlegen:* der Betrieb ist beauflagt worden, die Kosten weiter zu senken.

Beau|fort|ska|la ['bo:fɛt..., bo'fɔ:r...], die; - [nach dem engl. Admiral Sir F. Beaufort] (Met.): *ursprünglich 12-, jetzt 17-teilige Skala zur Messung der Windstärke.*

be|auf|sich|ti|gen ⟨sw. V.; hat⟩ [15. Jh.]: *über jmdn., etw. die Aufsicht ausüben; überwachen:* die Schüler, jmds. Arbeit b.

Be|auf|sich|ti|gung, die; -, -en: *das Beaufsichtigen.*

be|auf|tra|gen ⟨sw. V.; hat⟩: *jmdm. einen Auftrag*

erteilen; befehlen, etw. Bestimmtes zu tun: jmdn. mit etw. b.; der Rechtsanwalt ist beauftragt, meine Interessen wahrzunehmen.

Be|auf|trag|te, der u. die; -n, -n ⟨Dekl. ↑Abgeordnete⟩: *jmd., der einen bestimmten Auftrag hat:* er ist mein -r.

Be|auf|tra|gung, die; -, -en: *das Beauftragen.*

be|äu|geln ⟨sw. V.; hat⟩ (ugs. scherzh.): *interessiert, neugierig betrachten, ansehen:* jmdn., etw. neugierig b.

be|äu|gen ⟨sw. V.; hat⟩: *genau, eingehend betrachten:* jmdn. misstrauisch b.

be|au|gen|schei|ni|gen ⟨sw. V.; hat⟩ [zu ↑Augenschein] (Papierdt., aber meist scherzh.): *in Augenschein nehmen, ansehen:* der Sachverständige wird den Schaden b.; den neuen Wagen b.

Beau|jo|lais [boʒɔ'lɛ], der; - [...'lɛ(s)], - [...'lɛs] [nach der frz. Landschaft Beaujolais]: *(meist roter) Wein aus dem Gebiet der Monts du Beaujolais in Mittelfrankreich.*

Beau|té [bo'te:], die; -, -s [frz. beauté, über das Vlat. zu lat. bellus = schön] (bildungsspr.): *[elegante] schöne Frau:* sie ist eine B.

Beau|ty ['bju:ti], die -, -s [engl. beauty = Schönheit < (a)frz. beauté, ↑Beauté]: *Beauté.*

Beau|ty|cen|ter, das: **a)** *Laden,* (1) *Abteilung* (2 c) *für Kosmetika;* **b)** *Kosmetiksalon.*

Beau|ty|farm, die: *Schönheitsfarm.*

be|bän|dern ⟨sw. V.; hat⟩ [zu ↑[1]Band (I 1)]: *mit Bändern versehen, schmücken;* ⟨meist im 2. Part.:⟩ ein bebänderter Hut.

be|bau|en ⟨sw. V.; hat⟩: **1.** *(ein Gelände, Grundstück) mit einem Gebäude od. mit Bauten versehen:* ein Gelände [mit Mietshäusern] b.; bebaute Grundstücke. **2.** *(den Boden) bestellen u. für den Anbau nutzen:* die Felder, den Acker b.

Be|bau|ung, die; -, -en: **1.** *das Bebauen.* **2.** *Gesamtheit der Gebäude, mit denen eine Fläche bebaut ist:* eine dichte B.

Be|bau|ungs|plan, der: *Plan, nach dem eine Fläche bebaut werden soll:* den B. einsehen.

Bé|bé [be'be:], das; -s, -s [frz. bébé < engl. baby, ↑Baby] (schweiz.): *Säugling, Baby.*

be|ben ⟨sw. V.; hat⟩ [mhd. biben, ahd. bibēn, urspr. = zittern; sich fürchten; lautlich beeinflusst vom Niederd. (mniederd. bēven)]: **1.** *eine Erschütterung zeigen, erzittern:* die Wände, Mauern beben; der Boden bebte unter unseren Füßen; Ü die Finanzzentren bebten infolge der Kursschwankung. **2.** (geh.) *(vom menschlichen Körper) infolge einer starken Erregung, von Kälte, Fieber u. Ä. zittern:* ihre Knie, Lippen bebten; er, seine Stimme bebte vor Wut. **3.** (geh. veraltend) **a)** *große Angst haben:* sie zitterte und bebte vor ihm; **b)** *in großer Sorge sein, bangen:* sie bebte um ihr Kind.

Be|ben, das; -s, -: **1. a)** *das Erzittern; Erschütterung:* das B. der Mauern verspüren; **b)** *Erdbeben:* ein vulkanisches B.; ein B. legte die Stadt in Schutt und Asche. **2.** (geh.) *(bei Menschen) leichtes Zittern als Zeichen innerer Erregung:* das feierliche B. seiner Stimme.

Be|ben|stär|ke, die: *Stärke eines Bebens* (1 b).

be|bil|dern ⟨sw. V.; hat⟩: *mit Bildern versehen, illustrieren:* ein Buch, eine Erzählung b.; bebilderte Handschriften.

Be|bil|de|rung, die; -, -en: **1.** *das Bebildern.* **2.** *Gesamtheit der Bilder, mit denen etw. illustriert ist:* der Band besticht durch seine reiche B.

be|blät|tert ⟨Adj.⟩ (Bot.): *Blätter tragend, mit Blättern bewachsen:* -e Zweige.

Be|bop ['bi:bɔp], der; -[s], -s [amerik. bebop, nach den dabei in einem bestimmten Rhythmus vorkommenden Lallsilben]: **1.** ⟨o. Pl.⟩ *Jazzmusik eines bestimmten Stils der 40er-Jahre.* **2.** *Stück, Tanz im Stil des Bebop* (1).

be|brillt ⟨Adj.⟩: *eine Brille tragend:* eine -e Frau; ein -es Gesicht; er war b.

be|brü|ten ⟨sw. V.; hat⟩: **1.** *(von Vögeln) sich zum Brüten (auf etw.) setzen; brütend mit dem eigenen Körper bedecken:* ein Ei, ein Nest b.; **2. a)** (Biol.) *einer regelmäßigen Wärmeeinwirkung aussetzen u. dadurch ausreifen lassen:* eine Bakterienkultur b.; **b)** (ugs.) *über etw. nachdenken, grübeln:* sie bebrütet ihre Lage.

Be|brü|tung, die; -, -en: *das Bebrüten.*

be|bust ⟨Adj.⟩ (ugs. scherzh.): *(in einer bestimmten Weise) mit Busen versehen:* eine üppig -e Blondine.

Bé|cha|mel|kar|tof|feln [beʃa'mɛl...] ⟨Pl.⟩: *Kartoffelscheiben in Béchamelsoße.*

Bé|cha|mel|so|ße, die [frz. sauce (à la) Béchamel, nach L. Béchamel, dem Haushofmeister Ludwigs XIV.]: *weiße, gebundene [Sahne]soße [mit Zwiebeln, Schinken, Speck od. Kalbfleisch] u. Gewürzen.*

Be|cher, der; -s, - [mhd. becher, ahd. behhari < mlat. bicarium < griech. bĩkos = irdenes Gefäß, wahrsch. aus dem Ägypt.]: **1.** *höheres, etwa zylinderförmiges [Trink]gefäß [ohne Fuß], meist ohne Henkel:* die B. füllen, leeren; Milch in einen B. gießen; einen B. *(Becher voll)* Eis essen; Ü den B. des Leidens leeren (dichter.; *Leid erfahren*); * **zu tief in den B. geschaut haben** (ugs.; *angeheitert, betrunken sein*). **2.** *Pflanzenteil, der einem Becher ähnlich ist:* der B. der Eichel.

be|cher|för|mig ⟨Adj.⟩: *in der Form einem Becher* (1) *ähnelnd.*

Be|cher|klang, der (dichter.): *Klang, der beim Anstoßen entsteht.*

be|chern ⟨sw. V.; hat⟩ (ugs. scherzh.): *eine größere Menge Alkohol trinken; zechen:* gestern haben wir ganz schön gebechert.

be|cir|cen: ↑bezirzen.

Be|cken, das; -s, - [mhd. becken, ahd. beckīn = Becken (1), aus dem Vlat., vgl. Bassin]: **1.** *großes, flaches, schüsselförmiges Gefäß:* ein B. aus Porzellan; das B. *(der Abfluss des [Wasch]beckens)* ist verstopft; das Wasser aus dem B. lassen. **2. a)** *größeres [ausgemauertes] Wasserbecken; Schwimm-, Planschbecken:* das Wasser im B. erneuern; **b)** (Geogr.) *breite, meist fruchtbare Senkung, Mulde; Kessel:* am Eingang eines großen, fruchtbaren -s; das Wiener B.; **c)** (Med.) *aus bestimmten Knochen bestehender Teil des [menschlichen] Skeletts, der die Verbindung zwischen Beinen u. Lendenwirbelsäule herstellt u. die in der Bauchhöhle ruhenden Eingeweide stützt:* sie hat ein breites, gebärfreudiges B.; **d)** ⟨meist Pl.⟩ (Musik) *aus zwei tellerförmigen Metallscheiben, die gegeneinander geschlagen werden, bestehendes Musikinstrument.*

Be|cken|bruch, der ⟨Pl. ...brüche⟩: *Bruch eines Beckenknochens.*

be|cken|för|mig ⟨Adj.⟩: *in der Form einem Becken* (1) *ähnlich.*

Be|cken|gurt, der: **a)** *das Becken* (2 c) *umspannender Sicherheitsgurt;* **b)** *das Becken* (2 c) *umspannender Teil eines Dreipunktgurts.*

Be|cken|kno|chen, der: *zum Becken* (2 c) *gehörender Knochen.*

Be|cken|or|gan, das ⟨meist Pl.⟩: *im Becken* (2 c) *liegendes Organ.*

Be|cken|rand, der: *Rand eines Beckens* (1, 2 a): Kopfsprünge vom seitlichen B. sind verboten.

Beck|mes|ser, der; -s, - [nach der gleichnamigen Gestalt in R. Wagners Oper »Die Meistersinger von Nürnberg«, mit der der Komponist einen Kritiker verspotten wollte] (abwertend): *kleinlicher Nörgler; Kritiker, der sich an kleinen Mängeln stößt, anstatt das Ganze zu sehen.*

Beck|mes|se|rei, die; -, -en (abwertend): *Kritik, die sich an Kleinigkeiten stößt, dabei aber den großen Zusammenhang übersieht.*

beck|mes|se|risch ⟨Adj.⟩ (abwertend): *in der Art eines Beckmessers verfahrend.*

beck|mes|sern ⟨sw. V.; hat⟩ (abwertend): *kleinlich tadeln, kritisieren.*

Bec|que|rel [bɛkə'rɛl], das; -s, - [nach dem frz. Physiker H. A. Becquerel (1852–1908)] (Physik): *Maßeinheit für die Aktivität ionisierender Strahlung;* Zeichen: Bq.

be|da|chen ⟨sw. V.; hat⟩: *mit einem Dach* (1) *versehen, ausstatten:* die Hütte b.; ⟨meist im 2. Part.:⟩ eine mit Eisenplatten bedachte Baracke.

be|dacht ⟨Adj.⟩ [mhd. bedāht, adj. 2. Part. von: bedenken, ↑bedenken]: **1.** *besonnen, überlegt, umsichtig:* b. handeln, vorgehen; **2.** in der Verbindung **auf etw. b. sein** *(auf etw. besonderen Wert legen, etw. sehr wichtig nehmen; auf etw. genau achten):* er war immer auf seinen guten Ruf b.

Be|dacht, der [mhd. bedāht = Erwägung]: nur in den geh. Fügungen u. Wendungen: **ohne B.** *(ohne jede Überlegung, unbesonnen, überstürzt):* sie reagierte ohne B.; **mit B.** *(mit einer bestimmten Überlegung; überlegt, besonnen):* mit B. auswählen; **auf etw. [keinen] B. nehmen** *(auf etw. [nicht] bedacht sein, [nicht] achten):* darauf müssen wir besonderen B. nehmen.

Be|dach|te, der u. die; -n, -n ⟨Dekl. ↑Abgeordnete⟩ [subst. 2. Part. zu ↑bedenken (2)] (Rechtsspr.): *jmd., dem ein Vermächtnis ausgesetzt worden ist.*

be|däch|tig ⟨Adj.⟩ [mhd. bedæhtic]: **1.** *ohne jede Hast, langsam, gemessen:* -e Bewegungen; etw. b. hinstellen. **2.** *besonnen, umsichtig, vorsichtig, wohl überlegt:* -e Worte.

Be|däch|tig|keit, die; -: *bedächtiges Wesen, bedächtige Art.*

be|dacht|sam ⟨Adj.⟩ (geh.): *mit Bedacht, Überlegung handelnd; behutsam, vorsichtig:* ein ruhiger und -er Mensch; wir müssen sehr b. vorgehen.

Be|dacht|sam|keit, die; - (geh.): *Bedächtigkeit.*

Be|da|chung, die; -, -en (Handw.): **1.** *das Bedachen:* die B. der Gebäude ist abgeschlossen. **2.** *Dach* (1): die -en bestehen aus Wellblech.

Bed and Break|fast ['bɛd ənd 'brɛkfəst; engl. = Bett und Frühstück]: *Zimmer mit Frühstück (in Privathäusern)* (Angebot im Beherbergungsgewerbe angloamerikanischer Länder).

be|dang: ↑[2]bedingen.

be|dan|ken ⟨sw. V.; hat⟩: **1.** ⟨b. + sich⟩ *jmdm. für etw. danken, seinen Dank für etw. aussprechen:* ich bedankte mich höflich bei ihr für die Einladung; dafür bedanke ich mich [bestens]! (ugs. iron.; *damit möchte ich nichts zu tun haben, das lehne ich ab*); bedanke dich bei ihr! (ugs. iron.; *in ihr findest du die Schuldige, sie ist dafür verantwortlich*); ich bedanke mich (leicht gespreizt; *danke sehr, ich danke Ihnen*). **2.** (südd., österr.) **a)** *jmdm. danken:* der Redner wurde vom Vorsitzenden herzlich bedankt; sei bedankt!; **b)** *sich (für etw.) bedanken:* seine Hilfe soll bedankt sein.

Be|darf, der; -[e]s, (Fachspr.:) -e [aus dem Niederd. < mniederd. bedarf, zum Präsensstamm von: bedörven = bedürfen]: *das in einer bestimmten Lage Benötigte, Gewünschte; Nachfrage nach etw.:* der B. an Vitaminen; seinen B. [an Lebensmitteln] decken; [keinen] B. an/(Kaufmannsspr.:) in etw. haben *(etw. [nicht] brauchen, benötigen);* »Wir wollten doch zusammen ins Kino?« – »Kein B.!« (salopp; *ich bin daran nicht interessiert*); Dinge des täglichen -s; bei B. *(im Bedarfsfall)* eine Tablette einnehmen; [je] nach B. *(wie man es braucht);* wir sind schon über B. *(mehr als nötig)* eingedeckt damit; R mein B. ist gedeckt (ugs.; *ich bin es überdrüssig, habe genug davon*).

-be|darf, der; -[e]s, (Fachspr.:) -e: drückt in Bildungen mit Substantiven – selten mit Verben (Verbstämmen) – aus, dass etw. benötigt wird, dass ein Verlangen nach etw. besteht: Entscheidungs-, Handlungs-, Harmoniebedarf.

Be|darfs|ar|ti|kel, der: *für den Bedarf bestimmter Artikel.*

Be|darfs|fall, der (Papierdt.): in den Fügungen für **den B.** *(für den Fall, dass Bedarf an etw. besteht):* etw. für den B. bereithalten; **im Bedarfsfall[e]** *(im Falle, dass Bedarf an etw. besteht):* etw. kann im B. angefordert werden.

be|darfs|ge|recht ⟨Adj.⟩: *dem Bedarf entsprechend:* eine -e Versorgung der Bevölkerung.

Be|darfs|hal|te|stel|le, die: *Haltestelle, an der ein öffentliches Verkehrsmittel nur im Bedarfsfall hält.*

be|dau|er|lich ⟨Adj.⟩: *zu bedauern, bedauernswert*

B

wert, unerfreulich: ein -er Irrtum; ich finde das [tief] b.

be|dau|er|li|cher|wei|se ⟨Adv.⟩: *in bedauerlicher Weise, leider.*

be|dau|ern ⟨sw. V.; hat⟩ [mhd. betūren = zu teuer dünken, zu: tūren, ↑²dauern]: **1.** *Mitgefühl mit jmdm. empfinden; jmdn. bemitleiden:* ich bedauere dich aufrichtig; du lässt dich zu gern b. **2.** *unerfreulich, schade finden:* sie bedauerte ihre Äußerung; er bedauerte nachträglich, mitgekommen zu sein; ich bedauere *(es tut mir Leid),* dass ich nicht dabei sein konnte; (als Ausdruck einer Ablehnung:) »Könntest du mir dabei helfen?« – »Bedaure, ich habe leider keine Zeit.«.

Be|dau|ern, das; -s: **1.** *mitfühlende Anteilnahme, Mitleid, Mitgefühl:* jmdm. sein B. ausdrücken. **2.** *Betrübnis:* zu meinem großen B. kann ich nicht kommen.

be|dau|erns|wert ⟨Adj.⟩: *bemitleidenswert, arm:* -e Menschen; sie ist b.

be|dau|erns|wür|dig ⟨Adj.⟩ (geh.): *bedauernswert.*

be|de|cken ⟨sw. V.; hat⟩ [mhd. bedecken, ahd. bidecchen]: **1.** *mit etw. zudecken, um zu verhüllen od. zu verbergen:* den Leichnam mit einem Tuch b.; sie bedeckte ihr Gesicht mit den Händen; Ü er hält sich bedeckt *(äußert sich nicht, bezieht keine Stellung).* **2.** *sich über etw., jmdn. ausbreiten:* weiche Teppiche bedecken den Boden; der Rock bedeckt das Knie *(reicht über das Knie);* der Schreibtisch ist mit Büchern bedeckt *(auf ihm liegen viele Bücher).* **3.** (österr.) *decken* (5).

be|deckt ⟨Adj.⟩: **1.** *(vom Himmel) [stark] bewölkt:* der Himmel war b. **2.** *(von der [Sing]stimme) etwas belegt, heiser, rau:* eine -e Stimme.

Be|deckt|sa|mer, der; -s, - ⟨meist Pl.⟩ (Bot.): *Pflanze, deren Samenanlage im Fruchtknoten eingeschlossen ist.*

Be|de|ckung, die; -, -en [1: mhd. bedeckunge]: **1.** *das Bedecken* (1). **2.** *Schutz, Bewachung:* jmdm. polizeiliche B. mitgeben. **3.** *etw., was zum Bedecken* (1) *von etw. verwendet wird:* eine B. aus Zweigen. **4.** (österr.) *Deckung* (4 b).

be|den|ken ⟨unr. V.; hat⟩ [mhd. bedenken = nachdenken; auch: beschenken, ahd. bidenchan = erwägen; sich kümmern, sorgen]: **1. a)** *(über etw.) nachdenken, genau überlegen, erwägen, durchdenken:* die weitere Planung b.; er hatte sorgfältig bedacht, was er sagen wollte; **b)** *in Betracht ziehen, beachten:* du musst b., dass sie noch sehr jung ist; [jmdm.] zu b. geben, dass ... *(auf etw. besonders hinweisen).* **2.** (geh.) *mit etw. beschenken; jmdm., einer Sache etw. zuteil werden lassen:* jmdn. beim Testament reichlich b.; ein Theaterstück mit großem Beifall b.; (iron.:) sie bedachten sich [gegenseitig]/(geh.:) einander mit groben Vorwürfen. **3.** ⟨b. + sich⟩ *[vor einer Entscheidung] mit sich zurate gehen, sich kurz besinnen:* ich bedachte mich einen Augenblick und unterschrieb dann.

Be|den|ken, das; -s, - [aus der Kanzleispr. des 15. Jh.]: **1.** ⟨o. Pl.⟩ *Nachdenken, Überlegung:* nach kurzem, gründlichem B. **2.** ⟨meist Pl.⟩ *aufgrund von vorhandenen Zweifeln, Befürchtungen od. Vorbehalten angestellte Überlegung, die ratsam erscheinen lässt, mit der Zustimmung noch zu zögern od. den Plan o. Ä. neu zu durchdenken; Zweifel, Einwand, Skrupel:* B. hegen, etw. zu tun; B. gegen einen Plan äußern, haben; B. tragen (nachdrücklich geh.; *Zweifel, Vorbehalte haben*).

be|den|ken|los ⟨Adj.⟩: **a)** *hemmungslos, skrupellos:* b. Geld ausgeben; **b)** *ohne Bedenken:* das kannst du b. unterschreiben.

Be|den|ken|lo|sig|keit, die; -: *bedenkenloses* (a) *Wesen, bedenkenlose Art.*

be|den|kens|wert ⟨Adj.⟩: *wert, bedacht zu werden:* ein -er Einwand.

Be|den|ken|trä|ger, der: *jmd., der gegenüber einem Plan o. Ä. [übertriebene] Bedenken hegt.*

Be|den|ken|trä|ge|rin, die: w. Form zu ↑Bedenkenträger.

be|denk|lich ⟨Adj.⟩ [zu veraltet bedenken = verdächtigen, bezweifeln]: **1.** *voller Bedenken* (2), *skeptisch, besorgt:* ein -es Gesicht machen; das macht, stimmt mich b. **2. a)** *nicht einwandfrei; zweifelhaft, fragwürdig:* verfassungsrechtlich b.; **b)** *Besorgnis erregend:* eine -e Wendung nehmen; der Himmel sieht b. aus.

Be|denk|lich|keit, die; -, -en: **1.** ⟨Pl.⟩ (veraltet) *Einwände, Zweifel:* wir müssen es ungeachtet aller -en riskieren. **2.** ⟨o. Pl.⟩ **a)** *Zweifelhaftigkeit, Verdächtigkeit, Fragwürdigkeit:* die B. solcher Mittel, Geschäfte; **b)** *das Bedenklichsein.*

Be|denk|zeit, die ⟨o. Pl.⟩: *Zeit, sich zu bedenken:* um B. bitten.

be|dep|pert ⟨Adj.⟩ [H. u., viell. zu mundartl. veraltet betöbern = betäuben] (salopp): *[unerwartet] in Verlegenheit gebracht, ratlos, gedrückt:* ein -es Gesicht machen; ein wenig b. dreinschauen.

be|deu|ten ⟨sw. V.; hat⟩ [mhd. bediuten = andeuten, verständlich machen; refl. = zu verstehen sein, zu ↑denken]: **1. a)** *(als Zeichen, als Folge von Zeichen) für einen bestimmten Inhalt stehen, als Bedeutung* (1 b) *haben; ausdrücken, meinen:* was bedeutet dieses Zeichen, Wort?; was soll das b.? *(welchen Sinn, Grund, Zweck hat das, was steckt dahinter?);* **b)** *notwendig zur Folge haben, mit sich bringen:* er ahnte nicht, was es bedeutet, ein Ausgestoßener zu sein; das bedeutet *(heißt, besagt),* dass sie den Vertrag erfüllen müssen; **c)** *(unter einem bestimmten Gesichtspunkt betrachtet) sein:* ein Wagnis b.; sie bedeutete ihm, für ihn nur ein Abenteuer; **d)** *auf etw. Zukünftiges hindeuten; Zeichen sein für etw., was eintreten wird:* das bedeutet nichts Gutes; **Spr** Perlen bedeuten Tränen *(bekommt man Perlen geschenkt, hat man für die Zukunft mit Kummer u. Sorgen zu rechnen;* schon im 9. Jh. verbreiteter Aberglaube). **2.** *[für jmdn., etw.] in einem bestimmten Maße wichtig genommen, ernst genommen werden, Bedeutung* (2 b) *haben:* als Politiker etwas b.; ihr Name bedeutet viel in der Fachwelt; Geld bedeutet mir wenig; das hat nichts zu b. *(ist nicht wichtig, nicht wesentlich).* **3. a)** (geh.) *zu verstehen geben:* er bedeutete mir, ihm zu folgen; mir wurde bedeutet, dass ich warten sollte; **b)** (veraltet) *aufklären; (jmdn.) wissen lassen:* »Er ist ein Neffe des Barons«, bedeutete sie mich.

be|deu|tend ⟨Adj.⟩ [zu bedeuten (2)]: **1.** *von besonderem Gewicht, besonderer Tragweite, wichtig:* das ist ein -er Schritt vorwärts; ⟨subst.:⟩ nichts Bedeutendes. **2.** *von großem Ansehen; berühmt, namhaft, sehr bekannt:* er ist ein -er Gelehrter; eine -e Handelsstadt. **3.** *von hoher Qualität u. daher von großem Wert; hervorragend, wertvoll:* ein -er Film. **4.** *von beachtlicher Größe, Höhe, von besonderem Ausmaß; groß, beachtlich:* eine -e Summe; sein Anteil daran ist nicht sehr b., ist am -sten; ⟨subst.:⟩ um ein Bedeutendes *(sehr)* zunehmen; um ein Bedeutendes *(viel)* besser. **5.** ⟨intensivierend bei Komparativen u. Verben⟩ *um vieles, sehr:* b. älter, besser; ihr Zustand hat sich b. gebessert.

be|deut|sam ⟨Adj.⟩: **1.** *bedeutend* (1): eine -e Leistung; die Erfindung war äußerst b. **2.** *viel sagend, wissend:* ein -es Lächeln; jmdn. b. anblicken.

Be|deut|sam|keit, die; -: **1.** *Wichtigkeit, Tragweite.* **2.** (geh.) *Sinn, Bedeutung:* eine tiefere B. bekommen.

Be|deu|tung, die; -, -en [mhd. bediutunge = Auslegung]: **1. a)** ⟨o. Pl.⟩ *Sinn, der in Handlungen, Gegebenheiten, Dingen, Erscheinungen liegt:* die B. eines Traumes erklären; die Fabel hat eine tiefere B.; **b)** *das Bedeuten* (1 a); *begrifflicher Inhalt eines Zeichens; Beziehung zwischen Wortkörper u. begrifflichem Inhalt:* die ursprüngliche, eigentliche, übertragene B.; die B. des Wortes hat sich gewandelt; »Geist« hat mehrere -en. **2.** ⟨o. Pl.⟩ **a)** *Gewicht, Tragweite, Belang:* etw. ist von praktischer B.; nichts von B. *(nichts Besonderes, Nennenswertes);* **b)** *Geltung, Ansehen, Wert:* die B. Bismarcks als konservativer Politiker/als eines konservativen Politikers.

Be|deu|tungs|ent|wick|lung, die (Sprachw.): *Entwicklung, Wandel der Wortbedeutung.*

Be|deu|tungs|er|wei|te|rung, die (Sprachw.): *Erweiterung der Wortbedeutung.*

Be|deu|tungs|ge|halt, der: *Gehalt der Bedeutung* (1) *eines Wortes, einer Aussage, eines Werks o. Ä.*

Be|deu|tungs|leh|re, die ⟨o. Pl.⟩ (Sprachw.): *Lehre von der Bedeutung des Wortes; Semasiologie.*

be|deu|tungs|los ⟨Adj.⟩: *nicht ins Gewicht fallend, nicht wichtig; ohne besondere Bedeutung:* eine -e Minderheit.

Be|deu|tungs|lo|sig|keit, die; -: *Eigenschaft, bedeutungslos zu sein:* zur völligen B. verurteilt sein.

be|deu|tungs|schwan|ger ⟨Adj.⟩: *eine tiefere Bedeutung* (1 a, 2 a) *verheißend:* -e Blicke; eine -e Pause machen.

be|deu|tungs|schwer ⟨Adj.⟩ (geh.): **a)** *von tiefer, tief greifender Bedeutung* (1 a, 2 a); **b)** *bedeutungsschwanger.*

Be|deu|tungs|über|tra|gung, die (Sprachw.): *auf metaphorischem Gebrauch beruhende Verschiebung der Wortbedeutung.*

Be|deu|tungs|un|ter|schied, der (Sprachw.): *Unterschied zwischen zwei [ähnlichen] Bedeutungen* (1 b).

Be|deu|tungs|ver|en|ge|rung, Be|deu|tungs|ver|en|gung, die (Sprachw.): *Veränderung der Wortbedeutung durch Einengung auf eine bestimmte spezielle Bedeutung.*

be|deu|tungs|voll ⟨Adj.⟩: **1.** *von Bedeutung* (2 a), *wichtig:* ein -er Tag; eine -e Entscheidung. **2.** *viel sagend, bedeutsam* (2): ein -er Blick.

Be|deu|tungs|wan|del, der (Sprachw.): *Veränderung der Wortbedeutung.*

Be|deu|tungs|wör|ter|buch, das: *Wörterbuch, das besonderes Gewicht auf die genaue Angabe der Wortbedeutung legt.*

be|dien|bar ⟨Adj.⟩: *sich bedienen* (2) *lassend; handhabbar.*

Be|dien|bar|keit, die: *das Bedienbarsein.*

be|die|nen ⟨sw. V.; hat⟩: **1. a)** *jmdm. [persönliche] Dienste leisten:* die Zofe bediente ihre Herrin; jmdn. vorn und hinten b. (ugs.; *für jmdn. jede Kleinigkeit tun*); **b)** *jmdm. [bei Tisch] mit Speisen u. Getränken aufwarten, ihn damit versorgen:* ein mürrischer Kellner bediente uns; ⟨auch o. Akk.-Obj.:⟩ welche Kellnerin bedient hier?; ich bin bedient (schweiz.; *ich werde [schon] bedient*); ⟨b. + sich:⟩ ich bediente mich *(nahm mir von den Speisen u. Getränken);* bitte, bedienen Sie sich *(greifen Sie bitte zu);* **c)** *(bes. als Verkäufer, Beamter o. Ä.) jmds. annehmen, ihm behilflich sein:* seine Kunden aufmerksam b.; ⟨auch o. Akk.-Obj.:⟩ bedient hier denn niemand?; Ü als er sah, dass der Laden leer war, hat er sich selbst bedient *(gestohlen);* **d)** *versorgen:* die Bevölkerung umfassend mit Informationen b.; mehrere Fluggesellschaften bedienen diese Strecke; **e)** in den Verbindungen **gut/schlecht o. ä. bedient sein** (ugs.; *sehr zufrieden sein können/mit etw. vorlieb nehmen müssen, was nicht befriedigend ist*): mit einem solchen Vertrag wären sie sehr gut bedient; **bedient sein** (salopp, iron.; *genug haben*). **2.** *(größere Geräte o. Ä.) handhaben, steuern:* ein Fahrzeug b. **3. a)** (Fußball) *jmdm. den Ball zuspielen:* den Mittelstürmer mit einer Steilvorlage b.; **b)** (Kartenspiel) *die geforderte Farbe spielen:* du musst Trumpf, Herz b.; ⟨auch o. Akk.-Obj.:⟩ du hättest b. müssen; **c)** (Geldw.) *für etw. Zinsen zahlen:* die Kaution ist dieses Jahr noch nicht bedient worden. **4.** ⟨b. + sich⟩ (geh.) *von jmdm., etw. Gebrauch machen; etw., jmdn. verwenden, benutzen:* sie bediente sich eines Kompasses; sich zur Verdeutlichung eines Vergleiches b.

Be|die|ner, der; -s, -: *jmd., der eine Maschine, technische Anlage o. Ä. bedient* (2).

Be|die|ne|rin, die; -, -nen: **1.** w. Form zu ↑Bediener. **2.** (österr.) *Haushaltshilfe, Zugehfrau, Putzfrau:* die B. servierte den Kaffee.

be|diens|tet ⟨Adj.⟩ [2. Part. von veraltet bediensten = in Dienst stellen]: in der Verbindung **b.**

sein (österr.; *im [öffentlichen] Dienst stehen, angestellt sein*).

Be|diens|te|te, der u. die; -n, -n ⟨Dekl. ↑ Abgeordnete⟩: **1.** (Amtsspr.) *im öffentlichen Dienst angestellte Person.* **2.** *jmd., der bei einer Privatperson gegen Entlohnung Dienst tut.*

Be|dien|te, der u. die; -n, -n ⟨Dekl. ↑ Abgeordnete⟩ (veraltet): *Diener, Dienerin.*

Be|die|nung, die; -, -en: **1.** ⟨o. Pl.⟩ *das Bedienen eines Kunden, Gastes:* die B. in dem Laden, Lokal ist vorbildlich. **2.** *das Handhaben, Steuern von Geräten:* die B. von Geschützen. **3. a)** *in einer Gaststätte od. in einem Geschäft bedienende Person:* die B. rufen; **b)** (bes. österr.) *Haushaltshilfe, Zugehfrau, Putzfrau.* **4.** (österr.) *Stelle als Bedienerin:* sich um eine B. bewerben. **5.** (Milit.) *Einheit, die technische Geräte (große Geschütze u. die verschiedensten Apparaturen) bedient:* der B. befehlen, in Deckung zu gehen. **6.** (Geldw.) *das Bedienen* (3 c).

Be|die|nungs|an|lei|tung, die: *Anleitung zur Bedienung (eines Geräts o. Ä.):* vor dem Einschalten des Gerätes bitte die B. lesen.

Be|die|nungs|ele|ment, das: *zur Bedienung* (2) *eines Gerätes, einer Apparatur o. Ä. erforderliches Bauteil* (z. B. Schalter, Hebel, Knopf).

Be|die|nungs|feh|ler, der: *Fehler bei der Bedienung (eines Geräts o. Ä.).*

be|die|nungs|freund|lich ⟨Adj.⟩: *bequem, sicher u. einfach zu bedienen:* -e Armaturen; das Gerät gilt als ausgesprochen b.

Be|die|nungs|geld, das: *(in der Gastronomie) Preisaufschlag für die Bedienung* (1).

Be|die|nungs|kom|fort, der: *eine bequeme, sichere, einfache Bedienung* (2) *ermöglichende Ausstattung.*

Be|die|nungs|vor|schrift, die: vgl. Bedienungsanleitung.

Be|die|nungs|zu|schlag, der: *Bedienungsgeld.*

be|din|gen ⟨sw. V.; hat⟩ [mhd. bedingen = dingen; durch Verhandlung gewinnen; später beeinflusst von ↑ Bedingung (1)]: **a)** *bewirken, zur Folge haben, verursachen:* ihr großer Fleiß bedingte ein rasches Voranschreiten der Arbeit; das eine bedingt das andere; der Produktionsrückstand ist durch den Streik bedingt; der Wandel ist psychologisch bedingt; bedingter Reflex (Psych.; *nicht angeborener, sondern durch Konditionierung erworbener Reflex*); **b)** (selten) *erfordern, voraussetzen:* diese Aufgabe bedingt großes Geschick.

be|din|gen, sich ⟨st. V.; hat⟩ [zu [2]Ding] (veraltend): *sich zur Bedingung machen, sich ausbedingen, vereinbaren:* ich bedang mir einen freien Tag pro Woche; der bedungene Lohn.

be|dingt ⟨Adj.⟩: *nicht uneingeschränkt, nur mit Einschränkung[en]:* eine -e Erlaubnis; er wurde zu zwei Monaten Gefängnis b. (österr., schweiz.; *auf Bewährung*) verurteilt; etw. nur b. gutheißen; b. tauglich, geeignet, richtig, gültig.

-be|dingt: drückt in Bildungen mit Substantiven aus, dass die beschriebene Sache durch etw. hervorgerufen wird, in etw. begründet ist: alkohol-, alters-, ernährungs-, krankheits-, saison-, verletzungsbedingt.

Be|dingt|heit, die; -, -en: **1. a)** *das Bedingtsein durch bestimmte Umstände:* etw. in seiner historischen B. sehen; **b)** *bedingte Gültigkeit, bedingte Richtigkeit; Relativität:* sie ist sich der B. jeder menschlichen Erkenntnis bewusst. **2.** (selten) *Bedingung* (2): klimatische -en.

Be|din|gung, die; -, -en [im 16. Jh. = rechtliche Abmachung, Vereinbarung]: **1. a)** *etw., was gefordert u. von dessen Erfüllung etw. anderes abhängig gemacht wird:* wie lauten ihre -en?; jmds. -en [nicht] akzeptieren; -en stellen; etw. zur B. machen; **b)** *etw., was zur Verwirklichung von etw. anderem als Voraussetzung notwendig, gegeben, vorhanden sein muss:* unter keiner B.; unter folgender B.; unter welchen -en? **2.** ⟨meist Pl.⟩ *Gegebenheit, die für jmdn., etw. bestimmend ist; [Lebens]umstand:* gute, ungünstige -en; die klimatischen, hygienischen -en.

be|din|gungs|los ⟨Adj.⟩: **1.** *ohne jede Bedingung, an keinerlei Bedingungen geknüpft:* die -e Kapitulation fordern; sich jmdm. b. unterwerfen. **2.** *uneingeschränkt, absolut, unbedingt:* -e Hingabe, Treue; jmdm. b. gehorchen, vertrauen.

Be|din|gungs|lo|sig|keit, die; -: *Eigenschaft, bedingungslos zu sein; bedingungsloses Erfolgen von etw.:* die B. ihres Vertrauens überraschte.

Be|din|gungs|satz, der (Sprachw.): *Umstandssatz, der eine Bedingung* (1) *angibt; Konditionalsatz.*

be|din|gungs|wei|se ⟨Adv.⟩: *unter einer bestimmten Bedingung* (1): jmdn. nur b. anstellen.

be|drän|gen ⟨sw. V.; hat⟩: **1. a)** *auf jmdn., etw. [mit Ungestüm] eindringen [und so in Bedrängnis bringen]:* der Linksaußen wurde von zwei Abwehrspielern hart bedrängt; die Stadt wurde von den Feinden bedrängt; Ü schwere Gedanken bedrängten ihn; **b)** *in lästiger Weise mit Nachdruck, Hartnäckigkeit zu einem bestimmten Handeln zu bewegen suchen:* jmdn. mit Anrufen b.; die Gläubiger bedrängten ihn sehr; der Star wurde von den Reportern mit Fragen bedrängt. **2.** *in quälender Weise bedrücken, belasten:* mich bedrängt die Sorge, ob er noch lebt; ⟨häufig im 2. Part.:⟩ sich in einer bedrängten *(schwierigen)* Lage befinden; ⟨subst. 2. Part.:⟩ die Bedrängten und Verfolgten.

Be|dräng|nis, die; -, -se (geh.): *schwierige Lage, Not[lage], Ausweglosigkeit, Zwangslage:* jmdn. in B. bringen; in B. geraten; in seinem Heimatland war er schweren -sen ausgesetzt.

Be|drän|gung, die; -, -en: **1.** *Not, schwierige Lage:* sich in großer B. befinden. **2.** *das Bedrängen* (2).

be|dripst ⟨Adj.⟩ [2. Part. von landsch. bedripsen = beträufeln; nass machen, eigtl. = (vom Regen überrascht u.) durchnässt] (landsch.): *[in eine peinliche Lage versetzt u. daher] verlegen, betrübt u. kleinlaut:* ein -es Gesicht machen; b. aussehen, gucken.

be|dro|hen ⟨sw. V.; hat⟩: **1.** *jmdm. mit Gewaltanwendung drohen:* jmdn. mit dem Messer, mit dem Tode b.; sich [gegenseitig] b.; sich [von jmdm.] [physisch] bedroht fühlen. **2.** *für jmdn., etw. eine unmittelbare Gefahr bilden; jmdn., etw. in seiner [physischen od. psychischen] Existenz gefährden:* Hochwasser bedroht die Stadt; eine vom Aussterben bedrohte Art; der Friede war bedroht; das Haus war von Flammen bedroht; sein Leben ist bedroht.

be|droh|lich ⟨Adj.⟩: *unmittelbare Gefahr ankündigend, beängstigend:* eine -e Situation; [k]einen -en Eindruck machen; die Lage wurde immer -er; das Feuer kam b. nah.

Be|droh|lich|keit, die; -: *das Bedrohlichsein.*

Be|dro|hung, die; -, -en: **1.** *das Bedrohen* (1): eine massive B. darstellen. **2.** *Gefährdung:* die B. des Friedens; die atomare B.

be|dru|cken ⟨sw. V.; hat⟩: **a)** *Buchstaben, Text auf etw. drucken:* das Briefpapier mit einem Briefkopf b.; die Bogen sind alle bedruckt; **b)** *ein Muster auf etw. drucken:* ein mit Blumen bedruckter Stoff.

be|drü|cken ⟨sw. V.; hat⟩: *auf jmdn. lasten; traurig, niedergeschlagen machen:* Angst bedrückte sie; bedrückendes Schweigen; bedrückt *(deprimiert)* sein; eine bedrückte Atmosphäre.

Be|drückt|heit, die; -: *depressive Stimmung, Niedergeschlagenheit:* eine gewisse B. nicht verbergen können.

Be|drü|ckung, die; -: *Bedrücktheit:* man konnte ihm seine B. deutlich anmerken.

Be|du|i|ne, der; -n, -n [frz. bédouin < arab. badawiyyūn (vulgärarab. bedewīn), Pl. von: badawī (bedewī) = Wüstenbewohner, zu: badw = Wüste]: *nomadisierender arabischer Wüstenbewohner.*

Be|du|i|nin, die; -, -nen: w. Form zu ↑ Beduine.

be|dun|gen: ↑ [2]bedingen.

be|dür|fen ⟨unr. V.; hat⟩ [mhd. bedürfen, -durfen, ahd. bidurfan, zu ↑ dürfen] (geh.): *nötig haben, [unbedingt] brauchen:* des Trostes, der Schonung b.; nur eines Wortes b.; Kranke bedürfen besonderer Fürsorge; das bedarf keiner Erklärung *(das versteht sich von selbst);* ⟨selten auch mit dem Akk.:⟩ dazu bedarf es viel Geld.

Be|dürf|nis, das; -ses, -se: **1.** *Wunsch, Verlangen nach etw.; Gefühl, jmds., einer Sache zu bedürfen, jmdn., etw. nötig zu haben:* ich hatte das B., mich auszusprechen; ein B. nach Ruhe; es ist mir ein [wirkliches] B., Ihnen zu danken. **2.** ⟨meist Pl.⟩ *[materielle] Lebensnotwendigkeit; etw., was jmd. [unbedingt] zum Leben braucht:* die -se der Gesellschaft; seine, jmds. -se befriedigen; ein B. haben (veraltet verhüll.; *seine Notdurft verrichten müssen*). **3.** (veraltet) *Notdurft:* ein/sein B. verrichten.

Be|dürf|nis|an|stalt, die (Amtsspr.): *öffentliche Toilette.*

Be|dürf|nis|be|frie|di|gung, die: *Befriedigung eines Bedürfnisses, von Bedürfnissen.*

be|dürf|nis|los ⟨Adj.⟩: *ohne besondere Bedürfnisse, genügsam:* die Inselbewohner sind, leben völlig b.

Be|dürf|nis|lo|sig|keit, die; -: *das Bedürfnislossein.*

be|dürf|tig ⟨Adj.⟩ [zu veraltet bedurft = Bedürfnis]: **1.** *materielle Hilfe benötigend; am Lebensnotwendigen Mangel leidend:* -e Familien; ⟨subst.:⟩ den Bedürftigen helfen. **2.** *** jmds., einer Sache b. sein** (geh.; *jmds., einer Sache bedürfen*): sie ist der Ruhe, des Schutzes b.

-be|dürf|tig: drückt in Bildungen mit Substantiven aus, dass die beschriebene Person oder Sache etw. benötigt, nach etw. ein Verlangen hat: erklärungs-, sanierungs-, schutzbedürftig.

Be|dürf|tig|keit, die; -: *das Bedürftigsein.*

be|du|seln, sich ⟨sw. V.; hat⟩ (ugs.): *sich leicht betrinken, durch Alkoholgenuss betäuben, umnebeln:* ich bedus[e]le mich nicht schon am frühen Morgen; nach drei Schnäpsen ist er beduselt; Ü von dem vielen Reden bin ich richtig beduselt *(benommen).*

Beef|steak ['bi:fste:k], das: **1.** *Steak vom Rind.* **2.** *** [deutsches] B.** *(Frikadelle).*

be|eh|ren ⟨sw. V.; hat⟩: **1. a)** (geh.) *jmdm., einer Sache mit etw. (meist Besuch, Anwesenheit o. Ä.) Ehre erweisen:* jmdn. mit seinem Besuch b.; (iron.:) er hat uns recht oft [mit seiner Anwesenheit] beehrt; **b)** (gespreizt) *besuchen:* beehren Sie uns bald wieder! **2.** ⟨b. + sich⟩ *sich erlauben, sich die Ehre geben* (formelhaft in Briefen, Anzeigen u. Ä.): wir beehren uns, unserer verehrten Kundschaft mitzuteilen, dass ...; ihre Verlobung beehren sich anzuzeigen ...

be|ei|den ⟨sw. V.; hat⟩: *durch einen Eid bekräftigen, beschwören:* eine Aussage vor Gericht b.

be|ei|di|gen ⟨sw. V.; hat⟩: **1.** (geh.) *beeiden:* er beeidigte seine Aussage. **2.** (österr. Amtsspr., sonst veraltet) *unter Eid nehmen, vereidigen* ⟨meist nur noch als attr. 2. Part.⟩: ein beeidigter Sachverständiger.

Be|ei|di|gung, die; -, -en: *das Beeidigen.*

be|ei|len, sich ⟨sw. V.; hat⟩: **1.** *sich bemühen, möglichst schnell zu sein, voranzukommen:* ich beeilte mich mit der Abrechnung, bei den Vorbereitungen; wenn wir den Zug noch erreichen wollen, müssen wir uns b. **2.** *nicht zögern, sondern eilfertig, beflissen sein:* er beeilte sich, mir zuzustimmen.

Be|ei|lung, die; -: *das Sichbeeilen* (meist nur als Aufforderung, sich zu beeilen): los, los, [ein bisschen] B.!

be|ein|dru|cken ⟨sw. V.; hat⟩: *auf jmdn. einen starken Eindruck machen, eine nachhaltige Wirkung haben; jmdm. imponieren:* die Aufführung beeindruckte ihn; sie ließ sich dadurch nicht im Geringsten b.; ein beeindruckendes *(eindrucksvolles)* Bauwerk, Ereignis; von jmdm., etw. tief beeindruckt sein.

be|ein|fluss|bar ⟨Adj.⟩: *sich beeinflussen lassend; die Möglichkeit, Eigenschaft, Neigung zeigend, beeinflusst zu werden:* ein [leicht] -er Mensch; er ist in seinen Entscheidungen nur schwer b.

Be|ein|fluss|bar|keit, die; -: *Eigenschaft, beeinflussbar zu sein.*

be|ein|flus|sen ⟨sw. V.; hat⟩: *auf jmdn., etw. einen Einfluss (mit bestimmten Wirkungen) ausüben:* jmds. Urteil, Arbeitsweise, Denken b.; dieses Ereignis beeinflusste die Verhandlungen; ich ließ mich von ihm [nicht] b.; dieser Schriftsteller ist von Brecht beeinflusst.

Be|ein|flus|sung, die; -, -en: *das Beeinflussen; das Beeinflusstwerden:* eine unzulässige B. der Jury.

B

be|ein|träch|ti|gen ⟨sw. V.; hat⟩ [zu ostmd. Eintracht = Eintrag (3)]: **a)** *auf jmdn., etw. eine behindernde, hemmende, negative Wirkung ausüben:* jmdn. in seiner Freiheit b.; das schlechte Wetter hat die Veranstaltung beeinträchtigt; sich [durch etw.] beeinträchtigt fühlen; **b)** *verschlechtern, [in seinem Wert] mindern:* seine Leistungsfähigkeit wird durch die Krankheit beeinträchtigt; Alkohol beeinträchtigt das Reaktionsvermögen.

Be|ein|träch|ti|gung, die; -, -en: **1.** *das Beeinträchtigen; das Beeinträchtigtwerden.* **2.** *etw., was beeinträchtigend wirkt.*

be|elen|den ⟨sw. V.; hat⟩ [zu ↑Elend] (schweiz.): *jmdm. nahe gehen, jmdn. traurig stimmen:* sein Unglück beelendet mich.

Beel|ze|bub [auch: be'ɛlt͜sə...; hebr. Ba'al zĕvûv = eine Gottheit der Philister, eigtl. = Herr der Fliegen (= der bösen Geister)]: oberster Teufel (im N.T. u. im Judentum); * **den Teufel mit/durch B. austreiben** (*ein Übel durch ein anderes, schlimmeres beseitigen, bekämpfen;* nach Matth. 12, 24).

be|en|den ⟨sw. V.; hat⟩: *enden lassen, zu Ende, zum Abschluss bringen:* den Krieg b.; sein Studium b.; ich beendete das Gespräch; er schlug vor, die Versammlung zu b. *(aufzulösen).*

be|en|di|gen ⟨sw. V.; hat⟩: seltener für ↑beenden.

Be|en|di|gung, die; -: *das Beendigen; das Beendigtwerden:* nach B. des Krieges.

Be|en|dung, die; -: *das Beenden; das Beendetwerden.*

be|en|gen ⟨sw. V.; hat⟩: *in seiner Bewegungsfreiheit einschränken, [jmdm.] nicht genügend Bewegungsfreiheit, Raum lassen, bieten:* diese Vorschriften beengen mich in meinem Tatendrang; Ü ⟨subst. 1. Part.:⟩ diese kleinbürgerliche Umgebung hat etwas sehr Beengendes.

Be|engt|heit, die; -: *Zustand des Beengtseins.*

Be|en|gung, die; -: *das Beengen.*

be|er|ben ⟨sw. V.; hat⟩ [mhd. beerben]: *jmds. Hinterlassenschaft erben, jmds. Erbe sein:* die Kinder beerben ihren Vater; alle wollten den reichen Onkel b.; Ü jmdn. als Bürgermeister b. können (ugs.; *seine Nachfolge antreten können*).

Be|er|bung, die; -: *das Beerben; das Beerbtwerden.*

be|er|di|gen ⟨sw. V.; hat⟩: *einen Verstorbenen auf einem Friedhof [feierlich] begraben, bestatten, beisetzen:* den Toten, die Verstorbenen, Gefallenen b.; jmdn. kirchlich b.; Ü dieses Thema können wir gleich b. (ugs.; *fallen lassen*).

Be|er|di|gung, die; -, -en: *Begräbnis, Bestattung, Beisetzung:* eine armselige, feierliche, große B.; die B. findet am Mittwoch statt; auf eine/zu einer B. gehen; * **B. erster Klasse** (salopp; *Misserfolg, Untergang, Beendigung in spektakulärer Weise*); **auf der falschen B. sein** (salopp; 1. *am falschen Ort, fehl am Platz sein.* 2. *eine irrige, falsche Meinung von etw. haben*).

Be|er|di|gungs|fei|er, die: *Feier anlässlich einer Beerdigung.*

Be|er|di|gungs|in|sti|tut, das: *Unternehmen, das Beerdigungen übernimmt.*

Be|er|di|gungs|kos|ten ⟨Pl.⟩: *Kosten für eine Beerdigung.*

Be|er|di|gungs|un|ter|neh|men, das: *Beerdigungsinstitut.*

Bee|re, die; -, -n [mhd. (md.) bere, eigtl. st. Pl. von: ber, ahd. beri; viell. eigtl. = die Rote]: *kleine, rundliche, oft kräftig gefärbte Frucht mit saftigem Fleisch, das die Samenkerne enthält:* rote, blaue, süße, saftige -n; -n tragende Sträucher; -n pflücken, sammeln, einkochen; in die -n gehen (landsch.; *wilde Beeren sammeln gehen*).

bee|ren|ar|tig ⟨Adj.⟩: *in der Art von Beeren.*

Bee|ren|aus|le|se, die: **1.** *aus ausgelesenen, edelfaulen, voll- od. überreifen Weinbeeren gewonnener, bes. feiner u. alkoholreicher Wein.* **2.** *Auslese von edelfaulen, voll- od. überreifen Weinbeeren.*

bee|ren|för|mig ⟨Adj.⟩: *wie eine Beere geformt.*

Bee|ren|frucht, die: *aus einer od. mehreren Beeren bestehende Frucht.*

Bee|ren|obst, das: *in Form von Beeren wachsendes Obst.*

Beet, das; -[e]s, -e [mhd. bette, ahd. betti = Bett; Feld-, Gartenbeet, identisch mit ↑Bett u. erst seit dem 17. Jh. formal davon unterschieden]: *kleineres, abgegrenztes, bepflanztes od. zur Bepflanzung vorgesehenes Stück Land in einem Garten, einer Anlage o. Ä.:* ein langes, rundes B.; ein B. für Salat; ein B. umgraben, jäten; ein B. Kohlrabi *(die auf einem Beet wachsende Menge)* anpflanzen.

Bee|te: ↑Bete.

be|eu|meln, sich ⟨sw. V.; hat⟩ [zu ↑eumeln] (Jugendspr.): *sich köstlich amüsieren.*

be|fä|hi|gen ⟨sw. V.; hat⟩: *fähig machen, in die Lage versetzen, etw. zu tun:* dieser Umstand befähigte ihn, die Notzeit zu überstehen; jmdn. zu Spitzenleistungen b.; die Kinder zu selbstständigem Handeln b.; ⟨häufig im 2. Part.:⟩ ein sehr befähigter *(begabter, qualifizierter)* Lehrer.

Be|fä|hi|gung, die; -: *das Befähigtsein; Eignung, Tauglichkeit; Begabung:* für diese Arbeit fehlt ihm die B.; die B. zum Richteramt *(die vorgeschriebene Ausbildung, Qualifikation dazu)* haben.

Be|fä|hi|gungs|nach|weis, der (Amtsspr.): *Nachweis, Zeugnis der Eignung, Befähigung zur Ausübung einer bestimmten Tätigkeit, eines bestimmten Berufes.*

be|fahl, be|fäh|le: ↑befehlen.

be|fahr|bar ⟨Adj.⟩: *sich befahren lassend:* ein -er Weg; die Strecke ist wegen Bauarbeiten nur einspurig b.

Be|fahr|bar|keit, die; -: *Eigenschaft, befahrbar zu sein:* die B. der Straße gewährleisten.

[1]**be|fah|ren** ⟨st. V.; hat⟩: **1.** *als Fahrweg benutzen, auf etw. fahren:* die Kurve kann mit maximal 100 km/h befahren werden; Tanker können diese Route nicht b.; er hat viele Länder befahren *(bereist)*; eine wenig befahrene [Wasser]straße; die Straße, Strecke ist sehr stark befahren *(es fahren sehr viele Fahrzeuge auf ihr).* **2.** *(eine Bodenfläche) mit etw., was man herbeifährt, im Fahren bestreuen, beschütten:* eine Straße mit Schotter, einen Acker mit Mist b. **3.** (Bergmannsspr.) *(in etw.) einfahren:* eine Grube, einen Schacht b.

[2]**be|fah|ren** ⟨Adj.⟩ [übertr. gebr. 2. Part. von ↑[1]befahren (1)]: **1.** (Seemannsspr.) *in der Seefahrt erprobt, erfahren:* diese Matrosen sind alle sehr b. **2.** (Jägerspr.) *bewohnt:* ein -er [Dachs]bau.

Be|fall, der; -[e]s: *(bes. von Pflanzen) das Befallenwerden, -sein von Krankheiten od. Schädlingen:* der B. bestimmter Pflanzen mit Mehltau.

be|fal|len ⟨st. V.; hat⟩ [mhd. bevallen = hinfallen; fallend bedecken, über etw. ausbreiten]: *plötzlich, unvermittelt ergreifen, erfassen, überkommen:* hohes Fieber befiel ihn; mehrmals befiel mich die Furcht zu versagen; viele Zuschauer wurden von Panik befallen; ein von Pilzen befallener Baum;

be|fan|gen ⟨Adj.⟩ [eigtl. 2. Part. von veraltet befangen, mhd. bevāhen, ahd. bifāhan = umfassen, einengen; schon mhd. bevangen, bevān = in etw. verwickelt, unfrei]: **1.** *nicht frei u. natürlich, sondern durch etw. in Verlegenheit, Verwirrung gebracht u. daher gehemmt:* ein -es junges Mädchen; in Gesellschaft ist er immer sehr b. **2.** (bes. Rechtsspr.) *voreingenommen, parteiisch:* jmdn. für b. erklären; einen Richter als b. ablehnen. **3.** * **in etw. b. sein** (geh.; *von etw. stark bestimmt sein*): in dem Glauben b. sein, dass ...

Be|fan|gen|heit, die; -: **1.** *das Befangen-, Gehemmtsein; Verlegenheit:* seine B. ablegen, nicht loswerden. **2.** (bes. Rechtsspr.) *das Befangen-, Parteiischsein; Voreingenommenheit:* einen Zeugen, Richter wegen B. ablehnen.

Be|fan|gen|heits|an|trag, der (Rechtsspr.): *Antrag auf Ablehnung eines Richters, Sachverständigen o. Ä. wegen der Befürchtung, er könne befangen (2) sein.*

be|fas|sen ⟨sw. V.; hat⟩: **1.** ⟨b. + sich⟩ *sich mit jmdm., etw. [eingehend] beschäftigen, auseinander setzen:* sich mit einer Frage, mit einer Angelegenheit, mit einem Problem b.; die Eltern befassen sich viel mit ihren Kindern; mein Bruder befasst sich mit Ahnenforschung. **2.** (bes. Amtsspr.) *jmdn. mit einer Aufgabe, Tätigkeit beauftragen, ihn dazu bringen, veranlassen, sich mit etw. Bestimmtem zu beschäftigen, auseinander zu setzen:* jmdn. mit etw. b.; ⟨öfter im Passiv od. im 2. Part.:⟩ der Ausschuss wurde mit der Angelegenheit befasst; das mit dem Fall befasste Kommissariat. **3.** (landsch.) *berühren, betasten:* die Möbel b.

be|feh|den ⟨sw. V.; hat⟩: **1.** (hist.) *mit jmdm. in Fehde liegen:* der Burggraf befehdete die Stadt; die germanischen Fürsten befehdeten sich [gegenseitig]/(geh.:) einander. **2.** (geh.) *bekämpfen:* er befehdete meine Pläne heftig.

Be|feh|dung, die; -, -en: *das Befehden; das Befehdetwerden.*

Be|fehl, der; -[e]s, -e [spätmhd. bevel(ch) = Übergabe; Obhut, zu mhd. bevelhen, ↑befehlen]: **1. a)** *mündlich od. schriftlich gegebener Auftrag, der genau befolgt werden muss; Anordnung eines Vorgesetzten, einer höheren Instanz:* ein strenger, geheimer B.; jmdm. einen B. geben; einen B. erlassen, befolgen; den B. zum Rückzug erteilen; den B. verweigern; etw. geschieht auf B.; R B. ist B. *(einem Befehl muss unbedingt gehorcht werden);* Ü sie gehorchte dem B. ihrer inneren Stimme; * **zu B.!** (Milit.; *jawohl, ich werde Ihren Befehl ausführen*); **b)** (EDV) *Anweisung an Rechenanlagen zur Ausführung einer bestimmten Operation.* **2.** *Befehlsgewalt, Leitung, Kommando:* den B. über eine Einheit haben, führen; er hat den B. über die Festung übernommen; unter jmds. B. stehen.

be|feh|len ⟨st. V.; hat⟩ [mhd. bevelhen, ahd. bifel(a)han = übergeben, anvertrauen, zu einem untergegangenen Verb mit der Bed. »(der Erde) anvertrauen, begraben«, dann = zum Schutz anvertrauen]: **1. a)** *den Befehl, den Auftrag geben, etw. zu tun; etw. gebieten:* den Soldaten wurde befohlen, die Brücke zu sprengen; er befahl mir strengstes Stillschweigen; von Ihnen lasse ich mir nichts b.; der Herr Baron befehlen? (gespreizt; *was wünscht der Herr Baron?*); wie Sie befehlen (gespreizt; *jawohl, wird erledigt!*); etw. in befehlendem *(gebieterischem)* Ton sagen; Spr wer b. will, muss erst gehorchen lernen; **b)** *zu einem bestimmten Zweck an einen bestimmten Ort kommen lassen, beordern:* er wurde zum Rapport befohlen. **2.** *die Befehlsgewalt haben; gebieten:* über eine Armee b. **3.** (geh., veraltet) *unter jmds. Schutz stellen, anbefehlen, anvertrauen:* ich befehle meinen Geist in deine Hände (bibl.); befiehl dem Herrn deine Wege (bibl.); * **Gott befohlen!** (↑Gott 1).

be|feh|le|risch ⟨Adj.⟩: *gebieterisch, befehlend:* in -em Ton.

be|feh|li|gen ⟨sw. V.; hat⟩ (Milit.): *über jmdn. (eine Gruppe von Menschen), etw. die Befehlsgewalt, das Kommando, die Führung haben:* eine Einheit b.

Be|fehls|aus|ga|be, die (Milit.): *Bekanntgabe eines Befehls, von Befehlen:* die morgendliche B.

Be|fehls|be|fug|nis, die: *Befehlsgewalt.*

Be|fehls|emp|fän|ger, der: *jmd., der aufgrund seiner Stellung Befehle auszuführen hat:* er ist zum bloßen B. geworden.

Be|fehls|emp|fän|ge|rin, die: w. Form zu ↑Befehlsempfänger.

Be|fehls|form, die (Sprachw.): *Imperativ* (1).

be|fehls|ge|mäß ⟨Adj.⟩: *einem Befehl entsprechend:* sich b. bei jmdm. melden.

Be|fehls|ge|walt, die ⟨o. Pl.⟩: *Recht, Befugnis, Befehle zu erteilen:* eine zeitlich begrenzte B.

Be|fehls|ha|ber, der; -s, - (Milit.): *Führer eines Großverbandes, Kommandeur.*

be|fehls|ha|be|risch ⟨Adj.⟩: *befehlerisch.*

:|fehls|not|stand, der (Rechtsspr.): *Lage, Situa-tion, in der jmd. gezwungen ist, Befehle auszu-führen, die er moralisch nicht vertreten kann.*
:|fehls|satz, der (Sprachw.): *Satz, der einen Befehl (1 a) beinhaltet.*
:|fehls|stel|le, die: 1. *Hauptquartier; Stabsquar-tier.* 2. *Gefechtsstand.*
:|fehls|ton, der ⟨o. Pl.⟩: *befehlerischer Ton der Stimme:* er sprach mit ihm im B.
:|fehls|ver|wei|ge|rung, die (bes. Milit.): *Weige-rung, einen Befehl auszuführen.*
:|fehls|wid|rig ⟨Adj.⟩: *im Widerspruch zum Befehl stehend:* ein -es Verhalten.
:|fein|den ⟨sw. V.; hat⟩ (geh.): *jmdm., einer Sache mit Feindseligkeit begegnen; bekämpfen:* eine neue Lehre b.; er befeindete mich; die bei-den Städte haben sich [gegenseitig] befeindet, (geh.:) einander jahrelang befeindet.
:|fein|dung, die; -, -en: *das Befeinden; das Befeindetwerden.*
|fes|ti|gen ⟨sw. V.; hat⟩ [4: spätmhd. bevesti-gen]: 1. *an etw. anbringen, festmachen:* einen Haken, ein Plakat b.; er befestigte den Kahn an einem Pfosten. 2. a) *einer Sache durch entspre-chende Maßnahmen Festigkeit geben u. sie dadurch widerstandsfähig, haltbar machen:* das Ufer, den Damm b.; eine Straße mit Schotter b.; b) *festigen, stärken, beständig machen:* diese Tat befestigte seinen Ruhm. 3. ⟨b. + sich⟩ *sich festigen; stabil[er] werden:* seine berufliche Posi-tion befestigte sich nach diesem Erfolg. 4. *zur Verteidigung gegen militärische Angriffe mit Befestigungen (2) sichern:* eine Stadt, die Lan-desgrenze, die Küste b.; stark befestigte Burgen.
fes|ti|gung, die; -, -en: 1. ⟨Pl. selten⟩ a) *das Befestigen (1);* b) *das Widerstandsfähig-, Halt-barmachen:* die B. der Dämme; c) *Festigung, Stärkung:* die B. des totalitären Einparteien-staats; d) *das Ausbauen, Errichten militärischer Verteidigungsanlagen:* die B. der Stadt anord-nen. 2. *Verteidigungsanlage:* eine mittelalterli-che B.
fes|ti|gungs|an|la|ge, die: *der Befestigung (1 d) dienende Anlage.*
fes|ti|gungs|bau, der ⟨Pl. -ten⟩: vgl. Befesti-gungsanlage.
fes|ti|gungs|werk, das: *Befestigungsanlage, Befestigungsbau.*
feuch|ten ⟨sw. V.; hat⟩: *feucht, [ein wenig] nass machen:* sich die Lippen mit der Zunge b.; der Tau befeuchtet das Gras.
feuch|tung, die; -, -en ⟨Pl. selten⟩: *das Befeuch-ten.*
feu|ern ⟨sw. V.; hat⟩: 1. *(eine Feuerstelle) mit Brennstoff versorgen; [be]heizen:* eine Heizung [mit Kohlen, Öl] b.; der Kachelofen wird vom Flur aus befeuert. 2. (geh.) *anspornen, anfeuern; jmdm. einen Antrieb zu etw. geben:* jmdn. durch Lob b.; einander mit Zurufen b. 3. (Seew., Flugw.) *mit einem Leuchtfeuer, mit Leuchtfeu-ern versehen:* die flachen Stellen des Fahrwas-sers b.; der Flughafen ist gut, schlecht befeuert. 4. a) *beschießen, unter Beschuss nehmen:* sie befeuerten die feindliche Stellung; b) (ugs.) *bewerfen:* die Abgeordneten mit faulen Eiern b.
feu|e|rung, die; -, -en ⟨Pl. selten⟩: 1. *das Befeu-ern; das Befeuertwerden* (1). 2. (Seew., Flugw.) a) *das Befeuern; das Befeuertwerden* (3): die B. einer Küste; b) *Leuchtfeuer, Lichtzeichen zur Navigation:* auf dem Flughafen fielen Teile der B. aus.
f|chen, das; -s, - [aus dem Niederd., Vkl. von niederd. beffe, beve = Chorhut u. Chorrock der Prälaten, wohl < mlat. biffa = Überwurf, Mantel; vgl. Kappe]: *Halsbinde mit zwei steifen, schmalen Leinenstreifen vorn am Halsaus-schnitt von Amtstrachten, bes. des evangeli-schen Geistlichen:* ein frisch gestärktes B.
fie|dern ⟨sw. V.; hat⟩: *mit Federn versehen:* einen Pfeil b.; ein befiederter Hut.
fiehl, be|fiehl[s]t: ↑befehlen.
fin|den ⟨st. V.; hat⟩ [mhd. bevinden, ahd. bifin-dan = erfahren, wahrnehmen, zu ↑finden]: 1. ⟨b. + sich⟩ a) *sich an einem bestimmten Ort auf-halten; (an einem bestimmten Ort, Platz) sein:* er befindet sich in seinem Büro; wo befindet sich die Kasse?; das Fahrrad befand sich im Kel-ler; b) (geh., oft gespreizt) *(in einem bestimmten Zustand, einer bestimmten Lage) sein:* sich in übler Laune, in einem Irrtum b.; die beiden Län-der befanden sich im Kriegszustand; sich in guten Händen b. *(gut versorgt sein);* sich in Auf-lösung b. *(sich auflösen);* c) (geh.) *sich in einer bestimmten Weise fühlen, in einer bestimmten gesundheitlichen Verfassung sein:* wie befindet sich der Patient?; sich wohl, unpässlich b. 2. (geh.) a) *für etw. halten, erachten:* etw. für gut b.; einen Verräter [als, für] schuldig b.; er wurde für tauglich befunden; b) *etw. entschieden aus-sprechen, äußern:* er befand, der Preis sei zu hoch. 3. (oft Amtsspr.) *urteilen, etw. bestimmen:* über die Zahl der Teilnehmer befindet der Aus-schuss.
Be|fin|den, das; -s: 1. *gesundheitliche, körperlich-seelische Verfassung, Gesundheitszustand:* wie ist das B. des Patienten?; sich nach jmds. B. erkundigen. 2. (geh.) *Ansicht, Urteil, Meinung, Dafürhalten:* nach eigenem B. entscheiden.
be|find|lich ⟨Adj.⟩ [zu ↑befinden] (Papierdt.): a) *sich an einem bestimmten Ort befindend:* das in der Kasse -e Geld wurde gestohlen; b) *sich in einem bestimmten Zustand, in einer bestimm-ten Lage befindend:* die an der Macht -e Partei.
Be|find|lich|keit, die; -, -en: *seelischer Zustand, in dem sich jmd. befindet.*
be|fin|gern ⟨sw. V.; hat⟩ (salopp): *etw. [ungeniert] mit den Fingern berühren, betasten, um es zu untersuchen:* die schmerzende Nase b.; prüfend eine Wurst b.; musst du denn alles b.?
be|fi|schen ⟨sw. V.; hat⟩: *in bestimmten Gewäs-sern regelmäßig fischen:* ein Meer b.; ein stark befischtes Gewässer.
Be|fi|schung, die; -, -en: *das Befischen; das Befischtwerden.*
be|flag|gen ⟨sw. V.; hat⟩: *mit Flaggen versehen, schmücken:* ein Schiff b.; alle öffentlichen Gebäude waren beflaggt.
Be|flag|gung, die; -, -en: 1. *das Beflaggen; das Beflaggtwerden:* die B. des Marktplatzes anord-nen. 2. *Gesamtheit von aufgezogenen Flaggen:* das Schiff lief mit voller B. in den Hafen ein.
be|fle|cken ⟨sw. V.; hat⟩ [mhd. bevlecken]: 1. *mit Flecken beschmutzen:* das Tischtuch b. 2. *enteh-ren, besudeln:* jmds. Andenken, Ehre, Ruf b.
Be|fle|ckung, die; -, -en: *das Beflecken; das Beflecktwerden.*
be|fle|geln ⟨sw. V.; hat⟩ (österr.): *grob beschimp-fen, anpöbeln.*
be|flei|ßen, sich ⟨st. V.; hat⟩ (veraltet): *sich beflei-ßigen:* sie befliss sich besonderer Freundlich-keit.
be|flei|ßi|gen, sich ⟨sw. V.; hat⟩ (geh.): *sich um etw. eifrig bemühen, sich etw. angelegen sein lassen:* sich großer Höflichkeit, Zurückhaltung b.; du hast dich eines guten Stils befleißigt.
be|flie|gen ⟨st. V.; hat⟩: 1. *auf einer bestimmten Strecke, in einem bestimmten Gebiet [regelmä-ßig] fliegen:* diese Route wird nicht mehr beflo-gen; eine stark beflogene Strecke. 2. (Bot.) *(von Bienen u. Ä.) (Blüten) aufsuchen; sich auf Blüten niederlassen u. sie dabei befruchten:* Lin-den[blüten] werden von Bienen gern beflogen.
be|fliss: ↑befleißen.
be|flis|sen: 1. ↑befleißen. 2. ⟨Adj.⟩ [eigtl. 2. Part. von ↑befleißen]: *[über]eifrig, mit großem Eifer [in unterwürfiger Weise] um etw. bemüht:* -e Schüler; b. arbeiten; sich b. zeigen, etw. zu tun; jmdn. b. begrüßen.
Be|flis|sen|heit, die; -: *das Beflissensein; [Über]ei-fer.*
be|flis|sent|lich ⟨Adj.⟩: seltener für ↑geflissent-lich.
be|flü|geln ⟨sw. V.; hat⟩ (geh.): a) *anregen, bele-ben; jmdm., einer Sache Antrieb zu etw. geben; anspornen:* etw. beflügelt jmds. Fantasie, Geist; ich beflüg[e]le ihn zu neuen Taten; durch das Lob beflügelt, arbeitete er umso schneller; b) *dazu beitragen, dass etw. schneller wird:* die Angst beflügelte seine Schritte.
Be|flü|ge|lung, (seltener:) **Be|flüg|lung,** die; -: *das Beflügeln* (a).
be|föh|le, be|foh|len: ↑befehlen.
be|fol|gen ⟨sw. V.; hat⟩: *nach etw. handeln; sich in seinem Handeln nach etw. richten; etw. berück-sichtigen, beachten:* einen Befehl, Vorschriften, die Regeln b.; jmds. Rat, Vorschlag b.
Be|fol|gung, die; -: *das Befolgen; das Befolgtwer-den.*
be|för|der|bar ⟨Adj.⟩: *sich befördern lassend.*
Be|för|de|rer, Befördrer, der; -s, -: 1. *Unterneh-men, das Personen od. Dinge befördert* (1). 2. (selten) *Förderer, Gönner.*
Be|för|de|rin, die; -, -nen: w. Form zu ↑Beförderer.
be|för|der|lich ⟨Adj.⟩: (schweiz.) *beschleunigt, rasch:* um -e Abklärung ersuchen.
be|för|dern ⟨sw. V.; hat⟩ [älter = fördern (2)]: 1. *mithilfe eines Transportmittels von einem Ort an einen anderen bringen, schaffen; transpor-tieren:* Güter, Waren mit der Bahn b.; Pakete mit der Post b.; die Teilnehmer werden in Bussen befördert; Ü der Türsteher beförderte ihn ins Freie *(warf ihn hinaus);* den Ball ins Netz b. *(ein Tor schießen).* 2. *in eine höhere Stellung, in einen höheren Rang aufrücken lassen:* er ist zum Direktor befördert worden. 3. *fördern, unterstützen, begünstigen:* eine solche Maß-nahme kann den Widerstand allenfalls noch b.; dieses Konzert beförderte ihren Erfolg.
Be|för|de|rung, die; -, -en: 1. ⟨o. Pl.⟩ *das Befördern* (1): die B. von Gütern, Waren, Menschen. 2. *das Aufrücken in einen höheren Rang, eine höhere Stellung:* die schnelle B. des Majors, Inspektors; die B. zum Abteilungsleiter; auf B. hoffen, war-ten; jmdn. von der B. ausschließen.
Be|för|de|rungs|be|din|gun|gen ⟨Pl.⟩: *von einem Beförderer (1) formulierte Bestimmungen, deren Anerkennung er bei jedem Kunden voraussetzt.*
Be|för|de|rungs|ent|gelt, das (amtl.): *Fahrpreis.*
Be|för|de|rungs|ge|such, das: *Gesuch um Beför-derung* (2).
Be|för|de|rungs|kos|ten ⟨Pl.⟩: *Kosten für eine Beförderung* (1).
Be|för|de|rungs|mit|tel, das: *Fahrzeug, das der Beförderung (1) von Personen od. Dingen dient.*
Be|förd|rer: ↑Beförderer.
Be|förd|re|rin, die; -, -nen: w. Form zu ↑Befördrer.
be|fotzt ⟨Adj.⟩ [zu ↑Fotze] (vulg.): *verrückt:* ihr seid wohl total b.!
be|frach|ten ⟨sw. V.; hat⟩: *(ein Beförderungsmit-tel) mit Fracht beladen:* ein Schiff b.; Ü wir soll-ten die Darstellung nicht mit zu vielen Details b.
Be|frach|ter, der (Frachtw.): *jmd., der Güter als Schiffsfracht befördern lässt.*
Be|frach|te|rin, die; -, -nen: w. Form zu ↑Befrach-ter.
Be|frach|tung, die; -, -en: *das Befrachten.*
be|frackt ⟨Adj.⟩: *mit einem Frack bekleidet:* -e Kellner, Diplomaten.
be|fra|gen ⟨sw. V.; hat⟩: 1. a) *Fragen (an jmdn.) richten, (jmdm.) Fragen stellen:* jmdn. sehr genau b.; jmdn. nach seiner Meinung, wegen seines Verhaltens, über das Ereignis b.; ⟨subst.:⟩ auf Befragen der Verteidigung; R nie sollst du mich b. (scherzh.; *darüber möchte ich keine Auskunft geben;* nach R. Wagner, Lohengrin); b) (geh.) *mithilfe einer Sache etw. zu erfahren suchen:* das Orakel b.; die Wahrsagerin befragt ihre Karten. 2. ⟨b. + sich⟩ (veraltend) *sich nach etw. erkundigen:* sich bei einem Rechtsanwalt, bei einem Arzt über etw., nach etw. b.
Be|fra|gung, die; -, -en: 1. *das Befragen.* 2. (Soziol.) *Umfrage, Untersuchung bei Einzel-personen:* das Ergebnis der -en.
be|franst ⟨Adj.⟩ (selten): *mit Fransen versehen, ausgestattet:* das Tischtuch ist an den Rändern b.; eine -e Tasche.
be|frei|en ⟨sw. V.; hat⟩ [mhd. bevrīen, zu ↑frei]: 1. a) *durch Überwinden von Widerständen [gewaltsam] aus Gefangenschaft, einer unange-nehmen, schlimmen Lage o. Ä. herausholen, jmdm. Freiheit verschaffen:* einen Gefangenen

B

b.; das Kind aus den Händen der Entführer b.; ich konnte mich selbst b.; Ü sich von seinen nassen Sachen b.; **b)** *einen erfolgreichen Freiheitskampf führen u. dadurch von etw. frei machen:* das Volk vom Faschismus, von den Kolonialherren b. **2.** *von jmdm., sich, einer Sache etw. [Störendes, Lästiges] entfernen:* die Schuhe vom Schmutz b.; eine Rose von ihren Dornen b. **3. a)** *von etw. Unangenehmem erlösen:* jmdn. von Kummer b.; ein befreiendes Lachen; **b)** ⟨b. + sich⟩ *von etw. Unangenehmem loskommen; etw. überwinden:* sich von Vorurteilen b. **4.** *von etw. entbinden, freistellen, dispensieren; jmdm. etw. erlassen:* den Schüler vom Sportunterricht b.

Be|frei|er, der: *Person, die jmdn., etw. befreit:* er wurde von der Bevölkerung als B. empfangen.

Be|frei|e|rin, die; -, -nen: w. Form zu ↑Befreier.

Be|frei|ung, die; -: **1. a)** *das Befreien* (1 a); *das Befreitwerden;* **b)** *das Freiwerden von Unterdrückung o. Ä.:* die B. der Bauern von der Leibeigenschaft; die B. *(Emanzipation)* der Frau; sie kämpften für die nationale B. **2.** *Erlösung:* B. von Krankheit. **3.** *das Befreien* (4), *Dispens:* B. vom Turnunterricht.

Be|frei|ungs|be|we|gung, die: *Zusammenschluss von Menschen, die für eine Befreiung* (1 b) *kämpfen:* die afrikanischen -en.

Be|frei|ungs|griff, der (Sport): *Griff, mit dem sich jmd. (beim Rettungsschwimmen od. beim Judo) aus einer Umklammerung befreien kann.*

Be|frei|ungs|kampf, der: *Kampf um die [politische] Freiheit.*

Be|frei|ungs|krieg, der: **1.** *von einem Volk gegen eine Kolonialherrschaft, gegen die Besetzung durch eine fremde Macht od. gegen rassistische Regime geführter Krieg.* **2.** ⟨Pl.⟩ *Freiheitskrieg* (b).

Be|frei|ungs|schlag, der: **a)** (Eishockey) *unerlaubtes Spielen des Pucks aus dem eigenen Verteidigungsdrittel heraus über die gegnerische Torauslinie; Icing;* **b)** (Fußball) *weiter Schuss aus der eigenen in die gegnerische Hälfte, um die Abwehr zu entlasten, um sich aus einer bedrängten Situation zu befreien:* der B. landete beim gegnerischen Torwart.

Be|frei|ungs|the|o|lo|gie, die (o. Pl.): *(bes. in Lateinamerika wirksame) Theologie, die die spezifische Situation der Dritten Welt mit Armut, Hunger, Ausbeutung u. a. berücksichtigt und das verkündete Heil auch als diesseitige Erlösung und Befreiung versteht.*

Be|frei|ungs|ver|such, der: *Versuch, jmdn., sich zu befreien:* ein missglückter B.

be|frem|den ⟨sw. V.; hat⟩: *fremd, eigenartig u. zugleich unangenehm berühren, anmuten; bei jmdm. Erstaunen u. Missbilligung auslösen:* seine Worte befremdeten mich; ich war von seinem Verhalten zunächst [etwas] befremdet.

Be|frem|den, das; -s: *das Befremdetsein:* sein B. äußern, ausdrücken; B. erregen; mit B. aufgenommen werden.

be|frem|dend ⟨Adj.⟩: *befremdlich.*

be|fremd|lich ⟨Adj.⟩ (geh.): *Befremden, Erstaunen hervorrufend, verwunderlich, seltsam:* eine -e Äußerung; (subst.:) Befremdliches äußern.

be|freun|den, sich ⟨sw. V.; hat⟩ [zu mhd. vriunden = zum Freund machen]: **1.** *mit jmdm. Freundschaft schließen:* die beiden Kinder befreundeten sich schnell. **2.** *sich an etw. gewöhnen u. eine positive Einstellung dazu bekommen:* sich mit einem Gedanken b.; mit der neuen Mode habe ich mich noch nicht befreundet, b. können.

be|freun|det ⟨Adj.⟩: *Freund, Freunde seiend:* zwei -e Männer; das -e Ausland; die beiden sind eng b.; Ü -e (Math.; *verwandte*) Zahlen.

be|frie|den ⟨sw. V.; hat⟩ [1: zu ↑Frieden; 2: mhd. bevriden, zu: vride, ahd. fridu = Einfriedung, Zaun, eigtl. = Einzäunung eines unter Schutz (mhd. vride, ahd. fridu, ↑Frieden) gestellten Bezirks (Gericht, Burg, Markt)]: **1. a)** (geh.) *(in einem Land) Frieden, einen Zustand des Friedens herbeiführen:* ein Land b.; **b)** (veraltend) *beruhigen, ruhig u. friedlich stimmen; mit Frieden, innerer Ruhe erfüllen:* er ließ sich b. **2.** (geh.) *einfrieden:* von Gattern befriedet.

be|frie|det ⟨Adj.⟩ [2. Part. zu mhd. bevriden = Schutz verschaffen, ↑befrieden] (selten): *unter Schutz stehend:* diese Gräber sind b.

be|frie|di|gen ⟨sw. V.; hat⟩ [zu mhd. bevriden = Schutz verschaffen; Bedeutungswandel unter Einfluss von ↑zufrieden]: **1. a)** *zufrieden stellen; bewirken, dass jmd. Zufriedenheit erreicht, jmds. Verlangen, Erwartung erfüllt wird:* jmds. Ansprüche b.; er ist sehr schwer zu b. *(stellt hohe Ansprüche);* seine Neugier, Rachsucht b. *(stillen);* ein Bedürfnis b.; das Ergebnis befriedigt mich [nicht]; er konnte seine Gläubiger b. *(ihren Forderungen nachkommen);* eine uns alle befriedigende Lösung ist nicht in Sicht; befriedigt *(zufrieden)* dreinschauen, lachen; **b)** *innerlich ausfüllen:* mein Beruf befriedigt mich; die Hausarbeit befriedigt sie nicht; **c)** *zufriedenstellend sein; den Ansprüchen entsprechen:* wir brauchen eine Lösung, die wirklich befriedigt. **2.** *jmds. sexuelles Verlangen stillen:* er vermochte seine Frau nicht mehr zu b.; sich [selbst] b. *(masturbieren).*

be|frie|di|gend ⟨Adj.⟩: *den Erwartungen, den Ansprüchen an die Qualität weitgehend entsprechend:* eine -e Leistung; das Ergebnis ist b.; die Arbeit wurde mit [der Note] »b.« bewertet.

Be|frie|di|gung, die; -: **1.** *das Befriedigen; Zufriedenstellung:* die B. aller Bedürfnisse; die B. der Gläubiger ist nicht möglich. **2.** *Zufriedenheit, Genugtuung:* diese Arbeit gewährt, bereitet mir [volle] B.; B. empfinden; sich B. verschaffen; ein Gefühl der inneren B.

Be|frie|dung, die; -: *das Befrieden; das Befriedetwerden.*

be|fris|ten ⟨sw. V.; hat⟩: *einer Sache eine Frist setzen, sie zeitlich begrenzen, auf eine bestimmte Zeit beschränken, terminieren:* die Bestimmungen befristen seine Tätigkeit auf zwei Jahre; ein befristetes Abkommen, Arbeitsverhältnis.

Be|fris|tung, die; -, -en: *das Befristen; das Befristetsein:* die B. des Arbeitsvertrages.

be|fruch|ten ⟨sw. V.; hat⟩: **1.** *(bei der weiblichen Geschlechtszelle) die Befruchtung vollziehen, herbeiführen:* Insekten befruchteten die vielen Blüten; sich künstlich b. lassen; aus dem befruchteten Ei entwickelt sich ein neues Lebewesen; Ü Sonne und Regen befruchten die Erde (geh.; *machen sie fruchtbar, ertragreich*). **2.** (geh.) *bei jmdm., etw. geistig anregend wirken, jmdm., einer Sache wertvolle, wesentliche Anregungen geben:* seine Theorien haben noch einen Nietzsche befruchtet.

Be|fruch|tung, die; -, -en: *der Fortpflanzung dienende Vereinigung einer weiblichen mit einer männlichen Geschlechtszelle:* künstliche B. Ü die geistige B. der Neuzeit durch die Antike.

be|fu|gen ⟨sw. V.; hat⟩ [spätmhd. sich bevügen = eine Befugnis ausüben, zu ↑Fug]: *jmdm. die Berechtigung, die Macht zu etw. geben, die Genehmigung erteilen, etw. zu tun:* jmdn. [zu etw.] b.; ⟨meist im 2. Part.:⟩ eine dazu befugte Person; zu diesem Vorgehen war er nicht befugt.

Be|fug|nis, die; -, -se: *Berechtigung, Ermächtigung, Vollmacht:* zu etw. keine B. haben; nur beschränkte -se haben; seine -se überschreiten.

be|füh|len ⟨sw. V.; hat⟩: *prüfend betasten, anfassen; mit den Fingern, der Hand über etw. hinstreichen:* einen Stoff, sein Knie b.

be|fül|len ⟨sw. V.; hat⟩ (selten): *mit einer Füllung versehen; mit etw. füllen:* die [mit Benzin] befüllten Tanks.

be|fum|meln ⟨sw. V.; hat⟩ (ugs.): **1. a)** *[neugierig] betasten, untersuchen:* Waren b.; ich befumm[e]le nichts; **b)** *sexuell berühren, betasten:* von dem Typ würde ich mich nicht b. lassen. **2.** *erledigen, bewerkstelligen:* er wird die Sache schon b.!

Be|fund, der; -[e]s, -e [zu ↑befinden (2 a)]: *nach einer Untersuchung, Prüfung festgestelltes Ergebnis, festgestellter Zustand:* der ärztliche B. liegt noch nicht vor; der B. ist negativ, positiv; * ohne B. (Med.; *ohne erkennbare Krankheit;* Abk.: o. B.).

be|fürch|ten ⟨sw. V.; hat⟩ [mhd. bevürhten]: *(etw. Unangenehmes, was vielleicht eintreten könnt[e,] aufgrund bestimmter Anzeichen od. intuitiv erwarten, kommen sehen:* eine Verschärfung d[er] Lage b.; es steht zu b., dass ...; man befürchtet das Schlimmste; so etwas [Ähnliches] hatte ic[h] befürchtet.

Be|fürch|tung, die; -, -en: *Erwartung einer unan[]genehmen Sache:* meine -en waren [un]begrün[]det; ihre -en haben sich bewahrheitet; in jmdn[.] die B. erwecken, dass ...; er hat, hegt die B., das[s] alles umsonst war.

be|für|sor|gen ⟨sw. V.; hat⟩ (österr. Amtsspr.): *betreuen.*

be|für|wor|ten ⟨sw. V.; hat⟩ [zu veraltet Fürwort = gutes Wort zu jmds. Gunsten, Fürsprache]: *[durch Empfehlung] unterstützen, sich für etw[.] (was man gutheißt) einsetzen:* ein Gesuch, einen Antrag, jmds. Beförderung b.

Be|für|wor|ter, der; -s, -: *jmd., der etw. befürwo[r]tet:* er gilt als B. dieses Projektes.

Be|für|wor|te|rin, die; -, -nen: w. Form zu ↑Befü[r]worter.

Be|für|wor|tung, die; -, -en: *das Befürworten.*

Beg, der; -[s], -s [türk. bey]: *höherer türkischer Titel* (oft hinter dem Namen stehend).

be|ga|ben ⟨sw. V.; hat⟩ [mhd. begāben, zu ↑Gab[e]] (geh.): *mit etw. ausstatten, versehen:* mit Vernunft, Verstand begabt sein.

be|gabt ⟨Adj.⟩ [spätmhd. begābet (Mystik) = m[it] Geistesgaben ausgestattet (nach kirchenlat. dotatus), zu ↑begaben]: *mit besonderen Anlagen, Fähigkeiten (zu bestimmten Leistungen) ausgestattet; talentiert:* ein hervorragend, ung[e]wöhnlich -er Schüler; er ist künstlerisch b.; dafür ist sie nicht b.

Be|gab|te, der u. die; -n, -n ⟨Dekl. ↑Abgeordnet[e]⟩: *Person mit besonderen Fähigkeiten, Anlagen, Talenten.*

Be|gab|ten|för|de|rung, die: *Förderung besonders begabter Schüler u. Schülerinnen sowie Studierender durch Stipendien.*

Be|ga|bung, die; -, -en: **1.** *das Begabtsein; natür[li]che Anlage, angeborene Befähigung zu bestimmten Leistungen; Talent:* eine hohe B. f[ür] etw. haben. **2.** *jmd., der [für etw. Bestimmtes] begabt ist:* er ist eine außergewöhnliche musi[ka]lische B.

be|gaf|fen ⟨sw. V.; hat⟩ (abwertend): *gaffend an[se]hen:* jmdn. wie ein Wundertier b.

be|gan|gen: ↑begehen.

Be|gäng|nis, das; -ses, -se: **1.** (geh. veraltet) *[fei[er]liche] Bestattung.* **2.** (regional) *Trubel, Betrieb* (3): ein solches B. gibt es nur zur Kirmes.

be|gann, be|gän|ne: ↑beginnen.

be|ga|sen ⟨sw. V.; hat⟩ (Landw.): *als Schädlinge angesehene Tiere od. deren Behausung der Ei[n]wirkung von giftigem Gas aussetzen:* Wühlmäuse b.

Be|ga|sung, die; -, -en ⟨Pl. selten⟩: *das Begasen:* Wühlmäuse durch B. töten.

be|gat|ten ⟨sw. V.; hat⟩ [zu ↑Gatte]: **a)** *(von män[n]lichen Tieren, gelegtl. auch Menschen) sich [zum Zwecke der Fortpflanzung] mit einem weiblichen Individuum (gewöhnlich derselbe[n] Art) geschlechtlich vereinigen:* der Vogel bega[t]tete das Weibchen; **b)** ⟨b. + sich⟩ *(meist von T[ie]ren) geschlechtlich vereinigen:* im Hof begatte[]ten sich zwei Katzen.

Be|gat|tung, die; -, -en: *das Begatten, Sichbega[t]ten.*

be|gau|nern ⟨sw. V.; hat⟩ (ugs. abwertend): *übe[r]vorteilen, durch Betrug schädigen:* gutgläubig[e] alte Leute werden immer wieder von skrupel[lo]sen Geschäftemachern begaunert.

be|geb|bar ⟨Adj.⟩ [zu ↑begeben (4)] (Bankw.): *(von Wertpapieren) auf einen neuen Gläubige[r] übertragbar.*

be|ge|ben ⟨st. V.; hat⟩ [mhd. begeben, ahd. bige[]ban = aufgeben; unterlassen]: **1.** ⟨b. + sich⟩ **a)** (Papierdt., oft auch geh.) *an einen bestimm[]ten Ort, irgendwohin gehen, fahren* (häufig ve blasst): sich ins Hotel b.; sich in Klausur b.; sich auf die Suche b. *(zu suchen anfangen);* sich zu Bett b. *(sich schlafen legen);* sich in ärztliche Behandlung b. *(sich ärztlich behandeln lassen);* **b)** (geh.) *mit etw. beginnen:* sich an die Arbeit b. **2.** ⟨b. + sich⟩ (geh.) *sich um etw. bringen, auf etw. verzichten:* sich eines Rechts, einer Möglichkeit b.; sich jedes politischen Einflusses b. **3.** ⟨b. + sich⟩ (geh.) *geschehen, sich zutragen, ereignen:* dann begab sich etw. Erstaunliches; es begab sich, dass der König krank ward. **4.** (Bankw.) *Wertpapiere o. Ä. ausgeben, in Umlauf setzen, in den Verkehr bringen, emittieren.*

Be|ge|ben|heit, die; -, -en (geh.): *etw., was sich (als meist außergewöhnlicher Vorgang) zuträgt; Ereignis:* eine seltsame, merkwürdige B.; dem Film liegt eine wahre B. zugrunde.

Be|geb|nis, das; -ses, -se (veraltet): *Begebenheit.*

Be|ge|bung, die; -, -en (Bankw.): *das Begeben* (4).

Be|geg|nen ⟨sw. V.; ist⟩ [mhd. begegenen, ahd. bigaganen, zu ↑gegen]: **1. a)** *mit jmdm. zufällig zusammentreffen; jmdn. zufällig treffen:* ich bin ihm erst kürzlich begegnet; sie begegneten sich, (geh.:) einander oft auf dem Weg zur Arbeit; Ü jmds. Blick b.; wir begegneten uns, (geh.:) einander in dem Wunsch *(stimmten in dem Wunsch überein),* ihm zu helfen; **b)** *etw. antreffen, auf etw. stoßen:* dieser Meinung kann man gelegentlich b. **2.** (geh.) **a)** *an einer bestimmten Stelle, zu einer bestimmten Zeit vorkommen, auftreten, sich finden:* diese Theorie begegnet auch in anderen Werken des Autors; **b)** *von jmdm. ohne sein Zutun (meist als etw. nicht Angenehmes) erlebt, erfahren werden; widerfahren:* so etwas ist mir noch nie begegnet; mir ist auch schon Schlimmeres begegnet. **3.** (geh.) **a)** *sich jmdm. gegenüber in einer bestimmten Weise verhalten, ihn in bestimmter Weise behandeln:* jmdm. freundlich, höflich, mit Spott b.; **b)** *auf etw. in bestimmter Weise reagieren, einer Sache auf bestimmte Weise entgegenwirken, ihr gegenüber bestimmte Gegenmaßnahmen treffen:* einer Gefahr mutig b.; er ist allen Schwierigkeiten mit Umsicht begegnet; dem muss mit unnachsichtiger Strenge begegnet werden.

e|geg|nis, das; -ses, -se (geh. veraltet): *Ereignis, Vorfall.*

e|geg|nung, die; -, -en: **1.** *das Sichbegegnen, Zusammentreffen:* es war nur eine flüchtige B.; die Ferienkurse sind eine Stätte internationaler -en; Ü die B. mit den enormen Weiten Russlands. **2.** *sportlicher Wettkampf:* die B. wurde wegen Unbespielbarkeit des Platzes abgesagt.

e|geg|nungs|stät|te: *Ort, Raum, der für Zusammenkünfte, Begegnungen, Treffen bestimmter Gruppen, Personenkreise bestimmt ist:* eine deutsch-amerikanische B.

e|geh|bar ⟨Adj.⟩: *zum Begehen* (1 a) *geeignet:* eine leicht -e Unterführung; dieser Weg ist im Winter nicht b.

e|ge|hen ⟨unr. V.; hat⟩ [3: mhd. begēn = etw. ins Werk setzen, tun (urspr. von Tätigkeiten, bei denen viel hin u. her gegangen wurde, später beschränkt auf: etw. Schlechtes tun)]: **1. a)** *auf etw. als Fußgänger gehen:* im Winter ist der Weg oft nicht zu b.; eine viel begangene Brücke; **b)** *prüfend abgehen, abschreiten; an etw. prüfend entlanggehen:* die Eisenbahnstrecke b. **2.** (geh.) *feiern:* ein Fest [würdig] b.; wie soll der Geburtstag des Chefs begangen werden? **3.** *(etw. Übles) verüben:* eine Indiskretion, eine Dummheit b.; einen Verrat, ein Verbrechen b.; sie beging Selbstmord *(tötete sich selbst).*

e|gehr, das, auch: der; -s [spätmhd. beger, zu ↑begehren] (geh.): *das Begehren, Verlangen; Wunsch:* der Butler öffnete und fragte nach meinem B.

e|geh|ren ⟨sw. V.; hat⟩ [mhd. (be)gern, ahd. gerōn, zu mhd., ahd. ger = begehrend, verlangend, vgl. gern] (geh.): **a)** *nach jmdm., etw. heftiges Verlangen haben; gern erreichen, haben wollen:* ein Mädchen [zur Frau] b.; er hat alles, was das Herz begehrt, was sein Herz begehrt; dieser Preis, Pokal ist sehr begehrt *(viele möchten ihn gern gewinnen);* eine begehrte Tänzerin *(eine [gute] Tänzerin, mit der man gern tanzt);* er begehrte sie sehr *(hatte ein heftiges sexuelles Verlangen nach ihr);* **b)** *wollen, zu tun wünschen:* er begehrte, mit ihr zu tanzen; sie begehrte zu wissen, was er beabsichtigte; **c)** *erbitten, bittend fordern:* Einlass b.

Be|geh|ren, das; -s, - ⟨Pl. selten⟩ (geh.): *das Verlangen, Streben nach jmdm., etw.; Wunsch:* sein leidenschaftliches B., sie zu besitzen.

be|geh|rens|wert ⟨Adj.⟩: *wert, begehrt zu werden; erstrebenswert:* er fand sie sehr b.

be|gehr|lich ⟨Adj.⟩ [spätmhd. begerlich] (geh.): *beim Anblick von etw. von einem auf Besitz, Genuss gerichteten Verlangen erfüllt; voller Wünsche, Begehren; verlangend:* -e Blicke auf etw. werfen; b. nach etw. blicken.

Be|gehr|lich|keit, die; -, -en: **1.** *das Begehrlichsein:* aus B. straffällig werden. **2.** *Verlangen, Wunsch:* in jmdm. -en wecken.

Be|ge|hung, die; -, -en: *das Begehen.*

be|geis|tern ⟨sw. V.; hat⟩ [urspr. = beleben; mit Geist erfüllen]: **1. a)** *mit Begeisterung erfüllen:* das Spiel hatte die Zuschauer begeistert; er begeisterte die Zuhörer mit seiner Stimme; eine begeisternde Rede; es war ein begeisterndes Spiel; **b)** *(in jmdm.) ein lebhaftes Interesse für etw., Freude an etw., Begeisterung für etw. erwecken:* jmdn. für eine Sache b.; fürs Skilaufen bin ich nicht zu b. **2.** ⟨b. + sich⟩ **a)** *Begeisterung empfinden; durch jmdn., etw. in Begeisterung geraten, versetzt werden:* die Jugend kann sich noch b.; ich begeisterte mich an der Landschaft; **b)** *ein lebhaftes Interesse für etw., Freude an etw., Begeisterung für etw. entwickeln:* für Fußball kann ich mich nicht b.; er begeisterte sich für die Malerei.

be|geis|tert ⟨Adj.⟩: **1. a)** *in Begeisterung seiend:* das Publikum war b.; ich bin b. von ihr, von ihrem Gesang; **b)** *Begeisterung ausdrückend, erkennen lassend:* ein -er Empfang; -er Beifall. **2.** *leidenschaftlich:* ein -er Sportler, Briefmarkensammler; ein -er Jazzfan.

Be|geis|te|rung, die; -: *Zustand freudiger Erregung, leidenschaftlichen Eifers; von freudig erregter Zustimmung, leidenschaftlicher Anteilnahme getragener Tatendrang; Hochstimmung, Enthusiasmus:* eine glühende B.; es herrschte helle B.; die B. kannte keine Grenzen; plötzlich packte ihn die B.; B. auslösen; seine B. über jmdn., etw. kundtun; die Wogen der B. gingen hoch, glätteten sich; ein Sturm der B. brach los; etw. aus B. tun; in B. geraten *(sich [allmählich] begeistern);* jmdn. in B. versetzen *(begeistern);* die Zuschauer brüllten vor B.

be|geis|te|rungs|fä|hig ⟨Adj.⟩: *Begeisterungsfähigkeit besitzend:* ein -es Publikum.

Be|geis|te|rungs|fä|hig|keit, die ⟨o. Pl.⟩: *Fähigkeit, sich zu begeistern:* die B. junger Menschen.

Be|geis|te|rungs|sturm, der: *Sturm der Begeisterung:* ein B. brach los.

Be|gier, die; - (geh.): *Begierde.*

Be|gier|de, die; -, -n [mhd. (be)girde, ahd. girida, zu mhd., ahd. ger (auch mhd. gir, ahd. giri), ↑Begehr]: *auf Genuss u. Befriedigung, auf Erfüllung eines Wunsches, auf Besitz gerichtetes, leidenschaftliches Verlangen:* fleischliche -n; seine B. nach Besitz, Macht nicht zügeln können; er brennt vor B., sie zu sehen.

be|gie|rig ⟨Adj.⟩ [mhd. begirec, begirdec, zu ↑Begier]: *von großem Verlangen nach etw. erfüllt; voll Begierde:* -e Blicke; wir sind b. auf seinen Besuch; b. atmete er die frische Luft ein.

be|gie|ßen ⟨st. V.; hat⟩: **1.** *auf etw., jmdn. eine Flüssigkeit gießen, etw., jmdn. mit etw. übergießen:* jmdn., etw. mit Wasser b.; der Braten muss begossen werden; er stand da wie begossen (ugs.; *war ganz verblüfft, fassungslos*). **2.** (ugs.) *ein Ereignis mit alkoholischen Getränken feiern:* die Verlobung, ein Wiedersehen b.; das muss begossen werden.

Be|gie|ßung, die; -, -en: *das Begießen.*

Be|ginn, der; -[e]s [mhd. begin, ahd. bigin]: *Augenblick, in dem etw. einsetzt, beginnt; Anfang einer zeitlichen, seltener auch räumlichen Erstreckung:* B. des Konzerts: 20 Uhr; den B. einer Veranstaltung verschieben.

be|gin|nen ⟨st. V.; hat⟩ [mhd. beginnen, ahd. beginnan, zu einem nur in Zus. erhaltenen germ. Verb, vgl. got. duginnan = beginnen]: **1. a)** *mit etw. einsetzen, einen Anfang machen; anfangen:* eine Arbeit b.; er hat [ganz unten] als Laufbursche begonnen; sie beginnt wieder mit dem Training; **b)** *auf bestimmte Weise tun, unternehmen, anstellen:* wir müssen die Sache anders b. **2.** *seinen Anfang haben; zu einer bestimmten Zeit, an einem bestimmten Ort, auf bestimmte Weise anfangen:* die Vorstellung beginnt um 20 Uhr; Namen, die mit dem Buchstaben B beginnen; dort hinten beginnt die Schweiz; es begann zu schneien; im beginnenden 21. Jahrhundert.

Be|gin|nen, das; -s [mhd. beginnen] (geh.): *Tun, Unternehmen, Bemühen:* das ist ein hoffnungsloses B.

be|glän|zen ⟨sw. V.; hat⟩ (dichter.): *einer Sache einen bestimmten Glanz, Schimmer verleihen; auf etw. schimmerndes Licht werfen:* das Abendrot beglänzte die Gipfel; die von Licht beglänzte Landschaft.

be|glau|bi|gen ⟨sw. V.; hat⟩ [zu veraltet glaubig = glaubwürdig]: **1.** *amtlich, von amtlicher Stelle als richtig, wahr, echt bestätigen:* etw. notariell b.; eine Urkunde b.; dieser Ausspruch ist nicht hinreichend beglaubigt *(dokumentiert).* **2.** *(einen diplomatischen Vertreter) in seinem Amt bestätigen, akkreditieren:* ein bei einem benachbarten Staat beglaubigter Botschafter.

Be|glau|bi|gung, die; -, -en: *das Beglaubigen.*

Be|glau|bi|gungs|schrei|ben, das: *Schriftstück, das einen diplomatischen Vertreter bei einer Regierung beglaubigt; Akkreditiv:* der Botschafter überreichte sein B.

be|glei|chen ⟨st. V.; hat⟩ [für älter ver-, ab-, ausgleichen, Verdeutschung von ↑saldieren (1)] (geh.): *(eine Schuld, eine Rechnung) bezahlen:* eine Rechnung b.; er hat die Schuld beglichen.

Be|glei|chung, die; -, -en ⟨Pl. selten⟩: *das Begleichen.*

Be|gleit|brief, der: *einer Waren-, Werbesendung beigelegter Brief.*

be|glei|ten ⟨sw. V.; hat⟩ [Vermischung von gleichbed. veraltetem beleiten (mhd. beleiten, ahd. bileiten) mit ↑geleiten]: **1. a)** *mit jmdm., etw. zur Gesellschaft, zum Schutz mitgehen, mitfahren; an einen bestimmten Ort bringen, führen:* er begleitet mich auf der Reise; sie begleitete ihn an die Bahn; Ü alle meine guten Wünsche begleiten dich; **b)** (geh.) *gleichzeitig, eng verbunden mit etw. vorhanden sein, auftreten; mit etwas einhergehen:* wachsender Erfolg begleitete alle seine Unternehmungen; **c)** *etw. zu etw. hinzutreten lassen, ergänzend, bekräftigend hinzufügen:* das Gesetzbuch herausgeben und mit einem Kommentar b. **2.** *ein Solo, einen Solisten auf einem od. mehreren Instrumenten unterstützen:* Gesang auf der Gitarre b.; am Flügel begleitet von …

Be|glei|ter, der; -s, -: **1.** *jmd., der jmdn., etw. begleitet* (1 a): er ist ihr ständiger B. (verhüll.; *Liebhaber, fester Freund*); seinen B. verabschieden. **2.** *jmd., der einen Solisten auf einem Instrument begleitet* (2).

Be|glei|te|rin, die; -, -nen: w. Form zu ↑Begleiter.

Be|gleit|er|schei|nung, die: *[unangenehme, unerfreuliche] Erscheinung, die etw. begleitet, mit etw. verbunden ist; Nebenerscheinung:* das sind -en des Alters.

Be|gleit|fahr|zeug, das: *zur Begleitung mitfahrendes Fahrzeug.*

Be|gleit|in|stru|ment, das: *zur Begleitung* (2 a) *gespieltes Instrument:* das Klavier als B.

Be|gleit|mann|schaft, die: *einen [militärischen] Transport o. Ä. zum Schutz begleitende Mannschaft.*

Be|gleit|mu|sik, die: *Musik, die eine Darbietung*

begleitet, ohne vom Zuschauer besonders beachtet zu werden: die B. zum Film ist zu laut; Ü die Truppenbewegungen sind nur die B. für die bevorstehenden Verhandlungen.

Be|gleit|pa|pier, das ⟨meist Pl.⟩ (Frachtw.): *amtliches Papier, das einer [Waren]sendung beigegeben ist.*

Be|gleit|per|son, die: *Person, die jmdn., etw. begleitet* (1 a): eine Schulklasse mit zwei erwachsenen -en.

Be|gleit|per|so|nal, das: vgl. Begleitperson.

Be|gleit|schein, der (Zollw.): *auf Antrag ausgestellter Schein, durch den eine Ware direkt an ein Zollamt im Binnenland überwiesen wird.*

Be|gleit|schrei|ben, das: *Begleitbrief.*

Be|gleit|symp|tom, das (bes. Med.): vgl. Begleiterscheinung.

Be|gleit|text, der: *erläuternder Text, z. B. zu einem Bildband, einer CD, einer Ausstellung u. a.:* einen B. verfassen.

Be|gleit|um|stand, der ⟨meist Pl.⟩: *Umstand, der sich im Zusammenhang mit etw. einstellt:* unerfreuliche Begleitumstände.

Be|glei|tung, die; -, -en: **1. a)** *das Begleiten* (1 a): sie bat um seine B.; er kam in B. einer Frau; **b)** *eine od. mehrere begleitende Personen:* fünfzig Mann berittene B.; Ü einen Hund als B. mitnehmen. **2. a)** *das Begleiten* (2): die B. eines Solisten übernehmen; **b)** *auf einem od. mehreren Instrumenten gespielte Musik, die ein Solo begleitet* (2): eine B. komponieren.

Be|gleit|wor|te ⟨Pl.⟩: *Worte in einem Begleitbrief.*

be|glot|zen ⟨sw. V.; hat⟩ (salopp): *glotzend (aus purer Neugier) betrachten:* jmdn. wie ein Wundertier b.; sich [gegenseitig] b.

be|glü|cken ⟨sw. V.; hat⟩ (geh.): *mit [großem] Glück erfüllen, glücklich machen:* seine Nähe beglückte sie; die Kinder mit schönen Geschenken/(selten:) durch schöne Geschenke b.; (ugs. iron.:) er hat uns tagelang mit seiner Anwesenheit beglückt; ein beglückendes Erlebnis; sie zeigte sich beglückt; beglückt lächeln.

Be|glü|cker, der; -s, - (meist iron.): *Person, die jmdn. beglückt.*

Be|glü|cke|rin, die; -, -nen: w. Form zu ↑Beglücker.

Be|glü|ckung, die; -, -en: *das Beglücken.*

be|glück|wün|schen ⟨sw. V.; hat⟩: *jmdm. zu etw. gratulieren:* jmdn. zu seinem Erfolg b.; sich [gegenseitig] b., (geh.:) einander b.; ⟨b. + sich:⟩ er konnte sich zu dem Einfall b. *(konnte stolz darauf sein).*

Be|glück|wün|schung, die; -, -en: *das Beglückwünschen; Gratulation.*

be|gna|den ⟨sw. V.; hat⟩ [mhd. begnāden = mit Gnade beschenken]: (geh.) *jmdm. eine besondere Gnade zuteil werden lassen:* die Natur begnadete ihn mit großer Musikalität.

be|gna|det ⟨Adj.⟩ [eigtl. 2. Part. von ↑begnaden]: *überreich mit Können u. künstlerischer Begabung bedacht:* er ist ein -es Talent; diese Künstlerin ist b.

be|gna|di|gen ⟨sw. V.; hat⟩: *jmdm. Gnade gewähren; jmdm. die Strafe erlassen:* einen Verbrecher b.; der Präsident hat den zum Tode Verurteilten zu einer lebenslangen Freiheitsstrafe begnadigt.

Be|gna|di|gung, die; -, -en: *das Begnadigen; das Begnadigtwerden:* die B. ablehnen; auf B. hoffen.

Be|gna|di|gungs|ge|such, das: *Gesuch um Begnadigung.*

Be|gna|di|gungs|recht, das: *Recht, Verurteilte zu begnadigen.*

be|gnü|gen, sich ⟨sw. V.; hat⟩ [spätmhd. begnüegen, Vermischung von mhd. benüegen = an od. mit etw. genug haben u. ↑genügen]: **1.** *wohl od. übel mit wenigem zufrieden sein u. keine größeren Ansprüche stellen; sich mit etw. zufrieden geben:* sich mit dem b., was man hat. **2.** *sich auf etw. beschränken:* der Lehrer begnügte sich trotz des schweren Vergehens mit einem Tadel.

Be|go|nie, die; -, -n [von dem frz. Botaniker Ch. Plumier (1646–1706) entdeckt, der sie nach dem damaligen Generalgouverneur von Santo Domingo, M. Bégon, benannte]: *(in vielen Arten vorkommende, in tropischen u. subtropischen Gebieten heimische) Pflanze mit saftigen, fleischigen Stängeln, gezackten, unsymmetrischen Blättern u. weißen, rosa, roten, gelben od. orangefarbenen Blüten.*

be|gön|ne, be|gon|nen: ↑beginnen.

be|gön|nern ⟨sw. V.; hat⟩: **1.** *fördern, unterstützen, protegieren:* er wurde vom Chef immer b. **2.** *herablassend, in gönnerhafter Weise behandeln:* dieser eingebildete Mensch glaubt einfache Leute immer b. zu müssen.

Be|gön|ne|rung, die; -: *das Begönnern; das Begönnertwerden.*

be|goss, be|gos|sen: ↑begießen.

begr. = begraben.

be|gra|ben ⟨st. V.; hat⟩ [mhd. begraben, ahd. bigraban, zu ↑graben]: **1.** *(bes. einen Leichnam, eine Tierleiche) in eine Grube o. Ä. legen u. durch Zuschütten der Grube unter der Erde verschwinden lassen:* man begrub ihn in seiner Heimatstadt, in aller Stille; in dieser Gruft liegen zwei deutsche Könige begraben; lebendig begraben sein; R dort möchte ich nicht begraben sein (ugs.; *dort möchte ich auf keinen Fall leben*); *** sich b. lassen können** (ugs.; *versagt haben, keine weitere Chance mehr haben, aufgeben können*); **sich mit etw. b. lassen können** (ugs.; *mit etw. keine Aussicht auf Erfolg haben, nichts erreichen können*): mit so einem Zeugnis kannst du dich b. lassen. **2.** *aufgeben, fahren lassen; als beendet, erledigt betrachten:* eine Hoffnung b.; den alten Streit sollten wir endlich b. **3.** *unter größeren, herabstürzenden Massen verschwinden lassen, verschütten:* die Hauswand begrub zwei Arbeiter und einen Lastwagen unter sich. **4.** (veraltet) *vergraben:* einen Schatz b.

Be|gräb|nis, das; -ses, -se [mhd. begrebnis(se) = Grabstätte]: *Beerdigung, Bestattung mit den dabei üblichen Feierlichkeiten:* ein feierliches B.; das B. findet am 12. März um 14 Uhr statt; an einem B. teilnehmen.

Be|gräb|nis|fei|er, die: *Feier anlässlich eines Begräbnisses.*

Be|gräb|nis|fei|er|lich|keit, die ⟨meist Pl.⟩: vgl. Begräbnisfeier.

Be|gräb|nis|stät|te, die (geh.): *Platz, an dem jmd. begraben ist.*

be|gra|di|gen ⟨sw. V.; hat⟩: *(etw. in der Landschaft nicht gerade Verlaufendes) gerade machen:* einen Fluss, eine Straße b.

Be|gra|di|gung, die; -, -en: *das Begradigen.*

be|grannt ⟨Adj.⟩: *mit Grannen versehen:* eine -e Ähre, Getreidesorte.

be|grap|schen ⟨sw. V.; hat⟩ (ugs.): **a)** *[in als unangenehm empfundener Weise] anfassen, befühlen, betasten:* sie begrapschte mit ihren dicken Fingern meine Porzellanfiguren; **b)** *sexuell berühren, betasten:* eine Minderjährige b.

be|greif|bar ⟨Adj.⟩: *sich begreifen (1 a) lassend:* das ist für andere nur schwer b.

be|grei|fen ⟨st. V.; hat⟩ [mhd. begrīfen, ahd. bigrīfan, zu ↑greifen; 1: eigtl. = mit dem Verstand ergreifen]: **1. a)** *geistig erfassen, in seinen Zusammenhängen erkennen, verstehen:* den Sinn einer Sache, eine Rechenaufgabe nicht b.; was eigentlich geschehen war, hatte er noch nicht ganz begriffen; das Kind begreift langsam, leicht *(hat eine langsame, leichte Auffassungsgabe);* **b)** *Verständnis für jmdn. od. etw. haben; jmdn., sich in seinem Denken, Fühlen u. Handeln verstehen:* ich kann meinen Freund gut b.; ich begreife nicht, wie man so etwas tun kann; R das begreife, wer will! *(diese Sache, diese Handlungsweise verstehe ich nicht);* **c)** *für etw. halten, als etw. betrachten; eine bestimmte Vorstellung (von jmdm., etw.) haben:* das ganze griechische Kulturgebiet als Einheit b.; er begreift sich als Spezialist, (selten:) als Spezialisten. **2.** (landsch.) *befühlen, betasten, greifend prüfen:* er begreift das weiche Tuch; die Kinder sollen nicht immer die Möbel b. **3. * etw. in sich b.** (veraltend; *etw. umfassen, einschließen, enthalten*): diese Entwicklung begriff auch eine soziale Umschichtung in sich.

be|greif|lich ⟨Adj.⟩ [mhd. begrīf(e)lich = fassbar; verstehend]: *leicht zu begreifen, zu verstehen; verständlich:* in -er Erregung sein; aus -er Verlegenheit; es ist mir nicht b., wie das geschehen konnte.

be|greif|li|cher|wei|se ⟨Adv.⟩: *verständlicherweise.*

be|gren|zen ⟨sw. V.; hat⟩: **1.** *die Grenze von etw. bilden; am Ende von etw. stehen:* die Wiese wird von einem Wald begrenzt. **2.** *beschränken, einengen, einengend festlegen:* die Geschwindigkeit [in der Stadt] b.; die Redezeit wurde begrenzt.

Be|gren|zer, der; -s, - (Technik): *Vorrichtung, die einen Vorgang bei Erreichen eines bestimmten Grenzwertes unterbricht.*

be|grenzt ⟨Adj.⟩: *nicht unendlich groß, weit, umfassend; auf ein gewisses Maß beschränkt:* er hat einen sehr -en Horizont; dort sind die Entfaltungsmöglichkeiten noch -er als hier; das ist nur sehr b. möglich.

Be|grenzt|heit, die; -, -en ⟨Pl. selten⟩: *das Begrenztsein:* die B. unserer Erkenntnis.

Be|gren|zung, die; -, -en: **a)** *das Begrenzen:* das macht jede B. des Risikos unmöglich; **b)** *Grenze, Eingrenzung:* eine B. überschreiten.

Be|gren|zungs|flä|che, die (Math.): *Fläche, die einen Körper begrenzt.*

Be|gren|zungs|li|nie, die: *Linie, die etw., eine Fläche begrenzt.*

Be|griff, der; -[e]s, -e [mhd. begrif = Bezirk; Umfang (u. Inhalt einer Vorstellung), zu ↑begreifen]: **1.** *Gesamtheit wesentlicher Merkmale in einer gedanklichen Einheit; geistiger, abstrakter Gehalt von etw.:* ein fest umrissener, schillernder, dehnbarer B.; zwei -e miteinander verwechseln, voneinander abgrenzen; *** etw. auf den B. bringen** *(etw. auf den Punkt bringen;* ↑Punkt 4 a). **2.** *Vorstellung, Auffassung, Meinung von etw.:* ich kann mir keinen rechten B. davon machen; keinen B. *(keine Ahnung)* von etw. haben; nach menschlichen -en unschuldig sein *** [jmdm.] ein B. sein** *([jmdm.] bekannt sein; in jmdm. eine bestimmte Vorstellung wachrufen):* Ulrich Maier? Ist mir kein B. **3. * im Begriff[e] sein/stehen** *(gerade anfangen wollen, etw. zu tun):* sie sind im B. zu gehen; ich stand im B., das Haus zu verlassen; **schwer/langsam von B. sein** (ugs. abwertend; *lange brauchen, um etw. zu verstehen*): er scheint etwas schwer von B. zu sein.

be|grif|fen ⟨Adj.⟩ [eigtl. = 2. Part. von ↑begreifen (3)]: in der Verbindung **in etw. b. sein** *(gerade mit etw. anfangen, beschäftigt sein; sich gerade in einem bestimmten Prozess befinden, sein):* die Gäste sind im Aufbruch b.; das im Umbau b. Haus.

be|griff|lich ⟨Adj.⟩: *den Begriff (1) betreffend; sich in Begriffen, abstrakt ausdrückend:* -e Klarheit; -es Denken; etw. b. darlegen, verständlich machen.

Be|griff|lich|keit, die; -: *das Begrifflichsein.*

Be|griffs|be|stim|mung, die: *Definition; genaue Erläuterung eines Begriffs* (1): die B. der Demokratie.

Be|griffs|bil|dung, die: *Bildung von Begriffen* (1): zur B. ist wohl nur der Mensch fähig.

Be|griffs|in|halt, der: *Inhalt eines Begriffs* (1).

Be|griffs|paar, das: *zwei zusammengehörende, einander [gegensätzlich] entsprechende Begriffe* (1).

be|griffs|stut|zig, (österr.:) **be|griffs|stüt|zig** ⟨Adj.⟩ (abwertend): *schwer begreifend:* er ist etwas b.

Be|griffs|stut|zig|keit, (österr.:) **Be|griffs|stüt|zig|keit,** die; - (abwertend): *das Begriffsstutzigsein.*

Be|griffs|um|fang, der: *Weite, Umfang eines Begriffs.*

Be|griffs|ver|wir|rung, die: **a)** *Durcheinander von Begriffen* (1); **b)** *Unfähigkeit zu klarem Denken, beginnende geistige Umnachtung:* er leidet schon an B.

e|grün|den ⟨sw. V.; hat⟩ [mhd. begründen = festen Grund geben, befestigen]: **1.** *den Grund zu etw. legen, eine Grundlage für etw. schaffen:* der Sieg begründete seinen Ruhm; einen Hausstand, eine Zeitung b. (besser: gründen). **2.** *Gründe, etw. als Grund für etw. angeben:* seinen Standpunkt, ein Urteil b.; das ist durch nichts zu b.; sachlich begründete Zweifel; begründete *(berechtigte)* Ansprüche; *** in etw. begründet sein/liegen, durch etw. begründet sein** *(seinen Grund in/durch etw. finden, sich von etw. herleiten):* das ist in der Natur der Sache begründet. **3.** ⟨b. + sich⟩ *in etw. seinen Grund finden, sich aus etw. erklären:* Wie begründet sich sein Anspruch?

e|grün|dend ⟨Adj.⟩ (Sprachw. selten): *kausal.*

e|grün|der, der; -s, -: *jmd., der eine bestimmte Lehre einführt, die Grundlagen zu etw. schafft:* Leibniz war der B. der Monadologie; Heinrich der Löwe war der B. (besser: Gründer) vieler Städte.

e|grün|de|rin, die; -, -nen: w. Form zu ↑Begründer.

e|grün|dung, die; -, -en: **1.** *das Begründen* (1): die B. einer Kunstrichtung; die B. (besser: Gründung) eines Hausstandes. **2.** *das Angeben, Herausstellen des Grundes oder von Gründen für etw.;* die B. eines Antrags; keine plausible B. für etw. vorbringen können.

e|grün|dungs|satz, der (Sprachw. selten): *Kausalsatz.*

e|grün|dungs|wei|se, die: *Art u. Weise, etw. zu begründen* (2).

e|grü|nen ⟨sw. V.; hat⟩: **a)** *mit Grün, Bäumen, Pflanzen, Rasen o. Ä. versehen:* die Innenstadt b.; wir wollen unseren Hof mit Rasen b.; begrünte Flächen; **b)** ⟨b. + sich⟩ *(von der Natur) grün werden:* die Wälder begrünen sich wieder.

e|grü|nung, die; -: **1.** *das Begrünen, Sichbegrünen.* **2.** *Pflanzen, mit denen etw. begrünt ist.*

e|grü|ßen ⟨sw. V.; hat⟩ [mhd. begrüeȥen]: **1.** *mit Gruß empfangen, willkommen heißen; jmdm. grüßend entgegentreten:* er stand auf, um den Freund zu b.; sich [gegenseitig] b.; (geh.:) einander b.; Ü die Kinder begrüßen den ersten Schnee mit großem Freudengeschrei. **2.** *positiv bewerten, freudig zur Kenntnis nehmen, zustimmend aufnehmen, gutheißen:* einen Vorschlag, jmds. Entschluss b.; diese Entwicklung dürfte in vielen Fällen zu b. sein; es ist zu b., dass er doch noch kommt. **3.** (schweiz.) *befragen; sich an jmdn. wenden, um seine Meinung einzuholen:* er handelte, ohne die zuständigen Stellen in dieser Sache begrüßt zu haben.

e|grü|ßens|wert ⟨Adj.⟩: *erfreulich, mit Zustimmung, positiv aufzunehmen:* -e Ergebnisse; dein Eifer ist b.

e|grü|ßung, die; -, -en: *das Begrüßen [in Form eines Empfangs]:* die offizielle B. fand im Rathaus statt.

e|grü|ßungs|an|spra|che, die: *kurze Rede, mit der die Teilnehmer einer Veranstaltung begrüßt werden oder ein prominenter Gast eingeführt wird.*

e|grü|ßungs|for|mel, die: *formelhafte, ohne innere Anteilnahme gesprochene Worte zu jmds. Begrüßung:* eine B. murmeln.

e|grü|ßungs|kuss, der: *Kuss zur Begrüßung.*

e|grü|ßungs|trunk, der: *zur Begrüßung gereichter Trunk.*

e|gu|cken ⟨sw. V.; hat⟩ (ugs.): *anschauen, [genau] besehen, betrachten:* den Umschlag von allen Seiten b.

e|gum, die; -, -en [engl. begum < Urdu begam, aus dem Türk.]: *Titel indischer Fürstinnen.*

e|güns|ti|gen ⟨sw. V.; hat⟩: **a)** *jmdm., einer Sache, einem Vorhaben günstig, förderlich sein; positiv beeinflussen:* der Rückenwind hat die Läufer begünstigt; seine Unternehmungen waren stets vom Glück begünstigt; **b)** *bevorzugen, besonders fördern; jmdm. [auffällig] seine Gunst zuwenden:* er hat bei der Besetzung wichtiger Stellen seine Parteifreunde begünstigt *(favorisiert);* **c)** (Rechtsspr.) *(einen Täter) unterstützen, (ihm) helfen, sich seiner Bestrafung zu entziehen.*

Be|güns|ti|gung, die; -, -en: **a)** *das Begünstigen;* **b)** (Rechtsspr.) *wissentlicher Beistand, Unterstützung des Täters, Hilfe nach einer Straftat:* jmdn. wegen B. verurteilen.

be|gut|ach|ten ⟨sw. V.; hat⟩: **a)** *etw. fachmännisch prüfen u. beurteilen; sein Gutachten über etw. abgeben:* ein Bild, ein Baugelände b.; **b)** (ugs., oft scherzh.) *genau, prüfend betrachten [als ob man Fachmann wäre]:* na, lass dich mal b.

Be|gut|ach|ter, der; -s, -: *Gutachter, kritischer Betrachter.*

Be|gut|ach|te|rin, die; -, -nen: w. Form zu ↑Begutachter.

Be|gut|ach|tung, die; -, -en: **1.** *das Begutachten:* jmdm. etw. zur B. vorlegen. **2.** (selten) *Gutachten:* eine schriftliche B. einholen.

be|gü|tert ⟨Adj.⟩: **a)** (veraltend) *Landgüter besitzend;* **b)** *vermögend:* -en Kreisen, Schichten entstammen; sie ist sehr b.

be|gü|ti|gen ⟨sw. V.; hat⟩: *mit Worten od. Gebärden beruhigend auf jmdn. einwirken; beschwichtigen, beruhigen; besänftigen:* er suchte den aufgebrachten Fahrer zu b.; begütigend auf jmdn. einreden.

be|haa|ren, sich ⟨sw. V.; hat⟩: *Haare bekommen:* die Kopfhaut wird sich an dieser vernarbten Stelle nicht wieder b.; ⟨meist im 2. Part.:⟩ aus seinem offenen Hemd sah seine behaarte Brust hervor.

Be|haa|rung, die; -, -en: **1.** *das Sichbehaaren.* **2. a)** *Fell* (1 a): manche Tiere haben im Winter eine besonders dichte B.; **b)** *Haarwuchs am menschlichen Körper:* er hat auf der Brust eine dichte B.

be|hä|big ⟨Adj.⟩ [urspr. = wohlhabend, für älter: (ge)häbig, zu ↑Habe]: **1. a)** *beleibt und phlegmatisch:* ein dicker, -er Mann; **b)** *von ausladender Form:* ein -er Sessel; **c)** *sich langsam, gemessen, geruhsam, schwerfällig bewegend:* mit -en Schritten; b. näher kommen. **2.** (schweiz. veraltet) **a)** *reich, wohlhabend:* ein -es Dorf; **b)** *stattlich:* das Haus ist b.

Be|hä|big|keit, die; -: *das Behäbigsein.*

be|ha|cken ⟨sw. V.; hat⟩: **1. a)** *(die Erde rund um [junge] Pflanzen) mit der Hacke bearbeiten:* ich muss die Erdbeeren noch b.; **b)** *an verschiedenen Stellen an etw. hacken:* die Rinde hat ein Specht behackt. **2.** (salopp) *betrügen:* er wollte ihn um tausend Mark b.

be|haf|ten ⟨sw. V.; hat⟩ (schweiz. Amtsspr.): *(auf eine Äußerung) festlegen, beim Wort nehmen:* der Angeklagte wurde auf seine Erklärung, er habe sich in der Nähe des Tatorts aufgehalten, behaftet.

be|haf|tet ⟨Adj.⟩ [eigtl. = 2. Part. von mhd. beheften, ahd. biheften = zusammenheften, festhalten, heute auf ↑[1]haften bezogen]: in der Verbindung **mit etw. b. sein** *(etw. [Negatives] an sich haben, etw. als Mangel, als Nachteil haben):* mit einem Makel b. sein; das Wort ist mit negativen Konnotationen b.

be|ha|gen ⟨sw. V.; hat⟩ [mhd. (be)hagen, eigtl. wohl = sich geschützt fühlen, vgl. ahd. gihagin (2. Part.) = gehegt, gepflegt, zu einem germ. Verb mit der Bed. »schützen, hegen«]: *zusagen, gefallen; Behagen bereiten:* die eintönige Arbeit behagte ihm nicht; es behagt mir gar nicht, dass du schon wieder gehst.

Be|ha|gen, das; -s: *wohliges Gefühl der Zufriedenheit, stilles Vergnügen:* er verzehrte den Braten mit stillem B.

be|hag|lich ⟨Adj.⟩: **a)** *Behagen ausstrahlend, Wohlbehagen verbreitend, gemütlich, bequem:* ein -er Sessel; er schien es sich b. machen zu wollen; **b)** *mit Behagen, voller Behagen, genießerisch:* b. in der Sonne sitzen.

Be|hag|lich|keit, die; -, -en: **1.** ⟨o. Pl.⟩ *behagliche Atmosphäre.* **2.** (selten) *behaglich wirkender Einrichtungsgegenstand.*

Be|ha|is|mus: ↑Bahaismus.

be|hal|ten ⟨st. V.; hat⟩ [mhd. behalten, ahd. bihaltan]: **1. a)** *festhalten, in seinem Besitz lassen, nicht hergeben:* Eigentum erwerben und b.; ein Bild als, zum Andenken b.; den Rest des Geldes können Sie b.; ich möchte dich als Freund b. *(du sollst mein Freund bleiben);* wir hätten unsere Eltern gern noch länger behalten (ugs.; *wir hätten gern, dass sie noch länger gelebt hätten);* **b)** (selten) *zurückhalten;* **c)** *an einem Ort belassen:* den Hut auf dem Kopf b.; der Kranke konnte endlich wieder die Nahrung bei sich b.; Ü etw. im Gedächtnis, im Kopf b. *(etw. nicht vergessen);* **d)** *in seiner Obhut belassen, nicht fortlassen:* jmdn. als Gast bei sich b.; wir haben die Flüchtlinge über Nacht in unserm Haus behalten; *** etw. für sich b.** *(nicht weitererzählen).* **2. a)** *nicht verlieren; bewahren:* das Gold behält seinen Glanz; die Nerven, seine gute Laune b.; **b)** *sich als bleibenden Schaden zugezogen haben:* er hat von der Angina einen Herzschaden behalten. **3.** *im Gedächtnis bewahren, sich merken:* eine Adresse, Telefonnummer b.; Zahlen gut b. können.

Be|häl|ter, der; -s, -: **a)** *etw., was zum Aufbewahren u. Transportieren beliebiger Gegenstände od. Flüssigkeiten (auch Gase) dient:* einen B. mit Sand, Benzin füllen; **b)** *Container* (b).

Be|häl|ter|schiff, das: **1.** *Containerschiff.* **2.** *Schiff, mit dem Leichter* (b) *transportiert werden.*

Be|hält|nis, das; -ses, -se: *Behälter, Gefäß, in dem etwas aufbewahrt wird.*

be|häm|mern ⟨sw. V.; hat⟩: *mit dem Hammer bearbeiten, unablässig auf etw. einschlagen:* das Blech muss noch behämmert werden.

be|häm|mert ⟨Adj.⟩ (salopp): *nicht recht bei Verstand, verrückt:* er macht einen völlig -en Eindruck; du bist ja total b.

be|händ, be|hän|de ⟨Adj.⟩ [mhd. behende, urspr. Adv. u. entstanden aus: bī hende = bei der Hand]: *flink, gewandt u. geschickt, bes. in seinen Bewegungen; von Flinkheit, Gewandtheit, Geschicktheit zeugend:* mit behänden Schritten, Bewegungen; er ist sehr b.; Ü er ist geistig sehr b., am behändesten von allen.

be|han|deln ⟨sw. V.; hat⟩: **1.** *mit jmdm., etw. in einer bestimmten Weise umgehen, verfahren:* jmdn. von oben herab, liebevoll, [un]freundlich b.; eine Maschine, einen Motor [un]sachgemäß b.; diese Angelegenheit muss äußerst diskret behandelt werden; er wollte nicht wie ein kleiner Junge behandelt werden. **2.** *(mit einer Substanz, die eine bestimmte Wirkung hat) bearbeiten, in Berührung bringen:* Lebensmittel chemisch b.; den Boden mit Wachs b.; ein Material mit Säure b. **3. a)** *auf bestimmte Weise [künstlerisch] darstellen, ausführen:* der Komponist behandelte das Motiv als Fugenthema; in seinem neuesten Film behandelt er Probleme der Arbeitslosigkeit; der Roman behandelt das Leben Napoleons *(hat das Leben Napoleons zum Gegenstand);* **b)** *(eine Angelegenheit, ein Thema) besprechen, durchsprechen:* können wir das nicht morgen b.?; **c)** *[wissenschaftlich] analysieren und darlegen:* ein Thema exakt b. der Fall wurde wochenlang in der Presse behandelt. **4. a)** *(einen Patienten) zu heilen versuchen:* einen Kranken mit Penizillin, ambulant b.; er musste sich b. lassen; der behandelnde Arzt; **b)** *(eine Krankheit, eine Verletzung) zu heilen versuchen:* den Schnupfen mit Tropfen b.; eine Krankheit homöopathisch b.

Be|hän|dig|keit, die; -: *das Behändesein.*

Be|hand|lung, die; -, -en: **1.** *das Behandeln* (1); *Umgang mit jmdm., etw.:* eine ungerechte, unwürdige, gute, freundliche B.; sie verdient eine bessere B.; diese Maschine reagiert sehr empfindlich auf falsche B. **2.** *das Behandeln* (2): neue Stoffe bekommen durch eine besondere B. ihre Appretur. **3. a)** *medizinisches Behandeln nach einem bestimmten Heilverfahren; Therapie:* dem Arzt fehlt es an Erfahrung in der B. von Zuckerkranken; **b)** *ärztliche Betreuung:* eine ambulante, stationäre B.; er ist bei einem Facharzt in B. **4. a)** *[künstlerische] Darstellung, Ausführung:* die B. des Themas verrät große Sachkenntnis; **b)** *Erörterung, Besprechung:* die B.

dieses Programmpunktes wurde verschoben; **c)** *wissenschaftliche Analyse und Darlegung:* die B. soziologischer Fragen ist bei diesem Kurs unerlässlich.

Be|hand|lungs|kos|ten ⟨Pl.⟩: *Kosten für eine medizinische Behandlung.*

Be|hand|lungs|pflicht, die (Rechtsspr., Med.): **1.** *Pflicht (des Arztes), Kranke, Verletzte ärztlich zu behandeln.* **2.** *Pflicht, eine Geschlechtskrankheit ärztlich behandeln zu lassen.*

Be|hand|lungs|raum, der: *Raum, in dem Patienten ambulant behandelt werden.*

Be|hand|lungs|schein, der: *Krankenschein.*

Be|hand|lungs|stuhl, der: *verstellbarer Stuhl, auf dem ein Patient im Sitzen od. Liegen untersucht, behandelt wird.*

Be|hand|lungs|ver|fah|ren, das: *Heilverfahren.*

Be|hand|lungs|wei|se, die: *Art u. Weise, jmdn., etw. zu behandeln.*

be|hand|schuht ⟨Adj.⟩: *in einem Handschuh, in Handschuhen steckend:* ihre linke Hand war b.

Be|hang, der; -[e]s, Behänge: **a)** *das, was als Verkleidung* (2 b) *o. Ä. von etw. herabhängt:* das Zimmer schmückt ein schwerer samtener B.; **b)** *alles, was an etw. (meist an einem Baum) hängt:* ein Weihnachtsbaum ohne B.; die Apfelbäume haben dieses Jahr einen besonders reichen B.; **c)** (Jägerspr.) *herabhängende Ohren bei Jagdhunden;* **d)** (selten) *Wolkendecke.*

be|han|gen ⟨Adj.⟩ [mhd. behangen, 2. Part. von: behähen = behängen]: *voll von etw., was herabhängt; mit Herabhängendem beladen:* ein über und über mit Äpfeln -er Baum; die Zweige sind dicht b.

be|hän|gen ⟨sw. V.; hat⟩: **a)** *an etw., jmdm. Gegenstände so befestigen, dass sie herabhängen:* den Weihnachtsbaum mit Lametta b.; mit Teppichen behängte Wände; **b)** (ugs. abwertend) *übermäßig schmücken:* sie behängt sich gern mit Strass; man behängte ihn mit Orden.

be|har|ken ⟨sw. V.; hat⟩: **a)** (Soldatenspr.) *eine Zeit lang [ohne Unterbrechung] beschießen:* ein Maschinengewehr beharkte die freie Fläche; **b)** (salopp) *losgehen auf, [sich] verbissen bekämpfen:* vom Anpfiff an beharkten sich die beiden Mannschaften; die Eheleute beharkten sich im Flur.

be|har|ren ⟨sw. V.; hat⟩: **1. a)** *auf etw. bestehen, an etw. festhalten:* auf seinem Standpunkt b.; bei seiner Meinung b.; er beharrte darauf mitzufahren; **b)** (selten) *bleiben, verharren:* sie beharrte im Dunkeln. **2.** *an seiner Meinung festhaltend sagen:* »Trotzdem ist er im Unrecht«, beharrte er hartnäckig.

be|harr|lich ⟨Adj.⟩: *ausdauernd, zäh festhaltend, standhaft, hartnäckig:* -es Werben, Zureden; sich b. *(konstant)* weigern.

Be|harr|lich|keit, die; -: *das Beharrlichsein:* er ist von einer erstaunlichen B.

Be|har|rung, die; -: *das Beharren.*

Be|har|rungs|ver|mö|gen, das: **a)** *Ausdauer, Standhaftigkeit;* **b)** (Physik) *Trägheit* (2).

be|hau|chen ⟨sw. V.; hat⟩: **a)** *auf etw. hauchen; anhauchen, seinen Hauch auf etw. blasen; mit seinem Hauch überziehen:* die Brille, die Gläser der Brille b.; **b)** (Sprachw.) *Konsonanten mit einem Hauchlaut aussprechen; aspirieren:* einen Konsonanten b.; ein behauchtes *(mit Behauchung ausgesprochenes)* p; ein behauchter Laut.

Be|hau|chung, die; -: *das Behauchen.*

be|hau|en ⟨unr. V.; behaute, hat behauen⟩: *durch Hauen (mit einer Axt, einem Hammer o. Ä.) bearbeiten:* Felsblöcke rechteckig b.; roh behauene Steine.

be|haup|ten ⟨sw. V.; hat⟩ [spätmhd. behoubeten = bewahrheiten, bekräftigen, zu mhd. houbet = Haupt, Oberhaupt, Herr, eigtl. = sich als Herr einer Sache erweisen]: **1.** *mit Bestimmtheit aussprechen, überzeugt sagen; (noch Unbewiesenes) als sicher ausgeben:* etw. hartnäckig, im Ernst b.; sagt der eine das, behauptet der andere das Gegenteil; sie behauptet, er sei verreist, dass er verreist sei. **2. a)** *erhalten, bewahren; erfolgreich verteidigen:* seinen Platz b.; die Vorteile einer sozialen Stellung zu b. wissen; **b)** ⟨b. + sich⟩ *sich gegen alle Widerstände halten [und durchsetzen]:* sich in seiner Position b.; das Produkt konnte sich am Markt nicht b.; **c)** ⟨b. + sich⟩ (Sport) *siegen:* in dem Länderspiel behaupteten sich die Italiener [mit 3:0].

be|haup|tet ⟨Adj.⟩ (Börsenw.): *fest, in gleicher Höhe [geblieben]:* die Börse tendierte gut b.

Be|haup|tung, die; -, -en: **1. a)** *Äußerung, in der etw. als Tatsache hingestellt wird [was möglicherweise jedoch keine ist]:* eine kühne, unverschämte, aus der Luft gegriffene B.; das ist eine bloße B.; jmds. -en nachprüfen; die B. aufstellen (nachdrücklich; *behaupten*), dass ...; er blieb bei der B., dass ...; **b)** (Math.) *aufgestellter Lehrsatz, der bewiesen werden soll.* **2.** ⟨Pl. selten⟩ *das [Sich]behaupten, Durchsetzen:* Mittel zur Ergreifung und B. der Staatsmacht.

be|hau|sen ⟨sw. V.; hat⟩ (geh.): *in sein Haus aufnehmen; unterbringen:* er behauste uns auf seinem Hof.

be|haust ⟨Adj.⟩ (geh., dichter.): *beheimatet:* die im äußersten Norden -en Stämme; im Meer -e Tiere.

Be|hau|sung, die; -, -en (geh.): *Wohnung, [schlechte, notdürftige] Unterkunft:* fern [von] allen menschlichen -en.

Be|ha|vi|o|ris|mus [bihevi̯əˈrɪsmʊs], der; - [engl. behaviorism; 1913 geb. von dem amerik. Psychologen J. B. Watson (1878–1958), zu engl.-amerik. behavior = Verhalten]: *Richtung der amerikanischen Verhaltensforschung, die durch das Studium des Verhaltens von Lebewesen deren seelische Merkmale zu erfassen sucht:* ein Vertreter des B.

be|ha|vi|o|ris|tisch ⟨Adj.⟩: **a)** *den Behaviorismus betreffend;* **b)** *nach der Methode des Behaviorismus verfahrend.*

be|he|ben ⟨st. V.; hat⟩ [mhd. beheben = wegnehmen]: **1.** *(Schlechtes) beseitigen, aufheben; wieder in Ordnung bringen:* eine Panne selbst b.; Missstände, Mängel b. **2.** (österr.) **a)** *(von der Bank, von einem Konto) abheben:* er behob 4 000 Schilling; **b)** *abholen.*

Be|he|bung, die; -, -en: **1.** ⟨o. Pl.⟩ *das Beheben* (1). **2.** (österr.) *das Abheben; Abholen.*

be|hei|ma|ten ⟨sw. V.; hat⟩: *heimisch machen, ansiedeln; jmdm., einem Tier, einer Pflanze eine [neue] Heimat geben:* im Nationalpark Bayerischer Wald hat man den Luchs wieder b.

be|hei|ma|tet ⟨Adj.⟩: *seine Heimat habend, zu Hause seiend:* er ist in Berlin b.; eine in den Tropen -e Pflanze.

be|heiz|bar ⟨Adj.⟩: **a)** *sich beheizen* (a) *lassend:* eine -e Garage; diese Zimmer sind nicht b.; **b)** *sich beheizen* (b) *lassend:* eine -e Heckscheibe.

be|hei|zen ⟨sw. V.; hat⟩: **a)** *(einen Raum o. Ä.) durch Heizen warm machen, durch od. mit etw. heizen:* eine Wohnung mit Gas, mit Öfen b.; **b)** (Technik) *(einer Sache) Wärme zuführen, mit Wärme versorgen:* die Scheibe wird elektrisch beheizt.

Be|hei|zung, die; -: *das Beheizen.*

Be|helf, der; -[e]s, -e [mhd. behelf = Vorwand; Zuflucht]: *etw., womit man sich in Ermangelung eines Besseren behelfen muss; Notlösung; Provisorium:* diese Konstruktion ist nur ein B.

be|hel|fen, sich ⟨st. V.; hat⟩ [mhd. sich behelfen = als Hilfe nehmen, brauchen]: **a)** *sich mit einem (unzureichenden) Ersatz helfen, sich durch jmdn., etw. Ersatz schaffen:* sich mit einer Decke b.; **b)** *ohne jmdn., etw. zurechtkommen; auch so, ohne Hilfe fertig werden:* kannst du dich ohne Auto b.?

Be|helfs|aus|fahrt, die (Verkehrsw.): *vorläufig eingerichtete od. nur für Bedarfsfälle geöffnete Ausfahrt einer Autobahn.*

Be|helfs|bau, der ⟨Pl. -ten⟩: *behelfsmäßiger Bau.*

Be|helfs|brü|cke, die: *behelfsmäßige Brücke.*

be|helfs|mä|ßig ⟨Adj.⟩: *als Notbehelf dienend, provisorisch:* ein -er Sitz.

Be|helfs|maß|nah|me, die: *Anordnung od. Handlung, die rasch behelfsmäßige Abhilfe schaffen soll; Notmaßnahme.*

Be|helfs|un|ter|kunft, die: *behelfsmäßige Unterkunft.*

be|helfs|wei|se ⟨Adv.⟩: *als behelfsmäßiger Ersat[z]:* die Couch dient b. als Bett.

be|hel|li|gen ⟨sw. V.; hat⟩ [zu mhd. helligen = ermüden, zu: hellec = ermüdet, erschöpft, zu: hel = schwach, matt, eigtl. = ausgetrocknet, verw. mit ↑schal]: *(mit etw. Unangenehmem, Lästigem) konfrontieren; in störender Weise bedrängen; belästigen:* jmdn. mit Fragen, seine Sorgen b.; wir wurden von niemandem behelligt.

Be|hel|li|gung, die; -, -en: *das Behelligen.*

be|helmt ⟨Adj.⟩: *einen Helm tragend, mit einem Helm versehen:* eine Gruppe -er Soldaten.

be|hend, be|hen|de usw.: frühere Schreibungen für ↑behänd, behände usw.

be|her|ber|gen ⟨sw. V.; hat⟩ [mhd. beherbergen, eigtl. = mit Gästen versehen]: **a)** *als Gast bei sich aufnehmen; jmdm. Unterkunft bieten:* jmdn. über Nacht, bei sich b.; **b)** *in sich enthal[ten]; den Raum für jmdn., etw. bieten:* das eine Zelt konnte nicht alle b.

Be|her|ber|gung, die; -: *das Beherbergen.*

Be|her|ber|gungs|ge|wer|be, das: *Gewerbe* (2), *das für die Unterbringung von Gästen in Hotel[s], Pensionen u. a. sorgt.*

be|herrsch|bar ⟨Adj.⟩: *sich beherrschen lassend.*

Be|herrsch|bar|keit, die; -: *das Beherrschbarsei[n].*

be|herr|schen ⟨sw. V.; hat⟩: **1.** *über jmdn., etw. (bes. über ein unterworfenes, unterdrücktes Volk, Land) Macht ausüben; als Herrscher regieren:* ein Volk, ein Land b.; **Ü** von einer Lei[denschaft] beherrscht *(ihr unterworfen)* sein. **2.** *zügeln, bezähmen, zurückhalten, unter Kon[trolle] halten:* seine Leidenschaft, seinen Trieb b.; ich musste mich b., um nicht zu lachen; er kann sich nicht b.; **R** ich kann mich b.! (ugs.; *keinesfalls werde ich das tun!*). **3. a)** *[souverän] zu handhaben verstehen; in der Gewalt, unter Kontrolle, im Griff haben:* er beherrschte die Situation souverän; **b)** *sich [geistig] angeeigne[t], gelernt haben; die Fähigkeit zur Ausübung vo[n] etw. haben:* ein Handwerk, die Regeln der Rec[ht]schreibung b.; ein Musikinstrument b. *(es spie[len] können).* **4.** *als herausragendes Merkmal kennzeichnen; dominieren; bestimmen:* die Kathedrale beherrscht das Stadtbild; **Ü** diese Vorstellung beherrscht sein ganzes Denken.

Be|herr|scher, der; -s, -: *Herrscher, Herr über jmdn., etw.*

Be|herr|sche|rin, die; -, -nen: w. Form zu ↑Behe[rr]scher.

be|herrscht ⟨Adj.⟩: *in sich gefestigt, gezügelt:* ei[ne] -e Miene zeigen; b. sprechen, auftreten.

Be|herrscht|heit, die; -: *das Beherrschtsein.*

Be|herr|schung, die; -: **1.** *das Beherrschen* (1). **2.** *das Beherrschen* (2), *das Bezähmen, Sichzü[geln]:* etw. mit großer B. sagen; * **seine/die B. verlieren** *(ungeduldig, zornig, laut, ausfällig werden).* **3.** *das Beherrschen* (3): die B. der Rechtschreibung.

be|her|zi|gen ⟨sw. V.; hat⟩ [im 16. Jh. = ermutige[n], in Rührung versetzen]: *sich zu Herzen nehme[n], merken u. entsprechend handeln; (jmds. Rat, Weisung o. Ä.) ernst nehmen u. befolgen:* eine Mahnung, Warnung, jmds. Worte b.

be|her|zi|gens|wert ⟨Adj.⟩: *so nützlich, wichtig, dass man es beherzigen, befolgen sollte:* sein P[lan] ist ohne Zweifel b.

Be|her|zi|gung, die; -: *das Beherzigen:* die B. gu[ter] Ratschläge fällt oft schwer; dies zur B.! (als Ermahnung).

be|herzt ⟨Adj.⟩ [mhd. beherzet, 2. Part. von: beherzen = standhaft sein]: *mutig u. entschlo[s]sen, unerschrocken:* -es Handeln; b. mit zupacken; ⟨subst.:⟩ einige Beherzte griffen zu.

Be|herzt|heit, die; -: *das Beherztsein.*

be|he|xen ⟨sw. V.; hat⟩: **1.** *verzaubern, durch Za[u]berspruch verwandeln:* sie hat die Kühe des Dorfes behext; er war wie behext von dem

Anblick. **2.** *stark in seinen Bann ziehen:* sie hat ihn behext.

e|hilf|lich ⟨Adj.⟩ [mhd. behilfelich]: meist in der Verbindung **jmdm. b. sein** *(helfen):* einer Dame beim Ablegen des Mantels b. sein; darf ich Ihnen b. sein?; ⟨auch attr.:⟩ ein [beim Umzug] -er Nachbar.

e|hin|dern ⟨sw. V.; hat⟩: *jmdm., einer Sache hinderlich, im Wege sein; hemmen, störend aufhalten:* die Verletzung behindert ihn; Nebel behinderte die freie Sicht; den Gegenspieler durch Festhalten b.; sich [gegenseitig] b.; (geh.:) einander b.; behinderndes Parken.

e|hin|dert ⟨Adj.⟩: *infolge einer körperlichen, geistigen od. seelischen Schädigung beeinträchtigt:* ein -es Kind haben; **Ü** du bist doch total b.! (salopp; *verrückt!*).

e|hin|der|te, der u. die; -n, -n ⟨Dekl. ↑ Abgeordnete⟩ (Amtsspr.): *behinderte Person:* ein geistig -r; für die -n sorgen.

e|hin|der|ten|ge|recht ⟨Adj.⟩: *den Bedürfnissen, Ansprüchen behinderter Menschen genügend:* -e Verkehrsmittel, Sportplätze.

e|hin|der|ten|sport, der: *von Behinderten ausgeübter Sport.*

e|hin|de|rung, die; -, -en: **1.** *das Behindern.* **2.** *etw., was jmdn. behindert.*

e|hor|chen ⟨sw. V.; hat⟩: **a)** (ugs.) *abhören* (2): jmdn., jmds. Brust, Lungen, Herz b.; **b)** *belauschen:* ein Gespräch b.

e|hör|de, die; -, -n [zu veraltet behören, mhd. behœren = zugehören, eigtl. = Ort, (Amts)stelle, wohin etw. gehört]: **a)** *staatliche, kommunale od. kirchliche Dienststelle, Verwaltungsorgan:* staatliche, städtische -n; ein Gesuch bei der zuständigen B. einreichen; von B. zu B. laufen; **b)** *Sitz der Behörde* (a); *Amtssitz; Amtsgebäude:* die B. befindet sich in der Friedrichstraße.

e|hör|den|deutsch, das (oft abwertend): *Amtsdeutsch.*

e|hör|den|schrift|ver|kehr, der: *Briefwechsel von u. mit Behörden.*

e|hör|den|spra|che, die: vgl. Behördendeutsch.

e|hör|den|weg, der: *Instanzenweg.*

e|hörd|lich ⟨Adj.⟩: *amtlich, die Behörde[n] betreffend, vonseiten der Behörde[n]:* auf -e Anordnung; b. genehmigt.

e|hörd|li|cher|seits ⟨Adv.⟩ [↑-seits]: *vonseiten der Behörde, von der Behörde aus:* die Veranstaltung ist b. verboten worden.

e|host ⟨Adj.⟩: (ugs.) *mit Hosen bekleidet:* eine -e Verkäuferin.

e|huf, der; -[e]s, -e [mhd. behuof = Nutzen, Vorteil; Gewerbe, Geschäft; Zweck, zu: beheben = erhalten, erwerben; behalten, zu ↑ heben]: meist in der Fügung **zu diesem/dem Behuf[e]** (veraltend; *zu diesem Zweck*): zu welchem B. reist er dorthin?

e|hufs ⟨Präp. mit Gen.⟩ [urspr. Gen. Sg. von: Behuf, später Adv.] (Amtsspr. veraltet): *zum Zwecke, zu:* b. des Neubaus.

e|huft ⟨Adj.⟩: *mit Hufen ausgestattet, Hufe tragend:* -e Tiere.

e|hü|ten ⟨sw. V.; hat⟩ [mhd. behüeten = bewahren; verhindern; sich hüten, zu ↑ hüten]: **a)** *in seine Obhut nehmen; bewachen, beschützen:* der Hund behütet die Kinder; **b)** *vor jmdm., etw. bewahren, schützen:* jmdn. vor Schaden, vor einer Gefahr b.; *** [Gott] behüte!** *(nein, auf keinen Fall!;* oft nur als Einschub, der die ablehnende Stellungnahme des Sprechenden od. Schreibenden ausdrücken soll).

e|hut|sam ⟨Adj.⟩ [zu veraltet Behut = Bewahrung]: *sorgsam-vorsichtig, achtsam, rücksichtsvoll, zart:* -e Worte; eine -e Frage stellen; bei etw. sehr b. sein; b. mit etw. umgehen.

e|hut|sam|keit, die; -: *das Behutsamsein:* mit großer B. vorgehen.

ei ⟨Präp. mit Dativ⟩ [mhd., ahd. bī, urspr. = um – herum]: **I.** (räumlich) **1. a)** (zur Angabe der Nähe, der losen Berührung u. Ä.) *in der Nähe von jmdm., etw.; nahe:* die Schlacht bei Leipzig; beim Gepäck bleiben; [dicht, nahe] bei der Schule; bei jmdm., etw. stehen, sitzen; wir versammeln uns beim Schillerdenkmal; Kopf bei Kopf; **b)** *unter, zwischen (einer Menge):* er war auch bei den Demonstranten; **c)** (zur Angabe der direkten Berührung) *an:* das Kind bei der Hand nehmen; jmdn. bei der Schulter packen. **2. a)** *im Wohn- od. Lebensbereich von jmdm.:* bei uns ist das so üblich; **b)** *in jmds. geistigem Bereich:* bei jmdm. Verständnis finden; die Schuld liegt bei ihm; **c)** *im Bereich einer Unternehmung, Institution o. Ä.:* bei einer Firma arbeiten, angestellt sein; **d)** *im Bereich eines Geschehens, Vorgangs:* bei einer Hochzeit sein; **e)** *im Werk eines Autors:* sie sehen aus wie die Verbrecher bei Edgar Wallace; **f)** *im Falle des ..., an jmds. od. am eigenen Beispiel:* bei ihm ist die Krankheit tödlich verlaufen; es war genauso wie bei mir; **g)** *im eigenen Bereich:* etw. bei sich tragen; bei sich [selbst] anfangen; als Gast bei sich behalten; **Ü** etw. bei sich behalten *(nicht weitererzählen);* *** nicht [ganz] bei sich sein** (ugs.; *verschlafen, geistig abwesend, nicht bei vollem Bewusstsein, Verstand sein*); **h)** zur Angabe eines ungefähren Wertes, einer ungefähren Anzahl: der Umsatz liegt bei *(beträgt etwa)* 90 Millionen; **i)** zur Angabe eines erreichten Wertes: die Temperatur liegt jetzt bei *(beträgt)* 38,7 °C; die Tachonadel blieb bei 250 km/h stehen *(zeigte 250 km/h an u. blieb auf diesem Wert stehen);* **j)** in Beteuerungsformeln (urspr. in der Vorstellung, das Angerufene sei Zeuge od. stehe dabei): bei Gott!; beim Barte des Propheten! **3.** ⟨mit Akk.⟩ (landsch., standardspr. nicht korrekt) zur Angabe der Richtung; *zu:* komm mal bei mich [bei]!; **II.** (zeitlich) **1.** zur Angabe eines Zeitpunktes: Vorsicht bei Abfahrt des Zuges!; beim Tod des Vaters. **2.** zur Angabe einer Zeitspanne, des Zeitraums eines Geschehens: bei Tag und [bei] Nacht; Rom bei Nacht; die Herrschaften sind noch bei Tisch. **3.** zur Angabe zweier gleichzeitig verlaufender Handlungen od. Vorgänge: bei zunehmendem Alter in Vereinsamung geraten; b. sein (nordd.; *dabei, im Begriff sein*); ich war gerade b. gewesen wegzuziehen, als das Unglück passierte. **III.** (zur Angabe der Begleitumstände) **1.** (mit modalem Nebensinn) *verbunden mit:* bei Kräften, bei guter Gesundheit sein; bei Tageslicht arbeiten. **2.** *betreffs; in Bezug auf jmdn., etw.:* anders sind die Verhältnisse bei Erdöl und Erdgas. **3.** (mit finalem Nebensinn) *für:* bei langen Additionen ist ein Taschenrechner schon eine Hilfe. **4.** (mit konditionalem Nebensinn) *wenn ..., dann:* bei Ostwind qualmt der Ofen. **5.** (mit kausalem Nebensinn) *wegen, infolge:* bei dieser Hitze bleiben wir lieber zu Hause. **6.** (mit adversativem, konzessivem Nebensinn) *trotz, ungeachtet:* etw. beim besten Willen nicht einsehen können; vgl. dabei (5).

Bei, der; -s, -e u. -s [türk. bey]: *Beg.*

bei|be|hal|ten ⟨st. V.; hat⟩: *an etw. festhalten, bei etw. bleiben; nicht aufgeben:* seine Lebensweise, die Methode b.; die eingeschlagene Richtung b.

Bei|be|hal|tung, die; -: *das Beibehalten.*

bei|bie|gen ⟨st. V.; hat⟩: **1.** (salopp) **a)** *jmdm. einen Wissensstoff immer wieder klarzumachen, zu erklären versuchen, bis er ihn verstanden hat:* die Formeln habe ich ihm endlich beigebogen; **b)** *jmdm. (etw. Unangenehmes) mit diplomatischem Geschick sagen:* heute muss ich meinem Vater b., dass ich eine Sechs geschrieben habe. **2.** (selten) *beidrehen* (a).

Bei|blatt, das; -[e]s, ...blätter: *beiliegendes zusätzliches Blatt* (z. B. zu einem Formular).

bei|blei|ben ⟨st. V.; ist⟩ (nordd.): **a)** *bleiben, in gleicher Art weitergehen:* wenn das so beibleibt mit den steigenden Preisen, dann sehe ich schwarz; **b)** *so weitermachen, bei etw. bleiben:* wenn wir weiter b., haben wir die Arbeit bald fertig.

Bei|boot, das; -[e]s, -e: *zum Schiff gehörendes Boot (bes. für den Verkehr mit dem Land):* die -e zu Wasser lassen.

bei|brin|gen ⟨unr. V.; hat⟩: **1.** *jmdn. lehren; [erklärend] vermitteln:* jmdm. die Grundbegriffe der lateinischen Sprache b.; den Rekruten Gehorsam b. **2.** (ugs.) *eine schlechte Nachricht schonend übermitteln; jmdn. von etw. [Unangenehmem mit diplomatischem Geschick] unterrichten:* er wusste nicht, wie er ihr die Nachricht b. sollte. **3.** *etw. (Schlechtes) zufügen, antun:* jmdm. eine Niederlage, eine Schnittwunde b. **4. a)** *heranschaffen, herbeiholen:* Zeugen b.; **b)** *anführen, heranziehen:* bisher unbekanntes Material b.

Bei|brin|gung, die; -: **1.** *das Beibringen* (3), *Zufügen.* **2.** *das Beibringen* (4), *Heranschaffen.*

Beich|te, die; -, -n [mhd. bīhte, zusgez. aus: bight(e), ahd. bigiht, bijiht, aus: bi- (↑ be-) u. jiht = Aussage, Bekenntnis, zu: jehan = sagen, bekennen, eigtl. = (feierlich) sprechen, reden]: **a)** (christl. Rel.) *vor einem Geistlichen od. im Gottesdienst abgelegtes Sündenbekenntnis;* **b)** *Geständnis, Bekenntnis (einer Schuld).*

beich|ten ⟨sw. V.; hat⟩ [mhd. bīhten]: **a)** (christl. Rel.) *eine Beichte* (a) *ablegen, Sünden bekennen:* seine Sünden b.; b. gehen; **b)** *eingestehen:* jmdm. seinen Kummer b.

Beicht|for|mel, die: *liturgische Texte u. Anleitung für die Beichte* (a).

Beicht|ge|heim|nis, das: **1.** ⟨o. Pl.⟩ *Pflicht (des Geistlichen), über das bei einer Beichte* (a) *Erfahrene Stillschweigen zu bewahren:* das B. wahren. **2.** *Geheimnis, das dem Geistlichen in der Beichte* (a) *anvertraut worden ist:* eine Mitteilung wie ein B. behandeln.

Beicht|ge|spräch, das: *persönliches seelsorgliches Gespräch zwischen Beichtwilligem u. Beichtvater [zur Vorbereitung einer Beichte* (a)*].*

Beicht|spie|gel, der: *meist in Frageform abgefasstes, nach dem Dekalog aufgebautes Sündenregister* (b) *zur Gewissenserforschung vor der Beichte* (a).

Beicht|stuhl, der: *(in einer kath. Kirche) in drei kleine Räume geteilte, zur Abnahme der Beichte bestimmte Kabine mit einer Öffnung in jeder Trennwand, durch die Beichtvater u. Beichtender zueinander sprechen können.*

Beicht|va|ter, der [mhd. bīhtvater]: *Geistlicher, bei dem jmd. [regelmäßig] beichtet* (a): mein B.

Beicht|wil|li|ge, der u. die; -n, -n ⟨Dekl. ↑ Abgeordnete⟩: *jmd., der bereit ist zu beichten* (a).

beid|ar|mig ⟨Adj.⟩ (bes. Sport): **1.** *mit beiden Armen; beide Arme betreffend:* -es Reißen; b. rudern. **2.** *mit beiden Armen gleich geschickt:* ein -er Spieler.

beid|bei|nig ⟨Adj.⟩ (bes. Sport): *mit beiden Beinen; beide Beine betreffend:* ein -er Absprung.

bei|de ⟨Indefinitpron. u. Zahlw.⟩ [1: mhd., ahd. beide, bēde; 2: mhd. beideȝ]: **1.** ⟨Pl.⟩ **a)** ⟨meist mit Artikel od. Pron.⟩ (betont das Gemeinsame von zwei Personen od. gleichartigen Dingen) *die zwei ... zusammen:* ⟨attr.:⟩ die/seine -n Kinder; der Auftritt der -n Artisten; er hat den -n Fremden den Weg gezeigt; die -n ersten Strophen *(von zwei Gedichten jeweils die erste)*/die ersten -n Strophen *(die erste u. zweite Strophe eines Gedichts)* lernen; ⟨allein stehend:⟩ die -n sind gerade weggegangen; b. zusammen; die Unterredung der -n hat lange gedauert; diese -n möchte ich probieren; wir b.; ihr b.; alle b.; ⟨nach »wir« (seltener) u. »ihr« (überwiegend) auch mit schwacher Beugung:⟩ ihr -n seid mir aufgefallen; (ugs. scherzh., bes. nordd.:) wir zwei beide[n]; man hat uns -n nichts gesagt; ich habe Sie b. gestern im Theater gesehen; **b)** (meist betont; sagt aus, dass von zwei unter einem bestimmten Aspekt [als zusammengehörend] betrachteten Personen od. gleichartigen Dingen das Gleiche gilt) *der eine wie der andere:* ⟨attr.:⟩ b. Hände; Doktor -r Rechte *(des römischen u. des deutschen);* man muss -n Seiten gerecht werden; sie haben b. Eltern verloren; b. jungen/(veraltend:) junge Mädchen; b. Abgeordneten/(veraltend:) Abgeordnete; ⟨allein stehend:⟩ b. wohnen in Berlin; damit ist -n nicht geholfen *(weder dem einen noch dem andern);* ich habe b. gefragt; willst du Wein oder Bier?

B

Keins von -n!; die Briefe sind b. angekommen. **2.** ⟨Neutr. Sg.; nur Nom., Dativ, Akk.⟩ (fasst zwei [in Geschlecht od. Zahl] verschiedene Dinge, Eigenschaften od. Tätigkeiten zusammen) *dieses u. jenes zusammen; alle zwei:* Rot oder Schwarz? Beides!; das Abonnement gilt für -s, Oper und Schauspiel; er hat sich in -m geirrt.

bei|de Mal: s. [1]Mal.

bei|der|halb ⟨Adv.⟩ (schweiz.): *auf beiden Seiten.*

bei|der|lei ⟨Gattungsz.; indekl.⟩ [↑-lei]: *von dem einen wie von dem anderen:* (ev. Kirchen:) Abendmahl in b. Gestalt *(mit Brot und Wein).*

bei|der|sei|tig ⟨Adj.⟩: **a)** *beide [Seiten] betreffend, von beiden Seiten ausgehend; gegenseitig:* -e Beziehungen; das Treffen kam auf -en Wunsch zustande; die Ehe wurde in -em Einverständnis geschieden; **b)** *beidseitig* (a): eine -e Lungenentzündung.

bei|der|seits [↑-seits]: **I.** ⟨Präp. mit Gen.⟩ *zu beiden Seiten:* b. der Straße lagen Bäume auf. **II.** ⟨Adv.⟩ **a)** *auf, zu beiden Seiten:* das Brett ist b. furniert; **b)** *beiderseitig* (a): b. zu einem Einvernehmen kommen.

beid|fü|ßig ⟨Adj.⟩: **1.** *mit beiden Füßen; beide Füße betreffend:* b. abspringen. **2.** (Sport) *mit beiden Füßen gleich geschickt:* ein -er Stürmer.

Beid|hän|der, der; -s, -: *jmd., der mit beiden Händen gleich geschickt ist.*

Beid|hän|de|rin, die; -, -nen: w. Form zu ↑Beidhänder.

beid|hän|dig ⟨Adj.⟩: **a)** *mit beiden Händen gleich geschickt:* ein -es Kind; **b)** *mit beiden Händen:* ein -er Schlag.

bei|dre|hen ⟨sw. V.; hat⟩ (Seemannsspr.): **a)** *die Fahrt unter Richtungsänderung [bis zum Stillstand] verlangsamen:* das Boot drehte bei und nahm ihn an Bord; **b)** *mit dem Bug zum Wind drehen (um dem Wind möglichst wenig Angriffsfläche zu bieten):* bei diesem starken Wind ließ er b.

beid|sei|tig ⟨Adj.⟩: **1.** *auf beiden Seiten:* b. furnierte Bretter. **2.** *beiderseitig* (a): -e Skepsis.

beid|seits ⟨Präp. mit Gen.⟩ [↑-seits] (bes. schweiz.): *beiderseits:* b. des Flusses.

bei|ei|nan|der ⟨Adv.⟩: **1.** *einer beim anderen, [nahe] zusammen:* b. stehen, liegen; nach dem Essen blieben wir noch ein wenig b. sitzen; alle Unterlagen b. *(zusammengetragen)* haben; ⟨subst.:⟩ die Einheit beruht nicht nur auf dem räumlichen Beieinander. **2.** (ugs.) *in Ordnung, aufgeräumt:* in ihrer Wohnung war immer alles ordentlich b.; * **gut/schlecht/nicht recht b. sein** (ugs.; *eine gute/schlechte/schwache Gesundheit haben; sich [nicht] wohl fühlen*); **nicht ganz b. sein** (ugs.; *nicht ganz bei Verstand, geistig etw. verwirrt sein*); **nicht alle/sie nicht richtig b. haben** (ugs.; *nicht klar bei Verstand sein*): du hast wohl nicht alle b.?

bei|ei|nan|der ha|ben, bei|ei|nan|der hal|ten usw.: s. beieinander (2).

Bei|ei|nan|der|sein, das: *das Zusammensein:* ein gemütliches B.

bei|ei|nan|der sit|zen, bei|ei|nan|der ste|hen usw.: s. beieinander (1).

beif. = beifolgend.

Bei|fah|rer, der; -s, -: **a)** *im PKW vorn neben dem Fahrer sitzende Person:* als B. schwer verletzt werden; **b)** *berufsmäßiger Mitfahrer bei Rallyes od. im LKW, der bestimmte Aufgaben zu erfüllen hat.*

Bei|fah|re|rin, die; -, -nen: w. Form zu ↑Beifahrer.

Bei|fah|rer|sitz, der: *Sitz neben dem Fahrersitz.*

Bei|fall, der; -[e]s [eigtl. = Anschluss an eine Partei, wohl Ggb. zu ↑Abfall (2)]: **1.** *Bekundung von Zustimmung od. Begeisterung durch Klatschen, Trampeln, Rufen u. a.; Applaus:* starker, anhaltender, brausender, herzlicher, schwacher B.; der B. bricht los, hält an; B. klatschen; viel B. ernten; spontaner B. auf offener Szene (*als unmittelbare Reaktion*). **2.** *Bejahung, Zustimmung:* seine Ansicht fand [keinen] B.; sich B. heischend (geh.; *Beifall erwartend, fordernd*) umsehen.

Bei|fall hei|schend: s. Beifall (2).

bei|fäl|lig ⟨Adj.⟩: *Zustimmung, Anerkennung, Wohlgefallen, Beifall* (2) *ausdrückend; zustimmend, bejahend; anerkennend:* -es Gemurmel; b. nicken; etw. b. aufnehmen.

Bei|fall|klat|schen, Beifallsklatschen, das; -s: *als Beifallsbezeigung erfolgendes Händeklatschen.*

Bei|fall|ruf, Beifallsruf, der: vgl. Beifallklatschen.

Bei|falls|äu|ße|rung, die ⟨meist Pl.⟩: *Äußerung von Beifall.*

Bei|falls|be|zei|gung, die ⟨meist Pl.⟩: vgl. Beifallsäußerung.

Bei|falls|ju|bel, der: *als Beifallsbezeigung erfolgender Jubel.*

Bei|falls|klat|schen: ↑Beifallklatschen.

Bei|falls|kund|ge|bung, die: vgl. Beifallsäußerung.

Bei|falls|ruf: ↑Beifallruf.

Bei|falls|sturm, der: *sehr starker, stürmischer, begeisterter Beifall; Ovation:* ein B. brandete auf.

Bei|film, der; -[e]s, -e: *Film, der im Beiprogramm vor dem Hauptfilm läuft.*

bei|fol|gend ⟨Adj.⟩ (veraltet): *beiliegend; mit gleicher Post folgend* (Abk.: beif.).

bei|fü|gen ⟨sw. V.; hat⟩: **a)** *dazulegen, mitschicken:* der Bewerbung ein Zeugnis, dem Paket eine Zollerklärung b.; **b)** *(seinen Worten) hinzufügen:* »Und zwar sofort«, fügte sie bei.

Bei|fü|gung, die; -, -en: **1.** (Papierdt.) *das Beifügen, Dazutun:* er schrieb seinem Kollegen unter B. der besten Genesungswünsche. **2.** (Sprachw. veraltet) *Attribut.*

Bei|fuß, der; -es [mhd. bīvuoȥ, volksetym. umgedeutet nach: vuoȥ = Fuß (wohl nach der schon bei Plinius d. Ä. belegten Vorstellung, dass der Wanderer nicht ermüdet, der sich die Pflanze ans Bein bindet) aus: bībōȥ, ahd. bībōȥ, zu: bōȥan = stoßen, schlagen, viell. nach der angeblich böse Geister abwehrenden Kraft des alten Heilmittels]: *zu den Korbblütlern gehörende Pflanze, deren in Rispen wachsende Blüten als Gewürz verwendet werden.*

Bei|fut|ter, das; -s (Landw.): *Zugabe zum* [1]*Futter:* etw. als B. verwenden.

bei|füt|tern ⟨sw. V.; hat⟩ (Landw.): *als Beifutter geben:* er hat Mais beigefüttert.

Bei|ga|be, die; -, -n: **1. a)** *das Beigeben, Hinzufügen:* man bringe das Wasser unter B. von etwas Essig zum Kochen; **b)** *das Beigegebene, Hinzugefügte:* Salat ist eine vitaminreiche B. zum Essen. **2.** (Archäol.) *Grabbeigabe.*

beige [beːʃ, 'beːʒə, schweiz. bɛː...] ⟨indekl. Adj.⟩ [frz. beige, H. u.]: *von der Farbe des Dünensandes:* ein b. Kleid; wir haben die Möbel b. gestrichen; ⟨nicht standardsprachl.:⟩ ein -s Kleid.

[1]**Beige,** das; -, - (ugs.: -s): *beige Farbe:* ein Gürtel in hellem B.

[2]**Bei|ge,** die; -, -n [spätmhd. bīge, ahd. pīga, H. u.] (südd., schweiz.): *Stoß, Stapel.*

bei|ge|ben ⟨st. V.; hat⟩ [urspr. wohl beim Kartenspiel] (geh.): **a)** *hinzufügen, dazutun;* **b)** *[zur Hilfe, Unterstützung] mitgeben; [als Helfer, als Aufpasser] zuordnen;* **c)** * **klein b.** *(seinen Widerstand aufgeben, sich schließlich fügen; kleinlaut nachgeben;* eigtl. = beim Kartenspiel dem Mitspieler nur Karten von kleinem Wert zuspielen, weil man keine besseren hat).

beige|far|ben ['beːʃ..., 'beːʒə...] ⟨Adj.⟩: *beige:* eine -e Couch.

bei|ge|hen ⟨unr. V.; ist⟩: **1. a)** (landsch., bes. nordd.) *an eine Sache herangehen; anfangen [etw. zu tun]:* wo soll ich zuerst b.?; **b)** *(an etw.) gehen:* geh mir da ja nicht bei! **2.** (landsch.) **a)** (bes. südd.) *herbeikommen; endlich kommen:* das dauert wieder, bis er beigeht; **b)** (westmd.) *eine bestimmte [unangenehme] Wirkung haben; zusehen* (c): dieser Schnaps geht ganz schön bei.

Bei|gel: ↑Beugel.

bei|gen ⟨sw. V.; hat⟩ [zu ↑[2]Beige] (südd., schweiz.): *schichten, aufstapeln.*

Bei|ge|ord|ne|te, der u. die; -n, -n ⟨Dekl. ↑Abgeordnete⟩: *Beamter, Beamtin od. Angestellter, Angestellte einer Stadtverwaltung.*

Bei|ge|schmack, der; -[e]s: *zusätzlicher, den eigentlichen Geschmack von Esswaren meist beeinträchtigender Geschmack:* ein bitterer, unangenehmer B.

bei|ge|sel|len ⟨sw. V.; hat⟩ (geh.): **a)** *beigeben* (b): *als Gefährten hinzugeben;* **b)** ⟨b. + sich⟩ *sich anschließen, mit jmdm. gehen.*

Bei|gnet [bɛn'jeː], der; -s, -s [frz. beignet, eigtl. = kleine Beule, zu afrz. buigne = Beule]: *Schmalz gebackenes mit Füllung; Krapfen.*

bei|hal|ten ⟨st. V.; hat⟩ (westmd.): *jmds. Partei ergreifen, sich auf jmds. Seite stellen:* obwohl e im Unrecht ist, hältst du ihm bei.

Bei|heft, das; -[e]s, -e: *Ergänzungsheft zu einem Buch, einer Zeitschrift o. Ä.:* der Aufsatz ist als B. Nr. 2 zu dieser Reihe erschienen.

bei|hef|ten ⟨sw. V.; hat⟩: *[mit einer Klammer] an ein Schreiben, eine Akte heften:* ich muss der Steuererklärung noch einige Belege b.

Bei|hil|fe, die; -, -n: **1.** *[Geld]unterstützung, mate rielle Hilfe:* eine einmalige B. erhalten. **2.** ⟨o. Pl.⟩ (Rechtsspr.) *Mithilfe bei der Vorbereitung od. Ausführung einer Straftat:* jmdn. wegen B. zum Mord verurteilen. **3.** (veraltend) *Hilfe, [geistige] Unterstützung.*

bei|hil|fe|fä|hig ⟨Adj.⟩ (Amtsspr.): *für eine Beihilfe* (1) *geeignet, zugelassen.*

Bei|klang, der; -[e]s, ...klänge (selten): *zusätzlicher, meist beeinträchtigend, störend wirkende Klang.*

bei|kom|men ⟨st. V.; ist⟩: **1. a)** *mit jmdm. fertig werden, jmdm. gewachsen sein und sich ihm gegenüber durchsetzen:* jmdm. nicht b. könne **b)** *etw., ein Problem bewältigen, lösen:* man ve suchte, den Schwierigkeiten auf andere Weise beizukommen. **2.** (geh.) *in den Sinn kommen, einfallen:* es kommt mir nicht bei, diesem Begehren nachzugeben. **3.** (landsch.) *herbeikommen; endlich kommen:* es dauerte wieder, bis sie beikam. **4.** (landsch.) *an etw. herankommen, heranreichen können:* die Öffnung ist so eng, dass man mit der Zange nicht beikommt.

Bei|kost, die; -: *zusätzliche Nahrung; Beigabe zu den üblichen Mahlzeiten:* auf eine vitaminreich B. achten.

Beil, das; -[e]s, -e [mhd. bīl, zusgez. aus: bīhel, ahd. bīhal, eigtl. = Gerät zum Schlagen]: **1.** *ein Axt ähnliches Werkzeug mit breiter Schneide u kurzem Stiel, bes. zum Bearbeiten von Holz u. Fleisch:* ein scharfes, leichtes B. **2.** (früher) *einem Beil* (1) *ähnliche Waffe.* **3.** kurz für ↑Fall beil.

beil. = beiliegend.

bei|la|den ⟨st. V.; hat⟩: **1.** *zu einer anderen, der eigentlichen Ladung [in einem Möbel-, Güterwagen, Schiff o. Ä.] laden:* seine paar Habseligkeiten konnte er einem größeren Möbeltransport b. **2.** (Rechtsspr.) *jmdn., der als Dritter an einer Entscheidung interessiert ist, amtlich zu Verhandlung des Verwaltungsgerichts laden.*

Bei|la|dung, die; -, -en: **1. a)** ⟨o. Pl.⟩ *das Beiladen* (1): Die B. von Möbeln; **b)** *etw., was zu der eigentlichen Ladung geladen wird:* das Schiff hat meist -en. **2.** (Rechtsspr.) **a)** *das Beiladen* (auf Antrag erfolgten mehrere -en; **b)** *Schriftstück, durch das jmd. beigeladen* (2) *wird:* die ist Ihnen bereits zugegangen.

Bei|la|ge, die; -, -n: **1.** *das Beilegen* (1): eine Anfrage unter B. von Rückporto erhalten. **2.** *et was einer Zeitung oder Zeitschrift beigelegt is* die Wochenendausgaben der größeren Zeitun gen haben immer viele -n. **3.** *Kartoffeln, Gemüs Salat u. Ä., die zu einem Fleischgericht gereich werden:* zwei Schnitzel mit B. **4.** (österr., schweiz.) *Anlage zu einem Brief, einem Schrift satz.* **5.** (Technik) *Unterlage, [verkleinerte] Ein lage zum Ausformen von Blech.*

Bei|la|ger, das; -s, -: **a)** *bes. im Mittelalter bei fürstlichen Personen unter bestimmten Zerem nien vollzogener Beischlaf als Akt der Ehesch ßung;* **b)** (geh. veraltet) *Beischlaf.*

Bei|last, die; -, -en (Seemannsspr.): *Freigepäck d Seeleute.*

bei|läu|fig ⟨Adj.⟩: **1.** *nebensächlich; nebenbei [gesagt]; wie zufällig wirkend:* eine -e Frage. **2.** (österr.) *ungefähr, etwa.*

Bei|läu|fig|keit, die; -, -en: **a)** *Nebensächlichkeit:* die B. einer Bemerkung; **b)** *Ungerührtheit, Nonchalance;* **c)** *Nebenerscheinung.*

bei|le|gen ⟨sw. V.; hat⟩: **1.** *dazulegen, beifügen; zu einer Sache hinzufügen:* einen Freiumschlag b. **2. a)** *(einen bestimmten Sinn) zuerkennen, beimessen:* einer Sache zu viel Gewicht b.; **b)** *(eine bestimmte [zusätzliche] Bezeichnung) geben, verleihen.* **3.** *schlichten, aus der Welt schaffen:* die Differenzen wurden beigelegt. **4.** (Seemannsspr.) *das Haltetau auswerfen u. [am Kai] anlegen.*

Bei|le|gung, die; -, -en: *das Beilegen* (3): die B. des Konflikts auf dem Verhandlungsweg versuchen.

bei|lei|be ⟨Adv.⟩ [eigtl. = bei Lebensstrafe (nicht), zu veraltet Leib = Leben]: (verstärkend bei Verneinungen) *durchaus, bestimmt, wirklich:* Krieg darf es b. nicht geben.

Bei|leid, das; -[e]s [älter = Mitleid]: *Mitgefühl, [offizielle] Anteilnahme bei einem Todesfall:* [mein] aufrichtiges B.!; jmdm. sein B. aussprechen.

Bei|leids|be|such, der: *Besuch bei Hinterbliebenen zum Ausdruck der Anteilnahme:* er machte einen B.

Bei|leids|be|zei|gung, Bei|leids|be|zeu|gung, die: *Bekundung des Beileids.*

Bei|leids|kar|te, die: *Kondolenzkarte.*

Bei|leids|schrei|ben, das: *Kondolenzschreiben.*

Bei|leids|te|le|gramm, das: *Telegramm, in dem jmd. bei einem Todesfall sein Beileid ausspricht.*

Beil|hieb, der; -[e]s, -e: *kräftiger Schlag mit dem Beil.*

bei|lie|gen ⟨st. V.; hat⟩: **1.** *einer Sache beigefügt sein:* der Bewerbung müssen Zeugnisabschriften b. **2.** (geh.) *koitieren.* **3.** (Seemannsspr.) *nach dem Beidrehen am Ufer od. vor Anker liegen:* das Schiff liegt endlich bei.

bei|lie|gend ⟨Adj.⟩ (Papierdt.): *anbei, in der Anlage, als Anlage:* b. [senden wir Ihnen] eine Fotokopie (Abk.: beil.).

beim ⟨Präp. + Art.⟩ [mhd. bime]: **1.** (auflösbar) in vielen Verbindungen; vgl. bei. **2.** (nicht auflösbar) in bestimmten Wendungen: es bleibt alles beim Alten; jmdn. beim Wort nehmen usw. **3.** ⟨beim + subst. Inf. + sein, zur Bildung der Verlaufsform⟩ *dabei sein, etw. zu tun; gerade etw. tun:* er war [gerade] b. Lesen.

bei|ma|chen, sich ⟨sw. V.; hat⟩: **1.** (landsch., bes. nordd.) *sich an etw. heranmachen; eine Arbeit beginnen:* er machte sich endlich bei und schrieb den Brief. **2.** (landsch., bes. südd.) *herbeikommen; endlich kommen:* hast du dich auch mal wieder beigemacht *(lässt du dich auch mal wieder sehen).*

bei|men|gen ⟨sw. V.; hat⟩: *zusätzlich unter etw. mengen:* das Backpulver wird dem Mehl beigemengt.

Bei|men|gung, die; -, -en: **1.** ⟨o. Pl.⟩ *das Beimengen:* die B. einer Farbe zu einer andern. **2.** *etw., was einer anderen Sache beigemengt wird.*

bei|mes|sen ⟨st. V.; hat⟩: *(einen bestimmten Sinn) zuerkennen, zuschreiben:* einer Sache Wichtigkeit, einer Affäre übertriebene Bedeutung b.

bei|mi|schen ⟨sw. V.; hat⟩: **a)** *zusätzlich in etw. mischen; mischend beigeben:* dem Dieselkraftstoff Benzin b.; **b)** ⟨b. + sich⟩ *sich unter etw. mischen:* dem Duft der Gräser und Blumen mischte sich Brandgeruch bei.

Bei|mi|schung, die; -, -en: **1.** ⟨o. Pl.⟩ *das Beimischen* (a): Sirup durch B. von Wasser verdünnen. **2.** *etw., was einer anderen Sache beigemischt wird:* der Wein hat eine B. von Wasser.

bei|imp|fen ⟨sw. V.; hat⟩: *durch Impfen* (1–3) *behandeln.*

Bein, das; -[e]s, -e, (landsch., südd., österr. auch: -er) [mhd., ahd. bein, H. u.]: **1.** *zum Stehen u. Fortbewegen dienende Gliedmaße bei Mensch u. Tier (die beim Wirbeltier u. beim Menschen vom Hüftgelenk bis zu den Zehen reicht):* das rechte, linke B.; gerade -e; ein künstliches B.; die -e spreizen, von sich strecken, übereinander schlagen; sich mühsam auf die -e stellen; R auf einem B. kann man nicht stehen *(ein Glas Alkohol genügt nicht* [bei der Aufforderung od. dem Wunsch, ein zweites Glas zu trinken]); * **kein B.** (schweiz., sonst landsch.; *kein Mensch*); **jmdm. [lange] -e machen** (ugs.; 1. *jmdn. fortjagen.* 2. *jmdn. antreiben, sich schneller zu bewegen*); **jüngere -e haben** (ugs.; *besser als ein Älterer laufen können*); **ein langes B. machen** (Fußball; *den ballführenden Gegner durch einen Spreiz- oder Grätschschritt vom Ball zu trennen suchen*); **ein/das B. stehen lassen** (Fußball; *den ballführenden Gegner über ein Bein fallen lassen*); **[nur] ein linkes/rechtes B. haben** (Fußball; *nur mit dem linken/rechten Bein richtig schießen können, Schusskraft haben*); **die -e breit machen** (ugs.; *(von Frauen) geschlechtlich verkehren*); **sich** ⟨Dativ⟩ **die -e vertreten** (ugs.; *nach langem Sitzen ein wenig hin u. her gehen*); **sich** ⟨Dativ⟩ **kein B. ausreißen** (ugs.; *sich [bei der Arbeit] nicht besonders anstrengen*); **jmdm. ein B. stellen** (1. *jmdn. durch Vorstellen eines Beines zum Stolpern bringen.* 2. *jmdm. durch eine bestimmte Handlung Schaden zufügen; jmdn. hereinlegen*); **-e bekommen/gekriegt haben** (ugs.; *plötzlich abhanden gekommen od. gestohlen worden sein*); **die -e in die Hand/unter die Arme nehmen** (ugs.; *ganz schnell [weg]laufen*); **die -e unter jmds. Tisch strecken** (ugs.; *sich von jmdm. ernähren lassen; von jmdm. versorgt werden*); **sich** ⟨Dativ⟩ **die -e nach etw. ablaufen/abrennen/wund laufen** (ugs.; *in dauerndem [vergeblichem] Bemühen hinter einer Sache her sein, viele Gänge wegen etw. machen*); **sich** ⟨Dativ⟩ **die -e abstehen; sich** ⟨Dativ⟩ **die -e in den Leib/Bauch stehen** (ugs.; *lange stehen u. auf etw. warten müssen*); **alles, was -e hat** (ugs.; *jeder, der laufen kann*); **etw. noch am B. haben** (ugs.; *etwas noch bezahlen müssen, als Verpflichtung haben*); **jmdm., sich etw. ans B. hängen/binden** (ugs.; *jmdm., sich etwas aufbürden und ihn, sich dadurch in der Aktivität hemmen*); **etw. ans B. binden** (ugs.; *etwas darangeben, einbüßen*); **wieder auf den -en sein** *(wieder [ganz] gesund sein);* **viel auf den -en sein** *(viel unterwegs sein; [in einer Tätigkeit mit Stehen oder Umherlaufen] sehr beschäftigt sein);* **auf den -en sein** *(draußen, auf der Straße sein);* **[wieder] auf die -e kommen** (1. *sich aufrichten, aufstehen.* 2. *[wieder] gesund werden.* 3. *wirtschaftlich wieder hochkommen, festen Fuß fassen*); **jmdn., sich [wieder] auf die -e bringen/stellen** (1. *jmdn., sich [wieder] aufrichten:* ich stellte mich mühsam auf die -e. 2. *jmdn., sich [innerlich] stärken, wieder aufrichten*); **jmdn. auf die -e bringen** *(jmdn. herauslocken, zusammenbringen);* **etw. [wieder] auf die -e bringen** *(etw. [wieder] in einen guten Zustand bringen);* **etw. auf die -e stellen** *(etw. in bewundernswerter Weise zustande bringen);* **jmdm. auf die -e helfen** (1. *einem Gestürzten wieder aufhelfen.* 2. *jmdm. helfen, eine Schwäche od. Krankheit zu überwinden.* 3. *jmdm. finanziell helfen, damit er wieder wirtschaftlich vorankommt*); **immer wieder auf die -e fallen** (ugs.; *aus allen Schwierigkeiten immer wieder ohne Schaden hervorgehen*); **sich nicht [mehr]/kaum [noch] auf den -en halten können** *(vor Müdigkeit, Schwäche dem Umfallen nahe sein);* **auf eigenen -en stehen** *(selbstständig, unabhängig sein);* **auf schwachen -en stehen** *(schwach, unsicher sein);* **schwach auf den -en** (1. *nicht gesund, von (schwerer) Krankheit geschwächt.* 2. ugs.; *unbewiesen, ungesichert*); **in die -e gehen** (1. ugs.; *die Beine schwer machen, belasten; die Beweglichkeit der Beine hemmen.* 2. *zum rhythmischen [Sich]bewegen, zum Tanzen anregen*); **mit beiden -en im Leben/[fest] auf der Erde stehen** *(Realist, Praktiker sein; sich in jeder Lage zurechtfinden);* **mit dem linken B. zuerst aufgestanden sein** (ugs.; *schlechter Laune sein, an allem etw. auszusetzen haben*); **mit einem B. im Gefängnis stehen** (1. *etw., was hart an der Grenze des Erlaubten ist, getan haben.* 2. *einen risikoreichen Beruf haben, bei dem eine Unachtsamkeit o. Ä. schwer wiegende Folgen haben, die einem eine Gefängnisstrafe einbringen kann*); **mit einem B. im Grab[e] stehen** *(schwer krank od. in großer Gefahr sein);* **von einem B. aufs andere treten** (ugs.; *ungeduldig warten müssen*). **2. a)** *der Teil eines Möbelstücks, eines Gerätes o. Ä., mit dem es auf dem Boden steht;* **b)** ⟨Pl.⟩ (Jargon) *untere, die Bewegung vermittelnde Teile des Autos (Achsschenkel, Räder, Reifen).* **3.** *Hosenbein:* eine Hose mit engen, weiten -en. **4.** (nord- u. md.) *Fuß:* er hat mich aufs B. getreten. **5.** (südd., österr., schweiz., Med. in Zus., sonst veraltet) *Knochen:* der Hund nagt an einem B.; * **jmdm. in die -e fahren** *(jmdn. durch alle Glieder, durch den ganzen Körper gehen).*

bei|nah [auch: -ˈ-] (ugs.), **bei|na|he** [ˈ- - -, -ˈ- -] ⟨Adv.⟩: *fast, nahezu, annähernd:* b. immer; er wäre b. verunglückt.

Bei|na|he-: drückt in Bildungen mit Personen- od. Sachbezeichnungen aus, dass jmd. od. etw. einer bestimmten Sache, einem bestimmten Zustand, Ausmaß, Ergebnis, Ziel o. Ä. [ziemlich] nahe kommt, z. B. Beinaheaußenministerin, Beinahezusammenstoß.

Bei|na|me, der; -ns, -n: *zusätzlicher [inoffizieller] Name, mit dem jmd. od. etw. aufgrund bestimmter Eigentümlichkeiten von seiner Umgebung benannt wird:* Friedrich I. mit dem -n »Barbarossa«.

bein|am|pu|tiert ⟨Adj.⟩: *ein Bein durch Amputation verloren habend.*

Bein|ar|beit, die ⟨o. Pl.⟩ (Sport): *Bewegung der Beine beim Boxen, Ringen, Kugelstoßen, Schwimmen usw.*

Bein|bruch, der: *Bruch des Beines:* er hat einen komplizierten B.; * **kein B. sein** (ugs.; *nicht so schlimm sein*); **Hals- und B.!** (ugs.; *viel Glück!;* Wunsch für jmdn., dem etw. Schwieriges od. Gefährliches bevorsteht).

bei|nern ⟨Adj.⟩ [im 16. Jh. für mhd. beinīn]: **a)** *knöchern, aus Knochen bestehend:* -e Reste; **b)** *knochig, wie ein Gerippe aussehend;* **c)** *aus Elfenbein, wie Elfenbein wirkend.*

bein|far|ben ⟨Adj.⟩ (geh.): *von der Farbe des Elfenbeins.*

Bein|fes|sel, die: **1.** *Fessel, die die Bewegungsfreiheit der Beine einengt.* **2.** (Ringen) *Umklammerung des Gegners mit den Beinen.*

Bein|fleisch, das (österr.): *gekochtes Fleisch vom Bein* (1) *des Rindes.*

Bein|frei|heit, die ⟨o. Pl.⟩: *Bewegungsfreiheit für die Beine in Fahrzeugen.*

be|in|hal|ten ⟨sw. V.; hat⟩ (Papierdt.): *zum Inhalt haben, enthalten; bedeuten:* dieses Schreiben beinhaltet eine Drohung.

bein|hart ⟨Adj.⟩ (ugs.): *sehr hart:* eine -e Piste.

Bein|haus, das: *Aufbewahrungsort für ausgegrabene Gebeine auf Friedhöfen.*

-bei|nig: in Zusb., z. B. zwei-, lang-, krumm-, vielbeinig.

Bein|kleid, das ⟨meist Pl.⟩ (veraltet, noch scherzh.): *Hose.*

Bein|ling, der; -s, -e: **1.** (veraltend) *das Bein bedeckender Teil von Strumpf, Hose, Strumpfhose od. Strampelhöschen.* **2.** (Schneiderei) *Schnittmuster für eine Hälfte einer Hose.*

Bein|mus|ku|la|tur, die (Med.): *Gesamtheit der Muskeln des Beines.*

Bein|pro|the|se, die: vgl. Armprothese.

Bein|ring, der: **1.** *um den Knöchel zu tragender Schmuckreif.* **2.** (Zool.) *zur Kennzeichnung frei lebender Vögel verwandter, nummerierter Ring aus Aluminium.*

Bein|schie|ne, die: **1.** *Teil der Ritterrüstung, der den Unterschenkel schützt.* **2.** (Hockey, Baseball) *Schiene zum Schutz des Beines (beim Torwart bzw. Fänger).* **3.** (Med.) *Schiene zur Ruhigstellung eines gebrochenen Beines.*

Bein|schlag, der: **1.** (Gymnastik) *Übung, bei der man in der Rücken- od. Bauchlage die Beine gestreckt wechselweise vorwärts u. rückwärts aneinander vorbeibewegt.* **2.** (Schwimmen) *Auf- u. Abwärtsbewegung der Beine beim Kraulstil.*

Bein|scho|ner, der: *Beinschiene.*

Bein|stel|lung, die: *Stellung der Beine bei turnerischen, sportlichen u. a. Übungen.*

Bein|stumpf, der: vgl. Armstumpf.

bein|ver|sehrt ⟨Adj.⟩: *am Bein beschädigt.*

Bein|zeug, das: *Teil der Ritterrüstung, der das ganze Bein bedeckt.*

bei|ord|nen ⟨sw. V.; hat⟩: **1.** *zuordnen, zuteilen, an die Seite stellen, beigeben:* jmdm. mehrere Fachleute b. **2.** (Rechtsspr.) *zum Pflichtverteidiger bestellen.* **3.** (Sprachw.) *nebenordnen.*

Bei|ord|nung, die; -, -en: *das Beiordnen, das Beigeordnetsein.*

Bei|pack, der; -[e]s: **1.** *etw., was einer größeren Sendung beigepackt ist; zusätzliches Frachtgut:* eine Broschüre als B. einer Warensendung. **2.** (Fernspr.) *zusätzliche, symmetrisch angeordnete, äußere Leitungen bei Breitbandkabeln.*

bei|pa|cken ⟨sw. V.; hat⟩: *zusätzlich zu etw. packen; mit einpacken.*

Bei|pack|zet|tel, der: *einer Ware beiliegender Zettel, der Hinweise für die Anwendung oder auf den Inhalt enthält.*

bei|pflich|ten ⟨sw. V.; hat⟩: *jmdm. od. jmds. Meinung zustimmen; sich zustimmend äußern:* einem Vorschlag in allen Punkten b.

Bei|pro|gramm, das; -[e]s, -e: *zusätzlich zum Hauptfilm laufendes Filmprogramm.*

Bei|rat, der; -[e]s, Beiräte: **1.** *beratendes Gremium bei einer Behörde, Gesellschaft, [wissenschaftlichen] Vereinigung o. Ä.:* dem Herausgeber steht ein wissenschaftlicher B. zur Seite. **2.** (veraltend) *Berater.*

Bei|ried, das; -[e]s od. die; - [2. Bestandteil österr. Ried = Geländeteil (↑²Ried), hier: bestimmter Teil eines geschlachteten Tieres]: (österr.) *Rumpf- oder Lendenstück vom Rind.*

be|ir|ren ⟨sw. V.; hat⟩: *unsicher machen, irritieren:* seine Selbstsicherheit beirrte mich.

Bei|rut: Hauptstadt von Libanon.

bei|sam|men ⟨Adv.⟩ [zum 2. Bestandteil vgl. zusammen]: *beieinander, zusammen:* wir sind morgen zum letzten Mal b.; *** b. sein** *(gesundheitlich od. geistig auf der Höhe sein).*

bei|sam|men|blei|ben ⟨st. V.; ist⟩: *nicht getrennt werden, nicht auseinander gehen.*

bei|sam|men|ha|ben ⟨unr. V.; hat⟩: **1.** *gesammelt, zusammengetragen haben.* **2.** *** [sie] nicht alle b.** (ugs. abwertend; *nicht recht bei Verstand sein).*

Bei|sam|men|sein, das: **a)** *zwangloses, geselliges Zusammensein:* ein gemütliches B.; **b)** *dichtes räumliches Beieinander.*

bei|sam|men sein: s. beisammen.

bei|sam|men|ste|hen ⟨unr. V.; hat; südd., österr., schweiz. auch: ist⟩: *zusammen-, beieinander stehen:* dicht b.

Bei|sas|se, der; -n, -n [mhd. bīsāʒe, 2. Bestandteil zu ↑sitzen]: *(vom Mittelalter bis ins 19. Jh.) Einwohner ohne od. mit geringerem Bürgerrecht, Häusler.*

Bei|satz, der; -es, ...sätze (Sprachw.): *Apposition.*

bei|schaf|fen ⟨sw. V.; hat⟩ (landsch.): *herbeischaffen, heranholen, beschaffen.*

bei|schie|ßen ⟨st. V.; hat⟩: *Geld für etw. beisteuern, einen Beitrag leisten.*

Bei|schlaf, der; -[e]s (geh., Rechtsspr.): *Koitus; Geschlechtsakt, Geschlechtsverkehr:* den B. vollziehen, ausüben.

bei|schla|fen ⟨st. V.; hat⟩ (selten): *mit jmdm. den Geschlechtsverkehr ausüben; miteinander schlafen.*

Bei|schlä|fer, der; -s, - (selten): *Mann, der den Beischlaf ausübt od. ausgeübt hat.*

Bei|schlä|fe|rin, die; -, -nen (selten): w. Form zu ↑Beischläfer.

Bei|schlag, der; -[e]s, Beischläge: *terrassenartiger, von der Straße her über eine Treppe zugänglicher Vorbau, bes. an Häusern der Renaissance u. des Barocks.*

bei|schlie|ßen ⟨st. V.; hat⟩ (österr.): *einer Sendung beigeben, mit [in einen Briefumschlag] einschließen; beilegen.*

Bei|schluss, der; -es, Beischlüsse: **a)** (österr.) *das Beigeschlossene, Anlage;* **b)** (Buchw.) *kleinere, einem großen Paket mit Büchern beigefügte Sendung.*

bei|schrei|ben ⟨st. V.; hat⟩ (bes. Amtsspr.): *als [amtliche] Eintragung niederschreiben, nachtragen.*

Bei|schrift, die; -, -en: *das Beigeschriebene; Nachtrag.*

Bei|se|gel, das; -s, - (Segeln): *zusätzliches Segel (wie Ballon, Spinnaker u. a.).*

Bei|sein: in den Fügungen **im B. von jmdm./in jmds. B.** *(während jmds. Anwesenheit);* **ohne B. von jmdm./ohne jmds. B.** *(ohne jmds. Anwesenheit).*

bei sein: s. bei (II 3).

bei|sei|te ⟨Adv.⟩: **a)** *auf der Seite; seitlich in gewisser Entfernung;* er hielt sich, stand b.; der Schauspieler sprach b. (Theater; *machte, abgewandt von seinem Partner, eine nur für das Publikum bestimmte Äußerung);* *** b. stehen** *(zurückstehen, bei etw. nicht berücksichtigt werden);* **b)** *auf die Seite, an die Seite, zur Seite; weg:* im Wege stehende Leute b. schieben, stoßen; er nahm, zog ihn b. *(sonderte sich mit ihm von den andern ab, um ihn unter vier Augen zu sprechen);* *** etw. b. bringen** *(etw. [was einem nicht gehört] für eigene Zwecke auf die Seite schaffen, verstecken);* **etw. b. lassen** *(etw. unerwähnt, außer Betracht lassen);* **etw. b. legen** (**1.** *Geld sparen.* **2.** *etw. Angefangenes weglegen; nicht mehr daran arbeiten);* **jmdn. b. schaffen** *(jmdn. beseitigen, ermorden);* **etw. b. schaffen** *(etw. auf die Seite bringen, verstecken):* sie hatte das gestohlene Geld b. geschafft; **etw. b. schieben** *(etw. verdrängen, absichtlich nicht berücksichtigen);* **etw. b. setzen** *(etw. hintansetzen, für weniger wichtig halten).*

Bei|sei|te|schaf|fung, die: *das Beiseiteschaffen.*

Bei|sei|te|set|zung, die: *Hintansetzung.*

Bei|sel, (auch:) Beisl, das; -s, -[n] [jidd. bajis = Haus, Gastwirtschaft < hebr. bayịt = Haus] (bayr. ugs., österr.): *Kneipe, einfaches Gasthaus.*

bei|set|zen ⟨sw. V.; hat⟩ [eigtl. = einen Sarg neben andere in die Gruft setzen]: **a)** (geh.) *feierlich beerdigen, begraben:* jmdn. mit allen militärischen Ehren b.; die Urne soll nächste Woche beigesetzt werden; **b)** (veraltet) *dazutun, hinzufügen;* **c)** (Seemannsspr.) *(zusätzliche Segel) aufziehen.*

Bei|set|zung, die; -, -en (geh.): *Beerdigung, Begräbnis.*

Bei|set|zungs|fei|er|lich|keit, die; -, -en ⟨meist Pl.⟩: *Feier bei der Beisetzung.*

Bei|sitz, der; -es: **a)** *Amt des Beisitzers, der Beisitzerin:* bei diesem Prozess hat er nur den B.; **b)** *Beifahrersitz, Soziussitz.*

Bei|sit|zer, der; -s, -: *Mitglied eines Gerichts, eines Vorstands od. einer kollegialen Behörde.*

Bei|sit|ze|rin, die; -, -nen: w. Form zu ↑Beisitzer.

Beisl: ↑Beisel.

Bei|spiel, das; -s, -e [spätmhd. bīspil, volksetym. angelehnt an ↑Spiel, zu mhd., ahd. bīspel = belehrende Erzählung, Gleichnis, Sprichwort, aus: bī (↑bei) u. mhd., ahd. spel = Erzählung (urspr. = [bedeutungsvolle] Rede), also eigtl. = nebenbei Erzähltes]: **a)** *beliebig herausgegriffener, typischer Einzelfall (als Erklärung für eine bestimmte Erscheinung od. einen bestimmten Vorgang); Exempel:* ein treffendes, charakteristisches B.; etw. dient als B.; -e suchen, anführen; etw. anhand eines -s, mit einem B. erklären; *** [wie] zum B.** *(beispielshalber, wie etwa);* Abk.: z. B.; **ohne B. sein** *(beispiellos sein);* **b)** *Vorbild, [einmaliges] Muster:* ein warnendes, abschreckendes B.; *** ein B. geben** *(als Vorbild zur Nachahmung herausfordern);* **sich** ⟨Dativ⟩ **[an jmdm., etw.] ein B. nehmen** *(jmdn., etw. als Vorbild wählen);* **mit gutem B. vorangehen** *(etw. als Erster tun, um andere durch sein Vorbild zu gleichem Handeln anzuspornen).*

bei|spiel|ge|bend ⟨Adj.⟩: *vorbildlich, mustergültig; exemplarisch.*

bei|spiel|haft ⟨Adj.⟩: **a)** *vorbildlich, mustergültig:* eine -e Tat; **b)** *als Beispiel dienend, genannt.*

bei|spiel|hal|ber: ↑beispielshalber.

bei|spiel|los ⟨Adj.⟩: *in seiner Art ohne vergleichbares Vorbild, unvergleichlich, einzigartig:* -er Fleiß.

Bei|spiels|fall, der; -[e]s, Beispielsfälle: *als Beispiel dienender Fall.*

bei|spiels|hal|ber, beispielhalber ⟨Adv.⟩: *zum Beispiel.*

bei|spiels|wei|se ⟨Adv.⟩: *zum Beispiel.*

bei|sprin|gen ⟨st. V.; ist⟩ (geh.): **a)** *eilig zuhilfe kommen:* einem Überfallenen beherzt b.; **b)** *mit etwas (bes. Geld) aushelfen.*

Bei|ßel, der; -s, - [entrundete Form von ↑Beitel] ([ost]md.): *Meißel, Stemmeisen.*

bei|ßeln ⟨sw. V.; hat⟩: *meißeln.*

bei|ßen ⟨st. V.; hat⟩ [mhd. bīʒen, ahd. bīʒan, urspr. = hauen, spalten, verw. mit ↑Beil]: **1. a)** *mit den Zähnen in etw. eindringen:* ich habe mir/mich beim Essen auf die Zunge gebissen; **b)** *mit den Zähnen auf etwas treffen:* auf einen Kern b.; **c)** *kauen, (die Nahrung) mit den Zähnen zerkleinern:* er kann das harte Brot nicht mehr b.; *** nichts/nicht viel zu b. [und zu brechen/reißen] haben** *(wenig/nichts zu essen haben; Hunger leiden).* **2. a)** *mit den Zähnen packen u. dadurch verletzen:* der Hund hat mir/mich ins Bein gebissen; Ü Rot und Violett beißen sich (ugs.; *harmonieren nicht, passen nicht zueinander);* **b)** *mit den Zähnen zu packen suchen; nach jmdm., etw. schnappen:* der Hund beißt [wild] um sich; **c)** *bissig sein:* Vorsicht, das Pferd beißt!; Ü geh ruhig zu Opa, der beißt nicht! **3.** *(von Insekten) stechen [u. jmdm. Blut aussaugen]:* heute Nacht hat mich ein Floh gebissen. **4.** (Angelsport) *anbeißen, den Köder annehmen, fassen:* die Fische beißen heute gut. **5.** *eine stechende Wirkung haben, scharf sein, ätzen, brennen:* der Rauch beißt in den/in die Augen; der Rauch biss mir/(selten:) mich in die Augen; beißender Qualm; die Kälte wurde beißend; Ü beißende Kritik.

Bei|ßer, der; -s, -: **1.** *bissiges Tier, bes. bissiger Hund.* **2.** (selten, meist scherzh.) *Zahn:* er hat gesunde B. **3.** (österr.) *längere Eisenstange zum Lockern u. Heben schwerer od. großer Gegenstände.*

Bei|ßer|chen, das; -s, - ⟨meist Pl.⟩ (fam.): *[erster] Zahn bei einem Kleinkind.*

Bei|ße|rei, die; -, -en: *Kampf mithilfe der Zähne:* zwischen den Hunden gab es eine B.

Beiß|korb, der: *Maulkorb.*

Beiß|ring, der: *für Kleinkinder verwendeter Ring aus hartem Material für erste Beißübungen in der Zeit des Zahnens.*

beiß|wü|tig ⟨Adj.⟩: *schnell bereit, andere zu beißen; bissig.*

Beiß|zan|ge, die: **1.** *Zange, deren Schneideflächen wie ein Gebiss gegeneinander stoßen; Kneifzange.* **2.** *zänkische, scharfzüngige Person* (oft als Schimpfwort).

Bei|stand, der; -[e]s, Beistände [spätmhd. bīstant = Hilfeleistung]: **1.** ⟨o. Pl.⟩ (geh.) *Hilfe, Unterstützung:* jmdm. [ärztlichen] B. leisten; jmdn. um B. bitten. **2.** (Rechtsspr.) *Rechtshelfer, Beauftragter vom Vormundschaftsgericht, Helfer bei einem Prozess;* **3.** (österr. veraltend) *Trauzeuge.*

Bei|stands|pakt, der (Politik): *Abkommen, das zwei od. mehrere Staaten zu gegenseitiger militärischer Hilfeleistung verpflichtet.*

bei|ste|hen ⟨unr. V.; hat; südd., österr., schweiz. auch: ist⟩ [mhd., ahd. bīstēn, eigtl. = im Kampf bei jmdm. stehen]: *helfen, zur Seite stehen:* er hat ihm in allen Schwierigkeiten beigestanden; sich [gegenseitig]/(geh.:) einander b.

bei|stel|len ⟨sw. V.; hat⟩: **1.** (landsch.) *dazustellen.* **2.** (bes. österr.) *zur Verfügung stellen, bereitstellen:* Baumaterialien für den Umbau b.; (Eisenb.:) in Frankfurt wurden zwei Waggons für Paris beigestellt.

Bei|stell|mö|bel, das ⟨meist Pl.⟩: *Kleinmöbel für verschiedene Zwecke, das heran- u. mit andern zusammengerückt werden kann.*

Bei|stell|tisch, der: vgl. Beistellmöbel.

Bei|steu|er, die; - (bes. südd.): *finanzieller Beitrag; etw., was zu etw. beigesteuert wird.*

ɨi|steu|ern ⟨sw. V.; hat⟩: *(zu einer Sache) beitra-gen, dazugeben; einen finanziellen, künstleri-schen o. ä. Beitrag leisten:* jeder muss eine bestimmte Summe b.

ɨi|stim|men ⟨sw. V.; hat⟩: *zustimmen, Recht geben:* beistimmend nicken.

ɨi|strich, der; -[e]s, -e [1641 bei J. G. Schottel als Beystrichlein]: *Komma.*

ɨi|tel, der; -s, - [aus dem Niederd. < (m)niederd. oötel, verw. mit mhd. bōȝen, ahd. bōȝan = schlagen (↑Amboss); lautlich beeinflusst von ↑Meißel]: *meißelartiges Werkzeug zur Holzbe-arbeitung.*

ɨi|trag, der; -[e]s, Beiträge: **1.** *[regelmäßig] zu zahlender Betrag an einen Verein, eine Organi-sation, Versicherung u. a.:* den vollen B. zahlen; Beiträge kassieren. **2.** *Mitwirkung; Arbeit, Leis-tung als Anteil, mit dem sich jmd. bei der Gestaltung, Verwirklichung von etw. beteiligt:* einen B. für die Zukunft leisten. **3. a)** *Aufsatz, Artikel in einer Zeitung, Zeitschrift od. in einem Sammelband verschiedener Autoren:* regelmä-ßig [sprachwissenschaftliche] Beiträge in einer Zeitschrift veröffentlichen; **b)** *in sich abge-schlossener Teil, einzelne Darbietung des Rund-funk- od. Fernsehprogramms.*

ɨi|tra|gen ⟨st. V.; hat⟩: **a)** *einen Beitrag zu einer Sache leisten, bei etw. mithelfen:* zum Gelingen eines Festes b.; **b)** *als seinen Beitrag zu einer Sache beisteuern; als seinen Anteil bei der Ver-wirklichung von etw. dazutun:* etw. zu jmds. Sieg b.

ɨi|trä|ger, der; -s, -: *jmd., der mit einem Aufsatz, Artikel zu einer Zeitschrift od. einem Sammel-band beiträgt.*

ɨi|trä|ge|rin, die: w. Form zu ↑Beiträger.

ɨi|trags|be|mes|sungs|gren|ze, die (Sozial-vers.): *höchste für die Berechnung der Pflicht-beiträge zugrunde zu legende Gehaltsstufe.*

ɨi|trags|frei ⟨Adj.⟩: *von der Pflicht zur Beitrags-zahlung entbunden:* b. sind die pauschal besteu-erten Bezüge.

ɨi|trags|frei|heit, die ⟨o. Pl.⟩: *das Entbundensein von der Pflicht, Beiträge zu zahlen.*

ɨi|trags|grup|pe, die (Sozialvers.): *Gruppe, in die der Einzelne nach der Art seiner Beiträge eingeordnet wird.*

ɨi|trags|klas|se, die (Sozialvers.): *Klasse, die durch die Höhe der Beiträge u. eine entspre-chende Höhe der Leistung bestimmt ist.*

ɨi|trags|los ⟨Adj.⟩ (Sozialvers.): *ohne Beitrags-pflicht.*

ɨi|trags|mar|ke, die: *Marke zum Aufkleben als Nachweis einer geleisteten Beitragszahlung.*

ɨi|trags|pflicht, die (Sozialvers.): *Verpflichtung zur Mitgliedschaft u. zur Zahlung regelmäßiger Beiträge.*

ɨi|trags|pflich|tig ⟨Adj.⟩: *der Beitragspflicht unterliegend:* -es Arbeitsentgelt *(Arbeitsentgelt, für das Beiträge zu zahlen sind).*

ɨi|trags|rück|er|stat|tung, die (Versiche-rungsw.): *unter bestimmten Voraussetzungen erfolgende Rückzahlung von Beiträgen.*

ɨi|trags|satz, der: *durch Vertrag, Verordnung o. Ä. festgelegte Höhe von Beiträgen.*

ɨi|trags|zah|lung, die: *Zahlung von Beiträgen.*

ɨi|trei|ben ⟨st. V.; hat⟩ [urspr. von dem Vieh, das bei Nichteinhaltung der Zahlungsfrist als Zins in den Stall des Gläubigers getrieben wurde] (Rechtsspr.): *zwangsweise einziehen, eintreiben, zwangsvollstrecken:* fällige Raten b.

ɨi|tre|ten ⟨st. V.; ist⟩: **a)** *sich einer Abmachung, einem Übereinkommen, Vertrag o. Ä. anschlie-ßen:* einem Pakt b.; **b)** *Mitglied einer Vereini-gung, Organisation o. Ä. werden;* **c)** (Rechtsspr.) *zu einem laufenden Verfahren als Beteiligter hinzukommen;* **d)** (veraltet) *einer Meinung zustimmen.*

ɨi|tritt, der; -[e]s, -e: **1.** *das Beitreten* (a–c): er erklärte seinen B. **2.** (Jägerspr.) *im Nebeneinan-derstehen der Abdrücke des Vorder- u. Hinter-laufs deutlich werdendes Kennzeichen der Hirschfährte.*

Bei|tritts|er|klä|rung, die: *[schriftliche] Erklä-rung des Beitritts.*

bei|tritts|wil|lig ⟨Adj.⟩: *gewillt, einer Organisa-tion, einem Abkommen o. Ä. beizutreten.*

Bei|wa|gen, der; -s, -: **1.** *an den Rahmen eines Motorrades angebrachtes Teilfahrzeug zur Mit-nahme einer Person oder von Lasten.* **2.** (veral-tend) *Anhänger bei Straßenbahn od. U-Bahn.*

Bei|werk, das; -[e]s: *[schmückende] Zutat, Nebensächlichkeit, entbehrliche Zu-, Beigabe:* modisches B. zur Kleidung.

bei|wil|li|gen ⟨sw. V.; hat⟩ [aus beipflichten u. bewilligen] (schweiz.): *einer Sache zustimmen.*

bei|woh|nen ⟨sw. V.; hat⟩: **1.** (geh.) *bei etw. anwe-send, zugegen sein; etw. miterleben:* einer Gerichtsverhandlung b. **2.** (veraltend, geh. ver-hüll.) *Geschlechtsverkehr mit einer Frau haben.*

Bei|woh|nung, die; -, -en: **a)** ⟨o. Pl.⟩ *Zugegensein, Anwesenheit;* **b)** (bes. Rechtsspr.) *Geschlechts-verkehr.*

Bei|wort, das; -[e]s, Beiwörter [a: 1619 bei Helvi-cus nach niederl. bijwoord; mhd. bīwort = Adverb; daneben mhd., ahd. bīwort = Gleich-nisrede, Sprichwort]: **a)** (Sprachw. selten) *Adjek-tiv;* **b)** *beschreibendes (Eigenschafts- od. ande-res) Wort; Epitheton.*

Beiz, die; -, -en [vgl. Beisel] (schweiz. mundartl.): *Wirtshaus, Kneipe.*

bei|zäh|len ⟨sw. V.; hat⟩ (selten): *zurechnen, zuzählen.*

Beiz|ap|pa|rat, der (Landw.): *Vorrichtung zum Vermischen von Saatgut mit Beize* (1 e).

Beiz|brü|he, die: *Flüssigkeit zum Beizen.*

Beiz|büt|te, die: *Behälter für die Beizbrühe.*

¹Bei|ze, die; -, -n [mhd. beiȝe = Beizmittel, Beiz-jagd, ahd. beiza = Lauge, Alaun, zu ↑beizen; 4: eigtl. = Köder für Wild]: **1. a)** *Chemikalie, mit der Holz eingefärbt u. die natürliche Maserung hervorgehoben wird;* **b)** *Färbemittel für Texti-lien;* **c)** (Gerberei) *aus Fermenten bestehendes Präparat für die Lederherstellung;* **d)** *Säure od. Lauge zur Oberflächenbehandlung von Metall o. Ä.;* **e)** (Landw.) *Mittel, um Krankheitserreger im Saatgut abzutöten;* **f)** (Tabakind.) *scharfe Säure od. Lauge, die dem Tabak bestimmte scharfe od. bittere Stoffe entzieht;* **g)** (Kochk.) *Marinade, saure Soße zum Einlegen von Fisch od. Fleisch.* **2.** ⟨Pl. selten⟩ *Beizung, Vorgang des Beizens.* **3.** (Jagdw.) *Jagd mit abgerichteten Greifvögeln, meist Falken; Beizjagd.*

²Bei|ze, die; -, -n [vgl. Beisel] (landsch.): *gewöhnli-ches Wirtshaus, Kneipe.*

Bei|zei|chen, das; -s, -: **1.** (Heraldik) *unterschei-dendes Zeichen auf Wappen zur Kennzeich-nung von Nebenlinien in großen Familien.* **2.** (Münzk.) *Buchstabe, Stern, Kugel od. anderes kleines Zeichen (unabhängig vom Hauptbild einer Münze), das verschiedene Ausgaben kenn-zeichnet.* **3.** (Jagdw.) *weniger wichtiges Fährten-zeichen neben dem Hauptzeichen, bes. beim Rothirsch.*

bei|zei|ten ⟨Adv.⟩: *zur rechten Zeit, bevor es zu spät ist:* b. aufbrechen.

bei|zen ⟨sw. V.; hat⟩ [mhd. beizen, beiȝen = bei-zen (1, 2), ahd. beizen = erregen, anstacheln, Kausativ zu ↑beißen u. eigtl. = beißen machen; 3: mhd., eigtl. = den jagenden Vogel das Wild beißen lassen]: **1.** *mit ¹Beize (1) behandeln, bestreichen, einreiben od. vermischen:* wir wol-len den Schrank dunkel b. **2. a)** *scharf brennend angreifen, ätzen; in etw. scharf brennend ein-dringen; in od. auf einer Sache scharf brennen;* **b)** *durch Behandeln mit etw. Scharfem aus etw. entfernen, herausätzen.* **3.** (Jägerspr.): *mit dem Falken jagen.*

¹Bei|zer, der; -s, -: *Handwerker; Facharbeiter in der Holzindustrie.*

²Bei|zer, der; -s, - (landsch.): *Betreiber einer Beiz, ²Beize; Schankwirt.*

¹Bei|ze|rin, die; -, -nen: w. Form zu ↑¹Beizer.

²Bei|ze|rin, die; -, -nen: w. Form zu ↑²Beizer.

Beiz|fal|ke, der: *Jagdfalke.*

Beiz|ge|rät, das (Landw.): *Apparat für die Heiß-wasserbeizung zur Abtötung der Pilzfäden bei Brandkrankheiten des Getreides.*

bei|zie|hen ⟨st. V.; hat⟩ (bes. südd., österr., schweiz.): *hinzuziehen, heranziehen:* Literatur für eine Arbeit b.

Beiz|jagd, die: *¹Beize* (3).

Beiz|mit|tel, das: *Chemikalie zum Beizen* (1).

Bei|zung, die; -, -en: **1.** *das Beizen* (1). **2.** *¹Beize* (1).

Beiz|vo|gel, der: *für die Jagd abgerichteter Greif-vogel; Falke.*

be|ja|gen ⟨sw. V.; hat⟩ (Jagdw.): *regelmäßig jagen; (auf eine bestimmte Tierart) Jagd machen.*

Be|ja|gung, die; -, -en: *das Bejagen.*

be|ja|hen ⟨sw. V.; hat⟩: **a)** *[eine Frage] mit Ja beantworten:* ich bejahte seine Frage; eine beja-hende Antwort; **b)** *seiner Anschauung entspre-chend finden und gutheißen:* das Leben b.

be|ja|hen|den|falls ⟨Adv.⟩ (Papierdt.): *im Falle der Bejahung, der Zustimmung, im positiven Fall.*

be|jahrt ⟨Adj.⟩ [mhd. bejaret = zu Jahren gekom-men] (geh.): *nicht mehr jung, sondern schon in vorgerücktem Alter.*

Be|jahrt|heit, die; -: *hohes Alter.*

Be|ja|hung, die; -, -en: **a)** *das Bejahen* (a); **b)** *das Bejahen* (b).

Be|ja|hungs|fall, der: in der Fügung **im -e** (Papierdt.; *im Falle der Bejahung* a).

be|jam|mern ⟨sw. V.; hat⟩ (oft abwertend): *etw. jammernd [u. wehleidig] beklagen.*

be|jam|merns|wert ⟨Adj.⟩: *Anlass zum Bejam-mern, zum Beklagen bietend:* eine -e Lage.

be|ju|beln ⟨sw. V.; hat⟩: *jubelnd begrüßen, feiern; auf etw. mit Jubel reagieren.*

be|ka|cken ⟨sw. V.; hat⟩ (derb): *mit Kot beschmut-zen.*

be|ka|keln ⟨sw. V.; hat⟩ [zu ↑kakeln] (ugs.): *über einen Vorfall, eine noch ausstehende Entschei-dung mit jmdm., den man gut kennt, ungezwun-gen [in allen Einzelheiten] reden:* eine Sache ausführlich b.

be|kal|men ⟨sw. V.; hat⟩ [zu ↑Kalme] (See-mannsspr.): *durch Vorbeifahren auf der Luvseite einem anderen Schiff den Wind aus den Segeln nehmen.*

be|kämp|fen ⟨sw. V.; hat⟩: **a)** *gegen jmdn. kämpfen [und ihn zu vernichten suchen]:* die Feinde b.; **b)** *etwas einzudämmen, zu verhindern oder zu überwinden suchen, indem man [energische] Maßnahmen dagegen ergreift:* eine Seuche b.; sich [gegenseitig]/(geh.:) einander auf dem Markt bekämpfende Firmen.

Be|kämp|fung, die; -, -en ⟨Pl. selten⟩: *das Bekämpfen.*

be|kannt ⟨Adj.⟩ [mhd. bekant, 2. Part. von: beken-nen, ↑bekennen]: **1. a)** *von vielen gekannt, gewusst:* eine -e Melodie; er ist wegen seines Ehrgeizes b.; **b)** *berühmt, weithin angesehen:* ein -er Künstler, Arzt. **2.** in den Verbindungen **jmdm. b. sein** *(jmdm. nicht fremd, nicht neu sein; von jmdm. gekannt werden):* die Aufgabe war ihnen b.; **b. werden** *(in die Öffentlichkeit dringen);* **jmdm. b. vorkommen** *(jmdm. nicht fremd erscheinen);* **mit jmdm., etw. b. sein/werden** *(mit jmdm., etw. vertraut sein/werden):* ich bin mit seinem Problem seit langem b.; **jmdn. mit jmdm. b. machen** *(jmdn. jmdm. vor-stellen):* darf ich b. machen?; **jmdn., sich mit etw. b. machen** *(jmdn., sich über etw. informie-ren, mit etw. vertraut machen);* **etw. b. geben** *(etw. öffentlich mitteilen, der Allgemeinheit zur Kenntnis bringen):* den Inhalt eines Schreibens b. machen.

Be|kann|te, der u. die; -n, -n ⟨Dekl. ↑Abgeord-nete⟩: **a)** *jmd., mit dem man bekannt ist:* wir sind alte B.; **b)** ⟨mit Possessivpron.⟩ (ugs. ver-hüll.) *Freund einer Frau, Freundin eines Man-nes:* ich war mit meiner -n verreist.

Be|kann|ten|kreis, der: *Gesamtheit der Bekann-ten, die jemand hat.*

be|kann|ter|ma|ßen ⟨Adv.⟩ [↑-maßen] (Papierdt.): *wie bekannt ist, wie man weiß, bekanntlich.*

B

B

Be|kạnnt|ga|be, die ⟨Pl. selten⟩: *das Bekanntgeben; Veröffentlichung.*
be|kạnnt ge|ben: s. bekannt (2).
Be|kạnnt|heit, die; -: *das Bekanntwerden, Bekanntsein.*
Be|kạnnt|heits|grad, der ⟨o. Pl.⟩: *Grad des Bekanntseins.*
be|kạnnt|lich ⟨Adv.⟩: *wie bekannt ist, wie man weiß.*
be|kạnnt ma|chen: s. bekannt (2).
Be|kạnnt|ma|chung, die; -, -en: *das Bekanntmachen:* eine amtliche B.
Be|kạnnt|schaft, die; -, -en: **1.** ⟨Pl. selten⟩ *das Bekanntsein; Kontakt, persönliche Beziehung:* eine B. anknüpfen; * **jmds. B. machen** *(mit jmdm. bekannt werden; mit jmdm. Verbindung aufnehmen);* **mit etwas B. machen** (ugs.; oft iron.; *mit etw. Unangenehmem in Berührung kommen).* **2.** *Mensch od. Kreis von Menschen, die jmd. kennt; Bekanntenkreis:* sie brachte ihre neue B. mit.
be|kạnnt wer|den: s. bekannt (2).
be|kạn|ten ⟨sw. V.; hat⟩: *mit Kanten versehen:* ein Werkstück exakt b.
Be|kas|si̲|ne, die; -, -n [frz. bécassine, zu: bécasse = Schnepfe, zu: bec = Schnabel < lat. beccus = (Hahnen)schnabel, aus dem Gall.; nach dem langen Schnabel]: *vorwiegend in Sümpfen und auf feuchten Wiesen lebende Schnepfe mit sehr langem, geradem Schnabel u. schwarzem bis rötlich braunem, gelblich längs gestreiftem Rücken; Himmelsziege.*
be|kau̲|fen, sich ⟨sw. V.; hat⟩ (landsch.): *[zu teuer, unüberlegt] einkaufen u. sich später darüber ärgern.*
be|ke̲h|ren ⟨sw. V.; hat⟩ [1 a: mhd. bekēren, ahd. bikēren, LÜ von lat. convertere, ↑konvertieren]: **1. a)** *für einen Glauben gewinnen:* Andersgläubige b.; **b)** *bei jmdm. eine innere Wandlung bewirken u. ihn für eine bestimmte [Lebens]auffassung gewinnen:* du hast mich bekehrt. **2.** ⟨b. + sich⟩ **a)** *einen Glauben annehmen:* sich zum Christentum b.; **b)** *eine innere Wandlung durchmachen u. zu einer bestimmten [Lebens]auffassung kommen:* ich bekehrte mich zu seiner Auffassung.
Be|ke̲h|rung, die; -, -en: *das Bekehren; das Bekehrtwerden.*
be|kẹn|nen ⟨unr. V.; hat⟩ [mhd. bekennen, ahd. bikennan = (er)kennen; Bedeutungswandel beeinflusst durch die Rechts- u. Kirchenspr.]: **1. a)** *offen zugeben, aussprechen; eingestehen:* einen Irrtum b.; **b)** *Zeugnis für seinen Glauben ablegen.* **2.** ⟨b. + sich⟩ **a)** *zu jmdm., etw. stehen, überzeugt ja sagen, für jmdn., etw. offen eintreten:* sich zum Christentum b.; er bekannte sich zu seinen Taten; **b)** *sich als jmd[n]. bezeichnen; sich für jmdn. erklären;* **c)** *sich eine bestimmte Eigenschaft zuerkennen u. dafür einstehen; sich als etw. erklären:* sich [als, für] schuldig b.
Be|kẹn|ner, der; -s, - [mhd. (Mystik) bekenner für lat. confessor, zu lat. confiteri, ↑Konfession]: *jmd., der sich öffentlich zu seiner [religiösen] Überzeugung bekennt.*
Be|kẹn|ner|brief, der: *Bekennerschreiben.*
Be|kẹn|ne|rin, die; -, -nen: w. Form zu ↑Bekenner.
Be|kẹn|ner|mut, der: *Mut, sich trotz persönlicher Gefährdung öffentlich für seine Überzeugung einzusetzen.*
Be|kẹn|ner|schrei|ben, das: *Schreiben, Brief (an eine Polizeibehörde, an eine Zeitungsredaktion o. Ä.), in dem sich jemand zu einem politischen Verbrechen, Attentat o. Ä. bekennt, die Verantwortung dafür übernimmt.*
Be|kẹnnt|nis, das; -ses, -se [mhd. bekennt-, bekanntnisse = (Er)kenntnis; Geständnis]: **1. a)** *das [Sich]bekennen, [Ein]geständnis:* ein B. ablegen; **b)** ⟨Pl.⟩ *Erinnerungen, Lebensbeichte:* die -se des hl. Augustin. **2.** *das Eintreten für etw., das Sichbekennen zu etw.* **3. a)** *formulierter Inhalt des Bekenntnisses (2), Glaubensformel:* das B. unseres christlichen Glaubens; **b)** *Religionszugehörigkeit, Konfession.*
Be|kẹnnt|nis|buch, das: *Buch, in dem eine Weltanschauung, ein Glaube bezeugt wird.*
Be|kẹnnt|nis|frei|heit, die ⟨o. Pl.⟩ (Rel.): *Glaubensfreiheit.*
Be|kẹnnt|nis|kir|che, die ⟨o. Pl.⟩: *Kirche od. kirchliche Gemeinschaft, die durch ein spezifisches Bekenntnis (3 a) geprägt ist.*
be|kẹnnt|nis|los ⟨Adj.⟩: *keiner Glaubensgemeinschaft angehörend.*
be|kẹnnt|nis|mä|ßig ⟨Adj.⟩ (Papierdt.): *auf ein Bekenntnis bezogen:* eine Lehrerausbildung -en Charakters.
Be|kẹnnt|nis|schrift, die: *Bekenntnisbuch:* die -en der Reformatoren.
Be|kẹnnt|nis|schu|le, die: *Schule, deren Bildungs- und Erziehungskonzept konfessionell geprägt ist; Konfessionsschule.*
be|ki̲e|ken ⟨sw. V.; hat⟩ (nordd.): *genau betrachten:* lass dich mal b.!
be|kịf|fen, sich ⟨sw. V.; hat⟩ (Jargon): *sich durch Kiffen in einen Rauschzustand versetzen.*
be|kla̲|gen ⟨sw. V.; hat⟩ [mhd. beklagen, ahd. bic(h)lagōn]: **1. a)** (geh.) *über einen Verlust, Todesfall Empfindungen des Schmerzes, der Trauer in [lauten] Worten äußern:* Menschenleben waren nicht zu b. *(es gab keine Toten bei etw.);* **b)** *bedauern; über etw. klagen:* den sozialen und politischen Wandel b. **2.** ⟨b. + sich⟩ *jmdm. gegenüber seine Unzufriedenheit über ein Unrecht o. Ä. klagend äußern.*
be|kla̲|gens|wert ⟨Adj.⟩: *so geartet, dass Anlass besteht, darüber zu klagen; bedauernswert:* -e Zustände.
be|kla̲gt ⟨Adj.⟩ [zu spätmhd. beklagen = jmd. vor Gericht anklagen] (Rechtsspr.): *(im Zivilprozess) verklagt:* die -e Person.
Be|kla̲g|te, der u. die; -n, -n ⟨Dekl. ↑Abgeordnete⟩: *Person, Institution, Firma o. Ä., die (im Zivilprozess) verklagt worden ist.*
be|klạt|schen ⟨sw. V.; hat⟩: **1.** *durch Händeklatschen begrüßen, Beifall spenden.* **2.** (seltener) *intime Dinge über jmdn., etw. ausplaudern.*
be|klau̲|en ⟨sw. V.; hat⟩ (salopp): *bestehlen:* einen Kameraden b.
be|kle̲|ben ⟨sw. V.; hat⟩: *etw. auf etw. kleben, zukleben.*
be|klẹ|ckern ⟨sw. V.; hat⟩ (ugs.): *kleckernd beschmutzen:* das Kleid mit Kirschsaft b.; * **einen Bekleckerten machen** (berlin. salopp: *sich den Anschein geben, als ob man etwas Besonderes sei; sich wichtig tun;* vgl. den Bekotzten machen, ↑bekotzen).
be|klẹck|sen ⟨sw. V.; hat⟩: *stark beschmutzen, Kleckse auf etw. machen.*
be|klei̲|den ⟨sw. V.; hat⟩ [1: mhd. bekleiden; 2: eigtl. = jmdn. mit einem Amtskleid bekleiden]: **1. a)** *mit Kleidung versehen:* leicht bekleidet sein *(nur wenig anhaben);* **b)** (geh.) *mit etw. schmückend beziehen, bedecken;* **c)** (geh. veraltet) *in ein Amt, Recht o. Ä. einsetzen u. dadurch mit etw. versehen:* jmdn. mit großer Macht b. **2.** (geh.) *(einen Posten, ein Amt) innehaben:* ein Amt b.
Be|klei̲|dung, die; -, -en: **1. a)** *Kleidung, Kleider:* warme, zweckmäßige B.; **b)** (selten) *Verkleidung (einer Wand).* **2.** ⟨o. Pl.⟩ (selten) *das Bekleiden, Innehaben eines Amtes.*
Be|klei̲|dungs|amt, das (Milit.): *Verwaltungsdienststelle zur Annahme, Aufbewahrung u. Ausgabe der Dienstkleidung für die Truppe.*
Be|klei̲|dungs|in|dus|trie, die: *Gesamtheit der Kleiderfabriken; Konfektionsindustrie.*
Be|klei̲|dungs|stück, das: *Kleidungsstück.*
Be|klei̲|dungs|vor|schrif|ten ⟨Pl.⟩: *Anweisungen über die Art der Bekleidung.*
be|klei̲s|tern ⟨sw. V.; hat⟩: **a)** (ugs.) *reichlich mit Kleister, Klebstoff bestreichen;* **b)** (ugs. abwertend) *mit etw. [reichlich u. auffallend] bekleben:* die Hauswand ist mit Reklame bekleistert.
be|klẹm|men ⟨sw. V.; hat⟩ [mhd. beklemmen = zusammenpressen]: *beengen, bedrücken:* die Stille beklemmte mich; das Schweigen war beklemmend.
Be|klẹmm|nis, die; -, -se: *das Beklemmende:* die B., die von diesen Bildern ausgeht.
Be|klẹm|mung, die; -, -en: *Gefühl der Enge; Angs[t]* *Albdruck:* tiefe B. beschlich uns.
be|kli̲e|ren ⟨sw. V.; hat⟩ (nordd.): *beschmieren:* d[ie] Häuserwände mit Parolen b.
be|klọm|men ⟨Adj.⟩ [spätmhd. beklummen, 2. Part. von mhd. beklimmen = umklammern, zu ↑klimmen]: *angesichts von etw. bedrückt u. gehemmt, unsicher u. zaghaft:* mit -er Stimme antworten; sie schwiegen b.
Be|klọm|men|heit, die; -: *das Beklommensein:* unsere B. wich.
be|klö̲|nen ⟨sw. V.; hat⟩ (nordd.): *über etw. mit jmdm., den man gut kennt, ungezwungen in allen Einzelheiten reden:* das müssen wir aber erst mal richtig b.!
be|klọp|fen ⟨sw. V.; hat⟩: *durch Klopfen untersuchen, abklopfen; prüfend auf jmdn., etw. klopfen.*
be|klọppt ⟨Adj.⟩ [aus dem Niederd.; eigtl. = beklopft, d. h. von einem Schlag auf den Kopf getroffen] (salopp): *nicht [ganz] bei Verstand sein.*
be|kna̲b|bern ⟨sw. V.; hat⟩: *an etw. knabbern:* di[e] Mäuse haben den Speck beknabbert.
be|knạckt ⟨Adj.⟩ [zu ↑Knacks (2 b)] (salopp): **a)** *[in] ärgerlicher Weise einfältig, dumm; dümmlich, beschränkt:* -e Fußballfans; **b)** *unerfreulich, ärgerlich:* eine ganz -e Situation.
be|kni̲en ⟨sw. V.; hat⟩ [eigtl. wohl = mit den Kni[en] auf jmdm. liegen] (ugs.): *dringend u. ausdauernd bitten:* er bekniet mich, ihm Geld zu leih[en].
be|knịf|fen ⟨Adj.⟩ (landsch.): *betreten, betroffen*
be|kọ|chen ⟨sw. V.; hat⟩: *[fürsorglich] mit Essen versorgen; für jmdn. kochen, der nicht unmitte[l]bar zum eigenen Haushalt gehört:* seine Oma bekocht ihn.
be|ko̲h|len ⟨sw. V.; hat⟩ (Fachspr.): *mit Kohle[vo]räten] versorgen:* eine Lokomotive b.
be|kọm|men ⟨st. V.⟩ [mhd. bekommen = erhalte[n,] zu etw. kommen; gelangen, ahd. biqueman = (heran)kommen, wiederbekommen]: **1.** ⟨hat⟩ **a)** *von jmdm. etw. als Geschenk, Belohnung, Auszeichnung o. Ä. erhalten:* Finderlohn b.; **b)** *jmdm. (als Äquivalent, als Bezahlung o. Ä.) zuteil werden, (etw., worauf man Anspruch ha[t]) erhalten:* Verpflegung b.; **c)** *jmdm. zugestellt, übermittelt o. ä. werden:* Post b.; **d)** *(als Strafe o. Ä.) hinnehmen müssen; erhalten:* Schläge b. **e)** *(an einer bestimmten Körperstelle) plötzlic[h] von etw. getroffen werden:* einen Stoß, einen Tritt b.; **f)** *von etw. befallen werden; als Folge einer physischen od. psychischen Veränderun[g] haben:* allmählich Hunger b.; **g)** *sich zuziehen* (3 a); *erleiden:* einen Herzinfarkt b.; **h)** *mit etw. rechnen müssen, können:* Besuch, Gäste b.; **i)** *einen bestimmten Zustand geraten:* Löcher, Risse b. *(löchrig, rissig werden);* **j)** *jmdm. ertei[lt] werden:* du bekommst keine Erlaubnis. **2.** ⟨ha[t]⟩ **a)** *(durch eigenes Bemühen) zu etw. kommen; sich verschaffen:* keine Arbeit b.; er hat sie, sie haben sich endlich b. *(geheiratet);* **b)** *kaufen können, (gegen Geld) erhalten:* das Buch ist nicht mehr zu b.; **c)** *hervorbringen, entstehen lassen:* sie bekommt ein Baby, Kind *(ist schwa[n]ger);* der Hund hat Junge bekommen *(geworfe[n]);* **d)** *zu einem bestimmten Verhalten o. Ä. bringe[n]:* jmdn. dazu b., die Wahrheit zu sagen; **e)** *erreichen, dass jmd., etw. in einen bestimmten Zustand versetzt wird:* wir werden dich schon wieder gesund b.; **f)** *erreichen, dass etw. an ei[ne] bestimmte Stelle kommt:* etw. in den Magen (ugs.; *zu essen)* b.; **g)** *(noch zum richtigen Zeit[]punkt) erreichen:* den Zug, den Bus [noch, nic[ht] mehr] b. **3.** ⟨b. + Inf. mit »zu«; hat⟩ **a)** *in den Stand gesetzt werden, die Möglichkeit haben, etw. [zu seinem Nutzen] zu tun:* etw. zu sehen; er bekam den Ast zu fassen; **b)** *ertragen müsse[n]:* jmds. Hass zu spüren b. **4.** ⟨b. + 2. Part.; hat; a[ls] Umschreibung des Passivs⟩: etw. gesagt b. **5.** *i[n] einer bestimmten Ausführung erhalten* ⟨hat⟩: etw. schriftlich b. **6.** *jmdm. [nicht] zuträglich sein; [un]günstig für jmdn., etw. sein* ⟨ist⟩: die

Kur ist ihm schlecht bekommen. 7. * **es nicht über sich b.** ⟨hat⟩ *(sich nicht zu einer [für die eigene oder eine andere Person] unangenehmen Handlung entschließen können).*

e|kömm|lich ⟨Adj.⟩ [mhd. bekom(en)lich = passend, bequem]: *verträglich* (1): -es Essen.

e|kös|ti|gen ⟨sw. V.; hat⟩ [zu älter beköstén, mhd. bekosten = die Kosten tragen für etw.]: *[regelmäßig] mit Essen versorgen:* Fremdarbeiter und Vertriebene b.

e|kös|ti|gung, die; -, -en ⟨Pl. selten⟩: **a)** *das Beköstigen;* **b)** *Kost, Verpflegung.*

e|kot|zen ⟨sw. V.; hat⟩ (derb): *mit Erbrochenem beschmutzen:* der Betrunkene hatte den Tisch bekotzt.

e|krab|beln ⟨sw. V.; hat⟩ (ugs.): **1.** ⟨b. + sich⟩ *sich aufrappeln* (b). **2.** *befühlen, betasten.*

e|kräf|ti|gen ⟨sw. V.; hat⟩ [zu mhd. bekreften = kräftigen, stärken]: **a)** *nachdrücklich bestätigen:* er bekräftigte seine Aussagen mit einem/durch einen Eid; einen Handel durch Handschlag b.; **b)** *in etw. bestärken, unterstützen:* den Verdacht, die Vermutung b.

e|kräf|ti|gung, die; -, -en: *das Bekräftigen.*

e|krallt ⟨Adj.⟩ (Zool.; sonst selten): *mit Kralle[n] [versehen]:* -e Tatzen.

e|krän|zen ⟨sw. V.; hat⟩: *mit einem Kranz, mit Girlanden schmücken:* den Sieger b.

e|krän|zung, die; -, -en: *das Bekränzen.*

e|kreu|zen ⟨sw. V.; hat⟩: **1.** (bes. kath. Kirche) **a)** *mit dem Kreuzzeichen segnen:* die schlafenden Kinder b.; **b)** ⟨b. + sich⟩ (seltener) *sich bekreuzigen.* **2.** (veraltet) *ankreuzen.*

e|kreu|zi|gen, sich ⟨sw. V.; hat⟩: **a)** (kath. Kirche) *das Kreuz[zeichen] über Stirn u. Brust machen:* ich bekreuzigte mich; (zum Zeichen des Abscheus od. der abergläubischen Furcht:) sich vor jmdm., vor etw. b.; **b)** (ugs.) *großen Abscheu [u. abergläubische Furcht] vor jmdm., einer Sache haben.*

e|krie|gen ⟨sw. V.; hat⟩: *gegen jmdn., etw. Krieg führen:* ein Land b.; sich [gegenseitig]/(geh.:) einander b. *(bekämpfen).*

e|krit|zeln ⟨sw. V.; hat⟩: *mit Kritzeleien versehen:* Wände mit Parolen b.

e|krö|nen ⟨sw. V.; hat⟩: **a)** *mit einem kronenähnlichen Schmuck, einem Kranz, mit einem Aufsatz, Aufbau o. Ä. versehen:* den Sieger b.; ein Gebäude mit einer Kuppel b. (Archit.; *mit einer Kuppel als krönendem, schmückendem Abschluss versehen*); **b)** *den krönenden Schmuck od. Abschluss bilden:* ein Schloss bekrönt den Berg.

e|krö|nung, die; -, -en: **1.** *das Bekrönen.* **2.** *krönender Schmuck, Abschluss.*

e|ku|cken (nordd.): ↑begucken.

e|küm|mern ⟨sw. V.; hat⟩ [mhd. bekümbern, -kumbern, zu ↑kümmern]: **1.** *betrüben; jmdm. Kummer, Sorge bereiten:* mein Zustand bekümmerte ihn; was bekümmert Sie das *(was geht Sie das an)?* **2.** ⟨b. + sich⟩ **a)** (geh. veraltend) *sich betrüben:* sich über etw. b.; **b)** *sich kümmern, für jmdn., etw. sorgen.*

e|küm|mer|nis, die; -, -se (geh.): *Kummer, Sorge.*

e|küm|mert ⟨Adj.⟩: *traurig, bedrückt, sorgenvoll:* ein -es Gesicht machen.

e|küm|mert|heit, die; -: *das Bekümmertsein.*

e|küm|me|rung, die; - (selten): *Kummer.*

e|kun|den ⟨sw. V.; hat⟩ [aus der niederd. Rechtsspr., zu kunden, md. Nebenf. von ↑künden]: **1. a)** (geh.) *zum Ausdruck bringen; deutlich (durch Worte, Gesten od. Mienen) zeigen:* seine Bereitwilligkeit b.; **b)** (Rechtsspr.) *vor Gericht aussagen, bezeugen:* etw. eidlich b. **2.** ⟨b. + sich⟩ (geh.) *zum Ausdruck kommen; deutlich werden, sich zeigen:* dadurch, darin bekundete sich ihr ganzer Hass.

e|kun|dung, die; -, -en: *das Bekunden.*

el, das; -s, - [nach dem amerik. Physiologen u. Erfinder A. G. Bell (1847 bis 1922)]: *Kennwort bei Größen, die als Logarithmus des Verhältnisses zweier physikalischer Größen gleicher Art angegeben werden* (Zeichen: B).

e|la|bern ⟨sw. V.; hat⟩ (ugs. abwertend): **1.** *auf jmdn. labernd einreden.* **2.** *labernd besprechen:* heute wurde schon wieder das Kantinenessen belabert.

be|lä|cheln ⟨sw. V.; hat⟩: *über jmdn., etw. lächeln; jmdn., etw. mit [spöttischem od. nachsichtigem] Lächeln betrachten:* der alte Mann wird allgemein belächelt; eine Antwort als naiv b.

be|la|chen ⟨sw. V.; hat⟩: **a)** *über jmdn., etw. lachen:* eine viel belachte Komödie; **b)** *sich über jmdn., etw. lustig machen; durch Lachen verspotten:* jmds. Unbeholfenheit b.

be|la|den ⟨st. V.; hat⟩ [mhd. beladen]: **1. a)** *mit einer Ladung, Last versehen;* **b)** *jmdm., einem Tier [viel] zu tragen geben, ihm etw. aufladen:* sich mit Paketen b.; sie war schwer beladen *(sie hatte viel zu tragen);* **c)** *mit etw. überfüllen, [über]reich zudecken:* einen Tisch mit Geschenken b.; (abwertend:) jmd. ist mit Schmuck beladen *(jmd. trägt allzu viel Schmuck).* **2.** (Kernphysik) *mit Kernbrennstoff versehen.*

Be|la|dung, die; -: *das Beladen.*

Be|lag, der; -[e]s, Beläge: **1.** *dünne Schicht, mit der etw. überzogen ist, die sich auf etw. gebildet hat:* altes Kupfer mit grünlichem B. **2.** *Auflage, feste Schicht, die auf etw. gelegt, befestigt wird:* die Bremsen brauchen neue Beläge. **3. a)** *etwas, womit Brot, Brötchen o. Ä. [1]belegt* (1 c) *wird, z. B. Wurst, Käse;* **b)** *aufgelegte, bedeckende u. füllende Masse (z. B. Obst) bei Torten o. Ä.*

Be|la|ge|rer, der; -s, - ⟨meist Pl.⟩: *jmd., bes. ein Heer o. Ä., das einen strategisch wichtigen Ort belagert.*

be|la|gern ⟨sw. V.; hat⟩ [spätmhd. belegern = mit einem Heerlager umgeben, zu ↑lagern]: **a)** (Milit.) *(eine Stadt, Burg, Festung o. Ä.) zum Zweck der Eroberung einschließen u. umzingelt halten;* **b)** (ugs.) *ausdauernd u. in großer Zahl umringen; sich wartend u. neugierig um jmdn., etw. drängen:* Reporter belagern das Hotel.

Be|la|ge|rung, die; -, -en: **1.** *das Belagern* (a). **2.** ⟨o. Pl.⟩ (ugs.) *das Belagern* (b).

Be|la|ge|rungs|heer, das: *Heer, das eine Stadt, Burg o. Ä. belagert.*

Be|la|ge|rungs|trup|pen ⟨Pl.⟩: *Belagerungsheer.*

Be|la|ge|rungs|zu|stand, der (Rechtsspr. früher): *bes. bei Krieg od. Kriegsgefahr staatlich verhängter Ausnahmezustand, bei dem die Bürgerrechte weitgehend durch Kriegsrecht o. Ä. eingeschränkt werden:* den B. ausrufen.

Bel|ami [bɛla'mi:], der; -[s], -s [frz. bel ami = schöner Freund (nach der Titelgestalt eines Romans von Maupassant)]: *Frauenliebling.*

be|läm|mern ⟨sw. V.; hat⟩ [aus dem Niederd. < mniederd. belemmeren = hindern, hemmen, beschädigen, Iterativbildung zu: belemmen = lähmen, lahm schlagen, zu ↑lahm]: **1.** (nordd.) *belästigen; nerven:* musst du mich damit schon wieder b.? **2.** (landsch.) *hereinlegen, hintergehen.*

be|läm|mert ⟨Adj.⟩ (ugs.): **a)** *(von Personen) niedergedrückt, betreten:* er sah ganz b. aus; **b)** *(von Sachen) scheußlich, eklig, zum Verzweifeln:* ein -es Wetter.

Be|lang, der; -[e]s, -e [rückgeb. aus ↑belangen]: **1.** ⟨o. Pl.⟩ *Bedeutung, Wichtigkeit;* **von/ohne B. [sein]** *(große/keine Bedeutung [für jmdn., etw.] haben):* das ist für mich ohne B. **2.** ⟨Pl.⟩ *Interessen, Angelegenheiten:* die kulturellen -e. **3.** ⟨o. Pl.⟩ (Papierdt.) *meist in Fügungen wie:* in diesem B. *(in dieser Hinsicht).*

be|lan|gen ⟨sw. V.; hat⟩ [mhd. belangen = ausreichen; sich erstrecken, ahd. belangēn = verlangen, zu ↑langen]: **a)** (Rechtsspr.) *zur Verantwortung ziehen, verklagen:* jmdn. gerichtlich [wegen Diebstahls] b.; **b)** ⟨unpers.⟩ (veraltend) *an[be]langen, betreffen:* was mich belangt, so ...

be|lang|los ⟨Adj.⟩: *ohne Belang* (1), *unwichtig:* eine -e Bemerkung.

Be|lang|lo|sig|keit, die; -, -en: **1.** ⟨o. Pl.⟩ *Unwichtigkeit, Bedeutungslosigkeit.* **2.** *belanglose Sache, Äußerung; Lappalie.*

be|lang|reich ⟨Adj.⟩: *wichtig, bedeutungsvoll.*

be|lang|voll ⟨Adj.⟩: *bedeutend, wichtig.*

Be|la|rus [auch: 'be:la..., 'b(i̯)ɛla...]; Belarus': *Weißrussland.*

be|las|sen ⟨st. V.; hat⟩ [b: mhd. belāʒen = unter-, er-, überlassen]: **a)** *(unverändert) so lassen, an seinem Platz lassen:* Jungvögel im Nest b.; jmdn. in seiner Stellung b.; wir haben es dabei belassen *(bewenden lassen);* **b)** *[über]lassen:* den Ländern die Kulturhoheit b.

Be|las|sung, die; -: *das Belassen.*

be|last|bar ⟨Adj.⟩: **1.** *geeignet, fähig, Belastung auszuhalten:* eine bis zu 15 t -e Brücke. **2.** *geeignet, fähig, Belastung, Inanspruchnahme auszuhalten, zu verkraften:* er war zielstrebig und b.

Be|last|bar|keit, die; -, -en: **1.** *Fähigkeit, Belastung, Materialbeanspruchung auszuhalten:* die B. eines Drahtseils prüfen. **2.** ⟨o. Pl.⟩ *Fähigkeit, Belastung, Inanspruchnahme auszuhalten, zu verkraften:* körperliche, seelische B.

be|las|ten ⟨sw. V.; hat⟩: **1. a)** *mit einer Last versehen, schwer machen, beschweren:* man muss den Talski b. *(das Körpergewicht auf den Talski verlagern);* **b)** *in seiner Existenz, Wirkung, in seinem [Lebens]wert beeinträchtigen:* Nebensächlichkeiten belasten den Gedankengang; erblich belastet sein (↑erblich b). **2. a)** *stark in Anspruch nehmen:* jmdn. mit Verantwortung, Arbeit b.; **b)** *jmdm., einer Sache zu schaffen machen, schwer auf jmdm., etw. lasten:* zu viel Fett belastet den Magen; von Sorgen belastet; jmd. ist mit schwerer Schuld belastet *(trägt schwere Schuld).* **3.** (Rechtsspr.) *als schuldig erscheinen lassen:* belastende Aussagen. **4.** (Geldw.) *mit einer finanziellen Last belegen; jmdm., einer Sache eine finanzielle Schuld auferlegen:* die Bevölkerung mit zusätzlichen Steuern b.; das Haus ist mit einer Hypothek belastet *(auf das Haus ist eine Hypothek eingetragen).*

be|läs|ti|gen ⟨sw. V.; hat⟩ [zu ↑lästig]: **a)** *stören, jmdm. zur Last fallen; unbequem, lästig werden:* jmdn. mit Fragen, mit seiner Anwesenheit b.; **b)** *bedrängen; jmdm. gegenüber zudringlich werden:* belästigen Sie mich nicht!

Be|läs|ti|gung, die; -, -en: *das Belästigen, Belästigtwerden.*

Be|las|tung, die; -, -en: **1.** *das Belasten* (1, 2, 3), *Belastetsein.* **2.** (Geldw.) *das Belasten* (4): die B. eines Grundstücks mit einer Hypothek.

Be|las|tungs-EKG, das (Med.): *unmittelbar nach körperlicher Belastung aufgenommenes Elektrokardiogramm.*

be|las|tungs|fä|hig ⟨Adj.⟩: **1.** *eine bestimmte Belastung aushaltend, ihr standhaltend.* **2.** *belastbar* (2): wir suchen -e, flexible Mitarbeiter.

Be|las|tungs|fä|hig|keit, die ⟨o. Pl.⟩: *Fähigkeit, Belastungen auszuhalten.*

Be|las|tungs|gren|ze, die: *Grenze der Belastbarkeit* (1, 2).

Be|las|tungs|ma|te|ri|al, das (Rechtsspr.): *Tatsachen, die zusammengetragen werden u. zur Belastung des Angeklagten vorgebracht werden können:* es gab kein ausreichendes B.

Be|las|tungs|spit|ze, die: *Spitzenwert der Belastung.*

Be|las|tungs|zeu|ge, der (Rechtsspr.): *Zeuge der Anklage.*

be|lat|schern ⟨sw. V.; hat⟩ [vgl. gleichbed. ostmd. belatschen] (berlin. salopp): **a)** *zu etw. überreden;* **b)** *beratschlagen.*

be|lau|ben, sich ⟨sw. V.; hat⟩: *Laub bekommen:* bald werden sich die Bäume wieder b.; ⟨meist im 2. Part.:⟩ hellgrün belaubte Bäume.

Be|lau|bung, die; -: **1.** *das Sichbelauben.* **2.** *Laubwerk.*

be|lau|ern ⟨sw. V.; hat⟩: *lauernd beobachten, was jmd. tut:* ein Wildtier b.; sich [gegenseitig]/(geh.:) einander b.

Be|lau|e|rung, die; -, -en: *das Belauern.*

Be|lauf, der; -[e]s, Beläufe: **1.** * **im B. von** (veraltet; *[vom Betrag] in Höhe von).* **2.** (Jagdw.) *einem Förster zugewiesener Bezirk eines Reviers.*

be|lau|fen ⟨st. V.⟩: **1.** ⟨b. + sich⟩ *betragen, ausmachen* ⟨hat⟩: der Schaden, die Summe beläuft sich auf etwa 650 Euro. **2.** *eine Strecke, ein Gebiet* *begehen, [prüfend] abgehen* ⟨hat⟩: ⟨meist im 2. Part.:⟩ ein wenig belaufener Pfad. **3.** (landsch.) *geschäftig, emsig herumlaufend aufsuchen* ⟨hat⟩: ein stark belaufenes Geschäft. **4.** (landsch.) *anlaufen, beschlagen* ⟨ist⟩.

be|lau|schen ⟨sw. V.; hat⟩: **a)** *heimlich und sehr aufmerksam Geräusche, jmds. Äußerungen verfolgen, versteckt mithören:* man hat unser Gespräch belauscht; sich [gegenseitig]/(geh.:) einander b.; **b)** *forschend beobachten, zu erfassen suchen:* die Tierwelt b.

Be|lau|schung, die; -: *das Belauschen; das Belauschtwerden.*

Bel|can|to, Belkanto, der; -s [ital. bel canto = schöner Gesang]: *virtuose italienische Gesangskunst (mit bes. Betonung des schönen Klangs u. der schönen Melodie).*

Bel|che, die; -, -n, **Bel|chen,** der; -s, - [mhd. belche, ahd. belihha, belihho, eigtl. = (weiß; bläulich; rötlich) Schimmerndes, Leuchtendes; nach dem weithin sichtbaren weißen Stirnfleck des schwarzen Vogels] (südd., schweiz.): *Blässhuhn.*

be|le|ben ⟨sw. V.; hat⟩: **1. a)** *lebhafter machen, anregen, in Schwung bringen:* der Gedanke belebte ihn; die niedrigen Preise werden den Absatz b.; Kaffee hat eine belebende Wirkung; **b)** ⟨b. + sich⟩ *lebhafter werden; Schwung bekommen:* sein Gesicht, seine Augen beleben sich; der Markt, die Konjunktur belebt sich. **2.** *lebendig[er] gestalten:* die Landschaft wird durch einen Fluss belebt. **3. a)** *lebendig machen, zum Leben erwecken, mit Leben erfüllen:* alte Sitten und Gebräuche b. *(aufleben lassen);* **b)** ⟨b. + sich⟩ *lebendig werden, mit Leben erfüllt werden:* im Frühling, wenn sich die Natur [wieder] belebt. **4. a)** *mit Lebewesen füllen, bevölkern; auf, in etw. leben;* **b)** ⟨b. + sich⟩ *sich mit Leben, Lebewesen füllen; bevölkert werden:* die Straßen beleben sich.

be|lebt ⟨Adj.⟩: **1.** *lebhaft, bevölkert; voll Leben u. Betrieb:* dieser Kurort ist mir zu b. **2.** *lebendig, beseelt, von Leben erfüllt.*

Be|lebt|heit, die; -: *das Belebtsein.*

Be|lebt|schlamm, der: *an Mikroorganismen reicher Schlamm, der bei der biologischen Abwasserreinigung verwendet wird.*

Be|le|bung, die; -, -en: *das Beleben; das Belebtwerden.*

be|le|cken ⟨sw. V.; hat⟩: *leckend über jmdn., etw. hinfahren; etw. anlecken; mit der Zunge befeuchten:* die Katze beleckt sich *(säubert sich);* sich [gegenseitig]/(geh.:) einander b.

Be|leg, der; -[e]s, -e: **a)** *Nachweis für Ausgaben od. Zahlungen o. Ä.; Beweisstück;* **b)** *Nachweis, Zeugnis, literarisches Beispiel (für Wortgebrauch od. Ausdrucksweise o. Ä.);* **c)** (Archäol.) *Fundstück.*

Be|leg|arzt, der: *Arzt, der (neben seiner Praxis) eine Belegstation in einem Krankenhaus betreut.*

Be|leg|bett, das: *Bett auf einer Belegstation.*

[1]be|le|gen ⟨sw. V.; hat⟩ [mhd. belegen, ahd. bilegan]: **1. a)** *etw. (mit etw.) bedecken, (mit einem Belag) versehen:* das Parkett mit einem Teppich b.; Brote mit Wurst b.; belegte Brötchen *(aufgeschnittene Brötchen mit Belag);* eine belegte *(mit einem Belag überzogene)* Zunge; Ü eine belegte *(nicht klangreine, ein wenig heisere)* Stimme. **b)** (Milit.) *beschießen:* eine Stellung mit Granaten b. **2. a)** *für jmdn., für sich selbst sichern, reservieren:* einen Abendkurs b. *(sich dafür einschreiben);* **b)** (Sport) *(einen Platz in der Rangordnung) einnehmen, erreichen;* **c)** *für etw. (bes. die Unterbringung von Personen) nutzen:* das Hotel ist belegt; die [Telefon]leitung ist belegt *(besetzt).* **3.** *bedenken; jmdm., einer Sache etw. auferlegen:* Importwaren mit hohem Zoll b.; er wurde mit einer hohen Strafe belegt. **4.** *(durch ein Dokument o. Ä.) nachweisen, beweisen:* seine Ausgaben [mit/durch Quittungen] b.; seine Forderungen mit Gründen b. *(stützen, rechtfertigen).* **5.** (Seemannsspr.) **a)** *das Tau festmachen, um einen Poller o. Ä. schlingen:* belegt das Ende! (Kommando); **b)** *durch Belegen* (5 a) *der Taue festmachen.* **6.** (Jägerspr.) *(bes. von Hunden) ein weibliches Tier decken, begatten.*

[2]be|le|gen ⟨Adj.⟩ [zu veraltet beliegen = liegen] (Amtsspr. veraltend): *gelegen.*

Be|leg|exem|plar, das: *Pflichtexemplar eines Buches od. [Zeitungs-, Zeitschriften]artikels, das Autoren Bibliotheken u. anderen Stellen als Nachweis der Veröffentlichung zugeschickt wird.*

Be|leg|le|ser, der (EDV): *Vorrichtung, mit der genormte Belege unmittelbar gelesen u. in Buchungen übertragen werden können.*

Be|leg|ma|te|ri|al, das: *Gesamtheit von Beweisstücken.*

Be|leg|schaft, die; -, -en [zu veraltet belegen = (ein Berg-, Hüttenwerk) betreiben]: *Gesamtheit der Beschäftigten in einem Betrieb:* die B. versammelte sich in der Kantine.

Be|leg|schafts|ak|tie, die ⟨meist Pl.⟩: *Aktie, die [zum Vorzugskurs] von einer Firma an die Arbeitnehmer ausgegeben wird.*

Be|leg|schafts|mit|glied, das: *Mitglied der Belegschaft.*

Be|leg|sor|tie|rer, der (EDV): *Vorrichtung zum Ordnen der Belege.*

Be|leg|sta|ti|on, die: *Station in einem Krankenhaus, für die kein fest angestellter Arzt zuständig ist.*

Be|leg|stel|le, die: *Stelle in einem Buch, einer Zeitschrift o. Ä., aus der ein* Beleg (b) *stammt.*

Be|leg|stück, das: **1.** *Belegexemplar.* **2.** *einzelnes als Beleg dienendes Exemplar.*

Be|le|gung, die; -, -en ⟨Pl. selten⟩: *das Belegen.*

be|leh|nen ⟨sw. V.; hat⟩ [1: mhd. belēhenen]: **1.** (hist.) *mit etw. (Gütern, einem Amt o. Ä.) versehen; jmdm. etw. als Lehen geben:* die Fürsten belehnten ihre Vasallen. **2.** (schweiz.) *beleihen.*

Be|leh|nung, die; -, -en: *das Belehnen.*

be|lehr|bar ⟨Adj.⟩: *fähig u. bereit zu lernen, eine* [1]Lehre (3) *anzunehmen.*

be|leh|ren ⟨sw. V.; hat⟩: **1. a)** (geh.) *lehren, unterweisen:* ein belehrender Film, Vortrag; **b)** *informieren, aufklären.* **2.** *von seiner irrigen Ansicht abbringen:* er ist nicht zu b.

Be|leh|rung, die; -, -en: **a)** *das Belehrtwerden;* [1]*Lehre;* **b)** *Zurechtweisung, Verweis:* spare dir deine dauernden -en!

be|leibt ⟨Adj.⟩: *von rundlicher Gestalt, wohlgenährt, korpulent;* (verhüll.) *dick.*

Be|leibt|heit, die; -: *Korpulenz.*

be|lei|di|gen ⟨sw. V.; hat⟩ [mhd. beleidigen, zu gleichbed. leidegen, ahd. leidogōn, zu ↑leidig]: *jmdn. (durch eine Äußerung, Handlung o. Ä.) in seiner Ehre angreifen, verletzen:* jmdn. tief, tödlich b.; leicht, schnell beleidigt sein *(sich beleidigt fühlen);* (ugs.:) beleidigt tun; ein beleidigtes *(Beleidigtsein ausdrückendes)* Gesicht machen; Ü der schrille Gesang beleidigte sein Ohr.

Be|lei|di|gung, die; -, -en: **a)** *das Beleidigen:* B. durch Verleumdung; wegen B. eines Polizeibeamten eine Strafanzeige erhalten; **b)** *beleidigende Äußerung, Handlung; Affront; Injurie:* diese Äußerung stellt eine persönliche B. dar.

Be|lei|di|gungs|kla|ge, die: *wegen einer Beleidigung erhobene Klage.*

be|leih|bar ⟨Adj.⟩: *zu beleihen* (1).

Be|leih|bar|keit, die: *das Beleihbarsein.*

be|lei|hen ⟨st. V.; hat⟩: **1.** *als Pfand nehmen u. dafür Geld geben:* Immobilien mit einer hohen Summe b. **2.** (veraltend) *mit etw. belehnen, ausstatten.*

Be|lei|hung, die; -, -en: *das Beleihen.*

Be|lei|hungs|gren|ze, die (bes. Finanzw.): *höchster Betrag, bis zu dem etw. beliehen* (1) *werden kann.*

be|lem|mern, be|lem|mert: frühere Schreibungen für ↑belämmern, belämmert.

Be|lem|nit [auch: ...ˈnɪt], der; -en, -en [zu gr. bélemnos = Geschoss (weil man früher die versteinerten Skelettteile für »Geschosse« hielt, die beim Gewitter zur Erde herabgeschleudert würden)]: **a)** *ausgestorbener Kopffüßer;* **b)** *Donnerkeil* (2).

be|le|sen ⟨Adj.⟩ [eigtl. 2. Part. von veraltet belesen = durchlesen]: *durch vieles Lesen reich an [literarischen] Kenntnissen.*

Be|le|sen|heit, die; -: *das Belesensein.*

Bel|es|prit [bɛlɛsˈpriː], der; -s, -s [frz. bel esprit, aus: bel = schön (zu: beau < lat. bellus) u. esprit ↑Esprit] (veraltet, noch spött.): *Schöngeist.*

Bel|eta|ge [bɛleˈtaːʒə], die; -, -n [frz. bel étage, eigtl. = prächtiges Stockwerk] (Archit., sonst veraltet): *Hauptgeschoss, erster Stock.*

be|leuch|ten ⟨sw. V.; hat⟩ [mhd. beliuhten, ahd. biliuhtan]: **1. a)** *Licht auf jmdn., etw. werfen, anleuchten:* die Kerze beleuchtete notdürftig die Gesichter; **b)** *mit Licht versehen (um es hell, sichtbar zu machen):* wir müssen das Treppenhaus besser b.; (gelegentlich auch statt »erleuchten«:) die Fenster sind schon beleuchtet, ein festlich beleuchteter Saal. **2.** *(geistig) betrachten, untersuchen:* ein Problem näher b.

Be|leuch|ter, der; -s, -: *für die Beleuchtung verantwortlicher Techniker bei Bühne u. Film.*

Be|leuch|ter|brü|cke, die (Theater): *Laufsteg übe[r] der Bühne zum Anbringen von Scheinwerfern u. Ä.*

Be|leuch|te|rin, die; -, -nen: w. Form zu ↑Beleuch[ter].

Be|leuch|tung, die; -, -en ⟨Pl. selten⟩: **1. a)** *das Beleuchtetsein; Licht[verhältnisse]:* eine schwache B.; eine festliche B.; **b)** *das Beleuchten:* die B[eleuchtung] eines Stadions mit Flutlicht. **2.** *das Beleuchten* (2): die B. einer Frage, eines Punktes.

Be|leuch|tungs|an|la|ge, die: *Anlage zur Beleuc[h]tung.*

Be|leuch|tungs|ef|fekt, der: *durch [künstliche] Beleuchtung erzielter Effekt.*

Be|leuch|tungs|ein|rich|tung, die: *Einrichtung zur Beleuchtung.*

Be|leuch|tungs|ge|rät, das: *Gerät zur Beleuchtung.*

Be|leuch|tungs|kör|per, der: *Gegenstand, Vorrichtung, Gerät zur Beleuchtung.*

Be|leuch|tungs|kor|po|ra|ti|on, die (schweiz.): *für die Beleuchtung zuständige Behörde, Körperschaft.*

Be|leuch|tungs|mes|ser, der: *Messgerät für die Beleuchtungsstärke.*

Be|leuch|tungs|stär|ke, die: *Stärke der Beleuchtung, die sich berechnet aus dem Verhältnis de[s] auf eine Ebene auftreffenden Lichtstroms zu einer bestimmten Fläche.*

Be|leuch|tungs|tech|nik, die: *Technik des Beleuchtens.*

be|leum|det, be|leu|mun|det ⟨Adj.⟩ [zu ↑Leumund]: *in einem bestimmten Ruf stehend:* übe[l] beleumundete Lokale; tadellos b. sein.

Bel|fast: Hauptstadt von Nordirland.

bel|fern ⟨sw. V.; hat⟩ [H. u., viell. lautm.] (ugs.): **a)** *misstönend bellen, kläffen:* der Hund belfert[;] **b)** *bellen* (c): Worte durchs Telefon b.; **c)** *bellen* (d): die Kanonen belfern; ⟨subst.:⟩ das Belfern eines Motorrades.

Bel|gi|en; -s: Staat in Westeuropa.

bel|gisch ⟨Adj.⟩: *Belgien, die Belgier betreffend; aus Belgien stammend:* -es Bier.

Bel|grad: Hauptstadt von Jugoslawien u. Serbien.

be|lich|ten ⟨sw. V.; hat⟩: **a)** (Fot.) *Licht (auf einen Film, eine Platte od. Fotopapier) einwirken lassen:* einen Film b.; **b)** (Jargon) *mit Licht versehen; Licht auf etw. fallen lassen:* eine Bühne m[it] Halogenlampen b.

Be|lich|tung, die; -, -en: **a)** (Fot.) *das Belichten* (a): die B. war zu kurz; **b)** (Jargon) *das Belichten* (b)[;] *das Belichtetwerden.*

Be|lich|tungs|mes|ser, der: *Gerät, das die richti[ge] Belichtungszeit für eine Aufnahme* (7) *anzeigt:* eine Kamera mit eingebautem B.

Be|lich|tungs|zeit, die: *Zeitdauer der Belichtun[g]* (a): die B. betrug $^{1}/_{100}$ Sek.

be|lie|ben ⟨sw. V.; hat⟩ [zu ↑lieben] (geh.): **a)** *jmdm. zu tun gefallen; [für den Augenblick] Lust haben, etw. zu tun:* ihr könnt tun, was euc[h] beliebt; **b)** (oft iron.) *geneigt sein, etw. zu tun; etw. zu tun pflegen:* er beliebte lange zu schlafen.

e|lie|ben, das; -s: *Geneigtheit, Ermessen:* etw. steht, liegt [ganz] in jmds. B.; * **nach B.** *(nach eigenem Wunsch, Geschmack; wie man will).*

e|lie|big ⟨Adj.⟩ [urspr. = angenehm, dann angelehnt an ↑Belieben]: **a)** *nach Belieben herausgegriffen o. Ä.; irgendein:* eine -e Menge; ein -es Beispiel; etwas Beliebiges; **b)** *nach Belieben, nach Gutdünken:* eine b. große Zahl.

e|liebt ⟨Adj.⟩: **a)** *allgemein geschätzt:* ein -er Lehrer; dieser Ausflugsort ist sehr b.; sich [bei jmdm.] b. machen *(es verstehen, jmds. Gunst zu gewinnen);* **b)** *häufig angewandt, benutzt, verwendet:* eine -e Ausrede.

e|liebt|heit, die; -: *das Beliebtsein:* der Autor erfreut sich größter B. (geh.; *ist allgemein sehr beliebt).*

e|lie|fern ⟨sw. V.; hat⟩: *[regelmäßig] etw. an einen Abnehmer liefern; mit etw. versorgen, versehen:* der Bäcker hat uns täglich [mit Brot] beliefert.

e|lie|fe|rung, die; -, -en: *das Beliefern.*

e|li|ze [be'li:zə]; -s: Staat in Mittelamerika.

el|kan|to usw.: ↑Belcanto usw.

el|la|don|na, die; -, ...nen [ital. belladonna, eigtl. = schöne Frau (nach der Verwendung als Schönheitsmittel)]: **a)** *Tollkirsche;* **b)** *aus der Tollkirsche gewonnenes Arzneimittel.*

elle Époque [bɛle'pɔk], die; - - [aus frz. belle = schön, heiter u. époque = Epoche]: *Zeit eines gesteigerten Lebensgefühls in Frankreich zu Beginn des 20. Jh.s.*

el|len ⟨sw. V.; hat⟩ [mhd. bellen, ahd. bellan, lautm.]: **a)** *(von Hund u. Fuchs) wiederholt kurze, kräftige Laute von sich geben:* der Hund bellte laut; **b)** *(durch eine starke Erkältung o. Ä. verursacht) bellende* (a) *Laute von sich geben;* **c)** *in heiserem, lautem [Befehls]ton sprechen, rufen o. Ä.:* der Feldwebel bellte seine Kommandos; **d)** *ein hartes, bellendes* (a) *Geräusch hervorbringen, verursachen:* die Flak bellt; ⟨subst.:⟩ man hörte das gedämpfte Bellen der Geschütze.

el|le|tris|tik, die; -: *unterhaltende, schöngeistige Literatur.*

el|le|tris|tisch ⟨Adj.⟩: *schöngeistig, literarisch, unterhaltend:* -e Literatur; ein -er Verlag *(Verlag, der Belletristik herausbringt).*

elle|vue [bɛl'vy:], die; -, -n [...ən; frz. belle vue = schöne Aussicht] (veraltet): *Belvedere* (1).

elle|vue, das; -[s], -s: Bez. für Schloss, Gaststätte mit schöner Aussicht.

el|lin|zo|na: Hauptstadt des Kantons Tessin.

lob|hu|deln ⟨sw. V.; hat⟩ (abwertend): *in übertriebener Weise loben:* jmdn. b.

lo|bi|gen ⟨sw. V.; hat⟩: *jmdm. ein offizielles Lob aussprechen, loben, auszeichnen.*

lo|bi|gung, die; -, -en: *das Belobigen:* eine B. aussprechen.

lo|bi|gungs|schrei|ben, das: *offizielles Schreiben, mit dem eine Belobigung ausgesprochen wird.*

loh|nen, (schweiz. auch:) **be|löh|nen** ⟨sw. V.; hat⟩ [mhd. (md.) belōnen]: **a)** *(zum Dank, als Anerkennung für etw.) [mit etw.] beschenken, auszeichnen;* **b)** *(eine Tat, eine Leistung) anerkennen, vergelten:* jmds. Geduld, Treue, Ausdauer, Vertrauen b.

loh|nens|wert ⟨Adj.⟩: *Belohnung verdienend:* ein -er Eifer.

loh|nung, (schweiz. auch:) **Be|löh|nung**, die; -, en: **1.** *das Belohnen.* **2.** *etw., womit man jmdn. für etw. belohnt:* sich eine B. verdienen.

l Pa|e|se, der; - - (auch:) **Bel|pa|e|se**®, der; - ital. bel paese, zu: bello = schön u. paese = Land]: *vollfetter italienischer Weichkäse.*

lt, der; -[e]s, -e: Meerenge im Nordosten Dänemarks: der Große B.; der Kleine B.

lüf|ten ⟨sw. V.; hat⟩: *mit frischer Luft versehen; einer Sache Luft zuführen:* ein schlecht belüfteter Raum.

lüf|tung, die; -: *das Belüften, Lufterneuerung.*

e|lu|ga, die; -, -s [a: russ. beluga; b: russ. beluha; zu: belyj = weiß]: **a)** russische Bez. für *Hausen;* **b)** russische Bez. für *Weißwal.*

²Be|lu|ga, der; -s: *Kaviar aus dem Rogen der ¹Beluga* (a).

be|lü|gen ⟨st. V.; hat⟩: *jmdm. die Unwahrheit sagen; mit falschen Aussagen zu täuschen versuchen:* damit belügst du dich selbst *(machst du dir etwas vor).*

be|lus|ti|gen ⟨sw. V.; hat⟩: **1. a)** *fröhlich stimmen, zum Lachen bringen:* der Clown belustigte das Publikum mit seinen Scherzen; **b)** *bei jmdm. eine mit Ironie gemischte Heiterkeit hervorrufen:* eine belustigte Miene zeigen. **2.** ⟨b. + sich⟩ **a)** (geh.) *sich über jmdn., etw. lustig machen, spotten:* du belustigst dich nur über mein Missgeschick; **b)** (veraltend) *sich vergnügen.*

Be|lus|ti|gung, die; -, -en: **a)** *volkstümliches Fest, Vergnügen; unterhaltender Zeitvertreib:* auf dem Festplatz gibt es allerhand -en; **b)** ⟨o. Pl.⟩ *das Belustigtsein* (1): etw. mit stiller B. betrachten.

be|lut|schen ⟨sw. V.; hat⟩: *an etw. lutschend saugen.*

Be|lut|schis|tan; -s: **1.** Gebirgslandschaft im Südosten des Hochlands von Iran. **2.** Provinz in Pakistan.

Bel|ve|de|re, das; -[s], -s [frz. belvédère < ital. belvedere, zu: bello < lat. bellus = schön u. vedere < lat. videre = sehen]: **1.** *Aussichtspunkt; schöne Aussicht.* **2.** *²Bellevue.*

bel|zen: ↑³pelzen.

Bem. = Bemerkung.

be|ma|chen ⟨sw. V.; hat⟩: **1.** (ugs.) *(bes. mit Kot, Harn) beschmutzen, besudeln:* das Kind hat sich von oben bis unten bemacht; **2.** ⟨b. + sich⟩ *sich über etw. aufregen, großes Aufheben um etw. machen:* er bemacht sich wegen jeder Kleinigkeit.

be|mäch|ti|gen, sich ⟨sw. V.; hat⟩ [für veraltet mächtigen, zu ↑mächtig] (geh.): **a)** *[mit Gewalt] in seinen Besitz, in seine Verfügung, Gewalt bringen:* die Armee bemächtigte sich der Hauptstadt; **b)** *jmdn. ergreifen, überkommen:* Unsicherheit bemächtigte sich seiner.

Be|mäch|ti|gung, die; -: *das Bemächtigen; das Bemächtigtwerden.*

be|ma|keln ⟨sw. V.; hat⟩ (selten): **a)** *mit einem Makel beflecken:* sein bemakelter Ruf; **b)** *als mit einem Makel behaftet ansehen; verunglimpfen.*

be|mä|keln ⟨sw. V.; hat⟩ (ugs.): *kleinlich an jmdm., etw. herumkritisieren; mäkeln, etw. auszusetzen finden:* alles b.

Be|mä|ke|lung, Be|mäk|lung, die; -, -en: *das Bemäkeln.*

be|ma|len ⟨sw. V.; hat⟩: **a)** *mit [bunten] Malereien o. Ä. verzieren:* Ostereier b.; **b)** *mit Farbe streichen;* **c)** (ugs., meist iron., abwertend) *sich in übertriebener Weise schminken:* sie bemalt ihr Gesicht zu sehr.

Be|ma|lung, die; -, -en: **a)** *das Bemalen;* **b)** *Farbschicht, Malerei, die an etw. angebracht ist:* die alte B. in der Kirche wurde freigelegt.

be|män|geln ⟨sw. V.; hat⟩: *als Fehler od. Mangel kritisieren, rügen, beanstanden; monieren:* an der Qualität war nichts zu b.

Be|män|ge|lung, (seltener:) **Be|mäng|lung**, die; -, -en: *das Bemängeln.*

be|man|nen ⟨sw. V.; hat⟩ [1: mhd. bemannen, zu: mannen = bemannen; zum Mann werden, sich als Mann zeigen, zu ↑Mann]: **1.** *mit einer Mannschaft ausrüsten, besetzen:* ein Boot, Schiff, Flugzeug b. **2.** ⟨b. + sich⟩ (ugs. scherzh.) *sich verheiraten, jmdn. zum Mann nehmen:* sie wollte sich endlich b.

Be|man|nung, die; -, -en: **a)** *das Bemannen* (1); **b)** *Mannschaft, Besatzung.*

be|män|teln ⟨sw. V.; hat⟩ [zu ↑Mantel] (geh.): *beschönigend, verharmlosend [hinter anderem] verbergen; verschleiern, vertuschen:* ich bemänt[e]le meine Fehler gar nicht.

Be|män|te|lung, (seltener:) **Be|mänt|lung**, die; -, -en: *das Bemänteln.*

be|ma|ßen ⟨sw. V.; hat⟩ (Fachspr.): *(eine Zeichnung, Landkarte o. Ä.) mit einem Maß[stab] versehen:* die Karte muss noch bemaßt werden.

Be|ma|ßung, die; -, -en: *das Bemaßen.*

be|mas|ten ⟨sw. V.; hat⟩: *(ein Schiff, Boot o. Ä.) mit einem Mast, mit Masten versehen.*

Be|mas|tung, die; -: **1.** *das Bemasten.* **2.** *Gesamtheit der Masten eines Schiffs.*

Bem|bel, der; -s, - [zu landsch. bampeln = baumeln, pendeln]: **a)** (landsch., bes. westmd.) *Glockenschwengel; kleine Glocke;* **b)** (hess.) *Krug für Apfelwein.*

be|meh|len ⟨sw. V.; hat⟩ (Kochk.): *mit Mehl bestäuben:* ein bemehltes Brot.

Be|meh|lung, die; - (bes. Bäckerei): **1.** *das Bemehlen.* **2.** *Mehlschicht.*

be|mei|ern ⟨sw. V.; hat⟩ [1: mhd. bemeieren, zu ↑Meier; 2: entw. zu jidd. more = Einschüchterung, Furcht od. nach dem Recht des Meiers, die Bauern zum Verkauf ihrer Güter zu zwingen]: **1.** (früher) *(ein Gut, einen Hof) verpachten.* **2.** (ugs.) *übervorteilen, überlisten.*

be|meis|tern ⟨sw. V.; hat⟩ (geh.): **a)** *mit etw. fertig werden; etw. bezwingen:* seinen Zorn, seine Erregung b.; **b)** ⟨b. + sich⟩ *sich beherrschen, zusammennehmen;* **c)** ⟨b. + sich⟩ (selten) *sich jmds. bemächtigen, jmdn. erfassen:* Wut bemeisterte sich seiner.

be|merk|bar ⟨Adj.⟩: *deutlich zu merken, wahrzunehmen; spürbar, erkennbar, wahrnehmbar:* eine leichte Besserung ist b.; * **sich b. machen** (1. *durch Gesten o. Ä. auf sich aufmerksam machen:* er machte sich durch Husten b. 2. *sich zeigen, eine bestimmte Wirkung ausüben:* sein Einfluss macht sich deutlich b.).

be|mer|ken ⟨sw. V.; hat⟩ [mhd. bemerken = beobachten]: **1. a)** *wahrnehmen, entdecken, erkennen:* wir bemerkten nicht seine Unsicherheit; **b)** (selten) *mit Interesse Kenntnis von etw. nehmen.* **2.** *äußern, [kurz] sagen, einwerfen:* nebenbei bemerkt, der Wein ist gut.

be|mer|kens|wert ⟨Adj.⟩: **a)** *beachtlich, bedeutend, ziemlich groß:* sein Eifer ist b.; **b)** *Aufmerksamkeit, Beachtung verdienend:* eine -e Münzsammlung; **c)** ⟨intensivierend bei Adj.⟩ *sehr, ungewöhnlich:* eine b. schöne Kollektion.

Be|mer|kung, die; -, -en: **1. a)** *kurze Äußerung:* treffende -en; **b)** *schriftliche Anmerkung, Notiz:* er hatte eine B. im Zeugnis. **2.** (veraltend selten) *Wahrnehmung, Entdeckung.*

be|mes|sen ⟨st. V.; hat⟩: **a)** *[nach Berechnung od. Schätzung] festlegen, zuteilen, dosieren;* **b)** ⟨b. + sich⟩ *nach etw. berechnet, festgelegt werden:* knapp bemessene Zeit.

Be|mes|sung, die; -, -en: *das Bemessen.*

Be|mes|sungs|grund|la|ge, die (Fachspr.): *Grundlage, Maßstab zur Berechnung der Steuer, der Leistung der Sozialversicherung o. Ä.:* das vorhandene Vermögen ist B.

be|mit|lei|den ⟨sw. V.; hat⟩: *bedauern; Mitleid mit jmdm. empfinden.*

be|mit|lei|dens|wert ⟨Adj.⟩: *in einem Zustand, der Mitleid verdient, bedauernswert:* ein -er Mensch.

be|mit|telt ⟨Adj.⟩: *mit Geldmitteln genügend ausgestattet; wohlhabend.*

Bem|m|chen, das; -s, -: Vkl. zu ↑Bemme.

Bem|me, die; -, -n [H. u., viell. zu ostmd. bammen, bampen = essen, naschen] (ostmd.): *bestrichene, belegte Brotscheibe.*

be|mo|geln ⟨sw. V.; hat⟩ (ugs. scherzh.): *ein wenig betrügen, nicht ganz ehrlich sein.*

be|mü|hen ⟨sw. V.; hat⟩ [spätmhd. bemüejen = belästigen, zu ↑mühen]: **1.** ⟨b. + sich⟩ **a)** *sich Mühe geben, sich anstrengen, einer Aufgabe gerecht zu werden, sie zu bewältigen:* ich will mich b., pünktlich zu sein; bitte bemühen Sie sich nicht! *(machen Sie sich keine Umstände!);* **b)** *sich kümmern; etw. für jmdn., etw. tun:* sie bemühte sich um den Kranken; **c)** *Anstrengungen machen, um jmdn., etw. für sich zu gewinnen; zu erlangen suchen:* sich um eine Stellung b.; er bemühte sich sehr um seine Tischdame *(wendete ihr alle Aufmerksamkeit zu).* **2.** ⟨b. + sich⟩ (geh.) *sich an einen bestimmten Ort begeben; sich die Mühe machen, einen Platz aufzusuchen:* sich zum Nachbarn b. **3.** (geh.) *in*

Anspruch nehmen; zu Hilfe holen: dürfen wir Sie noch einmal b.?

Be|mü|hen, das; -s (geh.): *Mühe, Anstrengung, Bemühung (um etw.):* vergebliches B.

be|mü|hend ⟨Adj.⟩ (schweiz.): *unerfreulich, peinlich:* eine -e Geschichte.

be|müht ⟨Adj.⟩: *angestrengt eifrig; gewollt, betont:* ein allzu -es Referat.

Be|müht|heit, die; - (schweiz.): *das Bemühtsein, Bemühung.*

Be|mü|hung, die; -, -en: **a)** ⟨meist Pl.⟩ *das Sichbemühen; Anstrengung:* angestrengte, vergebliche -en; **b)** ⟨Pl.⟩ *(auf Rechnungen) berufliche Dienstleistung (bes. eines Arztes, Anwalts, Handwerkers o. Ä.):* ärztliche -en.

be|mü|ßi|gen, sich ⟨sw. V.; hat⟩ [zu ↑müßig] (geh., selten): *sich einer Sache (eigentlich unnötigerweise) bedienen;* *** sich bemüßigt sehen/fühlen/finden** (geh., oft iron.; *sich veranlasst, genötigt fühlen, etw. [eigentlich Überflüssiges, Unnötiges] zu tun*): ich fühlte mich bemüßigt, eine Rede zu halten.

be|mus|tern ⟨sw. V.; hat⟩ (Kaufmannsspr.): *mit Mustern versehen, beliefern; jmdm. Muster zuschicken:* ein bemusterter Katalog.

Be|mus|te|rung, die; -, -en: *das Bemustern, Bemustertsein.*

be|mut|tern ⟨sw. V.; hat⟩: *wie eine Mutter betreuen, umsorgen.*

Be|mut|te|rung, die; -, -en: *das Bemuttern; das Bemuttertwerden.*

be|mützt ⟨Adj.⟩: *mit einer Mütze [bekleidet].*

Ben [hebr., arab. ben]: *Sohn, Enkel* (Teil von arabischen u. hebräischen Personennamen).

be|nach|bart ⟨Adj.⟩: *nahe gelegen; daneben, in der Nähe befindlich, wohnend:* im -en Ort; eine -e Familie.

be|nach|rich|ti|gen ⟨sw. V.; hat⟩: *unterrichten, in Kenntnis setzen; jmdm. Nachricht geben; informieren:* sind die Angehörigen benachrichtigt [worden]?

Be|nach|rich|ti|gung, die; -, -en: **a)** *das Benachrichtigen, das Nachrichtgeben:* eine B. der Angehörigen; **b)** *Nachricht, Mitteilung:* die offizielle B. ist eingetroffen.

be|nach|tei|li|gen ⟨sw. V.; hat⟩ [zu ↑Nachteil]: *schlechter behandeln, hinter andere zurücksetzen; jmdm. nicht das Gleiche zugestehen wie anderen:* er benachteiligte seinen Sohn gegenüber der Tochter; diese Bestimmung benachteiligt Ausländer; ein wirtschaftlich benachteiligtes Gebiet; ich fühlte mich benachteiligt.

Be|nach|tei|lig|te, der u. die; -n, -n ⟨Dekl. ↑Abgeordnete⟩: *jmd., der benachteiligt wird.*

Be|nach|tei|li|gung, die; -, -en: *das Benachteiligen; das Benachteiligtwerden.*

be|na|geln ⟨sw. V.; hat⟩: **a)** *mit Nägeln versehen:* Schuhe b.; **b)** *(durch Aufnageln von etw.) mit etw. bedecken:* ein Dach mit Dachpappe b.

be|na|gen ⟨sw. V.; hat⟩: *nagend anfressen; an etw. nagen:* das Brot b.; das Wild benagt die Bäume; das Wasser benagt die Ufer *(zerstört sie langsam).*

be|nä|hen ⟨sw. V.; hat⟩: **a)** *(durch An-, Aufnähen von etw.) mit etw. versehen:* die Decke mit einer Borte b.; **b)** *säubern* (3); **c)** (fam.) *Kleidung für jmdn. nähen:* die Mutter benähte ihre Kinder immer selbst.

be|nam|sen ⟨sw. V.; hat⟩ (ugs. scherzh.): *benennen; mit einem [Spitz]namen versehen.*

be|nannt: ↑benennen.

be|näs|sen ⟨sw. V.; hat⟩ (geh.): *[ein wenig] nass machen:* Tränen benässen sein Gesicht.

Bench|mark [ˈbɛntʃmark], die; -, -s [engl.]: (bes. Wirtsch.): *Maßstab für den Vergleich von Leistungen.*

Bench|mar|king [ˈbɛntʃmarkɪŋ] das; -s [engl. benchmarking, zu: to benchmark = Maßstäbe setzen] (bes. Wirtsch.): *das Vergleichen von Herstellungsprozessen, Managementpraktiken sowie Produkten oder Dienstleistungen, um Leistungsdefizite aufzudecken.*

Ben|del usw.: frühere Schreibung für ↑Bändel usw.

be|ne|beln ⟨sw. V.; hat⟩: **a)** *(von alkoholischen Getränken) jmdm. den Verstand trüben, jmdn. nicht mehr klar denken lassen:* der Wein benebelt ihn, seine Sinne; leicht benebelt sein; mit benebeltem Kopf aufwachen; **b)** *leicht betäuben:* der Duft benebelte ihn.

Be|ne|be|lung, (seltener:) **Be|neb|lung,** die; -, -en: *das Benebeltsein.*

be|ne|dei|en ⟨sw. V.; hat⟩ [mhd. benedī(g)en für kirchenlat. benedicere, aus lat. bene = gut u. dicere = sagen] (christl. Rel., veraltet): *segnen, lobpreisen:* er hat Gott gelobt und gebenedeit/(auch:) benedeit.

Be|ne|dic|tus, das; -, - [subst. 2. Part. von kirchenlat. benedicere, ↑benedeien; a: nach dem Anfangswort im Lobgesang des Zacharias, Lukas 1, 68; b: nach dem Anfangswort Benedictus (qui venit) = Gelobt (der da kommt); nach Matth. 21, 9 u. a.] (christl. Rel.): **a)** *liturgischer Hymnus (im kath. Stundengebet);* **b)** *zweiter Teil des Sanctus.*

Be|ne|dik|ti|ner, der; -s, - [1: kirchenlat. benedictinus, nach dem hl. Benedikt von Nursia; 2: frz. bénédictine; der Likör wurde zuerst von frz. Benediktinern hergestellt]: **1.** *Mönch des Benediktinerordens.* **2.** *ein Kräuterlikör.*

Be|ne|dik|ti|ne|rin, die; -, -nen: *Angehörige eines nach dem Vorbild des Benediktinerordens lebenden Frauenordens.*

Be|ne|dik|ti|ner|or|den, der ⟨o. Pl.⟩: *vom hl. Benedikt von Nursia gegründeter Mönchsorden;* Abk.: OSB, O. S. B. (Ordo Sancti Benedicti).

Be|ne|dik|ti|ner|re|gel, die ⟨o. Pl.⟩: *von Benedikt von Nursia nach 530 in Montecassino verfasste Mönchsregel.*

Be|ne|dik|ti|on, die; -, -en [kirchenlat. benedictio] (kath. Kirche): *Segen, Segnung.*

be|ne|di|zie|ren ⟨sw. V.; hat⟩ [kirchenlat. benedicere, ↑benedeien] (kath. Kirche): *segnen, weihen:* das Wasser b.

Be|ne|fiz, das; -es, -e [↑Benefizium]: **1. a)** (veraltet) *Vorstellung zu Ehren eines Künstlers;* **b)** *Wohltätigkeitsveranstaltung, -vorstellung:* ein B. für Afrika. **2.** ↑Benefizium (2, 3).

Be|ne|fi|zi|ant, der; -en, -en: *Nutznießer eines Benefizes.*

Be|ne|fi|zi|ar, der; -s, -e [mlat. beneficiarius], **Be|ne|fi|zi|at,** der; -en, -en [mlat. beneficiatus]: *Inhaber eines Benefiziums* (3).

Be|ne|fi|zi|um, das; -s, ...ien [1: lat. beneficium, aus: bene = gut u. facere = machen, tun; 2: mlat.]: **1.** (veraltet) *Wohltat, Begünstigung.* **2.** *mittelalterliches Lehen.* **3.** (kath. Kirchenrecht) *Pfründe.*

Be|ne|fiz|kon|zert, das: *Wohltätigkeitskonzert.*

Be|ne|fiz|spiel, das: *Spiel* (1 d, 5 a), *dessen Ertrag einer Person od. Organisation zur Verfügung gestellt wird.*

be|neh|men ⟨st. V.; hat⟩ [2: mhd. benemen, ahd. biniman; 1: seit dem 18. Jh.]: **1.** ⟨b. + sich⟩ *sich (in einer bestimmten Weise) verhalten, betragen:* sich gut, unmöglich *(sehr schlecht),* wie ein Idiot b.; sich [un]höflich gegen jmdn./jmdm. gegenüber b.; sich nicht b. können *(schlechte Umgangsformen haben).* **2.** (geh.) *wegnehmen, entziehen, rauben:* das benimmt mir die Lust zum Weitermachen. **3.** (selten) *[jmdm.] die Sinne trüben, nicht mehr klar denken lassen:* der Wein hat mir den Kopf benommen.

Be|neh|men, das; -s [2: zu veraltet sich benehmen = sich verständigen]: **1.** *Art, wie sich jmd. benimmt; Verhalten, Betragen:* höfliches, flegelhaftes B.; sein B. war tadellos; kein B. haben *(unerzogen sein, schlechte Manieren, Allüren haben).* **2.** *** sich mit jmdm. ins B. setzen** (Papierdt.; *mit jmdm. wegen etw. Verbindung aufnehmen, sich verständigen*).

be|nei|den ⟨sw. V.; hat⟩ [mhd. benīden]: *auf jmdn., etw. neidisch sein:* jmdn. um seinen Reichtum, seine Erfolge, wegen seiner Fähigkeiten b.; er ist nicht zu b. *(es geht ihm schlecht, er ist in einer schwierigen Lage);* ein beneidetes Vorbild sein.

be|nei|dens|wert ⟨Adj.⟩: *sehr gut, schön, angenehm o. ä. u. so Anlass zum Neidischwerden bietend:* ein -er Erfolg; hier ist es b. ruhig.

Be|ne|lux [auch: beneˈlʊks]: kurz für ↑Beneluxstaaten.

Be|ne|lux|staa|ten ⟨Pl.⟩ [Kurzwort aus: Belgique Nederland, Luxembourg]: *die in einer Wirtschaftsunion zusammengeschlossenen Länder Belgien, Niederlande u. Luxemburg.*

be|nen|nen ⟨unr. V.; hat⟩ [mhd. benennen]: **1.** *mi[t] einem Namen versehen; jmdm., einer Sache einen bestimmten Namen geben:* den Sohn nac[h] seinem Vater, eine Straße nach einem Dichter b.; eine Pflanze nicht b. können *(den Namen nicht wissen).* **2.** *(für eine bestimmte Aufgabe) namhaft machen; als geeignet angeben:* jmdn. als Kandidaten b.

Be|nen|nung, die; -, -en: **1.** ⟨o. Pl.⟩ *das Benennen* **2.** *Name, Bezeichnung:* für diesen Gegenstand gibt es verschiedene -en.

be|net|zen ⟨sw. V.; hat⟩ (geh.): *leicht befeuchten, anfeuchten:* die Lippen b.; ein von Tränen benetztes Gesicht.

Ben|ga|le, der; -n, -n: **1.** Ew. zu ↑Bengalen. **2.** ↑Bangale.

Ben|ga|len; -s: Provinz in Indien.

Ben|ga|li, das; -[s]: *Sprache der Bengalen.*

Ben|ga|lin, die; -, -nen: w. Form zu ↑Bengale.

ben|ga|lisch ⟨Adj.⟩ [2: in Bengalen war bunte, durch Brennstoffe erzeugte Festbeleuchtung üblich]: **1.** *Bengalen, die Bengalen betreffend; aus Bengalen stammend.* **2.** *in gedämpft buntem, ruhigem Licht erscheinend:* -es Feuer *(zu einem Feuerwerk verwendetes buntes Feuer);* -[e] Beleuchtung.

Ben|gel, der; -s, -, ugs., bes. nordd. auch: -s [mh[d.] bengel = derber Stock, Knüppel, zu einem wo[hl] lautm. Verb mit der Bed. »schlagen«; 1: frühnhd.; zur Bedeutungsentwicklung vgl. Flegel]: **1. a)** *[frecher] junger Bursche; Halbwüchsiger:* ein [starker] B. von 15 Jahren; so ei[n] dummer B.!; **b)** (fam.) *niedlicher kleiner Junge* ein goldiger B. **2.** (veraltet, noch landsch.) *(kur[zes]) Holzstück, Knüppel:* *** den B. [zu hoch, zu weit] werfen** (schweiz.; *[unberechtigte] Anspr[üche], Forderungen stellen*).

ben|gel|haft ⟨Adj.⟩ (abwertend): *rüpelhaft; grob* sich b. benehmen.

be|nie|sen ⟨sw. V.; hat⟩ (ugs. scherzh.): *eine kurz zuvor gefallene Äußerung, dem Aberglauben nach, durch Niesen bestätigen:* er hats beniest da muss es wohl stimmen!

Be|nin; -s: Staat in Afrika (früher Dahome[y]).

Ben|ja|min [ˈbɛnjamiːn], der; -s, -e [hebr. Binyāmîn, im A.T. jüngster Sohn Jakobs (1. Mos. 35, 24 ff. u. a.)] (scherzh.): *Jüngster (einer Familie od. Gruppe).*

ben mar|ca|to [ital.] (Musik): *gut betont, scharf markiert, akzentuiert.*

be|nom|men ⟨Adj.⟩ [zu: benehmen (2), eigtl. = dem Bewusstsein entzogen]: *durch eine bestimmte [äußere] Einwirkung auf die Sinne wie leicht betäubt, in seiner Reaktionsfähigke[it] eingeschränkt:* ein -es Gefühl; er war durch de[n] Sturz ganz b.; sich [wie] b. erheben.

Be|nom|men|heit, die; -: *das Benommensein.*

be|no|ten ⟨sw. V.; hat⟩ (Amtsdt.): *bewerten, mit einer Note* (2) *versehen:* die Leistungen gerech[t] b.

be|nö|ti|gen ⟨sw. V.; hat⟩: **a)** *zu einem bestimmt[en] Zweck nötig haben, brauchen:* Geld, Hilfe, ein[e] Hilfskraft b.; die Ware wird dringend benötigt **b)** *(aufgrund einer Vorschrift o. Ä.) besitzen müssen:* für den Grenzübertritt [k]ein Visum [b.]

Be|no|tung, die; -, -en: *das Benoten; das Benote[t]werden.*

ben te|nu|to [ital.] (Musik): *gut gehalten* (8 a).

Ben|thal, das; - [zu griech. bénthos = Tiefe] (Geogr.): *gesamte Bodenregion der Meere, See[n] u. Fließgewässer.*

Ben|thos, das; - [griech. bénthos = Tiefe] (Biol.) *Gesamtheit der über, auf od. im Grund od. im Uferbereich von Gewässern lebenden pflanzlichen u. tierischen Organismen.*

be|num|mern ⟨sw. V.; hat⟩: *mit einer Nummer v[ersehen]*

sehen, nummerieren: die Stühle im Saal reihenweise b.

e|nutz|bar, (südd., österr. u. schweiz. meist:) **be|nütz|bar** ⟨Adj.⟩: *zum Benutzen geeignet.*

e|nutz|bar|keit, (südd., österr. u. schweiz. meist:) **Be|nütz|bar|keit,** die; -: *das Benutzbarsein.*

e|nut|zen, (südd., österr. u. schweiz. meist:) **be|nüt|zen** ⟨sw. V.; hat⟩ [mhd. (md.) benützen]: **a)** *sich einer Sache (ihrem Zweck entsprechend) bedienen; etw. gebrauchen, verwenden:* keine Seife b.; für seine Arbeit verschiedenes Werkzeug b.; den vorderen Eingang b. *(vorne hineingehen);* das benutzte Geschirr spülen; ordinäre Ausdrücke b.; das Auto, ein Taxi b. *(damit fahren);* **b)** *(zu einem bestimmten Zweck) gebrauchen, verwenden:* einen Raum als Esszimmer b.; jmdn., etw. als Alibi, als Vorwand b.; **c)** *für einen bestimmten Zweck ausnutzen:* den freien Tag für einen Ausflug b.

e|nut|zer, (südd., österr. u. schweiz. meist:) **Be|nüt|zer,** der; -s, -: *jmd., der etw. [leihweise] benutzt.*

e|nut|zer|freund|lich, (südd., österr. u. schweiz. meist:) **be|nüt|zer|freund|lich** ⟨Adj.⟩: *für den Benutzer von etwas angenehm, leicht zu handhaben:* -e Wörterbücher; ein -es Computerprogramm.

e|nut|ze|rin, (südd., österr. u. schweiz. meist:) **Be|nüt|ze|rin,** die; -, -nen: w. Form zu ↑Benutzer.

e|nut|zer|kreis, (südd., österr. u. schweiz. meist:) **Be|nüt|zer|kreis,** der: *Gesamtheit der Personen, die etw. benutzen [können].*

e|nut|zer|ober|flä|che, die (EDV): *auf dem Bildschirm eines Computers sichtbare Darstellung eines Programms* (4).

e|nut|zung, (südd., österr. u. schweiz. meist:) **Be|nüt|zung,** die; -: *Verwendung, Gebrauch:* die neuen Handtücher in B. nehmen; etw. ist nicht mehr in B.

e|nut|zungs|ge|bühr, (südd., österr. u. schweiz. meist:) **Be|nüt|zungs|ge|bühr,** die: *Leihgebühr; festgesetzter Preis für die Benutzung eines Gegenstandes od. einer Einrichtung.*

e|nut|zungs|ord|nung, (südd., österr. u. schweiz. meist:) **Be|nüt|zungs|ord|nung,** die: *Zusammenfassung von Vorschriften über die Benutzung einer Einrichtung:* die B. einer Bibliothek.

nz|al|de|hyd, der; -s, -e [aus ↑Benzoesäure u. ↑Aldehyd]: *(bes. als Riechstoff od. Aroma* (2) *verwendeter) nach Bittermandelöl riechender Aldehyd.*

n|zin, das; -s, (Arten:) -e [1833 geb. von dem dt. Chemiker E. Mitscherlich (1794–1863), urspr. = aus Benzoe gewonnenes Öl, auf Betreiben Liebigs 1834 auf das Erdöldestillat übertragen, zu mlat. benzoë, ↑Benzoe]: *Gemisch aus gesättigten Kohlenwasserstoffen, das als Treibstoff für Ottomotoren u. als Reinigungs- u. Lösungsmittel verwendet wird.*

n|zin|ab|schei|der, der (Technik): *Teil der Kläranlage, der dem Ausscheiden von Benzin (und Ölen) dient.*

n|zin|ein|sprit|zung, die (Kfz-T.): *das Zuführen von Kraftstoff durch Einspritzpumpen.*

n|zi|ner, der; -s, - (Jargon): *mit Benzin betriebener Kraftwagen.*

n|zin|feu|er|zeug, das: *mit Benzin betriebenes Feuerzeug.*

n|zin|ge|ruch, der: *Geruch nach Benzin.*

n|zin|ka|nis|ter, der: *Kanister zur Aufbewahrung od. zum Transport von Benzin.*

n|zin|kut|sche, die (ugs. scherzh.): *Auto.*

n|zin|lei|tung, die: vgl. Kraftstoffleitung.

n|zin|mo|tor, der: *mit Benzin betriebener Motor.*

n|zin|preis, der: *Preis für Benzin.*

n|zin|preis|er|hö|hung, die: *Erhöhung des Benzinpreises.*

n|zin|pum|pe, die (Kfz-T.): vgl. Kraftstoffpumpe.

n|zin|tank, der: *Tank für Benzin.*

Ben|zin|uhr, die (Kfz-T.): *Gerät, das anzeigt, wie viel Benzin im Tank ist.*

Ben|zin|ver|brauch, der: vgl. Kraftstoffverbrauch.

Ben|zoe [ˈbɛntsoe], die; - [mlat. benzoë < älter ital. bengiuì, zu arab. lubān ǧāwī = javanischer Weihrauch]: *vanilleartig duftendes Harz (ostindischer u. indonesischer Herkunft), das als Heilmittel, Räuchermittel u. zur Herstellung von Parfüm verwendet wird.*

Ben|zoe|baum, der: *(in Hinterindien u. im Malaiischen Archipel heimischer) Baum mit elliptischen, schwach gezähnten, immergrünen Blättern, der Benzoe liefert.*

Ben|zoe|säu|re, die ⟨o. Pl.⟩ (Chemie): *Mittel zur Konservierung von Nahrungsmitteln.*

Ben|zol, das; -s, (Arten:) -e [zu ↑Benzoe u. ↑Alkohol] (Chemie): *einfachster aromatischer Kohlenwasserstoff (aus Erdöl, Steinkohlenteer u. Gasen gewonnen).*

Benz|py|ren, das; -s [zu griech. pyroũn = brennen] (Chemie): *ein Krebs erzeugender Kohlenwasserstoff in Tabakrauch, Auspuffgasen u. a.*

Ben|zyl, das; -s [zu griech. hýlē = Stoff, Materie] (Chemie): *einwertige Restgruppe des Toluols (Bestandteil zahlreicher Verbindungen).*

Ben|zyl|al|ko|hol, der (Chemie): *in vielen Blütenölen vorkommender Alkohol (Grundstoff für Parfüme).*

be|o|bacht|bar ⟨Adj.⟩: *festzustellen, in seinem Ablauf o. Ä. zu beobachten:* -e Vorgänge.

be|o|bach|ten ⟨sw. V.; hat⟩ [zu ↑Obacht]: **1. a)** *über eine gewisse Zeit aufmerksam, genau betrachten, mit den Augen verfolgen:* jmdn. kritisch b.; sich beobachtet fühlen; wer hat den Vorfall beobachtet *(zufällig gesehen)*?; **b)** *über eine gewisse Zeit zu einem bestimmten Zweck auf jmdn., etw. achten; jmdn., etw. kontrollieren, überwachen:* einen Patienten b.; jmdn. b. lassen *(observieren lassen).* **2.** *eine bestimmte Feststellung an jmdm., etw. machen; etw. bemerken:* eine Veränderung [an jmdm. od. einer Sache] b.; das ist gut beobachtet. **3.** (geh.) *(eine Vorschrift, Abmachung o. Ä.) beachten, einhalten:* die Gesetze b.

Be|o|bach|ter, der; -s, -: *jmd., der etw. od. jmdn. beobachtet:* ein heimlicher B.; politischen -n fiel auf, dass ...

Be|o|bach|te|rin, die; -, -nen: w. Form zu ↑Beobachter.

Be|o|bach|ter|sta|tus, der (Völkerr.): *Status, der es einem Staat gestattet, bei einer internationalen Konferenz o. Ä., an der er nicht als Mitglied teilnimmt, diplomatisch vertreten zu sein.*

Be|o|bach|tung, die; -, -en: **1.** *das Beobachten* (1): -en anstellen; unter B. stehen *(beobachtet, überwacht werden).* **2.** *Feststellung, Ergebnis des Beobachtens:* seine -en aufzeichnen, für sich behalten. **3.** (geh.) *Einhaltung, Beachtung:* unter genauer B. der Vorschriften.

Be|o|bach|tungs|ga|be, die ⟨o. Pl.⟩: *Fähigkeit zum Beobachten* (1).

Be|o|bach|tungs|pos|ten, der: *Posten* (1 a), *von dem aus man jmdn. od. etw. beobachten kann:* auf B. stehen.

Be|o|bach|tungs|sta|ti|on, die (Med., Met., Astron.): *Station* (5 a), *die speziell für die Beobachtung von Vorgängen, die für die Wissenschaft u. ihre Anwendung bedeutsam sind, eingerichtet ist.*

Beo|grad: serbischer Name für ↑Belgrad.

be|ölen, sich ⟨sw. V.; hat⟩ [H. u.] (Jugendspr.): *sich sehr amüsieren.*

be|or|dern ⟨sw. V.; hat⟩ [zu ↑Order]: **a)** *durch [militärische] Order [an einen bestimmten Ort] kommen lassen, bestellen:* ein Taxi zum Bahnhof b.; **b)** *jmdn. beauftragen, jmdm. befehlen;* **c)** (Kaufmannsspr.) *bestellen.*

be|pa|cken ⟨sw. V.; hat⟩: *eine Last, mehrere Gepäckstücke auf etw. laden oder jmdn. zu tragen geben:* ein mit Büchern bepackter Schreibtisch.

be|pelzt ⟨Adj.⟩: *mit einem Pelz versehen, bekleidet:* sie waren dick b.

be|pflan|zen ⟨sw. V.; hat⟩: *mit Pflanzen versehen:* den Blumenkasten mit Stiefmütterchen b.; ein frisch bepflanztes Beet.

Be|pflan|zung, die; -, -en: **1.** *das Bepflanzen.* **2.** *die Gesamtheit der an einer bestimmten Stelle eingepflanzten Blumen, Sträucher o. Ä.*

be|pflas|tern ⟨sw. V.; hat⟩: **a)** (ugs.) *mit einem Pflaster* (2) *versehen, bedecken:* eine Wunde b.; **b)** *mit Pflastersteinen versehen:* eine Straße mit Katzenköpfen b.; **c)** (Soldatenspr.) *mit Geschossen schwer unter Beschuss nehmen:* die feindlichen Stellungen [mit Bomben] b.

be|pin|seln ⟨sw. V.; hat⟩: **1.** (ugs.) *mit etw. einpinseln, (mit einem Pinsel) bestreichen:* den Kuchen mit Ei b. **2.** (ugs. abwertend) *anstreichen, bemalen:* die Wände [mit Farbe] b. **3.** (ugs. abwertend) *sich übertrieben schminken.* **4.** *flüchtig, wahllos beschreiben.*

Be|plan|kung, die; -, -en (Technik): *Außenhaut an Booten (auch Flugzeugen).*

Be|po, die; -: Kurzwort für ↑Bereitschaftspolizei.

be|pu|dern ⟨sw. V.; hat⟩: *mit Puder bestreuen, bestäuben:* die Haut b.

be|quat|schen ⟨sw. V.; hat⟩ (ugs.): **a)** *über etw. ausführlich reden; sich unterhalten;* **b)** *überreden.*

be|quem ⟨Adj.⟩ [mhd. bequæme, ahd. biquāmi = zukommend, passend, tauglich, zu ↑kommen; die heutigen Bed. seit dem 18. Jh.]: **1. a)** *angenehm, keinerlei Beschwerden od. Missbehagen verursachend:* ein -er Sessel; **b)** *keine Anstrengung verursachend, ohne Mühe benutzbar o. Ä.:* ein -er Posten. **2.** *leicht, mühelos:* der Ort ist b. [in einer Stunde] zu erreichen; dort können b. zehn Leute sitzen. **3.** (abwertend) *jeder Anstrengung abgeneigt, träge:* ein -er Mensch; dazu ist er viel zu b.

be|que|men, sich ⟨sw. V.; hat⟩: **1.** *sich endlich zu etw. entschließen, wozu man keine Lust hatte:* nach einiger Zeit bequeme er sich, mir zu schreiben. **2.** (veraltet) *sich fügen, sich anpassen.*

be|quem|lich ⟨Adj.⟩ [mhd. bequæmelich = passend] (veraltet): *einfach, bequem.*

Be|quem|lich|keit, die; -, -en [mhd. bequæmelicheit]: **1.** *das Leben erleichternde Annehmlichkeit; bequeme Einrichtung, Komfort:* seine B. haben [wollen]. **2.** ⟨o. Pl.⟩ *Trägheit.*

be|ran|ken ⟨sw. V.; hat⟩: **a)** *mit rankenden Pflanzen versehen;* **b)** *sich an etw. hochranken:* Efeu berankt die Hauswand.

Be|ran|kung, die; -, -en: *das Beranken; das Beranktwerden.*

Be|rapp, der; -s [zu ↑[1]berappen] (Bauw.): *rauer Verputz.*

be|rap|peln, sich ⟨sw. V.; hat⟩ (ugs.): **a)** *sich aufrappeln* (b); **b)** *sich aufraffen* (2 b).

[1]be|rap|pen ⟨sw. V.; hat⟩ [wohl zu: rappen, mundartl. Nebenform von ↑raffen]: **a)** (Bauw.) *Mauerwerk mit Mörtel bewerfen;* **b)** (Forstw.) *Bäume entrinden.*

[2]be|rap|pen ⟨sw. V.; hat⟩ [aus der Studentenspr., H. u., viell. zu rotwelsch rabbes = Zins; Gewinn] (salopp): *[widerwillig] bezahlen:* viel Geld [für etw.] b.

be|ra|ten ⟨st. V.; hat⟩ [mhd. berāten = überlegen, anordnen (refl.: sich bedenken), zu ↑raten; 3: zu mhd. rāt = Vorrat; vgl. Hausrat]: **1.** *jmdm. einen Rat geben:* jmdn. gut, schlecht b.; ein Verkäufer sollte seine Kunden b. können; jmdm. beratend zur Seite stehen; eine beratende Tätigkeit ausüben; *** gut/schlecht beraten sein** (ugs.; *[mit einem bestimmten Verhalten] richtig/falsch handeln*): Sie sind gut beraten, wenn Sie sich vor der Reise gegen Malaria impfen lassen. **2. a)** *gemeinsam überlegen u. besprechen, über etw. Rat halten:* eine Angelegenheit b.; **b)** *beratschlagen:* sie haben miteinander beraten, was zu tun sei; **c)** ⟨b. + sich⟩ *sich mit jmdm. [über etw.] besprechen.*

Be|ra|ter, der; -s, -: *Ratgeber; jmd., der [berufsmäßig auf seinem Fachgebiet] Rat erteilt.*

Be|ra|te|rin, die; -, -nen: w. Form zu ↑Berater.

Be|ra|ter|stab, der: *Stab* (2 b) *mit beratender Funktion.*

Be|ra|ter|ver|trag, der (Wirtsch.): *Vertrag, durch*

den sich jmd. verpflichtet, seine Erfahrung, seine Kenntnisse auf einem bestimmten Gebiet einem Unternehmen o. Ä. gegen Honorar zur Verfügung zu stellen.

be|rat|schla|gen ⟨sw. V.; hat⟩: *gemeinsam überlegen u. ausführlich besprechen:* mit jmdm. [über] einen Plan b.

Be|rat|schla|gung, die; -, -en: *das Beratschlagen.*

Be|ra|tung, die; -, -en [Subst. zu: beraten]: **1. a)** *Erteilung eines Rates od. von Ratschlägen:* fachärztliche B.; **b)** *Besprechung, Unterredung.* **2.** *Auskunft* (2), *Beratungsstelle.*

Be|ra|tungs|aus|schuss, der: *Ausschuss, der über etw. berät od. beratende Funktion hat.*

Be|ra|tungs|ge|spräch, das: *einer Beratung* (1 a) *dienendes Gespräch.*

Be|ra|tungs|pau|se, die: *während einer Beratung* (1 b) *eingelegte Pause.*

Be|ra|tungs|stel|le, die: *[Dienst]stelle, bei der die Allgemeinheit sich über etw. Rat holen kann.*

Be|ra|tungs|zim|mer, das: *Zimmer, in dem eine Beratung* (1) *stattfindet.*

be|rau|ben ⟨sw. V.; hat⟩ [mhd. berouben, ahd. biroubōn]: **a)** *jmdn. ausrauben, etw. ausplündern; etw. [gewaltsam] entwenden:* er wurde überfallen und beraubt; ich will Sie nicht b.! *(nicht von Ihnen erbitten, was Sie nur ungern hergeben);* **b)** (geh.) *wegnehmen, entziehen:* den Angeklagten des Beistandes b.; die Familie wurde des Ernährers beraubt; Ü jmdn. seiner Selbstständigkeit b.

Be|rau|bung, die; -, -en: *das Berauben, Beraubtwerden.*

be|räu|men ⟨sw. V.; hat⟩ (Amtsspr.): **1.** *räumen* (1). **2.** *räumen* (2): eine Baustelle b.

Be|räu|mung, die; -, -en ⟨Pl. selten⟩ (Amtsspr.): *das Beräumen:* die B. des Schmutzes.

be|rau|schen ⟨sw. V.; hat⟩ (geh.): **a)** *in einen Rauschzustand versetzen; [be]trunken machen:* der Wein berauschte uns; berauschende Düfte; Ü der Erfolg berauschte ihn; das war nicht [sehr] berauschend (ugs.; *mittelmäßig; nichts Besonderes*); **b)** ⟨b. + sich⟩ *sich betrinken:* sie berauschten sich an dem starken Bier; Ü sich an den neuen Ideen b. *(begeistern).*

Ber|ber, der; -s, - [1: arab. barbar = Berber (Pl.), viell. zu griech. bárbaros = Fremder; 4: übertr. von Berber (1)]: **1.** Angehöriger einer nordafrikanischen Völkergruppe. **2.** *von den Berbern in Nordwestafrika geknüpfter, derber, hochfloriger Teppich aus naturfarbener Wolle [mit einfachen, großzügigen (Rauten)mustern].* **3.** *in Nordafrika gezüchtetes Reitpferd:* einen B. mit einem Araber kreuzen. **4.** (Jargon) *Land-, Stadtstreicher, Nichtsesshafter.*

Ber|be|rin, die; -, -nen: w. Form zu ↑Berber (1, 4).

Ber|be|rit|ze, die; -, -n [mlat. berberis < arab. barbārīs]: *als Strauch wachsende, Dornen tragende Pflanze mit eiförmigen Blättern, gelben, in Trauben wachsenden Blüten u. roten, säuerlich schmeckenden Beerenfrüchten.*

Ber|ber|tep|pich, der: *Berber* (2).

be|re|chen|bar ⟨Adj.⟩: **1.** *sich berechnen* (1) *lassend:* -e Kosten. **2.** *voraussehbar, sich einschätzen lassend:* eine -e Wirkung.

Be|re|chen|bar|keit, die; -: *das Berechenbarsein.*

be|rech|nen ⟨sw. V.; hat⟩ [mhd. berechnen = berechnen; Rechnung ablegen, ahd. birehhanōn = vollkommen machen, in Ordnung bringen]: **1.** *durch Rechnen feststellen, ermitteln.* **2.** *anrechnen, in Rechnung stellen:* ich berechne Ihnen das nur mit zehn Mark; für die Verpackung berechne ich nichts/die Verpackung berechne ich Ihnen nicht. **3.** *[aufgrund von Berechnungen] vorsehen, veranschlagen, kalkulieren:* die Bauzeit auf 7 Monate, das Buch auf 800 Seiten b.; Ü alles ist auf Wirkung, auf Gewinn berechnet.

be|rech|nend (abwertend): *eigennützig, auf seinen Vorteil bedacht:* ein kalt -er Mensch; er ist sehr b.

Be|rech|nung, die; -, -en: **1.** *das Berechnen:* B. der Kosten, des Umfangs; -en anstellen *(etw. berechnen).* **2.** ⟨o. Pl.⟩ **a)** (abwertend) *Eigennutz, auf persönlichen Vorteil zielende Absicht:* etw. aus B. tun; **b)** *sachliche Überlegung; Voraussicht:* mit kühler B. vorgehen.

be|rech|ti|gen ⟨sw. V.; hat⟩: *[jmdm.] das Recht, die Befugnis zu etw. geben:* die Karte berechtigt zum Eintritt; seine Erfahrung berechtigt ihn zu dieser Kritik; aufgrund ihrer sozialen Verhältnisse sind sie berechtigt *(haben sie Anspruch darauf),* Wohngeld zu beziehen; Ü sein Talent berechtigt zu den größten Hoffnungen *(gibt begründeten Anlass dazu).*

be|rech|tigt ⟨Adj.⟩: *zu Recht bestehend, begründet:* -e Vorwürfe; ein -es Interesse.

be|rech|tig|ter|wei|se ⟨Adv.⟩ (Papierdt.): *mit Recht.*

Be|rech|ti|gung, die; -, -en ⟨Pl. selten⟩: **a)** *Recht, Befugnis:* die B. zum Unterrichten erwerben; **b)** *Rechtmäßigkeit, Richtigkeit:* die B. des Einspruchs wurde anerkannt.

Be|rech|ti|gungs|schein, der: *amtliches Papier, auf dem ein Recht, eine Befugnis bestätigt wird.*

be|re|den ⟨sw. V.; hat⟩ [mhd. bereden, auch = beweisen, überführen, ahd. biredinōn = anklagen; überführen]: **1. a)** *durchsprechen; besprechen:* wir wollen es miteinander b.; **b)** ⟨b. + sich⟩ *sich untereinander beratend besprechen:* wir müssen uns noch b. **2.** *überreden, durch heftiges Zureden umstimmen:* man hat mich beredet mitzukommen; sich [nicht] b. lassen. **3.** *über jmdn., etw. [abfällig] reden:* immer musst du andere Leute, fremde Angelegenheiten b.!

be|red|sam ⟨Adj.⟩: *mitteilsam, redegewandt, beredt:* ein sehr -er Vertreter.

Be|red|sam|keit, die; -: *Redegewandtheit, Redekunst:* seine ganze B. aufwenden [müssen]; etw. mit großer B. darlegen.

be|redt ⟨Adj.⟩ [mhd. beredet]: *redegewandt, etw. auf überzeugende Weise darlegend; eloquent:* der Minister ist sehr b.; Ü die Ruinen sind ein -es Zeugnis vergangener Größe *(sagen sehr viel aus über vergangene Zeiten, bezeugen eindrucksvoll vergangene Zeiten);* -e *(ausdrucksvolle)* Gesten.

be|ree|dern ⟨sw. V.; hat⟩: *(als Reederei) in Besitz haben, betreuen.*

be|reg|nen ⟨sw. V.; hat⟩ [mhd. beregenen, ahd. bireganon (von natürlichem Regen)]: *mit künstlichem Regen bewässern, besprühen:* die Felder, den Rasen b.

Be|reg|nung, die; -: *das Beregnen; das Beregnetwerden.*

Be|reg|nungs|an|la|ge, die: *Anlage zum Sprengen von Feldern od. Grünflächen.*

Be|reich, der, selten: das; -[e]s, -e [zu veraltet bereichen = sich erstrecken, zu ↑reichen]: **a)** *abgegrenzter Raum, Gebiet von bestimmter Ausdehnung:* der B. um den Äquator; das Grundstück liegt im B., außerhalb des -s der Stadt; **b)** *[Sach]gebiet, Sektor, Sphäre:* der politische, soziale B.; das fällt nicht in meinen B. *(mein Aufgabengebiet);* im B. des Möglichen liegen *(durchaus möglich sein);* sich über die Grenzen der -e hinweg verständigen.

be|rei|chern ⟨sw. V.; hat⟩: **1. a)** *reichhaltiger machen; vergrößern, erweitern:* sein Wissen [mit etw.] b.; eine Kunstsammlung um einige schöne Stücke b.; **b)** *innerlich reicher machen:* ich fühlte mich davon bereichert. **2.** ⟨b. + sich⟩ *sich [auf Kosten anderer] Gewinn, Vorteile verschaffen:* sich schamlos b.

Be|rei|che|rung, die; -, -en ⟨Pl. selten⟩: **1. a)** *das Bereichern:* die B. der Sammlung; **b)** *das Sichbereichern:* jmdm. den Vorwurf der B. machen. **2.** *Nutzen, Gewinn.*

Be|rei|che|rungs|ab|sicht, die: *Absicht, sich zu bereichern* (2).

Be|reichs|an|ga|be, die; -, -n: *Angabe, zu welchem Fach- od. Sachbereich etw. gehört.*

[1]be|rei|fen ⟨sw. V.; hat⟩: *mit Reifen* (1 a, 2) *versehen:* ein Fass, ein Auto b.

[2]be|rei|fen ⟨sw. V.; hat⟩: *mit* [1]*Reif* (1) *überziehen:* ⟨meist im 2. Part.:⟩ frisch -e Äste.

Be|rei|fung, die; -, -en: *die zu einem Fahrzeug gehörenden Reifen.*

be|rei|ni|gen ⟨sw. V.; hat⟩: **a)** *etw., was zu einer Missstimmung geführt hat, in Ordnung bringen klären:* einen Streitfall b.; Ü eine bereinigte *(korrigierte)* Ausgabe eines Buches; **b)** ⟨b. + sich⟩ *sich klären, in Ordnung kommen:* manche Missverständnisse bereinigen sich von selbst.

Be|rei|ni|gung, die; -, -en: *das Bereinigen.*

be|rei|sen ⟨sw. V.; hat⟩: **a)** *in einem Land, Gebiet reisen [um es gründlich kennen zu lernen]:* der Ethnologe bereiste ganz Afrika, um Material zu sammeln; **b)** *verschiedene Orte aufsuchen, um einen Auftrag auszuführen, Geschäfte abzuwickeln:* als Vertreter bereiste er viele Städte.

be|reit ⟨Adj.⟩ [mhd. bereit(e), ahd. bireiti; zu ↑rei ten in der alten Bedeutung »fahren«, also eigtl. = zur Fahrt gerüstet]: in den Verbindungen **b. sein** (1. *fertig, gerüstet sein:* bist du b.?; es ist alles so weit b.; die zum Aufbruch -en Gäste. 2. *zu etw. entschlossen sein*); **sich b. halten** *(in Bereitschaft, vorbereitet sein):* der Arzt hielt sic [auf Abruf, zum Einsatz] b.; **etw. b. haben** *(vorbereitet, zurechtgelegt, parat haben);* **sich [zu etw.] b. zeigen/finden/erklären** *(zum Ausdruck bringen, dass man zu etw. bereit, entschlossen ist).*

-be|reit: 1. drückt in Bildungen mit Substantive aus, dass die beschriebene Person oder Sache z etw. bereit, gerüstet ist: aufbruch-, funktions-, reisebereit. **2.** drückt in Bildungen mit Verben (Verbstämmen) aus, dass etw. sofort getan wer den kann: abruf-, anzieh-, essbereit. **3.** drückt i Bildungen mit Substantiven aus, dass die beschriebene Person den Willen zu etw. hat: di log-, diskussions-, leistungsbereit.

[1]be|rei|ten ⟨sw. V.; hat⟩ [mhd. bereiten]: **1. a)** *zub reiten, fertig machen, zurechtmachen, herrich ten:* das Essen b.; **b)** ⟨b. + sich⟩ (geh.) *sich auf etwas vorbereiten, sich rüsten:* sich zum Sterbe b. **2.** *zuteil werden lassen, zufügen:* jmdm. Freude, Kummer, Qualen b.; das bereitet *(veru sacht)* viele Schwierigkeiten.

[2]be|rei|ten ⟨st. V.; hat⟩ (selten): **a)** *zureiten:* ein Pferd b.; **b)** *abreiten* (2 a), *reitend durchqueren* das Land, die Felder b.

be|reit|hal|ten ⟨st. V.; hat⟩: *[ständig] griffbereit, zur Benutzung bereit haben:* bitte das Geld abgezählt b.!; Ü eine Überraschung für mich b

be|reit|le|gen ⟨sw. V.; hat⟩: *[für jmdn.] zur Benut zung an einen bestimmten Ort legen:* ich habe [dir/für dich] die Unterlagen bereitgelegt.

be|reit|lie|gen ⟨st. V.; hat, südd., österr., schweiz auch: ist⟩: *zur Benutzung, zum Einsatz an eine bestimmten Ort liegen:* im Hafen liegen Transportschiffe bereit.

be|reit|ma|chen ⟨sw. V.; hat⟩: *fertig machen;* **sich b.** *(sich fertig machen).*

be|reits ⟨Adv.⟩: **1.** *schon:* es ist b. sechs Uhr; b. fe tig sein. **2.** (südwestd., bes. schweiz.) *fast, nahezu, so gut wie:* b. die ganze Ernte ist verdo ben.

Be|reit|schaft, die; -, -en: **1.** ⟨Pl. selten⟩ *das Bere sein, Bereitwilligkeit, Einverständnis:* die B. zu helfen; innere B.; in B. *(bereit)* sein; er hat heut B. *(Bereitschaftsdienst).* **2.** *einsatzbereite Einheit, bes. der Polizei:* mehrere -en rückten an.

Be|reit|schafts|arzt, der: *Arzt, der Bereitschafts dienst hat.*

Be|reit|schafts|dienst, der: *Dienst auf Abruf für den Notfall.*

Be|reit|schafts|po|li|zei, die: *kasernierte Polizei die jederzeit abrufbereit ist.*

be|reit|ste|hen ⟨st. V.; hat; südd., österr., schwei auch: ist⟩: *zur Benutzung, zum Einsatz an eine bestimmten Ort stehen:* das Essen steht bereit; bereitstehende Züge.

be|reit|stel|len ⟨sw. V.; hat⟩: *zur Benutzung an einen bestimmten Ort stellen, zur Verfügung stellen:* Geld für Forschungszwecke b.

Be|reit|stel|lung, die; -, -en ⟨Pl. selten⟩: *das Bereitstellen.*

Be|reit|stel|lungs|preis, der: *(vom Verbrauch unabhängiger) Grundpreis für die Bereitstellu eines bestimmten Gutes, z. B. Strom, Gas, Wasser, Telefon, Kabelfernsehen.*

·e|reit|wil|lig ⟨Adj.⟩: *gerne bereit, entgegenkommend:* ein -er Helfer; b. Auskunft geben.
·e|reit|wil|lig|keit, die; -: *das Bereitwilligsein.*
·e|ren|ten ⟨sw. V.; hat⟩ [spätmhd. berenten = mit einer Rente ausstatten] (Amtsspr.): *jmdm. eine Rente zusprechen, zuteilen.*
·é|ret [ˈbɛrɛ], das; -s, -s [frz. béret < mlat. bereta, barretum, ↑Barett] (schweiz.): *Baskenmütze.*
·e|reu|en ⟨sw. V.; hat⟩ [mhd. beriuwen]: *Reue über etw. empfinden; bedauern.*
Berg; -s: früheres Großherzogtum zwischen Rhein, Ruhr und Sieg.
Berg, der; -[e]s, -e [mhd. berc, ahd. berg, eigtl. = der Hohe]: **1.** *größere Erhebung im Gelände:* ein hoher, steiler B.; vor ihnen ragte ein B. auf; blaue -e *(in einem Dunstschleier liegende Bergspitzen);* ein Feuer speiender B. (geh.; *tätiger Vulkan*); bewaldete -e; die -e *(Bergspitzen)* sind in Wolken gehüllt; einen B. besteigen, bezwingen; den B. hinuntersteigen; Spitze des -es; auf einen B. klettern; die Fahrt ging über B. und Tal *(bergauf u. bergab);* **Spr** wenn der B. nicht zum Propheten kommen will, muss der Prophet zum -e gehen (*einer muss den ersten Schritt tun;* der Spruch geht auf eine orientalische Quelle zurück); ***jmdm. goldene -e versprechen** *(jmdm. große Versprechungen machen, die man nicht einhalten kann; jmdm. etw. vorgaukeln);* **-e versetzen [können]** (bibl.; *Wunder vollbringen, unmöglich Scheinendes schaffen*): der Glaube versetzt -e; **mit etw. [nicht] hinter dem B. halten** (*etw. Wesentliches [nicht] verschweigen;* urspr. milit.; von Truppen od. Geschützen, die hinter einem Berg dem Blick des Gegners entzogen waren); **[noch nicht] über den B. sein** (ugs.; *die größte Schwierigkeit, die Krise [noch nicht] überstanden haben*); **[längst] über alle -e sein** (ugs.; *längst entkommen, schon weit weg sein*). **2.** ⟨Pl.⟩ *Gebirge:* in die -e fahren; über den -en zieht ein Wetter auf. **3.** *große Masse, Haufen:* ein B. von Schnee; -e von Abfall; über einem B./über -en von Akten sitzen. **4.** ⟨Pl.⟩ (Bergbau) *nicht erzhaltige Gesteinsbrocken:* die -e wegräumen.
-berg, der; -[e]s, -e (emotional verstärkend): 1. drückt in Bildungen mit Substantiven aus, dass etw. – seltener jmd. – in allzu großer Zahl vorhanden ist: Betten-, Studentenberg. 2. drückt in Bildungen mit Substantiven aus, dass eine große Menge von etw. vorhanden ist: Bücher-, Kuchen-, Wäscheberg.
berg|ab ⟨Adv.⟩: *den Berg hinunter, abwärts:* b. laufen; der Weg führt steil b.; **Ü** mit ihm, mit dem Geschäft geht es [immer mehr] b. *(seine Gesundheit, die Geschäftslage verschlechtert sich).*
Berg|ab|hang, der: *Abhang eines Berges.*
berg|ab|wärts ⟨Adv.⟩: *bergab:* b. laufen, klettern.
Berg|aka|de|mie, die: *Hochschule für Bergbau u. Hüttenwesen.*
Ber|ga|ma, der; -[s], -s: *handgeknüpfter, streng geometrisch gemusterter Orientteppich aus der türkischen Stadt Bergama.*
Ber|ga|mot|te, die; -, -n [frz. bergamote < ital. bergamotta (in Anlehnung an den Ortsn. Bergamo) < türk. bey armudu = Herrenbirne]: **1. a)** *(in Südeuropa u. Westindien kultivierter, bis 5 m hoher, der Pomeranze nahe stehender) Baum mit süßlich riechenden Blüten u. runden, glatten, blassgelben Früchten;* **b)** *Frucht der Bergamotte* (1 a). **2.** *in mehreren Sorten vorkommende saftreiche, würzig schmeckende Birne von kugeliger Gestalt.*
Ber|ga|mot|te|öl, Ber|ga|mott|öl, das: *aus den Schalen der Bergamotte* (1 b) *gewonnenes, angenehm duftendes Öl (für Parfüms, Tees u. Liköre).*
Berg|amt, das: *untere Dienststelle der Bergbehörde.*
berg|an ⟨Adv.⟩: *den Berg hinauf, aufwärts.*
Berg|ar|bei|ter, der: *Bergmann.*
Berg|ar|bei|te|rin, die: w. Form zu ↑Bergarbeiter.
berg|auf ⟨Adv.⟩: *den Berg hinauf, aufwärts:* b. steigen; der Weg führt steil b.; **Ü** mit dem Geschäft geht es [wieder] b. (↑bergab).
berg|auf|wärts ⟨Adv.⟩: *bergauf.*
Berg|bahn, die: *auf einen Berg führende [Zahnrad- od. Seil]bahn.*
Berg|bau, der ⟨o. Pl.⟩: *systematische Gewinnung von Bodenschätzen.*
Berg|bau|er, der: *[1]Bauer im [Hoch]gebirge.*
Berg|bäu|e|rin, die: w. Form zu ↑Bergbauer.
berg|bau|lich ⟨Adj.⟩: *den Bergbau betreffend:* -e Sicherheitsvorschriften.
Berg|be|hör|de, die: *für den Bergbau zuständige staatliche Behörde.*
Berg|be|woh|ner, der: *jmd., der im Gebirge lebt.*
Berg|be|woh|ne|rin, die: w. Form zu ↑Bergbewohner.
Berg|dorf, das: *in den Bergen gelegenes Dorf.*
Ber|ge: ↑Berg (4).
ber|ge|hoch: ↑berghoch.
ber|gen ⟨st. V.; hat⟩ [mhd. bergen, ahd. bergan, wahrsch. zu ↑Berg u. urspr. = auf einer Fluchtburg unterbringen]: **1.** *retten, in Sicherheit bringen:* Verletzte b.; das Getreide vor dem Unwetter b.; eine Schiffsladung b.; bei ihm fühle ich mich geborgen *(beschützt, in Sicherheit);* die Segel b. (Seemannsspr.; *einholen, einziehen*). **2.** (geh.) **a)** *verbergen, verstecken, verhüllen:* sich an jmds. Schulter b.; **b)** *schützend verbergen:* die Hütte birgt ihn vor seinen Verfolgern; eine bergende Hülle. **3.** (geh.) *enthalten, in sich tragen:* die Erde birgt noch ungehobene Schätze [in sich]; **Ü** das birgt viele Gefahren in sich.
Ber|ges|gip|fel, der (dichter.): *Berggipfel.*
Ber|ges|hö|he, die (dichter.): *Höhe eines Berges; Berg.*
ber|ge|wei|se ⟨Adv.⟩: *in großen Mengen.*
Berg|fach, das: *Fachgebiet des Bergbaus.*
Berg|fahrt, die: **1.** (Schifffahrt) *Fahrt stromaufwärts:* ein Schleppzug auf B. **2.** *Fahrt ins Hochgebirge.*
Berg|fest, das (ugs.): *Fest, Feier nach der Hälfte einer festgelegten Zeit [die in einer bestimmten Umgebung mit anderen gemeinschaftlich verbracht wird].*
Berg|fes|tung, die: *auf einem Berg gelegene Festung.*
Berg|fex, der (südd., österr.): *begeisterter Bergsteiger.*
Berg|fried, der; -[e]s, -e [mhd. bercvrit, perfrit = hölzerner Belagerungsturm; H. u.; volksetym. wohl schon im Mhd. an berc = Berg u. vride = Schutz, Sicherheit angelehnt]: *Hauptturm auf mittelalterlichen Burgen; Wehrturm.*
Berg|füh|rer, der: **1.** *Führer* (1 b) *bei Hochtouren* (Berufsbez.). **2.** *Führer* (2) *für Bergtouren.*
Berg|füh|re|rin, die: w. Form zu ↑Bergführer.
Berg|geist, der ⟨Pl. -er⟩: *im Innern der Berge wohnender, sagenhafter Zauberer, Kobold, Zwerg od. Riese.*
Berg|gip|fel, der: *Gipfel eines Berges.*
Berg|hang, der: *Abhang eines Berges.*
berg|hoch, bergehoch ⟨Adj.⟩: *sehr hoch.*
Berg|hüt|te, die: *Schutzhütte im Gebirge.*
ber|gig ⟨Adj.⟩ [mhd. bergeht]: *viele Berge aufweisend; reich an Bergen.*
ber|gisch ⟨Adj.⟩: zu ↑[1]Berg: das Bergische Land; vgl. badisch.
Berg Isel, der; - -, **Berg|isel** (österr. nur so), der; -: Berg bei Innsbruck.
Berg|kes|sel, der: *von Bergen umschlossene Vertiefung im Gelände.*
Berg|ket|te, die: *kettenartig aneinander gereihte Gruppe von Bergen.*
Berg|krank|heit, die ⟨o. Pl.⟩: *Höhenkrankheit.*
Berg|kris|tall, der: **a)** (Geol.) *bes. klare, reine Quarzart;* **b)** *Schmuckstein aus Bergkristall.*
Berg|kup|pe, die: *rundlicher Berggipfel.*
Berg|land, das; -[e]s, ...länder: *bergiges, gebirgiges Land.*
Berg|luft, die ⟨o. Pl.⟩: *für die Berge* (2) *typische klare, reine Luft.*
Berg|mann, der ⟨Pl. ...leute⟩ (Bergbau): *Arbeiter im Tage- od. Untertagebau, der unmittelbar beim Abbauen u. Fördern beschäftigt ist.*
berg|män|nisch ⟨Adj.⟩: *den Bergmann betreffend.*
Berg|manns|gruß, der: *Gruß der Bergleute untereinander:* der B. heißt »Glück auf!«.
Berg|mas|siv, das: *Gebirgsstock.*
Berg|na|se, die: *nasenförmig vorspringender Teil eines Berges.*
Berg|not, die ⟨o. Pl.⟩: *[lebensgefährliche] Notlage beim Bergsteigen.*
Berg|pre|digt, die ⟨o. Pl.⟩ (christl. Rel.): *auf einem Berg gehaltene, bedeutungsvolle Predigt Christi.*
Berg|ren|nen, das (Motor-, Radsport): *Rennen auf steilen Bergstraßen.*
Berg|ret|tungs|dienst, der: *Bergwacht.*
Berg|rü|cken, der: *obere Linie od. Fläche eines lang gestreckten Berges.*
Berg|rutsch, der: *Abbrechen u. Abrutschen von Erd- u. Gesteinsmassen an einem Steilhang.*
Berg|sat|tel, der: *Vertiefung an einem Bergrücken zwischen zwei Gipfeln.*
Berg|schrund, der: *Spalte am oberen Rand eines Gletschers.*
Berg|schuh, der: *fester Schuh zum Bergsteigen.*
Berg|see, der: *See in den Bergen.*
berg|seits ⟨Adv.⟩: *an der dem Berg zugekehrten Seite.*
Berg|ski, der: *der bei der Fahrt am Hang bergseits geführte, nahezu unbelastete Ski.*
Berg|spit|ze, die: *Spitze eines Berges.*
Berg|sta|ti|on, die: *oberer Haltepunkt einer Bergbahn.*
berg|stei|gen ⟨st. V.; hat/ist; nur im Inf. u. Part. gebr.⟩: *Hochtouren machen; in den Bergen wandern u. klettern.*
Berg|stei|ger, der: *jmd., der Bergsteigen als Sport, Hobby o. Ä. betreibt.*
Berg|stei|ge|rin, die; -, -nen: w. Form zu ↑Bergsteiger.
berg|stei|ge|risch ⟨Adj.⟩: *das Bergsteigen betreffend.*
Berg|stock, der: **1.** *bei Bergwanderungen benutzter Stock mit eiserner Spitze.* **2.** *Gebirgsstock.*
Berg|stra|ße, die [2: LÜ von mlat. Platea montium = Name der früheren Römerstraße in diesem Gebiet]: **1.** *Straße im Gebirge.* **2.** ⟨o. Pl.⟩ Landschaft am Westrand des Odenwalds.
Berg|strä|ßer, der; -s, -: **1.** *jmd., der im Gebiet der Bergstraße* (2) *lebt.* **2.** *Wein von der Bergstraße* (2).
Berg|strä|ße|rin, die; -, -nen: w. Form zu ↑Bergsträßer (1).
Berg|sturz, der: *Herabstürzen von Felsbrocken; schwerer Bergrutsch; Gesteinslawine.*
Berg|tod, der: *Tod durch Unglücksfall in den Bergen.*
Berg|tour, die: *Tour in die Berge, auf einen Berg.*
Berg-und-Tal-Bahn, die: *Bahn auf Rummelplätzen mit abwechselnd steil hinauf- u. hinunterfahrenden Wagen; Achterbahn.*
Berg-und-Tal-Fahrt, die: *Fahrt, bei der es abwechselnd steil hinauf- u. hinuntergeht.*
Ber|gung, die; -, -en: *das Bergen* (1), *Rettung, Sicherung:* die B. des Verunglückten war schwierig; bei der B. von Strandgut helfen.
Ber|gungs|ak|ti|on, die: *gemeinschaftliche Unternehmung zur Bergung von Menschen, Waren, Schiffen u. Ä. nach Unglücksfällen.*
Ber|gungs|damp|fer, der: *Dampfer mit Spezialausrüstung für Seenotfälle.*
Ber|gungs|kom|man|do, das: *[Polizei]einheit für Katastrophenfälle.*
Ber|gungs|kos|ten ⟨Pl.⟩: *Kosten einer Bergung.*
Ber|gungs|mann|schaft, die: *Mannschaft zur Bergung von Menschen u. Material nach Unglücksfällen.*
Berg|volk, das: *im Gebirge beheimatetes Volk.*
Berg|vor|sprung, der: *Bergnase.*
Berg|wacht, die: *Organisation zur Rettung in Bergnot Geratener.*
Berg|wald, der: *in höheren Gebirgslagen wachsender Wald.*
Berg|wand, die: *[fast] senkrecht aufsteigende Seite eines Berges.*
Berg|wan|de|rung, die: vgl. Bergtour.

B

berg|wärts ⟨Adv.⟩ [↑-wärts]: *in Richtung auf den Berg, zum Berg hin.*

Berg|wei|de, die: *in höheren Gebirgslagen gelegene Weide.*

Berg|welt, die (geh.): *Gebirgslandschaft.*

Berg|werk, das: *technische Anlage für den Bergbau, Grube mit den dazugehörenden Einrichtungen.*

Berg|wie|se, die: vgl. Bergweide.

Be|ri|be|ri, die; - [Verdopplung von singhales. beri = Schwäche] (Med.): *auf einem Mangel an Vitamin B_1 beruhende Krankheit mit Lähmungen u. allgemeinem Kräfteverfall.*

Be|richt, der; -[e]s, -e [mhd. beriht = Bericht; Belehrung, zu ↑berichten]: *sachliche Wiedergabe eines Geschehens od. Sachverhalts; Mitteilung, Darstellung:* ein wahrheitsgetreuer, spannender, offizieller B.; ein B. zur Lage; -e *(Reportagen)* über das Tagesgeschehen; einen B. abfassen, anfordern; einen B. über/von etw. geben; der Minister ließ sich B. erstatten *(berichten).*

be|rich|ten ⟨sw. V.; hat⟩ [mhd. berihten = recht machen, einrichten, unterweisen, zu ↑richten]: **a)** *jmdm. einen Sachverhalt, ein Geschehen sachlich u. nüchtern darstellen, mitteilen:* jmdm. etw. [schriftlich, mündlich] b.; ich habe [ihm] alles berichtet, dass ...; er berichtete über die Reise, von dem Unfall; man hat über sie nur Gutes berichtet; von ihm wurde berichtet, er sei als junger Mann zur See gefahren; **b)** (veraltend) *jmdn. unterrichten* (2 a).

Be|richt|er|stat|ter, der; -s, -: *jmd., der für eine Zeitung o. Ä. über aktuelle Ereignisse berichtet; Korrespondent.*

Be|richt|er|stat|te|rin, die; -, -nen: w. Form zu ↑Berichterstatter.

Be|richt|er|stat|tung, die: *das [offizielle] Erstatten von Berichten, Weitergeben von Informationen:* eine sachliche B.; B. durch Presse und Rundfunk; der Botschafter wurde zur B. zurückgerufen.

Be|richt|haus, das (schweiz.): *Informationsbüro, Auskunftei.*

be|rich|ti|gen ⟨sw. V.; hat⟩ [zu ↑richtig]: *etw. Fehlerhaftes, Falsches beseitigen u. durch das Richtige, Zutreffende ersetzen; korrigieren, richtig stellen, verbessern:* einen Fehler, Irrtümer b.; ich muss mich b. *(meine Aussage korrigieren);* »Nein«, berichtigte er, »so war es nicht«; berichtigende Zusätze; ein berichtigter Nachdruck.

Be|rich|ti|gung, die; -, -en: **a)** *das Richtigstellen, Verbessern; Korrektur:* eine B. der Druckfehler vornehmen; die Arbeit zur B. zurückgeben; **b)** *das Verbesserte, Berichtigte; Verbesserung:* in der B. des Schulaufsatzes sind immer noch Fehler.

Be|richts|heft, das: *Heft zum Eintragen der vorgeschriebenen wöchentlichen Arbeitsberichte von Auszubildenden.*

Be|richts|pe|ri|o|de, die: *Zeitraum, über den ein Bericht angefertigt wird, aus dem Berichte vorliegen.*

be|rie|chen ⟨st. V.; hat⟩: **1.** *an jmdm., etw. riechen:* der Hund beroch das Futter. **2.** *beschnuppern* (2).

be|rie|seln ⟨sw. V.; hat⟩: **1. a)** *über ein Gebiet, eine Fläche gleichmäßig, dünn Wasser, gereinigtes Abwasser o. Ä. rieseln lassen:* die Felder, den Garten b.; **b)** (selten) *rieselnd auf jmdn., etw. niedergehen.* **2.** (ugs. abwertend) *mit einer gewissen Stetigkeit auf andere einwirken, sie zu beeinflussen suchen [ohne dass sie sich dessen bewusst werden]:* die Käufer mit Werbung b.; sich mit Musik b. lassen *(Musik im Radio o. Ä. eingestellt haben, ohne genau hinzuhören).*

Be|rie|se|lung, (seltener:) Berieslung, die; -, -en ⟨Pl. selten⟩: *das Berieseln, Berieseltwerden.*

Be|rie|se|lungs|an|la|ge, die: *Vorrichtung zum Berieseln* (1 a) *landwirtschaftlich genutzter Flächen.*

Be|ries|lung: ↑Berieselung.

be|rin|det ⟨Adj.⟩ (selten): *mit Rinde bekleidet:* ein glatt -er Baum.

be|rin|gen ⟨sw. V.; hat⟩: *mit einem Ring [als Erkennungszeichen] versehen:* Vögel b.; mit beringter Hand.

Be|ring|meer, das; -[e]s: nördlichstes Randmeer des Pazifischen Ozeans.

Be|ring|stra|ße, die; -: Meeresstraße vom Beringmeer zum Nordpolarmeer.

Be|rin|gung, die; -, -en: **a)** *das Beringen;* **b)** *umgelegter Ring.*

Be|ritt, der; -[e]s, -e: **1.** (Milit. früher) *kleine Reiterabteilung.* **2.** (veraltet) *Forstbezirk.* **3. a)** *Bereich* (a), *Bezirk;* **b)** *[Sach]gebiet, Bereich* (b). **4.** (Pferdesport Jargon) *das Berittensein, Ausgerüstetsein mit Pferden.*

be|rit|ten ⟨Adj.⟩ [eigtl. 2. Part. von veraltet bereiten, mhd. berîten = (auf dem Pferd) reiten]: **a)** *auf einem Pferd reitend:* ein -er Polizist; **b)** *mit Pferden ausgerüstet:* die -e Polizei; er ist gut b. *(besitzt gute Pferde);* ⟨subst.:⟩ eine Schar Berittener.

Ber|ke|li|um, das; -s [nach der nordamerik. Universitätsstadt Berkeley]: *metallisches Transuran (chemisches Element;* Zeichen: Bk).

Ber|lin: Hauptstadt von Deutschland und deutsches Bundesland.

Ber|li|na|le, die; -, -n [zu ↑Berlin, nach dem Vorbild von ↑Biennale]: *alljährlich in Berlin stattfindende Filmfestspiele.*

[1]Ber|li|ner, der; -s, -: Ew.

[2]Ber|li|ner ⟨indekl. Adj.⟩: der B. Bär.

[3]Ber|li|ner, der; -s, -: kurz für Berliner ↑Pfannkuchen.

Ber|li|ner Blau, das: *ein blauer Farbstoff.*

Ber|li|ne|rin, die; -, -nen: w. Form zu ↑[1]Berliner.

ber|li|ne|risch ⟨Adj.⟩ (seltener): *berlinisch.*

ber|li|nern ⟨sw. V.; hat⟩: *Berliner Mundart sprechen.*

ber|li|nisch ⟨Adj.⟩: **a)** *Berlin, die [1]Berliner betreffend;* **b)** (bes. Sprachw.): *in der Mundart der [1]Berliner.*

Ber|mu|da|drei|eck, das; -[e]s: Seegebiet südwestlich der Bermudainseln, in dem sich auf oft nur unbefriedigend geklärte Weise Schiffs- und Flugzeugunglücke häufen.

Ber|mu|da|in|seln ⟨Pl.⟩: britische Inselgruppe im westl. Nordatlantik.

Ber|mu|das ⟨Pl.⟩: **1.** Bermudainseln. **2.** *Bermudashorts.*

Ber|mu|da|shorts ⟨Pl.⟩ [nach den Bermudainseln]: *fast knielange Shorts.*

Bern: 1. Hauptstadt der Schweiz u. Berns (2). **2.** schweizerischer Kanton.

Bern|biet, das; -s: der Kanton Bern.

[1]Ber|ner, der; -s, -: Ew.

[2]Ber|ner ⟨indekl. Adj.⟩: B. Oberland.

Ber|ne|rin, die; -, -nen: w. Form zu ↑[1]Berner.

Bern|har|di|ner, der; -s, - [nach dem Hospiz St. Bernhard (Schweiz), wo diese Hunde gezüchtet wurden]: *(als Lawinensuchhund eingesetzter) großer, kräftiger Hund mit weißem, große gelbe bis braune Flecken aufweisendem Fell.*

ber|nisch ⟨Adj.⟩: *Bern, die [1]Berner betreffend; aus Bern stammend.*

Bern|stein, der ⟨o. Pl.⟩ [aus dem Niederd. < mniederd. bern(e)stein, zu: bernen (mit r-Umstellung) = brennen; also eigtl. = Brennstein; der Bernstein fiel durch seine Brennbarkeit auf]: *in klaren bis undurchsichtigen Stücken von hellgelber bis dunkelbrauner Farbe auftretendes, fest gewordenes, fossiles Harz, das als Schmuck[stein] verarbeitet wird.*

bern|stei|ne[r]n ⟨Adj.⟩: *aus Bernstein.*

bern|stein|far|ben ⟨Adj.⟩: *von der Farbe des Bernsteins.*

Bern|stein|ket|te, die: vgl. Bernsteinschmuck.

Bern|stein|schmuck, der: *Schmuck aus, mit Bernstein.*

Be|ro|li|na, die; -, ...inen, ugs. auch: -s [nach dem nlat. Namen für Berlin]: **a)** ⟨o. Pl.⟩ *weibliche Gestalt als Personifikation, Sinnbild Berlins;* **b)** (berlin.) *stattliche Frau mit üppigen Formen.*

Ber|ser|ker, [auch: -ˈ--], der; -s, - [aisl. berserkr, eigtl. = Bärenfell, dann = Krieger im Bärenfell, aus: ber- = Bär u. serkr = Hemd, Gewand]: **1.** *wilder Krieger der altnordischen Sage.* **2. a)** *kampflustiger, sich wild gebärdender Mann;* **b)** *kraftstrotzender Mann; Mann von besonders kräftiger Statur.*

ber|ser|ker|haft ⟨Adj.⟩: *einem Berserker* (2) *gleichend.*

Ber|ser|ker|wut, die: *zerstörerische Wut; sinnlose Raserei.*

bers|ten ⟨st. V.; ist⟩ [aus dem Niederd., Md. < mniederd. bersten, mit r-Umstellung für mhd. bresten, ahd., asächs. brestan, ↑Gebresten] (geh.): **1.** *mit großer Gewalt plötzlich auseinanderbrechen, zerspringen, zerplatzen:* das Eis birst, die Mauer ist geborsten; das Glas barst mit einem klirrenden Ton; geborstene Wände; Ü mit geborstener Stimme sprechen; * **[bis] zum Bersten voll/gefüllt** *(übervoll; brechend voll):* der Saal, der Bus war [bis] zum Bersten voll. **2.** *von etw. im Übermaß erfüllt sein:* vor Lachen b.

be|rüch|tigt ⟨Adj.⟩ [2. Part. von veraltet berüchtigen = in üblen Ruf bringen < mniederd. berüchtigen = ein Geschrei über jmdn. erheben, zu: geruchte, ↑Gerücht]: *durch schlechte Merkmale, Eigenschaften, üble Taten [weithin] bekannt, gefürchtet; in einem schlechten Ruf stehend; verrufen:* ein -es Lokal; er ist als Raufbold b.

be|rü|cken ⟨sw. V.; hat⟩ [eigtl. = mit einem Netz über das Tier rücken, mit einem Ruck das (Fang)netz zuziehen (Sprache der Fischer u. Vogelsteller); über »(listig) fangen« dann die heutige Bed.] (geh.): *bezaubern, betören; faszinieren:* jmdn. mit Worten, Blicken b.; ein berückender Anblick.

be|rück|sich|ti|gen ⟨sw. V.; hat⟩: *bei seinen Überlegungen, seinem Handeln beachten, nicht übergehen, in seine Überlegungen einbeziehen:* das Wetter b.; einen Antrag b. *(sorgfältig prüfen);* einen Antragsteller b. *(sich näher mit seinen Anliegen, Wünschen o. Ä. befassen u. sie anerkennen).*

Be|rück|sich|ti|gung, die; -: *das Berücksichtigen, Beachten:* die B. der Tatsache ...; in B./unter B. der Vor- und Nachteile *(wenn man die Vor- und Nachteile berücksichtigt);* eine B. Ihres Antrages ist zurzeit leider nicht möglich.

Be|ruf, der; -[e]s, -e [mhd. beruof = Leumund, von Luther gebraucht für »Berufung« (für griech. klēsis, lat. vocatio), dann auch für »Stand u. Amt des Menschen in der Welt«, zu ↑berufen]: **1.** *[erlernte] Arbeit, Tätigkeit, mit der jmd. sein Geld verdient; Erwerbstätigkeit:* ein kaufmännischer B.; einen B. ergreifen, ausüben; du hast deinen B. verfehlt (auch scherzh.; *hast besondere Fähigkeiten auf einem nicht zu deinem Beruf gehörenden Gebiet*); seinem B. *(der Berufsarbeit)* nachgehen; sich in seinem B. wohl fühlen; er steht seit zwanzig Jahren im B. *(ist seit zwanzig Jahren berufstätig);* er ist von B. Bäcker *(hat den Beruf des Bäckers erlernt);* etw. von -s wegen tun. **2.** (geh. veraltend) *Berufung* (2), *innere Bestimmung.*

[1]be|ru|fen ⟨st. V.; hat⟩ [mhd. beruofen = zusammenrufen; proklamieren; beschreien]: **1. a)** *jmdn. in ein [hohes] Amt einsetzen:* jmdn. auf einen Lehrstuhl, zum Vorsitzenden b.; er wurde als ordentlicher Professor für Alte Geschichte an die Universität Bonn berufen; **b)** (veraltet) *zusammenrufen, einberufen.* **2.** ⟨b. + sich⟩ *sich (zur Rechtfertigung, zum Beweis) auf jmdn., etw. beziehen:* ich berufe mich auf dich als Zeugen. **3.** (österr. Rechtsspr.) *Berufung einlegen.* **4.** (ugs.) *zu viel [im Voraus] über etw. reden, sodass es (nach abergläubischer Vorstellung) misslingt od. nicht in Erfüllung geht; beschreien* (meist verneint): ich will es nicht b., aber bisher hat die Sache immer geklappt. **5.** (landsch., bes. nordd.) *zurechtweisen, zur Ordnung rufen.*

[2]be|ru|fen ⟨Adj.⟩: *bes. befähigt, begabt, geeignet (u. daher vorbestimmt, prädestiniert für etw.):* ein -er Kritiker; aus -em Mund[e] *(aus sicherer Quelle, von kompetenter Seite)* etw. erfahren; zu großen Taten b. sein.

be|ruf|lich ⟨Adj.⟩: *den Beruf* (1) *betreffend:* -e

Tätigkeit; die -en Pflichten; die -e Weiterbildung; b./aus -en Gründen verhindert sein.
rufs|an|fän|ger, der: *jmd., der am Anfang seiner beruflichen Laufbahn steht.*
rufs|an|fän|ge|rin, die: w. Form zu ↑Berufsanfänger.
rufs|ar|beit, die: *Tätigkeit im Beruf.*
rufs|auf|bau|schu|le, die: *[Abend]schule, über die auf dem zweiten Bildungsweg die Fachschulreife erlangt werden kann.*
rufs|aus|bil|dung, die: *Ausbildung für einen bestimmten Beruf.*
rufs|aus|sich|ten ⟨Pl.⟩: *Aussichten auf Anstellung u. Aufstieg im Beruf.*
rufs|be|am|te, der: *jmd., der beruflich auf Dauer im Beamtenverhältnis steht.*
rufs|be|am|tin, die: w. Form zu ↑Berufsbeamte.
rufs|be|dingt ⟨Adj.⟩: *mit dem Beruf zusammenhängend, durch ihn verursacht:* -e Schwierigkeiten; diese Krankheit ist b.
rufs|be|glei|tend ⟨Adj.⟩: *neben dem Beruf einhergehend:* -er Unterricht.
rufs|be|ra|ter, der: *jmd., der in der Berufsberatung tätig ist* (Berufsbez.).
rufs|be|ra|te|rin, die: w. Form zu ↑Berufsberater.
rufs|be|ra|tung, die: *[vom Arbeitsamt durchgeführte] Beratung in allen Fragen der Berufswahl, der Ausbildung u. des beruflichen Fortkommens.*
rufs|be|zeich|nung, die: *offizielle Bezeichnung für einen bestimmten Beruf.*
rufs|be|zo|gen ⟨Adj.⟩: *auf einen Beruf ausgerichtet:* -er Unterricht.
rufs|bild, das: *Bild, das sich jmd. von einem Beruf macht, bes. im Hinblick auf Ausbildung, Tätigkeit u. Aufstiegsmöglichkeiten.*
rufs|bil|dend ⟨Adj.⟩: *der Berufsausbildung dienend:* eine -e Schule.
rufs|bil|dungs|werk, das: *Einrichtung, die es behinderten Jugendlichen ermöglicht, unter besonders geregelten Bedingungen u. unter begleitender Betreuung durch Ärzte, Psychologen, Sonderpädagogen usw. eine Berufsausbildung zu erhalten.*
rufs|er|fah|ren ⟨Adj.⟩: *mit [langjähriger] Berufserfahrung.*
rufs|er|fah|rung, die: *Erfahrung im Beruf.*
rufs|ethos, das (geh.): *hohe sittliche Vorstellung vom Wert u. den Pflichten eines Berufes:* als Arzt] ein B. haben.
rufs|fach|schu|le, die: *auf spezielle Berufe vorbereitende Vollzeitschule.*
rufs|fah|rer, der: **a)** Fahrer (b); **b)** *für eine Autofirma arbeitender Test- od. Rennfahrer.*
rufs|fah|re|rin, die: w. Form zu ↑Berufsfahrer.
rufs|feu|er|wehr, die: *berufsmäßige Feuerwehr.*
rufs|fremd ⟨Adj.⟩: *nicht zum [erlernten] Beruf gehörend:* -e Tätigkeiten.
rufs|ge|heim|nis, das: *Schweigepflicht über Dinge, die jmd. von Berufs wegen erfahren hat.*
rufs|ge|nos|sen|schaft, die: *eine Körperschaft des öffentlichen Rechts als Trägerin der gesetzlichen Unfallversicherung innerhalb eines Gewerbezweiges.*
rufs|grup|pe, die: *Berufsklasse.*
rufs|heer, das: *Heer aus Berufssoldaten.*
rufs|klas|se, die: *Gruppe von in bestimmten Merkmalen verwandten Berufen.*
rufs|klei|dung, die: *für die Ausübung eines Berufs bes. geeignete od. vorgeschriebene Kleidung.*
rufs|krank|heit, die: *durch Schädigungen bei der Ausübung des Berufes erworbenes Leiden.*
rufs|lauf|bahn, die: *berufliche Laufbahn.*
rufs|le|ben, das ⟨o. Pl.⟩: vgl. Arbeitsleben (1): aus dem B. ausscheiden; im B. stehen; ins B. zurückkehren.
rufs|leh|re, die (schweiz.): *Berufsausbildung; Lehre* (1).
rufs|mä|ßig ⟨Adj.⟩: *von Berufs wegen, als Beruf:* -er Literat.

Be|rufs|of|fi|zier, der: vgl. Berufssoldat.
Be|rufs|or|ga|ni|sa|ti|on, die: *organisierter Zusammenschluss von Angehörigen eines Berufes.*
Be|rufs|pä|da|go|gik, die: *Zweig der Pädagogik, der die berufliche [Aus]bildung in Theorie u. Praxis betrifft.*
Be|rufs|prak|ti|kum, das: *Praktikum.*
Be|rufs|re|vo|lu|tio|när, der (oft abwertend): *jmd., der fortgesetzt für seine revolutionären Ziele tätig ist.*
Be|rufs|re|vo|lu|tio|nä|rin, die: w. Form zu ↑Berufsrevolutionär.
Be|rufs|ri|si|ko, das: *durch äußere Umstände bewirktes Risiko für bestimmte Berufe.*
Be|rufs|schu|le, die: *Schule, die neben der praktischen Berufsausbildung im Betrieb ein- bis zweimal wöchentlich besucht werden muss.*
Be|rufs|schü|ler, der: *Schüler, der auf die Berufsschule geht.*
Be|rufs|schü|le|rin, die: w. Form zu ↑Berufsschüler.
Be|rufs|sol|dat, der: *jmd., der berufsmäßig Soldat ist.*
Be|rufs|sol|da|tin, die: w. Form zu ↑Berufssoldat.
Be|rufs|spie|ler, der: **1.** vgl. Profi. **2.** *jmd., der seinen Lebensunterhalt dadurch verdient, dass er um Geld spielt.*
Be|rufs|spie|le|rin, die: w. Form zu ↑Berufsspieler.
Be|rufs|sport, der: *berufsmäßig betriebener Sport; Profisport.*
Be|rufs|sport|ler, der: *Profi.*
Be|rufs|sport|le|rin, die: w. Form zu ↑Berufssportler.
Be|rufs|spra|che, die: *von bestimmten für einen Beruf, Berufszweig typischen Ausdrücken, Ausdrucksweisen geprägte Sprache.*
Be|rufs|stand, der: *Gruppe, Klasse, der die Einzelnen ihrem Beruf entsprechend zugehören.*
be|rufs|stän|disch ⟨Adj.⟩: *einen Berufsstand betreffend:* -e Organisationen.
be|rufs|tä|tig ⟨Adj.⟩: *einen Beruf ausübend:* -e Hausfrauen; halbtags b. sein.
Be|rufs|tä|ti|ge, der u. die; -n, -n ⟨Dekl. ↑Abgeordnete⟩: *jmd., der berufstätig ist.*
Be|rufs|tä|tig|keit, die: *das Berufstätigsein.*
be|rufs|un|fä|hig ⟨Adj.⟩: *durch Krankheit o. Ä. nicht mehr fähig, den erlernten Beruf auszuüben.*
Be|rufs|un|fä|hig|keit, die: *das Berufsunfähigsein.*
Be|rufs|ver|bot, das: **1.** *(als Strafe od. als Schutzmaßnahme) amtlich ausgesprochenes Verbot, eine bestimmte berufliche Tätigkeit auszuüben.* **2.** *aus politischen Gründen offiziell ausgesprochenes Verbot, einen bestimmten Beruf (bes. im öffentlichen Dienst) auszuüben.*
Be|rufs|ver|bre|cher, der: *jmd., der fortgesetzt Straftaten begeht, seine Einkünfte aus Straftaten bezieht.*
Be|rufs|ver|bre|che|rin, die: w. Form zu ↑Berufsverbrecher.
Be|rufs|ver|kehr, der ⟨o. Pl.⟩: *starker Verkehr zu Beginn u. am Ende der allgemeinen Arbeitszeit.*
Be|rufs|wahl, die ⟨o. Pl.⟩: *Entscheidung für einen Beruf.*
Be|rufs|wech|sel, der ⟨Pl. selten⟩: *Wechsel in einen anderen Beruf.*
Be|rufs|wunsch, der: *Wunsch, einen bestimmten Beruf zu ergreifen.*
Be|rufs|ziel, das: *bestimmter Beruf, der als Ziel angestrebt wird.*
Be|rufs|zweig, der: *bestimmter Zweig eines Berufs.*
Be|ru|fung, die; -, -en: **1. a)** *Angebot für ein [wissenschaftliches, künstlerisches, politisches] Amt:* eine B. an das Theater erhalten; die B. annehmen, ablehnen; **b)** (veraltet) *das Zusammenrufen:* die B. der Stände, des Reichstages. **2.** *besondere Befähigung, die jmd. als Auftrag in sich fühlt:* die B. zum Künstler. **3.** *das Sichberufen* (2) *auf jmdn., etw.:* unter B. auf die Verträge. **4.** (Rechtsspr.) *Einspruch gegen ein Urteil:* B. gegen ein Urteil einlegen; die B. zurückweisen; in die B. gehen *(Berufung einlegen).* **5.** (nordd.) *Tadel, Verweis:* eine B. wegen schlechten Betragens.
Be|ru|fungs|frist, die (Rechtsspr.): *Zeitraum, innerhalb dessen Berufung* (4) *eingelegt werden kann.*
Be|ru|fungs|ge|richt, das (Rechtsspr.): *Gericht, das über die Berufung* (4) *zu entscheiden hat.*
Be|ru|fungs|in|stanz, die (Rechtsspr.): *für eine Berufung* (4) *zuständiges, nächsthöheres Gericht.*
Be|ru|fungs|ver|fah|ren, das (Rechtsspr.): *Gerichtsverfahren aufgrund einer Berufung* (4).
be|ru|hen ⟨sw. V.; hat⟩: *sich auf etw. gründen, stützen; seinen Grund, seine Ursache in etw. haben; basieren:* die Zuneigung beruht auf Gegenseitigkeit *(ist bei beiden Partnern gleich groß);* *** etw. auf sich b. lassen** *(etw. nicht weiterverfolgen).*
be|ru|hi|gen ⟨sw. V.; hat⟩: **a)** *allmählich wieder zur Ruhe bringen; besänftigen:* ein weinendes Kind, einen Tobenden b.; ich beruhigte *(beschwichtigte)* ihn mit der Nachricht, dass ...; ein beruhigendes Mittel; nun kann ich beruhigt *(ohne mir Sorgen machen zu müssen)* schlafen; **b)** ⟨b. + sich⟩ *ruhig werden, sich besänftigen, zur Ruhe kommen:* beruhige dich!; die politische Lage beruhigt *(entspannt)* sich.
Be|ru|hi|gung, die; -, -en: **a)** *das Beruhigen* (a); *das Ruhigmachen:* eine Medizin zur B. der Nerven; **b)** *das Beruhigen* (b): eine B. des Wetters ist vorauszusehen; das gibt mir ein Gefühl der B. *(der Sicherheit, der Zuversicht).*
Be|ru|hi|gungs|mit|tel, das: *Mittel, das beruhigend auf das Nervensystem wirkt.*
Be|ru|hi|gungs|sprit|ze, die: vgl. Beruhigungsmittel: der Arzt gab ihm eine B.
be|rühmt ⟨Adj.⟩ [2. Part. von frühnhd. berühmen, mhd. berüemen, ahd. biruomen = sich rühmen, prahlen]: *wegen besonderer Leistung od. Qualität weithin bekannt:* ein -er Künstler, Wissenschaftler; ein -es *(renommiertes)* Lokal; -e Weinlagen; durch dieses Werk wurde er b.; er ist b. wegen seiner/für seine Schlagfertigkeit; (nur verneint:) die Arbeit ist nicht gerade b. (ugs. iron.; *mäßig, nicht besonders gut).*
be|rühmt-be|rüch|tigt ⟨Adj.⟩ (oft iron.): *durch bestimmte negative Taten, Eigenschaften, Merkmale zu einer gewissen Berühmtheit, einem zweifelhaften Ruf gelangt:* der -e Postzugräuber; sie ist für ihren schwarzen Humor b.
Be|rühmt|heit, die; -, -en: **1.** ⟨o. Pl.⟩ *das Berühmtsein, Ruhm:* seine B. ist ihm lästig; durch seine brutale Spielweise als Verteidiger ist er zu trauriger B. gelangt *(ist er auf dem Spielfeld häufig unangenehm aufgefallen u. hat sich so einen schlechten Ruf erworben).* **2.** *berühmte Persönlichkeit.*
be|rüh|ren ⟨sw. V.; hat⟩ [1: mhd. berüeren, ahd. bi(h)ruoren]: **1.** *[mit der Hand] einen Kontakt herstellen; anrühren, ohne fest zuzufassen; streifen:* jmdn. aus Versehen b.; den Schlafenden leicht an der Schulter b.; sie berührte das Essen nicht (geh.; *rührte das Essen nicht an, aß nichts*); bitte nicht b. *(nicht, nichts anfassen)!;* es ist nichts geschehen, die Stoßstangen [der Autos] haben sich nur berührt; ihre Hände berührten sich; Ü das Schiff berührt diesen Hafen nicht *(läuft ihn nicht an);* unsere Pläne berühren sich *(sind sehr ähnlich, laufen auf das Gleiche hinaus).* **2.** *kurz erwähnen:* ein Thema b.; diese Angelegenheit wurde [im Gespräch] nicht berührt. **3.** *in bestimmter Weise auf jmdn. wirken; jmdn. beeindrucken:* die Nachricht hat mich tief berührt; sich unangenehm berührt fühlen; das berührt mich [überhaupt] nicht *(ist mir gleichgültig).*
Be|rüh|rung, die; -, -en: **1.** *das Berühren, Anrühren:* jede B. vermeiden; durch B. der Drähte ist der Stromkreis geschlossen; mit etw. in B. kommen, sein. **2.** *gesellschaftlicher, kultureller, menschlicher Kontakt:* B. mit der Umwelt haben; er stand mit vielen Menschen in persönlicher B.; die Reise brachte uns mit der Antike in

B. 3. ⟨o. Pl.⟩ *Erwähnung:* die B. dieses Themas war ihm peinlich.

Be|rüh|rungs|angst, die (Psych.): *Angst vor [körperlicher] Berührung mit anderen Menschen:* das Kind hat B.; Ü beide Seiten kennen keine B.

Be|rüh|rungs|li|nie, die (Math.): *Gerade, die eine Kurve, z. B. einen Kreis, in einem Punkt berührt; Tangente.*

Be|rüh|rungs|punkt, der: 1. (Math.) *Punkt, in dem sich zwei geometrische Figuren berühren.* 2. *geistige, gedankliche Übereinstimmung, Gemeinsamkeit:* zwischen ihnen gibt es keinerlei -e.

be|rüscht ⟨Adj.⟩: *mit Rüschen versehen:* -e Wäsche; der Vorhang ist reich b.

Be|ryll, der; -s, -e [lat. beryllus < griech. bḗryllos < mind. vēruliya, vēluriya, vermutlich nach der südind. Stadt Belur; vgl. Brille]: *häufig als Schmuckstein verwendetes, in reinem Zustand glasklares, farbloses, oft gelbliches Mineral, das je nach Gehalt an bestimmten Stoffen auch in Gestalt von Kristallen verschiedener Färbung auftreten kann.*

Be|ryl|li|um, das; -s [nach dem Vorkommen im Beryll]: *silberglänzendes bis stahlgraues Leichtmetall (chemisches Element;* Zeichen: Be).

be|sab|beln, be|sab|bern ⟨sw. V.; hat⟩ (salopp): *mit Speichel beschmutzen.*

be|sä|en ⟨sw. V.; hat⟩: *mit Samen bestreuen; Samen auf etw. streuen:* ein Beet [mit Sommerblumen] b.; das Feld ist dicht besät; Ü der Platz ist besät mit/von *(voll von)* weggeworfenem Papier.

be|sa|gen ⟨sw. V.; hat⟩ [mhd. besagen = (aus)sagen; anklagen]: *ausdrücken, bedeuten:* das besagt viel; der Abschnitt besagt Folgendes: ...

be|sagt ⟨Adj.⟩ (Papierdt.): *genannt, bereits erwähnt.*

be|sai|ten ⟨sw. V.; hat⟩: a) (Musik) *(ein Streich- od. Zupfinstrument) mit Saiten versehen;* b) (selten) *(einen Tennisschläger) bespannen.*

be|sa|men ⟨sw. V.; hat⟩: *männlichen Samen [künstlich] auf weibliche Eizellen bringen.*

be|sam|meln ⟨sw. V.; hat⟩ (schweiz.): a) *versammeln* (1 a): Truppen b.; b) ⟨b. + sich⟩: *sich versammeln* (1 b).

Be|samm|lung, die; -, -en (schweiz.): *Aufmarsch, Zusammenkommen.*

Be|sa|mung, die; -, -en: *das Besamen, Besamenlassen.*

Be|sa|mungs|sta|ti|on, Be|sa|mungs|zen|tra|le, die (Landw.): *Einrichtung zur Gewinnung, Lagerung u. Verteilung geeigneten Spermas für die künstliche Besamung von Nutz- od. Zuchttieren.*

Be|san, der; -s, -e [älter niederl. besane < ital. mezzana, eigtl. w. Form von: mezzano = mittlerer <lat. medianus (mit unklarer Bedeutungsentwicklung)]: a) *Segel am hintersten Mast:* den B. setzen; b) *Besanmast.*

be|sänf|ti|gen ⟨sw. V.; hat⟩ [zu veraltet sänftigen = sanft machen]: a) *durch Zureden bewirken, dass jmds. innere Erregung langsam nachlässt u. abklingt; beruhigen, beschwichtigen:* einen Tobenden b.; eine besänftigende Stimme; die besänftigten Naturgewalten, Elemente; b) ⟨b. + sich⟩ *sich beruhigen:* du musst dich b.

Be|sänf|ti|gung, die; -, -en: *das Besänftigen, Besänftigtwerden:* zur B. der aufgeregten Gemüter.

Be|san|mast, der: *hinterster* [1]*Mast* (1); *Besan* (b).

Be|san|se|gel, das: *Besan* (a).

Be|satz, der; -es, Besätze: 1. (Mode) *etw. (z. B. Borte, Spitze, Pelz), womit ein Kleidungsstück besetzt* (1) *ist, wird:* ein bunter B. am Saum. 2. a) (Jagdw.) *Wildbestand in einem Revier;* b) (Landw.) *Viehbestand [im Verhältnis zur Weidefläche];* c) (Fischereiw.) *Fischbestand in einem Bach od. Teich.*

Be|sat|zer, der; -s, - (ugs. abwertend): *Angehöriger einer Besatzungsmacht; Besatzungssoldat.*

Be|sat|zung, die; -, -en [spätmhd. besatzunge = Befestigung, die heutige Bed. seit dem 16. Jh.]: 1. *Mannschaft eines größeren Fahrzeugs (bes. eines Schiffs, Flugzeugs):* 15 Mann B. 2. (Milit.) a) *Truppe in einer [belagerten] Festung;* b) *Truppen, die ein fremdes Staatsgebiet besetzt halten.*

Be|sat|zungs|ge|biet, das (Milit.): *von ausländischen Truppen besetztes Staatsgebiet.*

Be|sat|zungs|kos|ten ⟨Pl.⟩: *durch Besatzungstruppen entstehende Kosten.*

Be|sat|zungs|macht, die (Milit.): *Staat, der eine Besatzung* (2) *auf fremdem Staatsgebiet unterhält.*

Be|sat|zungs|sol|dat, der (Milit.): *Soldat von Besatzungstruppen.*

Be|sat|zungs|sta|tut, das: *Statut zur Regelung der Rechtsverhältnisse zw. einer Besatzungsmacht u. dem von ihr besetzten Staat.*

Be|sat|zungs|trup|pen ⟨Pl.⟩ (Milit.): *Besatzung* (2 b).

Be|sat|zungs|zeit, die: *Zeit, während deren ein Staatsgebiet von ausländischen Truppen besetzt ist.*

Be|sat|zungs|zo|ne, die (Milit.): *von ausländischen Truppen besetzter Bereich eines Staates.*

be|sau|fen, sich ⟨st. V.; hat⟩ (ugs.): *sich betrinken.*

[1]**Be|säuf|nis,** das; -ses, -se od. die; -, -se (salopp): *das Sichbetrinken; Zecherei.*

[2]**Be|säuf|nis,** die; - (salopp): *Trunkenheit:* in seiner B. hat er die Türen verwechselt.

be|säu|seln, sich ⟨sw. V.; hat⟩ (ugs.): *sich leicht betrinken.*

be|schä|di|gen ⟨sw. V.; hat⟩ [mhd. beschedegen, zu ↑schädigen]: *Schaden an etw. verursachen; schadhaft machen:* fremdes Eigentum b.; beschädigte Exemplare.

Be|schä|di|gung, die; -, -en: 1. *das Beschädigen, Beschädigtwerden.* 2. *beschädigte Stelle.*

be|schaff|bar ⟨Adj.⟩: *sich beschaffen lassend:* leicht -e Waren.

[1]**be|schaf|fen** ⟨sw. V.; hat⟩: *[unter Überwindung von Schwierigkeiten] dafür sorgen, dass jmd. etw., was er nötig braucht, bekommt; besorgen, herbeischaffen:* jmdm. eine Genehmigung b.; der Artikel war schwer/war nicht zu b.

[2]**be|schaf|fen** ⟨Adj.⟩ [eigtl. 2. Part. von mhd. beschaffen = erschaffen]: *in bestimmter Weise geartet:* er ist von Natur nicht anders b.; die Ware ist so b., dass ...

Be|schaf|fen|heit, die; -: *das Beschaffensein einer Sache,* (selten:) *einer Person:* die chemische B.; die B. des Materials überprüfen.

Be|schaf|fung, die; -: *das* [1]*Beschaffen:* die B. von Informationen.

Be|schaf|fungs|kos|ten ⟨Pl.⟩ (Wirtsch.): *sich aus den Einkaufs-, Beförderungs-, Verpackungskosten o. Ä. zusammensetzende Kosten für die Beschaffung [von Waren für den Weiterverkauf].*

be|schäf|ti|gen ⟨sw. V.; hat⟩ [zu mhd. (md.) scheftig = geschäftig, tätig, zu ↑schaffen]: 1. ⟨b. + sich⟩ *etw. zum Gegenstand seiner Tätigkeit machen; jmdm., einer Sache seine Zeit widmen:* sich mit Philosophie b.; er beschäftigt sich viel/wenig mit den Kindern; sie ist sehr beschäftigt *(hat viel zu tun);* sie waren um den Verunglückten beschäftigt *(bemühten sich um ihn).* 2. a) ⟨b. + sich⟩ *über eine längere Zeit hin (über etw., jmdn.) nachdenken, sich (mit etw.) auseinander setzen; sich befassen:* sich mit einem Problem b.; das Gericht muss sich mit dem Fall b.; b) *innerlich in Anspruch nehmen, bewegen:* dieses Problem beschäftigte ihn schon lange. 3. a) *jmdm. Arbeit geben; angestellt haben:* er beschäftigt drei Leute in seiner Filiale; bei der Post beschäftigt *(tätig)* sein; b) *jmdm. etw. zu tun geben:* wir müssen die Kinder [mit einem Spiel] b.

Be|schäf|tig|te, der u. die; -n, -n ⟨Dekl. ↑Abgeordnete⟩: *jmd., der in einem Betrieb o. Ä. beschäftigt* (3 a) *ist.*

Be|schäf|ti|gung, die; -, -en: 1. a) *Tätigkeit, mit der man seine Arbeits- od. Freizeit ausfüllt:* eine zeitraubende B.; jmdn. bei/in seiner B. stören; für B. ist gesorgt (scherzh.; *an Arbeit wird es nicht fehlen);* b) *bezahlte Tätigkeit, berufliche Arbeit:* eine lukrative B. finden; seiner B. nachgehen; ohne B. *(arbeitslos)* sein. 2. ⟨o. Pl.⟩ *das Sichbeschäftigen* (2 a): B. mit Fragen der Politik. 3. ⟨o. Pl.⟩ *das Beschäftigen* (3 a), *Beschäftigtsein; Anstellung:* die B. von Gastarbeitern; die B. im Staatsdienst.

Be|schäf|ti|gungs|grad, der (Wirtsch.): *Verhältnis der Erwerbstätigen zur Gesamtbevölkerung od. zur Zahl der Erwerbslosen.*

be|schäf|ti|gungs|los ⟨Adj.⟩: a) *ohne Tätigkeit[sfeld]; ohne Beruf;* b) *ohne Anstellung; arbeitslos.*

Be|schäf|ti|gungs|the|ra|pie, die (Med.): *Heilmethode, die durch Anleitung zu handwerklicher künstlerischer Tätigkeit seelische u. körperliche Schädigungen auszugleichen versucht.*

Be|schäf|ti|gungs|ver|hält|nis, das: *Arbeitsverhältnis* (1): in einem B. stehen.

be|schä|len ⟨sw. V.; hat⟩ [zu mhd. schel, ahd. scel ↑Schälhengst]: *(vom Pferd od. Esel) decken* (9): die Stute soll beschält werden.

Be|schä|ler, der; -s, -: 1. *Zuchthengst.* 2. (derb) *Beischläfer.*

be|schal|len ⟨sw. V.; hat⟩: 1. *Schall (Geräusche, Töne, Worte) mithilfe eines Lautsprechers in große Räume, auf freie Plätze o. Ä. dringen lassen:* den ganzen Stadtteil b. 2. (Med., Technik) *mit Ultraschall untersuchen, behandeln.*

Be|schal|lung, die; -, -en: *das Beschallen, Beschalltwerden.*

Be|schä|lung, die; -, -en: *das Beschälen; das Beschältwerden.*

be|schä|men ⟨sw. V.; hat⟩ [mhd. beschemen = beschämen; Schmach zufügen; schänden, zu ↑schämen]: *mit einem Gefühl der Scham erfüllen; (durch sein Verhalten) Scham empfinden lassen:* den anderen durch die eigene Hilfsbereitschaft b.; ein beschämendes *(demütigendes)* Gefühl; das ist beschämend *(äußerst)* wenig; beschämt dastehen.

be|schä|men|der|wei|se ⟨Adv.⟩: *zu jmds. Beschämung, Schande:* b. kann ich die Frage nicht beantworten.

Be|schä|mung, die; -, -en ⟨Pl. selten⟩: *das Beschämtsein:* B. empfinden; mit B./zu meiner B. *(Schande)* muss ich gestehen, dass ...

be|schat|ten ⟨sw. V.; hat⟩ [1: mhd. beschate(we)n]: 1. (geh.) *jmdm., einer Sache Schatten geben, verschaffen [u. vor der Sonne schützen]:* die Augen mit der Hand b.; Bäume beschatten den Weg; Ü schlechte Nachrichten beschatten *(beeinträchtigen)* das Fest. 2. a) *heimlich [polizeilich] beobachten, überwachen:* einen Agenten b. [lassen]; b) (Sport, bes. Fußball, Hockey u. Ä.) *(einen bestimmten Spieler der gegnerischen Mannschaft) bewachen, eng decken:* den Mannschaftskapitän selbst sollte den gefährlichen Halbstürmer b.

Be|schat|ter, der; -s, -: *jmd., der jmdn. beschattet* (2).

Be|schat|te|rin, die; -, -nen: w. Form zu ↑Beschatter.

Be|schat|tung, die; -, -en ⟨Pl. selten⟩: *das Beschatten; das Beschattetwerden.*

Be|schau, die; -: *Betrachtung, amtliche Prüfung:* Schlachtvieh zur B. bringen.

be|schau|en ⟨sw. V.; hat⟩ [mhd. beschouwen, ahd. biscouwōn] (landsch.): *betrachten.*

Be|schau|er, der; -s, -: *jmd., der etw. beschaut; Betrachter.*

Be|schau|e|rin, die; -, -nen: w. Form zu ↑Beschauer.

be|schau|lich ⟨Adj.⟩ [b: spätmhd. beschouwelich für (kirchen)lat. contemplativus, ↑kontemplativ]: a) *von behaglich betrachtender Art; in Wohlgefühl vermittelnder Weise geruhsam:* ein -er Charakter; sein Leben war sehr b.; b) (kath. Kirche) *kontemplativ, keine körperliche Arbeit verrichtend.*

Be|schau|lich|keit, die; -: *beschaulicher Zustand.*

Be|schau|zei|chen, das: *in Gegenstände bes. aus Silber, Gold, Zinn eingestanztes Zeichen als Bestätigung des Feingehalts u. der Qualität; Punze* (2).

Be|scheid, der; -[e]s, -e [rückgeb. aus ↑[1]bescheiden (4)]: a) *[amtliche, verbindliche] Auskunft* *bestimmten Inhalts über jmdn., etw.:* B. [über etw.] erwarten; er hat keinen B. hinterlassen; * **B. wissen** (1. *von etw. Kenntnis haben, unterrichtet sein.* 2. *sich auskennen; etw. gut kennen*); **jmdm. B. sagen** (1. *jmdn. benachrichtigen, von etw. unterrichten.* 2. ugs.; *eine Beanstandung o. Ä. in sehr deutlicher Form [bei dem dafür Verantwortlichen] vorbringen*); **jmdm. B. stoßen** (ugs.; *seine Empörung über etw. in entsprechend scharfem Ton [dem dafür Verantwortlichen gegenüber] zum Ausdruck bringen*); **jmdm. B. tun** (geh.; *jmds. Zutrinken erwidern*); **b)** *Entscheidung [über einen Antrag]; behördliche Stellungnahme:* den B. des Finanzamtes abwarten.

be|schei|den ⟨st. V.; hat⟩ [2, 4: mhd. bescheiden, zu ↑scheiden]: **1.** ⟨b. + sich⟩ (geh.) *sich begnügen:* sich mit wenigem b. **2.** (geh.) *zuteil werden lassen:* ihm war kein Erfolg beschieden. **3.** (geh.) *an einen bestimmten Ort kommen lassen; beordern:* er wurde zum Chef nach Berlin beschieden. **4.** (Amtsspr.) *jmdm. behördlicherseits eine Entscheidung über etw. mitteilen:* er wurde abschlägig beschieden *(wurde abgelehnt).*

be|schei|den ⟨Adj.⟩ [älter = einsichtsvoll; klug, erfahren, eigtl. = 2. Part. von ↑[1]bescheiden, urspr. = (vom Richter) bestimmt, zugeteilt, dann: sich einsichtig [1]bescheiden lassend]: **1.** *sich nicht in den Vordergrund stellend, in seinen Ansprüchen maßvoll, genügsam od. davon zeugend:* ein -es Benehmen; b. sein; b. anfragen; (Skepsis od. Kritik ausdrückende Floskel:) eine -e Frage: Wie lange wollen wir hier noch sitzen? **2. a)** *einfach, schlicht, gehobenen Ansprüchen nicht genügend:* ein -es Zimmer; -e Verhältnisse; er lebt sehr b.; **b)** *nicht genügend; gering:* dieser Lohn ist allzu b.; seine Leistungen waren sehr b. **3.** (ugs. verhüll.) *sehr schlecht, unerfreulich:* Mensch, ist das ein -es Wetter!

e|schei|den|heit, die; - [mhd. bescheidenheit = Verstand, Einsicht; (richterlicher) Bescheid, Zuerkennung]: *bescheidenes Wesen, bescheidene Art; Genügsamkeit:* aus B. im Hintergrund bleiben; keine falsche B.!; **Spr** (scherzh.:) B. ist eine Zier, doch weiter kommt man ohne ihr.

e|schei|nen ⟨st. V.; hat⟩: *auf jmdn., etw. scheinen; bestrahlen:* Mondlicht bescheint die Dächer; sich von der Sonne b. lassen; vom Feuer beschienene Gestalten.

e|schei|ni|gen ⟨sw. V.; hat⟩ [im 17. Jh. = offenbaren, beweisen, zu ↑Schein in der Bed. »beweisende Urkunde«]: *schriftlich bestätigen:* den Empfang des Geldes b.; sich die Überstunden b. lassen; unterschrieben und bescheinigt; **Ü** ihr wurde eine gute Leistung bescheinigt.

e|schei|ni|gung, die; -, -en: **1.** ⟨o. Pl.⟩ *das Bescheinigen:* wir können die B. später vornehmen. **2.** *Schriftstück, mit dem etw. bescheinigt wird:* eine B. [über etw.] ausstellen, vorlegen.

e|schei|ßen ⟨st. V.; hat⟩ [mhd. beschīʒen = besudeln, zu ↑scheißen] (salopp): *betrügen, übervorteilen:* die haben uns ganz schön/um hundert Euro beschissen.

e|schen|ken ⟨sw. V.; hat⟩: *mit Gaben, einem Geschenk bedenken:* jmdn. reich, fürstlich b.

e|sche|ren ⟨sw. V.; hat⟩ [mhd. beschern = zuteilen, verhängen, zu ↑[1]Schar]: **1. a)** *zu Weihnachten schenken:* den Kindern viele schöne Dinge b.; **b)** *einem bestimmten Personenkreis die Weihnachtsgeschenke austeilen:* erst nach dem Abendbrot b.; **c)** (selten) *zu Weihnachten beschenken:* die Kleinen wurden mit vielen Spielsachen beschert. **2.** *zuteil werden lassen:* das Schicksal hat ihm viel Gutes beschert; ihnen waren keine Kinder beschert.

e|sche|rung, die; -, -en: **1. a)** *Feier des weihnachtlichen Bescherens* (1); **b)** (selten) *bei der Bescherung* (1 a) *ausgeteilte Geschenke.* **2.** (ugs. iron.) *unangenehme Überraschung:* da haben wir die B.!; das ist [mir] eine schöne B.!

e|scheu|ert ⟨Adj.⟩ [zu ugs. scheuern = prügeln, eigtl. = jmdn. so lange prügeln, bis er den Verstand verloren hat] (salopp): **a)** *nicht recht bei Verstand; verrückt:* er ist etwas b.; **b)** *ärgerlich, unerfreulich:* eine -e Mitteilung.

be|schich|ten ⟨sw. V.; hat⟩ (Technik): *mit einer Schicht (aus einem andern Material) versehen:* Metallteile mit Lack b.

Be|schich|tung, die; -, -en: **1.** *das Beschichten.* **2.** *aufgetragene Schicht.*

be|schi|cken ⟨sw. V.; hat⟩: **1. a)** *etw. auf eine Ausstellung, Messe schicken:* die Ausstellung mit wertvollen Gemälden b.; die Messe war gut beschickt; **b)** *(Vertreter) zu einem Kongress, einer [Sport]veranstaltung schicken:* eine Sitzung b.; der Skiverband wollte die Winterspiele nicht mehr b. **2.** (Technik) *mit Material zur Beod. Verarbeitung füllen:* einen Hochofen b. **3.** (landsch.) *erledigen, in Ordnung bringen:* viel zu b. haben.

be|schi|ckern, sich ⟨sw. V.; hat⟩ [jidd., zu: schickern = trinken] (ugs.): *sich durch Alkoholgenuss in eine fröhliche Stimmung versetzen; sich leicht betrinken:* ⟨oft im 2. Part.:⟩ sie hat etwas getrunken und ist ein bisschen beschickert *(beschwipst).*

Be|schi|ckung, die; -, -en: **1.** (Pl. selten) *das Beschicken.* **2.** (Technik) *das Eingefüllte, die Füllung [eines Hochofens].*

be|schie|den: ↑[1]bescheiden.

[1]**be|schie|nen:** ↑bescheinen.

[2]**be|schie|nen** ⟨sw. V.; hat⟩: *mit Schienen versehen.*

be|schie|ßen ⟨st. V.; hat⟩ [a: mhd. bescheʒen]: **a)** *[längere Zeit hindurch] auf jmdn., etw. schießen:* die Stellungen mit schwerer Artillerie b.; das Flugzeug wurde plötzlich beschossen; **Ü** jmdn. mit Fragen b.; **b)** (Kernphysik) *Elementarteilchen auf etw. auftreffen lassen:* Atomkerne mit Neutronen b.

be|schif|fen ⟨sw. V.; hat⟩ (veraltend): *mit einem Schiff, mit Schiffen befahren:* das Meer b.

be|schil|dern ⟨sw. V.; hat⟩: *mit [Verkehrs]schildern versehen:* eine neue Straße b.

Be|schil|de|rung, die; -, -en: **1.** *das Beschildern.* **2.** *Gesamtheit der in einem bestimmten Gebiet o. Ä. angebrachten [Verkehrs]schilder.*

be|schilft ⟨Adj.⟩: *mit Schilf bewachsen.*

be|schimp|fen ⟨sw. V.; hat⟩: *mit groben Worten schmähen, beleidigen:* jmdn. b.; sich [gegenseitig]/(geh.:) einander b.

Be|schimp|fung, die; -, -en: **1.** *das Beschimpfen.* **2.** *Äußerung, mit der man jmdn. beschimpft; Schimpfwort.*

be|schir|men ⟨st. V.; hat⟩ [mhd. beschirmen] (geh.): **a)** *beschützen:* möge Gott euch b.!; **b)** *etw. wie einen Schirm über etw. ausbreiten:* die Augen mit der Hand b.; **c)** *mit einem Lampenschirm versehen;* **d)** *behüten, bewachen.*

be|schirmt ⟨Adj.⟩ (scherzh.): *mit einem Schirm versehen:* ich bin heute nicht b. *(bin ohne Regenschirm).*

Be|schiss, der; -es (salopp): *Betrug:* das ist alles B.!

be|schis|sen: 1. ↑bescheißen. **2.** ⟨Adj.⟩ (salopp) *sehr schlecht; sehr unerfreulich:* es geht ihm b.

be|schla|fen ⟨st. V.; hat⟩ [1: mhd. beslāfen, auch: schwängern; 2: frühnhd.] (ugs.): **1.** *koitieren* (b): ein Mädchen b. **2.** *überschlafen:* ich muss [mir] die Sache erst noch mal b.

Be|schlag, der; -[e]s, Beschläge [1 a: spätmhd. beslac]: **1. a)** ⟨meist Pl.⟩ *auf etw. befestigtes Metallstück (z. B. ein Band, Scharnier, eine Schließe) zum Zusammenhalten von beweglichen Teilen, auch als Schutz od. Verzierung:* die Beschläge eines Koffers; Beschläge an Türen und Fenstern; **b)** ⟨Pl. selten⟩ *Hufeisen, mit denen ein Pferd beschlagen ist.* **2.** *[trübe] Schicht, Überzug [auf einer glatten Fläche]:* das Metall hat einen hauchdünnen B. bekommen. **3.** (Jägerspr.) *Begattung beim Schalenwild.* **4.** * **mit B. belegen/in B. nehmen/in B. halten/auf jmdn., etw. B. legen** *(ganz für sich beanspruchen; [für längere Zeit] allein benutzen):* die Telefonzelle ist dauernd mit B. belegt.

Be|schläg, das; -s, -e (schweiz.): *Beschlag* (1 a).

[1]**be|schla|gen** ⟨st. V.⟩ [mhd. beslahen, ahd. bislahan = daraufschlagen]: **1.** *mit einem Beschlag (1) versehen; etw. mit Nägeln auf etw. befestigen* ⟨hat⟩: ein Fass mit Reifen b.; das Pferd muss neu beschlagen werden. **2. a)** *sich mit einer dünnen Schicht (bes. aus Wassertröpfchen) überziehen; anlaufen* (9) ⟨ist⟩: die Brille ist beschlagen; beschlagene Scheiben; **b)** *anfangen, Schimmel anzusetzen; einen Pilzbelag bekommen* ⟨ist⟩: die Wurst ist schon etwas beschlagen; **c)** ⟨b. + sich⟩ *sich mit einer Schicht (bes. aus Wassertröpfchen) überziehen* ⟨hat⟩; **d)** *mit etw. überziehen* ⟨hat⟩: der Dampf hat das Fenster beschlagen. **3.** (Jägerspr.) *begatten* ⟨hat⟩: der Hirsch beschlägt die Ricke; sie ist beschlagen [worden] *(ist trächtig).* **4.** (schweiz.) *betreffen, angehen* ⟨hat⟩: der Vortrag beschlug den Schutz des Bodenseewassers.

[2]**be|schla|gen** ⟨Adj.⟩ [wohl nach der Vorstellung von einem gut beschlagenen Pferd]: *in etw. erfahren, sich auskennend:* auf naturwissenschaftlichem Gebiet [gut] b. sein.

Be|schla|gen|heit, die; -: *das Beschlagensein; reiche Sach-, Fachkenntnis.*

Be|schlag|nah|me, die; -, -n [zum 2. Bestandteil vgl. Abnahme]: *das Beschlagnahmen.*

be|schlag|nah|men ⟨sw. V.; hat⟩: **1.** *in amtlichem Auftrag wegnehmen, der privaten Verfügungsgewalt entziehen; sicherstellen; konfiszieren:* jmds. Vermögen b.; die Polizei beschlagnahmte das Diebesgut. **2.** (scherzh.) *für sich in Anspruch nehmen; mit Beschlag belegen:* du beschlagnahmst mich schon den ganzen Tag.

Be|schlag|nah|mung, die; -, -en: *Beschlagnahme.*

be|schlei|chen ⟨st. V.; hat⟩: **1.** *sich jmdm., einer Sache schleichend nähern:* der Jäger beschleicht das Wild. **2.** (geh.) *(von Gefühlen, Gemütsbewegungen u. Ä.) langsam u. unmerklich erfassen, überkommen:* ein Gefühl der Sorge beschlich ihn.

be|schleu|ni|gen ⟨sw. V.; hat⟩ [im 17. Jh. = rasch fördern; wegschaffen, zu ↑schleunig]: **1. a)** *schneller werden lassen:* das Tempo b.; die Angst beschleunigte seine Schritte; der Puls war vom Laufen beschleunigt; **b)** ⟨b. + sich⟩ *schneller werden:* durch die Aufregung beschleunigt sich der Puls; **c)** *ein bestimmtes Beschleunigungsvermögen haben:* dieser Wagen beschleunigt von 0 auf 100 Stundenkilometer in 11 Sekunden. **2.** *dafür sorgen, dass etw. früher geschieht, schneller vonstatten geht:* die Abreise b.; Fieber kann den Heilungsprozess b.

Be|schleu|ni|ger, der; -s, -: **1.** (Kerntechnik) *Teilchenbeschleuniger.* **2.** (Chemie) *Katalysator, der den Verlauf einer chemischen Reaktion beschleunigt.*

Be|schleu|ni|gung, die; -, -en: **1. a)** *das Schnellerwerden; das Schnellermachen:* B. des Wachstums; **b)** *Eile, Hast:* etwas mit größter B. erledigen. **2.** (Physik) *Zunahme der Geschwindigkeit innerhalb einer bestimmten Zeiteinheit.* **3.** (ugs.) kurz für ↑Beschleunigungsvermögen: das Auto hat eine gute B.

Be|schleu|ni|gungs|an|la|ge, die: *Beschleuniger.*

Be|schleu|ni|gungs|ver|mö|gen, das ⟨o. Pl.⟩ (Technik): *Leistungsfähigkeit eines Fahrzeugs in Bezug auf die Beschleunigung* (2).

Be|schleu|ni|gungs|wert, der (Technik): *Zahl, die die erzielte Beschleunigung* (2) *angibt.*

be|schleu|sen ⟨sw. V.; hat⟩: *mit Schleusen versehen.*

be|schlie|ßen ⟨st. V.; hat⟩ [mhd. beslieʒen, ahd. bisliozan = zu-, ver-, einschließen; mhd. auch = beenden; 1: eigtl. = zum Schluss der Gedanken kommen]: **1. a)** *[nach reiflicher Überlegung] einen bestimmten Entschluss fassen:* die Vergrößerung des Betriebes b.; er beschloss, Medizin zu studieren; das ist eine beschlossene Sache *(das wird ausgeführt);* **b)** *sich mit Stimmenmehrheit für etw. entscheiden; einen Mehrheitsbeschluss über etw. fassen:* der Bundestag beschließt ein neues Gesetz; **c)** *über etw. [beraten u.] abstimmen:* über die Strafgesetzgebung b. **2.** *beenden; enden lassen; an einem bestimmten Ort od. auf bestimmte Weise zu Ende führen:* eine Rede [mit den Worten ...] b.; die Feier

B

mit einem Lied b.; er hat sein Leben auf dem Lande beschlossen.

[2]**be|schlos|sen:** in der Verbindung **in etw. b. sein/liegen** *(in etw. enthalten sein):* in diesem Bild ist/liegt eine ganze Weltanschauung b.

[1]**be|schlos|sen:** ↑beschließen.

Be|schluss, der; -es, Beschlüsse [mhd. besluʒʒ = Ab-, Verschluss; Ende; die heutige Bed. seit dem 15. Jh.]: **1.** *[gemeinsam festgelegte] Entscheidung; Ergebnis einer Beratung:* der B. des Gemeinderats; einen B. ausführen; einen B. fassen *(beschließen);* auf, laut B. der Direktion; einen Antrag zum B. erheben *(über einen Antrag positiv abstimmen u. einen ihm genau entsprechenden Beschluss fassen).* **2.** ⟨o. Pl.⟩ (veraltend) *Ende, Abschluss:* zum B. spielt er eine eigene Komposition.

be|schluss|fä|hig ⟨Adj.⟩: *[nach der Geschäftsordnung] fähig, rechtlich in der Lage, Beschlüsse zu fassen.*

Be|schluss|fä|hig|keit, die ⟨o. Pl.⟩: *Fähigkeit, einen Beschluss zu fassen.*

be|schluss|fas|send ⟨Adj.⟩ (Amtsspr.): *das Recht, die Funktion habend, Beschlüsse zu fassen:* ein -es Gremium.

Be|schluss|fas|sung, die (Amtsspr.): *Entscheidung.*

Be|schluss|or|gan, das: *[gewähltes] Gremium, das in seinem Bereich die entscheidenden Beschlüsse zu fassen hat.*

Be|schluss|recht, das ⟨o. Pl.⟩: *[verfassungsmäßiges] Recht, Gesetze, Satzungen u. Ä. zu beschließen.*

be|schluss|reif ⟨Adj.⟩: *so besprochen, dass darüber abgestimmt u. entschieden werden kann.*

be|schmei|ßen ⟨st. V.; hat⟩ (ugs.): *bewerfen.*

be|schmie|ren ⟨sw. V.; hat⟩: **1.** *etw. auf etw. schmieren, streichen; bestreichen* (1): das Brot mit Butter b. **2.** *an der Oberfläche mit oft feucht-klebrigem, fettigem Stoff [unbeabsichtigt] schmutzig machen:* das Kleid [mit Farbe] b.; ich habe mich mit Tinte beschmiert. **3.** (abwertend) **a)** *unordentlich, unsauber beschreiben, bemalen:* das Buch [mit Randbemerkungen] b.; die Wandtafel b.; **b)** *(größere Freiflächen mit [politischen] Parolen) bemalen, (durch Beschriftung od. Symbole) verunzieren:* die Mauer war mit Hakenkreuzen beschmiert; **c)** *mit literarisch minderwertigen Texten voll schreiben.*

be|schmun|zeln ⟨sw. V.; hat⟩: *schmunzelnd zur Kenntnis nehmen; auf etw. mit Schmunzeln reagieren.*

be|schmut|zen ⟨sw. V.; hat⟩: *[unabsichtlich] schmutzig machen:* den Teppich [mit Straßenschuhen] b.; du hast dich beschmutzt; Ü das Andenken der Verstorbenen b.

Be|schmut|zung, die; -, -en: *das Beschmutzen; das Beschmutztwerden.*

be|schnar|chen ⟨sw. V.; hat⟩: **1.** (salopp) *beschlafen* (2): die Sache muss ich erst noch b. **2.** (bes. berlin. salopp) *genau ansehen, neugierig betrachten.*

be|schnei|den ⟨unr. V.; hat⟩ [mhd. besnīden, ahd. bisnīdan]: **1. a)** *durch Schneiden kürzen, in die gewünschte Form bringen:* Obstbäume b.; [einem Kind, sich] die Fingernägel b.; **b)** *am Rand gerade, glatt schneiden; überflüssige, zu breite Randstreifen wegschneiden:* Bretter b.; die Buchblocks werden vor dem Binden beschnitten. **2.** *schmälern, einschränken, kürzen:* jmds. Rechte b.; jmdn. in seinem Einkommen b. **3.** *(aus rituellen od. medizinischen Gründen) jmdm. die Vorhaut, (aus rituellen Gründen) jmdm. die Klitoris od. die kleinen Schamlippen entfernen.*

Be|schnei|dung, die; -, -en: *das Beschneiden.*

be|schnei|en ⟨sw. V.; hat⟩: *mit einer Schicht von künstlichem Schnee bedecken:* eine Piste b. [lassen].

be|schneit ⟨Adj.⟩: *mit Schnee bedeckt.*

be|schnod|dern ⟨sw. V.; hat⟩ (salopp): *belobhudeln; übertriebene Komplimente machen:* einen Interviewpartner b.

be|schnüf|feln ⟨sw. V.; hat⟩: **1.** *(von Tieren) an etw. schnüffeln:* der Hund beschnüffelte den Fremden. **2.** (ugs.) *vorsichtig prüfen, kennen zu lernen versuchen:* die Umgebung b. **3.** (ugs. abwertend) *bespitzeln.*

Be|schnüf|fe|lung, (seltener:) **Be|schnüff|lung,** die; -, -en: **a)** *das Beschnüffeln;* **b)** *das Beschnüffeltwerden.*

be|schnup|pern ⟨sw. V.; hat⟩: **1.** *an etw. schnuppern:* die Katze beschnuppert das Futter. **2.** (ugs.) *vorsichtig prüfend kennen zu lernen versuchen:* ich muss die neue Umgebung erst einmal b.

be|schö|ni|gen ⟨sw. V.; hat⟩: *etw. [Schlechtes, Fehlerhaftes] als nicht so schwerwiegend darstellen, etw. allzu günstig darstellen; schönfärben:* jmds./seine eigenen Fehler b.; beschönigende Worte.

Be|schö|ni|gung, die; -, -en: *das Beschönigen.*

be|schot|tern ⟨sw. V.; hat⟩ (Straßenbau, Eisenb.): *mit Schotter bedecken:* eine Eisenbahnstrecke [frisch] b.

Be|schot|te|rung, die; -, -en: **1.** ⟨Pl. selten⟩ *das Beschottern.* **2.** *Schotterdecke.*

be|schran|ken ⟨sw. V.; hat⟩ (Eisenb.): *mit Schranken versehen:* einen gefährlichen Übergang b.; ⟨meist 2. Part.:⟩ ein beschrankter Bahnübergang.

be|schrän|ken ⟨sw. V.; hat⟩ [mhd. beschrenken = umfassen; versperren]: **a)** *einschränken, begrenzen, einengen:* jmds. Rechte, jmdn. in seinen Rechten b.; den Import b.; seine Ausgaben auf das Nötigste b.; die Zahl der Studienplätze ist beschränkt; unsere Mittel sind beschränkt; wir sind räumlich sehr beschränkt *(haben wenig Platz);* beschränkte *(ärmliche)* Verhältnisse; **b)** ⟨b. + sich⟩ *sich mit etw. begnügen:* ich beschränke mich auf das Wesentliche; wir müssen uns b. *(einschränken);* **c)** ⟨b. + sich⟩ *sich erstrecken, gültig sein:* diese Regelung beschränkt sich auf die Rentner.

be|schränkt ⟨Adj.⟩: **a)** (abwertend) *geistig unbeweglich:* er ist ein bisschen b.; **b)** *kleinlich [denkend]; nicht sehr weitblickend; engstirnig:* einen -en Horizont haben; in seinen Anschauungen sehr b. sein.

Be|schränkt|heit, die; -: **1.** *das Beschränktsein:* das ist auf seine [geistige] B. zurückzuführen. **2.** *das Begrenztsein, Eingeengtsein:* die B. der Mittel zwingt zu Sparmaßnahmen.

Be|schrän|kung, die; -, -en: **a)** ⟨o. Pl.⟩ *das [Sich]beschränken:* eine B. der Ausgaben ist notwendig; **b)** *etwas, was jmdn. einschränkt:* jmdm. -en auferlegen.

be|schreib|bar ⟨Adj.⟩ (bes. EDV): *für das Beschreiben* (1) *geeignet:* -e CDs.

be|schrei|ben ⟨st. V.; hat⟩ [mhd. beschrīben = aufzeichnen; schildern; 3: frühnhd. in der Mathematik für ↑konstruieren]: **1. a)** *mit Schriftzeichen versehen; voll schreiben:* viele Seiten b.; Druckvorlagen dürfen nur einseitig beschrieben werden; drei sehr eng beschriebene Bogen; **b)** (EDV) *(einen Datenträger) mit Daten versehen:* eine CD b. **2.** *ausführlich, im Einzelnen mit Worten wiedergeben, schildern, darstellen, erklären:* seine Erlebnisse [anschaulich] b.; den Täter genau b.; es ist nicht zu b., wie entsetzt ich war; wer [aber] beschreibt mein Entsetzen *(mein Entsetzen war unbeschreiblich),* als ich das sah; beschreibende *(deskriptive)* Wissenschaft, Grammatik. **3.** *eine gekrümmte Bewegung machen, ausführen; eine bestimmte, bes. eine gekrümmte Bahn ziehen:* mit den Armen eine Acht [in der Luft] b.; das Flugzeug beschreibt Kreise über der Stadt; die Straße beschreibt einen Bogen; einen Kreis um den Punkt M b.

Be|schrei|bung, die; -, -en: **a)** *das Beschreiben* (2): ich kenne ihn nur aus ihrer, durch ihre B.; * **jeder B. spotten** *(so schlimm sein, dass man es nicht mit Worten wiedergeben kann):* deine Frechheit spottet jeder B.; **b)** *Inhalt, [schriftlich niedergelegtes] Ergebnis der Beschreibung* (a): die B. trifft auf ihn zu; eine B. von etw. geben.

be|schrei|en ⟨st. V.; hat⟩: [1]*berufen* (4).

be|schrei|ten ⟨st. V.; hat⟩ (geh.): *(einen Weg, eine Richtung) schreitend gehen, einschlagen* (7): er beschritt den markierten Pfad zum See; Ü neue Wege b. *(eigene Gedankengänge entwickeln, anders vorgehen od. gestalten als bisher üblich);* den Rechtsweg b.

Be|schrieb, der; -s, -e (schweiz.): *Beschreibung.*

be|schrif|ten ⟨sw. V.; hat⟩: *mit einer kennzeichnenden Unter- od. Aufschrift, Nummer, Namens- od. Inhaltsangabe versehen:* Einmachgläser b.; sorgfältig beschriftete Bücherregale.

Be|schrif|tung, die; -, -en: **a)** *das Beschriften:* die B. nimmt viel Zeit in Anspruch; **b)** *Auf-, Unterschrift:* dieses Bild hat noch keine B.

be|schu|hen ⟨sw. V.; hat⟩: **1.** (Fachspr. Jargon) *mit Schuhen versehen:* viele Füße b. müssen; ⟨meist 2. Part.:⟩ ein modisch beschuhtes Bein. **2.** (Technik) *mit einer Metallspitze versehen, mit Eisen beschlagen:* einen Pfahl b.

Be|schu|hung, die; -, -en ⟨Pl. selten⟩: **a)** *das Beschuhen;* **b)** *Schuhwerk, Art der Schuhe.*

be|schul|di|gen ⟨sw. V.; hat⟩ [mhd. beschuldigen, ahd. sculdigōn]: *jmdm. etw. zur Last legen, jmdm. die Schuld an etw. geben:* jmdn. des Mordes, Landesverrats, Ehebruchs b.; man beschuldigte ihn, einen Diebstahl begangen zu haben; sich selbst b.; ich will niemand[en] b.

Be|schul|dig|te, der u. die; -n, -n ⟨Dekl. ↑Abgeordnete⟩: *jmd., der wegen einer Sache, einer Tat beschuldigt wird, gegen den ein Strafverfahren betrieben wird:* dem -n wird Rechtsschutz gewährt.

Be|schul|di|gung, die; -, -en: *beschuldigende Äußerung:* -en [gegen jmdn.] erheben; eine B. zurückweisen; er wurde wegen wissentlich falscher B. *(wegen wissentlich falschen Beschuldigens)* eines Kollegen entlassen.

be|schu|len ⟨sw. V.; hat⟩ (Amtsspr.): *mit [Schulen u.] Schulunterricht versorgen:* die Kinder werden dort nicht ausreichend beschult.

Be|schu|lung, die; -, -en ⟨Pl. selten⟩ (Amtsspr.): *das Beschulen.*

Be|schu|lungs|ver|trag, der (Amtsspr.): *Vertrag über die Beschulung.*

be|schum|meln ⟨sw. V.; hat⟩ (ugs.): *einen harmlosen Betrug begehen, ein wenig betrügen:* ich beschumm[e]le dich bestimmt nicht; er hat seinen Lehrer beschummelt; beim, im Spiel b.

be|schuppt ⟨Adj.⟩: *mit Schuppen bedeckt:* ein dicker Fisch.

be|schürzt ⟨Adj.⟩: *mit umgebundener Schürze.*

Be|schuss, der; -es: **1.** (Milit.) *das Beschießen* (a), *gezieltes Feuer aus Schusswaffen:* der direkte B des Dorfes veranlasste die Bewohner zur Flucht; unter [schweren] B. geraten; unter B. liegen; Ü jmdn., etw. unter B. nehmen (ugs.; *jmdn., etw. scharf [in der Öffentlichkeit] kritisieren*); unter B. stehen, geraten (ugs.; *scharf [in der Öffentlichkeit] kritisiert werden*); seit diesem Skandal ist er schwer unter B. **2.** (Physik) *das Beschießen* (b): Kernspaltung durch B. mit Neutronen. **3.** (Technik) *Prüfung von Handfeuerwaffen durch Schießen mit verstärkter Ladung.*

be|schüt|ten ⟨sw. V.; hat⟩ [mhd. beschüten]: *etw. auf jmdn., etw. schütten:* einen Gartenweg mit Kies b.; sich mit Suppe b.; den Ofen mit Koks b. (Fachspr. Jargon; *füllen*).

be|schüt|zen ⟨sw. V.; hat⟩: *Gefahr von jmdm., etw. abhalten; [vor jmdm., etw.] schützen:* seinen kleinen Bruder b.; jmdn. vor seinen Feinden, vor Gefahren b.; er hat sie nicht beschützt; Gott beschütze dich!; er legte den Arm beschützend um sie; beschützende Werkstätte *(Einrichtung, in der Behinderte [wohnen und] arbeiten können).*

Be|schüt|zer, der; -s, -: **1.** *jmd., der jmdn. od. etw. beschützt:* jmds. B. sein; einen großen Bruder als B. haben, sich wünschen. **2.** *Schirmherr; Mäzen.* **3.** (verhüll.) *Zuhälter.*

Be|schüt|ze|rin, die; -, -nen: w. Form zu ↑Beschützer (1, 2).

be|schwat|zen ⟨sw. V.; hat⟩ (ugs.): **1.** *überreden, bereden* (2): jmdn. zu einem Kauf b.; er hat sie beschwatzt, die Wette einzugehen; sich immer wieder b. lassen. **2.** *mit jmdm. ausführlich über* *etw. reden:* das Ereignis wurde gründlich [zwischen ihnen] beschwatzt.

e|schwät|zen ⟨sw. V.; hat⟩ (bes. südd.): *beschwatzen.*

e|schwer, die; -: **1.** ⟨auch: das; -s; meist o. Art.⟩ (veraltend) *Mühe, Anstrengung:* viel B. machte uns der steile Weg; es machte ihm einiges B., ihren Wunsch zu erfüllen. **2.** (Rechtsspr.) *rechtlicher Nachteil, ungünstige Entscheidung:* die B. ist eine Voraussetzung für die Zulässigkeit eines Rechtsmittels.

e|schwer|de, die; -, -n [mhd. beswærde = Betrübnis; seit dem 15. Jh. in der Rechtsspr. = Klage; Berufung]: **1. a)** ⟨meist Pl.⟩ (selten) *Anstrengung, Strapaze:* ohne B. den Sieg erringen; von den -n des Arbeitslebens ausruhen; **b)** ⟨Pl.⟩ *Schmerzen, körperliches Leiden:* die -n des Alters; die Verletzung macht ihm immer noch -n; wieder ganz ohne -n sein. **2.** *Klage, mit der man sich [an höherer Stelle] über jmdn., etw. beschwert:* B. [gegen jmdn./über etw.] führen *(sich beschweren);* die B. führende Partei; die B. Führende *(Beschwerdeführerin);* B. einreichen/einlegen (Rechtsspr.; *gegen eine Gerichtsentscheidung, einen Verwaltungsakt u. Ä. Einspruch erheben*); ich werde bei Ihrem Vorgesetzten B. einlegen *(mich beim Vorgesetzten beschweren);* eine B. an die zuständige Stelle richten; die B. ist unbegründet.

schwer|de|buch, das: *Buch, in das man seine Beschwerden (2) eintragen kann:* in der Hotelhalle liegt ein B. aus.

schwer|de|frei ⟨Adj.⟩: *ohne Beschwerden (1 b):* seit drei Tagen b. sein.

schwer|de|frist, die (Rechtsspr.): *Frist, innerhalb deren eine Beschwerde (2) eingelegt werden kann.*

schwer|de|füh|ren|de, der u. die; -n, -n ⟨Dekl. ↑Abgeordnete⟩: *Beschwerdeführer, Beschwerdeführerin.*

schwer|de|füh|rer, der: *jmd., der Beschwerde (2) führt.*

schwer|de|füh|re|rin, die: w. Form zu ↑Beschwerdeführer.

schwer|de|in|stanz, die (Rechtsspr.): *für Beschwerden (2) zuständige Instanz.*

schwer|de|weg, der ⟨o. Pl.⟩: *Beschwerde (2) als Möglichkeit, etw. durchzusetzen, zu erreichen:* den B. beschreiten, gehen; etw. auf dem B. erreichen.

schwe|ren ⟨sw. V.; hat⟩ [mhd. beswæren = betrüben, belästigen, ahd. biswāren = schwerer machen]: **1. a)** *mit etw. Schwererem belasten [um eine Sache an ihrem Platz festzuhalten]:* Briefe, Papiere b.; ein Fischernetz b.; das Dach mit Steinen b.; sich mit Gepäck b. (geh.; *schwer beladen*); Ü diese leichte Kost beschwert den Magen nicht; **b)** *jmdn. belasten, jmds. Gemüt, Seele schwer machen:* diese Nachricht beschwert mich sehr; ich will dich nicht mit solchen Dingen b.; **c)** *etw. durch Erschwerendes, Überflüssiges, Belastendes in seiner Wirkung, Existenz, in seinem Verlauf beeinträchtigen:* die zahllosen Beispiele und Einfügungen beschweren seine Rede. **2.** ⟨b. + sich⟩ *sich beklagen, bei einer zuständigen Stelle Klage führen:* sich [bei jmdm.] über jmdn., etw. b.; ich habe mich wegen dieser Angelegenheit schon oft beschwert.

schwer|lich ⟨Adj.⟩: *mühsam, mit Anstrengung verbunden, ermüdend:* eine -e Fahrt, Reise; der Anstieg wurde immer -er; es ging ihm schon besser, aber das Laufen fiel ihm noch b. (veraltend; *schwer*); ich möchte dir nicht b. (veraltend; *zur Last*) fallen.

schwer|lich|keit, die; -, -en: **1.** ⟨o. Pl.⟩ *das Beschwerlichsein.* **2.** ⟨Pl.⟩ *Mühen; Anstrengungen.*

schwer|nis, die; -, -se, (seltener:) das; -ses, -se (geh.): *Mühe; Anstrengung; Problem:* -se überwinden, ertragen.

schwe|rung, die; -, -en: **a)** *das Beschweren (1);* **b)** *das, womit etw. beschwert wird:* einen Stein als B. auf etw. legen.

be|schwich|ti|gen ⟨sw. V.; hat⟩ [aus dem Niederd., niederd. beswichtigen, älter (be)swichten = zum Schweigen bringen, mit niederd. -cht- für hochd. -ft- für mhd. beswiften = stillen, dämpfen, ahd. giswiftōn = still werden, zu mhd. swifte = ruhig, H. u.]: *beruhigend auf jmdn., etw. einwirken:* jmds. Zorn b.; er versuchte zu b.; »Es ist alles nicht so schlimm«, beschwichtigte er; eine beschwichtigende Geste.

Be|schwich|ti|gung, die; -, -en: *das Beschwichtigen.*

Be|schwich|ti|gungs|po|li|tik, die: *Verhaltensweise, Vorgehen, das dazu dient, aufgekommene [berechtigte] Besorgnis, Beunruhigung über bestimmte Entwicklungen, Maßnahmen zu beschwichtigen; Appeasement:* die Ausführungen des Ministers können nur als B. verstanden werden.

be|schwin|deln ⟨sw. V.; hat⟩: *nicht ganz ehrlich u. aufrichtig einem andern gegenüber sein:* die Mutter b.; von ihm bin ich ganz schön beschwindelt worden; sich [gegenseitig / (geh.:) einander] b.

be|schwin|gen ⟨sw. V.; hat⟩ [zu ↑Schwinge]: *in Schwung bringen:* die heitere Musik beschwingte sie.

be|schwingt ⟨Adj.⟩: **a)** *heiter u. voller Schwung:* -e Melodien; -en Schrittes (geh.; *mit leichtem u. schnellem Schritt*); sie tanzten b. durch den Saal; **b)** (geh.) *mit Schwingen [versehen]:* beschwingte Fabelwesen.

Be|schwingt|heit, die; -: *das Beschwingtsein (a).*

be|schwip|sen ⟨sw. V.; hat⟩ [zu ↑Schwips] (ugs., selten): *ein wenig betrunken machen:* ich hatte mich beschwipst; es wurde Portwein ausgeschenkt, der sie bald beschwipste; Ü die Leute mit billigen Parolen zu b. suchen.

be|schwipst (ugs.): *leicht betrunken [und ausgelassen]:* wir waren alle ein wenig b.

Be|schwipst|heit, die; -: *das Beschwipstsein.*

be|schwö|ren ⟨st. V.; hat⟩ [mhd. beswern, ahd. biswerian, eigtl. = inständig, feierlich bitten]: **1.** *durch einen Schwur bekräftigen:* seine Aussagen [vor Gericht] b.; kannst du das b.? *(bist du dessen ganz sicher?).* **2.** *eindringlich, inständig bitten; anflehen:* ich beschwor ihn, davon abzulassen; man beschwor ihn, er solle besser aufpassen; jmdn. mit beschwörenden Blicken ansehen; beschwörend die Hände heben. **3. a)** *durch Magie, Suggestion o. Ä. Macht über jmdn., etw. erlangen:* Schlangen b.; einen Geist, einen Verstorbenen b. *(erscheinen lassen);* Ü er hat [mit seinen Worten] das Unheil erst beschworen *(heraufbeschworen, es durch das Nennen hervorgerufen);* Bilder, Erinnerungen, die Vergangenheit b. *(lebendig werden lassen, klar u. deutlich ins Bewusstsein [zurück]rufen);* die viel beschworene *(häufig, immer wieder angeführte)* Solidarität zerbröckelte angesichts der aufkommenden Besorgnis; **b)** *bannen (2):* einen bösen Geist, den Teufel, Dämonen [mit Zauberformeln] b.

Be|schwö|rer, der; -s, -: *jmd., der etw. beschwört (3), hervorruft:* mit seinen Erzählungen ist er ein lebendiger B. der Vergangenheit.

Be|schwö|re|rin, die; -, -nen: w. Form zu ↑Beschwörer.

Be|schwö|rung, die; -, -en: **1.** *eindringliche, inständige Bitte:* allen -en gegenüber taub bleiben; mit Bitten und -en. **2. a)** *das Beschwören (3 a);* **b)** *das Beschwören (3 b):* die B. des Teufels, von bösen Geistern. **3.** *[formelhafte] Worte beim Beschwören (3):* eine B. sprechen, murmeln.

Be|schwö|rungs|for|mel, die: *bei einer Beschwörung (3) gesprochene Formel.*

be|see|len ⟨sw. V.; hat⟩ (geh.): **a)** *mit Seele, [Eigen]leben erfüllen:* die Natur b.; der Schauspieler hat diese Gestalt nur beseelt; ein beseeltes Spiel; beseelte Hände; **b)** *innerlich erfüllen:* ein fester Glaube beseelte ihn; der Tod des Vaters hat sie mit Traurigkeit beseelt *(hat Traurigkeit in ihr aufkommen lassen);* beseelt vom Geist des Humanismus.

Be|seelt|heit, die; -: *das Beseeltsein.*

Be|see|lung, die; -, -en: *das Beseelen.*

be|se|geln ⟨sw. V.; hat⟩ (selten): **1.** *mit dem Segelschiff befahren:* er hatte alle Weltmeere besegelt. **2.** *mit Segeln ausrüsten:* ein Schlauchboot b.

Be|se|ge|lung, (seltener:) **Be|seg|lung,** die; -, -en: **1.** *das Besegeln.* **2.** *Ausrüstung mit Segeln:* das Boot hat eine komplette B.

be|se|hen ⟨st. V.; hat⟩ [mhd. besehen, ahd. bisehan]: *betrachten, genau ansehen:* ein Bild b.; ich muss [mir] den Schaden erst einmal genau b.; lass dich einmal von allen Seiten b.!

be|sei|beln, be|sei|bern ⟨sw. V.; hat⟩ (landsch.): *mit Speichel beschmutzen:* das Baby beseibelt sich, sein Jäckchen.

be|sei|ti|gen ⟨sw. V.; hat⟩ [urspr. = zur Seite stellen, zu älter beseit, mhd. besīt = beiseite]: **1.** *etw. entfernen, aus dem Weg räumen:* Flecken, Abfall, Schneemassen, die Spuren [eines Verbrechens] b.; Ungerechtigkeiten sollten beseitigt werden. **2.** (verhüll.) *ermorden, umbringen:* den Kronzeugen, einen Rivalen b.

Be|sei|ti|gung, die; -: *das Beseitigen.*

be|se|li|gen ⟨sw. V.; hat⟩ (geh.): *mit großem Glück, mit Seligkeit erfüllen:* diese Aussicht beseligte ihn; ein beseligendes Gefühl; mit beseligten Blicken.

Be|sen, der; -s, - [mhd. bes(e)me, besem, ahd. bes(a)mo, H. u.]: **1.** *aus gebündelten Rosshaaren, Borsten, Reisig o. Ä. gefertigtes, mit einem Stiel od. Griff versehenes Gerät zum Fegen, Kehren:* ein neuer, weicher, abgenutzter B.; B. binden; den Keller mit einem groben B. kehren; R ich fresse/fress einen B./will einen B. fressen, wenn das stimmt (salopp; *ich bin überzeugt, dass das nicht stimmt*); Spr neue B. kehren gut *(wenn jmd. etw. Neues in Angriff nimmt, macht er es anfangs mit besonderem Eifer);* * **auf den B. laden** (ugs.; *veralbern, zum Narren halten;* H. u.); **mit eisernem B. [aus]kehren** *(sehr hart durchgreifen; rücksichtslos Ordnung schaffen);* **unter dem B. getraut sein** (veraltend; *als Unverheiratete wie Eheleute leben*). **2.** (salopp abwertend) *kratzbürstige, ruppige weibliche Person:* sie ist ein richtiger B.! **3.** (Musik) kurz für ↑Stahlbesen. **4.** (derb) *Penis.*

Be|sen|bin|der, der: *jmd., der (Reisig)besen bindet u. verkauft* (Berufsbez.).

Be|sen|bin|de|rin, die: w. Form zu ↑Besenbinder.

Be|sen|gins|ter, der ⟨o. Pl.⟩ [die Zweige wurden früher zur Herstellung von Besen verwendet]: *(zu den Schmetterlingsblütlern gehörende) als Strauch wachsende Pflanze mit leuchtend gelben Blüten an biegsamen Zweigen.*

Be|sen|kam|mer, die: *Abstellraum, in dem Besen u. andere Haushaltsgeräte untergebracht werden.*

be|sen|rein ⟨Adj.⟩: *mit dem Besen grob gereinigt:* die Handwerker haben die Wohnung b. übergeben.

Be|sen|schrank, der: vgl. Besenkammer.

Be|sen|stiel, der: *Stiel als Teil des Besens:* den B. abbrechen; steif wie ein B. (ugs.; *sehr steif, ungelenk*); * **einen B. verschluckt haben** (ugs.; 1. *sich nicht verbeugen können od. wollen.* 2. *sich steif u. linkisch benehmen*).

Be|sen|wirt|schaft, die (landsch.) [vgl. Straußwirtschaft]: *Gaststätte, in der neuer Wein ausgeschenkt wird.*

be|ses|sen ⟨Adj.⟩ [mhd. besezzen, eigtl. = besetzt; bewohnt, adj. 2. Part. von ↑besitzen]: **a)** *(im Volksglauben) von bösen Geistern beherrscht, wahnsinnig:* [wie] vom Teufel b. sein; man hielt ihn für b.; **b)** *von etw. völlig beherrscht, erfüllt:* von einer Idee, einer Vorstellung b. sein; er arbeitet wie b., ⟨subst.:⟩ wie ein Besessener.

Be|ses|sen|heit, die; -: *das Besessensein (a, b).*

be|set|zen ⟨sw. V.; hat⟩ [mhd. besetzen, ahd. bisezzen, zu ↑setzen]: **1.** *mit etw. verzieren, was aufgenäht, aufgeklebt o. Ä. wird:* ein Kleid mit Spitzen, einen Mantel mit Pelz b. **2.** *belegen; reservieren, für sich in Anspruch nehmen:* Stühle, einen Fensterplatz im Abteil b.; es wurde gefordert, dass die Partei die Sozialpolitik b. soll *(sich auf diesem Gebiet verstärkt profilieren soll);* ⟨häufig im 2. Part.:⟩ die Toilette ist besetzt *(nicht frei);* alle Tische sind [voll] besetzt *(an den Tischen ist kein Platz mehr frei);* das Theater, der Zug war bis auf den letzten Platz besetzt *(es war kein Platz mehr frei);* es/die Leitung ist besetzt *(es wird gerade telefoniert);* dieser Abend ist leider schon besetzt *(für anderes vorgesehen);* der Direktor ist besetzt (ugs.; *[anderweitig] in Anspruch genommen*); Ü mit Hassgefühlen besetzte (Psych.; *eng verknüpfte, assoziierte*) Vorstellungen; die zweite Stelle der Relation ist mit einer Variablen besetzt (Logik; *ausgefüllt*). **3.** *an jmdn. vergeben:* die Stelle muss neu besetzt werden; einen Ausschuss paritätisch b.; der Wettbewerb ist stark besetzt *(es nehmen sehr gute Leute teil);* die Oper, der Film ist hervorragend, mit guten Leuten besetzt *(hat eine sehr gute Besetzung).* **4. a)** *(ein Gebiet o. Ä.) erobern u. darin Truppen stationieren, militärisch einnehmen u. als fremde Macht beherrschen:* ein Land, eine Stadt b.; besetzte Gebiete; **b)** *in Besitz nehmen:* die Aufständischen besetzten das Rathaus *(brachten es in ihre Gewalt);* ein Haus b. *(ein leer stehendes [für den Abbruch vorgesehenes] Haus ohne Einwilligung des Eigentümers beziehen, um dort zu wohnen);* die Demonstranten besetzten ein Baugelände, ein Waldstück *(zogen dorthin, hielten sich dort auf, um gegen die geplante Verwendung zu demonstrieren);* **c)** *mit Posten versehen u. kontrollieren:* die Polizei hatte alle Ausgänge besetzt. **5.** (bes. Jagdw., Fischereiw.) *dafür sorgen, dass entsprechende Tiere in einem Bereich sind:* einen Teich mit Karpfen, mit Fischbrut b.; das Revier mit Rotwild b.

Be|setzt|zei|chen, das: *ständig sich wiederholendes Lautsignal im Telefon, das anzeigt, dass die gewählte Telefonnummer besetzt ist.*

Be|set|zung, die; -, -en: **1.** *das Besetzt-, Belegtsein:* bei voller B. fasst der Wagen 5 Personen. **2. a)** *das Besetzen* (3), *Vergeben einer Stellung, eines Postens, einer Rolle:* die B. eines Lehrstuhls; für die B. der Rolle stehen zwei hervorragende Sänger zur Verfügung; **b)** *Gesamtheit der Künstler, die ein Werk aufführen, in einem Film spielen o. Ä.:* sie gehört nicht zur B.; heute Abend ist Premiere der zweiten B. von »Tannhäuser«; eine Komposition für ein Orchester in kleiner B.; Ü auf der Station arbeiten zwei Krankenschwestern, das ist die ganze B.; **c)** (Sport) *Mannschaft[saufstellung]:* der Verein tritt mit seiner zweiten B. an. **3. a)** *das Besetzen* (4): Ziel war die B. eines Brückenkopfes; nach B. der Stadt; **b)** *das Besetztsein, Besetzthalten:* unter feindlicher B. stehen; die B. dauert schon drei Jahre. **4.** (bes. Jagdw., Fischereiw.) *das Besetzen* (5).

Be|set|zungs|lis|te, die (Theater, Film u. Ä.): *Verzeichnis der Rollen mit den Namen der Darsteller.*

Be|set|zungs|macht, die (schweiz.): *Besatzungsmacht.*

Be|set|zungs|sta|tut, das (schweiz.): *Besatzungsstatut.*

Be|set|zungs|trup|pen ⟨Pl.⟩ (schweiz.): *Besatzungstruppen.*

be|sich|ti|gen ⟨sw. V.; hat⟩ [zu älter besichten = in Augenschein nehmen, zu ↑Sicht]: *aufsuchen u. [umhergehend] ansehen; prüfend betrachten:* die Stadt, ein Schloss, eine Wohnung b.; (Milit.:) der General besichtigte *(inspizierte)* die Truppen; (scherzh. auch von einzelnen Personen:) das Baby, die zukünftige Schwiegertochter b.

Be|sich|ti|gung, die; -, -en: *das Besichtigen:* die B. eines Tempels; an einer B. teilnehmen.

Be|sich|ti|gungs|fahrt, die: *Fahrt mit dem Zweck, Sehenswürdigkeiten o. Ä. zu besichtigen.*

Be|sich|ti|gungs|zeit, die: *Zeit, während deren etwas besichtigt werden kann.*

be|sie|deln ⟨sw. V.; hat⟩ [mhd. besidelen, auch: jmdn. als Pächter auf ein Gut setzen]: **1. a)** *ansiedeln:* das neue Land mit Flüchtlingen b.; **b)** *ein noch nicht od. nicht mehr bewohntes Gebiet [bebauen u.] bewohnen:* Auswanderer besiedeln diese Gegend; das Land ist dicht, wenig, dünn besiedelt. **2.** *(von Tieren u. Pflanzen) heimisch sein:* Füchse besiedeln ganz Mitteleuropa; Flechten und Moose besiedeln *(bewachsen)* den Fels.

Be|sie|de|lung, Be|sied|lung, die; -, -en: **a)** *das Besiedeln;* **b)** *das Besiedeltsein; das Besiedeltwerden.*

be|sie|geln ⟨sw. V.; hat⟩ [1: mhd. besigelen]: **1.** *für gültig erklären, bekräftigen:* die Freundschaft mit einem Handschlag b.; sie besiegelten den Vertrag mit ihren Unterschriften. **2.** *endgültig, unabwendbar machen:* diese Tat besiegelt seinen Untergang; sein Schicksal ist besiegelt.

Be|sie|ge|lung, Be|sieg|lung, die; -, -en: **a)** *das Besiegeln;* **b)** *das Besiegeltsein; das Besiegeltwerden.*

be|sie|gen ⟨sw. V.; hat⟩: **a)** *über einen Gegner im Krieg, im [Wett]kampf einen Sieg erringen:* die Feinde [im Kampf] b.; den Gegner mit Waffen[gewalt] b.; er hat den Weltmeister besiegt; die Mannschaft besiegte den Titelverteidiger mit 3 : 2; ein besiegtes Land; sich besiegt geben, erklären; **Spr** sich selbst b. ist der größte/schönste Sieg; **b)** *überwinden, einer Sache Herr werden:* jmds. Zweifel b.; Schwierigkeiten, seinen Unmut, eine Krankheit b.

Be|sieg|te, der u. die; -n, -n ⟨Dekl. ↑Abgeordnete⟩: *jmd., der besiegt wurde:* in einem Atomkrieg kann es weder Sieger noch B. geben.

Be|sie|gung, die; -, -en ⟨Pl. selten⟩: *das Besiegen.*

be|sin|gen ⟨st. V.; hat⟩ [1: mhd. besingen]: **1.** *durch ein Gedicht od. Lied preisen, rühmen, verherrlichen:* ein Mädchen b.; der Rhein ist oft besungen worden; die Helden und ihre Taten besingen. **2.** *[zur Aufnahme] auf einen Tonträger singen:* eine Platte [mit Schlagern] b.

be|sin|nen ⟨st. V.; hat⟩ [mhd. besinnen = nachdenken, refl. = sich bewusst werden]: **1.** ⟨b. + sich⟩ *nachdenken, überlegen:* sich kurz, eine Weile b.; ich habe mich anders besonnen *(meine Meinung geändert);* sie hat sich endlich besonnen *(ist zur Vernunft gekommen);* er musste sich erst einmal b.; ⟨subst.:⟩ nach kurzem/ohne langes Besinnen. **2.** ⟨b. + sich⟩ **a)** *sich an jmdn., etw. erinnern:* ich kann mich nicht mehr auf sie, auf ihren Namen b.; sie besann sich dessen wieder; jetzt besinne ich mich wieder *(jetzt fällt es mir wieder ein);* wenn ich mich recht [darauf] besinne, war er schon einmal hier; **b)** *sich bewusst werden:* sie besann sich endlich auf sich selbst; (geh.:) wir besannen uns der Würde des Ortes; (geh.:) endlich besann sie sich ihrer Situation. **3.** *bedenken, über etw. nachsinnen:* er besann sich der Märchen, die ihm die Großmutter erzählt hatte; ich hatte einiges zu b.

be|sinn|lich ⟨Adj.⟩: *nachdenklich; beschaulicher, geruhsamer Besinnung dienend:* ein -er Mensch; eine -e Stunde; ⟨subst.:⟩ Besinnliches und Heiteres vortragen.

Be|sinn|lich|keit, die; -: *das Besinnlichsein.*

Be|sin|nung, die; -: **1.** *Bewusstsein* (2): die B. verlieren, wiedererlangen; ohne B., nicht bei B. sein; nach einer Ohnmacht wieder zur B. kommen. **2.** *Nachdenken, ruhige Überlegung:* vor lauter Arbeit nicht zur B. kommen; ehe ich recht zur B. kommen *(das Geschehen erfassen)* konnte, war es vorbei. **3.** *das Sichbesinnen:* eine B. auf das Wesentliche tut Not.

be|sin|nungs|los ⟨Adj.⟩: **1.** *ohne Besinnung* (1): er ist b. geworden; b. daliegen; nach dem Schlag auf ihren Kopf brach sie b. zusammen. **2.** *seiner selbst nicht mehr mächtig, außer sich:* b. vor Angst/in -er Angst rannte er weg; in -er Wut schlug er auf ihn ein.

Be|sin|nungs|lo|sig|keit, die; -: *besinnungsloser Zustand.*

Be|sitz, der; -es [im 15. Jh. für mhd. besez]: **a)** *(materielle) Güter, die jmd. geerbt od. erworben hat, sodass er darüber verfügen kann* (im allgemeinen Sprachgebrauch meist gleichbed. mit »Eigentum« gebraucht, juristisch davon unterschieden als »das, worüber jmd. die tatsächliche [nicht unbedingt aber die rechtliche] Herrschaft hat«): privater, staatlicher B.; seinen B. vergrößern, verlieren; nach B. streben; ein Konzern in amerikanischem B.; etw. kommt in jmds. B., geht in jmds. B. über; etw. in seinen B. bringen; Ü die Klassiker gehören heute nicht mehr zum geistigen B. *(zu den verfügbaren Kenntnissen)* der Jugend; **b)** *etw., was jmdm. gehört:* die paar Sachen sind mein ganzer B.; das ist ein Stück aus ihrem persönlichen B.; **c)** *das Besitzen; Zustand des Besitzens:* unerlaubter B. von Waffen wird bestraft; im B. von etw. sein *(etw. besitzen);* etw. in B. haben *(etw. besitzen);* etw. in B. nehmen, von etw. B. ergreifen *(etw. an sich nehmen, sich einer Sache bemächtigen);* sie hat einen Besitz ergreifenden Charakter; Ü Traurigkeit, ein Gefühl der Leere ergriff B. von ihm; im vollen B. seiner Kräfte sein; **d)** (veraltend) *Land Grundbesitz; Landgut:* sich auf seinen B. zurückziehen; einen verwahrlosten B. in eine Musterwirtschaft verwandeln.

Be|sitz|an|spruch, der: *Anspruch auf einen bestimmten Besitz:* seine Besitzansprüche geltend machen, anmelden; Ü ihr geschiedener Mann, auf den sie noch immer B. erhob, hatte eine Freundin.

be|sitz|an|zei|gend ⟨Adj.⟩: in der Fügung **-es Fürwort** *(Possessivpronomen).*

Be|sitz|bür|ger, der (meist abwertend): *Bürger mit Kapital-, Grund- od. Hausbesitz [der aus diesem Besitz besondere Rechte herzuleiten versucht].*

Be|sitz|bür|ge|rin, die: w. Form zu ↑Besitzbürger

Be|sitz|die|ner, der (Rechtsspr.): *jmd., der aufgrund eines Arbeits- oder Dienstverhältnisses Sachen des Dienstherrn besitzt und diese nach Weisungen zu behandeln hat.*

Be|sitz|die|ne|rin, die: w. Form zu ↑Besitzdiener

be|sit|zen ⟨unr. Verb; hat⟩ [mhd. besitzen, ahd. bisizzan, eigtl. = um, auf etw. sitzen]: **1. a)** *als Besitz haben; sein Eigen nennen:* ein Haus, ein Auto, Vermögen, viele Bücher b.; er besaß keinen Pfennig (ugs.; *war sehr arm*); die besitzende Klasse *(die Vermögenden, Reichen);* Ü Mut, Talent, große Fähigkeiten, Geschmack b.; jmds. Zuneigung, Vertrauen b.; er hat die Frechheit besessen, mich anzulügen; **b)** (meist gespreizt) *haben:* keine Eltern mehr b.; er besitzt blaue Augen, eine Wunde am Knie; wir haben das nötige Glück nicht besessen; er besitzt das/kein Recht zu widersprechen. **2.** (geh. verhüll.) *Geschlechtsverkehr mit einer Frau haben:* er hat schon viele Frauen besessen. **3.** (selten) *innerlich gefangen nehmen:* ihn besitzt ein großes Verlangen nach Sonne.

Be|sit|zer, der; -s, -: *jmd., der etw. besitzt:* B. einer Fabrik sein; der ursprüngliche, rechtmäßige, neue B.; das Lokal hat den B. gewechselt.

be|sitz|er|grei|fend: *in Besitz nehmend:* ihre Zuneigung war b.; er hat ein besitzergreifendes Wesen.

Be|sitz|er|grei|fung, die: *das In-Besitz-Nehmen.*

Be|sit|ze|rin, die; -, -nen: w. Form zu ↑Besitzer.

Be|sit|zer|stolz, der: *Stolz, Freude über einen bestimmten Besitz:* voller B. sein.

Be|sit|zer|wech|sel, der: *Übergang an einen anderen Besitzer:* das Gut ist durch häufigen B. stark herabgewirtschaftet worden.

be|sitz|los ⟨Adj.⟩: *ohne Eigentum, größeren Besitz:* er ist völlig b.

Be|sitz|lo|se, der u. die; -n, -n ⟨Dekl. ↑Abgeordnete⟩: *jmd., der besitzlos ist.*

Be|sitz|nah|me, die: *das In-Besitz-Nehmen.*

Be|sitz|stand, der: *Stand* (4 a) *dessen, was jmd., bes. ein Lohnabhängiger, im Hinblick auf die Höhe des Gehalts, der sozialen Leistungen o. Ä. erreicht hat:* den B. wahren; etw. gehört zum sozialen B.; Besitzstände werden verteidigt.

Be|sitz|stands|wah|rung, die: *das Erhalten, Verteidigen des Besitzstandes (bes. im Zusammenhang tarifpolitischer Auseinandersetzungen).*

Be|sitz|ti|tel, der (Rechtsspr.): *verbrieftes Recht auf einen bestimmten Besitz.*

Be|sitz|tum, das; -s, ...tümer: **a)** *Gesamtheit dessen, was jmd. besitzt:* seine Besitztümer zusam

menhalten; **b)** *Besitz* (d): er zog sich auf sein einsam gelegenes B. zurück; **c)** *Besitz* (b): Besitztümer wie Uhren und Schmuck konnte sie nicht zum Tausch anbieten.
e|sit|zung, die; -, -en (geh.): *Besitz* (d): -en auf dem Lande haben; seine -en verwalten.
e|sitz|ver|hält|nis|se ⟨Pl.⟩: **a)** *die in einer Gesellschaft bestehenden Verhältnisse bezüglich der Verteilung des Besitzes, Eigentums, Kapitals o. Ä.:* die B. haben sich nicht geändert; **b)** *Rechtslage in Hinblick auf den Besitz.*
e|sitz|wech|sel, der: **a)** *Besitzerwechsel;* **b)** (ugs. scherzh. verhüll.) *[Besitzerwechsel durch] Diebstahl.*
es|ki|den ⟨Pl.⟩: Teil der Karpaten.
e|sof|fen ⟨Adj.⟩ [2. Part. von ↑(sich) besaufen] (salopp): *[völlig] betrunken:* -e Randalierer; total b. sein; jmdn. b. machen; b. rumhängen; Ü ich muss doch b. *(nicht recht bei Verstand)* gewesen sein!; ⟨subst.:⟩ auf den Bänken lagen Besoffene.
e|sof|fen|heit, die; - (salopp): *Zustand des Betrunkenseins.*
e|soh|len ⟨sw. V.; hat⟩: *(Schuhwerk) mit [neuen] Sohlen versehen:* die Stiefel b. lassen; neu besohlte Schuhe.
e|soh|lung, die; -, -en: **a)** ⟨o. Pl.⟩ *das Besohlen;* **b)** *Sohle:* die B. der Schuhe musste dringend erneuert werden.
e|sol|den ⟨sw. V.; hat⟩ [für älter solden, mhd. solden]: *jmdm. (im Staatsdienst Stehenden) Sold, Lohn, Gehalt auszahlen:* der Staat muss seine Beamten, Soldaten ausreichend b.; sie wird nach Gruppe B 5 besoldet; ein schlecht besoldeter *(bezahlter)* Posten.
e|sol|dung, die; -, -en: **1.** ⟨o. Pl.⟩ (seltener) *das Besolden.* **2.** *Dienstbezug eines im Staatsdienst Stehenden:* eine gute, hohe, geringe B.; die B. erhöhen.
e|sol|dungs|grup|pe, die: *Tarifgruppe im Rahmen der Besoldungsordnung.*
e|sol|dungs|ord|nung, die: *Sammlung der Bestimmungen u. Tarife für die Besoldung.*
e|son|der... ⟨Adj.⟩ [spätmhd. besunder, mhd. bī sunder, aus: bī = bei u. sunder, ↑sonder]: **1.** *abgesondert, zusätzlich:* -e Hochschulen für die Bundeswehr; hierfür muss ein -er Wahlgang durchgeführt werden; [s]ein -es *(separates)* Zimmer haben; ⟨subst.:⟩ im Allgemeinen und im Besonderen *(Einzelnen).* **2.** *außergewöhnlich, nicht alltäglich:* keine -en Vorkommnisse; -e Kennzeichen: keine; ⟨subst.:⟩ es gab nichts Besonderes zu sehen; das Konzert war etwas ganz Besonderes. **3.** *über das Normale, das Übliche weit hinausgehend, hervorragend:* von -er Qualität; eine -e Leistung; diese Aussage hatte -es Gewicht; sie hatte sich den -en Neid ihrer Mitschülerinnen zugezogen; dieses Kind war ihr -er Liebling; ⟨subst.:⟩ sie hält sich für etwas Besonderes; *** im Besonderen** *(insbesondere, besonders 2 a, vor allem):* sich im Besonderen für krebskranke Kinder einsetzen.
e|son|der|heit, die; -, -en: *das Anderssein; Eigenart; besonderes Merkmal.*
e|son|ders ⟨Adv.⟩ [erstarrter Gen.]: **1.** *gesondert, getrennt, für sich allein:* vom Gesetz b. aufgeführte Fälle; die Frage muss einmal b. behandelt werden. **2. a)** *vor allem, insbesondere:* b. heute; b. du solltest das wissen; b. das hat ihn gefreut; sie fährt meist mit dem Bus, b. wenn es regnet; es kommt b. darauf an, schnell zu reagieren; die Klubräume waren b. Treffpunkt rechtsradikaler Jugendlicher; **b)** *ausdrücklich, mit Nachdruck:* etw. b. betonen; ich habe b. darauf hingewiesen, dass ... **3.** ⟨intensivierend bei Adjektiven u. ugs. bei Verben⟩ *sehr; außerordentlich, sehr gut:* b. gut, b. groß, b. heftig; das hat ihn b. gefreut; ⟨häufig verneint:⟩ der Film ist nicht b.; es geht ihm nicht b. **4.** (landsch.) *eigenartig, sonderbar, absonderlich:* die Krankheit machte ihn so b.
e|son|nen ⟨Adj.⟩ [mhd. besunnen, adj. 2. Part. von ↑besinnen]: *ruhig u. vernünftig abwägend, sich nicht zu Unbedachtsamkeiten hinreißen lassend:* ein -er Mensch; ein -es Urteil; durch ihr -es Verhalten hat sie Schlimmeres verhütet; b. handeln; sich b. verhalten.
²be|son|nen, sich ⟨sw. V.; hat⟩: *sich von der Sonne bescheinen lassen; sich sonnen.*
Be|son|nen|heit, die; -: *Umsicht; besonnenes Wesen:* sie ist eine Frau von großer B.
be|sonnt ⟨Adj.⟩: *von der Sonne beschienen:* -e Hänge, Terrassen.
Be|son|nung, die; -, -en: *Bestrahlung durch die Sonne:* zu starke B. ist schädlich; die B. *(sonnenähnliche Bestrahlung)* im Solarium wirkte sich positiv auf den Heilungsprozess aus.
be|sor|gen ⟨sw. V.; hat⟩ [mhd. besorgen, ahd. bisorgēn = mit Sorge bedenken, sorgen]: **1. a)** *etw. beschaffen; kaufen:* Fahrkarten, Zigaretten, etw. zum Essen b.; sie hat für die Kinder Geschenke besorgt; ich will mir das Buch noch heute b.; können Sie mir ein Taxi, einen Gepäckträger b.?; jmdm. eine Stelle b.; **b)** (ugs. verhüll.) *heimlich mitnehmen; stehlen:* die Steine habe ich mir auf einer Baustelle besorgt. **2. a)** *erledigen; (einen Auftrag) ausführen; dafür sorgen* (2), *dass etw. erledigt wird:* ein Geschäft b.; er besorgte die Auswahl der Gedichte für das Lesebuch; er brauchte sich nicht darum zu kümmern, das besorgte alles sein Referent; einen Brief b. *(dafür sorgen, dass er zur Post kommt);* der Linksaußen besorgte *(erzielte)* den Anschluss, das 2 : 1; **Spr** was du heute kannst b., das verschiebe nicht auf morgen; **b)** *sich um jmdn., etw. kümmern:* die Kinder, die Blumen b.; [jmdm.] den Haushalt b.; trotz ihres hohen Lebensalters besorgte sie ihren Haushalt noch allein; **c)** *** es jmdm. b.** (1. ugs.; *es jmdm. heimzahlen; jmdm. gründlich die Meinung sagen:* dem werd ich's noch b.! 2. salopp; *jmdn. geschlechtlich befriedigen*). **3.** (geh. veraltend) **a)** *befürchten:* es ist/steht zu b., dass ...; **b)** ⟨b. + sich⟩ *sich sorgen* (1): ich besorgte mich, wie ich ihr mein Beileid aussprechen sollte.
be|sorg|lich ⟨Adj.⟩ (selten): **1.** *ängstlich, besorgt.* **2.** *Sorge erweckend:* b. aussehen.
Be|sorg|nis, die; -, -se: *Sorge; das Besorgtsein; Befürchtung:* ernste, tiefe B. haben; ein [große] B. erregender Zwischenfall; [echte] B. [um jmdn., über etw.] zeigen, empfinden; ich kann deine -se zerstreuen; etw. erregt B. [in jmdm.], erregt jmds. B.; etw. erfüllt jmdn. mit B.; etw. zu jmds. B. tun, sein; etw. mit B. betrachten; er schwieg aus B., man könnte ihn zur Verantwortung ziehen; einen Richter wegen B. der Befangenheit (Rechtsspr.; *wegen der Befürchtung, er könnte befangen sein*) ablehnen.
be|sorg|nis|er|re|gend ⟨Adj.⟩: *Anlass zu ernsthafter Sorge gebend:* eine äußerst -e Inflationsrate; sein Zustand ist b.
be|sorgt ⟨Adj.⟩ [a, b: zu besorgen (3); c: zu besorgen (2)]: **a)** *von Sorge erfüllt:* ein -er Vater; ich bin b. wegen deines schlechten Aussehens, über deinen Gesundheitszustand; b. nachfragen; er war b., es könnte etwas passieren; **b)** *von Fürsorge für jmdn., etw. erfüllt:* der um das Wohl seiner Gäste -e Wirt; er ist sehr b. um sie/um ihre Gesundheit; **c)** *** für etw. b. sein** (schweiz.; *für etw. sorgen*): er ist dafür b., dass sie nachts nicht allein unterwegs ist; sie ist für ein reiches Angebot b.
Be|sorgt|heit, die; -: *das Besorgtsein.*
Be|sor|gung, die; -, -en: **1.** ⟨o. Pl.⟩ *das Besorgen; das Erledigen.* **2.** *Einkauf* (1 a): eine B., -en machen.
be|span|nen ⟨sw. V.; hat⟩: **1.** *durch [bedeckendes] [Aus]spannen mit etw. versehen:* eine Wand mit Stoff b.; einen Wagen mit einer Plane b.; Liegestühle, Tennisschläger neu b. lassen *(mit einer neuen Bespannung versehen lassen).* **2.** *mit Zugtieren versehen:* die Kutsche ist mit zwei Schimmeln bespannt.
Be|span|nung, die; -, -en: **1.** ⟨o. Pl.⟩ **a)** *das Bespannen* (1); **b)** *das Bespannen* (2): die B. mit nur zwei Eseln war ungewöhnlich. **2. a)** *etw., womit ein Gegenstand bespannt ist;* **b)** *die vorgespannten Zugtiere; Gespann.*
be|spei|en ⟨st. V.; hat⟩ (selten, geh.): *jmdn., etw. bespucken:* jmdn. verhöhnen und b.; der Betrunkene hat sich bespie[e]n.
be|spi|cken ⟨sw. V.; hat⟩: **1.** *mit etw. spicken* (1). **2.** *mit etw. dicht bestecken:* sie hatte ihre Haare mit Klammern bespickt; er war mit Orden bespickt.
be|spie|geln ⟨sw. V.; hat⟩: **1.** ⟨b. + sich⟩ *sich [eitel] im Spiegel betrachten:* bespieg[e]le dich nicht so lange! **2.** *zum Gegenstand der eigenen eitlen Betrachtung u. Selbstdarstellung machen:* sein eigenes Ich, sich [selbst] b. **3.** *in Wort od. Bild schildernd über etw. Aufschluss geben; etw. darstellen; beleuchten* (2): in seinem Roman die jüngste Vergangenheit b.
Be|spie|ge|lung, (seltener:) **Be|spieg|lung,** die; -, -en: *das Bespiegeln.*
be|spiel|bar ⟨Adj.⟩: **1.** *sich bespielen* (1) *lassend:* eine -e Kassette. **2.** (Sport) *zum Bespielen* (3) *geeignet:* der Platz ist wieder b.
be|spie|len ⟨sw. V.; hat⟩: **1.** *(einen Tonträger) durch Spielen von etw. mit einer Aufnahme versehen:* eine Schallplatte mit Kammermusik b.; das Band ist erst zur Hälfte bespielt worden; bespielte Videokassetten. **2.** *(von Theaterensembles u. Ä.) Gastspiele geben:* der Ort wird von der Landesbühne bespielt. **3.** (Sport) *(einen Platz o. Ä.) zum Spielen* (3) *nutzen:* ein gut, schlecht, schwer zu bespielender Platz.
be|spi|ken [bəˈʃpaikn̩] ⟨sw. V.; hat⟩ (Fachspr.): *mit Spikes versehen:* die Autoreifen b. lassen; bespikte Rennschuhe.
be|spit|zeln ⟨sw. V.; hat⟩: *(als Spitzel) jmdn. heimlich beobachten, überwachen:* er sollte seinen Mitgefangenen, einen Politiker b.; in seinem Auftrag bespitzelte sie ihre engsten Mitarbeiter; wir sind alle bespitzelt worden.
Be|spit|ze|lung, Be|spitz|lung, die; -, -en: *das Bespitzeln; das Bespitzeltwerden.*
be|spöt|teln ⟨sw. V.; hat⟩: *über jmdn., etw. spötteln:* ich ließ mich, meine neuen Methoden ruhig b.
Be|spöt|te|lung, (seltener:) Bespöttlung, die; -, -en: *das Bespötteln.*
be|spot|ten ⟨sw. V.; hat⟩ [mhd. bespotten] (selten): *über jmdn., etw. spotten:* seine Schwächen wurden in hässlicher Weise bespottet.
Be|spött|lung: ↑Bespöttelung.
be|spray|en [bəˈʃpreːən, ...ˈsp...] ⟨sw. V.; hat⟩: *mit Spray besprühen:* besprayte Häuserwände.
be|spre|chen ⟨st. V.; hat⟩ [mhd. besprechen = anreden; verabreden; (refl.:) sich beraten, ahd. bisprechan = anfechten, tadeln; verleumden]: **1. a)** *gemeinsam (beratend, erörternd, Meinungen austauschend) über etw. sprechen:* eine Sache mit jmdm. b.; wir haben noch etwas zu b.; wir müssen b., wie wir vorgehen wollen; danach besprachen sie die Angelegenheit eingehend; die Sache läuft wie besprochen; **b)** ⟨b. + sich⟩ *miteinander über etw. sprechen, sich beraten:* sich mit jmdm. b.; sie besprachen sich eingehend [über den Plan]. **2.** *(berufsmäßig) rezensieren; eine Kritik über etw. schreiben:* ein Konzert, eine Aufführung b.; das Buch ist schlecht besprochen *(von Kritikern getadelt)* worden. **3.** *(einen Tonträger) durch Sprechen eines Textes mit einer Aufnahme versehen:* Schallplatten b., ein besprochenes Band löschen. **4.** *durch Zaubersprüche zu beeinflussen, bes. zu beschwören, zu besänftigen od. zu heilen versuchen:* eine Wunde, Warzen b.; ein besprochener Heiltrank sollte das Wunder der Genesung ermöglicht haben.
Be|spre|chung, die; -, -en: **1.** *ausführliches Gespräch über eine bestimmte Sache, Angelegenheit:* eine B. der Lage; eine B. [über etw.] ansetzen, abhalten, anberaumen; sie ist in einer wichtigen B., hat eine B. mit ihrem Chef. **2.** *Rezension:* das Buch hat eine geistreiche, wohlwollende, ablehnende B. **3.** *das Besprechen* (4); *das Beschwören* (3): eine feierliche B. der Krankheit durch den Medizinmann.
Be|spre|chungs|exem|plar, das (Buchw.): *Rezensionsexemplar.*
be|spren|gen ⟨sw. V.; hat⟩ [mhd. besprengen]:

eine Flüssigkeit auf etw., jmdn. sprengen; bespritzen: den staubigen Boden, Rasen mit Wasser b.; fröhlich besprengte *(besprühte)* sie sich mit dem Parfüm ihrer Großmutter.

be|sprẹn|keln ⟨sw. V.; hat⟩: *mit Sprenkeln versehen; durch Spritzer fleckig machen:* die Leinwand mit Farbe b.; der Fußboden war mit Kalkflecken besprenkelt.

be|sprịn|gen ⟨st. V.; hat⟩: *(von Säugetieren) begatten:* der Stier bespringt die Kuh; die Stute b. lassen.

be|sprịt|zen ⟨sw. V.; hat⟩: **a)** *spritzend nass machen, befeuchten:* jmdn. mit dem Gartenschlauch b.; **b)** *durch Spritzen beschmutzen:* das Auto hat mich von oben bis unten bespritzt; eine mit Farbe bespritzte Jacke.

be|sprụ̈|hen ⟨sw. V.; hat⟩: *sprühend [ein wenig] befeuchten:* Pflanzen mit einem Pestizid b.; Schuhe mit einem Imprägnierungsmittel b.

be|spụ|cken ⟨sw. V.; hat⟩: *[verächtlich] auf jmdn., etw. spucken:* seinen Gegner b.

be|spụ̈|len ⟨sw. V.; hat⟩: *(von Wellen o. Ä.) über etw. spülen, spülend berühren:* das Wasser bespülte den Steg.

Bes|sa|ra̱|bi|en; -s: Gebiet nordwestlich vom Schwarzen Meer.

Bẹs|se|mer|bir|ne, die [nach dem engl. Ingenieur H. Bessemer (1813–1898)]: *birnenförmiger Behälter zur Stahlherstellung.*

Bẹs|se|mer|stahl, der: *im Bessemerverfahren gewonnener Stahl.*

Bẹs|se|mer|ver|fah|ren, das ⟨o. Pl.⟩: *(heute nur noch in kleineren Betrieben angewandtes) Verfahren zur Gewinnung von Stahl aus Roheisen.*

bẹs|ser [mhd. beʒʒer, ahd. beʒʒiro, Komp. zu dem unter ↑bass genannten Adj.]: **I.** ⟨Adj.; Komp. von ↑gut⟩: *mehr als gut:* das -e Mittel gegen Grippe; der -e Schüler; eine -e Ausrede fiel ihm nicht ein; eine -e Ernte als voriges Jahr; werde ein -er Mensch!; dieser Saal ist eine -e (abwertend; *ist nicht viel mehr als eine*) Scheune; (meist spött.:) -e *(sozial höher gestellte)* Leute, Kreise; ein -es *(gediegenes)* Restaurant; dieses Stück ist b. als jenes; heute ist das Wetter b.; es wäre b. gewesen, wenn du geschwiegen hättest; es war nur trockenes Brot, aber b. als gar nichts; er weiß immer alles b.; ich dachte, er würde sich b. benehmen; dem Kranken wird es bald b. gehen; dem Unternehmen geht es wirtschaftlich allmählich wieder b.; jmdn. durch Umgruppierung b. stellen *(in eine finanziell bessere Lage versetzen)*; im Vergleich zu den Bessergestellten *(Wohlhabenderen)* arbeiten sie länger; die Sache ist unsicher, b. *(treffender)* gesagt, aussichtslos; R b. ist b. *(sicher ist sicher)*: schnall dich/ich schnall mich im Auto lieber an, b. ist b.!; das wäre ja noch b. (iron.; *das kommt gar nicht infrage; ausgeschlossen*)!; ⟨subst.:⟩ ich habe Besseres zu tun *(ich kann mich damit nicht abgeben)*; hast du nichts Besseres zu tun, als hier herumzulungern *(musst du unbedingt hier herumlungern)*?; Spr das Bessere ist des Guten Feind; * **jmdn. eines Besseren belehren** *(jmdm. zeigen, dass er sich irrt)*; **sich eines Besseren besinnen** *(seinen Entschluss ändern)*. **II.** ⟨Adv.⟩ *lieber, klugerweise:* lass das b. bleiben; geh b. zum Arzt; das sollten wir b. nicht tun.

bẹs|ser ge|hen: s. besser (I).

Bẹs|ser|ge|stell|te, der u. die; -n, -n ⟨Dekl. ↑Abgeordnete⟩: *(wirtschaftlich od. finanziell) besser gestellte, wohlhabende Person:* sein Ziel war es, eines Tages zu den -n zu gehören.

bẹs|sern ⟨sw. V.; hat⟩ [mhd. beʒʒern, ahd. beʒʒirōn]: **a)** *besser machen:* seine Gegenwart hätte meine Stimmung gebessert; die Verhältnisse lassen sich so nicht b.; an einem Aufsatz feilen und b. (veraltend; *ihn verbessern*); **b)** ⟨b. + sich⟩ *besser werden:* ich will mich b.; alle hofften, dass er sich b. würde; das Wetter bessert sich; ihr Zustand besserte sich zusehends; (schweiz. auch ohne »sich«:) seine Gesundheit hat gebessert.

bẹs|ser stel|len: s. besser (I).

Bẹs|ser|stel|lung, die: *Verbesserung der sozialen Lage:* eine B. der städtischen Angestellten fordern.

Bẹs|se|rung, die; - [mhd. beʒʒerunge, ahd. beʒʒirunga]: **1.** *das Besserwerden:* eine B. der Lage erwarten; der Kranke befindet sich auf dem Wege der B.; gute B.! (Zuspruch für einen Kranken); er gelobte B. *(versprach, sich zu bessern)*. **2.** *das Bessermachen:* sich für eine B. der Zustände einsetzen; die B. des Menschen durch Veränderung der Gesellschaft.

Bẹs|ser|ver|die|nen|de, der u. die ⟨Dekl. ↑Abgeordnete⟩: *jmd. mit höherem Einkommen:* mit seinem Gehalt gehört er doch zu den -n.

Bẹs|ser|wes|si, der [↑Wessi] (ugs. abwertend): *jmd., der aus den alten Bundesländern stammt und sich gegenüber Bewohnern der neuen Bundesländer bes. in Bezug auf den politischen u. wirtschaftlichen Bereich besserwisserisch u. belehrend verhält.*

Bẹs|ser|wis|ser, der; -s, - (abwertend): *jmd., der alles besser zu wissen meint, sich belehrend vordrängt:* er verachtete diese B., die immer alles schon genau so vorhergesehen hatten.

Bẹs|ser|wis|se|rei, die; - (abwertend): *besserwisserisches Verhalten.*

Bẹs|ser|wis|se|rin, die; -, -nen: w. Form zu ↑Besserwisser.

bẹs|ser|wis|se|risch ⟨Adj.⟩ (abwertend): *überzeugt, alles besser zu wissen.*

Bẹst, das; -s, -e (südd., österr.): *[höchster] ausgesetzter Preis bei einem Wettbewerb:* das B. gewinnen, machen.

bẹst... ⟨Adj.; Sup. von ↑gut⟩ [mhd. best, beʒʒist, ahd. beʒʒisto, Sup. zu dem unter ↑bass genannten Adj.]: *in höchstem Maße od. Grade gut; so gut wie irgend möglich:* der beste Sportler; meine beste Freundin; das beste Buch; beste Qualität; er hatte dabei nicht das beste *(kein gutes)* Gewissen; er ist aus bestem *(sozial hoch gestelltem)* Hause; bei bester Gesundheit, Laune sein; sie konnte uns beim besten Willen *(sosehr sie sich auch mühte)* nicht helfen; im besten *(günstigsten)* Falle; mit den besten Grüßen (Briefschlussformel); es ist am besten, wenn ...; sie weiß das am besten; du fährst am besten mit dem Zug *(es ist das Beste, wenn du mit dem Zug fährst)*; ⟨subst.:⟩ es ist das Beste, wenn ...; ich halte es für das Beste abzureisen; er hat das aufs Beste/(auch:) beste geregelt; die Sache steht nicht zum Besten *(sieht recht ungünstig aus)*; es steht nicht zum Besten mit ihm *(seine [gesundheitliche, finanzielle] Situation ist nicht sehr gut)*; sie ist die Beste in der Klasse; das Beste kommt zuletzt; das Beste ist für ihn gerade gut genug (iron.; *er stellt hohe Ansprüche, ist unbescheiden*); das Beste vom Besten; sein Bestes tun, geben; das Beste aus etw. machen *(die größtmöglichen Vorteile bei etw. wahrnehmen)*; * **etw. zum Besten geben** (1. *mit etw. zur Unterhaltung beitragen; vortragen, vorführen:* er gab einen Witz zum Besten. 2. veraltend; *ausgeben, spendieren:* eine Runde zum Besten geben; zu ↑Best, also eigtl. = etw. zum Best beisteuern); **jmdn. zum Besten halten/haben** *(jmdn. necken, foppen;* eigtl. = jmdn. zum Spaß so behandeln, als ob er der Beste wäre): diese Burschen wollten mich zum Besten haben.

be|stạl|len ⟨sw. V.; hat⟩ [zu mhd. bestalt, 2. Part. von: bestellen = berufen] (Amtsspr.): *in ein Amt einsetzen, zu etwas ernennen:* jmdn. zum Ressortleiter b.; ein öffentlich bestallter und vereidigter Sachverständiger.

Be|stạl|lung, die; -, -en: **1. a)** *Einsetzung in ein Amt:* seine B. war von Beginn an umstritten; **b)** *Approbation:* seine B. als Arzt erhalten, verlieren. **2.** *Urkunde über die Amtseinsetzung:* eine Fotokopie meiner B.

Be|stạl|lungs|ur|kun|de, die: *Bestallung* (2): die B. war für ihn das wichtigste Dokument.

Be|stạnd, der; -[e]s, Bestände: **1.** ⟨o. Pl.⟩ **a)** *das Bestehen, Fortdauer:* den B. der Firma sichern; um den B. der Regierung bangen; B. haben/von B. sein *(von Beständigkeit sein, fortdauern, andauern)*; **b)** (österr.) *(bisherige) Dauer des Bestehens:* aus Anlass des 150-jährigen -es der Firma gab es Sekt für alle. **2.** *vorhandene Menge, Vorrat:* den B. an Waren erfassen, aufnehmen; die Bestände auffüllen; Ü das gehört zum geistigen B. des Volkes; * **eiserner B.** *(Vorrat für den Notfall, der nicht angegriffen werden darf)*; **zum eisernen B./-e gehören** *(fester Bestandteil von etw. sein)*. **3.** (Forstw.) *meist einheitlich bewachsenes Waldstück:* ein alter, schöner, lichter B. von Eichen und Buchen; den B. durchforsten, erneuern. **4.** (südd., österr.) *Pacht:* einen Hof in B. geben, haben.

be|stạn|den: **1.** ↑bestehen. **2.** ⟨Adj.⟩ **a)** *mit Pflanzen bedeckt, bewachsen:* ein mit Laub- und Nadelbäumen -er Park; **b)** (schweiz.) *in vorgerücktem Alter:* auch ein -er Mann irrt sich ab und zu.

be|stạ̈n|dig ⟨Adj.⟩ [mhd. bestendec]: **a)** *dauernd, ständig:* in -er Angst leben; b. über Schmerzen klagen; **b)** *gleich bleibend:* er ist ein sehr -er Schüler *(seine Leistungen sind gleich bleibend gut)*; er zeichnet sich durch seine -en *(gleich bleibend guten)* Leistungen aus; das Wetter ist bleibt b. *(weiterhin gut)*; **c)** *widerstandsfähig, dauerhaft:* eine -e chemische Verbindung; dieses Material ist b. gegen/gegenüber Hitze.

-be|stän|dig: drückt in Bildungen mit Substantiven od. Verben (Verbstämmen) aus, dass die beschriebene Sache gegen einen bestimmten Einfluss unempfindlich, widerstandsfähig ist: alterungs-, kälte-, reinigungs-, säure-, scheuerbeständig.

Be|stạ̈n|dig|keit, die; -: *das Beständigsein* (b, c).

Be|stạnds|auf|nah|me, die: *Zählen u. listenmäßiges Erfassen vorhandener Bestände* (2): eine B. machen.

Be|stạnds|ju|bi|lä|um, das (österr.): *Jubiläum des Bestandes* (1 b): das Museum feierte sein 200-jähriges B.

Be|stạnd|teil, der: *einzelner Teil einer Einheit, eines Ganzen:* ein integraler B.; Fett ist ein notwendiger B. unserer Nahrung; etw. in seine -e zerlegen *(auseinander nehmen)*; das alte Möbel löst sich in seine -e auf *(fällt auseinander)*; Ü Freiheit ist ein notwendiger B. der Demokratie.

be|stạ̈r|ken ⟨sw. V.; hat⟩ [a: mhd. besterken]: **a)** *jmdn. in seiner Haltung, seiner Meinung, seinem Vorhaben o. Ä. ermutigend unterstützen:* jmdn. in seinem Vorsatz, Plan b.; dieses Gerede bestärkte mich in meinem Kummer; das bestärkt mich, nicht nachzulassen; **b)** *fördern; verstärken:* dies Ereignis bestärkt meine Zweifel; **c)** ⟨b. + sich⟩ *intensiver, stärker werden:* die Gewissheit bestärkte sich in ihm, dass ...; in mir bestärkte sich der Vorsatz, bald zu fliehen.

Be|stạ̈r|kung, die; -, -en: *das Bestärken.*

be|stạ̈|ti|gen ⟨sw. V.; hat⟩ [mhd. bestætigen, zu ↑stet]: **1. a)** *für richtig, zutreffend erklären:* eine Nachricht amtlich, offiziell b.; eine telefonische Buchung schriftlich b.; das kann ich b.; das Berufungsgericht hat das Urteil bestätigt (Rechtsspr.: *für gültig erklärt*); **b)** *als richtig erweisen:* das Ereignis bestätigt meine Vermutungen; sich bestätigt fühlen; **c)** ⟨b. + sich⟩ *sich als zutreffend, richtig erweisen:* die Nachricht, der Verdacht, das Gerücht hat sich bestätigt. **2.** (Kaufmannsspr.) *mitteilen, dass man eine Sendung o. Ä. empfangen hat:* das Eintreffen der Ware, einen Brief, eine Bestellung b. **3.** *in einer Stellung, einem Amt anerkennen; eine Amtseinsetzung beurkunden:* er wurde als Leiter der Schule bestätigt; bei den Wahlen wurde er im Amt bestätigt.

Be|stạ̈|ti|gung, die; -, -en: **1.** *das Bestätigen* (1–4). **2.** *Bescheinigung, mit der etw. (die Richtigkeit von etw., der Empfang einer Sendung, eine Amtseinsetzung, ein Privileg o. Ä.) bestätigt wird:* -en ausstellen; seine B. als neuer Botschafter vorlegen.

be|stạt|ten ⟨sw. V.; hat⟩ [mhd. bestaten, eigtl. = an die rechte Stelle bringen, zu mhd. stat, ↑Statt] (geh.): *[feierlich] beerdigen:* er wurde unter großer Anteilnahme der Bevölkerung bestattet; wann wird sie bestattet?

e|stat|ter, der; -s, - (bes. Fachspr.): *Leichenbestatter.*

e|stat|te|rin, die; -, -nen: w. Form zu ↑Bestatter.

e|stat|tung, die; -, -en (geh.): *[feierliches] Begräbnis.*

e|stat|tungs|in|sti|tut, das: *Beerdigungsinstitut.*

e|stat|tungs|un|ter|neh|men, das: *Beerdigungsinstitut.*

e|stau|ben ⟨sw. V.; hat⟩: **a)** *staubig machen:* Ruß von den Abgasen der Fabrik bestaubte die Autos; ich habe mich/meine Kleider bei der Arbeit bestaubt; **b)** ⟨b. + sich⟩ *staubig werden:* nicht nur unsere Hosen bestaubten sich bei der Besichtigung des alten Hauses.

e|stäu|ben ⟨sw. V.; hat⟩: **a)** *mit etw. Pulvrigem, Staubartigem bestreuen, überziehen:* das Backblech mit Mehl b.; Felder aus der Luft mit Insektenbekämpfungsmitteln bestäuben; **b)** *durch Übertragung von Blütenstaub befruchten:* Insekten haben die Blüten bestäubt.

e|stäu|bung, die; -, -en: *das Bestäuben* (b), *Bestäubtwerden.*

e|stau|nen ⟨sw. V.; hat⟩: **a)** *staunend, bewundernd ansehen, betrachten:* ein Naturdenkmal, das neue Auto b.; wir bestaunten das Neugeborene; **b)** *bewundernd anerkennen:* er bestaunte ihre großen Kenntnisse; wir bestaunten die wirtschaftliche Entwicklung in Asien.

est|aus|ge|rüs|tet ⟨Adj.⟩: *bestens ausgerüstet:* die Polizei hat es hier mit einer -en Bande zu tun.

est|be|kannt ⟨Adj.⟩ *bestens bekannt:* es waren alles -e Musiker.

est|be|leum|det, best|be|leu|mun|det ⟨Adj.⟩: *bestens beleumundet:* ein -er Geschäftsmann.

est|be|zahlt ⟨Adj.⟩: *bestens bezahlt:* wir bieten einen -en Job.

es|te: ↑best...

e|ste|chen ⟨st. V.; hat⟩ [1: mhd. bestechen = um od. in etw. stechen, (als Fachwort der Bergleute:) durch Stechen prüfen, untersuchen, dann etwa: jmdn. mit Gaben, Geschenken prüfen, auf die Probe stellen]: **1.** *einen andern durch Geschenke, Geldzahlungen o. Ä. für seine eigenen [zweifelhaften] Interessen, Ziele gewinnen [u. ihn dabei zur Verletzung einer Amts- od. Dienstpflicht verleiten]:* einen Beamten, Aufseher, Zeugen [mit Geld] b. **2.** *großen Eindruck machen u. für sich einnehmen:* der Redner bestach [seine Zuhörer] durch Geist und Schlagfertigkeit; die Magisterarbeit besticht durch ihre klare Gliederung; ihre Natürlichkeit war bestechend *(sehr gewinnend);* ⟨subst.:⟩ dieser Gedanke hat etwas Bestechendes.

e|stech|lich ⟨Adj.⟩: *sich bestechen lassend; käuflich:* ein -er Beamter.

e|stech|lich|keit, die; -: *das Bestechlichsein.*

e|ste|chung, die; -, -en: *das Bestechen* (1): sich der B. schuldig machen; aktive B. (Rechtsspr.; *Angebot von Bestechungsgeldern o. Ä. an eine Person [im öffentlichen Dienst], um sie zu einer die Amts- od. Dienstpflicht verletzenden, für den Bestechenden vorteilhaften Handlung od. Unterlassung zu bewegen*); passive B. (Rechtsspr.; *Annahme von Bestechungsgeldern o. Ä. im Zusammenhang mit einer Amtshandlung*).

e|ste|chungs|geld, das ⟨meist Pl.⟩: *Geldsumme, mit der jmd. bestochen* (1) *wird:* die -er wurden beschlagnahmt.

e|ste|chungs|skan|dal, der: *durch das Bekanntwerden von Bestechungen ausgelöster Skandal.*

e|ste|chungs|sum|me, die: *Bestechungsgeld:* es gibt Gerüchte über beträchtliche -n.

e|ste|chungs|ver|such, der: *Versuch, jmdn. zu bestechen* (1).

e|steck, das; -[e]s, -e [urspr. = Werkzeugfutteral u. Inhalt]: **1. a)** ⟨Pl. ugs. auch: -s⟩ *Satz Messer, Gabel, Löffel; Essbesteck:* ein silbernes, verchromtes B.; noch ein B. auflegen; -e putzen; **b)** ⟨o. Pl.⟩ (ugs.) *Gesamtheit der zum Essen benutzten Geräte:* wir haben nicht genug B. **2.** *für einen bestimmten medizinischen Zweck (z. B. eine Operation) zusammengestellter Satz von Instrumenten, Geräten:* chirurgisches, mikroskopisches B. **3.** (Seemannsspr.) *Ortsbestimmung eines Schiffes auf See:* das B. nehmen; das B. aufmachen *(auf der Seekarte eintragen).*

be|ste|cken ⟨sw. V.; hat⟩: *auf etw. stecken; mit etw. Aufgestecktem schmücken:* den Christbaum [mit Kerzen] b.; wir besteckten die Angelhaken mit Brot.

Be|steck|fach, das: *Besteckschubfach.*

Be|steck|kas|ten, der: *Behältnis mit besonderer Einteilung für Bestecke* (1,2).

Be|steck|korb, der: **1.** *Einsatz eines Besteckschubfachs mit besonderer Einteilung zum Einordnen u. Aufbewahren der Bestecke* (1b). **2.** *Einsatz für Bestecke* (1b) *in der Geschirrspülmaschine.*

Be|steck|schub|fach, das: *Schubfach [im Büfett] für Bestecke.*

Be|steck|ta|sche, die: *weiches, zusammenrollbares Behältnis für Bestecke* (1 a).

be|ste|hen ⟨unr. V.; hat⟩ [mhd. bestēn, ahd. bistān]: **1. a)** *da, vorhanden sein; existieren:* der Verein besteht schon lange, seit 1970; darüber besteht kein Zweifel; es besteht Aussicht, Klarheit, Gefahr; es bestehen viele Möglichkeiten der Gesundheitsvorsorge; die bestehende Ordnung; diese Verbindung soll b. bleiben *(fortdauern);* Dichtung, die bestehen bleibt *(die die Zeiten überdauern wird);* wir wollen die Unterscheidung b. lassen *(beibehalten);* **b)** *[fort]dauern, bleiben, Bestand haben:* bei dieser Konkurrenz kann der kleine Laden kaum b.; eine Liebesbeziehung, die bestand. **2. a)** *hergestellt, zusammengesetzt sein:* aus Holz, Metall, Kunststoff b.; das Werk besteht aus drei Teilen; **b)** *in etw. seinen Inhalt, sein Wesen haben:* seine Arbeit bestand im Rechnen und Planen; der Unterschied, die Chance besteht darin, dass ... **3. a)** *erfolgreich absolvieren:* eine Prüfung [knapp, gut, mit Auszeichnung] b.; er hat [mit »gut«] bestanden; **b)** (geh. veraltend) *durchstehen, ertragen:* viele Schicksalsschläge b.; sie hatten alle Krisen bestanden; **c)** *sich bewähren:* im Kampf, in Gefahren b.; **d)** *standhalten, sich vor jmdm. behaupten [können]:* er, seine Arbeit kann vor jeder Kritik b.; mit dieser Leistung kannst du überall b.; im Wettkampf werde ich gegen ihn nicht b. können. **4.** *auf etw. beharren, auf etw. dringen:* auf seinem Recht, der Erfüllung seines Vertrages b.; ⟨selten auch mit Akk.:⟩ auf diese Summe bestehe ich!

Be|ste|hen, das; -s: **1.** *das Vorhandensein:* das B. dieses Staates kann nicht geleugnet werden; seit [dem] B. der Bundesrepublik Deutschland *(seit es die Bundesrepublik Deutschland gibt).* **2.** *das Durchstehen, Ertragen:* es ging ihm nur um das B. **3.** *Beharren:* sein trotziges B. auf vermeintlichen Rechten.

be|ste|hen blei|ben: s. bestehen (1 a).

be|ste|hen las|sen: s. bestehen (1 a).

be|steh|len ⟨st. V.; hat⟩: *jmdm. etw. stehlen:* er hat mich [um 50 Mark] bestohlen; Ü jmdn. um seine schönsten Hoffnungen b.

be|stei|gen ⟨st. V.; hat⟩: **a)** *auf etw. [hinauf]steigen:* einen Berg, einen Aussichtsturm b.; ein Pferd, das Fahrrad, die Kanzel b.; Ü den Thron b. *(die Herrschaft als Kaiser, König o. Ä. übernehmen);* **b)** *(von Tieren) bespringen; begatten:* der Hahn besteigt die Henne; Ü (salopp) er würde sie gerne b.; **c)** *über Treppen in etw. gelangen, in etw. hineinsteigen:* den Zug b., ein Auto, ein Schiff b.

Be|stei|gung, die; -, -en: *das Besteigen.*

Be|stell|ein|gang, der (bes. Kaufmannsspr.): **a)** *Eingang* (5 a) *einer Bestellung* (1 a): den B. vermerken; **b)** *Eingang* (5 b) *einer Bestellung* (1 b): den B. sortieren.

be|stel|len ⟨sw. V.; hat⟩ [mhd. bestellen = ordnen, einrichten; umstellen, ahd. bistellen = umstellen, umgeben]: **1. a)** *veranlassen, dass etw. geliefert, gebracht wird; in Auftrag geben:* eine Ware, Ersatzteile [bei einer Firma], das Essen, eine Flasche Wein, ein Buch b.; das Aufgebot b. *(sich zur Trauung anmelden);* haben Sie schon bestellt? *(dem Kellner Ihre Wünsche mitgeteilt?);* ich habe mir ein Schnitzel bestellt; er wurde verdächtigt, die Entführung bestellt zu haben *(den Auftrag zur Entführung erteilt zu haben);* **b)** *reservieren lassen:* Theaterkarten, einen Tisch [im Restaurant] b. **2.** *den Ort, Zeitpunkt für jmds. Erscheinen festlegen:* jmdn. [für den Nachmittag] zu sich, in ein Café b.; ich bin um vier Uhr beim/zum Arzt bestellt; R dastehen wie bestellt und nicht abgeholt (ugs. scherzh.; *verloren u. ein wenig ratlos dastehen*). **3. a)** *ausrichten* (1): jmdm. Grüße [von jmdm.] b.; er lässt dir b., dass ...; kann, soll ich etwas b.?; **b)** (veraltet) *weiterbefördern, zustellen:* die Post b.; * **nichts/nicht viel zu b. haben** *(nichts/nicht viel ausrichten können; eine untergeordnete Rolle spielen).* **4.** *für einen bestimmten Zweck einsetzen, [für eine bestimmte Tätigkeit] ernennen, bestimmen:* einen Vertreter b.; jmdn. zum Verteidiger, zum persönlichen Referenten b.; jmdn. als Gutachter b. **5.** (selten) *etw. auf/in etw. stellen:* den Tisch mit Geschirr b.; ein mit fünf Betten bestellter Raum. **6. a)** *(den Boden) bearbeiten:* den Acker, das Land b.; den Garten b.; **b)** *[eine Angelegenheit] ordnen:* sein Fachgebiet war schlecht bestellt; * **um jmdn., etw./mit jmdm., etw. ist es gut/schlecht** usw. **bestellt** *(jmd., etw. ist in einem bestimmten [schlechten] Zustand, einer bestimmten [schlechten] Lage):* mit ihm, um seine Gesundheit ist es schlecht b.

Be|stel|ler, der; -s, -: *jmd., der etw. bestellt* (1).

Be|stel|le|rin, die; -, -nen: w. Form zu ↑Besteller.

Be|stell|kar|te, die: *vorgedruckte Karte, auf der man Waren [per Post] bestellen kann.*

Be|stell|lis|te, die: *Liste bestellter, zu bestellender Waren o. Ä.*

Be|stell|num|mer, die: *bestimmte Nummer einer Ware, unter der man sie bestellen kann.*

Be|stell|schein, der: *Schein, Zettel, mit dem man etw. bestellt.*

Be|stel|lung, die; -, -en [mhd. bestellunge]: **1. a)** *Auftrag zur Lieferung von etw.:* eine B. auf/über zwanzig Exemplare; eine B. von Büchern/(selten:) für Bücher; es gingen viele -en ein; die B. läuft *(wurde weitergeleitet);* -en aufgeben, annehmen, ausführen; die Kellnerin nahm unsere B. entgegen *(nahm auf, was wir zu essen u. trinken wünschten);* etw. auf B. anfertigen; **b)** *bestellte Ware:* Ihre B. ist eingetroffen. **2.** *jmd., der [zum Arzt] bestellt ist:* der Arzt hatte noch zwei -en. **3.** *Botschaft, Nachricht:* -en ausrichten. **4.** *das Bestellen* (4): die B. eines Gutachters, Vormundes. **5.** *das Bearbeiten:* die rechtzeitige B. der Felder.

bes|ten|falls ⟨Adv.⟩: *im günstigsten Falle:* er kann bei diesem Wettbewerb b. einen mittleren Platz erreichen.

bes|tens ⟨Adv.⟩: **a)** *aufs Beste, ausgezeichnet, hervorragend:* das Gerät hat sich b. bewährt; die Konferenz ist b. vorbereitet; etw. ist b. bekannt, geeignet; ⟨auch präd.:⟩ zu Hause ist alles b.; **b)** *vielmals, herzlichst:* wir danken Ihnen b.; er lässt b. grüßen.

be|sternt ⟨Adj.⟩ **1.** (geh.) *bestirnt.* **2.** (Gastr.) *für besondere Qualität mit Sternen ausgezeichnet:* ein -es Restaurant. **3.** *mit einem od. mehreren Sternen versehen, geziert:* eine -e Luxuslimousine; Ü eine -e *(ordensgeschmückte)* Brust.

be|steu|ern ⟨sw. V.; hat⟩: *mit Steuern belegen:* Einkommen und Vermögen b.; auch Zinserträge werden besteuert.

Be|steu|e|rung, die; -, -en: *das Besteuern.*

Best|form, die (Sport): *hervorragende, beste Form* (2): sich in B. befinden, in B. sein; von der B. [weit] entfernt sein.

best|ge|hasst ⟨Adj.⟩: *am meisten gehasst:* der -e Politiker.

bes|ti|a|lisch ⟨Adj.⟩ [lat. bestialis, zu: bestia, ↑Bestie]: **1.** (abwertend) *in seiner grausamen Art eher an gefühllose wilde Tiere als an Menschen denken lassend:* ein -er Mord, Mörder. **2.** (ugs.) **a)** *unerträglich:* eine -e Arbeit; ein -er Gestank; **b)** ⟨intensivierend bei Adjektiven u. Verben⟩ *in* *unerträglichem Maß:* hier ist es b. kalt; es stank b.

Bes|ti|a|li|tät, die; -, -en: **a)** ⟨o. Pl.⟩ *bestialisches Verhalten:* die B. der Eroberer; **b)** *bestialische Tat:* die -en in den Gefängnissen.

Bes|ti|a|ri|um, das; -s, ...rien [mlat. bestiarium, zu lat bestia, ↑Bestie]: *mittelalterliches allegorisches Tierbuch [in dem legendäre fantastische Vorstellungen von Tieren heilsgeschichtlich u. moralisch gedeutet werden].*

be|stị|cken ⟨sw. V.; hat⟩: *mit Stickerei verzieren:* eine Bluse, Decke b.; eine Tasche mit Perlen b.; ein kostbar besticktes Abendkleid.

Be|stị|ckung, die; -, -en: *das Besticken, das Bestícktwerden.*

Bẹs|tie, die; -, -n [mhd. bestie < lat. bestia]: **a)** *wildes, gefährliches Tier; Raubtier:* die B. hat ihn zerrissen; die gezähmte B. folgte ihrem Herrn aufs Wort; **b)** (abwertend) *Unmensch:* diese B. hat fünf Frauen ermordet und verstümmelt.

be|stie|felt ⟨Adj.⟩: *gestiefelt.*

be|stịmm|bar ⟨Adj.⟩: *sich bestimmen* (1, 3, 5) *lassend.*

be|stịm|men ⟨sw. V.; hat⟩ [mhd. bestimmen = (mit der Stimme be)nennen; festsetzen]: **1. a)** *festlegen, festsetzen:* die Zahl, den Ort, den Termin, den Preis b.; **b)** *verbindlich entscheiden:* alles allein b.; nichts zu b. haben; das Gesetz bestimmt, dass ...; sie bestimmte in der Familie. **2.** *für jmdn., etw. vorsehen; zu etw. ausersehen:* das Geld ist für dich, für den Haushalt bestimmt; jmdn. zu seinem/als Nachfolger b.; er ist zu Höherem bestimmt. **3.** *[wissenschaftlich] ermitteln, klären; definieren:* die Bedeutung eines Wortes b.; das Alter eines Fundes b.; er ging daran, seinen Standort zu b.; eine Pflanze b. *(einer Art zuordnen);* ein Dreieck ist durch zwei Seiten und den eingeschlossenen Winkel eindeutig bestimmt *(festgelegt).* **4.** *verfügen:* über etw. frei b. [können]; er hat über mich, über mein Geld nicht zu b. **5. a)** *prägen, entscheidend beeinflussen:* das Christentum hat das mittelalterliche Weltbild bestimmt; diese Entscheidung bestimmte den weiteren Verlauf der Ereignisse; sich von seinen Gefühlen b. lassen; ein bestimmender Faktor in seinem Leben; **b)** ⟨b. + sich⟩ *von etw. entscheidend beeinflusst werden:* die Investitionen bestimmen sich nach der Konjunkturlage. **6.** *zu etw. veranlassen, drängen, bewegen:* jmdn. zum Nachgeben, zu einem Vergleich, zum Bleiben b.; sich zu einer Reise b. lassen.

be|stịmmt: I. ⟨Adj.⟩ **1. a)** *feststehend, speziell; den Eingeweihten bekannt, aber nicht näher beschrieben; gewiss:* -e Leute, Dinge; ein -es Buch; ein -er Betrag, Termin; von etw. eine -e Vorstellung haben; ⟨subst.:⟩ nichts/etw. Bestimmtes vorhaben; **b)** *inhaltlich festgelegt, genau umrissen, klar, deutlich:* du musst dich -er ausdrücken; **c)** (Sprachw.) *auf etw. Spezielles hinweisend:* -er Artikel; -e Verbform *(Finitum).* **2.** *entschieden, fest:* etw. in sehr -em Ton sagen; seine Worte sind höflich, aber b.; sich etw. auf das Bestimmteste *(sehr energisch)* verbitten. II. ⟨Adv.⟩ *gewiss, sicher:* etw. [ganz] b. wissen; er wird b. kommen; das ist b. nicht richtig; ja, b.!

Be|stịmmt|heit, die; -: **1.** *Entschiedenheit; Festigkeit:* die B. seines Auftretens; das muss ich mit aller B. ablehnen. **2.** *Gewissheit, Sicherheit:* etw. mit B. wissen; mit B. auf etw. rechnen; er konnte nicht mit letzter B. sagen, ob er vor ihr weggefahren war.

Be|stịm|mung, die; -, -en: **1. a)** ⟨o. Pl.⟩ *das Bestimmen* (1); *das Festsetzen:* eine B. des Termins, des Preises war noch nicht möglich; **b)** *Anordnung, Vorschrift, Verfügung:* gesetzliche -en; er übergab seine letztwillige B. seinem Anwalt; eine B. erlassen, befolgen, beachten, umgehen, genau kennen; durch die neue B. wird festgelegt, dass ...; obwohl es gegen die -en war, nahm er die Unterlagen mit nach Hause. **2. a)** ⟨o. Pl.⟩ *Verwendungszweck:* eine Sache ihrer [eigentlichen] B. zuführen, übergeben; der Minister übergab die Brücke ihrer B. *(gab sie für den Verkehr frei);* **b)** (veraltet) *Bestimmungsort:* die Karte hat erst nach Wochen ihre B. erreicht; **c)** ⟨o. Pl.⟩ *das Bestimmtsein; die Berufung:* eine höhere, göttliche B.; an ihre Bestimmung zur Musikerin glaubte sie schon früh; das ist B. *(Schicksal).* **3. a)** *das Bestimmen* (3): die B. einer Pflanze, eines Begriffs, des Schwerpunktes; **b)** (Sprachw.) *Satzteil in Form einer freien genaueren Angabe* (5): eine nähere B.; eine adverbiale B. [des Ortes, der Zeit].

Be|stịm|mungs|bahn|hof, der (Eisenb.): *(im Güterverkehr der Bahn) Bahnhof, zu dem etw. Bestimmtes befördert werden soll; Zielbahnhof.*

be|stịm|mungs|ge|mäß ⟨Adj.⟩: **1.** *der Bestimmung* (2 a) *entsprechend:* das Mittel ist bei -em Gebrauch völlig umweltunschädlich; als Störfall gilt jede Störung des -en Betriebes; etw. b. anwenden; **2.** *den Bestimmungen* (1 b) *entsprechend:* bestimmungsgemäß hätten die Angestellten das Gebäude verlassen müssen.

Be|stịm|mungs|ha|fen, der: vgl. Bestimmungsbahnhof.

Be|stịm|mungs|land, das: vgl. Bestimmungsort.

Be|stịm|mungs|ort, der ⟨Pl. -e⟩: *Ziel einer Warensendung od. einer Reise o. Ä.:* am B. [nicht] eintreffen.

Be|stịm|mungs|wort, das ⟨Pl. ...wörter⟩ (Sprachw.): *erster Bestandteil einer Zusammensetzung* (3), *der das Grundwort näher bestimmt* (z. B. »Haus« in Haustür).

bẹst|in|for|miert ⟨Adj.⟩: *bestens informiert:* aus -en Kreisen verlautet, ...

be|stịrnt ⟨Adj.⟩ (geh.): *mit Sternen bedeckt:* der -e Himmel.

Bẹst|leis|tung, die (bes. Sport): *beste Leistung:* eine persönliche B. erzielen.

Bẹst|mar|ke, die (Sport): *Rekord:* die B. steigern; eine neue B. setzen; Ü bei der Getreideernte wurde eine neue B. erreicht.

bẹst|mög|lich ⟨Adj.⟩: *möglichst gut; so gut wie irgend möglich:* die -e Nutzung; Ziel ist es, die Belange des Umweltschutzes b. zu wahren; ⟨subst.:⟩ das Bestmögliche tun, aus etw. machen.

be|stọ|cken ⟨sw. V.; hat⟩: **1. a)** (Forstw., Weinbau) *(eine Fläche) mit Bäumen, Weinstöcken bepflanzen:* den Kahlschlag wieder [mit Mischwald] b.; **b)** *mit Weidevieh besetzen:* ein Gebiet mit Ziegen b. **2.** ⟨b. + sich⟩ (Bot.) *[von unten her] Seitentriebe ausbilden:* der Roggen bestockt sich.

Be|stọ|ckung, die; -, -en: **1.** *das [Sich]bestocken; das Bestocktwerden.* **2. a)** *auf einer Fläche vorhandener Bestand an Bäumen, Reben;* **b)** *auf einer Fläche weidender Viehbestand.*

be|sto|ßen ⟨st. V.; hat⟩: *durch Stoß beschädigen:* die Kanten eines Möbelstücks b.; ⟨meist im 2. Part.:⟩ Bücher mit bestoßenem Einband; Erstausgabe, Ecken leicht bestoßen.

be|stra|fen ⟨sw. V.; hat⟩ [mhd. bestrāfen = tadeln, zurechtweisen]: **a)** *jmdm. eine Strafe auferlegen:* jmdn. hart, streng, exemplarisch b.; für diese Tat wurde er mit 2 Jahren Freiheitsentzug bestraft; Ü dafür ist er vom Leben genug bestraft worden; **b)** *(eine Tat, ein Verbrechen) mit Strafe belegen, ahnden:* den Ungehorsam b.; das kann mit Gefängnis bestraft werden; diese Frechheit muss bestraft werden.

Be|stra|fung, die; -, -en: *das Bestrafen, das Bestraftwerden:* die B. des Diebes war sein Ziel; jmdm. eine strenge B. androhen; jmdn. zur B. auspeitschen, ins Gefängnis werfen.

be|strah|len ⟨sw. V.; hat⟩: **a)** *(mit Strahlen) hell erleuchten:* die Sonne bestrahlt die Berge; die Bühne wird von Scheinwerfern hell bestrahlt *(angestrahlt);* **b)** (Med.) *mit Strahlen behandeln:* eine Geschwulst mit Radium b.; eine Entzündung [mit Ultrakurzwellen] b.; er, das kranke Knie wird bestrahlt.

Be|strah|lung, die; -, -en: **1.** *das Bestrahlen; das Bestrahltwerden:* die Bestrahlung von Lebensmitteln; durch die B. [mit Ultrakurzwellen] soll die Entzündung zum Abklingen gebracht werden. **2.** (Med.) *Strahlenbehandlung:* zur B. gehen; -en verordnet bekommen.

Be|strah|lungs|lam|pe, die: *spezielle Lampe für Bestrahlungen* (2).

be|stre|ben, sich ⟨sw. V.; hat⟩: *[entsprechend seinem Wesen od. seinen Wünschen] sich bemühen, anstrengen, etw. zu tun:* du bestrebst dich, allen alles recht zu machen; ⟨meist im 2. Part. + sein:⟩ er ist bestrebt, seine Kunden zufrieden zu stellen.

Be|stre|ben, das; -s: *das Bemühen; das Streben; das Trachten:* das B., frei zu sein; das ist nicht mein B.; im B. zu helfen.

Be|stre|bung, die; -, -en ⟨meist Pl.⟩: *Bemühung, Anstrengung:* revolutionäre -en; es gibt -en, es sind -en im Gange, das Gesetz zu ändern.

be|strei|chen ⟨st. V.; hat⟩ [mhd. bestrīchen, ahd. bistrīchan]: **1.** *streichend mit einer Auflage, einer Schicht bedecken:* ein Brot mit Marmelade, die Wunde mit Salbe, den Zaun mit Mennige b. **2.** *(mit einem Strahl o. Ä.) erreichen:* die Scheinwerfer bestrichen das Lager; er bestrich mit dem Feldstecher den Waldrand; von hier aus ließ sich das Gelände b. (Milit.; *unter Beschuss nehmen).*

be|strei|ken ⟨sw. V.; hat⟩: *(ein Unternehmen) mit den Mitteln des Streiks bekämpfen, durch Streik stillzulegen versuchen:* einen Betrieb, eine Fabrik b.; die Druckerei wird bestreikt.

Be|strei|kung, die; -, -en: *das Bestreiken, das Bestreiktwerden.*

be|strei|ten ⟨st. V.; hat⟩ [mhd. bestrīten = bekämpfen]: **1. a)** *(eine Feststellung, einen Sachverhalt) ableugnen, für nicht zutreffend erklären:* eine Behauptung entschieden, energisch b. das hat noch nie jemand bestritten; es lässt sich nicht b., dass ...; er bestritt, gestohlen zu haben; **b)** *streitig machen:* jmdm. das Recht auf Freiheit b.; sich [gegenseitig]/einander einen Titel b. **2. a)** *bezahlen, finanzieren:* sein Studium selbst b.; **b)** *(eine Veranstaltung o. Ä.) als aktiv Beteiligter [mit] gestalten, durchführen:* das Programm [allein] b.; ich bestritt die Fragestunde allein, alle anderen schwiegen; mit dem Wagen hat er schon viele Rennen bestritten; er will regelmäßig Wettkämpfe b. *(absolvieren).*

Be|strei|tung, die; -, -en: *das Bestreiten.*

bẹst|re|nom|miert ⟨Adj.⟩ (bildungsspr.): *ein hervorragendes Renommee habend:* -e Hotels.

be|streu|en ⟨sw. V.; hat⟩ [mhd. beströuwen]: *streuend mit etw. versehen:* den Kuchen mit Zucker b.; mit Asche bestreute Wege.

be|strị|cken ⟨sw. V.; hat⟩ [1: urspr. = mit Stricken od. in einem Netz fangen (Jägerspr.); 2: zu ↑stricken]: **1.** *bezaubern, betören u. dadurch für sich einnehmen:* durch sein Wesen b.; sie hat eine bestrickende Art. **2.** (ugs.) *mit selbst hergestellten Stricksachen versorgen:* sie hat ihre ganze Familie bestrickt.

be|strụmpft ⟨Adj.⟩: *mit einem Strumpf, mit Strümpfen bekleidet:* ein lila -es Bein.

Bẹst|sel|ler, der [engl. best seller, aus: best = best... u. seller, ↑Seller]: *Ware (vor allem Buch), die überdurchschnittlich gut verkauft wird:* einen B. schreiben; der Roman wurde ein B.

Bẹst|sel|ler|au|tor, der: *Autor von Bestsellern.*

Bẹst|sel|ler|au|to|rin, die: w. Form zu ↑Bestsellerautor.

Bẹst|sel|ler|lis|te, die: *Liste mit den aktuellen Bestsellern.*

bẹst|si|tu|iert ⟨Adj.⟩ (bes. österr.): *bestens situiert* (2): eine -e Arztfamilie.

be|stụ|cken ⟨sw. V.; hat⟩ [urspr. = mit Geschützen versehen, zu veraltet Stück = Kanone]: *mit etw. Bestimmtem versehen; ausstatten, ausrüsten:* den Teller mit Gebäck b.; LKWs werden mit einem Fahrtschreiber bestückt; eine schlecht bestückte Fleisch- und Wursttheke.

Be|stụ|ckung, die; -, -en: **a)** *das Bestücken;* **b)** *Ausstattung, Ausrüstung:* diese Kamera hat die beste technische B.; er unterrichtete die Presse über die vorgesehene B. *(Bewaffnung)* der neuen Kampfhubschrauber.

e|stuh|len ⟨sw. V.; hat⟩: *mit Stühlen ausstatten:* einen Saal b.

e|stuh|lung, die; -, -en: **a)** *das Bestuhlen:* eine B. vornehmen; **b)** *Gesamtheit der Stühle in einem Raum:* die ganze B. des Theaters ist erneuert worden.

e|stür|men ⟨sw. V.; hat⟩: **1.** *im Sturm angreifen:* eine Stadt, Festung b.; das gegnerische Tor b. **2.** *heftig bedrängen:* jmdn. mit Fragen, Bitten b.; die Fans bestürmten ihn um ein Autogramm; Ü von Zweifeln bestürmt werden.

e|stür|zen ⟨sw. V.; hat⟩ [mhd. bestürzen, ahd. bisturzen, eigtl. = umstürzen]: *(von Vorgängen, Geschehnissen u. den Nachrichten darüber) aus der Fassung bringen, erschrecken, tief treffen, erschüttern:* dies Ereignis, seine Krankheit hat uns alle bestürzt; bestürzende Nachrichten; ein bestürztes Gesicht machen; er ist/zeigt sich bestürzt über diese Tat.

e|stürzt|heit, die; -: *das Bestürztsein.*

e|stür|zung, die; -: *Erschütterung:* die B. war überall groß; etw. mit B. feststellen, aufnehmen.

e|stusst ⟨Adj.⟩ [zu ↑Stuss] (salopp): *nicht recht bei Verstand:* so ein -er Kerl!

est|wert, der: *hervorragender Wert.*

est|zeit, die (Sport): *beste erzielte Zeit:* persönliche B. laufen.

est|zu|stand, der: *tadelloser Erhaltungszustand (bes. bei gebrauchten Kraftfahrzeugen).*

e|such, der; -[e]s, -e [rückgeb. aus älterem Besuchung < mhd. besuochunge]: **1. a)** *das Besuchen* (a): ein eintägiger, längerer B.; das war unser erster B. bei ihr seit drei Jahren; jmdm. einen B. abstatten; [bei jmdm.] einen B. machen; einen B. erwidern; jmdn. mit seinem B. beehren; **b)** *das Besuchen* (b): der B. des Arztes dauerte nur fünf Minuten; ich muss noch einen kurzen B. bei einem Kunden machen; **c)** *das Besuchen* (c): beim B. des Museums; auf dem Programm steht auch ein B. des Kernkraftwerkes; **d)** *das Besuchen* (d); *Teilnahme:* der B. der Vorlesungen, des Gottesdienstes; diese Konzerte erfreuen sich immer eines regen -s *(sind immer gut besucht);* Ü der B. einer Homepage; **e)** *das Besuchen* (e): der B. der Schule ist Pflicht. **2.** ⟨o. Pl.⟩ *Gast, Gäste:* hoher, ausländischer B.; unser B. ist wieder abgereist; B. einladen, erwarten, bekommen, empfangen; den B. zum Bahnhof bringen.

e|su|chen ⟨sw. V.; hat⟩ [mhd. besuochen, eigtl. = auf-, nachsuchen, ahd. bisuohhen = untersuchen; versuchen]: **a)** *jmdn., den man gerne sehen möchte, mit dem man freundschaftlich zusammen sein möchte, aufsuchen u. sich für eine bestimmte Zeit dort aufhalten:* jmdn. [in seinem Wochenendhaus, im Krankenhaus, im Gefängnis] b.; Verwandte, Freunde b.; wann besucht ihr uns mal wieder?; ich wollte dich am Wochenende b.; **b)** *jmdn. aus beruflichen Gründen [in seiner Wohnung] aufsuchen:* der Arzt besucht seine Patienten; ein Versicherungsvertreter hat uns besucht; **c)** *zu einem bestimmten Zweck aufsuchen:* ein Land, eine Stadt, den Zoo b.; das Restaurant war gut besucht; **d)** *an etw. als Zuschauer, Zuhörer teilnehmen:* Vorlesungen, ein Konzert, eine Aufführung b.; sie besucht Abendkurse; der Gottesdienst war schlecht besucht *(nur wenige Menschen nahmen daran teil);* Ü besuchen Sie auch unsere Homepage im WWW; **e)** *(an einer Schule, Universität od. sonstigen Bildungseinrichtung) eine Ausbildung absolvieren:* die Schule, das Gymnasium, die Universität b.; sie hat die Kunstakademie in Hamburg besucht.

e|su|cher, der; -s, - [älter = Aufseher, Untersucher]: **a)** *jmd., der jmdn. aufsucht, bei jmdm. einen Besuch macht:* ein nächtlicher, unheimlicher B.; **b)** *jmd., der etwas zu einem bestimmten Zweck aufsucht; Teilnehmer:* etwa 1 000 B. waren zu der Ausstellung gekommen; Ü die B. unserer Homepage.

e|su|cher|fre|quenz, die: *Anzahl der Besucher von öffentlichen Veranstaltungen:* das Museum hat keine sehr hohe B.

e|su|che|rin, die; -, -nen: w. Form zu ↑Besucher.

Be|su|cher|re|kord, der: *Rekord* (2) *in Bezug auf die Besucherzahl:* es wurde ein neuer B. erreicht.

Be|su|cher|ring, der: *Organisation zum regelmäßigen [verbilligten] Besuch von Theater- od. Konzertveranstaltungen.*

Be|su|cher|rit|ze, die (ugs. scherzh.): *Besuchsritze.*

Be|su|cher|strom, der: *starker Andrang von Besuchern.*

Be|su|cher|zahl, die: *Anzahl der Besucher:* die B. ist ständig gestiegen.

Be|suchs|er|laub|nis, die: *[amtliche] Genehmigung zum Besuch einer Person od. eines Ortes:* die Frau des Inhaftierten hat bisher keine B. bekommen.

Be|suchs|kar|te, die: *Visitenkarte.*

Be|suchs|raum, der: *Besuchszimmer.*

Be|suchs|rit|ze, die (ugs. scherzh.): *Platz im Bereich des Spalts zwischen zwei Ehebetten (wo notfalls eine dritte Person schlafen kann):* du kannst bei uns auf der B. schlafen.

Be|suchs|tag, der: vgl. Besuchszeit.

Be|suchs|zeit, die: *festgesetzte Zeit, in der Besuche gemacht, bes. Kranke in Krankenhäusern od. Gefangene besucht werden dürfen.*

Be|suchs|zim|mer, das: *Raum in Gemeinschaftsunterkünften, Gefängnissen o. Ä., in dem Besuch empfangen werden kann.*

be|su|deln ⟨sw. V.; hat⟩ (meist abwertend): *über u. über beschmutzen:* er hat sich, den Fußboden mit Farbe besudelt; seine Kleider waren nach dem Unfall mit Blut besudelt; Ü jmds. Andenken, Ehre b.; er hat sich mit Blut besudelt *(einen Mord begangen).*

Be|su|de|lung, Be|sud|lung, die; -, -en: *das Besudeln; das Besudeltwerden.*

Be|ta, das; -[s], -s [griech. bē̃ta < hebr. bêṯ, aus dem Phöniz.]: *zweiter Buchstabe des griechischen Alphabets* (Β, β).

Be|ta|blo|cker: kurz für ↑Betarezeptorenblocker.

be|tagt ⟨Adj.⟩ [mhd. betaget, zu: sich betagen = alt werden, zu ↑tagen] (geh.): *(von Menschen) schon ziemlich alt:* -e Eltern; dieser Schauspieler ist schon recht b.; Ü die Fahrt mit dem -en Automobil war aufregend; der Text des schon -en Liedes war ihm entfallen.

Be|tagt|heit, die; -: *das Betagtsein.*

be|ta|keln ⟨sw. V.; hat⟩ [2: H. u.]: **1.** (Seemannsspr.) *mit Takelwerk versehen:* wie ist dieser Bootstyp betakelt? **2.** (österr.) *betrügen.*

Be|ta|ke|lung, (seltener:) **Be|tak|lung,** die; -, -en: **1.** *das Betakeln* (1). **2.** *Takelage.*

be|tan|ken ⟨sw. V.; hat⟩: *den Tank (in einer Maschine, einem Fahrzeug) nachfüllen:* ein Flugzeug [in der Luft], ein Schiff b.⟨subst.:⟩ beim Betanken des Wagens gab es eine Explosion.

Be|tan|kung, die; -, -en: *das Betanken.*

Be|ta|re|zep|tor, der [aus ↑Beta (zur Kennzeichnung einer Abstufung) und ↑Rezeptor] (Med., Physiol.): *Rezeptor des sympathischen Nervensystems, der die hemmenden Wirkungen bestimmter Substanzen vermittelt (Erweiterung der Blutgefäße, Erschlaffung der Bronchial- und Gebärmuttermuskulatur, Erhöhung von Schlagvolumen und Frequenz des Herzens).*

Be|ta|re|zep|to|ren|blo|cker, der; -s, - [zu engl. to block = hemmen, blockieren] (Chemie, Med.): *chemische Substanz, mit der die Wirkung auf die Betarezeptoren blockiert wird; Arzneimittel zur Behandlung bestimmter Herzkrankheiten, des Bluthochdrucks u. a.*

be|tas|ten ⟨sw. V.; hat⟩: *mit der Absicht, die Beschaffenheit von etw. festzustellen, mit den Fingerspitzen [mehrmals, an verschiedenen Stellen] berühren:* vorsichtig betastete der Arzt ihren Bauch; voller Vorfreude betasten sie den dicken Briefumschlag; ⟨subst.:⟩ Betasten der Ware verboten.

Be|ta|strah|len, β-Strah|len ⟨Pl.⟩ (Kernphysik): *ionisierende Korpuskularstrahlen, die beim Zerfall bestimmter radioaktiver Nuklide entstehen.*

Be|ta|strah|ler, β-Strah|ler, der (Kernphysik): *radioaktives Isotop, das beim Zerfall Betastrahlen aussendet.*

Be|ta|strah|lung, β-Strah|lung, die (Kernphysik): *Strahlung* (1 b) *von Betastrahlen.*

Be|ta|teil|chen, β-Teil|chen, das (Kernphysik): *Elementarteilchen (Elektron od. Positron), das beim Betazerfall emittiert wird.*

be|tä|ti|gen ⟨sw. V.; hat⟩: **1.** ⟨b. + sich⟩ *in bestimmter Weise tätig sein:* sich sportlich, künstlerisch, politisch b.; ich betätigte mich als Vermittler. **2.** *bedienen* (2): einen Hebel, den Schalter, die Bremse, den Auslöser b.

Be|tä|ti|gung, die; -, -en: **1.** *das Tätigsein; Tätigkeit:* wissenschaftliche, sportliche, politische B.; verschiedene menschliche -en. **2.** ⟨o. Pl.⟩ *das Bedienen; das In-Gang-Setzen:* automatische B. der Alarmglocke.

Be|tä|ti|gungs|drang, der: *Drang, sich zu betätigen.*

Be|tä|ti|gungs|feld, das: *Bereich, in dem jmd. sich betätigen kann.*

Be|ta|tron, das; -s, ...one, auch: -s [Kurzwort aus: Betastrahlen u. Elektron] (Physik, Technik): *Gerät zur Beschleunigung von Elektronen.*

be|tat|schen ⟨sw. V.; hat⟩ (ugs.): *in plumper Art und Weise mit der Hand berühren, befühlen, anfassen:* jmdn., etw. b.; er betatschte alles mit seinen Händen; die Kinder betatschten den Spiegel.

be|täu|ben ⟨sw. V.; hat⟩ [mhd. betouben, eigtl. = taub machen, zu ↑taub]: **1. a)** *schmerzunempfindlich machen:* einen Nerv örtlich b.; sich wie betäubt fühlen; seine Schmerzen durch, mit Tabletten b. *(unterdrücken, zeitweise beseitigen);* Ü seinen Kummer durch/mit Alkohol b.; sie versuchte sich durch Arbeit zu b. *(abzulenken);* **b)** *jmdn. in einen schlafähnlichen Zustand versetzen, vorübergehend bewusstlos machen:* jmdn. vor der Operation [durch eine, mit einer Narkose] b.; jmdn. mit Äther b.; betäubt sein. **2.** *jmdn. leicht benommen machen:* der Lärm betäubte ihn; betäubender *(überlauter, unerträglicher)* Lärm; Ü ein betäubender Duft.

Be|täu|bung, die; -, -en: **1.** *das Betäuben:* eine örtliche B. vornehmen. **2.** *Zustand der Benommenheit:* eine leichte, schwere B.

Be|täu|bungs|mit|tel, das: *Mittel, das für Betäubungen* (1) *geeignet ist.*

Be|ta|zer|fall, der (Kernphysik): *Zerfall* (2), *bei dem Betastrahlen emittiert werden.*

Bet|bank, die ⟨Pl. ...bänke⟩ (kath. Kirche): *Kirchenbank zum Knien beim Gebet.*

Bet|bru|der, der (abwertend): *jmd., der bei jeder Gelegenheit in die Kirche geht; Frömmler.*

Be|te, die; -, -n [aus dem Niederd. < lat. beta]: in der Fügung **Rote B.** (bes. nordd.; **1.** *rote Rübe:* eine kleine Rote B. **2.** *[als Gemüse zubereitete, eingelegte] rote Rüben:* ein Kilo, ein Glas Rote B.

Be|tei|geu|ze, der; -s: Stern im Sternbild Orion.

be|tei|len ⟨sw. V.; hat⟩ (österr.): *(durch Austeilen, Zuteilen, Spenden) mit etw. versehen, versorgen:* Flüchtlinge mit Lebensmitteln, Kinder mit Spielzeug b.

be|tei|li|gen ⟨sw. V.; hat⟩ [für älter beteilen = Anteil geben]: **a)** ⟨b. + sich⟩ *Teilnehmer sein, teilnehmen, mitwirken:* sich an einem Spiel, Preisausschreiben b.; sich rege, lebhaft an der Diskussion b.; die Firma beteiligt sich mit einer Million Mark an diesem Auftrag; er ist an dem Unternehmen beteiligt *(ist Teilhaber des Unternehmens);* sie war maßgeblich an dem Erfolg beteiligt; innerlich an/(schweiz.:) in etw. beteiligt sein; die an der Forschung beteiligten Mitarbeiter einigten sich auf eine Verfahrensweise; **b)** *teilhaben lassen; jmdm. einen finanziellen Anteil an etw. geben:* jmdn. am Gewinn, am Umsatz b.; er ist an der Erbschaft [mit] beteiligt.

Be|tei|lig|te, der u. die; -n, -n ⟨Dekl. ↑Abgeordnete⟩: *jmd., der an etw. beteiligt ist; Mitwirkende; Betroffene:* eine für alle -n befriedigende Lösung.

Be|tei|li|gung, die; -, -en: **1.** *das Teilnehmen; das Sichbeteiligen; Mitwirkung:* die B. [an der Versammlung] war schwach, gering; die Veranstal-

B

tung fand unter großer B. der Bevölkerung statt; eine B. *(einen Anteil)* an dem Unternehmen erwerben. 2. *das Beteiligtwerden:* jmdm. die B. am Gewinn, Umsatz zusichern.

Be|tei|li|gungs|ge|sell|schaft, die (Wirtsch.): *Holdinggesellschaft.*

Be|tei|lung, die; -, -en (österr.): *das Beteilen.*

Be|tel, der; -s [port. bétele < Malajalam vettila = einfaches, bloßes Blatt]: *aus der Betelnuss gewonnenes Genussmittel, das in Südostasien gekaut wird.*

Be|tel|nuss, die: *Frucht einer in Südostasien vorkommenden Palme; Arekanuss.*

Be|tel|nuss|pal|me, die: *in Südostasien angepflanzte Palme mit hohem, dünnem Stamm u. Früchten von der Größe eines Hühnereis.*

Be|tel|pal|me, die: kurz für ↑Betelnusspalme.

be|ten ⟨sw. V.; hat⟩ [mhd. beten, ahd. betōn, zu: beta, ↑Bitte]: **a)** *sich im Gebet zu Gott hinwenden:* laut, andächtig [zu Gott] b.; **b)** *ein bestimmtes Gebet sprechen:* ein Vaterunser, den Rosenkranz b.; **c)** *Gott um Hilfe bitten, anflehen:* sie betete für ihr krankes Kind, für den Frieden.

be|teu|ern ⟨sw. V.; hat⟩ [eigtl. = wertvoll machen, zu ↑teuer; mhd. betiuren = zu kostbar scheinen; schätzen]: *eindringlich, nachdrücklich, inständig versichern, erklären:* seine Unschuld b.; sie beteuerte unter Tränen, dass sie mit der Sache nichts zu tun habe; er beteuerte ihr seine Liebe.

Be|teu|e|rung, die; -, -en: 1. *das Beteuern:* die B. seiner Unschuld half ihm nichts. 2. *eindringliche Versicherung:* ihre -en waren unglaubhaft.

Be|teu|e|rungs|for|mel, die: *[der Eidesformel angeschlossene] formelhafte religiöse Beteuerung.*

be|tex|ten ⟨sw. V.; hat⟩: *mit einem Text versehen:* Bilder, ein Lied b.

Be|tex|tung, die; -, -en: **a)** *das Betexten;* **b)** *Inhalt der Betextung* (a).

Bet|glo|cke, die: *[Kirchen]glocke, die zum Gebet ruft.*

Bet|haus, das: *israelitischer Tempel [im Alten Testament]; Synagoge.*

Beth|le|hem, (ökum.:) Betlehem: Stadt im westlichen Jordanien.

be|ti|teln [auch: bəˈtɪtl̩n] ⟨sw. V.; hat⟩: **a)** *mit einem Titel versehen:* ein Buch b.; wie ist der Aufsatz betitelt?; **b)** *mit einem Titel anreden:* jmdn. [mit] Professor, Geheimer Rat b.; **c)** (ugs.) *nennen, beschimpfen:* er betitelte ihn [mit] Lump.

Be|ti|te|lung, (seltener:) **Be|tit|lung,** die; -, -en: **a)** *das Betiteln;* **b)** *Titel.*

Bet|le|hem: ↑Bethlehem.

Be|ton [beˈtɔŋ, auch: beˈtõ: u. (österr. nur:) beˈto:n], der; -s, (Arten:) -s u. -e [beˈto:nə; frz. béton < lat. bitumen, ↑Bitumen]: *als Baustoff verwendete Mischung aus Zement, Wasser u. Sand, Kies o. Ä., die im trockenen Zustand sehr hart u. fest ist:* fetter *(viel Zement enthaltender)* B.; armierter B. *(Beton mit Stahleinlagen, Eisenbeton);* B. gießen, mischen; Pfeiler aus B.

Be|ton|bau, der ⟨Pl. -ten⟩: 1. ⟨o. Pl.⟩ *das Bauen mit Beton.* 2. *Bau[werk] aus Beton.*

Be|ton|bau|er, der; -s, - (Bauw.): *Facharbeiter auf dem Gebiet des Betonbaus* (1).

Be|ton|bau|e|rin, die; -, -nen: w. Form zu ↑Betonbauer.

Be|ton|block, der: 1. ⟨Pl. ...blöcke⟩ *Block* (1) *aus Beton.* 2. ⟨Pl. ...blöcke u. -s⟩ *Block* (3) *aus Beton.*

Be|ton|bun|ker, der: 1. *Bunker aus Beton.* 2. (ugs. abwertend) *[hässliches] Gebäude (bes. Hochhaus) aus Beton.*

Be|ton|burg, die (ugs. abwertend): *[hässlicher] für eine große Zahl von Menschen bestimmter Betonbau* (2) *(bes. für Wohnungen, Büros od. Hotels):* auf der Insel gibt es keine -en.

Be|ton|de|cke, die (Bauw.): *Decke aus Beton.*

be|to|nen ⟨sw. V.; hat⟩: 1. *beim Sprechen od. Singen auf ein Wort, eine Silbe den Akzent setzen, legen:* ein Wort richtig, falsch, auf der ersten Silbe b.; eine betonte Silbe; ein [schwach] betonter Taktteil. 2. *hervorheben, unterstreichen, herausstreichen, nachdrücklich geltend machen:* seinen Standpunkt, seine großen Erfahrungen b.; ich möchte das noch einmal besonders b.; es kann nicht genug betont werden, dass ...; diese Schule betont die musische Erziehung *(legt Gewicht darauf);* Ü dieses Kostüm betont besonders die Hüften *(lässt sie sichtbar hervortreten).*

Be|ton|frak|ti|on, die (Politik Jargon): *Fraktion* (1 b) *bes. innerhalb einer Partei, eines Kabinetts* (2 a), *die [in uneinsichtiger Weise] einen harten politischen Kurs vertritt.*

be|to|nie|ren ⟨sw. V.; hat⟩ [frz. bétonner]: 1. *mit Beton [aus]bauen, mit einem Belag aus Beton versehen:* den Keller b.; eine betonierte Straße. 2. *(eine Sache, einen Zustand, eine Haltung od. dgl.) starr, unverrückbar festlegen:* gegensätzliche Standpunkte, den Status quo b.

Be|to|nie|rung, die; -, -en: **a)** *das Betonieren;* **b)** *Schicht, Belag o. Ä. aus Beton.*

Be|ton|klotz, der: 1. *Klotz aus Beton.* 2. (ugs. abwertend) *[hässlicher] Bau aus Beton:* das Hotel war ein B.

Be|ton|kopf, der (ugs.): *völlig uneinsichtiger, auf seinen [politischen] Ansichten beharrender Mensch:* die Betonköpfe in der Regierung konnten sich durchsetzen.

Be|ton|mi|scher, der: *Mischmaschine.*

Be|ton|misch|ma|schi|ne, die: *Mischmaschine.*

Be|ton|pis|te, die (Sport): *betonierte Strecke für Wettbewerbe im Motor- u. Flugsport.*

Be|ton|si|lo, der, auch: das (ugs. abwertend): *Betonburg.*

Be|ton|stein, der: *vorgefertigter Baustein aus Beton.*

be|tont ⟨Adj.⟩ [zu ↑betonen]: *ausdrücklich, bewusst zur Schau getragen:* eine -e Nichtachtung, Gleichgültigkeit, Einfachheit; sich b. einfach kleiden.

-be|tont: drückt in Bildungen mit Substantiven aus, dass etw. besonders herausgestrichen wird: körper-, leistungs-, rhythmusbetont.

Be|ton|trä|ger, der: *Träger* (2) *aus Beton.*

Be|to|nung, die; -, -en: 1. *das Betonen* (1): die B. der ersten Silbe eines Wortes; ein Gedicht mit richtiger B. vortragen. 2. *das Betonen* (2), *nachdrückliche Hervorhebung:* die B. des eigenen Standpunktes, der eigenen Persönlichkeit.

Be|to|nungs|zei|chen, das: *Zeichen, das die Betonung einer Silbe anzeigt.*

Be|ton|werk, das: *Werk, das Erzeugnisse aus Beton[steinen] herstellt.*

Be|ton|wüs|te, die; -, -n (emotional): *größere, dicht mit Betonbauten, bes. Hochhäusern, bebaute u. wenig od. keine Grünflächen aufweisende Fläche.*

be|tö|ren ⟨sw. V.; hat⟩ [mhd. betœren = betrügen, eigtl. = zum Toren (↑²Tor) machen] (geh.): **a)** *hinreißen, berücken, in sich verliebt machen:* sie, ihr Blick betörte ihn, sein Herz; ein betörender Blick, Duft; sie ist betörend schön; **b)** *jmdn. der nüchternen Überlegung berauben, zu etw. verführen:* die verführerischen Auslagen betören die Käufer.

Be|tö|rung, die; -, -en: 1. *das Betören.* 2. *betörendes Verhalten.*

Bet|pult, das; -[e]s, -e (kath. Kirche): *Pult zum Knien u. Aufstützen der Ellbogen beim Gebet.*

betr. = betreffend; betreffs.

Betr. = Betreff.

Be|tracht [aus der Kanzleispr. des 18. Jh.s, zu ↑betrachten]: in den Verbindungen **jmdn./etw. in B. ziehen** *(jmdn./etw. berücksichtigen, in Erwägung ziehen):* es widerstrebte ihm, diese Möglichkeit auch nur in B. zu ziehen; **jmdn., etw. außer B. lassen** *(jmdn./etw. unbeachtet, unberücksichtigt lassen, von jmdm., etw. absehen):* diese Aussage konnten sie nicht außer B. lassen; **[nicht] in B. kommen** *([nicht] infrage kommen, [nicht] berücksichtigt werden):* er kommt für den Posten, als Kandidat nicht in B.; eine solche Lösung kommt nicht in B.; **außer B. bleiben** *(unberücksichtigt bleiben);* **in diesem/keinem B.** (veraltend; *in dieser/keiner Hinsicht*).

be|trach|ten ⟨sw. V.; hat⟩ [mhd. betrahten, ahd. bitrahtōn = bedenken, erwägen; streben, zu ↑trachten]: 1. *[längere Zeit] prüfend ansehen:* jmdn., etw. neugierig, ungeniert, aus nächster Nähe, von oben bis unten, mit Aufmerksamkei b.; ein Bild, ein Bauwerk eingehend b.; seinen Bauch, sich im Spiegel b.; ich habe mir die Gegend betrachtet; bei Licht betrachtet *(bei genauem Hinsehen)* ist die Sache etwas anders; Ü im Weißen Haus betrachtet man die neuen Machthaber kritisch. 2. *für etw. halten:* er betrachtet sich als mein/(auch:) meinen Freund; jmdn. als Verbündeten, als enterbt b. 3. **a)** *in einer bestimmten Weise [zu] beurteilen [suchen]:* etw. einseitig, objektiv, von zwei Seiten, unter einem anderen Aspekt b.; so betrach tet, ist die Angelegenheit anders zu beurteilen; **b)** *zum Gegenstand einer genauen Untersuchung, Beurteilung machen:* wir betrachten die Entwicklung von der Romanik zur Gotik.

Be|trach|ter, der; -s, -: *jmd., der etw. betrachtet:* der aufmerksame, unbefangene B. [eines Gemä des]; für den objektiven B. stellt sich die Situation anders dar.

Be|trach|te|rin, die; -, -nen: w. Form zu ↑Betrach ter.

be|trächt|lich ⟨Adj.⟩ [im 15. Jh. = mit Überlegung dann: Beachtung verdienend]: *beachtlich [groß], ansehnlich, erheblich:* eine -e Summe; e war ein Unglück von -em Ausmaß; der Schaden ist b.; er hat die Miete b. erhöht; um ein Beträchtliches schneller sein.

Be|trach|tung, die; -, -en: 1. ⟨o. Pl.⟩ *das Betrachten* (1); *das Anschauen:* in die B. eines Bildes versunken sein. 2. *Überlegung; Untersuchung:* politische, wissenschaftliche -en; -en über etw. anstellen; bei genauerer B. sieht die Sache anders aus; bei flüchtiger B.; sich in -en verlieren.

Be|trach|tungs|wei|se, die: *Art u. Weise, wie mar etw. betrachtet* (3).

Be|trach|tungs|win|kel, der: *bestimmter Winkel, unter dem man etw. betrachtet* (3).

Be|trag, der; -[e]s, Beträge [rückgeb. aus ↑ betragen (1)]: *bestimmte Geldsumme:* größere Beträge werden überwiesen; einen Scheck über einen B. von 1 000 Mark ausschreiben.

be|tra|gen ⟨st. V.; hat⟩ [mhd. betragen = (er)tragen; bringen, zu ↑tragen]: 1. *eine bestimmte Summe, Höhe, ein bestimmtes Maß erreichen, sich belaufen auf; ausmachen:* die Kosten dafür betragen nur den zehnten Teil der Summe; die Rechnung, der Schaden beträgt 1 000 Mark; die Entfernung beträgt 20 Kilometer. 2. ⟨b. + sich⟩ *sich benehmen, sich verhalten:* sich schlecht, ordentlich [gegen jmdn.] b.; du hast dich ihr gegenüber ungebührlich betragen.

Be|tra|gen, das; -s: *Benehmen; Verhalten:* ein anständiges, ungehöriges B.; er hatte als Schüle in B. immer eine Eins.

Be|tra|gens|no|te, die: *Zeugnisnote in Betragen.*

be|tram|peln ⟨sw. V.; hat⟩ (ugs.): *trampelnd betreten, begehen:* betrample mit deinen schmutzigen Schuhen ja nicht den neuen Teppich!

be|trau|en ⟨sw. V.; hat⟩ [älter = anvertrauen]: *jmdm. eine bestimmte Funktion, eine bestimmte Aufgabe anvertrauen, übertragen; beauftragen:* jmdn. mit einem Amt, mit der Leitung des Unternehmens, mit [der Lösung] einer Aufgabe b.; man hat ihn damit betraut, den Verband neu zu organisieren.

be|trau|ern ⟨sw. V.; hat⟩ [mhd. betrūren]: *um jmdn., etw. trauern:* einen Toten b.; jmds. Tod, Schicksal tief b.

be|träu|feln ⟨sw. V.; hat⟩: *mit einigen Tropfen einer Flüssigkeit befeuchten:* das Schnitzel mit Zitronensaft b.; er hatte sich mit schwerem Parfüm beträufelt.

Be|trau|ung, die; -: *das Betrauen.*

Be|treff, der; -[e]s, -e (Amtsspr.; Kaufmannsspr.): 1. *Angelegenheit, um die es geht:* der B. steht vor der Anrede; wie lautet der B. *(die Betreffzeile)*?;

»Betreff: Ihr Schreiben vom …«; Abk.: Betr.; * **in diesem, dem B.** (Amtsspr., Kaufmannsspr.; *in dieser Hinsicht*). 2. in der Verbindung **in B.** (Amtsspr., Kaufmannsspr.; *betreffs*): in B. dieser Angelegenheit, dieses Gesetzes.

be|tref|fen ⟨st. V.; hat⟩: 1. *für jmdn., etw. gelten, von Bedeutung sein, sich auf jmdn. beziehen; angehen:* diese Sache, die Verordnung betrifft jeden; diese Vorwürfe betreffen mich nicht; was mich betrifft, bin ich/ist bin einverstanden; die diesen Fall betreffende Regel; unser Schreiben, den Vertragsbruch betreffend, ist …; ⟨vereinzelt auch als Präp. mit Akk.:⟩ unser Schreiben betreffend den Vertragsbruch. 2. (geh.) *treffen; widerfahren; zustoßen:* ein Unglück, ein Schicksalsschlag hat die Familie betroffen; das Land wurde von einem schweren Erdbeben betroffen; ⟨subst. 2. Part.:⟩ das ist schmerzlich für die davon, von der Entscheidung Betroffenen; vgl. auch Betroffene. 3. (geh.) *in bestimmter Weise seelisch treffen, bestürzt machen:* diese Äußerung hat ihn schmerzlich, tief betroffen. 4. (geh. veraltend) *antreffen, ertappen:* jmdn. bei etw., in einer bestimmten Situation b.

be|tref|fend ⟨Adj.⟩: *infrage kommend, in Rede stehend:* der -e Sachbearbeiter; die -e Regel; Abk.: betr.

Be|tref|fen|de, der u. die; -n, -n ⟨Dekl. ↑Abgeordnete⟩: *Person, um die es sich handelt:* der/die B. soll sich melden.

Be|treff|nis, das; -ses, -se (schweiz.): *[Geld]anteil, der auf jmdn. entfällt; anteilige Summe:* der Erbe ließ sich sein B. auszahlen.

be|treffs ⟨Präp. mit Gen.⟩ (Amtsspr., Kaufmannsspr.): *bezüglich:* einen Antrag b. eines Zuschusses ablehnen; Ihr Schreiben b. Steuerermäßigung; Abk.: betr.

Be|treff|zei|le, die; -, -n: *(im [Geschäfts]brief) über der Anrede stehende Textzeile, in der der Betreff des Briefs angegeben wird.*

be|trei|ben ⟨st. V.; hat⟩: 1. *sich bemühen, darauf hinarbeiten, etw. aus-, durchzuführen; vorantreiben:* einen Prozess, den Umbau b.; den Abschluss einer Arbeit energisch b.; * **auf jmds. Betreiben [hin]** *(auf jmds. Einflussnahme hin):* auf Betreiben des Anwalts wurde er gegen [Zahlung einer] Kaution freigelassen. 2. *[beruflich] ausüben:* einen schwungvollen Handel, ein Gewerbe b.; den Sport als Beruf b.; Politik b.; Ü Ursachenforschung b. 3. *führen, unterhalten:* ein Lebensmittelgeschäft, ein Lokal b. 4. (Technik) *antreiben:* einen Bohrer elektrisch, ein Kraftwerk mit Dampf b.; ein atomar betriebenes Schiff. 5. (schweiz. Rechtsspr.): *zur Zahlung geschuldeten Geldes veranlassen:* einen Schuldner b.; er wurde für über tausend Franken betrieben.

Be|trei|ber, der: 1. *jmd., der eine bestimmte [berufliche] Tätigkeit ausübt, betreibt:* der B. mehrerer Geschäfte, eines Handwerks. 2. *Firma, die technische Anlagen, wirtschaftliche Unternehmungen o. Ä. betreibt:* der B. dieses Kraftwerks.

Be|trei|ber|fir|ma, die: *Betreiber* (2).

Be|trei|be|rin, die; -, -nen: w. Form zu ↑Betreiber.

Be|trei|bung, die; -, -en: 1. *das Betreiben* (1–4). 2. (schweiz. Rechtsspr.) *das Betreiben* (5).

Be|trei|bungs|amt, das (schweiz. Rechtsspr.): *zur Durchführung der Betreibung* (2) *eingesetzte Behörde.*

be|tresst ⟨Adj.⟩: *mit Tressen versehen, ausgestattet:* eine [reich, silbern, mit Gold] -e Uniform.

¹be|tre|ten ⟨st. V.; hat⟩ [2: mhd. betreten, zu ↑treten]: 1. a) *in einen Raum o. Ä. eintreten, hineingehen:* das Zimmer, die Wohnung, das Haus [durch die Hintertür] b.; ich werde dieses Geschäft nie mehr b. *(nie mehr dort einkaufen);* ⟨subst.:⟩ [das] Betreten der Baustelle [ist] verboten!; b) *auf etw., eine Fläche treten, seinen Fuß auf etw. setzen:* den Rasen nicht b.; nach der Seereise endlich wieder festen Boden b.; der Schauspieler betritt die Bühne; Ü mit seinen Forschungen hat er Neuland betreten. 2. (österr., schweiz., sonst veraltet) *ertappen; ergreifen:* jmdn. bei einer strafbaren Handlung b.

²be|tre|ten ⟨Adj.⟩ [eigtl. 2. Part. von ↑¹betreten (2)]: *verlegen, peinlich berührt:* es herrschte -es Schweigen; über etw. sehr b. sein; jmdn. b. ansehen.

Be|tre|ten|heit, die; -: *das Betretensein, peinliches Berührtsein:* alle schwiegen vor B.

Be|tre|tung, die; -, -en [zu ↑¹betreten (2)] (österr., schweiz. Amtsspr., sonst veraltet): meist in der Fügung **im Falle der B.** *(beim Ertapptwerden; beim Ergriffenwerden):* Ladendiebe werden im Falle der B. der Polizei übergeben.

be|treu|en ⟨sw. V.; hat⟩ [mhd. betriuwen = schützen]: a) *vorübergehend in seiner Obhut haben, in Obhut nehmen; für jmdn., etw. sorgen:* Kinder, alte Leute, Tiere b.; ein Reiseleiter betreut die Gruppe; die Sportler werden von einem Trainer betreut; betreutes *(ein mit einer Betreuung der betreffenden Person[en] verbundenes)* Wohnen; b) *ein Sachgebiet o. Ä. fortlaufend bearbeiten; die Verantwortung für den Ablauf von etw. haben:* eine Abteilung, ein Arbeitsgebiet b.; sie betreut das Projekt zur Sanierung der Altbauten.

Be|treu|er, der; -s, -: *jmd., der jmdn., etw. betreut.*

Be|treu|e|rin, die; -, -nen: w. Form zu ↑Betreuer.

Be|treu|ung, die; -: 1. *das Betreuen:* die ärztliche, kulturelle B. der Gäste übernehmen. 2. *Betreuer:* B. für einen Kranken gesucht.

Be|treu|ungs|stel|le, die: *[staatliche] Stelle, Institution, von der aus jmd., etw. betreut wird.*

Be|trieb, der; -[e]s, -e [zu ↑betreiben]: 1. a) *Wirtschaftsgüter produzierende od. Dienstleistungen erbringende wirtschaftliche Einrichtung:* ein privater, kommunaler, staatlicher, volkseigener B.; ein landwirtschaftlicher, handwerklicher, Holz verarbeitender, bäuerlicher B.; die Unternehmen und -e der Metallindustrie; einen B. leiten, stilllegen, rationalisieren, an einen anderen Standort verlegen; er ist gekündigt und darf den B. nicht mehr betreten; in dem B. arbeiten 500 Leute; b) *Belegschaft eines Betriebs* (1 a): der ganze B. gratulierte. 2. ⟨o. Pl.⟩ a) *das In-Funktion-Sein; das Arbeiten:* den B. stören, unterbrechen; auf vollautomatischen B. umstellen; die Fabrik hat den B. aufgenommen, eingestellt; den [ganzen] B. aufhalten (ugs.; *durch seine Langsamkeit, Umständlichkeit o. Ä. den flüssigen Fortgang einer Arbeit behindern*); eine Anlage, ein Kraftwerk dem B. übergeben, in B. nehmen, in B. setzen; etw. außer B. setzen; in, außer B. sein; in B. gehen; b) (selten) *das Betreiben* (4): die Wasserkraft zum B. einer Mühle nutzen. 3. ⟨o. Pl.⟩ *Geschäftigkeit, lebhaftes Treiben, reger Verkehr o. Ä.:* in dem Lokal war großer B.; auf dem Bahnhof, in den Geschäften herrschte furchtbarer B.

be|trieb|lich ⟨Adj.⟩: *den Betrieb* (1 a) *betreffend, zu ihm gehörend:* -e Angelegenheiten, Leistungen.

be|trieb|sam ⟨Adj.⟩: *geschäftig:* -e Menschen, Naturen; b. hin und her eilen.

Be|trieb|sam|keit, die; -: *das Betriebsamsein:* hektische B.

Be|triebs|an|ge|hö|ri|ge, der u. die: *Angehörige[r] eines Betriebes* (1 a).

Be|triebs|an|lei|tung, die: *Anleitung zum Betrieb* (2) *einer Maschine, eines Fahrzeugs o. Ä.*

Be|triebs|an|wei|sung, die: *Anweisung zum Betrieb* (2) *einer Maschine, eines Fahrzeugs o. Ä.*

Be|triebs|arzt, der: *Werksarzt.*

Be|triebs|ärz|tin, die: w. Form zu ↑Betriebsarzt.

Be|triebs|aus|flug, der: *gemeinsamer Ausflug einer Belegschaft.*

Be|triebs|bahn|hof, der: *Bahnhof, in dem Reisezüge [um]gebildet u. gewartet werden; Abstellbahnhof.*

Be|triebs|be|ge|hung, die: *Besichtigung u. Überprüfung eines Betriebes* (1 a).

Be|triebs|be|ra|ter, der: *Unternehmensberater.*

Be|triebs|be|ra|te|rin, die: w. Form zu ↑Betriebsberater.

be|triebs|be|reit ⟨Adj.⟩: *bereit, in Betrieb* (2) *genommen zu werden:* -e Anlagen; b. sein; den Wagen b. machen.

be|triebs|blind ⟨Adj.⟩: *aufgrund langer Zugehörigkeit blind für Fehler od. Mängel, die in dem Bereich auftreten, in dem man arbeitet.*

Be|triebs|blind|heit, die: *das Betriebsblindsein, betriebsblindes Verhalten.*

be|triebs|ei|gen ⟨Adj.⟩: *dem Betrieb* (1 a) *gehörend:* -e Wohnungen.

Be|triebs|er|laub|nis, die: *Erlaubnis zum Betrieb* (2) *von etw.:* die B. für das Kernkraftwerk wurde nicht erteilt.

be|triebs|fä|hig ⟨Adj.⟩: *in einem den Betrieb ermöglichenden Zustand befindlich:* das Notstromaggregat war nicht b.

Be|triebs|fä|hig|keit, die ⟨o. Pl.⟩: *das Betriebsfähigsein.*

Be|triebs|fe|ri|en ⟨Pl.⟩: *Ferien der gesamten Belegschaft eines Betriebes* (1 a): Wegen B. geschlossen!

be|triebs|fer|tig ⟨Adj.⟩: *betriebsfähig:* die Produktionsanlagen werden erst im Herbst b. sein.

Be|triebs|fest, das: vgl. Betriebsausflug.

be|triebs|fremd ⟨Adj.⟩: *nicht zum Betrieb* (1 a) *gehörend:* -e Personen.

Be|triebs|frie|den, der (Arbeitsrecht): *nicht gestörtes Verhältnis zwischen Arbeitnehmern u. Arbeitgebern:* den B. wahren, wieder herstellen; eine Störung des -s.

Be|triebs|füh|rer, der: *Betriebsleiter.*

Be|triebs|füh|re|rin, die: w. Form zu ↑Betriebsführer.

Be|triebs|füh|rung, die: *Betriebsleitung.*

Be|triebs|ge|heim|nis, das: *die Produktion o. Ä. betreffendes Geheimnis, das der Arbeitnehmer zu wahren verpflichtet ist:* das Rezept wird als B. gehütet.

Be|triebs|hof, der (Fachspr.): *Depot* (4).

Be|triebs|in|ha|ber, der: *Inhaber eines Betriebes* (1 a).

Be|triebs|in|ha|be|rin, die: w. Form zu ↑Betriebsinhaber.

be|triebs|in|tern ⟨Adj.⟩: *innerhalb eines Betriebes* (1 a) *vorkommend, sich abspielend:* -e Streitigkeiten; etw. b. regeln.

Be|triebs|kampf|grup|pe, die (DDR): *militärische Einheit aus nicht kasernierten Betriebsangehörigen.*

Be|triebs|kan|ti|ne, die: *Kantine eines Betriebes* (1 a).

Be|triebs|ka|pi|tal, das (Wirtsch.): *Umlaufvermögen.*

Be|triebs|kli|ma, das ⟨o. Pl.⟩: *Arbeitsklima im Betrieb* (1 a): ein gutes, gesundes B.

Be|triebs|kos|ten ⟨Pl.⟩: *Kosten des Betriebes* (1 a, 2).

Be|triebs|kran|ken|kas|se, die: *innerbetriebliche Krankenkasse im Rahmen der gesetzlichen Sozialversicherung.*

Be|triebs|kü|che, die: *Betriebskantine.*

Be|triebs|lei|ter, der: *Leiter eines Betriebes* (1 a).

Be|triebs|lei|te|rin, die: w. Form zu ↑Betriebsleiter.

Be|triebs|lei|tung, die: 1. *Leitung eines Betriebes* (1 a): die B. übernehmen. 2. *Gesamtheit der leitenden Personen eines Betriebes* (1 a): die B. vereinbarte mit dem Betriebsrat eine neue Pausenregelung.

Be|triebs|mit|tel ⟨Pl.⟩: *Produktionsmittel.*

be|triebs|nah ⟨Adj.⟩: *unmittelbar an den besonderen Bedingungen, Verhältnissen eines bestimmten Betriebes* (1 a) *orientiert:* -e Tarifpolitik, Bildungsarbeit.

Be|triebs|nu|del, die (ugs.): *betriebsamer, unternehmungslustiger, geselliger Mensch:* unsere Sekretärin ist eine B.

Be|triebs|ob|frau, die: w. Form zu ↑Betriebsobmann.

Be|triebs|ob|mann, der: *(in kleineren Betrieben) von der Belegschaft gewählter Interessenvertreter, der die Funktion eines Betriebsrats* (1) *hat.*

Be|triebs|ob|män|nin, die: *Betriebsobfrau.*

Be|triebs|or|ga|ni|sa|ti|on, die: *Organisation* (2) *eines Betriebes* (1 a).

Be|triebs|per|so|nal, das: *für den Betrieb* (2) *einer Anlage erforderliches Personal.*

Be|triebs|prü|fung, die: *finanzamtliche Prüfung der Buchhaltung eines Betriebes* (1 a).

Be|triebs|rat, der ⟨Pl. ...räte⟩: **1.** *von den Arbeitnehmern eines Betriebes* (1 a) *gewählte Vertretung zur Wahrung ihrer wirtschaftlichen u. sozialen Interessen.* **2.** *Mitglied des Betriebsrats* (1).

Be|triebs|rä|tin, die: w. Form zu ↑Betriebsrat (2).

Be|triebs|rats|mit|glied, das: *Mitglied des Betriebsrats* (1).

Be|triebs|rats|vor|sit|zen|de, der u. die: *Vorsitzende[r] eines Betriebsrats* (1).

Be|triebs|rats|wahl, die: *Wahl eines Betriebsrats* (1).

Be|triebs|ren|te, die: *betriebliche, vom Arbeitgeber gewährte Rente:* er bekommt neben seiner gesetzlichen Rente noch eine B.

Be|triebs|schluss, der: *[tägliches] Ende der regulären Arbeitszeit in einem Betrieb* (1 a).

Be|triebs|schutz, der: **1.** *planmäßiger Schutz der Anlagen eines Betriebes* (1 a). **2.** *Arbeitsschutz im Betrieb* (1 a).

be|triebs|si|cher ⟨Adj.⟩: *einen sicheren Betrieb* (2) *gewährleistend:* eine -e Anlage.

Be|triebs|si|cher|heit, die ⟨o. Pl.⟩: *das Betriebssichersein.*

Be|triebs|span|nung, die: *die zum Betrieb* (2) *einer elektrischen Anlage nötige Stromspannung.*

Be|triebs|stät|te, die: *Stätte, an der ein Betrieb* (1 a) *sich befindet, untergebracht ist.*

Be|triebs|stoff, der: *Stoff, der zum Betrieb einer Maschine, einer Anlage, eines Fahrzeugs od. dgl. nötig ist:* die Kosten für -e sind gestiegen.

Be|triebs|stö|rung, die: *Störung im Betrieb* (2 a).

Be|triebs|sys|tem, das (EDV): *System von Programmen* (4) *für die Steuerung und Überwachung einer Datenverarbeitungsanlage.*

Be|trieb|stät|te (Steuerw.): ↑Betriebsstätte.

Be|triebs|treue, die: *dem Betrieb* (1 a) *bes. durch lange, ununterbrochene Zugehörigkeit erwiesene Treue:* eine Belohnung für zehnjährige B.

Be|triebs|un|fall, der: *Arbeitsunfall im Betrieb* (1 a) *od. auf dem Wege zum od. vom Betrieb:* durch einen B. hat er zwei Finger verloren.

Be|triebs|ver|ein|ba|rung, die: *von Arbeitgeber u. Betriebsrat gemeinsam beschlossene Vereinbarung, die für die Arbeitnehmer eines Betriebes* (1 a) *unmittelbare Geltung hat.*

Be|triebs|ver|fas|sung, die: *Gesamtheit der Normen, die das Verhältnis zwischen Arbeitgeber u. Arbeitnehmer im Betrieb* (1 a) *regeln.*

Be|triebs|ver|fas|sungs|ge|setz, das ⟨o. Pl.⟩: *Gesetz, das die Mitwirkung u. Mitbestimmung der Arbeitnehmer in sozialen, personellen u. wirtschaftlichen Angelegenheiten in Betrieben der Privatwirtschaft vorsieht.*

Be|triebs|ver|mö|gen, das (Wirtsch.): *Vermögen des Betriebsinhabers, das unmittelbar für einen Betrieb* (1 a) *od. zur Erreichung seines wirtschaftlichen Zieles genutzt wird.*

Be|triebs|ver|samm|lung, die: *Versammlung der Arbeitnehmer eines Betriebes* (1 a) *[unter dem Vorsitz des Betriebsratsvorsitzenden].*

Be|triebs|vor|schrift, die: *beim Betrieb* (2 b) *einer Maschine, eines Gerätes o. Ä. zu beachtende Vorschrift.*

Be|triebs|werk, das (Eisenb.): *Dienststelle, die Fahrzeuge einsetzt u. unterhält u. der das entsprechende Personal unterstellt ist.*

Be|triebs|wirt, der: *jmd. mit abgeschlossener Ausbildung auf dem Gebiet der Betriebswirtschaftslehre.*

Be|triebs|wir|tin, die: w. Form zu ↑Betriebswirt.

Be|triebs|wirt|schaft, die: kurz für ↑Betriebswirtschaftslehre.

Be|triebs|wirt|schaf|ter, der (schweiz.): *Betriebswirt.*

Be|triebs|wirt|schaf|te|rin, die: w. Form zu ↑Betriebswirtschafter.

be|triebs|wirt|schaft|lich ⟨Adj.⟩: *die Betriebswirtschaft betreffend, darauf beruhend, dazu gehörend:* -e Maßnahmen, Probleme.

Be|triebs|wirt|schafts|leh|re, die: *Disziplin der Wirtschaftswissenschaften, die sich mit dem Aufbau, der Organisation u. der Führung von Betrieben befasst* (Abk.: BWL).

Be|triebs|wis|sen|schaft, die: *Spezialgebiet der allgemeinen Arbeitswissenschaft, das sich mit der Analyse betrieblicher Einrichtungen u. Abläufe beschäftigt.*

Be|triebs|zu|ge|hö|rig|keit, die: *Zugehörigkeit zu einem Betrieb* (1 a): eine Prämie für zehnjährige B.

be|trin|ken, sich ⟨st. V.; hat⟩: *bis zum Rausch Alkohol trinken:* ich betrank mich [sinnlos].

be|trof|fen ⟨Adj.⟩ [eigtl. 2. Part. von ↑betreffen (3)]: *durch etw. (Negatives, Trauriges) verwirrt, innerlich bewegt, berührt:* ein -es Gesicht machen; im Innersten von etw. b. sein; jmdn. b. ansehen.

Be|trof|fe|ne, der u. die; -n, -n ⟨Dekl. ↑Abgeordnete⟩ [subst. 2. Part. von ↑betreffen (1)]: *jmd., der von einer Sache betroffen, in Mitleidenschaft gezogen ist:* das ist für die -n bitter.

Be|trof|fen|heit, die; -: *das Betroffensein; Bestürzung.*

be|trop|pezt ⟨Adj.⟩ [wohl zu mundartl. tropfezen = tröpfeln] (österr. ugs.): *bestürzt, sehr überrascht; sprachlos.*

be|trü|ben ⟨sw. V.; hat⟩ [mhd. betrüeben, eigtl. = trübe machen]: **a)** *traurig machen, traurig stimmen, bekümmern:* jmdn. mit einer Nachricht, durch sein Verhalten b.; der Brief hat sie sehr betrübt; **b)** ⟨b. + sich⟩ (geh. veraltend) *über etw. traurig werden:* sich [über etw.] b.

be|trüb|lich ⟨Adj.⟩: *traurig stimmend; Betrübnis hervorrufend:* eine -e Mitteilung; er musste die -e Nachricht überbringen; die Lage ist b.

be|trüb|li|cher|wei|se ⟨Adv.⟩: *leider.*

Be|trüb|nis, die; -, -se (geh.): *das Betrübtsein:* B. erfasste ihn; in tiefe B. versinken.

be|trübt ⟨Adj.⟩ [2. Part. zu ↑betrüben]: *traurig; bekümmert:* ein -es Gesicht machen; über etw. b. sein; zu Tode b. sein.

Be|trübt|heit, die; -: *das Betrübtsein.*

Be|trug, der; -[e]s ⟨Pl. schweiz.: Betrüge⟩ [im 16. Jh. für mhd. betroc, zu ↑betrügen]: *bewusste Täuschung, Irreführung eines andern:* ein raffiniert angelegter, ausgeführter B.; das ist [glatter] B.!; B. begehen; er ist wegen mehrfachen -s angeklagt; auf diesen B. falle ich nicht herein; * **ein frommer B.** (1. *in der Beschönigung eines unangenehmen Umstands bestehende Selbsttäuschung.* 2. *in guter Absicht erfolgende Täuschung eines andern;* nach lat. pia fraus [Ovid, Metamorphosen]).

be|trü|gen ⟨st. V.; hat⟩ [mhd. betriegen, ahd. bitriugan, zu ↑trügen]: **a)** *bewusst täuschen, irreführen, hintergehen:* einen Kunden, Geschäftspartner, eine Firma b.; sich selbst b. *(sich Illusionen hingeben, sich etw. vormachen);* er betrügt nicht; sie hat ihren Mann betrogen *(die Ehe gebrochen);* **b)** *durch Betrug um etw. bringen:* jmdn. um 100 Mark b.; jmdn. um sein Recht b.; sich um seinen gerechten Lohn betrogen sehen; Ü seine Hoffnung war nicht betrogen *(enttäuscht)* worden.

Be|trü|ger, der; -s, -: *jmd., der andere betrügt.*

Be|trü|ge|rei, die; -, -en: **1.** *wiederholtes, fortwährendes Betrügen.* **2.** *den Tatbestand des Betrugs erfüllende Handlung:* Diebstähle und [kleine] -en; -en an alten Menschen; jmds. -en aufdecken.

Be|trü|ge|rin, die; -, -nen: w. Form zu ↑Betrüger.

be|trü|ge|risch ⟨Adj.⟩: *Betrug bezweckend, auf Betrug ausgehend:* ein -er Kassierer; -e Machenschaften, Manöver; in -er Absicht.

Be|trugs|ma|nö|ver, das (abwertend): *Manöver* (3) *zum Zwecke des Betrugs.*

be|trun|ken ⟨Adj.⟩ [eigtl. 2. Part. von: (sich) ↑betrinken]: *von Alkohol berauscht:* ein -er Fahrer; er ist [sinnlos] b.; ich muss b. *(nicht recht bei Verstand)* gewesen sein; Ü vor Freude, Begeisterung o. Ä. [wie] b. sein.

Be|trun|ke|ne, der u. die; -n, -n ⟨Dekl. ↑Abgeordnete⟩: *jmd., der betrunken ist.*

Be|trun|ken|heit, die; -: *das Betrunkensein.*

Bet|saal, der: *[provisorischer] Saal für Gottesdienste, bes. bei Sekten.*

Bet|sche|mel, der: vgl. Betbank.

Bet|schwes|ter, die (abwertend): vgl. Betbruder.

Bet|stuhl, der: *Betpult.*

Bett, das; -[e]s, -en [mhd. bet(te), ahd. betti, auch Beet; urspr. Bez. für das mit Stroh u. Fellen gepolsterte Lager entlang den Wänden des germ. Hauses u. viell. eigtl. = Polster]: **1.** *Möbelstück zum Schlafen, Ausruhen:* ein langes, breites B.; ein französisches B.; ein B. aufstellen, aufschlagen; das B. richten, bauen; sein B., die -en machen *(nach der Benutzung wieder in einen ordentlichen Zustand bringen);* jmdm. das Frühstück ans B. bringen; auf dem B. sitzen; aus dem B. springen *(mit Schwung aufstehen);* jmdn. [nachts] aus dem B. holen, klingeln *(wecken u. zum Aufstehen veranlassen);* nur schwer aus dem B. kommen *(ungern aufstehen);* er liegt schon drei Wochen im B. (ugs.; *liegt schon seit drei Wochen krank*); mit Fieber, Grippe im B. liegen; die Kinder ins/zu B. bringen; sich ins B. legen, (salopp:) hauen; ich bin nur noch ins B. gefallen *(war so müde, dass ich sofort ins Bett gegangen bin);* ein Hotel mit 60 -en; * **das B. hüten [müssen]** *(wegen Krankheit im Bett bleiben [müssen]);* **das B. mit jmdm. teilen** (geh.; *in ehelicher od. eheähnlicher Gemeinschaft mit jmdm. leben*); **ans B. gefesselt sein** *(wegen schwerer Krankheit o. Ä. das Bett nicht verlassen können);* **mit jmdm. ins B. gehen/steigen** (ugs.; *mit jmdm. geschlechtlich verkehren*); **sich ins gemachte B. legen** *(um sich die normalerweise nötigen eigenen Anstrengungen zu ersparen, etwas Vorgefundenes, von anderen Geschaffenes für sich nutzen).* **2.** *Deckbett, Bettdecke:* ein leichtes, dickes B.; die -en [auf]schütteln, lüften, frisch beziehen, abziehen; sich das B. über die Ohren ziehen. **3.** kurz für ↑Flussbett: ein enges, breites, tiefes B.; der Fluss hat sich ein neues B. gesucht; der Strom hat sein B. verlassen *(ist über die Ufer getreten).*

Bet|tag: vgl. Buß- und Bettag.

Bett|an|zug, der (schweiz.): *Bettbezug.*

Bett|bank, die ⟨Pl. ...bänke⟩ (österr.): *Bettcouch.*

Bett|be|zug, der: *Bezug des Bettes* (2).

Bett|couch, die: *auch als Bett* (1) *benutzbare Couch.*

Bett|de|cke, die: **1.** *Decke, mit der man sich im Bett* (1) *zudeckt.* **2.** *Tagesdecke.*

Bet|tel, der; -s [1: mhd. betel] (ugs.): *altes, minderwertiges Zeug:* ich weiß nicht, warum sie so an diesem B. hängt!; * **jmdm. den [ganzen] B. vor die Füße werfen/schmeißen** *(jmdm. unmissverständlich zu erkennen geben, dass man nicht mehr für ihn tätig sein will);* **den [ganzen] B. hinwerfen/hinschmeißen** *(seine Tätigkeit, sein Amt aufgeben).*

bet|tel|arm ⟨Adj.⟩ (emotional verstärkend): *sehr arm.*

Bet|tel|brief, der: *Brief, mit dem jmd. bei dem Adressaten um etw. – meist Geld – bettelt, bittet.*

Bet|te|lei, die; -, -en (abwertend): **1.** ⟨o. Pl.⟩ *beständiges, als lästig empfundenes Betteln* (1). **2.** *inständiges Bitten, Betteln* (2): hör endlich auf mit deiner B.!

Bet|tel|frau, die (veraltet): *Bettlerin.*

Bet|tel|leu|te ⟨Pl.⟩ (veraltet): **1.** Pl. von Bettelmann. **2.** *vom Betteln lebende Menschen.*

Bet|tel|mann, der ⟨Pl. ...leute⟩ (veraltet): *Bettler.*

Bet|tel|mönch, der: *Mönch eines Bettelordens.*

bet|teln ⟨sw. V.; hat⟩ [mhd. betelen, ahd. betalōn, Iterativbildung zu ↑bitten u. eigtl. = wiederholt bitten]: **1.** *um Almosen bitten:* auf der Straße, an den Türen b.; er geht b.; um Geld, um ein Stück Brot b.; ⟨subst.:⟩ Betteln verboten!; Ü ⟨subst.:⟩ du musst deinem Hund das Betteln abgewöhnen. **2.** *inständig bitten:* um Gnade b.; bei jmdm. um Verzeihung b.; die Kinder bettelten, man solle sie doch mitnehmen; ich habe Nein gesagt, und jetzt hört endlich auf zu b.!

Bet|tel|or|den, der: *Orden, dessen Mitglieder von Almosen leben.*

Bet|tel|stab, der: in den Wendungen **jmdn. an den B. bringen** *(jmdn. finanziell ruinieren):* seine Spekulationen haben ihn an den B. gebracht; du bringst uns [mit deiner Verschwendungssucht] noch an den B.!; **an den B. kommen** *(völlig verarmen).*

Bet|tel|weib, das (veraltet): *Bettlerin.*

bet|ten ⟨sw. V.; hat⟩ [mhd. betten, ahd. bettōn = das Bett richten] (geh.): **a)** *[behutsam] hinlegen, zur Ruhe legen:* den Verletzten auf das Sofa, (seltener:) auf dem Sofa b.; den Toten zur letzten Ruhe b. (geh.; *beerdigen*); nach dem Essen bettete sie ihre Tochter *(brachte sie sie zu Bett);* sie bettete *(legte)* den Kopf an seine Schulter; Spr wie man sich bettet, so liegt/schläft man *(es hängt von einem selbst ab, wie man sein Leben gestaltet);* Ü das Dorf ist in grüne Wiesen gebettet (geh.; *von grünen Wiesen umgeben*); * **sich weich b.** *(sich ein angenehmes Leben verschaffen);* **weich gebettet sein** *(ein angenehmes Leben haben);* **b)** *einbetten:* der Schmuckstein ist in Platin gebettet.

Bet|ten|bau|en, das; -s (bes. Soldatenspr.): *Bettenmachen.*

Bet|ten|burg, die (ugs.): *großes [für Urlauber errichtetes] Hotel.*

Bet|ten|hau|sen [auch: – –ˈ– –]: in der Wendung **nach B. gehen** (ugs.; *zu Bett gehen*).

Bet|ten|ka|pa|zi|tät, die (Amtsspr.): *Zahl der für die Aufnahme von Kranken od. [Urlaubs]gästen zur Verfügung stehenden Betten.*

Bet|ten|ma|chen, das; -s: *das Aufschütteln u. Glattziehen von Betttuch, Kissen, Bettdecke [u. Federbett].*

Bet|ten|man|gel, der: [1]*Mangel (1) an Hotel-, Gäste- od. Krankenhausbetten.*

Bẹtt|fe|der, die: 1. *Sprungfeder des Bettrostes.* 2. ⟨Pl.⟩ *Federn als Füllung für Deckbett, Kopfkissen.*

Bẹtt|fla|sche, die (landsch.): *Wärmflasche.*

Bẹtt|ge|fähr|te, der: *Bettgenosse.*

Bẹtt|ge|fähr|tin, die: w. Form zu ↑Bettgefährte.

Bẹtt|ge|nos|se, der (veraltend): *jmd., der mit einer anderen Person das Bett (1) teilt u. mit ihr geschlechtlich verkehrt.*

Bẹtt|ge|nos|sin, die: w. Form zu ↑Bettgenosse.

Bẹtt|ge|schich|te, die (abwertend): 1. *sexuelles Erlebnis, Abenteuer:* eine B. mit jmdm. haben. 2. *[Klatsch]geschichte über sexuelle Beziehungen, Liebesaffären bekannter, prominenter Personen:* in dieser Illustrierten findet man nur -n.

Bẹtt|ge|stell, das: *Gestell für ein Bett (1).*

Bẹtt|ha|se, der, **Bẹtt|häs|chen,** das (ugs.): *Sexualpartnerin, Bettgefährtin.*

Bẹtt|him|mel, der: *Baldachin über einem Bett (1).*

Bẹtt|hup|ferl, das; -s, - [zu ↑hupfen, da man nach Verzehr ins Bett »hüpft«] (landsch.): *Kleinigkeit zum Essen (bes. Süßigkeit), die man vor dem Zu-Bett-Gehen verzehrt:* jeden Abend fand sie ein B. auf ihrem Kopfkissen vor.

Bẹtt|jäck|chen, das: vgl. Bettjacke.

Bẹtt|ja|cke, die: *im Bett getragene Jacke.*

Bẹtt|kan|te, die: *Kante des Bettgestells:* auf der B. sitzen.

Bẹtt|kas|ten, der: *Kasten unter einem Bett od. einer Bettcouch zur Aufbewahrung des Bettzeugs.*

Bẹtt|la|de, die (südd., österr.): *Bettgestell.*

bẹtt|lä|ge|rig ⟨Adj.⟩: *durch Krankheit gezwungen, im Bett zu liegen.*

Bẹtt|lä|ge|rig|keit, die; -: *das Bettlägerigsein.*

Bẹtt|la|ken, das: *Betttuch.*

Bẹtt|lek|tü|re, die: 1. *Lektüre (1 a) im Bett vor dem Einschlafen:* jmdn. bei seiner B. stören. 2. *für die Bettlektüre (1) verwendeter Text, Lesestoff:* eine spannende B.; das Buch eignet sich bestens als B.

Bẹtt|ler, der; -s, - [mhd. betelære, ahd. betalāri]: *jmd., der bettelt, vom Betteln lebt:* der B. saß am Straßenrand; einen B. abweisen; Ü der Konkurs hat ihn zum B. gemacht *(arm gemacht, finanziell ruiniert).*

Bẹtt|le|rin, die; -, -nen: w. Form zu ↑Bettler.

Bẹtt|nach|bar, der: **a)** *(in einem Krankenzimmer, einem Schlafsaal o. Ä.) im benachbarten Bett Liegender:* mein rechter B. schnarchte laut; **b)** *Bettgenosse.*

Bẹtt|nach|ba|rin, die: w. Form zu ↑Bettnachbar.

Bẹtt|näs|sen, das; -s: *ungewolltes Wasserlassen während des Schlafs.*

Bẹtt|pfan|ne, die: *flaches Gefäß, das Bettlägerigen zur Verrichtung der Notdurft untergeschoben wird.*

Bẹtt|pfos|ten, der: *Pfosten des Bettgestells.*

Bẹtt|platz, der: *Schlafstelle, bes. Schlafwagenplatz.*

Bẹtt|pols|ter, der; -s, - od. ...pölster (österr.): *Kissen für das Bett (1).*

Bẹtt|rand, der: *Bettkante.*

bẹtt|reif ⟨Adj.⟩ (ugs.): *das Bedürfnis habend, unverzüglich schlafen zu gehen.*

Bẹtt|rost, der (regional): *Sprungfedermatratze, -rahmen.*

Bẹtt|ru|he, die: *ganztägiges Im-Bett-Liegen:* der Arzt hat ihm drei Wochen [strenge] B. verordnet.

Bẹtt|schüs|sel, die: *Bettpfanne.*

Bẹtt|schwe|re, die: in der Wendung **die nötige B. haben** (ugs.; *zum Schlafen müde genug sein [weil man Alkohol getrunken hat]*).

Bẹtt|statt, die; -, ...stätten, schweiz.: ...statten (landsch., bes. südd., österr., schweiz.): *Bett[stelle].*

Bẹtt|stel|le, die: *Bettgestell.*

Bẹtt|sze|ne, die (Film): *Szene in einem Film, in der Intimitäten im Bett gezeigt werden.*

Bẹtt|tuch, das (Pl. ...tücher): *großes [Leinen]tuch, das die Matratze bedeckt.*

Bẹtt|über|zug, der: *Überzug für das Federbett.*

Bẹtt|um|ran|dung, die: *das Bett umgebender Läufer.*

Bẹt|tung, die; -, -en (Fachspr.): *feste Unterlage für Eisenbahngleise, Maschinen, Geschütze.*

Bẹtt|vor|la|ge, die (selten), **Bẹtt|vor|le|ger,** der: *kleiner Teppich neben dem Bett.*

Bẹtt|wan|ze, die: *in Häusern in unsauberer Umgebung lebende rotbraune Wanze, die nachts Menschen u. Tiere befällt und Blut saugt.*

Bẹtt|wär|mer, der; -s, -: *Hilfsmittel zum Anwärmen von Betten (z. B. Heizdecke, Wärmflasche).*

Bẹtt|wä|sche, die ⟨o. Pl.⟩: *Betttücher u. Bezüge für Kissen u. Deckbett.*

Bẹtt|zeug, das (ugs.): *Bettwäsche, Kissen u. Deckbetten (od. Decken).*

Bẹtt|zip|fel, der: *Zipfel des Deckbetts:* R der B. winkt (ugs. scherzh.; *er, sie möchte, du möchtest* usw. *schlafen gehen*); * **nach dem B. schielen** (ugs.: *sehr müde sein u. gerne zu Bett gehen wollen*).

be|tucht ⟨Adj.⟩ [zu jidd. betuch(t), eigtl. = sicher < hebr. baṭûaḥ] (ugs.): *wohlhabend, vermögend:* sie war die Tochter -er Eltern; gut b. sein.

be|tu|lich ⟨Adj.⟩ [zu ↑betun]: 1. (veraltend) *übertrieben fürsorglich, freundlich-besorgt:* seine -e Art geht mir manchmal auf die Nerven. 2. **a)** *beschaulich, gemächlich:* eine -e Zeit, Atmosphäre; ein -es Leben führen; **b)** (abwertend) *brav (2 b), bieder (3):* eine -e Übersetzung; die Inszenierung war b. und schwerfällig.

Be|tu|lich|keit, die; -: *das Betulichsein.*

be|tun, sich ⟨unr. V.; hat⟩ (ugs.): 1. *sich in umständlicher, ein wenig penetranter Weise freundlich u. geschäftig benehmen.* 2. *sich zieren.*

be|tup|fen ⟨sw. V.; hat⟩: 1. *tupfend berühren:* die Wunde mit einem Wattebausch b.; dem Kranken die Stirn mit einem Tuch b.; sich mit Eau de Cologne b. *(tupfend benetzen).* 2. *mit Tupfen versehen:* einen Stoff b.; ⟨meist im 2. Part.:⟩ ein bunt betupftes Kleid.

be|tup|pen ⟨sw. V.; hat⟩ [viell. zu frz. duper, ↑düpieren] (landsch.): *betrügen, hinters Licht führen.*

be|tü|tern ⟨sw. V.; hat⟩ [zu ↑tüdern] (nordd.): 1. *jmdn. in besonderer, manchmal als übertrieben empfundener Weise umsorgen.* 2. ⟨b. + sich⟩ *sich einen Schwips antrinken:* er hat sich betütert.

be|tü|tert ⟨Adj.⟩ (nordd.): *beschwipst:* er ist b.

beug|bar ⟨Adj.⟩: *sich beugen lassend.*

Beug|bar|keit, die; -: *das Beugbarsein.*

Beu|ge, die; -, -n [mhd. biuge, zu ↑beugen]: 1. *Innenseite einer Gliedmaße im Bereich eines Gelenks, bes. des Knies od. Ellenbogens:* in der Beuge des rechten Ellbogens. 2. (Turnen) *Rumpfbeuge.*

Beu|ge|haft, die (Rechtsspr.): *Haft, bes. zur Erzwingung einer verweigerten Eidesleistung od. Zeugenaussage.*

Beu|gel, Beigel, das; -s, - [zu mundartl. Baug = Spange, Ring, zu ↑biegen] (österr.): *Hörnchen (2).*

Beu|ge|mus|kel, der (Anat.): *Muskel, der dazu dient, ein Glied zu beugen.*

beu|gen ⟨sw. V.; hat⟩ [mhd. böugen, ahd. bougen, eigtl. = biegen machen, Kausativ zu ↑biegen]: 1. **a)** *[nach unten] biegen, krümmen:* den Arm, den Nacken, den Rumpf, die Knie b.; den Kopf über etw. b.; Ü das Alter hatte ihn gebeugt (geh.; *seinen Rücken krumm werden lassen*); vom/von Gram gebeugt; **b)** ⟨b. + sich⟩ *sich [über etw. hinweg] nach vorne, unten neigen:* sich [weit] aus dem Fenster, nach vorn b.; sich über das Geländer, die Reling, den Tisch b. 2. **a)** *zwingen nachzugeben, sich zu fügen:* jmdn., jmds. Starrsinn b.; **b)** ⟨b. + sich⟩ *sich unterwerfen, sich fügen, nicht länger aufbegehren:* sich jmdm., jmds. Willen, jmds. Herrschaft b. 3. (Rechtsspr.) *(das Recht 1 a) willkürlich auslegen, [vorsätzlich] falsch anwenden:* das Recht, das Gesetz b. 4. (Sprachw.) **a)** *flektieren:* ein Substantiv, ein Verb b.; **b)** *bestimmte grammatische Formen bilden, aufweisen:* dieses Verb beugt schwach. 5. (Physik) *Lichtstrahlen o. Ä. ablenken:* Lichtstrahlen, Lichtwellen b.

Beu|ger, der; -s, - (Anat.): *Beugemuskel.*

beug|sam ⟨Adj.⟩ (veraltet): *bereit, unter Druck nachzugeben, sich zu fügen.*

Beug|sam|keit, die; -: *das Beugsamsein.*

Beu|gung, die; -, -en: 1. *das Gebeugtwerden; das Beugen (1, 2).* 2. (Rechtsspr.) *Rechtsbeugung.* 3. (Sprachw.) *Flexion (1).* 4. (Physik) *Ablenkung von der geraden Richtung.*

Beu|gungs|en|dung, die (Sprachw.): *Flexionsendung.*

Beu|gungs-s, das; -, - (Sprachw.): *als Beugungsendung fungierendes s (z. B. in: des Vaters, die Autos).*

Beu|le, die; -, -n [mhd. biule, ahd. būlla, urspr. = Schwellung; Aufgeblasenes, verw. mit ↑Beutel]: 1. *durch Stoß, Schlag o. Ä. entstandene deutliche Anschwellung des Gewebes:* eine schmerzhafte, eiternde B. an der Stirn haben. 2. *durch Stoß, Aufprall o. Ä. hervorgerufene Vorwölbung od. Vertiefung an einem Gegenstand:* der Wagen hat eine B. bekommen; eine B. im Kotflügel ausklopfen; die Kanne hat eine B., ist voller -n.

beu|len ⟨sw. V.; hat⟩: *Falten werfen, sich bauschen:* das Futter der Jacke beult.

Beu|len|pest, die: *Pest, bei der die Lymphknoten anschwellen u. sich dunkel verfärben.*

beu|lig ⟨Adj.⟩: *voller Beulen (2):* ein alter, -er Hut.

Beun|de, die; -, -n [mhd. biunde, ahd. biunt(a)] (südd., schweiz.): *eingezäuntes Stück Land.*

be|un|ru|hi|gen ⟨sw. V.; hat⟩: 1. *in Unruhe, Sorge versetzen:* ihr langes Ausbleiben beunruhigt mich; sie war über diese Nachricht, wegen dieser Nachricht tief beunruhigt; die Nachhut soll den Feind ständig durch kleine Gefechte b. *(stören).* 2. ⟨b. + sich⟩ *unruhig werden, sich Sorgen machen:* du brauchst dich [um sie, ihretwegen, wegen ihrer Krankheit] nicht zu b.

be|un|ru|hi|gend ⟨Adj.⟩: *zur Beunruhigung, zur Sorge Anlass gebend:* -e Meldungen; es ist b., dass ...

Be|un|ru|hi|gung, die; -, -en: *das Beunruhigen; das Beunruhigtwerden; das Beunruhigtsein:* die

Nachricht erfüllte ihn mit großer B.; wir hatten allen Grund zur B.

be|ur|kun|den ⟨sw. V.; hat⟩: **1.** *urkundlich festhalten:* etw. in den Akten b.; Geburten, Verträge b.; beurkundete Rechte; die Kirchenbücher beurkunden das Sterbedatum *(belegen es, weisen es urkundlich aus).* **2.** (veraltet) **a)** *bezeugen, offenbaren:* seine Gesinnung b.; eine Angelegenheit als wahr b.; **b)** ⟨b. + sich⟩ *sich zeigen, offenbar werden:* in dieser Haltung beurkundet sich seine Gesinnung.

Be|ur|kun|dung, die; -, -en: **a)** *das Beurkunden:* die B. des Vertrages muss beim Notar erfolgen; **b)** *urkundlicher Beweis:* der Wahrheitsfindung dienten -en aus der Vergangenheit.

be|ur|lau|ben ⟨sw. V.; hat⟩ [zu mhd. urlouben = erlauben (zu gehen)]: **a)** *jmdm. Urlaub geben:* einen Schüler [für ein paar Tage, für einen bestimmten Zweck] b.; **b)** *vorläufig von seinen Dienstpflichten entbinden:* den Beamten bis zur Klärung der Angelegenheit b.

Be|ur|lau|bung, die; -, -en: *das Beurlauben; das Beurlaubtsein.*

be|ur|tei|len ⟨sw. V.; hat⟩: *über jmdn., etw. ein Urteil abgeben:* jmdn., etw. falsch, richtig b.; jmds. Arbeit, Leistung b.; jmdn. nach seinem Äußeren b.; das ist schwer zu b.; ob das stimmt, kann ich nicht b.

Be|ur|tei|ler, der; -s, -: *jmd., der etw., jmdn. beurteilt, Beurteilender:* ein objektiver B. [der Lage].

Be|ur|tei|le|rin, die; -, -nen: w. Form zu ↑Beurteiler.

Be|ur|tei|lung, die; -, -en: **1.** *das Beurteilen; Einschätzung:* die B. eines Menschen, eines Falles; bei nüchterner B. [der Lage] muss man zugeben, dass ... **2.** *[schriftliche] Äußerung, durch die ein Urteil abgegeben wird:* eine B. schreiben; eine gute B. bekommen.

Be|ur|tei|lungs|maß|stab, der: *Kriterium für die Beurteilung von jmdm., etw.*

Beu|schel, das; -s, - [zu ↑Bausch]: **1.** (österr., bayr.) *Speise aus Innereien, bes. Lunge u. Herz.* **2.** (österr. salopp) **a)** *Lunge;* **b)** *menschliche Eingeweide.*

Beu|te, die; - [mhd. biute < mniederd. būte = Tausch; Anteil, Beute (aus der Spr. des ma. Handels), zu: būten = Tauschhandel treiben]: **1.** *etw., was jmd. erbeutet hat:* sich die B. teilen; auf B. ausgehen; mit der B. entkommen; B. schlagen *([von Bären u. Raubvögeln] ein Beutetier ergreifen);* Ü der Staat könnte so eine B. der Mafia werden. **2.** (geh.) *Opfer:* eine leichte B. sein; das Haus wurde eine B. der Flammen *(verbrannte);* sie wurde eine B. ihrer Leidenschaft.

Beu|te|deut|sche, der (abwertend): *als Deutscher anerkannter Staatsangehöriger eines anderen (bes. eines osteuropäischen) Staates [der die deutsche Sprache nur unzureichend beherrscht].*

Beu|te|fang, der: *das Fangen* (1 a) *einer Beute* (1): der Fuchs ist auf B. aus, geht auf B.

Beu|te|gier, die: *Raubgier.*

beu|te|gie|rig ⟨Adj.⟩: *raubgierig.*

Beu|te|gut, das: *Beute* (1): die Verhandlungen über die Rückgabe von B. sind gescheitert; Ü zum B. aus der Konzernübernahme zählen etliche Patente.

Beu|te|kunst, die; - (salopp): *Kunst* (1 b), *die im Krieg erbeutet wurde:* die beiden Regierungschefs haben die gegenseitige Rückgabe der B. vereinbart.

Beu|tel, der; -s, - [mhd. biutel, ahd. būtil, eigtl. = Aufgeschwollenes, verw. mit ↑Beule]: **1. a)** *kleines od. größeres sackähnliches Behältnis aus weichem Material:* ein bestickter B.; ein B. mit Mehl; ein B. *(Plastikbeutel)* Milch; die Wäsche in den B. stecken, stopfen; **b)** (ugs.) *Geldbeutel:* den B. [aus der Tasche] ziehen; Ü jmds. B. ist leer *(jmd. hat kein Geld);* den B. festhalten, zuhalten *(kein Geld ausgeben),* aufmachen *(Geld ausgeben);* etw. geht an den B., reißt ein großes Loch in jmds. B. *(kostet [jmdn.] viel);* tief in den B. greifen müssen *(viel zahlen müssen).* **2.** *taschenartig ausgebildete Hautfalte am Bauch eines Beuteltiers:* der B. des Kängurus. **3.** (österr. derb) *Trottel.* **4.** (veraltet) *Mehlsieb.*

beu|teln ⟨sw. V.; hat⟩ [1 a: mhd. biuteln; 1 b: im Sinne von »tüchtig durchschütteln« übertr. von 1 a; 2: eigtl. = den (Geld)beutel wegnehmen]: **1. a)** (veraltet) *mit dem Beutel* (4) *sieben;* **b)** (südd., österr.) *[jmdn. als Züchtigung] schütteln:* jmdn. tüchtig b.; Ü vom Schicksal gebeutelt werden; das Leben hat ihn ziemlich gebeutelt. **2.** (landsch.) *berauben, übervorteilen, ausplündern.* **3.** *Falten werfen, sich bauschen:* die Hose beutelt an den Knien.

Beu|tel|rat|te, die: *vorwiegend nachtaktives Beuteltier mit langem, oft als Greiforgan ausgebildetem Schwanz.*

Beu|tel|schnei|der, der [eigtl. = Dieb, der jmdn. den Geldbeutel vom Gürtel abschneidet] (ugs. abwertend): **1.** *Taschendieb.* **2.** *Wucherer.*

Beu|tel|schnei|de|rei, die (ugs. abwertend): *Ausplünderung, Übervorteilung, Nepp.*

Beu|tel|schnei|de|rin, die: w. Form zu ↑Beutelschneider.

Beu|tel|tier, das: *Säugetier, dessen Junge nicht voll ausgebildet zur Welt kommen, sondern sich erst nach der Geburt im Beutel* (2) *der Mutter bis zur Lebensfähigkeit entwickeln.*

beu|te|lüs|tern ⟨Adj.⟩: *sehr begierig auf Beute:* -e Korsaren, Piraten, Eroberer.

Beu|te|stück, das: *[Stück, Teil der] Beute* (1): der Dieb trug die -e bei seiner Verhaftung noch bei sich.

Beu|te|zug, der: *Raubzug:* die Einbrecher wurden auf ihrem B. ertappt.

Beut|ler, der; -s, - (Zool.): *Beuteltier.*

be|völ|kern ⟨sw. V.; hat⟩: **1. a)** *als Siedlungsraum nutzen, als Heimat haben; bewohnen, besiedeln:* die Erde b.; damals bevölkerten die Kelten dieses Gebiet; ein stark, nur wenig bevölkertes Land; **b)** *in unübersehbar großer Zahl füllen, in Scharen erfüllen, beleben:* Touristen bevölkerten die Lokale; Vogelscharen bevölkerten den Garten; (iron.:) das sind die Leute, die die Vorzimmer der Minister bevölkern. **2.** *besiedeln* (1 a): ein Land [mit Ansiedlern] b. **3.** ⟨b. + sich⟩ *sich mit [vielen] Menschen füllen:* die fruchtbarsten Teile des Landes bevölkerten sich zuerst; das Stadion bevölkerte sich allmählich.

Be|völ|ke|rung, die; -, -en: **1.** *Gesamtheit der Bewohner u. Bewohnerinnen eines bestimmten Gebiets; Einwohnerschaft:* die dortige, einheimische, überwiegend katholische, ethnisch sehr heterogene B.; die -en der umliegenden Staaten; die Behörden haben es versäumt, die B. rechtzeitig zu informieren; aus allen Kreisen der B. **2.** ⟨o. Pl.⟩ (selten) *das Bevölkern; das Sichbevölkern.*

Be|völ|ke|rungs|ab|nah|me, die: *Abnahme der Bevölkerung.*

Be|völ|ke|rungs|be|we|gung, die: *statistische Veränderung der Struktur, räumlichen Verteilung u. zahlenmäßigen Größe einer Bevölkerung.*

Be|völ|ke|rungs|dich|te, die: *Dichte der Bevölkerung in einem bestimmten Gebiet:* die B. Japans; Länder mit hoher B.

Be|völ|ke|rungs|druck, der ⟨o. Pl.⟩: *wirtschaftliche u. politische Schwierigkeiten durch hohe [u. wachsende] Bevölkerungsdichte.*

Be|völ|ke|rungs|ex|plo|si|on, die: *explosionsartige Zunahme der Bevölkerung [in einem bestimmten Land].*

Be|völ|ke|rungs|grup|pe, die: *größere [homogene] Gruppe innerhalb der Bevölkerung:* die asiatische, jüdische B. in den USA.

Be|völ|ke|rungs|kreis, der: vgl. Bevölkerungsgruppe.

Be|völ|ke|rungs|po|li|tik, die: *politische Maßnahmen zur Beeinflussung des Wachstums od. der Zusammensetzung einer Bevölkerung:* die umstrittene chinesische B.; eine expansive B. betreiben.

be|völ|ke|rungs|po|li|tisch ⟨Adj.⟩: *die Bevölkerungspolitik betreffend:* -e Maßnahmen.

be|völ|ke|rungs|reich ⟨Adj.⟩: *eine große Bevölkerung habend:* die -sten Länder, Landstriche Asiens.

Be|völ|ke|rungs|schicht, die: vgl. Bevölkerungsgruppe.

Be|völ|ke|rungs|schwund, der: *[rapide] Abnahme der Bevölkerung [in einem bestimmten Land].*

Be|völ|ke|rungs|sta|tis|tik, die: *Statistik über die Entwicklung der Bevölkerung.*

be|völ|ke|rungs|sta|tis|tisch ⟨Adj.⟩: *die Bevölkerungsstatistik betreffend.*

Be|völ|ke|rungs|über|schuss, der: *überproportional hohe Zahl an Einwohnern in einem bestimmten Gebiet* (1).

Be|völ|ke|rungs|wachs|tum, das: *Wachstum* (2) *einer Bevölkerung.*

Be|völ|ke|rungs|wis|sen|schaft, die ⟨o. Pl.⟩: *Wissenschaft, die sich mit Strukturen u. Bewegungen von Bevölkerungen* (1) *beschäftigt.*

Be|völ|ke|rungs|zahl, die: *Anzahl der zu einer Bevölkerung* (1) *zählenden Menschen.*

Be|völ|ke|rungs|zif|fer, die: *Bevölkerungszahl.*

Be|völ|ke|rungs|zu|nah|me, die: *Zunahme einer Bevölkerung.*

Be|völ|ke|rungs|zu|wachs, der: vgl. Bevölkerungszunahme.

be|voll|mäch|ti|gen ⟨sw. V.; hat⟩: *mit einer Vollmacht ausstatten:* jmdn. zu etw. b.; [zu etw.] bevollmächtigt sein.

Be|voll|mäch|tig|te, der u. die; -n, -n ⟨Dekl. ↑Abgeordnete⟩: *jmd., der bevollmächtigt ist:* der, eine B. der Regierung.

Be|voll|mäch|ti|gung, die; -, -en: *das Bevollmächtigen; Erteilung einer Vollmacht.*

be|vor ⟨Konj.⟩ [mhd. bevor, ahd. bifora = vorher, zuvor, aus ↑bei u. ↑vor]: **1.** leitet einen temporalen Gliedsatz ein u. drückt die Nachzeitigkeit des darin genannten Geschehens aus; *ehe; vor dem Zeitpunkt, da ...:* b. wir abreisen, müssen wir noch einiges erledigen; unternimm etwas, b. es zu spät ist; du sollst den Gurt nicht schon lösen, b. die Maschine ausgerollt ist; b. er in unserem Betrieb angestellt wurde, war er als freier Mitarbeiter tätig gewesen; es hatte geendet, b. es richtig begonnen hatte; sie musste ihm alles sagen, b. *(bis)* er sich entscheiden würde; es geschah, [kurz, lange, zwei Wochen] b. er starb; [noch, erst] kurz b. er starb, hatte er sein Testament gemacht. **2.** leitet einen verneinten temporalen Gliedsatz mit konditionalem Nebensinn ein, der von einem ebenfalls verneinten Hauptsatz abhängt; *solange ... noch:* b. du nicht unterschrieben, mir keine Antwort gegeben hast, lasse ich dich nicht gehen; du darfst keinen Urlaub nehmen, b. deine Probezeit nicht abgelaufen ist; sie darf nicht fernsehen, b. nicht ihre Hausaufgaben gemacht sind.

be|vor|mun|den ⟨sw. V.; hat⟩ [im 16. Jh. für mhd. vormunden = Vormund sein]: *wie einen Unmündigen behandeln, in eigenen Angelegenheiten nicht selbst entscheiden lassen:* sich von niemandem b. lassen; viele Jugendliche fühlen sich von ihren Eltern bevormundet.

Be|vor|mun|dung, die; -, -en: *das Bevormunden:* obrigkeitliche, staatliche, autoritäre, politische B.; ich verbitte mir jede B.

be|vor|ra|ten ⟨sw. V.; hat⟩ (Papierdt.): **1.** *mit einem Vorrat versehen:* Haushaltungen [mit etw.] b.; ⟨auch b. + sich:⟩ sie waren unsicher, ob sie sich vor den Feiertagen b. sollten. **2.** *als Vorrat lagern:* Obst und Gemüse wollte der Händler nicht b.

Be|vor|ra|tung, die; -, -en: *das Bevorraten.*

be|vor|rech|ten ⟨sw. V.; hat⟩: *bevorrechtigen.*

be|vor|rech|ti|gen ⟨sw. V.; hat⟩ [für älteres: bevorrechten]: *durch Gewähren besonderer Rechte bevorzugen, privilegieren:* einzelne Personen, Gruppen b.; eine bevorrechtigte Straße (Verkehrsw.; *Vorfahrtsstraße*).

Be|vor|rech|ti|gung, die; -, -en: *das Bevorrechtigen; das Bevorrechtigtsein.*

Be|vor|rech|tung, die; -, -en: *Bevorrechtigung.*

be|vor|ste|hen ⟨unr. V.; hat; südd., österr., schweiz. auch: ist⟩: **1.** *[in naher Zukunft] zu* *erwarten sein:* seine Abreise, das Fest stand [unmittelbar, nahe] bevor; auf den Urlaub, der bevorstand, freute sie sich nun nicht mehr; mir steht Schlimmes bevor *(ich habe Schlimmes zu erwarten);* die bevorstehenden Wahlen. 2. (nordd.) *durch sein Bevorstehen unangenehme Gefühle hervorrufen:* die Operation, die Beerdigung steht mir [ziemlich, ein bisschen] bevor.

e|vor|teil|len ⟨sw. V.; hat⟩: **1.** *mit einem Vorteil bedenken, begünstigen.* **2.** (veraltet) *übervorteilen.*

e|vor|teil|lung, die; -, -en: *das Bevorteilen; das Bevorteiltwerden.*

e|vor|zu|gen ⟨sw. V.; hat⟩: **a)** *den Vorzug geben:* Rotwein, Kaffee b.; eine von der Art Frauen, die er bevorzugte; der Lastentransport soll bevorzugt *(vorzugsweise)* mit der Bahn erfolgen; **b)** *besser als andere behandeln, begünstigen, bevorrechtigen:* der Lehrer bevorzugte diesen Schüler [vor den anderen]; eine bevorzugte Stellung; Frauen sind bevorzugt *(vor den Männern)* zu bedienen.

e|vor|zu|gung, die; -, -en: *das Bevorzugen; das Bevorzugtwerden.*

e|wa|chen ⟨sw. V.; hat⟩ [mhd. bewachen]: *über jmdn., etw. wachen:* die Grenze b.; der Hund bewacht das Haus; die Gefangenen werden streng, scharf bewacht; der gefährliche Torschütze wurde gut bewacht (Ballspiele; *scharf, genau gedeckt*); ein bewachter Parkplatz; Ü sie bewachte *(beobachtete)* seinen Gemütszustand, um den Zusammenbruch zu verhindern.

e|wa|cher, der; -s, -: *jmd., der jmdn., etw. bewacht:* er überwältigte seinen B. und flüchtete.

e|wa|che|rin, die; -, -nen: w. Form zu ↑Bewacher.

e|wach|sen ⟨st. V.; hat⟩: *wachsend bedecken:* Moos bewuchs den Felsen; ⟨meist im 2. Part.:⟩ das Grundstück ist von Unkraut, mit Schilf bewachsen; der dicht bewachsene Boden.

e|wa|chung, die; -, -en: **1.** *das Bewachen; das Bewachtwerden:* die B. eines Gebäudes übernehmen; sich der B. (Ballspiele; *genauen Deckung*) entziehen; jmdn. unter scharfer B. abführen; jmdn., etw. unter B. stellen. **2.** *jmd., der jmdn., etw. bewacht:* er hatte die B. nicht bemerkt.

e|wa|chungs|mann|schaft, die: *Bewachung* (2).

e|waff|nen ⟨sw. V.; hat⟩: *mit Waffen versehen:* die Truppen neu b.; er bewaffnete sich mit einem Messer; die Rebellen waren schwer bewaffnet; bis an die Zähne bewaffnet sein; bewaffnete Bankräuber; bewaffneter *(unter Anwendung von Waffen geleisteter)* Widerstand; Ü ich bewaffnete mich (scherzh.; *versah mich*) mit einem Notizblock und einem Bleistift.

e|waff|ne|te, der u. die; -n, -n ⟨Dekl. ↑Abgeordnete⟩: *jmd., der bewaffnet ist.*

e|waff|nung, die; -, -en: **1.** *das Bewaffnen; das Bewaffnetwerden:* die B. der Truppe beschleunigen. **2.** *Gesamtheit der Waffen, mit denen jmd., etw. ausgerüstet ist:* die konventionelle, atomare B.; zur B. der Truppe gehören auch Maschinengewehre.

e|wah|ren ⟨sw. V.; hat⟩ [mhd. bewarn, ahd. biwarōn]: **1.** *behüten, schützen:* jmdn. vor Schaden, Krankheit, Enttäuschungen, Irrtümern b.; vor etw. bewahrt bleiben; (veraltet:) das Haus, einen Schatz b.; der Himmel bewahre mich davor, so etwas zu tun; * **[Gott] bewahre!,** (ugs.:) **i bewahre!** *(durchaus nicht, aber nein, nicht doch!):* wir sind doch keine Unmenschen, bewahre! **2.** (geh.) *aufbewahren, verwahren:* Schmuck in einem Kasten b.; Ü etw. im Gedächtnis b.; jmds. Worte im Herzen b. **3.** *[bei]behalten; erhalten:* Fassung, Haltung b.; über etw. Stillschweigen b.; dem Freund die Treue b.; jmdm. ein ehrendes Andenken b.; sich seine Unbefangenheit b.; dieser Brauch hat sich bis heute bewahrt.

e|wäh|ren ⟨sw. V.; hat⟩ [mhd. bewæren, ahd. biwāren = sich als wahr, als richtig erweisen, zu ↑wahr]: **1.** ⟨b. + sich⟩ *sich als geeignet, zuverlässig erweisen:* er muss sich erst noch b.; du hast dich als zuverlässiger Arbeiter bewährt; diese Einrichtung hat sich [gut, nicht] bewährt. **2.** (veraltend) *beweisen, zeigen:* er hat seinen Mut oft bewährt.

Be|wah|rer, der; -s, -: *jmd., der etw. bewahrt:* er wollte der B. des Friedens in dieser Region sein.

Be|wah|re|rin, die; -, -nen: w. Form zu ↑Bewahrer.

be|wahr|hei|ten, sich ⟨sw. V.; hat⟩: *sich als wahr, richtig erweisen:* das Gerücht scheint sich zu b.; an ihm bewahrheitet sich die Prophezeiung.

be|währt ⟨Adj.⟩ [2. Part. von ↑bewähren (1)]: *sich bewährt habend; erprobt:* ein -er Mitarbeiter; ein -es Hausmittel, Rezept; eine [bestens, seit langem, seit Jahrhunderten] -e Technik, Methode; in -er Manier, Weise; ⟨subst.:⟩ auf Bewährtes zurückgreifen.

Be|währt|heit, die; -: *das Bewährtsein.*

Be|wah|rung, die; -: *das Bewahren.*

Be|wäh|rung, die; -, -en: **a)** *das Sichbewähren:* eine Möglichkeit zur B. erhalten; **b)** (Rechtsspr.) *das Sichbewähren eines Verurteilten durch die Erfüllung der Voraussetzungen für einen im Urteil vorgesehenen Straferlass während einer vom Gericht festgesetzten Bewährungsfrist:* die Strafe wurde zur B. ausgesetzt; der Angeklagte wurde zu einer Freiheitsstrafe von zwei Jahren mit Bewährung *(Strafaussetzung zur Bewährung)* verurteilt.

Be|wäh|rungs|auf|la|ge, die (Rechtsspr.): *mit einer Bewährungsstrafe verbundene Auflage* (2 a).

Be|wäh|rungs|frist, die: **a)** (Rechtsspr.) *Frist, in der sich ein Verurteilter zum Zweck des endgültigen Straferlasses bewähren soll:* das Urteil wurde mit einer B. von drei Jahren ausgesetzt; **b)** *Bewährungszeit* (a): dem Vorstand wurde noch eine B. von einem Jahr gewährt.

Be|wäh|rungs|hel|fer, der (Rechtsspr.): *jmd., der mit der Wahrnehmung der Bewährungshilfe betraut wurde:* er arbeitet als B. für straffällig gewordene Jugendliche.

Be|wäh|rungs|hel|fe|rin, die; -, -nen: w. Form zu ↑Bewährungshelfer.

Be|wäh|rungs|hil|fe, die (Rechtsspr.): *Betreuung eines zu einer Bewährungsstrafe Verurteilten durch eine dafür vom Gericht bestellte Person.*

Be|wäh|rungs|pro|be, die: *Vorgang, Ereignis, bei dem jmd., etw. sich bewähren muss:* jmdn. auf eine harte B. stellen.

Be|wäh|rungs|stra|fe, die; -, -en: *zur Bewährung ausgesetzte Freiheitsstrafe:* sie erhielt eine B. von einem Jahr.

Be|wäh|rungs|zeit, die: **a)** *Zeitraum, in dem sich jmd., etw. bewähren* (1) *soll:* nach einer dreimonatigen B. soll entschieden werden, ob diese Verfahrensweise beibehalten wird; **b)** (Rechtsspr.) *Bewährungsfrist* (a): nach Ablauf der B. wurde die Strafe erlassen.

be|wal|den ⟨sw. V.; hat⟩: **a)** ⟨b. + sich⟩ *von Wald bedeckt werden:* der Hügel bewaldete sich allmählich; ⟨meist im 2. Part.:⟩ bewaldete Berge; dreißig Prozent der Fläche sind bewaldet; **b)** *mit Wald bedecken:* die Gebiete, in denen Braunkohletagebaue abgearbeitet wurden, sollen danach bewaldet werden.

Be|wal|dung, die; -, -en: **a)** *das Bewalden* (b); *das Bewaldetwerden:* die B. des abgearbeiteten Tagebaues ist vom Gemeinderat beschlossen worden; **b)** *das Bewaldetsein; Wald, der eine Fläche bedeckt:* die Verschiedenheit der B. ist eine Folge des unterschiedlichen Klimas.

be|wäl|ti|gen ⟨sw. V.; hat⟩ [für veraltet gewältigen, mhd. geweltigen, zu ↑Gewalt]: *mit etwas Schwierigem fertig werden; etw. meistern:* eine Arbeit [spielend] b.; ein Problem b.; die Vergangenheit, ein traumatisches Erlebnis, ein Trauma b.; sie konnten den Besucherandrang nicht b.; diese Portionen kann man kaum b.; das ganze Material muss bewältigt werden; das zu bewältigende Pensum, die zu bewältigende Aufgabe.

Be|wäl|ti|gung, die; -, -en: *das Bewältigen:* die B. dieser Schwierigkeiten.

be|wan|dert ⟨Adj.⟩ [eigtl. = ausgiebig durchwandert (u. kennen gelernt) habend]: *(auf einem bestimmten Gebiet) erfahren, gut Bescheid wissend, sich auskennend:* auf einem Gebiet [gut] b. sein; ein in allen einschlägigen Arbeiten -er Fachmann.

be|wandt ⟨Adj.⟩ [mhd. bewant, zu ↑bewenden]: in der Verbindung **so b. sein** (veraltet; *so beschaffen, gelagert sein*): die Umstände sind so b., dass ...; damit ist es so b. *(hat es Folgendes auf sich).*

Be|wandt|nis, die; -, -se: *Beschaffenheit, Wesen, Charakter, wesentliches Merkmal:* mit jmdm., etw. hat es [s]eine eigene/besondere B., hat es folgende B. *(für jmdn., für etw. sind besondere/folgende Umstände maßgebend; mit jmdm., etw. hat es etwas Besonderes/hat es Folgendes auf sich).*

be|wäs|sern ⟨sw. V.; hat⟩: *(den Boden) durch Zuführung von Wasser mit Feuchtigkeit versehen:* Felder durch ein System von Kanälen [künstlich] b.; bewässerte Flächen für den Gemüseanbau.

Be|wäs|se|rung, (auch:) Bewässrung, die; -, -en: *das Bewässern; das Bewässertsein:* die Kanäle dienen zur B. der Felder.

Be|wäs|se|rungs|an|la|ge, die: *Anlage zum Bewässern von etw.*

Be|wäs|se|rungs|gra|ben, der: *der Bewässerung von etw. dienender Graben:* einen B. anlegen.

Be|wäss|rung: ↑Bewässerung.

Be|wäss|rungs|an|la|ge usw.: ↑Bewässerungsanlage usw.

be|weg|bar ⟨Adj.⟩: *sich* [1]*bewegen lassend.*

[1]**be|we|gen** ⟨sw. V.; hat⟩ [mhd. bewegen, ahd. biwegen, zu mhd. wegen, ahd. wegen = in Bewegung setzen, zu mhd. wegen, ahd. wegan, ↑[2]bewegen]: **1. a)** *bewirken, verursachen, dass jmd., etw. seine Lage, Stellung verändert:* den Arm b.; der Wind bewegte die Blätter; er konnte die Kiste nicht [von der Stelle] b.; sie bewegte beim Sprechen kaum die Lippen; Ü der neue Mann hat schon viel bewegt *(durch aktives Eingreifen verändert);* **b)** ⟨b. + sich⟩ *seine Lage verändern; nicht in einer bestimmten Position, an einer bestimmten Stelle o. Ä. verharren:* sich nur langsam b. können; die Blätter, die Fahnen bewegen sich im Wind; sich hin und her b.; vor Schmerzen konnte er sich kaum b.; bei den Verhandlungen hat sich doch noch etwas bewegt, ein Kompromiss konnte gefunden werden; **c)** ⟨b. + sich⟩ *sich an einen anderen Ort begeben, den Ort stetig (in einer bestimmten Richtung, auf einem bestimmten Weg) wechseln:* sich im Kreis b.; ein langer Zug von Menschen bewegte sich zum Friedhof; die Erde bewegt sich um die Sonne; Ü wir bewegen uns bei dieser Diskussion im Kreis; der Preis bewegt sich *(schwankt)* zwischen zehn und zwanzig Mark; **d)** *jmdm., sich Bewegung* (1 b) *verschaffen:* ich muss mich noch ein bisschen b.; die Pferde müssen jeden Tag bewegt werden; **e)** ⟨b. + sich⟩ *sich verhalten:* er durfte sich [innerhalb des Lagers] frei b.; sie wusste nicht, wie sie sich in diesen Kreisen b. sollte; er bewegte sich völlig ungezwungen, mit großer Sicherheit auf dem diplomatischen Parkett. **2. a)** *erregen, ergreifen, rühren:* seine Worte haben uns tief bewegt; **b)** *innerlich beschäftigen:* dieser Gedanke bewegt mich seit langem; **c)** (geh.) *bedenken:* die Worte, das Gehörte in seinem Innern b.

[2]**be|we|gen** ⟨st. V.; hat⟩ [mhd. bewegen = bewegen (refl. = sich entschließen), ahd. biwegan = bewegen, abwägen, zu mhd. wegen = sich bewegen; Gewicht haben, ahd. wegan = bewegen, wiegen (↑wägen)]: *(durch Gründe, Motive) veranlassen, bestimmen, zu einem bestimmten Entschluss bringen:* jmdn. zum Einlenken b.; er ließ sich nicht b., bei uns zu bleiben; ihre Mahnung bewog ihn zum Verzicht; was hat ihn wohl zur Abreise bewogen?

Be|weg|grund, der: *einen Menschen zu einer Handlung bewegender Grund; Motiv:* was war Ihr B.?; aus niedrigen Beweggründen handeln.

be|weg|lich ⟨Adj.⟩ [mhd. beweglich]: **1.** *sich bewegen lassend:* die Puppe hat -e Glieder; -e *(trans-*

B

portierbare) Habe, Güter; der Hebel ist nur schwer b.; etw. b. halten. **2.** *wendig, schnell reagierend:* ein -er Verstand; sie ist [geistig] sehr b.; eine -e Politik. **3.** (veraltend) *bewegend, rührend, ergreifend:* sie konnte recht b. bitten.

Be|weg|lich|keit, die; -: *das Beweglichsein:* körperliche, geistige, politische B.; das Gelenk wird in seiner B. eingeschränkt bleiben.

be|wegt ⟨Adj.⟩ [2. Part. von ↑[1]bewegen (1)]: **1. a)** *in Bewegung befindlich, unruhig:* bei [leicht, kaum] -er See; das Wasser war sehr b.; **b)** *ereignisreich, unruhig:* ein -es Leben; er hat eine -e Vergangenheit. **2.** *durch Bewegung (2) gekennzeichnet, von Bewegung zeugend:* er dankte mit -en Worten.

-be|wegt: drückt in Ableitungen von Zus. mit dem Grundwort »-bewegung« die Verbundenheit mit einer bestimmten Bewegung aus: frauen-, friedens-, jugend-, umweltbewegt.

Be|wegt|heit, die; -: **1. a)** *bewegter (1 a) Zustand:* die B. des Wassers, die unruhige Fahrt des Schiffes verstärkten ihre Übelkeit; **b)** *bewegter (1 b) Charakter:* trotz der B. seiner Vergangenheit. **2.** *Zustand inneren Bewegtseins:* mit B. denkt man an die Opfer der Erdbebenkatastrophe.

Be|we|gung, die; -, -en [mhd. bewegunge]: **1. a)** *das [Sich]bewegen durch Veränderung der Lage, Stellung, Haltung:* eine ruckartige B.; ihre -en sind elegant, geschmeidig, plump; sie machte eine ungeduldige, abwehrende B. [mit der Hand]; eine Maschine in B. setzen; mit einer unwilligen B. reagieren; **Ü** ich habe alles in B. gesetzt *(alles unternommen, versucht),* um diese historische Aufnahme zu bekommen; **b)** *das [Sich]bewegen:* die gleichmäßig beschleunigte B. eines fallenden Steins; der Bau erfordert die B. großer Erdmassen; B. durch Treibriemen übertragen; B. in Wärme umsetzen; der Arzt verordnete ihm viel B. in frischer Luft; alles geriet in B.; die ganze Stadt war in B. *(viele Menschen waren auf der Straße);* wir werden ihn schon in B. bringen, halten *(wir werden dafür sorgen, dass er etwas tut);* der Zug setzte sich in B. *(begann sich in eine Richtung zu bewegen).* **2.** *inneres Bewegtsein, innere Bewegtheit, Ergriffenheit, Rührung, Erregung:* er konnte seine [innere] B. nicht verbergen. **3. a)** *politisch, historisch bedeutendes gemeinsames (geistiges od. weltanschauliches) Bestreben einer großen Gruppe:* die liberale B. des 19. Jahrhunderts; **b)** *größere Anzahl von Menschen, die sich zur Durchsetzung eines gemeinsamen [politischen] Zieles zusammengeschlossen haben:* die verschiedenen revolutionären -en schlossen sich zusammen.

Be|we|gungs|ab|lauf, der: *Ablauf einer Bewegung (1 a).*

Be|we|gungs|ap|pa|rat, der (Anat.): *(beim Menschen u. bei höheren Tieren) Gesamtheit der zur Ausführung von Bewegungen (1 a) erforderlichen Teile des Körpers.*

Be|we|gungs|drang, der ⟨o. Pl.⟩: *Drang, sich zu bewegen; Bewegungstrieb:* seinen B. ausleben, stillen; unsere Tochter hat einen unbändigen B.

Be|we|gungs|ener|gie, die ⟨o. Pl.⟩ (Physik): *Energie, die ein Körper aufgrund seiner Bewegung besitzt, kinetische Energie.*

Be|we|gungs|frei|heit, die ⟨o. Pl.⟩: *Möglichkeit, sich frei zu bewegen:* jmdm. volle B. lassen.

be|we|gungs|los ⟨Adj.⟩: *ohne Bewegung; regungslos; reglos.*

Be|we|gungs|lo|sig|keit, die; -: *bewegungsloser Zustand.*

Be|we|gungs|mel|der, der (Technik): *Gerät, das alle in einem bestimmten Bereich auftretenden Bewegungen registriert u. in irgendeiner Weise auf sie reagiert:* zum Schutz vor Einbrechern ließ er am Haus B. anbringen.

Be|we|gungs|rich|tung, die: *Richtung, in die eine Bewegung (1) führt.*

Be|we|gungs|spiel, das: *Spiel, das mit körperlicher Bewegung verbunden ist.*

Be|we|gungs|the|ra|pie, die (Med.): *Therapie durch systematische aktive od. passive Bewegung des Körpers od. einzelner Glieder.*

Be|we|gungs|trieb, der: *Bewegungsdrang.*

Be|we|gungs|über|tra|gung, die: *Übertragung von Bewegung (1 b).*

Be|we|gungs|übung, die: *[Sport]übung zur Erhaltung bzw. Erhöhung der körperlichen Beweglichkeit:* besonders wirkungsvoll sind -en im Wasser.

be|we|gungs|un|fä|hig ⟨Adj.⟩: *nicht fähig, sich zu bewegen.*

Be|we|gungs|un|fä|hig|keit, die: *das Bewegungsunfähigsein.*

Be|we|gungs|ver|mö|gen, das: *Fähigkeit, sich zu bewegen.*

be|weh|ren ⟨sw. V.; hat⟩ [zu ↑[1]Wehr]: **1. a)** *mit Waffen, Anlagen o. Ä. zum Schutz gegen Angriffe versehen:* die Burg war mit dicken Mauern bewehrt; mit Eisengittern bewehrte Fenster; **b)** ⟨b. + sich⟩ *sich bewaffnen:* um den Angriff abzuwehren, hatte er sich mit einer Latte bewehrt. **2.** *armieren (2 a):* mit Stahl bewehrter Beton. **3.** (Rechtsspr.) *mit einer Strafandrohung versehen:* die Vorschriften sind durch Strafandrohung bewehrt.

Be|weh|rung, die; -, -en: **1.** *das Bewehren; das Bewehrtwerden.* **2.** *Gesamtheit dessen, womit etw. bewehrt ist.*

be|wei|den ⟨sw. V.; hat⟩ (Landw.): *weidend abgrasen:* ein Wiesengrundstück b. lassen; es besteht die Gefahr, dass die Almen zu stark beweidet werden.

Be|wei|dung, die; -, -en: *das Beweiden; das Beweidetwerden.*

be|weih|räu|chern ⟨sw. V.; hat⟩: **1.** *mit Weihrauch umgeben, erfüllen:* ein Kultbild b. **2.** (ugs. abwertend) *über Gebühr, maßlos verherrlichen, übertreibend loben:* sich selbst b.; er gehört zu den beweihräucherten Liedermachern dieser Szene.

Be|weih|räu|che|rung, die; -, -en: *das Beweihräuchern; das Beweihräuchertwerden.*

be|wei|nen ⟨sw. V.; hat⟩ [mhd. beweinen, ahd. biweinōn]: *[weinend] betrauern, beklagen:* einen Toten, einen Verlust b.

Be|wei|nung, die; -, -en ⟨Pl. selten⟩: *das Beweinen:* die B. Christi, eines Toten.

Be|weis, der; -es, -e [15. Jh., zu ↑beweisen]: **1.** *Nachweis dafür, dass etw. zu Recht behauptet, angenommen wird; Gesamtheit von bestätigenden Umständen, Sachverhalten, Schlussfolgerungen:* ein schlüssiger B.; das ist der B. seiner Schuld/für seine Schuld; der B. für die Richtigkeit meiner Auffassung ist, dass …; -e für etw. haben; den B. für etw. liefern, antreten, führen, erbringen *(etw. beweisen);* [über etw.] B. erheben (Rechtsspr.: *[zu einer bestimmten Frage] die Beweisaufnahme vornehmen*); der Angeklagte wurde mangels, aus Mangel an -en freigesprochen; als/zum B. seiner Aussage legte er Briefe vor; etw. unter B. stellen (Papierdt.: *etw. beweisen*); ich glaube das bis zum B. des Gegenteils. **2.** *sichtbarer Ausdruck von etw.; Zeichen, das etw. offenbar macht:* die Äußerung ist ein B. ihrer Schwäche; beide gaben überraschende -e ihrer Trinkfestigkeit; jmdm. einen B. seines Vertrauens geben.

Be|weis|auf|nah|me, die (Rechtsspr.): *richterliche Prüfung u. Benutzung der Beweismittel in einem bestimmten gerichtlichen Verfahrensabschnitt:* die B. eröffnen, schließen; in die B. eintreten.

be|weis|bar ⟨Adj.⟩: *sich beweisen lassend:* eine nicht, nur schwer, kaum -e Behauptung; es ist b., dass er ein Komplize des Täters war.

Be|weis|bar|keit, die; -: *das Beweisbarsein.*

be|wei|sen ⟨st. V.; hat⟩ [mhd. bewīsen = belehren, zeigen, aufweisen]: **1.** *den Beweis (1) für etw. liefern, führen; nachweisen:* eine Behauptung, einen Lehrsatz, eine Formel, die Existenz Gottes b.; seine Unschuld, die Richtigkeit einer Behauptung [durch Argumente, Urkunden, Zeugen] b.; etw. wissenschaftlich b.; es lässt sich [nicht mehr] b., dass er dort war; dieser Brief beweist gar nichts; dem Angeklagten konnte die Tat nicht bewiesen werden; ich habe ihm [dadurch, damit] bewiesen, dass er Unrecht hat; was zu b. war (bekräftigende Schlussformel nach einem durchgeführten Beweis). **2.** *einen Beweis (2) von etw. geben; erkennen lassen, zeigen:* seine Ablehnung beweist nur seine mangelnde Einsicht; er hat bei dem Unglück große Umsicht bewiesen. **3. a)** ⟨b. + sich⟩ *mit bestimmten Leistungen seine Fähigkeiten, seine Befähigung für etw. unter Beweis stellen:* er wollte sich seinen Mut b. und sprang von der Klippe ins Meer; **b)** *sich als etw. Bestimmtes erweisen, sich bestätigen, den Nachweis für etw. erbringen:* die Journalisten, die sich als hartnäckig bewiesen hatten, ließen sich nicht abweisen.

Be|weis|füh|rung, die: **a)** *das [Durch]führen, Erbringen eines Beweises:* die B. übernehmen; **b)** *Schrittfolge eines Beweises (1):* eine exakte, geschickte, logische B.

Be|weis|ge|gen|stand, der (Rechtsspr.): *Gegenstand eines Beweises (1); dasjenige, was in der Beweisaufnahme ermittelt werden soll.*

Be|weis|grund, der: *Grund, auf den sich ein Beweis stützt, Argument:* ein stichhaltiger, entscheidender B. für die Richtigkeit dieser Behauptung.

Be|weis|ket|te, die: *Kette von Teilbeweisen:* eine lückenlose B.

Be|weis|kraft, die ⟨o. Pl.⟩: *Eignung, als glaubwürdiger Beweis zu gelten:* dieses Dokument, Zeugnis hat keine B.

be|weis|kräf|tig ⟨Adj.⟩: *Beweiskraft habend:* ein -er Brief.

Be|weis|la|ge, die ⟨o. Pl.⟩ (bes. Rechtsspr.): *Lage hinsichtlich des Vorhandenseins od. Fehlens von Beweisen:* eine klare B.; die B. prüfen.

Be|weis|last, die ⟨o. Pl.⟩ (Rechtsspr.): *Verpflichtung, für die Wahrheit bestimmter Behauptungen einen Beweis zu führen:* die B. liegt bei der Staatsanwaltschaft, beim Kläger; die B. tragen; die B. umkehren (Rechtsspr.; *die Beweispflicht dem anderen Kontrahenten auferlegen*).

Be|weis|ma|te|ri|al, das (Rechtsspr.): *Material, das zu einem juristischen Beweis beiträgt:* B. beschlagnahmen, sicherstellen, sammeln, fälschen, vernichten, verschwinden lassen.

Be|weis|mit|tel, das (Rechtsspr.): *Mittel, Sache, Indiz, worauf sich ein Beweis stützt, bes. eines der Mittel, die dem Richter Kenntnisse über den Beweisgegenstand ermöglichen od. vermitteln sollen (z. B. Urkunden, Zeugen, Sachverständige Augenschein).*

Be|weis|pflicht, die ⟨o. Pl.⟩ (Rechtsspr.): *Beweislast.*

Be|weis|stück, das: *Sache, auf die sich ein Beweis stützt.*

be|wen|den ⟨unr. V.⟩ [mhd. bewenden, ahd. biwenten = hin-, um-, anwenden]: in den Verbindungen **es bei/**(seltener:) **mit etw. b. lassen** *(es mit etw. genug, gut, abgetan, erledigt sein lassen):* wir wollen es diesmal noch bei einer Verwarnung, leichten Strafe b. lassen; ⟨subst.:⟩ **bei/mit etw. sein Bewenden haben** *(auf etw. beschränkt bleiben):* damit mag es sein Bewenden haben.

be|wer|ben, sich ⟨st. V.; hat⟩ [mhd. bewerben, ahd. bi(h)werban = erwerben]: **1.** ⟨b. + sich⟩ *sich um etw., bes. eine Stellung o. Ä., bemühen:* sich bei einer Firma b.; sich um eine Position, einen Job, eine Kandidatur, eine Nominierung, ein Amt, ein Mandat, ein Stipendium, einen Studienplatz, eine Mitgliedschaft b.; ich habe mich dort [als Buchhalter] beworben; mehrere Bauunternehmen haben sich um den Auftrag beworben; er bewarb sich darum, in den Klub aufgenommen zu werden; (geh.:) sich um jmds. Gunst b. **2.** (Kaufmannsspr.) *Werbung für etw. treiben:* Bücher b.; im Test schnitten die am häufigsten beworbenen Cremes am schlechtesten ab; in Zukunft soll man Kinder besonders b. *(mit Werbung zu gewinnen suchen).*

Be|wer|ber, der; -s, -: *jmd., der sich um etw. od. jmdn. bewirbt:* für diesen Job gibt es zahlreiche B.; sie hat viele B. *(Freier)* abgewiesen.

Be|wer|be|rin, die; -, -nen: w. Form zu ↑Bewerber.

Be|wer|bung, die; -, -en: **1.** *das Sichbewerben:*

seine B. um diesen Posten hatte Erfolg; die B. muss schriftlich erfolgen; seine B. zurückziehen. **2.** *Bewerbungsschreiben:* Ihre B. liegt uns vor; auf die Annonce hin gingen zahlreiche -en ein. **3.** (Kaufmannsspr.) *das Bewerben* (2).

e|wer|bungs|schrei|ben, das: *schriftliche Bewerbung.*

e|wer|bungs|un|ter|la|gen ‹Pl.›: *für eine Bewerbung erforderliche Unterlagen.*

e|wer|fen ‹st. V.; hat›: **1.** *etw. auf jmdn., auf etw. werfen:* der Redner wurde mit Tomaten beworfen; sich [gegenseitig]/(geh.:) einander mit Schneebällen b.; **Ü** jmdn., jmds. Namen mit Schmutz b. *(jmdn. in übler Weise verleumden, beleidigen).* **2.** (Bauw.) *durch Bewerfen verputzen:* eine Mauer mit Mörtel b.

e|wer|fung, die; -, -en: *das Bewerfen.*

e|werk|stel|li|gen ‹sw. V.; hat› [zu veraltet werkstelligen = ausführen, ins Werk setzen, zu ↑Werk] (Papierdt.): *(etw. Schwieriges) mit Geschick od. Schläue zustande bringen, erreichen:* er wird den Verkauf schon b.; wir müssen es irgendwie b., dass er mitmacht; ich weiß nicht, wie ich das b. soll.

e|werk|stel|li|gung, die; -: *das Bewerkstelligen.*

e|wert|bar ‹Adj.›: *sich bewerten lassend.*

e|wer|ten ‹sw. V.; hat›: *dem [Geld]wert, der Qualität, Wichtigkeit nach [ein]schätzen, beurteilen:* einen Menschen nach seinem Erfolg b.; das Grundstück wurde mit 80 000 Mark viel zu hoch bewertet; der Aufsatz wurde mit [der Note] »gut« bewertet.

e|wer|tung, die; -, -en: **1.** *das Bewerten:* die B. eines Aufsatzes durch den Lehrer. **2.** *sprachliche Äußerung, durch die etw., jmd. bewertet wird:* eine B. schreiben; seine Leistung erhielt unterschiedliche -en.

e|wer|tungs|maß|stab, der: *Maßstab für die Bewertung.*

e|wet|tern ‹sw. V.; hat› (Bergbau): *einem Grubenbau Frischluft zuführen:* einen Schacht b.

e|wet|te|rung, die; -: *das Bewettern.*

e|wie|se|ner|ma|ßen ‹Adv.›: *wie bewiesen wurde; nachweislich.*

e|wil|li|gen ‹sw. V.; hat› [zu gleichbed. mhd. willigen, zu ↑willig]: *(bes. offiziell, amtlich auf Antrag) gewähren, genehmigen, zugestehen, zubilligen:* [jmdm.] einen Kredit b.; man hat ihm zwei Mitarbeiter bewilligt; die Steuern mussten vom Parlament bewilligt werden; *** jmdm. eins/eine/ein Ding b.** (salopp; *jmdm. eine Ohrfeige geben; einen Schlag, Stoß, Tritt versetzen).*

e|wil|li|gung, die; -, -en: **1.** *das Bewilligen.* **2.** *(schriftliche) Zusage, dass etw. bewilligt wird:* die B. [zur Akteneinsicht] geben, erhalten.

e|wil|li|gungs|pflicht, die (Amtsspr.): *Genehmigungspflicht.*

e|wil|li|gungs|pflich|tig ‹Adj.; Amtsspr.›: *genehmigungspflichtig.*

e|wil|li|gungs|zeit|raum, der: **1.** *Zeitraum, für den etw. genehmigt wird:* im B. werden dafür 5 Millionen Mark ausgegeben. **2.** *Zeitraum, der vergeht, bis etw. genehmigt wird:* Ziel der Stadtverwaltung ist es, einen B. von höchstens 8 Wochen zu garantieren. **3.** *Zeitraum, innerhalb dessen eine Freistellung o. Ä. ein Mal gewährt wird:* der B. für Kuren ist verkürzt worden.

e|will|komm|nen ‹sw. V.; hat› (geh.): *willkommen heißen, freundlich empfangen:* einen Gast b.

e|will|komm|nung, die; -, -en (geh.): *das Bewillkommnen.*

e|wir|ken ‹sw. V.; hat› [mhd. bewirken = umfassen; die heutige Bed. seit dem 18. Jh.]: *verursachen, (als Wirkung) hervorbringen, veranlassen, hervorrufen, herbeiführen:* eine Änderung b.; er, sein Eingreifen bewirkte, dass sich manches änderte; ein Tiefdruckgebiet bewirkte lang anhaltende Regenfälle.

e|wir|kung, die; - (selten): *das Bewirken.*

e|wir|ten ‹sw. V.; hat› [mhd. bewirten, zu ↑Wirt]: **1.** *einem Gast zu essen u. zu trinken geben:* er bewirtete uns mit Tee und Gebäck. **2.** (schweiz.) *(Land) bewirtschaften.*

be|wirt|schaf|ten ‹sw. V.; hat›: **1.** *(bes. einen landwirtschaftlichen Betrieb, eine Gaststätte) wirtschaftend leiten, betreiben, versorgen:* einen Bauernhof rentabel b.; eine [nur im Sommer] bewirtschaftete *(als Gaststätte geöffnete)* Hütte. **2.** *bestellen, landwirtschaftlich bearbeiten:* ein Stück Land b. **3.** *Verbrauch, Zuteilung, Verkauf od. Vergabe von etw. staatlich kontrollieren, lenken u. einschränken, rationieren:* Nahrungsmittel, Wohnraum, Devisen b.

Be|wirt|schaf|ter, der; -s, -: *jmd., der etw. bewirtschaftet* (1, 2).

Be|wirt|schaf|te|rin, die; -, -nen: w. Form zu ↑Bewirtschafter.

Be|wirt|schaf|tung, die: -, -en: *das Bewirtschaften.*

Be|wir|tung, die; -, -en: **1.** *das Bewirten:* eine gastliche, freundliche B. **2.** (selten) *Essen u. Trinken, womit jmd. bewirtet wird.*

Be|wir|tungs|kos|ten ‹Pl.› (Steuerw.): *[abzugsfähige] Kosten für die Bewirtung von Geschäftspartnern o. Ä.*

Be|wir|tungs|ver|trag, der (Rechtsspr.): *Rechtsgeschäft, das durch die Bewirtung eines Gastes in einer Gaststätte o. Ä. zustande kommt.*

be|wit|zeln ‹sw. V.; hat›: *über etw., jmdn. Witze machen, witzeln:* jmdn., jmds. Kleidung b.

be|wohn|bar ‹Adj.›: *zum Bewohnen geeignet:* ein altes, verfallenes Haus b. machen.

Be|wohn|bar|keit, die; -: *das Bewohnbarsein.*

be|woh|nen ‹sw. V.; hat› [mhd. bewonen]: *in, auf etw. wohnen:* ein Haus, Stockwerk b.; die Insel ist [nicht] bewohnt; **Ü** das Alpenveilchen bewohnt Gebiete in den Mittelmeerländern (Bot.; *kommt in Gebieten der Mittelmeerländer vor).*

Be|woh|ner, der; -s, -: **1.** *jmd., der etw. bewohnt:* die B. des Hauses, der Insel; B. der Steppe (Biol.; *nur in Steppen vorkommende Pflanzen od. Tiere).* **2.** ‹Pl.› (ugs. scherzh.) *Ungeziefer, von dem jmd. befallen ist:* B. haben.

Be|woh|ne|rin, die; -, -nen: w. Form zu ↑Bewohner.

Be|woh|ner|schaft, die; -, -en: *Gesamtheit der Bewohner.*

be|wöl|ken, sich ‹sw. V.; hat›: *sich mit Wolken bedecken:* der Himmel bewölkte sich rasch; ein bewölkter Himmel; **Ü** seine Stirn bewölkte sich *(seine Miene verfinsterte sich, wurde verdrießlich).*

Be|wöl|kung, die; -, -en: **1.** ‹o. Pl.› *das Sichbedecken mit Wolken; das Sichbewölken:* eine allmähliche B. des Himmels. **2.** ‹Pl. selten› *das Bewölktsein, Gesamtheit der am Himmel befindlichen Wolken, Wolkendecke:* leichte, aufgelockerte, wechselnde B.; die B. reißt auf.

Be|wöl|kungs|auf|lo|cke|rung, die (Met.): *das Auflockern, Aufreißen der Bewölkung.*

Be|wöl|kungs|zu|nah|me, die (Met.): *Zunahme der Bewölkung.*

be|wu|chern ‹sw. V.; hat›: *wuchernd bedecken:* Unkraut bewucherte die Gräber.

Be|wu|che|rung, die; -: *das Bewuchern.*

Be|wuchs, der; -es: *Gesamtheit der Pflanzen, mit denen etw. bedeckt, bewachsen ist; Pflanzendecke:* der B. des Ufers.

Be|wun|de|rer, Bewundrer, der; -s, -: *jmd., der jmdn. od. etw. bewundert:* ein glühender B. [der Kunst] des Meisters.

Be|wun|de|rin, Bewundrerin, die; -, -nen: w. Form zu ↑Bewunderer.

be|wun|dern ‹sw. V.; hat› [eigtl. = als ein Wunder betrachten]: *eine Sache, Person od. deren Leistung als außergewöhnlich betrachten u. staunend anerkennende Hochachtung für sie empfinden [u. diese äußern]:* jmdn. [wegen seiner Leistungen] b.; er bewunderte im Stillen ihren Mut; ein Gemälde b.; seine Geduld ist zu b. *(bewundernswert, -würdig);* bewundernde Blicke; jmds. bewundertes Vorbild sein.

be|wun|derns|wert ‹Adj.›: *bewundernswürdig.*

be|wun|derns|wer|ter|wei|se ‹Adv.›: *so, dass es Bewunderung verdient.*

be|wun|derns|wür|dig ‹Adj.›: *Bewunderung verdienend:* eine -e Fertigkeit.

Be|wun|de|rung, die; -, -en ‹Pl. selten›: *das Bewundern; große Anerkennung, Hochachtung:* jmdm. B. einflößen, abnötigen; jmdn., etw. mit unverhohlener B., voller B. betrachten.

be|wun|de|rungs|wür|dig ‹Adj.›: vgl. bewundernswürdig.

Be|wund|rer: ↑Bewunderer.

Be|wund|re|rin: ↑Bewunderin.

Be|wurf, der; -[e]s, Bewürfe: *Putz, mit dem etw. beworfen ist; angeworfener Mauerputz.*

be|wur|zeln, sich ‹sw. V.; hat› (Bot.): *Wurzeln bekommen:* einen Pflanzentrieb abschneiden und in die mit Wasser gefüllte Vase stecken, damit er sich bewurzelt.

Be|wur|ze|lung, Be|wurz|lung, die; -, -en: *das Sichbewurzeln.*

be|wusst ‹Adj.› [md., mniederd. bewūst, eigtl. 2. Part. von veraltet bewissen = sich zurechtfinden, zu ↑wissen]: **1. a)** *absichtlich, gewollt, willentlich:* eine -e Lüge; die -e *(überzeugte)* Ablehnung des Materialismus; er war ein -er *(überzeugter)* Anhänger des Sozialismus; er hat es ganz b. getan; **b)** *klar erkennend, geistig wach:* ein -er *(bewusst lebender, handelnder)* Mensch; die ökologische Bürgerbewegung profitierte davon, dass die Menschen -er *(wacher, klarer, kritischer)* geworden waren; er hat den Krieg noch nicht b. erlebt; wir waren alle b. oder unbewusst *(wissentlich od. unwissentlich)* daran beteiligt; *** sich ‹Dativ› einer Sache b. sein, werden** *(sich über etw. im Klaren sein, über etw. klar werden):* sich der Bedeutung einer Sache voll b. sein, werden; **c)** *ins klare, wache Bewusstsein gedrungen, im klaren, wachen Bewusstsein vorhanden:* -e und unbewusste Vorstellungen; jmdn., sich etw. b. machen; jmdm. seine Situation b. machen; etw. ist/wird jmdm. b. *(jmd. weiß etw./erkennt etw. klar);* es ist mir nicht mehr b. *(erinnerlich),* wann das geschah. **2.** *bereits erwähnt, [den Eingeweihten] bekannt:* in dem -en Haus.

-be|wusst: 1. drückt in Bildungen mit Substantiven aus, dass sorgsam auf etw. geachtet wird und man sich bemüht, negative Auswirkungen darauf zu vermeiden: figur-, gesundheits-, konjunktur-, umweltbewusst. **2.** drückt in Bildungen mit Substantiven aus, dass man sich über etw. im Klaren ist, dass etw. in seiner vollen Bedeutung klar erkannt wird: geschlechts-, prestige-, problembewusst.

Be|wusst|heit, die; -: *das Wahrgenommen-, Geleitetsein durch das klare Bewusstsein:* die B. einer Handlung; mit B. handelnde Menschen; ein Mensch von hoher B.

be|wusst|los ‹Adj.›: **1.** *ohne Bewusstsein, ohne Besinnung:* in -em Zustand sein; der Kranke war tagelang b.; sie brach b. zusammen; jmdn. b. schlagen. **2.** (selten) *unbewusst, ohne Bewusstheit.*

Be|wusst|lo|sig|keit, die; -: **1.** *bewusstloser Zustand:* im Zustand der B.; sie lag in tiefer B.; *** bis zur B.** (ugs.; *unaufhörlich; bis zum Überdruss;* in Bezug auf eine Tätigkeit o. Ä.): er übte das Stück bis zur B. **2.** (selten) *Unbewusstheit:* die Unterdrückung basiert auf der politischen B. der Landbevölkerung.

be|wusst ma|chen: s. bewusst (1 c).

Be|wusst|ma|chung, die; -, -en: *das Bewusstmachen.*

Be|wusst|sein, das; -s, -e ‹Pl. selten›: **1. a)** *Zustand, in dem man sich einer Sache bewusst ist; deutliches Wissen von etw., Gewissheit:* das B. seiner Kraft erfüllte ihn; er hatte das bedrückende B., versagt zu haben; in dem/im B., seine Pflicht getan zu haben, ging er nach Hause; etw. ins allgemeine B. bringen; er rief sich den Vorgang in sein B. zurück *(machte sich ihn wieder bewusst);* etw. mit B. *(bewusst, wissentlich)* erleben; etw. mit [vollem] B. *(absichtlich)* tun; *** etw. kommt jmdm. zu/(auch:) zum B.** *(etw. wird*

B

B

jmdm. bewusst, klar): allmählich kam ihm zu B., dass seine Methode falsch war; **b)** *Gesamtheit der Überzeugungen eines Menschen, die von ihm bewusst vertreten werden:* mein B. änderte sich durch diese Begegnung; das geschichtliche B. des deutschen Volkes; das sozialistische B. der Bevölkerung entwickeln; **c)** (Psych.) *Gesamtheit aller jener psychischen Vorgänge, durch die sich der Mensch der Außenwelt und seiner selbst bewusst wird:* eine Spaltung des -s; etw. tritt über die Schwelle des -s. **2.** *Zustand geistiger Klarheit; volle Herrschaft über seine Sinne:* das B. verlieren; das B. wiedererlangen *(zur Besinnung kommen);* bei vollem B. *(ohne Narkose)* operiert werden; wieder zu[m] B. *(zu sich)* kommen.

be|wusst|seins|er|wei|ternd ⟨Adj.⟩: *das Bewusstsein* (1 c) *erweiternd:* -e Drogen.

Be|wusst|seins|er|wei|te|rung, die: *Erweiterung des Bewusstseins* (1 c): Ziel der rituellen Übungen ist die B.

Be|wusst|seins|in|halt, der (Psych.): *Inhalt des Bewusstseins* (1 c).

Be|wusst|seins|la|ge, die: *Bewusstseinszustand.*

Be|wusst|seins|spal|tung, die (Psych.): *Verlust des inneren Zusammenhangs der geistigen Persönlichkeit; Schizophrenie.*

Be|wusst|seins|stö|rung, die: *Störung des Bewusstseins* (1 c).

Be|wusst|seins|trü|bung, die: *Trübung des Bewusstseins* (1 c).

Be|wusst|seins|zu|stand, der: *Zustand des Bewusstseins* (1 c): ein getrübter B.

Bey: ↑Beg.

bez. = bezahlt; bezüglich.

Bez. = Bezeichnung; Bezirk.

be|zah|len ⟨sw. V.; hat⟩ [mhd. bezaln]: **1. a)** *für etw. den Gegenwert in Geld zahlen:* eine Ware, das Essen, ein Zimmer [zu teuer] b.; er hat mir die Übernachtung bezahlt; das ist nicht mehr zu b.; etw. [in] bar, mit einem Scheck, in/mit Schweizer Franken b.; Herr Ober, ich möchte b.!; Ü sie hat ihre Schuld mit dem Leben bezahlt; * **sich bezahlt machen** *(den Aufwand lohnen):* es wird noch einige Zeit dauern, bis sich die Neuanschaffung bezahlt gemacht hat; **b)** *jmdm. für eine Arbeit Geld geben, zahlen; jmdn. entlohnen:* den Schneider b.; er wird dafür bezahlt, dass er ...; **R** er läuft, als ob er's bezahlt bekäme (ugs.; *sehr schnell*). **2.** *(Geld) als Gegenleistung geben:* 100 Mark b.; sie hat ihm/(seltener:) an ihn 10 Mark für die Bücher bezahlt. **3.** *einen Geldbetrag demjenigen zukommen lassen, der ihn fordert, dem er zusteht:* die Miete b.; für eine Ware [keinen] Zoll b.

Be|zah|ler, der; -s, -: *jmd., der etw. bezahlt.*

Be|zah|le|rin, die; -, -nen: w. Form zu ↑Bezahler.

Be|zahl|fern|se|hen, das (Jargon): *Pay-TV.*

Be|zah|lung, die; -, -en ⟨Pl. selten⟩: **1.** *das Bezahlen, Bezahltwerden.* **2.** *Geldsumme, die jmdm. für etw. bezahlt wird:* keine B. annehmen; ohne B., nur gegen B. arbeiten.

be|zähm|bar ⟨Adj.⟩: *sich bezähmen lassend:* ihn überkam eine nicht -e Wut.

be|zäh|men ⟨sw. V.; hat⟩: **1.** *zügeln, beherrschen, in Schranken halten, im Zaum halten, bändigen:* seine Begierden, seinen Hunger b.; er konnte seine Neugier nicht [länger] b. **2.** (veraltet) *zahm machen:* wilde Tiere b.

Be|zäh|mung, die; -: *das Bezähmen.*

be|zau|bern ⟨sw. V.; hat⟩ [mhd. bezoubern, ahd. bizoubarōn]: *in Entzücken setzen u. für sich einnehmen, auf jmdn. einen Zauber, Reiz ausüben:* jmdn. [durch etw.] b.; sie bezauberte alle durch ihre Liebenswürdigkeit, mit ihrem Gesang; er war bezaubert von ihrem Anblick.

be|zau|bernd ⟨Adj.⟩ [zu ↑bezaubern]: *entzückend, reizend, liebreizend:* ein -es junges Mädchen; ein -es Kleid, Buch; eine -e Stimme, Landschaft; jmd. setzt sein -stes Lächeln auf; sie ist b.; eine b. schöne Frau.

Be|zau|be|rung, die; -, -en: *das Bezaubertsein; Entzücken; Begeisterung.*

be|zeich|nen ⟨sw. V.; hat⟩ [mhd. bezeichenen, ahd. bizeihhanōn = bildlich vorstellen, bedeuten]: **1. a)** *durch ein Zeichen kenntlich machen; markieren:* kranke Bäume b.; der Wanderweg ist [mit einem blauen Dreieck] bezeichnet; ein Kreuz bezeichnet die Stelle; die Aussprache eines Wortes b. *(kennzeichnen, durch Zeichen, Bezeichnung angeben);* **b)** *genau angeben, beschreiben:* einen Fundort genau b.; er bezeichnete mir umständlich den Treffpunkt. **2. a)** *[be]nennen:* mit »Apsis« bezeichnet man auch eine Nische im Zelt; er bezeichnet sich als Architekt/(auch:) als Architekten; **b)** *benennen; Benennung für etw. sein:* das Wort »Pony« bezeichnet ein kleines Pferd. **3.** *von jmdm., etw. sagen, dass er, es etw. Bestimmtes sei; als etw. hinstellen:* jmdn. als seinen Freund, als Verräter b.; jmds. Verhalten als Feigheit, als anmaßend b.; dieses Verhalten bezeichnet (veraltet; *ist bezeichnend für*) seine Einstellung.

be|zeich|nend ⟨Adj.⟩: *kennzeichnend, charakteristisch:* ein -es Merkmal; diese Äußerung ist b. [für ihn].

be|zeich|nen|der|wei|se ⟨Adv.⟩: *wie es für jmdn., etw. bezeichnend, typisch ist.*

Be|zeich|nung, die; -, -en [mhd. bezeichenunge, ahd. bizeihhanunga = Vorzeichen, Symbol]: **a)** ⟨o. Pl.⟩ *Kennzeichnung, Markierung:* die B. der Wanderwege erneuern; **b)** *Wort, mit dem etw. bezeichnet wird; Benennung:* eine charakteristische, [un]genaue B. [für etw.]; dieses Medikament ist unter verschiedenen -en *(Namen)* im Handel; Abk.: Bez.

Be|zeich|nungs|leh|re, die ⟨o. Pl.⟩ (Sprachw.): *Wissenschaft, die untersucht, wie Dinge, Wesen u. Geschehnisse sprachlich bezeichnet werden; Onomasiologie.*

be|zei|gen ⟨sw. V.; hat⟩ [mhd. bezeigen = anzeigen] (geh.): **1. a)** *erweisen:* jmdm. Respekt, seine Teilnahme b.; **b)** *zu erkennen geben, zeigen:* Freude, großen Mut b. **2.** ⟨b. + sich⟩ *einem Gefühl Ausdruck geben:* ich wollte mich dafür dankbar b. und schenkte ihm ein Buch.

Be|zei|gung, die; -, -en: *das Bezeigen.*

be|zeu|gen ⟨sw. V.; hat⟩ [1: mhd. beziugen]: **1.** *über, für etw. Zeugnis ablegen; etw. als Zeuge erklären; durch Zeugenaussage, Zeugnis beglaubigen, bestätigen, bekräftigen:* er hat den Tatbestand unter Eid bezeugt; ich kann [dir] b., dass ...; der Ort ist schon im 8. Jh. bezeugt *(urkundlich nachgewiesen);* seine Worte, Handlungen bezeugen *(zeigen, beweisen)* seine Rechtschaffenheit. **2.** (seltener) *bezeigen* (1).

Be|zeu|gung, die; -, -en: *das Bezeugen.*

be|zich|ti|gen ⟨sw. V.; hat⟩ [zu mhd. beziht = Beschuldigung, ahd. biziht = Verdachtszeichen, zu: bizīhan = beschuldigen, zu ↑zeihen]: *jmdm. in anklagender Weise die Schuld für etw. geben; beschuldigen:* jmdn., sich [selbst] des Diebstahls b.; ich bezichtige dich der Treulosigkeit; er wurde bezichtigt, gestohlen zu haben.

Be|zich|ti|gung, die; -, -en: **1.** *das Bezichtigen.* **2.** *bezichtigende Äußerung.*

be|zieh|bar ⟨Adj.⟩: **1.** *sich beziehen* (2 a) *lassend, zum Einzug bereit:* die Wohnung ist sofort, ab 15. Mai b. **2.** *sich beziehen* (3) *lassend, erhältlich:* die Broschüre ist über den Buchhandel b.

be|zie|hen ⟨unr. V.; hat⟩ [mhd. beziehen = erreichen; über-, einziehen, ahd. biziuhan = über-, wegziehen]: **1. a)** *bespannen, überziehen:* die Betten frisch b.; der Schirm wurde neu bezogen; **b)** ⟨b. + sich⟩ *sich bewölken:* der Himmel hat sich [mit schwarzen Wolken] bezogen. **2. a)** *in etw. einziehen:* eine neue Wohnung b.; er bezog die Universität (veraltet; *begann zu studieren*); **b)** (Milit.) *in eine bestimmte Stellung gehen:* [einen] Posten, eine günstige Stellung b.; Ü einen festen, klaren Standpunkt b. *(sich zu Eigen machen, einnehmen);* in einer Diskussion Stellung b. *(eine Meinung vertreten).* **3.** *[aufgrund einer Bestellung] geliefert bekommen, zugestellt bekommen, erhalten:* eine Zeitung im Abonnement, durch die Post b.; Waren von verschiedenen Firmen b.; sein Wissen aus Illustrierten b.; ein gutes Gehalt b. *(regelmäßig ausbezahlt bekommen);* eine Ohrfeige, Prügel b. (ugs.; *bekommen*); er bezog erstmals in einem Wettkampf eine Niederlage *(unterlag erstmals)* **4. a)** ⟨b. + sich⟩ *sich auf etw. berufen:* ich bezieh mich auf Ihr Schreiben vom ...; **b)** *jmdn., etw. betreffen:* diese Kritik bezog sich nicht auf dich, auf deine Arbeit; **c)** *in Zusammenhang bringen gedanklich verknüpfen; in Beziehung setzen:* er bezieht immer alles auf sich. **5.** (schweiz.) *einfor dern:* Steuern b.

Be|zie|her, der; -s, -: *jmd., der etw. bezieht* (3): der B. dieser Zeitung.

Be|zie|he|rin, die; -, -nen: w. Form zu ↑Bezieher.

Be|zie|hung, die; -, -en: **1.** ⟨meist Pl.⟩ *Verbindung, Kontakt zwischen Einzelnen od. Gruppen:* politische, kulturelle, gesellschaftliche, geschäftliche, private, menschliche, zwischenmenschliche, zwischenstaatliche, internationale -en; die deutsch-russischen -en; gute, freundschaftliche -en zu jmdm. haben; ich habe die -en zu ihr abgebrochen; wirtschaftliche, diplomatische -e aufnehmen, mit/zu einem Land unterhalten; e hat [überall] -en *(Verbindungen zu Leuten, die etw. für ihn tun können);* seine -en spielen lasse *(seine Verbindungen zu bestimmten Leuten für etw. nutzbar machen);* intime -en *(ein Liebesver hältnis)* zu/mit jmdm. haben; ich hatte mich gerade aus einer B. gelöst (ugs.; *eine Liebesbeziehung beendet*); er hat keine B. *(kein inneres Verhältnis)* zur Kunst. **2.** *innerer Zusammenhang, wechselseitiges Verhältnis:* die B. zwischen Angebot und Nachfrage; zwei Dinge zuei nander in B. setzen, bringen; ihre Abreise steht in keiner B. zum Rücktritt des Ministers *(hat nichts damit zu tun);* * **in ... B.** *(unter bestimmten Gesichtspunkten):* in dieser B. *(was dies betrifft)* hat er Recht; das Buch ist in mancher, in jeder B. *(Hinsicht)* zu empfehlen; **mit B. auf jmdn., auf etw.** *(mit Bezugnahme, in Anspielung auf jmdn., auf etw., in Anknüpfung):* mit B auf unser Gespräch von letzter Woche.

Be|zie|hungs|be|griff, der: *Relationsbegriff.*

Be|zie|hungs|kis|te, die (ugs.): *[mit allerlei Schwierigkeiten verbundenes, ungeklärtes] Verhältnis zwischen den Partnern einer [Zweier]be ziehung:* eine schwierige, verkorkste B. mit jmdm. haben.

be|zie|hungs|los ⟨Adj.⟩: *ohne Beziehung* (2): die beiden Sätze stehen b. nebeneinander.

Be|zie|hungs|lo|sig|keit, die; -: *das Beziehungslossein; Mangel an Beziehung* (2), *Zusammenhang.*

be|zie|hungs|reich ⟨Adj.⟩: *reich an Beziehungen* (2): ein -es Thema; ein -er *(viele Assoziationen, Anspielungen einschließender)* Name.

Be|zie|hungs|stress, der (ugs.): *von einer [Zweier]beziehung ausgehender Stress.*

be|zie|hungs|voll ⟨Adj.⟩ [zu Beziehung (2)]: *bewusst Bezug auf etw. nehmend, anspielend, anzüglich:* eine -e Bemerkung; das war sehr b. gesagt.

be|zie|hungs|wei|se ⟨Konj.⟩ (Abk.: bzw.): **1.** *oder; oder vielmehr; genauer gesagt:* ich war mit ihm bekannt b. befreundet. **2.** *und im anderen Fall:* ihre Tochter und ihr Sohn sind sechs b. acht Jahre alt.

be|zif|fer|bar ⟨Adj.⟩: *sich beziffern* (2) *lassend:* kaum bezifferbare Verluste.

be|zif|fern ⟨sw. V.; hat⟩: **1.** *mit Ziffern versehen; nummerieren:* die Seiten eines Buches b.; bezifferter Bass (Musik; *Bassstimme mit Ziffern u. Versetzungszeichen, die die zugehörigen Akkorde angeben*). **2. a)** *der Zahl, dem Betrag nach [schätzungsweise] angeben:* man beziffert den Sachschaden auf 3 000 Mark; **b)** ⟨b. + sich⟩ *sich belaufen; betragen:* die Verluste beziffern sich auf 2 Millionen Mark.

Be|zif|fe|rung, die; -, -en: **1.** *das Beziffern.* **2.** *Zahl zeichen, mit denen etw. beziffert ist.*

Be|zirk, der; -[e]s, -e [spätmhd. bezirc, für mhd. zirc < lat. circus, ↑Zirkus]: **1. a)** *abgegrenztes Gebiet; Umkreis; Gegend:* jeder Vertreter bereis seinen eigenen B.; in einem ländlichen B. wohnen; sie war dem B. des Internats glücklich ent-

ronnen; b) (seltener) *Bereich; Sach-, Sinnbereich:* in den -en des Geistes, der Kunst. 2. *Verwaltungsbezirk:* die -e der Hauptstadt, des Landes; in der romanischen Schweiz heißen die -e Distrikte; sie wohnt im B. Mitte. 3. (regional ugs.) *Dienststelle eines Bezirks* (2) *der DDR.*
Be|zirk|lich ⟨Adj.⟩: *den Bezirk betreffend.*
Be|zirks|amt, das: *oberste Verwaltungsbehörde eines Bezirks* (2): das B. Spandau von Berlin.
Be|zirks|arzt, der: *beamteter Arzt in einem Verwaltungsbezirk.*
Be|zirks|ärz|tin, die: w. Form zu ↑Bezirksarzt.
Be|zirks|ge|richt, das (DDR, österr., schweiz.): *Gericht erster Instanz in Zivil- u. Strafsachen.*
Be|zirks|haupt|frau, die (österr.): vgl. Bezirkshauptmannn.
Be|zirks|haupt|mann, der ⟨Pl. ...leute⟩ (österr.): *Vorsteher eines Verwaltungsbezirks.*
Be|zirks|haupt|mann|schaft, die; -, -en (österr.): 1. *Verwaltungsbehörde eines Bezirks.* 2. *Gebäude der Verwaltungsbehörde eines Bezirks.*
Be|zirks|klas|se, die (Sport): *Spielklasse, die aus den Vereinen eines bestimmten Bezirks gebildet wird.*
Be|zirks|li|ga, die (Sport): *Bezirksklasse.*
Be|zirks|rich|ter, der (DDR, österr., schweiz.): *Richter an einem Bezirksgericht.*
Be|zirks|rich|te|rin, die: w. Form zu ↑Bezirksrichter.
Be|zirks|tag, der (DDR): *oberstes Organ der Staatsgewalt in einem Bezirk* (2) *der DDR.*
Be|zirks|wei|se ⟨Adv.⟩: vgl. gebietsweise.
Be|zir|zen, becircen ⟨sw. V.; hat⟩ (ugs.): a) *(wie eine Circe) verführen, betören, bezaubern, umgarnen:* sie hat ihn völlig bezirzt; b) *auf verführerische Weise durch charmante Überredung für seine Wünsche gewinnen:* sie wird ihn schon b. und alles bekommen, was sie will.
be|zo|gen: drückt in Bildungen mit Substantiven aus, dass die beschriebene Sache auf etw. bezogen ist, nur etw. allein betrifft: anwendungs-, objekt-, personenbezogen.
Be|zo|ge|ne, der u. die; -n, -n ⟨Dekl. ↑Abgeordnete⟩ (Bankw.): *jmd., auf den ein Wechsel od. Scheck gezogen ist, der ihn bezahlen muss.*
Be|zo|gen|heit, die; - (seltener): *das Bezogensein auf einen Sachverhalt, eine Person.*
Be|zopft ⟨Adj.⟩: *mit Zopf, Zöpfen versehen.*
Be|zug, der; -[e]s, Bezüge [vgl. mhd. bezoc = Unterfutter]: 1. a) *etw., womit etw. bezogen, überzogen wird; Überzug:* der B. des Kissens, der Polstermöbel; die Bezüge wechseln; b) *etw. (Saiten, Bogenhaare), womit etw. bespannt wird; Bespannung:* den B. einer Geige, des Bogens erneuern. 2. ⟨o. Pl.⟩ *das Beziehen* (3) *durch Kauf, Erwerb:* der B. von Waren aus dem Ausland unterliegt den Zollbestimmungen. 3. ⟨nur im Pl., österr. auch im Sg.⟩ *Gehalt, Einkommen:* das Parlament entscheidet heute über die Höhe der Bezüge der Abgeordneten in diesem Jahr. 4. *Beziehung* (2), *Zusammenhang; sachliche Verbindung, Verknüpftheit:* etw. hat B. auf jmdn., etw.; den B. zu etw. herstellen; ***B. nehmen auf etw.** (Amtsspr., Kaufmannsspr.; *sich auf etw. beziehen*): wir nehmen B., B. nehmend auf unser Schreiben vom ...; **in B. auf jmdn., etw.** *(was jmdn., etw. betrifft, angeht; bezüglich; hinsichtlich):* in B. auf den neuen Mitarbeiter hat sie nichts in Erfahrung bringen können; **mit/unter B. auf etw.** (Amtsspr., Kaufmannsspr.; *Bezug nehmend auf etw.*).
Be|zü|ger, der; -s, - (schweiz.): 1. *Bezieher:* B. einer Pension sein. 2. *jmd., der etw. (bes. Steuern) einfordert.*
Be|zü|ge|rin, die; -, -nen: w. Form zu ↑Bezüger.
be|züg|lich (Papierdt.): 1. ⟨Präp. mit Gen.⟩ *in Bezug auf; wegen; über:* b. seines Planes hat er sich nicht geäußert; ⟨im Pl. üblicherweise mit dem Dativ, wenn der Gen. nicht erkennbar ist:⟩ b. Kinderspielplätzen hat sich nichts geändert. 2. ⟨Adj.⟩ *sich beziehend:* das darauf -e Schreiben; -es Fürwort (Sprachw.; *Relativpronomen*).
Be|züg|lich|keit, die; -, -en: *Bezug* (4), *Zusammenhang, Verbindung.*
Be|zug|nah|me, die; -, -n [zum 2. Bestandteil vgl. Abnahme] (Papierdt.): *das Bezugnehmen:* unter B. *(mit Bezug)* auf Ihr letztes Schreiben.
be|zugs|be|rech|tigt ⟨Adj.⟩: *zum Bezug* (2) *von etw. berechtigt.*
Be|zugs|be|rech|tig|te, der u. die; -n, -n ⟨Dekl. ↑Abgeordnete⟩: *bezugsberechtigte Person.*
be|zugs|be|reit ⟨Adj.⟩ (bes. schweiz.): *bezugsfertig:* im nächsten Frühjahr wird unser Haus b. sein.
Be|zug|schein: ↑Bezugsschein.
be|zugs|fer|tig ⟨Adj.⟩: *vorbereitet, bereit für das Beziehen* (2 a): -e Wohnungen.
Be|zugs|grö|ße, die: *Zahl, Größe, Größenordnung, nach der sich etw. richtet, die Grundlage für die Berechnung von etw. ist.*
Be|zugs|per|son, die (Psych., Soziol.): *Person, an der jmd. aufgrund einer persönlichen Beziehung sein Denken u. Verhalten orientiert.*
Be|zugs|punkt, der: 1. *Punkt, auf den eine räumliche Beschreibung, Darstellung bezogen wird.* 2. *Orientierungspunkt, -basis für das Denken, Überlegen, Handeln.*
Be|zugs|quel|le, die: *Gelegenheit zum Einkauf:* eine günstige B.
Be|zugs|recht, das: *gesetzlich begründeter Anspruch eines Aktionärs bei Erhöhung des Aktienkapitals auf den Bezug* (2) *neuer Aktien.*
Be|zugs|schein, Bezugschein, der: *Bescheinigung, die zum Kauf bewirtschafteter Waren berechtigt:* etw. auf, durch B. bekommen.
Be|zugs|stoff, Bezugstoff, der: *Stoff für den Bezug* (1 a) *von etw.*
Be|zugs|sys|tem, Bezugsystem, das: 1. *zugrunde liegendes Koordinatensystem.* 2. *zugrunde liegendes System, Ganzes (von Beziehungen, Überzeugungen usw.).*
Be|zug|stoff: ↑Bezugsstoff.
Be|zug|sys|tem: ↑Bezugssystem.
be|zu|schus|sen ⟨sw. V.; hat⟩ (Papierdt.): *zu einer Sache einen Zuschuss gewähren:* ein Vorhaben, ein Theater b.; die Gemeinde bezuschusst die Kindergartenplätze.
Be|zu|schus|sung, die; -, -en (Papierdt.): *das Bezuschussen; das Bezuschusstwerden.*
be|zwe|cken ⟨sw. V.; hat⟩: *einen Zweck verfolgen; beabsichtigen; zu erreichen suchen:* was bezweckst du mit dieser Frage?
be|zwei|feln ⟨sw. V.; hat⟩ [mhd. bezwîveln]: *an etw. zweifeln; anzweifeln:* jmds. Angaben b.; ich bezweifle, dass er das getan hat; das ist nicht zu b.
Be|zwei|fe|lung, Be|zweif|lung, die; -: *das Bezweifeln.*
be|zwing|bar ⟨Adj.⟩: *sich bezwingen lassend.*
be|zwin|gen ⟨st. V.; hat⟩ [mhd. betwingen, ahd. bidwingan, zu ↑zwingen]: 1. *besiegen; überwinden; Gewalt bekommen über jmdn., etw.; fertig werden mit jmdm., etw.:* einen [sportlichen] Gegner [im Wettkampf] b.; eine Festung b. *(trotz Widerstandes einnehmen);* sich kaum b. *(beherrschen)* können; Ü seine Neugier, seinen Schmerz b. *(unterdrücken).* 2. *trotz Schwierigkeiten bewältigen:* die schwierige Strecke b.; einen Berg b. *(unter schwierigen Bedingungen ersteigen).*
be|zwin|gend ⟨Adj.⟩: *Widerstand, Ablehnung nicht aufkommen lassend; suggestiv überwindend; stark für sich einnehmend:* ein -es Lächeln; die Geste war b.; seine Ausführungen sind von -er *(unbedingt überzeugender)* Logik.
Be|zwin|ger, der; -s, -: *jmd., der jmdn., etw. bezwingt, bezwungen hat:* die B. des Mount Everest.
Be|zwin|ge|rin, die; -, -nen: w. Form zu ↑Bezwinger.
Be|zwin|gung, die; -, -en ⟨Pl. selten⟩: *das Bezwingen; das Bezwungenwerden.*
Bf. = Bahnhof.
BfA = Bundesversicherungsanstalt für Angestellte.
bfr = belgischer Franc.
Bg. = Bogen (6, 7).
BGB = Bürgerliches Gesetzbuch.
BGBl. = Bundesgesetzblatt.
BGH = Bundesgerichtshof.
BGS = Bundesgrenzschutz.
Bh = Bohrium.
[1]**BH** (österr.): Bezirkshauptmannschaft; Bundesheer.
[2]**BH** [be'ha:], der; -[s], -[s] (ugs.): *Büstenhalter.*
Bhag|van, Bhag|wan, der; -s, -s [Hindi, zu sanskr. bhagavan »der Erhabene«]: 1. ⟨o. Pl.⟩ *Ehrentitel für religiöse Lehrer des Hinduismus.* 2. *Träger des Ehrentitels Bhagvan.*
Bha|rat, -s: amtliche Bez. der Republik Indien.
Bhf. = Bahnhof.
Bhu|tan, -s: Staat im östlichen Himalaja.
Bhu|ta|ner, der; -s, -: Ew.
Bhu|ta|ne|rin, die; -, -nen: w. Form zu Bhutaner.
bhu|ta|nisch ⟨Adj.⟩: *Bhutan, die Bhutaner betreffend; aus Bhutan stammend.*
bi ⟨indekl. Adj.⟩ (salopp): kurz für ↑bisexuell.
Bi = Bismutum (Wismut).
bi-, Bi- [lat. bi-, zu: bis = zweimal]: drückt in Bildungen mit Adjektiven od. Substantiven eine Doppelheit, eine Zweiheit aus: bikonkav; Bilabial.
Bi|a|fra, -s: Teil von Nigeria.
Bi|ath|let, der; -en, -en (Sport): *jmd., der Biathlon betreibt.*
Bi|ath|le|tin, die; -, -nen: w. Form zu ↑Biathlet.
[1]**Bi|ath|lon,** das; -s [aus lat. bi- = zwei u. griech. âthlon, ↑Athlet]: *Kombination aus Skilanglauf u. Scheibenschießen als wintersportliche Disziplin.*
[2]**Bi|ath|lon,** der; -s, -s: *einzelner Wettkampf im* [1]*Biathlon.*
bib|bern ⟨sw. V.; hat⟩ [eigtl. = ständig beben] (ugs.): a) *zittern:* vor Angst, Kälte b.; b) *um etwas zittern, Angst haben:* um seinen Besitz b.
Bi|bel, die; -, -n [mhd. bibel, biblie < kirchenlat. biblia (Pl.) = die heiligen Bücher (des Alten u. Neuen Testaments), zu griech. biblíon, byblíon = Papierrolle, Buch(rolle), zu: bíblos, býblos = Papyrusstaude, -bast, nach Býblos, der phönizischen Hafenstadt, aus der der zu Papierrollen verarbeitete Bast vornehmlich importiert wurde]: 1. ⟨o. Pl.⟩ a) *Gesamtheit der von den christlichen Kirchen als offenbartes Wort Gottes betrachteten Schriften des Alten u. Neuen Testaments; heiliges Buch der Christen, Heilige Schrift:* das steht schon in der B. (ugs.; *ist eine alte Weisheit*); Ü das »Kapital« ist die B. der Marxisten *(bedeutsames, [unbedingt] maßgebendes Buch, an dem sich die Marxisten orientieren);* b) (jüd. Rel.) *Gesamtheit der aus Thora u. a. bestehenden Schriften des Judentums.* 2. *Exemplar der Bibel* (1): eine alte B.
Bi|bel|aus|le|gung, die: *Exegese der Bibel.*
Bi|bel|es|käs, der; -es, **Bi|be|les|kä|se,** der; -s [zu alemann. Bibele = junge Hühner (die früher mit Molke gefüttert worden sein sollen)] (alemann.): *Quark.*
bi|bel|fest ⟨Adj.⟩: *mit dem Bibeltext genau vertraut.*
Bi|bel|kon|kor|danz, die: *Konkordanz* (1 a) *der Bibel.*
Bi|bel|spra|che, die ⟨o. Pl.⟩: *Sprache der Bibel (bes. in der Übersetzung Luthers).*
Bi|bel|spruch, der: *Spruch aus der Bibel.*
Bi|bel|stel|le, die: *Textstelle der Bibel.*
Bi|bel|text, der: *Text, Textstelle der Bibel.*
Bi|bel|über|set|zung, die: *Übersetzung der Bibel:* die luthersche B.
[1]**Bi|ber,** der; -s, - [mhd. biber, ahd. bibar, eigtl. = der Braune]: 1. *Nagetier mit bräunlichem Fell, plattem Schuppenschwanz und Schwimmfüßen, das an Gewässern lebt, gut schwimmt u. Bauten od. Dämme anlegt.* 2. *Fell des Bibers* (1). 3. (ugs. scherzh.) a) *Vollbart;* b) *Träger eines Vollbartes.*
[2]**Bi|ber,** der od. das; -s [nach ↑[1]Biber (2)]: *beidseitig gerautes Baumwollgewebe [z. B. für Bettwäsche], Rohflanell.*
[3]**Bi|ber,** der; -s, - [wohl mundartl. Umformung des 1. Bestandteils von ↑Pimpernuss; die Früchte

werden auch zum Würzen von Backwerk verwendet] (schweiz.): *Lebkuchen mit marzipanähnlicher Füllung.*

Bi|ber|burg, die: *vom* [1]*Biber* (1) *hergestellter burgähnlicher Bau aus Ästen u. Schlamm.*

Bi|ber|fla|den, der (schweiz.): [3]*Biber.*

Bi|ber|geil, das; -[e]s [mhd. bibergeil, zu: geil(e) = Hoden (die Drüsen wurden für die Hodensäcke des Tieres gehalten)]: *stark riechende Absonderung aus den zwischen After u. Geschlechtsteilen gelegenen Drüsen des* [1]*Bibers* (1).

Bi|ber|nel|le, die; -, -n: *Pimpernell.*

Bi|ber|rat|te, die: [1]*Nutria.*

Bi|bli|o|graf usw.: ↑Bibliograph usw.

Bi|bli|o|graph, Bibliograf, der; -en, -en [griech. bibliográphos = Bücherschreiber, zu: gráphein = schreiben]: *Bearbeiter einer Bibliographie.*

Bi|bli|o|gra|phie, Bibliografie, die; -, -n [griech. bibliographía = das Bücherschreiben]: *Verzeichnis, in dem Bücher, Schriften, Veröffentlichungen einer bestimmten Kategorie angezeigt u. (bes. nach Titel, Verfasser, Erscheinungsjahr u. -ort) beschrieben werden; Büchernachweis:* eine B. der Goetheliteratur, zur Literaturwissenschaft.

bi|bli|o|gra|phie|ren, bibliografieren ⟨sw. V.; hat⟩: **1.** *bibliographisch verzeichnen:* ein Buch b. **2.** *die genauen bibliographischen Daten feststellen:* einen Titel b.

Bi|bli|o|gra|phin, Bibliografin, die; -, -nen: w. Form zu ↑Bibliograph.

bi|bli|o|gra|phisch, bibliografisch ⟨Adj.⟩: *die Bibliographie betreffend:* -e Angaben; einen Titel b. erfassen.

Bi|bli|o|ma|ne, der; -n, -n [rückgeb. aus ↑Bibliomanie] (Psych.): *jmd., der aus krankhafter Leidenschaft Bücher sammelt.*

Bi|bli|o|ma|nie, die; - (Psych.): *krankhafte Bücherliebe.*

Bi|bli|o|ma|nin, die; -, -nen: w. Form zu ↑Bibliomane.

bi|bli|o|ma|nisch ⟨Adj.⟩ (Psych.): **a)** *der Bibliomanie verfallen, ihr zugehörig, eigentümlich;* **b)** *sich wie ein Bibliomane verhaltend.*

bi|bli|o|phil ⟨Adj.⟩ [rückgeb. aus ↑Bibliophile]: **1.** *[schöne u. kostbare] Bücher liebend, sammelnd, bevorzugend:* ein -er Sammler; -e Interessen. **2.** *für Bibliophile, für Bücherliebhaber wertvoll:* eine -e Ausgabe erwerben, besitzen.

Bi|bli|o|phi|le, der u. die; -n, -n ⟨Dekl. ↑Abgeordnete⟩ [zu griech. phílos = Freund]: *jmd., der in besonderer Weise [schöne u. kostbare] Bücher schätzt [u. erwirbt]; Bücherliebhaber, Bücherliebhaberin.*

Bi|bli|o|phi|lie, die; -: *Liebe zu Büchern.*

Bi|bli|o|thek, die; -, -en [lat. bibliotheca < griech. bibliothḗkē, eigtl. = Büchergestell, zu: thḗkē, ↑Theke]: **1. a)** *Einrichtung zur systematischen Erfassung, Erhaltung, Betreuung u. Zugänglichmachung von Büchern; Bücherei:* an, bei einer B. angestellt sein; **b)** *[geordnete] Büchersammlung:* eine B. von 30 000 Bänden; **c)** *Raum, Gebäude für eine Bibliothek.* **2.** (veraltend) *Titel von Buchreihen:* Meiners Philosophische B.

Bi|bli|o|the|kar, der; -s, -e [lat. bibliothecarius]: *wissenschaftlich ausgebildeter Betreuer, Verwalter einer Bibliothek* (1 a).

Bi|bli|o|the|ka|rin, die; -, -nen: w. Form zu ↑Bibliothekar.

bi|bli|o|the|ka|risch ⟨Adj.⟩: *die berufliche Tätigkeit eines Bibliothekars betreffend, zu ihr gehörend, ihr eigentümlich, gemäß.*

Bi|bli|o|theks|ka|ta|log, der: *Katalog einer Bibliothek* (1 a).

Bi|bli|o|theks|we|sen, das ⟨o. Pl.⟩: *Gesamtheit dessen, was mit der Funktion, Organisation u. Verwaltung von Bibliotheken zusammenhängt.*

Bi|bli|o|theks|wis|sen|schaft, die ⟨o. Pl.⟩: *wissenschaftliche Disziplin, die sich mit Funktion, Organisationsformen u. Wirkungsweise von Bibliotheken* (1 a) *befasst.*

bi|blisch ⟨Adj.⟩: **1. a)** *aus der Bibel stammend, zur Bibel gehörend, ihr eigentümlich, gemäß:* -e Gestalten, Geschichten; das Lehrfach Biblische Geschichte; **b)** *wie in der Bibel:* sich b. ausdrücken; ein -es *(sehr hohes)* Alter erreichen. **2.** *die Bibel betreffend:* -e Altertumskunde; ein -es Drama *(Drama mit biblischem Stoff).*

Bi|bli|zis|mus, der; -: *das Auslegen der Bibel im rein wörtlichen Sinn ohne Berücksichtigung historisch-kritischer Forschungsergebnisse.*

Bi|car|bo|nat: ↑Bikarbonat.

Bick|bee|re, die; -, -n [aus dem Niederd. < mniederd. bikbēre, wohl zu: pik = Pech (nach der schwarzen Farbe)] (nordd.): *Heidelbeere.*

bi|derb ⟨Adj.⟩ [mhd. bider(be) = bieder; brauchbar, nützlich, ahd. bitherbe = brauchbar, nützlich, eigtl. = dem Bedürfnis entsprechend] (altertümelnd, meist spött.): *bieder.*

Bi|det [biˈdeː], das; -s, -s [frz. bidet, eigtl. = kleines Pferd, H. u.]: *längliches, niedriges Waschbecken für Spülungen u. Waschungen bes. des Afters u. der Genitalien im Sitzen.*

bi|di|rek|ti|o|nal ⟨Adj.⟩ [engl. bidirectional, aus lat. bi- = zwei u. engl. directional = Richtungs-, gerichtet] (EDV): *(von einer Datenübertragungsleitung) die Eigenschaft besitzend, Signale in beide Richtungen übertragen zu können.*

Bi|don|ville [bidõˈvil], das; -s, -s [frz. bidonville, eigtl. = »Kanisterstadt«]: **a)** *aus Kanistern, Wellblech u. Ä. aufgebautes Elendsviertel in den Randzonen der nordafrikanischen Großstädte;* **b)** *Elendsviertel; Slum.*

bie|der ⟨Adj.⟩ [mhd. bider(be), ↑biderb]: **1.** (veraltend) *rechtschaffen, aufrichtig u. verlässlich, ehrenwert u. anständig:* ein -er Bürger; von -er Gesinnung sein. **2.** *auf beschränkte Weise rechtschaffen, allzu naiv; einfältig, treuherzig:* einen Befehl brav und b. ausführen. **3.** *etwas einfallslos, hausbacken u. unoriginell; langweilig u. ohne Reiz:* eine -e Zeitschrift; ein -es Unterhaltungsprogramm.

Bie|der|keit, die; -: *biedere [Wesens]art.*

Bie|der|mann, der ⟨Pl. ...männer⟩: **1.** (veraltend od. spött.) *biederer* (1), *ehrenwerter, rechtschaffener Mann:* ein wackerer B. **2.** *auf beschränkte, kleinbürgerliche Weise biederer Mensch; Spießer.*

bie|der|män|nisch ⟨Adj.⟩: *dem Biedermann eigentümlich; nach Art eines Biedermannes.*

Bie|der|mei|er, das; -s (Fachspr. auch: -) [nach »(Gottlieb) Biedermaier«, Deckname der Verfasser von »biedermännischen« Gedichten in den »Fliegenden Blättern« (1855 ff.)]: **1.** *deutsche Kunst- u. Kulturepoche (etwa 1815 bis 1848):* ein Maler des -[s]. **2.** *Biedermeierstil:* diese Möbel sind typisch[es] B.

bie|der|mei|er|lich ⟨Adj.⟩: *zum Biedermeier gehörend, dem Biedermeier[stil] eigentümlich.*

Bie|der|mei|er|stil, der ⟨o. Pl.⟩: *von [klein]bürgerlicher Lebensauffassung u. -haltung geprägter [Kunst]stil des Biedermeiers* (1), *gekennzeichnet durch Zierlichkeit (der Möbel) u. Beschaulichkeit, Genügsamkeit, moralisierende Beschränktheit (in der Malerei, auch in der Literatur).*

Bie|der|mei|er|zeit, die: *Biedermeier* (1).

bieg|bar ⟨Adj.⟩: *sich biegen* (1) *lassend.*

Bie|ge die; -, -n (landsch.): *Biegung, Kurve, Wendung:* bis zur nächsten B.; * **eine B. drehen** (salopp; *einen Spaziergang machen*); **eine B. fahren** (salopp; *ein Stück fahren, eine Spazierfahrt machen*); **die B. machen** (salopp; *[möglichst schnell] weggehen, verschwinden*).

Bie|ge|fes|tig|keit, die: *Widerstandsfähigkeit eines Materials, Werkstoffs beim Biegen.*

bie|gen ⟨st. V.⟩ [mhd. biegen, ahd. biogan]: **1.** ⟨hat⟩ **a)** *(etw. Festes) gegen elastischen Widerstand u. ohne es zu [zer]brechen in eine anders gerichtete, bes. gekrümmte Form bringen:* einen Draht, ein Blech b.; einen Ast in die Höhe, nach unten, seitwärts b.; den Kopf etwas nach hinten b.; ich bog mich zur Seite; er sitzt mit gebogenem *(krummem)* Rücken; Ü die biegen (abwertend; *manipulieren*) das schon so; sie bogen sich alle vor Lachen (ugs.; *lachten heftig*); **b)** (Sprachw. österr.) *beugen, flektieren.* **2.** ⟨b. + sich; hat⟩ **a)** *gebogen werden, eine gebogene Form annehmen, sich krümmen:* die Bäume bogen sich im Wind; Ü der Tisch bog sich unter der Last der Speisen; * ⟨subst.:⟩ **auf Biegen und** (auch:) **oder Brechen** (ugs.; *mit Gewalt, unter allen Umständen*); **es geht auf Biegen oder Brechen** (ugs.; *es geht hart auf hart*); **b)** *eine [in bestimmter Weise] gebogene Form haben, [in bestimmter Weise] gekrümmt sein:* seine Nase bog sich kühn. **3.** *einen Bogen, eine Biegung in eine bestimmte Richtung machen* ⟨ist⟩: der Weg biegt um den Berg; der Wagen ist eben in eine Toreinfahrt gebogen; er bog rasch zur Seite *(wich nach der Seite aus).*

bieg|sam ⟨Adj.⟩: *biegbar, leicht zu biegen, elastisch:* -es Holz; Ü ein -er *(leicht zu lenkender, fügsamer)* Charakter.

Bieg|sam|keit, die; -: *biegsame Beschaffenheit, Art.*

Bie|gung, die; -, -en: **1.** *bogenförmige Abweichung von der [geraden] Richtung, [leichte] Kurve:* der Fahrer hatte die B. unterschätzt. **2.** (Sprachw. österr.) *Beugung, Flexion.*

Bie|ler See, der; - -s: See in der Schweiz.

Bien, der; -s (Imkerspr.): *Gesamtheit des Bienenvolkes.*

Bien|chen, das; -s, -: Vkl. zu ↑Biene.

Bie|ne, die; -, -n [mhd. bin(e), ahd. bini, H. u.]: **1.** *[stark behaartes] bräunliches fliegendes Insekt, dessen Weibchen einen Giftstachel hat, bes. Honigbiene:* emsige -n; die -n schwärmen, fliegen aus; der Imker hält, züchtet -n; fleißig wie eine B. sein. **2.** (salopp veraltend) *Mädchen:* eine flotte, kesse, muntere B. **3.** * **eine B. drehen, machen** (ugs.; *schnell davongehen, sich unversehens, unbemerkt entfernen*).

bie|nen|ar|tig ⟨Adj.⟩: *nach, von der Art der Bienen:* ein -es Insekt; -er Fleiß.

Bie|nen|fleiß, der: *unermüdlicher Fleiß:* seine Kreativität und sein B. waren wirklich beeindruckend.

bie|nen|flei|ßig ⟨Adj.⟩: *mit, von unermüdlichem Fleiß.*

bie|nen|haft ⟨Adj.⟩: *in der Art von Bienen:* -er Fleiß.

Bie|nen|hal|tung, die: *Hege u. Pflege von Honigbienen, Bienenzucht.*

Bie|nen|ho|nig, der: *von der Honigbiene gelieferter Honig.*

Bie|nen|kas|ten, der: *Bienenstock.*

Bie|nen|kö|ni|gin, die: *einziges fruchtbares Weibchen eines Bienenvolkes, das größer ist als die übrigen Bienen.*

Bie|nen|korb, der: *meist aus Stroh geflochtenes, zylindrisches, mit Fluglöchern versehenes Behältnis, das als Behausung für ein Bienenvolk dient.*

Bie|nen|schwarm, der: *Schwarm* (1) *von Bienen.*

Bie|nen|spra|che, die: *tanzähnliche Zeichensprache, mit der die Bienen sich über Nahrungsquellen o. Ä. verständigen.*

Bie|nen|stich, der [2: Fantasiebez.]: **1.** vgl. Schnakenstich. **2.** *Hefekuchen mit Pudding- od. Cremefüllung u. einem Belag aus zerkleinerten Mandeln, Butter u. Zucker.*

Bie|nen|stock, der ⟨Pl. ...stöcke⟩: *kastenförmiges Behältnis, das als Behausung für ein Bienenvolk dient;* Ü es wimmelte wie in einem B.

Bie|nen|va|ter, der (Imkerspr.): *Imker.*

Bie|nen|volk, das: *aus einer Königin, Arbeiterbienen u. Drohnen bestehende Gemeinschaft der Bienen eines Bienenstocks.*

Bie|nen|wa|be, die: *Wabe.*

Bie|nen|wachs, das: *Ausscheidungsprodukt der Honigbiene, das Baustoff für die Waben ist.*

Bie|nen|wachs|ker|ze, die: *Kerze aus Bienenwachs.*

Bie|nen|zucht, die: *Imkerei.*

Bie|nen|züch|ter, der: *jmd., der Bienen züchtet; Imker.*

Bie|nen|züch|te|rin, die: w. Form zu ↑Bienenzüchter.

bi|en|nal ⟨Adj.⟩ [spätlat. biennalis]: **a)** *von zweijähriger Dauer;* **b)** *alle zwei Jahre [stattfindend].*

Bi|en|na|le [biɛˈnaːlə], die; -, -n [ital. biennale, zu

spätlat. biennalis = zweijährig, zu lat. bi- = zwei u. annus = Jahr]: *alle zwei Jahre stattfindende Ausstellung od. Schau, bes. in der bildenden Kunst u. im Film.*

Bi|en|ni|um, das; -s, ...ien [lat. biennium]: *Zeitraum von zwei Jahren.*

Bier, das; -[e]s, (Sorten:) -e [mhd. bier, ahd. bior, viell. < spätlat. biber = Trank, zu lat. bibere = trinken]: *aus Malz, Hopfen, Hefe u. Wasser gegorenes, kohlensäurehaltiges, würziges, leicht alkoholisches Getränk:* helles, dunkles, starkes B.; alkoholfreies B.; das ist hiesiges, auswärtiges B.; B. in Flaschen, in Dosen; das B. ist frisch, gut, gepflegt, süffig, schal; B. brauen; B. zapfen, ausschenken, abfüllen; einen Kasten B. *(Kasten mit Bier in Flaschen)* holen; ein großes, kleines B. *(Glas Bier)* bestellen; ein, zwei B. *(Glas Bier)* trinken; * **etw. wie sauer/saures B. ausbieten, anpreisen** (ugs.; *eifrig für etw. werben, was niemand haben will*): in den Kaufhäusern wurden die Ringelsocken wie saures B. angepriesen; **das ist [nicht] mein B.** (ugs.; *das ist [nicht] meine Angelegenheit, [nicht] mein Geschäft;* wohl urspr. zu einer gleich lautenden mundartl. [westmd.] Form von »Birne«): darum kümmere ich mich nicht, das ist nicht mein B.

Bier|arsch, der (derb): *breites Gesäß.*

Bier|bank, die (Pl. ...bänke) (veraltet): *[1]Bank im Wirtshaus.*

Bier|bank|po|li|tik, die (abwertend): *Stammtischpolitik.*

Bier|bauch, der (ugs. spött.): *Fettbauch.*

Bier|brau|er, der: *Brauer.*

Bier|brau|e|rei, die: *Brauerei.*

Bier|chen, das; -s, - (fam.): *Bier:* das ist [vielleicht] ein B.!

Bier|de|ckel, der: *Untersetzer aus Pappe od. Filz für das Bierglas.*

Bier|do|se, die: vgl. Bierflasche.

Bier|ei|fer, der (ugs. spött.): *übermäßiger Eifer.*

Bier|eif|rig (Adj.): *von übermäßigem Eifer erfüllt, übertrieben eifrig.*

Bier|ernst (Adj.) (ugs.): *übermäßig, unangemessen ernst.*

Bier|ernst, der: *übermäßiger, unangemessener Ernst.*

Bier|fass, das (Pl. ...fässer): *Fass für Transport u. Aufbewahrung von Bier.*

Bier|filz, der: *Untersetzer aus Filz für das Bierglas; Bierdeckel.*

Bier|fla|sche, die: *Flasche für Transport u. Aufbewahrung von Bier.*

Bier|gar|ten, der: *Gartenwirtschaft, in der vor allem Bier ausgeschenkt wird.*

Bier|glas, das (Pl. ...gläser): *Glas, aus dem Bier getrunken wird.*

Bier|hahn, der (Pl. ...hähne): *Zapfhahn für Bier.*

Bier|he|fe, die: *Hefe zur Gärung des Biers.*

Bier|kas|ten, der: *offener Kasten mit Fächern für Bierflaschen.*

Bier|kel|ler, der: 1. *Keller zum Aufbewahren von Bier.* 2. *Bierlokal [in einem Keller].*

Bier|knei|pe, die (ugs.): *Bierlokal.*

Bier|krug, der: *Trinkkrug für Bier.*

Bier|krü|gel, das; -s, -[n] (österr.): *Krug od. Henkelglas für einen halben Liter Bier.*

Bier|kut|scher, der (ugs.): *Fuhrmann einer Brauerei:* er fluchte wie ein B.

Bier|lau|ne, die (o. Pl.) (ugs.): *übermütige Laune.*

Bier|lo|kal, das: *[kleineres] Lokal, in dem vor allem Bier ausgeschenkt wird.*

Bier|nie|der|la|ge, die: *Bierverlag.*

Bier|schaum, der: *Schaum, der beim Ausschenken auf dem Bier entsteht:* sie wischte sich den B. von den Lippen.

Bier|schin|ken, der: *Wurst aus einer der Fleischwurst ähnlichen Grundmasse mit großen Fleischstücken.*

Bier|sei|del, das: *Seidel.*

Bier|se|lig (Adj.) (scherzh.): *vom Bier leicht berauscht u. in guter Stimmung.*

Bier|sie|der, der: *[Fach]arbeiter, der im Sudhaus die Bierwürze erhitzt* (Berufsbez.).

Bier|stu|be, die: *kleineres Bierlokal.*

Bier|tel|ler, der (schweiz.): *Bierdeckel.*

Bier|tisch, der: *Tisch im Wirtshaus.*

Bier|trin|ker, der: *jmd., der [regelmäßig] Bier trinkt.*

Bier|trin|ke|rin, die: w. Form zu ↑Biertrinker.

Bier|ver|lag, der: *Unternehmen für den Zwischenhandel mit Bier.*

Bier|ver|le|ger, der: *Unternehmer, der [Zwischen]handel mit Bier betreibt.*

Bier|ver|trieb, der: *Bierverlag.*

Bier|wär|mer, der; -s, -: *Gerät zum Anwärmen des Biers im Glas.*

Bier|wurst, die: *geräucherte Wurst aus Rindfleisch, Schweinefleisch, Speck u. Gewürzen.*

Bier|wür|ze, die: *aus geschrotetem Malz gewonnene zuckerhaltige Flüssigkeit, die nach weiterer Behandlung zu Bier vergoren wird.*

Bier|zelt, das: *Zelt, in dem bei Volksfesten vor allem Bier ausgeschenkt wird.*

Bier|zip|fel, der: *von den Angehörigen einer studentischen Korporation getragener [Uhr]anhänger [in den Farben der Verbindung].*

Bie|se, die; -, -n [aus dem Niederd., Nebenf. von ↑Binse]: 1. *farbiger Vorstoß* (2) *bes. an [Uniform]hosen.* 2. *schmal abgenähtes Fältchen an einem Kleidungsstück.* 3. *Ziernaht am Schuh.*

bie|sen (sw. V.; hat) [mhd. bisen, ahd. bisōn = wild hin u. her springen]: *(von Rindern, Pferden u. a.) von Biesfliegen geplagt sich wild gebärden.*

Bies|flie|ge, die: *Dasselfliege.*

[1]Biest, das; -[e]s, -er [niederd. beest = Untier < afrz. beste < lat. bestia, ↑Bestie] (ugs. abwertend): 1. *lästiges, unangenehmes Tier:* das B. hat mich gestochen; das B. bellt Tag und Nacht. 2. a) *durchtriebener, gemeiner, niederträchtiger Mensch:* so ein B.!; das B. hat mich belogen; mit dem Unterton widerstrebender Anerkennung: ein süßes B.; b) *verwünschter Gegenstand:* das B. funktioniert nicht mehr.

[2]Biest, der; -[e]s [mhd. biest, ahd. biost, H. u.]: *Biestmilch.*

Bies|te|rei, die; -, -en [zu ↑[1]Biest]: 1. (ugs. abwertend) a) *Unanständiges, Unsittliches; etw., was Anstoß erregt;* b) *etw. Schlimmes, Ärgerliches, Verwünschtes; Gemeinheit.* 2. (landsch.) *bes. schwere, anstrengende Arbeit, die jmdm. zugemutet wird; Schufterei.*

bies|tern (sw. V.; hat) (landsch.): 1. *umherirren:* er biesterte durch die Gegend. 2. *schwer arbeiten, schuften:* sie biestert von morgens bis abends, um alles zu schaffen.

bies|tig (Adj.) (ugs. abwertend): 1. *widerlich, gemein, niederträchtig:* ein -er Kerl. 2. a) *unangenehm groß, stark:* eine -e Kälte; b) (intensivierend bei Adjektiven u. Verben) *sehr:* es tat b. weh.

Bies|tig|keit, die; -, -en (ugs. abwertend): a) (o. Pl.) *gemeine, niederträchtige Art;* b) *gemeine, niederträchtige Handlung, Äußerung:* sie steckt voller -en.

Biest|milch, die; - [zu ↑[2]Biest]: *Milch einer Kuh, die gerade gekalbt hat.*

Biet, das; -[e]s, -e [mhd. biet] (schweiz.): *Gebiet [um eine Stadt]* (z. B. Baselbiet).

bie|ten (st. V.; hat) [mhd. bieten, ahd. biotan; urspr. etwa = zum Bewusstsein bringen, aufmerksam machen]: 1. a) *anbieten, zur Verfügung, in Aussicht stellen:* jmdm. Geld, eine Chance, einen Ersatz für etwas b.; was, wie viel bietest du mir dafür? *(was willst du mir dafür zahlen?);* er hat nicht viel zu b.; (Kartenspiel:) du bietest *(reizt)!;* (verblasst:) etw. bietet jmdm. eine Möglichkeit *(etw. ermöglicht jmdm. etw.);* b) *bei einer Versteigerung o. Ä. ein Angebot machen:* er hat auf das Bild [5 000 Mark] geboten; wer bietet mehr?; nur zwei Interessenten boten auf, für das Grundstück; c) (b. + sich) *sich eröffnen, sich ergeben:* hier bietet sich [dir] eine Gelegenheit; endlich bot sich ein Ausweg, den Konflikt beizulegen. 2. a) (geh.) *[dar]reichen, hinhalten:* er bot ihr den Arm; er bot mir Feuer; Ü sie bot ihm die Hand zur Versöhnung *(gab zu erkennen, dass sie zur Versöhnung bereit sei);* b) *geben, gewähren:* jmdm. Obdach, Unterschlupf b. 3. *darbieten, zeigen:* bei dem Fest wurde viel, wenig, ein schönes Programm geboten; die Mannschaft bot ausgezeichnete Leistungen; (verblasst:) diese Arbeit bietet *(macht)* keine Schwierigkeiten. 4. a) *sichtbar werden lassen, zeigen:* die Unfallstelle bot ein schreckliches Bild; sie bietet einen prächtigen Anblick *(sieht prächtig aus);* b) (b. + sich) *sich zeigen:* ein schreckliches Bild bot sich uns, unseren Augen. 5. *zumuten:* so etwas ist mir noch nicht geboten worden; das lasse ich mir nicht b. *(gefallen).*

Bie|ter, der; -s, -: *jmd., der bei einer Versteigerung o. Ä. für od. auf etw. bietet:* für dieses Bild interessierten sich viele B.

Bie|te|rin, die; -, -nen: w. Form zu ↑Bieter.

Bi|fo|kal|bril|le, die [aus lat. bi- = zwei u. ↑fokal]: *Brille mit Bifokalgläsern.*

Bi|fo|kal|glas, das (Pl. ...gläser): *zum Sehen in die Ferne u. in die Nähe geeignetes Brillenglas aus zwei verschieden geschliffenen Teilen mit verschiedenen Brennpunkten.*

Bi|fur|ka|ti|on, die; -, -en [zu lat. bifurcus = zweizackig, -gabelig, zu bi- = zwei u. furca, ↑Forke]: 1. (Med.) *Gabelung (bes. der Luftröhre u. der Zahnwurzeln) in zwei Äste.* 2. (Geogr.) *Flussgabelung, bei der das Wasser eines Armes in ein anderes Flussgebiet abfließt.*

Bi|ga, die; -, Bigen [lat. biga, zu: biiugus = zweispännig, zu bi- = zwei u. iugum = Joch]: *von zwei Pferden gezogener Renn- od. Triumphwagen im alten Rom.*

Bi|ga|mie, die; -, -n [mlat. bigamia, zu kirchenlat. bigamus = zweifach verheiratet, zu lat. bi- = zwei u. griech. gameĩn = heiraten]: *(gesetzwidrige) Doppelehe:* in B. leben.

bi|ga|misch (Adj.): *bigamistisch* (b).

Bi|ga|mist, der; -en, -en: *jmd., der eine zweite Ehe eingeht, obwohl die erste gesetzlich noch besteht.*

Bi|ga|mis|tin, die; -, -nen: w. Form zu ↑Bigamist.

bi|ga|mis|tisch (Adj.): a) *die Bigamie betreffend;* b) *in Bigamie lebend.*

Big|band ['bɪgbænd], die; -, -s, (auch:) **Big Band,** die; - -, - -s [engl., aus: big = groß u. band, ↑[3]Band]: *in Instrumentalgruppen gegliedertes großes Jazz- od. Tanzorchester mit (vielfach) verschiedener Besetzung.*

Big|bang [bɪg'bæŋ], der; -s, -s, (auch:) **Big Bang,** der; - -s, - -s [engl. big bang, eigtl. = großer Knall]: *Urknall.*

Big Busi|ness ['bɪg 'bɪznɪs], das; - -, (auch:) **Big|busi|ness** das; - [engl., aus: big = groß u. business, ↑Business]: a) *Geschäftswelt der Großunternehmer:* er gehört zum B. B.; b) *vorteilhaftes großes Geschäft.*

Bi|gno|nie, die; -, -n [nach dem frz. Bibliothekar J. P. Bignon (1662–1743)]: *im tropischen Nordamerika heimische kletternde Pflanze mit glockenförmigen, orangeroten Blüten.*

Bi|gos, Bi|gosch, das; - [poln. bigos, viell. dt. veraltet Beguss = das Begießen]: *(als polnisches Nationalgericht geltender) Eintopf aus Schweinefleisch, Speck, Zwiebeln, Sauerkraut, Pilzen u. a.*

bi|gott (Adj.) [frz. bigot, H. u.] (bildungsspr. abwertend): a) *engherzig fromm, von übertriebenem Glaubenseifer geprägt; frömmelnd:* ein -er Mensch; -e Frömmigkeit; b) *scheinheilig:* -es Gerede.

Bi|got|te|rie, die; -, -n [frz. bigoterie]: 1. (o. Pl.) a) *kleinliche, engherzige Frömmigkeit, übertriebener Glaubenseifer;* b) *Scheinheiligkeit.* 2. *bigotte Handlungsweise, Äußerung.*

Big|point ['bɪgpɔynt], der; -s, -s, (auch:) **Big Point,** der; - -s, - -s [engl. big point, eigtl. = großer Punkt] (Tennis): *sehr wichtiger, entscheidender, für den Verlauf eines Spiels oft ausschlaggebender Punkt* (5 a).

Bi|jou [bi'ʒu:], der od. das; -s, -s [frz. bijou < bret. bizou = Fingerring] (schweiz., sonst veraltet): *Schmuckstück, Kleinod:* kostbare -s.

Bi|jou|te|rie [biʒutə'ri:], die; -, -n [frz. bijouterie]: 1. *[billiger] Schmuck.* 2. (schweiz., sonst veraltet) *Geschäft für Schmuckwaren, Schmuckwarenhandel.*

Bi|jou|tier [biʒuˈtie:], der; -s, -s [frz. bijoutier] (schweiz.): *Juwelier.*

Bi|kar|bo|nat, (fachspr.:) Bicarbonat, das; -[e]s, -e [aus lat. bi- = zwei u. ↑²Karbonat]: *doppeltkohlensaures Salz.*

Bike [baik], das; -s, -s [engl. bike, Kurzf. von: bycicle = Fahrrad]: **1.** *kleines Motorrad.* **2. a)** kurz für ↑Mountainbike; **b)** *Fahrrad.*

bi|ken [baikn̩] ⟨st. V.⟩: **1.** *Motorrad fahren.* **2.** *Fahrrad fahren.*

Bi|ker [baikɐ], der; -s, - [engl. biker]: **1.** *Motorradfahrer.* **2.** *jmd., der Fahrrad, Mountainbike fährt.*

Bi|ke|rin, die; -, -nen: w. Form zu ↑Biker.

Bi|ki|ni, der; -s, -s [Fantasiebez., geb. nach dem gleichnamigen Südseeatoll, als dieses durch die ersten großen Atomversuche weltbekannt geworden war]: *knapper zweiteiliger Damenbadeanzug.*

bi|kon|kav [auch: ˈbi:...] ⟨Adj.⟩ [aus lat. bi- = zwei u. ↑konkav] (Optik): *beiderseits konkav.*

bi|kon|vex [auch: ˈbi:...] ⟨Adj.⟩ [aus lat. bi- = zwei u. ↑konvex] (Optik): *beiderseits konvex.*

bi|la|bi|al [auch: ˈbi:...] ⟨Adj.⟩ [aus lat. bi- = zwei u. ↑labial] (Sprachw.): *mit beiden Lippen gebildet:* -e Laute.

Bi|la|bi|al, der; -s, -e (Sprachw.): *bilabialer Laut.*

Bi|lanz, die; -, -en [ital. bilancio = Gleichgewicht (der Waage), zu: bilanciare = abwägen; im Gleichgewicht halten, zu: bilancia = Waage, über das Vlat. zu lat. bilanx, ↑Balance]: **a)** (Wirtsch., Kaufmannsspr.) *abschließende Gegenüberstellung von Aktiva u. Passiva, Einnahmen u. Ausgaben, Vermögen u. Schulden, bes. für das abgelaufene Geschäftsjahr; Kontenabschluss:* eine aktive, passive, positive, ausgeglichene, negative B.; die B. des Unternehmens weist einen Fehlbetrag aus; eine B. aufstellen, prüfen; -en lesen; er hat die B. verschleiert, frisiert *(die Vermögenslage absichtlich falsch, günstiger dargestellt);* Ü die B. der letzten Spielzeit an der Oper ist ausgeglichen; * **B. machen** (ugs.; *seine persönlich verfügbaren Mittel überprüfen*); **b)** *Ergebnis, Fazit; abschließender Überblick:* die erfreuliche B. der deutschen Außenpolitik; zehn Tote und zahlreiche Verletzte sind die traurige, erschütternde B. des Wochenendes; * **[die] B. [aus etw.] ziehen** *(das Ergebnis [von etw.] feststellen):* an jedem Hochzeitstag ziehen sie die B. des vergangenen Jahres.

Bi|lanz|buch|hal|ter, der: *Buchhalter, der für die Aufstellung der Bilanz* (a) *eines Betriebes zuständig ist* (Berufsbez.).

Bi|lanz|buch|hal|te|rin, die: w. Form zu ↑Bilanzbuchhalter.

bi|lan|zie|ren ⟨sw. V.; hat⟩ (Wirtsch., Kaufmannsspr.): **1.** *in Bezug auf Soll u. Haben ausgeglichen sein:* das Konto bilanziert mit 12 351 Mark. **2.** *über etw. eine Bilanz aufstellen:* ein Konto b.; Ü der Leiter der Forschungsabteilung bilanziert *(gibt einen abschließenden Überblick über)* die Ergebnisse des letzten Jahrzehnts; ich bilanzierte meine berufliche Entwicklung seit dem Studium.

Bi|lan|zie|rung, die; -, -en: *das Bilanzieren* (2).

bi|lanz|si|cher ⟨Adj.⟩: *sicher im Aufstellen einer Bilanz* (a).

Bi|lanz|sum|me, die (Wirtsch., Kaufmannsspr.): *Summe der Aktiva bzw. Passiva einer Bilanz.*

bi|la|te|ral [auch: ˈbi:-] ⟨Adj.⟩ [aus lat. bi- = zwei u. ↑lateral] (bes. Politik, Fachspr.): *zweiseitig, von zwei Seiten ausgehend, zwei Seiten betreffend:* -e Verträge, Gespräche; b. zusammenarbeiten.

Bilch, der; -[e]s, -e [mhd. bilch(mūs), ahd. bilih, wohl aus dem Slaw.]: *(in mehreren Arten vorkommendes) kleineres, nachtaktives Nagetier mit dichtem bräunlichem od. grauem Fell; Schlafmaus.*

Bild, das; -[e]s, -er [mhd. bilde = Bild, Gestalt, ahd. bilidi = Nachbildung, Abbild; Gestalt, Gebilde, viell. urspr. = (richtige) Form]: **1. a)** *mit künstlerischen Mitteln auf einer Fläche Dargestelltes, Wiedergegebenes; Gemälde, Zeichnung o. Ä.:* ein meisterhaftes, wertvolles, kitschiges, abstraktes, realistischesB.; die -er eines alten Meisters; das B. stellt den Prinzen Eugen dar; -er sammeln, ausstellen, verkaufen, betrachten; ein B. [in Öl, mit Wasserfarben] malen; ein B. restaurieren; * **lebendes B.** *(szenische Darstellung von etw. [zu Erratendem] durch eine gestellte, unbewegte Personengruppe);* **ein B. von ... sein** *(sehr schön, bildschön sein):* sie ist ein B. von einem Mädchen; **b)** *Fotografie; gedruckt wiedergegebene bildliche Darstellung:* scharfe, verwackelte -er; ein B. knipsen, abziehen, vergrößern; jmdm. ein B. von sich schenken; sie haben im Urlaub schöne -er gemacht; etw. im B. festhalten *(fotografieren);* etw. mit -ern dokumentieren; * **bewegte -er** *(Film-, Fernsehaufnahmen):* von diesem Ereignis gibt es keine bewegten -er; **c)** *auf dem Fernsehschirm Erscheinendes:* das B. ist gut, schlecht, verzerrt, fiel aus, war gestört; **d)** *Abbild, Spiegelbild:* sie betrachtete ihr B. im Spiegel; er ist ganz das B. seines Vaters *(sieht ihm sehr ähnlich).* **2.** *Anblick, Ansicht:* das äußere B. der Stadt ist verändert; ein schreckliches, friedliches B. bot sich unseren Augen; * **ein B. des Jammers** (geh.; *ein sehr trauriger Anblick*): Hungernde und kranke Menschen säumten die Straßen – ein B. des Jammers; **ein B. für [die] Götter sein** (ugs. scherzh.; *einen grotesken, komischen Anblick bieten*): wie sie so mit weit offenem Mund dastand, war sie ein B. für die Götter. **3.** *Vorstellung, Eindruck:* -er der Vergangenheit stiegen vor ihm auf, quälten, bedrängten ihn; ein klares, falsches B. von etw. haben; er beschwor das B. seiner Geliebten (geh.; *stellte sie sich lebhaft vor*); seine Schwatzhaftigkeit passte durchaus ins B. *(entsprach der Vorstellung, die man von ihm hatte);* * **sich** ⟨Dativ⟩ **ein B. von jmdm., etw. machen** *(sich eine Meinung über jmdn., etw. bilden):* ich konnte mir bisher noch kein B. von ihr, davon machen; **jmdn., sich [über etw. ⟨Akk.⟩] ins B. setzen** *(jmdn., sich informieren, orientieren, unterrichten; jmdn. in Kenntnis setzen);* **[über etw. ⟨Akk.⟩] im B./-e sein** *(Bescheid wissen; informiert, orientiert, unterrichtet sein).* **4.** (Theater) *Abschnitt eines Bühnenstücks, der durch gleich bleibende Dekoration gekennzeichnet ist:* Schauspiel in sieben -ern. **5.** *bildlicher Ausdruck; anschaulicher Vergleich; Metapher:* der Schriftsteller gebraucht abgegriffene, kühne -er; in -ern sprechen. **6.** (Math.) *einem Element durch Abbildung zugeordnetes [anderes] Element.*

Bild|ab|tas|ter, der; -s, -: *Scanner.*

Bild|ar|chiv, das: *Archiv für Bilder.*

Bild|at|las, der: ↑²Atlas (2).

Bild|auf|zeich|nung, die: *Aufzeichnung* (2 a) *von etw. in Bildern.*

Bild|aus|schnitt, der: *Ausschnitt* (1 b) *aus einem Bild.*

Bild|au|tor, der: *Fotograf, von dem die einem Buch beigegebenen Bilder stammen.*

Bild|au|to|rin, die: w. Form zu ↑Bildautor.

Bild|band, der ⟨Pl. ...bände⟩: *vorwiegend Bilder enthaltendes Buch.*

bild|bar ⟨Adj.⟩: *sich bilden, formen, hervorbringen lassend.*

Bild|bei|la|ge, die: *hauptsächlich Bilder enthaltende Beilage in Zeitungen, Prospekten o. Ä.*

Bild|be|richt, der (bes. Zeitungsw.): *bebilderter Bericht, Bericht in Bildern.*

Bild|be|richt|er|stat|ter, der: *Bildreporter; Pressefotograf.*

Bild|be|richt|er|stat|te|rin, die: w. Form zu ↑Bildberichterstatter.

Bild|be|schrei|bung, die: *Beschreibung (bes. in Form eines Schulaufsatzes) von etw., was auf einem Bild zu sehen ist.*

Bild|bio|gra|fie, die: *Biografie mit vielen Bilddokumenten.*

Bild|bruch, der (Sprachw.): *Katachrese* (2).

Bild|chro|nik, die: ↑Bilderchronik.

Bild|dienst, der (Zeitungsw., Buchw.): *Stelle, die Bildmaterial aus ihrem Bildarchiv bei Bedarf weitergibt.*

Bild|do|ku|ment, das: *Abbildung von dokumentarischem Wert.*

Bild|ebe|ne, die (Math.): *Ebene eines projizierten Bildes.*

bil|den ⟨sw. V.; hat⟩ [mhd. bilden = bildend (nach)gestalten, ahd. biliden = einer Sache Gestalt geben, bilidōn = eine Gestalt nachbilden, zu ↑Bild]: **1. a)** *[in bestimmter Weise] formend hervorbringen, machen:* Laute b.; [aus Wörtern] Sätze b.; ein schön gebildetes Gesicht; Ü der Charakter des Jugendlichen lässt sich noch b.; **b)** *in künstlerischer Weise plastisch gestalten; modellieren:* Figuren aus/in Ton b.; Masken b.; aus bizarren Wurzeln bildet der Holzschnitzer einzelne Gestalten oder ganze Figurengruppen; die bildende Kunst *(Plastik, Malerei, Grafik, Baukunst [u. Kunstgewerbe]);* bildender Künstler. **2. a)** *durch Sichgruppieren, Sichorganisieren formen, herstellen:* einen Kreis, ein Spalier, eine Gasse b.; **b)** *(anordnend, gruppierend, organisierend) schaffen, hervorbringen, ins Leben rufen:* einen Verein, eine Widerstandsgruppe, ein Kommando, einen Ausschuss, eine Regierung b.; einen Fonds, Vermögen b. **c)** *sich (aus verschiedenen Eindrücken, Informationen o. Ä.) verschaffen:* sich ⟨Dativ⟩ ein Urteil über jmdn., etw. b.; ich habe mir [darüber] meine eigene Meinung gebildet. **3. a)** *aus sich hervorbringen, entstehen lassen:* die Pflanze hat Knospen, neue Wurzeln, Ableger gebildet; dieses Verb bildet kein Passiv *(lässt sich nicht ins Passiv setzen);* **b)** ⟨b. + sich⟩ *durch Wachstum, Entwicklung entstehen, hervorkommen:* Knospen, Kristalle b. sich; in der Partei haben sich verschiedene Gruppierungen gebildet. **4.** *[durch Form, Gestalt, Anordnung, Organisation] darstellen, ausmachen:* die Begrenzungsmauern bilden ein Quadrat; diese Länder bilden zusammen die Bundesrepublik Jugoslawien; etw. bildet die Grenze, den Hintergrund, den Höhepunkt; oft verblasst: das bildet *(ist)* die Regel, eine Ausnahme, die Basis. **5.** *geistig-seelisch entwickeln, ausbilden, erziehen:* seinen Geist [durch Reisen] b.; die Jugend politisch b.; Lesen bildet.

Bil|der|an|be|tung, die: vgl. Bilderverehrung.

Bil|der|bo|gen, der: *mit [betexteter] Bilderfolge bedrucktes Blatt.*

Bil|der|buch, das: *[Kinder]buch, das hauptsächlich Bilder enthält:* ein drolliges B.; ein Wetter wie im B. *(herrliches, ideales Wetter).*

Bil|der|buch-: drückt in Bildungen mit Substantiven aus, dass jmd. oder etw. als ideal angesehen wird: Bilderbuchehe, -ehemann, -karriere, -landung, -wetter.

Bil|der|chro|nik, die: *illustrierte Chronik* (1).

Bil|der|fol|ge, die: ↑Bildfolge.

Bil|der|ga|le|rie, die: vgl. Gemäldegalerie.

Bil|der|ge|schich|te, die: ↑Bildgeschichte.

Bil|der|ha|ken, der: *Haken zum Aufhängen von Bildern.*

Bil|der|kult, der: *Bilderverehrung.*

Bil|der|rah|men, der: *Rahmen* (1 a) *für Bilder.*

Bil|der|rät|sel, das: **1.** *Rätsel, dessen Lösungswort, -satz aus der Bedeutung von Bildern u. Zeichen zu erschließen ist; Rebus.* **2.** *Vexierbild* (a).

bil|der|reich ⟨Adj.⟩: *sehr viele Bilder* (1 a, b, 3, 5) *aufweisend, enthaltend.*

Bil|der|reich|tum, der ⟨o. Pl.⟩: *bilderreiche Beschaffenheit.*

Bil|der|rei|he, die: *Bildfolge* (2).

Bil|der|schmuck, der: *Ausschmückung mit Bildern* (1 a, b): der B. der Halle.

Bil|der|schrift, die: *Schrift, die Wörter, Begriffe od. gedankliche Zusammenhänge durch bildhafte Zeichen ausdrückt.*

Bil|der|se|rie, die: ↑Bildserie.

Bil|der|spra|che, die: *Sprache, Sprechen in Bildern* (5); *bilderreiche Sprache.*

Bil|der|streit, der (christl. Kirche): *(bes. im 8. Jh.) Streit für u. wider den kirchlichen Bilderschmuck u. die Bilderverehrung.*

Bil|der|sturm, der (hist.): *(bes. in der Reformationszeit) mit der Zerstörung religiöser Bilder u. Bildwerke in großer Zahl einhergehende, die Bilderverehrung bekämpfende Bewegung, Aktion.*

Bil|der|stür|mer, der (hist.): *Vertreter, Anhänger des Bildersturms:* Ü die B. *(eifrigen Bekämpfer althergebrachter Anschauungen u. Bräuche)* in der Gewerkschaft.

Bil|der|stür|me|rei, die (hist.): *Zerstörung u. Vernichtung religiöser Bilder, Bildwerke:* Ü die B. *(eifrige Bekämpfung althergebrachter Anschauungen u. Bräuche)* der jungen Generation.

Bil|der|stür|me|rin, die: w. Form zu ↑Bilderstürmer.

bil|der|stür|me|risch ⟨Adj.⟩: *in der Art eines Bilderstürmers.*

Bil|der|tep|pich, der: *Bildteppich.*

Bil|der|ver|eh|rung, die: *Verehrung von bildlichen od. plastischen Darstellungen göttlicher od. Gott nahe stehender Wesen.*

Bild|er|zäh|lung, die: vgl. Bildgeschichte.

Bild|feh|ler, der (Ferns., Film): *durch Störungen verursachter Fehler bei der Wiedergabe eines Bildes.*

Bild|flä|che, die: *Fläche eines Bildes, bes. Fläche, auf die ein Bild projiziert od. auf der es [fotografisch] erzeugt wird; [fotografisch, filmisch] auf eine Fläche projizierter od. zu projizierender Ausschnitt des Gesichtsfeldes:* * **auf der B. erscheinen** (ugs.; *unvermittelt erscheinen, auftreten, kommen*): kaum waren alle Kinder ins Bett gebracht, erschien eines von ihnen wieder auf der B.; **von der B. verschwinden** (ugs.; 1. *sich rasch, unauffällig, ohne Umstände entfernen:* während der Pause verschwand er von der B.; 2. *[aus der Öffentlichkeit] verschwinden u. in Vergessenheit geraten:* das Remake eines Filmes, der vor Jahren von der B. verschwunden war).

Bild|fol|ge, die: 1. ⟨o. Pl.⟩ *Aufeinanderfolge von Bildern:* eine schnelle B. 2. *Reihe, Serie von inhaltlich zusammengehörigen Bildern* (z. B. Comicstrip).

Bild|fre|quenz, die (Film, Ferns.): *Zahl der in der Sekunde aufgenommenen od. erscheinenden Bilder.*

Bild|füh|rung, die ⟨o. Pl.⟩ (Film, Ferns.): *Kameraführung.*

Bild|ge|schich|te, die: *Geschichte in [betexteten] Bildern.*

Bild|ge|stal|tung, die: 1. *Gestaltung eines Bildes* (1 a) *in Bezug auf den Aufbau, die Anordnung der Figuren o. Ä.* 2. *Gestaltung der Bebilderung eines Druckerzeugnisses.*

bild|haft ⟨Adj.⟩: *in der Art eines Bildes* (1 a, b, 5), *wie ein Bild [wirkend]; plastisch, anschaulich:* die -e Wirkung des Plakats; eine -e Sprache; sich b. ausdrücken.

Bild|haf|tig|keit, die; -: *bildhafte Beschaffenheit.*

Bild|hau|er, der: *Künstler, der plastische Kunstwerke herstellt.*

Bild|hau|er|ar|beit, die: 1. ⟨o. Pl.⟩ *das Arbeiten eines Bildhauers.* 2. *Werk eines Bildhauers.*

Bild|hau|e|rei, die; -, -en: 1. ⟨o. Pl.⟩ *Bildhauerkunst.* 2. (schweiz.) *Bildhauerwerk.*

Bild|hau|e|rin, die; -, -nen: w. Form zu ↑Bildhauer.

bild|hau|e|risch ⟨Adj.⟩: *zur Bildhauerkunst gehörend, auf ihr beruhend, ihr gemäß.*

Bild|hau|er|kunst, die ⟨o. Pl.⟩: *Kunst der Gestaltung plastischer Werke.*

bild|hau|ern ⟨sw. V.; hat⟩ (ugs.): *sich als Bildhauer betätigen:* seit vielen Jahren bildhauerte sie in ihrer Freizeit.

Bild|hau|er|werk, das: *ausgeführtes Werk eines Bildhauers.*

bild|hübsch ⟨Adj.⟩ (emotional verstärkend): *sehr, besonders hübsch:* ein -es Mädchen; die Moderatorin ist b.; b. aussehen.

Bild|idee, die: *künstlerischer Grundgedanke bei der Gestaltung eines Bildes, Fotos.*

Bild|in|halt, der: *Inhalt, Gehalt eines Bildes* (1 a, b).

Bild|jour|na|list, der: *Journalist, der fotografische Bilder [u. Bildberichte] liefert.*

Bild|jour|na|lis|tin, die: w. Form zu ↑Bildjournalist.

Bild|kar|te, die: 1. *[Post]karte (z. B. Ansichtskarte, Kunstpostkarte) mit einem Bild auf der Vorderseite.* 2. *Landkarte, die einen plastischen, reliefartigen Eindruck des Dargestellten vermittelt.*

Bild|kom|po|si|ti|on, die: *Komposition eines Bildinhalts.*

Bild|kon|ser|ve, die (Ferns. Jargon): *gespeichertes Bildmaterial.*

Bild|kraft, die ⟨o. Pl.⟩: *[Kraft der] Anschaulichkeit:* eine Darstellung, Sprache von großer B.

bild|kräf|tig ⟨Adj.⟩: *sehr anschaulich:* eine -e Sprache.

bild|lich ⟨Adj.⟩ [mhd. bildelich = bildlich; wahrnehmbar, ahd. bildlîcho (Adv.) = entsprechend]: 1. *im Bild* (1 a, b), *mithilfe von Bildern:* die -e Wiedergabe eines Gegenstandes, eines Vorgangs; etw. b. darstellen; sich etw. b. vorstellen. 2. *als sprachliches Bild* (5) *gebraucht, anschaulich:* ein -er Ausdruck, Vergleich; diese Äußerung war nur b. gemeint; er war, b. gesprochen, der Motor des Ganzen.

Bild|lich|keit, die; -: *bildliche* (2) *Beschaffenheit.*

bild|mä|ßig ⟨Adj.⟩: *in Bezug auf ein Bild, ein Bild betreffend.*

Bild|ma|te|ri|al, das ⟨Pl. selten⟩: *aus Bildern bestehendes Material:* reiches B. von einer Reise mitbringen.

Bild|mi|scher, der: *Angestellter beim Fernsehen, durch den von mehreren auf Monitoren erscheinenden Bildern das jeweils geeignetste zur Sendung od. Aufnahme geschaltet wird* (Berufsbez.).

Bild|mi|sche|rin, die; -, -nen: w. Form zu ↑Bildmischer.

Bild|mo|tiv, das: *Motiv* (3) *eines Bildes.*

Bild|ner, der; -s, - [1: mhd. bild(en)ære < ahd. bilidâri = schaffender Künstler]: 1. (veraltet) *jmd., der jmdn., etw. formt od. bildet* (5); *Erzieher:* ein B. der Jugend. 2. (geh.) *jmd., der durch künstlerische Formung, Gestaltung etw. bildet, herstellt; Bildhauer.*

Bild|ne|rin, die; -, -nen: w. Form zu ↑Bildner.

bild|ne|risch ⟨Adj.⟩: *die künstlerische Gestaltung in Form eines Bildes, Bildwerks betreffend, darauf beruhend:* -e Fähigkeiten, Mittel.

Bild|nis, das; -ses, -se [mhd. bildnisse] (geh.): *bildliche Darstellung eines Menschen; Porträt:* das B. Goethes, eines alten Mannes.

Bild|plat|te, die (Ferns.): *schallplattenartige Folie, die mit einem entsprechenden Gerät abgetastet wird u. so Bild u. Ton auf den Fernsehschirm überträgt.*

Bild|plat|ten|spie|ler, der: *Gerät zum Abtasten von Bildplatten.*

Bild|punkt, der (EDV): *Pixel.*

Bild|qua|li|tät, die: *Qualität eines Bildes* (1 b, c).

Bild|re|dak|teur, der: *in einem Zeitungs- od. Buchverlag für die Bebilderung zuständiger Redakteur.*

Bild|re|dak|teu|rin, die: w. Form zu ↑Bildredakteur.

Bild|re|por|ta|ge, die: *hauptsächlich Bilder enthaltende Reportage.*

Bild|re|por|ter, der: *Reporter, der Bilder u. Bildberichte, Bildreportagen liefert.*

Bild|re|por|te|rin, die: w. Form zu ↑Bildreporter.

Bild|röh|re, die (Ferns.): *Röhre, die das empfangene Bild auf einem Leuchtschirm wiedergibt.*

bild|sam ⟨Adj.⟩ (geh.): *sich formen, bilden* (1, 5) *lassend:* ein -er Stoff; sein Charakter ist noch b.

Bild|sam|keit, die; - (geh.): *bildsame Beschaffenheit; bildsames Wesen.*

Bild|säu|le, die: *säulenähnliches Standbild:* Ü (ugs.:) vor Schreck zur B. erstarren.

Bild|schär|fe, die: *Schärfe* (5) *eines Bildes* (1 b, c).

Bild|schirm, der: *Leuchtschirm eines Fernsehgerätes, Monitors o. Ä.:* auf dem B. erscheinen; am, vor dem B. sitzen (ugs.; *fernsehen*).

Bild|schirm|ar|beit, die: *das Arbeiten an einem zu einem Computer gehörenden Monitor.*

Bild|schirm|ar|bei|ter, der: *jmd., der Bildschirmarbeit leistet:* B. sollten ihre Augen regelmäßig untersuchen lassen.

Bild|schirm|ar|bei|te|rin, die; -, -nen: w. Form zu ↑Bildschirmarbeiter.

Bild|schirm|ar|beits|platz, der: *Arbeitsplatz, bei dem Arbeitsaufgabe und Arbeitszeit an Bildschirmgeräten bestimmend für die ganze Tätigkeit sind:* in der Verwaltung nimmt die Anzahl der B. ständig zu.

Bild|schirm|scho|ner, der [LÜ von engl. screen saver] (EDV): *Programm zum Schutz der Bildröhre, das sich selbst aktiviert, wenn das Bild auf dem Monitor längere Zeit nicht verändert wird.*

Bild|schirm|text, der (früher): *im Rahmen des Fernmeldedienstes arbeitendes System der Information, bei dem zentral gespeicherte Informationen verschiedenster Art über Telefon abgerufen werden können, die dann auf dem Bildschirm eines Farbfernsehgerätes mithilfe bestimmter Zusatzgeräte in Form eines Textes od. als Grafik dargestellt werden* (Abk.: Btx).

Bild|schmuck, der: *Bilderschmuck.*

Bild|schnitt, der (Film): *Schnitt.*

Bild|schnit|zer, der: *Künstler, der Bildwerke in Holz, Elfenbein o. Ä. schnitzt.*

Bild|schnit|ze|rei, die: 1. ⟨o. Pl.⟩ *Bildschnitzerkunst.* 2. *Werkstatt eines Bildschnitzers.* 3. *Werk eines Bildschnitzers.*

Bild|schnit|ze|rin, die; -, -nen: w. Form zu ↑Bildschnitzer.

Bild|schnit|zer|kunst, die: *Kunst eines Bildschnitzers.*

bild|schön ⟨Adj.⟩ (emotional verstärkend): *sehr schön:* ein -er Mann.

Bild|sei|te, die: 1. *(bei Münzen, Medaillen o. Ä.) Seite mit dem Bild.* 2. *besondere [Buch-, Zeitungs]seite mit Bildern.*

Bild|se|rie, die: *Serie, zusammenhängende Folge von Bildern.*

Bild|spra|che, die: *Bildersprache.*

Bild|stel|le, die: *Sammel-, Ausleih- od. Vertriebsstelle für Bildmaterial.*

Bild|stock, der ⟨Pl. ...stöcke⟩: 1. (südd., österr.) *im Freien auf einem Pfeiler od. Sockel angebrachtes Kruzifix od. Heiligenbild; Marterl.* 2. *Druckplatte mit eingeätztem Bild für* [2]*Hochdruck.*

Bild|stö|rung, die: *Störung des Fernsehbildes.*

Bild|strei|fen, der: 1. *Bildfolge* (2). 2. (Fachspr.) *Film* (3 a).

Bild|su|cher, der (Fot.): *Sucher* (2).

Bild|sym|bol, das: *Symbol, [Schrift]zeichen in Form eines [schematisierten] Bildes.*

bild|syn|chron ⟨Adj.⟩ (Film, Ferns.): *mit dem Bild synchron:* -e Tonaufzeichnung.

Bild|ta|fel, die (Buchw.): *ganzseitige, meist farbige Illustration in einem Druckerzeugnis.*

Bild|te|le|fon, das: *Telefon, das auch das Bild des Gesprächspartners übermittelt.*

Bild|tep|pich, der: *Teppich mit bildlichen Darstellungen.*

Bild|text, der: *einem Bild, einer Abbildung beigegebener erläuternder Text.*

Bild|tie|fe, die: *scheinbare Tiefe* (2 a) *eines Bildes.*

Bild-Ton-Ka|me|ra, die: *Kamera, die sowohl Bild als auch Ton aufzeichnet.*

Bild|über|tra|gung, die (Ferns.): *Übertragung des Fernsehbildes.*

Bil|dung, die; -, -en [mhd. bildunge, ahd. bildunga = Schöpfung; Bildnis, Gestalt]: 1. ⟨o. Pl.⟩ a) *das Bilden* (5), *Erziehung:* die B. der Jugend; mehr für die B. tun; b) *das Gebildetsein; das Ausgebildetsein; erworbenes Allgemeinwissen:* eine wissenschaftliche, künstlerische, humanistische B.; seine B. vervollständigen, vertiefen; eine umfassende B. besitzen; eine vorzügliche B. erhalten; ein Mann von B. *(ein gebildeter Mann);* das gehört zur allgemeinen B. *(das sollte jeder Gebildete wissen);* c) (seltener) *gutes Benehmen:*

sie hat keine B. *(weiß nicht, was sich schickt).* **2.** **a)** *das Bilden* (1 a); *das Formen:* die B. von Sätzen, Beispielen; **b)** *das Bilden* (2 a): die B. eines Kreises, eines Spaliers; **c)** *das Bilden* (2 b), *Schaffung:* die B. einer neuen Regierung; **d)** *das Bilden* (2 c): zur B. der öffentlichen Meinung beitragen. **3.** *das Sichbilden* (3 b), *Entstehung:* die B. von Knospen, Kristallen, eines Sees; die B. von Ruß unterbinden, verhindern. **4.** *Form, Gestalt* (4): die seltsamen, eigenartigen, fantastischen -en der Wolken; er war von der ebenmäßigen B. ihres Gesichts beeindruckt. **5.** (Sprachw.) *Gebildetes (bes. von jmdm. gebildetes Wort):* -en auf -ung und -heit.

Bil|dungs|an|ge|bot, das: *Angebot an Bildungseinrichtungen u. -möglichkeiten.*

Bil|dungs|an|stalt, die (Amtsspr.): *Anstalt, in der unterrichtet wird (z. B. Schule).*

Bil|dungs|ar|beit, die ⟨o. Pl.⟩: *Arbeit auf dem Gebiet der Bildung, des Bildungswesens.*

Bil|dungs|be|dürf|nis, das: *Bedürfnis, Wunsch, sich zu bilden, eine Ausbildung zu genießen.*

bil|dungs|be|flis|sen ⟨Adj.⟩: *übereifrig bei der Nutzung von Bildungsangeboten, -möglichkeiten:* -e Senioren.

Bil|dungs|be|flis|sen|heit, die: *bildungsbeflissenes Wesen, Verhalten.*

Bil|dungs|be|ra|tung, die: *[vom Arbeitsamt durchgeführte] Beratung über Bildungsmöglichkeiten, Institutionen der Weiterbildung u. Ä.*

Bil|dungs|bür|ger|tum, das: **a)** (Soziol.) *(in der 1. Hälfte des 19. Jh.s) Gruppen des Bürgertums mit einem an idealistischen Werten u. am klassischen Altertum orientierten Bildungsideal;* **b)** *gebildete Schicht des Bürgertums.*

Bil|dungs|chan|cen ⟨Pl.⟩: *Möglichkeiten des Zugangs zur Ausbildung.*

Bil|dungs|dün|kel, der: *dünkelhafter Stolz auf die eigene Bildung.*

Bil|dungs|ein|rich|tung, die: *Bildungsanstalt.*

Bil|dungs|ele|ment, das (Sprachw.): *zur Wortbildung dienendes Element (z. B. Präfix).*

Bil|dungs|fa|brik, die (abwertend): *Schule, Hochschule, an der Schüler u. Schülerinnen bzw. Studierende in großer Zahl u. allein auf Effizienz ausgerichtet nach eher starren Unterrichtsmethoden ausgebildet werden:* Kritiker bemängeln vor allem die Entwicklung der Universitäten hin zu -en.

bil|dungs|fä|hig ⟨Adj.⟩: *bereit u. dazu befähigt, sich weiterzubilden:* -e Arbeitnehmer.

bil|dungs|feind|lich ⟨Adj.⟩: *für die Aneignung von Bildung ungünstig, hinderlich:* bemängelt wurden die -en Rahmenbedingungen.

Bil|dungs|frei|stel|lung, die: *Freistellung von der Arbeit zum Zwecke der Weiterbildung.*

Bil|dungs|gang, der: *Gang, Verlauf der geistigen Ausbildung.*

Bil|dungs|grad, der: *Grad der geistigen Bildung, den jmd. erreicht hat, besitzt.*

Bil|dungs|gut, das: *geistiges Gut, das zur Bildung beiträgt.*

Bil|dungs|gut|schein, der (Hochschulw.): *Gutschein, der erworben werden muss, wenn das Studium nach einer festgesetzten Höchstzahl von Semestern noch weitergeführt werden soll.*

Bil|dungs|hun|ger, der: *großes Bildungsbedürfnis.*

bil|dungs|hung|rig ⟨Adj.⟩: *wissbegierig u. auf Bildung bedacht.*

Bil|dungs|ide|al, das: *[allgemeines] Ideal der Bildung u. Erziehung:* das B. der Klassik.

Bil|dungs|lü|cke, die: *Lücke in der Allgemeinbildung; Wissenslücke.*

Bil|dungs|mög|lich|keit, die: *Möglichkeit, sich Bildung anzueignen, eine Ausbildung zu erhalten.*

Bil|dungs|mo|no|pol, das: *Monopol des Zugangs zu Ausbildungsmöglichkeiten, zur Vermittlung von Bildung:* das B. des Staates.

Bil|dungs|ni|veau, das: vgl. Bildungsstand.

Bil|dungs|not|stand, der: *bes. durch Mangel an ausgebildeten Kräften, Ausbildungsmöglichkeiten u. Ä. gekennzeichneter Notstand im Bildungswesen.*

Bil|dungs|plan, der: *Curriculum; Lehrplan.*

Bil|dungs|pla|nung, die: *[staatliche] Planung in Bezug auf die Maßnahmen u. Richtlinien für das Bildungswesen sowie auf den Bau von Bildungseinrichtungen.*

Bil|dungs|po|li|tik, die: *Teil der Kulturpolitik, der die Maßnahmen u. Richtlinien für das Bildungswesen bestimmt.*

Bil|dungs|po|li|ti|ker, der: *Politiker im Bereich der Bildungspolitik.*

Bil|dungs|po|li|ti|ke|rin, die: w. Form zu ↑Bildungspolitiker.

bil|dungs|po|li|tisch ⟨Adj.⟩: *die Bildungspolitik betreffend.*

Bil|dungs|pri|vi|leg, das: *einer bestimmten Gruppe, Klasse vorbehaltenes Privileg einer guten Ausbildung.*

Bil|dungs|re|form, die: *Reform des Bildungswesens.*

Bil|dungs|rei|se, die: *größere Reise, die der Vervollkommnung der geistigen Bildung dient.*

Bil|dungs|ro|man, der (Literaturw.): *Roman, in dem der Prozess der geistigen u. charakterlichen Bildung des Helden dargestellt wird.*

Bil|dungs|schran|ke, die: *meist sozial bedingte Schranke, durch die jmd. daran gehindert wird, eine seiner Begabung entsprechende Ausbildung zu erhalten, eine höhere Bildungsstufe zu erreichen.*

bil|dungs|sprach|lich ⟨Adj.⟩: *zu einer Sprache, Ausdrucksweise gehörend, die bestimmte Kenntnisse, eine gute schulische Bildung voraussetzt:* -e Ausdrücke.

Bil|dungs|stand, der ⟨o. Pl.⟩: *Stand, Grad, Stufe des Ausgebildetseins, der Bildung.*

Bil|dungs|stät|te, die (geh.): *Bildungsanstalt.*

Bil|dungs|stu|fe, die: *Entwicklungsstufe der Bildung; Grad des Ausgebildetseins.*

Bil|dungs|ur|laub, der: *Urlaub zum Zweck der Weiterbildung.*

Bil|dungs|weg, der: *[im Bildungswesen vorgesehener] Weg, Gang der Ausbildung:* ein ganz neuartiger B.; das Abitur auf dem zweiten B. *(in einem Kolleg 2, auf der Abendschule, im Fernunterricht o. Ä.)* nachholen.

Bil|dungs|we|sen, das ⟨o. Pl.⟩: *Gesamtheit der Bildungseinrichtungen einschließlich ihrer Funktion, Organisation u. Verwaltung.*

Bil|dungs|zen|trum, das: *zentrale Bildungsstätte mit vielseitigem Angebot.*

Bild|un|ter|schrift, die: *erläuternder Text unter einem Bild, einer Abbildung.*

Bild|vor|la|ge, die: *Vorlage für die Herstellung eines Bildes.*

Bild|wand, die: *Wand, auf die Bilder projiziert werden.*

Bild|wei|te, die: **a)** (Fot.) *Abstand zwischen Film u. Objektiv bei scharfer Einstellung auf eine bestimmte Entfernung;* **b)** (Optik) *Abstand zwischen Bild u. Linse.*

Bild|wer|fer, der: *Projektor.*

Bild|werk, das (geh.): *Skulptur.*

Bild|wie|der|ga|be, die: *Wiedergabe eines Bildes bei Film, Fernsehen od. in Druckerzeugnissen.*

Bild|win|kel, der: **1.** (Optik) *Winkel, unter dem ein abzubildendes Objekt aufgrund seiner Entfernung erscheint.* **2.** (Fot.) *größter Bildwinkel (1) eines Objektivs.*

Bild|wir|ke|rei, die: *Herstellung von gewirkten Stoffen, bes. Wandteppichen in ornamentaler od. bildhafter Ausführung.*

bild|wirk|sam ⟨Adj.⟩: *Bildwirkung zeigend.*

Bild|wirk|sam|keit, die: *bildwirksame Beschaffenheit.*

Bild|wir|kung, die: *Wirkung durch Bilder, von Bildern; eindrucksvolle Wirkung des Bildes.*

Bild|wör|ter|buch, das: *Wörterbuch, das die Bedeutung von Wörtern durch Bilder veranschaulicht.*

Bild|zei|chen, das: *Zeichen, Symbol in Form eines schematisierten Bildes (auf Hinweisschildern o. Ä.).*

Bild|zu|schrift, die: *mit Lichtbild versehene Zuschrift auf eine Anzeige.*

Bil|ge, die; -, -n [engl. bilge, H. u.] (Seemannsspr.): *Kielraum eines Schiffes, in dem sich das Leckwasser sammelt.*

Bil|ge|was|ser, das ⟨o. Pl.⟩ (Seemannsspr.): *Leckwasser, das sich in der Bilge sammelt.*

Bil|har|zi|o|se, die; -, -n [nach dem dt. Arzt Theodor Bilharz (1825–1862)] (Med.): *bes. Leber, Darm und Blase betreffende Wurmkrankheit.*

bi|li|är ⟨Adj.⟩ [zu lat. bilis = [1]Galle] (Med.): *die [1]Galle betreffend, durch [1]Galle bedingt.*

bi|lin|gu|al [auch: ˈbi:-] ⟨Adj.⟩ [aus lat. bi- = zwei u. ↑lingual] (Fachspr.): *zweisprachig.*

Bi|lin|gu|a|lis|mus, der; -: *Zweisprachigkeit.*

Bil|lard [ˈbɪljart, österr.: biˈjaːɐ̯], das; -s, -e, österr.: -s [frz. billard, urspr. = krummer Stab, (unter Einfluss von: bille = Kugel) zu: bille = Pflock, über das Vlat. wohl aus dem Gall.]: **1.** ⟨o. Pl.⟩ *auf einem mit grünem Tuch bezogenen Tisch gespieltes Spiel, bei dem Kugeln aus Elfenbein od. Kunststoff mit einem Stock nach bestimmten Regeln gestoßen werden:* [eine Partie] B. spielen. **2.** *Tisch für das Billardspiel.*

Bil|lard|ke|gel, der: *Kegel, der bei einer bestimmten Art des Billardspiels mit den Billardkugeln getroffen werden muss.*

Bil|lard|ku|gel, die: *Kugel für das Billard* (1).

Bil|lard|queue, das, (österr. u. ugs.:) der: *Billardstock.*

Bil|lard|spiel, das: *Billard* (1).

Bil|lard|stock, der ⟨Pl. ...stöcke⟩: *beim Billard* (1) *verwendeter Stock; [1]Queue.*

Bil|lard|tisch, der: *Billard* (2).

Bil|le|teur [bɪljeˈtøːɐ̯, österr.: bij...], der; -s, -e: **1.** (österr.) *Platzanweiser:* er ist B. am Hoftheater. **2.** (schweiz. früher) *Schaffner.*

Bil|le|teu|se [...ˈtøːzə], die; -, -n: w. Form zu ↑Billeteur (2).

Bil|lett [bɪlˈjɛt, österr.: biˈjeː, bɪˈlɛt, biˈjɛt], das; -[e]s, -s u. -e [urspr. = Quartierschein, frz. billet (de logement) < afrz. billette, unter Einfluss von: bille = Kugel, zu: bullete = Beglaubigungsschein, zu: bulle = Siegelkapsel < lat. bulla, ↑[2]Bulle]: **1.** (schweiz., sonst veraltend) **a)** *Fahrkarte:* ein B. lösen; **b)** *Eintrittskarte:* ich habe noch ein B. für die Uraufführung erhalten. **2.** **a)** (österr., sonst veraltet) *Briefchen, kurzes Schreiben:* in der Pause steckte er ihr heimlich ein B. zu; **b)** (österr.) *Briefkarte.*

Bil|lett|kon|trol|le, die (schweiz., österr., sonst veraltend): *Kontrolle der Fahr-, Eintrittskarten.*

Bil|lett|schal|ter, der (schweiz., österr., sonst veraltend): vgl. Fahrkartenschalter.

Bil|lett|steu|er, die (schweiz.): *Vergnügungssteuer.*

Bil|li|ar|de, die; -, -n [zu lat. bi- = zwei u. ↑Milliarde]: *tausend Billionen.*

bil|lig ⟨Adj.⟩ [mhd. billich, ahd. billīh = recht, angemessen, gemäß, wohl zu ↑Bild u. urspr. = passend, angemessen]: **1.** *niedrig im Preis; nicht teuer; für verhältnismäßig wenig Geld [zu haben]:* -es Obst; -e Waren, Arbeitskräfte; ein erstaunlich -er (ugs.; *niedriger*) Preis; -e (ugs.; *niedrige*) Mieten; die Wohnung, das Essen ist b., könnte -er sein; dieses Buch ist nicht ganz b. *(ziemlich teuer);* gebrauchter Gasherd b. abzugeben (Zeitungsanzeige); b. einkaufen; Ü er ist noch mal b. davongekommen (ugs.; *hat nur wenig Strafe od. Schelte bekommen*). **2.** (abwertend) **a)** *von minderer Qualität:* -er Ramsch; -en Schnaps trinken; sie trug ein -es Kleidchen; **b)** *vordergründig, einfallslos, geistlos o. ä. u. daher ohne die erhoffte Wirkung:* eine -e Ausrede; ein -er Trick; das ist ein -er Trost. **3.** (Rechtsspr., sonst veraltend) *angemessen; berechtigt:* ein -es Verlangen; man sollte sich nicht mehr als b. darüber aufregen; b. *(gerecht)* denken; b. denkende *(rechtschaffene, redliche)* Leute; der Richter entschied nach -em Ermessen.

Bil|lig|an|bie|ter, der (Werbespr.): *jmd., der seine Ware zu besonders niedrigen Preisen anbietet:* die Konkurrenz der B. macht uns zu schaffen.

Bil|lig|an|bie|te|rin, die: w. Form zu ↑Billiganbieter.

Bil|lig|an|ge|bot, das (Werbespr.): *Angebot von Waren zu besonders niedrigen Preisen.*

bil|lig den|kend: s. billig (3).

bil|li|gen ⟨sw. V.; hat⟩ [mhd. billichen = für angemessen erklären]: *gutheißen; für angebracht halten:* jmds. Pläne, Vorschläge, Entschluss b.; ich kann es nicht b., dass du dich daran beteiligst; das Parlament billigte die Pläne der Regierung.

bil|li|gens|wert ⟨Adj.⟩: *wert, gebilligt zu werden.*

bil|li|ger|ma|ßen, bil|li|ger|wei|se ⟨Adv.⟩ (veraltend): *wie es billig (3) ist; mit Recht.*

Bil|lig|flag|ge, die: *(in der Seeschifffahrt) Flagge bestimmter Staaten, unter der Schiffe ausländischer Reedereien wegen finanzieller Vorteile (z. B. niedrige Steuern u. Gebühren, geringere Sozialleistungen o. Ä.) fahren:* der havarierte Tanker fährt unter einer B.

Bil|lig|flug, der: *verbilligter Flug; Flug zu herabgesetztem, niedrigem Preis:* einzelne Reiseveranstalter werben mit Billigflügen.

Bil|lig|hei|mer, der; -s, - [scherzh. geb. nach Ew. von Ortsn. auf -heim] (ugs.): *Billiganbieter.*

Bil|lig|im|port, der: *billiger Import.*

Bil|lig|job, der (ugs.): *schlecht entlohnte berufliche Tätigkeit, Stellung.*

Bil|li|gung, die; -, -en ⟨Pl. selten⟩: *das Billigen, Gebilligtwerden; Zustimmung.*

Bil|lig|wa|re, die ⟨meist Pl.⟩: *billige Ware; Ware zu herabgesetztem, niedrigem Preis.*

Bil|li|on, die; -, -en [frz. billion (urspr. = Milliarde), aus: bi- = zwei(mal) < lat. bis u. ↑Million]: *eine Million Millionen.*

bil|li|on[s]|tel (Bruchz.): vgl. achtel.

Bil|li|on[s]|tel, das, schweiz. meist: der; -s, -: vgl. Achtel.

Bil|sen|kraut, das ⟨o. Pl.⟩ [mhd. bilse, ahd. bil(i)sa]: *(zu den Nachtschattengewächsen gehörende) krautige Pflanze mit gezähnten Blättern u. glockenförmigen, gelben, violett geaderten Blüten.*

Bi|lux|lam|pe®, die; -, -n [aus lat. bi- = zwei, lux = Licht u. ↑Lampe]: *zweifädige Lampe (2) in Autoscheinwerfern mit zwei getrennt schaltbaren Leuchtkörpern für Abblend- u. Fernlicht.*

bim ⟨Interj.⟩: lautm. für einen hellen [Glocken]klang.

bim, bam ⟨Interj.⟩: lautm. für [Glocken]klänge, die in der Tonhöhe wechseln.

Bim|bam, das; -s (Kinderspr.): *Glockenläuten.*

Bim|bam [scherzhafte Verwendung der Bez. für den Glockenklang als Heiligenname]: in der Fügung **[(ach) du] heiliger B.!** (ugs. Ausdruck der erstaunten od. erschreckten Betroffenheit; *ach du Schreck!*).

Bim|bes, der od. das; - [gaunerspr. Bimbs, Bims = Geld, viell. Nebenf. von: Pimmer = Brot, H. u.] (landsch.): *Geld.*

Bi|me|tall, das; -s, -e [aus lat. bi- = zwei u. ↑Metall] (Technik): *Streifen aus zwei miteinander verbundenen Metallen, die sich bei Erwärmung verschieden ausdehnen.*

bi|me|tal|lisch ⟨Adj.⟩: **a)** *auf zwei Metalle bezüglich;* **b)** *aus zwei Metallen bestehend.*

Bim|mel, die; -, -n (ugs.): *hell klingende, kleine Glocke; Schelle, Klingel.*

Bim|mel|bahn, die (ugs. scherzh.): *Kleinbahnzug [mit hell klingender Warnglocke].*

Bim|me|lei, die; - (ugs. abwertend): *beständiges, als lästig empfundenes Bimmeln.*

bim|meln ⟨sw. V.; hat⟩ [schon mniederd. bimmelen, lautm.] (ugs.): *hell klingend läuten; klingeln, schellen.*

Bims, der; -[es] [H. u.] (ugs. abwertend): *Kram, Plunder, Zeug:* oft in der Fügung: der ganze B. *(alles, das Ganze, der ganze Schwindel).*

Bims, der; -es, (Arten:) -e [mhd. bümeȝ, ahd. bumiȝ < lat. pumex (Gen.: pumicis), eigtl. = Schaumstein]: **1.** (Fachspr.): *Bimsstein.* **2.** ⟨Pl.⟩ (ugs.) *Prügel:* -e kriegen.

bim|sen ⟨sw. V.; hat⟩: **1.** (veraltend) *mit [dem] Bimsstein (2 b) abreiben, putzen, schleifen:* gekalkte Tierhäute b. **2.** (ugs.) *prügeln:* jmdn. b. **3.** (ugs.) **a)** *drillen:* die Rekruten wurden tüchtig gebimst; **b)** *angestrengt übend lernen, pauken:* [mit jmdm.] Vokabeln b. **4.** (derb) *koitieren.*

Bims|stein, der: **1.** ⟨o. Pl.⟩ *hellgraues, schaumig-poröses vulkanisches Gestein.* **2. a)** *[Bau]stein aus Bimsstein (1);* **b)** *zum Reinigen bes. der Hände, zum Schleifen od. Polieren verwendetes Stück Bimsstein (1).*

bin: ↑[1]sein.

bi|nar, bi|när ⟨Adj.⟩: *binarisch.*

Bi|när|code, der (Informatik): *Code (1), der aus einem Vorrat von nur zwei Zeichen besteht.*

bi|na|risch ⟨Adj.⟩ [spätlat. binarius = zwei enthaltend, zu lat. bini = je zwei, zu: bis = zweimal] (Fachspr.): **1.** *je zwei Einheiten, Teile, Glieder, Stoffe enthaltend, verwendend:* -e Verbindungen (Chemie); -e Nomenklatur (Biol.; *wissenschaftliches System zweigliedriger Pflanzen- u. Tiernamen*); -es System (Math.; *Dualsystem 1*). **2.** *zum binären System gehörend, ihm entsprechend, gemäß:* -e Ziffern.

Bi|när|sys|tem, das: *Dualsystem.*

Bi|när|zei|chen, das (Kybernetik): *binäres Zeichen.*

Bi|när|zif|fer, die (Informatik): *Ziffer 0 od. 1 od. eine Folge aus diesen Ziffern.*

Bin|de, die; -, -n [mhd. binde, ahd. binta, eigtl. = Bindendes, zu ↑binden]: **1. a)** *(zu einer Rolle aufgewickelter) längerer Streifen aus Stoff zum Verbinden einer verletzten Körperstelle, eines verletzten Körperteils:* er legte die elastische B. an; eine B. abnehmen; **b)** *Tuch, das als Schutz vor die erkrankten Augen gebunden od. bei Armverletzungen, zu einer Schlinge geknotet, als Stützverband getragen wird:* eine schwarze B. vor dem Auge haben, über den Augen tragen; den Arm in einer B. tragen. **2.** kurz für ↑Armbinde (1): die Ordner trugen eine weiße B. **3.** (ugs.) kurz für ↑Damenbinde. **4.** (veraltet) *Krawatte* (1): *** **[sich ⟨Dativ⟩] einen hinter die B. gießen, kippen** (ugs.; *ein alkoholisches Getränk zu sich nehmen*).

Bin|de|bo|gen, der (Musik): *zwei Noten verbindender Bogen, der gebundene Ausführung vorschreibt.*

Bin|de|ge|we|be, das (Med.): *die Organe umhüllendes, verbindendes u. stützendes Gewebe.*

Bin|de|ge|webs|ent|zün|dung, die: *Phlegmone.*

Bin|de|ge|webs|fa|ser, die: *aus Kollagenen bestehende elastische Faser, die in das Bindegewebe eingelagert ist.*

Bin|de|ge|webs|hül|le, die: vgl. Bindegewebsschicht.

Bin|de|ge|webs|mas|sa|ge, die: *Massage des unter der Haut liegenden Bindegewebes, bei der mit den Fingerkuppen schiebende u. streichende Bewegungen ausgeführt werden.*

Bin|de|ge|webs|schicht, die: *aus Bindegewebe bestehende Schicht.*

Bin|de|ge|webs|schwä|che, die ⟨Pl. selten⟩: *angeborene Schwäche des Bindegewebes (die z. B. Krampfadern zur Folge haben kann).*

Bin|de|ge|webs|strang, der: vgl. Bindegewebsschicht.

Bin|de|glied, das: *verbindendes, vermittelndes Glied, Verbindungsstück.*

Bin|de|haut, die (Med.): *durchsichtige Schleimhaut, die das Augenlid innen u. den Augapfel vorne überzieht; Konjunktiva.*

Bin|de|haut|ent|zün|dung, die, **Bin|de|haut|katarrh,** der: *Entzündung der Bindehaut; Konjunktivitis.*

Bin|de|kraft, die: *Fähigkeit zu [ver]binden, zu kleben:* die B. des Leims, Zements.

Bin|de|mit|tel, das: *Stoff (z. B. Mörtel, Farbe) zum Binden, Verkleben anderer Stoffe.*

bin|den ⟨st. V.; hat⟩ [mhd. binden, ahd. bintan]: **1. a)** *etw. mit etw. (z. B. Faden, Draht, Stoffstreifen, Weidenrute) so umgeben, dass es zusammenhält, durch Umwinden mit etw. zu etw. Festem, Einheitlichem zusammenfügen; zusammenbinden:* Blumen [zu einem Strauß] b., mit Draht zu einem Kranz b.; Korn in Garben, zu Garben b.; Ü die bindende (geh.; *verbindende*) Kraft des gemeinsamen Glaubens; **b)** *durch Binden (1 a) herstellen:* Besen b.; (Handw.:) ein Fass [aus Dauben] b. **2. a)** *fesseln:* einen Gefangenen [mit Stricken] b.; an Händen und Füßen gebunden werden; seine Hände waren auf dem Rücken gebunden; Ü gegnerische Truppen durch einen Gegenangriff b. *(beschäftigen u. festhalten);* etw. bindet jmds. Aufmerksamkeit *(nimmt sie voll in Anspruch);* gebundene *(festgesetzte)* Preise; **b)** *verpflichten, etw. zu tun; festlegen:* jmdn., sich durch ein Versprechen, mit einem Eid b.; eine bindende *(verbindliche)* Zusage machen; sich gebunden fühlen. **3.** *festbinden, durch Binden [u. Knüpfen, Schlingen] befestigen:* den Kahn an einen Pflock, die Haare in die Höhe b.; ich band [mir] ein Tuch um den Kopf; Rosen in einen Kranz b. *(hineinbinden);* Ü er ist an sein Versprechen gebunden *(ist verpflichtet, es zu erfüllen);* die Verhandlungen sind an keinen Ort, an keine Zeit gebunden *(man ist dabei auf keinen bestimmten Ort, keine bestimmte Zeit angewiesen);* sich an jmdn. b. *(sich ihm verpflichten);* an Schienen gebundene *(auf Schienen angewiesene)* Verkehrsmittel. **4. a)** *knüpfen, schlingen:* einen Schal, eine Krawatte b.; den Schnürsenkel b.; **b)** *durch Knüpfen, Schlingen erzeugen:* eine Schleife b. **5. a)** *zusammen-, festhalten:* der Regen bindet den Staub; die Grasnarbe bindet den Boden; eine Suppe, Soße [mit Mehl] b. (Kochk.; *sämig machen*); der Zement, das Mehl bindet gut; die gebundene Wärme wird wieder frei; **b)** (Musik) *legato spielen od. singen:* die Töne, Akkorde b.; **c)** *durch Reim od. Rhythmus gestalten:* Wörter durch Reime b.; in gebundener Rede *(in Versen);* **d)** (Buchw.) *mit festem Rücken u. Decke versehen:* ein Buch [in Leinen, in Leder] b.

Bin|der, der; -s, -: **1.** (veraltend) *Krawatte.* **2.** kurz für ↑Mähbinder. **3.** (Bauw.) **a)** *Mauerstein, der mit der Schmalseite nach außen liegt;* **b)** *zum aufruhenden u. tragenden Teil einer Dachkonstruktion gehörender Balken.* **4.** (Fachspr.) *Bindemittel [für Farben].* **5. a)** *jmd., der die Arbeit des Bindens (z. B. von Büchern, Blumen) verrichtet;* **b)** (südd., österr.) *Böttcher* (Berufsbez.).

Bin|de|rei, die; -, -en: *Werkstatt, in der etw. gebunden wird, bes. Buchbinderei, Blumenbinderei.*

Bin|de|rin, die; -, -nen: w. Form zu ↑Binder (5).

Bin|de-s, das (Sprachw.): *Fugen-s.*

Bin|de|strich, der: *kurzer Querstrich, der zwei zusammengehörende Wörter miteinander verbindet od. für einen ausgesparten Wortteil steht.*

Bin|de|wort, das ⟨Pl. ...wörter⟩ (Sprachw.): *Konjunktion.*

Bin|de|wort|satz, der (Sprachw.): *mit einem Bindewort eingeleiteter Gliedsatz; Konjunktionalsatz.*

Bind|fa|den, der: *(aus Hanf od. Flachs gedrehte) feste, dünnere Schnur, mit der etw. zusammengebunden, verschnürt wird:* das Paket ist mit [einem] B. verschnürt; *** **es regnet Bindfäden** (ugs.; *es regnet anhaltend u. stark*).

Bin|dung, die; -, -en: **1. a)** *bindende Beziehung, Gebundensein, Verpflichtung:* er hat alle persönlichen -en gelöst; sie will keine neue B. mehr eingehen; es bestehen vertragliche -en; er ist ein Mensch ohne religiöse B.; **b)** *innere Verbundenheit:* er hat eine enge B. zu seiner Familie. **2.** (Sport) *in der Mitte des Skis angebrachte Vorrichtung zum Befestigen des Skischuhs.* **3.** (Handw.) **a)** (Weberei) *Verbindung von Kett- u. Schussfäden eines Gewebes:* eine feste, haltbare B.; Gewebe in luftdurchlässiger B.; **b)** *festes Verbundensein, feste Fügung (z. B. von Balken).* **4. a)** (Chemie) *Zusammenhalt von Atomen im Molekül;* **b)** (Physik) *Zusammenhalt der Kernbestandteile im Atomkern.*

Bin|dungs|angst, die: *Scheu, Angst davor, eine feste Bindung (1) einzugehen.*

bin|dungs|fä|hig ⟨Adj.⟩: *fähig, in der Lage, eine feste Bindung (1) einzugehen.*

Bin|dungs|fä|hig|keit, die ⟨o. Pl.⟩: *das Bindungs-*

fähigsein: seine mangelnde B. hat ihn daran gehindert, eine Familie zu gründen.

Bin|gen: Stadt am Rhein.

[1]**Bin|ger,** der; -s, -: Ew.

[2]**Bin|ger** ⟨indekl. Adj.⟩: *Bingen betreffend, zu Bingen gehörend:* das B. Loch *(Stromenge u. Untiefe des Rheins bei Bingen).*

Bin|ge|rin, die; -, -nen: w. Form zu ↑[1]Binger.

bin|go ⟨Interj.⟩ [↑Bingo] (ugs.): Ausruf, der ausdrückt, dass jmdm. etw. [überraschend] geglückt ist, dass etw. genau nach Wunsch eingetreten ist.

Bin|go, das; -[s] [engl. bingo (nach dem Ausruf des Gewinners, wohl lautm.)]: *dem Lotto ähnliches englisches Glücksspiel.*

Bin|go|card [...ka:d], die; -, -s [zu ↑Bingo u. engl. card = Karte] (Werbespr.): *Antwortkarte, bei der Wünsche durch Ankreuzen von Zahlen in einem Zahlenfeld angegeben werden können.*

Bin|kel, Binkl, der; -s, -[n] [wohl zu einem Verb mit der Bed. »(zusammen)stoßen, schlagen«] (bayr., österr. ugs.): **1.** *Bündel.* **2.** *[unangenehmer] Mensch* (oft als Schimpfwort): ein zorniger B.

bin|nen ⟨Präp.⟩ [mhd. binnen, aus: bī, be = bei u. ↑innen]: *innerhalb, im Laufe von:* b. drei Tagen, Stunden; b. einem Jahr; b. Jahresfrist; b. kurzem *(innerhalb kurzer Zeit; bald);* ⟨seltener, geh. mit Gen.:⟩ b. eines Jahres.

bin|nen|bords ⟨Adv.⟩ [zu ↑[2]Bord] (Seemannsspr.): *innerhalb des Schiffes.*

Bin|nen|deich, der: *innerer Deich.*

bin|nen|deutsch ⟨Adj.⟩: *(bes. im Hinblick auf die Sprache im Unterschied zu österreichisch, schweizerisch u. a.) sich auf das Gebiet innerhalb Deutschlands beziehend.*

Bin|nen|deutsch, das u. ⟨nur mit best. Art.:⟩ **Binnendeutsche,** das: *binnendeutsche Sprache (im Unterschied zum Deutsch in Österreich, der Schweiz u. a.).*

Bin|nen|fi|sche|rei, die: *Fischerei in Binnengewässern.*

Bin|nen|ge|wäs|ser, das: *zum Festland gehörendes u. davon umschlossenes fließendes od. stehendes Gewässer.*

Bin|nen|ha|fen, der: *Hafen im Landesinnern.*

Bin|nen|han|del, der: *Handel im Inland.*

Bin|nen|land, das ⟨Pl. ...länder⟩: *innerer, von der Küste weit entfernter Teil des Festlandes.*

bin|nen|län|disch ⟨Adj.⟩: *das Binnenland betreffend, zu ihm gehörend.*

Bin|nen|markt, der (Wirtsch.): *Markt des Inlands:* europäischer B.

Bin|nen|meer, das: *[weitgehend] von Festland umschlossenes [Rand]meer.*

Bin|nen|reim, der (Literaturw.): *Reim innerhalb einer Verszeile.*

Bin|nen|schif|fer, der: *Schiffer in der Binnenschifffahrt.*

Bin|nen|schif|fe|rin, die: w. Form zu ↑Binnenschiffer.

Bin|nen|schiff|fahrt, die: *Schifffahrt auf Binnengewässern.*

Bin|nen|see, der: *See des Festlands ohne unmittelbare Verbindung zum Meer.*

Bin|nen|sei|te, die: *zum Land hin liegende Seite (z. B. eines Deiches, einer Mole o. Ä.).*

Bin|nen|ver|kehr, der: *Verkehr im Inland.*

Bin|nen|wäh|rung, die: *nur im Inland gültige Währung.*

Bin|nen|was|ser|stra|ße, die: *zum Festland gehörende u. davon umschlossene Wasserstraße (wie Fluss, Kanal o. Ä.).*

Bi|no|kel [auch: bi'nɔkl], das; -s, - [frz. binocle, zu lat. bini = je zwei, doppelt u. oculus = Auge]: **1.** (veraltet) **a)** *Brille;* **b)** *Fernglas;* **c)** *Mikroskop mit zwei Okularen.* **2.** ⟨auch: der⟩ *schweizerisches Kartenspiel.*

bi|no|keln ⟨sw. V.; hat⟩ (schweiz.): *Binokel* (2) *spielen.*

bi|no|ku|lar ⟨Adj.⟩ [zu lat. bini = je zwei, doppelt u. ocularis = zu den Augen gehörig]: **a)** *mit beiden Augen:* -es Sehen; **b)** *[zum Durchblicken] für beide Augen zugleich bestimmt:* ein -es Mikroskop.

Bi|nom, das; -s, -e [zu lat. bi- = zwei u. nomen = Name] (Math.): *Summe od. Differenz aus zwei Gliedern.*

bi|no|misch ⟨Adj.⟩ (Math.): *zweigliedrig:* ein -er Ausdruck; -er Lehrsatz *(Formel zur Berechnung von Potenzen eines Binoms).*

Bin|se, die; -, -n [mhd. bin(e)ʒ, ahd. binuʒ, H. u.]: *(an feuchten Standorten wachsende) Pflanze mit grasartigen od. röhrenförmig ausgebildeten Blättern u. braunen od. grünen Blüten in Rispen od. Dolden:* Körbe, Matten aus -n flechten; * **in die -n gehen** (ugs.; *verloren gehen; entzweigehen; misslingen;* wohl urspr. jägersprachlich von der getroffenen Wildente, die in den Binsen [landsch. = Schilf] für den Jagdhund kaum zu finden ist): sein Vermögen ist bei der Inflation in die -n gegangen.

Bin|sen|wahr|heit, Bin|sen|weis|heit, die [eigtl. = binsenglatte Wahrheit; wohl nach lat. nodum in scirpo quaerere = einen Knoten an der (glatten) Binse suchen, d. h., Schwierigkeiten suchen, wo es keine gibt]: *allgemein bekannte Tatsache:* das ist [doch] eine B.!

[1]**Bio,** das; -s ⟨meist o. Art.⟩ (Schülerspr.): *Biologie (als Unterrichtsfach):* morgen haben wir kein B.; sie hat eine Eins in B.

[2]**Bio,** die; - (Schülerspr.): **1.** *Unterrichtsstunde in Biologie* (1): in der ersten B. nach den Ferien. **2.** *Biologie* (1) *als Studienfach:* B. studieren.

bio-, Bio- [zu griech. bíos = Leben]: **1.** ⟨Best. in Zus. mit der Bed.:⟩ *lebens-, Lebens-* (z. B. biologisch, Biologie). **2.** drückt in Bildungen mit Substantiven – seltener mit Adjektiven – aus, dass jmd. oder etw. mit Natürlichem, Naturgemäßem zu tun hat, mit der Natur in irgendeiner Weise in Beziehung steht: Biobauer, Biogarten, Biogemüse. **3.** drückt in Bildungen mit Substantiven oder Adjektiven aus, dass jmd. oder etw. in irgendeiner Weise mit organischem Leben, mit Lebewesen in Beziehung steht: bioaktiv; Biotechnologie.

bio|ak|tiv [auch: 'bi:o...] ⟨Adj.⟩: *biologisch aktiv:* ein -es Waschmittel.

Bio|al|ko|hol [auch: 'bi:o...], der (Chemie): *durch Gärung aus Biomasse gewonnener Äthylalkohol.*

Bio|che|mie [auch: 'bi:o...], die: **1.** *Chemie auf dem Gebiet der Biologie, Wissenschaft von der chemischen Zusammensetzung der Organismen u. den chemischen Vorgängen in ihnen.* **2.** *biochemische Beschaffenheit im Ganzen:* das hängt mit der B. des Stoffwechsels zusammen.

Bio|che|mi|ker [auch: 'bi:o...], der: *Wissenschaftler auf dem Gebiet der Biochemie* (Berufsbez.).

Bio|che|mi|ke|rin [auch: 'bi:o...], die: w. Form zu ↑Biochemiker.

bio|che|misch [auch: 'bi:o...] ⟨Adj.⟩: *die Biochemie betreffend, dazu gehörend, darauf beruhend.*

bio|dy|na|misch [auch: 'bi:o...] ⟨Adj.⟩: *nur organische Düngemittel einsetzend, nur mit solchen Mitteln behandelt, gedüngt.*

Bio|ener|ge|tik [auch: 'bi:o...], die (Psych.): *Therapie zur Befreiung von Ängsten, unterdrückten Emotionen, Verkrampfungen o. Ä. mithilfe von Bewegungs-, Haltungs-, Atemübungen o. Ä.*

Bio|ethik, die: *Teilgebiet der angewandten Ethik, das sich mit sittlichen Fragen u. Verhaltensweisen im Umgang mit Leben u. Natur, bes. auch im Hinblick auf neue Entwicklungen u. Möglichkeiten der Forschung u. Therapie (wie Gentechnik, Sterbehilfe u. a.), befasst.*

Bio|feed|back, das (Biol.): *Rückkopplung innerhalb eines Regelkreises biologischer Systeme.*

Bio|feed|back-Me|tho|de, die; -: *Methode, suggestives Verfahren zur Kontrolle autonomer, vom Menschen sonst kaum wahrgenommener Körperfunktionen (wie z. B. Blutdruck, Herzfrequenz) über Apparate, an die der Patient angeschlossen ist u. an denen er die entsprechenden Funktionen ablesen u. dann beeinflussen kann.*

Bio|gas, das: *bei der Zersetzung von Naturstoffen (wie Mist, landwirtschaftliche Abfälle o. Ä.) entstehendes Gas, das als alternative Energiequelle dienen kann.*

bio|gen ⟨Adj.⟩ [↑-gen]: *durch [Tätigkeit von] Lebewesen entstanden, aus abgestorbenen Lebewesen gebildet.*

Bio|ge|ne|se, die: *Entwicklung[sgeschichte] der Lebewesen.*

bio|ge|ne|tisch ⟨Adj.⟩: *zur Biogenese gehörend:* -es Grundgesetz *(Gesetz, wonach die Entwicklung des Einzelwesens, die Ontogenese, eine Wiederholung der stammesgeschichtlichen Entwicklung, der Phylogenese, ist;* nach E. Haeckel, 1834–1919).

Bio|geo|gra|phie [auch: 'bi:o...], die: *Wissenschaft von der geographischen Verbreitung der Tiere u. Pflanzen.*

bio|geo|gra|phisch [auch: 'bi:o...] ⟨Adj.⟩: *die Biogeographie betreffend, zu ihr gehörend, auf ihr beruhend.*

Bio|graf, der; -en, -en: *Verfasser einer Biografie.*

Bio|gra|fie, die [spätgriech. biographía, zu: gráphein = schreiben]: **1.** *Beschreibung der Lebensgeschichte einer Person.* **2.** *Lebenslauf, Lebensgeschichte eines Menschen.*

Bio|gra|fin, die; -, -nen: w. Form zu ↑Biograf.

bio|gra|fisch ⟨Adj.⟩: *die Biografie* (2) *einer Person betreffend, auf ihr beruhend.*

Bio|graph usw.: ↑Biograf usw.

Bio|ka|ta|ly|sa|tor, der: *Wirkstoff (z. B. Hormon), der die Stoffwechselvorgänge steuert.*

Bio|kost, die: *Kost, die nur aus natürlichen, nicht mit chemischen Mitteln behandelten Nahrungsmitteln besteht.*

Bio|kur|ve, die: *individueller, von der Geburt an in bestimmten Intervallen verlaufender Rhythmus positiver u. negativer Konstellationen, Umstände in Bezug auf Körper, Psyche u. Geist.*

Bio|ky|ber|ne|tik, die: *Wissenschaft, die die Steuerungs- und Regelungsvorgänge in biologischen Systemen (Mensch, Tier, Pflanze) untersucht.*

Bio|la|den, der ⟨Pl. ...läden⟩ (ugs.): *Laden, Geschäft, in dem nur Produkte, bes. Nahrungsmittel, verkauft werden, die nicht mit chemischen Mitteln behandelt sind.*

Bio|lo|ge, der; -n, -n: *Wissenschaftler, ausgebildeter Fachmann auf dem Gebiet der Biologie.*

Bio|lo|gie, die; - [↑-logie]: **1.** *Wissenschaft von der belebten Natur u. den Gesetzmäßigkeiten im Ablauf des Lebens von Pflanze, Tier u. Mensch:* er studiert B.; er hat in B. *(im Schulfach Biologie)* eine Eins. **2.** *biologische Beschaffenheit im Ganzen:* die B. des menschlichen Körpers.

Bio|lo|gie|un|ter|richt, der: *Unterricht im Schulfach Biologie.*

Bio|lo|gin, die; -, -nen: w. Form zu ↑Biologe.

bio|lo|gisch ⟨Adj.⟩: **1.** *die Biologie* (1) *betreffend, zu ihr gehörend, auf ihr beruhend:* etw. b. untersuchen. **2.** *den Gegenstand der Biologie, die lebendige Natur, Lebensvorgänge u. -beschaffenheit, betreffend, dazu gehörend, darauf beruhend:* -e Vorgänge im menschlichen Körper; -e *(bes. bakterielle)* Waffen. **3.** *aus natürlichen Stoffen hergestellt:* -e Kleidung.

bio|lo|gisch-dy|na|misch ⟨Adj.⟩: *ausschließlich biologische, nicht künstliche Mittel nutzend u. dabei kosmische Konstellationen berücksichtigend:* -er Anbau.

Bio|ly|se [zu griech. lýsis = Auflösung], die; -, -n (Fachspr.): *Zersetzung organischer Substanz durch lebende Organismen.*

bio|ly|tisch ⟨Adj.⟩ (Fachspr.): *auf Biolyse beruhend.*

Bi|om, das; -s, -e: *Lebensgemeinschaft von Tieren u. Pflanzen in einem größeren geographischen Raum (z. B. im tropischen Regenwald).*

Bio|mas|se, die ⟨o. Pl.⟩ (Biol.): *Masse der durch Lebewesen anfallenden organischen Substanz in einem bestimmten Lebensraum (z. B. in einem See).*

Bio|me|trie, die; -, **Bio|me|trik,** die; -: *[Lehre von der] Anwendung mathematischer Methoden zur zahlenmäßigen Erfassung, Planung u. Auswertung von Experimenten in Biologie, Medizin u. Landwirtschaft.*

Bio|müll, der: *organische [Haushalts]abfälle.*

Bio|nik, die; - [zusgez. aus ↑Biologie u. ↑Technik, wohl beeinflusst von gleichbed. engl. bionics, zu bio- (↑bio-, Bio-) u. electronics = Elektronik]: *[angewandte] Wissenschaft, die technische, bes. elektronische Probleme nach dem Vorbild biologischer Funktionen zu lösen versucht.*

bio|nisch ⟨Adj.⟩: *zur Bionik gehörend, darauf beruhend.*

Bio|phy|sik [auch: ˈbi:o...], die: **1.** *Wissenschaft von den physikalischen Vorgängen in u. an Lebewesen.* **2.** *medizinisch angewendete Physik (z. B. Strahlenbehandlung u. -schutz).*

bio|phy|si|ka|lisch [auch: ˈbi:o...] ⟨Adj.⟩: *die Biophysik betreffend, zu ihr gehörend, auf ihr, ihren Untersuchungen, Methoden beruhend.*

Bi|op|sie, die; -, -n [zu griech. ópsis = das Sehen] (Med.): *histologische Untersuchung von Gewebe, das dem lebenden Organismus entnommen ist.*

Bio|rhyth|mus, der: *in periodischem Ablauf erfolgender Rhythmus von physiologischen Vorgängen (wie Wachstum, Leistungsfähigkeit o. Ä.) bei Lebewesen.*

Bio|sa|tel|lit, der: *mit Tieren besetztes kleines Raumfahrzeug zur Erforschung der Lebensbedingungen in der Schwerelosigkeit.*

Bio|sen|sor [auch: – –ˈ– –], der: *Gerät zur elektronischen Messung physikalischer u. chemischer Lebensvorgänge am u. im Körper.*

Bio|sphä|re, die ⟨o. Pl.⟩ (Fachspr.): *Gesamtheit der von Lebewesen besiedelten Schichten der Erde.*

Bio|sphä|ren|re|ser|vat, das: *von der UNESCO unter Schutz gestelltes Gebiet, das für das in ihm vorhandene Biom repräsentativ ist od. eine Besonderheit darstellt:* das B. Rhön.

Bio|sta|tis|tik, die: *Biometrie.*

Bio|tech|nik, die ⟨o. Pl.⟩ (Fachspr.): *wissenschaftliche Disziplin im Grenzbereich der Biologie u. der technischen Physik, die versucht biologische Objekte, Mechanismen zu erklären u. technisch nutzbar zu machen.*

Bio|tech|no|lo|gie [auch: – – – – –ˈ–], die: *Wissenschaft von der technischen Nutzung u. wirtschaftlichen Bedeutung von Mikroorganismen, Zellkulturen, Enzymen.*

bi|o|tisch ⟨Adj.⟩ [griech. biōtikós] (Fachspr.): *auf Leben, Lebewesen bezüglich.*

Bio|ton|ne, die: *Mülltonne für Biomüll.*

Bio|top, der od. das; -s, -e [zu griech. tópos = Ort, Gegend] (Biol.): **a)** *durch bestimmte Pflanzen- u. Tiergesellschaften gekennzeichneter Lebensraum;* **b)** *Lebensraum einer einzelnen Art.*

Bio|typ: ↑Biotypus.

Bio|ty|pus, der (Genetik): *Gruppe von Individuen mit gleicher Erbanlage.*

Bio|wis|sen|schaf|ten ⟨Pl.⟩: *Gesamtheit der zur Biologie (1) gehörenden Fachgebiete.*

bio|zen|trisch ⟨Adj.⟩: *das Leben, seine Steigerung u. Erhaltung in den Mittelpunkt aller Überlegungen stellend.*

Bio|zö|no|se, die; -, -n [zu griech. koinós = gemeinsam]: *Lebensgemeinschaft von Pflanzen u. Tieren in einem Biotop.*

bio|zö|no|tisch ⟨Adj.⟩: *die Biozönose betreffend, darauf beruhend.*

bi|po|lar ⟨Adj.⟩ [aus lat. bi- = zwei u. ↑polar]: *mit zwei Polen versehen; zweipolig.*

Bi|po|la|ri|tät, die ⟨o. Pl.⟩: *Zweipoligkeit, Vorhandensein zweier entgegengesetzter Pole.*

Bi|qua|drat [auch: –ˈ–], das [aus lat. bi- = zwei u. ↑Quadrat] (Math.): *Quadrat des Quadrats, vierte Potenz.*

bi|qua|dra|tisch [auch: ˈbi:...] ⟨Adj.⟩ (Math.): *in die vierte Potenz erhoben, in der vierten Potenz.*

Bir|cher|mus, das; -es, -e, **Bir|cher|müs|li,** (schweiz.:) **Bir|cher|mü|es|li,** das; -s, - [nach dem schweiz. Arzt M. Bircher-Benner (1867–1939)]: *Rohkostgericht aus eingeweichten Haferflocken, Zitronensaft, Kondensmilch, geriebenen Äpfeln o. Ä. u. gemahlenen Nüssen od. Mandeln.*

Bi|rett, das; -[e]s, -e [mlat. birretum, ↑Barett]: *(aus dem Barett entwickelte) drei- bzw. vierkantige Kopfbedeckung katholischer Geistlicher.*

Bir|ke, die; -, -n [mhd. birke, ahd. birhha, eigtl. = die leuchtend Weiße, nach der Farbe der Rinde]: **1.** *Laubbaum mit weißer Rinde, kleinen, herzförmigen, hellgrünen Blättern u. als Kätzchen (4) wachsenden Blütenständen.* **2.** ⟨o. Pl.⟩ *Birkenholz:* Möbel aus geflammter B.

bir|ken ⟨Adj.⟩ (selten): *aus Birkenholz:* ein -er Schrank.

Bir|ken|ge|wächs, das: *als Laubbaum od. Strauch wachsende Pflanze, mit häufig als Kätzchen (4) wachsenden Blütenständen (z. B. Birke, Erle, Haselstrauch, Hainbuche).*

Bir|ken|grün, das: vgl. Tannengrün.

Bir|ken|holz, das ⟨Sorten: ...hölzer⟩: *[als Material verwendetes] Holz der Birke.*

Bir|ken|reiz|ker, der: *giftiger Pilz aus der Gattung der Reizker* (a).

Bir|ken|rin|de, die: *Rinde der Birke.*

Bir|ken|röhr|ling, der: *meist unter Birken wachsender Speisepilz mit graubraunem Hut u. beschupptem, in der Farbe dem Stamm der Birke ähnelndem Stiel.*

Bir|ken|saft, der: *Saft* (1) *aus den Stämmen junger Birken.*

Birk|hahn, der ⟨Pl. ...hähne⟩: *männliches Birkhuhn.*

Birk|huhn, das: *(bes. in Moor u. Heide vorkommendes) Wildhuhn.*

Bir|ma; -s: früherer Name von ↑Myanmar.

Bir|ma|ne, der; -n, -n: Ew.

Bir|ma|nin, die; -, -nen: w. Form zu ↑Birmane.

bir|ma|nisch ⟨Adj.⟩: *Birma, die Birmanen betreffend; aus Birma stammend.*

Birn|baum, der: **1.** *weiß blühender Obstbaum mit Birnen als Früchten.* **2.** ⟨o. Pl.⟩ *[als Material verwendetes] Holz des Birnbaums*

Birn|chen, das; -s, -: Vkl. zu ↑Birne (1, 4).

Bir|ne, die; -, -n [mhd. bir[e], ahd. bira < vlat. pira < lat. pirum]: **1.** *meist eirunde, sich zum Stiel hin verjüngende grüngelbe od. bräunliche Frucht des Birnbaums mit saftigem Fruchtfleisch u. Kerngehäuse.* **2.** *Birnbaum* (1): die -n blühen schon. **3.** *Birnbaum* (2): ein Schrank aus afrikanischer B. **4.** *Glühbirne:* eine mattierte B.; die B. ist durchgebrannt; die B. auswechseln; eine B. einschrauben. **5.** (salopp) *Kopf* (1): er gab ihm eins auf die B.; *** eine weiche B. haben** (salopp abwertend; *etwas beschränkt sein;* in Bezug auf jmdn., dessen Ansichten, Handlungsweisen o. Ä. für dumm gehalten werden).

bir|nen|för|mig ⟨Adj.⟩: *die Form einer Birne habend.*

[1]bis [mhd. biȝ (bitze), wahrsch. aus ahd. bī ze = (da)bei zu]: **I.** ⟨Präp. mit Akk.⟩ **1.** (zeitlich) gibt die Beendigung eines Zeitabschnitts an: b. heute, Freitag, Oktober; b. nächstes Jahr; (schweiz.:) b. anhin ist nichts geschehen; b. wann brauchst du das Buch?; b. dahin, b. dann ist alles erledigt; sie ist b. 17 Uhr [bestimmt] hier *(wird bis 17 Uhr sicherlich eingetroffen sein);* von 8 b. 11 Uhr; Ferien b. [einschließlich]/(bayr.:) b. mit 22. August; ⟨auch adv. in Verbindung mit einer anderen, den Kasus bestimmenden Präp.:⟩ b. auf weiteres, b. zum Jahresende; b. in den Tag [hinein] schlafen; du kannst b. zum nächsten Wochenende, b. nächstes Wochenende bleiben; b. nachher, b. später (ugs.; Abschiedsformeln). **2.** (räumlich) gibt das Erreichen eines Endpunktes an: b. hierher und nicht weiter; b. München fliegen; von unten b. oben; von Anfang b. Ende; ⟨auch adv. in Verbindung mit einer anderen, den Kasus bestimmenden Präp.:⟩ b. an den Rhein; b. auf die Haut nass werden; b. in das Tal [hinein]; b. nach Spanien; b. zur Haltestelle gehen; *** b. hin zu** (gibt den Endpunkt eines Bereichs an, nennt eine Person od. Sache, für die einschließlich etw. Gesagtes gilt): b. hin zum Oberbürgermeister waren alle gekommen. **3.** ⟨in Verbindung mit »auf«⟩ **a)** *einschließlich:* der Saal war b. auf den letzten Platz *(vollständig)* besetzt; **b)** *mit Ausnahme (von):* b. auf zwei waren alle jünger als 20 Jahre; alle waren gekommen b. auf einen *(nur einer nicht).* **4.** ⟨in Verbindung mit »zu« vor Zahlen⟩ gibt die obere Grenze an: Gemeinden b. zu 10 000 Einwohnern; Jugendliche b. zu 18 Jahren haben keinen Zutritt. **II.** ⟨Adv., in der Verbindung mit »zu«; weglassbar u. ohne Einfluss auf die Beugung⟩ gibt die obere Grenze eines Spielraumes an: der Vorstand kann [b. zu] 8 Mitglieder umfassen; ⟨auch ohne »zu«:⟩ Kinder b. 10 Jahre/b. 10 Jahre alte Kinder zahlen die Hälfte. **III.** ⟨Konj.⟩ **1.** nebenordnend zwischen [Zahl]adjektiven, womit eine ungefähre Angabe gemacht wird: mit 200 b. 250 Leuten; kleine b. mittelgroße Früchte. **2.** unterordnend **a)** gibt die zeitliche Grenze an, an der ein Vorgang endet; er wartet noch, b. der Postbote gekommen ist; (veraltet, noch formelhaft mit »dass«:) b. dass der Tod euch scheidet; (mit konditionaler Nebenbedeutung:) ich kann nichts entscheiden, b. ich [nicht] nähere Informationen habe; **b)** ⟨bei verneintem Hauptsatz mit Vorzeitigkeit im Gliedsatz⟩ *bevor nicht:* du darfst nicht spielen, b. deine Schularbeiten gemacht sind.

[2]bis ⟨Adv.⟩ [lat. bis = zweimal] (Musik): **a)** *wiederholen* (Notenanweisung); **b)** *Wiederholung!* (auffordernder Zuruf der Hörer nach einer Musikaufführung).

Bi|sam, der; -s, -e u. -s [mhd. bisem, ahd. bisam(o) < mlat. bisamum < hebr. bąśąm, ↑Balsam]: **1.** *Moschus.* **2.** *Pelz der Bisamratte.*

Bi|sam|rat|te, die: *(zu den Wühlmäusen gehörendes) in Wassernähe lebendes Nagetier, dessen Fell zu Pelzwaren verarbeitet wird.*

Bis|ca|ya: ↑Biskaya.

Bisch|kek: Hauptstadt von Kirgisistan.

Bi|schof [ˈbɪʃɔf, auch: ...o:f], der; -s, Bischöfe [ˈbɪʃœfə, auch: ...ø:fə; mhd. bischof, ahd. biscof, über das Roman. < kirchenlat. episcopus = Aufseher, Bischof < griech. epískopos, zu: sképtesthai, ↑Skepsis; 2: nach engl. bishop]: **1.** (christl. Kirche) *oberster geistlicher Würdenträger eines bestimmten kirchlichen Gebietes (eines Bistums, einer Diözese od. Landeskirche).* **2.** *kaltes Getränk aus Rotwein, Zucker u. der Schale von bitteren Pomeranzen.*

Bi|schö|fin, die; -, -nen: w. Form zu ↑Bischof (1).

bi|schöf|lich ⟨Adj.⟩ [mhd. bischoflich]: *einem Bischof* (1) *zugehörend, für einen Bischof charakteristisch.*

Bi|schofs|amt, das: *Amt eines Bischofs.*

Bi|schofs|hut, der: *runder schwarzer [Straßen]hut der katholischen Bischöfe.*

Bi|schofs|kol|le|gi|um, das: *Gemeinschaft aller Bischöfe der katholischen Kirche.*

Bi|schofs|kon|fe|renz, die: *Zusammenkunft der Bischöfe eines meist nationalen Bereichs der katholischen Kirche.*

Bi|schofs|kreuz, das: *vom Bischof auf der Brust getragenes Kreuz.*

bi|schofs|li|la ⟨indekl. Adj.⟩: *intensiv lila.*

Bi|schofs|müt|ze, die: **1.** *Mitra.* **2.** *Kaktus mit vorspringenden, oft mit weißen wolligen Flöckchen bedeckten Längsrippen u. gelben Blüten.*

Bi|schofs|sitz, der: *Hauptstadt eines Bistums oder einer Diözese mit dem Amtssitz des Bischofs.*

Bi|schofs|stab, der: *langer, oben meist spiralig auslaufender Stab (als Zeichen der bischöflichen Würde).*

Bi|schofs|sy|no|de, die: *aus einem Gremium von Bischöfen bestehendes zentrales Organ der katholischen Kirche zur beratenden Unterstützung des Papstes.*

Bi|se, die; -, -n ⟨Pl. selten⟩ [mhd. bīse, ahd. bīsa = Wirbelwind] (schweiz.): *Nord[ost]wind.*

Bi|se|xu|a|li|tät [auch: ˈbi:...], die [aus lat. bi- = zwei u. ↑Sexualität]: **1.** (Biol.) *Doppelgeschlechtigkeit.* **2.** (Med., Psych.) *Nebeneinander von homo- u. heterosexueller Veranlagung bei einem Menschen.*

bi|se|xu|ell [auch: ˈbi:...] ⟨Adj.⟩: **1.** (Biol.) *doppelgeschlechtig.* **2.** (Med., Psych.) *ein sowohl auf Personen des anderen als auch auf Personen des gleichen Geschlechts gerichtetes Sexualempfinden, sexuelles Verlangen habend; sowohl hetero- als auch homosexuell.*

bis|her ⟨Adv.⟩: *von einem unbestimmten Zeit-*

B

punkt an bis zum heutigen Tag, bis jetzt: b. war alles in Ordnung.

bis|he|rig ⟨Adj.⟩: *bisher gewesen, bisher vorhanden:* der -e Außenminister; sein -es Leben.

Bis|ka|ya, (auch:) Biscaya, die; -: kurz für: Golf von Biskaya; Bucht des Atlantischen Ozeans.

Bis|kot|te, die; -, -n [ital. biscotto < mlat. biscoctus (-um), aus lat. bis = zweimal u. coctum = gebacken, gekocht, also eigtl. = zweimal Gebackenes] (österr.): *Löffelbiskuit.*

Bis|kuit [bɪsˈkviː(ː)t], das, auch: der; -[e]s, -s, auch: -e [frz. biscuit < afrz. bescuit, unter Einfluss von ital. biscotto (↑Biskotte) zu: cuire < lat. coquere = kochen, backen]: **1.** *Feingebäck aus Mehl, Eiern, Zucker.* **2.** kurz für ↑Biskuitporzellan.

Bis|kuit|por|zel|lan, das: *gelbliches, unglasiertes Porzellan.*

Bis|kuit|rol|le, die: *zu einer mit Konfitüre o. Ä. gefüllten Rolle geformtes Gebäck aus Biskuitteig.*

Bis|kuit|teig, der: *feiner Teig aus Mehl, Eiern u. a.*

bis|lang ⟨Adv.⟩ (landsch.): *bisher.*

Bis|marck|he|ring, der [nach Reichskanzler Otto von Bismarck (1815–1898)]: *entgräteter marinierter Hering.*

Bis|mut: ↑Wismut.

Bis|mu|tum, das; -s: lat. Bez. für ↑Wismut (chem. Zeichen: Bi).

Bi|son, der; -s, -s [lat. bison = Auerochs, aus dem ↑Wisent zugrunde liegenden germ. Wort]: *nordamerikanischer Büffel.*

Biss, der; -es, -e [mhd. biȥ, ahd. biz, zu ↑beißen]: **1.** *das [Zu]beißen:* sich vor dem B. der Schlange hüten. **2.** *Bisswunde:* der B. verheilt. **3.** (ugs.) **a)** *Bereitschaft zum vollen Einsatz:* die Mannschaft besaß keinen B., spielte ohne B.; **b)** *zupackende, bissige Art, Schärfe.*

Bis|sau: Hauptstadt von Guinea-Bissau.

biss|chen ⟨indekl. Indefinitpron.⟩ [eigtl. = kleiner Bissen]: **1.** ⟨in der Funktion eines Adj.⟩ *wenig:* er hat kein b. Zeit für mich; das b. Geld kann uns nicht weiterhelfen. **2.** ⟨meist in Verbindung mit »ein«, in der Funktion eines Adv.⟩ *etwas, ein wenig:* ich will ein b. spazieren gehen; * **[ach] du liebes b.!** (ugs.; Ausruf des Erstaunens od. Erschreckens).

bis|sel, (auch:) bissel (südd., österr. ugs.): *bisschen.*

Bis|sen, der; -s, - [mhd. biȥȥe, ahd. biȥȥo]: *kleines abgebissenes Stück eines festen Nahrungsmittels; Happen:* ein B. Brot; keinen B. anrühren *(das Essen unberührt stehen lassen);* einen B. *(eine Kleinigkeit)* essen; * **jmdm. bleibt der B. im Hals[e] stecken** (ugs.; *jmd. erschrickt sehr*); **jmdm. jeden B., die B. in den/im Mund zählen** (ugs.; *genau aufpassen, wie viel jmd. isst*); **jmdm. keinen B. gönnen** (ugs.; *jmdm. nicht das Geringste gönnen*); **sich** ⟨Dativ⟩ **jeden, den letzten B. vom Mund[e] absparen** (ugs.; *sehr eingeschränkt, sparsam leben*).

bis|serl: ↑bissel.

biss|fest ⟨Adj.⟩ (Kochk.): *nicht zu lange gekocht o. Ä. u. daher noch eine gewisse Festigkeit besitzend.*

bis|sig ⟨Adj.⟩ [mhd. biȥec]: **1.** *zum Beißen neigend:* Vorsicht, -er Hund! **2.** *durch scharfe Worte verletzend:* -e Bemerkungen; in -em Ton; leicht b. werden. **3.** (Sport Jargon) *zum vollen Einsatz bereit u. deshalb gefährlich:* ein -er Spieler.

Bis|sig|keit, die; -, -en: **1.** ⟨o. Pl.⟩ *das Bissigsein* (1); *Neigung zum Beißen:* die B. dieses Hundes ist bekannt. **2. a)** ⟨o. Pl.⟩ *bissige* (2) *Art, verletzende Schärfe:* die B. ihrer Antwort verletzte ihn; **b)** *bissige Bemerkung:* jmds. -en überhören. **3.** (Sport Jargon) *das Bissigsein* (3).

Biss|wun|de, die: *durch einen Biss* (1) *verursachte Wunde.*

bi|sta|bil ⟨Adj.⟩ [aus lat. bi- = zwei u. ↑stabil] (Elektrot.): *zwei stabile Zustände aufweisend:* -e Schaltungen.

Bis|ter [auch: ˈbɪstɐ], der od. das; -s [frz. bistre, H. u.]: *bräunliche Wasserfarbe aus Holzruß.*

Bis|tro [frz. bistro(t), H. u.], das; -s, -s: *kleineres, meist einfacheres Lokal, in dem auch ein Imbiss genommen werden kann.*

Bis|tro|tisch, der: *kleinerer einbeiniger runder Tisch mit meist eisernem Fuß.*

Bis|tum, das; -s, ...tümer [mhd. bis(ch)tuom für: bischoftuom, ahd. biscoftuom]: *Amtsbereich eines katholischen Bischofs.*

bis|wei|len ⟨Adv.⟩ [zu ↑Weile] (geh.): *manchmal, hin und wieder, ab und zu.*

Bit, das; -[s], -[s] [Kunstwort aus engl. binary digit = binäre Ziffer] (EDV, Nachrichtent.): **1. a)** *binäre Einheit für die Anzahl möglicher alternativer Entscheidungen in einem binären System;* **b)** *Binärzeichen;* Zeichen: bit; **c)** *einzelne Entscheidung.* **2.** *Einheit für den Informationsgehalt einer Nachricht* (Zeichen: bit).

Bi|thy|ni|en; -s: antike Landschaft in Kleinasien.

bi|thy|nisch ⟨Adj.⟩: *Bithynien, die Bithynier betreffend; aus Bithynien stammend.*

Bi|tok, der; -s, -s u. Bitki [russ. bitok]: *kleiner, gebratener Fleischkloß.*

Bitt|brief, der: *Brief, mit dem jmd. einen anderen um etw., um Hilfe o. Ä. bittet.*

bit|te [verkürzt aus »ich bitte«]: **a)** Höflichkeitsformel zur Unterstreichung einer Bitte, einer Frage o. Ä.: b.[,] helfen Sie mir doch!; wie spät ist es[,] b.?; entschuldige b.!; * **b., b. machen** (fam.; *durch mehrmaliges Zusammenschlagen der Hände eine Bitte ausdrücken*); **b)** Höflichkeitsformel zur Unterstreichung einer [höflichen] Aufforderung: [der Nächste] b.!; b. weitergehen!; b. [bedienen Sie sich]!; ja, b.? *(Sie wünschen?);* **c)** Höflichkeitsformel als bejahende Antwort auf eine Frage: »Nehmen Sie noch etwas Tee?« – »Bitte [ja]!«; **d)** Höflichkeitsformel als Antwort auf eine Entschuldigung od. Dankesbezeigung: »Vielen Dank für Ihre Bemühungen!« – »Bitte [sehr, schön]!«; **e)** Höflichkeitsformel zur Aufforderung, eine Äußerung, die nicht [richtig] verstanden wurde, zu wiederholen: [wie] b.?; **f)** * **na b.!** (Ausdruck der Genugtuung; *na also, das habe ich doch gleich gesagt!)*

Bit|te, die; -, -n [spätmhd. bitte für mhd. bete = Bitte, Befehl; Gebet, ahd. bita, häufiger: beta, zu ↑bitten]: *an jmdn. gerichteter Wunsch:* eine höfliche B.; eine B. um Hilfe, um Verzeihung; eine B. an jmdn. richten; jmdm. eine B. abschlagen; ich habe eine B. an dich.

bit|ten ⟨st. V.; hat⟩ [mhd., ahd. bitten, wahrsch. urspr. = durch ein Versprechen, einen Vertrag o. Ä. binden]: **1. a)** *eine Bitte aussprechen:* inständig, stürmisch um etw. b.; um Hilfe, Verständnis b.; darf ich um Aufmerksamkeit b.!; um vollzähliges Erscheinen wird gebeten!; ich bitte[,] die Türen zu schließen; darf ich b.? *(Aufforderung zum Tanzen);* ⟨subst.:⟩ es half ihm kein Bitten; sich aufs Bitten verlegen; **b)** *sich wegen etw. mit einer Bitte an jmdn. wenden:* jmdn. um Geld b.; ich muss sie b., sich noch etwas zu gedulden; er lässt sich gerne b. *(er tut erst etw., wenn er mehrmals darum gebeten wurde);* ich muss doch [sehr] b.! (Ausruf der Entrüstung und des Protestes); wenn ich b. darf (nachdrückliche Höflichkeitsformel; *bitte*); * **b. und betteln** *(inständig um etw. bitten).* **2.** (geh.) *Fürsprache einlegen:* er hat [bei den Vorgesetzten] für seinen Kollegen gebeten. **3. a)** *einladen:* jmdn. zum Essen b.; jmdn. zum Tanz b. *(auffordern);* zu Tisch b. *(bitten, zum Essen am Tisch Platz zu nehmen);* **b)** *jmdn. auffordern, an einen bestimmten Ort zu kommen:* jmdn. zu sich b.; der Herr Direktor lässt b.

bit|ter ⟨Adj.⟩ [mhd. bitter, ahd. bittar, zu ↑beißen u. urspr. = beißend, scharf (von Geschmack)]: **1.** *von sehr herbem (bis ins Unangenehme gehendem) Geschmack:* -e Schokolade; die Marmelade hat einen leicht -en Beigeschmack; die Medizin ist sehr b. **2.** *schmerzlich; als verletzend, kränkend empfunden:* eine -e Enttäuschung; das ist b. [für ihn]. **3. a)** *verbittert:* ein -er Zug um den Mund; die Enttäuschungen haben sie b. gemacht; **b)** *beißend, scharf:* -e Ironie. **4. a)** *stark, groß, schwer:* -es Unrecht; eine -e Kälte; **b)** ⟨intensivierend bei Verben⟩ *sehr:* etw. b. bereuen.

bit|ter- (emotional verstärkend): drückt in Bildungen mit Adjektiven eine Verstärkung aus/*sehr:* bitterarm, -schwer.

bit|ter|bö|se ⟨Adj.⟩ (emotional verstärkend): *sehr böse.*

Bit|te|re, Bittre, der; -n, -n ⟨Dekl. ↑Abgeordnete⟩: *bitter schmeckender Schnaps.*

bit|ter|kalt ⟨Adj.⟩ (emotional verstärkend): *sehr, unangenehm kalt; eiskalt:* ein -er Wind; draußen ist es b.

Bit|ter|keit, die; - [mhd. bitterkeit]: **1.** (seltener) *bitterer Geschmack.* **2.** *Verbitterung.*

Bit|ter|le|mon [... ˈlɛmən], das; -[s], -, (auch:) **Bitter Le|mon,** das; - -[s], - - [engl., aus: bitter = bitter u. lemon = Zitrone]: *milchig-trüb aussehendes Getränk aus Zitronen- u. Limettensaft mit geringem Chiningehalt.*

bit|ter|lich ⟨Adj.⟩: **1.** *leicht bitter* (1): ein -er Geschmack; etw. schmeckt ein wenig b. **2.** *sehr heftig:* b. weinen, frieren.

Bit|ter|ling, der; -s, -e: *kleiner, karpfenähnlicher Fisch, dessen ungenießbares Fleisch bitter schmeckt.*

Bit|ter|man|del|öl, das: *blausäurehaltiges Öl, das aus den Kernen verschiedener Früchte (wie Aprikosen, Pflaumen) gewonnen wird.*

Bit|ter|nis, die; -, -se (geh.): **1.** *bitterer Geschmack.* **2.** *Bitterkeit* (2), *bitteres Gefühl, Leiden:* die -se, die das Schicksal uns bereitet hat.

Bit|ter|stoff, der ⟨meist Pl.⟩: *aus Pflanzen isolierbare, in der Lebensmittelindustrie verwendete chemische Verbindung, die bitter schmeckt.*

bit|ter|süß ⟨Adj.⟩: **a)** *bitter u. süß zugleich riechend, schmeckend;* **b)** *schmerzlich u. schön zugleich:* -e Erinnerungen.

Bitt|gang, der: **1.** *Gang zu jmdm. mit einem Anliegen, einer Bitte.* **2.** (kath. Kirche) vgl. Bittprozession.

Bitt|ge|bet, das (Rel.): *Gebet, das eine Bitte zum Inhalt hat.*

Bitt|ge|sang, der (Rel.): *ritueller Gesang, der eine Bitte zum Inhalt hat.*

Bitt|ge|such, das: *Gesuch, das eine Bitte an eine höher gestellte Persönlichkeit, eine Behörde o. Ä. enthält.*

Bitt|pro|zes|si|on, die (kath. Kirche): *Prozession, bei der die Gläubigen um etw., besonders um die Abwendung einer Not od. Gefahr, bitten.*

Bitt|re: ↑Bittere.

Bitt|ruf, der (bes. kirchl.): *Fürbitte.*

Bitt|schrift, die (veraltend): *Bittgesuch.*

Bitt|stel|ler, der; -s, -: *jmd., der mündlich od. schriftlich eine Bitte um Hilfe o. Ä. vorbringt.*

Bitt|stel|le|rin, die; -, -nen: w. Form zu ↑Bittsteller.

Bitt|tag, der (kath. Kirche): *Montag, Dienstag u. Mittwoch vor Christi Himmelfahrt.*

Bi|tu|men, das; -s, -, auch: ...mina [lat. bitumen = Asphalt, wahrsch. aus dem Kelt.; vgl. Beton] (Chemie): *natürlich vorkommende od. aus Erdöl gewonnene teerartige Masse, die u. a. als Abdichtungs- und Isoliermaterial verwendet wird.*

bi|tu|mig ⟨Adj.⟩: *Bitumen enthaltend; dem Bitumen ähnlich.*

bi|tu|mi|nie|ren ⟨sw. V.; hat⟩ [lat. bituminare]: *mit Bitumen behandeln, versetzen.*

bi|tu|mi|nös [lat. bituminosus]: *Bitumen enthaltend.*

bit|zeln ⟨sw. V.; hat⟩ [zu ↑beißen]: **1.** (bes. südd.) *prickeln, kribbeln:* ein bitzelndes Getränk. **2.** (md.) *kleine Stücke von etw. abschneiden:* an einem Holz b.

bi|va|lent ⟨Adj.⟩ [zu lat. bi- = zwei u. valens (Gen.: valentis), 1. Part. von: valere, ↑Valenz] (Fachspr.): *zweiwertig.*

Bi|va|lenz, die; -, -en: *Zweiwertigkeit.*

Bi|wak, das; -s, -s u. -e [frz. bivouac, älter = Nachtwache, wohl < älter niederl. bijwacht (aus: bij = bei u. wacht = Wache) = im Freien kampierende (der Verstärkung der Hauptwache im

Wachhäuschen dienende) Wache] (bes. Milit., Bergsteigen): *behelfsmäßiges Nachtlager im Freien.*

bi|wa|kie|ren ⟨sw. V.; hat⟩: *im Freien übernachten.*

bi|zarr ⟨Adj.⟩ [frz. bizarre < ital. bizzarro, H. u.]: **1.** *absonderlich [in Form u. Gestalt]; ungewöhnlich, eigenwillig, seltsam geformt oder aussehend:* -e Formen; eine -e Landschaft. **2.** *absonderlich, eigenwillig verzerrt; wunderlich; schrullenhaft:* -e Gedanken.

Bi|zar|re|rie, die; -, -n: **1.** *bizarre* (1) *Form, bizarres Aussehen; Absonderlichkeit in Form u. Gestalt.* **2.** *bizarre Idee.*

Bi|zarr|heit, die; -, -en: *bizarre* (1, 2) *Beschaffenheit, Bizarrerie* (1).

Bi|zeps, der; -[es], -e [lat. biceps = zwei-, doppelköpfig (nach dem doppelten Ansatz am Schultergelenk), zu: bi- = zwei u. caput = Haupt, Kopf]: *an einem Ende in zwei Teile auslaufender Muskel, bes. Beugemuskel des Oberarms.*

bi|zy|klisch, (fachspr.:) bicyclisch [auch: ...'tsyk...], ⟨Adj.⟩ [aus lat. bi- = zwei u. ↑zyklisch] (Chemie): *(von organischen chemischen Verbindungen) zwei Ringe miteinander verbundener Atome im Molekül aufweisend.*

Bk = Berkelium.

Bl. = Blatt (Papier).

Bla|bla, das; -[s] [lautm.] (ugs.): *leeres Gerede, nichts sagende [aber anspruchsvoll klingende] Äußerungen.*

Bla|che: ↑Blahe.

Black|box ['blæk'bɔks], die; -, -es (auch:) **Black Box,** die; - -, - -es [engl. black box, eigtl. = schwarzer Kasten] 1. (Kybernetik) *Teil eines kybernetischen Systems, dessen Aufbau u. innerer Ablauf erst aus den Reaktionen auf eingegebene Signale erschlossen werden kann.* **2.** (Luftfahrt) *(bei Flugzeugen) in einem bruch- u. feuersicheren Gehäuse installierter Flugdatenschreiber u. Cockpit-Stimmrekorder, die wichtige Flugdaten bzw. die Gespräche im Cockpit aufzeichnen u. deshalb für die Aufklärung von Flugzeugunglücken wichtig sind.*

Black|box-Me|tho|de, (auch:) **Black-Box-Me|tho|de,** die ⟨o. Pl.⟩ (Kybernetik): *Verfahren zum Erkennen noch unbekannter Systeme.*

Black|out ['blɛkaʊt, auch: 'blæk'aʊt], (auch:) **Black-out,** das, auch: der; -[s], -s [engl. blackout, eigtl. = Verdunkelung]: **1.** (Theater) **a)** *plötzliches Verdunkeln der Szene bei Schluss des Bildes im Theater (bes. nach Pointen im Kabarett);* **b)** *kleinerer Sketch, der mit einer scharfen Pointe u. plötzlichem Verdunkeln endet.* **2. a)** (Physik) *Aussetzen des Empfangs von Kurzwellen durch den Einfluss von Korpuskular- u. Röntgenstrahlen der Sonne;* **b)** (Raumf.) *Unterbrechung des Funkkontakts zwischen Raumschiff und Bodenstation.* **3.** (Med.) **a)** *zeitweiliger Ausfall des Sehvermögens unter der Einwirkung hoher Beschleunigung od. bei Kreislaufstörungen;* **b)** *plötzlich auftretender, kurz dauernder Verlust des Bewusstseins, Erinnerungsvermögens:* als ich dem zugestimmt habe, hatte ich wohl einen B. (ugs.; *war ich unaufmerksam, habe ich wohl nicht aufgepasst).* **4.** (Milit.) *nächtliches Verdunkeln von Objekten zum Schutz gegen einen Luftangriff.* **5.** *totaler Stromausfall (bes. in einer Großstadt).*

Black|pow|er ['blæk'paʊə], die; -, (auch:) **Black Pow|er,** die; - - [engl. black power = schwarze Macht]: *Bewegung nordamerikanischer Schwarzer gegen die Rassendiskriminierung.*

blaf|fen, (auch:) **bläf|fen** ⟨sw. V.; hat⟩ [spätmhd., mniederd. blaffen; lautm.] (ugs.): **1.** *[kurz] kläffen.* **2.** *sich wütend äußern, schimpfen.*

Blaf|fer, (auch:) **Bläf|fer,** der; -s, - (ugs.): *Kläffer.*

Blag, das; -s, -en, **Bla|ge,** die; -, -n [vielleicht umgestellt aus ↑²Balg] (ugs. abwertend): *[ungezogenes] Kind.*

Bläh|bauch, der; -[e]s, ...bäuche (ugs.): *aufgeblähter Bauch.*

Bla|he, (schweiz.:) Blache, (österr.:) Plache, die; -, -n [mhd. blahe, ahd. blaha, verw. mit lat. floccus = Wollfaser (↑Flocke)]: *großes, grobes Leinentuch, Plane.*

blä|hen ⟨sw. V.; hat⟩ [mhd. blæjen, blæwen, ahd. blājan, zu ↑¹Ball]: **1. a)** *gewölbt, prall machen, aufbauschen:* der Wind bläht die Segel; ein Luftzug blähte die Vorhänge; **b)** *[durch Anhalten der Luft, heftiges Ein- od. Ausatmen] von innen her prall machen:* das Pferd bläht die Nüstern; **c)** ⟨b. + sich⟩ *(durch Luft) prall, gewölbt werden:* das Segel, die Gardine bläht sich [im Wind]. **2.** (geh.) ⟨b. + sich⟩ *sich großtun, sich wichtig tun:* was blähst du dich so? **3.** *Blähungen verursachen:* Hülsenfrüchte blähen; [stark] blähende Speisen.

Bläh|sucht, die ⟨o. Pl.⟩ (Med.): *Flatulenz.*

Blä|hung, die; -, -en: *übermäßige Ansammlung von Gas in Magen und Darm:* -en haben; an -en leiden.

bla|ken ⟨sw. V.; hat⟩ [mniederd., mniederl. blaken, verw. mit ↑blecken] (nordd.): *rußen, qualmen.*

blä|ken ⟨sw. V.; hat⟩ [Nebenf. von ↑blöken] (ugs. abwertend): *sehr laut u. heftig weinen; schreien:* ein bläkendes Gör.

bla|kig ⟨Adj.⟩ (nordd.): *rußend, qualmend.*

bla|ma|bel ⟨Adj.; ...bler, -ste⟩ [frz. blâmable, zu: blâmer, ↑blamieren]: *beschämend:* eine blamable Situation; diese Niederlage ist äußerst b.

Bla|ma|ge [bla'ma:ʒə], die; -, -n [französierende Bildung zu ↑blamieren]: *beschämender, peinlicher Vorfall, Bloßstellung:* eine große B.

bla|mie|ren ⟨sw. V.; hat⟩ [frz. blâmer = tadeln, über das Vlat. zu lat. blasphemare < griech. blasphēmeīn, ↑Blasphemie]: **a)** *jmdm. eine Blamage bereiten; bloßstellen, lächerlich machen:* jmdn. öffentlich b.; **b)** ⟨b. + sich⟩ *sich bloßstellen:* sich unsterblich (ugs.; *sehr*) b.; sich vor jmdm. b.

blan|chie|ren [blã'ʃi:rən] ⟨sw. V.; hat⟩ [frz. blanchir, eigtl. = weiß machen, zu: blanc = weiß, aus dem Germ., verw. mit ↑blank] (Kochk.): *kurz mit heißem Wasser ab-, überbrühen:* Geflügel, Tomaten, Reis b.

blan̲d ⟨Adj.⟩ [lat. blandus = schmeichelnd, freundlich] (Med.): **1.** *(von einer Diät) mild, reizlos:* -e Kost. **2. a)** *(von Krankheiten) ruhig verlaufend;* **b)** *(von Krankheiten) nicht auf Ansteckung beruhend.*

blank ⟨Adj.⟩ [mhd. blanc, ahd. blanch, zu ↑blecken]: **1. a)** *auf der Oberfläche glatt u. glänzend:* -es Metall; -e *(leuchtende)* Augen; der Fußboden ist b. *([glänzend u.] sauber);* etw. b. reiben; ein b. gescheuerter, b. geputzter Boden; b. polierte Gläser; **b)** (dichter.) *hell, leuchtend:* in -em Licht; **c)** (ugs.) *abgewetzt:* -e Ärmel; ein b. gewetzter, b. gescheuerter *(durch langen Gebrauch dünn, speckig, glänzend gewordener)* Hosenboden. **2.** *bloß, unbedeckt:* auf dem -en Boden schlafen; sich mit dem -en (ugs.; *bloßen*) Hintern auf den kalten Boden setzen; ⟨subst.:⟩ er hat dem Jungen den Blanken (ugs.; *den bloßen Hintern*) versohlt; ***b. sein** (ugs.; *kein Geld mehr haben*). **3.** *offenkundig, rein, bar:* -er Unsinn, Neid.

Blank [blæŋk], der; -s, -s [engl. blank, zu: blank = leer < (a)frz. blanc, ↑blanchieren] (EDV): *Leerschritt, Zwischenraum zwischen zwei Zeichen* (1c).

Blan|kett, das; -[e]s, -e [französierende Bildung zu ↑blank] (Wirtsch.): **a)** *bereits unterschriebenes, noch nicht [vollständig] ausgefülltes Schriftstück, das der Empfänger absprachegemäß ausfüllen soll;* **b)** *Formular eines Wertpapiers, zu dessen Rechtsgültigkeit noch wichtige Eintragungen fehlen.*

blank ge|scheu|ert: s. blank (1a).

blank ge|wetzt: s. blank (1c).

blan|ko ⟨Adv.⟩ [zu ital. bianco, eigtl. = weiß, aus dem Germ., verw. mit ↑blank]: **a)** *(von Papier) unbedruckt, unliniiert;* **b)** *(von unterschriebenen Schriftstücken, Urkunden, Schecks) nicht vollständig ausgefüllt.*

Blan|ko|scheck, der (Bankw.): *Scheck, der unterschrieben ist u. bei dem der Betrag nachträglich eingesetzt wird:* einen B. ausstellen.

Blan|ko|un|ter|schrift, die: *Unterschrift vor Fertigstellung des dazugehörenden Textes.*

Blan|ko|voll|macht, die: *unbeschränkte Vollmacht:* jmdm. B. erteilen, geben.

blank po|liert: s. blank (1a).

Blank|vers, der [nach engl. blank verse] (Verslehre): *reimloser fünffüßiger Jambus.*

blank|zie|hen ⟨unr. V.; hat⟩: *(eine Waffe) aus der Scheide* (1) *ziehen.*

Bläs|chen, das; -s, -: Vkl. zu ↑Blase (1).

Bla|se, die; -, -n [2b: mhd. blāse, ahd. blāsa, zu ↑blasen ; 3: urspr. Verbindungsw. = nicht Farben tragende Verbindung]: **1. a)** *mit Luft gefüllter od. durch ein Gas gebildeter kugeliger Hohlraum in einem festen od. flüssigen Stoff:* große, schillernde -n von Seifenschaum; eine B. bildet sich, platzt; der Kuchenteig wirft -n; **b)** *infolge von Verbrennung, Reibung o. Ä. entstandener, mit Flüssigkeit gefüllter Hohlraum unter der Oberhaut:* eine B. aufstechen; -n an den Händen haben. **2. a)** *Harnblase:* eine empfindliche, erkältete B. haben; eine schwache B. haben (ugs.; *oft Wasser lassen müssen*); **b)** (Med.) kurz für Fruchtblase; **c)** (Med.) kurz für ↑Gallenblase. **3.** (salopp abwertend) *als ärgerlich, lästig empfundene Gruppe von Personen:* er hat die ganze B. in sein Auto verfrachtet.

Bla|se|balg, der; -[e]s, ...bälge: *mit Hand od. Fuß betriebenes Gerät zur Erzeugung eines Luftstromes:* mit dem B. ein Feuer zum Brennen bringen.

bla|sen ⟨st. V.; hat⟩ [mhd. blāsen, ahd. blāsan, zu ↑¹Ball; 5: nach blasen (2a, b)]: **1. a)** *bei fast geschlossenen Lippen den Atem ausstoßen u. dadurch eine Luftbewegung in eine bestimmte Richtung hervorrufen:* in die Glut b.; **b)** *durch Blasen* (1a) *in eine bestimmte Richtung in Bewegung setzen:* die Krümel vom Tisch b.; jmdm. Rauch ins Gesicht b.; **c)** (landsch.) *mit dem Atem kühlen:* du musst b., der Tee ist sehr heiß. **2. a)** *auf einem Blasinstrument spielen:* der Trompeter bläst; **b)** *(ein Blasinstrument) spielen:* die Flöte b.; **c)** *auf einem Blasinstrument hervorbringen:* eine Melodie, ein Solo b.; **d)** *[auf einem Blasinstrument] ein Signal zu etw. geben:* zum Angriff b.; **e)** (seltener) *(von bestimmten Blasinstrumenten) gepielt werden u. ertönen:* er hörte die Hörner b. **3. a)** *kräftig wehen:* der Wind bläst; ⟨auch unpers.:⟩ es bläst ganz schön draußen *(es ist sehr windig);* **b)** *blasend an eine bestimmte Stelle treiben:* der Wind bläst den Schnee durch die Ritzen. **4.** *durch Blasen* (1a) *formen:* Glas b. **5.** (vulg.) **a)** *durch Fellatio zum Samenerguss bringen:* jmdn. b.; **b)** ***jmdm. einen b.** *(bei jmdm. die Fellatio ausüben).*

bla|sen|ar|tig ⟨Adj.⟩: *einer Blase* (1) *ähnlich:* ein -es Gebilde.

Bla|sen|bil|dung, die: *Entstehung von Blasen.*

Bla|sen|ent|zün|dung, die (Med.): *katarrhalische Entzündung der Schleimhaut der Blase.*

Bla|sen|ka|tarrh, der: *Blasenentzündung.*

Bla|sen|krebs, der (Med.): *Krebs der Harnblase.*

Bla|sen|lei|den, das: *chronische Erkrankung der Harnblase.*

Bla|sen|spie|gel, der (Med.): *Endoskop zur Untersuchung der Harnblase; Zystoskop.*

Bla|sen|spie|ge|lung, Bla|sen|spieg|lung, die (Med.): *Untersuchung der Harnblase mithilfe des Blasenspiegels; Zystoskopie.*

Bla|sen|sprung, der (Med.): *das natürliche Einreißen der Eihäute der Fruchtblase (mit Entleerung des Fruchtwassers) unmittelbar vor der Geburt.*

Bla|sen|stein, der (Med.): *krankhafte Ansammlung von Salzen u. Ä. in der Form eines kleineren Steins in der Harnblase.*

Bla|sen|tang, der: *stark verzweigter Tang mit Schwimmblasen, die ihn im Wasser aufrecht halten.*

Blä|ser, der; -s, - (Musik): *jmd., der ein Blasinstrument spielt.*

Bla|se|rei, die; -, -en: *beständiges, als lästig empfundenes Blasen* (1, 2).

Blä|se|rin, die; -, -nen: w. Form zu ↑Bläser.

B

bla|siert ⟨Adj.⟩ [zu frz. blasé, urspr. = (von Flüssigkeiten) übersättigt, 2. Part. von: blaser = abstumpfen, abnutzen, H. u.] (abwertend): *überheblich, dünkelhaft u. herablassend:* ein -es Benehmen; b. lächeln.

Bla|siert|heit, die; -, -en: **a)** ⟨o. Pl.⟩ *blasiertes Wesen, Verhalten;* **b)** *blasierte Äußerung.*

bla|sig ⟨Adj.⟩: **a)** *voller Blasen, Blasen enthaltend;* **b)** *blasenartig, wie Blasen wirkend.*

Blas|in|stru|ment, das: *Musikinstrument, bei dem der Ton durch Atemluft erzeugt wird (z. B. Flöte).*

Blas|ka|pel|le, die: *aus Bläsern (1) bestehende Musikkapelle.*

Blas|mu|sik, die: *Musik, die auf Blasinstrumenten gespielt wird.*

Bla|son [bla'zõ:], der; -s, -s [frz. blason = [1]Schild, H. u.] (Heraldik): *Wappenschild.*

bla|so|nie|ren ⟨sw. V.; hat⟩ [frz. blasonner] (Heraldik): *Wappen fachgerecht beschreiben.*

Bla|so|nie|rung, die; -, -en (Heraldik): *fachgerechte Beschreibung eines Wappens.*

Blas|phe|mie, die; -, -n [lat. blasphemia < griech. blasphēmía = Schmähung, zu: blasphēmeīn = schmähen] (bildungsspr.): *verletzende, höhnende o. ä. Äußerung über etw. Heiliges, Göttliches.*

blas|phe|misch ⟨Adj.⟩ (bildungsspr.): *eine Blasphemie enthaltend; Heiliges, Göttliches verlästernd, verhöhnend:* -e Äußerungen.

Blas|rohr, das: *ursprünglich als Waffe benutztes langes, dünnes Rohr, durch das Kugeln od. Pfeile geblasen werden.*

blass ⟨Adj.; -er, -este, seltener: blässer, blässeste⟩ [mhd. blas = kahl, gering, nichtig, urspr. = blank, verw. mit ↑Blesse]: **1. a)** *ohne die natürliche frische Farbe; etwas bleich:* ein -es Gesicht; b. aussehen; [vor Schreck] b. werden; **b)** *im Farbton nicht kräftig; hell, matt:* ein -es Rot; die Farbe ist zu b.; **c)** *nur einen schwachen Lichtschein ausstrahlend:* ein -er Mond. **2.** *nur in geringem Maße ausgeprägt, vorhanden, wirkend; schwach:* eine -e Hoffnung. **3.** *durch keine hervorstechenden charakteristischen Merkmale, Eigenschaften auffallend; farblos, nichts sagend:* eine -e Darstellung. **4.** *rein, pur:* -e Furcht befiel ihn.

blass|blau ⟨Adj.⟩: *von hellem, mattem Blau.*

Bläs|se, die; -: **a)** *blasses, bleiches, fahles Aussehen:* die B. ihres Gesichts; **b)** *blasse Farbe.*

bläs|ser, bläs|ses|te: ↑blass.

blass|grün ⟨Adj.⟩: *von hellem, mattem Grün.*

Bläss|huhn: ↑Blesshuhn.

bläss|lich ⟨Adj.⟩: **1. a)** *ein wenig blass:* ein -er Jüngling; **b)** *unscheinbar, als Persönlichkeit nicht sonderlich ausgeprägt:* ein -er Typ. **2.** *unlebendig, farblos, nichts sagend, ohne Ausdruckskraft.*

blass|ro|sa ⟨indekl. Adj.⟩: *von hellem, mattem Rosa:* ein b. Kleid.

Blas|tom, das; -s, -e [zu griech. blastós = Keim, Trieb] (Med.): *krankhafte Neubildung von Gewebe; echte, nicht entzündliche Geschwulst.*

Blas|tu|la, die; -, ...lae [...lɛ; zu griech. blastós = Keim, Trieb] (Biol.): *im Verlauf der Furchung aus der Eizelle entstehender, meist hohler Zellkörper.*

Blatt, das; -[e]s, Blätter u. (als Mengenangabe:) - [mhd., ahd. blat, zu ↑blühen, eigtl. = Aufgeblühtes]: **1.** *flächiger, meist durch Chlorophyll grün gefärbter Teil höherer Pflanzen, der bei jeder Pflanzenart verschieden gebildet ist u. der Assimilation, Atmung u. Wasserverdunstung dient:* grüne, gefiederte Blätter; die Blätter fallen; die Pflanze treibt neue Blätter; * **kein B. vor den Mund nehmen** (*offen seine Meinung sagen;* nach einer alten Theatersitte, der zufolge sich die Schauspieler Blätter als Masken vors Gesicht hielten, um für ihre Äußerungen später nicht zur Rechenschaft gezogen zu werden). **2. a)** *gleichmäßig, meist rechteckig zugeschnittenes Stück Papier:* ein leeres, weißes, zusammengefaltetes B.; lose *(nicht fest zusammengeheftete)* Blätter; ein B. Papier; ein B. falten; B. für B./B. um B. *(ein Blatt nach dem anderen);* * **[noch] ein unbeschriebenes B. sein** (ugs.: 1. *[noch] unbekannt sein.* 2. *[noch] unerfahren, ohne Kenntnisse sein);* **b)** *Buch-, Heftseite:* ein B. aus dem Buch, dem Heft herausreißen, vom Kalender abreißen; vom B. spielen *(einen Notentext spielen, ohne ihn vorher zu kennen);* Ü das ist ein neues B. *(ein neuer Abschnitt)* im Buch der Geschichte; * **auf einem anderen B. stehen** (1. *nicht in diesen Zusammenhang gehören, passen.* 2. *sehr zweifelhaft, sehr die Frage sein:* ob man ihnen glaubt, steht auf einem anderen B.); **c)** *Kunstblatt:* grafische, farbige Blätter. **3.** *Zeitung:* ein unabhängiges, überregionales B.; das B. meldet, dass alle gerettet wurden; ein B. halten *(abonniert haben),* lesen. **4. a)** *Spielkarte:* ein B. spielen; * **das B. hat sich gewendet** (ugs.; *die Situation hat sich verändert;* urspr. vom Kartenblatt beim Kartenspiel); **b)** *Gesamtheit der an einen Spieler ausgeteilten Karten:* ein gutes B. *(eine günstige Zusammenstellung der Karten)* [auf der Hand] haben; **c)** *Kartenspiel* (2). **5.** *flächiger Teil eines Werkzeugs od. Geräts:* das B. der Säge, Axt, des Ruders. **6.** (Jägerspr.) **a)** *Körperbezirk um die Schulter des Schalenwildes:* ins B. treffen; **b)** *Instrument zum Blatten.* **7.** (Fleischerei) *Schulterstück vom Rind.*

Blatt|ach|sel, die (Bot.): *Winkel zwischen der Sprossachse u. dem Blatt* (1).

Blatt|ader, die: *Leitbündel aus mehreren Strängen, die das Gerüst des Blattes* (1) *bilden.*

blatt|ar|tig ⟨Adj.⟩: *wie ein Blatt* (1) *geformt, wirkend:* ein -es Gebilde.

Blätt|chen, das; -s, -: Vkl. zu ↑Blatt (1–3).

[1]Blat|ter, der; -s, -: *Blatt* (6 b).

[2]Blat|ter, die; -, -n [mhd. blātere, ahd. blāt(t)ara = Wasser-, Harnblase; Pocke, eigtl. = Geschwollenes, Aufgeblasenes] (veraltend): **1.** *Pocke.* **2.** ⟨Pl.⟩ *Infektionskrankheit Pocken.*

Blät|ter: Pl. von ↑Blatt.

blät|te|rig, blättrig ⟨Adj.⟩: **1.** *reich an Blättern* (1), *belaubt.* **2.** *leicht blätternd* (2 a).

Blät|ter|ma|gen, der (Zool.): *Abschnitt des Magens der Wiederkäuer mit blattartig nebeneinander liegenden Längsfalten in der Schleimhaut.*

blät|tern ⟨sw. V.⟩ [mhd. bleteren]: **1.** *(in einem Buch o. Ä.) die Seiten umblättern [u. dabei hier u. dort den Text überfliegen od. flüchtig das eine od. andere Bild betrachten]* ⟨hat⟩: in einem Buch, in Akten b.; Ü er blättert im Buch seiner Erinnerungen (geh.; *ruft manches aus seiner Vergangenheit in die Erinnerung zurück*). **2.** ⟨ist⟩ (selten) **a)** *in dünne Schichten zerfallen;* **b)** *sich in dünnen Schichten ablösen:* die Farbe blättert. **3.** *Karten, Scheine o. Ä. einzeln nacheinander hinlegen* ⟨hat⟩. **4.** (Landw.) *von Blättern* (1) *befreien* ⟨hat⟩.

Blät|ter|pilz, der: *Pilz, dessen Hut auf der Unterseite senkrechte, um den Stiel zentrierte Lamellen hat.*

Blät|ter|teig, der: *(ohne Hefe, Backpulver o. Ä. hergestellter) mehrfach geschichteter, dünn ausgerollter Teig, der nach dem Backen Ähnlichkeit mit dünnen, aufeinander gelegten Blättern hat.*

Blät|ter|wald, der ⟨o. Pl.⟩ (scherzh.): *Vielzahl von Zeitungen verschiedener Richtung:* meist in der Wendung **es rauscht/raunt im B.** (scherzh.; *die Presse macht großes Aufheben von einer bestimmten Sache*).

blät|ter|wei|se ⟨Adv.⟩: *blattweise.*

Blät|ter|werk, das ⟨Pl. selten⟩: *Blattwerk.*

Blatt|fa|ser, die: *Faser aus dem Bast von Blättern, die bes. zum Herstellen von Flechtwerk verwendet wird.*

Blatt|fe|der, die (Technik): *flache, blattförmige Feder* (3).

Blatt|form, die: *Form eines Blattes* (1): eine Brosche in B.

blatt|för|mig ⟨Adj.⟩: *Blattform besitzend.*

Blatt|fraß, der: *durch Fraß* (2) *an Blättern* (1) *verursachter Schaden:*

Blatt|gold, das: *zu feiner Folie ausgehämmertes od. ausgezogenes Gold zur Vergoldung von etw.*

Blatt|grün, das: *Chlorophyll.*

Blatt|kä|fer, der: *(oft als Schädling auftretender) meist kleiner, rundlicher u. metallisch glänzender Käfer, der sich bes. von Blättern* (1) *ernährt.*

Blatt|kak|tus, der: *(in Süd- u. Mittelamerika heimischer) als Strauch wachsender Kaktus mit langen blattähnlichen Sprossen u. großen, oft wohlriechenden, trichterförmigen Blüten.*

Blatt|knos|pe, die: *Knospe, aus der sich ein od. mehrere Blätter* (1) *entwickeln.*

Blatt|laus, die: *(zu den Pflanzensaugern gehörendes) sehr kleines, schädliches Insekt, das meist in großer Zahl Pflanzen befällt.*

blatt|los ⟨Adj.⟩: *keine Blätter* (1) *habend.*

blätt|rig: ↑blätterig.

Blatt|sa|lat, der: *Salatpflanze, deren Blätter* (1) *als Salat gegessen werden.*

Blatt|schuss, der (Jägerspr.): *Schuss in das Blatt* (6 a) *des Wildes.*

Blatt|sil|ber, das: vgl. Blattgold.

Blatt|stel|lung, die (Bot.): *Anordnung der Blätter* (1) *um die Sprossachse herum.*

Blatt|stiel, der: *Stiel* (2 b) *eines Blattes.*

Blatt|trieb, der: *Trieb eines Blattes* (1).

blatt|wei|se ⟨Adv.⟩: *in einzelnen Blättern* (1, 2). *Blatt für Blatt:* ⟨mit Verbalsubstantiven auch attr.:⟩ das b. Waschen des Salats.

Blatt|werk, das ⟨Pl. selten⟩: *Laubwerk.*

blau ⟨Adj.⟩ [mhd. blā, ahd. blāo, eigtl. = schimmernd, glänzend; vgl. Belche(n); 2: viell. nach dem Schwindelgefühl des Betrunkenen, dem blau (blümerant) vor den Augen wird]: **1.** *von der Farbe des wolkenlosen Himmels:* -e Augen; ein -es Kleid; die -e Blume (↑Blume 1 b); -e *(blutleere)* Lippen; -e *(durch Kälteeinwirkung verfärbte)* Hände; ein -es *(blutunterlaufenes)* Auge haben; (Kochk.:) Aal b. (↑Aal), Forelle b.; die Tapete ist b.; ein Kleid b. färben; ein b. gefärbtes Kleid; das Metall lief b. an. **2.** (ugs.) *betrunken:* wir waren alle ziemlich b.; * **b. sein [wie ein Veilchen/wie ein Eckhaus/wie eine Frostbeule/wie [zehn]tausend Mann/wie eine [Strand]haubitze** o. Ä.] (ugs.; *[völlig] betrunken sein*).

Blau, das; -s, -, ugs.: -s: *blaue Farbe:* ein leuchtendes, strahlendes B.; das B. des Himmels; Berliner B. *(tiefdunkler, stahlblauer künstlicher Farbstoff);* sie liebt [die Farbe] B. besonders; sie erschien ganz in B. *(in blauer Kleidung).*

Blau|al|ge, die ⟨meist Pl.⟩ (Bot.): *meist im Süßwasser lebende Alge von blaugrüner Farbe.*

blau|äu|gig ⟨Adj.⟩: **1.** *blaue Augen habend:* ein -es Kind. **2.** *naiv, ahnungslos, weltfremd:* eine reichlich -e Darstellung; b. fragen.

Blau|bart, der [nach dem frz. Märchen des 17. Jh.s vom Ritter Barbe-Bleue]: *Frauenmörder.*

Blau|buch, das [LÜ von engl. blue book] (Dipl.): *Veröffentlichung mit blauem Einband od. Umschlag, Farbbuch; eine bei bestimmten Anlässen veröffentlichte Dokumentensammlung der britischen Regierung od. des Parlaments.*

Blau|druck, der ⟨Pl. -e⟩ (Textilindustrie): *Stoffdruckverfahren zur Herstellung einfacher, weiß u. blau gemusterter Stoffe.*

[1]Blaue, das; -n ⟨Dekl. ↑[2]Junge, das⟩: *das Blausein, blaue Farbe, Färbung:* die Farbe ihres Kleides spielt ins B.; * **das B. vom Himmel [herunter]lügen** (ugs.; *ohne Hemmungen lügen, Unwahrheiten erzählen;* zu: Blau als Farbe der Täuschung, Verstellung u. Lüge); **das B. vom Himmel [herunter]reden** (ugs.; *sehr viel, pausenlos von Nebensächlichkeiten reden*); **jmdm. das B. vom Himmel [herunter] versprechen** (ugs.; *jmdm. ohne Hemmungen die unmöglichsten Dinge versprechen*); **ins B. [hinein]** (ugs.; *ohne Zweck u. festes Ziel, ins Ungewisse hinein;* zu: Blau als Farbe der unbestimmten Ferne): ins B. fahren.

[2]Blaue, der; -n, -n ⟨Dekl. ↑Abgeordnete⟩ [1: nach der blauen Uniform; 2: nach der Farbe des Scheins]: **1.** (ugs. veraltet) *Polizist.* **2.** (salopp) *Hundertmarkschein.*

Bläue, die; - [mhd. blæwe] (geh.): *blaue Farbe,*

blaues Aussehen; das Blausein: die wolkenlose B. des Himmels.
lau|ei|sen|erz, das: *in frischem Zustand farbloses Mineral, das an der Luft sofort blau wird; Vivianit.*
lau|en ⟨sw. V.; hat⟩ (dichter.): *(bes. vom Himmel) [langsam] blau werden.*
läu|en ⟨sw. V.; hat⟩ [mhd. blæwen]: **a)** *blau färben:* Papier b.; **b)** *durch Waschblau aufhellen:* weiße Wäsche b.
läu|en ⟨sw. V.; hat⟩ [mhd. bliuwen, ahd. bliuwan, H. u.] (selten): *schlagen* (1 a), *durch-, verbläuen.*
lau|fel|chen, der: *(zu den Renken gehörender) Fisch mit blaugrünem bis dunkelgrünem Rücken, weißlichem Bauch u. schwarzen Flossen, der in sauerstoffreichen Gewässern, bes. in Alpenseen, vorkommt.*
lau|fuchs, der: *Polarfuchs, dessen braunes Sommerfell im Winter blaugrau wird.*
lau ge|streift: s. blau (1).
lau|grau ⟨Adj.⟩: *einen grauen Farbton besitzend, der ins Blaue spielt.*
lau|grün ⟨Adj.⟩: vgl. blaugrau.
lau|helm, der ⟨meist Pl.⟩ (ugs.): *UNO-Soldat.*
lau|ja|cke, die [LÜ von engl. bluejacket] (ugs.): *Seemann, Matrose.*
lau|ka|bis, der (schweiz.): *Rotkohl.*
lau ka|riert: s. blau (1).
lau|kohl, der (landsch.): *Rotkohl.*
lau|kraut, das (südd., österr.): *Rotkohl.*
läu|lich ⟨Adj.⟩: *leicht blau getönt, ins Blaue spielend.*
lau|licht, das ⟨Pl. -er⟩: *als Signal für absolute Vorfahrt blau aufleuchtendes Licht an Kraftfahrzeugen der Polizei, der Feuerwehr u. des Krankentransportes.*
lau|ling, Bläu|ling, der; -s, -e: *Tagfalter, dessen Flügel oft einen blauen Metallglanz haben.*
lau|ma|chen ⟨sw. V.; hat⟩ [gek. aus »einen blauen Montag machen«; vgl. Montag] (ugs.): *während eines bestimmten Zeitraumes ohne triftigen Grund nicht zur Arbeit gehen:* einen Tag b.
lau|mei|se, die: *(in Europa weit verbreitete) Meise, deren Scheitel, Flügel u. Schwanz glänzend kobaltblau sind.*
lau|pau|se, die: *Lichtpause von einer durchsichtigen Vorlage, die weiße Linien auf einem bläulichen Papier ergibt.*
lau|rot ⟨Adj.⟩: vgl. blaugrau.
lau|säu|re, die ⟨o. Pl.⟩ [nach dem Berliner Blau, aus dem sie 1782 zuerst hergestellt wurde] (Chemie): *bittermandelartig riechende, sehr giftige, in reiner Form wässrige Säure, die in gebundener Form auch in Mandeln u. im Inneren der Kerne von Steinobst vorkommt.*
lau|schim|mel|kä|se, der: *Weichkäse bestimmter Sorten (wie Roquefort od. Gorgonzola) mit einer dunkel- bis blaugrünen Aderung, die durch bestimmte Schimmelpilze hervorgerufen wird.*
lau|schwarz ⟨Adj.⟩: vgl. blaugrau.
lau|stich, der (Fot.): *bläuliche Verfärbung auf [Umkehr]farbfilmen.*
lau|sti|chig ⟨Adj.⟩ (Fot.): *einen Blaustich aufweisend.*
lau|strumpf, der [LÜ von engl. bluestocking, dem Spottnamen für die Teilnehmerinnen eines Londoner schöngeistigen Zirkels um 1750, in dem der Botaniker B. Stillingfleet u. dann auch die Frauen in blauen Wollstrümpfen statt der üblichen schwarzseidenen erschienen]: (meist abwertend) *gelehrt wirkende Frau, die zugunsten der geistigen Arbeit die vermeintlich typisch weiblichen Eigenschaften verdrängt hat.*
lau|tan|ne, die: *Fichte mit blauweißen Nadeln.*
lau|wal, der: *auf der Oberseite stahlblauer bis blaugrauer Wal.*
la|zer [ˈbleːzɐ], der; -s, - [engl. blazer, zu: to blaze = leuchten, glänzen (nach der Farbe)]: **1.** *blaue Klubjacke für Herren [mit Klubabzeichen].* **2.** *(aus dem Blazer* (1) *entwickeltes) einfarbiges sportliches Herren- od. Damenjackett.*
lech, das; -[e]s, -e [mhd. blech, ahd. bleh, eigtl. = Glänzendes, verw. mit ↑bleich, ↑[1]Blei]: **1.** *zu Platten dünn ausgewalztes Metall:* dünnes B.; B. walzen, hämmern. **2.** kurz für ↑Backblech, ↑Kuchenblech: das B. einfetten. **3.** ⟨o. Pl.⟩ *Gesamtheit der Blechblasinstrumente eines Orchesters:* das B. tritt zu sehr hervor. **4.** ⟨o. Pl.⟩ (ugs. abwertend) *Orden, Ehrenzeichen.* ich lege keinen Wert auf das B. **5.** ⟨o. Pl.⟩ (ugs.) *Unsinn:* rede doch nicht so ’n B.!
Blech|be|häl|ter, der: *Behälter aus Blech.*
Blech|blas|in|stru|ment, das: *aus Metall gefertigtes Blasinstrument mit kesselförmigem Mundstück* (z. B. Horn, Trompete, Tuba).
Blech|büch|se, die: *Büchse aus Blech.*
Blech|do|se, die: vgl. Blechbüchse.
ble|chen ⟨sw. V.; hat⟩ [zu rotwelsch Blech = Geld] (ugs.): *notgedrungen u. mehr, als einem lieb ist, zahlen:* dafür wird er ganz schön b. müssen.
ble|chern ⟨Adj.⟩: **1.** *aus Blech [gefertigt].* **2.** *metallisch klingend, hohl tönend:* eine -e Stimme.
Blech|kis|te, die: **a)** *Kiste aus Blech;* **b)** (ugs. abwertend): *[nicht mehr funktionstüchtiges od. in seiner Ausstattung einfaches] Auto.*
Blech|la|wi|ne, die (ugs. scherzh.): *lange Reihe dicht aufeinander folgender, nur langsam vorankommender Autos.*
Blech|mu|sik, die (oft abwertend): *von einer kleinen, meist zu einem Verein o. Ä. gehörenden Kapelle gespielte Blasmusik.*
Blech|ner, der; -s, - (südd.): *Klempner.*
Blech|ne|rin, die: w. Form zu ↑Blechner.
Blech|scha|den, der (Kfz-W.): *leichter Unfallschaden, der nur die Karosserie eines [Personen]wagens betrifft.*
Blech|sche|re, die: *Gerät zum Schneiden von Blech.*
Blech|schmied, der: *jmd., der Blechteile zum Einbau in Maschinen, Geräte, Fahrzeuge anfertigt* (Berufsbez.).
Blech|schmie|din, die: w. Form zu ↑Blechschmied.
Blech|trom|mel, die: *einfache Kindertrommel aus Blech.*
Blech|walz|werk, das: *Walzwerk, in dem Blech hergestellt, zugeschnitten wird.*
ble|cken ⟨sw. V.; hat⟩ [mhd. blecken, ahd. blecchen, eigtl. = glänzend machen]: **1.** (selten) *glänzend sichtbar werden, hell in Erscheinung treten:* die Flammen blecken aus den Fenstern. **2.** *(in Bezug auf die Zähne meist von Tieren als Ausdruck der Aggressionslust) durch breites Öffnen der Lippen zeigen, sehen lassen, freilegen:* der Hund bleckte wütend die Zähne.
[1]Blei, das; -[e]s, (Arten:) -e [mhd. blī, ahd. blī(o), urspr. = das (bläulich) Glänzende]: **1.** ⟨o. Pl.⟩ *relativ weiches Schwermetall mit silberhell glänzenden Schnittflächen, die an der Oberfläche blaugrau anlaufen (chemisches Element);* Zeichen: Pb (↑Plumbum): reines B.; B. gießen *([als Silvesterbrauch] geschmolzenes Blei in kaltes Wasser gießen, um aus den so entstandenen Gebilden die Zukunft abzulesen);* schwer wie B.; etw. mit B. beschweren; der Schreck lag ihm wie B. in den Gliedern *(lähmte ihn, seine Tatkraft);* das Essen lag ihm wie B. im Magen *(war schwer verdaulich);* die ganze Sache lag ihr wie B. im Magen *(bedrückte sie sehr).* **2.** *Senkblei, Lot:* die Wassertiefe mit einem B. loten. **3.** (veraltet) *Gewehrkugel[n].*
[2]Blei, der, (landsch. auch:) das; -[e]s, -e u. -s (ugs.): kurz für ↑Bleistift.
[3]Blei, der; -[e]s, -e [mniederd., mniederl. bloie, eigtl. = der weiß Schimmernde]: *Brachse.*
Blei|asche, die ⟨o. Pl.⟩ (Chemie): *kristalline Teilchen des Bleioxids.*
Blei|be, die; -, -n ⟨Pl. selten⟩: *Ort, Raum, in dem man [vorübergehend] bleiben, unterkommen, wohnen kann; Unterkunft, Obdach, Wohnung:* [k]eine B. [gefunden] haben.
blei|ben ⟨st. V.; ist⟩ [mhd. belīben, ahd. bilīban, eigtl. = kleben bleiben, verw. mit ↑Leim]: **1. a)** *eine bestimmte Stelle, einen Ort nicht verlassen; irgendwo verharren:* bleiben Sie bitte am Apparat!; zu Hause b.; wir müssen bei den Kranken b.; Ü bei der Sache b. *(sich nicht von etw. ablenken lassen);* etw. muss in seinem Rahmen b.; das bleibt unter uns *(wird nicht weitergesagt);* ⟨subst.:⟩ jmdn. zum Bleiben auffordern; **b)** *in seinem augenblicklichen Zustand verharren, eine bestimmte Eigenschaft bewahren:* er bleibt gelassen; seine Taten werden unvergessen b.; ledig b. *(sich nicht verheiraten);* von Krankheiten verschont b.; sein Brief blieb unbeantwortet; am Leben b.; jmdm. treu b.; du sollst das Rauchen b. lassen (ugs.; *unterlassen*)!; ich werde es lieber b. lassen (ugs.; *nicht mehr tun, unterlassen*); **c)** ⟨mit Gleichsetzungsnominativ⟩ *eine grundlegende Eigenschaft behalten:* Freunde b.; **d)** ⟨mit Inf.⟩ *eine Stellung, Lage, Haltung nicht verändern:* auf seinem Stuhl sitzen b.; du musst jetzt ganz ruhig liegen b.; **e)** *(als Rest) übrig bleiben; (als Übrigbleibendes) für jmdn. noch vorhanden sein:* es bleibt keine andere Möglichkeit; es blieb [ihm] keine Hoffnung; **f)** ⟨mit Inf. mit »zu«⟩ *(für die Zukunft) zu tun übrig bleiben:* es bleibt abzuwarten, ob sich der Erfolg einstellt. **2.** *etw. nicht ändern, nicht aufgeben:* bei seinem Entschluss b.; es bleibt dabei *(es wird nichts geändert);* bei dieser Zigarettenmarke bleibe ich *(ich werde sie weiter rauchen).* **3.** (geh. verhüll.) *irgendwo, bei einer bestimmten Gelegenheit sterben, umkommen:* er ist als Kapitän auf See geblieben.
blei|bend ⟨Adj.⟩: *über die Zeit hin seine Wirkung, Bedeutung o. Ä. nicht verlierend; zurückbleibend, dauernd:* -e Schäden einer Krankheit; eine -e Erinnerung; das Geschenk ist von -em Wert.
blei|ben las|sen: s. bleiben (1 b)
bleich ⟨Adj.⟩ [mhd. bleich, ahd. bleih, eigtl. = glänzend, verw. mit ↑[1]Blei]: **a)** *sehr blass [aussehend]; ohne die normale natürliche Farbe:* ein -es Gesicht; sie war b. wie der Tod; **b)** (geh.) *von sehr heller, weißlich gelber Färbung; fast farblos wirkend; fahl:* das -e Licht des Mondes; Ü das -e (*helle* 5 a) Entsetzen packte sie.
Blei|che, die; -, -n [mhd. bleiche]: **1.** ⟨o. Pl.⟩ (dichter.) *das Bleichsein; Fahlheit, Blässe:* die B. des Himmels. **2.** (früher) *Wiesen-, Rasenstück, auf dem die Wäsche zum Bleichen ausgelegt wurde:* Wäsche auf die B. legen.
[1]blei|chen ⟨sw. V.; hat⟩ [mhd. bleichen, ahd. bleihhen]: *aufhellen, heller machen:* Wäsche b.; ⟨subst.:⟩ ein Mittel zum Bleichen der Sommersprossen.
[2]blei|chen ⟨V.; bleichte/(veraltet:) blich, ist gebleicht/(veraltet:) geblichen⟩ [mhd. bleichen, ahd. bleihhēn]: *heller, farblos werden; Farbe verlieren.*
Bleich|er|de, die (Geol.): *sandiger, nicht sehr fruchtbarer Boden über durchlässigem Gestein.*
Blei|chert, der; -s, -e: *hellroter Wein.*
Bleich|ge|sicht, das ⟨Pl. -er⟩: **a)** (ugs.) *jmd., der sehr blass aussieht;* **b)** (oft scherzh.) *[2]Weißer* (urspr. aus der Sicht der nordamerikanischen Indianer).
Bleich|mit|tel, das: *zum Bleichen bes. von Textilien verwendetes chemisches Mittel.*
Bleich|sucht, die ⟨o. Pl.⟩: *(heute kaum noch vorkommende) durch Eisenmangel bedingte Anämie bei Mädchen u. jungen Frauen.*
Bleie, die; -, -n: *[3]Blei.*
blei|ern ⟨Adj.⟩ [für älteres bleien, mhd. blījīn, ahd. blīīn]: **1. a)** *aus [1]Blei hergestellt:* -e Rohre; **b)** (geh.) *bleifarben:* das -e Grau des Himmels. **2.** *schwer lastend:* eine -e Schwere, Müdigkeit; -er *(tiefer, keine Erholung bringender)* Schlaf.
blei|far|ben, blei|far|big ⟨Adj.⟩: *von der Farbe des [1]Bleis.*
Blei|fas|sung, die: *Fassung* (1 a) *aus [1]Blei.*
blei|frei ⟨Adj.⟩: *nicht verbleit* (3): -es Benzin.
Blei|fuß, der: meist in der Wendung **mit B. fahren** (ugs.; *ständig mit Vollgas fahren*).
Blei|ge|halt, der: *Gehalt an [1]Blei.*
Blei|glanz, der: *metallisch glänzendes, graues od. silberweißes Mineral mit sehr hohem Gehalt an [1]Blei.*
blei|hal|tig ⟨Adj.⟩: *[1]Blei enthaltend:* -es Benzin; ein -es Mineral.
Blei|kris|tall, das: *Bleioxid enthaltendes, bes.*

schweres u. wertvolles Kristallglas von hohem Glanz.

Blei|ku|gel, die: *Kugel[geschoss] aus* [1]*Blei.*

Blei|le|gie|rung, die: *Verbindung von Blei mit anderen Metallen zur Erreichung eines höheren Härtegrades.*

B

Blei|oxid, das: *Verbindung von* [1]*Blei u. Sauerstoff.*

Blei|satz, der (Druckw.): *Schriftsatz, dessen Drucktypen, Gusszeilen u. Blindmaterial aus einer Bleilegierung bestehen.*

Blei|schür|ze, die: *(bes. von Personen, die an Röntgengeräten arbeiten, getragene) Schürze aus bleihaltigem Material zum Schutz vor Strahleneinwirkung.*

blei|schwer ⟨Adj.⟩: *in hohem Maße, besonders schwer:* deine Schultasche ist ja b.; Ü -e Müdigkeit.

Blei|stift, der [älter nhd. Bley(weiß)stefft]: *als Schreibgerät dienende, von Holz umschlossene* [1]*Mine* (3) *aus Graphit:* den B. [an]spitzen.

Blei|stift|mi|ne, die: *aus Graphit bestehende Mine des Bleistifts.*

Blei|stift|spit|zer, der: *mit einer Klinge versehenes Gerät zum Anspitzen von Bleistiften.*

Blei|stift|zeich|nung, die: *mit Bleistift ausgeführte Handzeichnung* (1).

Blend, der u. das; -s, -s [engl. blend = Mischung; vgl. anord. blanda = Mischung]: **1.** *Verschnitt* (1 b), *Mischung, z. B. bei Tee, Tabak, bes. aber bei alkoholischen Getränken zur Verbesserung von Geruch, Geschmack od. Farbe.* **2.** (Sprachw.) *Verschmelzung zweier Wörter zu einer neuen absichtlichen Kontamination* (z. B. Bankfurt aus: *Bank* u. *Frankfurt; Demokratur* aus: *Demokratie* u. *Diktatur*).

Blen|de, die; -, -n [zu ↑blenden; 7: urspr. = trügerisch glänzendes Mineral ohne Erzgehalt]: **1.** *Vorrichtung, die direkt einfallende, unerwünschte Lichtstrahlen fern hält:* eine B. herunterklappen. **2.** (Optik) *Vorrichtung zur Begrenzung des Querschnitts von Strahlenbündeln in einem optischen System.* **3.** (Film, Fot.) **a)** *Einrichtung an der Kamera, mit der man das Objektiv verkleinern bzw. vergrößern u. damit die Belichtung regulieren kann:* die B. schließen; **b)** *Blendenzahl:* B. 11 einstellen; mit B. 8 fotografieren; **c)** (Film) *durch ein optisches od. chemisches Verfahren bewirkte Veränderung einer Einstellung, durch die ein Bild langsam zum Verschwinden (Abblende) od. zum Entstehen (Aufblende) gebracht wird:* einen Film mit einer B. anfangen, enden lassen. **4.** (Schiffbau) *Abdeckung für Bullaugen zur Verdunkelung u. zum Schutz gegen Wassereinbrüche.* **5.** (Archit.) *zur Gliederung od. Verzierung einer Fassade o. Ä. eingesetzter Bauteil* (z. B. ein blinder (4 a) Bogen, ein blindes (4 a) Fenster o. Ä.). **6.** *Stoffstreifen, der als Schmuck an Kleidung u. Wäsche angebracht wird:* eine B. ansetzen, aufsetzen. **7.** (Chemie) *durchscheinendes, oft kräftig gefärbtes sulfidisches Mineral.*

blen|den ⟨sw. V.; hat⟩ [mhd. blenden, ahd. blenten, eigtl. = blind machen]: **1.** *durch übermäßige Helligkeit das Sehvermögen bei jmdm. zeitweise beeinträchtigen:* das grelle Licht [der Scheinwerfer] blendete ihn. **2. a)** *so stark beeindrucken, jmds. Sinne so gefangen nehmen, dass er [für kurze Zeit] nichts anderes mehr wahrnimmt:* ihr Wesen blendete ihn; **b)** *durch äußere Vorzüge sehr für sich einnehmen u. dadurch über negative Eigenschaften o. Ä. hinwegtäuschen:* er blendet sie durch sein liebenswürdiges Benehmen; sich von Wahlversprechen nicht b. lassen; er blendet gern. **3. a)** *[vorübergehend] das Sehvermögen nehmen;* **b)** *jmdm. die Augen ausstechen, -brennen o. Ä.* **4.** (Kürschnerei) *dunkel färben.*

Blen|den|au|to|ma|tik, die (Fot., Film): *Vorrichtung bei einäugigen Spiegelreflexkameras, die die Einstellung der Blende u. die Belichtungszeit automatisch regelt.*

blen|dend ⟨Adj.⟩: *strahlend, ausgezeichnet, hervorragend:* eine -e Erscheinung; es geht ihm b.; sich b. erholen; b. weiße Wäsche.

blen|dend weiß: s. blendend.

Blen|den|öff|nung, die (Fot., Film): *Öffnung der Blende einer Kamera.*

Blen|den|zahl, die (Fot., Film): *Zahl zur Kennzeichnung der Öffnungsweite eines Objektivs.*

Blen|der, der; -s, - [urspr. von Rennpferden mit trügerischen äußeren Vorzügen gesagt]: *jmd., der andere blendet* (2 b).

blend|frei ⟨Adj.⟩: **a)** *ein Blenden* (1) *verhindernd, nicht zulassend; nicht blendend:* eine -e Beleuchtung; **b)** *nicht spiegelnd; entspiegelt:* -es Glas.

Blend|rah|men, der: **1.** *Rahmen, in den die Leinwand zum Malen gespannt wird.* **2.** *fest mit der Mauer verbundener Rahmen, an dem die Fenster-, Türflügel befestigt werden.*

Blend|schutz, der: *Vorrichtung zum Schutz gegen Blendung durch horizontal einfallendes Licht.*

Blend|schutz|zaun, der (Verkehrsw.): *Zaun zwischen gegenläufigen Fahrbahnen zum Schutz gegen Blendung durch entgegenkommende Fahrzeuge.*

Blen|dung, die; -, -en: *das Blenden, Geblendetwerden.*

Blend|werk, das (geh. abwertend): *bloßer Schein, Täuschung, Trug:* ein raffiniertes B.; ein B. des Teufels.

Bles|se, die; -, -n [mhd. blasse, ahd. blassa, verw. mit ↑blass]: **1.** *weißer Fleck od. Streifen auf der Stirn od. dem Nasenrücken bestimmter [Haus]tiere, bes. bei Pferden u. Rindern.* **2.** *Tier mit Blesse* (1).

Bless|huhn, Blässhuhn, das: *(zu den Rallen gehörender) Wasservogel mit grauschwarzem Gefieder, weißem Stirnfleck u. weißem Schnabel.*

Bles|sur, die; -, -en [frz. blessure] (geh.): *Verwundung, Verletzung.*

bleu [blø:] ⟨indekl. Adj.⟩ [frz. bleu = blau, aus dem Germ., verw. mit ↑blau]: *blassblau.*

Bleu, das; -s, -, ugs.: -s: *blassblaue Farbe.*

Bleu|el, der; -s, - [mhd. bliuwel, ahd. bliuwil, zu ↑bleuen; vgl. Pleuel] (veraltet): *hölzerner Schlägel zum Klopfen von nasser Wäsche.*

bleu|en: frühere Schreibung für ↑[2]bläuen.

blich: ↑[2]bleichen.

Blick, der; -[e]s, -e [mhd. blic = Blick; Glanz, Blitz, ahd. blicch = Blitz(strahl), zu ↑blicken]: **1. a)** *[kurzes] Blicken, Anschauen, Hinschauen:* ein dankbarer B.; sich -e zuwerfen; jmds. Blick erwidern; einen B. riskieren (ugs.; *vorsichtig, heimlich hinsehen*); jmdn. keines -es würdigen *(jmdn. nicht beachten);* jmds. Blick ausweichen; auf den ersten B. *(sofort),* auf den zweiten B. *(erst bei näherem Hinschauen);* etwas mit einem B. *(sofort)* sehen; mit einem halben B. *(ohne genau hinzusehen);* R wenn -e töten könnten! (als Ausdruck, dass man sich durch jmds. feindseligen Blick angegriffen fühlt); * **einen B. hinter die Kulissen werfen/tun** *(die Hintergründe einer Sache kennen lernen);* **b)** *irgendwohin blickende Augen:* den B. senken; seine -e auf jmdn., etw. richten; er wendete keinen B. von ihr. **2.** ⟨o. Pl.⟩ *Ausdruck der Augen:* einen offenen B. haben; * **der böse B.** *(angebliche Zauberkraft, durch bloßes Anblicken anderen Unheil zu bringen).* **3.** ⟨o. Pl.⟩ *Aussicht, Ausblick:* ein herrlicher B.; ein Zimmer mit B. aufs Meer. **4.** ⟨o. Pl.⟩ *Urteil[skraft]:* ein geschulter, sicherer B.; einen weiten B. *(ein vorausschauendes Urteil)* haben; seinen B. für etw. schärfen; keinen B. für jmdn., etw. haben *(jmdn., etw. nicht verstehen, nicht richtig beurteilen können);* einen, den richtigen B. für etw. haben *(die Ursachen u. Zusammenhänge von etw. klar erkennen u. beurteilen können).*

blick|dicht ⟨Adj.⟩: *undurchsichtig.*

bli|cken ⟨sw. V.; hat⟩ [mhd. blicken = einen Blick tun; glänzen, ahd. blicchen = glänzen, strahlen, verw. mit ↑Blech, ↑bleich]: **a)** *[bewusst] seinen Blick irgendwohin richten:* geradeaus, zur Seite b.; er blickte ihm neugierig über die Schulter; Ü dem Tod ins Gesicht b. (geh.; *ihn vor Augen haben [u. nicht fürchten]*); die Sonne blickt aus den Wolken *(wird sichtbar);* R das lässt tief b. (ugs.; *das ist sehr aufschlussreich*); * **sich b. lassen** *(irgendwo erscheinen, hingehen, sich sehen lassen, einen [kurzen] Besuch machen):* lass dich doch einmal wieder [bei uns] b.!; **b)** *in bestimmter Weise dreinschauen:* freundlich, kühl, streng b.; seine Augen blickten verstört; **c)** (bes. Jugendspr.) *begreifen, kapieren, schnallen* (2): ich blick das nicht.

Blick|fang, der: *etw., was die Blicke auf sich lenkt:* große Plakate mit bunter Reklame dienen als B.

Blick|feld, das: *Gebiet, das mit den Augen erfasst werden kann:* in jmds. B. geraten; Ü ein enges B. haben *(beschränkt sein).*

Blick|kon|takt, der: *[gegenseitiges] Ins-Auge-Fassen, Sichanschauen:* der Redner hielt [den] B. mit dem Publikum.

blick|los ⟨Adj.⟩ (geh.): *nichts bewusst wahrnehmend.*

Blick|punkt, der: **1.** *etw., worauf sich jmds. Blicke richten; Punkt, auf den die Sehkraft konzentriert ist:* Ü im B. der Öffentlichkeit *(im öffentlichen Interesse)* stehen. **2.** *Punkt, von dem aus etw. betrachtet wird; Gesichtspunkt, Aspekt:* vom juristischen B. aus [gesehen].

Blick|rich|tung, die: **1.** *Richtung des Blicks:* in B. [nach] Osten. **2.** *Richtung des Denkens, Reflektierens.*

Blick|wech|sel, der: **1.** *das Wechseln von Blicken* **2.** *Wechsel der Sehweise.*

Blick|win|kel, der: *Perspektive, aus der man etw. betrachtet; Sicht* (2).

blieb: ↑bleiben.

blies: ↑blasen.

blind ⟨Adj.⟩ [mhd., ahd. blint, urspr. wohl = undeutlich schimmernd, fahl]: **1. a)** *keine Sehkraft, kein Sehvermögen besitzend; ohne Augenlicht:* ein -er Mann; b. sein; er ist auf einem Aug b.; R bist du b.? (ugs.; *kannst du nicht aufpassen?*); * **für etw. b. sein** *(etw. nicht sehen [wollen]; für etw. kein Gespür, keinen Blick haben);* * **sich b. verstehen** (Sport; *hervorragend aufeinander eingespielt sein*); **b)** *ohne Zuhilfenahme des Sehvermögens, optischer Instrumente o. Ä.:* b. *(ohne Sicht, nur mithilfe der Bordinstrumente)* fliegen; b. schreiben *(mit allen zehn Fingern auf der Schreibmaschine o. Ä. schreiben, ohne dabei auf die Tasten zu sehen).* **2. a)** *maßlos, hemmungslos, verblendet:* mit -er Gewalt vorgehen; b. sein vor Wut; **b)** *ohne kritisch-selbstständiges Nachdenken, kritiklos, ohne Überlegung:* -er Gehorsam; jmdm. b. vertrauen; **c)** *sich nicht nach menschlichen Maßstäben richtend; nicht einsehbar:* das -e Schicksal. **3.** *nicht mehr durchsichtig, spiegelnd; trübe, angelaufen:* -e [Fenster]scheiben; ein -er Spiegel. **4. a)** *nicht vollständig durchgeführt; nur angedeutet, vorgetäuscht:* -e Arkaden; eine -e Tasche aufsetzen; **b)** *verdeckt, unsichtbar:* eine -e Naht der Mantel wird b. geknöpft.

Blind|band, der ⟨Pl. ...bände⟩ (Buchw.): *Musterband in endgültiger Form, dessen Seiten unbedruckt sind.*

Blind|darm, der [LÜ von lat. intestinum caecum, aus: intestinum = Darm u. caecus = blind (hier im Sinne von »ohne Öffnung«, vgl. blind (4 a)]: **1.** (Anat.) *unterhalb der Einmündung des Dünndarms in den Dickdarm liegender, blind endender Teil des Dickdarms mit dem Wurmfortsatz.* **2.** (volkst.) *Wurmfortsatz.*

Blind|darm|ent|zün|dung, die (volkst.): *Entzündung des Wurmfortsatzes; Appendizitis.*

Blind Date [ˈblaɪnd ˈdeɪt], das; - -[s], - -s [engl. blind date, aus: blind = blind; verdeckt, unsichtbar u. date, ↑Date]: *Verabredung mit einer unbekannten Person.*

Blin|de, der u. die; -n, -n ⟨Dekl. ↑Abgeordnete⟩: *jmd., der blind* (1) *ist:* einen -n führen; B. unterrichten; R das sieht doch ein -r [mit dem Krückstock]! (ugs.; *das liegt doch klar zutage!*); * **von etw. reden, wie der B. von der Farbe** *(ohne Sachkenntnis von etw. reden, über etw. urteilen).*

Blin|de|kuh ⟨o. Art.⟩: *Fangspiel, bei dem dem Suchenden die Augen verbunden werden:* B. spielen.

Blin|den|bin|de, die: *von Blinden getragene gelbe Armbinde (1) mit drei schwarzen Punkten.*

Blin|den|bü|che|rei, die: *Einrichtung für blinde u. lesebehinderte Personen, die geeignetes Material unterschiedlicher Art, bes. Bücher in Blindenschrift, sammelt u. verleiht.*

Blin|den|füh|rer, der: *jmd., der einen Blinden führt.*

Blin|den|füh|re|rin, die: w. Form zu ↑Blindenführer.

Blin|den|führ|hund, der: *Blindenhund.*

Blin|den|hund, der: *Hund, der darauf abgerichtet ist, einen Blinden zu führen.*

Blin|den|leh|rer, der: *Lehrer, der [an einer Blindenschule] Blinde unterrichtet.*

Blin|den|leh|re|rin, die: w. Form zu ↑Blindenlehrer.

Blin|den|schrift, die: *Schrift, deren Buchstaben aus je sechs erhabenen Punkten in verschiedener Kombination bestehen u. die von dem Blinden über den Tastsinn erfasst wird; Brailleschrift.*

Blin|den|schu|le, die: *mit den entsprechenden Hilfsmitteln ausgestattete Schule, an der Blinde unterrichtet werden.*

Blin|den|stock, der ⟨Pl. ...stöcke⟩: *meist durch weiße Farbe gekennzeichneter Stock, mit dessen Hilfe sich der Blinde an Gegenständen orientieren kann.*

Blind|flug, der: *Flug ohne Sicht, nur mithilfe der Bordinstrumente.*

Blind|gän|ger, der; -s, -: **1.** *Geschoss, dessen Sprengladung infolge eines Versagens des Zünders nicht detonierte:* B. entschärfen. **2.** (salopp) *Versager.*

Blind|ge|bo|re|ne, Blind|ge|bor|ne, der u. die; -n, -n ⟨Dekl. ↑Abgeordnete⟩: *jmd., der von Geburt an blind ist.*

blind|gläu|big ⟨Adj.⟩: *bedingungslos u. ohne Kritik gläubig* (b).

Blind|gläu|big|keit, die: *das Blindgläubigsein; blindgläubiges Verhalten.*

Blind|heit, die; -: **1.** *das Blindsein* (1); *Fehlen des Sehvermögens:* eine angeborene B.; * **[wie] mit B. geschlagen sein** (*etw. Wichtiges nicht sehen, erkennen;* nach 1. Mos. 19, 11 u. 5. Mos. 28, 28–29). **2. a)** *Unfähigkeit, Zusammenhänge, Gefahren o. Ä. richtig zu erkennen:* eine gefährliche politische B.; **b)** *Kritiklosigkeit:* die B. seines Vertrauens.

blind|lings ⟨Adv.⟩ [schon mniederd. blindelinge, ahd. blindilingōn]: *nur von einem augenblicklichen Gefühl o. Ä. geleitet, ohne dabei an das zu denken od. zu überlegen, was sich aus dem Tun, Verhalten Nachteiliges ergeben kann:* jmdm. b. gehorchen; sich b. auf etw. verlassen.

Blind|ma|te|ri|al, das (Druckw.): *Gesamtheit der zur Herstellung von Wort- u. Zeilenabständen dienenden nicht druckenden Teile im Schriftsatz.*

Blind|schlei|che, die [mhd. blintslīche, ahd. blintslīhho, eigtl. = blinder Schleicher (da sie wegen der sehr kleinen Augen für blind gehalten wurde)]: *(u. a. in Europa vorkommende) mittelgroße Schleiche mit auffallend eidechsenartigem Kopf, grau[braun] od. kupferfarben glänzender Oberseite u. schwarzer bis blaugrauer Unterseite.*

blind schrei|ben ⟨st. V.; hat⟩: s. blind (1 b).

blind|wü|tend (seltener), **blind|wü|tig** ⟨Adj.⟩: *ohne Maß u. Besinnung wütend:* -er Hass; b. auf jmdn. einschlagen.

Blind|wü|tig|keit, die; -: *blindwütiges Verhalten.*

blink ⟨indekl. Adj.⟩: in der Fügung **b. und blank** (ugs.; *vor Sauberkeit glänzend*).

blin|ken ⟨sw. V.; hat⟩ [aus dem Niederd. < mniederd. blinken = glänzen, zu ↑blecken]: **1.** *blitzend, funkelnd leuchten, glänzen:* die Sterne blinkten; ein Licht blinkt in der Ferne; vor Sauberkeit b. **2.** (bes. Verkehrsw.) **a)** *ein Blinkzeichen geben:* vor dem Abbiegen, bei Fahrbahnwechsel b.; **b)** *etw. durch Blinkzeichen anzeigen:* Signale, SOS b.

Blin|ker, der, -s, -: **1.** *Blinkleuchte.* **2.** (Angeln) *blinkender metallischer Köder.*

blin|kern ⟨sw. V.; hat⟩: **1.** *unruhig blinken* (1). **2.** *blinzeln.* **3.** (Angeln) *mit dem Blinker* (2) *angeln.*

Blink|feu|er, das (Verkehrsw.): *bes. an der Küste als Signal dienende Lichtquelle, die in regelmäßigen Zeitabständen aufleuchtet.*

Blink|ge|rät, das (Milit.): *Gerät zum Übermitteln von Nachrichten in Form von geblinkten Morsezeichen.*

Blink|leuch|te, die (Kfz-T.): *an Fahrzeugen angebrachte Leuchte, die durch Blinken eine Richtungsänderung anzeigt.*

Blink|licht, das ⟨Pl. -er⟩ (Verkehrsw.): *in [gleichmäßigen] Zeitabständen kurz aufleuchtendes Lichtsignal im Straßenverkehr, bes. an Ampeln u. Eisenbahnübergängen.*

Blink|zei|chen, das: *Signal durch ein in gleichmäßigen Abständen an- und ausgehendes Licht:* der Wachtposten gab B.

blin|zeln ⟨sw. V.; hat⟩ [mhd. blinzeln, wahrsch. verw. mit ↑blinken]: *(bes. bei Reizung durch Licht od. bei Müdigkeit) die Augenlider rasch auf u. ab bewegen:* angestrengt b.; in der Sonne b.; jmdn. blinzelnd ansehen.

Blitz, der; -es, -e [mhd. blitze, blicz(e), blitzize, älter: blic, zu ↑blitzen]: **1.** *grelle, meist schnell vorübergehende Lichterscheinung, die bei Gewitter durch elektrische Entladung in der Atmosphäre entsteht:* grelle -e; ein kalter B. *(ein Blitz, der beim Einschlag nicht gezündet hat);* der B. hat in den Baum eingeschlagen; B. und Donner folgten rasch aufeinander; * **potz B.!** (veraltet; Ausruf der Verwunderung); **[schnell] wie der B./wie ein geölter B.** (ugs.; *sehr schnell*); **wie ein B. aus heiterem Himmel** *(völlig unerwartet, ohne dass man darauf vorbereitet gewesen ist [in Bezug auf etw. Unerfreuliches]);* **einschlagen wie ein B.** *(völlig überraschend kommen u. große Aufregung hervorrufen):* die Nachricht schlug ein wie ein B.; **wie vom B. getroffen** *(vor Schreck, Entsetzen o. Ä. völlig verstört).* **2.** (ugs.) kurz für ↑Blitzlicht.

blitz-, Blitz-: **1.** (ugs. emotional verstärkend) drückt in Bildungen mit Adjektiven eine Verstärkung aus/*sehr:* blitzblank. **2.** drückt in Bildungen mit Substantiven aus, dass etw. überaus schnell, überraschend [und unerwartet] erfolgt: Blitzreise, -start.

Blitz|ab|lei|ter, der: *Anlage, die dazu dient, Blitze von einem Gebäude abzuleiten:* Ü er braucht sie als B. *(als jemand, an dem er seine Wut, Aggression o. Ä. abreagieren kann).*

Blitz|ak|ti|on, die: *überraschende, unerwartete, schlagartig durchgeführte Aktion [der Polizei o. Ä.].*

blitz|ar|tig ⟨Adj.⟩: *sehr schnell, rasch.*

Blitz|be|such, der (bes. Politik Jargon): *überraschender, nur kurzer [Staats]besuch.*

blitz|blank ⟨Adj.⟩ [zu ↑blitzen (2)] (ugs. emotional verstärkend): *sehr sauber, blank.*

blitz|blau ⟨Adj.⟩ [zu ↑blitzen (2)] (ugs. emotional verstärkend): **1.** *leuchtend blau:* ein -er Himmel. **2.** (scherzh.) *völlig betrunken.*

blit|ze|blank ⟨Adj.⟩ (ugs. emotional verstärkend): ↑blitzblank.

blit|ze|blau ⟨Adj.⟩ (ugs. emotional verstärkend): ↑blitzblau.

blit|zen ⟨sw. V.; hat⟩ [1: mhd. blitzen, bliczen, ahd. blecchazzen, eigtl. = wiederholt od. schnell (bläulich glänzend) aufleuchten, verw. mit ↑[1]Blei; 5: LÜ von engl. to streak]: **1.** ⟨unpers.⟩ *als Blitz in Erscheinung treten:* es blitzt [und donnert]; Ü bei dir blitzt es (ugs. scherzh.; *dein Unterrock schaut hervor*). **2.** *[plötzlich auf]leuchten, im Licht glänzen:* ihre Zähne blitzten; mit blitzenden Augen; die Wohnung blitzte vor Sauberkeit. **3.** *sichtbar, deutlich werden:* Zorn blitzte aus ihren Augen. **4.** (ugs.) *mit Blitzlicht fotografieren.* **5.** (veraltend) *(mit der Absicht zu provozieren) unbekleidet in der Öffentlichkeit schnell über belebte Straßen, Plätze u. a. laufen.*

Blit|zes|schnel|le, die; -: meist in der Fügung **in/mit B.** *(sehr rasch, blitzschnell).*

Blitz|ge|rät, das (Fot.): *Gerät zum Blitzen (4).*

blitz|ge|scheit ⟨Adj.⟩ (ugs. emotional verstärkend): *sehr, ganz besonders gescheit.*

Blitz|kar|ri|e|re, die: *sehr schnelle Karriere.*

Blitz|licht, das ⟨Pl. -er⟩ (Fot.): *meist mit dem Auslöser eines Fotoapparates verbundene Vorrichtung, die [elektronisch gesteuert] impulsartig bestimmte Lichtmengen für fotografische Innenaufnahmen liefert.*

Blitz|licht|auf|nah|me, die, **Blitz|licht|fo|to,** das: *fotografische Aufnahme mithilfe von Blitzlicht.*

Blitz|rei|se, die: *kurze Reise ohne langen Aufenthalt.*

blitz|sau|ber ⟨Adj.⟩ [zu ↑blitzen (2)] (ugs. emotional verstärkend): **1.** *vor Sauberkeit glänzend:* eine -e Küche. **2.** (südd.) *(bes. in Bezug auf weibliche Personen) äußerlich u. charakterlich alle gewünschten Qualitäten aufweisend; prächtig.*

Blitz|schach, das: *Form des Turnierschachs mit zeitlich festgelegten Zügen.*

Blitz|scha|den, der: *durch Blitzschlag entstandener Schaden.*

Blitz|schlag, der: *einschlagender Blitz.*

blitz|schnell ⟨Adj.⟩ [zu ↑Blitz (1)] (ugs. emotional verstärkend): *überaus schnell, rasch.*

Blitz|sieg, der (Milit.): *rasch errungener Sieg.*

Blitz|start, der: *sehr schneller, blitzschnell ausgeführter Start.*

Blitz|um|fra|ge, die: *in der Demoskopie [auf ein aktuelles Ereignis hin] veranstaltete kurze Meinungsumfrage.*

Bliz|zard [ˈblɪzɐt], der; -s, -s [engl. blizzard, H. u.]: *in Nordamerika auftretender schwerer Schneesturm.*

Bloch, der od. das; -[e]s, Blöcher, österr.: -e [mhd. bloch, ahd. bloh(h), hochd. Form von ↑Block] (südd., österr.): *Holzblock, Holzstamm.*

Block, der; -[e]s, Blöcke u. -s [aus dem Niederd. < mniederd. blok = Holzklotz, -stamm, H. u.]: **1.** ⟨Pl. Blöcke⟩ *kompakter, kantiger Brocken aus hartem Material:* ein unbehauener B.; ein erratischer B. *(Findling);* Blöcke *(Quadern)* von Marmor. **2.** ⟨Pl. Blocks⟩ (Eisenb.) *Einrichtung zur Sicherung des Eisenbahnverkehrs auf Bahnhöfen u. Strecken.* **3.** ⟨Pl. -s, selten: Blöcke⟩ *in sich geschlossene, ein Quadrat bildende Gruppe von [Wohn]häusern innerhalb eines Stadtgebietes; Häuserblock.* **4.** ⟨Pl. Blöcke, selten: -s⟩ **a)** *in sich geschlossene Gruppe von politischen od. wirtschaftlichen Kräften:* einen B. innerhalb der Partei bilden; **b)** *Gruppe von Staaten, die sich unter bestimmten wirtschaftlichen, strategischen o. ä. Aspekten zusammengeschlossen haben.* **5.** ⟨Pl. Blöcke u. -s⟩ *eine bestimmte Anzahl an einer Kante zusammengeklebter od. -gehefteter Papierbogen, die einzeln abgerissen werden können:* ein B. Briefpapier. **6.** ⟨Pl. -s, selten: Blöcke⟩ (Philat.) *kleiner Bogen mit breitem [verziertem od. beschriftetem] Rand u. einer od. mehreren Briefmarken, der nur als Ganzes, ungeteilt verkauft bzw. gesammelt wird.* **7.** ⟨Pl. Blöcke⟩ (nationalsoz.) *(40–60 Haushalte 2 umfassende) unterste Organisationseinheit in der regionalen Gliederung der NSDAP.* **8.** ⟨Pl. -s⟩ (Basket-, Volleyball) *durch einen od. mehrere Spieler gebildete Sperre:* einen B. bilden. **9.** ⟨Pl. Blöcke⟩ (Med.) kurz für ↑Herzblock. **10.** ⟨Pl. Blöcke⟩ *Gehäuse für die Rollen des Flaschenzuges.* **11.** ⟨Pl. Blöcke⟩ *Kern* (4 c). **12.** ⟨Pl. Blöcke, selten -s⟩ *Abschnitt als Einteilung der Zuschauerplätze in einem Stadion, Theater o. Ä.* **13.** ⟨Pl. Blöcke⟩ *selbstständig funktionsfähiger Teil eines Kraftwerks.*

Block|ab|schnitt, der (Eisenb.): *Streckenabschnitt, der nicht befahren werden darf, solange sich ein anderer Zug darauf befindet.*

Blo|cka|de, die; -, -n [zu ↑blockieren]: **1.** *als [politisches] Druckmittel eingesetzte militärische Absperrung aller Zufahrtswege eines Landes od. einer Stadt (bes. auf dem Seewege):* eine B. über ein Land verhängen; die B. aufheben. **2.** (Druckw.) *Stelle im Drucksatz, die durch Blo-*

ckieren (6) angezeigt wird. **3.** (bes. Fachspr.) *vorübergehender Ausfall bestimmter Funktionen.*

Block|bil|dung, die (bes. Politik): *Bildung von Blöcken* (4).

Block|buch, das: *mit einzelnen Holzschnitten gedrucktes Buch des Spätmittelalters.*

Block|buch|sta|be, der: *Buchstabe der Blockschrift.*

Block|bus|ter [ˈblɔkbʌstə] der; -s, - [engl., zu block (↑Block 3) u. to bust = zerstören, zersprengen]: *etwas, was außergewöhnlich erfolgreich ist, sich auf dem Markt (3) gut verkauft.*

blo|cken ⟨sw. V.; hat⟩: **1.** (Eisenb.) *eine Strecke durch ein Blocksignal sperren.* **2.** (Jägerspr.) *aufblocken.* **3. a)** (Boxen) *(einen gegnerischen Schlag) abfangen:* einen Angriff b.; **b)** (Ballspiele) *einen Gegenspieler daran hindern, den Ball anzunehmen od. weiterzuspielen.* **4.** (südd.) *bohnern.* **5.** (Jargon) *den Unterricht als Blockunterricht gestalten.*

Block|flö|te, die: **1.** *einfaches hölzernes Blasinstrument, dessen Windkanal im Mundstück durch einen Block (11) gebildet wird.* **2.** (salopp abwertend) **a)** *Blockpartei in der DDR;* **b)** *Mitglied einer Blockpartei in der DDR.*

block|för|mig ⟨Adj.⟩: *die Form eines Blocks (1) aufweisend.*

block|frei ⟨Adj.⟩: *keinem Block (4) angehörend.*

Block|haus, das [LÜ von engl. blockhouse]: *Haus, dessen Wände aus waagerecht aufeinander geschichteten Rundhölzern od. Balken bestehen.*

Block|hüt|te, die: *kleines Blockhaus.*

blo|ckie|ren ⟨sw. V.; hat⟩ [frz. bloquer, zu: bloc = Klotz < mniederl. bloc]: **1.** *durch eine Blockade, durch Abriegeln der Zufahrtswege einschließen, sperren, von der Außenwelt abschließen.* **2. a)** *[ohne Absicht] versperren, den Zugang, den Durchgang, die Durchfahrt unmöglich machen:* Autos blockierten die Straße; Streikposten blockierten die Fabriktore; **b)** *das Fließen, die Zufuhr von etw. unterbinden, unterbrechen:* den Verkehr b. **3.** *(für eine gewisse Zeit) außer Funktion setzen:* die Bremse blockiert die Räder. **4.** *(von sich bewegenden Teilen einer Maschine, eines technischen Gerätes o. Ä.) sich nicht mehr drehen, nicht mehr arbeiten:* der Motor blockiert. **5.** *durch Gegenmaßnahmen, Widerstand o. Ä. verhindern, aufhalten, ins Stocken bringen:* Verhandlungen b. **6.** (Druckw.) *zu korrigierende Stellen im Satz mit auf den Kopf gestellten Drucktypen o. Ä. bezeichnen.*

Blo|ckie|rung, die; -, -en: **1.** *das Blockieren; das Blockiertwerden.* **2.** *etw., was etw. blockiert; Blockade.*

Block|par|tei, die: *Partei, die mit anderen einen Block (4) bildet.*

Block|po|li|tik, die: *Politik eines von mehreren Parteien gebildeten Blocks (4).*

Blocks|berg, der; -[e]s: in der Volkssage für ↑[2]Brocken.

Block|scho|ko|la|de, die: *bes. zum Backen, Zubereiten von Soßen u. a. verwendete, meist bittere, ohne Milch hergestellte Schokolade in dickeren Tafeln od. Blöcken.*

Block|schrift, die: *lateinische Druckschrift mit gleichmäßig stark gezogenen, blockförmig erscheinenden Buchstaben.*

Block|si|gnal, das (Eisenb.): *Signal für die Sperrung eines Blockabschnitts.*

Block|staa|ten ⟨Pl.⟩: *einen Block (4) bildende Staaten.*

Block|un|ter|richt, der: *Unterricht, bei dem für eine bestimmte Zeit mehrere od. alle Unterrichtsfächer ein bestimmtes Sachgebiet jeweils von ihrer Warte aus behandeln.*

Block|wart, der (nationalsoz.): *Vertrauensmann eines Blocks (7).*

blöd (bes. südd., österr.; drückt stärker als »blöde« die emotionale Ablehnung aus): ↑blöde (1 b, c; 2).

blö|de ⟨Adj.⟩ [mhd. blœde = schwach, zart, ahd. blōdi = unwissend, scheu]: **1. a)** (veraltet) *geistig behindert;* **b)** (ugs.) *dumm, töricht:* sich [reichlich] b. benehmen; **c)** *albern, unsinnig, geistlos:* eine b. Frage. **2.** (ugs.) *unangenehm, ärgerlich:* eine b. Sache; zu b., dass ich das vergessen habe. **3.** (veraltet) *schwachsichtig.* **4.** (veraltet) *schüchtern, scheu.*

Blö|de|lei, die; -, -en: **a)** ⟨o. Pl.⟩ *das Blödeln;* **b)** *alberne, unsinnige Äußerung, Bemerkung o. Ä.*

blö|deln ⟨sw. V.; hat⟩: *absichtlich dummes Zeug, Unsinn reden.*

Blöd|ham|mel, der (Schimpfwort): *Dummkopf; blöde Person.*

Blö|di|an, der; -s, -e [zur Bildung vgl. Grobian] (ugs. abwertend): *Dummkopf.*

Blöd|mann, der ⟨Pl. -männer⟩ (Schimpfwort): *Dummkopf, blöder Kerl.*

Blöd|sinn, der ⟨o. Pl.⟩: (ugs. abwertend): *Unsinn, sinnloses, törichtes Reden od. Handeln:* B. reden; er verzapft lauter B.; hör doch auf mit diesem B.!; *** **höherer B.** (1. scherzh.; *Blödsinn um seiner selbst willen, ohne tieferen Hintergrund; Nonsens.* 2. ugs.; *sehr großer Unsinn, den jmd. unabsichtlich vorbringt).*

blöd|sin|nig ⟨Adj.⟩: **a)** (veraltet) *geistig behindert;* **b)** (ugs.) *unsinnig.*

Blöd|sin|nig|keit, die; -, -en (ugs.): **1.** ⟨o. Pl.⟩ *Unsinnigkeit einer Handlung, eines Verhaltens o. Ä.* **2.** *unsinnige Handlung, Äußerung.*

blö|ken ⟨sw. V.; hat⟩ [aus dem Niederd. < mniederd. blēken, lautm.]: *(von Schafen u. Rindern) die Stimme ertönen lassen:* das Schaf blökt.

blond ⟨Adj.⟩ [frz. blond, wohl aus dem Germ. u. viell. verw. mit ↑blind]: **1. a)** *(vom Haar) gelblich; golden schimmernd:* ein -er Bart; b. gefärbtes, b. gelocktes Haar; **b)** *blondhaarig:* ein -es Mädchen; ⟨subst.:⟩ er tanzte mit der hübschen Blonden *(Blondine).* **2.** (ugs.) *von heller, goldgelber Farbe:* -es Bier.

Blond, das; -s, -s: *blonde Farbe:* ein dunkles B.

[1]Blon|de, das; -n, -n ⟨Dekl. ↑[2]Junge, das⟩ [zu ↑blond (2)] (ugs.): *helles Bier; Berliner Weißbier:* ein kühles -s.

[2]Blon|de [ˈblɔndə, blõ:d], die; -, -n [...dn̩; frz. blonde, zu: blond, ↑blond (nach der Farbe der verwendeten Rohseide)]: *feine Seidenspitze mit Blumen- u. Figurenmuster.*

blond ge|lockt: s. blond (1 a).

blond|haa|rig ⟨Adj.⟩: *mit blondem Haar.*

blon|die|ren ⟨sw. V.; hat⟩: *(Haar) künstlich aufhellen, blond machen.*

Blon|di|ne, die; -, -n [frz. blondine]: *blonde Frau:* er schwärmt für -n.

blond|lo|ckig ⟨Adj.⟩: *blond gelockt.*

Bloo|dy Ma|ry [ˈblʌdɪ ˈmeərɪ], die; - -, - -s [- ...rɪz; engl., eigtl. = Blutmarie, nach der roten Farbe in Anspielung auf den volkst. Beinamen, den die englische Königin Maria I. (1516–1558) wegen ihrer rigorosen Rekatholisierungspolitik erhalten hatte]: *Mixgetränk aus Tomatensaft und Wodka.*

bloß [mhd. blōʒ = nackt, unbedeckt; unbewaffnet; unvermischt, rein, ausschließlich, ahd. blōʒ = stolz, urspr. vermutlich = weich, aufgeweicht, nass, dann: weichlich, schwach; elend; nackt]: **I.** ⟨Adj.⟩ **1.** *nackt, unbedeckt:* -e Arme; mit -em Kopf *(ohne Kopfbedeckung);* das Kind liegt b. *(ist nicht zugedeckt);* Ü der -e *(unbewachsene)* Fels; sie schliefen auf der -en Erde *(auf dem Erdboden);* mit -em Auge *(ohne optisches Hilfsmittel)* kann ich das nicht erkennen. **2.** *nichts anderes als:* -es Gerede; der -e Gedanke *(allein schon der Gedanke)* daran ließ ihn davor zurückschrecken; er kam mit dem -en Schrecken davon *(hatte nur den Schreck zu überstehen).* **II.** ⟨Adv.⟩ (ugs.) *nur:* das macht er b., um dich zu ärgern; er hatte b. Angst; da kann man b. staunen; er denkt b. an sich; ⟨in der mehrteiligen Konj.:⟩ nicht b. ..., sondern auch. **III.** ⟨Partikel; betont⟩ wirkt verstärkend bei Aufforderungen od. Fragen: geh mir b. aus dem Weg!; was soll ich b. machen?

Blö|ße, die; -, -n [mhd. blœʒe]: **1.** (geh.) *das Nacktsein; Nacktheit des Körpers od. eines Körperteils, bes. des Genitalbereichs:* seine B. bedecken. **2.** (Gerberei) *enthaarte u. vom Fleisch befreite Haut vor der Gerbung.* **3.** *baumlose Stelle im Wald.* **4.** (Fechten) *gültige Trefffläche:* innere, obere B. *(Brust);* *** **sich** ⟨Dativ⟩ **eine B. geben** *(seine schwache Stelle zeigen, sich durch etw. bloßstellen);* **jmdm. eine B. bieten** *(jmdm. durch eine Handlung o. Ä. eine Gelegenheit zum Angriff, zum Tadel geben).*

bloß|le|gen ⟨sw. V.; hat⟩: *unter der Erde Liegendes aufdecken, ausgraben:* er legte die Mauerreste bloß; Ü er begann, die Hintergründe dieser Tat bloßzulegen *(herauszufinden, zu enthüllen).*

bloß|lie|gen ⟨st. V.; hat; südd., österr., schweiz. auch: ist⟩: *unbedeckt, frei, offen daliegen:* die Baumwurzeln liegen bloß; Ü das Geheimnis lag nun bloß *(war enthüllt).*

bloß|stel|len ⟨sw. V.; hat⟩: *vor anderen, in der Öffentlichkeit blamieren, eine für einen selbst, für einen anderen blamable Handlung o. Ä. vor den Ohren anderer rügen, verspotten:* einen Gegner in aller Öffentlichkeit b.; damit hast du dich bloßgestellt.

Bloß|stel|lung, die; -, -en: *das Bloßstellen; das Bloßgestelltwerden.*

bloß|stram|peln, sich ⟨sw. V.; hat⟩: *(von kleinen Kindern) sich durch Strampeln aufdecken.*

Blou|son [bluzɔŋ, auch: bluˈzõ:], das, auch: der; -[s], -s [frz. blouson, zu: blouse, ↑Bluse]: *über Hose od. Rock getragene, kurze, an den Hüften eng anliegende sportliche Jacke mit Bund.*

Blow-out [ˈbloʊlaʊt], (auch:) **Blow|out,** der; -s, -s [engl. blow-out, zu: to blow out = ausbrechen] (Fachspr.): *unkontrollierter Ausbruch von Erdöl od. -gas aus einem Bohrloch.*

Blow-up [ˈbloʊlʌp], (auch:) **Blow|up,** das; -s, -s [engl. blow-up, zu: to blow up = vergrößern, eigtl. = aufblasen] (Fot., Ferns.): *Vergrößerung (einer Fotografie, eines Fernsehbildes).*

blub|bern ⟨sw. V.; hat⟩ [wohl lautm.] (ugs.): **a)** *(von einem flüssigen Stoff) dumpf platzende Blasen werfen;* **b)** *[ärgerlich u.] undeutlich reden:* er blubbert etwas in seinen Bart.

Blue|box, [ˈblu:ˈbɔks], die; -, -es, (auch:) **Blue Box,** die; - -, - -es [engl. blue box, aus: blue = blau u. ↑Box] (Film, Ferns.): *Gerät für ein Projektionsverfahren, das künstliche Hintergründe in Aufnahmestudios schafft.*

Blue|chip [ˈblu:ˈtʃɪp], der; -s, -s, (auch:) **Blue Chip,** der; - -s, - -s [engl. blue chip = blaue Spielmarke im Poker]: *erstklassiges Wertpapier, Spitzenwert an der Börse.*

Blue|jeans ⟨Pl., auch Sg.:⟩ die; -, -, (auch:) **Blue Jeans** [ˈblu:dʒi:ns; engl.: ˈblu:dʒi:nz] ⟨Pl., auch Sg.:⟩ die; - -, - - [engl. blue jeans, aus: blue = blau u. dem Pl. von: jean = Baumwolle, viell. zu älter engl. Jeane, Geane = (aus) Genua (das ehemals wichtiger Baumwollausfuhrhafen war)]: *Hose aus festem Baumwollgewebe von [verwaschener] blauer od. anderer Farbe:* wo sind/ist meine B.?

Blue|mo|vie [ˈblu:ˈmu:vi], der u. das; -s, -s, (auch:) **Blue Mo|vie,** der u. das; - -s, - -s, [engl. blue movie, aus: blue = unanständig, obszön u. movie = Film]: *pornographischer Film.*

Blue|note [ˈblu:ˈnoʊt], die; -, -s, (auch:) **Blue Note,** die; - -, - -s ⟨meist Pl.⟩ [engl. blue note, eigtl. = blaue Note] (Musik): *um weniger als einen Halbton erniedrigte 3. od. 7. Stufe der Durtonleiter im Blues.*

Blues [blu:s; engl.: blu:z], der; -, - [engl. blues, aus: the blues (für: the blue devils = die blauen Teufel) = Anfall von Depression, Schwermut, zu: blue = bedrückend, deprimierend]: **1. a)** *zur Kunstform entwickeltes, schwermütiges Volkslied der nordamerikanischen Schwarzen;* **b)** ⟨o. Pl.⟩ *aus dem Blues (a) entstandene ältere Form des Jazz.* **2.** *zu den nordamerikanischen Tänzen gehörender Gesellschaftstanz in langsamem $^4/_4$-Takt.*

Blue|screen [ˈblu:ˈskri:n], der; -[s], -s, (auch:) **Blue Screen,** der; - -[s], - -s [engl. blue screen, aus: blue = blau u. screen (Bild)schirm, (Lein)wand]: *Bluebox.*

Bluff [auch: blœf], der; -s, -s [engl. bluff, verw. mit ↑verblüffen]: *dreiste, bewusste Irreführung;*

Täuschung[smanöver]: das ist ein B.; das erwies sich später als B.

luf|fen ⟨sw. V.; hat⟩ [zu ↑Bluff]: *durch dreistes Auftreten o. Ä. bewusst irreführen, täuschen:* sich nicht b. lassen.

lü|hen ⟨sw. V.; hat⟩ [mhd. blüejen, blüen, ahd. bluojan, bluowen, eigtl. = schwellen, knospen, verw. mit ↑[1]Ball]: **1.** *Blüten haben; eine oder mehrere Blüten hervorgebracht haben, in Blüte stehen:* die Rosen blühen; in diesem Jahr blühen die Obstbäume reich *(die Obstbäume haben viele Blüten);* überall blüht und grünt es; blühende Sträucher; ⟨subst.:⟩ eine Pflanze zum Blühen bringen; **Ü** sie blüht wie eine Rose *(sie sieht rosig, blühend aus).* **2.** *gedeihen, florieren:* die Wirtschaft blüht. **3.** (ugs.) *(von etw. Negativem) widerfahren:* das kann dir auch noch b.!

lü|hend ⟨Adj.⟩: **1.** *jung u. frisch [aussehend]:* ein -es Aussehen haben; sie starb im -en *(jugendlichen)* Alter von zwanzig Jahren; sie sieht b. aus. **2.** *übertrieben wuchernd:* er hat eine -e Fantasie.

lü|het, die; - (schweiz.): *[Zeit der] Baumblüte.*

lüm|chen, das; -s, -: Vkl. zu ↑Blume (1).

lüm|chen|kaf|fee, der [viell., weil man durch den dünnen Kaffee hindurch das Blumenmuster auf dem Tassenboden erkennen kann] (ugs., bes. sächsisch scherzh.): *sehr dünner [Bohnen]kaffee.*

lu|me, die; -, -n [mhd. bluome, ahd. bluoma, bluomo, verw. mit ↑blühen]: **1. a)** *Pflanze, die größere, ins Auge fallende Blüten (1) hervorbringt:* eine dankbare *(anspruchslose, lange [und reich] blühende)* B.; die -n gehen ein; -n pflanzen, umtopfen; **b)** *einzelne Blüte einer Blume* (1 a) *mit Stiel:* langstielige, frische -n; die blaue B. *(Sinnbild der Sehnsucht in der romantischen Dichtung);* die -n duften, lassen die Köpfe hängen, halten lange; -n pflücken; ein Strauß -n; jmdm. -n *(Schnittblumen)* überreichen; **R** vielen Dank für die -n (ironische Dankesformel als Antwort auf eine Kritik); *** etw. durch die B. sagen** *(jmdm. etw. nur in Andeutungen zu verstehen geben;* wohl aus der Blumensprache, in der jede Blume eine symbolische Bedeutung hatte, sodass man eine schlechte Nachricht durch das Überreichen einer schönen Blume übermitteln konnte; dann aber von der geblümten, d. h. gezierten, mit »Redeblumen« [= Floskeln] versehenen Sprache); **c)** (ugs.) kurz für ↑Blumenstock: viele -n auf der Fensterbank haben; den -n Wasser geben. **2. a)** *(von Wein) Bukett, Duft:* die B. des Weines; **b)** *Schaum auf dem gefüllten Bierglas:* die B. abtrinken. **3.** (Jägerspr.) *Schwanz des Hasen.*

lu|men|ar|ran|ge|ment, das: *Arrangement* (1 b) *von Blumen.*

lu|men|beet, das: *Beet, auf dem Blumen wachsen.*

lu|men|bin|der, der: *jmd., der Sträuße u. Ä. zusammenstellt od. Kränze bindet; Florist* (Berufsbez.).

lu|men|bin|de|rin, die: w. Form zu ↑Blumenbinder.

lu|men|draht, der: *[grüner] dünner Draht zum Zusammenbinden von Blumen.*

lu|men|er|de, die: *Erde in einer für Blumen geeigneten Mischung.*

lu|men|fens|ter, das: *für die Aufstellung von Blumentöpfen vorgesehenes Fenster.*

lu|men|frau, die: *Verkäuferin von Blumen [mit einem Verkaufsstand auf der Straße].*

lu|men|ge|schäft, das: *Geschäft, in dem Blumen verkauft werden.*

lu|men|ge|schmückt ⟨Adj.⟩: *mit Blumen geschmückt.*

lu|men|kas|ten, der: *kastenähnlicher Behälter zum Einpflanzen von [Balkon]blumen.*

lu|men|kohl, der [für ital. cavolfiore, ↑Karfiol]: **1.** *Kohl, dessen knolliger, dichter, heller Blütenstand als Gemüse gegessen wird:* B. essen. **2.** *Kopf eines Blumenkohls.*

lu|men|kohl|rös|chen, das: *einzelner Teil des Blumenkohls, der entfernt an eine kleine Rose erinnert.*

Blu|men|la|den, der ⟨Pl. ...läden⟩: *Blumengeschäft.*

Blu|men|ma|le|rei, die: *Malerei mit Blumen als Hauptmotiv.*

Blu|men|mus|ter, das: *Muster mit Blumen.*

Blu|men|pracht, die: *[eindrucksvolle] große Menge, Fülle von Blumen.*

Blu|men|ra|bat|te, die: *Rabatte mit Blumen.*

blu|men|reich ⟨Adj.⟩: **1.** *reich an Blumen:* ein -er Garten. **2.** *reich an stilistischen Verzierungen, Floskeln:* eine -e Sprache.

Blu|men|schmuck, der: *in Blumen bestehender Schmuck.*

Blu|men|spra|che, die: *Form der Mitteilung von Gedanken u. Empfindungen durch Blumen u. deren symbolische Bedeutung.*

Blu|men|stock, der ⟨Pl. ...stöcke⟩: *[blühende] Topfpflanze.*

Blu|men|strauß, der: *Strauß aus Schnittblumen.*

Blu|men|topf, der: **a)** *Topf aus Ton, Kunststoff o. Ä. zum Einpflanzen von Blumen;* **b)** (ugs.) *Topfpflanze:* den B. gießen; **R** damit kannst du keinen B. gewinnen (ugs.; *damit kannst du nichts erreichen).*

Blu|men|va|se, die: *Vase* (1).

Blu|men|zwie|bel, die: *Zwiebel* (1 a).

blü|me|rant ⟨Adj.⟩ [aus frz. bleu mourant = sterbendes (= blasses) Blau, aus: bleu (↑bleu) u. mourant = sterbend, 1. Part von: mourir = sterben] (ugs.): *flau, unwohl, übel:* ein -es Gefühl; mir ist ganz b. [zumute].

blu|mig ⟨Adj.⟩: **1.** *viele Floskeln enthaltend:* sein Stil ist mir zu b. **2.** *wie Blumen duftend.* **3.** *mit Blume* (2 a); *duftig, würzig:* -e Weine; ein -es Bukett.

Blun|ze, die; -, -n, **Blun|zen,** die; -, - [H. u.] (landsch.): **1.** *Blutwurst.* **2.** (ugs. abwertend) *dicke, unbewegliche Frau.*

Blüs|chen, das; -s, -: Vkl. zu ↑Bluse (1).

Blu|se, die; -, -n [frz. blouse, eigtl = (Arbeits)kittel, H. u.]: **1.** *(bes. von Frauen) zu Rock od. Hose getragenes Kleidungsstück, das den Oberkörper bedeckt:* eine bunte, tief ausgeschnittene B.; eine B. aus Seide; eine B. zum Rock tragen; eine pralle, [satt] gefüllte B. haben/[ganz schön] etw. in/unter der B. haben (salopp; *einen üppigen Busen haben).* **2.** (Jugendspr. veraltet) *Mädchen:* er kam mit einer heißen B. zur Party.

blu|sen ⟨sw. V.; hat⟩ (Schneiderei): *locker über der Taille sitzen.*

blu|sen|ar|tig ⟨Adj.⟩: *in der Art einer Bluse* (1).

blu|sig ⟨Adj.⟩: *blusenartig.*

Blust [blu:st, auch: blʊst], der od. das; -[e]s [mhd. bluost = Blüte, zu ↑blühen] (südd., schweiz., sonst veraltet): *Blüte, das Blühen.*

Blut, das; -[e]s, (Fachspr.) -e [mhd., ahd. bluot, wohl eigtl. = Fließendes]: *dem Stoffwechsel dienende, im Körper des Menschen u. vieler Tiere zirkulierende rote Flüssigkeit:* unreines B.; das B. fließt aus der Wunde; jmdm. steigt das B. in den Kopf; viel B. wurde vergossen (geh.; *viele Menschen verloren im Kampf, Krieg ihr Leben);* B. spenden, übertragen; das B. stillen; B. verlieren *(stark bluten);* er kann kein B. sehen *(ihm wird übel beim Anblick von Blut);* ein B. bildendes *(die Bildung roter Blutkörperchen förderndes)* Medikament; B. saugende *(stechende und sich vom gesaugten Blut ernährende)* Insekten; sie hatte keinen Tropfen B. im Gesicht *(sie war ganz blass);* die Bande des -es (geh.; *enge verwandtschaftliche Bindungen);* Alkohol im B. haben; er lag in seinem B. *(er lag stark blutend da);* sein Hemd voll B.; **Ü** das mütterliche B. *(Erbe);* ihm kocht das B. in den Adern (geh.; *er ist voller Zorn);* den Zuschauern gefror/stockte/gerann/erstarrte das B. in den Adern *(die Zuschauer waren starr vor Schreck);* heißes/feuriges B. *(ein leidenschaftliches Temperament);* französisches B. in den Adern haben *(seiner Abstammung nach [zum Teil] Franzose sein);* das Unternehmen braucht frisches B. *(frische Kräfte);* *** das B. Christi** (christl. Rel.; *der Wein als Bestandteil des Abendmahls);* **ein junges B.** (dichter.; *ein junger Mensch);* **an jmds. Händen klebt B.** (geh.; *jmd. ist ein Mörder);* **blaues B. in den Adern haben** *(von adliger Abkunft sein;* aus gleichbed. span. sangre azul, nach den durch die weiße Haut durchscheinenden Adern der span. Adligen, die meist aus nördlicheren Gegenden stammten); **kaltes B. bewahren** *(die Ruhe bewahren);* **böses B. schaffen, machen** *(Unzufriedenheit, feindselige Gefühle erregen);* **B. und Wasser schwitzen** (ugs.; **1.** *in großer Aufregung sein, große Angst haben.* **2.** *sich übermäßig anstrengen müssen, um etw. zu schaffen);* **B. geleckt haben** (ugs.; *nachdem man sich näher damit befasst hat, Gefallen an etw. finden u. nicht mehr darauf verzichten wollen);* **[nur] ruhig B.!** (ugs.; *nur keine Aufregung!);* **jmdn. bis aufs B. quälen/peinigen/reizen** *(jmdn. bis zum Äußersten quälen, peinigen, reizen);* **jmdm. im B. liegen/stecken** *(für etw. eine angeborene Begabung haben);* **im B./in jmds. B. waten** (geh.; *ein Blutbad anrichten);* **etw. in [jmds.] B. ersticken** (geh.; *etw. blutig, mit viel Blutvergießen unterdrücken);* **etw. mit seinem B. besiegeln** (dichter.; *für etw. sterben);* **nach B. lechzen, dürsten** (geh.; *rachedurstig sein).*

blut- (emotional verstärkend): drückt in Bildungen mit Adjektiven eine Verstärkung aus/ *sehr:* blutjung, -nötig, -wenig.

Blut|ader, die: *Ader, die das Blut zum Herzen zurückführt, Vene.*

Blut|al|ge, die ⟨meist Pl.⟩ (Bot.): *durch entsprechende Farbstoffe rot erscheinende Grünalge.*

Blut|al|ko|hol, der: *Alkoholgehalt im Blut nach dem Genuss von Alkohol.*

Blut|an|drang, der: *vermehrte Ansammlung von Blut in Organen od. Körperteilen.*

[1]blut|arm ⟨Adj.⟩: *zu wenig rote Blutkörperchen besitzend; anämisch:* ein -es Kind.

[2]blut|arm ⟨Adj.⟩ (ugs. emotional verstärkend): *sehr arm.*

Blut|ar|mut, die: *Mangel an roten Blutkörperchen, Anämie.*

Blut|aus|tausch, der (Med.): *Entnahme kranken Blutes u. gleichzeitige Transfusion gesunden Blutes von einem Spender der gleichen Blutgruppe.*

Blut|bad, das ⟨Pl. selten⟩: *blutige Auseinandersetzung zwischen feindlichen Gruppen, bei der eine größere Anzahl von [unschuldigen od. wehrlosen] Menschen getötet wird:* ein B. anrichten.

Blut|bahn, die: *Adern des Blutkreislaufs.*

Blut|bank, die ⟨Pl. -en⟩ (Med.): *Einrichtung, die der Herstellung, Aufbewahrung u. Abgabe von Blutkonserven dient.*

blut|be|fleckt ⟨Adj.⟩: *mit Blut befleckt.*

blut|be|schmiert ⟨Adj.⟩: *mit Blut be-, verschmiert.*

Blut|bild, das (Med.): *aus verschiedenen mikroskopischen Untersuchungen gewonnenes Gesamtbild der Beschaffenheit des Blutes.*

blut|bil|dend ⟨Adj.⟩: *die Bildung roter Blutkörperchen fördernd.*

Blut|bla|se, die: *mit Blut gefüllte Blase* (1 b).

Blut|bu|che, die: *Rotbuche mit blutroten bis fast schwärzlichen Blättern.*

Blut|druck, der ⟨o. Pl.⟩ (Med.): *Druck des Blutes auf das Gefäßsystem:* hohen, niedrigen B. haben.

Blut|druck|mes|sung, die: *Ermittlung, Messung des Blutdrucks mithilfe eines Manometers.*

blut|druck|sen|kend ⟨Adj.⟩: *den [erhöhten] Blutdruck senkend.*

Blut|durst, der (geh.): *Mordlust, Mordgier.*

blut|dürs|tig ⟨Adj.⟩ (geh.): *mordgierig, blutrünstig:* eine -e Bestie.

Blü|te, die; -, -n [mhd. blüete, Pl. von mhd., ahd. bluot = Blühen, Blüte, zu ↑blühen]: **1.** *in mannigfaltigen Formen u. meist leuchtenden Farben sich herausbildender Teil einer Pflanze, der der Hervorbringung der Frucht u. des Samens dient:* eine verwelkte B.; (Biol.:) männliche und weibliche -n; die B. entfaltet sich, schließt sich wieder, fällt ab; -n treiben; der Baum ist voller -n; -n tragen *(blühen);* *** üppige/seltsame/wunderliche -n treiben** *(reiche/seltsame/wunderliche For-*

B

men annehmen): seine Fantasie treibt wunderliche -n. **2.** ⟨o. Pl.⟩ *das Blühen:* die Bäume der Obstbäume beginnt, ist vorüber; die Bäume stehen dicht vor der B., stehen in [voller] B.; sich zu voller B. entfalten; Ü er starb in der B. seiner Jahre (geh.; *in jungen Jahren*). **3.** ⟨o. Pl.⟩ (geh.) *hoher Entwicklungsstand:* eine Zeit der wirtschaftlichen B.; die Kunst erreichte damals eine hohe B.; sich zu ungeahnter B. entwickeln. **4.** (ugs.) *gefälschte Banknote:* -n drucken, in Umlauf bringen. **5.** (ugs.) *kleine entzündete Stelle auf der Gesichtshaut; Pickel.* ein Gesicht voller -n. **6.** (ugs. abwertend) *jmd., der nicht sehr fähig ist, dessen Arbeit nicht viel taugt.*

Blut|egel, der; -s, -: *im Wasser lebender Ringelwurm mit zwei Saugnäpfen, der Blut aus Blutgefäßen menschlicher od. tierischer Körper heraussaugt.*

blu|ten ⟨sw. V.; hat⟩ [mhd. bluoten, ahd. bluotēn]: **1.** *Blut verlieren:* stark, fürchterlich b.; er blutete wie ein Schwein (salopp; *er verlor äußerst viel Blut*); die Wunde blutete *(es trat Blut daraus hervor);* aus dem Mund b.; eine stark blutende Wunde; Ü der Baum blutet *(aus einer verletzten Stelle tritt Harz o. Ä. aus).* **2.** (ugs.) *(für etw., in einer bestimmten Lage) viel Geld aufbringen müssen:* er hat schwer b. müssen.

Blü|ten|blatt, das: *Blatt* (1) *einer Blüte* (1).

Blü|ten|bo|den, der: vgl. Blütenblatt.

Blü|ten|dol|de, die: *Dolde.*

Blü|ten|ho|nig, der: *von Bienen aus zuckerhaltigen Absonderungen der Blüten zusammengetragener Honig.*

Blü|ten|hül|le, die (Bot.): *äußere Blätter einer Blüte, die Staubgefäße und Stempel umschließen.*

Blü|ten|kelch, der (Bot.): *aus grünen, oft miteinander verwachsenen Blättern bestehender äußerer Kreis der Blüte.*

Blü|ten|knos|pe, die: *Knospe, aus der sich eine Blüte entwickelt.*

Blü|ten|köpf|chen, das: *kleiner Kopf* (5 a) *einer Blüte.*

Blü|ten|le|se, die: *Sammlung von Aussprüchen [berühmter Persönlichkeiten].*

blü|ten|los ⟨Adj.⟩: *ohne Blüte[n]* (1).

Blü|ten|öl, das: *ätherisches Öl, Duftstoff von Blüten.*

Blü|ten|pflan|ze, die (Bot.): *Pflanze, die zur Vermehrung Blüten ausbildet.*

blü|ten|rein ⟨Adj.⟩: meist in der Wendung **eine -e Weste haben** (ugs.; *eine reine Weste haben;* ↑Weste 1).

Blü|ten|stand, der (Bot.): *(bei Pflanzen mit mehreren Blüten) der blattlose, verzweigte, Blüten tragende Teil der Pflanze.*

Blü|ten|staub, der (Bot.): *aus den Staubbeuteln von Blütenpflanzen stammende, als männliche Geschlechtszellen der Befruchtung dienende mikroskopisch kleine Teilchen; Pollen.*

Blut|ent|nah|me, die: *das Entnehmen von Blut für medizinische Untersuchungen.*

Blü|ten|trau|be, die (Bot.): *aus Blüten bestehendes traubenförmiges Gehänge.*

Blü|ten|traum, der: meist in der Wendung **nicht alle Blütenträume reifen** (geh.; *nicht alles, was man erstrebt, lässt sich verwirklichen;* nach einer Verszeile in Goethes Gedicht »Prometheus«).

blü|ten|weiß ⟨Adj.⟩: *(von Wäsche o. Ä.) strahlend weiß:* ein -es Taschentuch.

Blu|ter, der; -s, - (Med.): *jmd., der an der Bluterkrankheit leidet.*

Blut|er|guss, der: *Ansammlung von Blut außerhalb der Blutbahn in den Weichteilen; Hämatom.*

Blu|ter|krank|heit, die ⟨o. Pl.⟩ (Med.): *Krankheit, die durch das Fehlen der Gerinnungsfähigkeit des Blutes charakterisiert ist.*

Blü|te|zeit, die; -, -en: *Zeit des Blühens, der Blüte:* Ü die B. des antiken Athen.

Blut|farb|stoff, der (Med.): *Farbstoff der roten Blutkörperchen, der dem Transport, der Bindung u. der Abgabe des Sauerstoffs dient.*

Blut|fa|ser|stoff, der (Med.): *Fibrin.*

Blut|fett, das ⟨meist Pl.⟩ (Med.): *im Blut enthaltene Lipide u. Cholesterine.*

Blut|fleck, Blut|fle|cken, der: *durch Blut hervorgerufener Fleck.*

Blut|flüs|sig|keit, die: *Blutplasma.*

Blut|ge|fäß, das (Med.): *Gefäß* (2 a), *in dem das Blut vom Herzen zu den Geweben bzw. von diesen zum Herzen strömt; Ader.*

Blut|ge|rinn|sel, das: *geronnenes Blut innerhalb eines Blutgefäßes.*

Blut|ge|rin|nung, die (Med.): *Erstarrung des Blutes innerhalb eines Blutgefäßes.*

Blut|grup|pe, die (Med.): *einer der vier, durch zeitlebens unveränderliche u. erbliche Merkmale des Blutes charakterisierten Grundtypen des Blutes:* die B. A haben; jmds. B. bestimmen; * **[nicht] jmds. B. sein** (salopp; ↑Kragenweite).

Blut|grup|pen|un|ter|su|chung, die: *Feststellung der Blutgruppe z. B. als Beweismittel für die Abstammung eines Kindes.*

Blut|hoch|druck, der ⟨o. Pl.⟩ (Med.): *durch erhöhten arteriellen Blutdruck gekennzeichnete Krankheit des Kreislaufsystems.*

Blut|hund, der: *Hund einer englischen Hunderasse mit ausgeprägtem Spürsinn:* Ü er ist ein B. *(jmd., der foltert u. mordet).*

blu|tig ⟨Adj.⟩ [mhd. bluotec, ahd. bluotag]: **1. a)** *mit Blut bedeckt, blutbefleckt:* -e Hände; etw. ist b.; **b)** *mit Blutvergießen verbunden:* eine -e Schlacht; -e Rache nehmen. **2.** ⟨intensivierend:⟩ das ist -er *(bitterer)* Ernst; er ist ein -er *(völliger, absoluter)* Laie; -e Tränen weinen *(sehr heftig weinen).*

blut|jung ⟨Adj.⟩ (emotional): *außerordentlich, fast noch kindhaft jung:* ein -er Mensch; -e Rekruten.

Blut|kon|ser|ve, die (Med.): *für Bluttransfusionen verwendetes (als Konserve gelagertes) Blut.*

Blut|kör|per|chen, das: *mikroskopisch kleiner Bestandteil des Blutes:* rote B.

Blut|krebs, der: *Leukämie.*

Blut|kreis|lauf, der (Med.): *[durch das Herz angetriebener] Umlauf des Blutes im menschlichen bzw. tierischen Körper.*

Blut|ku|chen, der (Med.): *bei der Blutgerinnung entstehende gallertartige Masse aus Blutkörperchen, Blutplättchen u. Fibrin.*

Blut|laus, die: *weit verbreitete Blattlaus mit rotbrauner Körperflüssigkeit (Obstbaumschädling).*

blut|leer ⟨Adj.⟩: *ohne Blut[zufuhr]:* ihr Gesicht war b. *(sehr blass, bleich);* Ü ein -er *(unlebendig wirkender)* Roman.

Blut|lee|re, die: *verminderte Blutzufuhr:* eine B. im Gehirn haben.

Blut|li|nie, die: *Linie* (7), *Reihenfolge von Blutsverwandten.*

Blut|man|gel, der: *Mangel an Blut (z. B. nach schweren Verletzungen).*

blut|mä|ßig ⟨Adv.⟩: ↑blutsmäßig.

Blut|men|ge, die: *Menge an Blut.*

Blut|op|fer, das (geh.): **a)** *Opferung eines od. mehrerer Menschen in einem Kampf o. Ä.;* **b)** *bei einem Kampf o. Ä. Geopferter.*

Blut|oran|ge, die: *Orange mit mehr od. weniger rotem Fruchtfleisch u. rötlicher Schale.*

Blut|plas|ma, das (Med.): *flüssiger Bestandteil des Blutes, der dem Transport der Blutzellen dient; Blutflüssigkeit.*

Blut|plätt|chen, das (Med.): *farbloses, dünnes Scheibchen als Bestandteil des Blutes, der für Blutgerinnung u. -stillung wichtig ist.*

Blut|pro|be, die (Med.): **a)** *Entnahme von Blut für eine Untersuchung [hinsichtlich des Alkoholgehalts]:* eine B. bei jmdm. machen; **b)** *Blutuntersuchung hinsichtlich des Alkoholgehalts.*

Blut|ra|che, die: *Form der Selbstjustiz, bei der ein getöteter Sippenangehöriger an dem Mörder od. einem Mitglied von dessen Sippe gerächt wird.*

Blut|rausch, der: *blindwütiger Drang zu töten.*

blut|rei|ni|gend ⟨Adj.⟩: *eine Entschlackung des Blutes bewirkend:* -er Tee.

blut|rot ⟨Adj.⟩: *intensiv rot.*

blut|rüns|tig ⟨Adj.⟩ [mhd. bluotruns(ic) = blutig wund, zu: bluotruns(t) = blutende Wunde, eigtl. = Rinnen des Blutes]: **a)** *blutdürstig:* ein -er Tyrann; **b)** *von Mord und Grausamkeit handelnd:* -e Geschichten.

blut|sau|gend ⟨Adj.⟩: *(bes. von Insekten) stechend u. sich von Blut ernährend.*

Blut|sau|ger, der: **1.** (Zool.) *stechendes Insekt, das sich vom Blut der Warmblüter ernährt.* **2.** *Vampir* (1). **3.** (abwertend) *skrupelloser Ausbeuter.*

Bluts|bru|der, der: *jmd., mit dem man Blutsbrüderschaft geschlossen hat.*

Bluts|brü|der|schaft, die: *durch Vermischung von Blutstropfen der Partner besiegelte Männerfreundschaft.*

Blut|schan|de, die: **a)** (veraltet) *Geschlechtsverkehr zwischen engsten Blutsverwandten; Inzest* **b)** (nationalsoz.) *(in der rassistischen Ideologie des Nationalsozialismus) sexuelle Beziehungen zwischen sog. Ariern* (2) *u. Juden.*

blut|schän|de|risch ⟨Adj.⟩: *die Blutschande betreffend:* ein -es Verhältnis.

Blut|sen|kung, die (Med.): **a)** *Entnahme von Blut für eine Blutsenkung* (b); **b)** *Messung der Geschwindigkeit, mit der die roten Blutkörperchen in ungerinnbar gemachtem Blut herabsinken.*

Blut|se|rum, das (Med.): *klare Flüssigkeit, die sich bei Gerinnung vom Blutkuchen absetzt; Blutwasser.*

bluts|mä|ßig ⟨Adj.⟩: *durch die Blutsverwandtschaft bedingt:* eine -e Verbundenheit.

Blut|spen|de, die: *von einem gesunden Menschen gespendetes Blut zur Blutübertragung.*

Blut|spen|der, der: *jmd., der eigenes Blut für Bluttransfusionen spendet.*

Blut|spen|de|rin, die: w. Form zu ↑Blutspender.

Blut|spur, die: *Spur von Blut, die irgendwo zu sehen ist.*

Blut|stau|ung, die: *Stauung des Blutes in einem Organ od. einer Gliedmaße o. Ä.*

blut|stil|lend ⟨Adj.⟩: *Blutungen zum Stillstand bringend:* -e Mittel.

Blut|stil|lung, die: *das Stillen einer Blutung.*

Blut|strom, der: *das Fließen des Blutes im Blutkreislauf.*

Bluts|trop|fen, der: *einzelner, aus dem Körper ausgetretener Tropfen Blut.*

Blut|sturz, der: **a)** *starke, plötzlich auftretende Blutung aus Mund, Nase, After oder Scheide;* **b)** (volkst.) *starke Blutung aus Mund u. Nase.*

bluts|ver|wandt ⟨Adj.⟩: *durch gleiche Abstammung verwandt.*

Bluts|ver|wand|te, der u. die: *jmd., der mit jmdm. anderen direkt verwandt ist.*

Bluts|ver|wandt|schaft, die: *das Blutsverwandtsein.*

Blut|tat, die (geh.): *Mord.*

Blut|trans|fu|si|on, die (Med.): *Übertragung von Blut eines Spenders auf einen Empfänger, der [bei einem Unfall o. Ä.] viel Blut verloren hat.*

blut|trie|fend ⟨Adj.⟩: *von Blut triefend.*

blut|über|strömt ⟨Adj.⟩: *von Blut überströmt.*

Blut|über|tra|gung, die: *Bluttransfusion.*

Blut-und-Bo|den-Dich|tung, die ⟨o. Pl.⟩ (abwertend): *vom Nationalsozialismus geförderte Literaturrichtung, in der dessen kulturpolitische Idee einer führenden »artreinen Rasse« mehr od. weniger offen zutage trat.*

Blu|tung, die; -, -en: **a)** *Austreten von Blut aus einem Blutgefäß infolge krankhafter Veränderungen dieses Gefäßes od. einer Verletzung:* innere, äußere -en; eine B. zum Stehen bringen; **b)** *Regelblutung, Menstruation:* eine unregelmäßige B.

blut|un|ter|lau|fen ⟨Adj.⟩: *durch Austreten von Blut ins Gewebe bläulich violett verfärbt:* -e Augen.

Blut|un|ter|su|chung, die (Med.): *Untersuchung von entnommenem Blut auf die Zusammensetzung hin.*

Blut|ver|gie|ßen, das; -s (geh.): *das Töten, zu dem*

es bei einer feindlichen Auseinandersetzung kommt.

Blut|ver|gif|tung, die: *von einem Herd ausgehende Verbreitung von Bakterien auf dem Weg über die Blutgefäße.*

blut|ver|krus|tet ⟨Adj.⟩: *mit Blut verkrustet:* -es Haar.

Blut|ver|lust, der: *Verlust von Blut aus einer Wunde o. Ä.*

blut|ver|schmiert ⟨Adj.⟩: *mit Blut verschmiert:* die Kleider des Toten waren b.

blut|voll ⟨Adj.⟩: *lebendig, kraftvoll.*

Blut|wal|lung, die: *mit einem Gefühl von Hitze* (2) *verbundener Blutandrang im Kopf.*

Blut|wä|sche, die (Med.): *Reinigung des einem Patienten entnommenen Blutes von krankhaften Bestandteilen.*

Blut|was|ser, das ⟨o. Pl.⟩: *Blutserum.*

Blut|wurst, die: *Wurst aus Schweinefleisch, Speckstückchen u. dem Blut des Schlachttieres.*

Blut|zel|le, die (Med.): *Blutkörperchen.*

Blut|zir|ku|la|ti|on, die (Med.): *Blutkreislauf.*

Blut|zoll, der ⟨o. Pl.⟩ [urspr. im 19. Jh. polit. Schlagwort im Sinne von »(ungerechtfertigte) Steuer auf Lebensnotwendiges«] (geh.): *Anzahl von Menschen, die im Zusammenhang mit etw. ihr Leben verlieren.*

Blut|zu|cker, der (Med.): *im Blutserum vorhandener Traubenzucker.*

Blut|zu|cker|spie|gel, der: *Höhe der Konzentration des Blutzuckers.*

Blut|zu|fuhr, die: *die Zufuhr von Blut zu einem Organ od. zu einer bestimmten Stelle des Körpers:* die B. drosseln.

BLZ, die; -, -s = Bankleitzahl.

b-Moll ['be:..., auch: '–'–], das: *auf dem Grundton b beruhende Molltonart;* Zeichen: b (↑b, B 2).

b-Moll-Ton|lei|ter, die: *auf dem Grundton b beruhende Molltonleiter.*

BMX-Rad, das [Abk. für engl. bicycle motocross; X steht für engl. cross-, vgl. Cross Country]: *kleines, besonders geländegängiges Fahrrad.*

BND, der; -s = Bundesnachrichtendienst.

Bö, die; -, -en [niederd. bui, buy, böi < niederl. bui, H. u.]: *plötzlicher, heftiger Windstoß.*

Boa, die; -, -s [lat. boa = Wasserschlange, H. u.]: **1.** *ungiftige südamerikanische Riesenschlange.* **2.** *aus Straußenfedern bzw. aus Pelz bestehender langer, schmaler Schal [der um den Hals geschlungen getragen wird].*

Board [bɔ:d], das; -s, -s [engl. board = Brett, verw. mit ↑[1]Bord]: kurz für ↑Snowboard, ↑Surfboard.

Boar|ding-House ['bɔ:dɪŋhaʊs], (auch:) **Boar|ding|house,** das; -, -s [engl. boarding house, aus: boarding = Verpflegung (zu: to board = verpflegen, beköstigen, zu: board = Verpflegung, [gedeckter] Tisch; Brett, ↑Board) u. house = Haus]: engl. Bez. für *Pension, Gasthaus.*

Boar|ding-School [...sku:l], (auch:) **Boar|ding|school,** die; -, -s [engl. boarding school, aus: boarding = Verpflegung u. school = Schule]: *englische Internatsschule mit familienartigen Hausgemeinschaften.*

Boat|peo|ple, (auch:) **Boat Peo|ple** ['boʊt 'pi:pl] ⟨Pl.⟩ [engl. boat people, aus: boat = Boot u. people = Menschen]: *mit Booten geflohene [vietnamesische] Flüchtlinge; Bootsflüchtlinge.*

Bob, der; -s, -s [Kurzf. von ↑Bobsleigh]: *Sportschlitten für zwei bis vier Personen mit getrennten Kufenpaaren für Steuerung u. Bremsen.*

Bob|bahn, die: *für Rennen mit dem Bob angelegte Bahn.*

Bob|by ['bɔbi], der; -s, -s [...bi:s; engl. bobby, nach Sir Robert (Bobby) Peel (1788–1850), dem Reorganisator der engl. Polizei]: volkst. engl. Bez. für *Polizist.*

Bo|ber, der; -s, - [zu: niederd. boven, boben = oben] (Wasserbau, Seew.): *auf dem Wasser schwimmende Tonne o. Ä., bes. zur Kennzeichnung von Untiefen od. Hindernissen in der Fahrrinne.*

Bo|ber, der; -s: Nebenfluss der Oder.

Bob|pi|lot, der: *Bobfahrer.*

Bob|ren|nen, das: *mit dem Bob ausgeführtes Rennen.*

Bob|sleigh ['bɔbsleɪ], der; -s, -s [engl. bobsleigh, zu: to bob = ruckartig bewegen u. sleigh = Schlitten]: *Bob.*

Bob|sport, der: *mit dem Bob betriebener Sport.*

Bob|tail ['bɔbteɪl], der; -s, -s [engl. bobtail (dog), zu: bobtail = mit gestutztem Schwanz]: *mittelgroßer, grauer Hütehund mit langen Zotten.*

Boc|cia ['bɔtʃa], das od. die; -, -s [ital. boccia, eigtl. = runder Körper, aus dem Vlat.]: *italienisches Kugelspiel.*

Boche [bɔʃ], der; -, -s [frz. boche, gek. aus: alboche, (unter Einfluss von: caboche = Kopf, Schädel) zu: allemand = deutsch, Deutscher]: frz. ugs. abwertende Bez. für *Deutscher.*

[1]Bock, der; -[e]s, Böcke [mhd., ahd. boc, urspr. = Ziegenbock]: **1.** *männliches Tier (verschiedener Säugetiere):* ein störrischer B. *(Ziegenbock);* ein kapitaler B. (Jägerspr.; *großer Rehbock*); er ist stur wie ein B. (ugs.; *ist sehr stur*); der Mann stank wie ein B. *(hatte einen durchdringenden Geruch an sich);* R jetzt ist der B. fett (ugs.; *jetzt reicht es aber*); * **jmdn. stößt der B.** (fam.; 1. *ein Kind weint trotzig [um etw. durchzusetzen].* 2. *jmd. ist störrisch*); **einen B. schießen** (ugs.; *einen Fehler machen;* nach der früheren Sitte der Schützengilden, dem schlechtesten Schützen als Trostpreis einen Bock zu überreichen); **den B. zum Gärtner machen** (ugs.; *jmdm. im guten Glauben eine Aufgabe übertragen, für die er aufgrund seiner Veranlagung od. seiner Voraussetzungen ganz ungeeignet ist u. der er dadurch eher schadet*); **die Böcke von den Schafen trennen** (*die Schlechten u. die Guten voneinander trennen;* nach einem sehr alten Schäferbrauch; daher das Gleichnis Matth. 25, 32); **einen B. haben** (fam.; *trotzig sein*); **[einen] B. [auf etw.] haben** (bes. Jugendspr.; *etw. gut finden, Lust zu, auf etw. haben*); **etw. aus B. tun** (salopp; *etw. ohne eigentlichen Anlass, sondern nur, weil es einem gerade Spaß macht, tun*). **2.** (abwertend) *Mann:* ein sturer B. **3. a)** *Gestell, auf dem etw. aufgebockt wird:* das Auto auf einen B. schieben; **b)** *Gestell zur Ablage von Büchern, Akten o. Ä.;* **c)** *in der Höhe verstellbares Turngerät für Sprungübungen:* Übungen am B.; [über den] B. springen. **4.** *Platz des Kutschers auf dem Pferdewagen:* sich auf den B. schwingen. **5.** (Zool.) *Bockkäfer.*

[2]Bock, das, auch: der; -s, -: kurz für ↑Bockbier: Herr Ober, bitte zwei B.!

bock|bei|nig ⟨Adj.⟩ (ugs.): *trotzig, störrisch, widerspenstig:* ein -es Kind.

Bock|bier, das; -[e]s, -e [von älterem bayr. Aimbock, Oambock, mundartl. Umgestaltung von ain-, einbeckisch Bier, nach der für ihr Hopfenbier berühmten Stadt Einbeck in Niedersachsen]: *Starkbier mit hohem Gehalt an Stammwürze.*

Böck|chen, das; -s, -: Vkl. zu ↑[1]Bock (1).

bö|ckeln ⟨sw. V.; hat⟩ (landsch.): *einen durchdringenden Geruch haben; nach Bock riechen:* hier böckelts.

bo|cken ⟨sw. V.; hat⟩ [mhd. bocken = stoßen wie ein Bock]: **1.** *(von Reit- u. Zugtieren) nicht weitergehen, störrisch stehen bleiben:* der Esel bockt; Ü der Motor/das Auto bockt (ugs.; *läuft/fährt nicht mehr [richtig]*). **2.** (ugs.) *[gekränkt und] trotzig, störrisch, widerspenstig sein:* der Junge bockte. **3.** (Landw.) *(von Schafen, Ziegen) brünstig sein.* **4.** (derb) *koitieren.* **5.** ⟨b. + sich⟩ (landsch.) *sich langweilen:* bei dem Vortrag bockte er sich furchtbar. **6.** (bes. Jugendspr.) *reizen, Lust auf etw. machen:* ihn bocken Autos.

bo|ckig ⟨Adj.⟩: **1.** *aufsässig, trotzig, störrisch, widerspenstig:* ein -es Kind; sei nicht so b.! **2.** (landsch.) *langweilig.*

Bock|kä|fer, der [die langen zurückgebogenen Fühler werden mit dem Geweih eines Bocks (1) verglichen]: *Käfer, dessen Larven sich im Holz oder in Wurzeln entwickeln.*

Bock|lei|ter, die: *frei aufstellbare Leiter mit zwei Schenkeln.*

Bock|mist, der (salopp): *Unsinn.*

Bocks|bart, der: **1.** *Bart eines Ziegenbocks.* **2.** (Bot.) *(zu den Korbblütlern gehörende) Pflanze mit schmalen, hellgrünen Blättern u. großen, gelben, strahlenförmigen Blüten.*

Bocks|beu|tel, der [nach der Ähnlichkeit mit dem Hodensack eines Bocks]: **a)** *bauchige Flasche bes. für Frankenweine;* **b)** ⟨o. Pl.⟩ *Frankenwein in Bocksbeuteln* (a).

Bock|sprin|gen, das; -s (Turnen): *das Springen über einen Bock* (3 c).

Bock|sprung, der: **1.** (Turnen) *Sprung über den Bock* (3 c) *od. einen in gebeugter Stellung stehenden Menschen.* **2.** *ein ungelenker, steifer, komisch wirkender Sprung.*

bock|steif ⟨Adj.⟩ (ugs.): *sehr steif.*

Bock|wurst, die [urspr. zum ↑Bockbier gegessen]: *Wurst aus einem Gemisch von magerem Fleisch, die vor dem Verzehr kurz in Wasser warm gemacht wird.*

Bod|den, der; -s, - [aus dem Niederd., eigtl. = Grund eines (flachen) Gewässers; verw. mit ↑Boden]: *flache, unregelmäßig geformte Bucht mit einer schmalen Öffnung zum Meer.*

Bod|den|küs|te, die (Geogr.): *Küste mit Bodden.*

Bo|de|ga, die; -, -s [span. bodega < lat. apotheca, ↑Apotheke]: **a)** span. Bez. für *Weinkeller;* **b)** span. Bez. für *Weinlokal.*

Bo|den, der; -s, Böden [mhd. bodem, ahd. bodam, verw. mit lat. fundus, ↑Fundus]: **1.** *Erdreich, Erde* (1 a): sandiger, lehmiger, schwerer, ertragreicher, lockerer, ausgelaugter B.; der B. ist aufgewühlt, hart gefroren; den B. *(den Acker, das Land)* bestellen, bearbeiten; er hat 50 Morgen fruchtbaren B. *([Acker]land);* wieder B. *(festes Land)* unter den Füßen haben; vor Scham wäre er am liebsten in den/im B. versunken *(er schämte sich über die Maßen);* Ü den B. für jmdn., etw. vorbereiten *(günstige Bedingungen schaffen);* günstigen, guten B. *(günstige, gute Voraussetzungen)* für etw. finden; * **auf fruchtbaren B. fallen** (*bereitwillig aufgenommen u. befolgt werden;* nach dem Gleichnis vom Sämann, Matth. 13, 8 u. Mark. 4, 8); **etw. aus dem B. stampfen [können]** *(etw. aus dem Nichts hervorbringen [können]);* **wie aus dem B. gestampft, gewachsen** *(plötzlich, überraschend [schnell], wie durch Zauberei vorhanden).* **2.** *Grundfläche im Freien od. in einem Innenraum:* ein festgetretener, betonierter B.; der B. gab nach, sodass sie zu fallen drohte; der B. schwankte, bebte unter ihren Füßen; der B. *(Fußboden)* ist sauber; erschöpft am B. liegen; die Flugzeuge wurden am B. *(auf der Erde, nicht in der Luft)* zerstört; sich auf den B. legen; etw. vom B. aufheben; die Augen zu B. schlagen (geh.; *niederschlagen*); in ihrer Wohnung könnte man vom B. essen *(es ist dort sehr sauber);* zu B. gehen (bes. Boxen; *niederstürzen*); jmdn. mit einem Schlag zu B. strecken (geh.; *niederschlagen*); Ü die Schuld drückt ihn zu B. *(belastet ihn schwer);* * **jmdm. wird der B. [unter den Füßen] zu heiß/jmdm. brennt der B. unter den Füßen** (ugs.; *jmdm. wird es an seinem Aufenthaltsort zu gefährlich*); **festen B. unter den Füßen haben** *(eine sichere wirtschaftliche Grundlage haben);* **jmdm. den B. unter den Füßen wegziehen** *(jmdn. seiner [Existenz]grundlage berauben);* **einer Sache den B. entziehen** *(einer Sache die Grundlage nehmen):* mit seinen Erklärungen entzog er den Verleumdungen den B.; **den B. unter den Füßen verlieren** *(die [Existenz]grundlage verlieren; haltlos werden);* **am B. zerstört [sein]** (ugs.; *völlig erschöpft, ausgelaugt [sein]*). **3.** ⟨o. Pl.⟩ *Grundlage:* den B. der Tatsachen verlassen; auf dem B. der Verfassung stehen; sich auf den B. der Wirklichkeit stellen. **4.** ⟨o. Pl.⟩ *Gebiet* (1): heiliger B.; den B. seiner Heimat betreten; * **B. gutmachen, wettmachen** (ugs.; *[jmdm. gegenüber] aufholen, Fortschritte machen*); **[an] B. gewinnen** *(sich ausbreiten, zunehmen);* **[an] B. verlieren** *(Macht, Einfluss verlieren).* **5.** *unterste Fläche von etw.:* der B. des

Meeres *(Meeresgrund);* Ü eine Moral mit doppeltem B. *(mit ganz verschiedenen Grundsätzen für andere u. für sich selbst od. in Bezug auf verschiedene Personen[gruppen]).* **6.** kurz für ↑Tortenboden: einen B. mit Erdbeeren belegen. **7.** (bes. ostmd., nordd.) kurz für ↑Dachboden: den B. entrümpeln.

Bo|den|ana|ly|se, die: *Untersuchung des Bodens* (1).

Bo|den|be|ar|bei|tung, die: *Bearbeitung, Bewirtschaftung des Bodens* (1), *Ackerbau.*

Bo|den|be|lag, der: kurz für ↑Fußbodenbelag.

Bo|den|be|schaf|fen|heit, die: **a)** *Beschaffenheit des Bodens* (1): die B. lässt keinen Anbau von Getreide zu; **b)** *Beschaffenheit des Bodens* (2): die schlechte B. des Fußballplatzes.

Bo|den|bio|lo|gie, die: *Wissenschaft u. Lehre von den im Boden lebenden Organismen u. ihrem Einfluss auf den Boden* (1).

Bo|den-Bo|den-Ra|ke|te, die (Milit.): *vom Boden abgeschossene Rakete, die gegen Ziele am Boden eingesetzt wird.*

Bo|den|denk|mal, das (Fachspr.): *im Boden zu findender sichtbarer Überrest einstiger menschlicher Tätigkeit als Kulturdenkmal (z. B. Ackerfurchen, Reste von Asche).*

Bo|den|ero|si|on, die (Geol.): *Erosion* (1) *der Erdoberfläche.*

Bo|den|er|trag, der: *Ernteergebnis, landwirtschaftliche Produktion einer Nutzfläche.*

Bo|den|feuch|tig|keit, die: *Feuchtigkeit im Boden* (1).

Bo|den|flä|che, die: **1.** *Ackerfläche; Land* (2): Besitz von vielen Hektar B. **2.** *Boden* (2) *im Hinblick auf seine flächenhafte Ausdehnung:* die B. des Zimmers.

Bo|den|frei|heit, die (Technik): *Abstand zwischen dem Boden* (5) *eines Fahrzeugs u. der Fläche, auf der es steht.*

Bo|den|frost, der: *Frost in unmittelbarer Nähe des Erdbodens.*

Bo|den|fund, der: *Fund eines vor- od. frühgeschichtlichen, im Erdboden erhaltenen [Kunst]gegenstandes:* wissenschaftlich interessante -e.

Bo|den|ga|re, die (Landw.): *Zustand des Ackerbodens mit den günstigsten Voraussetzungen für den landwirtschaftlichen Anbau.*

Bo|den|ge|fecht, das (Milit.): *Gefecht zu Lande.*

Bo|den|haf|tung, die (Kfz-W.): *(in Bezug auf die Reifen eines Kraftfahrzeugs) das Bewahren des Kontaktes mit der Fahrbahn, wenn gleichzeitig andere physikalische Kräfte wirksam werden (z. B. in einer Kurve oder bei starkem Bremsen):* eine gute, schlechte B.

Bo|den|hal|tung, die (Landw.): *Haltung von Legehennen mit freiem Auslauf.*

Bo|den|kam|mer, die (regional, bes. ostmd., nordd.): *Dachkammer.*

Bo|den|kampf, der: *Bodengefecht.*

Bo|den|kon|troll|sta|ti|on, die (Raumf.): *Bodenstation.*

Bo|den|kun|de, die: *Wissenschaft von den chemischen u. physikalischen Eigenschaften der Böden* (1), *ihrer Herkunft u. Struktur.*

bo|den|lang ⟨Adj.⟩: *(von einem Kleidungsstück) bis zum Boden* (2) *reichend:* ein -es Abendkleid.

Bo|den|le|ger, der: *Handwerker, der Fußböden verlegt* (Berufsbez.).

Bo|den|le|ge|rin, die: w. Form zu ↑Bodenleger.

bo|den|los ⟨Adj.⟩ [mhd. bodemlos, ahd. bodomelōs]: **a)** *abgrundtief:* im Traum stürzte er in einen -en Abgrund; ⟨subst.:⟩ ins Bodenlose fallen; **b)** (ugs.) *unglaublich, unerhört:* sein Leichtsinn ist einfach b.; der Junge ist b. frech.

Bo|den-Luft-Ra|ke|te, die (Milit.): *vom Boden abgeschossene Rakete, die gegen Ziele in der Luft eingesetzt wird.*

Bo|den|lu|ke, die (landsch., bes. ostmd., nordd.): *Dachluke.*

Bo|den|me|li|o|ra|ti|on, die (Landw.): *Verbesserung des Erdbodens durch Düngung, Ent- od. Bewässerung usw.*

Bo|den|nä|he, die: *Bereich in der Nähe des Erdbodens:* in B. ist mit Frost zu rechnen.

Bo|den|ne|bel, der: *Nebel, der unmittelbar über dem Erdboden lagert.*

Bo|den|per|so|nal, das (Flugw.): *Personal der am Boden stationierten Einrichtungen zur Sicherung des Luftverkehrs.*

Bo|den|recht, das ⟨o. Pl.⟩: **1.** *Gesamtheit der Rechtsvorschriften, die sich mit Grund u. Boden befassen.* **2.** *Erwerb der Staatsbürgerschaft durch die Geburt auf dem Gebiet des jeweiligen Staates und nicht nach der Abstammung.*

Bo|den|re|form, die (Rechtsspr.): *Veränderung der Besitzverhältnisse an Grund u. Boden durch eine Umverteilung od. durch Überführung des Bodens in Gemeineigentum.*

Bo|den|satz, der: *feste Bestandteile einer Flüssigkeit, die sich am Boden* (5) *eines Gefäßes abgesetzt haben.*

Bo|den|schät|ze ⟨Pl.⟩: *im Erdboden vorhandene Anreicherungen meist mineralischer Rohstoffe, die abgebaut werden.*

Bo|den|see, der; -s: See des Alpenvorlands, der vom Rhein durchflossen wird.

Bo|den|spe|ku|la|ti|on, die: *Spekulation* (2) *mit Grund u. Boden.*

bo|den|stän|dig ⟨Adj.⟩: *lange ansässig; fest in der Heimaterde verwurzelt:* eine -e Familie.

Bo|den|sta|ti|on, die (Raumf.): *auf der Erde befindliche Station, durch die der Flug u. die Bahn von Raketen, Raumfahrzeugen, Satelliten o. Ä. überwacht werden.*

Bo|den|streit|kräf|te ⟨Pl.⟩ (Milit.): *Streitkräfte, die in Bodengefechten eingesetzt werden; Bodentruppen.*

Bo|den|trup|pen ⟨Pl.⟩: *Bodenstreitkräfte.*

Bo|den|tur|nen, das: *Gesamtheit der ohne Gerät auf einer Matte am Boden* (2) *ausgeführten turnerischen Übungen.*

Bo|den|va|se, die: *große Vase, die auf den Boden* (2) *gestellt wird.*

Bo|den|wel|le, die: **1.** (Elektrot.) *Teil einer elektromagnetischen Welle, die sich [von einem Sender aus] längs der Erdoberfläche ausbreitet.* **2.** *[sanfte] Unebenheit des Erdbodens.*

Bo|den|wich|se, die (schweiz.): *Bohnerwachs.*

Bo|dhi|satt|wa, der; -, -s [sanskr. bodhisattva = Erleuchtungswesen] (Buddhismus): *erleuchteter Mensch, künftiger* [2]*Buddha* (1).

bo|di|gen ⟨sw. V.; hat⟩ [zu ↑Boden] (schweiz.): **a)** *bezwingen, besiegen:* die gegnerische Mannschaft b.; **b)** *bewältigen:* sein Arbeitspensum b.

Bod|me|rei, die; -, -en [niederd. bodmerie, zu: bodem = Schiffsboden] (Seew.): *Beleihung, Verpfändung von Schiffen.*

Bo|dy ['bɔdi], der; -s, -s: kurz für ↑Bodysuit.

Bo|dy|buil|der ['bɔdibɪldɐ], der; -s, -: *jmd., der Bodybuilding betreibt.*

Bo|dy|buil|de|rin, die; -, -nen: w. Form zu ↑Bodybuilder.

Bo|dy|buil|ding ['bɔdibɪldɪŋ], das; -s [engl. bodybuilding, zu: body = Körper u. to build = (auf)bauen]: *gezieltes Muskeltraining mit besonderen Geräten.*

Bo|dy|check ['bɔditʃɛk], der; -s, -s [engl. bodycheck, aus: body = Körper u. ↑[2]Check] (Eishockey): *hartes, jedoch erlaubtes Rempeln eines gegnerischen Spielers, das sein Eingreifen in das Spiel verhindern soll:* zu einem B. ansetzen.

Bo|dy|drill, (auch:) **Bo|dy-Drill,** der: *Fitnesstraining, das nach den Methoden des militärischen Drills geleitet wird.*

[1]**Bo|dy|guard** ['bɔdigaːd], der; -s, -s [engl. bodyguard, zu: guard (a)frz. garde, ↑Garde]: *Leibwächter.*

[2]**Bo|dy|guard,** die; -, -s: *Leibwache.*

Bo|dy|sha|ping [...ʃeɪpɪŋ], (auch:) **Bo|dy-Sha|ping,** das; -s [engl. body shaping, aus: body = Körper u. shaping = das Formen (zu: to shape = formen)]: *gezieltes Trainingsprogramm für die Muskulatur u. zur Verbesserung der äußeren Erscheinung.*

Bo|dy|sto|cking ['bɔdistɔkɪŋ], (auch:) **Bo|dy-Sto|cking,** der; -[s], -s [engl. body stocking, aus: body = Körper u. stocking = Strumpf]: *Damenstrumpfhose mit angewirktem Oberteil.*

Bo|dy|sty|ling [...staɪlɪŋ], (auch:) **Bo|dy-Sty|ling,** das; -s [engl. body styling, aus: body = Körper u. ↑Styling]: *besonders intensives Bewegungstraining zur Steigerung der Fitness u. zur Verbesserung der äußeren Erscheinung.*

Bo|dy|suit ['bɔdisjuːt], der; -[s], -s [aus engl. body = Körper u. suit = Kostüm]: *einteiliges, eng anliegendes, den Rumpf bedeckendes Kleidungsstück aus elastischem Material.*

Böe, die; -, -n: seltener für ↑Bö.

Bœuf Stro|ga|noff ['bœf 'stro:..., 'strɔ...], das; -, - - [frz. bœuf = Rind(fleisch); wohl nach dem Namen einer alten russ. Familie] (Kochk): *in kleine Stücke geschnittenes Rindfleisch, bes. Filet* (1 a), *in pikanter Soße mit saurer Sahne.*

Bo|fist [auch: bo'fɪst], (auch:) Bovist ['boːvɪst, auch: bo'vɪst], der; -[e]s, -e [spätmhd. vohenvist eigtl. = Füchsinnenfurz, ↑Fähe, ↑Fist]: *kugeliger Pilz, der nach der Reife aufplatzt, wodurch die staubfeinen Sporen ins Freie gelangen.*

Bo|gen, der; -s, - u. (bes. südd., österr. u. schweiz.) Bögen [mhd. boge, ahd. bogo, eigtl. = Gebogenes, zu ↑biegen]: **1. a)** *gebogene Linie, Biegung:* ein weiter B.; einen B. fahren; auf dem Eis B. laufen; der Fluss macht hier einen B. [nach Westen]; die Brücke spannt sich in elegantem B. über das Tal; Ü er ist im hohen B. rausgeflogen, rausgeworfen worden (ugs.; *er ist sofort entlassen worden*); * **einen [großen] B. um jmdn., etw. machen** (ugs.; *jmdn., etw. [peinlich] meiden*); **den B. heraushaben** (ugs.; *wissen, wie man etw. machen muss*); **b)** (Math.) *gekrümmtes Kurvenstück:* der B. eines Kreises, einer Ellipse; mit dem Zirkel einen B. schlagen. **2.** (Archit.) *gewölbtes Tragwerk, das eine Öffnung überspannt:* ein runder, romanischer B. **3.** (Musik) kurz für ↑Haltebogen. **4. a)** *alte Schusswaffe zum Abschießen von Pfeilen:* Pfeil und B.; den B. spannen; * **den B. überspannen** *(es zu weit treiben; es übertreiben; zu weit gehen).* **b)** *Sportgerät in Form des Bogens* (4 a). **5.** ⟨Pl. Bögen⟩ (Musik) *mit Ross- oder künstlichen Haaren bespannter Stab aus elastischem Hartholz, mit dem die Saiten eines Streichinstruments gestrichen u. dadurch zum Tönen gebracht werden:* den B. absetzen. **6.** *rechteckig zugeschnittenes, meist genormtes Schreib- od. Packpapier:* ein unbeschriebener B.; ein B. Packpapier; einen B. falten; Abk.: Bg. **7.** (Druckw.) kurz für ↑Druckbogen: das Buch hat zwanzig B. Abk.: Bg.

Bo|gen|brü|cke, die: *Brücke, deren Tragwerk aus einem od. mehreren Bogen besteht.*

Bo|gen|fens|ter, das: *Fenster, das oben mit einem Bogen* (2) *abschließt.*

bo|gen|för|mig ⟨Adj.⟩: *die Form eines Bogens* (1 a) *aufweisend.*

Bo|gen|füh|rung, die (Musik): *Handhabung des Bogens* (5) *beim Spielen von Streichinstrumenten.*

Bo|gen|gang, der: **1.** *Gang, der mindestens nach einer Längsseite mit offenen Bogen abgeschlossen ist; Arkaden* (2). **2.** (Anat.) *Teil des Gleichgewichtsorgans im Innenohr.*

Bo|gen|lam|pe, die (Elektrot.): *in Scheinwerfern, Projektionsgeräten u. in der medizinischen Therapie verwendete Lampe, deren große Helligke[it] durch einen elektrischen Lichtbogen erzeugt wird.*

Bo|gen|län|ge, die (Math.): *Länge eines Teilstücks einer mathematischen Kurve.*

Bo|gen|maß, das (Geom.): *Maß für die Länge de[s] im Inneren eines Winkels liegenden Bogens eines um den Scheitel* (3 a) *geschlagenen Kreises.*

Bo|gen|pfei|ler, der: *Pfeiler, der einen Bogen* (2) *stützt.*

Bo|gen|schie|ßen, das (Sport): *als Sportart betriebenes Schießen mit Bogen* (4 b).

Bo|gen|schüt|ze, der: *jmd., der mit Pfeil u. Bogen schießt.*

Bo|gen|schüt|zin, die: w. Form zu ↑Bogenschütz[e]

o|gen|seh|ne, die: *Sehne (2) eines Bogens (4).*
o|gen|strich, der: *Bogenführung.*
o|gig ⟨Adj.⟩ (veraltend): *in Bogen (1, 2) verlaufend, gebogen:* eine -e Linienführung.
o|go|tá, [bogo'ta], amtl. **San|ta|fé de Bo|go|tá:** Hauptstadt von Kolumbien.
o|heme [bo'e:m, bo'ɛ:m, auch: bo'he:m, bo'hɛ:m], die; - [frz. bohème < mlat. bohemus = Böhme; Zigeuner; die Zigeuner sind offenbar über Böhmen nach Westeuropa eingewandert; später übertr. auf das unkonventionelle, ungebundene Leben der Pariser Künstler]: *ungebundenes, ungezwungenes Künstlerdasein; unkonventionelles Künstlermilieu:* die B. ist seine Welt.
o|he|mi|en [boe'mjɛ̃:, auch: bohe...], der; -s, -s [frz. bohémien]: *Angehöriger der Boheme.*
o|he|mist, der; -en, -en: *Wissenschaftler auf dem Gebiet der tschechischen Sprache u. Literatur.*
o|he|mis|tik, die; -: *Wissenschaft von der tschechischen Sprache u. Literatur.*
o|he|mis|tin, die; -, -nen: w. Form zu ↑Bohemist.
oh|le, die; -, -n [spätmhd. bole, eigtl. = dickes Brett, verw. mit ↑[1]Ball]: *als Bauholz o. Ä. verwendetes, aus einem Baumstamm herausgeschnittenes Vierkantholz:* morsche -n; einen Weg mit -n belegen.
öh|men; -s: Gebiet im Westteil der Tschechischen Republik.
öh|mer|wald, der; -[e]s: Gebirge in Deutschland, Österreich u. Tschechien.
öh|misch ⟨Adj.⟩: *Böhmen betreffend; aus Böhmen stammend.*
öhn|chen, das; -s, -: Vkl. zu ↑Bohne (1 b, c, 2).
oh|ne, die; -, -n [mhd. bōne, ahd. bōna, viell. verw. mit ↑Beule u. eigtl. = die Geschwollene]: **1. a)** *(zu den Schmetterlingsblütlern gehörende) [kletternde] in Gärten gezogene Pflanze, deren Samen zu mehreren in länglichen, fleischigen Hülsen sitzen:* blühende -n; die -n ranken an Stangen; **b)** *die als Gemüse verwendete Frucht der Bohne* (1 a): grüne -n; -n pflücken, abziehen; **c)** *nierenförmiger Samen der Bohne* (1 a): weiße -n; ***blaue B.** (scherzh. veraltend; *Gewehr-, Pistolenkugel;* nach der Farbe des Bleis); **nicht die B.** (ugs.; *überhaupt nicht;* im Hinblick auf die Wertlosigkeit der einzelnen [als Spielgeld verwendeten] Bohne 1 c): das interessiert mich nicht die B.; **-n in den Ohren haben** (ugs.; *nicht zuhören, wenn jmd. etw. sagt*). **2.** kurz für ↑Kaffeebohne: -n rösten.
oh|nen|för|mig ⟨Adj.⟩: *in der Form einer Bohne* 1 c) *ähnlich:* ein -er Kieselstein.
oh|nen|kaf|fee, der: **1.** [1]*Kaffee* (2 b). **2.** [1]*Kaffee* (3).
oh|nen|kraut, das: *(zu den Lippenblütlern gehörende) Pflanze mit schmalen, länglichen Blättern u. kleinen weißen od. lila Blüten, die als Gewürz bes. für Bohnengemüse verwendet wird.*
oh|nen|stan|ge, die: *in den Boden gesteckte Stange, an der die Bohne* (1 a) *in die Höhe ranken kann:* -n stecken; Ü sie ist eine [richtige] B. (ugs. scherzh.; *ein hoch aufgeschossener, hagerer Mensch*).
oh|nen|stroh, das: in der Fügung **dumm wie B. [sein]** (ugs.; *sehr dumm [sein];* nach der Wertlosigkeit des als Strohersatz gebrauchten Bohnenstrohs).
oh|nen|sup|pe, die: *[dicke] Suppe aus Bohnen* (1 b, c).
oh|ner, der; -s, -: *schwere, durch ein Gelenk mit einem Stiel verbundene Bürste zum Polieren eingewachster Fußböden.*
oh|ner|bürs|te, die: *Bohner.*
oh|nern ⟨sw. V.; hat⟩ [zu gleichbed. (m)niederd. bönen, eigtl. = glänzend machen]: *mithilfe von Bohnerwachs u. einem Bohner blank machen:* den Fußboden, die Treppe, den Flur b.; Vorsicht, frisch gebohnert!
oh|ner|wachs, das: *festes od. flüssiges Gemisch aus wachsähnlichen Stoffen zur Fußbodenpflege.*
oh|ren ⟨sw. V.; hat⟩ [mhd. born, ahd. borōn, urspr. = mit scharfem od. spitzem Werkzeug bearbeiten]: **1. a)** *mit drehenden Bewegungen [mit dem Bohrer od. einem anderen geeigneten Gegenstand] herstellen, hervorbringen:* ein Loch [in die Wand] b.; einen Brunnen b.; **b)** *an einer bestimmten Stelle bohrend* (1 a) *an etw. arbeiten, in etw. eindringen:* der Zahnarzt bohrt [an/in dem kranken Zahn]; der Holzwurm bohrt im Gebälk; Ü in der Nase b. *(mit dem Finger angetrockneten Schleim aus der Nase entfernen);* **c)** *mit dem Bohrer bearbeiten:* Holz, Metall b.; Beton mit dem Bohrhammer, dem Schlagbohrer b.; **d)** *mit drehenden Bewegungen hineinpressen, hineinbohren:* einen Stab in die Erde b.; jmdm. ein Messer in den Leib, durch die Brust b.; Ü bohrende *(durchdringende, peinlich prüfende, beobachtende)* Blicke; **e)** ⟨b. + sich⟩ *mit kreisförmigen* (1 a) *Bewegungen, unter starkem Druck an eine bestimmte Stelle vordringen:* der Meißel bohrte sich durch/in den Asphalt; die Larve bohrt sich durch die Gefäßwand; Ü das abgestürzte Flugzeug hat sich in den Acker gebohrt. **2.** *mithilfe von Bohrgeräten nach etw. suchen:* nach/auf Erdöl, Wasser b. **3.** *eine quälende, peinigende Wirkung haben:* der Schmerz bohrte [in seinem Zahn]; Zweifel bohrten in ihm; bohrende Reue. **4.** (ugs.) *drängen; hartnäckig bitten:* die Kinder bohrten so lange, bis die Mutter nachgab. **5.** (ugs.) *hartnäckig forschen, fragen, um etw. zu erfahren, ans Licht zu bringen:* er bohrte so lange, bis er die Wahrheit heraushatte; bohrende Fragen.
Bo̲h|rer, der; -s, -: **1.** *[spitzes] Werkzeug mit zylindrischem od. konischem Schaft u. wendelförmig verlaufenden Schneidkanten, mit dem durch drehende Bewegung Löcher in festem Material hergestellt werden:* den B. ansetzen. **2.** *jmd., der beruflich mit Bohrgeräten arbeitet.*
Bo̲h|re|rin, die; -, -nen: w. Form zu ↑Bohrer (2).
Bo̲hr|ge|stän|ge, das (Bergbau): *Vorrichtung aus Stahlrohren, die zum Führen von Bohrwerkzeugen u. gleichzeitig zum Spülen in tiefen Bohrlöchern dient.*
Bo̲hr|in|sel, die: *ins Meer gebaute Plattform, von der aus Bohrungen bes. nach Öl od. Erdgas im Meeresgrund vorgenommen werden.*
Boh|rịst, der; -en, -en (österr.): *Facharbeiter, der Sprenglöcher bohrt.*
Bo̲h|ri|um, das; -s [nach dem dänischen Physiker N. Bohr (1885–1962)]: *radioaktives metallisches Transuran (chemisches Element;* Zeichen: Bh).
Bo̲hr|loch, das: *durch Bohren hervorgebrachtes Loch (bes. im Gestein).*
Bo̲hr|ma|schi|ne, die: *Gerät zum Bohren von Löchern (in Holz, Metall od. Stein).*
Bo̲hr|mu|schel, die: *Muschel mehrerer im Meer lebender Arten, die sich an ihrem Standort in ihre Unterlage einbohrt u. dadurch an Hafenbauten, Deichen, Schiffen u. a. Schaden hervorruft.*
Bo̲hr|schrau|ber, der; -s, -: *zum Bohren u. zum Drehen von Schrauben verwendbare Maschine.*
Bo̲hr|turm, der (Bergbau): *bei Tiefbohrungen gebräuchliches, turmartiges Gerüst.*
Bo̲h|rung, die; -, -en: **1.** *das Bohren* (2): -en nach Erdöl. **2.** *Bohrloch:* eine [hundert Meter tiefe] B. niederbringen.
Bo̲hr|werk|zeug, das: *Werkzeug zum Bohren.*
bö̲|ig ⟨Adj.⟩: *mit Böen einhergehend:* -er Wind; es ist sehr b.
Boi̲|ler, der; -s, - [engl. boiler, zu: to boil = aufwallen machen, erhitzen < afrz. boillir < lat. bullire]: *Heißwasserbereiter.*
boing ⟨Interj.⟩: lautm. für einen dumpf hallenden Klang.
Bo̲|je, die; -, -n [niederd. boye < mniederl. bo(e)ye < afrz. boie, aus dem Germ.] (Seew.): *verankerter Schwimmkörper, der als Seezeichen od. zum Vertäuen von Schiffen dient:* die Fahrrinne mit -n markieren.
Bok|mål ['bʊkmo:l], das; -[s] [norw., eigtl. = Buchsprache]: *vom Dänischen beeinflusste norwegische Schriftsprache.*
-bold, der; -[e]s, -e [vgl. Witzbold]: bezeichnet in Bildungen mit Wörtern unterschiedlicher Wortart eine Person, die gerne und häufig etw. macht – seltener etw. ist –, die durch etw. auffällt, für etw. bekannt ist: Juxbold, Raufbold, Streitbold.
Bo|le̲|ro, der; -s, -s [span. bolero, H. u.]: **1.** *scharf rhythmisierter spanischer Tanz im Dreivierteltakt mit Kastagnettenbegleitung.* **2. a)** *knapp geschnittenes, besticktes, offen getragenes Jäckchen der spanischen Nationaltracht;* **b)** *kurzes, offen getragenes Jäckchen mit [kurzen] Ärmeln bzw. ohne Ärmel.* **3.** *zur spanischen Nationaltracht gehörender, rund aufgeschlagener Hut.*
Bo|lịd, der; -en, -en [1: lat. bolis (Gen.: bolidis) < griech. bolís, eigtl. = Wurfgeschoss]: **1.** (Astron.) *großer, besonders heller Meteor.* **2.** *schwerer, einsitziger Rennwagen mit verkleideten Rädern.*
Bo|lị|de, der; -n, -n: ↑Bolid (2).
Bo|lị|vi|en; -s: Staat in Südamerika.
bọl|ken ⟨sw. V.; hat⟩ [mniederd. bolken, lautm.] (nordd., westd.): **1.** *(von Rindern, Schafen) blöken, brüllen.* **2.** *aufstoßen; aus dem Magen hochgestiegene Luft hörbar ausstoßen.*
Bọl|le, die; -, -n [mhd. bolle, ahd. bolla, urspr. = Knollenartiges] (berlin.): **1.** *[große] Zwiebel.* **2.** *Loch im Strumpf.*
Bọ̈l|ler, der; -s, - [mhd. pöler, boler = Schleudermaschine, zu: boln = werfen, schleudern, ahd. bolōn]: **1.** *Geschütz kleineren Kalibers zum Salut-, Signal- u. Festschießen.* **2.** *Feuerwerkskörper, der nach dem Zünden einen böllerschussähnlichen Knall hervorbringt.*
bọl|lern ⟨sw. V.⟩ [spätmhd., zu mhd. boln, ↑Böller]: **1.** (landsch.) *mit einem polternden Geräusch rollen, fallen o. Ä.* ⟨ist⟩. **2.** (landsch.) *bullern* ⟨hat⟩. **3.** (Sport Jargon) *planlos, unkonzentriert schießen:* aufs Tor b.
bọ̈l|lern ⟨sw. V.; hat⟩: **1.** *[mit dem Böller] laut krachend schießen.* **2.** *bullern.*
Bọ̈l|ler|schuss, der: *zu einer festlichen Gelegenheit od. als Signal abgegebener Schuss.*
Bọll|werk, das; -[e]s, -e [1: mhd. bolwerc, eigtl. = Bohlengerüst, zu ↑Bohle u. ↑Werk (4); 2: (m)niederd. bōlwerk]: **1.** (früher) *Befestigung* (2); *Festung:* ein B. errichten; Ü ein B. des Friedens. **2.** (Seew.) *Landeplatz, Kai.*
Bol|sche|wịk, der; -en, -i, abwertend: -en [russ. bol'ševik, zu: bol'še = mehr (da sie 1903 die Mehrheit der russ. Sozialdemokraten bildeten)]: **1.** *Mitglied des von Lenin geführten revolutionären Flügels in der Sozialdemokratischen Arbeiterpartei Russlands vor 1917.* **2.** *(bis 1952) Mitglied der Kommunistischen Partei Russlands bzw. der Sowjetunion.* **3.** (veraltend abwertend) *Kommunist.*
Bol|sche|wị|kin, die; -, -nen: w. Form zu ↑Bolschewik.
bol|sche|wị|kisch ⟨Adj.⟩: *bolschewistisch.*
bol|sche|wi|si̲e̲|ren ⟨sw. V.; hat⟩: *nach den Prinzipien des Bolschewismus* (1) *gestalten, einrichten.*
Bol|sche|wi|si̲e̲|rung, die; -, -en: *das Bolschewisieren, das Bolschewisiertwerden.*
Bol|sche|wịs|mus, der; -: **1.** *Leninismus.* **2.** (abwertend) *Kommunismus sowjetischer Prägung.*
Bol|sche|wịst, der; -en, -en: *Bolschewik* (1–3).
Bol|sche|wịs|tin, die; -, -nen: w. Form zu ↑Bolschewist.
bol|sche|wịs|tisch ⟨Adj.⟩: *den Bolschewismus betreffend, zu ihm gehörend, auf ihm beruhend.*
bọl|zen ⟨sw. V.; hat⟩ [urspr. = heftig schlagen, zu ↑Bolzen] (ugs.): **1. a)** *planlos, ohne System Fußball spielen:* in der ersten Halbzeit wurde mehr gebolzt als gespielt; **b)** *mit dem Fuß irgendwohin treten, schießen:* den Ball ins Aus b. **2. a)** *sehr intensiv, in übertriebener Weise lernen, trainieren, betreiben:* vor der Prüfung hat er noch einmal ordentlich gebolzt; **b)** *eine sportliche Disziplin, bes. in der Leichtathletik ohne Rücksicht auf die Technik u. nur mit Anwendung von Kraft betreiben:* beim Kugelstoßen sollte man nicht b. **3.** (landsch.) ⟨b. + sich⟩ *miteinander raufen:* die Jungen bolzen sich wieder.
Bọl|zen, der; -s, - [mhd., ahd. bolz]: **1.** *dicker*

B

Metall- od. Holzstift bes. zum Verbinden von Metall- od. Holzteilen. 2. (früher) *auf dem Ofen zum Glühen gebrachte Einlage aus Stahl für Bügeleisen.* 3. *Geschoss für die Armbrust, bestehend aus einem kurzen Holzstab u. aufsetzbarer Eisenspitze.* 4. (derb) *[erigierter] Penis.*

-bol|zen, der; -s, - (ugs.): bezeichnet in Bildungen mit Substantiven eine Person, die etw. in hohem Maße hat: Gefühls-, Intelligenz-, Temperamentsbolzen.

bol|zen|ge|ra|de ⟨Adj.⟩ (veraltend): *ganz gerade aufgerichtet:* er saß b. auf seinem Stuhl.

Bol|zer, der; -s, - (ugs.): *Spieler, der bolzt* (1).

Bol|ze|rei, die; -, -en (ugs.): 1. *beständiges unqualifiziertes Bolzen* (1 a): die B. hielt das ganze Spiel über an. 2. *[beständiges] Bolzen* (2).

Bolz|platz, der; -es, ...plätze: *[Spiel]platz, auf dem Kinder Fußball spielen können.*

Bom|bar|de|ment [bɔmbardəˈmã:], das; -s, -s [frz. bombardement]: 1. (Milit. veraltet) *anhaltender Beschuss durch schwere Artillerie.* 2. (Milit.) *Abwurf von Fliegerbomben auf ein Ziel.* 3. (Fußball) *länger andauerndes heftiges Stürmen u. Schießen auf ein Tor.*

bom|bar|die|ren ⟨sw. V.; hat⟩ [frz. bombarder]: 1. (Milit. veraltet) *mit Artillerie beschießen.* 2. (Milit.) *Fliegerbomben auf ein Ziel abwerfen:* eine Stadt, feindliche Stellungen b.; Ü die Demonstranten bombardierten (ugs.; *bewarfen*) das Gebäude mit Farbeiern. 3. (ugs.) *jmdn. mit etwas überschütten, überhäufen [sodass er in Bedrängnis gerät]:* die Vorsitzende wurde von allen Seiten mit Vorwürfen bombardiert.

Bom|bar|die|rung, die; -, -en: *das Bombardieren.*

Bom|bast, der; -[e]s [engl. bombast, eigtl. = Aufgebauschtes, urspr. = Stoff (zum Auswattieren von Jacketts) < afrz. bombace < spätlat. bombax < griech. pámbax < pers. panbah = Baumwolle] (abwertend): *Schwulst, Überladenheit, bes. hochtrabender Redeschwulst, Wortschwall.*

bom|bas|tisch ⟨Adj.⟩ (abwertend): *übertrieben viel Aufwand aufweisend, schwülstig; pompös:* eine -e Rede. etw. b. ankündigen.

Bom|be, die; -, -n [frz. bombe < ital. bomba < lat. bombus = dumpfes Geräusch < griech. bómbos]: 1. *mit Sprengstoff gefüllter u. mit einem Zünder versehener länglicher Hohlkörper aus Metall, der als Sprengkörper (von Flugzeugen abgeworfen bzw. an od. in bestimmten Objekten versteckt) bei der Explosion schwere Zerstörungen hervorruft:* schwere -n; es waren -n gefallen; eine B. explodiert, schlägt ein; -n auf etw. [ab]werfen; eine B. legen; eine B. entschärfen; eine feindliche Stellung mit -n belegen; die Häuser waren von -n zerstört; die B. (verhüll.; *Atombombe*) schafft ein Gleichgewicht des Schreckens; die Nachricht schlug ein wie eine B. *(rief große Überraschung, Verwirrung hervor);* Ü die B. ist geplatzt (ugs.; *das schon längere Zeit erwartete [gefürchtete] Ereignis ist eingetreten*). 2. (Sport Jargon) *wuchtiger, sehr harter Schuss od. Wurf auf das Tor:* eine B. [aufs Tor] knallen. 3. (Kunstkraftsport) *Eisenkugel mit Griff als Gewicht zum Jonglieren.* 4. (ugs.) *steifer, runder Hut.*

bom|ben ⟨sw. V.; hat⟩: 1. (ugs.) a) *bombardieren* (2): die Stadt wurde mehrmals gebombt; b) *Bomben legen.* 2. (Sport Jargon) *mit großer Wucht [aufs Tor] schießen:* den Ball ins Tor b.

bom|ben-, Bom|ben- (ugs. emotional verstärkend): 1. drückt in Bildungen mit Adjektiven eine Verstärkung aus/*sehr:* bombenfest, -rein, -sicher. 2. drückt in Bildungen mit Substantiven aus, dass etw. als ausgezeichnet, hervorragend angesehen wird: Bombenfigur, -gehalt, -kondition.

Bom|ben|alarm, der: a) *wegen eines drohenden Luftangriffs ausgelöster Alarm;* b) *wegen einer Bombendrohung ausgelöster Alarm:* die Abfertigungshalle des Flughafens war wegen eines -s für eine Stunde gesperrt.

Bom|ben|an|griff, der: vgl. Luftangriff.

Bom|ben|an|schlag, der: *mittels einer Bombe* (1) *ausgeführter Anschlag* (2).

Bom|ben|at|ten|tat, das: *Bombenanschlag.*

Bom|ben|dro|hung, die: *Ankündigung eines Bombenanschlags.*

Bom|ben|ein|schlag, der: a) *das Einschlagen einer Bombe* (1); b) *Stelle, an der eine Bombe* (1) *eingeschlagen ist.*

Bom|ben|er|folg, der (ugs. emotional verstärkend): *sehr großer Erfolg:* das Theaterstück wurde ein B.

¹bom|ben|fest ⟨Adj.⟩: *durch Bomben* (1) *nicht zerstörbar.*

²bom|ben|fest ⟨Adj.⟩ (ugs. emotional verstärkend): *unumstößlich [feststehend], unverrückbar fest.*

Bom|ben|flug|zeug, das: *schweres Flugzeug zum Transportieren u. Abwerfen von Bomben.*

Bom|ben|form, die ⟨o. Pl.⟩ (ugs. emotional verstärkend): *Hochform.*

Bom|ben|ge|schwa|der, das: *Bomberverband.*

Bom|ben|ha|gel, der: *Hagel* (2) *von niedergehenden Bomben* (1).

Bom|ben|krieg, der: *mit dem Einsatz von Bomben* (1) *geführter Krieg.*

Bom|ben|le|ger, der: *jmd., der Bombenanschläge verübt.*

Bom|ben|le|ge|rin, die: w. Form zu ↑Bombenleger.

¹bom|ben|si|cher ⟨Adj.⟩: *Schutz vor den Auswirkungen eines Bombenangriffs bietend.*

²bom|ben|si|cher ⟨Adj.⟩ (ugs. emotional verstärkend): *ganz gewiss, ganz sicher.*

Bom|ben|trich|ter, der: *durch den Einschlag einer Bombe* (1) *entstandene trichterförmige Vertiefung.*

Bom|ber, der; -s, -: 1. (ugs.) *Bombenflugzeug.* 2. (Sport Jargon) *Fuß-, auch Handballspieler mit überdurchschnittlicher Schusskraft.* 3. (salopp) *Bombenleger.*

Bom|ber|ja|cke, die: *meist wattierte, kurze sportliche Steppjacke (wie sie in ähnlicher Form von Piloten in Militärmaschinen getragen wird).*

Bom|ber|ver|band, der: *Verband von Bombenflugzeugen.*

bom|big ⟨Adj.⟩ (ugs.): *großartig, hervorragend, ausgezeichnet:* eine -e Stimmung; das hast du b. hingekriegt; sich b. amüsieren.

Bom|bil|la [bɔmˈbɪlja], die; -, -s [span. bombilla, zu: bomba = Glühbirne; Bombe (nach der Form)]: *(in Südamerika zum Trinken des Mate verwendetes) an einem Ende siebartiges Saugrohr aus Silber od. Rohrgeflecht.*

Bom|mel, die; -, -n, auch: der; -s, - [zu niederd. bummeln, ↑bummeln] (landsch.): *Pompon.*

bon [bɔŋ] ⟨indekl. Adj.⟩ [frz. bon < lat. bonus = gut] (ugs.): *gut:* das finde ich b.

Bon [bɔŋ, bõ:], der; -s, -s [frz. bon, Substantivierung von: bon, ↑bon]: 1. *[von Firmen o. Ä. ausgegebener] Gutschein [für Speisen od. Getränke]:* die -s für den Betriebsausflug ausgeben. 2. *Kassenzettel einer Registrierkasse.*

bo|na fi|de [lat., zu: bonus = gut u. fides = Glaube] (bildungsspr.): *guten Glaubens; in der Annahme, dass es richtig, korrekt ist:* b. f. handeln.

Bo|na|par|tis|mus, der; - [nach dem Namen der korsischen Patrizierfamilie Bonaparte, der beide Kaiser entstammten]: *autoritärer Herrschaftsstil in Frankreich unter den Kaisern Napoleon I. u. Napoleon III.*

Bo|na|par|tist, der; -en, -en: a) *Anhänger des Bonapartismus;* b) *Anhänger der Familie Bonaparte.*

Bo|na|par|tis|tin, die; -, -nen: w. Form zu ↑Bonapartist.

bo|na|par|tis|tisch ⟨Adj.⟩: *den Bonapartismus, die Bonapartisten betreffend.*

Bon|bon [bɔŋˈbɔŋ, auch: bõˈbõ: (österr. nur so)], der od. (österr. nur:) das; -s, -s [frz. bonbon, Wiederholungsform von: bon < lat. bonus = gut]: *zum Lutschen bestimmte Süßigkeit:* ein B. gegen Husten, Heiserkeit; -s lutschen; Ü diese Aufführung ist für Kenner ein echter/echtes B. *(ein ganz besonderer Genuss).*

bon|bon|far|ben, bon|bon|far|big ⟨Adj.⟩: *von oft als kitschig empfundener greller Farbe.*

Bon|bo|nie|re: ↑Bonbonniere.

Bon|bon|nie|re, (auch:) Bon|bo|nie|re [bɔŋbɔˈni̯e:rə, ...i̯ɛ:rə, auch: bõb...], die; -, -n [frz. bonbonnière]: 1. *Behälter aus Glas, Porzellan o. Ä. für Bonbons, Pralinen o. Ä.* 2. *hübsch aufgemachte Pralinenpackung.*

Bond, der; -s, -s [engl. bond < mengl. bond, Nebenf. von: band, ↑³Band] (Bankw.): *festverzinsliches, auf den Inhaber lautendes Wertpapier.*

bon|gen ⟨sw. V.; hat⟩ [zu ↑Bon] (ugs.): *an der Registrierkasse den zu zahlenden Betrag für etw. auf einen Bon* (2) *tippen:* ein Glas Bier b.; * **ist gebongt** *(etw. ist abgemacht, wird so erledigt, wie es besprochen worden ist).*

Bon|go, das; -[s], -s od. die; -, -s [span. (südamerik.) bongó, wohl lautm.] ⟨meist Pl.⟩: *Trommel kubanischen Ursprungs mit nur einem Fell, paarweise als Jazzinstrument verwendet.*

Bon|ho|mie [bɔnoˈmi:], die; -, -n [frz. bonhomie, zu: bonhomme, ↑Bonhomme] (bildungsspr. veraltend): *Gutmütigkeit, Jovialität, Biederkeit.*

Bon|homme [bɔˈnɔm], der; -s, -s [frz. bonhomme, aus: bon (↑bon) u. homme = Mann] (bildungsspr. veraltet): *gutmütiger, einfältiger Mensch, Biedermann.*

bo|nie|ren ⟨sw. V.; hat⟩: *bongen.*

Bo|ni|fi|ka|ti|on, die; -, -en [zu lat. bonus = gut u. facere = machen] (Kaufmannsspr.): *[zusätzliche] Vergütung, Gutschrift.*

bo|ni|fi|zie|ren ⟨sw. V.; hat⟩ (Kaufmannsspr.): *vergüten, gutschreiben.*

Bo|ni|tät, die; -, -en [lat. bonitas]: (Kaufmannsspr.): *[einwandfreier] Ruf einer Person od. Firma im Hinblick auf ihre Zahlungsfähigkeit.*

Bon|mot [bõˈmo:], das; -s, -s [frz. bon mot, aus: bon (↑bon) u. mot = Wort]: *treffender, geistreich-witziger Ausspruch; witzige Bemerkung:* witzige -s.

Bonn: Stadt am Rhein.

¹Bon|ner, der; -s, -: Ew. zu ↑Bonn.

²Bon|ner ⟨indekl. Adj.⟩.

Bon|ne|rin, die; -, -nen: w. Form zu ↑¹Bonner.

Bon|net [bɔˈne:], das; -s, -s [frz. bonnet = Mütze < mlat. boneta, H. u.]: *Damenhaube des 18. Jahrhunderts.*

¹Bon|sai, der; -[s], -s [jap. bonsai]: *japanischer Zwergbaum.*

²Bon|sai, das; -: *in Japan geübte Kunst des Ziehens von Zwergbäumen.*

Bo|nus, der; - u. Bonusses, - u. Bonusse, auch: Boni [engl. bonus, zu lat. bonus = gut]: 1. a) (Kaufmannsspr.) *Vergütung, Rabatt;* b) *von der Kfz-Haftpflichtversicherung gewährter Schadenfreiheitsrabatt;* c) *etwas, was jmdm. als Vorteil, Vorsprung vor anderen angerechnet, was ihm gutgeschrieben wird.* 2. (Schulw., Sport) *zum Ausgleich für eine schlechtere Ausgangsposition gewährter Punktvorteil.*

Bo|nus|track, der: *zusätzliche, nicht zu den eigentlichen Aufnahmen gehörende Tonaufnahme auf einer CD (als besonderer Kaufanreiz).*

Bon|vi|vant [bõviˈvã:], der; -s, -s [frz. bon vivant aus: bon (↑bon) u. vivant, 1. Part. von: vivre = leben < lat. vivere]: 1. (veraltend) *Lebemann.* 2. (Theater) *Rollenfach des leichtlebigen, eleganten Mannes.*

Bon|ze, der; -n, -n [frz. bonze < port. bonzo < jap. bōzu = Priester]: 1. (abwertend) *jmd., der die Vorteile seiner Stellung genießt [u. sich nicht um die Belange anderer kümmert]; höherer, dem Volk entfremdeter Funktionär.* 2. *buddhistischer Mönch, Priester.*

Bon|zen|tum, das; -s: *Gesamtheit, beherrschende Stellung der Bonzen* (1).

Bon|zo|kra|tie, die; -, -n [zu ↑Bonze u. ↑-kratie] (abwertend): *Herrschaft, übermäßiger Einfluss der Bonzen* (1).

Boo|gie-Woo|gie [ˈbʊgiˈvʊgi], der; -[s], -s [engl. boogie-woogie; H. u.]: 1. *Klavierstil des Blues.*

2. *aus dem Boogie-Woogie (1) entwickelter Gesellschaftstanz.*

3ook|let ['bʊklɪt], das; -[s], -s [engl. booklet, eigtl. = Büchlein, zu: book = Buch]: *[Werbe]broschüre [ohne Umschlag, Einband]; Beilage, Beiheft [in einer CD-Hülle].*

3ook|mark ['bʊkmɑːk], die; -, -s od. das; -s, -s [engl. bookmark, eigtl. = Lesezeichen]: *Eintrag in einem persönlichen elektronischen Adressenverzeichnis zum schnellen Auffinden von bestimmten Websites.*

3oom [buːm], der; -s, -s [engl. boom, wohl zu: to boom = brummen, brausen]: **1. a)** *[plötzlicher] wirtschaftlicher Aufschwung, Hochkonjunktur;* **b)** *plötzliches gesteigertes Interesse an, für etw., das dadurch sehr gefragt ist.* **2.** *Hausse an der Börse.*

oo|men ['buːmən] ⟨sw. V.; hat⟩: *einen Boom (1) erleben.*

3oos|ter ['buːstɐ], der; -s, - [engl. booster = Förderer, Unterstützer, zu to boost = nachhelfen, fördern]: **a)** (Luftfahrt) *Hilfstriebwerk; Startrakete;* **b)** (Raumf.) *Zusatztriebwerk; erste Stufe einer Trägerrakete;* **c)** (Elektronik) *zusätzlicher Verstärker zum Einbau in Antennen- u. Hi-Fi-Anlagen.*

Boot, das; -[e]s, -e [aus dem Niederd. < mniederd. bōt < mengl. bot < aengl. bat, wahrsch. verw. mit ↑beißen u. eigtl. = ausgehauener Stamm]: *kleines, meist offenes Wasserfahrzeug:* ein seetüchtiges B.; ein B. bauen; B. fahren; die -e aufs Wasser lassen; *** in einem/im selben/im gleichen B. sitzen** (ugs.; *gemeinsam in der gleichen schwierigen Lage sein;* LÜ von engl. to be in the same boat).

3oot [buːt], der; -s, -s ⟨meist Pl.⟩ [engl. boot = Stiefel < mfrz. bote]: *bis über den Knöchel reichender [Wildleder]schuh.*

oo|ten ['buːtn̩] ⟨sw. V.; hat⟩ [engl. to boot, zu: boot, kurz für: bootstrap = Ladeprogramm, eigtl. = Riemen am Stiefel, der das Anziehen erleichtert, aus: boot (↑²Boot) u. strap, ↑Straps] (EDV): *(einen Computer) neu starten, wobei alle gespeicherten Anwenderprogramme neu geladen werden.*

o|o|tes, der; -: Sternbild am nördlichen Sternenhimmel.

ö|o|tisch ⟨Adj.⟩: **1.** zu ↑Böotien. **2.** (veraltet) *denkfaul; unkultiviert.*

oot|lauf|werk ['buːt-], das; -[e]s, -e [zu ↑booten] (EDV): *Laufwerk, von dem aus nach dem Einschalten des Computers das Betriebssystem geladen wird.*

oot|leg|ger ['buːtlegɐ], der; -s, - [engl. bootlegger, zu: bootleg = Stiefelschaft (in dem der verbotene Alkohol versteckt wurde)] (früher in den USA): *Alkoholschmuggler; jmd., der illegal Schnaps brennt.*

oots|an|hän|ger, der: *zum Transport eines kleineren Boots geeigneter Anhänger für Kraftfahrzeuge.*

oots|bau, der ⟨o. Pl.⟩: *Bau von Segeljachten u. Booten.*

oots|eig|ner, der: *Eigentümer eines Sportbootes.*

oots|eig|ne|rin, die: w. Form zu ↑Bootseigner.

oots|fahrt, die: *Fahrt mit einem Boot.*

oots|flücht|ling, der: *mit einem Boot geflohener [vietnamesischer] Flüchtling.*

oots|ha|ken, der: *Stange aus Holz mit Spitze u. Haken aus Stahl, mit der man ein Boot festhalten od. abstoßen kann.*

oots|haus, das: **1.** *Schuppen für Boote.* **2.** *Klubhaus eines Wassersportvereins.*

oots|klas|se, die: *Klasse (5 b).*

oots|län|ge, die: *Länge eines Bootes [als Maßangabe bei Regatten].*

oots|mann, der ⟨Pl. ...leute⟩: **1.** *(auf Handelsschiffen) dem Wachoffizier zugeordneter Matrose.* **2.** *(bei der Bundesmarine) dem Feldwebel entsprechender Dienstgrad.*

oots|manns|maat, der: *unterer Dienstgrad bei der Bundesmarine.*

oots|schlep|pe, die: *Anlegestelle mit Wagen für kleinere Boote an Staustufen.*

Boots|steg, der: *Steg, an dem Boote anlegen können.*

Bop, der; -[s], -s: kurz für ↑Bebop.

Bor, das; -s [spätmhd. buras < mlat. borax, ↑Borax]: *nur in bestimmten mineralischen Verbindungen auftretendes Halbmetall (chemisches Element;* Zeichen: B).

Bo|ra, die; -, -s [ital. bora < lat. boreas < griech. boréas, ↑Boreas]: *trocken-kalter Fallwind an der dalmatinischen Küste.*

Bo|rat, das; -[e]s, -e (Chemie): *Salz der Borsäure.*

Bo|rax, der; -[es] [mlat. borax < arab. bawraq < pers. būrah = borsaures Natron] (Chemie): *Natriumsalz der Borsäure.*

¹Bord, das; -[e]s, -e [aus dem Niederd. < mniederd. bört, mit r-Umstellung zu ↑Brett]: *(als Ablage dienendes) an der Wand befestigtes Brett:* ein schmales, breites B.; Bücher, Gläser auf ein B. stellen, vom B. nehmen.

²Bord, der; -[e]s, -e ⟨Pl. selten⟩ [mhd., ahd. bort, urspr. identisch mit ↑¹Bord, dann vermischt mit nicht verwandtem ahd. brort (aengl. breord) = Rand]: **1.** *oberer Rand eines Schiffes [an den sich das Deck anschließt]; Schiffsdeck:* etw. über B. werfen *(vom Schiff ins Wasser werfen);* über B. gehen *(vom Schiff ins Wasser fallen, ins Wasser gespült werden);* *** etw. über B. werfen** *(etw. endgültig aufgeben, fallen lassen):* alle Vorsicht über B. werfen. **2.** meist in bestimmten Verbindungen: **a)** *das Innere, der Innenraum eines Schiffes:* an B. eines Tankers gehen; Fracht an B. nehmen; von B. gehen; **b)** *das Innere, der Innenraum eines Autos, Flugzeugs, Raumschiffes:* der Pilot ist noch nicht an B. [der Maschine]; haben wir nichts zu trinken an B.?

³Bord, das; -[e]s, -e [mhd., ahd. bort, vgl. ²Bord] (schweiz., sonst veraltet): *Rand; [kleiner] Abhang, Böschung.*

Bord|buch, das: **1.** *Buch an Bord eines Luftfahrzeugs, das über technische u. Betriebsdaten Auskunft gibt.* **2.** *Schiffstagebuch.* **3.** *Fahrtenbuch eines Kraftfahrzeugs.*

Bord|case [...keɪs], das od. der; -, - u. -s [zu engl. case = Koffer]: *kleines kofferähnliches Gepäckstück, das man bei Flugreisen unter den Sitz legen kann.*

Bord|com|pu|ter, der: *Computer an Bord von Flugzeugen u. Raumschiffen, auch in Kraftfahrzeugen, für die Auswertung von Daten aus dem bordeigenen Kontrollsystem u. zum Anzeigen von Defekten od. notwendigen Wartungsarbeiten.*

Bör|de, die; -, -n [mniederd. (ge)börde = Gerichtsbezirk, Landschaft; vgl. ahd. giburida = das, was einem zukommt]: *fruchtbare Niederung, bes. in der Norddeutschen Tiefebene:* Magdeburger B.

bor|deaux [bɔrˈdoː] ⟨indekl. Adj.⟩: *bordeauxrot.*

¹Bor|deaux: Stadt in Frankreich.

²Bor|deaux, der; - [bɔrˈdoː(s)], (Sorten:) - [bɔrˈdoːs]: *Bordeauxwein.*

bor|deaux|rot ⟨Adj.⟩ [nach der Farbe des Bordeauxweins]: *weinrot, dunkelrot:* ein -es Kleid.

Bor|deaux|wein, der: *Wein aus der weiteren Umgebung der französischen Stadt Bordeaux.*

bord|ei|gen ⟨Adj.⟩: *zur Ausstattung an ²Bord gehörend:* -e Kontrollsysteme.

Bord|elek|tro|nik, die: *Gesamtheit aller elektronischen Systeme eines Schiffs, Flugzeugs.*

Bor|de|le|se, der; -n, -n: Ew. zu ↑Bordeaux.

Bor|de|le|sin, die; -, -nen: w. Form zu ↑Bordelese.

Bor|dell, das; -s, -e [mniederl. bordeel < afrz. bordel, eigtl. = Bretterbude, Vkl. von: borde = Hütte, Bauernhof, aus dem Germ., verw. mit ↑¹Bord]: *Haus, in dem Prostituierte ihrem Gewerbe nachgehen:* in ein B. gehen.

bör|deln ⟨sw. V.; hat⟩ [zu ↑³Bord]: *den Rand von Blechteilen od. Rohren umbiegen:* ich börd[e]le das Blech.

Bör|de|lung, die; -, -en: *das Bördeln.*

Bor|de|reau [...'roː], (auch:) **Bor|de|ro**, der od. das; -s, -s [frz. bordereau (> ital. borderò), zu: bord, ↑bordieren] (Bankw.): *Verzeichnis eingelieferter Wertpapiere, bes. von Wechseln.*

Bord|funk, der: *Funkanlage an Bord eines Verkehrsmittels, bes. eines Schiffes, eines Flugzeugs.*

bor|die|ren ⟨sw. V.; hat⟩ [frz. border, zu: bord = Rand, Borte, aus dem Germ., verw. mit ↑³Bord] (Fachspr.): *einfassen, [mit einer Borte] besetzen:* bordierte Ärmel.

Bord|ka|me|ra, die: *an Bord von Luftfahrzeugen mitgeführte Film- od. Fernsehkamera.*

Bord|kar|te, die (Flugw.): *Karte, die dem Fluggast beim Einchecken ausgehändigt wird u. die er braucht, um an Bord des Flugzeugs gehen zu können.*

Bord|stein, der: *(gegenüber der Fahrbahn erhöhte) steinerne Einfassung des Bürgersteigs, durch die der Bürgersteig von der Fahrbahn abgegrenzt wird.*

Bord|stein|kan|te, die: *obere Kante des Bordsteins.*

Bor|dun, der; -s, -e [ital. bordone, wohl lautm.] (Musik): **1.** *Register der tiefsten Pfeifen bei der Orgel.* **2.** *in gleich bleibender Tonhöhe gezupfte, gestrichene od. in Resonanz mitschwingende Saite.* **3.** *gleich bleibender Bass- od. Quintton beim Dudelsack.* **4.** *Orgelpunkt.*

Bor|dun|pfei|fe, die (Musik): *den Bordun (3) produzierende Pfeife des Dudelsacks.*

Bor|dü|re, die; -, -n [frz. bordure = Borte, Kante, zu: border, ↑bordieren]: *Einfassung, Besatz; farbig gemusterter Rand eines Gewebes (1).*

Bor|dü|ren|kleid, das: *Kleid mit [aufgenähten] Bordüren.*

Bord|waf|fe ⟨meist Pl.⟩: *Waffe, die auf einem Waffenträger (Panzer, Schiff, Flugzeug) fest eingebaut ist.*

Bord|wand, die: *seitlicher Teil der Außenwand bei Flugzeugen, Schiffen u. Lastkraftwagen.*

Bord|werk|zeug, das: *zur Ausstattung eines Kraftfahrzeugs gehörender Satz (6) von Werkzeugen, mit denen kleinere Reparaturen durchgeführt werden können.*

bo|re|al ⟨Adj.⟩ [lat. borealis] (Geogr.): *dem nördlichen Klima Europas, Asiens u. Amerikas zugehörend; nördlich.*

Bo|re|as, der; - [lat. boreas < griech. boréas]: **1.** *Nordwind im Gebiet des Ägäischen Meeres.* **2.** (dichter.) *kalter Nordwind.*

Bo|retsch: ↑Borretsch.

Borg [mhd. borc = Geliehenes]: in der Wendung **auf B.** *(ohne sofortige Bezahlung):* jmdm. etw. auf B. geben; er lebt, kauft nur auf B.

bor|gen ⟨sw. V.; hat⟩ [mhd. borgen, ahd. bor[a]gēn, urspr. = auf etw. Acht haben, jmdn. verschonen (mit einer Zahlungsforderung)]: **1.** *leihen (1):* jmdm. Geld, ein Buch b.; ⟨auch ohne Akk.-Obj.:⟩ er borgt nicht gern. **2.** *leihen (2):* ich habe [mir] bei ihm/von ihm ein Buch/das Geld für die Reise geborgt; er hat den Frack nur geborgt; **Spr** Borgen bringt Sorgen.

Bor|gis, die; - [entstellt aus frz. bourgeois = bürgerlich (angeblich, weil in diesem Schriftgrad einfache, dem Bürger angemessene Drucke hergestellt wurden)] (Druckw.): *Schriftgrad von 9 Punkt.*

Bor|ke, die; -, -n [aus dem Niederd. < mniederd. borke, wahrsch. eigtl. = Raues, Rissiges u. verw. mit ↑Barsch] (nordd.): **1.** *Rinde des Baumes.* **2.** *Kruste, die sich auf einer Wunde gebildet hat.* **3.** (abwertend) *[fest sitzender] Schmutz, Schmutzschicht.*

Bor|ken|kä|fer, der: *Käfer, der überwiegend in u. unter der Rinde von Holzgewächsen lebt.*

Born, der; -[e]s, -e [aus dem Niederd. < mniederd. born, mit Umstellung des r aus ↑Bronn] (dichter.): *Brunnen, Wasserquelle:* ein kühler B.; Ü (geh.:) ein unerschöpflicher B. der Freude; aus dem B. seines Wissens schöpfen.

Bor|neo; -s: zu den Großen Sundainseln zählende Insel des Malaiischen Archipels.

Born|holm; -s: dänische Insel in der Ostsee.

bor|niert ⟨Adj.⟩ [zu frz. borné, 2. Part. von: borner = beschränken, eigtl. = mit einem Grenzstein versehen, zu: borne = Grenzstein; Ziel, wohl aus dem Gall.] (abwertend): *engstirnig u.*

B

zugleich in ärgerlicher Weise eingebildet u. auf seinen Vorstellungen beharrend: -e Leute, Ansichten; sei doch nicht so b.!

Bor|niert|heit, die; -, -en: 1. ‹o. Pl.› *mit Eingebildetheit gepaarte Engstirnigkeit, Unbelehrbarkeit.* 2. *engstirnige Äußerung, Handlung.*

Bor|retsch, Boretsch, der; -[e]s [frz. bourrache, ital. borragine < mlat. bor(r)ago, viell. < arab. abū ʿaraq = Schweißtreiber, eigtl. = Vater des Schweißes]: *(als Salatgewürz verwendete) krautige Pflanze mit behaarten Blättern u. kleinen blauen Blüten.*

Borschtsch, der; - [russ. boršč, eigtl. = Bärenklau, der Name wurde von einer früher daraus hergestellten Suppe auf das neue Gericht übertragen]: *als russisches Nationalgericht geltende Kohlsuppe mit Fleisch, roten Rüben u. Kwass.*

[1]**Bör|se,** die; -, -n [niederl. (geld)beurs < spätlat. bursa = Fell, Ledersack < griech. býrsa]: 1. (geh. veraltend) *Geldbörse:* seine B. verlieren. 2. *Einnahme eines Berufssportlers, bes. eines Boxers, aus einem Wettkampf:* er hatte seine -n gut angelegt; 10 000 Dollar als B. kassieren.

[2]**Bör|se,** die; -, -n [niederl. beurs (nach der Brügger Kaufmannsfamilie van der Burse, deren Namen auf die angeblich in ihrem Wappen geführten drei Geldbeutel zurückgeht u. vor deren Haus sich Kaufleute zu Geschäftszwecken regelmäßig trafen), ↑[1]Börse] (Wirtsch.): 1. *regelmäßig stattfindender Markt für Wertpapiere, Devisen u. vertretbare (fungible) Waren, für die nach bestimmten festen Bräuchen Preise ausgehandelt werden:* die B. ist/verläuft ruhig, lebhaft, stürmisch; das Wertpapier ist an der B. zugelassen; an der B. spekulieren *(durch Kauf u. Verkauf von Aktien u. Ä. Geschäfte zu machen suchen).* 2. *Gebäude, in dem die* [2]*Börse* (1) *stattfindet:* die B. ist nachmittags geöffnet.

Bör|sen|auf|sicht, die: *staatliche Überwachung der Börse auf Einhaltung der gesetzlichen Vorschriften.*

Bör|sen|be|richt, der: *Mitteilungen über Ereignisse an der* [2]*Börse* (1).

Bör|sen|fä|hig|keit, die ‹o. Pl.›: *das Börsenfähigsein:* die B. von Aktien feststellen.

Bör|sen|ge|schäft, das: *an der* [2]*Börse* (1) *abgeschlossenes Geschäft.*

Bör|sen|han|del, der: vgl. Börsengeschäft.

Bör|sen|kurs, der: *an der* [2]*Börse* (1) *ermittelter Kurs eines Wertpapiers.*

Bör|sen|mak|ler, der: *berufsmäßiger Vermittler von Börsengeschäften.*

Bör|sen|mak|le|rin, die: w. Form zu ↑Börsenmakler.

Bör|sen|no|tie|rung, die: *Feststellung der amtlichen Börsenkurse.*

Bör|sen|schluss, der: 1. *festgesetzter Mindestbetrag bei bestimmten Abschlüssen an der Börse.* 2. *Zeitpunkt der täglichen Schließung einer Börse.*

Bör|sen|spe|ku|lant, der: *jmd., der aus erwarteten Kursschwankungen Gewinne erzielen möchte.*

Bör|sen|spe|ku|lan|tin, die: w. Form zu ↑Börsenspekulant.

Bör|sen|spe|ku|la|ti|on, die: *auf Gewinne aus künftigen Kursschwankungen abzielendes Verhalten an der Börse.*

Bör|sen|spra|che, die: *Fachsprache der Personen, die an der Börse tätig sind od. sie besuchen.*

Bör|sen|sturz, der: *plötzliches u. tiefes Fallen der Börsenkurse.*

Bör|sen|we|sen, das ‹o. Pl.›: *alles, was mit der* [2]*Börse* (1) *zusammenhängt, einschl. Funktion, Organisation u. Verwaltung.*

Bör|si|a|ner, der; -s, - (ugs.): a) *Börsenmakler;* b) *Börsenspekulant.*

Bör|si|a|ne|rin, die; -, -nen: w. Form zu ↑Börsianer.

Bors|te, die; -, -n [mhd. borste, ahd. bursta, Nebenf. von mhd. borst, ahd. burst, eigtl. = Emporstehendes, verw. mit ↑Barsch]: 1. a) *dickes, hartes, steifes Haar bestimmter Tiere, bes. des Haus- u. Wildschweins:* eine Bürste aus echten, reinen -n; b) ‹Pl.› (ugs. scherzh.) *Kopf- od. Barthaar des Menschen:* sich die -n schneiden lassen. 2. *aus Kunststoff hergestelltes, festes, haarähnliches Gebilde, aus dem Bürsten o. Ä. hergestellt werden:* künstliche -n.

bors|ten|ar|tig ‹Adj.›: *wie Borsten [aussehend od. beschaffen]:* seine Haare sträubten sich b.

Bors|ten|tier, das (ugs.): *Schwein.*

Bors|ten|vieh, das (ugs. scherzh.): *Schwein[e]:* das liebe B.

bors|tig ‹Adj.› [mhd. borstoht]: a) *Borsten aufweisend:* ein -es Tier; der Rücken des Tiers ist b.; b) *struppig, rau:* ein -er Bart; Ü er hat eine -e *(grobe, unfreundliche)* Art.

Bors|tig|keit, die; -, -en: 1. ‹o. Pl.› *borstiges Wesen.* 2. *borstige Äußerung.*

Bor|te, die; -, -n [mhd. borte, ahd. borto, Nebenf. von mhd., ahd. bort, ↑[2]Bord]: *gewebtes, gemustertes Band, das als Verzierung auf Kleidungsstücke, Gardinen o. Ä. aufgenäht wird.*

Bo|rus|sia, die; - [nach dem nlat. Namen für Preußen]: *weibliche Gestalt als Personifikation, Sinnbild Preußens.*

bös ‹Adj.›: ↑böse (1 b, 2, 3, 5).

bös|ar|tig ‹Adj.›: 1. *auf hinterhältige Weise böse; heimtückisch:* ein -er Hund; b. lächeln. 2. *(von Krankheiten) lebensbedrohend, gefährlich:* eine -e Geschwulst, Krankheit.

Bös|ar|tig|keit, die; -: 1. *hinterhältige Bosheit, Heimtücke.* 2. *Gefährlichkeit, Bedrohlichkeit.*

bö|schen ‹sw. V.; hat› (Tiefbau): *als Böschung anlegen:* das Flussufer steil b.

Bö|schung, die; -, -en [zu alemann. bosch(en) = Strauch, urspr. = mit Strauchwerk befestigter Abhang eines Festungswalles, Busch]: *schräg abfallende [befestigte] Seitenfläche (bes. bei Straßen- u. Bahndämmen); Abhang:* eine bepflanzte B.; die B. des Ufers.

Bö|schungs|li|nie, die: *Linie größten Gefälles einer Böschung.*

Bö|schungs|win|kel, der: *Neigungswinkel einer Böschung.*

bö|se ‹Adj.› [mhd. bœse, ahd. bōsi = böse, schlimm; gering, wertlos, eigtl. = aufgeblasen, geschwollen]: 1. a) *moralisch schlecht; verwerflich:* ein -r Mensch; eine b. Tat; etw. aus -r Absicht tun; ‹subst.:› etw. Böses tun; Gutes mit Bösem vergelten; das Böse in ihm hat gesiegt; b) *schlecht, schlimm, übel:* ein -r Traum; b. Jahre erleben; b. Erfahrungen machen; eine b. Geschichte; ein -r Reinfall; eine b. *(gefährliche)* Krankheit; die Worte waren nicht bös[e] gemeint; man hat ihr bös[e] mitgespielt; ‹subst.:› jmdm. schwant Böses; nichts Böses ahnen *(auf Unangenehmes o. Ä. nicht gefasst sein).* 2. (ugs.) *ärgerlich, zornig, wütend:* b. Augen bekommen; bös[e] sein, werden; jmdn. bös[e] anschauen; auf jmdn. b. sein *(sich über jmdn. ärgern);* [mit] jmdm. bös[e] sein (fam.; *keinen Umgang mehr pflegen);* über etw. bös[e] sein *(sich über etw. ärgern);* ‹subst.:› im Bösen *(im Streit)* auseinander gehen. 3. (fam.) *ungezogen, unartig:* du bist ein -s Kind; wenn du bös[e] bist, musst du sofort ins Bett. 4. (ugs.) *(von Körperteilen) entzündet:* einen -n Finger, ein -s Auge haben. 5. ‹intensivierend bei Verben u. Adjektiven› (ugs.) *sehr, überaus:* die Krankheit hat ihn bös[e] mitgenommen; sich bös[e] blamieren.

Bö|se, der; -n (dichter.): *Teufel.*

Bö|se|wicht, der; -[e]s, -er, auch, österr. nur: -e [mhd. bœsewiht, zusger. aus: der bœse wiht, ahd. pōse wiht, ↑Wicht]: 1. (veraltend) *böser Mensch, Schuft, Verbrecher.* 2. (ugs. scherzh.) *(in Bezug auf ein Kind) Schlingel, Schelm.*

bos|haft ‹Adj.›: a) *böse* (1 a); *voller Neigung, Böses zu tun:* er ist ein -er Mensch; ein -er Streich; b) *voll von beißendem Spott; sarkastisch, maliziös:* eine -e Bemerkung; er ist ein -er Mensch *(ist voll von Boshaftigkeit);* b. lächeln.

Bos|haf|tig|keit, die; -, -en: 1. ‹o. Pl.› a) *boshafte Gesinnung;* b) *Sarkasmus, Spottlust.* 2. *boshafte Handlung, Bemerkung:* -en von sich geben.

Bos|heit, die; -, -en [mhd., ahd. bōsheit, auch = Wertlosigkeit]: a) ‹o. Pl.› *das Bösesein; Schlechtigkeit, üble Gesinnung:* das ist reine B. von ihm sie steckt voller B.; etw. aus lauter B. tun; *** mit konstanter B.** *([trotz Hinweises] immer wieder in den gleichen Fehler verfallend od. etw. nicht gern Gesehenes ausführend);* b) *boshafte Handlung, Bemerkung:* jmdm. -en sagen.

Bos|kett, das; -s, -e [frz. bosquet < ital. boschetto zu: bosco = Wald < mlat. boscus, H. u.]: *Gruppe von beschnittenen Büschen u. Bäumen (bes. in den Gärten der Renaissance- u. Barockzeit).*

Bos|koop, Bos|kop, der; -s, - [nach dem niederl. Ort Boskoop]: *säuerlich schmeckender Winterapfel mit rauer Schale.*

Bos|ni|ak, Bos|ni|a|ke, der; -en, -en: *muslimische Bosnier.*

Bos|ni|ckel, Bosnigl, der; -s, - [aus bayr. bos = böse u. älter Nickel = Kobold] (bayr., österr.): *boshafter Mensch.*

Bos|ni|en; -s: 1. Gebiet im Norden von Bosnien-Herzegowina. 2. kurz für ↑Bosnien-Herzegowina.

Bos|ni|en-Her|ze|go|wi|na [auch ...ˈviːna]; -s, (amtl.:) **Bos|ni|en und Her|ze|go|wi|na** [auch ...ˈviːna]; - - -s: Staat in Südosteuropa.

Bos|ni|er, der; -s, -: Ew.

Bos|ni|e|rin, die; -, -nen: w. Form zu ↑Bosnier.

Bos|nigl: ↑Bosnickel.

bos|nisch ‹Adj.›: *Bosnien, die Bosnier betreffend; von den Bosniern stammend.*

bos|nisch-her|ze|go|wi|nisch [auch: ...ˈviːnɪʃ] ‹Adj.›: *Bosnien-Herzegowina, die Bewohner von Bosnien-Herzegowina betreffend, zu diesen gehörend, von diesen stammend.*

Bos|po|rus, der; -: Meerenge zwischen schwarzem Meer u. Marmarameer.

Boss, der; -es, -e [engl.-amerik. boss < niederl. baas, ↑Baas] (ugs.): 1. a) *Mann an der Spitze eines Unternehmens o. Ä.:* die -e der Unternehmen, der Gewerkschaften; b) *Vorgesetzter, Chef:* unser B. ist in Ordnung. 2. *Anführer einer Gruppe:* der B. der Bande.

Bos|sa No|va, der; - -, - -s [port. (bras.) bossa nova, eigtl. = neuer Stil]: *Tanz aus Südamerika.*

Bos|se, die; -, -n [frz. bosse, ↑bosseln] (Kunstwiss.): 1. *rohe od. nur wenig bearbeitete Form eines Werksteins (z. B. einer Skulptur, eines Quaders od. eines Kapitells).* 2. *bucklige Verzierung bei Goldschmiedearbeiten.*

Bo|ßel, der; -s, - od. die; -, -n [aus dem Niederd.; vgl. mhd. bōȥen = stoßen, Kegel schieben] (nordd.): *beim Boßeln verwendete [mit Blei gefüllte] Kugel aus Hartholz od. Hartgummi.*

bos|se|lie|ren ‹sw. V.; hat› [frz. bosseler, ↑bosseln]: *bossieren.*

bos|seln ‹sw. V.; hat› [spätmhd. bōȥeln = schlagen, klopfen, Kegel schieben, zu gleichbed. mhd. bōȥen (↑Amboss); vermischt mit frühnhd. bosseln = erhabene Arbeit machen < frz. bosseler, zu: bosse = erhabene Arbeit, Beule, über das Galloroman. aus dem Germ.]: 1. (ugs.) a) *an etw. mit Ausdauer arbeiten, herumbasteln [um es besonders gut zu machen]:* er bosselt an einem Spielzeug für seinen Sohn; abends boss[e]le ich gerne in meiner Werkstatt; b) *in Kleinarbeit [mühsam] herstellen; basteln:* eine Puppenstube b. 2. *bossieren.*

bo|ßeln ‹sw. V.; hat› (nordd.): *mit dem, der Boßel werfen.*

Bo|ßeln, das; -s (nordd.): *(im Sommer auf Wiesen, Landstraßen, Straßen, im Winter auf vereisten Flächen ausgetragenes) Spiel, bei dem mit Boßeln in einer festgelegten Anzahl von Würfen ein Ziel getroffen od. eine möglichst weite Strecke durchmessen werden soll.*

Bos|sen|qua|der, der (Bauw.) [zu ↑Bosse (1)]: *Werkstein, bei dem die Vorderseite nur grob behauen ist.*

Bos|sen|werk, das: *Mauerwerk aus Bossenquadern.*

bos|sie|ren ‹sw. V.; hat›: 1. *einen Werkstein (meist im Steinbruch) roh bearbeiten.* 2. *in Ton, Gips od. Wachs modellieren.*

os|sie|rer, der; -s, -: *jmd., der Bossierarbeiten ausführt.*
os|sie|re|rin, die; -, -nen: w. Form zu ↑Bossierer.
os|sier|wachs, das: *Wachs zum Bossieren* (2).
os|sing, das; -s [engl. bossing, zu: to boss (about, around) = herumkommandieren]: *ständiges Schikanieren einzelner Mitarbeiter durch Vorgesetzte [mit der Absicht, sie von ihrem Arbeitsplatz zu vertreiben].*
ös|wil|lig ⟨Adj.⟩ (bes. Rechtsspr.): *in böser Absicht; absichtlich böse:* -e Verleumdung; b. handeln.
ot: ↑bieten.
o|ta|nik, die; - [zu griech. botanikós = pflanzlich, zu: botánē = (Futter)pflanze]: **a)** *aus mehreren Teilgebieten bestehende Disziplin der Biologie; Lehre u. Wissenschaft von den Pflanzen;* **b)** (ugs. scherzh.) *die freie Natur* (2), *das Grüne.*
o|ta|ni|ker, der; -s, - [für älteres Botanicus bzw. Botanist]: *Wissenschaftler auf dem Gebiet der Botanik.*
o|ta|ni|ke|rin, die; -, -nen: w. Form zu ↑Botaniker.
o|ta|nisch ⟨Adj.⟩: *den Bereich der Botanik, die Pflanzenwelt betreffend:* eine -e Exkursion unternehmen.
o|ta|ni|sie|ren ⟨sw. V.; hat⟩ [griech. botanízein]: *Pflanzen zu Studienzwecken sammeln.*
o|ta|ni|sier|trom|mel, die: *länglicher Behälter aus Blech, in dem beim Botanisieren die Pflanzen aufbewahrt werden.*
öt|chen, das; -s, -: Vkl. zu ↑[1]Boot.
o|te, der; -n, -n [mhd. bote, ahd. boto, zu ↑bieten in dessen alter Bed. »wissen lassen, befehlen«]: **a)** *jmd., der im Auftrag eines anderen etw. überbringt:* ein zuverlässiger B.; einen -n schicken; einen Brief durch einen -n zustellen lassen; Ü -n des Todes; Schneeglöckchen sind die -n des Frühlings; **b)** *Laufbursche einer Firma.*
ö|te: ↑bieten.
o|tel, das; -s, -s [Kurzwort aus ↑[1]Boot u. ↑Hotel]: *als Hotel ausgebautes verankertes Schiff.*
o|tin, die; -, -nen: w. Form zu ↑Bote.
ot|mä|ßig ⟨Adj.⟩ [zu mhd. bot = Gebot] (veraltet): *untertan, gehorsam:* jmdm. b. sein.
ot|mä|ßig|keit, die; - (veraltet): *Herrschaft; Gewalt* (1): unter fremder B. stehen; der Eroberer brachte das Volk unter seine B.
ot|schaft, die; -, -en [mhd. bot(e)schaft, ahd. botoscaft, zu ↑Bote]: **1. a)** (geh.) *wichtige, für den Empfänger bedeutungsvolle Nachricht [die durch einen Boten überbracht wird]:* eine willkommene, geheime B.; jmdm. eine B. hinterlassen; die [christliche] B. *(das Evangelium)* verkündigen; *** die Frohe B.** (christl. Rel.; *das Evangelium*); **b)** *feierliche amtliche Verlautbarung o. Ä.:* eine B. des Präsidenten verlesen. **2. a)** *von einem Botschafter geleitete diplomatische Vertretung eines Staates im Ausland:* die deutschen -en in Ostasien; eine B. einrichten; **b)** *Gebäude, in dem sich eine Botschaft (2 a) befindet.*
ot|schaf|ter, der; -s, - [im 16. Jh. = Bote]: *ranghöchster diplomatischer Vertreter eines Staates im Ausland:* B. austauschen; jmdn. zum B. ernennen.
ot|schaf|te|rin, die; -, -nen: w. Form zu ↑Botschafter.
ot|schafts|flücht|ling, der: *jmd., der in eine Botschaft (2 b) flüchtet, um dort politisches Asyl zu erlangen.*
ot|schafts|se|kre|tär, der: *Beamter einer Botschaft.*
ot|schafts|se|kre|tä|rin, die; -, -nen: w. Form zu ↑Botschaftssekretär.
ot|su|a|na; -s: Staat in Afrika.
ot|su|a|ner, der; -s, -: Ew.
ot|su|a|ne|rin, die; -, -nen: w. Form zu ↑Botsuaner.
ot|su|a|nisch ⟨Adj.⟩: *Botsuana, die Botsuaner betreffend, zu ihnen gehörend.*
ts|wa|na usw.: schweiz. für Botsuana usw.
tt, das; -[e]s, -e [mhd. bot = Gebot, Zunftversammlung] (schweiz.): *Mitgliederversammlung.*
tt|cher, der; -s, - [aus dem Niederd. < mniederd. böddeker, zu: böde, bödde = hölzerne Wanne, Bütte]: *Handwerker, der hölzerne Gefäße herstellt* (Berufsbez.).
Bött|cher|ar|beit, die ⟨meist Pl.⟩: **1.** *Tätigkeit eines Böttchers.* **2.** *von einem Böttcher gefertigte Arbeit.*
Bött|che|rei, die; -, -en: **1.** ⟨o. Pl.⟩ *Gewerbe eines Böttchers.* **2.** *Arbeitsstätte, Werkstatt eines Böttchers.*
Bött|che|rin, die; -, -nen: w. Form zu ↑Böttcher.
bött|chern ⟨sw. V.; hat⟩: *als Böttcher arbeiten; hölzerne Gefäße herstellen.*
Bot|tich, der; -[e]s, -e [mhd. botech(e), botige, ahd. potega, vermutlich Vermischung von mlat. potecha = Abstellraum, Vorratslager (< lat. apotheca, ↑Apotheke) mit mlat. butica = Fass (< vlat. buttis)]: *großes, wannenartiges Gefäß aus Holz:* ein B. voll Farbe.
Bot|tle|neck ['bɔtl...], der; -s, -s [engl. bottleneck = Engpass, Flaschenhals; 2: urspr. wurde ein abgeschlagener Flaschenhals benutzt]: **1.** (Wirtsch.) *Engpass* (2). **2.** (Musik) *(im Blues verwendeter) metallener Aufsatz, der auf einen Finger gesteckt wird u. mit dem dann auf den Gitarrensaiten entlanggeglitten wird, sodass ein hoher, singender Ton erzielt wird.*
Bot|tle|par|ty ['bɔtl...], die; -, -s [engl. bottle party, aus: bottle = Flasche u. ↑Party]: *Party, zu der die Gäste die Getränke selbst mitbringen.*
Bo|tu|lis|mus, der; - [zu lat. botulus = Wurst] (Med.): *Lebensmittelvergiftung, vor allem durch verdorbene Fleisch- u. Wurstkonserven.*
[1]Bou|clé, (auch:) Buklee [bu'kle:], das; -s, -s [von frz. bouclé, 2. Part. von: boucler = ringeln, zu: boucle = Ring, Schleife < lat. buccula = Bäckchen]: *Garn mit Knoten u. Schlingen.*
[2]Bou|clé, (auch:) Buklee, der; -s, -s [frz. tapis bouclé = mit einem sehr dehnbaren, gekräuselten Zwirn gewebter Teppich]: **a)** *Gewebe aus [1]Bouclé;* **b)** *Haargarnteppich mit nicht aufgeschnittenen Schlingen.*
Bou|doir [bu'doa:ɐ̯], das; -s, -s [frz. boudoir, eigtl. = Schmollwinkel, zu: bouder = schmollen, übellaunig sein, wohl lautm.] (veraltend): *elegantes Zimmer einer Dame.*
Bou|gain|vil|lea [bugɛ̃'vilea], die; -, ...leen [...leən; nach dem frz. Seefahrer L.-A. de Bougainville (1729–1811)]: *(in mehreren Arten im tropischen u. subtropischen Südamerika vorkommender) zu den Wunderblumen (1) gehörender Strauch od. kleiner Baum mit rosa, gelblicher od. weißer Blütenhülle an einem roten, violetten od. weißen Hochblatt.*
Bouil|la|baisse [buja'bɛ:s], die; -, -s [buja'bɛ:s; frz. bouillabaisse < provenz. bouiabaisso, eigtl. = siede u. senk dich! (d. h., der Topf muss schnell vom Feuer genommen werden)] (Kochk.): *provenzalische Fischsuppe.*
Bouil|lon [bʊl'jɔŋ; auch: bʊl'jõ:, österr. nur: bu'jõ:], die; -, -s [frz. bouillon, zu: bouillir = wallen, sieden < lat. bullire]: *durch Auskochen von Fleisch, Knochen und Suppengemüse gewonnene Fleischbrühe:* B. mit Ei.
Bouil|lon|wür|fel, der (veraltend): *zu einem Würfel gepresster Fleischextrakt.*
Boule [bu:l], das; -[s], auch: die; - [frz. boule = Kugel < lat. bulla, ↑[2]Bulle]: *dem Boccia ähnliches französisches Kugelspiel.*
Bou|let|te [bu...]: ↑Bulette.
Bou|le|vard [bulə'va:ɐ̯], der; -s, -s [frz. boulevard < mniederl. bolwerc, vgl. Bollwerk]: *meist von Bäumen gesäumte, breite [Ring]straße, Prachtstraße.*
Bou|le|vard|blatt, das: *Boulevardzeitung.*
Bou|le|vard|pres|se, die (abwertend): *Gesamtheit der sensationell aufgemachten, in großen Auflagen erscheinenden, überwiegend im Straßenverkauf angebotenen Zeitungen.*
Bou|le|vard|stück, das (Theater): *publikumswirksames, leichtes, unterhaltsames Theaterstück.*
Bou|le|vard|zei|tung, die: *sensationell aufgemachte Zeitung, die bes. mit Gesellschaftsklatsch u. Ä. ihre Leser unterhält.*
Bou|quet [bu'ke:]: ↑Bukett.
Bou|qui|nist [buki'nɪst], der; -en, -en [frz. bouquiniste, zu: bouquin = altes Buch, aus dem Mniederl. u. eigtl. Vkl. von: boec = Buch]: *Antiquar, bes. Straßenbuchhändler in Paris.*
Bou|qui|nis|tin, die; -, -nen: w. Form zu ↑Bouquinist.
Bour|bon ['bə:bən], der; -s, -s [nach dem urspr. Herstellungsort Bourbon County, Kentucky (USA)]: *amerikanischer Whiskey mit mildem Geschmack.*
Bour|don [bʊr'dõ:], der; -s, -s [frz. bourdon] (Musik): *Bordun.*
Bou|ret|te: ↑Bourrette.
bour|geois [bʊr'ʒoa, in attr. Verwendung: bʊr'ʒoa:z...; frz. bourgeois] ⟨Adj.⟩ (veraltet): *den Bourgeois, die Bourgeoisie betreffend, zur Bourgeoisie gehörend.*
Bour|geois, der; - [...a(s), ...(:s)], - [...a(:)s; frz. bourgeois = Bürger, zu: bourg = Burg, Marktflecken, aus dem Germ., verw. mit ↑Burg] (bildungsspr. abwertend): *Angehöriger der Bourgeoisie.*
Bour|geoi|sie [bʊrʒoa'zi:], die; -, -n [frz. bourgeoisie]: **1.** (bildungsspr. veraltet) *wohlhabendes Bürgertum.* **2.** (marx.) *herrschende Klasse der kapitalistischen Gesellschaft, die im Besitz der Produktionsmittel ist.*
Bour|rée [bu're:, bʊ're:], die; -, -s [frz. bourrée, zu: bourrer = ausstopfen, zu spätlat. burra, ↑Bourette]: **a)** *alter französischer Volkstanz;* **b)** *Satz einer Suite.*
Bour|ret|te, Bourette [bu'rɛtə, bʊ...], die; -, -n [frz. bourrette, zu: bourre = Füllhaar, Wollhaar < spätlat. burra = zottiges Gewand] (Textilind.): *raues Gewebe in Taftbindung aus Abfällen, die bei der Herstellung von Seide entstehen.*
Bou|teille [bu'tɛ:j(ə)], die; -, -n [...jən; frz. bouteille < vlat. but(t)icula = Fässchen] (veraltet): *Flasche.*
Bou|tique [bu'ti:k], die; -, -n [...kn̩], selten: -s [...ti:ks; frz. boutique < griech. apothḗkē, ↑Apotheke]: *kleiner Laden, bes. kleines Modegeschäft, in dem modische Artikel, Kleidungsstücke o. Ä. angeboten werden.*
Bou|ton [bu'tõ:], der; -s, -s [frz. bouton = Knospe, Knopf, aus dem Germ.]: **a)** *kleiner [runder] Anstecker;* **b)** *Schmuckknopf für das Ohr.*
Bo|vist: ↑Bofist.
Bow|den|zug ['baudn̩...], der; -[e]s, ...züge [nach dem engl. Industriellen Sir H. Bowden (1880–1960)] (Technik): *Kabel aus Draht zur Übertragung von Zugkräften, bes. an Kraftfahrzeugen.*
Bo|wie|mes|ser ['bo:vi...], das; -s, - [nach dem amerik. Oberst J. Bowie (1796 bis 1836)]: *langes Jagdmesser.*
Bow|le ['bo:lə], die; -, -n [engl. bowl < aengl. bolla = (Punsch)napf]: **1.** *Getränk aus Wein, Schaumwein, Zucker u. Früchten od. würzenden Stoffen:* eine B. [mit Pfirsichen, mit Waldmeister] ansetzen; ein Glas B. **2.** *Gefäß zum Bereiten u. Auftragen einer Bowle (1):* eine B. aus Kristall.
bow|len ['boʊlən] ⟨sw. V.; hat⟩ [zu engl. to bowl, ↑Bowling] (Sport): *Bowling spielen.*
Bow|len|glas, das ⟨Pl. ...gläser⟩: *Glas, aus dem die Bowle (1) getrunken wird.*
Bow|len|löf|fel, der: *Schöpflöffel für die Bowle.*
Bow|ler ['bo:lɐ, engl.: 'boʊlə], der; -s, - [engl. bowler, zu: bowl, ↑Bowle]: *runder, steifer [Herren]hut; Melone.*
Bow|ling ['boʊlɪŋ], das; -s, -s [engl. bowling, zu: to bowl = rollen (lassen), schieben, zu frz. boule, ↑Boule]: **1.** *amerikanische Art des Kegelspiels mit 10 Kegeln.* **2.** *englisches Kugelspiel auf glattem Rasen.*
Bow|ling|bahn, die: *Bahn für das Bowlen.*
Bow|ling|green [...gri:n], das; -s, -s [engl., zu: green = Grünfläche]: *Rasenfläche für Bowling* (2).
Bowls [bəʊlz] ⟨Pl.⟩ [engl. bowls, Pl. von: bowl = Kugel]: *Bowling* (2).
Box, die; -, -en [engl. box < vlat. buxis, ↑Büchse]: **1.** *Stand (2 a), in dem das Pferd sich frei bewegen kann:* das Pferd aus seiner B. holen. **2. a)** *ab-*

geteilter Einstellplatz für Wagen in einer Großgarage: den Wagen in die B. fahren; **b)** *abgegrenzter Montageplatz für Rennwagen an einer Rennstrecke:* zum Reifenwechsel an die -en fahren. **3. a)** *einfache Rollfilmkamera in Kastenform;* **b)** *kastenförmiger Behälter:* eine praktische B. für das Pausenbrot. **4.** kurz für ↑Lautsprecherbox.

Box|ball, der: *ballförmiges Übungsgerät für Boxer.*

Box|calf: ↑Boxkalf.

bo|xen ⟨sw. V.; hat⟩ [engl. to box, H. u.]: **1. a)** *[nach bestimmten Regeln] mit den Fäusten kämpfen; einen Boxkampf austragen:* taktisch klug b.; gegen jmdn. b.; ⟨subst.:⟩ er hat sich beim Boxen verletzt; **b)** (Sport Jargon) *als Gegner beim Boxkampf haben:* er brannte darauf, den Europameister zu b. **2. a)** *mit der Faust schlagen, [leicht] stoßen:* er boxte ihm freundschaftlich in die Seite; er hat ihm/(auch:) ihn in den Magen geboxt; **b)** ⟨b. + sich⟩ (ugs.) *sich mit Fäusten bearbeiten, sich prügeln:* die Schüler boxten sich im Schulhof; **c)** (ugs.) *mit der Faust stoßen:* den Ball ins Aus b.; **d)** ⟨b. + sich⟩ (ugs.) *sich mit Fäusten und Armen einen Weg bahnend vorwärts dringen:* sich ins Freie b.; Ü er boxte sich durchs Leben.

Bo|xen|stopp, der: *das Anhalten während eines Rennens an der Box (2 b) bei einer Panne o. Ä.*

Bo|xer, der; -s, - [1: engl. boxer; 2: zu ↑boxen; 3: nach der breiten Nase, die an einen Boxer (1) erinnert]: **1.** *Sportler, der Boxkämpfe austrägt:* der Ringrichter trennte die beiden B. **2.** (ugs.) *Stoß, Hieb mit der Faust:* jmdm. einen B. in den Rücken geben. **3.** *mittelgroßer Hund mit kräftigem Körper, kurzem Haar u. gedrungen wirkendem Kopf.*

Bo|xe|rin, die; -, -nen: w. Form zu ↑Boxer (1).

bo|xe|risch ⟨Adj.⟩: *dem [Berufs]boxer zugehörend, ihn charakterisierend.*

Bo|xer|mo|tor, der (Technik): *Verbrennungsmotor mit einander gegenüberliegenden Zylindern.*

Bo|xer|na|se, die: *Sattelnase, wie sie durch Bruch des Knochens in der Nase beim Boxen entstehen kann.*

Bo|xer|shorts ⟨Pl.⟩: **a)** *beim Boxkampf (1) getragene Shorts aus dünnerem, glänzendem [Seiden]stoff;* **b)** *im Zuschnitt Boxershorts (a) ähnliche Shorts als Unterbekleidung für Männer.*

Box|hand|schuh, der: *gepolsterter Lederhandschuh zum Boxen.*

Box|kalf, (auch:) Boxcalf ['bɔkskalf, engl.: ...kɑ:f], das; -s [engl. boxcalf, urspr. = »kästchenförmige« Narbung auf der Unterseite von Kalbsleder, aus: box (↑Box) u. calf = Kalb]: *fein genarbtes Kalbsleder.*

Box|kalf|schuh, der: *Schuh aus Boxkalf.*

Box|kampf, der: **1.** ⟨o. Pl.⟩ *das Boxen als sportliche Disziplin:* der B. erfordert viel Härte. **2.** *einzelne Veranstaltung in der Disziplin Boxkampf:* einen Boxkampf austragen.

Box|ring, der: *durch Seile begrenzter quadratischer Kampfplatz für Boxer.*

Box|sport, der: *Boxkampf* (1).

Boy, der; -s, -s [engl. boy, H. u.]: **1.** *livrierter [Hotel]diener:* ein B. bedient den Fahrstuhl. **2.** (Jugendspr.) *Junge, junger Bursche:* sagt doch mal den -s Bescheid.

Boy|friend [...frɛnd], der; -[s], -s [engl. boyfriend]: *Freund eines jungen Mädchens.*

Boy|group [...gru:p], die; -, -s [engl. boy group, zu: group = Gruppe]: *Popgruppe aus jungen, attraktiven Männern, deren Bühnenshow bes. durch tänzerische Elemente geprägt ist.*

Boy|kott, der; -[e]s, -s, auch: -e [engl. boycott, nach dem brit. Hauptmann u. Gutsverwalter Ch. C. Boycott (1832–1897), der sich in Irland durch Arroganz u. Strenge so verhasst machte, dass ihm die Arbeiter wegliefen, Geschäftsverbindungen mit ihm aufgegeben u. persönliche Beziehungen zu ihm abgebrochen wurden]: **1.** *politische, wirtschaftliche od. soziale Ächtung; Ausschluss von den politischen, wirtschaftlichen od. sozialen Beziehungen:* ein wirtschaftlicher B.; jmdm., einem Land den B. erklären; etw. mit B. belegen; zum B. gegen jmdn., etw. aufrufen. **2. a)** *das Boykottieren* (b), *Verweigern;* **b)** *das Boykottieren (c), Nichtbeachten.*

boy|kot|tie|ren ⟨sw. V.; hat⟩ [engl. to boycott]: **a)** *mit einem Boykott (1) belegen:* ein Land b.; **b)** *(bes. durch passiven Widerstand) die Ausführung von etw. ablehnen u. erschweren od. zu verhindern suchen:* einen Plan, ein Projekt b.; **c)** *zum Ausdruck der Ablehnung bewusst meiden:* einen Kollegen b.

Boy|kot|tie|rung, die; -, -en: *das Boykottieren.*

Boy|scout ['bɔyskaut], der; -[s], -s [engl. boy scout, aus: ↑Boy u. ↑Scout]: engl. Bez. für *Pfadfinder.*

Bq = Becquerel.

Br = Brom.

BR = Bayerischer Rundfunk.

brab|beln ⟨sw. V.; hat⟩ [aus dem Niederd. < mniederd. brabb(e)len, wohl lautm.] (ugs.): *undeutlich vor sich hin reden.*

Brab|bel|was|ser, das: in der Fügung **B. getrunken haben** (ugs. scherzh.; *redselig sein, unaufhörlich sprechen*).

[1]brach: ↑brechen.

[2]brach ⟨Adj.⟩ [aus mhd. in brāche ligen]: *brachliegend, unbestellt, unbebaut:* ein -er Acker.

brä|che: ↑brechen.

Bra|che, die; -, -n [mhd. brāche, ahd. brāhha, urspr. = das Brechen]: **1.** *brachliegendes Feld, Land.* **2.** *Zeit, während deren ein Acker brachliegt.*

Bra|chet, der; -s, -e [mhd. brāchōt = Zeit des Pflügens, zu: brachen = pflügen] (veraltet): *Juni.*

Brach|feld, das: *Brache* (1).

bra|chi|al ⟨Adj.⟩ [lat. brachialis = den Arm betreffend, zu: brachium = Arm] (bildungsspr.): *handgreiflich, mit roher Körperkraft:* mit -er Gewalt vorgehen; b. durchgreifen.

Bra|chi|al|ge|walt, die ⟨o. Pl.⟩ (bildungsspr.): *rohe körperliche Gewalt als Mittel zur Durchsetzung von Zielen:* mit B. vorgehen.

Bra|chi|o|sau|ri|er, der, **Bra|chi|o|sau|rus,** der; -, ...rier [zu lat. brachium = Arm (nach den armähnlichen Vorderbeinen) u. griech. saũros = Eidechse] (Paläont.): *Pflanzen fressender, sehr großer Dinosaurier.*

brach|le|gen ⟨sw. V.; hat⟩: *(Feld) nicht bebauen, unbestellt lassen.*

brach|lie|gen ⟨st. V.; hat; südd., österr., schweiz. auch: ist⟩: *(von Feld) unbebaut liegen; unbestellt bleiben:* ein brachliegender Acker; Ü jmds. Kenntnisse liegen brach *(werden nicht genutzt).*

Brach|mo|nat, Brach|mond, der: *Brachet.*

Brach|se, Brasse, die; -, -n, **Brach|sen,** Brassen, der; -s, - [mhd. brahsem, ahd. brahs(i)a, brahsema, eigtl. = der Leuchtende, zu mhd. brehen = plötzlich aufleuchten, nach den glänzenden Schuppen]: *in Seen u. langsam fließenden Gewässern lebender Karpfenfisch.*

brach|te, bräch|te: ↑bringen.

Brach|vo|gel, der [zu ↑Brache; der Vogel hält sich häufig auf brachliegenden Feldern auf]: *zu den Schnepfen gehörender Vogel mit langem, gebogenem Schnabel.*

Bra|cke, der; -n, -n, seltener: die; -, -n [mhd. bracke, ahd. braccho, zu einem Verb mit der Bed. »riechen«, vgl. mhd. bræhen = riechen]: *schnell u. ausdauernd laufender Jagdhund.*

bra|ckig ⟨Adj.⟩ [älter brack, aus dem Niederd., zu mniederl. brac = salzig, H. u.]: *(von Wasser) schwach salzig u. daher ungenießbar:* stehendes, -es Wasser.

Bräck|kin, die; -, -nen [mhd. breckin, ahd. breckin(na)]: w. Form zu ↑Bracke.

Brack|was|ser, das ⟨Pl. ...wasser⟩: *(im Mündungsgebiet von Flüssen u. in Strandseen sich bildendes) Gemisch aus Salzwasser u. Süßwasser.*

brä|geln ⟨sw. V.; hat⟩ [mhd. breglen, wohl lautm.] (südd.): *(bes. von Fleisch u. Fett) spritzend braten; brutzeln.*

Brä|gen: ↑Bregen.

Brah|ma|is|mus: ↑Brahmanismus.

Brah|man, das; -s [sanskr. brahman = Gebet, geheimnisvolle Macht]: *Weltseele, magische Kraft der indischen Religion.*

Brah|ma|ne, der; -n, -n [sanskr. brahmana]: *Angehöriger der indischen Priesterkaste.*

brah|ma|nisch ⟨Adj.⟩: *die Lehre der Brahmanen, die Brahmanen betreffend.*

Brah|ma|nis|mus, der; -: **1.** *eine der Hauptreligionen Indiens (aus dem Wedismus hervorgegangen).* **2.** (selten) *Hinduismus.*

Brail|le|schrift ['bra(:)jə...], die; - [nach dem frz. Blindenlehrer L. Braille (1809–1852)]: *(international gebräuchliche) Blindenschrift.*

Brain|drain ['breɪndreɪn], (auch:) **Brain-Drain,** der od. das; -s [engl. brain drain, aus: brain = Gehirn u. drain = Abfluss(rohr)]: *Abwanderung von Wissenschaftlern u. a. hoch qualifizierten Arbeitskräften ins Ausland, wodurch dem Abwanderungsland Arbeitskräfte verloren gehen.*

Brain|stor|ming ['breɪnstɔ:mɪŋ], das; -s [engl. brainstorming, zu: brainstorm = Geistesblitz, aus: brain = Gehirn u. storm = Sturm] (bes. Wirtsch.): *Verfahren, durch Sammeln von spontanen Einfällen [der Mitarbeiter] die [beste] Lösung für ein Problem zu finden.*

Brain|trust ['breɪntrʌst], (auch:) **Brain-Trust,** der; -[s], -s [engl.-amerik. brain trust, aus: brain = Gehirn u. ↑Trust]: *beratender Ausschuss (bes. in Wirtschaft u. Politik); Expertengruppe.*

Bram, die; -, -en [niederl. bram, H. u.] (Seemannsspr.): *zweitoberste Verlängerung der Masten sowie deren Takelung bei Segelschiffen.*

Bra|mar|bas, der; -, -se [viell. zu span. bramar = schreien, heulen; zuerst in dem anonymen Gedicht »Cartell des Bramarbas an Don Quixote«] (bildungsspr.): *Prahlhans, Aufschneider.*

bra|mar|ba|sie|ren ⟨sw. V.; hat⟩ (geh. abwertend): *prahlen, aufschneiden.*

Bram|se|gel, das [niederl. bramzeil, zu: bram, ↑Bram]: *an einer Stange der Bramstenge befestigtes Segel.*

Bram|sten|ge, die [niederl. bramsteng]: *zweitoberste Verlängerung eines Mastes.*

Bran|che ['brã:ʃə], die; -, -n [frz. branche < aprovenz. branca = Zweig, Arm < spätlat. branca, ↑Pranke]: **a)** *Wirtschafts-, Geschäftszweig:* die gesamte B. verzeichnete einen Umsatzrückgang; in welcher B. sind Sie tätig?; **b)** (ugs.) *Fachgebiet:* die B. wechseln.

Bran|chen|er|fah|rung, die: *Erfahrung in der (jeweiligen) Branche* (a).

bran|chen|fremd ⟨Adj.⟩: *nicht zu einer Branche* (a) *gehörend, nicht mit ihr vertraut.*

Bran|chen|kennt|nis, die: *Branchenerfahrung.*

bran|chen|kun|dig ⟨Adj.⟩: *mit einer Branche* (a) *vertraut.*

Bran|chen|mix, der (Wirtsch.): *das Vertretensein der jeweiligen Branchen (a) in großer Vielfalt in den Läden eines Geschäftsviertels, eines Einkaufszentrums o. Ä. [zur Vermeidung eines zu einseitigen Einkaufsangebots].*

bran|chen|üb|lich ⟨Adj.⟩: *in der (jeweiligen) Branche (a) üblich.*

Bran|chen|ver|zeich|nis, das: *nach Branchen geordnetes Adressenverzeichnis [im Telefonbuch].*

Bran|chio|sau|ri|er, der, **Bran|chio|sau|rus,** der; -, ...rier (Paläont.): *Panzerlurch des Karbons u. Perms.*

Brand, der; -[e]s, Brände [mhd., ahd. brant, zu mhd. brinnen, ahd. brinnan, ↑brennen]: **1. a)** *großes, vernichtendes Feuer, Feuersbrunst, Schadenfeuer:* ein verheerender B.; ein B. bricht aus, greift um sich; einen B. verursachen, löschen, eindämmen; **b)** *das Brennen, In-Flammen-Aufgehen:* beim B. der Scheune sind mehrere Tiere umgekommen; etw. in B. halten/erhalten *(dafür sorgen, dass es weiterbrennt);* Ü den B. (geh.; *die heftige u. schmerzliche Leidenschaft*) des Hasses, des Ehrgeizes [im Herzen] spüren; *** in B. setzen/stecken** *(in zerstörerischer Absicht anzünden):* die Scheune in B. setzen/stecken; **c)** ⟨meist Pl.⟩ *etw. Brennendes:* Brände auf etw. schleudern. **2.** (Handw.) *das Brennen* (6 a): der von Ziegeln, von Porzellan. 3. (landsch.) *Heizmaterial, Hausbrand:* keinen B. mehr im Keller haben. 4. (ugs.) *starker Durst:* seinen B. mit Bier löschen; einen tüchtigen B. haben, bekommen. 5. ⟨o. Pl.⟩ a) (Med.) *Absterben von Gewebszellen:* trockener B. *(infolge von Durchblutungs- u. Ernährungsstörungen);* feuchter B. *(infolge hinzutretender bakterieller Fäulnis);* den B. haben, bekommen; b) (Biol.) *eine bes. durch Pilze hervorgerufene Pflanzenkrankheit.*

rand- (emotional verstärkend): drückt in Bildungen mit Adjektiven eine Verstärkung aus/*sehr:* brandgefährlich, -notwendig.

rand|ak|tu|ell ⟨Adj.⟩ (emotional verstärkend): *in hohem Maße aktuell:* eine -e Nachricht; das Thema ist b.

rand|an|schlag, der: *Anschlag* (2), *bei dem Feuer gelegt wird.*

rand|be|stat|tung, die (Archäol.): *Feuerbestattung.*

and|bin|de, die: *für die Behandlung kleinerer Brandwunden präparierte Mullbinde.*

and|bla|se, die: *Blase* (1 b).

and|bom|be, die: *mit leicht entzündlichen Stoffen gefüllte Bombe.*

and|brief, der [urspr. = Bettelbrief um Geld, nach häufig missbrauchten behördlichen Schreiben, die zum Sammeln für Abgebrannte berechtigten] (ugs.): *sehr dringendes Bittschreiben, Mahnbrief.*

and|di|rek|tor, der: *Leiter einer Berufsfeuerwehr.*

and|di|rek|to|rin, die: w. Form zu ↑Branddirektor.

and|ei|lig ⟨Adj.⟩ (emotional verstärkend): *sehr eilig:* ein -er Auftrag; dieser Brief ist b.

and|ei|sen, das: *stempelartiges Werkzeug zum Einbrennen von Brandzeichen.*

an|deln ⟨sw. V.; hat⟩ (bayr., österr.): 1. *nach Verbranntem riechen.* 2. *notgedrungen übermäßig viel bezahlen:* er hat ganz schön b. müssen.

an|den ⟨sw. V.⟩ [zu ↑Brandung] (geh.): a) *schäumend hochschlagen, [starke] Brandung haben* ⟨hat⟩: die See brandet stark; b) *schäumend an etw. prallen, sich an etw. brechen* ⟨ist⟩: das Meer brandet an/gegen die Kaimauer, ist gegen die Felsen gebrandet; Ü brandender *(tosender, brausender)* Beifall.

an|den|burg; -s: deutsches Bundesland.

an|den|bur|ger, der; -s, -: Ew.

an|den|bur|ger ⟨indekl. Adj.⟩.

an|den|bur|ge|rin, die; -, -nen: w. Form zu [1]Brandenburger.

an|den|bur|gisch ⟨Adj.⟩: *Brandenburg, die Brandenburger betreffend; von den Brandenburgern stammend, zu ihnen gehörend.*

and|en|te, die: *in Europa u. Asien beheimatete große Ente mit grünlich schwarzem Kopf und Hals u. weißem Körper mit breiter, fuchsroter Binde um den vorderen Teil.*

and|fa|ckel, die: *brennende Fackel, die einen Brand entfachen soll:* eine B. schleudern; Ü (geh.:) die B. des Krieges.

and|ge|fähr|lich ⟨Adj.⟩ (meist Sport Jargon): *äußerst, sehr gefährlich.*

and|ge|ruch, der: *Geruch nach etw. Verbranntem.*

and|ge|schoss, das (Milit.): *einen Brandstoff enthaltendes Geschoss* (1), *das beim Aufschlag einen Brand entfacht.*

and|gie|bel, der: *zwischen aneinander stoßenden Gebäuden erhöht gebauter feuersicherer Giebel.*

and|glo|cke, die: *Alarmglocke, die bei einem Brand geläutet wird.*

and|grab, das (Archäol.): *vorgeschichtliches Grab, in dem die Überreste von verbrannten Toten bestattet wurden.*

and|heiß ⟨Adj.⟩ (emotional verstärkend): *höchst aktuell:* ein -es Angebot.

and|herd, der: *Herd, Ausgangsstelle eines Brandes:* den B. feststellen.

n|dig ⟨Adj.⟩: 1. *brenzlig:* ein -er Geruch; b. riechen, schmecken. 2. a) (Med.) *von Gewebebrand befallen:* -es Gewebe; b) (Bot.) *von dem durch einen Pilz hervorgerufenen Brand* (5 b) *befallen.*

Bran|ding ['brændɪŋ], das; - [engl. branding, zu: to brand = mit einem Warenzeichen versehen; mit dem Brandeisen kennzeichnen]: 1. (Wirtsch.) *Entwicklung von Markennamen.* 2. *das Einbrennen von bestimmten Mustern in die Haut mithilfe einer heißen Nadel.*

Brand|kas|se, die: *kleinere Feuerversicherung.*

Brand|ka|ta|stro|phe, die: *durch einen Brand* (1 a) *ausgelöste Katastrophe.*

Brand|kul|tur, die: *landwirtschaftliches Verfahren, durch Abbrennen des Bodens Nutzland zu gewinnen.*

Brand|le|ger, der; -s, - (österr.): *Brandstifter.*

Brand|le|ge|rin, die; -, -nen: w. Form zu ↑Brandleger.

Brand|le|gung, die; -, -en (österr.): *Brandstiftung.*

Brand|mal, das ⟨Pl. -e, selten: ...mäler⟩ (geh.): *durch eine Verbrennung entstandenes* [1]*Mal* (1), *Zeichen.*

Brand|ma|le|rei, die: *das Einbrennen von bildlichen Darstellungen in Holz mit einem glühenden Stahl- od. Platinstift.*

Brand|ma|na|ger ['brænd 'mænɪdʒɐ], der; -s, - [engl., zu: brand = Marke (2 a); Brandmal] (Wirtsch.): *Angestellter eines Unternehmens, der für Marketing u. Werbung eines Markenartikels verantwortlich ist.*

brand|mar|ken ⟨sw. V.; hat⟩ [eigtl. = mit einem Brandzeichen kenntlich machen]: *[öffentlich] bloßstellen, anprangern, scharf kritisieren:* er brandmarkte die Missstände; er war für immer [als Verbrecher] gebrandmarkt.

Brand|mau|er, die: *feuerbeständige Mauer zwischen aneinander stoßenden Gebäuden.*

Brand|meis|ter, der: *Führer eines Trupps der Berufsfeuerwehr.*

Brand|meis|te|rin, die: w. Form zu ↑Brandmeister.

Brand|nacht, die: *Nacht des Brandes:* er hat für die B. kein Alibi.

brand|neu ⟨Adj.⟩ [LÜ von engl. brand-new] (emotional verstärkend): *ganz neu:* ein -er Wagen; das Modell ist b.

Brand|op|fer, das: 1. (Rel.) *Opfer* (1 a), *bei dem ein geschlachtetes Tier auf dem Altar verbrannt wird.* 2. *Opfer* (3) *einer Brandkatastrophe.*

Brand|pfeil, der: *Pfeil* (1), *dessen Spitze mit leicht brennbarem Material umwickelt ist, das vor dem Abschießen angezündet wird u. beim Auftreffen einen Brand* (1 a) *auslösen soll.*

Brand|re|de, die: *flammende [anklagende politische] Rede:* eine B. halten.

Brand|ro|dung, die: *das Roden* (1) *durch Fällen u. Verbrennen der Bäume.*

brand|rot ⟨Adj.⟩: *leuchtend, flammend rot:* -es Haar; er wurde b. im Gesicht.

Brand|satz, der: *leicht entzündliches Gemisch aus chemischen Stoffen (bes. als Füllung von Brandbomben).*

brand|schat|zen ⟨sw. V.; hat⟩ [mhd. brantschatzen = durch Drohung mit Brand Abgaben erpressen, zu mhd. schatzen, ahd. scazzōn = Schätze sammeln; besteuern] (früher): a) *mit der Drohung, Feuer zu legen, erpressen u. ausplündern, ausrauben:* eine brandschatzende Horde; gebrandschatzte Gebiete; b) *Feuer legen.*

Brand|schnei|se, die: *in eine Waldfläche geschlagene Schneise* (1) *od. zwischen bebauten Flächen durch Einreißen u. Einebnen von Gebäuden geschaffener Zwischenraum, der bei einem Brand* (1 a) *das Übergreifen der Flammen verhindern soll.*

Brand|schutz, der: *Gesamtheit der Maßnahmen zur Verhütung u. Bekämpfung von Bränden.*

Brand|soh|le, die [wird aus weniger gutem Leder gemacht, in dem meist das Brandzeichen sitzt]: *innere Sohle des Schuhs.*

Brand|stät|te, die (geh.): vgl. Brandstelle (1).

Brand|stel|le, die: 1. *Stelle, an der es brennt, gebrannt hat.* 2. *verbrannte, verkohlte Stelle:* -n im Holz, in der Decke.

Brand|stif|ter, der: *jmd., der vorsätzlich einen Brand legt od. fahrlässig einen Brand verursacht:* Ü die eigentlichen B. (geh.; *Anstifter*) blieben lange im Verborgenen.

Brand|stif|te|rin, die: w. Form zu ↑Brandstifter.

Brand|stif|tung, die: *vorsätzliches od. fahrlässiges Verursachen eines Brandes* (1 a).

Brand|stoff, der: *leicht brennbare, schwer zu löschende chemische Substanz (z. B. Phosphor, Napalm), die als Füllung von Geschossen verwendet wird.*

Brand|teig, der (Kochk.): *auf dem Herd, bei schwacher Hitze bereiteter Teig für bestimmte Arten von Gebäck.*

Bran|dung, die; -, -en ⟨Pl. selten⟩ [älter Branding < niederl. branding, zu: branden = brennen (nach dem Vergleich mit der Bewegung der Flammen od. mit einer kochenden Masse)]: *am Strand, an der Küste sich brechende Wellen:* sich in die B. stürzen.

Bran|dungs|küs|te, die: *Küste mit [starker] Brandung.*

Bran|dungs|rei|ten, das; -s: *Surfing* (1).

Brand|ur|sa|che, die: *Ursache eines Brandes* (1 a).

Brand|ver|hü|tung, die: *Verhütung eines Brandes* (1 a): Maßnahmen zur B. treffen.

Brand|wa|che, die: 1. *Überwachung einer Brandstelle nach Beendigung der Löscharbeiten.* 2. *Posten, der die Brandwache* (1) *übernimmt:* die B. bilden.

Brand|wun|de, die: *durch Verbrennung entstandene Wunde.*

Bran|dy ['brɛndi], der; -s, -s [engl. brandy, kurz für älter: brand(e)wine < niederl. brandewijn]: engl. Bez. für *Weinbrand.*

Brand|zei|chen, das: *in das Fell von Zuchttieren eingebranntes Zeichen.*

brann|te: ↑brennen.

Brannt|kalk, der: *durch Brennen von Kalk gewonnener technischer Rohstoff; Ätzkalk.*

Brannt|wein, der [zusger. aus mhd. gebranter wīn, da urspr. aus Wein hergestellt] (Fachspr., sonst veraltend): *alkoholreiches Getränk, das durch Destillation gegorener Flüssigkeiten gewonnen wird.*

Brannt|wein|bren|ner, der: *Hersteller von Branntwein.*

Brannt|wein|bren|ne|rei, die: *Brennerei* (b).

Brannt|wein|bren|ne|rin, die: w. Form zu ↑Branntweinbrenner.

Brannt|wein|mo|no|pol, das: *Monopol (des Staates) auf Herstellung u. Verkauf von Branntwein.*

Brannt|wein|steu|er, die: *auf Branntwein erhobene Steuer.*

[1]Bra|sil, der; -s, -e u. -s [zu Brasilien]: *dunkelbrauner, würziger südamerikanischer Tabak.*

[2]Bra|sil, die; -, -[s]: *Zigarre aus* [1]*Brasil.*

Bra|si|lia [bra'zi:li̯a]: Hauptstadt von Brasilien.

Bra|si|li|a|ner, der; -s, -: Ew.

Bra|si|li|a|ne|rin, die; -, -nen: w. Form zu ↑Brasilianer.

bra|si|li|a|nisch ⟨Adj.⟩: *Brasilien, die Brasilianer betreffend; von den Brasilianern stammend, zu ihnen gehörend.*

Bra|si|li|en; -s: Staat in Südamerika.

Bra|sil|zi|gar|re, die: [2]*Brasil.*

Brass, der; -es [mit unklarer Bedeutungsentwicklung zu mniederd. bras = Lärm; Prasserei, zu: brassen, ↑prassen] (ugs.): *Ärger, Wut.*

Bras|se, die; -, -n, Brassen, der; -s, - [mniederd. brassem] (nordd., md.): *Brachse, Brachsen.*

Bras|sen: ↑Brachsen.

brät: ↑braten.

Brat|ap|fel, der: *auf der Herdplatte od. im Backofen durch Hitzeeinwirkung mürbe gemachter Apfel.*

bra|ten ⟨st. V.; hat⟩ [mhd. brāten, ahd. brātan, urspr. = (auf)wallen, sieden; nicht verw. mit ↑Braten]: a) *in Fett gar u. an der Oberfläche braun werden lassen:* Fleisch knusprig b.; etw. in Butter, in Öl b.; Kartoffeln in der Asche b. *(in der heißen Asche eines offenen Feuers gar werden lassen);* b) *unter Hitzeeinwirkung [in Fett] gar u. an der Oberfläche braun werden:* auf dem Ofen brieten Äpfel; Ü in der Sonne b. (ugs.;

B

besonders lange sonnenbaden); sich in/von der Sonne b. lassen (ugs.; *sich der prallen Sonne aussetzen u. sich bräunen lassen*).

Bra|ten, der; -s, - [mhd. brāte, ahd. brāto = schieres Fleisch, Weichteile; mhd. (in Anlehnung an das nicht verwandte ↑braten) = gebratenes Fleisch]: *größeres gebratenes od. zum Braten bestimmtes Stück Fleisch:* den B. in den Ofen schieben, tranchieren; Brote mit kaltem B.; Ü ein fetter B. (ugs.; *ein großer Gewinn, ein guter Fang*); * **den B. riechen** (ugs.; *merken, ahnen, was an Unangenehmem auf einen zukommt od. wo sich eine vorteilhafte Möglichkeit bietet*); **dem B. nicht trauen** (ugs.; *einer bestimmten Sache gegenüber misstrauisch sein*).

Bra|ten|duft, der: *von gebratenem Fleisch ausgehender Duft* (1).

Bra|ten|fett, das: *beim Braten aus dem Fleisch austretendes Fett.*

Bra|ten|fond, der: *Fond* (4).

Bra|ten|plat|te, die: *längliche Platte zum Servieren eines Bratens.*

Bra|ten|rock, der [in Anlehnung an älter: Bratenwams, das man bei Gastmählern trug] (veraltend scherzh.): *Gehrock.*

Bra|ten|saft, der: *beim Braten aus dem Fleisch austretender Saft.*

Bra|ten|so|ße, die: *[aus dem Bratensaft hergestellte] Soße, die zum Braten gegessen wird.*

Bra|ten|wen|der, der; -s, -: *Gerät, mit dessen Hilfe der Braten im Topf, in der Pfanne von einer Seite auf die andere gedreht werden kann.*

Brä|ter, der; -s, - (landsch.): *längliche [ovale] Pfanne mit hohem Rand [und Deckel] zum Braten und Schmoren.*

brat|fer|tig ⟨Adj.⟩: vgl. backfertig.

Brat|fett, das: *zum Braten verwendetes, geeignetes Fett.*

Brat|fisch, der: *gebratener od. zum Braten bestimmter Fisch.*

Brat|hähn|chen, das: *gebratenes Hähnchen.*

Brat|hendl, das (bayr., österr.): *Brathähnchen.*

Brat|he|ring, der: *gebratener Hering:* sauer eingelegte -e.

Brat|huhn, Brat|hühn|chen, das: vgl. Brathähnchen.

Brat|kar|tof|fel, die ⟨meist Pl.⟩: **1.** *in Scheibchen od. Würfel geschnittene u. gebratene rohe od. gekochte Kartoffel.* **2.** ⟨Pl.⟩ *Gericht aus Bratkartoffeln* (1).

Brat|kar|tof|fel|ver|hält|nis, das (ugs. abwertend veraltend): *von einem Mann bestimmter äußerer Annehmlichkeiten wegen unterhaltenes Verhältnis* (3 a), *bei dem von seiner Seite keine wirkliche Bindung besteht.*

Brat|klops, der (nordostd.): *Frikadelle.*

Brat|ling, der; -s, -e (Kochk.): *gebratener Kloß aus Gemüse, Hülsenfrüchten.*

Brat|pfan|ne, die: *Pfanne zum Braten.*

Brat|röh|re, die: *Backofen.*

Brat|rost, der: *Rost* (a), *auf dem Fleisch o. Ä. gebraten wird.*

Brat|sche, die; -, -n [gek. aus: Bratschgeige < ital. viola da braccio = Armgeige, aus: viola (↑[2]Viola) u. braccio = Arm < lat. brachium]: *Streichinstrument, das etwas größer ist als eine Violine u. eine Quinte tiefer als diese gestimmt ist.*

Brat|scher, der; -s, -: *jmd., der [berufsmäßig] Bratsche spielt.*

Brat|sche|rin, die; -, -nen: w. Form zu ↑Bratscher.

Brat|schist, der; -en, -en: *Bratscher.*

Brat|schis|tin, die; -, -nen: w. Form zu ↑Bratschist.

Brat|spieß, der: *Spieß* (2).

Brat|wurst, die: *[überwiegend aus Schweinefleisch bestehende] zum Braten bestimmte od. gebratene Wurst.*

Bräu, das; -[e]s, -e u. -s [mhd. briuwe = das Brauen, Gebrautes, zu: briuwen, ↑brauen] (südd.): **1.** *Bier.* **2.** *Brauerei* (2).

Brauch, der; -[e]s, Bräuche [mhd. brūch, ahd. brūh = Nutzen, Gebrauch, zu ↑brauchen]: *innerhalb einer Gemeinschaft fest gewordene u. in bestimmten Formen ausgebildete Gewohnheit; überkommene Sitte:* ein überlieferter B.; ein religiöser B.; so ist es B.; so will es der B.; das ist bei ihnen so B. *(ist dort üblich);* etw. nach altem B. feiern.

brauch|bar ⟨Adj.⟩: *[für etw.] geeignet, verwendbar:* -e Vorschläge machen; das Material ist noch b.; er schreibt, argumentiert recht b. *(gut).*

Brauch|bar|keit, die; -: *das Brauchbarsein.*

brau|chen ⟨sw. V.; hat⟩ [mhd. brūchen, ahd. brūhhan, urspr. = Nahrung aufnehmen, dann: an etw. teilhaben; nutzen, verwenden]: **1. a)** *nötig haben, [für sich] benötigen:* etw. dringend b.; Trost b.; zum Lesen eine Brille b.; Geld für etw. b.; jmdn., jmds. Hilfe b.; ich brauchte/(ugs.:) bräuchte eigentlich neue Schuhe; diese Arbeit braucht [ihre] Zeit *(lässt sich nicht schnell erledigen);* ich brauche das (ugs.; *ich habe das Bedürfnis danach*); er hat alles, was man zum Leben braucht; **b)** *(zur Erledigung von etw. eine bestimmte Zeit) benötigen, aufwenden müssen:* der Zug braucht zwei Stunden bis Stuttgart; **c)** (geh. veraltend) *bedürfen:* es braucht keines Beweises, keiner weiteren Erklärungen; ⟨schweiz., sonst ugs. auch mit Akk.⟩ es braucht nur einen Wink, und er kommt zurück. **2.** *gebrauchen, verwenden, benutzen:* etwas häufig b.; das kann ich gut b.; kannst du die Sachen noch b.? *(hast du noch Verwendung dafür?);* seinen Verstand, seine Ellenbogen b.; er ist zu allem zu b. (ugs.; *ist sehr anstellig*); sie war heute zu nichts zu b. (ugs.; *war zu keiner Arbeit imstande*). **3.** *(in bestimmter Menge) verbrauchen, aufbrauchen:* das Gerät braucht wenig Strom; sie haben alles Geld gebraucht. **4.** ⟨mit Inf. mit »zu«; verneint od. eingeschränkt⟩ *müssen:* er braucht heute nicht zu arbeiten/(ugs. auch ohne »zu«:) braucht heute nicht arbeiten; du brauchst doch nicht *(es ist doch kein Grund vorhanden)* gleich zu weinen; es braucht nicht sofort zu sein *(es hat Zeit);* du brauchst es [mir] nur zu sagen; ⟨mit Ellipse eines Verbs der Bewegung⟩ (ugs.:) ich brauche heute nicht in die Stadt.

Brauch|tum, das; -s, ...tümer ⟨Pl. selten⟩: *Gesamtheit der im Laufe der Zeit entstandenen u. überlieferten Bräuche:* bäuerliches B.; in der Gegend hat sich noch altes B. erhalten.

Brauch|was|ser, das ⟨o. Pl.⟩: *Betriebswasser.*

Braue, die; -, -n [mhd. brā = Braue, Wimper, ahd. brā(wa) = Braue, Wimper, Lid, wahrsch. urspr. = Zwinkerndes, Blinzelndes (als Bez. für das Lid)]: *Augenbraue.*

brau|en ⟨sw. V.; hat⟩ [mhd. briuwen, brūwen, ahd. briuwan, brūwan, urspr. = (auf)wallen, sieden]: **1. a)** *Bier herstellen:* Bier b.; **b)** (ugs.) *ein Getränk zubereiten:* [sich] einen starken Kaffee b. **2.** (dichter.) *brodeln, wallen.*

Brau|er, der; -s, - [mhd. brouwer]: *Fachmann für die Herstellung von Bier* (Berufsbez.).

Brau|e|rei, die; -, -en: **1.** ⟨o. Pl.⟩ *Bierherstellung, das Brauen:* etwas von der B. verstehen. **2.** *Gewerbebetrieb zur Herstellung von Bier.*

Brau|e|rin, die; -, -nen: w. Form zu ↑Brauer.

Brau|gers|te, die: *besonders gut für die Brauerei* (1) *geeignete Gerstensorte.*

Brau|haus, das: *Brauerei* (2).

Brau|meis|ter, der: *jmd., der als Brauer ausgebildet ist.*

Brau|meis|te|rin, die: w. Form zu ↑Braumeister.

braun ⟨Adj.⟩ [mhd., ahd. brūn, urspr. = (weiß, rötlich, braun) schimmernd, leuchtend]: **1. a)** *von der Farbe feuchter Erde:* -es Haar haben; b. wie Kaffee; etw. b. färben; sich von der Sonne b. brennen *(bräunen)* lassen; sie kam b. gebrannt aus dem Urlaub; **b)** *sonnengebräunt:* sehr b. aus dem Urlaub nach Hause kommen. **2.** (abwertend) *nationalsozialistisch:* die -e Epoche; eine -e Gesinnung; er war b. *(war ein überzeugter Nationalsozialist).*

Braun, das; -s, - (ugs.: -s): *braune Farbe:* ein dunkles, kräftiges B.; er bevorzugt [die Farbe] B.; sie erschien in B. *(in brauner Kleidung).*

Braun|al|ge, die: *Alge von meist bräunlicher Farbe.*

braun|äu|gig ⟨Adj.⟩: *braune Augen habend:* ein -es Mädchen.

Braun|bär, der: *Bär mit hell- bis dunkelbraunem Fell.*

[1]Brau|ne, das; -n ⟨Dekl. ↑[2]Junge, das⟩: **1.** *das Braunsein, braune Farbe:* ein Gelb, das ins B. übergeht. **2.** *bräunliche Verfärbung; braun gefärbte Stelle:* das B. an einem Apfel entfernen

[2]Brau|ne, der; -n, -n ⟨Dekl. ↑Abgeordnete⟩: **1.** *braunes Pferd.* **2.** (österr.) *Mokka mit Sahne od. Milch:* ein großer -r. **3.** (salopp) **a)** *Fünfzigmarkschein;* **b)** *Tausendmarkschein.*

Bräu|ne, die; - [mhd. briune]: *braune Färbung der Haut:* eine gesunde B.

bräu|nen ⟨sw. V.; hat⟩ [mhd. briunen]: **1. a)** *bewirken, dass jmd., etw. ein braunes Aussehen bekommt; braun machen:* die Sonne hat mich gebräunt; ⟨auch ohne Akk.-Obj.:⟩ die Sonne bräunt noch nicht; **b)** *braunes Aussehen bekommen, braun werden:* in der Sonne b.; ⟨auch b. + sich:⟩; meine Haut hat sich schnell gebräunt; **c)** ⟨b. + sich⟩ *braun werden:* im Herbst bräunen sich die Blätter. **2.** (Kochk.) **a)** *unter Hitzeeinwirkung braun [und knusprig] werden lassen:* Zwiebeln in Öl b.; gebräunte Butter; **b)** *unter Hitzeeinwirkung braun [und knusprig] werden:* die Gans bräunt schön, gleichmäßig; ⟨auch b. + sich:⟩ das Brot bräunte sich.

braun ge|brannt: s. braun (1 a).

braun|haa|rig ⟨Adj.⟩: *mit braunen Haaren:* ein -es Mädchen.

braun|häu|tig ⟨Adj.⟩: *braune Haut habend.*

Braun|kehl|chen, das; -s, -: *Singvogel aus der Familie der Drosseln mit bräunlichem Gefieder mit hellerer Streifung u. einem weißen Streifen über dem Auge.*

Braun|kohl, der (landsch.): *Grünkohl.*

Braun|koh|le, die: *aus untergegangenen Wäldern entstandene, erdige bis faserige Kohle von braner bis schwarzer Farbe.*

Braun|koh|len|bri|kett, das: *Brikett aus Braunkohle.*

Braun|koh|len|gas, das: *beim Schwelen von Braunkohle anfallendes Gas.*

Braun|koh|len|teer, der: vgl. Braunkohlengas.

bräun|lich ⟨Adj.⟩: *ein wenig braun getönt, sich im Farbton dem Braun nähernd, ins Braune spielend:* ein -es Fell; -e Haut.

Braun|schweig: Stadt in Niedersachsen.

Bräu|nung, die; -, -en: **1.** *das Bräunen; Braunwerden:* die B. der Haut. **2.** *braune Färbung:* eine schöne B. aufweisen.

Bräu|nungs|stu|dio, das: *mit Solarien ausgestatteter Salon o. Ä. zur Bräunung des Gesichts u. des Körpers.*

Braus: ↑Saus.

Brau|se, die; -, -n [1: gek. aus Brauselimonade; 2: niederd. bruse; zu ↑brausen]: **1.** (ugs. veraltend) *Limonade:* eine B. trinken. **2.** (veraltend) *Vorrichtung zum Brausen* (2); *Dusche:* die B. aufdrehen; sich mit der B. abspritzen. **3.** *siebartig durchlöcherter Aufsatz an Gießkannen (zum Verteilen des Wassers über eine größere Fläche):* die B. [auf die Gießkanne] aufsetzen.

Brau|se|bad, das (veraltend): *Duschbad.*

Brau|se|kopf, der: **1.** *Duschkopf.* **2.** (veraltend) *hitziger, leicht aufbrausender Mensch.*

brau|se|köp|fig ⟨Adj.⟩ (veraltend): *leicht aufbrausend:* ein -er junger Mann.

Brau|se|li|mo|na|de, die: *Brause* (1).

brau|sen ⟨sw. V.⟩ [mhd. brūsen, lautm. od. verw. mit ↑brauen]: **1.** *(bes. von Wind u. Wellen) ein gleichmäßiges ununterbrochenes Rauschen hervorbringen* ⟨hat⟩: das Meer, der Gebirgsbach braust; Ü brausenden *(tosenden)* Beifall ernten. **2.** (veraltend) *duschen* ⟨hat⟩: heiß, kalt b.; ich brause [mich] jeden Tag. **3.** *sich [geräuschvoll] mit hoher Geschwindigkeit bewegen* ⟨ist⟩: über die Autobahn b.

Brau|sen, das; -s: **1.** *gleichmäßiges starkes Rauschen.* **2.** (veraltend) *das Duschen.*

Brau|se|pul|ver, das: *aus verschiedenen Stoffen u. a. Kohlendioxid, Fruchtsäuren, Geschmack* *stoffen bestehendes pulvriges Gemisch, das sich in Wasser unter Aufbrausen löst.*

Brau|stät|te, die (geh.): *Brauereibetrieb in seiner Gesamtheit.*

Bräu|stüb|chen, das [zu ↑Bräu] (südd.): **a)** *kleines Gasthaus;* **b)** *Gastraum [einer Brauerei].*

Braut, die; -, Bräute [mhd., ahd. brūt, H. u.]: **a)** *Frau an ihrem Hochzeitstag:* die B. war, ging in Weiß; die B. zum Altar führen; **b)** *Verlobte:* eine heimliche B. haben; sie ist seine B.; Ü B. Christi (kath. Rel.; *Nonne*); **c)** (Jugendspr.) *Mädchen [als Objekt sexueller Begierde]:* wir haben tolle Bräute in unserer Klasse.

raut|aus|stat|tung, die: *Ausstattung* (2 d), *die einer Tochter bei der Heirat von ihren Eltern zugewendet wird; Aussteuer.*

raut|bu|kett, das: *Brautstrauß.*

räut|chen, das; -s, -: Vkl. zu ↑Braut (a, b).

raut|el|tern ⟨Pl.⟩: *Eltern der Braut.*

raut|füh|rer, der: *Begleiter einer Brautjungfer im Hochzeitszug.*

räu|ti|gam, der; -s, -e, ugs. auch: -s [mhd. briutegome, ahd. brūtigomo, aus brūt = Braut u. gomo = Mann (verw. mit lat. homo = Mann; Mensch)]: **a)** *Mann an seinem Hochzeitstag:* der B. führte seine Braut zum Altar; **b)** *Verlobter:* sie stellte ihn auf der Party als ihren B. vor.

raut|jung|fer, die: *ledige Freundin od. Verwandte der Braut, die diese zur Kirche führt od. dem Paar im Hochzeitszug folgt.*

raut|kleid, das: *Hochzeitskleid* (1).

raut|kranz, der: *[Myrten]kranz, den die Braut als Kopfschmuck bei der Hochzeit trägt.*

raut|kro|ne, die: *mit Perlen u. Bändern versehener kostbarer Kopfschmuck der Braut bei der Hochzeit.*

raut|leu|te ⟨Pl.⟩: *Brautpaar.*

räut|lich ⟨Adj.⟩: **a)** *die Braut betreffend, zu ihr gehörend:* -er Kopfschmuck; **b)** *wie es einer Braut zukommt:* b. aussehen.

raut|mut|ter, die: *Mutter der Braut* (a).

raut|paar, das: *verlobtes Paar; Paar am Tag der Hochzeit.*

raut|preis, der (Völkerk.): *Preis, den der Bräutigam bei einer Kaufheirat an den Vater der Braut zu zahlen hat.*

raut|schau: in den Wendungen **auf [die] B. gehen; B. halten** (ugs. scherzh.; *eine Ehefrau suchen*).

raut|schlei|er, der: *Schleier* (1) *der Braut.*

raut|stand, der ⟨o. Pl.⟩ (veraltend): *Zeit von der Verlobung bis zur Hochzeit.*

raut|strauß, der: *Blumengebinde, das die Braut [vom Bräutigam bekommt u.] während der Zeremonie der Trauung in der Hand hält.*

raut|va|ter, der: *Vater der Braut* (a).

rav ⟨Adj.⟩ [frz. brave < ital. bravo = wacker; unbändig, wild, über das Vlat. zu lat. barbarus = fremd; ungesittet, ↑Barbar]: **1.** *(von Kindern) sich so verhaltend, wie es die Erwachsenen erwarten od. wünschen; gehorsam; artig:* ein -es Kind; sei b.!; b. sitzen bleiben. **2. a)** (veraltend) *von rechtschaffener, biederer Wesensart:* ein -er Bürger; sie hat einen -en Mann; **b)** *bieder, hausbacken:* das Kleid ist für einen Ball zu b.; eine Sonate b. *(korrekt, aber ohne besonderes Format)* herunterspielen. **3.** (veraltet) *tapfer, mutig:* ein -er Soldat; sich b. schlagen.

rav|heit, die; -: *das Bravsein.*

ra|vis|si|mo ⟨Interj.⟩ [ital. bravissimo, Sup. von ↑bravo]: *sehr gut!; ausgezeichnet!* (Ausruf des Beifalls u. der Anerkennung).

ra|vo ⟨Interj.⟩ [ital. bravo (Beifallsruf der Zuschauer in der italienischen Oper), ↑brav]: *gut!; schön!* (Ausruf des Beifalls u. der Anerkennung): b. rufen.

ra|vo, das; -s, -s: *Bravoruf, Beifallsruf:* ein B. für den Künstler; B. rufen.

ra|vo|ruf, der: *Beifallsruf.*

a|vour [bra'vu:ɐ̯], (auch:) Bravur, die; -, -en [frz. bravoure < ital. bravura = Tüchtigkeit, Tapferkeit, zu: bravo, ↑brav]: **1.** ⟨o. Pl.⟩ *Tapferkeit, Schneid:* die B. der Soldaten; mit großer B. kämpfen. **2. a)** ⟨o. Pl.⟩ *vollendete Meisterschaft, meisterhafte Technik:* eine schwere Aufgabe mit B. lösen; **b)** ⟨nur Pl.⟩ *meisterhaft ausgeführte Darbietungen, bravouröse Leistungen:* die -en der Eiskunstläuferin wurden bewundert.

Bra|vour|arie, die: *schwierige, auf virtuose Wirkung abzielende Arie (meist für Frauenstimme).*

Bra|vour|leis|tung, die: *Glanzleistung, Meisterleistung.*

bra|vou|rös [bravu'rø:s], (auch:) bravurös ⟨Adj.⟩ [frz. bravoureux]: **a)** *schneidig-forsch:* in -er Fahrt dahinbrausen; **b)** *technisch meisterhaft:* er hat beim Spiel eine -e Technik; sein Klavierspiel ist einfach b.

Bra|vour|stück, das: **1.** (Musik) *technisch schwieriges, auf virtuose Wirkung abzielendes Musikstück:* diese Arie ist ein B. **2.** *Glanzstück, Glanznummer:* diese Rede war ein wahres B.

Bra|vur usw.: ↑Bravour usw.

Braz|za|ville [braza'vil]: Hauptstadt der Republik Kongo.

BRD [be:|ɛr'de:], die; -: Bundesrepublik Deutschland.

Break ['breɪk], das od. der; -s, -s [engl., eigtl. = Durchbruch, Unterbrechung]: **1. a)** (bes. Eishockey) *Durchbruch aus der Verteidigung heraus, Überrumpelung des Gegners aus der Defensive:* das Siegestor durch ein[en] B. erzielen; **b)** (Tennis) *Gewinn eines Spiels* (3) *bei gegnerischem Aufschlag;* **c)** ⟨nur: das⟩ (Boxen) *Kommando des Ringrichters, mit dem er beide Boxer auffordert, sich aus der Umklammerung zu lösen u. einen Schritt zurückzutreten.* **2.** (Musik) *einer Kadenz* (2) *ähnliches kurzes Zwischensolo im Jazz und in der Rockmusik.* **3.** *das Breaken* (1).

Break|dance ['breɪkdɑ:ns, amerik. Ausspr.: ...dæns], der; -[s] [engl. break dancing]: *zu moderner Popmusik getanzte, rhythmisch-akrobatische Darbietung mit pantomimischen, an die maschinellen Bewegungsvorgänge von Robotern erinnernden Elementen.*

Break|dan|cer ['breɪkdɑ:nsə, amerik. Ausspr.: ...dænsə], der; -s, - [engl. break dancer]: *jmd., der Breakdance tanzt.*

Break|dan|ce|rin, die; -, -nen: w. Form zu ↑Breakdancer.

Break-even-Point ['breɪk'i:vn'pɔɪnt], der; -[s], -s [engl., aus to break even = die Kosten decken u. point = Punkt (3 a)] (Wirtsch.): *Rentabilitätsschwelle, Übergang zur Gewinnzone.*

brech|bar ⟨Adj.⟩: *sich brechen* (1, 4, 6) *lassend.*

Brech|bar|keit, die; -: *das Brechbarsein.*

Brech|boh|ne, die: *fleischige, leicht durchzubrechende Gartenbohne.*

Bre|che, die; -, -n (Landw. früher): *Gerät, mit dem die der Flachsfaser noch anhaftenden Rinden- u. Holzteile zerkleinert werden.*

Brech|ei|sen, das: *Brechstange.*

bre|chen (st. V.) [mhd. brechen, ahd. brehhan]: **1.** *etw. Hartes, Sprödes durch starken Druck, durch Anwendung von Gewalt in [zwei] Stücke teilen, durchtrennen* ⟨hat⟩: einen Stock in Stücke b.; den Flachs b. *(mit der Breche zerkleinern);* das Brot b.; Marmor, Schiefer b. *(abbauen);* sich ⟨Dativ⟩ den Arm, den Knöchel b.; sich [beim Sturz] das Genick b. *(durch einen Genickbruch tödlich verunglücken);* *** nichts/nicht viel zu b. und zu beißen haben** (↑beißen 1 c). **2.** *(von etw. Hartem, Sprödem) durch Druck, durch Anwendung von Gewalt in [zwei] Stücke zerfallen, durchbrechen* ⟨ist⟩: die Äste brachen unter der Schneelast; das Leder beginnt zu b. *(wird rissig);* die Feder ist gebrochen; *** zum Brechen/brechend voll sein** *(überfüllt sein [sodass ein Einbrechen des Bodens zu befürchten ist]).* **3.** ⟨hat⟩ **a)** ⟨b. + sich⟩ *auf etw. auftreffen u. in eine andere Richtung abgelenkt od. zurückgetrieben werden:* die Brandung bricht sich an den Felsen; der Schall bricht sich am Gewölbe; **b)** *abprallen lassen, ablenken:* die Pfeiler brechen die Wellen. **4. a)** *etw., was sich als Barriere darstellt, durchbrechen, überwinden* ⟨hat⟩: jmds. Trotz b.; er hat sein Schweigen gebrochen *(beendet);* eine Blockade b.; einen Rekord b. *(einen neuen Rekord aufstellen);* **b)** *durchbrochen, überwunden werden* ⟨ist⟩: nach diesen Worten brach endlich ihr Widerstand. **5.** *die bisherige Verbindung, Beziehung aufgeben, abbrechen* ⟨hat⟩: mit einer Gewohnheit b.; mit der Vergangenheit b. *(einen Neubeginn versuchen).* **6.** *nicht mehr einhalten* ⟨hat⟩: einen Vertrag, einen Eid b.; die Ehe b. *(Ehebruch begehen).* **7.** (meist geh.) *plötzlich aus etw. hervorkommen, hervorbrechen* ⟨ist⟩: die Sonne bricht durch die Wolken; die Reiter brachen aus dem Hinterhalt. **8.** ⟨hat⟩ **a)** (ugs.) *erbrechen, sich übergeben:* nach dem Essen musste er heftig b.; **b)** *durch Erbrechen von sich geben:* Blut b. **9.** (Jägerspr.) *(vom Schwarzwild) den Boden aufwühlen, um Nahrung zu suchen* ⟨hat⟩: auf Mast b.

Bre|cher, der; -s, - [1: LÜ von engl. breaker]: **1.** *Woge mit sich überstürzendem Kamm; Sturzsee.* **2.** *Maschine zum Zerkleinern von harten Stoffen (bes. von Gestein) durch Druck od. Schlag.*

Brech|mit|tel, das: *¹Mittel, das angewendet wird, um ein Erbrechen auszulösen.*

Brech|reiz, der: *Gefühl, brechen* (8 a) *zu müssen.*

Brech|stan|ge, die: *starke Eisenstange mit zugespitztem od. abgeflachtem Ende, die als Hebel verwendet wird:* Ü Umweltschutz mit der B. (ugs.; *mit Gewalt, Zwang*) betreiben.

Bre|chung, die; -, -en: **1.** (Physik) *Richtungsänderung einer Welle* (4 a) *beim Übertritt in ein anderes Medium:* die B. des Lichts, von Schallwellen; Ü perspektivische -en. **2.** (Sprachw.) *Veränderung eines Vokals in den germanischen Sprachen unter dem Einfluss der benachbarten Laute.*

Bre|chungs|win|kel, der: *Winkel, in dem die Brechung* (1) *erfolgt.*

Bre|douil|le [bre'dʊljə], die; -, -n [frz. bredouille, urspr. = Dreck, H. u.] (ugs.): *Verlegenheit, Bedrängnis:* in der B. sein.

Bre|gen, (auch:) Brägen, der; -s, - [aus dem Niederd. < mniederd. bregen, bragen; vgl. engl. brain] (nordd.): **1.** *Hirn vom Schlachttier.* **2.** (ugs. scherzh.) *Schädel:* die Sonne scheint mir auf den B.

Bre|genz: Landeshauptstadt von Vorarlberg.

¹Bre|gen|zer, der; -s, -: Ew.

²Bre|gen|zer ⟨indekl. Adj.⟩.

Bre|gen|ze|rin, die; -, -nen: w. Form zu ↑¹Bregenzer.

Bre|gen|zer|wald, der; -[e]s, (auch:) **Bre|gen|zer Wald,** der; - -[e]s: Teil der nördlichen Voralpen.

Brei, der; -[e]s, -e [mhd. brī(e), ahd. brio, urspr. = Sud, Gekochtes]: *dickflüssige Speise:* einen [dicken, steifen] B. aus Grieß kochen; etw. zu B. *(zu einer breiartigen Masse)* zerstampfen; *** jmdm. B. um den Mund/ums Maul schmieren** (salopp; *jmdn. umschmeicheln, jmdn. zu Gefallen reden*); **um den [heißen] B. herumreden** (ugs.; *um etw. herumreden; nicht wagen, etw. Bestimmtes im Gespräch zur Sprache zu bringen*); **jmdn. zu B. schlagen** (derb; *jmdn. gehörig verprügeln*).

brei|ig ⟨Adj.⟩: *wie Brei, zähflüssig.*

Breis|gau, der; -[e]s: Landschaft am Oberrhein.

breit ⟨Adj.⟩ [mhd., ahd. breit, H. u.]: **1. a)** *von größerer Ausdehnung in seitlicher Richtung:* eine -e Straße; ein -es Gesicht; -e Hüften; der junge Mann ist sehr b. *(breitschultrig);* Ü etw. b. *(weitschweifig, ausführlich)* darstellen, erzählen; ein b. gefächertes *(reichhaltiges)* Angebot; *** sich b. machen** (ugs.; 1. *sehr viel Platz in Anspruch nehmen:* mach dich [auf der Couch] nicht so b.! 2. *sich immer weiter ausbreiten, immer mehr Bereiche od. Personen erfassen:* Unarten, die sich jetzt überall b. machen. 3. *sich häuslich niederlassen:* sie wollte sich in meiner Wohnung b. machen); **etw. b. schlagen** (schweiz.; *übermäßig viel Gewicht auf etw. legen*): er schlägt diese Formalitäten viel zu b.; **b)** ⟨in Verbindung mit Maßangaben nachgestellt⟩ *eine bestimmte Breite aufweisend, von einer bestimmten Breite:* ein 3 cm -er Saum; er ist so b. wie lang (ugs. scherzh.; *sehr dick*); der Stoff liegt doppelt b. *(ist* *in doppelter Breite aufgewickelt).* **2. a)** *größere Teile des Volkes, der Öffentlichkeit betreffend:* die -e Öffentlichkeit; die -e Masse *(die meisten);* -e Bevölkerungsschichten; **b)** *groß, ausgedehnt; in großem Umfang, weithin:* die Aktion fand ein -es Interesse. **3.** *unangenehm wirkend, oft aufdringlich, plump o. ä.:* ein -es Lachen, Grinsen; eine -e Aussprache. **4.** (ugs.) **a)** *betrunken:* er war vollkommen b.; **b)** *unter der Wirkung von Rauschmitteln stehend; im Rauschzustand.*

Breit|band|ka|bel, das (Elektrot.): *spezielles Kabel zur Übertragung von Frequenzen mit großer Bandbreite.*

breit|bei|nig ⟨Adj.⟩: *mit gespreizten Beinen:* ein -er Gang; b. dastehen.

Brei|te, die; -, -n [mhd. breite, ahd. breitī]: **1.** *Ausdehnung in seitlicher Richtung:* Länge, B. und Höhe eines Zimmers; ein Weg von drei Meter B.; etw. der B. nach durchsägen; Ü etw. in epischer B. *(in [allzu] großer Ausführlichkeit)* schildern; * **in die B. gehen** (ugs.; *dick werden*). **2. a)** (Geogr.) *Abstand eines Ortes der Erdoberfläche vom Äquator:* die Insel liegt [auf, unter] 50° nördlicher B.; **b)** ⟨Pl.⟩ *Gebiet einer bestimmten geographischen Breite* (2 a): in diesen -n regnet es oft.

brei|ten ⟨sw. V.; hat⟩ [mhd., ahd. breiten] (geh.): **a)** *ausbreiten:* ein Tuch über den Tisch b.; **b)** *nach den Seiten spreizen:* der Adler breitete seine Schwingen; **c)** ⟨b. + sich⟩ *sich ausdehnen, ausbreiten:* dichte Nebelschwaden breiten sich über das Tal; ein hämisches Grinsen breitete sich über sein Gesicht.

Brei|ten|ar|beit, die ⟨o. Pl.⟩: **1.** *Arbeit auf breiter Grundlage.* **2.** (Sport) *auf die Heranbildung einer großen Anzahl von Nachwuchsspielern und -mannschaften angelegtes Training.*

Brei|ten|grad, der (Geogr.): *Zone der Erdoberfläche, die von zwei um 1° auseinander liegenden Breitenkreisen eingeschlossen wird:* auf dem 40. B. liegen.

Brei|ten|kreis, der (Geogr.): *parallel zum Äquator verlaufender Kreis um die Erde.*

Brei|ten|sport, der: *von der Bevölkerung auf breiter Ebene betriebener Sport.*

brei|ten|wirk|sam ⟨Adj.⟩: *Breitenwirkung habend.*

Brei|ten|wir|kung, die: *breite Kreise erfassende Wirkung.*

breit ge|fä|chert: s. breit (1 a).

breit|krem|pig ⟨Adj.⟩: *mit breiter Krempe versehen:* ein -er Hut.

Breit|ling, der; -s, -e [zu ↑breit (1 a)]: volkst. Bez. für ↑Brachse u. ↑Karausche.

breit ma|chen: s. breit (1 a).

breit|na|sig ⟨Adj.⟩: *mit breiter Nase.*

breit|ran|dig ⟨Adj.⟩: *mit breitem Rand:* ein -er Hut.

Breit|rei|fen, der: *Autoreifen mit besonders breiter Lauffläche* (a).

breit|schla|gen ⟨st. V.; hat⟩ [1: nach dem Breitschlagen von Metall vor der Verarbeitung]: (ugs.) *überreden, beschwatzen:* jmdn. b.; sich zu etw. b. lassen.

breit|schul|te|rig, breit|schult|rig ⟨Adj.⟩: *mit breiten Schultern.*

Breit|schwanz, der: *Persianer aus dem glatten, moireähnlichen Fell nicht ausgetragener oder ganz junger Karakullämmer.*

Breit|sei|te, die: **1.** *breitere Seite von etw.; Längsseite:* die B. des Schiffes; an der B. des Tisches sitzen. **2. a)** *alle [schweren] Geschütze, die auf der Längsseite eines Schlachtschiffes aufgestellt sind;* **b)** *gleichzeitiges Abfeuern aller auf der Längsseite eines Schlachtschiffes aufgestellten Geschütze:* eine B. abgeben, abfeuern; Ü die Zeitung feuerte eine B. auf die Regierung ab.

breit|seits ⟨Adv.⟩ [↑-seits]: *mit der Breitseite* (1).

Breit|spur, die: *besonders große Spurweite bei Schienen- u. Kraftfahrzeugen.*

breit|spu|rig ⟨Adj.⟩: *mit über der Norm liegender Spurweite:* eine -e Bahn; Ü b. *(großspurig)* reden, auftreten.

breit|tre|ten ⟨st. V.; hat⟩ (ugs. abwertend): **a)** *ausgiebig, bis zum Überdruss erörtern:* sein Lieblingsthema immer wieder b.; **b)** *unnötigerweise weiterverbreiten:* eine unangenehme Geschichte überall b.

breit|wal|zen ⟨sw. V.; hat⟩ (ugs. abwertend): *weitschweifig behandeln, erörtern.*

Breit|wand, die (Kino): *besonders breite Bildwand.*

Breit|wand|film, der: *Film von breiterem Format als ein Normalfilm.*

Bre|men: Stadt u. deutsches Bundesland.

¹Bre|mer, der; -s, -: Ew.

²Bre|mer ⟨indekl. Adj.⟩.

Bre|mer|ha|ven: Stadt an der unteren Weser.

Bre|me|rin, die; -, -nen: w. Form zu ↑¹Bremer.

bre|misch ⟨Adj.⟩: *Bremen, die ¹Bremer betreffend; von den ¹Bremern stammend, zu ihnen gehörend; aus Bremen stammend.*

Brems|ba|cke, die (Kfz-T.): *Teil der Bremsvorrichtung, der beim Abbremsen gegen den in Bewegung befindlichen Teil gepresst wird.*

Brems|be|lag, der (Kfz-T.): *Belag* (2) *auf der Bremsbacke.*

¹Brem|se, die; -, -n [spätmhd. bremse = Nasenklemme < mniederd. premese, zu: prāme = Zwang, Druck od. prāmen = drücken, H. u.]: *Vorrichtung zum Verlangsamen od. Anhalten einer Bewegung:* eine hydraulische, automatische B.; die -n quietschen; der Lokführer löst die -n; die B. betätigen.

²Brem|se, die; -, -n [niederd. bremse; schon ahd. brimissa, zu: breman = brummen]: *(in vielen Arten verbreitete) große, grauschwarz bis braungelb gefärbte Stechfliege.*

brem|sen ⟨sw. V.; hat⟩ [zu ↑¹Bremse]: **a)** *die ¹Bremse betätigen:* der Fahrer hatte zu scharf gebremst; Ü wir müssen mit den Ausgaben b. *(bei den Ausgaben zurückhaltend, sparsam sein);* **b)** *die Geschwindigkeit von etw. [bis zum Stillstand] verlangsamen:* ein Fahrzeug b.; Ü eine Entwicklung b. *(verlangsamen);* die Einfuhr b. *(einschränken);* man muss ihn dauernd b. (ugs.; *davon zurückhalten, bei bestimmten Handlungen übers Ziel hinauszuschießen*); wenn er ins Erzählen kommt, ist er nicht zu b. (ugs.; *hört er nicht mehr auf*); R ich kann mich b.! (ugs.; *man wird doch wohl nicht glauben, dass ich so töricht bin, das zu tun*).

Brem|sen|stich, der: *Stich einer ²Bremse.*

Brem|ser, der; -s, -: **1.** (Eisenb. früher) *jmd., der [beim Rangieren] die ¹Bremse von Eisenbahnwagen bedient:* Ü der Koalitionspartner erwies sich als B. **2.** (Bobsport) *Schlussmann im Bob.*

Brems|fall|schirm, der: *am Heck von Fahrzeugen (z. B. Raumfahrzeugen) eingebauter Fallschirm, der v. a. zum schnelleren Abbremsen hoher Geschwindigkeiten ausgeworfen wird.*

Brems|flüs|sig|keit, die (Kfz-T.): *spezielle Flüssigkeit zur Übertragung des Drucks in hydraulischen ¹Bremsen.*

Brems|he|bel, der: *Hebel als Teil einer ¹Bremse.*

Brems|klotz, der: *keilförmiger [Holz]klotz, der die Bewegung eines Rades verhindern soll.*

Brems|leuch|te, die: *Bremslicht.*

Brems|licht, das ⟨Pl. -er⟩: *beim Bremsen aufleuchtendes (rotes) Licht an der Rückseite von Fahrzeugen.*

Brems|pe|dal, das: *Fußhebel zum Betätigen einer ¹Bremse.*

Brems|pro|be, die: *Betätigen der ¹Bremse zur Kontrolle ihrer Funktionstüchtigkeit.*

Brems|spur, die: *Spur, die ein stark abgebremstes Fahrzeug auf der Straße hinterlässt.*

Brems|trom|mel, die: *zylindrischer Körper, gegen den beim Bremsen die Bremsbacken gepresst werden.*

Brem|sung, die; -, -en: *das Bremsen.*

Brems|vor|rich|tung, die: *Vorrichtung zum [Ab]bremsen; ¹Bremse.*

Brems|weg, der: *Weg, den ein Fahrzeug vom Betätigen der ¹Bremse bis zum Stillstand zurücklegt.*

Brems|wir|kung, die: *Wirkung des Bremsens.*

brenn|bar ⟨Adj.⟩: **a)** *geeignet, die Eigenschaft besitzend zu brennen* (1 a, b): -es Material; Benzin ist leicht b.; **b)** *so beschaffen, dass damit gebrannt* (6 c) *werden kann.*

Brenn|bar|keit, die; -: *das Brennbarsein.*

Brenn|ei|sen, das: **1.** *Brennschere.* **2.** (Med.) *elektrisches Glüheisen für chirurgische Zwecke.* **3.** *Eisenstab zum Einbrennen von Brandzeichen bei Tieren.*

Brenn|ele|ment, das (Kernphysik): *aus zahlreichen, gebündelten, gasdicht abgeschlossenen Brennstäben bestehende Einheit.*

bren|nen ⟨unr. V.; hat⟩ [mhd. brennen, ahd. brennan, Kausativ zu mhd. brinnen, ahd. brinnan = brennen, leuchten, urspr. = (auf)wallen, sieden] **1. a)** *in Flammen stehen:* wie Stroh *(mit sich schnell ausbreitenden Flammen)* b.; die Scheune brennt; das Feuer brannte; ⟨auch unpers.:⟩ es brennt! *(es ist ein Feuer ausgebrochen!);* es brannte im Nebenhaus; das Schiff treibt brennend auf dem Meer; R wo brennts denn? (ugs.; *was ist denn los?*); Ü brennende Liebe; **b)** *beim Brennen eine bestimmte Eigenschaft zeigen:* Öl, Benzin brennt schnell, leicht *(ist leicht entzündbar);* **c)** *sehr heiß scheinen:* die Sonne brennt; sich in die brennende Sonne legen. **2.** *als Heizmaterial verwenden:* in diesen Öfen kann man nur Koks b. **3. a)** *(von einer Lichtquelle) eingeschaltet od. angezündet sein u. leuchten:* die Lampe brennt [die ganze Nacht]; die Kerze brennt nur noch ganz schwach; **b)** *(von einer Lichtquelle) eingeschaltet haben, leuchten lassen:* den ganzen Tag Licht b.; die Stehlampe b. **4.** *einbrennen:* das Muster ist in das Porzellan gebrannt; ich habe mir mit der Zigarette ein Loch in den Anzug gebrannt. **5.** (selten) *verbrennen* (6): jmdn. mit der Zigarette [am Arm] b. **6. a)** *unter großer Hitzeeinwirkung härten lassen:* Ziegel b.; **b)** *(von Kalkstein; zum Zwecke einer bestimmten chemischen Veränderung) großer Hitze aussetzen:* Kalk b.; **c)** *durch Destillation herstellen:* Schnaps b.; er brennt selbst, heimlich *(stellt selbst, heimlich Schnaps her).* **7.** *rösten:* Zucker [braun] b.; gebrannte Mandeln. **8.** (veraltet) *Haare mit der Brennschere wellen od. locken:* die Haare b.; ich brenne mir Wellen. **9. a)** *schmerzen, ein wundes Gefühl verursachen:* die Wunde brennt; meine Füße brennen entsetzlich; mir brennen die Augen [vor Müdigkeit, vom vielen Lesen]; Ü brennender *(quälender)* Durst; brennendes Heimweh; **b)** *scharf schmecken, einen beißenden Reiz verursachen:* der Pfeffer brennt auf der Zunge; der Schnaps brennt mir wie Feuer in der Kehle. **10. a)** *heftig nach etw. streben, trachten; auf etw. sinnen:* auf Rache b.; er brennt darauf, ihre Bekanntschaft zu machen; **b)** *leidenschaftlich erregt sein; sich kaum bezähmen können:* sie brennt vor Neugier; die jungen Spieler brennen (Sport Jargon; *sind ganz begierig zu zeigen, was sie können*). **11.** (EDV) *eine CD mit Daten beschreiben* (1 b).

bren|nend ⟨Adj.⟩: **a)** *sehr wichtig, akut:* ein -es Problem; **b)** ⟨intensivierend bei Adjektiven u. Verben⟩ *sehr:* etw. b. gern tun; sich b. für etw. interessieren.

Bren|ner, der; -s, -: **1.** *Vorrichtung zum Verbrennen fester, flüssiger od. gasförmiger Brennstoffe:* den B. reinigen. **2.** *für das Brennen von Spiritus u. Branntwein ausgebildete Fachkraft.* **3.** (EDV) kurz für ↑CD-Brenner.

Bren|ne|rei, die; -, -en: **a)** ⟨o. Pl.⟩ *Herstellung von Branntwein;* **b)** *[gewerblicher] Betrieb für die Herstellung von Branntwein.*

Bren|ne|rin, die; -, -nen: w. Form zu ↑Brenner (2).

Brenn|gas, das: *brennbares, zum Kochen und Heizen verwendetes Gas* (z. B. Erdgas).

Brenn|glas, das ⟨Pl. ...gläser⟩ (Optik): *stark gewölbte Sammellinse, die parallel einfallende Strahlen im Brennpunkt* (1 a) *vereinigt.*

Brenn|holz, das ⟨o. Pl.⟩: *als Brennmaterial verwendetes Holz:* B. sammeln.

Brenn|kam|mer, die (Technik): *Kammer* (4 b) *in Motoren, Turbinen o. Ä., in der die Brenn- od. Treibstoffe unter Zufuhr von Luft od. Sauerstoff[gemisch] verbrannt werden.*

renn|ma|te|ri|al, das: *zum Heizen geeignetes Material.*
renn|nes|sel, die: *(in mehreren Arten vorkommende) Pflanze mit elliptischen, gesägten Blättern u. unscheinbaren gelbgrünen Blüten, bei der Blätter u. Stängel mit Haaren besetzt sind, die bei Berührung eine auf der Haut brennende Flüssigkeit abgeben.*
renn|ofen, der: *Ofen, in dem Steingut, Porzellan, Ziegel o. Ä. gebrannt werden.*
renn|punkt, der [1: LÜ von lat. punctum ustionis]: **1. a)** (Optik) *Punkt, in dem sich parallel zur Achse in eine Linse od. einen Hohlspiegel einfallende Strahlen nach ihrer Brechung vereinigen:* der B. einer Linse; **Ü** die Kreuzung ist ein B. *(ein zentraler Punkt)* des Verkehrs; **b)** (Math.) *bes. ausgezeichneter Punkt bei Kegelschnitten.* **2.** *Mittelpunkt, Blickpunkt:* in den B. rücken; im B. des Interesses stehen.
renn|sche|re, die: *scherenähnliches Gerät, das erwärmt od. beheizt u. danach zum Wellen der Haare verwendet wird.*
renn|spi|ri|tus, der: *ungenießbar gemachter Spiritus, der für technische Zwecke verwendet wird.*
renn|stab, der (Kernphysik): *von einer stabförmigen Hülse umgebener Kernbrennstoff, der in den Kernreaktor eingebracht wird.*
renn|stoff, der: **1.** *leicht brennbarer Stoff zur Wärmeerzeugung:* fossile -e. **2.** (Kernphysik) kurz für ↑Kernbrennstoff.
enn|wei|te, die (Optik): *Abstand eines Brennpunkts von dem ihm zugeordneten Hauptpunkt auf der Linse od. dem Hohlspiegel.*
enn|wert, der: **1.** *Wärmeleistung von Heizgeräten:* dieser Ofen hat einen hohen B. **2.** *bei der Verbrennung eines Stoffes frei werdende Wärmemenge.*
enz|lig ⟨Adj.⟩: **a)** (veraltend) *verbrannt, nach Brand [riechend]:* ein -er Geruch; **b)** (ugs.) *bedenklich, gefährlich:* eine -e Situation; die Sache ist, wird [mir] zu b.
e|sche, die; -, -n [urspr. = aus einer Festungsmauer herausgeschossene Öffnung < frz. brèche, aus dem Germ.] (veraltend): *große Lücke:* eine B. [in die Festung] schlagen; ***für jmdn., etw. eine B. schlagen** *(sich für jmdn., etw. erfolgreich einsetzen);* **[für jmdn., etw.] in die B. springen/treten; sich [für jmdn., etw.] in die B. werfen** *(für jmdn., etw. einspringen, eintreten).*
es|lau: Stadt an der Oder; vgl. Wrocław.
e|ta|gne [brəˈtanjə, bre...], die; -: französische Halbinsel.
e|to|ne [bre...], der; -n, -n: Ew. zu ↑Bretagne.
e|to|nin, die; -, -nen: w. Form zu ↑Bretone.
e|to|nisch ⟨Adj.⟩: **a)** *die Bretagne, die Bretonen betreffend; von den Bretonen stammend, zu ihnen gehörend;* **b)** *in der Sprache der Bretonen.*
e|to|nisch, das; -[s], ⟨nur mit best. Art.:⟩ **Bre|to|ni|sche,** das; -n: *bretonische Sprache.*
ett, das; -[e]s, -er [mhd., ahd. bret, urspr. = (aus einem Stamm) Geschnittenes]: **1.** *flaches, langes, aus einem Baumstamm geschnittenes Holzstück:* ein stabiles B.; die -er sind morsch; -er schneiden; aus -ern ein Regal anfertigen; ***schwarzes B.** *([schwarz gestrichene] Tafel für Anschläge, Bekanntmachungen;* urspr. eine Tafel in Wirtshäusern, an der angekreidet wurde, was der einzelne Gast zu zahlen hatte); **ein B. vor dem Kopf haben** (ugs.; *begriffsstutzig sein;* nach der Gewohnheit der Bauern in früheren Zeiten, störrischen Ochsen mit einem vor die Augen gehängten Brett die Sicht zu nehmen); **das B. bohren, wo es am dünnsten ist** (ugs.; *sich eine Sache leicht machen*); **etw. auf einem B. bezahlen** *(auf einmal, bar bezahlen).* **2.** *Spielplatte für Brettspiele:* am ersten, zweiten B. des Turniers spielen; die Figuren auf das B. setzen. **3.** ⟨Pl.⟩ **a)** *Bühne:* der Künstler steht nun wieder auf den -ern; ***die -er, die die Welt bedeuten** (geh.; *Bühne;* 1803 von Fr. Schiller in dem Gedicht »An die Freunde« geprägt); **b)** *Boden des Boxrings:* er schickte seinen Gegner dreimal auf die -er. **4.** ⟨Pl.⟩ *Ski:* die -er wachsen; [sich ⟨Dativ⟩] die -er an-, abschnallen; noch unsicher auf den -ern stehen.
Bret|tel, Brettl, das; -s, -[n] ⟨meist Pl.⟩ (südd., österr.): **a)** *kleines Brett;* **b)** *Ski.*
Bret|ter|bu|de, die: *Bude, die aus Brettern zusammengefügt ist.*
Bret|ter|ge|rüst, das: *Gerüst aus Brettern.*
¹bret|tern ⟨sw. V.; ist⟩ [wohl zu ↑Bretter (4) u. urspr. = mit Skiern schnell zu Tal fahren] (ugs.): *mit hoher Geschwindigkeit [mit dem Auto] fahren.*
²bret|tern ⟨Adj.⟩: *aus Brettern bestehend.*
Bret|ter|ver|schlag, der: *Verschlag* (1).
Bret|ter|wand, die: vgl. Bretterzaun.
Bret|ter|zaun, der: *aus Brettern zusammengefügter Zaun.*
brett|hart ⟨Adj.⟩: *hart wie ein Brett; sehr hart:* ein -es Stück Brot; die Wege sind b. gefroren.
Brettl, das; -s, -: **1.** *Kleinkunstbühne, Kabarett.* **2.** ↑Brettel.
Brettl|jau|se, die (österr.): *auf einem Brett servierte rustikale Zwischenmahlzeit.*
Brett|spiel, das: *Unterhaltungsspiel, das mit Figuren od. Steinen auf einem Spielbrett gespielt wird.*
Bre|vier, das; -s, -e [spätmhd. breviere < lat. breviarium, kurzes Verzeichnis, zu brevis = kurz]: **1.** (kath. Kirche) **a)** *Gebetbuch des katholischen Klerikers mit den Stundengebeten:* im B. lesen; **b)** *tägliches kirchliches Stundengebet:* das B. beten. **2.** (veraltend) **a)** *kurze Sammlung wichtiger Stellen aus den Werken eines Dichters o. Ä.:* ein B. zusammenstellen; **b)** *kurzer, praktischer Leitfaden:* ein B. für gutes Benehmen.
Bre|zel, die; -, -n, österr. auch: das; -s, - [mhd. brēzel, ahd. brez[i]tella, brecedela, wohl Vkl. von lat. brachium = Unterarm]: *salziges, in Natronlauge getauchtes od. süßes Gebäckstück von einer charakteristischen, geschlungenen Form.*
Bre|zel|ba|cken, das; -s: *Herstellung von Brezeln;* ***wies B. gehen** (ugs.; *in auffallend kurzer Zeit, sehr rasch vor sich gehen*).
Bre|zen, die; -, - (bayr., österr.): *Brezel.*
Bridge [brɪtʃ od. brɪdʒ], das; - [engl. bridge, H. u.]: *aus dem Whist hervorgegangenes Kartenspiel für vier Spieler.*
Bridge|par|tie, die: *Partie* (2) *Bridge.*
Brie, der; -[s], -s: kurz für ↑Briekäse.
Brief, der; -[e]s, -e [mhd., ahd. brief < spätlat. breve = kurzes Verzeichnis, subst. Neutr. von lat. brevis = kurz]: *schriftliche, in einem [verschlossenen] Umschlag übersandte Mitteilung:* ein persönlicher B.; der B. ging verloren; unsere -e haben sich gekreuzt; einen B. öffnen, als/per Einschreiben schicken; sie beantwortete seine -e nicht; mit jmdm. -e wechseln; ***blauer B.** (ugs.; **1.** *Kündigungsschreiben.* **2.** *Mitteilung der Schule an die Eltern über die gefährdete Versetzung ihres Kindes;* nach dem blauen Umschlag des Briefs, in dem [seit 1870] einem Offizier der Abschied mitgeteilt wurde); **offener B.** *(in der Presse veröffentlichter Brief an eine prominente Persönlichkeit od. Institution, in dem ein die Allgemeinheit angehendes Problem aufgeworfen, eine Kritik ausgesprochen wird o. Ä.);* **jmdm. B. und Siegel [auf etw.] geben** (*jmdm. etw. fest zusichern;* ein Brief in der urspr. Bedeutung der Rechtssprache »offizielle schriftliche Mitteilung, Urkunde« wurde erst durch das Siegel voll rechtsgültig): ich gebe Ihnen [darauf] B. und Siegel, dass es stimmt.
Brief|be|schwe|rer, der; -s, -: *[künstlerisch geformter] Gegenstand zum Beschweren von losen Papieren, Schriftstücken o. Ä.*
Brief|block, der ⟨Pl. ...blöcke u. -s⟩: *Block, von dem einzelne Briefbogen abgetrennt werden können.*
Brief|bo|gen, der: *einzelner Bogen Briefpapier.*
Brief|bom|be, die: *Brief, der Sprengstoff enthält, der beim Öffnen explodiert.*
Brief|chen, das; -s, -: **1.** Vkl. zu ↑Brief. **2.** *flaches, kleines Päckchen, in dem bestimmte kleine Gegenstände in größerer Anzahl verpackt sind:* ein B. Nähnadeln.
brie|fen ⟨sw. V.; hat⟩ [engl. to brief = informieren, unterrichten, zu brief, ↑Briefing]: *über etw. informieren, unterrichten; in etw. einweisen.*
Brief|flut, die: *große Menge von Briefen, die jmd. aus bestimmtem Anlass bekommt.*
Brief|freund, der: *anfänglich persönlich nicht bekannter Briefpartner, mit dem jmd. regelmäßig korrespondiert.*
Brief|freun|din, die: w. Form zu ↑Brieffreund.
Brief|freund|schaft, die: *Freundschaft aufgrund eines regelmäßigen Briefwechsels.*
Brief|ge|heim|nis, das ⟨o. Pl.⟩: *Grundrecht der Unverletzlichkeit von Briefen u. verschlossenen Urkunden.*
Brie|fing, das; -s, -s [engl. briefing, zu: brief = kurz < mfrz. bref < lat. brevis]: *kurzes Informationsgespräch; Einweisung in etw.*
Brief|kar|te, die: *Blatt aus dünnem Karton, das ungefaltet in einem Umschlag als Brief versandt werden kann.*
Brief|kas|ten, der: **a)** *von der Post aufgestellter u. regelmäßig geleerter kastenförmiger Behälter für kleinere Postsendungen:* ***lebender B.** *(Verbindungsmann zur Nachrichtenübermittlung zwischen einem Geheimdienst und seinen Agenten);* **[toter] B.** *(von Spionen, Agenten vereinbarter Ort, Stelle, an der unauffällig Nachrichtenmaterial deponiert u. ausgetauscht wird);* **elektronischer B.** *(Terminal 2 für die Nachrichtenübermittlung mit dem Computer);* **b)** *am Haus- od. Wohnungseingang angebrachter Behälter für die dem Empfänger zugestellten [Post]sendungen;* **c)** *Teil einer Zeitung od. Zeitschrift, in dem Leserbriefe mit überwiegend persönlicher Problematik veröffentlicht [u. beantwortet] werden.*
Brief|kas|ten|fir|ma, die: *der Steuerersparnis dienende Firma, die mit ihrem Sitz im Ausland an Geschäftsausstattung über kaum mehr als einen Briefkasten verfügt.*
Brief|kas|ten|on|kel, der (ugs. scherzh.): *männliche Person, die den Briefkasten (c) bearbeitet.*
Brief|kas|ten|schlitz, der: *Schlitz am Briefkasten (a, b) für den Einwurf von [Post]sendungen.*
Brief|kas|ten|tan|te, die (ugs. scherzh.): vgl. Briefkastenonkel.
Brief|kon|takt, der: *brieflicher Kontakt* (1): B. suchen; sie hielten regen B.
Brief|kopf, der: *oberer Teil des Briefbogens bis zum Beginn des fortlaufenden Textes.*
brief|lich ⟨Adj.⟩: *in Form eines Briefes; schriftlich; durch Briefe[e].*
Brief|mar|ke, die: *von der Post herausgegebenes, aufklebbares Wertzeichen zum Freimachen von Postsendungen:* ***platt sein wie eine B.** (ugs.; *sehr überrascht sein*).
Brief|mar|ken|al|bum, das: *Album zum Aufbewahren von gesammelten Briefmarken.*
Brief|mar|ken|kun|de, die ⟨o. Pl.⟩: *Lehre von den Briefmarken als Sammelobjekten; Philatelie.*
Brief|mar|ken|samm|ler, der: *Sammler von Briefmarken.*
Brief|mar|ken|samm|le|rin, die: w. Form zu ↑Briefmarkensammler.
Brief|mar|ken|samm|lung, die: *Sammlung von Briefmarken.*
Brief|öff|ner, der: *einem Messer ähnliches Gerät mit abgestumpfter Klinge zum Öffnen von Briefen.*
Brief|ord|ner, der: *Mappe zum Abheften u. Aufbewahren von Briefen u. ä. Schriftstücken.*
Brief|pa|pier, das: *Schreibpapier [u. Umschläge] für Briefe.*
Brief|part|ner, der: *jmd., mit dem jmd. über längere Zeit hinweg Briefe wechselt.*
Brief|part|ne|rin, die: w. Form zu ↑Briefpartner.
Brief|por|to, das: *Entgelt für die Beförderung von Briefen durch die Post.*
Brief|ro|man, der: *Roman, der ausschließlich od. überwiegend aus fingierten Briefen besteht.*
Brief|schrei|ber, der: *jmd., der Briefe schreibt.*

B

Brief|schrei|be|rin, die: w. Form zu ↑Briefschreiber.

Brief|schuld, die ⟨meist Pl.⟩: *unerledigte Korrespondenz:* seine -en erledigen.

Brief|sen|dung, die: *postalische Sendung in Form von Brief, Drucksache od. Päckchen.*

Brief|stel|ler, der: *Sammlung von Anleitungen u. Mustern für Briefe verschiedener Art.*

Brief|ta|sche, die: *kleine [lederne] Mappe [mit Fächern] für Ausweise, Geldscheine u. Ä.:* eine wohl gefüllte B.; Ü eine dicke B. haben (ugs.; *viel Geld besitzen*).

Brief|tau|be, die: *Taube, die wegen ihres guten Orientierungssinns u. ihrer Flugtüchtigkeit zur Überbringung von Nachrichten eingesetzt werden kann.*

Brief|trä|ger, der: *jmd., der Postsendungen zustellt.*

Brief|trä|ge|rin, die: w. Form zu ↑Briefträger.

Brief|um|schlag, der: *zuklebbare Hülle aus Papier zum Verschicken von Briefen.*

Brief|waa|ge, die: *Waage zum Wiegen leichterer Postsendungen u. Ä.*

Brief|wahl, die: *briefliche Stimmabgabe bei Wahlen.*

Brief|wech|sel, der: **a)** *Austausch von Briefen; Korrespondenz:* mit jmdm. in B. stehen; **b)** *gesammelte Briefe, die zwei Personen [über ein bestimmtes Thema] gewechselt haben:* der B. zwischen Goethe und Schiller.

Brie|kä|se, der; -s, - [nach der frz. Landschaft Brie]: *runder, flacher, weißer Weichkäse mit Schimmelbildung, der meist in tortenstückförmige Stücke zerteilt wird.*

Bries, das; -es, -e [wohl verw. mit ↑Brosame u. eigtl. = Zerriebenes, Zerbröckeltes (nach dem bröseligen Aussehen)]: *innere Brustdrüse bei jungen Schlachttieren, bes. beim Kalb.*

Bri|ga|de, die; -, -n [1, 2: frz. brigade < ital. brigata = streitbarer (Heer)haufen, zu: briga = Kampf, Streit, H. u.; 3: russ. brigada]: **1.** (Milit.) *selbstständige größere Truppenabteilung aus Verbänden verschiedener Waffengattungen.* **2.** (Gastr.) *Gesamtheit der in einem Restaurationsbetrieb beschäftigten Köche u. Küchengehilfen.* **3.** (DDR) *kleinste Arbeitsgruppe in einem Produktionsbetrieb.*

Bri|ga|de|ge|ne|ral, der (Milit.): **a)** *unterster Dienstgrad in der Rangordnung der Generale;* **b)** *Offizier dieses Dienstgrads; Brigadier* (1).

Bri|ga|di|er [1: frz. brigadier; 2: russ. brigadir]: **1.** [briga'di̯e:], der; -s, -s (Milit.): *Befehlshaber einer Brigade* (1). **2.** [briga'di̯e:, auch: ...'di:ɐ̯], der; -s, -s [...'di̯e:s] u. -e [...'di:rə] (DDR): *Leiter einer Brigade* (3).

Bri|ga|die|rin, die; -, -nen: w. Form zu ↑Brigadier (2).

Brigg, die; -, -s [engl. brig, gek. aus: brigantine < mfrz. brigantin < ital. brigantino = Kampfschiff]: *Segelschiff mit zwei Masten.*

Bri|kett, das; -s, -s, selten: -e [frz. briquette, zu: brique = Ziegelstein (dem das Brikett in der Form ähnelt) < mniederl. bricke, eigtl. = abgebrochenes Stück]: **a)** *aus bestimmtem feinkörnigem Stoff (z. B. Braunkohle, Steinkohlenstaub, Futtermitteln) od. Papier gepresstes Formstück (in Quader- od. Eiform);* **b)** *Braunkohlenbrikett.*

bril|lant [brɪl'jant] ⟨Adj.⟩ [frz. brillant, 1. Part. von: briller, ↑brillieren]: *glänzend, hervorragend, sehr gut:* eine -e Rede; ein -er Einfall; b. aussehen; es geht mir b.

[1]Bril|lant, der; -en, -en [frz. brillant]: *auf besondere Weise geschliffener Diamant, der sich durch starke Lichtbrechung und funkelnden Glanz auszeichnet:* ein echter B.; eine mit -en besetzte Uhr.

[2]Bril|lant, die; - (Druckw.): *Schriftgrad von 3 Punkt.*

Bril|lant|col|li|er, das: *Collier mit [1]Brillanten.*

bril|lan|ten ⟨Adj.⟩: **a)** *aus [1]Brillanten bestehend:* eine -e Brosche; **b)** *wie ein [1]Brillant [schimmernd]:* b. funkeln, glänzen.

Bril|lant|feu|er|werk, das: *Feuerwerk mit Brillantsätzen.*

Bril|lant|na|del, die: *Schmucknadel mit einem od. mehreren [1]Brillanten.*

Bril|lant|satz, der ⟨meist Pl.⟩: *Feuerwerkskörper, der durch zugesetzte Metallspäne beim Verbrennen einen besonders starken Sprüheffekt hat.*

Bril|lant|schliff, der: *besondere Form des Schliffs bei durchsichtigen Edelsteinen.*

Bril|lant|schmuck, der ⟨o. Pl.⟩: *Schmuck aus [1]Brillanten.*

Bril|lanz, die; - [frz. brillance]: **1.** *meisterhafte Technik bei der Darbietung von etw., Virtuosität:* etw. mit B. vortragen. **2. a)** (Fot.) *Bildschärfe;* **b)** (Akustik) *unverfälschte Wiedergabe, bes. von hohen Tönen; Tonschärfe.*

Bril|le, die; -, -n [spätmhd. b[e]rille, Pl. zu: der b[e]rille = einzelnes Augenglas < mhd. berillus, berille = Beryll (da man für die Linsen der ersten, um 1300 entwickelten Brillen geschliffene Berylle verwandte) < lat. beryllus, ↑Beryll]: **1.** *(vor den Augen getragenes) Gestell mit Bügeln u. zwei geschliffenen od. gefärbten, der Verbesserung der Sehschärfe od. dem Schutz der Augen dienenden Gläsern:* eine stärkere B. brauchen; die B. ist [für meine Augen] zu schwach [geworden]; die B. rutschte ihr auf die Nase; etw. nur mit B. lesen können; das sieht man ja ohne B. (ugs.; *das ist vollkommen klar, leicht einzusehen*). **2.** (ugs.) kurz für ↑Klosettbrille.

Bril|len|bär, der: *in den Anden lebender Bär mit schwarzem Fell u. heller, brillenähnlicher Zeichnung um die Augen.*

Bril|len|etui, das: *Etui zum Aufbewahren der Brille.*

Bril|len|ge|stell, das: *Gestell, in das die Brillengläser gefasst sind.*

Bril|len|glas, das ⟨Pl. ...gläser⟩: *geschliffenes od. gefärbtes Glas einer Brille.*

Bril|len|rand, der ⟨Pl. selten⟩: *[oberer] Rand der eingefassten Brillengläser.*

Bril|len|schlan|ge, die: **a)** *in Afrika u. im tropischen Asien vorkommende Schlange, deren Gift meist tödlich wirkt u. die bei Erregung eine helle, brillenartige Zeichnung zwischen den Rückenschuppen erkennen lässt; Kobra;* **b)** (ugs. abwertend) *Brillenträger, Brillenträgerin.*

Bril|len|trä|ger, der: *jmd., der ständig eine Brille tragen muss.*

Bril|len|trä|ge|rin, die: w. Form zu ↑Brillenträger.

Bril|li, der; -s, -s [↑-i (2)] (salopp scherzh.): *[1]Brillant.*

bril|lie|ren [brɪl'ji:rən] ⟨sw. V.; hat⟩ [frz. briller < ital. brillare, eigtl. = glänzen wie ein Beryll, zu lat. beryllus, ↑Beryll] (bildungsspr.): *[mit einer Fertigkeit] glänzen, sich hervortun:* als Redner b.

Brim|bo|ri|um, das; -s [frz. brimborion = Lappalie, unter Einfluss von gleichbed. brimbe, bribe = Bruchstück; Gesprächsfetzen, eigtl. = Bissen, Happen < mfrz. breborion = Zaubergebete, Zauberformel, urspr. = Brevier (↑Brevier)] (ugs. abwertend): *unverhältnismäßiger Aufwand; überflüssiges Drumherum; Aufheben:* [nicht so viel] B. [um etw.] machen.

Brim|sen, der; -s, -, **Brim|sen|kä|se,** der [rumän. brînză] (österr.): *ein aus Schafsmilch hergestellter Weichkäse.*

brin|gen ⟨unr. V.; hat⟩ [mhd. bringen, ahd. bringan, H. u.]: **1. a)** *an einen bestimmten Ort schaffen, tragen, befördern:* die Ware ins Haus, den Koffer zum Bahnhof b.; die Kinder ins/zu Bett b.; Ü Unheil [über jmdn.] b.; **b)** *zu jmdm. tragen u. übergeben:* täglich das Essen b.; jmdm. eine [gute] Nachricht b. *(persönlich übermitteln);* Ü der letzte Winter brachte uns viel Schnee. **2.** *an einen bestimmten Ort begleiten:* er hat das Mädchen nach Hause gebracht. **3.** ⟨in Verbindung mit »es«⟩ **a)** *aufgrund seiner Arbeit, seiner Leistungen ein bestimmtes [berufliches] Ziel erreichen:* es weit b. *(viel erreichen);* **b)** (ugs.) *eine bestimmte altersmäßige, leistungsmäßige o. ä. Grenze erreichen, schaffen:* der Motor hat es auf 170 000 Kilometer gebracht. **4.** *dafür sorgen, dass jmd., etw. irgendwohin kommt, gerät:* jmdn. vor Gericht b.; jmdn. auf den rechten We[g] b.; sich/jmdn. in Gefahr b.; sich nicht aus der Ruhe b. lassen *(sich nicht nervös machen lassen);* *** etw. an sich b.** (ugs.; *sich etw. aneignen*); **etw. hinter sich b.** (ugs.; *etw. bewältigen*); **etw. mit sich b.** *(zur Folge haben, als Nebeneffekt haben):* seine Krankheit bringt es mit sich, dass er sehr ungeduldig ist; **es nicht über sich b.** *(zu etw. nicht fähig sein, sich nicht entschließen können).* **5.** *verursachen, Schaden erleidet:* jmdn. um seine Stellung b.; das bringt mich noch um den Verstand. **6. a)** (ugs.) *veröffentlichen; der Öffentlichkeit darbieten, vortragen:* einen Artikel [in einer Zeitschrift] b.; das dritte Programm bring[t] *(sendet)* ein Konzert; **b)** *als Gabe darbringen:* den Göttern Opfer b.; jmdm. ein Ständchen b. **7. a)** *erbringen, einbringen:* hohe Zinsen b.; R das bringt nichts! (ugs.; *das lohnt sich nicht, dabei kommt nichts heraus*); **b)** *für jmdn. zur Folge haben; bereiten, einbringen:* etw. bringt jmdm. Ärger; das hat mir nur Nachteile gebracht. **8.** (bes. Jugendspr., salopp) *zustande bringen, können, schaffen:* eine Leistung b.; etw. gut b. *(gut schaffen; gut leisten);* das bringts! *(das ist ausgezeichnet!).* **9.** (ugs.) *etw. Bestimmtes erreichen:* jmdn. nicht satt b.; ich bringe de[n] Schrank nicht vom Fleck.

Brin|ger, der; -s, - [2: zu ↑bringen (8)]: **1.** (veraltend, geh.) *Überbringer.* **2.** (salopp) *Person od. Sache, die eine positive Wirkung hat, erfolgrei[ch] ist:* dieses Buch ist aber auch nicht gerade der große B.

Bring|schuld, die; - (Rechtsspr.): *Schuld, die am Wohnort des Gläubigers zu begleichen ist.*

Bri|oche [bri'ɔʃ], die; -, -s [frz. brioche, zu norm. brier = Teig kneten]: *in kleinen, runden Forme[n] gebackenes Hefegebäck.*

bri|sant ⟨Adj.⟩ [frz. brisant, 1. Part. von: briser = zerbrechen, zertrümmern < vlat. brisare = die Weinbeeren zerquetschen, aus dem Gall.]: **1.** (Waffent.) *hochexplosiv, von großer Sprengkraft:* ein -er Sprengstoff. **2.** (bildungsspr.) *viel Zündstoff für eine Diskussion, Auseinandersetzung o. Ä. enthaltend:* das Thema ist äußerst [brisant].

Bri|sanz, die; -, -en [zu ↑brisant]: **1.** (Waffent.) *Sprengkraft:* die B. einer Bombe, Granate; die Sprengkörper haben unterschiedliche -en. **2.** ⟨o. Pl.⟩ (bildungsspr.) *brennende, erregende [Zündstoff für Konflikte od. Diskussionen liefernde] Aktualität; zündende Wirkung:* die po[li]tische B. eines Themas.

Bri|se, die; -, -n [frz. brise, H. u.]: *leichter Wind, bes. über dem Meer u. an der Küste:* eine schw[a]che, kräftige, steife B.

Bri|tan|ni|en, -s: **1.** kurz für ↑Großbritannien. **2.** alter Name für *England u. Schottland.*

bri|tan|nisch ⟨Adj.⟩: *Britannien betreffend.*

Bri|te, der; -n, -n: Ew.

Bri|tin, die; -, -nen: w. Form zu ↑Brite.

bri|tisch ⟨Adj.⟩: *Großbritannien, die Briten betre[f]fend; von den Briten stammend, zu ihnen gehö[]rend; aus Großbritannien stammend:* die -e Regierung; die Britischen Inseln.

Brit|tel|maß, das [zu veraltet britteln = zügeln, beschränken, zu: Brittel = Zaum, Zügel, mhd. britel, ahd. pritil] (Angelsport): *zur Erhaltung der Fischbestände vorgeschriebenes Mindestmaß von Fischen.*

Broc|co|li ['brɔk...]: ↑Brokkoli.

Bröck|chen, das; -s, -: Vkl. zu ↑[1]Brocken: *** B. husten/lachen** (ugs.; *sich erbrechen*).

bröck|chen|wei|se ⟨Adv.⟩: *in kleinen Bröckchen*

brö|cke|lig, bröcklig ⟨Adj.⟩: **a)** *in Bröckchen auf[ge]löst, zerfallen:* -es Gestein; **b)** *leicht bröckelnd, zum Bröckeln neigend:* -es Brot.

brö|ckeln ⟨sw. V.⟩: **1. a)** *in kleine Stücke, Bröckchen zerfallen* ⟨hat⟩: das Brot bröckelt; bröckelndes Gestein; **b)** *sich in Bröckchen ablösen* ⟨ist⟩: der Putz ist von der Mauer gebröckelt. **2.** *kleine Stücke, Bröckchen brechen, zerteilen* ⟨hat⟩: Brot b.

bro|cken ⟨sw. V.; hat⟩ [mhd. brocken, ahd. brocchōn]: **1.** *in [1]Brocken (1 a) zerteilen, bre-*

chen: Brot in die Suppe brocken *(in Brocken der Suppe zusetzen)*. **2.** (südd., österr.) *pflücken:* Beeren b.

Bro|cken, der; -s, - [mhd. brocke, ahd. brocc(h)o, eigtl. = Abgebrochenes, zu ↑brechen]: **1. a)** *unregelmäßig geformtes, oft von etw. abgebrochenes Stück:* ein schwerer B. Kohle; ein fetter B. Fleisch; Ü ein paar B. Englisch/einige englische B. können *(ein wenig Englisch können);* sich die besten B. (ugs.; *das Beste*) nehmen; jmdm. einen fetten B. (ugs.; *ein gutes Geschäft, eine günstige Gelegenheit*) wegschnappen; ein harter B. (ugs.; *eine schwierige Situation, ein schwerer Gegner*); * **die B. hinwerfen/hinschmeißen** (ugs.; *aus Ärger, Überdruss [an einer Arbeit] nicht mehr weitermachen, resignierend aufgeben;* zu landsch. Brocken = [Arbeits]kleidung; Werkzeug, eigtl. = Gerümpel, Habseligkeiten); **b)** (Jägerspr.) *Köder.* **2.** (ugs.) *dicke, massige Person.*

Bro|cken, der; -s: höchster Berg des Harzes.

ro|cken|wei|se ⟨Adv.⟩: *in einzelnen* [1]*Brocken* (1 a).

röck|lig: ↑bröckelig.

ro|deln ⟨sw. V.; hat⟩ [spätmhd. brodelen, zu mhd., ahd. brod = Brühe, verw. mit ↑brauen, ↑Brot]: **1.** *Blasen werfend, dampfend aufwallen:* das Wasser brodelt [im Topf]; brodelnde Lava; Ü es brodelt in, unter der Bevölkerung *(es gärt, Unruhe breitet sich aus).* **2.** (österr. ugs.) *trödeln, Zeit verschwenden.*

ro|dem, der; -s [mhd. brādem, ahd. brādam, verw. mit ↑braten; vgl. engl. breath = Atem] (geh.): *[üblen] Geruch ausströmender Dunst od. Dampf:* ein B. der Verwesung.

roi|ler, der; -s, - [engl. broiler, zu: to broil = braten, grillen]: **1.** (regional) *Brathähnchen; gegrilltes Hähnchen.* **2.** (Fachspr.) *zur* [2]*Mast* (1) *bestimmtes Hähnchen.*

ro|kat, der; -[e]s, -e [ital. broccato, zu: broccare = durchwirken, eigtl. = hervorstechen machen, über das Galloroman. zu lat. broccus, ↑Brosche]: *kostbares, meist mit Gold- od. Silberfäden durchwirktes [Seiden]gewebe:* ein Abendkleid aus goldglänzendem B.

ro|kat|da|mast, der: *sehr feiner, dicht gewebter, hochglänzender Damast für Bett- u. Tischwäsche.*

ro|ka|ten ⟨Adj.⟩ (geh.): **a)** *aus Brokat hergestellt:* -e Schuhe; **b)** *wie Brokat:* b. schimmern.

ro|kat|glas, das ⟨Pl. ...gläser⟩: *Glas[gefäß] mit eingeschmolzenen Gold- u. Silberfäden.*

ro|ker ['broʊkə], der; -s, - [engl. broker, eigtl. = Weinhändler < anglofranzösisch. brocour, H. u.] (Börsenw.): *Effektenhändler.*

ok|ko|li, (auch:) Broccoli ⟨Pl.⟩ [ital. broccoli, Pl. von: broccolo = Sprossenkohl, zu: brocco = Schössling, zu lat. broccus, ↑Brosche]: *dem Blumenkohl ähnlicher Gemüsekohl mit grünem Blütenstand.*

om, das; -s [griech. brômos = Gestank (wegen seines scharfen Geruchs)]: *Nichtmetall, das bei Normaltemperatur als dunkle, rotbraune Flüssigkeit auftritt* (*chemisches Element;* Zeichen: Br).

om|bee|re, die; -, -n [mhd. brāmber, ahd. brāmberi, aus mhd. brāme, ahd. brāma = Dornstrauch]: **a)** *zu den Rosengewächsen gehörende, in Ranken od. als Strauch wachsende, Stacheln tragende Pflanze mit weißen od. rosa Blüten u. schwarzen, aus vielen kleinen Früchtchen zusammengesetzten, essbaren Beeren;* **b)** *Frucht der Brombeere* (a).

om|beer|kon|fi|tü|re, die: *Konfitüre aus Brombeeren* (b).

om|beer|mar|me|la|de, die: *aus Brombeeren* (b) *hergestellte Marmelade.*

om|beer|strauch, der: *als Strauch gewachsene Brombeere* (a).

o|me|lie, die; -, -n [nach dem schwed. Botaniker Bromel (1639–1705)]: *zu den Ananasgewächsen gehörende Zierpflanze mit langen, starren, am Rand mit Dornen besetzten Blättern u. Blütenrispen.*

om|hal|tig ⟨Adj.⟩: *Brom enthaltend.*

bron|chi|al ⟨Adj.⟩ [zu ↑Bronchie]: *zu den Bronchien gehörend; die Bronchien betreffend.*

Bron|chi|al|asth|ma, das: *in Anfällen auftretende Atemnot infolge krampfartiger Verengung der feineren Verzweigungen der Bronchien.*

Bron|chi|al|ka|tarrh, der: *Bronchitis.*

Bron|chie, die; -, -n ⟨meist Pl.⟩ [lat. bronchia < griech. brógchia, zu: brógchos = Luftröhre, Kehle, H. u.] (Anat.): *Gabelung, gegabelter Teil der Luftröhre in der Lunge.*

Bron|chi|ti|ker, der; -s, -: *jmd., der an chronischer Bronchitis leidet.*

Bron|chi|ti|ke|rin, die; -, -nen: w. Form zu ↑Bronchitiker.

Bron|chi|tis, die; -, ...itịden (Med.): *Entzündung der Bronchialschleimhäute; Luftröhren-, Bronchialkatarrh.*

Bron|cho|skop, das; -s, -e [zu griech. skopeîn = betrachten] (Med.): *Spekulum mit elektrischer Lichtquelle zur Untersuchung der Bronchien.*

Bronn, der; -s, -en, **Bron|nen,** der; -s, - (dichter. veraltet): *Brunnen.*

Bron|to|sau|ri|er, der, **Bron|to|sau|rus,** der; -, ...rier [zu griech. brontḗ = Donner (zum Ausdruck der Riesenhaftigkeit) u. saûros = Eidechse] (Paläont. veraltet): *Apatosaurier.*

Bron|ze ['brõːsə], die; -, -n [frz. bronze, ital. bronzo, H. u.]: **1.** *Legierung aus Kupfer u. Zinn [mit geringem Zinkanteil] von gelblich brauner Farbe:* ein Reiterstandbild aus/in B. **2.** (bildungsspr.) *Kunstgegenstand aus Bronze* (1): eine B. erwerben. **3.** ⟨o. Art.; o. Pl.⟩ (Sport Jargon) kurz für ↑Bronzemedaille: B. gewinnen, holen. **4.** *Anstrichfarbe mit einer Beimengung von pulverisiertem Metall.* **5.** *gelblich brauner Farbton:* eine Wandbespannung in B.

bron|ze|ar|tig ⟨Adj.⟩: *in der Art von Bronze.*

bron|ze|far|ben, bron|ze|far|big ⟨Adj.⟩: *von der Farbe der Bronze* (1); *gelblich braun.*

Bron|ze|me|dail|le, die: *bronzene Medaille, die als [sportliche] Auszeichnung für den dritten Platz verliehen wird.*

bron|zen ⟨Adj.⟩: **a)** *aus Bronze hergestellt:* ein -er Leuchter; **b)** *bronzefarben, wie Bronze:* b. schimmern.

Bron|ze|plas|tik, die: *Plastik aus Bronze.*

Bron|ze|ton, der: *Farbton, der der gelblich braunen Farbe von Bronze entspricht.*

Bron|ze|zeit, die ⟨o. Pl.⟩: *Kulturperiode zwischen dem Ende des 3. u. dem Beginn des 1. Jahrtausends v. Chr., in der Bronze* (1) *das vorwiegend gebrauchte Material für die Herstellung von Schmuck u. Waffen war.*

bron|ze|zeit|lich ⟨Adj.⟩: *der Bronzezeit angehörend, sie betreffend.*

bron|zie|ren [brõ'siːrən] ⟨sw. V.; hat⟩: *mit Bronze* (4) *überziehen.*

Bro|sa|me, die; -, -n ⟨meist Pl.⟩ [mhd. brōs[e]me, ahd. brōs[a]ma, urspr. etwa = Zerriebenes, Zerbröckeltes, verw. mit ↑bohren] (geh. veraltend): *kleiner Krümel (von Brot od. anderem Backwerk):* -n für die Vögel streuen.

brosch. = broschiert.

Bro|sche, die; -, -n [frz. broche = Spieß, Nadel, über das Galloroman. zu lat. broccus = hervorstehend (von Zähnen)]: *als Schmuck getragene Anstecknadel:* eine B. tragen.

bro|schie|ren ⟨sw. V.; hat⟩ [frz. brocher = aufspießen, durchstechen, zu: broche, ↑Brosche] (Buchw.): *Druckbogen in einen Umschlag aus Karton heften od. leimen:* eine broschierte *(nicht gebundene)* Ausgabe.

Bro|schü|re, die; -, -n [frz. brochure]: *Druckschrift von geringem Umfang u. meist aktuellem Inhalt, die nur geheftet u. mit einem Umschlag aus Pappe versehen ist.*

Brö|sel, der, (österr.:) das; -s, - [für mhd. brösemlīn, zu ↑Brosame]: **a)** ⟨meist Pl.⟩ *Krümel, Bröckchen (bes. von Brot o. Ä.):* die B. vom Tischtuch schütteln; **b)** ⟨Pl.⟩ *aus trockenen Brötchen mithilfe einer Reibe hergestelltes Mehl; Semmelmehl.*

brö|se|lig, bröslig ⟨Adj.⟩: *in Brösel zerfallen.*

brö|seln ⟨sw. V.; hat⟩: **1.** *zu Bröseln zerreiben, zerkrümeln:* trockenes Brot b. **2.** *in Brösel zerfallen; krümeln.*

brös|lig: ↑bröselig.

Brot, das; -[e]s, -e [mhd. brōt, ahd. prōt, eigtl. = Gegorenes, zu ↑brauen]: **1. a)** ⟨o. Pl.⟩ *aus Mehl, Wasser, Salz u. Sauerteig od. Hefe durch Backen hergestellte Backware, die als Grundnahrungsmittel gilt:* frisches, durchgebackenes B.; ein Stück B.; B. backen, essen; helles, dunkles B. bevorzugen; etw. [so] nötig haben wie das tägliche B. *(sehr nötig haben);* **Spr** wes B. ich ess, des Lied ich sing *(in wessen Diensten ich stehe, dessen Interessen muss ich vertreten);* * **flüssiges B.** (ugs. scherzh.; *Bier*); **sein eigen B. essen** (geh.; *beruflich selbstständig sein*); **B. und Spiele** (↑panem et circenses); **mehr können als B. essen** (ugs.; *tüchtig sein; etw. können*); **für ein Stück B.** *(ganz billig, viel zu billig):* etw. für ein Stück B. verkaufen; **b)** *einzelner Laib Brot* (1 a): zwei -e kaufen; **c)** *vom Brotlaib abgeschnittene Scheibe:* -e machen; Butter aufs B. streichen, schmieren. **2.** *Lebensunterhalt:* sich sein B. mit Zeitungsaustragen [sauer, mühsam] verdienen; * **ein hartes/schweres B.** *(schwere Arbeit, mühevoller Gelderwerb);* **überall sein B. finden** (geh.; *geschickt, fleißig, anstellig sein, sodass man überall seinen Lebensunterhalt finden kann*); **sein gutes B. haben** (veraltend; *sein gutes Auskommen haben*).

Brot|auf|strich, der: *das, was auf die zum Verzehr bestimmte Brotschnitte gestrichen wird.*

Brot|be|lag, der: *Wurst, Käse o. Ä., womit man [mit Butter o. Ä. bestrichene Brotscheiben] belegt.*

Brot|be|ruf, der: *Beruf, den jmd. nicht aus Neigung ausübt, sondern lediglich als Broterwerb betrachtet.*

Brot|büch|se, die: *Büchse aus Blech o. Ä. zum Aufbewahren u. Frischhalten des Brotes od. Pausenbrotes.*

Bröt|chen, das; -s, -: *(vom Bäcker hergestelltes) rundes od. längliches Gebäck (in vielerlei spezieller Ausformung) aus Weizenmehl (auch Roggenmehl, Kleie), Hefe u. Milch; Semmel:* frische, altbackene, belegte B.; ein B. mit Wurst; * **kleine/kleinere B. backen [müssen]** (ugs.; *sich bescheiden [müssen], zurückstecken [müssen]*); **seine B. verdienen** (ugs.; *seinen Lebensunterhalt verdienen*).

Bröt|chen|ge|ber, der (ugs. scherzh.): *Arbeitgeber.*

Bröt|chen|ge|be|rin, die: w. Form zu ↑Brötchengeber.

Brot|ein|heit, die (Med.): *Einheit zur Berechnung der Kohlenhydratmenge für die Diät (bes. bei Zuckerkrankheit;* Abk.: BE).

Brot|er|werb, der: *Arbeit, Tätigkeit, die man zum Erwerb des Lebensunterhaltes ausübt.*

Brot|fa|brik, die: *Fabrik, die Brot fabrikmäßig herstellt.*

Brot|herr, der (veraltet): *Arbeitgeber.*

Brot|kan|ten, der: *Anschnitt od. Endstück eines Brotes.*

Brot|kas|ten, der: *kastenartiger Behälter, in dem das [angeschnittene] Brot aufbewahrt wird.*

Brot|korb, der: *flaches Körbchen, in dem das [geschnittene] Brot o. Ä. auf den Tisch gestellt wird:* * **jmdm. den B. höher hängen** (ugs.; 1. *jmdm. weniger zu essen geben.* 2. *jmdn. strenger behandeln;* man gibt einem übermütigen Pferd weniger Hafer, indem man ihm den Futterkorb höher hängt).

Brot|kru|me, die: vgl. Brösel (a).

Brot|krü|mel, der: vgl. Brösel (a).

Brot|krus|te, die: vgl. Kruste (a).

Brot|laib, der: *einzelner Laib Brot.*

brot|los ⟨Adj.⟩: *ohne den Lebensunterhalt sichernde Arbeit:* b. sein, werden; eine -e Kunst *(eine Tätigkeit, die nicht den Lebensunterhalt sichert).*

Brot|ma|schi|ne, die: *Brotschneidemaschine.*

Brot|mes|ser, das: *langes Messer zum Schneiden von Brot.*

Brot|preis, der: *Preis, der für Brot bezahlt werden muss.*

Brot|rin|de, die: vgl. Rinde (2).
Brot|schei|be, die: *Scheibe Brot.*
Brot|schnei|de|ma|schi|ne, die: *Küchenmaschine zum Schneiden von Brot.*
Brot|schnit|te, die: *Schnitte Brot.*
Brot|sup|pe, die (Kochk.): *unter Verwendung von Brot hergestellte Suppe.*
Brot|teig, der: *Teig, aus dem Brot hergestellt wird.*
Brot|ver|die|ner, der: *derjenige, der das Brot* (2), *den Lebensunterhalt für die Familie verdient.*
Brot|ver|die|ne|rin, die: w. Form zu ↑Brotverdiener.
Brot|zeit, die (landsch.): **a)** *Pause, während deren etw. gegessen [u. getrunken] wird:* B. machen; **b)** *etw., was zur Brotzeit* (a) *zu sich genommen wird:* eine B. mitnehmen.
Brow|ning [ˈbraʊnɪŋ], der; -s, -s [nach dem amerik. Erfinder J. M. Browning (1855–1926)]: *Pistole mit Selbstladevorrichtung.*
brow|sen [ˈbraʊzn̩] ⟨sw. V.; hat⟩ [zu ↑Browser] (EDV): *[mehr od. weniger gezielt] in Datenbanken nach etw. suchen:* im Internet b.
Brow|ser [ˈbraʊzɐ], der; -s, - [engl. browser, zu: to browse = (in etw.) blättern; sich umsehen] (EDV): *Programm* (4), *mit dem Websites gefunden, gelesen u. verwaltet werden können.*
brr ⟨Interj.⟩: **1.** als Ausdruck des Ekels od. der als unangenehm empfundenen Kälteeinwirkung: brr, ist das hier kalt! **2.** Zuruf, mit dem ein Zugtier zum Stehenbleiben gebracht wird.
BRT = Bruttoregistertonne.
¹Bruch, der; -[e]s, Brüche [mhd. bruch, ahd. bruh, zu ↑brechen; 8: nach nlat. numerus fractus = gebrochene Zahl]: **1. a)** *das Brechen, Auseinanderbrechen, Zerbrechen von etw. (bes. durch Einwirkung von Druck od. Stoß):* der B. einer Achse, eines Dammes; Ü der B. der Freundschaft; * **B. machen** (1. ugs.; *etw. zerbrechen.* 2. Fliegerspr.; *eine Bruchlandung verursachen*); **in die Brüche gehen** (1. *entzweigehen, zerbrechen.* 2. *nicht länger Bestand haben:* ihre Freundschaft ging in die Brüche); **zu B. gehen** (*entzweigehen*); **zu B. fahren** (*kaputtfahren*): das neue Auto, die Skier zu B. fahren; **b)** *Bruchstelle, Fläche eines Bruches:* ein glatter B. **2.** (Med.) **a)** *Knochenbruch, Fraktur:* ein einfacher, komplizierter B.; einen B. schienen; **b)** *Eingeweidebruch:* sich einen B. heben; * **sich ⟨Dativ⟩ einen B. lachen** (salopp; *sehr lachen*). **3.** ⟨Pl. selten⟩ **a)** *das Nichteinhalten einer Abmachung o. Ä.:* der B. des Waffenstillstandes; **b)** *das Abbrechen einer Verbindung, Beziehung:* der B. mit der Tradition, mit dem Elternhaus; es kam zum [offenen] B. zwischen ihnen (*sie brachen nach einem Streit o. Ä. ihre Beziehungen ab*). **4.** (Kaufmannsspr.) *zerbrochene, minderwertige Ware:* B. [von Schokolade] kaufen; etw. als B. verkaufen; Ü das ist alles B. (*minderwertig, wertlos*). **5.** *(in einer Stoffbahn, einem Kleidungsstück, Papier o. Ä.) scharfer Knick:* einen B. in die Hosen bügeln; das Tischtuch wieder nach dem B. legen. **6.** (Geol.) *Verwerfung* (2). **7.** (veraltend) kurz für ↑Steinbruch. **8.** (Math.) *Einheit aus Zahlen, die, mit einem Quer- od. Schrägstrich untereinander geschrieben, ein bestimmtes Teilungsverhältnis ausdrücken; Bruchzahl:* ein [un]echter B.; gleichnamige Brüche; einen B. kürzen. **9.** (Jägerspr.) **a)** *abgebrochener Zweig, der zur Markierung der Fährte eines angeschossenen Wildes od. des Standplatzes eines Schützen verwendet wird;* **b)** *abgebrochener Zweig, den sich der Jäger als Symbol für die Inbesitznahme eines erlegten Tieres an den Hut steckt.* **10.** (Jargon) *Einbruch.*
²Bruch [auch: bruːx], der od. das; -[e]s, Brüche [auch: ˈbryːçə], landsch. auch: Brücher [mhd. bruoch, ahd. bruoh, H. u.]: *Sumpfland, Moor mit Bäumen u. Sträuchern:* ein[en] B. trockenlegen.
Bruch|bu|de, die (ugs. abwertend): *Wohnung od. Haus in schlechtem baulichem Zustand.*
bruch|fest ⟨Adj.⟩: *nicht [leicht] zerbrechlich.*
Bruch|fes|tig|keit, die: *das Bruchfestsein.*
brü|chig ⟨Adj.⟩ [mhd. brüchic]: **1.** *leicht brechend; mürbe:* -es Gestein, Mauerwerk; der Stoff, das Geländer ist b. **2.** *(von der menschlichen Stimme) spröde, rau:* die Stimme klang b.
Brü|chig|keit, die; -: *brüchige Beschaffenheit.*
bruch|lan|den ⟨sw. V.; nur im Inf. u. Part. gebr.⟩: *eine Bruchlandung machen:* die Maschine ist bruchgelandet.
Bruch|lan|dung, die: *Landung, bei der das Flugzeug stark beschädigt wird.*
bruch|los ⟨Adj.⟩: *ohne innere Störung in seinem Ablauf:* ein -er Lebenslauf; b. ineinander übergehen.
bruch|rech|nen ⟨sw. V.; hat; nur im Inf. u. Part. gebr.⟩: *mit Brüchen* (8) *rechnen.*
Bruch|rech|nen, das; -s: *das Rechnen mit Brüchen* (8).
Bruch|rech|nung, die: vgl. Bruchrechnen.
Bruch|scha|den, der: *Schaden, der durch Zerbrechen von Waren entsteht.*
bruch|si|cher ⟨Adj.⟩: *gegen Zerbrechen gesichert.*
Bruch|stein, der: *aus einem Steinbruch durch Absprengen gewonnener unbearbeiteter Naturstein.*
Bruch|stel|le, die: *Stelle, an der etw. gebrochen ist.*
Bruch|strich, der (Math.): *Strich zwischen Zähler u. Nenner eines Bruches* (8).
Bruch|stück, das [für lat. fragmentum, ↑Fragment]: **1.** *einzelnes Stück eines zerbrochenen Gegenstandes.* **2.** *unvollendetes Werk, Fragment.*
bruch|stück|haft ⟨Adj.⟩: *fragmentarisch.*
Bruch|teil, der: *verhältnismäßig kleiner Teil von etw.*
Bruch|zahl, die (Math.): *Bruch* (8).
Brück|chen, das; -s, -: Vkl. zu ↑Brücke (1).
Brü|cke, die; -, -n [mhd. brücke, brucke, ahd. brucca, verw. mit ↑Prügel u. urspr. = Balken, Knüppel (die älteste Form der Brücke in germ. Zeit war der Knüppeldamm im sumpfigen Gelände)]: **1.** *Bauwerk, das einen Verkehrsweg o. Ä. über ein natürliches od. künstliches Hindernis führt:* eine schmale, sechsspurige B.; eine B. aus Beton; die B. führt über eine Schlucht; eine B. über einen Fluss schlagen; über eine B. gehen; R über die B. möchte ich nicht gehen (*das glaube ich nicht; darauf möchte ich mich nicht einlassen;* Antwort auf eine offenkundige Lüge); Ü -n schlagen zwischen den Völkern; * **die/alle -n hinter sich ⟨Dativ⟩ abbrechen** (*sich von allen bisherigen Bindungen lösen*); **jmdm. eine [goldene] B./[goldene] -n bauen** (*jmdm. ein Eingeständnis, das Nachgeben erleichtern, die Gelegenheit zum Einlenken geben*). **2.** *Kommandobrücke eines Schiffes.* **3.** *Landesteg, Landungsbrücke für Schiffe.* **4.** (Zahnmed.) *an noch vorhandenen Zähnen fest verankerter Zahnersatz, der eine Lücke im Gebiss ausfüllt.* **5.** *kleiner, länglicher Teppich.* **6.** (Bodenturnen) *Übung, bei der der Rumpf so weit rückwärts gebeugt wird, dass die Hände den Boden berühren.* **7.** (Anat.) *Teil des Gehirns unterhalb des Kleinhirns zwischen Mittelhirn u. verlängertem Mark.* **8.** (Ringen) *Verteidigungsstellung, bei der der schwächere Ringer mit Kopf u. Fußsohlen die Matte berührt.*
Brü|cken|bau, der: **a)** ⟨Pl. -ten⟩ *Brücke* (1); **b)** ⟨o. Pl.⟩ *das Bauen von Brücken* (1).
Brü|cken|bo|gen, der: *Gewölbebogen zwischen zwei Brückenpfeilern.*
Brü|cken|ge|län|der, das: *Geländer an einer Brücke* (1).
Brü|cken|kopf, der (Milit.): **a)** *Befestigung, Stellung zur Sicherung einer Brücke auf der feindwärts gelegenen Seite einer Brücke* (1); **b)** *kleines Geländestück, das auf dem feindlichen Ufer besetzt worden ist und das als Ausgangsbasis für die weiteren Kampfhandlungen dient:* einen B. bilden, errichten.
Brü|cken|pfei|ler, der: *einer der Träger, auf denen eine Brücke* (1) *ruht.*
Brü|cken|tag, der: *zwischen zwei arbeitsfreien Tagen, etwa einem Feiertag und dem Wochenende, liegender einzelner Arbeitstag, der sich besonders als Urlaubstag anbietet.*
Brü|cken|zoll, der (früher): *beim Überqueren einer Brücke* (1) *zu entrichtender Zoll.*
Bru|der, der; -s, Brüder [mhd., ahd. bruoder]: **1.** *Person männlichen Geschlechts im Verwandtschaftsverhältnis zu einer anderen, die von denselben Eltern abstammt:* die beiden sind Brüder; mein älterer, leiblicher B.; ich habe zwei Brüder; sie sind feindliche Brüder (*sind einander nicht freundlich gesinnt*); R gleiche Brüder, gleiche Kappen; * **der große B.** (1. *der größere, mächtigere Partner.* 2. *die allmächtige, alles überwachende Staatsgewalt*); **unter Brüdern** (ugs. scherzh.; *ehrlich gesprochen; ohne Übervorteilung*): was kostet das unter Brüdern? **2.** (geh.) *Mitmensch; jmd., mit dem sich jmd. [freundschaftlich] verbunden fühlt:* R und willst du nicht mein B. sein (*willst du dich nicht auf meine Seite stellen*), so schlag ich dir den Schädel ein (nach dem jakobinischen Spruch »La fraternité ou la mort«). **3.** *Mönch, Ordensbruder [ohne Priesterweihe]:* ein geistlicher B.; in der Anrede: B. Johannes. **4.** (ugs. abwertend) *durch bestimmte, häufig negative Eigenschaften charakterisierter Mann:* ein übler, gefährlicher B.; diese Brüder sind zu allem fähig; * **B. Lustig/Leichtfuß/Liederlich** (veraltend scherzh.; *lebenslustiger Mensch*); **warmer B.** (salopp abwertend; *Homosexueller*).
Brü|der|chen, das; -s, -: Vkl. zu ↑Bruder (1).
Bru|der|hand, die (geh.): *jmdm. brüderlich entgegengestreckte Hand:* jmdm. die B. reichen (*als Geste der Freundschaft, der Versöhnung, der Hilfsbereitschaft o. Ä.*).
Bru|der|herz, das ⟨o. Pl.⟩ (veraltend, noch scherzh.): *Bruder, Freund:* wie gehts dir, B.?
Bru|der|krieg, der: *Krieg innerhalb eines Volkes od. zwischen eng verwandten Völkern.*
brü|der|lich ⟨Adj.⟩ [mhd. bruoderlich, ahd. bruoderlīh]: *wie ein guter Bruder handelnd, im Geiste von Brüdern:* jmdm. b. helfen; etw. b. teilen.
Brü|der|lich|keit, die; -: *brüderliche Gesinnung.*
Bru|der|lie|be, die: **a)** *Liebe eines Bruders (zum Bruder, zur Schwester);* **b)** (selten) *Liebe zum Nächsten.*
Bru|der|mord, der: *Mord, den jmd. an seinem Bruder* (1) *begeht.*
Bru|der|mör|der, der: *jmd., der Brudermord begangen hat.*
Bru|der|mör|de|rin, die: w. Form zu ↑Brudermörder.
Bru|der|schaft, die; -, -en: **1.** *kirchliche Körperschaft von Geistlichen u. Laien.* **2.** (landsch.) *Brüderschaft* (2).
Brü|der|schaft, die; -, -en: **1.** (selten) *Bruderschaft* (1). **2.** ⟨o. Pl.⟩ *Duzfreundschaft:* jmdm. die B. anbieten, antragen; mit jmdm. B. schließen; * **B. trinken** (*mit einem Schluck eines alkoholischen Getränkes die Duzfreundschaft besiegeln*).
Brüg|ge: Stadt in Belgien.
Brü|he, die; -, -n [mhd. brüeje, zu ↑brühen]: **1. a)** *aus Fleisch, Knochen, Gemüse u. a. gekochte klare Suppe:* eine heiße B.; eine Tasse B.; * **eine lange B. um etw. machen** (ugs.; *viele unnötige Worte um etw. machen*); **b)** (landsch.) *Gemüsebrühe.* **2.** (ugs. abwertend) *dünner Kaffee, Tee o. Ä.* **3.** (abwertend) *verschmutztes Wasser, schmutzige Flüssigkeit:* das Wasser des Flusses ist eine schmutzige, trübe B.; * **in der B. sitzen/stecken** (ugs.; *in großer Verlegenheit sein*). **4.** (ugs.) *Schweiß:* bei der Hitze läuft einem die B.
brü|hen ⟨sw. V.; hat⟩ [mhd. brüen, brüejen = brühen, sengen, brennen, urspr. = (auf)wallen, sieden]: **a)** *etw. mit kochendem Wasser übergießen, kochendem Wasser aussetzen:* Gemüse, Tomaten, Mandeln b.; das Schwein b.; **b)** *aufbrühen:* Kaffee, Tee b.; **c)** ⟨b. + sich⟩ (selten) *verbrühen:* ich habe mir die Hand gebrüht.
brüh|heiß ⟨Adj.⟩: *sehr heiß; kochend heiß:* eine -e Flüssigkeit.
brüh|warm ⟨Adj.⟩ (ugs.): **a)** *gerade bekannt*

geworden: eine -e Neuigkeit; **b)** *sofort, unverzüglich:* eine Nachricht b. weitererzählen.

rüh|wür|fel, der: *in Würfelform gepresste Masse, die, mit heißem Wasser übergossen, eine Gemüse-, Fleisch- o. ä. Brühe* (1a) *ergibt.*

rüh|wurst, die: *Wurst, die vor dem Verzehr in siedendem Wasser heiß gemacht wird.*

rüll|af|fe, der: **1.** *Affe mit dichtem braunem Fell u. einem zum Greifen ausgebildeten Schwanz, der kräftige Brülllaute oder Heullaute von sich gibt.* **2.** (Schimpfwort) *laut schreiender, schimpfender Mensch.*

rül|len ⟨sw. V.; hat⟩ [mhd. brüelen, lautm.]: **1.** *(von bestimmten Tieren) einen dumpfen, durchdringenden Laut ausstoßen:* das Vieh brüllt nach Futter; ⟨subst.:⟩ das dumpfe Brüllen der Rinder; Ü (dichter.:) die See brüllt. **2. a)** *in Erregung od. Wut sehr laut sprechen, schreien:* er brüllte so laut, dass man ihn im ganzen Haus hörte; **b)** *etw. sehr laut rufen, mit lauter Stimme äußern:* er brüllte ihm etwas ins Ohr; bei dem Lärm mussten sie b., um sich zu verständigen; **c)** *laut schreien:* er brüllte vor Schmerzen; brüllendes Gelächter; * **zum Brüllen sein** (↑schreien 1 a); **d)** (ugs. abwertend) *sehr laut u. heftig weinen:* das Kind brüllte die ganze Nacht. **3.** ⟨b. + sich⟩ *sich durch [anhaltendes] Brüllen* (2) *in einen bestimmten Zustand bringen:* sich heiser b.

rül|ler, der; -s, -: **a)** (ugs. abwertend) *jmd., der sehr laut spricht od. schimpft;* **b)** (ugs.) *[vielstimmiges] Brüllen, Schreien;* **c)** (ugs.) *etw. sehr Komisches, lautes Lachen Hervorrufendes.*

rumm|bär, Brumm|bart, der (ugs.): *brummiger Mensch.*

rumm|bass, der (ugs.): **1.** *tiefe Männerstimme.* **2.** *Bass* (4 a), *Bassgeige.*

rum|meln, (landsch. auch:) **brüm|meln** ⟨sw. V.; hat⟩: **1.** *leise brummen* (3, 4). **2.** *[etw.] leise u. undeutlich [vor sich hin] sprechen, murmeln:* vor sich hin b.

rum|men ⟨sw. V.⟩ [mhd., spätahd. brummen, lautm.]: **1.** *einen lang gezogenen tiefen Ton od. Laut hervorbringen* ⟨hat⟩: die Käfer brummen; der Bär brummt; ⟨subst.:⟩ das Brummen der Motoren; Ü mir brummt der Kopf, Schädel (ugs.; *ich habe heftige Kopfschmerzen*). **2.** *sich brummend* (1) *fortbewegen* ⟨ist⟩: eine Hummel brummt durch das Zimmer; er brummt (ugs.; *fährt [mit dröhnendem Motor]*) mit seinem Moped durchs Dorf. **3.** ⟨hat⟩ **a)** *mit tiefer Stimme unmelodisch, falsch singen:* einer im Chor brummt; **b)** *leise, mit tiefer Stimme singen, summen:* ein Lied vor sich hin b. **4.** *etw. unverständlich u. in mürrischem Ton sagen* ⟨hat⟩: er brummte, er habe keine Lust. **5.** ⟨hat⟩ (ugs.) **a)** *eine Haftstrafe [von bestimmter Zeit] verbüßen:* er muss [eine ganze Weile] b.; **b)** *in der Schule nachsitzen.* **6.** (ugs.) *boomen* ⟨hat⟩: die Wirtschaft brummt. **7.** (Ballspiele Jargon) *wuchtig auf das Tor schießen* ⟨hat⟩: [eine Bombe] auf den Kasten b.

um|mer, der; -s, - (ugs.): **1.** *großes Insekt, bes. Schmeißfliege:* ein dicker B. fliegt im Zimmer herum. **2.** *schwerer Lastzug:* die schweren B. beherrschen die Straße. **3. a)** *dicker, schwerfällig wirkender Mensch;* **b)** *attraktive junge Frau:* seine neue Freundin ist ein netter B.; **c)** *etw., was durch besondere Größe, durch seine Ausgefallenheit o. Ä. Staunen, Aufsehen erregt:* sie trug einen richtigen B. von einem Smaragdring. **4.** (abwertend) *[Chor]sänger mit brummender* (3 a) *Stimme:* es gibt ein paar B. im Chor. **5.** (Schimpfwort) *dummer od. komischer Kerl.*

um|mi, der; -s, -s [zu ↑Brummer (2) u. ↑-i (2 a)] (ugs. scherzh.): *Lastzug.*

um|mig ⟨Adj.⟩ (ugs.): *übellaunig, mürrisch, unfreundlich:* sie ist heute sehr b.

umm|krei|sel, der: *(als Kinderspielzeug hergestellter) kegelförmiger Hohlkörper meist aus Blech, der, in eine Drehbewegung versetzt, einen brummenden* (1) *Ton hervorbringt.*

umm|schä|del, der (ugs.): *schmerzender, benommener Kopf [als Nachwirkung von Alkoholgenuss].*

Brunch [brantʃ, …nʃ], der; -[e]s u. -, -[e]s u. -e [engl. brunch, zusgez. aus: breakfast = Frühstück u. ↑Lunch]: *(gegen Mittag eingenommenes) ausgedehntes u. reichhaltiges Frühstück, das das Mittagessen ersetzt.*

brun|chen ⟨sw. V.; hat⟩: *einen Brunch einnehmen.*

Bru|nei; -s: Staat auf Borneo.

Bru|nei|er, der; -s, -: Ew.

Bru|nei|e|rin, die; -, -nen: w. Form zu ↑Bruneier.

bru|nei|isch ⟨Adj.⟩: *Brunei, die Bruneier betreffend; von den Bruneiern stammend, zu ihnen gehörend.*

brü|nett ⟨Adj.⟩ [frz. brunet, zu: brun = braun, aus dem Germ.]: *braunhaarig [u. braunhäutig]:* ein -er Typ; ihr Haar ist b.

Brü|net|te, die; -, -n [frz. brunette]: *Frau mit braunem Haar [u. brauner Hautfarbe].*

Brunft, die; -, Brünfte [mhd. brunft, zu: bremen, ahd. breman = brummen, brüllen (nach dem Schreien der Tiere während dieser Zeit)] (Jägerspr.): *Brunst (bes. des Schalenwildes).*

brunf|ten ⟨sw. V.; hat⟩ (Jägerspr.): *sich in der Brunft befinden:* der Hirsch brunftet.

brunftig ⟨Adj.⟩: *in der Brunft befindlich.*

Brunft|platz, der (Jägerspr.): *Platz, wo die Brunft stattfindet.*

Brunft|schrei, der (Jägerspr.): *charakteristische, röhrende Lautäußerung des brunftigen Hirschs.*

Brunft|zeit, die (Jägerspr.): *Zeit der Brunft.*

Brünn|chen, das; -s, -: Vkl. zu ↑Brunnen.

Brun|nen, der; -s, - [mhd. brunne, ahd. brunno, eigtl. = (Auf)wallender, Siedender, verw. mit ↑brennen]: **1.** *technische Anlage zur Gewinnung von Grundwasser:* ein natürlicher B.; artesischer B. (*natürlicher Brunnen, bei dem das Wasser durch Überdruck des Grundwassers selbsttätig aufsteigt;* nach frz. [puits] artésien = [Brunnen] aus Artois, da hier solche Brunnen zuerst gebohrt wurden); der B. ist versiegt; einen B. bohren; * **den B. [erst] zudecken, wenn das Kind hineingefallen ist** *(Maßnahmen erst ergreifen, wenn bereits etwas passiert, wenn ein Unglück geschehen ist).* **2.** *[künstlerisch gestaltete] Einfassung, Ummauerung eines Brunnens mit Becken zum Auffangen des Wassers:* ein B. auf dem Marktplatz; Wasser am/vom B. holen. **3.** *Wasser einer Quelle, bes. Heilquelle:* ein salziger B.; B. trinken.

Brun|nen|an|la|ge, die: **1.** *das Bauen von Brunnen.* **2.** *Brunnen* (1). **3.** *künstlerisch ausgestalteter Brunnen* (2).

Brun|nen|bau|er, der; -s, -: *Handwerker, der Brunnenanlagen baut* (Berufsbez.).

Brun|nen|bau|e|rin, die; -, -nen: w. Form zu ↑Brunnenbauer.

Brun|nen|fi|gur, die: *Figur als Teil eines künstlerisch gestalteten Brunnens* (2).

brun|nen|frisch ⟨Adj.⟩: *frisch aus dem Brunnen kommend:* -es Wasser.

Brun|nen|kres|se, die: *in Quellen u. Bächen wachsende, zur Familie der Kreuzblütler gehörende Pflanze mit kleinen, weißen Blüten u. gefiederten Blättern.*

Brun|nen|kur, die: *kurmäßiges Trinken eines Brunnens* (3).

Brun|nen|ver|gif|ter, der; -s, -: **1.** *jmd., der vorsätzlich Brunnen, Trinkwasserbehältern Gift zuführt.* **2.** (abwertend) *jmd., der durch verleumderische, gehässige o. ä. Äußerungen [anderen gegenüber] ein gutes Verhältnis zwischen zwei Parteien, Gruppen o. Ä. zerstört od. zu zerstören sucht.*

Brun|nen|ver|gif|te|rin, die; -, -nen: w. Form zu ↑Brunnenvergifter.

Brun|nen|ver|gif|tung, die: **1.** *vorsätzliche Vergiftung von Brunnen und Trinkwasser.* **2.** (abwertend) *Verhaltensweise eines Brunnenvergifters* (2).

Brun|nen|was|ser, das ⟨Pl. -⟩: *Quellwasser.*

Brünn|lein, das; -s, - (dichter.): Vkl. zu ↑Brunnen.

Brunst, die; -, Brünste [mhd., ahd. brunst = Brand, Glut, zu mhd. brinnen, ahd. brinnan, ↑brennen]: **1.** *Zeit der Paarung bzw. der Paarungsbereitschaft bei Säugetieren:* der Hirsch ist in der B. **2.** *geschlechtliche Erregtheit.*

bruns|ten ⟨sw. V.; hat⟩: *in der Brunst sein.*

brüns|tig ⟨Adj.⟩ [mhd. brünstec]: **1.** *(von Säugetieren) in der Brunst befindlich, paarungsbereit.* **2.** *in besonders starkem Maße von sinnlichem Verlangen erfüllt, vom Geschlechtstrieb getrieben.* **3.** (geh. selten) *inbrünstig.*

Brunst|zeit, die: vgl. Brunftzeit.

brun|zen ⟨sw. V.; hat⟩ [mhd. brunzen, zu: brunnen = hervorquellen, zu ↑Brunnen] (landsch. derb): *urinieren.*

brüsk ⟨Adj.⟩ [frz. brusque < ital. brusco = stachlig, rau, H. u.]: *in unerwartet unhöflicher Weise barsch, schroff:* ein -er Ton; sich b. von jmdm. abwenden.

brüs|kie|ren ⟨sw. V.; hat⟩ [frz. brusquer]: *in unhöflicher, kränkender Weise schroff behandeln, vor den Kopf stoßen:* jmdn. mit einer Frage, durch ein Verhalten b.; sich brüskiert fühlen.

Brüs|kie|rung, die; -, -en: **1.** *das Brüskieren; das Brüskiertwerden.* **2.** *jmdn. brüskierende Handlung:* etw. als B. empfinden.

Brüs|sel: Hauptstadt von Belgien.

[1]Brüs|se|ler, der; -s, -: Ew.

[2]Brüs|se|ler ⟨indekl. Adj.⟩: B. Spitzen.

Brüs|se|le|rin, die; -, -nen: w. Form zu ↑[1]Brüsseler.

[1]Brüss|ler (seltener): ↑[1]Brüsseler.

[2]Brüss|ler (seltener): ↑[2]Brüsseler.

Brüss|le|rin, die; -, -nen: w. Form zu ↑[1]Brüssler.

Brust, die; -, Brüste [mhd., ahd. brust, eigtl. = die Schwellende, Sprießende]: **1.** ⟨o. Pl.⟩ **a)** *vordere Seite des Rumpfes bei Mensch u. Wirbeltieren:* eine behaarte B.; die B. hebt sich; sie drückt das weinende Kind an die B. *(schließt es in die Arme);* Ü ein Geheimnis in seiner B. verschließen (geh.; *in seinem Innern bewahren, nicht aussprechen*); * **B. an B.** *(einander direkt gegenüber):* die Gegner standen B. an B.; **sich** ⟨Dativ⟩ **an die B. schlagen** (*über etw. Reue empfinden, sich Vorwürfe machen;* nach Nahum 2, 8); **sich in die B. werfen** *(sich mit etw. brüsten; prahlen);* **mit geschwellter B.** *(stolz);* **einen zur B. nehmen** (ugs.; *[reichlich] Alkohol trinken*); **[sich** ⟨Dativ⟩**] jmdn., etw. zur B. nehmen** (ugs.; *sich jmdn., etwas gründlich vornehmen*); **b)** *die im Brustkorb gelegenen Atmungsorgane:* die B. abhorchen; der Nebel legt sich ihm auf die B.; er hat es auf der B. (ugs.; 1. *er hat eine Bronchitis.* 2. *er ist lungenkrank*); * **schwach auf der B. sein** (ugs.; 1. *anfällig sein für Erkrankungen der Atmungsorgane.* 2. *wenig Geld haben.* 3. *in einem bestimmten Bereich nur geringe Kenntnisse od. Fähigkeiten haben*). **2.** *paariges, halbkugelförmiges Organ (an der Vorderseite des weiblichen Oberkörpers), das die Milchdrüsen enthält u. das in der Stillzeit Milch bildet:* eine kleine, feste, volle B.; die rechte, linke *(einzelne)* B.; beide Brüste; dem Kind die B. geben *(es stillen);* sie legte den Säugling an die B. **3.** ⟨o. Pl.⟩ *Bruststück eines Schlachttiers.* **4.** ⟨o. Art./o. Pl., nur in Verbindung mit Maßangaben⟩ (Sport) *Brustschwimmen:* nächster Wettbewerb: 100 m B.; Sieger über 200 m B.

brust|am|pu|tiert ⟨Adj.⟩: *eine Brust* (2), *beide Brüste durch Amputation verloren habend.*

Brust|an|satz, der: *Ansatz* (4) *der Brust* (2).

Brust|bein, das: *länglicher, flacher Knochen in der vorderen Mitte des Brustkorbs, an dem die oberen sieben Rippen angewachsen sind.*

Brust|beu|tel, der: *auf der Brust getragener Beutel, in dem jmd. Wertsachen od. Geld mit sich führt.*

Brust|bild, das: *Bild, Foto, auf dem nur Kopf u. Oberkörper eines Menschen abgebildet sind.*

Brust|brei|te: in der Verbindung **mit/um B.** (Leichtathletik; *mit ganz knappem Vorsprung*): mit B. siegen.

Brüst|chen, das; -s, -: Vkl. zu ↑Brust (2).

Brust|drü|se, die (Anat.): *bei Mensch u. Säugetier vorhandene paarige Drüse, die Milch bildet.*

brüs|ten, sich ⟨sw. V.; hat⟩ [mhd. brüsten = mit einer Brust versehen; (refl.:) prahlen] (abwertend): *mit etw. prahlen:* sich mit seinen Erfolgen b.

Brust|fell, das (Med.): *membranartige Auskleidung der Brusthöhle der höheren Wirbeltiere u. des Menschen.*

Brust|flos|se, die: vgl. Bauchflosse.

Brust|har|nisch, der: *Teil der Ritterrüstung.*

brust|hoch ⟨Adj.⟩: *so hoch, dass es bis zur Brust reicht.*

Brust|höh|le, die (Med.): *vom Brustkorb umschlossene Höhlung des Körpers bei Mensch u. Säugetier.*

Brust|kind, das (ugs.): *Säugling, der gestillt wird.*

Brust|korb, der (Med.): *aus Brustwirbeln, Rippen u. Brustbein gebildeter Teil des Skeletts bei Wirbeltieren u. Menschen.*

Brust|krebs, der: *Krebs* (3 a) *bes. der weiblichen Brustdrüsen.*

Brust|la|ge, die: *Schwimmstil, bei dem der Schwimmer mit der Brust nach unten im Wasser liegt:* in B. schwimmen.

Brust|pan|zer, der: *die Brust* (1) *bedeckender Teil der Ritterrüstung.*

Brust|plas|tik, die: *operative Korrektur der Form der Brust* (2).

Brust|schutz, der: **a)** (Fechten) *für Fechterinnen vorgeschriebener Schutz für die Brust;* **b)** (Kendo) *Vorrichtung zum Schutz der Brust vor Schlägen.*

brust|schwim|men ⟨st. V.; meist nur im Inf. gebr.⟩: *in Brustlage schwimmen.*

Brust|schwim|men, das; -s: *Schwimmstil, bei dem der Schwimmer in Brustlage die Arme nach vorn u. dann auseinander führt, die Beine anzieht, seitwärts nach hinten stößt, ausstreckt u. schließt.*

Brust|stim|me, die (Musik): *tiefe Lage der menschlichen Stimme, bei der hauptsächlich die Wand der Brust in Schwingungen versetzt wird.*

Brust|stück, das (Kochk.): *Fleischstück von der Brust von Schlachttieren, Wild u. Geflügel.*

Brust|ta|sche, die: *in Höhe der Brust angebrachte Tasche an Kleidungsstücken.*

Brust|ton, der (Musik): *mit Bruststimme erzeugter Ton beim Singen:* *** im B. der Überzeugung** (*von etw. völlig überzeugt;* nach Heinrich von Treitschke): etw. im B. der Überzeugung behaupten.

Brust|tuch, das ⟨Pl. ...tücher⟩: *Miedereinsatz bei bestimmten Volkstrachten.*

Brust|um|fang, der: (bes. Schneiderei) *über der Brust gemessener Umfang des Körpers.*

Brüs|tung, die; -, -en [zu ↑Brust (1 a)]: **1.** *zum Schutz gegen Absturz angebrachte Begrenzung aus Mauerwerk, Holz od. Metall an Balkonen, Brücken o. Ä.:* an die B. treten; sich über die B. beugen. **2.** kurz für ↑Fensterbrüstung.

Brust|war|ze, die: *dunkel pigmentierte, warzenförmige Erhebung auf der Brust, in der bei der Frau die Milchgänge der Brustdrüsen münden.*

Brust|wehr, die (Milit.): **a)** *brusthoher Schutzwall an Festungswerken u. Schützengräben;* **b)** *bei mittelalterlichen Burgen der obere Abschluss der Ringmauern od. Wehrgänge.*

Brust|wir|bel, der (Anat.): *einer der zwölf Wirbel im Bereich des Brustkorbs.*

brut [bryt] ⟨Adj.; nachgestellt⟩ [frz. brut < lat. brutus = schwer(fällig); wuchtig]: *herb* (Kennzeichnung für sehr trockenen Schaumwein u. Champagner).

Brut, die; -, -en [mhd. bruot, zu ↑brühen in dessen alter Bed. »erwärmen«]: **1.** *das Brüten; Ausbrüten von Eiern:* die erste, zweite B.; der Vogel hat die B. beendet. **2.** ⟨Pl. fachspr.⟩ *(in Bezug auf verschiedene Tierarten) die aus einem Gelege geschlüpften Jungtiere:* die B. der Bienen, Fische; die B. füttern; Ü die ganze B. (scherzh.; *Kinderschar*) tobt im Haus herum. **3.** ⟨o. Pl.⟩ (salopp abwertend) *Gesindel.*

bru|tal ⟨Adj.⟩ [spätlat. brutalis, zu lat. brutus = schwer(fällig), roh]: **a)** *roh, gefühllos u. gewalttätig:* ein -er Mensch; ein -es Gesicht *(Gesicht mit brutalem Ausdruck);* jmdn. b. misshandeln; **b)** *schonungslos, rücksichtslos:* ein -es Vorgehen; die -e *(besonders raue, grausame)* Wirklichkeit; der Reporter fragte sie sehr b. *(direkt, hart, ohne Diskretion);* **c)** (Jugendspr.) *sehr gut; wunderbar; großartig:* die Disco ist ein -er Schuppen; das ist, das finde ich echt b.

bru|ta|li|sie|ren ⟨sw. V.; hat⟩ [frz. brutaliser]: *brutal, gewalttätig machen; verrohen lassen:* der Krieg hat die Menschen brutalisiert.

Bru|ta|li|sie|rung, die; -: *das Verrohen[lassen].*

Bru|ta|li|tät, die; -, -en [mlat. brutalitas]: **1.** ⟨o. Pl.⟩ **a)** *Rohheit, Gefühllosigkeit, Gewalttätigkeit:* die B. der Söldner; eine Tat von erschreckender B.; **b)** *Schonungslosigkeit, Rücksichtslosigkeit:* mit großer B. vorgehen. **2.** *brutale Handlung:* die Bande ist berüchtigt wegen ihrer -en.

Bru|ta|lo, der; -s, -s [↑-o] (ugs. abwertend): **a)** *gewalttätiger Mann;* **b)** *Spielfilm, in dem sehr viele Brutalitäten* (2) *gezeigt werden.*

Brut|ap|pa|rat, der: *Apparat, in dem befruchtete Eier zur Entwicklung gebracht werden.*

brü|ten ⟨sw. V.; hat⟩ [mhd. brüeten, ahd. bruoten, zu ↑Brut]: **1.** *(von Vögeln) auf dem Gelege sitzen, um Junge auszubrüten:* die Amsel brütet. **2.** (geh.) *drückend auf etw. lasten:* die Sonne brütet über dem Land; eine brütende Hitze; ein brütend heißer (ugs; *sehr heißer*) Tag. **3. a)** *intensiv über etw. nachdenken; grübeln:* er brütet über seinen Plänen; ⟨subst.:⟩ in dumpfes Brüten versinken; **b)** *etw. Übles, Böses ausdenken, ersinnen:* er brütet Rache. **4.** (Kernphysik) *bestimmtes, nicht spaltbares Material in spaltbares umwandeln.*

brü|tend heiß: s. brüten (2).

Brü|ter, der; -s, -: **1.** (selten) *brütender Vogel.* **2.** (Kernphysik) *Brutreaktor:* schneller B. *(Brutreaktor, bei dem die Kernspaltung durch schnelle Neutronen ausgelöst wird, wodurch sich der Gewinn an Spaltmaterial erhöht).*

Brut|ge|schäft, das (Zool.): *das Brüten.*

Brut|hit|ze, die (ugs.): *sehr große Hitze.*

brü|tig ⟨Adj.⟩: *zum Brüten bereit.*

Brut|kas|ten, der (Med.): *einem großen Kasten mit durchsichtigen Wänden gleichender, spezieller medizinischer Apparat, in dem Frühgeborene od. schwer kranke Neugeborene gepflegt werden.*

Brut|pfle|ge, die (Zool.): *Gesamtheit der Handlungen von Elterntieren, die Aufzucht der Brut* (2) *betreffend.*

Brut|re|ak|tor, der (Kernpyhsik): *Kernreaktor, der mehr spaltbares Material erzeugt, als er verbraucht, wodurch Spaltmaterial gewonnen wird; Brüter* (2).

Brut|schrank, der: **1.** (Biol., Med.) *beheizbarer Laborschrank, der der Aufzucht von Mikroorganismen dient.* **2.** *Brutapparat.*

Brut|stät|te, die: **1.** *Platz, an dem Tiere brüten.* **2.** (geh.) *Stelle, Ort, an dem sich Ungeziefer o. Ä. besonders gut entwickelt:* Ü (abwertend:) eine B. des Verbrechens.

brut|to ⟨Adv.⟩ [ital. brutto = roh, über das Vlat. zu lat. brutus, ↑brutal] (Kaufmannsspr.): **a)** *mit Verpackung;* **b)** *ohne Abzug der Kosten od. Steuern:* sein Gehalt beträgt b. 5 000 Mark/5 000 Mark b.; Abk.: btto.

Brut|to|ein|kom|men, das: *Einkommen vor Abzug der Steuern, Sozialversicherungsbeiträge u. sonstigen Abgaben.*

Brut|to|ge|halt, das: vgl. Bruttoeinkommen.

Brut|to|ge|wicht, das: *Gewicht (einer Ware) einschließlich Verpackung.*

Brut|to|ge|winn, der (Wirtsch.): **1.** *Rohgewinn (ohne Abzug der Kosten).* **2.** *Deckungsbeitrag (der Teil des Verkaufserlöses, der die Stückkosten übersteigt).*

Brut|to|lohn, der: vgl. Bruttoeinkommen.

Brut|to|preis, der: *Preis ohne Abzug von Rabatt.*

Brut|to|raum|zahl, die (Seew.): *Einheit zur Errechnung des Rauminhaltes eines Schiffes* (Abk.: BRZ).

Brut|to|re|gis|ter|ton|ne, die (Seew. veraltend): *Bruttoraumzahl* (Abk.: BRT).

Brut|to|so|zi|al|pro|dukt, das (Wirtsch.): *Wert, den die Gesamtheit aller Dienstleistungen u. produzierten Güter in einem Wirtschaftsbereic[h] während eines bestimmten Zeitraumes (gewöhnlich eines Jahres) darstellt.*

Brut|zeit, die: *Zeit des Brütens.*

brut|zeln ⟨sw. V.; hat⟩ [Intensivbildung zu ↑brodeln]: **1.** *in heißem, spritzendem Fett gar werden, braten:* ein Steak brutzelt in der Pfanne. **2.** (ugs.) *bratend zubereiten:* ich habe [dir] etwa[s] in der Küche gebrutzelt.

Brut|zwie|bel, die (Bot.): *(bei verschiedenen Zwiebelpflanzen) als Knospe an einer Zwiebel entstehende neue, kleine Zwiebel.*

BRZ = Bruttoraumzahl.

BSE [be:|ɛs'e], die; - [Abk. für bovine spongiform[e] Enzephalopathie]: *Seuche, die vor allem bei Ri[n]dern unheilbare Veränderungen im Gehirn her[]vorruft; Rinderwahnsinn.*

bst: ↑pst.

bt = Bit (2).

Btl. = Bataillon.

btto. = brutto.

Bttr. = Batterie (1 a).

Btx = Bildschirmtext.

Bub, der; -en, -en [mhd. buobe] (südd., österr., schweiz.): *Junge, Knabe:* ein aufgeweckter B.

Büb|chen, das; -s, -: Vkl. zu ↑Bub.

Bu|be, der; -n, -n [mhd. buobe = Knabe; Diener; zuchtloser Mensch, wahrsch. Lallw.]: **1.** (veraltend abwertend) *gemeiner, niederträchtiger Mensch.* **2.** *(in vielen geläufigen Kartenspielen, in der Rangfolge an vierter Stelle stehende Spielkarte:* den -n ausspielen.

Bu|ben|streich, der: **1.** *Jungenstreich.* **2.** (veraltend) *übler Streich, Übeltat.*

Bu|ben|stück, das (veraltend): *üble Tat, Schurke[n]rei.*

Bu|bi, der; -s, -s: **1.** Koseform von ↑Bub. **2.** (salop[p] abwertend) *unreif wirkender junger od. jünger[er] Mann.*

Bu|bi|kopf, der: **1.** (veraltend) *dem kurzen Herrenschnitt ähnliche Kurzhaarfrisur für Damen.* **2.** *Topfpflanze mit fadendünnen, dicht mit win[]zigen Blättern besetzten Zweigen, deren Form an die eines Kopfes erinnert.*

Bü|bin, die; -, -nen: w. Form zu ↑Bube (1).

bü|bisch ⟨Adj.⟩ [spätmhd. büebisch, zu ↑Bube (1[)]] (geh. veraltend): **a)** *niederträchtig, schurkenhaft, böse:* ein -er Streich; **b)** *verschmitzt; jungenhaft:* ein -es Grinsen; b. lächeln.

Buch, das; -[e]s, Bücher [mhd. buoch, ahd. buoh (Pl.), urspr. wohl = (Runen)zeichen, Buchstab[e], dann: Schriftstück]: **1. a)** *größeres, gebundene[s] Druckwerk;* [2]*Band:* ein dickes B.; ein B. in Lede[r]; ein B. von 1 000 Seiten; Bücher binden; *** Golde[]nes B.** *(Gästebuch einer Stadt);* **das B. der Bücher** *(die Bibel);* **wie ein B. reden** (ugs.; *seh[r] viel, unaufhörlich reden);* **sein, wie jmd., etw. im -e steht** *(genauso sein, wie sich jmd. jmdn. Bestimmtes od. eine bestimmte Sache vorstell[t];* urspr. mit Bezug auf die Bibel): ein Außenseite[r], wie er im -e steht; **jmdm./für jmdn. ein B. mi[t] sieben Siegeln sein** *(für jmdn. unverständlich, nicht durchschaubar sein;* nach Off. 5, 1–5); **b)** *in Buchform veröffentlichter literarischer, wissenschaftlicher o. ä. Text:* ein spannendes B[.]; das B. (dieses Autors) ist vergriffen; ein B. herausgeben; über den Büchern sitzen *(eifrig lernen);* Ü das B. der jüngeren Geschichte mus[s] neu geschrieben werden; *** schlaues B.** (ugs.; *Buch, das viel Information enthält, z. B. ein Lehrbuch od. ein Nachschlagewerk*); **c)** (veraltend) *Teil eines gegliederten [literarischen] Werkes:* die fünf Bücher Mose; **d)** kurz für ↑Drehbuch: das B. für einen Film schreiben. **2.** *aus gebundenen, gehefteten o. ä. Seiten beste[]hender, mit einem festen Deckel od. kartonier[]tem Einband versehener Gegenstand unterschiedlicher Größe u. Verwendung.* **3.** ⟨meist P[l.⟩] kurz für ↑Geschäfts-, Kassenbuch: die Bücher sind in Ordnung; die Bücher führen *(die Buchführung machen);* *** über etw. B. führen** *(sich über etw. Notizen, Aufzeichnungen machen);* *** Buch[e] schlagen** (**1.** *sich im Etat niederschla[gen]*

gen. 2. *sich bei etw. bemerkbar machen, ins Gewicht fallen).* 4. (Sport) *Wettliste bei Pferderennen:* B. machen *(die Wetten zusammenstellen).* 5. a) (Druckw.) *altes deutsches Zählmaß für Druck- u. Schreibpapier;* b) (Kaufmannsspr.) *Zählmaß für Blattgold u. -silber.*

uch|be|spre|chung, die: *kritische Würdigung eines [neu erschienenen] Buches.*

uch|be|stand, der: *Bestand an Büchern.*

uch|bin|der, der: *Handwerker, der Bücher u. Ä. bindet* (Berufsbez.).

uch|bin|de|rei, die: 1. ⟨o. Pl.⟩ *Handwerk des Buchbindens.* 2. *Handwerksbetrieb des Buchbinders.*

uch|bin|de|rin, die: w. Form zu ↑Buchbinder.

uch|block, der ⟨Pl. ...blöcke u. -s⟩: *die zusammengehefteten od. gebundenen Blätter od. Bogen eines Buches ohne die Buchdecke.*

uch|de|cke, die: *Teil des Einbandes, der den Buchblock umschließt.*

uch|de|ckel, der: *einer der beiden Teile der Buchdecke, die Vorder- u. Rückseite des Buches bedecken.*

uch|druck, der ⟨o. Pl.⟩: *Hochdruckverfahren mit zusammengesetzten Druckformen u. gegossenen Lettern:* etw. im B. herstellen.

uch|dru|cker, der: *jmd., der den Buchdruck erlernt hat* (Berufsbez.).

uch|dru|cke|rei, die: 1. ⟨o. Pl.⟩ *Gewerbe des Buchdrucks.* 2. *Gewerbebetrieb, der Bücher u. andere Druckerzeugnisse im Hochdruckverfahren druckt.*

uch|dru|cke|rin, die: w. Form zu ↑Buchdrucker.

uch|dru|cker|kunst, die ⟨o. Pl.⟩: *Verfahren des Hochdrucks mithilfe von einzelnen gegossenen Buchstaben, die zusammengesetzt werden; Typographie* (1).

u|che, die; -, -n [mhd. buoche, ahd. buohha, idg. Baumname]: 1. *Laubbaum mit glattem Stamm, ganzrandigen od. fein gezähnten Blättern u. dreikantigen Früchten.* 2. kurz für ↑Rotbuche. 3. ⟨o. Pl.⟩ *Holz der Rotbuche.*

uch|ecker, die: *ölhaltige, dreikantige Frucht der Rotbuche.*

uch|ein|band, der; -[e]s, ...einbände: *Einband eines Buches* (1 a).

u|chel|chen, das; -s, -: Vkl. zu ↑Buch (1 a, b).

u|chen ⟨sw. V.; hat⟩ [wohl nach engl. to book]: 1. *(in die Geschäftsbücher o. Ä.) eintragen; an vorgesehener Stelle verbuchen:* die Ein- und Ausgänge b.; Ü die Mannschaft konnte einen Sieg für sich b. *(sich zurechnen).* 2. a) *vorbestellen; reservieren lassen:* einen Flug b.; b) *eine Vorbestellung entgegennehmen; reservieren:* würden Sie bitte zwei Plätze für uns b.?

u|chen ⟨Adj.⟩ [mhd. buochīn, ahd. buohhīn]: *aus Buchenholz [gemacht].*

u|chen|holz, das: *Holz von Buchen.*

u|chen|scheit, das: *Scheit aus Buchenholz.*

u|chen|wald, der: *Wald, der in der Hauptsache aus Buchen besteht.*

ü|cher|bord, das: a) *Bücherbrett;* b) *Bücherregal.*

ü|cher|brett, das: *einzelnes an der Wand befestigtes Brett zum Aufstellen von Büchern.*

ü|che|rei, die; -, -en [LÜ von niederl. boekerij]: *kleinere [öffentliche] Bibliothek* (1).

ü|cher|lieb|ha|ber, der: *Bibliophile.*

ü|cher|lieb|ha|be|rin, die: w. Form zu ↑Bücherliebhaber.

ü|cher|reff, das (Fachspr., landsch.): *lange, schmale Kiste zum Transport von Büchern.*

ü|cher|re|gal, das: *Regal zum Aufstellen von Büchern.*

ü|cher|re|vi|sor, der: *Buchprüfer.*

ü|cher|re|vi|so|rin, die: w. Form zu ↑Bücherrevisor.

ü|cher|samm|lung, die: *Sammlung von Büchern.*

ü|cher|schrank, der: *Schrank, der vorwiegend der Aufbewahrung von Büchern dient.*

ü|cher|sen|dung, die: *Form des Versands für Bücher, Broschüren, Noten, Landkarten o. Ä. zu ermäßigter Gebühr.*

ü|cher|tisch, der: *Tisch, auf dem Bücher zum Verkauf angeboten werden od. zur Information ausgelegt sind.*

Bü|cher|ver|bren|nung, die: *öffentliche demonstrative Verbrennung von Büchern aus politischen, religiösen o. ä. Gründen.*

Bü|cher|wand, die: a) *eine ganze Wand od. einen größeren Teil der Wand eines Raumes einnehmendes Möbel, das hauptsächlich der Unterbringung von Büchern dient;* b) *Wand eines Raumes, die ganz od. zum größten Teil von aufgestellten Büchern eingenommen wird.*

Bü|cher|wurm, der: (scherzh.): *jmd., der gern u. viel liest.*

Buch|fink, der; -en, -en [der Vogel bewohnt gern Buchenwälder]: *(zu den Finken gehörender) Singvogel mit rotbrauner Unterseite, blaugrauem Kopf u. weißen Streifen an den Flügeln.*

Buch|form: in der Verbindung **in B.** *(in Form eines Buches, als Buch):* er brachte die Reportagen in B. heraus.

Buch|for|mat, das: *Format eines Buches (z. B. Folio, Quart).*

Buch|füh|rung, die: *genaue u. systematische Aufzeichnung aller Einnahmen u. Ausgaben betreffenden Geschäftsvorgänge:* doppelte B. (Kaufmannsspr.; *doppelte Verbuchung eines Geschäftsvorgangs, auf einem Konto als Belastung, auf dem anderen als Gutschrift).*

Buch|hal|ter, der: *jmd., der die Geschäfts-, Rechnungsbücher eines Betriebes führt* (Berufsbez.).

Buch|hal|te|rin, die: w. Form zu ↑Buchhalter.

buch|hal|te|risch ⟨Adj.⟩: *die Buchhaltung betreffend:* -e Aufgaben.

Buch|hal|tung, die: 1. ⟨Pl. selten⟩ *Buchführung.* 2. *die für die Buchführung verantwortliche Abteilung eines Betriebes.*

Buch|han|del, der ⟨o. Pl.⟩: *Gewerbezweig, dessen Aufgabe [die Herstellung u.] der Vertrieb von Büchern u. Zeitschriften ist.*

Buch|händ|ler, der: *jmd., der Bücher verkauft* (Berufsbez.).

Buch|händ|le|rin, die: w. Form zu ↑Buchhändler.

buch|händ|le|risch ⟨Adj.⟩: *den Buchhandel betreffend:* -e Fähigkeiten.

Buch|hand|lung, die: *Geschäft, in dem Bücher verkauft werden.*

Buch|hül|le, die: *Hülle, die zum Schutz des Einbandes um ein Buch gelegt wird.*

Buch|il|lus|tra|ti|on, die: *[künstlerische] Illustration, mit der ein Buch [zu Anschauungszwecken] ausgestattet ist.*

Buch|klub, der: *verlagsähnliches Unternehmen, dessen Mitglieder sich zur [regelmäßigen] Abnahme von Büchern zu bes. günstigen Preisen verpflichten.*

Buch|kri|tik, die: *Buchbesprechung.*

Buch|kunst, die ⟨o. Pl.⟩: *Bereich der Kunst, der die künstlerische Ausgestaltung von Büchern umfasst.*

Büch|lein, das; -s, -: Vkl. zu ↑Buch (1 a, b).

Buch|ma|cher, der [LÜ von engl. bookmaker]: *Vermittler von Wetten bei Pferderennen* (Berufsbez.).

Buch|ma|le|rei, die: 1. ⟨o. Pl.⟩ *Kunst der malerischen Ausschmückung von Handschriften in der Antike u. im Mittelalter.* 2. *gemaltes Bild in Handschriften der Antike u. des Mittelalters.*

Buch|mes|se, die: *internationale* [2]*Messe* (1) *der Verlage* (1).

Buch|prü|fer, der: *öffentlich bestellter Sachverständiger für alle Fragen des betrieblichen Rechnungswesens.*

Buch|prü|fe|rin, die: w. Form zu ↑Buchprüfer.

Buch|rol|le, die: *älteste Form des Buches aus zusammengerollten Streifen von Papyrus, Pergament o. Ä.*

Buch|rü|cken, der: *Teil des Bucheinbandes, der beide Buchdeckel zusammenhält.*

Buchs|baum, der [mhd. buhsboum, ahd. buhsboum, zu lat. buxus]: *in vielen Arten vorkommender immergrüner Zierstrauch od. -baum, der häufig zur Einfassung von Beeten verwendet wird.*

Büchs|chen, das; -s, -: ↑Büchse (1).

Buch|se, die; -, -n [oberd. Nebenform von ↑Büchse]: a) (Technik) *Hohlzylinder, der als Lager von Achsen u. Wellen od. zur Führung von Kolben o. Ä. dient;* b) (Elektrot.) *meist mit einer Isolierung umgebene Hülse, in die der Stecker eingeführt wird.*

Büch|se, die; -, -n [1 a: mhd. bühse, ahd. buhsa < vlat. buxis = Dose aus Buchsbaumholz < lat. pyxis; 2: nach dem zylinderförmigen Rohr od. Lauf]: 1. a) *kleines Gefäß, Behälter mit Deckel:* eine B. für Gebäck; eine B. mit Bonbons; * **die B. der Pandora** (bildungsspr.; *etw. Unheilbringendes;* nach Hesiod schickte Zeus den Menschen zur Strafe für den Raub des Feuers durch Prometheus Pandora mit einem Gefäß, das alle Übel enthielt); b) *Konservendose:* längliche, große, kleine -n; eine B. Fisch; eine B. öffnen; Fleisch in -n; c) (ugs.) kurz für ↑Sammelbüchse. 2. *Jagdgewehr, mit dem Kugeln verschossen werden:* einen Hirsch vor die B. bekommen.

Büch|sen|fleisch, das: *in Konservendosen haltbar gemachtes Fleisch.*

Büch|sen|ma|cher, der: *Handwerker, der Büchsen* (2) *herstellt* (Berufsbez.).

Büch|sen|ma|che|rin, die: w. Form zu ↑Büchsenmacher.

Büch|sen|milch, die: *Kondensmilch in Büchsen* (1 b).

Büch|sen|öff|ner, der: *Gerät zum Öffnen von Büchsen* (1 b).

Buch|sta|be, der; -ns, selten: -n, -n [mhd. buochstap, -stabe, ahd. buohstap, urspr. wohl = Stab mit Runenzeichen, aus ↑Buch u. ↑Stab; später verstanden als »Stab aus Buchenholz«]: *Zeichen einer Schrift, das einen Laut od. eine Lautverbindung wiedergibt:* große, griechische -n; der B. A; * **nach dem -n des Gesetzes handeln** *(peinlich genau sein in der Befolgung des Gesetzes);* **sich auf seine vier -n setzen** (ugs. scherzh.; *sich hinsetzen;* das Wort Popo hat vier Buchstaben).

Buch|sta|ben|fol|ge, die ⟨o. Pl.⟩: *die Aufeinanderfolge der Buchstaben (bes. im Alphabet).*

buch|sta|ben|ge|treu ⟨Adj.⟩: *ganz genau; wörtlich.*

buch|sta|ben|gläu|big ⟨Adj.⟩: *starr an das geschriebene Wort, den Text glaubend, ohne selbstständig zu denken.*

Buch|sta|ben|kom|bi|na|ti|on, die: [1]*Kombination* (1 a) *von Buchstaben.*

Buch|sta|ben|rät|sel, das: *Rätsel, bei dem durch Umstellen der Buchstaben vorgegebener Wörter neue Wörter gebildet werden müssen.*

Buch|sta|ben|schrift, die: *Schrift, in der die Wörter mit Buchstaben wiedergegeben werden (im Unterschied zur Silbenschrift, Wortschrift od. Bilderschrift).*

Buch|sta|ben|wort, das ⟨Pl. ...wörter⟩: *Kurzwort, das aus den Anfangsbuchstaben mehrerer Wörter gebildet ist; Akronym* (z. B. NATO).

Buch|sta|bier|al|pha|bet, das: *festgelegte Reihenfolge von Kennwörtern für die einzelnen Buchstaben des Alphabets als Hilfsmittel beim Buchstabieren von schwierigen Wörtern u. Namen.*

buch|sta|bie|ren ⟨sw. V.; hat⟩ [mhd. buochstaben]: a) *die Buchstaben eines Wortes in ihrer Aufeinanderfolge einzeln nennen:* ein Wort, seinen Namen b.; b) *mühsam entziffern, lesen:* er konnte die alte Inschrift nur teilweise b.

buch|stäb|lich: I. ⟨Adj.⟩ (selten) *genau dem Wortlaut der Vorlage folgend:* etw. b. übersetzen. II. ⟨Adv.⟩ *geradezu, im wahrsten Sinne [des Wortes], regelrecht:* sie waren b. verhungert.

Buch|stüt|ze, die: *Vorrichtung zum Stützen aufgestellter Bücher.*

Bucht, die; -, -en [aus dem Niederd. < mniederd. bucht = Biegung, Krümmung, zu ↑biegen]: *[bogenartig] in das Land hineinragender Teil eines Meeres od. Binnengewässers:* die Küste hat zahlreiche -en; an einer einsamen B.

Buch|tel, die; -, -n ⟨meist Pl.⟩ [tschech. buchta] (österr.): *ein [mit Marmelade o. Ä. gefülltes] Hefegebäck.*

B

buch|ten|reich ⟨Adj.⟩: *zahlreiche Buchten aufweisend:* eine -e Küste.

Buch|ti|tel, der; -s, -: vgl. Titel (2).

Bu|chung, die; -, -en: **1.** *das Verbuchen von Belegen auf Konten in der Buchführung.* **2.** *das Registrieren[lassen] einer Bestellung:* die B. einer Reise.

Buch|ver|sand, der: **1.** *das Versenden von Büchern.* **2.** *Versandhaus für Bücher.*

Buch|wei|zen, der [nach der Ähnlichkeit der Früchte mit Bucheckern]: *(zu den Knöterichgewächsen gehörende) krautige Pflanze mit herzförmigen Blättern, kleinen weißlichen Blüten u. den Bucheckern ähnlichen, dreikantigen Früchten, die zu Mehl vermahlen werden.*

Buch|wis|sen, das (abwertend): *nur aus Büchern gewonnenes Wissen eines Menschen, das keinen Bezug zur Wirklichkeit hat.*

Buch|zei|chen, das: *Lesezeichen.*

Bü|cke, die; -, -n [zu ↑bücken] (Turnen): *das Überspringen mit gestreckten Beinen, bei dem der Körper in den Hüften gewinkelt ist u. sich im Sprung wieder streckt:* eine B. über den Kasten.

Bu|ckel, der; -s, - [5: mhd. buckel < afrz. bo(u)cle, ↑[1]Bouclé]: **1.** (ugs.) *Rücken* (1) *des Menschen:* sich den B. kratzen; einen Rucksack auf dem B. tragen; den B. voll bekommen, voll kriegen (ugs.; *Schläge bekommen*); R rutsch mir den B. runter, steig mir den B. rauf! *(lass mich damit in Ruhe!);* * **jmdn. juckt der B.** (ugs.; *jmd. benimmt sich so, dass er bald Prügel bekommen wird*); **einen breiten B. haben** (ugs.; *sich durch Kritik, Anfeindungen o. Ä. nicht aus dem inneren Gleichgewicht bringen lassen*); **den B. hinhalten** (ugs.; *die Verantwortung für etw. tragen*); **einen krummen B. machen** (ugs.; *unterwürfig sein*); **etw. auf dem B. haben** (ugs.; 1. *etw. hinter sich gebracht, erlebt haben:* unser Chef hat auch schon seine sechzig Jahre auf dem B.; mein Wagen hat 150 000 km auf dem B. 2. *mit etw. belastet sein:* sie hat schon drei Vorstrafen auf dem B.); **genug/viel auf dem B. haben** (ugs.; *viele Aufgaben zu erledigen haben*). **2.** *höckerartige Verkrümmung der Wirbelsäule zwischen den Schulterblättern:* der Junge hat einen B. *(ist verwachsen);* Ü mach nicht so einen B.! *(halte dich gerade!).* **3.** (ugs.) *Hügel, kleiner Berg mit abgerundeter Kuppe.* **4.** (ugs.) *leicht gewölbte, ausgebuchtete Stelle an etw.:* das Pflaster hat viele B. **5.** ⟨auch: die; -, -n⟩ *hervortretende Verzierung aus Metall (bes. in der Mitte von Schilden).*

bu|cke|lig usw.: ↑bucklig usw.

bu|ckel|kra|xen: in der Verbindung **jmdn. b. tragen/nehmen** (bayr., österr.; *jmdn. huckepack tragen*).

bu|ckeln ⟨sw. V.; hat⟩ [mhd. buckeln] (ugs.): **1.** *den Rücken krümmen, einen Buckel machen:* die Katze buckelt. **2.** (abwertend) *sich unterwürfig verhalten:* [vor jmdm.] b.; nach oben b., nach unten treten. **3.** *sich eine Last auf den Rücken laden, auf dem Rücken tragen:* einen schweren Sack b.

Bu|ckel|rind, das: *(bes. in Indien u. Ostafrika als Arbeitstier gehaltenes) Rind mit einem Höcker; Zebu.*

Bu|ckel|wal, der: *Wal, der am Kopf u. an den Flossen knotige Hautverdickungen hat.*

bü|cken, sich ⟨sw. V.; hat⟩ [mhd. bücken, Intensivbildung zu ↑biegen]: *den Oberkörper beugen, sich nach unten beugen:* sich nach etw., zur Erde b.; in gebückter Haltung.

Bü|cking (landsch.): ↑[2]Bückling.

buck|lig, buckelig ⟨Adj.⟩: **1.** *mit einem Buckel* (2) *behaftet:* ein -er Mensch; er ist b. **2.** (ugs.) *an der Oberfläche Unebenheiten aufweisend:* eine -e Straße.

Buck|li|ge, der u. die; -n, -n ⟨Dekl. ↑Abgeordnete⟩: *jmd., der bucklig ist.*

[1]Bück|ling, der; -s, -e [zu ↑bücken] (ugs. scherzh.): *höfliche, tiefe Verbeugung:* einen B. machen.

[2]Bück|ling, der; -s, -e [aus dem Niederd. < mniederd. bückinc, zu: bok = Bock (nach dem strengen Geruch)]: *geräucherter Hering.*

Bu|da|pest: Hauptstadt von Ungarn.

Büd|chen, das; -s, -: Vkl. zu ↑Bude (1).

Bud|del, die; -, -n [niederd. buddel < frz. bouteille, ↑Bouteille] (ugs.): *Flasche [mit einem alkoholischen Getränk]:* eine B. Schnaps; gleich aus der B. trinken.

Bud|de|lei, die; -, -en (ugs. abwertend): *beständiges, als lästig empfundenes Buddeln:* die B. an dieser Baustelle nimmt kein Ende.

bud|deln ⟨sw. V.; hat⟩ [Nebenf. von ↑pudeln]: **1.** (ugs.) **a)** *graben; Erdarbeiten machen:* an der Baustelle wird schon lange gebuddelt; die Kinder buddeln *(spielen)* im Sand; **b)** *durch Buddeln* (1 a) *herstellen:* ein Loch [in die Erde] b.; **c)** *durch Buddeln* (1 a) *aus etw. herausholen:* etw. aus der Erde b. **2.** (landsch.) *durch Ausgraben ernten:* Kartoffeln b.

[1]Bud|dha (fachspr. auch mit Art.: der; -s): Stifter der buddhistischen Religion.

[2]Bud|dha, der; -s, -s [sanskr. buddha = der Erwachte, der Erleuchtete]: **1.** *[Titel für einen] Verkünder der Lehren des historischen Buddha.* **2.** *Statue, die einen [2]Buddha* (1) *darstellt:* ein B. aus Gold.

Bud|dhis|mus, der; -: *nach [1]Buddha benannte Weltreligion.*

Bud|dhist, der; -en, -en: *Anhänger des Buddhismus.*

Bud|dhis|tin, die; -, -nen: w. Form zu ↑Buddhist.

bud|dhis|tisch ⟨Adj.⟩: *den Buddhismus betreffend, zu ihm gehörend:* die -e Religion.

Budd|leia, die; -, -s [nach dem engl. Botaniker A. Buddle]: *als Strauch wachsende Pflanze mit länglichen, dunkelgrünen Blättern u. Blütenrispen, die aus vielen kleinen, bes. lilafarbenen Blüten bestehen.*

Bu|de, die; -, -n [mhd. buode, zu ↑bauen]: **1. a)** *Marktbude, Kiosk:* -n aufschlagen; an -n wurden Würstchen verkauft; **b)** *Baubude:* die Bauarbeiter frühstücken in der B. **2.** (ugs.) **a)** (abwertend) *Haus, das in einem verkommenen, baufälligen Zustand ist:* diese B. ist abbruchreif; **b)** *Wohnung, Heim, Stube, möbliertes Zimmer:* eine sturmfreie B.; er ist auf seiner B.; Leben in die B. bringen *(für Unterhaltung u. Stimmung sorgen);* * **jmdm. fällt die B. auf den Kopf** (ugs.; *jmd. hält es in seiner Wohnung nicht mehr aus*); **jmdm. die B. einlaufen/einrennen** (ugs.; *jmdn. ständig mit dem gleichen Anliegen aufsuchen*); **jmdm. auf die B. rücken** (ugs.; 1. *jmdn., mit dem jmd. etw. zu bereinigen hat, in seiner Wohnung aufsuchen.* 2. *jmdn. unaufgefordert besuchen*). **3.** (ugs. abwertend) *Laden, Lokal, Büro o. Ä.:* die Polizei hat ihm die B. zugemacht *(die Schließung angeordnet).*

Bu|del, die; -, -[n] [zu ↑Bude] (bayr., österr.): *Ladentisch.*

Bu|den|be|sit|zer, der: *Besitzer einer Markt- od. Verkaufsbude.*

Bu|den|be|sit|ze|rin, die: w. Form zu ↑Budenbesitzer.

Bu|den|zau|ber, der (ugs.): *ausgelassenes Fest, das jmd. in seinem Zimmer od. in seiner Wohnung feiert.*

Bud|get [bʏˈdʒeː], das; -s, -s [(frz. budget <) engl. budget < afrz. bougette = Balg, Lederbeutel, zu lat. bulga = lederner (Geld)sack]: **1.** (Politik, Wirtsch.) *Haushaltsplan, Voranschlag von öffentlichen Einnahmen u. Ausgaben; Etat:* das B. bewilligen; die Abgeordneten stimmten dem B. zu; etw. vom B. streichen *(keine Geldmittel mehr für etw. bewilligen).* **2.** (ugs. scherzh.) *jmdm. für bestimmte Ausgaben zur Verfügung stehende Geldmittel:* jmds. B. ist erschöpft.

bud|ge|tie|ren [bʏdʒeˈtiːrən] ⟨sw. V.; hat⟩ (Politik, Wirtsch.): **a)** *ein Budget* (1) *aufstellen;* **b)** (schweiz., österr.) *ins Budget, in den Haushaltsplan aufnehmen; im Budget vorsehen:* die Ausgaben sind auf jährlich 280 000 Schilling budgetiert.

Bu|di|ke, die; -, -n [in Anlehnung an ↑Bude zu ↑Boutique] (landsch.): **1.** *kleiner Laden.* **2.** *kleine Kneipe.*

Bu|do, das; -s [jap. budō]: *Kampfsportart, die Judo, Aikido, Ju-Jutsu, Karate, Kendo u. Taekwondo umfasst.*

[1]Bu|do|ka, der; -[s], -[s]: *männliche Person, die Budo als Sport betreibt.*

[2]Bu|do|ka, die; -, -[s]: *weibliche Person, die Budo als Sport betreibt.*

Bu|e|nos Ai|res: Hauptstadt von Argentinien.

Bü|fett, das; -[e]s, -s u. -e, (auch, bes. österr., schweiz.:) Buffet [bʏˈfeː, schweiz. auch, sonst landsch.: ˈbyfe], das; -s, -s [frz. buffet, H. u.]: **1.** *Geschirrschrank, Anrichte:* ein B. aus Eiche. **2. a)** *Schanktisch in einer Gaststätte;* **b)** *Verkaufstisch in einem Restaurant od. Café:* am B. stehen; * **kaltes B.** *(bei festlichen Anlässen auf einem langen Tisch zur Selbstbedienung angerichtete kalte Speisen).* **3.** (schweiz.) *Bahnhofsrestaurant.*

Bü|fett|da|me, die: *Bedienung am Büfett* (2).

Bü|fet|ti|er [byfeˈti̯eː], der; -s, -s [frz. buffetier]: *Mann, der am Büfett* (2 a) *ausschenkt.*

Bü|fet|ti|e|re, die; -, -n [frz. buffetière]: w. Form zu ↑Büfettier.

Büf|fel, der; -s, - [spätmhd. büffel < (m)frz. buffl[e] < ital. bufalo < lat. bufalus, bubalus < griech. boúbalos]: **1.** *in Asien u. Afrika wild lebendes Rind von plumpem, massigem Körperbau mit großen, ausladenden Hörnern.* **2.** (ugs. abwertend) *Grobian.*

Büf|fe|lei, die; -, -en (ugs.): *beständiges, als lästi[g] empfundenes, angestrengtes Büffeln.*

Büf|fel|her|de, die: *Herde von Büffeln.*

büf|feln ⟨sw. V.; hat⟩ [in Anlehnung an ↑Büffel viell. zu mhd. buffen = schlagen, stoßen] (ugs.): *angestrengt lernen, sich etw. einpauken:* Vokabeln b.; er hat fürs Examen gebüffelt.

Buf|fet: ↑Büfett.

Buf|fo, der; -s, -s u. Buffi [ital. buffo, zu: buffone = Hanswurst, Possenreißer, zu: buffare = prus[ten], mit vollen Backen blasen, lautm.]: *Sänger komischer Rollen in der Oper.*

buf|fo|nesk ⟨Adj.⟩: *im Stil eines Buffos ausgeführ[t].*

[1]Bug, der; -[e]s, (selten:) -e u. Büge [1: wohl übertr. von 2; 2: mhd. buoc, ahd. buog, eigtl. = Ellbogen, Unterarm]: **1.** ⟨Pl. -e⟩ *vorderster Teil eines Schiffes, Flugzeugs, seltener auch eines Autos:* vorn am B. stehen; * **jmdm. eine vor de[n] B. knallen** (salopp; *jmdm. [zur Warnung] eine[n] Schlag versetzen od. ihn mit Worten einschüch[tern]*). **2.** ⟨Pl. -e u. Büge⟩ *Schulterteil, bes. von Pferd u. Rind:* ein Stück Rindfleisch vom B. *(Schulterstück).* **3.** ⟨Pl. Büge⟩ (Bauw.) *Strebe im Gebälk eines Dachstuhls.*

[2]Bug, der; -s: Flüsse in Osteuropa: der Westliche [u. der] Südliche B.

[3]Bug [bag, engl.: bʌg], der; -s, -s [engl. bug = Feh[ler], Macke, eigtl. = Wanze; (lästiges) Insekt] (EDV): *Fehler in einem Computerprogramm.*

Bü|gel, der; -s, - [zu ↑biegen; 2: mhd. bügele]: **1.** kurz für ↑Kleiderbügel: den Mantel auf/übe[r] einen B. hängen. **2.** kurz für ↑Steigbügel: jmdm den B. halten. **3.** *Teil des Brillengestells, mit de[m] die Brille auf dem Ohr aufliegt.* **4.** *Stromabneh[mer] bei elektrischen Bahnen:* den B. einziehen. **5.** *Teil einer Säge, in den das Sägeblatt eingespannt ist.* **6. a)** *[mit einem Schnappverschluss versehene] Einfassung aus festem Material zu[r] Verstärkung des oberen Rands von Handtaschen, Geldbeuteln o. Ä.;* **b)** *an einem Bügel* (6 a) *angebrachter fester Griff einer Handtasche.* **7.** *Schutzvorrichtung am Abzug eines Gewehrs.*

Bü|gel|au|to|mat, der: *Bügelmaschine.*

Bü|gel|brett, das: *mit Stoff bezogenes Brett, das beim Bügeln als Unterlage dient.*

Bü|gel|ei|sen, das [nach dem bügelförmigen Griff]: *[elektrisch beheizbares] Gerät zum Glä[tten] von Wäsche u. Ä.*

Bü|gel|fal|te, die ⟨meist Pl.⟩: *eingebügelte Falte [an] Hosenbeinen.*

bü|gel|frei ⟨Adj.⟩ (Textilind.): *aus einem Geweb[e] hergestellt, das nicht gebügelt werden muss.*

Bü|gel|ma|schi|ne, die: *Gerät zum maschinelle[n] Bügeln.*

bü|geln ⟨sw. V.; hat⟩: **1.** *mit dem Bügeleisen glätten:* Wäsche [feucht] b.; sie hat den ganzen M[...]

gen [an den Hemden] gebügelt; * **gebügelt sein** (salopp; ↑ plätten). 2. (Sport Jargon) *überlegen besiegen:* die Holländer bügelten Malta 5:0.

üjgel|wä|sche, die ⟨o. Pl.⟩: *gebügelte od. zu bügelnde Wäsche.*

ug|gy ['bagi, engl.: 'bʌgi], der; -s, -s [1, 2: engl. buggy, H. u.]: 1. *leichter, einspänniger, meist offener Wagen mit zwei od. vier hohen Rädern.* 2. *geländegängiges, kleines Auto mit offener Karosserie aus Kunststoff.* 3. *leichter, zusammenklappbarer Sportwagen* (2).

üg|ler, der; -s, -: vgl. Büglerin.

üg|le|rin, die; -, -nen: *weibliche Person, die berufsmäßig die Tätigkeit des Bügelns ausübt.*

ug|rad, das (Flugw.): *kleines Rad unter dem Bug eines Flugzeugs.*

ug|sie|ren ⟨sw. V.; hat⟩ [niederl. boegseren, älter: boechseerden, boesjaren < port. puxar = ziehen, schleppen < lat. pulsare = stoßen, forttreiben]: 1. (Seemannsspr.) *(im Hafenbereich o. Ä.) ins Schlepptau nehmen u. an eine bestimmte Stelle bringen; schleppen:* ein Schiff in den Hafen b. 2. (ugs.) *mit Geschick, List, Mühe von einem Ort [durch etw. hindurch] irgendwohin bringen, befördern:* jmdn. aus dem Zimmer b.; etw. durch die Tür b.

ug|wel|le, die: *Welle, die das fahrende Schiff am Bug aufwirft.*

uh ⟨Interj.⟩: Ausruf des Missfallens.

uh, das; -s, -s (ugs.): *Buhruf.*

ü|hel: ↑ Bühl.

u|hen ⟨sw. V.; hat⟩ (ugs.): *durch Buhrufe sein Missfallen bekunden.*

ühl, der; -[e]s, -e, Bühel, der; -s, - [mhd. bühel, ahd. buhil, H. u.] (südd., schweiz. mundartl., österr.): *Hügel.*

uh|le, der; -n, -n [mhd. buole, urspr. Lallwort der Kindersprr. u. Anrede für einen nahen Verwandten] (dichter. veraltet): *Geliebter.*

uh|le, die; -, -n [spätmhd. buole] (dichter. veraltet): *Geliebte.*

uh|len ⟨sw. V.; hat⟩ [spätmhd. buolen]: 1. (geh. abwertend) *heftig um etw. werben, sich um etw. bemühen:* um die Gunst der Wähler b. 2. (veraltet) *mit jmdm. kosen, eine Liebschaft haben:* mit jmdm. b.

uh|le|risch ⟨Adj.⟩ (veraltend abwertend): a) *unzüchtig:* -es Treiben; b) *einschmeichelnd, werbend.*

uh|mann, der; -[e]s, ...männer [zu ↑ buh] (ugs.): *jmd., dem [in der Öffentlichkeit] alle Schuld an etw. zugeschoben wird:* jmdn. zum B. machen.

uh|ne, die; -, -n [aus dem Niederd. < mniederd. bune, H. u.]: *(senkrecht zur Küste od. zum Ufer verlaufender) dammartiger Küsten- oder Ufervorbau aus Pfählen, Steinen o. Ä. als Schutz vor Abspülung oder zur Anlandung* (b): die Wellen brechen sich an den -n.

üh|ne, die; -, -n [mhd. büne = Bretterbühne, Zimmerdecke, H. u., viell. verw. mit ↑ Boden]: 1. a) *gegenüber dem Zuschauerraum abgegrenzte, meist erhöhte Spielfläche im Theater:* eine drehbare B.; die B. betreten; B. frei!; Beifall auf offener B. *(während des Spiels)* bekommen; ein [Theater]stück auf die B. bringen *(aufführen);* er steht jeden Abend als Faust auf der B. *(spielt den Faust);* Ü die B. der Weltgeschichte; etw. spielt sich hinter der B. *(im Hintergrund, heimlich)* ab; * **etw. über die B. bringen** (ugs.; *etw. [erfolgreich] durchführen*); **über die B. gehen** (ugs.; *in bestimmter Weise verlaufen, ablaufen*): der Prozess ging schnell, glatt über die B.; **von der B. abtreten/verschwinden; die B. verlassen** *(aus dem Blickpunkt der Öffentlichkeit verschwinden);* b) *Theater:* die Städtischen ↑ Frankfurt; das Stück hat die -n des Landes erobert, ging über alle -n *(wurde überall gespielt);* an/bei der B. sein *(als Schauspieler[in] bei einem Theater engagiert sein).* 2. (Bergmannsspr.) *Holzgerüst od. Schachtabsatz in einem Bergwerk.* 3. (Hüttenw.) *Plattform, von der aus große metallurgische Öfen bedient werden.* 4. (landsch.) a) *Dachboden, Speicher;* b) *Heuboden* (1). 5. kurz für ↑ Hebebühne.

Büh|nen|an|wei|sung, die: *Anweisung des Autors für die szenische Realisierung im Text eines Bühnenstücks; Regieanweisung.*

Büh|nen|ar|bei|ter, der: *Angestellter eines Theaters, der den Auf- u. Abbau der Kulissen u. Ä. ausführt.*

Büh|nen|ar|bei|te|rin, die: w. Form zu ↑ Bühnenarbeiter.

Büh|nen|au|tor, der: *Autor von Theaterstücken.*

Büh|nen|au|to|rin, die: w. Form zu ↑ Bühnenautor.

Büh|nen|be|ar|bei|tung, die: *Bearbeitung eines Schauspiels o. Ä. für die Bühne.*

Büh|nen|bild, das: *Ausgestaltung der Bühne* (1 a) *für eine bestimmte Szene bzw. ein bestimmtes Theaterstück.*

Büh|nen|bild|ner, der: *Künstler, der Bühnenbilder entwirft* (Berufsbez.).

Büh|nen|bild|ne|rin, die: w. Form zu ↑ Bühnenbildner.

Büh|nen|de|ko|ra|ti|on, die: *Ausstattung der Bühne* (1 a).

Büh|nen|fas|sung, die: *Bühnenbearbeitung.*

Büh|nen|ge|stalt, die: *Gestalt aus einem Theaterstück.*

Büh|nen|him|mel, der: *halbkreisförmiger hinterer Abschluss der Bühne* (1 a).

Büh|nen|ma|ler, der: *Maler von Bühnendekorationen.*

Büh|nen|ma|le|rin, die: w. Form zu ↑ Bühnenmaler.

Büh|nen|mu|sik, die: a) *Musik, die als Teil der Handlung eines Bühnenwerkes auf od. hinter der Bühne* (1 a) *gespielt wird;* b) *(im Schauspiel) einzelne Szenen untermalende Musik; Zwischenspiel* (1 c), *Ouvertüre u. Ä.; Schauspielmusik.*

Büh|nen|raum, der: *Bühne mit dazugehörenden Räumen.*

büh|nen|reif ⟨Adj.⟩: 1. *hinsichtlich der Anlage u. Gestaltung geeignet, aufgeführt zu werden:* das Stück ist noch nicht b.; Ü ihr Auftritt vor Gericht war b. 2. *die Bühnenreife* (b) *erlangt habend.*

Büh|nen|rei|fe, die: a) *Eignung eines Bühnenwerks für eine Aufführung;* b) *Ausbildungsgrad eines Schauspielers, der ihn zu einem Auftreten auf der Bühne* (1 a) *befähigt.*

Büh|nen|schaf|fen|de, der u. die; -n, -n ⟨Dekl. ↑ Abgeordnete⟩: *jmd., der am Theater od. für das Theater künstlerisch tätig ist.*

Büh|nen|show, die: *Darbietung bei einem Konzert o. Ä. in der Art einer Show.*

Büh|nen|stück, das: *Theaterstück, Schauspiel.*

Büh|nen|tanz, der ⟨o. Pl.⟩: *Ballett* (1 a).

Büh|nen|tech|nik, die ⟨o. Pl.⟩: *Gesamtheit der technischen Vorrichtungen u. Verfahrensweisen, die notwendig sind, um Bühnenwerke aufzuführen.*

Büh|nen|tech|ni|ker, der: *jmd., der im Bereich der Bühnentechnik tätig ist.*

Büh|nen|tech|ni|ke|rin, die: w. Form zu ↑ Bühnentechniker.

büh|nen|tech|nisch ⟨Adj.⟩: *die Bühnentechnik betreffend; mit den Mitteln der Bühnentechnik [durchführbar o. Ä.]:* eine b. sehr schwierige Aufführung.

Büh|nen|werk, das: *zur Aufführung auf einer Bühne geeignetes dramatisches, musikalisch-dramatisches od. choreographisches Werk.*

büh|nen|wirk|sam ⟨Adj.⟩: *von spezieller Bühnenwirkung:* ein -es Stück.

Büh|nen|wir|kung, die ⟨Pl. selten⟩: *durch dramatische Handlung, Effekte u. Ä. erzeugte u. damit den Erfordernissen der Bühne besonders gerecht werdende Wirkung eines Bühnenstücks.*

Buh|ruf, der; -[e]s, -e [zu ↑ buh]: *Ausruf des Missfallens:* der Redner wurde von -en unterbrochen.

Buh|ru|fer, der: *jmd., der durch Buhrufe sein Missfallen ausdrückt.*

Buh|ru|fe|rin, die: w. Form zu ↑ Buhrufer.

buk: ↑ [1]backen.

Bu|ka|rest: Hauptstadt von Rumänien.

bü|ke: ↑ [1]backen.

Bu|ket [bu'ke:], das; -s, -s (österr.): *Bukett.*

Bu|kett, das; -s, -s u. -e, Bouquet, das; -s, -s [frz. bouquet, zu: bois = Holz, Wald, aus dem Germ.]: 1. (geh.) *größerer, gebundener [Blumen]strauß für besondere Anlässe:* jmdm. ein B. [Rosen] überreichen; ein B. aus Sommerblumen. 2. *Duft des Weines:* ein Wein mit einem vollen B. 3. (veraltet) *Duft von Parfümgemischen.*

Bu|kett|wein, der: *Wein mit intensiven Aromastoffen, die ein meist sortentypisches Bukett* (2) *verleihen* (z. B. Gewürztraminer).

Bu|klee: ↑ [1, 2]Bouclé.

Bu|ko|lik, die; - [zu lat. bucolicus = zu den Hirten gehörend < griech. boukolikós, zu: boukólos = Rinderhirt, zu: boũs = Rind] (Literaturw.): *Hirten-, Schäferdichtung, bes. der Antike.*

Bu|ko|wi|na, die; -: Landschaft in den Karpaten.

Bu|let|te, die; -, -n [frz. boulette, Vkl. von: boule, ↑ Boule] (bes. berlin.): *Frikadelle:* * **ran an die -n!** (salopp scherzh.; Aufforderung, Ermunterung, etw. Bestimmtes zu tun).

Bul|ga|re, der; -n, -n: Ew.

Bul|ga|ri|en; -s: Staat auf dem Balkan (2).

Bul|ga|rin, die; -, -nen: w. Form zu ↑ Bulgare.

bul|ga|risch ⟨Adj.⟩: a) *Bulgarien, die Bulgaren betreffend; von den Bulgaren stammend, zu ihnen gehörend:* die -e Schwarzmeerküste; b) *in der Sprache der Bulgaren.*

Bul|ga|risch, das; -[s] u. ⟨nur mit best. Art.:⟩ **Bul|ga|ri|sche,** das; -n: *bulgarische Sprache.*

Bu|li|mie, die; - [griech. boulimía = Heißhunger] (Med.): *(vor allem bei Frauen vorkommende) Störung des Essverhaltens mit suchtartigen Heißhungeranfällen und anschließend absichtlich herbeigeführtem Erbrechen.*

Bull|au|ge, das; -s, -n [niederd. bulloog, eigtl. = Bullenauge]: *wasserdicht schließendes rundes Fenster im Schiffsrumpf.*

Bull|dog®, der; -s, -s: *Zugmaschine mit Einzylindermotor.*

Bull|dog|ge, die; -, -n [engl. bulldog, aus: bull = Bulle u. dog = Hund (wurde früher zur Bullenhetze abgerichtet)]: *kurzhaariger, gedrungener Hund mit großem, eckigem Schädel u. verkürzter Schnauze.*

Bull|do|zer ['bʊldo:zɐ], der; -s, - [engl. bulldozer, H. u.]: *schweres Raupenfahrzeug für Erdbewegungen.*

[1]**Bul|le,** der; -n, -n [mniederd. bulle, eigtl. = der Aufgeblasene, der Strotzende, bezogen auf die Geschlechtsteile]: 1. a) *geschlechtsreifes männliches Rind;* b) *männliches Tier verschiedener Großwildarten.* 2. (salopp, meist abwertend) *Mann von auffallend kräftigem, plumpem Körperbau.* 3. (ugs. oft abwertend) *Polizei-, Kriminalbeamter:* die -n nahmen einige Vermummte fest. 4. (salopp, Soldatenspr.) *jmd., der einen einflussreichen, einträglichen Posten hat.*

[2]**Bul|le,** die; -, -n [mhd. bulle < mlat. bulla = Siegel, gesiegelte Urkunde < lat. bulla = kapselförmiges Amulett; Buckel, Knopf, eigtl. = (Wasser)blase]: 1. *Siegel[kapsel] aus Metall bes. im Mittelalter.* 2. a) *mittelalterliche Urkunde mit einem Siegel aus Metall:* die Goldene B. Kaiser Karls IV.; b) *in lateinischer Sprache abgefasster, feierlicher päpstlicher Erlass.*

Bul|len|bei|ßer, der: 1. *Bulldogge.* 2. (salopp abwertend) *unfreundlicher, polternder Mensch.*

bul|len|bei|ße|risch ⟨Adj.⟩: *bärbeißig.*

Bul|len|hit|ze, die (ugs.): *große, fast unerträgliche Hitze.*

Bul|len|kalb, das: *männliches Kalb; Stierkalb.*

bul|len|stark ⟨Adj.⟩ (ugs.): *sehr stark.*

bul|lern ⟨sw. V.; hat⟩ [Nebenf. von ↑ bollern] (ugs.): *ein dumpfes Geräusch in kurzen [unregelmäßigen] Abständen hervorbringen:* im Kamin bullert das Holz; der Ofen bullert.

Bul|le|tin [bʏl'tɛ̃:], das; -s, -s [frz. bulletin = Bericht, zu afrz. bulle < (m)lat. bulla, ↑ [2]Bulle]: 1. *offizielle Verlautbarung einer Regierung über ein bestimmtes Ereignis:* ein B. herausgeben, veröffentlichen. 2. *offizieller Krankenbericht [über eine Persönlichkeit des öffentlichen*

Lebens]. **3.** *Titel von Sitzungsberichten u. wissenschaftlichen Zeitschriften.*

bul|lig ⟨Adj.⟩ (ugs.): **1.** *gedrungen, massig:* ein -er Kerl; er wirkt sehr b. **2. a)** *drückend, fast unerträglich [heiß]:* eine -e Hitze; **b)** ⟨intensivierend bei Adj.⟩ *fast unerträglich, überaus:* es war b. heiß.

Bul|lig|keit, die; - (ugs.): *das Bulligsein; bullige* (1) *Beschaffenheit, Gestalt.*

Bull|ter|ri|er, der; -s, - [engl. bull-terrier]: *aus Bulldogge u. Terrier gezüchteter englischer Rassehund.*

Bul|ly, das; -s, -s [engl. bully, H. u.] (Sport): *von zwei Spielern ausgeführtes Anspiel im Hockey, Roll- u. Eishockey; Abschlag* (1 b).

bum ⟨Interj.⟩: lautm. für einen dumpfen Schlag, Schuss o. Ä.: bum, bum!; bim, bam, bum!

Bu|me|rang [auch: 'bʊm...], der; -s, -s u. -e [engl. boomerang, aus der Sprache der Ureinwohner Australiens]: *gekrümmtes Wurfholz, das bei einem genauen Wurf zum Werfer zurückkehrt:* einen B. schleudern; Ü seine Handlungsweise erwies sich als B. *(er schadete sich selbst damit).*

Bum|mel, der; -s, - [zu ↑bummeln; im 19. Jh. studentenspr.] (ugs.): **a)** *Spaziergang [innerhalb der Stadt] ohne festes Ziel:* einen B. durch die City machen; **b)** *ausgedehnter Besuch zahlreicher Lokale:* einen B. durch die Lokale der Altstadt machen.

Bum|me|lant, der; -en, -en (ugs. abwertend): *jmd., der bummelt* (2).

Bum|me|lan|ten|tum, das; -s: *das Bummeln* (2 b).

Bum|me|lan|tin, die; -, -nen: w. Form zu ↑Bummelant.

Bum|me|lei, die; - (ugs. abwertend): *das Bummeln* (2).

Bum|mel|frit|ze, der (ugs. abwertend): *Mann, Junge, der sich mit etw. sehr viel Zeit lässt, bei der Arbeit, bei einer Tätigkeit trödelt.*

bum|me|lig, bummlig ⟨Adj.⟩ (ugs. abwertend): *(in Bezug auf eine Tätigkeit, einen Vorgang) unerwünscht langsam:* warum fährt der Zug so b.?

Bum|mel|lie|se, die (ugs. abwertend): *weibliche Person, die sich mit etw. sehr viel Zeit lässt, bei der Arbeit, bei einer Tätigkeit trödelt.*

bum|meln ⟨sw. V.⟩ [aus dem Niederd., urspr. = hin und her schwanken (von der beim Ausschwingen bum, bum läutenden Glocke)]: **1.** ⟨ist⟩ (ugs.) **a)** *schlendernd, ohne Ziel [durch die Straßen] spazieren gehen:* ich bummle durch die Stadt; **b)** *Lokale besuchen:* am Abend zünftig b. gehen. **2.** ⟨hat⟩ (ugs. abwertend) **a)** *langsam arbeiten; trödeln:* hättest du nicht so gebummelt, dann wärst du jetzt fertig; **b)** *nichts tun, faulenzen:* er hat ein Semester lang gebummelt.

Bum|mel|streik, der: *Art des Streiks, bei dem zwar vorschriftsmäßig, aber bewusst langsam gearbeitet wird.*

Bum|mel|zug, der (ugs.): *Personenzug, der an jeder Station* (1) *hält.*

bum|mern ⟨sw. V.; hat⟩ [lautm.] (landsch.): *mit der Faust o. Ä. gegen etwas wiederholt schlagen, sodass es dumpf dröhnt:* er bummerte gegen die Tür.

Bumm|ler, der; -s, -: **a)** (ugs.) *jmd., der einen Bummel macht;* **b)** (ugs. abwertend) *Bummelant.*

Bumm|le|rin, die; -, -nen: w. Form zu ↑Bummler.

bumm|lig: ↑bummelig.

bums ⟨Interj.⟩: lautm. für einen dumpfen Schlag, Stoß, Aufprall: b., jetzt liegt alles unten!

Bums, der; -es, -e: **1.** (ugs.) *dumpf tönender Schlag, Stoß, Aufprall:* durch einen lauten B. geweckt werden. **2.** (Fußball Jargon) *Fähigkeit, hart u. platziert zu schießen:* er hat einen unerhörten B. [im Bein].

bum|sen ⟨sw. V.⟩: **1.** (ugs.) *dumpf dröhnen* ⟨hat⟩: es bumste furchtbar, als der Wagen an die Mauer prallte; an der Kreuzung hat es wieder einmal gebumst *(hat es wieder eine Karambolage gegeben);* Ü wenn du nicht hören kannst, wird es gleich b. *(Schläge geben).* **2.** (ugs.) **a)** *heftig gegen etw. schlagen, klopfen, sodass es bumst* (1) ⟨hat⟩; **b)** *heftig gegen etw. prallen, stoßen* ⟨ist⟩. **3.** (Fußball Jargon) *wuchtig u. genau in eine bestimmte Richtung schießen* ⟨hat⟩: er bumste aus vollem Lauf auf den Kasten. **4.** (salopp) *koitieren* (a, b) ⟨hat⟩.

Bums|lo|kal, das (ugs. abwertend): *anrüchiges Vergnügungslokal.*

Bums|mu|sik, die (ugs. abwertend): *lärmende Musik einer Blaskapelle o. Ä. mit dröhnendem Rhythmus.*

bums|voll ⟨Adj.⟩ (salopp): *(von einem Raum, Lokal o. Ä.) sehr voll; überfüllt:* das Lokal war b.

[1]Bund, der; -[e]s, Bünde [mhd. bunt, eigtl. = Bindendes, Gebundenes, zu ↑binden]: **1. a)** *Vereinigung [zu gemeinsamem Handeln]:* der B. der Steuerzahler; ein B. zwischen drei Staaten; einen B. schließen; einem B. beitreten; Ü der Dritte im -e *(der dritte Teilnehmer);* *** mit jmdm. im -e sein/stehen** *(mit jmdm. verbündet sein);* **b)** *föderativer Gesamtstaat (im Gegensatz zu den Ländern):* der B. und die Länder; **c)** (ugs.) kurz für ↑Bundeswehr. **2.** *Einfassung eines Rocks, einer Hose in der Taille durch einen festen Stoffstreifen od. ein Gurtband.* **3.** *Querleiste auf dem Griffbrett von Zupfinstrumenten:* einen Ton auf dem ersten B. greifen.

[2]Bund, das; -[e]s, -e [mhd. bunt, eigtl. = Gebundenes]: *etw., was [in bestimmter Menge od. Anzahl] zu einem Bündel zusammengebunden ist:* ein B. Radieschen; fünf -[e] Stroh.

BUND = Bund für Umwelt und Naturschutz Deutschland.

Bünd|chen, das; -s, - [zu ↑[1]Bund (2)]: *von einem geraden Stoffstreifen gebildeter Abschluss am Halsausschnitt od. an Ärmeln bestimmter Kleidungsstücke.*

Bün|del, das; -s, - [mhd. bündel, eigtl. = kleines [2]Bund]: **1. a)** *Packen lose zusammengefasster od. zusammengeschnürter [gleichartiger] Dinge:* ein B. Zeitungen; Ü ein schreiendes B. *(Wickelkind, Baby);* R jeder hat sein B. zu tragen *(jeder hat seine Sorgen);* *** sein B. packen/schnüren** (1. *sich zur Abreise fertig machen.* 2. *seinen Arbeitsplatz aufgeben;* meint urspr. das Bündel mit den Habseligkeiten der Handwerksgesellen); **b)** *etw. in bestimmter Menge zu einer Einheit Zusammengebundenes:* ein B. trockenes Stroh/(geh.:) trockenen Strohs; der Preis eines -s Stroh. **2.** (Geom.) *Gesamtheit von Geraden od. Ebenen, die durch einen gemeinsamen Punkt verlaufen.*

bün|deln ⟨sw. V.; hat⟩: *zu einem Bündel zusammenfassen, zusammenschnüren:* alte Zeitungen; gebündelte Banknoten; Ü seine Kräfte b.

Bün|de|lung, die; -, -en: *das Bündeln.*

bün|del|wei|se ⟨Adv.⟩: *gebündelt, in Bündeln:* Tulpen b. verkaufen; ⟨mit Verbalsubst. auch attr.:⟩ die b. Vernichtung von Akten.

Bün|den; -s: schweiz. Kurzf. von ↑Graubünden.

Bun|des|ad|ler, der ⟨o. Pl.⟩: *Adler im Wappen der Bundesrepublik Deutschland.*

Bun|des|amt, das: *obere Bundesbehörde für ein bestimmtes Fachgebiet (z. B. Bundesgesundheitsamt, Bundesamt für Finanzen).*

Bun|des|an|ge|stell|ten|ta|rif, der ⟨o. Pl.⟩: *Tarif für die Angestellten von Bund u. Ländern in der Bundesrepublik Deutschland* (Abk.: BAT).

Bun|des|an|lei|he, die: *[Inhaber]schuldverschreibung der Bundesrepublik Deutschland od. der Sondervermögen des* [1]*Bundes* (1 b).

Bun|des|an|stalt, die: *Einrichtung des* [1]*Bundes* (1 b) *mit bestimmten Verwaltungsaufgaben:* die B. für Arbeit.

Bun|des|an|walt, der: *Mitglied der Bundesanwaltschaft beim Bundesgerichtshof.*

Bun|des|an|walt|schaft, die ⟨o. Pl.⟩: **1.** *Staatsanwaltschaft beim Bundesgerichtshof.* **2.** *Anwaltschaft beim Bundesverwaltungsgericht als Vertreter des öffentlichen Interesses.*

Bun|des|au|to|bahn, die: *Autobahn in der Bundesrepublik Deutschland u. in Österreich* (Abk.: BAB).

Bun|des|bahn, die: *staatliches Eisenbahnunternehmen Österreichs u. der Schweiz, bis 1994 auch der Bundesrepublik Deutschland:* die Deutsche B. (Abk.: DB); die Österreichischen -en; die Schweizerischen -en.

Bun|des|bank, die ⟨o. Pl.⟩: kurz für: Deutsche B. (zentrale Notenbank der Bundesrepublik Deutschland).

Bun|des|be|am|te, der: *Beamter des* [1]*Bundes* (1 b), *eines Bundesstaates* (1).

Bun|des|be|am|tin, die: w. Form zu ↑Bundesbeamte.

Bun|des|be|hör|de, die: *Behörde des* [1]*Bundes* (1 b), *eines Bundesstaates* (1).

Bun|des|bru|der, der (Verbindungsw.): *männliches Mitglied der gleichen studentischen Verbindung.*

Bun|des|bür|ger, der: *Bürger der Bundesrepublik Deutschland.*

Bun|des|bür|ge|rin, die: w. Form zu ↑Bundesbürger.

bun|des|deutsch ⟨Adj.⟩: *die Bundesdeutschen, die Bundesrepublik Deutschland betreffend.*

Bun|des|deut|sche, der u. die: *Staatsangehörige[r] der Bundesrepublik Deutschland.*

Bun|des|ebe|ne, die: vgl. Landesebene.

bun|des|ei|gen ⟨Adj.⟩: *dem* [1]*Bund* (1 b) *gehörend.*

Bun|des|fern|stra|ße, die: *zu dem aus Bundesstraßen u. Bundesautobahnen gebildeten Verkehrsnetz gehörende öffentliche Straße für den Fernverkehr.*

Bun|des|ge|biet, das: *Hoheitsgebiet der Bundesrepublik Deutschland.*

Bun|des|ge|nos|se, der: *Verbündeter.*

Bun|des|ge|richt, das: *in Bundesstaaten Gericht des Gesamtstaates, das unabhängig neben den Gerichten der Einzelstaaten besteht.*

Bun|des|ge|richts|hof, der ⟨o. Pl.⟩: *in der Bundesrepublik Deutschland oberster Gerichtshof des* [1]*Bundes* (1 b) *im Bereich der ordentlichen Gerichtsbarkeit* (Abk.: BGH).

Bun|des|ge|setz|blatt, das (Abk.: BGBl.): **1.** *vom Bundesministerium der Justiz herausgegebenes Gesetzblatt für Gesetze u. Rechtsverordnungen der Bundesrepublik Deutschland.* **2.** *in Österreich vom Bundeskanzleramt herausgegebene periodische Druckschrift zur Veröffentlichung von Gesetzesbeschlüssen, Staatsverträgen u. Ä.*

Bun|des|grenz|schutz, der: *Sonderpolizei des* [1]*Bundes* (1 b) *zum Schutz der Grenzen des Bundesgebietes* (Abk.: BGS).

Bun|des|haupt|stadt, die: *Hauptstadt eines Bundesstaates.*

Bun|des|haus, das ⟨o. Pl.⟩: **1.** *Gebäude des Deutschen Bundestags.* **2.** *in der Schweiz Tagungsort der eidgenössischen Räte.*

Bun|des|haus|halt, der: *in der Bundesrepublik Deutschland u. in Österreich der Haushalt des* [1]*Bundes* (1 b).

Bun|des|heer, das: *Heer eines Bundesstaates.*

Bun|des|ka|bi|nett, das: *Kabinett* (2 a) *der Bundesrepublik Deutschland.*

Bun|des|kanz|lei, die: *die dem Bundespräsidenten unterstellte Kanzlei des Bundesrates* (2) *u. der Bundesversammlung* (2) *in der Schweiz.*

Bun|des|kanz|ler, der: **1.** *Leiter der Bundesregierung in der Bundesrepublik Deutschland u. in Österreich.* **2.** *Vorsteher der Bundeskanzlei in der Schweiz.*

Bun|des|kanz|ler|amt, das ⟨o. Pl.⟩: **1.** *dem deutschen Bundeskanzler unterstelltes Amt.* **2.** *Geschäftsstelle des Bundeskanzlers in Österreich.*

Bun|des|kri|mi|nal|amt, das ⟨o. Pl.⟩: *Bundesamt für die Zusammenarbeit zwischen Bund u. Ländern bei der länderübergreifenden Verbrechensbekämpfung.*

Bun|des|la|de, die (jüd. Rel.): *vergoldeter Kasten für die Aufbewahrung der beiden Gesetzestafeln im Allerheiligsten der Stiftshütte.*

Bun|des|land, das ⟨Pl. ...länder⟩: *Gliedstaat eines Bundesstaates* (1): die neuen Bundesländer *(die deutschen Bundesländer auf dem Gebiet der ehemaligen DDR);* die alten Bundesländer *(die deutschen Bundesländer auf dem Gebiet der Bundesrepublik Deutschland vor vor 1990).*

Bun|des|li|ga, die: *höchste deutsche Spielklasse in*

Fußball, Eishockey u. anderen Sportarten: der Verein ist in die B. aufgestiegen.

un|des|li|ga|spiel, das: *Spiel* (1 d) *in der Bundesliga.*

un|des|li|gist, der: *Ligist einer Bundesliga.*

un|des|ma|ri|ne, die ⟨o. Pl.⟩: *Marine der Bundeswehr.*

un|des|mi|nis|ter, der: *Leiter eines Bundesministeriums in der Bundesrepublik Deutschland u. in Österreich.*

un|des|mi|nis|te|rin, die: w. Form zu ↑Bundesminister.

un|des|mi|nis|te|ri|um, das: *oberste, für einen bestimmten Geschäftsbereich des Bundesstaats zuständige Verwaltungsbehörde in der Bundesrepublik Deutschland u. in Österreich.*

un|des|nach|rich|ten|dienst, der ⟨o. Pl.⟩: *Nachrichtendienst* (1) *der Bundesrepublik Deutschland* (Abk.: BND).

un|des|post, die ⟨o. Pl.⟩: kurz für: Deutsche B. (früheres staatliches Postunternehmen der Bundesrepublik Deutschland; Abk.: DBP).

un|des|prä|si|dent, der: 1. *Staatsoberhaupt in der Bundesrepublik Deutschland u. in Österreich.* 2. *Vorsitzender des Bundesrates in der Schweiz.*

un|des|prä|si|den|tin, die: w. Form zu ↑Bundespräsident.

un|des|rat, der: 1. ⟨o. Pl.⟩ *aus Vertretern der Bundesländer gebildetes Verfassungsorgan in der Bundesrepublik Deutschland u. in Österreich, durch das die Gliedstaaten bei der Gesetzgebung u. Verwaltung mitwirken.* 2. ⟨o. Pl.⟩ *zentrale Regierung in der Schweiz.* 3. *Mitglied des Bundesrates in Österreich u. in der Schweiz.*

un|des|recht, das ⟨o. Pl.⟩: *in den Zuständigkeitsbereich des* [1]*Bundes* (1 b) *fallendes Recht:* B. bricht Landesrecht.

un|des|re|gie|rung, die: *Regierung eines Bundesstaates* (1).

un|des|re|pu|blik, die 1. ⟨o. Pl.⟩ kurz für: B. Deutschland (*1949 gegründeter Bundesstaat auf dem Gebiet der ehemaligen amerikanischen, britischen u. französischen Besatzungszone Deutschlands u. seit 1990 auch auf dem Gebiet der ehemaligen DDR;* nicht amtl. Abk.: BRD). 2. vgl. Bundesstaat (1).

un|des|re|pu|bli|ka|nisch ⟨Adj.⟩: *die Bundesrepublik Deutschland betreffend.*

un|des|schwes|ter, die: *Mitglied der gleichen studentischen Verbindung für Frauen.*

un|des|staat, der: 1. *Staat, in dem mehrere Länder (Gliedstaaten) vereinigt sind.* 2. *Gliedstaat eines Bundesstaates* (1).

un|des|stra|ße, die: *für den weiträumigen Verkehr bestimmte Straße in der Bundesrepublik Deutschland u. in Österreich* (Abk.: B).

un|des|tag, der ⟨o. Pl.⟩: *aus Wahlen hervorgegangene Volksvertretung; Parlament der Bundesrepublik Deutschland.*

un|des|tags|ab|ge|ord|ne|te, der u. die: *Abgeordnete[r] des Bundestages.*

n|des|tags|de|bat|te, die: *Debatte* (b) *im Bundestag.*

n|des|tags|frak|ti|on, die: *Fraktion einer Partei im Bundestag.*

n|des|tags|prä|si|dent, der: *Präsident des Bundestages, dessen Sitzungen er leitet.*

n|des|tags|prä|si|den|tin, die: w. Form zu Bundestagspräsident.

n|des|tags|wahl, die: *Wahl* (2 a) *zum Bundestag.*

n|des|trai|ner, der: *Trainer einer Nationalmannschaft in einem Bundesstaat* (1).

n|des|trai|ne|rin, die: w. Form zu ↑Bundestrainer.

n|des|ver|dienst|kreuz, das: *Verdienstorden der Bundesrepublik Deutschland.*

n|des|ver|fas|sungs|ge|richt, das ⟨o. Pl.⟩: *oberster Gerichtshof der Bundesrepublik Deutschland, dessen Entscheidungen alle anderen staatlichen Organe binden.*

n|des|ver|samm|lung, die ⟨o. Pl.⟩: 1. *Versammlung, die den Präsidenten der Bundesrepublik Deutschland zu wählen hat.* 2. *Parlament des Schweizer Bundes.*

Bun|des|ver|si|che|rungs|an|stalt, die ⟨o. Pl.⟩: kurz für: B. für Angestellte (Träger der gesetzlichen Rentenversicherung der Angestellten in der Bundesrepublik Deutschland; Abk.: BfA).

Bun|des|ver|wal|tungs|ge|richt, das ⟨o. Pl.⟩: *in der Bundesrepublik Deutschland oberster Gerichtshof des* [1]*Bundes* (1 b) *auf dem Gebiet der Verwaltungsgerichtsbarkeit.*

Bun|des|wehr, die ⟨o. Pl.⟩: *Gesamtheit der Streitkräfte der Bundesrepublik Deutschland.*

bun|des|weit ⟨Adj.⟩: *im Bereich des ganzen Bundesgebietes [gültig, verbreitet o. Ä.].*

Bund|ho|se, die: *Kniebundhose.*

bün|dig ⟨Adj.⟩: 1. a) *kurz u. bestimmt:* eine -e Antwort; etw. b. beantworten; b) *überzeugend, schlüssig:* ein -er Schluss; etw. b. beweisen. 2. (Bauw.) *auf gleicher Ebene liegend, eine Ebene bildend:* -e Balken.

bün|disch ⟨Adj.⟩: *zu einem Bund* (1 a) *gehörend, einen Bund betreffend:* die -e *(der freien Jugendbewegung angehörende)* Jugend.

[1]**Bünd|ner,** der; -s, -: schweiz. Kurzf. von ↑[1]Graubündner.

[2]**Bünd|ner** ⟨indekl. Adj.⟩: schweiz. Kurzform von ↑[2]Graubündner.

Bünd|ner Fleisch, das; - -[e]s (Kochk.): *gepökeltes u. luftgetrocknetes Fleisch aus der Rinderkeule (Graubündner Spezialität).*

Bünd|ne|rin, die; -, -nen: w. Form zu ↑[1]Bündner.

bünd|ne|risch ⟨Adj.⟩: schweiz. Kurzf. von ↑graubündnerisch.

Bünd|nis, das; -ses, -se [mhd. büntnisse]: *Zusammenschluss, Bund [bes. zwischen Staaten im Hinblick auf die Leistung von Beistand im Kriegsfall u. a.]:* ein militärisches B. zwischen den Großmächten; [mit jmdm.] ein B. eingehen; einem B. beitreten.

Bünd|nis|block, der ⟨Pl. ...blöcke, selten: -s⟩: *in einem Bündnis zusammengeschlossene Staaten, die als Block* (4 b) *auftreten.*

bünd|nis|frei ⟨Adj.⟩: *keinem Bündnis angehörend.*

Bünd|nis|grü|ne, der u. die; -n, -n: *Mitglied der Partei Bündnis 90/Die Grünen.*

Bünd|nis 90/Die Grü|nen: aus dem Zusammenschluss von »Bündnis 90« und »Die Grünen« entstandene politische Partei.

Bünd|nis|part|ner, der: *Partner eines Bündnisses.*

Bünd|nis|part|ne|rin, die: w. Form zu ↑Bündnispartner.

Bünd|nis|treue, die: *Einhaltung der aus einem Bündnis resultierenden Verpflichtungen.*

Bund|wei|te, die: *Weite eines Hosen-, Rockbundes.*

Bun|ga|low [ˈbʊŋgalo], der; -s, -s [engl. (anglo-ind.) bungalow < Hindi banglā, zu: baṅgālī = bengalisch, also eigtl. = (Haus) aus Bengalen]: a) *eingeschossiges Wohnhaus mit flachem od. flach geneigtem Dach:* in einem B. wohnen; b) *leichtes, ebenerdiges Wohnhaus in tropischen Gebieten;* c) (DDR) *kleines im Grünen gelegenes Wochenendhaus.*

Bun|gee-Jum|ping, (auch:) **Bun|gee|jum|ping** [ˈbʌndʒɪdʒʌmpɪŋ], das; -s [engl. bungee-(bungie-, bungy-, bunjy-)jumping, aus: bungie, bungy, bunjy = Gummi(band; H. u.) u. jumping = das Springen]: *[als sportliche Mutprobe betriebenes] Springen aus großer Höhe (von Brücken, Türmen o. Ä.), wobei der Springer an einem starken Gummiseil hängt, das ihn kurz vor dem Boden od. der Wasseroberfläche federnd auffängt.*

Bun|gee|sprin|gen, das; -s: *Bungee-Jumping.*

Bun|gee|sprin|ger, der; -s, -: *jmd., der Bungeespringen betreibt.*

Bun|gee|sprin|ge|rin, die; -, -nen: w. Form zu ↑Bungeespringer.

Bun|ker, der; -s, - [engl. bunker, H. u.]: 1. *großer Behälter zur Aufnahme von Massengütern (z. B. Kohle, Erz, Getreide).* 2. a) *militärische Schutzanlage;* b) *[unterirdisch angelegter] Schutzraum für die Zivilbevölkerung im Krieg; Luftschutzbunker.* 3. (Golf) *aus einer [vertieften] sandbedeckten Fläche od. Mulde bestehendes Hindernis.* 4. (salopp, Soldatenspr.) *Gefängnis.*

bun|kern ⟨sw. V.; hat⟩: 1. *Massengüter in Bunkern* (1) *einlagern:* Erz, Kohle, Getreide b. 2. (Seemannsspr.) *Brennstoff an Bord nehmen:* die Seeschiffe bunkern in diesem Hafen. 3. (ugs.) *etw. in großer Menge ansammeln, aufbewahren, horten.* 4. (Jargon) *verstecken:* sie hatte das Heroin in ihrem BH gebunkert.

Bun|ny [ˈbʌnɪ], das; -s, -s [...ɪz; engl. bunny = Häschen]: *als Häschen herausgeputztes Mädchen, das in Nachtklubs o. Ä. als Bedienung arbeitet.*

Bun|sen|bren|ner, der; -s, - [nach dem dt. Chemiker R. W. Bunsen (1811–1899)]: *Gasbrenner, bei dem das zugeführte Gas die zur Verbrennung benötigte Luft durch eine verstellbare Öffnung ansaugt.*

bunt ⟨Adj.⟩ [mhd. bunt = schwarz-weiß gefleckt, viell. zu lat. punctus = gestochen (zuerst in den Klöstern für Stickereien gebraucht); vgl. Punkt]: 1. *(im Gegensatz zu den unbunten Farben [Weiß, Grau, Schwarz]) bestimmte, meist leuchtende Farbtöne besitzend:* ein -er Blumenstrauß; ein schreiend -es Kleid; -e *(gefleckte)*, b. gefleckte Kühe; der Stoff ist b. [gemustert]; ein b. bemaltes Ei; b. geäderte Blätter; b. gefiederte Vögel; b. schillerndes Herbstlaub. 2. *gemischt, vielgestaltig:* ein -er Nachmittag; ein -es Programm, Publikum. 3. *ungeordnet, wirr:* ein -es Treiben; * **es, das wird jmdm. zu b.** (ugs.; *etw. Bestimmtes wird jmdm. unerträglich, geht jmdm. zu weit*); **es zu b. treiben** (ugs.; *mit etw. über das Maß des Erträglichen hinausgehen*).

Bünt, die; -, -en [vgl. Beunde] (schweiz.): *eingezäuntes Stück Land; Schrebergarten.*

Bunt|barsch, der: *bes. in tropischen u. subtropischen Gewässern in vielen Arten vorkommender Barsch mit besonders bunter Färbung.*

bunt be|malt: s. bunt (1).

Bunt|druck, der ⟨Pl. -e⟩: *Farbdruck, der mit einer od. mehreren bunten Druckfarben ausgeführt ist.*

bunt ge|färbt, bunt ge|fie|dert: s. bunt (1).

bunt ge|mischt: s. bunt (2).

bunt ge|streift: s. bunt (1)

Bunt|heit, die; -: *das Buntsein; Farbigkeit.*

bunt ka|riert: s. bunt (1).

Bunt|me|tall, das: *Schwermetall (außer Eisen), das selbst farbig ist od. farbige Legierungen bildet.*

Bunt|nes|sel, die (Bot.): *(in vielen Arten in Afrika u. Asien vorkommende, zu den Lippenblütlern gehörende) Pflanze mit bunt gefärbten Blättern, die häufig als Zierpflanze kultiviert wird.*

Bunt|pa|pier, das: *für Klebarbeiten, zum Basteln u. Ä. verwendetes [gummiertes] Papier, bei dem die Farbe auf das Papier aufgetragen ist (im Gegensatz zu farbig eingefärbtem Papier):* Weihnachtssterne aus B. basteln.

Bunt|sand|stein, der (Geol.): a) ⟨o. Pl.⟩ *unterste Abteilung* (2 d) *der geologischen Formation Trias;* b) *Sandstein von überwiegend roter Färbung.*

bunt|sche|ckig ⟨Adj.⟩: 1. *bunt* (1) *gefleckt:* eine -e Kuh. 2. *bunt* (1) *schillernd.*

bunt schil|lernd: s. bunt (1).

Bunt|specht, der: *Specht mit buntem Gefieder.*

Bunt|stift, der: *Zeichenstift mit farbiger Mine.*

Bunt|wä|sche, die ⟨o. Pl.⟩: *Textilien aus farbigem Stoff, die nur bis zu einer bestimmten Temperatur warm gewaschen u. nicht gekocht werden dürfen.*

Bür|de, die; -, -n [mhd. bürde, ahd. burdi, urspr. = Getragenes, verw. mit ahd. beran, ↑gebären] (geh.): *schwer zu tragende Last:* die Äste brechen unter der B. des Schnees; Ü die B. *(Beschwernis)* des Alters; sie hatte zeitlebens eine schwere B. *(Mühsal, Kummer)* zu tragen.

bür|den ⟨sw. V.; hat⟩ [mhd. bürden] (geh. veraltend): *[auf]laden; aufbürden.*

Bu|re, der; -n, -n: Nachkomme der niederländischen u. deutschen Ansiedler in Südafrika.

Burg, die; -, -en [mhd. burc, ahd. bur[u]g,

wahrsch. im Ablaut zu ↑Berg stehend u. dann urspr. = (befestigte) Höhe]: **1.** *befestigter Wohn- u. Verteidigungsbau mittelalterlicher Feudalherren:* eine B. aus dem 13. Jh.; die Ruine einer mittelalterlichen B.; **2.** (Jägerspr.) kurz für ↑Biberburg. **3.** kurz für ↑Strandburg: sie bauten [sich] am Strand eine B.

Bür|ge, der; -n, -n [mhd. bürge, ahd. burgeo, zu ↑borgen, urspr. = jmd., der für Verliehenes bürgt]: **1. a)** *jmd., der für jmdn., etw. bürgt* (1 a): B. für etw. sein; **b)** *etw., was für etw. bürgt, Gewähr bietet:* der Name der Firma ist B. für Qualität. **2.** (Rechtsspr.) *jmd., der gegenüber einem Gläubiger für die Verbindlichkeiten eines Dritten einsteht:* er braucht für seinen Kredit zwei -n.

bür|gen ⟨sw. V.; hat⟩ [mhd. bürgen, ahd. purigōn = appellieren, sich berufen]: **1. a)** *mit seiner eigenen Person, aufgrund seines Ansehens für jmdn., etw. einstehen:* [jmdm.] für die Richtigkeit der Angaben b.; für jmds. Zuverlässigkeit b.; **b)** *Gewähr dafür bieten, dass etw. der Erwartung, jmds. Wünschen entsprechend beschaffen ist:* der Name bürgt für Qualität. **2.** (Rechtsspr.) *eine Bürgschaft* (1) *leisten:* er bürgt mit seinem Vermögen für den Konkurs des Unternehmens.

Bur|gen|land, das; -[e]s: österreichisches Bundesland.

bur|gen|län|disch ⟨Adj.⟩: *das Burgenland betreffend.*

[1]Bur|ger, der; -s, - (schweiz.): *in der Gemeinde, in der er wohnt, geborener Bürger* (1 b), *der im Unterschied zu einem Zugezogenen bestimmte politische Vorrechte hat.*

[2]Bur|ger ['bɜ:gə], der; -s, - [engl. burger, gek. aus hamburger = [2]Hamburger] (ugs.): *nach Art des [2]Hamburgers belegtes Brötchen.*

Bür|ger, der; -s, - [mhd. bürger, burgære, ahd. burgāri, urspr. = Burgverteidiger, dann: Burg-, Stadtbewohner]: **1. a)** *Angehöriger eines Staates:* die B. der Bundesrepublik; *** B. in Uniform** (*Soldat der deutschen Bundeswehr;* Modell, das die soldatischen Pflichten aus den staatsbürgerlichen Rechten ableitet); **b)** *Einwohner einer Gemeinde:* die B. der Stadt. **2.** *Angehöriger des bestimmten Traditionen verhafteten Mittelstandes:* ein angesehener, wohlhabender B.

Bür|ger|ak|ti|on, die: *von Bürgern* (1) *eines demokratischen Landes durchgeführte Aktion zur Erreichung bestimmter [politischer] Ziele.*

Bür|ger|am|mann, der (schweiz.): *Präsident der Bürgergemeinde.*

Bür|ger|be|geh|ren, das (Politik): *Forderung nach der Entscheidung einer wichtigen Gemeindeangelegenheit durch die Bürger.*

Bur|ger|ge|mein|de, Bür|ger|ge|mein|de, die (schweiz.): **a)** *Gesamtheit der Burger einer Gemeinde;* **b)** *Gemeindeversammlung* (a) *der stimmberechtigten Burger einer Gemeinde.*

Bür|ger|haus, das: **1.** *städtisches Wohnhaus eines Bürgers.* **2.** *öffentliches Gebäude in einer [größeren] Kommune, in dem sich Räume für Veranstaltungen o. Ä., soziale Einrichtungen, Freizeiträume u. Ä. befinden.*

Bur|ge|rin, die; -, -nen: w. Form zu ↑Burger.

Bür|ge|rin, die; -, -nen: w. Form zu ↑Bürger.

Bür|ger|ini|ti|a|ti|ve, die: *Zusammenschluss von Bürgern* (1) *mit dem Ziel, bestimmte Probleme, die die Gemeinde od. der Staat nicht im Sinne der Bürger löst, durch [spektakuläre] Aktionen ins Bewusstsein der Öffentlichkeit zu rücken u. dadurch Druck auf die behördlichen Stellen auszuüben:* eine B. gründen.

Bür|ger|krieg, der: *zwischen verschiedenen [politischen] Gruppen innerhalb der eigenen Staatsgrenzen ausgetragene bewaffnete Auseinandersetzung.*

bür|ger|kriegs|ähn|lich ⟨Adj.⟩: *in der Art eines Bürgerkrieges:* -e Zustände.

bür|ger|lich ⟨Adj.⟩: **1.** *den Staatsbürger betreffend; dem Staatsbürger zustehend:* das -e Recht *(Zivilrecht);* die -e *(vor dem Standesbeamten geschlossene)* Ehe; das Bürgerliche Gesetzbuch *(Gesetzbuch des bürgerlichen Rechts;* Abk.: BGB). **2. a)** *dem Bürgertum angehörend, zugehörig, entsprechend:* sie stammt aus -er Familie; die -e *(einfache, nicht verfeinerte Gerichte bietende)* Küche; er führt ein -es Leben *(ein Leben nach den Konventionen des Bürgertums);* sie haben schon immer b. *(eine bürgerliche Partei)* gewählt; **b)** (abwertend) *spießerhaft, engherzig:* er ist zu b. für sie.

Bür|ger|li|che, der u. die; -n, -n: *jmd., der dem Bürgertum angehört:* der Prinz hat eine B. geheiratet.

Bür|ger|lich|keit, die; -: *bürgerliche* (2) *Denk-, Lebensweise.*

Bür|ger|meis|ter, der [mhd. burgermeister]: *(gewähltes) Oberhaupt einer Kommune* (1).

Bür|ger|meis|ter|amt, das: **a)** *städtische, gemeindliche Verwaltungsbehörde; Stadtverwaltung, Gemeindeverwaltung;* **b)** *Amt des Bürgermeisters;* **c)** *Gebäude, in dem die Stadt-, Gemeindeverwaltung arbeitet.*

Bür|ger|meis|te|rin, die: w. Form zu ↑Bürgermeister.

bür|ger|nah ⟨Adj.⟩: *auf die unmittelbaren Probleme, Bedürfnisse der Bürger [unbürokratisch] eingehend, ihnen entsprechend:* eine -e Entscheidung.

Bür|ger|pflicht, die: *Verpflichtung, die der Bürger* (1) *dem Staat gegenüber hat.*

Bür|ger|recht, das ⟨meist Pl.⟩: *jmdm. als Staatsbürger od. Gemeindemitglied zustehendes Recht:* jmdm. das B./die -e verleihen.

Bür|ger|recht|ler, der; -s, -: *jmd., der für die unterschiedslose Verwirklichung der Bürger- u. Menschenrechte kämpft.*

Bür|ger|recht|le|rin, die; -, -nen: w. Form zu ↑Bürgerrechtler.

Bür|ger|rechts|be|we|gung, die: *(bes. in den USA) Bewegung für die Verwirklichung der Bürger- und Menschenrechte.*

Bür|ger|schaft, die; -, -en ⟨Pl. selten⟩: **1.** *Gesamtheit der Bürger eines Gemeinwesens.* **2. a)** *Name des Parlamentes in Hansestädten u. den Bundesländern Hamburg u. Bremen;* **b)** *Stadtrat* (z. B. in Lübeck).

Bür|ger|schafts|wahl, die: *Wahl der Bürgerschaft* (2).

Bür|ger|schreck, der ⟨o. Pl.⟩: *jmd., der durch sein bewusst unkonventionelles Verhalten den Durchschnittsbürger verschreckt od. provoziert.*

Bür|ger|sinn, der ⟨o. Pl.⟩: vgl. Gemeinsinn.

Bür|ger|steig, der: *[mit einer Bordsteinkante von der Fahrbahn abgeteilter] erhöhter Gehweg.*

Bür|ger|tum, das; -s [für frz. bourgeoisie]: *Gesellschaftsschicht der Bürger* (2): das aufstrebende B.; das liberale B. des 19. Jahrhunderts.

Bür|ger|wehr, die (hist.): *von Bürgern einer Gemeinde gebildete bewaffnete Einheiten.*

Burg|fried: ↑Bergfried.

Burg|frie|de[n], der [mhd. burcvride = vertraglicher Friede innerhalb der Erbengemeinschaft einer Burg]: *Vereinbarung zwischen [zwei] Parteien, sich [eine bestimmte Zeit lang] nicht zu bekämpfen.*

Burg|gra|ben, der: *eine Burg umgebender Graben.*

Burg|graf, der: *(im Mittelalter) [mit richterlichen Befugnissen ausgestatteter] militärischer Befehlshaber bes. einer königlichen od. bischöflichen Burg.*

Burg|grä|fin, die: *(im Mittelalter) Frau eines Burggrafen.*

Burg|hof, der: *Innenhof einer Burg.*

Bür|gin, die; -, -nen: w. Form zu ↑Bürge.

Bürg|schaft, die; -, -en [mhd. bürgeschaft]: **1.** (Rechtsspr.) *Vertrag, durch den sich ein Bürge verpflichtet, für die Verbindlichkeiten eines Dritten gegenüber dessen Gläubiger einzustehen:* eine B. übernehmen. **2.** *Garantie, Gewähr:* für jmdn., etw. B. leisten. **3.** *Betrag, mit dem gebürgt* (2) *wird.*

Bur|gund; -s, (auch:) das; -[s]: französische Landschaft u. früheres Herzogtum.

Bur|gun|de, der; -n, -n: Angehöriger eines germanischen Volksstammes.

Bur|gun|der, der; -s, -: **1.** Ew. **2.** *Wein aus Burgund.* **3.** ↑Burgunde.

Bur|gun|de|rin, die; -, -nen: w. Form zu ↑Burgunder (1).

Bur|gun|der|wein, der: *Burgunder* (2).

bur|gun|disch ⟨Adj.⟩: *Burgund, die Burgunder betreffend.*

Burg|ver|lies, das: *[unterirdischer] Kerker innerhalb einer Burg.*

Bu|rin, die; -, -nen: w. Form zu ↑Bure.

bu|risch ⟨Adj.⟩: zu ↑Bure.

Bur|ki|na Fa|so; - -s: Staat in Westafrika.

bur|lesk ⟨Adj.⟩ [frz. burlesque < ital. burlesco, zu burla = Posse, Spaß < spätlat. burrula, Vkl. von burra = zottiges Gewand, Pl. = läppisches Zeug, Possen]: *von derber Komik, possenhaft:* ein -es Theaterstück; eine Szene von -er Komik.

Bur|les|ke, die; -, -n [frz. burlesque]: **1.** *derbkomisches Improvisationsstück; Schwank, Posse:* eine B. aufführen. **2.** *Musikstück von heiter-ausgelassenem Charakter.*

Bur|ma; -s: früherer Name von ↑Myanmar.

Bur|me|se, der; -n, -n: Ew.

Bur|me|sin, die; -, -nen: w. Form zu ↑Burmese.

bur|me|sisch ⟨Adj.⟩: *Burma, die Burmesen betreffend; aus Burma stammend.*

Burn-out ['bə:nlaʊt, bə:n'aʊt], (auch:) **Burn|out,** das; -s, -s [engl. burn-out, zu: to burn out = ausbrennen]: **1. a)** (Raumf.) *Zeitpunkt, in dem das Triebwerk einer Rakete abgeschaltet wird u. der antriebslose Flug beginnt;* **b)** (Flugw.) *Flame-out.* **2.** (Kernphysik) *Durchbrennen von Brennstoffelementen bei Überhitzung.* **3.** (Med.) *Syndrom des Ausgebranntseins, der völligen seelischen und körperlichen Erschöpfung.*

Burn-out-Syn|drom, das: *Burn-out* (3).

Bur|nus, der; - u. -ses, -se [frz. burnous < arab. burnus < griech. bírros = Art Überwurf < lat. birrus = kurzer Mantel mit Kapuze]: *Kapuzenmantel der Beduinen.*

Bü|ro, das; -s, -s [frz. bureau, urspr. = grober Wollstoff (u. a. zum Beziehen von [Schreib]tischen), zu gleichbed. afrz. bure, über das Vlat. zu spätlat. burra, ↑burlesk]: **1. a)** *Arbeitsraum, in dem schriftliche od. verwaltungstechnische Arbeiten eines Betriebes, einer Organisation o. Ä. erledigt werden:* das B. eines Anwalts; ins B. gehen; sie arbeitet in einem B./(landsch.:) geht aufs B.; **b)** *Geschäftsstelle:* die Firma unterhält in verschiedenen Städten. **2.** *Gesamtheit der zu einem Büro* (1) *gehörenden Angestellten:* das ganze B. gratulierte.

Bü|ro|an|ge|stell|te, der u. die: *jmd., der in einem Büro* (1) *angestellt ist.*

Bü|ro|ar|beit, die: *in einem Büro anfallende Arbeit.*

Bü|ro|be|darf, der: *von Büros gebrauchtes Arbeitsmaterial.*

Bü|ro|ge|mein|schaft, die: *Zusammenschluss zur Unterhaltung eines gemeinsamen Büros, einer gemeinsamen Praxis o. Ä. von mehreren freiberuflich Tätigen od. von mehreren kleinen Firmen.*

Bü|ro|haus, das: *Gebäude, in dem ausschließlich Büros untergebracht sind.*

Bü|ro|kauf|frau, die: *Person, deren Tätigkeitsbereich die kaufmännische Verwaltung u. den Schriftverkehr umfasst* (Berufsbez.).

Bü|ro|kauf|mann, der: vgl. Bürokauffrau.

Bü|ro|klam|mer, die: *Klammer aus gebogenem Draht od. Plastik zum Zusammenhalten von Papierbogen u. Ä.*

Bü|ro|kom|mu|ni|ka|ti|on, die: **1.** *Verständigung zwischen den in einem Büro Beschäftigten.* **2.** (Bürow.) *Gesamtheit der [technischen] Anlagen, die für den Nachrichtenaustausch zwischen Mitarbeitern eines oder mehrerer Betriebe genutzt werden kann.*

Bü|ro|kraft, die: *Angestellte[r] in einem Büro.*

Bü|ro|krat, der; -en, -en [frz. bureaucrate, zu bureaucratie, ↑Bürokratie] (abwertend): *jmd., der in der Anwendung u. Auslegung von Bestimmungen einem starren Formalismus verhaftet ist.*

ü|ro|kra|tie, die; -, -n [frz. bureaucratie zu: bureau (↑Büro) u. griech. krateĩn = herrschen]: 1. ⟨Pl. selten⟩ a) *Beamten-, Verwaltungsapparat:* die B. bläht sich immer mehr auf; b) *die in der Verwaltung Beschäftigten.* 2. ⟨o. Pl.⟩ (abwertend) *bürokratische Denk- u. Handlungsweise.*

ü|ro|kra|tisch ⟨Adj.⟩: 1. *der Bürokratie (1 a) gemäß; verwaltungsmäßig:* die -e Abwicklung einer Angelegenheit. 2. (abwertend) *sich pedantisch u. übergenau an Vorschriften klammernd, auf die Einhaltung von Vorschriften pochend:* ein -er Mensch; -es Denken.

ü|ro|kra|ti|sie|ren ⟨sw. V.; hat⟩: 1. *im Sinne einer perfekten Bürokratie (1 a) verwalten:* die Gesellschaft wird mehr und mehr bürokratisiert. 2. (abwertend) *einer schematischen, engstirnig-formalistischen Ordnung unterwerfen.*

ü|ro|kra|ti|sie|rung, die: *das Bürokratisieren; das Bürokratisiertwerden.*

ü|ro|kra|tis|mus, der: - (abwertend): *pedantisches, engstirnig-formalistisches Denken u. Handeln.*

ü|ro|ma|schi|nen ⟨Pl.⟩: *Maschinen für Büroarbeit.*

ü|ro|ma|te|ri|al, das ⟨meist Pl.⟩: *Bürobedarf.*

ü|ro|mö|bel ⟨Pl.⟩: *Möbel für ein Büro (1).*

ü|ro|schluss, der ⟨o. Pl.⟩: *Dienstschluss in einem Büro (1).*

ü|ro|tä|tig|keit, die ⟨o. Pl.⟩: *Tätigkeit in einem Büro.*

ursch, der; -en, -en [zu spätmhd. burse (↑Burse), also eigtl. = Angehöriger einer Burse]: 1. (Verbindungsw.) *vollberechtigtes Mitglied einer studentischen Verbindung nach Abschluss der Zeit als Fuchs (7).* 2. (landsch.) *Bursche (1 a, b).*

irsch|chen, das; -s, -: Vkl. zu Bursche (1).

ur|sche, der; -n, -n: 1. a) *Knabe, Junge:* ein niedlicher B.; b) *junger Mann, Halbwüchsiger:* ein freundlicher junger B.; ein toller B. *(ein Draufgänger);* die -n des Dorfes; c) (abwertend) *männliche Person, der Übles zugetraut wird:* ein übler B.; den -n werde ich mir vorknöpfen. 2. (früher) *zur Bedienung eines Offiziers abkommandierter Soldat.* 3. Bursch (1). 4. (ugs.) *(in Bezug auf ein Tier) bes. großes Exemplar:* der gefangene Hecht ist ein mächtiger B.

ır|schen|schaft, die; -, -en: *Farben tragende [waffenstudentische] Korporation:* einer B. angehören.

ır|schen|schaf|ter, der; -s, -: *Angehöriger einer Burschenschaft.*

ır|schen|schaft|lich ⟨Adj.⟩: *die Burschenschaft betreffend:* -e Bräuche.

ır|schi|kos ⟨Adj.⟩ [zu ↑Bursch u. der griech. Adverbendung -ikós]: a) *(bes. von weiblichen Personen) betont ungezwungen, ungeniert in den Äußerungen, im Verhalten:* sie hat eine sehr -e Art; er benimmt sich sehr b.; b) *salopp, formlos (bes. von jmds. Redeweise):* eine -e Bemerkung.

ır|schi|ko|si|tät, die; -, -en: *burschikose Art, Verhaltensweise.*

ır|se, die; -, -n [zu mhd. burse = Beutel, Kasse < mlat. bursa, ↑[1]Börse] (früher): *[aus einer Stiftung errichtetes u. unterhaltenes] Haus, in dem Studenten u. Handwerksburschen wohnen können und Kost erhalten.*

rst|chen, das; -s, -: Vkl. zu ↑Bürste (1).

rs|te, die; -, -n [mhd. bürste, eigtl. = Gesamtheit der Borsten, zu ↑Borste]: 1. *mit Borsten, Pflanzenfasern od. Draht bestecktes [Reinigungs]gerät zum Entfernen von haftendem Schmutz, zum Auftragen eines pastenartigen [Reinigungs]mittels, zum Glätten o. Ä.:* Schuhcreme mit einer kleinen B. auftragen; das Haar mit einer B. glätten; Ü seine Oberlippe zierte eine kleine B. *(ein kurz geschnittener, stacheliger Oberlippenbart).* 2. (Elektrot.) *klötzchenförmiger Körper aus Kohlenstoff, der bei elektrischen Maschinen den Übergang des Stromes zwischen den rotierenden Strom führenden u. den feststehenden Leitern ermöglicht.* 3. kurz für ↑Bürstenfrisur.

rs|ten ⟨sw. V.; hat⟩ [mhd. bürsten]: 1. a) *mit einer Bürste entfernen:* den Staub von den Schuhen b.; b) *mit einer Bürste reinigen [u. polieren]:* die Schuhe b. 2. a) *mit einer Bürste glätten:* [jmdm., sich] das Haar b.; dem Hund das Fell b.; b) *[in bestimmter Weise] mit einer Bürste behandeln, bearbeiten:* den Körper trocken b., um den Kreislauf anzuregen; Samt gegen den Strich b. *(aufrauen).* 3. (vulg.) *koitieren.*

Bürs|ten|bin|der, der (veraltet): *Bürstenmacher:* * wie ein B. (salopp; *eifrig [arbeitend], ohne sich zu schonen).*

Bürs|ten|fri|sur, die: *kurzer Haarschnitt, bei dem die oberen Haare wie bei einer Bürste nach oben stehen.*

Bürs|ten|ma|cher, der: vgl. Bürsten- und Pinselmacher.

Bürs|ten|mas|sa|ge, die: *Massage unter Zuhilfenahme einer Bürste.*

Bürs|ten|schnitt, der: *Bürstenfrisur.*

Bürs|ten- und Pin|sel|ma|cher, der: *jmd., der Bürsten u. Pinsel herstellt* (Berufsbez.).

Bürs|ten- und Pin|sel|ma|che|rin, die: w. Form zu ↑Bürsten- und Pinselmacher.

Bu|run|di; -s: Staat in Afrika.

Bu|run|di|er, der; -s, -: Ew.

Bu|run|di|e|rin, die; -, -nen: w. Form zu ↑Burundier.

bu|run|disch ⟨Adj.⟩: *Burundi, die Burundier betreffend.*

Bür|zel, der; -s, - [zu landsch. borzen = hervorstehen, zu mhd., ahd. bor = Höhe; vgl. empor]: 1. (Zool.) *Schwanzwurzel der Vögel.* 2. (Jägerspr.) *Schwanz des Bären, des Dachses u. des Schwarzwilds.*

Bus, der; -ses, -se [1: unter Einfluss von engl. bus, kurz für ↑Omnibus; 2: engl. bus, kurz für: bus bar, aus lat. omni**bus** = für alle u. bar = Strang]: 1. *großer Kraftwagen mit vielen Sitzen zur Beförderung von Personen:* ein doppelstöckiger B.; den B. verpassen; mit dem B. fahren. 2. (EDV) *Sammelleitung zur Datenübertragung zwischen mehreren Funktionseinheiten.*

Bus|bahn|hof, der: *Omnibusbahnhof.*

Busch, der; -[e]s, Büsche [mhd. busch, ahd. busk]: 1. *dicht gewachsener Strauch:* ein dichter B.; der Bach ist von Büschen gesäumt; R es ist etwas im Busch[e] (ugs.; *im Verborgenen bahnt sich etwas an*); * **[bei jmdm.] auf den B. klopfen** (ugs.; *bei jmdm. auf etw. anspielen, um etw. Bestimmtes zu erfahren;* aus der Jägerspr., eigtl., um festzustellen, ob sich im Gebüsch Wild verbirgt); **mit etw. hinterm B. halten** (ugs.; ↑[2]Berg 1); **sich [seitwärts] in die Büsche schlagen** (ugs.; *[heimlich] verschwinden*). 2. a) (Geogr.) *Dickicht aus Sträuchern in tropischen Ländern:* im afrikanischen B.; b) (landsch.) *kleiner Wald:* in den B. gehen [um Pilze zu sammeln]. 3. a) *großer, nicht gärtnerisch gebundener Strauß:* ein B. Flieder; b) *größeres Büschel:* ein B. Federn.

Bü|schel, das; -s, - [mhd. büschel, eigtl. = kleiner Busch]: *loses Bündel von etw. [Struppigem] lang Gewachsenem:* ein B. Heu; er hatte ihm die Haare in ganzen -n ausgerissen.

bü|sche|lig, büschlig ⟨Adj.⟩: *in Büscheln:* die Blüten sind b. angeordnet.

bü|scheln ⟨sw. V.; hat⟩ (südd., schweiz.): *zu einem Büschel od. Strauß zusammenfassen:* Kamille zum Trocknen b.

bü|schel|wei|se ⟨Adv.⟩: *in Büscheln:* die Haare gingen ihm b. aus *(er hatte starken Haarausfall).*

Bu|schen, der; -s, - [↑Busch] (südd., österr. ugs.): *Strauß von Blumen od. Zweigen:* einen B. über die Tür hängen (zur Kennzeichnung einer Buschenschenke).

Bu|schen|schen|ke, die (österr.): *Straußwirtschaft, Heurigenlokal.*

bu|schig ⟨Adj.⟩ [spätmhd. buscheht]: 1. *mit dichten Haaren:* -e Augenbrauen; der Schwanz des Eichhörnchens ist b. 2. *mit Büschen bestanden:* -es Gelände. 3. *in Form eines Busches [wachsend]:* der Rosenstock ist b. [gewachsen].

büsch|lig: ↑büschelig.

Busch|mann, der ⟨Pl. ...männer⟩ [LÜ von engl. bushmen (Pl.) < afrikaans Bosjesmans (Pl.), eigtl. = Leute, die hinter den Büschen (= hinter zusammengeflochtenen Zweigen, die als Windschutz dienen) wohnen, aus: bosjes, Pl. von: bosje = Busch, Gebüsch u. mans, Pl. von: man = Mann]: Angehöriger eines in Namibia, Botswana u. Angola lebenden Volkes.

Busch|mann|frau, die: Angehörige des Volkes der Buschmänner.

Busch|mes|ser, das: *Messer mit langer Klinge zum Wegschlagen von Gestrüpp od. zum Ernten von Zuckerrohr o. Ä.*

Busch|wald, der: *niedriges Gehölz.*

Busch|werk, das ⟨o. Pl.⟩: *dichtes Gebüsch von größerer Ausdehnung.*

Busch|wind|rös|chen, das: *Anemone.*

Bu|sen, der; -s, - [mhd. buosen, buosem, ahd. buosam = Busen; Bausch des Kleides; [1]Schoß (2 a), eigtl. = Schwellender, zu ↑Beule]: 1. *weibliche Brust in ihrer plastischen Erscheinung, bes. im Hinblick auf ihren erotischen Reiz:* ein voller, üppiger, straffer B.; ihr B. wogte; die neue Mode zeigt viel B. 2. (dichter., veraltet) a) *Brust* (1 a): sich am B. des Freundes ausweinen; Ü am B. der Natur (meist scherzh.; *in der Natur, im Freien*); b) *Inneres:* ein Geheimnis in seinem B. verschließen; c) *[eng anliegendes] Oberteil des Kleides:* sie nestelte an ihrem B.

bu|sen|frei ⟨Adj.⟩: *den Busen (1) frei, unbedeckt lassend.*

Bu|sen|freund, der (meist iron.): *jmd., der mit jmdm. sehr eng befreundet ist.*

Bu|sen|freun|din, die: w. Form zu ↑Busenfreund.

Bu|sen|star, der (ugs.): *weiblicher Filmstar, dessen Wirkung überwiegend auf dem besonders üppigen Busen beruht.*

Bus|fah|rer, der: *Fahrer eines Busses.*

Bus|fah|re|rin, die: w. Form zu ↑Busfahrer.

Bus|hal|te|stel|le, die: *Haltestelle für Busse.*

bu|sig ⟨Adj.⟩ (ugs.): *mit üppigem Busen:* eine -e Schönheit.

Busi|ness ['bɪznɪs], das; - [engl. business, zu: busy < aengl. bisig, bysig = beschäftigt, H. u.]: a) (abwertend) *Geschäftemacherei;* b) *Geschäftsleben.*

busi|ness as usu|al ['bɪznɪs əz 'ju:ʒʊəl; engl. = Geschäftsleben, Geschäfte wie üblich; Ausspruch des brit. Staatsmannes W. Churchill (1874–1965)]: *die Geschäfte gehen ihren Gang, alles geht seinen Gang.*

Busi|ness-Class [...kla:s], (auch:) **Busi|ness|class,** die; - - [engl.] (Flugw.): *bes. für Geschäftsreisende eingerichtete Reiseklasse im Flugverkehr.*

Bus|li|nie, die: *von einem Bus befahrene Verkehrsverbindung.*

Bus|sard, der; -s, -e [frz. busard = [2]Weihe, zu afrz. bu(i)son < lat. buteo (Gen.: buteonis) = eine Falkenart]: *Greifvogel mit breiten, zum segelnden, kreisenden Flug geeigneten Flügeln u. kurzen, scharfen, kralligen Zehen.*

Bu|ße, die; -, -n [mhd. buoʒ(e), ahd. buoʒ(a), verw. mit ↑bass u. urspr. = Nutzen, Vorteil (ahd. auch = Heilung durch Zauber), dann: strafrechtliche od. religiös-sittliche Genugtuung]: 1. a) ⟨o. Pl.⟩ (Rel.) *das Bemühen um die Wiederherstellung eines durch menschliches Vergehen gestörten Verhältnisses zwischen Gott und Mensch:* B. predigen (veraltend; *in der Predigt zur Buße, zur inneren Umkehr auffordern*); b) (kath. Kirche) *Bußübung:* jmdm. eine B. auferlegen. 2. (Rechtsspr.) *Ausgleich, den jmd. für eine geringfügige Rechtsverletzung zu zahlen hat:* eine [hohe] B. zahlen; jmdn. für etw. mit einer B. belegen.

Bus|sel: ↑Busserl.

bus|seln ⟨sw. V.; hat⟩ [zu mhd. bussen = küssen, lautm.] (südd., österr.): *küssen.*

bü|ßen ⟨sw. V.; hat⟩ [mhd. büeʒen = bessern, wieder gutmachen, ahd. buoʒen = [ver]bessern, wieder gutmachen; vgl. Buße]: 1. a) (Rel.) *durch selbst gewählte od. auferlegte Bußübungen von einer Schuld o. Ä. wieder frei werden:* seine Sünden b.; b) *für eine Schuld etw. als Strafe erleiden, auf sich nehmen [müssen]:* eine Tat b.; das sollst du [mir] b.!; er büßte seinen Leichtsinn

B

(bezahlte ihn) mit dem Leben. **2.** (schweiz. Rechtsspr.) *mit einer Geldstrafe belegen:* man hat ihn mit einer hohen Strafe gebüßt. **3.** (veraltet) *befriedigen.*

Bu|ßen|zet|tel, der (schweiz.): *Strafmandat.*

Bü|ßer, der; -s, - (Rel.): *jmd., der für begangene Sünden Buße* (1 a) *tut.*

Bü|ßer|ge|wand, das: *raues Gewand des Büßers.*

Bü|ße|rin, die; -, -nen: w. Form zu ↑Büßer.

Bus|serl, das; -s, -n [Vkl. von älter Buss = Kuss, lautm.; vgl. busseln] (südd., österr. ugs.): *Kuss.*

bus|serln: ↑busseln.

buß|fer|tig ‹Adj.› (Rel.): *reumütig u. bereit zur Buße* (1 a): ein -er Sünder.

Buß|fer|tig|keit, die ‹o. Pl.› (Rel.): *bußfertige Haltung.*

Buß|gang, der (geh.): *Gang zu jmdm. in der Absicht, von ihm Verzeihung zu erlangen u. sich mit ihm zu versöhnen.*

Buß|ge|bet, das (Rel.): *Gebet, mit dem jmd. Buße tut.*

Buß|geld, das (Rechtsspr.): *Geldstrafe zur Ahndung bestimmter Ordnungswidrigkeiten im Verkehr, im Wirtschafts- u. Steuerrecht.*

Buß|geld|be|scheid, der (Rechtsspr.): *Bescheid* (b) *über ein Bußgeld.*

Buß|geld|ka|ta|log, der: *der einheitlichen Ahndung dienende, für häufig auftretende gleichartige Vergehen (bes. im Straßenverkehr) geltende Aufstellung von Bußgeldern.*

Buß|got|tes|dienst, der (kath. Kirche): *gottesdienstliche Feier, Andacht, in der den Gläubigen nach gemeinsamem Sündenbekenntnis vom Priester eine generelle Absolution erteilt wird.*

Buß|psalm, der: *einer der sieben Psalmen, die bes. von der Buße handeln.*

Buß|tag, der: **1.** (kath. Kirche) *der Buße gewidmeter Tag der Woche.* **2.** (ev. Kirche) kurz für ↑Buß- und Bettag.

Buß|übung, die (kath. Kirche): *Gebet, Kasteiung o. Ä. zur Buße.*

Buß- und Bet|tag, der (ev. Kirche): *der Buße gewidmeter (Feier)tag am Mittwoch vor Totensonntag.*

Büs|te, die; -, -n [frz. buste < ital. busto, H. u.]: **1.** *plastische Darstellung eines Menschen in Halbfigur od. nur bis zur Schulter:* die bronzene B. eines römischen Kaisers. **2.** *weibliche Brustpartie:* eine gut entwickelte B.; ein Kleid mit ausgearbeiteter B. **3.** (Schneiderei) *Schneiderpuppe.*

Büs|ten|hal|ter, der: *Teil der Unterkleidung, der der weiblichen Brust Form u. Halt geben soll* (Abk.: BH).

Bus|ti|er [bys'tje:], das; -s, -s [frz. bustier, zu: buste, ↑Büste]: *Teil der Unterkleidung für Frauen in Form eines miederartig anliegenden, nicht ganz bis zur Taille reichenden Oberteils ohne Ärmel.*

Bus|trans|fer, der: *Transfer* (2) *mit dem Bus.*

Bu|su|ki, die; -, -s [ngriech. mpouzoúki, aus dem Türk.]: *griechisches, in der Volksmusik verwendetes Lauteninstrument.*

Bu|tan, das; -s, -e [zu lat. butyrum, ↑Butter]: *gesättigter gasförmiger Kohlenwasserstoff, der in Erdgas u. Erdöl enthalten ist.*

Bu|tan|gas, das ‹o. Pl.›: *als Brenngas verwendetes Butan.*

¹Bu|ti|ke: ↑Budike.

²Bu|ti|ke: ↑Boutique.

But|ler ['batlɐ], der; -s, - [engl. butler < afrz. bouteillier = Kellermeister, zu spätlat. but(t)icula = Fässchen, Krug]: *Diener in einem vornehmen Haushalt, bes. in England.*

Butt, der; -[e]s, -e [aus dem Niederd., zu: butt = stumpf, plump]: *Scholle* (4).

Bütt, die; -, -en [↑Bütte] (landsch.): *einem Fass ähnliches Vortragspult für den Büttenredner bei einer Karnevalssitzung.*

Büt|te, die; -, -n [mhd. büt(t)e, büten, ahd. butin(na) < mlat. butina = Flasche, Gefäß < griech. bytínē]: **a)** (landsch.) *großes [hölzernes] wannenartiges Gefäß:* Wäsche in einer B. einweichen; **b)** *in der Papierherstellung gebrauchtes großes, ovales Gefäß mit Rührwerk.*

Büt|tel, der; -s, - [mhd. bütel, ahd. butil, zu ↑bieten in der alten Bed. »bekannt machen, wissen lassen«]: **1.** (veraltet) *Gerichtsbote, Häscher.* **2.** (veraltend abwertend) *Ordnungshüter; Polizist o. Ä.* **3.** (abwertend) *jmd., der diensteifrig das ausführt, was eine Obrigkeit, ein Vorgesetzter [von ihm] verlangt:* ich bin doch nicht dein B.!

Büt|ten, das; -s [zu ↑Bütte (b)]: *handgeschöpftes Papier mit ungleichmäßigem, gefranstem Rand u. Wasserzeichen:* Briefkarten aus B.

Büt|ten|pa|pier, das: *Bütten.*

Büt|ten|rand, der: *für Bütten charakteristischer gefranster Rand.*

Büt|ten|re|de, die: *in der Bütt gehaltener, witziglustiger Vortrag eines Karnevalisten bes. im rheinischen Karneval.*

Büt|ten|red|ner, der: *jmd., der eine Büttenrede vorträgt.*

Büt|ten|red|ne|rin, die: w. Form zu ↑Büttenredner.

But|ter, die; - [mhd. buter, ahd. butera, über das Vlat. < lat. butyrum < griech. boútyron, zu: boũs = Kuh, Rind u. eigtl. = Quark aus Kuhmilch]: *aus Milch gewonnenes, bes. als Brotaufstrich verwendetes Fett:* ein Stück B.; die B. ist ranzig; B. aufs Brot streichen; etw. in B. braten; Blumenkohl mit brauner B.; die Vorräte schmolzen dahin wie B. an der Sonne *(wurden äußerst schnell aufgebraucht);* jmds. Herz, jmd. ist weich wie B. (ugs.; *ist sehr empfindsam, sehr nachgiebig*); R es ist alles in [bester] B. (salopp; *es ist alles in Ordnung;* wohl eigtl. = in guter Butter, nicht in billigem Fett gebraten); * **jmdm. fällt die B. vom Brot** (salopp; *jmd. ist enttäuscht, entsetzt*); **sich ‹Dativ› nicht die B. vom Brot nehmen lassen** (ugs.; *sich nichts gefallen lassen, sich nicht benachteiligen lassen*); **jmdm. nicht die B. auf dem Brot gönnen** (ugs.; *jmdm. gegenüber missgünstig sein*); **es ist alles in [bester] B.** (salopp; *es ist alles in Ordnung;* wohl eigentl. = in guter Butter, nicht in billigem Fett gebraten).

But|ter|bir|ne, die: *Birne mit besonders weichem Fruchtfleisch.*

But|ter|blu|me, die: *gelb blühende Wiesenblume* (z. B. Hahnenfuß, Löwenzahn, Sumpfdotterblume).

But|ter|brot, das: *mit Butter (od. Margarine) bestrichene Scheibe Brot;* * **für ein B. arbeiten** (ugs.; *gegen sehr geringe Bezahlung arbeiten*); **etw. für/um ein B. bekommen, [ver]kaufen** (ugs.; *etw. sehr billig bekommen, [ver]kaufen*); **jmdm. etw. aufs B. schmieren/streichen** (salopp; *jmdm. etw. für ihn Ärgerliches o. Ä. erneut deutlich zu verstehen geben; jmdm. etw. Zurückliegendes wieder vorwerfen*).

But|ter|brot|pa|pier, das: *fettundurchlässiges Einwickelpapier, bes. für Frühstücksbrote u. Ä.*

But|ter|creme, die: *Creme aus Butter, Milch u. [Puder]zucker (als Tortenfüllung).*

But|ter|creme|tor|te, die: *mit Buttercreme gefüllte u. garnierte Torte.*

But|ter|do|se, die: *runder od. rechteckiger Behälter mit Deckel zum Aufbewahren von Butter.*

But|ter|fahrt, die (ugs.): **a)** *Schiffsfahrt [aufs offene Meer], bei der die Möglichkeit geboten wird, billig [zollfrei] einzukaufen;* **b)** *Kaffeefahrt* (b).

But|ter|fass, das: **1.** *Fass zur Aufbewahrung u. zum Transportieren von Butter.* **2.** (früher) *Gefäß, in dem Butter von Hand hergestellt wurde.*

But|ter|fly ['bʌtəflaɪ], der; -s, -s [engl. butterfly, eigtl. = Schmetterling (nach den ähnlichen Bewegungen)]: **1.** (Eiskunstlauf) *bestimmter Spreizsprung.* **2.** ‹o. Pl.› (Schwimmen) *Butterflystil.* **3.** (Turnen) *Schmetterling* (2).

But|ter|fly|mes|ser, das [zu engl. butterfly (↑Butterfly), nach dem Vergleich der beiden Hälften des ¹Hefts mit Schmetterlingsflügeln]: *stilettartiges Messer, dessen ¹Heft aus zwei Teilen besteht, die sich als Schutz* (2) *um die Klinge klappen lassen.*

But|ter|fly|stil, der ‹o. Pl.› (Schwimmen): *Schwimmstil, bei dem die Arme gleichzeitig über dem Wasser nach vorn geworfen u. unter Wasser nach hinten geführt u. die Beine gleichzeitig auf- und abbewegt werden; Delphinstil; Schmetterlingsstil.*

But|ter|ge|bäck, das: *mit Butter zubereitetes [ausgestochenes] Kleingebäck.*

but|ter|gelb ‹Adj.›: *gelb wie Butter.*

but|te|rig, buttrig ‹Adj.›: *viel Butter enthaltend; sehr nach Butter schmeckend:* der Teig ist b.

But|ter|kä|se, der: *butterähnlich weicher, milder Vollfett- od. Rahmkäse.*

But|ter|keks, der: vgl. Buttergebäck.

But|ter|ku|chen, der: *Kuchen aus Hefeteig, der vor dem Backen mit Butterstückchen u. Zucker bestreut wird.*

But|ter|milch, die: *nur noch wenig Fett enthaltende Milch, die beim Buttern* (1) *als Rückstand übrig bleibt.*

but|tern ‹sw. V.; hat›: **1.** *Butter herstellen.* **2.** (Kochk.) **a)** *mit Butter bestreichen:* eine Scheibe Toast b.; **b)** *ausfetten:* die Kuchenform b. **3.** (ugs.) *(viel Geld) in etw. hineinstecken, für etw. verwenden [ohne dass es sich auszahlt]:* er hat sein ganzes Vermögen in das Unternehmen gebuttert. **4.** (landsch.) *(sein mitgebrachtes Frühstück, seine Butterbrote) verzehren.* **5.** (landsch.) *(von Wunden o. Ä.) eitern, Flüssigkeit absondern.* **6.** (Sport Jargon) *den Ball wuchtig (in eine bestimmte Richtung) schießen:* er butterte den Ball aufs Tor.

But|ter|pilz, der: *essbarer Röhrenpilz mit gelbem bis schokoladebraunem Hut u. zitronengelber Unterseite.*

But|ter|säu|re, die: *Fettsäure mit unangenehmem, ranzigem Geruch.*

But|ter|schmalz, das: *aus dem Fett der Butter bestehendes gelbes, haltbares Speisefett.*

But|ter|sei|te, die: **1.** *mit Butter bestrichene Seite einer Brotscheibe.* **2.** (ugs.) *vorteilhaftere Seite von etw.;* * **auf die B. fallen** (ugs.; *Glück haben*).

but|ter|weich ‹Adj.›: **a)** *sehr weich, so weich wie Butter:* die Birnen sind b.; **b)** *keine Festigkeit in seiner Haltung, seinem Auftreten o. Ä. zeigend:* -e Abmachungen; **c)** (Sport Jargon) *(vom Zuspiel) gefühlvoll, ohne Wucht:* sein Pass kam b. in den freien Raum.

But|ton [bʌtn], der; -s, -s [engl. button = Knopf < frz. bouton]: *runde Plakette zum Anstecken [mit einer Aufschrift], die die politische, religiöse o. ä. Einstellung des Trägers zu erkennen gibt.*

But|ton-down-Hemd [...'daʊn...], das; -[e]s, -en [zu engl. button-down = (am Kragen) festgeknöpft]: *Oberhemd mit Button-down-Kragen.*

But|ton-down-Kra|gen, der; -s, -: *Hemdenkragen, dessen Spitzen mit Knöpfen befestigt sind.*

butt|rig: ↑butterig.

Bu|tyl, das; -s [zu ↑Butan u. griech. hýlē = Holz; Stoff]: *Kohlenwasserstoffrest mit vier Kohlenstoffatomen.*

Bu|tyl|al|ko|hol, der: *als Lösungsmittel od. Riechstoff verwendeter Alkohol mit vier Kohlenstoffatomen.*

¹Butz, der; -en, -en [mhd. butze, H. u.] (landsch.): *Schreckgestalt, Kobold.*

²Butz, der; -en, -en [↑Butzen] (landsch.): *Kerngehäuse des Apfels.*

Bütz|chen, das; -s, - [zu ↑bützen] (rhein.): *Küsschen.*

But|ze, der; -n, -n (landsch.): ¹*Butz.*

But|ze|mann, der ‹Pl. ...männer›: *Kobold, Kinderschreck.*

büt|zen ‹sw. V.; hat› [zu spätmhd. butzen = stoßen, zu mhd. bōȥen, ↑Butzen] (rhein.): *küssen.*

But|zen, der; -s, - [spätmhd. butzen, zu mhd. bōȥen, ahd. bōȥan = schlagen (↑Amboss), eigtl. = abgeschlagenes, kurzes Stück]: **1.** (landsch.) ²*Butz.* **2.** (landsch.) *Verdickung [im Glas].* **3.** (Bergmannsspr.) *unregelmäßig geformte selbstständige Mineralmasse im Gestein.*

ut|zen|schei|be, die: *kleine, runde Glasscheibe mit einem Butzen (2) in der Mitte, die, zu mehreren in einer Bleifassung zusammengefasst, als Fensterverglasung dient.*

ut|zen|schei|ben|ly|rik, die [spött. Bildung von P. Heyse für die altertümelnde Dichtung des späten 19. Jh.s] (abwertend): *episch-lyrische Dichtungen mit Themen der Ritterromantik.*

üx, die; -, -en, **Bu|xe,** die; -, -n [aus dem Niederd. < mniederd. buxe, eigtl. = Hose aus Bock(sleder), zu: buk, bok = Bock] (landsch., bes. nordd. ugs.): *Hose.*

ux|te|hu|de [nach der Stadt Buxtehude im Landkreis Stade]: in den Fügungen **in, aus, nach B.** (ugs.; *irgendwo in, aus einem, an einen kleinen, unbedeutenden, abgelegenen Ort; irgendwo weit draußen*).

uy-out, (auch:) **Buy|out** [baɪ'aʊt], das; -s, -s (Wirtsch.): kurz für ↑Management-Buy-out.

. w. = bitte wenden!

WL [be:ve:'ɛl], die; -: Betriebswirtschaftslehre.

ye-bye ['baɪ'baɪ; engl. bye-bye, Verdopplung von bye, vgl. ↑good bye] (ugs.): *auf Wiedersehen!*

y|pass ['baipas], der; -[es], ...pässe [engl. bypass = Umgehung(sstraße), Umleitung]: 1. a) (Technik) *Umführung [einer Strömung];* b) (Elektrot.) *Kondensator* (1) *zur Funkentstörung.* 2. a) (Med.) *Überbrückung des krankhaft veränderten Abschnittes eines Blutgefäßes durch Einpflanzung eines Ersatzstückes;* b) *Ersatzstück, durch das Blut nach einem Bypass (2 a) läuft.*

y|pass|ope|ra|ti|on, die (Med.): *operatives Einsetzen eines Bypass* (2 a).

yte [baɪt], das; -[s], -[s] [engl. byte, wohl geb. zu ↑Bit] (EDV): *zusammengehörige Folge von acht Bits.*

y|zan|ti|ner, der; -s, - [2: ↑Byzantinismus]: 1. Ew. 2. (bildungsspr. veraltend): *Kriecher, Schmeichler.*

y|zan|ti|ne|rin, die; -, -nen: w. Form zu ↑Byzantiner (1).

y|zan|ti|nisch ⟨Adj.⟩: 1. zu ↑Byzantiner (1). 2. (bildungsspr. veraltend): *schmeichlerisch, kriecherisch.*

y|zan|ti|nis|mus, der; - [nach den Zuständen am Kaiserhof in Byzanz] (abwertend): *Kriecherei, Schmeichelei.*

y|zan|ti|nist, der; -en, -en: *Wissenschaftler [u. Lehrer] auf dem Gebiet der Byzantinistik.*

y|zan|ti|nis|tik, die; -: *Wissenschaft, die sich mit der Erforschung der byzantinischen Kultur u. Geschichte befasst.*

y|zan|ti|nis|tin, die; -, -nen: w. Form zu ↑Byzantinist.

y|zan|ti|nis|tisch ⟨Adj.⟩: *die Byzantinistik betreffend.*

yzanz: alter Name von ↑Istanbul.

. bez, bez. = bezahlt (auf Kurszetteln).

., Bez. = Bezahlung; Bezeichnung; Bezirk.

w. = beziehungsweise.

C [tse:], das; - (ugs.: -s), - (ugs.: -s) [mhd., ahd.]: 1. *dritter Buchstabe des Alphabets, ein Konsonant.* 2. (Musik) *erster Ton der Grund-(C-Dur-)Tonleiter.*

= Cent; Centime; c-Moll; Zenti...

= Carboneum (chemisches Zeichen für: Kohlenstoff); Celsius; Coulomb.

Abk. aus lat. centum] = römisches Zahlzeichen für 100.

= Calcium.

ca. = circa.

Ca. = Carcinoma (vgl. Karzinom).

Cab [kæb], das; -s, -s [engl. cab, Kurzf. von: cabriolet = Kabriolett] (früher): *einspännige englische Droschke.*

Ca|bal|le|ro [kabal'je:ro, auch: kava...], der; -s, -s [span. caballero < spätlat. caballarius = Pferdeknecht]: 1. (früher) *spanischer Edelmann, Ritter.* 2. *Herr* (in der Anrede nicht in Verbindung mit einem Namen).

Ca|ban [ka'bã], der; -s, -s [frz. caban, eigtl. = Regenmantel, über das Sizilian. aus arab. qabāʾ = tunikaartiger Umhang]: a) *modischer kurzer Herrenmantel [mit breiten Revers u. breitem Kragen];* b) *längere [Kostüm]jacke für Frauen.*

Ca|ba|nos|si: ↑Kabanossi.

Ca|ba|ret [kaba're:, auch: 'kabare]: ↑Kabarett.

Cable-Trans|fer, (auch:) **Cable|trans|fer** ['keɪbltræns'fə:], der; -s, -s [engl., aus: cable = Kabel u. transfer = Überweisung]: *telegrafische Überweisung von Geldbeträgen nach Übersee* (Abk.: CT).

Ca|bo|chon [kabɔ'ʃõ:], der; -s, -s [zu frz. caboche = Kopf, letztlich zu: bosse, ↑bosseln]: a) *Schliff, bei dem die Oberseite des Schmucksteins kuppelförmig gewölbt erscheint;* b) *Schmuckstein mit Cabochon* (a).

Ca|brio, das; -s, -s: kurz für ↑Cabriolet.

Ca|bri|o|let [kabrio'le:]: ↑Kabriolett.

Cache [kæʃ, auch kaʃ], der; -, -s [engl. cache, eigtl. Versteck < frz. cache, zu: cacher = verstecken] (EDV): *Pufferspeicher.*

Ca|chet [ka'ʃe:, ka'ʃɛ], das; -s, -s [frz. cachet, zu: cacher (↑kaschieren) in der urspr. Bed. »(auf-, ein)pressen«]: 1. (veraltet) *Siegel.* 2. (schweiz., sonst veraltet) *Eigenart, Eigentümlichkeit; Gepräge.*

Cache|ta|ge [kaʃ'ta:ʒə], die; -, -n [frz. cachetage, eigtl. = Versiegelung] (Kunstwiss.): 1. ⟨o. Pl.⟩ *Verfahren der Oberflächengestaltung in der modernen Kunst, bei dem Münzen, Schrauben u. Ä. in reliefartig erhöhte Farbschichten wie Siegel eingedrückt werden.* 2. *nach dem Verfahren der Cachetage (1) gefertigtes Bild.*

Ca|che|te|ro [katʃe'te:ro], der; -s, -s [span. cachetero, eigtl. = Dolch]: *Stierkämpfer, der dem vom Matador (1) verwundeten Stier den Gnadenstoß gibt.*

Ca|chou [ka'ʃu:], das; -s, -s [frz. cachou < älter port. cacho < tamil. kāsu]: 1. *Gambir.* 2. *Hustenmittel (Salmiakpastillen).*

CAD [kæd], das; -s [Abk. für engl. computer-aided design = computerunterstütztes Entwerfen] (EDV): *rechnerunterstützte Konstruktion und Arbeitsplanung.*

Cad|die ['kɛdi, engl.: 'kædɪ], der; -s, -s [engl. caddie, zu cadet, ↑Kadett]: 1. *Person, die Golfspielern die Schläger trägt.* 2. *zweirädriger Wagen zum Transportieren der Golfschläger.* 3. *Einkaufswagen [in einem Supermarkt].* 4. *Caddy.*

Cad|dy ['kɛdi, engl.: 'kædɪ], der; -s, -s [engl. caddy = Behälter] (EDV) vgl. Caddie: *Schutzhülle für eine CD-ROM, mit der diese in das Laufwerk eingeführt wird.*

Cá|diz ['kaðiθ]: spanische Hafenstadt u. Provinz.

Cad|mi|um: ↑Kadmium.

Cae|si|um ['tsɛ:...] ↑Cäsium.

Ca|fé [ka'fe:], das; -s, -s [frz. café, ↑[1]Kaffee]: *Gaststätte, die in erster Linie Kaffee u. Kuchen anbietet, Kaffeehaus:* ein gemütliches, schön gelegenes C.

Ca|fé com|plet [kafekõ'plɛ], der; - -, -s -s [...kõ'plɛ; frz., aus ↑Café u. complet, ↑komplett] (schweiz.): *Kaffee mit Milch, zu dem Brötchen, Butter u. Marmelade serviert werden.*

Ca|fé crème [kafe'krɛ:m], der; - -, -s - [...'krɛ:m; frz., aus ↑Café u. crème, ↑Creme] (schweiz.): *Kaffee mit Sahne.*

Ca|fé mé|lange [kafeme'lã:ʒ], der; - -, -s - [...me'lã:ʒ; frz., ↑Melange] (schweiz.): *Kaffee mit Schlagsahne.*

Ca|fe|te|ria, die; -, -s u. ...ien [amerik. cafeteria < span. cafetería = Kaffeegeschäft]: *Imbissstube; Restaurant mit Selbstbedienung.*

Ca|fe|tier [kafe'tie:], der; -s, -s [frz. cafetier] (veraltet): *Kaffeehausbesitzer.*

Ca|fe|ti|e|re [...'tie:rə, ...ɛ:rə], die; -, -n [frz. cafetière] (veraltet): 1. w. Form zu ↑Cafetier. 2. *Kaffeekanne.*

Cais|son [kɛ'sõ:], der; -s, -s [frz. caisson < ital. cassone, zu lat. capsa = Kasten] (Technik): *Senkkasten für Bauarbeiten unter Wasser.*

Cais|son|krank|heit, die ⟨o. Pl.⟩ (Med.): *Krankheit, die nach Arbeiten unter erhöhtem Luftdruck (z. B. in Senkkästen) auftritt.*

cal = Kalorie.

Ca|lais [ka'lɛ]: französische Stadt.

Ca|la|ma|res ⟨Pl.⟩ [span. calamares, Pl. von: calamar = Tintenfisch < ital. calamaro < spätlat. calamarium = Futteral für die Schreibfeder, zu: calamus, ↑Calamus] (Kochk.): *Gericht aus frittierten Tintenfischstückchen.*

Ca|la|ma|ri ⟨Pl.⟩ [ital. calamari, Pl. von: calamaro, ↑Calamares]: *Calamares.*

Ca|la|mus, der; -, ...mi [lat. calamus < griech. kálamos]: *antikes Schreibgerät aus Schilfrohr.*

ca|lan|do ⟨Adv.⟩ [ital.] (Musik): *an Tonstärke u. Tempo gleichzeitig abnehmend.*

Cal|cit [kal'tsi:t, auch ... 'ɪt], der; -s, -e: *Kalkspat.*

Cal|ci|um usw.: ↑Kalzium usw.

Ca|len|dae [lat.]: ↑Kalenden u. ↑ad calendas graecas.

Ca|len|du|la, die; -, ...lae [...lɛ; nlat.]: *Ringelblume.*

Calf [kalf, engl.: kɑ:f], das; -s [engl. calf = Kalb]: *Kalbsleder, das bes. zum Einbinden von Büchern verwendet wird.*

Ca|li|for|nia [kælɪ'fɔ:nɪə]; -s: engl. Form von ↑Kalifornien.

Ca|li|for|ni|um, das; -s [nach der University of California (Berkeley), wo es zuerst hergestellt wurde]: *stark radioaktives Metall aus der Gruppe der Transurane* (chemisches Element; Zeichen: Cf).

Cal|la, (auch:) Kalla, die; -, -s [zu griech. kállos = Schönheit]: *(zu den Aronstäben gehörende) Pflanze mit breiten, glatten grünen Blättern u. langstieligem Blütenstand mit weißem Hüllblatt.*

Cal|la|ne|tics [kælə'ne...] ⟨Pl.⟩ [nach dem Namen der Erfinderin, der Amerikanerin Callan Pinckney (geboren 1939)]: *Fitnesstraining, das bes. auf die tieferen Schichten der Skelettmuskeln wirkt.*

Call|boy ['kɔ:lbɔɪ], der; -s, -s [engl. call-boy, geb. nach call-girl, ↑Callgirl]: *junger Mann, der auf telefonischen Anruf hin Besuche macht od. Besucher empfängt u. gegen Bezahlung deren [homo]sexuelle Wünsche befriedigt.*

Call-by-Call ['kɔ:lbaɪ'kɔ:l], das; -s ⟨meist o. Art.⟩ [engl. call by call = Anruf für Anruf].

Call-by-Call-Ver|fah|ren, das (Fernspr.): *Auswahl einer bestimmten Telefongesellschaft durch das Wählen einer entsprechenden Vorwahlnummer vor einem Telefonanruf.*

Call|cen|ter, (auch:) **Call-Cen|ter** ['kɔ:lsɛntɐ], das; -s, - [engl.-amerik. call center, aus: call = Anruf (2) u. ↑Center]: *zentrale Stelle, in der die für eine Abteilung, einen Betrieb, ein Unternehmen o. Ä. eingehenden Anrufe von spezialisiertem, besonders geschultem Personal entgegengenommen u. bearbeitet od. weitergeleitet werden.*

Call|girl ['kɔ:lgə:l], das; -s, -s [engl. call-girl, aus: call = Anruf (2) u. girl = Mädchen]: *Prostituierte, die auf telefonischen Anruf hin Besuche macht od. Besucher empfängt.*

Cal|ling|card, (auch:) **Cal|ling-Card** ['kɔ:lɪŋka:d], die -, -s [amerik. calling card = Visitenkarte, aus engl. calling = das Telefonieren u. card = Karte]: *Telefonkarte zum internationalen bargeldlosen Telefonieren.*

cal|ma|to ⟨Adv.⟩ [ital.] (Musik): *beruhigt.*

Cal|va|dos, der; -, - [frz. Calvados, nach dem gleichnamigen Departement in der Normandie]: *französischer Apfelbranntwein.*

cal|vi|nisch, kalvinisch ⟨Adj.⟩ [nach dem Genfer

Reformator J. Calvin (1509–1564)]: *nach der Art Calvins.*

Cal|vi|nịs|mus, Kalvinismus, der; -: *evangelisch-reformierte Glaubenslehre des Genfer Reformators J. Calvin, welche die nur geistige Präsenz Christi beim Abendmahl u. die [sich auch im irdischen Glück offenbarende] Prädestination der von Gott Auserwählten vertritt.*

Cal|vi|nịst, Kalvinist, der; -en, -en: *Anhänger des Calvinismus.*

Cal|vi|nịs|tin, Kalvinistin, die; -, -nen: w. Form zu ↑Calvinist.

cal|vi|nịs|tisch, kalvinistisch ⟨Adj.⟩: *den Calvinismus betreffend.*

Ca|lyp|so [ka'lɪpso], der; -[s], -s [H. u.]: **1.** *volkstümliche Gesangsform der afroamerikanischen Musik Westindiens.* **2.** *figurenreicher Modetanz der späten 50er-Jahre im Rumbarhythmus.*

CAM [kæm], das; -s [Abk. für engl. computer-aided manufacturing = computerunterstütztes Fertigen] (EDV): *rechnerunterstützte Steuerung u. Überwachung von Produktionsabläufen.*

Ca|margue [ka'marg], die; -: südfranzösische Landschaft.

Cam|bi|a̲|ta, die; -, ...ten [ital. (nota) cambiata, zu: cambiare < spätlat. cambiare = wechseln, tauschen] (Musik): *vertauschte Note, Wechselnote.*

Cam|bridge ['keɪmbrɪdʒ]: Stadt in England; Name zweier Städte in den USA.

Cạm|cor|der, der; -s, - [zusgez. aus engl. **camera** = Kamera u. ↑**recorder**]: *Kamerarekorder.*

Ca|mem|bert ['kamɑ̃bɛːɐ̯, ...bɛːɐ̯; auch: kamɑ̃'bɛːɐ̯], der; -s, -s [nach dem gleichnamigen Ort in der Normandie]: *vollfetter Weichkäse mit weißem Schimmelbelag.*

Ca|me|ra ob|scu̲|ra, die; - -, ...rae ...rae [lat. = dunkle Kammer, aus: camera (↑Kammer) u. obscurus, ↑obskur]: *innen geschwärzter Kasten, auf dessen transparenter Rückwand ein auf der Vorderseite befindliches Loch oder eine Sammellinse ein (auf dem Kopf stehendes, seitenverkehrtes) Bild erzeugt.*

Ca|mi|on [ka'mi̯õ], der; -s, -s [frz. camion, H. u.] (schweiz.): *Lastkraftwagen.*

Ca|mi|on|na|ge [kami̯ɔ'naːʒə], die; - [frz. camionnage] (schweiz.): **1.** *Spedition.* **2.** *Gebühr für die Beförderung von Frachtgut.*

Ca|mi|on|neur [kami̯ɔ'nøːɐ̯], der; -s, -e [frz. camionneur] (schweiz.): *Spediteur.*

Ca|mọr|ra, Kamorra, die; - [ital. camorra, H. u.; urspr. Name eines politische Ziele verfolgenden terroristischen Geheimbundes im Königreich Neapel]: *erpresserische Geheimorganisation in Neapel.*

Ca|mou|fla|ge [kamu'flaːʒə], die; -, -n [frz. camouflage] (bes. Milit. veraltet): *Tarnung.*

Camp [kɛmp], das; -s, -s [engl. camp < frz. camp < ital. campo < lat. campus = Feld]: **1.** *[Zelt]lager; Ferienlager aus Zelten od. einfachen Häuschen:* ein C. errichten. **2.** *Gefangenenlager.*

Cam|pa|ni̲|le: ↑Kampanile.

Cam|pa̲|ri®, der; -s, - [nach der Firma D. Campari, Mailand]: *ein Bitterlikör.*

cam|pen ['kɛmpn̩] ⟨sw. V.; hat⟩ [engl. to camp < frz. camper, zu: camp, ↑Camp]: *am Wochenende od. während der Ferien im Zelt od. Wohnwagen leben.*

Cam|per, der; -s, - [engl. camper]: *jmd., der campt.*

Cam|pe|rin, die; -, -nen: w. Form zu ↑Camper.

Cam|pe|si̲|no [ka...], der; -s, -s [span. campesino, zu: campo = Land, Feld < lat. campus, ↑Camp]: *armer Landarbeiter, Bauer, bes. in Spanien u. Südamerika.*

cam|pie̲|ren [ka...] ⟨sw. V.; hat⟩ [frz. camper, ↑campen] (österr., schweiz.): *campen, zelten.*

Cam|ping ['kɛmpɪŋ], das; -s [engl. camping]: *das Campen.*

Cam|ping|aus|rüs|tung, die: *Ausrüstung fürs Camping.*

Cam|ping|beu|tel, der: *leichter, rucksackartiger Beutel, meist aus Segeltuch u. mit einem Boden aus Plastik, der über einer Schulter getragen wird.*

Cam|ping|bus, der: *wie ein Wohnwagen ausgestatteter Kleinbus.*

Cam|ping|füh|rer, der: *Verzeichnis von Campingplätzen mit den zum Campen notwendigen Informationen.*

Cam|ping|platz, der: *für eine größere Anzahl von Campern angelegter Platz* (1 a) *mit Strom- u. Wasseranschlüssen sowie sanitären Einrichtungen.*

Cam|ping|stuhl, der: *zusammenklappbarer, besonders leichter Stuhl.*

Cam|pus ['kampʊs, engl.: 'kæmpəs], der; -, - [engl. campus < lat. campus, ↑Camp]: *Gesamtanlage einer Hochschule; Universitätsgelände.*

Ca|nail|le [ka'nalјə, auch: ka'najə]: ↑Kanaille.

Ca|nạs|ta, das; -s [span. canasta, eigtl. = Korb < spätlat. canistellum, Vkl. von: canistrum = aus Rohr geflochtener Korb < griech. kánastron; wohl nach dem »Körbchen«, in dem die Karten aufbewahrt od. abgelegt wurden]: *Kartenspiel für 2 bis 6 Personen, das mit 2 mal 52 Karten u. 4 Jokern gespielt wird.*

Can|ber|ra ['kænbərə]: Hauptstadt von Australien (2).

Can|can [kɑ̃'kɑ̃:], der; -s, -s [frz. cancan, viell. von einer kinderspr. Bez. für: canard = Ente (nach der Ähnlichkeit der Bewegungen)]: *(bes. als erotischer Schautanz in Varietés u. Nachtlokalen) lebhafter Tanz im ²/₄-Takt, bei dem die Tänzerinnen die Beine so hoch werfen, dass die mit Rüschen besetzten Dessous zu sehen sind.*

can|celn ['kɛntsl̩n] ⟨sw. V.; hat⟩ [engl. to cancel < frz. canceller < lat. cancellare = gitterförmig durchstreichen, zu: cancelli, ↑Kanzel]: *streichen, rückgängig machen, absagen:* eine Buchung c.; der Flug wurde gecancelt.

cand. = candidatus; vgl. Kandidat (2 a).

Can|de|la, die; -, - [lat. candela = Kerze] (Physik): *Einheit der Lichtstärke* (Zeichen: cd).

Can|dle-Light-Din|ner ['kændllaɪt...], das [aus engl. candlelight = Kerzenschein, -licht u. ↑Dinner]: *festliches Abendessen mit Kerzenbeleuchtung.*

Cạn|na|bis, der; - [1: lat. cannabis < griech. kánnabis; 2: engl. cannabis]: **1.** (Bot.) *Hanf.* **2.** (Jargon) *Haschisch.*

Can|nel|lo̲|ni ⟨Pl.⟩ [ital. cannelloni, Pl. von: cannellone, zu lat. canna = kleines Rohr]: *mit Fleisch, Spinat o. Ä. gefüllte u. mit Käse überbackene Röllchen aus Nudelteig.*

Cannes [kan]: Seebad an der Côte d'Azur.

Ca|ñon ['kanjɔn, kan'joːn], der; -s, -s [span. cañón, viell. < älter span. callón, Vgr. von: calle = Straße < lat. callis = Pfad]: *(bes. in Nordamerika) enges, tief eingeschnittenes, steilwandiges Tal.*

ca|ñon|ar|tig ⟨Adj.⟩: *wie ein Cañon [aussehend].*

Ca|nọs|sa, Kanossa [nach Canossa, einer Burg in Norditalien, in der 1077 Papst Gregor VII. (etwa 1020–1085) den dt. Kaiser Heinrich IV. (1050–1106) auf dessen Bußgang hin vom Bann lossprach]: **1.** *jmdm. schwer fallende, aber von der Situation geforderte tiefe Selbsterniedrigung:* ein C. durchmachen; *** **Gang nach C.** (↑Canossagang). **2.** *** **nach C. gehen** *(eine schwer fallende, aber von der Situation geforderte Selbsterniedrigung auf sich nehmen).*

Ca|nọs|sa|gang, Kanossagang, der (geh.): *demütigender Bußgang:* einen C. antreten.

can|ta̲|bi|le ⟨Adv.⟩ [ital.] (Musik): *kantabel* (1).

can|tạn|do ⟨Adv.⟩ [ital.] (Musik): *singend.*

Can|ta|te: ↑²Kantate.

Can|ter|bu|ry ['kæntəbərɪ]: Stadt in England; Sitz des Primas der anglikanischen Kirche.

Cạn|ti|ca ⟨Pl.⟩ [lat. cantica, Pl. von: canticum = Gesang, Lied, zu: canere = singen]: **1.** (Literaturw.) *gesungene Teile des altrömischen Dramas.* **2.** *zusammenfassende Bezeichnung der Lieder des Alten u. Neuen Testaments mit Ausnahme der Psalmen.*

Cạn|tus, der; -, - ['kantuːs; lat. cantus] (Musik): *Gesang, Melodie; melodietragende Oberstimme bei mehrstimmigen Gesängen.*

Cạn|tus fịr|mus, der; - -, - ['kantuːs] ...mi [zu lat. firmus = fest(stehend)] (Musik): *Hauptmelodie eines mehrstimmigen Chor- od. Instrumentalsatzes.*

Can|vas|sing ['kænvəsɪŋ], das; -s, -s [engl. canvassing, zu: to canvass = (Wahl)werbung machen] (Politik Jargon): *das Von-Haus-zu-Haus-Gehen von [prominenten] Politikern im Wahlkampf.*

Can|yo|ning ['kɛnjənɪŋ], das; -s [engl. canyoning zu: canyon < span. cañón, ↑Cañon]: *als Sport betriebenes Durchwandern, Durchklettern von engen Gebirgsschluchten mit reißenden Flüsse*

Can|zo̲|ne: ital. Form von ↑Kanzone.

Ca̲|pa, die; -, -s [span. capa < spätlat. cappa, ↑Kappe]: *roter Umhang der Stierkämpfer.*

Cape [keːp, engl.: keɪp], das; -s, -s [engl. cape = Mantelkragen, Umhang < afrz., aprovenz. capa < spätlat. cappa]: *Umhang [mit Kapuze]:* ein weites C.

Ca|pe|a|do̲r [ka...], der; -s, -es: *Stierkämpfer, der den Stier mit der Capa reizt.*

ca|pi̲|to [ital. capito? = verstanden?, zu: capire < lat. capere, ↑kapieren] (salopp): *[hast du] verstanden?*

Cap|puc|ci|no [kapʊ'tʃiːno], der; -[s], -[s] [ital. cappuccino, zu: cappuccio = Kapuze, nach der Farbe der Kutte, die von den Kapuzinermönchen getragen wird]: *heißes Kaffeegetränk, das mit aufgeschäumter Milch od. geschlagener Sahne u. ein wenig Kakaopulver serviert wird.*

Ca̲|pri: Insel im Golf von Neapel.

Ca|pric|cio, (auch:) Kapriccio [ka'prɪtʃo], das; -s, -s [ital. capriccio, eigtl. = Laune] (Musik): *scherzhaftes, launiges Musikstück.*

ca|pric|cio|so [kaprɪ'tʃoːzo] ⟨Adv.⟩ [ital.] (Musik *launenhaft, kapriziös, scherzhaft.*

Ca|pri|ce [ka'priːsə, frz.: ka'pris], die; -, -n [frz. caprice = Laune]: **1.** frz. Form von ↑Capriccio. **2.** ↑Kaprice.

Cap|ta̲|tio Be|ne|vo|lẹn|ti|ae, die; - - [...i̯ɛ; lat. = Haschen nach Wohlwollen] (Stilk.): *das Werbe um die Gunst des Publikums mit bestimmten Redewendungen.*

Ca|pu|chon [kapy'ʃõː], der; -s, -s [frz. capuchon, zu: cape < aprovenz. capa, ↑Cape]: *Damenmantel mit Kapuze.*

Cạ|put mor|tu|um [- 'mɔrtuʊm], das; - - [1: nlat. = toter Kopf (nach einer Bez. in der Alchemie)]: **1.** *Englischrot.* **2.** (veraltet) *etw. Wertlose*

Ca̲r, der; -s, -s (schweiz.): kurz für ↑Autocar.

Ca|ra|bi|ni|e̲|re, der; -[s], ...ri [ital. carabiniere < frz. carabinier]: *Angehöriger der italienischen Polizeitruppe, die dem Verteidigungsministerium unterstellt ist.*

Ca|ra̲|cas: Hauptstadt von Venezuela.

ca|rạm|ba ⟨Interj.⟩ [span. caramba, H. u.] (ugs. scherzh.): *Teufel!; Donnerwetter!*

Ca|ra|mẹl, das; -s, -s (schweiz.): **1.** ⟨o. Pl.⟩ ↑Karamell. **2.** *Karamelle.*

Ca|ra|van ['ka(ː)ravan, kara'vaːn, (seltener:) 'kɛr vɛn, - - '-], der; -s, -s [engl. caravan < ital. cara vana, ↑Karawane]: **1. a)** *Kombiwagen;* **b)** *Wohn wagen.* **2.** *Verkaufswagen:* -s für Fisch u. Geflü gel.

Ca|ra|va|ning ['ka(ː)ravaːnɪŋ, kara'vaːnɪŋ, (selte ner:) 'kɛrəvɛnɪŋ], das; -s [engl. caravanning]: *das Reisen, Leben im Caravan* (1 b).

Car|bi̲d: ↑Karbid.

Car|bo|li|ne̲|um: ↑Karbolineum.

Car|bo|na̲t: ↑[1,2]Karbonat.

Car|bo|ne̲|um, das; -s [zu lat. carbo = Kohle] (ve altet): *Kohlenstoff* (Zeichen: C).

Car|diff ['kɑːdɪf]: Hauptstadt von Wales.

Car|di|gan ['kardigan, engl.: 'kɑːdɪgən], der; -s, - [engl. cardigan, nach J. Th. Brudenell, 7. Earl o Cardigan (1797–1868)]: *(von Frauen u. Männern getragene) lange [kragenlose] ein- od. zw reihige Strickweste.*

care ọf [keər -; engl.] (Zusatz bei der Adressena gabe auf Briefumschlägen): *wohnhaft bei ...; p Adresse; im Hause; in Firma* (Abk.: c/o).

Care|pa|ket ['keə...], das [engl. CARE packet, 1. Bestandteil Abk. für: Cooperative for America Remittances to Europe = 1946 in den USA ge Hilfsorganisation, deren Pakete zur Linderung der Not nach dem 2. Weltkrieg in Europa beitragen sollten; angelehnt an engl. care = Fürsorge]: *Geschenkpaket an Bedürftige in Notstandsgebieten.*

a|rez|za: ↑Karezza.

a|rez|zan|do, ca|rez|ze|vo|le ⟨Adv.⟩ [ital., zu: carezzare = schmeicheln] (Musik): *zärtlich, schmeichelnd, liebkosend.*

ar|go, (auch:) Kargo, der; -s, -s [engl. cargo < span. cargo = (Be)ladung, zu: cargar = (be)laden < vlat. carricare, zu lat. carrus, ↑[1]Karre] (Verkehrsw.): *Fracht von Schiffen u. Flugzeugen.*

ar|go|ho|se, die: *Hose mit seitlich auf den Hosenbeinen aufgesetzten Taschen.*

a|ril|lon [kari'jõ:], das; -[s], -s [frz. carillon, umgebildet aus afrz. quarregnon, über das Vlat. zu spätlat. quaternio = Vierzahl (wohl im Sinne von »aus vier Gegenständen od. Teilen Bestehendes«)]: **1.** *mit Klöppeln geschlagenes, mit einer Tastatur gespieltes od. durch ein Uhrwerk mechanisch betriebenes Glockenspiel* (1). **2.** *Musikstück für Glockenspiel* (1) *od. Instrumentalstück mit glockenspielartigem Charakter.*

a|ri|o|ca, die; -, -s [port. carioca, aus dem Tupi (südamerik. Indianerspr.)]: *der Rumba ähnlicher lateinamerikanischer Modetanz der 1930er-Jahre im ⁴/₄-Takt.*

a|ri|tas, die; -: kurz für: Deutscher Caritasverband (Wohlfahrtsverband der kath. Kirche in der Bundesrepublik Deutschland); vgl. Karitas.

ar|ja|cker ['ka:dʒækɐ] der; -s, - [engl. carjacker, geb. nach: hijacker (↑Hijacker), zu: car = (Kraft)wagen u. to hijack = entführen, überfallen]: *[bewaffneter] Autoräuber.*

ar|jack|ing ['ka:dʒækɪŋ] das; -[s], -s [engl. carjacking]: *Vorgang, bei dem ein Auto seinem Fahrer unter Androhung von Gewalt weggenommen wird.*

ar|ma|gno|le [karman'jo:lə], die; -, -n [frz. carmagnole; 1: nach der urspr. von (meist aus der Stadt Carmagnola stammenden) Piemontesern, die in Marseille arbeiteten, getragenen Jacke]: **1.** *kurze ärmellose Jacke der Jakobiner* (1). **2.** ⟨o. Pl.⟩ *Tanz[lied] während der Französischen Revolution.*

r|net [de Pas|sa|ges] [kar'nɛ (də pa'sa:ʒə)], das; - - -, -s [kar'nɛ] - - [frz., zu: carnet = Notiz)buch u. passage, ↑Passage] (Verkehrsw.): *bei der [vorübergehenden] Einfuhr von Kraftfahrzeugen benötigtes Dokument des Zollamtes.*

r|not|zet [...tsɛt, schweiz.: ...tsɛ],], das; -s, -s frz. (mundartl.) carnotzet]: *kleine [Keller]schenke (in der französischen Schweiz).*

rol ['kærəl], das; -s, -s [engl. carol, aus dem Afrz.] (Musik): *englisches volkstümliches [Weihnachts]lied.*

ro|tin: ↑Karotin.

r|pe di|em [lat. = genieße (eigtl. = pflücke) den Tag! (Horaz, Oden I, 11, 8), zu: carpere = (ab)pflücken, genießen u. dies = Tag] (bildungsspr.): *nutze den Tag!; genieße den Augenblick!*

r|port ['ka:pɔ:t], der; -s, -s [engl. car-port, aus: car = (Kraft)wagen u. port = Hafen]: *[aus Holz gefertigter] überdachter, an den Seiten offener Abstellplatz für Autos.*

r|ra|ra: Stadt in Oberitalien.

r|ra|risch ⟨Adj.⟩: -er Marmor *(Marmor aus den Brüchen von Carrara).*

r|rier ['kæriə], der; -s, -s [engl. carrier, zu: to carry = tragen, befördern < afrz. carier, zu lat. carrus = Karren]: *Unternehmen, das Personen u. Güter zu Wasser, zu Land u. in der Luft befördert.*

r|sha|ring, (auch:) **Car-Sha|ring** ['ka:ʃɛərɪŋ], das; -[s] [engl. carsharing, aus: car = (Kraft)wagen u. to share = teilen]: *organisierte [gebührenpflichtige] Nutzung eines Autos von mehreren Personen.*

rte blanche [kart(ə)'blã:ʃ], die; - -, -s -s [cart(ə)'blã:ʃ; frz. = weiße Karte] (bildungsspr.): *unbeschränkte Vollmacht.*

r|te|si|a|nisch, car|te|sisch ⟨Adj.⟩ [nach Cartesius, dem latinisierten Namen des frz. Philosophen R. Descartes (1596–1650)]: *von Descartes eingeführt, nach ihm benannt:* -e Koordinaten (Math.; *rechtwinklige Koordinaten*); -er Teufel, Taucher (Physik; *im Wasser schwimmende hohle [Glas]figur mit einer kleinen Öffnung, mit der das Sinken u. Wiederauftauchen durch Erhöhung bzw. Verminderung des äußeren Luftdrucks demonstriert werden kann*).

Car|te|si|a|nis|mus, der; -: *die Philosophie Descartes' u. seiner Schüler, die von der eigenen Gewissheit des Bewusstseins ausgeht u. durch die Vorstellung eines Leib-Seele-Dualismus sowie durch mathematischen Rationalismus gekennzeichnet ist.*

car|te|sisch: ↑cartesianisch.

Car|toon [kar'tu:n], der od. das; -[s], -s [engl. cartoon < ital. cartone = Pappe, Karton, Vgr. von: carta = Papier < lat. charta, ↑Karte]: **1.** *Karikatur.* **2.** *gezeichnete od. gemalte [satirische] Geschichte in Bildern.*

Car|too|nist [kartu'nɪst], der; -en, -en [engl. cartoonist]: *Künstler, der Cartoons zeichnet.*

Car|too|nis|tin, die; -, -nen: w. Form von ↑Cartoonist.

Car|ver ['ka:və(r)], der; -s, - [engl. carver, zu: to carve, ↑Carving] **1.** *jmd., der ↑Carving betreibt.* **2. a)** *Ski, der sich durch seine besondere, zur Mitte hin schmaler werdende Form zum ↑Carving eignet;* **b)** *Snowboard, das sich durch seine besondere, zur Mitte hin schmaler werdende Form zum ↑Carving eignet.*

Car|ving ['ka:vɪŋ], das; -[s] [engl. carving, zu: to carve = (ein)schnitzen, (ein)kerben (die Kante des Skis schneidet wie ein Messer in den Schnee ein)]: *(beim Ski- u. Snowboardfahren) das schwungvolle Fahren auf der Kante, ohne zu rutschen.*

Ca|sa|no|va, der; -[s], -s [nach dem ital. Abenteurer G. Casanova (1725–1798)]: *jmd., der es versteht, auf verführerische Weise die Zuneigung der Frauen zu gewinnen.*

Cä|sar, der; Cäsaren, Cäsaren [nach dem röm. Feldherrn u. Staatsmann Gaius Julius Cäsar (Caesar), 100–44 v. Chr.]: *(seit Augustus) Ehrenname der römischen Kaiser.*

Cä|sa|ren|herr|schaft, die: *diktatorische Herrschaft.*

cä|sa|risch ⟨Adj.⟩ (bildungsspr.): **1.** *kaiserlich.* **2.** *selbstherrlich.*

Cä|sa|ris|mus der; -: *unbeschränkte, meist despotische Staatsgewalt.*

Cä|sa|ro|pa|pis|mus, der; - [zu ↑Papismus]: *Staatsform, bei der der weltliche Herrscher zugleich auch geistliches Oberhaupt ist.*

Ca|se|in: ↑Kasein.

cash [kæʃ] ⟨Adv.⟩ [engl. cash, ↑Cash]: *bar:* c. bezahlen.

Cash [kæʃ], das; - [engl. cash < mfrz. casse < ital. cassa, ↑Kasse]: *Bargeld, Barzahlung.*

cash and car|ry ['kæʃ ənd 'kæri; engl., zu: carry = das Tragen, Mitnehmen, zu: to carry, ↑Carrier] (Wirtsch.): *Vertriebsform des Groß- und Einzelhandels, die auf Bedienung u. besondere Präsentation der Waren verzichtet u. die dadurch bewirkten Kostenersparnisse an die Abnehmer weitergibt.*

Cash-and-car|ry-Klau|sel die; - (Wirtsch.): *Vertragsklausel im Überseehandel, wonach der Käufer die Ware bar bezahlen u. im eigenen Schiff abholen muss.*

Ca|shew|nuss ['kɛʃu..., engl.: kə'ʃu:...], die; -, ...nüsse [engl. cashew (nut) < port. (a)caju < Tupi (südamerik. Indianerspr.) acaju = Nierenbaum]: *essbare Frucht eines Baums der tropischen Gebiete Amerikas.*

Cash|flow ['kɛʃfloʊ], der; -s [engl. cash-flow, zu ↑Cash u. flow = Fluss] (Wirtsch.): *Überschuss, der einem Unternehmen nach Abzug aller Unkosten verbleibt u. die Kennziffer zur Beurteilung der finanziellen Struktur des Unternehmens ergibt.*

Ca|si|no: ↑Kasino.

Cä|si|um, das; -s [zu lat. caesius = blaugrau (wegen der blauen Doppellinie im Spektrum)]: *silberweißes, weiches Metall (chemisches Element)* (Zeichen: Cs).

Cas|sa, die; - [ital. cassa, ↑Kassa]: **1.** ital. Bez. für *↑Kasse.* **2.** (Musik) ital. Bez. für *Trommel.*

Cas|sa|ta, die; -, -s [ital. cassata < arab. qaṣ'aʰ = große u. tiefe Speiseschüssel]: *italienische Eisspezialität mit kandierten Früchten.*

Cas|sis, der; -, - [frz. cassis < lat. cas(s)ia, ↑Kassia; in der ma. Medizin wurde die Johannisbeere als Ersatz für die Kassia verwendet]: **a)** *französischer Likör aus Johannisbeeren;* **b)** *französischer Branntwein aus Johannisbeeren.*

Cas|sis|geist, der: *Cassis* (b).

Cas|ting, das; -[s], -s [1: engl. casting, eigtl. = das Auswerfen, Wurf, zu: to cast = werfen; 2: engl. casting; zu: to cast = besetzen (3)]: **1.** *(in der Sportfischerei) Wettkampf, der darin besteht, dass man die Angel weit od. auf ein bestimmtes Ziel hin auswirft.* **2.** *(bei Film, Fernsehen) Auswahl der für eine bestimmte Rolle geeigneten Person.*

Ca|stle [ka:sl], das; -, -s [engl. castle < afrz. castel < lat. castellum, ↑Kastell]: engl. Bez. für *Schloss, Burg.*

Cas|tor®, der; -s, ...oren [Kurzwort für engl. **C**ask for **S**torage and **T**ransport **o**f **R**adioactive Material]: *Behälter zum Transportieren u. Lagern von radioaktivem Material.*

Cas|tor|be|häl|ter, der: *Castor.*

Ca|sus: ↑Kasus.

Ca|sus Bel|li, der; - -, - ['ka:zu:s] - [lat., zu: casus = Fall u. bellum = Krieg] (bildungsspr.): *Kriegsfall; Krieg auslösendes Ereignis.*

Ca|sus obli|quus [- o'bli:kvʊs], der; - -, - ['ka:zu:s] ...qui [lat., zu: obliquus = schräg, schief] (Sprachw.): *abhängiger Fall* (z. B. Genitiv, Dativ, Akkusativ).

Ca|sus rec|tus, der; - -, - ['ka:zu:s] ...ti [lat., zu: rectus = gerade] (Sprachw.): *unabhängiger Fall* (z. B. Nominativ).

Ca|ta|nia: Stadt auf Sizilien.

Cat|boot ['kɛt...], das; -[e]s, -e [engl. catboat]: *kleines Segelboot mit einem Mast.*

Catch [kɛtʃ], das; -: kurz für ↑Catch-as-catch-can.

Catch-as-catch-can ['kætʃəz'kætʃ'kæn], das; - [engl. catch-as-catch-can, eigtl. = greifen, wie man greifen kann] (Ringen): *von Berufsringern ausgeübte Art des Freistilringens, bei der fast alle Griffe erlaubt sind.*

cat|chen ['kɛtʃn̩] ⟨sw. V.; hat⟩ [engl. to catch = greifen < afrz. cachier]: *als Catcher kämpfen.*

Cat|cher ['kɛtʃɐ], der; -s, - [2: engl. catcher]: **1.** *Berufsringer, der im Stil des Catch-as-catch-can ringt.* **2.** (Baseball) *Spieler der einen vom Batter verfehlten Ball abzufangen hat.*

Cat|che|rin ['kɛtʃərin], die; -, -nen: w. Form zu ↑Catcher (1).

Cat|chup ['kɛtʃap]: frühere Schreibung für ↑Ketchup.

Ca|te|nac|cio [kate'natʃo], der; -[s] [ital. catenaccio = Sperrkette, Riegel, zu lat. catena = Kette]: *italienische Technik der Verteidigung im Fußball, bei der sich bei einem gegnerischen Angriff die gesamte Mannschaft kettenartig vor dem eigenen Strafraum zusammenzieht.*

Ca|te|rer ['keɪtərɐ], der; -s, -s [engl. caterer, zu: to cater, ↑Catering] (Fachspr.): *auf das Catering spezialisiertes Unternehmen.*

Ca|te|ring ['keɪtərɪŋ], das; -[s] [engl. catering, zu: to cater = Speisen u. Getränke liefern, zu älter cater = Lieferant von Speisen u. Getränken, zu afrz. acatour = (Ein)käufer] (Fachspr.): *Beschaffung von Lebensmitteln, Verpflegung; Verpflegungswesen.*

Ca|ter|pil|lar ['kætəpɪlə], der; -s, -[s] [engl. caterpillar]: *bes. beim Straßenbau eingesetztes Raupenfahrzeug.*

Cat|gut ['kɛtgat]: ↑Katgut.

Cat|walk ['kɛtwɔ:k], der; -s, -s [engl. catwalk = (Lauf)steg; schmaler Weg, aus: cat = Katze u. walk = Weg, also eigtl. = Katzenweg (man kann auf einem Steg fast nur gehen, wenn man – wie eine Katze – einen Fuß vor den anderen setzt)]: *Laufsteg.*

Cau|dil|lo [kau̯'dıljo], der; -[s], -s [span. caudillo]: **1.** *politischer Machthaber, Diktator.* **2.** *Häuptling, Heerführer; Anführer.*

Cau|sa, die; -, ...sae [...zɛ; lat. causa] (Rechtsspr.): *Grund, Ursache [eines Schadens, einer Vermögensänderung usw.].*

Cau|se|rie [kozəˈri:], die; -, -n [frz. causerie, zu: causer = sich unterhalten, plaudern] (bildungsspr. veraltet): *unterhaltsame Plauderei.*

Cau|seur [ko'zø:ɐ̯], der; -s, -e [frz. causeur] (veraltet): *unterhaltsamer Plauderer.*

Cau|seu|se [ko'zø:zə], die; -, -n [frz. causeuse] (veraltet): **1.** *gesprächige Frau; Schwätzerin.* **2.** *kleines Sofa.*

ca|ve ca|nem [lat. = hüte dich vor dem Hund! (Inschrift auf Tür od. Schwelle altrömischer Häuser)] (bildungsspr.): *nimm dich in Acht!, sieh dich vor!*

Ca|yenne [ka'jɛn]: Hauptstadt von Französisch-Guayana.

Ca|yenne|pfef|fer, der: *vorwiegend aus Chili hergestelltes scharfes Gewürz.*

CB-Funk [tse:'be:..., bei engl. Ausspr.: si:'bi:...], der; -s [gek. aus engl.-amerik. Citizens(') Band = für den privaten Funkverkehr freigegebener Wellenbereich, eigtl. = »Bürgerfrequenzband«] (Nachrichtent.): *Sprechfunkverkehr [mit mobilen Anlagen] auf einem bestimmten* [1]*Band* (1 2 n), *für den keine Lizenz benötigt wird.*

cbm (früher für: m^3) = Kubikmeter.

CC [se:'se:], das; -, -s [Abk. für frz. Corps consulaire]: konsularisches Korps.

ccm (früher für: cm^3) = Kubikzentimeter.

cd = Candela.

Cd = Cadmium.

CD [se:'de:], das; -, -s [Abk. für frz. Corps diplomatique]: diplomatisches Korps.

CD [tse:'de:], die; -, -[s] [Abk. für engl. compact disc = kompakte (Schall)platte]: **1.** kurz für ↑Compact Disc. **2.** kurz für ↑CD-ROM.

CD-Bren|ner, der (EDV): *Gerät zum Bespielen, Beschreiben von CDs.*

cdm (früher für: dm^3) = Kubikdezimeter.

CD-Plat|te, die: *Compact Disc.*

CD-Play|er [tse:'depleıə], der; -s, - [engl. player = Plattenspieler]: *Abspielgerät für Compact Discs.*

CD-ROM, die; -, -[s] [↑ROM] (EDV): *als Datenbank od. elektronisches Nachschlagewerk dienende, einer CD ähnliche kleine Scheibe aus einem Isolierstoff* (1), *deren Inhalt über einen PC od. ein spezielles Lesegerät abgerufen, aber nicht mehr verändert werden kann.*

CD-ROM-Laufwerk, das: vgl. Diskettenlaufwerk.

CD-Spie|ler, der: *CD-Player.*

CDU [tse:de:'|u:], die; -: Christlich-Demokratische Union (Deutschlands).

C-Dur ['tse:..., auch: '–'–], das; -: *auf dem Grundton C beruhende Durtonart;* Zeichen: C (↑c, C 2).

C-Dur-Ton|lei|ter, die: *auf dem Grundton C beruhende Durtonleiter.*

Ce = Cer.

Ce|dil|le [se'di:j(ə)], die; -, -n [...jən; frz. cédille < span. cedilla, eigtl. = kleines z]: *dem Komma ähnliches diakritisches Zeichen [unten an einem Buchstaben] mit verschiedenen Funktionen* (z. B. frz. ç [s] vor a, o, u od. rumän. ş [ʃ]).

Ce|le|bes [tse'le:bɛs, se..., auch: 'tse:lebɛs]: drittgrößte der Großen Sundainseln.

Ce|les|ta [tʃe'lɛsta], die; -, -s u. ...sten [ital. celesta, eigtl. = die Himmlische < lat. caelestis] (Musik): *zart klingendes Tasteninstrument mit röhrenförmigen Resonatoren.*

Cel|la, (auch:) Zella, die; -, Cellae [...lɛ; lat. cella, eigtl. = Kammer]: **1.** *im antiken Tempel Hauptraum, in dem das Götterbild stand.* **2.** (veraltet) *Mönchszelle.* **3.** (Med.) *Zelle* (5).

Cel|list [tʃɛ'lıst, auch: ʃɛ...], der; -en, -en: *jmd., der [berufsmäßig] Cello spielt.*

Cel|lis|tin, die; -, -nen: w. Form zu ↑Cellist.

Cel|lo ['tʃɛlo, auch: 'ʃɛlo], das; -s, -s u. Celli: Kurzf. von ↑Violoncello.

Cel|lo|kon|zert, das: *Konzert für Cello u. Orchester.*

Cel|lo|phan®, das; -s, **Cel|lo|pha|ne**®, die; -: vgl. Zellophan.

Cel|lo|so|na|te ['tʃɛlo..., 'ʃɛlo...], die: *Sonate für Cello.*

Cel|lu|li|te, Cel|lu|li|tis: *durch Orangenhaut* (2) *gekennzeichnete Veränderung des Bindegewebes der Unterhaut, bes. an den Oberschenkeln bei Frauen.*

Cel|lu|loid: ↑Zelluloid.

Cel|lu|lo|se: ↑Zellulose.

Cel|si|us [nach dem schwed. Astronomen A. Celsius (1701–1744)] (Physik): *Gradeinheit auf der Celsiusskala;* Zeichen: C, fachspr.: °C: die Temperatur [des Wassers, der Luft] beträgt 20 °C.

Cel|si|us|ska|la, die; -, -en ⟨Pl. selten⟩ (Physik): *Temperaturskala, bei der der Abstand zwischen dem Gefrier- u. dem Siedepunkt des Wassers 100 Einheiten entspricht.*

Cem|ba|list [tʃɛmba'lıst], der; -en, -en: *jmd., der [berufsmäßig] Cembalo spielt.*

Cem|ba|lis|tin, die; -, -nen: w. Form zu ↑Cembalist.

Cem|ba|lo ['tʃɛmbalo], das; -s, -s u. ...li [ital. cembalo, Kurzf. von ↑Clavicembalo] (Musik): *vom 14. bis zum 18. Jh. verwendetes Tasteninstrument, bei dem die Töne durch mechanisches Anzupfen von Messing-, Bronze- od. Stahlsaiten erzeugt werden.*

Cent [sɛnt], der; -[s], -[s] ⟨aber: 5 Cent⟩ [engl. cent < mfrz. cent = hundert < lat. centum]: *Untereinheit der Währungseinheiten verschiedener Länder* (z. B. USA) *und des Euros* (Abk.: c u. ct, Pl.: cts).

Cen|ta|vo [sɛn'ta:vo], der; -[s], -[s] ⟨aber: 5 Centavo⟩ [span., port. centavo, eigtl. = Hundertstel]: *Untereinheit der Währungseinheiten verschiedener südamerikanischer Länder* (z. B. Argentinien, Brasilien).

Cen|te|nar usw.: ↑Zentenar usw.

Cen|ter ['sɛntɐ], das; -s, - [amerik. center, engl. centre, eigtl. = Mittelpunkt < frz. centre < lat. centrum, ↑Zentrum]: **a)** *Großeinkaufsanlage [mit Selbstbedienung];* **b)** *Einkaufszentrum.*

Cen|ter-Court: ↑Centre-Court.

Cen|te|si|mo [tʃɛn'te:zimo], der; -[s], ...mi ⟨aber: 5 Centesimo⟩ [ital. centesimo < lat. centesimus = der Hundertste]: *Untereinheit der Währungseinheiten verschiedener Länder* (z. B. Italien, Somalia).

Cen|té|si|mo [sɛn'te:zimo], der; -[s], -[s] ⟨aber: 5 Centésimo⟩ [span. centésimo]: *Untereinheit der Währungseinheiten verschiedener Länder* (z. B. Panama, Uruguay).

Cen|time [sã'ti:m], der; -[s], -s [...ti:m(s)] ⟨aber: 5 Centime⟩ [frz. centime]: *Untereinheit der Währungseinheiten verschiedener Länder* (z. B. Frankreich, Belgien; Abk.: c, ct; Pl.: ct od. cts).

Cén|ti|mo ['sɛntimo], der; -[s], -[s] ⟨aber: 5 Céntimo⟩ [span. céntimo]: *Untereinheit der Währungseinheiten verschiedener Länder* (z. B. Spanien, Costa Rica).

Cen|tre-Court, Center-Court ['sɛntə'kɔ:t], der; -s, -s [engl., ↑Court] (Tennis): *Hauptplatz großer Tennisanlagen.*

Cer|be|rus: ↑Zerberus.

Cer|cle ['sɛrkl], der; -s, -s [frz. cercle < lat. circulus, ↑Zirkel]: **1.** (veraltet) **a)** *Empfang [bei Hofe]:* C. halten; **b)** *geschlossene Gesellschaft, vornehmer Gesellschaftskreis:* keinen Zutritt zu einem C. finden. **2.** (österr.) *Gesamtheit der ersten Reihen im Theater od. Konzertsaal.*

Ce|re|a|li|e, die; -, -n [lat. Cerealia]: **1.** ⟨Pl.⟩ *altrömisches Fest zu Ehren der Ceres.* **2.** ↑Zerealie 1.

Ce|re|bel|lum: ↑Zerebellum.

Ce|re|brum: ↑Zerebrum.

Ce|res (röm. Myth.): Göttin der Feldfrucht, des Ackerbaus.

ce|rise [sə'ri:z] ⟨indekl. Adj.⟩ [frz. cerise, zu: cerise = Kirsche]: *kirschrot:* der Kleiderstoff ist c.

Cer|to|sa [tʃɛr'to:za], die; -, ...sen [ital. certosa < frz. chartreuse, ↑[1]Chartreuse]: *Kloster der Kartäuser in Italien.*

Cer|ve|lat ['sɛrvəla], der; -s, -s [frz. cervelas < ital. cervellata, ↑Zervelatwurst] (schweiz.): *Brühwurst aus Rindfleisch mit Schwarten u. Speck.*

Cer|vix, die; -, ...ices [...'vi:tse:s]: ↑Zervix.

ces, Ces (Musik): *um einen halben Ton erniedrigtes c, C (2).*

Ces-Dur ['tsɛs..., auch: '–'–], das; -: *auf dem Grundton Ces beruhende Durtonart;* Zeichen: Ces (↑ces, Ces).

c'est la vie [sela'vi:; frz.]: *so ist das Leben nun einmal* (als Ausdruck der Resignation).

ce|te|ris pa|ri|bus [lat.] (bildungsspr.): *unter [sonst] gleichen Umständen.*

ce|te|rum cen|seo [lat. = im Übrigen meine ich (dass Karthago zerstört werden muss); Schlusssatz jeder Rede Catos im römischen Senat]: *im Übrigen meine ich* (als Einleitung einer immer wieder vorgebrachten Forderung, Ansicht).

Će|vap|či|ći, Će|vap|či|ći [tʃe'vaptʃitʃi] ⟨Pl.⟩ [serbokroat.]: *gegrillte, stark gewürzte Hackfleischröllchen.*

Ce|ven|nen [se'vɛnən] ⟨Pl.⟩: Gebirge in Frankreich.

Cey|lon ['tsailɔn]: früherer Name von ↑Sri Lanka.

Cey|lo|ne|se, der; -n, -n: Ew.

Cey|lo|ne|sin, die; -, -nen: w. Form zu ↑Ceylonese.

cey|lo|ne|sisch ⟨Adj.⟩ (früher): *Ceylon, die Ceylonesen betreffend; aus Ceylon stammend.*

Cey|lon|tee, der: *Tee aus Sri Lanka.*

cf, c & f = cost and freight.

Cf = Californium.

cf. = confer.

CFA-Franc [seɛf'a...], der; -, -s [CFA = Abk. für Communauté Financière Africaine = Afrikanische Finanzgemeinschaft]: *Währungseinheit in bestimmten Staaten Afrikas mit französischer Amtssprache* (1 CFA-Franc = 100 Centimes).

cfr. = confer.

cg = Zentigramm.

CGS-Sys|tem, das ⟨o. Pl.⟩ (Fachspr.): *(älteres) Maßsystem, das auf den Grundeinheiten Zentimeter (C), Gramm (G) u. Sekunde (S) aufgebaut ist.*

CH = Confoederatio Helvetica.

Cha|blis [ʃa'bli:], der; - [...i:(s)], - [...i:s; nach dem frz. Ort Chablis]: *trockener Weißwein aus Niederburgund.*

Cha-Cha-Cha ['tʃa'tʃa'tʃa], der; -[s], -s [span. cha-cha-cha, H. u.]: *in den 50er-Jahren aus dem Mambo entwickelter Modetanz aus Kuba.*

Cha|conne [ʃa'kɔn], die; -, -s od. -n [...nən; frz. chaconne < span. chacona, viell. lautm.]: **1.** *alter aus Spanien stammender, mäßig bewegter Tanz im $^3/_4$-Takt.* **2.** (Musik) *Instrumentalstück im $^3/_4$-Takt mit zugrunde liegendem achttaktigem Bassthema.*

cha|cun à son goût [ʃakœ̃aső'gu; für frz. chacun à son goût]: *jeder nach seinem Geschmack; jeder wie es ihm gefällt.*

[1]**Cha|grin** [ʃa'grɛ̃:], der; -s [frz. chagrin, zu afrz. graignier = betrüben, aus dem Germ.] (veraltet): *Kummer, Verdruss.*

[2]**Cha|grin** [ʃa'grɛ̃:], das; -s [frz. chagrin < türk. sağrı = Kruppe des Pferdes]: *Leder aus Pferde- od. Eselshäuten mit künstlich aufgepresstem Narbenmuster eines anderen Leders:* ein Buch in C.

Chai|ne ['ʃɛ:n(ə)], die; -, -n [...nən; frz. chaîne, eigtl. = Kette < lat. catena]: **1.** (Weberei) *Kettfaden.* **2.** (veraltet) *Kette beim Rundtanz.*

Chair|man ['tʃɛ:ɐ̯mən], der; -, ...men [...mən; engl. chairman, zu: chair = Stuhl, Amtssitz u. man = Mann]: *(bes. in Großbritannien u. den USA) Vorsitzender eines politischen od. wirtschaftlichen Gremiums, bes. eines parlamentarischen Ausschusses.*

Chair|wo|man ['tʃɛ:ɐ̯wʊmən], die; -, ...women [wımın; engl. chairwoman, zu woman = Frau]: vgl. Chairman.

Chai|se ['ʃɛ:zə], die; -, -n [frz. chaise < lat. cathedra, ↑Katheder]: **1.** (veraltet) *Stuhl, Sessel.*

2. a) (veraltet) *zwei- od. vierrädrige halb offene [Post]kutsche;* **b)** (ugs. abwertend) *altes, ausgedientes Fahrzeug.* **3.** (veraltet) *Chaiselongue.*

hai|se|longue [ʃɛzəˈlɔŋ, ...ˈlõ:k], die; -, -n [...ˈlɔŋən, ...ˈlõ:gn̩] u. -s [...ˈlɔŋs], ugs. auch: [...ˈlɔŋ], das; -s, -s [frz. chaiselongue, eigtl. = langer Stuhl] (veraltend): *gepolsterte Liege mit Kopflehne.*

hal|däa [kalˈdɛ:a]; -s: Babylonien.

hal|dä|er, der; -s, -: Angehöriger eines aramäischen Volksstammes.

hal|dä|e|rin, die; -, -nen: w. Form zu ↑Chaldäer.

al|dä|isch ⟨Adj.⟩: *Chaldäa, die Chaldäer betreffend; von den Chaldäern stammend, zu ihnen gehörend.*

ha|let [ʃaˈle:, ʃaˈlɛ], das; -s, -s [frz. chalet, Wort der roman. Schweiz]: **1.** *Sennhütte.* **2.** *Landhaus.*

hal|ki|di|ke [çalˈki:dike], die; -: nordgriechische Halbinsel.

hal|ko|li|thi|kum [auch: ...ˈlɪt...], das; -s [zu griech. líthos = Stein]: *Zeit des jüngeren Neolithikums bes. in Vorderasien, in der bereits Gegenstände aus Kupfer auftreten; Kupferzeit.*

hal|ze|don [kaltseˈdo:n], der; -s, -e [(spät)lat. chalcedon, nach der altgriech. Stadt Chalkedon]: *bläuliches od. weißgraues Mineral in vielen Varianten.*

ha|ma|de [ʃa...]: ↑Schamade.

ha|mä|le|on [ka...], das; -s, -s [lat. chamaeleon < griech. chamailéōn, eigtl. = Erdlöwe]: *auf Bäumen lebende [kleine] Echse, die ihre Hautfarbe bei Gefahr rasch ändert:* **Ü** er ist ein C. (abwertend; *Mensch, der seine Überzeugung unter dem Einfluss seiner jeweiligen Umgebung leicht ändert*).

ham|bre sé|pa|rée [ʃãbrəsepaˈre], das; - -, -s -s [ʃãbrəsepaˈre; frz. chambre séparée, zu: chambre = Zimmer (< lat. camera, ↑Kammer) u. séparée, 2. Part. von: séparer = trennen, absondern < lat. separare] (veraltet): *kleiner Nebenraum in Restaurants für ungestörte [intime] Zusammenkünfte.*

a|mois [ʃaˈmo̯a] ⟨indekl. Adj.⟩ [frz. chamois, zu: chamois = Gämse < spätlat. camox]: *gelbbräunlich, gämsfarben:* das Papier ist c.

ha|mois, das; - [...a(s)]: **1.** *chamois Farbe.* **2.** *besonders weiches Gämsen-, Ziegen- od. Schafleder.*

ha|mois|le|der, das: *Chamois* (2).

ham|pa|gne [ʃamˈpanjə, frz.: ʃãˈpaɲ], die; -: nordfranzösische Landschaft.

am|pa|gner [ʃamˈpanjɐ] ⟨indekl. Adj.⟩: *durchscheinend weißlich mit einem Stich ins Gelbliche:* der Stoff ist c. gefärbt.

ham|pa|gner, der; -s, -: *in Frankreich hergestellter weißer od. roter Schaumwein [aus Champagnerweinen]:* ein trockener, herber C.; der C. floss in Strömen *(es gab viel Champagner zu trinken).*

ham|pa|gner|far|ben, cham|pa|gner|far|big ⟨Adj.⟩: *champagner.*

ham|pa|gner|fla|sche, die: *Flasche für Transport u. Aufbewahrung von Champagner.*

ham|pa|gner|wein, der: *Wein aus der Champagne.*

ham|pi|gnon [ˈʃampɪnjɔŋ, (selten:) ˈʃã:pinjõ], der; -s, -s [frz. champignon < afrz. champegnuel, eigtl. = der auf dem freien Feld Wachsende, über das Vlat. zu lat. campus = Feld]: *(zu den Blätterpilzen gehörender) Pilz mit weißen bis dunkelbraunen Lamellen, der auch gärtnerisch angebaut wird:* -s züchten; Omelette mit -s.

ham|pi|on [ˈtʃɛmpi̯ən, auch: ʃãˈpi̯õ:], der; -s, -s [engl. champion < afrz. champion, über das Germ. zu lat. campus = (Schlacht)feld] (Sport): *Meister in einer Sportart; Spitzensportler:* Deutschland schlug überraschend den C. Brasilien.

ham|pi|o|nat [ʃampi̯oˈna:t], das; -s, -e [frz. championnat] (Sport): *Meisterschaft in einer Sportart:* das C. der Springreiter gewinnen.

ham|pi|ons League [ˈtʃɛmpi̯əns ˈli:g], die; - - [engl., aus: champion (↑Champion) u. league = Liga] (Fußball): *Pokalwettbewerb der europäischen Landesmeister (u. weiterer platzierter Vereine), bei dem die Viertelfinalgegner durch Punktspiele ermittelt werden.*

Chan [ka:n, xa:n]: ↑Khan.

Chan|ce [ˈʃã:sə, auch: ʃã:s], die; -, -n [...sn̩; frz. chance < afrz. cheance = (glücklicher) Wurf im Würfelspiel, über das Vlat. zu lat. cadere = fallen]: **1.** *günstige Gelegenheit, Möglichkeit, etw. Bestimmtes zu erreichen:* noch eine letzte C. [auf Erfolg] haben; eine C. sehen, verpassen; seine C. erkennen, wahrnehmen; er hat alle -n leichtsinnig vertan. **2.** *Aussicht auf Erfolg:* nicht die Spur einer C. haben; ihre -n stehen gut, schlecht; (ugs.:) er hat bei ihr keine -n *(findet keinen Anklang bei ihr).*

Chan|cen|gleich|heit, die ⟨o. Pl.⟩ (Päd., Soziol.): *gleiche Ausbildungs- u. Aufstiegsmöglichkeiten für alle ohne Rücksicht auf Herkunft u. soziale Verhältnisse.*

chan|cen|los ⟨Adj.⟩: *ohne Chancen* (1): der Gegner war das ganze Spiel über c.

Cha|nel|kos|tüm [ʃaˈnɛl...], das [nach der frz. Modeschöpferin Coco Chanel (1883–1971)]: *Kostüm* (1) *mit kragenloser, nicht geknöpfter, an den Rändern mit Borten eingefasster Jacke.*

Change [frz.: ʃã:ʒ, engl.: tʃeɪndʒ] (bei frz. Aussprache:) die; -, (bei engl. Aussprache:) der; - [engl. change < frz. change, zu: changer, ↑changieren]: *Tausch, Wechsel [von Geld].*

chan|geant [ʃãˈʒã:] ⟨indekl. Adj.⟩ [frz. changeant]: *(von Stoffen) in mehreren Farben schillernd.*

Chan|geant, der; -[s], -s: **1.** *Gewebe [in Taftbindung] mit verschiedenfarbigen Kett- u. Schussfäden, das bei Lichteinfall in verschiedenen Farben schillert.* **2.** *Schmuckstein mit schillernder Färbung.*

chan|gie|ren [ʃãˈʒi:rən] ⟨sw. V.; hat⟩ [frz. changer < spätlat. cambiare = wechseln]: **1.** (bildungsspr. veraltet) *wechseln, tauschen, verändern.* **2.** *(von Stoffen) [verschiedenfarbig] schillern:* der Stoff changiert [grün und blau]; changierende Seide.

[1]Chan|son [ʃãˈsõ:], die; -, -s [frz. chanson < lat. cantio (Gen.: cantionis) = Gesang]: **a)** *(in der frühen französischen Dichtung) episches od. lyrisches Lied, das im Sprechgesang vorgetragen wird;* **b)** *französisches Liebes- od. Trinklied des 15. bis 17. Jh.s.*

[2]Chan|son, das; -s, -s: *rezitativisches Lied mit oft zeit- od. sozialkritischem Inhalt.*

Chan|son de Geste [ʃãsõdˈʒɛst], die; - - -, -s - - [ʃãsõ...; frz., zu (älter): geste = Heldentat] (Literaturw.): *französisches Heldenepos des Mittelalters.*

Chan|son|net|te, (auch:) **Chan|so|net|te** [ʃãsɔˈnɛtə], die; -, -n [französierende Bildung zu ↑[2]Chanson]: **1.** *kleines Lied komischen od. frivolen Inhalts.* **2.** *Chansonsängerin.*

Chan|son|ni|er [ʃãsɔˈnie:], der; -s, -s [frz. chansonnier]: **1.** *französischer Liederdichter (im 12.–14. Jh).* **2.** *Liedersammlung mit provenzalischen Troubadourliedern.* **3.** *Sänger od. Dichter von [2]Chansons.*

Chan|son|ni|è|re [...ˈnie:rə], die; -, -n [frz. chansonnière]: *Chansonette* (2).

Cha|os [ˈka:ɔs], das; - [lat. chaos < griech. cháos = der unendliche leere Raum; die gestaltlose Urmasse (des Weltalls)]: *Abwesenheit, Auflösung aller Ordnung; völliges Durcheinander:* das C. des Krieges; bei ihr herrscht ein lustvolles C. *(sie genießt den Verzicht auf Ordnung);* ein C. auslösen, heraufbeschwören; Ordnung in das C. bringen.

Cha|os|the|o|rie, die: *Theorie, mit der das durch den Zufall Bedingtsein von Ursache u. Wirkung innerhalb geschlossener Systeme beschrieben u. rechnerisch erfasst wird.*

Cha|ot [kaˈo:t], der, -en, -en: **1.** *jmd., der nicht willens od. nicht fähig ist, Ordnung zu halten.* **2.** *jmd., der seine politischen Ziele auf radikale Weise mit Gewaltaktionen u. gezielten Zerstörungsmaßnahmen durchzusetzen versucht:* autonome -en.

Cha|o|tin, die; -, -nen: w. Form zu ↑Chaot.

cha|o|tisch ⟨Adj.⟩: *verworren, ungeordnet; nicht willens od. nicht fähig, Ordnung zu halten:* -e Zustände; ein -er Typ.

Cha|peau [ʃaˈpo:], der; -s, -s [frz. chapeau, über das Vlat. zu spätlat. cappa, ↑Kappe; 2: älter fam. scherzh. Bez. für eine männliche Person] (veraltet, noch scherzh.): *Hut.*

Cha|peau claque, (auch:) **Cha|peau Claque** [ʃapoˈklak], der; - -, -x -s [ʃapoˈklak; frz., zu: claque = Schlag mit der flachen Hand]: *zusammenklappbarer Zylinder.*

Cha|pi|teau [ʃapiˈto:], das; -, -x [...ˈto:; frz. chapiteau < spätlat. capitellum, ↑Kapitell]: *Zirkuszelt, -kuppel.*

Chap|li|na|de [tʃapli...], die; -, -n [nach dem brit. Filmschauspieler Ch. Chaplin (1889–1977)]: *komischer Vorgang, burlesk-groteskes Vorkommnis wie in den Filmen Chaplins.*

chap|li|nesk ⟨Adj.⟩: *in der Art einer Chaplinade, in der Art Chaplins.*

Cha|ra|de [ʃa...]: ↑Scharade.

Cha|rak|ter [kaˈraktɐ], der; -s, -e [...ˈte:rə; lat. character < griech. charaktḗr, eigtl. = eingebranntes, eingeprägtes (Schrift)zeichen]: **1.** *individuelles Gepräge eines Menschen durch ererbte u. erworbene Eigenschaften, wie es in seinem Wollen u. Handeln zum Ausdruck kommt:* einen guten, schwierigen C. haben; etw. prägt, formt den C.; [keinen] C. haben, zeigen, beweisen *(sich [nicht] als zuverlässig o. ä. erweisen);* sie ist eine Frau von C. *(besitzt überwiegend positive Charaktereigenschaften).* **2.** *Mensch mit bestimmten ausgeprägten Charakterzügen:* er ist ein übler C.; die beiden sind gegensätzliche -e. **3.** ⟨o. Pl.⟩ **a)** *einer Personengruppe od. einer Sache innewohnende od. zugeschriebene charakteristische Eigenart:* der unverwechselbare C. einer Landschaft, eines Volkes; der bösartige C. einer Geschwulst; die Besprechung hatte, trug vertraulichen C. *(war vertraulich);* **b)** *einer künstlerischen Äußerung od. Gestaltung eigentümliche Geschlossenheit der Aussage:* ihr Vortrag, Spiel hat C.; ein Bauwerk mit C. **4.** ⟨meist Pl.⟩ (veraltend) *Schriftzeichen:* ein Wort in griechischen -en drucken.

Cha|rak|ter|an|la|ge, die ⟨meist Pl.⟩: *charakterliche Veranlagung:* gute, schlechte -n haben.

Cha|rak|ter|bild, das: *Darstellung des Charakters* (1) *eines Menschen:* ein C. von jmdm. geben.

cha|rak|ter|bil|dend ⟨Adj.⟩: *zur Persönlichkeitserziehung beitragend.*

Cha|rak|ter|bil|dung, die ⟨o. Pl.⟩: *Erziehung zur Persönlichkeit durch Bildung des Charakters* (1).

Cha|rak|ter|dar|stel|ler, der: *Schauspieler, der Charakterrollen verkörpert.*

Cha|rak|ter|dar|stel|le|rin, die: w. Form zu ↑Charakterdarsteller.

Cha|rak|ter|ei|gen|schaft, die: *als Ausdruck des Charakters (1, 3 a) verstandene Eigenschaft.*

Cha|rak|ter|feh|ler, der: *negativ bewertete Charaktereigenschaft.*

cha|rak|ter|fest ⟨Adj.⟩: *einen positiv bewerteten Charakter* (1) *besitzend u. sich konsequent ihm entsprechend verhaltend.*

Cha|rak|ter|fes|tig|keit, die: *charakterfestes Wesen.*

cha|rak|te|ri|sie|ren ⟨sw. V.; hat⟩ [(frz. caractériser) < griech. charaktērízein]: **1.** *in seiner typischen Eigenart darstellen, treffend schildern:* Personen, eine Situation [genau] c.; er charakterisierte sie als ganz und gar unbürgerlich. **2.** *für jmdn., etw. kennzeichnend sein:* einfache und kurze Sätze charakterisieren die moderne Werbesprache; das Zeitalter des Barocks ist durch einen großen Formenreichtum charakterisiert *(gekennzeichnet).*

Cha|rak|te|ri|sie|rung, die; -, -en: *das Charakterisieren, Charakterisiertwerden.*

Cha|rak|te|ris|tik, die; -, -en: *treffende Schilderung der kennzeichnenden Merkmale einer Person od. einer Sache:* eine knappe C. des Angeklagten geben.

Cha|rak|te|ris|ti|kum, das; -s, ...ka (bildungsspr.):

C

charakteristisches Merkmal: ein auffälliges C. dieser Partei.

cha|rak|te|ris|tisch ⟨Adj.⟩ [griech. charaktēristikós]: *die spezifische Eigenart erkennen lassend:* eine -e Form; etwas an seinem -en Geruch erkennen; der Ausspruch ist c. für sie.

cha|rak|te|ris|ti|scher|wei|se ⟨Adv.⟩: *bezeichnenderweise.*

Cha|rak|ter|kopf, der: *Kopf von angenehm ausgeprägter Form, mit ausdrucksvollen Gesichtszügen:* er hat einen C.

cha|rak|ter|lich ⟨Adj.⟩: *den Charakter (1) betreffend:* -e Qualitäten; ein c. fragwürdiger Mensch; jmdn. c. formen.

cha|rak|ter|los ⟨Adj.⟩: *keinen guten Charakter habend, zeigend:* ein -er Mensch; sie hat c. gehandelt.

Cha|rak|ter|lo|sig|keit, die; -, -en: 1. ⟨o. Pl.⟩ *charakterloses Wesen:* seine C. stößt mich ab. 2. *charakterlose Äußerung, Handlung:* das war wieder eine ihrer -en.

Cha|rak|te|ro|lo|gie, die; - [↑-logie] (früher): *Teilgebiet der Psychologie, das sich mit Wesen u. Entwicklung des Charakters beschäftigt.*

cha|rak|te|ro|lo|gisch ⟨Adj.⟩: *die Charakterologie betreffend, auf ihr beruhend.*

Cha|rak|ter|rol|le, die (Theater): *Darstellung eines komplexen u. widersprüchlichen Charakters (2).*

Cha|rak|ter|schwä|che, die: *Mangel an Charakterfestigkeit.*

Cha|rak|ter|stär|ke, die: vgl. Charakterfestigkeit: mit diesem Verhalten bewies sie ihre C.

Cha|rak|ter|stu|die, die: *[erzählerische] Darstellung eines Charakters (2).*

cha|rak|ter|voll ⟨Adj.⟩: 1. *individuell:* -e Gesichtszüge. 2. *charakterfest.*

Cha|rak|ter|zug, der: 1. *jmds. Charakter (1) bestimmende Eigenschaft:* ein unangenehmer C.; das ist ein schöner C. von ihm. 2. *den Charakter (3 a) von etw. bestimmende Eigenschaft:* der hervorstechende C. einer Epoche, einer Landschaft.

Char|ge ['ʃarʒə], die; -, -n [frz. charge, eigtl. = Last, zu: charger, ↑chargieren]: 1. *Amt, Rang:* die unteren -n der Parteihierarchie. 2. (Milit.) a) *Dienstgrad:* in eine höhere C. aufrücken; b) *Person mit einem Dienstgrad:* die höheren -n saßen am Tisch des Kommandanten. 3. *Chargierte.* 4. (Theater) *Nebenrolle mit meist einseitig gezeichnetem Charakter.* 5. (Technik) *Ladung, Beschickung [von metallurgischen Öfen].* 6. (Pharm.) *Serie von Arzneimitteln, die während eines Arbeitsabschnittes u. mit den gleichen Rohstoffen hergestellt, verpackt u. mit einer Nummer gekennzeichnet worden sind.*

char|gie|ren [ʃar'ʒi:rən] ⟨sw. V.; hat⟩ [frz. charger = beladen < vlat. carricare, zu lat. carrus, ↑¹Karre]: 1. (Verbindungsw.) *(von Chargierten) in der studentischen Festtracht erscheinen.* 2. (Theater) a) *eine Charge (4) spielen;* b) *(als Schauspieler) in seiner Rolle übertreiben.* 3. (Metallurgie) *Öfen beschicken.*

Char|gier|te, der; -n, -n ⟨Dekl. ↑Abgeordnete⟩ (Verbindungsw.): *Vorsitzender einer studentischen Verbindung.*

Cha|ris ['ça:rɪs], die; -, ...iten: 1. ⟨meist Pl.⟩ (griech. Myth.) Göttin der Anmut. 2. ⟨o. Pl.⟩ (bildungsspr.) *Anmut.*

Cha|ris|ma ['ça:rɪsma, auch: 'çar..., ...'rɪs...], das; -s, Charismen u. Charismata [lat. charisma = Geschenk < griech. chárisma]: 1. (Theologie) *durch den Geist Gottes bewirkte Gaben u. Befähigungen des Christen in der Gemeinde.* 2. *besondere Ausstrahlung[skraft] eines Menschen:* C. besitzen; er besaß kein C.

cha|ris|ma|tisch ⟨Adj.⟩: a) *das Charisma (2) betreffend, auf Charisma beruhend:* eine -e Autorität; sie hatte eine -e Ausstrahlungskraft; b) *Charisma besitzend:* ein -er Führer.

Cha|ri|té [ʃari'te:], die; -, -s [frz. charité, eigtl. = (Nächsten)liebe < lat. caritas] (veraltet): *Krankenhaus, Pflegeanstalt.*

Cha|ri|tin [ç...], die; -, -nen: Charis (1).

Cha|ri|va|ri [ʃari'va:ri], das; -s, -s [frz. charivari < spätlat. caribaria < griech. karēbaría = Kopfschwere, Kopfschmerz] (veraltet): 1. a) ⟨o. Pl.⟩ *Durcheinander;* b) *Katzenmusik.* 2. (bayr.) a) *Uhrkette;* b) *Anhänger für die Uhrkette.*

Char|kow ['çarkɔf]: Stadt in der Ukraine.

Charles|ton ['tʃarlstn̩, engl.: 'tʃɑ:lstən], der; -, -s [engl. Charleston, nach der gleichnamigen Stadt in Südkarolina (USA)]: 1. *aus Amerika stammender Modetanz der Zwanzigerjahre im schnellen, stark synkopierten Rhythmus des Foxtrotts.* 2. *Musikstück im Rhythmus des Charleston (1).*

Char|lot|te [ʃar'lɔtə], die; -, -n [frz. charlotte, nach dem w. Vorn.] (Kochk.): *Süßspeise aus einer Crememasse, die in eine mit Löffelbiskuits o. Ä. ausgelegte Form gefüllt u. dann gestürzt wird.*

char|mant [ʃar'mant], (auch:) scharmant ⟨Adj.⟩ [frz. charmant, 1. Part. von: charmer = bezaubern < spätlat. carminare, zu lat. carmen, ↑Charme]: *Charme besitzend, (durch Liebenswürdigkeit) bezaubernd:* ein -er Herr; eine -e Gastgeberin; sie hat eine -e Stimme; c. lächeln.

Charme [ʃarm], (auch:) Scharm, der; -s [frz. charme < lat. carmen = Gesang, Lied, Zauberformel]: *Anziehungskraft, die von jmds. gewinnendem Wesen ausgeht; Zauber:* weiblicher, unwiderstehlicher C.; C. haben; seinen ganzen C. aufbieten; er erlag ihrem bezaubernden C.

Char|meur [ʃar'mø:ɐ̯], der; -s, -s u. -e [frz. charmeur]: *Mann, der mit gezieltem Charme Frauen für sich einzunehmen versteht.*

Char|meuse [ʃar'mø:z], die; - [frz. charmeuse, eigtl. = Bezauberin]: *maschenfeste Wirkware aus synthetischen Fasern.*

Chart [tʃart], der od. das; -s, -s [engl. chart < frz. charte, ↑Charte; 2: engl. charts]: 1. *grafische Darstellung von Zahlenreihen:* ein C. gestalten; -s auflegen. 2. ⟨nur Pl.⟩ *Hitliste:* der Schlager hat sich rasch einen Platz in den deutschen -s erobert.

Char|ta ['karta], die; -, -s [lat. charta, ↑Karte] (Verfassungsw.): *Verfassung[surkunde].*

Char|te ['ʃartə], die; -, -n [frz. charte < lat. charta, ↑Karte]: *wichtige Urkunde im Staats- u. Völkerrecht.*

Char|ter ['tʃartɐ, auch: 'ʃa...], der; -s, -s [engl. charter < afrz. chartre < lat. chartula = kleiner Brief]: 1. *Miet- od. Pachtvertrag über ein Flugzeug, ein Schiff o. Ä. od. Teile seines Laderaums zur Beförderung von Gütern od. Personen.* 2. engl. Bez. für *Urkunde, Freibrief.*

Char|ter|flug, der: *Flug mit einem Charterflugzeug.*

Char|ter|flug|zeug, das: *von einer privaten Gesellschaft o. Ä. [für eine Reise] gemietetes Flugzeug.*

Char|ter|ge|sell|schaft, die: 1. (früher) *Handelsgesellschaft für Export u. Import.* 2. *Gesellschaft, die Personen od. Güter mit gemieteten od. gepachteten Verkehrsmitteln befördert.*

Char|ter|ma|schi|ne, die: *Charterflugzeug.*

char|tern ⟨sw. V.; hat⟩ [engl. to charter]: *(Schiffe, Flugzeuge) mieten.*

¹Char|treu|se® [ʃar'trø:z(ə)], der; - [frz. chartreuse, nach dem gleichnamigen Mutterkloster des Kartäuserordens in der Dauphiné (Frankreich)]: *von Kartäusermönchen hergestellter Kräuterlikör.*

²Char|treu|se, die; -, -n [↑¹Chartreuse]: *Gericht aus Gemüse od. Teigwaren u. Fleisch, das nach der Zubereitung gestürzt wird.*

Cha|ryb|dis [ça...]: ↑Szylla.

Chasse [ʃas], die; - [frz. chasse, eigtl. = Jagd, zu: chasser = jagen < afrz. chacier, über das Vlat. zu lat. captare = Jagd machen; zu fassen versuchen]: *Billardspiel mit 15 Bällen.*

Chas|si|dim [xasi'di:m] ⟨Pl.⟩ [hebr. ḥasîdîm, eigtl. = die Frommen]: *Anhänger des Chassidismus.*

Chas|si|dis|mus, der; -: *im 18. Jh. entstandene religiöse Bewegung des osteuropäischen Judentums, die eine lebendige Frömmigkeit anstrebt.*

Chas|sis [ʃa'si:], das; - [...si:(s)], - [...si:s; frz. châssis = Einfassung, Rahmen, zu: châsse = Kästchen, Einfassung < lat. capsa = Behältnis]: 1. (Kfz-T.) *Fahrgestell von Kraftfahrzeugen.* 2. (Elektrot.) *Rahmen (2 a) elektronischer Apparate* (z. B. eines Rundfunkgeräts).

Cha|sub|le [ʃa'zybl̩, frz.: ʃa'zybl, engl.: 'tʃæzjʊbl], das; -s, -s [engl. chasuble = Messgewand < frz. chasuble < spätlat. casu(b)la, ↑Kasel]: *ärmelloses Überkleid für Damen nach Art einer Weste.*

Chat [tʃæt], der; -s, -s [engl. chat, eigtl. = Unterhaltung, Plauderei] (EDV): a) *im Internet angebotenes Medium, mit dem online Kontakte hergestellt u. Informationen ausgetauscht werden können:* per C. kommunizieren; b) *Onlinekommunikation mithilfe des Chats (a):* am C. teilnehmen; im C. sein.

Châ|teau [ʃa'to:], das; -s, -s [frz. château < lat. castellum, ↑Kastell]: frz. Bez. für *Schloss.*

Cha|teau|bri|and [ʃatobri'ã:], das; -[s], -s [nach dem frz. Schriftsteller François René Vicomte de Chateaubriand (1768 bis 1848)] (Kochk.): *gebratene od. gegrillte dicke Rinderlendenschnitte.*

Chat|group, (auch:) **Chat-Group** ['tʃætgru:p], die; -, -s [engl. chat group, aus: chat (↑Chat) u. group = Gruppe]: *Gruppe, die im Internet [über ein gemeinsames Thema] miteinander kommuniziert.*

chat|ten [tʃætn̩] ⟨sw. V.; hat⟩ [engl. to chat, eigtl. = sich unterhalten, plaudern] (EDV): *mit E-Mails im Internet kommunizieren, sich unterhalten.*

Chauf|feur [ʃɔ'fø:ɐ̯], der; -s, -e [frz. chauffeur, urspr. = Heizer, zu: chauffer = warm machen, heizen, über das Vlat. zu lat. cal(e)facere]: *jmd., der berufsmäßig Personen im Auto befördert:* der C. des Chefs; einen C. einstellen.

Chauf|feu|rin, die; -, -nen: w. Form zu ↑Chauffeur.

Chauf|feu|se [...'fø:zə], die; -, -n (schweiz.): w. Form zu ↑Chauffeur.

chauf|fie|ren ⟨sw. V.; hat⟩ (veraltend): a) *ein Kraftfahrzeug fahren, lenken:* sie chauffiert [den Wagen] ausgezeichnet; b) *jmdn. [berufsmäßig] in einem Kraftfahrzeug transportieren:* ein Auto c.; die Kinder wurden in seinem Dienstwagen nach Hause chauffiert.

Chaus|see [ʃɔ'se:], die; -, -n [frz. chaussée, über das Vlat. wohl zu lat. calcatum, 2. Part. von: calcare = (mit den Füßen) ein-, feststampfen, zu: calx = Ferse, also eigtl. = Straße mit festgestampften Steinen] (veraltend): *mit Asphalt, Beton od. Steinpflaster befestigte u. ausgebaute Landstraße:* lange, staubige -n.

Chaus|see|baum, der: *am Rand einer Chaussee angepflanzter Baum.*

Chau|vi ['ʃo:vi], der; -s, -s (ugs.): *Chauvinist (2 a).*

Chau|vi|nis|mus [ʃovi'nɪsmʊs], der; -, ...men [frz. chauvinisme, nach der Gestalt des extrem patriotischen Rekruten Nicolas Chauvin aus einem Lustspiel der Brüder Cogniard] (abwertend): 1. a) ⟨o. Pl.⟩ *aggressiv übersteigerter Nationalismus [militaristischer Prägung] verbunden mit Nichtachtung anderer Nationalitäten;* b) *Äußerung, Handlung als Ausdruck des Chauvinismus (1 a):* seine Bemerkung war ein unverzeihlicher C. 2. a) ⟨o. Pl.⟩ *auf übertriebenem Selbstwertgefühl beruhende Grundhaltung von Männern, die bewirkt, dass Frauen geringer geachtet werden, gesellschaftliche Nachteile erleiden:* männlicher C.; b) *Äußerung, Handlung als Ausdruck des Chauvinismus (2 a):* eine von [männlichen] Chauvinismen strotzende Darstellung.

Chau|vi|nist [ʃovi'nɪst], der; -en, -en [frz. chauviniste] (abwertend): 1. *Vertreter des Chauvinismus (1 a):* in der Wahlveranstaltung wimmelte es von -en. 2. *vom Chauvinismus (2 a) geprägter Mann:* sie hatte die Nase voll von Anmachern und -en.

Chau|vi|nis|tin, die; -, -nen: w. Form zu ↑Chauvinist (1).

chau|vi|nis|tisch ⟨Adj.⟩ (abwertend): 1. *den Chauvinismus (1 a) betreffend, davon zeugend:* eine -e Gesinnung; -e Tendenzen, Parolen. 2. *den*

Chauvinismus (2 a) *betreffend, davon zeugend:* -e Äußerungen.

Check [ʃɛk] (schweiz.): ↑ [1]Scheck.

Check [tʃɛk], der; -s, -s [engl. check, eigtl. = Hindernis < afrz. eschec = Schach] (Eishockey): *das Checken* (1).

Check [ʃɛk], der; -s, -s [engl. check = Kontrolle]: *Überprüfung von technischen Geräten hinsichtlich ihrer Funktionsfähigkeit, Sicherheit u. Ä.*

Che|cken ⟨sw. V.; hat⟩ [engl. to check]: **1.** (Eishockey) *(einen Gegenspieler) rempeln, behindern.* **2.** (bes. Technik) *nachprüfen, kontrollieren:* ein Flugzeug vor dem Start c. **3.** (salopp) *begreifen; kapieren:* hast du das endlich gecheckt?

Check|list, die; -, -s [engl. check-list, aus: check = Kontrolle u. list = Liste] (Technik): *Kontrollliste, mit deren Hilfe die Funktionsfähigkeit komplizierter Apparate überprüft wird.*

Check|lis|te, die; -, -n: **1.** ↑ Checklist. **2.** (Flugw.) *Liste der Flugpassagiere, die eingecheckt worden sind.*

Check|point [ˈtʃɛkpɔynt], der; -s, -s [engl. checkpoint, aus: check = Kontrolle u. point = Punkt, Stelle]: *Kontrollpunkt an Grenzübergängen.*

Check-up [...|ap], der od. das; -[s], -s [engl. check-up]: *umfangreiche medizinische Vorsorgeuntersuchung.*

Chee|rio [ˈtʃiːri̯o, engl.: ˈtʃɪərɪˈoʊ] [engl. cheerio, zu: cheer = Hurra-, Beifallsruf] (ugs.): **1.** *prost!; zum Wohl!* **2.** *auf Wiedersehen!*

Chee|se|bur|ger [ˈtʃiːzbəːgə], der; -s, - [engl. cheeseburger, zu: cheese = Käse u. hamburger, ↑ [2]Hamburger]: [2]*Hamburger, der zusätzlich eine Scheibe Käse enthält.*

Chef [ʃɛf, österr.: ʃeːf], der; -s, -s [frz. chef = (Ober)haupt, über das Vlat. zu lat. caput]: **1. a)** *Leiter:* der C. der Sicherheitspolizei; der Betrieb bekommt einen neuen C.; ***C. im Ring sein** (1. Boxen; *den Kampf bestimmen, den Gegner beherrschen.* 2. ugs.; *die maßgebliche Rolle spielen, tonangebend sein*); **b)** *Anführer:* der C. der Bande konnte endlich dingfest gemacht werden. **2.** saloppe Anrede [an einen Unbekannten]: hallo, C., gehts hier zum Bahnhof?

Chef-: kennzeichnet in Bildungen mit Substantiven jmdn. als Leiter od. Leiterin oder als jmdn., der maßgeblich, tonangebend ist: Chefarchitektin, -designerin, -kellner, -theoretiker, -trainer.

Chef|arzt, der: *leitender Arzt [einer Abteilung] eines Krankenhauses.*

Chef|ärz|tin, die: w. Form zu ↑ Chefarzt.

Chef de Mis|sion [ˈʃɛf də mɪˈsjõː], der; -[s] - -, -s - - [frz.]: *Leiter einer sportlichen Delegation* (z. B. bei den Olympischen Spielen).

Chef|eta|ge, die: *Etage in einem Geschäftshaus, in der sich die Räume der Geschäftsleitung befinden.*

Che|fin, die; -, -nen: **1.** w. Form zu ↑ Chef (1). **2.** (ugs. veraltend) *Frau des Chefs* (1 a).

Chef|re|dak|teur, der: *Leiter einer Redaktion.*

Chef|re|dak|teu|rin, die: w. Form zu ↑ Chefredakteur.

Chef|sa|che, die: *Sache, Angelegenheit, die von so großer Bedeutung, Wichtigkeit ist, dass sich der Chef ihrer annimmt od. annehmen sollte:* er hat das Projekt zur C. erklärt, gemacht.

Chef|se|kre|tä|rin, die: *Sekretärin des Chefs.*

Chef|vi|si|te, die: *Visite des Chefarztes (im Krankenhaus).*

Che|mie [çeˈmiː, südd., österr.: k..., schweiz.: x...], die; - [wohl rückgeb. aus ↑ Alchemie]: **1.** *Naturwissenschaft, die die Eigenschaften, die Zusammensetzung u. die Umwandlung der Stoffe u. ihrer Verbindungen erforscht:* ein Lehrbuch der C.; er studiert C.; sie hat in C. *(im Unterrichtsfach Chemie)* eine Zwei; ***die C. stimmt** *(es besteht eine gute persönliche Beziehung):* zwischen den beiden Politikern, den Koalitionspartnern stimmt die C. **2.** (ugs.) *chemische Substanzen, chemisch aufbereitete, behandelte Stoffe:* der Pudding schmeckt nach C.

Che|mie|be|trieb, der: *Betrieb* (1 a) *der chemischen Industrie.*

Che|mie|fa|ser, die: *durch chemische Verfahren hergestellte Faser; Kunstfaser.*

Che|mi|gra|phie, die; -: *Herstellung von Druckplatten durch Ätzen od. Gravieren.*

Che|mi|ka|lie, die; -, -n ⟨meist Pl.⟩: *industriell hergestellter chemischer Stoff:* geruchlose, flüssige -n; Lebensmittel mit -n.

Che|mi|kant, der; -en, -en: *Facharbeiter in der chemischen Industrie* (Berufsbez.).

Che|mi|kan|tin, die; -, -nen: w. Form zu ↑ Chemikant.

Che|mi|ker, der; -s, -: *Wissenschaftler auf dem Gebiet der Chemie.*

Che|mi|ke|rin, die; -, -nen: w. Form zu ↑ Chemiker.

Che|mi|née [ˈʃmine], das; -s, -s [frz. cheminée < mlat. caminata, ↑ Kemenate] (schweiz.): *offener Kamin in einem Wohnraum.*

che|misch [ˈçeːmɪʃ] ⟨Adj.⟩: **a)** *die Chemie betreffend, dazu gehörend:* die -e Industrie; ein -es Labor; -e Elemente; **b)** *nach den Gesetzen der Chemie erfolgend:* eine -e Umsetzung, Reaktion, Verbindung; Natrium reagiert c. mit Chlor; **c)** *Chemikalien enthaltend, mithilfe von Chemikalien:* -e Düngung, Waffen; eine Hose c. reinigen lassen.

Che|mise [ʃəˈmiːz], die; -, -n [...zn; frz. chemise < spätlat. camisia = Hemd] (veraltet): *Hemd, Überwurf.*

Che|mi|sett [ʃəmiˈzɛt], das; -[e]s, -s u. -e, **Che|mi|set|te,** die; -, -n [frz. chemisette] (Mode): **a)** *gestärkte Hemdbrust an Frack- u. Smokinghemden;* **b)** *heller Einsatz an Damenkleidern.*

Che|mis|mus, der; -: *Gesamtheit der chemischen Vorgänge u. der chemischen Zusammensetzung bes. im pflanzlichen u. tierischen Stoffwechsel sowie in Gesteinen.*

Chem|nitz [ˈkɛm...]: Stadt in Sachsen.

Che|mo|keu|le [ˈçeː...], die; -, -n: **1.** *chemische Keule.* **2.** (ugs. abwertend) *radikale chemotherapeutische Behandlung, Chemotherapie.*

che|mo|tak|tisch ⟨Adj.⟩ (Biol.): *die Chemotaxis betreffend.*

Che|mo|ta|xis, die; -, ...xen [zu griech. táxis = Ordnung] (Biol.): *durch chemische Reize ausgelöste Orientierungsbewegung von Tieren u. Pflanzen.*

Che|mo|tech|nik, die; -: *Maßnahmen, Einrichtungen u. Verfahren, die dazu dienen, chemische Erkenntnisse praktisch nutzbar zu machen.*

Che|mo|tech|ni|ker, der; -s, -: *an einer Fachschule ausgebildete Fachkraft der chemischen Industrie* (Berufsbez.).

Che|mo|tech|ni|ke|rin, die; -, -nen: w. Form zu ↑ Chemotechniker.

Che|mo|the|ra|peu|ti|kum, das; -s, ...ka ⟨meist Pl.⟩: *aus chemischen Substanzen hergestelltes Arzneimittel, das Tumorzellen abtötet oder Krankheitserreger hemmt.*

che|mo|the|ra|peu|tisch ⟨Adj.⟩: *nach den Erkenntnissen u. Methoden der Chemotherapie vorgehend.*

Che|mo|the|ra|pie, die; -, -n (Med.): *Behandlung von Krebserkrankungen oder Infektionskrankheiten mit Chemotherapeutika.*

-chen: I. das; -s, -: **1.** kennzeichnet in Bildungen mit Substantiven die Verkleinerungsform: Fensterchen, Tellerchen; Blümchen, Lädchen, Häuserchen. **2. a)** kennzeichnet in Bildungen mit Substantiven die Koseform: Blondchen, Kläuschen; **b)** drückt in Bildungen mit Substantiven einen positiven emotionalen Bezug aus: Maschinchen, Weinchen; **c)** (abwertend) drückt in Bildungen mit Substantiven aus, dass jmd. oder etw. als belanglos, unwichtig und gering angesehen wird: Novellchen, Problemchen, Skandälchen. II. bildet mit Wörtern unterschiedlicher Wortart eine Interjektion: hallöchen, nanuchen, tschüs[s]chen.

Che|nil|le [ʃəˈnɪljə, auch: ʃəˈniːjə], die; -, -n [frz. chenille, eigtl. = Raupe < lat. canicula = Hündchen]: *Garn, dessen Fasern in dichten Büscheln seitlich vom Faden abstehen.*

cher|chez la femme [ʃɛrʃelaˈfam; frz. = sucht nach der Frau; zuerst in dem Drama »Les Mohicans de Paris« von A. Dumas d. Ä. (1802–1870)] (bildungsspr.): *dahinter steckt bestimmt eine Frau!*

Cher|ry-Bran|dy, (auch:) **Cher|ry|bran|dy,** [ˈtʃɛri-ˈbrɛndi], der; -s, -s [engl. cherry brandy, aus: cherry = Kirsche u. brandy, ↑ Brandy]: *Kirschlikör.*

Che|rub [ˈçeːrʊp, auch: ˈkeː...], (ökum.:) Kerub [ˈkeːrʊp], der; -s, -im [...rubiːm] u. -inen [çeruˈbiːnən; kirchenlat. Cherubin, Cherubim < hebr. kĕrûvîm (Pl.)]: *[biblischer] Engel [mit Flügeln u. Tierfüßen]; himmlischer Wächter (z. B. des Paradieses).*

che|ru|bi|nisch ⟨Adj.⟩: *von der Art eines Cherubs; engelgleich:* eine -e Gestalt.

Che|rus|ker [çe...], der; -s, -: Angehöriger eines westgermanischen Volksstammes.

Che|rus|ke|rin, die; -, -nen: w. Form zu ↑ Cherusker.

Ches|ter|field [ˈtʃɛstəfiːld], der; -[s], -s [engl. chesterfield, nach einem Lord Chesterfield, der den Mantel 1889 kreierte]: *eleganter Herrenmantel mit verdeckter Knopfleiste.*

Ches|ter|kä|se [ˈtʃɛstɐ...], der; -s, - [nach der engl. Stadt Chester]: *mit Safran o. Ä. gelblich orange gefärbter Hartkäse.*

che|va|le|resk [ʃəvaləˈrɛsk] ⟨Adj.⟩ [frz. chevaleresque < ital. cavalleresco, zu: cavallo = Pferd < lat. caballus] (bildungsspr.): *einem Kavalier* (1) *entsprechend:* ein -es Benehmen, Verhalten.

Che|vi|ot [ˈʃɛvi̯ɔt, ˈʃeːvi̯ɔt], der; -s, -s [engl. cheviot, nach den Cheviot Hills, woher die Wolle kommt]: *aus grober Schafwolle hergestelltes, festes Kammgarngewebe [in Köperbindung]:* ein Anzug aus reinem C.

Che|vreau [ʃəˈvroː, ˈʃɛvro], das; -s, -s [frz. chevreau, zu: chèvre = Ziege < lat. capra]: *Ziegenleder.*

Che|vreau|le|der, das: *Chevreau.*

Che|vron [ʃəˈvrõː], der; -s, -s [frz. chevron]: **1.** *Wollgewebe mit Fischgrätenmusterung.* **2.** (Heraldik) *nach unten offener Winkel, dessen Schenkel sich am oberen Rand des Wappenschildes od. -feldes treffen; Sparren.* **3.** *französisches Dienstgradabzeichen in Form eines Streifens od. Winkels.*

Che|wing|gum, (auch:) **Che|wing-Gum** [ˈtʃuːɪŋgʌm], der; -[s], -s [engl. chewing-gum, zu: to chew = kauen u. gum = Gummi]: *Kaugummi.*

CHF = internationaler Währungscode für: [2]Franken.

Chi [çiː], das; -[s], -s [griech. chĩ]: *zweiundzwanzigster Buchstabe des griechischen Alphabets* (Χ, χ).

Chi|an|ti [ˈki̯anti], der; -[s] [ital. chianti, nach der gleichnamigen ital. Landschaft]: *italienischer Rotwein.*

Chi|an|ti|fla|sche, die: *bauchige, mit Stroh umflochtene Flasche für den Chianti.*

Chi|as|mus [ˈçi̯asmʊs], der; -, -men [griech. chiasmós, nach der Gestalt des griech. Buchstabens Chi = X] (Stilk.): *syntaktische Stellung von kreuzweise aufeinander bezogenen Wörtern od. Redeteilen* (z. B. groß war der Einsatz, der Gewinn war klein).

chi|as|tisch ⟨Adj.⟩: *in der Form des Chiasmus:* eine -e Wortstellung.

chic [ʃɪk] ⟨Adj.⟩ (bes. Werbespr.): *schick* (1): das Abendkleid ist besonders c.

Chic, der; -s (bes. Werbespr.): [1]*Schick* (1): modischer C.

Chi|ca|go [ʃiˈkaːgo]: Stadt in den USA.

Chi|ca|go-Stil, der (Musik): *von Chicago ausgehende Stilform des Jazz in den Jahren nach dem Ersten Weltkrieg.*

Chi|chi [ʃiˈʃiː], das; -[s], -[s] [frz. chichi, laut- u. bewegungsnachahmend] (bildungsspr.): **a)** (o. Pl.) *Getue, Gehabe.* **b)** *[unnötiges] Beiwerk; verspieltes Accessoire.*

Chi|co|rée [ˈʃikore, auch: ˈʃi... od ...ˈreː], der; -s; auch: die; - [frz. chicorée < mlat. cichorea, ↑ Zichorie]: *blassgelbe, zarte Pflanze, deren Spross als Gemüse od. Salat gegessen wird.*

Chi|co|rée|sa|lat, der: *Salat aus Chicorée.*

Chief [tʃi:f], der; -s, -s [engl. chief < afrz. chief (= frz. chef), ↑Chef]: engl. Bez. für *Leiter, Oberhaupt, Chef, Häuptling.*
Chiem|see [ˈki:m...], der; -s: See in Bayern.
Chif|fon [ˈʃɪfõ, ʃɪˈfõ:, österr. ʃiˈfo:n], der; -s, -s, österr. auch: -e [frz. chiffon, zu: chiffe = minderwertiges Gewebe < arab. šiff = Gaze]: *feines, schleierartiges Seidengewebe [in Taftbindung]:* ein Abendkleid aus fließendem C.
Chif|fon|tuch, das ⟨Pl. ...tücher⟩: *Halstuch aus Chiffon.*
Chif|fre [ˈʃɪfrə, auch: ˈʃɪfɐ], die; -, -n [frz. chiffre < afrz. cifre, ↑Ziffer]: **1.** *Ziffer, Zahl.* **2.** *geheimes Schriftzeichen, Zeichen einer Geheimschrift:* -n entziffern, entschlüsseln. **3.** *Kennziffer, Kennzeichen:* Zeitungsanzeigen, die unter [einer] C. erscheinen. **4.** (Stilk.) *Stilfigur bes. der modernen Lyrik.*
Chif|fre|schrift, die: *Geheimschrift; Code.*
chif|fri̲e|ren ⟨sw. V.; hat⟩ [frz. chiffrer]: *verschlüsseln, in Geheimschrift abfassen:* einen Text c.
Chif|fri̲er|kunst, die ⟨o. Pl.⟩: *Kunst, Texte zu chiffrieren.*
Chif|fri̲er|ma|schi|ne, die: *Gerät zum Chiffrieren u. Dechiffrieren von Texten.*
Chi|gnon [ʃɪnˈjõ:], der; -s, -s [frz. chignon, über das Vlat. zu lat. catena = Kette]: *im Nacken getragener Haarknoten.*
Chi|hua|hua [tʃiˈu̯au̯a], der; -s, -s [span. chihuahua, nach dem gleichnamigen mex. Bundesstaat]: *sehr kleiner, dem Zwergpinscher ähnlicher Hund mit großen Ohren.*
Chi|le [ˈtʃi:le, auch: ˈçi:le]; -s: Staat in Südamerika.
Chi|le̲|ne, der; -n, -n: Ew.
Chi|le̲|nin, die; -, -nen: w. Form zu ↑Chilene.
chi|le̲|nisch ⟨Adj.⟩: *Chile, die Chilenen betreffend; von den Chilenen stammend, zu ihnen gehörend.*
Chi̲|le|sal|pe|ter, der; -s: *in Chile gewonnenes Natriumnitrat.*
Chi|li [ˈtʃi:li], der; -s [span. chile < Nahuatl (mittelamerik. Indianerspr.) chilli]: **1.** *mittelamerikanische Paprikaart, die den Cayennepfeffer liefert.* **2.** *mit Cayennepfeffer scharf gewürzte Tunke.*
Chi|li|as|mus [çiˈli̯asmʊs], der; - [griech. chiliasmós] (christl. Rel.): *[Lehre von der] Erwartung des Tausendjährigen Reiches nach der Wiederkunft Christi* (Off. 20, 4 f.).
Chi|li|ạst, der; -en, -en: *Anhänger des Chiliasmus.*
Chi|li|ạs|tin, die; -, -nen: w. Form zu ↑Chiliast.
chi|li|ạs|tisch ⟨Adj.⟩: *den Chiliasmus betreffend, darauf beruhend.*
Chi̲|li|so|ße, die: *Chili* (2).
Chil|lies [ˈtʃɪlɪs] ⟨Pl.⟩ [engl. chillies, Pl. von: chilli, chilly = Chili (1)]: *Früchte des Chilis* (1), *die getrocknet den Cayennepfeffer liefern.*
Chill-out-Room [tʃɪlˈaʊtˈru:m], der; -s, -s [geb. aus amerik. to chill out = entspannen, relaxen u. engl. room = Raum]: *Entspannungs-, Erholungsraum für Raver:* Relaxen im C.
Chi|mä|re [çiˈmɛ:rə], die; -, -n [nach dem Ungeheuer der griech. Sage Chimära, griech. Chímaira]: **1.** ↑Schimäre. **2.** (Biol.) *Organismus od. einzelner Trieb, der aus genetisch verschiedenen Zellen aufgebaut ist.*
Chim|bo|rạs|so [tʃ...], der; -[s]: Berg in Südamerika.
Chi̲|na [ç..., südd., österr.: k...]; -s: Land in Ostasien.
Chi̲|na|gras, das: *Ramie.*
Chi̲|na|kohl, der: *aus Ostasien stammende, als Gemüse od. Salat verwendete längliche Kohlart.*
Chi̲|na|res|tau|rant, das: *Restaurant, in dem Gerichte der chinesischen Küche angeboten werden.*
Chi̲|na|rin|de, die [zu span. quina < Ketschua (südamerik. Indianerspr.) quina(quina) = Chinarinde(nbaum)] (Pharm.): *chininhaltige Rinde des Chinarindenbaumes.*
Chi̲|na|rin|den|baum, der: *zu den Rötegewächsen gehörender, in mehreren Arten im tropischen Amerika vorkommender hoher Baum, von dem einige wilde Arten u. Kreuzungen die Chinarinde liefern; Cinchona.*
Chi|na|town [ˈtʃaɪnətaʊn], die; -, -s [engl. Chinatown, zu: town = Stadt]: *Stadtviertel in Städten außerhalb Chinas, bes. in Nordamerika, in dem überwiegend Chinesen wohnen.*
¹Chin|chil|la [tʃɪnˈtʃɪla], die; -, -s [span. chinchilla, viell. aus einer Indianerspr. Perus]: *südamerikanisches Nagetier mit wertvollem Pelz.*
²Chin|chịl|la, das; -s, -s: **1.** *Hauskaninchen mit bläulich aschgrauem Fell.* **2.** **a)** *Fell der ¹Chinchilla;* **b)** *Pelz aus ²Chinchilla* (2 a).
Chi|ne̲|se [çi..., südd., österr.: ki...], der; -n, -n: Ew. zu ↑China: der Mann ist C.; wir gehen essen zum C. *(in ein Chinarestaurant).*
Chi|ne̲|sin, die; -, -nen: w. Form zu ↑Chinese.
chi|ne̲|sisch ⟨Adj.⟩: *China, die Chinesen betreffend; von den Chinesen stammend, zu ihnen gehörend:* -e Sitten; * **c. für jmdn. sein** (ugs.; *völlig unverständlich für jmdn. sein u. daher einem Gespräch, einer Erklärung o. Ä. nicht folgen können*).
Chi|ne̲|sisch, das; -[s]: *chinesische Sprache:* er kann, lernt C.; * **C. für jmdn. sein** (↑chinesisch).
-chi|ne̲|sisch, das; -[s]: Grundwort in Zus. mit der Bed. *für Laien unverständlich erscheinende Sprache,* z. B. Befehls-, Behörden-, Linguisten-, Soziologenchinesisch.
Chi|ne̲|si|sche, das; -n ⟨nur mit best. Art.⟩: *Chinesisch.*
Chi|nin [çiˈni:n], das; -s [ital. chinina, zu: china < älter frz. quina < span. quina, ↑Chinarinde] (Pharm.): *(als Arznei gegen Fieber, bes. bei Malaria verwendetes) Alkaloid der Chinarinde.*
Chi|noi|se|rie [ʃinoazəˈri:], die; -, -n [frz. chinoiserie, zu: chinois = chinesisch]: **1.** *kunstgewerblicher Gegenstand in chinesischem Stil* (z. B. Porzellan, Lackarbeit). **2.** *an chinesische Vorbilder anknüpfende Zierform in der Kunst des 18. Jh.s.*
Chintz [tʃɪnts], der; -[es], -e [engl. chintz, älter: chints, Pl. von: chint < Hindi chīṇt]: *bunt bedrucktes Gewebe [aus Baumwolle] in Leinenbindung mit glänzender Oberfläche.*
Chip [tʃɪp], der; -s, -s [engl. chip, eigtl. = Schnipsel]: **1.** *Spielmarke beim Roulette:* der Croupier verteilte -s. **2.** ⟨meist Pl.⟩ *roh in Fett gebackene, dünne Kartoffelscheibe, die zu Getränken gegessen wird.* **3.** (Elektronik) *dünnes, einige Quadratmillimeter großes Plättchen aus Halbleitermaterial, auf dem sich Schaltung u. mikroelektronische Schaltelemente befinden.*
Chip|kar|te [ˈtʃɪp...], die; -, -n: *Plastikkarte mit einem elektronischen Chip* (3), *die als Ausweis, Zahlungsmittel o. Ä. verwendet wird.*
Chip|pen|dale [ˈ(t)ʃɪpəndeɪl], das; -[s] [engl. Chippendale, nach dem engl. Kunsttischler Th. Chippendale (1718–79)]: *englischer Möbelstil des 18. Jahrhunderts:* eine Kommode in C.
Chi̲|ra|gra [ˈç...], das; -s [lat. chiragra < griech. cheirágra, zu: cheír = Hand u. ágra, vgl. Podagra] (Med.): *Gicht in den Hand- u. Fingergelenken.*
Chi|ro|mạnt, der; -en, -en [griech. cheirómantis]: *Wahrsager, der die Zukunft aus den Handlinien deutet.*
Chi|ro|man|ti̲e, die; - [griech. cheiromanteía]: *Wahrsagen aufgrund der Form u. der Linien einer Hand.*
Chi|ro|mạn|tin, die; -, -nen: w. Form zu ↑Chiromant.
Chi|ro|prạk|tik, die; -: *das Einrenken verschobener Wirbelkörper u. Bandscheiben mithilfe der Hände.*
Chi|ro|prạk|ti|ker, der; -s, -: *jmd., der die Chiropraktik ausübt.*
Chi|ro|prạk|ti|ke|rin, die; -, -nen: w. Form zu ↑Chiropraktiker.
Chi|ru̲rg, der; -en, -en [lat. chirurgus < griech. cheirourgós = Wundarzt, eigtl. = Handwerker, zu: cheír = Hand u. érgon = Tätigkeit, Werk]: *Facharzt [u. Wissenschaftler] auf dem Gebiet der Chirurgie* (1).
Chi|rur|gi̲e, die; -, -n [lat. chirurgia < griech. cheirourgía]: **1.** ⟨o. Pl.⟩ (Med.) *[Lehre von der] Behandlung von Störungen u. Veränderungen im Bereich des Organismus durch mechanische od. instrumentelle, operative Eingriffe:* sie ist Fachärztin für C. **2.** *chirurgische Abteilung eines Krankenhauses:* der Patient wurde in die C. eingeliefert.
Chi|ru̲r|gin, die; -, -nen: w. Form zu ↑Chirurg.
chi|ru̲r|gisch ⟨Adj.⟩ [lat. chirurgicus < griech. cheirourgikós]: **a)** *die Chirurgie betreffend:* -es Schrifttum; **b)** *operativ:* c. eingepflanzte künstliche Organe; **c)** *für eine operative Behandlung von Patienten vorgesehen:* -e Instrumente; die -e Abteilung des Krankenhauses.
Chi|tin [çiˈti:n], das; -s [zu griech. chitṓn = (Unter)kleid, Brustpanzer]: *hornähnlicher Hauptbestandteil der Körperhülle von Krebsen, Tausendfüßlern, Spinnen u. Insekten.*
chi|ti̲|nig ⟨Adj.⟩: *in der Art von Chitin.*
chi|ti|nö̲s ⟨Adj.⟩: *aus Chitin bestehend.*
Chi|ti̲n|pan|zer, der: *chitinöser Panzer* (2) *der Insekten, Krebse u. Spinnen.*
ch-Laut [tse:ˈha:...], der: *im Deutschen je nach Stellung im Wort als [ç], [x] od. [k] gesprochene ch.*
Chlor [klo:ɐ̯], das; -s [zu griech. chlōrós = gelblich grün (wegen seiner Farbe)]: *stechend riechendes, gelbgrünes Gas, das sich mit fast allen anderen Elementen schnell verbindet (chemisches Element);* (Zeichen: Cl).
Chlo|ra̲t, das; -s, -e (Chemie): *Salz der Chlorsäure.*
chlo̲|ren ⟨sw. V.; hat⟩: **a)** *mit Chlor behandeln u. dadurch keimfrei machen:* das Wasser c.; **b)** (Chemie) *in einer chemischen Verbindung bestimmte Atome durch ein Chloratom ersetzen; chlorieren.*
chlo̲r|frei ⟨Adj.⟩: **a)** *kein Chlor enthaltend:* -es Wasser; **b)** *nicht mit Chlor gebleicht:* -es Papier.
Chlo|ri̲d, das; -s, -e (Chemie): *chemische Verbindung des Chlors mit Metallen od. Nichtmetallen.*
chlo|ri̲e|ren ⟨sw. V.; hat⟩: *chloren.*
chlo̲|rig ⟨Adj.⟩: **a)** *chlorhaltig;* **b)** *chlorartig.*
¹Chlo|ri̲t [auch: ...ˈrɪt], das; -s, -e (Chemie): *Salz der chlorigen Säure.*
²Chlo|ri̲t [auch: ...ˈrɪt], der; -s, -e [zu griech. chlōrós, ↑Chlor]: *grünliches, glimmerähnliches Mineral.*
Chlo̲r|kalk, der: *als Bleich- u. Desinfektionsmittel verwendetes, durch Umsetzen von Chlor mit gelöschtem Kalk entstehendes weißes, stark riechendes Pulver.*
Chlo|ro|fọrm, das; -s [Kunstwort aus **Chlor**kalk u. nlat. acidum **form**icicum = Ameisensäure]: *(früher als Betäubungsmittel, heute nur noch als Lösungsmittel verwendete) süßlich riechende, farblose Flüssigkeit.*
chlo|ro|for|mi̲e|ren ⟨sw. V.; hat⟩ (veraltend): *mit Chloroform betäuben:* der Arzt chloroformierte den Verwundeten; der Wächter wurde mit einem chloroformierten *(mit Chloroform getränkten)* Wattebausch betäubt.
Chlo|ro|phyll, das; -s [zu griech. phýllon = Blatt] (Bot.): *der Assimilation dienender grüner Farbstoff in den Pflanzenzellen, Blattgrün.*
Chlo̲r|säu|re, die (Chemie): *als starkes Oxidationsmittel wirkende Sauerstoffsäure des Chlors.*
Chlo̲|rung, die; -, -en: *das Chloren* (a).
Chlo̲r|ver|bin|dung, die (Chemie): *chemische Verbindung des Chlors.*
Choke [tʃoʊk], der; -s, -s [engl. choke, zu: to choke = drosseln] (Kfz-T.): *Luftklappe am Vergaser als Hilfe beim Kaltstart; Choker:* den C. herausziehen; mit gezogenem C. fahren.
Cho|ker, der; -s, -: *Choke.*
Cho|le|ra [ˈko:lera], die; - [lat. cholera < griech. choléra = Gallenbrechdurchfall, zu: cholḗ = ¹Galle] (Med.): *schwere epidemische Infektionskrankheit mit heftigen Brechdurchfällen.*
Cho|le|ri|ker, der; -s, - [zu ↑cholerisch; nach der Typenlehre des altgriech. Arztes Hippokrates]: *leidenschaftlicher, reizbarer, jähzorniger Mensch:* er ist ein C.
Cho|le|ri|ke|rin, die; -, -nen: w. Form zu ↑Cholerikerin.

ho|le|risch ⟨Adj.⟩ [zu mlat. cholera, ↑²Koller]: *aufbrausend, reizbar, jähzornig:* ein -es Temperament.

ho|les|te|rin [çolɛste'ri:n, auch: ko...], das; -s [zu griech. cholḗ = Galle u. stereós = hart, fest] (Med.): *(den Hauptbestandteil von Gallensteinen bildendes) wichtigstes, in allen tierischen Geweben vorkommendes Sterin.*

ho|les|te|rin|spie|gel, der (Physiol.): *Gehalt an Cholesterin im Blut:* einen [leicht, stark] erhöhten C. haben.

ho|li|am|bus [ço'li̯ambʊs], der; -, ...ben [lat. choliambus < griech. chōlíambos] (Verslehre): *aus Jamben bestehender antiker Vers, in dem statt des letzten Jambus ein Trochäus auftritt.*

hop|su|ey [tʃɔp'su:i], das; -[s], -s [engl. chop-suey < chin. (kantonesisch) schap sui, eigtl. = verschiedene Bissen] (Kochk.): *mit verschiedenen Gemüsen, Zwiebeln u. Pilzen gebratene Fleisch- od. Fischstückchen, die mit Reis u. Sojasoße serviert werden.*

hor [ko:ɐ̯], der; -[e]s, Chöre [mhd. kōr, ahd. chōr = Chorgesang der Geistlichen in der Kirche < lat. chorus < griech. chorós = Tanz, Reigen; 6: mhd. kōr]: **1. a)** *Gruppe gemeinsam singender Personen:* ein gemischter *(aus Frauen- u. Männerstimmen bestehender)* C.; einen C. dirigieren; sie singt in einem C.; *** im C.** *(gemeinsam, alle zusammen):* die Kinder brüllten im C.; **b)** *Gruppe gleichartiger Orchesterinstrumente od. ihrer Spieler:* ein C. von Bläsern, Posaunen; **c)** (Theater) *das Bühnengeschehen kommentierende Gruppe von Schauspielern:* der C. in der antiken Tragödie. **2.** *Komposition für ein- oder mehrstimmigen Gruppengesang:* ein vierstimmiger C.; einen C. komponieren; er studierte einen neuen C. ein. **3.** *gemeinsamer [mehrstimmiger] Gesang von Sängerinnen u. Sängern.* **4.** (Musik) *gleich gestimmte Saiten* (z. B. beim Klavier, bei der Laute o. Ä.). **5.** (Musik) *zu einer Taste gehörende Pfeifen der gemischten Stimmen bei der Orgel.* **6.** ⟨selten: das⟩ *meist nach Osten ausgerichteter, im Innern abgesetzter Teil der Kirche mit [Haupt]altar:* ein gotischer C.; die Kirche hat zwei Chöre. **7.** ⟨selten: das⟩ *Platz der Singenden auf der [Orgel]empore.* **8.** ⟨das⟩ (landsch. abwertend) *²Pack, Gesindel:* so ein liederliches C.

ho|ral, der; -s, Choräle [mlat. (cantus) choralis = Chorgesang, zu lat. chorus, ↑Chor]: **a)** *üblicherweise von der Gemeinde gesungenes [evangelisches] Kirchenlied:* die Choräle in Bachs Matthäuspassion; die Gemeinde singt einen C.; **b)** *** gregorianischer C.** (↑Gesang 2).

ho|ral|buch, das: *Sammlung für die Orgelbegleitung evangelischer Kirchenlieder.*

ho|ral|vor|spiel, das: *den Gemeindegesang vorbereitendes Orgelvorspiel, dem die Melodie des zu singenden Kirchenliedes zugrunde liegt.*

hor|da ['kɔrda], (auch:) Chorde, die; -, ...den [lat. chorda < griech. chordḗ = Darm(saite)] (Biol.): *stabähnliches knorpliges Gebilde als Vorstufe der Wirbelsäule (bei Schädellosen, Mantel- u. Wirbeltieren).*

hor|da|ten ⟨Pl.⟩ (Biol.): *Tiergruppen, die eine Chorda besitzen.*

hor|de: ↑Chorda.

ho|rea [ko're:a], die; - [griech. choreía = Tanz]: **1.** *(im MA.) Tanzlied, Reigen.* **2.** (Med.) *Veitstanz:* C. Huntington *(genetisch bedingte Chorea).*

ho|re|o|graf usw.: ↑Choreograph usw.

ho|re|o|graph [ko...], der; -en, -en [rückgeb. aus ↑Choreographie]: *Schöpfer u. Gestalter von Balletttänzen; Regisseur eines Balletts* (Berufsbez.).

ho|re|o|gra|phie, die; -, -n [zu griech. choreía = Tanz u. gráphein = schreiben]: **a)** ⟨o. Pl.⟩ *künstlerische Gestaltung, Einstudierung eines Balletts;* **b)** *Tanzschrift aus Buchstaben od. speziellen Zeichen, mit denen Stellung, Haltung u. Bewegungsabläufe für die Tänzerinnen u. Tänzer festgelegt werden.*

ho|re|o|gra|phie|ren ⟨sw. V.; hat⟩: *ein Ballett einstudieren, inszenieren.*

Cho|re|o|gra|phin, die; -, -nen: w. Form zu ↑Choreograph.

cho|re|o|gra|phisch ⟨Adj.⟩: *die Choreographie betreffend:* die -e Leitung eines Bühnenstücks.

Cho|re|us [ço're:ʊs, auch: ko...], der; -, ...een [lat. choreus < griech. choreĩos (poús), eigtl. = zum Tanz gehörender Versfuß] (Verslehre): *Trochäus.*

Cho|reut [ç...], der; -en, -en [griech. choreutḗs]: *altgriechischer Chorsänger, -tänzer.*

Chor|frau, die (kath. Kirche): vgl. Chorherr (2).

Chor|füh|rer, der: *im antiken griechischen Theater Vorsänger [u. Leiter] des Chores.*

Chor|ge|bet, das (kath. Kirche): *Stundengebet.*

Chor|ge|sang, der: *Gesang eines Chores* (1 a).

Chor|ge|stühl, das: *für die Geistlichkeit bestimmtes [kunstvoll geschnitztes] Gestühl an den beiden Längsseiten des Chors* (6).

Chor|hemd, das: vgl. Chorrock.

Chor|herr, der (kath. Kirche): **1.** *Mitglied eines Domkapitels.* **2.** *Mitglied einer Ordensgemeinschaft, deren Angehörige nicht nach einer Ordensregel, sondern nach anderen Richtlinien leben* (z. B. Prämonstratenser).

Chor|her|ren|stift, das (kath. Kirche): *Kloster der Chorherren* (2).

Cho|ri|am|bus [ço'ri̯ambʊs], der; -, ...ben [lat. choriambus < griech. choríambos] (Verslehre): *aus einem Choreus u. einem Jambus zusammengesetzter Versfuß.*

cho|risch [k...] ⟨Adj.⟩ [lat. choricus < griech. chorikós]: **a)** *den Chor* (1 a) *betreffend:* eine gute -e Leistung; **b)** *durch den Chor* (1 a) *auszuführen, für den Chor* (1 a) *bestimmt:* eine -e Bearbeitung.

Cho|rist, der; -en, -en [mlat. chorista, zu lat. chorus, ↑Chor]: *Chorsänger.*

Cho|ris|tin, die; -, -nen: w. Form zu ↑Chorist.

Chor|kna|be, der (veraltend): *Junge, der in einem [kirchlichen] Knabenchor singt:* dastehen wie die -n *(einen naiven Eindruck machen).*

Chör|lein ['kø:ɐ̯lai̯n], das; -s, - [mhd. kœrlīn = (kleinere) Kapelle, eigtl. Vkl. von: kōr, ↑Chor (6)]: *halbrunder od. vieleckiger Erker an mittelalterlichen Wohnbauten.*

Chor|lei|ter, der: *Dirigent eines Chores.*

Chor|lei|te|rin, die: w. Form zu ↑Chorleiter.

Chor|mu|sik, die ⟨Pl. selten⟩: *für die Interpretation durch Chöre geschriebene Komposition[en].*

Cho|ro|lo|gie, die; -, -n [zu griech. lógos, ↑Logos]: **1.** (Geogr.) *Wissenschaft von den kausalen Zusammenhängen der in einem bestimmten geographischen Raum auftretenden Erscheinungen u. Kräfte.* **2.** *Wissenschaft von der räumlichen Verbreitung der Tiere u. Pflanzen auf der Erde; Arealkunde.*

Chor|pro|be [k...], die: *Probe für die Mitglieder eines Chors.*

Chor|rock, der: *liturgisches Gewand des katholischen Geistlichen.*

Chor|sän|ger, der: *Mitglied eines [Opern]chors.*

Chor|sän|ge|rin, die: w. Form zu ↑Chorsänger.

Chor|schran|ke, die: *den Chorraum einer Kirche abschließende Schranke.*

Cho|se ['ʃo:zə], die; -, -n [frz. chose < lat. causa = Sache] ⟨Pl. selten⟩ (ugs.): **1.** *Sache, Angelegenheit:* in einer Woche muss die C. erledigt sein. **2.** *Dinge, Gegenstände:* er stolperte, und da lag die [ganze] C.

Chow-Chow [tʃau̯'tʃau̯, auch: ʃau̯'ʃau̯], der; -s, -s [engl. chow(-chow), aus dem Chin.]: *in China gezüchteter Rassehund mit üppiger Behaarung, kleinen dunklen Augen und kleinen Stehohren.*

¹Christ [krɪst], der; -en, -en [mhd. kristen < ahd. kristāni < lat. christianus, zu: Christus = der Gesalbte < griech. christós (subst. 2. Part. von: chríein = salben) für aram. məšīaʰ, ↑Messias]: *jmd., der sich als Getaufter zur christlichen Religion bekennt; Anhänger des Christentums:* ein gläubiger, überzeugter C.; als [guter] C. leben, sterben.

²Christ [↑¹Christ] (volkst. veraltet): *Christus:* C. ist erstanden; *** der Heilige C.** *(Weihnachten).*

Christ|baum, der [2: nach dem Vergleich mit dem Lichterschmuck eines Christbaums (1)] (landsch.): **1.** *Weihnachtsbaum:* den C. schmücken; sie ist aufgedonnert wie ein C. (salopp; *sie trägt sehr viel Schmuck u. ist stark geschminkt*); *** nicht alle auf dem C. haben** (salopp; *nicht ganz bei Verstand sein*). **2.** (ugs.) *(im Zweiten Weltkrieg verwendetes) Leuchtsignal zur Abgrenzung der Angriffsgebiete bei Bombenangriffen.*

Christ|baum|ker|ze, die: *kleine Kerze für den Weihnachtsbaum.*

Christ|baum|schmuck, der ⟨o. Pl.⟩: *zum Schmücken des Weihnachtsbaums verwendete Gegenstände.*

Christ|de|mo|krat, der: *Mitglied einer christlich-demokratischen Partei.*

Christ|de|mo|kra|tin, die: w. Form zu ↑Christdemokrat.

christ|de|mo|kra|tisch ⟨Adj.⟩: *die Christdemokraten betreffend, charakterisierend.*

Chris|te|elei|son, das; -s, -s: *Bittruf [als Teil der Messe].*

Chris|te elei|son! ['krɪste e'lai̯zɔn] ⟨Interj.⟩ [mgriech. Chríste eléison = Christus, erbarme dich!]: *Bittruf zwischen einem einleitenden u. einem abschließenden »Kyrie eleison!«.*

Chris|ten|ge|mein|de, die: *christliche Gemeinde:* die ersten -n im alten Rom.

Chris|ten|glau|be[n], der: *christlicher Glaube.*

Chris|ten|heit, die; - [mhd. kristenheit]: *Gesamtheit der Christen.*

Chris|ten|leh|re, die ⟨o. Pl.⟩: **a)** *Unterweisung der Jugend in christlicher Lehre [nach dem Konfirmandenunterricht];* **b)** (DDR) *christlicher Religionsunterricht.*

Chris|ten|mensch, der (Rel.): *christlicher Mensch.*

Chris|ten|pflicht, die: *christliche Pflicht der Nächstenliebe:* etw. als [seine] C. betrachten.

Chris|ten|tum, das; -s [mhd. kristentuom]: **a)** *auf Jesus Christus, sein Leben u. seine Lehre gegründete Religion:* sich zum C. bekennen, bekehren; **b)** *individueller christlicher Glaube:* ein oberflächliches, orthodoxes C. vertreten; praktisches *(im täglichen Leben verwirklichtes)* C.

Chris|ten|ver|fol|gung, die: *Verfolgung der Christen, bes. durch den römischen Staat vom 1. bis 4. Jh.*

Christ|fest, das (veraltet, noch landsch.): *Weihnachtsfest.*

chris|ti|a|ni|sie|ren ⟨sw. V.; hat⟩ [lat. christianizare]: **a)** *jmdn. zum Christentum bekehren;* **b)** *einer Sache einen christlichen Anschein geben.*

Chris|ti|a|ni|sie|rung, die; -, -en: *das Christianisieren, Christianisiertwerden.*

Chris|tian Sci|ence ['krɪstjən 'saɪəns], die; - - [engl. = christliche Wissenschaft]: *1879 in den USA gegründete christliche Gemeinschaft, die durch enge Verbindung mit Gott menschliche Unzulänglichkeit überwinden will.*

Chris|tin, die; -, -nen: w. Form zu ↑¹Christ.

christ|ka|tho|lisch ⟨Adj.⟩ (schweiz.): *altkatholisch.*

Christ|kind, das: **1.** ⟨Pl. selten⟩ *Jesus Christus in plastischer od. bildlicher Darstellung als neugeborenes Kind:* das C. liegt in der Krippe. **2.** ⟨o. Pl.⟩ *am Jesuskind orientierte Kindergestalt, die in der Vorstellung von Kindern zu Weihnachten Geschenke bringt:* das C. hat dem Mädchen eine Puppe gebracht; er glaubt noch, glaubt nicht mehr ans C. **3.** ⟨o. Pl.⟩ (bes. südd., österr.) *Weihnachtsgeschenk:* er hat als C. einen Schlitten und Malstifte bekommen.

Christ|kind|chen, (südd., österr.:) **Christ|kindl, Christ|kind|lein,** das; -s: Vkl. zu ↑Christkind.

Christ|kö|nigs|fest, das (kath. Kirche): *[früher am Sonntag vor Allerheiligen, seit 1970 am letzten Sonntag des Kirchenjahres begangenes] liturgisches Fest, an dem Jesus Christus als König der Welt gefeiert wird.*

christ|lich ⟨Adj.⟩ [mhd. kristenlich]: **a)** *auf Christus, dessen Lehre zurückgehend:* die -e Taufe; der -e Glaube; **b)** *der Lehre Christi entsprechend:* -e Nächstenliebe; c. handeln; Ü sie hat die Schokolade c. mit ihm geteilt *(hat ihm die*

Hälfte gegeben); **c)** *sich zum Christentum bekennend:* die -en Kirchen; **d)** *im Christentum verwurzelt, verankert:* die -e Kunst; die Kultur des -en Abendlandes; **e)** *der christlichen Kirche entsprechend; kirchlich:* ein -es Begräbnis erhalten.

Christ|lich|keit, die; -: *christliche Gesinnung.*

Christ|mes|se, die (kath. Kirche): *Christmette.*

Christ|met|te, die: *(zwischen den Abendstunden des Heiligen Abends u. dem Morgen des 1. Weihnachtstages stattfindender) Weihnachtsgottesdienst.*

Christ|nacht, die: *Nacht von Heiligabend auf den 1. Weihnachtstag.*

Chris|to|gramm, das; -s, -e: kurz für ↑Christusmonogramm.

Chris|to|lo|gie, die; -, -n [↑-logie] (Theol.): *Lehre der christlichen Theologie von der Person Christi.*

chris|to|lo|gisch ⟨Adj.⟩: *die Christologie betreffend.*

Christ|ro|se, die: *(im Dezember blühende) Pflanze mit gefiederten ledrigen Blättern u. großen grünlich weißen, auf der Unterseite leicht rosa gefärbten Blüten.*

Christ|stol|le, die, **Christ|stol|len,** der: *Stolle[n]:* Dresdner C.

Chris|tus [ˈkrɪstʊs]: kurz für ↑Jesus Christus.

Chris|tus|dorn, der ⟨Pl. ...dorne⟩ [die Dornenkrone Christi soll aus diesen Zweigen gewunden worden sein]: *(zu den Wolfsmilchgewächsen gehörende) als Strauch wachsende Pflanze mit dornenbesetzten Zweigen, länglich runden Blättern u. an langen Stielen sitzenden zahlreichen meist roten Blüten.*

Chris|tus|kopf, der: *künstlerische bildliche od. plastische Darstellung des Kopfes Christi [als des Gekreuzigten]:* ein frühromanischer C.

Chris|tus|mo|no|gramm, das: *Symbol für den Namen Christus, das aus den griechischen Anfangsbuchstaben des Namens, aus X (Chi) u. P (Rho) zusammengefügt ist.*

Christ|wurz, die: volkst. Bez. für mehrere Pflanzen, z. B. Arnika, Christrose, Nieswurz, Schöllkraut.

Chrom [kro:m], das; -s [frz. chrome < lat. chroma = Farbe < griech. chrõma = (Haut)farbe, nach der schönen Färbung der meisten Chromverbindungen]: *sehr hartes und sprödes, silberweiß glänzendes Metall, das unter normalen Bedingungen nicht oxidiert (chemisches Element;* Zeichen: Cr): blitzendes C.; eine Schutzschicht aus C.; etw. mit C. überziehen.

Chro|ma|tik, die; - [1: zu griech. chrõma = chromatische Tonleiter, eigtl. etwa = Färbung]: 1. (Musik) *Veränderung der sieben Grundtöne [durch ein Versetzungszeichen] um einen halben Ton nach oben od. unten.* 2. (Physik) *Farbenlehre.*

chro|ma|tisch ⟨Adj.⟩ [griech. chrõmatikós]: 1. (Musik) *in Halbtönen fortschreitend:* eine -e Tonleiter. 2. (Physik) *die Chromatik (2) betreffend.*

Chro|ma|to|phor, das; -s, -en ⟨meist Pl.⟩ [zu griech. phorós = tragend]: 1. (Bot.) *farbstofftragende Organelle der Pflanzenzelle.* 2. (Zool.) *Farbstoffzelle bei Tieren, die den Farbwechsel der Haut ermöglicht* (z. B. beim Chamäleon).

Chro|ma|top|sie, Chromopsie, die; - [zu griech. ópsis = das Sehen] (Med.): *Sehstörung, bei der Gegenstände in bestimmten Farbtönen verfärbt od. Farbtöne bei geschlossenen Augen wahrgenommen werden* (z. B. bei bestimmten Vergiftungen, Gewalteinwirkung auf das Auge).

Chro|ma|to|se, die; -, -n (Med.): *Verfärbung der Haut durch abnorme Ablagerung bestimmter körpereigener Farbstoffe.*

Chro|ma|tron [ˈkro:matro:n], das, -s, ...one (auch: -s) [zu griech. chrõma = Farbe u. ↑[1]Elektron] (Technik): *spezielle Bildröhre für das Farbfernsehen.*

chrom|blit|zend ⟨Adj.⟩: *von Chrom blitzend:* -es Auto.

Chrom|ei|sen|erz, das, **Chrom|ei|sen|stein,** der: *Chromit.*

Chrom|gelb, das: *gelbe deckkräftige Malerfarbe.*

Chro|mit [auch: ...ˈmɪt], der; -s, -e (Geol.): *grau- bis bräunlich schwarzes Mineral; Chromeisenerz, Chromeisenstein.*

Chrom|ni|ckel|stahl, der: *sehr korrosionsbeständige Legierung aus Chrom u. Nickel, die bes. für den Apparatebau u. im Bauwesen verwendet wird.*

Chro|mo|lith [auch: ...ˈlɪt], der; -s u. -en, -e[n] [zu griech. líthos = Stein]: *unglasiertes, farbig gemustertes Steinzeug.*

Chro|mo|li|tho|gra|phie, die: *Farbdruck; farbiger Steindruck.*

Chro|mop|sie: ↑Chromatopsie.

Chro|mo|som, das; -s, -en ⟨meist Pl.⟩ [zu griech. sõma = Körper u. lat. chroma = Farbe, eigtl. = Farbkörper; Chromosomen können durch best. Färbungen sichtbar gemacht werden] (Biol.): *in jedem Zellkern in artverschiedener Anzahl u. Gestalt vorhandenes, das Erbgut eines Lebewesens tragendes, fadenförmiges Gebilde.*

Chro|mo|so|men|satz, der (Biol.): *Gesamtheit der Chromosomen eines Kerns bzw. einer Zelle.*

Chro|mo|so|men|zahl, die (Biol.): *Anzahl der Chromosomen in einem Chromosomensatz.*

Chro|mo|sphä|re, die: *glühende Gasschicht um die Sonne.*

Chrom|rot, das: vgl. Chromgelb.

Chrom|säu|re, die (Chemie): *Chromverbindung, die das Chrom in anionischer Form enthält.*

Chrom|ver|bin|dung, die (Chemie): *chromhaltige chemische Verbindung.*

Chro|nik [ˈkro:nɪk], die; -, -en [mhd. krõnik(e) < lat. chronica (Pl.) < griech. chronikà (biblía), zu: chrónos = Zeit]: 1. *geschichtliche Darstellung, in der die Ereignisse in zeitlich genauer Reihenfolge aufgezeichnet werden:* eine mittelalterliche C.; die C. einer Familie, des Dreißigjährigen Krieges. 2. ⟨o. Pl.⟩ *in der 1. Hälfte des 4. Jh.s entstandenes, später in zwei Bücher geteiltes Geschichtswerk des Alten Testaments:* das erste, zweite Buch der C. (Abk.: Chr.).

Chro|ni|ka ⟨Pl.⟩: *zwei Bücher der Chronik* (2).

chro|ni|ka|lisch ⟨Adj.⟩: *in Form einer Chronik abgefasst:* -e Berichte.

Chro|nique scan|da|leuse [krɔnikskãdaˈlø:z], die; - -, -s -s [krɔnikskãdaˈlø:z; frz., aus: chronique = Chronik u. scandaleuse = skandalös]: *Sammlung von Skandal- u. Klatschgeschichten einer Epoche od. eines bestimmten Milieus.*

chro|nisch ⟨Adj.⟩ [spätlat. (morbus) chronicus = chronisch(e Krankheit) < lat. chronicus = zur Zeit gehörend, zeit- < griech. chronikós = zeitlich (lang)]: **a)** (Med.) *(von Krankheiten) sich langsam entwickelnd u. lange dauernd:* eine -e Krankheit; sein Husten ist c., droht c. zu werden; **b)** (ugs.) *dauernd, ständig:* ein -es Übel; (scherzh.:) er leidet an -em Geldmangel.

Chro|nist, der; -en, -en [mlat. chronista]: 1. *Verfasser einer Chronik:* ein C. der Bauernaufstände. 2. *jmd., der ein Geschehen verfolgt, beobachtet u. darüber berichtet.*

Chro|nis|ten|pflicht, die (oft scherzh.): *Verpflichtung, objektiv über etw. zu berichten:* damit ist der C. Genüge getan.

Chro|nis|tin, die; -, -nen: w. Form zu ↑Chronist.

Chro|no|gramm, das; -s, -e [↑-gramm]: 1. *Satz od. Inschrift (in lateinischer Sprache), in der hervorgehobene Großbuchstaben als Zahlzeichen die Jahreszahl eines geschichtlichen Ereignisses ergeben, auf das sich der Satz bezieht.* 2. *Aufzeichnung eines Chronographen.*

Chro|no|graph, der; -en, -en [↑-graph]: *Gerät zur Übertragung der Zeitangabe einer Uhr auf einen Papierstreifen.*

Chro|no|gra|phie, die; - [zu griech. gráphein = schreiben]: *Geschichtsschreibung nach zeitlicher Abfolge.*

Chro|no|lo|ge, der; -n, -n [↑-loge]: *Wissenschaftler auf dem Gebiet der Chronologie* (1).

Chro|no|lo|gie, die; -, -en [griech. chronología]: 1. ⟨o. Pl.⟩ *Wissenschaft von der Zeitmessung u. -rechnung.* 2. *Zeitrechnung:* die frühgeschichtliche C. 3. *zeitliche Abfolge:* die C. der Ereignisse.

Chro|no|lo|gin, die; -, -nen: w. Form zu ↑Chronologe.

chro|no|lo|gisch ⟨Adj.⟩: *zeitlich geordnet:* in -er Reihenfolge; eine -e Aufzählung von Daten; etw c. berichten.

Chro|no|me|ter, das, ugs. auch: der; -s, -: **a)** *(bes. in der Astronomie u. in der Schifffahrt eingesetzte) transportable Uhr mit höchster Ganggenauigkeit;* **b)** (ugs. scherzh.) *[Taschen]uhr.*

Chro|no|me|trie, die; -, -n [...i:ən]: *Zeitmessung.*

chro|no|me|trisch ⟨Adj.⟩: *auf genauer Zeitmessung beruhend.*

Chro|no|skop, das; -s, -e [zu griech. skopeĩn = betrachten]: *genau gehende Uhr mit dem Mechanismus einer Stoppuhr, mit dem Zeitabschnitte gemessen werden können, ohne dass der normale Gang der Uhr dadurch beeinflusst wird.*

Chry|sa|lis, die; - [lat. chrysallis < griech. chrysallís = Chrysalide, zu: chrýseos = golden] (Zool.): *Puppe* (3).

Chry|san|the|me [kryzanˈte:mə], die; -, -n [lat. chrysanthemon < griech. chrysánthemon = Goldblume, zu: chrysós = Gold u. ánthemon = Blume]: *als Zierpflanze kultivierte Wucherblume mit meist großen, strahlenförmigen Blüten.*

Chry|san|the|mum [kry..., auch: ç...], das; -s, -[s]: *Wucherblume.*

Chry|so|lith [auch: ...ˈlɪt], der; -s u. -en, -e[n] [zu griech. líthos = Stein]: *Olivin.*

Chry|so|til, der; -s, -e [zu griech. chrysós = Gold u. tílos = Faser] (Geol.): *gelbe, grüne, auch farblose, feinfaserige, oft seidig glänzende Varietät des Serpentins; Faserserpentin.*

chtho|nisch [ˈçto:nɪʃ] ⟨Adj.⟩ [griech. chthónios]: *der Erde angehörend; unterirdisch:* -e Mächte; -e Götter (griech. Myth.; *die Erdgottheiten wie Gäa, Pluto im Gegensatz zu den himmlischen Göttern*).

Chur [ku:ɐ̯]: Hauptstadt des Kantons Graubünden.

Chut|ba [x...], die; -, ...ben [arab. ḫuṭba]: *Predigt im islamischen Gottesdienst an Freitagen u. Festtagen.*

Chut|ney [ˈtʃatnɪ], das; -[s], -s [engl. chutney < Hindi chatnī]: *scharf gewürzte Soße aus zerkleinerten Früchten mit Gewürzzusätzen.*

Chuz|pe [ˈxʊtspə], die; - [jidd. chuzpo] (salopp abwertend): *Unverfrorenheit, Dreistigkeit, Unverschämtheit:* eine unglaubliche C.

Ci = Curie.

CI [tse:ˈi:], die; -: Corporate Identity.

CIA [ˈsi:aɪˈeɪ], die, auch: der; - [engl., aus: Central Intelligence Agency]: *US-amerikanischer Geheimdienst.*

ciao [tʃau], (seltener:) tschau [ital., zu venez. scia(v)o, Nebenf. von ital. schiavo = Sklave (< mlat. sclavus, ↑Sklave), also eigtl. = (Ihr) Diener] (ugs.): freundschaftlicher Gruß zum Abschied, zur Begrüßung.

Ci|ce|ro [ˈtsɪtsero, auch: ˈtsi:tsero], die, schweiz.: der; -, - [angeblich wurden die Briefe des röm. Redners, Politikers u. Schriftstellers Cicero (106–43 v. Chr.) zuerst in diesem Schriftgrad gedruckt] (Druckw.): *Schriftgrad von 12 Punkt.*

Ci|ce|ro|ne [tʃitʃeˈro:nə], der; -[s], -s u. ...ni [ital. cicerone, aufgrund eines scherzh. Vergleichs mit der Beredsamkeit Ciceros]: **a)** (scherzh.) *[sehr viel redender] Fremdenführer;* **b)** *Buch mit Informationen für den Touristen; Reise-, Stadtführer.*

ci|ce|ro|ni|anisch, ci|ce|ro|nisch ⟨Adj.⟩: **a)** *nach der Art Ciceros;* **b)** *stilistisch vollkommen.*

Ci|cis|beo [tʃitʃɪsˈbe:o], der; -[s], -s [ital. cicisbeo viell. lautm.] (bildungsspr. verhüll.): *Hausfreund* (2).

Ci|dre [ˈsi:drə], Zider [ˈtsi:dɐ], der; -s, -s [frz. cidre < afrz. sidre < kirchenlat. sicera = ein berauschendes Getränk < griech. síkera < hebr. šeḵar = betrunken]: *französischer Apfelwein aus der Normandie od. Bretagne.*

Cie. (schweiz., sonst veraltet): Co.

cif, c. i. f. [tsɪf] [Abk. von engl. cost, insurance,

freight]: Abk. für eine Rechtsklausel im Überseehandelsgeschäft, wonach im Warenpreis Verladekosten, Versicherung u. Fracht bis zum Bestimmungshafen enthalten sind.

CIM = computer integrated manufacturing (computergestütztes Fertigen von der Projektentwicklung bis zur Produktauslieferung).

Cim|bal: ↑Zimbal.

Cin|cho|na [sɪnˈtʃo:na], die; -, ...nen [port. cinchona, nach der Gemahlin des Grafen Cinchón, Vizekönig von Peru (17. Jh.)]: *Chinarindenbaum.*

Ci|ne|ast [sineˈast], der; -en, -en [frz. cinéaste, zu: ciné, cinéma, gek. aus: cinématographe, ↑Kinematograph]: a) *Filmschaffender;* b) *Filmkritiker, Filmkenner;* c) *begeisterter Kinogänger.*

Ci|ne|as|tik die; -: *Filmkunst.*

Ci|ne|as|tin, die; -, -nen: w. Form zu ↑Cineast.

ci|ne|as|tisch ⟨Adj.⟩: *die Cineastik betreffend.*

Ci|ne|ma|scope® [sinemaˈsko:p], das; - [engl. Cinemascope, zu griech. kínēma = Bewegung u. skopeīn = betrachten] (Film): *besonderes Verfahren zur Aufnahme u. Projektion von Breitwandfilmen.*

Ci|ne|ra|ma®, das; - [engl. Cinerama, zu griech. kineīn = bewegen u. ↑Panorama] (Film): *besonderes Verfahren zur Aufnahme u. Projektion von Breitwandfilmen.*

Cin|gu|lum, das; -s, -s u. ...la [lat. cingulum, zu: cingere = (um)gürten]: 1. *(im 1.–3. Jh.) von den römischen Soldaten aller Dienstgrade als Zeichen ihrer Standeszugehörigkeit um die Hüfte getragener metallbeschlagener Ledergurt mit einem zum Schutz des Unterleibs dienenden Schurz aus ebenfalls metallbeschlagenen Lederriemen.* 2. *Zingulum* (a, b).

Cin|que|cen|tist [tʃɪŋkvetʃenˈtɪst], der; -en, -en [ital. cinquecentista]: *Künstler des Cinquecento.*

Cin|que|cen|to, das; -[s] [ital. cinquecento = 16. Jahrhundert, kurz für: mille cinquecento = 1500 (Kunstwiss.): *Kultur u. Kunst des 16. Jh.s in Italien.*

CIP [tsɪp; Abk. von engl. cataloguing in publication]: Abk. für den Neuerscheinungs-Sofortdienst der Deutschen Bibliothek in Frankfurt/Main (Informationsdienst, der Neuerscheinungen od. Neuauflagen von Büchern bereits unmittelbar vor ihrem Erscheinen bibliographisch so genau wie möglich anzeigt).

cir|ca ⟨Adv.⟩ [lat. circa (Adv. u. Präp.) = ringsherum, nahe bei; ungefähr, gegen, zu: circus, ↑Zirkus]: *(bei Maß-, Mengen- u. Zeitangaben) ungefähr, etwa:* c. zwei Stunden, zehn Kilometer, fünf Kilo; c. 90 % aller Mitglieder waren anwesend (Abk.: ca.).

[1]Cir|ce, Kirke: in der griechischen Sage Zauberin auf der Insel Aia, die alle Fremden in Tiere verwandelte (z. B. die Gefährten des Odysseus in Schweine).

[2]Cir|ce, die; -, -n: *verführerische Frau, die es darauf anlegt, Männer zu betören.*

Cir|cu|lus vi|ti|o|sus, der; - -, ...li ...si [lat., aus: circulus = Kreis(linie) u. vitiosus = fehlerhaft] (bildungsspr.): 1. *Zirkelschluss.* 2. *Teufelskreis.*

Cir|cus: ↑Zirkus.

cis, Cis, das; -, - (Musik): *um einen halben Ton erhöhtes c, C* (2).

Cis-Dur [auch: ˈ-ˈ-], das; -: *auf dem Grundton Cis beruhende Durtonart* (Zeichen: Cis).

Cis|la|weng: ↑Zislaweng.

cis-Moll [auch: ˈ-ˈ-], das; -: *auf dem Grundton cis beruhende Molltonart;* Zeichen: cis.

Ci|to|yen [sitoaˈjɛ̃:], der; -s, -s [frz. citoyen, zu: cité, ↑City]: frz. Bez. für *Bürger.*

Ci|ty [ˈsɪti], die; -, -s [...ti:s; engl. city = (Haupt)stadt < afrz. cité < lat. civitas (Gen.: civitatis) = Bürgerschaft; Staat]: *Geschäftsviertel einer Großstadt, Innenstadt:* die Düsseldorfer C.; die C. ausbauen, zur Fußgängerzone erklären.

Ci|ty|bike [...baɪk], das; -s, -s [↑Bike]: *kleines Motorrad für den Stadtverkehr.*

Ci|vi|tas Dei, die; - -: *Gottesstaat.*

cl = Zentiliter.

Cl = Chlor.

Claim [kleɪm], das; -s, -s [engl. claim, zu: to claim = beanspruchen < afrz. clamer = (aus)schreien < lat. clamare]: 1. *Anspruch, Besitztitel.* 2. *Anteil an einem Goldgräberunternehmen.*

Clair-obs|cur [klɛrɔpsˈky:ɐ̯], das; -[s] [frz. clair-obscur, aus: clair = hell u. obscur = dunkel]: *Helldunkelmalerei:* ein Gemälde in C.

Clan [kla:n, engl.: klæn], der; -s, -e u. (bei engl. Ausspr.:) -s [engl. clan < gäl. clann = Abkömmling < lat. planta, ↑Pflanze], (auch:) Klan, der; -s, -e: 1. *schottischer Sippen- od. Stammesverband.* 2. (oft iron.) *durch gemeinsame Interessen od. verwandtschaftliche Beziehungen verbundene Gruppe:* zur Premiere kam sie wieder mit dem halben C. angereist.

Claque [klak], die; -, -n [frz. claque, zu: claquer = klatschen, lautm.]: *bestellte, mit Geld od. Freikarten bezahlte Gruppe Beifall Klatschender.*

Cla|queur [klaˈkø:ɐ̯], der; -s, -e [frz. claqueur]: *bestellter Beifall Klatschender.*

Cla|queu|rin [klaˈkørɪn], die; -, -nen: w. Form zu ↑Claqueur.

Cla|ri|no, das; -s, -s u. ...ni [ital. clarino, zu: claro = hell (klingend) < lat. clarus]: 1. *hohe Trompete.* 2. *Zungenstimme der Orgel.*

Clar|kia, die; -, ...ien, **Clar|kie,** die; -, -n [nach dem amerik. Forscher W. Clark (1770–1838)]: *als Zierpflanze kultivierte Nachtkerze mit einzeln od. in Trauben stehenden, weißen bis rotvioletten Blüten.*

Cla|vi|cem|ba|lo [klaviˈtʃembalo], das; -s, -s u. ...li [ital. clavicembalo < mlat. clavicymbalum, zu lat. clavis = Schlüssel u. cymbalum, ↑Zimbel]: *Cembalo.*

Cla|vi|cu|la, die; -, ...lae [...lɛ; lat. clavicula = Schlüsselchen] (Med.): *Schlüsselbein.*

clean [kli:n] ⟨indekl. Adj.⟩ [engl. clean, eigtl. = rein, sauber] (Jargon): *[nach einer Behandlung] nicht mehr drogenabhängig:* c. sein.

Clea|ring [ˈkli:rɪŋ], das; -s, -s [engl. clearing, zu: clear = frei von Schulden, sauber < afrz. cler = hell < lat. clarus] (Wirtsch.): *Verrechnung gegenseitiger Geldforderungen.*

Clea|ring|stel|le, die: a) (Wirtsch.) *mit der Durchführung des Clearings beauftragte Stelle;* b) *Einrichtung, die zwischen verschiedenen Parteien* (4) *vermittelt u. [in Konfliktfällen] berät.*

Clea|ring|ver|kehr, der (Wirtsch.): *über eine mit der Durchführung des Clearings betraute Stelle abgewickelter Zahlungsverkehr.*

Cle|ma|tis: ↑Klematis.

Cle|men|ti|ne: ↑Klementine.

Clen|bu|te|rol®, das; -s [Kunstwort; das Suffix -ol bezeichnet in der chem. Fachspr. bestimmte Kohlenwasserstoffe (zu lat. oleum = Öl)]: *zur Kälbermast sowie als Dopingmittel verwendetes Anabolikum.*

Clerk [klark, engl.: klɑ:k], der; -s, -s [engl. clerk < aengl. cler(i)c < kirchenlat. clericus, ↑Kleriker]: 1. a) *(in Großbritannien u. den USA) kaufmännischer Angestellter;* b) *(in Großbritannien u. den USA) Verwaltungsbeamter [beim Gericht].* 2. *(in Großbritannien) Geistlicher der anglikanischen Kirche.*

cle|ver [ˈklɛvɐ] ⟨Adj.⟩ [engl. clever, H. u.]: *mit Schläue u. Wendigkeit alle vorhandenen Fähigkeiten einsetzend u. geschickt alle Möglichkeiten nutzend:* eine -e Geschäftsfrau; die Fußballmannschaft spielte ungemein c.

Cle|ver|ness [...nɛs], die; - [engl. cleverness]: *clevere Art; cleveres Verhalten.*

Cliff|han|ger [...hɛŋɐ], **Cliff|hän|ger,** der; -s, - [engl. cliff-hanger = Thriller, eigtl. = jmd., der an einer Felswand hängt, aus: cliff = Felswand, Kliff u. hanger = jmd., der (irgendwo) hängt] (Jargon): *große Spannung* (1 a) *hervorrufendes dramatisches Ereignis am Ende einer Folge einer Rundfunk- od. Fernsehserie, das die Neugier auf die Fortsetzung wecken soll.*

Clinch [klɪntʃ, klɪnʃ], der; -[e]s [engl. clinch, zu: to clinch = umklammern] (Boxen): *das Clinchen:* sich aus dem C. lösen; er ging mit seinem Gegner in den C.; Ü die Regierung liegt mit den Gewerkschaften im C.; er wurde bei der Diskussion in den C. genommen (ugs.; *in die Zange genommen, bedrängt*).

clin|chen ⟨sw. V.; hat⟩ (Boxen): *den Gegner im Nahkampf mit den Armen so umklammern, dass keine od. nur Schläge aus ganz kurzer Distanz ausgeführt werden können.*

Clip, der; -s, -s [engl. clip, zu: to clip = festhalten, befestigen, (an)klammern]: 1. (auch:) Klipp a) *Klemme:* der K. am Kugelschreiber ist abgebrochen; b) *[modisches] Schmuckstück, das [am Ohrläppchen] festgeklemmt wird:* sie trug rote -s; c) *Haarklammer.* 2. kurz für ↑Videoclip.

Clip|per®, der; -s, - [amerik. Clipper, nach engl. clipper, ↑Klipper] (veraltet): *auf Überseestrecken eingesetztes amerikanisches Langstreckenflugzeug.*

Cli|que [ˈklɪkə, auch: ˈkli:kə], die; -, -n [frz. clique, zu afrz. cliquer = klatschen, also eigtl. = beifällig klatschende Masse]: a) (abwertend) *Personenkreis, der vornehmlich seine eigenen Gruppeninteressen verfolgt:* die herrschende, eine verbrecherische C.; eine C. bilden; b) *Freundes-, Bekanntenkreis [junger Leute]:* eine verschworene C.

Cli|quen|wirt|schaft, die (abwertend): *Ausübung von Macht u. Einfluss durch Cliquen* (a).

Cli|via, (auch:) Klivie, die; -, ...ien [nach Lady Charlotte Clive, Herzogin von Northumberland, in deren Gewächshäusern Clivien erstmals in Europa zum Blühen gebracht wurden]: *Pflanze mit breiten, riemenförmigen Blättern u. in Dolden wachsenden großen, orangefarbenen Blüten.*

Clo|chard [klɔˈʃa:r], der; -[s], -s [frz. clochard, zu: clocher = hinken, über das Vlat. zu spätlat. cloppus = lahm]: frz. Bez. für *Stadtstreicher (bes. in französischen Großstädten).*

Clog [klɔk, engl.: klɔg], der; -s, -s ⟨meist Pl.⟩ [engl. clog, H. u.]: *modischer Holzpantoffel.*

Cloi|son|né [kloazɔˈne:], das; -s, -s [frz. cloisonné, eigtl. 2. Part. von: cloisonner = abtrennen, zu lat. claudere = schließen]: *Technik der Emailmalerei, bei der auf eine [goldene] Platte Stege aufgelötet werden, die Zellen für die mehrfarbige Schmelzmasse bilden u. die Zeichnung abgeben; Zellenschmelz.*

Clo|nus, der; -, -se [zu griech. klṓn, ↑Klon]: *ohne natürliche Zeugung aus lebenden Zellen entwickelter künstlicher Mensch.*

Clo|qué [kloˈke:], der; -[s], -s [frz. cloqué, zu: cloquer = blasig werden, zu: cloque (Brand)blase, norm.-pik. Form von frz. cloche = Glocke; Wasserblase]: *Stoff aus zwei übereinander liegenden Geweben mit meist welliger, blasiger Oberfläche.*

Cloth [klɔθ], der od. das; - [engl. cloth = Tuch, Stoff, verw. mit ↑Kleid]: *glänzender [Futter]stoff aus Baumwolle od. Halbwolle.*

Clou [klu:], der; -s, -s [frz. clou, eigtl. = Nagel < lat. clavus] (ugs.): *Glanzpunkt, Kernpunkt:* sie, ihre Darbietung war der C. des Abends.

Clown [klaun], der; -s, -s [engl. clown (urspr. der »Bauerntölpel« im alten engl. Theater) < frz. colon < lat. colonus = Bauer]: *Spaßmacher im Zirkus, Varieté:* ein stark geschminkter C.; den C. spielen (abwertend; *sich albern aufführen*).

Clow|ne|rie, die; -, -n [engl. clownery]: *clownesker Auftritt, clowneske Handlung.*

clow|nesk ⟨Adj.⟩: *nach Art eines Clowns:* -e Bewegungen, Gesten, Handlungen.

Clow|nin, die; -, -nen: w. Form zu ↑Clown.

clow|nisch ⟨Adj.⟩: *clownesk.*

Clow|nis|mus, der; - (Med., Psychol.): *(bei verschiedenen psychopathischen Zuständen auftretende) groteske Körperverrenkungen.*

Club: ↑Klub.

Clus|ter [ˈklastɐ, engl.: ˈklʌstə], der; -s, -[s] [engl. cluster = Büschel; Menge]: 1. (Kernphysik) *als einheitliches Ganzes zu betrachtende Menge von Einzelteilchen.* 2. (Med.) a) *pathologische* (2) *Zellwucherung (bes. Krebszellen);* b) *anfallweise auftretender Schmerzzustand.* 3. (Musik) *Klanggebilde, das durch Übereinanderstellen* *kleiner Intervalle entsteht.* 4. (Sprachw.) a) *aufeinander folgende ungleiche Konsonanten;* b) *ungeordnete Menge semantischer Merkmale eines Begriffs.* 5. (selten) *Bündel, Traube* (2 a): die Bananenbüschel werden in C. aufgeteilt.

cm = Zentimeter.

Cm = Curium.

cm^2 (früher auch: qcm) = Quadratzentimeter.

cm^3 (früher auch: ccm) = Kubikzentimeter.

cmm (früher für: mm^3) = Kubikmillimeter.

c-Moll ['tse:..., auch: '–'–], das; -: *auf dem Grundton c beruhende Molltonart;* Zeichen: c.

c-Moll-Ton|lei|ter, die: *auf dem Grundton c beruhende Molltonleiter.*

cm/s, (früher auch:) **cm/sec** = Zentimeter in der Sekunde.

[1]Co = Cobaltum.

[2]Co, Co. = Compagnie, Kompanie.

co-, Co-: ↑ko-, Ko-.

c/o = care of.

Coach [ko:tʃ, engl.: koʊtʃ], der; -[s], -s [engl. coach, urspr. in der Studentenspr. = privater Tutor (im Sinne von »jmd., der einen weiterbringt«), eigtl. = Kutsche < frz. coche < dt. Kutsche]: *jmd., der Sportler od. eine Sportmannschaft, auch Manager, Künstler u. a. trainiert, betreut:* ein erfahrener C.; der C. der deutschen Fechter.

coa|chen ⟨sw. V.; hat⟩ [engl. to coach]: *Sportler od. eine Sportmannschaft, auch Manager, Künstler u. a. trainieren u. betreuen:* eine Mannschaft c.

Coa|ching, das; -[s] [engl. coaching]: *das Coachen.*

Coat [koʊt], der; -[s], -s [engl. coat < afrz. cote, aus dem Germ.]: *dreiviertellanger Mantel.*

Cob, der; -s, -s [engl. cob, eigtl. Bez. für jmdn., etw. von gedrungenem Aussehen, H. u.]: *kleines, starkes, für Reiten u. Fahren gleichermaßen geeignetes englisches Gebrauchspferd.*

Co|baea, die; -, -s [nach dem span. Jesuiten B. Cobo (1582–1657)]: *Glockenrebe.*

Co|balt: ↑Kobalt.

Co|bal|tum, das; -s: lat. Bez. für ↑Kobalt (Zeichen: Co).

Cob|bler, der; -s, -s [engl. cobbler, H. u.]: *Cocktail aus Likör, Weinbrand od. Weißwein, Fruchtsaft, Früchten u. Zucker.*

COBOL, (auch:) **Co|bol,** das; -s [Kunstwort aus engl. common business oriented language] (EDV): *bes. auf wissenschaftliche u. technische Aufgaben ausgerichtete Programmiersprache.*

Co|ca, das; -[s], -s od. die; -, -s ⟨aber: 5 Cola⟩: ugs. kurz für: [Flasche] ↑Coca-Cola: ein[e] C. bestellen.

Co|ca-Co|la ®, das; -[s] od. die; - ⟨5 Coca-Cola⟩ [amerik. Coca-Cola, H. u.]: *koffeinhaltiges Erfrischungsgetränk.*

Co|che|nil|le: ↑Koschenille.

Coch|lea ['kɔxlea], die; -, ...eae [...ee; lat. cochlea = Schnecke(nhaus) < griech. kochlías]: 1. (Anat.) *Teil des Innenohrs, Schnecke.* 2. (Zool.) *Gehäuse der Schnecken* (1).

Co|chon [kɔ'ʃõ:], der; -s, -s [frz. cochon, eigtl. = Schwein, H. u.] (veraltet): *unanständiger Mensch.*

Co|chon|ne|rie, die; -, -n [frz. cochonnerie] (veraltet): *Schweinerei; Unflätigkeit, Zote.*

Co|cker|spa|ni|el, der; -s, -s [engl. cocker spaniel, zu: to cock = Waldschnepfen jagen, zu: woodcock = Waldschnepfe u. spaniel, ↑Spaniel]: *Jagdhund mit seidigem Fell, langer Schnauze und großen Hängeohren.*

[1]Cock|ney ['kɔknɪ], das; -[s] [engl. cockney < mengl. cockeney = verweichlichter Mensch]: *(als Zeichen der Unbildung angesehene) Mundart der alteingesessenen Londoner Bevölkerung.*

[2]Cock|ney, der; -s, -s: *jmd., der [1]Cockney spricht.*

Cock|pit, das; -s, -s [engl. cockpit, eigtl. = vertiefte Einfriedung für Hahnenkämpfe, aus: cock = Hahn u. pit = Grube] (Fachspr.): 1. *Kabine des [1]Piloten* (1 a) *in einem Flugzeug:* einen Blick ins C. werfen. 2. *Fahrersitz in einem Rennwagen:* aus dem C. steigen. 3. *vertiefter, ungedeckter Sitzraum für die Besatzung in Segel- u. Motorbooten.*

Cock|tail ['kɔkteɪl], der; -s, -s [engl.(-amerik.) cocktail, eigtl. = Hahnenschwanz, H. u.]: a) *[alkoholisches] Mixgetränk mit Früchten, Fruchtsaft u. anderen Zutaten:* ein eisgekühlter, spritziger C.; einen C. mixen; b) (Kochk.) *aus Krustentieren, Geflügel-, Fisch- od. Fleischstückchen bereitete pikante Vorspeise.*

Cock|tail|kleid, das: *Kleid für kleinere festliche Anlässe.*

Cock|tail|par|ty, die: *zwanglose Geselligkeit in den frühen Abendstunden, bei der bes. Cocktails* (1 a) *serviert werden.*

Co|coo|ning [kə'ku:nɪŋ], das; -s [engl. cocooning, zu: to cocoon = sich in einen Kokon einspinnen, zu: cocoon = Kokon]: *vollständiges Sichzurückziehen in die Privatsphäre; das Sichaufhalten zu Hause als Freizeitgestaltung.*

c. o. d. [Abk. für engl. cash bzw. collect on delivery]: *per Nachnahme.*

Code, (auch:) Kode [ko:t], der; -s, -s [engl. code, frz. code < lat. codex, ↑Kodex]: 1. (Informationst.) *System von Regeln u. Übereinkünften, das die Zuordnung von Zeichen, auch Zeichenfolgen zweier verschiedener Zeichenvorräte erlaubt; Schlüssel, mit dessen Hilfe ein chiffrierter Text in Klartext übertragen werden kann.* 2. (Sprachw.) *vereinbartes Inventar sprachlicher Zeichen u. Regeln zu ihrer Verknüpfung.* 3. (Soziolinguistik) *durch die Zugehörigkeit zu einer bestimmten sozialen Schicht vorgegebene Weise der Verwendung von Sprache:* elaborierter C. *(Sprechweise der Ober- u. Mittelschicht);* restringierter C. *(Sprechweise der Unterschicht).*

Code ci|vil [ko:dsi'vil], der; - - [frz., aus: code = Gesetzbuch u. civil = bürgerlich]: *französisches Zivilgesetzbuch.*

Co|de|in, das; -s [zu griech. kṓdeia = Mohn(kopf)] (Pharm.): *aus Opium gewonnener, als hustenstillendes Mittel verwendeter Stoff.*

Code Na|po|lé|on [ko:dnapɔle'õ], der; - - [frz.]: *Code civil zwischen 1807 u. 1814.*

Code|swit|ching ['koʊdswɪtʃɪŋ], das; -[s], -s [engl. code switching, zu: code = Code (2) u. to switch = wechseln] (Sprachw.): *das Überwechseln von einem Code* (3) *in einen anderen* (z. B. von der Standardsprache in die Mundart).

Co|dex: ↑Kodex.

co|die|ren, (auch:) kodieren ⟨sw. V.; hat⟩ [zu ↑Code]: 1. a) *eine Nachricht mithilfe eines Codes* (1) *verschlüsseln;* b) (Informationst.) *ein Zeichen mithilfe eines Codes* (1) *in ein anderes Zeichen umsetzen.* 2. (Sprachw.) *etw. Mitzuteilendes mithilfe des Codes* (2) *in eine sprachliche Form bringen.*

Co|die|rung, die; -, -en: *das Codieren.*

Cœur [kø:ɐ̯], das; -[s], -[s] [frz. cœur < lat. cor = Herz] (Kartenspiel): *durch ein rotes Herz gekennzeichnete Spielkarte.*

Cof|fee|shop ['kɔfi...], der; -s, -s [engl. coffee shop, aus: coffee = Kaffee u. ↑Shop]: 1. *kleines Restaurant (meist innerhalb eines Hotels), in dem Erfrischungen u. kleine Mahlzeiten serviert werden.* 2. *Restaurant, in dem auch kleine Mengen so genannter weicher Drogen zum privaten Konsum verkauft werden.*

Cof|fe|in: ↑Koffein.

co|gi|to, er|go sum [lat.]: *ich denke, also bin ich* (Grundsatz des französischen Philosophen Descartes).

co|gnac ['kɔnjak] ⟨indekl. Adj.⟩: *goldbraun.*

Co|gnac®, der; -s, -s: *aus Weinsorten des Gebiets um die französische Stadt Cognac hergestellter französischer Weinbrand.*

co|gnac|far|ben ⟨Adj.⟩: *cognac:* ein -er Stoff.

Coif|feur [kọa'fø:ɐ̯], der; -s, -e [frz. coiffeur, zu: coiffe = Haube, Kappe < mlat. cofia, aus dem Germ.] (schweiz., sonst geh.): *Friseur.*

Coif|feu|rin [kọa'førɪn], die; -, -nen (selten): w. Form zu ↑Coiffeur.

Coif|feu|se [kọa'fø:zə], die; -, -n [frz. coiffeuse] (schweiz., sonst geh.): w. Form zu ↑Coiffeur.

Coif|fure [kọa'fy:ɐ̯], die; -, -n [...'fy:rən; frz. coiffure]: 1. ⟨o. Pl.⟩ (geh.) *Frisierkunst:* er ist ein Meister [auf dem Gebiet] der C. 2. (schweiz.) *Frisiersalon.* 3. (veraltet) *kunstvoll gestaltete Frisur.*

Co|i|tus, der; -, - [...tu:s] u. -se: ↑Koitus.

Co|i|tus a Ter|go, der; - - -, - [...tu:s] u. -se - - [zu lat. tergum = Rücken]: *Geschlechtsverkehr, bei dem die Frau dem Mann den Rücken zuwendet.*

Co|i|tus in|ter|rup|tus, der; - -, - [...tu:s] u. -se ...ti [mlat. interruptus = unterbrochen]: *Geschlechtsverkehr, bei dem der Penis vor dem Samenerguss aus der Scheide herausgezogen wird.*

Co|i|tus per Anum, der; - - -, - [...tu:s] u. -se - - [zu lat. anus = After]: *Geschlechtsverkehr durch Einführen des Penis in den After des Geschlechtspartners, der Geschlechtspartnerin.*

Coke® [ko:k, engl.: koʊk], das; -[s], -s ⟨aber: 5 Coke⟩: kurz für ↑Coca-Cola.

col. = columna (Spalte).

Co|la, das; -[s], -s u. die; -, -s ⟨aber: 5 Cola⟩: *koffeinhaltiges Erfrischungsgetränk:* ein[e] C. bestellen.

col bas|so [ital.; zu: basso, ↑Bass] (Musik): *mit dem Bass od. der Bassstimme [zu spielen]* (Abk.: c. b.).

Cold|cream ['koʊld'kri:m], die; -, -s, (auch:) **Cold Cream,** die; - -, - -s [engl., aus: cold = kalt u. cream = Creme]: *Feuchtigkeit enthaltende u. dadurch kühlende, halbfette Hautcreme.*

Cold|rub|ber ['koʊld'rʌbə], der; -s, (auch:) **Cold Rub|ber,** der; - -s [engl., eigtl. = kalter Gummi, ↑[1]Rubber]: *synthetischer Kautschuk.*

Co|li|tis: ↑Kolitis.

col|la des|tra [ital., aus: colla = mit der u. destra = rechte, zu: destro = recht... < lat. dexter] (Musik): *mit der rechten Hand [zu spielen];* Abk.: c. d.

Col|la|ge [kɔ'la:ʒə], die; -, -n [frz. collage, zu: colle = Leim, über das Vlat. < griech. kólla]: 1. (Kunst) a) ⟨o. Pl.⟩ *Technik der Herstellung einer Bildkomposition durch Aufkleben von verschiedenfarbigem Papier od. anderem Material:* die Technik der C.; b) *durch Aufkleben von verschiedenfarbigem Papier od. anderem Material hergestelltes Bild:* eine Ausstellung von -n. 2. *literarische Komposition aus verschiedenartigem sprachlichem Material:* eine C. aus Zitaten und Szenen. 3. (Musik) *Komposition, die aus einer Verbindung vorgegebener musikalischer Materialien besteht.* 4. ⟨o. Pl.⟩ *das Collagieren.*

col|la|gie|ren ⟨sw. V.; hat⟩: *aus verschiedenen Materialien od. Komponenten zusammensetzen.*

col|la par|te [ital., aus: colla = mit der u. parte, eigtl. = Teil < lat. pars (Gen.: partis)] (Musik): *mit der Hauptstimme [gehend].*

coll'ar|co [ital., zu: arco, eigtl. = (Kreis)bogen < lat. arcus] (Musik): *[nach vorangegangenem Pizzicato wieder] mit dem Bogen* (5) *[zu spielen];* Abk.: c. a.

col|la si|nis|tra [ital., zu: sinistra = linke, zu: sinistro = link... < lat. sinister] (Musik): *mit der linken Hand [zu spielen];* Abk.: c. s.

col|lé [kɔ'le:; frz. collé, 2. Part. von: coller = (an)leimen, zu: colle, ↑Collage] (Billard): (von der Billardkugel, die an der Bande liegt) *dicht anliegend.*

Col|lege ['kɔlɪdʒ], das; -[s], -s [engl. college < frz. collège < lat. collegium, ↑Kollegium]: 1. a) *(bes. in Großbritannien) private höhere Schule mit Internat;* b) *(bes. in Großbritannien) selbstständige Institution innerhalb einer älteren Universität, die Aufgaben der Forschung u. Lehre wahrnimmt u. im Allgemeinen als Wohn- u. Lebensgemeinschaft der Lehrenden u. Lernenden dient;* c) *(bes. in Großbritannien) Fach[hoch]schule.* 2. *(in den USA) Eingangsstufe der Universität.*

Col|lège [kɔ'lɛ:ʒ], das; -[s], -s [frz. collège]: *(in Frankreich, Belgien u. der französischsprachigen Schweiz) höhere Schule.*

col|le|gi|a|li|ter: ↑kollegialiter.

Col|le|gi|um mu|si|cum, das; - -, ...gia ...ca [nlat. collegium musicum, aus lat. collegium (↑Kollegium) u. musicus = die Musik betreffend, ↑Musik]: *freie Vereinigung von Musizierenden (an Schulen, Universitäten).*

ol le|gno [kɔl 'lɛnjo; ital., aus: col = mit dem u. legno = Holz < lat. lignum] (Musik): *mit dem Holz des Bogens (5) [zu spielen].*

ol|li|co® ['kɔliko], der; -s, -s [Kunstwort]: *zusammenlegbare Transportkiste aus Metall, die von der Deutschen Bahn ausgeliehen wird.*

ol|lie ['kɔli], der; -s, -s [engl. collie, H. u.]: *langhaariger schottischer Schäferhund.*

ol|li|er [kɔ'li̯e:], das; -s, -s [frz. collier = Halsband, -kette < mlat. collarium < lat. collare, zu: collum = Hals]: **1.** *wertvolle, aus mehreren Reihen Edelsteinen od. Perlen bestehende Halskette.* **2.** *schmaler, um den Hals getragener Pelz:* ein C. aus Nerz.

ol|lo|qui|um: ↑Kolloquium.

ol|lum, das; -s, ...lla [1: lat. collum] (Med.): **1.** *Hals.* **2.** *sich verjüngender Teil eines Organs, Verbindungsteil.*

o|lom|bo: Hauptstadt von Sri Lanka.

o|lón [ko'lɔn], der; -[s], -[s] [nach der span. Namensform von Kolumbus]: *Währungseinheit in Costa Rica* (= 100 Céntimos) *u. El Salvador* (= 100 Centavos).

o|lo|nel [frz.: kɔlɔ'nɛl, engl.: 'kə:nl], der; -s, -s [engl. colonel < frz. colonel < ital. colonnello, zu: colonna = Kolonne (von Soldaten), also eigtl. = Kolonnenführer < lat. columna = Säule] (Milit.): frz. u. engl. Bez. für *Oberst.*

o|lor- [auch: ko'lo:ɐ̯-; lat. color = Farbe] (Fot.): *Farb-,* in Zus., z. B. Colorfilm, Colornegativfilm, Colorvergrößerung.

o|lo|ra|do: -s: Bundesstaat der USA.

olt®, der; -s, -s [nach dem amerik. Industriellen S. Colt (1814–1862)]: *[bes. im Wilden Westen verwendeter] Revolver mit längerem Lauf* (8): den C. ziehen, auf jmdn. richten.

olt|ta|sche, die: vgl. Revolvertasche.

om|bo, die; -, -s [engl. combo, kurz für: combination, ↑²Kombination]: *kleines Ensemble* (b) *in der Jazz- od. Tanzmusik, in dem jedes Instrument nur einmal vertreten ist.*

ome|back, (auch:) **Come-back** [kam'bɛk], das; -s, -s [engl. comeback, zu: to come back = zurückkommen]: *Neubeginn einer Karriere durch erfolgreiches Wiederauftreten nach längerer Pause:* ein spätes C.; ein C. erleben; der Filmstar feierte ein großes C.

OMECON, Co|me|con, der od. das; - [Kurzwort für engl. Council for Mutual Economic Assistance/Aid]: *Rat für gegenseitige Wirtschaftshilfe* (Wirtschaftsorganisation der Staaten des Ostblocks, 1949–1991).

o|mé|die [kɔme'di], die; -, -s [...'di; frz. comédie < lat. comoedia, ↑Komödie] (Literaturw.): in der frz. Literatur a) bis ins 17. Jh. Bez. für *Schauspiel* (1); b) Bez. für *Komödie* (1).

o|me|dy ['kɔmədi], die; -, -s [engl. comedy < (a)frz. comédie, ↑Comédie] (bes. Ferns.): *(oft als Serie produzierte) humoristische Sendung.*

o|me|dy-Show ['kɔmədiʃoʊ], die; [aus engl. comedy = Komödie u. ↑Show] (Ferns.): *[kürzere] Show, in der Sketche, Slapsticks u. Ä. dargeboten werden.*

o|mes ['ko:mɛs], der; -, - u. Comites [...ite:s; lat. comes = Begleiter]: **1. a)** *(im antiken Rom) hoher Beamter im kaiserlichen Dienst;* **b)** *(im MA.) Gefolgsmann od. Vertreter des Königs in Verwaltungs- u. Gerichtsangelegenheiten; Graf.* **2.** (Musik) *Wiederholung des Fugenthemas in der zweiten Stimme.*

o|me so|pra [ital.] (Musik): *wie oben, wie zuvor.*

o|mic, der; -s, -s ⟨meist Pl.⟩: *Comicstrip.*

o|mic|heft, das: *Heft, das Comics enthält.*

o|mic|li|te|ra|tur, die: *Literatur aus dem Bereich der Comics.*

o|mic|strip, der; -s, -s [engl. comic strip, aus: comic = Witzblatt, zu: comic = komisch u. strip = (Bilder)streifen]: **a)** *aus Bildstreifen bestehende Fortsetzungsgeschichte abenteuerlichen, grotesken od. utopischen Inhalts, deren einzelne Bilder von kurzen Texten begleitet sind;* **b)** *Magazin, Heft mit Comicstrips.*

Co|ming-out [kamɪŋ'aʊt; engl., zu: to come out = herauskommen (6 c)], das; -[s], -s: *absichtliches, bewusstes Öffentlichmachen von etw., insbesondere der eigenen Homosexualität.*

Co|mi|tes: Pl. von ↑Comes.

comme ci, comme ça [kɔm'si kɔm'sa; frz. = soso; so lala] (veraltend): *nicht besonders [gut]* (als Antwort auf die Frage »Wie gehts?«).

Com|me|dia dell'Ar|te, die; - - [ital., eigtl. = Berufslustspiel (da sie von Berufsschauspielern aufgeführt wurde), zu: commedia = Schauspiel, Lustspiel u. arte = Handwerk, Beruf, eigtl. = Kunst < lat. ars (Gen.: artis)]: *volkstümliche italienische Stegreifkomödie des 16. bis 18. Jahrhunderts.*

comme il faut [kɔmɪl'fo:; frz.] (bildungsspr. veraltend): *wie sichs gehört, mustergültig, vorbildlich:* die Kinder benahmen sich c. i. f.; ein Kriminalfilm c. i. f.

com|mo|do: ↑comodo.

Com|mon Sense ['kɔmən 'sɛns], der; - -, (auch:) **Com|mon|sense,** der; - [engl. common sense, zu: sense = Sinn, Verstand < lat. sensus (↑sensuell)]: *gesunder Menschenverstand.*

Com|mon|wealth ['kɔmənwɛlθ], das; - [engl. commonwealth, zu: wealth = Reichtum, Wohl(ergehen), also eigtl. = Gemeinwohl]: *lose Gemeinschaft der noch mit Großbritannien verbundenen Völker des ehemaligen britischen Weltreichs.*

Com|mu|ni|qué: ↑Kommuniqué.

co|mo|do ⟨Adv.⟩ [ital. comodo < lat. commodus, ↑kommod] (Musik): *gemächlich, ruhig.*

Com|pact Disc ['kɔmpɛkt -], die; - -, - -s, (auch:) **Com|pact|disc,** die; -, -s [engl. compact disc]: *aus metallisiertem Kunststoff bestehende kleine, durch Laserstrahl abtastbare Speicherplatte von hoher Ton- bzw. Bildqualität;* Abk.: CD.

Com|pa|gnie [kɔmpan'ji:]: ↑Kompanie.

Com|pa|gnon: ↑Kompagnon.

Com|pi|ler [kɔm'pai̯lɐ], der; -s, - [engl. compiler, zu: to compile = zusammenstellen < frz. compiler < lat. compilare, ↑kompilieren] (EDV): *Programm* (4), *das dazu dient, eine andere Programmiersprache in die Programmiersprache eines bestimmten Computers zu übersetzen.*

¹Com|po|sé [kõpo'ze:], der; -[s], -[s] [frz. composé, 2. Part. von: composer = zusammensetzen, zu lat. compositum, ↑Kompositum]: *zweifarbig gemustertes Gewebe, bei dem Muster- u. Grundfarbe wechseln.*

²Com|po|sé, das; -[s], -s: **a)** *zwei od. mehrere farblich u. im Muster aufeinander abgestimmte Stoffe;* **b)** *aus einem ²Composé* (a) *hergestellte mehrteilige Damenoberbekleidung:* ein C. aus Mantel und Rock.

Com|pu|ter [kɔm'pju:tɐ], der; -s, - [engl. computer, zu: to compute = (be)rechnen < lat. computare, ↑Konto]: *programmgesteuerte, elektronische Rechenanlage; Datenverarbeitungsanlage:* den C. programmieren; dem C. wurde ein bestimmtes Programm eingegeben; am C. arbeiten.

Com|pu|ter|ani|ma|ti|on, die; -, -en: *durch Computer erzeugte Darstellung mehrdimensionaler bewegter Bilder auf einem Bildschirm.*

com|pu|ter|ani|miert ⟨Adj.⟩: *durch Computeranimation erzeugt:* -e Saurier.

Com|pu|ter|an|la|ge, die: *elektronische Datenverarbeitungsanlage.*

Com|pu|ter|aus|druck, der: *am Computer erstellter, von einem Drucker* (2) *ausgedruckter Text.*

Com|pu|ter|bild, das: *mithilfe eines Computers erstelltes Phantombild.*

Com|pu|ter|fahn|dung, die: *Rasterfahndung.*

com|pu|ter|ge|steu|ert ⟨Adj.⟩: *von einem Computer kontrolliert, überwacht.*

com|pu|ter|ge|stützt ⟨Adj.⟩: *unter Einschaltung eines Computers:* eine -e Produktion.

Com|pu|ter|gra|fik, die: *mithilfe eines speziellen Computerprogramms erstellte Grafik* (4).

com|pu|te|ri|sie|ren ⟨sw. V.; hat⟩: **1.** *mit Computern ausstatten:* einen Arbeitsplatz c. **2. a)** *Informationen u. Daten für einen Computer lesbar, verwertbar machen;* **b)** *Informationen u. Daten in einem Computer speichern.*

Com|pu|te|ri|sie|rung, die; -, -en: *das Computerisieren.*

Com|pu|ter|kri|mi|na|li|tät, die: *Gesamtheit der Straftaten, die mithilfe von Computern begangen werden, z. B. der Missbrauch von Daten.*

Com|pu|ter|kunst, die ⟨o. Pl.⟩: *Kunstproduktion, bei der mithilfe von Computern Grafiken, Musikkompositionen, Texte u. a. hergestellt werden.*

Com|pu|ter|lin|gu|is|tik, die: *Teilgebiet der modernen Linguistik, das elektronische Rechenanlagen für die Bearbeitung u. Beschreibung sprachlicher Probleme verwendet.*

Com|pu|ter|pro|gramm, das: *Programm* (4).

Com|pu|ter|satz, der (Druckw.): *mithilfe eines Computers erstellter Satz* (3 b), *bei dem der Text ohne Berücksichtigung der Zeilenenden eingegeben wird (u. die Einteilung in Zeilen erst später im Rechner erfolgt).*

Com|pu|ter|si|mu|la|ti|on, die: *das Durchrechnen eines in der Zeit ablaufenden Prozesses durch einen Computer, um ausgewählte Eigenschaften des Prozessablaufs sichtbar zu machen.*

Com|pu|ter|spiel, das: *Spiel, das mithilfe eines an einen Personalcomputer angeschlossenen Monitors, der als Spielfeld, -brett dient, gespielt werden kann.*

Com|pu|ter|spra|che, die: *Programmiersprache.*

Com|pu|ter|to|mo|graph, der; -en, -en: *bei der Computertomographie verwendete rotierende Röntgenröhre, die an einen Computer angeschlossen ist.*

Com|pu|ter|to|mo|gra|phie, die; -, -n: *Röntgenuntersuchung, die ein Sichtbarmachen der Strukturen von Weichteilen des menschlichen Körpers auf dem Bildschirm ermöglicht* (Abk.: CT).

com|pu|ter|to|mo|gra|phisch ⟨Adj.⟩: *die Computertomographie betreffend, zu ihr gehörend; mithilfe der Computertomographie.*

com|pu|ter|un|ter|stützt ⟨Adj.⟩: *computergestützt.*

Com|pu|ter|vi|rus, das, auch: der (EDV): *Computerprogramm, das unbemerkt in einen Rechner eingeschleust wird in der Absicht, die vorhandene Software zu manipulieren od. zu zerstören.*

Comte [kõ:t], der; -, -s [frz. comte < lat. comes, ↑Comes]: frz. Bez. für *Graf.*

Com|tesse [kõ'tɛs]: ↑Komtess.

Co|na|kry [kɔna'kri, auch: ko'na:kri]: Hauptstadt von ¹Guinea.

con|axi|al: ↑koaxial.

Con|ce|le|bra|tio: ↑Konzelebration.

Con|cept-Art ['kɔnsɛptla:ɐ̯t, auch: kɔn'sɛpt...], die; - [engl. concept art, aus: concept = Gedanke, Planung u. art = Kunst]: *moderne Kunstrichtung, in der der Entwurf an die Stelle des fertigen Kunstwerks tritt.*

Con|cer|tan|te [kɔntʃɛr'tantə, ital.: kontʃer'tante, frz. kõsɛr'tã:t], die; -, -n [...tn̩; ital. composizione concertante bzw. frz. musique concertante, ↑konzertant]: *Konzert für mehrere Soloinstrumente u. Orchester.*

Con|cer|ti|no [kɔntʃɛr'ti:no], das; -s, -s [ital. concertino, Vkl. von: concerto, ↑Konzert] (Musik): **1.** *kleines Konzert; Konzertstück.* **2.** *Gruppe der Instrumentalsolisten im Concerto grosso.*

Con|cer|to gros|so, das; - -, ...ti ...ssi [ital. concerto grosso, aus: concerto (↑Konzert) u. grosso = groß] (Musik): **1.** *barockes Instrumentalkonzert mit Wechsel von Orchester- u. Solopartien.* **2.** *Gesamtorchester im Gegensatz zum Concertino* (2).

Con|cet|ti [kɔn'tʃɛti]: ↑Konzetti.

Con|cha: ↑Koncha.

Con|ci|er|ge [kõ'sjɛrʃ, frz.: kõ'sjɛrʒ], der u. die; -, -s, (auch:) -n [...ʒn̩; frz. concierge, über das Vlat. < lat. conservus = Mitsklave]: frz. Bez. für *Hausmeister[in], Portier, Portiersfrau.*

con|ci|ta|to [...tʃ...] ⟨Adv.⟩ [ital., zu: concitare < lat. concitare = erregen, aufregen] (Musik): *erregt, aufgeregt.*

Con|clu|sio: ↑Konklusion.

Con|di|ti|o|na|lis: ↑Konditionalis.

Con|di|tio si|ne qua non, die; - - - - [lat. = Bedingung, ohne die nicht ...; vgl. Kondition] (bes. Philos.): *notwendige Bedingung, unabdingbare Voraussetzung.*

con do|lo|re [ital., aus: con (< lat. cum) = mit u. dolore = Schmerz] (Musik): *doloroso.*

Con|duc|tus, Konduktus, der; -, - [...tu:s; 1: mlat. conductus, zu lat. conducere, ↑Kondukt] (Musik): **a)** *einstimmiges lateinisches Lied des Mittelalters;* **b)** *mehrstimmiger Gesang des Mittelalters, bei dem die Hauptmelodie in der Unterstimme liegt.*

Con|dy|lus, der; -, ...li [spätlat. condylus < griech. kóndylos = Knöchel, Gelenk] (Anat., Med.): *Gelenkkopf.*

con ef|fet|to [ital., aus: con (< lat. cum) = mit u. effetto = Wirkung, Effekt] (Musik): *effettuoso.*

con es|pres|si|o|ne [ital., aus: con (< lat. cum) = mit u. espressione = Ausdruck < lat. expressio] (Musik): *espressivo.*

conf. = confer.

con|fer [lat.]: *vergleiche!;* Abk.: cf., cfr., conf.

Con|fé|rence [kõfeˈrã:s], die; -, -n [...sn̩; frz. conférence = Vortrag < mlat. conferentia, ↑Konferenz] (veraltend): *Ansage eines Conférenciers:* er übernahm, hatte die C. dieses Abends.

Con|fé|ren|ci|er [kõferãˈsi̯e:], der; -s, -s [frz. conférencier] (veraltend): *[witzig unterhaltender] Ansager im Kabarett od. Varieté (bei öffentlichen od. privaten Veranstaltungen):* ein geistreicher, witziger C.

Con|fé|ren|ci|eu|se [kõferãˈsi̯ø:zə], die; -, -n: w. Form zu ↑Conférencier.

con|fe|rie|ren ⟨sw. V.; hat⟩ (österr. veraltend): *(bei etw.) als Conférencier fungieren:* eine Veranstaltung c.

Con|fi|se|rie, Konfiserie [kɔnfizəˈri:, auch: kõ...], die; -, -n [frz. confiserie, zu: confire = zubereiten < lat. conficere, ↑Konfekt] (bes. schweiz.): **1.** *Geschäft für Pralinen, Teegebäck u. Ä. aus eigener Herstellung.* **2.** *Pralinen, Teegebäck u. Ä. aus einer Confiserie* (1).

Con|fi|seur, Konfiseur [...ˈzø:ɐ̯], der; -s, -e [frz. confiseur] (bes. schweiz.): *Hersteller von Pralinen, Teegebäck u. Ä.* (Berufsbez.).

Con|fi|seu|rin [...ˈzø:rɪn], die; -, -nen: w. Form zu ↑Confiseur.

Con|fi|te|or, das; - [lat. confiteor = ich bekenne, zu: confiteri, ↑Konfession]: *allgemeines Sündenbekenntnis im christlichen Gottesdienst.*

Con|foe|de|ra|tio Hel|ve|ti|ca, die; - -: lat. Bez. für *Schweizerische Eidgenossenschaft;* Abk.: CH.

Con|ga, die; -, -s [span. conga, zu: congo = vom [1]Kongo stammender schwarzer Sklave]: **1.** *kubanischer Volkstanz in raschem Tempo u. geradem Takt.* **2.** *große Handtrommel in der Musik der kubanischen Schwarzen, die auch im modernen Jazz verwendet wird;* [2]*Tumba.*

Con|junc|ti|va: ↑Konjunktiva.

Con|junc|ti|vi|tis: ↑Konjunktivitis.

Con|nais|seur [kɔnɛˈsø:ɐ̯], der; -s, -s [frz. connaisseur, zu: connaître = (er)kennen < lat. cognoscere] (veraltend): *Kenner:* er ist ein C.

Con|nais|seu|se [kɔnɛˈsœzə], die; -, -n: w. Form zu ↑Connaisseur.

Con|nec|ti|cut [kəˈnɛtɪkət]; -s: Bundesstaat der USA.

Con|nec|tion [kəˈnekʃn], die; -, -s [engl. connection, connexion < spätlat. con(n)exio, zu lat. conectere = verknüpfen]: *Beziehung, Verbindung (die für jmdn. nützlich ist, ihm Vorteile verschafft).*

Con|se|cu|tio Tem|po|rum, die; - - [lat. = Aufeinanderfolge der Zeiten] (Sprachw.): *Zeitenfolge in Haupt- u. Gliedsätzen.*

Con|sen|sus: ↑Konsensus.

Con|si|li|um Ab|e|un|di, das; - - [nlat. = Rat(schlag) abzugehen, zu lat. consilium (↑Konsilium) u. abire = abgehen] (bildungsspr. veraltend): *einem Schüler od. einem Studenten förmlich erteilter Rat, die Lehranstalt zu verlassen, um ihm den Verweis von der Anstalt zu ersparen.*

Con|som|mé, (veraltet:) Konsommee [kõsɔˈme:], die; -, -s od. das; -s, -s [frz. consommé, subst. 2. Part. von: consommer = (völlig) auf-, verzehren; die Kraftbrühe nimmt während des Kochens den gesamten Fleischsaft in sich auf]: *Kraftbrühe [aus Rindfleisch u. Suppengemüse].*

Con|stable [ˈkanstəbl̩, engl.: ˈkʌnstəbl], der; -, -s: *Konstabler* (1).

Con|sti|tu|ante [kõstiˈtyã:t], die; -, -s [...ã:t], (auch:) Konstituante, die; -, -n [frz. constituante, subst. 1. Part. von: constituer, ↑konstituieren]: *grundlegende verfassunggebende [Nationa|]versammlung (besonders die der Französischen Revolution von 1789).*

Con|sul|ting [kənˈsʌltɪŋ], das; -s [engl. consulting, zu: to consult < frz. consulter < lat. consultare, ↑konsultieren]: *Beratung; Beratertätigkeit (bes. in der Wirtschaft).*

Con|tai|ner [kɔnˈte:nɐ, engl.: kənˈteɪnə], der; -s, - [engl. container, zu: to contain = enthalten < frz. contenir < lat. continere]: **1.** *der rationelleren u. leichteren Beförderung dienender [quaderförmiger] großer Behälter [in standardisierter Größe]:* fahrbare C. **2.** (Buchw.) *Schachtel, Karton zum Versand von Büchern.*

Con|tai|ner|bahn|hof, der: *Bahnhof, in dem Container* (1) *umgeladen werden.*

con|tai|ne|ri|sie|ren ⟨sw. V.; hat⟩ [engl. to containerize]: *(von Waren od. Fluggepäck) in Containern verschicken.*

Con|tai|ne|ri|sie|rung, die; -, -en: *das Containerisieren.*

Con|tai|ner|schiff, das: *Spezialfrachtschiff zum Transport von Containern* (1).

Con|tai|ner|ter|mi|nal, der (auch: das): *Hafen, in dem Container* (1) *umgeladen werden.*

[1]**Conte** [kõ:t], die; -, -s [frz. conte, zu: conter = erzählen < lat. computare = zusammenrechnen] (Literaturw.): *(zwischen Roman u. Novelle einzuordnende) Form der Erzählung in der französischen Literatur.*

[2]**Con|te,** der; -, Conti [ital. conte < lat. comes, ↑Comes]: **a)** *(etwa dem Titel »Graf« entsprechender) hoher italienischer Adelstitel;* **b)** *Träger des Titels* [2]*Conte* (a).

Con|te|nan|ce [kõtəˈnã:s(ə), frz. kõtˈnã:s], die; - [frz. contenance < lat. continentia = das Ansichhalten; Mäßigung] (bildungsspr.): *Fassung, Haltung (in einer schwierigen Lage):* die C. wahren; jmdn. aus der C. bringen.

Con|ter|gan|kind, das [Contergan ® = ehemaliger Handelsname des Mittels] (ugs. veraltend): *nach der Einnahme des Schlafmittels Contergan durch die Mutter (während der Schwangerschaft) fehlgebildet geborenes Kind.*

Con|tes|sa, die; -, ...ssen [ital. contessa < mlat. comitissa, zu lat. comes, ↑Comes]: w. Form zu ↑[2]Conte.

Con|test [ˈkɔntɛst], der; -[e]s, -s u. -e [engl. contest < älter frz. contest, zu lat. contestari = (einen Prozess) in Gang bringen]: *Wettbewerb (im Bereich der Unterhaltungsmusik).*

Con|ti: Pl. von ↑[2]Conte.

Con|ti|nuo, Kontinuo, der; -s, -s: Kurzf. von ↑Basso continuo.

con|tra: ↑kontra.

Con|tra: ↑Kontra.

Con|tra|dic|tio in Ad|jec|to, die; - - - [lat. = Widerspruch im Hinzugefügten] (Rhet., Stilk.): *Widerspruch, der durch das einem Substantiv beigefügte Adjektiv entsteht, weil es mit der Bedeutung des Substantivs unvereinbar ist* (z. B. schwarzer Schimmel).

con|tra le|gem [lat.; ↑kontra, ↑Lex] (Rechtsspr.): *gegen den [reinen] Wortlaut des Gesetzes.*

Con|tra|te|nor, der; -s, ...nöre [ital. contrattenore, zu: contra (< lat. contra, ↑kontra) u. tenore, ↑[1]Tenor] (Musik): *(beim Übergang von der Zwei- zur Dreistimmigkeit im 14. u. frühen 15. Jahrhundert) dem Tenor u. dem Diskant hinzugefügte dritte Stimme.*

Con|tre|danse [kõtrəˈdã:s], die od. der; -, -s [...ˈdã:s; frz., zu: danse, ↑Tanz]: *Kontretanz.*

Con|tre|tanz, der: *Kontretanz.*

Con|trol|ler, der; -s, - [kənˈtroʊlə; engl. controller < frz. contrôleur, zu: contrôle, ↑Kontrolle] (Wirtsch.): *Fachmann für Kostenrechnung u. Kostenplanung in einem Betrieb* (Berufsbez.).

Con|trol|le|rin [kənˈtroʊlərɪn], die; -, -nen: w. Form zu Controller.

Con|trol|ling [kənˈtroʊlɪŋ], das; -s [engl. controlling = das Steuern] (Wirtsch.): *von der Unternehmensführung ausgeübte Steuerungsfunktion.*

Co|nus, der; -, ...ni [lat. conus, ↑Konus] (Anat.): *kegelförmig auslaufender Teil eines Organs.*

Con|ve|ni|ence-Foods [kənˈvi:njəns.fu:dz] ⟨Pl.⟩ [engl. convenience foods, aus: convenience = Bequemlichkeit u. food = Essen, Nahrung] (Wirtsch.): *Lebensmittel, die schon für den Verbrauch weitgehend zubereitet sind u. daher eine Arbeitserleichterung bedeuten* (z. B. tiefgefrorene Fertiggerichte, kochfertige Suppen).

Con|ver|ter: ↑Konverter.

cool [ku:l] ⟨Adj.⟩ [engl., eigtl. = kühl] (Jargon): **1.** *[stets] die Ruhe bewahrend, keine Angst habend, nicht nervös [werdend], sich nicht aus der Fassung bringen lassend; kühl u. lässig, gelassen:* als Trainer muss man ziemlich c. sein; lass dich nicht provozieren, bleib [ganz] c.! **2.** *keine Gefahren bergend, risikolos, sicher:* ein -es Versteck; das ist die -ste Art, den Stoff über die Grenze zu bringen. **3.** *keinen, kaum Anlass zur Klage gebend, durchaus annehmbar, in Ordnung:* 1 000 Mark ist doch ein -er Preis für die Anlage. **4.** *in hohem Maße gefallend, der Idealvorstellung entsprechend:* auf der Fete waren unheimlich -e Leute; die Musik war echt c.

Cool Jazz [ˈku:l ˈdʒæz], der; - - [engl. cool jazz]: *Jazz eines bestimmten Stils der 50er-Jahre.*

Cool|ness, die; - [engl. coolness = Kühlheit] (Jargon): *das Coolsein.*

Co|or|di|nates [koʊˈɔ:dɪnəts] ⟨Pl.⟩ [engl., zu: to co-ordinate = koordinieren] (Mode): *mehrere aufeinander abgestimmte Kleidungsstücke, die zusammen od. mit anderen Stücken kombiniert getragen werden können.*

Cop, der; -s, -s [engl. cop, viell. zu älter cap = Festnahme, zu afrz. caper = ergreifen < lat. capere]: engl. ugs. Bez. für *Polizist.*

Co|pi|lot: ↑Kopilot.

Co|pro|zes|sor, der; -s, ...oren (EDV): *Mikroprozessor mit einem beschränkten Vorrat an Befehlen* (1 b), *der in einer Datenverarbeitungsanlage bestimmte Aufgaben wahrnimmt (z. B. die Steuerung der Ein- u. Ausgabe der Daten).*

Co|py|right [ˈkɔpiraɪ̯t], das; -s, -s [engl. copyright, eigtl. = Vervielfältigungsrecht, aus: copy = Kopie, Nachahmung; Exemplar u. right = Recht]: *Urheberrecht (im britischen u. amerikanischen Recht;* Zeichen: ©).

Co|quil|le [koˈki:j(ə)], die; -, -n ⟨meist Pl.⟩ [frz. coquille < lat. conchylium = Muschel < griech. kogchýlion]: **a)** *Muschelschale;* **b)** (Kochk.) *in einer Muschelschale angerichtetes Ragout.*

co|ram pu|bli|co [lat., zu: coram = in Gegenwart, vor u. publicus, ↑publik]: *vor aller Welt, öffentlich:* einen Streit c. p. austragen.

Cord usw.: ↑Kord usw.

[1]**Cór|do|ba** [ˈkɔrdoba], der; -[s], -[s]: *Münzeinheit in Nicaragua* (1 Córdoba = 100 Centavos).

[2]**Cór|do|ba;** -s: Stadt in Spanien.

Cor|don bleu [kɔrdõˈblø], das; - -, -s -s [kɔrdõˈblø; frz. cordon bleu = blaues (Ordens)band, ugs. scherzh. auch: hervorragende Köchin (übertr. von der Bed. »Träger eines hohen Verdienstordens«)] (Kochk.): *mit gekochtem Schinken u. Käse gefülltes, paniertes u. gebratenes [Kalbs]schnitzel.*

Core [kɔ:], das; -[s], -s [engl. core = Kern, Innerstes] (Kernphysik): *wichtigster Teil eines Kernreaktors, in dem die Kernreaktion abläuft.*

Cor|fam®, das; -[s] [Kunstwort]: *in den USA ent-*

wickeltes synthetisches Material, das ähnliche Eigenschaften wie Leder aufweist.

o|ri|um, das; -s [lat. corium = Haut < griech. chorion = Leder] (Med.): *Hautschicht unter der Epidermis; Lederhaut* (1).

or|nea, (auch:) Kornea, die; -, ...eae [...eɛ; lat. cornea, zu: corneus = hornartig] (Med.): *Hornhaut des Auges.*

or|ned Beef [ˈkɔːnd ˈbiːf], das; - -, (auch:) **Cor|ned|beef,** das; - [engl. corned beef, aus: corned = gepökelt u. beef = Rindfleisch]: *zerkleinertes u. gepökeltes Rindfleisch [in Dosen].*

or|ned Pork, [-ˈpɔːk], das; - - (auch:) **Cor|ned|pork,** das; - [engl. corned pork, zu: pork = Schweinefleisch]: *zerkleinertes u. gepökeltes Schweinefleisch in Dosen.*

or|ne|muse [kɔrnəˈmyːz], die; -, -s [kɔrnəˈmyːz; frz. cornemuse, zu: corne (über das Vlat. zu lat. cornua, Pl. von: cornu) = Horn u. afrz. muse = Dudelsack] (Musik): *einfache Art der Sackpfeife.*

or|ner [ˈkɔːnə], der; -s, - [engl. corner, eigtl. = Ecke < afrz. corniere, zu lat. cornu = Horn, äußerste Ecke]: **1.** (Fußball österr., schweiz., sonst veraltet) *Eckball, Eckstoß.* **2.** (auch: Korner; Börsenw.) *planmäßig herbeigeführter Kursanstieg.* **3.** *Ringecke [beim Boxen].*

orn|flakes [ˈkɔːnfleɪks] 〈Pl.〉 [engl. cornflakes, aus: corn = Mais(korn) u. flake = Flocke]: *geröstete Maisflocken, die meist mit Milch übergossen zum Frühstück gegessen werden.*

or|ni|chon [kɔrniˈʃõː], das; -s, -s [frz. cornichon, eigtl. = Hörnchen, Vkl. von: corne, ↑Cornemuse]: *kleine, in saure u. gewürzte Flüssigkeit eingelegte Gurke.*

or|no, das; -, ...ni [ital. corno < lat. cornu] (Musik): *Horn.*

orn|wall [ˈkɔːnwəl]; -s: Grafschaft in Südwestengland.

o|rọl|la: ↑Korolla.

o|rọ|na: ↑Korona.

or|po|ra: Pl. von ↑Corpus.

or|po|rate Iden|ti|ty [ˈkɔːpərɪt aɪˈdentətɪ], die; - -, - ...tities [...tɪz; engl., aus: corporate = körperschaftlich u. identity = Identität] (Wirtsch.): *Erscheinungsbild, das ein Unternehmen im Rahmen seiner Public Relations anstrebt u. in dem sich das Selbstverständnis hinsichtlich Leistungsangebot u. Arbeitsweise widerspiegelt; Unternehmensidentität* (Abk.: CI).

orps usw.: ↑Korps usw.

orps con|su|laire [kɔrkõsyˈlɛːr], das; - -, - -s [kɔrkõsyˈlɛːr]: frz. Bez. für *Konsularisches Korps* (Abk.: CC).

orps de Bal|let [kɔrdəbaˈlɛ], das; - - -, - - - [frz., zu: corps (↑Korps) u. ballet = Ballett]: *Ballettgruppe, Ballettkorps (im Gegensatz zu den Solotänzer[inne]n).*

orps di|plo|ma|tique [kɔrdiplɔmaˈtik], das; - -, - -s [kɔrdiplɔmaˈtik; frz., zu: diplomatique, ↑[1]diplomatisch]: frz. Bez. für *diplomatisches Korps* (Abk.: CD).

or|pus, das; -, ...pora [lat. corpus]: **1.** (Med.) *Hauptteil eines Organs od. Körperteils.* **2.** ↑[2]Korpus.

or|pus Chris|ti, das; - - [lat.] (kath. Kirche): *Leib Christi als Altarsakrament.*

or|pus De|lic|ti, das; - -, ...pora - [lat. = Gesamttatbestand eines Vergehens] (Rechtsspr.): *Gegenstand (Werkzeug), mit dem eine Straftat, ein Verbrechen begangen worden ist u. der dem Gericht als Beweisstück dient:* der Staatsanwalt legte das C. D. vor.

or|pus Iu|ris, das; - - [lat.] (Rechtsspr.): *Gesetzbuch, -sammlung.*

or|ri|da [de To|ros], die; - (-), -s (-) [span. corrida (de toros), zu: corrida, eigtl. = das Laufen, zu: correr = laufen u. toro = Stier]: span. Bez. für *Stierkampf:* eine C. bestreiten.

or|ri|gen|da: ↑Korrigenda.

or|ri|gens: ↑Korrigens.

r|ri|ger la for|tune [kɔriʒelafɔrˈtyn; frz., aus: corriger = verbessern u. (la) fortune, ↑Fortune] (bildungsspr.): *[durch Betrug] dem Glück nachhelfen, falsch spielen.*

Cọr|so: ↑Korso.

Cọr|tes 〈Pl.〉 [span., port. cortes, eigtl. = Reichsstände, zu: corte = (königlicher) Hof]: *Volksvertretung in Spanien u. früher auch in Portugal.*

Cọr|ti|or|gan, das; -s, -e, **cọr|ti|sche Or|gan,** das; -n -s, -n -e [nach dem ital. Arzt Corti] (Anat.): *Teil des inneren Ohres.*

Cor|ti|sọn: ↑Kortison.

cos = Kosinus.

Cọ|sa Nọs|tra, die; - - [engl. Cosa Nostra < ital. cosa nostra = unsere Sache]: *kriminelle Organisation in Sizilien u. in den USA.*

cosec = Kosekans.

Cos|mẹa, die; -, Cosmẹen [zu griech. kósmos = Schmuck, Zierde]: *zu den Korbblütlern gehörende Pflanze mit fein geschlitzten Blättern u. großen Blüten, von der einige Arten als Zierpflanzen gehalten werden; Schmuckkörbchen.*

Cọs|mo|tron: ↑Kosmotron.

Cọs|ta Ri|ca; - -s: Staat in Mittelamerika.

Cos|ta-Ri|cạ|ner, der; -s, -: Ew.

Cos|ta-Ri|cạ|ne|rin, die; -, -nen: w. Form zu ↑Costa-Ricaner.

cos|ta-ri|cạ|nisch 〈Adj.〉: *Costa Rica, die Costa-Ricaner betreffend; von den Costa-Ricanern stammend, zu ihnen gehörend.*

cot = Kotangens.

Côte d'Azur [kotdaˈzyːr], die; - -: französische Riviera.

Cô|te|lé [kotəˈleː], der; -[s] -s [frz. côtelé = gerippt, zu: côte = Rippe < lat. costa]: *Kleider- od. Mantelstoff mit feinen Rippen:* C. aus Wolle mit Synthetik.

CO-Test, der; -[e]s, -s, auch: -e [zu CO = chem. Zeichen für: Kohlenmonoxid] (Kfz-T.): *Messung des Gehalts an Kohlenmonoxid in den Abgasen eines Kraftfahrzeugs.*

cotg = Kotangens.

Co|to|nou [...ˈnuː]: Hauptstadt von Benin.

Cot|tage [ˈkɔtɪdʒ], das; -s, -s [engl. cottage, aus dem Afrz.]: engl. Bez. für *[einstöckiges] Haus auf dem Lande, Ferienhaus.*

Cọtt|bus: Stadt an der Spree.

[1]**Cọtt|bu|ser,** der; -s, -: Ew.

[2]**Cọtt|bu|ser** 〈indekl. Adj.〉: *aus Cottbus stammend; zu Cottbus gehörend.*

Cọtt|bu|se|rin, die; -, -nen: w. Form zu ↑Cottbuser.

Cọtt|bus|ser: usw. ↑[1]Cottbuser usw.

Cot|ton [ˈkɔtn̩], der od. das; -s [engl. cotton < frz. coton < arab. quṭun, ↑Kattun]: **a)** engl. Bez. für *Baumwolle, Kattun;* **b)** engl. Bez. für *Baumwollstoff.*

Couch [kaʊtʃ], die; -, -s, auch: -en, schweiz. auch: der; -s, -[e]s [engl. couch < (a)frz. couche = Lager, zu: coucher = hinlegen, lagern < lat. collocare]: *Liegesofa mit niedriger Rückenlehne u. zwei seitlichen Lehnen.*

Couch|gar|ni|tur, die: *aus Couch u. zwei Sesseln bestehende Polstergarnitur.*

Couch|tisch, der: *für eine Couchgarnitur oder Sitzgruppe bestimmter niedriger, oft länglicher Tisch.*

Cou|leur [kuˈløːɐ̯], die; -, -s [frz. couleur = Farbe < lat. color]: **1.** 〈o. Pl.〉 *(innerhalb einer gewissen Vielfalt) bestimmte geistig-weltanschauliche Prägung (einer Person):* Journalisten verschiedener C. **2.** (Kartenspiel) *Trumpf.* **3.** (Verbindungsw.) *Band u. Mütze in bestimmten Farben als Kennzeichen der Zugehörigkeit zu einer studentischen Verbindung:* C. tragen.

Cou|loir [kuˈlo̯aːɐ̯], der od. das; -s, -s [frz. couloir = Verbindungsgang, zu: couler = fließen, laufen; [2]lecken < spätlat. colare = durchseihen]: **1.** (Alpinistik) *Schlucht; schluchtartige Rinne.* **2.** *eingezäunter, ovaler Sprunggarten, in dem junge Pferde ohne Reiter im Springen trainiert werden.*

Cou|lomb [kuˈlõː], das; -s, - [nach dem frz. Physiker de Coulomb (1736–1806)]: *Maßeinheit für die Elektrizitätsmenge; Amperesekunde* (Zeichen: C).

Count [kaunt], der; -s, -s [engl. count < frz. comte, ↑Comte]: **1.** 〈o. Pl.〉 *englischer Titel für einen Grafen nichtbritischer Herkunft.* **2.** *Träger des Titels »Count«.*

Count|down [ˈkaʊntˈdaʊn], (auch:) **Count-down,** der u. das; -[s], -s [engl. countdown, zu: to count down = rückwärts zählen, aus: to count = zählen (< afrz. counter < lat. computare, ↑Computer) u. down = von oben nach unten]: **1. a)** *bis zum Zeitpunkt null (Startzeitpunkt) rückwärts schreitende Zeitzählung als Einleitung eines Startkommandos [beim Abschuss einer Rakete]:* der C. beginnt; den C. abbrechen; Ü der C. für die Olympischen Spiele hat begonnen; **b)** *Gesamtheit der vor einem [Raketen]start auszuführenden letzten Kontrollen.* **2.** *letzte technische Vorbereitungen vor einem Unternehmen.*

Coun|ter [ˈkaʊntɐ], der; -s, - [engl. counter = Ladentisch, Theke, über das Afrz. zu mlat. computatorium = Tisch des Geldwechslers, zu lat. computare, ↑Computer]: **a)** (Flugw.) *Schalter im Flughafen, an dem die Flugreisenden abgefertigt werden;* **b)** (Touristik) *Theke in Reisebüros u. Ä.*

Coun|ter|part [ˈkaʊntɐpaːɐ̯t], der; -s, -s [engl. counterpart = Gegenstück, aus: counter- = Gegen- u. part = Teil, Stück]: *einem Entwicklungsexperten in der Dritten Welt zugeordnete einheimische Fachkraft.*

Coun|ter|te|nor [ˈkaʊntɐ...], der; -s, ...öre [engl.] (Musik): **a)** *Contratenor;* **b)** *Altus.*

Coun|tess [ˈkaʊntɪs], die; -, Pl. -es [...tɪsɪs], auch -en [...ˈtɛsn̩; engl. countess < frz. comtesse, ↑Komtess]: **1.** 〈o. Pl.〉 *englischer Titel für eine Gräfin nichtbritischer Herkunft.* **2.** *Trägerin des Titels »Countess«.*

Coun|try [ˈkʌntrɪ], die; -: kurz für ↑Countrymusic.

Coun|try|mu|sic [ˈkʌntrɪmjuːzɪk], die; - [engl. country music, aus: country = Land, ländliche Gegend u. music = Musik]: *Volksmusik des Südens u. Mittelwestens der USA.*

Coun|try|sän|ger, der: *Sänger von Countrysongs.*

Coun|try|sän|ge|rin, die: w. Form zu ↑Countrysänger.

Coun|try|song, der: *Song der Countrymusic.*

Coun|ty [ˈkaʊntɪ], das; -s, -s [engl. county, eigtl. = Grafschaft, zu ↑Count]: *Gerichts- u. Verwaltungsbezirk in Großbritannien u. in den USA.*

Coup [kuː], der; -s, -s [frz. coup, über das Vlat. zu lat. colaphus = Faustschlag, Ohrfeige < griech. kólaphos]: *[frech u.] kühn angelegtes, erfolgreiches Unternehmen:* der Einbruch in das Juweliergeschäft war sein letzter großer C.; einen C. [gegen jmdn., etw.] starten, landen.

Coup d'État [kudeˈta], der; - -, -s - [kudeˈta; frz., zu ↑Coup u. frz. état = Staat] (veraltend): *Staatsstreich.*

Coupe [kup], die; -, -s u. -n, auch: der; -s, -s u. -n [frz. coupe < lat. cup(p)a, ↑[2]Kufe] (schweiz.): *Eisbecher.*

Cou|pé [kuˈpeː], das; -s, -s [frz. coupé = zweisitzige Kutsche, zu: couper, ↑kupieren]: **1.** (veraltet) *Eisenbahnabteil:* ein C. zweiter Klasse. **2.** *geschlossene zweisitzige Kutsche.* **3.** *geschlossener [zweisitziger] Personenkraftwagen mit sportlicher Karosserie.*

Cou|plet [kuˈpleː], das; -s, -s [frz. couplet, Vkl. von: couple = Paar < lat. copula, ↑Kopula]: *scherzhaft-satirisches Strophengedicht mit Kehrreim u. meist aktuellem [politischem] od. pikantem Inhalt.*

Cou|pon, (auch:) Kupon [kuˈpõː], der; -s, -s [frz. coupon, zu: couper, ↑kupieren]: **1. a)** *abtrennbarer Zettel (z. B. als Gutschein, Beleg o. Ä.):* -s ausschneiden, einschicken, einlösen; -s für Benzin; **b)** (schweiz.) *Abschnitt eines Vordrucks.* **2.** (Bankw.) *Zinsschein bei festverzinslichen Wertpapieren:* -s besteuern.

Cour [kuːɐ̯; frz. cour = fürstlicher Hof < afrz. court, cort, über das Vlat. zu lat. cohors, ↑Kohorte]: in der Wendung **jmdm. die C. machen/schneiden** (veraltend; *jmdm. den Hof machen*).

Cou|ra|ge [kuˈraːʒə], die; - [frz. courage, zu: cœur, ↑Cœur]: **1.** (ugs.) *Beherztheit, Schneid, Mut, Unerschrockenheit:* C. zeigen; dazu fehlt ihr die

C.; er bekommt Angst vor der eigenen C. *(er wird unsicher, schwankend in seinem Vorhaben).* **2.** (landsch.) *Körperkraft.*

cou|ra|giert [kura'ʒi:ɐ̯t] ⟨Adj.⟩: *beherzt:* ein -es Mädchen; c. handeln.

cou|rant [ku...]: ↑kurant.

Cou|rant: ↑[1]Kurant.

Cou|ran|te [ku'rã:t(ə)], die; -, -n [...tn̩; frz. courante, zu: courir = laufen < lat. currere] (Musik): **1.** *alter französischer Tanz in raschem, ungeradem Takt.* **2.** *zweiter Satz der Suite in der Musik des 18. Jahrhunderts.*

Court [kɔ:t], der; -s, -s [engl. court, eigtl. = Hof < afrz. court, ↑Cour] (Tennis): *Spielfeld eines Tennisplatzes.*

Cour|ta|ge, (auch:) Kurtage [kʊr'ta:ʒə], die; -, -n [frz. courtage]: *Maklergebühr bei Börsengeschäften:* C. nehmen.

Cour|toi|sie [kʊrto̯a'zi:], die; -, -n [frz. courtoisie, zu: cour, ↑Cour] (veraltend): *feines, ritterliches Benehmen, Höflichkeit.*

Cous|cous ['kʊskʊs], der u. das; -, - [berberisch kuskus, arab. kuskusū]: *nordafrikanisches Gericht aus Weizen-, Hirse- od. Gerstenmehl, Hammelfleisch, verschiedenen Gemüsen u. Kichererbsen.*

Cou|sin [ku'zɛ̃:], der; -s, -s [frz. cousin, über das Vlat. zu lat. consobrinus]: *Sohn von Bruder oder Schwester eines Elternteils; Vetter* (1): er ist mein C., ein C. von mir.

Cou|si|ne, (auch:) Kusine [ku'zi:nə], die; -, -n [frz. cousine]: *Tochter von Bruder od. Schwester eines Elternteils; Base.*

Cou|si|nen|wirt|schaft, die ⟨o. Pl.⟩ (abwertend, auch scherzh.): vgl. Vetternwirtschaft.

Cou|ture [ku'ty:ɐ̯], die; -: kurz für ↑Haute Couture.

Cou|tu|ri|er [kuty'ri̯e:], der; -s, -s: kurz für ↑Haute Couturier.

Cou|vert [ku've:ɐ̯, ku'vɛ:ɐ̯], das; -s, -s [frz. couvert, zu: couvrir = bedecken < lat. cooperire]: **1.** *Bettbezug für Steppdecken u. Ä., dessen oberer Teil in verschiedenen Formen (oft rautenförmig) ausgeschnitten ist.* **2.** frühere Schreibung für ↑Kuvert.

Co|ven|try ['kɔvn̩tri]: Stadt in England.

Co|ver ['kavɐ], das; -s, -[s] [engl. cover, zu: to cover = bedecken < frz. couvrir, ↑Couvert]: **a)** *Titelseite einer Illustrierten;* **b)** *Schallplattenhülle.*

Co|ver|boy, der [aus ↑Cover (a) u. ↑Boy]: **a)** *auf der Titelseite einer Illustrierten abgebildeter [junger] Mann;* **b)** *Dressman* (b).

Co|ver|coat, der [aus ↑Cover u. ↑Coat]: **1.** *fein meliertes Wollgewebe, dem Gabardine ähnlich.* **2.** *dreiviertellanger Mantel aus Covercoat* (1).

Co|ver|girl, das [engl. cover girl]: *auf einem Cover* (a) *abgebildetes Fotomodell.*

co|vern ⟨sw. V.; hat⟩: *als Coverversion aufnehmen, herausbringen.*

Co|ver-up [kavɐ'ap], das; - [engl. cover-up, zu: to cover up = bedecken] (Boxen): *volle Körperdeckung.*

Co|ver|ver|si|on [engl.: ...vɛ:ʃn], die; -, -en u. (bei engl. Aussprache:) -s: *(in der Unterhaltungsmusik) Fassung eines älteren Schallplattentitels mit [einem] anderen Interpreten.*

Cow|boy ['kau̯bɔy], der; -s, -s [engl. cowboy, eigtl. = Kuhjunge]: *berittener amerikanischer Rinderhirt (der gleichzeitig als Verkörperung so genannten männlichen Lebensstils gilt).*

Cow|boy|hut, der: *[von Cowboys getragener] Hut mit breiter Krempe.*

Cow|girl, das; -s, -s [engl.-amerik. cow-girl]: w. Form zu ↑Cowboy.

Cox, der; -, -: kurz für ↑Cox' Orange.

Cox' Oran|ge, die; - -, - -n, (auch:) **Cox Oran|ge,** der; - -, - - [nach dem engl. Züchter R. Cox]: *saftiger, angenehm süß-säuerlich schmeckender, feiner Winterapfel mit goldgelber bis orangefarbener [rot marmorierter] Schale.*

Co|yo|te: ↑Kojote.

C-Par|tei, die; -, -en (Jargon): *Partei, die in ihrem Namen das Attribut »christlich« führt, das in der Abkürzung als »C« auftaucht* (z. B. CDU).

Cr = Chrom.

cr. = currentis.

[1]Crack [krɛk], der; -s, -s [engl. crack, eigtl. = Knall, Krach, zu: to crack = krachen, knacken, knallen] (Sport): **1.** *besonders aussichtsreicher Sportler, Spitzensportler.* **2.** *bestes Pferd eines Rennstalls.*

[2]Crack, das; -s [engl. crack, eigtl. = Knall, Krach, zu to crack = abbröckeln, angeblich wegen des Aussehens wie bröckelnder Putz]: *Kokain enthaltendes synthetisches Rauschgift.*

cra|cken ['krɛkn̩]: ↑kracken.

Cra|cker ['krɛkɐ], der; -s, -[s] ⟨meist Pl.⟩ [engl. cracker, zu: to crack = krachen; 2: zu engl. to crack = knacken (3 c)]: **1.** *leicht gewürztes Kleingebäck in der Art von Keksen.* **2.** ⟨Pl. -⟩ *jmd., der aus böswilligen Motiven hackt* (6).

Cra|ni|um: ↑Kranium.

Crash [kræʃ], der; -s, -s [...ɪz; engl. crash, eigtl. = das Krachen, lautm.]: **1.** *Zusammenstoß, Unfall bes. bei Autorennen.* **2.** (Wirtsch.) *Zusammenbruch eines Unternehmens, einer Bank o. Ä. mit weit reichenden Folgen.*

Crash|kurs, der: *Lehrgang, in dem der Unterrichtsstoff besonders komprimiert u. in kurzer Zeit vermittelt wird.*

Crash|test, der: *Test, mit dem das Unfallverhalten von Kraftfahrzeugen ermittelt werden soll.*

Crawl [krɔ:l], das; -s ⟨meist o. Art. u. ungebeugt⟩ (Sport seltener): *Kraul.*

Cream [kri:m], die; -, -s [engl. cream < afrz. cresme, ↑Creme]: engl. Bez. für *Creme.*

Cre|as: ↑Kreas.

Cre|do: ↑Kredo.

creme [kre:m, krɛ:m] ⟨indekl. Adj.⟩: *mattgelb, gelblich.*

Creme, (auch:) Krem, Kreme, die; -, -s (österr., schweiz.: -n) [frz. crème < afrz. craime, cresme, Vermischung von vlat. crama = Sahne u. lat. chrisma]: **1.** *Salbe zur Pflege der Haut:* ich habe mir die Hände mit C. eingerieben. **2. a)** *dickflüssige od. schaumige, lockere Süßspeise;* **b)** *süße Masse als Füllung für Süßigkeiten u. Torten;* **c)** *dickflüssiger Likör.* **3.** (selten) *Kaffeesahne.* **4.** ⟨o. Pl.⟩ (bildungsspr., häufig iron.) *gesellschaftliche Oberschicht:* die C. der Gesellschaft.

creme|ar|tig ⟨Adj.⟩: *wie Creme; cremig:* eine -e Tortenfüllung.

Crème de la Crème ['krɛ:m də la 'krɛ:m], die; - - - - [französierende Bildung] (bildungsspr., häufig iron.): *Gesamtheit der höchsten Vertreter der gesellschaftlichen Oberschicht.*

creme|far|ben, creme|far|big ⟨Adj.⟩: *creme.*

Crème fraîche [krɛm'frɛʃ], die; - -, -s -s [frz., zu: fraîche, w. Form von: frais = frisch]: *saure Sahne mit hohem Fettgehalt.*

cre|men, (auch:) kremen ⟨sw. V.; hat⟩: *mit den Fingern durch streichende, reibende Bewegungen (irgendwohin) verteilen:* sich etw. ins Gesicht c.

Creme|tor|te, die: *Torte mit [Butter]cremeschichten.*

cre|mig, (auch:) kremig ⟨Adj.⟩: *sahnig* (2): eine -e Substanz; etw. c. schlagen.

Cre|o|le, [2]Kreole, die; -, -n ⟨meist Pl.⟩ [frz. créole = großer Ohrring, zu: créole = die Kolonialgebiete mit schwarzer Bevölkerung betreffend, daraus stammend, dort vorkommend, eigtl. = kreolisch; ↑Kreole]: *größerer Ohrring in Ringform, in den ein kleineres Schmuckstück (ein Kreuz, eine kleine Figur o. Ä.) eingehängt werden kann:* -n aus Gold.

[1]Crêpe [krɛp], (auch:) **Krepp,** die; -, -s [frz. crêpe, urspr. substantivierte Form von afrz. crespe, w. Form von: cresp = kraus < lat. crispus] (Kochk.): *kleiner, dünner Pfannkuchen.*

[2]Crêpe, der; -, -s [frz. crêpe = krauser Stoff, [1]vgl. Crêpe]: ↑[2]Krepp.

Crêpe de Chine [krɛpdə'ʃin], der; - - -, -s [krɛp] - - [frz., eigtl. = Krepp aus China]: *Gewebe aus Natur- od. Kunstseide mit fein genarbter Oberfläche.*

Crêpe Geor|gette [krɛpʒɔr'ʒɛt], der; - -, -s [krɛp] - [frz., zu ↑[2]Crêpe u. dem Namen der Madame Georgette, der Atelierleiterin im ehemaligen Pariser Modehaus Doucet]: *zartes, transparentes, stumpf glänzendes Kreppgewebe.*

Crêpe Su|zette [krɛpsy'zɛt], die; - -, -s [krɛp] - ⟨meist Pl.⟩ [frz., aus ↑[1]Crêpe u. Suzette, Vkl. von Suzanne = Susanne, H. u.] (Kochk.): *dünner Eierkuchen, mit Likör od. Weinbrand flambiert*

cresc. = crescendo.

cre|scen|do [kre'ʃɛndo] ⟨Adv.⟩ [ital., zu: crescere = wachsen, zunehmen] (Musik): *allmählich lauter werdend, im Ton anschwellend;* Abk.: cresc.

Cre|scen|do, das; -s, -s u. ...di (Musik): *allmähliches Anwachsen der Tonstärke.*

Creutz|feldt-Ja|kob-Krank|heit, die ⟨o. Pl.⟩ [nach den Neurologen H. G. Creutzfeldt u. A. Jakob] (Med.): *Erkrankung des Nervensystems, die zu schweren Hirnschäden führt.*

Cre|vet|te: ↑Krevette.

Crew [kru:], die; -, -s [engl. crew < afrz. creue = Zunahme, zu: creistre = wachsen < lat. crescere]: **1. a)** *Schiffsmannschaft;* **b)** *Besatzung eines Flugzeugs;* **c)** (Sport) *Mannschaft eines Ruderbootes.* **2.** *Kadettenjahrgang bei der Marine.* **3.** *einem Zweck, einer bestimmten Aufgabe verpflichtete, gemeinsam auftretende Gruppe von Personen:* der Kommissar und seine C.

Cri|cket: ↑Kricket.

Crime [kra̯im], das; -s [engl. crime < afrz. crime < lat. crimen = Verbrechen]: engl. Bez. für *Verbrechen, Straftat;* vgl. Sex and Crime.

Crohn'sche Krank|heit, die; -n -: *Morbus Crohn.*

Croi|sé [kro̯a'ze:], das; -[s], -s [frz. croisé, zu: croiser = kreuzförmig zusammenlegen, zu: croix = Kreuz < lat. crux, ↑Crux]: *Baumwoll- od. Kammgarngewebe in Köperbindung mit glänzender Oberfläche.*

Crois|sant [kro̯a'sã:], das; -[s], -s [kro̯a'sã:s; frz. croissant (für dt. Hörnchen), zu: croître = wachsen, zunehmen < lat. crescere]: frz. Bez. für *Hörnchen* (2).

Cro|ma|gnon|ty|pus [kroma'ɲõ:...], der; - [nach dem Fundort bei Cro-Magnon in Frankreich] (Anthrop.): *Menschentypus der Jüngeren Altsteinzeit.*

Cro|mar|gan® [kromar'ga:n], das; -s [Kunstwort]: *hochwertiger, rostfreier Chrom-Nickel-Stahl.*

Cro|quet ['krɔkɛt, ...kət, auch: krɔ'kɛt]: ↑Krocket.

Cro|quet|te [krɔ'kɛtə]: ↑Krokette.

Cro|quis [krɔ'ki:], das; - [...'ki:(s)], - [...'ki:s] (Fachspr.): Kroki.

cross [krɔs] ⟨Adv.⟩ [engl. cross = quer, Quer-, vgl. Cross] (Tennis): *diagonal:* den Ball c. spielen.

Cross, der; -, - [engl. cross, eigtl. = Kreuz(ung) < aengl. cros < anord. kross < air. cros < lat. crux (Gen.: crucis) = Kreuz]: **1.** (Tennis) *Schlag, mit dem der Ball diagonal ins gegnerische Feld gespielt wird:* einen C. schlagen. **2.** kurz für ↑Crosscountry.

Cross|coun|try [krɔs'kantri], das; -[s], -s [engl. cross-country, zu: country = Land, Gelände, ↑Countrymusic] (Sport): *Querfeldeinwettbewerb (Lauf, Rad- u. Motorradrennen u. a.).*

Cros|sing-over: ↑Cross-over (2).

Cross-over ['krɔs‚oʊvə], Crossing-over ['krɔsɪŋ-'oʊvə]], das; - [engl. cross-over = Übergang]: **1.** *Vermischung unterschiedlicher [Musik]stile (z. B. Klassik u. Pop).* **2.** (Biol.) *Erbfaktorenaustausch zwischen homologen Chromosomen.*

Crou|pa|de [kru...]: ↑Kruppade.

Crou|pi|er [kru'pi̯e:], der; -s, -s [frz. croupier, eigtl. = Hintermann, zu: croupe, ↑Kruppe]: *Angestellter einer Spielbank, der die Einsätze einzieht, die Gewinne auszahlt u. den äußeren Ablauf des Spiels überwacht.*

Crou|pi|è|re, die; -, -n: w. Form zu ↑Croupier.

Crou|pon [kru'põ:], der; -s, -s [frz. croupon] (Fachspr.): *für die Lederherstellung bes. wertvoller Rückenteil der Haut von Rindern.*

Croû|ton [kru'tõ:], der; -[s], -s ⟨meist Pl.⟩ [frz. croûton, eigtl. = Brotkruste, zu: croûte = Kruste, Rinde < lat. crusta] (Kochk.): *in Fett* *gebackenes dreieckig od. würfelförmig geschnittenes Stück Weißbrot (zum Garnieren von Speisen od. als Suppeneinlage).*

:rt. = courant.

:ru [kry:], das; -[s], -s [frz. cru, subst. 2. Part. von: croître = wachsen < lat. crescere]: *Wachstum, Lage als Qualitätsbezeichnung für französische Weine.*

:ru|ci|fe|rae [...rɛ]: ↑Kruzifere.

'ruise-Mis|sile ['kru:z'mɪsail], das; -s, -s [engl. cruise missile, aus: cruise = Kreuzfahrt u. missile = Geschoss; Flugkörper, eigtl. = langsam fliegender, gelenkter Flugkörper] (Milit.): *Marschflugkörper.*

:rui|ser|ge|wicht ['kru:zɐ...], das [engl. cruiserweight] (Boxen): 1. ⟨o. Pl.⟩ *Gewichtsklasse zwischen Halbschwergewicht u. Schwergewicht.* 2. *Boxer der Gewichtsklasse Cruisergewicht* (1).

:rui|sing ['kru:zɪŋ], das; -[s] [engl. cruising, zu: to cruise = herumgehen, -fahren (um einen Sexualpartner zu suchen), eigtl. = kreuzen (5); eine Kreuzfahrt machen] (Jargon): *das Suchen nach einem Sexualpartner.*

:rux: ↑Krux.

:ru|zei|ro [kru'zeiru], der; -s, -s ⟨aber: 5 Cruzeiro⟩ [port. cruzeiro, zu: cruz = Kreuz < lat. crux]: *Währungseinheit in Brasilien* (1 Cruzeiro = 100 Centavos).

:s = Cäsium.

:sar|das, Csár|dás ['tʃardas, ung.: 'tʃa:rda:ʃ], der; -, - [ung. csárdás]: *von Zigeunermusik begleiteter ungarischer Nationaltanz.*

:-Schlüs|sel, der; -s, - (Musik): *Notenschlüssel, mit dem die Lage des eingestrichenen C festgelegt wird.*

:SFR [Abk. für tschech. Česká a Slovenská Federativná Republika = Tschechische und Slowakische Föderative Republik]: amtlicher Name der Tschechoslowakei (1990–1992).

:SSR [Abk. für tschech. Československá Socialistická Republika]: (bis 1990) Tschechoslowakei (vgl. ČSFR).

:SU [tse:ɛs'u:], die; -: Christlich-Soziale Union.

:t = Centime[s]; Cent[s].

:T = Cable-Transfer; Computertomographie.

:t. = Centime.

:. t. = cum tempore.

:tg = Kotangens.

:ts = Centimes; Cents.

:u = Cuprum, Kupfer.

:u|ba: span. Form von ↑Kuba.

:ui bo|no? [lat., eigtl. = wem zum Guten? (Zitat aus zwei Reden von Cicero)] (bildungsspr.): *wem nützt es, wer hat einen Vorteil davon?*

:u|ius re|gio, eius re|li|gio [lat. = wessen das Land, dessen (ist) die Religion (Grundsatz des Augsburger Religionsfriedens von 1555, nach dem der Landesfürst die Konfession der Untertanen bestimmte)] (bildungsspr.): *wer die Macht ausübt, bestimmt in seinem Bereich die Weltanschauung.*

:ul de Pa|ris [kydpa'ri], der; - - -, -s - - [kyd...; frz., zu: cul = Gesäß (< lat. culus) u. Paris]: *um die Jahrhundertwende unter dem Kleid auf dem Gesäß getragenes Polster.*

:u|lotte [ky'lɔt], die; -, -n [frz. culotte, zu: cul, ↑Cul de Paris]: *(im 17. u. 18. Jh. von der [franz.] Aristokratie getragene) Kniehose.*

:u|ma|ron: ↑Kumaron.

:um|ber|land|sau|ce, Cum|ber|land|so|ße ['kʌmbələnd...], die; -, -n [nach der engl. Grafschaft Cumberland] (Kochk.): *pikante kalte Sauce aus Johannisbeergelee, Madeira, Senf u. anderen Zutaten.*

:um gra|no sa|lis [lat. = mit einem Korn Salz] (bildungsspr.): *mit Einschränkung, nicht ganz wörtlich zu nehmen.*

:um lau|de [lat. = mit Lob]: *gut* (drittbestes Prädikat bei der Doktorprüfung).

:um tem|po|re [lat. = mit Zeit] (bildungsspr.): *eine Viertelstunde später als zu dem angegebenen Zeitpunkt; mit akademischem Viertel;* Abk.: c. t.

:u|mu|lo|nim|bus: ↑Kumulonimbus.

Cu|mu|lus: ↑Kumulus.

Cun|ni|li|n|gus, der; -, ...gi [lat. cunnilingus = jmd., der an der weiblichen Scham leckt, zu: cunnus = weibliches Geschlechtsorgan u. lingere = (be)lecken] (Sexualk.): *das Stimulieren der äußeren Geschlechtsorgane der Frau mit Lippen, Zähnen u. Zunge.*

Cup [kap], der; -s, -s [engl. cup < lat. cup(p)a, ↑²Kufe]: 1. *Siegespokal bei Sportwettkämpfen.* 2. *Pokalwettbewerb.* 3. *Schale* (4) *des Büstenhalters; Körbchen* (3).

Cup|fi|na|le ['kap...], das (Sport): *Endspiel in einem Cup* (2).

Cu|pi|do (röm. Myth.): Liebesgott.

Cu|prum, das; -s [spätlat. cuprum]: lat. Bez. für ↑Kupfer (chem. Zeichen: Cu).

Cup|sie|ger ['kap...], der (Sport): *Sieger in einem Cup* (2).

Cup|wett|be|werb ['kap...], der: *sportlicher Wettbewerb um einen Cup* (1).

[1]Cu|ra|çao [kyra'sa:o]; -s: Insel der Antillen.

[2]Cu|ra|çao®, der; -[s], -s [nach der auf [1]Curaçao u. Haiti wachsenden Curaçaopomeranze]: *mit den getrockneten Schalen unreifer Pomeranzen aromatisierter Likör mit leicht bitter-süßem Geschmack.*

Cu|ra pos|te|ri|or, die; - - [lat. = spätere Sorge] (bildungsspr.): *Angelegenheit für später, nachdem das Wichtigere zuerst erledigt wurde.*

Cu|ra|re: ↑Kurare.

Cur|cu|ma: ↑Kurkuma.

Cu|ré [ky're:], der; -s, -s [frz. curé, zu: cure = Sorge < lat. cura]: *katholischer Pfarrer in Frankreich.*

Cu|ret|ta|ge [kyrɛ'ta:ʒə] usw.: ↑Kürettage usw.

Cu|rie [ky'ri:], das; -, - [nach dem frz. Physikerehepaar Pierre (1859–1906) u. Marie Curie (1867–1934)] (Physik): *Maßeinheit der Radioaktivität* (Zeichen: Ci, älter: c).

Cu|ri|um ['ku:riʊm], das; -s [nach dem Physikerehepaar Curie]: *silberglänzendes, dehnbares Metall aus der Gruppe der Transurane; chemisches Element* (Zeichen: Cm).

Cur|ling ['kə:lɪŋ], das; -s [engl. curling, zu: to curl = (sich) winden, drehen]: *ein aus Schottland stammendes Spiel auf dem Eis, das dem Eisschießen sehr ähnlich ist.*

cur|ren|tis [lat. currentis, Gen. des 1. Part. von: currere = laufen] (veraltet): *des laufenden Jahres, Monats;* Abk.: cr.

cur|ri|cu|lar ⟨Adj.⟩ [engl. curricular] (Päd.): *das Curriculum, Fragen des Curriculums betreffend.*

Cur|ri|cu|lum, das; -s, ...la [engl. curriculum < lat. curriculum = (Zeit)ablauf] (Päd.): *auf einer Theorie des Lehrens u. Lernens aufbauender Lehrplan.*

Cur|ri|cu|lum|for|schung, die: *Forschungszweig der Pädagogik, der sich mit curricularen Fragen befasst.*

Cur|ri|cu|lum|the|o|rie, die (Päd.): *Theorie der Curricula; theoretische Beschäftigung mit curricularen Fragen.*

Cur|ri|cu|lum Vi|tae, das; - -, ...la - [...tɛ; lat., zu: vita = Leben] (bildungsspr. veraltet): *Lebenslauf.*

Cur|ry ['kœri, seltener: 'kari], der, auch: das; -s, -s [angloind. curry < tamil. kari = Tunke]: 1. ⟨auch: der⟩ *scharf-pikante, dunkelgelbe Gewürzmischung indischer Herkunft.* 2. *indisches Gericht aus Fleisch od. Fisch mit einer Currysoße, dazu Reis u. Gemüse.*

Cur|ry|pul|ver, das: *Curry* (1).

Cur|ry|sau|ce, Cur|ry|so|ße, die: *mit Curry scharf gewürzte Soße.*

Cur|ry|wurst, die: *mit Curry bestreute, mit einer Currysoße od. Ketchup übergossene Bratwurst.*

Cur|sor ['kə:sə], der; -s, -s [engl. cursor < lat. cursor = Läufer] (EDV): *meist blinkendes Zeichen auf dem Bildschirm, das anzeigt, an welcher Stelle die nächste Eingabe erscheint.*

Cut, der; -s, -s [2: engl. cut, eigtl. = Schnitt]: 1. [kœt, kat] Kurzf. von ↑Cutaway. 2. [kœt, kat] (Boxen) *Riss der Haut, bes. rund um die Augenpartien.* 3. [kat] (Golf): *Qualifikation für die weitere Teilnahme an einem Golfturnier nach den ersten beiden Runden.*

Cu|ta|way ['kœtəve, 'kat...; engl.: 'kʌtəweɪ], der; -s, -s [engl. cutaway (coat) = abgeschnittener (Mantel), zu: to cut away = wegschneiden]: *als offizieller Gesellschaftsanzug am Vormittag getragener, langer, schwarzer od. dunkler, vorn abgerundet geschnittener Sakko mit steigenden Revers.*

Cu|ti|cu|la: ↑Kutikula.

Cu|tis: ↑Kutis.

cut|ten ['katn̩] ⟨sw. V.; hat⟩ [engl. to cut = schneiden] (Film, Rundf., Ferns.): *Filmszenen od. Tonbandaufnahmen für die endgültige Fassung zurechtschneiden u. zusammenkleben; zusammenschneiden.*

Cut|ter, der; -s, - [engl. cutter]: *Mitarbeiter bei Film, Funk u. Fernsehen, der cuttet; Schnittmeister* (Berufsbez.).

Cut|te|rin, die; -, -nen: w. Form zu ↑Cutter.

cut|tern: ↑cutten.

Cu|vée [ky've:], die; -, -s, (auch:) das; -s, -s [frz. cuvée, zu: cuve = Kufe, Fass < lat. cupa] (Fachspr.): *Mischung, Verschnitt* (1 a) *verschiedener Weine (bes. bei der Herstellung von Schaumweinen).*

CVJM ['tse:faujɔt'ɛm], der; -s: (heute in Deutschland:) Christlicher Verein Junger Menschen (früher: ... Männer).

C-Vo|gel, der; -s, ...vögel: *C-Falter.*

CVP [tse:fau'pe:], die; -: Christlichdemokratische Volkspartei (in der Schweiz).

cwt, cwt. = Hundredweight.

c_w-Wert [tse:ve:...], der; -[e]s, -e [c_w = Luftwiderstandszahl] (Technik): *Zahlenwert, der die Stärke des Luftwiderstandes eines Körpers bezeichnet.*

Cy|an usw.: ↑Zyan usw.

Cy|ber|sex ['saibɐseks], der; -[es] [engl. cybersex, zusgez. aus: cybernetics = Kybernetik u. sex]: *sexuelle Stimulation durch computergesteuerte Simulation.*

Cy|ber|space [...spe:s], der; -, -s [...sɪs] [engl. cyberspace, zusgez. aus: cybernetics = Kybernetik u. space = Raum]: *von Computern erzeugte virtuelle Scheinwelt, die eine fast perfekte Illusion räumlicher Tiefe u. realitätsnaher Bewegungsabläufe vermittelt.*

cy|clisch: ↑zyklisch.

Cym|bal: ↑Zimbal.

Cy|pern usw.: ↑Zypern usw.

cy|ril|lisch: ↑kyrillisch.

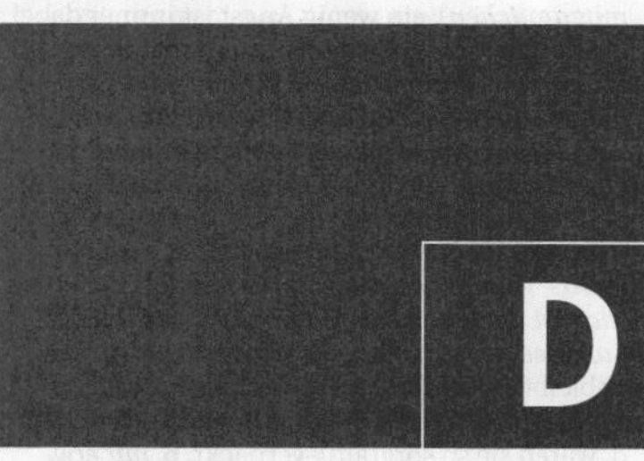

d, D [de:], das; - (ugs.: -s), - (ugs.: -s) [mhd., ahd. d]: 1. *vierter Buchstabe des Alphabets, ein Konsonant:* ein kleines d, ein großes D schreiben. 2. (Musik) *zweiter Ton der Grund-(C-Dur-)Tonleiter.*

d = Dezi...; d-Moll; Denar; (früher:) Penny, Pence.

d = Durchmesser.

D = Deuterium; D-Dur; iran. Dinar.

D [entstanden aus der »halbierten« urspr. Schreibweise C|C von M = 1 000]: römisches Zahlzeichen für 500.

D. = Doktor der ev. Theologie.

δ, Δ: ↑Delta.

[1]da [I, 1, 3: mhd. dā(r), ahd. dār; I, 2: mhd., ahd. dō; zu ↑der (Demonstrativpron.)]: I. ⟨Adv.⟩ 1. (lokal; hinweisend) **a)** *an dieser Stelle, dort:* da ist die Haltestelle; er wohnt da; es muss noch Brot d. *(vorhanden, verfügbar)* sein; diese Dinge

D

sind dazu da *(sind deswegen vorhanden, zu dem Zweck angeschafft o. Ä.)*, dass man sie benutzt; es ist niemand da *(anwesend, zugegen)*; ich bin gleich wieder da *(komme gleich zurück)*; Ü von den alten Leuten, die er gekannt hatte, waren nicht mehr viele da *(waren nicht mehr viele am Leben)*; er war nur noch für sie da *(lebte nur für sie)*; langsam wachte sie auf, aber sie war noch nicht ganz da *(wach, bei Bewusstsein)*; ein solcher Fall ist noch nie da gewesen *(noch nie Wirklichkeit geworden)*; *** da und da** *(an einem bestimmten Ort)*; **da und dort** (1. *an einigen Orten, an manchen Stellen.* 2. *manchmal, hin und wieder*); **b)** *hier:* da sind wir; ist da jemand?; da nimm das Geld! **2.** (temporal) *zu diesem Zeitpunkt, in diesem Augenblick:* da lachte er; von da an herrschte Ruhe; endlich war der Augenblick da *(eingetreten)*, auf den er gewartet hatte. **3.** (modal) **a)** *unter diesen Umständen, unter dieser Bedingung:* wenn ich schon gehen muss, da gehe ich lieber gleich; **b)** *in dieser Hinsicht:* da bin ich ganz Ihrer Meinung; und ich dachte, dass da alles geklärt sei; **c)** *gesprächseröffnend, eine Schilderung einleitend:* da klingelt doch nachts das Telefon, und wer ist dran? **4.** ⟨als Teil eines Pronominaladverbs in getrennter Stellung⟩: ↑dabei (7), dafür (7), dagegen (6), daher (4), damit (2), danach (4), dazu (4). **II.** ⟨Konj.⟩ **1.** (kausal) *weil* (2, 4): da er krank war, konnte er nicht kommen; es ist mir recht, [zumal] da ich ohnehin in die Stadt muss. **2.** (temporal; geh.) *als:* da er noch reich war, hatte er viele Freunde; zu der Zeit, in den Tagen, da viele nichts zu essen hatten. **3.** (temporal mit kausalem Nebensinn) *nachdem* (2), *wo:* jetzt, da es beschlossen ist, kommt dein Einwand zu spät.

²da = Deka...; Deziar.

d. Ä. = der Ältere.

DAAD = Deutscher Akademischer Austauschdienst.

da|be|hal|ten ⟨st. V.; hat⟩: *hier, dort, bei sich behalten:* im Krankenhaus hat man ihn gleich dabehalten.

da|bei ⟨Adv.⟩ [mhd. dā(r)bī, ahd. dār bī]: **1.** *bei jmdm., etw.:* er öffnete das Paket, ein Brief war nicht d.; die Reisenden waren alle ausgestiegen, aber sie war nicht d. **2.** *bei etw. anwesend; an etw. beteiligt, teilnehmend:* er war bei der Sitzung d.; weißt du schon, ob du d. bist?; als sie eingestellt wurde, war ich schon drei Jahre d. (ugs.; *als Beschäftigte bei der Firma*); ich bin dabei! *(bin einverstanden, erkläre mich bereit mitzumachen)*; ein wenig Angst ist immer dabei *(stellt sich als Begleiterscheinung ein)*. **3.** *im Verlaufe von, währenddessen, gleichzeitig:* sie nähte und hörte Musik d. **4.** *bei dieser Sache, Angelegenheit; bei alledem, hinsichtlich des eben Erwähnten:* ohne sich etwas d. zu denken; er fühlt sich nicht wohl d.; es ist doch nichts d. *(ist nicht schlimm, nicht bedenklich, schadet nichts, ist nicht schwierig)*; was ist schon d.? *(das ist doch nicht schlimm; das ist einfach, kann jeder)*; es bleibt d. *(es ändert sich nichts)*; er bleibt d. *(ändert seine Meinung nicht)*. **5.** *obwohl, obgleich:* die Gläser sind zerbrochen, d. waren sie so sorgfältig verpackt. **6.** *mit etw. Bestimmtem beschäftigt:* sie waren d., die Koffer zu packen; er war gerade d. *(stand im Begriff)*, das Haus zu verlassen; »Räum endlich den Tisch ab!« – »Ich bin ja schon d.!«. **7.** (nordd. ugs.) in bestimmten Verwendungen in getrennter Stellung: da ist doch nichts bei.

da|bei|blei|ben ⟨st. V.; ist⟩: *bei einer Sache, Tätigkeit bleiben, etw. fortsetzen:* bis zum Schluss d.

da|bei|ha|ben ⟨unr. V.; hat⟩ (ugs.): **1.** *bei sich haben:* ich brachte ihn zur Bahn, weil er keinen Schirm dabeihatte. **2.** *an etw. teilnehmen lassen:* sie wollten ihn nicht d.

da|bei sein: s. dabei (2, 6).

da|bei|sit|zen ⟨unr. V.; hat; südd., österr., schweiz. auch: ist⟩: *sitzend einen Vorgang o. Ä. verfolgen [ohne sich daran zu beteiligen]:* er hat schweigend dabeigesessen.

da|bei|ste|hen ⟨unr. V.; hat; südd., österr., schweiz. auch: ist⟩: *stehend einen Vorgang o. Ä. verfolgen [ohne sich daran zu beteiligen].*

da|blei|ben ⟨st. V.; ist⟩: *an einem Ort bleiben, nicht fortgehen:* noch eine Weile d.

da ca|po [ital., aus: da = von – an u. capo = Kopf < lat. caput, also eigtl. = vom Kopf an]: **1.** (Musik) *noch einmal von Anfang an* (als Anweisung in der Notenschrift); Abk.: d. c. **2.** *wiederholen!, noch einmal!* (als Beifallsruf im Theater, Konzert o. Ä., der zur Wiederholung des Vorgetragenen auffordert).

da ca|po al fi|ne [ital., zu: fine < lat. finis = Ende] (Musik): *vom Anfang bis zum Schlusszeichen (wiederholen).*

Dac|ca ['daka]: ↑Dhaka.

d'ac|cord [da'ko:ɐ̯, frz.: da'kɔ:r; frz., zu: accord, ↑Akkord] (geh., bes. österr.): *einer Meinung, einig, einverstanden:* mit jmdm., einem Vorschlag d'a. sein.

Dach, das; -[e]s, Dächer [mhd. dach, ahd. dah, eigtl. = das Deckende]: **1.** *oberer Abschluss eines Hauses, eines Gebäudes, der entweder durch eine horizontale Fläche gebildet wird od. häufiger durch eine mit Ziegeln od. anderem Material gedeckte [Holz]konstruktion, bei der die Flächen in bestimmtem Winkel zueinander stehen:* ein steiles, flaches D.; das D. mit Ziegeln decken; der Sturm hat viele Dächer abgedeckt; ein Zimmer unterm D. *(im obersten Stockwerk)*; *** das D. der Welt** 1. *(das Hochland von Pamir.* 2. *das Himalaja-Gebirge.* 3. *Tibet)*; **ein D. über dem Kopf haben** (ugs.; *eine Unterkunft haben*); **jmdm. aufs D. steigen** (ugs.; *jmdn. ausschimpfen, zurechtweisen, tadeln;* nach einem alten Rechtsbrauch, dem Pantoffelhelden das Dach abzudecken); **jmdm. eins/etwas aufs D. geben** (ugs.; 1. *jmdm. einen Schlag auf den Kopf geben.* 2. *jmdm. einen Verweis, eine Rüge erteilen*); **eins/etwas aufs D. bekommen/kriegen** (ugs.; 1. *einen Schlag auf den Kopf bekommen.* 2. *einen Verweis, eine Rüge erhalten*); **etw. unter D. und Fach bringen** (1. *etw. in Sicherheit bringen u. dadurch vor Unwetter o. Ä. schützen.* 2. *etw. glücklich zum Abschluss bringen;* urspr. auf das Einbringen der Ernte bezogen; Fach = Zwischenraum, Abteilung in der tragenden Konstruktion des nordd. Bauernhauses); **unter D. und Fach sein** (1. *in Sicherheit, geschützt vor Unwetter o. Ä. sein.* 2. *glücklich erledigt, abgeschlossen sein*); **bei jmdm. ist es unterm D. nicht ganz richtig** (ugs.; *jmd. ist nicht ganz bei Verstand*); **[mit jmdm.] unter einem D. wohnen, leben, hausen** (ugs.; *[mit jmdm.] im gleichen Haus wohnen*). **2. a)** *oberer Abschluss eines Fahrzeugs o. Ä.:* das Auto lag auf dem D.; **b)** *oberer Abschluss eines Zelts o. Ä.:* das D. hat einen Riss. **3.** *vor Sonne, Regen o. Ä. schützende Konstruktion über etw.:* ein kleines D. über dem Hauseingang. **4.** kurz für ↑Schiebedach: mit offenem D. fahren. **5.** (Bergbau) *unmittelbar über einem Flöz liegende Gesteinsschicht.*

Dach|an|ten|ne, die: *auf dem Dach angebrachte Antenne.*

dach|ar|tig ⟨Adj.⟩: *einem Dach ähnlich.*

Dach|bal|ken, der: *waagerechter Balken des Traggerüsts eines Daches.*

Dach|bo|den, der (bes. ostmd., nordd.): *Raum zwischen oberstem Geschoss u. Dach eines Gebäudes; Boden* (7), *Speicher* (1 b).

Dach|de|cker, der; -s, -: *Handwerker, der Dächer deckt u. repariert* (Berufsbez.): er ist D.; R das kannst du halten wie ein D. (salopp; *es ist gleichgültig, wie du es machst*).

Dä|chel|chen, das; -s, -: Vkl. zu ↑Dach.

Dä|cher|chen ⟨Pl.⟩: Vkl. zu ↑Dach.

Dach|fens|ter, das: *Fenster in einem Dach.*

Dach|first, der: *First.*

Dach|gar|ten, der: **1.** *gärtnerische Anlage auf einem Flachdach.* **2.** *Dachterrasse.*

Dach|gau|be, Dach|gau|pe, die (Bauw. od. landsch.): *aus einem Dach herausgebautes senkrechtes Fenster.*

Dach|ge|päck|trä|ger, der: *auf dem Dach eines Autos angebrachte Halterung für Gepäckstücke o. Ä.*

Dach|ge|schoss, das: *im Innern eines Daches liegendes Stockwerk.*

Dach|ge|sell|schaft, die (Wirtsch.): *Gesellschaft, die der einheitlichen Lenkung u. Kontrolle eines Konzerns od. Trusts dient.*

Dach|gie|bel, der: *Giebel* (1).

Dach|glei|che, die; -, -n (österr.): *Richtfest.*

Dach|ha|se, der (scherzh.): *Katze.*

Dach|haut, die (Bauw.): *äußerste Schicht eines Daches:* eine D. aus Schiefer.

Dach|kam|mer, die: *kleinerer Raum im Dachgeschoss.*

Dach|kan|del, der (landsch.): *Dachrinne.*

Dach|kän|nel, der (schweiz., landsch.): *Dachrinne.*

Dach|kon|struk|ti|on, die: *Traggerüst eines Daches aus Holz, Stahl od. Stahlbeton; Dachstuhl.*

Dach|lat|te, die: *auf die Dachbalken genagelte Latte, die die Dachziegel trägt.*

Dach|la|wi|ne, die: *von einem Hausdach abrutschende Schneemasse.*

Däch|lein, das: Vkl. zu ↑Dach.

Dach|lu|ke, die: *kleines Klappfenster in einem Dach.*

Dach|or|ga|ni|sa|ti|on, die: *übergeordnete Organisation, in der mehrere Organisationen zusammengeschlossen sind.*

Dach|pap|pe, die: *mit Teer o. Ä. getränkte u. mit Sand o. Ä. bestreute Pappe zum Abdichten u. Decken von Holzdächern.*

Dach|rei|ter, der: *auf einem Dachfirst angebrachtes kleines Türmchen.*

Dach|rin|ne, die: *am Rand eines Daches angebrachte Rinne zum Auffangen u. Ableiten des Regenwassers.*

Dachs, der; -es, -e [mhd., ahd. dahs, H. u.]: *silbergraues bis bräunlich graues Säugetier mit schwarz-weiß gezeichnetem Kopf, langer Schnauze, gedrungenem Körper u. kurzen Beinen mit langen, starken Krallen:* er schläft wie ein D. *(sehr tief [u. lange])*; *** junger D.** (ugs.; *unerfahrener, junger Mann*).

Dachs|bau, der; -[e]s, -e: *Bau* (5 a) *eines Dachses.*

Dach|scha|den, der: **1.** *Schaden am Dach eines Gebäudes.* **2.** ⟨o. Pl.⟩ (salopp) *geistiger Defekt:* du hast wohl einen D.!

Dächs|chen, das; -s, -: Vkl. zu ↑Dachs.

Dach|schin|del, die: *Schindel einer zum Decken von Dächern bestimmten Art.*

Dachs|haar, das: **1.** *Haar eines Dachses.* **2.** ⟨o. Pl.⟩ *Dachshaare* (1) *(als Rohstoff)*: ein Pinsel aus D.

Dachs|haar|pin|sel, der: *Pinsel aus Dachshaar* (2).

Dachs|hund, der: *Dackel.*

Däch|sin, die; -, -nen: w. Form zu ↑Dachs.

Dächs|lein, das; -s, -: Vkl. zu ↑Dachs.

Dach|spar|ren, der: *vom First zum Rand des Daches verlaufender Balken des Dachstuhls.*

Dach|stuhl, der: *die Dachhaut tragende [Holz]konstruktion.*

dach|te, däch|te: ↑denken.

Dach|ter|ras|se, die: *als Terrasse nutzbare Fläche auf einem Dach.*

Dach|trau|fe, die: **1.** *untere Abgrenzung, Kante einer Dachfläche bei einem geneigten Dach:* die D. ist schadhaft. **2.** (landsch.) *Dachrinne.*

Dach|ver|band, der: vgl. Dachorganisation.

Dach|woh|nung, die: vgl. Dachkammer.

Dach|zie|gel, der: vgl. Dachschindel.

Da|ckel, der; -s, - [urspr. oberd. Kurzf. von ↑Dachshund]: **1.** *kurzbeiniger, meist brauner od. schwarzer Haus- u. Jagdhund mit lang gestrecktem Kopf u. krummen Vorderbeinen.* **2.** (ugs. Schimpfwort) *dummer, blöder Kerl.*

Da|ckel|bei|ne ⟨Pl.⟩ (ugs. scherzh.): *kurze u. krumme Beine.*

da|ckeln ⟨sw. V.; ist⟩ (ugs.): *trotten.*

Da|da, der; -[s] [nach frz. kindersprachl. dada (lautm.), das willkürlich als »Symbolwort« ausgesucht wurde]: **a)** *Symbol u. programmatisches Schlagwort des Dadaismus;* **b)** *Name für die* *verschiedenen dadaistischen Gruppierungen:* der Berliner D.

a|da|is|mus, der; -: *internationale revolutionäre Kunst- u. Literaturrichtung um 1920, die jegliches künstlerische Ideal negiert u. absolute Freiheit der künstlerischen Produktion sowie einen konsequenten Irrationalismus in der Kunst proklamiert.*

a|da|ist, der; -en, -en: *Künstler, Vertreter des Dadaismus.*

a|da|is|tin, die; -, -nen: w. Form zu ↑Dadaist.

a|da|is|tisch ⟨Adj.⟩: *den Dadaismus betreffend, zu ihm gehörend, für ihn charakteristisch; in der Art des Dadaismus.*

ä|da|lus (griech. Myth.): Handwerker, Erfinder u. Baumeister der griechischen Sage.

ad|deln ⟨sw. V.; hat⟩ (ugs., bes. nordd.): *am Spielautomaten spielen.*

ad|dy ['dɛdi], der; -s, -s ['dɛdi:s; engl. daddy, wohl Lallw. der Kinderspr.]: engl. ugs. Bez. für *Vater.*

a|dran (ugs.): ↑daran.

a|drauf (ugs.): ↑darauf.

a|draus (ugs.): ↑daraus.

a|drin (ugs.): ↑darin.

a|drin|nen (ugs.): ↑darinnen.

a|drü|ber (ugs.): ↑darüber.

a|drum (ugs.): ↑darum.

a|drun|ter (ugs.): ↑darunter.

a|durch ⟨Adv.⟩ [mhd. dā(r)durch, ahd. dār durch]: **1.** [nur: 'da:dʊrç] *da hindurch, durch diese Stelle, Öffnung hindurch:* es gibt nur eine Tür, d. muss jeder gehen, der den Raum betritt. **2. a)** *durch dieses Mittel, Verfahren:* er hat das Medikament genommen und ist d. wieder gesund geworden; **b)** *aus diesem Grund, durch diesen Umstand, auf diese Weise:* er hat sich d. selbst geschadet; d., dass *(weil)* er älter ist, hat er Vorteile.

aff|ke [jidd. dafke = nun gerade < hebr. dawqā]: nur in der Fügung **aus D.** (berlin.; *aus Trotz; nun gerade; nur zum Spaß*).

a|für ⟨Adv.⟩ [mhd. dā(r)vür, ahd. dār(a) furi]: **1.** *für diesen Zweck, für dieses Ziel:* er hat d. viel Geld ausgegeben. **2.** *hinsichtlich dieser Sache, im Hinblick darauf:* d. habe ich kein Verständnis; d. *(wenn man bedenkt),* dass er erst ein Jahr hier ist, spricht er die Sprache schon sehr gut; er behauptete, nichts d. zu können (ugs.; *keine Schuld daran zu haben*). **3.** *zugunsten dieser Sache:* das ist noch kein Beweis d.; alles spricht d., dass er es war; die Mehrheit ist d. *(bejaht es, stimmt zu).* **4. a)** *als Gegenleistung, Entschädigung:* was gab er dir d.?; er möchte sich d. bedanken; er hat 10 Mark d. bezahlt; **b)** *stattdessen, als Ausgleich:* heute hat er keine Zeit, d. will er morgen kommen; er arbeitet langsam, d. aber gründlich. **5.** *für, als etwas Bestimmtes, Genanntes [geltend]:* der Stein ist kein Rubin, aber man könnte ihn d. halten, ansehen. **6.** (ugs.) *dagegen, als Gegenmittel:* die Tabletten sind gerade d. sehr gut. **7.** (nordd.) in bestimmten Verwendungen in getrennter Stellung: da bin ich nicht für.

a|für|hal|ten ⟨st. V.; hat⟩ (geh.): *der Meinung, Ansicht sein; meinen:* ich halte d., dass nur dies der richtige Weg sein kann; *** nach jmds. Dafürhalten** *(nach jmds. Meinung, Ansicht):* nach unserem D. hätte das anders geregelt werden müssen.

a|für|kön|nen ⟨unr. V.; hat⟩: in der Wendung **etwas d.** (ugs.; *Schuld daran haben*): er leugnete strikt, etwas dafürzukönnen.

a|für|spre|chen ⟨unr. V.; hat⟩: **a)** *auf etw. hindeuten, etw. wahrscheinlich erscheinen lassen:* alles spricht dafür, dass es morgen schönes Wetter gibt; **b)** *zugunsten von etwas sprechen:* was spricht dafür, ihr noch einmal zu helfen?

a|für|ste|hen ⟨unr. V.⟩: **1.** (veraltet) *für etw. einstehen, bürgen* ⟨hat; südd., österr., schweiz. auch: ist⟩: er steht nicht dafür, dass diese Angaben richtig sind. **2.** (südd., österr.) *sich lohnen* ⟨ist⟩: das steht [nicht] dafür.

g = Dekagramm.

DAG = Deutsche Angestelltengewerkschaft.

da|ge|gen [mhd. da(r)gegen, ahd. daragegene]: **1.** *gegen, an, auf, in Richtung auf diese Stelle, diesen Ort, diesen Gegenstand:* er trug die Leiter zur Hauswand und stellte sie d. **2.** *(als Angriff, Abwehr, Ablehnung) gegen diese Sache, Angelegenheit o. Ä.:* sich d. auflehnen, sträuben, verwahren, wehren; d. sind wir machtlos; d. ist nichts einzuwenden; es gibt zahlreiche Gründe, die d. sprechen, dass man so verfährt; hast du etwas d., dass er mitkommt? *(stört es dich, wenn er mitkommt?);* d. sein *(eine ablehnende Haltung einnehmen).* **3.** *im Vergleich, im Gegensatz dazu:* das Unwetter letzten Monat war furchtbar, d. ist dieses harmlos. **4.** *als Ersatz, Gegenwert für diese Sache, diesen Gegenstand:* er hat das Gerät zurückgegeben und d. ein anderes eingetauscht. **5.** [nur: da'ge:gn̩] *hingegen, jedoch, indessen:* im Süden ist es schon warm, bei uns d. schneit es noch. **6.** (nordd.) in bestimmten Verwendungen in getrennter Stellung: da hab ich was gegen.

da|ge|gen|hal|ten ⟨st. V.; hat⟩: *einwenden, entgegnen, erwidern:* er hielt dagegen, dass er sich auch noch um andere Dinge zu kümmern habe.

da|ge|gen|set|zen ⟨sw. V.; hat⟩: *gegen etwas Erwähntes vorbringen, einer Äußerung entgegensetzen:* er hörte sich die Argumente an und hatte nichts dagegenzusetzen.

da|ge|gen|stel|len, sich ⟨sw. V.; hat⟩: *sich einer Sache widersetzen:* sie hatte das System von Anfang an durchschaut und sich dagegengestellt.

da|ge|gen|stem|men, sich ⟨sw. V.; hat⟩: *sich einer Sache heftig widersetzen, ihr mit allen Mitteln entgegenzuwirken suchen:* er sah die verhängnisvolle Entwicklung und stemmte sich dagegen.

da|ge|gen|wir|ken ⟨sw. V.; hat⟩: *(einer Sache) entgegenwirken:* sie verurteilte die Maßnahmen und wirkte ständig dagegen.

da|ha|ben ⟨unr. V.; hat⟩ (ugs.): **1.** *vorrätig, zur Verfügung haben:* wir werden noch genug Exemplare d. **2.** *zu Besuch o. Ä., bei sich haben:* wir haben seit zwei Wochen unsere Mutter da.

da|heim ⟨Adv.⟩ [mhd. dā heime, ahd. dār heime] (bes. südd., österr., schweiz.): **a)** *zu Hause:* d. sein, bleiben; ich bin hier d. *(wohne hier);* R d. ist d.! *(es geht nichts über das Zuhause);* **b)** *in der Heimat:* er war lange nicht mehr d.

Da|heim, das; -s (bes. südd., österr., schweiz.): *das Zuhause, Heim.*

Da|heim|ge|blie|be|ne, der u. die; -n, -n ⟨Dekl. ↑Abgeordnete⟩: *jmd., der zu Hause geblieben ist:* unterwegs dachten sie öfter an die -n.

da|her ⟨Adv.⟩ [mhd. dā her]: **1.** (lokal) **a)** *von dort, von dorther:* ich komme gerade d.; bist, stammst du auch d.?; **b)** (landsch.) *hierhin, hierher:* setz dich d. **2.** [nur: 'da:he:ɐ̯] *aus dieser Quelle, durch diesen Umstand, dadurch verursacht, darin begründet:* d. hat er seine Information, rührt seine Unzufriedenheit; die Krankheit kommt d., dass er immer den Staub einatmen muss. **3.** *aus diesem Grund, deshalb:* sie war krank und konnte d. nicht kommen. **4.** (ugs.) in bestimmten Verwendungen in getrennter Stellung: ach, da kommt das her!

da|her|brin|gen ⟨unr. V.; hat⟩ (südd., österr.): **1.** *mit sich bringen, tragen; herbeibringen:* schau, was sie alles [in ihrer Tasche] daherbringt! **2.** (abwertend) *unüberlegt äußern, daherreden:* man kann nicht alles glauben, was er daherbringt.

da|her|flie|gen ⟨st. V.; ist⟩: **1.** *umher-, einherfliegen:* sie sahen viele Vögel d. **2.** *fliegend herankommen, hierher fliegen* ⟨häufig im 2. Part. + kommen⟩: es kam ein Vogel dahergeflogen.

da|her|ge|lau|fen ⟨Adj.⟩ (abwertend): *[von zweifelhafter Herkunft u. daher] ohne Ansehen, nichts geltend:* ein -er Kerl.

Da|her|ge|lau|fe|ne, der u. die; -n, -n ⟨Dekl. ↑Abgeordnete⟩ (abwertend): *jmd., der [von zweifelhafter Herkunft u. daher] ohne Ansehen ist, nichts gilt.*

da|her|kom|men ⟨st. V.; ist⟩: *herbei-, heran-, in jmds. Gesichtskreis kommen:* sie kamen mit großen Schritten daher; er sah sie d.; Ü wie kann man nur so schlampig d. *(sich zeigen, sein);* mit großem Anspruch d. *(auftreten).*

da|her|re|den ⟨sw. V.; hat⟩ (abwertend): *Törichtes, Unüberlegtes sagen:* wie kann man so [dumm] d.!

da|hier ⟨Adv.⟩ (schweiz., sonst veraltet): *hier, an dieser Stelle, an diesem Ort.*

da|hin ⟨Adv.⟩ [mhd. dā(r) hin]: **1.** *an diesen Ort, in diese Richtung, dorthin, nach dort:* wir fahren oft d.; auf dem Weg d.; ist es noch weit bis d.?; Ü d. *(in diesen Zustand, so weit)* hat ihn der Alkohol gebracht. **2.** ⟨nur in Verbindung mit »bis«⟩ *zu diesem Zeitpunkt:* bis d. ist noch Zeit, musst du dich noch gedulden. **3.** *nach einer bestimmten gedanklichen Richtung hin, diesem Ziel entsprechend:* etwas d. [gehend] auslegen, dass es akzeptiert werden kann; d. *(in diesem Sinne)* hat er sich geäußert. **4.** *** d. sein** *(verloren, vorbei sein):* mein ganzes Geld ist d.; sein Leben ist d. *(er stirbt).*

da|hi|nab ⟨Adv.⟩: *an dieser Stelle, in dieser Richtung hinab:* unser Weg führt d.

da|hi|nauf ⟨Adv.⟩: *an dieser Stelle, in dieser Richtung hinauf (auf diesen Gegenstand o. Ä.):* zur Burg geht es d.

da|hi|naus ⟨Adv.⟩: *an dieser Stelle, in dieser Richtung hinaus.*

da|hin|be|we|gen, sich ⟨sw. V.; hat⟩: *sich gleichmäßig vorwärts bewegen:* der Zug der Pilger bewegte sich langsam dahin.

da|hin|däm|mern ⟨sw. V.; ist/hat⟩: *teilnahmslos, passiv [u. nicht bei vollem Bewusstsein] vor sich hin leben, vegetieren:* tagelang dämmerte der Kranke dahin.

da|hin|durch ⟨Adv.⟩: *an dieser Stelle, in dieser Richtung hindurch:* wir müssen d.

da|hin|ei|len ⟨sw. V.; ist⟩: **1.** *forteilen, vorübereilen:* er sah die Passanten auf der Straße d. **2.** *rasch vergehen, verfliegen:* unaufhaltsam eilt die Zeit dahin.

da|hi|nein ⟨Adv.⟩: *an dieser Stelle, in dieser Richtung hinein; in dieses Gefäß o. Ä.:* Tassen gehören d.

da|hin|fah|ren ⟨st. V.; ist⟩: **1.** (dichter.) **a)** *wegfahren;* **b)** *vorüberfahren.* **2.** (geh. veraltet) *sterben.*

da|hin|fal|len ⟨st. V.; ist⟩ (schweiz.): *entfallen, wegfallen:* der Grund dafür fiel dahin.

da|hin|flie|gen ⟨st. V.; ist⟩ (geh.): **1.** *wegfliegen:* sie beobachteten die dahinfliegenden Vögel; Ü der Expresszug flog dahin *(fuhr schnell, mit großer Geschwindigkeit [vorüber]).* **2.** *sehr rasch vergehen, verfliegen:* die Stunden, Tage flogen dahin.

da|hin|flie|ßen ⟨st. V.; ist⟩: *immer weiter fließen:* leicht dahinfließendes Wasser.

da|hin|ge|ben ⟨st. V.; hat⟩ (dichter.): *preisgeben, opfern:* sein Leben, seinen kostbarsten Besitz d.

Da|hin|ge|gan|ge|ne, der u. die; -n, -n ⟨Dekl. ↑Abgeordnete⟩ (geh.): *Verstorbene[r], Tote[r].*

da|hin|ge|gen ⟨Adv.⟩ (geh.): *im Gegensatz dazu:* sie d. war ganz anderer Meinung.

da|hin|ge|hen ⟨unr. V.; ist⟩ (geh.): **1.** *vorbeigehen:* sie beobachtete, wie die Leute vor ihrem Fenster dahingingen. **2.** *vergehen, verstreichen:* die Zeit, der Tag ging dahin. **3.** (verhüll.) *sterben:* er ist früh dahingegangen.

da|hin|ge|stellt: nur in den Verbindungen **d. sein/bleiben** *(nicht sicher, nicht bewiesen, noch fraglich sein):* es sei, bleibt d., ob dies der Wahrheit entspricht; **etw. d. sein lassen** *(etwas offen lassen, nicht weiter diskutieren):* ob er es wirklich getan hat, wollen wir d. sein lassen.

da|hin|le|ben ⟨sw. V.; hat⟩: *seine Tage in einem bestimmten Gleichmaß, ohne Aufregungen, Höhepunkte verbringen:* sie lebten einige Jahre ruhig in ihrer Stadt dahin.

da|hin|plät|schern ⟨sw. V.; ist⟩: *plätschernd vorbeifließen, dahinfließen:* der Bach plätscherte [durch die Wiesen] dahin; Ü das Gespräch plätscherte so dahin *(war ohne geistigen Tiefgang).*

da|hin|raf|fen ⟨sw. V.; hat⟩ (geh. verhüll.): *jmds.*

[plötzlichen] Tod verursachen: die Seuche hat viele dahingerafft.

da|hin|re|den ⟨sw. V.; hat⟩: *ohne große Überlegung, unüberlegt reden, äußern:* er redet oft einfach so dahin, hat es so dahingeredet.

da|hin|sa|gen ⟨sw. V.; hat⟩: *unüberlegt äußern:* das hat er doch nur so dahingesagt.

da|hin|schei|den ⟨st. V.; ist⟩ (geh. verhüll.): *sterben.*

da|hin|schlei|chen ⟨st. V.; ist⟩: *sich langsam u. gleichmäßig vorwärts bewegen:* die Leute schlichen in der Mittagshitze dahin; Ü gleichförmig schlichen die Tage dahin.

da|hin|schlep|pen, sich ⟨sw. V.; hat⟩: *sich langsam u. mit Mühe fortbewegen:* der Berufsverkehr schleppte sich nur mühsam dahin; Ü die Verhandlungen schleppten sich über viele Monate dahin.

da|hin|schwin|den ⟨st. V.; ist⟩ (geh.): **1.** *sich vermindern, abnehmen, schwinden:* die Vorräte schwanden dahin; Ü sein Mut, sein Interesse war schnell dahingeschwunden. **2.** *vergehen, vorbeigehen:* die Jahre schwanden dahin.

da|hin|se|geln ⟨sw. V.; ist⟩: vgl. dahinfahren (1).

da|hin|sie|chen ⟨sw. V.; ist⟩ (geh.): *ein langes Siechtum erleiden.*

da|hin|ste|hen ⟨unr. V.; hat; südd., österr., schweiz. auch: ist⟩: *fraglich, noch offen, nicht entschieden sein:* ob er es wirklich schaffen wird, steht noch dahin.

da|hin|ster|ben ⟨st. V.; ist⟩ (geh.): *sterben:* viele sind vor Hunger dahingestorben.

da|hin|ten ⟨Adv.⟩: *dort hinten:* d. zieht ein Gewitter auf.

da|hin|ter ⟨Adv.⟩: **a)** *hinter diesem Gegenstand, Ort o. Ä.:* ein Haus mit einem Garten d.; Ü man weiß nicht recht, was sich bei ihm d. verbirgt; da ist schon etwas d. *(die Sache hat schon einen realen Kern);* nichts d.! *(alles nur Prahlerei);* man weiß nicht, was eigentlich d. steckt (ugs.; *was der eigentliche [nicht erkennbare] Grund, die Ursache dafür ist*); man wusste lange nicht, wer eigentlich d. steckte (ugs.; *wer der eigentliche [heimliche] Urheber jener Sache war*); er redet viel, aber es steckt auch etw., nichts, nicht viel d. (ugs.; *entspricht [nicht] bestimmten Vorstellungen, ist unbedeutend o. Ä.*); die Sache kann nur durchgeführt werden, wenn alle d. stehen *(für richtig halten u. es unterstützen, sich dafür einsetzen)*; sie bewunderten ihre Kunst und die Ausdruckskraft, die d. stand *(die die eigentlich wirkende Kraft dabei war)*; **b)** *hinter diesen Gegenstand, Ort o. Ä.:* er ging zum Pult und stellte sich d.; Ü die Verhältnisse sind so verworren, dass man nicht leicht d. gucken (ugs.; *die Hintergründe sehen, erkennen*) kann; wenn er die Prüfung bestehen will, muss er sich aber gewaltig d. klemmen/knien/setzen (ugs.; *muss er sich aber sehr anstrengen*); wenn wir uns jetzt nicht d. machen (ugs.; *tatkräftig beginnen*), werden wir damit bis zum Abend nicht fertig; endlich kam sie d. (ugs.; *fand sie heraus*), was er vorhatte.

da|hin|ter|her: nur in der Verbindung **d. sein** (ugs.; *sich intensiv darum bemühen*): du musst schon etwas d. sein, wenn du was erreichen willst.

da|hin|ter klem|men, da|hin|ter kom|men, da|hin|ter ste|cken usw.: s. dahinter.

da|hi|nü|ber ⟨Adv.⟩: *an dieser Stelle, in dieser Richtung hinüber:* es muss eine Brücke dort sein, und d. führt auch der Weg.

da|hi|nun|ter ⟨Adv.⟩: *an dieser Stelle, in diese Richtung hinunter:* der Weg führt d.

da|hin|ve|ge|tie|ren ⟨sw. V.; hat⟩ (oft abwertend): *kümmerlich dahinleben:* in Armut d.

da|hin|wel|ken ⟨sw. V.; ist⟩ (geh.): *vom Zustand des Blühens in den des Verwelktseins übergehen:* die Blumen sind rasch dahingewelkt; Ü auch strahlende Schönheit kann d. *(vergehen, altern).*

da|hin|zie|hen ⟨unr. V.⟩: **1.** *sich langsam, stetig vorwärts bewegen* ⟨ist⟩: er sah den dahinziehenden Wolken nach. **2.** ⟨d. + sich⟩ *sich erstrecken, verlaufen* ⟨hat⟩: der Weg zog sich in Windungen dahin.

Dah|lie, die; -, -n [nach dem schwed. Botaniker A. Dahl (1751–1789)]: *(zu den Korbblütlern gehörende) im Spätsommer u. Herbst blühende [Garten]pflanze mit großen Blüten in verschiedenen Formen u. Farben:* gefüllte, ungefüllte -n.

da|ho|cken ⟨sw. V.; hat; südd., österr., schweiz. auch: ist⟩ (ugs.): *[in hockender (1 c) Stellung, in nachlässiger Haltung] dasitzen:* sie hockten alle da wie vor den Kopf geschlagen; Ü jetzt hocken sie da ohne Geld *(sind sie in der Situation, kein Geld mehr zu haben).*

Da|ho|me, Da|ho|mey [...ˈmeː]; -s: früherer Name Benins.

Dai|ly Soap [ˈdeɪli ˈsoʊp], die; --, --s [engl., aus: daily = täglich u. soap = Seife; vgl. Seifenoper] (Jargon): *unterhaltende triviale Fernsehserie, deren Folgen täglich gesendet werden.*

Da|ka|po, das; -s, -s [subst. aus ↑da capo] (Musik): *Wiederholung:* das Publikum wünschte ein D.

Da|kar: Hauptstadt von Senegal.

Dak|ka: ↑Dhaka.

[1]Da|ko|ta, der; -[s], -[s]: Angehöriger eines nordamerik. Indianerstamms.

[2]Da|ko|ta; -s: ↑Norddakota, ↑Süddakota.

Dak|ty|lo|gramm, das [↑-gramm]: *Fingerabdruck.*

Dak|ty|lus, der; -, Daktylen [lat. dactylus < griech. dáktylos, eigtl. = Finger, genauer = die drei Glieder eines Fingers] (Verslehre): *Versfuß aus einer Länge u. zwei Kürzen:* ein Gedicht in Daktylen.

Da|lai-La|ma, der; -[s], -s [aus mong. dalai = Gott, eigtl. = Meer u. tib. (b)lama, ↑[2]Lama]: *weltliches Oberhaupt des Lamaismus.*

da|las|sen ⟨st. V.; hat⟩ (ugs.): *an einer bestimmten Stelle, einem Ort lassen, zurücklassen; nicht mit sich nehmen:* kann sie das Kind, ihr Gepäck [bis zum Abend] d.?; soll ich dir das Buch mal d.?; er hat keine Nachricht dagelassen *(hinterlassen).*

Dal|be, Dal|ben: Kurzf. von ↑Duckdalbe, Duckdalben.

da|lie|gen ⟨st. V.; hat; südd., österr., schweiz. auch: ist⟩: **a)** *(vor jmds. Augen) ausgestreckt, hingestreckt irgendwo liegen:* der Kranke lag reglos, still, hilflos, wie tot da; **b)** *(von Gegenständen) sichtbar, offen an einer bestimmten Stelle [bereit]liegen:* die Reisetasche lag fertig gepackt da; **c)** *sich in einem bestimmten Zustand (der Ruhe o. Ä.) befinden:* die See lag ruhig da; der Ort lag wie ausgestorben da.

Dalk, der; -[e]s, -e [zu ↑Dalken, übertr. zur Bez. von etw. Unfertigem] (südd., österr. ugs.): *ungeschickter Mensch, Dummkopf:* so ein D.!

Dal|ken ⟨Pl.⟩ [eigtl. = teigige Masse; übertr.: ungeschickter Mensch, H. u.; vgl. mhd. talke, das viell. ebenfalls »teigige Masse« bedeutet] (österr.): *Gebäck in Form von kleinen Fladen:* böhmische D.

dal|ke[r]t ⟨Adj.⟩ [zu ↑[2]Dalk] (südd., österr. ugs.): **a)** *ungeschickt, dumm, unbeholfen; einfältig:* ein -er Kerl; **b)** *ohne Sinn u. Inhalt:* d. daherreden.

Dal|les, der; - [jidd. dalles <hebr. dallûṯ = Armut] (ugs.): **1.** *Armut, Not, Geldverlegenheit:* im D. sein; *** den D. haben** (1. *in Geldverlegenheit sein.* 2. *zerbrochen, entzwei sein:* die Tasse hat den D.). **2.** *Unwohlsein; Erkältung.*

dal|li ⟨Adv.⟩ [poln. dalej! = los!, weiter!] (ugs.): *schnell, rasch:* gib es ihm zurück, aber [ein bisschen] d.!; d. machen *(sich beeilen);* ⟨auch als Partikel:⟩ dalli, dalli!

Dal|ma|ti|en; -s: Landschaft in Kroatien.

Dal|ma|ti|ner, der; -s, - [lat. Dalmatinus = aus Dalmatien, zu: Dalmatia = Dalmatien]: **1.** Ew. zu ↑Dalmatien. **2.** *Jagd-, Wachhund, dessen weißgrundiges Fell kleine schwarze od. braune Flecke hat.* **3.** *meist schwerer, alkoholreicher Wein aus Dalmatien.*

Dal|ma|ti|ne|rin, die; -, -nen: w. Form zu ↑Dalmatiner (1).

dal|ma|ti|nisch, dal|ma|tisch ⟨Adj.⟩: *Dalmatien, die Dalmatiner (1) betreffend.*

dam = Dekameter.

da|ma|lig ⟨Adj.⟩ [zu spätmhd. damal = in jener Zeit]: *damals bestehend, vorhanden, gegeben; zu jener Zeit herrschend:* die -e Regierung; unter den -en Umständen.

da|mals ⟨Adv.⟩: *zu einem bestimmten früheren Zeitpunkt; aus, in jener Zeit:* d., als sie sich kennen lernten; seit d. *(seit dieser, in der Vergangenheit liegenden Zeit)* hat sich viel geändert; er lebte d. noch zu Hause; d. lebte er noch zu Hause.

Da|mas|kus: Hauptstadt von Syrien: *** sein D./seinen Tag von D. erleben** (*bekehrt werden, sich von Grund auf wandeln; seine Einstellung gegenüber etw. grundlegend ändern;* nach dem 9. Kap. der Apostelgeschichte, wo berichtet wird, wie Saulus zum Paulus wurde).

Da|mast, der; -[e]s, -e [ital. damasto, damasco < lat. Damascus = Damaskus (woher dieser Stoff urspr. stammt)]: *einfarbiges, feines [Seiden]gewebe mit eingewebtem Muster:* Servietten aus D.

da|mast|ar|tig ⟨Adj.⟩: *ähnlich wie Damast.*

Da|mast|de|cke, die: *Tischdecke aus Damast.*

da|mas|ten ⟨Adj.⟩ (geh.): *aus Damast:* -e Tischdecken.

[1]Da|mas|ze|ner, der; -s, -: Ew. zu ↑Damaskus.

[2]Da|mas|ze|ner ⟨indekl. Adj.⟩: D. Klinge, Stahl.

Da|mas|ze|ne|rin, die; -, -nen: w. Form zu ↑[1]Damaszener.

da|mas|ze|nisch ⟨Adj.⟩: *Damaskus, die Damaszener betreffend.*

Däm|chen, das; -s, -: **1.** Vkl. zu ↑[1]Dame (1): ein altes D. **2.** (meist iron.) *junges, kleines Mädchen, das sich damenhaft gibt.* **3.** (abwertend) *[mondän aufgemachtes] Freudenmädchen.*

[1]Da|me, die; -, -n [frz. dame = Herrin, (Ehe)frau, Geliebte < lat. domina = (Haus)herrin]: **1. a)** *Frau, Fräulein (auch als übliche Bezeichnung für eine Frau im gesellschaftlichen Verkehr):* eine junge, nette, ältere D.; meine -n und Herren!; die D. seines Herzens *(die Frau, die er liebte);* bei den -n (Sport; *bei der Frauenmannschaft*) siegte die deutsche Staffel; *** jmds. alte D.** (ugs. scherzh.; *jmds. Mutter*); **b)** *gebildete, kultivierte, gepflegte Frau:* sie ist eine D.; eine elegante, vornehme D.; als große D. auftreten; die D. des Hauses *(Hausherrin, Gastgeberin);* *** eine D. von Welt** *(eine weltgewandte Frau);* **die große alte D. einer Sache** *(die älteste bedeutende weibliche Persönlichkeit auf einem bestimmten Gebiet).* **2. a)** *(für den Angriff) stärkste Figur im Schachspiel; Königin:* die D. schlagen, verlieren; **b)** *(in vielen geläufigen Kartenspielen) in der Rangfolge an dritter Stelle stehende Spielkarte:* die D. ziehen, ausspielen. **3. a)** ⟨o. Pl.⟩ *Brettspiel, bei dem die Spieler versuchen, möglichst alle Spielsteine des Gegners zu schlagen od. durch Einschließen zugunfähig zu machen; Damespiel:* D. spielen; **b)** *durch Erreichen der gegnerischen Grundlinie erworbener Doppelstein beim Damespiel:* eine D. bekommen; jmdm. die D. wegnehmen.

[2]Dame [deɪm], die; -, -s [engl. Dame < (a)frz. dame, ↑[1]Dame]: **a)** ⟨o. Pl.⟩ *(in Großbritannien) Titel der weiblichen Träger verschiedener Orden im Ritterstand;* **b)** *(in Großbritannien) Trägerin des Titels Dame* (a).

Da|me|brett, das: *Spielbrett des Damespiels.*

Da|men|ba|de|an|zug, der: *Badeanzug für Frauen.*

Da|men|bart, der: *bartähnlicher Haarwuchs bei Frauen.*

Da|men|be|glei|tung, die ⟨o. Pl.⟩: *das Begleitetwerden durch ein Mädchen, eine Frau:* er war in D.

Da|men|be|kannt|schaft, die: *Bekannte, Freundin eines Mannes:* über seine -en schwieg er sich aus; *** eine D. machen** (ugs.; *ein Mädchen, eine Frau kennen lernen*).

Da|men|be|such, der: *Besuch eines Mädchens, einer Frau bei einem Mann:* er bekam häufig D.

Da|men|bin|de, die: *aus saugfähigem Material bestehende Binde für die Tage der Menstruation.*

Da|men|blu|se, die: *Bluse für Frauen.*

Da|men|dop|pel, das ([Tisch]tennis, Badminton): *Spiel von je zwei Frauen gegeneinander.*

Da|men|ein|zel, das ([Tisch]tennis, Badminton): *Spiel von zwei Frauen gegeneinander.*

Da|men|fahr|rad, das: *Fahrrad für Frauen.*

Da|men|fri|seur, der: *auf weibliche Kunden spezialisierter Friseur.*

Da|men|fuß|ball, der; -[e]s: *Frauenfußball.*

da|men|haft ⟨Adj.⟩: *einer Dame gemäß:* ein sehr -es Kleid, Auftreten; sich d. benehmen.

Da|men|hand|ta|sche, die: *Handtasche für eine Frau.*

Da|men|hut, der: *Hut für eine Frau.*

Da|men|ka|pel|le, die: *Musikkapelle, die nur aus weiblichen Mitgliedern besteht.*

Da|men|kleid, das: *Kleid für eine Frau.*

Da|men|klei|dung, die: *Kleidung für eine Frau.*

Da|men|mann|schaft, die: *Mannschaft* (1 a), *die aus Mädchen u. Frauen besteht.*

Da|men|mo|de, die: *Mode für Frauen.*

Da|men|ober|be|klei|dung, die: *Oberbekleidung für Frauen:* die Abteilung für D.

Da|men|pro|gramm, das: *(bei einem Staatsbesuch o. Ä.) spezielles Programm* (1 b) *[mit Schwerpunkt auf dem kulturellen Bereich] für die Frau des Staatsgastes [u. ihre weibliche Begleitung].*

Da|men|rad, das: *Damenfahrrad.*

Da|men|rock, der: *Rock für Frauen.*

Da|men|sa|lon, der: *Frisiersalon für Frauen u. Mädchen.*

Da|men|sat|tel, der: *Reitsattel für Frauen, auf dem die Reiterin so sitzt, dass sich beide Beine auf der linken Seite des Pferdes befinden.*

Da|men|schnei|der, der: *Schneider, der Damenoberbekleidung herstellt.*

Da|men|schnei|de|rin, die: w. Form zu ↑Damenschneider.

Da|men|schuh, der: *Schuh für Frauen.*

Da|men|sitz, der ⟨o. Pl.⟩: *Sitz* (4) *im Damensattel.*

Da|men|toi|let|te, die: **1.** *Toilette, WC für Frauen.* **2.** *elegante, festliche Damenkleidung.*

Da|men|uhr, die: *kleinere, zierlichere Uhr für Frauen.*

Da|men|un|ter|wä|sche, die: *Unterwäsche für Frauen.*

Da|men|wahl, die ⟨o. Pl.⟩: *Aufforderung zum Tanz durch die Damen.*

Da|men|welt, die ⟨o. Pl.⟩ (scherzh.): *Gesamtheit der Frauen.*

Da|me|spiel, das: **a)** *Dame* (3 a); **b)** *Partie Dame* (3 a).

Da|me|stein, der: *Spielstein für das Damespiel.*

Dam|hirsch, der; -[e]s, -e [spätmhd. dam < mhd. tāme, ahd. tām(o) = Damhirsch < lat. dama, urspr. alle rehartigen Tiere bezeichnend]: *Hirsch mit [rot]braunem, weiß geflecktem Fell u. Schaufelgeweih.*

da|misch ⟨Adj.⟩ [verw. mit ↑taumeln] (südd., österr. ugs.): **1.** *dumm, läppisch, etwas verrückt:* so ein -er Kerl! **2.** *verwirrt, schwindlig:* er war ganz d., als er wieder draußen war. **3.** ⟨intensivierend bei Adj. u. Verben⟩ *sehr, ungeheuer:* es ist d. kalt; er hat d. gefroren.

da|mit [mhd. dā mit(e), ahd. dār mit(e)]: **I.** [daˈmɪt, mit bes. Nachdruck: ˈdaːmɪt] ⟨Adv.⟩ **1. a)** *mit dieser Sache, Tätigkeit o. Ä.:* gleich ist sie d. fertig; d. hatte er nicht gerechnet; weg d.! (ugs.; *nimm, wirf das weg!*); heraus d.! (ugs.; *sage es endlich!*); her d.! (ugs.; *gib es her!*); und d. basta!; **b)** *mit dieser Sache, diesem Gegenstand versehen, ihn mit sich führend:* er nahm das Paket und ging d. zur Post; **c)** *mithilfe dieser Sache, mittels dieser Tätigkeit o. Ä.:* er nahm eine Eisenstange und brach d. die Tür auf; sie hörte das Rufen, merkte aber nicht, dass sie d. gemeint war; **d)** *gleichzeitig mit diesem Geschehen, Vorgang, Zustand od. unmittelbar darauf:* er gewann das Spiel, und d. kehrte auch sein Selbstvertrauen wieder zurück; **e)** *somit, infolgedessen, mithin:* er hatte für die Tatzeit kein Alibi, und d. gehörte auch er zum Kreis der Verdächtigen. **2.** (nordd.) in bestimmten Verwendungen in getrennter Stellung: da habe ich nicht mit gerechnet. **II.** [daˈmɪt] ⟨Konj.⟩ *[auf] dass; zu dem Zweck, dass:* schreib es dir auf, d. du es nicht wieder vergisst; d. das klar ist, dies war die letzte Warnung!

dam|le|dern ⟨Adj.⟩: *aus Damhirschleder [bestehend, hergestellt].*

däm|lich ⟨Adj.⟩ [aus dem Md., Niederd., zu niederd. dämelen = nicht recht bei Sinnen sein] (ugs.): **a)** *dumm, einfältig:* -es Gerede; ein -es Gesicht machen; du bist ganz schön d., wenn du auf diesen Vorschlag eingehst; **b)** *dumm, ungeschickt:* stell dich nicht so d. an.

Däm|lich|keit, die; -, -en (ugs.): **a)** ⟨o. Pl.⟩ *dummes, ungeschicktes Benehmen, Verhalten:* das ist nur deiner D. zuzuschreiben; **b)** *dumme, alberne Handlung:* lass doch diese -en!

Damm, der; -[e]s, Dämme [älter: Tamm, mhd. tam = Flut, Seedamm, H. u.; die Schreibung mit d seit dem 17. Jh. unter niederd. Einfluss (mniederd. dam)]: **1. a)** *künstlich errichteter Wall:* einen D. bauen, aufschütten; bei der Sturmflut sind die Dämme *(Deiche)* gebrochen; Ü einen D. gegen die Willkür der Herrschenden errichten; **b)** *aufgeschütteter Unterbau eines Fahr- od. Schienenwegs; Bahndamm:* die Insel ist mit dem Festland durch einen D. verbunden; **c)** (nordostd., bes. berlin.) *Fahrbahn einer Straße; Fahrdamm:* rasch den D. überqueren; *** wieder auf dem D., nicht auf dem D. sein** (ugs.; *wieder, nicht gesund sein;* Damm = gepflasterter Fahrweg, auf dem ein sichereres Vorwärtskommen möglich ist als auf unbefestigten Verbindungs- u. Fußwegen); **jmdn. wieder auf den D. bringen** (ugs.; *jmdn. wieder gesund machen*). **2.** (Med.) *Körpergegend, Weichteilbrücke zwischen After u. Scheide bzw. Hoden.*

Damm|bal|ken, der: *hölzerner od. eiserner Balken zum wasserdichten Abdämmen von Deichscharten.*

Damm|bruch, der: *Bruch eines Damms* (1 a).

däm|men ⟨sw. V.; hat⟩ [mniederd. demmen; mhd., ahd. temen, zu ↑Damm]: **1.** (geh.) *durch einen Damm* (1 a) *zurückhalten, aufhalten:* das Wasser, die Fluten d.; Ü eine Seuche, die Ausbreitung einer Seuche zu d. suchen. **2.** (Technik) *durch Isolierung o. Ä. abschirmen:* den Schall, die Wärme d.

däm|me|rig: ↑dämmrig.

Däm|mer|licht, das ⟨o. Pl.⟩: *Beleuchtung, wie sie während der Dämmerung herrscht:* ihre Augen gewöhnten sich langsam an das D.

däm|mern ⟨sw. V.; hat⟩ [zu mhd. demere, ahd. demar = Dämmerung, urspr. = Dunkel]: **1. a)** ⟨unpers.⟩ *dämmrig werden; Morgen, Abend werden:* es beginnt bereits zu d.; **b)** *(vom Tagesbeginn od. -ende) anbrechen, beginnen:* der Morgen, der Abend dämmerte. **2.** (ugs.) *jmdm. langsam klar werden, bewusst werden:* jetzt dämmert es ihm, bei ihm; eine Ahnung, Vermutung dämmerte ihm; na, dämmerts nun? *(begreifst du endlich?).* **3.** *im Halbschlaf liegen, in einem Dämmerzustand* (1) *sein:* er hat ein wenig gedämmert; *** vor sich hin d.** *(nicht klar bei Bewusstsein, in einem Dämmerzustand* 2 *sein).*

Däm|mer|schein, der ⟨o. Pl.⟩ (geh.): *scheinendes Dämmerlicht:* am Horizont erschien der erste D.

Däm|mer|schlaf, der: **1.** *leichter Schlaf, Halbschlaf.* **2.** (Med.) *durch Medikamente herbeigeführter schlafähnlicher Zustand.*

Däm|mer|schop|pen, der: *geselliger Trunk am späten Nachmittag od. frühen Abend:* beim D. sitzen; zum D. gehen.

Däm|mer|stun|de, die (geh.): *Zeit der Abenddämmerung.*

Däm|me|rung, die; -, -en [mhd. demerunge, ahd. demerunga, zu mhd. demere, ahd. demar, ↑dämmern]: **a)** *Übergang vom Tag zur Nacht, von der Nacht zum Tag:* die D. bricht an; bei, mit Einbruch der D.; **b)** ⟨o. Pl.⟩ *Halbdunkel:* der Raum lag in tiefer D.

däm|me|rungs|ak|tiv ⟨Adj.⟩ (Zool.): vgl. nachtaktiv.

Däm|me|rungs|schal|ter, der (Technik): *elektronisches Gerät zum Ein- u. Ausschalten elektrischer Anlagen in Abhängigkeit von der Tageshelligkeit.*

Däm|me|rungs|se|hen, das; -s: *Anpassung der Netzhaut des Auges an herabgesetzte Intensität des Lichtes.*

Däm|mer|zu|stand, der: **1.** *Zustand zwischen Wachen u. Schlafen, Halbschlaf.* **2.** *zeitlich begrenzte Bewusstseinsstörung, -trübung.*

Damm|kro|ne, die: *oberster Teil eines Dammes.*

dämm|rig, (seltener:) dämmerig ⟨Adj.⟩ [zu ↑dämmern]: **a)** *(beim Wechsel der Tageszeiten) vom Dunkeln ins Helle, vom Hellen ins Dunkle übergehend:* draußen ist es, wird es schon d.; **b)** *halbdunkel, ohne Helligkeit:* -es Licht; der Kirchenraum war d.

Damm|riss, der (Med.): *Einriss der Haut od. Muskulatur des Dammes* (2).

Damm|schnitt, der (Med.): *operativer Einschnitt in den Damm* (2) *zur Vermeidung eines Dammrisses bei der Entbindung.*

Dämm|stoff, der [zu ↑dämmen (2)] (Technik): *zur Dämmung verwendetes Material.*

Däm|mung, die; -, -en [zu ↑dämmen (2)] (Technik): *Isolierung, Abschirmung gegen störende Einwirkungen wie Schall, Wärme u. a.*

Dam|no, der u. das; -s, -s [unter Einfluss von ital. danno geb. zu ↑Damnum], **Dam|num,** das; -s, ...na [lat. damnum = Nachteil, Schaden] (Wirtsch.): *Abzug vom Nennwert eines Darlehens als Vergütung für die Darlehensgewährung.*

Da|mo|kles|schwert, das; -[e]s [nach dem Schwert, das der Tyrann Dionysios I. von Syrakus (430–367) an einem Pferdehaar über dem Haupt des Höflings Damokles aufhängen ließ, um ihm die ständige Bedrohung jedes Glückes zu zeigen] (geh.): *deutlich erkennbare, vorhandene Gefahr, von der jmd. jeden Augenblick die Vernichtung o. Ä. gewärtigen muss:* das D. hängt, schwebt über jmdm., über jmds. Haupt.

Dä|mon, der; -s, Dämonen [lat. daemon < griech. daímōn = göttliches Wesen; Schicksal, Verhängnis]: **1.** *[böser] Geist, Mittelwesen zwischen Mensch u. Gott:* den -en opfern; ein Mittel, das vor bösen -en schützt. **2.** *dem Menschen innewohnende unheimliche Macht:* sein D. trieb ihn dazu, so zu handeln.

dä|mo|nen|haft ⟨Adj.⟩: *wie ein Dämon wirkend, in der Art eines Dämons:* -e Züge, Kräfte.

Dä|mo|nie, die; -, -n: *unerklärbare, bedrohliche Macht, die von jmdm., etw. ausgeht od. die das ihr unentrinnbar ausgelieferte Objekt völlig beherrscht; Besessenheit, dämonische Kraft, Macht.*

dä|mo|nisch ⟨Adj.⟩ [lat. daemonicus < griech. daimonikós]: *eine unwiderstehliche, unheimliche Macht ausübend; übernatürlich, unheimlich; teuflisch:* -e Kräfte, Mächte.

dä|mo|ni|sie|ren ⟨sw. V.; hat⟩: *in den Bereich des Dämonischen rücken; mit Dämonie, mit dämonischen Kräften erfüllen:* man sollte den Täter nicht d.

Dä|mo|ni|sie|rung, die; -, -en: *das Dämonisieren, Dämonisiertwerden, -sein.*

Dä|mo|nis|mus, der; -: *Glaube an Dämonen* (1).

Dampf, der; -[e]s, Dämpfe [mhd. dampf, tampf, ahd. damph, zu mhd. dimpfen (↑dämpfen), urspr. = Dunst, Nebel, Rauch]: **1. a)** *sichtbarer feuchter Dunst [der beim Erhitzen von Flüssigkeiten, bes. von Wasser, entsteht]:* die Küche war voller D.; aus dem Tal stiegen wallende Dämpfe *(Nebel)* auf; **b)** (Physik, Technik) *durch Wärmeeinwirkung aus seinem gewöhnlichen (meist flüssigen, auch festen) Aggregatzustand in einen (gewöhnlich unsichtbaren) gasförmigen Zustand übergegangener Stoff (bes. Wasser):* D. von niedriger, hoher Spannung; Dämpfe nicht einatmen!; das Schiff, die Lokomotive ist/steht unter D. (veraltend; *ist fahrbereit*); *** aus etw. ist der D. raus** (ugs.; *etw. hat seinen Schwung verloren, ist lahm, langweilig geworden*); **D. ablassen** (ugs.; *seine Wut, seinen Ärger abreagieren*);

D

jmdm. D. machen (ugs.; *jmdn. bei der Arbeit antreiben;* bezogen auf den Wasserdampf als Treibkraft); **D. drauf haben** (ugs.; 1. *eine hohe [Fahr]geschwindigkeit haben.* 2. *überschießendes Temperament, Schwung o. Ä. haben*): die Band hatte D. drauf; **D. hinter etw. machen, setzen** (ugs.; *etw. energisch betreiben*); **unter D. stehen** (ugs.; *voller Energie sein*). **2.** (ugs.) *Schwung, Wucht:* hinter diesem Angriff steckt kein D.; etw. mit D. betreiben *(mit Eifer, Fleiß).*

Dampf-: drückt – in Anspielung auf die technisch als veraltet geltende Dampflokomotive – in Bildungen mit Substantiven aus, dass etw. als veraltet, als technisch überholt angesehen wird: Dampfauto, -kartei, -telefon.

Dampf|an|trieb, der: *Antrieb durch Dampfkraft.*

Dampf|bad, das: **a)** *Raum, in dem Dampfbäder* (b) *genommen werden:* ins D. gehen; **b)** *Schwitzbad in wasserdampfhaltiger Luft:* ein D. nehmen.

Dampf|bü|gel|ei|sen, das: *Bügeleisen, bei dem der zu bügelnde Stoff durch den aus einer Düse nach unten austretenden Wasserdampf gleichzeitig gedämpft wird.*

Dampf|druck, der ⟨Pl. meist: ...drücke⟩ (Technik): *durch Dampf bewirkter, auf Gefäßwände ausgeübter Druck:* der D. fällt, steigt.

Dämp|fe: Pl. von ↑Dampf.

damp|fen ⟨sw. V.⟩ [1: für älter gleichbed. dämpfen u. mhd. dimpfen, ↑dämpfen]: **1.** *Dampf entwickeln, bilden, von sich geben* ⟨hat⟩: die Suppe hat noch gedampft; die Erde dampfte [vor Feuchtigkeit]; dampfende Schüsseln wurden aufgetragen; das Pferd dampft *(schwitzt heftig unter sichtbarer Dampfentwicklung).* **2. a)** *unter Dampfentwicklung fahren, sich fortbewegen* ⟨ist⟩: das Schiff dampft aus dem Hafen; **b)** (ugs.) *[mit einem dampfgetriebenen Fahrzeug] irgendwohin reisen, fahren* ⟨ist⟩: er hatte sich in den Zug gesetzt und war nach Berlin gedampft.

dämp|fen ⟨sw. V.; hat⟩ [mhd. dempfen, ahd. demphan, Kausativ zu mhd. dimpfen = dampfen, rauchen u. eigtl. = dampfen machen, (ein Feuer) rauchen machen, dann: durch Rauch ersticken]: **1.** *in Dampf garen, dünsten, mit Dampf kochen:* Kartoffeln d.; gedämpftes Gemüse. **2.** (seltener) *mit Dampf bearbeiten, glätten:* den Anzug d. **3. a)** *(bes. akustische u. optische Eindrücke) abschwächen, mildern, mäßigen:* die Stimme d.; gedämpftes Licht; **b)** *(eine Bewegungsenergie, Wucht, Vehemenz o. Ä.) abschwächen, herabsetzen:* einen Stoß, Aufprall d. **4.** *jmdn. dazu bringen, sich in seinen Temperamentsäußerungen, Emotionen zu mäßigen, zurückzunehmen:* sie versuchte vergebens, die Kinder zu d.; jmds. Wut, Begeisterung d.

Dampf|ent|wick|lung, die ⟨o. Pl.⟩: *Entstehung von Dampf.*

Damp|fer, der; -s, - [wohl zu niederd. damper für engl. steamer]: *Dampfschiff:* der D. legt an, fährt ab; * **auf dem falschen D. sein/sitzen/sich befinden** (ugs.; *sich falsche Vorstellungen von der Erreichung eines Zieles machen, bestimmte Möglichkeiten falsch einschätzen*).

Dämp|fer, der; -s, -: **1.** *Gerät, Vorrichtung zur Abschwächung des Tons bzw. zur Veränderung der Klangfarbe bei bestimmten Musikinstrumenten:* den D. aufsetzen; * **einen D. bekommen** (ugs.; *eine Rüge einstecken müssen, eine Enttäuschung o. Ä. erfahren, die die bisherige Begeisterung, Freude stark abschwächt*); **jmdm., einer Sache einen D. aufsetzen** *(jmds. Überschwang dämpfen; etw. abschwächen).* **2.** (landsch.) *Topf zum Dämpfen, bes. von Gemüse.*

Damp|fer|fahrt, die: *Fahrt mit einem Dampfer.*

Dampf|hei|zung, die: *Zentralheizung, bei der als Wärmeträger Wasserdampf verwendet wird.*

damp|fig ⟨Adj.⟩: *voll Dampf* (1 a), *dunstig:* eine -e Küche; die Wiesen waren nass und d.

dämp|fig ⟨Adj.⟩: **1.** *(von Pferden) an Dämpfigkeit leidend.* **2.** (landsch.) *schwül, feuchtheiß.*

Dämp|fig|keit, die; -, -en: *krankhafte Kurzatmigkeit bei Pferden.*

Dampf|kar|tof|fel, die ⟨meist Pl.⟩: *Salzkartoffel.*

Dampf|kes|sel, der: *geschlossenes Gefäß, das dem Zweck dient, Wasserdruck von höherem als atmosphärischem Druck (zu Heiz- u. Betriebszwecken) zu erzeugen.*

Dampf|koch|topf, der: *Schnellkochtopf, in dem die Speisen mit Dampfüberdruck gegart werden.*

Dampf|kraft, die ⟨o. Pl.⟩: *von Dampf ausgehende Kraft.*

Dampfl, das; -s, -[n] (südd., österr.): *aus Mehl, Wasser u. Sauerteig od. Hefe bereiteter Teig.*

Dampf|lok, die: kurz für ↑Dampflokomotive.

Dampf|lo|ko|mo|ti|ve, die: *mit Dampf betriebene Lokomotive.*

Dampf|ma|schi|ne, die [für engl. steam engine] (Technik): *Kraftmaschine, bei der die Druckenergie des Dampfes (mithilfe von Kolben) in mechanische Energie umgewandelt wird.*

Dampf|nu|del, die (südd.): *Hefeteigkugel, die in einem gut verschlossenen Topf gebacken wird:* * **aufgehen wie eine D.** (ugs.; *dick, korpulent werden*): er ist im Urlaub aufgegangen wie eine D.

Dampf|ra|dio, das [vgl. Dampf-] (ugs. scherzh.): *Rundfunk[gerät] (im Gegensatz zu moderneren Medien wie z. B. Fernsehen):* das gute alte D.

Dampf|ross, das (scherzh.): *Dampflokomotive.*

Dampf|schiff, das [für engl. steamship]: *durch eine Dampfmaschine angetriebenes größeres Schiff, Dampfer.*

Dampf|schiff|fahrt, die: *Schifffahrt mit Dampfschiffen.*

Dampf|schiff|fahrts|ge|sell|schaft, die: *Gesellschaft* (4 b), *die Schifffahrt mit Dampfschiffen o. Ä. betreibt.*

Dampf|tur|bi|ne, die (Technik): *Kraftmaschine, Turbine, in der bei Dampfströmung die Druckenergie in Bewegungsenergie u. diese anschließend in mechanische Arbeit umgewandelt wird.*

Dämp|fung, die; -, -en: *das Dämpfen* (3), *Abschwächung, Milderung:* zur D. des Schalls; Ü zur D. der Konjunktur.

Dampf|wal|ze, die: **1.** *bes. früher im Straßenbau verwendete, mit Dampfkraft angetriebene Straßenwalze.* **2.** (ugs. scherzh.) *sehr dicke Person, bes. Frau.*

Dam|wild, das; -[e]s: *der Art Damhirsch zugehörendes Wild.*

Dan, der; -, - [jap. dan = Stufe, Grad]: *Leistungsgrad in allen Sportarten des Budos.*

da|nach, (veraltet:) darnach ⟨Adv.⟩ [mhd. da(r) nāch, ahd. dar(a) nāh]: **1. a)** (temporal) *nach dieser Sache, diesem Vorgang o. Ä., im Anschluss daran; hinterher, hierauf, dann:* eine halbe Stunde d. kam er wieder; sie nahm die Tabletten, und d. *(daraufhin)* ging es ihr wieder besser; der Morgen, die Zigarette d. (verhüll.; *nach dem Geschlechtsverkehr*); **b)** (lokal) *nach dieser Sache; auf jmdn., etw. folgend; dahinter:* voran gingen die Eltern, d. kamen die Kinder. **2.** *nach dieser Sache* (zur Bez. einer Zielrichtung): er sah das Seil und wollte d. greifen; sie werden d. streben; er ging vorbei, ohne sich d. umzuschauen; d. steht mir jetzt nicht der Sinn *(dazu bin ich jetzt nicht aufgelegt, fehlt mir die rechte Stimmung);* mir ist nicht d. (ugs.; *dazu habe ich keine Lust*). **3.** *dieser Sache gemäß, entsprechend:* ihr kennt die Regeln, nun richtet euch d.!; die Ware ist billig, aber sie ist auch d. (ugs.; *ist entsprechend minderwertig*). **4.** (bes. nordd.) in bestimmten Verwendungen in getrennter Stellung: da richtet er sich nicht nach; da musst du erst gar nicht lange nach fragen.

Da|na|er|ge|schenk, das [nach lat. Danaum fatale munus = verhängnisvolles Geschenk der Danaer (Seneca, Agamemnon); Danaer < griech. Danaoí = bei Homer Bez. der Griechen; bei dem Geschenk handelt es sich um das den Trojanern von den Griechen überlassene Trojanische Pferd] (bildungsspr.): *etw., was sich für den, der es als Geschenk o. Ä. bekommt, als unheilvoll, Schaden stiftend erweist; Unheil bringende Gabe.*

Dance|floor ['da:nsflɔ], der; -s, -s [engl. dance-floor = Tanzfläche, Tanzboden (da diese Musik zum Tanzen gut geeignet ist), aus: dance = Tanz (< afrz. dance) u. floor = (Fuß)boden]: **1.** *Tanzfläche einer Diskothek.* **2.** ⟨o. Pl.⟩ *in Diskotheken gespielte Tanzmusik verschiedener Musikstile.*

Dan|cing [...ɪŋ], das; -s, -s [engl. dancing = das Tanzen, zu: to dance = tanzen < afrz. dancer]: **1.** (bes. österr.) *Tanzbar, Tanzlokal.* **2.** *Tanz, Tanzveranstaltung:* zum D. gehen.

Dan|dy ['dɛndi], der; -s, -s [engl. dandy, viell. zu: Dandy = Kosef. von: Andrew = Andreas] (bildungsspr.): **1.** *Vertreter des Dandyismus.* **2.** *sich übertrieben modisch kleidender Mann.*

dan|dy|haft ⟨Adj.⟩ (bildungsspr.): *nach der Art eines Dandys:* -e Kleidung; sich d. benehmen.

Dan|dy|is|mus, der; - [engl. dandyism] (bildungsspr.): *(in der Mitte des 18. Jh.s in England entstandener u. später auch in Frankreich aufgekommener) Lebensstil, für den Exklusivität in Kleidung u. Lebensführung, ein geistreich-zynischer Konversationston u. eine gleichgültig-arrogante Haltung in jeder Lebenssituation typisch sind.*

Dan|dy|tum, das; -s (bildungsspr.): *übertriebenes, eitles Modebewusstsein.*

Dä|ne, der; -n, -n: Ew. zu ↑Dänemark.

da|ne|ben, (veraltet:) darneben ⟨Adv.⟩ [mhd. dar neben]: **1. a)** *bei, neben dieser Sache, Stelle, an der Seite davon:* das Paket liegt auf dem Tisch, d. die Rechnung; er stand d. und hörte alles mit an; im Haus d.; * **d. sein** *(verwirrt sein; sich unwohl fühlen);* **b)** *neben diese Sache, Stelle, an die Seite davon:* ich würde den Stuhl d. stellen, nicht davor. **2.** *im Vergleich dazu:* ihr Spiel war hervorragend, d. fiel das der übrigen Schauspieler stark ab. **3.** *außerdem, darüber hinaus, gleichzeitig:* sie ist berufstätig und hat d. noch ihren Haushalt zu besorgen.

da|ne|ben|be|neh|men, sich ⟨st. V.; hat⟩ (ugs.): *sich unpassend, ungehörig benehmen:* die beiden haben sich gestern bei dem Fest ganz schön danebenbenommen.

da|ne|ben|fal|len ⟨st. V.; ist⟩: *neben das Ziel fallen:* er wollte das Papier in den Papierkorb werfen, aber es ist danebengefallen.

da|ne|ben|ge|hen ⟨unr. V.; ist⟩: **1.** *das Ziel verfehlen:* der Schuss ging daneben. **2.** (ugs.) *fehlschlagen, misslingen:* alle Experimente sind danebengegangen.

da|ne|ben|grei|fen ⟨st. V.; hat⟩: **1.** *am Ziel vorbeigreifen:* beim Klavierspielen d. **2.** (ugs.) *etw. Falsches, einen Fehlgriff tun:* im Ausdruck d.

da|ne|ben|hal|ten ⟨st. V.; hat⟩ (ugs.): *etw. mit etw. anderem vergleichen:* das Ergebnis des vergangenen Jahres war gut, wenn man das diesjährige danebenhält.

da|ne|ben|hau|en ⟨unr. V.; haute/(selten:) hieb daneben, hat danebengehauen⟩: **1.** *am Ziel vorbeihauen, etw. nicht treffen:* er hat mit dem Hammer danebengehauen und sich dabei verletzt. **2.** (ugs.) *sich irren, etw. falsch machen:* mit der Antwort auf die letzte Prüfungsfrage hat er ziemlich danebengehauen.

da|ne|ben|lie|gen ⟨st. V.; hat; südd., österr., schweiz. auch: ist⟩ (ugs.): *sich irren, täuschen:* mit dieser Meinung liegst du aber sehr daneben.

da|ne|ben|ra|ten ⟨st. V.; hat⟩ (ugs.): *falsch raten.*

da|ne|ben|schät|zen ⟨sw. V.; hat⟩ (ugs.): *sich verschätzen:* diesmal hat er aber ganz schön danebengeschätzt.

da|ne|ben|schie|ßen ⟨st. V.; hat⟩: **1.** *am Ziel vorbeischießen:* sie zielte scharf, schoss aber daneben. **2.** (ugs.) *sich irren, nicht das Richtige treffen:* er hat mit seiner Behauptung, Beurteilung ganz schön danebengeschossen.

da|ne|ben sein: s. daneben (1 a).

da|ne|ben|tip|pen ⟨sw. V.; hat⟩ (ugs.): *falsch raten, falsch schätzen, falsch tippen:* beim Schätzen des Gewichts hat er ganz schön danebengetippt

da|ne|ben|tref|fen ⟨st. V.; hat⟩: **1.** *nicht ins Ziel treffen:* beim Bogenschießen d. **2.** *eine falsche, nicht [zu]treffende Äußerung machen:* er hat mit seiner ironischen Bemerkung arg danebengetroffen.

Dä|ne|mark; -s: Staat in Nordeuropa; ↑Däne, ↑Dänin.

dang, dän|ge: ↑dingen.

da|nie|der|lie|gen, darniederliegen ⟨st. V.; hat; südd., österr., schweiz. auch: ist⟩ (geh.): **1.** *krank u. bettlägerig sein:* schwer [an Typhus] d.; er hat wochenlang daniedergelegen. **2.** *nicht gedeihen, nicht florieren, nicht leistungsfähig sein:* der Handel, die Firma hat lange daniedergelegen.

Dä|nin, die; -, -nen: w. Form zu ↑Däne.

dä|nisch ⟨Adj.⟩: **a)** *die Dänen, Dänemark betreffend, zu Dänemark gehörend, aus Dänemark stammend:* die -e Regierung; **b)** *in der Sprache der Dänen:* gut d. sprechen.

Dä|nisch, das; -[s] u. ⟨nur mit best. Art.:⟩ **Dä|ni|sche,** das; -n: *die dänische Sprache.*

dank ⟨Präp. mit Gen. u. Dativ, im Pl. meist mit Gen.⟩ [im 19. Jh. entstanden aus der Wendung »Dank sei ...«]: *aufgrund, infolge, durch:* d. einem Zufall/eines Zufalls wurde die Tat entdeckt; er gewann das Rennen d. seiner großen Erfahrungen; (iron.:) d. seiner Unpünktlichkeit erreichten wir den Zug nicht mehr.

Dank, der; -[e]s [mhd., ahd. danc, urspr. = Absicht, Gedanke, zu ↑denken]: *Gefühl, Ausdruck der Anerkennung u. des Verpflichtetseins für etw. Gutes, das jmd. empfangen hat, das ihm erwiesen wurde:* jmdm. seinen D. abstatten, aussprechen; jmdm. [für etwas] D. sagen; jmdm. D. schulden, schuldig sein; dafür wird er keinen D. ernten *(dafür wird man ihm nicht dankbar sein);* kein Wort des -es sagen; als/zum D. dafür, dass sie ihm geholfen hat; mit bestem D. zurück; etwas mit D. *(gern)* annehmen; von D. erfüllt sein; jmdm. zu D. verpflichtet sein; (iron.:) und das ist nun der D. [dafür]! *(so etwas Undankbares!);* Dankesformeln: haben Sie D.!; vielen D.!, besten D.!, herzlichen D.!, (ugs.:) tausend D.!; * **[es] jmdm. D. wissen** (geh.; *jmdm. für etw. dankbar sein;* »es«: alter Genitiv = dessen).

Dank|adres|se, die: *Dankschreiben mit offiziellem Charakter:* eine D. an den Präsidenten richten.

dank|bar ⟨Adj.⟩ [mhd. dancbære, ahd. dancbāri = Geneigtheit hervorbringend, angenehm]: **1.** *vom Gefühl des Dankes erfüllt, dies erkennen lassend; geneigt u. bereit, etw. Gutes, das einem zuteil wurde, anzuerkennen u. sich dafür erkenntlich zu zeigen:* ein -es Kind; ein -er Blick; vor einem -en *(aufnahmebereiten, verständigen, beifallfreudigen)* Publikum spielen; etw. d. anerkennen, annehmen; jmdn. d. anblicken; dafür sind wir Ihnen sehr d.; sie sind für jede Abwechslung d. *(freuen sich über jede Abwechslung).* **2.** *lohnend, befriedigend:* eine -e Aufgabe, Rolle. **3.** (ugs.) *haltbar, strapazierfähig:* eine -e Qualität; der Stoff ist sehr d. *(trägt sich gut, ist nicht empfindlich).* **4.** (ugs.) *(von [Topf]pflanzen) anspruchslos in der Pflege:* diese Pflanze ist sehr d.

Dank|bar|keit, die; - [mhd. dancbærkeit]: **1.** *Gefühl, Ausdruck des Dankes; dankbare Empfindung, Gesinnung:* jmdm. seine D. zeigen, bezeigen, beweisen; etwas aus reiner, bloßer D. tun; voller D. sein; Dankesformel: in/mit [aufrichtiger, tiefer] D. **2.** (selten) *das Lohnendsein:* sie war von der D. dieser neuen Aufgabe nicht recht überzeugt. **3.** (ugs.) *Haltbarkeit, Strapazierfähigkeit.* **4.** (ugs.) *(von [Topf]pflanzen) Anspruchslosigkeit.*

Dank|brief, der: *Brief, in dem jmd. seinen Dank für etwas ausspricht.*

dan|ke [nhd. verkürzt aus »ich danke«] Höflichkeitsformel: **a)** zur Unterstreichung einer höflichen Ablehnung od. Annahme eines Angebots o. Ä.: ja d.!; nein d.!; »Wollen Sie mitfahren?« – »Danke [nein]!«; »Soll ich Ihnen helfen?« – »Danke, es geht schon!«; d. schön!; d. sehr!; jmdm. [für etw.] d./(auch:) Danke sagen; kannst du nicht d. schön/(auch:) Danke schön sagen *(dich bedanken)?;* **b)** als kurze Form der Dankesbezeigung: d., das war sehr freundlich von Ihnen; »Wie gehts?« – »Mir gehts d.!« (ugs.; *danke, ich will, kann nicht klagen*); sonst gehts dir [wohl] d.! (ugs.; *du bist wohl verrückt!*).

dan|ken ⟨sw. V.; hat⟩ [mhd. danken, ahd. danchōn]: **1. a)** *seinen Dank aussprechen, zeigen; seine Dankbarkeit zum Ausdruck bringen:* jmdm. [für ein Geschenk] vielmals d.; wir danken Ihnen für dieses Gespräch; Gott, dem Himmel seis gedankt!; du kannst Gott auf [den] Knien d., dass du noch lebst; ⟨auch ohne Dativobj.:⟩ er dankte kurz und ging; lasset uns d. *(ein Dankgebet sprechen);* (formelhaft unter einer Rechnung:) Betrag dankend erhalten; er hat das Angebot dankend abgelehnt; na, ich danke [schön] (ugs.; *davon möchte ich nichts wissen, das möchte ich nicht*); **b)** *seinen Dank für etw. durch eine Tat ausdrücken, jmdm. etw. lohnen:* niemand wird dir deine Mühe d.; er hat ihm seine Hilfe schlecht gedankt; er dankte ihnen (iron.; *vergalt, erwiderte*) ihre Güte mit Ungehorsam; wie soll ich Ihnen das jemals d.?; **c)** *einen Gruß erwidern, auf jmds. Gruß antworten:* er grüßte sie, aber sie dankte [ihm] nicht. **2.** (geh.) *verdanken, zuzuschreiben haben:* diesem Arzt dankt er sein Leben; nur diesem Umstand ist es zu d., dass wir noch rechtzeitig ankamen.

dan|kens|wert ⟨Adj.⟩: *Dank verdienend:* -e Bemühungen; es ist d., dass er sich dafür zur Verfügung stellt.

dan|kens|wer|ter|wei|se ⟨Adv.⟩: *in einer Art, die Dank verdient:* er hat sich d. dazu bereit erklärt.

dank|er|füllt ⟨Adj.⟩: *von Dankbarkeit erfüllt:* -e Worte, Blicke.

Dan|kes|be|zei|gung, die ⟨meist Pl.⟩: *Äußerung, Ausdruck des Dankes:* seine überschwänglichen -en waren ihr peinlich.

Dan|kes|brief, der (geh.): *Dankbrief.*

Dan|ke|schön, das; -s: **1.** *geäußerte Dankesworte:* er sagte ihm ein herzliches D. **2.** *kleine Aufmerksamkeit* (3) *zum Dank für etw.:* als kleines D. brachte er ihr eine Schachtel Pralinen mit.

Dan|kes|for|mel, die: *formelhafter Ausdruck, mit dem sich jmd. bedankt.*

Dan|kes|schuld, die ⟨o. Pl.⟩ (geh.): *jmdm. bewusste Notwendigkeit, Dank, Anerkennung zu zollen.*

Dan|kes|wort, das ⟨Pl. -e; meist Pl.⟩: *Äußerung, Bekundung des Dankes:* -e sprechen.

Dank|ge|bet, das: *Gebet, mit dem jmd. Gott für etw. dankt.*

Dank|got|tes|dienst, der: *Gottesdienst, in dem Gott für etw. gedankt wird.*

Dank|op|fer, das: *Opfer, das einem Gott als Dank für etw. dargebracht wird.*

dank|sa|gen ⟨sw. V.; danksagte, hat dankgesagt, dankzusagen⟩ (selten): *(jmdm.) seinen Dank sagen:* sie danksagten Gott.

Dank|sa|gung, die; -, -en: *[schriftliche] meist förmliche Äußerung des Dankes, bes. für die Anteilnahme bei einem Todesfall:* -en schreiben, drucken lassen, verschicken.

Dank|schrei|ben, das: *Schreiben, in dem jmd. seinen Dank ausdrückt.*

dann ⟨Adv.⟩ [mhd. dan(ne), ahd. dan(n)a, urspr. = von da aus (Ortsadv., verw. mit ↑der)]: **1. a)** *darauf, danach; nachher, hinterher:* erst spielten sie zusammen, d. stritten sie sich; was machen wir d.?; was d.?; **b)** *dahinter, danach; darauf folgend:* an der Spitze marschierte eine Blaskapelle, d. folgte eine Trachtengruppe; **c)** *rangmäßig danach:* er ist der Klassenbeste, d. kommt sein Bruder und d. sie. **2.** *unter diesen Umständen, unter dieser Voraussetzung, in diesem Falle:* lehnt die Firma die Vermittlung ab, d. werden wir klagen; das kann nur d. gelingen, wenn alle mitmachen. **3.** *außerdem, ferner, dazu:* und d. kommt noch die Mehrwertsteuer hinzu; zuletzt fiel d. noch der Strom aus. **4.** *zu einem bestimmten [späteren] Zeitpunkt:* wenn es d. immer noch regnet; bis d. musst du noch warten; noch ein Jahr, d. ist sie mit dem Studium fertig; * **bis d.** (ugs.; Grußformel bei der Verabschiedung); **d. und d.** *(zu einem bestimmten Zeitpunkt):* er schrieb mir, dass er d. und d. ankommen würde; **von d. bis d.** *(in einem nicht näher bezeichneten Zeitraum);* **d. und wann** *(gelegentlich, zuweilen, hin u. wieder):* ich sehe ihn d. und wann in der Kneipe. **5.** (landsch. in Ausrufen) *so:* d. komm endlich rüber!; d. mach doch!; d. mal los!

dan|nen ⟨Adv.⟩ [mhd. danne(n), ahd. dan(n)an; vgl. dann]: nur in der Fügung **von d.** (veraltet; *weg, fort*): von d. gehen, eilen; er schlich sich heimlich von d.

dann|zu|mal ⟨Adv.⟩ (schweiz.): *in jenem Augenblick, dann.*

Dan|zig: Stadt an der Ostsee; vgl. Gdańsk.

¹Dan|zi|ger, der; -s, -: Ew.

²Dan|zi|ger ⟨indekl. Adj.⟩: D. Goldwasser.

Dan|zi|ge|rin, die; -, -nen: w. Form zu ↑¹Danziger.

Daph|ne, die; -, -n [griech. dáphnē = Lorbeerbaum]: *Seidelbast.*

da|ran ⟨Adv.⟩ [mhd. dāran(e), ahd. dār(a) ana]: **1. a)** *an dieser Stelle, an diesem Ort; an diesem Gegenstand:* es klebt, hängt etwas d.; lass mich mal d. riechen; kommen wir noch einmal d. vorbei?; **b)** *an diese Stelle, an diesen Ort, an diesen Gegenstand:* du darfst dich nicht d. lehnen. **2. a)** *an dieser Sache, Angelegenheit o. Ä.:* kein Wort ist d. wahr; er arbeitet schon lange d.; d. ist nicht zu rütteln; mir liegt [viel] d.; Sie werden viel Freude d. haben; d. erkenne ich ihn; **b)** *an diese Sache, Angelegenheit o. Ä.:* er denkt jetzt nicht mehr d.; die Geschichte ist ihm peinlich, rühre lieber nicht d.; es wurde ein Film gezeigt und im Anschluss d. wurde diskutiert; **c)** *in dieser Hinsicht, hinsichtlich dieser Sache, Angelegenheit o. Ä.:* es wird viel Kohle exportiert, denn das Land ist reich d.; wir haben keinen Bedarf mehr d.; d. wird sich nichts ändern; **d)** *durch diese Sache, Angelegenheit; aufgrund dieser Sache, Angelegenheit:* ich wäre beinahe d. erstickt; er ist d. gestorben.

da|ran|ge|ben ⟨st. V.; hat⟩ (geh.): *opfern, einsetzen, hingeben:* er wäre bereit, alles daranzugeben, wenn sie dadurch gerettet werden könnte.

da|ran|ge|hen ⟨unr. V.; ist⟩: *mit etw. beginnen, etw. in Angriff nehmen:* er ging daran, die Bücher ins Regal einzuordnen.

da|ran|ma|chen, sich ⟨sw. V.; hat⟩ (ugs.): *mit etwas beginnen, etw. in Angriff nehmen:* sie machten sich daran, ihre Sachen auszupacken.

da|ran|set|zen ⟨sw. V.; hat⟩: **1.** *einsetzen, aufbieten:* er hat alles, alle seine Kräfte darangesetzt, dieses Ziel zu erreichen. **2.** ⟨d. + sich⟩ (ugs.) *sich an eine Arbeit o. Ä. setzen, sie in Angriff nehmen:* es ist noch viel Post zu erledigen, ich werde mich mal d.

da|ran|wen|den ⟨unr. V.; wandte/wendete daran, hat darangewandt/darangewendet⟩ (geh.): *aufwenden, einsetzen, aufbieten:* er hat viel Mühe, Zeit darangewandt, dies alles zu erreichen.

da|rauf ⟨Adv.⟩ [mhd. dār ūf, ahd. dār ūf]: **1. a)** *auf dieser Stelle, auf dieser Unterlage, auf diesem Gegenstand o. Ä.:* an der Wand hing ein Regal, d. standen Bücher; er trug einen Hut mit einer Feder d.; **b)** *auf diese Stelle, auf diese Unterlage, auf diesen Gegenstand o. Ä.:* sie nahm einen Hocker und legte die Beine d.; die Farben leuchten, wenn die Sonne d. scheint; **c)** *in Richtung auf diese Stelle, diesen Ort; auf dieses Ziel zu:* dort ist das Haus, d. müsst ihr zugehen. **2. a)** *auf dieser Sache, Angelegenheit o. Ä.:* d. fußen alle Überlegungen; **b)** *auf diese Sache, Angelegenheit o. Ä.:* wir kamen nur kurz d. zu sprechen; wie kommst du nur d.? **3. a)** *auf diese Sache, Angelegenheit o. Ä. als Ziel, Zweck, Wunsch hin:* er ist ganz versessen d.; also d. willst du hinaus; d. wollen wir anstoßen; **b)** *daraufhin* (2): es war nur ein kleines Inserat, aber es meldeten sich viele d. **4. a)** *nach diesem Vorgang, Ereignis o. Ä.; danach, dann:* erst ein Blitz, unmittelbar d. ein Donnerschlag; ein Jahr d. starb er; er erfuhr es erst am d. folgenden Tag; **b)** *auf jmdn., etw. folgend; dahinter, danach:* zuerst kamen die maskierten Kinder, d. einige bunte Wagen; dieser und der d. folgende Wagen.

D

5. *daraufhin* (1): er hatte gestohlen und war d. bestraft worden.

da|rauf fol|gend: s. darauf (4 a, b).

da|rauf|hin ⟨Adv.⟩: **1.** *aus diesem Grund, Anlass; infolgedessen:* er wurde angezeigt und d. verhaftet; er hat d. seine Pläne geändert. **2.** *im Hinblick darauf, unter diesem Gesichtspunkt, zu diesem Zweck:* etwas d. prüfen, ob es geeignet ist.

da|raus ⟨Adv.⟩ [mhd. dār ūʒ, ahd. dā(r) ūʒ]: **1.** *aus diesem Raum, Behältnis, Gefäß o. Ä. [heraus]:* sie ging zum Brunnen und schöpfte d.; das ist mein Glas, wer hat d. getrunken? **2. a)** *aus dieser Sache, Angelegenheit, diesem Vorgang o. Ä.:* wir sollten d. Konsequenzen ziehen; d. ist zu ersehen, dass Vorsicht am Platze ist; sie hat ihm nie einen Vorwurf d. gemacht; sie wollten verreisen, aber es wird wohl nichts d.; **b)** *aus diesem Stoff, aus dieser Materie o. Ä.:* sie kauft den Stoff und näht sich ein Kleid d.; d. wird Öl gewonnen; **c)** *aus dieser Quelle, Unterlage, aus diesem Werk:* sie nahm das Buch und las d. vor; d. hat er schon häufiger zitiert.

dar|ben ⟨sw. V.; hat⟩ [mhd. darben, ahd. darbēn, ablautende Form zu ↑dürfen in dessen alter Bed. »nötig haben«] (geh.): *Mangel an etw. haben [u. daher Not, Hunger leiden]:* sie haben zeitlebens [gehungert und] gedarbt; das Volk darbte.

dar|bie|ten ⟨st. V.; hat⟩ [mhd. darbieten, ahd. tharabiatan] (geh.): **1. a)** *in einer Aufführung, Vorführung zeigen:* Folklore, [Volks]tänze d.; alles, was das Ensemble darbot, hatte Niveau; **b)** *vortragen, zu Gehör bringen:* es wurden Gedichte dargeboten. **2.** ⟨d. + sich⟩ **a)** *sich zeigen, sich darstellen; sichtbar, erkennbar werden:* eine herrliche Aussicht bot sich uns dar; völlig nackt bot sie sich den Blicken dar; **b)** *sich anbieten, ergeben; deutlich, offenbar werden:* er ergriff die nächste Gelegenheit, die sich ihm darbot. **3.** *reichen, anbieten, geben:* den Gästen wurden erfrischende Getränke dargeboten; Ü er schlug die [ihm] dargebotene Hand *(das Angebot zur Versöhnung)* aus.

Dar|bie|tung, die; -, -en: **1.** ⟨o. Pl.⟩ (geh.) **a)** *das Darbieten* (1 a): er sieht seine Hauptaufgabe in der D. moderner Stücke; **b)** *das Darbieten* (1 b): die D. des Lehrstoffes könnte anschaulicher sein. **2.** *etw. Aufgeführtes, Vorgetragenes; Vorführung:* artistische, musikalische -en.

Dar|bie|tungs|kunst, die: *Fähigkeit, etw. in eindrucksvoller, überzeugender Weise darzubieten.*

dar|brin|gen ⟨unr. V.; hat⟩ [mhd. darbringen, ahd. tharabringan] (geh.): **1.** *hingeben, schenken, opfern:* den Göttern Opfer d. **2.** *entgegenbringen, zuteil werden lassen:* dem Jubilar wurden Glückwünsche dargebracht.

Dar|brin|gung, die; -, -en: *das Darbringen.*

Dar|da|nel|len ⟨Pl.⟩: Meerenge zwischen Ägäis u. Marmarameer.

da|rein ⟨Adv.⟩ [mhd. dā(r) īn, ahd. dār(a) īn] (geh. veraltend): **1.** *in dieses, in diese Sache hinein:* sie nahm das Papier und wickelte das Buch d. **2.** *in diese Angelegenheit, Lage, Situation o. Ä.:* eine schwierige Aufgabe, du musst dich d. vertiefen; er hat sich d. ergeben.

da|rein|fin|den, sich ⟨st. V.; hat⟩ (geh.): *sich damit abfinden; sich darauf einstellen:* sie muss sich nach dem Tod ihres Mannes erst langsam d., nun alles allein zu entscheiden.

da|rein|mi|schen, sich ⟨sw. V.; hat⟩ (geh.): *sich in diese Sache, Angelegenheit einmischen, ohne Aufforderung an dieser Sache teilnehmen:* mische dich lieber nicht darein, wenn sie sich streiten.

da|rein|re|den ⟨sw. V.; hat⟩ (geh. veraltend): *sich in jmds. Angelegenheiten, in ein Gespräch einmischen u. jmdm. seine eigene Meinung aufdrängen:* das ist seine Sache, und niemand hat ihm dareinzureden; du kannst nicht immer d., wenn sie sich unterhalten.

dar|ein|set|zen ⟨sw. V.; hat⟩ (geh.): *aufbieten, einsetzen, mobilisieren:* er setzte seinen Ehrgeiz d., als Erster fertig zu sein.

Dar|es|sa|lam: frühere Hauptstadt von Tansania.

darf: ↑dürfen.

da|rin [mit bes. Nachdruck: ˈda:...] ⟨Adv.⟩ [mhd. dā(r) in, ahd. dār in]: **1.** *in dieser Sache, in diesem Raum, diesem Gefäß o. Ä.:* ein Zimmer mit einem Schrank d.; wie viele Menschen wohnen d.?; ich habe d. nichts gefunden; er holte ein Kästchen und entnahm ihm einige der d. enthaltenen Briefe; wenn man das Pulver in diese Flüssigkeit schüttet, löst es sich d. auf. **2.** *in dieser Sache, in dieser Beziehung; hinsichtlich dieser [Tat]sache, Angelegenheit:* d. war sie ihm überlegen; d. stimme ich mit Ihnen überein; d. liegt ein Widerspruch. Vgl. drin.

da|rin|nen [mit bes. Nachdruck: ˈda:...] ⟨Adv.⟩ [mhd. dārinnen] (geh.): ↑darin (1).

Dar|jee|ling [da:dʒi:lɪŋ], der; -s, -s [nach dem gleichnamigen Ort im ind. Staat Westbengalen]: *eine indische Teesorte.*

dar|le|gen ⟨sw. V.; hat⟩ [mhd. dar legen = (offen) irgendwohin legen]: *ausführlich erläutern, erklären; in aller Deutlichkeit ausführen:* etw. schriftlich d.; sie hat ihm ihre Gründe dargelegt; er versuchte vor der Kommission darzulegen, wie sich alles zugetragen hatte.

Dar|le|gung, die; -, -en [mhd. darlegunge]: **1.** *das Darlegen:* er unterbrach sie öfter bei der D. des Sachverhalts. **2.** *das Dargelegte:* ihre eingehenden -en wurden beachtet.

Dar|le|hen, (seltener:) Darlehn, das; -s, - [zu älter: darleihen = leihweise überlassen]: *bestimmtes Kapital (meist in Form von Geld), das jmdm. für eine bestimmte Zeit zur Nutzung überlassen wird:* ein D. aufnehmen; jmdm. ein [zinsloses] D. gewähren.

Dar|le|hens|sum|me, Darlehnssumme, die: *als Darlehen gewährte Summe.*

Dar|le|hens|zins, Darlehnszins, der: **1.** ⟨o. Pl.⟩ *für ein Darlehen zu zahlender Zins:* der D. beträgt 6 %. **2.** ⟨Pl.⟩ *für ein Darlehen zu zahlende Zinsen:* -en zahlen.

Dar|lehn usw.: ↑Darlehen usw.

dar|lei|hen ⟨st. V.; hat⟩ (veraltend): *als Darlehen geben.*

Dar|ling [ˈda:lɪŋ; engl. ˈdɑ:lɪŋ], der; -s, -s [engl. darling < aengl. déorling; zum 1. Bestandteil vgl. engl. dear = lieb, geliebt]: *Liebling* (meist als leicht scherzh. Anrede).

Darm, der; -[e]s, Därme [mhd. darm, ahd. dar(a)m, urspr. = Loch od. der Gedrehte (nach der Verwendung zum Binden od. Verschnüren)]: **1.** *schlauchförmiger Teil des Verdauungsapparates (beim Menschen u. bei Wirbeltieren zwischen Magen u. After):* den D. entleeren; sie hat sich im Urlaub eine Erkrankung des -s zugezogen; Rhabarber schlägt auf den D. *(wirkt sich so aus, dass man abführen muss, dass man Durchfall bekommt);* jede Aufregung schlägt bei ihm auf den D. *(verursacht Darmbeschwerden, ruft Durchfall hervor);* die Körpertemperatur im D. (*rektal* b) messen; *** einen kurzen D. haben** (ugs. scherzh.; *etwas, was man gerade gelesen oder gehört und noch nicht richtig geistig verarbeitet hat, weitererzählen);* **sich** ⟨Dativ⟩ **in den D. schneiden/stechen** (salopp scherzh.; *eine Blähung abgehen lassen).* **2.** *bearbeiteter, vorwiegend bei der Wurstherstellung verwendeter Darm* (1) *von Schlachttieren:* die Geigensaiten sind aus D.; Wurst im [künstlichen] D.

Darm|aus|gang, der: *letzter Abschnitt des Mastdarms.*

Darm|bak|te|rie, die ⟨meist Pl.⟩: *im Darm lebende Bakterie.*

Darm|be|reich, der ⟨o. Pl.⟩: *Bereich* (a) *des Darms in seiner Gesamtheit.*

Darm|blu|tung, die (Med.): *vom Darm ausgehende Blutung.*

Darm|bruch, der (Med.): *Durchbruch (Riss od. Loch) durch die Darmwand.*

Darm|ent|lee|rung, die: *Entleerung des Darms (durch Ausscheiden von Kot).*

Darm|ent|zün|dung, die: *entzündliche Erkrankung des Darms, bes. des Dünndarms.*

Darm|er|kran|kung, die: *Erkrankung des Darms.*

Darm|flo|ra, die ⟨o. Pl.⟩ (Med.): *Gesamtheit der im Darm* (1) *von Menschen u. Tieren lebenden Bakterien u. Pilze.*

Darm|ge|schwür, das: *Geschwür im Bereich des Darms* (1), *meist als Folge entzündlicher Darmerkrankungen.*

Darm|in|fek|ti|on, die: *Infektion* (1) *im Darmbereich.*

Darm|ka|tarrh, der: *(mit einer Darmentzündung verbundene) Diarrhö.*

Darm|ko|lik, die: *heftige, krampfartige Schmerzen im Darmbereich.*

Darm|krebs, der: *Krebs am Darm.*

Darm|pa|ra|sit, der: *im Darm* (1) *von Mensch u. Tier schmarotzender Parasit.*

Darm|riss, der: vgl. Darmbruch.

Darm|saft, der (Med.): *von der Darmschleimhaut abgesonderte, vorwiegend der Verdauung dienende Flüssigkeit.*

Darm|sai|te, die: *aus Darm* (2) *hergestellte Saite für Zupf- u. Streichinstrumente, Tennisschläger u. a.*

Darm|schleim|haut, die: *die innere Wandschicht des Darms bildende Schleimhaut.*

Darm|schlin|ge, die: *in einer Windung verlaufendes Stück des Darms.*

Darm|spie|ge|lung, die (Med.): *Untersuchung des Darms mithilfe eines durch den After eingeführten Endoskops.*

Darm|spü|lung, die (Med.): *der Entleerung od. Reinigung des unteren Darms dienende Spülung des Darms durch Einbringen von Flüssigkeit durch den After.*

Darm|stadt; -s: Stadt in Hessen.

[1]Darm|städ|ter, der; -s, -: Ew.

[2]Darm|städ|ter ⟨indekl. Adj.⟩.

Darm|städ|te|rin, die; -, -nen: w. Form zu ↑[1]Darmstädter.

darm|städ|tisch ⟨Adj.⟩.

Darm|tä|tig|keit, die ⟨o. Pl.⟩: *durch den Darm* (1) *von vorn nach hinten verlaufende, wellenförmige Muskelkontraktionen, die den Inhalt des Darms befördern.*

Darm|träg|heit, die: *zu Verstopfung führende mangelhafte Darmtätigkeit; Obstipation.*

Darm|trakt, der: *Strang des Darms* (1) *in seiner Gesamtlänge.*

Darm|ver|schlin|gung, die: *gefährliche Erscheinung im Darmbereich, bei der sich eine Darmschlinge um ihre Achse dreht.*

Darm|ver|schluss, der (Med.): *durch verschiedene Ursachen (z. B. durch Darmverschlingung) hervorgerufener Verschluss in einem Teil des Darms; Ileus.*

Darm|wand, die: *aus Haut- u. Muskelschichten aufgebautes Gewebe, aus dem der Darm* (1) *besteht.*

Darm|wind, der: *aus dem After entweichende Blähung; Flatus:* einen D. entweichen lassen.

dar|nach: ↑danach.

dar|ne|ben: ↑daneben.

dar|nie|der|lie|gen: ↑daniederliegen.

da|rob [mit bes. Nachdruck: ˈda:...] ⟨Adv.⟩ [mhd. dār obe, ahd. dār oba] (veraltet, noch altertümelnd od. scherzh.): *deswegen:* man hatte ihn ausgelacht, und er war d. erbost; er wunderte sich d. *(darüber),* dass ...

Dar|re, die; -, -n [mhd. darre, ahd. darra, zu ↑dürr]: **a)** *Vorrichtung, Anlage zum Trocknen od. leichten Rösten von Malz, Getreide, Obst, Gemüse, Hanf, Torf u. a.;* **b)** *das Darren.*

dar|rei|chen ⟨sw. V.; hat⟩ (geh.): **a)** *anbietend hinhalten, hinreichen:* man reichte ihm einen Becher Wein dar; Ü er wies die dargereichte Hand *(Angebot zur Versöhnung)* zurück; **b)** *als Geschenk geben, überreichen:* den Gästen wurden zum Abschied Gaben dargereicht.

Dar|rei|chung, die; -, -en (geh.): *das Darreichen.*

dar|ren ⟨sw. V.; hat⟩ [mhd. darren, ahd. darran, zu ↑Darre (1)]: *in einer Darre* (1 a) *trocknen od. leicht rösten:* Hanf d.

dar|stell|bar ⟨Adj.⟩: *sich darstellen lassend:* der Stoff ist auf der Bühne nicht, kaum d.; die Funktion ist auch grafisch leicht d.

dar|stel|len ⟨sw. V.; hat⟩ [urspr. = offen aufstellen]: **1.** *in einem Bild, einer Nachbildung o. Ä. wiedergeben, als Abbild gestalten; abbilden:* etw. grafisch d.; der Künstler hat ihn als Clown dargestellt; die Städte sind auf der Karte als rote Punkte dargestellt *(eingezeichnet, wiedergegeben);* kannst du mir sagen, wen/was dieses Bild darstellt *(zeigt, wiedergibt)*?; die darstellende *(sich mit den Abbildungen des dreidimensionalen Raumes in einer Ebene befassende)* Geometrie. **2.** *in einer Bühnenrolle verkörpern; (eine bestimmte Rolle) auf der Bühne gestalten, spielen:* den Othello, einen historischen Stoff auf der Bühne d.; ein darstellender Künstler *(Schauspieler, Tänzer);* die darstellende Kunst *(Schauspiel- u. Tanzkunst);* *** etwas/nichts d.** *(gut/schlecht wirken; großen/keinen Eindruck machen):* du musst das Geschenk hübsch verpacken, damit es auch etwas darstellt; in diesem alten Anzug stellt er nichts dar. **3.** *in Worten deutlich machen, ein Bild von etw. entwerfen; beschreiben, schildern:* Argumente klar, überzeugend d.; den Hergang des Geschehens ausführlich d.; er hat die Sache so dargestellt, als sei er unschuldig. **4.** *die Bedeutung, den Wert, das Gewicht o. Ä. einer Sache haben; gleichzusetzen sein mit; sein, bedeuten:* dieser Sieg stellt den Höhepunkt in seiner Laufbahn dar; die zusätzliche Arbeit stellt eine große Belastung für sie dar. **5.** ⟨d. + sich⟩ **a)** *sich als etw. Bestimmtes zeigen, erweisen; in bestimmter Weise, Eigenart erscheinen:* die Sache stellt sich schwieriger dar als erwartet; er hat sich als hervorragender Kenner der Geschichte dargestellt; **b)** *sich durch entsprechendes Auftreten bemühen, anderen gegenüber die eigene Persönlichkeit als bedeutsam o. Ä. herauszustellen:* er hat den Hang, sich darzustellen. **6.** (geh.) *etw., sich jmdm., einer Sache zeigen, zum Anblick o. Ä. darbieten:* sich jmdm., jmds. Blicken d. **7.** (Chemie) *gewinnen, herstellen:* einen Stoff auf synthetischem Weg d.

ar|stel|ler, der; -s, -: *jmd., der auf der Bühne eine bestimmte Rolle verkörpert; Schauspieler:* der D. des Hamlet wurde besonders gelobt.

ar|stel|le|rin, die; -, -nen: w. Form zu ↑Darsteller.

ar|stel|le|risch ⟨Adj.⟩: *die Schauspielkunst, die Verkörperung einer Rolle betreffend; schauspielerisch:* ihre -en Fähigkeiten; die Aufführung ließ d. einiges zu wünschen übrig.

ar|stel|lung, die; -, -en: **1. a)** *das Darstellen* (1): das Problem der D. der dritten Dimension; zur D. bringen *(darstellen);* zur D. kommen/gelangen *(dargestellt werden);* **b)** *etw. Dargestelltes:* eine grafische, schematische D.; die Mappe enthält nur -en der Landschaft seiner Heimat. **2.** *Gestaltung einer Rolle auf der Bühne, Verkörperung einer Bühnenfigur:* seine D. des Mephisto war sehr eindrucksvoll. **3. a)** *das Darstellen* (3), *Beschreiben, Schildern:* eine erschöpfende D.; er unterbrach sie einige Male während ihrer D. des Vorgangs; er fuhr in seiner wortreichen D. fort; **b)** *etw. in beschreibenden, schildernden Worten Dargestelltes:* geschichtliche -en; eine wissenschaftliche D. **4.** (Chemie) *Gewinnung, Herstellung:* ihm war die D. dieses Stoffes als Erstem gelungen.

ar|stel|lungs|form, die: *Form der Darstellung.*

ar|stel|lungs|kunst, die: *künstlerische Fähigkeit, etw. darzustellen, zu gestalten.*

ar|stel|lungs|mit|tel, das: *Mittel der Darstellung:* für diese Rolle reichen seine D. nicht aus; die leuchtenden Farben sind das wichtigste D. dieses Malers.

ar|stel|lungs|ob|jekt, das: *etwas, was als Vorlage, Thema o. Ä. einer künstlerischen Arbeit dient:* zu den bevorzugten -en dieses Bildhauers gehörten Tiere.

ar|stel|lungs|wei|se, die: *Art u. Weise, in der etw. [künstlerisch] dargestellt wird.*

arts [da:ts], das; - [engl. darts, eigtl. Pl. von: dart = (Wurf)pfeil]: *Spiel, bei dem mit kleinen Pfeilen auf eine Scheibe geworfen wird.*

art|spiel [ˈda:t...], das; -[e]s, -e: **a)** *Darts;* **b)** *eine Partie Darts.*

dar|tun ⟨unr. V.; hat⟩ (geh.): **a)** *deutlich zum Ausdruck bringen, erklärend ausführen:* seine Gründe d.; er hat zur Genüge dargetan, wie es zu dieser Auseinandersetzung gekommen ist; **b)** *erkennen lassen, deutlich machen:* sein Verhalten tut dar, dass er nichts begriffen hat; das halbe Jahar hat zur Genüge dargetan, wie berechtigt die Kritik gewesen ist.

da|rü|ber [mit bes. Nachdruck: ˈda:...] ⟨Adv.⟩ [mhd. dār über, ahd. dār(a) ubere, dār(a) ubiri]: **1. a)** *über dieser Stelle, diesem Ort; über diesem Gegenstand:* an der Wand stand ein Sofa, d. hing ein Spiegel; das Zimmer d. ist Wohnzimmer; sie trug ein Seidenkleid und d. einen leichten Mantel; **b)** *über diese Stelle, diesen Ort, über diesen Gegenstand:* sie packte Wäsche in den Koffer, d. legte sie die Anzüge; breite doch eine Plane d.; da noch etwas Staub auf dem Tisch lag, fuhr sie rasch mit der Hand, mit einem Tuch d.; er strich die Zeile durch und schrieb einen anderen Satz d.; in dem Zimmer standen viele Kartons, wir mussten d. steigen; **Ü** (ugs. abwertend): über diese Prostituierte sind schon viele Männer d. gestiegen *(sie hat schon mit vielen Männern geschlechtlich verkehrt);* **c)** *über diese Stelle, diesen Ort, über diesen Gegenstand hinweg:* die Mauer war zu hoch, man konnte nicht d. sehen; *** d. hinaus** *(außerdem, überdies):* es gab d. hinaus nicht viel Neues zu berichten. **2. a)** *über dieser Sache, Angelegenheit o. Ä.:* die Aufgaben sind schwer, sie brütet immer noch d.; diese kleinlichen Vorwürfe stören ihn nicht, er steht d.; **b)** *über diese Sache, Angelegenheit; was diese Sache, Angelegenheit o. Ä. betrifft:* d. müssen wir noch sprechen; er war sehr ungehalten d.; d. kann kein Zweifel bestehen; du brauchst dir keine Sorgen d. zu machen; das täuscht nicht darüber hinweg, dass ...; d. wollen wir noch einmal hinwegsehen; es war eine Beleidigung, aber sie war, zeigte sich d. erhaben; *** sich d. machen** (ugs.; *diese Sache in Angriff nehmen, damit beginnen):* die Sache eilt, mach dich bitte gleich darüber!; das Essen stand kaum auf dem Tisch, da machten sie sich schon darüber. **3.** *über dieses Maß, diese Grenze o. Ä. hinaus:* das Alter liegt bei dreißig Jahren und d.; der Preis beträgt fünfzig Mark oder etwas d.; der Kostenvoranschlag ist annehmbar, die Konkurrenz wird mit ihrem Angebot sicher d. liegen; es ist schon zehn Minuten d. *(später).* **4. a)** *währenddessen, dabei:* die Sitzung hatte lange gedauert, es war d. Abend geworden; sie hatte gelesen und war d. eingeschlafen; **b)** *dabei u. aus diesem Grund:* die Kinder waren so eifrig bei ihrem Spiel, dass sie d. vergaßen, rechtzeitig nach Hause zu gehen.

da|rü|ber brei|ten, da|rü|ber fah|ren: s. darüber (1 b).

da|rü|ber lie|gen: s. darüber (3).

da|rü|ber ma|chen: s. darüber (2 b).

da|rü|ber schrei|ben: s. darüber (1 b).

da|rü|ber ste|hen: s. darüber (2 a).

da|rü|ber stei|gen: s. darüber (1 b).

da|rum [mit bes. Nachdruck: ˈda:...] ⟨Adv.⟩ [mhd. dā(r) umbe, ahd. dār umbi]: **1.** *um diese Stelle, diesen Ort, um diesen Gegenstand herum:* sie stellte den Strauß in die Mitte und baute d. die Geschenke auf; ein Häuschen mit einem Garten d. [herum]. **2.** *um diese Sache, Angelegenheit o. Ä.; hinsichtlich dieser Sache, Angelegenheit o. Ä.:* die Geschichte ist noch nicht bereinigt, obwohl er sich d. bemüht hat; sie wird nicht d. herumkommen, es zu tun; d. ist es mir nicht zu tun *(das ist es nicht, worauf es mir ankommt, das bedeutet mir nichts);* es geht mir d. *(mein Anliegen ist es),* eine Einigung zu erzielen. **3.** [ˈda:rʊm] *aus diesem Grunde, deswegen, deshalb:* das Auto hatte einige Mängel, d. hat er es nicht gekauft; der Text ist groß gedruckt und d. gut lesbar; er hat es nur d. getan, weil ...; er ist zwar klein, aber d. *(trotzdem)* nicht schwach; (ugs. als nichts sagende Antwort [eines Kindes] aus Trotz, Verärgerung o. Ä.:) »Warum tust du das?« – »Darum!«

da|rum|bin|den ⟨st. V.; hat⟩: *um diese Sache, diesen Gegenstand, um diese Stelle binden:* das Geschenk ist verpackt, ich werde noch eine Schleife d.

da|rum|kom|men ⟨st. V.; ist⟩: *um diese Sache gebracht werden, ihrer verlustig gehen, sie verpassen:* es war eigentlich sein Erbteil, doch weil er sich nicht um die Angelegenheit gekümmert hat, ist er darumgekommen.

da|rum|le|gen ⟨sw. V.; hat⟩: *um diese Sache, diesen Gegenstand, um diese Stelle legen:* wir müssen einen Verband d.

da|rum|ste|hen ⟨unr. V.; hat; südd., österr., schweiz. auch: ist⟩: *um diese Sache, diesen Gegenstand, um diese Stelle herumstehen:* er sah von weitem die Unglücksstelle und die Menge, die darumstand.

da|run|ter [mit bes. Nachdruck: ˈda:...] ⟨Adv.⟩ [mhd. dār under, ahd. dār undere]: **1. a)** *unter dieser Stelle, diesem Ort, unter diesem Gegenstand:* wir wohnen im 2. Stock und er genau d.; er trug nur einen Morgenmantel und nichts d.; **b)** *unter diese Stelle, diesen Ort, unter diesen Gegenstand:* sie hoben die Platte an und stellten die Klötze d. auf; der Schirm ist groß genug, wir gehen (ugs.; *passen*) beide d.; sie las die Aufgabe durch und schrieb die Note d.; er las das Protokoll durch und setzte seine Unterschrift d.; die Jacke ist nicht warm genug, du musst einen Pullover d. ziehen. **2. a)** *unter dieser Sache, Angelegenheit o. Ä.:* was hat man d. zu verstehen?; sie hat sehr d. gelitten; **b)** (selten) *unter diese Sache:* das ist kein gutes Motto, d. können wir die Tagung nicht stellen. **3.** *unter diesem Maß, dieser Grenze o. Ä.:* dreißig Grad oder etwas d.; höchstens zwei Meter, eher etwas d.; diese Klasse ist gut, die Parallelklasse liegt mit ihren Leistungen/die Leistungen der Parallelklasse liegen d.; dieser Preis ist schon sehr niedrig, wir können unmöglich noch d. gehen; d. *(unter diesem Preis)* kann ich die Vase nicht verkaufen; d. tut er es nicht (ugs.; *mit weniger gibt er sich nicht zufrieden);* der Etat wurde nicht überschritten, die Ausgaben blieben sogar d. **4. a)** *in dieser Menge, dazwischen:* sie kaufte Äpfel und merkte zu spät, dass einige angefaulte d. waren; in vielen Ländern, d. die Schweiz / d. der Schweiz, ist diese Entwicklung zu beobachten; **b)** *unter diese Menge, in diese Gruppe, Kategorie:* es wurden mehrere Bilder ausgezeichnet, d. gehörten auch einige von bisher unbekannten Malern; die Männer dieser Jahrgänge wurden eingezogen, aber er fiel zum Glück nicht d.; die Vorschriften wurden geändert, diese Angelegenheit fällt jetzt nicht mehr d.; du musst noch etwas Mehl d. mischen; die Menschenmenge wuchs, unauffällig hatten sich Kriminalbeamte d. gemischt; (Kochk.:) ist der Teig angerührt, wird der Eischnee mit dem Schneebesen d. gehoben/gezogen.

da|run|ter blei|ben, da|run|ter fal|len, da|run|ter lie|gen usw.: s. darunter (1 b–4 b).

Dar|wi|nis|mus, der; -: *von dem englischen Naturforscher Charles Darwin (1809–1882) begründete Lehre von der stammesgeschichtlichen Entwicklung der Lebewesen durch Auslese.*

Dar|wi|nist, der; -en, -en: *Anhänger des Darwinismus.*

Dar|wi|nis|tin, die; -, -nen: w. Form zu ↑Darwinist.

dar|wi|nis|tisch ⟨Adj.⟩: *den Darwinismus betreffend, auf ihm beruhend, für ihn charakteristisch.*

das: ↑der.

Da|sein, das; -s, -e: **1.** ⟨o. Pl.⟩ (geh.) *das Vorhandensein, Bestehen, Existieren:* das D. Gottes; Verwandte, von deren D. er bis dahin nichts gewusst hatte. **2.** ⟨Pl. selten⟩ (geh.) *das menschliche Leben, bes. im Hinblick auf seine Bedingungen; menschliche Existenz:* ein trauriges, menschenwürdiges D. führen; sich das D. erleichtern; sein D. fristen; der tägliche Kampf ums D. **3.** ⟨o. Pl.⟩ (selten) *das Anwesendsein:* sein bloßes D. beruhigte sie. **4.** ⟨o. Pl.⟩ (Philos.)

bloß empirisches Vorhandensein einer Sache od. eines Menschen.

da sein: s. da (I 1 a).

Da|seins|angst, die (geh.): *Existenzangst.*

Da|seins|be|rech|ti|gung, die (geh.): *Berechtigung zu existieren:* etw. findet in/durch etw. seine D.; einer Sache die D. absprechen; diese Institution hat nach wie vor ihre D.

Da|seins|form, die (geh.): *Form der Existenz, des Lebens.*

Da|seins|freu|de, die (geh.): *Lebensfreude.*

Da|seins|kampf, der (geh.): *Existenzkampf.*

da|seins|mä|ßig ⟨Adj.⟩ (geh.): *existenziell.*

Da|seins|vor|sor|ge, die (geh.): *Maßnahmen zur Absicherung des Daseins (2), der Existenz.*

Da|seins|wei|se, die (geh.): vgl. Daseinsform.

Da|seins|zweck, der (geh.): *Lebenszweck.*

da|selbst ⟨Adv.⟩ [mhd. dā selb(e)st, dā selbes] (geh. veraltend): *an dieser Stelle, an diesem Ort, da, dort:* geboren 1848 in Mainz, gestorben d. 1905.

Dash [dɛʃ], der; -s, -s [engl. dash, zu: to dash = spritzen, schütten]: *Spritzer, kleine Menge (bei der Bereitung eines Cocktails).*

da|sit|zen ⟨unr. V.; hat; südd., österr., schweiz. auch: ist⟩: *(vor jmds. Augen) an einer Stelle, einem Ort sitzen:* traurig, gelangweilt, wie gelähmt d.; er saß da und hatte den Kopf in die Hände gestützt; **Ü** sie sitzen ohne jede Unterstützung da (ugs.; *haben keinerlei Unterstützung*).

das|je|ni|ge: ↑derjenige.

dass ⟨Konj.⟩ [mhd., ahd. daʒ; identisch mit ↑das; entstanden aus Satzverbindungen wie »Ich sehe das: Er kommt«]: **I.** leitet Gliedsätze ein **1. a)** ⟨in Inhaltssätzen⟩ leitet einen Subjekt-, Objekt-, Gleichsetzungssatz ein: d. du mir geschrieben hast, hat mich sehr gefreut; er weiß, d. du ihn nicht leiden kannst; die Hauptsache ist, d. du glücklich bist; **b)** leitet einen Attributsatz ein: gesetzt den Fall, d. ...; unter der Bedingung, d. ...; ungeachtet dessen, d. ...; die Tatsache, d. er hier war, zeigt sein Interesse. **2.** ⟨in Adverbialsätzen⟩ **a)** leitet einen Kausalsatz ein: das liegt daran, d. du nicht aufgepasst hast; **b)** leitet einen Konsekutivsatz ein: er schlug zu, d. es [nur so] krachte; die Sonne blendete ihn so, d. er nichts erkennen konnte/blendete ihn, so d. er nichts erkennen konnte; **c)** leitet einen Instrumentalsatz ein: er verdient seinen Unterhalt damit, d. er Zeitungen austrägt; **d)** leitet einen Finalsatz ein: hilf ihm doch, d. er endlich fertig wird. **3.** in Verbindung mit bestimmten Konjunktionen, Adverbien, Präpositionen: das Projekt ist zu kostspielig, als d. es verwirklicht werden könnte; [an]statt d. er selbst kam, schickte er seinen Vertreter; kaum d. sie hier war, begann die Auseinandersetzung; man erfuhr nichts, außer/nur d. er überraschend abgereist sei; er kaufte den Wagen, ohne d. wir es wussten; (veraltet, noch altertümelnd od. scherzh.): dieses Proviantpaket schenke ich dir, auf d. du dick und rund wirst. **II.** leitet Hauptsätze mit der Wortstellung von Gliedsätzen ein, die meist einen Wunsch, eine Drohung, ein Bedauern o. Ä. ausdrücken: d. mir keine Klagen kommen!; d. es so weit kommen musste!; d. ihn doch der Teufel hole!

Das|sel, die; -, -n [wohl zu niederd. dase = Stechmücke, H. u.]: *Dasselfliege.*

das|sel|be: ↑derselbe.

das|sel|bi|ge: ↑derselbige.

Das|sel|flie|ge, die [zu ↑Dassel]: *oft behaarte, große Fliege, die ihre Eier auf der Haut von Säugetieren ablegt.*

dass-Satz, der (Sprachw.): *mit der Konjunktion »dass« eingeleiteter Satz.*

da|ste|hen ⟨unr. V.; hat; südd., österr., schweiz. auch: ist⟩: **1.** *(vor jmds. Augen) an einer Stelle, einem Ort stehen:* stumm d.; er stand da wie vom Blitz getroffen. **2.** *sich in einer bestimmten Lage, Situation, Verfassung befinden:* nach diesem Sieg stehen sie glänzend da; die Firma steht gut da *(ist wirtschaftlich gesund);* seit dem Tod ihrer Mutter steht sie allein da *(hat sie keine Angehörigen mehr);* wir stehen wieder mal als die Dummen da; nun, wie stehe ich jetzt da? (ugs.; *habe ich das nicht gut gemacht, bin ich nicht großartig?*); wie stehe ich denn jetzt vor ihnen da! *(jetzt bin ich [vor ihnen] blamiert);* das ist eine einzig dastehende *(einzigartige)* Leistung.

dat. = datum.

Dat. = Dativ.

Date [deɪt], das; -[s], -s [engl. date, eigtl. = Datum, Zeitpunkt < afrz. date < mlat. data (littera) = ausgefertigtes (Schreiben), zu lat. datum, ↑datum] (bes. Jugendspr.): **1.** *Verabredung, Treffen:* ich habe heute Abend ein D. mit ihm. **2.** *jmd., mit dem man ein Date (1) hat.*

Da|tei, die; -, -en [geb. nach ↑Kartei]: *nach zweckmäßigen Kriterien geordneter, zur Aufbewahrung geeigneter Bestand an sachlich zusammengehörenden Belegen od. anderen Dokumenten, bes. in der Datenverarbeitung:* eine [elektronische] D. anlegen, erstellen; die Kunden der Firma sind in einer D. gespeichert.

Da|ten ⟨Pl.⟩ [2: nach engl. data, Pl. von: datum < lat. datum, ↑datum]: **1.** Pl. von ↑Datum. **2.** *(durch Beobachtungen, Messungen, statistische Erhebungen u. a. gewonnene) [Zahlen]werte, (auf Beobachtungen, Messungen, statistischen Erhebungen u. a. beruhende) Angaben, formulierbare Befunde:* die technischen D. eines Geräts; D. sammeln, gewinnen, weiterleiten; geben Sie bitte Ihre D. durch; D. verarbeitende *(die Datenverarbeitung betreffende, zu ihr gehörende, ihr dienende)* Maschinen. **3.** (Math.) *zur Lösung od. Durchrechnung einer Aufgabe vorgegebene Zahlenwerte, Größen:* die D. in den Rechner eingeben.

Da|ten|au|to|bahn, die; -, -en [nach engl.-amerik. information highway, aus: information = Information(en), verarbeitete Daten u. highway = Fernstraße] (EDV): *Einrichtung zur schnellen Übertragung großer Datenmengen (z. B. zur Anwendung von Multimedia).*

Da|ten|bank, die ⟨Pl. ...banken⟩: *technische Anlage, in der große Bestände an Daten (2) zentral gespeichert sind.*

Da|ten|be|stand, der: *Bestand an Daten (2) aus einem bestimmten Bereich.*

Da|ten|end|ge|rät, das: *Gerät zur Ein- u. Ausgabe von Daten (2) u. Text.*

Da|ten|er|fas|sung, die: *Erfassung von Daten* (2).

Da|ten|high|way [...ˈhaiweɪ], der; -s, -s [geb. nach engl.-amerik. information highway, ↑Datenautobahn]: *Datenautobahn.*

Da|ten|ma|te|ri|al, das ⟨o. Pl.⟩: *als Material verfügbare Daten.*

Da|ten|netz, das: *zur Datenübertragung über größere Entfernungen hinweg angelegtes Netz (2 a) im Bereich der Telekommunikation.*

Da|ten|satz, der: *Satz* (9).

Da|ten|schutz, der (Rechtsspr.): *Schutz des Bürgers vor Beeinträchtigungen seiner Privatsphäre durch unbefugte Erhebung, Speicherung u. Weitergabe von Daten (2), die seine Person betreffen.*

Da|ten|schutz|be|auf|trag|te, der u. die: *jmd., der von einer unabhängigen Kontrollinstitution beauftragt ist, bei Errichtung u. Betrieb einer Datenbank die Beachtung der vorhandenen Bestimmungen zu überwachen.*

Da|ten|schüt|zer, der (ugs.): *Datenschutzbeauftragter.*

Da|ten|schüt|ze|rin, die: w. Form zu ↑Datenschützer.

Da|ten|schutz|ge|setz, das: *Gesetz über den Datenschutz.*

Da|ten|spei|cher, der: *Speicher* (2 b).

Da|ten|trä|ger, der: *etw. (Lochstreifen, Magnetband, Magnetplatte, Diskette), worauf Daten (2), meist in kodierter Form, gespeichert werden können; Speichermedium.*

Da|ten|ty|pist, der; -en, -en [zum 2. Bestandteil vgl. Stenotypistin]: *jmd., der Daten (2) in ein Datenendgerät eingibt* (Berufsbez.).

Da|ten|ty|pis|tin, die; -, -nen: w. Form zu ↑Datentypist.

Da|ten|über|tra|gung, die: *Übermittlung von Informationen auf weitere Entfernungen mithilfe entsprechender technischer Anlagen.*

Da|ten|über|tra|gungs|tech|nik, die: *die technischen Verfahren, Möglichkeiten zur Datenübertragung.*

Da|ten ver|ar|bei|tend: s. Daten (2).

Da|ten|ver|ar|bei|tung, die [nach engl. data processing]: *Prozess, bei dem mithilfe entsprechender technischer Anlagen vorgegebene, gespeicherte Daten (2), häufig in Form von Zahlen bearbeitet u. ausgewertet werden:* elektronische D.; Abk.: DV.

Da|ten|ver|ar|bei|tungs|an|la|ge, die: *elektronische od. elektromechanische Rechenanlage, die bei der Datenverarbeitung eingesetzt wird:* der Operator musste sich mit der Bedienung der neuen D. erst vertraut machen..

da|tier|bar ⟨Adj.⟩: *sich datieren lassend:* die frührömischen Bauten sind nicht genau d.; eindeutig -e Funde.

da|tie|ren ⟨sw. V.; hat⟩ [frz. dater < mlat. datare, zu lat. datum, ↑datum]: **1.** *mit einem Datum, einer Zeitangabe versehen:* einen Brief [nachträglich, im Voraus, auf den 4. Juli] d.; der Brief ist vom 31. Oktober datiert *(trägt das Datum 31. Oktober).* **2.** *die Entstehungszeit von etw. bestimmen, angeben:* die Archäologen haben die Funde nicht d. können/auf etwa 250 n. Chr./in die Mitte des 3. Jh.s datiert. **3. a)** *seit einem bestimmten Zeitpunkt bestehen, zu einer bestimmten Zeit begonnen haben:* unsere Freundschaft datiert seit Kriegsende, seit Dezember 1973; **b)** *aus einer bestimmten Zeit stammen, von einem bestimmten Ereignis herrühren:* dieser Fund datiert aus der spätrömischen Zeit; der Brief datierte vom 4. Mai 1936 *(wurde am 4. Mai 1936 geschrieben).*

Da|tie|rung, die; -, -en: **1. a)** *das Datieren* (1): die D. eines Schriftstückes; **b)** *Zeitangabe auf einem Schriftstück:* die -en [auf diesen Urkunden] sind schwer lesbar. **2. a)** *das Datieren* (2): bei der D. dieser Funde ergaben sich erhebliche Schwierigkeiten; **b)** *Angabe der Entstehungszeit von etw.:* bei dieser etruskischen Vase weichen die -en der Archäologen ziemlich voneinander ab.

Da|tiv, der; -s, -e [lat. (casus) dativus = das Geben betreffend(er Fall), zu: dare, ↑datum] (Sprachw.): **1.** *Kasus, in dem häufig das Objekt eines intransitiven Verbs u. bestimmte Umstandsangaben stehen; Wemfall, dritter Fall:* die Präposition »bei« regiert heute ausschließlich den D.; das Substantiv steht im D.; Abk.: Dat. **2.** *Wort, das im Dativ (1) steht:* der Satz enthält mehrere -e.

da|ti|visch ⟨Adj.⟩ (Sprachw.): *den Dativ betreffend, zum Dativ gehörend; im Dativ [stehend, gebraucht].*

Da|tiv|ob|jekt, das (Sprachw.): *im Dativ stehendes Objekt.*

Da|ti|vus ethi|cus, der; - -, ...vi ...ci [zu lat. ethicus ↑ethisch]: *freier Dativ der inneren Anteilnahme* (z. B. du bist *mir* ein geiziger Kerl!).

da|to ⟨Adv.⟩ [lat., urspr. Dativ bzw. Ablativ von: datum, ↑Datum] (Kaufmannsspr. veraltet): *heute:* drei Monate nach d.; vgl. a dato; *** bis d.** *(bis zu diesem Zeitpunkt, bisher):* das war mir bis d. nicht bekannt.

Dat|scha, die; -, -s u. ...schen, **Dat|sche,** die; -, -n [russ. dača, urspr. = (vom Fürsten verliehene) Schenkung, zu dat' = geben] (regional): *Wochenendhaus, Landhaus, bebautes Wochenendgrundstück.*

Dat|tel, die; -, -n [mhd. datel < älter ital. dattilo, span. dátil < lat. dactylus = Dattel < griech. dáktylos, aus dem Semit.]: *längliche, sehr süße Frucht der Dattelpalme von dunkelbrauner Farbe.*

Dat|tel|pal|me, die: *sehr hoch werdende Palme mit rauem Stamm, langen, kurz gestielten, gefiederten Blättern u. Datteln als Früchten.*

Dat|tel|pflau|me, die: 1. *in vielen, teils wohlschmeckende Früchte tragenden Arten in den Tropen u. Subtropen vorkommender Baum od. Strauch.* 2. *Frucht verschiedener Dattelpflaumenarten.*

Dat|tel|trau|be, die ⟨meist Pl.⟩: *große, längliche, wohlschmeckende Weintraube.*

Da|tum [lat. datum = gegeben, 2. Part. von: dare = geben, ausfertigen, schreiben]: (in alten Briefen u. Urkunden) *geschrieben, ausgefertigt;* Abk.: dat.

Da|tum, das; -s, Daten [mhd. datum, subst. aus lat. datum, ↑datum]: **1. a)** *dem Kalender entsprechende Zeitangabe, Tagesangabe:* das heutige D. ist der 20. März 2000; ein Schriftstück mit dem D. versehen; **b)** *Zeitpunkt:* ein historisches D.; eine Entdeckung neueren -s *(eine noch nicht weit zurückliegende Entdeckung).* **2.** *Faktum:* das ist ein D., von dem wir auszugehen haben.

Da|tums|an|ga|be, die: *Angabe des Datums:* ein Brief ohne D.

Da|tums|gren|ze, die: *ungefähr dem 180. Längengrad folgende Linie, bei deren Überschreitung ein Unterschied in der Datumsangabe von einem Tag auftritt.*

Da|tums|stem|pel, Da|tum|stem|pel, der: 1. *Stempel zum Stempeln einer Datumsangabe.* 2. *gestempelte Datumsangabe.*

Da|tu|ra, die; - [Hindi dhatura] (Bot.): *Stechapfel.*

Dau|be, die; -, -n [wahrsch. beeinflusst von frz. douve < mlat. dova, Nebenf. von: doga < spätlat. doga, wohl < griech. dochḗ = Behälter]: **1.** *gebogenes Seitenbrett eines Fasses od. eines ähnlichen Holzgefäßes.* **2.** *hölzerner Würfel als Ziel beim Eisschießen.*

Dau|bel, die; -, -n [zu ↑tauchen u. mundartl. ber = Netz zum Fischfang < mhd. bēr(e)] (österr.): *Fischnetz.*

Dau|er, die; -, (Fachspr.:) -n [spätmhd. dūr, zu mhd. dūren, tūren, ↑[1]dauern]: **1.** *Zeitspanne von bestimmter Länge; Zeitraum:* die D. des Krankenhausaufenthaltes ist noch unbestimmt; für die D. eines Jahres/von einem Jahr; während der D. unseres Aufenthaltes. **2.** ⟨o. Pl.⟩ *das Andauern, Fortbestehen; unbegrenzte Zeit:* dieses Glück hatte keine D.; * **auf D.** *(für unbegrenzte Zeit):* sie hat die Stelle auf D.; **auf [die] D.** *(eine längere Zeit lang):* der Lärm ist auf [die] D. nicht zu ertragen; **von D. sein** *(Bestand haben, fortbestehen);* **von kurzer/von begrenzter/nicht von langer D. sein** *(nicht lange währen, nicht lange bestehen):* sein Arbeitseifer war nur von kurzer D.

Dau|er|ar|beits|lo|se, der u. die: *jmd., der über lange Zeit arbeitslos ist:* selbst unter -n fand sich eine wachsende Zahl, die noch nach Jahren den Wiedereinstieg schafften.

Dau|er|ar|beits|lo|sig|keit, die: *Arbeitslosigkeit, die sich über lange Zeit erstreckt.*

Dau|er|auf|trag, der (Bankw.): *Überweisungsauftrag für regelmäßig zu leistende, dem Betrag nach feststehende Zahlungen:* einen D. erteilen.

Dau|er|aus|stel|lung, die: *ständige Ausstellung.*

Dau|er|aus|weis, der: *über einen längeren Zeitraum zu etwas berechtigender Ausweis.*

Dau|er|be|las|tung, die: *ständige, über längere Zeit bestehende Belastung.*

Dau|er|be|schäf|ti|gung, die: *nicht von vornherein befristete Beschäftigung:* jmdn. für eine D. suchen.

Dau|er|be|trieb, der: *das ständige In-Betrieb-Sein von etw.:* 10 Jahre Haltbarkeit bei D.

Dau|er|brand|ofen, der: *Dauerbrenner* (1).

Dau|er|bren|ner, der: **1.** *Ofen, der eine bestimmte Zeit ohne weitere Brennstoffzufuhr u. ohne sonstige Bedienungsmaßnahmen weiterbrennt.* **2.** (ugs.) *Theaterstück, Film, Schlager o. Ä. mit besonders lang anhaltendem Erfolg.* **3.** (ugs. scherzh.) *langer, leidenschaftlicher Kuss.*

Dau|er|ein|rich|tung, die: *ständige Einrichtung:* das Flüchtlingslager soll nicht zur D. werden; Ü ihre ursprünglich unregelmäßigen Zusammenkünfte wurden zur D.

Dau|er|er|folg, der: *lange anhaltender Erfolg eines Theaterstückes, Films o. Ä.*

Dau|er|er|schei|nung, die: *ständig vorhandene, sich stets wiederholende Erscheinung* (1): der Schnupfen ist schon eine D. bei ihr.

Dau|er|form, die ⟨meist Pl.⟩ (Biol.): *Organismus, der sich über erdgeschichtlich lange Zeiträume mehr od. minder unverändert erhalten hat.*

Dau|er|frost, der: *lange anhaltender Frost.*

Dau|er|gast, der: **a)** *regelmäßig u. oft anwesender Gast:* er ist in dieser Kneipe D.; **b)** *Gast, der für lange, unbegrenzte Zeit bleibt:* in dem Hotel wohnen auch Dauergäste.

dau|er|haft ⟨Adj.⟩: *einen langen Zeitraum überdauernd, beständig:* eine endgültige und -e Regelung; eine -e Beziehung; ein -es *(haltbares)* Material; der Friede war nicht d.

Dau|er|haf|tig|keit, die; -: *Eigenschaft, dauerhaft zu sein.*

Dau|er|kar|te, die: *Fahrkarte, Eintrittskarte o. Ä., die für längere Zeit, für die Dauer von etw. Gültigkeit hat u. während dieser Zeit immer wieder benutzt werden kann.*

Dau|er|kri|se, die: *lange anhaltende Krise, bes. im politischen u. wirtschaftlichen Bereich.*

Dau|er|kun|de, der: *Stammkunde:* Ü er ist D. bei der Polizei (scherzh.; *er fällt bei der Polizei wegen seiner häufigen Vergehen auf).*

Dau|er|kun|din, die: w. Form zu ↑Dauerkunde.

Dau|er|kund|schaft, die: *Stammkundschaft.*

Dau|er|lauf, der: *längerer [Übungs]lauf in gleichmäßigem, nicht allzu schnellem Tempo.*

Dau|er|leih|ga|be, die: *Leihgabe für unbegrenzte Zeit.*

Dau|er|lut|scher, der: **a)** *besonders großer Lutscher* (1); **b)** *kugelförmiges Bonbon, das nur langsam zergeht.*

Dau|er|ma|gnet, der: *Permanentmagnet.*

Dau|er|mie|ter, der: *jmd., der etw. für unbegrenzte Zeit mietet:* sie vermieten nur an D.

Dau|er|mie|te|rin, die: w. Form zu ↑Dauermieter.

[1]dau|ern ⟨sw. V.; hat⟩ [mhd. turen, düren < mniederd., mniederl. düren < lat. durare]: **1.** *eine bestimmte Dauer* (1) *haben; eine bestimmte [unbegrenzte] Zeit währen, anhalten:* die Sitzung dauerte zwei Stunden; das dauert seine Zeit; das dauert mir zu lange; ein Weilchen wird es schon noch dauern. **2.** (geh.) *Bestand haben, unverändert bestehen bleiben:* diese Freundschaft wird d.

[2]dau|ern ⟨sw. V.; hat⟩ [mhd. türen, urspr. = (zu) teuer dünken, zu ↑teuer] (geh.): *jmdm. leid tun, bei jmdm. Mitleid erregen:* die Kranken dauerten ihn sehr; ihn dauerte das viele Geld *(er bedauerte, so viel Geld ausgegeben zu haben).*

dau|ernd ⟨Adj.⟩ [1. Part. zu ↑[1]dauern (2)]: **a)** *für längere Zeit in gleich bleibender Weise vorhanden, wirkend, geltend; fortwährend, ununterbrochen, ständig:* er hat hier seinen -en Wohnsitz; die Gefahr war d. vorhanden; **b)** *häufig auftretend, wiederkehrend; immer wieder:* -e Belästigungen, Störungen; er kommt d. zu spät.

Dau|er|par|ker, der: *jmd., der sein Auto über längere Zeit an einem bestimmten Platz parkt.*

Dau|er|par|ke|rin, die: w. Form zu ↑Dauerparker.

Dau|er|re|ge|lung, die: *für einen zunächst unbegrenzten Zeitraum eingeführte Regelung.*

Dau|er|re|gen, der: *lange anhaltender Regen.*

Dau|er|scha|den, der: *nach Krankheit od. Unfall zurückbleibende körperliche Schädigung.*

Dau|er|schutz, der: *sehr lange wirksamer Schutz.*

Dau|er|sel|ler, der: *Buch, das über längere Zeit gut verkauft wird.*

Dau|er|stel|lung, die: *berufliche Stellung für eine sehr lange, für unbegrenzte Zeit.*

Dau|er|ton, der: *über längere Zeit anhaltender Ton:* ein D. im Radio nach Sendeschluss; der D. [der Sirene] bedeutet Entwarnung.

Dau|er|wa|re, die: *durch besondere Behandlung (wie Trocknen, Einsalzen, Räuchern, Gefrieren, Sterilisieren o. Ä.) für längere Zeit haltbar gemachte Ware.*

Dau|er|wel|le, die: *dauerhafte künstliche Wellung der Haare:* sich eine D., sich -n machen, legen lassen.

Dau|er|wir|kung, die: *lange anhaltende Wirkung.*

Dau|er|wurst, die: *aus rohem Fleisch, Speck, Salz u. Gewürzen hergestellte Wurst, deren Haltbarkeit durch Räuchern, Lufttrocknung u. Feuchtigkeitsentzug erhöht wurde (z. B. Plockwurst, Salami o. Ä.).*

Dau|er|zu|stand, der: *Zustand* (a), *in dem sich etw., jmd. dauernd befindet:* Müdigkeit, Geldmangel ist bei ihm ein D.

Däum|chen, das; -s, -: Vkl. zu ↑Daumen.

Dau|men, der; -s, - [mhd. dūme, ahd. thūmo, eigtl. = der Dicke, Starke]: *erster u. stärkster, kurzer Finger mit nur zwei Gliedern, der den übrigen Fingern gegenübergestellt werden kann:* der rechte, linke D.; das Kind lutscht am D.; * **D./Däumchen drehen** (ugs.; *nichts tun u. sich langweilen, gelangweilt sein);* **einen grünen Daumen haben** (ugs.; ↑Hand 1); **jmdm./für jmdn. den/die D. drücken/halten** (ugs.; *jmdm. in einer schwierigen Sache Erfolg, gutes Gelingen wünschen [u. in Gedanken bei ihm sein];* wenn man angespannt ganz stark wünscht, dass jmd. etwas schafft, verkrampft man unwillkürlich seine Hände); **jmdm. den D. aufs Auge drücken/halten/setzen** (ugs.; *jmdm. hart zusetzen, jmdn. zu etw. zwingen);* **auf etw. den D. drücken** (ugs.; *auf etw. bestehen);* **auf etwas den D. halten/haben** (ugs.; *über etw. alleine verfügen u. es nicht ohne weiteres herausgeben):* sie hielt den D. auf die Vorräte, hatte den D. auf den Vorräten; **[etw.] über den D. peilen** (ugs.; *eine Schätzung nur grob, ungefähr vornehmen).*

Dau|men|ab|druck, der: vgl. Fingerabdruck.

Dau|men|bal|len, der: vgl. Handballen.

dau|men|breit ⟨Adj.⟩: vgl. fingerbreit.

Dau|men|breit, der; -s: vgl. Fingerbreit.

Dau|men|brei|te, die: vgl. Daumenbreit: um eine D. zu lang.

dau|men|dick ⟨Adj.⟩: *etwa von der Dicke eines Daumens:* ein -es Seil.

Dau|men|glied, das: vgl. Fingerglied.

dau|men|groß ⟨Adj.⟩: *etwa von der Größe eines Daumens:* ein -es Stück Fleisch.

Dau|men|ki|no, das: *kleiner Block aus Zetteln mit Bildern, die beim raschen Aufblättern [mithilfe des über die seitliche Kante des Blocks geführten Daumens] einen Bewegungsablauf (wie beim Zeichentrickfilm) ergeben.*

Dau|men|lut|scher, der; -s, - (abwertend): *Kind, das häufig am Daumen lutscht.*

Dau|men|lut|sche|rin, die; -, -nen: w. Form zu ↑Daumenlutscher.

Dau|men|na|gel, der: vgl. Fingernagel.

Dau|men|re|gis|ter, das: *halbkreisförmige Ausstanzungen am vorderen Rand der Buchseiten eines Nachschlagewerkes, die, meist nach alphabetischem Prinzip, das Nachschlagen erleichtern.*

Dau|men|schrau|be, die ⟨meist Pl.⟩ (früher): *Folterwerkzeug, das an die Daumen angelegt wurde:* sie wurden mit -n gefoltert; * **jmdm. [die] -n anlegen/ansetzen/anziehen** *(jmdn. unter Druck setzen, ihn in grober, rücksichtsloser Weise zu etw. zwingen).*

dau|men|stark ⟨Adj.⟩: *daumendick.*

Däum|ling, der; -s, -e: **1. a)** *Schutzkappe für den Daumen;* **b)** (landsch.) *den Daumen bedeckender Teil des Handschuhs.* **2.** ⟨o. Pl.⟩ *durch ihre Winzigkeit charakterisierte Märchengestalt.*

Dau|ne, die; -, -n ⟨meist Pl.⟩ [aus dem Niederd. < mniederd. dūn(e) < aisl. dúnn, zu ↑Dunst u. eigtl. = Aufgewirbeltes]: *kleine, zarte Feder mit weichem Kiel, die sich unter den Deckfedern der Vögel befindet; Flaumfeder:* die Kissen sind mit -n gefüllt.

Dau|nen|bett, das: *mit Daunen gefülltes Deckbett.*

Dau|nen|de|cke, die: *mit Daunen gefüllte Decke.*

Dau|nen|fe|der, die: *Daune.*

Dau|nen|fül|lung, die: *Füllung (eines Kissens o. Ä.) aus Daunen.*

Dau|nen|kis|sen, das: *mit Daunen gefülltes Kissen.*

Dau|phin [doˈfɛ̃ː], der; -s, -s [frz. dauphin = von 1349 bis 1830 Titel des frz. Thronfolgers, davor des Herrschers der Dauphiné] (hist.): *französischer Thronfolger.*

Dau|phi|né [dofiˈneː], die; -: südostfranzösische Landschaft.

[1]**Daus** [viell. verhüll. Entstellung für »Teufel«]: nur noch in Fügungen wie **ei der D.!, was der D.!** (veraltete Ausrufe des Erstaunens, der Verwunderung): ei der D., nun hat er doch geheiratet!

[2]**Daus,** das; -es, Däuser, auch: -e [mhd., ahd. dūs < afrz. dous = zwei < lat. duo(s)]: **1.** *zwei Augen im Würfelspiel.* **2.** *dem Ass entsprechende Karte im deutschen Kartenspiel.*

Da|vids|stern, Da|vid|stern [ˈdaːfɪt(s)..., auch: ˈdaːvɪt(s)...], der; -[e]s, -e [nach David, dem ersten eigtl. König von Israel-Juda (etwa 1000–970 v. Chr.)]: *jüdisches Glaubenssymbol in der Form eines sechszackigen Sterns, der aus zwei gleichseitigen, ineinander geschobenen Dreiecken besteht.*

Da|vis|cup [ˈdeɪvɪs...], der; -s, **Da|vis|po|kal,** der; -[e]s [nach dem Stifter, dem amerik. Diplomaten u. Tennisspieler D. F. Davis (1879–1945)]: **1.** *(um 1900 gestifteter) bedeutendster im Tennissport bei internationalen Mannschaftswettbewerben vergebener Wanderpokal.* **2.** *internationaler Mannschaftswettbewerb im Tennissport, bei dem die siegreiche Mannschaft den Daviscup (1) gewinnt:* leider hat die Mannschaft bereits in der ersten Runde des -s verloren.

da|von [mit bes. Nachdruck: ˈdaː...] ⟨Adv.⟩ [mhd. dāvon]: **1. a)** *von dieser Stelle, diesem Gegenstand entfernt:* hier ist die Unglücksstelle, und nur einige Meter d. [entfernt] ist eine steile Böschung; Ü wir sind noch weit d. entfernt *(haben [für das Problem] noch lange keine Lösung gefunden);* **b)** *von dieser Stelle als Ausgangspunkt, von diesem Gegenstand weg:* dies ist die Hauptstraße, und d. zweigen einige Nebenstraßen ab; das Schild klebt so fest an dem Brett, dass es nicht d. zu lösen ist; d. frei, befreit, geheilt sein. **2.** *von dieser Sache, Angelegenheit [als Ausgangspunkt]; hinsichtlich dieser Sache, Angelegenheit, im Hinblick darauf; über diese Sache, Angelegenheit:* es war ein Schock für sie, aber sie hat sich wieder d. erholt; d. hast du doch nichts *(das bringt dir doch keinen Nutzen);* das Gegenteil d. ist wahr; er will d. nichts wissen; d. gehen wir aus; ein andermal mehr d. **3.** *durch diese Sache, Angelegenheit verursacht; durch dieses Mittel, Verfahren, durch diesen Umstand, dadurch:* d. hast du nur Ärger, wirst du nur krank; das kommt d. *(das rührt daher),* dass es so lange geregnet hat; das kommt d.! *(die Folgen waren [dir] ja bekannt);* es war so laut, ich bin d. aufgewacht. **4.** *von dieser Menge als [An]teil, von diesen Personen:* hast du schon [etwas] d. gegessen, genommen?; das ist die Hälfte d.; ich habe nichts d. bekommen; dies sind alle Exemplare, eins d. können Sie haben. **5.** *von dieser Sache, diesem Material als Grundlage; aus diesem Material, Stoff, daraus:* hier ist die Wolle, du kannst dir einen Schal d. stricken; d. *(von diesen [finanziellen] Mitteln)* kann man nicht leben. **6.** (bes. nordd.) in bestimmten Verwendungen in getrennter Stellung: da habe ich nichts von.

da|von|blei|ben ⟨st. V.; ist⟩ (ugs.): *sich von etw. entfernt halten; etw. nicht berühren, anfassen:* die Waffe ist zu gefährlich, bleib davon!

da|von|brau|sen ⟨sw. V.; ist⟩ (ugs.): *sich geräuschvoll, mit großer Geschwindigkeit fahrend entfernen:* mit dem Motorrad d.

da|von|ei|len ⟨sw. V.; ist⟩: *sich eilig entfernen; sehr schnell weggehen, fortlaufen.*

da|von|fah|ren ⟨st. V.; ist⟩: vgl. davonlaufen (1 a, b).

da|von|flie|gen ⟨st. V.; ist⟩: vgl. davonlaufen (1 a, b).

da|von|ge|hen ⟨unr. V.; ist⟩: *einen Ort zu Fuß verlassen; weg-, fortgehen:* er erhob sich und ging davon; Ü sie ist für immer davongegangen (geh. verhüll.; *gestorben*).

da|von|ja|gen ⟨sw. V.⟩: **1.** *sich sehr schnell u. mit Heftigkeit entfernen* ⟨ist⟩: er ist mit dem Motorrad davongejagt. **2.** *vertreiben, verscheuchen, in die Flucht schlagen; weg-, fortjagen* ⟨hat⟩: einen Hund d.; Ü er hat den Lehrling im Zorn davongejagt (ugs.; *ihn entlassen, ihm gekündigt*).

da|von|kom|men ⟨st. V.; ist⟩: *einer Gefahr entrinnen, aus einer unangenehmen Situation glücklich entkommen:* mit dem Schrecken d.; er ist noch einmal [mit dem Leben] davongekommen.

da|von|lau|fen ⟨st. V.; ist⟩: **1. a)** *schnell laufend einen Ort verlassen; weg-, fortlaufen:* als wir kamen, liefen sie davon; er ist einfach davongelaufen *(geflohen);* * **zum Davonlaufen sein** (ugs.; *unerträglich, sehr übel sein*); **b)** (ugs.) *jmdn., der einen verfolgt, der versucht Schritt zu halten, hinter sich lassen;* [2]*abhängen* (3 b): er ist seinen Verfolgern davongelaufen; **c)** (ugs.) *überraschend verlassen:* das Hausmädchen, der Mann ist ihr davongelaufen. **2.** *sich jmds. Kontrolle entziehen, unkontrollierbar werden:* die Preise laufen [den Einkommen] davon.

da|von|ma|chen, sich ⟨sw. V.; hat⟩ (ugs.): *sich unauffällig (weil man an etwas nicht mehr teilhaben will o. Ä.) entfernen:* immer wenn es etwas zu tun gibt, machst du dich davon; Ü der Alte hat sich jetzt auch davongemacht (ugs. verhüll.; *ist jetzt auch gestorben*).

da|von|ra|sen ⟨sw. V.; ist⟩: *sich mit großer Geschwindigkeit entfernen, sehr schnell davonfahren, -laufen:* sie raste auf ihrem Motorrad davon.

da|von|rei|ten ⟨st. V.; ist⟩: vgl. davonlaufen (1 a, b).

da|von|ren|nen ⟨unr. V.; ist⟩: vgl. davonlaufen (1 a, b).

da|von|rol|len ⟨sw. V.; ist⟩: **a)** *sich rollend wegbewegen, wegrollen:* die Kugel rollte davon; **b)** *sich auf Rädern rollend entfernen, langsam davonfahren:* die Kutsche rollte gemächlich davon.

da|von|sau|sen ⟨sw. V.; ist⟩: *in großer Eile davonlaufen, mit hoher Geschwindigkeit davonfahren:* das Motorboot sauste davon.

da|von|schie|ßen ⟨st. V.; ist⟩: *sich mit höchster Geschwindigkeit wegbewegen, entfernen:* der Wagen schoss davon wie ein Pfeil, wie eine Rakete.

da|von|schlei|chen ⟨st. V.⟩: **a)** *leise u. langsam davongehen* ⟨ist⟩: bedrückt schlich er davon; er wollte unbemerkt d.; **b)** ⟨d. + sich⟩ *sich leise u. heimlich entfernen; sich davonstehlen* ⟨hat⟩: ich schlich mich davon.

da|von|schlep|pen ⟨sw. V.; hat⟩: **1.** *mühsam, mit großer Anstrengung davontragen* (1): er packte den schweren Koffer und schleppte ihn davon. **2.** ⟨d. + sich⟩ *mit schleppenden Schritten u. sich nur mühsam bewegend davongehen:* die Verwundeten schleppten sich unter Stöhnen davon.

da|von|sprin|gen ⟨st. V.; ist⟩: **a)** *sich mit einem großen Sprung, mit großen Sprüngen, Sätzen entfernen:* der Hund sprang bellend davon; **b)** (ugs.) *davonlaufen* (1 a, b).

da|von|steh|len, sich ⟨st. V.; hat⟩ (geh.): *sich heimlich u. unbemerkt entfernen, leise u. heimlich davongehen:* als alle anderen schliefen, stahl sie sich davon.

da|von|stie|ben ⟨st. V.; ist⟩ (geh.): *sich schnell, fluchtartig, mit Hast [in verschiedene Richtungen] entfernen:* als der Schuss fiel, stoben die Vögel davon.

da|von|stür|men ⟨sw. V.; ist⟩: *in großer Eile u. mit Vehemenz davonlaufen.*

da|von|stür|zen ⟨sw. V.; ist⟩: *sehr eilig u. überstürzt davonlaufen.*

da|von|tra|gen ⟨st. V.; hat⟩: **1.** *durch Tragen entfernen, wegbringen, -bewegen; weg-, forttragen:* einige brachen zusammen und wurden davongetragen; Ü der Wind trug die Klänge davon. **2. a)** (geh.) *erringen, erlangen:* einen Sieg d.; **b)** *sich zuziehen, erleiden:* eine Verletzung d.

da|von|trol|len, sich ⟨sw. V.; hat⟩ (ugs.): *[gezwungenermaßen leicht beschämt, unwillig o. Ä.] ohne Eile, ohne Hast davongehen:* als er merkte dass er nicht gelegen kam, trollte er sich wieder davon.

da|von|zie|hen ⟨unr. V.; ist⟩: **1.** *sich auf eine längere Wanderung, Fahrt begeben u. sich stetig wegbewegen, in stetiger Bewegung entfernen:* si zogen singend davon. **2.** (Sport) **a)** *einem Gegner, Konkurrenten gegenüber einen [sich stetig vergrößernden] Vorsprung gewinnen, ihn hinte sich lassen:* er überspurtete die andern und zog davon; **b)** vgl. davonlaufen (1 b): er zog den anderen davon.

da|vor [mit bes. Nachdruck: ˈdaː...] ⟨Adv.⟩ [mhd. dā vor, ahd. dār(a) furi]: **1. a)** *vor diesem Gegenstand, Ort o. Ä.:* ein Haus mit einem Garten d.; sie sah die Hütte und den Hund, der d. lag; sie erkannte die Frau, die d. saß; er beobachtete den Mann, der d. stand; **b)** *vor diesen Gegenstand, Ort o. Ä.:* ich würde den Stuhl d. stellen, nicht daneben; er hat die Hand d. gehalten; er öffnete die Tür und legte die Matte, setzte den Kasten, stellte den Eimer d.; der Hund lief zur Tür und legte sich, setzte sich d.; er hatte den Riegel nicht d. geschoben; der Mond ist nicht z sehen, weil sich eine Wolke d. geschoben hat. **2.** *[unmittelbar] vor diesem Zeitpunkt, vorher:* das Spiel beginnt um 16 Uhr, d. spielen noch zwei Jugendmannschaften; entweder hat sie ih Examen schon gemacht, oder sie steht kurz d. **3.** *vor dieser Sache, Angelegenheit, im Hinblick darauf:* wir haben ihn d. gewarnt; er hat keinen Respekt d.; er hat Angst d., erwischt zu werden **4.** (bes. nordd.) in bestimmten Verwendungen in getrennter Stellung: da habe ich keine Angst vor.

da|vor hal|ten, da|vor le|gen usw.: s. davor (1 a, b, 2).

da|wai [russ. davaj, Imperativ von: dawat', unvoll endeter Aspekt (3) von: dat' = lassen] (ugs.): *los!, vorwärts!*

DAX ®, der; - = Deutscher Aktienindex (Aufstellung der errechneten Durchschnittskurse der 3 wichtigsten deutschen Aktien).

Day|tra|ding, (auch:) **Day-Tra|ding** [ˈdeɪtreɪdɪŋ], das; -s, [engl. day trading, eigtl. = Tageshandel, Tagesgeschäft]: *kurzfristiges Handeln mit Aktien (über das Internet).*

da|zu [mit bes. Nachdruck: ˈ– –] ⟨Adv.⟩ [mhd. da(r) zuo, ahd. dar(a) zuo]: **1. a)** *zu dieser Sache diesem Zustand, diesem Vorgang [hinzu]; zusätzlich zu diesem:* d. reiche man Salat; sie singt und spielt d. Gitarre; **b)** *darüber hinaus, außerdem, überdies:* sie ist klug und d. [auch noch] reich. **2.** *hinsichtlich dieser Sache, Angele genheit, im Hinblick darauf:* er hatte d. keine Lust, keine Zeit; sie wollte sich d. nicht äußern; sie war d. nicht in der Lage. **3.** *zu diesem Zweck, Ergebnis, Ziel; für diesen Zweck:* er eignet sich nicht d.; d. kann ich dir nur raten; die Entwicklung führte d., dass ...; seine Erklärungen warer nicht d. angetan *(geeignet),* mich umzustimmen; d. reicht das Geld nicht; was hat ihn wohl d. gebracht, dies zu tun?; wie komme ich d. (ugs.; *warum soll ich denn das tun?; ich mache das nicht!*). **4.** (bes. nordd.) in bestimmten Verwendungen in getrennter Stellung: da habe ich keine Lust zu.

da|zu|be|kom|men ⟨st. V.; hat⟩: *zu diesem Vorhandenen hinzubekommen, zusätzlich bekommen.*

da|zu|ge|ben ⟨st. V.; hat⟩: *zu diesem Vorhandener geben, beisteuern:* zum Kauf des Hauses reicht ihr Geld nicht, die Eltern wollen ihr noch etwas d.

da|zu|ge|hö|ren ⟨sw. V.; hat⟩: *zu dieser Sache, Kategorie, Personengruppe gehören:* bei der Rei segesellschaft waren einige Leute, die eigentlic nicht dazugehörten; es gehört schon einiges dazu *(man muss schon beherzt sein),* so etwas zu wagen.

da|zu|ge|hö|rig ⟨Adj.⟩: *dazugehörend:* ein Hänge schloss und die -en Schlüssel.

da|zu|ge|sel|len, sich ⟨sw. V.; hat⟩: *sich zu ihr, ihm* *ihnen gesellen:* zuerst war nur ein Vogel da, doch bald gesellten sich weitere dazu.

a|zu|kom|men ⟨st. V.; ist⟩: **1.** *während eines Geschehens eintreffen, erscheinen:* sie kam gerade dazu, als sich die Kinder zu streiten begannen. **2.** *zu dieser Sache, diesem Personenkreis [zusätzlich] hinzukommen:* wir sind noch nicht vollzählig, es kommen noch einige Gäste dazu.

a|zu|kön|nen ⟨unr. V.; hat⟩ (ugs.): *dafürkönnen.*

a|zu|le|gen ⟨sw. V.; hat⟩: vgl. dazusetzen (1).

a|zu|ler|nen ⟨sw. V.; hat⟩: *zusätzlich, neu lernen, machen:* man kann immer noch [etwas] d.

a|zu|mal ⟨Adv.⟩ (veraltend, oft scherzh. altertümelnd): *damals, in jener [längst] vergangenen Zeit:* d. reiste man noch mit der Kutsche; Mode von d.; * **Anno d.** (↑Anno).

a|zu|rech|nen ⟨sw. V.; hat⟩: *zu diesem Betrag rechnend hinzufügen:* du musst diese Summe noch d.; Ü wenn man noch dazurechnet *(mit in Betracht zieht, berücksichtigt),* wie viel Zeit er dafür gebraucht hat, dann …

a|zu|sa|gen ⟨sw. V.; hat⟩: *außerdem, auch sagen:* das hättest du d. müssen.

a|zu|schla|gen ⟨st. V.; hat⟩: *dazurechnen:* man muss die Zinsen noch d.

a|zu|schrei|ben ⟨st. V.; hat⟩: *zu diesem Geschriebenen schriftlich hinzufügen:* willst du auch noch Grüße d.?

a|zu|set|zen ⟨sw. V.; hat⟩: **1. a)** *zu dieser Sache, zu ihr, ihm, ihnen setzen:* in dem Aquarium sind so wenige Fische, wir sollten noch ein paar d.; **b)** ⟨d. + sich⟩ *sich zu ihr, ihm, ihnen setzen:* an dem Tisch saß ein Herr, den wir fragten, ob wir uns d. könnten. **2.** *dazuschreiben:* er setzte noch einen Gruß dazu.

a|zu|stel|len ⟨sw. V.; hat⟩: vgl. dazusetzen (1).

a|zu|tun ⟨unr. V.; hat⟩ (ugs.): *zu diesem Vorhandenen tun, hinzufügen:* du kannst ruhig noch von dem Gewürz d.

a|zu|tun, das: nur in der Fügung **ohne jmds. Dazutun** *(ohne jmds. Beteiligung, Unterstützung):* ohne dein D. hätte er es nicht geschafft.

a|zu|ver|die|nen ⟨sw. V.; hat⟩: *zusätzliches Geld verdienen:* seine Frau verdient noch [etwas] dazu.

a|zwi|schen [mit bes. Nachdruck: 'da:…] ⟨Adv.⟩ [mhd. dā(r) zwischen]: **1. a)** *zwischen diesen Personen, Gegenständen, Sachen, Orten:* die Häuser stehen frei, d. befinden sich Gärten und Wiesen; er fand d. keinen Platz mehr; Ü das sind extreme Standpunkte, d. gibt es auch noch andere Möglichkeiten; **b)** *zwischen diese Personen, Gegenstände, Sachen, Orte:* lege das Buch nicht darauf, sondern d. **2. a)** *unter, in dieser Menge, darunter:* wir haben die Post durchgesehen, aber Ihr Brief war nicht d.; **b)** *unter, in diese Menge, darunter:* die Leute standen dicht gedrängt, und das Tier sprang mitten d. **3. a)** *zwischen diesen Zeitpunkten, Ereignissen:* drei Monate lagen d.; beide Vorträge finden am Abend statt, d. ist eine Stunde Pause; **b)** *zwischen diese Zeitpunkte, Ereignisse:* zwei Vorträge stehen noch aus, wir werden eine Pause d. einschieben.

a|zwi|schen|fah|ren ⟨st. V.; ist⟩: **1.** *Ordnung schaffend heftig in etw. eingreifen:* als die Kinder sich zu streiten begannen, fuhr er dazwischen. **2.** *jmdn. in seiner Rede durch einen Einwand o. Ä. mit Heftigkeit unterbrechen:* »Das ist eine Lüge«, fuhr er dazwischen.

a|zwi|schen|fra|gen ⟨sw. V.; hat⟩: *ein Gespräch mit einer Frage unterbrechen:* darf ich einmal kurz d.?

a|zwi|schen|fun|ken ⟨sw. V.; hat⟩ (ugs.): *sich in etw. einschalten u. dadurch den Ablauf von etw. [absichtlich] stören od. einen Plan durchkreuzen:* wenn der Chef einem nicht dauernd d. würde, könnte man ganz anders arbeiten.

a|zwi|schen|ge|ra|ten ⟨st. V.; ist⟩: **1.** *zwischen diese Dinge, Gegenstände geraten:* beim Abschalten der Maschine ist er mit den Fingern dazwischengeraten. **2.** *ungewollt in diese Angelegenheit verwickelt werden, hineingeraten.*

da|zwi|schen|hau|en ⟨unr. V.; haute/(veraltend:) hieb dazwischen, hat dazwischengehauen⟩ (ugs.): *dazwischenschlagen.*

da|zwi|schen|kom|men ⟨st. V.; ist⟩: **1.** *dazwischengeraten* (1). **2.** *unvorhergesehen als Störung, Unterbrechung eintreten:* ich nehme teil, wenn [mir] nichts dazwischenkommt.

da|zwi|schen|lie|gen ⟨st. V.; hat; südd., österr., schweiz. auch: ist⟩: *zwischen diesen Zeitpunkten, Ereignissen, Grenzen o. Ä. liegen, vorhanden sein, sich ereignen:* Jahre liegen dazwischen.

da|zwi|schen|re|den ⟨sw. V.; hat⟩: **1.** *sich in dieses Gespräch, diese Unterhaltung unaufgefordert, störend einmischen; einen Sprechenden in störender Weise unterbrechen:* du sollst nicht immer d., wenn wir uns unterhalten. **2.** *sich störend, hindernd in jmds. Angelegenheiten, in ein Gespräch einmischen:* wenn er sich zu diesem Schritt entschlossen hat, würde ich ihm nicht mehr d.

da|zwi|schen|ru|fen ⟨st. V.; hat⟩: *diese Rede, Diskussion durch Zwischenrufe unterbrechen.*

da|zwi|schen|schal|ten ⟨sw. V.; hat⟩: *in diese Folge von technischen Geräten o. Ä. [durch Schaltung] einfügen:* einen Widerstand d.

da|zwi|schen|schie|ben ⟨st. V.; hat⟩: **1. a)** *zwischen diese Dinge, Gegenstände schieben:* dort ist noch Platz, du kannst das Buch einfach d.; **b)** ⟨d. + sich⟩ *sich zwischen diese Dinge, Gegenstände schieben:* ein anderes Buch hatte sich dazwischengeschoben. **2.** *in diese Reihenfolge, diesen Ablauf einschieben, einfügen:* können wir noch einen weiteren Diskussionspunkt d.?

da|zwi|schen|schla|gen ⟨st. V.; hat⟩: *in diese Auseinandersetzung, diesen Streit o. Ä. mit Schlägen eingreifen, um ihn zu beenden, um die Ordnung o. Ä. wieder herzustellen:* als die Demonstranten nicht wichen, schlug die Polizei dazwischen.

da|zwi|schen|sprin|gen ⟨st. V.; ist⟩: *schnell, rasch dazwischentreten* (1): als es den beiden ernst wurde, sprang sie dazwischen.

da|zwi|schen|ste|hen ⟨unr. V.; hat; südd., österr., schweiz. auch: ist⟩: **1.** *zwischen diesen Personen, Dingen, Gegenständen stehen:* die Menge wartete und wir standen dazwischen. **2.** *zwischen diesen Gegensätzen, Polen stehen; eine Mittelstellung innehaben:* keiner der geäußerten Meinungen mochte er sich anschließen, er stand mit seiner Ansicht dazwischen. **3.** *zwischen diesen Personen eine Einigung verhindern, trennend im Wege sein:* die beiden hätten sich längst versöhnt, wenn nicht die Mutter dazwischenstünde.

da|zwi|schen|tre|ten ⟨st. V.; ist⟩: **1.** *in diese Auseinandersetzung, diesen Streit schlichtend eingreifen:* als die beiden in Streit gerieten, musste er d.; ⟨subst.:⟩ ihrem Dazwischentreten war es zu verdanken, dass … **2.** *zwischen diesen Personen Uneinigkeit verursachen, diese Personen auseinander bringen:* sie waren befreundet, bis ein Mädchen dazwischentrat.

da|zwi|schen|wer|fen ⟨st. V.; hat⟩: **1.** *als kurze Bemerkung einwerfen, einen Einwurf machen.* **2.** ⟨d. + sich⟩: *bei einer heftigen Auseinandersetzung, einem Streit mit Vehemenz dazwischenspringen:* als es zur Schlägerei kam, warf er sich mutig dazwischen.

dB = Dezibel.

Db = Dubnium.

DB, die; - = Deutsche Bücherei; Deutsche Bundesbahn (bis 1993), Deutsche Bahn (ab 1994).

DBB = Deutscher Beamtenbund.

DBD = Demokratische Bauernpartei Deutschlands (in der ehem. DDR).

DBGM = Deutsches Bundes-Gebrauchsmuster.

DBP = Deutsche Bundespost; Deutsches Bundespatent.

d. c. = da capo.

D. C. = District of Columbia (Bundesdistrikt der USA um Washington).

Dd. = doctorandus.

D-Day ['di:deɪ], der; -s, -s [engl. D-Day, D day, D = Abk. für: day = Tag, also eigtl. = Tag-Tag; urspr. Bez. für den 6. Juni 1944, an dem die Invasion der Alliierten in Frankreich begann]: (als Deckname gedachte) engl. Bez. für *Tag, an dem ein größeres [militärisches] Unternehmen beginnt; Tag X.*

DDR, die; -: Deutsche Demokratische Republik (1949–1990).

DDR-Bür|ger, der: *Bürger der DDR.*

DDR-Bür|ge|rin, die: w. Form zu ↑DDR-Bürger.

DDT®, das; -[s] [Kurzwort aus Dichlordiphenyltrichloräthan]: *ein Insektenbekämpfungsmittel.*

D-Dur ['de:du:ɐ̯, auch: '-'-], das; - (Musik): *auf dem Grundton D beruhende Durtonart* (Zeichen: D).

D-Dur-Ton|lei|ter, die: *auf dem Grundton D beruhende Durtonleiter.*

de-, De- [lat. de = von – weg]: **1.** drückt in Bildungen mit Verben aus, dass etw. aufgehoben, rückgängig gemacht wird: degruppieren, deindustrialisieren, deregulieren. **2.** drückt in Bildungen mit Substantiven das Aufheben oder Rückgängigmachen eines Vorganges oder dessen Ergebnisses aus: Deindustrialisierung, Denobilitation, Depotenzierung. **3.** verneint in Bildungen mit Adjektiven deren Bedeutung: dezentral.

Dead|line ['dɛdlaɪn], die; -, -s [engl. deadline, eigtl. = Sperrlinie, Todesstreifen]: **1.** *letzter [Ablieferungs]termin [für Zeitungsartikel]; Redaktions-, Anzeigenschluss.* **2.** *Stichtag.* **3.** *äußerste Grenze:* 450 000 DM, das ist die D., mehr zahle ich nicht für dieses Haus.

Deal [di:l], der; -s, -s [engl. deal, verw. mit ↑Teil]: **1.** (ugs.) *[zweifelhafte] Abmachung, Vereinbarung; Handel* (3): einen D. mit jmdm. einfädeln. **2. a)** (ugs.) *[zweifelhaftes] Geschäft* (1 a): ein betrügerischer D.; einen D. machen; **b)** (Jargon): *Geschäft* (1 a), *bei dem mit [kleinen Mengen] Rauschgift gehandelt wird.*

dea|len [di:lən] ⟨sw. V.; hat⟩ [engl. to deal = handeln] (Jargon): *mit Rauschgift handeln:* in mehreren Lokalen der Innenstadt wird gedealt.

Dea|ler, der; -s, - [engl. dealer = Händler]: **1.** (Jargon) *jmd., der mit Rauschgift handelt.* **2.** (Börsenw.) *Jobber* (1).

Dea|le|rin, die; -, -nen: w. Form zu ↑Dealer.

De|ba|kel, das; -s, - [frz. débâcle, eigtl. = plötzliche Auflösung, zu: débâcler = (vom Eis) plötzlich auf-, durchbrechen, frei werden] (bildungsspr.): *Zusammenbruch, Niederlage; unheilvoller, unglücklicher Ausgang:* ein D. erleiden.

De|bat|te, die; -, -n [rückgeb. aus dem Pl. Debatten < frz. débats, zu: débattre, ↑debattieren]: **a)** *lebhafte Diskussion, Auseinandersetzung, Streitgespräch:* eine erregte, lebhafte D. ist im Gang; etw. in die D. werfen; in eine D. eingreifen; * **etw. zur D. stellen** (↑Diskussion); **zur D. stehen** (↑Diskussion); **b)** *Erörterung eines Themas im Parlament:* die D. über die Regierungserklärung dauert an, wird unterbrochen, vertagt, wurde fortgesetzt.

de|bat|tie|ren ⟨sw. V.; hat⟩ [frz. débattre = durchsprechen, den Gegner mit Worten schlagen, über das Vlat. zu lat. battuere = schlagen]: *erörtern, verhandeln, eingehend besprechen; lebhaft diskutieren:* einen Plan, eine Gesetzesvorlage d.; [über] eine Frage lange, lebhaft d.

De|bat|tier|klub, der (abwertend): *Gruppe von Personen, die lange über etw. debattiert u. dadurch den Eindruck erweckt, dass es ihr mehr auf das Reden als auf das Ergebnis für das Handeln ankommt:* das Parlament ist ein bloßer D.

de|bil ⟨Adj.⟩ [lat. debilis = schwach, schwächlich] (veraltet): *leicht geistig behindert:* ein -es Kind.

De|bi|li|tät, die; - [lat. debilitas = Gebrechlichkeit] (veraltet): *leichter Grad der geistigen Behinderung.*

De|bi|tor, der; -s, Debitoren ⟨meist Pl.⟩ [ital. debitore < lat. debitor, zu: debere = schulden] (Bankw.): *Schuldner, der Waren von einem Lieferanten auf Kredit bezogen hat.*

De|bre|czi|ner, De|bre|zi|ner ['debrɛtsi:nɐ] die; -, - [nach der ung. Stadt Debrecen (dt.

D

Debre[c]zin)]: *kleine scharf gewürzte Brühwürste.*

De|bug|ging [di:ˈbʌgɪŋ], das; -[s], -s [engl. debugging] (EDV): *Vorgang bei der Programmherstellung, bei dem das Programm* (4) *getestet wird u. die entdeckten Fehler beseitigt werden.*

De|büt [deˈby:], das; -s, -s [frz. début = Anspiel, Anfang, aus der Fügung: jouer de but = auf das Ziel hin spielen]: **a)** *erstes [öffentliches] Auftreten eines Künstlers, Sportlers o. Ä.:* sein D. als Schriftsteller war ein großer Erfolg; die junge Sängerin gab ihr D.; der Regisseur lieferte mit dieser Inszenierung sein D. *(stellte erstmals eine eigene Arbeit vor);* **b)** (früher) *erste Vorstellung bei Hofe.*

De|bü|tạnt, der; -en, -en [frz. débutant]: *Künstler, Sportler o. Ä., der zum ersten Mal öffentlich auftritt.*

De|bü|tạn|tin, die; -, -nen: **a)** w. Form zu ↑Debütant; **b)** *junges Mädchen aus der höheren Gesellschaftsschicht, das in die Gesellschaft eingeführt wird.*

De|bü|tạn|tin|nen|ball, der: *Ball, auf dem die Debütantinnen der Gesellschaft vorgestellt werden.*

de|bü|tie|ren ⟨sw. V.; hat⟩ [frz. débuter]: *(von Künstlern, Sportlern o. Ä.) erstmals öffentlich auftreten:* mit einem Werk d.; als Siegfried in Wagners »Ring des Nibelungen« d.; der Regisseur debütierte am, beim Theater.

De|cha|nat, Dekanat, das; -[e]s, -e [mlat. decanatus, zu: decanus, ↑Dekan]: *Amt od. Amtsbereich (Sprengel) eines Dechanten.*

De|cha|nei, Dekanei, die; -, -en [mhd. nicht belegt, ahd. dechenie, zu: ↑Dechant]: *Wohnung eines Dechanten.*

De|chạnt [auch, österr. nur: ˈ– –], der; -en, -en [mhd. dechan(t) = (kirchlicher) Vorsteher; spätahd. dechan = ausgewählter Gehilfe < mlat. decanus, ↑Dekan]: *höherer katholischer Geistlicher; Vorsteher eines Kirchenbezirks innerhalb der Diözese, eines Domkapitels u. a.*

De|chan|tei, die; -, -en (österr.): *Amtsbereich eines Dechanten.*

de|chif|frie|ren [deʃɪ...] ⟨sw. V.; hat⟩ [frz. déchiffrer, zu: chiffre, ↑Chiffre]: *entschlüsseln:* eine Nachricht, eine Geheimschrift d.

De|chif|frie|rung, die; -, -en: *Entschlüsselung:* die D. militärischer Geheimschriften; Ü die D. einer Metapher.

Dẹch|sel, [1]Deichsel, die; -, -n [mhd. dehsel, ahd. dehsala] (Holzverarb.): *beilähnliches Werkzeug zum Aushauen von Vertiefungen o. Ä. mit quer zum Holm stehendem, meist leicht gekrümmtem Blatt.*

Dẹck, das; -[e]s, -s [1: aus dem Niederd., zu: decken = be-, ver-, zudecken]: **1.** *waagerechte Fläche, die den Rumpf von Wasserfahrzeugen nach oben hin abschließt:* das D. reinigen, scheuern; alle Mann an D.! (seemännisches Kommando); auf D. sein, unter D. gehen; *** nicht, wieder auf Deck sein** (ugs.; *nicht recht, wieder gesund sein;* urspr. Seemannsspr.). **2.** *waagerechte Unterteilung des Schiffsrumpfes, auch zwischen zwei solchen liegender Raum, Stockwerk eines Schiffes:* der Salon befindet sich im mittleren D. **3.** *Stockwerk in einem hohen Bus:* im oberen D. sitzen. **4.** kurz für ↑Parkdeck.

Dẹck|adres|se, die: *anstelle der eigentlichen Adresse (wenn diese nicht bekannt werden soll) angegebene Adresse.*

Dẹck|an|schrift, die: *Deckadresse.*

Dẹck|auf|bau|ten, (Seemannsspr.:) Decksaufbauten ⟨Pl.⟩: *Aufbauten eines Schiffs.*

Dẹck|bett, das: *Bettdecke.*

Dẹck|blatt, das: **1.** (Bot.) *Blatt, aus dessen Achsel ein Seitenspross entspringt.* **2.** *äußerstes Blatt der Zigarre.* **3. a)** *Blatt, Zettel mit Ergänzungen od. Berichtigungen, das in Bücher, Broschüren o. Ä. eingeklebt wird;* **b)** *Titelblatt eines Buches, Heftes;* **c)** *durchsichtiges Blatt [mit Eintragungen] zum Auflegen auf Landkarten od. vor Kunstdrucken.* **4.** *oberste Karte bei einem Stoß Spielkarten.*

Dẹck|blech, das: *Blech zum Bedecken od. Abdecken von etwas.*

Dẹck|chen, das; -s, -: Vkl. zu ↑Decke.

Dẹ|cke, die; -, -n [mhd. decke, ahd. decchī, zu ↑decken]: **1.** *rundes od. eckiges Stoffstück aus Leinen, Halbleinen, Baumwolle o. Ä. zum Bedecken bes. eines Tisches; Tischdecke, Tischtuch:* eine gemusterte, gehäkelte, bestickte D.; die D. hat viele Flecken; eine neue D. auflegen; er schüttete den Kaffee über die D. **2.** *aus wärmendem textilem Material hergestellter Gegenstand zum Zudecken:* eine weiche, wollene, warme D.; die D. ausbreiten, zurückschlagen, zusammenlegen; ich zog mir die D. bis über den Kopf; sich in eine D. wickeln; unter die D. kriechen, schlüpfen; Ü der Winter hat eine weiße D. über das Land gebreitet *(das Land ist mit Schnee bedeckt);* *** sich nach der D. strecken** (ugs.; *sich seinen bescheidenen Verhältnissen anpassen;* eigtl. = sich so ausstrecken, wie die Länge der Bettdecke es erlaubt); **[mit jmdm.] unter einer D. stecken** (ugs.; *mit jmdm. gemeinsame Sache machen, die gleichen [schlechten] Ziele verfolgen;* zu beziehen auf das Zusammenschlafen miteinander Bekannter od. Vertrauter allgemein od. auf den ma. Rechtsbrauch des feierlichen Zudeckens der Jungvermählten). **3.** *oberer Abschluss eines Raumes od. Stockwerks:* eine niedrige, hohe, getäfelte D.; die D. weißen; eine neue D. einziehen; *** jmdm. fällt die D. auf den Kopf** (ugs.: 1. *jmd. fühlt sich in einem Raum beengt u. niedergedrückt.* 2. *jmd. langweilt sich zu Hause u. wünscht sich Zerstreuung, Geselligkeit*); **an die D. gehen** (ugs.; *aufbrausen, sehr zornig, wütend werden*); **vor Freude [fast] an die D. springen** *(sich sehr freuen).* **4.** *Fahrbahnbelag:* die D. ist aufgebrochen, hat viele Schlaglöcher; die D. erneuern. **5.** *Mantel* (3): der Reifen besteht aus D. und Schlauch. **6.** (Jägerspr.) **a)** *Haut aller Hirscharten:* er zieht dem Hirsch die Decke ab; **b)** *Fell von Bär, Wolf, Luchs u. Wildkatze;* **c)** *die beiden mittleren Schwanzfedern des Flugwildes.* **7.** *Bucheinband:* die D. des Bandes ist abgegriffen. **8.** (Musik) *(bei Saiteninstrumenten) Oberteil des Korpus.*

Dẹ|ckel, der; -s, - [im 15. Jh. mit dem l-Suffix der Gerätenamen geb. zu ↑decken]: **1.** *aufklappbarer od. abnehmbarer Verschluss eines Gefäßes, Behälters, einer Kiste, eines Koffers, Möbelstücks u. Ä.:* der D. passt nicht, schließt nicht; den D. öffnen, schließen, ab-, hochheben, zurückklappen. **2.** *vorderer od. hinterer Teil des steifen Umschlags, in den ein Buch eingebunden ist:* ein D. aus Leder, Kunststoff; der D. ist vergilbt. **3.** (salopp) *Kopfbedeckung:* nimm deinen D. ab!; *** jmdm. eins auf den D. geben** (ugs.; *jmdn. zurechtweisen*); **eins auf den D. bekommen/kriegen** (ugs.; 1. *gerügt, zurechtgewiesen werden.* 2. *eine Niederlage erleiden*).

Dẹ|ckel|glas, das: *Trinkglas mit aufklappbarem Deckel* (1).

dẹ|ckeln ⟨sw. V.; hat⟩ [2: eigtl. = eins auf den Deckel (3) geben]: **1.** *mit einem Deckel* (1) *verschließen:* Konservendosen maschinell deckeln; die Bienen deckeln die Waben *(verschließen sie mit einer Wachsschicht).* **2.** (ugs.) *jmdn. wegen seiner Aktivitäten o. Ä. kritisieren, rügen, zurechtweisen, in seinen Unternehmungen dämpfen:* er muss mal etw. gedeckelt werden. **3.** (ugs.) *(Ausgaben, finanzielle Aufwendungen o. Ä.) nach oben begrenzen, nicht weiter wachsen lassen:* die Ausgaben für das Gesundheitswesen müssen gedeckelt werden.

Dẹ|ckel|prä|gung, die: *auf einen Deckel* (1) *Aufgeprägtes:* haltbar bis: Siehe D. (Hinweis auf Konservendosen).

Dẹ|ckel|uhr, die: *Taschenuhr mit aufspringendem Deckel* (1).

Dẹ|cke|lung, die; -, -en (ugs.): *das Deckeln* (3): die D. der Ausgaben.

dẹ|cken ⟨sw. V.; hat⟩ [mhd. decken, ahd. decken, decchen]: **1. a)** *auf etw. legen, über etw. breiten:* ein Tuch über eine Leiche d.; sie deckte die Hand über die Augen; **b)** *[zum Schutz] mit etw. Bedeckendem versehen:* das Dach [mit Ziegeln, mit Stroh] d.; ein Haus d. *(mit einem Dach versehen);* ein gedeckter *(überdachter)* Waggon; (Kochk.:) gedeckter *(mit einer Teigschicht überzogener)* Apfelkuchen; **c)** *(einen Tisch) zum Essen herrichten, mit einem Tischtuch, Geschirr, Bestecken u. a. versehen:* er deckte den Frühstückstisch; es ist für fünf Personen gedeckt; ein liebevoll gedeckter Tisch; **d)** (geh.) *[als Schutz] über etw. gebreitet sein, auf etw. liegen, bedecken:* Schnee deckte die Erde; ihn deckt schon lange der grüne Rasen (verhüll.; *er ist schon lange tot*). **2.** *(von einer Farbschicht o. Ä.) nichts mehr durchscheinen lassen:* die Farbe deckt gut. **3. a)** *gegen etw. schützen, abschirmen, einen Schutz für etw. darstellen:* Artillerie deckte den Rückzug; die Mutter hat das Kind mit ihrem Körper gedeckt; die Büsche decken gegen Sicht von außen; (Schach:) der Turm wird, ist vom Läufer gedeckt; (Boxen:) er deckte das Kinn mit der Rechten; der Boxer deckte sich nicht, deckt schlecht; **b)** *bewirken, dass jmds. unkorrektes Verhalten, strafbares Tun als solches nicht bekannt wird u. ihn somit einer Strafe o. Ä. entziehen; verbergen, zur Verheimlichung von etw. beitragen:* einen Komplizen, eine Tat d. **4.** *befriedigen, die notwendigen Mittel für etw. bereitstellen:* den Bedarf, die Nachfrage d.; die Bedürfnisse der Bevölkerung nicht voll d. können; die Versorgung ist für eine Woche gedeckt *(gesichert);* **R** mein Bedarf ist gedeckt (ugs.; *ich habe genug davon*). **5.** (Kaufmannsspr.) *finanziell absichern, finanziell für etw. aufkommen:* einen Wechsel, ein Defizit d.; der Scheck ist nicht gedeckt *(das Guthaben reicht für die Einlösung des Schecks nicht aus);* das Darlehen wird durch eine Hypothek gedeckt; der Schaden ist durch die Versicherung voll gedeckt. **6.** ⟨d. + sich⟩ **a)** (Geom.) *genau übereinstimmen, kongruent sein:* die Dreiecke decken sich; **b)** *(gedanklich u. inhaltlich) zusammenfallen, gleich sein:* meine Ansicht deckt sich nicht mit Ihrer/der Ihrigen; die Aussagen der Frau deckten sich nicht mit denen des Taxifahrers. **7.** *vollständig umschreiben, umfassen; eine genaue Beschreibung, Entsprechung für eine Sache darstellen:* der Begriff Kulturindustrie deckt die Sache nicht. **8.** (Sport) *den gegnerischen Spieler, den Raum, in den der gegnerische Spieler eindringen will, so abschirmen, dass der Gegner nicht den Ball annehmen kann, nicht zur Spielentfaltung kommt:* einen Spieler [eng, hautnah] d.; die Tore fielen, weil die Verteidigung ungenau deckte. **9.** *(von bestimmten Haustieren) begatten:* der Hengst hat die Stute gedeckt. **10.** (Jägerspr.) *(ein Wild) packen:* der Hund deckte das Wildschwein. **11.** (Jägerspr.) *(von der Flinte) so schießen, dass die Flugbahnen der einzelnen Schrotkörner nicht allzu weit auseinander laufen.*

Dẹ|cken|be|leuch|tung, die: *Beleuchtung durch eine Deckenlampe.*

Dẹ|cken|flu|ter, der; -s, -: *zur Decke* (3) *strahlende Standleuchte, Beleuchtungsquelle.*

Dẹ|cken|ge|mäl|de, das: *auf die Decke* (3) *eines Raumes gemaltes Gemälde.*

Dẹ|cken|kon|struk|ti|on, die: *Konstruktion einer Decke* (3).

Dẹ|cken|lam|pe, die: *an der Decke* (3) *befestigte Lampe.*

Dẹ|cken|licht, das ⟨Pl.: -er⟩: vgl. Deckenlampe.

Dẹ|cken|ma|le|rei, die: **1.** ⟨o. Pl.⟩ *das Malen von Deckengemälden.* **2.** *Deckengemälde.*

Dẹ|cken|pa|neel, das: *Holztäfelung einer Decke* (3).

Dẹ|cken|strah|ler, der: *an der Decke* (3) *angebrachter scheinwerferartiger Beleuchtungskörper.*

Dẹ|cken|trä|ger, der: *in eine Decke* (3) *eingezogener Eisenträger.*

Dẹ|cken|ver|klei|dung, die: **1.** vgl. Deckenpaneel **2.** *zum Verkleiden einer Decke* (3) *verwendetes Material.*

Dẹck|far|be, die: *gut deckende [Wasser]farbe.*

Dẹck|fe|der, die ⟨meist Pl.⟩: *das Gefieder eines Vogels nach außen hin abschließende feste [kurze] Feder.*
Dẹck|flü|gel, der: *Flügeldecke.*
Dẹck|flüg|ler, der: -s, - (Zool.): *Käfer* (1).
Dẹck|glas, das: *dünnes Glasplättchen zum Abdecken mikroskopischer Präparate.*
Dẹck|haar, das ⟨o. Pl.⟩: **a)** *(bei Säugetieren) äußere Haare des Fells;* **b)** *(beim Menschen) äußere Kopfhaare.*
dẹck|kräf|tig ⟨Adj.⟩: *Deckkraft besitzend:* -e Farben.
Dẹck|man|tel, der ⟨o. Pl.⟩: *Vorwand, unter dem jmd. etw. tut, um seine wahren Motive u. Absichten zu verschleiern:* da werden unter dem D. der Demokratie Minderheiten unterdrückt.
Dẹck|na|me, der; -ns, -n: **a)** *Name, den jmd. anstelle seines wirklichen Namens führt, um seine Identität zu verbergen;* **b)** *als Name für etw. Bestimmtes dienendes Deckwort:* der Überfall auf die Sowjetunion hatte den -n »Barbarossa«.
Dẹck|plat|te, die: *zur Abdeckung von etw. dienende Platte.*
Dẹcks|auf|bau|ten usw.: ↑Deckaufbauten usw.
Dẹck|schicht, die (Fot., Malerei): *oberste Schicht, Schutzschicht.*
De̱|ckung, die; -, -en ⟨Pl. selten⟩: **1.** *deckende Schicht:* eine D. aus Stroh, Dachpappe. **2.** (bes. Milit.) **a)** *das Schützen, Sichern, Abschirmen:* die D. übernehmen; die D. des Rückzuges gelang nicht; jmdm. D. *(Feuerschutz)* geben; (Schach:) die D. der Dame nicht vernachlässigen; (Boxen:) die Linke für die/zur D. benutzen; der Europameister vernachlässigte die D.; **b)** *Schutz (gegen Sicht od. Beschuss):* das Gelände bot keine D.; in Gräben D. nehmen, suchen; volle D.! *(militärisches Kommando);* in D. gehen, bleiben; (Schach:) die D. *(die deckende Figur)* abziehen; (Boxen:) die D. (die deckenden Arme, Fäuste) durchschlagen; der Herausforderer ließ die D. *(die deckenden Arme, Fäuste)* fallen; **c)** *Verheimlichung einer ungesetzlichen Handlung:* die D. einer rechtswidrigen Verhaftung. **3.** *Befriedigung, Bereitstellung der erforderlichen Mittel:* man sicherte die D. des Bedarfs durch Importe; zur D. der Nachfrage fehlt eine Monatsproduktion. **4. a)** (Kaufmannsspr.) *finanzielle Absicherung, Sicherheit, entsprechender Gegenwert:* die D. der Währung in Gold oder Devisen; der Scheck ist ohne D.; **b)** *das Aufkommen für etw., das Begleichen:* die Versicherung übernimmt die volle D. des Schadens; das Geld reicht zur D. der Schulden, des Defizits nicht aus. **5.** *das Sichdecken:* unterschiedliche Standpunkte zur D. bringen. **6.** (Sport) **a)** *das Decken* (8): in der zweiten Halbzeit übernahm der Libero die D. des gefährlichen Mittelstürmers; **b)** *deckende Spieler; Verteidigung:* eine stabile D.; die D. spielte fehlerfrei. **7. a)** *das Decken* (9); **b)** *das Gedecktwerden.*
De̱|ckungs|feh|ler, der (Sport): **a)** *Fehler bei der Deckung* (6 a); **b)** *Fehler der Deckung* (6 b).
de̱|ckungs|gleich ⟨Adj.⟩: **1.** (Geom.) *in Form u. Größe gleich; kongruent:* -e Dreiecke. **2.** *sich deckend* (6 b), *übereinstimmend:* -e Ansichten, Theorien.
De̱|ckungs|gleich|heit, die: **1.** (Geom.) *Gleichheit in Form u. Größe; Kongruenz.* **2.** *Übereinstimmung:* bei weitgehender D. der Interessen ...
De̱|ckungs|ka|pi|tal, das: *angesammelter Teil von Versicherungsbeiträgen für künftig fällig werdende Leistungen.*
De̱|ckungs|kar|te, die: *Versicherungsbestätigungskarte.*
De̱|ckungs|lü|cke, die: *eingeplante Ausgabe, für die [noch] keine Deckung* (4) *vorhanden ist.*
De̱|ckungs|mit|tel ⟨Pl.⟩: *Mittel zur Deckung* (4) *von etw.*
De̱|ckungs|spie|ler, der (Sport): *Spieler in der Deckung* (6 b).
De̱|ckungs|spie|le|rin, die; - nen: w. Form zu ↑Deckungsspieler.
Dẹck|weiß, das: *gut deckende weiße Farbe.*
Dẹck|wort, das: *nur Eingeweihten verständliches Wort, mit dem diese etw. Bestimmtes bezeichnen.*
De|co|der [dɪˈkoʊdə], der; -s, - [engl. decoder, zu: to decode, ↑decodieren] (Elektronik): *Vorrichtung zur Decodierung codierter Signale, Befehle* (1 b) *(als Teil verschiedenster Geräte):* ein digitaler D.
de|co|di̱e|ren [deko...], (nicht fachspr. auch:) **de|ko|di̱e|ren** ⟨sw. V.; hat⟩ [engl. to decode, zu: code, ↑Code]: **1.** *eine Nachricht aus einem Code kleiner Redundanz in einen Code größerer Redundanz übersetzen.* **2.** *[eine Nachricht] mithilfe eines Codes entschlüsseln.*
De|co|di̱e|rung [deko...], (nicht fachspr. auch:) **De|ko|di̱e|rung,** die; -, -en: *das Decodieren.*
Dé|col|le|té (bes. schweiz.): ↑Dekolleté.
de|cou|ra|giert [dekuraˈʒiːɐ̯t] ⟨Adj.⟩: *mutlos, verzagt.*
De|cou|vert: ↑Dekuvert.
de|cou|vrie|ren: ↑dekuvrieren.
De|di|ka|ti|o̱n, die; -, -en [lat. dedicatio, zu: dedicare, ↑dedizieren]: **1.** *Widmung, Zueignung:* das Buch enthielt eine D. des Verfassers. **2. a)** *Gabe, die jmdm. gewidmet, geschenkt worden ist;* **b)** *Schenkung, Stiftung:* der Park ist die D. eines Bürgers der Stadt.
de|di|zie|ren ⟨sw. V.; hat⟩ [lat. dedicare, eigtl. = überliefernd kundgeben]: *jmdm. zueignen, widmen, für ihn bestimmen:* der Autor dedizierte das Buch seinem Lehrer.
De|duk|ti|o̱n, die; -, -en [lat. deductio = Abführen, Fortführen, zu: deducere, ↑deduzieren]: **1.** (Philos.) *Ableitung des Besonderen u. Einzelnen vom Allgemeinen; Erkenntnis des Einzelfalles durch ein allgemeines Gesetz.* **2.** (Kybernetik) *Ableitung von Aussagen aus anderen Aussagen mithilfe logischer Schlussregeln.*
de|duk|ti̱v [auch: ˈdeː...] ⟨Adj.⟩ [spätlat. deductivus = abgeleitet] (Philos., Kybernetik): *auf Deduktion beruhend, durch Deduktion erfolgend:* eine -e Methode, Schlussfolgerung; aus den Erfahrungen vergangener Zeiten d. gezogene Folgerungen.
de|du|zi̱e|ren ⟨sw. V.; hat⟩ [lat. deducere = herab-, fortführen, den Ursprung von etw. ab-, herleiten] (bes. Philos.): *ableiten; das Besondere, Einzelne aus dem Allgemeinen herleiten:* eine Schlussfolgerung logisch d.
Deep-Free|zer, (auch:) **Deep|free|zer** [ˈdiːp-friːzə], der; -s, - [engl. deep-freezer, zu: to deep-freeze = tiefgefrieren]: *Tiefkühlvorrichtung, Tiefkühltruhe.*
De̱ern, die; -, -s [mniederd. dērne = Dirne (1)] (nordd.): *Mädchen:* Hamburger -s.
De|es|ka|la|ti|o̱n [auch: ˈdeː...], die; -, -en [aus lat. de- = von – weg u. ↑Eskalation]: *stufenweise Verringerung od. Abschwächung eingesetzter [militärischer] Mittel.*
de|es|ka|li̱e|ren [auch: ˈdeː...] ⟨sw. V.⟩: **a)** *(von eingesetzten [militärischen] Mitteln) sich stufenweise verringern od. abschwächen* ⟨ist, auch: hat⟩: eine deeskalierende Polizeistrategie; **b)** *stufenweise verringern, abschwächen* ⟨hat⟩: einen Konflikt d.
De̱ez: ↑Dez.
DE̱FA, die; - [Kurzwort für Deutsche Film-Aktiengesellschaft]: Filmgesellschaft der DDR.
de fạc|to [mlat. = in Wirklichkeit, zu lat. factum, ↑[1]Faktum]: *tatsächlich, nach Lage der Dinge, dem Verhalten nach:* das Parlament übt nicht nur de jure, sondern auch de f. politische Macht aus; eine Sache de f. anerkennen *(durch sein Verhalten die Anerkennung einer Sache zum Ausdruck bringen).*
De-fạc|to-An|er|ken|nung, die: *Anerkennung eines Sachverhaltes o. Ä. aufgrund bestehender Tatsachen u. Gegebenheiten:* die Politiker forderten eine D. dieser Verhältnisse.
De|fai|tis|mus [defɛˈtɪsmʊs] usw.: ↑Defätismus usw.
De|fä|ti̱s|mus, (schweiz.:) Defaitismus, der; - [frz. défaitisme, zu: défaite = Niederlage, zu: défaire = vernichten, zerstören] (bildungsspr. abwertend): *durch die Überzeugung, keine Aussicht auf Sieg, auf Erfolg zu haben, u. durch eine daraus resultierende starke Neigung zum Aufgeben gekennzeichnete Haltung:* unter den Soldaten breitete sich D. aus.
De|fä|ti̱st, (schweiz.:) Defaitist [defɛˈtɪst], der; -en, -en [frz. défaitiste] (bildungsspr. abwertend): *jmd., der mut- u. hoffnungslos ist u. die eigene Sache für aussichtslos hält.*
De|fä|tis|tin, die; -, -nen: w. Form zu ↑Defätist.
de|fä|ti̱s|tisch, (schweiz.:) defaitistisch ⟨Adj.⟩ (bildungsspr. abwertend): *von Defätismus erfüllt, durch ihn gekennzeichnet:* -e Äußerungen.
de|fẹkt ⟨Adj.⟩ [lat. defectus = geschwächt, mangelhaft, adj. 2. Part. von: deficere, ↑Defizit]: *schadhaft, nicht in Ordnung:* ein -er Motor, Schalter; die Wasserleitung ist d.
De|fẹkt, der; -[e]s, -e [lat. defectus]: **1.** *Schaden, Fehler:* ein leicht zu behebender D.; der Motor hatte einen D. **2. a)** (Med.) *Fehlen eines Organs od. Organteils;* **b)** (Med.) *Fehlen einer Sinnesfunktion;* **c)** (Psych.) *Fehlen od. Ausfall einer körperlichen od. psychischen Funktion:* er hat einen [schweren, bedenklichen] geistigen, seelischen, psychischen, moralischen D. **3.** ⟨Pl.⟩ **a)** (Druckw.) *ausgegangene Buchstaben, die nachgegossen werden müssen;* **b)** (Buchw.) *fehlende Blätter, Bogen od. Beilagen in [antiquarischen] Büchern.*

D

de|fen|siv [defɛnˈziːf, auch ˈdeː...] ⟨Adj.⟩ [mlat. defensivus, zu lat. defendere = abwehren]: **a)** *der Verteidigung dienend:* ein -es Bündnis; sich d. verhalten; **b)** *auf Sicherung od. Sicherheit bedacht:* -e Fahrweise *(rücksichtsvolle, Risiken vermeidende Fahrweise, bei der die eigenen Rechte der Verkehrssicherheit untergeordnet werden);* **c)** (Sport) *im Spiel die Abwehr, Verteidigung bevorzugend; aus einer verstärkten Abwehr heraus operierend:* -e Aufgaben übernehmen; d. spielen.
De|fen|si̱v|bünd|nis, das: *Verteidigungsbündnis.*
De|fen|si̱|ve, die; -, -n ⟨Pl. selten⟩ [vgl. frz. défensive]: **a)** *Abwehr, Verteidigung:* aus der D. zum Angriff übergehen; sich in die D. begeben; jmdn. in die D. drängen; **b)** (Sport) *auf Abwehr, Verteidigung eingestelltes Spiel:* die D. bevorzugen; aus der D. spielen.
De|fen|si̱v|krieg, der: *Verteidigungskrieg.*
De|fen|si̱v|spiel, das (Sport): *rein defensives Spiel.*
De|fen|si̱v|spie|ler, der (Sport): *die Abwehr, Verteidigung bevorzugender Spieler.*
De|fen|si̱v|spie|le|rin, die: w. Form zu ↑Defensivspieler.
De|fen|si̱v|tak|tik, die: *Taktik der Verteidigung.*
De|fen|si̱v|waf|fe, die (Milit.): *Verteidigungswaffe.*
De|fi|cit-Spen|ding, (auch:) **De|fi|cit|spen|ding** [ˈdefɪsɪt ˈspɛndɪŋ], das; -[s] [engl. deficit spending, aus: deficit = Defizit u. spending = Ausgaben] (Wirtsch.): *Erhöhung u. Finanzierung öffentlicher Ausgaben, ohne dass die momentan vorhandenen Finanzen zur Deckung ausreichen (als Mittel einer antizyklischen Finanzpolitik).*
De|fi|lee [defiˈleː, schweiz.: ˈdeːfile], das; -s, -s (schweiz. nur so), auch: -n [...ˈleːən; frz. défilé] (bildungsspr.): *parademäßiger Vorbeimarsch, das feierliche Vorüberziehen, bes. an einer hochgestellten Persönlichkeit.*
de|fi|li̱e|ren ⟨sw. V.; ist/hat⟩ [frz. défiler, zu: fil = Faden < lat. filum, also eigtl. = abrollen wie ein Faden]: *parademäßig od. feierlich an jmdm., bes. an einer hochgestellten Persönlichkeit, vorbeiziehen:* die Soldaten defilierten vor der Ehrenloge der Königin.
De|fi|ni|e̱n|dum, das; -s, ...da [lat. definiendum, Gerundivum von: definire, ↑definieren]: *Begriff, der bestimmt werden soll; das, was definiert wird.*
De|fi|ni|ens [deˈfiːni̯ɛns], das; -, ...tia [defiˈni̯ɛnt͜si̯a; lat. definiens, 1. Part. von: definire, ↑definieren]: *Begriff, der einen anderen Begriff bestimmt, der über diesen anderen Begriff etw. aussagt.*
de|fi|ni̱e|ren ⟨sw. V.; hat⟩ [lat. definire, eigtl. = ab-,

begrenzen]: a) *den Inhalt [eines Begriffes] auseinander legen, erklären:* ein Wort exakt, ungenau d.; den Begriffsinhalt d.; »Schimmel« wird im Allgemeinen als »weißes Pferd« definiert; b) *bestimmen, festlegen; angeben od. beschreiben, worum es sich handelt:* das Drehmoment präzise d.; die Farbe des Kleides ist schwer zu d.; ein zeitlich definierter Impuls; c) ⟨d. + sich⟩ *seine Stellung bestimmen; sein Selbstverständnis haben:* die Ehefrau definierte sich im 19. Jahrhundert häufig durch den Status des Mannes.

D

de|fi|nit ⟨Adj.⟩ [lat. definitus]: *bestimmt, festgelegt:* -e Größen (Math.; *Größen, die immer das gleiche Vorzeichen haben*).

De|fi|ni|ti|on, die; -, -en [lat. definitio = Abgrenzung, Bestimmung]: 1. a) *genaue Bestimmung eines Begriffes durch Auseinanderlegung, Erklärung seines Inhalts:* diese D. des Staatsbegriffs ist unbefriedigend; eine genaue, klare, exakte, falsche D. von etw. geben; sich auf eine D. einigen; b) *Selbsteinschätzung, Selbstverständnis.* 2. (kath. Kirche) *als unfehlbar geltende Entscheidung des Papstes od. eines Konzils über ein Dogma.*

De|fi|ni|ti|ons|men|ge, die (Math.): *Menge der Elemente x, die der Menge der Elemente y in einer Abbildung* (3) *zugeordnet ist.*

de|fi|ni|tiv [auch: 'de:...] ⟨Adj.⟩ [lat. definitivus = entscheidend, bestimmt] (bildungsspr.): *endgültig, abschließend, ein für alle Mal:* eine -e Entscheidung, Erklärung; meine Antwort ist d.

de|fi|ni|to|risch ⟨Adj.⟩: *die Definition betreffend, im Hinblick auf eine Definition* (1 a).

de|fi|zi|ent ⟨Adj.⟩ [lat. deficiens (Gen.: deficientis), 1. Part. von deficere, ↑Defizit]: *unvollständig, unzulänglich.*

De|fi|zit, das; -s, -e [frz. déficit < lat. deficit = es fehlt, zu: deficere = abnehmen; fehlen, zu: de- = von – weg u. facere = machen]: 1. *Fehlbetrag:* ein D. in der Kasse, in der Außenhandelsbilanz haben; das D. decken. 2. *Mangel:* ein D. an Nährstoffen; ein D. an Liebe *(ein zu geringes Maß an Zuwendung).*

de|fi|zi|tär ⟨Adj.⟩ [frz. déficitaire]: a) *mit einem Defizit belastet:* ein -er Haushalt; der Betrieb ist d.; b) *zu einem Defizit führend:* -e Finanzpolitik.

De|fla|ti|on, die; -, -en [Ggb. zu ↑Inflation]: 1. (Wirtsch.) *Abnahme des Preisniveaus.* 2. (Geol.) *Abtragung von lockerem Gestein durch den Wind.*

de|fla|ti|o|när ⟨Adj.⟩ (Wirtsch.): *die Deflation* (1) *betreffend, auf eine Deflation hinwirkend:* -e Maßnahmen der Regierung.

de|fla|ti|o|nis|tisch ⟨Adj.⟩ (Wirtsch.): *(durch wirtschaftspolitische Maßnahmen) eine Deflation* (1) *auslösend, auf Deflation beruhend.*

De|flo|ra|ti|on, die; -, -en [spätlat. defloratio, eigtl. = das Ab-, Entblüten] (Med.): *Zerstörung des Jungfernhäutchens einer Frau [beim ersten Geschlechtsverkehr]; Entjungferung.*

de|flo|rie|ren ⟨sw. V.; hat⟩ [spätlat. deflorare = des Ansehens berauben, eigtl. = der Blüten berauben, abblüten]: *(bei jmdm.) eine Defloration herbeiführen, (jmdn.) entjungfern.*

De|flo|rie|rung, die; -, -en: *Defloration.*

de|form ⟨Adj.⟩ [lat. deformis]: *entstellt, verunstaltet.*

De|for|ma|ti|on, die; -, -en [lat. deformatio]: 1. *Gestalt- od. Volumenveränderung eines Körpers durch auf ihn einwirkende Kräfte; Verformung:* -en am Auto. 2. (Med.) *nach der Geburt eintretende krankhafte Veränderung:* -en an der Wirbelsäule; berufliche D.

de|for|mie|ren ⟨sw. V.; hat⟩ [lat. deformare, aus: de- = von – weg u. formare, ↑formieren]: 1. a) *in der Form verändern, verformen:* durch den Aufprall wurde die Karosserie total deformiert; b) ⟨d. + sich⟩ *in eine andere als die eigentliche Form geraten, verformt werden.* 2. *entstellen, verunstalten:* ein deformiertes Gesicht.

De|for|mie|rung, die: *das Deformieren, Deformiertsein.*

De|fros|ter, der; -s, - [engl. defroster = Entfroster, zu: to defrost = entfrosten]: a) *Anlage zur Beheizung der Scheiben in Kraftfahrzeugen, die ein Beschlagen od. Vereisen der Scheiben verhindern od. den Beschlag beseitigen soll;* b) *[Sprüh]mittel zum Enteisen von Kraftfahrzeugscheiben;* c) *Abtauvorrichtung in Kühlschränken.*

def|tig ⟨Adj.⟩ [aus dem Niederd. < fries., niederl. deftig = stattlich, vornehm]: 1. *(ohne verfeinert zu sein) kräftig u. nahrhaft:* eine -e Mahlzeit; -e Hausmannskost. 2. *derb:* -e Späße; -e Kraftausdrücke; seine Witze waren meist sehr d. 3. *unangenehm, hoch, stark; gewaltig, beträchtlich:* -e Preise, Gebühren, Rechnungen, Zinsen, Verluste; eine -e Niederlage, Abfuhr erleiden.

Def|tig|keit, die; -, -en: 1. ⟨o. Pl.⟩ *das Deftigsein.* 2. *etw., was deftig* (2) *ist; deftige Äußerung o. Ä.*

¹De|gen, der; -s, - [mhd. degen = Krieger, Held, Knabe < ahd. thegan = Gefolgsmann, Knabe, urspr. = männliches Kind] (altertümlich): *[junger] heldenhafter Krieger.*

²De|gen, der; -s, - [ostfrz. degue (= frz. dague) < aprovenz. od. ital. daga = Dolch, H. u.]: a) *frühere Hieb- u. Stichwaffe mit Griff u. schmaler, gerader u. spitzer Klinge:* den D. ziehen; die D. kreuzen; jmdm. den D. in die Brust stoßen; er durchbohrte ihn mit seinem D.; b) (Fechten) *Stoßwaffe mit dreikantiger Klinge;* c) ⟨o. Pl.⟩ kurz für ↑Degenfechten: die Sieger im D.

De|ge|ne|ra|ti|on, die; -, -en [zu ↑degenerieren]: 1. (Biol., Med.) *Rückbildung, Verfall von Zellen, Geweben od. Organen:* die D. von Geweben, des Herzmuskels. 2. *vom ursprünglichen Zustand abweichende negative Entwicklung; körperlicher od. geistiger Verfall, Abstieg, z. B. durch Zivilisationsschäden:* die D. der Aristokratie.

De|ge|ne|ra|ti|ons|er|schei|nung, die: *auf Degeneration beruhender, auf eine Degeneration hindeutende Erscheinung.*

de|ge|ne|ra|tiv ⟨Adj.⟩ [viell. unter Einfluss von engl. degenerative zu lat. degeneratus, 2. Part. von: degenerare, ↑degenerieren]: *auf Degeneration beruhend, mit Degeneration zusammenhängend:* -e Schäden.

de|ge|ne|rie|ren ⟨sw. V.; ist⟩ [lat. degenerare = aus-, entarten]: 1. (Biol., Med.) *sich zurückbilden, verfallen, verkümmern:* die Zellen degenerieren. 2. *sich negativ entwickeln; körperlich od. geistig verfallen:* ein degenerierter Adliger.

De|gen|fech|ten, das; -s: *Fechten mit dem ²Degen (als sportliche Disziplin).*

De|gen|fech|ter, der: *Sportler, der Degenfechten betreibt.*

De|gen|fech|te|rin, die: w. Form zu ↑Degenfechter.

De|gen|glo|cke, die: *Glocke* (6) *eines ²Degens.*

De|gen|griff, der: *Griff eines ²Degens.*

De|gen|gurt, der: *Gurt, an dem ein ²Degen getragen wird.*

De|gen|klin|ge, die: *Klinge eines ²Degens.*

De|gen|korb, der: *korbartiger Handschutz am ²Degen.*

De|gen|schei|de, die: *Scheide* (1) *eines ²Degens.*

De|gen|spit|ze, die: *Spitze eines ²Degens.*

De|gen|stoß, der: *mit einem ²Degen ausgeführter Stoß.*

de|gla|cie|ren ⟨sw. V.; hat⟩ [frz. déglacer, eigtl. = das Eis (von etw.) entfernen, zu: glace, ↑Glace] (Kochk.): *ablöschen* (3 b).

De|gout [de'gu:], der; -s [frz. dégoût, zu: dégoûter, ↑degoutieren] (geh.): *Ekel, Widerwille, Abneigung:* einen D. vor etw. haben.

de|gou|tant [degu'tant] ⟨Adj.⟩ [frz. dégoûtant] (geh.): *Ekel erregend, widerlich, abstoßend:* ein -er Witz; wie er sich aufführte, war d.

de|gou|tie|ren ⟨sw. V.; hat⟩ [frz. dégoûter = die Esslust verlieren, anekeln, zu: goût = Geschmack(ssinn) < lat. gustus] (geh.): 1. *anekeln, anwidern:* die Art und Weise, wie er seine Untergebenen behandelt, degoutiert mich in höchstem Maße. 2. *abstoßend finden:* ich degoutiere so etwas.

De|gra|da|ti|on, die; -, -en [kirchenlat. degradatio = Herabsetzung]: 1. *Degradierung.* 2. *Bestrafung eines katholischen Geistlichen durch Ausstoßung aus dem geistlichen Stand.* 3. (Landw.) *meist mit einer Verminderung der Fruchtbarkeit verbundene Abwandlung der Merkmale eines Bodens durch Auswaschung, Kahlschlag, durch Änderung des Klimas u. a.*

de|gra|die|ren ⟨sw. V.; hat⟩ [kirchenlat. degradare = herabsetzen, zu lat. gradus, ↑Grad]: 1. a) *im Dienstgrad, Dienstrang herabsetzen:* einen Unteroffizier zum Gefreiten d.; er wurde wegen Feigheit vor dem Feind degradiert; b) *herabwürdigen; erniedrigen:* jmdn. zur Nebenfigur d.; Ü das Handtuch werde ich zum Putzlappen d. 2. *einen katholischen Geistlichen durch Degradation* (2) *bestrafen.* 3. (Landw.) *einen Boden verschlechtern, durch Degradation* (3) *verändern.*

De|gra|die|rung, die; -, -en: *das Degradieren.*

De|gres|si|on, die; -, -en [frz. dégression < lat. degressio = das Hinabsteigen]: 1. (Wirtsch.) *relative Kostenabnahme bei steigender Produktionsmenge.* 2. (Steuerw.) *Abnahme des Steuersatzes bei abnehmendem zu versteuerndem Einkommen.*

de|gres|siv ⟨Adj.⟩ [frz. dégressif] (bes. Bankw.; Wirtsch.): *abnehmend, sich stufenweise od. kontinuierlich vermindernd:* -e Schulden; die -e Abschreibung von Neubauten.

De|gus|ta|ti|on, die; -, -en [lat. degustatio = das Kosten] (bes. schweiz.): 1. *das Prüfen, Probieren, Kosten von Lebensmitteln in Bezug auf Geruch u. Geschmack:* eine D. der Spezialitäten des Hauses. 2. *Ort, Raum für Degustationen* (1).

de gus|ti|bus non est dis|pu|tan|dum [lat.]: *über Geschmack lässt sich nicht streiten.*

de|gus|tie|ren ⟨sw. V.; hat⟩ [lat. degustare = kosten, versuchen] (bes. schweiz.): *Lebensmittel in Bezug auf Geruch u. Geschmack prüfen, kosten, probieren:* Weine d.

dehn|bar ⟨Adj.⟩: 1. *sich dehnen lassend:* ein -er Stoff, Gummiring. 2. *nicht klar umrissen, nicht genau bestimmt, mehrere Auslegungen zulassend:* das ist ein -er Begriff.

Dehn|bar|keit, die; -: *Eigenschaft, dehnbar zu sein.*

deh|nen ⟨sw. V.; hat⟩ [mhd., ahd. den(n)en]: 1. a) *in die Länge, Breite ziehen, strecken; durch Auseinanderziehen, Spannen länger, breiter machen:* das Gummi[band] d.; b) *ausstrecken, recken:* seine Arme u. Beine d. 2. a) *Laute od. Wörter lang gezogen aussprechen:* etw. gedehnt sagen, aussprechen; b) *Töne aushalten, klingen lassen.* 3. ⟨d. + sich⟩ a) *unter Zug länger, breiter werden:* der Stoff dehnt sich; b) *sich in die Länge ziehen; dauern:* das Gespräch dehnte sich; c) *sich ausstrecken, recken:* sich in der Sonne d. und strecken; d) *sich erstrecken, ausbreiten, hinziehen:* eine weite Ebene dehnte sich vor unseren Blicken.

dehn|fä|hig ⟨Adj.⟩: *dehnbar.*

Dehn|fä|hig|keit, die; -: *Dehnbarkeit.*

Deh|nung, die; -, -en: 1. *das Dehnen* (1, 2): eine D. erleiden. 2. *das Gedehnte.*

Deh|nungs-h, das; -, - (Phon.): *als Dehnungszeichen fungierendes h.*

Deh|nungs|zei|chen, das (Phon.): *Schriftzeichen zur Kennzeichnung der Lautdehnung.*

De|hors [de'o:ɐ̯(s)] ⟨Pl.⟩ [frz. dehors = Äußeres, zu: dehors (provenz. defors) = draußen, hinaus < spätlat. deforis = von außen] (veraltend): *äußerer Schein, gesellschaftlicher Anstand:* die D. wahren.

de|hu|ma|ni|sie|ren ⟨sw. V.; hat⟩ (bildungsspr.): *entmenschlichen* (a).

de|hy|dra|ti|sie|ren ⟨sw. V.; hat⟩ [aus lat. de- = von – weg u. ↑hydratisieren] (Fachspr.): *(bes. Lebensmitteln) Wasser entziehen.*

de|hy|drie|ren ⟨sw. V.; hat⟩ [aus lat. de- = von – weg u. ↑hydrieren] (Chemie): *(einer chemischen Verbindung) Wasserstoff entziehen.*

Dei|bel: ↑Deiwel.

Deich, der; -[e]s, -e [aus dem Niederd. < mniederd. dīk = Deich, (künstlich ausgehobener) Teich, urspr. = Ausgestochenes]: *aufgeschütte-*

ter Erddamm längs eines Flusses od. einer Meeresküste zum Schutz tiefer liegenden Geländes gegen Überschwemmung: die -e brechen; einen D. bauen, verstärken, ausbessern; auf dem D. spazieren gehen; * **mit etwas über den D. gehen** (landsch.; *sich etwas aneignen u. damit verschwinden*): jetzt ist der Kerl doch mit meinem Taschenrechner über den D. gegangen.

Deich|bau, der ⟨o. Pl.⟩: *Bau (1) von Deichen, eines Deichs.*

Deich|bö|schung, die: *abgeschrägte Seitenfläche des Deichs.*

Deich|bruch, der: *Bruch eines Deichs.*

Deich|fuß, der: *Grundfläche eines Deichs.*

Deich|graf, (auch:) **Deich|gräf**, der: *Deichvorsteher.*

Deich|haupt|mann, der: *Deichvorsteher.*

Deich|kro|ne, die: *oberster Teil eines Deichs.*

Deich|sel: ↑Dechsel.

Deich|sel, die; -, -n [mhd. dīhsel, ahd. dīhsala, urspr. = Zugstange, verw. mit ↑dehnen]: **1.** *aus einer od. zwei Stangen bestehender Teil des Wagens, an den die Zugtiere gespannt werden u. der dem Ziehen u. Lenken des Wagens dient:* die D. ist gebrochen; die Pferde an die D. spannen; einen Handwagen an der D. führen. **2.** (derb) *erigierter Penis.*

Deich|sel|bruch, der: *Bruch der* [2]*Deichsel eines Wagens.*

Deich|sel|kreuz, das: **1.** *Griff an der* [2]*Deichsel eines Handwagens.* **2.** *[christliches] Kreuz von der Form eines Ypsilon.*

deich|seln ⟨sw. V.; hat⟩ [eigtl. = einen Wagen an der Deichsel rückwärts lenken, zu ↑[2]Deichsel] (ugs.): *durch geschicktes Lenken, Arrangieren eine gewünschte Situation, Konstellation zustande kommen lassen:* er wird die Sache schon d.; das hat sie gut gedeichselt; ich werde es so d., dass der Alte nicht im Haus ist.

Deich|ver|band, der: *von den Eigentümern der im Schutz der Deiche eines bestimmten Gebiets gelegenen Grundstücke gebildete Körperschaft des öffentlichen Rechts, der die Erhaltung der Deiche obliegt.*

Deich|vor|land, das: *vor einem Deich zwischen Küste u. Ufer liegendes begrüntes Land.*

Deich|vor|ste|her, der: *Vorsteher eines Deichverbands.*

Dei Gra|tia [lat., zu: deus = Gott u. gratia = Dank]: *von Gottes Gnaden* (Zusatz zum Titel von Bischöfen, früher auch von Fürsten); Abk.: D. G.

[1]**dein** ⟨Possessivpron.⟩ [mhd., ahd. dīn]: bezeichnet die Zugehörigkeit od. Herkunft eines Wesens od. Dinges, einer Handlung od. Eigenschaft zu einer bzw. von einer mit »du« angeredeten Person: **1. a)** ⟨vor einem Subst.⟩ d. Bruder, -e Tasche, -e Meinung, d. Verhalten; wir haben -en Brief bekommen; infolge -es Einsatzes, -er Mühe; -em Versagen ist es anzulasten; du verlässt -en Standort; viele Grüße von deiner Karin (Schlussformel in Briefen); d. Zug *(der Zug, mit dem du fahren willst)* fährt in zehn Minuten; d. Geschenk (1. *das Geschenk, das du bekommen hast.* 2. *das Geschenk von dir*); als Ausdruck einer Gewohnheit, gewohnheitsmäßigen Zugehörigkeit, Regel o. Ä. bei einer mit »du« angeredeten Person: machst du noch jährlich -e Kur?; du hast wohl -en Zug *(den Zug, mit dem du immer fährst)* verpasst?; nimm jetzt -e *(die für dich vorgesehene)* Medizin!; **b)** ⟨o. Subst.⟩ ich bin d. (geh.; *gehöre dir*); er ist nicht mein Freund, sondern -er; es war nicht mein Wunsch, sondern der -e; sind das ihre Handschuhe oder -e?; nicht ihr Benehmen ist unpassend, sondern -s, (geh.:) -es. **2.** ⟨subst.⟩ (geh.) ewig der Deine/(auch:) der deine (Schlussformel in Briefen); der Deine/(auch:) der deine *(dein Mann);* die Deine/(auch:) die deine *(deine Frau);* die Deinen/(auch:) die deinen *(deine Angehörigen);* das Deine/(auch:) das deine *(das dir Gehörende);* du musst das Deine/(auch:) das deine tun *(deine Aufgabe, das dir Zukommende).*

[2]**dein** [mhd., ahd. dīn] (geh. veraltet): ↑deiner: ich gedenke d.

dei|ner ⟨Gen. des Personalpronomens »du«⟩ [mhd. dīn(er), ahd. dīn]: ↑du; vgl. [2]dein.

dei|ner|seits ⟨Adv.⟩ [↑-seits]: *von dir aus, von deiner Seite aus:* bestehen d. noch Fragen?; du musst d. daran denken.

dei|nes|glei|chen ⟨indekl. Pron.⟩: *jmd. wie du; jmd., der dir gleich ist:* du und d.

dei|nes|teils ⟨Adv.⟩: vgl. deinerseits.

dei|net|hal|ben ⟨Adv.⟩ [↑-halben] (veraltend): *deinetwegen.*

dei|net|we|gen ⟨Adv.⟩: *aus Gründen, die dich betreffen:* ich bin d. gekommen.

dei|net|wil|len ⟨Adv.⟩: nur in der Fügung **um d.** *(mit Rücksicht auf dich):* ich habe um d. so gehandelt.

dei|ni|ge, der, die, das; -n, -n ⟨Possessivpron.; immer mit Art.⟩ (geh. veraltend): *der, die, das Deine:* er hat nur an seinen Vorteil gedacht, nicht an den -n; ⟨subst.:⟩ die Deinigen/(auch:) die deinigen *(deine Angehörigen);* du musst das Deinige/(auch:) das deinige tun *(deine Aufgabe, das dir Zukommende).*

Dei|wel, Dei|xel, Deibel, der; -s [mundartl. Entstellung aus ↑Teufel] (landsch. ugs.): *Teufel.*

Dé|jà-vu [deʒaˈvy:], das; -[s], -s, **Dé|jà-vu-Er|leb|nis**, das; -ses, -se [aus frz. déjà = schon u. vu, 2. Part. von: voir = sehen] (Psych.): *Erinnerungstäuschung, bei der der Eindruck entsteht, gegenwärtig Erlebtes in gleicher Weise schon einmal erlebt zu haben:* ein D. haben.

De|jeu|ner [deʒøˈne:], das; -s, -s [frz. déjeuner, zu: déjeuner, ↑dejeunieren]: **1. a)** (veraltet) *Frühstück* (a); **b)** (geh.) *kleines Mittagessen.* **2.** *Kaffee- od. Teeservice, Frühstücksgedeck für zwei Personen.*

de|jeu|nie|ren ⟨sw. V.; hat⟩ [frz. déjeuner, über das Vlat. (urspr. = zu fasten aufhören) zu lat. ieiunare = fasten] (veraltet): *frühstücken.*

de ju|re [mlat., zu lat. ius, ↑[1]Jus]: *von Rechts wegen, rechtlich betrachtet, formalrechtlich; der formellen Rechtslage zufolge, jedoch ohne Rücksicht auf tatsächliche Umstände:* einen Staat de j. anerkennen; der Vertrag ist de j. gültig.

De-ju|re-An|er|ken|nung, die: *Anerkennung auf rechtlicher Grundlage.*

De|ka, das; -[s], - (österr.): Kurzf. von ↑Dekagramm.

De|ka|de, die; -, -n [frz. décade < lat. decas (Gen.: decadis) = Zehnt, Anzahl von zehn < griech. dekás, zu: déka = zehn]: **a)** *Satz od. Serie von 10 Stück;* **b)** *Zeitraum von 10 Tagen, Wochen, Monaten od. Jahren;* **c)** (Literaturw.) *Einheit von 10 Gedichten od. Büchern.*

de|ka|dent ⟨Adj.⟩ [frz. décadent] (bildungsspr.): *infolge kultureller Überfeinerung entartet; kulturell im Verfall begriffen:* eine -e Epoche; das Bürgertum weist -e Züge auf.

De|ka|denz, die; - [frz. décadence < mlat. decadentia, zu lat. de- = von – weg u. cadere = fallen, sinken] (bildungsspr.): *kultureller Niedergang mit typischen Entartungserscheinungen in den Lebensgewohnheiten u. Lebensansprüchen; Verfall, Entartung:* die D. des Bürgertums.

de|ka|disch ⟨Adj.⟩ [zu ↑Dekade]: *zehnteilig, auf die Zahl 10 bezüglich:* -er Logarithmus *(Logarithmus einer Zahl zur Basis 10, Zehnerlogarithmus);* -es System *(Zahlensystem mit der Grundzahl 10, Dezimalsystem).*

De|ka|e|der, das; -s, - [zu griech. déka = zehn u. hédra = Fläche] (Geom.): *Körper, der von zehn [regelmäßigen] Vielecken begrenzt wird.*

De|ka|gon, das [griech. dekágōnon, zu griech. gōnía = Winkel] (Geom.): *Zehneck.*

De|ka|gramm, das [aus griech. déka = zehn u. ↑Gramm]: *10 Gramm;* Zeichen: Dg, (österr.:) dag.

De|ka|li|ter, der (schweiz. nur so), auch: das: *10 Liter* (Zeichen: Dl, dkl).

De|ka|log, der; -[e]s [kirchenlat. decalogus < griech. dekálogos] (christl. Rel.): *die Zehn Gebote.*

De|ka|me|ter, der, auch: das [zu griech. déka = zehn]: *10 Meter* (Zeichen: dam, veraltet: Dm, dkm).

De|kan, der; -s, -e [mlat. decanus = Probst; Vogt < lat. decanus = Führer von zehn Mann]: **1.** (kath. Rel.) *Dechant.* **2.** (ev. Rel.; in Süddeutschland) *Superintendent.* **3.** *Vorsteher einer Fakultät od. eines Fachbereichs an der Universität.*

De|ka|nat, das; -s, -e [1: mlat. decanatus]: **1.** *Amt, Bezirk eines Dekans; vgl. Dechanat.* **2.** *Verwaltung einer Fakultät od. eines Fachbereichs an einer Universität.*

De|ka|nei, die; -, -en [1: mlat. decania]: **1.** ↑Dechanei. **2.** *Wohnung eines Dekans* (2).

De|ka|nin, die; -, -nen: w. Form zu ↑Dekan (2, 3).

Dek|ar, das; -s, -e ⟨aber: 3 -⟩, (schweiz.:) **Dek|are**, die; -, -n [frz. décare, aus: déca- (< griech. déka = zehn) u. are, ↑[1]Ar]: *10 Ar.*

De|kas|ter, der; -s, -e u. -s [aus griech. déka = zehn u. ↑Ster]: *10 Ster, 10 Kubikmeter.*

De|kla|ma|ti|on, die; -, -en [1: lat. declamatio]: **1.** *kunstgerechter Vortrag (einer Dichtung).* **2.** *auf Wirksamkeit bedachte, oft auch pathetisch vorgetragene Äußerung, Meinung:* leere -en. **3.** (Musik) *Hervorhebung u. Artikulation einer musikalischen Phrase od. des Sinn- u. Ausdrucksgehaltes eines vertonten Textes.*

De|kla|ma|tor, der; -s, ...toren [lat. declamator]: *Vortragskünstler.*

De|kla|ma|to|rik, die; -: *Vortragskunst.*

De|kla|ma|to|rin, die; -, -nen: w. Form zu ↑Deklamator.

de|kla|ma|to|risch ⟨Adj.⟩ [lat. declamatorius]: **1. a)** *ausdrucksvoll im Vortrag, vortragskünstlerisch;* **b)** *übertrieben im Ausdruck:* ein allzu -er Stil. **2.** *auf Wirksamkeit, nicht auf reale Verwirklichung bedacht, dabei oft auch pathetisch wirkend:* der Text hat -en Charakter. **3.** (Musik) *beim Gesang auf Wortverständlichkeit Wert legend.*

de|kla|mie|ren ⟨sw. V.; hat⟩ [1: lat. declamare]: **1.** *[kunstgerecht] vortragen:* ein Gedicht d.; er kann gut d. **2.** *in eindringlichem, oft auch pathetischem Ton (über etw.) sprechen.* **3.** (Musik) *einen vertonten Text deutlich u. unter Berücksichtigung des Sinn- u. Ausdrucksgehaltes vortragen.*

De|kla|ra|ti|on, die; -, -en [lat. declaratio = Kundgebung, Offenbarung]: **1.** *[feierliche, öffentliche] Erklärung grundsätzlicher Art, die von einer Regierung, einem Staat, einer Organisation od. von mehreren Staaten od. Organisationen [gemeinsam] abgegeben wird:* die D. der Menschenrechte. **2. a)** *Zoll-, Steuererklärung;* **b)** (Wirtsch.) *Inhalts-, Wertangabe [bei einem Versandgut].*

de|kla|ra|tiv ⟨Adj.⟩ [lat. declarativus]: *in Form, in der Art einer Deklaration* (1).

de|kla|ra|to|risch ⟨Adj.⟩: **1.** *deklarativ.* **2.** (Rechtsspr.): *feststellend, bestätigend:* ein Feststellungsurteil hat lediglich -e Wirkung; -e Urkunde *(Urkunde, durch die das Zustandekommen eines Rechtsgeschäfts bestätigt wird).*

de|kla|rie|ren ⟨sw. V.; hat⟩ [spätmhd. declariren < lat. declarare = deutlich kundgeben, offenbaren]: **1.** *eine [feierliche] Erklärung abgeben:* 1776 deklarierten die britischen Kolonien in Nordamerika ihre Unabhängigkeit. **2. a)** *eine Zoll-, Steuererklärung abgeben, bei einer Behörde o. Ä., bes. beim Zoll, bei der Steuer angeben:* den Kaffee beim Grenzübertritt d.; **b)** (Wirtsch.) *den Inhalt, Wert einer [Waren]sendung angeben.* **3.** *als etw. bezeichnen, zu etw. erklären:* er deklarierte ihn zu seinem Berater.

de|kla|riert ⟨Adj.⟩: *erklärt:* ein -er Gegner der Nachrüstung; dies ist das -e Ziel unserer Politik.

De|kla|rie|rung, die; -, -en: *das Deklarieren.*

de|klas|sie|ren ⟨sw. V.; hat⟩ [frz. déclasser, zu: classer (= in Klassen einteilen, ordnen) od. zu: classe = Klasse]: **1. a)** (Soziol.) *aus einer bestimmten sozialen od. ökonomischen Klasse in eine niedrigere verweisen, herabsetzen:* der Arbeiter ist heute gesellschaftlich nicht mehr so stark deklassiert wie früher; **b)** *auf eine niedrigere Stufe verweisen, herabsetzen:* das neue Wörterbuch deklassiert alle Konkurrenzwerke. **2.** (Sport) *einem Gegner eindeutig überlegen sein u. ihn überraschend hoch besiegen:* die Mannschaft deklassierte ihren Gegner mit 9 : 1.

De|klas|sie|rung, die; -, -en: *das Deklassieren.*

de|kli|na|bel ⟨Adj.⟩ [lat. declinabilis] (Sprachw.): *(von Wörtern bestimmter Wortarten) flektierbar:* deklinable Wörter.

De|kli|na|ti|on, die; -, -en [lat. declinatio, eigtl. = Abbiegung]: **1.** (Sprachw.) *Flexion (des Substantivs, Adjektivs, Pronomens u. Numerales):* die starke, schwache D. **2.** (Astron.) *Abweichung eines Gestirns vom Himmelsäquator.* **3.** (Physik) *Abweichung der Richtungsangabe der Magnetnadel [beim Kompass] von der wahren Nordrichtung; Missweisung.*

De|kli|na|ti|ons|en|dung, die (Sprachw.): *Flexionsendung bei der Deklination* (z. B. das s in des Gartens).

De|kli|na|tor, der; -s, ...oren, **De|kli|na|to|ri|um,** das; -s, ...ien [zu lat. declinare, ↑deklinieren]: *Gerät zur Bestimmung [zeitlicher Änderungen] der Deklination* (2).

de|kli|nier|bar ⟨Adj.⟩ (Sprachw.): *deklinabel.*

de|kli|nie|ren ⟨sw. V.; hat⟩ [lat. declinare, eigtl. = abbiegen] (Sprachw.): *(Substantive, Adjektive, Pronomen u. Numeralia) flektieren:* dieses Substantiv wird stark, schwach dekliniert.

de|ko|die|ren: ↑decodieren.

De|ko|die|rung: ↑Decodierung.

De|kol|le|té, (auch:) **De|kol|le|tee** [dekɔlˈteː], das; -s, -s [zu frz. décolleté, 2. Part. von: décolleter, ↑dekolletieren]: *tiefer Ausschnitt an Damenkleidern o. Ä., der Schultern, Brustansatz od. Rücken frei lässt:* ein tiefes, ausgeschnittenes, offenherziges (ugs. scherzh.; *tiefes*), gewagtes D.

de|kol|le|tie|ren ⟨sw. V.; hat⟩ [frz. décolleter, eigtl. = den Hals, die Schultern entblößen, zu: collet = Halskragen, zu: col = Hals < lat. collum]: **1.** *(ein Damenkleid) mit einem Dekolleté versehen.* **2.** ⟨d. + sich⟩ (ugs.) *sich bloßstellen.*

de|kol|le|tiert ⟨Adj.⟩ [frz. décolleté(e)]: **1.** *(von Damenkleidern) tief ausgeschnitten:* ein [tief] -es Kleid. **2.** *ein Dekolleté tragend:* eine -e Dame.

De|ko|lo|ni|sa|ti|on, die; -, -en [aus lat. de- = von – weg u. ↑Kolonisation]: *Entlassung einer Kolonie aus der politischen, wirtschaftlichen u. militärischen Abhängigkeit vom Mutterland.*

de|ko|lo|ni|sie|ren ⟨sw. V.; hat⟩: *die politische, wirtschaftliche u. militärische Abhängigkeit einer Kolonie vom Mutterland beseitigen, aufheben.*

De|ko|lo|ni|sie|rung, die; -, -en: *Dekolonisation.*

De|kom|pres|si|on, die; -, -en [aus lat. de- = von – weg u. ↑Kompression] (Fachspr.): **1.** *Druckabfall in einem technischen System.* **2.** *allmähliche Entlastung von hohem atmosphärischem Druck; Druckentlastung für den Organismus nach längerem Aufenthalt in Räumen mit Überdruck wie Taucherglocken o. Ä.*

De|kom|pres|si|ons|kam|mer, die: *geschlossener Raum, in dem der Organismus nach längerem Aufenthalt in Räumen mit Überdruck allmählich vom Überdruck entlastet wird.*

de|kom|pri|mie|ren ⟨sw. V.; hat⟩ [aus lat. de- = von – weg u. ↑komprimieren]: *den Druck von etw. verringern.*

De|kon|struk|ti|on, die; -, -en [engl. deconstruction < frz. déconstruction = das (logische) Zerlegen, Zergliedern (einer Theorie o. Ä.), zu: déconstruire = (logisch) zerlegen, zergliedern; Mitte der 60er-Jahre von dem frz. Philosophen J. Derrida (*1930) in die wiss. Terminologie eingeführt]: **1.** (Philos.) *analytisches Verfahren, das zentrale, vorausgesetzte Begriffe der traditionellen Philosophie kritisch infrage stellt.* **2.** (Literaturw.) *Verfahren des Dekonstruktivismus* (2 b).

De|kon|struk|ti|vis|mus, der; -s [engl. deconstructionism]: **1.** (Archit.) *Richtung der modernen Architektur, die durch das unvermittelte Aufeinanderstoßen unterschiedlicher Materialien, Räume u. Linienführungen gekennzeichnet ist.* **2. a)** (Wissensch.) *auf dem Verfahren der Dekonstruktion* (1) *beruhende wissenschaftliche Theorie;* **b)** (Literaturw.) *auf die Analyse des Textes konzentrierte, durch Offenheit gegenüber vielfältigen Interpretationsmöglichkeiten gekennzeichnete Richtung der Literaturwissenschaft.*

De|kon|ta|mi|na|ti|on, die; -, -en ⟨Pl. selten⟩ [engl. decontamination, zu: contamination, ↑Kontamination]: **1.** (Physik) *Entfernung von Neutronen absorbierenden Verunreinigungen aus einem Kernreaktor.* **2.** (bes. Milit.) *Entseuchung, Entgiftung (bes. eines durch atomare, biologische od. chemische Kampfstoffe verseuchten Objekts od. Gebiets).*

de|kon|ta|mi|nie|ren ⟨sw. V.; hat⟩: *entseuchen; eine Dekontamination vornehmen.*

De|kon|ta|mi|nie|rung, die; -, -en ⟨Pl. selten⟩: *das Dekontaminieren.*

De|kon|zen|tra|ti|on, die; -, -en [aus lat. de- = von – weg u. ↑Konzentration]: *das Dekonzentrieren; Entflechtung; Verteilung:* eine räumliche D.

de|kon|zen|trie|ren ⟨sw. V.; hat⟩: *eine Konzentration, eine Zusammenballung auflösen, entflechten, verteilen.*

De|kon|zen|trie|rung, die; -, -en: *das Dekonzentrieren.*

De|kor, der, auch: das; -s, -s u. -e [frz. décor, zu: décorer, ↑dekorieren]: **1.** *[farbige] Verzierung, [Gold]muster, bes. auf Glas- u. Porzellanwaren:* ein handgemaltes D. **2.** *Ausstattung [eines Theaterstücks od. Films], Dekoration* (3).

De|ko|ra|teur [dekoraˈtøːɐ̯], der; -s, -e [frz. décorateur, zu: décorer, ↑dekorieren]: *Fachmann für die Gestaltung u. Ausschmückung von Innenräumen, Schaufenstern, Theater- u. Filmkulissen* (Berufsbez.).

De|ko|ra|teu|rin, die; -, -nen: w. Form zu ↑Dekorateur.

De|ko|ra|ti|on, die; -, -en [(frz. décoration <) spätlat. decoratio = Ausschmücken, Schmuck, zu lat. decorare, ↑dekorieren]: **1.** ⟨o. Pl.⟩ *das Dekorieren:* die D. eines Schaufensters. **2. a)** *Ausschmückung, künstlerische Ausgestaltung eines Raumes od. Gebäudes [für einen bestimmten Anlass]:* eine festliche, weihnachtliche D. der Räume; die D. für den Fastnachtsball war gelungen; die Früchte stehen nicht nur zur D. da, sie sollen vielmehr gegessen werden; **b)** *[werbewirksame] Ausstattung eines Schaufensters;* **c)** (Theater, Film) *Ausstattung einer Bühne, Bühnenbild, [Film]kulisse:* die D. für ein Stück entwerfen. **3.** *Gesamtheit der in einem Raum od. an einem Gegenstand angebrachten schmückenden Dinge:* die D. der Hochzeitstafel bestand aus Blumen. **4. a)** *Ordensverleihung, Dekorierung;* **b)** *Orden, Ehrenzeichen.*

De|ko|ra|ti|ons|ele|ment, das: *Teilstück einer größeren Dekoration.*

De|ko|ra|ti|ons|kunst, die: *Kunst des dekorativen Gestaltens.*

De|ko|ra|ti|ons|pa|pier, das: *einfarbiges Plakatpapier.*

De|ko|ra|ti|ons|stoff, der: *einfarbiger od. bedruckter Stoff zum Ausschmücken von Innenräumen, für Vorhänge u. Möbel.*

de|ko|ra|tiv ⟨Adj.⟩ [frz. décoratif]: **1.** *schmückend, [als Schmuck] wirkungsvoll; einer Sache od. Person einen zusätzlichen Glanz verleihend:* ein -es Blumengebinde; ein -er Hut, Halsschmuck; -e Kosmetik *(Kosmetik, die der Verschönerung dient im Gegensatz zur vorwiegend pflegenden Kosmetik);* diese Pose ist, wirkt sehr d. **2.** *die Theater-, Filmdekoration betreffend:* ein d. sehr aufwendiger Film.

de|ko|rie|ren ⟨sw. V.; hat⟩ [unter Einfluss von frz. décorer < lat. decorare, zu: decus = Zierde, Zierrat; 2: nach engl. to decorate]: **1.** *ausschmücken, künstlerisch ausgestalten:* das Schaufenster d.; der mit Blumen und Girlanden dekorierte Saal. **2.** *durch die Verleihung eines Ordens od. Ehrenzeichens ehren; jmdm. einen Orden verleihen:* jmdn. [mit dem Verdienstkreuz] d.

De|ko|rie|rung, die; -, -en: *das Dekorieren.*

De|ko|stoff [ˈdeːko..., ˈdɛko...], der; -[e]s, -e: Kurzf. von ↑Dekorationsstoff.

De|kret, das; -[e]s, -e [mhd. decret < lat. decretum]: *behördliche od. richterliche Verfügung, Beschluss, Verordnung:* ein D. erlassen, verlesen.

De|kre|ta|le, das; -, ...lien od. die; -, -n ⟨meist Pl.⟩ [mlat. decretale, wohl gek. aus: litterae decretales = ein Dekret enthaltendes Schriftstück] (kath. Rel.): *päpstliche Entscheidung in einer Einzelfrage.*

de|kre|tie|ren ⟨sw. V.; hat⟩ [mlat. decretare]: *verordnen, bestimmen:* Maßnahmen, ein Gesetz d.

De|ku|bi|tus, der; - [zu lat. decubitum, 2. Part. von: decumbere = krank daniederliegen] (Med.): *das Wundliegen als Folge langen Liegens bei bettlägerigen Kranken.*

De|ku|rie, die; -, -n [lat. decuria, zu: decem = zehn]: **a)** *[Zehner]gruppe als Untergliederung des Senats od. des Richterkollegiums im antiken Rom;* **b)** *Unterabteilung von zehn Mann in der altrömischen Reiterei.*

De|ku|rio, der; -s u. ...onen, ...onen [lat. decurio]: **a)** *Mitglied einer Dekurie* (a); **b)** *Anführer einer Dekurie* (b).

De|ku|vert, (auch:) Decouvert [dekuˈvɛːɐ̯], das; -s, -s [frz. découvert, eigtl. = unbedeckt, zu: découvrir, ↑dekuvrieren] (Wirtsch.): *Wertpapiermangel an der Börse.*

de|ku|vrie|ren ⟨sw. V.; hat⟩ [frz. découvrir = ab-, aufdecken < lat. discooperire = enthüllen] (bildungsspr.): *jmds., einer Sache wahren Charakter, wahres Wesen erkennbar machen; entlarven:* etw. als Mythos d.; jmdn. als Opportunisten, Lügner d.; dieses Missgeschick hat ihn, durch dieses Missgeschick hat er sich [als Hochstapler] dekuvriert.

De|ku|vrie|rung, die; -, -en (bildungsspr.): *das Dekuvrieren.*

del. = deleatur; delineavit.

De|lat, der; -en, -en [zu lat. delatum, 2. Part. von: deferre = anklagen] (veraltet): *jmd., der zu einer Eidesleistung verpflichtet wird.*

[1]De|la|ware [ˈdɛləvɛːɐ̯]; -s: Bundesstaat der USA.

[2]De|la|wa|re [dela...], der; -n, -n: Angehöriger eines nordamerikanischen Indianerstamms.

de|le|a|tur [lat. = es möge gestrichen werden] (Druckw.): *bitte tilgen* (Korrekturanweisung); Abk.: del.; Zeichen: ₰.

De|le|a|tur, das; -s, - (Druckw.): *Tilgungszeichen.*

De|le|gat, der; -en, -en [mlat. delegatus, zu lat. delegare, ↑delegieren]: *Bevollmächtigter, Abgesandter:* Apostolischer D. *(Bevollmächtigter des Papstes ohne diplomatische Rechte).*

De|le|ga|ti|on, die; -, -en [1: zu ↑delegieren; 2: lat. delegatio = Anweisung]: **1. a)** *das Delegieren* (1), *Abordnen:* seine D. in diesem Ausschuss war umstritten; **b)** *Abordnung [von Bevollmächtigten], die zu [meist politischen] Tagungen, Konferenzen u. a. entsandt wird:* die britische, deutsche D. besteht aus sechs Mitgliedern; eine D. von Arbeitern; der Außenminister empfing eine zehnköpfige D. aus Spanien. **2.** *das Delegieren* (2), *Übertragung von Zuständigkeiten, Rechten, Leistungen u. Ä.*

De|le|ga|ti|ons|lei|ter, der: *Leiter einer Delegation* (1 b).

De|le|ga|ti|ons|lei|te|rin, die: w. Form zu ↑Delegationsleiter.

De|le|ga|ti|ons|mit|glied, das: *Mitglied einer Delegation* (1 b).

De|le|ga|ti|ons|teil|neh|mer, der: *Delegationsmitglied.*

De|le|ga|ti|ons|teil|neh|me|rin, die: w. Form zu ↑Delegationsteilnehmer.

De|le|ga|tur, die; -, -en: *Amt[sbereich] eines Apostolischen Delegaten.*

de|le|gie|ren ⟨sw. V.; hat⟩ [lat. delegare = jmdn. od. etw. jmdm. überweisen; jmdn. zu etw. beauftragen]: **1.** *zu etw. abordnen, in eine Delegation* (1 b) *wählen:* jmdn. zu einem Kongress, in einen Ausschuss d. **2.** *Rechte od. Aufgaben [abtreten u.] auf einen anderen übertragen:* der Abteilungsleiter delegiert viele Aufgaben an (selten: auf) seine Mitarbeiter; er versteht es, Arbeit zu d. (iron.; *lästige Arbeit einem anderen aufzubürden*).

e|le|gier|te, der u. die; -n, -n (Dekl. ↑Abgeordnete): *Mitglied einer Delegation* (1 b), *Abgesandte[r]:* als -r zu einem Kongress entsandt.

e|le|gier|ten|kon|fe|renz, die: *Konferenz von Delegierten.*

e|le|gier|ten|ver|samm|lung, die: vgl. Delegiertenkonferenz.

e|le|gie|rung, die; -, -en: *Delegation* (2).

e|lek|tie|ren ⟨sw. V.; hat⟩ [lat. delectare] (bildungsspr.): 1. *erfreuen, ergötzen:* er delektierte seine Gäste mit hübschen Anekdoten. 2. ⟨d. + sich⟩ *sich an etw. ergötzen, laben, gütlich tun:* man delektierte sich an den aufgetragenen Speisen.

el|fin, Del|fi|na|ri|um usw.: ↑Delphin, Delphinarium usw.

elft: Stadt in den Niederlanden.

Delf|ter, der; -s, -: Ew.

Delf|ter ⟨indekl. Adj.⟩: D. Fayencen.

elf|te|rin, die; -, -nen: w. Form zu ↑[1]Delfter.

elhi: Hauptstadt von Indien.

e|li|be|ra|ti|on, die; -, -en [lat. deliberatio] (bildungsspr): *Beratschlagung, Überlegung.*

e|li|be|rie|ren ⟨sw. V.; hat⟩ [lat. deliberare] (bildungsspr.): *überlegen, bedenken, beratschlagen.*

e|li|cious [de'li:tsi̯ʊs, engl.: dɪ'lɪʃəs], der; -, - [engl. delicious = köstlich, wohlschmeckend < afrz. delicious < spätlat. deliciosus, ↑deliziös]: kurz für ↑Golden Delicious.

e|li|kat ⟨Adj.⟩ [frz. délicat < lat. delicatus = reizend; luxuriös; schlüpfrig] (bildungsspr.): 1. *sehr wohlschmeckend, köstlich, fein zubereitet:* -es Gemüse, Fleisch; der Salat ist, schmeckt ganz d. 2. *auserlesen, fein:* ein -es Aroma haben. 3. *zart[fühlend], zurückhaltend, behutsam:* er hat eine -e Art; ein Problem d. behandeln. 4. *Diskretion erfordernd; nur mit Zurückhaltung, mit Takt zu behandeln, durchzuführen o. Ä.:* das ist eine -e Frage, Angelegenheit. 5. (selten) *überaus, übermäßig wählerisch, anspruchsvoll, empfindlich, eigen:* mein Mann ist [im Essen] etwas d.; unsere Kundschaft ist in diesem Punkt d.

e|li|ka|tes|se, die; -, -n [frz. délicatesse]: 1. *etw. bes. Wohlschmeckendes od. Ungewöhnliches; Leckerbissen:* frischer Obstkuchen ist eine D. 2. ⟨o. Pl.⟩ (geh.) *Zartgefühl, Feingefühl.*

e|li|ka|tes|sen|ge|schäft, das: *Feinkostgeschäft.*

e|li|ka|tess|ge|schäft, das: *Delikatessengeschäft.*

e|li|ka|tess|gur|ke, die: *besonders fein eingelegte, kleine Gewürzgurke.*

e|li|ka|tess|senf, der: *fein gewürzter Senf.*

e|li|ka|tess|wa|re, die ⟨meist Pl.⟩: *Feinkost.*

e|li|kat|la|den, der (DDR): *Feinkostgeschäft.*

e|likt, das; -[e]s, -e [lat. delictum = Verfehlung, subst. 2. Part. von: delinquere, ↑delinquent]: *ungesetzliche, strafbare Handlung, Straftat:* ein schweres, sittliches D. begehen; jmdn. eines -es anklagen, überführen.

e|lik|tisch ⟨Adj.⟩: *ein Delikt betreffend:* -e Handlungen.

e|lin. = delineavit.

e|li|ne|a|vit [lat. = hat es gezeichnet]: *gezeichnet von* (in Verbindung mit dem Namen des Künstlers, bes. auf Kupferstichen); Abk.: del., delin.

e|lin|quent ⟨Adj.⟩ [lat. delinquens (Gen.: delinquentis), 1. Part. von: delinquere = hinter dem erwarteten Verhalten zurückbleiben, mangeln, fehlen] (Fachspr.): *straffällig, verbrecherisch:* -es Verhalten; ein -er Autofahrer.

e|lin|quent, der; -en, -en (bildungsspr.): *Übeltäter, Verbrecher:* der D. wurde verhört, verurteilt.

e|lin|quenz, die; - [lat. delinquentia] (Fachspr.): *Straffälligkeit.*

e|lir, das; -s, -e: Kurzf. von ↑Delirium.

e|li|rant ⟨Adj.⟩ [frz. délirant, zu: délirer = irrereden < lat. delirare, ↑delirieren] (Med.): *verwirrt:* -er Zustand *(Delirium).*

e|li|rie|ren ⟨sw. V.; hat⟩ [lat. delirare, zu: de lira (ire) = von der geraden Linie (abweichen)] (bildungsspr.): *im Delirium sein, irrereden:* der Verwundete delirierte im Fieber.

de|li|ri|ös ⟨Adj.⟩ (Med.): *mit Delirien verbunden.*

De|li|ri|um, das; -s, ...ien [lat. delirium = Irresein] (bildungsspr.): *Bewusstseinstrübung, die sich in Verwirrtheit u. Wahnvorstellungen äußert:* aus dem D. erwachen; im D. liegen, sein.

De|li|ri|um tre|mens, das; - - [zu lat. tremens, 1. Part. von: tremere = zittern] (Med.): *durch Alkoholmissbrauch od. -entzug ausgelöste Psychose, die durch Bewusstseinstrübung, Halluzinationen u. a. gekennzeichnet ist.*

de|lisch ⟨Adj.⟩ [lat. Delius < griech. dḗlios, zu: Dē̂los = Insel im Ägäischen Meer mit einem berühmten Orakel, nach dessen Spruch ein würfelförmiger Altar des Apollon verdoppelt werden sollte]: 1. in der Fügung **das -e Problem** (Geom.; *die nicht lösbare Aufgabe, nur mithilfe von Zirkel u. Lineal die Kantenlängen eines Würfels zu bestimmen, der das doppelte Volumen eines gegebenen Würfels haben soll).* 2. zu ↑Delos.

de|li|zi|ös ⟨Adj.⟩ [frz. délicieux < spätlat. deliciosus = weichlich, verwöhnt, zu lat. deliciae = üppige Genüsse; Üppigkeit; Luxus, zu: lacere = verlocken]: (geh.) *sehr wohlschmeckend, besonders köstlich:* die Vorspeise war d.

De|li|zi|us, der; -, -: ↑Golden Delicious.

Del|le, die; -, -n [vgl. (m)niederl. delle = Vertiefung, mhd. telle = Schlucht, zu ↑Tal] (landsch.): *eingedrückte Stelle; durch einen Schlag, Stoß, Zusammenprall o. Ä. entstandene leichte Vertiefung:* eine D. im Kotflügel.

de|lo|gie|ren ⟨sw. V.; hat⟩ [frz. déloger, zu: loger, ↑logieren] (bes. österr.): *zum Ausziehen aus einer Wohnung veranlassen od. zwingen:* einen Mieter d.

De|lo|gie|rung, die; -, -en (bes. österr.): *das Delogieren.*

De|los; Delos': Insel im Ägäischen Meer.

Del|phi: antike Kultstätte in Griechenland.

[1]Del|phin, (auch:) Delfin, der; -s, -e [mhd. delfin < lat. delphinus < griech. delphín, älter: delphís (Gen.: delphî̄nos), wohl zu delphýs = Gebärmutter, wahrsch. nach der gebärmutterähnlichen Körperform]: *(zu den Zahnwalen gehörendes) im Wasser, meist in Herden lebendes Säugetier mit schnabelartig verlängertem Maul.*

[2]Del|phin, (auch:) Delfin, das; -s ⟨meist o. Art.⟩: *Delphinschwimmen:* 100 m D.

Del|phi|na|ri|um, das; -s, ...ien [geb. nach ↑Aquarium]: *Anlage zur Haltung u. Vorführung von Delphinen.*

del|phin|schwim|men ⟨sw. V.; hat, auch: ist; meist nur im Inf. gebr.⟩: *in einem Stil schwimmen, bei dem beide Arme gleichzeitig über dem Wasser nach vorn geworfen u. unter Wasser nach hinten geführt werden, während die geschlossenen Beine auf u. ab bewegt werden.*

Del|phin|schwim|men, das; -s: *das Delphinschwimmen (als sportliche Disziplin, als Schwimmstil).*

Del|phin|sprung, der (Wasserspringen): *Sprung (vom Brett od. Turm), bei dem der Absprung rückwärts erfolgt u. sich eine Drehung nach vorn anschließt.*

del|phisch ⟨Adj.⟩: 1. *Delphi betreffend; aus Delphi stammend.* 2. (bildungsspr.) *doppelsinnig, rätselhaft, dunkel, unverständlich:* ein -er Spruch.

[1]Del|ta, das; -[s], -s [griech. délta < hebr. dalet]: *vierter Buchstabe des griechischen Alphabets* (Δ, δ).

[2]Del|ta, das; -s, -s u. ...ten: *aus Schwemmland bestehendes, von den Mündungsarmen eines Flusses durchzogenes, deltaförmiges Gebiet im Bereich einer Flussmündung.*

Del|ta|dra|chen, der: *Drachen* (4).

del|ta|för|mig ⟨Adj.⟩: *von der Form eines großen* [1]*Delta.*

Del|ta|glei|ter, der: *Deltadrachen.*

Del|ta|mün|dung, die: *mehrarmige Flussmündung, in deren Bereich sich ein deltaförmiges Schwemmland gebildet hat.*

Del|ta|mus|kel, der (Anat.): *etwa dreieckiger, über dem Schultergelenk liegender Muskel, der den Oberarm nach der Seite hebt.*

Del|ta|strah|len, δ-Strah|len ⟨Pl.⟩ (Kernphysik): *beim Durchgang radioaktiver Strahlen durch Materie freigesetzte Elektronenstrahlen.*

de Luxe [də'lyks; frz. de luxe = mit Luxus]: *kostbar ausgestattet, mit allem Luxus* (oft nachgestellt [bei Markennamen]): Camping de L.

De-Luxe-Aus|stat|tung, die: *sehr teure, kostbare Ausstattung.*

dem ⟨Dativ Sg. von »der« u. »das«⟩: ↑der.

DEM = internationaler Währungscode für: Deutsche Mark.

De|ma|go|ge, der; -n, -n [griech. dēmagōgós, urspr. = Volksführer, Staatsmann, zu: dē̂mos, ↑Demokratie] (abwertend): *jmd., der andere durch leidenschaftliche Reden politisch aufhetzt, aufwiegelt; Volksverführer, Volksaufwiegler:* das von skrupellosen -n verhetzte Volk.

De|ma|go|gie, die; -, -n [griech. dēmagōgía] (abwertend): *Volksverführung, Volksaufwiegelung, politische Hetze:* sein Verhalten ist reinste D.

de|ma|go|gisch ⟨Adj.⟩ [griech. dēmagōgikós = zum Demagogen gehörig] (abwertend): *aufwiegelnd, hetzerisch; Hetzpropaganda treibend:* -e Reden, Propaganda; d. auftreten, reden, vorgehen.

De|mant [auch: de'mant], der; -[e]s, -e [mhd. dīemant, Nebenf. von: dīamant, ↑[1]Diamant] (dichter.): ↑[1]Diamant.

de|man|ten ⟨Adj.⟩ (dichter.): ↑diamanten.

De|march, der; -en, -en [griech. dḗmarchos, zu: dē̂mos, ↑Demokratie]: *Vorsteher des Demos in altgriechischen Gemeinden.*

De|mar|che [de'marʃ(ə)], die; -, -n [...ʃn; frz. démarche, eigtl. = Schritt, zu: démarcher = einen Schritt tun, urspr. = mit den Füßen treten, zu: marcher, ↑marschieren] (Dipl.): *[mündlich] vorgetragener diplomatischer Einspruch.*

De|mar|ka|ti|on, die; -, -en [frz. démarcation < span. demarcación, zu: demarcar = abstecken, zu: marca = Kennzeichen, Grenzgebiet, aus dem Germ.]: 1. (bildungsspr.) *Abgrenzung.* 2. (Med.) *scharfe Abgrenzung zwischen gesundem u. krankhaft verändertem Gewebe.*

De|mar|ka|ti|ons|li|nie, die: *zwischen Staaten vereinbarte, vorläufige Grenzlinie.*

de|mar|kie|ren ⟨sw. V.; hat⟩ (bildungsspr.): *abgrenzen.*

De|mar|kie|rung, die; -, -en (bildungsspr.): *Abgrenzung.*

de|mas|kie|ren ⟨sw. V.; hat⟩ [frz. démasquer, zu: masquer, ↑maskieren]: 1. ⟨d. + sich⟩ a) *die Maske, die man auf einem Kostüm- od. Maskenfest getragen hat, ablegen:* um Mitternacht mussten sich alle d.; b) *sein wahres Gesicht zeigen:* sich durch sein Verhalten als gewissenloser Verräter d. 2. *entlarven:* einen Betrüger d.; der Konkurs hat ihn als unseriösen Kaufmann demaskiert. 3. (Milit.) *die Tarnung [von einem Geschütz] entfernen.*

De|mas|kie|rung, die; -, -en: *das Demaskieren, Demaskiertwerden.*

De|men: Pl. von ↑Demos.

de|ment ⟨Adj.⟩ [lat. demens = unvernünftig, wahnsinnig, aus de- = von – weg u. mens, ↑mental] (Med.): *an Demenz leidend:* -e Patienten.

dem|ent|ge|gen ⟨Adv.⟩: *dagegen:* ich sagte, er sei faul, d. behauptete sie, er habe immer viel gearbeitet.

De|men|ti, das; -s, -s [frz. démenti, zu: démentir, ↑dementieren]: *offizielle Berichtigung, Widerruf einer Nachricht od. Behauptung:* ein amtliches, schwaches, heftiges D.; ein D. veröffentlichen; sich zu einem D. veranlasst sehen.

De|men|tia, die; -, ...tiae [...i̯ɛ] (Med.): *Demenz.*

De|men|tia se|ni|lis, die; - - (Med.): *im hohen Alter auftretende Erkrankung des Gehirns, senile Demenz.*

de|men|tie|ren ⟨sw. V.; hat⟩ [frz. démentir = hinfällig machen, älter: Lügen strafen, zu: mentir =

lügen < lat. mentiri, zu: mens, ↑mental]: *offiziell berichtigen od. widerrufen:* eine Meldung, Nachricht scharf d.

De|men|tie|rung, die; -, -en: *das Dementieren.*

dem|ent|spre|chend ⟨Adj.⟩: *dem gerade Gesagten entsprechend; demgemäß:* eine -e Antwort; die Laune war d.

De|menz, die; -, -en [lat. dementia, zu: demens, ↑dement] (Med.): *erworbene, auf organischen Hirnschädigungen beruhende geistige Behinderung:* senile *(im Alter auftretende)* D.; an einer D. leiden.

De|me|rit, der; -en, -en [mlat. demeritus, 2. Part. von: demerere = sich vergehen; gewinnen < lat. demerere = verdienen] (kath. Kirche): *straffällig gewordener Geistlicher, der sein kirchliches Amt nicht ausüben kann.*

De|me|ter (griech. Myth.): Göttin des Ackerbaus.

dem|ge|gen|über ⟨Adv.⟩: *dem gerade Gesagten gegenüber, im Vergleich dazu:* die Unternehmer spüren d. eine leichte Besserung.

dem|ge|mäß ⟨Adj.⟩: *dem gerade Gesagten gemäß, dementsprechend:* eine -e Anordnung; d. behandelt werden.

de|mi|li|ta|ri|sie|ren ⟨sw. V.; hat⟩ [frz. démilitariser] (seltener): *entmilitarisieren.*

De|mi|li|ta|ri|sie|rung, die; -, -en: *das Demilitarisieren.*

De|mi|mon|de [dəmiˈmõ:d], die; - [frz. demimonde, aus: demi = halb u. monde = Welt, Leute] (bildungsspr. abwertend): *Halbwelt.*

de|mi|nu|tiv usw.: ↑diminutiv usw.

de|mi-sec [dəmiˈsɛk] ⟨Adj.; nachgestellt zur Bez. einer Sorte⟩ [frz. demi-sec, aus: demi = halb u. sec, ↑²sec]: *(von französischen Schaumweinen) halbtrocken.*

De|mis|si|on, die; -, -en [frz. démission < lat. demissio = das Herablassen, das Hängenlassen]: *Rücktritt eines Ministers od. einer Regierung:* die D. des Ministers bekannt geben.

de|mis|si|o|nie|ren ⟨sw. V.; hat⟩ [frz. démissionner]: **a)** *(von Ministern od. Regierungen) von einem Amt zurücktreten, seinen Rücktritt anbieten, seine Entlassung einreichen:* der Minister demissioniert; **b)** (schweiz.) *kündigen:* bei seiner Firma d.

dem|nach ⟨Adv.⟩: *nach dem gerade Gesagten; folglich, also:* es gibt d. keine andere Möglichkeit.

dem|nächst [auch: ...ˈnɛ:çst] ⟨Adv.⟩: *in nächster Zeit, bald, in Kürze:* das wird sich d. ändern; d. in diesem Theater (nach Voranzeigen in Filmtheatern; auch ugs. scherzh.: bald, in Kürze [an dieser Stelle]).

¹De|mo, die; -, -s [Kurzf. von ↑Demonstration (1)] (Jargon): eine D. organisieren; an einer D. teilnehmen; bei einer D. festgenommen werden.

²De|mo, das; -s, -s (Jargon): kurz für ↑Demoaufnahme: ein D. einspielen.

De|mo|auf|nah|me, die (Musik Jargon): *Probeaufnahme zur Vorführung.*

De|mo|bi|li|sa|ti|on, die; -, -en [wohl < frz. démobilisation, zu: mobilisation, ↑Mobilisation]: *das Demobilisieren* (a, b).

de|mo|bi|li|sie|ren ⟨sw. V.; hat⟩ [frz. démobiliser, zu: mobiliser, ↑mobilisieren]: **a)** *aus dem Kriegszustand in Friedensverhältnisse überführen;* **b)** *die Kriegswirtschaft abbauen;* **c)** (veraltet) *aus dem Kriegsdienst entlassen.*

De|mo|bi|li|sie|rung, die; -, -en: *das Demobilisieren.*

De|mo|bil|ma|chung, die; -, -en: *das Demobilisieren.*

De|mo|du|la|ti|on, die; -, -en (Nachrichtent.): *Abtrennung der durch einen modulierten hochfrequenten Träger übertragenen niederfrequenten Schwingung in einem Empfänger; Gleichrichtung.*

De|mo|du|la|tor, der; -s, ...oren (Nachrichtent.): *Bauteil in einem Empfänger, der die Demodulation bewirkt; Gleichrichter.*

de|mo|du|lie|ren ⟨sw. V.; hat⟩ [aus lat. de- = von – weg u. ↑modulieren] (Nachrichtent.): *eine Demodulation vornehmen; gleichrichten.*

De|mo|graph, (auch:) Demograf, der; -en, -en [rückgeb. aus ↑Demographie]: *jmd., der berufsmäßig Demographie betreibt.*

De|mo|gra|phie, (auch:) Demografie, die; -, -n [zu griech. dẽmos = Volk, Bezirk, Gemeinde u. gráphein = schreiben]: **a)** *Beschreibung der wirtschafts- u. sozialpolitischen Bevölkerungsbewegung;* **b)** *Bevölkerungswissenschaft.*

De|mo|gra|phin, (auch:) Demografin, die; -, -nen: w. Form zu ↑Demograph.

de|mo|gra|phisch, (auch:) demografisch ⟨Adj.⟩: *wirtschafts- u. sozialpolitische Bevölkerungsbewegungen betreffend:* -e Daten, Erhebungen.

De|moi|selle [dəmo̯aˈzɛl, de...], die; -, -n [...lən; frz. demoiselle < mlat. dominicella = Mädchen, Ritterfräulein, Vkl. von lat. domina, ↑Dame (1)] (veraltet): *Fräulein, junge Dame.*

De|mo|krat, der; -en, -en [frz. démocrate, zu griech. dēmokratía, ↑Demokratie]: **a)** *Anhänger der Demokratie; Mensch mit demokratischer Gesinnung; jmd., der den [politischen] Willen der Mehrheit respektiert:* ein überzeugter, echter D.; **b)** *Mitglied einer bestimmten, sich auch im Namen als demokratisch* (1) *bezeichnenden Partei:* -en und Republikaner.

De|mo|kra|tie, die; -, -n [frz. démocratie < (m)lat. democratia < griech. dēmokratía = Volksherrschaft, aus: dẽmos = Volk; Gebiet, eigtl. = Abteilung (zu: daíesthai = [ver]teilen) u. krátos »Kraft, Macht« (zu: krateĩn = herrschen)]: 1. ⟨o. Pl.⟩ **a)** *politisches Prinzip, nach dem das Volk durch freie Wahlen an der Machtausübung im Staat teilhat:* zu den Prinzipien der D. gehört die freie Meinungsäußerung; **b)** *Regierungssystem, in dem die vom Volk gewählten Vertreter die Herrschaft ausüben:* eine parlamentarische D. 2. *Staat mit demokratischer Verfassung, demokratisch regiertes Staatswesen:* in einer D. leben. 3. ⟨o. Pl.⟩ *Prinzip der freien u. gleichberechtigten Willensbildung u. Mitbestimmung in gesellschaftlichen Gruppen:* innerparteiliche D.; D. am Arbeitsplatz.

De|mo|kra|tie|ver|ständ|nis, das ⟨o. Pl.⟩: *das Verstehen, Verständnis der Demokratie; Vorstellung von u. Einstellung zur Demokratie.*

De|mo|kra|tin, die; -, -nen: w. Form zu ↑Demokrat.

de|mo|kra|tisch ⟨Adj.⟩ [frz. démocratique < griech. dēmokratikós]: 1. *sich auf die Demokratie* (1) *beziehend, die Ziele der Demokratie* (1) *verfolgend:* eine -e Verfassung, Partei. 2. *nach den Prinzipien der Demokratie* (3) *aufgebaut, verfahrend; nach Demokratie* (3) *strebend; freiheitlich, nicht autoritär:* eine -e Entscheidung *(Mehrheitsentscheidung);* sich d. verhalten. 3. *den Demokraten* (b) *angehörend:* der -e Senator H.

de|mo|kra|ti|sie|ren ⟨sw. V.; hat⟩ [frz. démocratiser]: 1. *(einen Staat) nach den Grundsätzen der Demokratie* (1) *einrichten, gestalten; demokratisch* (1) *machen:* ein Land d. 2. *(eine Institution, Behörde o. Ä.) demokratisch* (2) *machen, gestalten:* die [Hoch]schule, Verwaltung d. 3. *etw., was Privilegierten vorbehalten war, allgemein zugänglich, erreichbar o. ä. machen:* das Reisen d.

De|mo|kra|ti|sie|rung, die; -, -en: *das Demokratisieren.*

De|mo|kra|tis|mus, der; - (abwertend): *formalistische Übertreibung demokratischer Verfahrensweisen.*

de|mo|lie|ren ⟨sw. V.; hat⟩ [unter Einfluss von frz. démolir < lat. demoliri]: 1. *gewaltsam [u. mutwillig] beschädigen, zerstören:* die Möbel d.; das Auto, Fahrrad ist total demoliert. 2. (österr.) *abreißen* (3).

De|mo|lie|rung, die; -, -en: *das Demolieren.*

De|mons|trant, der; -en, -en [zu ↑demonstrieren]: *Teilnehmer an einer Demonstration* (1): jugendliche -en zogen durch die Straßen.

De|mons|tran|tin, die; -, -nen: w. Form zu ↑Demonstrant.

De|mons|tra|ti|on, die; -, -en [wohl unter Einfluss von engl. demonstration < lat. demonstratio, eigtl. = das Hinweisen, zu: demonstrare, ↑demonstrieren]: 1. *Protestkundgebung, -marsch, Massenkundgebung:* -en gegen den Krieg, für freie Wahlen; die D. verlief ohne Zwischenfälle, löste sich allmählich auf; eine D. veranstalten; an einer D. teilnehmen; zu einer D. aufrufen. 2. *sichtbarer Ausdruck einer bestimmten Absicht, eindringliche, nachdrückliche Bekundung [für od. gegen etw.]:* die Parade war eine D. militärischer Stärke; die Veranstaltung wurde zu einer D. für den Frieden. 3. *anschauliche Darlegung, Beweisführung, Veranschaulichung an Beispielen o. Ä.:* die D. eines vollendeten Skilaufs; Unterricht mit praktischer D.

De|mons|tra|ti|ons|marsch, der: vgl. Demonstrationszug.

De|mons|tra|ti|ons|ma|te|ri|al, das: *Material für eine Demonstration* (3).

De|mons|tra|ti|ons|ob|jekt, das: *Person od. Sache, an od. mit der etw. demonstriert* (3) *wird.*

De|mons|tra|ti|ons|recht, das ⟨o. Pl.⟩: *Grundrecht, Demonstrationen* (1) *zu veranstalten.*

De|mons|tra|ti|ons|ver|bot, das: *Verbot, eine Demonstration* (1) *durchzuführen.*

De|mons|tra|ti|ons|zug, der: *durch die Straßen marschierender Zug von Demonstranten.*

de|mons|tra|tiv ⟨Adj.⟩ [lat. demonstrativus = (hin)zeigend]: 1. *in auffallender Weise seine Einstellung zu etw. bekundend; bewusst in eine Weise vollzogen, die auffällt:* ein -es Bekenntnis; sich d. abwenden; d. aufstehen, wegsehen. 2. *anschaulich, verdeutlichend, aufschlussreich:* ein -es Beispiel. 3. (Sprachw.) *hinweisend:* ein -es Pronomen.

De|mons|tra|tiv, das; -s, -e: *Demonstrativpronomen.*

De|mons|tra|tiv|ad|verb, das (Sprachw.): *demonstratives Pronominaladverb* (z. B. da, dort).

De|mons|tra|tiv|pro|no|men, das (Sprachw.): *hinweisendes Fürwort* (z. B. dieser, jener).

De|mons|tra|ti|vum, das; -s, ...va: *Demonstrativpronomen.*

de|mons|trie|ren ⟨sw. V.; hat⟩ [wohl über engl. to demonstrate < lat. demonstrare = hinweisen, deutlich machen, zu: monstrare, ↑Monstranz]: 1. *eine Demonstration* (1) *veranstalten, an ihr teilnehmen:* gegen den Krieg, für Frieden und Freiheit d. 2. *bekunden, deutlich kundtun:* Entschlossenheit, seinen Willen, seine Absicht d. 3. *in anschaulicher Form darlegen, beweisen, vorführen:* die Funktionsweise einer Maschine d.

De|mon|ta|ge [demɔnˈta:ʒə], die; -, -n [frz. démontage]: **a)** *das Abbauen, Abbrechen:* die D. ganzer Fabrikanlagen; **b)** *das Auseinandernehmen, Zerlegen:* die D. einer Maschine; **c)** *stufen- od. gradweise Beseitigung, Zerstörung von etw. Bestehendem:* D. der Sozialleistungen; Ü die Partei hat an der D. ihres Vorsitzenden *(an der Zerstörung seiner Autorität, seines Ansehens; an seiner Entmachtung)* kräftig mitgewirkt.

de|mon|tie|ren ⟨sw. V.; hat⟩ [wohl < frz. démonter, zu: monter, ↑montieren]: **a)** *(bes. Industrieanlagen) abbauen, abbrechen:* Fabriken, Maschinen d.; **b)** *auseinander nehmen, zerlegen:* ein Flugzeug d.; **c)** *abmontieren:* Autoreifen d.; **d)** *stufen- od. gradweise zerstören, abbauen:* Vorurteile, seinen Ruhm d.

De|mon|tie|rung, die; -, -en: *das Demontieren.*

De|mo|ra|li|sa|ti|on, die; -, -en ⟨Pl. selten⟩ [frz. démoralisation, zu: démoraliser, ↑demoralisieren]: *Auflösung, Untergrabung von Sitte u. Ordnung; Zuchtlosigkeit.*

de|mo|ra|li|sie|ren ⟨sw. V.; hat⟩ [frz. démoraliser, zu: moral = moralisch < lat. moralis, ↑Moral]: **a)** *jmds. Moral untergraben; einer Person, Gruppe durch bestimmte Handlungen, Äußerungen o. Ä. die sittlichen Grundlagen für eine Gesinnung, ein Verhalten nehmen:* ein Volk d.; **b)** *jmds. Kampfgeist untergraben, jmdn. entnerven, entmutigen:* Gerüchte demoralisierten die Truppe; völlig demoralisiert gab der Europameister in der 9. Runde auf.

ˌ|mo|ra|li|sie|rung, die; -, -en: 1. *das Demorali-*
ieren. 2. *demoralisierter Zustand.*
· mor|tu|is nil/ni|hil ni|si be|ne [lat. = von den
Toten nur gut (sprechen)]: *von Verstorbenen soll*
nan nur Gutes sagen.
ˌ|mos, der; -, Demen [1: griech. dẽmos, ↑Demo-
kratie; 2: ngriech. dẽmos]: **1.** *Gebiet u. Volksge-*
neinde eines altgriechischen Stadtstaates.
2. *kleinster staatlicher Verwaltungsbezirk in*
Griechenland.
ˌ|mo|skop, der; -en, -en [zu ↑Demoskopie]: *Mei-*
nungsforscher.
ˌ|mo|sko|pie, die; -, -n [zu griech. dẽmos
↑Demos) u. skopeĩn = betrachten]: **a)** ⟨o. Pl.⟩
System, Verfahren der] Meinungsforschung:
nstitut für D.; **b)** *Meinungsumfrage:* man hat
sie bei einer D. befragt.
ˌ|mo|sko|pin, die; -, -nen: w. Form zu ↑Demo-
kop.
ˌ|mo|sko|pisch ⟨Adj.⟩: **a)** *durch Meinungsum-*
frage ermittelt: -e Zahlen; **b)** *Meinungsumfragen*
betreffend, auf sie bezüglich: eine -e Untersuchung.
ˌ|mo|tisch ⟨Adj.⟩ [griech. dēmotikós = volks-
tümlich; gewöhnlich]: *altägyptisch (in der*
volkstümlichen jüngeren Form): -e Schrift.
ˌ|mo|tisch, das; -[s] u. ⟨nur mit best. Art.:⟩ **De-**
mo|ti|sche, das; -n: *demotische Sprache.*
ˌ|mo|ti|va|ti|on, die; -, -en (Fachspr., bil-
dungsspr.): **1.** *das Demotivieren.* **2.** *das Demoti-*
viertsein.
ˌ|mo|ti|vie|ren ⟨sw. V.; hat⟩ [aus lat. de- = von –
weg u. ↑motivieren] (Fachspr., bildungsspr.):
jmds. Interesse an etw. schwächen; bewirken,
dass jmds. Motivation, etw. zu tun, nachlässt.
ˌm|sel|ben: ↑derselbe.
ˌ|mul|ga|tor, der; -s, ...oren [zu lat. de- = von –
weg u. ↑emulgieren] (Chemie): *Stoff, der eine*
Emulsion (1) entmischt.
ˌm un|er|ach|tet, dem un|ge|ach|tet [auch: ˈ-
- - - -] ⟨Adv.⟩: ↑ungeachtet (I).
ˌ|mut, die; - [mhd. dēmu(o)t, ahd. diemuotī, zu:
diomuoti = demütig, dionōn (↑dienen) u. muoti
↑Mut), also eigtl. = Gesinnung eines Dienen-
den]: *in der Einsicht in die Notwendigkeit u. im*
Willen zum Hinnehmen der Gegebenheiten
begründete Ergebenheit: wahre, christliche D.;
tw. in/mit D. [er]tragen; voll D.
ˌ|mü|tig ⟨Adj.⟩ [mhd. dēmu(e)tec, ahd. dio-
muoti]: *voller Demut, unterwürfig, ergeben:* eine
e Bitte; er ist sehr d.
ˌ|mü|ti|gen ⟨sw. V.; hat⟩ [mhd. diemüetigen)]:
a) *jmdn. durch Worte od. Handlungen in seiner*
Würde, seinem Stolz verletzen: die Besiegten d.;
die Äußerung hat ihn sehr gedemütigt; die Verletzung war für ihn sehr demütigend; sie fühlte
sich durch sein Benehmen gedemütigt; **b)** ⟨d. +
sich⟩ *sich vor jmdm. erniedrigen, herabsetzen.*
ˌ|mü|ti|gung, die; -, -en: *tiefe Kränkung, Herab-*
würdigung: schwere -en erdulden, hinnehmen
müssen.
ˌ|muts|voll, de|mut|voll ⟨Adj.⟩: *voll Demut.*
ˌm|zu|fol|ge ⟨Adv.⟩: *demnach, folglich.*
ˌn: **1.** ⟨Akk. Sg. von ↑der (I 1 a)⟩. **2.** ⟨Dativ Pl. von
der (I 1 a), die, das; vgl. der⟩.
ˌn = Denier.
ˌ|nar, der; -s, -e [mhd. denar < lat. denarius]:
1. *altrömische Silbermünze.* **2.** *fränkische Silber-*
münze der Merowinger- u. Karolingerzeit; Pfen-
nig (Abk.: d).
ˌ|na|tu|ra|li|sa|ti|on, die; -, -en: *das Denaturali-*
sieren.
ˌ|na|tu|ra|li|sie|ren ⟨sw. V.; hat⟩ [aus lat. de- =
von – weg u. ↑naturalisieren]: *aus der bisherigen*
Staatsangehörigkeit entlassen, ausbürgern.
ˌ|na|tu|rie|ren ⟨sw. V.⟩ [frz. dénaturer, zu: nature
< lat. natura, ↑Natur]: **1.** (bildungsspr.) *seiner*
eigentlichen Natur, seines eigentlichen Charak-
ters berauben ⟨hat⟩. **2.** (Fachspr.) *einem Stoff den*
natürlichen Zustand nehmen, ihn [durch
Zusätze] verändern, umwandeln [u. ihn für
bestimmte Zwecke unbrauchbar machen] ⟨hat⟩:
Alkohol d. **3.** (bildungsspr.) *zu etw. entarten*
⟨ist⟩.

De|na|tu|rie|rung, die; -, -en: *das Denaturieren.*
de|na|zi|fi|zie|ren ⟨sw. V.; hat⟩: *entnazifizieren.*
De|na|zi|fi|zie|rung, die; -, -en: *das Denazifizie-*
ren.
Den|dro|lo|gie, die; - [↑-logie]: *wissenschaftliche*
Erforschung der Bäume, Gehölze u. Sträucher;
Gehölzkunde.
den|dro|lo|gisch ⟨Adj.⟩: *die Dendrologie betref-*
fend: -e Untersuchungen.
De|neb, der; -s: hellster Stern im Sternbild
Schwan.
de|nen ⟨Dativ Pl. von ↑der (II 1 a, b u. III 1 a), die,
das⟩.
Den|gue|fie|ber [ˈdɛŋge...], das ⟨o. Pl.⟩ [span. den-
gue, wohl < Suaheli ka dinga pepo = plötzlicher,
krampfartiger Anfall] (Med.): *akute Infektions-*
krankheit in den [Sub]tropen; Siebentagefieber.
Den Haag: Residenzstadt der Niederlande; vgl.
Haag.
De|nier [deˈnjeː], das; -[s], - [frz. denier,
eigtl. = Denar < lat. denarius, ↑Denar]: *Einheit*
für die Fadenstärke bei Seiden- u. Chemiefasern
(Abk.: den).
De|nim®, der od. das; -[s] [Kunstwort, zu frz. de
Nîmes = aus Nîmes]: *blauer Jeansstoff.*
De|ni|tri|fi|ka|ti|on, die; - [aus lat. de- = von –
weg u. ↑Nitrifikation] (Chemie): *das Freima-*
chen von Stickstoff aus Salzen der Salpetersäure
(z. B. im Kunstdünger) durch Bakterien.
de|ni|tri|fi|zie|ren ⟨sw. V.; hat⟩ [aus lat. de- = von –
weg u. ↑nitrifizieren] (Chemie): *eine Denitrifika-*
tion durchführen.
Denk|an|satz, der: *Ansatzpunkt für einen Gedan-*
kengang od. eine Theorie: ein richtiger, neuer D.
Denk|an|stoß, der: *Anregung, sich zu einer*
bestimmten Frage Gedanken zu machen: Denk-
anstöße geben.
Denk|ar|beit, die; - ⟨o. Pl.⟩: *geistige Arbeit:* zur
Lösung dieses Problems bedarf es schon einer
gewissen D.
Denk|art, die: **a)** *Art u. Weise zu denken:* die phi-
losophische, wissenschaftliche D.; **b)** *Einstel-*
lung, Gesinnung: eine typisch bürgerliche D.
Denk|auf|ga|be, die: *nach Art eines Rätsels*
gestellte, durch Nachdenken zu lösende Auf-
gabe.
denk|bar ⟨Adj.⟩: **1.** *vorstellbar, möglich:* alle nur
-en Sicherheitsvorkehrungen treffen; etw. ist
nicht, durchaus d. **2.** ⟨intensivierend bei Adjekti-
ven⟩ *sehr, äußerst:* ein d. günstiges Angebot;
eine d. knappe Entscheidung; die d. beste *(aller-*
beste) Methode; auf dem d. schnellsten *(aller-*
schnellsten) Weg.
Den|ke, die; - [geb. nach ↑Rede (3 c), ↑Schreibe]
(salopp): *Denkart* (a).
den|ken ⟨unr. V.; hat⟩ [mhd., ahd. denken]: **1.** *die*
menschliche Fähigkeit des Erkennens u. Urtei-
lens anwenden; mit dem Verstand arbeiten;
überlegen: logisch, nüchtern, schnell d.; sie
denkt praktisch; bei dieser Arbeit muss man d.;
laut d. (ugs.; *vor sich hin reden*); nicht mehr klar
d. können; was mache ich jetzt, dachte sie
(überlegte sie); woran denkst du? *(was beschäf-*
tigt dich gerade?); die Dinge zu Ende d.; das
geschieht schon, solange ich d. kann *(schon*
immer); denk mal, Eva hat sich verlobt (ugs.;
drückt Erstaunen über eine unerwartete Tatsache aus); (auch spöttisch:) »Kannst du denn
schwimmen?« – »Ja, denk mal!«; ⟨subst.:⟩ logisches, abstraktes, begriffliches Denken; das
Denken ausschalten; die Klarheit seines Denkens ist bestechend; R erst d., dann handeln
(man soll nicht unüberlegt handeln); Denken ist
Glückssache! *(das war falsch gedacht!);*
gedacht, getan (veraltend; *kaum überlegt, schon*
ausgeführt); * **jmdm. zu d. geben** *([durch ein*
Vorkommnis, ein Verhalten o. Ä.] jmdn. nach-
denklich stimmen; jmdn. stutzig machen).
2. *eine bestimmte Gesinnung haben, gesinnt*
sein: rechtlich, freiheitlich, spießbürgerlich,
gemein d.; Spr was ich denk und tu, trau ich
andern zu. **3.** *annehmen, glauben, vermuten,*
meinen: nichts Böses d.; ich denke schon; ich
denke, wir können uns einigen; was/wie viel
haben Sie denn gedacht? *(welche Preisvorstel-*
lung haben Sie?); wer hätte das gedacht! (Äußerung der Verwunderung); er denkt *(bildet sich*
ein), Wunder was getan zu haben; R denkste!
(das glaubst du wohl!); [das ist ein] typischer
Fall von denkste *(das ist ein großer Irrtum).*
4. *eine bestimmte Meinung von etw. haben, etw.*
von etw. halten: er denkt ganz anders über diese
Sache; wie denkst du darüber?; was werden die
Leute d.?; da weiß man nicht, was man [davon]
d. soll; denk bitte nicht schlecht von mir!; das
hätte ich nie von ihm gedacht *(ihm nicht zuge-*
traut). **5.** ⟨d. + sich⟩ *sich etw. [in bestimmter*
Weise] vorstellen: ich könnte es mir so d., dass
...; du kannst dir d., dass ich müde bin; das kann
ich mir nicht d. *(das halte ich für unwahr-*
scheinlich, glaube ich nicht); ein gedachter *(in*
der Vorstellung angenommener, vorausgesetz-
ter) Punkt, Fall; den Käse musst du dir d. (ugs.
scherzh.; *Käse gehört zwar dazu, aber es gibt*
keinen); R das hast du dir [so] gedacht! (ugs.; *du*
glaubst, dass etw. so ist, aber das stimmt nicht).
6. *sich erinnern, gedenken:* oft, mit Freude an
etw. d.; denk daran *(vergiss nicht),* die Rechnung
zu bezahlen; der wird noch an mich d.! (Drohung). **7.** *seine Gedanken, sein Interesse auf*
jmdn., etw. richten: er denkt nur an sich, an seinen Vorteil; bei dieser Arbeit haben wir an Sie
gedacht *(für diese Arbeit haben wir Sie vorgese-*
hen); du musst mehr an deine Gesundheit d.;
(südd., österr.:) auf seine Sicherheit d. **8.** *eine*
bestimmte Absicht haben, etw. Bestimmtes vor-
haben: wir d. daran, uns eine neue Wohnung zu
suchen; ich denke gar nicht, nicht im Traum
daran, das zu tun *(das kommt für mich nicht*
infrage).
-den|ken, das; -s: **1.** drückt in Bildungen mit Sub-
stantiven aus, dass eine Person besonderen
Wert legt auf etw., nur auf etw. sieht: Prestige-,
Profitdenken. **2.** drückt in Bildungen mit Substantiven aus, dass eine Person Dinge nur im
Rahmen von etw., eingeengt auf etw. sieht:
Anspruchs-, Feindbild-, Konkurrenzdenken.
3. bezeichnet in Bildungen mit Substantiven ein
Denken von jmdm.: Gruppen-, Parteidenken.
Den|ker der; -s, - [für engl. thinker]: *jmd., der als*
Philosoph über Probleme des Daseins nach-
denkt; Philosoph: er gehört zu den bedeutends-
ten -n seiner Zeit.
Den|ker|fal|te, die (scherzh.): *(beim angestreng-*
ten Nachdenken) auf der Stirn entstehende
Falte.
Den|ke|rin, die; -, -nen: w. Form zu ↑Denker.
den|ke|risch ⟨Adj.⟩: *von einem denkenden Men-*
schen ausgehend, ihn betreffend: eine -e Leistung.
Den|ker|stirn, die (oft scherzh.): *hohe Stirn.*
Denk|fa|brik, die [nach engl. think-tank = Bera-
terstab (amerik. ugs. = Gehirnkasten); ↑-fabrik]:
Einrichtung, Institution bes. im Bereich von
Wirtschaft u. Politik, in der ein großer Stab von
Fachleuten [der verschiedensten Gebiete] über
wirtschaftliche, politische u. gesellschaftliche
Probleme nachdenkt, Lösungsvorschläge erar-
beitet, neue Ideen zu Konzepten (2) *weiterentwi-*
ckelt, die dann [von Unternehmen, Politikern] in
die Praxis umgesetzt werden sollen.
Denk|fä|hig|keit, die ⟨o. Pl.⟩: *Fähigkeit zu denken.*
denk|faul ⟨Adj.⟩: *zu faul zum Denken.*
Denk|feh|ler, der: *beim Denken unterlaufener*
Fehler: ein schwerwiegender D.; ihm ist ein D.
unterlaufen; auf einem D. beruhen.
Denk|form, die: *Form des Denkens.*
Denk|ge|setz, das: *logisches Gesetz.*
Denk|ge|wohn|heit, die: *Gewohnheit, in*
bestimmter Weise zu denken.
Denk|hal|tung, die: *innere Einstellung.*
Denk|hil|fe, die: *Hilfe für das Denken:* jmdm. eine
D. geben.
Denk|in|halt, der: *Inhalt des Denkens.*
Denk|leh|re, die: *Logik.*
Denk|mal, das; -s, ...mäler (geh.: ...male) [für
griech. mnēmósynon = Gedächtnishilfe; zu
↑²Mal]: **1.** *zum Gedächtnis an eine Person od.*

D

ein Ereignis errichtete, größere plastische Darstellung; Monument: ein D. [zu Ehren der Gefallenen] errichten, enthüllen; jmdm. ein D. setzen [lassen]; er ist schon zu Lebzeiten ein D. *(fest verankert im Bewusstsein der Menschen als Verkörperung von etw.)*; * **sich ein D. setzen** *(eine große Leistung vollbringen u. dadurch in der Erinnerung anderer weiterleben).* **2.** *erhaltenes [Kunst]werk, das für eine frühere Kultur Zeugnis ablegt:* Denkmäler der deutschen Literatur.

Dẹnk|mal|kun|de, die: *Gebiet der Kunstgeschichte, das sich mit historisch wertvollen Denkmälern befasst.*

dẹnk|mal|kund|lich ⟨Adj.⟩: *die Denkmalkunde betreffend.*

Dẹnk|mal|pfle|ge, die: *Pflege, Erhaltung, Wiederherstellung künstlerisch od. kulturgeschichtlich wertvoller Objekte* (bes. Bauwerke u. Stadtviertel).

Dẹnk|mal|pfle|ger, der: *jmd., der alte Bauwerke renoviert* (Berufsbez.).

Dẹnk|mal|pfle|ge|rin, die: w. Form zu ↑Denkmalpfleger.

dẹnk|mal|pfle|ge|risch ⟨Adj.⟩: *die Denkmalpflege betreffend:* -e Maßnahmen.

Dẹnk|mal|schän|dung, die: *Schändung eines Denkmals.*

Dẹnk|mal|schutz, der: *durch Gesetze sichergestellter Schutz von Boden-, Bau- u. Kulturdenkmälern:* dieses Haus steht unter D.; etw. unter D. stellen.

Dẹnk|mo|dell, das: *gedanklich konzipiertes Modell der Funktion od. Struktur von etw., hypothetischer Entwurf:* neue Begriffe und -e einführen, erläutern.

Dẹnk|mus|ter, das: vgl. Denkmodell.

Dẹnk|pau|se, die: **1.** *Pause, die jmd. bei Gesprächen, Verhandlungen zum weiteren Nachdenken über etw. einlegt.* **2.** (selten) *Pause im Denken; der Erholung dienende Pause.*

Dẹnk|pro|zess, der: *Prozess des Denkens.*

Dẹnk|re|de, die: *Gedenkrede.*

Dẹnk|rich|tung, die: *geistige, gedankliche Ausrichtung.*

Dẹnk|scha|blo|ne, die: *Schablone für das Denken.*

Dẹnk|sche|ma, das: *Schema für das Denken.*

Dẹnk|schrift, die: *an eine offizielle Stelle gerichtete Schrift über eine wichtige [öffentliche] Angelegenheit.*

Dẹnk|schritt, der: *Schritt, Abschnitt beim Denkvorgang.*

Dẹnk|sport, der: *das Lösen von rätselartigen Aufgaben durch Nachdenken.*

Dẹnk|sport|auf|ga|be, die: *Denkaufgabe.*

Dẹnk|spruch, der: *Wahlspruch.*

Dẹnk|stö|rung, die: *Störung beim Vorgang des Denkens.*

Dẹnk|sys|tem, das: *logisch aufgebautes, insbes. philosophisches System.*

Dẹnk|tä|tig|keit, die ⟨o. Pl.⟩: *Tätigkeit des Denkens.*

Dẹnk|übung, die: *Übung für das Denken.*

Dẹn|kungs|art, die (veraltend): *Denkart.*

Dẹnk|ver|bot, das: *das Nichtzulassen, Unterdrücken von Meinungen, Meinungsäußerungen [die von einer vorgegebenen Linie, einem Dogma o. Ä. abweichen]:* ein D. aussprechen.

Dẹnk|ver|mö|gen, das: *Vermögen des Denkens.*

Dẹnk|vor|gang, der: *Vorgang des Denkens.*

Dẹnk|wei|se, die: *Denkart.*

dẹnk|wür|dig ⟨Adj.⟩: *von solch einer Art, so bedeutungsvoll, dass man immer wieder daran denken, sich daran erinnern, es nicht vergessen sollte:* ein -er Tag; eine -e Begegnung.

Dẹnk|wür|dig|keit, die: **1.** ⟨o. Pl.⟩ *das Denkwürdigsein:* die D. dieser Schlacht, dieses Ereignisses. **2.** ⟨Pl.⟩ (veraltet) *Memoiren.*

Dẹnk|zen|trum, das: *Zentrum des Denkens im Gehirn.*

Dẹnk|zet|tel, der [mniederd. denksēd(d)el, -cēdel = Urkunde; Merkblatt; im 16. Jh. hängte man Schülern Zettel mit ihren Schulvergehen an]: *exemplarische Strafe od. als Warnung angesehene unangenehme Erfahrung:* jmdm. einen D. geben, verpassen; das ist mir ein D. fürs Leben.

dẹnn [mhd. den(ne), ahd. denne, erst seit dem 18. Jh. unterschieden von ↑dann]: **I.** ⟨Konj.⟩ gibt die Begründung an: wir blieben zu Hause, d. das Wetter war schlecht; ich glaube ihm nicht, d. wenn es so wäre, hätte er die Polizei verständigt; sie war von ihrem Sieg überzeugt, d. um zu gewinnen, hatte sie hart trainiert. **II.** ⟨Vergleichspartikel⟩ (vereinzelt noch, um doppeltes »als« zu vermeiden, sonst veraltet od. geh.): er ist als Wissenschaftler bedeutender d. als Künstler; (häufig in Verbindung mit »je« nach Komp.:) mehr, besser, öfter d. je [zuvor]. **III.** ⟨Adv.⟩ **1.** (selten) *ausgenommen, wenn; unter der Voraussetzung, dass:* ich leihe ihm nichts mehr, er müsste sich d. gründlich geändert haben. **2.** (nordd.) *dann:* na, d. nicht; d. geh man zu ihm. **IV.** ⟨Partikel⟩ **1.** ⟨unbetont⟩ **a)** drückt in Fragesätzen innere Anteilnahme, lebhaftes Interesse, Ungeduld, Zweifel o. Ä. des Sprechers aus; *überhaupt, eigentlich:* was ist d. mit ihm?; was soll das d.?; wer war d. das?; hast du d. so viel Geld?; **b)** wirkt in Aussagesätzen verstärkend u. drückt oft eine Folgerung aus; *also, schließlich, nun:* ihr war es d. doch zu anstrengend; das schien ihm d. auch genug. **2.** ⟨unbetont⟩ **a)** in rhetorischen Fragen; *so scheint es fast:* bist du d. taub?; kannst du d. nicht hören?; **b)** verstärkend in Ausrufen: wohlan d.! **3.** ⟨betont in Verbindung mit Interrogativpronomen od. -adverbien⟩ *im Unterschied dazu; sonst:* »Liegt das Buch auf dem Tisch?« – »Nein.« – »Wo d.?«; »Hast du das Geld von ihr?« – »Nein.« – »Von wem d.?«.

dẹn|noch ⟨Adv.⟩ [mhd. dennoch, dannoch, ahd. danna noh = ferner, außerdem]: *trotzdem:* hässlich und d. schön; es d. versuchen; sie war krank, d. wollte sie verreisen.

dẹnn|schon: ↑wennschon.

De|no|mi|na|ti|on, die; -, -en [1: lat. denominatio; 2, 3: engl. denomination]: **1.** (veraltet) *Benennung, Ernennung.* **2.** (Wirtsch.) *Herabsetzung des genannten Betrags einer Aktie.* **3.** (Rel., bes. in Amerika) *christliche Religionsgemeinschaft (Kirche od. Sekte).*

De|no|mi|na|tiv, das; -s, -e u. **De|no|mi|na|ti|vum,** das; -s, ...va [zu spätlat. denominativus = durch Ableitung gebildet] (Sprachw.): *Ableitung von einem Substantiv od. Adjektiv* (z. B. »tröstlich« von »Trost«).

De|no|tat, das; -s, -e [zu lat. denotatum, 2. Part. von: denotare = bezeichnen] (Sprachw.): **1.** *vom Sprecher bezeichneter Gegenstand od. Sachverhalt in der außersprachlichen Wirklichkeit.* **2.** *begrifflicher Inhalt eines sprachlichen Zeichens im Gegensatz zu den emotionalen Nebenbedeutungen.*

De|no|ta|ti|on, die; -, -en [1: lat. denotatio; 2: engl. denotation]: **1.** (Logik) *Weite, Umfang eines Begriffs.* **2.** (Sprachw.) **a)** *auf den mit dem Wort gemeinten Gegenstand hinweisende Bedeutung;* **b)** *formale Beziehung zwischen dem Zeichen u. dem bezeichneten Gegenstand od. Sachverhalt in der außersprachlichen Wirklichkeit.*

de|no|ta|tiv [auch: ˈdeː...] ⟨Adj.⟩ (Sprachw.): *nur den begrifflichen Inhalt eines sprachlichen Zeichens betreffend, ohne Berücksichtigung von Nebenbedeutungen.*

Dens, der; -, Dentes [ˈdɛnteːs; lat. dens (Gen.: dentis)] (Med.): *Zahn.*

den|sel|ben: ↑derselbe.

den|tal ⟨Adj.⟩ [spätlat. dentalis = die Zähne betreffend, zu lat. dens (Gen.: dentis = Zahn)]: **1.** (Med.) *die Zähne betreffend, zu ihnen gehörend.* **2.** (Sprachw.) *(von Lauten) mithilfe der Zähne gebildet.*

Den|tal, der; -s, -e (Phon.): *Zahnlaut* (z. B. d, t).

Dẹn|tes: Pl. von ↑Dens.

Den|tin, das; -s: **1.** (Med.) *Zahnbein.* **2.** (Biol.) *Hartsubstanz der Haischuppen.*

Den|tist, der; -en, -en [frz. dentiste, zu: dent = Zahn] (früher): *Zahnarzt ohne Hochschulprüfung.*

Den|tis|tin, die; -, -nen: w. Form zu ↑Dentist.

Den|to|lo|gie, die; - [↑-logie]: *Zahnheilkunde.*

de|nu|kle|a|ri|sie|ren ⟨sw. V.; hat⟩ [zu lat. de- = von – weg u. ↑nuklear]: *(aus einem Gebiet) Atomwaffen abziehen u. die dazugehörenden militärischen Anlagen abbauen.*

De|nu|kle|a|ri|sie|rung, die; -, -en: *das Denukle[arisieren], Denuklearisiertwerden:* eine D. des Meeresbodens; Truppenabzug und D. bedeute[n] eine erhebliche Entlastung in dieser Region.

De|nun|zi|ạnt, der; -en, -en [zu lat. denuntians (Gen.: denuntiantis), 1. Part. von: denuntiare, ↑denunzieren] (abwertend): *jmd., der einen anderen denunziert* (1): ein D. hat ihn verleum[det], angezeigt.

De|nun|zi|ạn|tin, die: w. Form zu ↑Denunziant.

De|nun|zi|a|ti|on, die; -, -en [lat. denuntiatio = Ankündigung, Anzeige] (abwertend): *denunz[ie]rende Anzeige:* eine anonyme D.

de|nun|zi|a|to|risch ⟨Adj.⟩: **a)** *denunzierend, ein[er] Denunziation gleichkommend:* -e Gerüchte, Anschuldigungen, Verleumdungen; **b)** *brandmarkend, öffentlich verurteilend.*

de|nun|zie|ren ⟨sw. V.; hat⟩ [1: lat. denuntiare = ankündigen, anzeigen; 2: nach engl. denounce] **1.** (abwertend) *[aus persönlichen niedrigen Beweggründen] anzeigen:* jmdn. bei der Polize[i] d. **2.** *als negativ hinstellen, öffentlich verurteilen, brandmarken:* ein Buch, eine Meinung [al]s etw.] d.

Deo, das; -s, -s: kurz für ↑Deodorant.

De|o|do|rạnt, das; -s, -s u. -e [engl. deodorant, z[u] lat. de- = von – weg u. odor = Geruch]: *kosme[ti]sches Mittel gegen Körpergeruch.*

De|o|do|rạnt|spray, der od. das: *Spray mit deod[o]rierender Wirkung.*

De|o|do|rạnt|stift, der: *Deodorant in Form eine[s] Stiftes.*

de|o|do|rie|ren ⟨sw. V.; hat⟩: *schlechten, unange[-] nehmen [Körper]geruch hemmen, überdecken:* deodorierende Sprays.

De|o|do|rie|rung, die; -, -en: *das Deodorieren.*

de|o|do|ri|sie|ren ⟨sw. V.; hat⟩: *deodorieren.*

De|o|do|ri|sie|rung, die; -, -en: *Deodorierung.*

Deo gra|ti|as [lat., zu: deus = Gott u. gratia = Dank]: *Gott sei Dank!* (bes. als Akklamation i[n] der kath. Liturgie).

Deo|rol|ler, der: *Deodorant in einer Hülse, das mittels einer sich drehenden Kugel auf die Ha[ut] aufgetragen wird.*

Deo|spray: kurz für ↑Deodorantspray.

Deo|stift: kurz für ↑Deodorantstift.

De|par|te|ment [departəˈmɑ̃:, schweiz. auch: ...əˈmɛnt], das; -s, -s u. (schweiz.:) -e [...ˈmɛnta] frz. département, zu: départir = aus-, verteile[n] < lat. dispertire]: **1.** *Verwaltungsbezirk in Fran[k]reich.* **2.** *Ministerium, Verwaltungsabteilung i[n] der Schweiz.* **3.** (schweiz., sonst veraltet) *Abtei[-] lung, Geschäftsbereich.*

De|part|ment [dɪˈpɑːtmənt], das; -s, -s [engl. department < frz. département]: **1.** in den USA Bez. für *Ministerium.* **2.** *Fachbereich an amer[i]kanischen u. britischen Universitäten.*

De|pen|dance [depɑ̃ˈdɑ̃:s], die; -, -n [...sn̩; frz. dépendance, eigtl. = Zubehör, zu: dépendre = abhängig sein < lat. dependere]: **1.** (bildungssp[r.]) *Niederlassung, Zweigstelle:* die D. einer Firma eines Verlags. **2.** (Hotelw.) *Nebengebäude [eine]s Hotels]:* die anderen wurden in der D. untergebracht.

Dé|pen|dance: frz. Schreibung für ↑Dependanc[e].

De|pen|dẹnz [depɛn...], die; -, -en (Philos., Sprachw.): *Abhängigkeit.*

De|pen|dẹnz|gram|ma|tik, die (Sprachw.): *Gran[m]matik, die die hinter der linearen Erscheinung[s]form der gesprochenen od. geschriebenen Spr[a]che verborgenen strukturellen Beziehungen zw[i]schen den einzelnen Elementen im Satz unter[-] sucht od. darstellt, v. a. die Abhängigkeit der Satzglieder vom Verb.*

De|per|so|na|li|sa|ti|on, die; -, -en [zu lat. de- = von – weg u. ↑Person; vgl. frz. dépersonnalisation] (Psych.): *Verlust des Persönlichkeitsgefü[hls]* *bei geistig-seelischen Störungen; Entpersönlichung.*

e|pe|sche, die; -, -n [frz. dépêche, zu: dépêcher, ↑depeschieren] (veraltet): *Telegramm:* eine D. aufgeben; er schickte ihm eine D.

e|pe|schie|ren ‹sw. V.; hat› [frz. dépêcher = befördern, beschleunigen, eigtl. = Hindernisse vor den Füßen wegräumen, zu spätlat. impedicare = verhindern] (veraltet): *telegrafieren:* jmdm. seine Ankunft d.; er depeschierte ihm, dass das Geschäft abgeschlossen sei.

e|pi|la|ti|on, die; -, -en [zu ↑depilieren] (Med.): *Enthaarung.*

e|pi|lie|ren ‹sw. V.; hat› [lat. depilare, zu: de- = von – weg u. pilus = Haar] (Med.): *enthaaren.*

e|pla|cie|ren [depla'si:rən, auch: ...a'tsi:...] ‹sw. V.; hat› [frz. déplacer, zu: place, ↑Platz] (veraltet): *verrücken, verdrängen.*

e|pla|ciert [depla'si:ɐ̯t, auch: ...a'tsi:ɐ̯t]: ↑deplatziert.

e|plat|ziert ‹Adj.› [frz. déplacé, 2. Part. von: déplacer, ↑deplacieren]: *unangebracht, fehl am Platz:* eine -e Bemerkung; ich fühle mich hier d.

e|po|nat, das; -[e]s, -e [zu ↑deponieren]: *etw., was jmd. deponiert hat, was deponiert worden ist.*

e|po|nens, das; -, ...nentia u. ...nenzien [spätlat. deponens (verbum), zu lat. deponere, ↑deponieren] (Sprachw.): *Verb mit passiver Form, aber aktiver Bedeutung.*

e|po|nent, der; -en, -en [zu lat. deponens (Gen.: deponentis), 1. Part. von: deponere, ↑deponieren]: *jmd., der etw. deponiert, etw. hinterlegt.*

e|po|nen|tin, die; -, -nen: w. Form zu ↑Deponent.

e|po|nie, die; -, -n: **1.** *Mülldeponie, Müll-, Schuttabladeplatz:* zentrale -n. **2.** *das Ablagern von Müll, Schutt o. Ä.*

e|po|nie|be|trei|ber, der: *Betreiber einer Deponie* (1).

e|po|nie|ren ‹sw. V.; hat› [lat. deponere = ab-, niederlegen]: **a)** *in Verwahrung geben, hinterlegen:* Geld, Schmuck bei der Bank, im Safe d.; **b)** *auf einen bestimmten Platz legen, stellen:* den Schlüssel auf der Fensterbank d.; **c)** *zur Ablagerung, Lagerung bringen:* der Schlamm kann deponiert werden; **d)** *sich absetzen lassen, ablagern* (1 a).

e|po|nie|rung, die; -, -en: *das Deponieren, Deponiertwerden.*

e|port [auch: de'po:ɐ̯], der; -s, -s [de'po:ɐ̯s] u. (bei dt. Ausspr.:) -e [frz. déport, Ggb. zu: report, ↑Report (2)] (Bankw.): *Kursabzug bei Termingeschäften.*

e|por|ta|ti|on, die; -, -en [lat. deportatio]: *Zwangsverschickung, Verschleppung, Verbannung von Verbrechern, unbequemen politischen Gegnern od. ganzen Volksgruppen:* die D. der Häftlinge in ein Arbeitslager.

e|por|ta|ti|ons|la|ger, das: *Lager für Deportierte.*

e|por|tie|ren ‹sw. V.; hat› [frz. déporter < lat. deportare]: *Verbrecher, unbequeme politische Gegner, ganze Volksgruppen verschleppen, verbannen, zwangsweise in ein Gebiet o. Ä. transportieren, wo sie nicht gefährlich werden können:* jmdn. [nach Sibirien] d.

e|por|tier|te, der u. die; -n, -n ‹Dekl. ↑Abgeordnete›: *jmd., der deportiert worden ist; Verbannte[r].*

e|po|si|tar, De|po|si|tär, der; -s, -e [frz. dépositaire < spätlat. depositarius]: *Verwahrer von Wertgegenständen, -papieren u. a.*

e|po|si|ten ‹Pl.› [zu lat. depositum; ↑Depositum] (Bankw.): *Einlagen, Gelder, die als kurz- od. mittelfristige Geldanlage bei einem Kreditinstitut gegen Verzinsung eingelegt u. nicht auf ein Spar- od. Kontokorrentkonto verbucht werden.*

e|po|si|ten|bank, die ‹Pl. -en›: *Bank, die sich auf Depositenannahme, Gewährung von kurzfristigen Krediten u. Ä. beschränkt; Kreditbank.*

e|po|si|ti|on, die; -, -en [1: spätlat. depositio]: **1.** (Rechtsspr.) *Hinterlegung.* **2.** (Rel.) *Absetzung eines katholischen Geistlichen.*

De|po|si|to|ri|um, das; -s, ...ien [spätlat. depositorium]: *Aufbewahrungsort, Hinterlegungsstelle.*

De|po|si|tum, das; -s, ...iten [lat. depositum, 2. Part. von: deponere, ↑deponieren] (Rechtsspr., Bankw.): *etw., was hinterlegt, in Verwahrung gegeben worden ist.*

De|pot [de'po:], das; -s, -s [frz. dépôt < lat. depositum, ↑Depositum]: **1. a)** *[staatlicher] Aufbewahrungsort für größere Mengen von Gegenständen, Sammellager:* Butter, Getreide in einem D. lagern; **b)** *Abteilung einer Bank, in der Wertsachen u. -schriften verwahrt werden:* Wertpapiere in ein D. geben; **c)** *in einem Depot aufbewahrte Gegenstände:* das D. bestand aus Schmuck und Wertpapieren. **2.** *Bodensatz in Getränken, bes. im Rotwein.* **3.** (Med.) *in Geweben od. Organen gespeicherter Stoff.* **4.** *Sammelstelle für Omnibusse od. Schienenfahrzeuge:* die Straßenbahn fährt ins D.

De|pot|fett [de'po:...], das (Biol., Med.): *Fett, das im Unterhautfettgewebe gespeichert u. vom Organismus bei Bedarf wieder verwertet wird.*

De|pot|ge|bühr, die (Bankw.): *Gebühr für Verwahrung u. Verwaltung von Wertsachen u. -papieren.*

De|pot|ge|schäft, das (Bankw.): *Geschäft, das die Verwahrung u. Verwaltung von Wertsachen u. -papieren zum Gegenstand hat.*

De|pot|schein, der (Bankw.): *Bescheinigung der Bank über die Einlagen in einem Depot* (1 b).

De|pot|wech|sel, der (Bankw.): *als Sicherheit für einen Bankkredit hinterlegter Wechsel.*

Depp, der; -en (auch: -s), -en (auch: -e) [wohl zu ↑tappen, also eigtl. = jmd., der »täppisch« geht u. zugreift]: **a)** (bes. südd., österr., schweiz. abwertend) *einfältiger, ungeschickter Mensch, Tölpel, Dummkopf;* **b)** (landsch. abwertend) *geistig Behinderter.*

dep|pert ‹Adj.› (südd., österr.): *dumm, einfältig, blöd:* -e Sprüche; ich bin doch nicht d.

De|pra|va|ti|on, die; -, -en [lat. depravatio = Verzerrung, Entstellung]: **1.** (bildungsspr.) **a)** *das Depravieren;* **b)** *Zustand, Erscheinungsform der Entartung.* **2.** (Münzk.) *Wertminderung durch Verschlechterung des Edelmetallgehalts.* **3.** (Med.) *Verschlechterung im Krankheitszustand.*

de|pra|vie|ren ‹sw. V.; hat› [lat. depravare = verzerren, entstellen]: **1.** (bildungsspr.) *verderben:* depravierte Sitten. **2.** (Münzk.) *durch Verschlechterung des Edelmetallgehalts im Wert mindern.*

De|pres|si|on, die; -, -en [frz. dépression = Niederdrückung, Senkung < lat. depressio]: **1.** *Niedergeschlagenheit, seelische Verstimmung, traurige Stimmung:* er hat eine schwere D.; an, unter -en leiden; in eine tiefe seelische D. verfallen. **2.** (Wirtsch.) *Phase des Niedergangs im Konjunkturverlauf:* eine weltweite D. **3.** (Met.) *Tief[druckgebiet].* **4.** (Med.) *Einsenkung, Einstülpung, Vertiefung* (z. B. im Knochen). **5.** (Geogr.) *Festlandgebiet, dessen Oberfläche unter dem Meeresspiegel liegt; Landsenke.* **6.** (Astron.) **a)** *negative Höhe eines Gestirns, das unter dem Horizont steht;* **b)** *Winkel zwischen der Linie Auge – Horizont u. der waagerechten Linie, die durch das Auge des Beobachters verläuft.* **7.** (Physik) *vorübergehendes Herabsetzen des Nullpunktes [eines Thermometers] durch Überhöhung der Temperatur u. unmittelbar folgende Abkühlung auf 0°.*

de|pres|siv ‹Adj.› [frz. dépressif = niederdrückend, zu lat. depressus, 2. Part. zu: deprimere, ↑deprimieren]: **1.** *traurig, seelisch gedrückt, niedergeschlagen:* eine -e Stimmung; sehr d. gestimmt sein. **2.** (Wirtsch.) *durch einen Konjunkturrückgang bestimmt:* die Wirtschaft bleibt d.

De|pres|si|vi|tät, die; -: *depressiver Zustand.*

de|pri|mie|ren ‹sw. V.; hat› [frz. déprimer < lat. deprimere = herabdrücken, senken]: *niederdrücken, entmutigen:* das Wetter deprimiert mich; es deprimierte ihn, wie die Leute dahinvegetierten; sie ist deprimiert, schaut deprimiert drein; etw. ist, wirkt deprimierend; ein deprimierter Gesichtsausdruck.

De|pri|va|ti|on, die; -, -en [mlat. deprivatio, eigtl. = Beraubung]: **1.** (Psych.) *Mangel, Verlust, Entzug von etw. Erwünschtem, Liebesentzug.* **2.** *Absetzung eines katholischen Geistlichen.*

de|pri|vie|ren ‹sw. V.; hat› [mlat. deprivare = entziehen, zu lat. privare = berauben] (Psych.): *die Mutter od. eine Bezugsperson entbehren lassen.*

De|pu|tant, der; -en, -en [zu lat. deputans (Gen.: deputantis), 1. Part. von: deputare, ↑deputieren]: *jmd., der auf ein Deputat* (1) *Anspruch hat.*

De|pu|tan|tin, die; -, -nen: w. Form zu ↑Deputant.

De|pu|tat, das; -[e]s, -e [zu lat. deputatum, 2. Part. von: deputare, ↑deputieren]: **1.** *zum Lohn od. Gehalt gehörende Sachleistung:* es wird ein D. gewährt. **2.** *Anzahl der Unterrichtsstunden, die eine Lehrkraft zu geben hat:* sein D. beträgt 20 Stunden; sie hat jetzt als Lehrerin ein halbes D., unterrichtet mit einem halben D.

De|pu|ta|ti|on, die; -, -en [mlat. deputatio, zu spätlat. deputatus, ↑Deputierte]: *Abordnung, die einer politischen Körperschaft im Auftrag einer Versammlung Wünsche od. Forderungen überbringt.*

de|pu|tie|ren ‹sw. V.; hat› [spätlat. deputare = abordnen < lat. deputare = abschneiden]: *einen Bevollmächtigten od. eine Gruppe von Bevollmächtigten abordnen.*

De|pu|tier|te, der u. die; -n, -n ‹Dekl. ↑Abgeordnete› [über frz. député < spätlat. deputatus = Repräsentant staatlicher Autorität]: **1.** *Mitglied einer Deputation.* **2.** *Abgeordnete[r]* (z. B. in Frankreich).

De|qua|li|fi|zie|rung, die; -, -en [aus lat. de- = von – weg u. ↑Qualifizierung] (Arbeitswiss., Soziol.): *verminderte Nutzung, Entwertung vorhandener beruflicher Fähigkeiten im Zuge von Rationalisierungs- u. Automatisierungsmaßnahmen in der Wirtschaft.*

der, die, das [mhd., ahd. der, diu, daz; urspr. ein Demonstrativpron.]: **I.** ‹bestimmter Art.› **1.** individualisierend: **a)** (allg.) ‹Sg.:› der Mann schläft; auf Befehl des Königs; auf dem Tisch liegen; den Baum fällen; die Mutter ruft ihr Kind; der Tür einen Tritt geben; die Pflanze bewässern; das Mädchen hat blonde Haare; in einem Zimmer des Hauses; aus dem Buch vorlesen; das Auto reparieren; ‹Pl.:› die Züge fahren vorbei; es ist der Wunsch der Eltern; den Hühnern Futter geben; die Flüsse hinauffahren; **b)** bei Abstrakta u. Stoffbezeichnungen: der Tod; die Liebe; die Hoffnung; das Leben; das Eisen dieser Kanone ist rostig; das Holz des Tisches ist wertvoll; **c)** bei etw. Einmaligem: er war der *(der größte)* Komponist des 19. Jahrhunderts; das ist die *(die beste)* Idee; **d)** bei bestimmten Eigennamen, Ländernamen: mit der »Europa« (Name eines Schiffes) fahren; die Schweiz; das Tessin; der Kongo; die Niederlande; **e)** bei Eigennamen mit Attr.: der kleine Hans; das Frankreich der Revolution; **f)** (ugs.) die Petra kommt gleich; ich bin der Holger; der Papa ist nicht da; kannst du der Elke etwas ausrichten?; habt ihr den Klaus gesehen?; die Müllers fahren in Urlaub; **g)** beim Namen berühmter weiblicher Persönlichkeiten: die Duse; die Knef; **h)** in der Amtssprache: die Vorladung des Hans Meier. **2.** generalisierend: der Mensch ist ein soziales Wesen; die Bäume gehören zu den Pflanzen; das tägliche Brot; die Emanzipation der Frau; der Italiener isst gerne Spaghetti; der Deutsche trinkt gerne Bier. **II.** ‹Demonstrativpron.› **1.** ‹attr.› **a)** (immer betont) ‹Sg.:› der Mann war es; dessen Auto willst du kaufen?; den Lehrer kann ich gut leiden; deren Kleid ist sehr auffällig; der Blume muss man noch Wasser geben; die Truhe kaufe ich; das Grundstück ist leider verkauft; dessen Brot ist das beste; dem Pferd gebe ich keine Chance; das Buch muss man gelesen haben; ‹Pl.:› die Arbeiter werden ausgezeichnet; ‹rückweisend:› deren Leistung war überragend;

⟨vorausweisend:⟩ die Leistung derer, die ausgezeichnet werden, ist überragend; diese Schüler waren fleißig, denen muss man gute Noten geben; (in Wortpaaren:) aus dem und jenem Grund *(aus verschiedenen Gründen);* um die und die Zeit *(um eine bestimmte, jedoch nicht genauer bezeichnete Zeit);* **b)** (nicht betont) anstelle eines Genitivattributs: wir fuhren in dessen *(des Mannes)* großem Auto; ich sprach mit Margot und deren nettem Mann; vor dem Denkmal und dessen verziertem Sockel; die Verwandten und deren Kinder kamen zu Besuch. **2.** ⟨selbstständig⟩ **a)** unmittelbar hinweisend: der war es; die hat es getan; das ist doch die Höhe!; (ugs.:) wer ist denn die [da]?; der *(er, der Herr)* hat gesagt, dass ...; die da oben sind an allem schuld; der und arbeiten! *(er wird bestimmt nicht arbeiten);* **b)** unterscheidend: die mit den blonden Haaren; der mit der Glatze; (abwertend:) ach die!; **c)** das (in Sätzen mit Prädikativum u. nordd. bei unpersönlich gebrauchten Verben): (nordd.:) das regnet den ganzen Tag; das hört überhaupt nicht auf zu schneien; das stinkt hier ganz schön; das ist Frau Maier; **d)** bei Adelsnamen: das Schloss derer von S.; **e)** in Wortpaaren: er hat zu mir gesagt, er sei der und der *(jmd. Bestimmtes, der nicht genauer bezeichnet wird);* **f)** rück- od. vorausweisend: »Willst du den Chef sprechen? Der ist schon lange weg.«; deine Brüder, die habe ich nicht gesehen; dort liegt eine Frau, deren muss man sich annehmen; ein Kind/ein Mann, dessen muss man sich annehmen; sie fuhren mit dem Auto meines Vaters und dem meines Onkels; das, was noch kommen wird; **g)** auf einen Gesamtinhalt rück- od. vorausweisend: er ist wütend, und das mit Recht; der eigentliche Grund war der, dass er keine Lust hatte; auch das noch! (ugs.; *jetzt kommt noch dieses Unglück, diese schlechte Nachricht hinzu*); **h)** (ugs.) statt des Personalpronomens: Suchst du deinen Bruder? Der *(er)* kommt gleich; Mutter ist krank, die *(sie)* hat zu viel gearbeitet; mein Auto zieht schlecht, das *(es)* ist bestimmt kaputt; die *(sie)* haben *(die Stadt hat)* ein neues Parkhaus gebaut; ich habe meine Eltern eingeladen und verstehe gar nicht, warum die *(sie)* nicht kommen. **III.** ⟨Relativpron.⟩ **1. a)** ⟨selbstständig⟩ ein Stuhl, der entzwei ist; ein ehemaliger Lehrer, dessen ich mich erinnere; ein Hund, dem du Futter gegeben hast; ein Baum, den man gedüngt hatte; eine Schüssel, die auf dem Tisch steht; diese Frau, deren (nicht: derer) er sich annahm; diese Verkäuferin, der Hans Geld gab; die Vase, die ich gesehen habe; dieses Spiel, das spannend verlief; ein hübsches Mädchen, dessen/(veraltet:) des er sich erinnerte; ein Urteil, dem man vertraute; ein Bild, das sie aufgehängt hat; alle Spieler, die am Ball waren; Beweise, aufgrund deren er verurteilt wurde; jene Leute, denen sie die Meinung sagte; alle Spielsachen, die der Großvater kauft; **b)** anstelle eines Genitivattributs: der Vater, dessen Sohn eine Lehre macht; die Tischplatte, deren Oberfläche zerkratzt ist; das Buch, dessen Einband beschädigt ist; die Kinder, deren Eltern anwesend sind; der Mann, auf dessen erschöpftem Gesicht der Schweiß stand; die Lampe, von deren grellem Licht er geblendet wurde; Helmut, mit dessen Freund ich gerade sprach; Rita, von deren Mann die Rede war; Ergebnisse, auf deren Richtigkeit es ankam. **2.** ⟨Relativ- u. Demonstrativpron. zugleich⟩ der *(derjenige, welcher)* sich immer für mich einsetzt, ist mein Freund; die *(diejenige, welche)* das getan haben soll, ist nicht mehr anwesend; die *(diejenigen, welche)* den größten Sieg erringen, denen gebührt das meiste Lob.

De|ran|ge|ment [derãʒəˈmã:], das; -s, -s [frz. dérangement]: *Störung, Verwirrung.*

de|ran|gie|ren [derãˈʒi:rən] ⟨sw. V.; hat⟩ [frz. déranger, zu: ranger, ↑rangieren]: **a)** (veraltet) *stören:* er wollte nicht d.; **b)** *durcheinander bringen; verwirren:* lass dich durch sein Gerede nicht d.; ⟨meist im 2. Part.:⟩ derangiert sein; mit derangierter Kleidung und Frisur.

der|art ⟨Adv.⟩: *so, in solchem Maße, in solcher Weise:* es hat lange nicht mehr d. geregnet; man hat mich d. [schlecht] behandelt, dass ...

der|ar|tig ⟨Adj.⟩: *solch, so [geartet]:* eine -e Kälte; -e schwere Fehler; er schrie d., dass es alle hörten; ⟨subst.:⟩ wir haben Derartiges, etwas Derartiges noch nie erlebt.

derb ⟨Adj.⟩ [mhd. derp = hart, tüchtig, fest, ungesäuert, ahd. derp = ungesäuert (vom Brot)]: **1. a)** *fest, stabil, widerstandsfähig beschaffen:* -es Leder; -er Stoff; -e Schuhe; **b)** *voller Nährkraft, kräftig:* -e Kost; **c)** *voller Kraft, stark, heftig:* d. zupacken; er fasste sie d. am Arm; **d)** (Geol.) *(von Gestein) grobkörnig.* **2. a)** *grob, ohne Feinheit:* -e Witze, Scherze machen; seine Ausdrucksweise ist d. *(ungeschliffen);* **b)** *unfreundlich:* eine -e Antwort; jmdn. d. anfahren.

Derb|heit, die; -, -en: **1.** ⟨o. Pl.⟩ *derbes Wesen, Grobheit.* **2.** *grobe, unfeine Äußerung.*

derb|kno|chig ⟨Adj.⟩: *von sichtbar derbem Knochenbau:* ein -es Gesicht.

[1]Der|by [ˈdɑ:bi]; -s: Stadt u. Grafschaft in Mittelengland.

[2]Der|by, das; -[s], -s [engl. derby, nach Edward Stanley, dem 12. Earl of Derby, der 1780 das erste Rennen dieser Art veranstaltete]: **1.** *Pferderennen als alljährliche Zuchtprüfung für die besten dreijährigen Vollblutpferde.* **2.** *sportliches Spiel von besonderem Interesse, bes. zwischen Mannschaften aus der gleichen Region.*

Der|by|ren|nen, das: [2]*Derby* (1).

De|re|gu|la|ti|on, die; -, -en: *Deregulierung.*

de|re|gu|lie|ren ⟨sw. V.; hat⟩ [aus lat. de- = von – weg u. ↑regulieren]: *regelnde Maßnahmen aufheben:* den Arbeitsmark d.

De|re|gu|lie|rung, die; -, -en: *das Deregulieren.*

der|einst ⟨Adv.⟩ [Kurzf. von: dermaleinst, aus mhd. der māle eines = von den Malen eines]: **a)** (geh.) *künftig, später einmal:* wenn ich d. sterbe; **b)** (veraltet) *einst, früher einmal.*

der|eins|tig ⟨Adj.⟩ (selten): *künftig.*

de|ren: **I.** ⟨Demonstrativpron.⟩ **1.** ⟨Gen. Sg. von ↑die (↑der II 1 a)⟩. **2.** ⟨Gen. Pl. von ↑der, die, das (↑der II 1 a)⟩. **II.** ⟨Relativpron.⟩ **1.** ⟨Gen. Sg. von ↑die (↑der III 1 a, b)⟩. **2.** ⟨Gen. Pl. von ↑der, die, das (↑der III 1 a, b)⟩.

de|rent|hal|ben ⟨Demonstrativ- u. Relativadv.⟩ [↑-halben] (veraltet): *derentwegen.*

de|rent|we|gen ⟨Demonstrativ- u. Relativadv.⟩: *wegen deren.*

de|rent|wil|len ⟨Demonstrativ- u. Relativadv.⟩: nur in der Fügung **um d.** *(mit Rücksicht auf die; der, denen zuliebe).*

de|rer ⟨Gen. Pl. von ↑der, die, das (↑der II 1 a)⟩.

de|ret|hal|ben usw.: älter für ↑derenthalben usw.

der|ge|stalt ⟨Adv.⟩ [erstarrter adv. Gen.] (geh.): *derart, so, auf diese Weise:* die Ermittlungen verliefen d., dass alles im Sande verlief; d. ausgerüstet, trat er seinen Dienst an.

der|glei|chen ⟨indekl. Demonstrativpron.⟩: **a)** ⟨attributiv⟩ *so beschaffen, solch, derartig:* d. Fragen schätzte er gar nicht; ... und was d. Worte mehr sind; Abk.: dgl.; **b)** ⟨selbstständig⟩ *so etwas, solches, Derartiges:* d. geschieht immer wieder; nichts d. geschah; nicht d. tun *(nicht das tun, was erwartet wird, nicht reagieren);* und d. mehr (Abk.: u. dgl. m.).

De|ri|vans, das; -, ...vantia u. ...vanzien [lat. derivans, 1. Part. von: derivare, ↑derivieren] ⟨meist Pl.⟩ (Med.): *Mittel, das eine bessere Durchblutung von Organen bewirkt, Hautreizmittel.*

De|ri|vat, das; -[e]s, -e [zu lat. derivatum, 2. Part. von: derivare, ↑derivieren; 4: eigtl. = Vertrag, der sich aus einem anderen ableitet]: **1.** (Sprachw.) *abgeleitetes Wort* (z. B. »Schönheit« von »schön«). **2.** (Chemie) *chemische Verbindung, die aus einer anderen entstanden ist.* **3.** (Biol.) *Organ, das sich auf ein entwicklungsgeschichtlich älteres zurückführen lässt.* **4.** (Bankw.) *finanzwirtschaftlicher Vertrag über die Rechte beim Kauf od. Verkauf im Rahmen bestimmter Finanzgeschäfte:* der Einsatz von -n zur Absicherung gegen kurzfristige Marktrisiken.

De|ri|va|ti|on, die; -, -en [1: lat. derivatio]: **1.** (Sprachw.) *Bildung neuer Wörter aus einem Ursprungswort, Ableitung.* **2.** (Milit.) *seitliche Abweichung eines Geschosses von der Visierlinie.*

de|ri|va|tiv ⟨Adj.⟩ [spätlat. derivativus] (Sprachw.): *durch Ableitung entstanden.*

De|ri|va|tiv, das; -s, -e (Sprachw.): *Derivat* (1).

De|ri|va|ti|vum, das; -s, ...va (selten): *Derivativ.*

de|ri|vie|ren ⟨sw. V.; hat⟩ [lat. derivare = (ein Wort vom andern) ableiten]: **1.** (Sprachw.) *[ein Wort] ableiten* (z. B. »Verzeihung« von »verzeihen«). **2.** (Milit.) *(von Geschossen) von der Visierlinie abweichen.*

De|ri|vier|te, die; -n, -n ⟨Dekl. ↑Abgeordnete⟩ (Math.): *mithilfe der Differenzialrechnung abgeleitete Funktion einer Funktion.*

der|je|ni|ge, diejenige, dasjenige ⟨Demonstrativpron.⟩ [aus ↑der u. ↑jener] (verstärkend für: der, die, das): **a)** ⟨mit nachfolgendem Relativsatz⟩ derjenige, der das getan hat, soll sich melden; gerade diejenige Frau, die mir geholfen hat, ist verschwunden; dasjenige, was sie am liebsten tut; diejenigen Ereignisse, die meine Situation veränderten; er ist derjenige, welcher (ugs.; *der entscheidende Mann, der, auf den es ankommt, von dem die Rede ist*); **b)** ⟨mit nachfolgendem Gen.⟩ mit dem Amt ist automatisch dasjenige des Parteiführers verbunden; die Lieferungen der anderen Länder waren umfangreicher als diejenigen Hollands.

der|lei ⟨indekl. Demonstrativpron.⟩ [↑-lei]: **a)** ⟨attributiv⟩ *solch, derartig, von solcher Art, dergleichen:* d. Worte hört man oft; auf d. Reisen erlebt man viel; **b)** ⟨selbstständig⟩ *so etwas, solches:* d. kommt häufig vor.

Der|ma, das; -s, -ta [griech. dérma] (Med.): *Haut.*

der|mal ⟨Adj.⟩ (Med.): *die Haut betreffend, von ihr stammend, an ihr gelegen.*

der|mal|einst ⟨Adv.⟩ [↑dereinst] (geh.): *dereinst.*

der|ma|len ⟨Adv.⟩ (veraltet): *jetzt, zu dieser Zeit.*

der|ma|lig ⟨Adj.⟩ (veraltet): *jetzig.*

Der|ma|ti|tis, die; -, ...itiden (Med.): *Hautentzündung.*

Der|ma|to|lo|ge, der; -n, -n [↑-loge]: *Hautarzt* (Berufsbez.).

Der|ma|to|lo|gie, die; - [↑-logie]: *wissenschaftliche Erforschung der Hautkrankheiten.*

Der|ma|to|lo|gin, die; -, -nen: w. Form zu ↑Dermatologe.

Der|ma|to|plas|tik, die; -, -en (Med.): *Ersatz von kranker od. verletzter Haut durch Hauttransplantation.*

Der|ma|to|se, die; -, -n (Med.): *Hautkrankheit.*

Der|mo|plas|tik, die; -, -en: **1.** (Med.) *Dermatoplastik.* **2.** *Präparationsverfahren zur möglichst naturgetreuen Darstellung von Wirbeltieren.*

Der|ni|er Cri [dɛrnjeˈkri], der; - -, -s -s [dɛrnjeˈkri; frz. dernier cri = letzter Schrei]: *allerletzte Neuheit (bes. in der Mode):* etw. gilt als [der] D. C.; nach dem D. C. gekleidet sein.

de|ro ⟨indekl. Pron.⟩ [ahd. dero = Gen. Pl. von: der, diu, ↑der] (veraltet): *deren.*

De|ro ⟨indekl. Pron.⟩: *Ihr, Euer* (in veralteter Anrede): D. Gnaden; D. Exzellenz ergebener Diener.

de|ro|hal|ben ⟨Adv.⟩ (veraltet): *deshalb.*

De|rou|te [deˈru:t(ə)], die; -, -n [...tn; frz. déroute zu afrz. dérouter = auseinander laufen]: **1.** (veraltet) *wilde Flucht einer Truppe.* **2.** (Wirtsch.) *Kurs-, Preissturz.*

de|rou|tie|ren [deruˈti:rən] ⟨sw. V.; hat⟩ [1: frz. dérouter, zu: route, ↑Route; 2: zu ↑Deroute (2)] **1.** (veraltet) *vom Wege abbringen, irreleiten.* **2.** (Wirtsch.) *Preisverfall bewirken, preislich ruinieren.*

de|ro|we|gen ⟨Adv.⟩ (veraltet): *deswegen.*

der|sel|be, dieselbe, dasselbe ⟨Demonstrativpron.⟩ [mhd. der, diu, daȥ selbe, ahd. der selbo, diu, daȥ selba]: **1.** *dieser (sich selbst Gleiche) u. kein anderer; der, die, das Nämliche:* er trägt denselben Anzug wie gestern; es war dieselbe

Stadt wie damals; sie stammt aus demselben Dorf wie ich; es war ein und derselbe Schauspieler; das ist doch ein und dasselbe *(macht keinen Unterschied)*; sie ist immer noch dieselbe wie damals *(hat sich seit damals nicht verändert)*. 2. (ugs.) *der, die, das Gleiche:* er fährt dasselbe (besser: das gleiche) Auto wie ich. 3. (veraltet, Papierdt.) nachgestellt u. auf eine vorausgegangene Größe zurückweisend: das Haus, vor allem das Dach desselben *(sein Dach)*.

er|sel|bi|ge, dieselbige, dasselbige (veraltet): ↑derselbe, dieselbe, dasselbe.

er|weil, (veraltet:) **der|wei|len** [mhd. der wīle(n), ↑Weile]: I. ⟨Adv.⟩ *während dieser Zeit, inzwischen, unterdessen, mittlerweile:* ich gehe d. schon mal nach unten; er sah sich d. im Hause um. II. ⟨Konj.⟩ *während:* d. sie mit den Kindern spielte, arbeitete er.

er|wisch, der; -[e]s, -e [türk. derviş = Bettelmönch < pers. darwīš = Bettler]: *Mitglied eines islamischen religiösen Ordens, zu dessen Riten Musik u. rhythmische Tänze gehören.*

er|zeit ⟨Adv.⟩ [mhd. der zīt(e), ↑Zeit]: 1. *augenblicklich, gegenwärtig, zurzeit:* ich habe d. nichts davon auf Lager. 2. (veraltend) *damals, seinerzeit, früher:* er war d. der beste Läufer in seiner Klasse.

er|zei|tig ⟨Adj.⟩: 1. *gegenwärtig, augenblicklich, jetzig:* nach dem -en Recht. 2. (veraltend) *damalig:* der -e Leiter des Unternehmens hatte das verfügt.

es ⟨Gen. Sg. von: der u. das⟩ (↑der I 1 a).

es, Des, das; -, - (Musik): *um einen halben Ton erniedrigtes d, D (2).*

es-, Des- [frz. dés- < lat. dis-, ↑dis-, Dis-]: 1. drückt in Bildungen mit Verben aus, dass etw. aufgehoben, rückgängig gemacht wird: desaktivieren, desinfizieren. 2. drückt in Bildungen mit Substantiven das Aufheben oder Rückgängigmachen eines Vorganges oder dessen Ergebnisses aus: Desannexion, Desintegrierung. 3. verneint in Bildungen mit 2. Partizipien deren Bedeutung: desinformiert, desinteressiert.

e|sas|ter, das; -s, - [frz. désastre < ital. disastro, eigtl. = Unstern, zu: astro < lat. astrum < griech. ástron = Stern]: *Unglück, Zusammenbruch, katastrophaler Misserfolg:* ein schlimmes, entsetzliches D.; in ein finanzielles D. geraten; in einem D., mit einem D. enden.

e|sas|trös ⟨Adj.⟩ [frz. désastreux < ital. disastroso, zu: disastro, Desaster]: *verhängnisvoll, katastrophal:* eine -e Entwicklung.

es|avou|ie|ren [dɛs|avuˈiːrən, deza...] ⟨sw. V.; hat⟩ [frz. désavouer, aus: dés- (↑des-, Des-) u. avouer = einräumen; anerkennen < lat. advocare = (als Helfer) herbeirufen]: 1. *in der Öffentlichkeit bloßstellen.* 2. *nicht anerkennen, verleugnen, in Abrede stellen:* der Amtsrichter desavouierte die höchstrichterliche Grundsatzentscheidung.

es|avou|ie|rung, die; -, -en: *das Desavouieren.*

es-Dur [auch: ˈ-ˈ-], das; - (Musik): *auf dem Grundton Des beruhende Durtonart;* Zeichen: Des (↑[2]des, Des).

e|sen|si|bi|li|sa|ti|on, die; -, -en: *das Desensibilisieren.*

e|sen|si|bi|li|sie|ren ⟨sw. V.; hat⟩ [aus lat. de- = von – weg u. ↑sensibilisieren] (Med.): *unempfindlich machen:* den Organismus gegen Allergene d.

e|sen|si|bi|li|sie|rung, die; -, -en: *das Desensibilisieren.*

e|ser|teur [dezɛrˈtøːɐ̯], der; -s, -e [frz. déserteur < lat. desertor]: *Fahnenflüchtiger, Überläufer.*

e|ser|teu|rin, die; -, -nen: w. Form zu ↑Deserteur.

e|ser|tie|ren ⟨sw. V.; ist/hat⟩ [frz. déserter, eigtl. = einsam zurücklassen, zu: désert = öde, verlassen < lat. desertus, adj. 2. Part. von: deserere = verlassen]: *fahnenflüchtig werden, die Truppe verlassen [um zum Feind überzulaufen]:* er ist von seiner Truppe, zum Feind desertiert.

e|ser|ti|fi|ka|ti|on, die; -, -en [zu lat. desertus (↑desertieren) u. facere = bewirken] (Geogr.): *Vordringen der Wüste in semiaride, bisher noch von Menschen genutzte Gebiete.*

De|ser|ti|on, die; -, -en [frz. désertion < lat. desertio] (Milit.): *das Desertieren.*

des|glei|chen ⟨Adv.⟩ [mhd. desgelīchen]: *ebenso, ebenfalls:* die Preise sind zu hoch, d. die Steuern.

des|halb ⟨Adv.⟩ [mhd. deshalp]: *aus diesem Grund, daher:* er ist krank und kann d. nicht kommen; d. brauchst du nicht gleich beleidigt zu sein; d., weil ...; ach, d. also!; sie machte es trotzdem oder vielleicht gerade d.

De|si|de|rat, das; -[e]s, -e [lat. desideratum = Gewünschtes]: 1. (Buchw.) *ein vermisstes u. zur Anschaffung in Bibliotheken vorgeschlagenes Buch.* 2. (bildungsspr.) *etwas, was fehlt, was nötig gebraucht wird; Erwünschtes:* ein Desiderat der Forschung.

De|sign [diˈzai̯n], das; -s, -s [engl. design < älter frz. desseing, zu: desseigner = zeichnen, entwerfen < ital. disegnare < lat. designare, ↑designieren]: *formgerechte u. funktionale Gestaltgebung u. die so erzielte Form eines Gebrauchsgegenstandes; Entwurf[zeichnung]:* neuzeitliches, geschmackvolles, funktionelles, raffiniertes D.

de|si|gnen [diˈzai̯nən] ⟨sw. V.; hat⟩ [engl. to design, ↑Designer]: *das Design von Gebrauchs- und Verbrauchsgütern entwerfen:* sie hat früher nur Möbel designt.

De|si|gner [diˈzai̯nɐ], der; -s, - [engl. designer, zu: to design = zeichnen, entwerfen < frz. désigner < lat. designare, ↑designieren]: *jmd., der das Design von Gebrauchs- u. Verbrauchsgütern entwirft* (Berufsbez.): D. von Industrieprodukten.

De|si|gner|bril|le, die: *von einem namhaften Designer entworfene Brille.*

De|si|gner|dro|ge, die [engl. designer drug]: *meist als Abwandlung bereits bekannter Drogen synthetisch hergestelltes Rauschmittel.*

De|si|gner|food [...fuːd], das; -[s] [1. engl. designer food, zu: food = Nahrungsmittel; 2. aus ↑Designer u. engl. food = Nahrungsmittel (im Sinne von »nicht natürlich hergestelltes Nahrungsmittel«)]: 1. *(bes. von der Lebensmittelindustrie) für bestimmte Konsumenten speziell entwickeltes [neues] Nahrungsmittel.* 2. *Novel Food.*

De|si|gne|rin, die; -, -nen: w. Form zu ↑Designer.

De|si|gner|kla|mot|ten ⟨Pl.⟩ (salopp): *Designermode.*

De|si|gner|mo|de, die: *von namhaften Modedesignern entworfene Kleidung.*

de|si|gnie|ren [deziˈgniːrən] ⟨sw. V.; hat⟩ [lat. designare] (bildungsspr.): 1. *für ein [noch nicht besetztes] Amt vorsehen:* der designierte Präsident; er ist zum Vizekanzler designiert. 2. *bestimmen, bezeichnen, vorsehen:* die designierten Ziele erreichen.

des|il|lu|si|o|nie|ren ⟨sw. V.; hat⟩ [frz. désillusionner]: *ernüchtern, enttäuschen; jmdm. die Illusion nehmen:* jmdn. d.; desillusioniert zurückkehren; ein desillusionierendes Erlebnis.

Des|il|lu|si|o|nie|rung, die; -, -en: *das Desillusionieren, Desillusioniertwerden.*

Des|in|fek|ti|on, die; -, -en [aus ↑des-, Des- u. ↑Infektion]: 1. *das Desinfizieren.* 2. ⟨o. Pl.⟩ *Zustand, in dem sich etw. nach dem Desinfizieren befindet.*

Des|in|fek|ti|ons|mit|tel, das: *keimtötendes Mittel.*

des|in|fi|zie|ren ⟨sw. V.; hat⟩: *von Krankheitserregern befreien, entkeimen, entseuchen:* das Haus, die Wunde, die Operationswerkzeuge d.; eine Spritze durch, mit Alkohol d.

Des|in|fi|zie|rung, die; -, -en: *Desinfektion* (1).

Des|in|for|ma|ti|on, die; -, -en [aus ↑des-, Des- u. ↑Information]: *bewusst falsche Information zum Zwecke der Täuschung:* gezielte D., -en.

des|in|for|mie|ren ⟨sw. V.; hat⟩: *nicht od. bewusst falsch informieren.*

Des|in|te|gra|ti|on, die; -, -en [aus ↑des-, Des- u. ↑Integration] (bes. Politik, Soziol., Psych.): 1. *Spaltung, Auflösung eines Ganzen in seine Teile:* die D. der Sowjetunion. 2. ⟨o. Pl.⟩ *durch Desintegration (1) bewirkter Zustand.*

Des|in|te|grie|rung, die; -, -en: *das Desintegrieren, Desintegriertwerden.*

Des|in|te|res|se, das; -s [aus ↑des-, Des- u. ↑Interesse] (bildungsspr.): *Interesselosigkeit, Gleichgültigkeit, Uninteressiertheit:* sein D. an, für etw. zeigen, bekunden.

des|in|te|res|siert ⟨Adj.⟩ [nach frz. désintéressé, 2. Part. von: se désintéresser = das Interesse verlieren] (bildungsspr.): *ohne Interesse, unbeteiligt, gleichgültig:* ein -es Gesicht machen; d. sein, tun; sie zeigte sich völlig d.; das Kind sitzt d. in der Ecke.

Des|in|te|res|siert|heit, die; -: *das Desinteressiertsein.*

Desk|re|search [ˈdɛskrɪsəːtʃ], das; -[s], -s [engl. desk research, eigtl. = Schreibtischforschung, aus: desk = Schreibtisch u. ↑Research] (Soziol., Statistik): *Auswertung sekundären statistischen Materials (wie z. B. Absatzstatistiken) zum Zweck der Markt- u. Meinungsforschung.*

de|skri|bie|ren ⟨sw. V.; hat⟩ [lat. describere, zu: scribere = schreiben] (meist Fachspr.): *beschreiben:* sprachliche Erscheinungen, ein wissenschaftliches Modell d.

De|skrip|ti|on, die; -, -en [lat. descriptio] (meist Fachspr.): *Beschreibung.*

de|skrip|tiv ⟨Adj.⟩ [lat. descriptivus] (meist Fachspr.): *beschreibend:* ein rein -es Bild geben; -e Grammatik *(Grammatik, die den Sprachzustand eines bestimmten Zeitabschnitts rein beschreibend darstellt);* etw. d. darstellen.

Desk|top-Pu|bli|shing, (auch:) **Desk|top|pu|bli|shing** [ˈdɛsktɔpˈpʌblɪʃɪŋ], das; -[s] [engl., aus: desktop = Schreibtischplatte u. publishing = das Herausgeben] (EDV): *das Erstellen von Satz und Layout eines Textes am Schreibtisch mithilfe der EDV.*

Des|o|do|rant usw.: ↑Deodorant usw.

de|so|lat ⟨Adj.⟩ [zu lat. desolatum, 2. Part. von: desolare = einsam lassen, verlassen] (bildungsspr.): *trostlos, traurig; schlecht, miserabel:* eine -e Lage, Verfassung; ein -er Anblick, Zustand.

Des|or|ga|ni|sa|ti|on, die; -, -en [frz. désorganisation] (bildungsspr.): 1. *Auflösung, Zerrüttung der Ordnung, des organisierten Zustandes.* 2. *fehlende, mangelhafte Organisation, Planung:* der Grund für das Scheitern des Vorhabens war völlige D.

des|or|ga|ni|sie|ren ⟨sw. V.; hat⟩ [frz. désorganiser, aus: dés- (↑des-, Des-) u. organiser, ↑organisieren]: *den organisierten Zustand von etw. zerstören, auflösen:* eine desorganisierte Versorgung.

Des|or|ga|ni|sie|rung, die; -, -en: *das Desorganisieren.*

des|ori|en|tie|ren ⟨sw. V.; hat⟩ [frz. désorienter, aus: dés- (↑des-, Des-) u. orienter, ↑orientieren]: *verwirren, nicht od. falsch unterrichten:* völlig desorientiert sein.

Des|ori|en|tiert|heit, die; -: *das Desorientiertsein.*

Des|ori|en|tie|rung, die; -, -en: 1. *falsche od. mangelhafte Unterrichtung; Verwirrung.* 2. (Psych.) *Störung des normalen Raum- u. Zeitempfindens, Orientierungsunfähigkeit.*

Des|oxi|da|ti|on, (auch:) Desoxydation, die; -, -en [zu ↑desoxidieren] (Chemie): *das Desoxidieren.*

des|oxi|die|ren, (auch:) desoxydieren ⟨sw. V.; hat⟩ [aus ↑des-, Des- u. ↑oxidieren] (Chemie): *einer chemischen Verbindung Sauerstoff entziehen.*

Des|oxy|da|ti|on: ↑Desoxidation.

des|oxy|die|ren: ↑desoxidieren.

Des|oxy|ri|bo|nu|kle|in|säu|re, die (Biochemie): *in allen Lebewesen vorhandene Nukleinsäure, die als Träger der Erbinformation die stoffliche Substanz der Gene darstellt;* Abk.: DNS.

Des|oxy|ri|bo|se, die; - [aus ↑des-, Des-, oxy- (kurz für ↑Oxygen) u. ↑Ribose] (Chemie): *in der Desoxyribonukleinsäure enthaltener Zucker.*

des|pek|tier|lich ⟨Adj.⟩ (geh.): *den erforderlichen Respekt vermissen lassend; abfällig, abschätzig,* geringschätzig: eine -e Äußerung, Geste; d. über jmdn. reden.

Des|pe|ra|do, der; -s, -s [engl. desperado (beeinflusst von: desperate = verzweifelt, verwegen) < span. desesperado = verzweifelt, 2. Part. von: desesperar = verzweifeln, aus: des- (< lat. dis-, ↑dis-, Dis-) u. esperar = hoffen < lat. sperare] (bildungsspr.): **1.** *ein zu jeder Verzweiflungstat entschlossener politischer Abenteurer.* **2.** *Bandit (bes. im Wilden Westen).*

D

des|pe|rat ⟨Adj.⟩ [lat. desperatus, adj. 2. Part. von: desperare = verzweifeln, aus: de- = von – weg u. sperare = hoffen] (bildungsspr.): *verzweifelt, hoffnungslos:* eine -e Lage; in -er Stimmung sein.

Des|pot, der; -en, -en [griech. despótēs = Herrscher; [Haus]herr]: **1.** *unumschränkt Herrschender, Gewaltherrscher:* ein mittelalterlicher, grausamer D.; das Volk wurde von einem -en beherrscht, unterdrückt. **2.** (abwertend) *herrischer, tyrannischer Mensch:* er spielt sich seiner Familie gegenüber als D. auf.

Des|po|tie, die; -, -n: *schrankenlose Gewalt-, Willkürherrschaft.*

Des|po|tin, die; -, -nen: w. Form zu ↑Despot.

des|po|tisch ⟨Adj⟩: **1.** *in der Art eines Despoten* (1): ein -er Fürst; -e Willkür; d. regieren. **2.** (abwertend) *herrisch, keinen Widerspruch duldend, rücksichtslos:* er hat eine -e Natur; sein Charakter ist d.; er herrscht d. über seine Familie.

Des|po|tis|mus, der; -: *System der Gewaltherrschaft, unumschränkte Herrschergewalt:* es herrschte ein grausamer D.

des|sel|ben: ↑derselbe.

des|sen ⟨Gen. Sg. von: der, das; ↑der II, III 1⟩.

des|sent|hal|ben ⟨Demonstrativ- u. Relativadv.⟩ [↑-halben] (veraltet): *dessentwegen.*

des|sent|we|gen ⟨Demonstrativ- u. Relativadv.⟩: *wegen dessen.*

des|sent|wil|len ⟨Demonstrativ- u. Relativadv.⟩: nur in der Fügung **um d.** *(mit Rücksicht darauf, auf den, auf das; dem zuliebe).*

des|sen un|ge|ach|tet [auch: ˈ– –ˈ– – – –]: s. ungeachtet (I).

Des|sert [dɛˈsɛːr (österr. nur so), dɛˈseːɐ̯, auch: deˈsɛrt, schweiz.: ˈdɛseːr], das; -s, -s [frz. dessert, zu: desservir = die Speisen abtragen, zu: servir, ↑servieren]: *Nachspeise, Nachtisch:* als, zum D. gab es Eis; wir waren gerade beim D.

Des|sert|be|steck, das: vgl. Dessertlöffel.

Des|sert|ga|bel, die: vgl. Dessertlöffel.

Des|sert|löf|fel, der: *besonderer kleiner Löffel, mit dem das Dessert gegessen wird.*

Des|sert|mes|ser, das: vgl. Dessertlöffel.

Des|sert|tel|ler, der: vgl. Dessertlöffel.

Des|sert|wein, der: *bes. zum Nachtisch gereichter süßer Wein.*

Des|sin [dɛˈsɛ̃ː], das; -s, -s [frz. dessin (nach ital. disegno), zu: dessiner, ↑dessinieren]: **1.** *fortlaufendes Muster auf Stoff, Papier u. Ä.:* Stoffe mit bunten -s; neue -s entwerfen. **2.** *Plan, Zeichnung, Entwurf.*

des|si|nie|ren ⟨sw. V.; hat⟩ [frz. dessiner < ital. disegnare < lat. designare, ↑designieren] (Fachspr.): *(Muster) entwerfen, zeichnen.*

des|si|niert ⟨Adj.⟩: *gemustert.*

Des|si|nie|rung, die; -, -en: *Musterung (von Stoff, Papier usw.).*

Des|sous [dɛˈsuː], das; - [dɛˈsuː(s)], - [dɛˈsuːs] ⟨meist Pl.⟩ [frz. dessous, eigtl. = darunter]: *elegante Damenunterwäsche:* ein reizvolles D.; seidene D. tragen.

de|sta|bi|li|sie|ren ⟨sw. V.; hat⟩ [nach engl. to destabilize] (Politik): *instabil* (2) *machen, der Stabilität* (2) *berauben:* einen Staat, die innenpolitische Lage d.

De|sta|bi|li|sie|rung, die; -, -en: *das Destabilisieren.*

Des|til|lat, das; -[e]s, -e [zu lat. destillatum, 2. Part. von: destillare, ↑destillieren] (Fachspr.): *Ergebnis der Destillation, das Destillierte.*

Des|til|la|ti|on, die; -, -en [1: lat. destillatio = das Herabträufeln; 2, 3: gek. aus: Destillationsanstalt]: **1.** (Chemie) *Reinigung u. Trennung meist flüssiger Stoffe durch Verdampfung u. anschließende Wiederverflüssigung:* fraktionierte D. *(Destillationsprozess [z. B. bei der Aufbereitung von Erdöl], bei dem die bei verschiedenen Temperaturstufen – je nach dem Siedepunkt – sich bildenden Destillate nacheinander aufgefangen werden);* trockene D. *(Destillation eines an sich nicht flüchtigen Stoffes [z. B. Holz], der erst durch Hinzufügen von großer Hitze in destillierbare Anteile gespalten wird).* **2.** *Brennerei* (b). **3.** *kleine Schankwirtschaft.*

Des|til|la|tor, der; -s, ...oren: *Destillationsgerät.*

Des|til|le, die; -, -n [urspr. berlin., gek. aus ↑Destillation (3)] (landsch., ugs. veraltend): **1.** *kleinere Gastwirtschaft, in der vorwiegend Branntwein ausgeschenkt wird:* eine kleine, dunkle D.; hier riecht es wie in einer D. *(hier riecht es sehr nach [hochprozentigen] alkoholischen Getränken).* **2.** *Branntweinbrennerei.*

Des|til|lier|ap|pa|rat, der: *Vorrichtung, Anlage zur Durchführung einer Destillation* (1).

des|til|lier|bar ⟨Adj.⟩: *zur Destillation* (1) *geeignet.*

des|til|lie|ren ⟨sw. V.; hat⟩ [lat. destillare = herabtropfen] (Chemie): *eine Destillation* (1) *durchführen:* Alkohol d.; destilliertes Wasser *(durch Destillation gereinigtes, von Salzen befreites Wasser).*

Des|til|lier|kol|ben, der: *bauchiges Glasgefäß mit langem Hals, in dem die zu destillierende Flüssigkeit erhitzt wird.*

Des|ti|na|ti|on, die; -, -en [lat. destinatio = Bestimmung]: **1.** (bildungsspr.) *Bestimmung, Endzweck:* es war seine D., für das Recht der Unterdrückten zu kämpfen und dabei sein Leben zu opfern. **2.** (Flugw.) *Zielflughafen, Bestimmungsort.*

des|to ⟨Konj.⟩ [mhd. deste, des de, ahd. des diu (des = Gen. des Art., diu = Instrumental des Art.)]: *umso:* je eher, d. besser; je älter er wird, d. bescheidener wird er; sooft sie mich auch tadelte, ich schätzte sie nur d. mehr.

de|stru|ie|ren ⟨sw. V.; hat⟩ [lat. destruere] (bildungsspr.): *zerstören, zugrunde richten.*

De|struk|ti|on, die; -, -en [lat. destructio = das Niederreißen] (bildungsspr.): *Zerstörung:* die D. der Demokratie.

De|struk|ti|ons|trieb, der ⟨o. Pl.⟩ (Psych.): *auf Zerstörung gerichteter Trieb.*

de|struk|tiv ⟨Adj.⟩ [spätlat. destructivus]: **1.** (bildungsspr.) *zerstörend, zersetzend:* eine -e Haltung, Politik; d. arbeiten, spielen. **2.** (Med.) *zerstörend, zum Zerfall [von Geweben] führend.*

De|struk|ti|vi|tät, die; - (bildungsspr.): *das Destruktivsein, destruktive Art, Anlage:* die menschliche D.

des un|ge|ach|tet: s. ↑ungeachtet (I).

des|we|gen [auch: ˈ– – –] ⟨Adv.⟩: *deshalb.*

Des|zen|dent, der; -en, -en [zu lat. descendens (Gen.: descendentis), 1. Part. von descendere = absteigen]: **1.** (Genealogie) *Nachkomme, Abkömmling.* **2. a)** (Astrol.) *im Augenblick der Geburt am Westhorizont untergehendes Tierkreiszeichen od. Gestirn;* **b)** (Astron.) *Gestirn im Untergang;* **c)** (Astron.) *Stelle, an der ein Gestirn untergeht.*

Des|zen|denz, die, -: **1.** (Genealogie) *Verwandtschaft in absteigender Linie.* **2.** (Astron.) *Untergang eines Gestirns.*

dé|ta|ché [detaˈʃeː; frz. détaché, ↑[1]detachieren] (Musik): *(vom Bogenstrich eines Streichinstruments) kurz, kräftig, zwischen Auf- u. Abstrich abgesetzt.*

Dé|ta|ché, das; -s, -s (Musik): *kurzer, kräftiger, zwischen Auf- u. Abstrich abgesetzter Bogenstrich.*

de|ta|chie|ren [...ˈʃiːrən] ⟨sw. V.; hat⟩ [frz. détacher = losmachen, trennen, zu: dé-, dés- (↑des-, Des-) u. afrz. estache = Pfosten, Pfahl (aus dem Germ.), also eigtl. = von einem Pfosten o. Ä. losbinden, losmachen]: **1.** (Technik) *das zu mahlende Material auflockern, zerbröckeln.* **2.** (veraltet) *eine Truppenabteilung für besondere Aufgaben abkommandieren.*

de|ta|chiert ⟨Adj.⟩ [zu ↑detachieren] (bildungsspr.): *sachlich-kühl, losgelöst von eigener Anteilnahme.*

De|ta|chiert|heit, die; - (bildungsspr.): *das Detachiertsein.*

De|tail [deˈtai̯, auch: deˈtaːj], das; -s, -s [frz. détail, zu: détailler = abteilen, in Einzelteile zerlegen, zu: tailler, ↑Taille] (bildungsspr.): *Einzelheit:* ein unwichtiges, wesentliches D.; sich über die -s einer Sache einigen; ins D. gehen; in allen -s, bis ins kleinste D. von etw. berichten.

De|tail|be|richt, der: vgl. Detailfrage.

de|tail|be|ses|sen ⟨Adj.⟩: *besessen* (2) *von dem Bestreben nach Detailtreue.*

De|tail|be|ses|sen|heit, die: *das Detailbesessensein, übersteigerte Detailtreue.*

De|tail|fra|ge, die ⟨meist Pl.⟩: *Details betreffende Frage* (2): sich in -n verlieren.

De|tail|ge|schäft, das: **1.** *Detailhandel.* **2.** (schweiz., sonst veraltet) *Einzelhandelsgeschäft.*

de|tail|ge|treu ⟨Adj.⟩: *bis ins Detail genau übereinstimmend:* ein -es Modell.

De|tail|han|del, der (schweiz., sonst veraltet): *Einzelhandel.*

De|tail|händ|ler, der (schweiz., sonst veraltet): *Einzelhändler.*

De|tail|händ|le|rin, die: w. Form zu ↑Detailhändler.

De|tail|kennt|nis, die: *Details betreffende Kenntnis* (1).

de|tail|lie|ren [detaˈjiːrən] ⟨sw. V.; hat⟩ [frz. détailler, ↑Detail] (bildungsspr.): *im Einzelnen darlegen, ausführen, gestalten:* sie detailliert die Aussage; ⟨oft im 2. Part.:⟩ detaillierte Angaben.

De|tail|list [detaˈjɪst, ...ˈjɪst], der; -en, -en (schweiz., sonst veraltet): *Einzelhändler.*

De|tail|lis|tin, die; -, -nen: w. Form zu ↑Detaillist.

de|tail|reich ⟨Adj.⟩: *reich an Details:* ein -er Unfallbericht; d. schilderte sie ihr Erlebnis.

De|tail|reich|tum, der ⟨o. Pl.⟩: *Reichtum* (2) *an Details.*

de|tail|treu ⟨Adj.⟩: *detailgetreu:* ein Segelschiff d. nachbauen.

De|tail|treue, die: *Treue* (2) *gegenüber den Details (in Bezug auf eine Wiedergabe o. Ä.).*

De|tail|wis|sen, das: vgl. Detailkenntnis.

De|tail|zeich|nung, die: *genaue bzw. vergrößerte Zeichnung von einem Detail.*

De|tek|tei, die; -, -en [zu ↑Detektiv]: *Detektivbüro.*

de|tek|tie|ren ⟨sw. V.; hat⟩ [zu engl. to detect, ↑Detektiv] (Fachspr.): *aufspüren; durch intensives Nachforschen, Prüfen o. Ä. feststellen:* die Sensoren des Feuermeldesystems haben Rauch detektiert.

De|tek|tiv, der; -s, -e [engl. detective (policeman), zu: to detect = aufdecken, ermitteln < lat. detegere (2. Part.: detectum) = enthüllen]: **1.** *Person [mit polizeilicher Lizenz], die Ermittlungen anstellt u. Informationen über die geschäftlichen u. persönlichen Angelegenheiten anderer beschafft* (Berufsbez.): einen D. beauftragen; das Kaufhaus beschäftigt einen D., der Ladendiebstähle verhindern soll; jmdn. durch einen D. beobachten, überwachen lassen. **2.** *Geheimpolizist, Ermittlungsbeamter der Kriminalpolizei (in bestimmten Ländern):* die -e von Scotland Yard.

De|tek|tiv|bü|ro, das: *Büro für Ermittlungen, die Informationen über die geschäftlichen u. persönlichen Angelegenheiten anderer beschafft.*

De|tek|tiv|ge|schich|te, die: vgl. Detektivroman.

De|tek|ti|vin, die; -, -nen: w. Form zu ↑Detektiv.

de|tek|ti|visch ⟨Adj.⟩: *in der Art eines Detektivs:* -er Scharfsinn.

De|tek|tiv|ro|man, der: *Roman, in dessen Mittelpunkt die Aufdeckung eines Verbrechens durch einen Detektiv od. eine Detektivin steht.*

De|tek|tor, der; -s, ...oren [engl. detector < lat. detector = der Offenbarer]: **1.** (Technik) *Gerät zum Nachweis od. Anzeigen nicht unmittelba* *zugänglicher bzw. wahrnehmbarer Stoffe od. Vorgänge.* **2.** (Rundfunkt., Funkt.) *einfachste Form des Empfängers (2).*

é|tente [de'tã:t], die; - [frz. détente, zu: détendre = losspannen, zu lat. tendere = spannen] (Politik): *Entspannung zwischen Staaten.*

e|ter|gens, das; -, ...gentia u. ...genzien [lat. detergens (Gen.: detergentis), 1. Part. von: detergere = abwischen, reinigen] (Med.): *reinigendes, desinfizierendes Mittel.*

e|ter|gen|tia, De|ter|gen|zi|en ⟨Pl.⟩ (Fachspr.): **1.** *seifenfreie, die Haut schonende Wasch-, Reinigungs- u. Spülmittel.* **2.** *Tenside.*

e|ter|mi|nan|te, die; -, -n [zu lat. determinans (Gen.: determinantis), 1. Part. von: determinare, ↑determinieren]: **1.** (bildungsspr.) *bestimmender Faktor:* die -n geschichtlicher Prozesse. **2.** (Math.) *Rechenausdruck zur Lösung eines Gleichungssystems.* **3.** (Biol.) *im Aufbau u. in der chemischen Zusammensetzung noch nicht näher bestimmbarer Faktor der Keimentwicklung, der für die Vererbung u. Entwicklung bestimmend ist.*

e|ter|mi|na|ti|on, die; -, -en [lat. determinatio = Abgrenzung]: **1.** (Philos.) *Bestimmung eines Begriffs durch einen nächstuntergeordneten, engeren.* **2.** (Biol.) *das Festgelegtsein eines Teils des Keims für die Ausbildung eines bestimmten Organs.* **3.** (Psych.) *das Bedingtsein aller psychischen Phänomene durch äußere od. innerseelische Gegebenheiten.* **4.** (bildungsspr.) *Bestimmung, Zuordnung.*

e|ter|mi|na|tiv ⟨Adj.⟩ (bildungsspr.): **1.** *bestimmend, begrenzend, festlegend.* **2.** *entschieden, entschlossen.*

e|ter|mi|nie|ren ⟨sw. V.; hat⟩ [lat. determinare, aus: de- = von – weg u. terminus, ↑Termin] (Fachspr.; bildungsspr.): *[im Voraus] bestimmen, festlegen, begrenzen:* durch Tradition, Vererbung determiniert sein.

e|ter|mi|niert|heit, die; - (Fachspr.; bildungsspr.): *Bestimmtheit, Abhängigkeit, Festgelegtsein:* die gesellschaftliche D. der Sprache.

e|ter|mi|nie|rung, die; -, -en: *das Determinieren, Determiniertwerden.*

e|ter|mi|nis|mus, der; - (Philos.): *Lehre, Auffassung von der kausalen [Vor]bestimmtheit allen Geschehens bzw. Handelns.*

e|ter|mi|nist, der; -en, -en: *Anhänger des Determinismus.*

e|ter|mi|nis|tin, die; -, -nen: w. Form zu ↑Determinist.

ter|mi|nis|tisch ⟨Adj.⟩: **1.** *den Determinismus betreffend.* **2.** *[Willens]freiheit verneinend.*

e|to|na|ti|on, die; -, -en [frz. détonation, zu ↑detonieren]: *(durch Zündung explosiver Gase od. durch Sprengstoff verursachte) starke Explosion:* eine schwere, heftige D.; die D. einer Bombe; die D. war kilometerweit zu hören.

to|nie|ren ⟨sw. V.; ist⟩ [frz. détoner < lat. detonare = herabdonnern]: *(von Sprengkörpern, explosiven Gasen) mit heftigem Knall explodieren:* eine Bombe, Mine detonierte in der Nähe; detonierende Granaten.

tri|to|gen ⟨Adj.⟩ [zu ↑Detritus (2) u. ↑-gen] (Geol.): *(von Kalkbänken u. Kalkablagerungen in Rifflücken) durch organischen Detritus entstanden.*

tri|tus, der; - [lat. detritus = das Abreiben, zu: deterere = abreiben, abscheuern]: **1.** (Geol.) *zerriebenes Gesteinsmaterial, Gesteinsschutt.* **2.** (Biol.) *Schwebe- u. Sinkstoff in den Gewässern, dessen Hauptanteil abgestorbene Mikroorganismen bilden.* **3.** (Med.) *Überrest zerfallener Zellen od. Gewebe.*

t|to ⟨Adv.⟩ [ital. detto, ↑dito] (bayr., österr., sonst selten): ↑dito.

u|bel, der; -s (landsch.): *Teufel.*

ucht, deuch|te: ↑dünken.

us ex Ma|chi|na, der; - - -, De|i - - ⟨Pl. selten⟩ [lat. = der Gott aus der (Theater)maschine (im antiken Theater schwebten die Götter an einer kranähnlichen Flugmaschine auf die Bühne)] (bildungsspr.): *unerwarteter, im richtigen Moment auftauchender Helfer in einer Notlage; überraschende, unerwartete Lösung einer Schwierigkeit.*

Deut [niederl. duit = eine niederl. Scheidemünze < mniederl. duyt, eigtl. = abgehauenes Stück]: nur in der Fügung **keinen/nicht einen D.** *(gar nicht[s]):* keinen/nicht einen D. wert sein; nicht einen D. um etwas geben; sich nicht einen D. um etwas kümmern; [um] keinen D. besser sein.

deut|bar ⟨Adj.⟩: *sich deuten (3) lassend:* schwer -e Begriffe; das Gedicht ist psychologisch d.

Deu|te|lei, die; -, -en (abwertend): *spitzfindige, kleinliche Deutung, Auslegung.*

deu|teln ⟨sw. V.; hat⟩: *kleinlich, spitzfindig zu deuten, auszulegen versuchen:* an einer Sache nicht d.; daran gibt es nichts zu d. *(das steht fest).*

deu|ten ⟨sw. V.; hat⟩ [mhd., ahd. diuten = zeigen, erklären, urspr. = für das (versammelte) Volk verständlich machen, zu einem germ. Subst. mit der Bed. »Volk«, ↑deutsch]: **1.** *(mit dem Finger, einem Gegenstand) auf etw. zeigen, hinweisen:* mit dem Finger auf jmdn., etw. d.; er deutete nach Süden, in die andere Richtung. **2.** *etw. erkennen, erwarten lassen; auf etw. hinweisen, hindeuten:* die Zeichen deuten auf einen Umschwung, eine Änderung. **3. a)** *auslegen, erklären; einer Sache einen bestimmten Sinn beilegen:* etw. richtig, falsch, ganz anders d.; ein Gedicht, Träume d.; wir deuten dies als ein Zeichen der Entspannung; jmdm. die Zukunft d. *(vorhersagen);* **b)** (selten) *(jmds. Verhalten o. Ä.) in bestimmter Weise auslegen, einen bestimmten Sinn hineinlegen:* jmdm. etw. übel, negativ d.

Deu|ter, der; -s, -: **1.** *Erklärer, Ausleger, Interpret einer Sache.* **2.** (österr.) *Kopf- od. Handbewegung, mit der auf etw. aufmerksam gemacht werden soll, Wink:* gib ihm einen D.!

Deu|te|rin, die; -, -nen: w. Form zu ↑Deuter (1).

Deu|te|ri|um, das; -s [zu deutero-, Deutero-]: *schwerer Wasserstoff, Wasserstoffisotop mit dem doppelten Atomgewicht des gewöhnlichen Wasserstoffs;* Zeichen: D.

Deu|te|ro|no|mi|um, das; -s [spätlat. deuteronomium < griech. deuteronómion, eigtl. = zweites Gesetz (das Buch wiederholt den Dekalog u. andere Gesetze des Sinaikomplexes)]: *das 5. Buch Mose.*

Deut|ler, der; -s, - [zu ↑deuteln]: *jmd., der etw. spitzfindig auslegt.*

Deut|le|rin, die; -, -nen: w. Form zu ↑Deutler.

deut|lich ⟨Adj.⟩ [spätmhd. diutelich, mhd. diut(ec)lîche(n) (Adv.)]: **a)** *gut wahrnehmbar, scharf umrissen, klar, genau:* eine -e Schrift, Aussprache; d. sprechen; daraus wird d. *(klar, erkennbar),* dass sie es war; jmdm. etw. d. machen *(verdeutlichen, erklären, vor Augen führen);* sich d. *(genau)* an etw. erinnern; **b)** *in sichtbarem, spürbarem Maße:* d. wärmer, besser; die Zahl der Unfälle hat d. zugenommen; **c)** *eindeutig, unmissverständlich, ausdrücklich:* ein -er Hinweis, Wink; das war ein -er Sieg; etw. [klar und] d. sagen; um es noch einmal ganz d. zu sagen; jmdm. etw. d. zu verstehen geben; *** d. werden** *(eine bisher zurückgehaltene Kritik [heftig u. grob] äußern).*

Deut|lich|keit, die; -, -en: **a)** ⟨o. Pl.⟩ *Klarheit, gute Wahrnehmbarkeit, Verständlichkeit:* die D. einer Schrift, der Aussprache; etw. gewinnt an D.; **b)** ⟨o. Pl.⟩ *Eindeutigkeit, Unmissverständlichkeit; Offenheit:* das ließ an D. nichts zu wünschen übrig; etw. in, mit aller D. sagen; **c)** ⟨Pl.⟩ *Grobheiten, Unverschämtheiten:* jmdm. -en sagen.

deut|lich|keits|hal|ber ⟨Adv.⟩: *der Deutlichkeit halber.*

deutsch ⟨Adj.⟩ [mhd. diut(i)sch, tiu(t)sch, ahd. diutisc, über ein gleichbed. westfränk. Adj. zu einem germ. Subst. mit der Bed. »Volk«, vgl. ahd. diot(a) = Volk, also eigtl. = volksmäßig]: **a)** *die Deutschen, Deutschland betreffend:* das -e Volk; die -e Sprache, Nationalhymne; die -e Staatsangehörigkeit besitzen; ein -er Autor; die -e Presse; die -e Öffentlichkeit; -er Abstammung sein; ein -es Auto *(ein Auto deutschen Fabrikats od. mit deutschem Kennzeichen);* das ist typisch d. *(für die Deutschen charakteristisch);* d. gesinnte *(sich der deutschen Sprache u. Kulturgemeinschaft bewusst zugehörig fühlende u. dies auch zum Ausdruck bringende)* Politiker; **b)** *in der Sprache der Bevölkerung bes. Deutschlands, Österreichs u. in Teilen der Schweiz:* die -e Übersetzung eines Romans; die -e Schweiz *(Teil der Schweiz, in dem deutsch gesprochen wird);* eine d. sprechende Gruppe von Ausländern; *** mit jmdm. d. reden/sprechen** (ugs.; *jmdm. offen, unverblümt die Meinung sagen*): mit dem musst du mal d. reden, damit er zur Vernunft kommt; **c)** *in deutscher Schreibschrift:* d. schreiben.

Deutsch, das; -[s]: **a)** *die deutsche Sprache [eines Einzelnen od. einer Gruppe]; die näher gekennzeichnete deutsche Sprache:* gutes, gepflegtes, fehlerfreies D.; D. lernen, verstehen; fließend, gut D. sprechen; eine D. sprechende *(die deutsche Sprache beherrschende)* Französin; sein D. ist akzentfrei; etw. auf D. sagen; der Brief ist in D. geschrieben, abgefasst; »Timing«, zu D. *(auf Deutsch [heißt das])* »der richtige Zeitpunkt für etwas«; *** nicht [mehr] D./kein D. [mehr] verstehen** (ugs.; *etw. absichtlich nicht verstehen wollen; nicht gehorchen*); **auf [gut] D.** (ugs.; *deutlich, unverblümt, ohne Beschönigung*); **b)** ⟨o. Art.⟩ *die deutsche Sprache u. Literatur als Unterrichtsfach:* er lehrt, gibt D.; ein Lehrstuhl für D.; wir haben in der zweiten Stunde D.; in D. eine Zwei haben; morgen haben wir kein D. (Schülerspr.; *keinen Deutschunterricht*); hast du schon D. (Schülerspr.; *die Hausaufgaben o. Ä. für den Deutschunterricht*) gemacht?

Deutsch|ame|ri|ka|ner, der: *Amerikaner deutscher Abstammung.*

Deutsch|ame|ri|ka|ne|rin, die: w. Form zu Deutschamerikaner.

deutsch|ame|ri|ka|nisch ⟨Adj.⟩: **1.** ['– – – – – –] vgl. Deutschamerikaner. **2.** ['– – – –'– –] *zwischen Deutschland u. Amerika, aus Deutschen u. Amerikanern bestehend:* -e Verhandlungen; eine -e Kommission.

Deutsch|ar|beit, die: *schriftliche Arbeit im Unterrichtsfach Deutsch.*

deutsch-deutsch ⟨Adj.⟩ (bes. Politik): *die beiden ehemaligen Staaten in Deutschland, die Menschen in den beiden ehemaligen Teilen Deutschlands betreffend:* die -en Beziehungen; -e Vereinbarungen über den Grenzverkehr.

[1]Deut|sche, der u. die; -n, -n ⟨Dekl. ↑Abgeordnete⟩: Angehörige[r] des deutschen Volkes, aus Deutschland stammende Person: ein typischer -r; sie ist D.; unsere Elf wird im Finale gegen die -n *(die deutsche Mannschaft)* spielen.

[2]Deut|sche, das; -n ⟨nur mit best. Art.⟩: *die deutsche Sprache im Allgemeinen:* das D. ist eine indogermanische Sprache; etw. aus dem -n/vom -n ins Französische übersetzen; der Konjunktiv im -n.

Deut|schen|hass, der: *Hass gegen die Deutschen.*

Deut|schen|has|ser, der: *jmd., der die Deutschen hasst.*

Deut|schen|has|se|rin, die: w. Form zu ↑Deutschenhasser.

deutsch|feind|lich ⟨Adj.⟩: *den Deutschen, Deutschland gegenüber feindlich eingestellt.*

Deutsch|feind|lich|keit, die: *deutschfeindliche Gesinnung, Einstellung.*

deutsch|freund|lich ⟨Adj.⟩: *den Deutschen, Deutschland gegenüber freundlich eingestellt.*

Deutsch|freund|lich|keit, die: *deutschfreundliche Gesinnung, Einstellung.*

deutsch ge|sinnt: s. deutsch (a).

Deutsch|her|ren ⟨Pl.⟩ (hist.): *Mitglieder des Deutschen Ordens, eines Ritterordens.*

Deutsch|her|ren|or|den, der ⟨o. Pl.⟩: *Deutschritterorden.*

Deutsch|kun|de, die: *Lehre von der deutschen Sprache u. Kultur.*

Deutsch|land; -s: Staat in Mitteleuropa.

Deutsch|land|funk, der: deutsche Rundfunkanstalt mit deutschem u. vielsprachigem europäischem Programm.

Deutsch|land|lied, das ⟨o. Pl.⟩: *Nationalhymne des Deutschen Reiches* (seit 1922), *deren dritte Strophe die offizielle Hymne der Bundesrepublik Deutschland ist.*

Deutsch|land|po|li|tik, die: *die Deutschland betreffende Politik ausländischer Staaten.*

Deutsch|land|sen|der, der: **1.** von 1927 bis 1945 Rundfunksender des Deutschen Reiches. **2.** von 1949 bis 1971 Rundfunksender der DDR.

Deutsch|leh|rer, der: *Lehrer, der deutsche Sprache u. Literatur unterrichtet.*

D

Deutsch|leh|re|rin, die: w. Form zu ↑Deutschlehrer.

deutsch|na|ti|o|nal ⟨Adj.⟩ **1.** (hist.) **a)** *zu einer liberalen Bewegung in Österreich gehörend, die die Anlehnung des deutschen Österreichs an Deutschland forderte;* **b)** *zu einer monarchistischen u. betont nationalistischen Partei der Weimarer Republik gehörend, sie betreffend.* **2.** *eine extrem nationalistische, [angebliche] deutsche Interessen in den Vordergrund stellende, politische Einstellung betreffend, aufweisend:* in der Debatte fielen -e Äußerungen, wurden -e Töne angeschlagen.

Deutsch|or|dens|rit|ter, der (hist.): *Mitglied des Deutschritterordens.*

Deutsch|rit|ter|or|den, der (hist.): *jüngster der drei großen Ritterorden des MA., Deutscher Orden; Deutschherren.*

Deutsch|rock, der: *aus Deutschland stammende Rockmusik.*

Deutsch|schweiz, die (schweiz.): deutschsprachige Schweiz.

Deutsch|schwei|zer, der: *Schweizer mit Deutsch als Muttersprache.*

Deutsch|schwei|ze|rin, die: w. Form zu ↑Deutschschweizer.

deutsch|schwei|ze|risch ⟨Adj.⟩: **1.** [ˈ– – – –] *die deutschsprachige Schweiz betreffend.* **2.** [ˈ–ˈ– – –] *zwischen Deutschland u. der Schweiz, aus Deutschen u. Schweizern bestehend.*

deutsch|spra|chig ⟨Adj.⟩: **a)** *die deutsche Sprache sprechend:* die -e Bevölkerung der Schweiz; eine Führung für die -en Besucher des Louvre; der -e Raum; -es Gebiet; **b)** *in deutscher Sprache:* -er Unterricht.

deutsch|sprach|lich ⟨Adj.⟩: *die deutsche Sprache betreffend:* der -e Unterricht im Ausland.

deutsch spre|chend, Deutsch spre|chend: s. deutsch (b), Deutsch (a).

deutsch|stäm|mig ⟨Adj.⟩: *von deutschen Vorfahren abstammend.*

Deutsch|stäm|mi|ge, der u. die; -n, -n ⟨Dekl. ↑Abgeordnete⟩: *jmd., der deutschstämmig ist.*

Deutsch|stun|de, die: *Unterrichtsstunde im Schulfach Deutsch.*

Deutsch|tum, das; -s: **a)** *Gesamtheit der für die Deutschen typischen Lebensäußerungen; deutsche Wesensart;* **b)** *Zugehörigkeit zum deutschen Volk;* **c)** *Gesamtheit der deutschen Volksgruppen im Ausland:* das D. im Ausland.

Deutsch|tü|me|lei, die; -, -en (abwertend): *aufdringliche, übertriebene Betonung deutscher Wesensart.*

Deutsch|un|ter|richt, der: *[Schul]unterricht in deutscher Sprache u. Literatur.*

Deu|tung, die; -, -en [mhd. diutunge, zu ↑deuten]: *Versuch, den tieferen Sinn, die Bedeutung von etw. zu erfassen; Auslegung, Interpretation:* eine tiefsinnige, religiöse, psychologische D.; die D. einer Handschrift, eines Traums, eines Textes; der Text lässt mehrere -en zu.

Deu|tungs|ver|such, der: *Versuch einer Deutung.*

Deux|pi|èces, (auch:) **Deux-Pi|èces** [døˈpjɛːs], das; -, - [frz. deux-pièces, aus: deux = zwei u. pièce = Stück] (Mode): *zweiteiliges Damenkleid.*

De|va|lu|a|ti|on, die; -, -en, **De|val|va|ti|on,** die; -, -en [frz. dévaluation, zu: dévaluer, ↑devalvieren] (Geldw.): *Abwertung:* eine D. der deutschen Währung.

de|val|vie|ren ⟨sw. V.; hat⟩ [zu frz. dévaluer, zu: valoir = wert sein, gelten < lat. valere]: a) (Geldw.) *abwerten:* eine Währung d.; **b)** (selten) *in seinem Wert, seiner Bedeutung herabsetzen:* einen Begriff d.

De|vas|ta|ti|on, die; -, -en [spätlat. devastatio] (Fachspr.): *Verwüstung, Verheerung, Zerstörung.*

de|vas|tie|ren ⟨sw. V.; hat⟩ [lat. devastare, zu: vastare = verwüsten, eigtl. = leer machen, zu: vastus = leer, öde] (Fachspr.): *zerstören, verwüsten:* devastierte Gebiete.

De|vas|tie|rung, die (Fachspr.): *Devastation.*

de|vi|ant ⟨Adj.⟩ [zu lat. devians (Gen.: deviantis), 1. Part. von: deviare = vom Wege abgehen] (Soziol.): *von der Norm sozialen Verhaltens, vom Üblichen abweichend:* eine -e Sexualität; sich d. verhalten.

De|vi|anz, die; -, -en (bes. Soziol.): *Abweichung [von der Norm].*

De|vi|a|ti|on, die; -, -en (Fachspr., bes. Soziol., Sprachw.): *Abweichung.*

De|vi|se, die; -, -n [frz. devise, urspr. = abgeteiltes Feld eines Wappens mit einem Sinnspruch, zu: deviser = einteilen, zu lat. dividere, ↑dividieren; 2: älter = im Ausland zahlbarer Wechsel, urspr. viell. bez. auf einen Wechselvordruck mit Aufdruck einer Devise (1)]: **1.** *Wahlspruch, Losung:* seine [erste, oberste] D. ist: ...; das ist seine D.; immer nach der D. »leben und leben lassen«. **2. a)** ⟨Pl.⟩ *im Ausland auszuzahlende Zahlungsanweisungen in fremder Währung:* die Ausfuhr von -n; **b)** ⟨meist Pl.⟩ *Zahlungsmittel in fremder Währung:* -n kaufen, eintauschen; das Reisegeld in -n bei sich haben.

De|vi|sen|ab|tei|lung, die: *für die Devisen* (2 a, b) *zuständige Abteilung eines Kreditinstitutes.*

De|vi|sen|be|schrän|kung, die: *Einschränkung des freien Kaufs von Devisen* (2 b).

De|vi|sen|be|stim|mung, die ⟨meist Pl.⟩: *gesetzliche Bestimmung, die die Ein- od. Ausfuhr od. die Verwendung von Devisen* (2 b) *betrifft.*

De|vi|sen|be|wirt|schaf|tung, die (Politik): *Aufsicht u. Lenkung des gesamten Zahlungs-, Kredit- u. Kapitalverkehrs mit dem Ausland.*

De|vi|sen|bör|se, die: *Börse für den Devisenhandel.*

De|vi|sen|brin|ger, der (ugs.): *Wirtschaftsfaktor irgendeiner Art, der einem Land Devisen* (2 b) *bringt.*

De|vi|sen|ge|schäft, das: *Devisenhandel.*

De|vi|sen|ge|setz, das: *Gesetz über die Verwendung von Devisen* (2 b).

De|vi|sen|han|del, der: *An- u. Verkauf von Devisen* (2 b) *durch Banken.*

De|vi|sen|kurs, der (Börsenw.): *Kurs der Devisen* (2 b).

De|vi|sen|markt, der: *der gesamte an der Devisenbörse stattfindende Devisenhandel.*

De|vi|sen|re|ser|ven ⟨Pl.⟩: *der Bestand an liquiden internationalen Zahlungsmitteln.*

De|vi|sen|schmug|gel, der: *Schmuggel von Devisen* (2 b).

De|vi|sen|spe|ku|la|ti|on, die: *Spekulation* (2) *mit Devisen* (2 b).

de|vi|sen|träch|tig ⟨Adj.⟩: *größere Mengen von Devisen* (2 b) *erwarten lassend:* -e Touristikgeschäfte.

De|vi|sen|ver|ge|hen, das: *Vergehen gegen die Devisenbestimmungen.*

De|von, das; -[s] [nach der engl. Grafschaft Devonshire] (Geol.): *Formation des Erdaltertums (zwischen Silur u. Karbon).*

de|vo|nisch ⟨Adj.⟩: *das Devon betreffend.*

de|vot ⟨Adj.⟩ [im 15. Jh. = andächtig, fromm < lat. devotus, zu devovere = geloben, (sich) weihen, zu: vovere, ↑Votum] (bildungsspr. selten): **a)** (abwertend) *unterwürfig, ein übertriebenes Maß an Ergebenheit zeigend:* eine -e Haltung; d. grüßen; **b)** (veraltet) *demütig:* d. niederknien.

De|vo|ti|on, die; -, -en [lat. devotio] (bildungsspr.): **a)** *Unterwürfigkeit;* **b)** *Demut.*

de|vo|ti|o|nal ⟨Adj.⟩ (bildungsspr.): *ehrfurchtsvoll.*

De|vo|ti|o|na|li|en ⟨Pl.⟩ (Rel.): *Gegenstände, die bei der Andacht benutzt werden.*

Dex|tro|pur®, das; -s: *ein Präparat aus reinem Traubenzucker.*

Dex|tro|se, die; - [zu ↑Dextrin] (Biol., Chemie): *Traubenzucker.*

Dez, (auch:) Deez, der; -es, -e [aus dem Niederd., viell. zu frz. tête = Kopf] (landsch.): *Kopf:* jmdm. eins auf/über den D. geben.

Dez. = Dezember.

De|zem|ber, der; -[s], - ⟨Pl. selten⟩ [lat. (mensis) December = zehnter Monat (des röm. Kalenders), zu: decem = zehn]: *zwölfter Monat des Jahres;* Abk.: Dez.; vgl. April.

De|zem|vir, der; -s u. -n, -n [lat. decemvir, zu: vir = Mann]: *Mitglied des Dezemvirats.*

De|zem|vi|rat, das; -[e]s, -e [lat. decemviratus]: *aus zehn Männern bestehendes Beamten- od. Priesterkollegium im alten Rom.*

De|zen|ni|um, das; -s, ...ien [lat. decennium, zu: decem = zehn u. annus = Jahr]: *Zeitraum von zehn Jahren, Jahrzehnt.*

de|zent ⟨Adj.⟩ [frz. décent < lat. decens (Gen.: decentis) = geziemend, zu: decere = sich ziemen]: **a)** *vornehm-zurückhaltend, taktvoll, feinfühlig:* ein -es Lächeln; mit -er Ironie; sich d. im Hintergrund halten; **b)** *unaufdringlich, nicht [unangenehm] auffallend:* ein -es Parfüm; ein -es Tapetenmuster; -e *(gedämpfte)* Beleuchtung Musik; sie trug ein Kleid in einem -en *(zarten, abgetönten)* Rot; die Räume sind d. eingerichte

de|zen|tral [auch: ˈdeː...] ⟨Adj.⟩ [aus lat. de- = von – weg u. ↑zentral]: **1.** *von einem Mittelpunk entfernt:* die -e Lage des Bahnhofs. **2.** *auf verschiedene Stellen od. Orte verteilt, nicht von einer Stelle ausgehend:* -e Strom- und Wasserversorgung.

De|zen|tra|li|sa|ti|on, die; -, -en: **1.** (bes. Fachspr. *Übertragung von Funktionen u. Aufgaben auf verschiedene [untergeordnete] Stellen.* **2.** *das Dezentralisiertsein.*

de|zen|tra|li|sie|ren ⟨sw. V.; hat⟩ [frz. décentraliser] (bes. Fachspr.): *eine Dezentralisation vornehmen.*

De|zen|tra|li|sie|rung, die; -, -en (bes. Fachspr.): *Dezentralisation* (1, 2).

De|zenz, die; - [frz. décence < lat. decentia, zu: decere, ↑dezent] (bildungsspr.): **1.** *Takt, Feingefühl, Zurückhaltung.* **2.** *Unaufdringlichkeit, Unauffälligkeit.*

De|zer|nat, das; -[e]s, -e [lat. decernat = er soll entscheiden]: **a)** *Geschäftsbereich eines Dezernenten;* **b)** *Abteilung einer Behörde, bes. der Polizei.*

De|zer|nent, der; -en, -en [zu lat. decernens (Gen decernentis), 1. Part. von: decernere = entsche den]: *Sachbearbeiter mit Entscheidungsbefugnis bei Behörden u. Verwaltungen; Leiter eines Dezernats* (a).

De|zer|nen|tin, die; -, -nen: w. Form zu ↑Dezernent.

De|zi, der; -s, - (schweiz.): kurz für ↑Deziliter.

De|zi|ar, das [frz. déciare, aus: déci- (< lat. decimus = der Zehnte, zu: decem = zehn) u. are, ↑[1]Ar]: $^{1}/_{10}$ *Ar* (Zeichen: da).

De|zi|bel, das [zu frz. déci- (↑Deziar) u. ↑Bel]: $^{1}/_{10}$ *Bel, insbesondere Maß der relativen Lautstärk* (Zeichen: dB).

de|zi|diert ⟨Adj.⟩ [zu lat. decidere, eigtl. = abschneiden] (bildungsspr.): *bestimmt, entschieden; energisch:* -e Forderungen; eine -e Meinung haben; für etw. d. eintreten.

De|zi|gramm, das [frz. décigramme, aus: déci- (↑Deziar) u. gramme, ↑Gramm]: $^{1}/_{10}$ *Gramm* (Zeichen: dg).

De|zi|li|ter, der, auch: das [frz. décilitre]: $^{1}/_{10}$ *Liter* (Zeichen: dl).

de|zi|mal ⟨Adj.⟩ [mlat. decimalis, zu lat. decem = zehn]: *auf die Grundzahl 10 bezogen:* das -e Zahlensystem; die -e Schreibweise *(Darstellun der Zahlen im Dezimalsystem).*

De|zi|mal|bruch, der (Math.): **a)** *Bruch, dessen Nenner mit 10 od. einer Potenz von 10 gebildet wird* (z. B. 0,54 = $\frac{54}{100}$); **b)** *Dezimalzahl.*

De|zi|ma|le, die; -[n], -n (Math.): *Ziffer der Ziffernfolge, die rechts vom Komma einer Dezima zahl steht.*

de|zi|ma|li|sie|ren ⟨sw. V.; hat⟩: *auf das Dezimal-*

system umstellen: das Pfund Sterling wurde dezimalisiert.

De|zi|ma|li|sie|rung, die; -, -en: *das Dezimalisieren.*

De|zi|mal|maß, das: *Maß, das auf das Dezimalsystem bezogen ist.*

De|zi|mal|stel|le, die: *Dezimale.*

De|zi|mal|sys|tem, das ⟨o. Pl.⟩ (Math.): *auf der Grundzahl 10 aufbauendes Zahlensystem.*

De|zi|mal|waa|ge, die: *Waage, bei der die Last zehnmal so schwer ist wie die Gewichtsstücke, die beim Wiegen aufgelegt werden.*

De|zi|mal|zahl, die (Math.): *Zahl, deren Bruchteile rechts vom Komma angegeben werden:* 2,57 ist eine D.

De|zi|me, die; -, -n [zu lat. decimus = der Zehnte] (Musik): **a)** *zehnter Ton einer diatonischen Tonleiter;* **b)** *Intervall von zehn diatonischen Tonstufen.*

De|zi|me|ter, der, auch: das [frz. décimètre]: $^{1}/_{10}$ *Meter* (Zeichen: dm).

de|zi|mie|ren ⟨sw. V.; hat⟩ [lat. decimare = jeden zehnten Mann (mit dem Tode) bestrafen, zu: decimus = der Zehnte]: **a)** *durch einen gewaltsamen Eingriff, zerstörerische Einwirkung o. Ä. in der Anzahl, im Bestand stark vermindern, verringern:* eine Flotte d.; Kriege, Seuchen dezimierten die Bevölkerung; der Fischbestand ist stark dezimiert; **b)** ⟨d. + sich⟩ *sich stark verringern, abnehmen:* mit der Zeit dezimierte sich das Rudel; ihr Kundenkreis dezimierte sich.

De|zi|mie|rung, die; -, -en (bildungsspr.): *das Dezimieren.*

DFB [de:ɛfˈbe:], der; -: Deutscher Fußball-Bund.

dg = Dezigramm.

Dg = Dekagramm.

D. G. = Dei Gratia.

DGB [de:ge:ˈbe:], der; -: Deutscher Gewerkschaftsbund.

dgl. = dergleichen.

d. Gr. = der Große, die Große.

d. h. = das heißt.

Dha|ka: Hauptstadt von Bangladesch.

d'Hondt|sche Sys|tem [tɔnt...-], das; -n -s [nach dem belg. Juristen Victor d'Hondt (1841–1901)] (Politik): *bestimmter Berechnungsmodus für die Verteilung der Sitze (2) bei [Parlaments]wahlen.*

Di. = Dienstag.

d. i. = das ist.

Dia, das; -s, -s (Fot.): Kurzf. von ↑Diapositiv: -s rahmen, vorführen.

Di|a|be|tes, der; - [1: griech. diabḗtēs] (Med.): **1.** *Harnruhr.* **2.** kurz für ↑Diabetes mellitus.

Di|a|be|tes mel|li|tus, der; - - [lat. mellitus = honigsüß] (Med.): *Krankheit, für die erhöhter Blutzuckergehalt u. Ausscheidung von Zucker im Urin typisch ist; Zuckerkrankheit.*

Di|a|be|ti|ker, der; -s, - (Med.): *Zuckerkranker.*

Di|a|be|ti|ke|rin, die; -, -nen: w. Form zu ↑Diabetiker.

Di|a|be|ti|ker|wein, der: *trockener Wein, der aufgrund seiner Zusammensetzung für die meisten an Diabetes mellitus Leidenden verträglich ist.*

di|a|be|tisch ⟨Adj.⟩ (Med.): *zuckerkrank.*

Dia|be|trach|ter, der: *optisches Gerät, in dem Diapositive in Vergrößerung [u. elektrisch beleuchtet] betrachtet werden können.*

Di|a|bo|lie [griech. diabolía = Verleumdung, Hass, zu: diabállein, ↑Diabolos], **Di|a|bo|lik,** die; - (bildungsspr.): *teuflische Bosheit, teuflischboshaftes Wesen.*

di|a|bo|lisch ⟨Adj.⟩ [lat. diabolicus < griech. diabolikós] (bildungsspr.): *teuflisch-boshaft:* ein -es Lächeln; mit -er Freude; dieser Plan ist d.

Di|a|bo|lo, das; -s, -s [Fantasiebez.]: *Geschicklichkeitsspiel, bei dem der Spieler einen sanduhrförmigen Körper mit einer an zwei Handgriffen befestigten Schnur in Rotation versetzt, in die Höhe schnellen lässt u. wieder aufzufangen versucht.*

Di|a|bo|los, Di|a|bo|lus, der; - [kirchenlat. diabolus < griech. diábolos = Verleumder, zu: diabállein = verleumden; entzweien, verfeinden, eigtl. = durcheinander werfen, zu: bállein = werfen; vgl. Teufel] (bildungsspr.): *Teufel* (a).

di|a|chron ⟨Adj.⟩ [zu griech. diá = durch u. chrónos = Zeit] (Sprachw.): **a)** *zur geschichtlichen Entwicklung einer Sprache gehörend;* **b)** *diachronisch* (a).

Di|a|chro|nie, die; - (Sprachw.): **a)** *geschichtliche Entwicklung einer Sprache im Gegensatz zu ihrem jeweiligen Zustand;* **b)** *Darstellung der geschichtlichen Entwicklung einer Sprache.*

di|a|chro|nisch ⟨Adj.⟩: **a)** *die Diachronie* (b) *betreffend:* -e und synchronische Sprachbetrachtung; **b)** *diachron* (a).

Di|a|dem, das; -s, -e [lat. diadema < griech. diádēma, eigtl. = Umgebundenes]: *um die Stirn od. im Haar getragener Reif aus edlem Metall u. kostbaren Steinen:* die Kaiserin trägt ein funkelndes D.

Di|a|do|che, der; -n, -n [griech. diádochos = Nachfolger]: **1.** *Nachfolger Alexanders des Großen.* **2.** ⟨Pl.⟩ (bildungsspr.) *um den Vorrang streitende Nachfolger einer bedeutenden, einflussreichen Persönlichkeit.*

Di|a|do|chen|kämp|fe ⟨Pl.⟩ [nach den Auseinandersetzungen um die Ausdehnung der Reiche der Diadochen (1)] (bildungsspr.): *Konkurrenzkampf zweier od. mehrerer Anwärter um die Nachfolge für ein bedeutendes, einflussreiches Amt.*

Di|a|gno|se, die; -, -n [frz. diagnose < griech. diágnōsis = unterscheidende Beurteilung, Erkenntnis]: **1.** (Med., Psych.) *Feststellung, Bestimmung einer körperlichen od. psychischen Krankheit (durch den Arzt):* eine richtige, falsche D.; die ärztliche D. lautete auf Nierenentzündung; eine D. stellen; **Ü** eine D. der politischen Zustände. **2.** (Met.) *zusammenfassende Beurteilung aller Wetterbeobachtungen, aus denen sich die Wettervorhersage ergibt.*

Di|a|gno|se|pro|gramm, das (EDV): **1.** *Programm* (4) *zur Lokalisierung von Fehlern in Rechenanlagen.* **2.** *Programm* (4) *zur Ermittlung von Fehlern in anderen Programmen* (4).

Di|a|gno|se|ver|fah|ren, das (Med., Psych.): *Verfahren der Diagnose* (1).

Di|a|gno|se|zen|trum, das: *Klinik, die auf die Früherkennung von Krankheiten u. Organstörungen spezialisiert ist.*

Di|a|gnos|tik, die; - [griech. diagnōstikós = zum Unterscheiden geschickt] (Med.; Psych.): *Lehre u. Kunst, die das Stellen richtiger Diagnosen* (1) *zum Gegenstand hat.*

Di|a|gnos|ti|ker, der; -s, -: *Arzt im Hinblick auf seine Aufgabe, Krankheiten zu diagnostizieren:* ein guter, schlechter D.

Di|a|gnos|ti|ke|rin, die; -, -nen: w. Form zu ↑Diagnostiker.

di|a|gnos|tisch ⟨Adj.⟩: *die Diagnose* (1), *die Diagnostik betreffend; auf einer Diagnose* (1) *beruhend:* -e Tests; d. verwertbare Befunde.

di|a|gnos|ti|zie|ren ⟨sw. V.; hat⟩: *einen [Krankheits]befund [durch Untersuchung des Patienten] ermitteln u. benennen:* die Ärztin diagnostizierte eine/auf Lungenentzündung; die Krankheit als Diabetes d.; die Beschwerden als diabetisch d.

di|a|go|nal ⟨Adj.⟩ [spätlat. diagonalis = durch die Winkel führend, zu griech. diá = durch u. gōnía = Ecke, Winkel]: **1.** (Geom.) *zwei nicht benachbarte Ecken eines Vielecks geradlinig verbindend:* zwei -e Geraden; d. verlaufende Linien; die Gerade schneidet das Viereck d. **2.** *schräg, quer [verlaufend]:* -e Streifen; die Schnittwunde verläuft d. über das Gesicht; der Weg durchschneidet die Wiese d.; * **[etw.] d. lesen** (ugs.; *etw. nicht Zeile für Zeile lesen, nur überfliegen, um sich einen allgemeinen Überblick zu verschaffen).*

Di|a|go|na|le, die; -, -n ⟨zwei -[n]⟩ (Geom.): *diagonale Gerade.*

Di|a|gramm, das; -s, -e [griech. diágramma = Umriss, geometrische Figur, zu: diagráphein = mit Linien umziehen, zu: gráphein = schreiben]: (Fachspr.): *grafische Darstellung von Größenverhältnissen bzw. Zahlenwerten in anschaulicher, leicht überblickbarer Form:* etw. in einem D. darstellen.

Di|a|kon, der; -s u. -en, -e u. -en [mhd. diāken, ahd. diacan < kirchenlat. diaconus < griech. diákonos = Diener]: **1.** (ev. Kirche) *kirchlicher Amtsträger, der in einer Kirchengemeinde karitative u. soziale Arbeit leistet.* **2.** *katholischer, orthodoxer od. anglikanischer Geistlicher, der in der Hierarchie des Klerus eine Stufe unter dem Priester steht.*

Di|a|ko|nat, das; -[e]s, -e [kirchenlat. diaconatus]: **1.** ⟨Theol. auch: der⟩ *Amt des Diakons.* **2.** *Wohnung eines Diakons.* **3.** *Pflegedienst* (2) *[im Krankenhaus]:* ein D. übernehmen.

Di|a|ko|nie, die; - [lat. diaconia < griech. diakonía = Dienst] (ev. Kirche): *[berufsmäßiger] Dienst an Hilfsbedürftigen (Krankenpflege, Fürsorge usw.):* in der D. arbeiten.

Di|a|ko|nin, die; -, -nen: w. Form zu ↑Diakon.

di|a|ko|nisch ⟨Adj.⟩: *den Diakon od. die Diakonie betreffend:* -e Einrichtungen, Aufgaben.

Di|a|ko|nis|se, die; -, -n, **Di|a|ko|nis|sin,** die; -, -nen [kirchenlat. diaconissa = (Kirchen)dienerin < spätgriech. diakonissa] (ev. Kirche): *in einer Schwesterngemeinschaft lebende, in der Diakonie tätige Frau.*

Di|a|ko|nis|sin, die; -, -nen: *Diakonisse.*

di|a|kri|tisch ⟨Adj.⟩ [griech. diakritikós = unterscheidend] (Sprachw.): *(bei einem Buchstaben) zur (weiteren) Unterscheidung dienend:* ein -es Zeichen (z. B. Cedille, Tilde 1).

Di|a|lekt, der; -[e]s, -e [lat. dialectos < griech. diálektos = Ausdrucksweise, zu: dialégesthai = sich bereden; sprechen]: **a)** *Mundart; Gruppe von Mundarten mit gewissen sprachlichen Gemeinsamkeiten:* Elsässer D.; ein norddeutscher D.; [unverkennbaren, breiten] D. sprechen; in unverfälschtem D.; **b)** (Sprachw.) *regionale Variante einer Sprache.*

di|a|lek|tal ⟨Adj.⟩ (Sprachw.): *den Dialekt betreffend; mundartlich:* ein -er Einschlag; d. gefärbtes Deutsch.

Di|a|lekt|aus|druck, der ⟨Pl. ...drücke⟩: *einem bestimmten Dialekt zugehörender Ausdruck; Mundartwort.*

Di|a|lekt|for|schung, die ⟨o. Pl.⟩: *Mundartforschung.*

di|a|lekt|frei ⟨Adj.⟩: *keinen Dialekt aufweisend:* d. sprechen.

Di|a|lekt|geo|gra|phie, die (Sprachw.): *Mundartforschung, die die geographische Verbreitung von Dialekten u. mundartlichen Sprachformen untersucht.*

Di|a|lek|tik, die; - [lat. (ars) dialectica < griech. dialektikḗ (téchnē)]: **1.** (Rhet.) *Kunst der Gesprächsführung; Fähigkeit, den Diskussionspartner in Rede u. Gegenrede zu überzeugen:* ein Mann von bestechender D. **2.** (Philos.) **a)** *philosophische Methode, die die Position, von der sie ausgeht, durch gegensätzliche Behauptungen infrage stellt u. in der Synthese beider Positionen eine Erkenntnis höherer Art zu gewinnen sucht:* die D. Hegels; **b)** *(im dialektischen Materialismus) die innere Gesetzmäßigkeit der ökonomischen Entwicklung in realen Gegensätzen:* Marx hat eine materialistische D. begründet. **3.** (bildungsspr.) *(die einer Sache innewohnende) Gegensätzlichkeit.*

Di|a|lek|ti|ker, der; -s, -: **1.** *jmd., der sich der Dialektik als Methode der Gesprächs- bzw. der Beweisführung bedient.* **2.** (Philos.) *Vertreter einer philosophischen Schule, die sich einer dialektischen Methode bedient.*

Di|a|lek|ti|ke|rin, die; -, -nen: w. Form zu ↑Dialektiker.

di|a|lek|tisch ⟨Adj.⟩ [2: lat. dialecticus < griech. dialektikós]: **1.** *dialektal:* eine -e Färbung, Wortform. **2.** (Philos.) *entsprechend der Methode der Dialektik; in Gegensätzen denkend:* die -e Methode; d. denken. **3.** (bildungsspr.) *spitzfindig, haarspalterisch:* er argumentiert allzu d.

Di|a|lek|to|lo|gie, die; - [↑-logie]: *Mundartforschung.*

D

D

di|a|lek|to|lo|gisch ⟨Adj.⟩: *die Mundartforschung betreffend; mundartkundlich.*

Di|a|lekt|spre|cher, der: *Mundartsprecher.*

Di|a|lekt|spre|che|rin, die: w. Form zu ↑Dialektsprecher.

Di|a|lekt|stück, das: *in einem Dialekt geschriebenes Theaterstück.*

Di|a|log, der; -[e]s, -e [frz. dialogue < lat. dialogus < griech. diálogos, eigtl. = Gespräch, zu: dialégesthai, ↑Dialekt]: **1.** (bildungsspr.) **a)** *von zwei od. mehreren Personen abwechselnd geführte Rede u. Gegenrede; Zwiegespräch, Wechselrede:* zwischen ihnen entspann sich ein D.; einen D. mit jmdm. führen; ein Stück mit geschliffenen -en; **b)** *Gespräche, die zwischen zwei Interessengruppen geführt werden mit dem Zweck des Kennenlernens der gegenseitigen Standpunkte o. Ä.:* ein D. zwischen den Vertretern beider Staaten; die Fortsetzung des -s mit Moskau. **2.** (Film, Ferns.) *Gesamtheit der Dialoge* (1 a) *in einem Drehbuch.* **3.** (EDV) *wechselseitige Kommunikation, Austausch von Fragen u. Antworten zwischen Mensch u. Datenverarbeitungsanlage über Tastatur u. Terminal.*

di|a|log|be|reit ⟨Adj.⟩: *bereit zum Dialog* (1 b): beide Staaten zeigten sich d.

Di|a|log|be|reit|schaft, die ⟨o. Pl.⟩: *Bereitschaft zum Dialog* (1 b).

Di|a|log|form, die: *dialogische Form, formale Gestaltung als Dialog:* der Autor bevorzugt die D.; Gedichte in D.

di|a|lo|gisch ⟨Adj.⟩: *in Dialogform; in der Art des Gesprächs gestaltet.*

Di|a|log|part|ner, der: *Partner in einem Dialog* (1 b); *Gesprächspartner.*

Di|a|log|part|ne|rin, die: w. Form zu ↑Dialogpartner.

Di|a|log|re|gie, die: *Regie* (1) *der Dialoge* (2).

Di|a|ly|sa|tor, der; -s, ...oren (Chemie): *Gerät zur Durchführung der Dialyse* (1).

Di|a|ly|se, die; -, -n [griech. diálysis = Auflösung, Trennung]: **1.** *physikalisch-chemische Trennung von Flüssigkeiten mithilfe einer porösen Scheidewand.* **2.** (Med.) *Blutwäsche.*

Di|a|ly|se|ge|rät, das (Med.): *bei einem Versagen der Nieren eingesetztes Gerät zur Dialyse* (2); *künstliche Niere.*

Di|a|ly|se|pa|ti|ent, der: *Patient, bei dem eine Dialyse* (2) *vorgenommen wird.*

Di|a|ly|se|pa|ti|en|tin, die: w. Form zu ↑Dialysepatient.

Di|a|ly|se|sta|ti|on, die: *Station, Abteilung einer Klinik, in der Dialysen* (2) *vorgenommen werden.*

Di|a|ly|se|zen|trum, das: *Spezialklinik für Nierenkranke, in der Dialysen* (2) *vorgenommen werden.*

di|a|ly|sie|ren ⟨sw. V.; hat⟩: **1.** (Physik, Chemie) *eine Dialyse* (1) *durchführen.* **2.** (Med.) *eine Blutwäsche durchführen.*

di|a|ly|tisch ⟨Adj.⟩ (Chemie): *auf Dialyse* (1) *beruhend.*

[1]Di|a|mant, der; -en, -en [mhd. diamant, dīemant < frz. diamant, über das Vlat. zu lat. adamas < griech. adámas, eigtl. = Unbezwingbares]: **1.** *fast farbloser, kostbarer Edelstein von sehr großer Härte u. starker Lichtbrechung:* ein roher, [un]geschliffener, hochkarätiger D.; ein D. von 20 Karat; hart wie ein D.; * **schwarze -en** *(Steinkohle).* **2.** *Abtastnadel mit einer diamantenen* (a) *Spitze.*

[2]Di|a|mant, die; - [viell. wegen ihres besonderen Wertes u. ihrer Seltenheit nach ↑[1]Diamant] (Druckw.): *kleinster Schriftgrad* (4 Punkt).

di|a|mant|be|setzt: ↑diamantenbesetzt.

Di|a|mant|col|li|er, das: *diamantenes Collier.*

di|a|man|ten ⟨Adj.⟩: **a)** *aus einem Diamanten hergestellt, gearbeitet:* eine -e Bohrerspitze; **b)** *mit Diamanten besetzt:* ein -es Armband; **c)** *einem Diamanten vergleichbar, ähnlich:* ein -er Glanz.

di|a|man|ten|be|setzt ⟨Adj.⟩: *mit Diamanten besetzt.*

Di|a|man|ten|col|li|er: ↑Diamantcollier.

Di|a|mant|na|del, die: *mit Diamanten besetzte Anstecknadel.*

Di|a|mant|ring, der: *mit Diamanten besetzter Fingerring.*

Di|a|mant|schlei|fer, der: *Facharbeiter, der Diamanten schleift* (Berufsbez.).

Di|a|mant|schlei|fe|rin, die; -, -nen: w. Form zu ↑Diamantschleifer.

Di|a|mant|staub, der: *beim Schleifen von Diamanten anfallender Staub.*

Di|a|mat [diaˈma(ː)t], der; - [russ. diamat]: Kurzwort für: dialektischer Materialismus (↑Materialismus 2).

Di|a|me|ter, der; -s, - [lat. diametros < griech. diámetros, zu: diá = durch u. métron, ↑Meter] (Geom.): *Durchmesser eines Kreises od. einer Kugel.*

di|a|me|tral ⟨Adj.⟩ [spätlat. diametralis]: **1.** (Geom.) **a)** *auf einem Durchmesser gelegen;* **b)** *in genau entgegengesetzter Richtung liegend:* die -en Punkte eines Kreises. **2.** (bildungsspr.) *entgegengesetzt, gegensätzlich:* -e Ansichten; d. *(ganz und gar)* entgegengesetzt sein.

Di|a|na (röm. Myth.): Göttin der Jagd.

di|a|phan ⟨Adj.⟩ [griech. diaphanḗs, zu: diaphaínesthai = durchscheinen] (Kunstwiss.): *durchscheinend, durchsichtig.*

Di|a|phan|bild, das, **Di|a|pha|nie,** die; -, -n [griech. diapháneia = Durchsichtigkeit] (Kunstwiss.): *auf Glas gemaltes, diaphanes Bild.*

Di|a|phrag|ma, das; -s, ...men [spätlat. diaphragma = Zwerchfell < griech. diáphragma = Zwischen-, Scheidewand; Zwerchfell]: **1.** (Anat.) *Zwerchfell.* **2.** (Chemie) *durchlässige Scheidewand.* **3.** (Med.) *mechanisches Empfängnisverhütungsmittel in Form eines mit einer Gummimembran überzogenen Spiralrings, der in die Scheide eingeführt wird.* **4.** (veraltet) *Blende* (2).

Dia|po|si|tiv, das; -s, -e [aus griech. diá = durch u. ↑[2]Positiv (2)] (Fot.): *zu einem durchscheinenden Positiv entwickeltes fotografisches Bild, das dazu bestimmt ist, auf eine Leinwand projiziert zu werden; Dia.*

Dia|pro|jek|tor, der (Fot.): *Projektor für Diapositive.*

Dia|rah|men, der (Fot.): *kleiner, rechteckiger Rahmen für das Diapositiv.*

Di|a|ri|um, das; -s, ...ien [lat. diarium = Tagebuch, zu: dies = Tag]: **1.** (veraltet) **a)** *Tagebuch;* **b)** *Geschäftsbuch.* **2.** (veraltend) *dickeres Schreibheft mit festem Deckel.*

Di|ar|rhö, die; -, -en [lat. diarrhoea < griech. diárrhoia, eigtl. = Durchfluss] (Med.): *Durchfall.*

di|ar|rhö|isch ⟨Adj.⟩ (Med.): *mit Durchfall verbunden.*

Dia|show, die: *[effektvolle] Vorführung von Dias [zu einem bestimmten Thema].*

Di|as|po|ra, die; - [griech. diasporá = das Zerstreuen, Zerstreuung]: **a)** *Gebiet, in dem eine konfessionelle od. nationale Minderheit lebt:* in der D. leben; **b)** *in der Diaspora* (a) *lebende konfessionelle od. nationale Minderheit:* die katholische D. in Berlin.

Di|as|po|ra|ge|mein|de, die: *Gemeinde* (1 b) *in der Diaspora* (a).

Di|as|to|le [diˈastole, auch: diaˈstoːlə], die; -, -n [...ˈstoːlən; griech. diastolḗ]: **1.** (Med.) *mit der Zusammenziehung rhythmisch abwechselnde Erweiterung des Herzens:* Systole und D. **2.** (antike Metrik) *Dehnung eines kurzen Vokals.*

di|as|to|lisch ⟨Adj.⟩ (Fachspr.): *die Diastole betreffend, darauf beruhend:* -er Blutdruck (Med.; *Blutdruck im Augenblick der Erschlaffung des Herzmuskels*).

Di|ät, die; -, (Arten:) -en [lat. diaeta < griech. díaita = Lebensweise, Diät]: *auf die Bedürfnisse eines Kranken, Übergewichtigen o. Ä. abgestimmte Ernährungsweise:* salzlose D.; eine D. für Magenkranke; eine strenge D. einhalten müssen; streng D. leben, essen; D. halten, kochen; er wurde auf D. gesetzt (ugs.; *ihm wurde eine Diät verordnet*).

Di|ät|as|sis|tent, der: *Fachkraft, die bei der Aufstellung von Diätplänen beratend mitwirkt* (Berufsbez.).

Di|ät|as|sis|ten|tin, die: w. Form zu ↑Diätassistent.

Di|ät|bier, das: *besonders für Diabetiker geeignetes Bier.*

Di|ä|ten ⟨Pl.⟩ [wohl gek. aus: Diätengelder, zu frz. diète = tagende Versammlung < mlat. dieta, diaeta = festgesetzter Tag, Versammlung, zu lat. dies = Tag]: *Bezüge der Abgeordneten eines Parlaments o. Ä. in Form von Tagegeld, Aufwandsentschädigung u. a.:* D. beziehen; über eine Erhöhung der -en beraten.

Di|ä|te|tik, die; -, -en [lat. (ars) diaetetica < griech. diaitētikḗ (téchnē), zu: díaita, ↑Diät] (Med.): *Lehre von der richtigen Ernährung, bes. Diät.*

di|ä|te|tisch ⟨Adj.⟩ (Med.): *die Diät betreffend, einer Diät gemäß.*

Di|ät|fahr|plan, der (ugs.): *Diätplan.*

Di|ät|feh|ler, der (Med.): *Fehler in der Ernährungsweise.*

Di|ä|thy|len|gly|kol: ↑Diethylenglykol.

di|ä|tisch ⟨Adj.⟩ [zu ↑Diät]: *die Ernährung betreffend:* -er Wert *(Nährwert).*

Di|ä|tis|tin, die; -, -nen: *Diätassistentin.*

Di|ät|koch, der: *Koch für Diätkost* (Berufsbez.).

Di|ät|kö|chin, die: w. Form zu ↑Diätkoch.

Di|ät|kost, die: *bei einer Diät eingenommene od. verabreichte Kost.*

Di|ät|kü|che, die: **a)** *Küche, in der Diätkost zubereitet wird;* **b)** ⟨o. Pl.⟩ *Diätkost, Schonkost u. die Art ihrer Zubereitung:* die D. bevorzugen.

Di|ät|kur, die (Med.): *Kur, die in der Einhaltung einer bestimmten Diät besteht:* sie macht gerade eine radikale D.

Di|a|to|nik, die; - (Musik): *Dur-Moll-Tonsystem; das Fortschreiten in der Tonfolge der siebenstufigen Tonleiter.*

di|a|to|nisch ⟨Adj.⟩ [spätlat. diatonicus < griech. diatonikós] (Musik): *auf der Diatonik beruhend:* die -e Tonleiter.

Di|ät|plan, der: *für eine bestimmte Diät zusammengestellter Speiseplan.*

Di|a|tri|be, die; -, -n [lat. diatriba < griech. diatribḗ, eigtl. = das Zerreiben]: **a)** (Literaturw.) *in Vers od. Prosa abgefasste [satirische] Moralpredigt [mit fingiertem Dialog];* **b)** (bildungsspr.) *gelehrte Streitschrift, weitläufige kritische Abhandlung.*

Di|ät|salz, das: *(bei kochsalzarmer Diät verwendetes) Salz, das wenig od. kein Natrium u. Chlor enthält.*

Di|ät|schwes|ter, die: *für die Diätkost zuständige Krankenschwester* (Berufsbez.).

Di|ät|zu|cker, der: *besonders für Diabetiker geeigneter Ersatz* (2) *für Zucker.*

Dia|vor|trag, der: *Vortrag, bei dem Dias gezeigt werden.*

dich [mhd. dich, ahd. dih]: **1.** ⟨Akk. des Personalpron. ↑du⟩ ich habe d. gestern vermisst. **2.** ⟨Akk. des Reflexivpron. der 2. Person, ↑sich⟩ du solltest d. schämen.

di|cho|tom ⟨Adj.⟩ [griech. dichótomos = zweigeteilt]: **1.** (Bot.) *gegabelt.* **2.** (Fachspr.) *zweiteilig, zweigliedrig.*

Di|cho|to|mie, die; -, -n [griech. dichotomía = Zweiteilung]: **1.** (Bot.) *Gabelung des Pflanzensprosses.* **2.** (Fachspr., bildungsspr.) *Zweiteilung, zweigliedrige Einteilung; Zweigliedrigkeit.*

di|cho|to|misch ⟨Adj.⟩: *dichotom.*

dicht ⟨Adj.⟩ [mniederd. dicht(e); dafür frühnhd. deicht, mhd. dīhte, eigtl. wohl = fest; undurchlässig, verw. mit ↑gedeihen]: **1. a)** *zusammengedrängt, zusammenstehend; ohne (größere) Zwischenräume:* -es Haar; ein -es Gestrüpp; -e Hecken; beim -esten Verkehr; ein d. bebautes Gelände; eine d. behaarte Brust; d. behaart sein; d. belaubte Wälder; die d. besetzten Zuschauerreihen; ein d. besiedeltes, bevölkertes Land; d. bewachsene Hänge; d. gedrängte Zuschauer; d. gedrängt stehen; die d. an d., d. bei d. *(sehr dicht beieinander)* stehenden Tulpen; Ü das -e soziale Netz; ein -es *(voll ausgefülltes)* Programm; eine -e *(gestraffte, das Wesentliche betonende)* Auführung; ein d. gedrängter Terminplan *(Terminplan mit sehr vielen Terminen);* **b)** *(für den Blick) eine fast undurchdringbare Einheit bildend; undurchdringlich:* -er Nebel; -e Schwaden; das Schneegestöber wurde immer -er; :) *fest abschließend; undurchlässig:* ein -es Fass; las Dach, das Fenster, der Verschluss ist nicht nehr d.; meine Stiefel halten nicht mehr d.; der Verschluss hat völlig d. gehalten; Fugen, Ritzen l. machen; die Gardinen waren d. zugezogen; *** nicht ganz d. sein** (ugs. abwertend; *nicht ganz bei Verstand sein*); **d)** (ugs.) *geschlossen:* der Laden war leider schon dicht; das Kino ist seit letzten Montag dicht; Ü sie kamen nicht mehr durch, die Grenzen waren d. *(nicht mehr geöffnet, nicht mehr passierbar);* die Autobahn war l. *(verstopft).* **2.** ⟨bes. in Verbindung mit Präp.⟩ **a)** *ganz nahe, in unmittelbarer Nähe:* d. beieinander; d. an der Tür; d. beim Haus; d. neben der Kirche; d. überm Erdboden; sie fuhr -er auf; **b)** *zeitlich ganz nahe, unmittelbar:* das Fest stand d. bevor; d. an die Gegenwart heran.

icht: drückt in Bildungen mit Substantiven aus, dass die beschriebene Sache etw. nicht durchlässt/*undurchlässig für etw.:* bakterien-, staub-, winddicht.

cht|auf ⟨Adv.⟩: *im kleinstmöglichen (räumlichen) Abstand hintereinander:* d. folgen; in der Wertung d. liegen.

cht be|baut, dịcht be|haart, dịcht be|laubt usw.: s. dicht (1 a).

ch|te, die; -, -n ⟨Pl. selten⟩: **1. a)** *dichtes Nebeneinander (von gleichartigen Wesen od. Dingen auf einem Raum):* die D. des Waldes; die D. des Verkehrs, der Bevölkerung; die höchste D. an Akademikern; Ü ein Werk von großer psychologischer D. *(Komprimiertheit);* **b)** *(für den Blick) Undurchdringbarkeit:* die D. des Nebels, der Finsternis. **2.** (Physik) *Verhältnis von Masse zu Volumen (bei einer bestimmten Stoffmenge):* die mittlere D. der Luft, des Wassers. **3.** (Fot.) *Maß für die Schwärzung bzw. Farbdichte einer fotografischen Schicht.* **4.** (Textilind.) *Anzahl der Fäden od. Maschen, die auf eine bestimmte Maßeinheit entfallen.*

ch|ten (sw. V.; hat): **a)** *dicht machen; abdichten:* das Dach, ein Leck [mit etw.] d.; die Fugen sind schlecht gedichtet; **b)** *als Mittel zum Abdichten geeignet sein:* der Kitt dichtet gut.

ch|ten ⟨sw. V.; hat⟩ [mhd. tihten, ahd. dihtōn, tihtōn = schriftlich abfassen, ersinnen < lat. dictare, ↑diktieren]: **1.** *ein sprachliches Kunstwerk (bes. in Versform) verfassen, schaffen:* ein Gedicht, ein Epos d.; er hat in Jamben gedichtet. **2. * das Dichten und Trachten** *(das Denken u. Streben des Menschen;* nach 1. Mos. 6, 5): ihr Dichten und Trachten war nur auf Genuss gerichtet.

ch|ter, der; -s, - [mhd. tihtære]: *Verfasser eines sprachlichen Kunstwerks:* ein großer, bedeutender, französischer D.; der D. des »Hamlet«, von »Romeo und Julia«; er ist der reinste D. *(kann sich ausdrücken wie ein Dichter);* einen D. *(das Werk eines Dichters)* zitieren, lesen.

ch|ter|fürst, der (geh.): *alle anderen überragender Dichter:* Goethe, der D.; der D. T. S. Eliot.

ch|te|rin, die; -, -nen [spätmhd. dichterin]: w. Form zu ↑Dichter.

h|te|risch ⟨Adj.⟩: *in der Weise eines Dichters bzw. der Dichtkunst; poetisch:* eine -e Prosa, Form; eine -e Begabung; einen Stoff d. gestalten.

ch|ter|kreis, der: *Kreis gleich gesinnter Dichter u. Dichterinnen.*

ch|ter|le|sung, die: *Veranstaltung, bei der ein Dichter aus seinen Werken vorliest.*

ch|ter|ling, der; -s, -e (abwertend): *schlechter, unbegabter Dichter; Versemacher.*

ch|ter|ross, das ⟨o. Pl.⟩ (bildungsspr.): *Pegasus.*

ch|ter|ruhm, der: *Ruhm, Berühmtheit eines Dichters.*

ch|ter|spra|che, die: *Sprache der Dichter.*

ch|ter|tum, das; -s: *Eigenart des dichterischen Seins.*

Dịch|ter|werk, das: *Werk, Schöpfung eines Dichters.*

Dịch|ter|wort, das: *Ausspruch eines Dichters.*

dịcht ge|drängt: s. dicht (1 a).

dịcht|hal|ten ⟨st. V.; hat⟩ (ugs.): *sich durch nichts verleiten lassen, über etw., was verschwiegen werden, geheim bleiben soll, zu reden:* sie hat dichtgehalten.

Dịcht|heit, die; -: **a)** *das Dichtsein;* **b)** (Fachspr.) *Eigenschaft von Stoffen, Gase, Flüssigkeiten, Strahlen o. Ä. nicht eindringen od. hindurchtreten zu lassen.*

Dịch|tig|keit, die; -: **a)** *Dichte* (1 b); **b)** *Dichtheit* (a).

Dịcht|kunst, die ⟨o. Pl.⟩: **1. a)** *dichterisches Schaffen:* die D. der Klassik; **b)** *Fähigkeit, ein dichterisches Kunstwerk hervorzubringen:* D. ist nicht erlernbar. **2.** *Dichtung, Poesie als Kunstgattung:* D., Malerei u. Musik.

dịcht|ma|chen ⟨sw. V.; hat⟩ (ugs.): **1. a)** *schließen, nicht mehr für den Verkauf o. Ä. geöffnet haben:* der Fleischer macht seinen Laden heute schon um 13⁰⁰ Uhr dicht; sie hat ihren Laden dichtgemacht *(hat ihn aufgegeben);* die Polizei hat ihm die Bude dichtgemacht *(hat ihm die Lizenz entzogen);* **b)** *nicht mehr geöffnet sein, den Betrieb einstellen:* wann machen die Läden am Samstag dicht?; die Fabrik macht dicht. **2.** (Sport Jargon) *die eigene Abwehr so verstärken, dass der Gegner sie nicht überwinden kann:* hinten d.

dịcht|ma|schig ⟨Adj.⟩: vgl. engmaschig.

[1]Dịch|tung, die; -, -en: **1.** ⟨o. Pl.⟩ *das Undurchlässigmachen, das Abdichten.* **2.** *Schicht aus einem geeigneten Material, die zwischen zwei Teile eines Geräts o. Ä. zur Abdichtung gelegt wird.*

[2]Dịch|tung, die; -, -en [spätmhd. tihtunge = Diktat, Gedicht]: **1.** *sprachliches Kunstwerk:* eine lyrische, epische, dramatische D.; die -en Goethes; Ü was er da erzählt hat, ist reine D. (ugs.; *ist frei erfunden*); *** sinfonische D.** (Musik; *[einsätziges] größeres sinfonisches Programmstück mit poetischem Sujet*). **2.** ⟨o. Pl.⟩ *Dichtkunst* (1 a, 2).

Dịch|tungs|form, die: *literarische Gattung:* Epos und Roman sind verschiedene -en.

Dịch|tungs|mas|se, die: *Masse zum Abdichten.*

Dịch|tungs|ma|te|ri|al, das: *Material zum Abdichten.*

Dịch|tungs|mit|tel, das: *Zusatzstoff, der Beton wasserundurchlässig macht.*

Dịch|tungs|ring, der: *ringförmige Dichtung.*

Dịch|tungs|schei|be, die: vgl. Dichtungsring.

dịck ⟨Adj.⟩ [mhd. dic[ke], ahd. dicki, älter auch = dicht; H. u.]: **1.** *von beträchtlichem, mehr als normalem Umfang; massig, nicht dünn:* ein -er Baum; ein -es Kind; ein -es Buch; sie hat -e Beine; du bist d. geworden; das Kleid macht dich d.; (ugs.:) das Baby ist d. und rund; (ugs.:) er ist d. und fett; sich d. machen (ugs. scherzh.; *bei Tisch, in einer Sitzreihe usw. viel Platz beanspruchen*); Ü (ugs.:) er fährt ein -es *(großes, teures)* Auto; das ist ein -er *(schlimmer)* Fehler; ein -es *(hohes)* Gehalt, Honorar; ein -er *(großer)* Auftrag; seine Verwandten sind -e (landsch.; *reiche*) Bauern; ein -es *(großes)* Lob für das Team; zwei -e *(hoch gehäufte)* Löffel Zucker; *** jmdn. d. machen** (derb; *schwängern*); **d. sein** (derb; *schwanger sein*); **sich [mit etw.] d. machen** *(sich [mit etw.] brüsten, angeben).* **2. a)** ⟨in Verbindung mit Maßangaben nachgestellt⟩ *eine bestimmte Dicke aufweisend:* die Bretter sollen 5 cm d. sein; die Salbe ist zwei Millimeter d. aufzutragen; **b)** *einen beträchtlichen Querschnitt aufweisend; stark, nicht dünn:* eine -e Eisdecke, Staubschicht; ein -er Teppich; der Stoff ist zu d.; die Salbe d. auftragen; *** mit jmdm. durch d. und dünn gehen** *(jmdm. in allen Lebenslagen beistehen;* eigtl. zu älter dick = dicht u. eigtl. = mit jmdm. durch dicht u. dünn bewachsenes Terrain gehen; in Buschwerk u. Wald lauerten früher die Strauchdiebe); **d. auftragen** (ugs. abwertend; *übertreiben;* urspr. bezogen auf das zu dicke Auftragen der Farbe beim Malen bzw. das zu starke Auftragen von Schminke); **es nicht so d. haben** (ugs.; *nicht über viel Geld verfügen*). **3.** (ugs.) *krankhaft angeschwollen:* ein -er Knöchel; eine -e Backe; ihre Mandeln sind d. [geschwollen]. **4.** *dickflüssig steif:* eine viel zu -e Soße; -e *(gestockte, saure)* Milch; den Saft d. einkochen. **5.** (ugs.) *dicht, undurchdringlich:* -e Rauchschwaden; ihr Haar ist sehr d.; in den -sten Verkehr geraten. **6.** (ugs.) *vertraut, eng:* eine -e Freundschaft; sie waren -e Freunde. **7.** ⟨intensivierend bei Adj. u. Verben⟩ (ugs.) *sehr:* d. satt sein; jmdm. etw. d. ankreiden. **8. * jmdn., etw. d. haben/kriegen** (ugs.; *jmds., einer Sache überdrüssig sein*).

dịck|ar|schig, dịck|är|schig ⟨Adj.⟩ (derb): vgl. dickbäuchig.

Dịck|bauch, der (scherzh.): *beleibter Mensch.*

dịck|bau|chig ⟨Adj.⟩: *stark gewölbt, gebaucht:* eine -e Flasche.

dịck|bäu|chig ⟨Adj.⟩: *mit einem dicken Bauch versehen:* -e Kinder.

Dịck|blatt|ge|wächs, das (Bot.): *Pflanze mit dickfleischigen, häufig eine Rosette bildenden Blättern u. kleinen Blüten.*

Dịck|darm, der: *der an den Dünndarm anschließende kürzere u. dickere Teil des Darms.*

Dịck|darm|krebs, der (Med.): *Krebs im Dickdarm.*

di|cke ⟨Adv.⟩ [mhd. dicke, ahd. dicco (Adv. von ↑dick) = oft, häufig] (ugs.): *reichlich, vollauf [genug]:* d. genug haben; wir kommen mit den Vorräten d. aus; das reicht d.; *** jmdn., etw. d. haben** (salopp; *jmds., einer Sache überdrüssig sein*).

[1]Di|cke, die; -, -n ⟨Pl. selten⟩ [mhd. dicke, ahd. dickī]: **1.** *das Dicksein; Umfänglichkeit:* die D. der Mauern, eines Buches; die D. eines Stammes; ein Mann von einer krankhaften D. *(Beleibtheit).* **2.** *(in Verbindung mit Maßangaben) querschnittliche Ausdehnung, messbarer Abstand von einer Seite zur gegenüberliegenden:* die Eisdecke hat eine D. von 50 cm; Stäbe mit einer D. von mindestens 16 mm; Bretter von verschiedenen -n. **3.** (selten) ⟨o. Pl.⟩ *Dickflüssigkeit:* die D. der Soße, einer Suppe.

[2]Di|cke, der u. die; -n, -n ⟨Dekl. ↑Abgeordnete⟩: **1.** (ugs.) *jmd., der dick, korpulent ist:* der D. kam auf mich zu. **2.** ⟨meist o. Art.⟩ *Kosename meist für einen dicken Menschen:* -r, komm mal her!; das ist unsere kleine D.

di|cken ⟨sw. V.⟩: **a)** *dick-, zähflüssig machen* ⟨hat⟩: eine Soße mit Rahm d.; **b)** *dick-, zähflüssig werden* ⟨hat/ist⟩: Gelee aus Brombeeren dickt leicht.

Di|cken|wachs|tum, das: *Wachstum bezüglich der Dicke:* das D. einer Fichte.

Di|cker|chen, das; -s, - (fam. scherzh.): *dicker [kleiner] Mensch; dickes Kind:* ein kleines D.

di|cke|tun: ↑dicktun.

dịck|fel|lig ⟨Adj.⟩ (ugs. abwertend): *gleichgültig, unempfindlich gegenüber Aufforderung, Missbilligung o. Ä.:* ein -er Mensch.

Dịck|fel|lig|keit, die; - (ugs. abwertend): *dickfellige Art, dickfelliger Charakter.*

dịck|flei|schig ⟨Adj.⟩: *sehr fleischig [u. saftig]:* -e Blätter; -e Fischfilets.

dịck|flüs|sig ⟨Adj.⟩: *zähflüssig:* ein -es Öl.

Dịck|flüs|sig|keit, die: *dickflüssige Beschaffenheit.*

Dịck|glas, das: *nicht splitterndes Sicherheitsglas für Fahrzeugverglasung.*

Dịck|häu|ter, der; -s, -: *großes, plumpes Säugetier mit dicker, lederartiger Haut (z. B. Elefant, Nashorn, Flusspferd, Tapir):* Ü der Typ ist ein D. *(ihn kann nichts so leicht beeindrucken, seelisch aus dem Gleichgewicht bringen).*

dịck|häu|tig ⟨Adj.⟩: *mit dicker Haut versehen.*

Di|ckicht, das; -s, -e [zu ↑dick]: *dichtes, undurchdringliches Gebüsch; Gestrüpp; Wald mit dichtem Unterholz:* dieser Wald ist ein undurchdringliches D.; im D. des Dschungels verschwinden; sich im D. verbergen; Ü das D. der Paragraphen.

Dịck|kopf, der (ugs.): **a)** *eigensinniger, starrköpfiger Mensch:* er ist ein ziemlicher D.; **b)** *eigensin-*

nige Haltung, starrköpfiges Wesen: einen D. haben, seinen D. aufsetzen *(trotzig sein).*

dick|köp|fig ⟨Adj.⟩ (ugs.): *starrköpfig, eigensinnig.*

Dick|köp|fig|keit, die; -: *das Dickköpfigsein; Eigensinn, Trotz.*

dick|lei|big ⟨Adj.⟩: *korpulent, von großem Leibesumfang:* ein -er Gastwirt; Ü ein -es Buch.

Dick|lei|big|keit, die; -: *das Dickleibigsein.*

dick|lich ⟨Adj.⟩: **1.** *zur Fülle neigend, etwas dick:* ein -es Kind, Gesicht; er ist in der letzten Zeit etwas d. geworden. **2.** *dickflüssig, angedickt:* ein -er Saft; die Soße ist d.

Dick|lich|keit, die; -: *das Dicklichsein.*

dick|lip|pig ⟨Adj.⟩: *mit dicken Lippen:* ein -er Mund.

Dick|ma|cher, der (ugs.): *kalorienreiches u. daher dick machendes Nahrungsmittel.*

Dick|milch, die: *geronnene, saure Milch.*

Dick|schä|del, der (ugs.): *Dickkopf.*

dick|schä|de|lig, dick|schäd|lig ⟨Adj.⟩: *eigensinnig, starrköpfig.*

dick|scha|lig ⟨Adj.⟩: *mit dicker Schale:* eine -e Apfelsine.

Dick|schiff, das: *großes Seeschiff.*

Dick|tu|er, der; -s, - (landsch. salopp abwertend): *Wichtigtuer.*

Dick|tu|e|rei, die (landsch. salopp abwertend): *Wichtigtuerei.*

Dick|tu|e|rin, die; -, -nen: w. Form zu ↑Dicktuer.

dick|tun, sich ⟨unr. V.; hat⟩ (ugs. abwertend): *prahlen, großtun.*

Di|ckung, die; -, -en (Jägerspr.): *dichter, geschlossener junger Waldbestand.*

dick|wan|dig ⟨Adj.⟩: *mit fester, dicker Wand versehen:* -e Gefäße; -e Altbauwohnungen.

Dick|wanst, der (salopp abwertend): *dicker, fetter Mensch.*

dick|wans|tig ⟨Adj.⟩ (salopp abwertend): *dick u. fett; dickbäuchig.*

Di|dak|tik, die; -, -en [zu griech. didaktikós, ↑didaktisch] (Päd.): **a)** ⟨o. Pl.⟩ *Lehre vom Lehren u. Lernen; Unterrichtslehre:* D. der Mathematik; **b)** *Theorie der Bildungsinhalte; Methode des Unterrichtens:* verschiedene -en; **c)** *Abhandlung, Darstellung einer didaktischen Theorie:* etw. in einer D. nachlesen.

Di|dak|ti|ker, der; -s, -: **a)** *Fachvertreter der Unterrichtslehre;* **b)** *jmd., der über didaktische Fähigkeiten verfügt:* ein guter D.

Di|dak|ti|ke|rin, die; -, -nen: w. Form zu ↑Didaktiker.

di|dak|tisch ⟨Adj.⟩ [griech. didaktikós = belehrend, zur Belehrung geeignet, zu: didáskein = lehren] (Päd.): **a)** *das Lehren u. Lernen, die Vermittlung von Lehrstoff betreffend; für Unterrichtszwecke geeignet:* -e Theorien, Modelle; d. vorgehen; diese Methode ist d. falsch; **b)** *belehrend, lehrhaft:* -es Theater; eine -e Dichtung; -es Spielzeug *(Spielzeug von pädagogischem Wert);* diese Geschichte ist sehr d.

di|del|dum, di|del|dum|dei ⟨Interj.⟩ [lautm.] (veraltend): lautmalerisches Füll- u. Begleitwort in Liedern u. [Kinder]reimen.

Did|ge|ri|doo [dɪdʒəri'du:], das; -s, -s [engl. didgeridoo, aus der Sprache der Ureinwohner Australiens, lautm.]: *langes, röhrenförmiges Blasinstrument der australischen Ureinwohner.*

die: ↑der.

Dieb, der; -[e]s, -e [mhd. diep, diup, ahd. diob, thiob, H. u., viell. eigtl. = der Sichniederkauernde]: *jmd., der fremdes Eigentum heimlich entwendet:* ein gemeiner, raffinierter D.; der D. war durchs Fenster eingestiegen; es waren -e am Werk; den D. auf frischer Tat ertappen; haltet den D.!; er hat sich davongestohlen wie ein D. *(ist heimlich, unbemerkt davongegangen);* **Spr** die kleinen -e hängt man, die großen lässt man laufen; * **wie ein D. in der Nacht** (geh.; *unbemerkt, überraschend, unvorhergesehen).*

Die|be|rei, die; -, -en (ugs. abwertend): *fortwährendes Stehlen:* kleine -en.

Die|bes|ban|de, die (abwertend): *Bande von Dieben.*

Die|bes|beu|te, die: *Beute, die ein Dieb gemacht hat.*

Die|bes|gut, das: *Diebesbeute.*

Die|bes|nest, das: *Versteck von Dieben.*

Die|bes|tour, die: *Unternehmung, bei der jmd. auf Diebstahl ausgeht; Streifzug, den jmd. in der Absicht unternimmt, einen Diebstahl zu begehen.*

Die|bes|zug, der: *Diebestour.*

Die|bin, die; -, -nen: w. Form zu ↑Dieb.

die|bisch ⟨Adj.⟩: **1.** (veraltend) *zum Diebstahl neigend, auf Diebstahl ausgehend:* -e Instinkte. **2.** *heimliches Frohlocken verratend, nur verstohlen seine Belustigung zeigend:* ein -es Vergnügen an etw. haben; sich d. *(sehr, mit heimlicher Schadenfreude)* freuen.

Diebs|ge|sin|del, das (abwertend): *diebisches* (1) *Gesindel.*

Dieb|stahl, der; -[e]s, ...stähle [mhd. diupstāle, diepstāl, aus: diube, ahd. diub(i)a = Diebstahl u. -stāl(e), ahd. stāla = das Stehlen]: *heimliches Entwenden fremden Eigentums; Stehlen:* (Rechtsspr.:) einfacher, schwerer, fortgesetzter D.; geistiger D. *(Plagiat);* der D. wurde von einem Kind entdeckt; einen D. begehen, verüben; jmdn. wegen -s von Werkseigentum verurteilen; sich gegen D. schützen, versichern.

Dieb|stahl|si|che|rung, die: vgl. Einbruchsicherung.

Dieb|stahl|ver|si|che|rung, die: *Versicherung gegen Diebstahl.*

die|je|ni|ge: ↑derjenige.

Die|le, die; -, -n [1: mhd. dil[le], ahd. dilla, eigtl. = Boden; 2, 3: nach dem Bretterfußboden]: **1.** *langes, schmales Fußbodenbrett:* rohe, gestrichene -n; die morschen -n im Erdgeschoss; die -n knarren, sind ausgetreten. **2.** *Vorraum, geräumiger Flur, in dem sich meist die Garderobe befindet:* in der D. stehen bleiben. **3.** *zentraler Raum des norddeutschen Bauern- u. Bürgerhauses, der als Wohnraum, Küche, Tenne, Werkstatt u. a. diente.*

Die|len|bo|den, der: *[Fuß]boden aus Dielen.*

Die|len|brett, das: *Diele* (1).

Die|len|fuß|bo|den, der: *Dielenboden.*

die|nen ⟨sw. V.; hat⟩ [mhd. dienen, ahd. dionōn, urspr. = Knecht sein, zu einem germ. Subst. mit der Bed. »Knecht« (vgl. got. þius), eigtl. = Läufer]: **1. a)** *in abhängiger Stellung [gegen Lohn, Gehalt] bestimmte Pflichten erfüllen, bestimmte Arbeiten verrichten, bei jmdm. Dienst tun, in jmds. Dienst stehen:* dem König, dem Staat loyal d.; sie hatte in Herrschaftshäusern [als Dienstmädchen] gedient *(gearbeitet);* **R** niemand kann zwei Herren d. (nach Matth. 6, 24); **b)** *Militärdienst tun:* er hatte acht Jahre [bei der Bundeswehr, im Heer] gedient *(war acht Jahre Soldat);* als Artillerist, bei den Pionieren d.; hast du schon gedient?; er brauchte nicht zu d. **2. a)** (geh.) *sich einer Sache od. Person freiwillig unterordnen u. für sie wirken; für jmdn., für etwas eintreten:* sie dient der Partei, dem Unternehmen seit vielen Jahren; er dient mit seiner Arbeit einer großen Sache; **b)** *nützlich, vorteilhaft; für etw. bestimmt sein:* etw. dient der Sicherheit; die Sammlung dient einem guten Zweck. **3.** *jmdm. behilflich sein, helfen:* mit dieser Auskunft ist mir wenig gedient; womit kann ich d.?; mit Canasta konnte ich nicht d. *(ich konnte es nicht spielen);* es tut mir Leid, dass ich Ihnen in dieser Angelegenheit nicht d. kann; mit 50 Mark wäre mir schon gedient. **4.** *gebraucht, benutzt, verwendet werden; einen bestimmten Zweck haben od. erfüllen:* etw. dient als Ersatz, Notlösung, Vorwand; das alte Schloss dient jetzt als Museum; das möge dir zur Warnung d.; er hat den Kameraden immer als Prügelknabe gedient; etw. dient [jmdm.] als/zur Nahrung, Unterkunft.

Die|ner, der; -s, - [mhd. dienære; d: nach der Höflichkeitsformel »gehorsamster Diener!« u. der dabei gemachten Verbeugung]: **a)** *jmd., der bei einer Privatperson gegen Lohn Dienst tut; Hausangestellter, Domestik:* ein livrierter D. bediente die Gäste; * **stummer D.** *(Serviertisch);* **b)** (geh.) *jmd., der in einem Gemeinwesen bestimmte Pflichten erfüllt, ein öffentliches Amt bekleide[t]:* ein D. der Kirche, des Staates; **c)** (geh.) *jmd., d[er] sich einer Person, Sache freiwillig unterordnet [u.] für sie wirkt; Förderer, Helfer:* ein D. der Wisse[n]schaft, der Kunst; **d)** (fam.) *Verbeugung (bes. von Jungen):* sein D. war etwas missglückt; ein[en] D. machen *(bei der Begrüßung eine Verbeugu[ng] machen).*

Die|ne|rin, die; -, -nen: w. Form zu ↑Diener (a, b, c).

die|nern ⟨sw. V.; hat⟩ (abwertend): *sich mehrma[ls] devot verbeugen:* der Empfangschef dienerte beflissen vor den Gästen; Ü er dienert ständig vor seinen Vorgesetzten *(verhält sich kriecherisch).*

Die|ner|schaft, die; -: *Gesamtheit der Diener; a[ll]e Dienstboten [eines Hauses].*

dien|lich: in den Verbindungen **jmdm., einer Sache d. sein** *(jmdm., einer Sache förderlich, zuträglich, nützlich sein):* ihr Verhalten war de[r] Sache, ihr selbst wenig d.; **jmdm. [mit etw.] d. sein** (veraltend; *jmdm. [mit etw.] helfen):* kann ich Ihnen mit etwas d. sein?

Dienst, der; -[e]s, -e [mhd. dien(e)st, ahd. dionōst]: **1. a)** ⟨o. Pl.⟩ *berufliche Arbeit, Tätigkeit, Erfüllung von [beruflichen] Pflichten:* ein schwerer, harter, aufreibender, eintöniger, lang[]weiliger D.; sein D. beginnt sehr früh; die Nach[t]schwester hat einen anstrengenden D.; um 8[00] Uhr seinen D. antreten; seinen D. vernachläss[i]gen, gewissenhaft versehen; er hat heute lange D. *(muss heute lange arbeiten);* D. machen, tu[n] *(arbeiten);* welche Apotheke hat heute D. *(ist heute geöffnet)*?; D. nach Vorschrift machen *(i[m] Rahmen einer Protestaktion peinlich genau nach den Dienstvorschriften arbeiten, um Ver[]zögerungen zu verursachen);* der D. habende, tuende *(den Dienst versehende, zum Dienst e[in]geteilte)* Beamte, Offizier, Arzt; außer D., auße[r]halb des -es *(in der Freizeit);* nicht im D. sein *(dienstfrei haben);* im D. ergraut sein *(im Lauf[e] einer längeren Dienstzeit alt geworden sein);* d[er] Unteroffizier vom D. *(der Dienst habende Unteroffizier);* er ist der Chef vom D. *(der für den organisatorischen Ablauf verantwortliche Mann [in einer Zeitungsredaktion]);* zum D. gehen; zu spät zum D. kommen; **Spr** D. ist D., und Schnaps ist Schnaps *(Arbeit u. Privatvergnügen muss man auseinander halten);* **b)** ⟨Pl. selten⟩ *Arbeitsverhältnis, Stellung, Amt:* seine[n] D. antreten; den D. quittieren *(seine Stellung aufgeben, sein Amt niederlegen);* jmdn. aus de[m] D., aus seinen -en entlassen; in jmds. -e treten; jmdn. in D. nehmen; in jmds. Dienst[en] sein/stehen (veraltend; *für jmdn., bei jmdm. arbeiten);* * **außer D.** (im Ruhestand; bezogen auf d[en] [einstweiligen] Ruhestand eines Beamten od. Offiziers; Abk.: a. D.): er ist Major a. D.; **etw. außer D. stellen** *(etwas außer Betrieb setzen):* die Bomber sind außer D. gestellt; **im D. von etw. stehen** *(etw. fördern, für etw. arbeiten);* **si[ch] in den D. von etw. stellen** *(sich für etw. einsetzen);* **etw. in D. stellen** *(etwas in Betrieb nehmen):* ein Schiff in D. stellen; **c)** ⟨o. Pl.⟩ *Tätigkeitsbereich (in einem öffentlichen Amt):* sie is[t] im mittleren, im gehobenen D. tätig; er wurde den diplomatischen, in den auswärtigen D. übernommen; * **der öffentliche D.** (1. *Gesamtheit der Tätigkeiten im öffentlichen Bereich a[uf] der Ebene von Bund, Ländern u. Gemeinden.* 2. *Gesamtheit der im öffentlichen Bereich Beschäftigten).* **2.** *Gruppe von Personen, die bestimmte Aufgaben zu versehen haben, dafü[r] bereitstehen:* der technische D.; für die Übermittlung der Nachrichten arbeiten verschiede[ne] -e. **3.** *Hilfe[leistung], Beistand:* ein selbstloser D.; jmdm. seinen D., seine -e anbieten; kannst du mir einen D. tun *(mir helfen)*?; auf jmds. -e zurückgreifen; * **[das ist] D. am Kunden** (ugs. oft scherzh.; *[das ist] eine [unentgeltliche] Dienstleistung, eine zusätzliche Leistung, die jmd., bes. der Geschäftsmann, dem Kunden* *erbringt, ohne dass dieser einen Anspruch darauf hätte)*; **seinen D./seine -e tun** *(für den Zweck, für den es gebraucht wird, taugen, zu gebrauchen sein)*; **jmdm. gute -e tun/leisten** *(jmdm. sehr nützlich sein)*: das Tuch hat mir gestern gute -e getan; **jmdm. mit etw. einen schlechten D. erweisen** *(jmdm. [trotz bester Absicht] mit etw. schaden)*; **zu jmds. -en, jmdm. zu -en sein/stehen** *(jmdm. seine Hilfe anbieten, sich jmdm. zur Verfügung stellen)*; **jmdm. den D. versagen** *(schwach werden, versagen)*: die Beine versagten ihr plötzlich den D. 4. (Kunstwiss.) *überwiegend in der gotischen Baukunst verwendetes dünnes Säulchen o. Ä., das die Rippen od. Gurte des Kreuzgewölbes bzw. die Profile der Arkadenbogen trägt.*

ienst|ab|teil, das: *Eisenbahnabteil für das Zugpersonal.*

ienst|adel, der (früher): *Gruppe des Adels* (1 a), *die ihre soziale Stellung einem Dienstverhältnis zum König o. Ä. verdankt.*

iens|tag, der; -[e]s, -e [mhd. dienstac, dinstac < mniederd. dinsdach, dingesdach, mit dem Namen des germ. Himmelsgottes Ziu geb. nach lat. Martis dies; eigtl. = Tag des Ziu als des Thingbeschützers]: *zweiter Tag der mit Montag beginnenden Woche:* heute ist D., der 9. Juni; am D., dem 9. Juli/den 9. Juli; sie kommt [am] D.; eines Dienstags; des Dienstags; D. früh; die Nacht von Montag auf/zu D., vom Montag auf den/zum D.

iens|tag|abend, der: *Abend des Dienstags:* am, jeden D. macht sie Sport; eines schönen -s.

iens|tag|abends ⟨Adv.⟩: *dienstags abends.*

iens|tä|gig ⟨Adj.⟩: *an einem Dienstag stattfindend:* die -e Sendung war besser als die Fortsetzung am Sonntag.

iens|täg|lich ⟨Adj.⟩: *jeden Dienstag stattfindend, sich jeden Dienstag wiederholend:* die -en Vorlesungen.

iens|tag|mit|tag, der: *Mittag des Dienstags.*

iens|tag|mit|tags ⟨Adv.⟩: *dienstags mittags.*

iens|tag|mor|gen, der: *Morgen des Dienstags.*

iens|tag|mor|gens ⟨Adv.⟩: *dienstags morgens.*

iens|tag|nach|mit|tag, der: *Nachmittag des Dienstags.*

iens|tag|nach|mit|tags ⟨Adv.⟩: *dienstags nachmittags.*

iens|tag|nacht, die: *Nacht von Dienstag auf Mittwoch.*

iens|tag|nachts ⟨Adv.⟩: *dienstags nachts.*

iens|tags ⟨Adv.⟩: *an jedem Dienstag:* wir treffen uns d.; d. abends pflegt er Tennis zu spielen.

iens|tag|vor|mit|tag, der: *Vormittag des Dienstags.*

iens|tag|vor|mit|tags ⟨Adv.⟩: *dienstags vormittags.*

ienst|al|ter, das: *die im Beamten- od. Militärdienst abgeleisteten Jahre.*

ienst|äl|tes|te, der u. die ⟨Dekl. ↑Abgeordnete⟩: *jmd., der von mehreren bei gleicher Dienststellung das höchste Dienstalter hat.*

ienst|an|tritt, der: *das Antreten eines Dienstes, Amtes.*

ienst|an|wei|sung, die: *Gesamtheit von Vorschriften für bestimmte dienstliche Obliegenheiten.*

ienst|auf|fas|sung, die ⟨o. Pl.⟩: *persönliche Auffassung von den dienstlichen Pflichten.*

ienst|auf|sicht, die ⟨o. Pl.⟩: *Überwachung der Tätigkeit von Bediensteten durch eine übergeordnete Person od. Behörde.*

ienst|auf|sichts|be|schwer|de, die (Rechtsspr.): *formlose Beschwerde bei der übergeordneten Behörde gegen einen Verwaltungsakt:* eine Flut von -n.

ienst|aus|weis, der: *Ausweis, der die Zugehörigkeit zu einer bestimmten Dienststelle bescheinigt.*

ienst|bar ⟨Adj.⟩ [mhd. dienestbære]: *zum Dienst bereit:* ein paar -e Männer; sich jmdm. d. erzeigen; * **sich** ⟨Dativ⟩**, einer Sache jmdn., etw. d. machen** *(sich, einer Sache jmdn. od. etw. untertan, gefügig, nutzbar machen)*: durch Geldgeschenke machte er sich das Personal d.; etw. dem Staate d. machen.

Dienst|bar|keit, die; -, -en: 1. (selten) a) ⟨o. Pl.⟩ *das Tätigsein (als Diener o. Ä.)*; b) *Gefälligkeit, dienstbare Handlung:* den Kunden echte -en bieten. 2. a) ⟨o. Pl.⟩ (geh.) *Abhängigkeit:* er war in die D. seiner Geldgeber geraten; b) ⟨o. Pl.⟩ (hist.) *Untertänigkeit, Leibeigenschaft:* die D. der Bauern im Mittelalter. 3. (Rechtsspr.) *dingliches Recht zur beschränkten Nutzung eines Grundstücks od. beim Nießbrauch auch zur Nutzung einer beweglichen Sache od. eines Rechtes:* das Wegerecht gehört zu den -en.

Dienst|be|fehl, der: *dienstlicher Befehl.*

dienst|be|flis|sen ⟨Adj.⟩: *sehr beflissen, bemüht, einem anderen gefällig zu sein, ihm Dienste* (3) *zu leisten.*

Dienst|be|ginn, der: *Beginn des Dienstes* (1 a): D. ist acht Uhr morgens.

Dienst|be|hör|de, die: *für einen Dienstbereich zuständige übergeordnete Behörde.*

Dienst|be|reich, der: *Zuständigkeitsbereich einer bestimmten Institution, des Inhabers einer bestimmten Dienststellung:* der D. der Aufsichtsbehörde; das fällt nicht in meinen D. *(dafür bin ich nicht zuständig).*

dienst|be|reit ⟨Adj.⟩: 1. (veraltend) a) *dienstwillig;* b) *gefällig, hilfsbereit.* 2. *[außerhalb der gewöhnlichen Arbeits- od. Öffnungszeit für dringende Bedarfsfälle] bereit, seinen Dienst zu versehen:* die Apotheke ist auch am Sonntag d.

Dienst|be|zü|ge ⟨Pl.⟩: *Gehalt eines Beamten.*

Dienst|bo|te, der (veraltend): *jmd., der in einem Haushalt angestellt ist.*

Dienst|bo|ten|ein|gang, der (veraltend, sonst iron.): *Nebeneingang eines [Herrschafts]hauses od. eines Hotels, den die Dienstboten benutzen müssen.*

Dienst|bo|ten|zim|mer, das (veraltend): *Zimmer für Dienstboten.*

Dienst|eid, der: *Eid, der beim Antreten eines Dienstes geleistet wird u. der zu treuer Pflichterfüllung [u. zur Wahrung des Gesetzes] verpflichtet.*

Dienst|ei|fer, der: *Beflissenheit, Übereifrigkeit; Streben, anderen gefällig zu sein.*

dienst|eif|rig ⟨Adj.⟩: *voller Diensteifer:* ein -er Kellner; d. herbeieilen.

Dienst|ent|he|bung, die: *vorläufiges Verbot jeder Amtshandlung bei Einleitung eines Disziplinarverfahrens.*

dienst|fä|hig ⟨Adj.⟩: *(von Beamten u. Soldaten) gesundheitlich fähig, seinen Dienst zu versehen.*

Dienst|fä|hig|keit, die ⟨o. Pl.⟩: *das Dienstfähigsein.*

Dienst|fahrt, die: 1. *Dienstreise.* 2. *Fahrt aus betrieblichen Gründen [ohne Fahrgastverkehr].*

dienst|fer|tig ⟨Adj.⟩: a) *gern zu einer Dienstleistung, Gefälligkeit bereit; diensteifrig;* b) *gerüstet, fertig zum Diensteinsatz.*

Dienst|fer|tig|keit, die ⟨o. Pl.⟩: *das Dienstfertigsein.*

dienst|frei ⟨Adj.⟩: *keinen Dienst habend, frei von dienstlichen Verpflichtungen:* -e Zeit; d. sein, haben; [sich <Dativ>] d. nehmen.

Dienst|gang, der: *Gang, Zurücklegen einer Wegstrecke aus dienstlichem Anlass od. in Ausübung des regelmäßigen Dienstes.*

Dienst|ge|bäu|de, das: *Gebäude, in dem Ämter, Dienststellen untergebracht sind.*

Dienst|ge|brauch, der ⟨o. Pl.⟩: *dienstlicher Gebrauch; Verwendung im Dienstbereich.*

Dienst|ge|heim|nis, das: a) *dienstliche Angelegenheit, über die Schweigepflicht besteht;* b) ⟨o. Pl.⟩ *Schweigepflicht über dienstliche Angelegenheiten:* das D. verletzen.

Dienst|ge|schäf|te ⟨Pl.⟩: *dienstliche, nicht private Aufgaben:* -e führten sie ins Ausland.

Dienst|ge|spräch, das: a) *über eine dienstliche Angelegenheit geführtes Gespräch;* b) *im Dienst u. aus dienstlichem Anlass geführtes u. daher für den Anrufer gebührenfreies Telefongespräch.*

Dienst|grad, der: a) *militärische Rangstufe:* er hat den D. eines Unteroffiziers; b) *Person, die einen Unteroffiziersdienstgrad hat:* diese Arbeit muss von einem D. beaufsichtigt werden.

Dienst|grad|ab|zei|chen, das: *Abzeichen auf der Uniform zur Kennzeichnung des Dienstgrades ihres Trägers.*

Dienst ha|bend: s. Dienst (1 a).

Dienst|ha|ben|de, der u. die; -n, -n ⟨Dekl. ↑Abgeordnete⟩: *Dienst habende Person.*

Dienst|hand|lung, die: *aufgrund dienstlicher Anweisung vorgenommene Handlung.*

Dienst|herr, der: a) *vorgesetzte Dienstbehörde;* b) *Arbeitgeber.*

Dienst|jahr, das ⟨meist Pl.⟩: *im Dienst verbrachtes Jahr.*

Dienst|ju|bi|lä|um, das: *Jubiläum nach einer bestimmten Anzahl von Dienstjahren.*

Dienst|klei|dung, die: *Kleidung, die für den Dienst vorgeschrieben ist.*

Dienst|leis|ter, der; -s, -: a) *jmd., der eine Dienstleistung* (b) *erbringt;* b) *Dienstleistungsbetrieb.*

Dienst|leis|te|rin, die; -, -nen: w. Form zu ↑Dienstleister (a).

Dienst|leis|tung, die: a) *Dienst, den jmd. freiwillig leistet od. zu dem jmd. verpflichtet ist:* eine kleine D.; b) (Wirtsch.) *Leistung, Arbeit in der Wirtschaft, die nicht unmittelbar der Produktion von Gütern dient:* eine D. in Anspruch nehmen; der steigende Bedarf an -en.

Dienst|leis|tungs|abend, der (veraltend): *Abend eines Werktages, an dem Einzelhandelsgeschäfte, Banken, Behörden über die übliche Geschäftszeit hinaus geöffnet sind.*

Dienst|leis|tungs|be|trieb, der (Wirtsch.): *Betrieb, Unternehmen, das Dienstleistungen erbringt.*

Dienst|leis|tungs|ein|rich|tung, die: *Einrichtung* (3) *auf dem Dienstleistungssektor.*

Dienst|leis|tungs|ge|sell|schaft, die (Soziol.): *Gesellschaft, in der die Dienstleistungsbetriebe, -unternehmen zentrale Bedeutung haben.*

Dienst|leis|tungs|sek|tor, der: *Sektor der Wirtschaft, der Dienstleistungen erbringt.*

Dienst|leis|tungs|un|ter|neh|men, das: vgl. Dienstleistungsbetrieb.

Dienst|leis|tungs|ver|kehr, der ⟨o. Pl.⟩: *die Wirtschaft betreffender Verkehr mit dem Ausland, der Dienstleistungen betrifft.*

dienst|lich ⟨Adj.⟩ [mhd. dienestlich = dienstbeflissen]: a) *das Amt, den Dienst betreffend:* ein -es Schreiben; eine rein -e Angelegenheit; er ist d. unterwegs; er ist d. verhindert; b) *streng offiziell:* ein -er Befehl; der Brief ist in einem -en Ton abgefasst; plötzlich wurde der Vorgesetzte ganz d. *(unpersönlich, formell, frostig).*

Dienst|mäd|chen, das (veraltend): *Hausangestellte, Hausgehilfin.*

Dienst|magd, die [mhd. dienestmaget] (veraltet): *Mädchen od. Frau, die im Haus die groben Arbeiten verrichtet.*

Dienst|mann, der [2: mhd. dienestman, ahd. dionōstman = Diener]: 1. ⟨Pl. ...männer [österr. nur so], auch: ...leute⟩ (veraltend) *Gepäckträger* (1). 2. ⟨Pl. ...mannen⟩ (hist.) *Höriger, Lehnsmann.*

Dienst|mar|ke, die: *Ausweisplakette eines Kriminal- od. Polizeibeamten in Zivil.*

Dienst|ord|nung, die: *Gesamtheit von Dienstvorschriften, bes. die Rechte u. Pflichten der Angestellten von Sozialversicherungsträgern.*

Dienst|per|so|nal, das: *untergeordnete Dienste verrichtendes Personal (z. B. in einem Haushalt od. Hotel).*

Dienst|pflicht, die: a) *Verpflichtung des Staatsbürgers zu bestimmten Diensten, Leistungen für die Gemeinschaft:* seine militärische D. absolvieren; b) *aus dem jeweiligen Dienstverhältnis entstehende Pflicht* (1): die D., seine -en vernachlässigen.

dienst|pflich|tig ⟨Adj.⟩: *zur Erfüllung der Dienstpflicht[en] verpflichtet.*

Dienst|plan, der: *Plan, der den zeitlichen Ablauf des Dienstes regelt.*

Dienst|prag|ma|tik, die (österr.) ⟨o. Pl.⟩: *generelle Norm für das öffentlich-rechtliche Dienstverhältnis in Österreich.*

Dienst|rang, der: *Dienstgrad.*
Dienst|raum, der: *Dienstzimmer.*
Dienst|recht, das ⟨o. Pl.⟩: *das für die Beamten u. Angestellten im öffentlichen Dienst geltende Recht.*
Dienst|rei|se, die: *Reise in einer dienstlichen Angelegenheit.*
Dienst|schluss, der ⟨o. Pl.⟩: *Ende der täglichen Dienstzeit.*
Dienst|sie|gel, das: *dienstliches Siegel zur Beglaubigung von Schriftstücken.*
Dienst|stel|le, die: *Amt, Dienstbehörde:* sich an die zuständige, oberste D. wenden.
Dienst|stel|len|lei|ter, der: *Leiter einer Dienststelle.*
Dienst|stel|len|lei|te|rin, die: w. Form zu ↑Dienststellenleiter.
Dienst|stun|de, die: **1.** ⟨meist Pl.⟩ *Zeit [von einer Stunde], die jmd. im Dienst verbringt.* **2.** ⟨Pl.⟩ *Zeit, in der eine Behörde, eine Dienststelle o. Ä. für den Publikumsverkehr geöffnet ist:* -n von 8 bis 12 Uhr vormittags.
dienst|taug|lich ⟨Adj.⟩ (bes. Milit.): *aufgrund hinreichender allgemeiner Gesundheit zum [Wehr]dienst tauglich.*
Dienst|taug|lich|keit, die (bes. Milit.): *das Diensttauglichsein.*
Dienst tu|end: s. Dienst (1 a).
Dienst|tu|en|de, der u. die; -n, -n ⟨Dekl. ↑Abgeordnete⟩: *Dienst tuende Person.*
dienst|un|fä|hig ⟨Adj.⟩: *nicht dienstfähig.*
Dienst|un|fä|hig|keit, die ⟨o. Pl.⟩: *das Dienstunfähigsein.*
Dienst|ver|ge|hen, das: *(von Beamten, Richtern u. Soldaten) schuldhafte Verletzung der dienstlichen Pflichten.*
Dienst|ver|hält|nis, das: *Rechtsverhältnis zwischen Angestellten [des öffentlichen Dienstes] od. Beamten u. der Behörde, bei der sie beschäftigt sind.*
dienst|ver|pflich|ten ⟨sw. V.; hat; meist nur im Inf. u. Part.⟩: *im Falle des Notstands zu bestimmten Dienstleistungen, vor allem zum Wehrdienst heranziehen, verpflichten.*
Dienst|ver|pflich|tung, die: *das Dienstverpflichten; das Dienstverpflichtetwerden.*
Dienst|ver|wei|ge|rer, der (bes. schweiz.): *Kriegsdienstverweigerer.*
Dienst|vor|schrift, die: *Vorschrift für Beamte u. Soldaten, die die ordnungsgemäße Durchführung des Dienstes regelt.*
Dienst|waf|fe, die: *Waffe für den Dienstgebrauch.*
Dienst|wa|gen, der: *PKW, der jmdm. für Dienstfahrten zur Verfügung steht.*
Dienst|weg, der: **1.** ⟨Pl. selten⟩: *für die Abwicklung behördlicher Angelegenheiten vorgeschriebener Weg; Instanzenweg:* das Gutachten geht den normalen D.; etwas auf den D. bringen, auf dem D. erledigen. **2.** *nur von Angehörigen eines Dienstes* (2) *zu benutzender Weg:* D. Kein Durchgang (Hinweisschild).
dienst|wil|lig ⟨Adj.⟩: **1. a)** *gern u. eifrig den Dienst versehend;* **b)** *bereit, den Wehrdienst zu leisten.* **2.** *hilfsbereit, gefällig.*
Dienst|woh|nung, die: *jmdm. für die Dauer seiner Beschäftigung von der vorgesetzten Behörde o. Ä. zur Verfügung gestellte Wohnung.*
Dienst|zeit, die: **1.** *[festgesetzte] Gesamtdauer des Dienstes (von Beamten u. Soldaten):* seine D. als Soldat beträgt zwei Jahre. **2.** *die festgesetzte Dauer der täglichen Arbeitszeit:* die tägliche D. wurde um eine halbe Stunde verkürzt.
Dienst|zim|mer, das: *Arbeitszimmer [bei einer Behörde]; Amtszimmer.*
dies: ↑dieser, diese, dieses (dies).
dies|be|züg|lich ⟨Adj.⟩: *in Bezug auf diese Angelegenheit; das Erwähnte betreffend:* eine -e Frage; d. *(hierzu)* kann ich keine Angaben machen.
die|se: ↑dieser.
Die|sel, der; -[s], - [nach dem dt. Ingenieur R. Diesel (1858–1913)] (ugs.): **1.** kurz für ↑Dieselmotor. **2.** kurz für Fahrzeug mit Dieselmotor: sie fährt einen alten D. **3.** ⟨o. Pl.⟩ kurz für ↑Dieselkraftstoff: D. fahren.
die|sel|be: ↑derselbe.
die|sel|bi|ge: ↑derselbige.
Die|sel|kraft|stoff, der: *Kraftstoff für Dieselmotoren.*
Die|sel|lok, die: Kurzf. von ↑Diesellokomotive.
Die|sel|lo|ko|mo|ti|ve, die: *Lokomotive mit Antrieb durch Dieselmotor.*
Die|sel|mo|tor, der: *Verbrennungsmotor, bei dem der Kraftstoff in die im Verbrennungsraum enthaltene, unter hohem Druck stehende heiße Luft eingespritzt wird, wobei sich der Kraftstoff entzündet.*
Die|sel|öl, das: *Dieselkraftstoff.*
Die|sel|wa|gen, der: *PKW od. LKW mit Dieselmotor.*
die|ser, diese, dieses (dies) ⟨Demonstrativpron.⟩ [mhd. diser, disiu, diʒ, ahd. desēr, disiu, diʒ, urspr. Verstärkung des alten Demonstrativpron. ↑der]: **1.** ⟨attr.⟩ **a)** bezieht sich auf jmdn., der sich in der Nähe befindet, auf etw. in der Nähe Befindliches, worauf der Sprecher ausdrücklich hinweist: dieser Platz [hier] ist frei; diese Sachen [da] gehören mir; dies[es] Kleid gefällt mir nicht; **b)** nimmt Bezug auf etw. schon Erwähntes od. Bekanntes u. hebt es hervor: ich höre von dieser Sache zum ersten Mal; mit diesem seinem ersten Buch; **c)** in Verbindung mit Zeitbegriffen auf einen bestimmten bevorstehenden od. zurückliegenden Zeitpunkt hinweisend: diesen Sommer; diese Weihnachten; Anfang dieses Jahres *(des laufenden Jahres,* Abk.: d. J.); diese Nacht wird es schneien; dieser Tage, in diesen Tagen *(in den nächsten Tagen)* muss er Geburtstag haben; **d)** in Verbindung mit Personenbezeichnungen od. Namen eine [negative] Wertung ausdrückend: dieser Herr Meier ist mir sehr suspekt. **2.** ⟨selbstständig⟩ **a)** nimmt Bezug auf etw. in einem vorangegangenen od. folgenden Substantiv od. Satz Genanntes: dies ist richtig; dies[es] alles wusste ich nicht; dies nur nebenbei; Schreiber dieses (veraltet; *dieses Briefes*); ich weiß nur dies *(so viel),* dass er kommt; **b)** in Verbindung mit »jener«: Mutter u. Tochter waren da; diese (= die Tochter) trug einen Hosenanzug, jene (= die Mutter) ein Kostüm; * **dies und das/dies[es] und jenes** *(einiges, allerlei, Verschiedenes):* ich habe noch dies und das zu erledigen; wir sprachen über dieses und jenes; **dieser und jener** *(einige);* **dieser oder jener** *(mancher, manch einer):* dieser oder jener hätte sicher noch Verwendung dafür.
die|ser|art: I. ⟨indekl. Demonstrativpron.⟩ *so geartet:* er kann mit d. Leuten nicht umgehen. II. ⟨Adv.⟩ (selten) *auf diese Weise;* die Leute d. erschrecken.
die|ses: ↑dieser.
dies|fäl|lig ⟨Adj.⟩ (schweiz.): *diesbezüglich.*
die|sig ⟨Adj.⟩ [aus dem Niederd. < niederd. dīsig (vgl. mniederd. dīsinge = Nebelwetter), verw. mit ↑Dämmerung]: *(auf die Atmosphäre, die Witterung bezogen) trübe u. feucht, dunstig:* ein -er Herbsttag; das Wetter ist d.
Di|es Irae, das; -- [...re; mlat. = Tag des Zorns; Anfang eines lat. Hymnus auf das Weltgericht, zu lat. dies = Tag u. ira = Zorn]: **1.** *Sequenz in Totenmessen:* das D. I. singen. **2.** (Musik) *Komposition, der der Text des Dies Irae* (1) *zugrunde liegt.*
dies|jäh|rig ⟨Adj.⟩: *aus diesem Jahr stammend; in diesem Jahr stattfindend:* die -e Ernte.
dies|mal ⟨Adv.⟩: *dieses Mal:* für d. ists genug; vielleicht hast du d. Glück; d. wird er es schaffen.
dies|ma|lig ⟨Adj.⟩: *diesmal stattfindend:* ihr -er Aufenthalt in England.
dies|sei|tig ⟨Adj.⟩: **a)** *auf dieser Seite gelegen:* am -en Ufer; **b)** (geh.) *auf das Diesseits, das Weltliche bezogen; irdisch:* das -e Leben; die -e Welt.
Dies|sei|tig|keit, die; - (geh.): *dem Diesseits, der Welt zugewandte Haltung; Weltlichkeit.*
dies|seits [↑-seits]: I. ⟨Präp. mit Gen.⟩ *auf dieser Seite:* d. der Grenze, des Waldes. II. ⟨Adv.⟩ *auf dieser Seite [gelegen]:* d. von Frankfurt, vom Fluss.
Dies|seits, das; -: *Welt; irdisches Leben:* sich den Freuden des D. hingeben.
Di|e|thy|len|gly|kol, (auch:) Diäthylenglykol, das [aus griech. dís (di-) = zweimal, ↑Ethylen u. ↑Glykol] (Chemie): *Derivat des Glykols, das besonders als Bestandteil von Frostschutzmitteln verwendet wird.*
Diet|rich, der; -s, -e [spätmhd. dieterich, scherzh. Übertr. des m. Vorn. auf den Nachschlüssel]: *hakenähnlich gebogenes Werkzeug, mit dem sich einfache Schlösser öffnen lassen:* die Tür war mit einem D. geöffnet worden.
die|weil, die|wei|len (veraltend) [mhd. die wīle, ↑Weile]: I. ⟨Konj.⟩ **a)** *während[dessen]:* ich passte auf, d. die anderen schliefen; **b)** *aus dem Grunde; weil:* Kritik wagte man kaum, d. man negative Reaktionen fürchtete. II. ⟨Adv.⟩ *in der Zwischenzeit, inzwischen, unterdessen:* die Frauen unterhielten sich angeregt, d. lief das Kind weg.
dif|fa|ma|to|risch ⟨Adj.⟩ [mlat. diffamatorius] (bildungsspr.): *Verleumderisches enthaltend:* -e Äußerungen, Reden.
Dif|fa|mie, die; -, -n: **1.** ⟨o. Pl.⟩ *verleumderische Bosheit:* die D. seiner Äußerungen ist erschreckend. **2.** *verleumderische, herabsetzende Äußerung, Beschimpfung:* der Zeitungsartikel ist voller -n.
dif|fa|mie|ren ⟨sw. V.; hat⟩ [lat. diffamare, zu: dis = entzwei, auseinander u. fama = Gerede; Ruf]: *[besonders übel] verleumden; in üblen Ruf bringen:* jmdn. politisch d.; jmdn. als Wirrkopf d.; diffamierende Äußerungen.
Dif|fa|mie|rung, die -, -en: *das Diffamieren:* eine pauschale D.; die D. der Homosexualität, von Minderheiten.
dif|fe|rent ⟨Adj.⟩ [zu lat. differens (Gen.: differentis), 1. Part. von: differre, ↑differieren] (bildungsspr.): *ungleich, verschieden, voneinander abweichend:* -e Anschauungen.
dif|fe|ren|ti|al, Dif|fe|ren|ti|al usw.: ↑differenzial, ↑Differenzial usw.
dif|fe|ren|ti|ell: ↑differenziell.
Dif|fe|renz, die; -, -en [lat. differentia = Verschiedenheit]: **1. a)** (bildungsspr.) *[in Zahlen ausdrückbarer, messbarer] Unterschied (zwischen bestimmten Werten, Maßen o. Ä.):* eine unbedeutende D.; eine D. von 2 DM, von 6 km; die D. zwischen Einnahme und Ausgabe ist gravierend, erheblich; **b)** (Math.) *Ergebnis einer Subtraktion:* die D. von, zwischen 10 und 8 beträgt, ist 2; **c)** (Kaufmannsspr.) *falscher Betrag od. Fehlbetrag:* die D. ist durch einen Buchungsfehler entstanden. **2.** ⟨meist Pl.⟩ *Meinungsverschiedenheit, Unstimmigkeit:* persönliche -en; eine kleine D., -en mit jmdm. haben.
Dif|fe|renz|be|trag, der: *Betrag, der die Differenz* (1) *zwischen zwei Geldsummen ausmacht.*
dif|fe|ren|zi|al, (auch:) differential ⟨Adj.⟩ (bildungsspr.): *differenziell.*
Dif|fe|ren|zi|al, (auch:) Differential, das; -s, -e [zu ↑Differenz]: **1.** (Math.) *Zuwachs einer Funktion bei einer [kleinen] Änderung ihres Arguments* (2). **2.** kurz für ↑Differenzialgetriebe.
Dif|fe|ren|zi|al|ge|trie|be, (auch:) Differentialgetriebe, das (Kfz-T.): *Getriebe, das bei Kurvenfahrt die unterschiedlichen Drehzahlen der Antriebsräder ausgleicht; Ausgleichsgetriebe.*
Dif|fe|ren|zi|al|glei|chung, (auch:) Differentialgleichung, die (Math.): *Gleichung für eine Funktion, in der außer der gesuchten Funktion mindestens eine ihrer Ableitungen vorkommt.*
Dif|fe|ren|zi|al|quo|ti|ent, (auch:) Differentialquotient, der (Math.): **a)** *Grundgröße der Differenzialrechnung;* **b)** *Grenzwert des Quotienten, der den Tangentenwinkel bestimmt.*
Dif|fe|ren|zi|al|rech|nung, (auch:) Differentialrechnung, die (Math.): **1.** ⟨o. Pl.⟩ *das Rechnen mit Differenzialen* (1). **2.** *Rechnung aus dem Gebiet der Differenzialrechnung* (1).
Dif|fe|ren|zi|al|schal|tung, (auch:) Differentialschaltung, die (Elektrot.): *elektrische Schaltung in der sich die Differenz zweier elektrischer Spannungen od. Ströme od. zweier anderer in*

elektrische Spannungen od. Ströme umgewandelter physikalischer Größen auswirkt.

[D]if|fe|ren|zi|a|ti|on, (auch:) Differentiation, die; -, -en: **1.** (Geol.) *Aufspaltung, Zerfall einer homogenen Gesteinsschmelze in verschiedene Mineralien, Gesteine.* **2.** (Math.) *Berechnung des Differenzialquotienten einer Funktion.* **3.** (Sprachw.) *Auseinanderentwicklung von Sprachen aus einer gemeinsamen Ursprache.*

[Di]f|fe|ren|zi|ell, (auch:) differentiell ⟨Adj.⟩ (bildungsspr.): *unterscheidend, einen Unterschied darstellend, begründend:* -e Merkmale.

[Di]f|fe|ren|zier|bar ⟨Adj.⟩: **1.** (bildungsspr.) *sich differenzieren lassend:* die Unterschiede sind nicht stärker d. **2.** (Math.) *(von einer Funktion 2) für eine Differenziation (2) geeignet:* -e Funktionen.

[Di]f|fe|ren|zie|ren ⟨sw. V.; hat⟩ [zu ↑Differenz]: **1.** (bildungsspr.) **a)** *genau, fein, bis ins Einzelne unterscheiden:* zwischen zwei Erscheinungen d.; bei dieser Frage muss man d.; du solltest deine Urteile d.; genauer differenzierende Methoden; **b)** ⟨d. + sich⟩ *(von etw. Einfachem, Ungegliedertem) sich zu einer komplizierten Struktur fortentwickeln, entfalten:* die Bereiche der Technik differenzieren sich immer stärker. **2.** (Math.) *die Ableitung (den Differenzialquotienten) einer Funktion bilden:* eine Funktion d.

[Di]f|fe|ren|ziert ⟨Adj.⟩ (bildungsspr.): *fein bis ins Einzelne abgestuft, nuanciert:* die Wissenschaft hat heute viel -ere Methoden; sie urteilt sehr d.

[Di]f|fe|ren|ziert|heit, die; -: *das Differenziertsein.*

[Di]f|fe|ren|zie|rung, die; -, -en: **1. a)** *das Differenzieren* (1a, 2–3); **b)** *feine, bis ins Einzelne gehende Unterscheidung:* -en vornehmen; sich um begriffliche D. bemühen. **2.** (Biol.) **a)** *Bildung verschiedener Gewebe aus ursprünglich gleichartigen Zellen;* **b)** *Aufspaltung systematischer Gruppen im Verlauf der Stammesgeschichte.* **3.** (Math.) *Behandlung einer Funktion nach den Regeln der Differenzialrechnung.*

[Di]f|fe|ren|zie|rungs|pro|zess, der: *Prozess, Ablauf des Differenzierens, Sichdifferenzierens.*

[Di]f|fe|rie|ren ⟨sw. V.; hat⟩ [lat. differre, eigtl. = auseinander tragen, zu: dis- = auseinander u. ferre = tragen] (bildungsspr.): *voneinander verschieden sein, abweichen:* die Ansichten differierten in manchen Punkten; die Preise differieren um zehn Mark.

[Di]f|fi|zil ⟨Adj.⟩ [frz. difficile < lat. difficilis = nicht leicht zu tun, zu: facere = machen, tun] (bildungsspr.): **a)** *schwierig, nicht leicht [zu bewältigen]; peinliche Genauigkeit fordernd; kompliziert:* eine sehr -e Arbeit; die Methoden sind äußerst d.; **b)** *einen schwierigen Charakter habend, schwer zu behandeln:* ein sehr -er Mensch; sie ist in allen Dingen sehr d.

[Di]f|frak|ti|on, die; -, -en (Physik): *Beugung der Lichtwellen u. anderer Wellen.*

[Di]f|fun|die|ren ⟨sw. V.⟩ [lat. diffundere = ausströmen, sich verbreiten]: **1.** (Chemie) *in einen anderen Stoff eindringen; verschmelzen* ⟨ist⟩. **2.** (Physik) *(von Strahlen) zerstreuen* ⟨hat⟩.

[Di]f|fus ⟨Adj.⟩ [lat. diffusus = ausgebreitet, adj. 2. Part. von: diffundere, ↑diffundieren]: **1.** (Physik, Chemie) *unregelmäßig zerstreut, nicht scharf begrenzt, ohne einheitliche Richtung:* eine -e Strahlung; -es Licht *(Streulicht);* d. abgestrahlt werden. **2.** (bildungsspr.) *unklar, ungeordnet, konturlos, verschwommen:* -e Ziele verfolgen; eine -e Angst haben; mein Eindruck bleibt d.

[Di]f|fu|si|on, die; -, -en [lat. diffusio = das Auseinanderfließen]: **1. a)** (Chemie, Physik) *(von Gasen, Flüssigkeiten) Verschmelzung, gegenseitige Durchdringung;* **b)** (Physik) *Streuung des Lichts.* **2.** (Bergbau) *Wetteraustausch.*

[Di]f|fu|sor, der; -s, ...oren: **1.** (Technik) *Teil in einer Rohrleitung, dessen Querschnitt sich erweitert.* **2.** (Fot.) *transparente, das Licht streuende Plastikscheibe zur Erweiterung des Messwinkels bei Lichtmessern.* **3.** *aufsetzbare Vorrichtung für Haartrockner zur besseren Verteilung der Luft.*

[Di]|gam|ma, das; -[s], -s [griech. digamma, eigtl. = Doppelgamma, aus: di- = zwei(fach) u. ↑Gamma]: *Buchstabe im ältesten griechischen Alphabet* (Ϝ).

di|gen ⟨Adj.⟩ [zu griech. dís (di-) = zweimal u. -genḗs = verursacht] (Biol.): *durch Verschmelzung zweier Zellen gezeugt.*

di|ge|rie|ren ⟨sw. V.; hat⟩ [lat. digerere = (ver-, ein)teilen; verdauen] (Chemie): **1. a)** *eine feste Substanz mit einer Flüssigkeit vermischen;* **b)** *ausziehen* (1 c). **2.** (Physiol.) *verdauen.*

Di|gest [ˈdaɪdʒɛst], der od. das; -[s], -s [engl. digest < spätlat. digesta, eigtl. = eingeteilte, geordnete (Schriften), zu: digestum, 2. Part. von: digerere, ↑digerieren]: **a)** *(bes. in den angelsächsischen Ländern) Zeitschrift, die Auszüge aus Büchern, Zeitschriften usw. abdruckt:* ein medizinischer D.; **b)** *Auszug aus einem Buch od. Bericht; Zusammenfassung.*

Di|ges|tif [diʒesˈtiːf], der; -s, -s [frz. digestif, zu: digestif = die Verdauung betreffend, fördernd < gleichbed. mlat. digestivus, zu lat. digerere = zerteilen, trennen]: *die Verdauung anregendes alkoholisches Getränk, das nach dem Essen getrunken wird.*

Di|ges|ti|on, die; -, -en [lat. digestio = Verdauung]: **1.** (Chemie) *Auslaugung.* **2.** (Med.) *Verdauung.*

di|ges|tiv ⟨Adj.⟩ [zu lat. digestum, 2. Part. von: digerere, ↑digerieren] (Med.): **a)** *die Verdauung betreffend;* **b)** *die Verdauung fördernd.*

Di|ges|ti|vum, das; -s, ...va: **a)** (Med.) *verdauungsförderndes Mittel;* **b)** (Chemie) *Lösungsmittel zum Extrahieren fester Drogen.*

Di|gi|ma|tik, die; - [zu ↑digital (2)]: *elektronische Zähltechnik; Wissenschaft von der digitalen Informationsverarbeitung.*

Di|git [ˈdɪdʒɪt], das; -[s], -s [engl. digit, eigtl. = (zum Zählen benutzter) Finger < lat. digitus = Finger; Zehe] (Fachspr.): *Ziffer, Stelle (in der Anzeige eines elektronischen Geräts).*

di|gi|tal ⟨Adj.⟩ [1: lat. digitalis; 2: engl. digital, zu ↑Digit]: **1.** (Med.) *mithilfe des Fingers:* etw. d. untersuchen. **2. a)** (Physik) *in Stufen erfolgend; in Einzelschritte aufgelöst:* -es Signal *(Digitalsignal);* **b)** *auf Digitaltechnik, Digitalverfahren beruhend:* -e Effekte, Fotos; -es Fernsehen. **3.** (Technik) *in Ziffern darstellend; in Ziffern dargestellt:* etw. d. anzeigen.

Di|gi|tal|an|zei|ge, die: *digitale* (3) *Anzeige von [Mess]werten auf Uhren, Messgeräten u. Ä.*

Di|gi|tal|grö|ße, die (Informatik, Physik): *zur Darstellung u. Übermittlung von Signalen* (3) *verwendbare digitale* (2 a) *physikalische Größe.*

[1]Di|gi|ta|lis, die; -, - [nlat., zu lat. digitus, ↑Digit]: *Fingerhut* (2).

[2]Di|gi|ta|lis, das; - (Pharm.): *aus den Blättern der [1]Digitalis gewonnenes starkes Herzmittel.*

di|gi|ta|li|sie|ren ⟨sw. V.; hat⟩ (EDV): **1.** *Daten u. Informationen digital* (2 a) *darstellen.* **2.** *ein analoges* (2) *Signal in ein digitales* (2 a) *umwandeln:* analoge Größen d.

Di|gi|ta|li|sie|rung, die; -, -en (EDV): *das Digitalisieren.*

Di|gi|tal|rech|ner, der (EDV): *mit nicht zusammenhängenden Einheiten (Ziffern, Buchstaben) arbeitende elektronische Rechenanlage; elektronischer Rechner, der mit binären Ziffern arbeitet.*

Di|gi|tal|si|gnal, das (EDV, Physik): *Signal* (3), *mit dem Nachrichten od. Daten dargestellt werden, die nur aus Digitalgrößen bestehen; digitales* (2 a) *Signal.*

Di|gi|tal|tech|nik, die: *Teilgebiet der Informationstechnik u. Elektronik, das sich mit der Erfassung, Darstellung, Verarbeitung u. Übertragung digitaler Größen befasst.*

Di|gi|tal|uhr, die: *[elektronische] Uhr, die die Uhrzeit nicht durch Zeiger, sondern durch Zahlen anzeigt.*

Di|gi|tal|ver|fah|ren, das (EDV): *in der Nachrichtentechnik angewandtes Verfahren, bei dem das kodierte Zeichen durch eine bestimmte, abzählbare Anzahl diskreter* (2), *voneinander unterscheidbarer Impulse dargestellt wird.*

Di|glos|sie, die; -, -n [zu griech. dís (di-) = zweimal u. glõssa = Sprache] (Sprachw.): **1.** *Vorkommen von zwei Sprachen in einem bestimmten Gebiet* (z. B. Englisch u. Französisch in Kanada). **2.** *das Auftreten von zwei ausgebildeten Varianten der Schriftsprache in einem Land* (z. B. Bokmål u. Nynorsk in Norwegen).

Di|glyph, der; -s, -e [griech. díglyphos = mit doppeltem Einschnitt] (Kunstwiss.): *Platte mit zwei Schlitzen als Verzierung am Fries.*

Di|gni|tar, Di|gni|tär, der; -s, -e [mlat. dignitarius bzw. frz. dignitaire, zu lat. dignitas, ↑Dignität]: *geistlicher Würdenträger der katholischen Kirche.*

Di|gni|tät, die; -, -en [lat. dignitas, zu: dignus = würdig]: **1.** ⟨o. Pl.⟩ (bildungsspr.) *Würde:* er waltet seines Amtes mit einer gewissen D. **2.** (kath. Rel.) **a)** *Amtswürde eines bestimmten hohen Geistlichen;* **b)** *hoher geistlicher Würdenträger:* an der Spitze der Prozession schritten die -en.

Di|gramm, das; -s, -e [zu griech. dís (di-) = zweimal u. grámma = Geschriebenes], **Di|graph,** (auch:) Digraf, der; -s, -e[n] [zu griech. gráphein = schreiben] (Sprachw.): *Verbindung von zwei Buchstaben, die einen einzigen Laut wiedergeben* (z. B. ch).

DIHT [Abk. für: Deutscher Industrie- u. Handelstag], der; -: Dachorganisation der Industrie- u. Handelskammern der Bundesrepublik Deutschland.

di|hy|brid [auch: ˈdiː...] ⟨Adj.⟩ [zu griech. dís (di-) = zweimal u. ↑[1]hybrid] (Biol.): *sich in zwei Erbmerkmalen unterscheidend.*

Di|hy|bri|de [auch: ˈdiː...], die; -, -n, auch: der; -n, -n [zu ↑Hybride] (Biol.): *Individuum, dessen Eltern sich in zwei Erbmerkmalen voneinander unterscheiden, die er aber beide selbst in sich trägt.*

Di|jam|bus, der; -, ...ben [griech. diíambos] (Verslehre): *doppelter Jambus.*

Di|ke (griech. Myth.): Göttin der Gerechtigkeit.

di|klin ⟨Adj.⟩ [zu griech. dís (di-) = zweimal u. klínē = Lager, Bett] (Bot.): *eingeschlechtige Blüten aufweisend.*

Dik|ta: Pl. von ↑Diktum.

Dik|ta|fon: ↑Diktaphon.

Dik|tant, der; -en, -en [zu lat. dictans (Gen.: dictantis), 1. Part. von: dictare, ↑diktieren] (Bürow.): *jmd., der diktiert.*

Dik|tan|tin, die; -, -nen: w. Form zu ↑Diktant.

Dik|ta|phon, das; -s, -e [zu lat. dictare (↑diktieren) u. griech. phōnḗ = Stimme]: *Diktiergerät:* ins D. sprechen.

Dik|tat, das; -[e]s, -e [zu lat. dictatum, 2. Part. von: dictare, ↑diktieren]: **1. a)** *das Diktieren* (1): beim D. sein; nach D. schreiben; die Sekretärin zum D. rufen; **b)** *diktierter Text:* ein D. aufnehmen; **c)** *vom Lehrer diktierte Sätze als Rechtschreibübung in der Schule:* ein D. schreiben; sie hat im D. null Fehler. **2.** (bildungsspr.) *etw., was jmdm. [von außen] aufgezwungen wird:* sich dem D. der Siegermächte unterwerfen müssen; Ü dem D. der Mode gehorchen.

Dik|ta|tor, der; -s, ...oren [lat. dictator]: **1.** (abwertend) *unumschränkter Machthaber in einem Staat; Gewaltherrscher:* einen D. stürzen. **2.** (hist.) *in Notzeiten vorübergehend mit der Gesamtleitung des Staates betrauter römischer Beamter.*

dik|ta|to|risch ⟨Adj.⟩ [lat. dictatorius] (meist abwertend): **1.** *einer Diktatur gemäß, auf einer Diktatur beruhend:* eine -e Staatsform; dieses Land wird d. regiert. **2.** *autoritär; keinerlei Widerspruch duldend:* -e Vorgesetzte.

Dik|ta|tur, die; -, -en [lat. dictatura]: **1.** (meist abwertend) **a)** ⟨o. Pl.⟩ *unumschränkte, andere gesellschaftliche Kräfte mit Gewalt unterdrückende Ausübung der Herrschaft durch eine bestimmte Person, gesellschaftliche Gruppierung, Partei o. Ä. in einem Staat:* die D. der Militärs; die D. des Proletariats (marx.; *die politische Herrschaft der Arbeiterklasse im Übergangsstadium zwischen der kapitalistischen u. der klassenlosen Gesellschaftsform*); eine D.

errichten, stürzen; **b)** *Staat, in dem Diktatur* (1) *herrscht:* in einer D. leben. **2.** ⟨o. Pl.⟩ (abwertend) *autoritärer Zwang, den eine Einzelperson, eine Gruppe od. Institution auf andere ausübt:* die D. Hollywoods; unter jmds. D. zu leiden haben. **3.** (hist.) *Amt u. Amtszeit eines Diktators* (2).

dik|tie|ren ⟨sw. V.; hat⟩ [lat. dictare, zu: dicere = sagen, sprechen]: **1.** *einen Text zur wörtlichen Niederschrift ansagen, vorsprechen:* etw. auf Band d.; er hat seiner Sekretärin das Gutachten diktiert. **2.** (bildungsspr.) *vorschreiben; aufzwingen:* ich lasse mir nicht von anderen d., was ich zu tun habe; die Konzerne diktieren die Preise; der Gegner diktiert *(beherrscht)* das Spiel. **3.** (bildungsspr.) *[zwanghaft] bestimmen, hervorrufen, bedingen:* Hass, Leidenschaft diktierte ihr Handeln.

Dik|tier|ge|rät, das: *Gerät zur Aufnahme u. Wiedergabe eines gesprochenen Textes.*

Dik|ti|on, die; -, -en [lat. dictio, eigtl. = das Sagen] (bildungsspr.): *mündliche od. schriftliche Ausdrucksweise; Rede-, Schreibstil:* eine einfache, klare, geschraubte D. [haben].

Dik|ti|o|när, das, auch: der; -s, -e [frz. dictionnaire < mlat. dictionarium, zu lat. dictio, ↑Diktion] (veraltend): *[fremdsprachliches] Wörterbuch.*

Dik|tum, das; -s, Dikta [lat. dictum, eigtl. = das Gesagte] (bildungsspr.): *[bedeutsamer, pointierter] Ausspruch:* ein scharfsinniges D.

Di|la|ta|ti|on, die; -, -en [spätlat. dilatatio = Erweiterung]: **1.** (Physik) *Ausdehnung eines Körpers durch äußere Kräfte od. Wärme.* **2.** (Bot.) *Erweiterungswachstum der Baumstämme.* **3.** (Med.) *krankhafte od. künstliche Erweiterung von Hohlorganen (z. B. des Herzens).*

Di|la|ta|tor, der; -s, ...oren [spätlat. dilatator = Erweiterer] (Med.): *Instrument zur Erweiterung von Höhlen und Kanälen des Körpers.*

di|la|tie|ren ⟨sw. V.; hat⟩ [lat. dilatare = (eine Fläche) breiter machen, ausbreiten, zu: latus = Fläche]: **1.** (Fachspr.) **a)** *ausdehnen, erweitern;* **b)** *sich ausbreiten.* **2.** (Med.) *ein Hohlorgan mit dem Dilatator erweitern.*

Dil|do, der; -[s], -s [engl., H. u.]: *Godemiché.*

Di|lem|ma, das; -s, -s u. -ta [lat. dilemma < griech. dílēmma, zu dís (di-) = zweimal u. lēmma, eigtl. = alles, was man nimmt, zu: lambánein = nehmen]: *Zwangslage, Situation, in der sich jmd. befindet, bes. wenn er zwischen zwei in gleicher Weise schwierigen od. unangenehmen Dingen wählen soll od. muss:* einen Ausweg aus dem D. suchen; in ein D. geraten.

Di|let|tant, der; -en, -en [ital. dilettante, zu: dilettare = ergötzen, amüsieren < lat. delectare] (bildungsspr.): **a)** *jmd., der sich mit einem bestimmten [künstlerischen, wissenschaftlichen] Gebiet nicht als Fachmann, sondern lediglich aus Liebhaberei beschäftigt;* **b)** (abwertend) *jmd., der sein Fach nicht beherrscht:* das Machwerk eines literarischen -en.

di|let|tan|ten|haft ⟨Adj.⟩ (bildungsspr. abwertend): *in der Weise eines Dilettanten* (b); *stümperhaft:* sein Klavierspiel ist sehr d.

Di|let|tan|ten|tum, das; -s (bildungsspr.): *das Dilettantsein.*

Di|let|tan|tin, die; -, -nen: w. Form zu ↑Dilettant.

di|let|tan|tisch ⟨Adj.⟩: **a)** *nicht fachmännisch; als Laie;* **b)** (abwertend) *stümperhaft; unzulänglich:* der Bankräuber hat bei dem -en Vorgehen der Polizei leichtes Spiel; die Fälschung war d. gemacht.

Di|let|tan|tis|mus, der; -: **a)** *Beschäftigung mit Wissenschaft, Kunst o. Ä. als Laie:* künstlerischer, wissenschaftlicher D.; **b)** (abwertend) *das Stümperhaftsein; Unzulänglichkeit:* etw. als naiven D. abtun.

di|let|tie|ren ⟨sw. V.; hat⟩ (bildungsspr.): *im wissenschaftlichen, künstlerischen o. ä. Bereich als Dilettant* (a) *tätig sein:* ein auf dem Klavier, als Schriftsteller dilettierender Schauspieler.

Dill, der; -[e]s, -e, (österr. auch:) **Dil|le,** die; -, -n [mhd. tille, ahd. tilli, H. u.]: *(zu den Doldengewächsen gehörende) krautige Pflanze mit fein gefiederten, würzig duftenden Blättern u. gelblichen Blüten in großen Dolden.*

Dil|len|kraut, Dill|kraut, das; -[e]s, ...kräuter (österr.): *Dill.*

Di|lu|ti|on, die; -, -en (Med.): *Verdünnung.*

di|lu|vi|al ⟨Adj.⟩ (Geol.): *das Diluvium betreffend, zu ihm gehörend, aus ihm stammend; eiszeitlich:* -es Gestein.

Di|lu|vi|um, das; -s [lat. diluvium = Überschwemmung] (Geol. veraltet): *Pleistozän.*

dim. = diminuendo.

Dime [daɪm], der; -s, -s (aber: 10 Dime) [engl.(-amerik.) dime < frz. dîme = Zehnt < lat. decima = der zehnte (Teil)]: *Silbermünze der USA im Wert von 10 Cents.*

Di|men|si|on, die; -, -en [lat. dimensio = Aus-, Abmessung, Ausdehnung]: **1. a)** (Physik) *Ausdehnung eines Körpers (nach Länge, Breite u. Höhe):* eine Fläche hat zwei, ein Raum drei -en; die vierte D. *(der Bereich des nicht mit den Sinnen Wahrnehmbaren);* **b)** (Physik) *Beziehung einer Größe zu den Grundgrößen des Maßsystems.* **2.** (bildungsspr.) *Ausmaß (im Hinblick auf seine räumliche, zeitliche, begriffliche Erfassbarkeit):* etw. nimmt gigantische, ungeahnte -en an; eine neue D. gewinnen.

di|men|si|o|nal ⟨Adj.⟩: *die Dimension bestimmend; Dimensionen habend.*

di|men|si|o|nie|ren ⟨sw. V.; hat⟩ (Technik): *(aufgrund von Berechnungen) die optimalen Maße, Abmessungen von etw. festlegen:* die Teile wurden nach einem bestimmten Muster dimensioniert; ein gut dimensioniertes Bauwerk.

Di|men|si|o|nie|rung, die; -, -en: *das Dimensionieren.*

Di|me|ter, der; -s, - [lat. dimeter < griech. dímetros = aus zwei Maßen bestehend] (Verslehre): *aus zwei gleichen Metren bestehender antiker Vers.*

di|mi|nu|en|do ⟨Adv.⟩ [ital., zu: diminuire < lat. diminuere, ↑diminuieren] (Musik): *in der Tonstärke abnehmend; allmählich leiser werdend;* Abk.: dim.

Di|mi|nu|en|do, das; -s, -s u. ...di (Musik): *allmähliches Leiserwerden.*

di|mi|nu|ie|ren ⟨sw. V.; hat⟩ [lat. diminuere, zu: minuere, ↑Minute] (bildungsspr.): *verkleinern; verringern; vermindern.*

Di|mi|nu|ie|rung, die; -, -en: *das Diminuieren.*

Di|mi|nu|ti|on, die; -, -en [lat. diminutio]: **1.** (bildungsspr.) *Verkleinerung, Verringerung.* **2.** (Musik) **a)** *Wiederholung eines Themas unter Verwendung kürzerer Notenwerte;* **b)** *variierende Verzierung durch Umspielen der Melodienoten;* **c)** *Tempobeschleunigung durch Verkürzung der Noten.*

di|mi|nu|tiv, (auch:) deminutiv ⟨Adj.⟩ [lat. diminutivus] (Sprachw.): *das Diminutiv betreffend; verkleinernd.*

Di|mi|nu|tiv, (auch:) Deminutiv, das; -s, -e (Sprachw.): *eine Verkleinerung eines Substantivs ausdrückende Ableitung; Verkleinerungsform* (z. B. Öfchen, Gärtlein).

Di|mi|nu|tiv|bil|dung, die (Sprachw.): *(meist emotional gebrauchte) Verkleinerungsform.*

Di|mi|nu|tiv|suf|fix, das (Sprachw.): *Verkleinerungssilbe.*

Di|mi|nu|ti|vum, das; -s, ...va [lat. diminutivum] (Sprachw.): *Diminutiv.*

dim|men ⟨sw. V.; hat⟩ [engl. to dim, ↑Dimmer]: *(das Licht einer Lichtquelle) mithilfe eines Dimmers regulieren:* die Lampen d.

Dim|mer [ˈdɪmɐ], der; -s, - [engl. dimmer, zu: to dim = (Licht) dämpfen] (Elektrot.): *Helligkeitsregler:* das Licht mit -n dämpfen.

di mol|to: ↑molto.

Din = Dinar.

DIN [Kurzw. für: Deutsche Industrie-Norm(en)]: Signet des Deutschen Instituts für Normung e. V.; geschrieben in Verbindung mit einer Nummer zur Bez. einer Norm, z. B. DIN 16 511, DIN A4.

DIN-A4-Blatt, das: *Papierblatt im genormten Format DIN A4.*

Di|nar, der; -s, -e (aber: 10 Dinar) [serbokroat. dinar, arab. dīnār < griech. dēnárion = röm. Denar < lat. denarius, ↑Denar]: *Währungseinheit in Jugoslawien* (100 Para), *Algerien* (100 Centimes), *Irak* (1 000 Fils), *Jordanien* (1 000 Fils), *Kuwait* (1 000 Fils), *Libyen* (1 000 Dirham), *Tunesien* (1 000 Millimes), *Iran* ($\frac{1}{100}$ Rial).

di|na|risch ⟨Adj.⟩ [nach den Dinarischen Alpen (benannt nach dem Berg Dinara)]: *einem Menschentypus angehörend, entsprechend, der bes. in den Gebirgen Mittel- u. Südeuropas lebt u. für den schlanker, hoher Körperwuchs, braune Augen u. Haare u. Hakennase typisch sind.*

Di|ner [diˈneː], das; -s, -s [frz. dîner, Subst. von: dîner = eine Hauptmahlzeit zu sich nehmen < afrz. disner, aus dem Vlat., vgl. dejeunieren] (geh.): *[festliches] Abend- od. Mittagessen mit mehreren Gängen:* ein abendliches D.

DIN-For|mat, das: *nach DIN festgelegtes Papierformat.*

[1]Ding, das; -[e]s, -e u. -er [mhd. dinc, ahd. thing, eigtl. = (Gerichts)versammlung der freien Männer, dann = Rechtssache, Rechtshandlung; wahrsch. zu ↑dehnen u. urspr. entw. = Zusammenziehung (von Menschen) od. = (mit einem Flechtwerk) eingefriedeter Platz (für Versammlungen); 5: mhd. gedinge = Hoffnung, Zuversicht; frühnhd. = Laune, Stimmung]: **1. a)** ⟨Pl. -e⟩ *Gegenstand, Sache, die nicht näher bezeichnet wird:* persönliche, schöne, wertvolle -e; Nägel und ähnliche -e; auf so viele -e verzichten müssen; **R** aller guten -e sind drei (Ausspruch zur Rechtfertigung von etw., was jmd. ein drittes Mal tut, zum dritten Mal probiert); jedes D. hat zwei Seiten *(jede Sache hat ihre gute u. ihre schlechte Seite, hat Vor- und Nachteile);* **b)** ⟨Pl. -er⟩ (ugs.) *etw., was jmd. (in abschätziger Redeweise od. weil er die genaue Bezeichnung dafür nicht kennt od. nicht gebrauchen will) nicht mit seinem Namen nennt:* was ist denn das für ein D.?; die -er (z. B. Schrauben) taugen nichts, sind schon kaputt; **R** das ist ein D. mit ’nem Pfiff (ugs.; *das funktioniert auf überraschende, merkwürdige Weise*); **Spr** gut D. will Weile haben *(etw., was gut werden soll, braucht seine Zeit);* *** das ist ja ein D.!** (ugs.; Ausruf der Überraschung od. der Entrüstung); **ein D. drehen** (ugs.; *etwas anstellen; ein Verbrechen begehen*); **jmdm. ein D. verpassen** (ugs.; 1. *jmdm. einen brutalen Schlag versetzen.* 2. *jmdn. in unsanfter Form zurechtweisen, tadeln*); **krumme -er machen** (ugs.; *etw. Unerlaubtes, Rechtswidriges tun*); **mach keine -er!** (ugs.; Ausruf des Erstaunens, der Überraschung); **c)** (Philos.) *etw., was in einer bestimmten Form, Erscheinung, auf bestimmte Art u. Weise existiert u. als solches Gegenstand der Wahrnehmung, Erkenntnis ist:* das Wesen, den Kern der -e erkennen. **2.** ⟨Pl.: -e (meist Pl.)⟩ **a)** *Vorgang, Ereignis:* es waren unerfreuliche -e vorgekommen; falls die -e sich so zugetragen haben; nach Lage der -e; in Voraussicht der kommenden -e; *** über den -en stehen** *(sich nicht allzu sehr von etw. beeindrucken, berühren, beeinträchtigen lassen);* **b)** *Angelegenheit; Sache:* einige -e müssen geregelt, geändert werden; die einfachsten -e nicht begreifen; sie hatte vor der Reise noch tausend -e zu erledigen; in praktischen -en, in den -en des praktischen Lebens ungeübt sein; es handelt sich um private, interne -e; *** die letzten -e** *(die religiös-metaphysischen Vorstellungen von Tod u. Ewigkeit);* **ein D. der Unmöglichkeit sein** *(unmöglich sein, sich nicht erledigen, ausführen, einrichten lassen);* **nicht jmds. D. sein** (ugs.; *nicht jmds. Angelegenheit sein, jmds. Interesse finden*); **der -e harren, die da kommen [sollen]** (geh.; *abwarten, was geschehen wird;* nach Lukas 21, 26); **unverrichteter -e** *(ohne etw. erreicht zu haben);* **nicht mit rechten -en zugehen** *(merkwürdig, unerklärlich sein; nicht legal geschehen, vor sich gehen);* **vor allen -en** *(vor allem, besonders).* **3.** ⟨Pl. -er⟩ (ugs.) *Mädchen:* ein junges, albernes, liebes, dummes D. **4.** *** guter -e** (geh.: 1. *fröhlich u. munter:* sie ist immer guter -e.

2. *voll Hoffnung, voll Optimismus:* guter -e machte er sich an die schwierige Aufgabe).

ing, das; -[e]s, -e (hist.): *Thing.*

in|gel|chen, das; -s, - (auch:) Dingerchen: Vkl. zu ↑¹Ding (1 a, 3).

in|gen ⟨dingte/(selten:) dang, hat gedungen/(seltener:) gedingt⟩ [mhd. dingen, ahd. dingōn = vor Gericht verhandeln]: **a)** (veraltet, noch landsch.) *gegen Lohn in Dienst nehmen, einstellen:* Gesinde d.; **b)** (veraltet) *gegen Bezahlung für die Erledigung einer Aufgabe verpflichten, engagieren:* einen Bergführer d.; **c)** (geh. abwertend) *mit Geld für die Ausführung eines Verbrechens gewinnen:* einen Mörder d.; ein gedungener Killer.

in|ger|chen ⟨Pl.⟩: ↑Dingelchen.

ng|fest: in den Wendungen **jmdn. d. machen** *(jmdn. verhaften, festnehmen;* zu ↑²Ding, geb. nach dem veralteten Gegenwort dingflüchtig, mhd. dincfluhtic = sich dem Gericht entziehend): der Einbrecher wurde d. gemacht; **etw. d. machen** *(etw. erfassen, festlegen):* die Sachlage d. machen.

ng|haft ⟨Adj.⟩: *real, gegenständlich vorhanden.*

n|gi, das; -s, -s [engl. dinghy < Hindi ḍiṅgī = kleines Boot]: **1.** *kleines Beiboot.* **2.** *kleines Segelboot.*

ng|lich ⟨Adj.⟩: **1.** *gegenständlich; real, konkret; in der Realität vorhanden:* etw. d. erfahren; ⟨subst.:⟩ alles Dingliche. **2.** (Rechtsspr.) *das Recht an Sachen betreffend:* ein -er Anspruch, Vertrag.

ng|lich|keit, die; -: *das Dinglichsein* (1).

n|go, der; -s, -s [engl. dingo, aus einer Spr. der austral. Ureinwohner]: *australischer Wildhund von der Größe eines kleineren Schäferhundes.*

ngs [mhd. dinges, partitiver Gen. von: dinc, ↑¹Ding], **Dings|bums, Dings|da,** der, die, das; - (ugs.): **1.** ⟨der, die, (landsch. auch:) das⟩: *Person, deren Name jmdm. im Augenblick nicht einfällt, die er nicht kennt od. nicht nennen will:* der Dings da, der Müller, hält eine Rede; was hat die D. gemeint?; das D. schreit ununterbrochen. **2.** ⟨das⟩ *etw. (Gegenstand, Einrichtung o. Ä.), dessen Name jmdm. im Augenblick nicht einfällt, den er nicht kennt od. nicht nennen will; Ding* (1 b): gib mir mal das D. da! **3.** ⟨o. Art.⟩ *Ortsname, der jmdm. im Augenblick nicht einfällt, den er nicht kennt od. nicht nennen will:* sie fahren im Urlaub immer nach D., ich weiß den Namen nicht mehr.

ng|welt, die [zu ↑¹Ding]: *die Welt der Erscheinungen.*

ng|wort, das ⟨Pl. ...wörter⟩: *Substantiv.*

|nie|ren ⟨sw. V.; hat⟩ [frz. dîner, ↑Diner] (geh.): *ein Diner einnehmen:* bei, mit jmdm. d.

nk, der; -s, -s ⟨meist Pl.⟩ [Kurzwort aus engl. double income, no kids = doppeltes Einkommen, keine Kinder]: *jmd., der in einer Partnerschaft lebt, in der beide Partner berufstätig sind u. keine Kinder haben, u. der daher über relativ viel Geld verfügt.*

n|kel, der; -s, (Sorten:) - [mhd. dinkel, ahd. dinchel, H. u.]: *(bes. in der Vollwerternährung verwendete) Weizenart, deren Korn von der Spelze (a) fest umschlossen ist.*

n|ner, das; -s, -[s] [engl. dinner < frz. dîner, ↑Diner]: **a)** *in den angelsächsischen Ländern am Abend eingenommene Hauptmahlzeit;* **b)** *festliches Abendessen [mit Gästen].*

n|ner|ja|cket [ˈdɪnədʒɛkɪt], das; -s, -s [engl. dinner-jacket]: engl. Bez. für *Smokingjackett.*

N-Norm, die [↑DIN]: *durch das Deutsche Institut für Normung festgelegte Norm.*

|no, der; -s, -s (ugs., oft scherzh.): kurz für ↑Dinosaurier.

|no|sau|ri|er, der; -s, -, **Di|no|sau|rus,** der; -, ..rier [zu griech. deinós = gewaltig u. saũros, ↑Saurier]: *nach dem Mesozoikum ausgestorbenes, oft riesiges Reptil:* Ü mit 72 ist er ein D. in seinem Gewerbe.

N-Zahl, die [↑DIN]: *Kennzahl für die Lichtempfindlichkeit eines Films.*

|o|de, die; -, -n [zu griech. dís (di-) = zweimal u. hodós = Weg] (Elektrot.): *elektronisches Bauelement, dessen Widerstand in extremer Weise von der Polarität der angelegten elektrischen Spannung abhängt.*

Di|o|len®, das; -s [Kunstwort]: **1.** kurz für ↑Diolenfaser. **2.** *Gewebe aus Diolen* (1).

Di|o|len|fa|ser, die: *synthetische Textilfaser aus Polyester.*

di|o|ny|sisch ⟨Adj.⟩ (bildungsspr.): **1.** *dem Gott Dionysos zugehörend, ihn betreffend:* ein -er Kult. **2.** *rauschhaft, ekstatisch:* -e Lust.

Di|o|ny|sos (griech. Myth.): Gott des Weines, des Rausches u. der Fruchtbarkeit.

Di|op|trie, die; -, -n (Optik): *Maßeinheit für den Brechwert von Linsen* (Abk.: dpt, Dptr.).

Di|o|ra|ma, das; -s, ...men [zu griech. diá = hindurch u. hórāma = das Gesehene, Anblick] (Kunstwiss.): **1.** *in die Tiefe gebautes Schaubild mit plastischen Gegenständen vor gemaltem od. fotografiertem Hintergrund.* **2.** *Bild auf transparentem, zweiseitig bemaltem Stoff, bei dem durch darauf fallendes od. durchscheinendes Licht Beleuchtungseffekte hervorgerufen werden.*

Di|o|rit [auch: ...ˈrɪt], der; -s, -e [zu griech. diorízein = abgrenzen, unterscheiden (wegen der in Farbe u. Gefüge starken Unterschiede der Gemengeteile)]: *körniges, grünlich graues Tiefengestein.*

Di|os|ku|ren ⟨Pl.⟩ [griech. Dióskouroi = Söhne des Zeus (Kastor u. Pollux)] (bildungsspr.): *unzertrennliches Freundespaar.*

Di|o|xan, das; -s [zu griech. dís (di-) = zweimal u. ↑Oxid] (Chemie): *bes. als Lösungsmittel für Fette, Lacke u. Ä. verwendete farblose, ätherähnlich riechende Flüssigkeit.*

Di|oxid, (auch:) Dioxyd, das; -s, -e [zu griech. dís (di-) = zweimal u. ↑Oxid] (Chemie): *Oxid, das zwei Sauerstoffatome enthält.*

Di|o|xin, das; -s, -e (Chemie): *(als Abfallprodukt z. B. bei Verbrennungsprozessen entstehende) sehr giftige Verbindung bes. von Chlor u. Kohlenwasserstoff, die schwere Gesundheits- und Entwicklungsschäden verursacht.*

Di|oxyd: ↑Dioxid.

di|ö|ze|san ⟨Adj.⟩ [kirchenlat. dioecesanus] (kath. Kirche): *die Diözese betreffend, zu einer Diözese gehörend.*

Di|ö|ze|san, der; -en, -en (kath. Kirche): *Angehöriger einer Diözese.*

Di|ö|ze|se, die; -, -n [kirchenlat. dioecesis < griech. dioíkēsis = Verwaltung, Provinz] (kath. Kirche): *Amtsgebiet eines katholischen Bischofs; Bistum.*

Dip, der; -s, -s [engl. dip, zu: to dip = (ein)tauchen] (Kochk.): *kalte, dickflüssige Soße zum Eintunken kleiner Happen o. Ä.*

Diph|the|rie, die; -, -n [zu griech. diphthéra = Haut, Fell, nach den häutigen Belägen] (Med.): *akute Infektionskrankheit mit Bildung häutiger Beläge auf den Mandeln u. auf den Schleimhäuten verschiedener Organe.*

Diph|the|rie|schutz|imp|fung, die: *Schutzimpfung gegen Diphtherie.*

diph|the|risch ⟨Adj.⟩ (Med.): *durch Diphtherie hervorgerufen; zum Erscheinungsbild der Diphtherie gehörend:* -e Symptome.

Diph|the|ri|tis, die; - (ugs.): *Diphtherie.*

Diph|thong, der; -s, -e [lat. diphthongus < griech. díphthoggos, eigtl. = zweifach tönend, zu: dís (di-) = zweimal u. phthóggos = Ton, Laut] (Sprachw.): *aus zwei Vokalen gebildeter Laut; Doppellaut, Doppelvokal:* ei, au, eu sind -e.

diph|thon|gie|ren ⟨sw. V.; hat⟩ (Sprachw.): **a)** *einen Monophthong zu einem Diphthong weiterentwickeln:* das Neuhochdeutsche hat das mittelhochdeutsche lange »i« zu »ei« diphthongiert; **b)** *(von einem Einzelvokal) zu einem Diphthong werden:* das »i« diphthongiert zu »ei«.

Diph|thon|gie|rung, die; -, -en (Sprachw.): *das Diphthongieren; das Diphthongiertwerden.*

diph|thon|gisch ⟨Adj.⟩ (Sprachw.): **a)** *einen Diphthong enthaltend;* **b)** *als Diphthong gesprochen.*

dipl. (schweiz.): diplomiert.

Dipl. = Diplom.

Dipl.-Bibl. = Diplom-Bibliothekar[in].

Dipl.-Biol. = Diplom-Biologe; Diplom-Biologin.

Dipl.-Chem. = Diplom-Chemiker[in].

Dipl.-Hdl. = Diplom-Handelslehrer[in].

Dipl.-Ing. = Diplom-Ingenieur[in].

Dipl.-Kff., Dipl.-Kffr. = Diplom-Kauffrau.

Dipl.-Kfm. = Diplom-Kaufmann.

Dipl.-Math. = Diplom-Mathematiker[in].

Dipl.-Met. = Diplom-Meteorologe; Diplom-Meteorologin.

Di|plo|do|kus, der; -, ...ken [zu griech. diplóos = doppelt u. dokós = Balken]: *(nach dem Mesozoikum ausgestorbener) sehr großer Dinosaurier.*

di|plo|id ⟨Adj.⟩ [zu griech. di- = zwei-, geb. nach ↑haploid] (Biol.): *einen doppelten Chromosomensatz aufweisend.*

Di|plo|i|die, die; - (Biol.): *Vorhandensein des doppelten Chromosomensatzes im Zellkern.*

Di|plom, das; -s, -e [lat. diploma < griech. díplōma = Handschreiben auf zwei zusammengelegten Blättern, Urkunde; eigtl. = zweifach Gefaltetes]: **1. a)** *amtliche Urkunde über eine abgeschlossene Universitäts- bzw. Fachhochschulausbildung, eine bestandene Prüfung für einen Handwerksberuf o. Ä.:* ein D. über die bestandene Prüfung ausstellen, bekommen; **b)** *berufsbezogener akademischer Grad, der nach einem mit einer Prüfung abgeschlossenen Studium erworben wird:* ein D. erwerben; er hat sein D. [als Chemiker] gemacht; Abk.: Dipl. **2.** *Ehrenurkunde, die für eine bestimmte Leistung o. Ä. verliehen wird:* der Hersteller bekam ein D. für sein Erzeugnis.

Di|plo|mand, der; -en, -en: *jmd., der sich auf eine Diplomprüfung vorbereitet.*

Di|plo|man|din, die; -, -nen: w. Form zu ↑Diplomand.

Di|plom|ar|beit, die: *wissenschaftliche Arbeit als Teil der Diplomprüfung.*

Di|plo|mat, der; -en, -en [frz. diplomate, zu: diplomatique, ↑diplomatisch]: **1.** *höherer Beamter im auswärtigen, diplomatischen Dienst, der bei einem fremden Staat akkreditiert ist u. dort die Interessen seines Landes vertritt:* ein ausländischer D. **2.** *jmd., der geschickt u. klug taktiert, um seine Ziele zu erreichen, ohne andere zu verärgern:* er ist der geborene D.

Di|plo|ma|ten|kof|fer, der: *schmaler, eleganter, meist schwarzer Aktenkoffer.*

Di|plo|ma|ten|pass, der: *Reisepass eines Diplomaten.*

Di|plo|ma|ten|ta|sche, die: *große u. meist elegante Aktentasche.*

Di|plo|ma|ten|vier|tel, das: *Wohnviertel in einer Hauptstadt, in dem die Familien der Diplomaten wohnen [u. in dem sich die Konsulate u. Ä. befinden].*

Di|plo|ma|tie, die; - [frz. diplomatie]: **1. a)** *[Methode der] Wahrnehmung außenpolitischer Interessen eines Staates durch seine Vertreter im Ausland:* die hohe Schule der D. beherrschen; **b)** *Gesamtheit der Diplomaten, die in einer Hauptstadt, in einem Land akkreditiert sind:* bei dem Empfang war die gesamte ausländische D. vertreten. **2.** *diplomatisches* (2) *Verhalten:* das ist eine Frage der D.; du musst mit [mehr] D. vorgehen.

Di|plo|ma|tin, die; -, -nen: w. Form zu ↑Diplomat.

di|plo|ma|tisch ⟨Adj.⟩ [frz. diplomatique, zu lat. diploma, ↑Diplom]: **1. a)** *die offiziellen zwischenstaatlichen Beziehungen betreffend:* die -en Beziehungen aufnehmen, abbrechen; ein Land d. anerkennen; **b)** *Diplomaten* (1) *betreffend, von Diplomaten ausgeübt, auf Diplomaten bezogen:* -e Gespräche führen; die -e Laufbahn einschlagen; eine -e Vertretung einrichten; aus -en Kreisen verlautet; das -e Viertel *(Diplomatenviertel);* das -e Korps. **2.** *klug, taktisch geschickt bei dem Bemühen, ein bestimmtes Ziel zu erreichen:* ein sehr -er Mensch sein; d. antworten, lächeln, schweigen.

Di|plom-Bi|bli|o|the|kar, der: *Bibliothekar, der*

D

seine Ausbildung mit einer Diplomprüfung abgeschlossen hat.

Di|plom-Bi|bli|o|the|ka|rin, die: w. Form zu ↑Diplom-Bibliothekar.

Di|plom-Bio|lo|ge, der: vgl. Diplom-Bibliothekar.

Di|plom-Bio|lo|gin, die: w. Form zu ↑Diplom-Biologe.

Di|plom-Che|mi|ker, der: vgl. Diplom-Bibliothekar.

Di|plom-Che|mi|ke|rin, die: w. Form zu ↑Diplom-Chemiker.

Di|plom-Han|dels|leh|rer, der: vgl. Diplom-Bibliothekar.

Di|plom-Han|dels|leh|re|rin, die: w. Form zu ↑Diplom-Handelslehrer.

di|plo|mie|ren ⟨sw. V.; hat⟩ (bildungsspr.): *jmdm. aufgrund einer entsprechenden Prüfung ein Diplom zuerkennen:* eine diplomierte Kinderschwester.

Di|plom-In|ge|ni|eur, der: vgl. Diplom-Bibliothekar.

Di|plom-In|ge|ni|eu|rin, die: w. Form zu ↑Diplom-Ingenieur.

Di|plom-Kauf|frau, die: vgl. Diplom-Kaufmann.

Di|plom-Kauf|mann, der: vgl. Diplom-Bibliothekar.

Di|plom-Ma|the|ma|ti|ker, der: vgl. Diplom-Bibliothekar.

Di|plom-Ma|the|ma|ti|ke|rin, die: w. Form zu ↑Diplom-Mathematiker.

Di|plom-Me|te|o|ro|lo|ge, der: vgl. Diplom-Bibliothekar.

Di|plom-Me|te|o|ro|lo|gin, die: w. Form zu ↑Diplom-Meteorologe.

Di|plom-Pä|da|go|ge, der: vgl. Diplom-Bibliothekar.

Di|plom-Pä|da|go|gin, die: w. Form zu ↑Diplom-Pädagoge.

Di|plom-Phy|si|ker, der: vgl. Diplom-Bibliothekar.

Di|plom-Phy|si|ke|rin, die: w. Form zu ↑Diplom-Physiker.

Di|plom|prü|fung, die: *Prüfung [an einer Hochschule], mit der ein Diplom erworben wird.*

Di|plom-Psy|cho|lo|ge, der: vgl. Diplom-Bibliothekar.

Di|plom-Psy|cho|lo|gin, die: w. Form zu ↑Diplom-Psychologe.

Di|plom-Volks|wirt, der: vgl. Diplom-Bibliothekar.

Di|plom-Volks|wir|tin, die: w. Form zu ↑Diplom-Volkswirt.

Dipl.-Päd. = Diplom-Pädagoge; Diplom-Pädagogin.

Dipl.-Phys. = Diplom-Physiker[in].

Dipl.-Psych. = Diplom-Psychologe; Diplom-Psychologin.

Dipl.-Volksw. = Diplom-Volkswirt[in].

Di|pol, der; -s, -e [zu griech. dí(s) = zweifach u. ↑[1]Pol] (Physik): *Anordnung zweier gleich großer elektrischer Ladungen od. magnetischer Pole entgegengesetzter Polarität in geringem Abstand voneinander.*

Dip|pel, der; -s, - [1: wohl landsch. Nebenf. von ↑Dübel; 2: H. u.]: **1.** (südd.) *Dübel* (1). **2.** (österr. ugs.) *Beule.*

dip|pen ⟨sw. V.; hat⟩ [1 a: niederd., verw. mit ↑tief; 1 b: zu ↑Dip; 2: engl. to dip]: **1. a)** (landsch.) *in etw. eintauchen:* Brotstücke in die Soße d.; **b)** *in einen Dip eintauchen:* einen Cracker d. **2.** (Seemannsspr.) *die Schiffsflagge zum Gruß etwa halb niederholen u. wieder hochziehen.*

Dip|ty|chon, das; -s, ...chen u. ...cha [griech. díptychon = zweiteilige Schreibtafel] (Kunstwiss.): **1.** *antikes, in der Mitte zusammenklappbares rechteckiges Täfelchen aus Elfenbein, Holz od. Metall, dessen Innenfläche mit einer Wachsschicht überzogen ist, die als Schreibfläche dient.* **2.** *Flügelaltar.*

dir [mhd., ahd. dir]: **1.** ⟨Dativ Sg. des Personalpron. ↑du:⟩ wie geht es d.?; R wie du mir, so ich d. **2.** ⟨Dativ Sg. des Reflexivpron. der 2. Person⟩ (bezieht sich auf eine mit »du« angeredete Person zurück:) was hast du dir gewünscht?

Dir. = Direktor.

Di|rect Mai|ling [ˈdaɪrɛkt ˈmeɪlɪŋ, auch: dɪˈrɛkt -], das; - -[s], - -s, (auch:) **Di|rect|mai|ling,** das; -[s], -[s] [engl. direct mailing] (Werbespr.): *Form der Direktwerbung, bei der Werbematerial (Briefumschlag u. Prospekt mit Rückantwortkarte) an eine bestimmte Zielgruppe geschickt wird.*

Di|rec|toire [dirɛkˈto̯aːɐ̯], das; -[s] [nach dem Directoire, der höchsten Behörde der Ersten Republik (1795–99) in Frankreich, zu lat. directum, 2. Part. von: dirigere, ↑dirigieren] (Kunstwiss.): *französischer Kunststil am Ende des 18. Jh.s (zwischen Louis-seize u. Empire).*

di|rekt [lat. directus = gerade, ausgerichtet, adj. 2. Part. von: dirigere, ↑dirigieren]: **I.** ⟨Adj.⟩ **1.** *ohne Umweg, in gerader Richtung auf ein Ziel zuführend, sich auf ein Ziel zubewegend:* die -e Route von Jena nach Weimar; eine -e Verbindung nach Paris *(eine Verbindung, die kein Umsteigen erfordert);* der Raum hat kein -es *(unmittelbar von außen einfallendes)* Licht; -e *(unmittelbare)* Sonneneinstrahlung; diese Straße führt d. ins Zentrum; ich komme d. *(geradewegs)* vom Bahnhof. **2.** *unverzüglich, sofort, ohne Aufenthalt:* sie kommt d. nach Dienstschluss hierher; mit diesem Zug haben Sie d. Anschluss, -en Anschluss; ein Fußballspiel d. *(live)* übertragen. **3.** ⟨in Verbindung mit Präpositionen⟩ *in unmittelbarer Nähe:* d. am Bahnhof, vorm Haus. **4.** *ohne Vermittlung, ohne Mittelsperson, unmittelbar:* ihr -er Vorgesetzter; im -en Vergleich; schicken Sie die Post bitte d. an mich. **5.** *durch unmittelbare Beziehung o. Ä.; persönlich, nicht vermittelt:* eine -e Einflussnahme; seine Anteilnahme ist viel -er. **6.** (ugs.) *unmissverständlich, unverblümt:* das war eine sehr -e Frage; sie ist allzu d. in ihrer Art. **II.** ⟨Adv.⟩ (ugs.) *geradezu, ausgesprochen, regelrecht:* das ist ja d. gefährlich; sie hat d. Glück gehabt; wir fühlten uns d. verfolgt; eine Unterkunft haben wir nicht d. *(eigentlich nicht).*

Di|rekt|be|zug, der ⟨o. Pl.⟩ (Wirtsch.): *Bezug von Waren direkt vom Hersteller.*

Di|rekt|ein|sprit|zung, die (Kfz-T.): *direktes Einspritzen* (2) *von Kraftstoff in einen Dieselmotor.*

di|rek|te|mang ⟨Adv.⟩ [scherzh. Bildung mit der (eindeutschend gesprochenen u. geschriebenen) frz. Adverbendung -ment] (landsch.): *geradewegs.*

Di|rekt|flug, der: *Flug, bei dem der Zielort ohne Zwischenlandung erreicht wird:* einen D. von Frankfurt nach Los Angeles buchen.

Di|rekt|heit, die; -, -en: **1.** ⟨o. Pl.⟩ *unmissverständliche Deutlichkeit in der Form des Sichäußerns, der Darstellung o. Ä.:* die D. einer Aussage. **2.** *unverblümte, sehr deutliche Äußerung:* ihre -en sind oft beleidigend.

Di|rek|ti|on, die; -, -en [lat. directio = das Ausrichten]: **1.** ⟨o. Pl.⟩ *Leitung eines Unternehmens o. Ä.:* ihr wurde die D. des Krankenhauses übertragen; er wird mit der D. des Opernhauses betraut. **2. a)** *Gesamtheit der leitenden Personen eines Unternehmens; Geschäftsleitung, Verwaltung einer Behörde o. Ä.:* sich an die D. wenden; sie wurde zur D. beordert; **b)** *Gesamtheit der Büroräume, in denen die Geschäftsleitung eines Unternehmens, einer Verwaltung o. Ä. untergebracht ist:* die D. befindet sich im 10. Stock. **3.** (veraltet) *Richtung:* Sie müssen in dieser D. weitergehen. **4.** (schweiz.) *kantonales Ministerium.*

Di|rek|ti|ons|as|sis|tent, der: *jmd., der als Assistent in einer Direktion* (2 a) *arbeitet.*

Di|rek|ti|ons|as|sis|ten|tin, die: w. Form zu ↑Direktionsassistent.

Di|rek|ti|ons|eta|ge, die: *Chefetage.*

Di|rek|ti|ons|se|kre|tä|rin, die: *Chefsekretärin.*

Di|rek|ti|ve, die; -, -n ⟨häufig Pl.⟩ (bildungsspr.): *von einer übergeordneten Stelle gegebene Weisung, Richtlinie, Verhaltensmaßregel:* -n erhalten; sich strikt an jmds. D. halten.

Di|rekt|man|dat, das (Politik): *Mandat, das der Kandidat einer Partei in einer Wahl persönlich erringt.*

Di|rekt|mar|ke|ting, das (Werbespr., Wirtsch.): *Form des Marketings, die sich auf den möglichen Endverbraucher konzentriert.*

Di|rek|tor, der; -s, ...oren [spätlat. director = Leiter, Lenker]: **1. a)** *Leiter bestimmter Schul- u. Hochschultypen:* er ist D. des Gymnasiums; das Haus des -s Schulze; **b)** *Leiter einer öffentlichen Institution od. bestimmter Behörden:* der D. des Museums; jmdn. als D. einsetzen, absetzen; jmdn. zum D. wählen, berufen. **2.** (Wirtsch.) *alleiniger Leiter od. Mitglied des Direktoriums eines Unternehmens; Leiter einer bestimmten Sparte od. Abteilung eines Unternehmens:* er ist erster, zweiter, kaufmännischer, technischer D. der Firma.

Di|rek|to|rat, das; -[e]s, -e: **1. a)** *Amt des Direktors* (1 a) *od. der Direktorin:* jmdm. das D. übertragen; **b)** *Amtszeit eines Direktors* (1 a) *od. einer Direktorin:* unter ihrem D. hatte die Schule sehr an Ansehen gewonnen. **2.** *Dienstzimmer des Direktors* (1 a) *od. der Direktorin:* der Schüler wurde ins D. gerufen.

Di|rek|to|ren|pos|ten, der; -s, -: *Stellung eines Direktors* (2).

Di|rek|to|rin, die; -, -nen: w. Form zu ↑Direktor.

Di|rek|to|ri|um, das; -s, ...ien [zu ↑Direktor]: **1.** *von mehreren Personen gebildetes leitendes Gremium an der Spitze eines Unternehmens, einer Organisation o. Ä.:* ein vierköpfiges D.; in das D. eines Konzerns berufen werden. **2.** (kath. Rel.) *Anweisung für Messfeier u. Stundengebet für jeden Tag des Jahres.*

Di|rek|tor|zim|mer, das: *Dienstraum des Direktors.*

Di|rek|tri|ce [dirɛkˈtriːsə], die; -, -n [frz. directrice]: *leitende Angestellte in der Bekleidungsindustrie, die als ausgebildete Schneiderin Modelle entwirft.*

Di|rekt|schuss, der (bes. Fußball): *sofort [nach der Ballannahme] aufs Tor abgegebener Schuss*

Di|rekt|sen|dung, die (Rundf., Ferns.): *Sendung, die unmittelbar vom Ort der Aufnahme ausgestrahlt, übertragen wird; Livesendung:* das Fußballspiel wird in einer D. übertragen.

Di|rekt|spiel, das ⟨o. Pl.⟩ (Fußball): *Kombinationsspiel, bei dem der Ball direkt weitergeleitet wird:* das D. üben, trainieren.

Di|rekt|über|tra|gung, die: *Direktsendung.*

Di|rekt|ver|kauf, der (Wirtsch.): *Verkauf unmittelbar an den Verbraucher unter Umgehung des Einzelhandels.*

Di|rekt|wahl, die: **1.** ⟨o. Pl.⟩ *Möglichkeit, einen Fernsprechteilnehmer direkt anzuwählen, ohne die Zentrale od. Vermittlung einschalten zu müssen:* Hotelzimmer mit Telefon und D. **2.** *Wahlsystem, bei dem ein Kandidat direkt* (4) *vom Wähler gewählt wird.*

Di|rekt|wer|bung, die (Werbespr., Wirtsch.): *direkt auf einen möglichen Endverbraucher zielende Werbung* (z. B. Direct Mailing).

Di|ret|tis|si|ma, die; -, -s [ital. direttissima, subst. Fem. von ↑direttissimo] (Bergsteigen): *Route, die ohne Umwege zum Gipfel eines Bergs führt.*

di|ret|tis|si|mo ⟨Adv.⟩ [ital. direttissimo, Sup. von diretto < lat. directus, ↑direkt] (Bergsteigen): *die Direttissima nehmend, bildend.*

Di|rex, der; -, -e ⟨Pl. selten⟩ u. die; -, -en ⟨Pl. selten⟩ [nach lat. rex, zu ↑Direktor] (Schülerspr.): *Direktor, Direktorin einer Schule.*

Dir|ham, Dir|hem, der; -s, -s ⟨aber: 5 Dirham⟩ [arab. dirham < griech. drachmḗ, ↑Drachme]: **1.** *Währungseinheit in Marokko* (1 Dirham = 100 Centimes), *in den Vereinigten Arabischen Emiraten* (1 Dirham = 100 Fils) *u. in Libyen* (1 000 Dirham = 1 Dinar). **2.** (früher) *Gewichtseinheit in den islamischen Ländern.*

Di|ri|gat, das; -[e]s, -e [zu ↑dirigieren] (bildungsspr.): **a)** *Orchesterleitung, Dirigentschaft;* **b)** *öffentliches Auftreten eines Dirigenten als Orchesterleiter o. Ä.*

Di|ri|gent, der; -en, -en [zu lat. dirigens (Gen.: dirigentis), 1. Part. von: dirigere, ↑dirigieren]: **1.** *jmd., der ein Orchester dirigiert* (1), *ein musikalisches Werk zur Aufführung bringt, interpretiert; Leiter eines Orchesters [od. Chores].*

2. *jmd., der etw. leitet, lenkt, dirigiert* (2 a): der D. der Elf war Pelé.

i|ri|gen|ten|pult, das: *vor dem Orchester od. Chor aufgestelltes Pult zum Ablegen der Partitur des Dirigenten.*

i|ri|gen|ten|stab, der: *Taktstock des Dirigenten* (1).

i|ri|gen|tin, die; -, -nen: w. Form zu ↑Dirigent.

i|ri|gent|schaft, die; -, -en (bildungsspr.): *[Zeit der] Tätigkeit eines Dirigenten* (1); *das Dirigentsein:* die Zeit seiner D. in Berlin.

i|ri|gie|ren ⟨sw. V.; hat⟩ [lat. dirigere = ausrichten, leiten, zu: regere, ↑regieren]: **1. a)** *durch bestimmte, den Takt, die Phrasierung, das Tempo u. a. angebende Bewegungen der Arme u. Hände einen Chor, ein Orchester bei der Aufführung eines musikalischen Werkes führen:* einen Chor, ein Orchester d.; er dirigiert mit dem, ohne Taktstock; **b)** *ein Musikwerk als Dirigent zu Gehör bringen, interpretieren:* er dirigierte die 5. Sinfonie von Beethoven. **2. a)** *die Leitung von etw. haben; den Gang, Ablauf von etw. steuern:* ein Unternehmen d.; ein Polizist dirigiert *(lenkt)* den Verkehr; die Wirtschaft d. *(durch dirigistische Maßnahmen lenken);* der Vorstopper dirigierte den Angriff (Sport; *lenkte das [Angriffs]spiel);* **b)** *durch Anweisungen o. Ä. an ein bestimmtes Ziel, in eine bestimmte gewünschte Richtung lenken, leiten:* die Fahrzeugkolonne durch die Stadt d.

i|ri|gis|mus, der; - (Wirtsch.): **a)** *Wirtschaftsordnung, die bestimmte Eingriffe u. Lenkungsmaßnahmen des Staates zulässt;* **b)** *Lenkung der Wirtschaft durch staatliche Einflussnahme bes. auf Produktion u. Preisbindung:* durch D. versucht man die Wirtschaft in den Griff zu bekommen.

i|ri|gis|tisch ⟨Adj.⟩ (Wirtsch.): *in der Weise des Dirigismus; staatlich reglementierend:* -e Maßnahmen.

i|ri|mie|ren ⟨sw. V.; hat⟩ [lat. dirimere = (unter)scheiden] (österr.): *(bei Stimmengleichheit) eine Entscheidung (zugunsten der einen od. der anderen Partei) treffen.*

irn, die; -, -en [zu ↑Dirne]: **1.** (bayr., österr. mundartl.) *Bauernmagd.* **2.** (nordd.) *Mädchen.*

irndl, das; -s, - u. -n [zu ↑Dirne; 3: vgl. mhd. tirnboum, ahd. tirpauma, H. u., angelehnt an Dirndl (1)]: **1.** ⟨Pl. -n⟩ (bayr., österr. mundartl.) *junges Mädchen.* **2.** ⟨Pl. -⟩ kurz für ↑Dirndlkleid. **3.** ⟨Pl. -; nur Pl.⟩ (österr.) *Früchte des Dirndlbaums.*

irndl|baum, der [vgl. Dirndl (3)] (österr.): *Kornelkirsche.*

irndl|blu|se, die: *zu einem zugehörigen Rock getragene weiße Bluse [mit Puffärmeln u. Halsbündchen].*

irndl|kleid, das: *zur bayrischen u. österreichischen Tracht gehörendes od. ihr nachempfundenes Kleid aus buntem Stoff mit gefaltetem od. gekraustem Rock u. tailliertem Mieder, das mit einer Halbschürze getragen wird.*

irndl|schür|ze, die: *Halbschürze, die zum Dirndlkleid getragen wird.*

ir|ne, die; -, -n [mhd. dierne = Dirne (2); Mädchen, Jungfrau; Magd, ahd. thiorna = Mädchen, Jungfrau]: **1.** (veraltet, noch mundartl.) *junges Mädchen.* **2.** *Prostituierte.*

ir|nen|mi|lieu, das: *Lebensbereich, Welt der Dirnen* (2) *[u. Zuhälter].*

is, Dis, das; -, - (Musik): *um einen halben Ton erhöhtes d, D* (2).

is-, Dis- [lat. dis-, eigtl. = entzwei]: drückt in Bildungen mit Verben, Substantiven oder Adjektiven eine Verneinung, das Gegenteil von etw. aus: disharmonieren, disqualifizieren; Diskontinuität, Disproportion; disharmonisch, disloyal.

i|sac|cha|rid, Di|sa|cha|rid [auch: 'di:z...], das; -s, -e [aus griech. dís (di-) = zweimal u. ↑Sa(c)charid] (Chemie): *Kohlehydrat, das aus zwei Zuckermolekülen aufgebaut ist.*

is|agio [dɪs'|a:dʒo], das; -s, -s u. Disagien [ital. disaggio, zu ↑Agio] (Bank- u. Börsenw.): *Abschlag, um den der Preis od. Kurs hinter dem Nennwert od. der Parität eines Wertpapiers od. einer Geldsorte zurückbleibt.*

Disc|jo|ckey, Diskjockey ['dɪskdʒɔke, auch: ...ki], der; -s, -s [engl. disc jockey, aus: disc = Schallplatte (< lat. discus, ↑Diskus) u. jockey, ↑Jockey]: *jmd., der in Rundfunk od. Fernsehen u. bes. in Diskotheken CDs u. Schallplatten präsentiert.*

Dis|co, die; -, -s: **1.** *Diskothek:* abends geht sie meist in die D. **2.** *Tanzveranstaltung mit Schallplattenmusik:* eine D. veranstalten.

Dis|co|fox, der: *moderne Form des Foxtrotts zu Discomusik.*

Dis|co|mu|sik, die: *Musik, die durch einfache Arrangements u. verstärkte, betont einfache Rhythmik gekennzeichnet ist u. somit bes. zum Tanzen [in Diskotheken] geeignet ist.*

Dis|co|queen, die; -, -s [aus Disco (↑Diskothek) u. ↑Queen (2)]: **1.** *höchst erfolgreiche Interpretin von Liedern der Discomusik.* **2.** *junge Frau, die in einer Diskothek durch ihr anziehendes Äußeres, durch ihre modisch schicke Kleidung u. durch ihr Tanzen auffällt u. von allen bewundert wird.*

Dis|count [dɪs'kaunt], der; -s, -s [engl. discount = Preisnachlass < afrz. descompte = Abzug, zu mlat. discomputare, ↑Diskont]: **1.** *Einkaufsmöglichkeit, bei der Waren in Selbstbedienung verbilligt erworben werden können.* **2.** *Discountgeschäft.*

Dis|coun|ter, der; -s, -: **1.** *jmd., der eine Ware mit Preisnachlass verkauft.* **2.** *Discountgeschäft.*

Dis|coun|te|rin, die; -, -nen: w. Form zu ↑Discounter (1).

Dis|count|ge|schäft, das: *Einzelhandelsgeschäft, in dem nicht preisgebundene Produkte bei einem Wegfall des Kundendienstes mit hohen Rabatten verkauft werden.*

Dis-Dur [auch: '-'–], das; - (Musik): *auf dem Grundton Dis beruhende Durtonart;* Zeichen: Dis (↑dis, Dis).

Dis|en|gage|ment [dɪsɪn'geɪdʒmənt], das; -s [engl. disengagement] (Politik): *militärisches Auseinanderrücken der Machtblöcke.*

Di|seur [di'zø:ɐ̯], der; -s, -e [frz. diseur, zu: dire = sagen < lat. dicere]: *Sprecher, Vortragskünstler, bes. im Kabarett.*

Di|seu|se [di'zø:zə], die; -, -n [frz. diseuse]: w. Form zu ↑Diseur.

Dis|har|mo|nie, die; -, -n [aus lat. dis- = un-, nicht u. ↑Harmonie]: **1. a)** (Musik) *als unangenehm empfundener dissonanter Zusammenklang von Tönen; Missklang;* **b)** *als unharmonisch empfundene Verbindung, Zusammenstellung von Farben, Formen o. Ä.:* die D. der Farben war störend. **2.** (bildungsspr.) *Uneinigkeit; Missstimmung:* auf -n hinweisen.

dis|har|mo|nie|ren ⟨sw. V.; hat⟩: **1. a)** (Musik) *schlecht zusammenklingen, eine Disharmonie* (1 a) *ergeben:* die Akkorde, diese Instrumente disharmonieren; **b)** *(von Farben, Formen o. Ä.) nicht zusammenstimmen:* stark disharmonierende Farben. **2.** *sich nicht verstehen; uneinig sein:* die beiden disharmonieren meistens.

dis|har|mo|nisch ⟨Adj.⟩: **1. a)** (Musik) *schlecht zusammenklingend; einen Missklang ergebend:* ein -er Akkord; **b)** *in Farbe, Form o. Ä. nicht zusammenstimmend:* -e Gedichte. **2.** *[sich] in einem Zustand von Disharmonie* (2) *[befindend]:* die Feier endete d. **3.** (Geol.) *(bei der Faltung von Gesteinen) unterschiedlich verformt.*

Disk, die; -, -s: Kurzf. von ↑Diskette.

Dis|kant, der; -s, -e [mlat. discantus = Oberstimme, aus lat. dis- = auseinander u. cantus, ↑Cantus]: **1.** (Musik) **a)** *höchste Stimmlage einer Singstimme; höchste Tonlage bei bestimmten Instrumenten;* **b)** *rechte Hälfte der Klaviatur;* **c)** *die dem Cantus firmus hinzugefügte Gegenstimme.* **2.** *sehr hohe, schrille Stimmlage der Sprechstimme:* im hohen, schneidenden D.

Dis|ken: Pl. von ↑Diskus.

Dis|ket|te, die; -, -n [zu engl. disk (Schreibvariante von disc = Scheibe) geb. mit der frz. Verkleinerungssilbe -ette] (EDV): *Datenträger in Form einer kleinen, auf beiden Seiten magnetisierbaren Kunststoffplatte, der direkten Zugang auf die gespeicherten Daten ermöglicht.*

Dis|ket|ten|lauf|werk, das (EDV): *Teil eines Computers, in dem auf Disketten gespeicherte Programme oder Daten gelesen oder Disketten mit neuen Programmen oder Daten beschrieben werden.*

Disk|jo|ckey: ↑Discjockey.

Dis|ko usw.: ↑Disco usw.

Dis|ko|gra|phie, (auch:) Diskografie, die; -, -n [frz. discographie, zu: disque = Schallplatte (< lat. discus, ↑Diskus) u. griech. gráphein = schreiben]: *Schallplattenverzeichnis, das (mehr od. weniger vollständig u. mit genauen Daten) die Plattenaufnahmen eines bestimmten Interpreten od. Komponisten enthält.*

Dis|kont, der; -s, -e, Diskonto, der; -[s], -s u. ...ti [älter ital. disconto, zu mlat. discomputare = abrechnen, aus lat. dis- = auseinander u. computare, ↑Computer] (Bankw.): **1.** *bei Ankauf einer noch nicht fälligen Zahlung, bes. eines Wechsels, abgezogener Zins; Vorzinsen.* **2.** kurz für ↑Diskontsatz.

Dis|kon|ten ⟨Pl.⟩ (Bankw.): *inländische Wechsel, die von Kreditinstituten gekauft od. am Geldmarkt gehandelt werden.*

Dis|kont|ge|schäft, das: *Ankauf von noch nicht fälligen Wechseln od. Schecks unter Abzug des Diskonts* (1).

dis|kon|tie|ren ⟨sw. V.; hat⟩ (Bankw.): *Wechsel vor ihrer Fälligkeit unter Abzug der Zinsen ankaufen.*

dis|kon|ti|nu|ier|lich ⟨Adj.⟩ [aus lat. dis-, un-, nicht u. ↑kontinuierlich] (bildungsspr.): *mit zeitlichen, räumlichen Unterbrechungen aufeinander folgend; unzusammenhängend:* eine -e Entwicklung; ein d. ablaufender Vorgang.

Dis|kon|ti|nu|i|tät, die; -, -en: **1.** *Ablauf von Vorgängen mit zeitlichen od. räumlichen Unterbrechungen.* **2.** (Verfassungsw.) *Grundsatz, nach dem im Parlament eingebrachte Gesetzesvorlagen, die nicht mehr vor Ende einer Legislaturperiode behandelt werden konnten, vom neuen Parlament neu eingebracht werden müssen.*

Dis|kon|to: ↑Diskont.

Dis|kont|satz, der (Bankw.): *Zinssatz, der beim Diskontgeschäft zugrunde gelegt wird.*

Dis|ko|thek, die; -, -en [frz. discothèque, geb. nach ↑Bibliothek u. a. zu: disque = Schallplatte; Scheibe < lat. discus, ↑Diskus]: *(bes. auf Jugendliche zugeschnittene) mit Licht-, Lautsprecheranlagen u. a. ausgestattete Räumlichkeit, in der zu Musik von CDs, Schallplatten getanzt wird:* eine D. besuchen; in eine D. gehen; seine Nächte in -en verbringen.

dis|kre|di|tie|ren ⟨sw. V.; hat⟩ [frz. discréditer] (bildungsspr.): *jmdn., etw. in Verruf bringen; jmds. Ruf, Ansehen schaden, abträglich sein:* einen Politiker, ein System d.

Dis|kre|di|tie|rung, die; -, -en: *das Diskreditieren; das Diskreditiertwerden.*

Dis|kre|panz, die; -, -en [lat. discrepantia, zu discrepare = nicht übereinstimmen] (bildungsspr.): *Widersprüchlichkeit, Missverhältnis zwischen zwei Sachen:* die D. zwischen Theorie und Praxis.

dis|kret ⟨Adj.⟩ [1, 2: frz. discret < mlat. discretus = abgesondert, zu lat. discernere = absondern, unterscheiden; 3: engl. discrete] (bildungsspr.): **1. a)** *so unauffällig behandelt, ausgeführt, dass es von anderen nicht bemerkt wird; vertraulich:* -e Spenden an die Parteien; eine heikle Angelegenheit d. behandeln; **b)** *taktvoll, rücksichtsvoll:* ein -es Verhalten; eine Peinlichkeit d. übergehen; d. schweigen; etw. d. übersehen; **c)** *unaufdringlich; zurückhaltend; dezent:* ein -es Parfüm, Muster; d. angezogen. **2.** (Technik, Physik, Math.) *durch endliche Intervalle od. Abstände voneinander getrennt:* -e Halbleiter, Bauteile; eine -e *(nicht integrierte)* Schaltung. **3.** (Sprachw.) *(von sprachlichen Einheiten) abgrenzbar; abgesondert, unterschieden.*

Dis|kret|heit, die; -: *das Diskretsein.*

Dis|kre|ti|on, die; - [frz. discrétion < lat. discretio = Absonderung, Unterscheidung]: **a)** *Verschwiegenheit, Vertraulichkeit, Geheimhaltung in Bezug auf eine Sache:* D. [ist] Ehrensache; strengste D. wahren; jmdm. absolute D. zusichern; jmdn. um äußerste D. in einer Angelegenheit bitten; **b)** *Takt; Rücksichtnahme:* die D. verbietet es, nach Einzelheiten zu fragen; D. üben; **c)** *Unaufdringlichkeit, Zurückhaltung.*

Dis|kri|mi|nan|te, die; -, -n [zu lat. discriminans (Gen.: discriminantis), 1. Part. von: discriminare, ↑diskriminieren] (Math.): *mathematischer Ausdruck, der bei Gleichungen zweiten u. höheren Grades die Eigenschaft der Wurzel angibt.*

dis|kri|mi|nie|ren ⟨sw. V.; hat⟩ [lat. discriminare = trennen, absondern]: **1.** (bildungsspr.) *durch [unzutreffende] Äußerungen, Behauptungen in der Öffentlichkeit jmds. Ansehen, Ruf schaden; jmdn., etw. herabwürdigen:* jmdn., jmds. Leistungen d.; diskriminierende Äußerungen. **2.** (bildungsspr.) *(durch unterschiedliche Behandlung) benachteiligen, zurücksetzen; (durch Nähren von Vorurteilen) verächtlich machen:* jmdn. aufgrund seines Sexualverhaltens d.; Indianer als diskriminierte Minderheit. **3.** (Fachspr.) *unterscheiden:* [zwischen verschiedenen Dingen] d.

Dis|kri|mi|nie|rung, die; -, -en: **1.** (bildungsspr.) *das Diskriminieren:* die D. von Minderheiten. **2.** (bildungsspr.) *diskriminierende Äußerung, Handlung:* -en hinnehmen. **3.** (Fachspr.) *Unterscheidung.*

Dis|kurs, der; -es, -e [lat. discursus = das Sichergehen über etw., das Auseinander-, Umherlaufen]: **1.** (bildungsspr.) *methodisch aufgebaute Abhandlung über ein bestimmtes [wissenschaftliches] Thema.* **2.** (bildungsspr.) *[lebhafte] Erörterung; Diskussion:* einen D. mit jmdm. haben, führen. **3.** (Sprachw.) *von einem Sprachteilhaber auf der Basis seiner sprachlichen Kompetenz tatsächlich realisierte sprachliche Äußerungen.*

dis|kur|siv ⟨Adj.⟩: **a)** (Philos.) *von Begriff zu Begriff methodisch fortschreitend; schlussfolgernd:* -es Denken; -e Logik; **b)** (bildungsspr.) *in ausführlichen Diskussionen, Erörterungen methodisch vorgehend:* ein Problem d. angehen, zu bewältigen suchen.

Dis|kus, der; - u. -ses, ...ken u. -se [lat. discus < griech. dískos](Leichtathletik): **a)** *Wurfgerät in Form einer Scheibe, bestehend aus einem Holzkörper mit Metallreifen u. Metallkern;* **b)** kurz für ↑Diskuswerfen: im D. gab es einen neuen Weltrekord.

Dis|kus|si|on, die; -, -en [spätlat. discussio = Untersuchung, Prüfung, zu: discutere, ↑diskutieren]: **1. a)** *[unter der Führung eines Diskussionsleiters stattfindendes, in bestimmter Form ablaufendes] Gespräch, Aussprache, Austausch von Meinungen mehrerer Personen über ein bestimmtes Thema:* eine sachliche, stürmische, lebhafte D.; eine D. eröffnen, leiten; sich an der D. beteiligen; **b)** *Auseinandersetzung zwischen einzelnen Personen über bestimmte, sie angehende Fragen:* das Komitee suchte alle -en zu vermeiden; sich mit jmdm. auf keine -en einlassen. **2.** *in der Öffentlichkeit (in der Presse, im Fernsehen, in der Bevölkerung o. Ä.) stattfindende Erörterung von bestimmten, die Allgemeinheit od. bestimmte Gruppen betreffenden Fragen:* es gab, entbrannte eine leidenschaftliche, erregte D. über, um den Paragraphen 218; *** etw. zur D. stellen** *(als Thema für eine Diskussion 1 b vorschlagen);* **zur D. stehen** *(als Frage anstehen, Thema sein).*

Dis|kus|si|ons|bei|trag, der: *Äußerung, mit der sich jmd. an einer Diskussion beteiligt, etw. zur Diskussion beiträgt:* einen wertvollen D. liefern.

Dis|kus|si|ons|grund|la|ge, die: *etw., was als Grundlage, als Ausgangspunkt für eine Diskussion dienen kann, woran eine Diskussion anknüpfen kann.*

Dis|kus|si|ons|lei|ter, der: *jmd., der eine Diskussion (1 a) leitet, für ihren ordnungsgemäßen Ablauf sorgt.*

Dis|kus|si|ons|lei|te|rin, die: w. Form zu ↑Diskussionsleiter.

Dis|kus|si|ons|part|ner, der: *Person, mit der jmd. diskutiert.*

Dis|kus|si|ons|part|ne|rin, die: w. Form zu ↑Diskussionspartner.

Dis|kus|si|ons|red|ner, der: *jmd., der mit einem längeren Beitrag an einer Diskussion teilnimmt.*

Dis|kus|si|ons|red|ne|rin, die: w. Form zu ↑Diskussionsredner.

Dis|kus|si|ons|run|de, die: *Gruppe von Diskutierenden.*

Dis|kus|wer|fen, das; -s: *sportliche Disziplin, bei der der Diskus aus einem Wurfring heraus möglichst weit geworfen werden muss.*

Dis|kus|wer|fer, der: *jmd., der das Diskuswerfen als sportliche Disziplin betreibt.*

Dis|kus|wer|fe|rin, die: w. Form zu ↑Diskuswerfer.

Dis|kus|wurf, der: **a)** ⟨o. Pl.⟩ *sportliche Disziplin des Diskuswerfens;* **b)** *einzelner Wurf im Diskuswerfen.*

dis|ku|ta|bel ⟨Adj.; ...bler, -ste⟩ [frz. discutable] (bildungsspr.): *erwägenswert, annehmbar:* ein diskutabler Vorschlag.

Dis|ku|tant, der; -en, -en (bildungsspr.): *jmd., der sich aktiv an einer Diskussion (1 a) beteiligt.*

Dis|ku|tan|tin, die; -, -nen: w. Form zu ↑Diskutant.

dis|ku|tie|ren ⟨sw. V.; hat⟩ [lat. discutere, eigtl. = zerschlagen, zerteilen, zerlegen]: **1. a)** *in einem Gespräch, einer Diskussion (1 a) Ansichten, Meinungen austauschen:* stundenlang mit jmdm. über etw. d.; **b)** *um etw. eine Diskussion (1 b) führen, eine Auseinandersetzung haben:* ich will nicht mehr d. **2.** *reden, verhandeln, um zu einer Einigung, Übereinstimmung in einer bestimmten Sache zu kommen:* über das Angebot d.; darüber lässt sich d. **3.** *in einer Diskussion (1 a) eingehend erörtern:* ein Thema, ein Problem d.

Dis|lo|ka|ti|on, die; -, -en [zu mlat. dislocatum, 2. Part. von: dislocare, ↑dislozieren]: **1. a)** (Milit. selten) *das Dislozieren* (1); **b)** (schweiz.) *das Dislozieren* (2). **2.** (Med.) *Lageveränderung, Verschiebung der Bruchenden gegeneinander bei Knochenbrüchen.* **3. a)** (Biol.) *Verlagerung der Segmente von Chromosomen;* **b)** (Geol.) *Störung der normalen Lagerung von Gesteinsschichten, -massen durch Faltung od. Bruch.* **4.** (Physik) *Verschiebung, Versetzung von Atomen in einem Kristallgitter.*

dis|lo|zie|ren ⟨sw. V.; hat⟩ [mlat. dislocare = verschieben, zu lat. locus = Ort, Stelle]: **1.** (Milit.) *(Truppen) in einem bestimmten geographischen Raum verteilen, stationieren.* **2.** (schweiz.) *den Ort wechseln, umziehen:* nach Bern d.

Dis|lo|zie|rung, die; -, -en: *das Dislozieren* (1); *das Disloziertwerden* (1).

dis-Moll, das; - (Musik): *auf den Grundton dis bezogene Molltonart;* Zeichen: dis (↑dis, Dis).

dis|pa|rat ⟨Adj.⟩ [zu lat. disparatum, 2. Part. von: disparare = trennen, absondern] (bildungsspr.): *ungleichartig; nicht zueinander passend:* Menschen -er Herkunft; die beiden Konzepte sind völlig d.

Dis|pat|cher [dɪsˈpɛtʃɐ], der; -s, - [a: engl. dispatcher, zu: to dispatch = abschicken < span. despachar, zu lat. pangere = befestigen; b: russ. dispetčer] (Wirtsch.): **a)** *leitender Angestellter in der Industrie, der den Produktionsablauf überwacht;* **b)** (DDR) *jmd., der für die zentrale Lenkung und Kontrolle des Arbeitsablaufs in der Produktion u. im Verkehrswesen verantwortlich ist [u. die Planerfüllung eines Betriebes überwacht].*

Dis|pat|che|rin, die; -, -nen: w. Form zu ↑Dispatcher.

Dis|pens, der; -es, -e (österr. u. im kath. Kirchenrecht nur:) die; -, -en [mlat. dispensa, zu lat. dispensare, ↑dispensieren]: *(bes. im katholischen Kirchenrecht) Befreiung von einer allgemein geltenden Vorschrift für einen jeweiligen Einzelfall.*

Dis|pen|sa|ti|on, die; -, -en [1: lat. dispensatio = genaue Einteilung]: *Dispensierung.*

dis|pen|sie|ren ⟨sw. V.; hat⟩ [mlat. dispensare < lat. dispensare = aus-, zuteilen, zu: pendere, ↑Pensum] (bildungsspr.): *[vorübergehend] freistellen, entbinden:* jmdn. vom Dienst d.

Dis|pen|sie|rung, die; -, -en: **1.** (bildungsspr.) *Befreiung von einer Verpflichtung.* **2.** (Pharm.) *Bereitung u. Abgabe einer Arznei.*

Dis|per|si|ons|far|be, die: *aus einem Binder* (4) *auf Basis von Kunststoffen u. Pigmenten hergestellte Farbe.*

Dis|placed Per|son [dɪsˈpleɪst ˈpəːsn], die; - -, - -s [engl. displaced person = verschleppte Person]: *während des Zweiten Weltkriegs nach Deutschland verschleppte od. geflüchtete ausländische Person, die sich bei Kriegsende im damaligen deutschen Reichsgebiet aufhielt.*

Dis|play [dɪsˈpleɪ], das; -s, -s [engl. display = Schaustellung, von: to display = entfalten, zeigen < afrz. despleier = entfalten < lat. displicare]: **1.** (Werbespr.) **a)** *werbewirksames, verkaufsunterstützendes Auf-, Ausstellen von Waren;* **b)** *beim Display* (1 a) *verwendetes Werbemittel.* **2.** *Gerät oder Bauteil zur optischen Darstellung einer Information in Form von Ziffern, Buchstaben, Zeichen o. Ä.*

Dis|po|nent, der; -en, -en [zu lat. disponens (Gen. disponentis), 1. Part. von: disponere, ↑disponieren]: **1.** (Wirtsch.) *kaufmännischer Angestellter, der mit besonderen Vollmachten ausgestattet ist u. einen größeren Unternehmensbereich leitet:* der D. kontrolliert die Aufträge. **2.** *jmd., der am Theater für den Vorstellungs- u. Probenplan für die Platzmieten u. für den Einsatz der Schauspieler u. Sänger verantwortlich ist.*

Dis|po|nen|tin, die; -, -nen: w. Form zu ↑Disponent.

dis|po|ni|bel ⟨Adj.; ...bler, -ste⟩ [frz. disponible] (bildungsspr.): **a)** *[frei, sofort] verfügbar:* disponibles Kapital; die Gelder sind jederzeit d.; **b)** (Soziol.) *aufgrund seiner Ausbildung vielseitig verwendbar:* den disponiblen Arbeiter überall einsetzen können.

dis|po|nie|ren ⟨sw. V.; hat⟩ [lat. disponere = einteilen, ordnen, zu: ponere, ↑Position] (bildungsspr.): **a)** *in bestimmter Weise verfügen:* sie möchte jederzeit über ihr Geld d. können; **b)** *im Voraus [ein]planen, kalkulieren:* gut, schlecht, vorsichtig d.; er kann nicht d.; seinen Bedarf d.

dis|po|niert ⟨Adj.⟩ (bildungsspr.): **a)** *[bes. für einen künstlerischen Vortrag] in einer bestimmten Verfassung:* ein glänzend -es Orchester; der Sänger war heute sehr gut d.; **b)** *(bes. in Bezug auf eine bestimmte Krankheit o. Ä.) für etw. empfänglich, zu etw. neigend:* sie war von Kind an d. für/zu Krankheiten der Atemwege; **c)** *zu etw. eine Veranlagung, Begabung besitzend:* zu Geige d.; d. sein, sein Potenzial auszuschöpfen; **d)** (Orgelbau) *aus einer Anzahl von Registern* (3 a) *kombiniert.*

Dis|po|si|ti|on, die; -, -en [lat. dispositio = Anordnung] (bildungsspr.): **1. a)** *das Verfügenkönnen, freie Verwendung:* volle, freie, uneingeschränkte D. über etw. haben; ein großes Vermögen zu seiner D. haben; etw. steht [jmdm.] zur D.; jmdn. zur D. stellen (Amtsspr.; *in den einstweiligen Ruhestand versetzen*); einige Bahnlinien werden zur D. gestellt *(sollen stillgelegt werden);* **b)** *Planung, das Sicheinrichten auf etw.:* seine -en treffen, ändern; **c)** *Gliederung; Plan:* eine klare D.; zu einem Aufsatz eine D. machen. **2. a)** *bestimmte Veranlagung, Empfänglichkeit, innere Bereitschaft zu etw.:* die intellektuelle D.; eine innere D. zu etw.; **b)** *Veranlagung od. Empfänglichkeit des Organismus für bestimmte Krankheiten:* er hat eine D. für/zu Erkrankungen im Bereich der Atemwege. **3.** (Musik) *(bei der Orgel) Anzahl u. Art der Register* (3 a).

dis|po|si|ti|ons|fä|hig ⟨Adj.⟩: *geschäftsfähig.*

Dis|po|si|ti|ons|fonds, der: *Posten im Staatshaushalt, dessen Verwendungszweck nicht festgelegt ist.*

Dis|po|si|ti|ons|kre|dit, der (Bankw.): *Kredit, der dem Inhaber eines Lohn- od. Gehaltskontos* rlaubt, sein Konto in bestimmter Höhe zu überziehen; Überziehungskredit.

s|pro|por|ti|on, die; -, -en [aus lat. dis- = un-, nicht u. ↑Proportion] (bildungsspr.): *das Fehlen des richtigen Verhältnisses der Teile zueinander; Mangel an Proportion:* etw. weist erhebliche -en auf.

s|pro|por|ti|o|nal ⟨Adj.⟩ (bildungsspr., Fachspr.): *disproportioniert.*

s|pro|por|ti|o|na|li|tät, die; -, -en (bildungsspr.): *Missverhältnis.*

s|pro|por|ti|o|niert ⟨Adj.⟩ (bildungsspr.): *ohne richtige Proportion, schlecht proportioniert.*

s|put, der; -[e]s, -e [frz. dispute, zu: disputer = Streitgespräche führen < lat. disputare, ↑disputieren] (bildungsspr.): *kontrovers geführtes Gespräch; Streitgespräch:* ein langer, endloser D. [über etw.]; mit jmdm. einen D. haben, führen, austragen.

s|pu|ta|bel ⟨Adj.; ...bler, -ste⟩ [lat. disputabilis] (bildungsspr.): *strittig.*

s|pu|tant, der; -en, -en [zu lat. disputans (Gen.: disputantis), 1. Part. von: disputare, ↑disputieren] (bildungsspr.): *jmd., der an einem Disput, einer Disputation teilnimmt.*

s|pu|tan|tin, die; -, -nen: w. Form zu ↑Disputant.

s|pu|ta|ti|on, die; -, -en [lat. disputatio] (bildungsspr.): **a)** *wissenschaftliches Streitgespräch, in dem ein Thema, ein Fragenkomplex öffentlich erörtert wird;* **b)** *das Vertreten, Verteidigen von wissenschaftlichen Arbeiten zur Erlangung eines akademischen Grades.*

s|pu|tie|ren ⟨sw. V.; hat⟩ [lat. disputare = nach allen Seiten erwägen] (bildungsspr.): **a)** *in einem Disput Meinungsverschiedenheiten austragen:* miteinander d.; **b)** *ein Streitgespräch, eine Diskussion führen:* über ein Thema, eine Frage [mit jmdm., miteinander] d.

s|qua|li|fi|ka|ti|on, die; -, -en [aus lat. dis- = un-, nicht u. ↑Qualifikation]: **1.** *Feststellung einer Nichteignung; Disqualifizierung.* **2.** (Sport) *Ausschluss eines Wettkämpfers od. einer Mannschaft von einem Wettbewerb bei groben Verstößen gegen die sportlichen Regeln:* eine D. aussprechen; zur D. führen.

s|qua|li|fi|zie|ren ⟨sw. V.; hat⟩: **1.** (bildungsspr.) **a)** (seltener) *für untauglich, für nicht qualifiziert erklären:* er disqualifiziert gern andere Kollegen; **b)** ⟨d. + sich⟩ *seine Untauglichkeit für etw. erkennen lassen, sich einer Sache unwürdig erweisen:* mit ihren Äußerungen hat sie sich für diese Stellung disqualifiziert. **2.** (Sport) *wegen eines Regelverstoßes vom sportlichen Wettbewerb ausschließen:* er wurde wegen zweier Fehlstarts disqualifiziert.

s|qua|li|fi|zie|rung, die; -, -en (bildungsspr.): *Disqualifikation.*

ss. = Dissertation.

s|sen ⟨sw. V.; hat⟩ [amerik. ugs. to diss = herabsetzen, beschimpfen, zu engl. dis- = eine Verneinung, ein Nicht-vorhanden-Sein, das Gegenteil ausdrückendes Präfix < lat. dis-, ↑dis-, Dis-] (Jargon): *(bes. in der Sprache der Rapper) verächtlich machen, schmähen:* die Rivalin d.

s|sens, der; -es, -e [lat. dissensus] (bildungsspr.): *Meinungsverschiedenheit in Bezug auf bestimmte Fragen o. Ä.:* es gab einen D. in der Frage des § 218.

s|ser|tant, der; -en, -en [zu lat. dissertans (Gen.: dissertantis), 1. Part. von: dissertare = auseinander setzen] (bildungsspr.): *Doktorand.*

s|ser|tan|tin, die; -, -nen: w. Form zu ↑Dissertant.

s|ser|ta|ti|on, die; -, -en [lat. dissertatio = Erörterung] (bildungsspr.): *für die Erlangung des Doktorgrades angefertigte wissenschaftliche Arbeit; Doktorarbeit:* seine D. schreiben; sie sitzt an ihrer D.

s|ser|tie|ren ⟨sw. V.; hat⟩ [lat. dissertare = auseinander setzen] (bildungsspr.): *an einer Dissertation arbeiten:* über moderne kanadische Lyrik d.

s|si|dent ⟨Adj.⟩: *von einer offiziellen Meinung o. Ä. abweichend; oppositionell:* -e Gruppen innerhalb der Partei.

Dis|si|dent, der; -en, -en [1: zu lat. dissidens (Gen.: dissidentis), 1. Part. von: dissidere, eigtl. = voneinander entfernt sitzen, aus: dis- = auseinander u. sedere = sitzen; 2: russ. dissident]: **1.** (bildungsspr.) *jmd., der sich außerhalb einer Religionsgemeinschaft stellt, der aus einer Kirche ausgetreten ist.* **2.** *jmd., der von einer offiziellen Meinung abweicht; Abweichler; Andersdenkender:* -en der Oppositionspartei.

Dis|si|den|tin, die; -, -nen: w. Form zu ↑Dissident.

Dis|si|denz, die; -, -en [vgl. engl. dissidence, frz. dissidence]: *Widerstandsbewegung, Opposition.*

Dis|si|mi|la|ti|on, die; -, -en [lat. dissimilatio, ↑Dissimulation]: **1.** (Sprachw.) *Änderung des einen von zwei gleichen od. ähnlichen Lauten in einem Wort od. Unterdrückung des einen* (z. B. Ausfall des n in König aus ahd. kuning). **2.** (Physiol.) *Abbau u. Verbrauch von Körpersubstanz bei gleichzeitiger Gewinnung von Energie.* **3.** (Soziol.) *Wiedergewinnung einer eigenen Volks- od. Gruppeneigenart.*

dis|si|mi|lie|ren ⟨sw. V.; hat⟩ [lat. dissimilare (dissimulare) = unkenntlich machen; verbergen, eigtl. = unähnlich machen, zu: dissimilis = unähnlich, aus: dis- = un-, nicht u. similis = ähnlich]: **1.** (Sprachw.) *zwei ähnliche od. gleiche Laute in einem Wort durch den Wandel des einen Lautes unähnlich machen, stärker voneinander abheben.* **2.** (Biol.) *höhere organische Verbindungen beim Stoffwechsel unter Freisetzung von Energie in einfachere zerlegen.*

Dis|si|mu|la|ti|on, die; -, -en [lat. dissimulatio (dissimilatio) = das Unkenntlichmachen; Maskierung, zu: dissimulare, ↑dissimilieren] (Med., Psych.): *bewusste Verheimlichung von Krankheiten od. Krankheitssymptomen.*

dis|so|lut ⟨Adj.⟩ [lat. dissolutus, eigtl. = aufgelöst] (bildungsspr. veraltet): *zügellos, haltlos.*

dis|sol|vie|ren ⟨sw. V.; hat⟩ [lat. dissolvere (2. Part.: dissolutum), zu: solvere, ↑solvent] (Fachspr.): *auflösen, schmelzen.*

dis|so|nant ⟨Adj.⟩ [zu lat. dissonans (Gen.: dissonantis), 1. Part. von: dissonare, ↑dissonieren]: **1.** (Musik) *Dissonanz aufweisend:* -e Tonfolgen, Akkorde. **2.** (bildungsspr.) *unstimmig, unschön:* d. zusammengestellte Farben.

Dis|so|nanz, die; -, -en [spätlat. dissonantia, zu lat. dissonare = misstönen, aus: dis = un-, nicht u. sonare, ↑Sonant]: **1.** *Zusammenklang von Tönen, der als nicht harmonisch, nicht als Wohlklang empfunden wird [u. nach der überlieferten Harmonielehre eine Auflösung fordert]:* die Musik hat unerträgliche -en. **2.** *Unstimmigkeit, Differenz:* -en zwischen den beiden Firmen.

dis|so|nie|ren ⟨sw. V.; hat⟩: **1.** (Musik) *dissonant* (1) *klingen.* **2.** (bildungsspr.) *nicht übereinstimmen.*

Dis|so|zi|a|ti|on, die; -, -en [lat. dissociatio = Trennung, zu: dissociare, ↑dissoziieren]: **1.** (Psych.) *krankhafte Entwicklung, in deren Verlauf zusammengehörige Denk-, Handlungs- od. Verhaltensabläufe in weitgehend unkontrollierte Teile u. Einzelerscheinungen zerfallen.* **2.** (Med.) *Störung des geordneten Zusammenspiels von Muskeln, Organteilen od. Empfindungen.* **3.** (Chemie) *Zerfall von Molekülen in einfachere Bestandteile.*

dis|so|zi|ie|ren ⟨sw. V.⟩ [lat. dissociare = vereinzeln, trennen, aus: dis- = auseinander u. sociare, ↑soziieren]: **1.** ⟨hat⟩ (bildungsspr.) **a)** *trennen, auflösen;* **b)** ⟨d. + sich⟩ *getrennt werden, sich auflösen.* **2.** (Chemie) **a)** *in Ionen od. Atome aufspalten* ⟨hat⟩; **b)** *in Ionen zerfallen* ⟨ist⟩.

Dis|stress [ˈdɪstrɛs], der; -es, -e [zu griech. dys- = miss-, un- u. ↑Stress] (Psych., Med.): *lang andauernder starker Stress.*

Dis|tanz, die; -, -en [lat. distantia, zu: distare = auseinander stehen, entfernt sein, aus: dis- = von – weg u. stare = stehen]: **1.** (bildungsspr.) *räumlicher Abstand, Zwischenraum, Entfernung:* die D. zwischen beiden Punkten beträgt 200 m; einige Schritte D.; Ü sie hat zu den Ereignissen noch nicht die nötige D. *(den für ein richtiges Urteil o. Ä. nötigen inneren Abstand)* gewonnen; zu jmdm., etw. auf D. gehen *(jmdm., einer Sache gegenüber eine kritische, eher ablehnende Haltung einnehmen);* etw. aus der D. *(aus einem zeitlichen Abstand)* beurteilen. **2.** ⟨o. Pl.⟩ (bildungsspr.) **a)** *durch gesellschaftliche Rangunterschiede hervorgerufener Abstand:* gesellschaftliche D.; auf D. achten; **b)** *Reserviertheit, Zurückhaltung im Umgang mit anderen Menschen:* D. halten, wahren; er ließ immer D. walten, blieb immer auf D. **3.** (Leichtathletik, Rennsport) *zurückzulegende Strecke:* die kurze D. vorziehen; gegen Ende der D. fiel er zurück; ein Lauf über eine D. von 1 000 m. **4.** (Boxen) **a)** *durch die Reichweite der Arme bestimmer Abstand zwischen den Boxern im Kampf:* auf D. gehen; **b)** *vorgesehene Anzahl von Runden eines Kampfes:* der Titelkampf ging über die volle D. *(wurde nicht vorzeitig entschieden);* Ü der neue Stürmer hat über die volle D. gespielt *(hat von Anfang bis Ende gespielt).*

Dis|tanz|ge|schäft, das (Kaufmannsspr.): *Kauf, bei dem der Käufer die Ware nicht an Ort u. Stelle prüfen kann, sondern aufgrund eines Musters od. Katalogs bestellt.*

dis|tan|zie|ren ⟨sw. V.; hat⟩ [frz. distancer = einen Abstand zwischen sich u. andere bringen, zu: distance = Abstand < lat. distantia, ↑Distanz]: **1.** ⟨d. + sich⟩ (bildungsspr.) **a)** *von jmdm., etw. abrücken; Abstand nehmen:* sich von seinen Parteifreunden d.; viele Nachbarn haben sich nach dem Vorfall [von ihm] distanziert; **b)** *etw. zurückweisen; zum Ausdruck bringen, mit etw. nichts zu tun haben zu wollen:* sich von einer Äußerung, von einem Interview d.; sie distanzierte sich von der Zeitungsmeldung. **2.** (Sport) *in einem Wettkampf überlegen siegen; hoch besiegen:* seinen Gegner [um fünf Runden] d.; die Mannschaft wurde mit 89 : 61 distanziert.

dis|tan|ziert ⟨Adj.⟩ (bildungsspr.): *zurückhaltend; gegenüber anderen Menschen auf Distanz* (2) *bedacht:* ein -es Verhältnis; sie wirkt sehr d.

Dis|tan|ziert|heit, die; - (bildungsspr.): *das Distanziertsein.*

Dis|tan|zie|rung, die; -, -en (bildungsspr.): *das Distanzieren.*

dis|tanz|los ⟨Adj.⟩: *ohne die nötige Distanz, den nötigen inneren [u. auch räumlichen] Abstand zueinander:* ein enges, -es Zusammenwohnen; die Menschen leben hier zu d.

Dis|tanz|re|lais, das (Elektrot.): *Relais, das bei Kurzschluss den Wechselstromwiderstand u. damit die Entfernung zwischen der Stelle, an der das Relais eingebaut ist, u. der Kurzschlussstelle misst.*

Dis|tanz|ritt, der: *Ritt über eine sehr lange Strecke.*

Dis|tanz|wech|sel, der (Bankw.): *Wechsel, bei dem Ausstellungs- u. Zahlungsort verschieden sind.*

Dis|tel, die; -, -n [mhd. distel, ahd. distil(a), eigtl. = die Stechende, die Spitze]: *(zu den Korbblütlern gehörende) krautige Pflanze mit stacheligen Blättern u. Stängeln u. mehr od. weniger großen Blütenköpfen mit lila od. weißen Röhrenblüten.*

Dis|tel|fink, der [der Vogel frisst gerne Distelsamen]: *(zu den Finken gehörender) Singvogel mit rot, schwarz und weiß gefiedertem Kopf, weißlichem Bauch und schwarzen Flügeln mit einem gelben Fleck; Stieglitz.*

Dis|ti|chon, das; -s, ...chen [lat. distichon < griech. dístichon] (Verslehre): *Verspaar aus einem Hexameter u. einem Pentameter.*

dis|tin|guie|ren [dɪstɪŋˈgiːrən] ⟨sw. V.; hat⟩ [lat. distinguere, eigtl. = mit einem spitzen Werkzeug Punkte stechen; vgl. griech. stígma = Stich (↑Stigma)] (bildungsspr.; Fachspr.): *unterscheiden; in besonderer Weise abheben:* diese Zeichen haben distinguierende Funktion.

dis|tin|guiert ⟨Adj.⟩ [nach frz. distingué, 2. Part. von: distinguer = unterscheiden, auszeichnen <

lat. distinguere, ↑distinguieren] (bildungsspr.): *sich durch Gewähltheit bes. in Kleidung, Formen des Umgangs u. Ä. von anderen abhebend, unterscheidend; betont vornehm:* ein -er Herr; ein -es Ehepaar.

Dis|tin|gu|ert|heit, die; -: *das Distinguiertsein.*

dis|tinkt ⟨Adj.⟩ [lat. distinctus, adj. 2. Part. von: distinguere, ↑distinguieren] (bildungsspr.): *klar u. deutlich [abgegrenzt]:* sich in -er Weise unterscheiden; etw. d. formulieren.

Dis|tink|ti|on, die; -, -en [frz. distinction < lat. distinctio]: 1. (bildungsspr.) *Unterscheidung:* begriffliche -en. 2. ⟨o. Pl.⟩ (bildungsspr. veraltend) *besondere Vornehmheit, durch die sich jmd. od. etw. auszeichnet:* ein Mann von D. 3. (bildungsspr. veraltend) *Wertschätzung:* sie sprach stets nur mit der höchsten D. von ihrem Vater. 4. (österr.) *Rangabzeichen.*

dis|tink|tiv ⟨Adj.⟩ (bildungsspr.): *unterscheidend:* -e Merkmale.

Dis|tor|si|on, die; -, -en [lat. distorsio = Verdrehung, zu: distorquere = auseinander drehen]: 1. (Med.) *Verstauchung eines Gelenks.* 2. (Optik) *Verzerrung, Verzeichnung eines Bildes.*

Dis|tri|bu|ent, der; -en, -en [zu ↑distribuieren] (bildungsspr.): *Verteiler.*

Dis|tri|bu|en|tin, die; -, -nen: w. Form zu ↑Distribuent.

dis|tri|bu|ie|ren ⟨sw. V.; hat⟩ [lat. distribuere, aus: dis- = auseinander u. tribuere, ↑Tribut] (bildungsspr.): *verteilen, austeilen.*

Dis|tri|bu|ti|on, die; -, -en [lat. distributio]: 1. (Wirtsch.) a) *Einkommensverteilung;* b) *Verteilung od. Vertrieb von Handelsgütern:* die D. von Waren, Gütern übernehmen. 2. (Psych.) *Verteilung u. Aufspaltung der Aufmerksamkeit.* 3. (Fachspr.) *das Verbreitetsein, Verteiltsein; Verteilung:* die D. bestimmter Tierarten auf der Erde. 4. (Math.) *verallgemeinerte Funktion, die sich durch Erweiterung des mathematischen Funktionsbegriffs ergibt.* 5. (Sprachw.) a) *Verteilung von Sprachelementen innerhalb größerer sprachlicher Einheiten;* b) *Gesamtheit aller Umgebungen, in denen ein sprachliches Element vorkommt, im Gegensatz zu jenen, in denen es nicht erscheinen kann.*

Dis|tri|bu|ti|ons|for|mel, die (christl. Rel.): *formelhafte Worte, die in den christlichen Kirchen u. Gemeinschaften bei der Spendung des Abendmahls gesprochen werden.*

dis|tri|bu|tiv ⟨Adj.⟩ [lat. distributivus = verteilend]: 1. (Sprachw.) a) *eine sich wiederholende Verteilung angebend:* -e Zahlwörter; b) *in bestimmten Umgebungen vorkommend.* 2. (Math.) *nach dem Distributivgesetz verknüpft:* -er Verband.

Dis|tri|bu|tiv|ge|setz, das (Math.): *die Reihenfolge der Verknüpfungen regelndes Axiom in algebraischen Strukturen mit zwei Verknüpfungen (z. B. Addition und Multiplikation) der Elemente.*

Dis|tri|bu|ti|vum, das; -s, ...va (Sprachw.): *Numerale, das die Einteilung in untereinander gleiche Mengen bezeichnet* (im Deutschen durch »je« wiedergegeben; z. B. »je drei«).

Dis|tri|bu|tiv|zahl, die (Sprachw.): *Distributivum.*

Dis|trikt, der; -[e]s, -e [(engl. district <) spätlat. districtus = Umgebung der Stadt]: 1. *Bereich, Gebiet, Region.* 2. *(bes. in angelsächsischen Ländern) Verwaltungsbezirk.*

Dis|zi|plin, die; -, -en [lat. disciplina = Wissenschaft; schulische Zucht, zu: discipulus = Lehrling, Schüler]: 1. ⟨o. Pl.⟩ a) *das Einhalten von bestimmten Vorschriften, vorgeschriebenen Verhaltensregeln o. Ä.; das Sicheinfügen in die Ordnung einer Gruppe, einer Gemeinschaft:* in dieser Armee herrscht strenge D.; die D. in ihrer Klasse ist schlecht; die D. verletzen; auf D. achten; gegen die D. verstoßen; sich der D. fügen; b) *das Beherrschen des eigenen Willens, der eigenen Gefühle u. Neigungen, um etw. zu erreichen:* die D. gewerkschaftlich organisierter Arbeiter; für das Examen musst du mehr D. aufbringen; ein Mensch ohne D. 2. *Wissenschaftszweig; Teilbereich, Unterabteilung einer Wissenschaft:* klassische -en wie Theologie und Recht; die Anatomie ist eine selbstständige D. der Medizin. 3. *Teilbereich, Unterabteilung des Sports; Sportart:* Tennis als olympische D.; die technischen -en *(Stoß- u. Wurfwettbewerbe in der Leichtathletik).*

dis|zi|pli|nar (veraltend), **dis|zi|pli|när** ⟨Adj.⟩ (bes. österr.): 1. *disziplinarisch* (1). 2. *die Disziplin* (2) *betreffend.*

Dis|zi|pli|nar|ge|walt, die ⟨o. Pl.⟩: *rechtliche Gewalt des Staates seinen Beamten gegenüber.*

dis|zi|pli|na|risch ⟨Adj.⟩: 1. *die Disziplin* (1), *Dienstordnung betreffend; dem Disziplinarrecht entsprechend:* -e Maßnahmen, Strafen; gegen jmdn. d. vorgehen. 2. *mit gebotener Strenge, Härte [vorgehend, operierend]:* er wurde d. bestraft.

Dis|zi|pli|nar|maß|nah|me, die: *rechtliche Maßnahme gegen die dienstliche Verfehlung eines Beamten:* -en gegen jmdn. ergreifen.

Dis|zi|pli|nar|recht, das ⟨o. Pl.⟩: *Teil des Beamtenrechts, das die Rechtsvorschriften enthält, nach denen dienstliche Verfehlungen von Beamten geahndet werden.*

Dis|zi|pli|nar|stra|fe, die: 1. (veraltet) *Disziplinarmaßnahme.* 2. (Sport) a) *vom Verein gegen einen Spieler ausgesprochene interne Strafe;* b) (Eishockey) *gegen einen Spieler wegen eines disziplinarischen Verstoßes verhängte Strafe von zehn Minuten effektiver Spielzeit.*

Dis|zi|pli|nar|ver|fah|ren, das: *Verfahren zur Aufklärung u. Ahndung dienstlicher Vergehen von Beamten.*

dis|zi|pli|nie|ren ⟨sw. V.; hat⟩ (bildungsspr.): a) *an Disziplin* (1 a) *gewöhnen, dazu erziehen:* eine Klasse, die Genossen, die Partei d.; du musst lernen, dich zu d.; schwer zu disziplinierende Schüler; b) (selten) *maßregeln:* einen Beamten d.

dis|zi|pli|niert ⟨Adj.⟩ (bildungsspr.): a) *an bewusste Einordnung, Disziplin* (1 a) *gewöhnt:* eine -e Partei, Truppe; die Klasse ist sehr d.; b) *Disziplin* (1 b) *habend, zeigend; beherrscht:* ein -er Mensch sein; sich d. verhalten.

Dis|zi|pli|niert|heit, die; - (bildungsspr.): *das Diszipliniertsein.*

Dis|zi|pli|nie|rung, die; -, -en (bildungsspr.): *das Disziplinieren* (a).

dis|zi|plin|los ⟨Adj.⟩: *ohne Disziplin* (1); *keine Disziplin habend, zeigend:* ein -er Mensch.

Dis|zi|plin|lo|sig|keit, die: 1. ⟨o. Pl.⟩ *Mangel an Disziplin* (1). 2. *Handlung, die auf Disziplinlosigkeit* (1) *beruht:* sich die -en der Schüler nicht länger gefallen lassen.

Dith|mar|schen; -s: 1. Landschaft an der Westküste von Schleswig-Holstein. 2. Landkreis in Schleswig-Holstein.

[1]**Dith|mar|scher,** der; -s, -: Ew.

[2]**Dith|mar|scher** ⟨indekl. Adj.⟩: das D. Landrecht.

Dith|mar|sche|rin, die; -, -nen: w. Form zu ↑[1]Dithmarscher.

dith|mar|sisch ⟨Adj.⟩: *Dithmarschen, die Dithmarscher betreffend:* die -en Adelsgeschlechter.

Di|thy|ram|be, die; -, -n, Dithyrambus, der; -, ...ben [griech. dithýrambos] (Literaturw.): a) *ekstatisches Chorlied aus dem altgriechischen Dionysoskult;* b) *der Ode ähnliches enthusiastisches Gedicht.*

di|thy|ram|bisch ⟨Adj.⟩: a) (Literaturw.) *nach der Art einer Dithyrambe;* b) (bildungsspr.) *überschwänglich, begeistert.*

Di|thy|ram|bus: ↑Dithyrambe.

di|to ⟨Adv.⟩ [frz. dito < ital. detto = besagt, genannt, 2. Part. von: dire = sagen < lat. dicere] (ugs.): *ebenfalls, desgleichen, ebenso* (steht stellvertretend für vorher Genanntes): wir müssen die Küche und das Bad neu streichen, den Korridor d. (Abk.: do., dto.).

Di|u|re|se, die; -, -n [zu griech. dioureĩn = Harn ausscheiden, zu: oũron = Harn] (Med.): *Ausscheidung von Harn.*

Di|u|re|ti|kum, das; -s, ...ka (Med.): *harntreibendes Mittel.*

di|u|re|tisch ⟨Adj.⟩ [spätlat. diureticus < griech. diourētikós] (Med.): *harntreibend.*

Di|va, die; -, -s u. Diven [ital. diva, eigtl. = Göttliche < lat. divus = göttlich]: a) *gefeierte Sängeri[n,] [Film]schauspielerin [die durch exzentrische Allüren von sich reden macht]:* Marlene Dietrich, die große deutsche D.; b) *jmd., der durch besondere Empfindlichkeit, durch exzentrisch[e] Allüren o. Ä. auffällt:* der Parteivorsitzende hat sich zu einer richtigen D. entwickelt.

di|ver|gent ⟨Adj.⟩ [mlat. divergens (Gen.: divergentis), 1. Part. von: divergere, ↑divergieren]: 1. (bildungsspr.) *entgegengesetzt; unterschiedlich [verlaufend], auseinander strebend:* die Geraden verlaufen d.; die Meinungen, Urteile waren sehr d. 2. (Math.) *keinen Grenzwert habend:* eine -e Reihe.

Di|ver|genz, die; -, -en: 1. (bildungsspr.) *das Auseinanderstreben, Auseinandergehen [von Meinungen, Zielen o. Ä.]:* politische, weltanschauliche -en; die D. der Zielvorstellungen; es gab große -en in, zwischen den Auffassungen der einzelnen Parteien. 2. (Math.) *(von Zahlenreihen) das Auseinanderstreben ins Unendliche.* 3. (Bot.) *Winkel zwischen zwei aufeinander folgenden Blättern bei wechselständiger Blattstellung.* 4. (Physik) *das Auseinandergehen von Lichtstrahlen.* 5. (Meeresk.) *das Auseinandertreiben von Meeresströmungen an der Oberfläche.*

di|ver|gie|ren ⟨sw. V.; hat⟩ [mlat. divergere, zu lat. dis- = auseinander u. vergere = sich erstrecken, hinstreben]: 1. (bildungsspr.) *auseinander streben; sich unterscheiden, voneinander, von etw. abweichen:* diese Linien divergieren; seine Ansichten divergieren stark von meinen; divergierende Interessen. 2. (Math.) *(von Zahlenreihen) nicht einem endlichen Grenzwert zustreben, ins Unendliche auseinander streben.*

di|ver|gie|rend ⟨Adj.⟩ (Math.): *divergent:* -e Zahlenreihen.

di|vers... ⟨Adj.⟩ [lat. diversus = abweichend, verschieden] (bildungsspr.): *einige, mehrere [verschiedene]:* diverse Konzepte, Probleme; diverse Weinsorten; man hörte die diversesten *(unterschiedlichsten)* Meinungen zu der Frage; ⟨subst.:⟩ er hatte Diverses *(einiges, Verschiedenes)* zu beanstanden.

Di|ver|si|fi|ka|ti|on, die; -, -en [1: zu mlat. diversificatum, 2. Part. von: diversificare = verteilen, zu lat. diversus (↑divers...) u. facere = machen; 2: engl. diversification]: 1. *Veränderung, Abwechslung, Vielfalt.* 2. (Wirtsch.) *Ausweitung der Produktion eines Unternehmens auf neue, bis dahin nicht erzeugte Produkte.*

di|ver|si|fi|zie|ren ⟨sw. V.; hat⟩ (Wirtsch.): *ein Unternehmen auf neue Produktions- bzw. Produktbereiche umstellen.*

Di|ver|si|fi|zie|rung, die: *das Diversifizieren; Diversifikation.*

Di|ver|ti|kel, das; -s, - [lat. diverticulum = Seitenweg; Abweichung] (Med.): *Ausbuchtung an einem Hohlorgan (z. B. am Darm).*

Di|ver|ti|men|to, das; -s, -s u. ...ti [ital. divertimento, zu: divertire = unterhalten, vergnügen < frz. divertir] (Musik): 1. *einer Suite od. Sonate ähnliche heitere Instrumentalkomposition.* 2. *Potpourri.* 3. *freies, die strenge Thematik auflockerndes Zwischenspiel in der Fuge.*

di|vi|de et im|pe|ra! [lat. = teile und herrsche!; viell. lat. Form des dem frz. Herrscher Ludwig XI. (König von 1461 bis 1483) zugeschriebenen Ausspruchs frz. diviser pour régner = teilen, um zu herrschen]: *stifte Unfrieden unter denen, die du beherrschen willst!*

Di|vi|dend, der; -en, -en [lat. dividendus = zu teilender (Wert), zu: dividere, ↑dividieren] (Math.): *Zahl, die durch eine andere Zahl geteilt wird.*

Di|vi|den|de, die; -, -n [frz. dividende < lat. dividendum = das zu Teilende, zu: dividere, ↑dividieren] (Wirtsch.): *jährlich auf eine Aktie entfallender Anteil am Reingewinn:* eine hohe D. ausschütten, zahlen; die D. erhöhen.

i|vi|dẹn|den|aus|schüt|tung, die (Wirtsch.): *Auszahlung von Dividenden.*

i|vi|die̱|ren ⟨sw. V.; hat⟩ [spätmhd. dividieren < lat. dividere] (Math.): *(eine Zahl durch eine andere) teilen:* 20 durch 5 d.; 10 dividiert durch 2 ist, gibt 5.

i|vi|na|ti|o̱n, die; -, -en [lat. divinatio, zu: divinare = göttliche Eingebung haben] (bildungsspr.): *Voraussage von Ereignissen:* die Gabe der D. besitzen.

i|vi|na|to̱|risch ⟨Adj.⟩ (bildungsspr.): *die Fähigkeit der Divination besitzend.*

i|vi|ni|tä̱t, die; - [lat. divinitas] (bildungsspr.): *Göttlichkeit; göttliches Wesen.*

i|vi̱s, das; -es, -e [zu lat. divisum, 2. Part. von: dividere, ↑dividieren] (Druckw.): *Bindestrich.*

i|vi|si|o̱n, die; -, -en [1: lat. divisio; 2: frz. division, eigtl. = Abteilung]: **1.** (Math.) *Teilung (einer Zahl durch eine andere); das Dividieren:* eine D. vornehmen; die D. geht [ohne Rest] auf. **2.** *größere militärische Einheit, größerer Truppenverband (bei verschiedenen Waffengattungen):* die französischen -en; eine D. wird aufgerieben; eine D. aufstellen, [neu] zusammenstellen. **3.** (Fußball) *(bes. in Frankreich, Großbritannien) Spielklasse:* in der ersten D. spielen.

i|vi|si|o|nä̱r, der; -s, -e [frz. divisionnaire]: **1.** (Milit., bes. schweiz.) *Befehlshaber einer Division.* **2.** *Angehöriger einer Division* (3).

i|vi|si|o̱ns|kom|man|deur, der (Milit.): *Kommandeur einer Division.*

i|vi|si|o̱ns|stab, der (Milit.): *Stab* (2 a) *einer Division.*

i|vi|si|o̱ns|stär|ke, die ⟨o. Pl.⟩: *Stärke* (3) *einer Division:* einen Truppenverband auf D. bringen.

i|vi|si|o̱ns|zei|chen, das: *Zeichen (in Form eines Doppelpunktes), das für »geteilt durch, dividiert durch« steht.*

i|vi̱|sor, der; -s, ...oren [lat. divisor, eigtl. = (Ab)teiler] (Math.): *Zahl, durch die eine andere geteilt wird.*

i̱|wan, der; -s, -e [frz. divan, ital. divano < türk. divan < pers. dīwān = Schreib-, Amtszimmer]: **1.** (veraltend) *niedriges Liegesofa.* **2.** (Literaturw.) *orientalische Gedichtsammlung.* **3.** (früher) *(in asiatischen Staaten, bes. im Osmanischen Reich) Staatsrat.*

i̱|xie, der; -[s]: kurz für ↑Dixieland.

i̱|xie|land [...lænd], der; -[s], **Di̱|xie|land-Jazz,** der; - [engl. Dixie(land), eigtl. Bez. für die Südstaaten der USA, H. u.]: *aus der Nachahmung des New-Orleans-Jazz durch weiße Musiker entstandener Jazzstil, der dem Ragtime ähnelt.*

J [ˈdiːdʒɛɪ], der; -[s], -s: kurz für ↑Discjockey.

J. = dieses Jahres; der Jüngere.

ja|kạr|ta [dʒa...]: ↑Jakarta.

JH = Deutsche Jugendherberge.

ji|bou|ti [dʒiˈbuːti] (schweiz.): Dschibuti.

ju̱|ma [dʒ...], die; - [arab. ǧumʻa^h = Freitag] (islam. Rel.): *Zusammenkunft der Gläubigen zu Predigt u. gemeinsamem Gebet am Freitagmittag; Freitagsgebet.*

kfm. (österr.) = Diplomkaufmann.

kl = Dekaliter.

km = Dekameter.

KP [deːkaːˈpeː], die; -: Deutsche Kommunistische Partei.

kr = dänische Krone (Münze).

l = Deziliter.

l = Dekaliter.

LF = Deutschlandfunk.

LG = Deutsche Landwirtschafts-Gesellschaft.

LG-prä|miert ⟨Adj.⟩: *von der Deutschen Landwirtschafts-Gesellschaft für besondere Qualität ausgezeichnet.*

LRG = Deutsche Lebens-Rettungs-Gesellschaft.

m = Dezimeter.

m = Dekameter.

M = Deutsche Mark (Währungseinheit der Bundesrepublik Deutschland).

m² = Quadratdezimeter.

m³ = Kubikdezimeter.

M. = dieses Monats.

D-Mark [ˈdeː...], die ⟨o. Pl.⟩: *Deutsche Mark:* Francs in - wechseln; mit - bezahlen.

d-Moll [ˈdeːmɔl], das; - (Musik): *auf dem Grundton d bezogene Molltonart.*

d-Moll-Ton|lei|ter, die (Musik): *auf dem Grundton d beruhende Molltonleiter.*

DNA [deːlɛnˈaː], die; - [engl. desoxyribonucleic acid]: Desoxyribo[se]nukleinsäure.

Dnjẹpr, der; -[s]: Fluss in Weißrussland u. der Ukraine.

Dnjẹstr, der; -[s]: Fluss in Moldawien u. der Ukraine.

DNS [deːlɛnˈɛs], die; -: Desoxyribo[se]nukleinsäure.

do̱ [ital.]: *Silbe, auf die beim Solmisieren der Ton c gesungen wird.*

do. = dito.

Do. = Donnerstag.

d. O. = der/die Obige.

¹Dö̱|bel, der; -s, - [zu ↑Dübel = Pflock, nach dem großen Kopf; vgl. auch die Bez. »Dickkopf« für den Fisch]: *Karpfenfisch mit großen Schuppen u. dunklem, grün glänzendem Rücken.*

²Dö̱|bel: ↑Dübel.

Do̱|ber|mann, der; -s, ...männer [nach dem dt. Hundezüchter Dobermann (1834–1894)]: *sehr großer, glatthaariger, meist brauner od. schwarzer [Wach]hund.*

dọch [mhd. doch, ahd. doh]: **I.** ⟨Konj.⟩ *aber:* ich klopfe, d. niemand öffnet. **II.** ⟨Adv.⟩ **1.** ⟨immer betont⟩ *dennoch:* höflich und d. bestimmt. **2.** ⟨mit Inversion der vorangehenden Verbform⟩ schließt eine begründende Aussage an: er schwieg, sah er d., dass alle Worte sinnlos waren. **3.** ⟨immer betont⟩ als gegensätzliche Antwort auf eine negativ formulierte Aussage od. Frage in Konkurrenz zu »ja« bei einer positiv formulierten Frage u. in Opposition zu »nein«: »Das stimmt nicht!« – »Doch!«; »Ist keiner da?« – »Doch, d.«. **4.** ⟨stark betont⟩ bestätigt eine Vermutung od. weist auf einen Sachverhalt hin, den der Sprecher zunächst nicht für wahrscheinlich hielt: also d.; man kann sich eben d. auf ihn verlassen; sie blieb dann d. zu Hause. **III.** ⟨Partikel; unbetont⟩ **1.** gibt einer Frage, Aussage, Aufforderung od. einem Wunsch eine gewisse Nachdrücklichkeit: es wird d. nichts passiert sein?; das hast du d. gewusst; ja d.!; pass d. auf!; komm d. mal her!; geh d. endlich!; so hör d. mal! **2.** drückt in Ausrufesätzen Entrüstung, Unmut od. Verwunderung aus: das ist d. zu blöd!; du musst d. immer meckern!; was man d. alles so hört! **3.** drückt in Fragesätzen die Hoffnung des Sprechers auf eine Zustimmung aus: ihr kommt d. heute Abend?; du betrügst mich d. nicht? **4.** drückt in Fragesätzen aus, dass der Sprecher nach etwas eigentlich Bekanntem fragt, an das er sich im Moment nicht erinnert; *noch:* wie heißt er d. gleich?; wie war das d.?

Dọcht, der; -[e]s, -e [mhd., ahd. tāht, eigtl. = Zusammengedrehtes]: *saugfähiger Faden* (1) *in einer Kerze od. [Petroleum]lampe, der der Flamme den Brennstoff zuführt und dabei selbst brennend aufgebraucht wird:* der D. ist niedergebrannt; den D. beschneiden; den D. der Lampe herunter-, höher schrauben.

Dọcht|sche|re, die: *Schere zum Beschneiden eines Dochtes, bei der das abgeschnittene Stück in einen kleinen Behälter fällt; Lichtputzschere.*

Dọck, das; -s, -s, selten: -e [niederl. dok od. engl. dock; H. u.]: **1.** *Anlage in Werften u. Häfen zum Überholen, Warten von Schiffen:* das Schiff liegt im D., geht in[s] D. **2.** *Hafenbecken, dessen Wasserstand durch Schleusen konstant gehalten wird.* **3.** *Gerüst zum Warten, Überholen von Flugzeugen.*

dọ|cken ⟨sw. V.; hat⟩ [2: engl. to dock]: **1. a)** *(ein Schiff) ins Dock bringen;* **b)** *im Dock liegen.* **2.** *(ein Raumfahrzeug an ein anderes) ankoppeln.*

Dọ|cker, der; -s, -: *Arbeiter in einem Dock.*

Dọ|cking, das; -s, -s [engl. docking, zu: to dock, ↑docken (2)]: *Ankoppelung eines Raumfahrzeuges an ein anderes.*

Dọ|cking|ma|nö|ver, das: *Manöver* (2), *mit dem ein Raumschiff an ein anderes gekoppelt wird.*

Do|de|ka|e̱|der, das; -s, - [griech. dōdekáedron, zu: hédra = Fläche]: **1.** *von zwölf Flächen begrenztes Polyeder; Zwölfflach, -flächner.* **2.** kurz für ↑Pentagondodekaeder.

Do|de|ka|ne̱s, der; -: Inselgruppe in Griechenland.

Dö̱|del, der; -s -: **1.** (ugs.) *Trottel.* **2.** (nordd. ugs.) *Penis.*

Do|do|ma: Hauptstadt von Tansania.

Do̱|ge [ˈdoːʒə], der; -n, -n [ital. (venez.) doge < lat. dux = Führer] (hist.): *Staatsoberhaupt in den ehemaligen Republiken Venedig u. Genua.*

Do̱|gen|pa|last, der: *Palast der Dogen [von Venedig].*

Dọg|ge, die; -, -n [aus dem Niederd. < engl. dog = Hund]: *großer, kräftiger, meist einfarbig gelber od. gestromter kurz- u. glatthaariger Haushund mit gedrungenem Körper u. breitem Kopf, der bes. als Wachhund gehalten wird:* die Dänische, Deutsche D.

¹Dọg|ger, der; -s [engl. dogger, eigtl. Bez. eines Eisensteins in der engl. Grafschaft Yorkshire] (Geol.): *an Eisenerzen reiche mittlere Juraformation.*

²Dọg|ger, der; -s, - [(m)niederl. dogger, H. u.]: *niederländisches Fischereifahrzeug.*

Dö̱g|ling, der; -s, -e [schwed. dögling, aus dem Färöischen]: *Entenwal.*

Dọg|ma, das; -s, ...men [lat. dogma < griech. dógma, zu: dokeúein, dokeĩn = meinen]: **a)** (bes. kath. Kirche) *verbindliche, normative Glaubensaussage:* christliche Dogmen; **b)** (bildungsspr., oft abwertend) *den Anspruch der absoluten Gültigkeit, Wahrheit erhebende Aussage, Lehrmeinung:* ein politisches, philosophisches D.; ein D. aus etw. machen; etw. zum D. machen, erheben.

Dog|ma̱|tik, die; -, -en: **1.** (Theol.) *wissenschaftliche Darstellung der [christlichen] Glaubenslehre:* die katholische, christliche D. **2.** (bildungsspr., oft abwertend) *dogmatische* (2) *Gesinnung; [unkritisches] Festhalten an einem Dogma* (b): die D. der Eltern.

Dog|ma̱|ti|ker, der; -s, -: **1.** (bildungsspr., meist abwertend) *unkritischer Verfechter einer Lehrmeinung o. Ä.* **2.** *Lehrer der Dogmatik* (1).

Dog|ma̱|ti|ke|rin, die; -, -nen: w. Form zu ↑Dogmatiker.

dog|ma̱|tisch ⟨Adj.⟩ [spätlat. dogmaticus < griech. dogmatikós]: **1.** *das Dogma* (a) *betreffend:* eine d. verbindliche Lehre. **2.** (bildungsspr., meist abwertend) *[unkritisch] an einem Dogma* (b) *festhaltend:* einen -en Standpunkt vertreten; -e Einstellung; d. starr; an etw. d. festhalten.

dog|ma|ti|sie̱|ren ⟨sw. V.; hat⟩: *zum Dogma erheben.*

Dog|ma|tịs|mus, der; - (bildungsspr., meist abwertend): *starres, unkritisches Festhalten an Anschauungen, Lehrmeinungen o. Ä.*

Dọg|men|ge|schich|te, die; -: **1.** (Theol.) *Disziplin der Theologie, die die Entwicklung der christlichen Dogmen untersucht.* **2.** *Geschichte der Volkswirtschaftslehre.*

Dọg|skin [ˈdɔgskɪn], das; -s [engl. dogskin, eigtl. = Hundefell]: *Leder aus kräftigem Schaffell.*

Do̱|ha: Hauptstadt von Katar.

Do̱h|le, die; -, -n [mhd. tahele, tāle, Vkl. zu mhd. tahe, ahd. taha (nach dem Lockruf)]: **1.** *meist in Höhlen, an Felsen o. Ä. nistender, kleinerer, schwarzer Rabenvogel mit grauem Nacken.* **2.** (landsch. veraltend) *altmodischer dunkler Hut.*

Dö̱hn|kes ⟨Pl.⟩ [aus dem Niederd., ↑Döntje] (nordd.): *lustige Geschichten, Dönkes:* D. erzählen.

do it your|self! [ˈduː ɪt jɔːˈsɛlf; engl.]: *mach es selbst!* (Schlagwort für die selbstständige Ausführung handwerklicher Arbeiten, d. h. ohne Inanspruchnahme von Handwerkern).

Do-it-your|self-Me|tho|de, die: *selbstständige Ausführung handwerklicher Arbeiten ohne Inanspruchnahme von Handwerkern.*

dọk|tern ⟨sw. V.; hat⟩ (ugs.): *herumdoktern.*

Dọk|tor, der; -s, ...oren [mlat. doctor = Lehrer, zu lat. docere (2. Part.: doctum) = lehren]: 1. a) ⟨o. Pl.⟩ *höchster akademischer Grad, der durch eine schriftliche wissenschaftliche Arbeit, die Dissertation, u. eine bestandene mündliche Prüfung, das Rigorosum, erworben wird* (Abk.: Dr.); D. beider Rechte; den medizinischen D. haben; seinen D. machen, bauen; zum D. promovieren; **b)** *Träger eines Doktortitels* (Abk.: Dr., Pl.: Dres. = doctores); er ist D. der Philosophie; die Villa des [Herrn] D. Meier; sehr geehrte Frau Dr. Schulz!; (ausgeschrieben:) sehr geehrte Frau Doktor!; (ausgeschrieben:) die Herren Doktoren Schmidt und Kraus; (abgekürzt:) die Dres. Schmidt und Kraus. **2.** (ugs.) *Arzt:* den D. fragen, rufen; D. spielen *(Doktorspiele machen);* zum D. gehen.

Dok|to|rạnd, der; -en, -en [mlat. doctorandus]: *jmd., der an seiner Dissertation schreibt.*

Dok|to|rạn|din, die; -, -nen: w. Form zu ↑Doktorand.

Dọk|tor|ar|beit, die: *Dissertation.*

Dok|to|rat, das; -[e]s, -e [mlat. doctoratus]: 1. *Doktorgrad.* **2.** *Doktorprüfung:* das D. bestehen.

Dọk|tor|exa|men, das (seltener): *Rigorosum.*

Dọk|tor|fra|ge, die (ugs.): *sehr schwierige Frage.*

Dọk|tor|grad, der: *akademischer Grad eines Doktors.*

Dọk|tor|hut, der: a) *(heute noch bei Ehrenpromotionen an außerdeutschen Universitäten verliehener) Hut als Zeichen der Doktorwürde;* **b)** (ugs.) *Doktorgrad:* den D. erwerben.

dok|to|rie|ren ⟨sw. V.; hat⟩ (veraltend): *promovieren.*

Dọk|tor|in|ge|ni|eur, der: *promovierter Ingenieur* (Abk.: Dr.-Ing.).

Dọk|tor|mut|ter, die: vgl. Doktorvater.

Dọk|tor|prü|fung, die (seltener): *Rigorosum.*

Dọk|tor|spiel, das: *von Kindern durchgeführtes Spiel, bei dem – oft aus sexueller Neugier – eine ärztliche Untersuchung nachgeahmt wird.*

Dọk|tor|ti|tel, der: *Titel eines Doktors* (1 a).

Dọk|tor|va|ter, der: *Universitätsprofessor, der dem Doktoranden das Thema für die Doktorarbeit gibt [u. ihn bei der Abfassung seiner Dissertation berät].*

Dọk|tor|wür|de, die: *Doktorgrad.*

Dok|trin, die; -, -en [lat. doctrina = Lehre, zu: docere, ↑Doktor]: 1. (bildungsspr.) *wissenschaftliche Lehre, System von Ansichten, Aussagen [mit dem Anspruch der Allgemeingültigkeit]:* eine neue D. aufstellen, verteidigen; an einer D. festhalten. **2.** (bes. Politik) *politischer Grundsatz; politisches Programm:* die D. von der Teilung der Gewalten; nach einer D. verfahren.

dok|tri|när ⟨Adj.⟩ [frz. doctrinaire, zu: doctrine < lat. doctrina, ↑Doktrin] (bildungsspr.): **1.** *in der Art einer Doktrin* (1), *auf einer Doktrin* (1) *beruhend:* -er Marxismus. **2.** (abwertend) *theoretisch starr u. einseitig:* -e Ansichten haben; d. argumentieren.

Dok|tri|när, der; -s, -e (bildungsspr.): **1.** *Verfechter, Vertreter einer Doktrin* (1). **2.** (abwertend) *jmd., der stark doktrinär* (2) *an seinen Auffassungen festhält, sie in doktrinärer* (2) *Weise verficht.*

Dok|tri|na|rịs|mus, der; - (bildungsspr. abwertend): *doktrinäres* (2), *starres Festhalten an bestimmten Theorien od. Meinungen.*

Do|ku, die; -, -s (ugs.): kurz für ↑Dokumentation (1), Dokumentarbericht, Dokumentarfilm o. Ä.

Do|ku|mẹnt, das; -[e]s, -e [mlat. documentum = beweisende Urkunde < lat. documentum = das zur Belehrung über etw. bzw. zur Erhellung von etw. Dienliche, Beweis, zu: docere, ↑Doktor]: 1. *Urkunde, amtliches Schriftstück:* ein geheimes D.; -e veröffentlichen; der Bericht stützt sich auf -e. **2.** *Beweisstück, Zeugnis:* der Film ist ein erschütterndes D. des Krieges; etw. als historisches D. aufbewahren. **3.** (DDR) kurz für ↑Parteidokument. **4.** (EDV) *strukturierte, als Einheit erstellte u. gespeicherte Menge von Daten; [Text]datei.*

Do|ku|men|ta|lịst, der; -en, -en [engl. documentalist, frz. documentaliste]: *Dokumentar.*

Do|ku|men|ta|lịs|tin, die; -, -nen: w. Form zu ↑Dokumentalist.

Do|ku|men|tar, der; -s, -e: *jmd., der nach einer wissenschaftlichen Fachausbildung in einer Dokumentationsstelle od. in einer Spezialbibliothek tätig ist* (Berufsbez.).

Do|ku|men|tar|auf|nah|me, die: *fotografische od. akustische Aufnahme, die als Dokument* (2) *dient.*

Do|ku|men|tar|be|richt, der: *[Fernseh]bericht, der zeitkritische Probleme umfassend anhand von Fakten u. dokumentarischem* (2) *Material darlegt.*

Do|ku|men|tar|film, der: *Film mit Dokumentaraufnahmen, der Begebenheiten u. Verhältnisse möglichst genau, den Tatsachen entsprechend zu schildern versucht.*

Do|ku|men|ta|rin, die; -, -nen: w. Form zu ↑Dokumentar.

do|ku|men|ta|risch ⟨Adj.⟩ (bildungsspr.): 1. *urkundlich, durch ein Dokument* (1) *[belegt]:* eine -e Beglaubigung; seine Aussage d. erhärten. **2.** *beweiskräftig, als Dokument* (2) *[dienend], Dokumente* (2) *verwendend:* -e Fotos; -en Wert haben.

Do|ku|men|ta|rịst, der; -en, -en: *jmd., der Dokumentarberichte, -filme o. Ä. herstellt.*

Do|ku|men|ta|rịs|tin, die; -, -nen: w. Form zu ↑Dokumentarist.

Do|ku|men|tar|spiel, das: *für das Fernsehen geschriebenes od. bearbeitetes Stück* (6 a), *in dem ein historisches od. zeitgeschichtliches Ereignis in einer Spielhandlung nachgestaltet wird.*

Do|ku|men|ta|ti|on, die; -, -en: 1. a) *Zusammenstellung, Ordnung u. Nutzbarmachung von Dokumenten u. [Sprach]materialien jeder Art (z. B. Urkunden, Akten, Zeitschriftenaufsätze zur Information über den neuesten Erfahrungsstand):* eine D. vornehmen; **b)** *etw. Zusammengestelltes (in Bezug auf Dokumente o. Ä.):* eine umfassende D. des letzten Jahrhunderts/über das letzte Jahrhundert spanischer Geschichte liegt vor; eine D. zum Thema Kinderprostitution in der Dritten Welt. **2.** *Ausdruck von etw., beweiskräftiges Zeugnis, anschaulicher Beweis:* eine D. internationaler Zusammenarbeit. **3.** kurz für ↑Dokumentationsstelle.

Do|ku|men|ta|ti|ons|stel|le, die: *Einrichtung, Abteilung zur Erfassung u. Sammlung von Dokumentationen* (1 b).

Do|ku|men|ta|tor, der; -s, ...oren: *Dokumentarist.*

Do|ku|men|ta|to|rin, die; -, -nen: w. Form zu ↑Dokumentator.

Do|ku|mẹn|ten|samm|lung, die: *Sammlung von Dokumenten* (2).

do|ku|men|tie|ren ⟨sw. V.; hat⟩ (bildungsspr.): 1. a) *deutlich zum Ausdruck bringen, bekunden, zeigen:* den Willen zum Frieden d.; dadurch wird dokumentiert, wie bahnbrechend diese Leistungen sind; **b)** ⟨d. + sich⟩ *zum Ausdruck kommen, deutlich werden, sich zeigen:* an/in dieser Inszenierung dokumentiert sich die Freude am Experiment; Schwierigkeiten dokumentieren sich durch Trotz und Aufsässigkeit. **2.** a) *durch Dokumente* (2) *belegen;* **b)** *dokumentarisch* (2) *darstellen, festlegen:* etw. filmisch d.; den Prozess lückenlos d.

Do|ku|soap [...soʊp], (auch:) **Do|ku-Soap,** die; -, -s [1. Bestandteil gek. aus Dokumentarbericht, -spiel, 2. Bestandteil engl. soap, kurz für: soap opera, ↑Soapopera] (Ferns.): *in Fortsetzungen erscheinender Dokumentarbericht mit mehr od. weniger stark inszeniertem Ablauf, der bewusst unterhaltsam od. anrührend gestaltet ist.*

Dol, das; -[s], - [zu lat. dolor = Schmerz] (Med.): *Einheit für die Intensität einer Schmerzempfindung* (1 dol = $^1/_{10}$ des höchstmöglichen Schmerzes einer punktförmigen Verbrennung 3. Grades; Zeichen: dol).

Dol|by® [...bi], das; -s: kurz für ↑Dolby-System.

Dol|by-Sys|tem, das; -s, -e [nach dem amerik. Elektrotechniker R. M. Dolby (geb. 1933)] (Elektronik): *elektronisches Verfahren zur Unterdrückung von Störgeräuschen bei Tonaufzeichnungen u. Tonwiedergabe.*

dol|ce [ˈdɔltʃə] ⟨Adv.; Komp.: più dolce, Sup.: dolcissimo⟩ [ital. dolce < lat. dulcis = angenehm, lieblich; süß] (Musik): *sanft, weich, lieblich.*

dol|ce far ni|en|te [ital.]: »süß ists, nichts zu tun« (Maxime eines Lebensstils).

Dol|ce|far|ni|en|te, das; -: *als angenehm, erholsam, erquicklich empfundenes Nichtstun.*

Dol|ce Vi|ta, das od. die; - - [ital. = süßes Leben; allgemein geläufig seit Fellinis gleichnamigem Film (1960)]: *luxuriöses Leben, das aus Müßiggang u. Vergnügungen besteht.*

Dolch, der; -[e]s, -e [frühnhd., H. u.]: 1. *Stichwaffe mit kurzer, fest stehender, spitzer, meist zweischneidiger Klinge:* den D. ziehen, zücken; er hat ihr den D. in die Brust gestoßen. **2.** (ugs.) *Messer.*

Dolch|stoß, der: 1. *Stoß, der jmdm. mit einem Dolch versetzt wird.* **2.** *hinterhältiger Anschlag.*

Dolch|stoß|le|gen|de, die: 1. *[lügenhafte] Behauptung, nach der ein hinterhältiger, heimtückischer Anschlag o. Ä. [aus den eigenen Reihen] für eine Niederlage od. für ein Misslingen verantwortlich sein soll.* **2.** *Behauptung, Deutschland habe den Ersten Weltkrieg nicht militärisch-wirtschaftlich, sondern durch Defätismus u. Verrat in der Heimat verloren.*

dol|cis|si|mo [dɔlˈtʃɪsimo] ⟨Adv.⟩ [ital.] (Musik): *sehr sanft, weich, lieblich.*

Dol|de, die; -, -n [mhd. tolde, ahd. toldo = Pflanzen-, Baumkrone, viell. verw. mit ahd. tola = Stiel der Weintraube]: *schirmähnlicher od. büscheliger Blütenstand:* große, helle -n des Holunders.

Dol|den|blü|te, die: *doldenförmige Blüte.*

Dol|den|blüt|ler, der; -s, -: 1. *(in sehr vielen Arten weltweit in den außertropischen Gebieten vorkommende) Blütenpflanze mit kleinen Blüten, meist in Dolden od. Köpfchen.* **2.** *Doldengewächs.*

dol|den|för|mig ⟨Adj.⟩: *die Form einer Dolde aufweisend.*

Dol|den|ge|wächs, das: *(in zahlreichen Arten vorkommende) zweikeimblättrige Pflanze mit doldenförmigem Blütenstand u. gefiederten Blättern.*

Dol|den|ris|pe, die: *Rispe mit schirmförmig angeordneten Blüten.*

Dol|den|trau|be, die: *Traube, deren verschieden lang gestielte Blüten annähernd in einer Ebene liegen.*

Do|le, die; -, -n [spätmhd. dol = Mine, ahd. dola = (Erd)röhre]: 1. *überdeckter Abzugsgraben.* **2.** (westmd., schweiz.) *Sinkkasten.*

Do|li|ne, die; -, -n [slowen. dolina = Tal] (Geol.): *trichterförmige Vertiefung der Erdoberfläche, bes. im Karst.*

doll ⟨Adj.⟩ [landsch. Nebenf. von ↑toll] (ugs.): 1. *ungewöhnlich, unglaublich:* eine -e Sache; ⟨subst.:⟩ das Dollste an der Geschichte. **2.** *großartig, prachtvoll:* ein -es Essen; eine -e Party; das war einfach d., sage ich dir. **3.** *schlimm:* ein -er Lärm; es wird immer -er mit ihr. **4.** (nordd.) *sehr stark:* ich habe mich ganz d. gefreut; es regnet immer -er.

Dol|lar, der; -[s], -s ⟨aber: 30 Dollar⟩ [amerik. dollar < niederd. däler, älter niederl. daler = Taler]: *Währungseinheit in den USA, Kanada u. anderen Ländern* (1 Dollar = 100 Cent; Zeichen: $).

Dol|lar|kurs, der: *Kurs des Dollars.*

Dol|lar|zei|chen, das: *Zeichen für den Dollar* ($).

Dol|le, die; -, -n [mniederd. dolle, eigtl. = die Dicke, verw. mit ↑Daumen]: *drehbare eiserne Gabel an der Bordwand zur Aufnahme des Ruders* (1).

Dol|len, der; -, - [↑Dolle] (Fachspr.): *Holzdübel.*

Doll|punkt, der; -[e]s, -e [eigtl. = Punkt, an dem die ↑Dolle angebracht ist] (ugs.): *von jmdm. immer wieder aufgegriffenes Thema, umstrittener Punkt.*

Dol|ly [ˈdɔli], der; -[s], -s [engl. dolly, zu: doll =

Puppe (wohl nach der ähnlichen Form)]: **a)** *fahrbares Stativ für eine Filmkamera;* **b)** *Wagen mit aufmontierter Kamera.*

ol|ma, das; -[s], -s ⟨meist Pl.⟩ [türk. dolma, eigtl. = Füllung]: *türkisches Nationalgericht aus Kohl- u. Weinblättern, die mit gehacktem Hammelfleisch u. Reis gefüllt sind.*

ol|men, der; -s, - [frz. dolmen, zu bret. taol = Tisch u. maen = Stein]: *prähistorische Grabkammer aus senkrecht aufgestellten Steinen mit einer Deckplatte.*

ol|metsch, der; -[e]s, -e [mhd. tolmetsche, tolmetze < obersorb. tołmač od. ung. tolmács, wohl aus einer vorderasiatischen Spr.]: **1.** (österr., sonst selten) *Dolmetscher.* **2.** (geh.) *jmd., der stellvertretend für andere einer Sache Ausdruck gibt:* ein D. der Armen.

ol|met|schen ⟨sw. V.; hat⟩ [mhd. tolmetzen]: **a)** *einen gesprochenen od. geschriebenen Text für jmdn. mündlich übersetzen:* ein politisches Gespräch, ein Schriftstück d.; **b)** *als Dolmetscher tätig sein:* wer wird d.?

ol|met|scher, der; -s, - [spätmhd. tolmetscher, tolmetzer]: *jmd., der Äußerungen in einer fremden Sprache übersetzt* (Berufsbez.): ein freiberuflicher, vereidigter D.; als D. bei Konferenzen, in der Privatwirtschaft arbeiten; ein D. wurde hinzugezogen.

ol|met|sche|rin, die; -, -nen: w. Form zu ↑Dolmetscher.

ol|met|scher|in|sti|tut, das: *Dolmetscherschule.*

ol|met|scher|schu|le, die: *Fachschule od. der Universität angeschlossene Fachhochschule zur Ausbildung von Dolmetschern u. Übersetzern.*

o|lo|mit [auch: ...ˈmɪt], der; -s, -e [nach dem frz. Mineralogen Dolomieu (1750–1801)]: **1.** *farbloses, weißes od. bräunliches Mineral aus Kalzium- u. Magnesiumkarbonat.* **2.** *hauptsächlich aus Dolomit* (1) *u. Kalkspat bestehendes [körniges] Sedimentgestein.*

o|lo|mi|ten ⟨Pl.⟩: Teil der Alpen.

o|lo|ro|sa, die; -: *Mater dolorosa.*

o|lo|ro|so ⟨Adv.⟩ [ital. doloroso < mlat. dolorosus = schmerzerfüllt < lat. dolorosus = schmerzhaft, zu: dolor = Schmerz] (Musik): *schmerzerfüllt, klagend, betrübt.*

om, der; -[e]s, -e [frz. dôme < ital. duomo < kirchenlat. domus (ecclesiae), LÜ von griech. oĩkos tẽs ekklēsías = Haus der Christengemeinde]: *große, künstlerisch ausgestaltete, meist bischöfliche Kirche mit ausgedehntem Chor* (6): ein romanischer D.; der D. in Florenz, zu Pisa; in den Domen von Mainz und Speyer; Ü (dichter.:) der D. des Waldes, des Himmels.

om, der; -[e]s, -e [frz. dôme, eigtl. = Kuppel < provenz. doma < griech. dõma = Haus, Dach, urverw. mit: dómos = Haus, Wohnung, Zimmer (identisch mit lat. domus, ↑[1]Dom)]: **1.** (Geol.) *gewölbeartige Struktur einer Gesteinsfalte von geringer Länge mit kreisförmiger od. ovaler Grundform.* **2.** *gewölbter Aufsatz eines Dampfkessels od. Destillierapparats.*

o|main [dɔˈeɪn], die; -, -s [engl.] (EDV): *Teilbereich eines elektronischen Netzwerks (oft Bestandteil der Internetadresse).*

o|mä|ne, die; -, -n [frz. domaine = Gut in landesherrlichem Besitz < lat. dominium, ↑Dominium]: **1.** *Staatsgut, staatlicher Landbesitz:* eine ertragreiche D. **2.** *Spezialgebiet; Gebiet, auf dem sich jmd. besonders betätigt, besonders gut auskennt:* eine D. der Jugend; ihre D. ist die Kurzgeschichte.

om|chor, der: **1.** *Chor* (1 a) *eines* [1]*Domes.* **2.** *Chor* (6) *eines* [1]*Domes.*

o|mes|tik, der; -en, -en [frz. domestique, zu lat. domesticus = zum Hause gehörend, zu: domus = Haus]: **1.** (veraltend, heute meist abwertend) *Dienstbote.* **2.** *Rennfahrer, der als Mitglied einer Mannschaft in erster Linie für den Sieg des erklärten Spitzenfahrers fährt u. ihm Hilfsdienste leistet.*

o|mes|ti|ka|ti|on, die; -, -en [frz. domestication]: *allmähliche Umwandlung von Wildtieren in Haustiere od. von wild wachsenden Pflanzen in Kulturpflanzen durch den Menschen:* die D. des Haushundes.

Do|mes|ti|ke, der; -n, -n: *Domestik.*

Do|mes|ti|kin, die; -, -nen (verhüllend): *Masochistin, die sadistische Handlungen an sich vornehmen lässt.*

do|mes|ti|zie|ren ⟨sw. V.; hat⟩ [mlat. domesticare = zähmen]: **1.** *Haustiere od. Kulturpflanzen aus Wildformen züchten:* Tiere d.; das domestizierte Huhn; domestizierter Weizen. **2.** *zähmen, bändigen:* seinen Radikalismus d.; der Erfolg domestiziert die jungen Wilden.

Do|mes|ti|zie|rung, die; -, -en: *Domestikation.*

Dom|herr, der (kath. Kirche): *Mitglied eines Domkapitels.*

[1]Do|mi|na, die; -, ...nä [lat. domina = (Haus)herrin, zu: dominus, ↑Dominus]: *Stiftsvorsteherin.*

[2]Do|mi|na, die; -, -s (verhüllend): *Prostituierte, die sadistische Handlungen an einem Masochisten vornimmt.*

do|mi|nant ⟨Adj.⟩ [zu lat. dominans (Gen.: dominantis), 1. Part. von: dominari, ↑dominieren]: **1. a)** (Biol.) *(von Erbfaktoren) vorherrschend, überdeckend:* ein -es Merkmal; d. gegenüber rezessiven Merkmalen; **b)** *dominierend* (1 a): die -en Farben dieses Winters. **2.** *dominierend* (1 b), *bestimmend:* -e Mütter, Väter; die Kleine ist sehr d. **3.** (verhüllend) *dominierend* (2): -e Blondine mit Peitsche.

Do|mi|nant|ak|kord, der, **Do|mi|nant|drei|klang**, der: (Musik) *Dominante* (2 b).

Do|mi|nan|te, die; -, -n [1: zu ↑dominant; 2: zu ital. dominante, subst. 1. Part. von: dominare = (be)herrschen < lat. dominari, ↑dominieren]: **1.** *vorherrschendes Merkmal:* die farbliche D. bildet das Gelb des Hintergrundes. **2.** (Musik) **a)** *Quint; 5. Stufe der diatonischen Tonleiter;* **b)** *Durdreiklang über der Quint einer Dur- od. Molltonleiter.*

Do|mi|nant|sept|ak|kord, der (Musik): *Dreiklang auf der Dominante* (2 a) *mit zusätzlicher kleiner Septime.*

Do|mi|nanz, die; -, -en: **1.** (Biol.) *Eigenschaft von Erbfaktoren, sich gegenüber schwächeren durchzusetzen.* **2. a)** *das Dominieren* (1 a): die D. des Visuellen gegenüber dem Akustischen; **b)** *das Dominieren* (1 b); *Vorherrschaft:* die D. Japans in der Elektronik.

Do|mi|na|ti|on, die; -, -en [lat. dominatio] (bildungsspr.): *das Dominieren* (1 b); *Beherrschung, Vormachtstellung.*

Do|mi|ni|ca; -s: Inselstaat im Karibischen Meer.

do|mi|nie|ren ⟨sw. V.; hat⟩ [lat. dominari, zu: dominus, ↑Dominus]: **1. a)** *vorherrschen, überwiegen:* Grau dominiert in der neuen Herbstmode; andere Aspekte dominieren heute; eine dominierende Figur, Stellung, Rolle; **b)** *beherrschen:* die politische, literarische Szene d.; die Kölner Mannschaft dominierte *(war überlegen)* von Anfang an; die von Männern dominierte Politik. **2.** (verhüllend) *sadistische Handlungen an einem Masochisten vornehmen:* dominierende Asiatin.

[1]Do|mi|ni|ka|ner, der; -s, - [nach dem hl. Dominikus]: *Angehöriger des Dominikanerordens.*

[2]Do|mi|ni|ka|ner, der; -s, -: Ew. zu ↑Dominikanische Republik.

[1]Do|mi|ni|ka|ne|rin, die; -, -nen: *Angehörige des weiblichen Zweiges des Dominikanerordens.*

[2]Do|mi|ni|ka|ne|rin, die; -, -nen: w. Form zu ↑[2]Dominikaner.

Do|mi|ni|ka|ner|klos|ter, das: *Kloster des Dominikanerordens.*

Do|mi|ni|ka|ner|or|den, der ⟨o. Pl.⟩: *vom hl. Dominikus 1215 als Bettelorden gegründeter Predigerorden;* Abk.: O. P., OP od. O. Pr. (= Ordo Praedicatorum).

[1]do|mi|ni|ka|nisch ⟨Adj.⟩: *die* [1]*Dominikaner betreffend.*

[2]do|mi|ni|ka|nisch ⟨Adj.⟩: *die Dominikanische Republik, die* [2]*Dominikaner betreffend.*

Do|mi|ni|ka|ni|sche Re|pu|blik, die; -n -: Inselstaat im Karibischen Meer.

Do|mi|ni|um, das; -s, ...ien [lat. dominium = Herrschaft(sgebiet), zu: dominus, ↑Dominus]: **a)** (hist.) *Herrschaftsverhältnis unterschiedlicher Ausprägung;* **b)** (veraltet) *Domäne.* (1)

[1]Do|mi|no, der; -s, -s [ital. domino = Herr (< lat. dominus, ↑Dominus), Bez. für den geistlichen Herrn wie auch für seine Winterkleidung]: **a)** *langer [seidener] als Maskenkostüm getragener Mantel mit Kapuze u. weiten Ärmeln:* einen D. tragen, überziehen; **b)** *jmd., der einen* [1]*Domino* (a) *als Kostüm trägt:* als D. zum Maskenball gehen.

[2]Do|mi|no [zu ↑[1]Domino, viell., weil der Gewinner sich »Domino« (= Herr) nennen durfte]: **a)** ⟨das; -s, -s⟩ *Spiel, bei dem rechteckige, mit Punkten versehene Steine nach einem bestimmten System aneinander gelegt werden:* D. spielen; **b)** ⟨der; -s, -s⟩ (österr.) *Dominostein* (1).

Do|mi|no|ef|fekt, der [wird der erste Stein einer Reihe hintereinander aufgestellter Dominosteine umgestoßen, fallen in einer Art Kettenreaktion alle anderen auch um]: *durch ein Ereignis ausgelöste Folge von weiteren gleichartigen od. ähnlichen Ereignissen.*

Do|mi|no|spiel, das: [2]*Domino* (a).

Do|mi|no|stein, der: **1.** *Spielstein im* [2]*Domino* (a) *mit einem in Punkten angegebenen Zahlenwert von 0 bis 9 in jedem der zwei darauf abgegrenzten Felder.* **2.** *mit Kuvertüre überzogenes, würfelförmiges Gebäck aus Lebkuchenteig mit je einer Schicht Marzipan u. Fruchtmark o. Ä.*

Do|mi|nus [lat. dominus = (Haus)herr, zu: domus = Haus] ⟨o. Art.⟩ (kath. Liturgie): *Gott der Herr:* *** D. vo|bis|cum!** [lat. = der Herr sei mit euch!]: Gruß des Priesters an die Gemeinde in der katholischen Liturgie (heute meist in der jeweiligen Landessprache).

Do|mi|zil, das; -s, -e [lat. domicilium = Wohnstätte, Wohnsitz]: **1.** (bildungsspr., oft scherzh.) *Wohnsitz, Stätte, wo jmd. zu Hause ist:* ein vornehmes D.; sich ein anderes D. suchen; bei jmdm. sein D. aufschlagen *(sich dort häuslich niederlassen, einrichten).* **2.** (Bankw.) *(von Wechseln) Zahlungsort.* **3.** (Astrol.) *einem bestimmten Planeten zugeordnetes Tierkreiszeichen.*

do|mi|zi|lie|ren ⟨sw. V.; hat⟩: **1.** (bildungsspr., meist scherzh.) *wohnen; ansässig sein:* in einer Pension, im ersten Stock d. **2.** (Bankw.) *einen Wechsel an einem anderen Ort als dem Wohnort dessen, der ihn zahlen muss, zur Zahlung anweisen.*

Do|mi|zil|wech|sel, der: **1.** (Bankw.) *Wechsel, der an einem besonderen Domizil* (2) *einzulösen ist:* unechter D. *(Wechsel, der zwar am Wohnort des Bezogenen, aber nur über einen Dritten [z. B. Bank am gleichen Ort] einzulösen ist).* **2.** *Umzug* (1): der D. von Hamburg nach Berlin war für die Firma mit großen Kosten verbunden.

Dom|ka|pi|tel, das (kath. Kirche): *für einen* [1]*Dom zuständiges Kapitel* (2 a).

Dom|pfaff, der; -en, auch: -s, -en [nach dem schwarz-roten Gefieder des Männchens, das mit dem Ornat eines Domgeistlichen verglichen wird]: *(zu den Finken gehörender) Singvogel mit schwarzer Färbung des Kopfes, grauem Gefieder u. (beim Männchen) leuchtend roter Unterseite.*

Domp|teur [dɔmpˈtøːɐ̯], der; -s, -e [frz. dompteur, zu: dompter = zähmen < lat. domitare]: *jmd., der wilde Tiere für Vorführungen dressiert:* der Tiger zerfleischte den D.; Ü Lehrer als -e der Schüler.

Domp|teu|rin, die; -, -nen: w. Form zu ↑Dompteur.

Domp|teu|se [...ˈtøːzə], die; -, -n [frz. dompteuse]: *Dompteurin.*

Dom|schatz, der: *Sammlung wertvoller sakraler Geräte u. Kunstwerke in einem* [1]*Dom.*

Dom|schu|le, die: *(im MA.) einem* [1]*Dom angeschlossene Schule bes. zur Heranbildung Geistlicher.*

Dom|schwei|zer, der: *Aufseher in einem* [1]*Dom.*

[1]Don ⟨o. Art.⟩ [a: span. don < lat. dominus = (Haus)herr; b: ital. don]: **a)** in Verbindung mit dem Vornamen gebrauchte spanische Bez. für

Herr: D. Pedro; **b)** in Verbindung mit dem Vornamen gebrauchter Titel der Priester u. der Angehörigen bestimmter Adelsfamilien in Italien: D. Camillo.

[2]Don, der; -[s]: Fluss in Russland.

Do|ña ['dɔnja] ⟨o. Art.⟩ [span. doña < lat. domina = Herrin]: in Verbindung mit dem Vornamen gebrauchte spanische Bez. für *Frau:* D. Elvira.

Do|nar (germ. Myth.): Gott des Donners.

Do|na|ti|on, die; -, -en [lat. donatio] (Rechtsspr.): *Schenkung.*

Do|nau, die; -: Fluss in Europa.

Do|nau|mo|nar|chie, die; -: *österreichisch-ungarische Monarchie von 1869–1918.*

Dö|ner, der; -s, -: kurz für ↑Dönerkebab.

Dö|ner|ke|bab, der [türk. döner kebap, aus: döner = Dreh- u. ↑Kebab] (Kochk.): *Kebab aus an einem senkrecht stehenden, sich drehenden Spieß gebratenem, stark gewürztem Hammelfleisch.*

Dong, der; -[s], -[s] ⟨aber: 50 Dong⟩ [vietnamesisch]: *Währungseinheit in Vietnam* (1 Dong = 10 Hào = 100 Xu; Abk.: D).

Don Ju|an [dɔn 'xu̯an], der; - -s, - -s [nach der gleichnamigen Sagengestalt in der spanischen Literatur]: *Mann, der ständig auf neue Liebesabenteuer aus ist, immer neue erotische Beziehungen sucht:* er war ein D. J.

Dön|kes ⟨Pl.⟩ [zu ↑Döntje] (nordd.): *lustige Geschichten.*

Don|na, die; -, -s u. Donnen [ital. donna < lat. domina = Herrin]: **1.** ⟨o. Art.⟩ in Verbindung mit dem Vornamen gebrauchter Titel der Angehörigen bestimmter italienischer Adelsfamilien: D. Anna. **2.** (ugs. abwertend) *Hausangestellte, Dienstmädchen.*

Don|ner, der; -s, - ⟨Pl. selten⟩ [mhd. doner, ahd. donar, lautm.]: *dumpf rollendes Geräusch, das dem Blitz folgt:* ein heftiger, ferner D.; der D. rollt; Ü der D. der Kanonen, des Wasserfalls; ***wie vom D. gerührt dastehen/sein** *(erstarrt [u. verstört] dastehen);* **Donner!, D. und Blitz!, D. und Doria!** [nach Schiller, Fiesko I, 5], **ach du Donnerchen!** (ugs.; Ausrufe des Erstaunens).

Don|ner|bal|ken, der (Soldatenspr.): **a)** *Sitzstange einer primitiven Latrine;* **b)** *primitive [mit einer Sitzstange versehene] Latrine.*

Don|ne|rer, der; -s, **Don|ner|gott,** der ⟨o. Pl.⟩: germanischer Gott des Donners.

Don|ner|keil, der [2: für ↑Belemnit; 3: nach der älteren Bed. »Blitzstrahl«]: **1.** *prähistorisches Werkzeug.* **2.** *versteinertes, keilförmiges Gehäuseende des Belemniten* (1). **3.** ['- -'-] ⟨o. Art.⟩ (salopp) Ausruf des Erstaunens: D., hat der Baum viele Äpfel!

Don|ner|litt|chen, (auch:) **Don|ner|lütt|chen** ⟨o. Art.⟩ [zum 2. Bestandteil vgl. ostpreuß. Lichting = Blitz] (landsch.): Ausruf des Erstaunens.

don|nern ⟨sw. V.⟩ [mhd. donern, ahd. donarōn]: **1.** ⟨unpers.⟩ *als Donner hörbar werden* ⟨hat⟩: es blitzt und donnert. **2.** ⟨hat⟩ **a)** *ein donnerähnliches Geräusch verursachen, hervorbringen:* die Flugzeugmotoren donnern; hinter den Dünen hörten sie die See d.; donnernder Beifall; **b)** *donnerähnlich ertönen lassen:* er donnerte ihr seine Flüche ins Gesicht. **3.** *sich mit donnerähnlichem Geräusch fort-, irgendwohin bewegen* ⟨ist⟩: der Zug donnert über die Brücke; eine Lawine war zu Tal gedonnert. **4.** (ugs.) **a)** *mit Wucht irgendwohin schleudern, schießen* ⟨hat⟩: die Schulmappe in die Ecke d.; den Ball an die Latte d.; **b)** *mit Wucht irgendwohin stoßen, schlagen* ⟨hat⟩: die Tür ins Schloss, die Faust auf den Tisch d.; **c)** *mit Wucht schlagen; so heftig schlagen, dass ein lautes Geräusch entsteht* ⟨hat⟩: an die Tür d.; eine Faust donnert auf den Tisch; du kriegst gleich eine, ein paar gedonnert; **d)** *mit Wucht gegen etw. prallen* ⟨ist⟩: er war [mit dem Auto] gegen einen Baum gedonnert; ein Lkw donnerte in den Kleinbus. **5.** (ugs.) *laut schimpfen* ⟨hat⟩: er donnerte furchtbar, weil wir zu spät kamen.

Don|ner|schlag, der: **1.** *kurzer, heftiger Donner:* ein D. erschütterte die Luft; Ü er wurde mit einem D. *(einer großen, unangenehmen Überraschung)* aus seinen Träumen gerissen. **2.** ['- -'-] ⟨o. Art.⟩ (salopp): Ausdruck des [ärgerlichen] Erstaunens: D., jetzt ist der Faden gerissen!

Don|ners|tag, der [mhd. donerstac, ahd. Donares tag, mit dem Namen des germ. Donnergottes Donar geb. nach lat. Iovis dies = Jupiters Tag]: *vierter Tag der mit Montag beginnenden Woche:* am langen D. (früher ugs.; *Dienstleistungsabend*) einkaufen gehen; vgl. Dienstag; ***fetter/schmutziger D.** (landsch.; *Altweiberfastnacht;* urspr. Bez. für den Donnerstag nach Aschermittwoch, an dem es noch erlaubt war, in Fett Gebackenes zu essen [landsch., bes. alemann. schmutzig = fett, viel Schmalz enthaltend]).

Don|ners|tag|abend usw.: vgl. Dienstagabend usw.

Don|ner|stim|me, die: *gewaltige, dröhnende Stimme:* er brüllte mit [einer] D.

Don|ner|wet|ter, das: **1.** (veraltet) *Gewitter:* ein verheerendes D.; Ü (ugs.:) da soll doch ein heiliges D. dreinschlagen! **2.** (ugs.) *heftige Vorwürfe, laute Auseinandersetzung:* es gab ein großes, fürchterliches D. in der Klasse; ein D. vom Stapel lassen, über sich ergehen lassen. **3.** ['- -'- -] (salopp) **a)** Ausruf der Verwünschung, des Zorns: zum D. [noch einmal]!; **b)** Ausruf des bewundernden Erstaunens: D., hat der Typ Muskeln!

Don Qui|chotte [dɔnki'ʃɔt, dõ...], der; - -s, - -s [frz. Schreibung von span. Don Quijote, Titelheld eines Romans von Cervantes]: *lächerlich wirkender Schwärmer, dessen Tatendrang an den realen Gegebenheiten scheitert.*

Don|qui|chot|te|rie, die; -, -n: *törichtes, von Anfang an aussichtsloses Unternehmen aus weltfremdem Idealismus.*

Dont|ge|schäft ['dõ:...], das [zu frz. dont = von (wo)] (Börsenw.): *Termingeschäft.*

Dönt|je [auch: 'dø:ntjə], der u. das; -s, -s ⟨meist Pl.⟩ [Vkl. von mniederd. dōn, done = Weise, Melodie, eigtl. = [2]Ton] (nordd.): *lustige Geschichte, Anekdote.*

doo|deln ['du:dl̩n] ⟨sw. V.; hat⟩ [engl. to doodle]: *nebenher in Gedanken kleine Männchen o. Ä. malen, kritzeln.*

doof ⟨Adj.⟩ [niederd. Entsprechung zu hochd. taub < mniederd. dōf = taub] (salopp abwertend): **1.** *einfältig u. beschränkt:* ein -er Kerl; eine -e Nuss *(ein beschränkter Mensch);* -e Fragen stellen; glaubst du, ich bin d.?; sie war auch noch so d., das zu glauben. **2.** (landsch.) **a)** *uninteressant, langweilig:* wir haben jetzt so einen -en Lehrer; ein -es graues Kleid tragen; Mathe ist d.; **b)** *nicht den Vorstellungen des Sprechers entsprechend, ihm Ärger bereitend:* die -e Tür bleibt nicht zu; an dieser -en Kante habe ich mich gestoßen.

Doof|heit, die; -, -en (salopp abwertend): **1.** ⟨o. Pl.⟩ **a)** *einfältige, beschränkte Art; Dummheit;* **b)** *Langweiligkeit.* **2.** *unvernünftige Handlung.*

Doo|fi, der; -[s], -s (ugs.): *gutgläubig-einfältiger Mensch:* er ist ein richtiger D.; ***Klein D. [mit Plüschohren]** (ugs. scherzh.; *gutgläubig-einfältiger Mensch*).

Dope [do:p], das; -s [engl. dope, eigtl. = Schmiermittel, Additiv < niederl. (mundartl.) doop = Soße, Tunke] (Jargon): *Rauschgift, bes. Haschisch:* D. rauchen; sich D. beschaffen.

do|pen ⟨sw. V.; hat⟩ [engl. to dope]: *durch verbotene Substanzen zu einer [vorübergehenden] sportlichen Höchstleistung zu bringen versuchen:* ein Pferd d.; der Läufer hat sich gedopt; der Schwimmer war gedopt.

Do|ping, das; -s, -s [engl. doping]: *Anwendung verbotener Substanzen zur [vorübergehenden] Steigerung der sportlichen Leistung:* der Sprinter wurde wegen -s disqualifiziert.

Do|ping|kon|trol|le, die: *Kontrolle, bei der auf Doping untersucht wird.*

Do|ping|ver|dacht, der: *Verdacht auf Doping.*

[1]Dop|pel, das; -s, -: **1.** *zweite Ausfertigung:* das D. eines Zeugnisses einreichen. **2.** (Tennis, Tischtennis, Badminton) **a)** *Spiel zweier Spieler gegen zwei andere:* ein D. austragen; **b)** *aus zwei Spielern bestehende Mannschaft:* ein gemischtes D *(aus je einer Spielerin u. einem Spieler gebildete Mannschaft).*

[2]Dop|pel, der; -s, - (schweiz.): *Einsatz beim Schützenfest.*

Dop|pel|ad|ler, der: *als Wappentier od. Münzbild verwendetes, symbolisches Bild eines doppelköpfigen Adlers.*

Dop|pel|agent, der: *Agent, der für zwei sich bekämpfende, gegnerische Staaten arbeitet.*

Dop|pel|agen|tin, die: w. Form zu ↑Doppelagent.

Dop|pel|axel, der (Eis-, Rollkunstlauf): *doppelter Axel.*

Dop|pel|axt, die: *Axt mit zwei in entgegengesetzte Richtungen weisenden, symmetrisch angeordneten Schneiden (oft als Kultsymbol in frühen Kulturen).*

Dop|pel-b, das (Musik): *Versetzungszeichen zur Erniedrigung eines Tones um zwei Halbtöne* (Zeichen: ♭♭): durch das D. wird c zu ceses.

Dop|pel|band, der ⟨Pl. ...bände⟩: **a)** *Band von doppeltem Umfang, der ein größeres Druckwerk in zwei Teilen enthält;* **b)** *in einer bestimmten Buchreihe veröffentlichter Band von stärkerem Umfang als gewöhnlich.*

Dop|pel|be|las|tung, die: *doppelte Belastung, der jmd. durch zwei verschiedene Aufgabenbereiche ausgesetzt ist.*

Dop|pel|be|lich|tung, die (Fot., Film): *doppelte Belichtung desselben Negativs.*

Dop|pel|bett, das: *doppelschläfriges Bett.*

Dop|pel|bier, das: *Starkbier.*

Dop|pel|bin|dung, die: **1.** (Chemie): *Bindung von Atomen durch zwei Elektronenpaare.* **2.** (Psych.) *Doublebind.*

Dop|pel|block, der; -[e]s, -s u. ...blöcke (Volleyball): *von zwei Spielern gebildeter Block.*

Dop|pel|bock, das: *zur Fastenzeit gebrautes, besonders starkes Bockbier.*

dop|pel|bo|dig, (häufiger:) **dop|pel|bö|dig** ⟨Adj.⟩ *doppeldeutig, hintergründig:* ein -er Witz, Humor.

Dop|pel|bö|dig|keit, die; -, -en: **1.** ⟨o. Pl.⟩ *doppelbödiger Sinn:* die D. ihrer bürgerlichen Existenz. **2.** *doppelbödige, hintergründige Äußerung.*

Dop|pel|bre|chung, die (Physik): *Aufspaltung von Lichtstrahlen in zwei senkrecht zueinander polarisierte Teilstrahlen beim Durchgang durch nicht reguläre Kristalle.*

Dop|pel|büch|se, die: *Büchse, Gewehr mit zwei Läufen.*

Dop|pel|de|cker, der [zu ↑Deck]: **1.** *(bes. in den Anfängen der Luftfahrt) Flugzeug mit zwei übereinander angeordneten Tragflächen.* **2.** (ugs.) *doppelstöckiger Omnibus.*

dop|pel|deu|tig ⟨Adj.⟩: **a)** *auf doppelte Weise zu deuten:* ein -es Wort; **b)** *bewusst auf zweideutige, einen anzüglichen o. ä. Nebensinn enthaltende Weise formuliert:* einen -en Witz erzählen.

Dop|pel|deu|tig|keit, die; -, -en: **1.** ⟨o. Pl.⟩ *doppeldeutiger Sinn:* die D. eines Satzes. **2. a)** *doppeldeutige Äußerung o. Ä.:* der Text enthielt mehrere -en; **b)** *zweideutige, anzügliche Äußerung.*

Dop|pel|ehe, die: *zwei rechtlich geschlossene, nebeneinander bestehende Ehen ein u. derselben Person, wobei (strafbarerweise) eine zweite Ehe geschlossen worden ist, ohne dass die erste aufgelöst ist.*

Dop|pel|er|folg, der: **1.** *Erfolg, Sieg eines Teilnehmers in zwei Wettbewerben einer Veranstaltung.* **2.** *Erfolg, erster u. zweiter Platz zweier Teilnehmer einer Mannschaft im gleichen Wettbewerb:* ein russischer D.

Dop|pel|feh|ler, der: **1.** (Tennis) *Fehler u. damit verbundener Punktverlust durch Verschlagen beider Aufschläge.* **2.** (Volleyball) *gleichzeitig begangener Fehler zweier Gegenspieler.*

Dop|pel|fens|ter, das: *Fenster, das (zur besseren Isolierung) aus zwei hintereinander angebrachten Einzelfenstern besteht.*

Dop|pel|flin|te, die: *Flinte mit zwei Läufen.*

op|pel|funk|ti|on, die: *doppelte Funktion:* die D. als Chefredakteur und Herausgeber.

op|pel|gän|ger, der; -s, -: *Person, die jmdm. zum Verwechseln ähnlich sieht:* einen D. haben.

op|pel|gän|ge|rin, die; -, -nen: w. Form zu ↑Doppelgänger.

op|pel|ge|schlech|tig ⟨Adj.⟩: *zwittrig.*

op|pel|ge|schlech|tig|keit, die; -: *Zwittrigkeit.*

op|pel|ge|sich|tig ⟨Adj.⟩: **a)** *zwei Gesichter habend:* der Januskopf ist ein -er Männerkopf; **b)** *sich von zwei entgegengesetzten Seiten zeigend; janusköpfig:* eine -e politische Meinung vertreten.

op|pel|ge|we|be, das (Textilind.): *zwei Gewebe, die miteinander verbunden sind, indem Fäden des einen Gewebes stellenweise in das andere greifen; dadurch kann der Stoff auf beiden Seiten verwendet werden.*

op|pel|glei|sig ⟨Adj.⟩: **1.** *auf zwei Gleisen befahrbar:* die Strecke ist d. **2.** *zwielichtig:* eine -e Politik.

op|pel|grab, das: **1.** *Grabstelle für zwei Personen.* **2.** (Kunstwiss.) **a)** *Grab[platte] mit der Darstellung von zwei nebeneinander liegenden Toten (meist einem Ehepaar);* **b)** *Anlage mit zwei durch Säulchen miteinander verbundenen Grabplatten, auf denen oben der aufgebahrte Tote u. unten seine Verwesung dargestellt ist.*

op|pel|haus, das (Bauw.): *großes Haus aus zwei Häusern, die an der gemeinsamen Grenze aneinander gebaut sind, von denen aber jedes auf eigenem Grundstück steht.*

op|pel|haus|hälf|te, die: *Hälfte eines Doppelhauses.*

op|pel|heit, die; -, -en ⟨Pl. selten⟩: *das Doppeltsein; doppeltes Vorhandensein von etw.*

op|pel|he|lix, die ⟨o. Pl.⟩ (Biol.): *Struktur des Moleküls der Desoxyribonukleinsäure.*

op|pel|hoch|zeit, die: *gemeinsame Hochzeit zweier Paare.*

op|pel|kinn, das: *Wulst aus Fettgewebe unter dem Kinn:* ein D. haben.

op|pel|klick, der; -s, -s (EDV): *zweimaliges Anklicken mit der Maustaste.*

op|pel|kon|so|nant, der: *Laut, Schriftzeichen aus zwei [gleichen] Konsonanten* (z. B. ll in Falle, pf in Apfel); *Geminata.*

op|pel|kopf, der ⟨o. Pl.⟩: *Kartenspiel mit vier bis sechs Teilnehmern u. zwei Spielen zu 24 Karten:* D. spielen.

op|pel|korn, der: *[2]Korn mit einem Alkoholgehalt von mindestens 38 Vol.-%.*

op|pel|kur|ve, die: *zwei in entgegengesetzter Richtung unmittelbar aufeinander folgende Kurven.*

op|pel|lauf, der: *zwei nebeneinander angeordnete Gewehrläufe.*

op|pel|läu|fig ⟨Adj.⟩: *mit zwei Gewehrläufen ausgestattet:* ein -es Gewehr.

op|pel|laut, der: **1.** *Diphthong.* **2. a)** *Doppelkonsonant;* **b)** *Doppelvokal.*

op|pel|le|ben, das: *Lebensweise, bei der neben die eigentliche bürgerliche Lebensführung eine unbürgerliche, den anderen oft verborgene tritt:* ein D. führen.

op|pel|mit|glied|schaft, die: *gleichzeitige Mitgliedschaft in zwei Parteien, Verbänden o. Ä.*

op|pel|mo|nar|chie, die: *zwei Königreiche unter der Herrschaft eines Regenten:* die habsburgische D. Österreich-Ungarn.

op|pel|mo|ral, die: *verschiedene Grundsätze gelten lassende, zweierlei Maßstäbe anlegende Moral.*

op|pel|mord, der: *(von jmdm.) an zwei Personen begangener Mord.*

op|peln ⟨sw. V.; hat⟩: **1.** (südd., österr.) *besohlen:* Schuhe, Stiefel d. **2.** (EDV) *aus einer Lochkarte zeilenweise ein Duplikat stanzen:* Lochkarten d. **3.** (seltener) *verdoppeln.*

op|pel|na|me, der: *aus zwei [Familien]namen bestehender Name.*

op|pel|pack, der: *Packung, die zwei Stück von einer Ware bzw. zwei Packungen gleichen Inhalts enthält:* Würstchen, Joghurt im D.

Dọp|pel|pad|del, das: *Paddel mit je einem breiten, flachen Ende, das sitzend geführt wird.*

Dọp|pel|part|ner, der (Tennis, Tischtennis, Badminton): *Partner beim Doppel.*

Dọp|pel|part|ne|rin, die: w. Form zu ↑Doppelpartner.

Dọp|pel|pass, der: **1.** (Fußball) *zwei aufeinander folgende Pässe, von denen der erste an einen Mitspieler gegeben wird, der den Ball sofort wieder an den ersten Spieler zurückpasst.* **2.** (ugs.) *doppelte Staatsbürgerschaft:* der D. wird als Mittel zur Integration ausländischer Mitbürger angesehen.

Dọp|pel|punkt, der [für lat. colon, ↑Kolon]: **1.** *Satzzeichen in Form zweier übereinander stehender Punkte, das der Ankündigung von direkter Rede, Aufzählungen, Zusammenfassungen, Folgerungen o. Ä. dient.* **2.** *(in der Lautschrift) grafisches Zeichen in Form zweier übereinander stehender Punkte zur Kennzeichnung eines langen Vokals.*

Dọp|pel|rei|her, der: *Zweireiher.*

Dọp|pel|ritt|ber|ger, der (Eis-, Rollkunstlauf): *doppelter Rittberger.*

Dọp|pel|rol|le, die: *zwei verschiedene, von einem Darsteller gespielte Rollen in einem Theaterstück od. Film.*

Dọp|pel|run|de, die (Sport): *Spielrunde, bei der sich die Gegner in je zwei Heim- u. Auswärtsspielen gegenüberstehen.*

Dọp|pel|sai|te, die: *zwei direkt nebeneinander angebrachte, gleich gestimmte Saiten, die zusammen angeschlagen werden.*

Dọp|pel|sal|to, der (Turnen): *Salto mit zwei Umdrehungen.*

Dọp|pel|salz, das (Chemie): *Verbindung, die aus zwei verschiedenen Salzen auskristallisiert ist u. in Lösungen wieder in Ionen zerfällt.*

Dọp|pel|schicht, die: *zwei Arbeitsschichten nacheinander.*

dọp|pel|schlä|fig, dọp|pel|schläf|rig ⟨Adj.⟩: *(auf einer Couch o. Ä.) einen Schlafplatz für zwei Personen bietend:* ein -es Bett.

Dọp|pel|schlag, der: **1.** (Musik) *Verzierung, bei der die Hauptnote in einer Viererfigur durch die obere u. untere Sekunde umspielt wird* (Zeichen: ∾). **2.** (Tennis, Tischtennis, Badminton) *Schlag, bei dem der Ball zweimal hintereinander berührt wird.*

Dọp|pel|sei|te, die (Zeitungsw.): *zwei nebeneinander liegende Seiten, die ein Thema umfassen.*

dọp|pel|sei|tig ⟨Adj.⟩: **1.** *zwei Seiten, eine Doppelseite umfassend:* eine -e Anzeige. **2.** *die rechte u. die linke [Körper]seite betreffend, beidseitig:* eine -e Lungenentzündung.

Dọp|pel|sieg, der: *Doppelerfolg.*

Dọp|pel|sinn, der: *Doppeldeutigkeit* (1): der D. eines Wortes, einer Frage.

dọp|pel|sin|nig ⟨Adj.⟩: *doppeldeutig* (a): eine -e Antwort.

Dọp|pel|sin|nig|keit, die; -: *Doppeldeutigkeit* (1).

Dọp|pel|spiel, das: **1.** (abwertend) *Verhalten, bei dem einem andern gegenüber Aufrichtigkeit nur vorgetäuscht, er in Wirklichkeit aber hintergangen wird:* jmds. D. durchschauen; * **mit jmdm. ein D. treiben** *(jmdn. hintergehen, unehrlich mit jmdm. verfahren).* **2.** (Tennis, Tischtennis, Badminton) *Doppel* (2 a).

Dọp|pel|spit|ze, die: **1.** *gemeinsames Innehaben eines hohen Amtes durch zwei Personen.* **2.** (Fußball) *zwei gemeinsam auf der Position der Spitze* (2 b) *spielende Stürmer.*

Dọp|pel|sprung, der (Sport, bes. Eis-, Rollkunstlauf): *Sprung mit zweifacher Drehung.*

Dọp|pel|staa|ter, der; -s, -: *jmd., der zwei Staatsangehörigkeiten besitzt.*

Dọp|pel|staa|te|rin, die; -, -nen: w. Form zu ↑Doppelstaater.

Dọp|pel|ste|cker, der (Elektrot.): *Stecker mit zwei Anschlüssen für elektrische Geräte.*

Dọp|pel|stern, der: *zwei nahe beieinander stehende Sterne [die sich um einen gemeinsamen Schwerpunkt bewegen].*

dọp|pel|stö|ckig ⟨Adj.⟩: *aus zwei Geschossen bestehend, mit zwei übereinander liegenden Ebenen konstruiert:* ein -es Haus; ein -er Bus; Ü (ugs.:) ein -er Whisky.

Dọp|pel|stock|om|ni|bus, der: *doppelstöckiger Omnibus.*

Dọp|pel|stra|te|gie, die: *zwei für jeweils verschiedene politische Ziele, Personen entworfene, angewendete Strategien.*

Dọp|pel|stu|di|um, das: *zwei parallel laufende Studiengänge in zwei verschiedenen Fachrichtungen* (z. B. Philologie u. Medizin).

Dọp|pel|stun|de, die: *Unterrichtsstunde, die doppelt so lange dauert wie eine einfache.*

dọp|pelt ⟨Adj.⟩ [niederrhein. (15. Jh.) dobbel, dubbel < (m)frz. double < lat. duplus = zweifach, doppelt, 1. Bestandteil zu: duo = zwei, 2. Bestandteil verw. mit ↑falten (eigtl. = zweifach gefaltet); das t sekundär aus dem 2. Part. von ↑doppeln]: **1.** *zwei in einem; zweimal der-, die-, dasselbe; zweifach:* die -e Länge; -es Gehalt beziehen; -e Ration; (Kaufmannsspr.:) -e Buchführung; einen -en Klaren trinken; eine -e Verneinung *(sich aufhebende Verneinung durch zwei Negationswörter;* z. B. es gibt keinen, der das nicht wüsste = jeder weiß das); ein -er (Sport; *zweifach gedrehter)* Axel, Rittberger; d. verglaste Fenster; ich habe das Programm d.; ein d. wirkendes Mittel; der Stoff liegt d. *(ist in zweifacher Breite aufgewickelt);* d. *(noch einmal)* so groß wie ich; ⟨subst.:⟩ die Kosten sind auf das, ums Doppelte gestiegen; einen Doppelten (ugs.; *einen doppelten Schnaps)* trinken; **R** (ugs.:) das ist d. gemoppelt *(unnötigerweise zweifach ausgedrückt;* scherzh. Bildung zur Bez. der überflüssigen Verdopplung); d. [genäht] hält besser; Ü eine Komödie mit -em Boden *(eine doppelbödige Komödie);* * **d. sehen** (ugs.; *betrunken sein);* **d. und dreifach** (ugs.; *über das Notwendige hinausgehend):* etw. d. und dreifach sichern. **2.** *besonders groß, stark; ganz besonders:* mit -em Eifer; das zählt d. *(fällt besonders ins Gewicht, muss man jmdm. besonders hoch anrechnen).*

Dọp|pel|tref|fer, der: **1.** *doppelter Treffer* (2). **2.** (Fechten) *Treffer, den beide Fechter gleichzeitig anbringen.*

Dọp|pel-T-Trä|ger, der (Bauw.): *Stahlträger in Form eines doppelten T, ähnlich der römischen Zahl I.*

Dọp|pel|tür, die: *Tür, die (zur besseren Isolierung) aus zwei hintereinander angebrachten Türen besteht.*

dọp|pel|tü|rig ⟨Adj.⟩: *mit einer Doppeltür versehen.*

dọp|pelt wir|kend: s. doppelt (1).

Dọp|pe|lung, Dopplung, die: *das Doppeln.*

Dọp|pel|ver|die|ner, der: **1.** ⟨meist Pl.⟩ *jmd., der wie sein [Ehe]partner berufstätig ist u. somit über ein hohes Einkommen verfügt.* **2.** *jmd., der Einkommen aus zwei beruflichen Tätigkeiten hat.*

Dọp|pel|ver|die|ne|rin, die: w. Form zu ↑Doppelverdiener (2).

Dọp|pel|ver|dienst, der: *gemeinsames Einkommen berufstätiger Eheleute.*

Dọp|pel|ver|gla|sung, die: *zweifache Verglasung, bes. von Fenstern, wobei zwei Einzelscheiben im Rahmen hintereinander angeordnet sind.*

Dọp|pel|vo|kal, der: *Laut, Schriftzeichen aus zwei gleichen Vokalen* (z. B. oo in Moor).

Dọp|pel|wand, die: *aus zwei Wänden bestehende Trennwand.*

dọp|pel|wan|dig ⟨Adj.⟩: *mit einer Doppelwand versehen:* -e Häuser.

Dọp|pel|zent|ner, der: *zwei Zentner, 100 kg* (Zeichen: dz, österr. u. schweiz. q).

Dọp|pel|zim|mer, das: *Zimmer mit zwei [zusammenstehenden] Betten (in Hotels, Gasthäusern o. Ä. od. Krankenhäusern):* ein D. bestellen.

dọp|pel|zün|gig ⟨Adj.⟩ (abwertend): *sich mehreren Personen gegenüber über etw. unterschiedlich äußernd:* eine -e Politik, Aussage; d. sein, reden.

D

Dop|pel|zün|gig|keit, die; -, -en (abwertend): 1. ⟨o. Pl.⟩ *das Doppelzüngigsein; doppelzüngiges Sichäußern.* 2. *doppelzüngige Äußerung.*

Dop|pik, die; - [Kunstwort]: *doppelte Buchführung.*

Dopp|ler, der; -s, - [zu ↑doppeln (1)] (südd., österr.): 1. *erneuerte Schuhsohle.* 2. *Zweiliterflasche.*

Dopp|ler|ef|fekt, der ⟨o. Pl.⟩ [nach dem österr. Physiker u. Mathematiker Chr. Doppler (1803–1853)] (Physik): *Frequenzänderung je nach der abnehmenden od. zunehmenden Entfernung eines Erzeugers von Schall- od. Lichtwellen.*

Dopp|lung: ↑Doppelung.

dop|sen ⟨sw. V.; ist⟩ [zu landsch. doppen = flüchtig berühren (vom aufprallenden Gummiball), vgl. tupfen] (landsch.): *aufprallen u. hochspringen:* der Gummiball dopst nicht richtig.

Do|ra|de, die; -, -n [frz. dorade, zu: dorer = vergolden < lat. deaurare]: *Goldmakrele.*

Do|ra|do: ↑Eldorado.

Do|rer usw.: ↑Dorier usw.

Dorf, das; -[e]s, Dörfer [mhd., ahd. dorf = bäuerliche Siedlung; Einzelhof, urspr. viell. = Balkenbau, Haus]: 1. *ländliche Ortschaft, kleinere Siedlung mit oft bäuerlichem Charakter* (3 a): ein altes, abgelegenes, stilles, verträumtes D.; auf dem D. wohnen; vom D. stammen; von D. zu D. ziehen; diese Stadt ist ein richtiges D. (abwertend; *ihr fehlt das eigentlich städtische Leben u. Treiben*); *** globales D.** (*Welt, die durch die Verbreitung der Massenkommunikationsmittel und die dadurch bedingte Verflechtung, Vernetzung der einzelnen Staaten u. ihrer Bürger gekennzeichnet ist;* nach dem Soziologen H. M. McLuhan [1911–1980]); **olympisches D.** *(Wohngebiet der Teilnehmer an einer Olympiade);* **potemkinsche,** (auch:) **Potemkin'sche Dörfer** (*etw. Vorgetäuschtes, in Wirklichkeit gar nicht Existierendes;* nach dem Fürsten Potemkin, der der Kaiserin Katharina II. bei einem Besuch auf der Krim durch Errichtung von Fassaden Dörfer vorgetäuscht haben soll, um den wahren Zustand dieses Gebietes zu verdecken); **jmdm./für jmdn. böhmische Dörfer, ein böhmisches D. sein** (*für jmdn. unverständlich, unbekannt sein;* mit vielen tschechischen Ortsnamen im zum Deutschen Reich gehörenden Königreich Böhmen konnten aufgrund des fremden Klanges viele Deutsche keine inhaltliche Vorstellung verbinden): diese chemischen Formeln sind für mich böhmische Dörfer; **auf/über die Dörfer gehen** (ugs.; *etw. umständlich tun, erzählen*); **auf die Dörfer gehen** (Skat; *Farben statt Trumpf, dabei meist Karten mit niedrigem Wert ausspielen;* wohl von den Hausierern, die ihre Ware in den Dörfern abzusetzen versuchen, weil ihnen in der Stadt kaum etwas abgekauft wird, od. auch von weniger qualifizierten Theatergruppen, die von Dorf zu Dorf ziehen müssen); **aus/in jedem D. einen Hund haben** (Skat; *Karten jeder Farbe haben, d. h. nicht über die notwendige Zahl einer Farbe verfügen*); **nie aus seinem D. herausgekommen sein** *(einen beschränkten Horizont haben).* 2. *Gesamtheit der Dorfbewohner:* das ganze D. war auf den Beinen; ein Wettbewerb zwischen mehreren Dörfern.

Dorf|äl|tes|te, der: 1. *Ältester im Dorf.* 2. (veraltet) *Dorfschulze.*

Dorf|be|woh|ner, der: *Bewohner eines Dorfes.*

Dorf|be|woh|ne|rin, die: w. Form zu ↑Dorfbewohner.

Dörf|chen, das; -s, -: Vkl. zu ↑Dorf (1).

Dorf|ge|mein|de, die: *aus einem od. mehreren Dörfern bestehende Gemeinde.*

Dorf|ge|mein|schaft, die: *Gesamtheit der Bewohner eines Dorfes.*

dör|fisch ⟨Adj.⟩ (seltener, meist abwertend): *bäurisch, nicht sehr kultiviert.*

Dorf|ju|gend, die: *in einem Dorf aufwachsende Jugend* (3).

Dorf|kir|che, die: *Kirche eines Dorfs.*

Dorf|krug, der (landsch., bes. nordd.): *Gaststätte in einem Dorf.*

Dörf|lein, das; -s, -: Vkl. zu ↑Dorf (1).

Dörf|ler, der; -s, -: *jmd., der in einem Dorf wohnt, aufgewachsen ist [u. durch das Leben in einem Dorf geprägt ist].*

Dörf|le|rin, die; -, -nen: w. Form zu ↑Dörfler.

dörf|lich ⟨Adj.⟩: 1. *ein Dorf betreffend, zu ihm gehörend:* -e Bauten, Ereignisse. 2. *einem Dorf entsprechend, auf dem Dorf üblich; für ein Dorf, das Leben in einem Dorf charakteristisch:* -e Feste, Sitten; sehr d. leben.

Dorf|lin|de, die: *auf dem früheren Gerichtsplatz od. der dörflichen Versammlungsstätte als Mittelpunkt des Rechts- u. Gemeinschaftslebens gepflanzte alte Linde.*

Dorf|platz, der: *zentraler Platz in einem Dorf.*

Dorf|schaft, die; -, -en (schweiz.): *Dorf, dörfliche Ortschaft.*

Dorf|schen|ke, die (veraltend): *Schenke in einem Dorf.*

Dorf|schö|ne, Dorf|schön|heit, die (spött.): *hübsches Mädchen vom Dorf.*

Dorf|schu|le, die: *früher oft einklassige Schule auf dem Lande.*

Dorf|schul|meis|ter, der (veraltet, noch scherzh.): *Dorfschullehrer.*

Dorf|schul|ze, der (veraltet): *Bürgermeister eines Dorfes.*

Dorf|teich, der: *oft an einem zentralen Platz liegender Teich in einem Dorf.*

Dorf|trot|tel, der: *in einem Dorf durch geistige Behinderung u. ein entsprechendes Verhalten auffallender Mensch.*

Do|ria: ↑Donner.

Do|ri|er, Dorer, der; -s, -: Angehöriger eines altgriechischen Volksstammes.

Do|ri|e|rin, Dorerin, die; -, -nen: w. Form zu ↑Dorier, Dorer.

do|risch ⟨Adj.⟩: *die [Kunst der] Dorer betreffend:* -e Säule *(altgriechische Säule ohne Basis, mit kanneliertem Schaft u. wulstförmigem Kapitell unter einer Deckplatte);* -e Tonart *(altgriechische Stammtonart, aus der sich die auf dem Grundton d stehende Haupttonart des mittelalterlichen Tonsystems entwickelte).*

Dorn, der; -[e]s, -en (ugs. auch: Dörner) u. (Technik:) -e [mhd., ahd. dorn, eigtl. = der Starre, Steife]: 1. ⟨Pl. Dornen⟩ a) *spitzer, harter Pflanzenteil (bes. am Pflanzenstiel):* einen D. entfernen, ausziehen; sich einen D. in den Fuß treten; sich an den -en stechen; Ü ihr Lebensweg war voller -en (geh.; *Leiden*); *** jmdm. ein D. im Auge sein** (*jmdm. ein Ärgernis sein;* nach 4. Mos. 33, 55); b) (Bot.) *zu einem spitzen, starren Gebilde umgewandeltes Blatt (bzw. Blattteil, Wurzel) im Unterschied zum Stachel* (z. B. bei der Schlehe). 2. (dichter.) *Dornbusch:* weiß, rot blühender D. 3. ⟨Pl. Dorne⟩ a) *dornartiges Metallstück, Metallstift:* -e unter den Spitzen sollen das Rutschen verhindern; b) *Werkzeug, das aus einem spitz auslaufenden Rundstahl besteht u. zum Erweitern von Löchern, Herausschlagen von Nieten o. Ä. dient;* c) (Technik) *Rundstahl zum Rundbiegen von Blechen u. Ä.*

Dorn|busch, der: *Strauch mit Dornen.*

Dörn|chen, das; -s, -: Vkl. zu ↑Dorn.

dor|nen|ge|krönt ⟨Adj.⟩: *eine Dornenkrone tragend:* das -e Haupt Christi.

Dor|nen|he|cke, die: *Hecke aus Dornensträuchern.*

Dor|nen|kro|ne, die: *aus Dornenzweigen geflochtener Kranz, mit dem Christus zum Spott gekrönt wurde.*

dor|nen|reich ⟨Adj.⟩: *durch Leiden u. mancherlei Schwierigkeiten gekennzeichnet:* ein -es Leben.

Dor|nen|strauch, der: *Strauch mit Dornen.*

dor|nen|voll ⟨Adj.⟩: *dornenreich.*

Dor|nen|weg, der (geh.): *Leidensweg, durch Schwierigkeiten u. Mühsal gekennzeichneter Prozess.*

Dor|nen|zweig, der: *Zweig mit Dornen.*

Dorn|fel|der, der; -s, - [H. u.]: a) *bes. in Deutschland angebaute neuere Rebsorte, aus der Rotwein gekeltert wird;* b) *aus den Trauben des Dornfelders (a) gekelterter Rotwein.*

Dorn|fort|satz, der (Anat.): *nach hinten gerichteter Fortsatz eines Wirbels.*

Dorn|hai, der: *großer Hai mit kräftigem Stachel vor jeder der beiden Rückenflossen.*

dor|nig ⟨Adj.⟩ [mhd. dornec, ahd. dornac]: 1. *mit Dornen besetzt; Dornen aufweisend:* -e Zweige, Sträucher. 2. (geh.) *schwierig, voller Schwierigkeiten:* eine -e Sache; der Weg zur Erkenntnis ist d.

Dorn|rös|chen, das: *Gestalt des Volksmärchens, die durch eine Fee in einen hundertjährigen Schlaf in einem von einer hohen Dornenhecke umgebenen Schloss versenkt wird.*

Dorn|rös|chen|schlaf, der: *untätiges, verträumtes Dasein.*

Dör|re, die; -, -n (landsch.): *Darre* (1 a).

dor|ren ⟨sw. V.; ist⟩ [mhd. dorren, ahd. dorrēn = dürr werden, zu ↑dürr] (geh.): *trocken werden, verdorren.*

dör|ren ⟨sw. V.⟩ [mhd. derren, ahd. derran, darran Kausativ zu einem Verb mit der Bed. »verdorren«; die nhd. Form mit ö durch Anlehnung an ↑dorren]: 1. *dürr machen, austrocknen, ausdorren* ⟨hat⟩: die Hitze dörrt den Rasen; gedörrtes Obst. 2. *dürr, trocken werden, dorren* ⟨ist⟩: der Stockfisch dörrt an der Luft.

Dörr|fleisch, das: *von Fleisch durchwachsener Speck.*

Dörr|ge|mü|se, das: *gedörrtes Gemüse.*

Dörr|obst, das: *gedörrtes Obst, Backobst.*

Dörr|pflau|me, die: *gedörrte Pflaume; Backpflaume.*

dor|sal ⟨Adj.⟩ [spätlat. dorsalis = zum Rücken gehörend, zu lat. dorsum = Rücken]: 1. (Med.) *zum Rücken gehörend, an der Rückseite, zur Rückseite hin [gelegen]; rückseitig.* 2. (Phon.) *(von Lauten) mit dem Zungenrücken gebildet.*

Dor|sal, der; -s, -e (Sprachw.): *mit dem Zungenrücken gebildeter Laut.*

Dor|sal|laut, der: *Dorsal.*

Dorsch, der; -[e]s, -e [mniederd. dorsch < aisländ. þorskr, wahrsch. verw. mit ↑dürr (der Fisch wird häufig getrocknet, ↑Stockfisch)]: 1. a) *junger Kabeljau;* b) *kleiner, in der Ostsee vorkommender Kabeljau.* 2. *in mehreren Arten vorkommender Dorschfisch mit meist kräftigem Körper, drei Rücken- u. zwei Schwanzflossen.*

Dorsch|fisch, der: *(in sehr vielen Arten vorkommender, fast nur im Meer lebender) Knochenfisch mit meist drei Rücken- u. zwei Schwanzflossen* (z. B. Dorsch 2).

dor|si|ven|tral ⟨Adj.⟩ [zu lat. dorsum = Rücken u. ↑ventral] (Biol.): *(von Pflanzenteilen od. Tieren) einachsig symmetrisch* (z. B. Tiere mit spiegelbildlich gleichen Flanken, aber verschiedener Rücken- u. Bauchseite).

dor|so|ven|tral ⟨Adj.⟩ (Anat., Biol.): *vom Rücken zum Bauch hin [gelegen].*

dort ⟨Adv.⟩ [mhd. dort, ahd. dorot, darot, zu mhd. dar[e], ahd. dara = dahin, urspr. = dorthin]: *an jenem Platz, Ort; da:* d. oben, drüben, hinten, im Regal; ich bin bis Sonntag d., möchte bis Sonntag d. bleiben; der Arzt im Krankenhaus wollte ihn gleich d. behalten (ugs. *stationär aufnehmen*); wer ist d.?; ich komme gerade von d. *(dorther);* von d. aus können Sie mich anrufen.

dort be|hal|ten, dort blei|ben: s. dort.

dor|ten ⟨Adv.⟩ (veraltet, noch österr.): *dort.*

dort|her ⟨Adv.⟩: *von dort:* ich komme gerade d.

dort|hin ⟨Adv.⟩: *nach dort:* stell dich d.!; welcher Bus fährt d.?

dort|hi|nab ⟨Adv.⟩: *an jene Stelle, an jenen Ort hinab:* d. führt der Weg.

dort|hi|nauf ⟨Adv.⟩: *an jene Stelle, an jenen Ort hinauf:* d. ist der Weg sehr steil.

dort|hi|naus ⟨Adv.⟩: *in jene Richtung hinaus:* d. kommen Sie auf die Autobahn; *** bis d.** (ugs.; *sehr, maßlos, ganz besonders*): er ist frech bis d.

dort|hi|nein ⟨Adv.⟩: *in jenen Raum, Bereich o. Ä. hinein.*

dort|hi|nun|ter ⟨Adv.⟩: *an jene Stelle, an jenen Ort hinunter.*

or|tig ⟨Adj.⟩: *dort befindlich, anzutreffen, geschehen:* die -en Ämter, Vorgänge, Verhältnisse.

ort|mund: Stadt im Ruhrgebiet.

Dort|mun|der, der, -s, -: Ew.

Dort|mun|der ⟨indekl. Adj.⟩.

ort|mun|de|rin, die; -, -nen: w. Form zu ↑[1]Dortmunder.

ort|selbst ⟨Adv.⟩ (veraltend): *an dem bereits genannten Ort, ebendort, daselbst.*

ort|zu|land (auch: dort zu Land), **dort|zu|lan|de** (auch: dort zu Lande) ⟨Adv.⟩ (geh.): *in jenem Land* (meist in Bezug auf etw. dafür Charakteristisches): die Sitten und Gebräuche d.

os à dos [doza'do:] ⟨Adv.⟩ [frz., zu: dos = Rücken] (bildungsspr.): *Rücken an Rücken:* sie standen d. à d.

ös|chen, das; -s, -: Vkl. zu ↑Dose.

o|se, die; -, -n [aus dem Niederrhein. < mniederd., mniederl. dose = Behälter zum Tragen, Lade, Koffer; H. u.]: **1.** *kleiner [runder] Behälter mit Deckel:* eine ovale D. [aus Porzellan]. **2.** kurz für ↑Konservendose: eine D. Erbsen; Bier, Wurst in -n. **3.** kurz für ↑Steckdose; in der D. ist kein Strom; den Stecker aus der D. ziehen. **4.** (vulg.) *Vulva.* **5.** (seltener) *Dosis.*

ö|sen ⟨sw. V.; hat⟩ [aus dem Niederd., dafür mhd. dösen = schlummern, verw. mit ↑Dunst] (ugs.): **1.** *leicht, nicht tief schlafen; sich in einem Zustand von Halbschlaf befinden:* ich schloss die Augen und döste. **2.** *halb wie im Traum vor sich hin blicken, ohne seine Aufmerksamkeit auf jmdn. od. etw. zu richten:* im Unterricht döste er [vor sich hin].

o|sen|bier, das: *in Dosen abgefülltes Bier.*

o|sen|fer|tig ⟨Adj.⟩: *in einer Dose zum Verzehr fertig:* -e Eintopfgerichte.

o|sen|fleisch, das: *in Dosen konserviertes Fleisch.*

o|sen|milch, die: *Kondensmilch.*

o|sen|öff|ner, der: *Gerät zum Öffnen von Konservendosen.*

o|sen|sup|pe, die: vgl. Dosenfleisch.

o|sen|wurst, die: vgl. Dosenfleisch.

o|sier|bar ⟨Adj.⟩: *sich genau dosieren lassend:* eine genau -e Menge.

o|sier|bar|keit, die; -: *das Dosierbarsein:* dieser Mechanismus erleichtert die D.

o|sie|ren ⟨sw. V.; hat⟩ [frz. doser, zu: dose = abgemessene Menge < mlat. dosis, ↑Dosis]: *in der für erforderlich gehaltenen Menge, Dosis ab-, zumessen, zuführen:* ein Medikament, Mittel d.; jmdn. mit hoch dosierten Medikamenten behandeln; eine richtig, genau dosierte Menge.

o|sie|rung, die; -, -en: **1.** *das Dosieren:* die exakte D. des Medikaments ist unerlässlich. **2.** *abgemessene, dosierte Menge von etw.:* ein Medikament in der richtigen D. verabreichen.

ö|sig ⟨Adj.⟩ [aus dem Niederd. < mniederd. dösich; vgl. dösen] (ugs.): **a)** *nicht ganz wach; benommen, schläfrig:* jmd., jmdm. ist ganz d.; die Hitze macht einen ganz d.; **b)** *stumpfsinnig u. unaufmerksam seiner Umgebung gegenüber:* ein -er Schüler, Blick.

o|si|me|ter, das; -s, - [zu griech. dósis, ↑Dosis]: *Gerät zur Messung der vom Menschen aufgenommenen Menge an radioaktiven Strahlen.*

o|si|me|trie, die; - (Physik, Chemie, Med.): *Messung der Energiemenge von ionisierenden Strahlen.*

o|sis, die; -, Dosen [mlat. dosis = Gabe < griech. dósis]: *entsprechende, zugemessene [Arznei]menge:* die tägliche, eine schwache, eine tödliche D.; Ü eine gehörige D. Eitelkeit; jmdm. etw. in kleinen Dosen verabreichen, beibringen (ugs.; *schonend nach u. nach mitteilen*).

ös|kopp, der; -s, ...köppe [zu ↑dösen u. niederd. Kopp = Kopf] (nordd., abwertend): *unaufmerksamer Mensch, der kaum zu etw. zu gebrauchen ist.*

os|sier [dɔ'sje:], das (veraltet: der); -s, -s [frz. dossier, zu: dos = Rücken, nach dem Rückenschild]: *umfänglichere Akte, in der alle zu einer Sache, einem Vorgang gehörenden Schriftstücke gesammelt sind:* ein D. [über jmdn.] anlegen; belastendes Material in einem D. sammeln; man hatte den Minister mit -s *(Unterlagen, Schriftstücken)* über Korruption und Misswirtschaft versorgt.

Dost, der; -[e]s, -e [mhd. doste = Dost; Strauß, Büschel, ahd. dost(o) = Dost, eigtl. = Büschel (nach den büscheligen Blütenständen), urspr. wohl = Geschwollenes, Schwellendes]: *(zu den Lippenblütlern gehörende) als Staude od. Halbstrauch wachsende Pflanze mit kleinen Blättern u. meist rötlichen Blüten, die als Gewürz u. zu Heilzwecken verwendet wird; Origanum.*

Do|ta|ti|on, die; -, -en [mlat. dotatio = Ausstattung, zu lat. dotare, ↑dotieren] (bildungsspr.): **a)** *Schenkung, Zuwendung von Geld od. anderen Vermögenswerten;* **b)** (selten) *Mitgift.*

do|tie|ren ⟨sw. V.; hat⟩ [lat. dotare = ausstatten]: **1.** *(in Bezug auf gehobene berufliche Positionen) in bestimmter Weise bezahlen:* wir werden die Position mit 10 000 Mark d.; ⟨meist im 2. Part.:⟩ eine sehr gut dotierte Position. **2.** *mit einer bestimmten Geldsumme o. Ä. ausgestalten:* einen Preis mit 20 000 Mark d.; ⟨meist im 2. Part.:⟩ eine reich dotierte Stiftung.

Do|tie|rung, die; -, -en: **1.** *das Dotieren.* **2.** *Entgelt, Gehalt für eine gehobene berufliche Tätigkeit.*

Dot|ter, der, auch: das; -s, - [mhd. toter, ahd. totoro, viell. eigtl. = Zitterer, nach der gallertartigen Beschaffenheit]: **1.** (Zool.) *in tierischen Eizellen enthaltene nährende Substanz für den Keimling:* der Embryo nährt sich vom D. **2.** *vom Eiweiß umgebene gelbe, kugelige Masse des Vogeleis, bes. des Hühnereis; Eigelb:* den D. vom Eiweiß trennen.

Dot|ter|blu|me, die: kurz für ↑Sumpfdotterblume.

dot|ter|gelb ⟨Adj.⟩: *kräftig gelb wie der Dotter des Hühnereis:* ein -er Kissenbezug.

Dot|ter|sack, der (Zool.): *den Dotter umhüllendes Organ bei Embryonen von Wirbeltieren.*

dot|zen ⟨sw. V.; hat⟩ [lautm.] (landsch.): *(bes. von einem Ball) aufprallen und hochspringen:* den Ball dotzen lassen.

dou|beln ['du:bl̩n] ⟨sw. V.; hat⟩ [zu ↑Double] (Film): **a)** *einen Darsteller in einer gefährlichen Szene, bei Proben o. Ä. ersetzen, dessen Rolle übernehmen:* einen Hauptdarsteller d.; er hat schon öfter gedoubelt *(als Double gearbeitet);* **b)** *mit einem Double besetzen:* eine Szene d.

Dou|ble ['du:bl̩], das; -s, -s [frz. double = Doppelgänger, ↑doppelt]: **1. a)** (Film) *jmd., der einen Darsteller doubelt:* sie arbeitet beim Film als D. für sportliche Szenen; er stand die Dreharbeiten ohne D. durch; **b)** *Doppelgänger.* **2.** (Musik) *Variation eines Satzes der Suite durch Verzierung der Oberstimme.* **3.** (Sport) *Gewinn der Meisterschaft u. eines weiteren Wettbewerbs durch dieselbe Mannschaft in einem Jahr:* sie schafften das D.

[1]Dou|blé [du'ble:], (auch:) Dublee, das; -s, -s [frz. doublé, subst. 2. Part. von: doubler = doppeln < spätlat. duplare, zu lat. duplus, ↑doppelt]: **1.** *unedles Metall mit einem dünnen Überzug aus Edelmetall (bes. Gold):* eine Uhr, ein Armband aus, in D. **2.** *Stoß beim Billardspiel.*

[2]Dou|blé [du'ble:], der; -[s], -s (Fechten): *Doppeltreffer beim Degenfechten.*

Dou|ble|bind ['dʌblbaɪnd], das; -[s], -s, (auch:) **Dou|ble Bind,** das; - -[s], - -s [engl. double bind, eigtl. = »Dilemma«] (Psych.): *[Verwirrung u. Orientierungslosigkeit hervorrufende] Beziehung, Bindung zwischen einander nahe stehenden, meist sozial voneinander abhängigen Personen, bei der die eine Person sich der anderen gegenüber widersprüchlich äußert u. verhält.*

Dou|glas|fich|te ['du:glas-], die: *Douglasie.*

Dou|gla|sie [du'gla:zi̯ə], die; -, -n [nach dem schott. Botaniker D. Douglas (1798–1834)]: *(zu den Kieferngewächsen gehörender) hoher, schnell wachsender Nadelbaum mit weichen, an der Unterseite weißlich gestreiften Nadeln.*

Dou|glas|tan|ne ['du:glas...], die: *Douglasie.*

do ut des [lat. = ich gebe, damit du gibst]: **1.** altrömische Rechtsformel für gegenseitige Verträge oder Austauschgeschäfte. **2.** Ausdruck dafür, dass mit einer Gegengabe od. einem Gegendienst gerechnet wird.

Do|ver: engl. Hafenstadt am Ärmelkanal.

Dow-Jones ['daʊ'dʒoʊnz], der; -, **Dow-Jones-Ak|ti|en|in|dex, Dow-Jones-In|dex,** der ⟨o. Pl.⟩ [nach der amerik. Firma Dow, Jones & Co., die den Index ermittelt] (Wirtsch.): *Verzeichnis, Aufstellung der errechneten Durchschnittskurse der dreißig wichtigsten Aktien in den USA.*

down [daʊn] ⟨Adj.⟩ [engl. down, eigtl. = hinunter] (ugs.): *sich körperlich, seelisch auf einem Tiefstand befindend; zerschlagen, ermattet; niedergeschlagen, bedrückt:* d. sein.

Down|load ['daʊnloʊd] der; -s, -s [engl., ↑downloaden] (EDV): *das Herunterladen.*

down|loa|den ['daʊnloʊdn̩] ⟨sw. V.; hat⟩ [engl. to download = herunterladen] (EDV): *herunterladen.*

Down|syn|drom ['daʊn...], das ⟨o. Pl.⟩ [nach dem brit. Arzt J. L. H. Down (1828–1896)]: *Krankheitsbild, das genetisch bedingt und durch teils schwerwiegende Entwicklungshemmungen und Veränderungen des Erscheinungsbildes eines Menschen gekennzeichnet ist.*

Do|xo|lo|gie, die; -, -n [mlat. doxologia < griech. doxología = das Rühmen]: *Lobpreisung Gottes, der Dreifaltigkeit in der christlichen Liturgie:* die D. singen.

Do|yen [do̯a'jɛ̃:], der; -s, -s ⟨Pl. selten⟩ [frz. doyen = Ältester, Dekan < lat. decanus, ↑Dekan]: *dienstältester diplomatischer Vertreter u. meist Sprecher eines diplomatischen Korps:* Ü er ist zum D. in der gesamten Medienlandschaft aufgerückt.

Do|yenne [...'jɛn], die; -, -n [...nən] ⟨Pl. selten⟩ [frz. doyenne]: w. Form zu ↑Doyen.

Doz. = Dozent.

Do|zent, der; -en, -en [zu lat. docens (Gen. docentis), 1. Part. von: docere, ↑dozieren]: **a)** *Lehrender an einer Hochschule, Fachhochschule, Volkshochschule u. a. Einrichtungen, bes. in der beruflichen Aus- und Weiterbildung;* **b)** kurz für ↑Privatdozent.

Do|zen|tin, die; -, -nen: w. Form zu ↑Dozent.

Do|zen|tur, die; -, -en: **a)** *akademischer Lehrauftrag:* eine D. übernehmen, erhalten; **b)** *Stelle für einen Dozenten an einer Hochschule o. Ä.:* eine neue D. einrichten.

do|zie|ren ⟨sw. V.; hat⟩ [lat. docere, ↑Doktor]: **1.** *an einer Hochschule o. Ä. lehren, Vorlesungen halten:* an einer Universität, über Psychologie d. **2.** *in lehrhaftem Ton reden:* er hat immer die Neigung zu d.; in dozierendem Ton sprechen.

DP = Deutsche Post.

Dpf = Deutscher Pfennig.

dpt, Dptr. = Dioptrie.

Dr = Drachme.

DR = Deutsche Reichsbahn.

Dr. = Doktor.

d. R. = der Reserve; des Ruhestandes.

Dra|che, der; -n, -n [mhd. trache, ahd. trahho < lat. draco < griech. drákōn]: *geflügeltes, Feuer speiendes, echsenartiges Fabeltier [mit mehreren Köpfen]; Lindwurm:* Siegfrieds Kampf mit dem -n.

Dra|chen, der; -s, - [Nebenf. von ↑Drache; 1: die ältesten, seit dem 5. Jh. v. Chr. in China verwendeten Drachen bestanden aus mehreren Teilen, deren größter von der Form her dem Kopf eines Drachen ähnelte]: **1.** *an einer Schnur od. einem dünnen Draht gehaltenes, mit Papier, Stoff o. Ä. bespanntes Gestell, das vom Wind nach oben getragen wird u. sich in der Luft hält:* einen D. basteln, steigen lassen; die Messgeräte der Meteorologen werden von einem D. in die Höhe getragen. **2.** (salopp abwertend) *zänkische Frau:* sie ist ein [furchtbarer] D. **3.** *von drei Personen zu segelndes Boot mit Kiel für den Rennsegelsport.* **4.** *großes, deltaförmiges Fluggerät, das aus einem mit Kunststoffgewebe bespannten Rohrgerüst besteht.*

Dra|chen|baum, der [nach dem ↑Drachenblut (2)

genannten Harz des Strauches]: *(zu den Liliengewächsen gehörender auf den Kanarischen Inseln beheimateter) Baum mit langen, schmalen Blättern u. grünlich weißen Blüten.*

Dra|chen|blut, das: 1. *der Sage nach besondere Kraft verleihendes Blut des Drachen.* 2. *(aus bestimmten Pflanzen gewonnenes) rotes Harz in fester Form, das zu Lacken, medizinischen Pflastern, zum Färben von Papier o. Ä. verwendet wird.*

Dra|chen|boot, das: *Drachen* (3).

Dra|chen|flie|gen, das; -s: *das Fliegen, Gleiten [im Schlepp eines Motorbootes, von Bergkuppen o. Ä. herab] mit einem Drachen* (4).

Dra|chen|flie|ger, der: *jmd., der das Drachenfliegen betreibt.*

Dra|chen|flie|ge|rin, die: w. Form zu ↑Drachenflieger.

Dra|chen|flug, der: *das Fliegen, Flug mit einem Drachen* (4).

Dra|chen|kopf, der: *Kopf eines Drachen:* der Bug des Schiffes war mit einem geschnitzten D. verziert.

Dra|chen|saat, die [nach der Fabel des Hyginus u. nach Ovid wachsen aus den von Kadmos ausgesäten Zähnen des von ihm erlegten Drachen Krieger, die sich gegenseitig erschlagen] (geh.): *Gedanken, die Zwietracht säen od. anderen Schaden anrichten:* die D. ist aufgegangen *(Zwietracht, feindliche Gesinnung o. Ä. hat sich verbreitet).*

Drach|me, die; -, -n [griech. drachmḗ, eigtl. = eine Hand voll (Münzen)]: *griechische Währungseinheit* (= 100 Lepta).

Dra|gee, (auch:) **Dra|gée** [dra'ʒeː], das; -s, -s [frz. dragée < lat. tragemata < griech. tragēmata = Nachtisch, Zuckergebäck]: 1. *mit einem Überzug aus Zucker, Schokolade o. Ä. versehene Süßigkeit mit einer festen od. flüssigen Füllung.* 2. *linsenförmige Pille, die aus einem Arzneimittel mit einem geschmacksverbessernden Überzug besteht.*

dra|gie|ren [dra'ʒiːrən] ⟨sw. V.; hat⟩ [zu ↑Dragée]: *mit einem Überzug aus Zuckermasse o. Ä. versehen:* Pillen d.

Dra|gon, Dragun, der od. das; -s [älter frz. targon < mlat. tarc(h)on, ↑Estragon]: *Estragon.*

Dra|go|ner, der; -s, - [frz. dragon, urspr. = »(Feuer speiender) Drache« als Name einer Handfeuerwaffe < lat. draco, ↑Drache]: 1. (hist.) *leichter Reiter, Angehöriger einer Reitertruppe.* 2. (salopp abwertend) *in ihrer Erscheinung u. ihrem Auftreten derbe, resolute, männlich aussehende od. wirkende Frau.*

Dr. agr. = doctor agronomiae (Doktor der Landwirtschaft).

Drag|race, (auch:) **Drag-Race** ['dræg'reɪs], das; --[s], --s [...sɪz] [engl. drag race, aus: drag (↑Dragster) u. race = Rennen]: 1. *Rennen für hochgezüchtete Spezialwagen (auch für spezielle Motorräder), die aus dem stehenden Start heraus mit höchster Beschleunigung eine Viertelmeile zurücklegen.* 2. *Rennen für spezielle Motorboote auf kurzen, geraden Strecken.*

Drag|ra|cing, (auch:) **Drag-Ra|cing** ['dræg 'reɪsɪŋ], das; --[s], [engl. drag racing]: *Motorsport, bei dem Dragraces gefahren werden.*

Drag|ster ['drægstɐ], der; -s, - [engl. dragster = frisiertes Auto, zu drag (Slang) = Auto, Kraftfahrzeug]: *im Dragrace* (1) *gefahrener Spezialwagen.*

drahn ⟨sw. V.; hat⟩ [eigtl. = drehen] (österr. ugs.): *bis in die Nacht hinein feiern, die Nacht durchfeiern.*

Drah|rer, der; -s, - (österr. ugs.): *Nachtschwärmer* (2).

Drah|re|rin, die; -, -nen: w. Form zu ↑Drahrer.

Draht, der; -[e]s, Drähte [mhd., ahd. drāt (2. Part. von: drāen = drehen), eigtl. = Gedrehtes, gedrehter (Faden)]: 1. *schnurförmig ausgezogenes Metall:* ein dicker, rostiger D.; ein Stück D.; D. [aus]ziehen *(herstellen);* etw. mit D. umwickeln. 2. a) *Telegrafen-, Telefonleitung:* die Schwalben sitzen auf den Drähten; b) *Telefonverbindung, telegrafische Verbindung:* am anderen Ende des -es meldete sich niemand; Ü den D. nach Moskau nicht abreißen lassen *(die politischen Beziehungen zu Moskau aufrechterhalten);* hast du einen D. *(eine Verbindung)* zur Firmenleitung?; * **heißer D.** *(direkte telefonische Verbindung [zwischen den Regierungen der Großmächte], bes. bei ernsten Konfliktsituationen;* nach engl. hot line); **auf D. sein** (ugs.; *wachsam sein, aufpassen u. eine Situation sofort richtig erkennen u. nutzen*); **jmdn. auf D. bringen** (ugs.; *jmdn. dazu bringen, [rasch] zu handeln*); c) (Soldatenspr.) *[Stachel]drahtverhau:* die Flüchtlinge kamen nicht durch den D.

Draht|be|sen, der: *im Freien verwendeter Kehrbesen mit elastischen Zinken aus Draht.*

Draht|bürs|te, die: *Bürste mit Borsten aus Draht.*

Dräht|chen, das; -s, -: Vkl. zu ↑Draht.

¹drah|ten ⟨sw. V.; hat⟩ [zu ↑Draht (1 b)]: 1. (veraltend) *telegrafisch übermitteln.* 2. *mit Draht zusammenbinden, -flechten.*

²drah|ten ⟨Adj.⟩: *aus Draht.*

Draht|esel, der (ugs. scherzh.): *Fahrrad.*

Draht|funk, der ⟨o. Pl.⟩: *Übertragung von Rundfunkprogrammen über [Telefon]leitungen.*

Draht|ge|flecht, das: *Geflecht aus Draht.*

Draht|ge|stell, das: *Gestell aus Draht:* eine Brille mit D.

Draht|ge|we|be, das: *Gewebe aus Draht mit quadratischen od. rechteckigen Maschen.*

Draht|git|ter, das: *Gitter aus Draht.*

Draht|glas, das ⟨o. Pl.⟩: *Sicherheitsglas, in das Drahtgewebe od. -geflecht eingewalzt ist.*

Draht|haar, das: *raues Haar bestimmter Hunderassen.*

Draht|haar|da|ckel, der: *Dackel mit Drahthaar.*

draht|haa|rig ⟨Adj.⟩: *Drahthaar besitzend.*

drah|tig ⟨Adj.⟩: 1. *drahtartig rau:* ein -er Schnauzbart. 2. *(meist von Männern) schlank u. durchtrainiert, sehnig:* ein -er Typ, junger Mann; eine -e Figur.

Draht|kom|mo|de, die (ugs. scherzh.): *Klavier.*

Draht|korb, der: *Korb aus Drahtgeflecht.*

draht|los ⟨Adj.⟩ (Nachrichtent.): *durch Funk nicht an Leitungen gebunden:* -e Telegrafie.

Draht|nach|richt, die: *Telegramm[nachricht].*

Draht|netz, das: *Netz aus Draht.*

Draht|rol|le, die: *zu einer Rolle aufgerollter Draht.*

Draht|sche|re, die: *Schere, mit der Draht geschnitten werden kann.*

Draht|schlin|ge, die: *Schlinge aus Draht.*

Draht|seil, das: *Seil aus Stahldrähten.*

Draht|seil|akt, der: *Vorführung eines Akrobaten auf dem Drahtseil im Zirkus, Varieté o. Ä.:* Ü diese Unternehmung war ein D. *(war gefährlich, risikoreich).*

Draht|seil|bahn, die: ↑Seilbahn.

Draht|seil|künst|ler, der: *Seilakrobat.*

Draht|seil|künst|le|rin, die: w. Form zu ↑Drahtseilkünstler.

Draht|sieb, das: *Sieb aus Drahtgewebe.*

Draht|spu|le, die: *mit Draht umwickelte Spule.*

Draht|stift, der (Fachspr.): *kleiner Nagel aus Draht mit Spitze u. Kopf.*

Draht|ver|hau, der od. das: *Verhau aus verschlungenen Drähten od. [Stachel]drahtgeflecht.*

Draht|zan|ge, die: *Kneifzange, mit der Draht abgetrennt werden kann.*

Draht|zaun, der: *Zaun aus Drahtgeflecht.*

Draht|zie|her, der; -s, - [2: nach den Marionettenspielern]: 1. *jmd., der Draht herstellt* (Berufsbez.). 2. *jmd., der andere für seine [politischen] Ziele einsetzt u. selbst im Hintergrund bleibt:* die eigentlichen D. wurden nie gefasst.

Draht|zie|he|rin, die; -, -nen: w. Form zu ↑Drahtzieher.

Drain [drɛːn, drẽː], der; -s, -s [frz. drain < engl. drain = Abflussrohr, -rinne, zu: to drain = trockenlegen, entwässern]: 1. (auch: Drän) (Med.) *Gummi- od. Glasröhrchen zur Durchführung einer Drainage* (1). 2. (Technik) ↑Drän (1).

Drai|na|ge [drɛ'naːʒə], die; -, -n [frz. drainage]: 1. (auch: Dränage) (Med.) *Ableitung von Wundabsonderungen, Flüssigkeiten [nach außen] mithilfe eines Gummi- od. Glasröhrchens.* 2. (Technik) ↑Dränage (1). 3. (Kfz-T.) ↑Dränage (3).

drai|nie|ren [drɛ'niːrən] ⟨sw. V.; hat⟩ [frz. drainer]: 1. (auch: dränieren) (Med.) *Wundabsonderungen, Flüssigkeiten [durch Drains (1)] ableiten:* eine Wunde d. 2. (Technik) ↑dränieren (1).

Drai|si|ne, die; -, -n [nach dem dt. Erfinder K. Freiherr Drais von Sauerbronn (1785–1851)]: 1. *zweirädriges Fahrzeug, Vorläufer des Fahrrads, mit dem sich der darauf Sitzende, sich mit den Füßen abstoßend, fortbewegt.* 2. *kleines Schienenfahrzeug zur Kontrolle von Eisenbahnstrecken.*

dra|ko|nisch ⟨Adj.⟩ [nach dem altgriech. Gesetzgeber Drakon, dessen Gesetze sehr hart u. grausam waren]: *sehr streng, hart:* -e Maßnahmen, Strafen, Gesetze; mit -er Strenge durchgreifen.

drall ⟨Adj.⟩ [aus dem Niederd. < mniederd. drall = fest gedreht, zu ↑drillen]: *(in Bezug auf jugendliche weibliche Personen) von rundlichen, kräftig-straffen Formen:* ein -es Mädchen; sie hat -e Arme.

Drall, der; -[e]s, -e ⟨Pl. selten⟩: 1. a) *schraubenlinienartige Züge im Lauf od. Rohr einer Feuerwaffe, durch die das Geschoss in eine Drehbewegung gebracht wird;* b) *Drehbewegung eines Geschosses durch den Drall* (1 a). 2. (bes. Physik) a) *Drehbewegung, Rotation eines Körpers um die eigene Achse:* der Ball hatte, bekam viel D.; b) *Drehimpuls.*

Drall|heit, die; -: *das Drallsein.*

Dra|lon®, das; -[s] [Kunstwort]: *synthetische Faser, die u. a. wollartige Gewebe ergibt.*

Dra|ma, das; -s, ...men [spätlat. drama < griech. drãma, eigtl. = Handlung, Geschehen, zu: drãn ↑drastisch]: 1. a) ⟨o. Pl.⟩ *Bühnenstück, Trauerspiel u. Lustspiel umfassende literarische Gattung, in der eine Handlung durch die beteiligten Personen auf der Bühne dargestellt wird:* das moderne, expressionistische, englische D.; b) *Schauspiel [mit tragischem Ausgang]:* ein bühnenwirksames D.; ein D. in fünf Akten; ein D. schreiben, aufführen, inszenieren. 2. ⟨Pl. selten⟩ *aufregendes, erschütterndes od. trauriges Geschehen:* das D. der Geiselbefreiung; ihre Ehe war ein einziges D.; mit der Versorgung ist es ein D. *(die Versorgung funktioniert nicht);* man sollte kein D. daraus machen *(sollte die Angelegenheit nicht schlimmer hinstellen, als sie eigentlich ist).*

Dra|ma|tik, die; -: 1. *Spannung, bewegter Ablauf:* die D. eines sportlichen Wettkampfs; in dieser Szene liegt eine ungeheure D. 2. *dramatische Dichtkunst:* die D. der Gegenwart.

Dra|ma|ti|ker, der; -s, -: *Verfasser von Dramen.*

Dra|ma|ti|ke|rin, die; -, -nen: w. Form zu ↑Dramatiker.

dra|ma|tisch ⟨Adj.⟩ [spätlat. dramaticos < griech. dramatikós]: 1. *das Drama (1 a) betreffend, kennzeichnend; zum Drama gehörend:* das -e Werk eines Dichters; die -e Wirkung, Spannung eines Theaterstücks. 2. a) *aufregend u. spannungsreich:* ein -es Finale; eine -e Rettungsaktion; das Spiel war, verlief äußerst d.; die Ereignisse haben sich d. zugespitzt; b) *drastisch, einschneidend:* ein -er Anstieg der Besucherzahlen; die Konjunktur hat d. nachgelassen.

dra|ma|ti|sie|ren ⟨sw. V.; hat⟩: 1. *etw. aufregender, schlimmer od. bedeutungsvoller darstellen, als es eigentlich ist:* bestimmte Vorfälle, seine Leiden d. 2. *zu einem Drama verarbeiten, umarbeiten:* einen Stoff, Roman d.

Dra|ma|ti|sie|rung, die; -, -en: *das Dramatisieren.*

Dra|ma|turg, der; -en, -en [griech. dramatourgós = Dichter von Schauspielen]: *literatur- u. theaterwissenschaftlicher Berater bei Theater, Funk od. Fernsehen.*

Dra|ma|tur|gie, die; -, -n [griech. dramatourgía]: 1. *Lehre von der äußeren Bauform u. den Gesetzmäßigkeiten der inneren Struktur des Dramas.* 2. *Bearbeitung u. Gestaltung eines*

Dramas, [Fernseh]films, Hörspiels o. Ä. 3. *Abteilung der beim Theater, Funk od. Fernsehen beschäftigten Dramaturgen.*

Dra|ma|tur|gin, die; -, -nen: w. Form zu ↑Dramaturg.

Dra|ma|tur|gisch ⟨Adj.⟩: 1. *die Dramaturgie* (1) *betreffend:* eine -e Regel. 2. *die Kunst der Gestaltung eines Stücks, einer Szene betreffend:* die Autorin hat außerordentliches -es Geschick. 3. *die Dramaturgie* (3) *betreffend:* die -e Abteilung eines Senders.

Dra|mo|lett, das; -s, -e, auch: -s [französierende Bildung zu ↑Drama]: *kurzes Bühnenspiel.*

dran (ugs.): ↑daran: die Suppe schmeckt nicht, weil kein Salz d. ist; wer ist d. *(am Telefon)*?; Ü gut, schlecht d. sein *(es gut, schlecht haben);* an dem Motor ist was d. *(er ist nicht in Ordnung);* an dem Kerl ist nichts d. *(er hat keine äußerlichen od. innerlichen Vorzüge);* er weiß nicht, wie er mit ihr d. ist *(was er von ihr, von ihrem Verhältnis zu ihm halten soll);* da ist alles d.! *(das hat alle nur denkbaren Vorzüge,(* iron.:*) Nachteile);* an dem Gerücht ist [schon] etwas d. *(es ist nicht erfunden);* * **d. sein** (ugs.; 1. *an der Reihe sein.* 2. *zur Verantwortung gezogen werden.* 3. *sterben müssen*); **am -sten sein** (ugs. scherzh.; *an der Reihe sein*); **d. glauben müssen** (ugs.; 1. *sterben müssen.* 2. *einer Gefahr, schwierigen Aufgabe nicht entgehen können*).

Drän, der; -s, -s u. -e [eingedeutschte Form von ↑Drain]: 1. (auch: Drain; Technik) *Entwässerungsgraben; Rohr zur Entwässerung des Bodens.* 2. (Med.) ↑Drain (1).

Drä|na|ge [drɛˈnaːʒə], die; -, -n [eingedeutschte Form von ↑Drainage]: 1. (auch: Drainage; Technik) *System von Gräben od. Rohren zur Entwässerung des Bodens.* 2. (Med.) ↑Drainage (1). 3. (auch: Drainage; Kfz-T.) *Verdrängung von Wasser aus der sich zwischen Reifen u. Fahrbahn bildenden Kontaktfläche bei nasser Fahrbahn.*

dran|blei|ben ⟨st. V.; ist⟩ (ugs.): *an jmdm., etw. bleiben:* bleiben Sie bitte dran *(am Telefon);* ich bleibe an der Sache dran *(kümmere mich weiter darum);* am Gegner d. *(nicht von ihm ablassen).*

drä|nen ⟨sw. V.; hat⟩: *dränieren* (1).

drang: ↑dringen.

Drang, der; -[e]s, (selten:) Dränge [mhd., mniederd. dranc = Gedränge, Bedrängnis, ablautend zu: dringen od. als Rückbildung zu mhd. drangen, ahd. drangōn = (sich) drängen]: 1. *starker innerer Antrieb:* der D., sich zu betätigen; einem inneren D. nachgeben; einen unstillbaren D. nach Freiheit, zu Höherem in sich fühlen; (Sport:) der Spieler ließ jeden D. zum Tor *(jede Zielstrebigkeit beim Angreifen des gegnerischen Tores)* vermissen. 2. ⟨o. Pl.⟩ *Druck, Bedrängnis:* der D. der gegenwärtigen Verhältnisse.

Drang|ga|be, die ⟨o. Pl.⟩ (seltener): *das Hingeben, Opfern.*

drän|ge: ↑dringen.

drang|ge|ben ⟨st. V.; hat⟩: *hingeben, opfern:* sein Leben für etw. d.

dran|ge|hen ⟨unr. V.; ist⟩ (ugs.): 1. ↑darangehen. 2. *ans Telefon gehen, den Hörer abnehmen.*

Drän|ge|lei, die; -, -en (abwertend): 1. *lästiges Drängeln* (1): die D. beim Einsteigen, an der Kasse. 2. *lästiges Drängeln* (2): eure ewige D. kann ich nicht mehr hören.

drän|geln ⟨sw. V.; hat⟩ [zu ↑drängen] (ugs.): 1. a) *(in einer Menge) andere ungeduldig vorwärts od. zur Seite schieben, um möglichst schnell irgendwohin zu gelangen, an die Reihe zu kommen:* du brauchst nicht zu d., du kommst doch nicht eher dran; b) *durch rücksichtsloses, ungeduldiges Drängen u. Schieben in einer Menge jmdn., sich an eine bestimmte Stelle schaffen:* sich an jmds. Seite nach vorn d. 2. *jmdn. ungeduldig zu etw. zu bewegen suchen:* so lange d., bis der andere nachgibt.

drän|gen ⟨sw. V.; hat⟩ [mhd. drengen, Kausativ zu ↑dringen u. eigtl. = dringen machen]: 1. a) *(von einer größeren Anzahl von Menschen, einer Menschenmenge) heftig, ungeduldig schieben u. drücken, in dem Bestreben, rascher an ein Ziel zu kommen:* bitte nicht d.!; die Menge drängte so unvernünftig, dass es am Ausgang eine Stauung gab; b) ⟨d. + sich⟩ *(von einer größeren Anzahl von Menschen, einer Menschenmenge) sich gegenseitig auf engem Raum schieben u. drücken:* Scharen eiliger Menschen drängten sich an den Eingängen, in den Messehallen. 2. a) *jmdn. [trotz seines Widerstands] irgendwohin drücken od. schieben:* jmdn. an die Wand, in eine Ecke, zur Seite d.; Ü jmdn. in den Hintergrund, in die Rolle des Außenseiters, aus seiner Position d.; ein Produkt vom Markt d.; b) *sich ungeduldig schiebend u. drückend irgendwohin bewegen:* die Menschen drängten an die Kassen, zu den Ausgängen; die Menge drängte nach vorn; ⟨auch d. + sich⟩ er versuchte, sich nach vorn zu d.; alles drängte sich zum Ausgang. 3. (Ballspiele) *stark offensiv spielen:* vom Anpfiff an drängte die brasilianische Mannschaft. 4. a) *ungeduldig, nachdrücklich antreiben, etw. zu tun:* jmdn. d., seine Schulden zu bezahlen; zum Aufbruch, zur Eile d.; jmdn. zum Handeln, zur Wiedergutmachung des Schadens d.; sich nicht gedrängt fühlen, sich zu entschuldigen *(nicht meinen, sich entschuldigen zu müssen);* ⟨auch unpers.:⟩ es drängt mich *(es ist mir ein Bedürfnis),* euch zu danken; ⟨subst.:⟩ jmds. Drängen nachgeben; auf Drängen des Vorstandes; b) *etw. mit Nachdruck fordern:* auf Lösung der Probleme, auf den sofortigen Abbruch der diplomatischen Beziehungen d.; seine Frau hatte auf Abreise gedrängt. 5. *rasches Handeln fordern; keinen Aufschub dulden:* die Zeit, die Situation drängt; drängende Fragen, Probleme.

Drän|ge|rei, die; -, -en (abwertend): *unablässiges, lästiges Drängen.*

Drang|pe|ri|o|de, die; -, -n (Sport): *längerer Zeitabschnitt, in dem eine Mannschaft ständig das gegnerische Tor bestürmt.*

Drang|sal, die; -, -e, veraltet: das; -[e]s, -e [spätmhd. drancsal = Bedrängung, Nötigung, zu mhd. drangen = (sich) drängen] (geh.): *qualvolle Bedrückung, Leiden:* die psychische D. der Verfolgten; D. erleiden, erdulden.

drang|sa|lie|ren ⟨sw. V.; hat⟩ (abwertend): *quälen, peinigen, jmdm. zusetzen:* Stechmücken drangsalierten sie fürchterlich; jmdn. mit seinen Fragen d.

Drang|sa|lie|rung, die; -, -en (abwertend): *das Drangsalieren; das Drangsaliertwerden.*

drang|voll ⟨Adj.⟩: 1. (geh.) *dicht gedrängt:* in -er Enge. 2. (geh.) *bedrängend, bedrückend:* -e Verhältnisse. 3. (Ballspiele) *zielstrebig, offensiv, drängend* (3): sie spielten d. nach vorne.

dran|hal|ten, sich ⟨st. V.; hat⟩: (ugs.) *sich beeilen:* wenn du rechtzeitig fertig werden willst, musst du dich d.

¹dran|hän|gen ⟨sw. V.; hat⟩ (ugs.): *zusätzliche Zeit für etw. aufwenden, etw. um eine kurze Zeit verlängern:* er hängte noch ein Wochenende [an seinen Urlaub] dran.

²dran|hän|gen ⟨st. V.; hat⟩ (ugs.): *mit etw. zusammenhängen, dazugehören:* da hängt so viel [Arbeit] dran.

drä|nie|ren ⟨sw. V.; hat⟩ [eingedeutschte Form von ↑drainieren]: 1. (auch: drainieren) (Technik) *den Boden durch ein System von Gräben od. Rohren entwässern.* 2. (Med.) ↑drainieren (1).

Drä|nie|rung, die; -, -en: *Dränung.*

dran|kom|men ⟨st. V.; ist⟩ (ugs.): a) *an die Reihe kommen, [der Reihe nach] abgefertigt, behandelt, berücksichtigt werden:* als Erster, außer der Reihe d.; das kommt nachher dran; b) *im Unterricht aufgerufen werden, um auf Fragen des Lehrers zu antworten o. Ä.:* in Latein ist er mehrmals drangekommen.

dran|krie|gen ⟨sw. V.; hat⟩ (ugs.): *[durch besonderes Geschick] bewirken, dass sich jmd. einer Forderung od. Leistung nicht [länger] entziehen kann:* ihr habt mich ganz schön drangekriegt.

dran|ma|chen, sich ⟨sw. V.; hat⟩ (ugs.): *sich daranmachen.*

dran|neh|men ⟨st. V.; hat⟩ (ugs.): a) *[der Reihe nach] abfertigen, behandeln:* den nächsten Kunden d.; b) *(vom Lehrer einem Schüler gegenüber) im Unterricht auffordern, Fragen zu beantworten o. Ä.:* er nimmt meist schwächere Schüler dran.

Drän|rohr, das: *der Dränung dienendes Rohr.*

dran|set|zen ⟨sw. V.; hat⟩: *für etw. einsetzen:* seine ganze Kraft, sein Vermögen d., um ein Ziel zu erreichen.

Drän|sys|tem, das: *System von Rohren, Gräben o. Ä., das der Dränung dient.*

Drä|nung, die; -, -en [zu ↑Drän (1)]: *Entwässerung des Bodens durch Rohre, Gräben o. Ä.; Dränage* (1).

Dra|pe|rie, die; -, -n [frz. draperie] (veraltend): *kunstvoller Faltenwurf eines Vorhangs od. Kleides.*

dra|pie|ren ⟨sw. V.; hat⟩ [frz. draper]: 1. *kunstvoll in Falten legen:* einen Schleier, eine Gardine d.; einen Schal um den Ausschnitt d. 2. *mit kunstvoll gefaltetem Stoff behängen, schmücken:* Möbel, ein Zimmer d.; die Fenster mit Samtvorhängen d.

Dra|pie|rung, die; -, -en: *das Drapieren.*

drapp, drapp|far|ben ⟨Adj.⟩ [zu frz. drap = Tuch] (österr.): *sandfarben:* ein -es Kleid.

Dras|tik, die; - [zu ↑drastisch]: *große, oft derbe Anschaulichkeit u. Direktheit:* etw. mit besonderer D. schildern, darstellen.

dras|tisch ⟨Adj.⟩ [griech. drastikós = tatkräftig, wirksam, zu: drãn = tun, handeln]: a) *sehr, oft in derber Weise anschaulich u. direkt:* eine -e Ausdrucksweise, Komik, Gestik; etw. d. demonstrieren; b) *deutlich in seiner [negativen] Wirkung spürbar; einschneidend:* eine -e Maßnahme, Einschränkung, Steuererhöhung; ihm war kein Mittel zu d.; die Preise wurden d. *(sehr stark)* gesenkt.

dräu|en ⟨sw. V.; hat⟩ [mhd. dröuwen, ahd. drouwen, zu einer von der unter ↑drehen genannten Bed. »(drehend) reiben« abgeleiteten Grundbed. »drängen«] (dichter.): *drohen* (1–3).

drauf [mhd. drūf, aus: dār ūf = darauf] (ugs.): 1. ↑darauf (1 11). beim Dünsten muss immer der Deckel d. sein; Ü gut, schlecht o. ä. d. sein *(gut, schlecht o. ä. gelaunt sein, in guter, schlechter o. ä. Stimmung sein);* wenn er so d. ist *(wenn so einer Laune hat, in so einer Stimmung ist)* wie heute, kann man nicht mit ihm reden. 2. * **d. und dran sein, etw. zu tun** *(fast so weit sein, etw. [Negatives] zu tun):* ich war d. und dran, alles hinzuwerfen.

drauf|brum|men ⟨sw. V.; ist⟩ (ugs.): *auf jmdn. od. etw. mit Wucht auffahren:* ein Lastwagen ist mir [hinten] draufgebrummt.

Drauf|ga|be, die: a) *etw., was [beim Vertrags- od. Kaufabschluss] zugegeben wird:* er wollte noch ein Bild als D.; b) (landsch.) *Dreingabe;* c) (österr.) *Zugabe* (b).

Drauf|gän|ger, der; -s, - [veraltet Gänger = Gehender]: *verwegener Mensch, der, ohne zu zögern u. auf Gefahren zu achten, sein Ziel zu verwirklichen trachtet, sich mit Elan für etw. einsetzt:* ein richtiger, rechter D.

Drauf|gän|ge|rin, die; -, -nen: w. Form zu ↑Draufgänger.

drauf|gän|ge|risch ⟨Adj.⟩: *wie ein Draufgänger handelnd, einem Draufgänger entsprechend:* ein -er Typ.

Drauf|gän|ger|tum, das; -s: *draufgängerisches Handeln, Verhalten:* an Mut und D. fehlt es ihm nicht.

drauf|ge|ben ⟨st. V.; hat⟩: 1. a) *zu etw. dazugeben:* weil das Obst nicht mehr frisch war, hat der Kaufmann noch etwas draufgegeben; b) (österr.) *als zusätzliche Darbietung vortragen:* der Sänger gab noch mehrere Lieder drauf. 2. * **jmdm. eins d.** (ugs.; 1. *jmdm. einen Klaps, einen [leichten] Schlag versetzen.* 2. *jmdn. zurechtweisen:* er hat seinem Vorredner gehörig eins draufgegeben).

drauf|ge|hen ⟨unr. V.; ist⟩ (ugs.): 1. *bei etw. umkommen, zugrunde gehen:* er wäre bei dem Unfall fast draufgegangen. 2. a) *durch od. für* *etw. verbraucht werden:* im Urlaub ist mein ganzes Geld draufgegangen; **b)** *bei etw. entzweigehen, verdorben, zerstört werden:* bei der Arbeit ist mein Anzug draufgegangen.

Drauf|geld, das: *zusätzlicher Betrag beim Abschluss eines Vertrages.*

drauf|ha|ben ⟨unr. V.; hat⟩ (ugs.): **1.** *einstudiert, gelernt haben u. beherrschen, in seinem Repertoire haben:* den Text, das Musikstück hat sie jetzt drauf; der neue Mitarbeiter hat wirklich was drauf *(ist sehr fähig u. intelligent)!* **2.** *mit einer bestimmten Geschwindigkeit fahren:* er hatte 120 Sachen drauf.

drauf|hal|ten ⟨st. V.; hat⟩ (ugs.): **1.** *[fest] auf eine bestimmte Stelle halten:* kannst du hier bitte einen Finger d. **2.** *etw. zum Ziel nehmen:* er riss die Pistole hoch und hielt drauf.

drauf|hau|en ⟨haute drauf, hat draufgehauen⟩ (ugs.): **1.** *auf jmdn., etw. schlagen.* **2.** in der Verbindung **einen d.** *(ausgiebig feiern).*

drauf|knal|len ⟨sw. V.; hat⟩ (salopp): **1.** *auf jmdn., etw. schießen.* **2.** *den Preis für etw. um eine als zu hoch empfundene Summe heraufsetzen:* auf die Miete haben sie uns anständig was draufgeknallt.

drauf|kom|men ⟨st. V.; ist⟩ (ugs.): *die Hintergründe von etw. herausbekommen:* die Polizei ist ihm sehr schnell draufgekommen.

drauf|krie|gen ⟨sw. V.; hat⟩: in der Verbindung **einen/eins/etwas d.** (ugs.: **1.** *scharf getadelt, streng bestraft werden.* **2.** *besiegt werden.* **3.** *einen Schicksalsschlag erleiden).*

drauf|le|gen ⟨sw. V.; hat⟩ (ugs.): *zu etw. als noch fehlenden Betrag hinzufügen:* sie hatte noch ein paar Mark d. müssen.

drauf|los ⟨Adv.⟩: *ohne lange Überlegung auf etw. zu:* nur ordentlich d., dann geht es schon.

drauf|los|fah|ren ⟨st. V.; ist⟩ (ugs.): *ohne festes Ziel, ohne große Überlegung irgendwohin fahren.*

drauf|los|ge|hen ⟨unr. V.; ist⟩ (ugs.): *ohne zu zögern, geradewegs auf sein Ziel losgehen.*

drauf|los|re|den ⟨sw. V.; hat⟩ (ugs.): *ohne Überlegung [anfangen zu] reden.*

drauf|los|schie|ßen ⟨st. V.; hat⟩ (ugs.): *unkontrolliert [um sich] schießen:* blind d.

drauf|los|schimp|fen ⟨sw. V.; hat⟩ (ugs.): *unbeherrscht [zu] schimpfen [anfangen].*

drauf|los|wirt|schaf|ten ⟨sw. V.; hat⟩ (ugs.): *ohne Überlegung, Planung wirtschaften.*

drauf|ma|chen ⟨sw. V.; hat⟩: in der Verbindung **einen d.** (ugs.; *ausgiebig feiern).*

drauf|sat|teln ⟨sw. V.; hat⟩ (Politik Jargon): *zu etw. bereits Vorhandenem dazugeben, zusätzlich gewähren:* auf den Tarif vom Vorjahr wurden noch 1,5 % draufgesattelt.

Drauf|sicht, die (Fachspr.): *Ansicht von oben.*

drauf|ste|hen ⟨unr. V.; hat; südd., österr., schweiz. auch: ist⟩ (ugs.): *auf etw. zu lesen, eingetragen sein:* auf der Liste stand sein Name nicht drauf.

drauf|sto|ßen ⟨st. V.; hat⟩ (ugs.): *jmdn. deutlich auf etw. hinweisen.*

drauf|zah|len ⟨sw. V.; hat⟩ (ugs.): **a)** *drauflegen* (2): noch 150 Mark d. müssen; **b)** *zusetzen, eine geldliche Einbuße erleiden:* bei diesem Handel hat er noch d. müssen.

draus (ugs.): ↑daraus.

draus|brin|gen ⟨unr. V.; hat⟩ (südd., österr. ugs.): *verwirren; aus dem Konzept bringen:* er hat mich mit seinem Gerede ganz drausgebracht.

draus|kom|men ⟨st. V.; ist⟩: **1.** (südd., österr. ugs.) *aus etw. herausgerissen, von etw. abgebracht werden; sich ablenken, verwirren lassen:* jetzt bin ich ganz drausgekommen. **2.** (ugs.) *aus etw. schlau werden; etw. Geschriebenes entziffern können:* ich werde schon d.

Draus|kom|men: in der Wendung **sein D. haben** (österr. ugs.; *sein Auskommen haben).*

drau|ßen ⟨Adv.⟩ [mhd. dār ūʒen, ahd. dār uʒ(ʒ)ana]: **a)** *außerhalb eines Raumes, Gebäudes:* d. vor dem Haus; d. im Garten; bleib d.!; nach d. *(ins Freie)* gehen; von d. kommen; **b)** *irgendwo weit entfernt:* das Boot ist d. [auf dem Meer].

Dra|wi|da [auch: 'dra:...], der; -[s], -[s]: Angehöriger einer Völkergruppe in Vorderindien.

dra|wi|disch ⟨Adj.⟩: *zu der Völkergruppe der Drawida in Mittel- u. Südindien gehörend:* -e Sprachen.

Dr. disc. pol. = doctor disciplinarum politicarum (Doktor der Sozialwissenschaften).

Dream-Team, (auch:) **Dream|team** ['dri:mti:m], das; -s, -s [engl. dream team, eigtl. = Traumteam, aus: dream = Traum u. team, ↑Team]: *ideales, ideal zusammengesetztes Team, Gespann (z. B. im Sport).*

Drech|sel|bank, die ⟨Pl. ...bänke⟩: *Drehbank, bei der der Drehmeißel von Hand auf einer verstellbaren Auflage geführt wird.*

Drech|se|lei, die; -, -en: **a)** *das Drechseln;* **b)** *etw. Gedrechseltes.*

drech|seln ⟨sw. V.; hat⟩ [mhd. dræhseln, zu: dræhsel, ahd. drāhsil = Drechsler, verw. mit ↑drehen]: *durch Bearbeiten von Holz, Elfenbein, Horn o. Ä. auf der Drechselbank herstellen:* eine Figur, einen Leuchter d.; gedrechselte Stuhlbeine; **Ü** Sätze, Phrasen d.; kunstvoll gedrechselte Verse.

Drechs|ler, der; -s, - [mhd. dræhseler, ahd. thrāslāri]: *Handwerker, der Möbel[teile], Kunstgegenstände o. Ä. auf der Drechselbank herstellt.*

Drechs|ler|ar|beit, die: *vom Drechsler ausgeführte Arbeit.*

Drechs|le|rei, die; -, -en: **1.** *Werkstatt eines Drechslers.* **2.** ⟨o. Pl.⟩ *Handwerk des Drechslers.*

Drechs|le|rin, die; -, -nen: w. Form zu ↑Drechsler.

drechs|lern ⟨sw. V.; hat⟩: *als Laie Drechslerarbeiten ausführen.*

Dreck, der; -[e]s [mhd., ahd. drec, urspr. = Mist, Kot]: **1.** (ugs.) *Schmutz:* den D. aufkehren; im D. *(Morast, Schlamm)* stecken bleiben; in den D. *(auf den Erdboden)* fallen; er starrt vor D. *(er ist über u. über voll Schmutz);* ***D. am Stecken haben** (ugs.; *nicht ganz integer sein, sich etw. haben zuschulden kommen lassen*); **frech wie D.** (↑Oskar); **aus dem [gröbsten] D. [heraus] sein** (ugs.; *die größten Schwierigkeiten überwunden haben*); **jmdn. aus dem D. ziehen** (ugs.; *jmdn. aus einer schwierigen Lage heraushelfen*); **jmdn., etw. durch den D. ziehen/jmdn., etw. in den D. treten, ziehen** (↑Schmutz 1); **im D. stecken/sitzen** (ugs.; *in einer überaus misslichen Lage, in größten Schwierigkeiten sein*); **jmdn., etw. mit D. bewerfen** *(mit verleumderischen Behauptungen angreifen).* **2.** (salopp abwertend) *Sache, Angelegenheit:* macht euren D. alleine; den alten D. wieder aufrühren *(eine unangenehme Sache von früher wieder in Erinnerung bringen);* kümmere dich um deinen eigenen D.!; sich um jeden D. *(jede Kleinigkeit)* selbst kümmern müssen; ***ein D./der letzte D. sein** (salopp abwertend; *zum Abschaum [der menschlichen Gesellschaft] gehören*); **einen D.** (salopp; *gar nichts, in keiner Weise*): das geht dich einen [feuchten] D. an; ich kümmere mich einen D. darum; der versteht einen D. davon; **jmdn. wie [den letzten] D. behandeln** (salopp; *jmdn. sehr schlecht, entwürdigend behandeln*). **3.** (salopp abwertend) *minderwertiges od. wertloses Zeug:* das ist doch alles D.; das ist ein D. dagegen *(das liegt in der Qualität weit darunter);* du kaufst auch jeden D.

Dreck|ar|beit, die: **a)** *niedere, nicht sehr beliebte Arbeit [für die sich andere zu gut dünken]:* er macht sich ein schönes Leben und ich soll wieder die D. machen; **b)** *Schmutz verursachende Arbeit:* die schlimmste D. wird jetzt von einer Maschine erledigt.

Dreck|fink, der; -en, auch: -s, -en (salopp): *Schmutzfink* (1, 2).

Dreck|hau|fen, der (ugs.): *Haufen aus Schmutz, Abfällen, Kehricht o. Ä.*

dre|ckig ⟨Adj.⟩: **1.** (ugs.) **a)** *mit Schmutz behaftet, schmutzig:* -e Schuhe, Hände; er macht sich nicht gern d. *(er scheut Schmutzarbeit);* es sieht überall sehr d. aus; **Ü** -e *(unanständige)* Witze; **b)** *ohne besonderes Sauberkeitsbedürfnis, unsauber, ungepflegt:* ein -er Kellner. **2.** (salopp abwertend) *frech, unverschämt:* eine -e Bemerkung; lach nicht so d.! **3.** (salopp abwertend) *übel, gemein:* ein -es Verbrechen; ihr -en Schweine! **4.** ***jmdm. geht es d.** (ugs.; *jmdm. geht es [finanziell] nicht gut).*

Dreck|loch, das (derb emotional abwertend): *schmutziges Zimmer; schmutzige, ungepflegte Wohnung.*

Dreck|nest, das (derb emotional abwertend): *langweiliger, wenig attraktiver kleiner Ort.*

Dreck|pfo|te, die (derb emotional abwertend): *schmutzige Hand.*

Dreck[s]- (derb emotional abwertend): drückt in Bildungen mit Substantiven aus, dass jmd. als verabscheuenswert oder etw. als ärgerlich, verabscheuenswürdig angesehen wird: Dreck[s]bulle,-kerl, -leben, -stadt.

Dreck|sack, der (derb emotional abwertend): *widerlicher, gemeiner Kerl* (oft als Schimpfwort).

Drecks|ar|beit, die (derb emotional abwertend): *Arbeit, die jmd. verabscheut.*

Dreck|sau, die ⟨Pl. ...säue⟩ (derb emotional abwertend): *Sau* (2).

Dreck|schau|fel, die (ugs.): *Kehrichtschaufel.*

Dreck|schip|pe, die (landsch.): *Kehrichtschaufel.*

Dreck|schleu|der, die (ugs.): **1. a)** *freches Mundwerk:* eine D. haben; **b)** *jmd., der ein freches Mundwerk u. einen Hang zu unflätigen Reden hat* (oft als Schimpfwort): diese elende D.! **2.** *Industrieunternehmen o. Ä., das durch seine Emissionen die Luft in hohem Maß verschmutzt.*

Dreck|schwein, das (derb abwertend): *Schwein* (2 a, b).

Dreck|spatz, der: **a)** (fam.) *jmd. (bes. ein Kind), der sich schmutzig gemacht hat;* **b)** (ugs.) *Schmutzfink* (2).

Dreck|stück, das (derb abwertend): *Person, auf die jmd. wütend ist* (oft als Schimpfwort).

Dreck|wet|ter, das ⟨o. Pl.⟩ (ugs. abwertend): *anhaltendes Regenwetter.*

Dreh, der; -[e]s, -s u. -e [1: urspr. = betrügerisches Verfahren eines Händlers, der eine nicht ganz einwandfreie Ware beim Verkauf so dreht, dass der Fehler nicht zu sehen ist]: **1.** (ugs.) *Einfall, Kunstgriff, mit dem sich ein Problem lösen lässt:* den richtigen D. finden, [noch nicht] heraushaben; ich weiß nicht, wie er auf diesen D. gekommen ist. **2.** (seltener) *Drehung:* ein D. mit dem Zündschlüssel genügt. **3.** ***um den D.** (ugs.; *so ungefähr*): »Kommst du um 3 Uhr?« – »Ja, so um den D.«. **4.** (ugs.) *das Drehen eines Films:* selbst beim D. verändert er immer wieder die Story.

Dr. E. h. = Doktor Ehren halber (Ehrendoktor); nur in: Dr.-Ing. E. h.

Dreh|ach|se, die: *Achse, um die eine Drehung erfolgt.*

Dreh|ar|beit, die ⟨meist Pl.⟩: *das Aufnehmen eines Films, Filmaufnahmen.*

Dreh|bank, die ⟨Pl. ...bänke⟩: *Werkzeugmaschine, bei der ein rotierendes Werkstück durch Spanen mittels eines scharfkantigen Werkzeugs bearbeitet wird.*

dreh|bar ⟨Adj.⟩: *sich drehen* (1 a) *lassend:* ein -er Sessel, Stuhl.

Dreh|be|we|gung, die: *drehende Bewegung.*

Dreh|blei|stift, der: *Schreibgerät, dessen* [1]*Mine* (3) *aus Graphit od. Farbmine herausgedreht, erneuert werden kann.*

Dreh|brü|cke, die: *von Pfeilern getragene Brücke mit einer nach der Seite drehbaren Fahrbahn für die Durchfahrt größerer Schiffe.*

Dreh|buch, das: *Textbuch eines Films mit genauen Anweisungen für alle optischen u. akustischen Einzelheiten der Darstellung u. der Aufnahmetechnik.*

Dreh|buch|au|tor, der: *Verfasser eines Drehbuchs.*

Dreh|buch|au|to|rin, die: w. Form zu ↑Drehbuchautor.

Dreh|büh|ne, die: *Bühne, bei der zur rascheren Verwandlung des Bühnenbildes der Boden teilweise drehbar ist.*

dre|hen ⟨sw. V.; hat⟩ [mhd. dræhen, ahd. drāen,

eigtl. = (drehend) reiben]: **1. a)** *etw. im Kreis [teilweise] um seine Achse bewegen:* den Schlüssel im Schloss d.; den Kopf etwas d.; **b)** ⟨d. + sich⟩ *sich im Kreis [teilweise] um seine Achse bewegen:* die Räder, Zeiger, Walzen drehen sich; das Karussell dreht sich im Kreise; * **jmdm. dreht sich alles** (ugs.; *jmdm. ist schwindlig*); **c)** *durch eine Drehbewegung in eine bestimmte andere Richtung o. Ä. bringen:* sich auf den Rücken d.; du musst den Schalter nach rechts d.; den Kopf zur Seite d.; Ü man kann die Sache d. und wenden, wie man will *(auch wenn man die Sache unter verschiedenen Gesichtspunkten betrachtet)*, sie wird dadurch nicht besser; **d)** *seine Richtung durch eine Drehung ändern:* das Schiff dreht [nach Norden]; der Wind hat gedreht *(ist umgesprungen)*; der Autofahrer drehte *(wendete das Auto)* und fuhr zurück; **e)** *einen [Rund]kurs absolvieren:* eine Schleife, ein paar Runden d.; **f)** *mit etw. eine Drehbewegung ausführen:* ich drehe an dem Schalter; am Radio d. *(die Knöpfe des Radios betätigen)*; R da hat doch jemand dran gedreht (salopp; *da stimmt doch etwas nicht, ist etwas nicht in Ordnung*); **g)** (ugs.) *(einen Apparat) durch eine Drehbewegung in bestimmter Weise einstellen:* den Herd klein, auf klein drehen; die Heizung höher d. **2.** *mit Drehbewegungen o. Ä. [maschinell] formen, herstellen:* Seile, Schrauben, Pillen d.; ich drehte mir eine Zigarette. **3.** *(von Filmen o. Ä.) herstellen, machen:* einen Film, ein Video d.; in Mexiko d. *(Filmaufnahmen machen)*. **4.** ⟨d. + sich⟩ (ugs.) *etw. Bestimmtes zum Gegenstand haben:* das Gespräch dreht sich um Politik; ⟨auch unpers.:⟩ in dem Prozess dreht es sich um Betrügereien; es dreht sich *(geht)* um etw. ganz anderes; es dreht sich alles um ihn *(er ist immer die Hauptperson, steht bei allen Überlegungen im Vordergrund)*. **5.** (ugs. abwertend) *in bestimmter Weise in seinem Sinn beeinflussen:* das hat er schlau gedreht; eine Sache so d., dass sie nicht anfechtbar ist; * **an etw. ist nichts zu d. und zu deuteln** *(etw. ist ganz eindeutig)*.

re|her, der; -s, -: **1.** *Facharbeiter an der Drehbank* (Berufsbez.). **2.** *dem Ländler ähnlicher Volkstanz aus Österreich.* **3.** (ugs.) *das Sichdrehen, Schleudern um die eigene Achse:* auf der glatten Fahrbahn machte das Auto einen D.

re|he|rin, die; -, -nen: w. Form zu ↑Dreher (1).

reh|flü|gel|flug|zeug, das: *Flugzeug, das anstelle von starren Tragflächen schmale, sich drehende Flügel hat (z. B. Hubschrauber).*

reh|ge|stell, das: *drehbares Fahrgestell von Schienenfahrzeugen.*

reh|im|puls, der (Physik): *vektorielles Produkt aus Impuls u. Ortsvektor eines Teilchens* (physikalische Größe).

reh|knopf, der: *Knopf [an technischen Geräten], der durch Drehen bedient wird.*

reh|kol|ben|mo|tor, der: *Rotationskolbenmotor.*

reh|kon|den|sa|tor, der (Elektrot.): *Kondensator mit stetig veränderbarer Kapazität (z. B. in Radiogeräten).*

reh|kran, der: *Kran, dessen Ausleger um die Kranachse geschwenkt werden kann.*

reh|krank|heit, die: *durch den Drehwurm verursachte, eine zwanghafte Drehbewegung auslösende Krankheit bei Tieren, bes. bei Schafen.*

reh|kreuz, das: *Vorrichtung an einem Durchgang, deren kreuzförmig angeordnete Arme gedreht werden müssen u. nur jeweils einer Person das Passieren gestatten.*

reh|lei|er, die: *(bes. im MA. verwendetes) Streichinstrument, dessen Saiten von einem scheibenförmigen Rad oberhalb des Stegs gestrichen werden; Radleier.*

reh|ma|schi|ne, die: *Drehbank.*

reh|mei|ßel, der: *Schneidwerkzeug zur Bearbeitung eines Werkstücks auf einer Drehbank.*

reh|mo|ment, das (Physik): *(auf einen Drehpunkt, eine Drehachse bezogenes) Maß für das Bestreben eines Körpers, sich zu drehen.*

reh|or|gel, die: *trag- od. fahrbares mechanisches, einer kleinen Orgel ähnliches Musikinstrument der Straßenmusikanten, das durch Drehen an einer Kurbel o. Ä. zum Erklingen gebracht wird.*

Dreh|ort, der ⟨Pl. ...orte⟩: *Ort, an dem ein Film gedreht wird.*

Dreh|pau|se, die: *Pause bei Filmaufnahmen.*

Dreh|punkt, der: *Punkt, um den die Drehung eines Körpers erfolgt:* * **Dreh- und Angelpunkt** *(zentraler Punkt, um den sich alles dreht)*.

Dreh|res|tau|rant, das: *auf Funk-, Fernmeldetürmen o. Ä. Restaurant, das sich langsam dreht, um den Gästen eine ständig wechselnde Aussicht zu bieten.*

Dreh|schal|ter, der: *[Licht]schalter, der bei Betätigung gedreht wird.*

Dreh|schei|be, die: **1.** *um eine senkrechte Achse drehbare Vorrichtung zum Umsetzen od. Wenden von Schienenfahrzeugen:* Ü die Schweiz als internationale finanzielle D. **2.** *Töpferscheibe.*

Dreh|schuss, der (Fußball): *Schuss aus der Drehung heraus.*

Dreh|ses|sel, der: *[in der Höhe verstellbarer] drehbarer Sessel.*

Dreh|strom, der (Elektrot.): *Strom, bei dem drei Wechselströme verkettet sind; Dreiphasenstrom.*

Dreh|stuhl, der: vgl. Drehsessel.

Dreh|tür, die: *um eine Achse drehbare [mehrflügelige] Tür.*

Dre|hung, die; -, -en: *das Drehen, Sichdrehen:* eine D. um 180 Grad.

Dreh|vor|rich|tung, die: *Vorrichtung, die sich drehen lässt, die Drehungen bei etw. ermöglicht.*

Dreh|wurm, der: *Finne einer Bandwurmart, die im Gehirn von Schafen, Rindern u. a. die Drehkrankheit verursacht:* * **den D. haben, bekommen** (ugs. scherzh.; *sich schwindlig fühlen, schwindlig werden*).

Dreh|zahl, die: *Anzahl der Umdrehungen eines rotierenden Körpers in einer bestimmten Zeit.*

Dreh|zahl|mes|ser, der: *Gerät zur Messung der Drehzahl von Wellen u. Rädern; Tourenzähler.*

drei ⟨Kardinalz.⟩ [mhd., ahd. drī; vgl. lat. tres, griech. treĩs = drei] (als Ziffer: 3): vgl. acht: die Aussagen -er Zeugen; der Sieg -er deutscher Reiter; wir waren zu -en; es ist d. viertel zwei; der Saal war d. viertel voll; er arbeitet, isst für d. *(überdurchschnittlich viel)*; * **nicht bis/**(seltener:) **auf d. zählen können** (ugs.; *nicht sehr intelligent sein*).

Drei, die; -, -en: **a)** *Ziffer 3;* **b)** *Spielkarte mit drei Zeichen;* **c)** *Anzahl von drei Augen beim Würfeln:* eine D. würfeln; **d)** *Zeugnis-, Bewertungsnote 3:* er hat in Latein eine D. geschrieben *(die Note 3 erhalten)*; **e)** (ugs.) *[Straßen]bahn, Omnibus der Linie 3;* vgl. [1]Acht.

Drei|ach|ser, der (mit Ziffer: 3-Achser); -s, -: *Wagen mit drei Achsen.*

drei|ach|sig ⟨Adj.⟩ (mit Ziffer: 3-achsig) (Technik): *mit drei Achsen konstruiert:* ein -er Anhänger.

Drei|ach|tel|takt, der: *Taktmaß, bei dem der einzelne Takt aus Notenwerten von drei Achteln besteht.*

Drei|ak|ter, der; -s, -: *aus drei Akten bestehendes Werk des Sprech- od. Musiktheaters.*

Drei|an|gel, der; -s, - (landsch.): *Triangel* (2).

drei|ar|mig ⟨Adj.⟩: vgl. achtarmig.

drei|bän|dig: vgl. achtbändig.

Drei|bein, das (ugs.): *Schemel mit drei Beinen.*

drei|bei|nig ⟨Adj.⟩: *mit drei Beinen [konstruiert]:* ein -er Tisch.

Drei|bett|zim|mer, das: *Hotel-, Krankenhaus-, Gästezimmer mit drei Betten.*

drei|blät|te|rig, drei|blätt|rig ⟨Adj.⟩: *mit drei Blättern.*

drei|di|men|si|o|nal ⟨Adj.⟩: *in drei Dimensionen angelegt od. wiedergegeben, räumlich [erscheinend]:* der -e Raum; ein -er Körper, Film; etw. d. darstellen.

Drei|eck, das: **1.** *von drei Linien begrenzte Fläche:* ein spitzwinkliges, gleichschenkliges, ungleichseitiges D. **2.** (Sport, bes. Fußball) *von Torpfosten u. Querlatte gebildeter Winkel:* er knallte den Ball genau ins rechte D.

drei|eckig ⟨Adj.⟩: *mit drei Ecken, in der Form eines Dreiecks.*

Drei|ecks|ge|schich|te, die: *literarische od. filmische Darstellung eines Dreiecksverhältnisses.*

Drei|ecks|tuch: ↑Dreiecktuch.

Drei|ecks|ver|hält|nis, das: *Beziehung einer Person zu zwei Geschlechtspartnern.*

Drei|eck|tuch, das: *bes. als Notverband verwendetes, dreieckig geschnittenes Tuch.*

drei|ein|halb ⟨Bruchz.⟩ (in Ziffern: $3\frac{1}{2}$): vgl. achteinhalb.

drei|ei|nig ⟨Adj.⟩: (christl. Rel.): *Gott Vater, Sohn u. Heiliger Geist in sich vereinigend:* der -e Gott.

Drei|ei|nig|keit, die (christl. Rel.): *Einheit von Gott Vater, Sohn u. Heiligem Geist.*

Drei|ei|nig|keits|fest, das: *am ersten Sonntag nach Pfingsten begangenes Fest der Dreieinigkeit.*

Drei|er, der; -s, -: **1.** (früher) *Münze im Wert von drei Pfennigen:* Ü das ist keinen D. *(nichts)* wert. **2.** (ugs.) *drei Zahlen, auf die ein Gewinn fällt:* ein D. im Lotto. **3.** (landsch.) ↑Drei (a, c, d, e). **4.** (salopp) *Geschlechtsverkehr zu dritt.*

drei|er|lei ⟨best. Gattungsz.; indekl.⟩ [↑-lei]: vgl. achterlei.

Drei|er|rei|he, die: vgl. Achterreihe.

Drei|er|takt, der (Musik): *ungerades Taktmaß aus drei Zeitwerten* (z. B. $\frac{3}{4}, \frac{6}{8}, \frac{9}{8}$) *mit dem Hauptakzent auf dem ersten Zeitwert.*

drei|fach ⟨Vervielfältigungsz.⟩ (mit Ziffer: 3fach): vgl. achtfach.

Drei|fa|che, das; -n ⟨Dekl. ↑[2]Junge, das⟩: vgl. Achtfache.

drei|fäl|tig: vgl. achtfältig.

Drei|fal|tig|keit, die; - [mhd. drīvaltecheit, zu: drīvalt(ec), ↑-fältig]: *Dreieinigkeit.*

Drei|fal|tig|keits|sonn|tag, der: *erster Sonntag nach Pfingsten als Festtag der Dreifaltigkeit.*

Drei|far|ben|druck, der: **a)** ⟨o. Pl.⟩ *Verfahren, bei dem Druckformen in den Farben Gelb, Rot u. Blau übereinander gedruckt werden;* **b)** *einzelner Druck als Ergebnis eines solchen Druckverfahrens.*

drei|far|big ⟨Adj.⟩: *drei Farben aufweisend.*

drei|fär|big ⟨Adj.⟩ (österr.): ↑dreifarbig.

Drei|fel|der|wirt|schaft, die ⟨o. Pl.⟩: *Bewirtschaftung einer Ackerfläche in dreijährigem Turnus, meist Wintergetreide, Sommergetreide u. Brache.*

Drei|fuß, der: **1.** *dreifüßiges Gerät, auf dem Schuhe besohlt werden.* **2.** *dreifüßiges Gerät zum Erhitzen od. Kochen.* **3.** *dreibeiniger Schemel.*

drei|fü|ßig ⟨Adj.⟩: *mit drei Füßen [konstruiert]:* ein -er Kessel.

drei|ge|schos|sig ⟨Adj.⟩: vgl. achtgeschossig.

Drei|ge|spann, das: *Gespann mit drei Pferden.*

Drei|ge|stirn, das (dichter.): *drei Sterne:* Ü diese Gelehrten sind das leuchtende D. am Himmel der Wissenschaft.

drei|ge|stri|chen ⟨Adj.⟩ (Musik): *von der mittleren Höhenlage des Tonsystems nach oben gerechnet, in der dritten Oktave liegend:* das -e F singen.

Drei|gro|schen|heft, das (abwertend): *als Heft gebundener Kurzroman der Trivialliteratur.*

Drei|heit, die; -: *drei zusammengehörende Wesen, Dinge.*

drei|hun|dert ⟨Kardinalz.⟩ (in Ziffern: 300): vgl. hundert.

drei|jäh|rig ⟨Adj.⟩ (mit Ziffer: 3-jährig): vgl. achtjährig.

Drei|jäh|ri|ge, der u. die; -n, -n ⟨Dekl. ↑Abgeordnete⟩ (mit Ziffer: 3-jährige): vgl. Achtjährige.

drei|jähr|lich ⟨Adj.⟩ (mit Ziffer: 3-jährlich): vgl. achtjährlich.

Drei|kampf, der: *sportlicher Wettkampf in drei Disziplinen.*

Drei|kant, das od. der; -[e]s, -e: *Körper (meist aus Metall), dessen Querschnitt ein gleichseitiges Dreieck darstellt.*

drei|kan|tig: vgl. achtkantig (1).

Drei|kant|mu|schel, die: *Wandermuschel.*
Drei|kant|schlüs|sel, der: vgl. Vierkantschlüssel.
Drei|kä|se|hoch, der; -s, -[s] (ugs. scherzh.): *kleines Kind (bes. Junge).*
Drei|klang, der: *aus drei Tönen in zwei Terzen übereinander aufgebauter Akkord:* Ü ein D. in Gelb, Grün und Braun.
Drei|klas|sen|wahl|recht, das (hist.): *in drei Klassen nach Einkommen od. Steuerleistung abgestuftes preußisches Wahlrecht.*
Drei|kö|ni|ge ⟨Pl.; o. Art.; auch im Sg. gebr.⟩: *Fest der Heiligen Drei Könige (6. Januar):* schöne D.; D. fallen/fällt auf einen Sonntag; an, nach, vor, zu D.
Drei|kö|nigs|fest, das: *Dreikönige.*
Drei|kö|nigs|tag, der: *Tag (6. Januar), an dem das Fest der Heiligen Drei Könige gefeiert wird.*
drei|köp|fig ⟨Adj.⟩: *aus drei Personen bestehend:* ein -es Gremium.
drei|la|gig ⟨Adj.⟩: *aus drei Lagen (4 a) bestehend.*
Drei|län|der|eck, das: *geographisches Gebiet, an dem die Grenzen dreier Staaten aneinander stoßen.*
Drei|laut, der (Sprachw.): *Triphthong.*
drei|mäh|dig ⟨Adj.⟩ [zu ↑[1]Mahd]: *dreischürig.*
drei|mal ⟨Wiederholungsz., Adv.⟩ (mit Ziffer: 3-mal): vgl. achtmal.
drei|ma|lig ⟨Adj.⟩ (mit Ziffer: 3-malig): vgl. achtmalig.
Drei|mas|ter, der; -s, -: **1.** *Segelschiff mit drei Masten.* **2.** *Dreispitz mit breiter Krempe.*
drei|mas|tig ⟨Adj.⟩: *mit drei Masten [konstruiert].*
Drei|mei|len|zo|ne, die: *entlang der Küste verlaufender, drei Seemeilen breiter Meeresstreifen, dessen äußerer Rand das Hoheitsgebiet eines Küstenstaates begrenzt.*
Drei|me|ter|brett, das: vgl. Einmeterbrett.
drei|mo|na|tig ⟨Adj.⟩: vgl. achtmonatig.
drei|mo|nat|lich ⟨Adj.⟩: vgl. achtmonatlich.
drei|mo|to|rig ⟨Adj.⟩: *mit drei Motoren:* ein dreimotoriges Flugzeug.
drein|bli|cken ⟨sw. V.; hat⟩: *auf eine bestimmte Weise blicken, eine bestimmte Miene machen:* finster, gutmütig, missmutig d.
drein|fah|ren ⟨st. V.; ist⟩ (ugs.): *[durch Worte] energisch in eine Angelegenheit eingreifen:* hart, streng, mit dem Knüppel d.
drein|fin|den, sich ⟨st. V.; hat⟩ (ugs.): *sich dareinfinden.*
Drein|ga|be, die (landsch.): *etw. Zusätzliches, Zugabe:* jmdm. etw. als D. versprechen.
drein|ge|ben ⟨st. V.; hat⟩: **1.** (geh.) *hingeben, auf etw. um einer anderen Sache willen verzichten:* sein ganzes Vermögen d. **2.** ⟨d. + sich⟩ (selten) *dreinschicken.*
drein|re|den ⟨sw. V.; hat⟩ (ugs.): *dareinreden.*
drein|schau|en ⟨sw. V.; hat⟩: *dreinblicken.*
drein|schi|cken, sich ⟨sw. V.; hat⟩: *sich in etw. schicken, sich seinem Schicksal unterwerfen:* da bleibt nichts weiter, als sich dreinzuschicken.
drein|schla|gen ⟨st. V.; hat⟩ (ugs.): *dazwischenschlagen.*
drein|se|hen ⟨st. V.; hat⟩: *dreinblicken.*
Drei|pass, der [zu ↑Pass (4)]: *Figur [des gotischen Maßwerks] aus drei ineinander greifenden Kreisen in Kleeblattform.*
drei|pfün|dig ⟨Adj.⟩: vgl. achtpfündig.
Drei|pha|sen|strom, der: *Drehstrom.*
drei|pro|zen|tig ⟨Adj.⟩ (mit Ziffer: 3-prozentig, 3%ig): vgl. achtprozentig.
Drei|punkt|gurt, der: *Sicherheitsgurt, der über das Becken u. schräg über den Oberkörper verläuft u. an drei Punkten verankert ist.*
Drei|rad, das: **1.** *dreirädriges kleines Fahrzeug für kleine Kinder.* **2.** *dreirädriges Fahrzeug, dreirädriger Lieferwagen.*
drei|rä|de|rig, (häufiger:) **drei|räd|rig** ⟨Adj.⟩: *auf drei Rädern fahrend.*
Drei|raum|woh|nung, die (mit Ziffer: 3-Raum-Wohnung) (regional): *Dreizimmerwohnung.*
drei|sai|tig ⟨Adj.⟩: vgl. fünfsaitig.
Drei|satz, der ⟨o. Pl.⟩: *Rechenverfahren, bei dem man aus drei bekannten Größen eine vierte unbekannte bestimmt.*
Drei|satz|rech|nung, die ⟨o. Pl.⟩: *Dreisatz.*
drei|schif|fig ⟨Adj.⟩: *(von Kirchen) aus Mittelschiff u. zwei Seitenschiffen bestehend:* eine -e Basilika, Anlage.
Drei|schritt|re|gel, die ⟨o. Pl.⟩ (Handball): *Regel, die besagt, dass sich ein Spieler höchstens drei Schritte mit dem Ball in der Hand bewegen darf.*
drei|schü|rig ⟨Adj.⟩: *drei Ernten liefernd:* eine -e Wiese.
drei|sei|tig ⟨Adj.⟩: vgl. achtseitig.
drei|sil|big ⟨Adj.⟩: vgl. achtsilbig.
drei|spal|tig ⟨Adj.⟩ (Druckw.): *in drei Spalten.*
Drei|spän|ner, der: *mit drei Pferden bespannter Wagen.*
drei|spän|nig ⟨Adj.⟩: vgl. achtspännig.
Drei|spitz, der: *(bes. im 18. Jh. getragener) [Herren]hut, dessen Rand dreiseitig hochgeklappt ist.*
drei|spra|chig ⟨Adj.⟩: **a)** *drei Sprachen sprechend;* **b)** *in drei Sprachen abgefasst.*
Drei|sprin|ger, der (Sport): *jmd., der Dreisprung als sportliche Disziplin betreibt.*
Drei|sprin|ge|rin, die: w. Form zu ↑Dreispringer.
Drei|sprung, der: **a)** ⟨o. Pl.⟩ *Disziplin der Leichtathletik, bei der der Sportler in drei aneinander gereihten Sprüngen möglichst weit springen muss;* **b)** *einzelner Sprung beim Dreisprung* (a).
drei|ßig ⟨Kardinalz.⟩ [mhd. drīʒec, ahd. drīʒuc] (mit Ziffern: 30): er ist [noch unter] d. [Jahre alt]; vgl. achtzig.
Drei|ßig, die; -: vgl. Achtzig.
drei|ßi|ger ⟨indekl. Adj.⟩ (mit Ziffern: 30er): vgl. achtziger.
[1]Drei|ßi|ger, der; -s, -: vgl. [1]Achtziger.
[2]Drei|ßi|ger, die: -, -: vgl. [2]Achtziger.
Drei|ßi|ge|rin, die; -, -nen: vgl. Achtzigerin.
Drei|ßi|ger|jah|re ⟨Pl.⟩: vgl. Achtzigerjahre.
drei|ßig|jäh|rig ⟨Adj.⟩ (mit Ziffern: 30-jährig): **a)** vgl. achtjährig (a); **b)** *dreißig Jahre dauernd.*
drei|ßigs|t... ⟨Ordinalz. zu ↑dreißig⟩ (mit Ziffern: 30.): vgl. achtzigst....
drei|ßigs|tel ⟨Bruchz.⟩ (mit Ziffern: $\frac{1}{30}$): vgl. achtel.
Drei|ßigs|tel, das, schweiz. meist: der; -s, -: vgl. Achtel (a).
dreist ⟨Adj.⟩ [aus dem Niederd. < mniederd. drīste, drīstic = beherzt, kühn, frech, wahrsch. zu ↑dringen]: *mehr od. weniger frech, unverschämt; recht ungeniert u. ohne Hemmungen sich etw. herausnehmend:* eine -e Behauptung; er wurde immer -er.
drei|stel|lig ⟨Adj.⟩: vgl. achtstellig.
Drei|ster|ne|ho|tel, das: vgl. Viersternehotel.
Dreis|tig|keit, die; -, -en: **a)** ⟨o. Pl.⟩ *dreistes Wesen, Verhalten:* er besaß die D. *(war so dreist),* uns anzulügen; **b)** *dreiste Handlung:* sich -en herausnehmen.
drei|stim|mig ⟨Adj.⟩: **a)** *für drei Gesangs- od. Instrumentalstimmen gesetzt, geschrieben:* ein -es Chorlied; **b)** *mit drei Stimmen [singend]:* ein -er Chor; sie sangen d.
drei|stö|ckig ⟨Adj.⟩: vgl. achtstöckig.
drei|strah|lig ⟨Adj.⟩: *mit drei Strahltriebwerken ausgerüstet:* ein -er Jet.
drei|stün|dig ⟨Adj.⟩: vgl. achtstündig.
drei|stünd|lich ⟨Adj.⟩: vgl. achtstündlich.
Drei|ta|ge|bart, der: *Stoppelbart, der einem Mann nach etwa drei Tagen gewachsen ist.*
Drei|ta|ge|fie|ber, das: **1.** *Infektionskrankheit bei Kindern, die durch eine etwa dreitägige Fieberperiode gekennzeichnet ist.* **2.** *bes. im Mittelmeerraum auftretende Infektionskrankheit mit hohem Fieber.*
drei|tä|gig ⟨Adj.⟩: vgl. achttägig.
drei|täg|lich ⟨Adj.⟩: vgl. achttäglich.
drei|tau|send ⟨Kardinalzahl⟩ (in Ziffern: 3000): vgl. tausend.
Drei|tau|sen|der, der: vgl. Achttausender.
drei|tei|len ⟨sw. V.; hat⟩: *in drei Teile teilen:* ein dreigeteiltes Land.
drei|tei|lig ⟨Adj.⟩: vgl. achtteilig.
Drei|tei|lung, die: *Teilung in drei Teile, Stücke, Abschnitte.*
Drei|uhr|vor|stel|lung, die: vgl. Achtuhrvorstellung.
Drei|uhr|zug, der: vgl. Achtuhrzug.
drei|und|ein|halb ⟨Bruchzahl⟩: vgl. achtundeinhalb.
drei vier|tel: s. drei.
Drei|vier|tel|är|mel [-ˈfɪrtl̩-], der: *dreiviertellanger Ärmel.*
drei|vier|tel|lang [-ˈfɪrtl̩-] ⟨Adj.⟩: *drei Viertel der Rock- od. ganzen Ärmellänge messend:* ein -er Mantel, Ärmel; die Jacke ist d.
Drei|vier|tel|li|ter|fla|sche, die: *Flasche mit einem Fassungsvermögen von einem dreivierte[l] Liter.*
Drei|vier|tel|mehr|heit [-ˈfɪrtl̩-], die: *Mehrheit von mindestens 75 % der abgegebenen Stimmen.*
Drei|vier|tel|stun|de, die: *Zeitraum von 45 Minu[ten].*
Drei|vier|tel|takt [-ˈfɪrtl̩-], der: *Taktmaß, bei de[m] der einzelne Takt aus Notenwerten von drei Vierteln besteht.*
Drei|we|ge|ka|ta|ly|sa|tor, der (Kfz-T.): *bes. wirkungsvolle Form des Katalysators* (2), *bei der Kohlenmonoxide, Kohlenwasserstoffe und Stic[k]oxide gleichzeitig umgewandelt werden.*
drei|wer|tig ⟨Adj.⟩: **1.** (Chemie) *sich mit drei Atomen des einwertigen Wasserstoffs verbinden könnend:* Bor ist ein -es Element. **2.** (Sprachw.) *(vom Verb) bei der Satzbildung drei Satzglied[er] od. Ergänzungsbestimmungen fordernd.*
drei|wö|chent|lich ⟨Adj.⟩: vgl. achtwöchentlich.
drei|wö|chig ⟨Adj.⟩: vgl. achtwöchig.
Drei|zack, der; -s, -e: *großer dreizinkiger Stab:* de[r] D. des Poseidon.
drei|za|ckig ⟨Adj.⟩: *mit drei Zacken versehen.*
drei|zehn ⟨Kardinalz.⟩ (in Ziffern: 13): vgl. acht; *** jetzt schlägts [aber] d.!** (ugs.; *das geht aber z[u] weit, jetzt ist Schluss damit;* die dreizehn gilt in Volksglauben als Unglückszahl).
drei|zehn|hun|dert ⟨Kardinalz.⟩ (in Ziffern: 1300): *eintausenddreihundert.*
drei|zehn|jäh|rig ⟨Adj.⟩ (mit Ziffern: 13-jährig): vgl. achtjährig.
drei|zei|lig ⟨Adj.⟩: vgl. achtzeilig.
Drei|zim|mer|woh|nung, die (mit Ziffer: 3-Zimmer-Wohnung): *Wohnung mit drei Zimmern, Küche u. Bad.*
drei|zin|kig ⟨Adj.⟩: *mit drei Zinken versehen.*
Drell, der; -s, -e [aus dem Niederd. < mniederd. drel = dreifädiges Gewebe]: *Drillich.*
Dres. = doctores (↑Doktor 1 b).
Dre|sche, die; - [zu ↑dreschen (2)] (salopp): *Prüge[l]* (2): D. bekommen.
dre|schen ⟨st. V.; hat⟩ [1: mhd. dreschen, ahd. dreskan, wahrsch. lautm.; 2: schon mhd.]: **1.** *Getreidekörner, Samen maschinell od. durch Bearbeiten mit einem Dreschflegel o. Ä. aus de[n] Ähren, Hülsen o. Ä. lösen:* Korn, Weizen, Raps d.; Getreide [mit der Maschine, auf dem Feld] d.; morgen dreschen wir. **2.** (salopp) *prügeln* (1) sie haben ihn windelweich gedroschen; sie droschen sich, dass die Fetzen flogen. **3.** (salopp) **a)** *mit Wucht irgendwohin schlagen:* auf die Tas[ten], mit der Faust auf den Tisch d.; **b)** *mit Wuch[t] irgendwohin schießen, schlagen:* den Ball ins Tor, ins Netz d.
Dre|scher, der; -s, -: *jmd., der drischt.*
Dre|sche|rin, die; -, -nen: w. Form zu ↑Drescher.
Dresch|fle|gel, der: *Gerät zum Dreschen mit der Hand mit starkem hölzernem Stiel, an dessen oberem Ende mit kurzen Riemen ein Knüppel aus Hartholz beweglich befestigt ist:* den D. schwingen.
Dresch|gut, das (Fachspr.): *zu dreschendes Material.*
Dresch|ma|schi|ne, die: *[fahrbare] Maschine, in der die Körner aus den Ähren herausgelöst wer[den].*
Dres|den: Stadt an der Elbe; Landeshauptstadt von Sachsen.
[1]Dres|de|ner, der; -s, -: Ew.
[2]Dres|de|ner ⟨indekl. Adj.⟩.
Dres|de|ne|rin, die; -, -nen: w. Form zu ↑[1]Dresdener.
[1]Dresd|ner: ↑[1]Dresdener.

Dresd|ner: ↑ [2]Dresdener.
resd|ne|rin: ↑ Dresdenerin.
ress, der; -es, -e; (österr. auch:) die; -, -en ⟨Pl. selten⟩ [engl. dress = (Be)kleidung zu: to dress = sich anziehen; herrichten < frz. dresser, ↑ dressieren]: *Kleidung für einen bestimmten Anlass, bes. Sportkleidung:* der D. der Sportler, einer Mannschaft.
res|seur [drɛˈsøːɐ̯], der; -s, -e [frz. dresseur]: *jmd., der Tiere dressiert, abrichtet* (Berufsbez.).
res|seu|rin [...ˈsøːrɪn], die; -, -nen: w. Form zu ↑ Dresseur.
res|sie|ren ⟨sw. V.; hat⟩ [frz. dresser = auf-, abrichten, über das Vlat. zu lat. dirigere, ↑ dirigieren]: **1. a)** *abrichten; einem Tier bestimmte Fertigkeiten beibringen:* einen Hund, Pferde d.; der Hund ist auf den Mann dressiert *(darauf dressiert, jmdn. anzugreifen);* **b)** (abwertend) *jmdn. durch Disziplinierung zu einer bestimmten Verhaltensweise bringen:* seine Kinder d. **2.** (Kochk.) **a)** *einem Gericht, bes. Geflügel, durch Zusammenbinden od. -nähen vor dem Braten eine zur Zubereitung od. zum Servieren geeignete Form geben:* Wild, Geflügel, Fische d.; **b)** *mit einer Creme o. Ä. verzieren, die aus einer Spritze, einem Dressiersack gedrückt wird:* eine Torte d. **3.** *unter Dampf [in der Hutpresse] formen:* einen Filzhut d.
res|sier|sack, der (Kochk.): *Tüte mit Metallspitze, aus deren Öffnung Creme o. Ä. zum Verzieren, Formen gedrückt wird.*
res|sing, das; -s, -s [engl. dressing, zu: to dress, ↑ Dress]: **1.** *Marinade* (1 b), *Salatsoße.* **2.** *Kräuter- od. Gewürzmischung für Füllungen von Braten, bes. Geflügel.*
ress|man [ˈdrɛsmən], der; -s, ...men [...mən; anglisierende Bildung aus engl. dress (↑ Dress) u. man = Mann]: **a)** *männliche Person, die Herrenkleidung vorführt;* **b)** *männliches Fotomodell.*
res|sur, die; -, -en: **1.** ⟨Pl. selten⟩ **a)** *das Dressieren* (1 a): die D. eines Pferdes; die D. von Elefanten; **b)** (abwertend) *das Dressieren* (1 b): die D. eines Kindes, von Soldaten. **2.** *Kunststück, eingeübte Fertigkeit eines dressierten Tiers:* eine [schwierige] D. vorführen. **3.** kurz für ↑ Dressurreiten.
res|sur|akt, der: *Durchführung einer Dressur* (1 a): -e im Zirkus.
res|sur|num|mer, die: *Nummer* (2 a), *bei der dressierte Tiere vorgeführt werden.*
res|sur|pferd, das: *Pferd, das einer Dressur* (1 a) *unterzogen wird.*
res|sur|prü|fung, die: **1.** *Prüfung, in der der Ausbildungsstand abgerichteter Tiere (z. B. von Hunden) bewertet wird.* **2.** (Reiten) *Prüfung, in der die Fähigkeit des Reiters in einzelnen Übungen u. der Ausbildungsstand eines Pferdes geprüft u. bewertet werden.*
res|sur|rei|ten, das; -s: **1.** *grundlegende Übung beim Zureiten u. im Reitunterricht, bei der die einzelnen Gangarten herausgearbeitet werden.* **2.** *olympische Disziplin des Reitsports mit Dressurprüfungen* (2).
r. forest. = doctor scientiae rerum forestalium (Doktor der Forstwissenschaft).
r. h. c. = doctor honoris causa (Ehrendoktor).
r. h. c. mult. = doctor honoris causa multiplex (mehrfacher Ehrendoktor).
rib|bel|kunst, die (Ballspiele): *Geschicklichkeit, Gewandtheit im Dribbeln.*
rib|beln ⟨sw. V.; hat⟩ [engl. to dribble, eigtl. = tröpfeln; den Ball »tröpfchenweise« vortragen] (Ballspiele): *den Ball durch kurze Stöße vorwärts, irgendwohin treiben:* nicht d., sondern abspielen; er dribbelte [in den Strafraum].
ribb|ler, der; -s, - [engl. dribbler] (Ballspiele): *Spieler, der [gut] zu dribbeln versteht.*
ribb|le|rin, die; -, -nen: w. Form zu ↑ Dribbler.
ribb|ling, das; -s, -s [engl. dribble] (Ballspiele): *das Dribbeln:* zu einem D. ansetzen.
rift, (auch:) Trift, die; -, -en [aus dem Niederd. < mniederd. drift, zu ↑ treiben]: **1. a)** *durch den Wind erzeugte Strömung an der Meeresoberfläche;* **b)** *unkontrolliertes Treiben [eines Schiffes] auf dem Wasser.* **2.** *durch Strömung fortbewegtes Treibgut.*
drif|ten ⟨sw. V.; ist⟩: *auf dem Wasser treiben:* das Boot driftete nach Südwest.
Drilch, der; -[e]s, -e (landsch.): *Drillich.*
[1]Drill, der; -[e]s [rückgeb. aus ↑ drillen (1)]: **1. a)** *das Drillen* (1 a); *mechanisches Einüben von Fertigkeiten beim Militär:* scharfer, preußischer D.; **b)** *das Drillen* (1 b). **2.** (Angeln) *das Drillen* (4).
[2]Drill, der; -s, -e: *Drillich.*
[3]Drill, der; -s, -e [engl. drill, aus dem Afrik.]: *(in den Regenwäldern Westafrikas vorkommender) dem Mandrill eng verwandter, kräftig gebauter Affe mit oberseits graubraunem, unterseits grauem bis weißlichem Fell, sehr großem Kopf u. stark verlängerter Schnauze.*
Drill|boh|rer, der; -s, - [zu ↑ drillen (3)]: *Bohrer, dessen Antrieb mittels einer schraubenförmigen Spindel erfolgt, die durch die Auf-und-ab-Bewegung der Schraubenmutter in Rotation versetzt wird.*
dril|len ⟨sw. V.; hat⟩ [1, 3: frühnhd. = (herum)drehen, drechseln, bohren < mniederd. drillen = drehen, rollen; plagen; 2: engl. to drill]: **1. a)** *einem harten militärischen Training unterziehen:* Rekruten d.; **b)** *durch monotone Wiederholung hart schulen:* Schüler, jmds. Geist d.; *** auf etw. gedrillt sein** (ugs.; *durch ständige Schulung o. Ä. auf etw. gut vorbereitet sein u. entsprechend reagieren*): die Mannschaft ist ganz auf Kampf gedrillt. **2.** *mit der Drillmaschine in Reihen säen:* Raps, Rüben d. **3.** *mit dem Drillbohrer bohren.* **4.** (Angeln) *einen Fisch an der Angel durch wiederholtes Freigeben u. Einholen der Angelschnur ermüden.*
Dril|lich, der; -s, (Sorten:) -e [mhd. dril(i)ch, subst. aus dril[i]ch = dreifädig, in Anlehnung an lat. trilix = dreifädig; ahd. drilīh = dreifach]: *dichtes Baumwoll- od. Leinengewebe in Köperbindung:* Arbeitskleidung, Markisen aus D.
Dril|lich|an|zug, der: *Anzug aus Drillich.*
Dril|lich|ho|se, die: *Hose aus Drillich.*
Dril|ling, der; -s, -e [geb. nach dem Muster von Zwilling]: **1.** vgl. Zwilling (1). **2.** *Jagdgewehr mit einem Lauf für Kugeln u. zwei Läufen für Schrot.*
Drill|ma|schi|ne, die [zu ↑ drillen (2)]: *Maschine zur gleichmäßigen Aussaat in Reihen.*
drin (ugs.): **1.** ↑ darin (1); drinnen. **2.** *** d. sein** (ugs.; 1. *möglich sein, sich machen lassen:* mehr ist [bei mir] nicht d.; in dem Spiel ist noch alles d. 2. *mit einer Tätigkeit [wieder] ganz vertraut sein:* nach seiner Krankheit war er noch gar nicht richtig d.).
Dr.-Ing. = Doktoringenieur.
drin|gen ⟨st. V.⟩ [mhd. dringen, ahd. dringan, urspr. = stoßen, drängen]: **1.** *durch etw. an eine bestimmte Stelle gelangen; eindringen, vordringen* ⟨ist⟩: sie versuchten, durch das Dickicht zu d.; die Sonne drang durch die Wolken; ein Splitter drang ihm ins Auge; das Gerücht drang in die Öffentlichkeit. **2.** (geh.) *sich mit Worten heftig bemühen, auf jmdn. einzuwirken* ⟨ist⟩: [mit Bitten, Fragen] in jmdn. d.; *** sich zu etw. gedrungen fühlen** (veraltend; *einen starken Antrieb verspüren, etw. zu tun*): ich fühlte mich gedrungen, ihnen zu danken. **3.** *etw. [unnachgiebig] fordern* ⟨hat⟩: auf sofortige Zahlung d.; er hatte darauf gedrungen, einen Spezialisten zu konsultieren.
drin|gend ⟨Adj.⟩: **a)** *keinen Aufschub duldend, eilige Erledigung verlangend:* -e Arbeiten; ein -es Telefongespräch; die Sache ist d.; jmdn. d. *(unbedingt, sofort)* sprechen müssen; **b)** *zwingend, nachdrücklich:* einen -en Appell an jmdn. richten; er war der Tat d. verdächtig; jmdn. d. warnen; d. von etwas abraten.
dring|lich ⟨Adj.⟩: *nachdrücklich u. eindringlich:* eine -e Angelegenheit, Aufgabe; sich etw. d., -st wünschen.
Dring|lich|keit, die; -: *das Dringlichsein, Dringend-, Eiligsein.*
Dring|lich|keits|an|fra|ge, die (Parl.): *dringliche parlamentarische Anfrage:* eine D. einreichen.
Dring|lich|keits|an|trag, der (Parl.): vgl. Dringlichkeitsanfrage.
Drink, der; -[s], -s [engl. drink, zu: to drink = trinken]: *meist alkoholisches [Mix]getränk:* harte, alkoholfreie -s; einen D. nehmen; sich auf einen D, zu einem D. in der Bar verabreden.
drin|nen ⟨Pronominaladv.⟩ [↑ darinnen]: *innerhalb eines Raumes:* d. im Zimmer; die Tür von d. *(von innen)* öffnen; Ü die öffentliche Meinung d. und draußen *(im In- u. Ausland);* *** d. sein** (österr. ugs.; ↑ drin 2).
drin|sit|zen ⟨unr. V.; hat, südd., österr. u. schweiz.: ist⟩ (ugs.): *sich in einer schwierigen od. peinlichen Lage befinden:* er sitzt ganz schön drin.
drin|ste|cken ⟨steckte/(veraltend:) stak drin; hat; südd., österr., schweiz. auch: ist⟩ (ugs.): **1. a)** *viel Arbeit, Schwierigkeiten mit etw. haben:* er steckt bis über die Ohren [in seiner Arbeit] drin; **b)** *drinsitzen.* **2.** ⟨Imp. nur: steckte drin⟩ *in jmdm., etw. als Anlage o. Ä. vorhanden sein:* ich weiß, dass etwas Großes in ihm drinsteckt. **3.** *** in etw. nicht d.** *(über etw. keine [Vor]aussagen machen können):* ob das Auto noch lange hält, weiß ich nicht, da steckt man nicht drin.
drin|ste|hen ⟨unr. V.; hat; südd., österr., schweiz. auch: ist⟩ (ugs.): *in einem Buch o. Ä. zu lesen stehen:* dieses Wort steht [im Lexikon] nicht drin.
drisch: ↑ dreschen.
Dri|schel, der; -s, - od. die; -, -n [mhd. drischel, ahd. driscil] (südd., österr.): *Dreschflegel.*
drischst, drischt: ↑ dreschen.
dritt: in der Fügung **zu d.** *(als Gruppe von drei Personen):* zu d. spielen; eine Ehe zu d. *(Zusammenleben einer Person mit zwei Geschlechtspartnern).*
dritt... ⟨Ordinalz. zu ↑ drei⟩ [mhd. drit(t)..., ahd. dritt...] (als Ziffer: 3.): der -e Mai; die -e Patientin; ⟨subst.:⟩ er war der Dritte, der aufgerufen wurde; jeder Dritte; es ist noch ein Drittes zu erwähnen; bei dem Wettbewerb wurde er Dritter; er ist der Dritte im Bunde; das Dritte *(das dritte Fernsehprogramm);* **Spr** wenn zwei sich streiten, freut sich der Dritte; Ü etw. von -er *(anderer)* Seite erfahren; ⟨subst.:⟩ jmdn. in den Augen Dritter herabsetzen; etw. einem Dritten *(einem Unbeteiligten, Außenstehenden)* gegenüber erwähnen; *** der lachende Dritte** *(jmd., der aus der Auseinandersetzung zweier Personen Nutzen zieht).*
dritt|äl|test... ⟨Adj.⟩: *dem Alter nach an dritter Stelle stehend:* der drittälteste Sohn; ⟨subst.:⟩ er ist der Drittälteste seiner Klasse.
drit|tel ⟨Bruchz.⟩ (mit Ziffer: $\frac{1}{3}$): vgl. achtel.
Drit|tel, das, schweiz. meist: der; -s, - [mhd. drittel]: **1.** vgl. Achtel (a). **2.** (Eishockey) **a)** *Abschnitt, der den dritten Teil des (in drei gleich große Flächen aufgeteilten) Spielfeldes einnimmt;* **b)** *zeitlicher Abschnitt der den dritten Teil der (in drei gleich lange Einheiten geteilten) Spielzeit ausmacht:* nach dem ersten D. stand es 1 : 0.
drit|teln ⟨sw. V.; hat⟩ [aus älterem dritteilen]: *in drei Teile teilen.*
Drit|ten|ab|schla|gen, das; -s: *Fangspiel, bei dem ein Verfolger sich vor eine der einen Kreis bildenden Zweiergruppen flüchtet, sodass der hinten stehende Dritte vom Verfolger einen Schlag erhalten kann u. selbst die Verfolgung aufnehmen muss, wenn er sich nicht vorher vor eine andere Gruppe stellt:* D. spielen.
drit|tens ⟨Adv.⟩ (mit Ziffer: 3.): *an dritter Stelle, als dritter Punkt.*
Drit|te-Welt-La|den, der ⟨Pl. ...-Läden⟩: *Laden, in dem Erzeugnisse aus der Dritten Welt angeboten werden, mit deren Kauf der Käufer die Länder der Dritten Welt unterstützt.*
dritt|größt... ⟨Adj.⟩: vgl. drittältest....
dritt|höchst... ⟨Adj.⟩: vgl. drittältest....
Dritt|kläs|ser, der; -s, -: vgl. Erstklässer.
Dritt|kläs|se|rin, die; -, -nen: w. Form zu ↑ Drittklässer.
dritt|klas|sig ⟨Adj.⟩: *[von] dritter Klasse:* ein -es Hotel.

Dritt|klass|ler (österr.), **Dritt|kläss|ler** (südd., schweiz.), der: vgl. Erstklassler.

Dritt|klass|le|rin, die; -, -nen: w. Form zu ↑Drittklassler.

Dritt|kläss|le|rin, die; -, -nen: w. Form zu ↑Drittklässler.

Dritt|land, das ⟨meist Pl.⟩: *(aus der Sicht der Vertragspartner) Land, das außerhalb eines internationalen Vertrags o. Ä. steht.*

dritt|letzt... ⟨Adj.⟩: *von hinten, vom Ende her an dritter Stelle stehend:* der -e Band.

Dritt|mit|tel ⟨Pl.⟩: *Gelder, die Hochschulen, öffentlichen Einrichtungen wie Museen o. Ä. außerhalb der Grundfinanzierung zufließen (z. B. von Stiftungen, aus der Wirtschaft o. Ä.).*

dritt|ran|gig ⟨Adj.⟩: vgl. zweitrangig.

Dritt|teil, das; -s, -e (veraltet): ↑Drittel (1).

Dr. iur.: ↑Dr. jur.

Drive [draif, engl: draɪv], der; -s, -s [engl. drive, eigtl. = das (An)treiben, zu: to drive = (an)treiben]: **1.** (bildungsspr.) **a)** *Neigung, starker Drang, Bestrebungen, Antrieb;* **b)** *Dynamik, Schwung, Lebendigkeit:* diese Musik entwickelt einen tollen D., verleiht der Aufführung erst den richtigen D. **2.** ⟨o. Pl.⟩ (Jazz) *durch die Spannung zwischen Beat u. Off-Beat entstehende, vorantreibende Dynamik des Spiels mit scheinbarer Beschleunigung des Rhythmus.* **3.** (bes. Golf, Tennis) *weiter Schlag; Treibschlag.*

Drive-in-Ki|no, das; -s, -s [nach engl. drive-in cinema, zu: to drive in = hineinfahren u. cinema = Kino]: *Autokino.*

Drive-in-Lo|kal, das; -[e]s, -e, **Drive-in-Res|taurant,** das; -s, -s [engl. drive-in restaurant]: *Gaststätte für Autofahrer mit Bedienung am Fahrzeug.*

Dri|ver ['draivɐ], der; -s, -s [engl. driver]: *Golfschläger bes. für den Treibschlag.*

Dr. j. u.: ↑Dr. jur. utr.

Dr. jur., (auch:) Dr. iur. = doctor juris, auch: doctor iuris (Doktor der Rechtswissenschaft).

Dr. jur. utr., Dr. j. u. = doctor juris utriusque (Doktor beider Rechte).

DRK [de:ɛr'ka:], das; -[s]: Deutsches Rotes Kreuz.

Dr. med. = doctor medicinae (Doktor der Medizin).

Dr. med. dent. = doctor medicinae dentariae (Doktor der Zahnheilkunde).

Dr. med. univ. (österr.) = doctor medicinae universae (Doktor der gesamten Medizin).

Dr. med. vet. = doctor medicinae veterinariae (Doktor der Tierheilkunde).

Dr. mont. (österr.) = doctor rerum montanarum (Doktor der Bergbauwissenschaften).

Dr. mult. = doctor multiplex (mehrfacher Doktor).

Dr. nat. techn. = doctor rerum naturalium technicarum (Doktor der Naturwissenschaften).

dro|ben ⟨Adv.⟩ (geh., auch südd., österr.): *dort oben:* am Himmel d.; d. in den Bergen; da d.

Dr. oec. = doctor oeconomiae (Doktor der Wirtschaftswissenschaft).

Dr. oec. publ. = doctor oeconomiae publicae (Doktor der Staatswissenschaften).

Dro|ge, die; -, -n [frz. drogue, wohl zu niederl. droog = trocken (in Bez. für getrocknete Ware; irrtümlich als Warenbez. des Inhalts verstanden)]: **1.** *pflanzlicher, tierischer od. mineralischer Rohstoff für Heilmittel, Stimulanzien od. Gewürze:* starke Schmerzen lindernde -n. **2. a)** (veraltend) *Arzneimittel;* **b)** *Rauschgift:* harte, weiche -n; die D. Alkohol; bewusstseinserweiternde -n nehmen; unter [dem Einfluss von] -n stehen.

drö|ge ⟨Adj.; -r, drögste⟩ [mniederd. dröge = trocken] (nordd.): **a)** *trocken:* ein -r Kuchen; das Essen war ein bisschen d.; **b)** *langweilig u. reizlos:* ein -er Mensch, Vortrag.

dro|gen|ab|hän|gig ⟨Adj.⟩: *psychisch od. physisch abhängig von einem Rauschgift; rauschgiftsüchtig.*

Dro|gen|ab|hän|gi|ge, der u. die; -n, -n ⟨Dekl. ↑Abgeordnete⟩: *jmd., der drogenabhängig ist.*

Dro|gen|ab|hän|gig|keit, die ⟨o. Pl.⟩: *psychische od. physische Abhängigkeit von einem Rauschgift; Rauschgiftsucht.*

Dro|gen|be|ra|tungs|stel|le, die: *Beratungsstelle für Drogenabhängige.*

Dro|gen|han|del, der: *Handel mit Drogen* (2b).

Dro|gen|kar|ri|e|re, die: *jmds. Entwicklung zum Drogensüchtigen von der ersten Einnahme von Drogen* (2b) *bis zur völligen Abhängigkeit.*

Dro|gen|kon|sum, der: *Konsum* (1) *von Drogen* (2b).

Dro|gen|miss|brauch, der: *Missbrauch von Drogen* (2b).

Dro|gen|pflan|ze, die: *Heilpflanze.*

Dro|gen|rausch, der: *durch den Genuss von Drogen* (2a) *verursachter Rausch.*

Dro|gen|sucht, die ⟨o. Pl.⟩: *Drogenabhängigkeit.*

dro|gen|süch|tig ⟨Adj.⟩: *an einer krankhaften Sucht nach Drogen* (2b) *leidend.*

Dro|gen|süch|ti|ge, der u. die: *jmd., der drogensüchtig ist.*

Dro|gen|sze|ne, die: *Milieu der Rauschgiftsüchtigen u. -händler.*

Dro|gen|to|te, der u. die: *jmd., der nach einer Überdosis eines Rauschgiftes bzw. nach längerer Drogenabhängigkeit gestorben ist.*

Dro|ge|rie, die; -, -n [frz. droguerie]: *Geschäft, in dem nicht apothekenpflichtige Heilmittel, Chemikalien u. Kosmetikartikel verkauft werden.*

Dro|ge|rie|markt, der: *Drogerie in Form eines Selbstbedienungsladens od. entsprechende Abteilung in einem Kaufhaus od. Supermarkt.*

Dro|gist, der; -en, -en [frz. droguiste]: *Inhaber od. Angestellter einer Drogerie mit spezieller Ausbildung* (Berufsbez.).

Dro|gis|tin, die; -, -nen: w. Form zu ↑Drogist.

Droh|brief, der: *Brief mit einer Drohung.*

dro|hen ⟨sw. V.; hat⟩ [mhd. drōn, Nebenform von: dro(u)wen, dröuwen, ahd. drouwen, ↑dräuen]: **1. a)** *jmdn. durch Gesten od. emphatische, nachdrückliche Worte einzuschüchtern versuchen, damit er etw. nicht zu tun wagt:* jmdm. mit dem Finger, mit der Faust, mit dem Stock d.; er hat mir gedroht; eine drohende Haltung einnehmen; **b)** *darauf hinweisen, dass etw. für jmdn. Unangenehmes geschehen wird, falls er sich nicht den Forderungen entsprechend verhält:* [jmdm.] mit Entlassung d.; sie drohten damit, die Geiseln zu erschießen. **2.** *als etw. Gefährliches, Unangenehmes möglicherweise eintreffen, als Gefahr o. Ä. bevorstehen:* eine Gefahr, Unheil droht; dem Land droht eine Wirtschaftskrise; drohende Gefahren. **3.** *im Begriff sein, etw. Gefährliches, Unangenehmes o. Ä. zu tun:* er drohte vor Erschöpfung zusammenzubrechen; das Haus droht einzustürzen.

Droh|ge|bär|de, die (Verhaltensf.): *charakteristische Haltung, Gebärde, die (bei Menschen u. Tieren) einem Angriff vorausgeht u. die den Angreifer abschrecken soll.*

Drohn, der; -en, -en (Fachspr.): ↑Drohne (1).

Droh|ne, die; -, -n [aus dem Niederd. < mniederd. drōne, drāne, lautm.; verw. mit ↑dröhnen]: **1.** *Männchen der Honigbiene mit etwas größerem, plumperem Körper, das keinen Stachel besitzt u. sich überwiegend von den Arbeitsbienen füttern lässt.* **2.** (abwertend) *fauler Nutznießer fremder Arbeit.*

dröh|nen ⟨sw. V.; hat⟩ [aus dem Niederd. < mniederd. drōnen = mit Erschütterung lärmen, lautm.]: **1. a)** *durchdringend laut u. dumpf tönen, hallen:* die Glocken, Motoren dröhnen; seine Stimme dröhnt aus dem, durch den Lautsprecher; der Lärm dröhnte ihnen in den Ohren; dröhnendes Gelächter; **b)** *von lautem, vibrierendem [dumpfem] Hall erfüllt sein:* der Saal dröhnte [von tosendem Beifall]; die Erde dröhnte unter den Hufen; Ü mein Kopf dröhnt *(ich habe heftige Kopfschmerzen).* **2.** (nordd.) *eintönig über belanglose Dinge sprechen.* **3.** (Jargon) **a)** *Rauschgift nehmen;* **b)** *jmdn. in einen Rauschzustand versetzen:* er nahm alles, was dröhnte.

Droh|nen|da|sein, das ⟨o. Pl.⟩ (abwertend): *Dasein eines Menschen, der andere für sich arbeiten lässt.*

Dröh|nung, die; -, -en [zu ↑dröhnen (3)] (Jargon): **a)** *Rauschzustand nach der Einnahme eines Rauschgifts;* **b)** *für einen Rauschzustand ausreichende Dosis, Menge eines Rauschgifts.*

Dro|hung, die; -, -en [mhd. nicht belegt, ahd. drōunga]: *das Drohen* (1), *drohende Äußerung, Geste o. Ä.:* eine offene, versteckte D.; das sind [alles] leere -en; eine D. ausstoßen, wahr machen; jmdn. durch -en einschüchtern.

Droh|ver|hal|ten, das (Verhaltensf.): vgl. Drohgebärde.

Droh|wort, das ⟨Pl. -e⟩: *drohende Äußerung.*

Dro|le|rie, die; -, -n [frz. drôlerie, zu niederl. drol, ↑drollig]: **1.** (geh.) *etw. Lustiges, Komisches; belustigend, drollig Wirkendes:* die D. einer Äußerung, der Situation. **2.** (Kunstwiss.) *groteske od. komische Darstellung von Menschen, Tieren u. Fabelwesen in der Gotik.*

drol|lig ⟨Adj.⟩ [aus dem Niederd. < älter niederl. drollig, zu: drol = Knirps, Spaßmacher]: **a)** *spaßig, belustigend wirkend:* eine -e Geschichte, Art; das war so d., dass wir alle lachen mussten; **b)** *niedlich, possierlich:* ein -es kleines Mädchen Kätzchen; **c)** *komisch, seltsam:* ein -er Kauz.

drol|li|ger|wei|se ⟨Adv.⟩ (ugs.): *in einer seltsam belustigend wirkenden, belustigendes Staunen hervorrufenden Weise:* d. ist niemand vorher auf den Gedanken gekommen.

Drol|lig|keit, die; -, -en: **1.** *das Drolligsein; drollige Art.* **2.** *drolliger Vorgang, drolliges Geschehen.*

Dro|me|dar [auch: 'dro:...], das; -s, -e [mhd. dromē(n)dār < afrz. dromedaire < spätlat. dromedarius, zu lat. dromas (camelus) < griech. dromàs kámelos = Rennkamel]: *einhöckeriges Kamel.*

Drop|kick, der; -s, -s [engl. drop-kick, aus: drop = das Herabfallen u. kick = Schuss] (bes. Fußball) *Schuss, bei dem der Ball in dem Augenblick gespielt wird, in dem er auf den Boden aufprallt*

Drop-out ['drɔp|aut], der; -[s], -s [engl. drop-out, zu: to drop out = herausfallen; ausscheiden]: **1.** *jmd., der aus der sozialen Gruppe, in die er integriert war, ausgebrochen ist.* **2.** (Technik) *fehlerhaftes Aussetzen in der Aufzeichnung des Schalls bei einem Magnetband.* **3.** (EDV) *Ausfall bei der Datenspeicherung auf dem Magnetband.*

Drops, der, auch: das; -, - u. -e [engl. drops, Pl. von: drop = Tropfen]: ⟨Pl. Drops, meist Pl.⟩ *[zu mehreren in einer Rolle verpackter] ungefüllter, flacher, runder Fruchtbonbon.*

drosch, drö|sche: ↑dreschen.

Drosch|ke, die; -, -n [russ. drožki = leichter Wagen, zu: droga = Verbindungsstange zwischen Vorder- u. Hinterachse]: **1.** (früher) *leichtes ein- od. zweispänniges Fuhrwerk zur Beförderung von Personen.* **2.** (veraltend) *Taxi.*

Drosch|ken|gaul, der (ugs. abwertend): *grobknochiges, schweres Pferd:* so ein alter D.!

drö|seln ⟨sw. V.; hat⟩ [zu md., niederd. triseln = drehen, rollen] (landsch.): **1.** *(Fäden o. Ä.) drehen:* Schnüre d. **2.** *trödeln* (1).

Dro|so|phi|la, die; -, ...lae [...lɛ; zu griech. phileĩn = lieben] (Zool.): *zu den Taufliegen gehörendes (häufig zu genetischen Versuchen benutztes) Insekt.*

[1]Dros|sel, die; -, -n [aus dem Md., Niederd. < mniederd. drōsle, viell. lautm.]: *(in vielen Arten weit verbreiteter) meist ziemlich großer Singvogel mit spitzem, schlankem Schnabel u. langen Beinen (z. B. Amsel, Singdrossel).*

[2]Dros|sel, die; -, -n [spätmhd. droʒʒel, zu mhd. droʒʒe, ahd. droʒʒa = Kehle, Gurgel]: **1.** (Elektrot.) *Drosselspule.* **2.** (Technik) *Drosselventil.*

Dros|sel|klap|pe, die (Technik): *verstellbare Scheibe in Rohrleitungen, die eine Verkleinerung des Rohrquerschnitts erlaubt.*

dros|seln ⟨sw. V.; hat⟩: **1.** (veraltend) *jmdm. die Kehle zudrücken; würgen:* er drosselte ihn von hinten mit einem Strick. **2. a)** *in der Leistung herabsetzen, kleiner stellen:* die Heizung d.; ein gedrosselter Motor; **b)** *die Zufuhr von etw. verringern:* den Dampf d.; **c)** *herabsetzen, einschränken:* das Tempo, die Einfuhr, die Produktion d.

ros|sel|spu|le, die (Elektrot.): *elektrische Spule [mit einem Eisenkern], mit der Wechselströme gedrosselt werden können.*

ros|sel|lung, auch: Drosslung, die; -, -en: *das Drosseln* (2).

ros|sel|ven|til, das (Technik): *in Rohrleitungen eingebautes Ventil zur Regelung von Menge, Druck o. Ä. der hindurchströmenden Gase od. Flüssigkeiten.*

ross|lung: ↑Drosselung.

. paed. = doctor paedagogiae (Doktor der Pädagogik).

. pharm. = doctor pharmaciae (Doktor der Arzneikunde).

. phil. = doctor philosophiae (Doktor der Philosophie).

. phil. nat. = doctor philosophiae naturalis (Doktor der Naturwissenschaften).

. rer. camer. = doctor rerum cameralium (Doktor der Staatswirtschaftskunde).

. rer. comm. (österr.) = doctor rerum commercialium (Doktor der Handelswissenschaften).

. rer. hort. = doctor rerum hortensium (Doktor der Gartenbauwissenschaften).

. rer. mont. = doctor rerum montanarum (Doktor der Bergbauwissenschaften).

. rer. nat. = doctor rerum naturalium (Doktor der Naturwissenschaften).

. rer. oec. = doctor rerum oeconomicarum (Doktor der Wirtschaftswissenschaften).

. rer. pol. = doctor rerum politicarum (Doktor der Staatswissenschaften).

. rer. soc. = doctor rerum socialium (Doktor der Sozialwissenschaften).

. rer. soc. oec. (österr.) = doctor rerum socialium oeconomicarumque (Doktor der Sozial- u. Wirtschaftswissenschaften).

. rer. techn. = doctor rerum technicarum (Doktor der technischen Wissenschaften).

. sc. agr. = doctor scientiarum agrarium (Doktor der Landbau-, Landwirtschaftswissenschaft).

. sc. hum. = doctor scientiarum humanarum (Doktor der Humanwissenschaften).

. sc[ient]. techn. = doctor scientiarum technicarum (Doktor der technischen Wissenschaften).

. sc. math. = doctor scientiarum mathematicarum (Doktor der mathematischen Wissenschaften).

. sc. nat. = doctor scientiarum naturalium od. doctor scientiae naturalis (Doktor der Naturwissenschaften).

. sc. pol. = doctor scientiarum politicarum od. doctor scientiae politicae (Doktor der Staatswissenschaften).

. techn. (österr.) = doctor rerum technicarum (Doktor der technischen Wissenschaften).

. theol. = doctor theologiae (Doktor der Theologie).

ü|ben ⟨Adv.⟩: *auf der anderen, gegenüberliegenden Seite:* da, dort d.; von d. *(von jenseits des Ozeans, der Grenze)* kommen.

ü|ber (ugs.): ↑darüber.

ü|big ⟨Adj.⟩ (ugs.): *drüben, jenseits des Ozeans, der Grenze existierend:* das -e Wetter.

rụck, der; -[e]s, Drücke (seltener: -e) u. -s [mhd., ahd. druc, zu ↑drücken]: **1.** ⟨Pl. Drücke, seltener: -e⟩ (Physik) *auf eine Fläche wirkende Kraft:* ein großer, starker, geringer D.; ein D. von 10 bar; in dem Zylinder entstehen hohe Drücke; den D. messen, kontrollieren, erhöhen; etw. steht unter hohem D.; Ü die Abwehr stand mächtig unter D. *(wurde hart bedrängt);* *** D. hinter etw. machen** (ugs.; *dafür sorgen, dass etw. beschleunigt erledigt wird*). **2.** ⟨o. Pl.⟩ **a)** *Betätigung durch [1]Druck* (1), *das Drücken:* ein leichter D. auf den Knopf; durch einen D./mit einem D. auf die Taste setzte sie die Anlage in Betrieb; **b)** *Gefühl des [1]Druckes* (1) *an einer bestimmten Körperstelle:* einen D. im Kopf haben; er spürte einen starken D. im Magen. **3.** ⟨o. Pl.⟩ *Zwang:* [moralischen] D. auf jmdn. ausüben; dem D. der Öffentlichkeit, der öffentlichen Meinung nachgeben; mit etw. in D. *(Bedrängnis)* kommen, geraten; in/im D. (ugs.; *in Zeitnot*) sein; unter dem D. der Verhältnisse *(weil die Verhältnisse dazu zwingen);* unter D. stehen, handeln; finanziell unter D., unter finanziellem D. stehen; jmdn. unter D. setzen *(bedrängen).* **4.** ⟨Pl. -s⟩ (Jargon) *Schuss* (4).

[2]Drụck, der; -[e]s, -e u. -s [zu ↑drucken]: **1. a)** ⟨o. Pl.⟩ *das Drucken:* den D. überwachen; etw. in D. geben; der Vortrag ist im D. erschienen *(liegt gedruckt vor);* **b)** ⟨Pl. -e⟩ *gedrucktes Werk, Bild:* ein alter D.; **c)** ⟨o. Pl.⟩ *Art od. Qualität, in der etw. gedruckt ist:* kursiver D.; ein schlechter, unklarer D.; ein kleiner *(kleine Schriftzeichen verwendender)* D. **2.** ⟨Pl. -s⟩ *bedruckter [Kleider]stoff:* Hemden in neuen -s.

Drụck|ab|fall, der: *Abfallen des [atmosphärischen] [1]Druckes* (1).

Drụck|an|stieg, der: *Ansteigen des [atmosphärischen] [1]Druckes* (1).

Drụck|aus|gleich, der (Physik): *Ausgleich der unterschiedlichen Drücke in zwei Körpern od. Räumen.*

Drụck|blei|stift, der: *Schreibgerät mit einer [1]Mine* (3) *aus Graphit, die durch [1]Druck* (2 a) *auf das obere Ende des Stiftes weitergeschoben werden kann.*

Drụck|bo|gen, der: *im Allgemeinen 16 Buchseiten umfassender Papierbogen, der meist zweiseitig bedruckt, gefaltet [aufgeschnitten] u. geheftet wird.*

Drụck|buch|sta|be, der: *in der Schreibschrift verwendeter Buchstabe aus der Druckschrift* (1).

Drụ̈|cke|ber|ger, der; -s, - [scherzh. Nachbildung eines Einwohnernamens, zu ↑drücken (5)] (ugs. abwertend): *jmd., der sich einer als unangenehm empfundenen Verpflichtung aus Feigheit, Bequemlichkeit o. Ä. entzieht.*

Drụ̈|cke|ber|ge|rei, die; -, -en (ugs. abwertend): *drückebergerisches Verhalten.*

Drụ̈|cke|ber|ge|rin, die; -, -nen: w. Form zu ↑Drückeberger.

drụ̈|cke|ber|ge|risch ⟨Adj.⟩ (ugs. abwertend): *in der Art eines Drückebergers, einen Drückeberger kennzeichnend:* ein -er Typ; eine -e Einstellung.

drụck|emp|find|lich ⟨Adj.⟩: *empfindlich gegen [1]Druck* (1, 2): -er Stoff; Pfirsiche sind besonders d.

drụ|cken ⟨sw. V.; hat⟩ [oberd. Form von ↑drücken]: **a)** *eingefärbte Typen od. Bilder durch Maschinen auf Papier od. Stoff pressen, übertragen u. vervielfältigen:* einen Text d.; den Bericht auf schlechtem/(seltener:) schlechtes Papier d.; die Maschine druckt sehr sauber; **b)** *durch Drucken* (a) *herstellen:* Bücher [in hoher Auflage] d.

drụ̈|cken ⟨sw. V.; hat⟩ [mhd. drücken, ahd. drucchen]: **1. a)** *einen [1]Druck* (2 a) *auf etw. ausüben:* auf einen Knopf d.; du darfst nicht an dem Geschwür d.; auf die Hupe d. *(sie durch einen Druck betätigen);* Ü eine drückende *(lastende, schwüle)* Hitze; heute ist es drückend *(schwül);* die Nachricht drückte auf *(beeinträchtigte)* die Stimmung; **b)** *pressend drücken* (1 a): bei Alarm Knopf d.!; die Mutter drückt das Kind *(presst es an sich, umschließt es eng);* jmdm. die Hand d.; **c)** *durch Zusammenpressen aus etw. herausbringen:* den Saft aus der Zitrone d.; **d)** *[unter Anwendung von Kraft] bewirken, dass jmd., etw. irgendwohin gelangt:* jmdn. an sich, an seine Brust, an sein Herz d.; sie drückte ihr Gesicht in die Kissen; er hatte den Hut tief in die Stirn gedrückt; jmdm. Geld in die Hand d.; er drückte sich in das Dunkel der Toreinfahrt; sich stillschweigend aus dem Saal d. *(unauffällig verschwinden);* Ü der Schmerz drückte ihn zu Boden *(überwältigte ihn).* **2.** *das Gefühl des [1]Druckes* (1) *an einer bestimmten Körperstelle hervorrufen:* der Rucksack drückt; die Schuhe drücken mich [anfangs noch]; das Brett drückt mir/(auch:) mich auf die Schulter. **3.** (geh.) *schwer auf jmdm. lasten; bedrücken:* diese Sorgen drücken ihn schon lange; drückende Schulden. **4. a)** (Fliegerspr.) *nach unten steuern:* der Pilot drückte die Maschine; **b)** *herabsetzen, verringern:* das Niveau d.; die Kosten d.; den Rekord um zwei Sekunden d. *(unterbieten);* **c)** (ugs.) *jmds. Entfaltung verhindern:* der Lehrer hat ihn ständig gedrückt. **5.** ⟨d. + sich⟩ (ugs.) *sich einer als unangenehm empfundenen Verpflichtung aus Feigheit, Bequemlichkeit o. Ä. entziehen:* du drückst dich gern [vor/von der Arbeit]. **6.** (Kartenspiel) *verdeckt ablegen:* was hattest du gedrückt?; Augenblick, ich muss noch d. **7.** (Gewichtheben früher) *nach bestimmten Regeln stemmen:* 180 kg d.; ⟨subst.:⟩ er ist Meister im Drücken. **8.** (Jargon) *fixen* (2): sich Heroin d., eine Überdosis d.

Drụ|cker, der; -s, -: **1.** *jmd., der das Handwerk des Druckens ausübt* (Berufsbez.). **2.** (EDV) *peripheres* (3) *Gerät, das aufbereitete Daten auf Papier ausdruckt.*

Drụ̈|cker, der; -s, -: **1.** *Türdrücker:* *** auf den letzten D.** (ugs.; *im letzten Moment, fast zu spät;* gemeint ist vermutlich der Türgriff des letzten Wagens eines abfahrenden Zuges). **2.** *Drei- oder Vierkantschlüssel:* die Tür mit einem D. öffnen. **3.** *Abzug am Jagdgewehr.* **4.** *Knopf zur Betätigung elektrischer Anlagen:* *** am D. sitzen/sein** (ugs.; *die Entscheidung über etw. in der Hand haben, entscheidenden Einfluss auf etw. haben*). **5.** (ugs.) *einzelner Bestandteil eines Werkes, der Rührung hervorrufen soll.* **6.** (ugs.) *jmd., der von Tür zu Tür geht, um etwas zu verkaufen, bes. um Abonnenten für Zeitschriften zu gewinnen.*

Drụ|cke|rei, die; -, -en [zu ↑drucken]: *Betrieb des grafischen Gewerbes, der Druckerzeugnisse herstellt.*

Drụ̈|cke|rei, die; -, -en (ugs. abwertend): *das Drücken.*

Drụ|cker|far|be, die: ↑Druckfarbe.

Drụ|cke|rin, die; -, -nen: w. Form zu ↑Drucker (1).

Drụ̈|cke|rin, die; -, -nen: w. Form zu ↑Drücker (6).

Drụ̈|cker|ko|lon|ne, die (ugs.): *gemeinsam arbeitende, oft straff organisierte Gruppe von Drückern* (6).

Drụ|cker|laub|nis, die ⟨o. Pl.⟩: *vom Autor od. Verleger erteilte Genehmigung zum Drucken.*

Drụ|cker|schwär|ze, die: *schwarze Druckfarbe.*

Drụ|cker|spra|che, die ⟨o. Pl.⟩: *Berufssprache der Buchdrucker, Setzer u. Schriftgießer, die durch altertümliche, zum Teil humorige Ausdrücke u. durch gelehrte Fremdwörter gekennzeichnet ist.*

Drụ|cker|zei|chen, das: *[Holzschnitt]ornament, das ein Buch als Erzeugnis einer bestimmten Druckerei od. eines Verlages kennzeichnet.*

Drụck|er|zeug|nis, das: *etw. Gedrucktes* (z. B. Buch, Zeitung, Prospekt).

drụck|fä|hig ⟨Adj.⟩: *für den [2]Druck* (1 a) *geeignet:* dieses Wort ist nicht d.

Drụck|fah|ne, die: *Fahne* (3).

Drụck|far|be, die: *beim Drucken verwendete Farbe.*

Drụck|fas|sung, die: *endgültige Fassung eines Manuskripts, die gedruckt wird.*

Drụck|feh|ler, der: *Fehler im gedruckten Text, der auf einen od. mehrere falsch gesetzte Buchstaben o. Ä. zurückgeht.*

Drụck|feh|ler|teu|fel, der (scherzh.): *imaginäre, als heimtückisch-listig vorgestellte Macht, der die Schuld an den bei aller Sorgfalt auf unerklärliche Weise auftretenden Druckfehlern zugeschrieben wird.*

drụck|fer|tig ⟨Adj.⟩: *fertig zum [2]Druck* (1 a).

drụck|fest ⟨Adj.⟩: *einem bestimmten [1]Druck* (1, 2) *standhaltend:* -e Kabinen.

Drụck|fes|tig|keit, die: *maximale Widerstandsfähigkeit eines Werkstoffes gegen [1]Druck* (1).

Drụck|form, die: *flächiges Gebilde [aus Metall], mit dessen Hilfe die Druckfarbe zur Wiedergabe eines Textes od. Bildes übertragen werden kann.*

drụck|frisch ⟨Adj.⟩: *gerade erst gedruckt:* eine -e Zeitung.

Drụck|ge|neh|mi|gung, die: *Druckerlaubnis.*

Drụck|gra|fik, die (Kunstwiss.): *in vielen [gleichwertigen] Exemplaren auf handwerklichem od. maschinellem Wege herstellbare Grafik.*

Drụck|in|dus|trie, die: *Industriezweig, der sich mit der technischen Herstellung von Druckerzeugnissen befasst.*

Drụck|ka|bi|ne, die: *in Flugzeugen u. Raumfahrzeugen abgeschlossener Raum mit höherem Innendruck (u. Klimatisierung) zur Aufrechterhaltung normaler Atmungsfunktionen.*

Drụck|kes|sel, der (Technik): *Kessel, in dem Stoffe unter hohem* [1]*Druck* (1) *erhitzt werden.*

Drụck|knopf, der: **1.** *für verdeckte Kleiderverschlüsse verwendeter metallischer Knopf aus zwei Plättchen, die ineinander gedrückt u. durch eine Feder gehalten werden.* **2.** *Knopf, auf den zur Betätigung elektrischer Geräte u. Anlagen gedrückt wird.*

Drụck|koch|topf, der: *Dampfkochtopf.*

Drụck|kos|ten ⟨Pl.⟩: *Kosten, die das Drucken eines Textes, Buches o. Ä. verursacht.*

Drụck|le|gung, die; -, -en: **a)** *in Verlag, grafischem Betrieb u. Buchbinderei geleistete technische u. organisatorische Arbeiten zur Vervielfältigung einer Text- od. Bildvorlage;* **b)** *das In-Druck-Gehen eines Textes o. Ä.*

Drụck|let|ter, die: vgl. Druckschrift (1, 2).

Drụck|li|zenz, die: *Druckerlaubnis.*

Drụck|luft, die ⟨o. Pl.⟩ (Physik): *verdichtete Luft, die als Energieträger zum Betreiben von Werkzeugen u. Geräten dient; Pressluft.*

Drụck|luft|brem|se, die: *mit Druckluft arbeitendes Bremssystem.*

Drụck|luft|ham|mer, der: *Presslufthammer.*

Drụck|ma|schi|ne, die: *Maschine, mit der nach einem bestimmten Verfahren gedruckt wird.*

Drụck|mes|ser, der (Physik): *Gerät zum Messen des* [1]*Druckes* (1) *von Gasen u. Flüssigkeiten; Manometer.*

Drụck|mit|tel, das: *etw., was dazu benutzt wird, auf jmdn. in bestimmter Weise* [1]*Druck* (3) *auszuüben:* sie benutzt ihre Krankheit regelrecht als D.

Drụck|ort, der: *Ort, wo etw. gedruckt worden ist.*

Drụck|pa|pier, das: *Papier zum Drucken.*

Drụck|plat|te, die: *entsprechend dem Druckverfahren ebene od. gekrümmte, starre od. flexible, platten- od. folienartige Druckform.*

Drụck|pres|se, die: *Druckmaschine.*

Drụck|reg|ler, der: *Vorrichtung, mit deren Hilfe sich der* [1]*Druck* (1) *in einem Gefäß od. Behälter konstant halten lässt.*

drụck|reif ⟨Adj.⟩: *in Bezug auf Inhalt, Stil usw. für den* [2]*Druck* (1 a) *geeignet:* ein -es Manuskript; Ü d. reden.

Drụck|sa|che, die: **1.** (Postw. früher) *aus einem gedruckten Text bestehende, zu ermäßigter Gebühr beförderte, nicht verschlossene Postsendung.* **2.** (Druckerspr.) *aus nicht fortlaufendem Text bestehendes Druckerzeugnis (wie Geschäftsbriefbogen, Visitenkarte, Formular); Akzidenz.*

Drụck|schrift, die: **1.** *Schriftart für den* [2]*Druck* (1 a), *die bestimmte Typen u. Schriftgrade verwendet.* **2.** *Schreibschrift, die Druckbuchstaben nachahmt.* **3.** *kleineres, nicht gebundenes Druck-Erzeugnis.*

Drụck|sei|te, die: *Seite eines Druckerzeugnisses.*

drụck|sen ⟨sw. V.; hat⟩ [zu ↑drucken, drücken] (ugs.): *[auf eine Frage] sich nur zögernd äußern, nicht recht über etw. sprechen wollen od. können:* er druckste lange, bis er damit herausrückte.

Drụck|sor|te, die ⟨meist Pl.⟩ (österr.): *Vordruck, Formular.*

Drụck|spal|te, die: *Spalte einer Druckseite.*

Drụck|stel|le, die: *Stelle, bes. am Körper, an der etw., was gedrückt hat, zu fest auflag, eine sichtbare Spur hinterlassen hat.*

Drụck|stock, der: *Druckplatte im* [2]*Hochdruck* (1), *die durch Aufbringen auf eine Unterlage auf Schrifthöhe gebracht wird; Klischee.*

Drụck|stoff, der: *Stoff mit aufgedrucktem Muster.*

Drụck|tas|te, die: vgl. Druckknopf (2).

Drụck|tech|nik, die: vgl. Druckverfahren.

drụck|tech|nisch ⟨Adj.⟩: *das Drucken, die Drucktechnik betreffend.*

Drụck|ty|pe, die: *zur Herstellung des Satzes dienende [metallene] Druckform, deren oberer Teil ein erhabenes [spiegelbildliches] Schriftbild trägt; Letter:* eine kleine D. wählen.

drụck|un|emp|find|lich ⟨Adj.⟩: *unempfindlich gegen* [1]*Druck* (1, 2): -er Samt.

Drụck|un|ter|schied, der (Physik): *Unterschied in der Stärke des* [1]*Drucks* (1).

Drụck|ver|band, der: *der Blutstillung dienender, fester, straff anliegender Verband.*

Drụck|ver|fah|ren, das: *bes. durch die Art der Druckform (z. B. Hoch-, Flach-, Tiefdruck o. Ä.) gekennzeichnete Art des Druckens.*

drụck|voll ⟨Adj.⟩: *voller Druck; wuchtig* (1), *kraftvoll:* die Gastgeber zeigten das -ere Spiel.

Drụck|vor|la|ge, die: *Text, Bild o. Ä. als Vorlage für den* [2]*Druck* (1 a).

Drụck|was|ser|re|ak|tor, der: *Kernreaktor, bei dem das als Kühlmittel dienende Wasser unter* [1]*Druck steht.*

Drụck|wel|le, die (Physik): *sich wie eine bewegte Wand mit Überschallgeschwindigkeit fortpflanzende, stark verdichtete Luft, wie sie z. B. bei Explosionen auftritt.*

Drụck|werk, das: *Druckerzeugnis von größerem Umfang.*

Drụck|we|sen, das ⟨o. Pl.⟩: *Gesamtheit aller mit dem Drucken zusammenhängenden Dinge, Einrichtungen, Vorgänge o. Ä.*

Dru̲|de, die; -, -n [mhd. trut(e), ahd. trute, H. u.]: *weiblicher* [2]*Alb* (1).

Dru̲|del, das od. der; -s, - [Fantasiebez.]: *witziges Rätsel, das darin besteht, dass ein zu erratender Gegenstand aus einer ungewöhnlichen Perspektive od. in einem ungewöhnlichen Ausschnitt gezeichnet wird.*

dru̲|deln ⟨sw. V.; hat⟩: *Drudel zeichnen, raten.*

Dru̲|den|fuß, der: *im Volksglauben als Fußabdruck der Drude gedeutetes Pentagramm.*

Drug|store [ˈdrʌɡstɔː], der; -s, -s [engl.-amerik. drugstore, aus: drug = Arzneimittel, Droge u. store = Lager, Geschäft]: *(bes. in den USA) Verkaufsgeschäft für alle Artikel des täglichen Bedarfs.*

Dru|i̲|de, der; -n, -n [lat. druides (Pl.), aus dem Gall.]: *keltischer Priester der heidnischen Zeit.*

dru|i̲|disch ⟨Adj.⟩: *zu den Druiden gehörend, sie betreffend:* -e Riten.

drụm (ugs.): ↑darum: *** seis d.** *(sei es, wie es ist);* **was d. und dran ist, hängt** *(alles, was dazugehört, was damit zusammenhängt);* **alles/das [ganze] Drum und Dran** *(alles/das, was dazugehört):* ein Steak mit allem Drum und Dran.

Drum [dram, engl.: drʌm], die; -, -s [engl. drum(s), entw. gek. aus älter: drumslade, dromslade (< niederl. trommelslag, dt. Trommelschlag) od. verw. mit mniederl. tromme, mhd. trumme, trumbe = Trommel]: **a)** engl. Bez. für *Trommel;* **b)** ⟨Pl.⟩ *Schlagzeug, bes. im Jazz u. in der Popmusik.*

Drum|he|rụm, das; -s (ugs.): *etw., was dazugehört, zu etw. notwendigerweise hinzukommt:* das ganze D. störte ihn mehr als die eigentliche Arbeit.

Drum|mer [ˈdramɐ, engl.: ˈdrʌmə], der; -s, - [engl. drummer, zu: drum, ↑Drum]: *Schlagzeuger in einer* [3]*Band.*

Drums: Pl. von ↑Drum.

drụn|ten ⟨Adv.⟩ (bes. südd., österr.): *dort, da unten:* d. im Tal.

drụn|ter (ugs.): **1.** ↑darunter. **2.** *** es/alles geht d. und drüber** *(es/alles geht planlos, ohne eine bestimmte Ordnung vor sich);* **das Drunter und Drüber** *(die unruhige Zeit; ungeordnete Verhältnisse).*

Drụsch, der; -[e]s, -e [zu ↑dreschen]: **1.** *das Dreschen.* **2.** *Ertrag des Dreschens:* den D. zur Mühle bringen.

Dru̲|se, der; -n, -n [arab. durzī, nach dem Gründer Ad Darazī]: Angehöriger einer islamischen Glaubensgemeinschaft im Libanon u. in Syrien.

Drü̲|se, die; -, -n [mhd. drües, ahd. druosi, Pl. von mhd., ahd. druos = Drüse; Schwellung, Beule, H. u.]: *Körperorgan, das ein Sekret nach außen bzw. in Körperhohlräume od. ins Blut bzw. in die Lymphe ausscheidet.*

drü̲|sen|ar|tig ⟨Adj.⟩: *einer Drüse ähnlich.*

Drü̲|sen|funk|ti|on, die: *Funktion einer Drüse, de Drüsen.*

Drü̲|sen|krank|heit, die: *Erkrankung der Drüsen*

Drü̲|sen|schwel|lung, die: *Schwellung einer od. mehrerer Drüsen.*

drü̲|sig ⟨Adj.⟩: *von der Art einer Drüse:* -es Gewebe.

Dru̲|sin, die; -, -nen: w. Form zu ↑Druse.

dru̲|sisch ⟨Adj.⟩: *die Drusen betreffend, zu ihnen gehörend.*

dry [drai̯] ⟨indekl. Adj.; nachgestellt⟩ [engl. dry, verw. mit ↑trocken]: *(von Sekt, Wein o. Ä.) herb trocken.*

DSB = Deutscher Sportbund.

Dschi|bu|ti; -s: **1.** Staat in Afrika. **2.** Hauptstadt von Dschibuti (1).

Dschi|ha̲d, der; - [arab. ǧihād]: *heiliger Krieg der Muslime zur Verteidigung u. Ausbreitung des Islams.*

Dschụn|gel, der, selten: das; -s, - [engl. jungle < sanskr. jāṅgala = wüster, unbebauter Boden]: *undurchdringlicher tropischer Sumpfwald:* ein dichter D.; in den D. eindringen; Ü ein D. von Vorschriften und Verordnungen.

Dschụn|gel|fie|ber, das: (ugs.) *Gelbfieber.*

Dschụn|gel|krieg, der: *im Dschungel geführter Krieg, in dem meist kleinere Einheiten aufeinander treffen.*

Dschụn|ke, die; -, -n [wohl engl. junk < port. junc < malai. djung = großes Schiff, aus dem Chin.]: *chinesisches Segelschiff mit flachem Schiffsrumpf u. rechteckigen, aus Bast geflochtenen Segeln.*

DSG = Deutsche Schlafwagen- und Speisewagen Gesellschaft.

dt. = deutsch.

DTB = Deutscher Turnerbund.

dto. = dito.

DTP = Desktop-Publishing.

DTSB = Deutscher Turn- u. Sportbund.

Dtzd. = Dutzend.

du̲ ⟨Personalpron.; 2. Pers. Sg. Nom.⟩ [mhd., ahd. dū]: **a)** Anrede an verwandte od. vertraute Personen u. an Kinder, an Gott od. göttliche Wesen heiten, gelegentlich noch an Untergebene, personifizierend an Dinge u. Abstrakta: du hast Recht; du Glücklicher!; du, mein Bruder; du zueinander sagen; [mit jmdm.] per du sein; ⟨subst.:⟩ das vertraute Du; jmdn. mit Du anreden; mit jmdm. auf Du und Du stehen *(vertrau mit ihm sein);* jmdm. das Du anbieten; ⟨Gen.:⟩ wir haben deiner/(veraltet:) dein gedacht; ⟨Dativ:⟩ kann ich dir helfen?; ⟨Akk.:⟩ ich habe dich nicht gesehen; **Spr** wie du mir, so ich dir *(ich werde dich genauso behandeln, wie du mich behandelt hast);* **b)** (ugs.) *man:* daran kannst du nichts ändern; du kannst machen, was du willst, es wird nicht besser.

du|a̲l ⟨Adj.⟩ [lat. dualis, zu: duo = zwei]: *eine Zweiheit bildend; zwei Möglichkeiten, Verfahrensweisen aufweisend:* ein -es Ausbildungssystem *(in die Ausbildung in Betrieb u. Berufsschule gegliedertes System der beruflichen Bildung);* die Entsorgung von Verpackungen im -en System *(bei den Maßnahmen, die die Rücknahme u. das Sammeln von Verpackungen durch den Handel sowie die Zuführung zur Wiederverwertung durch den Hersteller betreffen).*

Du̲|al, der; -s, -e, Dualis, der; -, Duale [lat. dualis (numerus)]: (Sprachw.) *(im Baltischen u. Slawischen) Numerus* (1) *für zwei Dinge od. Wesen od. Verbform für [zwei] zusammengehörige Tätigkeiten u. Vorgänge.*

Du|al-Band-Han|dy [dju:əlˈbænd...], das [aus engl. dual = zweifach, doppelt, engl. band = (Frequenz)band u. ↑Handy] (Fachspr.): *Handy, das* *in zwei Telefonnetzen mit unterschiedlichen Frequenzbereichen verwendet werden kann.*

Du|a|lis: ↑Dual.

Du|a|lis|mus, der; -: 1. *Zweiheit; Gegensätzlichkeit, Polarität:* der D. zweier Auffassungen. 2. *philosophisch-religiöse Lehre von der Existenz zweier Grundprinzipien des Seins, die sich ergänzen od. sich feindlich gegenüberstehen* (z. B. Gott – Welt; Leib – Seele). 3. (Politik) *Nebeneinander, Rivalität zweier Machtfaktoren in einem politischen System.*

Du|a|list, der; -en, -en: *Anhänger des Dualismus* (2).

du|a|lis|tisch ⟨Adj.⟩ (bildungsspr.): 1. *zwiespältig, gegensätzlich:* ein -es Verhältnis; -e Auffassungen. 2. *den Dualismus* (2, 3) *betreffend, auf ihm beruhend.*

Du|a|li|tät, die; - [lat. dualitas = Zweiheit] (bildungsspr.): *Zweiheit, Doppelheit, wechselseitige Zuordnung:* die D. von Sätzen, Axiomen.

Du|al|sys|tem, das; -s: 1. (Math.) *Zahlensystem, das als Basis die Zahl Zwei verwendet u. mithilfe von nur zwei Zahlenzeichen (0 und 1) alle Zahlen als Potenzen von 2 darstellt.* 2. (Soziol.) *zweiseitiges Abstammungs-, Verwandtschaftsverhältnis.*

Du|bai; -s: 1. Scheichtum der Vereinigten Arabischen Emirate. 2. Hauptstadt von Dubai (1).

Dü|bel, der; -s, - [mhd. tübel = Dübel (1), ahd. (gi)tubili = Ausschnitt, Fuge; viell. eigtl. = (Ein)geschlagenes]: 1. a) *Pflock, Zapfen, mit dessen Hilfe Schrauben, Nägel, Haken u. a. in einer Wand od. Decke fest verankert werden können;* b) kurz für ↑Spreizdübel. 2. (Bauw.) *Verbindungselement zum Zusammenhalten von Bauteilen.* 3. (österr.) *Beule.*

dü|beln ⟨sw. V.; hat⟩: *mit einem Dübel befestigen; mithilfe von Dübeln anbringen:* einen Haken d.; ein Regal an die Wand d.

du|bi|os, (seltener:) **du|bi|ös** ⟨Adj.⟩ [lat. dubiosus, zu: dubius = ungewiss; zweifelnd] (geh.): *zweifelhaft, fragwürdig:* ein -es Hotel; seine Vergangenheit ist recht d.

du|bi|ta|tiv ⟨Adj.⟩ [lat. dubitativus, zu: dubitare = zweifeln, schwanken; ungewiss sein]: *zweifelhaft, Zweifel ausdrückend:* eine -e Aussage.

Du|bi|ta|tiv, der; -s, -e (Sprachw.): *Konjunktiv, der einen Zweifel ausdrückt.*

Du|blee, das; -s, -s: *Doublé.*

Du|blet|te, die; -, -n [frz. doublet, zu: double = doppelt < lat. duplus, ↑doppelt]: 1. *doppelt vorhandenes Stück (in einer Sammlung o. Ä.):* -n von Briefmarken tauschen; die D. einer Münze, eines Buches. 2. *Edelstein[imitation] aus zwei durch Übereinanderpressen zusammengesetzten verschiedenen Teilen.* 3. (Boxen) *zwei unmittelbar aufeinander folgende Schläge mit derselben Hand.*

Dub|lin ['dablın]: Hauptstadt von Irland.

Du|blü|re, die; -, -n [frz. doublure, zu: doubler, ↑Dublee]: 1. a) (veraltend) *Unterfutter;* b) *Aufschlag an Uniformen.* 2. (Buchw.) *verzierte Innenseite des Buchdeckels von Prachtbänden; Spiegel.*

Dub|ni|um, das; -s [nach der russ. Stadt Dubna]: *radioaktives metallisches Transuran (chemisches Element;* Zeichen: Db).

Du|brov|nik: Hafenstadt an der Adria.

Duc [dyk], der; -[s], -s [frz. duc = Herzog < lat. dux (Gen.: ducis), ↑Dux]: 1. ⟨o. Pl.⟩ *höchster Rang des Adels in Frankreich.* 2. *Adliger dieses Ranges.*

Du|ce ['du:tʃe], der; -s [ital. Duce (del fascismo) = Führer (des Faschismus) < lat. dux, ↑Dux]: Titel des italienischen Faschistenführers B. Mussolini (1883 bis 1945).

Du|ces: Pl. von ↑Dux.

Du|chesse [dy'ʃɛs], die; -, -n [...sn; frz. duchesse, zu: duc, ↑Duc]: w. Form zu ↑Duc.

Du|chesse, die; -: *schweres Seidengewebe mit glänzender Vorder- u. matter Rückseite in Atlasbindung.*

Duck|dal|be, (seltener:) **Dück|dal|be,** (auch:) **Duck|dal|ben, Dück|dal|ben,** der; -s, - ⟨meist Pl.⟩ [H. u., viell. zu niederl. duiken, (m)niederd. duken = tauchen u. ↑Dolle(n)] (Seemannsspr.): *eingerammte Gruppe von Pfählen zum Festmachen von Schiffen im Hafen.*

du|cken ⟨sw. V.; hat⟩ [mhd. tucken, tücken = eine schnelle Bewegung (nach unten) machen, Intensivbildung zu ↑tauchen]: 1. a) ⟨d. + sich⟩ *Kopf u. Schultern einziehen u. den Oberkörper beugen od. in die Hocke gehen:* sich d., um einem Schlag auszuweichen; sich hinter eine Mauer, in eine Ecke d.; in geduckter Haltung verharren; b) (seltener) *(den Kopf) einziehen:* bei dieser Tür musst du den Kopf d. 2. a) ⟨d. + sich⟩ *sich aus Angst, Unterwürfigkeit, Berechnung o. Ä. demütigen, ergeben zeigen; es nicht wagen, aufzubegehren:* sie mussten gehorchen, sich d. b) (abwertend) *jmdn. (die eigene Machtstellung o. Ä. ausnutzend) demütigen, einschüchtern, neben sich nicht hochkommen od. bestehen lassen:* er ist in seinem Leben immer nur geduckt worden.

Duck|mäu|ser, der; -s, - [frühnhd., zu spätmhd. tockelmüsen = Heimlichkeiten treiben, zum 2. Bestandteil vgl. mausen (3); heute angelehnt an ↑ducken] (abwertend): *jmd., der seine Meinung nicht zu sagen wagt, sie nicht einer entgegengesetzten entgegenzustellen wagt.*

Duck|mäu|se|rei, die; - (abwertend): *Verhalten eines Duckmäusers.*

duck|mäu|se|risch ⟨Adj.⟩ (abwertend): *für einen Duckmäuser charakteristisch, wie ein Duckmäuser:* ein -es Auftreten; sich d. verhalten.

Duck|mäu|ser|tum, das; -s (abwertend): *Duckmäuserei.*

Du|de|lei, die; -, -en ⟨Pl. selten⟩ (ugs. abwertend): *ständiges, als lästig empfundenes Dudeln (1, 2):* hör bloß auf mit dieser ewigen D. auf der Flöte!

Du|de|ler, Dudler, der; -s, - (abwertend): *jmd., der dudelt* (1).

Du|de|le|rin, die; -, -nen: w. Form zu ↑Dudeler.

du|deln ⟨sw. V.; hat⟩ [entw. lautm. od. zu ↑Dudelsack] (ugs. abwertend): 1. *(auf einem Instrument o. Ä.) lange u. eintönig kunstlose Klänge erzeugen:* den ganzen Tag dudelt er schon das gleiche Lied; jmdm. mit der Flöte die Ohren voll d. 2. *lange u. eintönig kunstlose Klänge von sich geben:* auf dem Rummelplatz dudelt eine Drehorgel.

Du|del|sack, der [zu poln., tschech. dudy = Dudelsack < türk. düdük = Pfeife]: *Blasinstrument mit mehreren Pfeifen, die über einen vom Spieler unterm Arm getragenen, durch ein Mundstück mit Luft gefüllten, ledernen Sack mit Luft versorgt u. zum Klingen gebracht werden.*

Du|del|sack|pfei|fer, der, **Du|del|sack|spie|ler,** der: *jmd., der Dudelsack spielt.*

Dud|ler: ↑Dudeler.

Dud|le|rin, die; -, -nen: w. Form zu ↑Dudler.

due ['du:e; ital. due < lat. duo] (Musik): *zwei:* a due *(zu zweit).*

Du|ell, das; -s, -e [mlat. duellum < älter lat. duellum = Krieg für klass. lat. bellum; die Bed. »Zweikampf« entstand durch volksetym. Anschluss an das lat. Zahlwort duo = zwei]: 1. (früher) *zur Entscheidung eines Ehrenhandels, zur Schlichtung eines Streits ausgetragener Zweikampf mit Waffen:* ein D. [mit jmdm.] austragen; ein D. auf Pistolen. 2. a) (Sport) *sportlicher Wettkampf zwischen zwei Sportlern od. zwei Mannschaften:* die beiden Fußballmannschaften lieferten sich ein packendes, spannendes D.; b) (bildungsspr.) *Wortgefecht; Zweikampf mit geistigen Waffen:* die beiden Redner lieferten sich ein witziges, scharfes, erbittertes D.

Du|el|lant, der; -en, -en [zu mlat. duellans (Gen.: duellantis), 1. Part. von: duellare, ↑duellieren]: *jmd., der sich mit einem anderen duelliert.*

du|el|lie|ren, sich ⟨sw. V.; hat⟩ [mlat. duellare] (früher): *ein Duell (1) austragen:* sich mit jmdm. [wegen einer Sache] d.

Du|ett, das; -[e]s, -e [ital. duetto, zu ↑due]: 1. (Musik) a) *Komposition für zwei Singstimmen mit Instrumentalbegleitung:* ein D. singen; ein D. aus einer Oper vortragen; b) *zweistimmiger musikalischer Vortrag:* ihre Stimmen erklangen im D.; [im] D. *(zweistimmig)* singen. 2. (iron.) *Duo* (2).

Duft, der; -[e]s, Düfte [mhd. tuft, ahd. duft = Dunst, Nebel; [1]Tau, [1]Reif]: 1. *als angenehm empfundener, zarter bis intensiver Geruch:* ein betäubender D. breitete sich aus; der D. von Rosen, von Parfüm; Ü der D. *(das Fluidum, die Atmosphäre)* der weiten Welt. 2. a) (dichter., landsch.) *feiner Dunst, leichter Nebel:* morgendlicher D. lag über den Bergen; b) (schweiz., Forstw.) *Raureif.*

Düft|chen, das; -s, -: Vkl. zu ↑Duft (1).

Duft|drü|se, die: *(bei Tieren) Drüse, die Duftstoffe* (a) *absondert.*

duf|te ⟨Adj.⟩ [jidd. toff(te), ↑taff] (salopp, bes. berlin.): *ausgezeichnet, großartig; erstklassig:* ein -s Mädchen; der Urlaub war d.

duf|ten ⟨sw. V.; hat⟩ [mhd. tuften, tüften = dampfen, dünsten, zu ↑Duft]: a) *Duft verbreiten:* die Blumen duften [nicht]; die Rosen duften stark; b) *einen bestimmten od. für etw. charakteristischen Duft verbreiten:* die Rosen duften betörend; verführerisch duftender Kaffee; ⟨auch unpers.:⟩ hier duftet es nach Parfüm; (iron.:) er duftet nach Schnaps.

Duft|hauch, der (dichter.): *zarter Duft* (1), *Hauch eines Duftes.*

duf|tig ⟨Adj.⟩: 1. *hauchzart, fein:* -e Spitzen; die Bluse ist, wirkt d. 2. (dichter.) *in feinen Dunst, leichten Nebel gehüllt:* in -er Ferne.

Duf|tig|keit, die; -: *das Duftigsein, duftige Beschaffenheit.*

Duft|kis|sen, das: *kleines, mit wohlriechenden Kräutern o. Ä. gefülltes Kissen.*

Duft|mar|ke, die (Biol.): *von Tieren gesetzter Duftstoff* (a) *zur Markierung des Reviers od. zur Verständigung mit Artgenossen:* der Nilpferdbulle setzt seine -n.

Duft|no|te, die: *(von Parfüms, duftenden Substanzen) Duft von besonderer Prägung, Eigenart:* eine frische, herbe D.

Duft|stoff, der: a) (Biol.) *von Lebewesen aus Duftdrüsen abgesonderte Substanz, deren Geruch besondere Funktionen (wie Verständigung, Abschreckung) erfüllt;* b) *auf der Basis natürlicher Duftstoffe* (a) *od. synthetisch hergestellte Substanz, die Parfüms, Kosmetika u. a. ihren Duft verleiht.*

Duft|was|ser, das ⟨Pl. ...wässer⟩: *duftende alkoholische Flüssigkeit in schwacher Konzentration zur Parfümierung u. Erfrischung.*

Duft|wol|ke, die (oft iron.): *jmdn., etw. umgebender Duft* (1): in eine D. eingehüllt sein.

Duis|burg ['dy:s...]: Stadt in Nordrhein-Westfalen.

[1]Duis|bur|ger, der; -s, -: Ew.

[2]Duis|bur|ger ⟨indekl. Adj.⟩.

Duis|bur|ge|rin, die; -, -nen: w. Form zu ↑[1]Duisburger.

Du|ka|ten, der; -s, - [spätmhd. ducat < ital. ducato < (m)lat. ducatus = Herzogtum, zu lat. dux, ↑Dux]: *(vom 13. bis 19. Jh.) in ganz Europa verbreitete Goldmünze.*

Du|ka|ten|esel, der [↑Goldesel] (scherzh.): *unerschöpfliche Geldquelle:* ich habe doch keinen D.!

Du|ka|ten|gold, das: *reinstes verarbeitetes Gold.*

Duke [dju:k], der; -, -s [engl. duke < frz. duc, ↑Duc]: 1. ⟨o. Pl.⟩ *höchster Rang des Adels in Großbritannien.* 2. *Adliger dieses Ranges.*

Duk|tus, der; - [lat. ductus = das Ziehen, Führung, innerer Zusammenhang] (geh.): 1. *charakteristische Art, bestimmte Linienführung einer Schrift:* der D. der Sütterlinschrift; einen eigenwilligen, markanten D. haben. 2. *charakteristische Art der künstlerischen Formgebung, der Linienführung eines Kunstwerks:* der D. ihrer Verse ist unverkennbar; am D. des Gemäldes den Maler erkennen.

dul|den ⟨sw. V.; hat⟩ [mhd., ahd. dulten, zu ahd. (gi)dult, ↑Geduld]: 1. a) *aus Nachsicht fortbestehen lassen, ohne ernsthaften Widerspruch einzulegen od. bestimmte Gegenmaßnahmen zu* *ergreifen; zulassen, gelten lassen:* etw. stillschweigend d.; keinen Widerspruch d.; Ausnahmen werden nicht geduldet; ich dulde nicht, dass du weggehst; **b)** *das Vorhandensein einer Sache od. die Anwesenheit einer Person an einem Ort gestatten:* sie duldete ihren Verwandten nicht in ihrem Haus; wir sind hier nur geduldet *(eigentlich nicht gern gesehen).* **2.** (geh.) **a)** *etw. Schweres od. Schreckliches mit Gelassenheit ertragen:* standhaft, still, ergeben d.; er duldet, ohne zu klagen; **b)** (seltener) *erdulden:* sie musste viel Leid d.

D

Dul|der, der: *jmd., der viel duldet* (2).

Dul|de|rin, die; -, -nen: w. Form zu ↑Dulder.

Dul|der|mie|ne, die; -, -n ⟨Pl. selten⟩ (iron.): *absichtlich aufgesetzte Miene ergebenen Duldens.*

duld|sam ⟨Adj.⟩: *voller Geduld, nachsichtig; tolerant:* ein -er Mensch; eine -e Gesinnung.

Duld|sam|keit, die; -: *duldsames Wesen, Verhalten; Toleranz.*

Dul|dung, die; -, -en ⟨Pl. selten⟩: *das Dulden* (1): stillschweigende D.

Dult, die; -, -en [mhd., ahd. tult, wohl urspr. = Ruhezeit] (bayr., österr.): *Jahrmarkt.*

Dul|zi|nea, die; -, ...een [nach Dulcinea del Toboso, der Angebeteten des ↑Don Quichotte, zu span. dulce = süß, lieblich < lat. dulcis] (scherzh. abwertend): *Geliebte.*

Du|ma, die; -, -s [russ. duma, eigtl. = Gedanke, wohl aus dem Germ. (vgl. got. dom [Akk.] = Ruhm; Urteil)]: **1.** *Unterhaus im russischen Parlament.* **2.** (hist.) *Rat der fürstlichen Gefolgsleute in Russland.* **3.** *russische Stadtverordnetenversammlung von 1870 bis 1917.* **4.** *russisches Parlament von 1906 bis 1917.*

Dum|dum, das; -[s], -[s], **Dum|dum|ge|schoss,** das [engl. dumdum, nach der militär. Niederlassung Dumdum bei Kalkutta, wo diese Geschosse zuerst hergestellt wurden]: *Geschoss mit angebohrter od. abgeschnittener Spitze od. teilweise frei liegendem Bleikern, das große Wunden verursacht (u. daher völkerrechtlich verboten ist).*

dumm ⟨Adj.; dümmer, dümmste⟩ [mhd. tump, ahd. tumb, eigtl. = verdunkelt, mit stumpfen Sinnen, urspr. = stumm]: **1. a)** *nicht klug; von schwacher, nicht zureichender Intelligenz:* ein -er Mensch; jmdn. wie einen -en Jungen behandeln; er ist nicht so d., wie er aussieht; sie ist so d., dass sie brummt (ugs.; *sehr dumm*); sich d. stellen (ugs.; *so tun, als ob man von nichts wüsste, jmds. Anspielung o. Ä. nicht verstünde*); R d. geboren, nichts dazugelernt (salopp; *in hohem Maße dumm*); ⟨subst.:⟩ immer wieder einen Dummen finden *(jmdn., der sich für etw. hergibt od. der auf etw. hereinfällt);* die Dummen werden nicht alle; *** sich nicht für d. verkaufen lassen** (ugs.; *sich nicht täuschen, sich nichts vormachen lassen*); **d. und dämlich** (ugs.; *[in Bezug auf ein bestimmtes Tun] sehr viel, bis an die Grenze des Erträglichen*): sich d. und dämlich suchen, reden, verdienen; **der Dumme sein** (ugs.; *der Benachteiligte sein, den Schaden tragen*); **b)** *in seinem Verhalten, Tun wenig Überlegung zeigend; unklug:* das war d. von dir, ihr das zu sagen; er war so d., war d. genug *(so naiv, naiv genug),* darauf hereinzufallen; **c)** (ugs.) *töricht, albern:* -es Gerede; rede kein -es Zeug!; ein -es Gesicht machen; die Sache ist mir einfach zu d.; *** jmdm. ist/wird etw. zu d.** (ugs.; *jmds. Geduld ist am Ende*). **2.** (ugs.) *in ärgerlicher Weise unangenehm; fatal:* ein -er Zufall; das ist eine -e Geschichte; das hätte d. ausgehen können; jmdm. d. kommen (ugs.; *zu jmdm. frech, unverschämt werden*); wenn das eintritt, sehen wir ganz schön d. aus/stehen wir ganz schön d. da *(sind wir in einer ziemlich unangenehmen, peinlichen Lage);* ⟨subst.:⟩ etw. Dummes anstellen; mir ist etwas Dummes passiert. **3.** (ugs.) *benommen, schwindlig:* mir ist ganz d. im Kopf; der Lärm machte uns ganz d.

Dumm|bach: in der Wendung **[nicht] aus D. sein** (ugs.; *[nicht] dumm sein;* erfundener Ortsname).

Dumm|chen, das; -s, - (fam.): *Dummerchen.*

dumm|dreist ⟨Adj.⟩: *dumm u. dreist zugleich, in dummer, plumper Weise dreist:* eine -e Antwort; d. grinsen.

Dum|me|jun|gen|streich, der; -[e]s, -e, (auch:) **Dum|me-Jun|gen-Streich,** der; des Dummen-Jungen-Streich[e]s, die Dummen-Jungen-Streiche (ugs.): *unüberlegter, törichter Streich:* das war ein D., ein Dummer-Jungen-Streich.

Dum|men|fang, der ⟨o. Pl.⟩ (abwertend): *plumper Versuch, mit leeren Versprechungen Leichtgläubige anzulocken:* auf D. [aus]gehen, aus sein.

düm|mer: ↑dumm.

Dum|mer|chen, das; -s, - (fam.): *[kleines] törichtes Geschöpf.*

Dum|mer|jan, Dummrian, der; -s, -e [eigtl. = dummer Jan (Jan = niederd. Kurzf. des m. Vorn. Johannes)] (fam.): *dummer, einfältiger Mensch.*

dum|mer|wei|se ⟨Adv.⟩: **1.** *durch einen misslichen Umstand, Zufall; ärgerlicherweise:* man hat uns d. dabei beobachtet; **2.** *aus Dummheit, törichterweise:* ich bin d. weggelaufen, statt zu bleiben.

dumm|frech ⟨Adj.⟩: vgl. dummdreist.

Dumm|heit, die; -, -en: **1.** ⟨o. Pl.⟩ *Mangel an Intelligenz:* etwas aus reiner, purer D. sagen, tun; R wenn D. wehtäte, müsste/würde er den ganzen Tag schreien (salopp; *er ist entsetzlich dumm*); Spr D. und Stolz wachsen auf einem Holz *(sind meist zusammen anzutreffen);* *** vor D. brüllen/brummen/schreien** (salopp; *äußerst dumm sein*). **2.** *unkluge Handlung, törichte Äußerung:* das war eine große, sträfliche D. von dir; mir ist eine D. passiert; -en begehen, sagen; mach keine -en!; lauter -en im Kopf haben.

Dum|mi|an, der; -s, -e (landsch., österr.): *Dummerjan.*

Dumm|kol|ler, der (Tiermed.): *Erkrankung des Gehirns bei Pferden;* ²*Koller* (2).

Dumm|kopf, der (abwertend): *dummer, einfältiger Mensch.*

dümm|lich ⟨Adj.⟩: **a)** *ein wenig dumm, leicht beschränkt [wirkend], durch sein Aussehen, seine Miene einen wenig intelligenten Eindruck machend:* eine -e Person; sein Gesichtsausdruck war ein wenig d.; d. grinsen; **b)** *töricht, albern:* -es Gerede.

Dümm|ling, der; -s, -e (ugs.): *dümmlicher Mensch.*

Dumm|ri|an: ↑Dummerjan.

Dumm|schwät|zer, der (ugs. abwertend): *jmd., der viel, aber ohne Sachverstand von etw. redet.*

Dumm|schwät|ze|rin, die: w. Form zu ↑Dummschwätzer.

Dumms|dorf: in der Wendung **[nicht] aus D. sein** (salopp; ↑Dummbach).

dümms|te: ↑dumm.

dumm|stolz ⟨Adj.⟩: *in törichter Weise stolz; dünkelhaft.*

Dum|my ['dami], der; -s, -s [engl. dummy, zu: dumb = stumm]: **1.** *lebensgroße, bei Unfalltests in Kraftfahrzeugen verwendete [Kunst]stoffpuppe.* **2.** ⟨auch: das⟩ *Attrappe (für Werbezwecke).*

düm|peln ⟨sw. V.; hat⟩ [mniederd. dümpelen = eintauchen] (Seemannsspr.): *sich leicht schlingernd (auf dem Wasser) bewegen:* am Kai dümpeln die Kutter.

dumpf ⟨Adj.⟩ [verkürzt aus ↑dumpfig]: **1.** *dunkel u. gedämpft [klingend]:* -e Geräusche; das -e Rollen des Donners; d. klingen, aufprallen. **2.** *feucht, von Feuchtigkeit beeinträchtigt, verdorben, im Geruch, Geschmack davon zeugend [u. den Atem beklemmend]:* eine -e Schwüle lastet auf der Stadt; -e *(muffige, moderige)* Kellerluft; ein -es Gewölbe. **3.** *untätig, geistig unbeweglich u. ohne Anteilnahme am äußeren Geschehen; stumpf[sinnig]:* die -e Atmosphäre der Kleinstadt; -e Fremdenfeindlichkeit; in -er Gleichgültigkeit dasitzen; d. vor sich hin brüten. **4.** *nicht klar ausgeprägt; undeutlich [hervortretend], unbestimmt:* eine -e Ahnung von etw. haben; einen -en Schmerz verspüren. **5.** (veraltend) *benommen:* ein -er Halbschlaf; ihm war von dem Alkohol ganz d. im Kopf.

Dumpf|ba|cke, die; -, -n (salopp): *törichter, einfältiger Mensch.*

Dumpf|heit, die; -: *das Dumpfsein (1–3); dumpfe Wesen, dumpfe Beschaffenheit.*

dump|fig ⟨Adj.⟩ [zu älter dumpf = Schimmel, auch: Atemnot, zu ↑Dampf]: *dumpf*(2).

Dump|fig|keit, die; -: *das Dumpfigsein, dumpfige Beschaffenheit.*

Dum|ping ['dampɪŋ], das; -s [engl. dumping, zu: to dump = zu Schleuderpreisen verkaufen] (Wirtsch.): **a)** *das Exportieren einer Ware unter ihrem Inlandspreis zur Eroberung eines ausländischen Marktes;* **b)** *der Verkauf einer Ware mit nur kleinem od. ohne Gewinn zur Durchsetzung dieser Ware auf dem Markt.*

Dum|ping|preis, der (Wirtsch.): *Preis einer Ware, der deutlich unter dem normalen Wert liegt.*

dun ⟨Adj.⟩ [aus dem Niederd. < mniederd. dun, urspr. = geschwollen] (landsch.): *betrunken:* d. sein.

Dü|ne, die; -, -n [aus dem Niederd. < mniederd., mniederl. dūne, eigtl. = (vom Wind) Aufgeschüttetes, verw. mit ↑Dunst]: *durch den Wind aufgeschütteter Sandhügel od. -wall:* flache -n; durch, über die -n laufen.

Dü|nen|gras, das: *auf Dünen wachsendes Gras.*

Dü|nen|sand, der ⟨Pl. selten⟩: *feiner Sand von Dünen.*

Dung, der; -[e]s [mhd. tunge, ahd. tunga, eigtl. = das Bedeckende, zu mhd. tunc, ahd. tung = unterirdische Vorratsräume u. Webkammern, die gegen die winterliche Kälte mit Mist bedeckt wurden]: *als Dünger verwendeter Mist:* D. streuen, ausbreiten, untergraben.

Dün|ge|mit|tel, das: *Dünger.*

dün|gen ⟨sw. V.; hat⟩ [mhd. tungen]: **a)** *mit Dünger anreichern:* die Erde, den Boden, Acker d.; die Pflanzen *(den Boden, auf dem die Pflanzen wachsen)* d.; **b)** *als Dünger wirken:* das faulende Laub düngt [gut].

Dün|ger, der; -s, - [zu ↑düngen]: *Stoff, der dem Boden zur Erhöhung seiner Fruchtbarkeit zugeführt wird:* natürlicher, künstlicher, flüssiger D.

Dung|flie|ge, die: *kleine, schwarze Fliege, deren Larven bes. in faulenden Stoffen u. in Exkrementen leben.*

Dung|gru|be, die: *Grube, in der Dung gelagert wird.*

Dung|hau|fen, der: *angehäufter Dung, Dünger.*

Dün|gung, die; -, -en ⟨Pl. selten⟩: **1.** *das Düngen* (a). **2.** (selten) *Dünger.*

dun|kel ⟨Adj.; dunkler, -ste⟩ [mhd. tunkel, ahd. tunkal = dunstig, neblig, verw. mit ↑Dampf]: **1. a)** *nicht hell, nicht od. nur unzulänglich erhellt, [fast] ohne Licht* (1): eine dunkle Straße in dunkler Nacht; alle Fenster waren d.; es wird d. *(es wird Abend);* ⟨subst.:⟩ im Dunkeln sitzen; R im Dunkeln ist gut munkeln *(Heimlichkeiten tut man lieber, wenn es dunkel ist u. man dabei nicht beobachtet wird);* *** im Dunkeln tappen** *(in einer aufzuklärenden Sache noch keinen Anhaltspunkt haben);* **b)** *düster, unerfreulich:* ein dunkles Kapitel der Geschichte; das war der -ste Tag in meinem Leben. **2.** *nicht hell, sondern von intensiver Färbung, ins Schwärzliche spielend:* dunkle Kleidung; dunkles Haar; von dunkler Hautfarbe; dunkles Brot, Bier; ein dunkles Rot, Grün; diese Tapete ist mir zu d.; die Brille ist d. getönt; ⟨subst.:⟩ bitte ein Dunkles (ugs.; *dunkles Bier*). **3.** *(von Klängen, Tönen) tief, gedämpft; nicht hell:* eine dunkle Stimme; d. klingen. **4. a)** *unbestimmt, undeutlich:* nur eine dunkle Vorstellung von etw. haben; einen dunklen Verdacht haben; etw. d. ahnen, fühlen; sich nur d. an etw. erinnern können; **b)** *unklar:* in dunkler *(ferner u. geheimnisvoller)* Vorzeit; eine dunkle *(schwer deutbare)* Textstelle; ⟨subst.:⟩ jmdn. [über etw.] im Dunklen *(im Unklaren, Ungewissen)* lassen; etw. liegt noch im Dunkeln *(ist noch ungewiss).* **5.** (abwertend) *undurchsichtig, verdächtig, zweifelhaft:* dunkle Geschäfte machen; eine dunkle Vergangenheit haben; das Geld fließt in dunkle Kanäle.

un|kel, das; -s [mhd. tunkel, ahd. tunkali = Dunkelheit]: **1.** (geh.) *Dunkelheit:* das D. der Nacht; es herrschte völliges D.; im D. des Waldes; der Weg war in tiefes D. gehüllt. **2.** *Undurchschaubarkeit, Rätselhaftigkeit:* das D. um einen Vorfall lichten; die Ursachen sind in mysteriöses D. gehüllt.

ün|kel, der; -s [für mhd. dunc = Meinung, zu ↑dünken] (abwertend): *übertrieben hohe Selbsteinschätzung aufgrund einer vermeintlichen Überlegenheit; Eingebildetheit, Hochmut:* ein intellektueller, akademischer D.

un|kel|äu|gig ⟨Adj.⟩: *dunkle Augen habend.*

un|kel|blau ⟨Adj.⟩: *von dunklem Blau;* vgl. blau (1).

un|kel|blond ⟨Adj.⟩: **a)** *ein dunkles Blond aufweisend:* -e Haare; **b)** *mit dunkelblonden Haaren versehen:* ein -es Mädchen.

un|kel|braun ⟨Adj.⟩: *von dunklem Braun;* vgl. braun.

un|kel|far|ben, dun|kel|far|big ⟨Adj.⟩: *von dunkler Farbe, in dunklen Farben gehalten.*

un|kel|gelb ⟨Adj.⟩: *von dunklem Gelb;* vgl. gelb.

un|kel|grau ⟨Adj.⟩: *von dunklem Grau;* vgl. grau.

un|kel|grün ⟨Adj.⟩: *von dunklem Grün;* vgl. grün (1).

un|kel|haa|rig ⟨Adj.⟩: *dunkle Haare aufweisend.*

ün|kel|haft ⟨Adj.⟩ (geh. abwertend): *voller Dünkel; eingebildet, hochmütig:* ein -es Auftreten; eine -e Gesellschaft; sich d. benehmen.

un|kel|haft, die: *Haft in einem verdunkelten Raum.*

ün|kel|haf|tig|keit, die; -: *dünkelhaftes Wesen, dünkelhafte Art.*

un|kel|häu|tig ⟨Adj.⟩: *eine dunkle Hautfarbe aufweisend.*

un|kel|heit, die; -, -en ⟨Pl. selten⟩: **a)** *Zustand des Dunkelseins; lichtarmer Zustand:* die D. bricht herein; bei Einbruch der D.; im Schutze der D. entkommen; bei einbrechender D.; **b)** (geh.) *(von Farben) dunkle Tönung.*

un|kel|kam|mer, die: *verdunkelter, nur durch Speziallampen schwach beleuchteter Raum zum Arbeiten mit lichtempfindlichem Material.*

un|kel|mann, der ⟨Pl. ...männer⟩ [2: nach nlat. Epistolae obscurorum virorum = »Dunkelmännerbriefe«, einer satirischen Streitschrift des 16. Jh.s, in der die Unbildung und Rückständigkeit des damaligen Wissenschaftsbetriebes angeprangert wurde] (abwertend): **1.** *zwielichtiger Mensch, der dunkler Machenschaften verdächtigt wird; Drahtzieher.* **2.** (veraltet) *Vertreter des Rückschritts; Feind der Bildung.*

un|keln ⟨sw. V.⟩ [mhd. tunkeln, ahd. tunkalēn]: **1.** ⟨hat⟩ **a)** ⟨unpers.⟩ (geh.) *langsam dunkel werden:* es dunkelt schon; **b)** (dichter.) *Dunkelheit verbreiten:* der Abend, die Nacht dunkelt. **2. a)** *eine dunklere Färbung annehmen, bekommen* ⟨ist⟩: das Bild ist im Lauf der Jahre gedunkelt; **b)** *dunkler machen, färben* ⟨hat; meist im 2. Part.⟩: gedunkeltes Haar; künstlich gedunkeltes Holz. **3.** (dichter.) *als etwas Dunkles in Erscheinung treten* ⟨hat⟩: am Horizont dunkelte das Gewölk.

un|kel|rot ⟨Adj.⟩: *von dunklem Rot;* vgl. rot.

un|kel|vi|o|lett ⟨Adj.⟩: *von dunklem Violett;* vgl. violett.

un|kel|zel|le, die: *verdunkelte Haftzelle.*

un|kel|zif|fer, die: *offiziell nicht bekannt gewordene Anzahl von bestimmten [sich negativ auswirkenden] Vorkommnissen, Erscheinungen.*

ün|ken ⟨unr. V.; dünkte/(veraltet:) deuchte, hat gedünkt/(veraltet:) gedeucht⟩ [mhd. dünken, dunken, ahd. dunchen, eigtl. = den Anschein haben, zu ↑denken] (geh. veraltend): **a)** *jmdm. so vorkommen, scheinen:* mich/(seltener:) mir dünkt/(veraltet:) deucht, wir werden scheitern; ihr Verhalten dünkte ihn/(seltener:) ihm seltsam; ⟨unpers.:⟩ es dünkt mich/(seltener:) mir, man hat uns vergessen; **b)** ⟨d. + sich⟩ *sich zu Unrecht etw. einbilden, sich für etwas halten:* du dünkst dich/(seltener:) dir etwas Besseres, dünkst dich/(seltener:) dir ein Held [zu sein].

un|king [ˈdaŋkiŋ], das; -s, -s [engl. dunking, eigtl. = das Eintauchen (1), zu: to dunk = eintauchen (1), einstippen] (Basketball): *Korbwurf, bei dem der Werfer so hoch springt, dass er den Ball kraftvoll direkt von oben in den Korb werfen kann.*

dünn ⟨Adj.⟩ [mhd. dünne, ahd. dunni, eigtl. = lang ausgedehnt]: **1. a)** *von geringer Stärke, Dicke; von geringem Umfang:* ein -er Ast; ein -es Buch; -e Beine; etw. in -e Scheiben schneiden; die Eisdecke ist sehr d.; **b)** *hager, mager:* sie ist sehr d. geworden; setz dich zu mir, ich mache mich ganz d.(scherzh.; *versuche, möglichst wenig Platz einzunehmen, damit du noch Platz hast*); **c)** *in geringer Menge [sich über eine Fläche erstreckend od. darauf vorhanden]:* Farbe, Lack, eine Salbe d. auftragen. **2. a)** *fein, zart, leicht:* ein -er Schleier; -e Strümpfe; zu d. angezogen sein; Ü die Luft wird in großer Höhe immer -er; **b)** *nicht dicht; spärlich:* -es Haar haben; d. behaart sein; eine d. besiedelte Gegend; *** d. gesät** (ugs.; *[leider] spärlich vorhanden, selten*): gute Außenstürmer sind in der Liga d. gesät; **c)** *schwach:* eine -e Stimme; der Beifall kam nur zögernd und d. **3.** *wenig gehaltvoll:* eine -e Suppe; der Kaffee ist ziemlich d.; Ü der Inhalt des Buches ist doch recht d. *(dürftig, unbedeutend).*

dünn be|haart: s. dünn (2 b).

dünn|bei|nig ⟨Adj.⟩: *mit dünnen Beinen:* ein -es Mädchen.

dünn be|sie|delt, dünn be|völ|kert: s. dünn (2 b).

Dünn|bier, das (ugs.): *alkoholarmes Bier.*

dünn|blü|tig ⟨Adj.⟩ (geh. abwertend): *schwächlich, kraftlos:* ein -er Jüngling; ein -es *(schwaches)* Gedicht.

Dünn|brett|boh|rer, der (ugs. abwertend): **a)** *nicht besonders intelligenter Mensch;* **b)** *jmd., der bei der Bewältigung einer Aufgabe den Weg des geringsten Widerstandes geht.*

Dünn|darm, der: *vom Magenausgang bis zum Beginn des Dickdarms reichender Teil des Darmes.*

Dünn|druck, der ⟨Pl. ...drucke⟩ (Buchw.): **1.** ⟨o. Pl.⟩ [2]*Druck* (1 a) *auf Dünndruckpapier:* das Buch erscheint in D. **2.** *Buchexemplar in Dünndruck.*

Dün|ne, die; - [mhd. dünne, ahd. dunnī] (bes. Fachspr.): *dünne Beschaffenheit, Dünnheit.*

dün|ne|ma|chen: ↑dünnmachen.

dun|ne|mals ⟨Adv.⟩ [aus dem Niederd., zu dunn = dann, damals] (veraltet, noch landsch.): *damals:* *** anno d.** (↑anno).

Dun|ner|litt|chen: ↑Donnerlittchen.

dünn|flüs|sig ⟨Adj.⟩: *sehr flüssig:* -es Öl; eine zähe Masse d. machen.

Dünn|flüs|sig|keit, die ⟨o. Pl.⟩: *dünnflüssige Beschaffenheit.*

dünn ge|sät s. dünn (2 b).

dünn|häu|tig ⟨Adj.⟩: **1.** *mit dünner Haut:* ein -er Fisch. **2.** *[zu] sensibel, [über]empfindlich:* er ist, reagierte sehr d.

Dünn|heit, die; -: [1]*Dünne.*

dünn|lip|pig ⟨Adj.⟩: *mit dünnen, schmalen Lippen:* ein -er Mund; eine -e Alte.

dünn|ma|chen, (auch:) dünnemachen, sich ⟨sw. V.; hat⟩ (ugs.): *sich unauffällig, heimlich entfernen:* als es ihm zu brenzlig wurde, hat er sich dünn[e]gemacht.

Dünn|pfiff, der ⟨o. Pl.⟩ (salopp): *Durchfall* (1).

Dünn|säu|re, die (Chemie): *Schwefelsäure, die als Abfallprodukt in der chemischen Industrie entsteht.*

Dünn|säu|re|ver|klap|pung, die: *Verklappung von Dünnsäure.*

dünn|scha|lig ⟨Adj.⟩: *mit dünner Schale:* -e Früchte.

Dünn|schiss, der (derb): *Durchfall* (1).

dünn|wan|dig ⟨Adj.⟩: *mit dünner Wand:* ein -es Gefäß.

Dunst, der; -[e]s, Dünste [mhd. dunst, tunst = Dampf, Dunst, ahd. tun(i)st = Sturm, urspr. wahrsch. = Staub, Staubwind]: **1. a)** ⟨o. Pl.⟩ *neblige Luft, getrübte Atmosphäre:* ein feiner D. liegt über der Stadt; die Berge liegen im D., sind in D. gehüllt; **b)** *von starkem Geruch [u. Dampf] erfüllte Luft:* bläulicher D. von Abgasen; ein D. von Tabakrauch und Speisen erfüllte die Gaststube; der warme D. *(die warme Ausdünstung)* der Pferde; *** jmdm. blauen D. vormachen** (ugs.; *jmdm. etw. vorgaukeln;* nach dem blauen Rauch, den Zauberkünstler früher vor der Vorführung ihrer Kunststücke aufsteigen ließen); **keinen [blassen] D. von etw. haben** (ugs.; *keine Ahnung von etw. haben*). **2.** ⟨o. Pl.⟩ (Jägerspr.) *feinster Schrot für die Vogeljagd.*

Dunst|ab|zugs|hau|be, die: *über dem Herd anzubringende Vorrichtung [als Bestandteil einer Küchenzeile], die den beim Kochen entstehenden Dunst ansaugt.*

duns|ten ⟨sw. V.; hat⟩ [mhd. dunsten, dünsten]: **1.** (geh.) **a)** *dampfen:* nach dem Regen dunstete der Boden; **b)** *ausdunstend Geruch verbreiten; Dunst* (1 b) *ausströmen:* in der Wärme dunstete das Leder. **2.** *** jmdn. d. lassen** (österr. ugs.; *jmdn. hinhalten, im Ungewissen lassen*).

düns|ten ⟨sw. V.; hat⟩ [vgl. dunsten]: **1.** *(Speisen) in einem zugedeckten Gefäß mit wenig Fett od. Flüssigkeit garen; dämpfen:* Fisch, Fleisch, Gemüse d. **2.** *dunsten* (1).

Dunst|glo|cke, die: *sichtbare Ansammlung von verunreinigter Luft über Industriegebieten:* eine D. liegt über der Stadt.

Dunst|hau|be, die: *Dunstglocke.*

duns|tig ⟨Adj.⟩ [mhd. dunstec = dampfend, ahd. dunistīg = stürmisch]: **a)** *leicht neblig, trübe:* ein -er Herbstmorgen; **b)** *von warmer, verbrauchter Luft erfüllt; verräuchert:* eine -e Kneipe.

Dunst|kreis, der (geh.): **1.** (seltener) *Umkreis, der von Dunst* (1) *erfüllt ist; Umgebung:* sie wohnen im D. einer chemischen Fabrik. **2.** *Atmosphäre, Wirkungs-, Ausstrahlungsbereich; geistige Umgebung:* sie entzog sich früh dem D. des spießigen Elternhauses.

Dunst|obst (österr.), **Dünst|obst,** das: *gedünstetes od. sich zum Dünsten eignendes Obst.*

Dunst|schicht, die: *Schicht von Dunst* (1 a).

Dunst|schlei|er, der: *sehr dünne Dunstschicht.*

Dunst|wol|ke, die: *Schwall von Dunst* (1 b); *Ausdünstung:* aus dem Stall schlug ihm eine [warme, üble] D. entgegen.

Dü|nung, die; -, -en [wohl zu niederd. dunen, dünen = schwellen, auf u. nieder wogen, verw. mit ↑Daumen]: *durch den Wind hervorgerufener Seegang mit gleichmäßigen, lang gezogenen Wellen:* eine leichte, schwere, flache D.

Duo, das; -s, -s [ital. duo = Duett < lat. duo = zwei]: **1.** (Musik) **a)** *Komposition für zwei meist ungleiche [Instrumental]stimmen:* ein D. für Flöte und Klavier; **b)** *zwei gemeinsam solistisch musizierende Instrumentalisten:* das weltberühmte D. gibt ein Konzert. **2.** (oft iron.) *zwei Personen o. Ä., die häufig gemeinsam in Erscheinung treten od. gemeinsam eine [strafbare] Handlung durchführen, zusammenarbeiten:* das gerissene D. hat bereits mehrere Einbrüche verübt.

Du|o|dez, das; -es [zu lat. duodecimus = der zwölfte]: *Buchformat in der Größe eines zwölftel Bogens;* Zeichen: 12°.

Du|o|dez|for|mat, das: *Duodez.*

Du|o|dez|fürst, der: *Herrscher eines winzigen Fürstentums.*

Du|o|dez|fürs|ten|tum, das: vgl. Duodezstaat.

Du|o|dez|staat, der: *sehr kleiner Staat; Zwergstaat.*

dü|pie|ren ⟨sw. V.; hat⟩ [frz. duper = narren, täuschen, zu: dupe = Narr, Tropf] (geh.): *täuschen, überlisten, zum Narren halten:* der angebliche Vertreter hat mehrere Geschäftsleute düpiert; sich düpiert fühlen.

Dü|pie|rung, die; -, -en (geh.): *das Düpieren; Täuschung, Überlistung.*

Du|plex|be|trieb, der: **1.** *Telegrafieverfahren, bei dem auf einer Leitung gleichzeitig zwei Telegramme in entgegengesetzter Richtung durchgegeben werden können.* **2.** *Betrieb eines Computersystems in der Weise, dass bei seinem Ausfal-*

D

len auf ein bereitstehendes gleichartiges System ausgewichen werden kann.

Du|pli|kat, das; -[e]s, -e [zu lat. duplicatum, 2. Part. von: duplicare, ↑duplizieren]: *Zweitschrift, Abschrift:* ein D. einer Urkunde anfertigen.

Du|pli|ka|ti|on, die; -, -en [lat. duplicatio]: **1.** (bildungsspr.) *das Duplizieren; Verdopplung.* **2.** (Genetik) *Verdopplung eines Chromosomenabschnitts.*

du|pli|zie|ren ⟨sw. V.; hat⟩ [lat. duplicare, zu: duplex (Gen.: duplicis) = doppelt (zusammengelegt), aus: du(o) = zwei und -plex, wohl zu: plaga (< griech. pláx) = Fläche] (bildungsspr.): *verdoppeln.*

Du|pli|zi|tät, die; -, -en [lat. duplicitas]: **1.** (bildungsspr.) *Doppelheit; doppeltes Vorkommen, Auftreten von etw.:* die D. der Fälle, der Ereignisse. **2.** (veraltet) *Zweideutigkeit.*

Dur, das; - [mhd. bēdūre < mlat. b durum, zu lat. durus = hart; nach der als »hart« empfundenen großen Terz im Dreiklang; vgl. Moll] (Musik): *Tongeschlecht aller Tonarten, bei denen nur ein Halbton zwischen der dritten u. vierten sowie der siebenten u. achten Stufe der Tonleiter liegt:* in Dur.

du|ra|bel ⟨Adj.; ...bler, -ste⟩ [lat. durabilis, zu: durare = (an-, aus)dauern, eigtl. = hart machen, (ver)härten, zu: durus = hart] (bildungsspr.): *dauerhaft, haltbar.*

Dur|ak|kord, der (Musik): *Akkord in Dur.*

du|ra|tiv ⟨Adj.⟩ [zu lat. durare, ↑durabel] (Sprachw.): *andauernd, anhaltend:* -e Aktionsart (*Aktionsart eines Verbs, das die Dauer eines Seins od. Geschehens ausdrückt,* z. B. schlafen).

durch [mhd. dur(ch), ahd. dur(u)h, urspr. = hindurch, über – weg]: **I.** ⟨Präp. mit Akk.⟩ **1.** (räumlich) **a)** kennzeichnet eine Bewegung, die auf der einen Seite in etwas hinein- u. auf der anderen Seite wieder herausführt: d. die Tür gehen; das Geschoss drang d. den rechten Oberarm; etw. d. ein Sieb gießen; d. die Nase atmen, sprechen; **b)** kennzeichnet eine [Vorwärts]bewegung in ihrer ganzen räumlichen Ausdehnung: d. das Wasser waten; d. die Straßen, d. den Park bummeln; Ü mir schießt ein Gedanke d. den Kopf. **2.** (modal) **a)** gibt die vermittelnde, bewirkende Person, das Mittel, den Grund, die Ursache an; *mittels:* etw. d. Boten, d. die Post schicken; etw. d. Lautsprecher bekannt geben; d. einen Freund habe ich noch Eintrittskarten bekommen; etw. d. das Los entscheiden; d. Argumente überzeugen; d. Ausdauer sein Ziel erreichen; (Math.:) eine Zahl d. eine andere dividieren; 6 d. 3 = 2; **b)** in passivischen Sätzen, wenn nicht der eigentliche, der unmittelbare Träger des Geschehens bezeichnet wird; *von:* das Haus wurde d. Bomben zerstört. **3.** (zeitlich; meist nachgestellt) *während eines bestimmten Zeitraums, über einen bestimmten Zeitraum hin:* d. 25 Jahre Dienst tun; ihre Freundschaft hielt d. das ganze Leben; den Winter, das ganze Jahr, die ganze Nacht d. **II.** ⟨Adv.⟩ **1.** (ugs.) *vorbei, kurz danach:* es ist schon 3 [Uhr] d. **2. a)** (ugs.) *durchgekommen* (1): wir können froh sein, dass wir hier d. sind; **b)** *durchgekommen* (4): der 8-Uhr-Zug ist schon d. **c)** *durchgekommen* (7): die Gefahr ist vorbei, alle sind heil d. **3.** (ugs.) *fertig:* mit dem Lehrbuch bin ich jetzt d. *(habe es durchgearbeitet).* **4.** (ugs.) *durchgescheuert, durchgelaufen, durchgebrannt, durchgerissen o. ä. und deshalb kaputt:* am linken Schuh ist die Sohle d.; zwei Sicherungen waren d. **5. a)** *durchgezogen, reif:* der Camembert ist noch nicht d.; **b)** *durchgebraten, gar:* das Fleisch müsste jetzt d. sein. **6.** * **d. und d.** (ugs.: 1. *völlig, ganz u. gar:* ich bin d. und d. nass; ich bin d. und d. davon überzeugt. 2. *bis ins Innerste, durch Mark u. Bein:* der Schrei, der Schmerz ging mir d. und d.). **7.** * **bei jmdm. unten d. sein** (ugs.; *jmds. Wohlwollen verloren, verscherzt haben;* nach niederl. onderdoor gaan = unten durchfahren [vom Schiff unter Sturzseen], dann: scheitern [von gewagten Unternehmungen]).

durch|ackern ⟨sw. V.; hat⟩ (ugs.): **a)** *(einen schwierigen Stoff) angestrengt, mit Mühe durcharbeiten:* Akten, Fachliteratur d.; **b)** ⟨d. + sich⟩ *sich mühsam durcharbeiten:* ich habe mich durch das schwierige Buch durchgeackert.

durch|ar|bei|ten ⟨sw. V.; hat⟩: **1.** *(über einen bestimmten Zeitraum) fortgesetzt arbeiten:* heute Nacht, die ganze Nacht wird durchgearbeitet; in der Mittagspause arbeite ich durch. **2.** *vollständig, gründlich lesen u. auswerten:* ein wissenschaftliches Werk d. **3.** *in allen Einzelheiten gestalten, vollständig, gründlich ausarbeiten:* der Aufsatz ist sprachlich und gedanklich gut durchgearbeitet. **4.** *durchkneten:* arbeiten Sie den Teig kräftig durch. **5.** ⟨d. + sich⟩ *sich mühsam einen Weg durch etw. bahnen:* ich habe mich durch die Menge, durch das Dickicht durchgearbeitet; Ü ich muss mich noch durch ein Fachbuch d.

durch|ar|bei|tet ⟨Adj.⟩: *arbeitend verbracht:* eine -e Nacht *(eine Nacht, in der jmd. durchgearbeitet hat).*

durch|at|men ⟨sw. V.; hat⟩: *tief einatmen u. dann ausatmen:* bitte, einmal kräftig d.!; Ü wenn alles fertig ist, kann ich wieder tief d. *(erleichtert, entspannt sein).*

durch|aus ⟨Adv.⟩: **a)** *unbedingt, unter allen Umständen:* er möchte d. mitkommen; **b)** *völlig, ganz u. gar:* das ist d. richtig; ich bin d. Ihrer Meinung; sie ist d. nicht *(keinesfalls)* abgeneigt.

durch|ba|cken ⟨unr. V.; bäckt/backt durch, backte/(veraltend:) buk durch, hat durchgebacken⟩: **1.** *durch Backen völlig gar machen, zu Ende backen:* der Kuchen ist nicht richtig durchgebacken; [gut] durchgebackenes Brot. **2.** *(über einen bestimmten Zeitraum) fortgesetzt backen:* der Bäcker hat die ganze Nacht durchgebacken.

durch|be|ben ⟨sw. V.; hat⟩ (geh.): *bebend durchdringen:* ein Schauer durchbebte sie.

durch|bei|ßen ⟨st. V.; hat⟩: **1.** *in zwei Teile zerbeißen, durch Beißen trennen:* (beim Nähen) den Faden d.; sie biss die Praline in der Mitte durch. **2.** ⟨d. + sich⟩ (ugs.) *verbissen u. zäh Schwierigkeiten, Notlagen durchstehen, überwinden:* es waren schwere Zeiten, aber wir haben uns durchgebissen.

durch|bei|ßen ⟨st. V.; hat⟩: *beißend durchdringen, mit den Zähnen durchbohren:* der Hund durchbiss ihm die Kehle, hat ihm die Kehle durchbissen.

durch|be|kom|men ⟨st. V.; hat⟩ (ugs.): **1.** *durchbringen* (1). **2.** *durchbringen* (2): ein Gesetz, einen Antrag d. **3.** *in zwei Teile zerlegen können:* mit dieser Säge bekomme ich den Stamm nicht durch.

durch|bet|teln, sich ⟨sw. V.; hat⟩: *sich mit Betteln durchbringen, ernähren:* er hat sich überall durchgebettelt.

durch|beu|teln ⟨sw. V.; hat⟩: *kräftig schütteln:* der Sturm hat das Boot ganz schön durchgebeutelt.

durch|bie|gen ⟨st. V.; hat⟩: **a)** *sehr stark, so weit wie möglich biegen:* den Rücken, das Kreuz d. *(ein Hohlkreuz machen);* **b)** ⟨d. + sich⟩ *sich zur Mitte hin nach unten biegen:* die Bücherregale haben sich durchgebogen.

durch|bil|den ⟨sw. V.; hat⟩: *gründlich, bis ins Einzelne bilden, formen:* ein künstlerisch durchgebildetes Werk; sein Körper ist durch das intensive Training gut durchgebildet.

Durch|bil|dung, die; -: *das Durchbilden; das Durchgebildetsein.*

durch|bla|sen ⟨st. V.; hat⟩: **1.** *durch Hineinblasen von einem Pfropfen o. Ä. befreien, reinigen:* ein verstopftes Röhrchen d.; die Ärztin hat ihm die Ohren durchgeblasen. **2.** *blasend durch etw. treiben:* er bläst die Kugel [durch das Rohr] durch. **3. a)** *blasend durch eine Öffnung bringen:* der Wind bläst durch die Ritzen der Hütte durch; **b)** *so stark blasen, dass es durch die Kleidung hindurch spürbar ist:* der Nordwind hatte uns durchgeblasen. **4.** *(auf einem Blasinstrument) ohne Pause blasen:* der über uns wohnende Trompeter hat den ganzen Nachmittag durchgeblasen. **5.** *(ein Bläserstück) von Anfang bis Ende blasen:* der neue Posaunist bläst seine Part schon fehlerlos durch.

durch|bla|sen ⟨st. V.; hat⟩: *blasend durchdringen:* der Wind durchbläst mir die Haare.

durch|blät|tern, (auch:) **durch|blät|tern** ⟨sw. V.; hat⟩: *(ein Buch, eine Zeitung o. Ä.) blätternd durchsehen, überfliegen:* Akten, Papiere d.; ich habe eine Menge Zeitschriften und Bücher durchgeblättert/durchblättert.

durch|bläu|en ⟨sw. V.; hat⟩ (ugs.): *kräftig verprügeln.*

Durch|blick, der; -[e]s, -e: **1.** *Blick, Ausblick zwischen od. durch etw. hindurch:* an dieser Stelle bietet sich ein herrlicher D. auf den See. **2.** (ugs. *das Verstehen von Zusammenhängen; Überblick über etw.:* sich einen, den nötigen D. verschaffen; den D. [völlig] verloren haben.

durch|bli|cken ⟨sw. V.; hat⟩: **1.** *seinen Blick durch eine Öffnung od. einen durchsichtigen Körper richten; durchsehen* (1): er blickte angestrengt [durch das Fernrohr] durch. **2.** (ugs.) *die Zusammenhänge von etw. verstehen, erkennen:* da blicke ich nicht [ganz] durch; blickst du bei dieser Aufgabe durch? **3.** * **etw. d. lassen** *(zu verstehen geben, andeuten):* sie ließ d., dass sie nicht zufrieden sei.

durch|blit|zen: in der Verbindung **etw. d. lassen** *(erkennen lassen, zeigen):* gelegentlich lässt sie etwas wie Humor d.

durch|blit|zen ⟨sw. V.; hat⟩: *blitzartig durchfahren* (2): ein Gedanke hat ihn, sein Gehirn durchblitzt.

durch|blu|ten ⟨sw. V.⟩: **a)** *(von einer Wunde) Blut durch den Verband o. Ä. dringen lassen* ⟨hat⟩: die Wunde hat stark durchgeblutet; **b)** *(in Bezug auf einen Verband o. Ä.) von Blut aus einer Wunde durchdrungen werden* ⟨ist⟩: den durchgebluteten Verband wechseln.

durch|blu|ten ⟨sw. V.; hat⟩: **a)** *mit Blut versorgen:* durch kaltes Waschen wird der Körper besser durchblutet; das Gehirn ist schlecht durchblutet; gut durchblutete Haut; **b)** *(von einer Wunde verursacht) einen Verband o. Ä. mit Blut durchdringen, tränken:* die Wunde hatte den Verband stark durchblutet.

Durch|blu|tung, die; -, -en: *das Durchbluten* (a); *das Durchblutetsein:* eine gute, schlechte D. der Haut, des Gehirns.

Durch|blu|tungs|stö|rung, die: *Verminderung der Durchblutung von Geweben od. Organen.*

durch|boh|ren ⟨sw. V.; hat⟩: **a)** *bohrend durchdringen:* die Wand d.; ein durchgebohrtes Brett; **b)** *von einem Ende bis zum anderen, von einer Seite bis zur anderen durch etw. bohren:* wir bohren jetzt durch die Wand durch; **c)** *eine Öffnung durch Bohren herstellen:* ein Loch [durch die Wand] d.; **d)** ⟨d. + sich⟩ *sich bohrend von dem einen bis zum anderen Ende durch etw. bewegen:* der Holzwurm hat sich durch den ganzen Schrank durchgebohrt.

durch|boh|ren ⟨sw. V.; hat⟩: *[mit einem spitzen Gegenstand] durchdringen:* er durchbohrte ihr seine Brust mit dem Speer; von einer Kugel, von Pfeilen durchbohrt werden; Ü jmdn. mit Blicken d. *(durchdringend ansehen);* jmdn. durchbohrend, mit durchbohrenden Blicken ansehen.

Durch|boh|rung, die; -, -en: *das Durchbohren.*

durch|bo|xen ⟨sw. V.; hat⟩ (ugs.): **1.** ⟨d. + sich⟩ *sich stoßend u. drängend einen Weg bahnen:* viele haben sich rücksichtslos zum Ausgang durchgeboxt; Ü er hat sich im Leben immer allein d. müssen. **2.** *mit Energie, Unnachgiebigkeit durchsetzen:* ein Gesetz trotz großer Widerstände d.

durch|bra|ten ⟨st. V.; hat⟩: *(bes. Fleisch) so lange braten, bis auch das Innere gegart ist:* ein Steak d.; gut durchgebratenes Fleisch.

durch|brau|sen ⟨sw. V.; ist⟩: *mit großer Geschwindigkeit durch einen Bereich ohne Aufenthalt durchfahren:* der Zug brauste [durch den kleinen Ort] durch.

durch|brau|sen ⟨sw. V.; hat⟩: *mit Brausen erfüllen:* der Sturm durchbraust das Tal; Ü Begeisterung durchbrauste den Saal.

urch|bre|chen ⟨st. V.⟩: **1. a)** *in zwei Teile brechen* (1) ⟨hat⟩: sie hat die Tafel Schokolade durchgebrochen; **b)** *in zwei Teile brechen* (2) ⟨ist⟩: das Brett ist [in der Mitte] durchgebrochen; **c)** *einbrechen u. nach unten fallen, sinken* ⟨ist⟩: er ist [durch die Eisdecke, durch den Boden] durchgebrochen. **2. a)** *eine Öffnung durch etw. schlagen* ⟨hat⟩: eine Wand d.; **b)** *durchbrechend* (2 a) *hervorbringen, entstehen lassen* ⟨hat⟩: wir haben eine Tür, ein Fenster durchgebrochen. **3.** *durch etw., was ein Hindernis* (2) *darstellt, brechen* (7) ⟨ist⟩: durch die feindlichen Stellungen, nach Osten d.; die Knospe, der erste Zahn ist durchgebrochen; das Magengeschwür ist durchgebrochen *(ist durch die äußere Schicht der Magenwand durchgedrungen, hat sie perforiert);* Ü sein Hass brach durch *(brach hervor, trat plötzlich zutage).*

urch|bre|chen ⟨st. V.; hat⟩: *(durch ein Hindernis) mit Wucht od. Gewalt durchdringen:* eine Absperrung, Blockade, die Verteidigungslinien d.; das Flugzeug hat die Schallmauer durchbrochen; Ü ein Prinzip, alle Konventionen, ein Verbot d.

urch|bre|chung, die; -, -en: *das Durchbrechen; das Durchbrochenwerden.*

urch|bren|nen ⟨unr. V.⟩ [2: eigtl. von hindurchdringendem Feuer]: **1. a)** *durch zu starke Hitze-, Strombelastung schmelzen u. entzweigehen* ⟨ist⟩: die Sicherung, die Glühbirne ist durchgebrannt; **b)** *vollständig brennen, glühen* ⟨ist⟩: die Kohlen müssen richtig d.; **c)** *(über einen bestimmten Zeitraum) ohne Unterbrechung brennen* ⟨hat⟩: wir lassen den Ofen [heute Nacht] d. **2.** (ugs.) *sich heimlich davonmachen, ausreißen* ⟨ist⟩: mit dem Geld d.; der Junge ist mit 16 von zu Hause durchgebrannt.

urch|brin|gen ⟨unr. V.; hat⟩: **1. a)** *durch eine enge Stelle bringen, bewegen können:* bringen wir den Schrank hier durch?; **b)** *über die Grenze, durch die Kontrolle bringen:* man hat [an der Grenze] alle Flüchtlinge, alle Waren durchgebracht. **2. a)** *erfolgreich durch eine Wahl, eine Prüfung o. Ä. bringen:* man hat diesmal alle Kandidaten durchgebracht; **b)** *gegen Widerstände durchsetzen:* ein Gesetz, einen Antrag d. **3. a)** *[notdürftig] ernähren* (2), *mit dem Lebensnotwendigen versorgen:* sie hat ihre Familie mit Heimarbeit durchgebracht; sich ehrlich, schlecht und recht d.; sich als Kellner d.; **b)** *durch ärztliche Kunst, durch intensive Pflege erreichen, dass jmd. eine schwere Krankheit o. Ä. übersteht:* die Ärzte hoffen, den Kranken durchzubringen. **4.** *vergeuden, verschwenden:* alle Ersparnisse, sein Vermögen d.

urch|bro|chen ⟨Adj.⟩: *mit einer Durchbrucharbeit verziert:* -e Stickereien, Schuhe.

urch|bruch, der; -[e]s, ...brüche: **a)** *das Durchbrechen* (3): der D. eines Zahnes; dem Feind glückte der D.; Ü ihm gelang der D. zur Spitzenklasse; einer Sache zum D. *(Erfolg)* verhelfen; **b)** *Stelle des Durchbrechens* (2), *durchgebrochene Öffnung:* einen D. durch die Wand machen.

urch|bruch|ar|beit, die: **1.** *Handarbeit, bei der durchbrochene Stellen im Gewebe entstehen.* **2.** *kunstgewerbliche o. ä. Arbeit in einem festen Material, aus dem Muster ausgestanzt od. in anderer Weise herausgearbeitet werden.*

urch|buch|sta|bie|ren ⟨sw. V.; hat⟩: **a)** *über Telefon, durch Funk o. Ä. buchstabierend übermitteln;* **b)** *von Anfang bis Ende buchstabieren:* ein Wort d.

urch|bum|meln ⟨sw. V.⟩ (ugs.): **a)** *durch etw. bummeln* (1 a) ⟨ist⟩: durch die Straßen, durch eine Ausstellung d.; **b)** *(über eine bestimmte Zeit) ohne Pause bummeln* (1 b); *durchzechen, durchfeiern* ⟨hat⟩: er hat die Nacht durchgebummelt.

urch|bum|meln ⟨sw. V.; hat⟩: *bummelnd* (1 b) *verbringen:* wir haben manche Nacht durchbummelt; ⟨meist 2. Part.:⟩ eine durchbummelte Nacht.

dụrch|bürs|ten ⟨sw. V.; hat⟩: *(die Haare) gründlich bürsten:* das Haar nach dem Trocknen kräftig d.

dụrch|che|cken ⟨sw. V.; hat⟩: **1.** *vollständig, ganz u. gar checken* (2): die Passagierliste d.; Ü ich muss mal wieder zum Arzt gehen und mich d. lassen (ugs.; *gründlich untersuchen lassen).* **2.** *(Luftgepäck o. Ä.) ohne Rücksicht auf Unterbrechungen od. Umsteigen bis zum Zielort abfertigen.*

durch|de|kli|nie|ren ⟨sw. V.; hat⟩ (Jargon): *in vollem Umfang berücksichtigen, ausschöpfen; sich mit etwas gründlich auseinander setzen:* ein Programm d.; die Namen der Kandidaten wurden durchdekliniert.

durch|den|ken ⟨unr. V.; hat⟩: *in Gedanken von Anfang bis Ende durchgehen, Schritt für Schritt bis zu Ende denken:* die Sache ist nicht richtig durchgedacht.

durch|dẹn|ken ⟨unr. V.; hat⟩: *vollständig, in allen Einzelheiten, hinsichtlich der Möglichkeiten u. Konsequenzen überdenken:* eine Situation, eine Frage, ein Problem d.; ein gut durchdachter Plan.

durch|dis|ku|tie|ren ⟨sw. V.; hat⟩: *gründlich, vollständig diskutieren:* die Pläne müssen eingehend durchdiskutiert werden; das Thema ist noch nicht durchdiskutiert.

dụrch|drän|geln, sich ⟨sw. V.; hat⟩ (ugs.): *sich drängelnd durch eine Menge bewegen:* sich nach vorn d.

dụrch|drän|gen, sich ⟨sw. V.; hat⟩: *sich drängelnd durch etw. bewegen:* sich durch die Menge, zum Ausgang d.

dụrch|dre|hen ⟨sw. V.⟩: **1.** *mit einer Drehbewegung durch eine Maschine laufen lassen* ⟨hat⟩: Fleisch, Kartoffeln [durch den Wolf] d. **2.** (ugs.) *kopflos werden, die Nerven verlieren* ⟨hat/, seltener: ist⟩: vor dem Examen hat sie plötzlich durchgedreht; er ist vor Schmerzen durchgedreht; bei dem Lärm dreh ich noch durch. **3.** *(von Rädern eines Fahrzeugs) sich auf der Stelle drehen* ⟨hat⟩: beim Start auf dem vereisten Boden drehten die Räder durch. **4.** (Film) *eine Szene, Szenen ohne Unterbrechung aufnehmen* ⟨hat⟩.

dụrch|drin|gen ⟨st. V.; ist⟩: **1.** *durch etw. Bedeckendes o. Ä. dringen:* der Regen drang [durch die Kleider] durch; die Sonne ist heute kaum durchgedrungen; Ü das Gerücht ist bis zu uns durchgedrungen. **2.** *aufgrund seiner Stärke, Intensität o. Ä. in alle Teile eines Körpers od. Raumes dringen:* seine Stimme drang nicht durch; ⟨meist im 1. Part.:⟩ durchdringende Kälte; ein durchdringender Schrei, Schmerz, Geruch; jmdn. durchdringend, mit durchdringendem Blick ansehen. **3.** *unter Überwindung von Hindernissen seine Absicht erreichen; sich mit etw. durchsetzen:* damit wirst du [bei der Behörde] nicht d.

durch|drịn|gen ⟨st. V.; hat⟩: **1.** *durch etw. durchdringen* (1): die Strahlen können die dicksten Wände d. **2.** *innerlich ganz erfüllen:* diese Idee hat ihn völlig durchdrungen.

Durch|drịn|gung, die; -: **1.** *das Durchdringen; vollständiges Eindringen in etw.; Sättigung:* die D. des Bodens mit Feuchtigkeit. **2.** *geistige Erfassung, Aneignung:* die geistige D. eines Themas.

dụrch|dru|cken ⟨sw. V.; hat⟩: **a)** *(von etwas Gedrucktem) einen Abdruck auf einer Unterlage hinterlassen:* die Zeitung hat [auf die Tischdecke] durchgedruckt; **b)** *(über einen bestimmten Zeitraum) ohne Pause drucken:* die Zeitungsdruckerei druckt nachts durch.

dụrch|drü|cken ⟨sw. V.; hat⟩: **1.** *durch etw., bes. ein Sieb o. Ä., drücken:* Quark [durch ein Tuch, durch ein Sieb] d. **2.** *so weit wie möglich nach hinten drücken, zu einer Geraden strecken:* den Ellenbogen, das Kreuz d.; mit durchgedrückten Knien. **3.** (gs.) *gegen starken Widerstand mit Kraftaufwand, Hartnäckigkeit, Zähigkeit durchsetzen:* einen Plan, seinen Willen d.; sie hat durchgedrückt, dass sie Urlaub bekommt.

durch|drụn|gen: ↑ durchdrịngen.

Durch|drụn|gen|sein, das; -s: *das Erfülltsein von etw.*

dụrch|dür|fen ⟨unr. V.; hat⟩ (ugs.): *durch, zwischen etw. durchgehen* (1 a), *durchfahren* (1) *dürfen, an etw., jmdm. vorbeigehen, -fahren dürfen:* darf ich bitte mal durch?; durch die Absperrung darf niemand durch.

dụrch|ei|len ⟨sw. V.; ist⟩: *sich eilig, ohne stehen zu bleiben durch einen Raum bewegen:* er ist [durch die Bahnhofshalle] durchgeeilt.

durch|ei|len ⟨sw. V.; hat⟩: *eilig durchqueren:* er hat [die Bahnhofshalle] durcheilt.

durch|ei|nạn|der ⟨Adv.⟩: **1.** *völlig ungeordnet, in Unordnung:* hier ist ja alles d.; du hast meine Bücher d. gebracht; alles d. *(wahllos die verschiedensten Dinge)* essen u. trinken; im Betrieb ging heute alles d. *(völlig ungeordnet vonstatten);* meine schön geordnete Sammlung ist d. geraten; alle liefen, rannten aufgeregt d. *(ziellos kreuz u. quer);* wenn alle d. *(gleichzeitig; ohne auf die anderen zu hören)* reden, schreien, rufen, versteht man kein Wort; sie warf alle Papiere d. *(brachte sie in Unordnung);* die Blätter wirbelten d. *(flogen wirbelnd umher);* der neue Minister hat seinen gesamten Beamtenapparat d. gewirbelt *([mit viel Elan] neu strukturiert);* die Hintermannschaft des Gegners wurde von unseren Außenstürmern d. gewirbelt *(durch gekonnte, rasche Spielzüge ausgespielt);* eine bunt d. gewürfelte *(wahllos, ohne Ordnungsprinzip zusammengestellte, zusammengekommene)* Gesellschaft. **2.** *verwirrt, konfus:* er hat mit seinen Parolen die Leute nur d. gebracht *(verwirrt, verunsichert);* zwei Dinge d. bringen, werfen *(miteinander verwechseln);* mir sind wohl zwei Dinge d. geraten *(ich habe sie verwechselt);* mir geht heute alles d. *(ich verwechsle alles);* jetzt bin ich ganz d. gekommen *(habe mich vertan; bin ganz verwirrt);* im Schlaf redet er d. *(wirr, unzusammenhängend);* alle redeten, riefen, schrien d. *(redeten, riefen, schrien gleichzeitig Verschiedenes);* ich bin total d.

Durch|ei|nạn|der, das; -s: **1.** *Unordnung:* in der Wohnung, im Schrank herrscht ein fürchterliches D. **2.** *Situation, in der Menschen verwirrt durcheinander laufen [u. kopflos handeln]; Wirrwarr:* es herrscht ein heilloses, wüstes, wildes D.; in dem allgemeinen D. konnte der Dieb entkommen.

durch|ei|nạn|der brin|gen, durch|ei|nạn|der gehen, durch|ei|nạn|der wer|fen usw.: s. durcheinander (1, 2).

dụrch|es|sen, sich ⟨unr. V.; hat⟩: **a)** *bei anderen, auf Kosten anderer essen:* er isst sich ungeniert bei all seinen Bekannten durch; **b)** (scherzh.) *von allem Vorhandenen nacheinander essen:* sich durch alle Gänge eines Menüs d.

dụrch|ex|er|zie|ren ⟨sw. V.; hat⟩ (ugs.): *gründlich, von Anfang bis Ende üben:* das Einmaleins, Grammatikregeln d.; Ü wir haben alle Möglichkeiten durchexerziert *(durchgespielt).*

dụrch|fah|ren ⟨st. V.; ist⟩: **a)** *sich mit einem Fahrzeug durch, zwischen etw. hindurch fortbewegen:* durch einen Tunnel, unter einer Brücke, zwischen zwei Markierungen d.; **b)** *fahrend, auf seiner Fahrt durchkommen* (4): der Zug fährt in H. durch; **c)** *eine bestimmte Strecke, Zeit ohne Unterbrechung fahren:* der Zug fährt bis München durch; bei dieser Zugverbindung können wir d. *(brauchen wir nicht umzusteigen).*

durch|fah|ren ⟨st. V.; hat⟩: **1. a)** *fahrend durchqueren:* ein Gebiet, die Gegend, das Land d.; **b)** *(eine Strecke) fahrend zurücklegen:* er hat die Strecke in Rekordzeit durchfahren. **2.** *jmdm. plötzlich bewusst werden u. eine heftige Empfindung auslösen:* ein Schreck, ein Gedanke durchfuhr sie; plötzlich durchfuhr es sie *(kam es ihr ins Gedächtnis),* dass sie nach Hause musste.

Dụrch|fahrt, die; -, -en: **1.** ⟨o. Pl.⟩ **a)** *das Durchfahren* (1a): D. verboten!; freie D. haben; **b)** *das Durchfahren* (1b) *durch einen Ort, eine Gegend; Durchreise:* sich auf der D. befinden; wir sind hier nur auf der D. *(wir machen hier nur Zwi-*

schenstation). **2.** *Raum, Weg, Stelle zum Dụrchfahren* (1 a): bitte [die] D. freihalten.

Dụrch|fahrts|hö|he, die: *Höhe einer Öffnung, durch die jmd. durchfährt.*

Dụrch|fahrts|stra|ße, die: *bevorrechtigte Straße, die durch eine Ortschaft führt u. über den örtlichen Verkehr hinausgehende Bedeutung hat.*

Dụrch|fall, der; -[e]s, ...fälle [2: zu ↑dụrchfallen (2)]: **1.** *schnelle u. häufige Ausscheidung von dünnflüssigem Stuhl; Diarrhö:* D. bekommen, haben; eine mit schweren Durchfällen einhergehende Krankheit. **2.** (ugs.) **a)** *(von der Aufführung eines Theaterstücks o. Ä.) Misserfolg:* das Stück wurde ein D.; **b)** *das Versagen, Nichtbestehen (bei einer Prüfung):* er hat beim Examen einen D. erlebt.

dụrch|fal|len ⟨st. V.; ist⟩ [2: urspr. Studentenspr.; geht auf den ma. Schwank vom »Schreiber im Korbe« zurück, in dem ein Mädchen seinen Liebhaber zum Fenster hochzieht, um ihn dann durch den schadhaften Boden fallen zu lassen]: **1.** *durch eine Öffnung hindurch nach unten fallen:* die kleinen Steine fallen [durch den Rost] durch. **2.** (ugs.) **a)** *(von einem Theaterstück o. Ä.) keinen Erfolg haben:* die Aufführung ist [beim Publikum] durchgefallen; **b)** *(eine Prüfung) nicht bestehen:* er ist [im Examen] durchgefallen; bei der Fahrprüfung d.; sie ist mit Glanz durchgefallen (ugs.; *hat in der Prüfung vollständig versagt*); **c)** *(bei einer Wahl) verlieren, nicht gewählt werden:* der Kandidat ist bei der Wahl durchgefallen.

durch|fạl|len ⟨st. V.; hat⟩ (seltener): *eine Strecke fallend zurücklegen:* der Stein hat die Strecke in einer Sekunde durchfallen.

dụrch|fär|ben ⟨sw. V.; hat⟩: **1.** *vollständig, an allen Stellen [gleichmäßig] färben:* ein Gewebe gleichmäßig d. **2.** *Farbe [durch etw.] durchdringen lassen; abfärben:* die Unterlage hat [durch das dünne Papier] durchgefärbt.

dụrch|fau|len ⟨sw. V.; ist⟩: *durch u. durch faulen, von Fäulnis ganz zerstört werden:* die Balken sind völlig durchgefault.

dụrch|fa|xen ⟨sw. V.; hat⟩: *als Fax, per Fax senden:* faxen Sie uns bitte die genauen Daten durch.

dụrch|fech|ten ⟨st. V.; hat⟩: **1.** *so lange energisch für etw. eintreten, bis das angestrebte Ziel erreicht ist:* einen Prozess [durch alle Instanzen] d.; er hat seine Ansprüche [vor Gericht] durchgefochten. **2.** ⟨d. + sich⟩ **a)** *sich durch Widrigkeiten seinen Weg bahnen; sich durchkämpfen:* ich musste mich im Leben immer allein d.; **b)** (veraltend) *sich durchbetteln:* sie fanden keine Arbeit und mussten sich d.

dụrch|fe|dern ⟨sw. V.; hat⟩: *federnd nach unten bewegen:* mit den Knien d.

dụrch|fei|ern ⟨sw. V.; hat⟩ (ugs.): *(über eine bestimmte Zeit) ohne Pause feiern:* wir haben [die ganze Nacht] durchgefeiert; heute feiern wir durch *(feiern wir bis zum Morgen).*

durch|fe̲i|ern ⟨sw. V.; hat⟩: *feiernd verbringen:* er hat manche Nacht durchfeiert.

dụrch|fei|len ⟨sw. V.; hat⟩: **1.** *durch Feilen in zwei Teile zertrennen:* er hat die Kette durchgefeilt. **2.** *im Ganzen sorgfältig bearbeiten, ausfeilen:* einen Aufsatz d.

durch|fe̲uch|ten ⟨sw. V.; hat⟩: *mit Feuchtigkeit durchdringen:* Blut hat den Verband durchfeuchtet; das Holz ist vom Regen ganz durchfeuchtet.

dụrch|fil|zen ⟨sw. V.; hat⟩ (ugs.): *gründlich, von oben bis unten filzen* (2 a, b).

dụrch|fin|den ⟨st. V.; hat⟩: **1.** *zu einem angestrebten Ziel hinfinden:* er hat endlich zu seiner wahren Bestimmung durchgefunden; ⟨auch d. + sich:⟩ ich kannte die Stelle zwar nicht, habe mich aber leicht durchgefunden. **2.** *die Übersicht behalten, sich zurechtfinden:* das alles ist so schwierig, dass man sich nicht mehr durchfindet; ⟨auch d. + sich:⟩ bei diesem, durch dieses Durcheinander finde ich mich nicht mehr durch.

dụrch|flech|ten ⟨st. V.; hat⟩: *beim Flechten durchschlingen, durchziehen:* er hat das Band [durch den Kranz] durchgeflochten.

durch|flẹch|ten ⟨st. V.; hat⟩: *beim Flechten mit etw. versehen:* einen Kranz mit Bändern d.

dụrch|flie|gen ⟨st. V.; ist⟩: **1.** *durch etw. fliegen, sich im Flug durch etw. hindurchbewegen:* ein Stein flog [durch die Scheibe] durch; das Segelflugzeug ist gerade durch eine Wolke durchgeflogen. **2.** *ohne Unterbrechung, ohne Zwischenlandung bis zum Ziel fliegen:* wir sind durchgeflogen. **3.** (ugs.) *in einer Prüfung durchfallen:* er ist im Staatsexamen durchgeflogen.

durch|flie̲|gen ⟨st. V.; hat⟩: **1. a)** *fliegend durchqueren, durchstoßen:* soeben haben wir die Wolken durchflogen; **b)** *(eine bestimmte Strecke) fliegend zurücklegen:* die Maschine hat schon weite Strecken durchflogen. **2.** *flüchtig lesen; überfliegen:* rasch die Post, die Zeitung d.

dụrch|flie|ßen ⟨st. V.; ist⟩: *durch etw. fließen, sich fließend durch etw. hindurchbewegen:* das Wasser fließt nur langsam [durch die Röhren] durch.

durch|flie̲|ßen ⟨st. V.; hat⟩: *fließend durchqueren:* das Tal wird von einem Bach durchflossen; (Physik:) der Strom durchfließt das Gerät.

Dụrch|flug, der; -[e]s, ...flüge: *das Dụrchfliegen* (1): der D. durch ein Krisengebiet.

Dụrch|flugs|recht, das (Völkerr.): *Recht, den Luftraum eines Staates zu durchfliegen.*

Dụrch|fluss, der; -es, ...flüsse: **1.** *das Dụrchfließen:* der D. des Wassers [durch eine Leitung]. **2.** *Öffnung, durch die etw. dụrchfließen kann:* einen D. bohren.

dụrch|flu|ten ⟨sw. V.; ist⟩ (geh.): *durch etw. fluten:* das Wasser ist [durch den Riss im Deich] durchgeflutet.

durch|flu̲|ten ⟨sw. V.; hat⟩ (geh.): *flutend durchfließen:* der Strom durchflutet das Land; Ü Licht, Sonne durchflutet den Raum.

dụrch|flut|schen ⟨sw. V.; ist⟩ (ugs.): *durch etw. gleiten, hindurchschlüpfen:* der Fisch ist [durch die Maschen des Netzes] durchgeflutscht.

dụrch|for|men ⟨sw. V.; hat⟩: *sorgfältig, bis ins Einzelne formen:* eine Rede, seinen Stil d.

dụrch|for|mu|lie|ren ⟨sw. V.; hat⟩: *sorgfältig, bis ins Einzelne formulieren:* einen Text gut d.

durch|fọr|schen ⟨sw. V.; hat⟩: **a)** *methodisch [wissenschaftlich] untersuchen:* die Quellen der Geschichte d.; **b)** *gründlich durchsuchen, absuchen:* die Gegend nach einer Quelle d.

Durch|fọr|schung, die; -, -en: *das Durchforschen.*

durch|fọrs|ten ⟨sw. V.; hat⟩: **1.** (Forstw.) *(Baumbestände) planmäßig ausholzen, von minderwertigen Stämmen befreien:* den Wald regelmäßig d. **2.** *auf etw. Bestimmtes hin kritisch durchsehen [u. Überflüssiges entfernen]:* eine Kartei, alte Vorschriften d.

dụrch|fra|gen, sich ⟨sw. V.; hat⟩: *durch mehrmaliges Fragen nach dem Weg an sein Ziel gelangen:* ich habe mich nach dem Bahnhof, zum Museum durchgefragt.

dụrch|fres|sen ⟨st. V.; hat⟩: **1. a)** *durch Fressen, Nagen verursachen:* die Mäuse haben ein Loch [durch das Brett] durchgefressen; **b)** *(von Ungeziefer) durch Fraß zerstören:* die Motten haben das Gewebe durchgefressen; **c)** *(von bestimmten chemischen Stoffen) durch zersetzende Einwirkung zerstören:* der Rost hat das Blech durchgefressen. **2.** ⟨d. + sich⟩ **a)** *sich fressend einen Weg durch etw. bahnen:* der Wurm hat sich durch den ganzen Apfel durchgefressen; Ü der Brand fraß sich durch das ganze Haus durch; **b)** (ugs.) *bei anderen, auf Kosten anderer essen:* er frisst sich bei seinen Bekannten ungeniert durch; **c)** *etw., eine große Menge von etw. mühsam durcharbeiten:* sich durch Akten d.

durch|frẹs|sen ⟨Adj.⟩: *durch Ungeziefer od. durch zersetzende Einwirkung bestimmter Stoffe zerstört:* das Gewebe ist von Motten, von Säure d.

dụrch|fret|ten, sich ⟨sw. V.; hat⟩ (bayr., österr. ugs.): *sich durchschlagen* (5 b).

dụrch|frie|ren ⟨st. V.; ist⟩: **a)** *vollständig gefrieren:* der See ist bis zum Grund durchgefroren; **b)** *völlig von der Kälte durchdrungen werden, vor Kälte fast starr werden:* die Kinder waren ganz durchgefroren.

durch|fro̲|ren ⟨Adj.⟩: *ganz ausgekühlt, steif vor Kälte:* sie waren alle ganz d.

dụrch|füh|len ⟨sw. V.; hat⟩: *durch etw. hindurch fühlen:* durch die dünnen Schuhsohlen fühle ic jeden Stein durch; Ü bei seinen Worten fühlte man die Bitterkeit durch.

Dụrch|fuhr, die; -, -en (Wirtsch.): *Beförderung von Waren über ein drittes Staatsgebiet zu ihrem Bestimmungsland;* [1]*Transit.*

dụrch|führ|bar ⟨Adj.⟩: *sich durchführen* (2) *lassend:* ein leicht -er Plan; unser Vorhaben erwie sich als schwer d.; etw. ist technisch d.

Dụrch|führ|bar|keit, die; -: *das Durchführbarsein.*

dụrch|füh|ren ⟨sw. V.; hat⟩: **1. a)** *durch etw. führend* (1) *begleiten:* er hat uns [durch die ganze Ausstellung] durchgeführt; **b)** *durch einen bestimmten Bereich verlaufen:* die neue Autobahn führt mitten durch die Stadt durch. **2. a)** *(etw. Geplantes) in allen Einzelheiten verwirklichen:* ein Vorhaben, einen Plan, einen Beschluss d.; **b)** *in der für das angestrebte Ergebnis erforderlichen Weise vornehmen, damit beschäftigt sein; ausführen:* eine Arbeit, eine Operation, Messungen d.; wir haben die Untersuchung mit aller Strenge durchgeführt *(vorgenommen);* **c)** *bis zu Ende führen, konsequent einhalten u. vollenden:* etw. lässt sich auf die Dauer nicht d.; ein gut durchgeführter Gedankengang; **d)** *stattfinden lassen, veransta ten:* eine Sammlung, Zählung d.; die Versammlung konnte ohne Störungen durchgeführt wer den.

Dụrch|fuhr|land, das: *Land, durch das die Durch fuhr von Personen, Waren erfolgt; Transitland.*

Dụrch|füh|rung, die; -, -en: **1.** *das Durchführen* (2): zur D. kommen/gelangen (Papierdt.; *durch geführt werden*); etw. zur D. bringen (Papierdt.; *durchführen*). **2.** (Musik) *(in der Instrumentalmusik) Entwicklung u. Verarbeitung eines Themas u. seiner Motive.*

Dụrch|fuhr|ver|bot, das (Wirtsch.): *Verbot der Durchfuhr.*

durch|fụr|chen ⟨sw. V.; hat⟩: *mit Furchen durchziehen:* das Land d.; Ü ein durchfurchtes Gesicht.

dụrch|fut|tern, sich ⟨sw. V.; hat⟩ (ugs.): *dụrchfressen* (2 b).

dụrch|füt|tern ⟨sw. V.; hat⟩ (ugs.): **a)** *unter Schwie rigkeiten über einen bestimmten Zeitraum ernähren, durchbringen:* sie musste ihre vier Kinder allein d.; **b)** *jmdn. (der sich nicht selbst ernähren kann od. will) vorübergehend mit ernähren, versorgen:* er lässt sich einfach von ih d.

Dụrch|ga|be, die; -, -n: *das Durchgeben.*

Dụrch|gang, der; -[e]s, ...gänge: **1. a)** ⟨o. Pl.⟩ *das Dụrchgehen* (1 a): D. verboten; **b)** *Öffnung, Weg zum Dụrchgehen:* ein schmaler, ein öffentlicher D.; den D. versperren. **2.** *Phase eines mehrteiligen Geschehens, eines Gesamtablaufs:* der erste D. einer Versuchsreihe; der Kandidat kam erst im zweiten D. auf die nötige Stimmenzahl; die Stürmer vergaben im zweiten D. (Fußball; *Spiel abschnitt*) die besten Chancen.

dụrch|gän|gig ⟨Adj.⟩: *von Anfang bis Ende durch gehend, allgemein feststellbar:* ein -er Zug seines Stils; diese Meinung wird d. vertreten.

Dụrch|gän|gig|keit, die; -: *das Durchgängigsein.*

Dụrch|gangs|arzt, der: *Facharzt zur Beratung u. Untersuchung von [Betriebs]unfallverletzten.*

Dụrch|gangs|ärz|tin, die: w. Form zu ↑Durchgangsarzt.

Dụrch|gangs|bahn|hof, der: *Bahnhof mit durchgehenden Hauptgleisen.*

Dụrch|gangs|la|ger, das: *Lager zur vorübergehenden Unterbringung von Vertriebenen, Flüchtlingen u. a.*

Dụrch|gangs|sta|di|um, das: *Stadium des Übergangs:* er befindet sich in einem D. vom Jugendlichen zum Erwachsenen.

Dụrch|gangs|sta|ti|on, die: *Zwischenstation:*

diese Prüfung war eine bedeutende D. in ihrem Leben.

dụrch|gangs|stra|ße, die: *Straße, die einen Ort zwischen Ortseingang u. -ausgang durchquert.*

dụrch|gangs|ver|kehr, der: **1.** *Durchfuhr.* **2. a)** *durch einen Ort führender Verkehr:* die Straße ist für den D. gesperrt; **b)** *(im Güterverkehr auf Eisenbahnen) Verkehr vom Ausland zum Ausland.*

dụrch|ga|ren ⟨sw. V.⟩: **a)** *durch u. durch gar werden lassen* ⟨hat⟩: du hast das Gemüse nicht genug d. lassen; **b)** *durch u. durch gar werden* ⟨ist⟩: der Braten ist durchgegart.

dụrch|gä|ren ⟨sw. u. st. V.; gärte/(auch:) gor durch, hat/ist durchgegoren/(seltener:) durchgegärt⟩: *vollständig gären:* der Most gärt durch; durchgegorener Wein.

dụrch|gau|nern, sich ⟨sw. V.; hat⟩ (ugs.): *sich mit kleinen Gaunereien, Unredlichkeiten durchschlagen:* du hast dich immer durchgegaunert.

dụrch|ge|ben ⟨st. V.; hat⟩: *(eine Nachricht) direkt übermitteln, mitteilen:* eine Meldung telefonisch, per Telefon, im Rundfunk, über den Rundfunk d.

dụrch|ge|hen ⟨unr. V.; ist⟩: **1. a)** *durch etw. gehen:* er ist gerade vor Ihnen [durch die Tür] durchgegangen; wir sind durch den Bach durchgegangen *(haben ihn durchquert);* **b)** (ugs.) *durch eine enge Stelle, Öffnung bewegt, gebracht werden können:* ob das Klavier [durch die schmale Tür] durchgeht?; **c)** *durch etw. durchdringen* (1): der Regen geht [durch meine Jacke] durch. **2. a)** *direkt bis zu einer bestimmten Station fahren:* der Zug geht bis München durch; ein durchgehender Zug *(Zug, mit dem direkt, ohne umzusteigen bis zum eigentlichen Reiseziel gefahren werden kann);* **b)** *ohne [größere] Pause andauern:* die Sitzung geht bis zum Abend durch; **c)** *bis zu einem bestimmten Punkt, bis zum Ende von etw. verlaufen:* der Weg geht [bis zum Flussufer] durch; an durchgehenden *(nicht unterbrochenen)* Linien darf nicht überholt werden; Ü das Motiv geht durch die ganze Erzählung durch *(tritt bis zum Schluss immer wieder auf).* **3. a)** *bis zu einem bestimmten Punkt auf dem eingeschlagenen Weg o. Ä. weitergehen:* gehen Sie die Straße gerade durch bis zur Kirche; bitte im Wagen weiter d.! *(aufrücken);* **b)** *eine längere Strecke ohne Pause gehen:* wir sind drei Stunden zügig durchgegangen. **4. a)** *(von der dafür zuständigen Instanz) angenommen, bewilligt werden:* das Gesetz, der Antrag ist ohne Schwierigkeiten [im Parlament] durchgegangen; **b)** *hingenommen, nicht beanstandet werden:* diese Abweichung kann gerade noch d.; * **[jmdm.] etw. d. lassen** *(etw. [was jmd. tut od. getan hat] mit Nachsicht behandeln, nicht beanstanden od. bestrafen):* sie lässt [den Kindern] alle Unarten d.; der Schiedsrichter hätte das Foul nicht d. lassen dürfen; **c)** *für besser, jünger, neuer, etw. anderes gehalten werden, als es der Wirklichkeit entspricht:* sie geht glatt für 30 durch. **5.** *[in allen Einzelheiten] prüfend lesen, durchsehen [u. besprechen]:* etw. Punkt für Punkt, Wort für Wort d.; der Lehrer ist/(seltener:) hat die Arbeit mit den Schülern durchgegangen. **6. a)** *(von Zug- od. Reittieren) in einer Fluchtreaktion wild davonstürmen:* die Pferde gingen [mit dem Wagen] durch; Ü sein Temperament ist mit ihm durchgegangen *(er hat darüber die Kontrolle verloren);* **b)** (ugs.) *mit fremdem Besitz heimlich einen Ort verlassen:* der Bote ist mit dem Geld, mit der Kasse durchgegangen; **c)** (ugs.) *seinen [Ehe]partner mit einem anderen heimlich verlassen:* seine Frau ist ihm durchgegangen.

dụrch|ge|hend, (österr.:) **dụrch|ge|hends** ⟨Adv.⟩: *ohne Unterbrechung, Pause:* die Geschäfte sind d. [von 9 bis 18 Uhr] geöffnet.

dụrch|gei̲s|tigt ⟨Adj.⟩ (geh.): *von geistiger Arbeit geprägt u. verfeinert:* ein -es Gesicht; ein -er Mensch; d. aussehen.

dụrch|ge|knallt ⟨Adj.⟩ (ugs.): *überspannt, exaltiert; nicht mehr recht bei Verstand:* -e Typen.

dụrch|ger|ben ⟨sw. V.; hat⟩ (ugs.): *verprügeln.*

dụrch|ge|reg|net ⟨Adj.⟩ (ugs.): *vom Regen völlig durchnässt:* er ist ganz d.

dụrch|ge|stal|ten ⟨sw. V.; hat⟩: *vollständig, bis ins Einzelne gestalten:* ein Motiv, ein Thema künstlerisch d.

Dụrch|ge|stal|tung, die; -, -en: *das Durchgestalten.*

dụrch|gie|ßen ⟨st. V.; hat⟩: *durch ein Sieb o. Ä. gießen:* Tee [durch ein Sieb] d.

dụrch|glie|dern ⟨sw. V.; hat⟩: *(eine [schriftliche] Darlegung o. Ä.) bis ins Einzelne gliedern, in einzelne, in sich geschlossene Abschnitte, Gedankenschritte unterteilen:* einen Vortrag d.; ein gut durchgegliederter Aufsatz.

dụrch|glü|hen ⟨sw. V.⟩: **1.** *vollständig, bis ins Innerste zum Glühen bringen* ⟨hat⟩: Eisen, Metall d. **2.** *vollständig, durch u. durch glühen* ⟨ist⟩: die Kohlen sind noch nicht ganz durchgeglüht. **3.** *durch zu starke Hitze-, Strombelastung entzweigehen* ⟨ist⟩: die Heizspirale ist durchgeglüht.

durch|glü|hen ⟨sw. V.; hat⟩ (dichter.): *mit Glut erfüllen:* der Himmel war von der Abendsonne durchglüht; Ü Begeisterung durchglühte ihn.

dụrch|gra|ben ⟨st. V.; hat⟩: **1.** *durch etw. graben:* ein Tunnel wurde [durch den Berg] durchgegraben. **2.** ⟨d. + sich⟩ *sich grabend einen Weg durch etw. bahnen:* die Maulwürfe haben sich durchgegraben.

dụrch|grei|fen ⟨st. V.; hat⟩: **1.** *durch etw. hindurchgreifen:* durch den engmaschigen Zaun kann man nicht d. **2.** *drastische Maßnahmen ergreifen, energisch einschreiten:* die Polizei griff [hart, energisch gegen die Demonstranten] durch; durchgreifende *(einschneidende)* Änderungen.

dụrch|gu|cken ⟨sw. V.; hat⟩ (ugs.): *durchblicken.*

dụrch|ha|ben ⟨unr. V.; hat⟩ (ugs.): **1.** *sich von Anfang bis Ende mit etw. befasst, es durchgelesen, durchgearbeitet haben:* ein Buch, eine Lektion d. **2.** *(durch Schneiden, Sägen) in zwei Teile zerteilt haben:* er hat den Ast endlich durch. **3.** *durch etw. hindurchbewegt haben:* habt ihr den Schrank jetzt [durch die Tür] durch?

dụrch|ha|cken ⟨sw. V.; hat⟩: *in zwei Teile hacken:* einen Holzklotz d.

dụrch|hal|ten ⟨st. V.; hat⟩: **a)** *ausharren, nicht aufgeben:* wir müssen [bis zum Schluss] d.; **b)** *etw. aushalten, durchstehen:* einen Kampf, einen Streik d.; die Belastung halte ich [gesundheitlich] nicht durch.

Dụrch|hal|te|pa|ro|le, die (abwertend): *Parole, die dazu auffordert, in einer [offensichtlich aussichtslosen] Sache um jeden Preis durchzuhalten.*

Dụrch|hal|te|ver|mö|gen, das; -s: *Vermögen, Kraft zum Durchhalten.*

dụrch|hän|gen ⟨st. V.; hat⟩: **1.** *in der Mitte nach unten hängen, sich durchbiegen:* das Seil, das Brett im Regal hängt durch. **2.** (ugs.) *(einige Zeit) in schlechter körperlicher od. seelischer Verfassung, müde, abgespannt sein:* nach seinem Auftritt hängt er immer total durch.

Dụrch|hän|ger, der; -s, - (ugs.): *(zeitweilige) schlechte körperliche od. seelische Verfassung:* einen D. haben; Ü es gab bei der Sache ein paar D. *(Phasen, in denen vieles nicht gut ablief).*

dụrch|hau|en ⟨unr. V.; hat⟩: **1.** ⟨hieb/(ugs.:) haute durch, hat durchgehauen⟩ **a)** *in zwei Teile hauen:* er hieb den Ast mit der Axt durch; **b)** ⟨d. + sich⟩ *sich durch Hauen einen Weg bahnen:* wir hieben uns [durch das Dickicht] durch. **2.** ⟨haute durch⟩ (ugs.) *kräftig verprügeln:* der Vater haute den Jungen tüchtig durch. **3.** ⟨haute durch⟩ (ugs.) *(in Bezug auf elektrische Leitungen) zerstören:* der Blitz hat die Leitung durchgehauen; es hat die Sicherung durchgehauen.

durch|hau̲|en ⟨unr. V.; durchhieb/(ugs.:) durchhaute, hat durchhauen⟩: **1.** ↑dụrchhauen (1 a). **2.** (Forstw.) *durch Hauen einen Weg durch etw. bahnen:* den Wald d.; ein durchhauener Wald.

Dụrch|haus, das; -es, ...häuser (österr.): *Haus mit einem Durchgang, der zwei Straßen verbindet.*

dụrch|he|cheln ⟨sw. V.; hat⟩: **1.** *(Flachs) durch die Hechel ziehen.* **2.** (ugs. abwertend) *sich über jmdn., etw. in spöttischer, boshafter Weise verbreiten:* die Nachbarn d.; die Affäre wurde in allen Zeitungen durchgehechelt.

dụrch|hei|zen ⟨sw. V.; hat⟩: **a)** *gründlich heizen:* das ganze Haus d.; die Wohnung ist gut durchgeheizt; **b)** *(über einen bestimmten Zeitraum) ohne Unterbrechung heizen:* über Nacht, den Winter über d.

dụrch|hel|fen ⟨st. V.; hat⟩: **1.** *jmdm. helfen, durch etw. zu gelangen:* sie half mir durch die schmale Öffnung durch. **2.** *helfen, eine schwierige Situation zu bestehen; aus einer Notlage heraushelfen:* er hat seinem arbeitslosen Freund durchgeholfen.

dụrch|ho|len ⟨sw. V.; hat⟩ (Seemannsspr.): *(ein durchhängendes Tau o. Ä.) straff anziehen.*

dụrch|hö|ren ⟨sw. V.; hat⟩: **a)** *durch etw. (eine Wand o. Ä.) hindurch hören:* im Nebenzimmer wurde so laut gesprochen, dass man alles d. konnte; **b)** *aus jmds. Worten heraushören:* man hörte [durch seine Worte] tiefe Verbitterung durch.

dụrch|hun|gern, sich ⟨sw. V.; hat⟩: *sich hungernd durchschlagen* (5 b): ich habe mich mit meiner Familie [durch die schlechten Zeiten] durchgehungert.

dụrch|hu|schen ⟨sw. V.; ist⟩: *durch etw. hindurchhuschen:* bevor die Tür zufiel, konnte sie gerade noch d.

durch|ir|ren ⟨sw. V.; hat⟩: *irrend durchstreifen, durchqueren.*

dụrch|ixen ⟨sw. V.; hat⟩ (ugs.): *durch Übertippen mit dem Buchstaben x ungültig, unleserlich machen:* ein Wort d.

dụrch|ja|gen ⟨sw. V.⟩: **1.** ⟨hat⟩ **a)** *durch etw. jagen* (3 a), *treiben:* die Tiere [durch das Buschwerk] d.; **b)** *mit höchster Eile behandeln, bearbeiten:* einen Auftrag d. **2.** *durch etw. jagen* (5), *rasen* ⟨ist⟩: mit dem Motorrad [durch den Ort] d.

durch|ja|gen ⟨sw. V.; hat⟩ (seltener): *jagend, rasend durchqueren:* die Verfolger durchjagten die Stadt.

dụrch|käm|men ⟨sw. V.; hat⟩: **1.** *gründlich, kräftig kämmen:* das Haar d. **2.** ↑durchkạ̈mmen: die Polizei hat das gesamte Gelände ergebnislos durchgekämmt.

durch|kạ̈m|men ⟨sw. V.; hat⟩: *in einem größeren Einsatz gründlich u. systematisch durchsuchen:* die Polizei hat das Waldstück mehrmals durchkämmt.

dụrch|kämp|fen ⟨sw. V.; hat⟩: **1.** *über einen bestimmten Zeitraum ohne Unterbrechung kämpfen:* die Soldaten hatten drei Tage und drei Nächte durchgekämpft. **2.** *gegen starke Widerstände mit großem Einsatz u. großer Beharrlichkeit durchsetzen:* sein Recht d. **3.** ⟨d. + sich⟩ **a)** *sich mit großer Anstrengung, Mühe einen Weg bahnen:* sich [durch die Menge] zum Ausgang d.; **b)** *unter großen Mühen seine Existenz behaupten:* er hat sich in der Nachkriegszeit, im Leben [hart, mühsam] d. müssen; **c)** *sich nach inneren Kämpfen zu etw. entschließen; sich durchringen:* er hat sich dazu durchgekämpft, seinen Plan aufzugeben.

durch|kạ̈mp|fen ⟨sw. V.; hat⟩: *(eine bestimmte Zeitspanne) unter körperlichen od. seelischen Qualen hinbringen:* diese Entscheidung hat mich manche durchkämpfte Nacht gekostet.

dụrch|kau|en ⟨sw. V.; hat⟩: **1.** *gründlich kauen:* frisches Brot gut d. **2.** (ugs.) *ausführlich, bis zum Überdruss behandeln, besprechen:* ein Thema, eine Lektion d.

dụrch|klet|tern ⟨sw. V.; ist⟩: *durch eine Öffnung hindurchklettern:* ich bin [durch das Fenster] durchgeklettert.

durch|klẹt|tern ⟨sw. V.; hat⟩: *kletternd zurücklegen, bewältigen, überwinden:* sie durchkletterten die Nordwand.

dụrch|klin|gen ⟨st. V.⟩: **a)** *vor anderen Klängen hervorstechen, besonders deutlich hörbar sein* ⟨ist⟩: seine Stimme klang am lautesten durch; **b)** *andeutungsweise zum Ausdruck kommen,* *mitschwingen* ⟨hat/ist⟩: durch seine Worte klang Unsicherheit durch.

durch|klin|gen ⟨st. V.; hat⟩ (geh.): *mit Klängen erfüllen:* immer hatte Musik das Haus durchklungen.

durch|kne|ten ⟨sw. V.; hat⟩: **a)** *gründlich kneten:* den Teig d.; **b)** (ugs.) *[kräftig] massieren:* jmdn. d.; seine Muskeln mussten durchgeknetet werden.

durch|knöp|fen ⟨sw. V.; hat⟩: *von oben bis unten zuknöpfen:* das Hemd d.; ⟨meist im 2. Part.:⟩ ein durchgeknöpftes Kleid *(ein Kleid, das sich von oben bis unten knöpfen lässt).*

D

durch|ko|chen ⟨sw. V.; hat⟩: *gründlich kochen:* das Ganze gut d.

durch|kom|men ⟨st. V.; ist⟩: **1.** *trotz räumlicher Behinderung durch einen Raum, Ort o. Ä. zum Ziel gelangen:* wir hatten Mühe [durch die Innenstadt] durchzukommen; ⟨subst.:⟩ ein Durchkommen ist hier nicht möglich. **2.** (ugs.) *eine telefonische Verbindung bekommen:* er kam [mit seinem Anruf] nicht durch. **3.** (ugs.) *durchgesagt, bekannt gegeben werden:* diese Meldung, Nachricht kam gerade durch. **4.** *auf seinem Weg durch einen Ort o. Ä. kommen, ohne dort Halt, Station zu machen:* um 5 Uhr muss der Intercity nach München [hier] d. **5.** (ugs.) *durchdringen* (1): der Regen kommt [durch die Zimmerdecke] durch; die Sonne kommt [durch die Wolken] durch; Ü manchmal kommt der Lehrer bei ihm durch *(merkt man ihm an, dass er von Beruf Lehrer ist).* **6. a)** *sein Ziel erreichen, Erfolg haben:* im Leben d.; mit Ausflüchten kommst du bei mir nicht durch; mit Englisch kommt man überall durch *(kann man sich überall verständigen);* **b)** *innerhalb eines vorgegebenen Zeitraums bewältigen:* wir sind mit dem Lehrstoff nicht ganz durchgekommen; **c)** *nicht mehr als die nötigsten Mittel zum Leben haben; auskommen:* sie kommt [mit ihrer Rente] kaum durch. **7.** (ugs.) **a)** *eine gefährliche, bedrohliche Situation überstehen, sich retten:* sie hoffen, unentdeckt, heil durchzukommen; **b)** *eine lebensgefährliche Krankheit überstehen:* der Patient ist durchgekommen; **c)** *bei einer Prüfung, Wahl o. Ä. erfolgreich sein:* nur die ersten drei Kandidaten kamen durch.

durch|kom|po|nie|ren ⟨sw. V.; hat⟩: **1.** *im Einzelnen durchgestalten:* einen Roman streng d. **2.** (Musik) *die einzelnen Strophen eines Gedichtes durchgehend, ohne Wiederholungen vertonen:* ein Lied d.

durch|kön|nen ⟨unr. V.; hat⟩ (ugs.): vgl. durchdürfen.

durch|kon|stru|ie|ren ⟨sw. V.; hat⟩ (bes. Technik): *bis in die Einzelheiten konstruieren:* eine Maschine sorgfältig d.

durch|kop|peln ⟨sw. V.; hat⟩ (Sprachw.): *durchgehend koppeln* (3).

durch|kos|ten ⟨sw. V.; hat⟩ (geh.): **1.** *alles Vorhandene od. eine größere Menge von Gleichartigem der Reihe nach kosten:* ich habe alle Weinsorten durchgekostet. **2.** *in seinem ganzen Ausmaß erleiden:* die Qualen der Ungewissheit d. müssen.

durch|kos|ten ⟨sw. V.; hat⟩ (geh.): *in seinem ganzen Ausmaß genießen:* alle Freuden dieses Lebens d.

durch|kra|men, (auch:) **durch|kra|men** ⟨sw. V.; hat⟩ (ugs.): *kramend durchsuchen:* er kramte die Schublade durch/durchkramte die Schublade.

durch|kreu|zen ⟨sw. V.; hat⟩: *mit einem Kreuz* (1 a) *durchstreichen:* Nichtzutreffendes bitte d.

durch|kreu|zen ⟨sw. V.; hat⟩: **1.** (geh.) *kreuz u. quer durchfahren, durchwandern:* Länder, einen Erdteil, den Ozean d. **2.** *[durch entsprechende Gegenmaßnahmen] behindern, vereiteln:* jmds. Absichten, Überlegungen d.

Durch|kreu|zung, die: *das Durchkreuzen; das Durchkreuztwerden.*

durch|krie|chen ⟨st. V.; ist⟩: *durch etw. hindurchkriechen:* der Flüchtling ist [hier, unter dem Zaun] durchgekrochen.

durch|krie|chen ⟨st. V.; hat⟩: *kriechend durchqueren:* er hat das ganze Gelände durchkrochen; Ü Angst durchkriecht sie (geh.; *steigt in ihr auf*).

durch|krie|gen ⟨sw. V.; hat⟩ (ugs.): *durchbekommen.*

durch|la|den ⟨st. V.; hat⟩: *eine Patrone durch Betätigen des Verschlusses aus dem Magazin in den Lauf bringen u. damit die Waffe schussbereit machen:* ein Gewehr d.; er lud durch und schoss.

durch|lan|gen ⟨sw. V.; hat⟩ (ugs.): *durch eine Öffnung durchgreifen:* durch den Zaun d.

Durch|lass, der; -es, ...lässe: **1.** (geh.) *Möglichkeit, eine bestimmte Stelle o. Ä. zu passieren:* jmdm. D. gewähren, verschaffen. **2.** *Stelle, die ein Durchgehen durch etw. Hinderndes ermöglicht; Durchgang, der durch eine Mauer, einen Bahndamm o. Ä. hindurchführt:* ein schmaler, enger, bequemer D.

durch|las|sen ⟨st. V.; hat⟩: **1.** *(in Bezug auf eine Absperrung, eine Grenze o. Ä.) durchgehen, -fahren, passieren lassen:* jmdn. [durch ein Tor] d.; würden Sie mich bitte d.?; er wurde von dem Posten nicht durchgelassen. **2.** *durchdringen lassen, für etw. durchlässig sein:* der Vorhang lässt [kein] Licht durch; die Stiefel haben das Wasser nicht durchgelassen. **3.** (ugs.) *(von Unarten o. Ä.) durchgehen lassen:* sie haben [bei] dem Kind alles durchgelassen. **4.** (Ballspiele) *(vom Torwart) den Ball ins Tor gehen lassen, nicht halten.*

durch|läs|sig ⟨Adj.⟩: **1.** *flüssige od. gasförmige Stoffe durchdringen lassend; undicht:* -e Schuhe; die Gefäße sind d. **2.** *(von einem abgeschlossenen System o. Ä.) einen Austausch, Wechsel, Wandel o. Ä. ermöglichend:* das Schulwesen sollte -er gestaltet werden.

Durch|läs|sig|keit, die; -: *durchlässige Beschaffenheit.*

Durch|laucht, die; -, -en [frühnhd. Substantivierung von mhd. (md.) durchlūcht (für gleichbed. lat. perillustris), 2. Part. von: durchliuhten = durchleuchten, durchstrahlen]: **a)** *Titel u. Anrede für Angehörige des hohen Adels im Rang von Fürsten:* D., Sie haben mich falsch verstanden; Seine D., der Fürst; Ihre D., die Prinzessin; **b)** *Träger des Titels »Durchlaucht«* (a): D. ist ausgeritten.

durch|lauch|tig ⟨Adj.⟩ [mhd. durchliuhtec = durchstrahlend, hell leuchtend]: *fürstlich; erhaben:* -e Herren; (bei Angehörigen des höchsten Adels:) durchlauchtigste Herrschaften.

Durch|lauf, der; -[e]s, ...läufe: **1. a)** *das Durchlaufen* (1 b): das Wasser wird in zwei Durchläufen auf über 50 °C erhitzt; **b)** (EDV) *das Ablaufen eines Programms im Computer von Anfang bis Ende.* **2.** (Rundf., Fernsehen) **a)** *das Vorspielen eines aufgenommenen Beitrages vor der Instanz, die die Sendeerlaubnis erteilt:* nach dem D. erhob der Intendant Einspruch; **b)** *das vorherige Durchproben, Durchspielen vor der eigentlichen Livesendung:* trotz einiger Proben missglückte der erste D. ziemlich. **3.** (Sport) *Durchgang* (2): ein kurzer Abfahrtslauf mit zwei Durchläufen.

durch|lau|fen ⟨st. V.⟩: **1.** ⟨ist⟩ **a)** *sich laufend* (1 a) *durch, zwischen etw. hindurchbewegen:* er lief einfach [durch die Absperrung] durch; **b)** *(von flüssigen Stoffen) sich laufend* (9) *durch etw. hindurchbewegen; durchrinnen, durchsickern:* das Wasser läuft [durch die Kieselsteine] durch; der Kaffee ist noch nicht ganz [durch den Filter] durchgelaufen. **2.** *laufend durchkommen* (4) ⟨ist⟩: sie ist eben hier durchgelaufen. **3.** *(eine bestimmte Zeit, Strecke) ohne Unterbrechung laufen* ⟨ist⟩: wir sind vier Stunden, bis zum nächsten Dorf durchgelaufen. **4.** (Ballspiele) *an der gegnerischen Abwehr vorbeilaufen, sie überlaufen* ⟨ist⟩: der Mittelstürmer lief frei durch. **5.** *durch vieles Laufen verschleißen* ⟨hat⟩: er hat die Schuhe durchgelaufen; durchgelaufene Sohlen. **6.** *(von Bauteilen u. Ä.) von der einen bis zur anderen Seite einer Wand, Fassade o. Ä. durchgehen* (2 c) ⟨ist⟩: der Fries läuft unterhalb der Fenster durch; ⟨meist im 1. Part.:⟩ ein durchlaufendes Sims.

durch|lau|fen ⟨st. V.; hat⟩: **1.** *(eine bestimmte Strecke) laufend* (1 a) *zurücklegen:* er durchlief die 800 m in weniger als zwei Minuten. **2.** *(ein Gebiet) laufend* (1 a) *durchqueren:* die ganze Stadt, den Wald d. Ü die Flüssigkeit durchläuft ein Kühlsystem. **3.** (geh.) *(von Empfindungen, Gemütsbewegungen) plötzlich durch den ganzen Körper hindurch spürbar werden:* ein Schauder durchlief mich. **4.** *hinter sich bringen, absolvieren:* sie hat alle kaufmännischen Abteilungen durchlaufen; das Produkt durchläuft mehrere Qualitätskontrollen.

Durch|lauf|er|hit|zer, der: *mit Gas od. Elektrizität betriebenes Gerät, in dem Wasser beim Durchlaufen erhitzt wird.*

Durch|lauf|pro|be, die (Theater): *Probe, bei der ein Stück ohne Unterbrechung ganz gespielt wird.*

durch|la|vie|ren, sich ⟨sw. V.; hat⟩ (ugs.): *sich unter Ausnutzung aller Vorteile geschickt durchbringen:* er laviert sich so durch.

durch|le|ben ⟨sw. V.; hat⟩: *(eine bestimmte Zeit, eine Situation) von Anfang bis Ende erleben:* eine schöne Jugend d.; eine schreckliche Angst d.

durch|lei|den ⟨unr. V.; hat⟩ (geh.): *(eine bestimmte Zeit, eine Situation) leidend durchleben:* eine schreckliche Zeit d. müssen; Einsamkeit d.

durch|lei|ten ⟨sw. V.; hat⟩: *durch öffentliche u. private Grundstücke hindurchleiten:* die Gesellschaft hat das Recht, den elektrischen Strom [durch dieses Gebiet] durchzuleiten.

durch|le|sen ⟨st. V.; hat⟩: *von Anfang bis Ende, ganz lesen:* ich habe das Buch, den Brief [zweimal] durchgelesen.

durch|leuch|ten ⟨sw. V.; hat⟩: *mit seinem Licht durch etw. durchdringen:* die Sonne leuchtet [durch die Vorhänge] durch.

durch|leuch|ten ⟨sw. V.; hat⟩: **1.** *Lichtstrahlen, Röntgenstrahlen durch etw., jmds. Körper durchdringen lassen, um das Innere zum Zweck einer Prüfung, Untersuchung sichtbar zu machen:* Eier elektrisch d.; sich vom Arzt d. lassen; ich ließ mir die Lunge d. **2.** *um Klarheit zu gewinnen, in allen Einzelheiten kritisch untersuchen, gründlich prüfen:* einen Fall, eine Angelegenheit bis ins Kleinste d.; eine Problematik [auf etw. hin] d.; jmds. Vergangenheit d.; alle Personen im Umfeld des Politikers wurden durchleuchtet. **3.** (geh.) *mit Licht erfüllen, ganz durchdringen:* der Himmel war vom Abendrot durchleuchtet.

Durch|leuch|tung, die; -, -en: *das Durchleuchten, bes. als ärztliche Untersuchung mit Röntgenstrahlen.*

durch|lie|gen ⟨st. V.; hat⟩: **1.** *durch beständiges Daraufliegen verschleißen:* Matratzen d.; ein durchgelegenes Bett. **2.** ⟨d. + sich⟩ *sich wundliegen:* der Patient hat sich durchgelegen.

durch|lo|chen ⟨sw. V.; hat⟩ (seltener): *mit einem Loch, mit Löchern versehen:* er hat das Papier an zwei Stellen durchlocht.

durch|lö|chern ⟨sw. V.; hat⟩: **1.** *viele Löcher in etw. machen:* eine Scheibe d. **2.** *auf etw. so einwirken, dass es nicht mehr fest in sich gefügt, nicht mehr stabil ist; schwächen:* ein staatliches System, Prinzipien d.; durch gekonnte lange Pässe wurde die Abwehr durchlöchert.

durch|lot|sen ⟨sw. V.; hat⟩ (ugs.): *durch eine schwierige Stelle lotsen* (1): ein Schiff durch die verengte Fahrrinne d.; Autofahrer [durch eine Stadt, bis zum Messegelände] d.

durch|lüf|ten ⟨sw. V.; hat⟩: *gründlich lüften:* sie hat die Wohnung gut durchgelüftet.

durch|lüf|ten ⟨sw. V.; hat⟩: **1.** (selten) ↑durchlüften. **2.** (Fachspr.) *von frischer Luft durchziehen lassen:* das Erdreich d.; das Getreide muss gut durchlüftet werden.

Durch|lüf|tung, die; -, -en (Fachspr.): *das Durchlüften* (2).

durch|lü|gen, sich ⟨st. V.; hat⟩ (ugs.): *sich mit*

Lügen durchhelfen: sich [mit Erfolg] durch alle Schwierigkeiten d.

ụrch|ma|chen ⟨sw. V.; hat⟩ (ugs.): **1.** *durchlaufen* (4): eine Lehre, Schule, Ausbildung d.; eine Entwicklung, eine Wandlung d. **2.** *eine Zeit lang einer schweren körperlichen, seelischen od. wirtschaftlichen Belastung ausgesetzt sein; Schweres, Schwieriges o. Ä. durchleben:* Schreckliches d.; sie haben sehr viel, sehr schlimme Zeiten d. müssen; er hat eine schlimme Krankheit durchgemacht. **3.** *in einer bestimmten Tätigkeit keine Pause machen, bis zum Schluss weitermachen:* wenn ich nicht fertig werde, muss ich das Wochenende d.; die Nacht d. *(bis zum Morgen feiern).*

ụrch|mah|len ⟨unr. V.; hat⟩: *zum Zerkleinern durch eine Mühle* (1 b) *o. Ä. laufen lassen:* Mandeln, Nüsse d.

ụrch|ma|nö|vrie|ren ⟨sw. V.; hat⟩: *durch eine schwierige Strecke, enge Stelle o. Ä. manövrieren:* ich versuchte, das Boot [durch die schmale Passage] durchzumanövrieren; Ü sich, seine Familie sicher durch alle Schwierigkeiten d.

ụrch|marsch, der; -[e]s, ...märsche: **1.** *das Durchmarschieren:* die Truppen sind auf dem D. zur Grenze; Ü ihr D. ins Finale des Turniers *(ihr zielstrebiges Erreichen des Finales ohne nennenswerte Behinderung durch Gegner)* überraschte sehr. **2.** (o. Pl.) (salopp) *Durchfall:* D. haben. **3.** (Skat) *Spiel beim Ramsch, bei dem die Mitspieler keinen Stich machen.*

ụrch|mar|schie|ren ⟨sw. V.; ist⟩: *marschierend, auf einem Marsch durchkommen* (4): die Truppen sind hier durchmarschiert; Ü die Mannschaft des Titelverteidigers wird wohl d. *(ihr Ziel ohne nennenswerte Behinderung erreichen).*

ụrch|men|gen ⟨sw. V.; hat⟩: *gründlich miteinander vermengen:* die Zutaten zum Teig in einer Schüssel gut d.

ụrch|mes|sen ⟨st. V.; hat⟩: *in seiner ganzen Länge, Ausdehnung o. Ä. messen:* einen Stoffballen d.

urch|mẹs|sen ⟨st. V.; hat⟩ (geh.): *[schreitend] durchqueren:* einen Raum, ein Zimmer [mit großen Schritten] d.; eine Entfernung, eine Strecke schwimmend, laufend d.

ụrch|mes|ser, der; -s, - [für ↑Diameter]: *gerade Linie, die durch den Mittelpunkt einer regelmäßigen ebenen od. räumlichen Figur geht:* den D. [in einen Kreis] einzeichnen; den D. [eines Kreises, einer Kugel] berechnen; der Krater hat einen D. von 22 Kilometern; der D. beträgt 10 cm; etw. misst drei Meter im D. (Zeichen: *d* od. ∅).

ụrch|mi|schen ⟨sw. V.; hat⟩: *gründlich mischen:* die Zutaten, den Salat gut d.

urch|mị|schen ⟨sw. V.; hat⟩: *mit einer Beimischung durchsetzen; untermischen:* der Kalk ist mit Sand durchmischt.

urch|mị|schung, die; -, -en: *das Durchmischen; das Durchmischtsein.*

ụrch|mo|geln, sich ⟨sw. V.; hat⟩ (ugs.): *sich mit Mogeleien durchhelfen.*

ụrch|müs|sen ⟨unr. V.; hat⟩ (ugs.): vgl. durchdürfen.

ụrch|mus|tern, durch|mụs|tern ⟨sw. V.; hat⟩: *der Reihe nach prüfend ansehen, mustern, auf etw. hin durchsuchen:* er musterte die eingegangene Warensendung durch; wir durchmusterten unsere Vorräte.

ụrch|mus|te|rung, Durch|mụs|te|rung, die; -, -en: *das Durchmustern.*

ụrch|na|gen, durch|na|gen ⟨sw. V.; hat⟩: *in zwei Teile zernagen; durch Nagen zerstören:* der Hamster nagte den Strick durch/durchnagte den Strick; Mäuse haben die Verpackung durchgenagt.

ụrch|nah|me, die; - [zum 2. Bestandteil vgl. Abnahme]: *das Durchnehmen* (a).

urch|nạ̈s|sen ⟨sw. V.; hat⟩: *mit Nässe durchdringen, vollständig nass machen:* der Regen durchnässte sie; ⟨meist im 2. Part.:⟩ mit durchnässten Schuhen und Strümpfen.

dụrch|neh|men ⟨st. V.; hat⟩: *(einen Lehrstoff, ein [Unterrichts]thema o. Ä.) behandeln, durchsprechen:* eine neue Lektion, einen Schriftsteller [in der Schule, im Unterricht] d.; einen Lehrstoff mit den Schülern d.

dụrch|num|me|rie|ren ⟨sw. V.; hat⟩: *durchgehend, von Anfang bis Ende nummerieren:* Fragebogen, Seiten d.

dụrch|or|ga|ni|sie|ren ⟨sw. V.; hat⟩: *bis in alle Einzelheiten gründlich organisieren:* einen Betrieb, eine Partei d.; die Tagung war gut durchorganisiert.

dụrch|pas|sie|ren ⟨sw. V.; hat⟩: *passieren* (3).

dụrch|pau|ken ⟨sw. V.; hat⟩ (ugs.): **1.** *von Anfang bis Ende, gründlich lernen, pauken:* die unregelmäßigen Verben d. **2.** *mit Hartnäckigkeit od. Gewalt durchsetzen:* Gesetze d.

dụrch|pau|sen ⟨sw. V.; hat⟩: *durch durchsichtiges Papier pausen:* eine Zeichnung d.

dụrch|peit|schen ⟨sw. V.; hat⟩: **1.** *mit einer Peitsche schlagen, auspeitschen:* Sklaven d. lassen. **2.** (ugs. abwertend) *in aller Schnelligkeit, ohne Eingehen auf Details durchbringen:* Gesetze, Beschlüsse [rücksichtslos] d.

dụrch|pen|nen ⟨sw. V.; hat⟩ (salopp): *durchschlafen.*

dụrch|pflü|gen ⟨sw. V.; hat⟩: *gründlich pflügen:* den Boden tief d.

durch|pflụ̈|gen ⟨sw. V.; hat⟩: *einen Bereich über eine längere Strecke aufwühlen, durchfurchen:* der Panzer durchpflügte die Getreidefelder.

dụrch|pla|nen ⟨sw. V.; hat⟩: *vollständig, bis ins Einzelne planen:* einen Ausbildungsgang d.

dụrch|plump|sen ⟨sw. V.; ist⟩ (ugs.): **1.** *plumpsend durchfallen* (1). **2.** *durchfallen* (2 b): er ist im Abitur durchgeplumpst.

dụrch|pres|sen ⟨sw. V.; hat⟩: **1.** *durch etw., bes. ein Sieb o. Ä., pressen:* Kartoffeln durch ein Sieb d. **2.** (ugs. abwertend) *mit Gewalt durchsetzen:* seine Pläne d.

dụrch|pro|ben ⟨sw. V.; hat⟩: *von Anfang bis Ende proben* (a): eine Szene noch einmal d.

dụrch|pro|bie|ren ⟨sw. V.; hat⟩: *alles Vorhandene od. eine größere Menge von Gleichartigem der Reihe nach prüfend probieren* (1–3).

dụrch|prü|fen ⟨sw. V.; hat⟩: *[der Reihe nach] gründlich prüfen, kontrollieren:* ein elektrisches Gerät d.; der Inhalt der Tasche wurde durchgeprüft.

dụrch|prü|geln ⟨sw. V.; hat⟩ (ugs.): *kräftig verprügeln.*

dụrch|pul|sen ⟨sw. V.; hat⟩ (geh.): *pulsend durchfließen, warm durchströmen:* Blut durchpulst die Adern; Ü vom Verkehr durchpulste Straßen.

dụrch|pus|ten ⟨sw. V.; hat⟩ (ugs.): *durchblasen* (1–3).

dụrch|put|zen ⟨sw. V.; hat⟩ (ugs.): *ein Zimmer, ein Haus o. Ä. ganz u. gar [gründlich] putzen.*

durch|quẹ|ren ⟨sw. V.; hat⟩: *sich gehend, fahrend o. ä. quer* (2) *durch einen Raum, Ort, ein Gebiet bewegen:* einen Raum, Erdteil, Fluss d.

Durch|quẹ|rung, die; -, -en: *das Durchqueren.*

dụrch|quet|schen ⟨sw. V.; hat⟩: **1.** *durch etw. quetschen* (1 a); *durchpressen* (1). **2.** ⟨d. + sich⟩ *sich durch etw. quetschen* (1 c); *durchdrängen:* sich zum Ausgang d.

dụrch|ra|deln ⟨sw. V.; ist⟩: **a)** *durch etw. hindurchradeln:* zwischen zwei Bäumen d.; **b)** *vorüberradeln, radelnd passieren:* die beiden sind hier eben durchgeradelt.

durch|rạ|deln ⟨sw. V.; hat⟩: *radelnd durchqueren:* ein Gebiet d.

dụrch|ra|sen ⟨sw. V.; ist⟩: *sehr schnell, mit rasender Geschwindigkeit durchfahren* (a, b), *durchlaufen* (1 a, 2).

durch|rạ|sen ⟨sw. V.; hat⟩: *mit rasender Geschwindigkeit durchqueren:* eine schöne Gegend im Auto d.

dụrch|ras|seln ⟨sw. V.; ist⟩ (salopp): *durchfallen* (2 b).

dụrch|ra|ti|o|na|li|sie|ren ⟨sw. V.; hat⟩: *durch u. durch rationalisieren* (1 a, b).

dụrch|räu|chern ⟨sw. V.; hat⟩: *völlig, ganz u. gar räuchern:* den Schinken gut d.

dụrch|rau|schen ⟨sw. V.; ist⟩: **1.** (ugs.) *durchfallen* (2 b). **2.** *durch einen Raum, Ort, ein Gebiet rauschen* (3).

durch|rau|schen ⟨sw. V.; hat⟩ (dichter.): *mit Rauschen erfüllen.*

dụrch|rech|nen ⟨sw. V.; hat⟩: *von Anfang bis Ende, vollständig rechnen, durch Rechnen prüfen:* eine Aufgabe, die Kosten [noch einmal] d.

dụrch|reg|nen ⟨sw. V.; hat; unpers.⟩: *(von Regen) durchdringen, durchkommen:* in der Küche regnet es durch.

dụrch|rei|ben ⟨st. V.; hat⟩: *durch vieles Reiben abnützen, beschädigen:* [sich ⟨Dativ⟩] die Ärmel d.

Dụrch|rei|che, die; -, -n: *Öffnung in der Wand zwischen Küche u. [Ess]zimmer zum Durchreichen von Speisen, Geschirr.*

dụrch|rei|chen ⟨sw. V.; hat⟩: *durch eine Öffnung reichen:* Papiere [durch einen Schalter] d.

Dụrch|rei|se, die; -, -n: *das Durchreisen* (1); *Durchfahrt:* auf der D. sein; eine Stadt [nur] von der D. kennen.

dụrch|rei|sen ⟨sw. V.; ist⟩: **1.** *reisend durch einen Ort, ein Gebiet kommen, ohne die Reise dort [länger] zu unterbrechen:* wir sind [durch Rom] nur durchgereist. **2.** *eine bestimmte Zeit, Strecke ohne Unterbrechung reisen:* sie sind [bis nach Berlin] durchgereist.

durch|rei|sen ⟨sw. V.; hat⟩: *reisend durchqueren:* er hat die halbe Welt durchreist.

Dụrch|rei|sen|de, der u. die: *jmd., der sich auf der Durchreise befindet.*

Dụrch|rei|se|vi|sum, das: *Visum für Durchreisende; Transitvisum.*

dụrch|rei|ßen ⟨st. V.⟩: **1.** *in zwei Teile reißen* ⟨hat⟩: ein Tuch, ein Papier [in der Mitte] d. **2.** *durch Reißen geteilt werden* ⟨ist⟩: der Faden ist durchgerissen

dụrch|rei|ten ⟨st. V.⟩: **1.** ⟨ist⟩ **a)** *durch etw. reiten:* er ist durch den Bach durchgeritten; **b)** *reitend, auf einem Ritt durchkommen* (4): der Trupp ist hier eben durchgeritten. **2.** *(eine bestimmte Zeit, Strecke) ohne Unterbrechung reiten* ⟨ist⟩: sie sind [die Nächte] durchgeritten. **3.** ⟨hat⟩ **a)** *durch Reiten vollständig abnutzen:* [sich ⟨Dativ⟩] die Hosen d.; **b)** *wund reiten:* ein Pferd, sich d.

durch|rei|ten ⟨st. V.; hat⟩: *reitend durchqueren:* einen Wald d.

dụrch|rei|tern ⟨sw. V.; hat⟩ (österr.): *durchsieben.*

dụrch|ren|nen ⟨unr. V.; ist⟩: *schnell, mit großem Tempo durchlaufen* (1 a, 2).

durch|rẹn|nen ⟨unr. V.; hat⟩: *rennend durchqueren.*

dụrch|rie|seln ⟨sw. V.; ist⟩: *durch etw. rieseln; sich rieselnd* (1) *hindurchbewegen:* Sand zwischen den Fingern d. lassen.

durch|rie|seln ⟨sw. V.; hat⟩: *(von Gemütsbewegungen o. Ä.) jmdn. befallen, plötzlich erfüllen:* ein freudiger Schauer durchrieselte ihn.

dụrch|rin|gen, sich ⟨st. V.; hat⟩: *sich unter Überwindung heftiger innerer Widerstände zu etw. entschließen:* sich zu einem Entschluss d.

dụrch|rin|nen ⟨st. V.; ist⟩: *durch etw. rinnen; (in geringerer Flüssigkeitsmenge) stetig u. langsam durchfließen:* ein Bächlein rinnt zwischen den Felsen durch; Ü das Geld rinnt ihm zwischen den Fingern durch *(er kann nicht mit Geld umgehen).*

durch|rịn|nen ⟨st. V.; hat⟩: *rinnend durchqueren:* ein Bach durchrann die Wiesen; Ü ein Schrecken durchrann ihn

dụrch|rol|len ⟨sw. V.; ist⟩: **a)** *durch, unter etw. hindurchrollen:* der Ball ist [unter dem Auto] durchgerollt; **b)** *ohne Halt irgendwohin rollen:* der Torwart ließ den Ball d.

dụrch|ros|ten ⟨sw. V.; ist⟩: *von Rost gänzlich zerfressen, durch Rost zerstört werden:* das Rohr ist durchgerostet.

durch|rụ|dern ⟨sw. V.; hat⟩: *rudernd durchqueren:* den See d.

dụrch|ru|fen ⟨st. V.; hat⟩ (ugs.): *eine Telefonverbindung mit jmdm. herstellen.*

dụrch|rüh|ren ⟨sw. V.; hat⟩: **1.** *gründlich umrüh-*

ren: die Masse gut d. **2.** *unter Rühren durchpassieren:* die Haferflocken [durch das Sieb] d.

durch|rut|schen ⟨sw. V.; ist⟩ (ugs.): **1.** *sich rutschend durch, zwischen etw. hindurchbewegen:* zwischen zwei Platten d.; Ü diese Bemerkung ist ihr bloß so durchgerutscht *(unbeabsichtigt entschlüpft).* **2.** *ohne Beanstandung durchkommen:* bei der Prüfung, Kontrolle gerade noch d. **3.** *unterlaufen* (1): einige Fehler sind ihr durchgerutscht.

durch|rüt|teln ⟨sw. V.; hat⟩: *heftig rütteln* (1): der alte Bus hat uns ganz schön durchgerüttelt.

durchs ⟨Verschmelzung von Präp. + Art.⟩: *durch das:* d. Haus laufen; d. Examen fallen; nicht auflösbar in festen Verbindungen: für jmdn. d. Feuer gehen.

durch|sä|beln ⟨sw. V.; hat⟩ (salopp): *ungeschickt, unsachgemäß durchschneiden:* einen Braten d.

durch|sa|cken ⟨sw. V.; ist⟩ (Fliegerspr. Jargon): *(vom Flugzeug) plötzlich an Höhe verlieren, nach unten* [2]*sacken* (a).

Durch|sa|ge, die; -, -n: *über Rundfunk, Fernsehen od. fernmündlich durchgegebene Mitteilung:* eine D. der Kriminalpolizei, des Wetteramtes; eine D. bringen; Ende der D.!

durch|sa|gen ⟨sw. V.; hat⟩: **1.** *über Rundfunk, Fernsehen od. fernmündlich mitteilen:* Telegramme d. **2.** *eine Mitteilung von Person zu Person weitergeben:* die Parole d.

durch|sä|gen ⟨sw. V.; hat⟩: *in zwei Teile sägen:* einen Stamm d.

Durch|satz, der; -es, ...sätze [zu veraltet durchsetzen = das zerkleinerte Erz durchsieben, im Ofen ausschmelzen] (Fachspr.): *in einer bestimmten Zeit eine bestimmte Anlage durchlaufende Stoffmenge:* eine Rohölverarbeitung mit einem D. von 2 Millionen Tonnen im Jahr.

durch|säu|ern ⟨sw. V.; hat⟩: *(vom Teig) ganz u. gar sauer machen:* Teig d.

durch|sau|fen ⟨st. V.; hat⟩ (derb): **1.** *kräftig trinkend durchfeiern:* sie haben [bis zum Morgen] durchgesoffen. **2.** ⟨d. + sich⟩ *auf Kosten anderer [viel] Alkohol trinken:* der Kerl säuft sich überall durch.

durch|sau|fen ⟨st. V.; hat⟩ (derb): *[eine bestimmte Zeit] kräftig trinkend verbringen:* eine durchsoffene Nacht.

durch|sau|sen ⟨sw. V.; ist⟩ (ugs.): **1.** *durchrasen.* **2.** *durchfallen* (2b).

durch|scha|ben ⟨sw. V.; hat⟩: *durch Schaben schadhaft machen:* du hast [dir] die Ärmel an den Ellbogen durchgeschabt.

durch|schal|len ⟨sw. u. st. V.; schallte/(seltener:) scholl durch, hat durchgeschallt⟩: *durch etw. hindurch schallend ertönen:* der Lärm schallt [durch die Wand] durch.

durch|schal|len ⟨sw. V.; hat⟩ (Technik): *mit Ultraschallwellen durchdringen:* dünne Bleche d.

durch|schal|ten ⟨sw. V.; hat⟩: **1.** (Technik) **a)** *die Schaltung mehrerer Schaltelemente ganz durchführen, Strom bis zum Endpunkt durchleiten:* eine Telefonleitung d.; **b)** *durch die Schaltung mehrerer Schaltelemente bis zu einem Endpunkt leiten, übermitteln:* ein Signal d. **2.** (Motorsport) *schnell hochschalten.*

durch|schau|bar ⟨Adj.⟩: **a)** *sich durchschauen* (a) *lassend:* leicht -e Motive, Vorwände; seine Handlungsweise ist schwer d.; **b)** *begreiflich, verständlich:* schwer -e Gesetzestexte.

Durch|schau|bar|keit, die; -: *das Durchschaubarsein.*

durch|schau|en ⟨sw. V.; hat⟩ (landsch.): *durchsehen:* durch ein Guckloch d.

durch|schau|en ⟨sw. V.; hat⟩: **a)** *durch den äußeren Schein hindurch in seiner wahren Gestalt, in seinen verborgenen, vertuschten Zielsetzungen erkennen:* jmds. Absichten, Motive, jmds. Wesen d.; du bist durchschaut *(deine Absichten sind erkannt);* **b)** *verstehen, begreifen:* die Regeln sind nicht leicht zu d.

durch|schau|ern ⟨sw. V.; hat⟩ (geh.): *mit einem* [1]*Schauer (2, 3) erfüllen.*

durch|schau|keln ⟨sw. V.; hat⟩ (ugs.): *durchrütteln.*

durch|schei|nen ⟨st. V.; hat⟩: *mit seinem Schein durch etw. durchdringen:* die Sonne schien [durch die Wolken] durch.

durch|schei|nen ⟨st. V.; hat⟩: *mit seinem Schein erfüllen:* die Sonne durchschien das Zimmer.

durch|schei|nend ⟨Adj.⟩: *Licht durchscheinen lassend; lichtdurchlässig:* ein -er Vorhang; das Porzellan ist d.

durch|scheu|ern ⟨sw. V.; hat⟩: *durch ständiges Scheuern, Reiben schadhaft machen:* die Ärmel, die Hose d.; durchgescheuerte Kabel.

durch|schie|ben ⟨st. V.; hat⟩: *durch eine Öffnung schieben:* einen Brief durch den Briefkastenschlitz, unter der Tür d.

durch|schie|ßen ⟨st. V.; hat⟩: *durch eine Öffnung schießen:* durch eine Scharte d.

durch|schie|ßen ⟨st. V.; hat⟩: **1.** *mit einem Schuss, mit Schüssen durchbohren:* der Kopf des Toten war von mehreren Kugeln durchschossen. **2.** (Buchbinderei) *zwischen die bedruckten Seiten eines Buches leere Seiten einfügen (für Korrekturen):* ein durchschossenes Exemplar. **3.** (Druckw.) *den Zeilenabstand vergrößern:* eine Seite d. **4.** (Textilind.) *in ein Gewebe ein farblich abstechendes Garn einweben:* der Stoff war mit Silberfäden durchschossen. **5.** *(von Gedanken, Empfindungen o. Ä.) plötzlich durchfahren* (2): plötzlich durchschoss sie ein Gedanke.

durch|schim|mern ⟨sw. V.; hat⟩: **a)** *mit seinem Schimmer durch etw. durchdringen:* der Schein einer Lampe schimmerte [durch den Vorhang] durch; **b)** *andeutungsweise zum Ausdruck kommen, anklingen:* in seinen Worten schimmerte Misstrauen durch.

durch|schla|fen ⟨st. V.; hat⟩: *(einen bestimmten Zeitraum) ohne Unterbrechung schlafen:* das Baby hat [die ganze Nacht] durchgeschlafen.

durch|schla|fen ⟨st. V.; hat⟩: *schlafend verbringen, hinbringen:* durchschlafene Vormittage.

Durch|schlag, der; -[e]s, ...schläge: **1.** *mit Kohlepapier hergestellte, meist maschinenschriftliche Kopie eines Schriftstücks:* einen Brief mit zwei Durchschlägen tippen. **2.** *schüsselförmiges Küchengerät aus Blech, Plastik o. Ä. mit durchlöchertem Boden zum Durchpassieren von etw.* **3.** (Kfz-W.) *Stelle, wo etw. den Reifen durchschlagen hat:* einen Reifen auf Durchschläge untersuchen.

durch|schla|gen ⟨st. V.⟩: **1.** ⟨hat⟩ **a)** *mit einem Schlag durchtrennen, in zwei Teile schlagen:* einen Ziegelstein [mit einem Hammer] d.; **b)** *schlagend durch etw. treiben:* einen Nagel [durch ein Brett] d.; **c)** *eine Öffnung durch etw. schlagen:* eine Wand d.; **d)** *durch einen Durchschlag* (2) *pressen, streichen:* gekochte Kartoffeln d. **2.** *stark abführend wirken* ⟨hat⟩: gedörrtes Obst schlägt [bei ihm] durch. **3.** *(von Sicherungen) durchbrennen* ⟨ist⟩: die Sicherung ist durchgeschlagen. **4.** *durch ein Material durchdringen* ⟨ist⟩: die Feuchtigkeit schlägt [durch die Wände] durch. **5.** ⟨d. + sich; hat⟩ **a)** *unter Überwindung von Hindernissen, Gefahren ein sicheres Ziel erreichen:* sich bis zur Grenze, durch das Kampfgebiet, zwischen den Fronten d.; **b)** *mühsam seine Existenz behaupten:* sie haben sich nach dem Krieg kümmerlich durchgeschlagen.

durch|schla|gen ⟨st. V.; hat⟩: *mit einem Schlag durchdringen [u. dabei beschädigen od. zerstören]:* ein Geschoss durchschlug den Kotflügel.

durch|schla|gend ⟨Adj.⟩ [zu ↑durchschlagen (4)]: *überzeugend, entscheidend:* -e Beweise; der Erfolg war d.

Durch|schlag|pa|pier, das: **1.** *beim Maschinenschreiben verwendetes dünnes Papier für Durchschläge* (1). **2.** *Kohlepapier.*

Durch|schlags|kraft, die ⟨o. Pl.⟩: **1.** *Kraft, mit der ein Geschoss o. Ä. etw. durchschlägt:* die D. einer Granate. **2.** *Überzeugungskraft, Wirksamkeit:* Argumente von hoher D.

durch|schlags|kräf|tig ⟨Adj.⟩: *Durchschlagskraft besitzend, habend:* ein -es Argument.

durch|schlän|geln, sich ⟨sw. V.; hat⟩: *sich durch etw. schlängeln* (2): sich durch die Reihen, zwischen den Tischen und Stühlen d.; Ü er hat sic[h] sein Leben lang überall durchgeschlängelt *(ha[t] Schwierigkeiten überall geschickt umgangen).*

durch|schlei|chen ⟨st. V.; ist⟩: *schleichend* (a) *durch etw. gelangen:* es glückte ihm [durch die Absperrung] durchzuschleichen; ⟨d. + sich; ha[t]⟩ sie hat sich durch den verbotenen Eingang durchgeschlichen.

durch|schlei|chen ⟨st. V.; hat⟩: *schleichend durch[…] queren:* auf Zehenspitzen durchschlichen sie das alte Gebäude.

durch|schlei|fen ⟨sw. V.; hat⟩ (ugs. abwertend): *durchschleppen.*

durch|schlep|pen ⟨sw. V.; hat⟩ (ugs. emotional): **a)** *jmdm. unter Anstrengungen helfen, ein bestimmtes Leistungsziel zu erreichen:* die Klasse hat den Schüler bis zum Abitur [mit] durchgeschleppt; **b)** *unter eigenen Entbehrungen mit versorgen, unterhalten:* einen arbeitslo[…]sen Freund [mit] d.

durch|schleu|sen ⟨sw. V.; hat⟩: **1.** (Schiffahrt) *[ei[n] Schiff] durch die Schleuse bringen.* **2.** *durch et[w.] schleusen* (3): jmdn. durch den Verkehr, durch feindliches Gebiet d.

Durch|schlupf, der; -[e]s, -e: *Öffnung zum Durch[…]schlüpfen.*

durch|schlüp|fen ⟨sw. V.; ist⟩: *sich schlüpfend* (1 […] *hindurchbewegen:* die Kinder sind hier, durch den Zaun durchgeschlüpft; Ü der Verbrecher is[t] der Polizei [zwischen den Fingern] durchgeschlüpft *(entkommen).*

durch|schme|cken ⟨sw. V.; hat⟩: *herausschmecke[n]* (b).

durch|schmo|ren ⟨sw. V.; ist⟩ (ugs.): *durch übermäßige Hitzeentwicklung kaputtgehen:* ein Kabel, die Glühbirne ist durchgeschmort.

durch|schmug|geln ⟨sw. V.; hat⟩: *durch eine Absperrung, eine Kontrolle o. Ä. schmuggeln:* Flugblätter [durch die Werktore] d.

durch|schnei|den ⟨unr. V.; hat⟩: *in zwei Teile schneiden; schneidend durchtrennen:* das Brot in der Mitte d.; einen Bindfaden, den Telefondraht d.; mit durchgeschnittener Kehle.

durch|schnei|den ⟨unr. V.; hat⟩: **a)** *schneidend durchtrennen:* er durchschnitt das Band, die Nabelschnur; mit durchschnittener Kehle; **b)** (geh.) *in einer scharfen Linie eine Fläche, einen Raum durchqueren, durchziehen (u. dadurch optisch teilen):* das Schiff durchschne[i]det die ruhige See; ein von Wassergräben durchschnittenes Weideland.

Durch|schnitt, der; -[e]s, -e: **1.** *aus mehreren vergleichbaren Größen errechneter Mittelwert* (b) *in Bezug auf Quantität od. Qualität:* der D. seiner Zensuren liegt bei 2,3; den D. ermitteln; über, unter dem D. liegen; guter, unterer D. sei[n] *(mit seinen Leistungen über, unter dem Durchschnitt liegen);* dafür benötigen wir im D. *(gewöhnlich, im Allgemeinen)* fünf bis sechs Wochen. **2.** *Mittelmaß als Bezugspunkt für ein[e] Wertung:* diese Aufführung war nicht mehr als D., war bestenfalls D.; er gehört nur zum D. **3.** (Fachspr.) *Querschnitt:* den D. eines Hauses zeichnen. **4.** (Math.) *Durchschnittswert:* der D. von 8 und 4 ist 6.

durch|schnitt|lich ⟨Adj.⟩: **1.** *dem Durchschnitt* (1 […] *entsprechend, den Durchschnitt betreffend:* da[s] -e Einkommen; die -e Lebenserwartung; ihre -[e] Leistung liegt bei 2,9; wir produzieren d. 2 000 Stück pro Tag; er ruft d. *(im Allgemeinen)* dreimal in der Woche an. **2.** *sich in nichts vom Durchschnitt* (2) *abhebend:* eine -e Begabung, Ehe; ein Mensch von -er Intelligenz.

Durch|schnitts-: drückt in Bildungen mit Substantiven aus, dass jmd. oder etw. dem übliche[n] Mittelmaß entspricht und nichts Außergewöhnliches darstellt: Durchschnittshotel, -inte[l]ligenz, -patient.

Durch|schnitts|al|ter, das: *durchschnittliches* (1 […] *Alter:* das D. einer Gruppe.

Durch|schnitts|bür|ger, der: *Bürger, der den Durchschnitt der Bevölkerung repräsentiert, dessen Verhalten dem der Allgemeinheit entspricht.*

Durch|schnitts|bür|ge|rin, die: w. Form zu ↑Durchschnittsbürger.

Durch|schnitts|ein|kom|men, das: *durchschnittliches* (1) *Einkommen.*

Durch|schnitts|ge|schmack, der: *keine persönlichen Züge aufweisender Geschmack.*

Durch|schnitts|ge|schwin|dig|keit, die: *durchschnittliche* (1) *Geschwindigkeit.*

Durch|schnitts|ge|sicht, das: *Allerweltsgesicht.*

Durch|schnitts|leis|tung, die: *durchschnittliche* (1, 2) *Leistung.*

Durch|schnitts|mensch, der: vgl. Durchschnittsbürger.

Durch|schnitts|schü|ler, der: *Schüler mit durchschnittlichen* (2) *Leistungen.*

Durch|schnitts|schü|le|rin, die: w. Form zu ↑Durchschnittsschüler.

Durch|schnitts|tem|pe|ra|tur, die: *mittlere Temperatur.*

Durch|schnitts|wert, der: *arithmetisches* [1]*Mittel* (4); *Mittelwert* (a).

durch|schnüf|feln, (auch:) **durch|schnüf|feln** ⟨sw. V.; hat⟩ (abwertend): *[heimlich] aus Neugier od. zur Kontrolle durchsuchen:* sie schnüffelten die Wohnung durch, durchschnüffelten die Wohnung; jmds. Post d.

durch|schrei|ben ⟨st. V.; hat⟩: 1. *mithilfe von eingelegtem Kopierpapier od. auf speziellem, auf der Rückseite beschichtetem Papier Original u. Kopie eines Schriftstücks gleichzeitig anfertigen.* 2. *auf dem Fernschreiber durchgeben.*

durch|schrei|ten ⟨st. V.; hat⟩ (geh.): *schreitend durchqueren:* er durchschritt würdevoll den Saal.

Durch|schrift, die; -, -en: *mittels Durchschreiben* (1) *hergestellte Kopie eines Schriftstücks:* von einem Brief eine D. anfertigen, machen.

durch|schum|meln, sich ⟨sw. V.; hat⟩ (ugs.): *sich mit Schummeleien durchhelfen.*

Durch|schuss, der; -es, ...schüsse: 1. **a)** *Schuss, bei dem das Geschoss in etw. eindringt u. auf der entgegengesetzten Seite wieder austritt;* **b)** *auf einen Durchschuss* (1 a) *zurückgehende Verletzung, Beschädigung o. Ä.:* ein glatter D. 2. (Druckw.) *beim Setzen von Texten erzielter Zwischenraum zwischen den Zeilen.* 3. (Textilind.) *Schussfäden, die beim Weben durch die Kettfäden durchgeschossen werden.*

durch|schüt|teln ⟨sw. V.; hat⟩: *gründlich u. über längere Zeit schütteln:* den Inhalt der Flasche gut d.; sie wurden im Bus kräftig durchgeschüttelt.

durch|schwei|ßen ⟨sw. V.; hat⟩: *durch Schweißen durchtrennen:* Stahlträger d.

durch|schwim|men ⟨st. V.; ist⟩: 1. *sich schwimmend durch, unter, zwischen etw. hindurchbewegen:* unter einem Floß, zwischen zwei Bojen d. 2. *eine bestimmte Zeit, Strecke ohne Unterbrechung schwimmen:* bis zum Ufer, 2 000 m, eine Stunde d.

durch|schwim|men ⟨st. V.; hat⟩: *schwimmend durchqueren:* den Ärmelkanal d.

durch|schwin|deln, sich ⟨sw. V.; hat⟩: *sich mit Schwindeleien durchhelfen.*

durch|schwit|zen, (auch:) **durch|schwit|zen** ⟨sw. V.; hat⟩: *mit Schweiß durchnässen:* er hat sein Wollhemd durchgeschwitzt; den durchgeschwitzten/(auch:) durchschwitzten Kragen wechseln; ich bin ganz durchgeschwitzt.

durch|se|geln ⟨sw. V.; ist⟩: 1. *sich segelnd durch, zwischen etw. hindurchbewegen:* sie sind zwischen den Felsen durchgesegelt. 2. (Schülerspr.) *durchfallen* (2 b).

durch|se|geln ⟨sw. V.; hat⟩: *segelnd durchqueren:* das Meer d.

durch|se|hen ⟨st. V.; hat⟩: 1. *durch eine Öffnung od. einen durchsichtigen Körper o. Ä. sehen:* lass mich einmal [durch das Fernrohr] d.; sie versuchte, zwischen den Bambusstäben durchzusehen. 2. **a)** *von Anfang bis Ende [der Reihe nach] überprüfend, kontrollierend ansehen:* Rechnungen, die Hefte der Schüler d.; den Brief [auf Schreibfehler hin] d.; **b)** *flüchtig einsehen:* Kataloge, eine Zeitschrift d. 3. (ugs.) *durchblicken* (2): siehst du da noch durch?

durch|sei|hen ⟨sw. V.; hat⟩: *(Flüssigkeiten) durch ein Sieb od. ein Tuch gießen u. dadurch reinigen, filtern:* Obstsaft d.

durch sein: s. durch (II 2–7).

durch|setz|bar ⟨Adj.⟩: *sich durchsetzen* (1 a) *lassend:* kaum -e Forderungen.

durch|set|zen ⟨sw. V.; hat⟩: 1. **a)** *etw. Angestrebtes, Erwünschtes o. Ä. unter Überwindung von Hindernissen verwirklichen:* eine Reform, Ansprüche d.; seinen Willen [gegen jmdn.] d.; **b)** ⟨d. + sich⟩ *Widerstände überwinden u. sich Geltung verschaffen:* er konnte sich mit seinen Forderungen, gegen die anderen d.; (Sport:) die Damen setzten sich gegen den Europameister durch; **c)** ⟨d. + sich⟩ *nach u. nach die Zustimmung, Anerkennung einer Mehrheit u. dadurch Gültigkeit gewinnen:* die Idee, Neuerung hat sich durchgesetzt. 2. (Fachspr.) *einen bestimmten Durchsatz haben.*

durch|set|zen ⟨sw. V.; hat⟩: *in größerer Anzahl einstreuen, verteilen:* einen Prosatext mit Versen d.; einen Betrieb mit Spitzeln d.

Durch|set|zung, die ⟨o. Pl.⟩: *das Durchsetzen* (1 a): die D. einer Forderung.

Durch|set|zungs|kraft, die ⟨o. Pl.⟩: *Durchsetzungsvermögen.*

Durch|set|zungs|ver|mö|gen, das ⟨o. Pl.⟩: *Fähigkeit, sich durchzusetzen.*

durch|seu|chen ⟨sw. V.; hat⟩ (selten): *ein größeres Gebiet ganz u. gar verseuchen:* das Gebiet war völlig durchseucht.

Durch|sicht, die: *das Durchsehen* (2): bei, nach D. der Akten.

durch|sich|tig ⟨Adj.⟩: **a)** *so beschaffen, dass hindurchgesehen werden kann; transparent:* -es Papier, Gewebe; die Bluse ist d.; Ü eine -e *(sehr zarte u. blasse)* Haut; **b)** *leicht durchschaubar:* -e Lügen; Bestimmungen -er *(verständlicher)* machen.

Durch|sich|tig|keit, die; -: *durchsichtige* (a) *Beschaffenheit; Transparenz* (1).

durch|si|ckern ⟨sw. V.; ist⟩: 1. *(von einer Flüssigkeit) sickernd, tropfenweise durch etw. durchdringen:* das Blut sickert [durch den Verband] durch. 2. *auf Umwegen bekannt werden, langsam in die Öffentlichkeit dringen:* Berichte, Nachrichten sickerten durch; es sickerte durch, dass er fliehen wollte.

durch|sie|ben ⟨sw. V.; hat⟩: *durch ein Sieb schütten, rühren od. gießen:* Mehl, Tee d.; Ü sie begannen, die Bewerber durchzusieben *(durchzumustern u. auszusondern).*

durch|sie|ben ⟨sw. V.; hat⟩ (ugs.): *wie ein Sieb durchlöchern:* die Tür war von Kugeln durchsiebt; Splitter hatten den Tank durchsiebt.

durch|sin|gen ⟨st. V.; hat⟩: *von Anfang bis Ende singen:* sie haben das Lied noch einmal ganz durchgesungen.

durch|sit|zen ⟨unr. V.; hat⟩: 1. *durch häufiges Daraufsitzen abnutzen, schadhaft machen:* [sich ⟨Dativ⟩] die Hose, den Hosenboden d. 2. ⟨d. + sich⟩ *(von dem Polster eines Stuhles o. Ä.) die Federung einbüßen:* das Sofa hat sich rasch durchgesessen.

durch|sonnt ⟨Adj.⟩ (dichter.): *von Sonnenschein erfüllt:* eine -e Landschaft.

Durch|spiel, das; -[e]s, -e (bes. Fußball): *Spielzug, mit dem sich eine Mannschaft durch die gegnerische Abwehr spielt:* ein blitzschnelles D.

durch|spie|len ⟨sw. V.; hat⟩: 1. **a)** *[probend] von Anfang bis Ende spielen:* eine Szene, den Satz einer Sonate noch einmal ganz d.; **b)** *bis zum Ende spielen:* sie konnte [ihre Rolle] nicht d. 2. *(zum Zweck der Erkenntnis o. Ä.) sich genau vorzustellen suchen, wie etw. unter bestimmten Bedingungen abgelaufen ist od. ablaufen könnte:* einen Ernstfall [in Gedanken] d. 3. ⟨d. + sich⟩ (Fußball) *sich einen Weg durch die gegnerische Abwehr bahnen.*

durch|spre|chen ⟨st. V.; hat⟩: *von Anfang bis Ende, eingehend besprechen:* einen Plan d.

durch|sprin|gen ⟨st. V.; ist⟩: *durch etw. hindurchspringen:* der Löwe musste [durch einen Reifen] d.

durch|sprin|gen ⟨st. V.; hat⟩: *springend durchqueren:* der Löwe musste den Reifen d.

durch|spü|len ⟨sw. V.; hat⟩: *gründlich spülen:* die Wäsche mit klarem Wasser gut d.

durch|star|ten ⟨sw. V.; ist⟩: 1. (Flugw.) *bei einem Landemanöver aus dem Flug heraus wieder starten, wenn sich herausstellt, dass eine Landung nicht möglich ist:* der Pilot musste d. 2. (Kfz-W.) **a)** *kurz vor dem Anhalten plötzlich wieder Gas geben;* **b)** *beim Anlassen des [kalten] Motors kräftig Gas geben.*

durch|ste|chen ⟨st. V.; hat⟩: *durch etw. stechen:* mit der Nadel [durch den Stoff] d.; durchgestochene Reifen.

durch|ste|chen ⟨st. V.; hat⟩: *mit einem Stich durchdringen, durchbohren:* durchstochene Ohrläppchen.

Durch|ste|che|rei, die [viell. vom Falschspiel mit zur Kennzeichnung durchstochenen Spielkarten]: *Betrügerei im Dienst.*

durch|ste|cken ⟨sw. V.; hat⟩: *durch eine Öffnung stecken:* einen Brief durch den Türspalt, unter der Tür d.

durch|ste|hen ⟨unr. V.; hat⟩: 1. *einer Belastung bis zu Ende standhalten:* sie haben im Krieg viel durchgestanden; er hat das Tempo, das lange Match durchgestanden. 2. (Ski) *einen Skilauf od. -sprung ohne Sturz zu Ende führen:* einen Sprung, eine Weite [glatt] d.

durch|stei|gen ⟨st. V.; ist⟩: 1. *durch etw. steigen:* durch ein Loch im Zaun d. 2. (salopp) *etw. verstehen, durchschauen:* da steig ich nicht [mehr] durch.

durch|stei|gen ⟨st. V.; hat⟩ (bes. Bergsteigen): *kletternd überwinden, durchklettern:* sie haben die Nordwand in 3 Tagen durchstiegen.

durch|stel|len ⟨sw. V.; hat⟩: *(ein Telefongespräch) vom Hauptapparat auf einen Nebenanschluss weiterleiten:* bitte [das Gespräch] in die Wohnung, zum Chef d.!

Durch|stich, der; -[e]s, -e: **a)** *das Herstellen einer direkten Verbindung durch Graben od. Sprengen:* der D. wird Millionen kosten; **b)** *durch einen Durchstich* (a) *gewonnene direkte Verbindung:* seit 1869 existiert ein D. durch die Landenge von Sues.

Durch|stieg, der; -[e]s, -e: *freie Stelle, Öffnung zum Hindurchsteigen.*

durch|stim|men ⟨sw. V.; hat⟩: 1. (Musik) *ein Instrument ganz u. gar stimmen:* er hat das Klavier [ganz] durchgestimmt. 2. (Elektrot.) *kontinuierlich, nacheinander auf die gewünschte Frequenz einstellen.*

durch|stö|bern ⟨sw. V.; hat⟩ (ugs.): *gründlich, bis in den letzten Winkel nach etw. Konkretem durchsuchen:* er stöberte das ganze Haus [nach dem vermissten Brief] durch.

durch|stö|bern ⟨sw. V.; hat⟩ (ugs.): **a)** ↑durchstöbern: sie durchstöberte ihre Taschen; **b)** *in etw. [nach etw.] stöbern:* den Laden nach einem Geschenk d.; alte Zeitungen d.

Durch|stoß, der; -es, ...stöße: *das Durchstoßen* (3): ihnen gelang der D. zur Küste.

durch|sto|ßen ⟨st. V.⟩: 1. *durch etw. stoßen* ⟨hat⟩: er hat die Stange [durch die Eisdecke] durchgestoßen. 2. *durchwetzen* ⟨hat⟩. 3. (bes. Milit.) *bis zu einem bestimmten Ziel vorstoßen* ⟨ist⟩: die Feinde sind bis zum Fluss durchgestoßen.

durch|sto|ßen ⟨st. V.; hat⟩: *stoßend durchdringen:* bei dem Unfall durchstieß ihr Kopf die Windschutzscheibe; das Flugzeug hat die Wolkendecke durchstoßen *(ist durch die Wolkendecke hindurchgeflogen);* die Division hat die feindlichen Linien durchstoßen (Milit.; *durchbrochen*).

durch|strah|len ⟨sw. V.; hat⟩: 1. *mit Strahlen durchdringen:* eine chemische Substanz d. 2. *mit strahlendem Licht erfüllen:* Tausende heller Lampen durchstrahlten den Nachthimmel.

durch|stre|cken ⟨sw. V.; hat⟩: **a)** *völlig strecken:* die Arme, Beine d.; **b)** *streckend durchstecken:*

das Kind streckt den Kopf zwischen den Gitterstäben des Balkons durch.

durch|strei|chen ⟨st. V.; hat⟩: **1.** *(etw. Geschriebenes od. Gedrucktes) mit einem od. mehreren Strichen ungültig machen:* ein Wort, einen Satz d.; Nichtzutreffendes bitte d. **2.** *durch ein feines Sieb streichen; passieren:* Erbsen [durch ein Sieb] d.

durch|strei|chen ⟨st. V.; hat⟩ (veraltend): **1.** ↑durchstreichen (1): er durchstrich die Zahlen. **2.** (geh.) *durchstreifen:* das Dorf d.

D

durch|strei|fen ⟨sw. V.; hat⟩: **1.** *ziellos durchwandern:* Wiesen und Wälder d. **2.** *(in einem Gebiet) Kontrollgänge, -fahrten durchführen:* Patrouillen durchstreifen die Gegend.

durch|strö|men ⟨sw. V.; ist⟩: *durch etw. strömen:* das Wasser strömt hier [zwischen den Steinen] durch; Ü die Menge strömte durch den Eingang durch.

durch|strö|men ⟨sw. V.; hat⟩: *durchfließen:* Wasser durchströmt die Ebene; Ü ein Gefühl des Glücks durchströmte sie.

durch|struk|tu|rie|ren ⟨sw. V.; hat⟩: *bis ins Einzelne strukturieren:* ein Formular d.

Durch|struk|tu|rie|rung, die; -, -en: *das Durchstrukturieren.*

durch|sty|len ⟨sw. V.; hat⟩ (Jargon): *vollständig mit einem einheitlichen Styling versehen, ausstatten:* ihr Haus wurde von einem Innenarchitekten durchgestylt; ⟨meist im 2. Part.:⟩ durchgestylte Räume; ein durchgestylter *(ein perfekt abgestimmtes Erscheinungsbild abgebender)* Yuppie.

durch|su|chen ⟨sw. V.; hat⟩: *bis in den letzten Winkel absuchen, um etw. od. jmdn. zu finden:* ich suchte alles durch, fand es aber nicht.

durch|su|chen ⟨sw. V.; hat⟩: **a)** *in etw. gründlich suchen, um etw., jmdn. zu finden:* sie haben das ganze Haus systematisch [danach, nach ihr] durchsucht; jeden Winkel der Erde d.; **b)** *in jmds. Kleidung nach etw., was er verborgen halten könnte, suchen:* jmdn. [nach Waffen] d.; die Kleidung soll durchsucht werden.

Durch|su|chung, die; -, -en: *das Durchsuchen.*

Durch|su|chungs|be|fehl, der: *amtliche Legitimation zur Durchsuchung einer privaten Wohnung, einer Firma o. Ä.:* ein richterlicher D.

durch|tan|ken, sich ⟨sw. V.; hat⟩ [zu ↑Tank (2)] (bes. Hand-, Fußball Jargon): *mit kraftvollem körperlichem Einsatz durch die gegnerische Deckung brechen:* der bullige Mittelstürmer hatte sich wieder durchgetankt.

durch|tan|zen ⟨sw. V.; hat⟩ (seltener): **1.** *(eine bestimmte Zeit) ohne [größere] Unterbrechung tanzen:* sie haben die [ganze] Nacht durchgetanzt. **2.** *durch Tanzen abnutzen:* Schuhe d.

durch|tan|zen ⟨sw. V.; hat⟩: *tanzend verbringen:* sie durchtanzte die Nacht.

durch|tas|ten, sich ⟨sw. V.; hat⟩: *sich tastend durchfinden:* ich tastete mich bis zur Lampe durch.

durch|te|le|fo|nie|ren ⟨sw. V.; hat⟩: **1.** *telefonisch durchsagen:* eine Information in die Redaktion d. **2.** ⟨d. + sich⟩ (ugs.) *nach einiger Anstrengung die telefonische Verbindung zu jmdm. bekommen:* sich zu jmdm. d.

durch|tes|ten ⟨sw. V.; hat⟩: *gründlich testen:* das neue Modell d.

durch|tra|gen ⟨st. V.; hat⟩: *durch etw. tragen:* notfalls müssen wir den Verletzten [durch den Bach] d.

durch|trai|nie|ren ⟨sw. V.; hat⟩ (bes. Sport): *[etw.] gründlich, konsequent trainieren:* seinen Körper d.; eine durchtrainierte Sportlerin.

durch|trän|ken ⟨sw. V.; hat⟩ (geh.): *mit Feuchtigkeit durchziehen:* das Wasser durchtränkt den Erdboden; ein von Blut durchtränkter Verband.

durch|trei|ben ⟨st. V.; hat⟩: **1.** *durch etw. treiben* (1): Kühe [durch ein Gatter] d. **2.** *durch etw. treiben* (7 a): einen Bolzen [durch ein Brett] d.

durch|tren|nen, (auch:) **durch|tren|nen** ⟨sw. V.; hat⟩: *in zwei Teile trennen, entzweischneiden:* er hat die Nabelschnur durchgetrennt, durchtrennt.

durch|tre|ten ⟨st. V.⟩: **1.** ⟨hat⟩ **a)** *auf einen Hebel bis zum Anschlag treten:* das Gaspedal d.; **b)** (Fußball) *(von einem Spieler, der gleichzeitig mit einem anderen nach dem Ball tritt) den Fuß nicht zurückziehen, sondern ohne Rücksicht auf den Gegenspieler nach dem Ball treten:* der Verteidiger hat voll durchgetreten. **2.** *(von flüssigen u. gasförmigen Stoffen) durch eine abschließende Wand dringen* ⟨ist⟩: das Blut tritt [durch die Gefäßwände] durch. **3.** (ugs.) *durchgehen* (3 a), *aufrücken* ⟨ist⟩: meine Herrschaften, treten Sie bitte durch!

durch|trie|ben ⟨Adj.⟩ [2. Part. von mhd. durchtrīben = mit etw. durchdringen, -setzen] (abwertend): *[bereits] in allen Listen, Kniffen erfahren, eine entsprechende Art erkennen lassend:* ein -er Bursche.

Durch|trie|ben|heit, die; -: *durchtriebene Art.*

Durch|tritt, der; -s: *das Durchtreten* (2): den D. von Gas, Wasser verhindern.

durch|trop|fen ⟨sw. V.; ist⟩: *durch etw. tropfen:* an dieser Stelle ist Wasser durchgetropft.

durch|tur|nen ⟨sw. V.; hat⟩ (Turnen): *mehrere Übungen, eine Kür o. Ä. von Anfang bis Ende turnen.*

durch|wa|chen ⟨sw. V.; hat⟩: *(eine bestimmte Zeit) ohne Unterbrechung wachen:* wir haben [die ganze Nacht] durchgewacht.

durch|wa|chen ⟨sw. V.; hat⟩: *wachend verbringen:* sie haben mehrere Nächte durchwacht.

[1]**durch|wach|sen** ⟨st. V.; ist⟩: *(von Pflanzen) durch etw. wachsen:* die Blumen sind [durch den Maschendraht] durchgewachsen.

[2]**durch|wach|sen** ⟨Adj.⟩: **a)** *(von etw. Gewachsenem) durchzogen, durchsetzt:* ein -es Flussbett; -er *(von magerem Fleisch in Schichten durchzogener)* Speck; **b)** (ugs. scherzh.) *mittelmäßig; abwechselnd besser u. schlechter:* -e Preise *(sowohl niedrigere als auch ziemlich hohe Preise* 1); eine -e Leistung; das Wetter, die Stimmung war d.

durch|wa|gen, sich ⟨sw. V.; hat⟩ (ugs.): *wagen, sich durch etw. durchzubewegen:* ich wage mich nicht [durch die Menge] durch.

Durch|wahl, die; -: *das Durchwählen:* eine Nebenstellenanlage mit, ohne D.

durch|wäh|len ⟨sw. V.; hat⟩: **a)** *mithilfe des Selbstwählfernverkehrs wählen:* in die USA, nach Tokio d.; **b)** *vom Nebenanschluss einer Nebenstellenanlage direkt in das öffentliche Netz wählen u. umgekehrt.*

Durch|wahl|num|mer, die: *Telefonnummer eines Nebenanschlusses zum Durchwählen* (b).

durch|wal|ken ⟨sw. V.; hat⟩: **1.** *gründlich walken* (1): das Tuch wurde durchgewalkt. **2.** (salopp) *durchprügeln.* **3.** (landsch.) *gründlich walken* (4).

Durch|wan|de|rer, der; -s, - (Amtsspr.): *Nichtsesshafter, der von Ort zu Ort zieht.*

Durch|wan|de|rin, die; -, -nen: w. Form zu ↑Durchwanderer.

durch|wan|dern ⟨sw. V.; ist⟩: *(eine bestimmte Zeit) ohne Unterbrechung wandern:* sie sind [Tag und Nacht, bis zum Ziel] durchgewandert.

durch|wan|dern ⟨sw. V.; hat⟩: *wandernd durchqueren:* ein Gebiet d.

Durch|wan|de|rung, die; -, -en: *das Durchwandern.*

durch|wär|men, (auch:) **durch|wär|men** ⟨sw. V.; hat⟩: *[wieder] ganz warm werden lassen:* der Grog hat mich kräftig durchgewärmt, durchwärmt.

Durch|wär|mung, die; -, -en: *das Durchwärmen:* eine wohltuende D.

durch|wa|schen ⟨st. V.; hat⟩ (ugs.): *(nicht zusammen mit der gesamten Wäsche, sondern als kleineres, einzelnes Stück, mehr nebenbei) waschen:* eine Strumpfhose [kurz] d.

durch|wa|ten ⟨sw. V.; ist⟩: *durch etw. waten:* er ist [durch den Bach] durchgewatet.

durch|wa|ten ⟨sw. V.; hat⟩: *watend durchqueren:* ein überschwemmtes Gelände d.

durch|we|ben ⟨durchwebte/(geh.:) durchwob, hat durchwebt/(geh.:) durchwoben⟩: *(ein Gewebe) mit in Farbe od. Qualität abstechenden Webfäden durchsetzen:* den Stoff mit hübschen Mustern d.; mit Lurexfäden durchwebter Stoff; Ü von Silberfäden durchwobene Haare; die Rede war von blumigen Floskeln durchwoben.

durch|weg ⟨Adv.⟩: *gänzlich, ausnahmslos:* sie zeigte d. gute Leistungen; die Statuen sind hier d. römische Kopien.

durch|wegs (österr., schweiz., sonst ugs.): *durchweg.*

durch|we|hen ⟨sw. V.; hat⟩ (geh.): *wehend durch etw. dringen:* ein frischer Luftzug durchwehte das Haus.

durch|wei|chen ⟨sw. V.; ist⟩: *ganz u. gar von Nässe durchdrungen u. dadurch weich werden:* der Karton ist an dieser Stelle ganz durchgeweicht.

durch|wei|chen ⟨sw. V.; hat⟩: *durchnässen u. dadurch weich machen:* der Regen hat den Boden völlig durchweicht.

durch|wer|fen ⟨st. V.; hat⟩: *durch etw. werfen:* den Ball [durch das Netz] d.

durch|wet|zen ⟨sw. V.; hat⟩: *durch langes Tragen abnutzen:* durchgewetzte Ärmel.

durch|win|den, sich ⟨st. V.; hat⟩: *sich durch etw. winden:* sie musste sich zwischen den Tischen d.; Ü sich zu mehr Toleranz d.

durch|win|ken ⟨sw. V.; hat⟩: *durch Winken auffordern, eine Absperrung, Kontrolle o. Ä. ohne anzuhalten zu passieren:* an der Schweizer Grenze winkte man uns durch.

durch|win|tern ⟨sw. V.; hat⟩: *(Pflanzen) durch den Winter bringen:* ich habe die Knollen im Keller durchwintert.

Durch|win|te|rung, die; -, -en: *das Durchwintern.*

durch|wir|ken ⟨sw. V.; hat⟩: *durchkneten* (a): den Teig kräftig d.

durch|wir|ken ⟨sw. V.; hat⟩ (geh.): *durchweben:* mit Goldfäden durchwirkter Stoff; Ü die Rede war von Anspielungen durchwirkt.

durch|wit|schen ⟨sw. V.; ist⟩ (salopp): *gerade noch entkommen:* der Flüchtling ist [durch die Absperrung] durchgewitscht.

durch|wo|gen ⟨sw. V.; hat⟩ (geh.): *in starke Erregung versetzen:* eine heftige Empfindung durchwogte sie, ihr Inneres.

durch|wol|len ⟨unr. V.; hat⟩ (ugs.): **a)** *etw., eine Stelle als Durchgang benutzen wollen:* wir wollen hier, durch dieses Tor durch; **b)** *sich einen Durchgang durch etw. schaffen wollen:* durch das Gestrüpp, den Morast d.

durch|wu|chern ⟨sw. V.; hat⟩: *wuchernd durchziehen:* der Garten ist von Unkraut durchwuchert.

durch|wüh|len ⟨sw. V.; hat⟩: **1.** ↑durchwühlen (1): eine Schublade d. **2.** ⟨d. + sich⟩ (ugs.) *etw. durchdringen, sich durch etw. durcharbeiten:* ein Maulwurf hat sich hier durch die Erde durchgewühlt; Ü er hat sich [durch den Aktenstoß] durchgewühlt.

durch|wüh|len ⟨sw. V.; hat⟩: **1.** *wühlend durchsuchen:* den Schrank [nach Geld] d. **2.** *aufwühlen* (1 b): die Geschosse haben den Boden durchwühlt.

durch|wursch|teln, durch|wurs|teln, sich ⟨sw. V.; hat⟩ (salopp): *sich behelfsmäßig, unzulänglich durchbringen:* sich irgendwie d.

durch|zäh|len ⟨sw. V.; hat⟩: *von Anfang bis Ende zählend erfassen:* sie zählte rasch das Geld durch.

durch|ze|chen ⟨sw. V.; hat⟩: *(eine bestimmte Zeit) ohne Unterbrechung zechen:* sie haben [die ganze Nacht] durchgezecht.

durch|ze|chen ⟨sw. V.; hat⟩: *zechend verbringen:* ich hatte nur eine Nacht durchzecht.

durch|zie|hen ⟨unr. V.⟩: **1.** *durch etw. ziehen* ⟨hat⟩: ein Gummiband durch einen Hosenbund d. **2.** *gleichmäßig bis zum Anschlag ziehen* ⟨hat⟩: ein Sägeblatt, ein Ruder [gut] d. **3.** (ugs.) *[trotz Hindernissen] ablaufen lassen, zu Ende führen* ⟨hat⟩: ein Projekt d. **4.** *durch ein Gebiet ziehen* ⟨ist⟩: Flüchtlinge sind [in Scharen] durchgezogen; ein Gewitter zieht durch; durchziehende Vögel. **5.** ⟨d. + sich⟩ *bis zum Ende in etw. zu verfolgen sein* ⟨hat⟩: das Motiv zieht sich durch das ganze Stück durch. **6.** (Kochk.) *(von Salaten,* etw. Eingelegtem) eine Marinade o. Ä. einziehen lassen u. dadurch den gewünschten Geschmack erhalten ⟨ist⟩: der in Essig eingelegte Braten muss noch d.; der Salat ist gut durchgezogen. 7. (vulg.) koitieren (b) ⟨hat⟩: in dieser Zeit habe ich einige durchgezogen.

urch|zie|hen ⟨unr. V.; hat⟩: 1. *ein Gebiet o. Ä. in [ungeordneten] Gruppen kreuz u. quer durchstreifen od. durchqueren:* Karawanen durchziehen die Sahara. 2. *jmdn. schneidend, ziehend durchdringen:* ein plötzlicher Schmerz durchzog ihn; Ü (geh.:) eine Welle von Mitleid durchzog sie. 3. *linienförmig quer durch etw. verlaufen:* Flüsse durchziehen die Landschaft; von blauen Adern durchzogener Marmor. 4. *in etw. durchgängig enthalten sein:* dieses Motiv durchzieht das Alterswerk des Dichters; diese Frage durchzieht das ganze Buch.

urch|zu|cken ⟨sw. V.; hat⟩: 1. *mit zuckenden Lichterscheinungen erfüllen:* Blitze durchzucken den Himmel. 2. *(von Gedanken, Gefühlen o. Ä.) jmdn. plötzlich durchdringen, jmdm. ins Bewusstsein kommen:* plötzlich durchzuckte ihn eine Erkenntnis.

urch|zug, der; -[e]s, ...züge: 1. *das Durchqueren eines Ortes, das Ziehen durch ein Gebiet:* der D. der Truppen, eines Sturmtiefs. 2. ⟨o. Pl.⟩ *starker Luftzug, der durch zwei einander gegenüberliegende Fenster-, Türöffnungen o. Ä. entsteht:* zum Lüften D. machen; * **auf D. schalten** (ugs.; *jmds. Worten nicht zuhören*): wenn er zu reden anfängt, schalte ich automatisch auf D.

urch|zwän|gen ⟨sw. V.; hat⟩: *durch etw. zwängen:* das Kind hat seinen Kopf durch das Gitter durchgezwängt; er zwängte sich [unter dem Zaun] durch.

ur|drei|klang, der (Musik): *Dreiklang in Dur (aus Grundton, großer Terz u. Quinte).*

ir|fen ⟨unr. V.; hat⟩ [mhd. durfen, dürfen, ahd. durfan, urspr. = brauchen, nötig haben]: 1. ⟨mit Inf. als Modalverb; durfte, hat ... dürfen⟩ **a)** *die Erlaubnis haben, berechtigt, autorisiert sein, etw. zu tun:* »Darf ich heute schwimmen gehen?« – »Du darfst [schwimmen gehen]«; ich habe nicht kommen d.; ich darf Sie bitten *(ich bitte Sie),* das Formular auszufüllen (in höflicher Ausdrucksweise, in Form einer Frage:) darf ich Sie bitten, das Formular auszufüllen?; darf ich bitten? (höfliche Form der Aufforderung zum Tanz, zum Essen o. Ä.); (iron.:) darf man fragen, wie lange das noch dauert?; **b)** drückt einen Wunsch, eine Bitte, eine Aufforderung aus (oft verneint): du darfst jetzt nicht aufgeben!; ihr darf nichts passieren; R das darf doch nicht wahr sein (ugs.; *das ist doch nicht zu fassen*); **c)** *die moralische Berechtigung, das Recht haben, etw. zu tun* (verneint): du darfst Tiere nicht quälen!; das hätte er nicht tun d.!; das durfte nicht kommen, hätte nicht kommen d. (ugs.; *die sich jetzt zum eigenen Nachteil auswirkende Äußerung hätte man nicht tun dürfen*); **d)** *Veranlassung zu etw. haben, geben:* wir durften annehmen, dass der Film ein voller Erfolg werden würde; die Kollektion darf als ausgewogen angesehen werden; wir dürfen mit einer Einnahme von 1 Million rechnen; nun darf *(kann, muss)* ich mich auch noch für euer Versehen entschuldigen; **e)** ⟨nur im 2. Konjunktiv + Inf.⟩ *es ist wahrscheinlich, dass ...:* diese Zeitung dürfte die größte Leserzahl haben; es dürfte nicht schwer sein, das zu zeigen; es dürfte ein Gewitter geben; **f)** (landsch.) *brauchen* (meist in Verbindung mit »nur, bloß«): du darfst bloß ein Wort der Kritik sagen, dann gerät sie schon außer sich. 2. ⟨Vollverb; durfte, hat gedurft⟩ *die Erlaubnis zu etw. Bestimmtem, Vorgenanntem haben:* sie hat nicht gedurft; darfst du das?; um diese Zeit dürfen die Kinder nicht mehr [zum Spielen] nach draußen; ich durfte nicht ins Kino.

irf|te, dürf|te: ↑dürfen.

irf|tig ⟨Adj.⟩ [mhd. dürftic, ahd. durftic, zu mhd., ahd. dur(u)ft = Bedürfnis, Not (↑Notdurft; Verbalabstraktum zu ↑dürfen)]: **a)** *von materieller Armut zeugend; karg, ärmlich:* eine -e Unterkunft; in -en Verhältnissen leben; -e Mahlzeiten; d. bekleidet sein; **b)** (abwertend) *für den Gebrauch, einen Zweck nicht wirklich ausreichend; kümmerlich:* eine -e Beleuchtung; ein -es Ergebnis; -er Ersatz; -e Beweise; ihr Russisch ist d.; unsere Bilanz sieht eher d. aus; **c)** (seltener) *schwächlich, schmächtig:* -e Bäumchen.

Dürf|tig|keit, die; -: *dürftige Beschaffenheit.*

dürr ⟨Adj.⟩ [mhd. dürre, ahd. durri, urspr. = trocken, ausgedörrt]: 1. **a)** *vertrocknet, verdorrt u. dadurch starr:* -e Äste; -es Gras, Laub, Holz; **b)** *ohne Feuchtigkeit u. Nährstoffe, ausgetrocknet u. daher unfruchtbar:* -er Boden; **c)** *[in geistiger Hinsicht] wenig ertragreich od. fruchtbar:* es waren für ihn -e Jahre; sie antwortete in -en *(kargen, knappen)* Worten. 2. *sehr mager, hager:* ein -er Körper, Hals; der Junge ist sehr d. [geworden].

Dür|re, die; -, -n [mhd. dürre, ahd. durrī, zu ↑dürr]: 1. *(in Bezug auf die Witterung) große Trockenheit:* es herrschte eine entsetzliche D.; bei der D. dieses Sommers verdorrte alle Vegetation; das Land wurde von einer D. heimgesucht; Ü eine geistige D. *(Unfruchtbarkeit)* breitete sich aus. 2. ⟨o. Pl.⟩ *das Ausgetrocknetsein, Verdorrtsein:* die D. des Laubes, des Bodens.

Dür|re|jahr, das: *Jahr, in dem anhaltende, große Trockenheit herrscht.*

Dür|re|ka|ta|stro|phe, die: *durch Dürre verursachte Katastrophe.*

Dür|re|pe|ri|o|de, die: *Zeit anhaltender großer Trockenheit.*

Durst, der; -[e]s [mhd., ahd. durst, urspr. = Trockenheit (in der Kehle), verw. mit ↑dürr]: 1. *[stärkeres] Bedürfnis zu trinken:* quälender D.; D. bekommen, verspüren; [starken] D. haben; D. auf ein Bier haben; seinen D. löschen, stillen; vor D. klebt ihm die Zunge am Gaumen; Ü der Motor hat nur einen kleineren D. *(verbraucht weniger Benzin)*; * **ein Glas/etliche/eins/** (meist:) **einen über den D. trinken** (ugs. scherzh.; *zu viel von einem alkoholischen Getränk trinken*). 2. (dichter.) *heftiges, drängendes Verlangen:* D. nach Ruhm, Freiheit.

durs|ten ⟨sw. V.; hat⟩ [mhd., ahd. dursten, ↑dürsten] (geh.): 1. **a)** *Durst leiden:* sie mussten lange hungern und d.; bei dieser Hitze durstet alles; **b)** ⟨unpers.⟩ *dürsten* (1). 2. *dürsten* (2).

dürs|ten ⟨sw. V.; hat⟩ [mhd. dürsten, dursten, ahd. dursten] (dichter.): 1. ⟨unpers.⟩ *Durst haben:* mich dürstet/es dürstet mich [nach einem kühlen Trunk]. 2. *heftiges Verlangen nach etw. haben:* wir dürsteten nach Rache, Unabhängigkeit, Gerechtigkeit; ⟨auch unpers.:⟩ es dürstete ihn/ihn dürstete nach Anerkennung.

Durst|ge|fühl, das: *Gefühl, trinken zu müssen.*

durs|tig ⟨Adj.⟩ [mhd. durstec, ahd. durstac]: 1. *Durst habend:* ein -er Wanderer; sehr d. sein; Ü ein -er Geländewagen. 2. (geh.) *begierig nach etw.:* er ist d. auf Gesellschaft, nach Wissen.

-durs|tig: drückt in Bildungen mit Substantiven aus, dass die beschriebene Person ein heftiges Verlangen nach etw. hat, begierig auf etw. ist: abenteuer-, freiheitsdurstig.

durst|lö|schend ⟨Adj.⟩: *den Durst löschend:* -er ungesüßter Tee.

durst|stil|lend ⟨Adj.⟩: *den Durst stillend:* -e Getränke.

Durst|stre|cke, die: *Zeitspanne, in der jmd. Entbehrungen, Einschränkungen auf sich nehmen muss;* eine wirtschaftliche D.

Dur|ton|art, die (Musik): *Tonart in Dur.*

Dur|ton|lei|ter, die (Musik): *Tonleiter in Dur.*

Du|rum|wei|zen, der [zu lat. durum, Neutr. Sg. von: durus = hart]: *Hartweizen.*

Dusch|bad, das: **a)** *Raum mit einer Vorrichtung zum Duschen;* **b)** *Bad unter der Dusche:* ein D. nehmen.

Du|sche [auch: ˈduːʃə], die; -, -n [frz. douche < ital. doccia = Dusche, Gießbad, wohl zu: doccione = Wasserspeier < lat. ductio, eigtl. = das Ziehen, das Führen]: 1. *[bewegliche] Vorrichtung zum Duschen, die im Wesentlichen aus einem in bestimmter Höhe an der Wand befestigten Duschkopf besteht:* die D. anstellen; Zimmer mit D.; sich unter die D. stellen; ich gehe jetzt unter die D. *(dusche mich jetzt).* 2. *das Duschen; Duschbad* (b): die morgendliche [kalte] D.; eine heiße D. nehmen *(sich heiß duschen);* * **eine kalte D. [für jmdn.] sein, wie eine kalte D. [auf jmdn.] wirken** (ugs.; *eine Ernüchterung, Enttäuschung für jmdn. sein).* 3. *Duschbad* (a).

du|schen [auch: ˈduːʃn̩] ⟨sw. V.; hat⟩: **a)** *unter einer Dusche* (1) *den ganzen Körper einer Berieselung mit kaltem od. heißem Wasser aussetzen; ein Duschbad* (b) *nehmen:* abwechselnd warm und kalt d.; ausgiebig d.; ⟨auch d. + sich:⟩ zu müde, um sich noch zu d.; **b)** *[mit der Dusche] bespritzen, absprühen:* den Rücken d.

Dusch|gel, das: *zum Duschen zu verwendendes Gel.*

Dusch|ka|bi|ne, die: 1. *kleiner, abgetrennter, meist nach einer Seite hin offener Raum mit Dusche.* 2. *kleinere Kabine mit Duschvorrichtung u. Heißwasseraggregat zum Aufstellen in einer Wohnung.*

Dusch|kopf, der: *einer Brause* (3) *ähnliche Vorrichtung, die das Ausströmen des Wassers bei einer Dusche* (1) *in feinen Strahlen ermöglicht.*

Dusch|raum, der: *größerer Raum mit mehreren Duschen.*

Dusch|vor|hang, der: *zum Abhalten des Wassers vor der Duschkabine od. vor der Badewanne aufgehängter Vorhang.*

Dü|se, die; -, -n [frühnhd. t(h)üsel, H. u.; urspr. Bez. für die Mündung des Blasebalgrohres] (Technik): *sich nach vorn stetig verengendes [Rohr]stück, in dem ein hindurchfließendes Medium wie Flüssigkeit od. Gas seine Geschwindigkeit unter gleichzeitigem Druckabfall erhöht.*

Du|sel, der; -s [aus dem Niederd., zu ↑dösen] (ugs.): **a)** *unverdientes Glück, wobei jmdm. etw. Gutes widerfährt od. etw. Unangenehmes, Gefährliches an jmdm. [gerade noch] vorübergeht:* mit ihrem Geschäft hat sie [großen] D. gehabt; **b)** (landsch.) *Benommenheit, Schwindelgefühl;* **c)** (landsch.) *leichter Rausch:* er war ständig im D.

dü|sen ⟨sw. V.; ist⟩ [zu ↑Düse] (ugs.): *sich fahrend, laufend o. ä. rasch fort-, irgendwohin bewegen:* übers Wochenende nach München d.; um die Ecke gedüst kommen.

Dü|sen|an|trieb, der: *Antrieb mithilfe eines Strahltriebwerks.*

Dü|sen|flug|zeug, das: *durch ein Strahltriebwerk angetriebenes Flugzeug.*

Dü|sen|jä|ger, der: 1. *Jagd-, Kampfflugzeug mit Düsenantrieb.* 2. (veraltend) *Düsenflugzeug.*

Dü|sen|ma|schi|ne, die: *Düsenflugzeug.*

Dü|sen|trieb|werk, das: *Strahltriebwerk.*

Dus|sel, der; -s, - [Nebenf. von ↑Dusel] (ugs.): *Dummkopf, Schlafmütze:* so ein D.!

Düs|sel|dorf: Stadt am Rhein; Landeshauptstadt von Nordrhein-Westfalen.

Dus|se|lei, die; -, -en [zu ↑Dussel] (ugs.): *Dummheit, Unachtsamkeit.*

dus|se|lig: ↑dusslig.

Dus|se|lig|keit: ↑Dussligkeit.

duss|lig, dusselig ⟨Adj.⟩ (ugs.): 1. *nicht im Geringsten aufgeweckt, sondern einfältig u. langweilig:* so ein -er Kerl!; d. herumstehen. 2. (landsch.) *benommen, betäubt:* von den Medikamenten ganz d. sein.

Duss|lig|keit, Dusseligkeit, die; -, -en (ugs.): 1. ⟨o. Pl.⟩ *dusslige Art.* 2. *dussliges Verhalten.*

dus|ter ⟨Adj.⟩ [Nebenf. von ↑düster] (landsch.): *dunkel:* im Keller ist es d.; ⟨subst.:⟩ ihr sitzt ja im Dustern.

düs|ter ⟨Adj.⟩ [aus dem Niederd. < mniederd. düster]: 1. **a)** *ziemlich dunkel, nicht genügend hell, nur spärlich erleuchtet:* ein -er Gang; im Zimmer war es d.; **b)** *als optischer Eindruck unheimlich u. bedrohlich:* diese Landschaft ist mir zu d.; **c)** *bedrückend negativ:* eine -e Zukunft; ein -es Bild zeichnen; eine -e Prognose stellen; **d)** (selten) *dunkel* (5): eine -e Angelegen-

D

heit; **e)** (selten) *dunkel* (4 a): -e Andeutungen; nur eine -e Ahnung haben. **2.** *schwermütig, niedergedrückt [u. daher unheimlich wirkend]:* eine -e Stimmung; -e Gedanken.

Düs|ter|heit, Düs|ter|keit, die; -: *düstere Beschaffenheit.*

Düs|ter|nis, die; - (geh.): *Düsterheit.*

Dutt, der; -[e]s, -e u. -s [aus dem Niederd., eigtl. = Haufen] (landsch.): *Haarknoten:* einen D. tragen.

Dut|te, die; -, -n [mhd. tutte, ahd. tutta, Lallwort der Kinderspr.; vgl. Titte, Zitze] (österr. ugs.): **1.** *Zitze.* **2.** *weibliche Brust.*

Du|ty-free-Shop [engl. 'dju:tɪ'fri:ʃɔp], der; -[s], -s [engl. duty-free shop, aus: duty-free = zollfrei u. shop, ↑Shop]: *ladenähnliche Einrichtung im zollfreien Bereich eines Flughafens o. Ä., wo Waren zollfrei verkauft werden.*

Dut|zend, das; -s, -e [mhd. totzan, totzen < afrz. dozeine, zu: doze < lat. duodecim = zwölf]: **a)** ⟨Pl.: -⟩ *Menge von zwölf Stück* (Abk.: Dtzd.): ein ganzes, halbes D.; zwei D. frische Eier; ein D. Eier kostet/(auch:) kosten 3,60 Mark; **R** davon gehen 12 auf ein D. (ugs.: *das ist nichts Besonderes*); **b)** ⟨Pl.⟩ (emotional) *große Anzahl:* Dutzende/(auch:) dutzende [von] Menschen strömten in den Raum; sie kamen in/zu Dutzenden/(auch:) dutzenden; ich habe dir das schon ein halbes, zwei D. Mal[e] gesagt.

dut|zend|fach ⟨Adj.⟩ (emotional): *sehr häufig:* -e Zusammenbrüche in der Wirtschaft.

Dut|zend|ge|sicht, das (abwertend): *Allerweltsgesicht:* ein D. haben.

dut|zend|mal ⟨Adv.⟩ (emotional): *sehr oft:* ich habe ihr das schon d. gesagt.

Dut|zend|wa|re, die (abwertend): *Ware, die in sehr großer Zahl angeboten wird.*

dut|zend|wei|se ⟨Adv.⟩: **1.** *im Dutzend* (a): diesen Artikel haben wir d. verkauft. **2.** (ugs.) *in großen Mengen:* Projekte d. bewilligen.

Du|vet [dy'vɛ], das; -s, -s [frz. duvet, eigtl. = Daune, zu afrz. dum, dun = Daune < anord. dunn] (schweiz.): *Daunendecke, Federbett.*

Dux, der; -, Duces ['du:tse:s; lat. dux = Führer, zu: ducere = ziehen, führen] (Musik): *meist einstimmiges Fugenthema in der Haupttonart, das im Comes* (2) *mündet.*

Duz|bru|der, der: *Duzfreund.*

du|zen ⟨sw. V.; hat⟩ [mhd. duzen, dutzen]: *mit Du anreden:* er duzt alle seine Leute.

Duz|freund, der: *guter Bekannter von jmd., mit dem er sich duzt:* die beiden sind alte -e.

Duz|freun|din, die: w. Form zu ↑Duzfreund.

Duz|fuß: in der Wendung **mit jmdm. auf [dem] D. stehen** (ugs.; *sich mit jmdm. duzen*).

DV = Datenverarbeitung.

DVD [de:fau'de:], die; -, -s [Abk. für engl. **d**igital **v**ersatile **d**isc = digitale, vielseitig verwendbare (Compact) Disc]: *einer CD ähnlicher Datenträger mit sehr viel höherer Speicherkapazität (der z. B. für die Aufzeichnung längerer Spielfilme geeignet ist).*

DVD-Play|er [...pleɪɐ], der; -s, - [engl. player, eigtl. = Plattenspieler]: *Gerät zum Abspielen von DVDs.*

DW [Abk. für: Deutsche Welle]: öffentlich-rechtliche Rundfunkanstalt.

Dy|a|de, die; -, -n [spätlat. dyas (Gen.: dyadis) = Zweiheit < griech. dyás, zu: dýo = zwei]: **1.** (Math.) *(in der Vektorrechnung) Zusammenfassung zweier Einheiten.* **2.** (Soziol.) *Paar als einfachste soziale Beziehung.*

dy|a|disch ⟨Adj.⟩ (Math.): *dem Zweiersystem zugehörend:* das -e Zahlensystem.

dyn = Dyn.

Dyn, das; -s [Abk. für griech. dýnamis, ↑Dynamis]: *physikalische Einheit der Kraft* (Zeichen: dyn).

Dy|na|mik, die; -, -en [spätlat. dynamice < griech. dynamikḗ (téchnē), ↑dynamisch]: **1.** ⟨o. Pl.⟩ (Physik) *Lehre vom Einfluss der Kräfte auf die Bewegungsvorgänge von Körpern.* **2. a)** ⟨Pl. selten⟩ *auf Veränderung, Entwicklung gerichtete Kraft, Triebkraft:* die D. der gesamten Entwicklung; eine neue D. gewinnen; **b)** ⟨o. Pl.⟩ *dynamische* (2 b) *Art, dynamisches* (2 b) *Wesen:* in ihren Bewegungen steckt D. **3.** (Musik, Tontechnik) *Differenzierung der Tonstärke:* der 3. Satz dieser Symphonie hat eine außerordentlich hohe D.

Dy|na|mis, die; - [griech. dýnamis = Kraft, zu: dýnasthai = vermögen, können] (Philos.): *Kraft, Vermögen, eine Veränderung herbeizuführen.*

dy|na|misch ⟨Adj.⟩ [zu griech. dynamikós = mächtig, wirksam]: **1.** (Physik) *die von Kräften erzeugte Bewegung betreffend:* -e Gesetze. **2. a)** *eine Bewegung, Entwicklung aufweisend:* eine -e Sozialpolitik; -e Kräfte treiben die Ereignisse voran; -e Rente *(Rente, deren Höhe nicht auf Lebenszeit festgesetzt, sondern periodisch der Entwicklung des Sozialprodukts angepasst wird);* **b)** *durch Schwung u. Energie gekennzeichnet; Tatkraft u. Unternehmungsgeist besitzend:* ein -er Typ; wir suchen eine -e Persönlichkeit (in Stellenanzeigen). **3.** (Musik) *die Differenzierung der Tonstärken betreffend:* -e [Vortrags]bezeichnungen; der Künstler zeigte ein d. ausgefeiltes Spiel.

dy|na|mi|sie|ren ⟨sw. V.; hat⟩: **a)** (bildungsspr.) *in Bewegung setzen; vorantreiben, beschleunigen:* einen Prozess d.; **b)** *[bestimmte Leistungen] an die Veränderungen der allgemeinen Bemessungsgrundlage anpassen:* die Gebühren mit sechs Prozent d.; dynamisierte Renten.

Dy|na|mi|sie|rung, die; -, -en: *das Dynamisieren.*

Dy|na|mit [auch: ...'mɪt], das; -s [zu griech. dýnamis, ↑Dynamis]: *auf der Grundlage des Nitroglyzerins hergestellter Sprengstoff:* ein Paket D.; der Felsen wurde mit D. gesprengt; **Ü** D. im Bein haben (Fußball Jargon; *schussgewaltig sein*); mit D. spielen *(sich leichtsinnig in eine Situation begeben, die einen raschen Untergang bewirken kann);* diese Akten sind das reinste D. *(sind sehr brisant).*

Dy|na|mo, der; -s, -s [engl. dynamo, zu griech. dýnamis, ↑Dynamis]: Kurzf. von ↑Dynamomaschine.

Dy|na|mo|ma|schi|ne, die; -, -n (Technik): *Maschine zur Erzeugung elektrischen Stroms; Generator.*

Dy|na|mo|me|ter, das: **1.** *Vorrichtung zum Messen von Kräften u. mechanischer Arbeit.* **2.** (Physik) *Messgerät für Ströme hoher Frequenzen.*

Dy|nast, der; -en, -en [griech. dynástēs, zu: dýnasthai, ↑Dynamis] (hist.): *Herrscher [eines kleinen Gebiets].*

Dy|nas|tie, die; -, -n [griech. dynasteía] (bildungsspr.): **1.** *Herrschergeschlecht; Herrscherhaus:* die D. starb aus. **2.** *auf einem bestimmten Gebiet bekannte od. hervorragende, Einfluss ausübende Familie, Gruppe:* die D. der Krupps.

dy|nas|tisch ⟨Adj.⟩: *den Dynasten, die Dynastie betreffend:* -e Interessen.

dys-, Dys- [griech. dys-]: drückt in Bildungen mit Substantiven oder Adjektiven aus, dass etw. abweichend von der Norm od. krankhaft bzw. übel, schlecht od. falsch ist: Dysrhythmie; dysfunktional.

Dys|funk|ti|on, die; -, -en [↑Funktion]: **1.** (Med.): *gestörte Funktion; Funktionsstörung eines Organs.* **2.** (Soziol.) *für den Bestand eines Systems schädliche Sache.*

dys|funk|ti|o|nal ⟨Adj.⟩ (Soziol.): *einer Funktion, Wirkung o. Ä. abträglich.*

Dys|rhyth|mie, die; -, -n [zu ↑Rhythmus] (Med.): *Störung eines normalen Rhythmus* (z. B. Herzrhythmusstörung).

dz = Doppelzentner.

D-Zug ['de:...], der; -[e]s, D-Züge [kurz für: Durchgangszug] (früher): *auf längeren Strecken verkehrender, sehr schnell fahrender Zug, der nur an wichtigen Bahnhöfen hält:* **R** im D-Zug durch die Kinderstube gefahren/gebraust sein (salopp; *schlecht erzogen sein*).

D-Zug-Tem|po, das (salopp): *hohes Tempo:* im D. *(in hohem Tempo)* fahren.

e, E [e:], das; - (ugs.: -s), - (ugs.: -s) [1: mhd., ahd. e]: **1.** *fünfter Buchstabe des Alphabets:* ein kleines e, ein großes E schreiben. **2.** (Musik) *dritter Ton der Grund-(C-Dur-)Tonleiter:* auf dem Klavier das e, E anschlagen.

e = e-Moll.

E 1. = (internationale Met.) East [i:st; engl.] od. Est [ɛst; frz.] (Ost). **2.** Europastraße.

€ = Euro.

ε, E: ↑Epsilon.

η, H: ↑Eta.

Ea|gle [i:gl], der; -s, -s [1: engl. eagle, eigtl. = Adler, nach dem Münzbild; 2: nach dem größeren Wert des Schlags im Vergleich zum ↑Birdie (= Vögelchen)]: **1.** *Goldmünze der USA (im Wert von 10 $).* **2.** (Golf) *das Treffen des Loches mit zwei Schlägen weniger als durch Par vorgesehen.*

EAN-Code [e:|a:|'ɛn...], der; -s [Abk. für: europäische Artikelnummerierung]: *Strichcode.*

Earl [ə:l], der; -s, -s [engl. earl]: engl. Bez. für *Gra*

ea|sy ['i:zi] ⟨Adv.⟩ [engl.] (ugs.) *leicht, locker:* alle e., Leute! *(es gibt keine Probleme, keinen Grund zur Aufregung).*

Eau de Co|lo|gne ['o: də ko'lɔnjə], das, seltener: die; - - -, Eaux - - ['o: - -; frz., zu: eau = Wasser u. Cologne = Köln (da es zuerst in Köln hergestel wurde)]: *Kölnischwasser.*

Eau de Par|fum [- - par'fœ:], das; - - -, Eaux - - ['o: - -; frz., zu ↑Parfüm]: *Duftwasser, dessen Duftstärke zwischen Eau de Toilette u. Parfum liegt.*

Eau de Toi|lette [- - toa'lɛt], das; - - -, Eaux - - ['o: - -; frz., zu ↑Toilette (1 a)]: *Duftwasser, dessen Duftstärke zwischen Eau de Parfum u. Eau de Cologne liegt:* ein Fläschchen E. d. T.

Eb|be, die; -, -n [aus dem Niederd. < mniederd. ebbe, eigtl. = das Wegfluten, zu ↑ab]: *im Wechsel der Gezeiten allmählich wieder zurückgehender od. bereits zurückgegangener Wasserstand:* es ist E.; E. und Flut *(die Gezeiten);* bei [Eintritt der] E.; die Schiffe laufen mit der E. au **Ü** eine E. *(ein Tiefstand)* im kulturellen Leben; im Geldbeutel ist, herrscht E. (ugs.; *ist so gut wo kein Geld mehr, nicht mehr genügend Geld*).

eb|ben ⟨sw. V.; hat⟩ [mniederd. ebben]: *(vom Mee resspiegel) bei Ebbe absinken:* die See ebbt; ⟨meist unpers.:⟩ es ebbte *(die Ebbe kam, es war Ebbe).*

Ebb|strom, der ⟨o. Pl.⟩: *Strömung, die durch die Ebbe entsteht:* der E. trieb das Schiff auf das Meer hinaus.

ebd. = ebenda.

[1]e|ben ⟨Adj.⟩ [mhd. eben, ahd. eban = gleich (hoch), flach, H. u.]: **1.** *gleichmäßig flach [u. horizontal]:* -es Land; der Weg verläuft e. **2.** *glat geebnet:* ein -er Weg; die Bahn ist e.; zu -er Erde *(in Höhe des Erdbodens; im Erdgeschoss).*

[2]e|ben [mhd. ebene = soeben; genau, ahd. ebano = gleich; gemeinsam]: **I.** ⟨Adv.⟩ **1. a)** *in diesem Augenblick; soeben; gerade jetzt:* e. tritt sie ein; **b)** *gerade vorhin:* er war e. noch hier; wa hast du e. gesagt?; **c)** (landsch.) *für [ganz] kurz Zeit; [nur ganz] kurz; schnell, rasch einmal:* kommst du e. [mal] mit?; ich muss das eben noch nachprüfen. **2.** *gerade noch; mit Mühe u. Not:* mit drei Mark komme ich [so] e. [noch] aus **3.** bestätigt, oft allein stehend u. am Satzanfang dass der Sprecher gleicher Ansicht ist, das zuvo Gesagte auch schon geäußert hat: »Ich glaube, wir müssen gehen.« – »Ja e.«. **II.** ⟨Partikel; unbe tont⟩ 1. verstärkt eine [resignierte] Feststellung, fasst bestätigend Vorangegangenes zusammen: er ist e. zu nichts zu gebrauchen; das ist e. so; du hättest ihn e. nicht ärgern sollen. 2. verstärkt eine Aussage, eine Behauptung; [2]*gerade* (III), *genau* (II): e. jetzt brauchen wir das Geld; das e. nicht! 3. schwächt eine Verneinung ab: sie war nicht e. freundlich *(war ziemlich unfreundlich)* zu ihm; er ist nicht e. *(nicht gerade)* ein Held.

ben|bild, das [mhd. ebenbilde] (geh.): *im Äußeren (bes. in Bezug auf das Gesicht u. die Gestalt) fast das genaue Abbild eines anderen Menschen:* sie ist das E. ihrer Mutter.

ben|bür|tig ⟨Adj.⟩ [mhd. ebenbürtec = von gleicher Geburt]: 1. (früher) *von gleicher vornehmer Abkunft:* die zweite Frau des Grafen war nicht e. 2. *gleiche Fähigkeiten erkennen lassend; jmdm. geistig od. körperlich gewachsen; im Vergleich mit etw. anderem gleichwertig:* ein ihm -er Gegner; eine -e Leistung; die beiden waren sich, einander [geistig] e.

ben|bür|tig|keit, die; -: *das Ebenbürtigsein.*

ben|da ⟨Adv.⟩: *genau, gerade dort:* e. verbrachte er meist seinen Urlaub; das Zitat findet sich e. *(an der eben angeführten Stelle);* Abk. (bei Angabe von Zitatstellen): ebd.; ebd. S. 35 und S. 90 *(am angeführten Ort auf S. 35 und S. 90).*

ben|da|her: 1. ⟨Adv.⟩ *genau, gerade dorther:* er kam von e. 2. ⟨Pronominaladv.⟩ *genau daher:* e. kommt dieses Problem.

ben|da|hin: 1. ⟨Adv.⟩ *genau, gerade dorthin:* e. gehen wir auch. 2. ⟨Pronominaladv.⟩ *genau dahin:* seine Auffassung geht e., dass die Sache zu viel Risiken birgt.

ben|dann ⟨Adv.⟩: *eben zu diesem Zeitpunkt.*

ben|da|rum ⟨Pronominaladv.⟩: *aus ebendiesem Grunde:* e. muss ich zu ihr.

ben|der, ebendie, ebendas ⟨Demonstrativpron.⟩: *genau der, die, das:* ebender, von dem wir sprechen; ebendas bezweifle ich.

ben|der|sel|be, ebendieselbe, ebendasselbe ⟨Demonstrativpron.⟩: *genau derselbe, dieselbe, dasselbe:* an ebendemselben Platz.

ben|des|halb, eben|des|we|gen ⟨Pronominaladv.⟩: *genau deshalb:* e. bin ich gekommen.

ben|die|ser, ebendiese, ebendieses ⟨Demonstrativpron.⟩: *genau dieser, diese, dieses:* ebendies[es] gilt auch für die übergeordneten Behörden.

ben|dort ⟨Adv.⟩: *genau, gerade dort.*

be|ne, die; -, -n [mhd. ebene, ahd. ebanī, eigtl. = Ebenheit, Gleichheit; 2: für lat. planum; 3: für engl. level]: 1. *sich weit erstreckendes flaches Land:* der Ort liegt in einer fruchtbaren E. 2. (Geom., Physik) *unbegrenzte, nirgends gekrümmte Fläche:* zwei sich schneidende -n; eine schiefe *(geneigte)* E.; * **auf die schiefe E. geraten/kommen** *(auf Abwege geraten; herunterkommen).* 3. *Stufe, Niveau:* ein Gespräch auf wissenschaftlicher E. führen; Verhandlungen auf höherer, höchster E. *(im Kreis der höheren, höchsten zuständigen Personen);* etw. liegt, bewegt sich auf gleicher E. *(ist genauso zu beurteilen).*

ebe|ne, die; -, -n ⟨meist in der Fügung »auf -ebene«⟩: bezeichnet in Bildungen mit Substantiven einen Bereich oder einen Kreis von Leuten: Gewerkschafts-, Länder-, Verwaltungsebene.

ben|er|dig ⟨Adj.⟩: *zu ebener Erde [liegend]:* ein Haus mit -en Fenstern; e. wohnen.

ben|falls ⟨Adv.⟩ [für älteres: ebenen Falls]: *gleichfalls, auch:* er war e. anwesend; danke, e.! *(ich wünsche Ihnen das Gleiche).*

ben|heit, die; -: *ebene Beschaffenheit.*

ben|holz, das; -es, ...hölzer [verdeutlichende Zus. zu mhd., spätahd. ebenus = Ebenholz(baum) < lat. ebenus < griech. ébenos < altägypt. hbnj]: *sehr hartes, schwarzes od. tiefdunkles Edelholz:* ein Griff aus blankem E.; Haare, schwarz wie E.

ben|holz|far|ben ⟨Adj.⟩: *von der Farbe des Ebenholzes; tiefdunkel, schwarz.*

ben|holz|ge|wächs, das ⟨meist Pl.⟩: *meist tropisches Gewächs mit ganzrandigen Blättern und Beerenfrüchten, das wertvolles, dunkles Kernholz (Ebenholz) liefert.*

eben|je|ner, ebenjene, ebenjenes ⟨Demonstrativpron.⟩: *genau jener, jene, jenes:* ebenjenen habe ich in Bonn gesehen.

Eben|maß, das; -es [mhd. ebenmāȝ(e), ahd. ebanmāȝa]: *harmonisches Verhältnis der Teile zum Ganzen:* das E. ihres Körpers, seiner Verse.

eben|mä|ßig ⟨Adj.⟩ [mhd. ebenmæȝe(c)]: *von od. in gefälligem Gleichmaß:* ein -er Wuchs; -e Zähne; ihre Gesichtszüge sind e.

Eben|mä|ßig|keit, die; -: *ebenmäßige Beschaffenheit.*

eben|so ⟨Adv.⟩: *in ebenderselben Weise, in der gleichen Weise, geradeso [sehr], genauso [sehr]:* ich mache es e. wie Sie; e. höfliche wie deutliche Worte; wir verehren ihn e., wie ihr ihn ablehnt; er hätte e. gern *(nicht weniger gern)* etwas anderes gegessen; sie hätte e. gut zu Hause bleiben können; er hat e. häufig *(nicht weniger häufig)* gefehlt; er kommt e. oft; e. sehr für Sprachen wie für Mathematik begabt sein; e. viele sonnige Tage; heute hat sie e. viel/wenig geleistet; mir geht es e. schlecht wie (landsch.: als) ihr.

eben|so gern, eben|so gut usw.: s. ebenso.

eben|sol|cher, ebensolche, ebensolches ⟨Demonstrativpron.⟩: *genau solcher, solche, solches:* das ist ebensolche/ebensolch eine Ware [wie man sie hier immer bekommt]; mit ebensolchem altem Fahrrad.

eben|so oft, eben|so sehr usw.: s. ebenso.

Eber, der; -s, - [mhd. eber, ahd. ebur, H. u., verw. mit gleichbed. lat. aper]: *männliches [Haus]schwein.*

Eber|esche, die; -, -n [frühnhd. eberboum, wohl urspr. = der Bräunliche, nach der Farbe seiner Früchte]: *Baum mit gefiederten Blättern, in Dolden wachsenden weißen Blüten u. beerenähnlichen roten od. gelben Früchten.*

Eber|rau|te, die [volksetym. Umbildung von lat. abrotonum]: *in Stauden wachsende, als Gewürz u. zu Heilzwecken verwendete Pflanze, deren in schmalen Rispen wachsende, gelbliche Blütenköpfchen nach Zitronen duften.*

eb|nen ⟨sw. V.; hat⟩ [mhd. ebenen, ahd. ebanōn]: [1]*eben* (2) *machen:* einen Weg e.

Eb|nung, die; -, -en: *das Ebnen.*

Ebo|la|fie|ber, das; -s [nach dem Fluss Ebola in der Demokratischen Republik Kongo] (Med.): *durch ein Virus hervorgerufene, oft tödlich verlaufende epidemische Infektionskrankheit.*

Ebro, der; -[s]: Fluss in Spanien.

EC ® = Eurocity-Zug.

Ecail|le|ma|le|rei [eˈkaj...], die [zu frz. écaille = Schuppe, aus dem Germ.] (Kunstwiss.): *schuppenartiges Dekor auf Porzellan (bes. des 18. Jahrhunderts).*

Ecart [eˈkaːɐ̯]: ↑Ekart.

Ecar|té [ekarˈteː]: ↑[1,2]Ekarté.

Ec|ce-Ho|mo, das; -[s], -[s] [lat. ecce, homo = sehet, welch ein Mensch; nach dem Ausspruch des Pilatus, Joh. 19, 5]: *Darstellung des dornengekrönten Christus in der Kunst.*

Ec|cle|sia, die; - [lat. ecclesia = Versammlung; christliche Gemeinde, Kirche < griech. ekklēsía]: 1. ↑Ekklesia (bes. in lat. Fügungen, entsprechend der [kath.] Ekklesiologie): E. militans *(die in der Welt kämpfende Kirche, die Kirche auf Erden);* E. patiens *(die leidende Kirche, die Seelen der Verstorbenen im Fegefeuer);* E. triumphans *(die triumphierende Kirche, die Kirche im Stande der Vollendung, die Heiligen im Himmel).* 2. (bild. Kunst) *zusammen mit der Synagoge* (2) *dargestellte weibliche Figur (mit Krone, Kelch u. Kreuzstab) als Allegorie des Neuen Testamentes.*

Ec|cle|si|as|tes: ↑Ekklesiastes.

Echap|pé [eʃaˈpeː], das; -s, -s [frz. échappé, zu: échapper, ↑echappieren] (Ballett): *Sprung aus der geschlossenen Position der Füße (bei der sie mit den Fersen aneinander stehen) in eine offene (bei der sie auseinander stehen).*

echap|pie|ren [eʃaˈpiːrən] ⟨sw. V.; ist⟩ [frz. échapper, zu einem vlat. Verb mit der Bed. »sich davonmachen«, eigtl. = die Ordensmütze wegwerfen, zu spätlat. cappa, ↑Kappe] (bildungsspr. veraltet): *entweichen, entwischen.*

echauf|fie|ren [eʃɔˈfiːrən] ⟨sw. V.; hat⟩ [frz. (s')échauffer = (sich) erhitzen, über das Vlat. zu lat. excalefacere, ↑Kalfaktor] (bildungsspr.): 1. *[sich] durch Anstrengung od. Aufregung erhitzen.* 2. *[sich] aufregen:* e. Sie mich/sich nicht!; er war sehr echauffiert darüber.

Echauf|fiert|heit, die; -: *das Echauffiertsein.*

Echi|nus, der; -, - [lat. echinus < griech. echĩnos]: 1. (Zool.) *Seeigel.* 2. (Archit.) *die Deckplatte mit dem Säulenschaft verbindender Wulst am Kapitell einer dorischen Säule.*

Echo, das; -s, -s [lat. echo < griech. ēchṓ, zu: ēchḗ = Schall]: 1. *[mehrfache] Schallreflexion; Widerhall, Nachhall:* ein mehrfaches E.; das E. eines Hahnenschreis; das E. antwortete uns; er ist nur das E. seiner Freundin *(gibt nur deren Äußerungen, Ansichten wieder u. hat keine eigene Meinung);* das katastrophale E. *(die Reaktion)* auf die Entscheidung; ein unterschiedliches E. finden; ein großes E. *(großen Anklang)* finden. 2. **a)** (Technik) *echoartiges [Wieder]eintreffen, Zurückkommen:* das E. eines ausgesendeten [Radio]signals; **b)** *[fehlerhafte] Wiederholung od. [unbeabsichtigter] Nachhall aufgrund bestimmter technischer [Neben]effekte.* 3. (Musik) **a)** *Wiederholung einer kurzen Phrase in geringerer Tonstärke;* **b)** *(mit »Echo« betiteltes) Musikstück, das durchgehend mit dem Stilmittel des Echos* (3 a) *gestaltet ist (bes. 16. bis 18. Jh.).*

echo|ar|tig ⟨Adj.⟩: *in der Art eines Echos sich vollziehend.*

Echo|ef|fekt, der: 1. (Technik) *durch Echo* (2 b) *hervorgerufener Effekt.* 2. (Musik) *[Stil]effekt durch echoartige Wirkung.*

echo|en ⟨sw. V.; hat⟩: 1. ⟨unpers.⟩ *als Echo widerhallen:* »Esel!«, echote es [von den Bergen]. 2. *(eine Äußerung) [spöttisch] nachahmend od. gedankenlos wiederholen.*

Echo|gra|phie, die; -, -n [↑-graphie] (Med.): *elektroakustische Prüfung u. Aufzeichnung der Dichte eines Gewebes mittels Schallwellen.*

Echo|kar|di|o|gra|phie, die; -, -n [zu griech. kardía = Herz u. gráphein = schreiben] (Med.): *Untersuchung des Herzens mithilfe von Ultraschall; Ultraschallkardiographie.*

Echo|lot, das (Technik): *Gerät zur Entfernungs-, bes. Tiefen- od. Höhenmessung mithilfe von Schallwellen.*

Echo|lo|tung, die: 1. (Technik) *Entfernungs-, bes. Tiefen- od. Höhenmessung mit dem Echolot.* 2. (Zool.) *Orientierung bestimmter Tiere (z. B. Fledermäuse) mithilfe selbst ausgesandter Schallimpulse, die von den Gegenständen ihrer Umgebung zurückgeworfen werden.*

Ech|se, die; -, -n [geb. durch falsche Worttrennung aus ↑Eidechse]: *in sehr vielen Arten bes. in wärmeren Gebieten lebendes, Eier legendes Kriechtier mit meist schuppiger Haut u. mehr od. weniger vollständig ausgebildeten Gliedmaßen* (z. B. Blindschleiche, Eidechse).

echt ⟨Adj.⟩ [aus dem Niederd. < mniederd. echt = echt, recht, gesetzmäßig, zusgez. aus: ehacht (dafür mhd., ahd. ēhaft [niederd. -cht- entspricht hochd. -ft-, vgl. Schacht]) = gesetzmäßig, zu mhd. ē, ahd. ēwa, ↑Ehe]: 1. **a)** *nicht nachgemacht, nicht imitiert; unverfälscht:* -e Perlen; ein -er Dürer *(von Dürer selbst gemaltes Bild);* die Unterschrift ist e.; der Ring ist e. *(rein)* golden; **b)** *reinrassig:* ein -er Pudel; **c)** *wirklich [vorhanden]; nicht vorgetäuscht, nicht scheinbar:* eine -e Freundschaft; ein -er Notstand; ein -es Problem; ihr Schmerz war e.; ⟨als adv. Bestimmung, bes. bei Adj., meist ugs. verstärkend⟩: e. gut, schön, toll sein; etw. e. nicht begreifen. 2. *typisch:* ein -er Berliner; das ist e. englisch, e. Hitchcock; (ugs.:) das war ja wieder einmal e.! 3. (Math.) *einen Zähler aufweisend, der kleiner als der Nenner ist:* ein -er Bruch. 4. (Chemie, Textilw.) *(von Farben) gegenüber bestimmten*

E

chemischen u. physikalischen Einflüssen fast unempfindlich: -e Farben; das Blau ist e.

-echt: 1. drückt in Bildungen mit Substantiven aus, dass die beschriebene Sache gegen etw. unempfindlich, widerstandsfähig ist: licht-, säureecht. 2. drückt in Bildungen mit Verben (Verbstämmen) aus, dass etw. ohne schädliche Auswirkungen gemacht werden kann: bügel-, kochecht.

ẹcht|gol|den ⟨Adj.⟩: *aus echtem Gold bestehend.*

Ẹcht|haar, das: *echtes Haar.*

Ẹcht|haar|pe|rü|cke, die: *Perücke aus echtem Haar.*

Ẹcht|heit, die; -: *das Echtsein* (1, 4).

Ẹcht|heits|nach|weis, der: *Nachweis, dafür, dass etw. echt* (1) *ist, dass es sich bei etw. um ein Original handelt.*

Ẹcht|sil|ber, das: *echtes Silber.*

ẹcht|sil|bern ⟨Adj.⟩: *aus Echtsilber bestehend.*

Ẹcht|zeit, die; - (EDV): kurz für ↑Echtzeitbetrieb.

Ẹcht|zeit|be|trieb, der (EDV): *Arbeitsweise einer elektronischen Rechenanlage, bei der das Programm od. die Datenverarbeitung (nahezu) simultan mit den entsprechenden Prozessen in der Realität abläuft.*

Ẹck, das; -[e]s, -e u. (österr.:) -en [Nebenf. von ↑Ecke]: 1. (südd., österr.) ↑Ecke (1): ***über/**(südd., österr.:) **übers E.** *(diagonal [sodass zwei Ecken aufeinander treffen]):* ein Halstuch über E. legen; **jmdn. über E. ansehen/anschauen** (landsch.; *jmdn. schief ansehen*). 2. (Ballspiele) *Ecke des Tors:* linkes, rechtes, oberes, unteres E.; ins lange E. schießen *(in die entfernter liegende Ecke des Tors schießen).*

Ẹckart: in der Fügung **ein getreuer E.** *(ein treuer, stets helfender Mann;* nach der Gestalt aus der Heldendichtung des Mittelalters).

ec-Kar|te [e:'tse:...], die; -, -n: *Eurochequekarte.*

Ẹck|ball, der (Ballspiele): *gegen die Mannschaft, die den Ball ins eigene Toraus befördert hat, verhängter Freistoß, -wurf, -schlag von der nächstgelegenen Ecke des Spielfeldes aus:* einen E. treten; der Schiedsrichter gab E.

Ẹck|ball|mar|ke, die (Radball): *Marke, von der aus der Eckball geschlagen wird.*

Ẹck|bank, die; -, ...bänke: *winkelförmige Bank, die in die Ecke eines Raumes eingepasst ist.*

Ẹck|chen, das; -s, -: Vkl. zu ↑Ecke.

Ẹck|da|ten ⟨Pl.⟩: *Richtwerte [einer Planung]:* E. für etw. setzen.

Ẹcke, die; -, -n [mhd. ecke, ahd. ecka]: 1. a) *von zusammenstoßenden, einen Winkel bildenden Linien, Kanten od. Flächen begrenztes Flächen-, Raum- od. Materialstück [an seiner äußersten Stelle]:* vorspringende -n; sich an der E. eines Tisches stoßen; die E. eines Dreiecks, Würfels (Geom.; *Punkt, in dem zwei Begrenzungslinien einer Fläche od. drei Grenzebenen bzw. Kanten eines Körpers zusammenstoßen*); Ü ein Typ mit -n und Kanten *(jmd., der schwierig, eigenwillig ist);* ***an allen -n [und Enden]** (ugs.; *überall*): es fehlt an allen -n und Enden; b) *Stelle, an der zwei Straßen zusammenstoßen; Straßenecke:* eine zugige E.; ich sah sie um die E. biegen, schwenken *(gehen);* gleich um die E. (ugs.; *gleich in der Nähe, in der nächsten Querstraße*) wohnen; R das ist schon längst um die E. (ugs.; *das ist schon vorbei, schon erledigt*); ***jmdn. um die E. bringen** (ugs.; *umbringen*); **um die E. denken** *(außerhalb der üblichen Bahnen, unkonventionell denken);* **mit jmdm. um/über ein paar, um/über sieben -n verwandt sein** (ugs.; *mit jmdm. weitläufig verwandt sein*); c) (landsch.) *[spitz zulaufendes] Stückchen:* eine E. Käse, Wurst. 2. a) *Stelle, an der zwei Seiten eines Raumes aufeinander stoßen:* die E. eines Zimmers; etw. in die E. *(beiseite)* stellen; das Kind muss [zur Strafe] in der E. stehen; er wurde in allen -n *(überall)* gesucht; Ü Beifall aus der falschen E. *(von den falschen Kreisen);* b) *Stelle, an der zwei Linien od. Kanten aufeinander treffen; letztes Stück einer spitz zulaufenden Fläche:* etw. in die linke obere E. [einer Postkarte] schreiben; in der E. des Spielfeldes. 3. (landsch.) *Gegend:* in dieser E. Deutschlands. 4. ⟨o. Pl.⟩ (ugs.) *Strecke; Ende* (2 c): wir sind eine tüchtige E. marschiert, gewandert; das ist noch eine ganze E. *(das ist noch ziemlich weit);* Ü mein Freund ist eine ganze E. jünger. 5. (Ballspiele) *Eckball:* eine E. treten, schlagen; die Mannschaft erzielte 10 : 5 -n; ***eine kurze E.** (1. Fußball; *auf kurze Entfernung zu einem Mitspieler gespielter Eckball.* 2. Hockey; *Strafecke*); **eine lange E.** (1. Fußball; *vors Tor gespielter Eckball.* 2. Hockey; *Eckschlag*). 6. (Boxen) *einer der vier Winkel des Boxrings:* die neutrale E.; von der E. *(von der Ecke des Boxrings, an der sich das einen Boxer betreuende Team aufhält)* kamen laute Anweisungen. 7. (Ringen) *farbig markierter Viertelkreis auf der Matte, in dem sich der Ringer während der Pausen aufhält.*

ẹcken ⟨sw. V.; hat⟩ (veraltet): *mit Ecken versehen.*

Ẹcken|schüt|ze, der (Hockey): *Spieler, der den bei der Strafecke hereingegebenen und von einem anderen Spieler gestoppten Ball aufs Tor schlägt.*

Ẹcken|stand, der: *Eckenverhältnis.*

Ẹcken|ver|hält|nis, das (Ballspiele, bes. Fußball): *Verhältnis der von beiden Mannschaften im Spiel erzielten Eckbälle.*

Ẹcker, die; -, -n [mhd. ecker(n), Umlautform von: ackeran = Eichel; Buchecker, viell. urspr. = wilde Frucht]: 1. *Buchecker.* 2. (selten) *Eichel.* 3. ⟨nur Pl.; meist o. Art. als s. Sg. gebraucht⟩ (Kartenspiel) *Eicheln* (3): E. ist Trumpf.

Ẹck|fah|ne, die (Sport): *Stange mit einer kleinen Fahne zur Markierung der Ecke des Spielfelds.*

Ẹck|fens|ter, das: *in die Ecke eines Gebäudes eingebautes Fenster.*

Ẹck|grund|stück, das: *Grundstück an einer Straßenecke.*

Ẹck|haus, das: *Haus, das zwei meist rechtwinklig zueinander verlaufende Fronten hat.*

ẹckig ⟨Adj.⟩ [mhd. eckeht, zu ↑Ecke]: 1. *Ecken* (1 a) *aufweisend; nicht rund:* ein -er Tisch; die Linie verläuft e. 2. a) *abrupt wechselnde Bewegungen zeigend:* ein -er Gang; sich e. *(ungeschickt)* benehmen; b) *schroff, unverbindlich:* ein -es Wesen haben.

Ẹckig|keit, die; -: *das Eckigsein.*

Ẹck|lohn, der (Wirtsch.): *tariflicher Normallohn als Richtwert.*

Ẹck|pfei|ler, der: *Stützpfeiler an der Ecke eines Gebäudes:* Ü diese Hypothese ist ein E. *(eine starke Stütze, Hauptstütze)* seiner Theorie.

Ẹck|platz, der: *äußerster Platz am Ende einer Sitzreihe.*

Ẹck|punkt, der: 1. *Punkt, der die Ecke einer geometrischen Figur bildet.* 2. ⟨Pl.⟩ *Richtwerte.*

Ẹck|satz, der ⟨meist Pl.⟩ (Musik): *erster bzw. letzter Satz einer größeren drei- od. mehrsätzigen Komposition:* die Ecksätze eines Streichquintetts.

Ẹck|schlag, der (Hockey): *Eckball.*

Ẹck|schrank, der: *dreieckiger Schrank, der in die Ecke eines Raumes eingepasst ist.*

Ẹck|stan|ge, die (Sport): *Eckfahne.*

Ẹck|stein, der; -[e]s, -e: 1. *Rand-, Schluss-, Hauptstein an der Ecke [eines Bauwerks]; die Ecke bildender od. bezeichnender [Grenz]stein:* Ü für die Regierung bleibt die europäische Integration der E. *(die Hauptstütze)* der Außenpolitik; diese Entdeckung stellt einen E. *(Markstein)* in der Geschichte der Psychologie dar. 2. ⟨o. Pl.; meist o. Art.; als s. Sg. gebraucht⟩ (Kartenspiel) *Karo* (2 a).

Ẹck|stoß, der (Fußball): *Eckball.*

Ẹck|stück, das: *Stück des Randes od. der Kante, das die Ecke bildet.*

Ẹck|tisch, der: *Tisch in der Ecke [eines Lokals].*

Ẹck|turm, der: *Turm, der die Ecke [eines Bauwerks] bildet.*

Ẹck|wert, der (Wirtsch.): *Richtwert.*

Ẹck|wurf, der (Handball): *Eckball.*

Ẹck|zahn, der: *spitzer Zahn zwischen Schneide- u. Backenzähnen.*

Ẹck|zim|mer, das: *Zimmer mit zwei Außenwänden.*

Ẹck|zins, der (Geldw.): *Zinssatz für Sparkonten mit gesetzlicher Kündigung (als Richtsatz für die Verzinsung anderer Einlagen).*

Eclair [e'klɛ:ɐ̯], das; -s, -s [frz. éclair, eigtl. = Blitz weil man es schnell (wie der Blitz) isst]: *mit Creme gefülltes u. mit Zuckerguss od. Schokolade überzogenes, längliches Gebäckstück.*

E-Com|merce ['i:kɔmɛ:s], der; - *Electronic Commerce.*

Eco|no|my|klas|se [ɪ'kɔnəmɪ...], die; -, -n [zu engl economy = Sparsamkeit < lat. oeconomia, ↑Ökonomie]: *preisgünstigste Tarifklasse im Flugverkehr.*

ecru: ↑ekrü.

Ecru|sei|de: ↑Ekrüseide.

[1]Ecs|ta|sy ['ɛkstəzɪ] das; -[s] ⟨meist o. Art.⟩ [engl. ecstasy, eigtl. = Ekstase < afrz. extasie < spätla ecstasis < griech. ékstasis, ↑Ekstase]: *halluzino gene Designerdroge.*

[2]Ecs|ta|sy, die; -, -s: *Tablette aus [1]Ecstasy.*

Ecu, ECU [e'ky:], der; -[s], -[s] od. die; -, - [frz. écu, Abk. für engl. European currency unit]: *Verrechnungseinheit der EU bis zur Einführung de Euro.*

Écu [e'ky], der; -, -s [frz. écu < lat. scutum = Schild, nach dem Münzbild]: *frühere französische Silbermünze.*

Ecu|a|dor; -s: Staat in Südamerika.

Ecu|a|do|ri|a|ner, der; -s, -: Ew.

Ecu|a|do|ri|a|ne|rin, die; -, -nen: w. Form zu ↑Ecuadorianer.

ecu|a|do|ri|a|nisch ⟨Adj.⟩: *Ecuador, die Ecuadorianer betreffend.*

Ed. = Edition.

Eda|mer, der; -s, -, **Eda|mer Kä|se,** der; - -s, - - [nach der niederl. Stadt Edam]: *hell- bis goldgel ber, fester Schnittkäse mit Rinde aus rotem Paraffin (in Brot- od. Kugelform).*

Ẹd|da, die; - [anord., H. u.] (Literaturw.): *Sammlung altnordischer Dichtungen.*

ẹd|disch ⟨Adj.⟩: *die Edda betreffend.*

edel ⟨Adj.; edler, edelste⟩ [mhd. edel(e), ahd. edili zu ↑Adel]: 1. a) (veraltet) *adlig:* ein Mann aus edlem Geschlecht; b) *reinrassig, hochgezüchtet* ein edles Pferd; edle Rosen. 2. (geh.) *menschlich vornehm; von vornehmer Gesinnung [zeugend]* eine edle Gesinnung, Haltung; e. denken, handeln. 3. a) (geh.) *harmonisch [gebildet], schön geformt:* edler Wuchs; eine e. geformte Vase; b) *(von bestimmten Erzeugnissen o. Ä.) vorzüglich; hochwertig:* edles Holz; edle *(erlesene)* Weine; edle *(seltene, gegen chemische Einflüsse widerstandsfähige)* Metalle; die edlen Teile *(lebenswichtigen Organe)* [des Körpers]; das Aroma ist e.; das war ja wieder e. (iron.; *gemein, unfair*) von ihm.

Edel- (meist spöttisch): drückt in Bildungen mit Substantiven aus, dass jmd. oder etw. als etw. Besseres, Besonderes, Hochwertigeres angesehen wird: Edelboutique, -ganove, -porno.

Edel|da|me, die (hist.): *adlige Frau.*

Edel|dir|ne, die (veraltend): *attraktive, anspruchsvolle Prostituierte, die einen vermögenden Kundenkreis hat.*

edel|faul ⟨Adj.⟩ (Winzerspr.): *Edelfäule aufweisend.*

Edel|fäu|le, die (Winzerspr.): *durch einen Schimmelpilz bewirkte Überreife u. Qualitätssteigerung bei Weintrauben.*

Edel|frau, die (hist.): *adlige Frau.*

Edel|fräu|lein, das (hist.): *junge, unverheiratete adlige Frau.*

Edel|gas, das (Chemie): *gasförmiges, farb- u. geruchloses, kaum Verbindungen eingehendes chemisches Element.*

edel|her|zig ⟨Adj.⟩ (geh.): *großmütig, groß-, gutherzig.*

Edel|holz, das: *wertvolles, feines Nutzholz.*

Ede|ling, der; -s, -e [mhd. edelinc, ahd. ediling] (hist.): *germanischer Adliger.*

Edel|kas|ta|nie, die: 1. a) *Baum mit großen längli chen, gezähnten Blättern, weißen Blüten u. essbaren Früchten (Esskastanien) in stacheliger*

Hülle; **b)** *Kastanie* (2 a). **2.** ⟨o. Pl.⟩ *hartes, dauerhaftes Holz der Edelkastanie* (1).

Edel|kitsch, der (meist spöttisch): *Kitsch, der sich ein anspruchsvolles Äußeres gibt.*

Edel|kna|be, der (hist.): *adliger, an einem Hof dienender Knabe; Page.*

Edel|ko|ral|le, die: *an den Mittelmeerküsten in größerer Tiefe auftretende rote Koralle, die bis zu 40 cm hohe bäumchenförmige Stöcke bildet.*

Edel|leu|te ⟨Pl.⟩: **1.** Pl. von ↑Edelmann. **2.** *Gesamtheit der adligen Personen.*

Edel|li|kör, der: *qualitativ hochwertiger Likör.*

Edel|mann, der ⟨Pl. ...leute⟩ (hist.): *Adliger.*

Edel|män|nisch ⟨Adj.⟩: *die Gesinnung, Haltung eines Edelmannes zeigend; einem Edelmann entsprechend.*

Edel|me|tall, das: *seltenes, kostbares Metall, das gegen chemische Einflüsse sehr widerstandsfähig ist* (z. B. Gold, Silber, Platin).

Edel|mut, der (geh.): *edle Gesinnung:* seinen E. zeigen, beweisen; aus E. handeln.

edel|mü|tig ⟨Adj.⟩ (geh.): *von Edelmut bestimmt:* ein -er Mensch; das war sehr e.

Edel|nut|te, die (salopp, meist spöttisch): *Edeldirne.*

Edel|obst, das (Gartenbau): *durch Veredlung gezüchtetes, hochwertiges Obst.*

Edel|pilz|kä|se, der: *halbfester Käse mit Zusatz von essbaren Schimmelpilzen.*

Edel|rei|fe, die: *Edelfäule.*

Edel|reis, das: *Pfropfreis zur Veredlung.*

Edel|ro|se, die: *gezüchtete Rose mit (im Unterschied zur Polyantharose) einzelnen großen, gefüllten [duftenden] Blüten.*

Edel|rost, der: *Patina.*

Edel|schnul|ze, die (abwertend): *Schnulze (Film, Buch, Schlager) mit künstlerischem Anspruch.*

Edel|sor|te, die: *edle, veredelte Sorte (z. B. eines Obstes).*

Edel|stahl, der: *mit veredelnden Metallen legierter, sehr harter u. rostfreier Stahl.*

Edel|stein, der: *seltenes u. kostbares Mineral von großer Härte, das wegen seines Glanzes, seiner schönen Farbe als Schmuck verwendet wird:* einen E. schleifen, in Gold fassen; ein synthetischer *(künstlicher)* E.

Edel|stein|kun|de, die: *Wissenschaft von den Edelsteinen.*

Edel|stein|schlei|fer, der: *Handwerker für die Bearbeitung von [Halb]edelsteinen* (Berufsbez.).

Edel|stein|schlei|fe|rin, die: w. Form zu ↑Edelsteinschleifer.

Edel|stein|schliff, der: *Schliff* (1 b) *von Edelsteinen.*

Edel|tan|ne, die: *hoch wachsende Tanne, deren kräftige, flache Nadeln auf der Unterseite zwei weiße Längsstreifen aufweisen; Weißtanne, Silbertanne.*

Edel|weiß, das; -[es], -e: *Pflanze des Hochgebirges, deren weißlich gelbe Blütenköpfchen sternförmig von weißen, filzigen Hüllblättern eingefasst sind.*

Edel|wild, das: *Rotwild.*

Edel|zwi|cker, der [↑Zwicker (2)]: *trockener elsässischer Weißwein in Form eines Verschnitts aus Qualitätsweinen verschiedener Rebsorten.*

Eden [hebr. ʿedẹn, eigtl. = Wonne]: **1.** * **der Garten E.** (Rel.; *das Paradies* 1 a): eine Schilderung des Gartens E. **2.** das; -s (geh.) *Paradies* (2 a): diese Gegend ist ein wahres E.

edie|ren ⟨sw. V.; hat⟩ [lat. edere (2. Part.: editum) = herausgeben]: **1.** *[wissenschaftlich] herausgeben:* Schillers Werke e.; sorgfältig edierte Bände. **2.** (EDV) *editieren.*

Edikt, das; -[e]s, -e [lat. edictum, subst. 2. Part. von: edicere = ansagen, bekannt machen] (bes. hist.): *Erlass, Verordnung einer Obrigkeit:* ein E. erlassen.

Edin|burg: Hauptstadt von Schottland.

Edin|burgh [ˈɛdɪnbərə]: engl. Name von ↑Edinburg.

edi|tie|ren ⟨sw. V.; hat⟩ [vgl. gleichbed. engl. to edit, eigtl. = edieren < frz. éditer, zu: édition < lat. editio, ↑Edition] (EDV): *Daten in ein Terminal* (2) *eingeben, löschen, ändern o. Ä.*

Edi|ti|on, die; -, -en [lat. editio, zu: edere, ↑edieren] (Buchw.): **1.** *[bes. wissenschaftliche] Herausgabe:* eine kritische E. von Schillers Werken; Abk.: Ed. **2.** *Werk, das in bestimmter Form [wissenschaftlich] herausgegeben wurde; [kritische] Ausgabe:* eine broschierte E. von Schillers Werken. **3.** (selten) *Verlag* (meist in Firmennamen): die Partitur ist in der E. Schott erschienen.

Edi|tio prin|ceps [-ˈprɪntsɛps], die; - -, -nes ...cipes [ediˈtsi̯oːneːs ...tsipeːs; lat. = erste Ausgabe] (Buchw.): *Erstausgabe (bes. eines alten Werkes).*

[1]Edi|tor, der; -s, ...oren [lat. editor = Hervorbringer] (Buchw.): *Herausgeber.*

[2]Edi|tor [ˈɛdɪtɐ], der; -s, -s [engl. editor, ↑Editorial] (EDV): *Komponente des Betriebssystems eines Computers, die die Bearbeitung von Texten u. Grafiken steuert.*

Edi|to|ri|al [ediˈtori̯aːl, engl.: ɛdɪˈtɔːrɪəl], das; -[s], -s [engl. editorial = Leitartikel, zu: editor = Herausgeber < lat. editor, ↑[1]Editor]: **1.** *Vorwort des Herausgebers in einer [Fach]zeitschrift.* **2.** *Leitartikel des Herausgebers od. des Chefredakteurs einer Zeitung.* **3. a)** *Redaktionsverzeichnis, -impressum;* **b)** *Verlagsimpressum.*

Edi|to|rin, die; -, -nen: w. Form zu ↑[1]Editor.

edi|to|risch ⟨Adj.⟩: **1.** *die Edition betreffend:* -e Prinzipien. **2.** *verlegerisch:* eine -e Leistung.

Ed|le, der u. die; -n, -n ⟨Dekl. ↑Abgeordnete⟩ [zu ↑edel] **1.** (früher) *Adliger* (noch in Titeln): Joseph Edler von Sonnenfels. **2.** (geh.) *edler Mensch.*

Edukt, das; -[e]s, -e [lat. eductum, 2. Part. von: educere = herausführen; erziehen]: **1.** (Fachspr.) *aus Rohstoffen abgeschiedener Stoff* (z. B. Öl aus Sonnenblumenkernen). **2.** (Geol.) *Ausgangsgestein bei der Metamorphose.*

E-Dur, das; -: *auf dem Grundton E beruhende Durtonart* (Zeichen: E).

E-Dur-Ton|lei|ter, die: *auf dem Grundton E beruhende Durtonleiter.*

Edu|tain|ment [ɛdjuˈteɪnmənt], das; -s [Kunstwort aus engl. **edu**cation = Erziehung u. enter**tainment** = Unterhaltung]: *Wissensvermittlung auf unterhaltsame u. spielerische Weise durch Filme, Fernseh- od. Computerprogramme.*

EDV [eːdeːˈfau̯], die; -: elektronische Datenverarbeitung.

EDV-Pro|gramm, das: *Programm* (4).

EEG [eːleːˈgeː], das; -s, -s: Elektroenzephalogramm.

Efen|di, Effendi, der; -s, -s [türk. efendi < ngriech. aphentēs < griech. authentēs = unumschränkter Herr] (früher): *Titel u. Anrede für höhere Beamte (in der Türkei).*

Efeu, der; -s [älter: Epheu, mhd. ephöu, ebehöu, ahd. ebihouwi, vermutlich in Anlehnung an: houwi = Heu, zu gleichbed. ahd. ebowe, H. u.]: *(zu den Efeugewächsen gehörende) immergrüne, als Kletterstrauch wachsende Pflanze mit drei- bis fünfeckig gelappten Blättern.*

Efeu|ge|wächs, das ⟨meist Pl.⟩: *Holzgewächs einer Pflanzenfamilie mit den Gattungen Efeu, Aralie u. a.*

Eff|eff [ɛfˈlɛf; H. u., viell. zu der kaufmannsspr. Abk. ff = sehr fein]: in den Wendungen **etw. aus dem E. beherrschen/können/verstehen** (ugs.; *etw. hervorragend beherrschen, können, verstehen*).

Ef|fekt, der; -[e]s, -e [lat. effectus, zu: efficere, ↑effizieren]: **1.** *bezweckte od. auch nicht bezweckte [überraschende, beeindruckende] Wirkung, Auswirkung:* der E. ihrer Bemühungen war gleich null; seinen Worten einen dramatischen E. verleihen; keinen großen E. *(Eindruck)* [auf das Publikum] machen; im E. *(Endergebnis)* läuft beides auf das Gleiche hinaus. **2.** *etw., was aufgrund der Anwendung eines Verfahrens, einer Technik, eines Tricks [überraschend u.] beeindruckend wirken soll:* ein akustischer E.; mit billigen -en arbeiten.

Ef|fek|ten ⟨Pl.⟩ [nach frz. effets, Pl. von: effet (↑Effet)]: **1.** (Börsenw.) *an der Börse gehandelte Wertpapiere:* der Kurswert der E. **2.** (veraltet, noch schweiz.) *bewegliche Habe, Habseligkeiten:* persönliche E.; die E. des Toten.

Ef|fek|ten|ab|tei|lung, die: *Abteilung einer [2]Bank, die für das Effektengeschäft zuständig ist.*

Ef|fek|ten|bank, die ⟨Pl. ...banken⟩: *[2]Bank, die das Emissions- u. Finanzierungsgeschäft betreibt.*

Ef|fek|ten|bör|se, die: *regelmäßig stattfindender Markt für Wertpapiere.*

Ef|fek|ten|ge|schäft, das: *An- u. Verkauf, Verwahrung u. Verwaltung von Effekten* (1) *sowie Ausgabe von fremden Effekten* (1) *durch ein Kreditinstitut.*

Ef|fek|ten|han|del, der: *Effektengeschäft.*

Ef|fek|ten|händ|ler, der: *Angestellter einer [2]Bank, der im Auftrag seiner Firma Effektengeschäfte abschließt.*

Ef|fek|ten|händ|le|rin, die; -, -nen: w. Form zu ↑Effektenhändler.

Ef|fekt|garn, das (Textilw.): *Garn, das durch besondere Form (Knoten, Noppen, Schlingen u. a.) od. farbige Gestaltung (z. B. Verschiedenfarbigkeit der Einzelfäden) einem Gewebe, einer Wirk- od. Strickware einen bestimmten Effekt* (2) *verleiht.*

Ef|fekt|ha|sche|rei, die; -, -en (abwertend): **1.** ⟨o. Pl.⟩ *übertriebenes Bedachtsein, Angelegtsein auf Effekte* (2): auf E. verzichten. **2.** ⟨meist Pl.⟩ *einzelne Äußerung, Erscheinungsform der Effekthascherei* (1): plumpe -en.

ef|fekt|ha|sche|risch ⟨Adj.⟩ (abwertend): *von Effekthascherei* (1) *erfüllt.*

ef|fek|tiv ⟨Adj.⟩ [zu lat. effectivus = (be)wirkend]: **1. a)** *wirksam, wirkungsvoll:* ein -er Schutz; die -ste Methode; e. arbeiten; **b)** *lohnend, nutzbringend:* ein wenig -es Unternehmen. **2.** *sich tatsächlich feststellen lassend, wirklich:* der -e Gewinn; die -en Zinsen; feststellen, was e. geleistet wurde; als adv. Bestimmung, meist ugs. verstärkend: ich habe e. keine Zeit.

Ef|fek|tiv|ge|halt, das: vgl. Effektivlohn.

Ef|fek|ti|vi|tät, die; -: *Wirksamkeit; effektive* (2) *Wirkung, Leistung:* die E. der angewandten Mittel; ein hohes Maß an E. erreichen.

Ef|fek|tiv|lohn, der: *wirklich gezahlter Lohn, der aus Tariflohn u. übertariflichen Zahlungen sowie zusätzlichen Leistungen (Prämien, Fahrgelderstattung o. Ä.) besteht.*

Ef|fek|tiv|ver|zin|sung, die: *effektiver* (2) *Zins bzw. effektiver* (2) *Ertrag eines Wertpapiers.*

Ef|fek|tor, der; -s, ...oren ⟨meist Pl.⟩ [lat. effector = Urheber]: **1.** (Physiol.) *Nerv, der einen Reiz vom Zentralnervensystem zu den Organen weiterleitet u. dort eine Reaktion auslöst.* **2.** (Biol., Med.) *Stoff, der die Reaktionsgeschwindigkeit von Enzymen beim Stoffwechselprozess beschleunigt od. hemmt, ohne an ihrer Auslösung mitzuwirken.*

ef|fek|tu|ie|ren ⟨sw. V.; hat⟩ [frz. effectuer < mlat. effectuare = wirksam machen, verwirklichen, zu lat. effectus, ↑Effekt] (Wirtsch.): **a)** *einen Auftrag ausführen;* **b)** *eine Zahlung leisten;* **c)** *versenden:* eine Probesendung e.

ef|fekt|voll ⟨Adj.⟩: *durch Effekte* (2) *beeindruckend:* -e Muster, Verzierungen; sie sprach mit -en Pausen; e. arrangiert sein.

Ef|fe|mi|na|ti|on, die; -, -en [spätlat. effeminatio = Verweiblichung] (Med.): **a)** *das Vorhandensein psychisch u. physisch weiblicher Eigenschaften beim Mann;* **b)** *passive Homosexualität beim Mann.*

Ef|fen|di: ↑Efendi.

ef|fe|rent ⟨Adj.⟩ [zu lat. efferre = herausbringen] (Physiol., Med.): *von einem Organ herkommend, herausführend.*

Ef|fe|renz, die; -, -en: *Impuls, der über die efferenten Nervenfasern vom Zentralnervensystem zum peripheren Nervensystem geführt wird.*

Ef|fet [ɛˈfeː, auch: ɛˈfɛː], der (selten: das); -s, -s [frz. effet < lat. effectus, ↑Effekt]: *einer [Billard]kugel od. einem Ball beim Stoßen, Schla-*

gen, Treten o. Ä. durch seitliches Anschneiden verliehener Drall: den Ball mit E. schlagen.

Ef|fet|ball, der: *mit Effet gespielter Ball.*

ef|fet|tu|o|so ⟨Adv.⟩ [ital. effettuoso < spätlat. effectuosus] (Musik): *effektvoll, mit Wirkung.*

ef|fi|lie|ren ⟨sw. V.; hat⟩ [frz. effiler, zu: fil = Faser, Faden < lat. filum] (Friseurhandwerk): *dichte Haare beim Schneiden gleichmäßig ausdünnen.*

ef|fi|zi|ent ⟨Adj.⟩ [lat. efficiens (Gen.: efficientis) = bewirkend, adj. 1. Part. von: efficere, ↑effizieren] (Fachspr., bildungsspr.): *wirksam u. wirtschaftlich:* eine -e Methode; die Schulung ist nicht besonders e.; e. arbeiten.

Ef|fi|zi|enz, die; -, -en [lat. efficientia] (Fachspr., bildungsspr.): *Wirksamkeit u. Wirtschaftlichkeit:* die E. einer Methode, eines Systems.

E

ef|fi|zie|ren ⟨sw. V.; hat⟩ [lat. efficere, zu: facere = machen] (bildungsspr. selten): *hervorrufen, bewirken.*

Ef|fu|si|on, die; -, -en [lat. effusio = das Herausströmen] (Geol.): *das Ausfließen von Lava.*

ef|fu|siv ⟨Adj.⟩ (Geol.): *durch Ausfließen von Lava gebildet:* -es Gestein.

Ef|fu|siv|ge|stein, das (Geol.): *Ergussgestein, das sich bei der Erstarrung des Magmas an der Erdoberfläche bildet.*

EFTA, die; - [Kurzwort für engl. European Free Trade Association]: Europäische Freihandelsassoziation.

EG [eː'geː], die; -: **a)** Europäische Gemeinschaft (bis 1993 EWG); **b)** Europäische Gemeinschaften (gemeinsame Bezeichnung für die ↑EG (a), ↑Euratom u. die ↑EGKS).

egal: I. [e'gaːl] ⟨indekl. Adj.⟩ [frz. égal < lat. aequalis = gleich]: **1.** *gleich[artig], gleich beschaffen:* die Teile sind nicht ganz e.; Bretter e. schneiden; ⟨ugs. auch dekliniert:⟩ zwei -e Stühle. **2.** (ugs.) *einerlei, gleichgültig:* mir ist alles total, völlig e.; das kann dir doch e. sein; sie soll kommen, e.[,] wie sie das macht. **II.** ['eːga(ː)l] ⟨Adv.⟩ (landsch., bes. ostmd.): *fortwährend:* es hat e. geregnet; e. meckern müssen.

ega|li|sie|ren ⟨sw. V.; hat⟩ [frz. égaliser]: **1.** (Sport) **a)** *(eine Höchstleistung) nochmals erreichen; (einen Rekord) einstellen:* die Bestmarke e.; **b)** *(einen Vorteil) ausgleichen:* den [Punkt]vorsprung des Gegners e.; sie egalisierte das 0 : 1 *(schoss das Ausgleichstor).* **2.** (Technik, Textilind., Handw.) *Ungleichmäßiges so bearbeiten, dass es überall gleich stark wird; gleichmäßig flach machen:* Leder e. **3.** (Textilind.) *gleichmäßig färben.*

Ega|li|sie|rung, die; -, -en: *das Egalisieren.*

ega|li|tär ⟨Adj.⟩ [frz. égalitaire, zu: égalité, ↑Égalité] (bildungsspr.): *auf politische, soziale Gleichheit gerichtet:* die -e demokratische Massengesellschaft; -e Parolen, Tendenzen.

Ega|li|tät, die; - (bildungsspr.): *politische od. soziale Gleichheit, Gleichberechtigung.*

Éga|li|té [egali'teː], die; - [frz. égalité < lat. aequalitas = Gleichheit] (bildungsspr.): *Egalität, Gleichheit* (eines der drei Losungsworte der Französischen Revolution).

Egart, die; -, -en [mhd. egerte, egerde, ahd. egerda, H. u.] (bayr., österr. hist.): *Grasland, das in anderen Jahren als Acker genutzt wird; Brache.*

Egel, der; -s, - [mhd. egel(e), ahd. egala, urspr. wohl = kleine Schlange u. verw. mit ↑Igel]: *Blutegel.*

Eger: Stadt in Tschechien.

Eger|land, das; -[e]s: historische Landschaft in Nordwestböhmen.

[1]**Eger|län|der,** der; -s, -: Ew.

[2]**Eger|län|der** ⟨undekl. Adj.⟩.

Eger|län|de|rin, die; -, -nen: w. Form zu [1]Egerländer.

Eger|ling, der; -s, -e [zu ↑Egart] (landsch.): *Champignon.*

[1]**Eg|ge,** die; -, -n [rückgeb. aus ↑eggen]: *landwirtschaftliches Gerät mit mehreren Reihen von Zinken, das zur oberflächlichen Lockerung u. Krümelung des Bodens u. zur Unkrautbekämpfung dient.*

[2]**Eg|ge,** die; -, -n [aus dem Niederd. < mniederd. egge, eigtl. = Ecke]: *Webkante.*

eg|gen ⟨sw. V.; hat⟩ [mhd. eg(g)en, ahd. egen, ecken, zu mhd. egede, ahd. egida = Egge, eigtl. = Gerät mit Spitzen, verw. mit ↑Ecke]: **a)** *mit der* [1]*Egge arbeiten:* der Bauer eggt; **b)** *mit der* [1]*Egge bearbeiten:* die Felder pflügen und e.

Egg|head ['ɛghɛd], der; -s, -s [engl. egghead, eigtl. = Eierkopf] (bildungsspr., oft scherzh. od. abwertend): *Intellektueller, Gelehrter.*

EGKS, die; -: Europäische Gemeinschaft für Kohle und Stahl (Montanunion).

Ego, das; -, -s [lat. ego = ich] (Philos., Psych.): *Ich:* sein eigenes E. in den Vordergrund stellen.

Ego|is|mus, der; -, ...men [frz. égoïsme, zu lat. ego = ich]: **1.** ⟨o. Pl.⟩ **a)** *[Haltung, die gekennzeichnet ist durch das] Streben nach Erlangung von Vorteilen für die eigene Person, nach Erfüllung der die eigene Person betreffenden Wünsche ohne Rücksicht auf die Ansprüche anderer; Selbstsucht, Ichsucht, Eigenliebe:* reiner, krasser E.; etw. aus [gesundem] E. tun; **b)** (Philos.) *Lehre, Anschauung, nach der alles, auch das altruistische Handeln, auf Selbstliebe beruht.* **2.** ⟨Pl.⟩ *egoistische Verhaltensweisen:* persönliche Egoismen und Eitelkeiten.

Ego|ist, der; -en, -en [frz. égoïste]: *von Egoismus bestimmter, selbstsüchtiger, eigennütziger Mensch:* ein rücksichtsloser E.

Ego|is|tin, die; -, -nen: w. Form zu ↑Egoist.

ego|is|tisch ⟨Adj.⟩: *von Egoismus bestimmt; selbstsüchtig, eigennützig:* ein -er Mensch; ihr Verhalten war sehr e.; e. denken, handeln.

ego|man ⟨Adj.⟩: *krankhaft auf die eigene Person bezogen:* ein -er Mensch; ein -es Verhalten.

Ego|ma|ne, der; -n, -n: *jmd., der egoman ist.*

Ego|ma|nie, die ⟨o. Pl.⟩ [↑Manie]: *krankhafte Selbstbezogenheit.*

Ego|ma|nin, die; -, -nen: w. Form zu ↑Egomane.

Ego|tis|mus, der; - [frz. égotisme < engl. egotism] (bildungsspr.): *[übertriebene] Neigung, sich selbst in den Vordergrund zu stellen; philosophisch begründete Form des Egoismus, die das Glück der Menschheit dadurch herbeizuführen trachtet, dass der Einzelne (einer Elite) auf ein Höchstmaß persönlichen diesseitigen Glücks hinarbeitet.*

Ego|trip, der [engl. ego-trip] (Jargon): *Lebenshaltung, bei der jmd. ganz auf sich selbst bezogen ist:* auf dem E. sein *(sich egozentrisch verhalten, seine Egozentrik ausleben).*

Ego|zen|trik, die; - [zu lat. ego = ich u. ↑Zentrum] (bildungsspr.): *egozentrische Art:* die E. dieses Mannes stößt alle vor den Kopf.

Ego|zen|tri|ker, der; -s, - (bildungsspr.): *egozentrischer Mensch.*

Ego|zen|tri|ke|rin, die; -, -nen: w. Form zu ↑Egozentriker.

ego|zen|trisch ⟨Adj.⟩ (bildungsspr.): *die eigene Person als Zentrum allen Geschehens betrachtend; alles in Bezug auf die eigene Person beurteilend u. eine entsprechende Haltung erkennen lassend:* sie verhält sich völlig e.

[1]**eh!** ⟨Interj.⟩ (ugs.): **1.** *he[da]!:* eh, warte doch mal! **2.** *Ausruf des Staunens:* eh, was soll das! **3.** *nun, na:* bist du glücklich, eh?

[2]**eh** [mhd. ē(r), ↑eher]: **1.** ⟨Adv.⟩ (südd., österr. ugs.) *sowieso, ohnehin [schon]:* das war eh bekannt; lass nur, jetzt ist eh alles gleich. **2.** * **seit eh und je** *(solange jmd. denken, sich erinnern kann);* **wie eh und je** *(wie schon immer).*

[3]**eh:** ↑ehe.

eh., e. h. = ehrenhalber.

e. h. = (österr.:) eigenhändig.

E. h. = Ehren halber (nur in: Dr.-Ing. E. h.).

ehe, (verkürzt:) eh ⟨Konj.⟩ [mhd. ē (Adv.) = vormals, früher, verkürzt aus: ēr, ↑eher]: *vor dem Zeitpunkt, da ...; bevor:* es vergingen drei Stunden, e. wir landen konnten; in einem verneinten Gliedsatz bei gleichfalls verneintem Hauptsatz nur bei besonderer Betonung der konditionalen Bedeutung u. bei Voranstellung des Gliedsatzes: e. *(wenn)* ihr nicht still seid, kann ich nicht reden.

Ehe, die; -, -n [mhd. ē[we], ahd. ēwa = Ehe(vertrag); Recht, Gesetz, viell. urspr. = seit ewigen Zeiten geltendes Recht od. viell. = Gewohnheitsrecht]: **a)** *gesetzlich [u. kirchlich] anerkannte Lebensgemeinschaft von Mann u. Frau:* eine glückliche, zerrüttete E.; die bürgerliche E.; ihre E. blieb kinderlos; nach kurzer Zeit wurde die E. wieder geschieden; die E. brechen *(Ehebruch begehen);* die E. [miteinander] schließen, eine E. eingehen *(heiraten);* einen Sohn aus erster E. haben; Kinder in die E. mitbringen; sie war in zweiter E. mit einem Kaufmann verheiratet; Ü die E. zwischen Film und Fernsehen; * **E. zur linken Hand; morganatische E.** *(nicht standesgemäße Ehe im Hochadel, bei der ein Ehevertrag die Lage der nicht ebenbürtigen Frau u. der Nachkommen verbesserte;* mlat. matrimonium ad morganaticam = Ehe auf Morgengabe, zu ahd. morgan = Morgen); **E. ohne Trauschein;** (veraltend:) **wilde E.** *(Zusammenleben von Mann u. Frau ohne standesamtliche Trauung);* **b)** *gleichgeschlechtliche Lebensgemeinschaft, die sich an der Ehe* (a) *orientiert:* eine schwule E.

ehe|ähn|lich ⟨Adj.⟩: *einer Ehe ähnlich:* mit jmdm. in einer -en Gemeinschaft leben.

Ehe|an|bah|nung, die: *Ehevermittlung.*

Ehe|an|bah|nungs|in|sti|tut, das: *Institut für Ehevermittlung.*

ehe|bal|dig ⟨Adj.⟩ (österr.): *baldmöglichst; so bald wie möglich:* Bedienung zu -em Termin gesucht; Ware e. liefern.

Ehe|band, das ⟨Pl. -e, meist Pl.⟩ (dichter.): *Bindung durch die Ehe:* der -e ledig sein, werden.

Ehe|be|ra|ter, der: *jmd., der von amtlicher od. kirchlicher Seite zur Beratung in Fragen der Ehe eingesetzt ist.*

Ehe|be|ra|te|rin, die: w. Form zu ↑Eheberater.

Ehe|be|ra|tung, die: **1.** *(bes. amtliche od. kirchliche) Beratung in Fragen der Ehe.* **2.** *Eheberatungsstelle.*

Ehe|be|ra|tungs|stel|le, die: *Beratungsstelle für Eheberatung* (1).

Ehe|bett, das: *[Doppel]bett der Eheleute.*

ehe|bre|chen ⟨st. V.; nur im Inf. u. 1. Part. gebr.⟩ [mhd. ēbrechen] (geh. veraltet): *die Ehe brechen, Ehebruch begehen:* der ehebrechende Partner; (bibl.:) du sollst nicht e.

Ehe|bre|cher, der [mhd. ēbrechære]: *jmd., der Ehebruch begeht.*

Ehe|bre|che|rin, die; -, -nen [mhd. ēbrechærinne]: w. Form zu ↑Ehebrecher.

ehe|bre|che|risch ⟨Adj.⟩: *die eheliche Treue verletzend:* -e Beziehungen; ein -es Verhältnis.

Ehe|bruch, der [mhd. ēbruch]: *Verletzung der ehelichen Treue durch außerehelichen Geschlechtsverkehr:* E. begehen.

Ehe|bund, der (geh.), **Ehe|bünd|nis,** das: *Ehe.*

ehe|dem ⟨Adv.⟩ (geh.): *vordem; vormals; damals; einst:* er war e. ein guter Sportler; der preußische Staat von e.

Ehe|dis|pens, der (Rechtsspr.): *Befreiung von einem Eheverbot.*

Ehe|er|schlei|chung, die (Rechtsspr. früher): *Verleitung zum Eingehen einer Ehe durch arglistige Täuschung des Partners.*

ehe|fä|hig ⟨Adj.⟩ (Rechtsspr.): *zur rechtswirksamen Eheschließung fähig.*

ehe|feind|lich ⟨Adj.⟩: **a)** *der Ehe abgeneigt, sie ablehnend:* ein -er Junggeselle; e. eingestellt sein; **b)** *eine Ehe erschwerend:* -e Berufe, Verhältnisse.

Ehe|frau, die: *verheiratete Frau; Frau, mit der jmd. verheiratet ist.*

Ehe|freu|den ⟨Pl.⟩ (scherzh.): *Freuden am geschlechtlichen Teil der Ehe.*

Ehe|frie|den, der: *Zustand des harmonischen, nicht durch Streit getrübten Zusammenlebens.*

Ehe|gat|te, der: **1.** (geh.) *Ehemann.* **2.** (Rechtsspr.) *einer der beiden Partner einer Ehe.*

Ehe|gat|ten|be|steu|e|rung, die: *steuerrechtliches Verfahren, das das Einkommen der Eheleute betrifft.*

Ehe|gat|ten|split|ting, das: *Splitting* (1).

he|gat|tin, die: w. Form zu ↑Ehegatte.
he|ge|löb|nis, Ehe|ge|lüb|de, das (geh.): *Eheversprechen.*
he|ge|mein|schaft, die: *durch die Ehe begründete Gemeinschaft zwischen Mann u. Frau.*
he|ge|setz, das (Rechtsspr.): *Gesetz, das Vorschriften über die Eheschließung u. die Ehebeendigung enthält.*
he|ge|spann, das (abwertend od. scherzh.): *Ehepaar.*
he|ge|spons, das (veraltet, noch scherzh.): 1. ⟨auch: der⟩ *Ehemann.* **2.** *Ehefrau.*
he|glück, das: *Glück in der Ehe.*
he|ha|fen, der (ugs. scherzh.): *Ehe (als Ort, wo jmd. vor Anker geht):* in den E. einlaufen, im E. landen *(heiraten).*
he|haft ⟨Adj.⟩ [mhd., ahd. ēhaft] (schweiz. veraltend): *gesetzlich, rechtsgültig:* -e Not *(gesetzlicher Notstand).*
he|hälf|te, die (ugs. scherzh.): *Ehefrau.*
he|hin|der|nis, das (Rechtsspr.): *Umstand, bei dessen Vorliegen das Gesetz die Eheschließung verbietet (z. B. nahe Verwandtschaft).*
he|jahr, das: vgl. Lebensjahr: im dritten E.
he|joch, das ⟨o. Pl.⟩ (ugs. scherzh.): *als Joch* (2) *empfundene Ehe:* wie kann man sich nur freiwillig ins E. begeben!
he|ju|bi|lä|um, das: *[festlich begangener] Jahrestag der Schließung einer Ehe:* sein 50-jähriges E. feiern.
he|kan|di|dat, der (scherzh.): **a)** *jmd., der kurz vor der Heirat steht;* **b)** *noch unverheirateter, heiratswilliger junger Mann.*
he|kan|di|da|tin, die: w. Form zu ↑Ehekandidat.
he|krach, der (ugs.): *Ehestreit:* ein lautstarker E.
he|krieg, der: *sehr heftiger und eher unversöhnlicher, länger andauernder Streit unter Eheleuten.*
he|kri|se, die: *Krise in der Ehe.*
he|krüp|pel, der (salopp abwertend od. scherzh.): *Ehemann [der sich von seiner Frau völlig beherrschen lässt].*
he|le|ben, das ⟨o. Pl.⟩: *das Leben in der Ehe:* die Freuden und Leiden des -s.
he|leu|te ⟨Pl.⟩: *Ehemann u. Ehefrau; Ehepaar.*
he|lich ⟨Adj.⟩ [mhd. ēlich = ehelich, gesetzmäßig, ahd. ē(o)līh = gesetzmäßig]: **1.** *aus einer Ehe stammend:* -e und nicht -e Kinder; das Kind ist e. [geboren]. **2.** *die Ehe betreffend:* die -e Wohnung; die -en Rechte und Pflichten; sich mit jmdm. e. verbinden (geh.; *jmdn. heiraten*).
he|li|chen ⟨sw. V.; hat⟩ [mhd. ēlichen = ein uneheliches Kind durch Heirat ehelich machen; spätmhd. = heiraten] (veraltend, noch scherzh.): *heiraten:* er hat seine Jugendfreundin geehelicht.
he|lich|er|klä|rung, die (Rechtsspr.): *gerichtliche Erklärung, die einem nicht ehelichen Kind (bes. gegenüber dem Vater) die Rechtsstellung eines ehelichen Kindes verleiht.*
he|lich|keit, die; -: *das Ehelichsein:* die E. eines Kindes, seiner Abstammung.
he|lich|keits|er|klä|rung, die: *Ehelicherklärung.*
he|los ⟨Adj.⟩: *ohne Ehe, unverheiratet:* e. bleiben.
he|lo|sig|keit, die; -: *das Unverheiratetsein.*
he|ma|lig ⟨Adj.⟩: *einstig, früher:* ein -er Offizier; meine -e Wohnung; ⟨subst.⟩ Ehemalige: zum 10-jährigen Abiturjubiläum sind alle E. *(früheren Schüler eines Gymnasiums)* eingeladen; ihr Ehemaliger, seine Ehemalige (salopp; *früherer Mann, Freund, frühere Frau, Freundin*).
he|mals ⟨Adv.⟩ [mhd. ēmāles]: *einst, früher:* ein e. ruhiger Ort; e. war er ein guter Sportler.
he|mann, der ⟨Pl. ...männer⟩: *verheirateter Mann; Mann, mit dem eine Frau verheiratet ist.*
he|mü|dig|keit, die: *Überdruss an der Ehe.*
he|mün|dig ⟨Adj.⟩ (Rechtsspr.): *das vorgeschriebene Mindestalter für eine Eheschließung habend.*
he|mün|dig|keit, die: *das Ehemündigsein.*
he|na|me, der (Amtsspr.): *Familienname von Eheleuten.*
he|paar, das: *verheiratetes Paar:* ein älteres E.
he|pakt, der (Rechtsspr. österr.): *Ehevertrag.*
Ehe|part|ner, der: *Partner* (1 b) *in der Ehe.*
Ehe|part|ne|rin, die: w. Form zu ↑Ehepartner.
Ehe|pro|blem, das ⟨meist Pl.⟩: *Problem in der Ehe.*
eher ⟨Adv.⟩ [mhd. ē(r), ahd. ēr, urspr. komparativisches Adv. zu einem Positiv mit der Bed. »früh« (vgl. got. air = früh)]: **1.** *zu einem noch früheren Zeitpunkt; früher:* ich war e. da [als sie]; als Komp. zu »bald«: je e., desto besser; je e., je lieber. **2. a)** *lieber:* e. will ich sterben als ihn heiraten; **b)** *wahrscheinlicher, leichter:* e. stürzt der Himmel ein, als dass er nachgibt; das ist schon e. möglich; **c)** *mehr* (als Ausdruck der Beurteilung): das ist e. selten; ein e. bescheidenes Haus; sie ist alles e. als dumm, als ein Dummkopf *(sie ist durchaus nicht dumm).*
Ehe|recht, das ⟨o. Pl.⟩ (Rechtsspr.): *die Ehe regelndes Recht.*
ehe|recht|lich ⟨Adj.⟩ (Rechtsspr.): *das Eherecht betreffend.*
Ehe|ring, der: *Trauring.*
ehern ⟨Adj.⟩ [mhd., ahd. ērīn, zu mhd., ahd. ēr = Erz]: **1.** (dichter.) *aus Erz bestehend, erzen:* eine -e Rüstung, Statue; die -e Schlange (christl. Rel.; Symbol für Christus am Kreuz, der nach Joh. 3, 14 den Glaubenden rettet, wie der Blick auf das metallene Schlangenabbild im Tempel von Jerusalem Schlangengift bei dem Gebissenen unschädlich werden lässt); **Ü** etw. mit -er Stirn (geh.; *dreist u. unbeirrbar*) behaupten. **2.** (geh.) *unbeugbar fest:* ein -er Grundsatz, Wille; -e *(unumstößliche)* Gesetze.
Ehe|sa|kra|ment, das ⟨o. Pl.⟩ (kath. Kirche): *Sakrament der Ehe, das sich das Brautpaar während der Trauung im Beisein des Priesters spendet.*
Ehe|schei|dung, die: *gerichtliche Auflösung der Ehe.*
Ehe|schlie|ßung, die: *Erklärung der Ehewilligen vor dem Standesbeamten, die Ehe miteinander eingehen zu wollen.*
ehest ⟨Adv.⟩ (österr.): *baldmöglichst, so bald wie möglich.*
ehest... ⟨Adj.⟩ [Sup. zu ↑eher]: **1.** *frühestmöglich; so früh, bald, schnell wie möglich:* zum ehesten Termin; Ludwig ist am ehesten gekommen; ⟨subst.:⟩ mit Ehestem (Kaufmannsspr.; *in nächster Zeit, zum frühestmöglichen Termin*). **2.** *noch am liebsten:* am ehesten würde ich Physik studieren. **3.** *noch am wahrscheinlichsten, leichtesten:* das ist [noch] am ehesten möglich; dies Werkzeug ist noch am ehesten brauchbar *(noch das brauchbarste).*
Ehe|stand, der ⟨o. Pl.⟩: *Stand der Ehe, des Verheiratetseins:* einen E. begründen *(heiraten).*
ehes|tens ⟨Adv.⟩: **1.** *frühestens:* e. [am] Dienstag; e. in einer Stunde. **2.** (österr., sonst veraltet) *baldmöglichst; so schnell, bald wie möglich.*
Ehe|stif|ter, der: *jmd., der eine Eheschließung herbeiführt; Heiratsvermittler.*
Ehe|stif|te|rin, die: w. Form zu ↑Ehestifter.
Ehe|stif|tung, die: *das Stiften einer Ehe.*
ehest|mög|lich ⟨Adj.⟩ (bes. österr.): *frühestmöglich:* der -e Eintritt.
Ehe|streit, der: *Streit, Zerwürfnis zwischen Eheleuten.*
Ehe|strei|tig|keit, die ⟨meist Pl.⟩: *Streitigkeit in der Ehe.*
Ehe|stu|dio, das (schweiz.): *Ehevermittlungsinstitut.*
Ehe|tra|gö|die, die: *Ehestreit mit unheilvollem Ausgang.*
Ehe|tren|nung, die (Rechtsspr.): *das Getrenntleben der Eheleute bei Fortbestehen der Ehe.*
Ehe|ver|bot, das (Rechtsspr.): *gesetzliches Verbot der Eheschließung bei Vorliegen bestimmter Umstände.*
Ehe|ver|mitt|lung, die: **1.** *gewerbsmäßige Vermittlung von Ehepartnern.* **2.** *Eheanbahnungsinstitut.*
Ehe|ver|mitt|lungs|in|sti|tut, das: *Eheanbahnungsinstitut.*
Ehe|ver|spre|chen, das: *Versprechen gegenüber jmdm., mit ihm die Ehe einzugehen.*
Ehe|ver|trag, der (Rechtsspr.): *Vertrag der Eheleute, der insbesondere ihre güterrechtlichen Verhältnisse regelt.*
Ehe|voll|zug, der (Rechtsspr.): *(sexueller) Vollzug der Ehe.*
Ehe|weib, das (veraltet, noch scherzh.): *Ehefrau.*
ehe|wid|rig ⟨Adj.⟩ (bes. Rechtsspr.): *zur Ehe im Gegensatz stehend, die Ehe störend:* -es Verhalten.
ehe|wil|lig ⟨Adj.⟩ (bes. Rechtsspr.): *gewillt, die Ehe zu schließen, zu heiraten.*
Ehe|wil|li|ge, der u. die ⟨Dekl. ↑Abgeordnete⟩: *jmd., der ehewillig ist.*
Ehe|wunsch, der: *(bes. in Inseraten) Wunsch, einen Ehepartner zu finden.*
Ehe|zwist, der: *Zwist zwischen den Eheleuten.*
Ehr|ab|schnei|der, der; -s, - (emotional): *jmd., der einen anderen verunglimpft.*
Ehr|ab|schnei|de|rei, die (emotional): *Verunglimpfung.*
Ehr|ab|schnei|de|rin, die; -, -nen: w. Form zu ↑Ehrabschneider.
ehr|bar ⟨Adj.⟩ [mhd. ērbære] (geh.): *(bürgerlich) ehrenhaft, achtbar; der Sitte gemäß [lebend] u. achtenswert:* -e Leute; ein -er Kaufmann; ihr Beruf ist durchaus e.; e. handeln.
Ehr|bar|keit, die; -: *das Ehrbarsein.*
Ehr|be|griff, der: *Begriff, Auffassung von Ehre, Ehrenhaftigkeit:* der übersteigerte E. eines Offiziers.
Eh|re, die; -, -n [mhd. ēre, ahd. ēra, urspr. = Ehrfurcht, Verehrung]: **1. a)** ⟨Pl. nur in festen präpositionalen Verbindungen⟩ *Ansehen aufgrund offenbaren od. vorausgesetzten (bes. sittlichen) Wertes; Wertschätzung durch andere Menschen:* die E. einer Familie; seine E. wahren, verlieren; diese Tat macht ihr [alle] E. *(fördert ihr Ansehen);* er macht seinen Eltern E.; (geh.:) in -n ergraut sein; etw. in -n halten *(achtungsvoll behandeln, bewahren);* sein Wort in -n *(was er gesagt hat, soll keine Abwertung erfahren, soll nicht herabgewürdigt werden),* aber ich wäre nicht so sicher; etw. nur um der E. willen *(nicht eines Vorteils wegen)* tun; jmdm. zu -n ein Fest veranstalten; zu akademischen -n kommen; zu ihrer E. *(um ihr gerecht zu werden)* muss ich das sagen; **Spr** E. verloren, alles verloren; **Ü** jmdm. die E. abschneiden *(jmdn. verleumden);* * **[ich] hab/habe die E.!** (südd., österr.; Grußformel); **auf E.!** (Beteuerungsformel); **auf E. und Gewissen** *(die unbedingte Wahrheit verlangend od. bekräftigend):* etw. auf E. und Gewissen beteuern; **bei meiner E.!** (Beteuerungsformel); **etw. in [allen] -n sagen, tun** *(etw. ohne hässliche Nebengedanken sagen, tun);* **b)** *Zeichen od. Bezeigung der Wertschätzung:* jmdm., einer Sache [zu viel] E. antun; jmdm. militärische -n erweisen; etw. zur E. Gottes tun; sich etw. zur E. anrechnen; in Höflichkeitsformeln: es war mir eine [große] E.; ich hatte schon die E., Sie kennen zu lernen; mit wem habe ich die E.? *(wie ist Ihr Name?);* was verschafft mir die E. [Ihres Besuches]?; wir geben uns die E. *(erlauben, beehren uns),* die Geburt unseres Sohnes anzuzeigen; **R** E., wem E. gebührt!; * **jmdm. die letzte E. erweisen** (geh.; *an jmds. Bestattung teilnehmen*); **mit jmdm., etw. E. einlegen** *(mit jmdm., etw. großen Eindruck machen, sich damit besonders hervortun;* oft negiert als Kritik): damit ist keine E. einzulegen; **der Wahrheit die E. geben** *(es vorziehen, die Wahrheit zu bekennen):* um der Wahrheit die E. zu geben *(um die Wahrheit zu sagen);* **aller -n wert sein** *(Lob, Anerkennung verdienen);* **mit -n** *(ehrenvoll).* **2.** ⟨o. Pl.⟩ *Gefühl für die eigene Ehre* (1 a): meine E. verbietet mir, sie zu hintergehen; das geht mir gegen die E.; sie ist eine Frau von E.; (geh.:) er setzt seine E. darein *(setzt sich mit seiner ganzen Person dafür ein),* diesen Plan zu unterstützen; * **keine E. im Leib[e] haben** *(kein Ehrgefühl besitzen);* **jmdn. bei seiner E. packen** *(erfolgreich an jmds. Ehrgefühl appellieren).* 3. (veraltet) *Jungfräulichkeit eines jungen Mädchens:* sie hat die E. verloren; einem Mädchen die E. rauben *(es deflorieren).* **4.** ⟨o. Pl.⟩ (Golf):

Berechtigung, den ersten Schlag auf einem Abschlag (1 c) *zu machen.*

eh|ren [mhd. ēren, ahd. ērēn] ⟨sw. V.; hat⟩: 1. a) *jmdm. Ehre, [Hoch]achtung erweisen:* das Alter e.; der Sieger wurde [mit einem Pokal] geehrt; ich fühle mich dadurch geehrt; jmdm. ein ehrendes Andenken bewahren; in Briefanreden: Sehr geehrter Herr May!; b) *für jmdn. eine Ehre bedeuten; jmdm. eine Ehre sein:* sein Angebot, ihr Vertrauen ehrt mich; deine Großmut ehrt dich *(macht dir Ehre).* 2. (veraltend) *jmds. Empfindungen o. Ä. achten, respektieren:* ich ehre deinen Schmerz, aber sei nicht so verbittert.

Eh|ren|amt, das: *[ehrenvolles] (bes. öffentliches) Amt, das überwiegend unentgeltlich ausgeübt wird.*

eh|ren|amt|lich ⟨Adj.⟩: *eine Tätigkeit als Ehrenamt ausübend:* eine -e Mitarbeiterin; e. aktiv sein.

Eh|ren|be|zeich|nung, die: *ehrende Bezeichnung, insbesondere Ehrentitel.*

Eh|ren|be|zei|gung, (seltener:) **Eh|ren|be|zeu|gung,** die: *militärischer Gruß gegenüber Vorgesetzten:* jmdm. die vorgeschriebene E. erweisen.

Eh|ren|bür|ger, der: 1. *Träger eines von einer Stadt od. Hochschule für besondere Verdienste verliehenen Ehrentitels:* E. einer Stadt. 2. ⟨o. Pl.⟩ (ugs.) *Titel eines Ehrenbürgers* (1): jmdm. den E. verleihen.

Eh|ren|bür|ge|rin, die: w. Form zu ↑Ehrenbürger.

Eh|ren|bür|ger|schaft, die ⟨o. Pl.⟩: *Status eines Ehrenbürgers.*

Eh|ren|bür|ger|ur|kun|de, die: *Urkunde, die die Verleihung der Ehrenbürgerschaft bestätigt.*

Eh|ren|dok|tor, der: 1. *jmdm. aufgrund seiner Verdienste ehrenhalber verliehener Doktortitel;* Abk.: Dr. h. c., (nur bei Dr.-Ing.:) Dr. E. h. 2. *Träger des Titels eines Ehrendoktors* (1).

Eh|ren|dok|tor|wür|de, die: vgl. Würde (2).

Eh|ren|er|klä|rung, die (Rechtsspr.): *öffentlicher Widerruf einer Beleidigung od. verleumderischen Behauptung.*

Eh|ren|er|weis, der, **Eh|ren|er|wei|sung,** die: *das Erweisen* (3) *der Ehre.*

Eh|ren|for|ma|ti|on, die (Milit.): *angetretene od. begleitende Formation, durch deren Anwesenheit jmd. geehrt werden soll.*

Eh|ren|fried|hof, der: *Friedhof für gefallene Soldaten.*

Eh|ren|gast, der: *Gast, der besonders geehrt wird.*

Eh|ren|ge|halt, das: [2]*Gehalt als Ehrenerweisung.*

Eh|ren|ge|leit, das: *[feierliches] Geleit für einen Ehrengast, eine hohe Persönlichkeit o. Ä.*

Eh|ren|ge|richt, das: *standesinternes Gericht, das sich zur Wahrung der Standesehre besonders mit der Verfolgung von Pflichtverletzungen befasst.*

eh|ren|haft ⟨Adj.⟩ [mhd., ahd. ērhaft]: *den Vorstellungen, Geboten von Ehre u. Anstand entsprechend:* ein -er Mann; das ist e. von dir.

Eh|ren|haf|tig|keit, die; -: *ehrenhaftes Verhalten.*

eh|ren|hal|ber ⟨Adv.⟩: *als Ehrung [verliehen]* (Abk.: e. h.): der Titel wurde ihm e. verliehen; er ist Doktor e. *(hat den Doktortitel ehrenhalber verliehen bekommen).*

Eh|ren|hal|le, die: *Halle zur Ehrung verstorbener Persönlichkeiten od. gefallener Soldaten.*

Eh|ren|han|del, der (bildungsspr.): *Streit, bei dem es um die Ehre [eines] der Beteiligten geht.*

Eh|ren|kleid, das (geh.): *Kleidung, die zu tragen als Ehre gilt:* das E. des Soldaten *(die Uniform).*

Eh|ren|ko|dex, der: *Gesamtheit der in einer Gesellschaft od. Gruppe geltenden, die Ehre u. das ehrenhafte Verhalten betreffenden Normen:* der E. des preußischen Offiziers.

Eh|ren|kom|pa|nie, die: *Ehrenformation in Stärke einer Kompanie.*

Eh|ren|le|gi|on, die ⟨o. Pl.⟩: *bedeutendster französischer Orden* (2).

Eh|ren|lo|ge, die: *Loge für Ehrengäste.*

Eh|ren|mal, das ⟨Pl. -e u. ...mäler⟩: *zu Ehren bedeutender Persönlichkeiten od. der Gefallenen [eines Krieges] errichtetes größeres Denkmal.*

Eh|ren|mann, der ⟨Pl. ...männer⟩: *ehrenhafter Mann, auf dessen Wort man sich verlassen kann:* jmdn. für einen E. halten.

Eh|ren|mit|glied, das: *[Vereins]mitglied ehrenhalber.*

Eh|ren|mit|glied|schaft, die: *[Vereins]mitgliedschaft ehrenhalber (unentgeltlich u. ohne Verpflichtungen).*

Eh|ren|na|me, der: a) *ehrender Beiname (z. B. Karl der Kühne);* b) (DDR) *als Ehrung an eine Person, Institution o. Ä. verliehener Name:* die Schule hat den -n »Karl Liebknecht« erhalten.

Eh|ren|pflicht, die: *Pflicht, die zu erfüllen die Ehre vorschreibt.*

Eh|ren|platz, der: *guter Platz, auf dem sitzen zu dürfen eine Ehre bedeutet:* den E. [am oberen Tischende] erhalten; Ü das Erbstück erhielt einen E.

Eh|ren|pos|ten, der: 1. *Ehrenamt.* 2. *Posten, der Ehrenwache hält.*

Eh|ren|prä|si|dent, der: *Präsident ehrenhalber (ohne die Rechte u. Pflichten des eigentlichen Präsidenten).*

Eh|ren|prä|si|den|tin, die: w. Form zu ↑Ehrenpräsident.

Eh|ren|preis, das od. der; -es, - [nach der oft gepriesenen Heilkraft der Pflanze]: *(zu den Rachenblütlern gehörende) kleine Pflanze mit kleinen blauen, in Trauben wachsenden Blüten.*

Eh|ren|pro|mo|ti|on, die: *Promotion zum Ehrendoktor.*

Eh|ren|rech|te ⟨Pl.⟩: in der Fügung **bürgerliche E.** *(bestimmte Rechte eines Staatsbürgers, besonders das aktive und passive Wahlrecht, das Recht, öffentliche Ämter zu bekleiden und bestimmte Titel zu erwerben und zu führen):* Aberkennung der bürgerlichen E. *(im Strafurteil verhängte Nebenstrafe).*

Eh|ren|ret|tung, die: *erfolgreiche Verteidigung von jmds. persönlicher Ehre:* etw. zu jmds. E. sagen.

eh|ren|rüh|rig ⟨Adj.⟩ [zu ↑rühren (eigtl. = an die Ehre rührend)]: *die Ehre antastend, verletzend:* -e Behauptungen.

Eh|ren|rüh|rig|keit, die: *ehrenrührige Beschaffenheit, ehrenrühriges Verhalten.*

Eh|ren|run|de, die: *(besonders beim Sport) jmdm. od. einer Sache zu Ehren (besonders als Zeichen der eigenen Ehre, Auszeichnung) zurückgelegte Runde:* * **eine E. drehen** (Schülerspr.; *eine Klasse wiederholen müssen).*

Eh|ren|sa|che, die: 1. *die Ehre betreffende Angelegenheit:* in einer E. vermitteln. 2. *selbstverständlich [u. gern] erfüllte Pflicht:* etw. ist [eine] E. für jmdn.; »Kommst du?« – »E.!« (ugs. scherzh. bekräftigend; *selbstverständlich!*).

Eh|ren|schuld, die: *Schuld, deren Begleichung die Ehre gebietet:* Spielschulden sind -en.

Eh|ren|se|na|tor, der: *Ehrenbürger einer Hochschule.*

Eh|ren|se|na|to|rin, die: w. Form zu ↑Ehrensenator.

Eh|ren|sold, der: vgl. Ehrengehalt.

Eh|ren|ta|fel, die: 1. *ehrende Gedenktafel.* 2. (geh.) *jmdm. zu Ehren festlich dekorierter Tisch.*

Eh|ren|tag, der (geh.): *jmdm. zu Ehren festlich begangener [Erinnerungs]tag* (z. B. Geburtstag).

Eh|ren|ti|tel, der: 1. *aufgrund besonderer Verdienste verliehener Titel.* 2. *ehrender Titel, ehrende Anrede od. Bezeichnung; Ehrenname.*

Eh|ren|tor, das (Sport): *einziges Tor der (mit deutlichem Rückstand) verlierenden Mannschaft.*

Eh|ren|tref|fer, der (Sport): *Ehrentor.*

Eh|ren|tri|bü|ne, die: *Tribüne mit Ehrenplätzen.*

Eh|ren|ur|kun|de, die: *ehrende [Verleihungs]urkunde für besondere Leistungen od. Verdienste.*

eh|ren|voll ⟨Adj.⟩: *Ehre, Anerkennung bedeutend:* ein -er Auftrag; ein -er *(die Ehre wahrender, nicht schimpflicher)* Friede.

Eh|ren|vor|sitz, der: *Vorsitz ehrenhalber.*

Eh|ren|vor|sit|zen|de, der u. die: *Vorsitzende[r] ehrenhalber (ohne die Rechte u. Pflichten des od. der eigentlichen Vorsitzenden).*

Eh|ren|wa|che, die: 1. *Wachtposten[gruppe] vor einem Ehrenmal od. zur Ehrenbezeigung vor hoch gestellten Persönlichkeiten:* die E. zog auf. 2. *Dienst der Ehrenwache* (1): [die] E. halten.

eh|ren|wert ⟨Adj.⟩ [mhd. ēren(t)wert] (geh.): *(bürgerlich) ehrbar, achtbar:* -e Leute; ein -er Beruf.

Eh|ren|wort, das ⟨Pl. -e⟩ [älter = Kompliment]: *jmds. feierliche [sich auf seine Ehre stützende] Versicherung zur Bekräftigung einer Aussage od. eines Versprechens:* sein E. geben; [ich gebe dir/du hast] mein E. [darauf] [dass ich es tun werde]!; sich auf *(mit seinem, durch)* E. verpflichten, etw. zu tun; »Kommst du auch wirklich?« – »[Großes] E.!« (ugs.; *[ganz] bestimmt!*)

eh|ren|wört|lich ⟨Adj.⟩: *durch Ehrenwort, darauf beruhend:* eine -e Zusage.

Eh|ren|zei|chen, das: *jmdm. [für besondere Verdienste od. Leistungen] verliehenes äußeres Zeichen der Ehre [u. des Ranges].*

ehr|er|bie|tig ⟨Adj.⟩ (geh.): *voller Ehrerbietung:* jmdn. e. grüßen.

Ehr|er|bie|tig|keit, die; -: *ehrerbietige Art.*

Ehr|er|bie|tung, die; - (geh.): *Ausdruck der Hochachtung u. Verehrung gegenüber einer Person von wesentlich höherem Alter od. Rang:* jmdn. mit E. grüßen; jmdm. seine E. erweisen.

Ehr|furcht, die [rückgeb. aus ↑ehrfürchtig]: *hohe Achtung, achtungsvolle Scheu, Respekt vor der Würde, Erhabenheit einer Person, eines Wesens od. einer Sache:* die E. vor dem Leben; vor etw. [keine] E. haben; ein E. gebietendes *(einflößendes, erweckendes)* Schauspiel.

ehr|fürch|tig [zu mhd. vorhtec = (Ehr)furcht habend, zu ↑Furcht] ⟨Adj.⟩: *von Ehrfurcht bestimmt, erfüllt; voll Ehrfurcht:* e. zuhören.

ehr|furchts|voll ⟨Adj.⟩ (geh.): *voll Ehrfurcht, von Ehrfurcht erfüllt, ehrfürchtig:* mit -er Miene.

Ehr|ge|fühl, das ⟨o. Pl.⟩: *Gefühl für die eigene Ehre; Selbstachtung:* das verletzt mein E.; keinen Funken E. haben; etw. aus falschem E. [heraus] tun.

Ehr|geiz, der ⟨Pl. selten⟩: *starkes od. übertriebenes Streben nach Erfolg u. Ehren:* krankhafter, gesunder E.; mich packte der E.; mein E. war geweckt; keinen E. haben; seinen E. dareinsetzen, etwas zu leisten; sie ist von E. zerfressen.

ehr|gei|zig ⟨Adj.⟩: *von Ehrgeiz bestimmt, erfüllt, zeugend; voller Ehrgeiz:* ein -er Mensch; sie hat -e Pläne *(hat sich viel vorgenommen).*

Ehr|geiz|ling, der; -s, -e (abwertend): *übertrieben ehrgeiziger Mensch.*

ehr|lich ⟨Adj.⟩ [mhd. ērlich, ahd. ērlīh = ehrenwert, angesehen, vortrefflich]: 1. a) *ohne Verstellung; aufrichtig, offen:* ein -er Charakter, Freund; sie treibt kein -es Spiel; -e *(echte)* Besorgnis; er hat -e Absichten *(er will das Mädchen heiraten);* wenn ich e. [gegen mich selbst] bin, muss ich sagen, dass mich das verwirrt; er meint es e. [mit dir]; ich muss e. sagen/e. gesagt, sie ist unschön; das interessiert mich, e. (ugs.; *ganz bestimmt*); wo bist du gewesen? Ehrlich! (ugs.; *sei ehrlich, sage die Wahrheit!*); das ist e. (ugs.; *wirklich*) gut; Ü wie e. *(genau gehend, exakt)* ist dieser Tacho?; b) *aufgrund der gehörigen Achtung vor fremdem Eigentum[srecht] zuverlässig u. ohne Täuschungsabsicht mit Geld- od. Sachwerten umgehend:* eine -e Angestellte; der -e Finder *(jmd., der Gefundenes nicht behält, sondern abliefert);* wir haben e. geteilt, es uns e. verdient; Spr e. währt am längsten *(mit Ehrlichkeit besteht man am besten).* 2. (veraltend) *anständig, ohne Schande:* mein -er Name; ein -es Handwerk treiben; e. *(schicklich; wie es sich gehört)* begraben werden.

ehr|li|cher|wei|se ⟨Adv.⟩: 1. *in der Absicht, ehrlich* (1 a) *zu sein, zu bleiben:* sie hat e. alles zugegeben; e. *(wenn man ehrlich sein will)* muss man dies zugeben. 2. (selten) *ehrlich* (1 b).

Ehr|lich|keit, die; -: 1. *das Ehrlichsein* (1 a); *Aufrichtigkeit, Wahrhaftigkeit:* an seiner E. ist nicht zu zweifeln. 2. *das Ehrlichsein* (1 b); *Zuverläs-*

sigkeit, besonders im Hinblick auf Geld- od. Sachwerte: die E. des Verkäufers; ihre E. war nie angezweifelt worden.

ehr|los ⟨Adj.⟩: *ohne Ehrgefühl, unehrenhaft.*

Ehr|lo|sig|keit, die: *ehrlose Art.*

ehr|pus|se|lig, ehr|puss|lig ⟨Adj.⟩ (ugs. spött.): *in spießbürgerlicher, übertriebener Weise auf seine Ehre bedacht.*

Eh|rung, die; -, -en: **1.** *das Ehren durch Ehrenerweisungen:* die E. der Siegerin. **2.** *Ehrenerweisung:* dem Jubilar wurden zahlreiche -en zuteil.

ehr|ver|ges|sen ⟨Adj.⟩ (geh.): *ohne Ehrgefühl.*

Ehr|ver|ges|sen|heit, die: *ehrvergessenes Wesen, Verhalten.*

ehr|ver|let|zend ⟨Adj.⟩ (geh.): *beleidigend:* in -er Weise über jmdn. reden.

Ehr|ver|let|zung, die (geh.): *Beleidigung, Verleumdung.*

Ehr|wür|den ⟨o. Art.⟩; -[s] [rückgeb. aus ↑ehrwürdig] (kath. Kirche veraltend): *Anrede u. ehrende Bezeichnung für Brüder od. Schwestern in geistlichen Orden u. Kongregationen:* E., Sie werden das verstehen; darf ich Euer, Eure E. etwas fragen?; ⟨Gen. bei Voranstellung:⟩ -s, Euer E. Hut; ⟨Gen. bei Nachstellung:⟩ der Hut Eurer E.; in Briefanschriften: E. Schwester Notburga; Abk. in schriftlicher Anrede: Ew.

ehr|wür|dig ⟨Adj.⟩ [mhd. ērwirdic, ahd. ērwirdig]: **1.** *aufgrund seines Ranges, Alters o. Ä. Ehrfurcht gebietend, Achtung gebietend:* eine -e alte Dame; ein Dokument von -em Alter; eine -e Gedenkstätte. **2.** (kath. Kirche) in ehrenden Anreden od. Bezeichnungen: -er Vater!, -e Mutter!; die -e Schwester Alberta.

ei ⟨Interj.⟩ [mhd. ei]: **1.** (oft Kinderspr.) Ausdruck der Verwunderung: ei, wo kommst du denn her? **2.** (Kinderspr.) Ausdruck der Zärtlichkeit (beim Streicheln, Liebkosen): ei [ei] machen *(streicheln, liebkosen).*

Ei, das; -[e]s, -er ⟨Vkl. ↑Eichen⟩ [mhd., ahd. ei, zu einem Wort mit der Bed. »Vogel« (vgl. lat. avis = Vogel) u. eigtl. = das vom Vogel Gelegte]: **1.** *befruchtete od. nicht befruchtete weibliche tierische od. menschliche Keimzelle:* das reife Ei wird befruchtet. **2. a)** *(von bestimmten Tieren, besonders Vögeln, gelegtes) von einer Schale umschlossenes, die Eizelle u. meist Dotter u. Eiweiß enthaltendes kugeliges, oft länglich ovales Gebilde:* ein angebrütetes Ei; die Henne legt ein Ei; -er legende Tiere *(Tiere, die zur Fortpflanzung Eier legen);* das Küken schlüpft aus dem Ei; **b)** *Hühnerei (als Nahrungsmittel):* ein frisches, rohes Ei; ein weiches, hartes Ei; verlorene/pochierte, eingelegte -er; russische -er (Kochk.; *Gericht aus gekochten Eiern u. Mayonnaise*); ein Ei austrinken, kochen, abschrecken, braten; sich ein paar -er in die Pfanne schlagen; jmdn. mit [faulen] -ern bewerfen (als Ausdruck starken Missfallens); jmdn., etw. wie ein rohes Ei *(sehr vorsichtig)* behandeln; R das Ei will klüger sein als die Henne (abwertend; *die Jungen wollen klüger sein als die erfahrenen Älteren*); * **ungelegte -er** (ugs.; *Dinge, die noch nicht spruchreif sind*); **das ist ein [dickes] Ei!** (ugs.; 1. *das ist eine sehr unangenehme, bedenkliche Sache!* 2. *das ist ausgezeichnet, hervorragend!*); **ach, du dickes Ei!** (ugs.; Ausruf der Überraschung); **das Ei des Kolumbus** (*überraschend einfache Lösung;* aufgrund einer auf Kolumbus übertragenen älteren Anekdote, nach der er die einfache Lösung eines Problems dadurch demonstrierte, dass er ein Ei durch Eindrücken auf der Spitze stehen ließ); **sich/einander gleichen wie ein Ei dem andern** *(einander zum Verwechseln ähnlich sein);* **ein Ei legen** (1. ugs.; *etw. [mühsam] Ausgeklügeltes, Ausgetüfteltes produzieren.* 2. derb; *seine große Notdurft verrichten*); **wie auf -ern gehen** (ugs.; *die Füße vorsichtig aufsetzend gehen*); **wie aus dem Ei gepellt/**(selten:) **geschält sein** (ugs.; *sehr sorgfältig gekleidet sein*). **3.** (bes. Fußball, Basketball Jargon) *Ball.* **4.** (ugs.) *Fliegerbombe;* * **-er legen** *(Bomben abwerfen).* **5.** ⟨Pl.⟩ (ugs.) **a)** *Geld:* das kostet ne Menge -er; **b)** *Mark:* leih mir mal 100 -er. **6.** ⟨meist Pl.⟩ (derb) *Hoden:* tritt dem Kerl in die -er!; * **jmdm. die -er schleifen** (Soldatenspr. derb; *jmdn.* [1]*schleifen* 2); **jmdm. die -er polieren** (derb; *jmdn. heftig verprügeln*); **jmdm. auf die -er gehen** (derb; *jmdm. äußerst lästig werden*). **7.** (salopp abwertend) *Mensch, den jmd. aus irgendeinem Grund ablehnt:* ein doofes Ei.

-ei, die; -, -en ⟨Bildungen oft ugs. abwertend⟩: **1.** drückt in Bildungen mit Verben auf -eln, -ern (Verbstämmen) aus, dass etw. andauert oder sich wiederholt: Polterei, Turtelei. **2.** bezeichnet in Bildungen mit Substantiven auf -er ein andauerndes oder sich wiederholendes Verhalten, Geschehen: Außenseiterei, Zuhälterei.

eia ⟨Interj.⟩ [mhd. eiā]: *ei* (2).

Ei|ab|la|ge, die (Zool.): *das Ablegen der Eier.*

ei|a|po|peia ⟨Interj.⟩ [lautm.] (Kinderspr.): als Begleitung der wiegenden Bewegung, mit der ein Kind in den Schlaf gesungen wird: e. machen *(ein Kind einzuwiegen, einzulullen versuchen).*

Ei|be, die; -, -n [mhd. īwe, ahd. īwa, eigtl. = die Rötlichbraune (nach der Farbe des Kernholzes od. der Beeren)]: *häufig als Strauch wachsender immergrüner Nadelbaum mit weichen, dunkelgrünen Nadeln u. roten, beerenähnlichen Samen; Taxus.*

ei|ben ⟨Adj.⟩ [mhd. īwīn]: *aus Eibenholz [bestehend].*

Ei|ben|holz, das: *Holz der Eibe.*

Ei|bisch, der; -[e]s, -e [mhd. ībesche, ahd. ibisca < lat. ibiscum, wohl aus dem Kelt.]: *(zu den Malvengewächsen gehörende) hoch wachsende Pflanze mit graugrünen, filzigen Blättern u. weißen od. rosaroten Blüten, die als Heilpflanze verwendet wird; Hibiskus.*

Eich|be|hör|de, die: *Behörde, der die Sicherstellung u. Kontrolle der korrekten Verwendung der öffentlich gebrauchten Maße u. Messgeräte obliegt.*

[1]**Ei|che,** die; -, -n [mhd. eich(e), ahd. eih, altgerm. Baumname, H. u.]: **1.** *großer Laubbaum mit schwerem, hartem Holz, verhältnismäßig kleinen, gelappten Blättern u. Eicheln als Früchten.* **2.** ⟨o. Pl.⟩ *Holz der Eiche:* ein Wohnzimmer in E.

[2]**Ei|che,** die; -, -n [zu ↑[1]eichen]: **1.** *Eichung.* **2.** (Fachspr.) *Maßgefäß für Maische.*

Ei|chel, die; -, -n [mhd. eichel, ahd. eihhila]: **1.** *längliche runde Frucht der* [1]*Eiche* (1). **2. a)** *vorderster Teil des männlichen Gliedes;* **b)** *vorderster Teil des Kitzlers.* **3.** ⟨Pl.; meist o. Art.; als Sg. gebraucht⟩ *Farbe im deutschen Kartenspiel; Eckern:* -n sticht; -n spielen.

ei|chel|för|mig ⟨Adj.⟩: *von der Form der Eichel* (1).

[1]**ei|chen** ⟨sw. V.; hat⟩ [spätmhd. eichen, īchen, wohl über das Afränk. zu spätlat. (ex)aequare (misuras) = (die Maße) ausgleichen, zu lat. aequus = gleich]: *(besonders offiziell gebrauchte) Maße, Messgeräte [amtlich] prüfen u. mit der Norm in Übereinstimmung bringen:* Gefäße, Waagen e.; * **auf etw. geeicht sein** (ugs.; *sich auf etw. besonders gut verstehen*).

[2]**ei|chen** ⟨Adj.⟩ [mhd. eichīn, ahd. eihhīn]: *aus Eichenholz [bestehend]:* ein -er Tisch.

Ei|chen, das; -s, - u. Eierchen: Vkl. zu ↑Ei.

Ei|chen|baum, der (geh.): [1]*Eiche* (1).

ei|chen|ge|tä|felt ⟨Adj.⟩: *mit Eichenholz getäfelt.*

Ei|chen|holz, das: *Holz der Eiche.*

Ei|chen|kranz, der: *Kranz aus Eichenlaub (bes. als Kopfschmuck u. Siegeszeichen).*

Ei|chen|laub, das: **1.** *Laub der* [1]*Eiche* (1). **2.** (nationalsoz.) *zusätzliche Auszeichnung zum Ritterkreuz.*

Ei|chen|sarg, der: *Sarg aus Eichenholz.*

Ei|chen|schrank, der: *Schrank aus Eichenholz.*

Ei|chen|tür, die: *Tür aus Eichenholz.*

ei|chern ⟨Adj.⟩ (schweiz.): [2]*eichen.*

Eich|ge|wicht, das: *bei der Eichung verwendetes Normalgewicht.*

Eich|horn, das [mhd. eich(h)orn, ahd. eihhorno, unter Anlehnung an ↑Eiche u. ↑Horn geb. Tiername, 1. Bestandteil wohl eigtl. = sich schnell bewegendes (Tier), 2. Bestandteil wohl der eigtl. Tiername] (bes. Zool.): *Eichhörnchen.*

Eich|hörn|chen, das: *kletterndes, rotbraunes bis schwarzbraunes Nagetier mit langem, buschigem Schwanz:* R mühsam [er]nährt sich das E. (ugs. scherzh.; *die Ausführung [dieses Vorhabens] ist langwierig, schwierig u. nur in kleinen Schritten möglich*).

Eich|ka|ter, der (landsch.), **Eich|kätz|chen,** das, **Eich|kat|ze,** die (landsch.): *Eichhörnchen.*

Eichs|feld, das; -[e]s: Landschaft in Thüringen.

Eich|strich, der: *Strich, der einen geeichten Messwert anzeigt.*

Ei|chung, die; -, -en: *das* [1]*Eichen.*

Eich|we|sen, das ⟨o. Pl.⟩: *alles, was mit dem* [1]*Eichen zusammenhängt, einschließlich Funktion, Organisation u. Verwaltung.*

Eich|zei|chen, das: *Zeichen, das die amtliche Eichung beglaubigt.*

Eid, der; -[e]s, -e [mhd. eit, ahd. eid, wahrsch. aus dem Kelt.]: *nach fester (Eides)formel geleistete feierliche Bekräftigung einer Aussage vor einer zuständigen Instanz; Schwur [vor zuständiger Instanz, bes. vor Gericht]:* ein feierlicher, heiliger E.; einen E. leisten, ablegen; einen E. auf die Bibel, auf die Verfassung schwören; ich kann einen E. darauf schwören *(ich kann beschwören),* dass es so war; tausend -e schwören (emotional; *aufs Äußerste beteuern*); seinen E. *(sein eidliches Versprechen)* halten; seinen E. brechen; einen falschen E. *(einen Meineid)* schwören; die Richterin nahm ihm den E. ab *(ließ ihn schwören);* sich durch einen E. gebunden fühlen; unter E. stehen (Rechtsspr.; *durch Eid gebunden, verpflichtet sein [die Wahrheit zu sagen]*); etw. unter E. aussagen; jmdn. unter E. nehmen *(ihn schwören lassen);* jmdn. vom E. entbinden; * **hippokratischer E.** *(dem griechischen Arzt Hippokrates zugeschriebenes, höchstens dem Sinne nach auf ihn zurückgehendes Gelöbnis der Ärzte, das die ethischen Leitsätze ärztlichen Handelns enthält u. das Vorbild des heutigen Arztgelöbnisses ist);* **an -es statt** (Rechtsspr.; *anstatt eines gerichtlichen Eides*): etw. an -es statt erklären.

Ei|dam, der; -s, -e [mhd. eidem, ahd. eidum, H. u.] (veraltet): *Schwiegersohn.*

eid|brü|chig ⟨Adj.⟩: *seinen Eid brechend:* -e Verbündete; e. werden *(seinen Eid brechen).*

Ei|dechs|chen, das; -s, -: Vkl. zu ↑Eidechse.

Ei|dech|se, die; -, -n [mhd. eidehse, egedehse, ahd. egidehsa, nicht sicher zu erklärende Zus.]: *sehr flinke, Wärme liebende kleine Echse von grüner bis brauner Färbung, die ihren meist über körperlangen Schwanz zur Ablenkung eines Verfolgers abwerfen kann.*

ei|dech|sen|ar|tig ⟨Adj.⟩: *in der Art einer Eidechse.*

Ei|dech|sen|haut, die: *Haut der Eidechse.*

Ei|dech|sen|le|der, das: *Leder aus der Haut der Eidechse.*

Ei|der|dau|ne, die [niederd. edderdune < isländ. æðardúnn, aus aisl. æðr (H. u.) u. dūnn, ↑Daune]: *(bes. für die Füllung von Kissen u. Deckbetten verwendete) Flaumfeder der Eiderente.*

Ei|der|en|te, die: *große Ente der nördlichen Meeresküsten, die weiche Daunenfedern liefert.*

Ei|des|for|mel, die (Rechtsspr.): *vom Schwörenden gesprochene bekräftigende Formel (die die Worte »ich schwöre es« enthält).*

Ei|des|leis|tung, die (Rechtsspr.): *das Schwören eines Eides.*

ei|des|stät|tig ⟨Adj.⟩ (österr. Rechtsspr.): *eidesstattlich.*

ei|des|statt|lich ⟨Adj.⟩ (Rechtsspr.): *an Eides statt, anstatt eines Eides:* eine -e Versicherung; etw. e. erklären.

Ei|de|tik, die; - [zu ↑Eidos]: **1.** (Psych.) *Fähigkeit, sich Objekte od. Situationen so anschaulich vorzustellen, als ob sie realen Wahrnehmungscharakter hätten.* **2.** *Eidologie.*

ei|de|tisch ⟨Adj.⟩: **a)** (Psych.) *die Eidetik betreffend, zu ihr gehörend;* **b)** (bildungsspr.) *anschaulich, bildhaft.*

Eid|for|mel: ↑Eidesformel.

eidg. = eidgenössisch.
Eid|ge|nos|se, der [mhd. eitgenōʒ(e) = durch Eid Verbündeter, Verschworener; seit 1315 amtliche Bez. der Mitglieder der Schweizer Eidgenossenschaft]: *Schweizer [Bürger].*
Eid|ge|nos|sen|schaft: in der Fügung Schweizerische E. (amtlicher Name der Schweiz).
Eid|ge|nos|sin, die: w. Form zu ↑Eidgenosse.
eid|ge|nös|sisch ⟨Adj.⟩: *schweizerisch:* die -e Verfassung.
eid|lich ⟨Adj.⟩: *durch [einen] Eid [bekräftigt]:* eine -e Erklärung.
Ei|do|lo|gie, die; -, -n [zu ↑Eidos u. ↑-logie] (Philos.): *Lehrmeinung, nach der das Wesen eines Dinges auf dem Weg über die Beschreibung seiner Gestalt erforscht werden soll.*
Ei|dos, das; - [griech. eĩdos = Ansehen, Gestalt, zu: eídein = sehen] (Philos.): **1.** *Gestalt, Form, Aussehen.* **2.** *Idee (bei Plato).* **3.** *Gegensatz zur Materie (bei Aristoteles).* **4.** *Wesen (bei Husserl).* **5.** *Art im Gegensatz zur Gattung (in der Logik).*
Ei|dot|ter, der, auch: das: *Dotter.*
Ei|ent|wick|lung, die: *Entwicklung der Eizelle.*
Ei|er|be|cher, der: *kleiner Becher, in dem das gekochte Ei zum Essen auf den Tisch gestellt wird.*
Ei|er|bri|kett, das ⟨meist Pl.⟩: *eiförmig gepresstes Brikett.*
Ei|er|chen ⟨Pl.⟩: Vkl. zu ↑Ei.
Ei|er|far|be, die: *Farbe zum Bemalen von Ostereiern.*
Ei|er|frau, die (ugs.): *Frau, die Eier verkauft.*
Ei|er|frucht, die: *dunkelviolette od. weißliche, eibis gurkenförmige, fleischige Frucht der Eierpflanze; Aubergine* (b).
Ei|er|ge|richt, das: *Gericht, dessen Hauptbestandteil Eier bilden.*
Ei|er|hand|gra|na|te, die: *eiförmige Handgranate.*
Ei|er|hau|be, die: *kleine Haube zum Warmhalten eines gekochten Eis.*
Ei|er|kis|te, die: **1.** *Kiste für den Transport von Eiern.* **2.** (ugs. abwertend od. scherzh.) *altes Auto od. Flugzeug.*
Ei|er|ko|cher, der: *elektrisch betriebenes Gerät, in dem Eier gekocht werden.*
Ei|er|kopf, der [2: LÜ von ↑Egghead]: **1.** (salopp abwertend od. scherzh.) *eiförmiger Kopf:* er hatte einen E. **2.** (oft abwertend) *Intellektueller, [weltfremder] Intelligenzler.*
Ei|er|korb, der: *Korb zum Transport von Eiern.*
Ei|er|ku|chen, der: *Eierpfannkuchen.*
Ei|er|lam|pe, die: *Gerät zum Durchleuchten von Eiern.*
Ei|er|lau|fen, das; -s: *Wettlaufspiel, bes. für Kinder, bei dem ein rohes Ei auf einem Koch-, Esslöffel ans Ziel gebracht werden muss, ohne dass das Ei dabei vom Löffel fällt.*
Ei|er le|gend: s. Ei (2 a).
Ei|er|li|kör, der: *aus Alkohol, Eiern u. Zucker hergestellter dickflüssiger, gelber Likör.*
Ei|er|löf|fel, der: *kleiner Löffel zum Essen des Eis.*
Ei|er|mann, der ⟨Pl. ...männer⟩ (ugs.): *Mann, der Eier verkauft.*
ei|ern ⟨sw. V.⟩ (ugs.): **1.** *ungleichmäßig rotieren* ⟨hat⟩: das Rad, die Schallplatte eiert. **2. a)** *wackelnd gehen* ⟨hat⟩: seit dem Unfall eiert er; **b)** *sich mit wackelndem Gang irgendwohin begeben* ⟨ist⟩: über die Straße, nach Hause e.
Ei|er|nu|del, die ⟨meist Pl.⟩: *mit Eiern bereitete Nudel.*
Ei|er|pe|cken, das; -s [zu: pecken, mhd. becken, landsch. Nebenf. von ↑picken] (österr.): *das Aneinanderschlagen von zwei hart gekochten Eiern (als Osterbrauch).*
Ei|er|pfann|ku|chen, der: *Pfannkuchen aus Eiern, Mehl, Milch; Omelett.*
Ei|er|pflan|ze, die: *(zu den Nachtschattengewächsen gehörende) hoch wachsende Pflanze mit dunkelvioletten, gurkenähnlichen Früchten; Aubergine* (a).
Ei|er|pflau|me, die: *große, eiförmige Pflaume.*
Ei|er|sa|lat, der: *Salat aus gekochten u. zerkleinerten Eiern.*
Ei|er|scha|le, die: *Kalkschale des Eis:* in dem Kuchen waren ein paar -n (ugs.; *Bruchstücke von Eierschalen*); *** noch die -n hinter den Ohren haben** (salopp; *noch sehr unreif u. unerfahren sein*).
Ei|er|scha|len|far|be, die ⟨o. Pl.⟩: *gelbliches Weiß.*
ei|er|scha|len|far|ben ⟨Adj.⟩: *gelblich weiß.*
Ei|er|schaum, der ⟨o. Pl.⟩ (Kochk.): *geschlagenes Eiweiß; Eischnee.*
Ei|er|schmalz, das (südd., österr.): *Rührei.*
Ei|er|schmar|ren, der (südd.): *Eierkuchen, Omelett.*
Ei|er|schnee: ↑Eischnee.
Ei|er|schnei|der, der: *kleines Küchengerät, mit dem hart gekochte Eier in Scheiben geschnitten werden.*
Ei|er|schwamm, der (österr., schweiz., sonst landsch.): *Pfifferling.*
Ei|er|speis, die (österr.): *Rührei.*
Ei|er|spei|se, die: **1.** *Speise aus Eiern.* **2.** (österr.) *Rührei.*
Ei|er|stand, der: *Stand, an dem Eier verkauft werden.*
Ei|er|ste|cher, der; -s, -: *Eipick.*
Ei|er|stich, der ⟨o. Pl.⟩ (Kochk.): *in Milch verrührtes, im Wasserbad fest gewordenes u. mit einem Löffel abgestochenes oder in Würfelchen geschnittenes Ei als Suppeneinlage.*
Ei|er|stock, der ⟨meist Pl.⟩: *paarig angelegtes Geschlechtsorgan, das die weiblichen Keimzellen bildet.*
Ei|er|stock|schwan|ger|schaft, die: *Schwangerschaft, bei der sich der Fetus im Eierstock entwickelt.*
Ei|er|tanz, der [eigtl. = kunstvoller Tanz zwischen ausgelegten Eiern] (ugs.): *sehr vorsichtiges, gewundenes Verhalten, Taktieren in einer heiklen Situation:* einen E. [um jmdn. od. etw.] aufführen, vollführen.
Ei|er|teig|wa|re, die ⟨meist Pl.⟩: *mit Eiern bereitete Teigware.*
Ei|er|uhr, die: *kleine [Sand]uhr, die die Kochzeit für Eier anzeigt.*
Ei|er|wär|mer, der: *wattierte Haube, die zum Warmhalten über gekochte Eier gestülpt wird.*
Ei|fel, die; -: nordwestlicher Teil des Rheinischen Schiefergebirges.
Ei|fer, der; -s [bei Luther = freundlicher Neid, lieblicher Zorn, für lat. zelus < griech. zẽlos]: *ernstes, angespanntes Streben, Bemühen:* ihr E. lässt nach, erlahmt; einen unermüdlichen E. zeigen; in E. geraten; im E. *(in der Eile, Aufregung, Erregung)* etw. übersehen, vergessen; etw. mit E. betreiben; Spr blinder E. schadet nur; *** im E. des Gefechts** *(im Eifer; in der Eile):* etw. im E. des Gefechts übersehen.
Ei|fe|rer, der; -s, - [mhd. īferære = Glaubenseiferer (für spätlat. zelotes < griech. zēlōtés)]: *jmd., der (bes. auf religiösem od. politischem Gebiet) fanatisch für eine Idee, Überzeugung eintritt.*
Ei|fe|rin, die; -, -nen: w. Form zu ↑Eiferer.
ei|fern ⟨sw. V.; hat⟩ [spätmhd. eifern, urspr. = eifersüchtig, missgünstig sein, dann beeinflusst von ↑Eifer; viell. zu ahd. eivar = scharf, bitter]: **1.** (oft abwertend) *mit leidenschaftlicher Erregung für od. gegen etw. sprechen:* für etw. e.; ein eifernder Sektierer. **2.** (geh.) *mit leidenschaftlichem Eifer nach etw. streben:* nach Ruhm e.
Ei|fer|sucht, die ⟨Pl. selten⟩ [urspr. verdeutlichende Zus. mit Eifer = Eifersucht]: *starke, übersteigerte Furcht, jmds. Liebe od. einen Vorteil mit einem anderen teilen zu müssen od. an einen anderen zu verlieren:* rasende E.; aus E. handeln.
Ei|fer|süch|te|lei, die; -, -en ⟨meist Pl.⟩: *wiederholte schwächere Äußerung von Eifersucht; eifersüchtige Streiterei:* -en zwischen den Söhnen.
ei|fer|süch|tig ⟨Adj.⟩: *von Eifersucht erfüllt, bestimmt:* ein -er Ehemann; jmdn. [durch sein Verhalten] e. machen; e. auf jmdn. sein.
Ei|fer|suchts|sze|ne, die: *durch Eifersucht veranlasste Szene* (3 b).
Ei|fer|suchts|tat, die: *Bluttat aus Eifersucht.*
Ei|form, die: *Form eines Eis.*
ei|för|mig ⟨Adj.⟩: *von der Form eines Eis.*
eif|rig ⟨Adj.⟩ [im 15. Jh. = eifersüchtig, dann beeinflusst von ↑Eifer]: *von Eifer erfüllt; mit Eifer, voll Eifer:* -es Suchen; eine -e Schülerin; e. lernen; sich e. um etw. bemühen.
Eif|rig|keit, die; -: *eifrige Art, eifriges Verhalten.*
Ei|gelb, das; -s, -e ⟨aber: drei Eigelb⟩ (bes. Kochk.): *Dotter des [Hühner]eis.*
ei|gen ⟨Adj.⟩ [mhd. eigen, ahd. eigan, urspr. 2. Part. zu einem Verb mit der Bed. »haben, besitzen« u. eigtl. = in Besitz genommen]: **1.** *jmdm. selbst gehörend; einer Sache zugehörend* (oft nur verstärkend beim Possessivpronomen od. an dessen Stelle): mein -es Zimmer; sein -er Bruder hat ihn verraten; sie drehte sich um die -e Achse; jede Wohnung hat einen -en *(gesonderten)* Eingang; ein Verlag mit -er Druckerei; es war so laut, dass man sein -es Wort nicht verstand; etw. vom -en Geld kaufen; das sind seine -en *(von ihm selbst geäußerten)* Worte; ich habe es mit [meinen] -en Augen *(selbst, persönlich)* gesehen; eine -e *(unabhängige, selbstständige)* Meinung haben; etw. aus -em Entschluss, Antrieb *(ohne fremde Veranlassung, unabhängig von anderen)* tun; das ist deine -ste Angelegenheit; auf -e Verantwortung; ⟨subst.:⟩ das ist alles unser Eig[e]nes *(Eigentum).* **2. a)** *einer Person, Sache zugehörend u. für sie typisch, charakteristisch:* mit allem ihr -en Charme; ⟨subst.:⟩ sein Eig[e]nes *(seine Eigenart)* zu verlieren drohen; **b)** (veraltend) *sonderbar, eigenartig:* mit dem so genannten Fortschritt ist es eine -e Sache, (veraltet:) ein e. Ding; mir ist so e. zumute. **3.** ⟨nicht adv.⟩ (landsch.) *fast übertrieben sorgfältig, genau; penibel:* er ist darin sehr e.
Ei|gen, das; -s (geh.): *Eigentum, Besitz:* das Haus ist mein E.; *** etw. sein E. nennen** (geh.; *besitzen, haben*); **jmdm. etw. zu E. geben** (geh.; *jmdm. etw. schenken*); **sich** ⟨Dativ⟩ **etw. zu E. machen** (*sich etw. aneignen 2; etw. übernehmen* 3): sich eine Auffassung zu E. machen.
-ei|gen: 1. besagt in Bildungen mit Substantiven, wem die beschriebene Sache gehört, wer sie in seinem Besitz hat: gewerkschafts-, konzern-, universitätseigen. **2.** drückt in Bildungen mit Substantiven aus, dass die beschriebene Sache typisch, charakteristisch ist für etw.: system-, wesens-, zeiteigen.
Ei|gen|an|teil, der: *Anteil, Leistung o. Ä., die jmd. selbst erbringen muss.*
Ei|gen|an|trieb, der (Technik): *eigener Antrieb (einer Maschine, eines Fahrzeugs o. Ä.).*
Ei|gen|art, die: **a)** ⟨o. Pl.⟩ *eigentümliche, spezifische [Wesens]art, Eigentümlichkeit:* die E. einer Stadt; das ist die E. des Wieners; **b)** *einzelner, besonderer Wesenszug; einzelne merkwürdige Besonderheit:* jmds. -en kennen.
ei|gen|ar|tig ⟨Adj.⟩: *Eigenarten* (b) *zeigend; sonderbar, merkwürdig:* ein -er Mensch; ein -es Gefühl; das ist aber e.; es roch e.
ei|gen|ar|ti|ger|wei|se ⟨Adv.⟩: *als Tatbestand, Sachverhalt eigenartig anmutend.*
Ei|gen|ar|tig|keit, die: **1.** ⟨o. Pl.⟩ *das Eigenartigsein.* **2.** *eigenartige Verhaltensweise.*
Ei|gen|bau, der ⟨o. Pl.⟩: **1.** *etw. Selbstgebautes, -konstruiertes; eigene Konstruktion.* **2.** (ugs. scherzh.) *etwas Selbstangebautes, besonders Tabak:* er raucht nur [Tabak Marke] E.
Ei|gen|be|darf, der: *eigener Bedarf:* den E. selbst decken; Wohnungskündigung wegen E.
Ei|gen|be|las|tung, die (Technik): *Belastung durch das eigene Gewicht.*
Ei|gen|be|we|gung, die (Astron.): *scheinbare Bewegung eines Gestirns.*
Ei|gen|blut, das (Med.): *körpereigenes Blut.*
Ei|gen|blut|be|hand|lung, die (Med.): *Form der Reizkörpertherapie, bei der eine bestimmte Menge Eigenblut aus einer Vene entnommen u. wieder in einen Muskel injiziert wird.*
Ei|gen|brö|te|lei, (seltener:) Eigenbrötlerei, die; -, -en: *eigenbrötlerisches Verhalten, eigenbrötlerische Handlung[sweise].*

Ei|gen|bröt|ler, der; -s, - [urspr. südwestd. mundartl. = Junggeselle, der sein eigenes Brot backt] (oft abwertend): *Mensch, der sich absondert, seine Angelegenheiten für sich allein u. auf seine Weise erledigt u. andern in seinem Verhalten merkwürdig erscheint.*

Ei|gen|bröt|le|rei: ↑Eigenbrötelei.

Ei|gen|bröt|le|rin, die; -, -nen: w. Form zu ↑Eigenbrötler.

ei|gen|bröt|le|risch ⟨Adj.⟩: *von, in der Art eines Eigenbrötlers; wie ein Eigenbrötler sich verhaltend.*

Ei|gen|fi|nan|zie|rung, die (Finanzw.): *Finanzierung durch Eigenkapital* (2) *od. durch Rückstellung von Gewinnen aus dem zu finanzierenden Objekt.*

Ei|gen|ge|brauch, der: *Nutzung von etw. zu eigenen Zwecken.*

ei|gen|ge|nutzt ⟨Adj.⟩: *(von Wohnräumen) vom Eigentümer selbst genutzt.*

ei|gen|ge|setz|lich ⟨Adj.⟩: *eigenen Gesetzen entsprechend, gehorchend:* die -e Dynamik einer Entwicklung.

Ei|gen|ge|setz|lich|keit, die: *eigene Gesetzlichkeit einer Sache.*

Ei|gen|ge|wächs, das: *aus eigenem Anbau, eigener Züchtung stammendes Gewächs* (1 b): die Kellerei stellt ihren Sekt nur aus -en *(aus Weinen, die von eigenen Weinbergen stammen)* her; Ü das Münchner E. *(der aus dem Nachwuchs des Vereins stammende Spieler).*

Ei|gen|ge|wicht, das: **1.** *eigenes Gewicht:* das E. der Kugel spielt bei der Berechnung der Fallgeschwindigkeit keine Rolle; Ü das politische E. Europas. **2. a)** (Technik) *eigenes Gewicht ohne [Zu]ladung;* **b)** (Wirtsch.) *Gewicht der Ware ohne Verpackung.*

Ei|gen|goal, das (österr., schweiz.): *Eigentor.*

Ei|gen|han|del, der (Wirtsch.): *Kauf od. Verkauf von Waren od. Wertpapieren, ausgeführt für eigene Rechnung u. nicht für Rechnung des Kunden.*

ei|gen|hän|dig ⟨Adj.⟩: *mit eigener Hand; selbst ausgeführt:* diese Frau soll drei Männer e. erschossen haben; e. abzugeben (bes. auf Briefen; österr.: dem Empfänger persönlich; Abk.: e. h.).

Ei|gen|heim, das: *vom Eigentümer selbst bewohntes [einfacheres] Haus mit ein od. zwei Wohnungen.*

Ei|gen|heim|be|sit|zer, der: *Besitzer eines Eigenheims.*

Ei|gen|heim|be|sit|ze|rin, die: w. Form zu ↑Eigenheimbesitzer.

Ei|gen|hei|mer, der; -s, - (ugs.): *Eigenheimbesitzer.*

Ei|gen|heit, die; -, -en [mhd. eigenheit]: *Eigenart* (b): sich an jmds. -en stoßen.

Ei|gen|ini|ti|a|ti|ve, die: *eigene Initiative:* er beklagte den Mangel an E. im Kulturbetrieb; etw. in E. bauen.

Ei|gen|in|ter|es|se, das: *Ausrichtung auf den eigenen Vorteil:* aus E. handeln.

Ei|gen|ka|pi|tal, das (Wirtsch.): **1.** *Kapital, das dem Inhaber od. den Gesellschaftern eines Unternehmens gehört.* **2.** *aus eigenen Mitteln aufgebrachtes Kapital zur Finanzierung einer Sache.*

Ei|gen|le|ben, das ⟨o. Pl.⟩: *Leben auf eigene Art u. Weise:* ein E. führen; sein E. bewahren.

ei|gen|le|big ⟨Adj.⟩ (schweiz.): *ein eigenes Leben führend; selbstständig.*

Ei|gen|leis|tung, die: *selbst erbrachte Leistung:* ein Haus in E. bauen; -en von 50 Stunden, in Höhe von 1 Mio. Mark erbringen.

Ei|gen|lie|be, die: *mit Egoismus verbundene Eitelkeit:* etw. schmeichelt jmds. E.

Ei|gen|lob, das: *Selbstlob:* R E. stinkt (ugs.; *man lobt sich nicht selbst).*

ei|gen|mäch|tig ⟨Adj.⟩: *ohne Auftrag u. Erlaubnis od. Befugnis, ohne Rücksicht auf fremde Zuständigkeit od. Rechte, auf eigene Faust:* eine -e Entscheidung; e. handeln.

Ei|gen|mäch|tig|keit, die; -, -en: **1.** ⟨o. Pl.⟩ *das Eigenmächtigsein:* die E. seines Vorgehens wurde missbilligt. **2.** *eigenmächtige Handlung.*

Ei|gen|mit|tel ⟨Pl.⟩ (Finanzw.): *eigene Geldmittel.*

Ei|gen|na|me, der: *Name, der ein Individuum (Person, Gruppe, Sache usw.) bezeichnet u. als einmaliges von allen gleichartigen Individuen unterscheiden soll:* ein geographischer E.

Ei|gen|nutz, der; -es: *rücksichtsloses Bedachtsein auf den eigenen Nutzen:* aus reinem E. handeln.

ei|gen|nüt|zig ⟨Adj.⟩: *von Eigennutz bestimmt:* -e Motive; e. handeln.

Ei|gen|nüt|zig|keit, die; -: *eigennützige Art.*

Ei|gen|nut|zung, die (Rechtsspr.): *Nutzung von Wohneigentum durch die Eigentümerin, den Eigentümer selbst.*

Ei|gen|pro|duk|ti|on, die: *eigene Produktion:* Äpfel aus E.; im Theater läuft schon die fünfte E.

ei|gens ⟨Adv.⟩: *besonders; speziell zu einem bestimmten Zweck:* das braucht nicht e. erwähnt zu werden; sie ist deswegen e. aus Berlin gekommen; das Geld ist e. *(allein, ausschließlich)* für diesen Zweck bestimmt.

Ei|gen|schaft, die; -, -en [mhd. eigenschaft, ahd. eiginschaft = Eigentum[srecht], Eigentümlichkeit]: *zum Wesen einer Person od. Sache gehörendes Merkmal; charakteristische [Teil]beschaffenheit od. [persönliche, charakterliche] Eigentümlichkeit:* er hat auch gute -en; Wasser hat die E., bei 0° zu gefrieren; ein Kunststoff mit idealen -en; er ist in amtlicher E. hier *(in amtlicher Funktion, von Amts wegen);* ich spreche hier in meiner E. als *(in meinem Amt, meiner Funktion als)* gesetzlicher Vormund.

Ei|gen|schafts|wort, das ⟨Pl. ...wörter⟩: *Adjektiv.*

ei|gen|schafts|wört|lich ⟨Adj.⟩: *adjektivisch.*

Ei|gen|sinn, der ⟨o. Pl.⟩: *hartnäckiges Beharren auf einer Meinung, Absicht o. Ä.:* sich aus E. gegen etw. sperren.

ei|gen|sin|nig ⟨Adj.⟩: *von Eigensinn bestimmt, voller Eigensinn:* ein -es Kind; e. auf einer Sache beharren.

Ei|gen|sin|nig|keit, die: *Eigensinn.*

Ei|gen|staat|lich|keit, die ⟨o. Pl.⟩: *staatliche Selbstständigkeit.*

ei|gen|stän|dig ⟨Adj.⟩: *auf eigener Grundlage fußend:* eine -e Kultur, Entwicklung; die Universitäten sollen -er werden.

Ei|gen|stän|dig|keit, die; -: *das Eigenständigsein.*

Ei|gen|sucht, die ⟨o. Pl.⟩: *Selbstsucht, Egoismus.*

ei|gen|süch|tig ⟨Adj.⟩: *selbstsüchtig, egoistisch:* ein -er Mensch; -e Motive; e. handeln, denken.

ei|gent|lich [I: mhd. eigenlich = eigen(tümlich); leibeigen; II: mhd. eigenlîche = ausdrücklich, bestimmt]: **I.** ⟨Adj.⟩ *wirklich bedeutsam, einer Sache in Wahrheit zugrunde liegend, in Wirklichkeit relevant, ausschlaggebend, tatsächlich, wirklich:* der -e Zweck war folgender; ihr -er *(richtiger)* Name lautet anders; die -e *(wirkliche, ursprüngliche, wörtliche, nicht übertragene)* Bedeutung eines Wortes; ein -er (Math.; *echter* 3) Bruch. **II.** ⟨Adv.⟩ (Abk.: eigtl.) **a)** *in Wirklichkeit (im Unterschied zum äußeren Anschein):* er heißt e. Meyer; **b)** *im Grunde, genau genommen; an und für sich* (wenn jmd. keinen Grund nennen, keine Begründung geben will): e. hast du recht; wir wollten e. *(ursprünglich)* nach München; **c)** kennzeichnet einen meist halbherzigen, nicht überzeugenden Einwand, weist auf eine ursprüngliche, aber schon aufgegebene Absicht hin: ich habe e. keine Zeit; e. wollten wir heute lernen. **III.** ⟨Partikel; unbetont⟩ **a)** verstärkt oder relativiert bes. in Fragesätzen eine gewisse Anteilnahme, eine vorwurfsvolle Äußerung: wie heißt du e. *(überhaupt)*?; was denkst du dir e. *(denn)*?; was willst du e. *(überhaupt)* hier?; bist du e. noch bei Trost? **b)** signalisiert in Fragesätzen eine gewisse Beiläufigkeit, einen spontanen Einfall; *nebenbei bemerkt, übrigens, was ich noch sagen wollte:* kennen Sie e. diese Malerin?; kannst du e. Klavier spielen?

Ei|gent|lich|keit, die; -: *Zustand, der einer Sache od. jmdm. ursprünglich u. eigentlich zukommt.*

Ei|gen|tor, das (Ballspiele): *versehentlich gegen die eigene Mannschaft erzieltes Tor:* dem Verteidiger unterlief ein E.

Ei|gen|tum, das; -s, -e ⟨Pl. selten⟩ [mhd. eigentuom]: **1. a)** *jmdm. Gehörendes; Sache, über die jmd. die Verfügungs- u. Nutzungsgewalt, die rechtliche (aber nicht unbedingt die tatsächliche) Herrschaft hat:* das Haus ist mein E.; sich an fremdem E. vergreifen (verhüll.; *stehlen*); diese Erfindung ist sein geistiges E. *(Geisteserzeugnis [das, soweit es allein von ihm selbst stammt, urheberrechtlich geschützt ist]);* **b)** *Recht od. Verfügungs- u. Nutzungsgewalt des Eigentümers, rechtliche (aber nicht unbedingt tatsächliche) Herrschaft über etw.:* das E. achten; das Grundstück ist in unser E. übergegangen; geistiges E. (Rechtsspr.; *Urheberrecht*) an etw. haben. **2.** (veraltet) *Land-, Grundbesitz.*

Ei|gen|tü|mer, der; -s, -: *jmd., der eine Sache als Eigentum hat:* der [rechtmäßige] E. der Uhr, des Grundstücks.

Ei|gen|tü|me|rin, die; -, -nen: w. Form zu ↑Eigentümer.

Ei|gen|tü|mer|schaft, die; -: *Eigenschaft, Status einer Eigentümerin, eines Eigentümers:* seine E. nachweisen.

ei|gen|tüm|lich ⟨Adj.⟩ [frühnhd. = als Besitz eigen]: **1.** *jmdm. od. einer Sache eigen* (2 a); *für jmdn. od. etw. typisch, charakteristisch:* mit dem ihr -en Charme. **2.** *von, in besonderer u. merkwürdiger Art:* eine -e Person; ein -er Geruch; sich e. verhalten; ⟨subst.:⟩ das Eigentümliche an der Sache.

ei|gen|tüm|li|cher|wei|se ⟨Adv.⟩: *merkwürdigerweise.*

Ei|gen|tüm|lich|keit, die; -, -en: **1. a)** ⟨o. Pl.⟩ *eigentümliche* (1) *Art:* dieser Volksstamm hat die E. seines Brauchtums bewahrt; **b)** *eigentümlicher* (1) *Charakterzug:* das ist eine männliche E. **2. a)** ⟨o. Pl.⟩ *eigentümliche* (2) *Art:* die E. ihrer Ausdrucksweise, des Grundrisses; **b)** *eigentümlicher* (2) *Charakterzug:* sich die -en abgewöhnen.

Ei|gen|tums|de|likt, das (Rechtsspr.): *Delikt, das in der Verletzung des Eigentums einer anderen Person besteht* (z. B. Diebstahl).

Ei|gen|tums|er|werb, der (Rechtsspr.): **a)** *Erwerb von Eigentum* (1 a) *durch Kauf;* **b)** *Erwerb von Eigentum* (1 a) *durch Erbschaft.*

ei|gen|tums|los ⟨Adj.⟩: *kein Eigentum besitzend:* die -en Bevölkerungsschichten.

Ei|gen|tums|recht, das: *im Eigentum an einer Sache bestehendes Recht; Recht des Eigentümers:* ein, das E. an etw. besitzen; -e geltend machen.

Ei|gen|tums|über|ga|be, die (Rechtsspr.): *Übertragung des unmittelbaren Besitzes durch den Besitzer auf eine andere Person.*

Ei|gen|tums|über|tra|gung, die (Rechtsspr.): *Eigentumsübergabe.*

Ei|gen|tums|woh|nung, die: *Wohnung [in einem größeren Haus], die das Eigentum einer Privatperson ist.*

ei|gen|ver|ant|wort|lich ⟨Adj.⟩: *in, mit eigener Verantwortung:* etw. e. entscheiden.

Ei|gen|ver|ant|wort|lich|keit, die: *das Eigenverantwortlichsein:* die E. der Mitarbeiterinnen u. Mitarbeiter erhöhen.

Ei|gen|ver|brauch, der: *eigener Verbrauch.*

Ei|gen|vor|sor|ge, die: *von jmdm. für sich selbst getroffene, private Vorsorge für Krankheit u. Altersversorgung:* mehr E. für das Alter erreichen.

Ei|gen|wär|me, die: *von jmdm., einer Sache selbst entwickelte, hervorgebrachte Wärme:* die E. des Holzes, der Erde.

Ei|gen|wil|le, der: *starker eigener Wille [einer Persönlichkeit].*

ei|gen|wil|lig ⟨Adj.⟩: **1.** *sich im Verhalten u. Gestalten stark vom Eigenwillen leiten lassend; den eigenen [Gestaltungs]willen nachdrücklich zur Geltung bringend:* eine -e Persönlichkeit; ein -er Stil. **2.** *eigensinnig:* ein -es Kind.

Ei|gen|wil|lig|keit, die: **1.** ⟨o. Pl.⟩ *eigenwilliger Charakter, eigenwilliges Verhalten.* **2.** *eigenwillige Handlung.*

eig|nen ⟨sw. V.; hat⟩ [mhd. eigenen, ahd. eiginēn = in Besitz nehmen, haben]: 1. (geh.) *jmdm., einer Sache als Merkmal, Eigenschaft zugehören:* ihr eignet eine gewisse Schüchternheit. 2. ⟨e. + sich⟩ *die erforderlichen, zweckentsprechenden Eigenschaften besitzen; geeignet sein:* sich [nicht] als/zum Lehrer e.; sich als Geschenk, zum Verschenken e.

Eig|ner, der; -s, -: 1. *Eigentümer.* 2. *Schiffseigner, -eigentümer.*

Eig|ne|rin, die; -, -nen: w. Form zu ↑Eigner.

Eig|nung, die; -: *das Geeignetsein (bes. eines Menschen); Tauglichkeit:* die E. für, zu, als etw.

Eig|nungs|prü|fung, die: *Prüfung, die zeigen soll, ob sich jmd. für eine bestimmte Tätigkeit eignet.*

Eig|nungs|test, der: vgl. Eignungsprüfung.

ei|groß ⟨Adj.⟩: *so groß wie ein Hühnerei:* eine -e Geschwulst.

eigtl. = eigentlich.

Ei|haut, die (Zool., Med.): 1. *Eikern u. Eiplasma umhüllende Haut.* 2. *den Fetus samt Fruchtwasser umhüllende Haut.*

Ei|hül|le, die: vgl. Eihaut.

Ei|kern, der (Zool., Med.): *Zellkern der Eizelle.*

Ei|klar, das; -s, - (österr.): *Eiweiß.*

Ei|land, das; -[e]s, -e [mniederd., mniederl. eilant < afries. eiland, eigtl. = Inselland, zu afries. ei = Insel (dafür mhd. ouwe, ahd. ouw[i]a, ↑Aue)] (dichter.): *Insel.*

Eil|auf|trag, der: *eiliger, dringender Auftrag.*

Eil|be|stel|lung, die: vgl. Eilauftrag.

Eil|bo|te, der: *Postbote für Eilsendungen.*

Eil|brief, der (Postw.): *als Eilsendung zuzustellender Brief.*

Ei|le, die; - [mhd. īle, ahd. īla, zu ↑eilen]: *Bestreben, Gedrängtsein, etwas so schnell wie möglich zu erledigen:* ich habe [keine] E.; die Sache hat [große] E., keine E. *(ist sehr, ist nicht eilig);* sie ist immer in E.; etw. in der E. *(Hast)* vergessen; das teilte er mir in aller E. *(schnell u. kurz)* mit.

Ei|lei|ter, der: *in die Gebärmutter mündender, mit Schleimhaut ausgekleideter Ausführungsgang eines Eierstocks.*

Ei|lei|ter|schwan|ger|schaft, die (Med.): *Schwangerschaft, bei der sich der Embryo im Eileiter einnistet; Tubenschwangerschaft.*

ei|len ⟨sw. V.⟩ [mhd. īlen, ahd. īlen, īllan, urspr. = gehen]: 1. *sich in Eile fortbewegen* ⟨ist⟩: seines Weges e.; sie war ans Sterbebett der Mutter geeilt; nach Hause, über die Brücke, zum Bahnhof e.; jmdm. zu Hilfe eilen *(herbeieilen, um jmdm. in einer Gefahr zu helfen);* Ü sie eilten von Sieg zu Sieg, von Erfolg zu Erfolg; **Spr** eile mit Weile! *(handle mit der gebotenen Eile, aber überstürze nichts!).* 2. *Eile, schnelle Erledigung erfordern; eilig, dringend sein* ⟨hat⟩: die Angelegenheit eilt; es eilt; Eilt! (Notiz auf Akten o. Ä.); es eilt mir nicht damit *(für mich hat die Sache keine Eile).* 3. ⟨e. + sich⟩ *sich beeilen* ⟨hat⟩: sich e., nach Hause zu kommen; sie eilte sich mit der Abrechnung.

ei|lends ⟨Adv.⟩: *schleunigst; unverzüglich:* e. kommen; etw. e. nachholen.

eil|fer|tig ⟨Adj.⟩ (geh.): a) *übereilig, vorschnell:* eine -e Handlungsweise; wie e. behauptet wurde; b) *dienstbeflissen, gefällig:* e. aufstehen und die Tür öffnen.

Eil|fer|tig|keit, die: *eilfertige Art.*

ei|lig ⟨Adj.⟩ [mhd. īlec, ahd. īlīc, zu ↑eilen]: 1. *in Eile; hastig:* -e Schritte; nur nicht so e.!; e. davonlaufen; er hat es immer so e. *(er ist immer so in Eile).* 2. *Eile erfordernd; dringend:* eine -e Nachricht; die Sache ist e.; du hast es wohl sehr e. damit *(die Sache ist für dich wohl dringend)?*; ⟨subst.:⟩ sie hatte nichts Eiligeres zu tun, als die Sache weiterzuerzählen (iron.; *sie hat die Sache umgehend weitererzählt).*

Ei|lig|keit, die; -: *Zustand der Eile; Tatsache, dass jmd. in Eile ist.*

ei|ligst ⟨Adv.⟩ [Sup. zu ↑eilig (1)]: *in größter Eile, schleunigst:* er machte sich e. davon.

Eil|marsch, der (bes. Milit.): *Marsch in schnellem Tempo.*

Eil|mel|dung, die (Rundf., Ferns., Zeitungsw.): *eilige, sofort zu druckende od. zu sendende Meldung* (2).

Eil|post, die: *Gesamtheit von Eilsendungen.*

Eil|schritt: in der Fügung **im E.** *(schnell, eilig):* sich im E. entfernen.

Eil|sen|dung, die: *Postsendung, die nach ihrer Ankunft sofort durch einen besonderen Boten zugestellt wird.*

Eil|tem|po, das (ugs.): *schnelles, sehr zügiges, oft durch eine gewisse Hast gekennzeichnetes Tempo:* im E. arbeiten.

Ei|mer, der; -s, - [mhd. eim(b)er, einber, ahd. eimber, eimbar, in der Bed. »einhenkeliges Gefäß« für ahd. amber (< lat. amphora, ↑Amphore) angelehnt an ↑[1]ein u. ahd. beran = tragen]: 1. *dem Aufbewahren, Transportieren bes. von Flüssigkeiten dienendes, hohes, zylindrisches od. kegelstumpfförmiges Gefäß mit beweglichem Henkel:* der E. ist voll, läuft über; ein E. [voll] Wasser; ein E. heißes Wasser/(geh.:) heißen Wassers, mit heißem Wasser; es gießt wie aus/mit -n (ugs.; *es regnet heftig, in Strömen*); *** im E. sein** (salopp; *kaputt, verdorben, verloren sein;* gemeint ist der Abfalleimer): die Uhr, unsere Stimmung ist jetzt endgültig im E. 2. (ugs. abwertend) *[altes od. unzuverlässiges] Schiff, Auto o. Ä.*

ei|mer|wei|se ⟨Adv.⟩: *in Eimer füllender [großer] Menge; in Eimern:* e. Sand, den Sand e. wegtragen; Erdbeeren e. ernten.

[1]ein [mhd., ahd. ein, alter idg. Pronominalstamm, vgl. er; schon ahd. als unbest. Art.]: I. ⟨Kardinalz.; betont⟩ (als Ziffer: 1): 1. -e Mark achtzig; e. Jahr später; die Ereignisse dieses -en Jahres; die Last ist für -en Mann zu schwer; in e. bis zwei Tagen; in ein[em] und -em viertel Jahr; der -e *(einzige)* Gott; sie hat nicht -en *(nicht einen einzigen)* Tag gefehlt; es war e. Uhr; ⟨subst.:⟩ -e [von ihnen]; -er der beiden; -[e]s ist wichtig: ...; das -e, was Not tut; *** e. für allemal** *(endgültig, für immer):* das lass dir e. für allemal gesagt sein; **in -em fort** *(fortwährend, ununterbrochen);* **zum -en ... zum and[e]ren** (nennt zwei zu ein und derselben Sache o. Ä. gehörende Gesichtspunkte, Gegensätzlichkeiten: da ist zum -en die Steuerlast, zum anderen die Freude an der Selbstständigkeit); **jmds. Ein und Alles sein** *(jmds. sein ganzes Glück ausmachender Lebensinhalt sein).* 2. a) *der, die, das Gleiche; derselbe, dieselbe, dasselbe:* wir sind -er Meinung, -[er] und derselben Meinung; (ugs.:) etw. kommt auf -s heraus, läuft auf -s hinaus; b) jmd., etw. im Ggs. zu anderem Ähnlichen: der Mann, dessen -es Bein verletzt ist; (ugs.:) sein -es Bein; -er nach dem ander[e]n, -e nach der ander[e]n, -[e]s nach dem ander[e]n *(nacheinander);* der -e oder/und [der] andere, der ein[e] oder andere, ein[er] oder/und der andere, die -e oder der andere *(mancher);* -er wie der andere, -e wie die andere war der Meinung *(alle waren der Meinung),* dass ...; der Ausfall -es oder mehrerer Konsonanten. II. ⟨Indefinitpron.; betont⟩ a) *jemand, irgendeine[r]:* das wird kaum -er erfreulich finden; da hat -e ihren Lippenstift vergessen; -es (selten; *jemandes*) ansichtig werden; du bist [mir] -er (oft iron.; *ein ganz Besonderer*); das ist der Rat -es, der die Lage kennt; die Ansicht -es unserer Mitarbeiter/-er unserer Mitarbeiterinnen; es ist -[e]s der besten Mittel, die ich kenne; ist es -er von euch?; ist -s (landsch. *eine[r]*) von euch verletzt?; -en (ugs.; *bes. Alkohol*) trinken; jmdm. -e langen, kleben (salopp; *eine Ohrfeige geben*); -s (ugs.; *etwas Unangenehmes, bes. einen Schlag*) abbekommen; b) *man:* das soll (ugs.:) -er wissen!; das wird -em schnell klar; das stört -en. III. ⟨unbest. Art.; unbetont⟩ 1. führt jmdn., etw. als einen der Einzelfälle einer Gattung neu ein: der Hund ist e. Säugetier; der Sohn -er Lehrerin; e. Herr D. hat sich gemeldet; jmdm. -e Freude machen; e. bisschen, e. wenig; e. anderer, -e andere; e. jeder, -e jede; Frau Ober, -en *(eine Tasse)* Kaffee bitte!; das konnte nur e. *(ein Mann wie)* Beethoven; er besitzt -en *(ein Bild von)* Rubens; was für e. Lärm! (ugs.; *welch starker Lärm!*); so -e (ugs.; *eine solch große, solch eine*) Enttäuschung! 2. stellt den Einzelfall als stellvertretend für all[e] Fälle einer Gattung hin: e. *(jeder)* Gletscher besteht aus Eis; ein Baby *(Babys brauchen)* braucht besondere Pflege.

[2]ein ⟨Adv.⟩ [mhd., ahd. īn]: 1. imperativisch od. elliptisch als Hinweis an Schaltern, die zum Ein[-] u. Ausschalten dienen: e. – aus. 2. ↑aus (II 3).

ein|ach|sig ⟨Adj.⟩: *mit nur einer Achse* (1 a) *[vers]hen].*

Ein|ak|ter, der; -s, -: *Theaterstück in einem Akt.*

ein|ak|tig ⟨Adj.⟩: *aus einem Akt bestehend; in einem Akt:* ein -es Schauspiel.

ei|nan|der ⟨rzp. Pron.⟩ [mhd., ahd. einander] (meist geh.): *eine[r] der/dem anderen, eine[r] den anderen; sich/uns/euch gegenseitig, wechselseitig:* e. widersprechende Behauptungen; e. die Hand geben; wir lieben e.

Ein|ant|wor|tung, die; -, -en (österr.): *[gerichtliche] Übergabe.*

ein|ar|bei|ten ⟨sw. V.; hat⟩: 1. *praktisch mit einer Arbeit vertraut machen:* einen Neuling e.; sich erst [in die Materie, auf einem Gebiet] e. müssen. 2. *in etw. sinnvoll einfügen:* Verzierungen ins/(seltener:) im Holz e.; Zusätze in einen/(se[l]tener:) einem Aufsatz e. 3. *durch vermehrte Arbeit ausgleichen:* den Zeitverlust e.

Ein|ar|bei|tung, die; -, -en ⟨Pl. selten⟩: *das Einar[-]beiten.*

Ein|ar|bei|tungs|zeit, die: *Zeit, die für das [Sich]einarbeiten* (1) *benötigt wird.*

ein|ar|mig ⟨Adj.⟩: 1. *nur einen Arm besitzend:* ei[n] -er Mann. 2. *mit nur einem Arm auszuführen:* ein -er Felgumschwung; Gewichte e. stemmen.

ein|äschern ⟨sw. V.; hat⟩: 1. *(Gebäude) niederbre[n]nen, in Schutt u. Asche legen:* der Brand äscherte alle Häuser ein. 2. *(einen Leichnam) nach der Sitte der Feuerbestattung verbrennen:* die Tote, der Leichnam wurde eingeäschert.

Ein|äsche|rung, die; -, -en: *das Einäschern.*

ein|at|men ⟨sw. V.; hat⟩: 1. *den Atem in die Lunge einziehen; Luft, Atem holen:* [tief] ein- und ausatmen; durch die Nase e. 2. *durch Einatmen* (1) *mit dem Atem durch Mund od. Nase einziehen:* begierig die frische Luft e.; giftige Dämpfe e.

Ein|at|mung, die; -: *das Einatmen.*

ein|ät|zen ⟨sw. V.; hat⟩: 1. *in etw. ätzen:* ein Mono[-]gramm in eine Metallplatte e. 2. ⟨e. + sich⟩ *ätzend in etw. eindringen.*

ein|äu|gig ⟨Adj.⟩: *mit nur einem Auge:* ein -er Bettler.

Ein|äu|gi|ge, der u. die; -n, -n ⟨Dekl. ↑Abgeordnete⟩: *jmd., der nur noch ein Auge besitzt:* **Spr** unter Blinden ist der Einäugige König (wohl nach lat. inter caecos luscus rex).

Ein|back, der; -[e]s, -e, Einbäcke u. (ugs.:) -s [zu ↑[1]ein]: *zu langen, eingekerbten Kuchen geform[-]tes weiches Hefegebäck.*

ein|ba|cken ⟨unr. V.⟩: 1. ⟨bäckt/backt ein, backte, (veraltend:) buk ein, hat eingebacken⟩: *in einen Teig hineinbringen u. sich beim Backen damit verbinden lassen:* Mandeln in den Kuchen e. 2. ⟨backt, backte ein, eingebackt⟩: *durch Kleber Festbacken einschließen* ⟨hat⟩: die Lava backte das Gestein ein.

ein|bah|nig ⟨Adj.⟩ (Verkehrsw.): *für nur eine Ver[-]kehrsrichtung zugelassen:* -er Verkehr.

Ein|bahn|stra|ße, die (Verkehrsw.): *Straße, die nur in einer Richtung befahren werden darf:* verkehrt in die E. fahren; Ü Solidarität darf keine E. sein.

ein|bal|sa|mie|ren ⟨sw. V.; hat⟩: 1. *(einen Leichnam) mit bestimmten konservierenden Mitteln behandeln, um ihn vor Verwesung zu schützen:* einen Leichnam e.; *** sich e. lassen können** (ugs.; *zu nichts zu gebrauchen sein; versagt haben*). 2. (ugs. scherzh.) *stark eincremen, einreiben, einsalben od. parfümieren.*

Ein|bal|sa|mie|rung, die; -, -en: *das Einbalsamie[-]ren.*

Ein|band, der; -[e]s, Einbände [zu ↑einbinden (1)]: *geheftete Seiten zusammenhaltender u. schützender Teil eines Buches o. Ä., der aus den bei-*

den Deckeln u. dem Rücken besteht: ein lederner E.

n|band|de|ckel, der: *steife Tafel, die den Buchblock vorne od. hinten umgibt u. die mit der anderen Tafel u. dem Rücken den Einband bildet.*

n|bän|dig ⟨Adj.⟩: *in einem Band [zusammengefasst]:* eine -e Ausgabe der Werke ist erschienen.

n|bau, der; -[e]s, -ten: **1.** ⟨o. Pl.⟩ **a)** *das Einbauen* (1 a): der E. eines Bades, eines Schranks; **b)** *das Einbauen* (1 b): der E. eines Motors, eines Ersatzteils in einen Motor. **2.** ⟨o. Pl.⟩ *sinnvolle Einfügung:* der E. von Zusätzen in ein Kapitel. **3.** *etw. Eingebautes; eingebautes Teil:* Einbauten aus Edelholz.

n|bau|en ⟨sw. V.; hat⟩: **1. a)** *durch Bauarbeiten in etw. einfügen, herstellen:* einen Schrank [in die/(selten:) in der Wand] e.; **b)** *mithilfe eines bestimmten [technischen] Verfahrens in etw. (bes. in eine technische Vorrichtung) einfügen, einsetzen, montieren:* in ein/(selten:) einem Auto einen neuen Motor e.; eine Kamera mit eingebautem Belichtungsmesser. **2.** *als gute Ergänzung einfügen:* [in einen Abschnitt] einen Zusatz e.

n|bau|fer|tig ⟨Adj.⟩: *vorgefertigt und damit irgendwo einbaubar.*

n|bau|kü|che, die: *eingebaute, für den Einbau vorgesehene Kücheneinrichtung.*

n|baum, der; -[e]s, Einbäume: *aus einem ausgehöhlten Baumstamm hergestelltes Boot.*

n|be|grei|fen ⟨st. V.; hat⟩ (geh.): *einbeziehen, einschließen:* Freiheit begreift Gleichberechtigung [mit] ein; die Mehrwertsteuer ist im Preis [mit] einbegriffen; alle, der Pilot einbegriffen, kamen ums Leben.

n|be|hal|ten ⟨st. V.; hat⟩: **1.** *an- od. aufrechnend zurückbehalten:* der Vermieter hat die Kaution einbehalten. **2.** (Amtsspr.) **a)** *zurückbehalten, nicht mehr zurückgeben:* die Polizisten behielten fünf Führerscheine ein; **b)** *in Haft nehmen:* aufgrund des Haftbefehls wurde der Tatverdächtige gleich einbehalten.

n|bei|nig ⟨Adj.⟩: **1.** *nur ein Bein* (1, 2) *habend:* ein -er Kriegsveteran. **2. a)** (Fußball) *nur in einem Bein Schusskraft besitzend:* ein -er Spieler; **b)** (bes. Leichtathletik) *mit nur einem Bein [erfolgend, ausgeführt]:* ein -er Sprung.

n|be|ken|nen ⟨unr. V.; hat⟩ (österr., sonst geh.): *bekennen, eingestehen:* seine Niederlage e.; er hat einbekannt, sie ermordet zu haben.

n|be|kennt|nis, das; -ses, -se (österr., sonst geh.): *Eingeständnis.*

n|be|ken|nung, die; -, -en: **1.** ⟨o. Pl.⟩ (österr., sonst geh.) *das Einbekennen.* **2.** (österr.) *Steuererklärung.*

n|be|rech|nen ⟨sw. V.; hat⟩ (selten): *einkalkulieren.*

n|be|ru|fen ⟨st. V.; hat⟩: **1.** *(eine Versammlung) zusammentreten lassen:* eine Versammlung [nach Berlin] e.; auf, für den 15. 11. eine Sitzung e. **2.** *jmdn. amtlich auffordern, seine Wehrpflicht zu erfüllen:* jmdn. zum Wehrdienst e.; einberufen werden.

n|be|ru|fung, die; -, -en: *das Einberufen.*

n|be|ru|fungs|be|fehl, der: *schriftlicher Befehl, durch den jmd. zum Wehrdienst einberufen wird:* den, seinen E. erhalten.

n|be|stel|len ⟨sw. V.; hat⟩ (bes. Amtsspr.): *jmdn. [amtlich] an einen bestimmten Ort bestellen:* jmdn. zum Amtsgericht e.; Patientinnen e.

n|be|stel|lung, die; -, -en: *das Einbestellen; das Einbestelltwerden.*

n|be|to|nie|ren ⟨sw. V.; hat⟩: *durch Betonieren od. Einfassen mit Beton [in etw.] befestigen, einsenken:* der Pfeiler wurde in die Felswand einbetoniert.

n|bet|ten ⟨sw. V.; hat⟩: *in etw. schützend od. passend Umschließendes, Umgebendes legen; [zweckmäßig] einfügen:* eingebettet in sattes Grün/im satten Grün liegen die Häuser.

n|bet|tung, die; -, -en: *das Einbetten.*

n|bett|zim|mer, das: *Hotel-, Krankenhaus-, Gästezimmer mit nur einem Bett.*

ein|beu|len ⟨sw. V.; hat⟩: **a)** *eine Beule in etw. machen:* einen Hut e.; ein eingebeulter Kotflügel; **b)** ⟨e. + sich⟩ *eine Beule bekommen:* durch den Druck hatte sich das Blechdach eingebeult.

Ein|beu|lung, die; -, -en: **1.** ⟨o. Pl.⟩ *das [Sich]einbeulen.* **2.** *eingebeulte Stelle; Delle.*

ein|be|zie|hen ⟨unr. V.; hat⟩: **a)** *(jmdn., etw.) zu jmdm., etw. in eine Beziehung bringen u. so mit einschließen:* einen Umstand [in seine Überlegungen] [mit] e.; **b)** *als dazugehörend betrachten; dazurechnen:* wenn ich von der heutigen Jugend rede, so beziehe ich meine beiden Söhne [mit] ein.

Ein|be|zie|hung, die ⟨o. Pl.⟩: *das Einbeziehen* (a).

Ein|be|zug, der; -[e]s (bes. schweiz.): *Einbeziehung.*

ein|bie|gen ⟨st. V.⟩: **1.** *nach innen [um]biegen, einwärts biegen, krümmen* ⟨hat⟩: die Zehen e.; ein Hut mit eingebogener Krempe. **2.** ⟨hat⟩ **a)** *in seinem mittleren Teil biegen, durch Biegen krümmen:* der Druck hat das Brett eingebogen; **b)** ⟨e. + sich⟩ *in seinem mittleren Teil gebogen werden, sich durch Biegen krümmen:* das Brett hat sich eingebogen. **3.** *die bisherige Richtung ändern u. in eine Seitenstraße, einen Seitenweg o. Ä. hineingehen, -fahren* ⟨ist⟩: der Wagen ist [nach links] eingebogen.

Ein|bie|gung, die; -, -en: *das Einbiegen* (1).

ein|bil|den ⟨sw. V.; hat⟩ [mhd. īnbilden = (in die Seele) hineinprägen, dann: vorstellen]: **1.** ⟨e. + sich⟩ *sich (bes. auf die eigene Person Bezügliches) [fälschlich, unbegründeterweise als existierend] vorstellen, sich einreden; [irrtümlich] annehmen, von etw. überzeugt sein:* du bildest dir Gefahren ein; er bildet sich ein, Napoleon zu sein/er sei Napoleon. **2.** ⟨e. + sich⟩ (landsch.) *unbedingt haben wollen:* das Kind hat sich (Dativ) eine Puppe eingebildet. **3.** ⟨e. + sich⟩ *übermäßig, unangemessen, unberechtigterweise stolz sein, einen Dünkel haben:* er bildet sich viel [auf seine reichen Großeltern, auf seine Kenntnisse] ein; was bildest du dir eigentlich ein? *(was denkst du dir, wie kommst du zu solch einer Unverschämtheit?).*

Ein|bil|dung, die; -, -en [mhd. īnbildunge = Einprägung]: **1. a)** ⟨o. Pl.⟩ *[bloße] Fantasie:* dieses Schloss existiert nur in seiner E.; **b)** *trügerische, falsche Vorstellung:* ihre Krankheit ist reine E.; sie leidet unter/an krankhaften -en. **2.** ⟨o. Pl.⟩ *Dünkel, Hochmut, Überheblichkeit [im Umgang mit anderen]:* sie weiß vor E. nicht, wie sie gehen soll; R (ugs. scherzh.:) E. ist auch eine Bildung.

Ein|bil|dungs|ga|be, die: *Fähigkeit zur (geistigen od. künstlerischen) Einbildung* (1 a).

Ein|bil|dungs|kraft, die [LÜ von lat. vis imaginationis] ⟨o. Pl.⟩: *Fähigkeit, sich etw. auszudenken, auszumalen; Fantasie.*

ein|bim|sen ⟨sw. V.; hat⟩ (ugs.): *mit Mühe, Anstrengung einprägen:* jmdm., sich lateinische Vokabeln e.

ein|bin|den ⟨st. V.; hat⟩ [3: eigtl. = dem Täufling ein (Geld)geschenk unter das Wickelband einbinden]: **1.** *(Geheftetes, Druckbogen) mit einem Einband versehen, binden:* ein Werk in rotes/(seltener:) rotem Leder e.; ein grün eingebundenes Buch. **2. a)** *in etw. binden, bindend einhüllen:* ein Verletzter mit eingebundenem Arm *(der den Arm in der Binde trägt);* **b)** *durch feste [Ver]bindung einbeziehen, einfügen:* ein Gebiet ins Verkehrsnetz e.; Ü in seine Pflichten, in die Verantwortung eingebunden sein. **3.** (schweiz.) *ein Taufpatengeschenk machen.*

Ein|bin|dung, die; -, -en: *das Einbinden* (1, 2).

ein|bla|sen ⟨st. V.; hat⟩: **1.** *durch Blasen od. mittels eines Gebläses in etw. bringen:* Luft in einen Ballon e.; Gott blies dem Menschen Leben, seinen Odem ein (bibl.; *hauchte ihn ihm ein, erfüllte ihn damit).* **2.** (abwertend) **a)** (ugs.) *heimlich ins Ohr flüsternd mitteilen:* jmdm. Klatsch e.; jmdm. [die Antwort] e. (Schülerspr.; *leise vorsagen*); **b)** *einflüstern* (2), *einreden:* wer mag ihm diese Idee, Torheit eingeblasen haben? **3. a)** *ein Blasinstrument durch häufiges Benutzen, Blasen mit der Zeit seine volle klangliche Leistung erreichen lassen:* eine Flöte e.; **b)** ⟨e. + sich⟩ *durch Blasen auf einem Blasinstrument allmählich die gewohnte spiel- u. klangtechnische Leistung erreichen:* ich muss mich erst [auf der Posaune] e. **4.** *durch heftiges Blasen einstürzen, zusammenstürzen lassen:* der Orkan blies die Gebäude wie Kartenhäuser ein.

ein|blät|te|rig, ein|blätt|rig ⟨Adj.⟩ (Bot.): *mit nur einem Blatt; unipetal.*

¹ein|bläu|en ⟨sw. V.; hat⟩: *(Textilien) blau einfärben:* Stoffe e.

²ein|bläu|en ⟨sw. V.; hat⟩ [zu ↑²bläuen]: *durch ständige, eindringliche Wiederholung beibringen:* jmdm. bedingungslosen Gehorsam e.; jmdm. e., etw. nicht zu tun.

ein|blen|den ⟨sw. V.; hat⟩ [zu ↑Blende (3 c)]: **a)** (Rundf., Ferns., Film) *(Ton, Bild) in eine Sendung, einen Film o. Ä. einschalten, einschieben, einfügen:* Geräusche, Musik [in ein/einem Hörspiel] e.; das Foto des Gesuchten wurde kurz eingeblendet; **b)** ⟨e. + sich⟩ (Rundf., Ferns.) *sich mit einer Sendung, in eine Sendung einschalten:* wir blenden uns in wenigen Minuten in die Übertragung, in die zweite Halbzeit ein.

Ein|blen|dung, die; -, -en: **1.** *das Einblenden, Sicheinblenden.* **2.** (Rundf., Ferns., Film) *eingeblendeter Teil einer Sendung o. Ä.*

Ein|blick, der; -[e]s, -e: **1. a)** *(Außenstehenden ermöglichter) Blick in etw. hinein:* er hatte E. in düstere Hinterhöfe; **b)** *(einem Außenstehenden ermöglichtes) Durchsehen, Durchlesen in bestimmter Absicht, prüfendes [Hin]einsehen:* E. in die Unterlagen nehmen; jmdm. E. in die Akten gewähren. **2.** *Zugang zu einigen typischen Fakten eines größeren Zusammenhangs u. dadurch vermittelte Kenntnis, Einsicht:* tiefe -e in eine Methode gewinnen.

ein|boh|ren ⟨sw. V.; hat⟩: **a)** *in etw. bohren; hineinbohren;* **b)** ⟨e. + sich⟩ *bohrend an einer bestimmten Stelle eindringen:* der Meißel bohrte sich in das Holz ein.

ein|bre|chen ⟨st. V.⟩: **1. a)** *gewaltsam in ein Gebäude, in einen Raum o. Ä. eindringen (um etw. zu stehlen)* ⟨ist⟩: in unsere Firma ist eingebrochen worden; **b)** *einen Einbruch verüben, unternehmen* ⟨hat⟩: Diebe haben bei unserem Nachbarn eingebrochen; in unserer Firma ist eingebrochen worden; **c)** *räuberisch, zerstörerisch, kriegerisch eindringen, einfallen* ⟨ist⟩: der Gegner ist in unsere Stellung eingebrochen; Ü ich soll in ihre Ehe eingebrochen sein. **2.** *plötzlich beginnen* ⟨ist⟩: der Winter, die Kälte brach ein; bei einbrechender Dunkelheit. **3.** ⟨ist⟩ **a)** *[im mittleren Teil zuerst] einstürzen, nach unten [durch]brechen:* das Gewölbe, die Decke ist eingebrochen; ein eingebrochener Stollen; Ü die Nachfrage nach Konsumgütern ist eingebrochen *(dramatisch zurückgegangen);* die Aktienkurse drohten einzubrechen; **b)** *hindurchbrechend nach unten fallen, stürzen:* auf dem Eis, beim Eislaufen e.; **c)** *hindurchbrechend eindringen, hineinstürzen:* Wasser ist in den Stollen eingebrochen. **4.** (salopp) *mit etwas keinen Erfolg haben, scheitern; eine [unerwartet] schwere Niederlage erleiden* ⟨ist⟩: die Konservativen sind bei den Wahlen [schwer] eingebrochen; die ganze Klasse brach ein *(schnitt sehr schlecht ab);* auf den letzten Metern brach die Läuferin völlig ein *(sie verließen die Kräfte).* **5.** *gewaltsam eindrücken, durchbrechend einreißen* ⟨hat⟩: die Tür, eine Mauer e. **6.** (Reiten) *zureiten* ⟨hat⟩.

Ein|bre|cher, der; -s, -: *jmd., der einbricht* (1 a).

Ein|bre|cher|ban|de, die: *Bande von Einbrechern.*

Ein|bre|che|rin, die; -, -nen: w. Form zu ↑Einbrecher.

Ein|brenn, die; -, -en (österr.), **Ein|bren|ne,** die; -, -n (südd., österr.): *Mehlschwitze.*

ein|bren|nen ⟨unr. V.⟩: **1.** *durch Brennen, Sengen o. Ä. in etw. entstehen lassen; in etw. brennen* ⟨hat⟩: Schriftzeichen in Holz, auf eine[r] Platte e.; einem Tier ein Zeichen e. *(mit glühendem Eisen auf sein Fell brennen).* **2.** ⟨e. + sich⟩ *sich tief einprägen; unvergesslich bleiben* ⟨hat⟩: das hat sich unauslöschlich meinem Gedächtnis/in mein Gedächtnis eingebrannt. 3. (südd., österr.) ⟨hat⟩ a) *(Mehl) mit Fett rösten, bräunen;* b) *mit einer Einbrenne bereiten:* eine Soße e. 4. (landsch.) *in der Sonne braun brennen* ⟨ist⟩.

Ein|brenn|lack, der: *Lack, der bei Hitzeeinwirkung chemisch reagiert u. Härte u. Beständigkeit entwickelt.*

ein|brin|gen ⟨unr. V.; hat⟩: 1. *mit dafür vorgesehenen [technischen] Mitteln hineinbringen, hineinschaffen:* die Ernte, das Heu e.; Dünger in die aufgelockerte Erde e.; ein Schiff [in den Hafen] e. 2. *einfangen, festsetzen:* geflohene Häftlinge e. 3. *offiziell zur Beschlussfassung vorlegen:* einen Antrag, eine Resolution e.; im Bundestag ein Gesetz e. 4. a) (Amtsspr.) *(Werte, Wertvolles) in eine Gemeinschaft o. Ä. mitbringen:* ein Haus [in die Ehe] e.; Kapital in eine Gesellschaft e.; das eingebrachte Vermögen; b) *etw. von sich beisteuern, einsetzen; sich selbst als Persönlichkeit einsetzen, zur Geltung bringen:* Erfahrungen e.; ich werde meine volle Energie e.; sich wirkungsvoll e. 5. *mit sich bringen, eintragen:* meine Bemühungen haben mir große Anerkennung, nur Undank eingebracht; diese Arbeit brachte [ihr] viel [Geld] ein; reine Spekulation, die nichts einbringt *(die sich nicht lohnt).* 6. a) *durch Nachholen, Aufholen wettmachen:* die verlorene Zeit, den Verlust [wieder] e.; b) (Druckw.) *(Zeilen) beim Schriftsatz durch Änderungen, Streichungen u. Ä. einsparen:* eine Zeile e.

ein|bring|lich ⟨Adj.⟩: *Gewinn einbringend:* ein -er Posten.

Ein|brin|gung, die; -: 1. *das Einbringen* (1–4, 6). 2. (österr. Rechtsspr.) *staatliche Sicherung der Ansprüche auf [Gerichts]gebühren.*

ein|bro|cken ⟨sw. V.; hat⟩: 1. (landsch., sonst veraltet) *in etw. brocken, brockenweise hineintun:* Brot in die Milch e. 2. (ugs.) *jmdm. (bes. sich selbst) unbedachterweise Schwierigkeiten machen u. ihn dadurch in eine unangenehme, peinliche Lage bringen:* was hast du dir, uns da eingebrockt!; diese Strafe hast du dir selbst eingebrockt.

Ein|bruch, der; -[e]s, Einbrüche: 1. a) *das Einbrechen* (1 a): der E. in die Firma; b) *das Einbrechen* (1 b): der E. in der Firma; einen E. verüben; c) *das Einbrechen* (1 c): den E. des Gegners in unsere Stellung verhindern; Ü der E. von Kaltluft in den Mittelmeerraum. 2. *plötzlicher Beginn:* bei, nach, vor E. der Nacht. 3. a) *das Einbrechen* (3 a): der E. des Stollens; Ü ein E. (Wirtsch.; *plötzliches starkes Zurückgehen*) der Kurse. b) (Geol.) *durch Einbrechen* (3 a) *von Erdschichten entstandene Vertiefung;* c) *das Einbrechen* (3 c): beim E. des Wassers in den Stollen. 4. (salopp) *das Scheitern; [unerwartet] schwere Niederlage:* bei den Wahlen einen E. erleben; mit einem solchen E. [der Mannschaft] hat niemand gerechnet.

Ein|bruch|dieb|stahl, Einbruchsdiebstahl, der: *nach Einbrechen* (1 a) *in ein Haus, einen Raum verübter Diebstahl.*

Ein|bruch|fall, Einbruchsfall, der (schweiz.): *Einbruch* (1 a).

Ein|bruchs|dieb|stahl: ↑Einbruchdiebstahl.

Ein|bruchs|fall: ↑Einbruchfall.

ein|bruch|si|cher, einbruchssicher ⟨Adj.⟩: *(aufgrund bestimmter Vorrichtungen) sicher vor Einbruch.*

Ein|bruch|si|che|rung, Einbruchssicherung, die: *Vorrichtung, Anlage zur Sicherung gegen Einbruch.*

ein|bruchs|si|cher: ↑einbruchsicher.

Ein|bruchs|si|che|rung: ↑Einbruchsicherung.

Ein|bruchs|werk|zeug, Ein|bruch|werk|zeug, das: *für einen Einbruch* (1 a, b) *benutztes Werkzeug.*

ein|buch|ten ⟨sw. V.; hat⟩ [zu ↑Bucht in der (m)niederd. Bed. »Pferch, Verschlag«] (salopp): *ins Gefängnis bringen; festsetzen, einsperren:* er wurde erwischt und eingebuchtet.

[1]Ein|buch|tung, die; -, -en: *das Einbuchten.*

[2]Ein|buch|tung, die; -, -en: a) *nach innen gewölbte Form;* b) *Delle.*

ein|bud|deln ⟨sw. V.; hat⟩ (ugs.): *eingraben.*

ein|bü|geln ⟨sw. V.; hat⟩: *durch Bügeln hineinpressen:* eingebügelte Falten.

Ein|bund, der; -[e]s, Einbünde [zu ↑einbinden (3)] (schweiz.): *Geschenk der Taufpaten.*

ein|bun|kern ⟨sw. V.; hat⟩: 1. *in [einen] Bunker* (1) *bringen, einlagern:* Kohle, Öl e. 2. (salopp) *einsperren* (2).

ein|bür|gern ⟨sw. V.; hat⟩: 1. *jmdm. die Staatsangehörigkeit eines bestimmten Staates verleihen:* sie ist in die/der Schweiz eingebürgert worden. 2. *(Tiere, Pflanzen) heimisch machen:* eine Kulturpflanze, bestimmte Tiere [in einem Gebiet] e. 3. a) *heimisch u. zur verbreiteten Gewohnheit machen:* eine Sitte, einen Begriff e.; b) ⟨e. + sich⟩ *heimisch, üblich werden:* dieses Wort hat sich bei uns, in unserer Sprache eingebürgert.

Ein|bür|ge|rung, die; -, -en: *das Einbürgern, Eingebürgertwerden* (1, 2).

Ein|bür|ge|rungs|an|trag, der: *Antrag auf Einbürgerung* (1).

Ein|bu|ße, die; -, -n [zu ↑einbüßen]: *[Schädigung durch] Verlust; Beeinträchtigung bes. durch Schwinden, Minderung, Vernichtung, Entzug von etw.:* eine empfindliche E. an Prestige; schwere [finanzielle] -n erleiden, erfahren.

ein|bü|ßen ⟨sw. V.; hat⟩ [frühnhd. = einflicken, einfügen, zu mhd. büeʒen, ↑büßen]: *den Verlust einer Sache (od. Person) erleiden; verlieren:* er hat ein Auge, sein ganzes Vermögen, seine Freiheit eingebüßt; sein Leben e. *(ums Leben kommen);* an Ansehen eingebüßt haben.

Ein|cent|stück, das (mit Ziffer: 1-Cent-Stück): vgl. Einmarkstück.

ein|che|cken ⟨sw. V.; hat⟩ (Flugw.): a) *(vor dem Abflug) abfertigen:* Passagiere, Gepäck e.; b) *(vor dem Abflug) sich abfertigen lassen:* die Passagiere checken ein.

ein|cre|men ⟨sw. V.; hat⟩: *mit Creme od. Lotion einreiben:* jmdm. den Rücken e.; ich creme mir das Gesicht, mich ein.

ein|däm|men ⟨sw. V.; hat⟩: 1. *(fließendes Wasser) durch Bauen eines Dammes in eine bestimmte Bahn, Richtung lenken od. stauen.* 2. *an der Ausbreitung hindern;* einen Waldbrand, die Kosten, die Kriminalität e.; jmds. Einfluss e.

ein|däm|mern ⟨sw. V.⟩: 1. *in Halbschlaf geraten* ⟨ist⟩: ich war gerade ein wenig eingedämmert. 2. (schweiz.) *dämmern, dunkeln* ⟨hat⟩: es dämmert ein.

Ein|däm|mung, die; -, -en: 1. *das Eindämmen.* 2. *Damm.*

ein|damp|fen ⟨sw. V.; hat⟩ (Chemie): *(Flüssigkeit) durch [teilweises] Verdampfen eintrocknen od. konzentrieren, anreichern, gehaltreich machen:* Salzwasser e.; Milch e. *(evaporieren).*

ein|de|cken ⟨sw. V.; hat⟩: 1. a) ⟨e. + sich⟩ *sich mit Vorräten versehen, sich versorgen:* sich [für den Winter] mit Kartoffeln, Obst, Öl e.; wir sind [mit allem] gut eingedeckt; b) (ugs.) *überhäufen, überschütten:* jmdn. mit Fragen, Aufträgen e.; ich bin mit Arbeit [voll] eingedeckt *(habe viel Arbeit).* 2. *schützend od. sichernd bedecken:* die Rosen e. 3. (landsch.) *(den Tisch) decken:* der Tisch muss neu eingedeckt werden.

Ein|de|ckung, die; -, -en: *das Eindecken.*

ein|dei|chen ⟨sw. V.; hat⟩: *mit einem Deich umschließen, einfassen:* Land, einen Fluss e.

Ein|dei|chung, die; -, -en: 1. *das Eindeichen.* 2. *Deich.*

ein|del|len ⟨sw. V.; hat⟩ (ugs.): *mit einer Delle versehen; leicht einbeulen:* du hast meinen Hut eingedellt.

Ein|del|lung, die; -, -en: 1. *das Eindellen.* 2. *Delle.*

ein|deu|tig ⟨Adj.⟩: 1. a) *(in Bedeutung, Inhalt, Sinn) völlig klar, unmissverständlich:* eine -e Anordnung, Absage; eine -e Anspielung machen; b) *jeden Zweifel ausschließend, sich klar u. deutlich zeigend:* -e Niederlage; die Beweise sind e.; e. *(klar)* überlegen sein; das hat sich nie e. klären lassen. 2. (bes. Fachspr.) *nur eine, keine andere Deutung zulassend:* ein -er [sprachlicher] Ausdruck; -e Zuordnungen.

Ein|deu|tig|keit, die; -, -en: 1. ⟨Pl. selten⟩ *das Eindeutigsein.* 2. *eindeutige Äußerung, Verhaltensweise:* sexuelle -en.

ein|deut|schen ⟨sw. V.; hat⟩: a) *der deutschen Sprache angleichen, anpassen:* ein französisches Wort e.; eindeutschend aussprechen; die eingedeutschte Schreibung; b) *(von deutscher Seite) annektieren:* ein Gebiet e.

Ein|deut|schung, die; -, -en: 1. ⟨o. Pl.⟩ *das Eindeutschen* (a, b). 2. *eingedeutschtes* (a) *Wort, eingedeutschter Ausdruck.*

ein|di|cken ⟨sw. V.⟩: 1. *dick[er], zähflüssig machen* ⟨hat⟩: Soße durch Kochen, mit Mehl e. 2. *dick[er], zähflüssig werden* ⟨ist⟩: die Farbe ist [allmählich] eingedickt; eingedickter Ketchup.

Ein|di|ckung, die; -, -en ⟨Pl. selten⟩: *das Eindicken.*

ein|di|men|si|o|nal ⟨Adj.⟩: *auf der Ausdehnung, Entfaltung in nur einer Dimension beruhend; von, nach, in nur einer Dimension:* -e Erstreckung; Ü e. *(auf beschränkte Weise geradlinig, fantasielos)* denken.

ein|do|sen ⟨sw. V.; hat⟩: *zur Konservierung in Dosen einmachen:* Wurst, Obst e.

ein|dö|sen ⟨sw. V.; ist⟩ (ugs.): *eindämmern* (1).

ein|drän|gen ⟨sw. V.⟩: 1. *jmdn. in großer Anzahl bestürmen* ⟨ist⟩: die Fans drängten auf den Star ein; Ü Erinnerungen drängen auf ihn ein. 2. ⟨e. sich⟩ *sich gewaltsam, aufdringlich zu einem Personenkreis Zutritt verschaffen* ⟨hat⟩: ich drängte mich in den Kreis der Umstehenden ein; sie haben sich [bei uns] eingedrängt; Ü sich in jmds. Angelegenheiten e. *(einmischen);* andere Gedanken drängten sich ein *(schoben sich dazwischen).*

ein|dre|cken ⟨sw. V.⟩ (ugs.): 1. ⟨hat⟩ a) *sehr dreckig werden lassen:* du hast [dir] deine Stiefel ziemlich eingedreckt; ⟨meist im 2. Part.:⟩ eingedreckt vom Schlamm; b) ⟨e. + sich⟩ *sich sehr dreckig machen:* ich habe mich eingedreckt. 2. *sehr dreckig werden* ⟨ist⟩: die Schuhe sind stark eingedreckt; eingedreckte Kleider.

ein|dre|hen ⟨sw. V.; hat⟩: 1. a) *in etw. drehen:* die Glühbirne [in die Fassung] e.; Schrauben e.; b) *um etw. drehen:* sich ⟨Dativ⟩ die Haare e. *(auf Lockenwickler wickeln).* 2. *nach innen, einwärts drehen:* die Hände e. 3. (Fachspr.) *(in eine neue Richtung) um-, einschwenken:* nach Süden, zum Angriff e. 4. (Leichtathletik) *ein Bein auf dem Fußballen in Richtung des Diskuswurfs drehen:* vor der Umdrehung dreht man ein.

ein|dre|schen ⟨st. V.; hat⟩ (ugs.): 1. *auf jmdn., etw. heftig einschlagen:* auf den Gegner e.; Ü auf das Klavier e.; auf den innerparteilichen Gegner e. *(ihn heftig kritisieren).* 2. (selten) *mit Wucht einschlagen:* die Tür mit dem Gewehrkolben e.

ein|dres|sie|ren ⟨sw. V.; hat⟩: *durch Dressieren einüben:* einem Tier, (abwertend:) jmdm. ein Verhalten e.; ein Tier, (abwertend:) jmdn. auf etw. e.

ein|dril|len ⟨sw. V.; hat⟩ (ugs., meist abwertend): *durch Drillen einüben:* jmdm. Kenntnisse, Fertigkeiten e.; eingedrillte Phrasen.

ein|drin|gen ⟨st. V.; ist⟩ [mhd. īndringen, ahd. īndringan]: 1. *[durch etw. hindurch] sich einen Weg bahnend in etwas dringen, hineingelangen:* das Wasser drang [durch die Wände] in den Keller ein; sie versuchten, in das Dickicht einzudringen; der Splitter ist tief ins Bein eingedrungen; die Salbe dringt schnell [in die Haut] ein *(zieht schnell ein);* Ü in ein Fachgebiet e. *(sich Einsicht darin verschaffen);* diese Erkenntnis ist noch nicht ins politische Bewusstsein eingedrungen. 2. *sich gewaltsam u. unbefugt Zutritt verschaffen:* die Diebe waren in die Wohnung eingedrungen. 3. *jmdn. bedrängen, bedrohen, jmdm. [mit etwas] zusetzen:* die Männer drangen [mit Messern] auf ihn ein; sie drangen immer wieder mit Fragen auf sie ein *(bedrängten sie damit).*

ein|dring|lich ⟨Adj.⟩: *durch Nachdrücklichkeit, Überzeugungskraft nachhaltig wirkend, ins*

Bewusstsein dringend: ein -er Appell; -e Worte; mit -er Stimme sprechen; seine Rede wurde immer -er; jmdn. e. ansehen, ermahnen; sie hat ihn e., auf das/aufs Eindringlichste, (auch:) eindringlichste gewarnt.

in|dring|lich|keit, die; -: *das Eindringlichsein:* mit großer E. sprechen.

in|dring|ling, der; -s, -e: *jmd., der irgendwo, bei jmdm. eindringt* (2): ein nächtlicher, lästiger E.

in|druck, der; -[e]s, Eindrücke [mhd. îndruc, LÜ von lat. impressio (↑Impression), zu ↑[1]Druck]: **1.** *im Bewusstsein haftende, jmds. Vorstellung* (2 a) *von jmdm. od. etw. prägende Wirkung von etw. Wahrgenommenem, Erfahrenem:* ein tiefer, unauslöschlicher, nur oberflächlicher E.; ein E. von Verlassenheit; der erste E. war entscheidend, war enttäuschend; [keinen] E. auf jmdn. machen *(jmdn. [nicht] beeindrucken);* bei jmdm. einen guten, [un]günstigen E. hinterlassen; neue Eindrücke gewinnen, sammeln; wir hatten zunächst einen ganz falschen E. von ihr; er machte einen gedrückten E., den E. eines zerfahrenen Menschen *(wirkte gedrückt, zerfahren);* die Spielfläche macht einen hervorragenden E.; den E. erwecken *(so wirken),* als ob alles in Ordnung sei; ich habe den E., (geh.:) kann mich des -s nicht erwehren, dass hier etwas falsch läuft; er stand noch ganz unter dem E. dieses Erlebnisses; E. schinden (ugs.; *die Aufmerksamkeit auf sich lenken, um andere zu beeindrucken*). **2.** *in etw. hineingedrückte Spur, Stelle:* im Kissen war noch der E. ihres Kopfes; die Räder haben tiefe Eindrücke im Sand hinterlassen.

in|dru|cken ⟨sw. V.; hat⟩: **1.** *in etw. drucken:* das Muster wird maschinell [in den Stoff] eingedruckt. **2.** (österr. ugs.) *eindrücken* (1).

in|drü|cken ⟨sw. V.; hat⟩ [mhd. îndrücken, LÜ von lat. imprimere, ↑imprimieren]: **1.** *[an einer Stelle] nach innen drücken u. dadurch beschädigen, verbiegen, zerbrechen:* ein Kotflügel war eingedrückt; der Dieb drückte die Fensterscheibe ein. **2. a)** *in etw. [hinein]drücken:* sie stellte den Fuß auf die Gipsmasse und drückte ihn fest ein; ⟨auch e. + sich:⟩ der Stiefelabsatz des Diebes hatte sich in das Erdreich eingedrückt; **b)** *durch Hineindrücken in etw. entstehen lassen:* die Reifen hatten eine Spur in den Boden eingedrückt. **3.** (Ballspiele) *den Ball aus kurzer Entfernung u. ohne Mühe ins Tor lenken:* der Torwart klatschte den Ball nur ab und der Stürmer konnte aus zwei Metern e.

in|drück|lich ⟨Adj.⟩ [LÜ von frz. impressif] (schweiz., sonst selten): *tief u. nachhaltig ins Bewusstsein dringend; eindrucksvoll:* -e Leistungen; etw. e. zeigen.

in|drück|lich|keit, die; -: *das Eindrücklichsein.*

in|drucks|voll ⟨Adj.⟩: *durch Größe, Schönheit, Großartigkeit o. Ä. einen starken Eindruck* (1) *machend, hinterlassend:* ein -es Gebäude.

in|dü|beln ⟨sw. V.; hat⟩: *mit einem Dübel in Beton, Mauerwerk o. Ä. befestigen:* Haken e.

ine: ↑[1]ein.

in|eb|nen ⟨sw. V.; hat⟩: *durch Abtragen, Entfernen, Ausgleichen mit seiner Umgebung auf gleiches Niveau bringen:* alte Gräber e.; Ü Unterschiede in der Auffassung e. *(ausgleichen).*

in|eb|nung, die; -, -en: *das Einebnen.*

in|ehe, die; -, -n (Völkerk.): *Ehe mit nur einem Partner, einer Partnerin; Monogamie.*

in|ei|ig ⟨Adj.⟩: *aus einer einzigen befruchteten Eizelle entstanden; monozygot:* -e Zwillinge.

in|ein|deu|tig ⟨Adj.⟩ (Fachspr.): *umkehrbar eindeutig, eindeutig in beiden Richtungen:* eine -e Abbildung.

in|ein|deu|tig|keit, die; -, -en ⟨Pl. selten⟩ (Fachspr.): *umkehrbare Eindeutigkeit.*

in|ein|halb ⟨Bruchz.⟩ (in Ziffern: $1\frac{1}{2}$): vgl. achteinhalb: seit e. Jahren.

in|ein|halb|fach ⟨Vervielfältigungsz.⟩: *eineinhalbmal genommen, ausgeführt u. Ä.:* die -e Menge.

in|ein|halb|mal ⟨Wiederholungsz., Adv.⟩: *eineinhalb Male:* e. so viel; e. so groß wie; e. mehr; ein Bild e. vergrößern.

ei|nen ⟨sw. V.; hat⟩ [mhd. einen, ahd. einōn, zu ↑[1]ein] (geh.): **1.** *[verschieden geartete] Personen, Personengruppen o. Ä. einig machen, zu einer Einheit verbinden; einigen* (1): ein Gedanke einte alle. **2.** ⟨e. + sich⟩ *sich einig werden, zu einer Einigung kommen:* die Stämme haben sich geeint.

ein|en|gen ⟨sw. V.; hat⟩: **a)** *in seiner Bewegungsfreiheit beschränken:* die neue Jacke engte ihn etwas ein; sich eingeengt fühlen; **b)** *nicht genug Raum lassen; einschränken:* jmds. Blick[feld] e.; diese Maßnahmen engen unsere Rechte ein; einen Begriff e.

Ein|en|gung, die; -, -en ⟨Pl. selten⟩: *das Einengen.*

ei|ner: ↑[1]ein.

Ei|ner, der; -s, -: **1.** ⟨meist Pl.⟩ *Zahl zwischen eins u. neun bzw. die letzte Stelle einnehmende Zahl einer mehrstelligen Zahl:* zuerst die E., dann die Zehner addieren. **2.** (Sport) *einsitziges Sportruderboot, -paddelboot:* ein Sieg im E.

Ei|ner|ka|jak, der, seltener: das (Sport): *einsitziges Sportpaddelboot.*

Ei|ner|ko|lon|ne, die (schweiz.): *Gänsemarsch.*

ei|ner|lei [↑-lei]: **I.** ⟨Adj.; indekl.⟩ *[völlig] gleich, gleichgültig; unwichtig, ohne jede Bedeutung:* das ist [mir] doch e.; alles ist ihr e.; für die weitere Entwicklung ist es e., ob er zustimmt. **II.** ⟨best. Gattungsz.; indekl.⟩: *[völlig] gleichartig; einheitlich:* Kleider von e. Farbe; es gab immer nur e. *(eintönige, abwechslungsarme)* Kost.

Ei|ner|lei, das; -s: *Gleichförmigkeit, Eintönigkeit, Monotonie:* das tägliche E.

ei|ner|seits ⟨Adv.⟩ [dafür mhd. einersît; ↑-seits] (gewöhnlich in der Verbindung: einerseits ... andererseits [auch: anderseits, andrerseits]; nennt zwei zu ein u. derselben Sache o. Ä. gehörende Gegensätzlichkeiten, Gesichtspunkte): *auf der einen Seite ... auf der anderen Seite:* e. freute er sich über das Geschenk, andererseits wusste er wenig damit anzufangen.

ei|nes: ↑[1]ein.

ei|nes|teils ⟨Adv.⟩ (gewöhnlich in der Verbindung: einesteils ... ander[e]nteils): *einerseits ... andererseits; zum einen ... zum andern:* dort standen e. Fachbücher, andernteils Romane und Bildbände.

Ein|eu|ro|stück, das (mit Ziffer: 1-Euro-Stück): vgl. Einmarkstück.

ein|exer|zie|ren ⟨sw. V.; hat⟩: **1.** *durch Exerzieren einüben, durch militärische Übungen beibringen:* den Rekruten militärisches Grüßen e. **2.** *durch häufiges Üben beibringen:* er wollte den Lehrlingen jeden Handgriff e.

ein|fach [spätmhd. einfach, ↑-fach]: **I.** ⟨Adj.⟩ **1.** *nur einmal gemacht, gefertigt; nicht doppelt od. mehrfach:* ein -er Knoten; eine -e Fahrkarte *(ohne Rückfahrt);* -e *(nicht gefüllte)* Nelken; (Kaufmannsspr.:) -e Buchführung; das Papier ist nur e. gefaltet. **2. a)** *leicht verständlich, durchführbar; ohne Mühe lösbar; unkompliziert, nicht schwierig:* eine -e Aufgabe; ein -es Hilfsmittel; es war gar nicht so e., dich zu erreichen; du hast es dir zu e. *(leicht)* gemacht; sie hat es nie e. gehabt im Leben *(hatte kein leichtes Leben);* die Maschine ist ganz e. *(nicht kompliziert)* konstruiert; R (iron.:) warum e., wenns auch umständlich geht? **b)** *leicht einsehbar; einleuchtend, eindeutig:* dies ist die -e Wahrheit; ⟨subst.:⟩ das Einfachste von der Welt. **3.** *keinen großen Aufwand, Luxus treibend od. aufweisend; ohne große Ansprüche auftretend; schlicht, bescheiden:* seine -en Worte gingen zu Herzen; aus -en Verhältnissen kommen; sie kleidet sich betont e. **II.** ⟨Partikel; meist unbetont⟩ drückt eine [emotionale] Verstärkung einer Aussage, einer Behauptung, eines Wunsches aus: das ist e. *(ganz und gar)* unmöglich!; das begreife ich e. nicht!; er lief e. *(ohne weiteres)* davon; das wäre e. toll, herrlich.

Ein|fa|che, das; -n ⟨Dekl. ↑[2]Junge, das⟩: vgl. Achtfache.

ein|fä|che|rig: ↑-fächerig.

Ein|fach|heit, die; -: **1.** *einfache* (2 a) *Gestaltung, Durchführung, Handhabung; Unkompliziertheit:* eine Konstruktion, ein Trick von verblüffender E.; der E. halber *(weil es so einfacher ist, müheloser geht).* **2.** *einfache* (3) *Art; Schlichtheit, Bescheidenheit:* die klösterliche E.; sich mit betonter E. kleiden.

ein|fach|heits|hal|ber ⟨Adv.⟩: *der Einfachheit halber:* e. duzen wir uns alle.

ein|fä|deln ⟨sw. V.; hat⟩: **1. a)** *durch ein Nadelöhr ziehen:* Garn, einen Faden e.; **b)** *(etw. Faden- od. Bandartiges) durch Hineinziehen an einer bestimmten Stelle einfügen, an den dafür vorgesehenen Platz bringen:* einen Film [in eine Kassette] e.; **c)** *durch Einfädeln* (1 a) *mit einem Faden versehen:* eine Nadel e. **2.** ⟨e. + sich⟩ (Verkehrsw.) *sich im fließenden Verkehr in eine Fahrspur, in eine Wagenkolonne einordnen:* du hast dich nicht rechtzeitig eingefädelt. **3.** (Skisport Jargon) *beim Slalom mit dem Ski an einer Torstange hängen bleiben:* am dritten Tor fädelte er ein und stürzte. **4.** (ugs.) *geschickt bewerkstelligen, in die Wege leiten:* eine Intrige e.; (Ballspiele:) einen Angriff e. *(geschickt einleiten).*

Ein|fä|de|lung, Ein|fäd|lung, die; -, -en: *das Einfädeln.*

ein|fah|ren ⟨st. V.⟩: **1.** *in etw. [hinein]fahren; fahrend in etw. gelangen* ⟨ist⟩: der Zug fährt [auf Gleis 3] ein; die Bergleute sind eingefahren (Bergmannsspr.; *im Förderkorb in die Grube gefahren*); Ü wenn er wieder einfährt *(wieder ins Gefängnis kommt).* **2.** ⟨hat⟩ **a)** *(als Ernte) in die Scheune bringen:* das Korn e.; Ü wir haben am kalten Büfett ganz schön eingefahren (ugs. scherzh.; *große Mengen gegessen*); **b)** (ugs.) *erzielen, erwirtschaften:* Gewinne, Verluste e. **3.** *durch heftiges Darauffahren beschädigen, zerstören* ⟨hat⟩: das Garagentor e. **4.** ⟨hat⟩ **a)** ⟨e. + sich⟩ *sich an ein bestimmtes Fahrzeug gewöhnen:* ich muss mich erst e.; **b)** *durch entsprechende Fahrweise allmählich zu voller Leistungsfähigkeit bringen:* sein neues Auto e.; **c)** *an das Ziehen eines Wagens gewöhnen:* die Pferde e. **5.** ⟨e. + sich⟩ *zur Gewohnheit werden, sich einspielen* ⟨hat⟩: die Sache wird sich auch noch e.; ⟨meist im 2. Part.:⟩ sich auf/in eingefahrenen Bahnen, Gleisen *(in konventionellen Bahnen)* bewegen. **6.** *(den einziehbaren Teil eines Apparates o. Ä.) mithilfe einer Mechanik nach innen bringen* ⟨hat⟩: das Fahrwerk, die Antenne e. **7.** (Jägerspr.) *(von Fuchs, Dachs, Kaninchen o. Ä.) in den Bau [hinein]kriechen* ⟨ist⟩: der Fuchs ist eingefahren.

Ein|fahrt, die, -, -en: **1.** ⟨o. Pl.⟩ *das Einfahren* (1): die E. des Schiffes in den Hafen; der Zug hat noch keine E. *(darf noch nicht in den Bahnhof fahren);* Vorsicht bei der E. des Zuges. **2. a)** *[überdachte] Stelle, an der ein Fahrzeug in einen bestimmten umgrenzten Raum hineinfährt; Weg zum Hineinfahren:* das Haus hat eine breite E.; E. freihalten!; jemand stand in der offenen E.; **b)** *Abzweigung, die zur Autobahn hinführt:* die E. zur Autobahn Mannheim–Frankfurt.

Ein|fall, der; -[e]s, ...fälle [mhd. înval]: **1.** *Gedanke, der jmdm. plötzlich in den Sinn kommt; Idee, die jmd. plötzlich hat:* es war nur so ein E. von ihr; ihm kam der E./er kam auf den E., dass ...; einen glänzenden E. haben; die verrücktesten Einfälle haben; einem plötzlichen E. folgend, stand sie auf; *** Einfälle [haben] wie ein altes Haus/wie ein alter [Back]ofen** (ugs.; *ausgefallene, verrückte Ideen [haben];* nach der Vorstellung eines baufälligen »einfallenden« Hauses). **2.** ⟨o. Pl.⟩ *(von Licht) das Hereinkommen, Hereindringen:* der schräge E. der Strahlen. **3.** (geh.) *das plötzliche Einsetzen, Beginnen, Sicheinstellen:* der E. des Winters. **4.** *feindliches, überfallartiges Eindringen:* der E. der Hunnen in Europa. **5.** (Jägerspr.) *(von Federwild) das Niedergehen, Sichniederlassen auf der Erde:* der E. der Fasanen.

ein|fal|len ⟨st. V.; ist⟩ [1: mniederd. invallen]:

1. a) *jmdm. als Einfall (1), als Idee [plötzlich] in den Sinn kommen:* ihr fiel nichts Besseres, nichts Passendes ein; da fiel ihm eine Ausrede ein; lass dir das ja nicht e.! *(tu das ja nicht!);* was fällt dir denn ein! *(was erlaubst du dir!);* das fällt mir gar nicht/nicht im Schlaf[e]/nicht im Traum[e] ein! *(ich denke gar nicht daran, das von mir Gewünschte od. Verlangte zu tun; das kommt gar nicht infrage!);* *** sich etwas e. lassen [müssen]** *(einen Ausweg, eine Lösung finden [müssen]);* **b)** *jmdm. als Erinnerung wieder in den Sinn kommen:* ihr Name fällt mir nicht ein; plötzlich fiel ihr ein, dass sie eine Verabredung hatte. **2.** *in sich zusammenfallen, zusammenstürzen; einstürzen:* das Haus drohte einzufallen. **3.** *(von Licht o. Ä.) hereinkommen, hereindringen:* schräg einfallende Strahlen. **4.** (geh.) *plötzlich einsetzen, beginnen, sich plötzlich einstellen:* der Winter, dichter Nebel fiel ein. **5.** *mitzusingen, mitzuspielen, mitzusprechen beginnen; einstimmen* (1 b): dann fielen die Geigen, die Singstimmen ein; alle fielen in das Gelächter ein. **6.** *gewaltsam, überfallartig (in ein Gebiet) eindringen:* der Feind fiel in unser/(selten:) unserem Land ein; Hitler fiel in Polen ein; Ü (ugs.:) die in Mallorca einfallenden Touristen. **7.** (Jägerspr.) *(von Federwild) irgendwo niedergehen:* die Enten fielen auf den/auf dem See ein. **8.** (Bergbau, Geol.) *sich neigen, senken:* die Gesteinsschichten fallen steil, flach ein.

ein|fall|reich: ↑einfallsreich.

Ein|fall|reich|tum: ↑Einfallsreichtum.

ein|falls|los ⟨Adj.⟩: *keine guten, originellen Einfälle, Ideen habend, aufweisend; unoriginell, langweilig:* ein -er Regisseur; der Plan ist recht e.

Ein|falls|lo|sig|keit, die; -: *das Einfallslossein.*

ein|falls|reich, (seltener auch:) einfallreich ⟨Adj.⟩: *voller guter, origineller Einfälle, Ideen; originell, ideenreich, findig:* -e Wissenschaftler; der Park ist sehr e. angelegt.

Ein|falls|reich|tum, (seltener auch:) Einfallreichtum, der ⟨o. Pl.⟩: *reiche Fülle von Einfällen:* seinen ganzen E. entfalten können.

Ein|falls|tor, das: *geographisch günstiger Ort, der einen leichten Übergang, einen Einfall (4) in ein anderes Gebiet ermöglicht.*

Ein|falt, die; - [mhd. einvalte, ahd. einvaltī, zu mhd., ahd. einvalt = einfach, schlicht, aus ↑ein u. mhd. -valt, ahd. -falt (↑Falte) = -fach]: **1.** (geh.) *auf geistiger Beschränktheit, mangelndem Urteilsvermögen beruhende Arglosigkeit; Naivität:* in ihrer E. durchschaute sie die Vorgänge nicht; *** [du] heilige E.!** (Ausdruck der Betroffenheit über jmds. Naivität, Arglosigkeit, Unbekümmertheit; Übersetzung von lat. sancta simplicitas). **2.** (geh.) *Einfachheit u. Reinheit, Lauterkeit des Geistes, des Gemüts:* kindliche E.

ein|fäl|tig ⟨Adj.⟩ [mhd. einvaltec, einveltec, ↑-fältig]: **a)** *arglos-gutmütig; ohne Argwohn, nicht schlau od. raffiniert:* ein -es Gemüt; e. lächeln; **b)** *geistig etwas beschränkt, nicht sehr scharfsinnig, nicht von rascher Auffassungsgabe:* ein -er Mensch; ihre Fragen waren ziemlich e.

Ein|fäl|tig|keit, die; - [mhd. einvaltekeit]: *einfältiges Wesen, einfältige Art.*

Ein|falts|pin|sel, der [zu ↑ [2]Pinsel] (ugs. abwertend): *einfältiger* (b) *Mensch.*

Ein|fa|mi|li|en|haus, das: *(als Einzel-, Doppel- od. Reihenhaus gebautes) Haus für eine Familie.*

ein|fan|gen ⟨st. V.; hat⟩: **1.** *(jmdn., ein Tier in Freiheit) nach einer Verfolgung durch eine List o. Ä. fangen u. in Gewahrsam, Verwahrung bringen:* einen Verbrecher e.; die Kinder haben den Vogel wieder eingefangen. **2.** ⟨e. + sich⟩ (ugs.) **a)** *durch Ansteckung bekommen:* sich eine Grippe, einen Schnupfen e.; **b)** *einstecken müssen:* du fängst dir gleich eine [Ohrfeige]/Prügel ein. **3.** (geh.) *in seiner Eigenart festhalten u. wiedergeben:* er hat in seinem Bild, in dem Gedicht die Herbststimmung eingefangen.

ein|fär|ben ⟨sw. V.; hat⟩: **1.** *durch Färben mit einer einheitlichen [neuen] Farbe versehen:* einen Stoff [schwarz] e.; das Kleid kann nur in eine dunklere Farbe eingefärbt werden; Ü eine politisch eingefärbte *(durchsetzte, beeinflusste)* Komödie. **2.** (Druckw.) *(von der Druckform) durch Auftragen mit Druckfarbe versehen.*

ein|far|big, (österr.:) **ein|fär|big** ⟨Adj.⟩: *nur eine Farbe aufweisend, in nur einer Farbe gehalten u. nicht gemustert:* -e Stoffe, Wände.

Ein|fär|bung, die; -, -en: *das Einfärben; Eingefärbtwerden.*

ein|fa|schen ⟨sw. V.; hat⟩ (österr.): *einbinden, einwickeln; verbinden:* einen Fuß e.

ein|fas|sen ⟨sw. V.; hat⟩: *mit einem festen Rand, einer Umrandung umgeben:* die Decke ist mit einer Borte [rot] eingefasst; Edelsteine [in Gold] e. (*fassen* 8).

Ein|fas|sung, die; -, -en: **1.** *das Einfassen.* **2.** *einfassendes Material:* das Grab hat eine E. aus Stein.

ein|fet|ten ⟨sw. V.; hat⟩: *mit einem Fett, einer fetthaltigen Substanz einreiben:* die Backform mit Butter e.; du musst die Schuhe gut e.

ein|feuch|ten ⟨sw. V.; hat⟩: *feucht machen:* die Wäsche e.

ein|fil|trie|ren ⟨sw. V.; hat⟩ (ugs.): *einflößen, eingeben:* nach dem Schreck hat er ihr erst einmal einen Schnaps einfiltriert.

ein|fin|den, sich ⟨st. V.; hat⟩: **1.** *an einem bestimmten Ort erscheinen, eintreffen:* sich pünktlich e. *(rechtzeitig zugegen sein).* **2.** (seltener) *hineinfinden* (2): sich in eine Stimmung, ein Milieu e.

ein|flech|ten ⟨st. V.; hat⟩: **1. a)** *beim Flechten einfügen, mit in etw. flechten:* ein Band in die Zöpfe e.; **b)** *durch Flechten zusammenfügen, befestigen:* die Haare e. **2.** *während eines Gesprächs, einer Unterhaltung, beim Erzählen, Berichten o. Ä. einfließen lassen, beiläufig erwähnen:* wenn ich noch schnell e. darf.

ein|fli|cken ⟨sw. V.; hat⟩ (ugs.): *flickend einsetzen, in etw. flicken:* ein Stück Stoff am Ärmel e.; Ü einen fehlenden Buchstaben in ein Wort e. *(nachträglich einfügen).*

ein|flie|gen ⟨st. V.⟩: **1.** (seltener) *hineinfliegen* (1 a); *in etw. fliegen* ⟨ist⟩: er wartete, bis die Tauben [in den Schlag] eingeflogen waren. **2. a)** *(von Flugzeugen o. Ä.) in einen umgrenzten Bereich, ein bestimmtes Gebiet o. Ä. hineinfliegen* ⟨ist⟩: das Flugzeug ist in fremdes Hoheitsgebiet, nach Belgien eingeflogen; **b)** *(von Flugzeugen o. Ä.); mit einem Flugzeug o. Ä. an einen Ort, in ein Gebiet bringen, transportieren* ⟨hat⟩: Lebensmittel, Medikamente [in ein Katastrophengebiet] e.; die Ananas wurden frisch aus Hawaii eingeflogen; **c)** *in einen Ort, einen Bereich mit dem Flugzeug o. Ä. [hinein]fliegen* ⟨ist⟩. **3.** ⟨hat⟩ **a)** ⟨e. + sich⟩ *sich im Fliegen üben:* sie wollte sich wieder e.; **b)** *in Flugübungen ausprobieren u. durch entsprechende Flugweise allmählich zu voller Leistungsfähigkeit bringen:* der Testpilot muss die neue Maschine e. **4.** *durch Fliegen, Flugtransporte erzielen, erwirtschaften* ⟨hat⟩: im Frachtgeschäft flog Lufthansa Gewinne ein.

ein|flie|ßen ⟨st. V.; ist⟩: *in eine andere Flüssigkeit, in einen Raum, Behälter o. Ä. fließen:* in den Keller war Wasser eingeflossen; Ü (Meteor.:) von Nordosten fließt Kaltluft ein; neue Erkenntnisse fließen in die Praxis ein; *** etw. e. lassen** *(beiläufig bemerken):* sie ließ [in ihre Rede] einige Anspielungen e.

ein|flö|ßen ⟨sw. V.; hat⟩: **1.** *vorsichtig zu trinken geben, (eine Flüssigkeit) langsam eingeben, zuführen:* einem Kranken Arznei e. **2.** *(ein bestimmtes Gefühl) in jmdm. hervorrufen, erwecken:* jmdm. Angst, Ehrfurcht, Vertrauen e.

Ein|flug, der; -[e]s, ...flüge: *das Einfliegen* (2 a).

ein|flü|ge|lig, ein|flüg|lig ⟨Adj.⟩: *einen Flügel* (2 b) *habend:* eine -e Windkraftanlage.

Ein|flug|loch, das (Zool.): *die als Ein- u. Auslass fliegender Tiere (z. B. Honigbienen, Vögel) dienende Öffnung ihrer Behausung.*

Ein|flug|schnei|se, die (Flugw.): *hindernisfreier Geländestreifen vor der Landebahn eines Flughafens, über dem die Flugzeuge zur Landung ansetzen.*

Ein|fluss, der; -es, Einflüsse: **1. a)** *beeinflussende, bestimmende Wirkung auf jmdn., etw.; Einwirkung:* der E. der französischen Literatur auf die deutsche; einen guten, positiven, verderblichen E. auf jmdn. ausüben; sich jmds. E. entziehen; e stand unter ihrem E.; unter dem E. von Drogen; von fremden Einflüssen frei bleiben; ich möcht auf diese Entscheidung keinen E. nehmen (nachdrücklich; *sie nicht beeinflussen*); das hat hier keinen E. *(ist in diesem Falle ohne Bedeutung);* **b)** *Ansehen, Geltung:* E. besitzen; seinen ganzen E. einsetzen; jmds. E. fürchten, überschätzen; Personen mit E./von großem E.; zu [starkem] E. gelangen. **2.** (selten) *das Einfließen*

Ein|fluss|be|reich, der: *Bereich, Gebiet, in dem von jmdm., einer Institution, einem Staat o. Ä. Einfluss ausgeübt wird:* im amerikanischen E.

ein|fluss|los ⟨Adj.⟩: *ohne Einfluss; machtlos:* dies Gruppe ist politisch e.

Ein|fluss|lo|sig|keit, die: *das Einflusslossein.*

Ein|fluss|mög|lich|keit, die: *Möglichkeit, auf jmdn. od. etw. Einfluss zu nehmen:* jmdm. -en bieten.

Ein|fluss|nah|me, die; -: *das Ausüben eines Einflusses auf jmdn., etw.; Beeinflussung:* eine direkte, politische E. auf die Gesetzgebung.

ein|fluss|reich ⟨Adj.⟩: *großen Einfluss besitzend; mächtig:* -e Männer, Organisationen.

ein|flüs|tern ⟨sw. V.; hat⟩: **1.** *in flüsterndem Ton eindringlich mit jmdm. sprechen.* **2.** (oft abwertend) *heimlich, verstohlen einreden:* diesen Ver dacht hat ihr der Nachbar eingeflüstert.

Ein|flüs|te|rung, die; -, -en: *das Einflüstern* (2).

ein|for|dern ⟨sw. V.; hat⟩: *(die Aushändigung, Zahlung o. Ä. von etw.) energisch von jmdm. for dern:* sein Geld e.; ein Gutachten e.

Ein|for|de|rung, die; -, -en: *das Einfordern.*

ein|för|mig ⟨Adj.⟩: *immer in gleicher Weise verlaufend; keine, wenig Abwechslung bietend; gleichförmig:* ihr Leben verlief recht e.

Ein|för|mig|keit, die; -, -en: *das Einförmigsein.*

Ein|fran|ken|stück, das: vgl. Einmarkstück.

Ein|fränk|ler, der; -s, - (schweiz.): *Einfrankenstück.*

ein|fres|sen, sich ⟨st. V.; hat⟩: *zerstörend, ätzend o. ä. eindringen:* der Rost hat sich tief in das Blech eingefressen.

ein|frie|den, (selten:) **ein|frie|di|gen** ⟨sw. V.; hat⟩ [zu mhd. vride, ahd. fridu (↑Frieden) in der Bed »Einfriedung«]: *mit einer Mauer, einer Hecke o. Ä. umgeben:* ein Grundstück e.

Ein|frie|di|gung (selten), **Ein|frie|dung,** die; -, -en **1.** *das Einfrieden.* **2.** *Hecke, Mauer o. Ä., die etw umgibt.*

ein|frie|ren ⟨st. V.⟩: **1.** ⟨ist⟩ **a)** *durch Frosteinwirkung unbenutzbar, unbrauchbar werden:* die Wasserleitung ist eingefroren; **b)** *festfrieren, zu Eis werden:* das Wasser in der Leitung friert ein Ü bei diesen Worten war ihr Lächeln eingefroren *(starr geworden);* **c)** *von Eis umgeben sein u festgehalten werden:* das Schiff ist [im Hafen] eingefroren. **2.** *durch Kälteeinwirkung haltbar machen* ⟨hat⟩: Lebensmittel e. **3.** *auf dem auger blicklichen Stand belassen; nicht weiterführen* ⟨hat⟩: ein Projekt, die diplomatischen Beziehun gen e.; die Preise, die Löhne e.

Ein|frie|rung, die; -, -en: *das Einfrieren.*

ein|fuch|sen ⟨sw. V.; hat⟩ [aus der Studentenspr. u urspr. = einen ↑Fuchs (7) mit seinen Rechten u Pflichten vertraut machen] (ugs.): *durch Einübung, Einarbeitung auf etw. einstellen, vorbereiten:* er hat sie gehörig auf die Prüfung eingefuchst; eine Aufgabe für eingefuchste Spezialisten.

ein|fü|gen ⟨sw. V.; hat⟩: **1.** *in etw. fügen, einsetzen genau einpassen:* neue Steine in das Mauerwer e.; Ü ein Zitat [in ein Manuskript] e. **2.** ⟨e. + sich⟩ *sich einer vorhandenen Ordnung, Umgebung anpassen; sich einordnen:* sie hat sich rasch [in unser Team] eingefügt.

Ein|fü|gung, die; -, -en: *das [Sich]einfügen.*

ein|füh|len, sich ⟨sw. V.; hat⟩: *sich in jmdn., jmds Lage, Zustand o. Ä. hineinversetzen; etw. inner lich nachvollziehen, nachempfinden:* ihr müsst euch in die Person, in das Gedicht e.

ein|fühl|sam ⟨Adj.⟩: *die Fähigkeit besitzend, sich*

'n jmdn., etw. einzufühlen, von dieser Fähigkeit :eugend: -e Worte; jmdn. e. behandeln.
n|fühl|sam|keit, die; -: *das Einfühlsamsein.*
n|füh|lung, die; -: *das Sicheinfühlen.*
n|füh|lungs|ga|be, die, **Ein|füh|lungs|kraft,** die, **Ein|füh|lungs|ver|mö|gen,** das: *Fähigkeit, sich 'n jmdn., etw. einzufühlen.*
n|fuhr, die; -, -en: 1. ‹o. Pl.› *das Einführen* (2), *'mportieren; Import* (1): die E. von Obst wurde)eschränkt. 2. *das Eingeführte; eingeführte Waren, Import* (2): die -en aus China.
n|fuhr|be|schrän|kung, die: *Beschränkung der Einfuhr* (1).
n|fuhr|be|stim|mung, die: *die Einfuhr* (1) *regelnde Bestimmung* (1 b): strenge -en für Lebensmittel.
n|füh|ren ‹sw. V.; hat›: 1. *vorsichtig, sachgerecht n eine Öffnung, durch eine Öffnung in etw. schieben:* einen Schlauch [durch den Mund] in len Magen e.; den Penis in die Scheide e. 2. *(Waren) aus dem Ausland beziehen, kaufen; mportieren:* Rohstoffe [aus Übersee] e.; Drogen verden illegal eingeführt. 3. *als Neuerung)ekannt machen u. verbreiten, in Gebrauch nehmen:* das Wahlrecht e.; ein neues Lehrbuch ın einer Schule e.; die Sommerzeit e. *(beginnen assen, anordnen);* ‹Kaufmannsspr. auch e. + ich:› die Ware hat sich gut eingeführt *(ist allgemein bekannt, wird viel gekauft);* ein [gut] eingeführtes Geschäft *(allgemein bekanntes Geschäft mit einem großen Kundenkreis).* 4. a) *mit der zukünftigen Arbeit vertraut machen; einweisen:* eine neue Kollegin e.; b) *jmdm. die Anfangsgründe von etw. erklären; hn, sie an ein neues Wissensgebiet heranführen:* jmdn. in die Philosophie Hegels e.; einige einführende Worte sprechen. 5. a) *mit jmdm. in offizieller Form bekannt machen, in einem bestimmten Personenkreis vorstellen:* jmdn. bei seinen Eltern, in die Gesellschaft, in sein Amt e.; b) ‹e. + sich› *in einem Personenkreis in bestimmter Weise in Erscheinung treten; bei seinem ersten Auftreten einen bestimmten Eindruck machen:* er hat sich im Klub gut eingeführt.
n|fuhr|er|klä|rung, die: *Erklärung, die bei der Deutschen Bundesbank abgegeben werden muss, wenn ein Einfuhrvertrag vorliegt.*
n|fuhr|er|laub|nis, die: *staatliche Erlaubnis für die Einfuhr einer bestimmten Ware.*
n|fuhr|ge|neh|mi|gung, die: *Einfuhrlizenz.*
n|fuhr|ha|fen, der: *Hafen, in dem eingeführte* (2) *Waren gelöscht werden.*
n|fuhr|kon|tin|gent, das: *amtlich festgelegte Menge von einzuführenden* (2) *Waren.*
n|fuhr|li|zenz, die: *Genehmigung für die Einfuhr einer bestimmten Ware.*
n|fuhr|sper|re, die: *staatlich verordnete Sperre für weitere Einfuhren:* die E. für britisches Rindfleisch.
n|fuhr|stopp, der: *staatlich verordnete Sperre für weitere Einfuhren.*
n|füh|rung, die; -, -en: 1. *das Einführen* (1, 3, 4, 5 a). 2. *einführende Worte, einführender Text.*
n|füh|rungs|kurs, der: 1. (Börsenw.) *Kurs, zu dem ein Wertpapier an der Börse eingeführt wird.* 2. *Kursus, Lehrgang o. Ä., der in ein bestimmtes Wissensgebiet einführt.*
n|füh|rungs|preis, der: *niedrig gehaltener, günstiger Preis für eine Ware, die erstmals auf den Markt kommt.*
n|fuhr|ver|bot, das: vgl. Einfuhrsperre.
n|fuhr|ver|trag, der: *Vertrag über den Erwerb einzuführender Waren, dessen Abschluss genehmigungsfrei ist.*
n|fuhr|zoll, der: *für Einfuhren* (2) *erhobener Zoll.*
n|fül|len ‹sw. V.; hat›: *in einen Behälter, Sack o. Ä. schütten, gießen u. ihn so füllen:* Zucker [in Säcke] e.; Öl e.
n|füll|öff|nung, die: *Öffnung an einem Behälter o. Ä., durch die etw. eingefüllt wird.*
n|füll|stut|zen, der: vgl. Einfüllöffnung.
n|fül|lung, die; -, -en: *das Einfüllen.*

ein|fü|ßig ‹Adj.›: 1. *mit nur einem Fuß als tragendem Teil versehen:* ein -er Melkschemel. 2. (Fußball) *nur in einem Fuß Schusskraft besitzend:* selbst viele Bundesligafußballer sind e.
[1]ein|füt|tern ‹sw. V.; hat› [zu ↑ [1]füttern] (EDV): *eingeben* (2): einem Computer Daten e.
[2]ein|füt|tern ‹sw. V.; hat› [zu ↑ [2]füttern] (Gartenbau): *zum Schutz vor Kälte tief in die Erde stecken:* Setzlinge vor dem ersten Frost e.
Ein|ga|be, die; -, -n: 1. *an eine Behörde gerichtete schriftliche Bitte, Beschwerde o. Ä.; Petition, Gesuch:* eine E. aufsetzen, an das Landratsamt richten; eine E. machen, weiterleiten, bearbeiten; 2. ‹o. Pl.› *das Eingeben* (1): nach der E. des Beruhigungsmittels schlief die Kranke ein. 3. (EDV) a) ‹o. Pl.› *das Eingeben* (2): die E. von Daten in Datenbanken; b) *Daten, Informationen, die einem Computer eingegeben u. von ihm verarbeitet werden; Input.*5. (Fußball) *Flanke.* (5 b)
Ein|ga|be|feh|ler, der (EDV): *bei der Eingabe* (3 a) *aufgetretener Fehler.*
Ein|ga|be|feld, das (EDV): *auf dem Bildschirm dargestelltes Feld* (3), *in das einzugebende Daten, Texte o. Ä. eingetragen werden können.*
Ein|ga|be|ge|rät, das (EDV): *an einen Computer angeschlossenes Gerät, mit dem Daten, Informationen in den Computer übertragen werden.*
Ein|gang, der; -[e]s, Eingänge [mhd. īnganc, ahd. ingang, unter Einfluss von lat. introitus, ↑ Introitus]: 1. a) *Tür, Öffnung zum Hineingehen, Betreten eines Gebäudes, eines Raumes, eines umgrenzten Geländes:* der E. eines Parks; der E. zur Höhle; das Haus hat zwei Eingänge; jmdm. den E. versperren; b) *Stelle, an der etw. einsetzt, was betreten od. durchquert werden kann:* sie wohnen am E. des Dorfes, des Waldes; bis zum E. der Zielgeraden; c) *Öffnung an einem Organ, durch die etw. in dieses hineingelangen kann:* der E. des Magens. 2. (selten) *Möglichkeit, zu jmdm., in einen Personenkreis, in einen Raum, ein Gebäude zu gelangen; Zugang, Zutritt:* er fand E. in diese Kreise, diesen Kreisen. 3. ‹o. Pl.› *Beginn, Einleitung eines längeren, in bestimmter Weise ablaufenden Vorgangs od. von etw. sprachlich Gestaltetem:* am E. der Veranstaltung wurde gesungen; sie verfasste den E. seiner Rede. 4. (Bürow.) a) ‹o. Pl.› *(von Post, Waren o. Ä.) das Eintreffen, Eingehen* (2): den E. der nächsten Sendung abwarten; nach E. des Geldes; b) ‹meist Pl.› *eingetroffene, eingegangene Post-, Warensendung o. Ä.:* die Eingänge sortieren.
ein|gän|gig ‹Adj.›: *sich leicht einprägend; gefällig, unkompliziert:* -e Balladen.
Ein|gän|gig|keit, die; -: *eingängige Beschaffenheit, Art.*
ein|gangs: I. ‹Adv.› *zu Beginn, am Anfang, einleitend:* das wurde e. bereits erwähnt; das e. Gesagte; e. *(zuerst)* wurde ein Lied gesungen. II. ‹Präp. mit Gen.› a) *am Anfang* (räumlich): e. der Kurve; b) *am Anfang* (zeitlich): e. des letzten Jahrhunderts.
Ein|gangs|be|stä|ti|gung, die (Bürow.): *Bestätigung des Eingangs* (4 a) *von Post, Waren o. Ä.*
Ein|gangs|da|tum, das (Bürow.): *Datum des Eingangs* (4 a) *von Post, Waren o. Ä.*
Ein|gangs|for|mel, die: *formelhafter Anfang eines Textes.*
Ein|gangs|hal|le, die: *Halle, in die der Eingang* (1 a) *eines Gebäudes führt u. von der aus die weiteren Räume zu erreichen sind.*
Ein|gangs|steu|er|satz, der: *niedrigster Steuersatz bei einer Progressionssteuer.*
Ein|gangs|stu|fe, die (Päd.): a) *Orientierungsstufe;* b) *die ersten beiden Schuljahre nach dem Plan eines modernen, bei Fünfjährigen einsetzenden Schulsystems.*
Ein|gangs|tor, das: vgl. Eingangstür.
Ein|gangs|tür, die: *Tür, durch die ein Gebäude o. Ä. betreten werden kann.*
Ein|gangs|wort, das ‹Pl. -e; meist Pl.›: *Ausspruch o. Ä., mit dem jmd. eine Veranstaltung o. Ä. eröffnet.*

ein|ge|ben ‹st. V.; hat›: 1. *(eine Arznei) verabreichen, einflößen:* dem Kind stündlich die Tropfen e. 2. (EDV) *in einen Computer [hinein]geben, übertragen:* Daten, Informationen, Befehle [in einen Rechner] e. 3. (veraltet) *einreichen:* ein Gesuch e. 4. (geh.) *jmdn. zu etw. veranlassen, in jmdm. einen Gedanken, Wunsch o. Ä. aufkommen lassen:* diese Idee hat ihr ein guter Geist eingegeben.
ein|ge|bil|det ‹Adj.› [zu ↑ einbilden] (abwertend): *aufgrund bestimmter Fähigkeiten, als positiv empfundener Eigenschaften od. einer gehobeneren sozialen Stellung sich für besser als andere haltend u. diesen gegenüber in überheblicher, dünkelhafter Weise Distanz haltend, sich ihnen überlegen fühlend:* ein -er Mensch; sie ist furchtbar e.; er ist maßlos [auf seine Stellung] e.
Ein|ge|bil|det|heit, die; -: *das Eingebildetsein.*
Ein|ge|bin|de, das; -s, - [zu ↑ einbinden (3)] (schweiz., sonst veraltet): *Patengeschenk.*
[1]ein|ge|bo|ren ‹Adj.› [mhd. īn(ge)boren, LÜ von lat. ingenuus]: 1. *an einem bestimmten Ort, in einem bestimmten Land, in einer bestimmten Gegend geboren u. dort lebend, ansässig:* die -e Bevölkerung. 2. (geh.) *von Geburt an vorhanden; angeboren:* einem Menschen -e Kräfte.
[2]ein|ge|bo|ren ‹Adj.› [mhd. einborn, ahd. einboran, zu ↑ [1]ein, LÜ von kirchenlat. unigenitus] (christl. Rel.): *(von Christus) als Einziger geboren; einzig:* Gottes -er Sohn.
Ein|ge|bo|re|ne, Eingeborne, der u. die; -n, -n ‹Dekl. ↑ Abgeordnete› [zu ↑ [1]eingeboren (1)] (veraltend): *Angehörige, Angehöriger eines Naturvolkes; Ureinwohnerin, Ureinwohner:* die -n Australiens.
Ein|ge|bo|re|nen|spra|che, die: *Sprache der Eingeborenen eines Landes, Gebiets o. Ä.*
Ein|ge|bor|ne: ↑ Eingeborene.
ein|ge|buch|tet: 1. ↑ einbuchten. 2. ‹Adj.› [zu ↑ Bucht]: *eine [2]Einbuchtung aufweisend:* eine -e Küste; -e Schläfen.
ein|ge|bun|den: ↑ einbinden.
Ein|ge|bung, die; -, -en [zu ↑ eingeben (4)] (geh.): *plötzlich aufkommender [für etw. entscheidender, wichtiger] Gedanke:* eine E. haben; einer E. folgend, änderte er seinen Plan; künstlerische, musikalische -en *(Einfälle, Erfindungen).*
ein|ge|dellt: ↑ eindellen.
ein|ge|denk [mhd. in(ge)denke]: I. ‹Adj.› in der Verbindung **einer Sache e. sein/bleiben** (geh.; *sich an etw. erinnern u. es beherzigen, sich etw. vor Augen halten*): er war, blieb [dessen] stets e., dass er ohne Einfluss war. II. ‹Präp. m. Gen.› *unter Berücksichtigung einer Sache; wegen:* er erhielt diese Auszeichnung e. seiner Verdienste.
ein|ge|fah|ren: ↑ einfahren (5).
ein|ge|fal|len ‹Adj.› [zu ↑ einfallen (2)]: *im Gesicht Spuren des Abgemagertseins, der Auszehrung, der Erschöpfung aufweisend; abgezehrt:* -e Wangen; sie wirkt ziemlich e.
ein|ge|fleischt ‹Adj.› [mhd. īngevleischet = fleischgeworden, LÜ von lat. incarnatus]: 1. *die der angesprochenen Lebensweise, Eigenschaft o. Ä. entsprechende innere Einstellung durch u. durch verkörpernd [u. in der Hinsicht unverbesserlich]:* ein -er Junggeselle; eine -e Optimistin, Atheistin; -e Gegner des Flughafens. 2. *zu nicht mehr änderbarer Gewohnheit, zur zweiten Natur geworden:* -e Sparsamkeit; -e Gewohnheiten; ihr Misstrauen war tief e.
ein|ge|frie|ren ‹st. V.; hat›: *einfrieren* (2).
ein|ge|fuchst: ↑ einfuchsen.
ein|ge|führt: ↑ einführen (3).
ein|ge|hen ‹unr. V.; ist›: 1. (geh.) a) *Eingang, Aufnahme, einen Platz finden; aufgenommen werden:* etw. geht in jmds. Bewusstsein ein; die Ereignisse sind in die Geschichte eingegangen *(haben geschichtliche Bedeutung erlangt);* Ü in das Reich des Todes, zur ewigen Ruhe e. (verhüll.; *sterben*); b) (selten) *hineingehen.* 2. (bes. Bürow.) *an entsprechender Stelle ankommen, eintreffen; zugestellt, übermittelt werden:* Gelder, Nachrichten gehen ein; der Brief ist nicht bei uns eingegangen. 3. (ugs.) a) *von jmdm. [in*

E

bestimmter Weise] verstanden, begriffen, aufgenommen werden: ihr geht alles leicht ein; es will mir nicht e., dass du uns verlässt; **b)** *gern gehört, von jmdm. wohlgefällig aufgenommen werden:* das Lob, Kompliment ging ihm glatt ein. **4.** *(von Geweben) beim Nasswerden schrumpfen, sich zusammenziehen, enger werden:* das Kleid ist bei der Wäsche eingegangen. **5. a)** *(von Tieren) sterben:* die Katze geht bald ein; (ugs. von Menschen:) er ist an dieser Krankheit jämmerlich eingegangen; bei dieser Hitze kann man ja e.; **b)** *(von Pflanzen) absterben, verdorren:* die Bäume werden e.; **c)** (ugs.) *wegen Unrentabilität o. Ä. nicht mehr weitergeführt werden, geschlossen werden müssen:* die kleinen Läden gehen alle ein; die Zeitung ist eingegangen *(hat ihr Erscheinen eingestellt).* **6. a)** (ugs.) *Schaden haben, Verluste hinnehmen müssen; den Kürzeren ziehen:* bei diesem Geschäft ist sie ganz schön eingegangen; **b)** (Sport Jargon) *sehr hoch, eindeutig verlieren:* die Mannschaft ist im Lokalderby sang- und klanglos eingegangen. **7.** *sich mit jmdm., etw. auseinander setzen; zu etwas Stellung nehmen:* auf eine Frage e.; sie gehen sehr auf das Kind ein *(zeigen viel Verständnis für das Kind);* er ist auf ihren Plan nicht eingegangen *(hat ihm nicht zugestimmt).* **8.** *sich [vertraglich] an etw. binden, auf etw. einlassen:* ein Bündnis [mit jmdm.] e.; ein bestimmtes Risiko e. *(auf sich nehmen);* eine Wette e. *(mit jmdm. wetten);* mit jmdm. die Ehe e. *(jmdn. heiraten);* (Chemie:) die beiden Stoffe gehen eine Verbindung ein.

ein|ge|hend ⟨Adj.⟩ [↑zu eingehen (7)]: *in allen Einzelheiten; sorgfältig u. ins Einzelne gehend; ausführlich:* ein -er Rat; -e Forschungen; sich e. mit etwas beschäftigen; sich e. nach jmdm. erkundigen; e. über etw. berichten; sie musterte ihn e.

ein|ge|keilt: ↑einkeilen (2).

Ein|ge|koch|te, das; -n ⟨Dekl. ↑^{2}Junge, das⟩: *Eingemachtes.*

ein|ge|legt: ↑einlegen (2, 3 b).

ein|ge|lei|sig: ↑eingleisig.

ein|ge|lernt: ↑einlernen.

Ein|ge|mach|te, das; -n ⟨Dekl. ↑^{2}Junge, das⟩: *(in Gläsern, Dosen u. Ä. aufbewahrte) durch Einmachen* (1), *Einlegen* (2) *in eine Lake o. Ä. haltbar gemachte Lebensmittel (bes. Obst):* im Keller steht -s; Ü das E. *(die Ersparnisse)* von der Bank holen; * **ans E. gehen** (ugs.; *an die Substanz gehen, die Substanz angreifen*).

ein|ge|mein|den ⟨sw. V.; hat⟩: *verwaltungsmäßig in eine größere Gemeinde* (1 a) *eingliedern:* der Vorort soll [in die Stadt Frankfurt/nach Frankfurt] eingemeindet werden.

Ein|ge|mein|dung, die; -, -en: *das Eingemeinden; das Eingemeindetwerden.*

ein|ge|nom|men: ↑einnehmen (7 a).

Ein|ge|nom|men|heit, die; -: *das Eingenommensein von sich od. etw.*

ein|ge|pfercht: ↑einpferchen (2).

ein|ge|schlech|tig ⟨Adj.⟩ (Bot.): *nur männliche bzw. nur weibliche Geschlechtsorgane aufweisend; diklin:* -e Blüten.

ein|ge|schlecht|lich ⟨Adj.⟩: *nur auf ein Geschlecht gerichtet, ein Geschlecht betreffend; gleichgeschlechtlich:* eine -e Wohngemeinschaft.

ein|ge|schlif|fen: ↑einschleifen (3 b).

ein|ge|schlos|sen: ↑einschließen.

ein|ge|schnappt: ↑einschnappen (2).

ein|ge|schos|sig ⟨Adj.⟩: *nur ein Geschoss* (2) *aufweisend:* -e Häuser.

ein|ge|schränkt: ↑einschränken.

Ein|ge|schränkt|heit, die; -: *Begrenztheit in Bezug auf [finanzielle] Möglichkeiten.*

ein|ge|schrie|ben: ↑einschreiben (1 b, 2).

ein|ge|schwo|ren: ↑einschwören (b).

ein|ge|ses|sen ⟨Adj.⟩ [zu veraltet ein(ge)sitzen, mhd. însitzen = ansässig sein]: *schon lange an einem Ort ansässig; einheimisch:* eine -e Familie, Institution; bist du hier e.?

Ein|ge|ses|se|ne, der u. die; -n, -n (Dekl. ↑Abgeordnete): *jmd., der irgendwo eingesessen ist.*

Ein|ge|sot|te|ne, das; -n ⟨Dekl. ↑^{2}Junge, das⟩ [subst. 2. Part. von ↑einsieden] (österr.): *eingekochte Früchte.*

ein|ge|spielt: ↑einspielen (1 b, 2 a).

ein|ge|sprengt: ↑einsprengen (4).

ein|ge|sprun|gen: ↑einspringen (2 b).

ein|ge|stan|de|ner|ma|ßen ⟨Adv.⟩ [↑-maßen]: *wie eingestanden wird:* wir haben uns e. unfair verhalten.

Ein|ge|ständ|nis, das; -ses, -se: *das Eingestehen, das Zugeben eines Fehlers, einer Schuld o. Ä.:* das E. ihres Versagens, ihres Irrtums; sein Schweigen wirkte wie ein E. seiner Schuld.

ein|ge|ste|hen ⟨unr. V.; hat⟩: *(bes. eine Schwäche, einen Fehler) schließlich zugeben, offen aussprechen:* eine Schuld, einen Irrtum, eine Niederlage e.; er hat ihr seine Angst eingestanden *(zugegeben, dass er Angst hat);* ich wollte mir nicht e. *(wollte nicht wahrhaben),* dass ich mich geirrt hatte.

ein|ge|stellt ⟨Adj.⟩: *eine bestimmte Einstellung zu jmdm., etw. habend; gesinnt, orientiert:* eine fortschrittlich -e Chefin; konservativ -e Kreise; man weiß nicht, wie er [politisch] e. ist.

ein|ge|stri|chen ⟨Adj.⟩ (Musik): *in der mittleren Höhenlage des Tonsystems liegend* (in der Notenschrift mit einem hochgestellten senkrechten Strich od. mit der Ziffer 1 versehen): das -e A *(der Kammerton).*

ein|ge|tra|gen: ↑eintragen (1 c).

Ein|ge|tropf|te, das; -n ⟨Dekl. ↑^{2}Junge, das⟩ (österr.): *flüssiger Teig, der [durch ein Sieb] als Einlage in eine kochende Suppe getropft wird.*

ein|ge|wach|sen ⟨Adj.⟩: **1.** ↑^{1}einwachsen. **2.** *älteren Baumbestand, schon größer gewachsene Pflanzen aufweisend:* ein -er Garten.

Ein|ge|wei|de, das; -s, - ⟨meist Pl.⟩ [mhd. ingeweide, verdeutlichend für gleichbed. mhd. geweide, zu ↑^{2}Weide, urspr. = Futter, Speise; die Eingeweide des Wildes wurden den Hunden vorgeworfen]: *(bei Wirbeltieren u. Mensch) in den Körperhöhlen von Brust u. Bauch liegende innere Organe:* die E. sind verletzt, treten hervor; einem geschlachteten Huhn die E. herausnehmen.

Ein|ge|wei|de|bruch, der (Med.): *das Heraustreten von Teilen der Eingeweide in eine Ausstülpung des Bauchfells.*

Ein|ge|wei|de|sen|kung, die (Med.): *Senkung von Bauchorganen bes. bei Erschlaffung der Muskulatur der Bauchdecke.*

Ein|ge|wei|de|wurm, der: *im Verdauungstrakt von Mensch u. Tier schmarotzender Wurm.*

Ein|ge|weih|te, der u. die; -n, -n ⟨Dekl. ↑Abgeordnete⟩: *jmd., der in etw. eingeweiht, von jmdm. ins Vertrauen gezogen worden ist; jmd., der von Dingen Kenntnis hat, die nicht jedem bekannt, zugänglich sind:* nur für E. verständlich sein.

ein|ge|wöh|nen ⟨sw. V.; hat⟩: *an eine neue Umgebung, an neue Verhältnisse gewöhnen:* ein Tier im Zoo e.; ⟨meist e. + sich:⟩ ich habe mich an meinem neuen Arbeitsplatz, in der neuen Umgebung rasch eingewöhnt.

Ein|ge|wöh|nung, die; -: *das [Sich]eingewöhnen.*

ein|ge|wur|zelt: ↑einwurzeln.

ein|ge|zo|gen ⟨Adj.⟩ (selten): *gesellschaftlichen Umgang meidend, zurückgezogen:* ein -es Leben führen.

Ein|ge|zo|gen|heit, die; - (selten): *das Eingezogensein.*

ein|gie|ßen ⟨st. V.; hat⟩: **1. a)** *in ein Trinkgefäß gießen:* er goss ihr einen Schnaps ein; **b)** *mit einem Getränk füllen:* soll ich dir noch ein Gläschen e.? **2.** *durch Gießen* (4) *einfügen:* in das Glas aus Kristall war eine silberne Figur eingegossen; Ü die göttliche Gnade wird in die Herzen eingegossen.

ein|gip|sen ⟨sw. V.; hat⟩: **1.** *mit Gips in etwas befestigen:* einen Nagel [in die Wand] e. **2.** *zur Ruhigstellung mit einem Gipsverband umgeben:* ein gebrochenes Bein e.; er *(seine gebrochenen Glieder)* wurde eingegipst.

ein|git|tern ⟨sw. V.; hat⟩: *mit einem Gitter umgeben:* das Denkmal wurde eingegittert.

Ein|glas, das; -es, Eingläser [LÜ von frz. monocl (veraltet): *Monokel.*

ein|gla|sen ⟨sw. V.; hat⟩ (landsch.): *etw. unter Gl legen, zwischen Glas[scheiben] legen.*

ein|glei|sig, (seltener:) eingeleisig ⟨Adj.⟩: **a)** *mit nur einem Gleis ausgestattet:* eine -e Bahnlini **b)** *nur in eine Richtung gehend, alternative Möglichkeiten nicht einbeziehend:* eine -e Politik; **c)** (Sport) *einteilig, nicht in regionale Grup pen aufgeteilt:* eine e. Bundesliga.

ein|glie|dern ⟨sw. V.; hat⟩: *sinnvoll in ein größer Ganzes einfügen, einordnen:* das Dorf wird de Verbandsgemeinde, in die Verbandsgemeinde eingegliedert; jmdn. in einen Arbeitsprozess e

Ein|glie|de|rung, die; -, -en: *das [Sich]eingliedern; das Eingegliedertwerden.*

ein|gra|ben ⟨st. V.; hat⟩: **1. a)** *grabend teilweise o ganz in die Erde hineinbringen:* einen Kadave e.; einen Pfahl einen Meter tief e.; ⟨auch e. + sich:⟩ der Krebs hat sich eingegraben; **b)** *(Pfla zen) grabend mit den Wurzeln ins Erdreich bringen; einpflanzen:* einen Strauch e. **2.** (geh.) *mit einem spitzen Gegenstand in etw. ritzen, meißeln:* eine Inschrift in den Grabstein e. **3. a)** *durch Hineindrücken, Eindringen als Ver tiefung hinterlassen:* die Räder gruben ihre Sp ren in den Sand ein; **b)** ⟨e. + sich⟩ *sich eine Ve tiefung schaffend in etw. eindringen:* der Fluss hat sich in das Gestein eingegraben; Ü tiefe Fu chen hatten sich in sein Gesicht eingegraben.

ein|gra|vie|ren ⟨sw. V.; hat⟩: *in etw. gravieren:* di Initialen in den Ring e.

Ein|gra|vie|rung, die; -, -en: **1.** *das Eingravieren.* **2.** *das Eingravierte.*

ein|grei|fen ⟨st. V.; hat⟩: **1.** *durch entscheidende Handeln auf etw. Einfluss nehmen; sich entscheidend in etw. einschalten:* in einen Streit e helfend e.; die Polizei musste e. *(einschreiten);* diese Maßnahme greift tief in unsere Rechte e *(beschneidet sie in entscheidendem Maße);* ⟨subst.:⟩ ihr beherztes Eingreifen rettete die Lage. **2.** (Technik) *[antreibend] in eine entspre chende Vertiefung hineinragen, sich hineinschieben:* das Zahnrad greift ins Getriebe ein.

Ein|greif|trup|pe, die; -, -n (Milit.): *Truppe, die für einen Sondereinsatz in militärischen Krise gebieten zusammengestellt worden ist.*

ein|gren|zen ⟨sw. V.; hat⟩: **1.** *eine sichtbare Gren um etw. ziehen, bilden:* eine Hecke grenzt das Grundstück ein. **2.** *auf etw. beschränken, einer gen, begrenzen:* das Thema wurde [auf die wic tigste Frage] eingegrenzt.

Ein|gren|zung, die; -, -en: **1.** *das Eingrenzen.* **2.** *etw., was etw. eingrenzt.*

Ein|griff, der; -[e]s, -e: **1.** *[unrechtmäßiges, unbe rechtigtes] Eingreifen* (1): ein schwerwiegende politischer E.; ein E. in die Natur; staatlichen - ausgeliefert sein. **2.** (Med.) *Operation, bes. an inneren Organen [die an jmdm. vorgenomme werden muss]:* ein operativer E.; sich einem leichteren E. unterziehen. **3.** (Fachspr.) *Hosenschlitz der Herrenunterhose.*

Ein|griffs|mög|lich|keit, die: *Möglichkeit zum Eingreifen* (1).

ein|grü|nen ⟨sw. V.; hat⟩ (Gartenbau): *Rasen säe* eine Fläche e.

ein|grup|pie|ren ⟨sw. V.; hat⟩: *einer Gruppe zuor nen, in Gruppen einordnen:* die Arbeiter in ver schiedene Lohngruppen e.; jmdn. falsch e.

Ein|grup|pie|rung, die; -, -en: *das Eingruppierer*

ein|ha|cken ⟨sw. V.; hat⟩: *wiederholt, immer wie der nach jmdm., etw. hacken:* Ü alle hacken a ihn ein (ugs. abwertend; *greifen ihn an, mache ihm Vorwürfe*).

ein|ha|ken ⟨sw. V.; hat⟩: **1.** *mit einem Haken befe tigen, durch einen Haken verschließen, mit et verbinden:* den Fensterladen e.; das Seil in die, (seltener:) der Öse e. **2.** *seinen Arm in den ang winkelten Arm eines andern schieben, legen:* hakte ihn ein; ⟨meist e. + sich:⟩ sich bei jmdm. e. **3.** (ugs.) *jmds. Gespräch, Rede o. Ä. unterbre chen, um sich zu einem bestimmten Punkt, meist mit einem Einwand, zu äußern:* bei dem Wort Emanzipation hakte sie ein.

ein|halb|mal ⟨Wiederholungsz., Adv.⟩ (mit Ziffern: $\frac{1}{2}$-mal): **a)** *ein halbes Mal:* e. so viel; e. so groß wie dieses Paket; e. mehr; e. teurer; **b)** (ugs.) *um die Hälfte mehr.*

Ein|halt [15. Jh., zu ↑einhalten (2 a)]: in der Wendung **jmdm., einer Sache E. gebieten/tun** (geh.; *[durch energisches Entgegentreten] jmdn. dazu veranlassen, etw. nicht weiterzuführen; etw. Schädliches, Störendes abstellen, eindämmen*): er redete unaufhörlich und niemand gebot ihm E.; einem Übel E. tun.

ein|hal|ten ⟨st. V.; hat⟩: **1.** (geh.) *mit seinem Tun [vorübergehend] aufhören; innehalten:* er hielt in der/mit der Arbeit ein; halt ein! **2. a)** (veraltet) *aufhalten, zum Stillstand bringen:* ein Pferd e.; **b)** (landsch.) *bei sich zurückhalten, nicht von sich geben:* das Kind kann es *(den Harn, Stuhl)* nicht mehr e. **3. a)** *(etwas, was als verbindlich gilt, eine Verpflichtung) befolgen, erfüllen, sich daran halten, danach richten:* sein Versprechen e.; eine strenge Diät e.; **b)** *nicht von etw. abweichen, sondern es beibehalten:* die vorgeschriebene Geschwindigkeit e. **4.** (Schneiderei) *durch kleine Fältchen, Abnäher o. Ä. die Weite, Breite von etw. verringern:* den Ärmel etwas e.

Ein|hal|tung, die; -: **a)** *das Einhalten* (3 a): auf die E. der Etikette achten; **b)** *das Einhalten* (3 b).

ein|häm|mern ⟨sw. V.; hat⟩: **1. a)** (selten) *mit dem Hammer hineinschlagen:* einen Pflock [in den Boden] e.; **b)** *durch Hämmern [in etw.] entstehen lassen:* Rillen in den Beton e. **2.** *wiederholt, immer wieder mit dem Hammer auf etw. schlagen:* er hämmerte auf den Stein ein; Ü der Boxer hämmerte auf seinen Gegner ein *(traf ihn mit zahlreichen, rasch aufeinander folgenden Schlägen);* unaufhörlich hämmert Lärm auf uns ein. **3.** *durch unausgesetztes Einwirken, ständiges Wiederholen einprägen:* einem Kind die Regeln e.

ein|hams|tern ⟨sw. V.; hat⟩ (ugs.): *einheimsen.*

Ein|hand|be|die|nung, die: *(Möglichkeit der) Handhabung, Steuerung o. Ä. eines Gerätes od. eines Teils eines Gerätes mit nur einer Hand.*

ein|han|deln ⟨sw. V.; hat⟩: **1.** *durch Handel, Tausch erwerben, für sich gewinnen:* im Krieg hatten sie den Schmuck gegen/(auch:) für Lebensmittel eingehandelt. **2.** ⟨e. + sich⟩ **a)** (ugs.) *für sein Tun etw. Negatives hinnehmen müssen:* sich wegen seines Zuspätkommens einen Verweis e.; in der letzten Spielminute handelte sich der Libero noch eine gelbe Karte ein; **b)** *[im Zusammenhang mit einer Tätigkeit] eine Krankheit o. Ä. bekommen:* im Urlaub hat er sich eine Geschlechtskrankheit eingehandelt.

ein|hän|dig ⟨Adj.⟩: *mit nur einer Hand:* e. Klavier spielen; eine e. geschlagene Rückhand.

ein|hän|di|gen ⟨sw. V.; hat⟩: *etw. in jmds. Hände geben; jmdm. etw. in die Hand legen, ihm anvertrauen:* jmdm. Geld, die Schlüssel e.

Ein|hand|seg|ler, der [zu seem. Hand = Matrose < engl. hand, eigtl. = Hand] (Segeln): **1.** *jmd., der ein Segelboot allein über eine Rennstrecke od. über größere Meeresstrecken führt.* **2.** *Segelboot, das zur Bedienung durch nur eine Person eingerichtet ist.*

Ein|hand|seg|le|rin, die: w. Form zu ↑Einhandsegler (1).

ein|hän|gen ⟨sw. V.; hat⟩: **1. a)** *in eine Haltevorrichtung, einen Haken, eine Öse o. Ä. hängen u. dadurch daran befestigen:* eine Tür, den Fensterladen e.; **b)** (veraltend) *den Telefonhörer auf die Gabel legen bzw. in die Haltevorrichtung hängen u. das Gespräch damit beenden:* er hatte bereits [den Hörer] eingehängt. **2.** *einhaken* (2): sie hängte ihren Arm in seinen ein.

Ein|hän|ge|öse, die: *Öse, in die etw. eingehängt wird.*

ein|har|ken ⟨sw. V.; hat⟩ (nordd.): *(Samen, Dünger) harkend unter das Erdreich mischen.*

ein|hau|chen ⟨sw. V.; hat⟩ (geh.): *jmdn., etw. mit etw. erfüllen; verleihen, vermitteln:* jmdm. neues Leben e.

ein|hau|en ⟨unr. V.; haute/(veraltend:) hieb ein, hat eingehauen⟩: **1. a)** *mit einem Werkzeug, einem Gerät (in Stein od. Holz) hauend hervorbringen:* in den/(seltener:) in dem Stein war eine Inschrift eingehauen; **b)** *in etw. [hinein]schlagen:* den Nagel [in die Wand] e. **2.** *durch Schlagen, Stoßen [mit einem Gegenstand] zertrümmern, zerstören:* eine Fensterscheibe e.; er hat ihm den Schädel eingehauen. **3.** *jmdm., einem Tier fortgesetzt Schläge versetzen:* er hieb/haute auf seinen Gegner ein. **4.** (ugs.) *bei einer Mahlzeit viel u. schnell, mit großem Appetit essen:* beim Frühstück hieben/hauten sie ordentlich ein. **5.** (selten) *auftreffen, einschlagen* (3).

ein|hau|sen, sich ⟨sw. V.; hat⟩ [zu ↑hausen in der alten Bed. »wohnen«] (schweiz.): *sich häuslich einrichten.*

ein|häu|sig ⟨Adj.⟩ (Bot.): *männliche u. weibliche Blüten zugleich aufweisend; monözisch:* -e Pflanzen.

ein|he|ben ⟨st. V.; hat⟩: **1.** *in seine Haltevorrichtung [hinein]heben; einhängen:* die Tür wieder e. **2.** (südd., österr.) *erheben* (5 a), *einziehen* (8 a), *kassieren:* einen Beitrag e.

Ein|he|bung, die; -, -en (südd., österr.): *das Einheben* (2): die E. von Gebühren, Steuern, Beiträgen.

ein|hef|ten ⟨sw. V.; hat⟩: **1.** *in einen Ordner, Hefter o. Ä. heften:* Briefe, Akten in den Ordner e. **2.** *mit Heftstichen in etw. nähen:* den Ärmel e.

ein|he|gen ⟨sw. V.; hat⟩ (bes. Forstw., Gartenbau): *mit einem Zaun o. Ä. umgeben:* eine Schonung e.

Ein|he|gung, die; -, -en (bes. Forstw., Gartenbau): **1.** *das Einhegen.* **2.** *Zaun.*

ein|hei|len ⟨sw. V.; ist⟩ (Med.): *ins Körpergewebe einwachsen u. verheilen:* die übertragene Haut ist eingeheilt.

Ein|hei|lung, die; -, -en (Med.): *das Einheilen.*

ein|hei|misch ⟨Adj.⟩ [spätmhd., mhd. inheimisch = zu Hause anwesend]: **a)** *aus einem bestimmten Ort, Land, einer bestimmten Gegend stammend u. dort lebend, ansässig:* die -e Bevölkerung; **b)** *aus dem eigenen Land stammend, dort vorkommend, wachsend, entstanden, üblich:* -e Pflanzen, Tiere; -e Rohstoffe; **c)** (Sport) *auf dem eigenen Platz, vor eigenem Publikum spielend, laufend o. Ä.:* die -e Mannschaft wurde von den Fans gefeiert.

Ein|hei|mi|sche, der u. die; -n, -n ⟨Dekl. ↑Abgeordnete⟩: *jmd., der irgendwo einheimisch* (a) *ist:* einen -n nach dem Weg fragen.

ein|heim|sen ⟨sw. V.; hat⟩ [zu mhd. heimsen = heimbringen] (ugs.): *in großer Menge für sich gewinnen, erlangen:* viele Preise, viel Lob e.

Ein|hei|rat, die; -, -en: *das Einheiraten.*

ein|hei|ra|ten ⟨sw. V.; hat⟩: *durch Heirat Mitglied einer Familie, eines Unternehmens o. Ä. werden:* in eine alte Familie, Firma e.

Ein|heit, die; -, -en [15. Jh., in der Bed. beeinflusst von lat. unitas bzw. frz. unité]: **1.** *in sich geschlossene Ganzheit, Verbundenheit; als Ganzes wirkende Geschlossenheit, innere Zusammengehörigkeit:* die wirtschaftliche, nationale E. eines Volkes; E. von Form und Inhalt; die einzelnen Teile des Werkes bilden zusammen eine E. **2.** *einem Maß-, Zählsystem zugrunde liegende Größe:* der Meter ist die E. des Längenmaßes; das Präparat enthält tausend -en Penizillin. **3.** (bes. Milit.) *zahlenmäßig nicht festgelegte militärische Formation:* eine motorisierte E.

Ein|hei|ten|sys|tem, das: *System von Einheiten* (2), *das aus einer bestimmten Anzahl voneinander unabhängiger Grundeinheiten aufgebaut ist.*

ein|heit|lich ⟨Adj.⟩: **a)** *eine Einheit* (1) *bildend, erkennen lassend; in sich geschlossen:* ein -es Werk; das muss -er gestaltet werden; **b)** *für alle in gleicher Weise geltend; unterschiedslos:* -e Kleidung; das muss e. geregelt werden.

Ein|heit|lich|keit, die; -: *das Einheitlichsein.*

Ein|heits|be|stre|bun|gen ⟨Pl.⟩: *Bestrebungen, zu einer politischen Einheit* (1) *zu gelangen.*

Ein|heits|front, die (Politik): *Zusammenschluss mehrerer Parteien, Gruppen o. Ä. mit einheitlichen* (a) *politischen Zielen, Bestrebungen.*

Ein|heits|ge|werk|schaft, die: *gewerkschaftliche Organisation[sform], die das Prinzip einer einheitlichen* (a) *Gewerkschaftsbewegung zu verwirklichen versucht.*

Ein|heits|klei|dung, die (meist abwertend): *einheitliche* (b), *keine Unterschiede aufweisende Kleidung.*

Ein|heits|kurz|schrift, die ⟨o. Pl.⟩: *auf mehreren Systemen beruhende vereinheitlichte Kurzschrift.*

Ein|heits|lis|te, die (Politik): *Wahlliste, auf der Kandidierende aller Parteien vertreten sind.*

Ein|heits|look, der (oft abwertend): *einheitliches* (b), *keine individuelle Note aufweisendes Aussehen:* Häuser, Kleider im E.

Ein|heits|maß, das: *einheitliches* (b), *genormtes Maß.*

Ein|heits|par|tei, die: in der Fügung **Sozialistische Einheitspartei Deutschlands** (DDR; *im Jahr 1946 durch Zusammenschluss von SPD u. KPD entstandene Partei;* Abk.: SED).

Ein|heits|preis, der: *einheitlicher* (b), *allgemein üblicher od. festgelegter Preis für eine Ware.*

Ein|heits|staat, der: *von einer Zentralgewalt gelenkter Staat mit einheitlich* (b) *geregelter Rechtsordnung, Verwaltung u. a.*

Ein|heits|stre|ben, das: *Streben nach Einheit [einer Nation].*

Ein|heits|ta|rif, der: *einheitlicher* (b) *Tarif.*

Ein|heits|wert, der (Steuerw.): *einheitlich* (b) *festgesetzter Steuerwert für Grund-, Vermögens-, Betriebsbesitz.*

Ein|heits|zeit, die ⟨o. Pl.⟩: *für bestimmte Zonen der Erde gültige einheitliche* (b) *Zeit.*

ein|hei|zen ⟨sw. V.; hat⟩: **1. a)** *Feuer machen, mit [mehr] Brennmaterial versorgen u. dadurch warm, heiß machen:* den Ofen, Kessel e.; **b)** *durch Heizen für Wärme sorgen, vollständig durchwärmen:* sie haben das Zimmer tüchtig eingeheizt; Ü die haben schon wieder ganz schön eingeheizt (ugs. *tüchtig dem Alkohol zugesprochen*). **2.** (ugs.) *mit Nachdruck, gehörig die Meinung sagen [um jmdn. zu etw. Bestimmtem zu veranlassen]; heftig zusetzen, zu schaffen machen:* dem werde ich gehörig e., wenn er das noch mal tut; Ü die Band hat den Fans ganz schön eingeheizt.

ein|hel|fen ⟨st. V.; hat⟩ (landsch.): *[leise] vorsagend weiterhelfen:* wenn du im Text hängen bleibst, helfe ich dir ein.

ein|hel|lig ⟨Adj.⟩ [zu mhd., ahd. einhel, zu mhd. enein hellen, ahd. in ein hellan = übereinstimmen, eigtl. = in eins klingen]: *gänzlich, in allen Punkten übereinstimmend; von allen ausnahmslos vertreten:* -e Zustimmung; sie waren e. der Meinung, dass er gut gespielt hat.

Ein|hel|lig|keit, die; -: *das Einhelligsein.*

ein|hen|ke|lig, ein|henk|lig ⟨Adj.⟩: *mit nur einem Henkel [versehen]:* ein -er Topf.

ein|hen|keln ⟨sw. V.; hat⟩ [zu mundartl. henken = hängen] (landsch.): *einhaken* (2).

ein|henk|lig: ↑einhenkelig.

ein|her ⟨Adv.⟩ [mhd. înher] (österr.): *herein.*

ein|her|fah|ren ⟨st. V.; ist⟩ (geh.): *(in bestimmter Weise, an einem bestimmten Ort o. Ä.) vor jmds. Augen umher-, vorbeifahren:* sie sah ihn stolz mit seinem neuen Wagen e.

ein|her|ge|hen ⟨unr. V.; ist⟩ (geh.): **1.** *(in bestimmter Weise, an einem bestimmten Ort o. Ä.) vor jmds. Augen umher-, vorbeigehen:* mit gesenktem Kopf neben seinem Pferd e. **2.** *gleichzeitig mit etw. auftreten, vorkommen, erscheinen; mit etw. verbunden sein:* die Krankheit geht meist mit Fieber einher.

Ein|he|ri|er, der; -s, - [aisl. einherjar, Pl. von: einheri = vortrefflicher Kämpfer] (germ. Myth.): *gefallener Kämpfer.*

ein|her|re|den ⟨sw. V.; hat⟩: *ohne rechte Überlegung sprechen, Belangloses sagen:* das hat er bloß so einhergeredet.

ein|her|schrei|ten ⟨st. V.; ist⟩ (geh.): *(in bestimmter Weise, an einem bestimmten Ort o. Ä.) vor jmds. Augen umher-, vorbeigehen.*

ein|her|stol|zie|ren ‹sw. V.; ist›: *voller Stolz einherschreiten.*

ein|hie|ven ‹sw. V.; hat› (Seemannsspr.): *hochziehen, -winden u. hereinholen; einziehen.*

ein|hin ‹Adv.› (österr., bayr.): *hinein.*

ein|höcke|rig, ein|höck|rig ‹Adj.›: *nur einen Höcker besitzend:* das -e Dromedar.

ein|hol|bar ‹Adj.›: *sich einholen* (1) *lassend:* ein nicht -er Vorsprung.

ein|hol|len ‹sw. V.; hat›: **1. a)** *an jmdn., der einen Vorsprung hat, herankommen, ihn erreichen:* geht schon voraus, ich hole euch wieder ein; Ü die Vergangenheit hat ihn eingeholt *(er konnte sie nicht hinter sich lassen);* **b)** *einen [Leistungs]rückstand aufholen, Versäumtes wettmachen, ausgleichen:* das Versäumte rasch wieder e. **2.** *von unten herauf- bzw. von oben herunterziehen, hereinholen, einziehen u. verwahren:* die Fahne e.; die Fischer holten die Netze ein. **3.** (ugs.) *einkaufen* (1 a): Gemüse e.; sie ist e. gegangen. **4.** *in einem bestimmten Zeremoniell entgegengehen, empfangen u. feierlich geleiten:* die hohen Gäste wurden eingeholt. **5.** *sich geben lassen, erbitten:* ein Gutachten e.; Erkundigungen über jmdn. e.; ich habe seinen Rat eingeholt *(habe mich von ihm beraten lassen).*

Ein|hol|ta|sche, die (ugs.): *Einkaufstasche.*

Ein|ho|lung, die; -: *das Einholen* (2, 4, 5).

ein|hö|ren, sich ‹sw. V.; hat›: *durch wiederholtes Hören kennen u. verstehen lernen:* in das Stück muss ich mich erst e.

Ein|horn, das; -[e]s, Einhörner [mhd. einhorn, einhürne, ahd. einhurno, LÜ von lat. unicornis u. griech. monókerōs]: *(als Symbol der Keuschheit u. Jungfräulichkeit geltendes) pferde- od. ziegenähnliches Fabeltier mit einem langen geraden Horn in der Mitte der Stirn.*

Ein|hu|fer, der; -s, - (Zool.): *Huftier, bei dem mit Ausnahme des vergrößerten, mit einem Huf versehenen Mittelzehs (auf dem es läuft) alle Zehen zurückgebildet sind:* Pferde sind E.

ein|hu|fig ‹Adj.› (Zool.): *zu den Einhufern gehörend, für sie charakteristisch:* -e Tiere.

ein|hül|len ‹sw. V.; hat›: *mit etw. hüllend umgeben, etw. als Hülle, als Umhüllung um jmdn., sich, etw. legen:* das Kind, sich in eine Decke e.; Ü Nebel hat die Berge eingehüllt.

Ein|hül|lung, die; -, -en: **1.** *das Einhüllen.* **2.** *Hülle.*

ein|hun|dert: ↑hundert.

ein|hü|ten ‹sw. V.; hat› (bes. nordd.): *in jmds. Abwesenheit in dessen Haus[halt] anwesend sein:* meine Tochter ist verreist, ich muss deshalb dort/bei ihr e.

ei|nig ‹Adj.› [mhd. einec, einic, ahd. einac = einzig, allein, zu ↑[1]ein]: **1.** *in seiner Meinung [u. Gesinnung] übereinstimmend; einer Meinung, eines Sinnes:* die -en Brüder; sie sind wieder e.; ich bin [mir] mit ihr darin e., dass es so nicht geht; wir gehen beide, sie geht mit mir darin e., dass der Brief unverschämt war; über den Preis sind sie miteinander e. geworden *(haben sie sich geeinigt);* ich bin mit mir selbst noch nicht ganz e. *(bin mir noch nicht ganz im Klaren),* ob ich das tun soll. **2.** *zu einer Einheit verbunden, geeint:* eine -e Nation.

ei|nig... ‹Indefinitpron. u. unbest. Zahlw.› [mhd. einic, ahd. einīc = irgendein]: **1.** ‹Sg.› *eine unbestimmte kleinere Menge; ein wenig, etwas; nicht allzu viel:* einiges alte (seltener: altes) Gerümpel; er hat noch einige Hoffnung; mit einigem guten (selten: gutem) Willen; ‹allein stehend:› sie erzählte einiges, was wir noch nicht wussten; hier fehlt noch einiges *(allerhand Sachen).* **2.** ‹Pl.› *eine unbestimmte kleinere Anzahl; ein paar, mehrere; nicht allzu viele:* einige Leute; er war einige Wochen verreist; die Taten einiger guter (seltener: guten) Menschen; -e wenige *(ein paar Leute)* wussten davon; er hat -e *(mehrere)* Hundert Bücher; ‹allein stehend:› einige standen noch herum; einige von uns wussten das; einige der Leute waren mir unbekannt. **3.** ‹Sg. u. Pl.› *beträchtlich, ziemlich groß, ziemlich viel; nicht wenig:* es wird einigen Ärger geben; ‹allein stehend:› die Reparatur wird sicher wieder einiges kosten; wir haben heute noch einiges zu erledigen.

ein|igeln, sich ‹sw. V.; hat›: **1.** *sich (wie ein Igel) einrollen, zusammenrollen:* sich gemütlich im Sessel e. **2.** *sich ganz zurückziehen, von anderen abschließen:* sich in seinem Haus e. **3.** (Milit.) *eine Abwehrstellung beziehen, die eine Verteidigung nach allen Seiten ermöglicht.*

ei|ni|ge Mal [auch: ˈ– – –ˈ–]: s. einig... (2).

ei|ni|gen ‹sw. V.; hat› [mhd. einigen, einegen, zu ↑einig]: **1.** *[verschieden geartete] Parteien, Personen, Personengruppen o. Ä. einig* (2) *machen, zu einer Einheit verbinden:* es war nicht gelungen, die verschiedenen Völkerstämme zu e.; ein geeinigtes Volk. **2.** ‹e. + sich› *sich einig* (1) *werden; zu einer Übereinstimmung, Einigung kommen; mit jmdm. übereinkommen:* sich gütlich e.; sich auf einen Vergleich, über den Preis e.; sich dahin e., dass beide eingeladen werden müssten.

Ei|ni|ger, der; -s, -: *jmd., der ein Volk o. Ä. einigt.*

Ei|ni|ge|rin, die; -, -nen: w. Form zu ↑Einiger.

ei|ni|ger|ma|ßen ‹Adv.›: **1.** *bis zu einem gewissen Grad, in erträglichem Maß; ungefähr, leidlich:* er hat sich wieder e. erholt; eine e. gelungene Arbeit; »Wie geht es dir?« – »Einigermaßen« *(erträglich).* **2.** (ugs.) *in hohem Maß, ziemlich, sehr:* wir waren doch e. überrascht.

ei|nig ge|hen: s. einig (1).

Ei|nig|keit, die; - [mhd. einecheit = Einigkeit; Einzigkeit, ahd. einigheit = Einzigkeit, Einsamkeit]: *das Einigsein:* die E. unter den Geschwistern wiederherstellen; es herrschte [volle] E. *(Übereinstimmung)* darüber, dass man jetzt nicht feiern sollte; **Spr** E. macht stark.

Ei|ni|gung, die; -, -en [mhd. einigung]: **1.** *das Sicheinigen, Einigwerden;* eine gütliche E. anstreben; über etw. keine E. erzielen. **2.** *das Einigen* (1): die politische, wirtschaftliche E. Europas.

Ei|ni|gungs|be|stre|bung, die ‹meist Pl.›: *Streben nach Herbeiführung einer Einheit* (1): die europäischen -en waren ins Stocken geraten.

Ei|ni|gungs|ver|trag, der: *zwischen der Bundesrepublik und der DDR geschlossener völkerrechtlicher Vertrag, der die Einzelheiten ihrer staatlichen Vereinigung regelt.*

Ei|ni|gungs|werk, das: *Herbeiführung eines Zusammenschlusses.*

ein|imp|fen ‹sw. V.; hat›: **1.** *(einen Impfstoff) einspritzen:* einem Versuchstier ein neues Serum e. **2.** (ugs.) *so eindringlich sagen, so tief einprägen, dass es nicht mehr vergessen werden kann:* jmdm. Hass, eine Überzeugung e.

ein|ja|gen ‹sw. V.; hat›: *(ein heftiges Gefühl der Angst o. Ä.) plötzlich in jmdm. hervorrufen, bewirken:* jmdm. einen Schreck e.

ein|jäh|rig ‹Adj.›: **1.** vgl. achtjährig. **2.** (Bot.) *(von Blütenpflanzen, Kräutern) die gesamte Entwicklung während einer Vegetationszeit von höchstens einem Jahr durchlaufend:* -e und mehrjährige Kräuter.

[1]**Ein|jäh|ri|ge,** der; -n, -n ‹Dekl. ↑Abgeordnete› (früher): *Soldat, der sich freiwillig meldet u. aufgrund seiner Schulbildung nur ein Jahr zu dienen braucht.*

[2]**Ein|jäh|ri|ge,** das; -n ‹Dekl. ↑[2]Junge, das› [nach dem für den [1]Einjährigen erforderlichen Schulabschluss] (veraltend): *mittlere Reife (Schulabschluss nach sechs Oberschulklassen).*

ein|ka|cheln ‹sw. V.; hat› [zu ↑Kachelofen] (landsch.): *stark heizen.*

ein|kal|ku|lie|ren ‹sw. V.; hat›: **1.** *in die Kalkulation, Berechnung einbeziehen; mitberechnen:* die Verpackungskosten sind im Preis [mit] einkalkuliert. **2.** *im Voraus mit jmdm., etw. rechnen; in seine Erwägungen, Pläne einbeziehen:* ein Risiko, Verzögerungen e.

Ein|kam|mer|sys|tem, das (Politik): *Verfassungssystem, bei dem die gesetzgebende Körperschaft aus nur einer Kammer besteht.*

ein|kamp|fern ‹sw. V.; hat› (landsch.): *mit Kampfer einreiben.*

ein|kap|seln ‹sw. V.; hat›: **a)** *in einer Hülle, einer Kapsel fest einschließen:* pharmazeutische Produkte maschinell e.; **b)** ‹e. + sich› *sich mit einer Hülle, einer Kapsel umgeben, sich in sie einschließen, sich verkapseln:* die Würmer kapseln sich in den Muskeln ein.

Ein|kap|se|lung, (seltener:) **Ein|kaps|lung,** die; -, -en: *das [Sich]einkapseln.*

Ein|ka|rä|ter, der; -s, -: *einkarätiger Edelstein.*

ein|ka|rä|tig ‹Adj.›: **a)** *(von Edelsteinen) die Gewichtseinheit von einem Karat habend:* ein -er Brillant; **b)** *(von Gold) in einer Legierung ein Karat reines Gold enthaltend.*

ein|kas|sie|ren ‹sw. V.; hat› [nach ital. incassare]: **1.** *kassierend, in der Funktion eines Kassierers einziehen:* den Betrag e. **2.** (ugs.) *[ohne Skrupel] für sich nehmen; [jmdm. wegnehmen u.] in seinen Besitz bringen:* er hat meinen Stift einfach einkassiert. **3.** (salopp) *verhaften u. einsperren:* der Einbrecher wurde einkassiert.

Ein|kas|sie|rung, die; -, -en: *das Einkassieren.*

ein|kas|teln ‹sw. V.; hat› [zu ↑Kasten] (ugs.): **1.** (bes. österr.) *mit einem Viereck umgeben:* eine Zahl e. **2.** (österr.) *einsperren; festsetzen.*

ein|käs|teln ‹sw. V.; hat› (ugs.): *einkasteln* (1).

Ein|kauf, der; -[e]s, Einkäufe [spätmhd. einkauf = Mitgliedsbeitrag, zu ↑einkaufen (2)]: **1. a)** *das Einkaufen* (1 a): Einkäufe machen, erledigen; **b)** *eingekaufte Ware für den täglichen Bedarf:* sie packten ihre Einkäufe aus. **2. a)** *das Einkaufen* (1 b): Einkäufe im Ausland tätigen; **b)** ‹o. Pl.› (Kaufmannsspr.) *Abteilung eines Unternehmens, die für den Einkauf* (2 a) *zuständig ist:* er arbeitet im, beim E. **3.** *das Sicheinkaufen:* sie hat durch E. in ein Altenheim für später vorgesorgt. **4. a)** *das Einkaufen* (3): der E. eines teuren Stars; **b)** *eingekaufte Person.*

ein|kau|fen ‹sw. V.; hat›: **1. a)** *sich durch Kauf mit Waren für den täglichen Bedarf versehen; Einkäufe, Besorgungen machen:* etw. billig, vorteilhaft e.; bargeldlos *(mit Kreditkarte [od. Scheck])* e.; ein paar Lebensmittel e.; e. gehen; **b)** *(Waren) in größeren Mengen durch Kauf beschaffen, im Handel beziehen:* das Material wurde en gros eingekauft; Ü ohne Geld, kostenlos e. (scherzh. verhüll.; *Ladendiebstahl begehen; stehlen).* **2.** ‹e. + sich› *durch Zahlung eine Berechtigung, eine Mitgliedschaft, Teilhaberschaft, die Anwartschaft auf etw. erwerben:* sich in eine Firma e. **3.** *jmdn. durch Zahlung von Geld [vertraglich] verpflichten, engagieren:* der Verein hat zwei Spitzenspieler eingekauft.

Ein|käu|fer, der; -s, -: **1.** *Angestellter eines Unternehmens, der mit dem Einkauf* (2 a) *beauftragt ist* (Berufsbez.). **2.** *jmd., der einkauft* (3).

Ein|käu|fe|rin, die; -, -nen: w. Form zu ↑Einkäufer.

Ein|kaufs|bum|mel, der: *Spaziergang [durch eine Stadt], den jmd. macht, um dabei Einkäufe* (1 a) *zu erledigen.*

Ein|kaufs|cen|ter, das: *Einkaufszentrum.*

Ein|kaufs|ge|nos|sen|schaft, die: *Genossenschaft, zu der sich Einzelhandels-, Handwerks- u. Landwirtschaftsbetriebe zusammenschließen, um durch gemeinsamen Einkauf* (2 a) *die Kosten zu verringern.*

Ein|kaufs|korb, der: **a)** *einhenkeliger Korb zum Tragen der Einkäufe* (1 b); **b)** *Draht-, Plastikkorb, in den man in einem Geschäft mit Selbstbedienung die Waren legt, die man kaufen will.*

Ein|kaufs|lis|te, die: *Liste der einzukaufenden Dinge:* eine E. zusammenstellen.

Ein|kaufs|mög|lich|keit, die: *Möglichkeit einzukaufen:* in diesem Viertel gibt es kaum -en.

Ein|kaufs|netz, das: *Netz* (1 a) *in Form eines Beutels zum Tragen der Einkäufe* (1 b).

Ein|kaufs|preis, der (Kaufmannsspr.): *Preis, der [dem Einzelhandel] für die Ware vom Großhandel, seltener auch vom Hersteller in Rechnung gestellt wird.*

Ein|kaufs|rol|ler, der: *Gestell mit zwei Rädern und einem taschenähnlichen Behältnis zum Transportieren der Einkäufe* (1 b); *Einkaufswagen* (b).

Ein|kaufs|ta|sche, die: *[größere] Tasche zum Tragen der Einkäufe* (1 b).

Ein|kaufs|wa|gen, der: **a)** *fahrbares Gestell mit*

einem [fest verbundenen] Drahtkorb, in den man in einem Selbstbedienungsladen die Waren legt, die man kaufen will. **b)** *Einkaufsroller.*

n|kaufs|zen|trum, das [LÜ von amerik. shopping center]: *größerer Gebäudekomplex od. Geschäftsviertel mit verschiedenen Einzelhandelsgeschäften, Gaststätten u. a. (häufig außerhalb der Stadt planmäßig angelegt):* ein E. auf der »grünen Wiese«.

n|kehl|len ⟨sw. V.; hat⟩ (Fachspr.): *kehlen* (1).

n|kehl|lung, die; -, -en: *das Einkehlen.*

n|kehr, die; -: **1.** *das Einkehren* (1): E. halten. **2.** (geh.) *innere Sammlung, das Überdenken, Prüfen der eigenen inneren Situation; Selbstbesinnung:* das Erlebnis hatte ihn zur E. gebracht.

n|keh|ren ⟨sw. V.; ist⟩: **1.** *unterwegs [auf einer Wanderung o. Ä.] einen Besuch in einer Gaststätte machen:* wir sind auf der Fahrt nur einmal [in einem/(selten:) in ein Wirtshaus] eingekehrt. **2.** (geh.) *sich einstellen, bemerkbar machen:* der Frühling kehrt in diesem Jahr verspätet ein; endlich kehrte wieder Friede ein.

n|kei|len ⟨sw. V.; hat⟩: **1.** (selten) *mit einem Keil befestigen:* einen Axtstiel [in das Öhr] e. **2.** *von mehreren Seiten so dicht an jmdn., etw. herankommen, sich herandrängen, dass eine Fortbewegung nicht mehr möglich ist:* ⟨meist im 2. Part.:⟩ wir standen eingekeilt in der Menge.

n|kel|lern ⟨sw. V.; hat⟩: *im Keller als Wintervorrat anlegen, unterbringen:* Kartoffeln, Kohlen e.

n|kel|le|rung, die; -, -en: *das Einkellern.*

n|kel|le|rungs|kar|tof|fel, die ⟨meist Pl.⟩: *Kartoffel einer Kartoffelsorte, die sich zum Einkellern eignet.*

n|ker|ben ⟨sw. V.; hat⟩: **a)** *eine Kerbe in etw. schneiden:* einen Stock am oberen Ende e.; **b)** *kerbend in etw. hervorbringen, entstehen lassen:* Buchstaben in einen Baumstamm e.

n|ker|bung, die; -, -en: **1.** *das Einkerben:* -en vornehmen. **2.** *Kerbe.*

n|ker|kern ⟨sw. V.; hat⟩ (geh.): *in einem Kerker, Verlies o. Ä. gefangen setzen:* man hatte sie drei Jahre lang unschuldig eingekerkert.

n|ker|ke|rung, die; -, -en: *das Einkerkern.*

n|kes|seln ⟨sw. V.; hat⟩ (bes. Milit.): *völlig einschließen:* die Armee wurde eingekesselt.

n|kes|se|lung, die; -, -en (bes. Milit.): *das Einkesseln.*

n|kind|fa|mi|lie, die: *Familie mit nur einem Kind.*

n|kind|schaft, die; - (Rechtsspr. früher): *Vertrag bei Wiederverheiratung, durch den die Kinder des einen Ehegatten aus erster Ehe den Nachkommen aus der neuen Ehe völlig gleichgestellt sind, auch in Beziehung zum neuen Ehegatten.*

n|kit|ten ⟨sw. V.; hat⟩: *mithilfe von Kitt in etw. befestigen:* eine Glasscheibe [in den Rahmen] e.

n|klag|bar ⟨Adj.⟩: *sich durch Klage vor einem Gericht erreichen, erlangen lassend:* -e Rechte.

n|kla|gen ⟨sw. V.; hat⟩: **a)** *durch Klage vor einem Gericht einzutreiben, zu erlangen suchen:* Schulden, 80 000 Mark e.; der eingeklagte Betrag; **b)** *mit Nachdruck [und moralischem Rechtsanspruch] fordern:* Menschenrechte und Bürgerfreiheit, Solidarität, Grundsätze e.

n|kla|gung, die; -, -en: *das Einklagen.*

n|klam|mern ⟨sw. V.; hat⟩: *(etw. Geschriebenes) in Klammern einschließen:* ein Wort e.

n|klam|me|rung, die; -, -en: **1.** *das Einklammern; das Eingeklammertwerden.* **2.** *Klammer* (2 a, b).

n|klang, der; -[e]s, Einklänge ⟨Pl. selten⟩: **1.** (Musik) *das Zusammenklingen von zwei od. mehr Tönen auf derselben Tonhöhe od. im Oktavabstand.* **2.** (geh.) *als richtig, angebracht, wohltuend empfundene Übereinstimmung, Harmonie:* der E. von Seele und Körper; mit jmdm., mit sich selbst im E. sein; Worte u. Taten stehen hier nicht miteinander im/in E.; etw. in E. zu bringen *(aufeinander abzustimmen)* suchen.

n|klap|pen ⟨sw. V.; hat⟩: *(etwas Ausgeklapptes) wieder nach innen klappen, zusammen-, hochklappen:* das Bett kann man e.

ein|klas|sig ⟨Adj.⟩ (Schulw.): *aus nur einer Schulklasse bestehend:* eine -e Schule.

ein|kle|ben ⟨sw. V.; hat⟩: *durch Kleben in etw. befestigen:* die Fotos [ins Album] e.

ein|klei|den ⟨sw. V.; hat⟩: **1. a)** *mit der nötigen Kleidung versehen, mit neuer Kleidung vollständig ausstatten:* sich [neu] e.; **b)** *mit Uniform, Berufskleidung, Ordenstracht o. Ä. versehen:* die Rekruten wurden eingekleidet. **2.** (geh.) *(Gedankliches, Erlebtes o. Ä.) in bestimmter Weise in Worte fassen:* seine Gedanken in ein Gleichnis e.; eine eingekleidete Aufgabe (Math.; *Textaufgabe*).

Ein|klei|dung, die; -, -en: *das Einkleiden; das Eingekleidetwerden.*

ein|kleis|tern ⟨sw. V.; hat⟩: *mit Kleister versehen:* die Tapetenbahnen gleichmäßig e.

ein|klem|men ⟨sw. V.; hat⟩: **1.** *etw./jmdn. zwischen od. in etw. geraten lassen u. dadurch in der Bewegung, Beweglichkeit hemmen [u. quetschen, verletzen]:* ich habe mir den Daumen in der Tür eingeklemmt; der Fahrer war hinter dem Steuerrad eingeklemmt; (Med.:) ein eingeklemmter Bruch. **2.** *fest in, zwischen etw. klemmen:* der Hund klemmte den Schwanz ein; einen Gegenstand in den Schraubstock e. **3.** (Eishockey) *den Puck so gegen die Bande drücken, dass er blockiert u. nicht spielbar ist.*

Ein|klem|mung, die; -, -en: *das Einklemmen.*

ein|kli|cken ⟨sw. V.; ist⟩: **1.** *mit einem klickenden Laut einrasten:* das Zahnrad war bereits eingeklickt. **2.** ⟨e. + sich⟩ (EDV) *durch Anklicken eine Verbindung herstellen:* sich ins Internet e.

ein|klin|ken ⟨sw. V.⟩: **a)** *durch Betätigen eines Hebels o. Ä. in eine Haltevorrichtung (bes. eine Tür mit der Klinke) einschnappen, einrasten lassen* ⟨hat⟩: die Tür leise e.; er hat den Gurt nicht richtig eingeklinkt; **b)** *in eine Haltevorrichtung einschnappen, einrasten* ⟨ist⟩: er hörte, wie die Tür einklinkte; **c)** ⟨e. + sich⟩ (ugs.) *sich an etw. beteiligen, was schon im Gange ist; sich einschalten, zugesellen:* an diesem Punkt habe ich mich in die Diskussion eingeklinkt.

ein|klop|fen ⟨sw. V.; hat⟩: *in etw. [hinein]klopfen:* einen Nagel [in die Wand] e.; die Creme leicht [in die Haut] e.

ein|knei|fen ⟨st. V.; hat⟩: **1.** *nach innen drücken, zusammenpressen:* die Lippen e. **2.** *einklemmen* (2): der Hund hat den Schwanz eingekniffen.

ein|kni|cken ⟨sw. V.⟩: **1.** *so umbiegen, dass ein [leichter] Knick in etw. entsteht; leicht knicken* ⟨hat⟩: Streichhölzer e.; ich habe mir den Fuß eingeknickt. **2.** *einen Knick bekommen; mit einem Knick zusammensinken* ⟨ist⟩: die Halme sind im Wind eingeknickt; vor Erschöpfung knickten ihr die Knie/knickte sie [in den Knien] ein.

Ein|kni|ckung, die; -, -en: **1.** *das Einknicken.* **2.** *Knick* (1, 2).

ein|knöpf|bar ⟨Adj.⟩: *sich einknöpfen lassend:* ein -es Mantelfutter.

ein|knöp|fen ⟨sw. V.; hat⟩: *knöpfend, mit Knöpfen in etw. befestigen:* das Mantelfutter e.

Ein|knöpf|fut|ter, das: [2]*Futter* (1) *zum Einknöpfen.*

ein|kno|ten ⟨sw. V.; hat⟩: *knotend in ein Tuch binden:* ein Geldstück ins Taschentuch e.

ein|knüp|fen ⟨sw. V.; hat⟩: *knüpfend in etw. befestigen:* in den Wandteppich waren Perlen eingeknüpft.

ein|knüp|peln ⟨sw. V.; hat⟩: *fortgesetzt mit dem Knüppel schlagen:* Polizei knüppelte auf Demonstranten ein.

ein|ko|chen ⟨sw. V.; hat⟩: **1.** *durch Kochen [u. gleichzeitiges luftdichtes Verschließen] haltbar machen, konservieren:* Kirschen e. **2.** *durch Gekochtwerden Wasser abgeben, verdampfen u. dadurch konzentrierter, dickflüssiger werden:* die Soße muss noch etwas e. **3.** (österr.) **a)** (scherzh.) *jmdn. zu etw. überreden;* **b)** *betrügen.*

Ein|koch|zeit, die: **1.** *Einmachzeit.* **2.** *Zeit, die zum Einkochen* (1, 2) *benötigt wird.*

ein|kom|men ⟨st. V.; ist⟩: **1.** (veraltend) *(von Geld) eingenommen werden; als Einnahme, Gewinn eingehen:* durch den Verkauf ist eine größere Summe eingekommen. **2.** (bes. Sport) *ins Ziel gelangen, am Ziel ankommen, zum Schluss belegen:* der Läufer kam als Zweiter ein; (Seemannsspr.:) das Schiff kommt [in den Hafen] ein. **3.** (geh.) *sich förmlich, offiziell mit einem Anliegen, einer Bitte o. Ä. an jmdn. (meist eine Behörde) wenden:* um Urlaub, um seine Versetzung. e. **4.** (veraltet, noch landsch.) *plötzlich in den Sinn kommen, einfallen:* es ist mir gerade eingekommen, dass sie gar nicht kommen wollte.

Ein|kom|men, das; -s, -: *Gesamtsumme der regelmäßigen Einnahmen, Einkünfte, Bezüge:* ein geringes monatliches E. haben; E. aus Grundbesitz; er hat ein gutes E.; das E. versteuern.

Ein|kom|mens|aus|fall, der: *Ausfall* (2 b) *des Einkommens.*

Ein|kom|mens|gren|ze, die: *obere od. untere Grenze des Einkommens, die für die Berechnung von Steuern, Gewährung von Zuschüssen o. Ä. festgelegt ist:* der Zuschuss wird gewährt bis zu einer E. von 1 500 Mark monatlich.

ein|kom|mens|los ⟨Adj.⟩: *über gar kein Einkommen verfügend.*

ein|kom|mens|schwach ⟨Adj.⟩: *nur über ein geringes Einkommen verfügend:* -e Familien.

ein|kom|mens|stark ⟨Adj.⟩: *über ein höheres Einkommen verfügend.*

Ein|kom|mens|steu|er, (Steuerw.:) Einkommensteuer, die: *von jmds. Einkommen erhobene Steuer.*

Ein|kom|mens|steu|er|er|klä|rung, (Steuerw.:) Einkommensteuererklärung, die: *Steuererklärung über das Einkommen.*

ein|kom|mens|steu|er|pflich|tig, (Steuerw.:) einkommensteuerpflichtig ⟨Adj.⟩: *von der Einkommenssteuer erfasst werdend.*

Ein|kom|men|steu|er usw. ↑ Einkommenssteuer usw.

Ein|kom|mens|ver|hält|nis|se ⟨Pl.⟩: *Höhe, Zusammensetzung von jmds. Einkommen:* über seine E. schweigt er sich aus.

Ein|kom|mens|ver|tei|lung, die (bes. Wirtsch.): *Verteilung des Volkseinkommens auf die [einzelnen Schichten der] Bevölkerung.*

Ein|kom|mens|zu|wachs, der: *Zuwachs des Einkommens.*

ein|köp|fen ⟨sw. V.; hat⟩ (Fußball): *den Ball ins Tor köpfen:* er köpfte [eine Flanke] zum 1 : 0 ein.

Ein|korn, das; -s [mhd. einkorn, ahd. einchorn]: *Weizenart mit kurzen, dicken Ähren mit langen Grannen, die meist nur eine Frucht ausbilden.*

ein|ko|ten ⟨sw. V.; hat⟩ (bes. Med., Psych.): *durch unkontrollierte Darmentleerung mit Kot beschmutzen:* das Kind hat sich eingekotet.

ein|kra|chen ⟨sw. V.; ist⟩ (ugs.): **1. a)** *krachend in sich zusammenfallen, einstürzen:* die Brücke ist eingekracht; **b)** *krachend durch etwas hindurchbrechen:* das Kind ist auf dem Eis eingekracht. **2.** *(von Granaten u. Ä.) einschlagen.*

ein|kral|len ⟨sw. V.; hat⟩: **a)** ⟨e. + sich⟩ *die Krallen in etw. schlagen, sich mit den Krallen in etw. festhalten:* man sah noch, wo sich die Katze eingekrallt hatte; **b)** *(die Finger u. Ä.) krampfhaft in etw., in sich selbst bohren, krallen, zusammenkrallen:* vor Schmerz krallte sie die Finger [ins Kissen] ein.

ein|krat|zen ⟨sw. V.; hat⟩: **1.** *durch Kratzen mit einem scharfen Gegenstand in etw. hervorbringen, in etw. kratzen:* er hat seinen Namen [in den Stein] eingekratzt. **2.** ⟨e. + sich⟩ (salopp) *sich einschmeicheln, beliebt machen:* sich bei der Lehrerin e. wollen.

ein|kräu|seln ⟨sw. V.; hat⟩: *einkrausen.*

ein|krau|sen ⟨sw. V.; hat⟩ (Schneiderei): *in lockere Fältchen legen u. dadurch eine Krause in etw. entstehen lassen:* einen Rock e.

ein|krei|sen ⟨sw. V.; hat⟩: **1.** *einen Kreis, eine kreisförmige Linie um etw. ziehen u. es dadurch markieren:* ich werde [mir] das Datum rot e. **2.** *von allen Seiten umstellen, einschließen, kreisförmig umgeben, umzingeln:* den Feind e. **3.** *dem Kernpunkt einer Sache (abwägend)* *immer näher kommen:* eine Frage [immer mehr] e. **4.** (Amtsspr.) *eine bisher kreisfreie Stadt in einen Landkreis eingliedern.*

Ein|krei|sung, die; -, -en: *das Einkreisen; das Eingekreistwerden.*

Ein|krei|sungs|po|li|tik, die ⟨o. Pl.⟩: *Politik, die darauf abzielt, einen Staat zu isolieren [u. in bestimmter Weise unter Druck zu setzen].*

ein|kre|men: ↑ eincremen.

ein|kreu|zen ⟨sw. V.; hat⟩ (Biol.): *eine bestimmte Rasse durch Kreuzung mit einer andern verändern:* eine Rasse in eine andere e.

Ein|kreu|zung, die; -, -en: *das Einkreuzen.*

ein|krie|gen ⟨sw. V.; hat⟩ (ugs.): **1.** *einholen* (1 a). **2.** ⟨e. + sich⟩ *die Fassung, seine Selbstbeherrschung wieder finden:* krieg dich ein!

ein|krüm|men ⟨sw. V.; hat⟩: *nach einer Seite, bes. nach innen krümmen:* die Finger e.

Ein|krüm|mung, die; -, -en: *das Einkrümmen.*

ein|küh|len ⟨sw. V.; hat⟩: **1.** (Fachspr.) *(Lebensmittel) in einer Kühlanlage haltbar machen.* **2.** (österr.) *kühlen* (c).

Ein|küh|lung, die; -, -en: **1.** (Fachspr.) *das Einkühlen* (1). **2.** (österr.) *das Einkühlen* (2).

Ein|künf|te ⟨Pl.⟩ [zu ↑ einkommen (1); zum 2. Bestandteil vgl. Abkunft]: *als Verdienst, Gewinn eingehende Gelder:* feste, [un]regelmäßige E.; seine E. verbessern, versteuern.

ein|kup|peln ⟨sw. V.; hat⟩ (Kfz-T.): *durch Loslassen des Kupplungspedals die Verbindung zwischen Motor u. Getriebe herstellen:* nach dem Schalten langsam e.

ein|kür|zen ⟨sw. V., hat⟩ (bes. Gartenbau): *kürzer machen:* den Flieder e.

ein|ku|scheln ⟨sw. V.; hat⟩ (fam.): **a)** ⟨e. + sich⟩ *sich kuschelnd in etw. schmiegen:* sich behaglich [in die Kissen] e.; **b)** *warm zudecken u. die Kissen festdrücken:* jmdn. e.

Ein|lad, der; -s (schweiz.): *das [1]Einladen, Verladen.*

[1]ein|la|den ⟨st. V.; hat⟩: *(eine Ladung, Fracht o. Ä.) in ein Transportfahrzeug befördern, schaffen [u. dort verstauen]:* Säcke [in den Waggon] e.

[2]ein|la|den ⟨st. V. (landsch. im Präs. auch mit nicht umgelauteten Formen); hat⟩: **a)** *als Gast zu sich bitten, höflich zu einem Besuch, Aufenthalt bei sich auffordern:* seine Freunde [zum Geburtstag, in sein Haus] e.; jmdn. für Sonntag zum Tee e.; er lädt mich nach Paris, in die USA ein; sie lud ihn ein *(forderte ihn auf)*, sich zu setzen; ich bin [heute Abend] eingeladen; eine einladende Handbewegung; Ü der schöne Platz lädt zum Verweilen ein (geh.; *veranlasst dazu*); **b)** *zu einer kostenlosen Teilnahme an etw. auffordern; bitten, an etw. teilzunehmen, bei etw. mitzumachen:* jmdn. ins Theater, zu einem/(landsch.:) auf ein Glas Wein [in den Ratskeller] e.; **c)** (schweiz.) *jmdn. auffordern, etw. zu tun:* der Bundesrat wird eingeladen, die Sache endlich in die Hand zu nehmen.

ein|la|dend ⟨Adj.⟩: *Anreiz zu etw. bietend; zu etw. verlockend, verführerisch:* ein -er Anblick; die Kneipe sah nicht sehr e. aus.

[1]Ein|la|dung, die; -, -en: *das [1]Ein-, Verladen.*

[2]Ein|la|dung, die; -, -en: **1.** *das [2]Einladen; Äußerung, mit der man jmdn. [2]einlädt:* eine E. aussprechen, annehmen, ablehnen; eine schriftliche E. [zu einer Feier] bekommen; einer E. folgen, Folge leisten. **2.** kurz für ↑ Einladungskarte, -schreiben: -en drucken lassen. **3.** *Festlichkeit, Veranstaltung mit Gästen:* -en geben; nach einer E. aufräumen. **4.** (schweiz.) *Aufforderung, etw. zu tun:* zweimal erging an ihn die E., sich um die Sache zu kümmern. **5.** (Fechten) *Klingenlage, mit der man absichtlich Blößen für einen gegnerischen Angriff öffnet.*

Ein|la|dungs|kar|te, die: *schriftliche Einladung auf einer Karte.*

Ein|la|dungs|schrei|ben, das: *schriftliche Einladung in Briefform.*

Ein|la|ge, die; -, -n: **1.** *etw., was in eine Postsendung eingelegt, ihr beigelegt ist:* etwas als E. verschicken; der Brief enthielt zwei -n. **2.** (Schneiderei) *zur Versteifung in bestimmte Teile der Kleidung eingefügtes Material:* die E. in einem Kragen. **3.** (Kochk.) *festere Zutat in einer Suppe:* eine Bouillon mit Klößchen als E. **4.** *etw., was zur Verzierung in die Oberfläche eines Gegenstandes eingearbeitet wurde:* eine Tischplatte mit -n aus Elfenbein. **5.** *der Stützung des Fußes dienende Unterlage, die in den Schuh eingelegt wird:* er muss -n tragen. **6.** (Zahnmed.) *vorläufige Zahnfüllung:* die E. wieder entfernen. **7.** *Darbietung als eingeschobener Teil eines Programms:* ein Konzert mit tänzerischen -n. **8.** (Finanzw.) **a)** *auf ein Bankkonto eingezahltes Geld:* die -n bei den Sparkassen sind gestiegen; **b)** *in ein Unternehmen als Beteiligung eingebrachte Sach- od. Geldleistung:* die E. dieses Teilhabers beläuft sich auf 50 000 Mark.

ein|la|gern ⟨sw. V.; hat⟩: **1.** *zur Aufbewahrung, Lagerung in einen dafür geeigneten Raum bringen:* Kartoffeln [im Keller] e.; eingelagerte Bestände. **2.** ⟨e. + sich⟩ *sich in einer anderen Materie festsetzen, ablagern:* der Kalkstein lagerte sich in die/den Schichten ein; ⟨meist im 2. Part.:⟩ ins Gewebe eingelagerte Stoffwechselprodukte.

Ein|la|ge|rung, die; -, -en: **1.** *das Einlagern* (1). **2. a)** *das Sicheinlagern;* **b)** *das in einer anderen Materie Abgelagerte:* -en aus Kalk.

ein|lan|gen ⟨sw. V.; ist⟩ (österr.): *ankommen, eintreffen:* er ist gestern in Wien eingelangt.

Ein|lass, der; -es, Einlässe: **1.** ⟨o. Pl.⟩ *das Hereinlassen, Eintretenlassen; Zutritt:* E. ab 18 Uhr. **2.** *Eingang, Eingangstür:* der E. war versperrt.

ein|las|sen ⟨st. V.; hat⟩: **1.** *hereinkommen lassen, jmdm. Zutritt gewähren, den Eintritt gestatten:* sie wollte den Fremden nicht e.; Ü sie öffnete das Fenster, um Licht und Luft einzulassen. **2.** *einlaufen, einfließen lassen:* das Wasser [in die Badewanne] e. **3.** *in eine feste, harte Materie einfügen u. dort befestigen; genau einpassen, einsetzen:* in Gold eingelassene Edelsteine. **4.** (südd., österr.) **a)** *mit Wachs einreiben, einwachsen:* den Fußboden e.; **b)** *mit Farbe o. Ä. streichen, lackieren:* den Schrank mit Firnis e. **5.** ⟨e. + sich⟩ (meist abwertend) *Kontakt aufnehmen, Umgang pflegen, verkehren:* mit diesem Menschen solltest du dich nicht e. **6.** ⟨e. + sich⟩ **a)** *auf etw. eingehen:* sich auf ein Abenteuer e.; sich in ein Gespräch e.; **b)** *sich mit etw. befassen:* sich auf einen Bericht e. **7.** ⟨e. + sich⟩ (Rechtsspr.) *Einlassungen machen.*

Ein|lass|kar|te, die: *Karte, die zum Eingelassenwerden, zum Zutritt berechtigt.*

ein|läss|lich ⟨Adj.⟩ (südd., österr., schweiz.): *eingehend, ausführlich:* etw. e. beschreiben.

Ein|läss|lich|keit, die; - (südd., österr., schweiz.): *das Einlässlichsein.*

Ein|las|sung, die; -, -en (bes. Rechtsspr.): *Äußerung, Stellungnahme, Aussage:* die E. des Angeklagten hören.

Ein|lauf, der; -[e]s, Einläufe: **1.** (Sport) **a)** ⟨o. Pl.⟩ *das Passieren der Ziellinie bei einem Fahr-, Renn-, Laufwettbewerb:* beim E. lagen die beiden Pferde dicht beieinander; **b)** *Reihenfolge beim Passieren der Ziellinie;* **c)** ⟨o. Pl.⟩ *das Einlaufen* (1 a, b): sie stürzte beim E. in die Zielgerade; **d)** *Ziel[linie] bei einem Fahr-, Renn-, Laufwettbewerb.* **2.** (Med.) *Einführung von Flüssigkeit durch den After in den Dickdarm zur Darmreinigung, bei Verstopfung, zur künstlichen Ernährung u. a.:* jmdm. einen E. machen. **3.** (selten) *Öffnung, durch die eine Flüssigkeit in etw. hineinläuft:* der E. der Regenrinne ist verstopft. **4.** (Kochk.) *aus Eiern, Mehl, Wasser u. a. hergestellte Suppeneinlage, die man in die Suppe einlaufen lässt.* **5.** (Bürow.) *Eingang* (4): die Einläufe der Reihe nach bearbeiten. **6.** (Jagdw.) *Öffnung an einem Gatter, durch die das Wild in ein Gebiet hinein-, aber nicht wieder herausgelangen kann.*

ein|lau|fen ⟨st. V.⟩: **1.** (Sport) **a)** *(von Sportlern) in die Wettkampfstätte, auf das Spielfeld laufen* ⟨ist⟩: die Mannschaften laufen [in das Stadion] ein; **b)** *bei einem Wettbewerb im Laufen einen bestimmten Abschnitt beginnen* ⟨ist⟩: in die Zielgerade e.; **c)** ⟨e. + sich⟩ *sich vor einem Wettbewerb o. Ä. durch bestimmte Übungen u. a. vorb[e]reiten* ⟨hat⟩: die Eiskunstläufer sind dabei, sich einzulaufen. **2.** ⟨ist⟩ **a)** *fahrend im Bahnhof ankommen:* der Zug läuft gerade ein; **b)** *in den Hafen hineinfahren:* das Schiff ist bereits [in de[n] Hafen] eingelaufen. **3.** *in ein Gefäß, einen Behä[l]ter o. Ä. [hinein]fließen* ⟨ist⟩: das Wasser läuft i[n] das Becken ein. **4.** (bes. Bürow.) *an entsprechen[de]r Stelle ankommen, eingehen* ⟨ist⟩: Briefe, Beschwerden laufen bei der Behörde ein. **5.** *eingehen* (4) ⟨ist⟩: der Stoff läuft beim Waschen [nicht] ein. **6.** *([neue] Schuhe) durch Tragen au[s]weiten u. so bequemer machen* ⟨hat⟩. **7.** ⟨e. + sich⟩ *durch In-Betrieb-Sein allmählich die vorgesehene Leistungsfähigkeit erreichen* ⟨hat⟩: di[e] Maschine muss sich erst e.

Ein|lauf|wet|te, die: *bei Pferderennen Wette auf den Einlauf* (1 b) *der ersten Pferde.*

ein|läu|ten ⟨sw. V.; hat⟩: *durch Läuten den Begin[n] von etw. verkünden, anzeigen:* die letzte Runde des 1 500-m-Laufs e.; Ü mit dieser Rede läutete sie den Wahlkampf ein *(eröffnete sie ihn, setzte sie das Zeichen zu seinem Beginn).*

ein|le|ben, sich ⟨sw. V.; hat⟩: *sich an eine neue Umgebung gewöhnen, in ihr seine Lebensgewohnheiten anpassen, in ihr heimisch werden:* sich i[n] einer anderen Stadt, bei jmdm. e.; Ü sich in neue Verhältnisse e. müssen.

Ein|le|ge|ar|beit, die (Kunsthandwerk): **a)** *Verzierung an einem Gegenstand aus Holz, Metall u. a. durch eingefügte andersfarbige Plättchen aus dem gleichen od. einem anderen Material, die zu bestimmten Mustern geordnet sind;* **b)** *Gegenstand mit Einlegearbeiten* (a): diese Truhe ist eine E. aus dem Barock.

Ein|le|ge|bo|den, der: *waagerecht in einen Schrank o. Ä. einzulegendes Brett, das als Abla[ge]fläche dient.*

ein|le|gen ⟨sw. V.; hat⟩: **1.** *(etw. für einen bestimm[m]ten Zweck Geeignetes, Passendes, Vorgesehenes) in etw. [hinein]legen:* Sohlen in die Schuhe e.; du musst einen neuen Film [in die Kamera] e.; den Rückwärtsgang e. (Kfz-T.; *durch Betätigung der Gangschaltung in den Rückwärtsgang schalten).* **2.** (Kochk.) *in eine spezielle [u. einen würzigen Geschmack verleihende] Flüssigkeit legen [u. dadurch haltbar machen]:* Gurken e.; eingelegte Heringe. **3.** (Kunsthandwerk) **a)** *als Verzierung in Oberflächen von Gegenständen aus Holz, Metall u. a. einfügen:* edle Hölzer [in Metall, Holz] e.; **b)** *mit in die Oberfläche eingefügten Verzierungen versehen:* die Tischplatte war mit Elfenbein eingelegt; eine eingelegte Arbeit *(Einlegearbeit).* **4.** (Bankw.) *auf ein Kont[o] einzahlen, auf einem Konto anlegen:* Gelder, eine größere Summe e. **5.** *(die nassen Haare) mithilfe von Lockenwicklern, Klipsen in eine bestimmte Form bringen:* ich muss [mir] die Haare e. [lassen]. **6.** *zusätzlich dazwischenschieben, einfügen:* eine Ruhepause e. **7.** *offizie[ll] aussprechen, mit Nachdruck geltend machen:* ein Veto e.; Protest [gegen etw.] e. *([gegen etw.] protestieren);* Berufung [beim Oberlandesgericht] e. **8.** (schweiz.) *etw. abgeben:* bei einer Wahl die Stimmkarten e.

Ein|le|ger, der; -s, - [b: zu veraltet einlegen = bei jmdm. unterbringen, einquartieren]: (Bankw.) *jmd., der Geld bei einer Bank einlegt, eingelegt hat:* die Forderungen der E. müssen befriedigt werden.

Ein|le|ge|rin, die; -, -nen: w. Form zu ↑ Einleger.

Ein|le|ge|soh|le, die: *einer Schuhsohle nachgeformte dünne Unterlage aus Filz, Leder u. a., di[e] in einen Schuh eingelegt wird.*

Ein|le|gung, die; -: *das Einlegen.*

ein|lei|ten ⟨sw. V.; hat⟩: **1.** *den Vollzug, die Ausführung von etw. in die Wege leiten:* eine Untersuchung, diplomatische Schritte e.; (Rechtsspr.) ein Verfahren gegen jmdn. e.; eine Geburt künstlich e. (Med.; *durch eine Spritze o. Ä. dafü[r] sorgen, dass die Wehen einsetzen).* **2.** *etw. [zur Einführung, Einstimmung] an den Anfang stellen u. damit eröffnen:* Orgelspiel leitete den Go[ttesdienst]

tesdienst ein; er sprach einige einleitende *(einführende)* Worte. **3.** *in etw. [hinein]leiten:* Abwässer in einen See e.

ein|lei|te|wort, das ⟨Pl. ...wörter⟩ (Sprachw.): *Konjunktion, Pronomen, Adverb zur Einleitung eines Gliedsatzes.*

ein|lei|tung, die; -, -en: **1.** *das Einleiten.* **2.** *einleitender Teil, einführendes Kapitel eines Aufsatzes, Sachbuches o. Ä.*

ein|lei|tungs|ka|pi|tel, das: *ein längeren Text, ein Buch einleitendes Kapitel.*

ein|len|ken ⟨sw. V.⟩: **1. a)** *in eine andere Richtung fahren, einbiegen* ⟨ist⟩: sie, das Auto lenkte in eine Seitenstraße ein; **b)** *in eine andere Richtung lenken* ⟨hat⟩: eine Rakete in eine andere Bahn e. **2.** *von seiner ablehnenden, starren Haltung abgehen u. sich nachgiebiger zeigen, versöhnlicher werden* ⟨hat⟩: als die Verhandlungen zu scheitern drohten, lenkte er schließlich ein; ⟨subst.:⟩ die Regierung zum Einlenken bewegen.

ein|ler|nen ⟨sw. V.; hat⟩ (abwertend): **a)** *durch mechanisches [kritikloses] Lernen[lassen] einprägen, beibringen:* seine Worte klangen sehr eingelernt; **b)** (EDV) *eingeben, von einem Computer (zu dessen weiterer Steuerung o. Ä.) aufnehmen lassen:* neue Zeichensätze [in ein Programm] e.; ⟨subst.:⟩ das Einlernen von Daten.

ein|le|sen ⟨st. V.; hat⟩: **1.** ⟨e. + sich⟩ *sich durch [längeres] Lesen mit einem Werk o. Ä. vertraut machen:* sich in die klassische Literatur e. **2.** (EDV) *Informationsmaterial, Daten durch Scanner o. Ä. in eine Rechenanlage eingeben, übertragen:* das Programm liest den Text [in den Arbeitsspeicher] ein.

ein|leuch|ten ⟨sw. V.; hat⟩ [eigtl. = wie Licht hell eindringen]: *für jmdn. verständlich, klar sein, auf jmdn. überzeugend wirken:* seine Argumente leuchten ihr ein; es will mir nicht e., dass ...; eine einleuchtende *(plausible)* Erklärung.

ein|lie|fern ⟨sw. V.; hat⟩: **a)** *an einen entsprechenden Ort bringen u. dort den zuständigen Personen zur besonderen Behandlung, zur Beaufsichtigung o. Ä. übergeben:* jmdn. ins Gefängnis e.; ⟨österr. auch mit Dativ:⟩ jmdn. einem Spital e.; **b)** *bei der zuständigen Stelle zur weiteren Bearbeitung, zur Abfertigung abliefern, abgeben:* Pakete bei der Post e.

ein|lie|fe|rung, die; -, -en: *das Einliefern; das Eingeliefertwerden.*

ein|lie|fe|rungs|schein, der: *Bescheinigung, auf der die Einlieferung von etw. bestätigt wird.*

ein|lie|gend ⟨Adj.⟩ (Papierdt.): *beiliegend, beigefügt:* beachten Sie die -e Gebrauchsanweisung.

ein|lie|ger, der; -s, - [zu veraltet einliegen = einquartiert sein]: **a)** (früher) *Landarbeiter, Handwerker ohne Grundbesitz u. ohne festen Wohnsitz, der bei einem Bauern, auf einem Gut zur Miete wohnt;* **b)** *Mieter einer Einliegerwohnung.*

ein|lie|ge|rin, die; -, -nen: w. Form zu ↑Einlieger (a, b).

ein|lie|ger|woh|nung, die: *kleinere, zusätzlich eingebaute Wohnung (für einen Mieter) in einem Privathaus, Einfamilienhaus o. Ä.*

ein|lo|chen ⟨sw. V.; hat⟩: **1.** (salopp) *ins Gefängnis bringen, einsperren.* **2.** (Golf) *[den Ball] in ein Loch spielen.*

ein|log|gen, sich ⟨sw. V.; hat⟩ [aus gleichbed. engl. to log in] (EDV): *durch Eingabe bestimmter Daten (wie Benutzername u. Passwort) eine Verbindung zu einer Datenverarbeitungsanlage herstellen:* loggen Sie sich bitte jetzt ein.

ein|lo|gie|ren ⟨sw. V.; hat⟩ (veraltend): *jmdm., sich ein Quartier, eine Unterkunft verschaffen:* jmdn. bei sich, in einem Hotel e.

ein|lös|bar ⟨Adj.⟩: *die Möglichkeit bietend, etw. einzulösen:* ab Dienstag ist der Pfandschein e.

ein|lö|sen ⟨sw. V.; hat⟩: **1. a)** *durch Vorlegen die Auszahlung des entsprechenden Geldbetrages erwirken:* einen Scheck e.; **b)** *den entsprechenden Geldbetrag auszahlen:* die Bank hat den Scheck nicht eingelöst; **c)** *(einen verpfändeten Gegenstand) gegen Zahlung des entsprechenden Betrages zurückerhalten; zurückkaufen:* ein Pfand [im Pfandhaus] e. **2.** (geh.) *(eine [schon vor längerer Zeit eingegangene] Verpflichtung) erfüllen, ihr nachkommen:* sein Wort e.

Ein|lö|se|sum|me, die; -, -n: **1.** *Summe, die man gegen Vorlage eines bestimmten Schriftstückes einlöst* (1 a). **2.** *Summe, mit der man einen verpfändeten Gegenstand einlöst* (1 b).

Ein|lö|sung, die; -, -en: *das Einlösen.*

ein|lul|len ⟨sw. V.; hat⟩ (ugs.): *(von einem eintönigen Geräusch o. Ä.) jmdn. [sanft] einschläfern:* die Musik lullte ihn ein; Ü er versuchte, die Belegschaft mit schönen Worten einzulullen.

Ein|mach, die; - (österr.): *helle Mehlschwitze.*

ein|ma|chen ⟨sw. V.; hat⟩: *in Einmachgläsern einkochen* (1): Obst, Gemüse e.

Ein|mach|glas, das ⟨Pl. ... gläser⟩: *[zylindrisches] Glasgefäß mit [Glas]deckel, das [mit einem Einmachring] luftdicht verschlossen wird.*

Ein|mach|gum|mi, der (ugs.), **Ein|mach|ring,** der: *Gummiring für das Einmachglas, auf dem der Deckel aufliegt.*

Ein|mach|topf, der: *Topf zum Einkochen* (1).

Ein|mach|zeit, die: *Jahreszeit, in der besonders viel Obst, Gemüse o. Ä. eingemacht wird.*

ein|mah|nen ⟨sw. V.; hat⟩: *(etw., was man zu bekommen hat, was einem zusteht) in Erinnerung rufen, einfordern:* die Schulden e.

Ein|mah|nung, die; -, -en: *das Einmahnen.*

ein|mal: **I.** ⟨Adv.⟩ **1. a)** [ˈai̯nma:l] *ein [einziges] Mal:* e. und nicht wieder; noch e. *(ein letztes Mal);* zählend: ein- bis zweimal; e. ums/übers andere (veraltend; *dauernd, immer wieder*); e. sagt er dies, ein andermal das; noch e. *(doppelt)* so groß; es hat sich e. mehr *(wieder einmal;* nach engl. once more) gezeigt, dass man ihm nicht trauen kann; Spr e. ist keinmal; * **auf e.** (↑auf); **b)** *zum einen; erstens.* **2.** [ˈai̯nˈma:l]: **a)** *eines Tages, später:* er wird es [noch] e. bereuen; **b)** *vor längerer, langer Zeit, einst, früher:* es war e. ... *(formelhafter Anfang von Märchen);* **c)** *irgendwann:* kommen Sie doch e. zu mir!; (verblasst:) wir wollen e. sehen. **II.** ⟨Partikel; unbetont⟩ **1.** wirkt verstärkend in Aussagen, Fragen u. Aufforderungen: es ist nun e. geschehen; darf ich auch e. probieren?; komm doch e. her! **2.** wirkt nach bestimmten Adverbien einschränkend, eingrenzend: wir wollen erst e. *(zuerst)* essen; er kann nicht e. schreiben *(sogar schreiben kann er nicht).*

Ein|mal|eins, das; -: **1.** *Zahlenreihe der Vervielfältigungen der Zahlen von 1 bis 20 mit den Zahlen von 1 bis 10:* das große *(die Zahlen von 1 bis 20 betreffende),* das kleine *(die Zahlen von 1 bis 10 betreffende)* E. **2.** *Grundbestand an Kenntnissen, Wissen, der als Voraussetzung für etw. gilt; Anfangsgründe:* das gehört zum E. des Politikers, der Buchführung.

Ein|mal|hand|tuch, das: *(in öffentlichen Toiletten) Papiertuch zum Abtrocknen der Hände, das nach dem Gebrauch weggeworfen wird.*

ein|ma|lig ⟨Adj.⟩: **1. a)** *nur ein [einziges] Mal vorkommend, erforderlich:* eine -e Zahlung, Anschaffung; **b)** *nicht mehr wiederkehrend, sich nicht mehr so schnell bietend:* eine -e Gelegenheit; die Chance ist e. **2.** *kaum noch einmal in solcher Güte vorkommend:* es war e. schön.

Ein|ma|lig|keit, die; -: *das Einmaligsein.*

Ein|mann|be|trieb, der: **1.** *Geschäft o. Ä., das nur von einer Person betrieben wird.* **2.** *das Betreiben durch eine Person:* die Busse auf E. umstellen.

Ein|mann|ge|sell|schaft, die (Wirtsch.): *Kapitalgesellschaft, bei der alle Anteile in einer Hand vereinigt sind.*

ein|ma|ri|nie|ren ⟨sw. V.; hat⟩: *in eine Marinade einlegen:* Heringe e.

Ein|mark|stück, das (mit Ziffer: 1-Mark-Stück): *Geldmünze mit dem Wert von einer Mark.*

Ein|marsch, der; -[e]s, Einmärsche: *das Einmarschieren.*

ein|mar|schie|ren ⟨sw. V.; ist⟩: **a)** *sich [in einer Formation] marschierend in ein Gebiet, einen Raum begeben, hineinmarschieren:* die Sportler marschieren ins Stadion ein; **b)** *in ein Gebiet, Land mit Truppen einrücken u. es gewaltsam besetzen.*

ein|mas|sie|ren ⟨sw. V.; hat⟩: *in etw. massieren:* das Mittel muss man gut [in die Kopfhaut] e.

Ein|mas|ter, der; -s, - (Seemannsspr.): *Schiff mit nur einem Mast.*

ein|mas|tig ⟨Adj.⟩: *mit nur einem Mast [ausgerüstet]:* ein -es Schiff.

ein|mau|ern ⟨sw. V.; hat⟩: **1.** *in Mauerwerk einschließen, mit Mauerwerk umgeben:* bei der Grundsteinlegung wurden Dokumente [in das Fundament] eingemauert. **2.** *beim Mauern, bei der Errichtung einer Mauer o. Ä. ins Mauerwerk einfügen u. dort befestigen, einarbeiten:* der große Haken wird gleich [mit] eingemauert.

Ein|maue|rung, die; -, -en: *das Einmauern.*

ein|mei|ßeln ⟨sw. V.; hat⟩: *in etw. meißeln:* eine Inschrift [in ein Denkmal] e.

ein|men|gen ⟨sw. V.; hat⟩: **1.** *einmischen* (1). **2.** ⟨e. + sich⟩ *einmischen* (2).

Ein|me|ter|brett, das (mit Ziffer: 1-Meter-Brett): *ein Meter hohes Sprungbrett.*

[1]ein|mie|ten ⟨sw. V.; hat⟩: *in einem Haus, bei jmdm. ein Zimmer, eine Wohnung mieten:* jmdn. in einem Hotel e.; ⟨meist e. + sich⟩ er hat sich bei Freunden eingemietet.

[2]ein|mie|ten ⟨sw. V.; hat⟩ (Landw.): *in einer [2]Miete einlagern:* Kartoffeln, Rüben e.

Ein|mie|ter, der ⟨meist Pl.⟩ (Zool.): *Insekt, das in Nestern od. Körperhohlräumen anderer Tiere lebt.*

[1]Ein|mie|tung, die; -, -en: *das [Sich]einmieten.*

[2]Ein|mie|tung, die; -, -en: *das [2]Einmieten.*

ein|mi|schen ⟨sw. V.; hat⟩: **1.** (selten) *in etw. [hinein]mischen:* er hat zu viel Rot [in das Blau] eingemischt. **2.** ⟨e. + sich⟩ *sich (redend od. handelnd) mit etw. befassen, an etw. beteiligen, womit man eigentlich nichts zu tun hat, was einen nicht betrifft:* da will ich mich lieber nicht e.

Ein|mi|schung, die; -, -en: *das [Sich]einmischen.*

ein|mo|na|tig ⟨Adj.⟩: vgl. achtmonatig.

ein|mo|nat|lich ⟨Adj.⟩ (selten): *monatlich.*

ein|mon|tie|ren ⟨sw. V.; hat⟩: **1.** *durch Montage* (1) *einbauen:* ein Schloss e.; Einzelteile [in eine Maschine] e. **2.** *als Montage* (3 b) *einfügen.*

ein|mo|to|rig ⟨Adj.⟩: *mit nur einem Motor [ausgerüstet]:* ein -es Flugzeug.

ein|mot|ten ⟨sw. V.; hat⟩: *mit einem Mittel zum Schutz gegen Motten zusammen [eingepackt] irgendwo für längere Zeit unterbringen:* im Frühjahr die Winterkleidung e.; Ü ein Auto e.; * **du kannst dich e. lassen!** (↑einpacken).

ein|mum|meln, ein|mum|men ⟨sw. V.; hat⟩ (fam.): *dick, fest in [warme] Kleidung, Decken o. Ä. einhüllen:* ich habe mich gut eingemummelt.

ein|mün|den ⟨sw. V.; ist/hat⟩: **1. a)** *münden* (1 a): in den See münden mehrere Bäche ein; **b)** *münden* (1 b): dort mündet das Tal in das Nachbartal ein. **2.** *münden* (2).

Ein|mün|dung, die; -, -en: **1.** *das Einmünden* (1 a, b). **2.** *Stelle, wo etw. in etw. mündet* (1 a, b).

ein|mü|tig ⟨Adj.⟩ [mhd. einmüetec, ahd. einmuotig]: *völlig übereinstimmend; einer Meinung, eines Sinnes:* -e Zustimmung; etw. e. beschließen.

Ein|mü|tig|keit, die; -: *einmütiges Verhalten, völlige Übereinstimmung:* über etw. besteht E.

ein|nach|ten ⟨sw. V.; hat; unpers.⟩ (schweiz.): *[allmählich] Nacht werden:* heute nachtet es früh ein.

ein|na|geln ⟨sw. V.; hat⟩: *in etw. nageln:* einen Haken [in die Wand] e.

ein|nä|hen ⟨sw. V.; hat⟩: **1. a)** *durch Nähen in etw. befestigen, in etw. festnähen:* das Futter [in den Rock] e.; **b)** *in eine Umhüllung aus Stoff bringen u. diese zunähen:* heimlich Geld in den Saum e. **2.** *durch Nähen enger machen:* ein Kleid an der Seite e.

Ein|nah|me, die; -, -n [zum 2. Bestandteil vgl. Abnahme]: **1.** ⟨meist Pl.⟩ *Geldsumme, die jmd. einnimmt:* private, öffentliche -n; eine unerwartete E.; seine -n steigen. **2.** ⟨o. Pl.⟩ *das Einneh-*

E

men (2): die E. von Tabletten einschränken; die E. einer Mahlzeit. **3.** ⟨o. Pl.⟩ *das Einnehmen* (4).

Ein|nah|me|aus|fall, der: *das Ausfallen von Einnahmen.*

Ein|nah|me|quel|le, die: *Möglichkeit, zu [zusätzlichen] Einnahmen zu kommen, Geld einzunehmen:* sich eine neue E. erschließen.

Ein|nah|me|sei|te, die: *Seite, auf der die Einnahmen verzeichnet werden; Habenseite.*

Ein|nah|me|soll, das: ²*Soll an Einnahmen.*

Ein|nahms|quel|le, die (österr.): ↑Einnahmequelle.

ein|näs|sen ⟨sw. V.; hat⟩ (bes. Med., Psych.): *durch unkontrollierte Entleerung der Harnblase nass machen:* das Kind nässt ein.

ein|ne|beln ⟨sw. V.; hat⟩: *mit [künstlichem] Nebel, Qualm o. Ä. einhüllen:* durch den Brand wurde die ganze Gegend eingenebelt; die Schiffe nebelten sich ein (Milit.; *entzogen sich durch künstlichen Nebel der Sicht*).

ein|neh|men ⟨st. V.; hat⟩: **1.** *(Geld) in Empfang nehmen; als Verdienst, Ertrag o. Ä. erhalten; verdienen:* sie haben heute in ihrem Geschäft nicht viel [Geld] eingenommen. **2. a)** (geh.) *(Ess- u. Trinkbares) zu sich nehmen:* einen Imbiss, den Tee e.; **b)** *(Arzneimittel) zu sich nehmen, schlucken, nehmen:* Tabletten, den Hustensaft e. **3.** (veraltend) *als Ladung aufnehmen, laden:* das Schiff nimmt Fracht, Öl ein. **4.** *kämpfend in Besitz nehmen; erobern, besetzen:* eine Stadt e. **5.** *sich auf einen [vorgesehenen] Platz, auf eine [vorgesehene] Stelle niederlassen, stellen:* die Besucher wurden gebeten, ihre Plätze einzunehmen; Ü (oft verblasst:) eine wichtige Stelle e. *(innehaben);* eine abwartende Haltung e. *(sich abwartend verhalten).* **6.** *als Raum, Platz beanspruchen; ausfüllen:* der Schrank nimmt die ganze Wand ein; Ü dieser Gedanke nahm ihn völlig ein *(beschäftigte ihn stark).* **7. a)** *jmds. Sympathie gewinnen; auf jmdn. einen günstigen Eindruck machen:* seine bescheidene Art nahm alle für ihn ein; alle waren von ihr eingenommen; ein einnehmendes Lächeln, Äußeres; er hat ein einnehmendes *(gewinnendes, anziehendes)* Wesen (auch scherzh.; *er nimmt alles, was er bekommen kann;* nach ↑einnehmen 1); ***von sich eingenommen sein** (abwertend; *eingebildet, von sich überzeugt sein*); **b)** *auf jmdn. einen ungünstigen Eindruck machen; ihn zu einer ablehnenden Haltung bewegen:* sie hat [durch Intrigen] alle gegen ihn eingenommen; seine Unfreundlichkeit nimmt die Kollegen gegen ihn ein.

Ein|neh|mer, der; -s, - (veraltend): *jmd., der beruflich Gelder kassiert, einzieht.*

ein|ni|cken ⟨sw. V.⟩ (ugs.): *meist im Sitzen über einer Tätigkeit [für kürzere Zeit] einschlafen, vom Schlaf übermannt werden* ⟨ist⟩: im Sessel, beim Lesen e.

ein|nis|ten, sich ⟨sw. V.; hat⟩: **1. a)** (selten) *sich in etw. ein Nest bauen:* die Vögel haben sich unter dem Dach eingenistet; **b)** (Med.) *(vom befruchteten Ei) sich in der Wand des Uterus festsetzen;* **c)** *sich irgendwo festsetzen; irgendwo haften bleiben.* **2.** (meist abwertend) *sich unerwünscht an einem Ort, bei jmdm. für längere Zeit niederlassen, einrichten:* er hat sich bei mir eingenistet und denkt nicht daran abzureisen.

Ein|nis|tung, die; -, -en (Med.): *Nidation.*

ein|nor|den ⟨sw. V.; hat⟩: *(eine Landkarte) nach dem Kompass so ausrichten u. hinlegen, dass der eingezeichnete nördliche Teil auch nach Norden zeigt:* die Karte e.

Ein|öd, die; -, -en (österr.): *Einöde.*

Ein|öd|bau|er, der (südd., österr.): *Bauer auf einem Einödhof.*

Ein|öd|bäu|e|rin, die: w. Form zu ↑Einödbauer.

Ein|öde, die; -, -n [mhd. einœde, angelehnt an ↑Öde; älter mhd. einœte, einōte, ahd. einōti = Einsamkeit, einsamer Ort, aus ↑¹ein (I) u. dem Suffix -ōti]: *einsame, menschenleere, meist öde u. eintönig wirkende Gegend.*

Ein|öd|hof, der: *außerhalb des dörflichen Siedlungsverbandes in der ²Flur (b) gelegener Bauernhof.*

ein|ölen ⟨sw. V.; hat⟩: **a)** *[gründlich] mit Öl einreiben:* hast du dir die Haut eingeölt?; **b)** *ölen:* das Türschloss e.

ein|ope|rie|ren ⟨sw. V.; hat⟩: *einpflanzen* (2): jmdm. eine fremde Niere e.

ein|ord|nen ⟨sw. V.; hat⟩: **1.** *ordnend in etw. [bereits Geordnetes] einfügen; in einer bestimmten Ordnung, an der entsprechenden, vorgesehenen Stelle unterbringen:* Karteikarten alphabetisch [in eine Kartei] e.; Ü er ist schwer einzuordnen *(man kann ihn schlecht einschätzen).* **2.** ⟨e. + sich⟩ **a)** *in die vorgeschriebene Fahrbahn fahren, einlenken:* du musst dich links e.; **b)** *sich in eine vorhandene Ordnung, Umgebung gut einfügen, sich ihr anpassen:* es fällt ihm schwer, sich [in die Gemeinschaft] einzuordnen.

Ein|ord|nung, die; -, -en: **1.** *das Einordnen* (1); *das Eingeordnetwerden.* **2.** *das Sicheinordnen.*

ein|pa|cken ⟨sw. V.; hat⟩: **1.** *in ein dafür vorgesehenes Behältnis legen, darin verstauen:* ein Geschenk [in Papier] e.; die Kleider [in den Koffer] e.; ***e. können** (ugs.; *nichts erreichen, nichts ausrichten, keinen Erfolg haben*); **pack ein!** (ugs.; *hör auf, mach Schluss, verschwinde!*); **sich e. lassen können** (ugs.; ↑begraben); **du kannst dich e. lassen/lass dich e. damit, mit ...!** (ugs.; *das ist uninteressant, alt; hör auf damit, mit ...!*). **2.** (ugs.) *[in bestimmter Weise] mit warmer Kleidung o. Ä. versehen:* jmdn. in eine/(selten:) einer Decke e. **3.** (ugs.) *jmdn. in einem sportlichen Wettkampf klar besiegen.*

Ein|pack|pa|pier, das: *Papier zum Einpacken.*

Ein|pa|ckung, die; -, -en: **1.** *das Einpacken* (1). **2.** *Verpackung* (2).

ein|par|ken ⟨sw. V.; hat⟩: *in eine Parklücke hineinfahren:* er kann nicht gut e.; in eine Lücke e.

Ein|par|tei|en|herr|schaft, Einparteiherrschaft, die (Politik): *von nur einer Partei ausgeübte Herrschaft.*

Ein|par|tei|en|sys|tem, Einparteisystem, das (Politik): *von nur einer Partei bestimmtes politisches System.*

Ein|par|tei|herr|schaft usw.: ↑Einparteienherrschaft usw.

ein|pas|sen ⟨sw. V.; hat⟩: **1.** *genau passend machen u. in etw. einfügen, einsetzen:* ein Brett in den Schrank e. **2.** ⟨e. + sich⟩ *einordnen* (2 b).

ein|pau|ken ⟨sw. V.; hat⟩ (ugs., oft abwertend): **a)** *einlernen;* **b)** (veraltend) *unterweisen, mit Pauken unterrichten:* er sollte den Schüler [für die Prüfung] e.

Ein|pau|ker, der; -s, - (ugs.): *jmd., der jmdm. etw. einpaukt, bes. Lehrer, der jmdn. auf ein Examen vorbereitet.*

Ein|pau|ke|rin, die; -, -nen (ugs.): w. Form zu ↑Einpauker.

ein|peit|schen ⟨sw. V.; hat⟩ (selten): **1.** *mit der Peitsche einschlagen:* auf das Pferd e. **2.** *gewaltsam, unter Anwendung strenger Maßnahmen beibringen:* jmdm. unbedingten Gehorsam e.

Ein|peit|scher, der; -s, -: **1.** *jmd., der andere [fanatisch] zu etw. antreibt, anhält:* unermüdlich trieben die E. die Fans zu Sprechchören an. **2.** *im britischen Parlament der Abgeordnete, der für die Anwesenheit der Abgeordneten seiner Partei bei Abstimmungen u. anderen wichtigen Anlässen zu sorgen hat.*

Ein|peit|sche|rin, die; -, -nen: w. Form zu ↑Einpeitscher (1).

ein|pen|deln, sich ⟨sw. V.; hat⟩: *nach ständigen Veränderungen einen bestimmten, weitestgehend konstanten Wert erreichen:* sich auf ein mittleres Niveau, sich auf einem mittleren Niveau e.; die Tagesproduktion hat sich allmählich wieder auf 300 Stück eingependelt; die Preise haben sich eingependelt *(sind stabil geworden).*

ein|pen|nen ⟨sw. V.; ist⟩ (salopp): *einschlafen.*

Ein|per|so|nen|haus|halt, der: *aus nur einer Person bestehender Haushalt.*

Ein|per|so|nen|stück, das: *Bühnenstück, in dem nur eine einzige Person auftritt.*

ein|pfar|ren ⟨sw. V.; hat⟩: *verwaltungsmäßig einer Pfarrei eingliedern.*

Ein|pfar|rung, die; -, -en: *das Einpfarren; das Eingepfarrtwerden.*

Ein|pfen|nig|stück, das: vgl. Einmarkstück.

ein|pfer|chen ⟨sw. V.; hat⟩: **1.** *in einen Pferch sperren, einschließen:* die Schafe e. **2.** *auf engem Raum zusammendrängen:* die Gefangenen in die Waggons e.; irgendwo eingepfercht stehen.

ein|pflan|zen ⟨sw. V.; hat⟩: **1.** *an einem bestimmten Platz in entsprechende Erde pflanzen:* die Blume in einen/(seltener:) einem Topf e.; Ü die Ordnungsliebe hat man ihm von früh auf eingepflanzt *(mit Nachdruck, Strenge anerzogen).* **2.** (Med.) *operativ in einen anderen Organismus od. an eine andere Stelle desselben Organismus übertragen; implantieren:* jmdm. eine fremde Niere e.

Ein|pflan|zung, die; -, -en: *das Einpflanzen.*

ein|pflas|tern ⟨sw. V.; hat⟩: *ins Pflaster setzen, schützend mit Pflaster umgeben:* die Bäume e.

ein|pflo|cken, (seltener:) **ein|pflö|cken** ⟨sw. V.; hat⟩: **1.** *mit einem Pflock, mit Pflöcken in etw. befestigen:* ein Halteseil e. **2.** *mit Pflöcken eingrenzen, umgeben:* Weideplätze e.

ein|pfrop|fen ⟨sw. V.; hat⟩ (Gartenbau): *durch Pfropfen auf eine andere Pflanze übertragen:* ein Edelreis e.

Ein|pha|sen|strom [auch: '- - - -], der (Physik, Elektrot.): *einphasiger Strom.*

Ein|pha|sen-Wech|sel|strom [auch: '- - -'- - -], der (Physik, Elektrot.): *einphasiger Wechselstrom (wie er auch im Haushalt verwendet wird).*

Ein|pha|sen-Wech|sel|strom|sys|tem [auch: '- - -'- - - - -], das (Physik, Elektrot.): *mit einphasigem Wechselstrom betriebenes elektrisches System.*

ein|pha|sig ⟨Adj.⟩ (Physik, Elektrot.): *mit nur einer unter Spannung stehenden Phase:* -er Wechselstrom.

ein|pin|seln ⟨sw. V.; hat⟩: *mithilfe eines Pinsels mit einer Flüssigkeit o. Ä. bestreichen:* die Wunde mit Jod e.

Ein|pin|se|lung, (seltener:) **Ein|pins|lung,** die; -, -en: *das Einpinseln; das Eingepinseltwerden.*

ein|pla|nen ⟨sw. V.; hat⟩: *in seinen Plan, seine Pläne einbeziehen; in der Planung berücksichtigen:* eine Assistentenstelle e.; (scherzh.:) diese Panne war nicht eingeplant.

Ein|pla|nung, die; -, -en: *das Einplanen; das Eingeplantsein.*

ein|pö|keln ⟨sw. V.; hat⟩ (Kochk.): *einsalzen:* eine Rinderzunge e.; ***sich [mit etw.] e. lassen können** (ugs.; begraben 1).

ein|pol|dern ⟨sw. V.; hat⟩ [zu ↑Polder]: *eindeichen.*

Ein|pol|de|rung, die; -, -en: *Eindeichung.*

ein|po|lig ⟨Adj.⟩ (Physik, Elektrot.): *nur einen Pol* (2) *habend; mit nur einem Pol* (2).

ein|prä|gen ⟨sw. V.; hat⟩: **1.** *in etw. prägen; prägend hineindrücken, hineinpressen:* in das/(seltener:) dem Metall eine Inschrift e. lassen. **2. a)** *etw. so eindringlich ins Bewusstsein bringen, dass es nicht vergessen wird, im Gedächtnis haften bleibt:* er prägte ihnen ein, pünktlich zu sein; sich einen Namen e. *(genau merken);* **b)** ⟨e. + sich⟩ *im Gedächtnis haften bleiben, nicht vergessen werden:* die Melodie prägt sich leicht ein *(ist einprägsam).*

ein|präg|sam ⟨Adj.⟩: *leicht im Gedächtnis haften bleibend, sich leicht behalten, merken lassend:* eine -e Melodie; etw. e. darstellen.

Ein|präg|sam|keit, die; -: *einprägsame Beschaffenheit.*

Ein|prä|gung, die; -, -en: **1.** *das Einprägen* (1); *das Eingeprägtwerden.* **2.** *eingeprägtes Muster, Zeichen.*

ein|pras|seln ⟨sw. V.; ist⟩: *in bedrängend rascher Folge an, gegen jmdn. gerichtet werden:* Vorwürfe sind auf ihn eingeprasselt.

ein|pres|sen ⟨sw. V.; hat⟩: *hineinpressen.*

Ein|pres|sung, die; -, -en: **1.** *das Einpressen.* **2.** *ein gepresstes Muster o. Ä.*

ein|pro|gram|mie|ren ⟨sw. V.; hat⟩: *in eine*

Rechenanlage, einen Computer als Programm (4) eingeben.

ein|pro|gram|mie|rung, die; -, -en: *das Einprogrammieren.*

ein|prü|geln ⟨sw. V.; hat⟩: **1.** *auf jmdn. heftig einschlagen.* **2.** *mithilfe von Prügeln beibringen, einprägen:* Zucht und Ordnung hat man den armen Kindern eingeprügelt.

ein|pu|dern ⟨sw. V.; hat⟩: *mit Puder bestreuen, bedecken:* das Baby, dem Baby den Po e.

ein|pum|pen ⟨sw. V.; hat⟩: *hineinpumpen* (1): Wasser [in ein Bassin] e.

ein|pup|pen ⟨sw. V.; hat⟩: **1.** ⟨e. + sich⟩ *sich zur Puppe* (3) *einspinnen.* **2.** (bes. berlin.) *einkleiden* (1): sich neu e.

ein|quar|tie|ren ⟨sw. V.; hat⟩: **a)** (bes. Milit.) *bei jmdm., in einem Quartier unterbringen:* Soldaten [in einer Stadt] e.; **b)** ⟨e. + sich⟩ *sich ein Quartier verschaffen:* sich bei Freunden e.

ein|quar|tie|rung, die; -, -en: **1.** *das Einquartieren.* **2.** ⟨o. Pl.⟩ *einquartierte Person[en]:* E. haben.

ein|quet|schen ⟨sw. V.; hat⟩: *einklemmen* (1) *u. dadurch quetschen.*

ein|quir|len ⟨sw. V.; hat⟩: *in etw. quirlen, quirlend in etw. einrühren:* ein Ei [in die Suppe] e.

ein|rad, das: *(bes. von Artisten u. beim Kunstfahren verwendetes) Fahrzeug, das aus einem Rad mit Tretkurbel und einer Gabel* (3 c) *mit Sitz besteht.*

ein|rä|de|rig (seltener), **ein|räd|rig** ⟨Adj.⟩: *mit nur einem Rad [versehen]:* ein -er Karren.

ein|rah|men ⟨sw. V.; hat⟩: *in einen Rahmen fassen:* ein Poster e. [lassen]; **R** das kannst du dir e. lassen (ugs.; *das ist nicht viel wert, darauf lege ich keinen Wert*); **Ü** er saß eingerahmt von zwei jungen Damen *(saß zwischen ihnen)* am Tisch.

ein|rah|mung, die; -, -en: **1.** *das Einrahmen.* **2.** *Rahmen.*

ein|ram|men ⟨sw. V.; hat⟩: **1.** *in etw. rammen* (1): Pfähle [in die Erde] e. **2.** *rammend zertrümmern:* das Tor [mit einem Balken] e.

ein|rän|dern ⟨sw. V.; hat⟩: *einen Rand um etw. ziehen, mit einem Rand umgeben:* eine Zahl rot e.

ein|ran|gie|ren ⟨sw. V.; hat⟩: **1.** *durch entsprechende Fahrmanöver an eine schwieriger zu erreichende Stelle fahren:* er wollte den Wagen [in eine Parklücke] e. **2.** *rangmäßig einordnen, einreihen:* man weiß nicht, wo man ihn e. soll.

ein|ras|ten ⟨sw. V.; ist⟩: **1.** (Technik) *in eine ineinander greifende Haltevorrichtung o. Ä. gleiten, sich dort festhaken, einschnappen:* der Knopf muss erst richtig e.; das Lenkradschloss e. lassen. **2.** *einschnappen* (2).

ein|räu|chern ⟨sw. V.; hat⟩: *ganz mit Rauch einhüllen, erfüllen:* mit seinem Pfeifenqualm das Zimmer e.

ein|räu|men ⟨sw. V.; hat⟩: **1. a)** *in einer bestimmten Anordnung hineinstellen od. -legen:* die Möbel [wieder] ins Zimmer e.; **b)** *in einen Schrank, Raum etw., was dort hineingehört, stellen od. legen:* den Schrank e. **2.** *zugestehen, gewähren:* jmdm. Rechte e.; dem Kunden Kredit e.; er musste e. *(zugeben)*, dass er viel zu spät gekommen war; »obgleich« ist eine einräumende (Sprachw.; *ein Zugeständnis ausdrückende, konzessive*) Konjunktion.

ein|räu|mung, die; -, -en: **1.** ⟨o. Pl.⟩ *das Einräumen* (2). **2.** *Äußerung o. Ä., mit der man etw. einräumt; Zugeständnis.*

ein|räu|mungs|satz, der (Sprachw.): *Konzessivsatz.*

ein|raum|woh|nung, die (regional): vgl. Dreiraumwohnung.

ein|rech|nen ⟨sw. V.; hat⟩: *in eine [Be]rechnung einbeziehen:* Porto und Verpackung sind nicht [mit] eingerechnet; ⟨oft im 2. Part.:⟩ es waren 50 Personen, die Kinder [mit] eingerechnet.

ein|re|de, die; -, -n (Rechtsspr.): *Einwand, Einspruch; Vorbringen eines Rechts, das dem Recht einer anderen Person entgegensteht.*

ein|re|den ⟨sw. V.; hat⟩: **1.** *durch eindringliches Reden bewirken, dass jmd., man selbst etw. tut od. glaubt:* jmdm. eine Idee e.; das hast du dir nur eingeredet *(das stimmt gar nicht).* **2.** *jmdm. mit Worten zusetzen; ständig u. eindringlich zu jmdm. sprechen:* dauernd auf jmdn. e.

ein|reg|nen ⟨sw. V.⟩: **1.** ⟨e. + sich; unpers.⟩ *zu einem Dauerregen ausarten; nicht aufhören zu regnen* ⟨hat⟩: es scheint sich einzuregnen. **2.** ⟨ist⟩ **a)** *vom Regen durchnässt werden:* wir sind [auf der Radtour] tüchtig eingeregnet; **b)** *durch Dauerregen an einem Ort festgehalten werden:* sie sind in den Bergen eingeregnet.

ein|re|gu|lie|ren ⟨sw. V.; hat⟩: **a)** (Technik) *genau auf einen bestimmten Wert, ein bestimmtes Maß einstellen:* der Druck wird auf 0,35 atü einreguliert. **b)** ⟨e. + sich⟩ *sich regeln; in Ordnung gehen:* das wird sich alles e.

Ein|rei|be|mit|tel, Einreibmittel, das: *zu Heilzwecken verwendetes Mittel zum Einreiben.*

ein|rei|ben ⟨st. V.; hat⟩: **a)** *durch Reiben in etw. eindringen lassen, reibend auftragen:* Salbe, Öl in die Haut e.; **b)** *reibend mit etw. behandeln, bearbeiten:* jmdm. den Rücken [mit Sonnenöl] e.

Ein|reib|mit|tel: ↑Einreibemittel.

Ein|rei|bung, die; -, -en: **a)** *das Einreiben;* **b)** *Behandlung durch Einreiben:* vom Arzt wurden -en verordnet.

ein|rei|chen ⟨sw. V.; hat⟩: **a)** *der dafür zuständigen Instanz zur Prüfung od. Bearbeitung übergeben:* ein Gesuch, eine Rechnung, Examensarbeit, bei einem Gericht eine Klage e.; er reichte der Regierung, bei der Regierung seinen Abschied *(sein Entlassungsgesuch)* ein; die Scheidung *(Scheidungsklage)* e.; **b)** (ugs.) *vorschlagen:* jmdn. zur Beförderung, jmdn. für einen Orden e.

Ein|rei|chung, die; -, -en ⟨Pl. selten⟩: *das Einreichen.*

Ein|rei|chungs|frist, die: *Zeitspanne, innerhalb deren etw. eingereicht werden muss.*

ein|rei|hen ⟨sw. V.; hat⟩: **a)** ⟨e. + sich⟩ *sich in eine Reihe* (1 b), *an einen Platz stellen:* sich in die Schlange der Wartenden, in den Zug [von Demonstranten] e.; **b)** *in eine Reihe, Ordnung eingliedern; einer Gruppe zuordnen:* jmdn. unter die Dichter, in den Arbeitsprozess e.

Ein|rei|her, der; -s, - (Schneiderei): *Herrenanzug, dessen Jackett nur eine Knopfreihe hat.*

ein|rei|hig ⟨Adj.⟩: **a)** *in einer einzigen Reihe:* sich e. aufstellen; **b)** *mit nur einer [Knopf]reihe [versehen]:* ein -er/e. geknöpfter Mantel.

Ein|rei|se, die; -, -n: *das Einreisen:* die E. nach Frankreich, in die USA; jmdm. die E. verweigern.

Ein|rei|se|er|laub|nis, die, **Ein|rei|se|ge|neh|mi|gung,** die: *Erlaubnis zur Einreise.*

ein|rei|sen ⟨sw. V.; ist⟩: *(vom Ausland her) in ein Land reisen, indem man ordnungsgemäß die Grenze desselben passiert:* in die Schweiz, nach Frankreich e.; sie reisten mit dem Auto ein.

Ein|rei|se|ver|bot, das: *Verbot der Einreise.*

Ein|rei|se|vi|sum, das: *Visum für die Einreise.*

ein|rei|ßen ⟨st. V.⟩: **1.** *ab-, niederreißen* ⟨hat⟩: ein altes Haus e. **2. a)** *(vom Rand her) einen Riss in etw. machen* ⟨hat⟩: ich habe leider den [Geld]schein eingerissen; **b)** *einen Riss bekommen; brüchig werden* ⟨ist⟩: der Stoff reißt überall ein; die eingerissenen (ugs.; *rauen*) Hände eincremen. **3.** *sich durch Eindringen eines Splitters o. Ä. verletzen* ⟨hat⟩: ich habe mir einen Dorn eingerissen. **4.** *zur üblen Angewohnheit werden; um sich greifen* ⟨ist⟩: merkwürdige Sitten sind hier eingerissen; wir wollen das nicht [bei uns] e. lassen.

Ein|reiß|ha|ken, der: *großer, starker Haken zum Einreißen von Gebäudeteilen o. Ä.*

ein|rei|ten ⟨st. V.⟩: **1.** *reitend hereinkommen* ⟨ist⟩: die Dressurreiterin reitet [in die Bahn] ein. **2.** ⟨hat⟩ **a)** *(ein Pferd) an einen Reiter, an das Gerittenwerden gewöhnen:* das Pferd muss erst noch eingeritten werden; **b)** ⟨e. + sich⟩ *sich ans Reiten, an ein Pferd gewöhnen:* mit dem Pferd muss ich mich erst e.

ein|ren|ken ⟨sw. V.; hat⟩: **1.** *(ein ausgerenktes Glied) wieder in die Gelenkpfanne drehen:* einen Fuß, einen Arm e.; der Arzt hat ihm die Schulter, den Kiefer wieder eingerenkt. **2.** (ugs.) **a)** *etw., was das gute od. normale Verhältnis zwischen zwei Parteien o. Ä. stört, in Ordnung bringen, bereinigen:* er hat die Sache wieder eingerenkt; **b)** ⟨e. + sich⟩ *in Ordnung kommen:* zum Glück hat sich alles wieder eingerenkt.

Ein|ren|kung, die; -, -en: *das Einrenken* (1).

ein|ren|nen ⟨unr. V.; hat⟩: **a)** *durch Dagegenrennen zerstören, öffnen:* das Tor [mit einer Eisenstange] einrennen; **b)** (ugs.) *aus einer Bewegung heraus gegen etw. stoßen u. sich dabei einen Körperteil verletzen:* ich habe mir den Kopf an der Glastür eingerannt.

ein|rich|ten ⟨sw. V.; hat⟩: **1. a)** *mit Möbeln, Geräten ausstatten:* einen Laden e.; ein Zimmer [mit neuen Möbeln] e.; eine modern eingerichtete Wohnung; **b)** ⟨e. + sich⟩ *seine Wohnung o. Ä. gestalten:* sich geschmackvoll e.; sie hat sich neu eingerichtet; du kannst dich hier häuslich e. (ugs.; *so tun, als ob du hier zu Hause wärst*); sie ist sehr hübsch eingerichtet *(hat eine sehr hübsch eingerichtete Wohnung o. Ä.).* **2.** (Med.) *(bei einem Bruch ein Glied o. Ä.) wieder in seine normale anatomische Lage bringen:* einen gebrochenen Arm e. **3.** ⟨e. + sich⟩ *sich den Umständen anpassen; mit beschränkten Mitteln auskommen:* er muss sich e.; seine Frau weiß sich einzurichten. **4. a)** *nach einem bestimmten Plan, auf ein Ziel hin gestalten:* eine Maschine so e., dass sie mit möglichst wenig Bedienung möglichst viel Leistung erbringt; **b)** *möglich machen, ermöglichen:* kannst du es e., heute mit mir zu essen? **5.** ⟨e. + sich⟩ *sich auf jmdn., etw. einstellen, vorbereiten:* sich auf Gäste, auf eine lange Wartezeit e.; (ugs.:) darauf bin ich nicht eingerichtet. **6.** *zur öffentlichen Nutzung schaffen:* eine Beratungsstelle, einen Pannendienst e. **7.** *nach bestimmten Gesichtspunkten umformen; für besondere Zwecke [um]gestalten, redigieren:* ein Orchesterwerk für Klavier e.; eine gemischte Zahl e. (Math.; *in einen unechten Bruch verwandeln [um damit rechnen zu können]*).

Ein|rich|ter, der; -s, -: *jmd., der Maschinen, Automaten u. Ä. für ihre jeweilige Aufgabe vorbereitet u. einstellt* (Berufsbez.).

Ein|rich|te|rin, die; -, -nen: w. Form zu ↑Einrichter.

Ein|rich|tung, die; -, -en: **1.** ⟨o. Pl.⟩ *das Einrichten* (1, 2, 6, 7). **2. a)** *Gesamtheit des Mobiliars; Ausstattung:* die Wohnung hat eine geschmackvolle E.; **b)** *[technische] Vorrichtung, Anlage:* die sanitären -en. **3.** *etw., was von einer Institution, einem Unternehmen o. Ä. zur [meist] öffentlichen Nutzung eingerichtet worden ist:* öffentliche, staatliche, soziale, private -en; die Müllabfuhr ist eine nützliche E. **4.** *Gewohnheit, Gepflogenheit:* der Skatabend wurde zur ständigen E.

Ein|rich|tungs|dar|le|hen, das: *(bei der Eheschließung gewährtes) Darlehen für die Anschaffung einer Wohnungseinrichtung.*

Ein|rich|tungs|ge|gen|stand, der: *Gegenstand, der zur Einrichtung* (2 a) *gehört.*

Ein|rich|tungs|haus, das: *Geschäft, das Einrichtungsgegenstände verkauft.*

Ein|rich|tungs|stück, das: *Einrichtungsgegenstand.*

ein|rie|geln ⟨sw. V.; hat⟩: *durch Vorlegen eines Riegels einsperren:* jmdn., sich [im Zimmer] e.

Ein|riss, der; -es, -e: *kleiner Riss (meist vom Rande her od. an der Oberfläche):* -e in der Haut.

ein|rit|zen ⟨sw. V.; hat⟩: *in etw. ritzen:* sein Namenszeichen [in einen Baum, in den Felsen] e.

Ein|rit|zung, die; -, -en: **1.** *das Einritzen.* **2.** *eingeritztes Zeichen.*

ein|rol|len ⟨sw. V.⟩: **1. a)** *zu einer Rolle wickeln; zusammenrollen* (a) ⟨hat⟩: den Teppich, eine Landkarte e.; sich die Haare e. *(eindrehen* 1 b); **b)** ⟨e. + sich⟩ *sich rollenförmig in sich zusammenkrümmen; zusammenrollen* (b) ⟨hat⟩: die Katze, der Igel rollt sich ein; ich habe mich auf dem Sofa eingerollt. **2.** *rollend einfahren* ⟨ist⟩: der Zug rollt gerade ein.

ein|ros|ten ⟨sw. V.; ist⟩: *wegen Rosteinwirkung*

sich nicht mehr bewegen lassen u. dadurch unbenutzbar werden: das Türschloss, die Schraube ist eingerostet; Ü meine Knochen rosten ein (ugs.; *haben zu wenig Bewegung u. werden steif*); hier rostet man ein (ugs.; *hat man keinerlei Abwechslung, geistige Anregungen u. verliert seinen Schwung*).

ein|rü|cken ⟨sw. V.⟩: **1.** ⟨ist⟩ **a)** (bes. Milit.) *sich (in Formation) an einen Ort begeben, einmarschieren:* die Truppen rücken in die Stellungen, in die Stadt, in das Land ein; die Feuerwehr ist wieder eingerückt *(nach dem Einsatz an den Standort zurückgekehrt);* **b)** (Milit.) *zum Militärdienst eingezogen werden, in den Heeresdienst eintreten:* morgen muss er [zum Militär, zur Armee] e.; **c)** *in eine Stellung aufrücken, ein [höheres] Amt einziehen:* in ein höheres Staatsamt, in eine Schlüsselstellung e. **2.** (Technik) *(eine Maschine) einschalten, die Verbindung zum Motor herstellen; einkuppeln* ⟨hat⟩: den Schalthebel, die Kupplung e. **3.** *(eine Zeile) etwas weiter rechts vom Rand* (3), *mit einigen Leeranschlägen beginnen lassen* ⟨hat⟩: einen Absatz, ein Zitat e. **4.** (Zeitungsw.) *(einen Text od. eine Anzeige) in der Zeitung veröffentlichen* ⟨hat⟩: diese Nachricht muss noch eingerückt werden.

Ein|rü|ckung, die; -, -en: *das Einrücken.*

ein|rüh|ren ⟨sw. V.; hat⟩: **1.** *rührend in etw. hineintun u. damit vermischen:* ein Ei [in die Suppe] e.; Gips [in Wasser] e. **2.** (ugs.) *jmdm., sich unbedachterweise Unannehmlichkeiten verursachen; einbrocken* (2).

ein|rüs|ten ⟨sw. V.; hat⟩ (Bauw.): *mit einem Gerüst umgeben:* für den neuen Anstrich muss das Haus eingerüstet werden.

¹eins [mhd. ein[e]ȝ, ahd. einaȝ, urspr. Neutr. von ↑¹ein]: I. ⟨Kardinalz.⟩ (als Ziffer: 1): Startnummer e.; Punkt, halb e.; es ist, schlägt e. *(ein Uhr);* er kommt gegen e.; [ein] Viertel nach, vor e.; e. durch e. ist e.; e. und acht ist, macht, gibt neun; die Mannschaft gewann e. zu null; Sport ist sein Hobby Nummer e. (ugs.; *sein liebstes Hobby*); **R** e. zu null für dich! (ugs.; *in diesem Punkt gebe ich mich geschlagen, erkenne ich deine Überlegenheit an*); * **e., zwei, drei** (ugs.; *sehr schnell, im Handumdrehen*): sie war e., zwei, drei [damit] fertig; **eins a** (meist mit der röm. Ziffer geschrieben: I a; Kaufmannsspr.; prima, hervorragend). II. ⟨Adj.⟩ * **in e.** *(zusammen, gemeinsam):* in e. verschmolzen sein; **jmdm. e. sein** (ugs.; *gleichgültig sein*): was auch geschieht, es ist mir alles e.; **e. sein** (1. *ein u. dasselbe sein:* das ist doch alles e. 2. *sich gleichzeitig ereignen:* Blitz und Donner waren e.); **mit jmdm. e. sein/werden** *(eines Sinnes, [handels]einig sein/werden);* **mit jmdm., etw. e. werden** *(zu einer Einheit verschmelzen):* der Schauspieler wurde e. mit seiner Rolle; Ü sie wurden miteinander e. (geh. verhüll.; *verkehrten geschlechtlich*); **sich mit jmdm. e. wissen/fühlen** (geh.; *sich mit jmdm. eines Sinnes, einer Meinung wissen, fühlen*): ich weiß mich mit dir e. in der Ablehnung dieses Vorschlags. III. ⟨Indefinitpron.⟩: ↑¹ein (II).

²eins ⟨Adv.⟩ [mhd. ein[e]s, ahd. eines, urspr. Gen. von ↑¹ein] (landsch.): *einmal:* ich will auch e. tanzen; oft in der Fügung **mit e.** *(plötzlich):* da überkam ihn mit e. Angst.

Eins, die; -, -en: **a)** *Ziffer 1:* eine arabische, römische E.; wie eine E. (ugs.; *ganz gerade, senkrecht*) stehen; **b)** *ein Auge (beim Würfeln):* eine E. würfeln; **c)** *Zeugnis-, Bewertungsnote 1:* eine E. schreiben *(eine Arbeit schreiben, die mit »sehr gut« bewertet wird);* **d)** (ugs.) *[Straßen]bahn, Omnibus der Linie 1:* die E. nehmen.

Ein|saat, die; -, -en: **1.** ⟨Pl. selten⟩ *als Saatgut vorgesehenes Getreide.* **2.** ⟨o. Pl.⟩ *das Einsäen.*

¹ein|sa|cken ⟨sw. V.; hat⟩ [zu ↑¹sacken]: **a)** *in einen Sack, in Säcke füllen:* Kartoffeln e.; **b)** (ugs.) *[schnell] an sich nehmen u. einstecken; an sich bringen:* Geld, Gewinne e.

²ein|sa|cken ⟨sw. V.; ist⟩ [zu ↑²sacken] (ugs.): *einsinken:* der Karren sackt tief im/(seltener:) in den Boden ein; das Grab ist eingesackt.

ein|sä|en ⟨sw. V.; hat⟩: **a)** *in den Boden säen:* Weizen e.; **b)** *ganz besäen:* eine Fläche e.

ein|sa|gen ⟨sw. V.; hat⟩ (bes. südd., österr.): *[heimlich] vorsagen, zuflüstern (bes. in der Schule).*

ein|sä|gen ⟨sw. V.; hat⟩: **a)** *mit der Säge einkerben:* ein Brett e.; **b)** *etw. in etw. sägen* (1 c): Rillen e.

ein|sal|ben ⟨sw. V.; hat⟩: *mit Salbe einreiben:* jmdn., sich, etw. e.

ein|sal|zen ⟨sw. V.; hat eingesalzen, selten: eingesalzt⟩: *durch Einlegen in Salz haltbar machen:* Heringe, Bohnen e.; * **sich [mit etw.] e. lassen können** (ugs.; ↑begraben 1).

ein|sam ⟨Adj.⟩ [zu mhd. ein = allein, ↑-sam]: **1. a)** *für sich allein, verlassen; ohne Kontakte zur Umwelt:* ein -er Mensch; er ist, lebt sehr e.; sich e. fühlen; ein -er Entschluss *(Entschluss, den jmd. fasst, ohne andere zu fragen, bes. in Politik u. Wirtschaft);* **b)** *als [mehr od. weniger] einziges seiner Art [vorhanden, zu sehen]:* ein -er Stern; das ist -e Spitze! **2. a)** *abgelegen, abgeschieden:* ein -es Haus am Waldrand. **b)** *menschenleer, unbewohnt:* eine -e Gegend.

Ein|sam|keit, die; -, -en ⟨Pl. selten⟩: **1.** *das Einsamsein* (1 a), *Alleinsein:* die E. lieben, suchen, fürchten; jmdn. in seiner E. trösten. **2.** *einsame Gegend:* kaum einer dringt in diese E. vor.

ein|sam|meln ⟨sw. V.; hat⟩: **1.** *durch Sammeln zusammenbringen, vereinigen, auflesen:* Früchte [in einen Korb] e.; Ü der letzte Bus sammelte die Nachzügler ein. **2.** *sich von jedem Einzelnen einer Gruppe geben, aushändigen lassen:* die Ausweise, Geld, die Hefte, die Anträge e.

ein|sar|gen ⟨sw. V.; hat⟩: *in einen Sarg legen:* einen Toten, eine Leiche e.; * **sich [mit etw.] e. lassen können** (salopp; ↑begraben 1).

Ein|sat|te|lung, Ein|satt|lung, die; -, -en (Fachspr.): *Sattel, Vertiefung (bei Gebirgskämmen od. bei Bauwerken).*

Ein|satz, der; -es, Einsätze: **1. a)** *eingesetztes Teil:* die Tischdecke hat einen geklöppelten E.; **b)** *einsetzbares (u. herausnehmbares) Teil:* ein Topf mit E. **2. a)** *Wert, Geldbetrag, durch den man sich an einem [Glücks]spiel, einer Wette beteiligt:* der E. beträgt eine DM; den E. erhöhen. **b)** *Pfand:* zwei Mark E. hinterlegen. **3.** ⟨o. Pl.⟩ **a)** *das Einsetzen* (2 b): der E. von Panzern, Flugzeugen; die Ausschreitungen machten den E. starker Polizeikräfte notwendig; der E. der beiden verletzten Spieler ist noch fraglich; er rettete das Kind unter E., (seltener:) mit E. seines Lebens; **b)** *das Sicheinsetzen* (4 a): dieser Beruf verlangt, fordert den vollen E. [der Person]; **c)** *Ausübung einer Tätigkeit, eines Dienstes:* im sozialen E. stehen; zum E. bringen *(einsetzen);* zum E. kommen, gelangen *(eingesetzt werden).* **4.** (Milit.) *das Eingesetztwerden an der Front:* er hat schon mehrere Einsätze geflogen *(wurde schon auf mehreren Kampfflügen eingesetzt);* die Truppe ist im E. *(im Kampf).* **5.** (Musik) *das Einsetzen* (5) *einer Stimme, eines Instruments:* der E. der Trompeten; die Einsätze waren ungenau; der Dirigent gibt den E. **6.** (schweiz.) *Amtseinführung (meist im kirchlichen Bereich):* der E. des neuen Kaplans.

Ein|satz|be|fehl, der: *Befehl* (1 a, 2) *zum Einsatz an der Front od. zum Einsatz von Polizeikräften o. Ä.*

ein|satz|be|reit ⟨Adj.⟩: **a)** *bereit, sich einzusetzen* (4): er ist sehr e.; **b)** *bereit, eingesetzt* (2 b) *zu werden:* -e Feuerlöschfahrzeuge.

Ein|satz|be|reit|schaft, die ⟨o. Pl.⟩: **a)** *einsatzbereite* (a) *Art;* **b)** *einsatzbereite* (b) *Beschaffenheit.*

Ein|satz|dienst, der: *Gruppe, die zum Einsatz* (3 c) *in Notfällen zur Verfügung steht.*

ein|satz|fä|hig ⟨Adj.⟩: **1. a)** *fähig, sich einzusetzen* (4 a); **b)** *fähig, eingesetzt zu werden* (2 b, c). **2.** (Sport) *in der Lage, körperlichen Verfassung, an einem Spiel teilzunehmen:* der verletzte Spieler war noch nicht [voll] e.

Ein|satz|fä|hig|keit, die ⟨o. Pl.⟩: *das Einsatzfähigsein.*

Ein|satz|fisch, der: *für Zuchtzwecke in einen Teich eingesetzter Fisch.*

Ein|satz|freu|de, die (bes. Sport): *Wille, freudige Bereitschaft zum Einsatz* (3 c), *zur körperlichen kämpferischen Anstrengung.*

ein|satz|freu|dig ⟨Adj.⟩ (bes. Sport): *gern bereit, sich einzusetzen* (4 a).

Ein|satz|grup|pe, die, **Ein|satz|kom|man|do,** das (bes. Milit.): *Kommando* (3 a), *das für einen bestimmten Einsatz* (3 a, c, 4) *bereitsteht.*

Ein|satz|lei|ter, der: **a)** *Leiter eines Einsatzkommandos;* **b)** *jmd., der einen Einsatz* (3 c) *leitet.*

Ein|satz|lei|te|rin, die: w. Form zu ↑Einsatzleiter.

Ein|satz|plan, der: *Plan für einen Einsatz* (3 c, 4).

Ein|satz|stück, das: *Einsatz* (1 b).

Ein|satz|teich, der: *Teich, in den junge Fischbrut eingesetzt* (1 a) *wird.*

Ein|satz|trup|pe, die: *Einsatzkommando.*

Ein|satz|wa|gen, der: **1.** *Spezialwagen [der Polizei] für besondere Einsätze* (3 c). **2.** *zusätzlicher Wagen einer Straßenbahn- od. Buslinie, der zu Stoßzeiten eingesetzt* (1 b) *wird.*

ein|sau|en ⟨sw. V.; hat⟩ (derb): *stark beschmutzen:* die Tischdecke e.; das Auto hat mich völlig eingesaut *(mit Dreck bespritzt).*

ein|säu|ern ⟨sw. V.; hat⟩: **a)** *durch Einlegen in Salz od. Essig konservieren:* Bohnen e.; **b)** (Landw.) *Futterpflanzen durch Gärung haltbar machen.*

ein|sau|gen ⟨sog ein/(seltener:) saugte ein, hat eingesogen/(seltener:) eingesaugt⟩: **1.** *durch Saugen in sich aufnehmen; saugend einziehen:* Bienen saugen den Honig ein. **2.** ⟨nur st. V.⟩ *tief einatmen:* die würzige Waldluft, den Duft e.

ein|säu|men ⟨sw. V.; hat⟩: **a)** (Schneiderei) *mit einem Saum versehen:* den Rock e.; **b)** *umrahmen, einfassen, umgrenzen:* ein von Bäumen eingesäumter Platz.

ein|scan|nen ⟨sw. V.; hat⟩ (Fachspr.): *mit einem Scanner erfassen:* Daten, Texte e.

ein|schach|teln ⟨sw. V.; hat⟩: *eng an-, ineinander fügen, auf engem Raum einordnen:* seine Sachen mühsam im Koffer e.

Ein|schach|te|lung, Ein|schacht|lung, die; -, -en: *das Einschachteln.*

ein|scha|len ⟨sw. V.; hat⟩ (Bauw.): *(eine zu betonierende Konstruktion) mit einer Schalung versehen.*

ein|schal|ten ⟨sw. V.; hat; 2. Part. standardspr. nicht korrekt: eingeschalten⟩: **1. a)** *durch Betätigen eines Schalters o. Ä. in Betrieb setzen:* das Licht, das Fernsehgerät, die Zündung, eine Maschine e.; **b)** ⟨e. + sich⟩ *durch eine automatische Schaltung in Betrieb gesetzt werden:* die Alarmanlage schaltet sich sofort ein. **2. a)** *einfügen, dazwischenschieben:* eine Pause e.; **b)** *in einer laufenden Angelegenheit hinzuziehen, zum Eingreifen veranlassen:* Interpol wurde in die Ermittlungen eingeschaltet; **c)** ⟨e. + sich⟩ *in eine Angelegenheit eingreifen:* ich schaltete mich in die Diskussion ein.

Ein|schalt|he|bel, der: *Hebel zum Einschalten einer Maschine, eines Gerätes o. Ä.*

Ein|schalt|quo|te, die (Rundf., Ferns.): *Zahl der Personen, die eine Sendung eingeschaltet haben gemessen an der Gesamtzahl der Rundfunk- od. Fernsehteilnehmer.*

Ein|schal|tung, die; -, -en: **1.** *das Einschalten.* **2.** (Sprachw.) *in einen Satz eingefügte Erläuterung; Parenthese.*

Ein|scha|lung, die; -, -en: **a)** *das Einschalen;* **b)** *Schalung.*

ein|schär|fen ⟨sw. V.; hat⟩: *jmdn. mit allem Nachdruck zu einem bestimmten Verhalten, zur Befolgung einer Vorschrift anhalten; jmdn. eindringlich zu etw. ermahnen:* jmdm. ein Verbot, eine Verhaltensregel e.

ein|schar|ren ⟨sw. V.; hat⟩: **a)** *scharrend eingraben:* der Hund scharrt den Knochen ein; **b)** *in liebloser Weise hastig u. heimlich irgendwo begraben.*

ein|schätz|bar ⟨Adj.⟩: *sich einschätzen* (1) *lassend:* eine kaum -e Gefahr.

ein|schät|zen ⟨sw. V.; hat⟩: **1.** *in bestimmter Weise beurteilen, bewerten:* jmdn., sich, eine Situation richtig e.; diese Arbeit kann nicht hoch genug eingeschätzt werden. **2.** *vorläufig, durch eine*

Schätzung zur Steuer veranlagen: das Finanzamt hat uns in diesem Jahr höher eingeschätzt.

ein|schät|zung, die; -, -en: *das Einschätzen; Bewertung, Beurteilung:* eine E. geben.

ein|schau|feln ⟨sw. V.; hat⟩: *in etw. schaufeln, mit einer Schaufel in etw. befördern:* Kartoffeln e.

ein|schäu|men ⟨sw. V.; hat⟩: **a)** *mit [Seifen]schaum bedecken:* die Haare, sich vor dem Duschen gründlich e.; **b)** *mit Schaumstoff umhüllen:* empfindliches Gerät für den Lufttransport e.

ein|schen|ken ⟨sw. V.; hat⟩: **a)** *(ein Getränk) eingießen:* Wein, Kaffee e.; ich schenkte ihr, mir noch eine Tasse Tee ein; schenk ein!; **b)** *mit einem Getränk füllen:* die Tassen e.

ein|sche|ren ⟨sw. V.; ist⟩ [1: zu ↑⁴scheren (2); 2: zu ↑³scheren (3)]: **1.** (Verkehrsw.) *sich beim Fahren [wieder] in eine Reihe einordnen:* nach dem Überholen wieder [auf die rechte Fahrspur] e. **2.** (Seemannsspr.) *Tauwerk durch Halterungen, Rollen, Blöcke o. Ä. ziehen.*

ein|schicht, die; - (südd., österr.): *Einöde, Einsamkeit.*

ein|schich|ten ⟨sw. V.; hat⟩: *schichtweise hineinlegen, einordnen:* Kartoffel- und Eierscheiben abwechselnd in eine Auflaufform e.

ein|schich|tig ⟨Adj.⟩: **1.** (südd., österr.) **a)** *abgelegen, einsam:* ein -es Haus; **b)** *einzeln; den vereinzelten Teil eines Paares bildend:* ein -er Schuh; er lebt e. *(ist nicht verheiratet).* **2.** *aus nur einer Schicht* (1) *bestehend:* -es Gewebe. **3.** *mit, in einer einzigen Schicht* (3): in dieser Abteilung wird e. gearbeitet.

ein|schi|cken ⟨sw. V.; hat⟩: **1.** *an eine zuständige Stelle schicken:* sie hat die Probe einem Institut, an ein Institut eingeschickt. **2.** (Technik) *in etw. leiten:* Erdgas in eine Leitung e.

ein|schie|ben ⟨st. V.; hat⟩: **1.** *in etw. hineinschieben:* ein Kuchenblech [in den Ofen] e. **2.** *in eine Reihenfolge, einen Ablauf o. Ä. zusätzlich einfügen:* Lockerungsübungen e.; Zitate in einen Aufsatz e.; ⟨auch e. + sich:⟩ sich in die Reihe der Wartenden e. **3.** ⟨e. + sich⟩ (Jägerspr.) *(vom Schwarzwild) sich in den Kessel* (5 a) *legen.*

ein|schieb|sel, das; -s, -: *Zusatz; eingeschobene Textstelle.*

ein|schie|bung, die; -, -en: **a)** *das Einschieben;* **b)** *eingeschobener Absatz, Satz.*

ein|schie|nen|bahn, die (Verkehrsw.): *Bahn, die auf nur einer Schiene läuft.*

ein|schie|ßen ⟨st. V.⟩: **1.** *durch Schießen zertrümmern* ⟨hat⟩: die Mauern einer Burg e. **2.** ⟨hat⟩ **a)** *eine neue Schusswaffe durch Schießen gebrauchstüchtig, treffsicher machen:* neue Gewehre auf dem Schießstand e.; **b)** ⟨e. + sich⟩ *wiederholt auf das gleiche Ziel schießen u. auf diese Weise treffsicher werden:* er müsste sich erst e.; **c)** ⟨e. + sich⟩ *jmdn., etw. mit Worten od. Gedanken wiederholt zum Angriffsziel machen:* die Massenmedien hatten sich auf den Verteidigungsminister eingeschossen. **3.** ⟨hat⟩ **a)** *mithilfe eines entsprechenden Apparats in etw. [hinein]schießen:* einen Dübel e.; **b)** (Sport) *(den Ball) ins Tor schießen:* er schoss [den Ball] zum 1:1 ein; **c)** (Druckw.) *zwischen die Druckbogen heften:* leere Bogen e.; **d)** (Weberei) *beim Weben quer durchstoßen:* den Faden e. **4.** *als Einlage* (8 b) *geben; beisteuern* ⟨hat⟩: Geld e. **5.** *hineinströmen, heftig strömend eindringen* ⟨ist⟩: nach Öffnen der Schleuse schoss das Wasser ein; (Med.:) die Milch ist eingeschossen *(hat bei der Wöchnerin die Milchdrüsen gefüllt).* **6.** (landsch.) *(Brot) in den Ofen schieben* ⟨hat⟩.

ein|schif|fen ⟨sw. V.; hat⟩: **1.** *vom Land aufs Schiff bringen:* Passagiere, Waren e. **2.** ⟨e. + sich⟩ *sich zu einer Reise an Bord eines Schiffes begeben:* er schiffte sich in Genua, nach Amerika ein.

ein|schif|fig ⟨Adj.⟩: *(von Kirchen) ohne Seitenschiffe.*

Ein|schif|fung, die; -, -en ⟨Pl. selten⟩: *das [Sich]einschiffen.*

Ein|schif|fungs|ha|fen, der: *Hafen, in dem die Einschiffung erfolgt.*

ein|schir|ren ⟨sw. V.; hat⟩: *(einem Zugtier, Zugtieren) das Geschirr anlegen:* die Ochsen e.

einschl. = einschließlich.

ein|schla|fen ⟨st. V.; ist⟩: **1.** *in Schlaf sinken, fallen:* nicht e. können; beim, über dem Lesen e.; bei diesem Buch schläft man ein *(es ist sehr langweilig);* schlaf nicht ein! (ugs.; *mach nicht so langsam!; pass auf!*). **2.** (verhüll.) *[sanft, ohne Qualen] sterben:* sie ist friedlich eingeschlafen. **3.** *(von Gliedmaßen) vorübergehend gefühllos werden:* mein Bein ist [mir] eingeschlafen. **4.** *in seiner Intensität allmählich nachlassen u. schließlich ganz aufhören:* der Briefwechsel ist eingeschlafen; alte Beziehungen nicht e. lassen.

ein|schlä|fe|rig: ↑einschläfrig.

ein|schlä|fern ⟨sw. V.; hat⟩: **1. a)** *in Schlaf versetzen:* das gleichmäßige Rauschen schläfert mich ein; **b)** *narkotisieren, betäuben:* jmdn. vor einer Operation e.; ein einschläferndes Mittel; **c)** *(bes. ein krankes Tier) schmerzlos töten:* der Hund musste eingeschläfert werden. **2.** *sorglos, sicher machen; beruhigen:* jmds. Gewissen e.

Ein|schlä|fe|rung, die; -, -en: *das Einschläfern* (1 b, c, 2).

ein|schlä|fig, ein|schläf|rig, einschläferig ⟨Adj.⟩: *für nur eine Person zum Schlafen gedacht:* ein -es Bett.

Ein|schlaf|schwie|rig|kei|ten, ⟨Pl.⟩: *Schlafstörung, die darin besteht, nicht od. nur sehr schwer einschlafen zu können.*

Ein|schlag, der; -[e]s, Einschläge: **1. a)** *das Einschlagen* (3): der E. des Blitzes; die Einschläge der Granaten; **b)** *Stelle des Einschlagens* (3): an dieser Mauer sind noch die Einschläge der Gewehrkugeln zu sehen. **2.** *sich im Bild von etw. auswirkender Anteil; Beimischung:* eine Bevölkerung mit französischem, südlichem, bäuerlichem E. **3.** (Forstw.) **a)** *das Einschlagen* (5); **b)** *eingeschlagenes* (5) *Holz.* **4.** (Kfz-W.) *Drehung der Vorderräder.* **5.** (Schneiderei) *eingeschlagener* (10) *Teil eines Kleidungs-, Wäschestückes* (z. B. der Saum, die Knopfleiste). **6.** (Landw.) **a)** *das Einschlagen* (6 b); **b)** *Erde o. Ä., in die etw. eingeschlagen* (6 b) *wird.*

ein|schla|gen ⟨st. V.; hat⟩: **1.** *schlagend in etw. hineintreiben:* einen Nagel [in die Wand], Pfähle [in die Erde] e. **2.** *durch Schlagen zertrümmern:* eine Fensterscheibe e.; ich habe mir [an der harten Kante] zwei Zähne eingeschlagen. **3.** *knallend, krachend auftreffen u. dabei zünden, explodieren:* das Geschoss schlägt [in das Haus] ein; der Blitz hat eingeschlagen; ⟨auch unpers.:⟩ es *(der Blitz)* hat [irgendwo] eingeschlagen. **4.** *jmdn., ein Tier eine Zeit lang ohne Unterbrechung [unbeherrscht] schlagen:* mit der Peitsche auf das Pferd e.; wie von Sinnen auf jmdn. e. **5.** (Forstw.) *planmäßig fällen:* einen Baumbestand e. **6. a)** *Papier, ein Tuch o. Ä. als Schutz, Hülle um etw. schlagen; einwickeln, locker einpacken:* den Salatkopf [in Zeitungspapier] e.; ein Buch e. *(mit einem Schutzumschlag versehen);* **b)** (Landw.) *schützend mit Erde bedecken:* die Setzlinge müssen vorläufig eingeschlagen werden. **7.** *einen bestimmten Weg wählen; in eine bestimmte Richtung gehen, fahren, fliegen:* die Richtung zum Wald e.; den eingeschlagenen Kurs ändern; Ü die juristische Laufbahn e. **8.** *jmds. Hand zustimmend ergreifen, etw. durch Handschlag bestätigen:* in eine dargebotene Hand e.; die Wette gilt, schlag ein!; Ü als man ihr die Stelle anbot, schlug sie ein *(sagte sie zu).* **9.** (Verkehrsw.) *durch Drehen des Lenkrades die Stellung der Vorderräder u. damit die Fahrtrichtung ändern:* nach rechts, links e. **10.** (Schneiderei) *nach innen umlegen [u. dadurch kürzen]:* die Ärmel e. **11. a)** *sich erfolgreich in eine bestimmte Richtung hin entwickeln:* in der Schule hat er [gut] eingeschlagen; die neue Mitarbeiterin scheint einzuschlagen; **b)** *rasch großen Anklang finden, Erfolg haben:* dieser Film hat überall eingeschlagen; diese Idee schlug ein. **12.** ⟨e. + sich⟩ (Tennis) *sich mit bestimmten Schlägen auf ein kommendes Spiel vorbereiten:* nach der Regenpause dürfen sich die beiden Spielerinnen noch einmal zwei Minuten lang e.

ein|schlä|gig ⟨Adj.⟩ [zu veraltet einschlagen = hineinreichen, -wirken]: *zu einem bestimmten Gebiet od. Fach gehörend, dafür zutreffend:* die -e Literatur; e. *(wegen eines ähnlichen Deliktes)* vorbestraft sein.

Ein|schlag|pa|pier, das: *Papier zum Einschlagen* (6 a).

ein|schläm|men ⟨sw. V.; hat⟩ (Gartenbau): *(beim Einpflanzen) stark wässern* (2), *sodass der sich bildende Schlamm alle Hohlräume um die Wurzeln ausfüllt u. die Pflanze sich dadurch gut einwurzeln kann:* Pflanzen e.

ein|schlei|chen ⟨st. V.; hat⟩: **1.** ⟨e. + sich⟩ *vorsichtig, heimlich eindringen:* Diebe haben sich [in den/(selten:) im Keller] eingeschlichen; Ü der Verdacht schleicht sich ein, dass er das mit Absicht getan hatte; hier hat sich ein Druckfehler eingeschlichen. **2.** (Med., Pharm.) *(bei einer Behandlung) die Dosis des Medikaments langsam steigern:* einschleichende Therapie.

ein|schlei|fen ⟨st. V.; hat⟩: **1.** *durch Schleifen eingraben, eingravieren:* seine Initialen [in Glas] e. **2.** (Technik) *durch Schleifen passend machen, einpassen:* Kolben, Brillengläser e. **3.** (bes. Psych.) **a)** *durch häufige Wiederholung zur Gewohnheit werden lassen, einprägen:* eine korrekte Aussprache e.; **b)** ⟨e. + sich⟩ *zur Gewohnheit werden:* diese Reaktion hat sich [bei dem Tier] eingeschliffen.

ein|schlei|men, sich ⟨sw. V.; hat⟩ (ugs. abwertend): *sich auf widerliche Weise einschmeicheln:* er versuchte, sich beim Chef einzuschleimen.

ein|schlep|pen ⟨sw. V.; hat⟩: **1.** *in den Hafen schleppen* (1 b): ein Schiff [in den Hafen] e. **2.** *(eine Krankheit, Seuche) an einen Ort mitbringen u. auf andere übertragen:* er hat die Pocken [in die Schweiz, nach Europa] eingeschleppt; Ü was für Leute schleppst du denn bei uns ein?

ein|schleu|sen ⟨sw. V.; hat⟩: **a)** *unbemerkt durch eine Kontrolle durch- u. hineinbringen:* Agenten [in ein Land] e.; Falschgeld in den Verkehr e.; **b)** ⟨e. + sich⟩ *unbemerkt durch eine Kontrolle hindurch an einen Ort gelangen:* der Agent hat sich in das Land eingeschleust.

ein|schlie|ßen ⟨st. V.; hat⟩: **1. a)** *durch Abschließen der Tür daran hindern, einen Raum zu verlassen:* die Gefangenen in ihre Zellen, in ihren Zellen e.; **b)** ⟨e. + sich⟩ *durch Abschließen der Tür niemanden zu sich hereinlassen:* sich in sein Zimmer, in seinem Zimmer e.; **c)** *zur Aufbewahrung in einem Behälter o. Ä. verschließen:* Geld, Schmuck [in einen Tresor] e. **2.** *von allen Seiten umschließen, umgeben:* hohe Mauern schließen den Hof ein; die Truppen sind vollständig eingeschlossen *(umzingelt).* **3.** *in etw. mit einbeziehen, einbegreifen:* jmdn. in sein Gebet [mit] e.; das Frühstück ist im Preis eingeschlossen.

ein|schließ|lich: **I.** ⟨Präp. mit Gen.⟩ *mitsamt, unter Einschluss:* e. der Unkosten; e. aller Reparaturen; alle Beamten e. der Lehrer; ⟨ein stark dekliniertes Subst. im Sg. bleibt ungebeugt, wenn es ohne Art. od. Attr. steht; auch ein Name:⟩ die Kosten e. Porto; e. Brigitte; Brigitte e.; ⟨im Pl. üblicherweise mit dem Dativ, wenn der Gen. nicht erkennbar ist:⟩ aller Besitz e. Büchern u. Kunstwerken. **II.** ⟨Adv.⟩ *das [Letzt]genannte einbegriffen, mitgerechnet:* verreist bis zum 15. Juli e.; verreist bis e. 15. Juli; bis Seite 410 e.

Ein|schlie|ßung, die; -, -en: **a)** ⟨o. Pl.⟩ (selten) *das Einschließen* (1–3); **b)** (Rechtsspr. früher) *(im Schweizer Strafrecht noch bei Jugendlichen) eine nicht ehrenrührige Freiheitsstrafe;* **c)** (Sprachw.) *zusammengehörende Fügung aus Adjektiv + Substantiv, zu der ein weiteres Adjektiv hinzutritt* (z. B. dunkles bayrisches Bier).

ein|schlum|mern ⟨sw. V.; ist⟩: **1.** (geh.) *in Schlummer sinken:* über dem Lesen e. **2.** (verhüll.) *[ohne Qualen] sterben:* er ist friedlich eingeschlummert. **3.** (ugs.) *nicht mehr gepflegt werden,* *nachlassen u. allmählich ganz aufhören:* ihre Freundschaft ist eingeschlummert.

Ein|schlupf, der; -[e]s, Einschlupfe u. Einschlüpfe: *Öffnung zum Hineinschlüpfen.*

Ein|schluss, der; -es, Einschlüsse: **1.** (Geol.) *(in einem Mineral) eingeschlossener Fremdkörper:* fossile Einschlüsse im Gestein. **2.** *das Einschließen* (3), *Einbeziehen:* alle Staaten mit E. *(einschließlich)* der Bundesrepublik; die weltpolitischen Probleme unter E. der Abrüstungsfrage. **3. a)** *das Einschließen (1 a) bes. von Gefangenen;* **b)** *Stelle, an der jmd., ein Tier von allen Seiten eingeschlossen, umzingelt ist.*

ein|schmei|cheln ⟨sw. V.; hat⟩: ⟨e. + sich⟩ *sich durch Schmeicheln beliebt machen:* sich [mit schönen Worten] beim Chef e.; eine einschmeichelnde *(angenehm wirkende)* Musik, Stimme.

Ein|schmei|che|lung, Einschmeichlung, die; -, -en: **1.** ⟨o. Pl.⟩ *das Sicheinschmeicheln.* **2.** *Äußerung, mit der man sich bei jmdm. einschmeichelt.*

Ein|schmeich|ler, der; -s, -: *jmd., der sich einschmeichelt.*

Ein|schmeich|le|rin, die; -, -nen: w. Form zu ↑Einschmeichler.

Ein|schmeich|lung: ↑Einschmeichelung.

ein|schmei|ßen ⟨st. V.; hat⟩ (ugs.): **1.** *einwerfen* (2). **2.** *einnehmen, zu sich nehmen, schlucken.*

ein|schmel|zen ⟨st. V.; hat⟩: *(Altmetall, geformte Metallteile) zusammen mit anderem Metall durch Hitze wieder flüssig machen:* Glocken e.

Ein|schmel|zung, die; -, -en: *das Einschmelzen.*

Ein|schmel|zungs|pro|zess, der: *Vorgang der allmählichen Einschmelzung.*

ein|schmie|ren ⟨sw. V.; hat⟩ (ugs.): **a)** *einfetten, einölen:* die Stiefel e.; jmdn., sich mit Sonnenöl e.; **b)** *schmutzig machen, verschmieren:* seinen Mund, sich [mit Marmelade] e.

ein|schmug|geln ⟨sw. V.; hat⟩: **a)** *heimlich, unter Umgehung des Zolls einführen:* Drogen e.; **b)** *unerlaubt, unter Umgehung der Kontrollen Zutritt verschaffen:* sich in ein Flugzeug e.

ein|schnap|pen ⟨sw. V.; ist⟩: **1.** *(durch Eindringen eines Bolzens, einer Feder od. dgl. in eine vorgesehene Öffnung) sich fest schließen:* das Türschloss, die Tür schnappte ein. **2.** (ugs. abwertend) *[aus nichtigem Anlass] beleidigt, gekränkt sein:* sie schnappt leicht, bei/wegen jeder Kleinigkeit ein; ⟨meist im 2. Part.:⟩ er ist ständig eingeschnappt.

ein|schnei|den ⟨unr. V.; hat⟩: **1. a)** *vom Rand, von einem Ende* (2) *aus einen Schnitt in etw. machen:* die Stiele von Schnittblumen e.; **b)** *schneidend eine Kerbe, ein Muster auf etw. anbringen; einritzen:* Namen in die Bänke e.; **c)** (Kochk.) *mit dem Messer zerkleinern u. in etw. hineintun:* Äpfel [in den Rotkohl], Zwiebeln e.; **d)** (österr.) *zurechtschneiden u. in den Rahmen einsetzen:* Glas, einen Spiegel e.; **e)** (Film) *gesondert gemachte Aufnahmen in einen Filmstreifen (durch Zerschneiden u. Dazwischenkleben) einfügen:* Archivaufnahmen in einen Film e. **2.** *schneidend, scharf in etw. eindringen:* das Gummiband schneidet [in die Haut] ein; ⟨auch e. + sich:⟩ der Draht hat sich tief in die Kehle eingeschnitten; Ü diese Maßnahme schneidet tief in das Wirtschaftsleben ein *(ist für das Wirtschaftsleben von einschneidender Wirkung).*

ein|schnei|dend ⟨Adj.⟩: *tief greifend, sich stark auswirkend, entscheidend:* -e Veränderungen.

ein|schnei|dig ⟨Adj.⟩: *nur mit einer Schneide (1 a) versehen.*

ein|schnei|en ⟨sw. V.; ist⟩: **a)** *von Schnee ganz bedeckt werden:* das Haus ist vollkommen eingeschneit *(zugeschneit);* **b)** *infolge tiefen Schnees an einem Ort festgehalten werden:* wir sind in der Skihütte eingeschneit.

Ein|schnitt, der; -[e]s, -e: **1.** *Schnitt in etw.:* der Arzt machte einen E. [in die Luftröhre]. **2.** *eingeschnittene Stelle:* der E. für den Ärmel ist zu klein; ein E. im Gelände. **3. a)** *Abschnitt, Zäsur:* hier ist ein deutlicher E. in dem Roman; **b)** *einschneidendes Ereignis:* der Tod des Vaters war ein E. in seiner Entwicklung.

ein|schnit|zen ⟨sw. V.; hat⟩: *in etw. schnitzen:* seinen Namen in einen Baum e.

ein|schnü|ren ⟨sw. V.; hat⟩: **a)** *durch Schnüren fest zusammenhalten:* [jmdm.] die Taille, sich [durch einen Gürtel] e.; **b)** *drückend einengen:* der Gürtel schnürt mich, die Taille ein; das Gummiband hat eingeschnürt *(Druckstellen in der Haut hinterlassen);* Ü Angst schnürte ihr die Kehle ein.

Ein|schnü|rung, die; -, -en: **a)** *das Einschnüren;* **b)** *eingeschnürte, eingedrückte Stelle.*

ein|schrän|ken ⟨sw. V.; hat⟩ [zu ↑Schranke]: **1. a)** *verringern, reduzieren; auf ein geringeres Maß herabsetzen:* seine Ausgaben [auf das Notwendigste], den Zugverkehr e.; jmds. Macht, Rechte e.; eine eingeschränkte *(begrenzte)* Vollmacht; **b)** *in etw. einengen:* jmdn. in seinen Rechten, seiner Bewegungsfreiheit e. **2.** ⟨e. + sich⟩ *aus einer Zwangslage heraus, um etw. zu erübrigen, die Ausgaben für den Lebensunterhalt klein halten, sich mit wenigem begnügen; bescheiden leben:* ich muss mich sehr e.; eingeschränkt, in eingeschränkten Verhältnissen leben.

Ein|schrän|kung, die; -, -en: **a)** *das Einschränken;* **b)** *Vorbehalt:* etw. ohne E. empfehlen können.

ein|schrau|ben ⟨sw. V.; hat⟩: *in etw. schrauben:* eine Glühlampe [in die Fassung] e.

Ein|schreib|brief, Ein|schrei|be|brief, der (Postw.): *eingeschriebener* (2) *Brief.*

Ein|schrei|be|ge|bühr, Einschreibgebühr, die: **1.** *Gebühr für die Immatrikulation an einer Hochschule.* **2.** (Postw.) *Entgelt für einen Einschreibebrief.*

ein|schrei|ben ⟨st. V.; hat⟩: **1. a)** *in etw. schreiben:* seine Ausgaben [in ein Heft] e.; **b)** *seinen, jmds. Namen offiziell in eine [Aufnahme]liste o. Ä. eintragen:* die Teilnehmer in eine, (selten:) in einer Liste e.; sich bei einem Verein e. lassen; sich an einer Hochschule e. *(immatrikulieren);* eingeschriebene Mitglieder. **2.** (Postw.) *gegen Quittung in ein Postbuch eintragen (u. damit versichern) lassen:* einen Brief, ein Päckchen e. lassen, eingeschrieben schicken; ein eingeschriebener Brief. **3. a)** *(einen neuen Füllfederhalter o. Ä.) durch Schreiben gebrauchsfähig machen:* den neuen Füllfederhalter e.; **b)** ⟨e. + sich⟩ *durch längeres Schreiben an einem bestimmten Thema eine gewisse Routine bekommen:* ich muss mich erst e.

Ein|schrei|ben, das; -s, - (Postw.): *eingeschriebene* (2) *Postsendung:* für Sie liegt ein E. zum Abholen bereit; ein Päckchen als E. schicken.

Ein|schreib|ge|bühr: ↑Einschreibegebühr.

Ein|schrei|bung, die; -, -en: **1.** *das Einschreiben* (1, 3). **2.** *schriftliches Preisangebot bei Versteigerungen.*

ein|schrei|en ⟨st. V.; hat⟩: *jmdn. fortwährend u. heftig anschreien [ohne ihn zu Wort kommen zu lassen]:* wütend schrie er auf ihn ein.

ein|schrei|ten ⟨st. V.; ist⟩: *gegen jmdn., etw. energisch vorgehen; eingreifen:* gegen den Lärm, die Demonstranten e.; die Polizei schritt nicht ein.

ein|schrum|peln ⟨sw. V.; ist⟩ (landsch.): *einschrumpfen.*

ein|schrump|fen ⟨sw. V.; ist⟩: *(durch Trocknen) kleiner u. dabei runzlig werden:* die Äpfel sind eingeschrumpft; Ü die Vorräte schrumpften ein.

Ein|schub, der; -[e]s, Einschübe: **a)** (Schrift- u. Druckw.) *eingeschobener Text, Satz; Zusatz, Parenthese:* ein E. von fremder Hand; **b)** (Technik) *zur Isolierung o. Ä. eingeschobenes Bauteil.*

Ein|schub|de|cke, die: *Zwischendecke.*

ein|schüch|tern ⟨sw. V.; hat⟩ [zu mniederd. schüchteren, ↑schüchtern]: *jmdm. Angst machen u. dadurch den Mut zu etw. nehmen:* jmdn. mit/durch Drohungen einzuschüchtern versuchen; ein völlig eingeschüchtertes Kind.

Ein|schüch|te|rung, die; -, -en: *das Einschüchtern.*

Ein|schüch|te|rungs|ver|such, der: *Versuch, jmdn. einzuschüchtern.*

ein|schu|len ⟨sw. V.; hat⟩: **1.** *(ein schulpflichtiges Kind) [zum ersten Mal] in einer Schule zum Unterricht anmelden, es in eine Schule aufneh men:* sie wurde mit 6 Jahren eingeschult. **2.** *in eine bestimmte berufliche Tätigkeit [die keine Berufsausbildung voraussetzt] einarbeiten.*

Ein|schu|lung, die; -, -en: *das Einschulen.*

Ein|schu|lungs|al|ter, das ⟨o. Pl.⟩: *Alter, mit dem ein Kind schulpflichtig wird.*

Ein|schuss, der; -es, Einschüsse: **1. a)** *das Eingedrungensein eines Geschosses; Schuss* (1 c); **b)** *Stelle, an der ein Geschoss eingedrungen ist* der Ausschuss ist meist größer als der E. **2.** *Bei mengung, Zusatz:* das Referat enthält sehr sub jektive Einschüsse. **3.** (Raumf.) *das Hineinschi ßen einer Rakete o. Ä. in eine Flugbahn.* **4.** (Sport) *Schuss ins Tor:* zum E. kommen. **5.** (Weberei) *in Querrichtung verlaufende Gew befäden; Schuss:* für den E. eine Kontrastfarbe nehmen. **6.** (Landw., Tiermed.) *(bei Pferden) entzündliche, durch eine Wundinfektion herv gerufene Schwellung, meist an der Hinterhand* **7.** (Bankw.) *als Anzahlung od. Sicherheit gelei tete Zahlung an die Bank bei bestimmten Börsen- od. Außenhandelsgeschäften.*

Ein|schuss|loch, das: *Einschuss* (1 b).

Ein|schuss|stel|le, die: *Einschuss* (1 b).

Ein|schuss|win|kel, der: **1.** (Fußball) *Winkel, unter dem der Einschuss* (4) *erfolgt.* **2.** (Ballisti *Winkel, unter dem ein Geschoss eingedrungen ist:* mithilfe des -s wird der Standort des Schüt zen festgestellt.

ein|schüt|ten ⟨sw. V.; hat⟩: *in etw. [hinein]schütten; einfüllen, eingießen.*

ein|schwär|zen ⟨sw. V.; hat⟩: *schwarz färben; mi schwarzer Farbe bedecken:* Druckplatten e.

ein|schwat|zen, (landsch.:) **ein|schwät|zen** ⟨sw. V.; hat⟩ (ugs.): *einreden* (2).

ein|schwe|ben ⟨sw. V.; ist⟩: *(von Flugzeugen, Raumschiffen u. Ä.) im Gleitflug zur Landung einfliegen:* die Maschine schwebte in den Flug hafen ein.

ein|schwei|ßen ⟨sw. V.; hat⟩: **1.** (Technik) *durch Schweißen in etw. einfügen:* ein Rohr e. **2.** *in [Klarsicht]folie verpacken u. zuschweißen:* Bücher, Schallplatten, Tiefkühlprodukte e.

ein|schwen|ken ⟨sw. V.⟩: **1.** *mit einer Schwenkun einbiegen* ⟨ist⟩: links, rechts e.; die Fahrzeuge schwenken in den Hof ein; Ü auf einen neuen politischen Kurs e. **2.** *nach innen schwenken, drehen* ⟨hat⟩: den Arm des Krans e.

ein|schwim|men ⟨st. V.; hat⟩: **1.** ⟨e. + sich⟩ (Spor *sich vor einem Schwimmwettkampf warm schwimmen.* **2.** (Bauw.) *(Teile von Brücken u. Ä auf dem Wasserwege zur Montage heranbringen.*

ein|schwin|gen ⟨st. V.; hat⟩: **1.** (Jägerspr.) *(von Federwild od. Raubvögeln) sich niederlassen:* der Auerhahn schwang in den Baum ein, ⟨auch e. + sich:⟩ schwang sich in den Baum ein. **2.** *ei schwenken* (1). **3.** *schwenken* (4): die Läufe auf die Angreifer e.

ein|schwö|ren ⟨st. V.; hat⟩: **a)** *durch Treueschwu binden, verpflichten; vereidigen;* **b)** *zu etw. verpflichten, dazu bringen, jmdn. od. etw. nachdrücklich zu vertreten:* jmdn. auf strenge Vertraulichkeit e.; die Partei auf einen Kandidaten e.; die Koalitionsparteien schworen sich auf de Kabinettsvorschlag ein; er ist auf diese Automarke eingeschworen *(ist auf sie festgelegt, bevorzugt sie unter allen Umständen).*

ein|seg|nen ⟨sw. V.; hat⟩: **a)** *konfirmieren:* sie wir nächstes Jahr eingesegnet; **b)** *segnend [ein]wei hen; den Segen über etw. sprechen:* eine Ehe e.

Ein|seg|nung, die; -, -en: **a)** *Konfirmation;* **b)** *das Einsegnen* (b).

ein|seh|bar ⟨Adj.⟩: **1. a)** *Einblick (1 a) gewährend zulassend:* ein von allen Seiten her -er Garten; ein nicht -er Raum; **b)** *zugänglich, so geartet, dass Einblick (1 b) genommen werden kann:* di Akten sollen für alle e. sein. **2.** *verständlich, [leicht] einzusehen* (2 b): -e Gründe, Handlung weisen; es ist nicht e., warum er darauf besteht

ein|se|hen ⟨st. V.; hat⟩: **1. a)** *in einen Raum o. Ä.*

hineinsehen (1) *[können]; einen Einblick* (1 a) *in etw. haben:* der Garten kann von keiner Seite eingesehen werden; **b)** *in etw. Einblick* (1 b) *nehmen; prüfend nachlesen, suchend in etw. lesen:* Briefe, Rechnungen, Zeugnisse, Akten e. **2. a)** *zu der Überzeugung kommen, dass etw., was man eigentlich nicht wahrhaben wollte, sich doch so verhält:* sein Unrecht, seinen Irrtum e.; endlich hat er eingesehen, dass er so nicht weiterkommt; **b)** *sich von den Argumenten eines andern überzeugen lassen, die Richtigkeit seiner Handlungsweise erkennen:* ich sehe ein, dass er nicht anders handeln konnte.

Ein|se|hen: in der Verbindung **[k]ein E. haben** *(für jmdn., etw. [kein] Verständnis haben u. sich deshalb [nicht] nachgiebig u. freundlich zeigen):* der Chef hatte ein E. und gab uns frei.

Ein|seif|be|cken, das; -s, -: *kleines Gefäß, in dem die Rasierseife schaumig geschlagen wird.*

ein|sei|fen ⟨sw. V.; hat⟩ [2: viell. unter dem Einfluss von rotwelsch beseibeln = betrügen, zu jidd. seiwel, seibel = Mist, Dreck]: **1.** *mit Seife einreiben [sodass die betreffende Stelle mit Seifenschaum bedeckt ist]:* jmdn., sich e.; **Ü** jmdn. mit Schnee e. *(ihm zum Spaß Schnee ins Gesicht reiben).* **2.** (ugs.) *wortgewandt von etw. überzeugen, zu etw. überreden, was für den Betroffenen nachteilig ist, ihm zum Schaden gereicht; betrügen:* du hast dich von dem Vertreter an der Haustür schön e. lassen.

ein|sei|tig ⟨Adj.⟩: **1.** *nur eine Körperseite betreffend, nur auf einer Körperseite:* -e Kopfschmerzen; e. gelähmt sein. **2.** *nur eine Seite* (6 b, c) *betreffend, nur auf einer Seite:* Manuskripte bitte nur e. beschreiben. **3.** *nur eine Seite* (9 a) *betreffend, nur für eine Seite verbindlich:* eine -e Willenserklärung; der Vertrag ist e. gebrochen worden. **4. a)** *nur eine Seite* (8 a) *einer Sache, nur einen Gesichtspunkt berücksichtigend, hervorhebend; nicht erschöpfend; subjektiv, parteiisch:* eine -e Beurteilung; diese Maßnahme ist sehr e.; er hat die Sache zu e. dargestellt; **b)** *nur auf ein Gebiet, einen Sachbereich o. Ä. beschränkt; nicht vielseitig:* eine -e Begabung; er ist sehr e.; nur e. interessiert sein.

Ein|sei|tig|keit, die; -, -en ⟨Pl. selten⟩: *das Einseitigsein (3, 4); einseitiges Wesen, Verhalten, einseitige Beschaffenheit.*

ein|sen|den ⟨unr. V.; sandte/(seltener:) sendete ein, hat eingesandt/(seltener:) eingesendet⟩: *an eine zuständige Stelle schicken; einschicken:* er sandte das Gedicht einer Zeitung, an eine Zeitung ein; eingesandte Proben.

Ein|sen|der, der; -s, -: *jmd., der etw. eingesandt hat.*

Ein|sen|de|rin, die; -, -nen: w. Form zu ↑Einsender.

Ein|sen|de|schluss, der: *Ende einer Frist, innerhalb deren etw. (z. B. eine Bewerbung od. die Lösung einer Preisaufgabe) eingesandt werden kann.*

Ein|sen|de|ter|min, der: *Termin, bis zu dem etw. eingesandt werden muss.*

Ein|sen|dung, die; -, -en: **1.** *das Einsenden.* **2.** *das Eingesandte, Zuschrift.*

ein|sen|ken ⟨sw. V.; hat⟩: **1.** *in etw., in die Tiefe senken:* die Stützen sind in die Erde eingesenkt. **2.** (dichter.) *einprägen* (2 b): etw. senkt sich jmdm., in jmds. Seele [tief] ein. **3.** (Technik) *durch Eindrücken einer Form aus besonders hartem Stahl Matrizen, Schmiedeformen für die Metall- od. Kunststoffverarbeitung herstellen:* einen Prägestempel e.

Ein|sen|kung, die; -, -en: **1.** *das Einsenken.* **2.** *[Gelände]vertiefung:* -en im Gletschereis.

Ein|ser, der; -s, - (ugs.): **a)** *die Ziffer Eins:* einen E. malen; **b)** *die Zeugnisnote Eins:* sie hat drei E. im Zeugnis.

Ein|ser- (ugs.): drückt in Bildungen mit Substantiven aus, dass eine Prüfung, Qualifikation o. Ä. mit Bestnoten absolviert wurde: Einserabitur, -zeugnis; Einserjuristin, -schülerin.

ein|setz|bar ⟨Adj.⟩: *sich [als Teil in etw.] einsetzen lassend.*

ein|set|zen ⟨sw. V.; hat⟩: **1. a)** *[als Teil] in etw. setzen, hineinbringen, einfügen, einarbeiten:* Fenster e.; einen Flicken in die Hose e.; in dem Satz ist ein Wort einzusetzen *(zu ergänzen);* den gefundenen Wert in die Gleichung e.; Pflanzen e. *(in die Erde setzen; einpflanzen);* Fische e. *(zur Zucht in einen Teich setzen);* **b)** (Verkehrsw.) *zusätzlich fahren lassen, einschieben:* Entlastungszüge e. **2. a)** *[zu etw.] ernennen, [für etw.] bestimmen:* einen Kommissar e.; zur Untersuchung des Falles wurde ein Ausschuss eingesetzt; jmdn. zum Erben e.; **b)** *planmäßig für eine bestimmte Aufgabe verwenden, dafür in Aktion treten lassen:* Waffen, freiwillige Helfer e.; all seine Kräfte, seine ganze Kraft [für eine Aufgabe] e.; gegen die Demonstranten wurde Polizei eingesetzt; **c)** *in eine Position setzen:* jmdn. [wieder] in seine Rechte e.; sie wurde feierlich in ihr Amt eingesetzt *(eingeführt).* **3. a)** *als Einsatz* (2) *geben:* 10 Mark e.; **b)** *aufs Spiel setzen, riskieren:* bei etw. sein Leben, seine Ehre e. **4.** ⟨e. + sich⟩ **a)** *sich anstrengen; alle körperlichen u. geistigen Kräfte für etw. anspannen:* er hat sich [in dieser Sache] tatkräftig, selbstlos eingesetzt; die Spieler haben sich voll eingesetzt. **b)** *sich um jmdn., etw. persönlich bemühen; sich für jmdn., etw. verwenden; Fürsprache einlegen:* sich für eine Steuerreform e.; ich werde mich bei deinem Vater für dich e. **5.** *[zu einem bestimmten Zeitpunkt prompt od. erneut] beginnen:* der Regen hat wieder eingesetzt; die Bläser setzten [im/mit dem fünften Takt] ein.

Ein|set|zung, die; -, -en: *das Einsetzen* (1, 2); *das Eingesetztwerden.*

Ein|sicht, die; -, -en: **1.** ⟨o. Pl.⟩ **a)** *das Einsehen* (1 a); *Einblick* (1 a): eine dichte Hecke verhindert die E. in den Garten; **b)** *das Einsehen* (1 b); *Einblick* (1 b): jmdm. E. in die Akten gewähren; E. in etw. nehmen *(etw. prüfend, suchend durchsehen, durchlesen).* **2. a)** *das Verstehen eines vorher unklaren, nicht durchschauten Sachverhaltes; Erkenntnis* (1): theoretische -en; die E. kam spät; neue -en gewinnen; zu der E. kommen, dass sie Recht gehabt hatte; **b)** *das Einsehen* (2 a); *Verständnis für etw.; Vernunft:* hab doch E.!; zur E. kommen.

ein|sich|tig ⟨Adj.⟩: **1.** *Einsicht* (2 b) *habend; vernünftig, verständnisvoll:* -e Eltern; sie war e. genug, um nicht weiter zu fragen. **2.** *verständlich, [leicht] einzusehen* (2 b): -e Gründe; es wird e. gemacht, dass das Papier doch überarbeitet werden muss.

Ein|sich|tig|keit, die; -: *das Einsichtigsein* (1).

Ein|sicht|nah|me, die; -, -n [zum 2. Bestandteil vgl. Abnahme] (Papierdt.): *Einsicht* (1 b).

ein|sichts|fä|hig ⟨Adj.⟩: *fähig, etw. zu begreifen, einzusehen.*

ein|sichts|los ⟨Adj.⟩: *ohne Einsicht* (2 b), *uneinsichtig.*

ein|sichts|voll ⟨Adj.⟩: *voller Einsicht* (2 b).

ein|si|ckern ⟨sw. V.; ist⟩: *in etw. sickern; allmählich, tropfenweise eindringen:* der Regen sickert langsam [in den Boden] ein; **Ü** Agenten sind eingesickert.

Ein|sie|de|lei, die; -, -en: *Klause eines Einsiedlers.*

Ein|sie|deln: Abtei und Wallfahrtsort in der Schweiz.

ein|sie|den ⟨st. u. sw. V.; sott/(auch:) siedete ein, hat eingesotten/(auch:) eingesiedet⟩ (österr., auch südd.): *einkochen* (1).

Ein|sied|ler, der; -s, - [spätmhd. einsidelære, unter Anlehnung an ↑siedeln weitergebildet aus mhd. einsidele, ahd. einsidilo, Lehnübertragung von lat. monachus, ↑Mönch]: *Eremit:* er lebt als E., wie ein E.; **Ü** er ist zum E. *(einsamen, abgekapselt lebenden Menschen)* geworden.

Ein|sied|le|rin, die; -, -nen: w. Form zu ↑Einsiedler.

ein|sied|le|risch ⟨Adj.⟩: *in der Art eines Einsiedlers, weltabgewandt, einsam lebend.*

Ein|sied|ler|krebs, der: *(im Meer lebender) Krebs mit großen Scheren u. weichem, meist spiralig gekrümmtem Hinterleib, der in einem leeren Schneckenhaus o. Ä. steckt.*

ein|sie|geln ⟨sw. V.; hat⟩: (Fachspr.) *maschinell [luftdicht] verschließen.*

Ein|sil|ber: ↑Einsilbler.

ein|sil|big ⟨Adj.⟩: **1.** *nur aus einer Silbe bestehend:* ein -es Wort. **2.** *wortkarg, wenig zum Reden aufgelegt:* ein -er Mann; er hat nur e. geantwortet.

Ein|sil|big|keit, die; -: **1.** *einsilbige* (1) *Beschaffenheit.* **2.** *einsilbiges* (2) *Wesen; Wortkargheit.*

Ein|silb|ler, Einsilber, der; -s, - (Sprachw.): *einsilbiges* (1) *Wort.*

ein|si|lie|ren ⟨sw. V.; hat⟩ (Landw.): *in einem Silo einlagern.*

ein|sin|gen ⟨st. V.; hat⟩: **1. a)** (selten) *in den Schlaf singen:* ein Kind e.; **b)** (veraltend) *mit Singen beginnen, einleiten:* die Kinder singen den Frühling ein. **2.** ⟨e. + sich⟩ *durch bestimmte Übungen seine Stimme vor dem eigentlichen Singen klarer u. sicherer machen:* der Sänger muss sich vor dem Konzert e.

ein|sin|ken ⟨st. V.; ist⟩: **1.** *nach unten sinken, in einen weichen Untergrund tiefer hineingeraten:* bis über die Knie [im Schnee] e. **2.** *in sich zusammensinken; einfallen:* das Haus ist baufällig, der hintere Teil schon eingesunken; die Knie sinken ihr ein; eingesunkene Wangen.

ein|sit|zen ⟨unr. V.; hat⟩: **1.** ⟨südd., österr., schweiz. auch: ist⟩ (Rechtsspr.) *inhaftiert sein, im Gefängnis sitzen:* er sitzt zurzeit [im Landesgefängnis] ein; er hat schon öfter eingesessen. **2. a)** *durch häufiges Daraufsitzen eindrücken:* einen Sessel e.; **b)** ⟨e. + sich⟩ *durch häufiges Daraufsitzen eingedrückt werden:* so ein billiges Polster sitzt sich leicht ein. **3.** (Reiten) *sich in den Sattel setzen; im Sattel sitzen* ⟨südd., österr., schweiz. auch: ist⟩: sicher, gut, weich e.

Ein|sit|zen|de, der u. die; -n, -n ⟨Dekl. ↑Abgeordnete⟩ (Rechtsspr.): *jmd., der einsitzt* (1); *Häftling.*

Ein|sit|zer, der; -s, -: *Fahrzeug, Flugzeug mit nur einem Sitzplatz.*

ein|sit|zig ⟨Adj.⟩: *nur mit einem Sitzplatz versehen:* Rennwagen sind e.

ein|som|me|rig, ein|söm|me|rig ⟨Adj.⟩ (Fischereiw.): *(von Fischen) erst einen Sommer alt:* -e Zuchtforellen einsetzen.

ein|sor|tie|ren ⟨sw. V.; hat⟩: *in verschiedene Fächer, Gruppen u. Ä. einordnen:* Bestecke [in die Kästen], Karteikarten e.

Ein|sor|tie|rung, die; -: *das Einsortieren.*

ein|spal|tig ⟨Adj.⟩ (Druckw.): *aus [nur] einer Spalte bestehend, in [nur] einer Spalte [gesetzt]:* ein -er Bericht; einen Artikel e. setzen.

ein|span|nen ⟨sw. V.; hat⟩: **1. a)** *vor den Wagen spannen:* die Pferde e.; **b)** *in eine Vorrichtung spannen:* einen Bogen [in die Schreibmaschine] e.; die Hose e. *(in einen Spannbügel hängen).* **2.** (ugs.) *(zu etw.) heranziehen, (für einen bestimmten Zweck) arbeiten lassen:* die ganze Familie e.; sich für einen anderen, für fremde Ziele e. lassen; in seinen Beruf eingespannt sein *(beruflich so viel zu tun haben, dass kaum Zeit zum Ausspannen bleibt).*

Ein|spän|ner, der; -s, -: **1.** *Wagen, der von nur einem Pferd gezogen wird.* **2. a)** *für sich lebender, verschlossener Mensch;* **b)** (ugs. scherzh.) *Junggeselle.* **3.** (österr.) *Glas mit schwarzem Kaffee u. Schlagsahne.* **4.** (österr.) *einzelnes Würstchen.*

ein|spän|nig ⟨Adj.⟩: **1.** *mit nur einem Zugpferd:* -e Kutschen; e. fahren. **2.** (ugs. scherzh.) *unverheiratet:* er geht e. durchs Leben.

ein|spa|ren ⟨sw. V.; hat⟩: *durch Sparen, Sparmaßnahmen einbehalten, nicht brauchen, verwenden:* Kosten, Material, Arbeitsplätze e.

Ein|spa|rung, die; -, -en: *das Einsparen; das Eingespartwerden.*

Ein|spa|rungs|maß|nah|me, die ⟨meist Pl.⟩: *Maßnahme zum Einsparen.*

ein|spei|cheln ⟨sw. V.; hat⟩: **1.** *durch längeres Kauen mit Speichel gut vermischen:* die Speisen gut e. **2.** *mit Speichel überziehen:* Riesenschlangen speicheln ihre Beute vor dem Verschlingen ein.

ein|spei|chern ⟨sw. V.; hat⟩: **1.** (selten) *als Vorrat, zur Aufbewahrung o. Ä. einlagern, speichern:* Lebensmittel für den Winter e. **2.** (EDV) *(einer technischen Anlage, bes. einer EDV-Anlage) über Magnetbänder, Disketten o. Ä. eingeben:* Daten, Programme [in den Rechner] e.

Ein|spei|che|rung, die; -, -en: *das Einspeichern.*

ein|spei|sen ⟨sw. V., schweiz. auch st. V.; hat⟩: **1.** (Technik) *[gespeicherte] Energie o. Ä. in die Zuleitungen bringen, einer technischen Anlage o. Ä. zuführen:* Strom, Wasser [in das Verbrauchernetz] e. **2.** (EDV) *einspeichern* (2).

ein|sper|ren ⟨sw. V.; hat⟩: **1.** *(in einen Raum) einschließen:* den Hund in der Wohnung, in die Wohnung e. **2.** (ugs.) *ins Gefängnis bringen; gefangen setzen.*

ein|spie|len ⟨sw. V.; hat⟩: **1. a)** *ein [neues] Instrument durch längeres Spielen zur vollen Entfaltung der Klangqualität bringen:* eine Geige e.; **b)** *durch Trainieren-, Übenlassen auf einen guten Stand bringen:* eine Mannschaft e.; **c)** ⟨e. + sich⟩ *sich durch kürzeres übendes Spielen auf ein folgendes Auftreten, Spiel vorbereiten:* die Fußballmannschaft spielt sich noch ein. **2.** ⟨e. + sich⟩ **a)** *sich im Zusammenwirken o. Ä. möglichst gut auf jmdn., etw. einstellen:* die Partner müssen sich noch aufeinander e.; **b)** *auf einen Stand reibungslosen Funktionierens gelangen:* die neue Regelung hat sich noch nicht ganz eingespielt. **3.** ⟨e. + sich⟩ (Technik) *(von Messinstrumenten) bei einem bestimmten [Zeiger]stand zur Ruhe kommen:* die Waage hat sich auf 50 kg, bei 50 kg eingespielt. **4.** (Fachspr.) **a)** *auf einem Tonträger festhalten; aufnehmen:* das Gesamtwerk Gustav Mahlers e.; **b)** *(bei einer Rundfunk-, Fernsehsendung) in die laufende Sendung einfügen:* ein paar Takte Musik, den Wetterbericht e. **5.** *durch Aufführungen, Veranstaltungen o. Ä. [wieder] einbringen:* der Film hat die Unkosten eingespielt.

Ein|spiel|er|geb|nis, das: *Ergebnis des Einspielens* (5), *eingespielte Geldsumme.*

Ein|spie|lung, die; -, -en: **1. a)** *das Einspielen* (4); **b)** *Aufnahme einer Schallplatte.* **2.** *das Einspielen* (5).

ein|spin|nen, sich ⟨st. V.; hat⟩: *sich [zur Verpuppung] mit einem Gespinst umgeben, in einen Kokon einschließen:* die Seidenraupen spinnen sich ein; Ü sich in seine Gedanken, Träumereien e. (geh.; *sich in sie zurückziehen*).

Ein|spra|che, die; -, -n (österr., schweiz.): *Einspruch:* E. gegen etw. erheben.

ein|spra|chig ⟨Adj.⟩: **a)** *nur in einer Sprache abgefasst:* ein -es Wörterbuch; **b)** *nur eine Sprache sprechend:* die Kinder sind e. aufgewachsen.

Ein|spra|chig|keit, die; -: *das Einsprachigsein* (b).

ein|spre|chen ⟨st. V.; hat⟩: **1.** *einreden* (2): begütigend auf jmdn. e. **2.** *auf Band, auf eine Schallplatte o. Ä. sprechen:* einen Text e.

ein|spren|gen ⟨sw. V.; hat⟩: **1.** *durch Bespritzen mit Wasser anfeuchten, feucht machen:* Wäsche vor dem Bügeln e. **2.** *durch Sprengen in etw. hervorbringen:* ein Loch in den Felsen e. **3.** (selten) *gewaltsam öffnen, aufbrechen:* eine Tür e. **4.** *in kleinen Stücken einfügen:* ⟨meist im 2. Part.:⟩ Laubwald mit eingesprengten *(nur vereinzelt darin vorkommenden)* Kiefern.

Ein|spreng|sel, das; -s, -: *eingesprengtes* (4) *Teilchen:* der Stein hat kleine E. von Quarz.

ein|sprin|gen ⟨st. V.⟩: **1.** *kurzfristig an jmds. Stelle treten, jmdn. vertreten, sodass etw. stattfinden kann* ⟨ist⟩: der junge Sänger musste für einen erkrankten Kollegen e.; [für jmdn.] mit einer größeren Summe e. *(jmdm. damit aushelfen).* **2. a)** ⟨e. + sich⟩ (Leichtathletik, Turnen, Ski) *sich durch einige Übungssprünge auf einen Sprungwettbewerb vorbereiten u. aufwärmen* (3) ⟨hat⟩: die Springer springen sich auf der neuen Schanze ein; **b)** (Turnen, Eislauf) *eine Übung mit einem Sprung einleiten* ⟨ist⟩: in den Handstand e. **3.** *einschnappen* (1) ⟨ist⟩: das Schloss ist eingesprungen. **4.** *zurückspringen* (3) ⟨ist⟩: hier springt die Mauer ein Stück ein.

Ein|spritz|dü|se, die (Kfz-T.): *Ventil, durch das der Kraftstoff in einem Einspritzmotor verteilt wird.*

ein|sprit|zen ⟨sw. V.; hat⟩: **1.** *mithilfe einer Spritze durch Einstechen in die Muskulatur od. die Adern dem Körper zuführen; injizieren.* **2.** (Kfz-T.) *über eine Düse in den Motor spritzen:* Kraftstoff e. **3.** *einsprengen* (1).

Ein|sprit|zer, der; -s, -, **Ein|spritz|mo|tor,** der (Kfz-T.): *Motor, bei dem der Kraftstoff durch Einspritzung in den Zylinder zugeführt wird.*

Ein|spritz|pum|pe, die (Kfz-T.): *Pumpe, die dem Einspritzmotor den Kraftstoff in bestimmter Dosierung zuführt.*

Ein|sprit|zung, die; -, -en: *das Einspritzen* (1, 2).

Ein|spruch, der; -[e]s, Einsprüche: **a)** *Einwand, Widerspruch, Protest gegen etw.:* gegen etw. E. erheben; **b)** (Amtsspr., Rechtsspr.) *Rechtsmittel, durch das man ein Urteil, eine amtliche Entscheidung zurückweisen kann:* gegen etw. E. einlegen, erheben; seinen E. zurückziehen.

Ein|spruchs|recht, das: *Recht, Einspruch zu erheben, einzulegen.*

ein|sprü|hen ⟨sw. V.; hat⟩: *vollständig mit einer Flüssigkeit besprühen:* Wildlederschuhe [gegen Regen] e.; vorm Bügeln die Wäsche e.

ein|spü|len ⟨sw. V.; hat⟩: *eine pulverige od. flüssige Substanz in einem Spülvorgang in eine Flüssigkeit leiten, mit ihr vermischen:* das Waschmittel in die Waschmaschine e.

ein|spu|rig ⟨Adj.⟩: **a)** *eingleisig:* eine -e Eisenbahnstrecke; **b)** (Straßenbau) *(von Straßen) nur eine Fahrspur aufweisend;* **c)** (Straßenbau) *(von Straßen) nur auf einer Spur (zu befahren):* wegen Bauarbeiten ist die Straße nur e. befahrbar.

Eins|sein, das; -s (geh.): *vollkommenes Verbundensein, erlangte Übereinstimmung mit jmdm., etw.*

einst ⟨Adv.⟩ [mhd. ein(e)st, ahd. eines, einēst (der mit -t weitergebildete Genitiv von ↑[1]ein I)] (geh.): **a)** *früher, vor langer Zeit:* e. stand hier eine Burg; **b)** *in einer fernen Zukunft, später einmal, künftig:* e. wird er bedauern, sich nicht anders entschieden zu haben.

Einst, das; -: *lang vergangene Zeit, Vergangenheit:* das E. und das Jetzt.

ein|stamp|fen ⟨sw. V.; hat⟩: **1.** *fest in ein Gefäß stampfen:* Kohl [in ein Fass] e. **2.** *[wertlos gewordene] Druckerzeugnisse, Makulatur vernichten, indem man sie zu Altpapier zerstampft:* unverkäufliche Bücher e.

Ein|stand, der; -[e]s, Einstände: **1.** (bes. südd., österr.) **a)** *Beginn eines [neuen] Arbeitsverhältnisses, Dienstantritt:* seinen E. feiern; **b)** *kleine Feier, Umtrunk zum Dienstantritt:* er hat seinen E. noch nicht gegeben; **c)** *Eintritt in eine Ausbildung, in die Schule.* **2.** ⟨o. Pl.⟩ (Sport) *erstes Spiel eines Spielers, Trainers, einer Mannschaft.* **3.** ⟨o. Pl.⟩ (Tennis) *Ausgleich, bei dem beide Spieler drei od. mehr Punkte erreicht haben.* **4.** (Jägerspr.) *Teil eines Jagdreviers, in dem sich das Wild vorzugsweise aufhält, wo es Schutz sucht.*

ein|stan|zen ⟨sw. V.; hat⟩ (Technik): *in etw. stanzen:* eingestanzte Daten in den Blechdosen.

ein|sta|peln ⟨sw. V.; hat⟩: *in Stapeln an dafür vorgesehenen Stellen einordnen:* Waren e.

ein|stau|ben ⟨sw. V.⟩: **1. a)** *[nach und nach] völlig staubig werden* ⟨ist⟩: die Bücher im Regal sind ganz eingestaubt; **b)** *staubig machen* ⟨hat⟩: bei der Arbeit habe ich mich, habe ich mir die Schuhe sehr eingestaubt. **2.** (österr.) *einpudern, einstäuben* (1) ⟨hat⟩.

ein|stäu|ben ⟨sw. V.; hat⟩: **1.** *die Oberfläche von etw. ganz bestäuben:* den Kuchen mit Puderzucker e. **2.** *in etw. stäuben* (4).

ein|ste|chen ⟨st. V.; hat⟩: **1. a)** *(mit einem spitzen Gegenstand) in etw. hineinstechen [um es zu öffnen]:* mit der Gabel in die kochenden Kartoffeln e., um zu prüfen, ob sie gar sind; **b)** *(einen spitzen Gegenstand) durch Hineinstechen in etw. eindringen lassen:* die Nadel in die Vene e.; **c)** *mit einem Stich eindringen:* der Stachel stach tief in die Haut ein. **2.** *durch Stechen in etw. hervorbringen:* Löcher in das Papier e. **3.** *durch Hineinstechen durchlöchern u. durchlässig machen:* den Teig mit der Gabel e. **4.** *mit einer Stichwaffe auf jmdn. eindringen u. ihn durch wiederholtes Zustechen verletzen:* auf jmdn. einstechen. **5.** (Kartenspiel) *ausgespielte Karten [überraschend] mit einem Trumpf stechen* (13b).

ein|ste|cken ⟨sw. V.; hat⟩: **1. a)** *in etw. dafür Vorgesehenes [hinein]stecken:* den Schlüssel ins Schloss e.; **b)** *durch Hineinstecken an einer bestimmten Stelle befestigen:* das Bettuch zwischen Bettkante und Matratze e. **2.** (ugs.) *in den Briefkasten einwerfen:* könntest du [mir] die Briefe e.? **3.** *in die Tasche o. Ä. stecken, um es bei sich zu haben:* ich habe vergessen, [mir] Geld einzustecken. **4.** (ugs. abwertend) *(von Geld o. Ä.) für sich behalten, in Anspruch nehmen; in die eigene Tasche stecken:* den ganzen Gewinn e. **5.** *hinnehmen, ohne sich zu wehren; hinunterschlucken:* Demütigungen, Schläge, Kritik, vieles schweigend e. [müssen]. **6.** (ugs.) *jmdm. überlegen sein, ihn mühelos übertreffen:* alle Konkurrenten e. **7.** (ugs.) *ins Gefängnis bringen, zu einer Freiheitsstrafe verurteilen.*

Ein|steck|kamm, der: *Kamm, mit dem das Haar in bestimmter Weise festgesteckt od. der als Schmuck ins Haar gesteckt wird.*

Ein|steck|tuch, das: *als Schmuck in der äußeren Brusttasche bes. des Herrenjacketts getragenes kleines Tuch, das so gefaltet u. eingesteckt ist, dass einige Spitzen davon zu sehen sind.*

ein|ste|hen ⟨unr. V.; ist⟩: **1. a)** *sich verbürgen, garantieren, Gewähr leisten, eintreten:* ich bin bereit, für ihn einzustehen; ich kann nicht dafür e., dass die Sache gut geht; **b)** *geradestehen* (2), *aufkommen:* für einen Schaden e. **2.** (österr. ugs.) *eine feste Stelle antreten; in die Schule eintreten.*

ein|stei|gen ⟨st. V.; ist⟩: **1.** *in ein Fahrzeug o. Ä. steigen:* in ein Auto, in den Zug, Bus e.; bitte [vorn] e.! **2.** *sich durch Hineinklettern [unrechtmäßig] Zutritt zu etw. verschaffen:* die Diebe sind [über den Balkon] in das Haus eingestiegen. **3.** (ugs.) **a)** *in ein Unternehmen o. Ä. als Teilhaber eintreten:* er ist als Kompagnon in die Firma eingestiegen; **b)** *sich in einem bestimmten Bereich engagieren:* er ist [voll] in die Politik eingestiegen; wieder ins Berufsleben e. wollen; **c)** *bei etw., was bereits im Gange ist, mitzumachen beginnen;* **d)** *sich auf etw. einlassen, auf etw. eingehen, reagieren.* **4.** (Bergsteigen) *in einem steil ansteigenden Felsbereich kletternd vordringen:* in eine Bergwand e. **5.** (Sport) *den Gegner hart [u. unfair] attackieren:* der Spieler ist hart eingestiegen.

Ein|stei|ger, der; -s, - (ugs.): *jmd., der in einem bestimmten Bereich [beruflich] beginnt, sich engagiert:* für E. in dieses Geschäft sind die Aussichten sehr gut.

Ein|stei|ge|rin, die; -, -nen: w. Form zu ↑Einsteiger.

Ein|stei|ni|um, das; -s [nach dem deutsch-amerikanischen Physiker A. Einstein (1879–1955)]: *radioaktives metallisches Transuran (chemisches Element;* Zeichen: Es).

ein|stell|bar ⟨Adj.⟩: *sich einstellen* (3b) *lassend; regulierbar:* die Belichtungszeit ist genau e.

ein|stel|len ⟨sw. V.; hat⟩: **1. a)** *in etw. (als den dafür bestimmten Platz) stellen; einordnen:* die Bücher [in das Regal] e.; **b)** *an einem [dafür bestimmten] Platz vorübergehend, zeitweilig abstellen, unterstellen:* das Auto [in eine, in einer Garage] e.; falsch *(nicht an der richtigen Stelle)* eingestellte Bücher. **2.** *in ein Arbeitsverhältnis nehmen; anstellen:* die Firma stellt vorläufig keine neuen Arbeitskräfte ein. **3. a)** *(ein technisches Gerät o. Ä.) in bestimmter Weise stellen, regulieren:* ein Fernglas scharf, eine Kamera auf die richtige Entfernung e.; das Radio, den Fernsehapparat leiser, schärfer, auf einen bestimmten Sender e. Ü einen Patienten auf ein Medikament e. (Med.; *die Dosierung des*

Medikaments so lange verändern, bis eine optimale Wirkung eintritt); **b)** *(bei einem technischen Gerät) durch Betätigen der Armaturen o. Ä. etw. Bestimmtes regulieren od. zum Arbeiten bringen:* die Entfernung e.; **c)** *justieren:* die Zündung [neu] e. **4.** *[vorübergehend] nicht fortsetzen; mit einer Tätigkeit o. Ä. aufhören:* die Produktion, Zahlungen, ein Gerichtsverfahren, das Rauchen e.; der Feind stellte das Feuer ein; **5.** ⟨e. + sich⟩ **a)** *zu bestimmter Zeit an einen bestimmten Ort kommen:* ich stellte mich pünktlich bei ihm ein; **b)** *(als Folge von etw.) eintreten:* starke Schmerzen stellten sich ein. **6.** ⟨e. + sich⟩ **a)** *sich innerlich od. durch entsprechendes Verhalten, durch bestimmte Maßnahmen auf etw. vorbereiten:* sich auf die neue Situation e.; **b)** *sich an jmdn. anpassen, sich in seinem Verhalten nach jmdn. richten:* sie hat sich ganz auf ihren Mann eingestellt. **7.** (Sport) *egalisieren* (1 a). **8.** (Sport) *eine Mannschaft, einen Sportler in bestimmter Weise auf den Gegner vorbereiten:* der Trainer hat die Mannschaft gut eingestellt. **9.** (Amtsspr.) *für etw. vorsehen, in Anschlag bringen.* **10.** (schweiz.) **a)** *von seinem Amt, von seinen Rechten suspendieren:* der Direktor wurde vorsorglich im Dienst eingestellt; **b)** (Rechtsspr.) *jmdm. etw. aberkennen.*

n|stel|lig ⟨Adj.⟩: **1.** *aus nur einer Ziffer bestehend:* eine -e Zahl. **2.** *mit einer einstelligen* (a) *Zahl als [prozentualer] Wert- od. Größenangabe:* -e Zuwachsraten.

n|stell|platz, der: *[mit einem Schutzdach versehener] Platz im Freien od. in einer Großgarage zum Ab- od. Einstellen eines Kraftfahrzeugs.*

n|stell|ska|la, die (Rundfunkt.): *Skala am Rundfunkgerät, auf der der Frequenzbereich eines Rundfunksenders eingestellt wird.*

n|stel|lung, die; -, -en: **1.** *das Einstellen* (1–4, 7–9). **2.** *Meinung, Ansicht, inneres Verhältnis, das jmd. bes. zu einer Sache, einem Sachverhalt hat:* eine kritische E. zu den Dingen haben. **3.** (Film) *Szene, die ohne Unterbrechung gefilmt wird:* eine lange E.; amerikanische E. (↑amerikanisch 2). **4.** (schweiz. Rechtsspr.) *Aberkennung, Aufhebung:* jmdn. zu fünf Jahren E. in den bürgerlichen Ehrenrechten verurteilen.

n|stel|lungs|ge|spräch, das: *Gespräch mit jmdm., der eingestellt* (2) *werden soll.*

n|stel|lungs|stopp, der: *(vorübergehender) Stillstand in Bezug auf die Einstellung von neuen Arbeitskräften.*

n|stel|lungs|ter|min, der: *Termin, zu dem jmd. eingestellt* (2) *wird.*

n|stel|lungs|test, der: *Test zur Prüfung, Begutachtung von jmdm., der eingestellt* (2) *werden soll, der sich um eine Einstellung bewirbt.*

n|stel|lungs|un|ter|su|chung, die: *ärztliche Untersuchung bei Eintritt in ein Arbeits-, Dienstverhältnis.*

n|stem|men ⟨sw. V.; hat⟩: **1.** *mit dem Stemmeisen o. Ä. in etw. stemmen:* Zapfenlöcher [in das Holz] e. **2.** *in die Seiten stemmen:* die Arme [in die Hüften] e.

n|steu|ern ⟨sw. V.; hat⟩: **1.** *steuernd auf einen bestimmten Kurs, in eine bestimmte Bahn o. Ä. bringen:* die Raumstation in eine Erdumlaufbahn e. **2.** *steuernd auf etw. einstellen* (3 a).

n|stich, der; -[e]s, -e: **1.** *das Einstechen* (1): er hat den E. [der Nadel] nicht gespürt. **2.** *Stelle, an der eingestochen wurde; Einstichstelle:* der E. hat sich entzündet.

n|stich|stel|le, die: *Einstich* (2).

n|sti|cken ⟨sw. V.; hat⟩: *in etw. sticken:* ein Monogramm [in die Wäsche] e.

n|stieg, der; -[e]s, -e: **1. a)** *das Einsteigen* (1): eine steinerne Treppe ermöglicht den E. in die Gewölbe; **b)** *Öffnung, Tür zum Einsteigen* (1): der vordere, hintere E. bei der Straßenbahn. **2.** (Bergsteigen) **a)** *das Einsteigen* (4): der E. war beschwerlich; **b)** *Stelle, an der man in eine Bergwand o. Ä. einsteigt.* **3. a)** *geistiger Zugang zu einer schwierigen od. nicht vertrauten Materie o. Ä.:* der E. in diese Problematik, diesen Fragenkomplex ist schwierig; **b)** *das Beginnen mit etwas, Neubeginn:* der späte E. ins Berufsleben.

Ein|stieg|lu|ke, die: *Luke für den Einstieg in ein Flugzeug.*

Ein|stiegs|dro|ge, die: *Droge von geringerer Gesundheitsschädlichkeit* (z. B. Haschisch), *deren ständiger Genuss meist zur Einnahme stärkerer Rauschgifte führt, um das Erlebnis im Rausch zu steigern.*

eins|tig ⟨Adj.⟩ [zu ↑einst]: *ehemalig, früher.*

ein|stim|men ⟨sw. V.; hat⟩: **1. a)** *(Saiteninstrumente für das Zusammenspiel) auf die gleiche Tonhöhe stimmen:* ein Instrument auf den Kammerton e.; **b)** *in den Gesang, in das Spiel von Instrumenten einfallen, sich daran beteiligen:* in den Gesang [der anderen] [mit] e.; Ü sie stimmten in den allgemeinen Jubel ein. **2.** *in jmdm. die richtige innere Gestimmtheit bewirken, erzeugen:* das Publikum durch einführende Worte auf den Theaterabend e.; ⟨e. + sich:⟩ sich auf den festlichen Abend e. **3.** (veraltend) *jmds. Meinung, Absichten zustimmen:* in einen Plan e.

[1]ein|stim|mig ⟨Adj.⟩ (Musik): *aus nur einer Stimme bestehend:* ein -es Lied; e. singen.

[2]ein|stim|mig ⟨Adj.⟩ [zu ↑einstimmen (3)]: *ohne Gegenstimme; mit allen Stimmen:* ein -er Beschluss; sie wurde e. gewählt.

[1]Ein|stim|mig|keit, die; - (Musik): *[1]einstimmiger Satz* (4 c).

[2]Ein|stim|mig|keit, die; -: *[2]einstimmige Entscheidung, volle Übereinstimmung.*

Ein|stim|mung, die; -, -en: *das Einstimmen* (1 a, 2).

ein|stip|pen ⟨sw. V.; hat⟩ (bes. nordd.): *eintauchen* (1): das Brötchen [in den Kakao] e.

einst|ma|lig ⟨Adj.⟩ (selten): *einstig.*

einst|mals ⟨Adv.⟩ (geh. veraltend): **1.** *früher [einmal], vor langer Zeit.* **2.** (selten) *in späterer Zeit, in ferner Zukunft.*

ein|stö|ckig ⟨Adj.⟩: vgl. achtstöckig.

ein|stöp|seln ⟨sw. V.; hat⟩: **a)** *zum Zweck des Verschließens einen stöpselartigen Verschluss in die Öffnung eines Gefäßes stecken:* den Korken [in die Flasche] e.; **b)** *den Stecker eines elektrischen Gerätes o. Ä. in die Steckdose stecken:* das Telefon, den Kontakt e.

ein|sto|ßen ⟨st. V.; hat⟩: **1.** *(einen scharfen od. spitzen Gegenstand) in etw. stoßen:* einen Stock [in die Erde] e. **2. a)** *mit einem heftigen Stoß nach innen drücken [u. dadurch zertrümmern]:* eine Tür, eine Fensterscheibe e.; **b)** *durch heftiges An-, Dagegenstoßen eine Verletzung beibringen [bei der etw. nach innen gedrückt wird]:* ich habe mir, ihm die obere Zahnreihe eingestoßen. **3.** *mit einem als Waffe gebrauchten Gegenstand wiederholt Stöße gegen jmdn., etw. ausführen:* er stieß mit einem Messer auf sein Opfer ein. **4.** *(Karteikarten o. Ä.) in einem Karteikasten einordnen:* Karteikarten e. **5.** ⟨e. + sich⟩ (Leichtathletik) *sich durch einige Probestöße auf den Wettbewerb im Kugelstoßen vorbereiten:* die Athleten stießen sich kurz ein.

ein|strah|len ⟨sw. V.; hat⟩: **1.** *hell u. strahlend in einen Raum [hinein]scheinen:* die Sonne strahlt durch das Fenster ein. **2.** (Met.) *(von der Sonne) Licht-, Wärmestrahlen auf die Erde senden.* **3.** (Physik, Technik) *durch Strahlung einbringen:* der Lichtleiter verliert ein Fünftel der eingestrahlten Leistung durch Streuung. **4.** (Rundf., Ferns.) *über einen Sender in ein Gebiet hinein senden, ausstrahlen, dort verbreiten.*

Ein|strah|lung, die; -, -en (bes. Met.): *das Einstrahlen.*

ein|strei|chen ⟨st. V.; hat⟩: **1.** *(über die ganze Fläche hin) mit etw. bestreichen; etw. auf etw. auftragen:* die Tapete mit Kleister e. **2.** (ugs.) **a)** *(Geld, bes. Münzen von einem Tisch o. Ä. weg) mit einer scharrenden Handbewegung in den Geldbeutel, in die Hand gleiten lassen:* er strich eilig das Geld ein; **b)** (oft abwertend) *(eine Geldsumme, einen Gewinn o. Ä.) ohne Skrupel für sich nehmen:* eine hohe Provision e. **3.** (Theater) *durch Streichungen für eine Inszenierung kürzen:* einen Text, Akt e.

Ein|streu, die; - (Landw.): *als Lager für das Vieh in den Stall eingestreutes Stroh o. Ä.; Streu:* Stroh, Torf als E. verwenden.

ein|streu|en ⟨sw. V.; hat⟩: **1.** *in etw. streuen:* Stroh in den Stall e. **2.** *vollständig mit etw. bestreuen:* das Küchenbrett mit Mehl e. **3.** *in eine Abfolge, einen Ablauf, bes. in eine Rede, einen Text hier u. da einfügen; einflechten:* Zitate, Beispiele, Fragen in seinen Vortrag e.

Ein|strom, der; -[e]s, Einströme: *das Einströmen; Zustrom.*

ein|strö|men ⟨sw. V.; ist⟩: **1.** *(von Wasser, Luft o. Ä.) in etw. strömen, eindringen, hineinfluten:* Gas war [in den Raum] eingeströmt; die Abendluft strömte durchs Fenster ein. **2.** *in großer Zahl, in Scharen in einen Raum o. Ä. hineingehen:* viele Menschen strömten in das Stadion ein.

ein|stro|phig ⟨Adj.⟩: *aus nur einer Strophe bestehend:* ein -es Lied.

ein|stu|die|ren ⟨sw. V.; hat⟩: **1.** *durch intensives Üben lernen, sich aneignen, was dann wiedergegeben werden soll:* eine Rolle e. **2.** *für eine Aufführung vorbereiten:* ein Ballett e.

ein|stu|diert ⟨Adj.⟩ (abwertend): *bewusst eingeübt u. eingesetzt; nicht natürlich, nicht spontan:* ein -es Lächeln; alle seine Gesten sind, wirken e.

Ein|stu|die|rung, die; -, -en: **1.** *das Einstudieren.* **2.** *das einstudierte Werk; Inszenierung.*

ein|stu|fen ⟨sw. V.; hat⟩: *(nach bestimmten Merkmalen) in eine Bewertungsklasse, -stufe einordnen:* jmdn. in eine bestimmte Steuerklasse e.; sie ist in einer höheren Gehaltsklasse eingestuft; jmdn., etw. höher, als wichtiger e.

ein|stu|fig ⟨Adj.⟩: *nur eine Stufe* (3 b) *aufweisend:* eine -e Rakete.

Ein|stu|fung, die; -, -en: *das Einstufen:* eine E. vornehmen.

ein|stül|pen ⟨sw. V.; hat⟩: *nach innen stülpen:* einen Hut e.; ⟨e. + sich⟩ die Ärmel hatten sich eingestülpt.

Ein|stül|pung, die; -, -en: *das Einstülpen.*

Ein|stun|den|takt, der (bes. Eisenb.): *regelmäßig im zeitlichen Abstand von einer Stunde wiederkehrender Ablauf o. Ä. von etwas:* den E. einführen; die Züge verkehren im E.

ein|stün|dig ⟨Adj.⟩: vgl. achtstündig.

ein|stünd|lich ⟨Adj.⟩: vgl. achtstündlich.

ein|stür|men ⟨sw. V.; ist⟩: **a)** *heftig, mit Vehemenz auf jmdn., etw. eindringen:* mit dem Messer, den Fäusten auf jmdn. e.; Ü eine Vielzahl von Eindrücken stürmte auf sie ein; **b)** *jmdn. heftig mit etw. bedrängen, bestürmen:* sie stürmten mit Fragen, Bitten auf die Mutter ein.

Ein|sturz, der; -es, Einstürze: *das Einstürzen:* der E. der Mauer.

ein|stür|zen ⟨sw. V.⟩: **1.** *zusammenstürzen, in sich zusammenbrechen* ⟨ist⟩: das Haus ist eingestürzt. **2.** *über jmdn. hereinbrechen* ⟨ist⟩: alte Erinnerungen stürzten auf sie ein. **3.** *zum Einsturz bringen* ⟨hat⟩.

Ein|sturz|ge|fahr, die ⟨o. Pl.⟩: *Gefahr des Einstürzens:* ein Haus wegen E. räumen.

einst|wei|len ⟨Adv.⟩: **a)** *zunächst einmal, vorderhand, vorläufig:* es bleibt uns e. nichts anderes übrig, als abzuwarten; **b)** *unterdessen, inzwischen:* ich muss noch den Salat machen, du kannst e. schon den Tisch decken.

einst|wei|lig ⟨Adj.⟩ (Amtsspr.): *vorläufig, vorübergehend:* eine -e Verfügung (Rechtsspr.; *in einem abgekürzten Verfahren ergehende vorläufige, allerdings sofort vollstreckbare gerichtliche Anordnung*).

ein|sug|ge|rie|ren ⟨sw. V.; hat⟩ (intensivierend): *suggerieren.*

Eins|wer|den, das; -s (geh.): *das Gewinnen einer vollkommenen Übereinstimmung; Verschmelzung:* das E. mit der Natur.

Eins|wer|dung, die; -: *Einswerden.*

ein|tä|gig ⟨Adj.⟩: vgl. achttägig.

Ein|tags|flie|ge, die: **1.** *in vielen Arten vorkommendes Insekt mit zarten Flügeln, das in seinem geschlechtsreifen Stadium nur wenige Stunden od. Tage lebt.* **2.** (ugs.) *etw., was nur* *kurze Zeit Bedeutung hat od. besteht, was ohne Dauer ist:* der Preisrutsch bei Spirituosen war nur eine E.

ein|tan|zen, sich ⟨sw. V.; hat⟩: *sich durch kürzeres übendes Tanzen auf einen unmittelbar folgenden Auftritt vorbereiten.*

ein|tas|ten ⟨sw. V.; hat⟩ (Technik): **1. a)** *(bes. einer elektronischen Anlage) über eine Tastatur eingeben:* einen Impuls in das Signal e.; **b)** *durch Tastendruck einschalten:* einen Sender e. **2.** ⟨e. + sich⟩ **a)** *über eine Tastatur eingegeben werden:* die Nummer tastet sich, elektronisch gesteuert, ein; **b)** *durch automatischen Tastendruck in Betrieb gesetzt werden.*

ein|tä|to|wie|ren ⟨sw. V.; hat⟩: *in die Haut tätowieren.*

Ein|tä|to|wie|rung, die; -, -en: **a)** *das Eintätowieren;* **b)** *eintätowiertes Zeichen o. Ä.*

ein|tau|chen ⟨sw. V.⟩: **1.** *(in eine Flüssigkeit) tauchen* ⟨hat⟩: den Pinsel [in die Farbe] e.; sie tauchte den Zwieback in den Tee ein. **2.** *unter die Wasseroberfläche gelangen, unter Wasser gehen* ⟨ist⟩: das Unterseeboot taucht ein.

Ein|tausch, der; -[e]s: *das Eintauschen:* der E. von Gutscheinen.

ein|tau|schen ⟨sw. V.; hat⟩: *etw. hingeben u. etw. anderes [Gleichwertiges] dafür bekommen:* Zigaretten gegen, (seltener:) für Brot e.

ein|tau|send (verdeutlichend): *tausend.*

ein|ta|xie|ren ⟨sw. V.; hat⟩: *einschätzen, beurteilen:* die Verhältnisse, die Lage richtig e.

ein|tei|len ⟨sw. V.; hat⟩: **1.** *in mehrere Teile, Teilbereiche o. Ä. auf-, untergliedern:* eine Torte in gleich große Stücke e.; die Stadt in Wahlbezirke e.; Pflanzen in/nach Gattungen e. **2.** *überlegt, planvoll mit etw. umgehen, über etw. disponieren, sodass es für den vorgesehenen Zweck, für eine bestimmte Zeit o. Ä. reicht:* seine Vorräte e.; du musst [dir] deine Zeit [besser] e. **3.** *jmdm. (für eine bestimmte befristete Zeit) eine bestimmte Arbeit, Aufgabe zuweisen:* man hatte ihn für den/zum Nachtdienst eingeteilt.

Ein|tei|ler, der; -s, - (Mode): *einteiliger Badeanzug.*

ein|tei|lig ⟨Adj.⟩: *aus einem Stück, einem Teil bestehend:* ein -er Badeanzug; das Kleid ist e.

Ein|tei|lung, die; -, -en: *das Einteilen (1–3).*

Ein|tei|lungs|prin|zip, das: *Prinzip der Einteilung, der Klassifizierung:* ein vernünftiges E.

Ein|tei|lungs|zahl, die (Sprachw.): *Distributivzahl.*

Ein|tel, das, schweiz. meist: der; -s, - (Math.): *ein Ganzes.* Vgl. Achtel (a).

ein|tip|pen ⟨sw. V.; hat⟩: *durch Niederdrücken von Tasten in etw. eingeben:* Daten in den Computer e.; die Kassiererin tippte die Preise ein.

ein|tö|nig ⟨Adj.⟩: *ohne Abwechslung; gleichförmig, monoton (sodass ein Gefühl von Langeweile entsteht):* eine -e Arbeit; sein Leben war e.

Ein|tö|nig|keit, die; -: *das Eintönigsein; Monotonie.*

Ein|topf, der; -[e]s, Eintöpfe ⟨Pl. selten⟩: kurz für ↑Eintopfgericht.

ein|top|fen ⟨sw. V.; hat⟩: *in einen Topf, in Töpfe pflanzen:* Sämlinge e.

Ein|topf|es|sen, das: **1.** *Eintopfgericht.* **2.** *Essen (1), bei dem es Eintopf gibt.*

Ein|topf|ge|richt, das: *einfaches Gericht aus Gemüse, Kartoffeln o. Ä. [u. Fleisch], bei dem alle Zutaten zusammen in einem Topf gekocht werden.*

Ein|tracht, die; - [mhd. eintraht < mniederd. ēndracht = Übereinstimmung, Vertrag, zu: (över)ēndrāgen = übereinkommen]: *Zustand der Harmonie, des friedlichen Zusammenlebens:* in [Frieden u.] E. miteinander leben.

ein|träch|tig [mniederd. ēndrachtich, -drechtich, mhd. (md.) eintrehtec] ⟨Adj.⟩: *in Eintracht; friedlich:* e. beieinander sitzen.

Ein|träch|tig|keit, die; -: *das Einträchtigsein.*

Ein|trag, der; -[e]s, Einträge [3: mhd. intrac = Schaden, Nachteil]: **1.** ⟨o. Pl.⟩ *das Eintragen* (1 a, c). **2.** (Amtsspr.) *schriftlicher Vermerk; [Akten]notiz:* ein E. in den Akten. **3. a)** ⟨o. Pl.⟩ *das Eintragen* (2 b); **b)** *Stoff, der irgendwohin eingetragen* (2 b) *wurde.*

ein|tra|gen ⟨st. V.; hat⟩: **1. a)** *in etw. schreiben:* jmdn., sich in die/(seltener:) der Teilnehmerliste e.; der Posten wurde auf dem falschen Konto eingetragen; **b)** *(als Markierungen o. Ä.) einzeichnen:* Orte auf dem Messtischblatt e.; **c)** (Amtsspr.) *in Bezug auf etw. eine rechtsgültige o. ä. Eintragung vornehmen:* das Haus ins Grundbuch e.; eine Firma ins Handelsregister e.; ein eingetragenes Warenzeichen *(beim Patentamt registriertes Warenzeichen, dessen Verwendung nur dem Inhaber gestattet ist).* **2. a)** *sammelnd an einer bestimmten Stelle zusammentragen; irgendwohin tragen:* die Bienen tragen Nektar ein; **b)** *(bes. von Stoffen, die im ökologischen Bereich eine Rolle spielen) zuführen, hineinbringen; hineingelangen, eindringen lassen.* **3. a)** *Ertrag abwerfen, Gewinn bringen; einträglich sein:* sein Geschäft trägt wenig ein; **b)** *(als Folge seines Handelns, Verhaltens o. Ä.) jmdm. zuteil werden lassen; einbringen:* sein Verhalten trug ihm Sympathie ein.

ein|träg|lich ⟨Adj.⟩: *Gewinn bringend, rentabel, lohnend:* das Projekt war für ihn sehr e.

Ein|tra|gung, die; -, -en: **1.** *das Eintragen* (1). **2.** *das Eingetragene* (1); *schriftlicher Vermerk.*

ein|trai|nie|ren ⟨sw. V.; hat⟩: **1.** *(jmdm., sich) etw. durch [planmäßiges] Üben über eine längere Zeit so einprägen, dass es zum festen inneren Besitz wird:* jmdm., sich ein Verhalten e. **2.** ⟨e. + sich⟩ *sich durch systematisches Trainieren in Übung, auf einen bestimmten Trainingsstand bringen:* er wollte sich mit einem Sportwagen wieder e.

ein|trän|ken: in der Wendung **jmdm. etw./es jmdm. e.** (ugs.; *jmdm. etwas heimzahlen;* vermutlich nach dem so genannten Schwedentrunk, einer Art der Folterung im Dreißigjährigen Krieg, die zuerst von Schweden praktiziert wurde und bei der dem Gefolterten Jauche o. Ä. gewaltsam eingeflößt wurde): das werde ich dir noch e.!

ein|träu|feln ⟨sw. V.; hat⟩: *in Tropfen zuführen, verabreichen; in etw. [hinein]tropfen lassen:* [jmdm., sich] die Medizin [ins Ohr] e.

ein|tref|fen ⟨st. V.; ist⟩: **1.** *an dem Ziel einer Reise o. Ä., an einem Ort ankommen:* pünktlich, verspätet e.; das Flugzeug wird um 10 Uhr auf dem Flughafen e.; heute ist neue Ware eingetroffen. **2.** *gemäß einer Voraussage od. Vorahnung eintreten, Wirklichkeit werden:* die befürchtete Katastrophe ist [nicht] eingetroffen; alles traf ein, wie sie es vorausgesagt hatte.

ein|trei|ben ⟨st. V.; hat⟩: **1.** *[von der Weide wieder] in die Stallungen treiben:* abends wird [das Vieh] eingetrieben. **2.** *(mit Schlagwerkzeugen o. Ä.) in etw. treiben, schlagen:* einen Pfahl [in die Erde] e.; ein Stollen wird in den Berg eingetrieben. **3.** *(einen Geldbetrag, auf den man Anspruch hat, durch nachdrückliche Zahlungsaufforderung od. durch Zwangsmaßnahmen) kassieren, einziehen:* Außenstände, Steuern e.

Ein|trei|bung, die; -, -en: *das Eintreiben* (3).

ein|tre|ten ⟨st. V.⟩: **1.** *in einen Raum hineingehen od. hereinkommen; einen Raum durch eine Tür betreten* ⟨ist⟩: sie trat leise [in das Zimmer] ein; bitte, treten Sie ein!; ⟨subst. 1. Part.:⟩ er begrüßte die Eintretenden. **2. a)** ⟨hat⟩ *durch Tritte zerstören [u. sich dadurch Zugang zu etw. verschaffen]:* die Polizisten hatten die Tür eingetreten; **b)** *jmdm., einem Tier eine Zeit lang ohne Unterbrechung [unbeherrscht] Fußtritte versetzen:* er hatte auf den am Boden Liegenden wie wahnsinnig eingetreten. **3.** ⟨hat⟩ **a)** ⟨e. + sich⟩ *versehentlich auf etw. Spitzes treten, sodass es in die Fußsohle dringt:* ich habe mir einen Nagel [in den Fuß] eingetreten; **b)** *durch Darauftreten in den Boden drücken:* den Stein in die Erde e. **4.** *einer Gemeinschaft, Organisation o. Ä. beitreten, Mitglied werden* ⟨ist⟩: in einen Verein, eine Partei e.; er ist als Teilhaber in die Firma eingetreten *(ist Teilhaber geworden).* **5.** *(in einem Bewegungsablauf o. Ä.) in einen bestimmten Bereich gelangen* ⟨ist⟩: das Raumschiff ist in seine Umlaufbahn eingetreten. **6.** *mit etw. beginnen; etw. [offiziell] eröffnen, anfangen las sen* ⟨ist⟩: in das 50. Lebensjahr e.; die Verhandlungen sind in eine kritische Phase eingetreten *(befinden sich jetzt in einer kritischen Phase);* i die Diskussion, in Verhandlungen e. **7.** *[unerwa tet] in einen Ablauf eingreifend, eine Situation verändernd sich ereignen, geschehen* ⟨ist⟩: plötzlich trat Stille ein; sein Tod war am frühen Morgen eingetreten; wenn der Fall eintritt, das er stirbt *(wenn er stirbt);* es trat eine Besserung ihres Befindens ein *(ihr Befinden besserte sich,* **8.** *sich für jmdn., etw. mit Entschiedenheit öffentlich einsetzen* ⟨ist⟩: für Reformen, für seinen Freund e. **9.** (schweiz.) *auf eine Angelegenheit, ein Thema näher eingehen, sich damit befassen* ⟨ist⟩. **10.** *einlaufen* (6) ⟨hat⟩.

ein|tre|ten|den|falls ⟨Adv.⟩ (Amtsspr.): *für den Fall, dass dies eintritt* (7).

Ein|tre|tens|de|bat|te, die (schweiz.): *Debatte (ü über eine Vorlage o. Ä., die der in die Einzelhei ten gehenden parlamentarischen Beratung vorausgeht.*

ein|trich|tern ⟨sw. V.; hat⟩ (ugs.): **1.** *mühsam einflößen:* dem kranken Kind die Medizin e. **2.** *jmdm. mit Mühe etw., was er lernen od. beherzigen soll, einprägen:* einem Schüler die Vokabeln, die mathematischen Formeln e.; ma hatte ihr eingetrichtert, nichts zu erzählen.

Ein|trieb, der; -[e]s, -e ⟨Pl. selten⟩: *das Eintreiben* (1).

ein|trim|men ⟨sw. V.; hat⟩ (ugs.): *einbläuen.*

Ein|tritt, der; -[e]s, -e: **1.** *das Eintreten* (1, 4–8). **2. a)** *[mit der Entrichtung einer Gebühr verbundener] Zugang zu etw.:* der E. [ins Museum] ist frei; sie hat freien E.; **b)** kurz für ↑Eintrittsgeld: es kostet E. **3.** (Ballspiele) *Teilnahmeberechtigung, Qualifikation für die einzelnen Runden eines Wettbewerbs:* der E. ins Viertelfinale.

Ein|tritts|geld, das: *Geldbetrag, mit dem man di Berechtigung zum Besuch einer Veranstaltung, Einrichtung* (3) *o. Ä. erwirbt.*

Ein|tritts|kar|te, die: *Kärtchen o. Ä., das man beim Entrichten des Eintrittsgeldes bekommt u das zum Besuch einer Veranstaltung, Einrichtung* (3) *o. Ä. berechtigt.*

Ein|tritts|preis, der: *Preis, der für die Eintrittskarten zu bezahlen ist.*

ein|trock|nen ⟨sw. V.; ist⟩: **1.** *durch Verdunsten ganz verschwinden od. seine Flüssigkeitsbestandteile verlieren u. fest werden:* das Wasser in den Pfützen ist eingetrocknet; eingetrocknetes Blut. **2.** *durch Flüssigkeitsverlust einschrumpfen u. trocknen od. hart werden; verdorren:* die Beeren sind eingetrocknet.

ein|trom|meln ⟨sw. V.; hat⟩ (ugs.): **1. a)** *einhämmern* (3); **b)** *ununterbrochen, hartnäckig einwir ken:* die Werbung trommelt unablässig auf die Verbraucher ein. **2.** *mit rasch aufeinander folgenden Schlägen auf jmdn. einschlagen:* wüten trommelte sie auf ihn ein.

ein|trü|ben ⟨sw. V.; hat⟩: **1.** *bes. Wasser ganz u. ga unklar, trüb machen:* eine Schlammlawine hat das Wasser des Sees eingetrübt; Ü ein Verhältnis e. **2.** ⟨e. + sich⟩ *sich völlig mit einer Dunst-, Wolkenschicht bedecken:* der Himmel hat sich eingetrübt; ⟨unpers.; auch ohne »sich«:⟩ es trüb [sich] ein *(der Himmel bezieht sich völlig mit Wolken od. Dunst).*

Ein|trü|bung, die; -, -en: *das Trübwerden; das Sicheintrüben.*

ein|tru|deln ⟨sw. V.; ist⟩ (ugs.): *langsam, nach u. nach, oft verspätet irgendwo ankommen, eintreffen:* er trudelte eine Stunde später ein.

ein|tun|ken ⟨sw. V.; hat⟩ (landsch.): *eintauchen* (1).

ein|tü|rig ⟨Adj.⟩: *mit nur einer Tür versehen:* ein -er Kleiderschrank.

ein|tur|nen, sich ⟨sw. V.; hat⟩: *sich vor einem Wett bewerb o. Ä. durch kürzeres Üben, durch Ausführen bestimmter turnerischer Übungen vorbe reiten.*

ein|tü|ten ⟨sw. V.; hat⟩ (Kaufmannsspr.): *in Tüten*

abpacken, abfüllen; in Tüten o. Ä. stecken: Mehl, Geld e.

n|üben ⟨sw. V.; hat⟩: **1. a)** *durch systematisches Üben lernen, sich aneignen:* der Chor übt ein Lied ein; eingeübte *(eingelernte, nicht spontan geäußerte)* Worte; **b)** *jmdm. durch systematisches Übenlassen beibringen:* er will [mit der Klasse/(ugs.:) der Klasse] ein Theaterstück e. **2. a)** *sich durch lernendes, übendes, nachvollziehendes, Erfahrungen sammelndes Verhalten eine Fähigkeit o. Ä. aneignen:* die Fähigkeit zur Liebe e. **b)** ⟨e. + sich⟩ *sich lernend, übend, nachahmend in etw. eingewöhnen.*

n|übung, die; -, -en: **1.** *das Einüben* (1): die E. eines Liedes. **2.** *das Einüben* (2): E. ins Christentum.

n|und|ein|halb ⟨Bruchz.⟩: vgl. achtundeinhalb.

n|ver|lei|ben ⟨sw. V.; verleibt ein/(auch:) einverleibt, verleibte ein/(auch:) einverleibte; hat⟩ [zu ↑Leib]: **1.** *einer Sache, besonders dem eigenen Besitz, [unrechtmäßig, gewaltsam, annektierend] zuschlagen, eingliedern, hinzufügen:* er hatte die eroberten Gebiete seinem Reich einverleibt. **2.** ⟨e. + sich⟩ (scherzh.) *[eine größere Menge von etw.] essen,* (seltener:) *trinken:* ich habe mir den übrig gebliebenen Kuchen einverleibt; Ü sich neue Erkenntnisse e. *(geistig aneignen).*

n|ver|lei|bung, die; -, -en: *das [Sich]einverleiben.*

n|ver|nah|me, die; -, -n [zum 2. Bestandteil vgl. Abnahme] (Rechtsspr., bes. österr. u. schweiz.): *Vernehmung [vor Gericht], Verhör.*

n|ver|neh|men ⟨st. V.; hat⟩ (Rechtsspr., bes. österr. u. schweiz.): *vernehmen, verhören:* alle Augenzeugen wurden einvernommen.

n|ver|neh|men, das; -s [zu veraltet Vernehmen = Einverständnis]: *Einigkeit, Übereinstimmung, die auf gegenseitigem Verstehen, auf Verständigungsbereitschaft beruht:* es besteht ein gutes E. zwischen den beiden Mietparteien; in gegenseitigem E. mit jmdm. handeln; wir leben in bestem/im besten E. miteinander; sich mit jmdm. ins E. setzen (Papierdt.; *sich mit jmdm. in Bezug auf eine Frage verständigen, zur Übereinstimmung kommen, sich einigen).*

n|ver|nehm|lich ⟨Adj.⟩: *im Einvernehmen, in Übereinstimmung miteinander; einmütig:* nach einer -en Regelung suchen; e. handeln.

n|ver|neh|mung, die; -, -en (Rechtsspr., bes. österr. u. schweiz.): *Einvernahme.*

n|ver|stan|den ⟨Adj.⟩ [eigtl. 2. Part. von veraltet sich einverstehen = übereinstimmen]: *etw. billigend; jmdm., einer Sache zustimmend:* er ist mit allem e.; sich mit etw. e. erklären; er ist mit ihm als Chef nicht e. *(akzeptiert ihn nicht als Chef);* e. *(in Ordnung)* [ich komme mit]!

n|ver|ständ|lich ⟨Adj.⟩: *im Einverständnis mit jmdm., miteinander seiend, geschehend o. Ä.:* eine -e Handlungsweise; etw. e. regeln.

n|ver|ständ|nis, das; -ses, -se ⟨Pl. selten⟩: **a)** *Billigung, Zustimmung:* sein E. zu etw. geben, erklären; im E. mit jmdm. handeln; **b)** *Übereinstimmung, Einigkeit in Bezug auf etw., wozu jmd. anderes die gleiche Einstellung hat:* zwischen ihnen herrscht voll[st]es, stillschweigendes E.

n|ver|ständ|nis|er|klä|rung, die: *offizielle Erklärung* (2) *des Einverständnisses* (a).

n|waa|ge, die; - (Kaufmannsspr.): **1.** *Gewicht des Inhalts einer Konserve od. abgepackten Ware.* **2.** *beim Auswiegen von mehreren kleineren Mengen od. Portionen entstehender Verlust am Gesamtgewicht.*

in|wach|sen ⟨st. V.; ist⟩: **1.** *an der Stelle der Einpflanzung anwachsen, einwurzeln:* die Bäumchen sind gut, noch nicht eingewachsen. **2.** *in umgebendes Gewebe o. Ä. hineinwachsen:* der Zehennagel ist eingewachsen.

in|wach|sen ⟨sw. V.; hat⟩: *über die ganze Fläche hin mit [Bohner]wachs bestreichen, einreiben:* den Fußboden, die Skier e.

n|wäh|len, sich ⟨sw. V.; hat⟩: *über eine Telefonleitung den Zugang zum Internet od. zu einem anderen Datennetz herstellen.*

ein|wal|zen ⟨sw. V.; hat⟩: *mithilfe einer Walze in den Boden, das Erdreich drücken:* Saatgut e.

Ein|wand, der; -[e]s, Einwände: *Äußerung einer [teilweise] anderen, abweichenden Auffassung in einer bestimmten Sache; Gegengrund; kritischer Vorbehalt:* ein berechtigter E.; gegen etw. einen E. erheben, vorbringen, machen; ich habe keine Einwände; einen E. zurückweisen.

Ein|wan|de|rer, der; -s, -: *jmd., der in ein Land einwandert od. eingewandert ist; Immigrant.*

Ein|wan|de|rin, die; -, -nen: w. Form zu ↑Einwanderer.

ein|wan|dern ⟨sw. V.; ist⟩: *in ein fremdes Land gehen, um sich dort anzusiedeln [u. die Staatsbürgerschaft zu erwerben]; immigrieren:* nach Australien, in die USA e.

Ein|wan|de|rung, die; -, -en: *das Einwandern; Immigration.*

Ein|wan|de|rungs|be|hör|de, die: *Behörde eines Landes, die die Erlaubnis zur Einwanderung erteilt.*

Ein|wan|de|rungs|land, das: *Land, in das Menschen bevorzugt einwandern.*

Ein|wan|de|rungs|strom, der: *große Zahl von Einwohnern.*

ein|wand|frei ⟨Adj.⟩: **1. a)** *keinen Anlass zu Beanstandungen gebend; in tadellosem Zustand; ohne Fehler od. Mängel:* eine -e Arbeit, Ware; die Maschine funktionierte e.; **b)** *untadelig; so, dass kein Vorwurf u. Ä. aus etw. abgeleitet werden kann:* ein -er Leumund; sie hat sich e. verhalten. **2.** *unzweifelhaft, zweifelsfrei, eindeutig:* eine -e Beweisführung; es steht e. fest/ist e. erwiesen, dass er das getan hat.

ein|wärts ⟨Adv.⟩ [mhd. inwertes, ↑-wärts]: *nach innen:* die Stäbe waren [nach] e. gebogen; e. *(mit nach innen gerichteten Füßen)* gehen.

Ein|wärts|dre|hung, die: *Drehbewegung nach innen:* mit dem ganzen Körper eine E. ausführen.

ein|wärts ge|bo|gen: ↑einwärts.

ein|wärts ge|hen: ↑einwärts.

ein|wäs|sern ⟨sw. V.; hat⟩: *wässern* (1): Salzheringe über Nacht e.

ein|we|ben ⟨sw. V.; hat⟩: *webend in etw. hervorbringen, in etw. weben:* ein Muster, einen Namen [in den Stoff] e.

ein|wech|seln ⟨sw. V.⟩: **1.** ⟨hat⟩ **a)** *wechseln* (2 a): können Sie mir einen Fünfzigmarkschein e.?; **b)** *wechseln* (2 b): 300 DM in/(seltener:) gegen französische Francs e. **2.** (Sport) *für einen aus dem Spiel genommenen Spieler einsetzen* ⟨hat⟩. **3.** (Jägerspr.) *(von Wild) seinen Standort in ein anderes Gebiet verlegen* ⟨ist⟩.

Ein|wech|se|lung, Ein|wechs|lung, die; -, -en: *das Einwechseln.*

ein|we|cken ⟨sw. V.; hat⟩ [nach J. Weck (1841–1914), der das Verfahren in Deutschland einführte]: *einmachen.*

Ein|weck|glas, das ⟨Pl. …gläser⟩: *Einmachglas.*

Ein|weck|gum|mi, der (ugs.): *Einmachring.*

Ein|weck|ring, der: *Einmachring.*

Ein|weck|topf, der: *Einmachtopf.*

Ein|weg|fla|sche, die: *Flasche, für die man kein Pfand bezahlt u. die als Leergut vom Händler nicht zurückgenommen wird.*

Ein|weg|hahn, der (Chemie): *Absperrvorrichtung, die Gase od. Flüssigkeiten nur in eine Richtung strömen lässt.*

Ein|weg|schei|be, die: *Glasscheibe, die so präpariert ist, dass man nur in einer Richtung hindurchsehen (u. auf diese Weise unbemerkt Testpersonen od. -tiere beobachten) kann.*

Ein|weg|spie|gel, der: *Spiegel, der von seiner Rückseite her durchsichtig ist u. einem Beobachtenden erlaubt hindurchzusehen.*

Ein|weg|sprit|ze, die: *Injektionsspritze, die zu einmaligem Gebrauch bestimmt ist u. danach weggeworfen wird.*

Ein|weg|ver|pa|ckung, die: *Verpackung, die man nach Verwendung des Inhalts wegwirft.*

ein|wei|chen ⟨sw. V.; hat⟩: **1.** *(Wäsche) vor dem Waschen für eine gewisse Zeit in eine Schmutz lösende Lauge legen:* die schmutzige Wäsche e. **2.** *zum Quellen od. Weichwerden für eine gewisse Zeit in Wasser, Milch o. Ä. legen:* Erbsen e.

Ein|weich|mit|tel, das: *waschaktive Substanzen enthaltendes Mittel zum Einweichen von Wäsche.*

ein|wei|hen ⟨sw. V.; hat⟩: **1. a)** *(bes. ein Bauwerk) nach seiner Fertigstellung in feierlicher Form der Öffentlichkeit übergeben:* ein Stadion, die neue Schule e.; **b)** (ugs. scherzh.) *zum ersten Mal benutzen, tragen; in Gebrauch nehmen.* **2.** *jmdn. mit etw., was er noch nicht weiß od. kennt, was nicht allgemein bekannt ist, was als vertraulich behandelt werden soll, vertraut machen:* jmdn. in seine Pläne e.; sie ist [in die Angelegenheit] noch nicht eingeweiht.

Ein|wei|hung, die; -, -en: *das Einweihen; das Eingeweihtwerden.*

Ein|wei|hungs|fei|er, die: *Feier anlässlich einer Einweihung.*

ein|wei|sen ⟨st. V.; hat⟩: **1.** *(in amtlicher Funktion) veranlassen, dass jmd. an einem bestimmten Ort aufgenommen, untergebracht wird:* jmdn. ins Krankenhaus, in ein Erziehungsheim e. **2. a)** *jmdn. in eine neue Tätigkeit einführen, indem man ihm Instruktionen über seine zu verrichtende Arbeit gibt:* die Sekretärin wurde von ihrer Chefin [in ihre Aufgaben] eingewiesen; **b)** *jmdm. feierlich sein Amt übergeben:* der Geistliche wurde im Rahmen eines Gottesdienstes in sein Amt eingewiesen. **3.** (Verkehrsw.) *(einen Autofahrer) durch Handzeichen an eine bestimmte Stelle dirigieren:* den Fahrer, den ankommenden Wagen [in eine Parklücke] e.

Ein|wei|ser, der; -s, -: *jmd., der jmdn. einweist* (1, 3).

Ein|wei|se|rin, die; -, -nen: w. Form zu ↑Einweiser.

Ein|wei|sung, die; -, -en: *das Einweisen; das Eingewiesenwerden.*

Ein|wei|sungs|schein, der: *von einer Behörde, einem Arzt ausgestellte Bescheinigung über eine Einweisung in ein Krankenhaus, ein Heim o. Ä.*

ein|wen|den ⟨unr. V.; wandte/wendete ein, hat eingewandt/eingewendet⟩: *als Einwand gegen jmdn., etw. vorbringen:* dagegen ließe sich viel, manches e.; er wendete ein, dass er die Aktion für unzulässig halte; dagegen ist nichts einzuwenden (ugs.; *das ist völlig in Ordnung*)!; ich hätte jetzt nichts gegen eine Tasse Kaffee einzuwenden (ugs.; *würde jetzt gerne eine Tasse Kaffee trinken*).

Ein|wen|dung, die; -, -en: **1.** *etw., was man gegen jmdn., etw. einwendet:* keine E., -en machen. **2.** (Rechtsspr.) *Rechtseinwendung.*

ein|wer|fen ⟨st. V.; hat⟩: **1.** *(an dafür vorgesehener Stelle) in etw. [hinein]fallen lassen:* einen Brief [in den Briefkasten], Münzen [in den Automaten] e. **2.** *durch einen Wurf zertrümmern:* [jmdm.] eine Fensterscheibe e. **3.** *sich mit einer [kritischen] Zwischenbemerkung kurz in ein Gespräch einschalten; einen Einwurf machen:* eine Bemerkung e.; sie warf ein, das könne wohl nicht stimmen. **4. a)** (Ballspiele) *den ins Seitenaus gegangenen Ball durch einen Wurf von einem Standort hinter der Seitenauslinie wieder ins Spiel bringen;* **b)** (Eishockey) *(vom Schiedsrichter) den Puck beim Bully zwischen die beiden Spieler werfen;* **c)** (Rugby) *den Ball in das Gedränge, in die Gasse* (8) *werfen;* **d)** ⟨e. + sich⟩ *sich [durch Üben] im Werfen treffsicher machen;* **e)** *den Ball ins Tor werfen.*

ein|wer|tig ⟨Adj.; o. Steig.⟩: **1.** (Chemie) *(von einem Atom) nur eine Bindung mit einem anderen Atom eingehend; monovalent:* Wasserstoff ist e. **2.** (Sprachw.) *(von Verben) nur eine Wertigkeit, eine obligatorische Ergänzung habend.*

Ein|wer|tig|keit, die; -: *einwertige Beschaffenheit.*

ein|wi|ckeln ⟨sw. V.; hat⟩: **1. a)** *(zum Schutz o. Ä.) in etw. wickeln; in Papier einschlagen:* ein Päckchen, ein Geschenk [in Seidenpapier] e.; **b)** *in etw. hüllen, mit etw. ganz bedecken:* sie hatte das Kind in eine/(selten:) einer Decke eingewickelt. **2.** (salopp) *durch geschicktes Reden für sich, für etw. gewinnen; in unlauterer Weise zu* *etw. überreden:* er hat sich von dem Vertreter e. lassen und den Staubsauger gekauft.

Ein|wi|ckel|pa|pier, das: *Papier zum Einwickeln.*

¹ein|wie|gen ⟨st. V.; hat⟩ (Kaufmannsspr.): **1.** *für Packungen, Konserven abwiegen u. in diese einfüllen.* **2.** *beim Auswiegen mehrerer kleinerer Mengen einbüßen, einen bestimmten Verlust machen.*

²ein|wie|gen ⟨sw. V.; hat⟩: *(ein Kind) in den Schlaf wiegen:* er versuchte, das Baby einzuwiegen.

ein|wil|li|gen ⟨sw. V.; hat⟩: *seine Zustimmung zu etw. geben, sich mit etw. einverstanden erklären:* in die Scheidung, in jmds. Vorschlag e.; sie willigte [darein] ein, dass er auch kommen durfte.

Ein|wil|li|gung, die; -, -en: *das Einwilligen; Zustimmung, Einverständnis:* seine E. [zu etw.] geben.

ein|win|deln ⟨sw. V.; hat⟩: *(ein Baby) in Windeln wickeln.*

ein|win|keln ⟨sw. V.; hat⟩: *(eine Gliedmaße) zu einem Winkel nach innen beugen, biegen:* den Arm e.

ein|win|ken ⟨sw. V.; hat⟩ (Verkehrsw.): *durch Handzeichen an eine bestimmte Stelle, in eine bestimmte Richtung dirigieren; einweisen:* Flugzeuge e.; Autos auf Parkplätze e.

ein|win|tern ⟨sw. V.; hat⟩: **1.** ⟨unpers.⟩ (selten) *ganz u. gar Winter werden.* **2. a)** (Landw.) *über Winter ²einmieten od. an einen entsprechenden Ort lagern:* Kartoffeln, Rüben e. **b)** *über Winter an einem geeigneten, dafür vorgesehenen, vorbereiteten Ort aufbewahren, abstellen o. Ä.*

ein|wir|ken ⟨sw. V.; hat⟩: **1.** *jmdn., etw. gezielt beeinflussen; Einfluss nehmen:* erzieherisch auf jmdn. e. **2.** *eine bestimmte, die Veränderung von etw. herbeiführende Wirkung ausüben:* eine Kraft wirkt auf etw. ein; die Salbe auf die Haut e. *(ihre Wirkung auf die Haut entfalten)* lassen. **3.** (Fachspr.) *einweben.*

Ein|wir|kung, die; -, -en: *das Einwirken* (1, 2).

Ein|wir|kungs|mög|lich|keit, die: *Möglichkeit, auf jmdn., etw. einzuwirken.*

ein|wö|chent|lich ⟨Adj.⟩: vgl. achtwöchentlich.

ein|wö|chig ⟨Adj.⟩: vgl. achtwöchig.

ein|woh|nen ⟨sw. V.; hat⟩: **1.** (selten) *(als Mitbewohner) wohnen:* die Eltern wohnen bei uns [im Haus] ein. **2.** (selten) *innewohnen.*

Ein|woh|ner, der; -s, - [mhd. inwoner]: **1.** *jmd., der in einer Gemeinde, einem Land seinen ständigen Wohnsitz hat:* die E. des Saarlandes, von Potsdam. **2.** (selten) *Bewohner eines Hauses.*

Ein|woh|ne|rin, die; -, -nen: w. Form zu ↑Einwohner.

Ein|woh|ner|mel|de|amt, das: *Behörde, die für die An- u. Abmeldung meldepflichtiger Personen zuständig ist.*

Ein|woh|ner|schaft, die; -, -en ⟨Pl. selten⟩: *Gesamtheit der Einwohner und Einwohnerinnen einer Gemeinde, eines Landes.*

Ein|woh|ner|ver|zeich|nis, das: *amtliches Verzeichnis der Einwohner eines Ortes, einer Gemeinde o. Ä.*

Ein|woh|ner|zahl, die: *Gesamtzahl der Einwohner.*

Ein|wort|satz, der; -es, ...sätze (Sprachw.): *Satz, der nur aus einem Wort besteht* (z. B. Feuer!; Teddy! *[Ich will den Teddy haben!]*; Bitte?).

ein|wüh|len ⟨sw. V.; hat⟩: *wühlend in etw. (Weiches) eingraben, hineinbewegen:* das Wildschwein hat seinen Kopf/sich in den Schlamm eingewühlt.

Ein|wurf, der; -[e]s, Einwürfe: **1.** *das Einwerfen* (1): nach E. des Geldstücks [in den Automaten bitte die] Kurbel drehen. **2.** (Ballspiele) *das Einwerfen* (4 a–c). **3.** *schlitzartige Öffnung, durch die etw. eingeworfen* (1) *werden kann:* der E. am Briefkasten; etw. in/durch den E. stecken. **4.** *kurze Zwischenbemerkung, die jmd. in ein Gespräch, eine Diskussion o. Ä. einwirft* (3): einen kritischen E. machen; auf einen E. eingehen.

ein|wür|gen ⟨sw. V.; hat⟩: **a)** *jmdn., sich zwingen, Nahrung hinunterzuschlucken:* dem Baby den Brei e.; **b)** *(von bestimmten Vögeln bei der Aufzucht der Jungen) die Nahrung in den Schlund des jungen Vogels würgen.*

ein|wur|zeln ⟨sw. V.⟩: **a)** *Wurzeln in die Erde treiben* ⟨ist⟩: der Strauch muss erst e.; Ü ein tief eingewurzeltes Misstrauen; * **wie eingewurzelt [da]stehen/stehen bleiben** (↑anwurzeln); **b)** ⟨e. + sich⟩ *sich mit den Wurzeln festsetzen* ⟨hat⟩: die Sträucher haben sich noch nicht richtig eingewurzelt; Ü ein Aberglaube, der sich fest in den Köpfen der Menschen eingewurzelt hat *(sich festgesetzt hat).*

Ein|zahl, die; -, -en ⟨Pl. selten⟩ (Sprachw.): *Singular.*

ein|zah|len ⟨sw. V.; hat⟩: **a)** *eine Zahlung an einen anderen auf dessen Konto o. Ä. leisten; überweisen:* die Miete ist auf ihr Konto einzuzahlen; **b)** *als Einlage auf ein Sparkonto buchen lassen:* einen bestimmten Betrag auf das Sparbuch e.

Ein|zah|ler, der; -s, -: *jmd., der etw. einzahlt.*

Ein|zah|le|rin, die; -, -nen: w. Form zu ↑Einzahler.

Ein|zah|lung, die; -, -en: **1.** *das Einzahlen:* eine E. vornehmen. **2.** *eingezahlter Betrag, Spareinlage:* die -en in das Sparbuch eintragen.

Ein|zah|lungs|be|leg, der: *Quittung über eine eingezahlte Summe.*

Ein|zah|lungs|for|mu|lar, das: *Formular, das bei Einzahlungen auszufüllen ist.*

Ein|zah|lungs|schal|ter, der: *(bei der Post, bei Banken o. Ä.) Schalter für Einzahlungen.*

Ein|zah|lungs|schein, der: **1.** *(bei Einzahlungsformularen) Einzahlungsbeleg.* **2.** (schweiz.) *Zahlkarte.*

ein|zäu|nen ⟨sw. V.; hat⟩: *mit einem Zaun umgeben:* ein Grundstück [mit Maschendraht] e.

Ein|zäu|nung, die; -, -en: **1.** *das Einzäunen.* **2.** *Zaun.*

ein|ze|hig ⟨Adj.⟩ (Zool.): *mit nur einer Zehe.*

ein|zeich|nen ⟨sw. V.; hat⟩: **1.** *ergänzend in etw. zeichnen, eintragen; in etw. markieren:* einen Ort auf der/in der/(auch:) in die Karte e. **2.** *eintragen* (1 a): sich in die/in der Liste e.

Ein|zeich|nung, die; -, -en: *das Einzeichnen.*

ein|zei|lig ⟨Adj.⟩: **1.** *aus einer Zeile* (1 a) *bestehend;* **2.** *(bezogen auf die Anordnung eingebauter Teile der Einrichtung* 2 a) *an nur einer Wand mit [festen] Einbauten versehen:* eine -e Küche.

Ein|zel, das; -s, - (Badminton, [Tisch]tennis): *Spiel, bei dem nur ein einzelner Spieler gegen einen anderen spielt; Einzelspiel:* sie gewann im E.

Ein|zel|ab|teil, das (Eisenb.): *Abteil eines Eisenbahnwagens mit sechs bis acht Sitzplätzen, das man über einen an einer Seite des Wagens verlaufenden Gang erreicht.*

Ein|zel|ak|ti|on, die: *einzeln durchgeführte Aktion.*

Ein|zel|an|fer|ti|gung, die: **1.** *auf besonderen Wunsch [eines Kunden] einzeln erfolgende Herstellung einzelner Artikel* (3). **2.** *einzeln angefertigter Artikel:* dieser Schrank ist eine E.

Ein|zel|an|trieb, der (Technik): *Antrieb der einzelnen Maschinen, Aggregate, Vorrichtungen einer Anlage durch je ein besonderes Antriebsaggregat.*

Ein|zel|aus|ga|be, die: *gesonderte Ausgabe eines einzelnen Werkes eines Autors:* die Gedichte Goethes erscheinen auch als E.

Ein|zel|band, der ⟨Pl. ...bände⟩: *nicht zu einer Gesamtausgabe o. Ä. gehörender Band, einzelner Band einer Buchreihe o. Ä.*

Ein|zel|be|hand|lung, die: *gesonderte Behandlung.*

Ein|zel|be|ob|ach|tung, die: *Beobachtung einer einzelnen Sache, Verhaltensweise o. Ä.:* aus vielen -en ein [mehr und mehr abgerundetes] Bild von etw. gewinnen.

Ein|zel|be|trieb, der (DDR): *Privatbetrieb (im Unterschied zum volkseigenen Betrieb).*

Ein|zel|bett, das: *einzelnes od. einzeln stehendes Bett.*

Ein|zel|blatt|ein|zug, der: *Vorrichtung besonders an einem Drucker* (2), *die es ermöglicht, dem Gerät Einzelblätter zuzuführen.*

Ein|zel|box, die: *für sich abgeschlossene od. abgetrennte Box für ein einzelnes Tier od. ein einzelnes Fahrzeug.*

Ein|zel|buch|sta|be, der: *einzelner [allein stehender] Vokal od. Konsonant.*

Ein|zel|dar|stel|lung, die: *Darstellung eines einzelnen Gegenstandes, einer einzelnen Person usw.* (z. B. in einem Buch, in einer Abhandlung).

Ein|zel|ding, das ⟨Pl. ...dinge⟩: *etw., besonders ein Gegenstand, sofern er als einzelner betrachtet wird, als einzelner an einem bestimmten Platz vorhanden ist o. Ä.*

Ein|zel|dis|zi|plin, die (bes. Leichtathletik): *einzelne Sportart [innerhalb eines Mehrkampfes].*

Ein|zel|do|sis, die: *auf einmal einzunehmende, zu verabreichende Dosis eines Medikamentes.*

Ein|zel|druck, der ⟨Pl. -e⟩ (Buchw.): *einzeln gedrucktes Werk; Sonderdruck.*

Ein|zel|ele|ment, das (Fachspr.): *einzelnes Element einer Kombination von Einrichtungen* (2 a): eine Sitzecke aus -en.

Ein|zel|er|schei|nung, die: *etw., was nur selten, vereinzelt vorkommt:* solche Fehlbildungen sind keine E. mehr.

Ein|zel|exem|plar, das: *einzelnes [seltenes] Exemplar von etw.*

Ein|zel|fah|rer, der (Sport): *Fahrer ohne Beifahrer (beim Motorradrennen).*

Ein|zel|fahr|schein, der: *Fahrschein, der nur für eine Fahrt Gültigkeit hat.*

Ein|zel|fall, der: **1.** *konkreter, einzelner Fall (der jeweils individuell zu beurteilen od. zu behandeln ist):* im E. muss die Beurteilung anders sein. **2.** *etw., was eine Ausnahme darstellt, was nicht die Regel ist:* dieser Vorfall ist kein E.

Ein|zel|feld, das (Tennis, Badminton): *mit den für das Einzel erforderlichen Markierungen versehenes Spielfeld.*

Ein|zel|feu|er, das (Milit.): *aus vereinzelten Schüssen bestehendes Feuer.*

Ein|zel|for|schung, die: *Forschung über einen einzelnen Gegenstand, eine einzelne Person usw. (z. B. in einem Buch, in einer Abhandlung).*

Ein|zel|fra|ge, die: *einzelne, nur einen Aspekt eines Themas o. Ä. betreffende Frage:* die Aufgabe bestand aus mehreren -n.

Ein|zel|gän|ger, der; -s, -: **a)** *jmd., der sich nicht an andere Menschen anschließt, der keinen Kontakt zu anderen Menschen sucht od. findet;* **b)** *Tier, das nicht im Rudel, in der Herde lebt.*

Ein|zel|gän|ge|rin, die; -, -nen: w. Form zu ↑Einzelgänger.

ein|zel|gän|ge|risch ⟨Adj.⟩: *sich wie ein Einzelgänger verhaltend:* eine -e Existenzform.

Ein|zel|ge|höft, das: *einzeln liegendes Gehöft.*

Ein|zel|ge|werk|schaft, die: *Gewerkschaft, die die Arbeitnehmer eines bestimmten einzelnen Wirtschaftsbereichs vertritt.*

Ein|zel|grab, das: **1.** *Grabstelle für einen einzelnen Verstorbenen.* **2.** *einzelnes, allein liegendes Grab.*

Ein|zel|haft, die: *Haft, bei der der Häftling in einer Einzelzelle untergebracht ist:* E. haben.

Ein|zel|han|del, der: *Wirtschaftszweig, der in Ladengeschäften dem Verbraucher Waren anbietet; Gesamtheit der Einzelhandelsgeschäfte.*

Ein|zel|han|dels|ge|schäft, das: *Geschäft des Einzelhandels.*

Ein|zel|han|dels|kauf|frau, die: vgl. Einzelhandelskaufmann.

Ein|zel|han|dels|kauf|mann, der: *Kaufmann im Einzelhandel.*

Ein|zel|han|dels|preis, der: *Preis, zu dem der Einzelhandel die Erzeugnisse an den Verbraucher verkauft.*

Ein|zel|händ|ler, der: *Händler im Einzelhandel.*

Ein|zel|händ|le|rin, die: w. Form zu ↑Einzelhändler.

Ein|zel|haus, das: *einzeln stehendes Haus (im Unterschied zu einem Doppel- od. Reihenhaus).*

Ein|zel|heft, das: *einzelnes Heft, einzelne Nummer einer Zeitschrift o. Ä.*

Ein|zel|heit, die; -, -en: *einzelner Teil, Gegenstand, Umstand eines größeren Ganzen, eines* *größeren Zusammenhangs; Detail:* auf -en eingehen; sich an alle -en erinnern.

Ein|zel|ini|ti|a|ti|ve, die (schweiz.): *politischer Antrag, Vorschlag eines Einzelnen.*

Ein|zel|in|te|res|se, das (meist Pl.): *Interesse einzelner Personen od. gesellschaftlicher Gruppen.*

Ein|zel|ka|bi|ne, die (Schifffahrt): *für eine Person vorgesehene Kabine* (1).

Ein|zel|kampf, der: 1. (Milit.) *Kampf zwischen Einzelnen; Nahkampf.* 2. (Sport) *Wettkampf Einzelner, einzeln gewerteter Sportler (im Unterschied zum Mannschaftskampf).*

Ein|zel|kämp|fer, der: 1. (Milit.) *speziell für den Einsatz in einem Kommandounternehmen ausgebildeter Soldat.* 2. *jmd., der allein, ohne Unterstützung o. Ä. anderer gegen jmdn., etw. ankämpft.*

Ein|zel|kämp|fe|rin, die: w. Form zu ↑Einzelkämpfer.

Ein|zel|kauf|frau, die: vgl. Einzelkaufmann.

Ein|zel|kauf|mann, der (Kaufmannsspr.): *Kaufmann als Alleininhaber einer Unternehmung.*

Ein|zel|kind, das: *einziges Kind eines Elternpaars; Kind, das ohne Geschwister aufwächst.*

Ein|zel|kon|kur|renz, die (bes. Leichtathletik): *Konkurrenz* (2) *in einer Einzeldisziplin.*

Ein|zel|lauf, der (Sport): *Solodarbietung im Eis-, Rollkunstlauf.*

Ein|zel|leis|tung, die: a) *besondere Leistung eines Einzelnen;* b) *einzelne, von einer Person erbrachte Leistung.*

Ein|zel|ler, der; -s, - (Biol.): *einzelliges Lebewesen.*

ein|zel|lig (Adj.) (Biol.): *aus nur einer Zelle bestehend.*

Ein|zel|meis|ter|schaft, die (Sport): *Meisterschaft innerhalb einer Disziplin, bei der die Sportler einzeln, nicht in Mannschaften, antreten u. einzeln gewertet werden.*

Ein|zel|mit|glied|schaft, die: *Mitgliedschaft einer Einzelperson.*

Ein|zel|mö|bel, das: *einzelnes Möbelstück, das nicht Teil einer zusammengehörenden Zimmereinrichtung ist.*

ein|zeln [mhd. einzel, weitergeb. aus mhd. einez, ahd. einaz = einzeln, zu ↑[1]ein] (Adj.): 1. *für sich allein, nicht mit anderen zusammen, gesondert:* ein -er Baum stand im Hof; jede -e Mitarbeiterin; die Gäste kamen e.; bitte e. eintreten!; ein e. stehendes Haus; (subst.:) ein Einzelner kann wenig ausrichten; im Einzelnen *(genauer)* kann ich darauf nicht eingehen; vom Einzelnen *(von der Einzelheit/vom Speziellen)* zum Ganzen/Allgemeinen fortschreiten. 2. *vereinzelt, einige[s], wenige[s]:* -e Regenschauer; (subst.:) es sind nur Einzelne, die dies behaupten.

Ein|zel|nach|weis, der: *Nachweis einer einzelnen Sache* (z. B. in der Buchführung).

ein|zeln ste|hend: vgl. einzeln 1.

Ein|zel|pa|ckung, die: *einzelne, einzeln verkaufte Packung* (1 b).

Ein|zel|per|son, die: *Person, die einzeln in einem bestimmten Zusammenhang auftritt, handelt o. Ä. (im Gegensatz zu einer Gruppe von Personen).*

Ein|zel|per|sön|lich|keit, die: vgl. Einzelperson.

Ein|zel|pos|ten, der: *einzelner Posten* (3 b).

Ein|zel|preis, der: *(von etw., was im Allgemeinen in größerer Anzahl od. Menge auf einmal gekauft wird) Preis für ein einzelnes Teil, Stück o. Ä.*

Ein|zel|pro|blem, das: *einzelnes, für sich allein zu betrachtendes Problem.*

Ein|zel|rad|auf|hän|gung, die (Kfz-T.): *voneinander unabhängige Aufhängung der einzelnen Räder eines Fahrzeugs.*

Ein|zel|rei|se, die (Touristik): *von einem Reisebüro für eine Einzelperson gebuchte Reise mit Reservierung von Flugkarte, Hotel o. Ä.*

Ein|zel|rei|sen|de, der u. die: *jmd., der allein, nicht in einer Gruppe reist.*

Ein|zel|rich|ter, der: *Richter, der eine Verhandlung allein führt:* beim Amtsgericht entscheidet der Richter als E. in allen Zivilsachen.

Ein|zel|rich|te|rin, die: w. Form zu ↑Einzelrichter.

Ein|zel|sie|ger, der (Sport): *durch Einzelwertung ermittelter einzelner Sieger in einem Mannschaftskampf.*

Ein|zel|sie|ge|rin, die: w. Form zu ↑Einzelsieger.

Ein|zel|spiel, das: 1. *Einzel.* 2. (o. Pl.) (Sport) *Einzelaktionen eines einzelnen Spielers ohne Kombinationsspiel mit den Mitspielern.* 3. (Musik) *Solospiel.*

Ein|zel|spie|ler, der: 1. *Spieler, der ein Einzel bestreitet.* 2. *jmd., der als Solist auftritt.*

Ein|zel|spie|le|rin, die; -, -nen: w. Form zu ↑Einzelspieler.

Ein|zel|spra|che, die (Sprachw.): *einzelne Sprache* (im Unterschied z. B. zu einer Sprachfamilie od. zur menschlichen Sprache überhaupt).

Ein|zel|staat, der: *einzelner Staat eines Staatenbundes od. Bündnisses.*

ein|zel|staat|lich (Adj.): *einen Einzelstaat betreffend, zu ihm gehörend:* -e politische Entscheidungen.

Ein|zel|stim|me, die: *einzeln ausgeschriebene Stimme einer Partitur.*

Ein|zel|stück, das: a) *einzelner Gegenstand, einzelnes Exemplar von etw.;* b) *etw., was nur einmal vorhanden ist, existiert.*

Ein|zel|stun|de, die: *Unterrichtsstunde für eine einzelne Person; Privatstunde.*

Ein|zel|tä|ter, der: *jmd., der eine strafbare Handlung allein, ohne die Mithilfe anderer begeht, begangen hat.*

Ein|zel|tä|te|rin, die: w. Form zu ↑Einzeltäter.

Ein|zel|teil, das: *Teil[stück], das mit anderen zusammen ein Ganzes bildet:* etw. in -e zerlegen.

Ein|zel|tier, das: *einzelnes od. vereinzeltes Tier (einer Herde, einer Tierart o. Ä.).*

Ein|zel|ti|tel, der (Buchw.): *einzelnes [Druck]werk, Buch mit bestimmtem Titel, einzelner Titel.*

Ein|zel|un|ter|richt, der: *Unterricht, den man einem einzelnen Schüler erteilt.*

Ein|zel|ver|kauf, der (o. Pl.): *Verkauf im Einzelhandel.*

Ein|zel|ver|trag, der: *einzelner, gesonderter [zu besonderen Bedingungen abgeschlossener] Vertrag.*

Ein|zel|wer|tung, die (Sport): *Wertung der einzelnen Sportler, die in einer Mannschaft gestartet sind:* in der E. liegt sie auf Platz zwei.

Ein|zel|we|sen, das: *einzelner Mensch, einzelnes Lebewesen; Individuum.*

Ein|zel|wett|be|werb, der (Sport): *Einzelkampf* (2).

Ein|zel|wis|sen, das: *Wissen, das Einzelheiten, einzelne od. vereinzelte Sachverhalte, Gegenstände betrifft:* naturwissenschaftliches E.

Ein|zel|wis|sen|schaft, die: *Wissenschaft, die nicht in den Bereich der Philosophie gehört (welche ihrerseits als Gesamtwissenschaft angesehen wird).*

Ein|zel|zeit, die (Sport): *für den einzelnen Staffelläufer, -schwimmer usw. gemessene Zeit.*

Ein|zel|zel|le, die: 1. *Gefängniszelle für nur eine Person.* 2. (Biol.) *einzelne Zelle einer Kolonie von einzelligen Organismen.*

Ein|zel|zim|mer, das: *für eine Person vorgesehenes Zimmer in einem Hotel od. Krankenhaus.*

ein|ze|men|tie|ren (sw. V.; hat): *mithilfe von Zement an einer dafür vorgesehenen Stelle verankern, festmachen.*

ein|zieh|bar (Adj.): *sich einziehen* (2, 6, 8, 9) *lassend.*

ein|zie|hen (unr. V.): 1. (hat) a) *durch Hineinziehen an einer bestimmten Stelle einfügen:* ein Gummiband [in den Bund] e.; (landsch.; mit der Nebenvorstellung des Unabsichtlichen:) ich habe mir einen Splitter in die Hand eingezogen; b) *einbauend einfügen:* einen Balken e. 2. (hat) a) *ziehend einholen:* das Fahrgestell e.; b) *nach innen, nach unten, an seinen Ausgangspunkt zurückziehen:* den Bauch e.; der Hund hatte den Schwanz eingezogen *(eingeklemmt).* 3. *in sich hineinsaugen; einatmen* (hat): die Luft e. 4. *eindringen; von etw. völlig aufgesogen, aufgenommen werden* (ist): die Creme zieht rasch [in die Haut] ein. 5. *sich [in einer Gruppe, einer Formation o. Ä.] gehend, marschierend od. fahrend in einen Ort, in einen umschlossenen Bereich [hinein]begeben* (ist): die Sportler zogen [ins Stadion] ein; Ü die Partei ist mit 10 Abgeordneten in den Landtag eingezogen *(gekommen);* die Mannschaft ist in die Endrunde eingezogen (Sport; *hat die Endrunde erreicht).* 6. *einberufen* (2) (hat): zur Marine eingezogen werden. 7. *mit seinem Besitz, seiner beweglichen Habe in eine Wohnung o. Ä. ziehen* (ist): eine neue Mieterin ist [in die Wohnung] eingezogen. 8. (hat) a) *einen Geldbetrag, auf den man Anspruch hat, anfordern u. beitreiben:* Steuern e.; b) *(von staatlicher Seite) jmds. Besitz beschlagnahmen, konfiszieren:* jmds. Vermögen e. 9. (hat) a) *für ungültig erklären u. aus dem Verkehr ziehen:* Banknoten e.; b) *(eine Stelle) streichen, nicht mehr besetzen:* Stellen e. 10. (Amtsspr.) *einholen, einfordern; sich geben lassen* (hat): Erkundigungen [über jmdn., etw.] e. 11. (Druckw.) *(von Zeilen, Einzelwörtern) weiter rechts beginnen lassen als den übrigen Satz* (hat): eine halbe Zeile e.

Ein|zie|hung, die; -, -en: *das Einziehen* (1, 2, 5–11).

ein|zig [mhd. einzec, weitergeb. aus: einez, ↑einzeln]: I. (Adj.) 1. *alleinig; nicht mehrfach vorkommend o. Ä.:* das ist der -e Weg; wir waren die -en [Gäste]; (subst.:) wir waren die Einzigen; du als Einziger/als der Einzige hattest etwas dagegen; unser Einziger *(einziger Sohn);* (intensivierend:) die Umgebung war ein -es Trümmerfeld *(war völlig zertrümmert).* 2. *unvergleichlich, einzigartig, wie es nicht häufig vorkommt:* etw., jmd. ist e. in seiner Art; (intensivierend bei Adj.:) ein e. schöner Tag. II. (Adv.) *allein, ausschließlich, nur:* e. er; der e. gangbare Weg; das e. Richtige; * **e. und allein** *(nur ... u. niemand, nichts sonst):* e. und allein er.

ein|zig|ar|tig (Adj.): *einzig, unvergleichlich in seiner Art; einmalig* (2), *unbeschreiblich:* Farben von -er Leuchtkraft; dieser Vorgang ist e.

Ein|zig|ar|tig|keit, die; -, -en: *das Einzigartigsein; Einmaligkeit.*

Ein|zig|keit, die; -: *Einzigartigkeit.*

Ein|zim|mer|woh|nung, die: *Wohnung mit einem Zimmer, Küche u. Bad.*

ein|zu|ckern (sw. V.; hat): *[zum Zwecke der Konservierung] mit viel Zucker bestreuen u. vermengen od. mit einer konzentrierten Zuckerlösung übergießen:* Erdbeeren e.

Ein|zug, der; -[e]s, Einzüge: 1. *das Einziehen* (2, 7, 8 a). 2. (geh.) *das Einziehen* (5): der E. der Gladiatoren. 3. (Druckw.) *Abstand vom linken Zeilenrand:* eine Zeile mit E. setzen. 4. kurz für ↑Papiereinzug.

Ein|zü|ger, der; -s, -: 1. (Problemschach) *mit einem Zug zu lösende Schachaufgabe.* 2. (schweiz.) *Kassierer.*

Ein|zü|ge|rin, die; -, -nen: w. Form zu ↑Einzüger (2).

Ein|zugs|be|reich, der, seltener: das: *Bereich, weiterer Umkreis, aus dem der Zustrom zu einem wirtschaftlichen o. ä. Zentrum erfolgt.*

Ein|zugs|er|mäch|ti|gung, die: *von einem Kontoinhaber erteilte Ermächtigung zum [regelmäßigen] Einziehen eines Geldbetrags von seinem Bankkonto.*

Ein|zugs|ge|biet, das: 1. *Einzugsbereich.* 2. (Geogr.) *durch Wasserscheiden eingegrenztes Gebiet eines größeren Flusses mit seinen Nebenflüssen.*

Ein|zugs|ver|fah|ren, das: *Verfahren des bargeldlosen Zahlungsverkehrs zur Begleichung von Verbindlichkeiten.*

ein|zwän|gen (sw. V.; hat): *mit Gewalt in etw. [hinein]zwängen, in etw. verstauen, unterbringen:* Gepäckstücke in den Kofferraum e.; (e. + sich:) sich in ein beengendes Kleid e.; er stand eingezwängt *(sehr beengt, seiner Bewegungsfreiheit beraubt)* im Aufzug; Ü sich in starre Konventionen eingezwängt fühlen.

E

Ein|zy|lin|der, der; -s, - (Technik): kurz für ↑Einzylindermotor.

Ein|zy|lin|der|mo|tor, der; -s, -en: *Motor mit nur einem Zylinder.*

Ei|pick®, der: *Gerät, mit dem man die Eierschale durchsticht, damit sie nicht beim Kochen des Eis platzt.*

Ei|pul|ver, das: *aus getrocknetem Ei[dotter] hergestelltes Pulver; Trockenei.*

Eire ['e:ri; engl. 'ɛərə]; -s: irischer Name von ↑Irland.

Ei|re|ne (griech. Myth.): Göttin des Friedens.

ei|rund ⟨Adj.⟩: *länglich rund, oval.*

Ei|rund, das: *Oval.*

eis, [1]Eis, das; -, - (Musik): *um einen halben Ton erhöhtes e, E* (2).

[2]Eis, das; -es [1: mhd., ahd. īs, H. u.; 2: LÜ von frz. glace]: **1. a)** *gefrorenes Wasser:* spiegelglattes E.; das E. kracht, trägt noch nicht *(ist noch nicht fest genug);* nehmen Sie E. *(Eiswürfel)* in den Whisky?; E. laufen *(sich mit Schlittschuhen an den Füßen auf dem Eis bewegen);* bei Schnee und E.; der Polarforscher, der im ewigen E. *(Polareis)* ausharrt; * **das E. ist gebrochen** *(die Stimmung hat sich gelockert, die ersten Hemmungen sind beseitigt);* **etw. auf E. legen** (ugs.: 1. *verschieben, unterbrechen, vorläufig nicht weiter bearbeiten od. fortführen:* die Verhandlungen wurden auf E. gelegt. 2. *zurücklegen, sparen*); **jmdn. auf E. legen** (salopp; *[vorläufig] zurückstellen; für spätere Verwendung vormerken*); **b)** (Eissport) *Eisfläche eines Eisstadions:* das E. verlassen müssen. **2.** *Speiseeis:* E. am Stiel; ein, zwei E. essen; E. lutschen.

Ei|sack, der; -s: linker Nebenfluss der Etsch.

eis|ähn|lich ⟨Adj.⟩: *dem [2]Eis* (1) *ähnlich:* -e Kristalle.

Eis|bahn, die: *Eisfläche zum Schlittschuhlaufen.*

Eis|bär, der: *arktischer Bär mit kräftigem Körperbau u. weißem bis gelblich weißem Fell.*

Eis|bä|ren|fell, Eis|bär|fell, das: *Fell vom Eisbären.*

Eis|bä|rin, die: w. Form zu ↑Eisbär.

Eis|be|cher, der: **1.** *kelchartiges Gefäß, aus dem Speiseeis gegessen wird.* **2.** *in einem kelchartigen Gefäß angerichtete größere Portion Speiseeis [mit Sahne u. anderen Zutaten]:* einen E. essen.

Eis|beil, das (Bergsteigen): *Gerät, das eine Kombination von Eispickel u. Eishammer darstellt.*

Eis|bein, das [1: eigtl. = zum Eislauf geeigneter Knochen; aus dem gespaltenen Röhrenknochen großer Schlachttiere wurden früher Schlittschuhe hergestellt]: **1.** *gepökeltes u. gekochtes Schweinebein:* E. mit Sauerkraut essen. **2.** ⟨Pl.⟩ (ugs. scherzh.) *kalte Füße:* * **-e bekommen/kriegen** *(kalte Füße bekommen;* ↑Fuß 1 a).

Eis|berg, der: *von einem Gletscher abgebrochene, im Meer schwimmende Eismasse mit aus dem Wasser herausragender Spitze.*

Eis|beu|tel, der: *bei Fieber o. Ä. zur Kühlung dienender, mit Eisstückchen gefüllter Gummi- od. Kunststoffbeutel.*

Eis|bil|dung, die: *Bildung, Entstehung von [2]Eis* (1 a).

eis|blau ⟨Adj.⟩: *grünlich blau:* ein -er Himmel.

Eis|block, der ⟨Pl. ...blöcke⟩: *Block aus [2]Eis* (1 a).

Eis|blu|me, die ⟨meist Pl.⟩: *Eisbildung in vielfältigen Kristallisationen, z. B. bei der Vereisung von Wasserdampf an Fensterscheiben.*

Eis|blu|men|glas, das ⟨o. Pl.⟩: *mit Mustern in der Art von Eisblumen überzogenes Mattglas.*

Eis|bo|den, der (Fachspr.): *ständig gefrorene Bodenschicht (in kalten Regionen).*

Eis|bom|be, die: *in einer Halbkugel- od. Kegelform gefrorenes Speiseeis.*

Eis|bon|bon, der od. (österr. nur:) das: *kühlendes, erfrischendes Bonbon.*

Eis|bre|cher, der: **1.** *Schiff mit spezieller Ausrüstung zum Freihalten der Schifffahrtswege von [2]Eis* (1 a): selbst die E. kapitulierten vor den ungeheuren Eismassen. **2.** *keilförmiger Vorbau an Brückenpfeilern zum Schutz gegen Treibeis.*

Eis|bu|de, die: *Verkaufsbude für Speiseeis.*

Eis|ca|fé, das: *Café, in dem es vor allem Eisspezialitäten gibt.*

Ei|scha|le, die (bes. Fachspr.): *Kalkschale des Eis.*

Ei|schnee, (seltener:) Eierschnee, der (Kochk.): *geschlagenes Eiweiß.*

Eis|creme, (auch:) Eis|krem, die: *Speiseeis, Sahneeis.*

Eis|de|cke, die: *Eisschicht, die etw. bedeckt.*

Eis|die|le, die: *kleines Lokal, in dem es vor allem Speiseeis gibt.*

ei|sen ⟨sw. V.; hat⟩: *einfrieren; mit [2]Eis* (1 a) *versetzen:* Tee, Wodka e.; ⟨meist im 2. Part.:⟩ geeiste Melonen.

Ei|sen, das; -s, - [mhd. īse(r)n, ahd. īsa(r)n, H. u.]: **1.** ⟨o. Pl.⟩ *chemisches Element, ein silberweißes, in feuchter Luft leicht rostendes Schwermetall;* Zeichen: Fe (↑Ferrum): E. schmieden; die E. verarbeitende *(mit der Verarbeitung von Eisen befasste)* Industrie; E. führende *(Eisenerz enthaltende)* Schichten; ein Türschloss aus E.; **Spr** man muss das E. schmieden, solange es heiß ist *(man muss den rechten Augenblick nützen).* **2.** *Gegenstand aus Eisen:* Schlägel und E. *(Bergmannswerkzeuge);* das E. (Jägerspr.; *Fangeisen, Falle*) war zugeschnappt; jmdn. in E. (dichter., sonst veraltet; *Ketten, Fesseln*) legen; das E. (Golf; *den Eisenschläger*) führen lernen; das gegnerische E. (Fechten; *die gegnerische Klinge*) berühren; * **ein heißes E.** *(eine bedenkliche, heikle Sache, ein unbeliebtes Thema;* nach einem mittelalterlichen Gottesurteil, bei dem der Angeklagte seine Unschuld dadurch beweisen sollte, dass er ein Stück heißes Eisen in die Hand nahm, ohne dabei Verbrennungen zu erleiden); **ein heißes E. anfassen/anpacken/anrühren** *(eine heikle Sache, ein heikles Thema aufgreifen);* **zwei/mehrere/noch ein E. im Feuer haben** (ugs.; *mehr als eine Möglichkeit, in jedem Fall einen Ausweg haben*); **in die E. gehen/steigen/treten** (ugs.; *[beim Autofahren] scharf abbremsen*); **etw. zum alten E. werfen/legen** (ugs.; *als überholt, unbrauchbar ansehen u. nicht mehr nutzen*); **zum alten E. gehören/zählen** (ugs.; *aus Altersgründen nicht mehr gebraucht werden*).

Ei|se|nach: Stadt am Thüringer Wald.

[1]Ei|se|na|cher, der; -s, -: Ew.

[2]Ei|se|na|cher ⟨indekl. Adj.⟩: die E. Museen.

Ei|se|na|che|rin, die; -, -nen: w. Form zu ↑[1]Eisenacher.

Ei|sen|ader, die: *Ader* (3 d), *die Eisenerz führt.*

Ei|sen|bahn, die; -, -en: **a)** *schienengebundenes [Fern]verkehrsmittel mit eigenem Bahnkörper; Bahn* (6 a): damals verkehrten keine -en; mit der E. fahren; * **es ist [die] [aller]höchste E.** (ugs.; *es ist [aller]höchste Zeit;* nach dem Ausspruch »es ist allerhöchste E., die Zeit ist schon vor 3 Stunden anjekommen«, den A. Glaßbrenner [1810–1876] in einer humoristischen Szene einem zerstreuten Menschen in den Mund legte); **b)** *Schienenstrang; Strecke, auf der die Eisenbahn* (a) *verkehrt:* den Bau einer E. planen; **c)** *[nationale] Organisation, Verwaltung des Eisenbahnverkehrs; Bahn* (7 b): er ist bei der E. angestellt, arbeitet bei der E.; **d)** *Spielzeug-, Modellbahn:* die Kinder spielen mit der E.

Ei|sen|bahn|ab|teil, das: *Abteil* (1 a).

Ei|sen|bahn|bau, der ⟨o. Pl.⟩: *Maßnahmen zum Neubau u. zur Unterhaltung aller für den Betrieb der Eisenbahn notwendigen Anlagen.*

Ei|sen|bahn|be|am|te, der: *Beamter, der bei der Eisenbahn* (c) *Dienst tut.*

Ei|sen|bahn|be|am|tin, die: w. Form zu ↑Eisenbahnbeamte.

Ei|sen|bahn|brü|cke, die: **a)** *Brücke, auf der Fahrzeuge u. Fußgänger Gleisanlagen überqueren;* **b)** *Brücke, auf der Gleisanlagen verlaufen.*

Ei|sen|bahn|damm, der: *Bahndamm.*

Ei|sen|bahn|di|rek|ti|on, die: *höchste Behörde der Eisenbahn.*

Ei|sen|bah|ner, der; -s, - (ugs.): *jmd., der bei der Eisenbahn* (c) *beschäftigt ist.*

Ei|sen|bah|ne|rin, die; -, -nen (ugs.): w. Form zu ↑Eisenbahner.

Ei|sen|bahn|fäh|re, die: *Fähre mit eigener, fest montierter Gleisanlage zum Übersetzen von Schienenfahrzeugen.*

Ei|sen|bahn|fahr|kar|te, die: *Fahrkarte für die Eisenbahn.*

Ei|sen|bahn|fahr|plan, der: *Fahrplan der Eisenbahn* (a).

Ei|sen|bahn|fahrt, die: *Fahrt mit der Eisenbahn.*

Ei|sen|bahn|ge|sell|schaft, die: *private Gesellschaft, die eine od. mehrere Eisenbahnlinien besitzt u. unterhält.*

Ei|sen|bahn|gleis, das: *Gleis der Eisenbahn.*

Ei|sen|bahn|kno|ten|punkt, der: *größerer Ort mi einem Bahnhof, an dem Eisenbahnstrecken aus verschiedenen Richtungen zusammenlaufen.*

Ei|sen|bahn|li|nie, die: *Eisenbahnstrecke.*

Ei|sen|bahn|netz, das: *Netz der Eisenbahnlinien in einem Gebiet.*

Ei|sen|bahn|schaff|ner, der: *Schaffner, der bei de Eisenbahn* (c) *beschäftigt ist.*

Ei|sen|bahn|schaff|ne|rin, die: w. Form zu ↑Eisenbahnschaffner.

Ei|sen|bahn|schie|ne, die: *Schiene der Eisenbahr*

Ei|sen|bahn|schran|ke, die: *Bahnschranke.*

Ei|sen|bahn|schwel|le, die: *Bahnschwelle.*

Ei|sen|bahn|si|gnal, das: *den Eisenbahnverkehr regelndes Signal.*

Ei|sen|bahn|sta|ti|on, die: *Bahnstation.*

Ei|sen|bahn|stre|cke, die: *Strecke, auf der eine Eisenbahn* (a) *verkehrt.*

Ei|sen|bahn|tun|nel, der: *Tunnel für den Eisenbahnverkehr.*

Ei|sen|bahn|über|füh|rung, die: *Bahnüberführung.*

Ei|sen|bahn|un|glück, das: *Verkehrsunglück, das sich im Eisenbahnverkehr ereignet.*

Ei|sen|bahn|ver|bin|dung, die: *Zugverbindung.*

Ei|sen|bahn|ver|kehr, der: *Verkehr auf den Eisen bahnstrecken.*

Ei|sen|bahn|wa|gen, der: *Wagen zur Personenbe förderung durch die Eisenbahn* (c).

Ei|sen|bahn|wag|gon, der: *Waggon.*

Ei|sen|bahn|we|sen, das ⟨o. Pl.⟩: *die Institution Eisenbahn* (a, b, c); *alles, was zur Eisenbahn gehört.*

Ei|sen|bahn|zug, der: *Zug der Eisenbahn.*

Ei|sen|band, das ⟨Pl. ...bänder⟩: *eisernes Band:* di Kisten wurden mit Eisenbändern versandfertig gemacht.

Ei|sen|bart[h]: in der Verbindung **Doktor E.** *(scherzh. Bez. für einen Arzt, der gern derbe Kuren anwendet;* nach dem dt. Wundarzt J. A. Eisenbarth [1663–1727]).

Ei|sen|bau, der ⟨Pl. -ten⟩: *Stahlbau* (2).

Ei|sen|berg|werk, das: *Bergwerk, in dem Eisener gefördert wird.*

Ei|sen|be|schlag, der: *eiserner Beschlag.*

ei|sen|be|schla|gen ⟨Adj.⟩: *mit Eisen beschlagen.*

Ei|sen|be|ton, der: *Stahlbeton.*

Ei|sen|bett, das: *Bett mit eisernem Gestell.*

Ei|sen|blech, das: *Stahlblech.*

Ei|sen|block, der ⟨Pl. ...blöcke⟩: *Block* (1) *aus Eisen.*

Ei|sen|chlo|rid, das (Chemie): *Chlorid des Eisens (schwarzbraune, glänzende Kristalle).*

Ei|sen|draht, der: *Draht aus Stahl.*

Ei|sen|erz, das (Mineral.): *Eisen enthaltendes Erz*

Ei|sen|far|be, die: *Farbe mit Eisenoxiden als Hauptbestandteil.*

ei|sen|far|ben ⟨Adj.⟩: *grau wie die Farbe von Eisen.*

ei|sen|far|big ⟨Adj.⟩: **a)** *eisenfarben;* **b)** *Eisenfarbe enthaltend.*

Ei|sen|fei|le, die: *Feile zur Bearbeitung von Metallen.*

ei|sen|füh|rend ⟨Adj.⟩: *Eisenerz enthaltend.*

Ei|sen|garn, das: *appretiertes u. geglättetes, sehr festes Baumwoll- od. Leinengarn.*

Ei|sen|ge|halt, der: *Gehalt an Eisen.*

Ei|sen|ge|win|nung, die: *Gewinnung von Eisen.*

Ei|sen|gie|ßer, der: *jmd., der durch Gießen von flüssigem Eisen in Formen Gegenstände herstellt* (Berufsbez.).

sen|gie|ße|rei, die: *Betrieb für die Herstellung ¿usseiserner Gegenstände.*
sen|gie|ße|rin, die; -, -nen: w. Form zu ↑Eisengießer.
sen|glanz, der (Geol.): *grobkörniger Hämatit.*
sen|guss, der ⟨o. Pl.⟩: 1. *das Gießen von* ¿*eschmolzenem Eisen in bestimmte Formen.* 2. *gegossenes Eisen.*
sen|hal|tig, (österr.:) **ei|sen|häl|tig** ⟨Adj.⟩: *Eisen enthaltend:* -e Minerale; Ü die Luft war e. ugs. scherzh.; *es wurde [viel] geschossen).*
sen|ham|mer, der: 1. a) *Schmiedehammer;*) *großer, mechanisch betriebener Hammer zur Bearbeitung von Eisen.* 2. (veraltet) *Hammerwerk, in dem Eisen bearbeitet wird.*
sen|hand|lung, die: *Eisenwarenhandlung.*
sen|hart ⟨Adj.⟩: *sehr hart (wie Eisen):* ein e. gefrorener Boden.
sen|holz, das: *sehr hartes, schwer zu bearbeitendes Holz verschiedener außereuropäischer Baumarten.*
sen|hut, der: 1. *(zu den Hahnenfußgewächsen gehörende) hoch wachsende, ein sehr starkes Gift enthaltende Pflanze mit dunkelgrünen, handförmigen Blättern u. blauvioletten Blüten, bei denen das oberste Blütenblatt eine helmähnliche Form hat.* 2. *eiserner Helm, Sturmhaube mit Rand (als Teil der mittelalterlichen Rüstung).*
sen|hüt|te, die: *industrielle Anlage, in der aus Erz Eisen gewonnen wird.*
sen|hüt|ten|kom|bi|nat, das (DDR): *Kombinat, in dem Eisen gewonnen u. teilweise weiterverarbeitet wird.*
sen|hüt|ten|we|sen, das ⟨o. Pl.⟩: *Gesamtheit der Vorgänge u. Vorrichtungen, die die Eisenverhüttung betreffen.*
sen|in|dus|trie, die: *Industrie, die Eisen gewinnt u. zum Teil weiterverarbeitet.*
sen|kar|bid, das: *sehr harte Eisen-Kohlenstoff-Verbindung, die u. a. im Stahl enthalten ist u. dessen Härte mitbestimmt; Zementit.*
sen|kern, der (Elektrot.): *den Hohlraum einer stromdurchflossenen Spule ausfüllender magnetisierbarer Massivkörper aus Eisen o. Ä., der die magnetische Induktion im Innern der Spule erhöhen soll.*
sen|kies, der: *Schwefelkies, Pyrit.*
sen|kie|sel, der: *durch Eisenoxide gelb, braun od. auch rot gefärbter Quarz.*
sen|kitt, der: *aus feinen Eisenspänen u. Salmiaklösung hergestellte Masse zum Verbinden von Eisenteilen od. von Eisen mit Stein.*
sen|kraut, das [wohl nach spätlat. ferraria, zu lat. ferrum = Eisen, viell. nach den zähen, festen Stängeln]: *an Wegen u. Ackerrändern vorkommende Pflanze mit dunkelgrünen kleinen Blättern u. in rutenförmigen Ähren wachsenden, blasslila Blüten.*
sen|kur, die: *Kur mit eisenhaltigen Heilmitteln.*
sen|lack, der: *zum Anstreichen von Eisen geeigneter Asphaltlack.*
sen|le|gie|rung, die: *Legierung mit Eisen als hauptsächlichem Metall.*
sen|man|gel, der ⟨o. Pl.⟩: *Mangel an Eisen im menschlichen u. tierischen Körper.*
sen|oxid, (auch:) **Ei|sen|oxyd**, das: *Verbindung von Eisen mit Sauerstoff.*
sen|prä|pa|rat, das (Pharm.): *Präparat, das hauptsächlich Eisen enthält.*
sen|quel|le, die: *eisenhaltige Mineralquelle.*
sen|rahm, der [zu mundartl. Rahm = Ruß, mhd. ram = sich ansetzender Schmutz, bes. am Metall der Rüstung] (Mineral.): *rote, pulverige Abart des Hämatits.*
sen|ring, der: *eiserner Ring.*
sen|sä|ge, die: *Säge zum Schneiden von Eisen.*
sen|säu|er|ling, der: *kohlensäurehaltige Eisenquelle.*
sen schaf|fend: s. Eisen (1).
sen|schla|cke, die: *Schlacke als Rückstand bei der Eisenverhüttung.*
sen|schlä|ger, der (Golf): *Schläger mit einem Stahlkopf, der von der Schlagfläche bis zur Rückseite verhältnismäßig schmal ist.*
ei|sen|schüs|sig ⟨Adj.⟩ (Mineral.): *(von Böden u. Gesteinen) von Eisenoxiden durchsetzt u. dadurch gelb bis rotbraun gefärbt.*
Ei|sen|schwarz, das: 1. *Eisenfarbe.* 2. *Antimonpulver zum Färben von Gipsgegenständen.* 3. *Graphitmasse zum Schwärzen von Eisen.*
Ei|sen|span, der ⟨meist Pl.⟩: *beim Feilen von Eisen entstehender Span.*
Ei|sen|spat, der (Mineral.): *helles gelbbraunes Eisenerz.*
Ei|sen|spit|ze, die: *eiserne Spitze.*
Ei|sen|stadt: *Landeshauptstadt des Burgenlandes.*
Ei|sen|stan|ge, die: *eiserne Stange.*
Ei|sen|sul|fat, das: *Sulfat des Eisens, das als Färbemittel [Berliner Blau] verwendet wird.*
Ei|sen|teil, das: *eisernes Teil.*
Ei|sen|trä|ger, der: *eiserner Träger* (2).
Ei|sen ver|ar|bei|tend: s. Eisen (1).
Ei|sen|ver|bin|dung, die (Chemie): *Verbindung des Eisens mit anderen Elementen.*
Ei|sen|ver|hüt|tung, die: *Gewinnung u. teilweise Weiterverarbeitung von Eisen.*
Ei|sen|vi|tri|ol, das: *grünes, kristallisiertes Eisensulfat.*
Ei|sen|wa|ren ⟨Pl.⟩: *Waren, die in [Gebrauchs]gegenständen aus Eisen bestehen.*
Ei|sen|wa|ren|händ|ler, der: *Händler in Eisenwaren.*
Ei|sen|wa|ren|händ|le|rin, die: w. Form zu ↑Eisenwarenhändler.
Ei|sen|wa|ren|hand|lung, die: *Geschäft, das hauptsächlich Eisenwaren führt.*
Ei|sen|werk, das: vgl. Hüttenwerk.
Ei|sen|wich|ser, der (Jargon): *Arbeiter, der auf das Lackieren von Metall spezialisiert ist.*
Ei|sen|zeit, die: *frühgeschichtliche Kulturperiode im Anschluss an die Bronzezeit, in der das Eisen das wichtigste Rohmaterial für Waffen u. Werkzeuge war.*
ei|sen|zeit|lich ⟨Adj.⟩: *die Eisenzeit betreffend, zu ihr gehörend.*
ei|sern ⟨Adj.⟩ [mhd. īsern, ahd. īsarnīn]: 1. *aus Eisen bestehend, hergestellt:* ein -es Geländer; ein -er Ofen. 2. a) *unerschütterlich, unwandelbar:* eine -e Gesundheit; -e Nerven; mit -er Energie eine Sache verfolgen; e. schweigen; sich e. an etw. halten; (ugs. Ausruf der Bekräftigung:) »Du machst doch immer noch mit?« – »Eisern!«; b) *unerbittlich [hart, streng], unnachgiebig, kompromisslos:* ein -er Wille; (ugs.:) in der Sache ist die Chefin e. *(daran hält sie fest, davon lässt sie sich nicht abbringen);* e. entschlossen sein, durchgreifen.
Ei|ses|käl|te, die (geh.): *eisige Kälte.*
Eis|es|sig, der: *reine, bei 16,6 °C zu eisähnlichen Kristallen erstarrende Essigsäure.*
Eis|fach, das: *Kühlschrankfach für Temperaturen unter 0°.*
Eis|feld, das: *größere vereiste Fläche.*
Eis|fi|sche|rei, die: *das Fischen unter dem* [2]*Eis* (1 a) *im Winter.*
Eis|flä|che, die: *vom* [2]*Eis* (1 a) *gebildete Fläche.*
Eis|frau, die (ugs.): vgl. Eismann.
eis|frei ⟨Adj.⟩: *von* [2]*Eis* (1 a) *befreit, frei von* [2]*Eis* (1 a).
Eis|fuchs, der: *Polarfuchs.*
Eis|gang, der: *das Abschwimmen der winterlichen Eisdecke auf fließenden Gewässern.*
eis|ge|kühlt ⟨Adj.⟩: *mit* [2]*Eis* (1 a) *gekühlt, im Kühlschrank gekühlt:* -e Getränke.
Eis|ge|tränk, das: *Getränk mit Eiswürfeln.*
eis|glatt ⟨Adj.⟩: a) ['– –] *glatt von* [2]*Eis* (1 a): es gab zahlreiche Unfälle auf den -en Straßen; b) ['–'–] (ugs.) *so glatt wie* [2]*Eis* (1 a), *sehr glatt.*
Eis|glät|te, die: *durch* [2]*Eis* (1 a) *hervorgerufene Glätte.*
eis|grau ⟨Adj.⟩: *weißgrau wie* [2]*Eis* (1 a): -es Haar.
Eis|ha|ken, der (Bergsteigen): *mit Widerhaken versehener Metallstift, der zur Absicherung in das* [2]*Eis* (1 a) *geschlagen wird.*
Eis|ham|mer, der (Bergsteigen): *Hammer zum Einschlagen der Eishaken, Schlagen von Tritten u. a.*
Eis|hei|li|gen ⟨Pl.; nur mit best. Art.⟩ [urspr. Bez. für die Heiligen, deren Gedächtnis in der kath. Kirche an diesen Tagen gefeiert wird]: volkst. Bez. für *bestimmte Tage im Mai* (nordd.: 11.–13., südd.: 12.–15.) *mit erhöhter Frostgefahr.*
Eis|ho|ckey, das (Sport): *dem Hockey ähnliches, mit Schlittschuhen auf einer Eisfläche ausgetragenes Mannschaftsspiel, bei dem eine Scheibe aus Hartgummi (Puck 2) mit Eishockeyschlägern ins gegnerische Tor zu treiben ist.*
Eis|ho|ckey|mann|schaft, die: *Mannschaft beim Eishockey.*
Eis|ho|ckey|schlä|ger, der: *Stock mit schräg abgewinkeltem, länglich schmalem Blatt* (5), *der zum Schlagen u. Führen des Pucks* (2) *dient.*
Eis|ho|ckey|spie|ler, der: *jmd., der Eishockey spielt.*
Eis|ho|ckey|spie|le|rin, die: w. Form zu ↑Eishockeyspieler.
Eis|höh|le, die: *[ständig] vereiste Höhle.*
ei|sig ⟨Adj.⟩ [mhd. īsec]: 1. *kalt wie* [2]*Eis* (1 a); *schneidend kalt:* ein -er Wind; die Luft war e. [kalt]; Ü ein -er Schrecken; es durchzuckte mich e. 2. *kalt ablehnend, frostig, unnahbar:* ein -es Schweigen; sie wurde e. empfangen.
ei|sig kalt: s. eisig (1).
Eis|jacht, die: *segelbootartiger Schlitten zum Eissegeln.*
Eis|kaf|fee, der: *Kaffee mit Speiseeis u. Sahne.*
eis|kalt ⟨Adj.⟩: 1. *sehr kalt:* -es Wasser; Ü ihr wurde e. *(sie schauderte)* bei diesem Gedanken. 2. a) *völlig gefühllos, abweisend:* ein -er Mensch; b) *sehr nüchtern, von keinerlei Gefühlswerten od. -regungen bestimmt:* -es Karrieredenken; e. handeln.
Eis|ka|nal, der (Sport Jargon): *ausgebaute, vereiste Bahn für Rennen mit Rodel od. Bob.*
Eis|kap|pe, die: *(am Nord- bzw. Südpol) eine Erhebung, einen Vorsprung bedeckende Schicht aus* [2]*Eis* (1 a).
Eis|kel|ler, der (früher): *mit Eisblöcken gekühlter Kellerraum zur gewerblichen Lagerung besonders von Bier od. Wein:* hier ist es [kalt] wie in einem E.
Eis|klet|tern, das; -s (Bergsteigen): *das Klettern im* [2]*Eis* (1 a; im Unterschied zum Felsklettern).
Eis|kraut, das: *Pflanze mit weißen, gelben od. roten strahligen Blüten u. dicken, fleischigen Blättern.*
Eis|krem, die: ↑Eiscreme.
Eis|kris|tall, der ⟨meist Pl.⟩: *Kristall aus* [2]*Eis* (1 a).
Eis|kü|bel, der: *Kübel, in dem Getränke mit Eisstücken kühl gehalten werden.*
Eis|küh|ler, der: *Gefäß, in dem Getränke mit Eisstücken kühl gehalten werden.*
Eis|kunst|lauf, der ⟨o. Pl.⟩ (Sport): *auf bestimmten Figuren u. Sprüngen aufbauende künstlerische Form des Eislaufs.*
Eis|kunst|läu|fer, der: *jmd., der Eiskunstlauf betreibt.*
Eis|kunst|läu|fe|rin, die: w. Form zu ↑Eiskunstläufer.
Eis|lauf, der ⟨o. Pl.⟩: *Fortbewegung auf dem* [2]*Eis* (1 a) *mit Schlittschuhen.*
Eis lau|fen: s. [2]Eis (1 a).
Eis|läu|fer, der: *jmd., der Eis läuft.*
Eis|läu|fe|rin, die: w. Form zu ↑Eisläufer: sie ist eine hervorragende E.
Eis|le|ben: Stadt im östlichen Harzvorland.
[1]**Eis|le|ber**, der; -s, -: Ew.
[2]**Eis|le|ber** ⟨indekl. Adj.⟩.
Eis|le|be|rin, die; -, -nen: w. Form zu ↑[1]Eisleber.
Eis|loch, das: *Loch in der Eisdecke.*
Eis|mann, der ⟨Pl. ...männer⟩ (ugs.): 1. *Mann, der Speiseeis auf der Straße [am Wagen] verkauft.* 2. *Mann, der* [2]*Eis* (1 a) *ausfährt, austrägt.* 3. ⟨Pl.⟩ (österr., auch südd.) *die Eisheiligen.*
Eis|ma|schi|ne, die: *Maschine zur Herstellung von Speiseeis.*
Eis|mas|se, die: *Masse von* [2]*Eis* (1 a), *besonders Gletschereis.*

E

Eis|meer, das: *Pack- u. Treibeis führendes Meer in den Polargebieten.*

Eis|mo|nat, Eis|mond, der (veraltet): *Januar.*

Eis|na|del, die ⟨meist Pl.⟩: *Eiskristall in Form einer Nadel.*

Eis|pa|last, der: **1.** *hallenartiges Gebäude mit künstlicher Eisbahn für den Eiskunstlauf.* **2.** (ugs. scherzh.) *eiskalte Wohnung, eiskaltes Zimmer.*

Ei|spen|de, die (Med.): *das Spenden von Eizellen zur künstlichen Befruchtung.*

Eis|pi|ckel, der (Bergsteigen): *Ausrüstungsgegenstand des Bergsteigers zum Aufhacken von Eis, der aus Schaft u. zweiarmigem Kopf mit Spitze u. Schneide besteht.*

E

Ei|sprung, der (Zool., Med.): *Follikelsprung, Ovulation.*

Eis|pul|ver, das: *Pulver zur Herstellung von Speiseeis.*

Eis|punkt, der: *Gefrierpunkt.*

Eis|re|gen, der: **1.** *Niederschlag aus Eiskörnern.* **2.** *unterkühlter Regen, der beim Auftreffen zu [Glatt]eis gefriert.*

Eis|re|gi|on, die: *Region des ewigen* [2]*Eises* (1 a).

Eis|re|vue, die: *Revue, die von Eiskunstläufern auf einer Eisfläche dargeboten wird.*

Eiß, der; -es, -e, (auch:) Eiße, die; -, -n [mhd., ahd. eiȥ, eigtl. = Geschwulst, verw. mit ↑Eiter] (südd., schweiz. mundartl.): *Eitergeschwür.*

Eis|sa|lat, der: *Salat mit festen, kräftigen grünen Blättern.*

Eis|schicht, (österr.:) **Eis|schich|te,** die: *Schicht von* [2]*Eis* (1 a).

Eis|schie|ßen, das; -s (Sport): *[Mannschafts]spiel, bei dem die Spieler Eisstöcke auf einer Eisfläche möglichst dicht an ein vorgegebenes Ziel gleiten lassen.*

Eis|schmel|ze, die: *das Schmelzen des* [2]*Eises* (1 a) *bei Tauwetter.*

Eis|schnell|lauf, der ⟨o. Pl.⟩ (Sport): *auf einer Eisbahn auf Schlittschuhen ausgetragener Wettkampf im Schnelllaufen.*

Eis|schnell|läu|fer, der: *Sportler, der Eisschnelllauf betreibt.*

Eis|schnell|läu|fe|rin, die: w. Form zu ↑Eisschnellläufer.

Eis|scho|ko|la|de, die: *Trinkschokolade mit Eis u. Sahne.*

Eis|schol|le, die: *großes Stück Treibeis.*

Eis|schrank, der: **a)** (veraltend) *Kühlschrank;* **b)** *früher zum Kühlhalten verwendeter schrankartiger Behälter mit isolierenden Wänden u. einer Eisfüllung in blockartiger Stangenform.*

Ei|ße: ↑Eiß.

Eis|se|geln, das; -s (Sport): *Segeln mit einer Eisjacht od. auf Schlittschuhen mit einem Handsegel.*

Eis|spal|te, die: **1.** *Spalte im* [2]*Eis* (1 a): in eine E. fallen. **2.** *vereiste [Fels]spalte.*

Eis|sport, der: *Gesamtheit der auf dem* [2]*Eis* (1 a) *betriebenen Sportarten.*

Eis|spross, der; -es, -e, **Eis|spros|se,** die; -, -n [H. u.] (Jägerspr.): *über dem Augspross sitzendes Geweihende beim Rothirsch.*

Eis|sta|di|on, das: *Stadion mit einer Eisbahn.*

Eis|stand, der: *Verkaufsstand für Speiseeis.*

Eis|stock, der: *mit einem Griff versehene, eisenbeschlagene Holzscheibe zum Eisschießen.*

Eis|ta|ge ⟨Pl.⟩ (Met.): *Tage, an denen die höchste Temperatur unter Null bleibt.*

Eis|tanz, der (Sport): *Disziplin des Eislaufs, bei der Paare Schritte tänzerischen Charakters im Rhythmus der Musik ausführen.*

Eis|tee der: *Erfrischungsgetränk aus kaltem (gesüßtem) Tee.*

Eis|tü|te, die: *Waffel in der Form einer Tüte, in der kleine Portionen Speiseeis verkauft werden.*

Eis|ver|käu|fer, der: *Verkäufer von Speiseeis.*

Eis|ver|käu|fe|rin, die: w. Form zu ↑Eisverkäufer.

Eis|vo|gel, der [1: mhd. īsvogel, ahd. īsvogal, zu: īs = Eis, da man annahm, der Vogel brüte im Winter; umgedeutet aus: īsarno(vogal), eigtl. = Eisenvogel, nach seinem blau glänzenden Gefieder]: **1.** *oberseits leuchtend blaugrün u. unterseits rotbraun gefiederter, am Wasser lebender Vogel mit langem, dolchähnlichem Schnabel.* **2.** *Tagfalter, dessen braune Flügeloberseite weiße Flecke aufweist.*

Eis|waf|fel, die: *Waffel, die zum Speiseeis gegessen wird.*

Eis|warn|dienst, der: *Einrichtung zur Warnung der Schifffahrt vor Eisbergen, Treibeis, Zufrieren der Fahrrinnen u. Ä.*

Eis|was|ser, das ⟨o. Pl.⟩: **1.** *eiskaltes Wasser.* **2.** *Wasser mit Eisstücken.*

Eis|wein, der: *gehaltvoller Wein aus Trauben, in denen das Wasser des Saftes bei der Lese u. bei der Kelterung gefroren ist.*

Eis|wol|ke, die (Met.): *Wolke aus Eiskristallen* (z. B. Zirruswolke).

Eis|wür|fel, der: *kleiner Würfel aus Kunsteis [zum Kühlen von Getränken].*

Eis|wüs|te, die (Geogr.): *vegetationsloses, ödes, eisbedecktes Gebiet.*

Eis|zap|fen, der: *aus herabtropfendem, sofort anfrierendem Wasser gebildeter [herabhängender] Zapfen.*

Eis|zeit, die: **1.** *Zeitraum der Erdgeschichte (besonders im Pleistozän) für den ein Absinken der Temperaturen u. eine Ausdehnung der Gletscherbildung u. des Inlandeises charakteristisch sind:* **Ü** eine neue E. *(frostiges, kühles [politisches] Klima)* zwischen Ost und West. **2.** ⟨o. Pl.⟩ volkst. Bez. für ↑Eiszeitalter.

Eis|zeit|al|ter, das: *Pleistozän.*

eis|zeit|lich ⟨Adj.⟩: *der Eiszeit zuzuordnen, zugehörig.*

ei|tel ⟨Adj.⟩ [mhd. ītel, ahd. ītal, urspr. = leer, ledig, H. u.]: **1.** (abwertend) *[in Bezug auf die eigene äußere Erscheinung] selbstgefällig, eingebildet:* ein eitler Mensch. **2.** (geh. veraltend) *nichtig, vergeblich:* eitles Geschwätz. **3.** ⟨indekl.⟩ (veraltend, noch scherzh.) *rein, lauter:* die Figur ist e. Gold; es herrschte e. Freude.

Ei|tel|keit, die; -, -en ⟨Pl. selten⟩ [mhd. ītelkeit]: **1.** (abwertend) *eitle [Wesens]art.* **2.** (geh. veraltend) *Nichtigkeit, Vergeblichkeit.*

Ei|ter, der; -s [mhd. eiter, ahd. eit(t)ar, eigtl. = Schwellendes; Geschwulst]: *aus weißen Blutkörperchen, Blutserum u. zerfallenem Gewebe bestehende gelbliche Flüssigkeitsabsonderung bei Entzündungen:* die Wunde sondert E. ab.

Ei|ter|beu|le, die: *Furunkel.*

Ei|ter|bläs|chen, das: *mit Eiter angefülltes Bläschen; Pustel.*

Ei|ter|er|re|ger, der: *Erreger, der eine eitrige Entzündung auslöst.*

Ei|ter|flech|te, die: *Impetigo.*

Ei|ter|ge|schwür, das: *Furunkel.*

Ei|ter|herd, der: *Herd* (2 b) *einer eitrigen Entzündung.*

ei|te|rig: ↑eitrig.

ei|tern ⟨sw. V.; hat⟩ [mhd. eitern = vergiften]: *Eiter absondern:* das Geschwür, der Finger eitert.

Ei|ter|pi|ckel, der: *eiternder Pickel.*

Ei|te|rung, die; -, -en: *Bildung von Eiter.*

eit|rig, (selten:) eiterig ⟨Adj.⟩ [mhd. eiterec, ahd. eitarig = giftig]: *eiternd:* -e Wunden.

Ei|weiß, das; -es, -e [seit dem 18. Jh. für älter eierweiß]: **1.** ⟨Pl. selten; aber: drei Eiweiß⟩ *den Dotter umgebender heller Bestandteil des [Hühner]eis:* drei E. zu Schnee schlagen. **2.** (Chemie, Biol.) *in überaus zahlreichen Abwandlungen vorkommende, besonders als Aufbausubstanz pflanzlicher u. tierischer Zellen sowie als Bestandteil der Nahrung lebenswichtige organische Verbindung (aus den Elementen Kohlen-, Wasser-, Stick-, Sauerstoff, Schwefel u. a. mit Aminosäuren als Grundbausteinen).*

ei|weiß|ar|tig ⟨Adj.⟩: *in der Art von Eiweißen* (2): -e Verbindungen.

Ei|weiß|ge|halt, der: *Gehalt an Eiweiß* (2).

ei|weiß|hal|tig ⟨Adj.⟩: *Eiweiß* (2) *enthaltend:* -e Nahrung.

Ei|weiß|haus|halt, der: *das Zusammenwirken der zum Eiweißstoffwechsel gehörenden Vorgänge.*

Ei|weiß|kör|per, der (Chemie, Biol.): *Eiweiß[stoff], eiweißartige Verbindung.*

Ei|weiß|man|gel, der: *Mangel an Eiweiß* (2) *im menschlichen u. tierischen Körper.*

Ei|weiß|stoff, der ⟨meist Pl.⟩: *Eiweiß* (2), *eiweißartige Verbindung.*

Ei|weiß|stoff|wech|sel, der (Med., Biol.): *die Eiweiße* (2) *betreffender Stoffwechsel.*

Ei|zahn, der (Zool.): *am Zwischenkiefer sitzende Zahn bei jungen Schlangen u. Eidechsen (die gerade aus dem Ei schlüpfen), der dazu dient, die pergamentartige Eischale aufzuschlitzen (der später abgeworfen wird).*

Ei|zel|le, die: *weibliche Keimzelle.*

Eja|cu|la|tio prae|cox, die; - - [nlat., zu ↑Ejakula tion u. lat. praecox = vor-, frühzeitig] (Med.): *vorzeitig erfolgender Samenerguss.*

Eja|ku|lat, das; -[e]s, -e [zu lat. eiaculatum, 2. Pa von: eiaculare, ↑ejakulieren] (Med.): *bei der Ej kulation ausgespritzte Samenflüssigkeit.*

Eja|ku|la|ti|on, die; -, -en (Med., bildungsspr.): *Ausspritzung der Samenflüssigkeit beim Orga mus des Mannes, Samenerguss.*

eja|ku|lie|ren ⟨sw. V.; hat⟩ [lat. eiaculare = hinauswerfen; zu: iaculari = werfen, zu: iaculum = das Geworfene, Wurf, zu: iacere = werfen] (Med.): *Samenflüssigkeit ausspritzen.*

Ejek|ti|on, die; -, -en [lat. eiectio = das Hinauswerfen, zu: eicere (2. Part.: eiectum) = (hin)au werfen, zu: iacere, ↑ejakulieren] (Fachspr.): *explosionsartiges Ausschleudern von [vulkani scher] Materie.*

Ejek|tiv, der; -s, -e, **Ejek|tiv|laut,** der (Sprachw.): *Verschlusslaut, bei dessen Artikulation die zw schen Mundverschluss u. Kehlkopfverschluss komprimierte Luft nach außen gestoßen wird.*

eji|zie|ren ⟨sw. V.; hat⟩ [lat. eicere, ↑Ejektion] (Fachspr.): *Materie ausschleudern.*

Ekart [eˈkaːɐ̯], der, -s, -s [frz. écart, eigtl. = Entfe nung, zu: écarter = auseinander treiben, urspr = in vier Teile teilen, über das Vlat. zu lat. qua tus, ↑[1]Quart] (Börsenw.): *im Börsengeschäft Abstand zwischen dem Basiskurs (Tageskurs) dem Prämienkurs (Basiskurs plus Prämie).*

[1]**Ekar|té** [ekarˈteː], das; -s, -s [frz. écarté, subst. 2. Part. von: écarter = (Karten) ablegen, zu: carte, ↑Karte]: *französisches Kartenspiel.*

[2]**Ekar|té,** das; -s, -s [frz. pose écartée, aus: pose (↑[1]Pose) u. écartée, 2. Part. (Fem.) von: écarter, ↑Ekart]: *(im klassischen Ballett) Position, in d der Tänzer schräg zum Zuschauer steht u. Arm u. Beine sich ebenfalls in dieser Ebene bewege*

EKD [eːkaːˈdeː], die; -: Evangelische Kirche in Deutschland.

ekel ⟨Adj.; ekler, -ste⟩ [frühnhd. (md.) eckel, H. u (geh.): **a)** *Ekel erregend:* **b)** *verwerflich.*

[1]**Ekel,** der; -s [frühnhd. (md.) e(c)kel, mniederd. ēkel = Gräuel]: **a)** *Übelkeit erregendes Gefühl des Widerwillens, des Abscheus vor etw. als widerlich Empfundenem:* E. vor fettem Fleisch empfinden; eine E. erregende Brühe; **b)** *Gefühl des Überdrusses vor etw. als sinnlos Angesehe nem:* ein E. vor dem Leben befiel ihn.

[2]**Ekel,** das; -s, - (ugs. abwertend): *widerlicher, durch entsprechendes Verhalten unangenehm wirkender Mensch:* du E!

ekel|er|füllt ⟨Adj.⟩: *voller Ekel:* sich e. abwende

ekel|er|re|gend ⟨Adj.⟩: *ekelhaft* (1): eine äußerst e. Brühe.

ekel|haft ⟨Adj.⟩: **1.** *widerlich, abstoßend; psychischen Widerwillen, Abscheu hervorrufend:* -es (ugs.; *sehr unangenehmes*) Wetter; e. riechen. **2.** ⟨intensivierend bei Verben u. Adjektiven⟩ (ugs.) *sehr, überaus:* e. frieren; es war e. kalt.

eke|lig: ↑eklig.

ekeln ⟨sw. V.; hat⟩ [mniederd. ēkelen]: **1. a)** ⟨e. + sich⟩ *Ekel empfinden:* ich ek[e]le mich vor Ratten; **b)** ⟨unpers.⟩ *in jmdm. ein Gefühl des Ekels entstehen lassen:* es ekelt mich/mir vor der Ratte; mich/mir ekelt vor ihm; **c)** *bei jmdm. Ek erregen; anwidern:* die Ratte ekelt mich. **2.** (ugs vgl. hinausekeln: jmdn. aus dem Haus e.

EKG, Ekg [e:ka:ˈge:], das; -s, -s: Elektrokardiogramm.

Ek|kle|sia, die; - [lat. ecclesia, ↑Ecclesia] (Theol.): *christliche Kirche.*

Ek|kle|si|as|tes, der; - [kirchenlat. Ecclesiastes < griech. ekklēsiastḗs = Redner]: griech.-lat. Bez. für ↑Prediger (3).

Ek|kle|si|o|lo|gie, die; - [zu griech. lógos, ↑Logos]: *theologische Lehre von der christlichen Kirche.*

Eklat [eˈkla(:)], der; -s, -s [frz. éclat, zu: éclater, ↑eklatant]: *Aufsehen, Knall, Skandal; [in der Öffentlichkeit] starkes Aufsehen erregender Vorfall:* einen E. verursachen; es kam zum E.

ekla|tant ⟨Adj.⟩ [frz. éclatant, 1. Part. zu: éclater < afrz. esclater = bersten, krachen]: **a)** *offensichtlich, auffällig, ins Auge springend, in nicht zu übersehender Weise [vorhanden]:* -e Unterschiede; ein -er Widerspruch; -e Mängel, Fehler; **b)** *sensationell, Aufsehen erregend:* -e Erfolge.

Ek|lek|ti|ker, der; -s, - [griech. eklektikós, eigtl. = auswählend, auslesend]: **1.** *Philosoph, der aus verschiedenen philosophischen Systemen das Passende auswählt u. zu einem eigenen System verarbeitet.* **2.** (bildungsspr. abwertend) *jmd., der keine eigenen Ideen entwickelt, sondern nur Gedanken anderer für seine Theorie o. Ä. verwertet.*

Ek|lek|ti|ke|rin, die; -, -nen: w. Form zu ↑Eklektiker.

ek|lek|tisch ⟨Adj.⟩ (bildungsspr.): **1. a)** *in der Art des Eklektikers [verfahrend];* **b)** (abwertend) *nur Ideen anderer (z. B. in einer Theorie) verwendend, unschöpferisch.* **2. a)** (abwertend) *nicht den nötigen Zusammenhang, die nötige Einheitlichkeit aufweisend, zerstückelt:* ein -es Verfahren; **b)** (veraltend) *auswählend, prüfend.*

Ek|lek|ti|zis|mus, der; -: **1.** *Philosophie eines Eklektikers* (1). **2.** (bildungsspr. abwertend) *unoriginelle, unschöpferische geistige od. künstlerische Arbeitsweise, bei der Ideen anderer übernommen od. zu einem System zusammengetragen werden.*

ek|lek|ti|zis|tisch ⟨Adj.⟩: **1.** *den Eklektizismus* (1) *betreffend, zum Eklektizismus gehörend.* **2.** (bildungsspr. abwertend) *durch Eklektizismus* (2) *gekennzeichnet.*

ek|lig, (selten:) ekelig ⟨Adj.⟩: **1. a)** *Ekel erregend, widerwärtig, abscheulich:* ein -er Geruch; **b)** (ugs.) *in seinem Auftreten unangenehm; gemein, niederträchtig:* du, ich kann ganz schön e. *(böse, unangenehm)* werden. **2.** ⟨intensivierend bei Verben u. Adjektiven⟩ (ugs.) *sehr, ganz gehörig, tüchtig:* sich e. wehtun.

Ek|lip|se, die; -, -n [griech. ékleipsis, eigtl. = das Verlassen, Ausbleiben] (Astron.): *Sonnen- od. Mondfinsternis.*

Ek|lip|tik, die; -, -en [lat. linea ecliptica, eigtl. = zur Eklipse gehörende Linie, Bahn (da in ihr Eklipsen auftreten)]: *der größte Kreis, in dem die Ebene der Erdbahn um die Sonne die als unendlich groß gedachte Himmelskugel schneidet; Weg, den die Sonne innerhalb eines Jahres scheinbar am Himmel beschreibt.*

ek|lip|tisch ⟨Adj.⟩ [lat. eclipticus < griech. ekleiptikós]: *die Eklipse betreffend, mit ihr zusammenhängend.*

Ek|lo|ge, die; -, -n [lat. ecloga < griech. eklogḗ = Auswahl] (Literaturw.): **a)** *altrömisches Hirtengedicht;* **b)** *kleineres, ausgewähltes Gedicht.*

ekrü, (fachspr.:) ecru [eˈkry:] ⟨indekl. Adj.⟩ [frz. écru, zu: cru = roh < lat. crudus]: **a)** *(von Textilien) ungebleicht, naturfarben;* **b)** *gelblich weiß.*

Ekrü|sei|de, (fachspr.:) Ecruseide, die: *nicht vollständig entbastete Naturseide von gelblicher Farbe.*

Eks|ta|se, die; -, -n [kirchenlat. ecstasis < griech. ékstasis, eigtl. = das Aus-sich-Heraustreten]: *[religiöse] Verzückung, Entrückung; rauschhafter, tranceartiger Zustand, in dem der Mensch der Kontrolle seines normalen Bewusstseins entzogen ist:* wilde E.; jmdn. in E. versetzen; in [einen Zustand der] E. geraten; in E. sein.

Eks|ta|tik, die; - [zu griech. ekstatikós = verzückt] (bildungsspr.): *Ausdruck[sform] der Ekstase.*

Eks|ta|ti|ker, der; -s, -: *jmd., der [leicht] in Ekstase gerät.*

Eks|ta|ti|ke|rin, die; -, -nen: w. Form zu ↑Ekstatiker.

eks|ta|tisch ⟨Adj.⟩: *rauschhaft, schwärmerisch; außer sich; in Ekstase:* in -er Verzückung.

ek|to-, Ek|to- [griech. ektós] ⟨Best. in Zus. mit der Bed.⟩: *außen, außerhalb* (z. B. ektotroph, Ektoparasit).

Ek|to|derm, das; -s, -e [zu griech. dérma = Haut] (Biol., Med.): *äußeres Keimblatt* (2).

Ek|to|mie, die; -, -n [zu griech. ektomḗ = das Ausschneiden, zu: ektémnein = herausschneiden] (Med.): *operatives Herausschneiden, Entfernung eines Organs.*

Ek|to|pa|ra|sit, der [↑Parasit] (Med.): *Parasit, der auf der Körperoberfläche seines Wirtes lebt.*

ek|to|troph ⟨Adj.⟩ [zu griech. trophḗ = das Ernähren; Nahrung] (Bot.): *(von symbiotisch an Pflanzenwurzeln lebenden Pilzen) außerhalb der Wirtspflanze lebend.*

Eku|a|dor usw.: ↑Ecuador usw.

Ek|zem, das; -s, -e [griech. ékzema] (Med.): *nicht ansteckende, juckende Entzündung der Haut.*

Ela|bo|rat, das; -[e]s, -e [zu lat. elaborare = sorgfältig ausarbeiten]: **a)** (geh.) *schriftliche Arbeit, Ausarbeitung:* ein umfangreiches E.; **b)** (abwertend) *in Bezug auf den Inhalt nicht sorgfältig hergestellte, geistlose schriftliche Arbeit; Machwerk.*

ela|bo|riert ⟨Adj.⟩ [nach engl. elaborated = herausgearbeitet, entwickelt, zu lat. elaborare, ↑Elaborat] (bes. Sprachw.): *differenziert ausgebildet:* -er Code (↑Code 3).

Elan [eˈla:n, auch: eˈlã:], der; -s [frz. élan, zu: s'élancer = vorschnellen, sich aufschwingen, zu: lancer, ↑lancieren] (bildungsspr.): *innerer Schwung, Spannkraft; Begeisterung:* E. zeigen; mit viel E. an seine Aufgabe herangehen.

elan|voll ⟨Adj.⟩ (bildungsspr.): *mit Elan:* ein -es Spiel; e. arbeiten.

Elast, der; -[e]s, -e ⟨meist Pl.⟩ [zu ↑elastisch] (Chemie): *Kunststoff von gummiartiger Elastizität.*

Elas|tik, das; -s, -s, auch: die; -, -en: *Gewebe aus elastischem Material.*

Elas|tik|akt, der; -[e]s, -e: *im Zirkus od. Varieté akrobatischer Akt, der einen besonders hohe Elastizität des menschlichen Körpers verlangt.*

Elas|tik|bin|de, die: *Binde aus elastischem Material.*

elas|tisch ⟨Adj.⟩ [zu griech. elastós (elatós) = getrieben; dehnbar, biegbar]: **1.** *(von Material) biegsam, dehnbar; Elastizität aufweisend:* eine -e Binde; eine e. federnde Wand. **2. a)** *geschmeidig, federnd:* mit -em Schritt; noch sehr e. sein; **b)** *beweglich, anpassungsfähig, flexibel:* eine -e Politik; e. sein, reagieren.

Elas|ti|zi|tät, die; -, -en ⟨Pl. selten⟩: **1.** *elastische Beschaffenheit; Fähigkeit eines Körpers od. eines Stoffes, eine durch äußere Einwirkung hervorgerufene Formänderung aus eigener Kraft wieder rückgängig zu machen.* **2. a)** *körperliche Spannkraft, Geschmeidigkeit:* mit jugendlicher E.; **b)** *Beweglichkeit, Anpassungsfähigkeit, Flexibilität:* die E. einer Politik, eines Politikers.

Elas|to|mer, das; -s, -e, **Elas|to|me|re,** das; -n, -n ⟨meist Pl.⟩ [zu ↑elastisch u. griech. méros = Teil] (Chemie): *synthetischer Kautschuk od. gummiähnlicher Kunststoff.*

Ela|tiv, der; -s, -e [1.: zu lat. elatus = erhaben, hoch; 2. zu lat. elatum, 2. Part. von: efferre = wegbringen] (Sprachw.): **1.** *absoluter, auf keinem Vergleich beruhender Superlativ* (z. B. beste [= sehr gute] Lage). **2. a)** ⟨o. Pl.⟩ *Kasus in den finnisch-ugrischen Sprachen zur Bezeichnung einer Bewegung von einem Ort weg* (z. B. ung. házbol = aus dem Haus); **b)** *Wort, das im Elativ* (2 a) *steht.*

El|ba, -s: italienische Mittelmeerinsel.

elb|ab|wärts ⟨Adv.⟩: *die Elbe abwärts.*

elb|auf|wärts ⟨Adv.⟩: *die Elbe aufwärts.*

El|be, die; -: Fluss in Mitteleuropa.

El|be-Sei|ten|ka|nal, der; -s: Kanal zwischen der Elbe u. dem Mittellandkanal.

Elb-Flo|renz (veraltend): scherzh. Bez. für: Dresden.

el|bisch ⟨Adj.⟩ [mhd. elbisch = elfisch] (veraltet): *geisterhaft, überirdisch.*

Elb|kahn, der; -s, ...kähne: **1.** *Lastkahn auf der Elbe.* **2.** ⟨Pl.⟩ (ugs. scherzh.) *besonders große Schuhe.*

Elb|sand|stein|ge|bir|ge, das; -s: von der Elbe durchflossenes Bergland.

Elch, der; -[e]s, -e [mhd. elch, elhe, ahd. el(a)ho, aus dem Germ.]: *größtes zu den Hirschen gehörendes Tier mit massigem Körper u. schaufelförmigem Geweih; Elen, Elentier:* ein gewaltiger, riesiger E.; R ich glaub, mich küsst, knutscht, tritt ein E. (ugs. scherzh.; *ich halte das nicht für möglich, bin äußerst überrascht*).

Elch|bul|le, der: *männlicher Elch.*

Elchkalb, das: *junger Elch.*

Elch|kuh, die: *weiblicher Elch.*

Elch|test, der [der Test simuliert die abrupte Lenkbewegung, die das Ausweichen vor einem plötzlich auf der Fahrbahn auftauchenden Hindernis (z. B. in nordischen Ländern ein Elch) erfordert]: *(in der Autoproduktion) Sicherheitstest, bei dem das Fahrverhalten eines Autos bei ungebremsten Ausweichmanövern getestet wird:* das Fahrzeug hat den E. bestanden; Ü die neue Zeitschrift hat ihren E. *(ihre Bewährungsprobe)* bestanden.

Elch|wild, das: *Elche.*

El|do|ra|do, das; -s, -s, (auch:) Dorado, das; -s, -s u. (selten:) ...den [nach span. el dorado (país) = sagenhaftes Goldland in Südamerika, eigtl. = das vergoldete (Land), zu spätlat. deaurare = vergolden]: *Gebiet, das jmdm. (z. B. in Bezug auf eine bestimmte Betätigung) ideale Gegebenheiten, Voraussetzungen, ausreichende Entfaltungsmöglichkeiten bietet; Wunschland, Paradies:* ein E. für Wanderer und Fischer; Touristenzentren sind ein E. (iron.; *Tummelplatz*) für Diebe und Gauner.

Elec|tro|nic Cash [ɪlɛkˈtrɔnɪk kæʃ], das; - - [engl. electronic cash, aus: electronic = elektronisch u. cash, ↑Cash]: *bargeldloser Zahlungsverkehr (mit der Scheckkarte).*

Elec|tro|nic Com|merce [ɪlɛkˈtrɔnɪk ˈkɔmɛ:s], der; - - [engl. electronic commerce, eigtl. = elektronischer Handel, aus: electronic = elektronisch u. commerce = Handel]: *Vertrieb von Waren od. Dienstleistungen über das Internet.*

Ele|fant, der; -en, -en [mhd. elefant, ahd. elpfant, elafant < lat. elephantus < griech. eléphas (Gen.: eléphantos), zu ägypt. āb(u), kopt. eb(o)u = Elfenbein, Elefant]: *großes, massiges Säugetier mit grauer, fast unbehaarter Haut, sehr großen, beweglichen Ohren, einer zum Rüssel verlängerten Nase u. langen, weißen Stoßzähnen:* der E. trompetet; ***** **sich wie ein E. im Porzellanladen benehmen** (ugs.: *sich [anderen Menschen gegenüber] ungeschickt, plump, taktlos verhalten*).

Ele|fan|ten|ba|by, das (abwertend): *schon größeres Kind, Jugendlicher von kräftig-plumper Gestalt.*

Ele|fan|ten|bul|le, der: *männlicher Elefant.*

Ele|fan|ten|füh|rer, der: *Führer, Wärter [u. Besitzer] eines Elefanten, der zur Beförderung von Personen od. Lasten eingesetzt wird.*

Ele|fan|ten|fuß, der: *standfester runder Trittschemel.*

Ele|fan|ten|ge|dächt|nis, das (ugs.): *sehr gutes Gedächtnis für etw., was einem einmal angetan worden ist.*

Ele|fan|ten|gras, das: *sehr hoch wachsendes Gras der afrikanischen Savannen.*

Ele|fan|ten|haut, die (ugs.): *dickes Fell* (1 a).

Ele|fan|ten|hoch|zeit, die (ugs.) [1. Bestandteil in Zus. häufig zur Kennzeichnung von Größe, Gewicht, Bedeutung, aber auch von Schwerfälligkeit]: *Zusammenschluss von mächtigen, großen Unternehmen, Verbänden o. Ä.*

Ele|fan|ten|kalb, das: *junger Elefant.*

Ele|fan|ten|kuh, die: *weiblicher Elefant.*
Ele|fan|ten|ren|nen, das (ugs. scherzh.) [zum 1. Bestandteil vgl. Elefantenhochzeit]: *langwieriges Überholmanöver zwischen schweren Lastkraftwagen.*
Ele|fan|ten|rob|be, die: *See-Elefant.*
Ele|fan|ten|run|de, die [zum 1. Bestandteil vgl. Elefantenhochzeit]: *Diskussionsrunde besonders wichtige Politiker z. B. nach einer Wahl [die im Fernsehen übertragen wird].*
Ele|fan|ti|a|sis, (fachspr. auch:) Elephantiasis, die; -, ...asen [lat. elephantiasis < griech. elephantíasis, zu: eléphas, ↑Elefant] (Med.): *durch Stauungen der Lymphe hervorgerufene krankhafte, unförmige Verdickungen der Haut u. des Bindegewebes.*
ele|fan|tös ⟨Adj.; -er, -este⟩ (scherzh.): *außergewöhnlich, großartig:* ein -es Erlebnis.
ele|gant ⟨Adj.⟩ [frz. élégant < lat. elegans = wählerisch, geschmackvoll, Nebenf. von: eligens, 1. Part. von: eligere (exlegere) = auswählen]: **a)** *(von der äußeren Erscheinung) durch Vornehmheit, erlesenen Geschmack, bes. der Kleidung od. ihrer Machart, auffallend:* ein -er Herr; ein -er Mantel; dieser Wagen ist sehr e.; e. angezogen sein; **b)** *in gewandt u. harmonisch wirkender Weise ausgeführt:* eine -e Lösung dieses Problems; sich e. *(geschickt)* aus einer Affäre ziehen; **c)** *kultiviert, erlesen:* sie spricht ein -es Französisch; ein -er Wein.
Ele|ganz, die; - [(a, b: unter Einfluss von frz. élégance <) lat. elegantia]: **a)** *(in Bezug auf die äußere Erscheinung) geschmackvolle Vornehmheit:* modische, lässige, sportliche E. zeigen; **b)** *Gewandtheit, Geschmeidigkeit, Harmonie [in der Bewegung]:* sie tanzten mit unnachahmlicher E.; **c)** *kultivierte, elegante Form, Beschaffenheit:* alle loben die E. seines Stils.
Ele|gie, die; -, -n [lat. elegia < griech. elegeía, zu: élegos = Trauergesang mit Flötenbegleitung]: **1. a)** *Gedicht im Ton wehmütiger Klage;* **b)** *(in der Antike) Gedicht in Distichen.* **2.** (geh.) *Wehmut, Schwermut, elegische* (2) *Stimmung.*
Ele|gi|en|dich|ter, der: *Dichter von Elegien.*
Ele|gi|en|dich|te|rin, die: w. Form zu ↑Elegiendichter.
Ele|gi|ker, der; -s, -: **1.** *Elegiendichter.* **2.** (bildungsspr.) *jmd., der zu elegischen Stimmungen neigt.*
Ele|gi|ke|rin, die; -, -nen: w. Form zu ↑Elegiker.
ele|gisch ⟨Adj.⟩: **1.** *die Elegie, die Gedichtform der Elegie betreffend:* -e Distichen. **2.** *voll Schwermut, Wehmut; wehmütig:* -e Gefühle.
Eleg|jam|bus, der [spätlat. elegiambus < spätgriech. elegíambos] (Verslehre): *aus Hemiepes u. jambischem Dimeter bestehender antiker Vers.*
Elei|son, das; -s, -s: kurz für ↑Kyrieeleison.
elek|tiv ⟨Adj.⟩ [spätlat. electivus = die Wahl lassend, zu lat. electum, 2. Part. von: eligere = auswählen] (bildungsspr.): *[aus]wählend.*
Elek|to|rat, das; -[e]s, -e [mlat. electoratus] (hist.): *Kurfürstenwürde.*
Elek|tra|kom|plex, der [nach der griech. Sagengestalt Elektra] (Psych.): *bei weiblichen Personen auftretende zu starke Bindung an den Vater.*
Elek|tri|fi|ka|ti|on, die; -, -en (schweiz.): *Elektrifizierung.*
elek|tri|fi|zie|ren ⟨sw. V.; hat⟩ [zu ↑elektrisch u. lat. facere = machen]: *auf elektrischen Betrieb um-, einstellen:* eine Eisenbahnstrecke e.
Elek|tri|fi|zie|rung, die; -, -en: *das Elektrifizieren.*
Elek|trik, die; -, -en: **1.** *Gesamtheit einer elektrischen Ausstattung.* **2.** ⟨o. Pl.⟩ (ugs.) *Elektrotechnik.*
Elek|tri|ker, der; -s, -: *Handwerker im Bereich der Elektrotechnik, bes. Elektroinstallateur.*
Elek|tri|ke|rin, die; -, -nen: w. Form zu ↑Elektriker.
Elek|tri|ker|zan|ge, die: *Kombinationszange des Elektrikers mit isolierenden Griffen.*
elek|trisch ⟨Adj.⟩ [zu lat. electrum < griech. élektron = Bernstein (da Reibungselektrizität zuerst am Bernstein beobachtet wurde)]: **1.** *auf der Anziehungskraft bzw. Abstoßungskraft geladener Elementarteilchen beruhend:* -er Strom; -e Spannung; der Zaun ist e. geladen. **2. a)** *Elektrizität speichernd, führend; Elektrizität erzeugend:* eine -e Leitung; **b)** *mit Elektrizität betrieben:* -es Licht; ein -er Rasierapparat; wir kochen e.; **c)** *durch Elektrizität hervorgerufen, bewirkt:* einen -en Schlag bekommen; **d)** *die Elektrizität betreffend:* -e Einheiten.
Elek|trisch, das ⟨meist o. Art.⟩; - (ugs.): *elektrischer Strom:* sie hatten tagelang kein E.
Elek|tri|sche, die; -n, -n ⟨aber: vier -[n]⟩ (ugs. veraltend): *Straßenbahn.*
elek|tri|sie|ren ⟨sw. V.; hat⟩: **1. a)** *elektrisch aufladen:* durch Reibung wird der Bernstein elektrisiert; **b)** *mit elektrischen Stromstößen behandeln:* zur Kräftigung der Muskulatur wird das Bein elektrisiert; **c)** ⟨e. + sich⟩ *seinen Körper unabsichtlich der Wirkung elektrischen Stroms aussetzen u. dadurch einen elektrischen Schlag bekommen:* wie elektrisiert aufspringen. **2.** *entflammen, in spontane Begeisterung versetzen:* von einer Idee elektrisiert werden.
Elek|tri|sier|ma|schi|ne, die: *der Demonstration dienende Vorrichtung zur Erzeugung hoher elektrischer Spannungen.*
Elek|tri|sie|rung, die; -, -en: *das Elektrisieren* (1).
Elek|tri|zi|tät, die; -: **1.** (Physik) *auf der Anziehung bzw. Abstoßung elektrisch geladener Teilchen beruhendes, in Gestalt der elektrischen Ladung u. des elektrischen Stroms auftretendes Grundphänomen der Natur:* statische, dynamische E. **2.** *elektrische Energie, elektrischer Strom:* E. erzeugen; eine Stadt mit E. versorgen.
Elek|tri|zi|täts|er|zeu|ger, der: *Gerät zur Erzeugung elektrischer Energie* (z. B. Generator).
Elek|tri|zi|täts|er|zeu|gung, die: *Erzeugung elektrischer Energie.*
Elek|tri|zi|täts|ge|sell|schaft, die: *Wirtschaftsunternehmen (mit dem Status einer Gesellschaft), das in Elektrizitätswerken Strom erzeugt u. an den Verbraucher abgibt.*
Elek|tri|zi|täts|leh|re, die: *Lehre von der Elektrizität.*
Elek|tri|zi|täts|men|ge, die: *Menge an Elektrizität* (2).
Elek|tri|zi|täts|netz, das: *Leitungsnetz für die Elektrizitätsversorgung.*
Elek|tri|zi|täts|ver|sor|gung, die: *Versorgung einer Volkswirtschaft mit elektrischem Strom; Stromversorgung.*
Elek|tri|zi|täts|werk, das: *Anlage, in der elektrische Energie erzeugt, umgewandelt u. verteilt wird.*
Elek|tri|zi|täts|wirt|schaft, die: *Zweig der Energiewirtschaft, der sich mit der Erzeugung u. Verteilung des elektrischen Stroms befasst.*
Elek|tri|zi|täts|zäh|ler, der: *Zähler* (1) *zum Messen des Verbrauches od. der Lieferung elektrischen Stroms.*
Elek|tro|akus|tik, die [zu griech. élektron, ↑elektrisch] (Physik, Technik): *Wissenschaft, die sich mit der Umwandlung der Schallschwingungen in elektrische Spannungsschwankungen u. umgekehrt befasst.*
elek|tro|akus|tisch ⟨Adj.⟩: *zur Elektroakustik gehörend, darauf beruhend:* -e Geräte.
Elek|tro|ar|ti|kel, der: *Bedarfsartikel, der zu den elektrischen Geräten, ihren Zubehörteilen o. Ä. gehört.*
Elek|tro|au|to, das: *mit einem Elektromotor angetriebenes Auto.*
Elek|tro|be|ruf, der: *Ausbildungsberuf der Industrie im Bereich der Anwendung der Elektrizität für die Erzeugung von Licht, Wärme u. Kraft sowie für die Übertragung von Nachrichten u. Signalen.*
Elek|tro|bus, der: vgl. Elektroauto.
Elek|tro|che|mie, die: *Wissenschaft von den Zusammenhängen zwischen elektrischen Vorgängen u. chemischen Reaktionen.*
elek|tro|che|misch ⟨Adj.⟩: **a)** *die Elektrochemie betreffend, zu ihr gehörend;* **b)** *die elektrischen Vorgänge u. die damit zusammenhängenden chemischen Reaktionen betreffend, auf ihnen beruhend.*
Elek|tro|chi|rur|gie, die (Med.): *Form der Chirur gie, die auf der Anwendung elektrischer Energi beruht.*
Elek|tro|de, die; -, -n [engl. electrode, zu: electric = elektrisch u. griech. hodós = Weg]: *[metallenes] Ende von zweien eines Stromkreises, zwischen denen elektrischer Strom durch ein anderes Medium geleitet wird:* positive E. *(Anode);* negative E. *(Kathode).*
Elek|tro|de|gen, der (Fechten): *Degen, der für die elektrische Trefferanzeige hergerichtet ist.*
Elek|tro|di|a|gnos|tik, die (Med.): **a)** *Anwendung der Elektrizität zu diagnostischen Zwecken (z. B. beim Elektrokardiogramm);* **b)** *Anwendun der Elektrizität zur Prüfung der Funktion von Muskeln u. Nerven.*
Elek|tro|dy|na|mik, die (Physik): *Wissenschaft von der bewegten, strömenden Elektrizität u. ihren Wirkungen; die Theorie der Elektrizität bzw. sämtlicher elektromagnetischer Erscheinungen.*
elek|tro|dy|na|misch ⟨Adj⟩: *auf [Erscheinungen] der Elektrodynamik beruhend, sie betreffend.*
Elek|tro|dy|na|mo|me|ter, das (Physik): *Messgerät für elektrische Stromstärke u. Spannung.*
Elek|tro|ener|gie, die: *in Kraftwerken aus primären Energieträgern (Kohle, Erdgas, Erdöl, Kernbrennstoffe) u. aus der potenziellen Energie aufgestauten Wassers gewonnene elektrische Energie.*
Elek|tro|en|ze|pha|lo|gramm, das (Med.): *diagnostischen Zwecken dienende grafische Darstellung des Verlaufs elektrischer Erscheinungen, die die Gehirntätigkeit begleiten* (Abk.: EEG, Eeg).
Elek|tro|en|ze|pha|lo|graph, (auch:) Elektroenzephalograf, der; -en, -en (Med.): *Gerät zur Aufzeichnung von Elektroenzephalogrammen.*
Elek|tro|en|ze|pha|lo|gra|phie, (auch:) Elektroenzephalografie, die: *Verfahren der Aufzeichnung von Elektroenzephalogrammen.*
Elek|tro|fahr|zeug, das: *nicht schienengebundenes, mit elektrischer Energie angetriebenes Fahrzeug.*
Elek|tro|flo|rett, das (Fechten): vgl. Elektrodegen.
Elek|tro|ge|rät, das: *mit elektrischem Strom betriebenes [Haushalts]gerät.*
Elek|tro|gi|tar|re, die: *Gitarre, bei der die Schwingungen der Saiten mithilfe eines elektrischen Verstärkers auf einen Lautsprecher, der als* ²*Korpus dient, übertragen werden.*
Elek|tro|hand|werk, das: *Handwerk auf dem Gebiet der Elektrotechnik.*
Elek|tro|herd, der: *mit elektrischem Strom betriebener Kochherd.*
Elek|tro|in|dus|trie, die: *Industrie auf dem Gebie der Elektrotechnik u. der Elektroartikel.*
Elek|tro|in|ge|ni|eur, der: *Ingenieur auf dem Gebiet der Elektrotechnik* (Berufsbez.).
Elek|tro|in|ge|ni|eu|rin, die: w. Form zu ↑Elektroingenieur.
Elek|tro|in|stal|la|teur, der: *Handwerker od. Industriearbeiter, der elektrische Geräte u. Einrichtungen installiert u. instand hält* (Berufsbez.).
Elek|tro|in|stal|la|teu|rin, die: w. Form zu ↑Elektroinstallateur.
Elek|tro|kar|di|o|gramm, das (Med.): *diagnostischen Zwecken dienende grafische Darstellung des Verlaufs elektrischer Erscheinungen, die die Herztätigkeit begleiten* (Abk.: EKG, Ekg).
Elek|tro|kar|di|o|graph, der (Med.): *Gerät zur Aufzeichnung eines Elektrokardiogramms.*
Elek|tro|kar|di|o|gra|phie, die; -, -n (Med.): *Verfahren der Aufzeichnung von Elektrokardiogrammen.*
Elek|tro|kar|ren, der: *kleines, elektrisch betriebenes Fahrzeug zum Transport von Lasten auf kurzen Strecken.*
Elek|tro|kaus|tik, die (Med.): *Operationsme-*

thode, bei der mit dem Elektrokauter gearbeitet wird.

lek|tro|kau|ter, der (Med.): *chirurgisches Instrument zur elektrischen Verschorfung kranken Gewebes.*

lek|tro|ko|cher, der: *Kochplatte* (b).

lek|tro|kon|zern, der: *Konzern der Elektroindustrie.*

lek|tro|ly|se, die; -, -n [engl. electrolysis, zu griech. ēlektron (↑elektrisch) u. lýsis = Auflösung] (Physik, Chemie): *durch elektrischen Strom bewirkte chemische Zersetzung von Elektrolyten.*

lek|tro|ly|sie|ren ⟨sw. V.; hat⟩ (Chemie): *mit elektrischem Strom eine chemische Verbindung aufspalten.*

lek|tro|ly|sier|ge|fäß, das (Chemie): *Vorrichtung, Apparatur zur Durchführung einer Elektrolyse.*

lek|tro|lyt, der; -en, -e, seltener auch: -s, -en [engl. electrolyte] (Physik, Chemie): *den elektrischen Strom leitende u. sich durch ihn zersetzende Lösung* (z. B. Säuren, Basen).

lek|tro|ly|tisch ⟨Adj.⟩: *die Elektrolyse, den Elektrolyten betreffend.*

lek|tro|lyt|lö|sung, die (Physik, Chemie): *Elektrolyt.*

lek|tro|ma|gnet, der: *Gerät zur elektrischen Erzeugung eines Magnetfeldes.*

lek|tro|ma|gne|tisch ⟨Adj.⟩: *den Elektromagnetismus betreffend, darauf beruhend:* -e Wellen; ein -es Feld; -e Induktion *(Entstehung eines elektrischen Stroms durch das Bewegen eines Magnetpols).*

lek|tro|ma|gne|tis|mus, der (Physik): *Gesamtheit aller Erscheinungen, in denen elektrische Ströme u. magnetische Felder miteinander verknüpft sind.*

lek|tro|mas|sa|ge, die: *Heilbehandlung mit einem elektrischen Vibrationsgerät.*

lek|tro|me|cha|nik, die: *Teilgebiet der Elektrotechnik bzw. Feinmechanik, das die Umsetzung von elektrischen Vorgängen in mechanische u. umgekehrt beinhaltet.*

lek|tro|me|cha|ni|ker, der: *Handwerker od. Industriearbeiter, der aus Einzelteilen elektromechanische Anlagen u. Geräte montiert* (Berufsbez.).

lek|tro|me|cha|ni|ke|rin, die: w. Form zu ↑Elektromechaniker.

lek|tro|me|cha|nisch ⟨Adj.⟩: **1.** *die Elektromechanik betreffend.* **2.** *auf der Zusammenwirkung elektrischer u. mechanischer Vorgänge beruhend, sie betreffend.*

lek|tro|meis|ter, der: *Meister* (1) *im Elektrohandwerk.*

lek|tro|meis|te|rin, die: w. Form zu ↑Elektromeister.

lek|tro|me|ter, das (Elektrot.): *spezielles Gerät zum Messen elektrischer Ladungen u. Spannungen.*

lek|tro|mo|bil, das; -s, -e: *Elektroauto.*

lek|tro|mo|tor, der (Technik): *Motor zur Umwandlung elektrischer in mechanische Energie.*

Elek|tron ['e:lɛktrɔn, auch: e'lɛktrɔn, elɛk'tro:n], das; -s, -en [elɛk'tro:nən; engl. electron, um 1892 gepr. von dem brit. Physiker G. J. S. Stoney (1826–1911)] (Kernphysik): *elektrisch negativ geladenes Elementarteilchen.*

Elek|tron, das; -s [1: griech. ḗlektron = mit Silber gemischtes Gold; Bernstein]: **1.** *natürlich vorkommende Gold-Silber-Legierung.* **2.** *Magnesiumlegierung [mit wechselnden Zusätzen].*

Elek|tro|nen|blitz, der (Fot.): **1.** *kurzzeitige Lichtabstrahlung eines Elektronenblitzgerätes.* **2.** (Jargon) *Elektronenblitzgerät.*

Elek|tro|nen|blitz|ge|rät, das: *als Lichtquelle für fotografische Zwecke dienende Vorrichtung, in der ein kurzzeitiger, sehr heller Entladungsstoß in einer Elektronenröhre ausgelöst wird.*

Elek|tro|nen|ge|hirn, Elek|tro|nen|hirn, das (ugs. veraltend): *Computer.*

Elek|tro|nen|hül|le, die: *Gesamtheit der* [1]*Elektronen, die einen Atomkern umgeben.*

Elek|tro|nen|mi|kro|skop, das: *Mikroskop, das anstelle von Licht mit Elektronenstrahlen arbeitet u. dadurch eine stärkere Vergrößerung ermöglicht.*

Elek|tro|nen|op|tik, die: *Teilgebiet der Physik, das sich mit dem Verhalten von Elektronenstrahlen in ablenkenden magnetischen u. elektrischen Feldern befasst.*

elek|tro|nen|op|tisch ⟨Adj.⟩: *die Elektronenoptik betreffend, auf ihr beruhend, zu ihr gehörend.*

Elek|tro|nen|or|gel, die: *orgelähnliches Instrument, dessen Klänge elektronisch erzeugt u. abgewandelt, variiert werden.*

Elek|tro|nen|röh|re, die: *der Steuerung u. Verstärkung elektrischer Ströme dienender luftleerer Glas- od. Metallkolben, in dem ein Elektronenstrom fließt.*

Elek|tro|nen|schleu|der, die: *Betatron.*

Elek|tro|nen|stoß, der (Physik): *Stoß eines* [1]*Elektrons auf ein Atom od. Molekül.*

Elek|tro|nen|strahl, der (Physik): *Strahl von* [1]*Elektronen, die sich in eine bestimmte Richtung bewegen.*

Elek|tro|nen|strom, der: vgl. Elektronenstrahl.

Elek|tro|nen|the|o|rie, die: *Theorie, die physikalische Eigenschaften u. Erscheinungen auf die Wirkung von* [1]*Elektronen zurückführt.*

Elek|tro|nen|volt, (amtl.:) Elektronvolt, das: *Energieeinheit der Kernphysik;* Zeichen: eV.

Elek|tro|nen|wel|le, die (Physik): *elektromagnetische Welle beim bewegten* [1]*Elektron.*

Elek|tro|nik, die; -, -en: **a)** ⟨o. Pl.⟩ *Zweig der Elektrotechnik, der sich mit der Entwicklung u. Verwendung von Geräten mit Elektronenröhren, Photozellen, Halbleitern u. Ä. befasst;* **b)** *elektronisches Gerät, mit dem etw. ausgestattet ist.*

Elek|tro|ni|ker, der; -s, -: *Techniker auf dem Gebiet der Elektronik* (Berufsbez.).

Elek|tro|ni|ke|rin, die; -, -nen: w. Form zu ↑Elektroniker.

elek|tro|nisch ⟨Adj.⟩: *auf der Elektronik* (a) *basierend, sie benutzend:* eine -e Rechenmaschine; -e Datenverarbeitung (Abk.: EDV); -e Musik; -e Post; e. gesteuerte Antennen.

elek|tro|ni|sie|ren ⟨sw. V.; hat⟩: *mit elektronischen Geräten versehen, ausstatten, auf elektronische Datenverarbeitung umstellen.*

Elek|tron|volt: ↑Elektronenvolt.

Elek|tro|ofen, der: **1.** (Technik) *elektrisch beheizter Schmelzofen.* **2.** vgl. Elektroherd.

Elek|tro|punk|tur, die (Med.): *Zerstörung von krankhaftem Gewebe od. von Nerven mittels einer nadelförmigen Elektrode.*

Elek|tro|ra|sie|rer, der: *elektrischer Rasierapparat.*

Elek|tro|ra|sur, die: *Rasur mit dem Elektrorasierer.*

Elek|tro|schock, der (Med.): *durch elektrische Stromstöße erzeugter künstlicher Schock zur Behandlung bestimmter Psychosen u. Ä.*

Elek|tro|schwei|ßung, die (Technik): *Schweißverfahren, bei dem die Schmelzwärme durch elektrischen Strom erzeugt wird.*

Elek|tro|smog, der (Jargon): *elektromagnetische Strahlung, die von Hochspannungsleitungen, Fernseh-, Radar- u. Mikrowellen sowie auch von elektrischen Haushaltsgeräten ausgeht (u. sich möglicherweise schädlich auf die Gesundheit auswirkt).*

Elek|tro|sta|tik, die: **1.** (Physik) *Wissenschaft von den ruhenden elektrischen Ladungen u. deren Wirkung auf ihre Umgebung.* **2.** (Fachspr.) *(von Textilien) Neigung zu elektrostatischen Aufladungen.*

elek|tro|sta|tisch ⟨Adj.⟩: *auf [Erscheinungen] der Elektrostatik beruhend, sie betreffend:* -e Aufladung.

Elek|tro|tech|nik, die ⟨o. Pl.⟩: *Zweig der Technik, der sich mit der technischen Anwendung der physikalischen Grundlagen u. Erkenntnisse der Elektrizitätslehre befasst.*

Elek|tro|tech|ni|ker, der: **a)** *Elektroingenieur;* **b)** *Elektriker;* **c)** *Facharbeiter auf dem Gebiet der Elektrotechnik.*

Elek|tro|tech|ni|ke|rin, die: w. Form zu ↑Elektrotechniker.

elek|tro|tech|nisch ⟨Adj.⟩: *auf [Erscheinungen] der Elektrotechnik beruhend, sie betreffend:* die -e Industrie.

Elek|tro|the|ra|pie, die (Med.): *Heilbehandlung durch die Anwendung elektrischen Stroms.*

Elek|tro|ty|pie, die; -, -n [zu ↑Type (1)]: *Galvanoplastik.*

Elek|tro|wei|de|zaun, der: *elektrisch geladener, isoliert verlegter Draht zur Einzäunung von Viehweiden, der bei Berührung Stromschläge mit sehr geringer Stärke aussendet.*

Elek|tro|werk|zeug, das: *von einem Elektromotor angetriebenes Werkzeug* (1 a).

Elek|tro|zaun, der: *Elektroweidezaun.*

Elek|tro|zeit, die (Sport): *elektronisch gestoppte Zeit.*

Elek|tro|zeit|nah|me, die (Sport): *elektronische Zeitnahme.*

Ele|ment, das; -[e]s, -e [mhd. element < lat. elementum, H. u.]: **1. a)** *[Grund]bestandteil, Komponente:* ein wesentliches E.; **b)** *typisches Merkmal, Wesenszug:* die Musik enthält einige -e des Jazz; **c)** ⟨o. Pl.⟩ *Kraft, Faktor:* ihre Anwesenheit brachte ein heiteres E. in die Gesellschaft. **2.** ⟨Pl.⟩ *Grundbegriffe, Grundgesetze; Anfangsgründe:* die -e einer Fremdsprache. **3.** ⟨o. Pl.⟩ *[idealer] Lebensraum; Umstände, in denen sich ein Individuum [am besten] entfalten kann:* hier fühlt sie sich, ist sie in ihrem E. **4. a)** *in der antiken u. mittelalterlichen Naturphilosophie Urstoff (Feuer, Wasser, Luft, Erde);* **b)** ⟨meist Pl.⟩ *Naturgewalt, Naturkraft:* die entfesselten -e; das nasse E. (geh.; *Wasser*). **5.** (Chemie) *mit chemischen Mitteln nicht weiter zerlegbarer Stoff:* die chemischen, radioaktiven -e. **6.** (Elektrot.) *Stromquelle, in der chemische Energie in elektrische umgewandelt wird:* galvanische -e. **7.** (Math.) *(in der Mengenlehre) einzelnes Objekt einer Menge* (2). **8.** ⟨meist Pl.⟩ (abwertend) *Person als Bestandteil einer nicht geachteten od. für schädlich angesehenen sozialen od. politischen Gruppe:* kriminelle -e. **9.** *Einzelteil, aus dem mit anderen zusammen etw. konstruiert, aufgebaut wird, sich etw. zusammensetzt; Bauteil:* die verschiedenen -e einer Anbauwand.

ele|men|tar ⟨Adj.⟩ [lat. elementarius]: **1. a)** *grundlegend, wesentlich:* eine -e Voraussetzung; -e Regeln; **b)** *selbst einem Anfänger, einem Unerfahrenen bekannt, geläufig; einfach, primitiv:* ihm fehlen [selbst] die -sten Kenntnisse. **2.** *naturhaft; ungebändigt, ungestüm:* mit -er Gewalt. **3.** (Chemie) *in Form eines nicht gebundenen Elements [auftretend, vorhanden]:* -er Schwefel.

Ele|men|tar|be|griff, der: *Grundbegriff.*

Ele|men|tar|er|eig|nis, das: *Naturereignis, -katastrophe:* die Versicherung tritt auch für Schäden durch -se ein.

Ele|men|tar|geist, der (Myth.): *(nach einer im Volksglauben verhafteten Vorstellung) Dämon od. unbeseelter Geist, der in einem der vier Elemente* (4 a) *haust.*

Ele|men|tar|ge|walt, die: *elementare Gewalt, Naturgewalt.*

Ele|men|tar|kennt|nis, die ⟨meist Plural⟩: *elementare Kenntnis, Grundkenntnis.*

Ele|men|tar|klas|se, die: *Klasse der Grundschule.*

Ele|men|tar|kraft, die: *Naturkraft.*

Ele|men|tar|la|dung, die (Elektrot.): *kleinste nachweisbare elektrische Ladung* (Zeichen: e).

Ele|men|tar|ma|the|ma|tik, die: *unterste Stufe der Mathematik.*

Ele|men|tar|scha|den, der (schweiz.): *durch Unwetter hervorgerufener Schaden.*

Ele|men|tar|schu|le, die (früher): *Grundschule.*

Ele|men|tar|teil|chen, das: *eines der verschiedenartigen kleinsten Teilchen, aus denen Atome aufgebaut sind.*

Ele|mi, das; -s [span. elemí < arab. al-lāmī]: *in*

Medizin u. Technik verwendetes Harz einer bestimmten Gruppe tropischer Bäume.

Ele|mi|öl, das: *Elemi.*

Elen, das, seltener: der; -s, - [frühnhd. elen(d) < altlitauisch ellenis = Hirsch]: *Elch.*

elend ⟨Adj.⟩ [mhd. ellende, eigtl. = fremd, verbannt, ahd. elilenti = in fremdem Land, ausgewiesen, 1. Bestandteil im germ. Pronominalstamm mit der Bed. »ander...«, 2. Bestandteil zu ↑Land]: **1. a)** *kümmerlich, jämmerlich, beklagenswert:* sie ist e. zugrunde gegangen; **b)** *armselig, ärmlich:* eine -e Hütte; **c)** *krank, schwach:* ein -es Aussehen; ich fühle mich ganz e.; mir ist e. *(übel);* **d)** (abwertend) *gemein, niederträchtig, erbärmlich:* ein -er Schurke. **2.** (ugs.) **a)** ⟨nur attr.⟩ *sehr, besonders groß:* ich habe -en Durst; **b)** ⟨intensivierend bei Adjektiven u. Verben⟩ *sehr, schrecklich, ungeheuer:* wir haben e. gefroren.

Elend, das; -s [mhd. ellende, ahd. elilenti = anderes Land, Verbannung; Not, Trübsal]: **a)** *Unglück, Leid, Kummer:* damit bringt sie sich nur ins E.; ist das ein E. (ugs.; *trostloser Zustand)* [mit ihm]!; * **langes E.** (ugs.; *hoch gewachsener, großer u. dünner Mensch);* **das heulende/graue E. haben, kriegen** (ugs., oft scherzh.; *sich zutiefst unglücklich fühlen; sehr niedergeschlagen sein, werden; verzweifeln);* **aussehen wie das leibhaftige E.** *(sehr krank, schlecht aussehen);* **b)** *Armut, Not:* die Krise stürzte viele Familien ins E.;

elen|dig ⟨Adj.⟩ (landsch.): *elend.*

elen|dig|lich [auch: '–'– – –] ⟨Adj.⟩ (geh.): *in elender Weise:* e. zugrunde gehen.

Elends|da|sein, das: *kümmerliches, trostloses Dasein:* ein E. fristen.

Elends|ge|stalt, die: *elende, erbärmliche Gestalt.*

Elends|quar|tier, das: *armselige Unterkunft.*

Elends|vier|tel, das: *vorwiegend aus armseligen Behausungen bestehendes Stadtviertel.*

Elen|tier, das; -[e]s, -e: *Elen.*

Ele|phan|ti|a|sis: ↑Elefantiasis.

Ele|va|ti|on, die; -, -en [lat. elevatio = das Aufheben]: **1.** (bildungsspr.) *Erhöhung, Erhebung.* **2.** (kath. Rel.) *das Emporheben des Kelches u. der Hostie während der Messe.* **3.** (Parapsych.) *physikalisch nicht erklärbare Anhebung eines Körpers in Abhängigkeit von einem Medium.* **4.** (Astron.) *Höhe eines Gestirns über dem Horizont.* **5.** (Ballistik) *Winkel zwischen Ziel od. Schusshöhe u. der Horizontebene od. Abschussbasis.*

Ele|va|tor, der; -s, ...oren [zu lat. elevare = emporheben] (Technik): *Fördereinrichtung zum Transport von Gütern von körniger Beschaffenheit.*

Ele|ve, der; -n, -n [frz. élève, zu: élever = unterweisen, eigtl. = aus der Unwissenheit herausheben < lat. elevare, ↑Elevator]: **a)** *Schauspiel-, Ballettschüler;* **b)** *Land- od. Forstwirt während der praktischen Ausbildungszeit;* **c)** (veraltend) *Schüler, Lehrling; Nachwuchs.*

Ele|vin, die; -, -nen: w. Form zu ↑Eleve.

elf ⟨Kardinalz.⟩ [mhd. eilf, ahd. einlif] (in Ziffern: 11): vgl. acht.

[1]Elf, die; -, -en: **1.** *Ziffer 11.* **2.** (Sport) *aus elf Spielern bestehende Mannschaft, z. B. beim Fußball.* **3.** *Bus-, [Straßen]bahnlinie 11.*

[2]Elf: ↑Elfe.

El|fe, die; -, -n, (seltener:) Elf, der; -en, -en [engl. elf < aengl. ælf, verw. mit ↑[1]Alp]: *zarter, anmutiger Naturgeist aus der Welt der Sagen u. Märchen.*

Elf|eck, das: *Figur mit elf Ecken; Hendekagon.*

elf|eckig ⟨Adj.⟩: *elf Ecken aufweisend.*

elf|ein|halb ⟨Bruchz.⟩ (in Ziffern: $11\frac{1}{2}$): vgl. achteinhalb.

El|fen|bein, das; -[e]s, -e [mhd. helfenbein, ahd. helfantbein = Elefantenknochen]: **1.** ⟨Pl. selten⟩ *Substanz der Stoßzähne des Elefanten, die als wertvolles Material [künstlerisch] verarbeitet wird:* * **schwarzes E.** *(Sklaven aus Schwarzafrika;* zur Zeit der Sklaverei bezogen auf ihren wirtschaftlichen Nutzen). **2.** ⟨meist Pl.⟩ (Kunstwiss.) *Kunst-, Kultgegenstand, Schmuck aus Elfenbein* (1): -e aus Ephesus.

El|fen|bein|ar|beit, die: *aus Elfenbein gefertigter Gegenstand.*

el|fen|bei|nern ⟨Adj.⟩: *aus Elfenbein [gefertigt].*

el|fen|bein|far|ben ⟨Adj.⟩: *von der Farbe des Elfenbeins, gelblich weiß wie Elfenbein.*

[1]El|fen|bein|küs|te; -s, häufiger: die; -: Staat in Westafrika: die Bewohner der E.; er ist Staatsbürger von E.

[2]El|fen|bein|küs|te, die; -: Küstenstreifen in Westafrika: ein Dorf an der E.

El|fen|bein|schnit|zer, der: *jmd., der Elfenbeinschnitzereien anfertigt.*

El|fen|bein|schnit|ze|rei, die: **1.** vgl. Elfenbeinarbeit. **2.** ⟨o. Pl.⟩ *die Kunst, Gegenstände aus Elfenbein zu schnitzen, zu schneiden, zu drechseln.*

El|fen|bein|schnit|ze|rin, die: w. Form zu ↑Elfenbeinschnitzer.

El|fen|bein|turm, der ⟨Pl. selten⟩ [LÜ von frz. tour d'ivoire]: *Symbol für die selbst gewählte Isolation des Künstlers, Wissenschaftlers o. Ä., der in seiner eigenen Welt lebt, ohne sich um Gesellschaft u. Tagesprobleme zu kümmern.*

el|fen|haft ⟨Adj.⟩: *zart u. anmutig wie eine Elfe.*

El|fen|rei|gen, der (Myth.): *nächtlicher Reigen der Elfen.*

El|fer, der; -s, -: **1.** (Fußball Jargon) *Elfmeter.* **2.** (landsch.) *Ziffer 11.*

el|fer|lei ⟨bestimmtes Gattungsz.; indekl.⟩ [↑-lei]: vgl. achterlei.

El|fer|rat, der: *elfköpfiger Karnevalsausschuss, der die Karnevalsveranstaltungen plant u. leitet.*

El|fer|wet|te, die (Sport): *Wettsystem des Fußballtotos, bei dem Sieg, Niederlage od. Unentschieden bei elf Fußballspielen vorausgesagt werden müssen.*

elf|fach ⟨Vervielfältigungsz.⟩ (in Ziffern: 11fach): vgl. achtfach.

elf|hun|dert ⟨Kardinalz.⟩ (in Ziffern: 1 100): *eintausendeinhundert.*

el|fisch ⟨Adj.⟩: *dem Reich der Elfen zugehörig.*

elf|mal ⟨Wiederholungsz., Adv.⟩: vgl. achtmal.

Elf|me|ter, der; -s, - (Fußball): *nach bestimmten schweren Regelverstößen innerhalb des Strafraums verhängte Strafe, bei der der Ball vom Elfmeterpunkt aus direkt auf das Tor geschossen werden darf; Strafstoß:* der Schiedsrichter gab einen E.; einen E. verwandeln *(ein Tor durch einen Elfmeterschuss erzielen).*

Elf|me|ter|mar|ke, die (Fußball): *Elfmeterpunkt.*

Elf|me|ter|punkt, der (Fußball): *von der Mitte der Torlinie 11 m entfernter Punkt, von dem aus der Elfmeter ausgeführt wird.*

elf|me|ter|reif ⟨Adj.⟩ (Fußball Jargon): *wegen der Schwere des Verstoßes gegen die Spielregeln einen Elfmeter rechtfertigend:* eine -e Situation.

Elf|me|ter|schie|ßen, das; -s (Fußball): *Entscheidung eines Fußballspiels mithilfe von Elfmeterschüssen.*

Elf|me|ter|schuss, der (Fußball): *Ausführung eines Elfmeters.*

Elf|me|ter|tor, das (Fußball): *durch einen Elfmeter erzieltes Tor.*

elft: in der Fügung **zu e.** *(mit elf Personen):* sie kamen zu e.

elft... ⟨Ordinalz. zu ↑elf⟩ [mhd. ei(n)l(i)fte, ahd. einlifto] (in Ziffern: 11.): vgl. acht...

elf|tel: vgl. achtel.

Elf|tel, das, schweiz. meist: der; -s, -: vgl. Achtel (a).

elf|tens ⟨Adv.⟩ (als Ziffer: 11.): vgl. achtens.

elf|und|ein|halb: verstärkend für ↑elfeinhalb.

Eli|as [nach dem feurigen Wagen, in dem Elias in den Himmel fuhr (2. Könige 2, 11)]: in der Verbindung **feuriger E.** (ugs. scherzh. veraltet; *fauchende, Funken sprühende alte Dampflokomotive).*

eli|die|ren ⟨sw. V.; hat⟩ [lat. elidere = herausstoßen]: **1.** (bildungsspr.) *streichen, tilgen.* **2.** (Sprachw.) *eine Elision vornehmen.*

Eli|die|rung, die; -, -en: *das Elidieren, Elidiertwerden.*

Eli|mi|na|ti|on, die; -, -en [frz. élimination, ↑eliminieren] (bildungsspr., Fachspr.): *das Eliminieren.*

eli|mi|nie|ren ⟨sw. V.; hat⟩ [frz. éliminer < lat. eliminare = über die Schwelle setzen, entfernen, zu: limen = Schwelle]: **1. a)** (bildungsspr.) *[durch Herauslösen aus einem größeren Komplex] als überflüssig, fehlerhaft, ungenügend, Schaden bringend usw. ausschalten, beseitigen;* **b)** *aus einem größeren Komplex herauslösen, um es gesondert zu behandeln:* einzelne Punkte aus einem Fragenkomplex [vorläufig] e.; **c)** *(Konkurrenten, Feinde o. Ä.) ausschalten, aus dem Weg räumen, beseitigen:* seine Gegner e. **2.** (Math.) *eine unbekannte Größe, die in mehreren Gleichungen vorkommt, rechnerisch beseitigen.*

eli|sa|be|tha|nisch ⟨Adj.⟩: *aus dem Zeitalter Elisabeths I. von England stammend, sich darauf beziehend:* das -e Drama; Möbel in -em Stil.

Eli|si|on, die; -, -en [lat. elisio = das Herausstoßen, zu: elisum, 2. Part. von: elidere, ↑elidieren] (Sprachw.): *Ausstoßung eines unbetonten Vokals im Inneren od. am Ende eines Wortes* (z. B. ew'ge, glaub [statt glaube] ich).

eli|tär ⟨Adj.⟩ [französisierende Bildung zu ↑Elite] **1.** *einer Elite angehörend, eine Elite bildend.* **2.** *auf die [vermeintliche] Zugehörigkeit zu einer Elite begründet, sie kennzeichnend:* ein -es Bewusstsein; -es (abwertend; *dünkelhaftes, überhebliches)* Benehmen.

Eli|te, die; -, -n [frz. élite, zu: élire = auslesen]: **1.** *eine Auslese darstellende Gruppe von Menschen mit besonderer Befähigung, besonderen Qualitäten; die Besten, Führenden; Führungsschicht, -mannschaft:* die sportliche E.; die E. der Rennfahrer. **2.** ⟨o. Pl.⟩ *genormte Schriftgröße bei Schreibmaschinen.*

Eli|te|trup|pe, die (Milit.): *Truppe, der aufgrund ihrer Ausbildung u. ihrer Ausrüstung eine bevorzugte Stellung vor den anderen Truppen zuerkannt wird.*

Eli|xier, das; -s, -e [alchemistenlat. elixirium < arab. al-iksīr = (mit Artikel) der Stein der Weisen, eigtl. = trockene Substanz mit magischen Eigenschaften < griech. xḗrion = trockenes (Heilmittel)]: *Heiltrank; Zaubertrank.*

-ell: kennzeichnet in Bildungen mit Substantiven die Zugehörigkeit zu diesen/*etwas betreffend, in Bezug auf etwas:* informationell, personell, kontextuell.

Ell|bo|gen, Ellenbogen, der; -s, - [mhd. el(l)enboge, ahd. el(l)inbogo, zu ↑Elle]: *(bei gebeugtem Arm vorspringender) Knochenfortsatz der Elle an dem Unterarm u. Oberarm verbindenden Gelenk:* sich auf die E. stützen; ich habe mir den E. gestoßen; * **seine E. [ge]brauchen** *(sich rücksichtslos durchsetzen).*

Ell|bo|gen|frei|heit, die ⟨o. Pl.⟩: **1.** *Spielraum, der groß genug ist, damit die Ellbogen frei bewegt werden können.* **2.** *Freiheit, Spielraum für jmdn., der sich rücksichtslos durchsetzt, andere beiseite drängt.*

Ell|bo|gen|ge|lenk, das: *Ober- u. Unterarm verbindendes Gelenk.*

Ell|bo|gen|ge|sell|schaft, die ⟨o. Pl.⟩ (abwertend): *Gesellschaft, in der sich der Einzelne rücksichtslos durchsetzen muss.*

Ell|bo|gen|mensch, der (abwertend): *Mensch, der andere beiseite zu drängen sucht.*

El|le, die; -, -n [mhd. elle, elne, ahd. elina, eigtl. = die Gebogene]: **1.** *Knochen des Unterarms auf der Seite des kleinen Fingers:* E. und Speiche. **2. a)** *frühere Längeneinheit (etwa 55–85 cm):* drei -n englisches Tuch/(geh.:) englischen Tuchs; **b)** *Maßstock von der Länge einer Elle* (2 a): etw. mit der E. messen.

El|len|beu|ge, die: *Innenseite des Ellbogens; Armbeuge.*

El|len|bo|gen, der: ↑Ellbogen.

el|len|lang ⟨Adj.⟩ [mhd. ellenlanc] (ugs.): *übermäßig lang:* -e Briefe, Formulare, Erörterungen.

El|ler, die; -, -n [mniederd. eller, elre, asächs. elora (ahd. elira; vgl. Erle), eigtl. = die (gelblich od.

rötlich) Schimmernde, nach der Farbe des geschlagenen Holzes] (nordd.): *Erle.*

llip|se, die; -, -n [1: griech. élleipsis, eigtl. = Mangel (wohl weil der Form die volle Rundung des Kreises fehlt), zu: elleípein = mangeln, fehlen; 2 a: lat. ellipsis < griech. élleipsis, eigtl. = das Auslassen]: **1.** (Geom.) *zu den Kegelschnitten gehörende, geschlossene Kurve, die die Form eines gestauchten Kreises hat u. um zwei feste Punkte, die Brennpunkte, verläuft (wobei der Abstand von dem einen Brennpunkt u. der Abstand von dem anderen Brennpunkt überall die gleiche Summe ergeben).* **2.** (Sprachw., Rhet.) **a)** *Ersparung von Redeteilen* (z. B. [ich] danke schön); **b)** *Satz, in dem Redeteile erspart werden; Auslassungssatz.*

llip|sen|bahn, die: *in Form einer Ellipse verlaufende Bahn.*

llip|sen|för|mig ⟨Adj.⟩: *in der Form einer Ellipse [verlaufend, gestaltet].*

llip|sen|zir|kel, der (Geom.): *Gerät zur Konstruktion von Ellipsen.*

llip|so|id, das; -s, -e [zu griech. -oeidés = ähnlich] (Geom.): **a)** *durch Drehung einer Ellipse* (1) *um eine ihrer Achsen entstehender Körper* (3 b); **b)** *das Ellipsoid* (a) *umschließende Fläche.*

llip|tisch ⟨Adj.⟩: **1.** (Geom.) **a)** *die Form einer Ellipse* (1) *habend;* **b)** *von den Eigenschaften einer Ellipse ausgehend, sie betreffend:* -e Geometrie. **2.** (Sprachw., Rhet.) *die Ellipse* (2) *betreffend; unvollständig:* -e Sätze.

-lok ['ɛlɔk], die; -, -s [Kurzwort aus elektrische Lokomotive] (Eisenb.): *E-Lok.*

lms|feu|er, St.-Elms-Feuer, das [wohl nach dem heiligen Erasmus (roman.: Sant' Elmo, Santo Elmo), dem Schutzpatron der Seeleute]: *bei Gewitterluft auftretende elektrische Lichterscheinung an hohen, spitzen Gegenständen wie Masten o. Ä.:* ein doppeltes, vierfaches E.

l Niño [ɛl 'ninjɔ], der; - -s, - -s [span., eigtl. = (Christ)kind; nach dem Zeitpunkt (= Weihnachten), zu dem die Warmwasserströmung in gewissen Abständen zu beobachten ist] (Meeresk.): *(im Abstand von 3 bis 7 Jahren) im Pazifik vor den Küsten von Peru u. Ecuador auftretende anomale Wassererwärmung, die oft zu drastischen Störungen der Wetterverhältnisse mit Überschwemmungen u. Dürren in den Tropen führt.*

lo|ah, der; -[s], Elohim [hebr. ęlôả]: alttestamentliche Bez. für *Gottheit, Gott.*

lo|dea, Helodea, die; - [zu griech. helṓdes = sumpfig]: *Wasserpest.*

lo|ge [e'lo:ʒə], die; -, -n [frz. éloge < lat. elogium = Grabinschrift < griech. elegeĩon] (bildungsspr.): *überschwängliches Lob; Lobrede.*

Elo|him: Pl. von ↑Eloah.

-Lok, die; -, -s (Eisenb. veraltend): *elektrische Lokomotive.*

lon|ga|ti|on, die; -, -en [zu lat. elongare = entfernen, fern halten]: **1.** (Astron.) *Winkel zwischen Sonne u. Planet.* **2.** (Physik) *[Pendel]ausschlag.*

lo|quent ⟨Adj.⟩ [lat. eloquens (Gen.: eloquentis)] (bildungsspr.): *beredt, wortreich u. ausdrucksvoll:* eine -e Rednerin; eine -e Schilderung.

lo|quenz, die; - [lat. eloquentia, adj. 1. Part. von: eloqui = aussprechen; vortragen] (bildungsspr.): *Beredsamkeit, Wortgewandtheit.*

lo|xal®, das; -s [Kurzwort aus **el**ektrisch **ox**idiertes **Al**uminium] (Fachspr.): *durch anodische Oxidation gewonnene Schutzschicht auf Aluminium[legierungen].*

lo|xie|ren ⟨sw. V.; hat⟩: *mit Eloxal überziehen.*

l|rit|ze, die; -, -n [ostmd., zu ↑Eller, Erle; der Fisch hält sich gerne am Ufer (unter Erlen) auf]: *(meist an der Oberfläche klarer Gewässer in Schwärmen lebender) kleiner Karpfenfisch, dessen Körperseiten silbrig glänzen; Pfrille.*

l Sal|va|dor; - -s: mittelamerikanischer Staat.

l|sass, das; - u. -es: Landschaft in Ostfrankreich.

El|säs|ser, der; -s, -: **1.** Ew. **2.** *Wein aus dem Elsass.*

El|säs|ser ⟨indekl. Adj.⟩.

El|säs|se|rin, die; -, -nen: w. Form zu ↑[1]Elsässer (1).

el|säs|sisch ⟨Adj.⟩: *das Elsass, die Elsässer betreffend.*

El|sass-Loth|rin|gen; -s: amtliche Benennung für das das Elsass u. das nordöstliche Drittel Lothringens umfassende Gebiet, das von 1871 bis 1918 zum Deutschen Reich gehörte.

el|sass-loth|rin|gisch ⟨Adj.⟩: *Elsass-Lothringen betreffend.*

Els|ter, die; -, -n [mhd. elster, agelster, ahd. agalstra, weitergeb. aus ahd. aga, H. u.]: *schwarz-weißer Rabenvogel mit langem, abgestuftem Schwanz, der die Nester kleiner Vögel plündert;* * **diebische E.** *(jmd., der öfter [kleinere] Diebstähle begeht;* nach der Gewohnheit der Elstern, glitzernde Gegenstände in ihr Nest zu tragen).

El|ter, das od. der; -s, -n [rückgeb. aus ↑Eltern] (Fachspr.): *ein Elternteil (bei Mensch, Tier, Pflanze).*

el|ter|lich ⟨Adj.⟩: **a)** *den Eltern gehörend:* die -e Wohnung; **b)** *von den Eltern kommend, ausgehend:* -e Liebe; **c)** *den Eltern zustehend, sie betreffend:* -e Pflichten.

El|tern ⟨Pl.⟩ [mhd. eltern, altern, ahd. eltirōn, altirōn = die Älteren]: *Vater u. Mutter:* liebevolle, strenge E.; an seinen E. hängen; bei seinen E. wohnen; * **nicht von schlechten E. sein** (ugs.; *gar nicht so schlecht, nicht zu unterschätzen sein [in Bezug auf die Art der Ausführung]*): diese Ohrfeige war nicht von schlechten E.

El|tern|abend, der: *[von der Schule ausgehender] Abend, an dem Lehrer u. Eltern der Schüler über schulische Dinge usw. sprechen.*

El|tern|aus|schuss, der: *Ausschuss, der aus den Eltern von Schülern einer Schule gebildet ist.*

El|tern|bei|rat, der: *Elternvertretung.*

El|tern|ge|ne|ra|ti|on, die: *Gesamtheit der Erwachsenen im Hinblick auf die nachkommende Generation.*

El|tern|haus, das: **a)** *von den Eltern bewohntes Haus der eigenen Kindheit.* **b)** *Familie mit ihrem prägenden, erzieherischen Einfluss.*

El|tern|lie|be, die: *Liebe der Eltern zu ihren Kindern.*

el|tern|los ⟨Adj.⟩: *ohne Eltern, verwaist.*

El|tern|paar, das: *Paar (in der Rolle als Eltern).*

El|tern|pflicht, die: **a)** *rechtlich festgelegte Pflicht der Eltern gegenüber ihren Kindern;* **b)** ⟨o. Pl.⟩ *Gesamtheit der Elternpflichten* (a).

El|tern|recht, das: **a)** *juristisch festgelegtes Recht der Eltern gegenüber ihren Kindern;* **b)** ⟨o. Pl.⟩ (Rechtsspr.) *Gesamtheit der Elternrechte* (a).

El|tern|schaft, die; -, -en: **1.** ⟨Pl. selten⟩ *Gesamtheit von Eltern, die (über ihre Kinder) ein gemeinsames Interesse verbindet:* die E. der Schule. **2.** ⟨o. Pl.⟩ *das Elternsein:* geplante E.

El|tern|se|mi|nar, das: *Seminar* (1) *für Eltern, in dem Fragen der Kindererziehung u. der Beziehung zwischen Eltern u. Kindern behandelt werden.*

El|tern|sprech|stun|de, die: *von den Lehrern in der Schule einzeln abgehaltene Sprechstunde für die Eltern ihrer Schüler.*

El|tern|teil, der: *Teil eines Elternpaares.*

El|tern|tier, das (Zool.): *Tier, das Junge hat.*

El|tern|ver|tre|tung, die: *Vertretung, Abordnung der Eltern von Schülern, die die Aufgabe hat, die Zusammenarbeit zwischen Schule und Elternschaft zu fördern.*

ely|sä|isch: ↑elysisch.

Ély|sée [eli'ze:], das; -s, **Ély|sée-Pa|last,** der ⟨o. Pl.⟩: Palast in Paris (Amtssitz des französischen Staatspräsidenten).

ely|sisch ⟨Adj.⟩ [lat. elysius = elysisch < griech. ēlýsios]: **a)** *zum Elysium* (1) *gehörend;* **b)** (dichter.) *paradiesisch, himmlisch:* -e Wonnen.

Ely|si|um, das; -s, ...ien [lat. Elysium < griech. Ēlýsion (pedíon)]: **1.** ⟨o. Pl.⟩ *(in der griechischen Sage) Land der Seligen in der Unterwelt.* **2.** (dichter.) *Zustand des vollkommenen Glücks.*

Em = Emanation.

em. = emeritiert, emeritus.

Email [e'mai̯, e'ma:j], das; -s, -s, Emaille [e'maljə, e'mai̯, e'ma:j], die; -, -n [e'maljən, e'mai̯ən, e'ma:jən; frz. émail < afrz. esmal = Schmelzglas, aus dem Germ., verw. mit ↑schmelzen]: *glasharter, gegen Korrosion u. Temperaturschwankungen beständiger Schmelzüberzug, der als Schutz oder zur Verzierung auf metallische Oberflächen aufgetragen wird.*

E-Mail ['i:meɪl], die; -, -s [engl. e-mail, Kurzwort aus electronic **mail** = elektronische Post] (EDV): **1.** *elektronischer Daten- u. Nachrichtenaustausch über Computer.* **2.** *Nachricht über E-Mail* (1).

E-Mail-Adres|se, die: *Adresse* (1 b), *die Angaben wie Name u. Provider enthält und unter der E-Mails empfangen werden können.*

Email|ei|mer, der: *emaillierter Eimer aus Metall.*

emai|len, (auch:) **e-mai|len** ['i:meɪlən] ⟨sw. V.; hat⟩ [zu ↑E-Mail] (EDV): *als E-Mail senden; mailen:* eine Nachricht e.; ⟨selten im 2. Partizip:⟩ ich habe ihr meine Glückwünsche geemailt.

Email|far|be, die: *Farbe aus Metalloxiden, die besonders bei der Emailmalerei verwendet wird.*

Email|glas, das ⟨Pl. ...gläser⟩: *Glas mit eingebrannten Emailfarben.*

Email|lack, der: *stark glänzender, leicht verlaufender Lack.*

Email|le: ↑Email.

Email|leur [ema'jø:ɐ̯, emal'jø:ɐ̯], der; -s, -e [frz. émailleur]: *jmd., der metallene Gegenstände emailliert* (Berufsbez.).

Email|leu|rin, die; -, -nen: w. Form zu ↑Emailleur.

email|lie|ren [ema'ji:rən, emal'ji:rən] ⟨sw. V.; hat⟩ [frz. émailler]: *mit Email überziehenen.*

Email|lier|ofen, der: *Brennofen zum Emaillieren.*

Email|ma|le|rei, die: **a)** ⟨o. Pl.⟩ *das Malen auf farbigem Glas, das als flüssige Masse auf Metall, zuweilen auch auf Glas od. Ton, aufgetragen u. eingebrannt wird;* **b)** *mithilfe von Emailmalerei* (a) *hergestelltes Kunstwerk.*

Email|über|zug, der: *Überzug aus Email.*

Eman, das; -s, -[s] [gek. aus ↑Emanation] (früher): *Maßeinheit für den radioaktiven Gehalt besonders von Quellwasser;* (Zeichen: eman).

Ema|na|ti|on, die; -, -en [lat. emanatio = Ausfluss]: **1.** (Philos.) *das Hervorgehen aller Dinge aus dem unveränderlichen, vollkommenen, göttlichen Einen (besonders in der neuplatonischen u. gnostischen Lehre).* **2.** (bildungsspr.) *Ausstrahlung:* die E. einer starken Persönlichkeit. **3.** ⟨o. Pl.⟩ (Chemie veraltet) *gasförmige radioaktive Isotope des Edelgases Radon;* Zeichen: Em.

ema|nie|ren ⟨sw. V.⟩ [1: lat. emanare]: **1.** *ausströmen* ⟨ist⟩. **2.** *durch natürliche od. künstliche Radioaktivität Strahlen aussenden* ⟨hat⟩.

Eman|ze, die; -, -n (ugs., oft abwertend): *[junge] Frau, die sich bewusst emanzipiert gibt u. die sich aktiv für die Emanzipation* (b) *einsetzt.*

Eman|zi|pa|ti|on, die; -, -en [lat. emancipatio]: **a)** *Befreiung aus einem Zustand der Abhängigkeit; Selbstständigkeit; Gleichstellung:* gesellschaftliche E.; **b)** *rechtliche u. gesellschaftliche Gleichstellung [der Frau mit dem Mann].*

Eman|zi|pa|ti|ons|be|we|gung, die: *Bewegung* (3), *die eine Emanzipation zum Ziel hat.*

Eman|zi|pa|ti|ons|stre|ben, das: *das Streben nach Emanzipation.*

eman|zi|pa|tiv ⟨Adj.⟩ (bildungsspr.): *Emanzipation beinhaltend.*

eman|zi|pa|to|risch ⟨Adj.⟩ (bildungsspr.): *auf Emanzipation gerichtet:* -e Bestrebungen.

eman|zi|pie|ren ⟨sw. V.; hat⟩ [lat. emancipare, eigtl. = (einen erwachsenen Sohn od. einen Sklaven) aus der väterlichen Gewalt in die Selbstständigkeit entlassen]: **a)** ⟨e. + sich⟩ *sich aus einer die eigene Entfaltung hemmenden Abhängigkeit lösen, sich selbstständig, unabhängig machen:* die Frauen haben sich längst emanzipiert; **b)** (selten) *jmdn. aus einer Abhängigkeit lösen, selbstständig, unabhängig machen.*

eman|zi|piert ⟨Adj.⟩: *die traditionelle Rolle nicht*

E

mehr akzeptierend, selbstständig, unabhängig: eine politisch -e Massengesellschaft.

Eman|zi|pie|rung, die; -, -en: *das [Sich]emanzipieren; Emanzipation.*

Em|bal|la|ge [ãba'la:ʒə], die; -, -n [frz. emballage] (Kaufmannsspr.): *[dem Käufer in Rechnung gestelltes] Verpackungsmaterial* (z. B. Kisten).

Em|bar|go, das; -s, -s [span. embargo, zu: embargar = in Beschlag nehmen, behindern] (Völkerr.): **1.** *staatliches Verbot, mit einem bestimmten Staat Handel zu treiben.* **2.** *das Zurückhalten fremden Eigentums (besonders Handelsschiffe) durch einen Staat.*

Em|blem [ɛm'ble:m, auch: ã'ble:m], das; -s, -e u. -ata [ɛm'ble:mata; frz. emblème < lat. emblema < griech. émblēma = Einlegearbeit mit Symbolgehalt]: **a)** *Sinnbild; Symbol, Wahrzeichen:* der Ölzweig ist das E. des Friedens; **b)** *Kennzeichen eines Staates, Hoheitszeichen.*

Em|ble|ma|tik [emble'ma:tɪk], die; -: **1.** *sinnbildliche Darstellung religiöser, mythologischer u. ä. Inhalte.* **2.** *Forschungsrichtung, die sich mit der Herkunft u. Bedeutung von Emblemen* (a) *befasst.*

em|ble|ma|tisch ⟨Adj.⟩: **1.** *die Emblematik betreffend:* die -e Literatur. **2.** *sinnbildlich.*

Em|bo|li: Pl. von ↑Embolus.

Em|bo|lie, die; -, -n [zu griech. embolḗ = das Hineinwerfen] (Med.): *Verstopfung eines Blutgefäßes durch in die Blutbahn geratene körpereigene od. -fremde Substanzen.*

Em|bo|lus, der; -, ...li [griech. émbolos = das Hineingeschobene; Pflock; Pfropf] (Med.): *in der Blutbahn befindlicher Fremdkörper; Gefäßpfropf.*

Em|bryo, der, österr. auch: das; -s, ...onen u. -s [spätlat. embryo < griech. émbryon = Neugeborenes, Ungeborenes]: **a)** (Anthrop., Zool.) *im Anfangsstadium der Entwicklung befindlicher Organismus; (beim Menschen) Leibesfrucht von der vierten Schwangerschaftswoche bis zum Ende des vierten Schwangerschaftsmonats;* **b)** (Med. seltener) *Fetus.*

Em|bry|o|ge|ne|se, die (Anthrop., Zool.): *Embryonalentwicklung.*

Em|bry|o|lo|gie, die [zu griech. lógos, ↑Logos] (Anthrop., Zool.): *Lehre u. Wissenschaft von der vorgeburtlichen Entwicklung der Lebewesen.*

em|bry|o|nal ⟨Adj.⟩: **1.** (Med., Biol.) **a)** *zum Stadium des Embryos gehörend, es betreffend, von ihm ausgehend:* der Mensch in seiner -en Phase; **b)** *unentwickelt, unreif.* **2.** *in Ansätzen [vorhanden]:* -e Anzeichen einer Entwicklung.

Em|bry|o|nal|ent|wick|lung, die (Anthrop., Zool.): *Entwicklung des Embryos.*

Em|bry|o|nal|zeit, die: *Zeitraum der Entwicklung des Embryos.*

em|bry|o|nisch: *embryonal.*

Em|bry|o|trans|fer, der (Med., Zool.): *Übertragung u. Einpflanzung von Eizellen, die außerhalb des Körpers befruchtet wurden.*

Emd, das; -[e]s [mhd. embde] (schweiz.): *zweiter Grasschnitt; Grummet.*

em|den ⟨sw. V.; hat⟩ (schweiz.): *Grummet machen.*

Em|det, der; -s [↑Emd] (schweiz.): *zweiter Grasschnitt; Grummet.*

Eme|rit, der; -en, -en [zu ↑emeritus] (kath. Kirche): *im Alter dienstunfähig gewordener Geistlicher.*

Eme|ri|ta, die; -, ...tae [...tɛ:]: *emeritierte Hochschulprofessorin.*

Eme|ri|ti: Pl. von ↑Emeritus.

eme|ri|tie|ren ⟨sw. V.; hat⟩: *(einen ordentlichen Hochschulprofessor) von seiner Lehrtätigkeit entbinden, entpflichten* ⟨meist im 2. Part.⟩.

Eme|ri|tie|rung, die; -, -en: *das Emeritieren, Emeritiertwerden.*

eme|ri|tus ⟨Adj.⟩ [lat. emeritus = ausgedient, adj. 2. Part. von: emereri = zu Ende dienen]: *von seiner Lehrtätigkeit entbunden* (in Verbindung mit dem davor stehenden Titel; Abk.: em., emer., emerit.).

Eme|ri|tus, der; -, ...ti: *emeritierter Hochschulprofessor.*

Emer|si|on, die; -, -en (Geol.): **1.** *Aufsteigen des Landes über den Meeresspiegel.* **2.** (Astron.) *Heraustreten eines Mondes aus dem Schatten eines Planeten.*

Eme|sis, die; - [griech. émesis] (Med.): *Erbrechen.*

Eme|ti|kum, das; -s, ...ka [zu spätlat. emeticum, zu: emeticus, ↑emetisch] (Med.): *Brechmittel.*

eme|tisch ⟨Adj.⟩ [spätlat. emeticus < griech. emetikós] (Med.): *Brechreiz erregend.*

Emi|grant, der; -en, -en [zu lat. emigrans (Gen.: emigrantis), 1. Part. von: emigrare, ↑emigrieren]: *jmd., der sein Land (aus wirtschaftlichen, politischen, religiösen u. a. Gründen) [freiwillig] verlässt, Auswanderer:* ein russischer E.

Emi|gran|ten|li|te|ra|tur, die: *Exilliteratur.*

Emi|gran|tin, die; -, -nen: w. Form zu ↑Emigrant.

Emi|gra|ti|on, die; -, -en [spätlat. emigratio = das Ausziehen, Wegziehen]: **1.** *das Emigrieren:* die rechtzeitige E. bewahrte ihn vor dem Tod; *** innere E.** (bildungsspr.; *innerliche Abkehr von den Auseinandersetzungen mit den aktuellen wirtschaftlichen, politischen, religiösen u. ä. Vorgängen als Ausdruck der Opposition*). **2.** ⟨o. Pl.⟩ *fremdes Land, Fremde als Schicksalsraum des Emigranten:* in die E. gehen. **3.** ⟨o. Pl.⟩ *Gesamtheit von Emigranten; Menschen in der Emigration* (2): die E. entfaltete zahlreiche Aktivitäten.

emi|grie|ren ⟨sw. V.; ist⟩ [lat. emigrare, aus: e(x) = aus, weg u. migrare, ↑Migration]: *sein Land [freiwillig] aus wirtschaftlichen, politischen, religiösen u. a. Gründen verlassen; auswandern:* er entschloss sich zu e.

Emi|grier|te, der u. die ⟨Dekl. ↑Abgeordnete⟩: *jmd., der emigriert ist.*

emi|nent ⟨Adj.⟩ [frz. éminent < lat. eminens, 1. Part. von: eminere = heraus-, hervorragen]: **a)** (österr., sonst bildungsspr.) *sehr wichtig, bedeutsam; außerordentlich groß, in hohem Maße gegeben; hervorragend, herausragend:* eine -e Begabung; **b)** ⟨intensivierend bei Adjektiven u. Verben⟩ *sehr, außerordentlich; in hohem Maße, äußerst:* ein e. gefährlicher Gegner.

Emi|nenz, die; -, -en [lat. eminentia = das Hervorragen] (kath. Kirche): **a)** ⟨o. Pl.⟩ *Hoheit (als Titel eines Kardinals):* Eure E.!; **b)** *Träger des Titels Eminenz; Kardinal;* *** graue E.** (*einflussreiche [politische] Persönlichkeit, die als solche nach außen kaum in Erscheinung tritt;* LÜ des Beinamens »l'Éminence grise« des Kapuziners Père Joseph (1577 bis 1638), des engsten Beraters Richelieus).

Emir [auch: e'mi:ɐ̯], der; -s, -e [arab. amīr, zu: amara = befehlen; vgl. Admiral]: *(besonders in islamischen Ländern) Befehlshaber, Fürst, Gebieter.*

Emi|rat, das; -[e]s, -e: *arabisches Fürstentum.*

Emis|sär, der; -s, -e [frz. émissaire < lat. emissarius = Sendbote, zu: emittere, ↑emittieren]: *Abgesandter mit bestimmtem [geheimem] Auftrag; Agent.*

Emis|si|on, die; -, -en [(1 a: frz. émission <) lat. emissio = das Herausschicken, Ausströmenlassen]: **1.** (Bankw.) **a)** *Ausgabe von Wertpapieren od. Geld, ihre Einführung in den Verkehr:* eine E. französischer Staatsanleihen; **b)** *Wertpapier:* -en mit langen Laufzeiten. **2.** *Ausgabe von Briefmarken, ihre Einführung in den Verkehr.* **3.** *das Ausströmen verunreinigender Stoffe, schädlicher Energien in die Umwelt.* **4.** (Physik) *Aussendung von elektromagnetischen Teilchen od. Wellen.* **5.** (schweiz.) *Rundfunksendung.*

Emis|si|ons|bank, die ⟨Pl. ...banken⟩: *Effektenbank.*

Emis|si|ons|be|las|tung, die: *Belastung (eines Gebietes) durch Emissionen* (3).

Emis|si|ons|ka|tas|ter, der od. das: *Bestandsaufnahme der Luftverschmutzung in einem Gebiet.*

Emis|si|ons|kurs, der (Bankw.): *Ausgabekurs von Wertpapieren.*

Emis|si|ons|schutz, der: *Schutz der Bevölkerung vor schädlichen Auswirkungen von Emissionen* (3).

Emis|si|ons|stopp, der (Bankw.): *vom Staat verhängtes, zeitlich befristetes Verbot der Ausgabe von Aktien u. Wertpapieren.*

Emis|si|ons|wert, der: *die Emission* (3) *betreffender Messwert.*

Emit|tent, der; -en, -en [zu lat. emittens (Gen.: emittentis), 1. Part. von: emittere, ↑emittieren]: **1.** (Bankw.) *jmd., der Wertpapiere ausstellt u. ausgibt.* **2.** *Industriebetrieb o. Ä., der Emissionen* (3) *verursacht.*

Emit|ten|tin, die; -, -nen: w. Form zu ↑Emittent (1).

Emit|ter [e'mɪtɐ, engl.: ɪ'mɪtə], der; -s, - [engl. emitter, zu: to emit = aussenden < lat. emittere ↑emittieren] (Technik): *Teil des Transistors, der die Elektronen emittiert.*

emit|tie|ren ⟨sw. V.; hat⟩ [(1: nach frz. émettre <) lat. emittere (2. Part.: emissum) = herausgehen lassen, ausschicken]: **1.** (Bankw.) *(Wertpapiere) ausgeben, in Verkehr bringen:* eine 150-Mill.-DM-Anleihe e. **2.** *(umweltgefährdende Stoffe) in die Luft ablassen:* Abgase, Schadstoffe e. **3.** (Physik) *(Elektronen) aussenden.*

Em|ma|us: biblischer Ort.

Emm|chen, das; -s, - ⟨meist Pl.⟩ [Vkl. der Abk. M = Mark] (ugs. scherzh.): [1]*Mark.*

Em|men|tal, das: schweizerische Landschaft.

[1]**Em|men|ta|ler,** der; -s, -: Ew.

[2]**Em|men|ta|ler** ⟨indekl. Adj.⟩: E. Käse.

[3]**Em|men|ta|ler,** der; -s, - [nach dem Emmental in der Schweiz, wo der Käse zuerst hergestellt wurde]: *vollfetter Schweizer Käse mit kirschgroßen Löchern u. nusskernartigem Geschmack; Emmentaler Käse.*

Em|men|ta|le|rin, die; -, -nen: w. Form zu ↑[1]Emmentaler.

Em|mer, der; -s [spätmhd. emer, ahd. amari, wohl Nebenf. von: amar(o), H. u.] (südd.): *dem Dinkel verwandte Weizenart.*

Em|my [Award] ['ɛmɪ (ə'wɔ:d)], der; -s, -s [engl.-amerik., viell. zu: Immy (im Technikjargon Kurzwort für: image orthicon camera = eine spezielle Fernsehkamera) u. award = (Preis)verleihung]: *(jährlich verliehener) amerikanischer Preis für TV-Sendungen.*

e-Moll [auch: '-'-], das; -: *auf dem Grundton e beruhende Molltonart;* Zeichen: e (↑e, E 2).

e-Moll-Ton|lei|ter, die: *auf dem Grundton e beruhende Molltonleiter.*

Emo|ti|con, das; -s, -s [engl. emoticon, Kurzwort aus emotion = Gefühl u. icon, ↑Icon] (EDV): *Kombination von Zeichen, mit der in einer E-Mail* (2) *eine Gefühlsäußerung wiedergegeben werden kann* (z. B. Smiley).

Emo|ti|on, die; -, -en [frz. émotion, zu: émouvoir = bewegen, erregen < lat. emovere = herausbewegen, emporwühlen] (bildungsspr., Fachspr.): *seelische Erregung, Gemütsbewegung; Gefühl, Gefühlsregung:* [durch, mit etw.] -en wecken.

emo|ti|o|nal ⟨Adj.⟩ (bildungsspr., Fachspr.): *mit Emotionen verbunden, aus einer Emotion erfolgend; gefühlsmäßig:* eine -e Reaktion.

emo|ti|o|na|li|sie|ren ⟨sw. V.; hat⟩ (bildungsspr., Fachspr.): **a)** *Emotionen wecken, erregen:* emotionalisierende Schlagwörter; **b)** *Emotionen hineinbringen, mit Emotionen versehen:* eine Diskussion e.; **c)** ⟨e. + sich⟩ *emotional werden; eine emotionale Färbung annehmen.*

Emo|ti|o|na|li|tät, die; - (bildungsspr., Fachspr.): *emotionale Verhaltensweise, Äußerungsform.*

emo|ti|o|nell ⟨Adj.⟩: *emotional.*

emo|ti|ons|frei ⟨Adj.⟩: *frei von Emotionen.*

emo|ti|ons|ge|la|den ⟨Adj.⟩ (bildungsspr.): *von starken Emotionen bestimmt.*

emo|ti|ons|los ⟨Adj.⟩: *ohne Emotionen.*

emo|tiv ⟨Adj.⟩ [engl. emotive] (Fachspr.): *Emotionen enthaltend:* -e Reaktionen.

Em|pa|thie, die; - [engl. empathy (unter Einfluss von dt. Einfühlung) < spätgriech. empátheia = Leidenschaft] (Psych.): *Bereitschaft u. Fähigkeit, sich in die Einstellungen anderer Menschen einzufühlen.*

em|pa|thisch ⟨Adj.⟩ (Psych.): *die Empathie betreffend, auf ihr beruhend, zu ihr gehörend.*

Emp|fang, der; -[e]s, Empfänge [mhd. en-, anphanc, ahd. antfanc]: **1.** ⟨o. Pl.⟩ *das Empfangen* (1 a), *Entgegennehmen:* den E. einer Ware bestätigen; *** etw. in E. nehmen** *(sich etw. aushändigen lassen; etw. entgegennehmen);* **jmdn. in E. nehmen** (ugs.; *jmdn. bei seiner Ankunft begrüßen, ihm zur Begrüßung [u. weiteren Betreuung] entgegengehen*): jmdn. auf dem Bahnhof in E. nehmen; (iron.:) jmdn. mit dem Gummiknüppel in E. nehmen. **2.** ⟨o. Pl.⟩ (Funkw., Rundf., Ferns.) *das Empfangen* (2): ein ungestörter E. **3. a)** ⟨o. Pl.⟩ (geh.) *[offizielle] Begrüßung eines Ankommenden:* ihr wurde ein begeisterter E. zuteil; **b)** *festliche [Begrüßungs]veranstaltung:* einen E. geben. **4.** *Raum, Stelle in einem Hotel, wo sich die Gäste anmelden; Rezeption:* am, beim E. liegen zwei Briefe für dich.

emp|fan|gen ⟨st. V.; hat⟩ [mhd. enphāhen, entvāhen, ahd. intvāhen, zu ↑fangen u. urspr. nur = empfangen (4 a)]: **1. a)** (geh.) *entgegennehmen; bekommen, erhalten:* einen Auftrag e.; (Rel.:) die Kommunion e.; **b)** (geh.) *[als Strafe] hinnehmen müssen; verabreicht bekommen:* Schläge e.; **c)** (Soldatenspr.) *bei der Ausgabe zugeteilt bekommen:* Essen e. **2.** (Funkw., Rundf., Ferns.) *mit einem Empfangsgerät hören bzw. sehen:* einen Sender über UKW e. **3.** (geh.) *in sich aufnehmen, in sein Bewusstsein dringen lassen; gewinnen:* neue Anregungen e. **4. a)** *einem Ankommenden in bestimmter Weise entgegentreten, ihn in bestimmter Weise begrüßen:* jmdn. kühl e.; die Polizei empfing die Demonstranten bei ihrer Ankunft mit dem Gummiknüppel *(iron.: verprügelte sie);* **b)** *als Besucher willkommen heißen, als Gast aufnehmen [u. bewirten]:* Gäste [bei sich] e.; jmdn. in Privataudienz e. **5.** (geh. veraltend) *schwanger werden:* sie hat [ein Kind von ihm] empfangen.

Emp|fän|ger, der; -s, -: **1.** *jmd., der etw. empfängt, entgegennimmt, dem etw. zuteil wird.* **2.** (Funkw., Rundf., Ferns.) *Empfangsgerät.*

Emp|fän|ge|rin, die; -, -nen: w. Form zu ↑Empfänger.

emp|fäng|lich ⟨Adj.⟩ [mhd. enphenclich = aufnahmebereit; annehmbar, angenehm, ahd. antfanclīh]: **a)** *(Eindrücken, Empfindungen, von außen kommenden Einwirkungen, Versuchungen) leicht zugänglich:* für Schmeicheleien sehr e. sein; **b)** *bestimmten Krankheiten gegenüber nicht widerstandsfähig; anfällig*

Emp|fäng|lich|keit, die; -: *das Empfänglichsein.*

Emp|fang|nah|me, die; - [zum 2. Bestandteil vgl. Abnahme] (Amtsspr., Kaufmannsspr.): *das In-Empfang-Nehmen, Entgegennehmen.*

Emp|fäng|nis, die; - [spätmhd. enphencnisse = Einnahme, Belehrung, ahd. intfancnissa]: *das Empfangen* (5), *Schwangerwerden:* eine E. verhüten; *** die Unbefleckte E. [Mariens/Marias]** (kath. Rel.; *das Freisein Marias von der Erbsünde schon von dem Augenblick an, in dem sie selbst gezeugt bzw. von ihrer Mutter Anna empfangen wurde*).

emp|fäng|nis|ver|hü|tend ⟨Adj.⟩: *eine Empfängnis verhütend:* -e Mittel.

Emp|fäng|nis|ver|hü|tung, die: *Verhütung einer Empfängnis durch bestimmte Mittel, Maßnahmen:* Methoden der E.

Emp|fäng|nis|ver|hü|tungs|mit|tel, das: *Mittel zur Empfängnisverhütung.*

Emp|fäng|nis|zeit, die (Rechtsspr.): *Zeitspanne, in der die Empfängnis eines Kindes stattgefunden haben muss.*

Emp|fangs|an|ten|ne, die (Funkw., Rundf., Ferns.): *Antenne für den Empfang* (2).

emp|fangs|be|rech|tigt ⟨Adj.⟩: *zum Empfang* (1) *berechtigt, bevollmächtigt, befugt.*

Emp|fangs|be|rech|tig|te, der u. die; -n, -n ⟨Dekl. ↑Abgeordnete⟩: *jmd., der empfangsberechtigt ist.*

emp|fangs|be|reit ⟨Adj.⟩: *bereit für den Empfang* (2, 3 a).

Emp|fangs|be|schei|ni|gung, die, **Emp|fangs|be|stä|ti|gung,** die: *Bescheinigung, auf der der Empfang von etw. bestätigt wird.*

Emp|fangs|bü|ro, das: *Büro in einer Firma, einem Hotel o. Ä., in dem Besucher empfangen werden.*

Emp|fangs|chef, der: *Angestellter in einem Hotel, Kaufhaus o. Ä., der die ankommenden Gäste bzw. Kunden begrüßt [u. weiterleitet].*

Emp|fangs|da|me, die: vgl. Empfangschef.

Emp|fangs|ein|rich|tung, die: vgl. Empfangsgerät.

Emp|fangs|ge|rät, das (Funkw., Rundf., Ferns.): *Gerät, mit dem man Funksprüche, Rundfunk- od. Fernsehsendungen empfangen kann.*

Emp|fangs|hal|le, die: *großer Raum in einem Hotel, in dem sich der Empfang* (4) *befindet.*

Emp|fangs|ko|mi|tee, das: *Komitee, das den Auftrag hat, jmdn. feierlich zu empfangen.*

Emp|fangs|qua|li|tät, die (Funkw., Rundf., Ferns.): *Qualität des Empfangs* (2).

Emp|fangs|raum, der: *Raum, in dem Gäste, Besucher empfangen werden.*

Emp|fangs|sta|ti|on, die: **1.** (Kaufmannsspr.) *Bestimmungsort.* **2.** (Funkw., Rundf., Ferns.) *Stelle, an der Sendungen empfangen werden.*

Emp|fangs|stö|rung, die (Funkw., Rundf., Ferns.): *Störung beim Empfang* (2).

emp|feh|len ⟨st. V.; hat⟩ [mhd. enphelhen, enphelen = zur Bewahrung od. Besorgung übergeben]: **1. a)** *jmdm. als vorteilhaft, geeignet, zuverlässig vorschlagen; jmdm. raten, sich für jmdn., etw. zu entscheiden:* ich kann ihn dir [als Fachmann] sehr e.; jmdm. einen Entwurf [zur Annahme, als Arbeitsgrundlage] e.; dieses Präparat ist sehr zu e.; empfohlener *(vom Hersteller einer Ware vorgeschlagener, unverbindlicher)* Richtpreis; in Höflichkeitsformeln: empfehlen Sie mich bitte Ihrer Frau!, ich lasse mich Ihrer Frau e.! (geh. veraltend; *grüßen Sie Ihre Frau von mir!*); **b)** ⟨e. + sich⟩ *sich als etw. Bestimmtes, als bestimmten Anforderungen, Wünschen entsprechend ausweisen:* sich durch seine Vorzüge, Leistungen als geeignet e.; **c)** ⟨e. + sich⟩ *sich, seine Dienste anbieten:* du empfiehlst dich als geeigneter/(veraltend:) geeigneten Mann; **d)** ⟨e. + sich; unpers.⟩ *ratsam, empfehlenswert sein:* es empfiehlt sich zuzustimmen. **2.** (geh.) *anvertrauen, anbefehlen:* ich empfehle das Kind deiner Obhut. **3.** ⟨e. + sich⟩ (geh.) *sich [förmlich] verabschieden u. weggehen:* sich bald e.

emp|feh|lens|wert ⟨Adj.⟩: **a)** *geeignet, wert, empfohlen* (1 a) *zu werden; lohnend, gut:* -e Bücher; **b)** *ratsam, geraten; von Nutzen, vorteilhaft:* es wäre e., rechtzeitig dort zu sein.

Emp|feh|lung, die; -, -en: **1.** *empfehlender* (1 a) *Vorschlag, Rat, Hinweis, Tipp:* er reist auf E. seines Arztes in den Süden. **2.** *empfehlende* (1 a), *lobende Beurteilung, Fürsprache:* jmdm. eine E. schreiben; auf die -en seines Lehrers hin hatte er die Stelle bekommen. **3.** (geh.) *höflicher, respektvoller Gruß:* eine E. an Ihre Frau Mutter!

Emp|feh|lungs|schrei|ben, das: *schriftliche Empfehlung* (2).

emp|fin|den ⟨st. V.; hat⟩ [mhd. enphinden, entfinden, ahd. intfindan = fühlen, wahrnehmen, zu ↑finden]: **a)** *(als einen über die Sinne vermittelten Reiz) wahrnehmen, verspüren:* Schmerz e.; **b)** *eine bestimmte Gemütsbewegung erfahren, erleiden; in Bezug auf jmdn., etw. von einer bestimmten Emotion erfüllt sein:* Freude, Angst e.; er empfindet nichts für sie *(er liebt sie nicht);* **c)** *in bestimmter Weise spüren, auffassen, für etw. halten:* etw. als kränkend, als [eine] Wohltat e.; ich empfand mich als Begnadeter/(veraltend:) Begnadeten.

Emp|fin|den, das; -s: **a)** (geh.) *in bestimmter Weise in jmdm. hervorgerufenes Gefühl:* er hatte bei dieser Sache ein unangenehmes E.; **b)** *feines, sensibles Gefühl, Gespür, das jmdn. befähigt, etw. (Unausgesprochenes) wahrzunehmen, richtig einzuschätzen:* das einfache E. für Recht und Unrecht; für mein E. *(meinem Gefühl, Eindruck, meiner Meinung nach).*

emp|find|lich ⟨Adj.⟩ [mhd. enphintlich, ahd. inphintlich]: **1.** *auf bestimmte Reize leicht, schnell reagierend:* ein -es Nervensystem; meine Haut ist sehr e.; Ü -e *(fein reagierende, anzeigende)* Geräte; dieser Film ist sehr e. *(lichtempfindlich).* **2. a)** *[seelisch] leicht verletzbar; feinfühlig, sensibel, zartbesaitet:* ein -er Mensch; er traf ihn an seiner -sten Stelle; in dieser Angelegenheit ist er sehr e.; **b)** *gereizt, gekränkt; leicht beleidigt, reizbar:* e. reagieren. **3.** *aufgrund einer körperlichen Schwäche anfällig:* er ist e. gegen Hitze; das Kind ist sehr e. *(schwächlich).* **4.** *aufgrund einer weniger robusten Beschaffenheit leicht zu verderben, zu beschädigen:* eine -e Tapete; das helle Seidenkleid ist zu e. für diesen Zweck. **5. a)** *spürbar, einschneidend, hart, schmerzlich:* -e Verluste; eine -e Strafe; deine Bemerkung hat ihn e. getroffen; **b)** ⟨intensivierend bei Adj. u. Verben⟩ *sehr (sodass es unangenehm spürbar wird):* es war e. kalt.

Emp|find|lich|keit, die; -, -en [mhd. enphintlīcheit = Wahrnehmung]: **1.** ⟨Pl. selten⟩ *Eigenschaft, [mehr od. weniger] empfindlich auf bestimmte Reize zu reagieren:* die E. der Haut; Ü die E. des Gerätes, eines Films. **2. a)** ⟨Pl. selten⟩ *Verletzbarkeit, Feinfühligkeit, Sensibilität; Reizbarkeit:* man muss seine E. in solchen Dingen berücksichtigen; **b)** ⟨meist Pl.⟩ *einzelne empfindliche, gereizte, beleidigte Reaktion auf etw.:* immer diese -en! **3.** ⟨o. Pl.⟩ *Anfälligkeit:* seine E. gegen Hitze. **4.** ⟨o. Pl.⟩ *empfindliche* (4) *Beschaffenheit* (z. B. eines Gewebes).

emp|find|sam ⟨Adj.⟩: **a)** *von feinem, zartem Empfinden; zartfühlend, einfühlsam:* eine -e Natur; **b)** *gefühlvoll, sentimental:* eine -e Geschichte.

Emp|find|sam|keit, die; -: **1.** *feines, zartes Empfinden, Feinfühligkeit.* **2.** *von England ausgehende europäische Geistesströmung des 18. Jahrhunderts, die durch eine gefühlsbestimmte, sentimentale Weltsicht gekennzeichnet ist.*

Emp|fin|dung, die; -, -en: **a)** *Wahrnehmung durch die Sinnesorgane, sinnliche Wahrnehmung; körperliches Gefühl:* die E. von Kälte; die E. in den Händen stellte sich wieder ein; **b)** *Gemütsbewegung, seelische Regung; Gefühl:* eine echte E.; sie erwiderte seine E. (geh.; *seine Liebe zu ihr*).

emp|fin|dungs|fä|hig ⟨Adj.⟩: *fähig, tiefere Empfindungen zu haben.*

Emp|fin|dungs|fä|hig|keit, die: *Fähigkeit, tiefere Empfindungen zu haben.*

Emp|fin|dungs|kraft, die: *Fähigkeit, stark zu empfinden.*

emp|fin|dungs|los ⟨Adj.⟩: **a)** *keiner sinnlichen Wahrnehmung fähig, körperlich gefühllos:* mein Arm ist ganz e.; **b)** *keiner seelischen Regung fähig, seelisch gefühllos:* ein -er Mensch.

Emp|fin|dungs|nerv, der: *Sinnesnerv.*

Emp|fin|dungs|ver|mö|gen, das (geh.): *Vermögen der Empfindung.*

Emp|fin|dungs|wort, das ⟨Pl. ...wörter⟩: *Interjektion.*

Em|pha|se, die; -, -n ⟨Pl. selten⟩ [frz. emphase < lat. emphasis < griech. émphasis, eigtl. = Verdeutlichung] (bildungsspr.): *Nachdruck, Eindringlichkeit:* mit E. sprechen.

em|pha|tisch ⟨Adj.⟩ [frz. emphatique < griech. emphatikós = nachdrücklich] (bildungsspr.): *mit Nachdruck, eindringlich:* -e Worte.

Em|phy|sem, das; -s, -e [griech. emphýsēma, eigtl. = das Eingeblasene] (Med.): *krankhafte Aufblähung von Geweben od. Organen, bes. der Lunge, durch Luft od. Fäulnisgase.*

[1]**Em|pire** [ã'pi:ɐ̯], das; -s (Fachspr. auch: -) [frz. (style) Empire, zu: empire = Kaiserreich < lat. imperium, ↑Imperium]: **a)** *französisches Kaiserreich unter Napoleon I. u. Napoleon III.;* **b)** *Stil[epoche] der Zeit Napoleons I. u. der folgenden Jahre* (etwa 1800–1830).

[2]**Em|pire** ['empaɪə], das; -[s] [engl. (the British) Empire < frz. empire, ↑[1]Empire]: *britisches Weltreich [im Zeitalter des Kolonialismus].*

Em|pire|mö|bel [ã'pi:ɐ̯...], das ⟨meist Pl.⟩: **a)** *Möbel aus der Zeit des* [1]*Empire;* **b)** *Möbel im Stil des* [1]*Empire.*

E

Em|pire|stil, der: [1]*Empire* (b).

Em|pi|rie, die; - [griech. empeiría, zu: émpeiros, ↑empirisch] (bildungsspr.): **a)** *Methode, die sich auf Erfahrung stützt, um [wissenschaftliche] Erkenntnisse zu gewinnen;* **b)** *aus der Erfahrung gewonnene Kenntnisse, Erfahrungswissen.*

em|pi|risch ⟨Adj.⟩ [griech. empeirikós, zu: émpeiros = erfahren, kundig] (bildungsspr.): *aus der Erfahrung, auf dem Wege der Empirie gewonnen, auf ihr beruhend; erfahrungsgemäß.*

Em|pi|ris|mus, der; - (Philos.): *erkenntnistheoretische Richtung, die als Quelle der Erkenntnis allein die Sinneserfahrung, die Beobachtung, das Experiment gelten lässt.*

em|pi|ris|tisch ⟨Adj.⟩ (Philos.): *den Grundsätzen des Empirismus entsprechend.*

em|por ⟨Adv.⟩ [mhd. embor, enbor(e), ahd. in bor = in die Höhe; zu mhd., ahd. bor = oberer Raum, Höhe] (geh.): *[von unten] nach oben, aufwärts, hinauf, hoch* (II), *in die Höhe.*

em|por|ar|bei|ten, sich ⟨sw. V.; hat⟩ (geh.): *durch fleißiges Arbeiten eine höhere Stellung erlangen, im Beruf weiterkommen.*

Em|po|re, die; -, -n [für älter: (Em)porkirche, spätmhd. borkirche = oberer Kirchenraum, zu mhd. bor, ↑empor]: *innen angebautes, zum Innenraum hin offenes, galerieartiges Obergeschoss, bes. in Kirchen:* eine offene, gedeckte E.

em|pö|ren ⟨sw. V.; hat⟩ [mhd. enbœren = [sich] erheben; nur mittelbar zusammenhängend mit mhd., ahd. bor, ↑empor]: **1. a)** *in [starke] Entrüstung versetzen, aufbringen, erzürnen:* seine Worte empörten mich; **b)** ⟨e. + sich⟩ *sich sehr entrüsten, wütend werden; in Erregung geraten:* sich über jmdn., über jmds. Benehmen e.; ich bin empört!; sie wandte sich empört ab. **2.** ⟨e. + sich⟩ *sich [in einem Aufstand] auflehnen, widersetzen, rebellieren:* sich gegen die Besatzung e.

em|pö|rend ⟨Adj.⟩: *Empörung hervorrufend; unerhört, skandalös:* ein -es Benehmen.

Em|pö|rer, der; -s, - (geh.): *jmd., der sich gegen jmdn., gegen etw. empört; Aufständischer, Rebell.*

Em|pö|re|rin, die; -, -nen (geh.): w. Form zu ↑Empörer.

em|pö|re|risch ⟨Adj.⟩: **a)** *auf eine Empörung, einen Aufstand hinzielend:* -e Ideen, Reden; **b)** *in einem Aufstand befindlich; rebellisch, aufrührerisch:* -e Bauern.

em|por|fah|ren ⟨st. V.; ist⟩ (geh.): **a)** *nach oben fahren, hinauffahren;* **b)** *aufschrecken, auffahren.*

em|por|flam|men ⟨sw. V.; ist⟩ (geh.): *(vom Feuer) in hohen Flammen brennen:* Ü eine Leidenschaft flammte in ihm empor.

em|por|flie|gen ⟨st. V.; ist⟩ (geh.): *nach oben, in die Höhe fliegen:* die Schaukel fliegt weit empor.

em|por|he|ben ⟨st. V.; hat⟩ (geh.): *nach oben, in die Höhe heben.*

em|por|klet|tern ⟨sw. V.; ist⟩ (geh.): *nach oben, in die Höhe klettern.*

em|por|kom|men ⟨st. V.; ist⟩ (geh.): **a)** *nach oben, in die Höhe kommen; oben wieder zum Vorschein kommen;* **b)** *in Beruf u. Gesellschaft ein höheres Ansehen gewinnen, einen höheren Rang einnehmen.*

Em|por|kömm|ling, der; -s, -e (abwertend): *jmd., der in kurzer Zeit zu Macht, Reichtum gelangt ist; Parvenü.*

em|por|lo|dern ⟨sw. V.; ist⟩ (geh.): *in die Höhe lodern:* das Feuer lodert im Wind hoch empor.

em|por|quel|len ⟨st. V.; ist⟩ (geh.): *quellend auf-, emporsteigen:* emporquellende Lava.

em|por|ra|gen ⟨sw. V.; hat⟩ (geh.): *nach oben, in die Höhe ragen.*

em|por|schau|en ⟨sw. V.; hat⟩ (geh.): *nach oben schauen, sehen.*

em|por|schnel|len ⟨sw. V.; ist⟩ (geh.): **a)** *rasch auf-, hochspringen:* er schnellte aus seinem Sessel empor; ⟨auch e. + sich; hat:⟩ die Fische schnellten sich aus dem Wasser empor; **b)** *im Wert, in der Menge, im Grad o. Ä. in sehr kurzer Zeit beträchtlich zunehmen.*

em|por|schwe|ben ⟨sw. V.; ist⟩ (geh.): *nach oben schweben.*

em|por|schwin|gen ⟨st. V.; hat⟩ (geh.): *nach oben, in die Höhe schwingen:* die Fahne e.

em|por|stei|gen ⟨st. V.; ist⟩: **1. a)** *hinaufgehen, hinaufklettern:* einen Berg, eine Rampe e.; die Treppen zum vierten Stock e.; **b)** *sich [schwebend] nach oben bewegen, aufsteigen:* die Leuchtkugeln steigen [am, zum Himmel] empor; der Mond steigt aus den Wolken empor; Ü ein Gebet steigt zum Himmel empor. **2.** *in Beruf u. Gesellschaft Ansehen u. Einfluss gewinnen; Karriere machen:* er stieg zum Abteilungsleiter empor.

em|por|stre|ben ⟨sw. V.; ist⟩ (geh.): *nach oben streben.*

em|por|tau|chen ⟨sw. V.; ist⟩ (geh.): *an die Wasseroberfläche kommen, auftauchen.*

em|por|trei|ben ⟨st. V.; hat⟩ (geh.): *nach oben treiben.*

Em|pö|rung, die; -, -en: **1.** ⟨o. Pl.⟩ *von starken Emotionen begleitete Entrüstung als Reaktion auf Verstöße gegen moralische Konventionen:* ihn erfüllte eine tiefe E. über dieses Treiben; sie war voller E. **2.** *Aufstand, Rebellion, Meuterei:* eine offene E.; die E. der Unterdrückten wurde niedergeschlagen.

em|por|win|den, sich ⟨st. V.; hat⟩ (geh.): *sich nach oben winden, hochwinden.*

em|por|wir|beln ⟨sw. V.⟩ (geh.): **a)** *etw. nach oben wirbeln, aufwirbeln* ⟨hat⟩: der Wind hat die Blätter emporgewirbelt; **b)** *aufstieben* ⟨ist⟩: der Staub wirbelte hoch empor.

em|por|zie|hen ⟨unr. V.; hat⟩ (geh.): **a)** *nach oben, in die Höhe ziehen:* die Augenbrauen e.; **b)** ⟨e. + sich⟩ *nach oben verlaufen, in die Höhe führen:* der Weg zieht sich in Windungen den Berg empor.

[1]Ems, die; -: Fluss in Nordwestdeutschland.

[2]Ems: ↑Bad Ems.

Em|scher, das; -s [nach dem Fluss Emscher] (Geol.): *Stufe der Kreide* (3) *in Mitteleuropa.*

[1]Em|ser, der; -s, -: Ew. zu ↑Bad Ems.

[2]Em|ser ⟨indekl. Adj.⟩.

Em|se|rin, die; -, -nen: w. Form zu ↑[1]Emser.

em|sig ⟨Adj.⟩ [mhd. emzec, ahd. emazzig, emizzig, zu: emiz = beständig, urspr. = unablässig, drängend]: *rastlos, unablässig tätig; mit großem Fleiß u. Eifer unermüdlich arbeitend:* -e Ameisen; ein Ergebnis -en Fleißes; e. arbeiten.

Em|sig|keit, die; -: *rastloser Fleiß, unermüdliche Tätigkeit.*

Emu, der; -s, -s [engl. emu < port. ema, urspr. = Kranich, dann auf den Strauß u. straußenähnliche Vögel übertr.]: *straußenähnlicher Laufvogel der australischen Steppe.*

Emu|la|ti|on, die; - [zu engl. emulation, lat. aemulatio, zu aemulari = wetteifern]: (EDV) *Nachahmung der Funktionen eines anderen Computers.*

Emu|la|tor, der; -s, ...oren [engl. emulator] (EDV): *Zusatzgerät od. Programm* (4) *zur Emulation.*

Emul|ga|tor, der; -s, ...oren [zu lat. emulgere, ↑emulgieren] (Chemie): *Stoff, der die Bildung einer Emulsion* (1) *ermöglicht, erleichtert.*

emul|gie|ren ⟨sw. V.; hat⟩ [lat. emulgere = ausschöpfen]: *eine Emulsion bilden.*

Emul|sin, das; -s [zu ↑Emulsion]: *ein in bitteren Mandeln enthaltenes Enzym.*

Emul|si|on, die; -, -en [zu lat. emulsum, 2. Part. von: emulgere, ↑emulgieren]: **1.** (Chemie) *Gemenge aus zwei nicht zu mischenden, ineinander unlösbaren Flüssigkeiten, bei dem die eine Flüssigkeit in Form kleiner Tröpfchen in der anderen verteilt ist.* **2.** (Fot.) *lichtempfindliche Schicht fotografischer Platten, Filme, Papiere.*

E-Mu|sik, die; -: kurz für: ernste Musik.

Ena|ki|ter, Enaks|kin|der, Enaks|söh|ne ⟨Pl.⟩ [nach 5. Mos. 1, 28 u. a.]: *riesengestaltiges vorisraelitisches Volk in Palästina.*

En|al|la|ge [auch: e'nalage], die; - [griech. enallagē, eigtl. = Verwechslung] (Sprachw.): *Versetzung des Attributs* (z. B. mit einem blauen Lächeln seiner Augen, statt: mit einem Lächeln seiner blauen Augen).

en bloc [ã'blɔk] ⟨Adv.⟩ [frz., aus: en = in u. bloc, ↑blockieren]: *im Ganzen, in Bausch u. Bogen:* etw. en bloc ablehnen.

En-bloc-Ab|stim|mung, die: *Abstimmung über mehrere zur Wahl stehende Kandidaten in einem Wahlgang.*

En|ce|pha|li|tis: ↑Enzephalitis.

En|co|der [ɪn'koʊdə], der; -s, - [engl. encoder, zu: to encode, ↑encodieren] (Elektronik): *Vorrichtung zur Encodierung (als Teil verschiedenster Geräte).*

en|co|die|ren, (auch:) enkodieren ⟨sw. V.; hat⟩ [engl. to encode, zu: code, ↑Code (1)] (Fachspr.): *[eine Nachricht] mithilfe eines Codes verschlüsseln.*

En|co|die|rung, (auch:) Enkodierung, die; -, -en (Fachspr.): *das Encodieren.*

En|co|ding [ɪn'koʊdɪŋ], das; -s, -s [engl. encoding] (Kommunikationsforschung): *Verschlüsselung einer Nachricht.*

En|coun|ter [ɪn'kaʊntə], das, (auch:) der; -s, - [engl. encounter = Begegnung, Treffen] (Psych.): *Sensitivitätstraining, bei dem die Selbstverwirklichung in der Gruppe durch die spontane Äußerung von Aggressionen, Sympathien u. Antipathien gefördert werden soll.*

End-: drückt in Bildungen mit Substantiven aus, dass etw. – seltener jmd. – den endgültigen Schlusspunkt nach mehreren Zwischenstationen darstellt: Enddeponie, Endmontage.

End|ab|rech|nung, die: *endgültige Abrechnung, Schlussabrechnung.*

End|aus|schei|dung, die: *letzte Phase eines auf verschiedenen Ebenen, in verschiedenen Etappen ausgetragenen Wettbewerbs, Wettkampfs o. Ä., die zur Ermittlung eines Siegers führt:* sie kam bis in die E. und wurde schließlich Dritte.

End|bahn|hof, der: *Zielbahnhof, letzte Station; Endstation.*

End|be|scheid, der: *abschließender Bescheid.*

end|be|tont ⟨Adj.⟩ (Sprachw.): *am Ende, auf der letzten Silbe betont:* ein -es Wort.

End|be|to|nung, die (Sprachw.): *Betonung auf der letzten Silbe:* dieses Wort hat E.

End|be|trag, der: *Betrag, der sich aus einer Berechnung schließlich ergibt.*

End|buch|sta|be, der: *letzter Buchstabe (eines Wortes).*

End|chen, das; -s, -: Vkl. zu ↑Ende (2).

End|darm, der (Med.): *Dickdarm.*

End|drei|ßi|ger, der: *Mann Ende dreißig.*

End|drei|ßi|ge|rin, die: w. Form zu ↑Enddreißiger.

En|de, das; -s, -n [mhd. ende, ahd. enti = äußerster räumlicher od. zeitlicher Punkt, eigtl. = vor einem Liegendes]: **1. a)** ⟨Pl. selten⟩ *Stelle, Ort, wo etw. aufhört:* das spitze E.; das E. der Straße; am E. der Welt (scherzh.; *weit draußen*); jmdm. bis ans E. der Welt *(überallhin)* folgen; wir liefen von einem E. zum andern; Ü er fasst die Sache am richtigen E. *(richtig)* an; **b)** ⟨o. Pl.⟩ *Zeitpunkt, an dem etw. aufhört; letztes Stadium:* ein schlimmes E.; das E. der Welt *(der Jüngste Tag);* das E. *(der Schluss)* der Vorstellung; E. (Funkw.; *Schluss*) der Durchsage; das E. naht, ist nicht abzusehen; (geh.:) es war des Staunens kein E.; alles muss einmal ein E. haben; bei seinen Erzählungen findet er kein E., kann er kein E. finden *(kommt er nicht zum Schluss, kann er nicht aufhören);* kein E. nehmen *(nicht aufhören wollen);* Regen und kein E. *(nicht enden wollender Regen);* ein böses, kein gutes E. nehmen *(böse ausgehen);* einer Sache ein E. machen, setzen, bereiten (geh.; *etw. beenden*); seinem Leben ein E. machen, setzen (geh.; *Selbstmord begehen*); E. April; er ist E. fünfzig/der Fünfziger *(er ist bald 60 Jahre alt);* am, bis, gegen, seit, zu[m] E. des Jahres, der Woche; Autos, Tabellen, Zahlen ohne E. *(in unüberschaubar großer Zahl [aufeinander folgend]);* die Vorstellung ist [gleich] zu E. *(aus, beendet);* meine Geduld ist zu E.; unser Geld geht zu E.; mit jmdm. geht es zu E. (verhüll.; *jmd. liegt im*

Sterben); eine Arbeit zu E. bringen, führen *(beenden);* mit etwas zu E. kommen *(fertig werden);* den Brief zu E. *(fertig)* lesen, bis zu E. *(vollständig)* lesen; **R** (scherzh.:) alles hat ein E., nur die Wurst hat zwei; bis zum bitteren E.; **Spr** E. gut, alles gut; * **das dicke E.** (ugs.; *die [unerwarteten] größten Schwierigkeiten;* H. u.): das dicke E. kommt noch, kommt nach; **das E. vom Lied** (ugs.; *der enttäuschende Ausgang;* nach dem häufig traurigen Ausgang alter Volkslieder): das E. vom Lied war, dass alles beim Alten blieb; **ein E. mit Schrecken** *(ein schreckliches, schlimmes Ende;* Ps. 73, 19); **letzten -s** *(schließlich):* letzten -s musste er doch nachgeben; **am E.** (1. *schließlich, im Grunde:* das ist am E. dasselbe. 2. nordd.; *vielleicht, etwa:* du bist es am E. [gar] selbst gewesen); **am E. sein** (ugs.; *völlig erschöpft sein*); **mit etw. am E. sein** *(nicht mehr weiterwissen, -können):* mit seinem Wissen am E. sein; **c)** (geh. verhüll.) *Tod:* sein E. nahen fühlen; ein qualvolles E. haben; **d)** (veraltet) *Zweck, Endzweck:* zu welchem E.? **2. a)** *letztes, äußerstes Stück:* die beiden -n der Schnur; das E. *(der Zipfel)* der Wurst; **b)** (landsch.) *kleines Stück (von einem Ganzen):* ein E. Bindfaden; **c)** ⟨o. Pl.⟩ (ugs.) *[größere] Strecke:* es ist noch ein ganzes, gutes E. bis zum Bahnhof. **3.** (Jägerspr.) *Sprosse des [Hirsch]geweihs:* das Geweih hat acht -n. **4.** (Seemannsspr.) *Tau:* ein E. auswerfen, kappen.

nd|ef|fekt, der: *letztlich erzielter Effekt; Endergebnis:* der E. seiner Bemühungen war gleich null; im E. *(letztlich, letzten Endes)* bleibt sich das gleich.

n|del, das; -s, - (bayr., österr.): *(verstärkter) Stoffrand:* das E. einnähen.

n|deln ⟨sw. V.; hat⟩ (bayr., österr.): *die Ränder eines Stoffs, Gewebes o. Ä. einfassen.*

n|de|mie, die; -, -n [zu griech. éndēmos = einheimisch] (Med.): *örtlich begrenztes Auftreten einer Infektionskrankheit.*

n|de|misch ⟨Adj.⟩: **a)** (Med.) *(von Infektionskrankheiten) örtlich begrenzt auftretend;* **b)** (Biol.) *in einem begrenzten Gebiet verbreitet:* -e Pflanzen.

n|de|mis|mus, der; - (Biol.): *Vorkommen von Tieren u. Pflanzen in einem bestimmten, begrenzten Gebiet.*

n|den ⟨sw. V.⟩ [mhd. enden, ahd. entōn, zu ↑Ende]: **1.** ⟨hat⟩ **a)** *räumlich aufhören, nicht weiterführen:* der Weg endete vor einer riesigen Grube; die Röcke enden knapp unter dem Knie; **b)** *zeitlich aufhören, zu Ende sein; zu Ende gehen, ausgehen:* der Vortrag endet um 22 Uhr; nicht e. wollender Beifall. **2. a)** *(eine Rede o. Ä.) [ab]schließen, beenden* ⟨hat⟩: der Redner endete mit einem Hoch auf den Jubilar; **b)** *sein Leben beschließen, sterben* ⟨hat/(seltener:) ist⟩: am Galgen e. **3.** (Sprachw.) *etw. als Auslaut, als Endung haben* ⟨hat⟩: dieses Wort endet auf k, mit k.

nd|er|folg, der: *letztlich erzielter Erfolg.*

nd|er|geb|nis, das: *endgültiges Ergebnis:* das E. einer Diskussion; im E. *(letztlich)* läuft es auf das Gleiche hinaus.

nd|er|zeug|nis, das: vgl. Endprodukt.

n|des|un|ter|zeich|ne|te, der u. die (Papierdt.): *der u. die Unterzeichnete.*

n dé|tail [ãde'taj; frz., zu ↑Detail]: **a)** (Kaufmannsspr.) *im Kleinen; einzeln, im Einzelverkauf:* Waren en gros und en d. verkaufen; **b)** *im Einzelnen, eingehend.*

nd|fas|sung, die: *endgültige Fassung, Formulierung.*

nd|fer|ti|gung, die: *letzter Abschnitt, Endphase in der Fertigung eines Produkts.*

nd|fünf|zi|ger, der: vgl. Enddreißiger.

nd|fünf|zi|ge|rin, die; -, -nen: w. Form zu ↑Endfünfziger.

nd|ge|schwin|dig|keit, die: vgl. Höchstgeschwindigkeit.

nd|gül|tig ⟨Adj.⟩: *von letzter, abschließender Gültigkeit, unumstößlich; definitiv:* eine -e Lösung, Beurteilung; diese Entscheidung ist e.; nun ist e. Schluss; ⟨subst.:⟩ ich weiß noch nichts Endgültiges.

Ẹnd|gül|tig|keit, die: *das Endgültigsein, endgültiges Feststehen.*

Ẹnd|hal|te|stel|le, die: vgl. Endbahnhof.

Ẹnd|hirn, das: *vorderster Abschnitt des Gehirns der Wirbeltiere.*

ẹn|di|gen ⟨sw. V.; hat⟩ (veraltend): *enden.*

En|di|vie, die; -, -n [über das Romanische (frz. endive, ital. endivia) < spätlat. intiba < lat. intubus (intubum) < griech. entýbion, wohl zu ägypt. tōbi = Januar u. eigtl. = im Januar wachsende Pflanze]: *(als Salat od. Gemüse verwendete) Pflanze mit meist krausen, geschlitzten hellgrünen Blättern.*

En|di|vi|en|sa|lat, der: *Salat aus Blättern der Endivie.*

Ẹnd|kampf, der (Sport, Milit.): *letzter, entscheidender Kampf.*

Ẹnd|kon|so|nant, der: *letzter Konsonant (eines Wortes).*

Ẹnd|la|ger, das: *Endlagerstätte.*

ẹnd|la|gern ⟨sw. V.; hat; nur im Inf. u. 2. Part. gebr.⟩: *in einem Endlager unterbringen, endgültig lagern* (3 b).

Ẹnd|la|ger|stät|te, die: *Deponie, Platz für die Endlagerung.*

Ẹnd|la|ge|rung, die: *(meist von radioaktiven Abfallprodukten) endgültige Lagerung.*

Ẹnd|lauf, der (Leichtathletik, Ski): *letzter, zur Ermittlung des Siegers führender Lauf eines Wettbewerbs.*

ẹnd|lich: I. ⟨Adv.⟩ **a)** (meist emotional) *nach einer langen Zeit des Wartens, der Verzögerung, des Zweifels:* er ist e. doch noch gekommen; wann bist du e. fertig?; (ugs.:) na e.!; **b)** *schließlich, zuletzt, am Ende:* wir mussten e. erkennen, dass alle Mühe vergebens war. **II.** ⟨Adj.⟩ (Fachspr.) *in Raum, Zeit, Zahl o. Ä. begrenzt:* eine -e Zahl.

Ẹnd|lich|keit, die; -, -en ⟨Pl. selten⟩ (Fachspr.): *endliche Beschaffenheit.*

ẹnd|los ⟨Adj.⟩: **a)** *ohne Ende, fortlaufend:* eine -e Schleife; **b)** *sich sehr in die Länge ziehend; ohne absehbares Ende, nicht enden wollend:* eine -e Kolonne; -e *(unerschöpfliche)* Geduld; es dauerte e. *(unendlich)* lange, bis er kam; ⟨subst.:⟩ die Stunden des Wartens zogen sich [bis] ins Endlose *(eine endlose Zeit)* hin.

Ẹnd|los|band, das ⟨Pl. ...bänder⟩: **1.** (Druckw.) *Papierband, auf das ein Text endlos aufgenommen wird.* **2.** *Magnetband, dessen Schleife in einer speziellen Kassette so abgespielt wird, dass eine endlose Wiedergabe der gespeicherten Information möglich ist.*

Ẹnd|los|bau|wei|se, die: *Bauweise, die eine Aneinanderreihung beliebig vieler Elemente (z. B. einer Schrankwand) ermöglicht.*

Ẹnd|lo|sig|keit, die; -: *Unendlichkeit, Grenzenlosigkeit.*

Ẹnd|los|pa|pier, das (EDV): *in harmonikaartig gefalteten Stapeln geordnetes Papier mit gelochten Rändern, das für das Ausdrucken aufbereiteter Daten in einem Drucker* (2) *verwendet wird.*

Ẹnd|lö|sung, die: **a)** (nationalsoz. verhüll.) *(von den Nationalsozialisten geplante) vollständige Vernichtung der europäischen Juden.* **b)** (selten) *endgültige Lösung.*

Ẹnd|mon|ta|ge, die: *letzte Arbeit während einer Montage.*

Ẹnd|mo|rä|ne, die (Geol.): *am Ende eines Gletschers gebildete Moräne.*

en|do-, En|do- [griech. éndon]: bedeutet in Bildungen mit Adjektiven od. Substantiven *innen, innerhalb:* endotherm; Endoallergie.

En|do|bi|o|se, die; -, -n [zu griech. bíos = Leben] (Biol.): *Gemeinschaft meist verschiedenartiger Lebewesen, von denen ein Partner im anderen lebt* (z. B. Bakterien im Darm).

En|do|ga|mie, die; -, -n [zu griech. gámos = Hochzeit, Ehe] (Soziol.): *Bestimmung, nach der nur innerhalb eines bestimmten sozialen Verbandes (z. B. Stamm, Kaste) geheiratet werden darf.*

en|do|gen ⟨Adj.⟩ [zu griech. endogenḗs = im Hause geboren]: **1. a)** (Med.) *(von Stoffen, Krankheitserregern od. Krankheiten) im Körper selbst, im Körperinneren entstehend, von innen kommend:* -e Faktoren; **b)** (Psych.) *anlagebedingt:* ein e. gesteuerter Mechanismus; **c)** (Bot.) *(von Pflanzenteilen, die nicht aus Gewebeschichten der Oberfläche, sondern aus dem Innern entstehen u. die unbeteiligten äußeren Gewebeschichten durchstoßen) innen entstehend.* **2.** (Geol.) *von Kräften im Erdinneren erzeugt:* -e Beben.

En|do|kard, das; -s, -e [zu griech. kardía = Herz] (Med.): *die Hohlräume des Herzens auskleidende, glatte Innenwand; Herzinnenhaut.*

En|do|kar|di|tis, die; -, ...itiden [zu ↑Endokard] (Med.): *Entzündung der Herzinnenhaut, besonders an den Herzklappen.*

En|do|karp, das; -s, -e [zu griech. karpós = Frucht] (Bot.): *bei Früchten die innerste Schicht der Fruchtwand.*

en|do|krin ⟨Adj.⟩ [zu griech. krínein = trennen] (Med.): **1.** *(von Drüsen) mit innerer Sekretion:* eine -e Drüse. **2.** *die Drüsen mit innerer Sekretion betreffend:* -e Erkrankungen.

En|do|kri|no|lo|gie, die; - [zu griech. éndon = innen, innerhalb u. ↑Krinologie] (Med.): *Lehre von den endokrinen Drüsen.*

En|do|ly|si|ne ⟨Pl.⟩ [zu griech. éndon = innen, innerhalb u. ↑Lysin] (Med.): *weißen Blutkörperchen entstammende, Bakterien abtötende Stoffe.*

En|do|pa|ra|sit, der; -en, -en [↑Parasit] (Med., Zool.): *im Organismus seines Wirtes lebender Parasit* (z. B. Bandwurm).

En|do|phyt, der; -en, -en [zu griech. phytón = Pflanze] (Biol.): *als Endoparasit lebender [niederer] pflanzlicher Organismus.*

En|do|plas|ma, das; -s, ...men [↑Plasma]: *Entoplasma.*

En|do|pro|the|se, die; -, -n [↑Prothese] (Med.): *aus Kunststoff, Metall o. Ä. gefertigte Prothese* (1), *die im Organismus den geschädigten Körperteil ganz od. teilweise ersetzt.*

En|do|skop, das; -s, -e [zu griech. skopeĩn = betrachten] (Med.): *mit elektrischer Lichtquelle u. Spiegeln versehenes optisches Instrument zur Untersuchung von Hohlorganen u. Körperhöhlen u. zur gezielten Entnahme von Gewebeproben.*

En|do|sko|pie, die; -, -n (Med.): *Untersuchung mit dem Endoskop.*

en|do|sko|pisch ⟨Adj.⟩ (Med.): **a)** *das Endoskop, die Endoskopie betreffend;* **b)** *mittels Endoskop.*

En|do|spo|re, die; -, -n [↑Spore] (Bot.): *(bes. bei Pilzen) im Innern eines Sporenbehälters entstehende Spore.*

En|do|thel, das; -s, -e, **En|do|the|li|um,** das; -s, ...ien [zu griech. thēlḗ = Brustwarze] (Med.): *Zellschicht an der Innenfläche der Blut- u. Lymphgefäße.*

en|do|therm ⟨Adj.⟩ [zu griech. thérmē = Wärme] (Physik, Chemie): *Wärme bindend, aufnehmend:* -e Vorgänge.

en|do|troph ⟨Adj.⟩ [zu griech. trophḗ = das Ernähren; Nahrung] (Bot.): *(von Pilzen, deren Wurzelfäden in das Innere der Wurzelzellen höherer Pflanzen eindringen) sich innen ernährend.*

Ẹnd|pha|se, die: *letzte Phase, Schlussphase.*

Ẹnd|pro|dukt, das: *Ergebnis eines Produktions-, Verarbeitungsprozesses o. Ä.*

Ẹnd|punkt, der: *äußerster Punkt, Schlusspunkt.*

Ẹnd|reim, der: *Reim von Versenden untereinander.*

Ẹnd|re|sul|tat, das: *letztes, endgültiges Resultat.*

Ẹnd|run|de, die (Sport): *letzte, entscheidende Runde eines aus mehreren Runden bestehenden Wettbewerbs.*

Ẹnd|see, der (Geogr.): *abflussloser See.*

Ẹnd|sieg, der (bes. nationalsoz.): *der am Ende eines Krieges, Kampfes stehende Sieg.*

Ẹnd|sil|be, die: *letzte Silbe eines Wortes.*

Ẹnd|spiel, das: **a)** (Sport) *Spiel, in dem der Sieger*

E

eines Wettbewerbs nach vorausgegangenen Qualifikationsspielen ermittelt wird: das E. erreichen; **b)** *letzte Phase einer Schachpartie.*

Ẹnd|spurt, der (bes. Leichtathletik): **a)** *Beschleunigung des Tempos durch verstärkten Einsatz der Kräfte auf der letzten Strecke vor dem Ziel; Finish:* den E. anziehen; zum E. ansetzen; **b)** ⟨o. Pl.⟩ *Fähigkeit zum Endspurt* (a).

Ẹnd|sta|di|um, das: *letztes Stadium.*

Ẹnd|stand, der (Sport): *Stand bei Spielende; Endergebnis.*

ẹnd|stän|dig ⟨Adj.⟩ (Biol.): *(vor allem von Blättern, Blüten, Knospen) sich am Ende, an der Spitze von etw. befindend.*

Ẹnd|sta|ti|on, die: *letzte Station, letzte Haltestelle:* E., alles aussteigen!; Ü E. Krankenhaus.

Ẹnd|stück, das: *letztes, äußerstes Stück:* das E. eines Brotes, eines Rohrs.

Ẹnd|sum|me, die: *Summe, die das Endergebnis bildet:* die E. einer Addition.

Ẹn|dung, die; -, -en (Sprachw.): *letzter Bestandteil (Laut od. Silbe) eines Wortes, der der Beugung od. Ableitung dient:* Substantive mit der E. -heit.

ẹn|dungs|los ⟨Adj.⟩ (Sprachw.): *ohne Endung.*

En|du|ro, die; -, -s [engl. enduro, zu: endurance = Ausdauer; Strapazierfähigkeit]: *geländegängiges Motorrad mit leichtem Rahmen, das auch für den Straßenverkehr zugelassen ist.*

Ẹnd|ur|sa|che, die: *letztendliche Ursache, bis zu der man einen Vorfall zurückverfolgen muss.*

Ẹnd|ur|teil, das (Rechtsspr.): *Urteil, das die für die jeweilige Instanz endgültige Entscheidung in einem Rechtsstreit enthält.*

Ẹnd|ver|brau|cher, der (Wirtsch.): *einzelner Verbraucher, der die Ware erst nach Durchgang durch den Zwischenhandel vom Einzelhändler kauft.*

Ẹnd|ver|brau|che|rin, die: w. Form zu ↑Endverbraucher.

Ẹnd|ver|brau|cher|preis, der (Wirtsch.): *Preis, den der Endverbraucher für eine Ware zu zahlen hat.*

Ẹnd|vier|zi|ger, der: vgl. Enddreißiger.

Ẹnd|vier|zi|ge|rin, die; -, -nen: w. Form zu ↑Endvierziger.

Ẹnd|vo|kal, der: vgl. Endkonsonant.

Ẹnd|zeit, die ⟨o. Pl.⟩: *(in religiösen Glaubensvorstellungen, bes. in denen der christlichen Urkirche) Zeit des Endes der bestehenden Welt.*

Ẹnd|zeit|er|war|tung, die ⟨o. Pl.⟩: *das Erwarten, Leben in der Erwartung der Endzeit.*

ẹnd|zeit|lich ⟨Adj.⟩: *zur Endzeit gehörend, in der Endzeit geschehend, die Endzeit betreffend.*

Ẹnd|zeit|stim|mung, die: *Weltuntergangsstimmung* (2).

Ẹnd|ziel, das: *endgültiges, eigentliches Ziel.*

Ẹnd|zif|fer, die: *letzte Ziffer (einer Zahl).*

Ẹnd|zu|stand, der: *endgültig erreichter Zustand.*

Ẹnd|zwan|zi|ger, der: vgl. Enddreißiger.

Ẹnd|zwan|zi|ge|rin, die: w. Form zu ↑Endzwanziger.

Ẹnd|zweck, der: *letzter eigentlicher Zweck.*

Ener|ge|tik, die; -: **1.** *naturphilosophische Richtung (nach W. Ostwald), die die Energie als Wesen u. Grundkraft aller Dinge erklärt.* **2.** (Physik) *Lehre von der Umwandlung u. industriellen Nutzung der Energie.*

ener|ge|tisch ⟨Adj.⟩ [griech. energētikós = wirksam, kräftig, zu: enérgeia, ↑Energie]: **1.** (Sprachw.) *die wirkende Kraft der Sprache betreffend, auf ihr beruhend.* **2.** (Physik) *die Energie betreffend, auf ihr beruhend.*

Ener|gie, die; -, -n [frz. énergie < spätlat. energia < griech. enérgeia = wirkende Kraft, zu: érgon = Werk, Wirken]: **1.** ⟨o. Pl.⟩ **a)** *mit Nachdruck, Entschiedenheit [u. Ausdauer] eingesetzte Kraft, etw. durchzusetzen; starke körperliche u. geistige Spannkraft, Tatkraft:* geballte E.; keine E. haben; etw. mit eiserner E. durchführen; er steckt voller E.; **b)** (selten) *Nachdruck, Entschlossenheit:* etw. mit E. sagen. **2.** (Physik) *Fähigkeit eines Stoffes, Körpers od. Systems, Arbeit zu verrichten:* elektrische E.; bei diesem Vorgang wird E. frei, geht E. verloren; -n nutzen; E. sparende Maßnahmen.

ener|gie|arm ⟨Adj.⟩: **a)** *arm an Energie* (2): ein -er Elektronenstrahl; **b)** *arm an Energieträgern, ohne genügend Energiereserven.*

Ener|gie|be|darf, der: *Bedarf an Energie* (2).

Ener|gie|be|ra|ter, der: *Berater bei Elektrizitäts- u. Gaswerken od. Firmen der Elektro- u. Gasgeräteindustrie, der Verbraucher berät.*

Ener|gie|be|ra|te|rin, die; -, -nen: w. Form zu ↑Energieberater.

ener|gie|be|wusst ⟨Adj.⟩: *Energie* (2) *nicht vergeudend, sondern sich beim Verbrauch ihrer natürlichen Begrenztheit in besonderem Maße bewusst seiend:* sich e. verhalten.

Ener|gie|bün|del, das (ugs.): *besonders energiegeladener Mensch:* sie ist ein wahres E.

Ener|gie|dach, das (Bauw.): *mit einer Anlage zur Gewinnung von Wärmeenergie ausgerüstetes Dach.*

Ener|gie|er|zeu|gung, die: *Erzeugung von Energie* (2).

Ener|gie|form, die: *Form, Art der Energie* (2); (z. B. Bewegungsenergie).

Ener|gie|ge|halt, der: *Gehalt an Energie* (2): der E. der Nahrung.

ener|gie|ge|la|den ⟨Adj.⟩: *voller Energie* (1 a): ein -er Mensch.

Ener|gie|haus|halt, der: *Verhältnis zwischen Energieerzeugung u. -bedarf.*

ener|gie|in|ten|siv ⟨Adj.⟩: *bei der Herstellung von etw. viel Energie verbrauchend.*

Ener|gie|kri|se, die: *Krise in der Energieversorgung.*

Ener|gie|leis|tung, die: *Leistung, für die besonders viel Energie* (1 a) *aufzuwenden ist.*

Ener|gie|lie|fe|rant, der: *Stoff, Körper od. ein System, dessen Energie* (2) *nutzbar gemacht wird.*

ener|gie|los ⟨Adj.⟩: *ohne Energie* (1 a): ein -er Mensch.

Ener|gie|lo|sig|keit, die; -: *energielose [Wesens]art, Mangel an Energie* (1 a).

Ener|gie|po|li|tik, die: *Maßnahmen o. Ä. auf dem Gebiet der Energieversorgung.*

ener|gie|po|li|tisch ⟨Adj.⟩: *die Energiepolitik betreffend:* -e Maßnahmen.

Ener|gie|prin|zip, das ⟨o. Pl.⟩: vgl. Energiesatz.

Ener|gie|quel|le, die: *in großem Rahmen nutzbarer Energielieferant.*

Ener|gie|rech|nung, die: *Rechnung über den Verbrauch von Strom u. Gas.*

ener|gie|reich ⟨Adj.⟩: **a)** *reich an Energie* (2): Ströme -er Elektronen; **b)** *reich an Energieträgern, mit genügend Energiereserven:* -e Gebiete.

Ener|gie|reich|tum, der: *Reichtum an Energieträgern u. -reserven.*

Ener|gie|re|ser|ve, die ⟨meist Pl.⟩: *Reserve an Energie:* die -n des Körpers.

Ener|gie|satz, der ⟨o. Pl.⟩ (Physik): *Satz von der Erhaltung der Energie in einem geschlossenen System.*

ener|gie|spa|rend ⟨Adj.⟩: *wenig Energie* (2) *verbrauchend.*

Ener|gie|spar|pro|gramm, das: *Programm* (3) *zur Durchführung von Sparmaßnahmen beim Verbrauch von Energie* (2).

Ener|gie|trä|ger, der: *Stoff, dessen Energie* (2) *nutzbar gemacht wird.*

Ener|gie|um|wand|lung, die (Physik): *Umwandlung einer Energieform in eine andere.*

Ener|gie|ver|schwen|dung, die: *Verschwendung von Energie.*

Ener|gie|ver|sor|gung, die: *Versorgung mit Energieträgern.*

Ener|gie|vor|rat, der ⟨meist Pl.⟩: *Vorrat an Energieträgern.*

Ener|gie|wirt|schaft, die: *Wirtschaftszweig, der die Produktion, Verarbeitung u. Verteilung von Energie umfasst.*

Ener|gie|zu|fuhr, die: *Zufuhr von Energie.*

ener|gisch ⟨Adj.⟩ [nach frz. énergique]: **a)** *von Energie* (1 a) *erfüllt, starken Willen u. Durchsetzungskraft zeigend, tatkräftig:* ein -er Mann; e. durchgreifen; **b)** *von Energie* (1 a), *von starkem Willen u. Durchsetzungskraft zeugend:* ein -es Kinn; **c)** *nachdrücklich, entschlossen.*

Ener|va|ti|on, die; -, -en [lat. enervatio]: *Enervierung.*

ener|vie|ren ⟨sw. V.; hat⟩ [1: nach frz. énerver < lat. enervare = entkräften; entnerven, zu: nervus, ↑Nerv]: **1.** *entnerven:* ein enervierender Lärm. **2.** (Med.) *die Verbindung zwischen Nerv u. dazugehörigem Organ ausschalten.*

Ener|vie|rung, die; -, -en: **1.** *das Enervieren* (1). **2.** (Med.) *das Enervieren* (2).

en face [ã'fas; frz., eigtl. = ins Gesicht, aus: en = in u. face, ↑Face] (Fachspr.): *(bes. von Bildnisdarstellungen) von vorn [gesehen], in gerader Ansicht:* jmdn. en f. malen.

en fa|mille [ãfa'mij; frz., aus: en = in u. famille < lat. familia = Familie] (veraltend): *im engsten [Familien]kreis:* en f. feiern.

En|fant ter|ri|ble [ãfãtə'ribl], das; - -, -s -s [ãfãtə'ribl; frz., eigtl. = schreckliches Kind, aus: enfant = Kind (lat. infans, ↑Infant) u. terrible = schrecklich (lat. terribilis)] (bildungsspr.): *jmd., der gegen die geltenden [gesellschaftlichen] Regeln verstößt u. dadurch seine Umgebung oft schockiert od. in Verlegenheit bringt.*

ẹng ⟨Adj.⟩ [mhd. enge, ahd. engi, eigtl. = zusammengedrückt, eingeschnürt]: **1. a)** *räumlich eingeschränkt, von geringer räumlicher Ausdehnung:* -e Gassen; das Tal ist sehr e.; ein e. umgrenztes Gebiet; Ü in -en *(beschränkten, bescheidenen)* Verhältnissen leben; **b)** *dicht [gedrängt]:* e. schreiben; die Bäume stehen etwas zu e.; sich e. anschmiegen; ein e. umschlungenes Liebespaar; **c)** *(von Kleidungsstücken) dem Körper fest anliegend:* -e Hosen; ein [ganz] e. anliegender Pullover; der Rock ist mir zu e. geworden; **d)** *ohne Spielraum:* ihm sind -e Grenzen gesetzt; Ü die Entscheidung wird e. (ugs.; *knapp*) für uns; das darf man nicht so e. sehen (ugs.; *das muss man tolerieren*). **2.** ⟨oft im Komp. u. Sup.⟩ *[durch Auswahl] begrenzt:* in die -ere Wahl kommen, gezogen werden *(nach einer ersten Auswahl noch infrage kommen)*; im -eren, -sten Sinn des Wortes. **3.** *nah, vertraut:* in -em Kontakt mit jmdm. stehen; die -ere Heimat; im -sten Kreis feiern; mit jmdm. e. verbunden sein; e. befreundete Familien; e., aufs Engste/(auch:) engste befreundet sein.

En|ga|din ['ɛŋgadi:n, auch: --'-], das; -s: Talschaft des Inns in der Schweiz.

En|ga|ge|ment [ãgaʒə'mã:], das; -s, -s [frz. engagement]: **1.** ⟨o. Pl.⟩ (bildungsspr.) *persönlicher Einsatz aus [weltanschaulicher] Verbundenheit; Gefühl des Verpflichtetseins zu etw.; Bindung, Verpflichtung:* ein soziales E.; das militärische E. der USA in Europa; sein E. für Gerechtigkeit. **2.** *berufliche Verpflichtung, Anstellung eines Künstlers, Artisten o. Ä.:* ein E. suchen; sie hat ihr E. verlängert; sie war in München im E. *(hatte dort ein Engagement).* **3.** (veraltet) *Aufforderung zum Tanz.* **4.** (Börsenw.) *Verpflichtung, zur festgesetzten Zeit gekaufte Papiere abzunehmen, zu bezahlen od. die für diesen Tag verkauften zu liefern.*

en|ga|gie|ren [ãga'ʒi:rən] ⟨sw. V.; hat⟩ [frz. engager = in Gage nehmen, zu: gage, ↑Gage]: **1.** ⟨e. + sich⟩ **a)** *sich bekennend für etw. einsetzen, sich binden:* sich politisch e.; du hast dich voll für die Ziele der Partei engagiert; **b)** *militärische, geschäftliche o. ä. Verpflichtungen eingehen:* die Amerikaner hatten sich zu sehr in Vietnam engagiert. **2. a)** *(einen Künstler, Artisten o. Ä.) unter Vertrag nehmen, verpflichten:* der Schauspieler wurde [für eine Spielzeit] nach Berlin engagiert; **b)** *zur Erledigung einer bestimmten Aufgabe in Dienst nehmen:* zur Nachhilfe einen Privatlehrer, jmdn. als Privatlehrer e. **3.** (veraltend) *zum Tanz auffordern:* er hat sie für den nächsten Tanz, zum Walzer engagiert.

en|ga|giert ⟨Adj.⟩ (bildungsspr.): **a)** *entschieden für etw. eintretend:* ein -er Schriftsteller; **b)** *starkes persönliches Interesse für etw. zeigend:* sozial e. sein.

n|ga|giert|heit, die; - (bildungsspr.): *das Engagiertsein; Engagement* (1).

ng an|lie|gend, anschließend: s. eng (1 c).

n garde [ãˈgard; frz., aus: en = in u. garde = Deckung, (Fecht)stellung, ↑Garde] (Fechten): *Kommando, mit dem die Fechter aufgefordert werden, Fechtstellung einzunehmen.*

ng be|druckt: s. eng (1 b).

ng be|freun|det: s. eng (3).

ng be|grenzt: s. eng (2).

ng be|schrie|ben: s. eng (1 b).

ng|brüs|tig ⟨Adj.⟩: **a)** *schmal gebaut, schwächlich:* ein -er Jugendlicher; **b)** *kurzatmig.*

n|ge, die; -, -n [mhd. enge, ahd. engi]: **1.** ⟨o. Pl.⟩ *Mangel an Raum, räumliche Beschränktheit:* in bedrückender E. leben; **Ü** kleinbürgerliche E. des Geistes. **2.** (veraltend) *verengte Stelle, Engpass:* das Schiff durch eine E. steuern; *** in die E. geraten** *(keinen Ausweg mehr wissen);* **jmdn. in die E. treiben** *(durch Fragen, Drohungen o. Ä. in ausweglose Bedrängnis bringen).*

n|gel, der; -s, - [mhd. engel, ahd. engil < griech. ángelos = Bote (Gottes)]: **1.** (Rel.) *[als Bote Gottes wirkendes] meist mit Flügeln gedachtes, überirdisches Wesen:* gute, gefallene E.; der E. der Verkündigung, des Todes; sie ist sanft und gütig wie ein E.; ein blonder E. *(jüngere [sanft wirkende] Person mit längerem blondem Haar);* **R** ein E. fliegt, geht durchs Zimmer (kennzeichnet eine Situation, bei der eine Unterhaltung plötzlich verstummt, irgendwo große Stille eintritt); das hat dir ein, dein guter E. eingegeben *(da hast du eine glückliche Eingebung gehabt);* *** [auch] nicht gerade ein E. sein** (ugs.; *sich nicht immer mustergültig verhalten, benehmen*); **ein E. mit einem B davor** (ugs.; *bes. Kind, das sich frech, rüpelhaft, gar nicht so benimmt, wie man es von ihm erwartet;* scherzhafte Bildung aus dem Buchstaben B u. Engel = Bengel); **die E. im Himmel singen/pfeifen hören** (ugs.; *sehr starke Schmerzen haben;* nach der Vorstellung von einem Orchester der Engel, das man musizieren hört, wenn sich einem Verstorbenen der Himmel auftut). **2. a)** *als Helfer od. Retter wirkender Mensch:* sie ist mein guter E.; er kam als rettender E.; sie ist ein E. der Armen; *** die gelben E.** *(die Mitarbeiter der Straßenwacht des Allgemeinen Deutschen Automobil-Clubs);* **b)** (ugs., oft iron.) *unschuldiger Mensch:* er ist kein E.; du ahnungsloser E.!

En|gel|amt, das (kath. Kirche): **1.** *Hochamt zu Ehren der Engel.* **2.** [1]*Messe* (1) *zu Ehren der Muttergottes im Advent.* **3.** *Mitternachtsmesse in der Heiligen Nacht.* **4.** *Totenamt für ein Kind.*

En|gel|chen, En|ge|lein, das; -s, -: Vkl. zu ↑Engel (1).

En|gel|gleich, (auch:) engelsgleich ⟨Adj.⟩ (geh.): *wie ein Engel:* e. singen.

en|gel|gut, (auch:) engelsgut ⟨Adj.⟩: *gut wie ein Engel:* sie war ein -er Mensch.

en|gel|haft ⟨Adj.⟩: *zart, ätherisch, liebreizend (wie ein Engel).*

En|gel|kopf, (auch:) Engelskopf, der: *Kopf [wie der] einer Engelsfigur.*

En|gel|ma|cher, der [rückgeb. aus ↑Engelmacherin]: vgl. Engelmacherin.

En|gel|ma|che|rin, die; -, -nen [urspr. = Frau, die Pflegekinder absichtlich sterben lässt, »zu Engeln macht«] (ugs. verhüll.): *Frau, oft Hebamme, die illegale Abtreibungen vornimmt.*

en|gel|rein ⟨Adj.⟩ (geh.): *rein, wie es einem Engel eigentümlich ist:* ein -es Wesen.

En|gel|schar, die: *Schar der Engel.*

En|gels|ge|duld, die: *sehr große, fast unerschöpfliche Geduld:* sie hatte eine E. [mit ihm].

En|gels|ge|sicht, das: *Gesicht [wie das] eines Engels, einer Engelsfigur.*

en|gels|gleich: ↑engelgleich.

En|gels|gruß, der: *Englischer Gruß.*

en|gels|gut: ↑engelgut.

En|gels|haar, das: *als Christbaumschmuck dienende, feine, gold- od. silberglänzende Fäden.*

En|gels|kopf: ↑Engelkopf.

En|gels|mie|ne, die: *Miene, die Unschuld vortäuschen soll:* jmdn. mit E. anschauen.

En|gels|mu|sik, die: *als überirdisch schön empfundene Musik.*

En|gels|zun|gen ⟨Pl.⟩: in der Verbindung **mit E.** *(mit größter Beredsamkeit, Eindringlichkeit;* nach 1. Kor. 13, 1): er versuchte ihn mit E. zu überreden.

En|gel|wurz, die [wohl nach der mit dem Wirken von Engeln verglichenen Heilkraft]: *[in Wäldern u.] auf feuchten Wiesen wachsende Pflanze mit gefiederten, gezähnten Blättern u. in großen Dolden wachsenden grünlich weißen Blüten; Angelika.*

En|ger|ling, der; -s, -e [mhd. enger(l)inc, ahd. engiring = Made]: *weißlich gelbe, augenlose, als Pflanzenschädling auftretende Larve (z. B. des Maikäfers).*

eng|hal|sig ⟨Adj.⟩: *mit engem Hals* (3 a).

eng|her|zig ⟨Adj.⟩: *kleinlich, pedantisch, nicht großzügig.*

Eng|her|zig|keit, die; -: *engherzige [Wesens]art.*

En|gi|nee|ring [ɛndʒɪˈnɪərɪŋ], das; -s [engl. engineering, zu: to engineer = entwickeln, konstruieren, zu: engineer = Ingenieur < afrz. engigneor, letztlich zu lat. ingenium, ↑Ingenium]: **1.** engl. Bez. für *Ingenieurwesen.* **2.** kurz für ↑Industrial Engineering.

Eng|land; -s: **1.** Teil von Großbritannien. **2.** (volkst.) *Großbritannien.*

Eng|län|der, der; -s, - [2, 3: H. u.]: **1.** *Angehöriger des englischen Volkes, aus England stammende Person.* **2.** *verstellbarer Schraubenschlüssel.* **3.** (österr.) *süßes Gebäck mit Mandeln od. Erdnüssen.*

Eng|län|de|rin, die; -, -nen: w. Form zu ↑Engländer (1).

Eng|lein, das; -s, -: Vkl. zu ↑Engel (1).

[1]**eng|lisch** ⟨Adj.⟩: **a)** *die Engländer, England* (1, 2) *betreffend, aus England stammend, zu England gehörend:* -es Vollblut *(Reit-, Rennpferd einer sehr edlen Rasse, die sich durch feuriges Temperament, Mut, Härte u. Ausdauer auszeichnet);* Englische Fräulein *(von der Engländerin Maria Ward gegründete Frauenkongregation für Erziehung u. Unterricht);* -er Trab, e. traben (vgl. Englischtraben); e. braten *(ein Fleischstück so braten, dass es innen noch etwas blutig ist);* e. einkaufen (salopp verhüll.; *stehlen*); **b)** *in der Sprache der Engländer:* -e Literatur; **c)** (ugs.) *britisch.*

[2]**eng|lisch** ⟨Adj.⟩ [mhd. englisch, wohl für lat. angelicus, zu ↑Engel] (veraltet): *die Engel betreffend.*

Eng|lisch, das; -[s]: **a)** *die englische Sprache:* ein E. sprechender Tourist; **b)** *englische [u. nordamerikanische] Sprache u. Literatur als Unterrichts-, Lehrfach:* in E. eine Zwei haben.

Eng|li|sche, das; -n ⟨nur mit best. Art.⟩: *die englische Sprache im Allgemeinen.*

Eng|lisch|horn [auch: ˈ– – ˈ–], das ⟨Pl. ...hörner⟩ (Musik): *Oboe in Altlage.*

Eng|lisch|le|der [auch: ˈ– – ˈ– –], das: *dichtes, sehr festes Baumwollgewebe.*

Eng|lisch|rot [auch: ˈ– – ˈ–], das: *gut deckende rote Farbe aus Eisenoxid, die zum Polieren von Glas, Metallen o. Ä. u. als Malerfarbe verwendet wird.*

eng|lisch|spra|chig ⟨Adj.⟩: **1.** *in englischer Sprache:* eine -e Zeitschrift. **2.** *die englische Sprache sprechend:* eine -e Bevölkerung.

eng|lisch|sprach|lich ⟨Adj.⟩: *die englische Sprache betreffend:* der -e Unterricht.

eng|lisch spre|chend, Eng|lisch spre|chend: s. [1]englisch (b), Englisch (a).

Eng|lisch|tra|ben [auch: ˈ– – ˈ– –], das; -s (Pferdesport): *Art des Trabens, bei der der Reiter die Trabbewegungen mit dem Körper auffängt; leichtes Traben.*

Eng|lisch|un|ter|richt, der: *Unterricht in der englischen Sprache.*

Eng|lish spo|ken [ˈɪŋlɪʃ ˈspoʊkən; engl.]: *hier wird Englisch gesprochen, hier spricht man Englisch* (als Hinweis z. B. für Kunden in einem Geschäft).

Eng|lish|waltz, (auch:) **Eng|lish Waltz** [ˈɪŋlɪʃ ˈwɔ(:)l(t)s], der; -, - [engl. English waltz]: *langsamer Walzer.*

eng|li|sie|ren ⟨sw. V.; hat⟩: *einem Pferd die niederziehenden Schweifmuskeln durchschneiden, damit es den Schwanz hoch trägt.*

eng|ma|schig ⟨Adj.⟩: *mit kleinen Maschen:* ein -es Netz; **Ü** ein -es Verwaltungsnetz.

En|go|be [ãˈgo:bə], die; -, -n [frz. engobe, zu: engober, ↑engobieren]: *Überzugsmasse für keramische Erzeugnisse.*

en|go|bie|ren [ãgoˈbi:rən] ⟨sw. V.; hat⟩ [frz. engober, zu: gobe (mundartl.) = Erdklumpen]: *Tonwaren mit Engobe überziehen.*

Eng|pass, der: **1.** *schmale, verengte Stelle auf einem Weg, einer Straße, einem Durchgang o. Ä.* **2.** *wirtschaftliche Notlage, schwierige Situation [in der etw. knapp geworden ist].*

en gros [ãˈgro; frz., aus: en = in u. gros, ↑[1]Gros] (Kaufmannsspr.): *im Großen, in großen Mengen:* etw. en g. verkaufen.

En|gros|han|del, der (Kaufmannsspr.): *Großhandel.*

En|gros|sist [ãgrɔˈsɪst], der; -en, -en (österr.): *Grossist.*

En|gros|sis|tin, die; -, -nen (österr.): w. Form zu ↑Engrossist.

eng|stir|nig ⟨Adj.⟩ (abwertend): *in Vorurteilen befangen; sehr einseitig denkend, kurzsichtig; borniert:* ein -er Mensch; e. handeln.

Eng|stir|nig|keit, die; -: *engstirnige Art, Haltung, Einstellung.*

eng um|grenzt: s. eng (1 a).

eng um|schlun|gen: s. eng (1 b).

eng ver|bun|den, verwandt: s. eng (3).

eng|zei|lig ⟨Adj.⟩: *mit geringem Zeilenabstand.*

en|har|mo|nisch ⟨Adj.⟩ [griech. enharmonikós = übereinstimmend] (Musik): *mit einem anders benannten u. geschriebenen Ton den gleichen Klang habend:* gis und as sind e. gleich; -e Verwechslung *(Vertauschung enharmonisch gleicher Töne od. Akkorde).*

En|jam|be|ment [ãʒãbəˈmã:], das; -s, -s [frz. enjambement, zu: enjamber = überspringen, zu: jambe = Bein < spätlat. gamba, ↑Gambe] (Verslehre): *Übergreifen des Satzes in den nächsten Vers.*

En|kaus|tik, die; - [griech. egkaustikḗ (téchnē), eigtl. = zum Einbrennen gehörende (Kunst), zu: kaustikós, ↑kaustisch]: *in der griechischen Antike entwickeltes Malverfahren, bei dem die Farben durch Wachs gebunden sind.*

en|kaus|tisch ⟨Adj.⟩ [griech. egkaustikós]: *die Enkaustik betreffend, damit arbeitend, ausgeführt.*

En|kel, der; -s, - [mhd. eninkel, spätahd. eninchili, Vkl. von ↑Ahn]: **1.** *Kind des Sohnes od. der Tochter, Kindeskind:* die Großmutter und ihre E. **2.** *Nachfahre, Nachkomme.*

En|ke|lin, die; -, -nen: *Tochter des Sohnes od. der Tochter.*

En|kel|kind, das: *Enkel (im Kindesalter).*

En|kel|sohn, der: *Enkel.*

En|kel|toch|ter, die: *Enkelin.*

En|kla|ve, die; -, -n [frz. enclave, zu: enclaver = einschließen, über das Vlat. zu lat. in- = ein- u. clavis = Schlüssel]: *vom eigenen Staatsgebiet eingeschlossener Teil eines fremden Staatsgebiets.*

En|kli|se, En|kli|sis, die; -, ...isen [griech. égklisis = das Hinneigen] (Sprachw.): *Verschmelzung eines unbetonten Wortes [geringeren Umfangs] mit einem vorangehenden betonten* (z. B. »zum« aus »zu dem«).

En|kli|ti|kon, das; -s, ...ka [spätlat. encliticum, zu: encliticus, ↑enklitisch] (Sprachw.): *unbetontes Wort, das sich an das vorhergehende betonte anlehnt* (z. B. ugs. »kommste« aus »kommst du«).

en|kli|tisch ⟨Adj.⟩ [spätlat. encliticus < griech. egklitikós, eigtl. = sich neigend] (Sprachw.): *sich an ein vorhergehendes betontes Wort anlehnend.*

en|ko|die|ren usw.: ↑encodieren usw.

En|ko̱|mi|on, En|ko̱|mi|um, das; -s, ...ien [spätlat. encomium < griech. egkṓmion] (Rhetorik): *Lobrede; Schrift, in der jmd. gelobt wird.*

En|kul|tu|ra|ti|o̱n, die; -, -en [engl. enculturation, zu: culture = Kultur] (Soziol.): *das Hineinwachsen des Einzelnen in die Kultur der ihn umgebenden Gesellschaft.*

en masse [ã'mas; frz., aus: en = in u. masse, ↑Masse] (ugs.): *in besonders großer Menge, Zahl [vorhanden, vorkommend]; gar nicht wenig:* diese Blumen gibt es hier en m.

en mi|ni|a|ture [ãminja'ty:r; frz., aus: en = in u. miniature = Miniatur]: *in kleinerem Maßstab, im Kleinen [dargestellt].*

e̱n|net ⟨Präp. mit Gen. od. Dativ⟩ [mhd. ennet, jenent] (schweiz. mundartl.): *jenseits:* e. des Rheins/dem Rhein.

E̱nns, die; -: rechter Nebenfluss der Donau.

eno̱rm ⟨Adj.⟩ [frz. énorme < lat. enormis = unverhältnismäßig groß, zu: norma, ↑Norm]: **a)** *außerordentlich; ungewöhnlich [groß]:* die Preise sind e. gestiegen; **b)** ⟨ugs. intensivierend vor Adj.⟩ *äußerst, sehr:* e. weit; e. wichtig.

Enor|mi|tä̱t, die; -, -en (bildungsspr.): **a)** ⟨o. Pl.⟩ *enorme Größe, enormes Maß;* **b)** *etw. Enormes.*

en pas|sant [ãpa'sã; frz., eigtl. = auf der Durchreise, aus: en = in u. passant, 1. Part. von: passer, ↑passieren]: **a)** *beiläufig, nebenbei:* etw. en p. erwähnen; **b)** *im Vorübergehen:* ich habe das noch en p. gekauft; einen Bauern en p. schlagen (Schach; *von der Seite aus schlagen*).

en pleine car|rière [ãplɛnka'rjɛ:r; frz., aus: en = in, plein = voll u. carrière, ↑Karriere]: *in gestrecktem Galopp.*

en pro|fil [ãprɔ'fil; frz., aus: en = in u. profil, ↑Profil] (Fachspr.): *(bes. von Bildnisdarstellungen) von der Seite [gesehen], im Profil:* jmdn. en p. malen, fotografieren.

En|quete [ã'ke:t(ə), auch: ã'kɛ:t(ə)], die; -, -n [...tn̩; frz. enquête, zu: enquérir < lat. inquirere = untersuchen]: **1.** *bes. sozial- od. wirtschaftspolitische Verhältnisse betreffende, groß angelegte Untersuchung, Erhebung, Umfrage:* eine E. über die wirtschaftliche Lage veranstalten. **2.** (österr.) *Arbeitstagung.*

En|quete|kom|mis|si|on, die: *vom Bundestag eingesetzte Kommission zur Untersuchung besonderer Themen (z. B. Fragen der Verfassungsreform, des Wahlrechts), die Vorschläge u. Materialien für künftige Entscheidungen des Parlaments erarbeiten soll.*

en|ra|giert [ãra'ʒi:ɐ̯t] ⟨Adj.⟩ [frz. enragé, eigtl. = toll, wütend] (veraltend): **a)** *leidenschaftlich für etw. eingenommen:* eine -e Stellungnahme; **b)** *leidenschaftlich erregt:* über etw. sehr e. sein.

en|rol|lie|ren [ãrɔ'li:rən] ⟨sw. V.; hat⟩ [frz. enrôler, zu: rôle, ↑Rolle] (Milit. veraltet): *(von Truppen) anwerben.*

en route [ã'rut; frz., aus: en = in u. route, ↑Route] (bildungsspr.): *unterwegs:* endlich wieder en r.!

E̱ns, das; - [spätlat. ens, subst. 1. Part. von lat. esse = [1]sein] (Philos.): *das Seiende, Sein; Wesen, Idee.*

En|sem|ble [ã'sã:bl̩], das; -s, -s [frz. ensemble = zusammen < lat. insimul = zusammen, miteinander]: **1. a)** *zusammengehörende, aufeinander abgestimmte Gruppe von Schauspielern, Tänzern, Sängern od. Orchestermusikern mit festem Engagement:* das E. des Schauspielhauses; **b)** *kleine Besetzung in der Kammer-, Unterhaltungs- u. Jazzmusik; [kleine] Gruppe von (in einem bestimmten Stück) auftretenden Künstlern:* ein E. von drei Mann spielte zum Tanz auf; die beiden Paare sangen im E. *(gemeinsam);* **c)** *Auftritt, Nummer für eine kleine Gruppe von Solisten:* auf die Arie folgt ein E. **2.** *mehrteiliges [Damen]kleidungsstück, dessen Teile aufeinander abgestimmt sind* (z. B. Kleid mit Jacke od. Mantel): ein elegantes grünes E. **3.** (bildungsspr.) *[planvoll, wirkungsvoll gruppierte] Gesamtheit:* das denkmalgeschützte E. bestand aus Kirche, Gasthaus und Museum.

En|sem|ble|mit|glied, das: *Mitglied eines Ensembles* (1).

En|sem|ble|spiel, das: *gemeinsames Musizieren, Zusammenspiel [in der Kammermusik].*

En|sem|ble|tän|zer, der: *Balletttänzer, der in der Gruppe tanzt.*

En|sem|ble|tän|ze|rin, die; -, -nen: w. Form zu ↑Ensembletänzer.

En|si|la|ge [ãsi'la:ʒə], die; - [frz. ensilage = das Einbringen in ein Silo, zu: silo < span. silo, ↑Silo] (Landw.): **a)** *Bereitung von Gärfutter;* **b)** *Gärfutter.*

en suite [ã'sɥit; frz., eigtl. = in (Reihen)folge, aus: en = in u. suite, ↑Suite] (bildungsspr.): *ununterbrochen.*

ent- [mhd. ent-, ahd. int-, Gegensatz od. Trennung bezeichnendes Präfix, durch Abschwächung in unbetonter Stellung entstanden aus mhd., ahd. ant-, ↑Antlitz]: **1.** drückt in Bildungen mit Verben aus, dass etw. wieder rückgängig gemacht, in den Ausgangszustand zurückgeführt wird: entbürokratisieren, entnuklearisieren, entproblematisieren. **2.** drückt in Bildungen mit Substantiven und einer Endung aus, dass etw. entfernt wird: entmotten, entrußen. **3.** drückt in Bildungen mit Verben ein Weggehen, ein Entfernen aus/*weg-*: enteilen, entschweben. **4.** drückt in Bildungen mit Verben ein Herausgelangen, ein Wegnehmen aus: entreißen, entsteigen. **5.** drückt in Bildungen mit Verben den Beginn von etw. aus: entbrennen, entzünden. **6.** drückt in Bildungen mit Adjektiven und einer Endung aus, dass eine Person oder Sache so wird, wie es das Adjektiv besagt: entblößen, entleeren. **7. a)** drückt den Gegensatz zu Verben auf ver- aus: entkrampfen, entzaubern; **b)** drückt den Gegensatz zu Verben auf be- aus: entkleiden, entwaffnen; **c)** drückt in Bildungen mit Verben den Gegensatz zu diesen Verben aus: entsichern, entwarnen.

ent|ano|ny|mi|sie̱|ren ⟨sw. V.; hat⟩ (bes. EDV): *die Anonymität personenbezogener Daten aufheben.*

ent|a̱r|ten ⟨sw. V.; ist⟩ [mhd. entarten, zu ↑Art]: **a)** *von bestimmten Gesetzmäßigkeiten od. von der Norm in negativer Weise abweichen:* diese Hunderasse ist durch planlose Zucht entartet; entartete Kunst *(nationalsozialistische Bezeichnung für das gesamte moderne künstlerische Schaffen, das nicht der nationalsozialistischen Kunstauffassung entsprach);* **b)** *sich in etw. (Negatives) verkehren, ausarten:* der Staat war zu einem Monstrum entartet.

Ent|a̱r|tung, die; -, -en: **1.** ⟨o. Pl.⟩ *negative Abweichung von der Norm:* die E. der Sitten, einer Hunderasse. **2.** *Erscheinungsform, Möglichkeit der Entartung:* die -en der Revolution.

Ent|a̱r|tungs|er|schei|nung, die: *Erscheinung der Entartung:* -en zeigen.

ent|a̱|schen ⟨sw. V.; hat⟩: *von Asche befreien, reinigen.*

En|ta̱|se, E̱n|ta|sis, die; -, ...asen [griech. éntasis = das Anspannen] (Archit.): *das kaum merkliche Dickerwerden des Schaftes antiker Säulen nach der Mitte zu.*

ent|a̱s|ten, ent|ä̱s|ten ⟨sw. V.; hat⟩ (Forstw.): *(den stehenden Baum) von Ästen befreien.*

ent|äu̱|ßern, sich ⟨sw. V.; hat⟩ (geh.): **a)** *etw. ablegen, auf etw. verzichten, einer Sache entsagen:* sich seiner Freiheit e.; **b)** *sich von etw. trennen, etw. weggeben:* sich des gesamten Vermögens e.

Ent|äu̱|ße|rung, die; -, -en ⟨Pl. selten⟩: **1.** (geh.) *Verzicht:* eine seelische E. **2.** (Papierdt.) *Weggabe, Veräußerung:* die E. der Grundstücke.

Ent|bal|lung, die; -, -en: *Entlastung, Entflechtung von Ballungszentren:* die E. von Industriegebieten.

ent|ba̱s|ten ⟨sw. V.; hat⟩ (Textilind.): *(Rohseide) vom Seidenbast befreien.*

ent|be̱h|ren ⟨sw. V.; hat⟩ [mhd. enbern, ahd. inberan, eigtl. = nicht (bei sich) tragen, zu mhd. bern, ahd. beran, ↑gebären]: **1. a)** (geh.) *[ver]missen:* sie entbehrt schmerzlich ihren Freund; **b)** *auf jmdn., etw. verzichten, ohne jmdn., etw. auskommen:* ich kann das Buch nicht länger e.; er hat in seiner Jugend viel[es] e. müssen; ⟨auch o. Obj.:⟩ man muss e. lernen. **2.** (geh.) *ohne etw. sein, einer Sache ermangeln:* diese Behauptung entbehrt jeder Grundlage; das entbehrt nicht einer gewissen Komik *(es ist recht komisch).*

ent|be̱hr|lich ⟨Adj.⟩: *zu entbehren, nicht notwendig, überflüssig:* -e Kleidungsstücke wegwerfen.

Ent|be̱h|rung, die; -, -en: *schmerzlich empfundener Mangel, empfindliche Einschränkung:* große, schmerzliche -en auf sich nehmen, ertragen.

ent|be̱h|rungs|reich, ent|be̱h|rungs|voll ⟨Adj.⟩: *reich an Entbehrungen, voller Entbehrungen.*

ent|bei̱|nen ⟨sw. V.; hat⟩: *die Knochen aus etw. (einem Tier, einem Stück Fleisch) entfernen.*

ent|bie̱|ten ⟨st. V.; hat⟩ [mhd. enbieten, ahd. inbiotan = wissen lassen, zu ↑bieten]: **a)** (geh.) *(Grüße o. Ä.) übermitteln, senden, darbieten:* jmdm. seine besten Grüße, ein Willkommen e.; **b)** (geh. veraltend) *an einen Ort rufen, kommen lassen:* der Kaiser entbot alle Fürsten [zu sich].

ent|bi̱n|den ⟨st. V.; hat⟩ [mhd. enbinden = losbinden; 2: eigtl. = von der Nabelschnur losbinden] **1. a)** *befreien, dispensieren:* jmdn. von seinen Ämtern, (geh.:) seiner Ämter e.; **b)** (geh. veraltend) *freisetzen; zur Wirkung, Geltung bringen:* die griechische Kunst hat starke Formkräfte entbunden. **2. a)** *einer Frau Geburtshilfe leisten:* eine Frau e.; sie ist von einem gesunden Jungen entbunden worden *(sie hat einen gesunden Jungen durch Geburtshilfe zur Welt gebracht);* **b)** *ein Kind (durch Geburtshilfe) zur Welt bringen:* sie hat in der Klinik entbunden.

Ent|bi̱n|dung, die; -, -en: **1.** *Befreiung, Loslösung:* die E. von einem Amt. **2.** *das Entbinden* (2 b), *das Gebären.*

Ent|bi̱n|dungs|ab|tei|lung, die: *Abteilung eines Krankenhauses, in der Entbindungen vorgenommen werden.*

Ent|bi̱n|dungs|an|stalt, die: vgl. Entbindungsheim.

Ent|bi̱n|dungs|heim, das: *Heim für werdende Mütter.*

Ent|bi̱n|dungs|pfle|ger, der: *Mann, der Geburtshilfe leistet* (Berufsbez.).

Ent|bi̱n|dungs|sta|ti|on, die: vgl. Entbindungsabteilung.

Ent|bi̱n|dungs|zim|mer, das: *Kreißsaal.*

ent|blä̱t|tern ⟨sw. V.; hat⟩: **1.** *von Blättern befreien:* einen Stängel e.; der Sturm hat die Bäume entblättert. **2.** ⟨e. + sich⟩ **a)** *die Blätter abwerfen, verlieren;* **b)** (ugs. scherzh.) *sich für ein Publikum, die Öffentlichkeit ausziehen, entkleiden.*

ent|blei̱|en ⟨sw. V.; hat⟩: *vom Bleigehalt befreien:* entbleites Benzin.

ent|blo̱|cken ⟨sw. V.; hat⟩ (Eisenb.): *die Sperrung eines Signals aufheben:* ein Signal e.

ent|blö̱|den ⟨sw. V.; hat⟩ [veraltet sich entblöden = sich erkühnen, zu ↑blöde (4)]: in der Wendung **sich nicht e., etw. zu tun** (geh. abwertend; *sich nicht schämen, scheuen, etw. [Dreistes, Unkluges o. Ä.] zu tun*).

ent|blö̱|ßen ⟨sw. V.; hat⟩ [mhd. enblœȥen, zu ↑bloß]: **1. a)** *die Bekleidung (vom Körper, von einem Körperteil) entfernen:* sich, die Brust e.; mit entblößtem Kopf stand er am Grabe; **Ü** ich habe mich, mein Innerstes vor dir entblößt *(dir alle meine geheimen Gedanken mitgeteilt);* **b)** *bloßlegen:* beim Sprechen die Zähne e. **2.** *von etw. frei machen; (nützlicher, notwendiger Dinge) berauben:* er entblößte die Stadt von allen Truppen; ich bin von allen Mitteln/(geh.:) aller Mittel entblößt *(ich habe kein Geld mehr);* die Abwehr e. (Fußball; *durch das Aufrücken von Abwehrspielern die eigene Abwehr schwächen u. so dem Gegner Möglichkeit zum Kontern geben*).

Ent|blö̱|ßung, die; -, -en: *das [Sich]entblößen, Entblößtwerden.*

ent|brei̱|ten ⟨sw. V.; hat⟩ (geh.): **a)** *ausbreiten, entfalten:* die Zeitung e.; **b)** ⟨e. + sich⟩ *sich ausbreiten, sich über eine bestimmte Fläche erstrecken:* unter ihnen entbreiteten sich die Wälder.

ent|bre̱n|nen ⟨unr. V.; ist⟩ [mhd. enbrennen =

entzünden] (geh.): 1. *mit Heftigkeit ausbrechen:* es entbrannte ein Krieg, ein Streit. 2. *heftig, leidenschaftlich von etw. (einer Gemütsbewegung) ergriffen werden:* in Zorn e.; er, sein Herz entbrannte in Liebe für sie, zu ihr.

nt|bü|ro|kra|ti|sie|ren ⟨sw. V.; hat⟩: *aus einer bürokratischen Ordnung lösen, unbürokratisch machen:* den Verwaltungsapparat e.

nt|bü|ro|kra|ti|sie|rung, die; -: *das Entbürokratisieren.*

nt|chen, das; -s, -: Vkl. zu ↑Ente (1).

nt|chlo|ren ⟨sw. V.; hat⟩: *von Chlor befreien:* Trinkwasser e.

nt|christ|li|chung, die; -: *Rückgang des christlichen Glaubens, Denkens u. Handelns.*

nt|däm|mern ⟨sw. V.; ist⟩ (geh.): *eindämmern, sanft einschlafen.*

nt|dä|mo|ni|sie|ren ⟨sw. V.; hat⟩: *aus dem Bereich des Dämonischen herausrücken; jmdm. od. einer Sache dämonische Kräfte u. Wirkungen absprechen:* die Natur e.

nt|dä|mo|ni|sie|rung, die; -, -en: *das Entdämonisieren.*

nt|de|cken ⟨sw. V.; hat⟩ [mhd. endecken = entblößen, aufdecken; mitteilen, ahd. intdecchan = aufdecken]: 1. *etw. bislang Unbekanntes finden:* eine Insel, ein chemisches Element e. 2. a) *(etw. Verborgenes, Gesuchtes) finden, ausfindig machen:* ich kann hier nichts Besonderes e.; in dieser Arbeit ist kein Fehler zu e.; der Verbrecher wurde endlich entdeckt; b) *unvermutet bemerken, gewahren, auf etw. stoßen:* einen neuen Weg e.; ich entdeckte ihn zufällig unter den Gästen; sein Herz für jmdn. e. *(jmdn. zu lieben beginnen);* die junge Künstlerin ist entdeckt worden *(man hat ihr Talent entdeckt).* 3. (geh. veraltend) *offenbaren, anvertrauen:* ich will dir mein Geheimnis e.; er hat ihr sein Herz entdeckt *(seine Liebe erklärt).*

nt|de|cker, der; -s, -: *jmd., der etw. entdeckt* (1, 2) *hat:* der E. Amerikas.

nt|de|cker|freu|de, die: *Freude am Entdecken* (1, 2).

nt|de|cke|rin, die; -, -nen: w. Form zu ↑Entdecker.

nt|de|cke|risch ⟨Adj.⟩: *dem Entdecker eigentümlich:* -e Freude.

nt|de|ckung, die; -, -en: 1. *das Entdecken* (1, 2): die E. Amerikas; die E. eines Virus; die E. *(Enthüllung)* eines Verbrechens; auf -en ausziehen; eine [grausige] E. machen (nachdrücklich; *etw. [Grausiges] entdecken*). 2. *etw., was entdeckt worden ist:* eine schreckliche, wissenschaftlich bedeutsame E.; der junge Schauspieler ist eine großartige E.; eine schmerzliche E. *(Erkenntnis).*

nt|de|ckungs|fahrt, die: vgl. Entdeckungsreise.

nt|de|ckungs|rei|se, die: *Reise, die der Entdeckung eines unerforschten Teils der Erde dient od. dazu führt:* * **auf E./-n gehen** (scherzh.; *seine Umgebung zu erkunden suchen*).

nt|de|ckungs|rei|sen|de, der u. die: *jmd., der eine Entdeckungsreise unternimmt.*

nt|de|mo|kra|ti|sie|ren ⟨sw. V.; hat⟩: *von demokratischen Prinzipien loslösen, demokratische Prinzipien in etw. abbauen:* der Staat, eine Institution wird langsam entdemokratisiert.

nt|de|mo|kra|ti|sie|rung, die; -, -en: *das Entdemokratisieren; das Entdemokratisiertwerden.*

nt|dif|fe|ren|zie|ren ⟨sw. V.; hat⟩ (bes. Fachspr.): *undifferenziert machen.*

nt|dra|ma|ti|sie|ren ⟨sw. V.; hat⟩: *von dramatischen Elementen befreien, einer Sache ihre Dramatik nehmen:* die Angelegenheit muss entdramatisiert werden.

nt|dra|ma|ti|sie|rung, die; -, -en: *das Entdramatisieren.*

nt|dröh|nen ⟨sw. V.; hat⟩ (Technik): *von dröhnenden Geräuschen befreien:* ein Fahrzeug e.

nt|dun|keln ⟨sw. V.; hat⟩: *die Verdunklung entfernen.*

n|te, die; -, -n [1: mhd. ente, ant, ahd. enita, anut, urspr. Bez. für die Wildente; 2: LÜ von frz. canard; 4: H. u.]: 1. a) *Schwimmvogel mit kurzem Hals, breitem Schnabel u. Schwimmfüßen:* die -n gründeln; er watschelt (ugs.; *geht wackelnd u. schleppend*) wie eine E.; er schwimmt wie eine bleierne E. (ugs. scherzh.; *er kann nicht od. nur schlecht schwimmen*); * **lahme E.** (ugs. abwertend; 1. *schwunglose, schwerfällige Person.* 2. *langsames Fahrzeug mit schwachem Motor*); b) *weibliche Ente;* c) *Entenbraten, -gericht.* 2. (Jargon) *falsche [Presse]meldung.* 3. (ugs.) *Uringefäß mit einem Hals* (3 a) *für bettlägerige Männer.* 4. * **kalte E.** (1. *einer Bowle ähnliches Getränk aus Wein, Schaumwein, Mineralwasser u. Zitronenscheiben.* 2. Soldatenspr.; *Blindgänger*).

ent|eh|ren ⟨sw. V.; hat⟩ [mhd. entēren]: a) *der Ehre berauben:* jmds. Namen e.; eine entehrende Anschuldigung; b) (veraltet) *verführen, geschlechtlich missbrauchen:* ein Mädchen e.

Ent|eh|rung, die; -, -en: *das Entehren.*

ent|eig|nen ⟨sw. V.; hat⟩: a) *jmdm. Eigentum durch legalen staatlichen Eingriff für öffentliche, dem Allgemeinwohl dienende Zwecke entziehen:* einen Hausbesitzer e.; b) *von Privateigentum in staatliches Eigentum überführen:* ein Unternehmen, jmds. Vermögen e.

Ent|eig|nung, die; -, -en: *das Enteignen:* die E. der Großgrundbesitzer; die E. von Großgrundbesitz.

ent|ei|len ⟨sw. V.; ist⟩ (geh.): *sich eilends entfernen, davoneilen:* Ü die Zeit enteilt *(verrinnt, vergeht schnell).*

ent|ei|sen ⟨sw. V.; hat⟩: *von Eis befreien:* die Tragflächen eines Flugzeugs e.

ent|ei|se|nen ⟨sw. V.; hat⟩: *vom Eisengehalt befreien:* enteisentes Mineralwasser.

Ent|ei|se|nung, die; -, -en: *das Enteisenen.*

Ent|ei|sung, die; -, -en: *das Enteisen.*

En|te|le|chie, die; -, -n [lat. entelechia < griech. entelécheia = das wirkliche Tätigsein, zusger. aus: entelès échein = vollständig besitzen] (Philos.): *die sich im Stoff verwirklichende Form; im Organismus liegende Kraft, die seine Entwicklung u. Vollendung bewirkt.*

ent|emo|ti|o|na|li|sie|ren ⟨sw. V.; hat⟩: *von Emotionalität befreien u. sachlich behandeln.*

Ent|emo|ti|o|na|li|sie|rung, die; -, -en: *das Entemotionalisieren.*

En|ten|bra|ten, der: *gebratene Ente.*

En|ten|flott, das (nordd.): *Entengrütze.*

En|ten|grieß, der ⟨o. Pl.⟩, **En|ten|grün,** das ⟨o. Pl.⟩, **En|ten|grüt|ze,** die ⟨o. Pl.⟩: *als feiner grüner Schleier die Oberfläche von Seen u. Teichen bedeckendes Geflecht von Wasserlinsen.*

En|ten|jagd, die: *Jagd auf wilde Enten.*

En|ten|jun|ge, das ⟨o. Pl.⟩ (österr.), **En|ten|klein,** das: *Gliedmaßen u. Innereien der zum Verzehr bestimmten Ente.*

En|ten|schna|bel, der: a) *Schnabel der Ente;* b) ⟨meist Pl.⟩ *(im 15. Jh.) Schuh mit schnabelförmiger Spitze.*

En|tente [ã'tã:t(ə)], die; -, -n [...tn̩; frz. entente = Einverständnis, eigtl. = Absicht, über das Vlat. zu lat. intendere, ↑intendieren] (Politik): *auf engem Einverständnis beruhendes, bündnisähnliches Verhältnis od. Bündnis zwischen [zwei] Staaten:* die E. zwischen Großbritannien und Frankreich.

En|tente cor|di|ale [ãtãtkɔr'djal; frz. = herzliches Einverständnis], die; - -: französisch-britisches Bündnis nach 1904.

En|ten|teich, der: *Teich, auf dem Enten leben.*

En|ten|vo|gel, der (Zool.): *Vogel einer weltweit verbreiteten Familie, zu der Schwäne, Gänse u. Enten gehören.*

En|ten|wal, der: *kleinerer Zahnwal, der weit über die Wasseroberfläche springen u. sehr tief tauchen kann; Dögling.*

en|te|ral ⟨Adj.⟩ [zu ↑Enteron] (Med.): *den Darm bzw. die Eingeweide betreffend.*

En|ter|beil, das (früher): *Kampfwaffe zum Kappen der Taue u. Erschlagen der Feinde auf einem geenterten Schiff.*

ent|er|ben ⟨sw. V.; hat⟩: *von einem versprochenen od. dem gesetzlichen Erbe ausschließen:* seine Kinder e.

En|ter|brü|cke, die (früher): *Fallbrücke zum Entern eines Schiffes.*

Ent|erb|te, der u. die; -n, -n ⟨Dekl. ↑Abgeordnete⟩: *jmd., der enterbt worden ist.*

Ent|er|bung, die; -, -en: *das Enterben.*

En|ter|ha|ken, der (früher): *langer Haken zum Heranziehen u. Entern eines Schiffes.*

En|te|rich, der; -s, -e [mhd. antreche, ahd. anutrehho]: *männliche Ente.*

En|te|ri|tis, die; -, ...itiden [zu griech. énteron, ↑Enteron] (Med.): *Entzündung des Dünndarms; Darmkatarrh.*

en|tern ⟨sw. V.⟩ [aus dem Niederd. < (m)niederl. enteren = entern (1) < span. entrar = hineingehen, betreten < lat. intrare = hineingehen]: 1. *auf ein [feindliches] Schiff dringen u. es gewaltsam in Besitz nehmen* ⟨hat⟩: die Piraten haben den Dreimaster geentert. 2. a) (Seemannsspr.) *in die Takelung eines Schiffes klettern* ⟨ist⟩: in die Masten e.; b) (ugs.) *erklettern* ⟨hat⟩: eine Mauer e.

En|te|ro|bak|te|rie, die; -, -n ⟨meist Pl.⟩ [zu ↑Enteron u. ↑Bakterie] (Med.): *vor allem im Darm vorkommende stäbchenförmige Bakterie, die Zucker unter Säurebildung vergärt* (z. B. Salmonelle).

En|te|ro|kly|se, die; -, -n, **En|te|ro|klys|ma,** das; -s, ...men u. -ta [zu ↑Enteron u. griech. klýsis = das Abspülen] (Med.): *Darmspülung.*

En|te|ron, das; -s, ...ra [griech. énteron, eigtl. = das Innere] (Med.): *Darm (bes. Dünndarm), Eingeweide.*

En|te|ro|skop, das; -s, -e [zu ↑Enteron u. griech. skopeĩn = betrachten] (Med.): *Endoskop zur Untersuchung des Dickdarms.*

En|te|ro|sko|pie, die; -, -n (Med.): *Untersuchung mit dem Enteroskop.*

En|te|ros|to|mie, die; -, -n [zu ↑Enteron u. griech. stóma = Mund; Öffnung] (Med.): *Anlegung eines künstlichen Darmausgangs.*

En|ter|tai|ner ['ɛntɐteɪnɐ], der; -s, - [engl. entertainer, zu: to entertain = unterhalten, amüsieren < frz. entretenir]: *jmd., dessen Beruf es ist, einem [größeren] Publikum leichte, heitere Unterhaltung zu bieten.*

En|ter|tai|ne|rin, die; -, -nen: w. Form zu ↑Entertainer.

En|ter|tain|ment [ɛntɐ'teɪnmənt], das; -s [engl. entertainment]: *berufsmäßig gebotene leichte Unterhaltung.*

En|te|rung, die; -, -en: *das Entern.*

en|te|tiert [ãte'ti:ɐ̯t] ⟨Adj.⟩ [frz. entêté, eigtl. 2. Part. von: s'entêter = sich etw. in den Kopf setzen, zu: tête, ↑Tete] (veraltet): *starrköpfig, eigensinnig.*

ent|fa|chen ⟨sw. V.; hat⟩ [zu ↑fachen] (geh.): a) *(ein Feuer o. Ä.) anzünden, zum Brennen bringen; (Glut) zum Lodern bringen:* ein Feuer e.; der Wind hat einen Brand entfacht; b) *erregen, entfesseln:* einen Streit e.; der Anblick entfachte seine Begierde.

Ent|fa|chung, die; -, -en: *das Entfachen.*

ent|fah|ren ⟨st. V.; ist⟩: a) *(von Worten, Lauten o. Ä.) von jmdm. unbeabsichtigt ausgesprochen, ausgestoßen werden:* ein Seufzer entfuhr ihm; »Mist!«, entfuhr es ihm; b) (geh.) *rasch, plötzlich aus etw. herauskommen:* Wolken, denen Blitz und Donner entfuhren.

Ent|fall, der; -[e]s: *das Entfallen* (3), *Wegfall:* für den E. von Energieverlusten sorgen.

ent|fal|len ⟨st. V.; ist⟩ [mhd. entvallen, enpfallen]: 1. a) (geh.) *aus der Hand fallen; aus etw. heraus-, von etw. herunterfallen:* das Buch entfiel ihm, seinen Händen; b) *[plötzlich] aus dem Gedächtnis kommen:* sein Name ist mir entfallen. 2. *auf jmdn., etw. als Anteil [von od. an etw.] kommen:* von dem gesamten Gewinn entfallen auf jeden Teilnehmer 100 DM; drei Mandate entfielen auf Frauen. 3. (Papierdt.) *ausfallen, wegfallen, nicht [mehr] in Betracht kommen:* dieser Punkt des Antrags entfällt.

ent|fal|ten ⟨sw. V.; hat⟩: 1. a) *(etwas Gefaltetes) ausbreiten, auseinander falten:* einen Brief e.; die Blume entfaltet ihre Blüten; b) ⟨e. + sich⟩

sich öffnen, sich auseinander falten: die Blüte, der Fallschirm entfaltete sich. **2. a)** ⟨e. + sich⟩ *sich [voll] entwickeln:* er will sich frei e.; sein Talent kann sich hier nicht voll e.; **b)** *zeigen, zur Geltung bringen, an den Tag legen:* viel Fantasie e.; großen Prunk e. **3.** (geh.) *erläuternd darlegen, gedanklich ausbreiten:* er entfaltete vor uns seine Gedanken. **4.** *beginnen u. intensiv betreiben:* eine fieberhafte Tätigkeit e.

Ent|fal|tung, die; -, -en: *das [Sich]entfalten:* *** zur E. bringen** (nachdrücklich; *entfalten, sich entfalten lassen*); **zur E. kommen/gelangen** (nachdrücklich; *sich entfalten*).

Ent|fal|tungs|mög|lich|keit, die: *Möglichkeit, sich zu entfalten:* dieser Beruf bietet viele -en.

ent|fär|ben ⟨sw. V.; hat⟩: **1.** *einer Sache (bes. Textilien) die Farbe entziehen:* Stoffe e. **2.** ⟨e. + sich⟩ *die Farbe verlieren:* das Laub hat sich entfärbt; sein Gesicht entfärbte sich *(wurde blass)*.

Ent|fär|ber, der; -s, -: *chemisches Mittel zum Entfärben (bes. von Textilien).*

Ent|fär|bung, die; -, -en ⟨Pl. selten⟩: *das Entfärben.*

Ent|fär|bungs|mit|tel, das: *Entfärber.*

ent|fer|nen ⟨sw. V.; hat⟩ [mhd. entvernen, entverren, zu veraltet fernen = fern machen, sein, mhd. verren, ahd. ferrēn, zu ↑fern]: **1. a)** *wegbringen, beseitigen; dafür sorgen, dass jmd., etw. nicht mehr da ist:* einen Flecken aus dem Kleid e.; das Schild wurde entfernt; ihm wurden die Mandeln entfernt *(herausgenommen);* der Schüler wurde aus der Schule, von der Schule entfernt *(ausgeschlossen);* er wurde aus seinem Amt entfernt *(seines Amtes enthoben);* **b)** *[immer weiter] in die Ferne bringen; in wachsende Entfernung versetzen:* der Zug entfernte ihn mit großer Geschwindigkeit von der Heimat; Ü das entfernt uns allzu weit von unserem Thema *(bringt uns allzu weit davon ab).* **2.** ⟨e. + sich⟩ *weggehen, verschwinden; sich wegbegeben:* ich entfernte mich heimlich aus der Stadt; die Schritte entfernten sich; Ü du hast dich allzu sehr von der Wahrheit entfernt *(du bist nicht bei der Wahrheit geblieben).*

ent|fernt ⟨Adj.⟩: **1. a)** *fern, in größerer Entfernung [gelegen]:* bis in die -esten Teile des Landes; der Hof liegt weit e. von der Straße, liegt weit von der Straße e.; Ü ich bin weit davon e., dir zu glauben *(ich glaube dir auf keinen Fall);* *** nicht e., nicht im Entferntesten** *(nicht im Geringsten, bei weitem nicht, keineswegs);* **b)** *in einer bestimmten Entfernung [gelegen]:* das Haus liegt 300 Meter, eine Stunde [von hier] e. **2.** *weitläufig:* -e Verwandte; er ist e. mit mir verwandt. **3.** *gering, schwach, undeutlich:* eine -e Ähnlichkeit; ich erinnere mich ganz e. daran.

Ent|fer|nung, die; -, -en: **1.** *Abstand (zwischen zwei Punkten):* die E. bis zur Mauer beträgt 50 Meter; der Zug überwindet weite -en *(Strecken);* auf eine E. von 50 Metern/(auch:) Meter treffen; die Musik war auf eine große E. [hin] *(weithin)* zu hören; aus einiger E. zusehen; in sicherer E. stehen. **2. a)** *das Entfernen* (1), *Beseitigen;* **b)** *das Sichentfernen, Weggehen:* er wurde wegen unerlaubter E. von der Truppe bestraft.

Ent|fer|nungs|mes|ser, der: *optisches Gerät zum Messen von Entfernungen.*

ent|fes|seln ⟨sw. V.; hat⟩: *zu einem heftigen Ausbruch kommen lassen, auslösen:* einen Krieg e.; eine Debatte e.; der Pianist entfesselte Stürme der Begeisterung; entfesselte Elemente.

Ent|fes|se|lung, (seltener:) Entfesslung, die; -, -en: *das Entfesseln.*

Ent|fes|se|lungs|künst|ler, der: *in Variétés o. Ä. auftretender Künstler, der sich aus allen möglichen Arten der Fesselung selbst befreit.*

Ent|fes|se|lungs|künst|le|rin, die: w. Form zu ↑Entfesselungskünstler.

Ent|fess|lung: ↑Entfesselung.

ent|fet|ten ⟨sw. V.; hat⟩: *Fett aus etw. entfernen:* Wolle, Milch e.

Ent|fet|tung, die; -, -en: *das Entfetten.*

Ent|fet|tungs|kur, die: *Schlankheitskur.*

ent|feuch|ten ⟨sw. V.; hat⟩: *von Feuchtigkeit befreien:* die Luft in einem Raum, den Boden e.

Ent|feuch|ter, der; -s, -: *Gerät, das der Luft Feuchtigkeit entzieht.*

ent|flamm|bar ⟨Adj.⟩: **1.** *sich [leicht] entflammen lassend:* leicht -es Material. **2. a)** *[leicht] zu begeistern;* **b)** (scherzh.) *sich leicht verliebend:* leicht e. sein.

Ent|flamm|bar|keit, die; -: *das Entflammbarsein, entflammbare Beschaffenheit.*

ent|flam|men ⟨sw. V.⟩ [mhd. enpflammen] (geh.): **1.** ⟨hat⟩ **a)** (selten) *in Flammen setzen, anzünden:* das Material ist sehr leicht zu e.; **b)** ⟨e. + sich⟩ *zu brennen beginnen, sich entzünden:* das Gasgemisch hat sich entflammt; Ü seine Fantasie hat sich daran entflammt. **2.** ⟨hat⟩ **a)** *begeistern, in Begeisterung versetzen:* er entflammte uns für seine Idee; **b)** *verliebt machen:* die neue Assistentin entflammte ihn im Nu; [in Liebe] für jmdn. entflammt sein; **c)** *(ein starkes, heftiges Gefühl) hervorrufen:* jmds. Zorn e.; von Leidenschaft entflammt sein. **3.** (selten) *aufflammen* ⟨ist⟩: das Licht entflammte; Ü ein Kampf ist entflammt *(entbrannt).*

Ent|flam|mung, die; -, -en: *das [Sich]entflammen.*

ent|flech|ten ⟨st. u. sw. V.; entflicht/(auch:) entflechtet, entflocht/(auch:) entflechtete, hat entflochten⟩ [mhd. enphlechten = aufflechten]: **1.** (Wirtsch.) *(Großunternehmen od. Konzerne in selbstständige Teilunternehmen) aufspalten, aufgliedern.* **2.** *entwirren, auflösen:* schwierige Besitzverhältnisse e.

Ent|flech|tung, die; -, -en: *das Entflechten.*

ent|flei|schen ⟨sw. V.; hat⟩: **1.** *das Fleisch von etw. ablösen:* Wölfe hatten das tote Tier entfleischt. **2.** (Gerberei) *das Bindegewebe der Unterhaut entfernen; scheren:* Häute e.

ent|fleu|chen ⟨sw. V.; ist⟩ (altertümelnd scherzh.): *entfliehen.*

ent|flie|gen ⟨st. V.; ist⟩: *fliegend entkommen, entweichen:* der Vogel ist mir entflogen.

ent|flie|hen ⟨st. V.; ist⟩ [mhd. entvliehen, ahd. antfliuhan]: **1.** *aus einem Gewahrsam, aus jmds. Machtbereich, aus dem Bereich einer Gefahr fliehen, entkommen:* der Gefangene konnte [seinen Wächtern] e.; Ü dem Lärm e. (geh.; *sich davor zurückziehen*); seinem Schicksal zu e. (geh.; *entrinnen*) suchen. **2.** (geh.) *rasch vergehen, entschwinden:* die Jugend ist entflohen.

ent|frem|den ⟨sw. V.; hat⟩ [mhd. enphremden]: **1. a)** *bewirken, dass eine bestehende enge Beziehung aufgelöst wird, fremd machen:* die Arbeit hat ihn mir entfremdet; er ist seiner Familie entfremdet; **b)** *nicht dem eigentlichen Zweck entsprechend verwenden:* man hat diesen Raum seinem Zweck entfremdet. **2.** ⟨e. + sich⟩ *sich innerlich von jmdm., etw. entfernen:* du hast dich deinen Freunden/(schweiz.:) von deinen Freunden, hast dich dir selbst entfremdet; die dem Menschen entfremdete Umwelt.

Ent|frem|dung, die; -, -en: *das Entfremden, Entfremdetsein:* zwischen uns ist eine E. eingetreten.

ent|fris|ten ⟨sw. V.; hat⟩: *nicht [mehr] mit einer bestimmten Frist belegen, von einer Befristung lösen:* Tarifverträge e.

ent|fros|ten ⟨sw. V.; hat⟩: *den* [1]*Reif* (1) *von etw. abtauen:* die Frontscheibe mit dem Gebläse e.

Ent|fros|ter, der; -s, -: *Defroster.*

Ent|fros|tung, die; -, -en: *das Entfrosten.*

ent|füh|ren ⟨sw. V.; hat⟩ [mhd. enphüeren, ahd. antfuorjan]: **a)** *heimlich od. gewaltsam an einen anderen [als den vorgesehenen] Ort bringen:* ein Kind e.; ein Flugzeug ins Ausland e.; **b)** (scherzh.) *mit-, wegnehmen, wegbringen:* hast du [mir] mein Buch entführt?

Ent|füh|rer, der; -s, -: *jmd., der eine Person od. ein Flugzeug entführt.*

Ent|füh|re|rin, die; -, -nen: w. Form zu ↑Entführer.

Ent|füh|rung, die; -, -en: *das Entführen; das Entführtwerden:* eine gewaltsame E. planen.

ent|ga|sen ⟨sw. V.; hat⟩ (Fachspr.): *aus chemischen Stoffen Gase entfernen od. gewinnen:* Kohle, Stahl e.

Ent|ga|sung, die; -, -en: *das Entgasen; das Entgastwerden.*

ent|ge|gen [mhd. engegen, ahd. ingegin, aus ↑[1]i u. ↑gegen]: **I.** ⟨Adv.⟩ **1.** *[in Richtung] auf jmdn., etw. hin; auf jmdn., etw. zu:* der Sonne e. **2.** *entg gengesetzt, zuwider:* diese Ansicht ist meiner völlig e. **II.** ⟨Präp. mit Dativ⟩ *im Widerspruch, i. Gegensatz zu:* e. meinem Rat/(selten:) meinem Rat e. ist er abgereist.

ent|ge|gen|ar|bei|ten ⟨sw. V.; hat⟩: *gegen jmdn., etw. arbeiten, ankämpfen:* einer Verschwörung e.

ent|ge|gen|bli|cken ⟨sw. V.; hat⟩ (geh.): *in Richtung auf jmdn., etw. [Herankommendes] blicken:* sie blickte dem Besucher freundlich entg gen; Ü sorgenvoll der Zukunft e.

ent|ge|gen|brin|gen ⟨unr. V.; hat⟩: *mit etw. (eine Gefühl, einer Geisteshaltung) begegnen; bezeigen, erweisen:* jmdm. großes Vertrauen e.; einem Vorschlag wenig Interesse e.

ent|ge|gen|ei|len ⟨sw. V.; ist⟩: *sich eilend in Rich tung auf jmdn., etw. [Herankommendes] bewegen:* er eilte ihr entgegen.

ent|ge|gen|fah|ren ⟨st. V.; ist⟩: *sich fahrend in Richtung auf jmdn., etw. [Herankommendes] bewegen:* ich fahre dir ein Stück entgegen.

ent|ge|gen|fie|bern ⟨sw. V.; hat⟩: *in höchster Erwartung, Erregung entgegensehen:* die Gefar genen fieberten ihrer Befreiung entgegen.

ent|ge|gen|flie|ßen ⟨st. V.; ist⟩: *sich fließend in Richtung auf jmdn., etw. bewegen:* wo der Stro dem Meer entgegenfließt.

ent|ge|gen|ge|hen ⟨unr. V.; ist⟩: *in Richtung auf jmdn., etw. [Herankommendes] gehen:* dem Vater ein Stück e.; Ü besseren Zeiten e.

ent|ge|gen|ge|setzt ⟨Adj.⟩: **1. a)** *in umgekehrter Richtung liegend, gegenüberliegend:* er wohnt am -en Ende der Stadt; **b)** *umgekehrt:* in die -e Richtung gehen. **2.** *gegensätzlich, gegenteilig; konträr:* -er Meinung sein; sich e. verhalten.

ent|ge|gen|ge|setz|ten|falls ⟨Adv.⟩ (Papierdt.): *im entgegengesetzten Fall, andernfalls.*

ent|ge|gen|hal|ten ⟨st. V.; hat⟩: **1.** *(darreichend, darbietend) in Richtung auf jmdn., etw. halten* er hielt ihr die Hand entgegen; sein Gesicht der Sonne e. **2.** *als Gegenargument o. Ä. gegen jmdn., etw. vorbringen, einwenden:* diesen Beweisen ist nichts entgegenzuhalten.

ent|ge|gen|han|deln ⟨sw. V.; hat⟩: *gegen jmdn., etw., im Gegensatz zu jmdm., etw. handeln:* er handelt allen Abmachungen entgegen.

ent|ge|gen|kom|men ⟨st. V.; ist⟩: **1. a)** *auf jmdn., etw. [Herankommendes] zukommen:* er kam mi ein Stück entgegen; der entgegenkommende Wagen hat ihn geblendet; **b)** *sich in bestimmte Weise gegenüber jmdm. verhalten:* man kam ihm freundlich, mit Achtung entgegen. **2. a)** *Zu geständnisse machen; auf jmds. Wünsche, Forderungen eingehen:* wir kommen Ihnen, Ihren Wünschen gerne entgegen; sich [gegenseitig] auf halbem Weg e. *(sich aufgrund beiderseitige Zugeständnisse einigen);* **b)** *entsprechen, gerecht werden:* diese Arbeit kommt seinen Ne gungen sehr entgegen.

Ent|ge|gen|kom|men, das; -s: **1.** *freundliche, gefällige Haltung, Konzilianz:* die Firma zeigte höfliches E. **2.** *Zugeständnis:* sich zu einem [gr ßen] E. bereit finden.

ent|ge|gen|kom|mend ⟨Adj.⟩: *hilfreich, gefällig, konziliant:* ein -er Vorschlag; er war uns gegenüber immer sehr e.

ent|ge|gen|kom|men|der|wei|se ⟨Adv.⟩: *aus Ent gegenkommen, in entgegenkommender Weise.*

ent|ge|gen|la|chen ⟨sw. V.; hat⟩: *in jmds. Richtun lachen:* das Baby lacht mir entgegen; Ü aus der Korb lachten uns Kirschen entgegen.

ent|ge|gen|lau|fen ⟨st. V.; ist⟩: **1.** vgl. entgegenfah ren: freudig lief sie ihm entgegen. **2.** *zu etw. im Widerspruch, im Gegensatz stehen:* dieser Beschluss läuft meinen Wünschen völlig entgegen.

Ent|ge|gen|nah|me, die; -: *das Entgegennehmen:* die E. einer Geldsumme bestätigen.

ent|ge|gen|neh|men ⟨st. V.; hat⟩: *annehmen, in*

Empfang nehmen: eine Sendung, Bestellung e.; er nahm die Glückwünsche freudig entgegen.

nt|ge|gen|ren|nen ⟨unr. V.; ist⟩: *sich rennend in Richtung auf jmdn., etw. [Herankommendes] bewegen:* er rannte uns entgegen.

nt|ge|gen|ru|fen ⟨st. V.; hat⟩: *jmd. Kommendem zurufen.*

nt|ge|gen|schal|len ⟨sw. u. st. V.; schallte/(seltener:) scholl entgegen, hat entgegengeschallt⟩: *in jmds. Richtung schallen:* Gejohle schallte uns entgegen.

nt|ge|gen|schi|cken ⟨sw. V.; hat⟩: *zu jmdm., etw. [Herankommendem] schicken:* den Gästen wurde ein Wagen entgegengeschickt.

nt|ge|gen|schla|gen ⟨st. V.⟩: *plötzlich, mit Heftigkeit zu jmdm. dringen* ⟨ist⟩: Schwaden von Rauch schlugen uns entgegen.

nt|ge|gen|se|hen ⟨st. V.; hat⟩: 1. *etw. (Kommendes, Zukünftiges) erwarten:* einer Entscheidung mit Skepsis e.; sie sieht ihrer Niederkunft entgegen *(sie wird bald niederkommen);* ich sehe Ihrer Antwort gern, mit Interesse entgegen (Briefschluss). 2. *in Richtung auf jmdn., etw. [Herankommendes] sehen:* dem Briefträger e.

nt|ge|gen|set|zen ⟨sw. V.; hat⟩: 1. *als Hindernis gegen etw. aufrichten (um etw. zu blockieren, zu verhindern):* er setzte mir, meinen Forderungen Widerstand entgegen; ⟨auch e. + sich:⟩ er, starker Widerstand setzte sich mir entgegen. 2. *(als Gegengewicht) gegenüberstellen:* dieser Beschuldigung habe ich nichts entgegenzusetzen.

nt|ge|gen|set|zend ⟨Adj.⟩ (Sprachw.): *adversativ:* -e Bindewörter.

nt|ge|gen|set|zung, die; -, -en: *das Entgegensetzen.*

nt|ge|gen|ste|hen ⟨unr. V.; hat; südd., österr., schweiz. auch: ist⟩: 1. *im Wege stehen, ein Hindernis sein:* der Durchführung des Plans stehen Schwierigkeiten entgegen. 2. *im Widerspruch, Gegensatz zu etw. stehen:* seinen Behauptungen stehen schwerwiegende Beweise entgegen.

nt|ge|gen|stel|len ⟨sw. V.; hat⟩: 1. a) *in den Weg stellen:* dem Feind starke Truppenverbände e.; b) ⟨e. + sich⟩ *sich in den Weg stellen, den Weg versperren:* er stellte sich ihnen mit ausgebreiteten Armen entgegen. 2. *entgegensetzen* (2).

nt|ge|gen|stem|men, sich ⟨sw. V.; hat⟩: *sich gegen etw. stemmen, wehren, auflehnen:* er stemmte sich mit aller Kraft dieser Entwicklung entgegen.

nt|ge|gen|stre|cken ⟨sw. V.; hat⟩: a) *in Richtung zu jmdm., etw. strecken:* sie streckte ihm, dem Himmel die Arme entgegen; b) ⟨e. + sich⟩ *in Richtung zu jmdm., etw. gestreckt werden:* ihre Hand streckte sich ihm entgegen.

nt|ge|gen|tre|ten ⟨st. V.; ist⟩: 1. a) *in den Weg treten:* einem Einbrecher furchtlos e.; b) *begegnen:* diese Erscheinung tritt uns in der Natur häufig entgegen; c) *in bestimmter Weise gegenübertreten:* allen Problemen mit Elan e. 2. *gegen jmdn., etw. [in bestimmter Weise] angehen, sich zur Wehr setzen:* einem Vorurteil e.; er trat ihren Forderungen energisch entgegen.

nt|ge|gen|wer|fen ⟨st. V.; hat⟩: 1. *in jmds. Richtung werfen:* sie warf mir den Ball entgegen. 2. ⟨e. + sich⟩ a) *sich jmdm., einer Sache in den Weg werfen:* mutig warf er sich seinen Verfolgern entgegen; b) *sich in etw. stürzen, werfen:* er warf sich furchtlos der Gefahr entgegen.

nt|ge|gen|wir|ken ⟨sw. V.; hat⟩: *sein Wirken, seine Wirkung gegen etw. einsetzen:* dem Laster, der Korruption e.

ent|geg|nen ⟨sw. V.; hat⟩ [mhd. engegenen, ahd. ingaganen = entgegenkommen, gegenüberstehen, zu ↑gegen]: *[gegenteilig, abweichend] antworten, erwidern; als Argument dagegensetzen:* »Nein«, entgegnete er heftig; er entgegnete [ihr], dass er nichts gewusst habe.

Ent|geg|nung, die; -, -en: *Erwiderung, Antwort, Reaktion auf die Äußerung eines andern:* eine scharfe, schlagfertige E..

ent|ge|hen ⟨unr. V.; ist⟩ [mhd. engēn, -gān, ahd. antgān]: 1. a) *[durch einen glücklichen Umstand] von etw. nicht betroffen werden, von jmdm., etw. verschont bleiben:* einer Gefahr, der Strafe e.; b) *von jmdm. versäumt werden, ungenutzt bleiben:* diese einmalige Gelegenheit soll mir nicht e.; die Premiere darfst du dir nicht/(schweiz.:) darfst du nicht e. lassen *(nicht versäumen).* 2. *von jmdm., etw. unbemerkt bleiben:* dieser Fehler ist mir entgangen; mir entging nicht, dass sie verlegen wurde.

ent|geis|tert ⟨Adj.⟩ [2. Part. von veraltet entgeistern = der Lebenskraft berauben]: *völlig verstört, sprachlos (vor Erstaunen, Überraschung, Entsetzen):* er starrte mich e. an.

Ent|gelt, das; -[e]s, -e [zu ↑entgelten]: *Bezahlung, Vergütung als Gegenleistung für geleistete Arbeit, Hilfe o. Ä.:* ein E. fordern; er arbeitete gegen/(seltener:) für [ein] geringes E., ohne E.;

ent|gel|ten ⟨st. V.; hat⟩ [mhd. en(t)gelten, ahd. intgeltan = zahlen; büßen, zu ↑gelten] (geh.): 1. *büßen:* er hat diesen Fehler schwer e. müssen. 2. *vergüten; jmdn. für etw. (eine Leistung od. Mühe) entschädigen:* er entgalt mir diese Arbeit mit Undank; alle Mühen wurden mir entgolten.

ent|gelt|lich ⟨Adj.⟩ (Papierdt.): *gegen Entgelt:* -e Abgabe von Formularen.

ent|gif|ten ⟨sw. V.; hat⟩: *von Gift, schädlichen Substanzen o. Ä. befreien:* Abgase, das Blut e.; Ü durch das Gespräch wurde die Atmosphäre merklich entgiftet.

Ent|gif|tung, die; -, -en: *das Entgiften; das Entgiftetwerden.*

ent|glei|sen ⟨sw. V.; ist⟩: 1. *(von einem Schienenfahrzeug) aus den Gleisen springen:* der Zug, die Straßenbahn ist entgleist. 2. a) *sich in Gesellschaft taktlos, ungehörig, schlecht benehmen:* wenn er betrunken ist, entgleist er leicht; b) *aus dem Konzept kommen:* er ist in seinem Vortrag wiederholt entgleist.

Ent|glei|sung, die; -, -en: 1. *das Entgleisen.* 2. *Geschmacklosigkeit, taktlose Äußerung:* das war nur eine einmalige E.

ent|glei|ten ⟨st. V.; ist⟩ (geh.): 1. *aus etw. gleiten, entfallen* (1 a): die Vase ist ihr, ihren Händen entglitten; Ü sie waren den Blicken schon entglitten. 2. *verloren gehen, sich jmdm. entziehen:* die Kontrolle darüber war ihnen entglitten.

ent|glo|ri|fi|zie|ren ⟨sw. V.; hat⟩: *einer Sache den Glorienschein nehmen:* den Krieg e.

Ent|glo|ri|fi|zie|rung, die; -, -en: *das Entglorifizieren.*

ent|grä|ten ⟨sw. V.; hat⟩: *von Gräten befreien; ausgräten:* Sardellen e.

ent|gren|zen ⟨sw. V.; hat⟩ (geh.): *aus seinen Grenzen lösen, aus der Begrenztheit befreien:* einen Begriff e.

Ent|gren|zung, die; -, -en (geh.): *das Entgrenzen; das Entgrenztwerden.*

ent|haa|ren ⟨sw. V.; hat⟩: *von unerwünschten Haaren befreien:* die Beine, die Achselhöhlen e.

Ent|haa|rung, die; -, -en: *das Enthaaren; Epilation.*

Ent|haa|rungs|mit|tel, das: *chemisches Mittel zur Enthaarung.*

ent|hal|ten ⟨st. V.; hat⟩ [mhd. enthalten, eigtl. = weg-, zurückhalten]: 1. *zum Inhalt haben, umfassen; in sich haben, tragen:* die Flasche enthält einen Liter Wein; das Referat dürfte einigen Zündstoff e.; in dem Getränk ist Kohlensäure enthalten; die Verpackung ist im Preis [mit] enthalten *(eingeschlossen);* wie oft ist 4 in 12 enthalten? 2. ⟨e. + sich⟩ (geh.) *auf etw. verzichten:* sich geschlechtlich e. *(keinen Geschlechtsverkehr haben);* bei der Abstimmung enthielt er sich der Stimme *(er gab keine [Ja- od. Nein]stimme ab);* sich jeder Äußerung e. *(nichts sagen, äußern);* ich konnte mich des Lachens nicht e. *(ich musste lachen);* ich konnte mich nicht e., ihn zu tadeln.

ent|halt|sam ⟨Adj.⟩: *(in Bezug auf Genüsse) mäßig, maßvoll; abstinent:* ein -es Leben führen; er war in Bezug auf Alkohol sehr e.; [sexuell] e. sein.

Ent|halt|sam|keit, die; -: *Mäßigkeit, Abstinenz:* E. predigen, üben.

Ent|hal|tung, die; -, -en: 1. ⟨o. Pl.⟩ *Enthaltsamkeit.* 2. *Stimmenthaltung:* er wurde mit 47 Stimmen bei drei -en gewählt.

ent|här|ten ⟨sw. V.; hat⟩: *von unerwünschter Härte befreien, weich machen:* Wasser, Stahl e.

Ent|här|ter, der; -s, -: *Substanz, die etw. weich macht, von unerwünschter Härte befreit.*

Ent|här|tung, die; -, -en: *das Enthärten; das Enthärtetwerden.*

ent|haup|ten ⟨sw. V.; hat⟩ [mhd. enthoubeten]: *jmdm. den Kopf abschlagen:* der Mörder wurde enthauptet.

Ent|haup|tung, die; -, -en: *das Enthaupten; das Enthauptetwerden.*

ent|häu|ten ⟨sw. V.; hat⟩: *die Haut (von etw.) abziehen:* Fische, Zwiebeln e.

Ent|häu|tung, die; -, -en: *das Enthäuten; das Enthäutetwerden.*

ent|he|ben ⟨st. V.; hat⟩ [mhd. entheben = befreien] (geh.): 1. *von etw. befreien:* wir sind aller Sorgen enthoben; das enthebt mich dieses Problems, der Notwendigkeit, mich zu rechtfertigen. 2. *absetzen, von etw. (einem Amt o. Ä.) entbinden:* er wurde seines Amtes enthoben.

Ent|he|bung, die; -, -en: *das Entheben; das Enthobenwerden.*

ent|hei|li|gen ⟨sw. V.; hat⟩: *entweihen; die Heiligkeit von etw. verletzen:* den Sonntag e.

Ent|hei|li|gung, die; -, -en: *das Entheiligen; das Entheiligtwerden.*

ent|hem|men ⟨sw. V.; hat⟩: 1. (Psych.) *von Hemmungen befreien:* er tobte, vom Alkohol völlig enthemmt. 2. *von einer Blockierung befreien:* eine Maschine drosseln oder e.

Ent|hemmt|heit, die; -: *das Enthemmtsein.*

Ent|hem|mung, die; -, -en: *das Enthemmen* (1, 2).

ent|hül|len ⟨sw. V.; hat⟩: 1. a) (geh.) *von etw. die Bedeckung, Verhüllung entfernen:* die Verschleierte enthüllte ihr Gesicht; b) *durch Entfernen einer Hülle der Öffentlichkeit übergeben:* eine Büste e. 2. (geh.) a) *offenbaren, offenkundig machen:* [jmdm.] ein Geheimnis e. b) *entlarven, bloßstellen:* dieser Brief enthüllt ihn als Schwindler. 3. ⟨e. + sich⟩ a) *sich offenbaren, offenkundig werden:* jetzt hat sich [mir] sein wahrer Charakter enthüllt; b) *sich als etw. erweisen, herausstellen.*

Ent|hül|lung, die; -, -en: 1. *das Enthüllen:* die E. eines Denkmals, eines Geheimnisses. 2. ⟨meist Pl.⟩ *etw. Enthülltes, enthülltes Geheimnis:* die Zeitung kündigte intime, sensationelle -en an.

Ent|hül|lungs|jour|na|lis|mus, der: *Journalismus, bei dem Enthüllungen* (2), *das Aufdecken von Skandalen, Affären o. Ä. im Vordergrund stehen.*

ent|hül|sen ⟨sw. V.; hat⟩: *von der Hülse befreien, aus der Hülse lösen:* Erbsen, Bohnen e.

ent|hu|ma|ni|sie|ren ⟨sw. V.; hat⟩: *aller humanen Züge berauben.*

Ent|hu|ma|ni|sie|rung, die; -, -en: *das Enthumanisieren; das Enthumanisiertwerden.*

en|thu|si|as|mie|ren ⟨sw. V.; hat⟩ [nach frz. enthousiasmer] (bildungsspr.): a) *in Begeisterung versetzen, begeistern, entzücken:* die Aufführung enthusiasmierte das Publikum; b) ⟨e. + sich⟩ *Begeisterung für jmdn., etw. entwickeln, sich leidenschaftlich begeistern:* er enthusiasmierte sich fürs Theater, für diese Künstlerin.

En|thu|si|as|mus, der; - [griech. enthousiasmós, zu: éntheos = gottbegeistert, zu: théos = Gott(heit)]: *leidenschaftliche Begeisterung, Schwärmerei:* etw. mit E. verkünden.

En|thu|si|ast, der; -en, -en [griech. enthousiastḗs]: *jmd., der sich leidenschaftlich für etw. begeistert.*

En|thu|si|as|tin, die; -, -nen: w. Form zu ↑Enthusiast.

en|thu|si|as|tisch ⟨Adj.⟩: *leidenschaftlich begeistert, schwärmerisch, überschwänglich:* -er Beifall; der Künstler wurde e. gefeiert.

ent|ide|o|lo|gi|sie|ren ⟨sw. V.; hat⟩: *frei machen von Ideologie, von ideologischen Interessen, Zielen, Vorurteilen u. Ä.:* ein Programm e.

Ent|ide|o|lo|gi|sie|rung, die; -, -en: *das Entideologisieren; das Entideologisiertwerden.*

En|ti|tät, die; -, -en [mlat. entitas, zu spätlat. ens, ↑Ens] (Philos.): *Dasein im Unterschied zum Wesen eines Dinges.*

ent|jung|fern ⟨sw. V.; hat⟩: *deflorieren:* ein Mädchen e.

Ent|jung|fe|rung, die; -, -en: *Defloration.*

ent|kal|ken ⟨sw. V.; hat⟩: *von Kalkablagerungen befreien:* einen Wasserkessel e.

Ent|kal|kung, die; -, -en: *das Entkalken; das Entkalktwerden.*

ent|kei|men ⟨sw. V.; hat⟩: **1. a)** *keimfrei machen:* Lebensmittel, Trinkwasser e.; **b)** *von Keimen* (1), *jungen Trieben befreien:* alte Kartoffeln e. **2.** (dichter.) *aus etw. sprießen, keimen:* junge Triebe entkeimen der Erde.

Ent|kei|mung, die; -, -en: *das Entkeimen; das Entkeimtwerden.*

ent|ker|nen ⟨sw. V.; hat⟩: **1.** *aus Früchten die Kerne od. Steine entfernen:* Äpfel, Kirschen e. **2.** (Bauw.) *durch Entfernung von Gebäuden, Gebäudeteilen o. Ä. auflockern:* einen Stadtteil e.

Ent|ker|ner, der; -s, -: *Gerät zum Entkernen* (1).

Ent|ker|nung, die; -, -en: *das Entkernen; das Entkerntwerden.*

ent|klei|den ⟨sw. V.; hat⟩ [mhd. en(t)kleiden] (geh.): **1.** *(jmdm., sich) die Kleidung vom Körper ziehen; ausziehen* (2b): einen Kranken e. **2.** *einer Sache berauben; jmdm., einer Sache etw. nehmen:* er wurde seines Amtes entkleidet.

Ent|klei|dung, die; -, -en: *das Entkleiden; das Entkleidetwerden.*

Ent|klei|dungs|künst|le|rin, die (scherzh.): *Stripteasetänzerin.*

Ent|klei|dungs|sze|ne, die: *Film-, Theaterszene o. Ä., in der sich einzelne Darsteller entkleiden.*

ent|kno|ten ⟨sw. V.; hat⟩: *(etw. Verknotetes) aufmachen, aufknoten:* Fäden, ein Band e.

Ent|kno|tung, die; -, -en: *das Entknoten; das Entknotetwerden.*

ent|kof|fe|i|nie|ren ⟨sw. V.; hat⟩ (Fachspr., Werbespr.): *einem* [1]*Kaffee weitgehend das Koffein entziehen:* Kaffee e.; ⟨meist im 2. Part.:⟩ entkoffeinierter Kaffee.

ent|ko|lo|ni|a|li|sie|ren ⟨sw. V.; hat⟩: *dekolonisieren.*

Ent|ko|lo|ni|a|li|sie|rung, die; -, -en: *Dekolonisation.*

Ent|ko|lo|ni|sa|ti|on, die; -, -en: *Dekolonisation.*

ent|ko|lo|ni|sie|ren ⟨sw. V.; hat⟩: *dekolonisieren.*

Ent|ko|lo|ni|sie|rung, die; -, -en: *Dekolonisation.*

ent|kom|men ⟨st. V.; ist⟩ [mhd. entkommen]: *es schaffen zu fliehen; von etw. freikommen:* aus dem Gefängnis, ins Ausland e.; den Verfolgern e.; ⟨subst.:⟩ es gab kein Entkommen.

ent|kop|peln ⟨sw. V.; hat⟩: *aus einer Koppelung lösen, auskoppeln:* die Raumschiffe wieder e.

Ent|kop|pe|lung, Ent|kopp|lung, die; -, -en: *das Entkoppeln; das Entkoppeltwerden.*

ent|kor|ken ⟨sw. V.; hat⟩: *den Korken aus etw. entfernen, herausziehen:* eine Flasche Wein e.

ent|kräf|ten ⟨sw. V.; hat⟩: **1.** *der Kräfte berauben, kraftlos machen:* die Krankheit hatte ihn entkräftet; völlig entkräftet sein. **2.** *widerlegen, gegenstandslos machen:* der Verdacht wurde durch Zeugenaussagen entkräftet.

Ent|kräf|tung, die; -, -en: **1.** *das Entkräften, Entkräftetwerden.* **2.** *das Entkräftetsein:* an E., vor E. sterben.

ent|kramp|fen ⟨sw. V.; hat⟩: **a)** *aus dem Zustand der Verkrampfung lösen; (Verkrampftes) lockern:* den Körper e.; Ü eine angespannte Situation e.; **b)** ⟨e. + sich⟩ *aus dem Zustand der Verkrampfung gelöst werden:* die Muskeln entkrampfen sich; Ü die Lage hat sich entkrampft.

Ent|kramp|fung, die; -, -en: *das Entkrampfen, Sichentkrampfen; das Entkrampftwerden.*

ent|krau|ten ⟨sw. V.; hat⟩: *von Unkraut, von Kraut* (3) *befreien.*

ent|kri|mi|na|li|sie|ren ⟨sw. V.; hat⟩: *von dem Vorwurf des Kriminellen befreien:* Verkehrsdelikte e.

Ent|kri|mi|na|li|sie|rung, die; -: *das Entkriminalisieren.*

ent|kup|peln ⟨sw. V.; hat⟩ (Eisenb.): *abkoppeln* (2).

Ent|lad, der; -[e]s, -e (schweiz.): *das Entladen* (1 a).

ent|la|den ⟨st. V.; hat⟩ [1 a: mhd. entladen]: **1. a)** *eine Ladung von etw. herunternehmen, aus etw. herausnehmen, ausladen:* das Schiff e.; **b)** *die Munition aus etw. herausnehmen:* ein Gewehr e. **2. a)** *von der elektrischen Ladung befreien, elektrische Energie entnehmen:* einen Akkumulator e.; **b)** ⟨e. + sich⟩ *elektrische Energie abgeben:* der Kondensator entlädt sich. **3.** ⟨e. + sich⟩ **a)** *losbrechen, heftig zum Ausbruch kommen:* das Gewitter entlud sich [über dem See]; **b)** *sich als Ausgleich einer seelischen Spannung od. Belastung heftig äußern:* sein Zorn entlud sich auf die Kinder, über die Kinder.

Ent|la|dung, die; -, -en: *das Entladen, Sichentladen.*

ent|lang [aus dem Niederd. < mniederd. en(t)lanc, aus ↑in u. ↑lang]: **I.** ⟨Präp.; bei Nachstellung mit Akk., selten (aber noch schweiz.) mit Dativ; bei Voranstellung mit Dativ, selten mit Gen., veraltet mit Akk.⟩: *an etw. in der ganzen Länge hin:* die Wand, das Seil e.; e. dem Weg/(selten:) des Weges läuft ein Zaun. **II.** ⟨Adv.⟩ *an etw. in der ganzen Länge hin:* einen Weg am Ufer e. verfolgen.

ent|lang|fah|ren ⟨st. V.; ist⟩: **a)** *auf einem bestimmten Weg in einer bestimmten Richtung fahren:* am Wald e.; **b)** *[mit dem Finger o. Ä.] am Rand von etw. eine streichende Bewegung ausführen, eine bestimmte Linie nachzeichnen:* auf der Landkarte den Rhein e.

ent|lang|füh|ren ⟨sw. V.; hat⟩: **1.** *einen bestimmten Weg in einer bestimmten Richtung führen:* einen Blinden die Straße e. **2.** *parallel zu etw. in der Nähe verlaufen:* der Weg führte am Ufer entlang.

ent|lang|ge|hen ⟨unr. V.; ist⟩: *einen bestimmten Weg in einer bestimmten Richtung gehen:* eine Allee e.

ent|lang|kom|men ⟨st. V.; ist⟩: *auf einem bestimmten Weg aus einer bestimmten Richtung immer näher kommen:* er sah ihn die Straße e.

ent|lang|lau|fen ⟨st. V.; ist⟩: **a)** (ugs.) *entlanggehen:* die Straße e.; **b)** *einen bestimmten Weg in einer bestimmten Richtung fließen:* das Blut lief den ganzen Arm entlang; **c)** *sich an etw. hinziehen, irgendwo verlaufen:* der Balkon läuft an der Südfront des Hauses entlang.

ent|lang|zie|hen ⟨unr. V.⟩: **1.** *sich als Gruppe od. Masse auf einem bestimmten Weg o. Ä. in einer bestimmten Richtung stetig fortbewegen* ⟨ist⟩: die Herde zog am Horizont entlang. **2.** ⟨e. + sich; hat⟩ **a)** *sich an etw. über eine längere Strecke hinziehen, ausdehnen:* die Wiese zog sich am Fluss entlang; **b)** *sich mit den Händen an etw. von Stelle zu Stelle ziehen:* sich mit den Händen am Geländer e.

ent|lar|ven ⟨sw. V.; hat⟩ [eigtl. = die Maske wegnehmen]: *jmds. wahre Absichten, den wahren Charakter einer Person od. Sache aufdecken:* jmdn. als Betrüger, jmds. falsches Spiel e.

Ent|lar|vung, die; -, -en: *das Entlarven, Sichentlarven; das Entlarvtwerden; Enthüllung.*

ent|las|sen ⟨st. V.; hat⟩ [mhd. entlāȥen, ahd. intlāȥan = loslassen, lösen]: **1.** *jmdm. erlauben, etw. zu verlassen:* einen Gefangenen [vorzeitig aus der Haft] e.; jmdn. aus dem Krankenhaus e.; Ü jmdn. aus einer Verpflichtung e. *(jmdn. von einer Verpflichtung entbinden).* **2.** *jmdn. nicht weiter beschäftigen; jmdm. kündigen:* jmdn. fristlos e.

Ent|lass|fei|er, die (südd.): *Entlassungsfeier.*

Ent|lass|schü|ler, der (südd.): *Schulabgänger.*

Ent|lass|schü|le|rin, die: w. Form zu ↑Entlassschüler.

Ent|las|sung, die; -, -en: **1.** *das Entlassen* (1). **2. a)** *das Entlassen* (2), *Kündigung;* **b)** *Schreiben, in dem jmdm. seine Entlassung* (2 a) *mitgeteilt wird:* seine E. zugestellt bekommen.

Ent|las|sungs|fei|er, die: *Feier zur Entlassung de[r] Schüler nach erfolgreichem Schulabschluss.*

Ent|las|sungs|ge|such, das: *Gesuch [eines Minis]ters], aus dem Dienst entlassen zu werden.*

Ent|las|sungs|pa|pie|re ⟨Pl.⟩: *Unterlagen für die Entlassung bes. aus dem Militärdienst.*

Ent|las|sungs|schein, der: *Bescheinigung über d[ie] Entlassung aus dem Krankenhaus, aus einem Lager, dem Militärdienst o. Ä.*

Ent|las|sungs|zeug|nis, das: *letztes Schulzeugnis*

ent|las|ten ⟨sw. V.; hat⟩ [mhd. entlasten]: **1. a)** *di[e] Beanspruchung einer Person od. Sache mindern:* seine Eltern im Geschäft e.; den Verkehr, die Straßen e.; **b)** *von einer seelischen Belastun[g] befreien:* sein Gewissen e. **2. a)** (Rechtsspr.) *[te]weise] von einer zur Last gelegten Schuld befreien:* den Angeklagten durch eine Aussage e.; **b)** (Kaufmannsspr.) *jmds. Geschäftsführung nach Prüfung gutheißen:* der Vorstand wurde entlastet. **3.** (Geldw.) *durch Tilgung einer Schul[d] ausgleichen:* ein Konto e.

Ent|las|tung, die; -, -en: *das Entlasten; das Entlastetwerden.*

Ent|las|tungs|an|griff, der (Milit., Sport): *Angrif[f] durch den die eigene Abwehr entlastet wird.*

Ent|las|tungs|ma|te|ri|al, das (Rechtsspr.): *den Angeklagten entlastendes Material.*

Ent|las|tungs|schlag, der (Ballspiele): *[weiter] Schlag, durch den jmd., sich od. seine Mannschaft aus einer bedrängten Lage befreit.*

Ent|las|tungs|zeu|ge, der (Rechtsspr.): *Zeuge, dessen Aussage den Angeklagten [teilweise] en[t]lastet.*

Ent|las|tungs|zug, der (Eisenb.): *zur Entlastung [eines fahrplanmäßigen Zuges] zusätzlich eingesetzter Zug.*

ent|lau|ben ⟨sw. V.; hat⟩: **a)** *das Laub von einem Baum od. Strauch entfernen:* Wälder chemisch e.; **b)** ⟨e. + sich⟩ *das Laub verlieren, abwerfen:* im Herbst entlauben sich die Bäume.

Ent|lau|bung, die; -, -en: *das Entlauben; das Ent[-]laubtwerden.*

ent|lau|fen ⟨st. V.; ist⟩: *weglaufen, entfliehen:* aus dem Heim e; ein entlaufener Hund.

ent|lau|sen ⟨sw. V.; hat⟩: *von Läusen befreien:* Lagerinsassen, Soldaten e.

Ent|lau|sung, die; -, -en: *das Entlausen; das Entlaustwerden.*

Ent|lau|sungs|schein, der: *Nachweis über eine vollzogene Entlausung.*

ent|le|di|gen ⟨sw. V.; hat⟩ [mhd. entledigen = fre[i] machen, zu ↑ledig] (geh.): **1.** *von jmdm., etw. befreien:* sich eines Mitwissers, seiner Schulder[n] e. **2.** ⟨e. + sich⟩ *ein Kleidungsstück ablegen:* sic[h] seines Fracks e. **3.** ⟨e. + sich⟩ *einer Verpflichtung nachkommen:* sich eines Auftrags e.

ent|lee|ren ⟨sw. V.; hat⟩: **1. a)** *durch Ausschütten o. Ä. leer machen:* einen Aschenbecher [in den Mülleimer] e.; die [Harn]blase e.; sich e. *(Stuhlgang haben, seine Notdurft verrichten; sich übergeben);* **b)** ⟨e. + sich⟩ *leer werden:* das Becken entleerte sich nur langsam. **2. a)** *etw. se[i]nes eigentlichen Inhalts berauben:* entleerte Theorien; **b)** ⟨e. + sich⟩ *seinen eigentlichen Inhalt verlieren, hohl werden:* eine sich nach und nach entleerende Ideologie.

Ent|lee|rung, die; -, -en: *das Entleeren, Sichentleeren.*

ent|le|gen ⟨Adj.⟩ [2. Part. von veraltet entliegen, mhd. entligen = fern liegen]: **1.** *weit entfernt vo[n] allem abgelegen:* bis in die -sten Dörfer; sie woh[-]nen ganz e. **2.** *(in geistiger Hinsicht) weit entfernt vom Üblichen, abseitig:* -e Dinge.

Ent|le|gen|heit, die; - (geh.): *das Entlegensein; abgelegene, einsame Lage.*

ent|leh|nen ⟨sw. V.; hat⟩ [mhd. entlēh(e)nen, ahd intlēhanōn]: *aus einem anderen geistigen Bereich übernehmen u. umsetzen:* ein Wort aus einer fremden Sprache e.

Ent|leh|nung, die; -, -en: **1.** *das Entlehnen.* **2.** *Lehnwort.*

ent|lei|ben ⟨sw. V.; hat⟩ [mhd. entlīben, zu: līp, ↑Leib] (geh.): **a)** *töten;* **b)** ⟨e. + sich:⟩ *sich töten, Selbstmord begehen.*

nt|lei|hen ⟨st. V.; hat⟩ [mhd. entlīhen, ahd. antlīhan = ent-, verleihen]: **1.** *von jmdm. für sich leihen:* [aus der Bibliothek] entliehene Bücher zurückgeben. **2.** *entlehnen.*
nt|lei|her, der; -s, -: *jmd., der etw. (bes. Bücher) entleiht.*
nt|lei|he|rin, die; -, -nen: w. Form zu ↑ Entleiher.
nt|lei|hung, die; -, -en: *das Entleihen.*
nt|lein, das; -s, -: Vkl. zu ↑ Ente (1): * **hässliches** E. (ugs. scherzh.; *hässliches junges Mädchen;* nach der Märchenfigur von H. C. Andersen).
nt|lo|ben, sich ⟨sw. V.; hat⟩: *eine Verlobung lösen.*
nt|lo|bung, die; -, -en: *das Sichentloben.*
nt|lo|cken ⟨sw. V.; hat⟩: *jmdn. zu einer Äußerung veranlassen:* jmdm. ein Lächeln zu e. versuchen; Ü er konnte dem Instrument keinen Ton e.
nt|loh|nen, (schweiz.:) **ent|löh|nen** ⟨sw. V.; hat⟩: **a)** *jmdm. für einzelne Dienste od. für niedriger eingestufte Arbeit den angemessenen Lohn zahlen:* den Kofferträger e.; **b)** (selten) *jmds. Tätigkeit, Arbeit bezahlen:* gleiche Tätigkeiten werden oft ungleich entlohnt.
nt|loh|nung, (schweiz.:) **Ent|löh|nung,** die; -, -en: **a)** *das Entlohnen;* **b)** *Lohn:* schlechte E.
nt|lüf|ten ⟨sw. V.; hat⟩: **a)** *verbrauchte Luft aus einem Raum durch Zufuhr von Frischluft entfernen, herauslassen:* einen Saal durch eine Klimaanlage e.; **b)** (Technik) *störende Lufteinschlüsse in einer Leitung, einem hydraulischen System o. Ä. entfernen:* die Heizung e.
nt|lüf|ter, der; -s, -: *Gerät zum Entlüften; Exhaustor.*
nt|lüf|tung, die; -, -en: **1.** *das Entlüften* (a, b). **2. a)** kurz für ↑ Entlüftungsanlage; **b)** *Einrichtung zum Entlüften* (b).
nt|lüf|tungs|an|la|ge, die: *Anlage zur mechanischen Entlüftung.*
nt|lüf|tungs|hau|be, die: *über einem Herd o. Ä. an der Wand angebrachte Haube, durch die der beim Kochen entstehende Dunst in einem Luftschacht abzieht.*
nt|lüf|tungs|ven|til, das: *Ventil zum Ablassen von [Druck]luft.*
nt|mach|ten ⟨sw. V.; hat⟩: *der Macht berauben u. jeden Einfluss nehmen:* einen Herrscher e.
nt|mach|tung, die; -, -en: *das Entmachten; das Entmachtetwerden.*
nt|ma|gne|ti|sie|ren ⟨sw. V.; hat⟩: *in einen unmagnetischen Zustand versetzen.*
nt|ma|gne|ti|sie|rung, die; -, -en: *das Entmagnetisieren.*
nt|man|nen ⟨sw. V.; hat⟩ [mhd. entmannen = der Mannschaft berauben, zu: mannen, ↑ bemannen]: **1. a)** *(beim Mann) kastrieren;* **b)** *jmdm. [chirurgisch] den Penis entfernen.* **2.** (selten) *schwächen:* ihr Charme entmannte seine Wut.
nt|man|nung, die; -, -en: *das Entmannen; das Entmanntwerden.*
nt|ma|te|ri|a|li|sa|ti|on, die; -, -en ⟨Pl. selten⟩: *Loslösung von der Materie, vom Stofflichen.*
nt|ma|te|ri|a|li|sie|ren ⟨sw. V.; hat⟩: *von der Materie, vom Stofflichen loslösen.*
nt|ma|te|ri|a|li|sie|rung, die; -, -en: *das Entmaterialisieren.*
nt|men|schen ⟨sw. V.; hat⟩: **a)** *seiner Menschlichkeit, seiner Würde u. seines Wertes als Mensch berauben:* der Krieg hatte sie alle entmenscht; **b)** *unmenschlich werden, verrohen:* entmenschte Horden fielen über sie her.
nt|mensch|li|chen: *entmenschen.*
nt|mensch|li|chung, die; -, **Ent|men|schung,** die; -: *das Entmenschlichen.*
nt|mie|ten ⟨sw. V.; hat⟩: *das Leerstehen eines Hauses, einer Wohnung bewirken, indem die Mieter zum Auszug veranlasst werden:* Immobilienhaie entmieten ganze Häuser.
nt|mi|li|ta|ri|sie|ren ⟨sw. V.; hat⟩: *aus einem Gebiet die Truppen abziehen u. die militärischen Anlagen abbauen; demilitarisieren:* eine Stadt e.; eine entmilitarisierte Zone.
nt|mi|li|ta|ri|sie|rung, die; -, -en: *das Entmilitarisieren; das Entmilitarisiertwerden.*
nt|mi|nen ⟨sw. V.; hat⟩: *von Minen säubern.*
nt|mi|nung, die; -, -en: *das Entminen.*

ent|mi|schen ⟨sw. V.; hat⟩ (Chemie, Technik): **a)** *ein Gemisch in die einzelnen Komponenten zerlegen:* ein Gas, Beton e.; **b)** *durch Entmischen* (a) *aussondern:* unedle Bestandteile e.
Ent|mi|schung, die; -, -en (Chemie, Technik): *Zerlegung, Trennung eines Gemisches.*
ent|mis|ten ⟨sw. V.; hat⟩: *[mechanisch] ausmisten.*
Ent|mis|tung, die; -, -en: **1.** *das Entmisten.* **2.** kurz für ↑ Entmistungsanlage.
Ent|mis|tungs|an|la|ge, die: *Anlage, Einrichtung zum mechanischen Entmisten.*
ent|mün|di|gen ⟨sw. V.; hat⟩ [zu ↑ mündig]: *jmdm. durch Gerichtsbeschluss das Recht entziehen, bestimmte juristische Handlungen vorzunehmen:* jmdn. wegen Geisteskrankheit e.
Ent|mün|di|gung, die; -, -en: *das Entmündigen; das Entmündigtwerden.*
ent|mu|ti|gen ⟨sw. V.; hat⟩: *jmdm. den Mut zu etw. nehmen, mutlos machen:* der Misserfolg entmutigte ihn; sich nicht e. lassen.
Ent|mu|ti|gung, die; -, -en: *das Entmutigen; das Entmutigtwerden.*
ent|mys|ti|fi|zie|ren ⟨sw. V.; hat⟩: *mystische Vorstellungen, die sich mit etw. verknüpft haben, beseitigen.*
Ent|mys|ti|fi|zie|rung, die; -, -en: *das Entmystifizieren.*
ent|my|thi|sie|ren ⟨sw. V.; hat⟩: *entmythologisieren.*
Ent|my|thi|sie|rung, die; -, -en: *Entmythologisierung.*
ent|my|tho|lo|gi|sie|ren ⟨sw. V.; hat⟩: *mythische od. irrationale Vorstellungen, die mit etw. verknüpft sind, beseitigen.*
Ent|my|tho|lo|gi|sie|rung, die; -, -en: *das Entmythologisieren; das Entmythologisiertwerden.*
Ent|nah|me, die; -, -n [zum 2. Bestandteil vgl. Abnahme]: *das Entnehmen* (1).
ent|na|ti|o|na|li|sie|ren ⟨sw. V.; hat⟩: **1.** *aus einem Staats-, Volksverband entlassen, ausbürgern.* **2.** *eine Verstaatlichung rückgängig machen.*
Ent|na|ti|o|na|li|sie|rung, die; -, -en: *das Entnationalisieren; das Entnationalisiertwerden.*
ent|na|zi|fi|zie|ren ⟨sw. V.; hat⟩ [nach engl. denazify]: **a)** *(nach dem Zweiten Weltkrieg) die politische Tätigkeit o. Ä. eines ehemaligen Nationalsozialisten überprüfen u. ihn bestrafen bzw. [durch Sühneleistungen] entlasten; denazifizieren:* ein Parteimitglied e.; **b)** *(nach dem Zweiten Weltkrieg) in staatlichen Einrichtungen, im öffentlichen Leben nationalsozialistische Einflüsse ausschalten:* Ämter e.
Ent|na|zi|fi|zie|rung, die; -, -en: *das Entnazifizieren; das Entnazifiziertwerden.*
Ent|na|zi|fi|zie|rungs|be|hör|de, die: *Behörde zur Überwachung der Entnazifizierung.*
Ent|na|zi|fi|zie|rungs|ge|setz, das: *Gesetz, das die Entnazifizierung bewirkte.*
ent|neh|men ⟨st. V.; hat⟩ [mhd. entnemen = entfernen, entledigen; (Geld) aufnehmen]: **1.** *zu einem bestimmten Zweck aus etw.,* (selten:) *aus jmdm. herausnehmen:* [aus] der Kasse Geld e.; jmdm. eine Blutprobe e.; Ü ein Leitbild der Literatur e. **2.** *etw. aus etw. als Information gewinnen, schließen:* dies haben wir Ihrem Schreiben entnommen.
ent|ner|ven ⟨sw. V.; hat⟩: *nervlich erschöpfen; der Kraft, der Nerven berauben:* der lange Krieg hatte sie entnervt; ein entnervender Lärm.
Ent|ner|vung, die; -, -en: *das nervliche Erschöpftsein.*
En|to|blast, das; -[e]s, -e [zu griech. entós = innerhalb u. blastós = Spross, Trieb], **En|to|derm,** das; -s, -e [zu griech. dérma = Haut] (Biol., Med.): *inneres Keimblatt des Embryos.*
ent|ölen ⟨sw. V.; hat⟩: *den Öl-, Fettgehalt von etw. reduzieren:* entölter Kakao.
Ent|ölung, die; -, -en: *das Entölen; das Entöltwerden.*
En|to|mo|lo|ge, der; -n, -n [↑ -loge]: *Wissenschaftler auf dem Gebiet der Entomologie, Insektenforscher.*
En|to|mo|lo|gie, die; -: *wissenschaftliche Erforschung der Insekten, Insektenkunde.*

En|to|mo|lo|gin, die; -, -nen: w. Form zu ↑ Entomologe.
en|to|mo|lo|gisch ⟨Adj.⟩: *die Entomologie betreffend.*
En|to|pa|ra|sit, der; -en, -en [zu griech. entós = innerhalb u. ↑ Parasit]: *Endoparasit.*
en|to|pisch ⟨Adj.⟩ [griech. éntopos, aus: en = innerhalb u. tópos, ↑ Topos] (Fachspr.): *am Ort befindlich, einheimisch.*
En|to|plas|ma, das; -s, ...men [zu griech. entós = innerhalb u. ↑ Plasma] (Biol.): *innere Schicht des Protoplasmas bei Einzellern.*
En|to|zo|on, das; -s, ...zoen u. ...zoa [zu griech. entós = innerhalb u. zōon = Lebewesen, Tier] (Med.): *tierischer Schmarotzer im Körperinnern.*
ent|per|sön|li|chen ⟨sw. V.; hat⟩: *das Persönliche, die Persönlichkeit bei etw. ausschalten:* durch Computer wird der Unterricht weitgehend entpersönlicht.
Ent|per|sön|li|chung, die; -, -en (Psych.): *Depersonalisation.*
ent|pflich|ten ⟨sw. V.; hat⟩: *[nach Ablauf der Dienstzeit] von seinen Amtspflichten entbinden, aus dem Amt entlassen:* einen Professor e.
Ent|pflich|tung, die; -, -en: *das Entpflichten; das Entpflichtetwerden.*
ent|po|li|ti|sie|ren ⟨sw. V.; hat⟩: *das Politische in einem [staatlichen od. sozialen] Bereich ausschalten:* den Rundfunk e.
Ent|po|li|ti|sie|rung, die; -, -en: *das Entpolitisieren.*
ent|pres|sen ⟨sw. V.; hat⟩ (geh.): *aus jmdm. durch Zwang, Schmerz, Folter o. Ä. herausbringen.*
ent|pri|va|ti|sie|ren ⟨sw. V.; hat⟩: *verstaatlichen.*
Ent|pri|va|ti|sie|rung, die; -, -en: *Verstaatlichung.*
ent|pro|ble|ma|ti|sie|ren ⟨sw. V.; hat⟩: *aus der Problematik herausführen; von der Problematik befreien.*
Ent|pro|ble|ma|ti|sie|rung, die; -, -en: *das Entproblematisieren.*
ent|pul|pen ⟨sw. V.; hat⟩ [zu ↑ Pulp] (Fachspr.): *Sirup von Fasern o. Ä. reinigen.*
ent|pup|pen, sich ⟨sw. V.; hat⟩ [zu ↑ Puppe (3)]: *sich überraschend als jmd., etw. erweisen:* sich als [kleiner] Tyrann, als großes Talent e.; du hast dich ganz schön entpuppt (ugs. iron.; *überraschend zum Negativen hin verändert*).
Ent|pup|pung, die; -, -en: *das Sichentpuppen.*
ent|quel|len ⟨st. V.; ist⟩ (geh.): *aus etw. quellen, quellend herausdringen:* Tränen entquollen ihren Augen.
ent|rah|men ⟨sw. V.; hat⟩: *den Rahm (von der Milch) abschöpfen:* entrahmte Frischmilch.
Ent|rah|mer, der; -s, -: *Maschine, mit der die Milch entrahmt wird.*
Ent|rah|mung, die; -, -en: *das Entrahmen; das Entrahmtwerden.*
ent|rap|pen ⟨sw. V.; hat⟩ [zu ↑ Rapp] (Winzerspr.): *Beeren von den Traubenstielen vor der Kelterung abtrennen.*
ent|ra|ten ⟨st. V.; hat⟩ [mhd. entraten] (geh. veraltend): *auf jmdn., etw. Entbehrliches verzichten; ohne jmdn., etw. auskommen:* der Geselligkeit, der Frauen e.
ent|rät|seln ⟨sw. V.; hat⟩: **a)** *etw. Rätselhaftes verstehen, durchschauen:* ein Geheimnis, eine unbekannte Schrift e.; **b)** ⟨e. + sich⟩ *als etw. Rätselhaftes verstanden, durchschaut werden:* langsam beginnt sich das Geheimnis zu e.
Ent|rät|se|lung, (seltener:) **Ent|räts|lung,** die; -, -en: *das Enträtseln; das Enträtseltwerden.*
En|tre|chat [ãtrəˈʃa], der; -s, -s [frz. entrechat = Luft-, Kreuzsprung (in Anlehnung an: chasser = jagen) < ital. (capriola) intrecciata = verflochtener (Sprung), zu: intrecciare = verflechten, zu: treccia = Flechte, Zopf] (Ballett): *gerader Sprung in die Höhe, bei dem die Fersen in der Luft [mehrmals] gekreuzt übereinander geschlagen werden.*
ent|rech|ten ⟨sw. V.; hat⟩: *jmdn. seiner Rechte berauben.*
Ent|rech|te|te, der u. die; -n, -n (Dekl. ↑ Abgeord-

nete): *jmd., der seiner Rechte beraubt worden ist.*

Ent|rech|tung, die; -, -en: *das Entrechten; das Entrechtetwerden.*

En|tre|cote [ãtrə'ko:t], das; -[s], -s [frz. entrecôte, eigtl. = Zwischenrippenstück, aus: entre = zwischen u. côte = Rippe]: *Rippenstück vom Rind, das in Scheiben gebraten wird.*

En|tree [ã'tre:], das; -s, -s [frz. entrée, zu: entrer = eintreten < lat. intrare]: **1.** *Eingangsraum, Vorzimmer.* **2.** *Eintritt, Erscheinen.* **3.** (bes. österr.) *Eintritt, Eintrittsgeld.* **4.** *erster Gang, Vorspeise.* **5. a)** *Eröffnungsmusik eines Balletts;* **b)** *Auftrittslied in Singspiel u. Operette.*

En|tree|tür, die: *Eingangstür.*

ent|rei|ßen ⟨st. V.; hat⟩: **1.** *unter Gewaltanwendung [mit einer heftigen Bewegung] wegnehmen, aus den Händen reißen:* jmdm. die Handtasche e.; Ü jmdm. den Sieg e.; sie wurde ihm durch den Tod entrissen. **2.** (geh.) **a)** *aus, vor etw. retten:* jmdn. den Flammen e.; **b)** *aus einer bestimmten Verfassung herausreißen, von etw. befreien:* jmdn. seinen Träumen e.; jmdn., etw. dem Vergessen e. *(die Erinnerung an jmdn., etw. jmdm. wieder ins Gedächtnis rufen).*

En|tre|me|tier [ãtrəme'tie:] der; -s, -s [frz. entremétier]: *Spezialkoch für Suppen u. kleinere Zwischengerichte.*

En|tre|mets [ãtrə'me:], das; - [...e:(s)], - [...e:s; frz. entremets, aus: entre = zwischen u. mets = [2]Gericht]: *(bei einer größeren Speisenfolge) leichtes, zwischen den einzelnen Gängen gereichtes Gericht.*

en|tre nous [ãtrə'nu; frz., aus: entre = zwischen, unter u. nous = uns] (bildungsspr.): *unter uns; ohne die Gegenwart eines Fremden u. daher in der nötigen Atmosphäre der Vertrautheit:* das sollten wir einmal e. n. besprechen.

ent|rich|ten ⟨sw. V.; hat⟩ [mhd. entrihten, ahd. intrihten, eigtl. = aus der (richtigen) Lage bringen u. dadurch verschlimmern od. verbessern] (bes. Amtsspr.): *(einen festgelegten Betrag) zahlen:* Steuern, eine Gebühr e.; er muss die Raten monatlich [an die Bank] e.

Ent|rich|tung, die; -, -en: *das Entrichten.*

ent|rie|geln ⟨sw. V.; hat⟩: *die Verriegelung aufheben, einen Riegel zurückschieben:* eine Tür e.

Ent|rie|ge|lung, (seltener:) **Ent|rieg|lung,** die; -, -en: *das Entriegeln.*

ent|rin|den ⟨sw. V.; hat⟩: *von der Rinde befreien, die Rinde von etw. ablösen:* Baumstämme e.

Ent|rin|dung, die; -, -en: *das Entrinden.*

ent|rin|gen ⟨st. V.; hat⟩ (geh.): **1.** *in einem Kampf, unter großen Mühen wegnehmen:* jmdm. die Waffe, ein wichtiges Dokument e. **2.** ⟨e. + sich⟩ **a)** *sich mühsam aus einer Umklammerung o. Ä. befreien:* sich jmds. Umarmung e.; **b)** *(als Laut) mühsam aus jmdm. hervorkommen:* ein Seufzer entrang sich ihm, seiner Brust.

ent|rin|nen ⟨st. V.; ist⟩ [mhd. entrinnen, ahd. intrinnan, zu ↑rinnen in dessen alter Bed. »rennen, laufen«]: **1.** (geh.) **a)** *mit knapper Not einer Bedrohung entgehen:* einer Gefahr, dem Tod e.; ⟨subst.:⟩ es gab kein Entrinnen mehr; **b)** *sich jmdm. gerade noch durch Flucht entziehen können:* er entrann den Verfolgern. **2.** (dichter.) *aus etw. herausrinnen.* **3.** (dichter.) *verrinnen:* die Jahre entrinnen.

ent|rip|pen ⟨sw. V.; hat⟩ (Fachspr.): *die Rippen aus Tabakblättern entfernen:* Tabak e.

ent|risch ⟨Adj.⟩ [mhd. entrisch = alt, altertümlich, ahd. entrisc, antrisc = fremd] (bayr., österr.): *nicht geheuer, unheimlich.*

ent|rol|len ⟨sw. V.⟩ (geh.): **1.** *(etw. Gerolltes) auseinander rollen u. in eine Fläche bringen* ⟨hat⟩: eine Urkunde, eine Fahne e. **2.** ⟨e. + sich⟩ *nach u. nach in Erscheinung treten, sich entfalten* ⟨hat⟩: vor seinen Augen entrollte sich eine andere Welt. **3.** *aus etw. herausrollen* ⟨ist⟩: seinen Händen waren einige Münzen entrollt.

En|tro|pie, die; -, -n [zu griech. en = innerhalb u. tropē = Wendung, Umkehr]: **1.** *physikalische Größe als Bezeichnung für den Grad der Nichtumkehrbarkeit physikalischer Vorgänge.* **2.** (Informationst.) *mittlerer Informationsgehalt einer Zeichenmenge.*

ent|ros|ten ⟨sw. V.; hat⟩: *die Rostschicht von etw. entfernen:* Eisen e.

Ent|ros|tung, die; -, -en: *das Entrosten; das Entrostetwerden.*

ent|rü|cken ⟨sw. V.; hat⟩ [mhd. entrücken, zu ↑rücken] (geh.): **a)** *einem bestimmten Bereich od. Zustand entziehen:* die Musik hat sie der Gegenwart entrückt; ⟨häufig im 2. Part.:⟩ der Wirklichkeit entrückt sein; **b)** *auf wunderbare Weise in eine andere Welt, in einen anderen Zustand versetzen:* ⟨häufig im 2. Part.:⟩ [im Traum] selig entrückt sein; entrückt auf etw. blicken.

Ent|rückt|heit, die; -, -en ⟨Pl. selten⟩ (geh.): *das Entrücktsein.*

Ent|rü|ckung, die; -, -en (geh.): **a)** *das Entrücken* (1 a); **b)** *das Entrücktsein:* in traumhafter E.

ent|rüm|peln ⟨sw. V.; hat⟩: *Gerümpel aus einem Raum entfernen:* einen Dachboden e.

Ent|rüm|pe|lung, (seltener:) **Ent|rümp|lung,** die; -, -en: *das Entrümpeln; das Entrümpeltwerden.*

ent|run|den ⟨sw. V.; hat⟩ (Sprachw.): *bei der Aussprache eines Lautes die Lippenrundung aufgeben:* mhd. »diu« wurde zu nhd. »die« entrundet.

Ent|run|dung, die; -, -en: *das Entrunden; das Entrundetwerden.*

ent|ru|ßen ⟨sw. V.; hat⟩: *von Ruß befreien, säubern:* den Ofen e.

ent|rüs|ten ⟨sw. V.; hat⟩ [mhd. entrüsten = die Rüstung abnehmen, entwaffnen; aus der Fassung bringen, in Zorn versetzen]: **a)** ⟨e. + sich⟩ *seiner Empörung Ausdruck geben, sich aufregen:* sich über jmdn., jmds. Verhalten [sittlich] e.; **b)** *jmdn. zornig machen u. dadurch in Empörung versetzen:* er war entrüstet über das, was hier geschah; ein entrüstetes *(Empörung verratendes)* Gesicht.

Ent|rüs|tung, die; -, -en: *das Entrüstetsein; Empörung:* dieses Verbrechen ruft große E., einen Sturm der E. hervor.

Ent|rüs|tungs|sturm, der: *heftige Entrüstung einer größeren Menschenmenge.*

ent|saf|ten ⟨sw. V.; hat⟩: *mit dem Entsafter den Saft aus etw. herausbringen:* Kirschen e.

Ent|saf|ter, der; -s, -: *[elektrischer] Apparat, mit dem Saft aus etw. gewonnen wird.*

ent|sa|gen ⟨sw. V.; hat⟩ [mhd. entsagen, ahd. intsagēn = aufkündigen, sich einer Sache entziehen] (geh.): *auf etw. schweren Herzens aus einer bestimmten Einsicht heraus freiwillig verzichten:* den Freuden des Lebens e.

Ent|sa|gung, die; -, -en (geh.): *das Entsagen; Verzicht.*

ent|sa|gungs|reich ⟨Adj.⟩: *reich an Entsagungen:* ein -es Leben.

ent|sa|gungs|voll ⟨Adj.⟩: **a)** *Entsagungen auf sich nehmend:* sich e. der Familie widmen; **b)** *Entsagung verlangend:* eine -e Tätigkeit.

ent|sah|nen ⟨sw. V.; hat⟩: *(von Milch) Sahne, Fett entfernen.*

ent|sal|zen ⟨sw. V.; hat⟩: *Mineralstoffe aus Meer- od. Brackwasser zur Gewinnung von Trinkwasser entfernen:* Meerwasser wird entsalzt.

Ent|sal|zung, die; -, -en: *das Entsalzen; das Entsalztwerden.*

Ent|satz, der; -es (veraltet): *das Entsetzen* (2), *Befreiung, Hilfe durch Truppen:* der E. ist schwierig; jmdm. E. bringen.

ent|säu|ern ⟨sw. V.; hat⟩: *Säure aus etw. entfernen:* Wein durch Zusatz von kohlensaurem Kalk e.

Ent|säu|e|rung, die; -, -en: *das Entsäuern; das Entsäuertwerden.*

ent|schä|di|gen ⟨sw. V.; hat⟩ [mhd. entschadegen]: **a)** *jmdm. für einen Schaden einen angemessenen Ausgleich zukommen lassen, einen Ersatz geben:* jmdn. für einen Verlust mit Geld e.; Ü die Aussicht vom Gipfel entschädigte uns *(war ein Ausgleich)* für den mühsamen Aufstieg; **b)** *einen Schaden [angemessen] ausgleichen:* Totalinvalidität wird mit einer Rente entschädigt.

Ent|schä|di|gung, die; -, -en: **a)** *das Entschädigen* (a): die E. der enteigneten Grundbesitzer [durch den Staat]; **b)** *das, womit jmd. entschädigt wird; Ausgleich für erlittenen Schaden:* 50 000 Mark [als] E. erhalten.

Ent|schä|di|gungs|an|spruch, der: *Anspruch auf Entschädigung.*

Ent|schä|di|gungs|kla|ge, die: *Klage auf Entschädigung.*

ent|schä|di|gungs|los ⟨Adj.⟩: *keine Entschädigung bietend.*

Ent|schä|di|gungs|sum|me, die: *Summe, die als Entschädigung gefordert, gezahlt wird.*

ent|schär|fen ⟨sw. V.; hat⟩: **1.** *die Zündvorrichtung von einem Explosivgeschoss entfernen:* eine Mine, Bombe e.; Ü der Torwart konnte auch diesen Schuss e. (Sport Jargon; *halten*). **2.** *weniger problematisch gestalten, einer Auseinandersetzung o. Ä. die Schärfe nehmen:* ein Problem, eine Debatte, eine Krise e.; ein Buch, einen Film e. *(als zu scharf empfundene politische Aussagen, anstößige, Gewalt verherrlichende, obszöne Stellen o. Ä. aus einem Buch, Film herausnehmen).*

Ent|schär|fung, die; -, -en: *das Entschärfen; das Entschärftwerden.*

Ent|scheid, der; -[e]s, -e [spätmhd. entscheit]: **a)** *von richterlicher, amtlicher o. ä. Seite ausgesprochene Entscheidung:* nach E. des Schiedsrichters; **b)** *jmds. eigene Entscheidung:* sein E. für diese Sache ist gefallen.

ent|schei|den ⟨st. V.; hat⟩ [mhd. entscheiden = sondern; richterlich bestimmen]: **1. a)** *(einen Zweifelsfall) [endgültig] klären u. darüber ein Urteil fällen:* das Gericht wird den Streit e.; **b)** *in einem Zweifelsfall anordnend bestimmen:* über den Einsatz von Truppen e. **2.** *in Bezug auf etw. den Ausschlag geben:* dieser Zug entschied die Schachpartie; das Los soll e.; die Partie, die Meisterschaft für sich e. [können] (Sport; *gewinnen [können]*). **3.** ⟨e. + sich⟩ **a)** *nach Prüfen, Vergleichen od. kurzem Besinnen in einem Entschluss seine Wahl auf jmdn., etw. festlegen:* sich für einen Bewerber, ein Verfahren e.; er konnte sich nur schwer e. *(zu einem Entschluss kommen);* **b)** *als eine von mehreren Möglichkeiten eintreten, sich herausstellen:* morgen wird [es] sich e., wer Recht behält.

ent|schei|dend ⟨Adj.⟩: *ausschlaggebend, von richtungweisender Bedeutung:* sie hatte -en Einfluss auf ihn; die außenpolitische Stellung e. *(aufs Äußerste, sehr)* schwächen.

Ent|schei|dung, die; -, -en [mhd. entscheidunge]: **1.** *das Entscheiden* (1, 2): eine E. erzwingen; eine E. treffen, herbeiführen *(etw. entscheiden);* die Frage steht vor der E. *(wird demnächst entschieden);* die E. fiel durch das Los; die E. für diese Kandidatin fiel in letzter Minute. **2.** *das Sichentscheiden:* einer E. ausweichen; zu einer E. kommen. **3.** *etw., was entschieden worden ist:* die E. des Gerichts lautet auf Freispruch; die -en der Kommission wurden nicht akzeptiert.

Ent|schei|dungs|be|fug|nis, die: *Befugnis, eine Entscheidung* (1) *zu treffen.*

Ent|schei|dungs|fra|ge, die (bes. Sprachw.): *Frage, die ein Ja od. Nein als Antwort verlangt.*

Ent|schei|dungs|frei|heit, die: *Freiheit, eine [selbstständige] Entscheidung* (1) *zu treffen.*

Ent|schei|dungs|ge|walt, die: *Macht, über etw. zu entscheiden* (1 b).

Ent|schei|dungs|lauf, der (Leichtathletik): *Lauf, in dem sich die Läufer für eine weitere Teilnahme am Wettbewerb qualifizieren.*

Ent|schei|dungs|recht, das: *Recht, eine Entscheidung* (1) *zu treffen.*

Ent|schei|dungs|schlacht, die: *Schlacht um den endgültigen Sieg.*

ent|schei|dungs|schwach ⟨Adj.⟩: *nur ungern Entscheidungen* (1) *treffend; zaudernd:* ein -er Minister.

ent|schei|dungs|schwer ⟨Adj.⟩ (geh.): *von entscheidender, schwerwiegender Bedeutung.*

Ent|schei|dungs|spiel, das (Ballspiele): *Spiel, das bei gleichem Punkt- od. Torverhältnis angesetzt wird, um eine Entscheidung herbeizuführen.*

ent|schie|den: **1.** ↑entscheiden. **2.** ⟨Adj.⟩ **a)** *eine* *eindeutige Meinung vertretend u. fest entschlossen:* ein -er Gegner dieser Richtung; ⟨subst.:⟩ etw. auf das Entschiedenste /(auch:) entschiedenste *(ganz energisch)* ablehnen; **b)** *eindeutig, klar ersichtlich:* das geht e. zu weit.

nt|schie|den|heit, die; -, -en ⟨Pl. selten⟩: *entschiedene Haltung:* etw. mit [aller] E. vertreten.

nt|schla|cken ⟨sw. V.; hat⟩: *zur Entgiftung u. Reinigung des Körpers von Stoffwechselprodukten befreien:* mit Abführmitteln den Organismus e.

nt|schla|ckung, die; -, -en: *das Entschlacken; das Entschlacktwerden.*

nt|schla|fen ⟨st. V.; ist⟩ [mhd. entslāfen, ahd. intslāfan = einschlafen] (geh. verhüll.): **1.** *[eines sanften Todes] sterben:* er ist gestern [sanft] entschlafen. **2.** (geh.) *einschlafen.*

nt|schla|fe|ne, der u. die; -n, -n ⟨Dekl. ↑Abgeordnete⟩ (verhüll.): *jmd., der gerade erst verstorben ist.*

nt|schla|gen, sich ⟨st. V.; hat⟩ [mhd. entslahen = losmachen, befreien] (geh.): **a)** *sich innerlich von etw. frei machen:* sich einer Furcht, einer Sorge e.; **b)** *auf ein Recht o. Ä. verzichten:* sich eines Vorteils e.

nt|schlam|men ⟨sw. V.; hat⟩: *von Schlamm befreien:* Wasserläufe e.

nt|schlam|mung, die; -, -en: *das Entschlammen; das Entschlammtwerden.*

nt|schlei|ern ⟨sw. V.; hat⟩ (geh.): **1.** *den Schleier zurückschlagen, entfernen u. dadurch den Blick auf etw. freigeben:* sich, das Gesicht e. **2. a)** *etw. Geheimnisvolles, Unergründliches, nur zu Ahnendes sichtbar machen:* ein Geheimnis e.; **b)** ⟨e. + sich⟩ *als etw. bisher Verborgenes sichtbar werden:* nur langsam entschleierte sich der ungeheure Betrug.

nt|schlei|e|rung, die; -, -en: **1.** *das Entschleiern.* **2.** *Enthüllung.*

nt|schlei|men ⟨sw. V.; hat⟩: *von Schleim befreien; ausschleimen* (1): einen Fisch e.

nt|schlie|ßen, sich ⟨st. V.; hat⟩ [mhd. entsliezen, ahd. intsliozan = aufschließen]: *sich dahin bringen, etw. Bestimmtes tun zu wollen:* sich nur schwer [zu etw.] e. können; sich zur Flucht e.; er war fest entschlossen, nicht nachzugeben; kurz entschlossen reiste sie ab.

nt|schlie|ßung, die; -, -en: **1.** *das Sichentschließen:* zu einer E. gelangen. **2.** *(von Behörden, Parlamenten o. Ä.) gemeinsamer Beschluss, Resolution:* eine E. einbringen, annehmen.

nt|schlos|sen: 1. ↑entschließen. **2.** ⟨Adj.⟩ *zielbewusst, energisch; nicht zögernd:* -es Handeln.

nt|schlos|sen|heit, die; -: *durch nichts zu beugender Wille, etw. Bestimmtes zu tun; entschlossene Haltung, Zielbewusstheit, Energie:* dazu fehlt es ihm an E.

nt|schlum|mern ⟨sw. V.; ist⟩ (geh.): **1.** *einschlafen* (1). **2.** (verhüll.) *entschlafen* (1).

nt|schlüp|fen ⟨sw. V.; ist⟩: **1.** *sich schnell u. geschmeidig einer Bedrohung od. Bewachung entziehen:* der Dieb ist durch das Fenster entschlüpft; das Kind entschlüpfte der Mutter. **2.** *unbedacht geäußert werden, entfahren:* ihm entschlüpfte eine unvorsichtige Bemerkung.

nt|schluss, der; -es, Entschlüsse [zu ↑entschließen]: *durch Überlegung gewonnene Absicht, etw. Bestimmtes zu tun:* ein plötzlicher, löblicher, weiser E.; es ist mein fester E., daran teilzunehmen; den E. zu einer Teinahme fassen, bereuen; jmdn. von seinem E. abbringen; zu keinem E. kommen.

nt|schlüs|seln ⟨sw. V.; hat⟩: **a)** *den wirklichen Text einer verschlüsselten Nachricht herausfinden od. herstellen:* einen Funkspruch e.; Ü das Erbgut, die DNS e.; **b)** *einer Sache durch Aufdecken von etw. ihre Rätselhaftigkeit nehmen:* ein Geheimnis, jmds. Tagebücher e.

nt|schlüs|se|lung, die; -, -en: *das Entschlüsseln; das Entschlüsseltwerden.*

nt|schluss|fä|hig ⟨Adj.⟩: *fähig, einen Entschluss zu fassen.*

nt|schluss|fä|hig|keit, die ⟨o. Pl.⟩: *Fähigkeit, Kraft, Entschlüsse zu fassen.*

nt|schluss|freu|dig ⟨Adj.⟩: *bereitwillig u. ohne Zögern einen Entschluss fassend [wenn es nötig ist].*

Ent|schluss|freu|dig|keit, die ⟨o. Pl.⟩: *Eigenschaft, bereitwillig u. ohne Zögern einen Entschluss zu fassen [wenn es nötig ist].*

ent|schluss|los ⟨Adj.⟩: *sich [in seiner Lethargie] zu nichts entschließen könnend:* er stand e. in der Gegend herum.

Ent|schluss|lo|sig|keit, die; -: *entschlussloses Wesen, Verhalten.*

ent|schuld|bar ⟨Adj.⟩: *sich noch entschuldigen lassend; noch zu verstehen:* eine -e Verspätung.

Ent|schuld|bar|keit, die; -: *das Entschuldbarsein.*

ent|schul|den ⟨sw. V.; hat⟩ [mhd. entschulden = freisprechen]: *durch bestimmte gesetzliche Maßnahmen von übermäßiger Verschuldung befreien:* den Fiskus e.

ent|schul|di|gen ⟨sw. V.; hat⟩ [mhd. entschuldigen = lossagen; freisprechen]: **1. a)** ⟨e. + sich⟩ *jmdn. wegen eines falschen Verhaltens o. Ä. um Verständnis, Nachsicht, Verzeihung bitten:* sich förmlich, in aller Form e.; sich [bei jmdm.] für ein Versehen, wegen eines Versehens e.; **b)** *[unter Angabe des Grundes] mitteilen, dass jmd. nicht anwesend sein kann, nicht teilnehmen kann:* sich, ein Kind in der Schule e.; er fehlt entschuldigt. **2.** *für jmdn., etw. Nachsicht, Verständnis zeigen, aufbringen:* eine solche Unterlassung ist nicht zu e.; sie bat die Störung zu e.; entschuldige bitte, dass/wenn ich unterbreche; (Höflichkeitsformel:) entschuldigen Sie bitte!; Sie müssen schon e. (ugs.; *entschuldigen Sie bitte*), dass ich das sage. **3.** *[einen Fehler, ein falsches Verhalten o. Ä.] als verständlich erscheinen lassen:* der Alkoholgenuss entschuldigt sein Benehmen nicht.

Ent|schul|di|gung, die; -, -en: **1. a)** *Begründung, Rechtfertigung für einen Fehler, ein Versäumnis o. Ä.:* eine plausible E.; nach einer [passenden] E. suchen; etw. zu seiner E. anführen; **b)** *[schriftliche] Mitteilung darüber, nicht anwesend sein, nicht teilnehmen zu können:* die Mutter schrieb ihr eine E. **2. a)** ⟨o. Pl.⟩ *Nachsicht, Verständnis für jmds. Fehler, falsches Verhalten:* jmdn. für etw., wegen etw. um E. bitten; (Höflichkeitsformel:) E.!; **b)** *Äußerung od. Höflichkeitsformel, mit der jmd. um Nachsicht, Verständnis bittet:* eine E. murmeln.

Ent|schul|di|gungs|brief, der: *Brief, in dem jmd. etw. zu entschuldigen* (1 b) *bittet.*

Ent|schul|di|gungs|grund, der: *Begründung für einen Fehler, ein Versäumnis.*

Ent|schul|di|gungs|schrei|ben, das: vgl. Entschuldigungsbrief.

Ent|schul|dung, die; -, -en: *das Entschulden.*

ent|schup|pen ⟨sw. V.; hat⟩: *(von einem Fisch) die Schuppen entfernen:* Barsche e.

ent|schwe|ben ⟨sw. V.; ist⟩ [mhd. entsweben = bewegen] (geh., oft iron.): *sich schwebend od. auf ähnliche Art entfernen.*

ent|schwe|feln ⟨sw. V.; hat⟩ (Chemie): **a)** *Schwefel[verbindungen] aus technischen Gasen, bes. Schwefeldioxid aus dem beim Verbrennen von Kohle, Heizöl od. Erdgas entstehenden Rauchgas entfernen;* **b)** *Schwefel aus schmelzflüssigem Eisen, Stahl u. Gusseisen entfernen.*

Ent|schwe|fe|lung, Ent|schwef|lung, die; -, -en: *das Entschwefeln; das Entschwefeltwerden.*

Ent|schwe|fe|lungs|an|la|ge (seltener), **Ent|schwef|lungs|an|la|ge,** die: *(bes. in Kohlekraftwerken) Anlage* (4) *zur Entschweflung.*

ent|schwin|den ⟨st. V.; ist⟩ (geh.): **1.** *sich aus dem Blickfeld entfernen u. dann nicht mehr sichtbar sein:* das Schiff entschwand [am Horizont]; jmds. Blicken e.; (scherzh.:) nach dem Frühstück entschwand sie in die Küche; Ü der Name ist mir, meinem Gedächtnis entschwunden. **2.** *zu jmds. Bedauern vergehen:* die Zeit entschwindet wie im Flug.

ent|seelt ⟨Adj.⟩ (geh.): *keine lebende Seele mehr habend; leblos, tot:* ein -er Körper.

Ent|sen|de|ge|setz, das: *Gesetz, das tarifliche Mindestlöhne auch für ausländische Arbeitnehmer vorschreibt.*

ent|sen|den ⟨unr. V.; entsandte/(seltener:) entsendete, hat entsandt/(seltener:) entsendet⟩ (geh.): *von einem Ort zur Erfüllung eines Auftrags an einen anderen Ort schicken:* jmdn. in ein Komitee, Delegierte zu einem Kongress e.

Ent|sen|dung, die; -, -en: *das Entsenden; das Entsendetwerden.*

ent|set|zen ⟨sw. V.; hat⟩ [mhd. entsetzen = absetzen; fürchten; befreien, ahd. intsezzen = fürchten, argwöhnen]: **1. a)** ⟨e. + sich⟩ *durch etw. Schlimmes, Abstoßendes außer Fassung geraten:* alle entsetzten sich bei diesem Anblick, davor; **b)** *in Schrecken, Grauen versetzen, aus der Fassung bringen:* der Anblick hat mich entsetzt; ich bin ganz entsetzt darüber; entsetzt starrte sie mich an. **2.** (Milit.) *eine belagerte Festung od. einen eingeschlossenen Truppenteil durch neu herangeführte Truppen befreien:* eine Stadt e. **3.** (veraltet) *absetzen, aus einer gehobenen Stellung entfernen:* jmdn. des Amtes e.

Ent|set|zen, das; -s: *mit Grauen u. panikartiger Reaktion verbundener Schrecken:* lähmendes E. befiel sie; ein großes E. erregender Anblick; ich habe mit E. vernommen, dass er verunglückt ist; bleich vor E.; (geh.:) zu aller E.

ent|set|zen|er|re|gend ⟨Adj.⟩: *bei jmdm. Entsetzen hervorrufend:* der Anblick war e.

Ent|set|zens|schrei, der; -[e]s, -e: *Schrei des Entsetzens.*

ent|setz|lich ⟨Adj.⟩: **1.** *durch seine [nicht für möglich gehaltene] Furchtbarkeit bei jmdm. Entsetzen erregend:* ein -es Unglück, Verbrechen; es war e. **2.** (ugs.) **a)** ⟨nur attr.⟩ *in unangenehmer Weise sehr stark:* -en Hunger haben; **b)** ⟨intensivierend bei Adj. u. Verben⟩ *sehr, in beängstigend hohem Maß, überaus, äußerst:* es war e. kalt.

Ent|setz|lich|keit, die; -, -en: *das Entsetzlichsein.*

Ent|set|zung, die; -, -en: *das Entsetzen* (2, 3).

ent|seu|chen ⟨sw. V.; hat⟩: **1.** *von atomaren, biologischen od. chemischen Kampfstoffen verseuchtes Gebiet od. verseuchte Gegenstände von der Verseuchung befreien:* ein Land, das von radioaktiver Strahlung befallen ist, mit den modernsten Mitteln e. **2.** *desinfizieren.*

Ent|seu|chung, die; -, -en: **1.** *das Entseuchen; das Entseuchtwerden.* **2.** *Desinfektion.*

ent|si|chern ⟨sw. V.; hat⟩: *eine Handfeuerwaffe durch Lösen der Sicherung schussfertig machen:* das Gewehr e.; mit entsicherter Pistole.

ent|sie|geln ⟨sw. V.; hat⟩: *das Siegel von etw. aufbrechen:* einen Brief e.

Ent|sie|ge|lung, (seltener:) **Ent|sieg|lung,** die; -, -en: *das Entsiegeln; das Entsiegeltwerden.*

ent|sin|ken ⟨st. V.; ist⟩ (geh.): *nicht mehr von jmdm. [fest]gehalten werden u. aus seinen Händen sinken:* das Buch war ihm entsunken; Ü ihr entsank der Mut *(sie verlor den Mut).*

ent|sin|nen, sich ⟨st. V.; hat⟩ [mhd. entsinnen = in den Sinn aufnehmen, sich erinnern]: *sich etw. wieder ins Gedächtnis rufen; sich erinnern:* sich jmds., eines Gespräches e.; ich entsinne mich [dessen] gut; sich an jmdn., an ein Gespräch e.

ent|sinn|li|chen ⟨sw. V.; hat⟩: *einer Sache das Sinnlich-Konkrete nehmen:* die künstlerischen Disziplinen werden immer mehr entsinnlicht; dieses Wort ist entsinnlicht (Sprachw.; *in seiner ursprünglichen Bedeutung verblasst*).

Ent|sinn|li|chung, die; -, -en: *das Entsinnlichen; Verlust des Sinnlich-Konkreten.*

ent|sitt|li|chen ⟨sw. V.; hat⟩: *jmds. Sittlichkeitsgefühl beeinträchtigen; jmds. sittliche Werte infrage stellen:* diese Einflüsse haben entsittlichend auf die Jugend gewirkt.

Ent|sitt|li|chung, die; -: *das Entsittlichen; das Entsittlichtwerden.*

ent|sor|gen ⟨sw. V.; hat⟩ (Amtsspr.): **a)** *von Müll, Abfallstoffen befreien:* eine Fabrik, ein Atomkraftwerk e.; **b)** *(Abfallstoffe) beseitigen:* seine Abfälle umweltgerecht e.; viele Schiffe entsorgen illegal ihr Altöl auf See.

Ent|sor|gung, die; -, -en: *das Entsorgen; das Entsorgtwerden.*

ent|span|nen ⟨sw. V.; hat⟩ [mhd. entspannen =

abspannen, losmachen]: 1. a) *lockern, von einer [An]spannung befreien:* den Körper, die Muskeln e.; b) ⟨e. + sich⟩ *von einer Anspannung frei werden, sich glätten:* ihr Gesicht entspannte sich; seine Züge entspannten sich; c) *sich körperlich u. seelisch für kurze Zeit von der Belastung durch anstrengende u. angespannte Tätigkeit frei machen u. neue Kraft schöpfen:* hier konnten wir ruhen und e.; ⟨meist e. + sich:⟩ du musst dich jetzt erst einmal e.; d) *jmdn. von einer körperlich-seelischen Belastung vorübergehend frei machen u. ihn neue Kraft schöpfen lassen:* seine Gegenwart wirkte wohltuend entspannend; e) *von einer Spannung befreien:* einen Bogen e.; dieses Spülmittel entspannt das Wasser *(verringert die Oberflächenspannung des Wassers, sodass es leichter fließt u. besser benetzt).* 2. a) *weniger gefährlich gestalten, einer Sache die unangenehme Spannung nehmen:* die Verhandlungen haben die politische Lage entspannt; ein entspanntes *(gelöstes, von Spannungen freies)* Verhältnis zu Kindern haben; b) ⟨e. + sich⟩ *die gefährliche, unangenehme Spannung verlieren, sich beruhigen:* die Lage hat sich weitgehend entspannt.

Ent|spạn|nung, die; -, -en: 1. *das Entspannen* (1): bei seinem Hobby E. finden. 2. *das Entspannen* (2); *Abbau politischer u. militärischer Spannungen:* eine weltweite, globale E.

Ent|spạn|nungs|mas|sa|ge, die (verhüll.): *Massage, die der sexuellen Befriedigung des Mannes dient.*

Ent|spạn|nungs|pau|se, die: *Pause zur körperlichen Entspannung.*

Ent|spạn|nungs|po|li|tik, die ⟨o. Pl.⟩: *politische Bemühungen um Entspannung* (2) *zwischen Machtblöcken.*

Ent|spạn|nungs|übung, die: *Übung zur körperlichen u. geistigen Entspannung.*

ent|spie|geln ⟨sw. V.; hat⟩: *eine reflexmindernde Schicht auf optische Linsen od. Prismen auftragen:* die Gläser sollten entspiegelt sein.

Ent|spie|ge|lung, (seltener:) **Ent|spieg|lung,** die; -, -en: *das Entspiegeln; das Entspiegeltwerden.*

ent|spin|nen, sich ⟨st. V.; hat⟩: *zwischen jmdm. u. einem andern allmählich entstehen, sich entwickeln:* es entspann sich [zwischen ihnen] ein Gespräch, eine Freundschaft.

ent|sprẹ|chen ⟨st. V.; hat⟩ [mhd. entsprechen = entgegnen, antworten]: 1. *mit jmdm., etw., übereinstimmen, jmdm., einer Sache gleichkommen, gemäß sein, angemessen sein:* das Buch, der Bewerber entspricht nicht ganz unseren Erwartungen. 2. *einen Wunsch, eine Forderung o. Ä. erfüllen, verwirklichen:* einer Bitte e.

ent|sprẹ|chend: I. ⟨Adj.⟩ a) *angemessen, zu etw. im richtigen Verhältnis stehend:* bei der Kälte musst du dich e. [warm] anziehen; es geht ihm den Umständen e.; b) *für etw. zuständig, kompetent:* bei der -en Behörde anfragen. II. ⟨Präp. mit Dativ⟩ *gemäß, nach, in Übereinstimmung mit etw.:* einem Auftrag e. handeln.

Ent|sprẹ|chung, die; -, -en: 1. *das Entsprechen* (1): eine E. feststellen, konstatieren. 2. *etw. Ähnliches, das einer Sache entspricht; Analogie:* eine E. im politischen Bereich.

ent|sprie|ßen ⟨st. V.; ist⟩ [mhd. entsprieȥen] (geh.): 1. *aus etw., einem Untergrund sprießen:* die ersten Krokusse entsprießen der Erde. 2. *aus etw. hervorgehen:* [aus] der Ehe sind vier Kinder entsprossen.

ent|sprin|gen ⟨st. V.; ist⟩ [mhd. entspringen, ahd. intspringan]: 1. *als Quelle aus dem Boden hervorkommen:* die Donau entspringt im Schwarzwald. 2. a) *in etw. seinen Ursprung haben, sich aus etw. erklären lassen:* diese Geschichte ist seiner Fantasie entsprungen; b) (geh.) *aus etw., jmdm. hervorgehen:* er entsprang einem alten Geschlecht. 3. a) *aus einem Gewahrsam entweichen, entfliehen:* er war dem Kloster, Gefängnis entsprungen; ein entsprungener Häftling; b) (selten) *springend, rasch aus der Hand fallen:* der Ball entsprang ihrem Griff.

ent|staat|li|chen ⟨sw. V.; hat⟩: *aus staatlichem in privaten Besitz überführen.*

Ent|staat|li|chung, die; -, -en: *das Entstaatlichen.*

ent|sta|li|ni|sie|ren [...ʃt..., ...st...] ⟨sw. V.; hat⟩: *(nach dem Tode Stalins) in staatlichen Einrichtungen, im öffentlichen Leben stalinistische Einflüsse ausschalten.*

Ent|sta|li|ni|sie|rung, die; -: *das Entstalinisieren; das Entstalinisiertwerden.*

ent|stạm|men ⟨sw. V.; ist⟩: a) *aus einer bestimmten Familie, einem bestimmten Bereich stammen:* einem anderen Geschlecht, Milieu e.; alle Modelle entstammen derselben Kollektion; b) *aus einer bestimmten Zeit stammen, von etw. herrühren:* die Urkunde entstammt dem 13. Jh.

ent|stau|ben ⟨sw. V.; hat⟩: *vom Staub befreien:* die Luft e.; Ü alte, überholte Bestimmungen e.

Ent|stau|bung, die; -, -en: *das Entstauben; das Entstaubtwerden.*

ent|ste|hen ⟨unr. V.; ist⟩ [mhd. entstēn = sich erheben, werden]: a) *zu bestehen, zu sein beginnen; geschaffen, hervorgerufen werden:* es entstand ein ganz neuer Stadtteil; es entstand große Aufregung; ⟨subst.:⟩ das Projekt ist erst im Entstehen begriffen; b) *sich für jmdn. ergeben:* Ihnen entstehen dadurch keine Kosten.

Ent|ste|hung, die; -, -en: *das Entstehen:* die Frage nach der E. des Lebens.

Ent|ste|hungs|ge|schich|te, die: *Geschichte der Entstehung, des Ursprungs einer Sache:* die E. einer Partei, einer Stadt.

Ent|ste|hungs|ort, der ⟨Pl. -e⟩: *Ort, an dem etw. entstanden ist:* der E. eines Werkes.

Ent|ste|hungs|ur|sa|che, die: *Ursache, Grund für dir Entstehung einer Sache.*

Ent|ste|hungs|zeit, die: *Zeit, in der etw. entstanden ist.*

ent|stei|gen ⟨st. V.; ist⟩ (geh.): a) *aus einem Fahrzeug o. Ä. aussteigen;* b) *aus etw. nach oben steigen:* dem Wasser e.

ent|stei|nen ⟨sw. V.; hat⟩: *aus Steinobst die Steine entfernen:* Kirschen e.

ent|stel|len ⟨sw. V.; hat⟩ [mhd. entstellen, eigtl. = aus der rechten Stelle bringen]: 1. *jmds. Aussehen so zu seinen Ungunsten verändern, dass er oft kaum wiederzuerkennen ist:* der Ausschlag entstellte sie sehr; der Soldat war bis zur Unkenntlichkeit entstellt; ein entstelltes Gesicht. 2. *im Sinn verfälschen, falsch darstellen:* der Druckfehler entstellt den Sinn des Satzes; der Artikel gab ihre Äußerungen entstellt wieder.

Ent|stel|lung, die; -, -en: 1. *das Entstelltsein* (1): die E. durch einen Unfall. 2. *das Entstellen* (2): die E. von Nachrichten.

ent|stie|len ⟨sw. V.; hat⟩: *von Obst die Stiele entfernen:* Kirschen e.

ent|stö|ren ⟨sw. V.; hat⟩: *Störungen [des Funkempfangs], etw. als Ursache einer Störung ausschalten:* eine [Telefon]leitung, Elektrogeräte e.

Ent|stö|rung, die; -, -en: *das Entstören; das Entstörtwerden.*

Ent|stö|rungs|stel|le, die (früher): *Abteilung für die Entstörung von Telefonleitungen; Störungsstelle.*

ent|strö|men ⟨sw. V.; ist⟩ (geh.): *aus etw. [heraus]strömen:* der Leitung entströmte Gas.

ent|süh|nen ⟨sw. V.; hat⟩ (geh.): *durch Sühne von Schuld befreien.*

Ent|süh|nung, die; -, -en: *das Entsühnen; das Entsühntwerden.*

ent|sump|fen ⟨sw. V.; hat⟩: *von Sümpfen befreien, trockenlegen.*

Ent|sump|fung, die; -, -en: *das Entsumpfen; das Entsumpftwerden.*

ent|ta|bu|ie|ren usw.: ↑enttabuisieren usw.

ent|ta|bu|i|sie|ren ⟨sw. V.; hat⟩: *einer Sache den Charakter eines Tabus nehmen:* den Tod e.

Ent|ta|bu|i|sie|rung, die; -, -en: *das Enttabuisieren; das Enttabuisiertwerden.*

ent|tar|nen ⟨sw. V.; hat⟩: 1. *als Agenten* (1) *überführen:* einen Spionagering e.; sich freiwillig e. 2. *aufdecken, entdecken:* den angebotenen Gebrauchtwagen als Schrottmühle e.

Ent|tar|nung, die; -, -en: *das Enttarnen; das Enttarntwerden.*

ent|täu|schen ⟨sw. V.; hat⟩ [eigtl. = aus einer Täuschung herausreißen, um 1800 für: desabusiren (< frz. désabuser) u. detrompiren < frz. détromper]: *jmds. Hoffnungen, Erwartungen nicht erfüllen, sodass er unzufrieden, niedergeschlagen, verstimmt ist:* den Freund e.; jmds. Vertrauen e.; das Match enttäuschte *(war schlechter als erwartet);* ein enttäuschender Theaterabend; von jmdm., von/über jmds. Verhalten enttäuscht sein; ich bin angenehm enttäuscht (ugs. scherzh.; *ich bin angenehm überrascht, nachdem ich zunächst etw. Negatives erwartet hatte*); enttäuschte Wähler; ein enttäuschtes Gesicht machen.

Ent|täu|schung, die; -, -en: a) *Nichterfüllung einer Hoffnung od. Erwartung, die jmdn. unzufrieden o. ä. stimmt:* [sie war für mich] eine große, bittere, schwere, schmerzliche E.; mit jmdm., etw. eine E. erleben; b) ⟨o. Pl.⟩ *das Enttäuschtsein:* seine E. konnte er nicht verbergen; zu unserer E. hat sie sich anders entschieden.

ent|thro|nen ⟨sw. V.; hat⟩: a) (geh.) *(einen Monarchen) absetzen, von seinem Thron verdrängen:* den König e.; b) *aus seiner Machtstellung verdrängen:* der Rohrzucker wurde entthront *(wurde zu einer weniger wichtigen Anbaupflanze).*

Ent|thro|nung, die; -, -en: *das Entthronen; das Entthrontwerden.*

ent|trüm|mern ⟨sw. V.; hat⟩: *von Trümmern befreien:* ein Ruinengelände e.

ent|völ|kern ⟨sw. V.; hat⟩: a) *bewirken, dass die Bevölkerungszahl in einem bestimmten Gebiet zurückgeht:* die Pest, die Hungersnot hat ganze Distrikte entvölkert; b) ⟨e. + sich⟩ *durch bestimmte Einwirkungen in der Bevölkerungszahl zurückgehen, menschenleer werden.*

Ent|völ|ke|rung, die; -: *das Entvölkern; das Entvölkertwerden.*

ent|wach|sen ⟨st. V.; ist⟩ [mhd. entwahsen]: 1. *durch seine Entwicklung über ein bestimmtes Stadium hinausgelangen [u. sich bestimmten Einflüssen nicht mehr unterwerfen]:* die Kinder begannen der Mutter zu e. 2. (geh.) *aus etw. herauswachsen:* dem Boden entwuchs dichter Rasen.

ent|waff|nen ⟨sw. V.; hat⟩ [mhd. entwäfen(en)]: 1. *jmdm. [gewaltsam] die Waffe[n] abnehmen:* den Einbrecher e. 2. *durch sein [entgegenkommendes] Wesen in Erstaunen setzen, etwa bestehende Antipathien besiegen u. so bewirken, dass jmd. seine widerstrebende Haltung aufgibt:* jmdn. durch Lachen e.; ⟨häufig im 1. Part.:⟩ ihre Naivität war entwaffnend; von entwaffnender *(sprachlos machender)* Offenheit sein; ⟨subst. 1. Part.:⟩ sie hatte etwas Entwaffnendes.

Ent|waff|nung, die; -, -en: 1. *das Entwaffnen; das Entwaffnetwerden.* 2. (Fechten) *Angriff, bei dem dem Gegner die Klinge aus der Hand geschlagen wird.*

ent|wal|den ⟨sw. V.; hat⟩: *(auf einem Gebiet) den Wald abholzen:* größere Flächen des Landes wurden entwaldet; ein entwaldeter Boden.

Ent|wal|dung, die; -, -en: *das Entwalden; das Entwaldetwerden.*

ent|wan|zen ⟨sw. V.; hat⟩: *von Wanzen befreien:* einen Raum e.

ent|war|nen ⟨sw. V.; hat⟩: *einen Alarmzustand durch bestimmte Sirenentöne für beendet erklären:* es wurde entwarnt.

Ent|war|nung, die; -, -en: *das Entwarnen:* die Sirenen geben E.; Ü die Experten geben E., es bestehe keine Seuchengefahr.

ent|wäs|sern ⟨sw. V.; hat⟩: 1. a) *Wasser aus dem Boden ableiten; trockenlegen:* eine Flussniederung, Moore e.; b) *irgendwohin Wasser abgeben, abfließen:* manche Seen entwässern unterirdisch. 2. a) *(Körpergewebe o. Ä.) von [krankhafter] Wasseransammlung befreien:* den Körper e.; b) *einem Stoff Wasser entziehen:* Milch e. 3. (Fachspr.) *Abwasser von Haushalten, Industrie in die Kanalisation ableiten.*

nt|wäs|se|rung, die; -, -en: 1. *das Entwässern* (1, 2). 2. *Kanalisation.*

nt|wäs|se|rungs|gra|ben, der: *Graben zur Entwässerung des Bodens.*

nt|wäs|se|rungs|ka|nal, der: *Entwässerungsgraben.*

nt|wäss|rung (selten): ↑Entwässerung.

nt|we̲|der ⟨Konj.⟩ [mhd. e(i)ntweder, ahd. einweder, aus ↑[1]ein u. ↑weder]: nur in der Verbindung **e. ... oder** (*wenn nicht ..., dann;* führt die erste von zwei od. mehreren Möglichkeiten ein, betont nachdrücklich, dass nur jeweils eine infrage kommt): e. kommt mein Vater oder mein Bruder; e. strengst du/du strengst dich mehr an, oder du wirst die Prüfung wieder nicht schaffen.

nt|we|der-o̲der, das; -, -: *zwei Möglichkeiten, für deren eine jmd. sich klar entscheiden muss.*

nt|wei|chen ⟨st. V.; ist⟩ [2: mhd. entwīchen]: 1. *aus etw. ausströmen:* das Gas entweicht [aus der Leitung]; aus ihrem Gesicht entwich alles Blut (geh.; *ihr Gesicht wurde blass*); **Ü** die Spannung entwich. 2. *unbemerkt entfliehen, sich vor einer Bedrohung in Sicherheit bringen:* aus dem Gefängnis e.; der Dieb ist [in der allgemeinen Verwirrung] entwichen.

nt|wei|chung, die; -, -en (schweiz., sonst selten): *das Entweichen.*

nt|wei|hen ⟨sw. V.; hat⟩ [mhd. entwīhen]: *die Weihe einer Sache zerstören, verletzen:* durch seine Anwesenheit einen Ort e.

nt|wei|hung, die; -, -en: *das Entweihen; das Entweihtwerden.*

nt|wẹn|den ⟨sw. V.; hat⟩ [mhd. entwenden = befreien, losmachen] (geh.): *unter Ausnutzung einer Gelegenheit unbemerkt wegnehmen u. [mühelos] an sich bringen; stehlen.*

nt|wẹn|dung, die; -, -en: *das Entwenden; das Entwendetwerden; Diebstahl.*

nt|wẹr|fen ⟨st. V.; hat⟩ [mhd. entwerfen = (in der Bildweberei) ein Bild gestalten; literarisch, geistig gestalten]: **a)** *planend zeichnen, skizzieren:* Möbel, ein Plakat e.; **Ü** ein Bild der sozialen Zustände im 16. Jh. e. (*eine charakterisierende Schilderung von jmdm., der sozialen Zustände im 16. Jh. geben*); **b)** *in seinen wesentlichen Punkten [schriftlich] festlegen:* einen Plan, ein Programm e.

Ent|wẹr|fer, der; -s, -: *Designer.*

Ent|wẹr|fe|rin, die; -, -nen: w. Form zu ↑Entwerfer.

Ent|wẹr|fung, die; -: *das Entwerfen.*

nt|wẹr|ten ⟨sw. V.; hat⟩: 1. *für eine nochmalige Verwertung ungültig machen:* einen Fahrschein, eine Eintrittskarte e. 2. **a)** *den Wert einer Sache,* (selten:) *einer Person mindern:* alte Privilegien wurden im Laufe der Zeit entwertet; das Geld ist entwertet; **b)** ⟨e. + sich⟩ (selten) *an Wert verlieren:* das Geld entwertete sich.

Ent|wẹr|ter, der; -s, -: *Automat zur Entwertung eines Fahrscheins o. Ä.*

Ent|wẹr|tung, die; -, -en: *das Entwerten; das Entwertetwerden.*

nt|we̲|sen ⟨sw. V.; hat⟩ 1. (Fachspr.): *von Ungeziefer befreien:* ein Haus, ein Schiff e. 2. (geh.) *seines Wesens berauben.*

Ent|we̲|sung, die; -, -en: *das Entwesen; das Entwestwerden.*

nt|wị|ckeln ⟨sw. V.; hat⟩: 1. ⟨e. + sich⟩ *allmählich entstehen, sich stufenweise herausbilden:* aus der Raupe entwickelt sich der Schmetterling; es entwickelte sich [daraus] eine Diskussion. 2. ⟨e. + sich⟩ **a)** *(von Lebewesen, Pflanzen) ein Stadium erreichen, in dem vorhandene Anlagen zur [vollen] Entfaltung kommen:* das Mädchen ist körperlich voll entwickelt; die Pflanze hat sich gut entwickelt; **b)** *in einem Prozess fortlaufend in eine neue [bessere] Phase treten:* die Verhandlungen entwickeln sich erwartungsgemäß. 3. **a)** *durch seine Einwirkung auf ein höheres Niveau heben:* einen Betrieb zur Fabrik e.; sie hat ihn zu einem bühnenreifen Schauspieler entwickelt (*herangebildet*); **b)** ⟨e. + sich⟩ *allmählich unter bestimmten Bedingungen zu etw. anderem, Neuem werden:* Japan hat sich zu einer Industriemacht entwickelt. 4. **a)** *bei einem Prozess, Vorgang durch sich od. an sich entstehen lassen:* das Feuer entwickelte große Hitze; **b)** *bei etw. wirksam werden lassen, als Fähigkeit aus sich hervorbringen od. in Erscheinung treten lassen:* bei einer Arbeit Talent, Fantasie e.; die neuen Züge entwickeln (*erreichen*) eine große Geschwindigkeit; **c)** *in einem Arbeitsprozess etw. Neues, Fortschrittlicheres erfinden, konstruieren:* ein neues Verfahren, ein Heilmittel e. 5. *etw. in allen Einzelheiten darlegen, jmdm. auseinander setzen:* jmdm. eine Theorie, seine Gedanken zu einem Thema e.; eine mathematische Formel e. (*ableiten*). 6. (Fot.) *durch die Behandlung mit Chemikalien ein Bild auf einem Film sichtbar werden lassen:* einen Film, eine Aufnahme e. 7. (Milit.) **a)** *zur Gefechtsaufstellung auseinander ziehen:* eine Truppe e.; **b)** ⟨e. + sich⟩ *sich zur Gefechtsaufstellung auseinander bewegen:* das Regiment entwickelte sich zwischen den beiden Gehölzen.

Ent|wị|ckel|lung (veraltet): ↑Entwicklung.

Ent|wịck|ler, der; -s, -: 1. *jmd., der etw. entwickelt* (4 c). 2. *wässrige Lösung zum Entwickeln* (6).

Ent|wịck|ler|bad, das: *Bad mit der Lösung des Entwicklers, in das der Film zum Entwickeln gelegt wird.*

Ent|wịck|le|rin, die; -, -nen: w. Form zu ↑Entwickler (1).

Ent|wịck|lung, die; -, -en: *das [Sich]entwickeln* (1–7).

Ent|wịck|lungs|ab|schnitt, der: *Teilstück, abgeschlossene Stufe, Zeitraum aus einer gesamten Entwicklung.*

Ent|wịck|lungs|ar|beit, die: *Arbeit an der Schaffung od. Verbesserung eines [technischen] Produktes.*

Ent|wịck|lungs|bü|ro, das: *Büro, in dem Entwicklungsarbeiten durchgeführt werden.*

Ent|wịck|lungs|dienst, der: *organisierter freiwilliger Dienst bei Aufbauarbeiten in Entwicklungsländern.*

ent|wịck|lungs|fä|hig ⟨Adj.⟩: *sich noch weiter entwickeln könnend od. lassend:* ein -er Mitarbeiter; ihre Stimme war e.

Ent|wịck|lungs|fä|hig|keit, die ⟨o. Pl.⟩: *Fähigkeit zu weiterer Entwicklung.*

Ent|wịck|lungs|gang, der: *Gang einer bestimmten Entwicklung:* der [geistige] E. eines Menschen.

Ent|wịck|lungs|ge|schich|te, die: **a)** *Geschichte eines bestimmten Entwicklungsprozesses:* die E. der verschiedenen Regierungssysteme; **b)** *Wissenschaft u. Lehre von der Entstehung der Organismen in ontogenetischer u. phylogenetischer Hinsicht.*

ent|wịck|lungs|ge|schicht|lich ⟨Adj.⟩: *die Entwicklungsgeschichte betreffend.*

Ent|wịck|lungs|hel|fer, der: *jmd., der als Freiwilliger bei Aufbauarbeiten in Entwicklungsländern tätig ist.*

Ent|wịck|lungs|hel|fe|rin, die: w. Form zu ↑Entwicklungshelfer.

ent|wịck|lungs|hem|mend ⟨Adj.⟩: *eine Entwicklung hemmend:* -e Stoffe.

Ent|wịck|lungs|hem|mung, die: *Hemmung einer Entwicklung.*

Ent|wịck|lungs|hil|fe, die: **a)** *Unterstützung der industriell noch nicht entwickelten Länder der Dritten Welt durch die Industriestaaten:* E. leisten; **b)** *Zahlung für die Entwicklungshilfe* (a): E. in Millionenhöhe genehmigen.

Ent|wịck|lungs|jah|re ⟨Pl.⟩: *Pubertät.*

Ent|wịck|lungs|kos|ten ⟨Pl.⟩: *Kosten, die durch Verbesserung od. Neuschaffung eines Projektes entstehen.*

Ent|wịck|lungs|land, das ⟨Pl. ...länder⟩: *im Vergleich zu den Industrienationen wirtschaftlich unterentwickeltes Land.*

ent|wịck|lungs|mä|ßig ⟨Adv.⟩: *der Entwicklung nach; von der Entwicklung her gesehen:* diese Tiere stehen e. zwischen Reptilien und Säugetieren.

Ent|wịck|lungs|mi|nis|ter, der (ugs.): *für die Entwicklungshilfe* (a) *zuständiger Minister.*

Ent|wịck|lungs|mi|nis|te|rin, die: w. Form zu ↑Entwicklungsminister.

Ent|wịck|lungs|mi|nis|te|ri|um, das (ugs.): *Ministerium für Entwicklungshilfe.*

Ent|wịck|lungs|mög|lich|keit, die: *Möglichkeit der Entwicklung.*

Ent|wịck|lungs|pha|se, die: *Phase der Entwicklung:* sich in einer frühen E. befinden.

Ent|wịck|lungs|phy|si|o|lo|gie, die: *Teilgebiet der Biologie, auf dem die Entwicklung eines Individuums aus der Keimzelle im Hinblick auf die Entfaltung der genetisch fixierten Anlagen unter Einfluss von Umweltfaktoren untersucht wird.*

Ent|wịck|lungs|po|li|tik, die: *Gesamtheit aller Maßnahmen, die zu sozialem Fortschritt in den Entwicklungsländern führen.*

ent|wịck|lungs|po|li|tisch ⟨Adj.⟩: *die Entwicklungspolitik betreffend.*

Ent|wịck|lungs|pro|zess, der: *Prozess, in dem sich eine Entwicklung vollzieht.*

Ent|wịck|lungs|ro|man, der (Literaturw.): *Roman, in dem die geistige Entwicklung eines [jungen] Menschen dargestellt wird.*

Ent|wịck|lungs|sta|di|um, das: *Stadium einer Entwicklung.*

Ent|wịck|lungs|stand, der: *Stand einer Entwicklung.*

Ent|wịck|lungs|stö|rung, die: *Störung in der Entwicklung eines Lebewesens.*

Ent|wịck|lungs|stu|fe, die: *Stufe, Abschnitt innerhalb eines Entwicklungsprozesses.*

Ent|wịck|lungs|ten|denz, die: *Tendenz einer Entwicklung:* politische -en.

Ent|wịck|lungs|ver|zö|ge|rung, die: *Retardation.*

Ent|wịck|lungs|zeit, die: 1. ⟨o. Pl.⟩ *Pubertät.* 2. *Zeit, die zur Entwicklung von etw. gebraucht wird.*

Ent|wịck|lungs|zu|stand, der: *Zustand der Entwicklung.*

ent|wịd|men ⟨sw. V.; hat⟩ (Amtsspr.): *einer bestimmten öffentlichen Benutzung o. Ä. entziehen; einziehen:* eine Teilstrecke der Bundesstraße e.

ent|wịn|den ⟨st. V.; hat⟩ [mhd. entwinden] (geh.): 1. *gewaltsam durch geschickte Bewegungen jmdm. aus den Händen winden u. wegnehmen:* jmdm. den Revolver e. 2. ⟨e. + sich⟩ *sich mühsam durch geschickte Drehbewegungen von jmdm., etw. befreien:* sich jmdm. e.

ent|wịr|ren ⟨sw. V.; hat⟩ [zu ↑wirren] (geh.): 1. *(ungeordnet Verschlungenes) auseinander ziehen, ordnend auflösen:* einen verknoteten Bindfaden nicht e. können. 2. **a)** *die Unklarheit, Schwierigkeit einer Sache auflösen:* die politische Lage e.; **b)** ⟨e. + sich⟩ *seine Unklarheit, Schwierigkeit verlieren u. sich auflösen lassen:* die Lage entwirrte sich.

Ent|wịr|rung, die; -, -en: *das Entwirren; das Entwirrtwerden.*

ent|wị|schen ⟨sw. V.; ist⟩ [mhd. entwischen, ahd. intwisken] (ugs.): *[unter Anwendung einer List] entkommen, sich schnell u. unauffällig einem Zugriff o. Ä. entziehen:* durch die Hintertür e.; der Polizei e.

ent|wö̲h|nen ⟨sw. V.; hat⟩ [mhd. entwenen, ahd. intwennen, zu mhd., ahd. wenen, ↑gewöhnen]: 1. *einem Säugling allmählich die Muttermilch entziehen u. ihn an andere Nahrung gewöhnen.* 2. **a)** (geh.) *von etw. Gewohntem abbringen:* der geregelten Arbeit entwöhnt sein (*sie nicht mehr gewöhnt sein*); ihr der Sonne entwöhnter Körper; **b)** (geh.) ⟨e. + sich⟩ *sich von etw. [innerlich] lösen.*

Ent|wö̲h|nung, die; -, -en: *das [Sich]entwöhnen; das Entwöhntwerden.*

ent|wür|di|gen ⟨sw. V.; hat⟩: *der Würde berauben; jmds. Würde verletzen:* den Menschen e.; sich nicht e. lassen; entwürdigende Zustände; etw. ist entwürdigend (*erniedrigend*).

Ent|wür|di|gung, die; -, -en: *das Entwürdigen; das Entwürdigtwerden.*

Ent|wurf, der; -[e]s, Entwürfe: **1. a)** *Zeichnung, nach der jmd. etw. ausführt, anfertigt:* der E. eines Hauses; einen E. für eine, zu einer Kongresshalle anfertigen; Entwürfe begutachten; **b)** *schriftliche Festlegung einer Sache in ihren wesentlichen Punkten:* der E. einer Verfassung; der Vertrag liegt im E. vor. **2.** (veraltet) *Plan, Vorhaben:* er steckt voll von Entwürfen.

Ent|wurfs|zeich|nung, die: *Zeichnung, die einen Entwurf zu etw. darstellt.*

ent|wur|men ⟨sw. V.; hat⟩: *[durch ein entsprechendes Mittel] von Würmern befreien:* Welpen e.

ent|wur|zeln ⟨sw. V.; hat⟩: **1.** *mit den Wurzeln aus der Erde reißen:* der Sturm hat viele Bäume entwurzelt. **2.** *jmdm. [die vertraute Umgebung u. damit] den sozialen, seelischen Halt nehmen:* die Vertreibung aus der Heimat hat sie entwurzelt; die entwurzelte Jugend.

E

Ent|wur|ze|lung, (seltener:) **Ent|wurz|lung,** die; -, -en: *das Entwurzeln; das Entwurzeltwerden.*

ent|zau|bern ⟨sw. V.; hat⟩ (geh.): **a)** *von einem Zauber, Bann befreien:* der Prinz im Märchen musste erst entzaubert werden; **b)** *jmdm., sich, einer Sache den Zauber, den Glanz, die Poesie nehmen:* das Wunder der Geburt e.; **c)** (Sport Jargon) *einem für überragend gehaltenen Gegner gleichwertig od. überlegen sein u. ihn deklassieren:* sie entzauberten den Zweitligisten mit 5:1.

Ent|zau|be|rung, die; -, -en: *das Entzaubern; das Entzaubertwerden.*

ent|zer|ren ⟨sw. V.; hat⟩: **a)** *(die dichte Abfolge von etw.) zeitlich strecken:* die Abflüge deutlich e.; entzerrte Schulferien; **b)** (Nachrichtent.) *Veränderungen in der Übertragungsqualität durch entsprechende Schaltungen ausgleichen:* den Empfang eines Radiogeräts e.; **c)** (Fot.) *von Verzerrungen befreien.*

Ent|zer|rung, die; -, -en: *das Entzerren.*

ent|zie|hen ⟨unr. V.; hat⟩ [mhd. entziehen = entziehen; verhindern; abhalten, ahd. antziuhan]: **1. a)** *von jmdm. wegziehen:* sie entzog ihm ihre Hand; **b)** *nicht länger geben od. zuteil werden lassen; jmdm. wegnehmen:* jmdm. die Unterstützung e.; **Ü** jmdm. das Vertrauen e.; **c)** *nicht länger zur Nutzung überlassen:* jmdm. den Führerschein, das Sorgerecht, die Konzession e.; **d)** *von etw. fern halten:* jmdn., etw. jmds. Kontrolle e.; **e)** *aus etw. ziehen u. in sich aufnehmen:* die Wurzeln entziehen dem Boden Feuchtigkeit. **2.** ⟨e. + sich⟩ **a)** *sich von jmdm., etw. losmachen:* sich jmdm., jmds. Umarmung e.; **Ü** er konnte sich ihrem Charme nicht e.; **b)** (geh.) *sich von jmdm., etw. zurückziehen, fern halten:* du entziehst dich deiner Familie; sie entzog sich *(verbarg sich vor)* unseren Blicken; **c)** *eine Aufgabe o. Ä. nicht erfüllen, einer Sache nicht nachkommen:* sich der Verantwortung e.; **d)** (geh.) *durch rechtzeitige eigene Anstrengung entgehen, entkommen:* sich der Verhaftung [durch die Flucht] e.; der Angeklagte hat sich seinen irdischen Richtern entzogen (verhüll.; *hat Selbstmord begangen*); **e)** *nicht Gegenstand von etw. sein, einem bestimmten Zugriff nicht unterliegen:* etw. entzieht sich jeder Kontrolle; das entzieht sich meiner Kenntnis *(das weiß ich nicht).* **3.** (ugs.) **a)** *einer Entziehungskur unterziehen, einen [Drogen]süchtigen heilen:* jmdn. stationär e.; **b)** *sich einer Entziehungskur unterziehen:* Fixer, die entzogen haben.

Ent|zie|hung, die; -, -en: **a)** *das Entziehen* (1 b, c); **b)** kurz für ↑Entziehungskur.

Ent|zie|hungs|an|stalt, die: *Anstalt* (b), *in der Entziehungskuren durchgeführt werden.*

Ent|zie|hungs|kur, die: *Kur, durch die Alkoholiker od. Drogensüchtige geheilt werden sollen.*

ent|zif|fer|bar ⟨Adj.⟩: *sich entziffern lassend.*

ent|zif|fern ⟨sw. V.; hat⟩: **a)** *(etw. schwer Lesbares) mühsam lesen:* eine Inschrift e.; **b)** *entschlüsseln, dechiffrieren:* einen Funkspruch e.

Ent|zif|fe|rung, die; -, -en: *das Entziffern; das Entziffertwerden.*

ent|zü|cken ⟨sw. V.; hat⟩ [mhd. en(t)zücken (in der Spr. der Mystik) = entrücken; (von der Seele) außer sich geraten, eigtl. = eilig wegnehmen, rauben]: **1. a)** *[plötzlich] mit freudiger Lust erfüllen, jmds. Wohlgefallen erregen, jmdn. begeistern:* die Musik entzückte ihn; sie war hell entzückt über die Blumen; entzückt *(sehr erfreut),* Sie zu sehen!; (iron.:) er wird von deinem Angebot wenig entzückt sein; **b)** ⟨e. + sich⟩ (selten) *sich begeistern, sehr erfreuen.* **2.** (veraltet) *entrücken* (b).

Ent|zü|cken, das; -s (geh.): *Begeisterung, Freude, freudige Zustimmung:* E. an etw. haben.

ent|zü|ckend ⟨Adj.⟩: *überaus reizvoll u. besonderes Gefallen erregend:* sie sieht e. aus.

Ent|zü|ckung, die; -, -en (geh.): *Zustand des Entzückens; das Sichentzücken.*

Ent|zug, der; -[e]s, Entzüge: **1.** ⟨o. Pl.⟩ *das Entziehen* (1 b, c, e): der E. von Nährstoffen, des Stipendiums, des Führerscheins. **2.** (ugs.) *Entziehungskur:* einen richtigen E. mitmachen; auf E. sein (Jargon; *eine Entziehungskur machen*).

Ent|zugs|er|schei|nung, die; -, -en: *[heftige] Reaktion des Körpers auf das Entziehen von Mitteln, an die er sich gewöhnt hat.*

ent|zugs|wil|lig ⟨Adj.⟩: *bereit, eine Entziehungskur zu machen.*

Ent|zugs|wil|li|ge, der u. die; -n, -n ⟨Dekl. ↑Abgeordnete⟩: *jmd., der entzugswillig ist.*

ent|zünd|bar ⟨Adj.⟩: *sich entzünden* (1, 2, 3) *lassend.*

Ent|zünd|bar|keit, die; -: *das Endzündbarsein.*

ent|zün|den ⟨sw. V.; hat⟩ [mhd. enzünden, ahd. inzunden]: **1. a)** (geh.) *zum Brennen bringen, [an]zünden:* eine Fackel, ein Streichholz e.; ein Feuer e. *(entfachen);* **b)** ⟨e. + sich⟩ *in Brand geraten:* das Heu hat sich [von selbst] entzündet. **2.** (geh.) **a)** *(eine heftige Gefühlsregung o. Ä.) entstehen lassen:* eine Leidenschaft e.; **b)** *in heftige Erregung versetzen:* dieser Jüngling hat mich entzündet. **3.** ⟨e. + sich⟩ **a)** *[in jmdm.] durch etw. hervorgerufen werden, entstehen, aufbrechen:* an dieser These hatte sich ihr Streit entzündet; **b)** *sich über etw. erregen:* die Gemüter entzündeten sich an dieser Entscheidung. **4.** ⟨e. + sich⟩ *sich krankhaft röten u. schmerzhaft anschwellen:* die Wunde hat sich entzündet, ist entzündet.

ent|zünd|lich ⟨Adj.⟩: **1.** *sich [leicht] entzündend* (1 a). **2.** *[leicht] in Erregung zu versetzen:* eine leicht -e Fantasie. **3.** *mit einer Entzündung einhergehend, auf einer Entzündung* (1) *beruhend:* eine -e Erkrankung.

Ent|zünd|lich|keit, die; -, -en ⟨Pl. selten⟩: **a)** *Entzündung* (1); **b)** *Feuergefährlichkeit.*

Ent|zün|dung, die; -, -en: **1.** *das Sichentzünden einer Körperstelle als Reaktion auf einen schädigenden Reiz (z. B. eine Infektion):* eine chronische, fiebrige E.; eine E. der Luftwege. **2. a)** *das Entzünden* (1 a); **b)** *das Sichentzünden* (1 b).

ent|zün|dungs|hem|mend ⟨Adj.⟩: *eine Entzündung verhindernd od. nicht voll zur Auswirkung kommen lassend:* dieses Mittel wirkt e.

Ent|zün|dungs|herd, der: *Stelle, an der sich eine Entzündung* (1) *gebildet hat, von der sie ihren Ausgang genommen hat:* den E. beseitigen.

ent|zwei ⟨Adj.⟩ [mhd. enzwei, ahd. in zwei, eigtl. = in zwei (Teile)]: *in Stücke gegangen, in einzelne Teile auseinander gefallen:* der Teller, das Spielzeug, der Stuhl ist e.

ent|zwei|bre|chen ⟨st. V.⟩: **a)** *in [zwei] Stücke brechen* ⟨hat⟩: ein Stück Holz über dem Knie e.; **b)** *auseinander brechend entzweigehen* ⟨ist⟩: das Porzellan brach entzwei.

ent|zwei|en ⟨sw. V.; hat⟩ [mhd. enzweien]: **a)** ⟨e. + sich⟩ *den Bruch eines freundschaftlichen o. ä. Verhältnisses durch Meinungsverschiedenheiten u. Streitigkeiten herbeiführen:* wegen Kleinigkeiten hat er sich mit seinen Eltern entzweit; sie haben sich [miteinander] entzweit; ein entzweites Paar; **b)** *den Bruch eines freundschaftlichen o. ä. Verhältnisses bewirken, auslösen:* ein Missverständnis hat sie entzweit.

ent|zwei|ge|hen ⟨unr. V.; ist⟩: *in Stücke gehen, in einzelne Teile auseinander fallen:* die Uhr, meine Brille ist entzweigegangen.

ent|zwei|rei|ßen ⟨st. V.⟩: **a)** *in [zwei] Stücke reißen* ⟨hat⟩: einen Brief e.; **b)** *durch einen Riss im Gewebe o. Ä. entzweigehen* ⟨ist⟩: der Schleier, Vorhang riss entzwei.

ent|zwei|schla|gen ⟨st. V.; hat⟩: *in [zwei] Stücke schlagen:* er hat den Tisch entzweigeschlagen.

ent|zwei|sprin|gen ⟨st. V.; ist⟩: *zerspringen:* bei der Explosion sprangen die Scheiben entzwei.

Ent|zwei|ung, die; -, -en: *das [Sich]entzweien.*

Enu|me|ra|ti|on, die; -, -en [lat. enumeratio]: *Aufzählung.*

enu|me|rie|ren ⟨sw. V.; hat⟩ [lat. enumerare, zu: numerare, ↑nummerieren]: *aufzählen, anführen.*

En|vi|ron|ment [ɛnˈvaɪərənmənt], das; -s, -s [engl. environment, eigtl. = das Umgeben(sein); Umgebung, zu frz. environ = um ... herum] (Kunstwiss.): *mithilfe von Objekten aus dem Alltagsleben künstlerisch gestalteter Raum, der den Betrachter umgibt u. dessen aktive Teilnahme wecken soll.*

en|vi|ron|men|tal ⟨Adj.⟩ [engl. environmental] (Kunstwiss.): *in der Form, Art eines Environments:* e. angeordnete Gebilde.

en vogue [ãˈvo:k; frz., aus: en = in u. vogue = Ansehen, Mode, zu: voguer = sich fortbewegen, rudern < ahd. wagōn = in Bewegung sein, wogen]: in der Verbindung **en v. sein** *(gerade modern sein; in Mode, im Schwange sein).*

En|ze|pha|li|tis, die; -, ...litiden [zu griech. egképhalos = Gehirn] (Med.): *Gehirnentzündung.*

En|ze|pha|lo|gramm, das; -s, -e [zu griech. egképhalos = Gehirn u. ↑-gramm] (Med.): *Röntgenbild der Gehirnkammern.*

En|ze|pha|lo|gra|phie, (auch:) Enzephalografie, die; -, -n [zu griech. egképhalos = Gehirn u. gráphein = schreiben] (Med.): **1.** *Elektroenzephalographie.* **2.** *Röntgenographie des Gehirns.*

En|zi|an, der; -s, -e [spätmhd., ahd. (g)encian(e) < lat. gentiana, H. u.]: **1.** *meist blau, gelb od. lila, selten weiß blühende [stängellose] Gebirgspflanze mit glockigen Blüten.* **2.** ⟨Pl. für Sorten: -e, aber: zwei [Glas] -⟩ *klarer, in Geschmack u. Geruch erdiger Branntwein, der aus den Wurzeln des gelben Enzians* (1) *hergestellt wird.*

en|zi|an|blau ⟨Adj.⟩: *vom leuchtenden Blau des Enzians* (1).

En|zy|kli|ka [auch: ...ˈt͡sʏk...], die; -, ...ken [zu spätlat. encyclicus = zirkulierend, Rund-, zu griech. egkýklios = rund, im Kreise gehend, zu: kýklos, ↑Zyklus]: *nach den Anfangsworten zitiertes päpstliches Rundschreiben, das eine Stellungnahme zu aktuellen Fragen enthält.*

en|zy|klisch [auch: ...ˈt͡sʏk...] ⟨Adj.⟩ [spätlat. encyclicus, ↑Enzyklika] (bildungsspr.): *einen Kreis durchlaufend:* * **-e Bildung** (im MA.; *auf dem Studium der sieben freien Künste beruhende Bildung*).

En|zy|klo|pä|die, die; -, -n [frz. encyclopédie < mlat. encyclopaedia = (Grund)lehre aller Wissenschaften u. Künste (die dem Spezialstudium vorausgeht) < griech. egkyklopaideía, aus: egkýklios (↑Enzyklika) u. paideía = Lehre, (Aus)bildung]: *Nachschlagewerk, in dem der gesamte Wissensstoff aller Disziplinen od. nur eines Fachgebiets in alphabetischer od. systematischer Anordnung dargestellt ist.*

En|zy|klo|pä|di|ker, der; -s, -: *Verfasser einer Enzyklopädie.*

En|zy|klo|pä|di|ke|rin, die; -, -nen: w. Form zu ↑Enzyklopädiker.

en|zy|klo|pä|disch ⟨Adj.⟩: **a)** *in der Art einer Enzyklopädie [dargestellt]; für eine Enzyklopädie kennzeichnend:* eine -e Reihe; **b)** *(in Bezug auf jmds. Wissen) umfassend:* er ist e. gebildet.

En|zy|klo|pä|dist, der; -en, -en [frz. encyclopédiste]: *Mitarbeiter an der französischen »Encyclopédie« (1751–80).*

En|zym, das; -s, -e [zu griech. en = in u. zýmē = Sauerteig] (Biochemie): *in der lebenden Zelle gebildete organische Verbindung, die den Stoffwechsel des Organismus steuert.*

en|zy|ma|tisch ⟨Adj.⟩: *von Enzymen bewirkt.*

eo ip|so [lat. = durch sich selbst] (bildungsspr.):

[wie es sich aus den eigenen Gegebenheiten heraus] von selbst [versteht]; von sich aus.

o|lith [auch: ...ˈlɪt], der; -s u. -en, -e[n] [zu griech. ēṓs = Morgenröte u. líthos = Stein]: *Feuerstein mit natürlichen Absplitterungen, die an vorgeschichtliche Steinwerkzeuge erinnern.*

o|li|thi|kum [auch: ...lɪt...], das; -s: *vermeintliche, aufgrund gefundener Eolithen angenommene früheste Periode der Kulturgeschichte.*

os (griech. Myth.): Göttin der Morgenröte.

os, die; - (dichter.): *Morgenröte.*

OS [eːoːˈʔɛs], die; -, - (DDR): erweiterte Oberschule (mit dem Abitur abschließende Schule).

o|sin, das; -s [zu griech. ēṓs = Morgenröte]: *roter Farbstoff, der u. a. zur Herstellung von roten Tinten, Lippenstiften, Zuckerwaren verwendet wird.*

o|zän ⟨Adj.⟩: *das Eozän betreffend, zum Eozän gehörend.*

o|zän, das; -s [zu griech. ēṓs = Morgenröte u. kainós = neu]: *zweitälteste Abteilung des Tertiärs.*

o|zo|i|kum, das; -s [zu griech. ēṓs = Morgenröte u. zōḗ = Leben] (veraltet): *Algonkium.*

o|zo|isch ⟨Adj.⟩: *das Eozoikum betreffend.*

pa|na|lep|se, Epa|na|lep|sis, die; -, ...lepsen [lat. epanalepsis < griech. epanálēpsis] (Rhet., Stilk.): *Wiederholung eines gleichen Wortes od. einer Wortgruppe im Satz.*

pau|lett [epoˈlɛt], das; -s, -s, **Epau|let|te,** die; -, -n [frz. épaulette, zu: épaule = Achsel, Schulter < lat. spatula = Schulterblatt]: *Achsel-, Schulterstück an Uniformen.*

pen: Pl. von ↑Epos.

pen|the|se, Epen|the|sis, die; -, ...thesen [spätlat. epenthesis < griech. epénthesis = das Einschieben] (Sprachw.): *Einschub von Lauten, meist zur Erleichterung der Aussprache* (z. B. *t* in namen*t*lich).

phe|dra, die; -, ...drae [...drɛ] u. ...edren [lat. ephedra < griech. ephédra]: *als Rutenstrauch hochwachsendes Ephedragewächs.*

phe|dra|ge|wächs, das: *bes. im Mittelmeerraum u. in den Trockengebieten Asiens u. Amerikas beheimatete Pflanze, aus deren Arten teilweise Ephedrin gewonnen wird.*

phe|drin®, das; -s [zu ↑Ephedra]: *dem Adrenalin ähnliches Alkaloid einiger Ephedragewächse, das als Heilmittel bei Asthma, Kreislaufschwäche u. a. verwendet wird.*

phe|mer, (seltener:) **ephe|me|risch** ⟨Adj.⟩ [griech. ephḗmeros, eigtl. = für einen Tag, zu: hēméra = Tag]: **1.** (bildungsspr.) *nur kurze Zeit bestehend; flüchtig, rasch vorübergehend [u. ohne bleibende Bedeutung].* **2.** (Bot., Zool.) *(von kurzlebigen Organismen) nur einen Tag lang lebend, bestehend.*

phe|ser, der; -s, -: Ew. zu ↑Ephesus.

phe|ser|brief, der ⟨o. Pl.⟩: Brief des Apostels Paulus an die Epheser.

phe|se|rin, die; -, -nen: w. Form zu ↑Epheser.

phe|sos, Ephe|sus: altgriechische Stadt in Kleinasien.

pi-, Epi-, [griech. epí = [dar]auf, darüber; über – hin; hinzu]: bedeutet in Bildungen mit Substantiven *auf, darüber, darauf* (örtlich u. zeitlich), *bei, [da]neben:* Epibiont, Epizentrum.

Epi|bi|ont, der; -en, -en [zu griech. epí = (dar)auf u. biṓn (Gen.: bioũntos), 1. Part. von: bioũn = leben] (Biol.): *Organismus, der auf einem anderen lebt.*

Epi|bi|o|se, die; - [zu griech. bíos = Leben] (Biol.): *Gemeinschaft meist verschiedenartiger Lebewesen, von denen ein Partner auf dem anderen lebt* (z. B. Wachstum von Bakterien auf der Haut des Menschen).

Epi|deik|tik, die; - [griech. epideiktikḗ (téchnē), eigtl. = aufzeigende (Kunst)] (Rhet., Stilk.): *rhetorisch reich ausgeschmückte Fest- u. Preisrede; bei Fest- u. Gelegenheitsreden üblicher Redestil.*

epi|deik|tisch ⟨Adj.⟩ [griech. epideiktikós = aufzeigend, zur Schau stellend] (Rhet., Stilk.): *die Epideiktik betreffend; prahlend, prunkend.*

Epi|de|mie, die; -, -n [mlat. epidemia < griech. epidēmíā nósos = im ganzen Volk verbreitete Krankheit]: *zeitlich u. örtlich in besonders starkem Maß auftretende, ansteckende Massenerkrankung; Seuche:* eine E. ist ausgebrochen; Ü diese Unsitte kann zur E. werden.

Epi|de|mi|o|lo|ge, der; -n, -n [rückgeb. aus ↑Epidemiologie] (Med.): *Wissenschaftler auf dem Gebiet der Epidemiologie.*

Epi|de|mi|o|lo|gie, die; - [zu ↑Epidemie u. griech. lógos, ↑Logos] (Med.): *Wissenschaft von der Entstehung, Verbreitung, Bekämpfung u. den sozialen Folgen von Epidemien, zeittypischen Massenerkrankungen u. Zivilisationsschäden.*

Epi|de|mi|o|lo|gin, die; -, -nen: w. Form zu ↑Epidemiologe.

epi|de|mi|o|lo|gisch ⟨Adj.⟩ (Med.): *die Epidemiologie betreffend.*

epi|de|misch ⟨Adj.⟩: *in Form einer Epidemie, seuchenartig auftretend:* die -e Tuberkulose; Ü eine Massenbewegung, die -e Ausmaße annimmt.

Epi|der|mis, die; -, ...men [zu griech. epí = (dar)auf u. dérma = Haut] (Biol., Med.): *äußere Zellschicht der Haut; Oberhaut.*

epi|go|nal ⟨Adj.⟩ (bildungsspr.): *unschöpferisch, nachahmend:* -e Musik.

Epi|go|ne, der; -n, -n [griech. epígonos = Nachgeborener] (bildungsspr.): *jmd., der in seinen Werken schon vorhandene Vorbilder verwendet od. im Stil nachahmt, ohne selbst schöpferisch, stilbildend zu sein.*

epi|go|nen|haft ⟨Adj.⟩ (bildungsspr.): *in der Art eines Epigonen; nachahmend.*

Epi|go|nen|tum, das; -s (bildungsspr.): *epigonenhafte Art u. Weise.*

Epi|go|nin, die; -, -nen: w. Form zu ↑Epigone.

Epi|gramm, das; -s, -e [lat. epigramma < griech. epígramma, zu epí = (dar)auf u. grámma = Geschriebenes] (Literaturw.): *kurzes, meist in Distichen abgefasstes Sinn- od. Spottgedicht.*

Epi|gram|ma|tik [...ˈma(ː)tɪk], die; - (Literaturw.): *Kunst des Verfassens von Epigrammen.*

Epi|gram|ma|ti|ker [...ˈma(ː)tikɐ], der; -s, - (Literaturw.): *Verfasser von Epigrammen.*

epi|gram|ma|tisch [...ˈma(ː)tɪʃ] ⟨Adj.⟩ [spätlat. epigrammaticus] (bildungsspr.): *in der Art eines Epigramms [verfasst]:* -e Sprüche.

Epi|graph, das, -s, -e [griech. epigraphḗ]: *antike Inschrift.*

Epi|gra|phik, die; -: *Inschriftenkunde (als Teil der Altertumswissenschaft).*

Epi|gra|phi|ker, der; -s, -: *Wissenschaftler, der sich mit der Epigraphik befasst.*

Epi|gra|phi|ke|rin, die; -, -nen: w. Form zu ↑Epigraphiker.

Epik, die; - [zu ↑episch]: *literarische Gattung, die jede Art von Erzählung in Versen od. Prosa umfasst.*

Epi|karp, das; -s, -e [zu griech. epí = (dar)auf u. karpós = Frucht] (Bot.): *äußerste Schicht der Fruchtschale von Pflanzen.*

Epi|ker, der; -s, - [zu ↑Epik]: *Dichter, der sich der Darstellungsform der Epik bedient; Verfasser von Werken der Epik.*

Epi|ke|rin, die; -, -nen: w. Form zu ↑Epiker.

Epi|kri|se, die; -, -n [griech. epíkrisis = Beurteilung, Entscheidung] (Med.): *abschließende kritische Beurteilung eines Krankheitsverlaufs vonseiten des Arztes.*

Epi|ku|re|er, der; -s, - [lat. Epicurei < griech. Epikoúreioi (Pl.)]: **1.** *Vertreter u. Anhänger der Lehre des altgriechischen Philosophen Epikur (341–270 v. Chr.).* **2.** (bildungsspr.) *jmd., der die materiellen Freuden des Daseins unbedenklich genießt; Genussmensch.*

Epi|ku|re|e|rin, die; -, -nen: w. Form zu ↑Epikureer. (2)

epi|ku|re|isch, epikurisch ⟨Adj.⟩: **1.** *die Lehre Epikurs betreffend.* **2.** (bildungsspr.) *auf Genuss, auf das Genießen gerichtet.*

Epi|ku|re|is|mus, der; -: **1.** *Lehre Epikurs.* **2.** (bildungsspr.) *auf Genuss der materiellen Freuden des Daseins gerichtetes Lebensprinzip.*

epi|ku|risch: ↑epikureisch.

Epi|la|ti|on, die; -, -en [zu ↑epilieren] (Med.): *Entfernung von Körperhaaren.*

Epi|lep|sie, die; -, -n [frz. épilepsie < lat. epilepsia < griech. epilēpsía = Anfassen; Anfall] (Med.): *Krankheit, die sich in plötzlich einsetzenden starken Krämpfen u. kurzer Bewusstlosigkeit äußert; Fallsucht.*

Epi|lep|ti|ker, der; -s, -: *jmd., der an Epilepsie leidet.*

Epi|lep|ti|ke|rin, die; -, -nen: w. Form zu ↑Epileptiker.

epi|lep|tisch ⟨Adj.⟩ [lat. epilepticus < griech. epilēptikós]: **a)** *durch Epilepsie verursacht:* ein -er Anfall; **b)** *an Epilepsie leidend.*

epi|lie|ren ⟨sw. V.; hat⟩ [zu lat. ex = aus u. pilus = Haar] (Med.): *Körperhaare entfernen.*

Epi|lie|rer, der; -s, - (ugs.): *Epiliergerät.*

Epi|lier|ge|rät, das: *kleines elektrisches Gerät zum Epilieren.*

Epi|log, der; -s, -e [lat. epilogus < griech. epílogos]: **a)** *Schlussrede, Nachspiel im Drama;* **b)** *abschließendes Nachwort [zur Erläuterung eines literarischen Werkes].*

Epi|pha|nia: ↑Epiphanie.

Epi|pha|ni|as, das; - [zu ↑Epiphanie] (christl. Rel.): *Fest der »Erscheinung [des Herrn]« am 6. Januar; Dreikönigsfest.*

Epi|pha|nie, Epiphania, die; - [griech. epipháneia, zu: epiphaínesthai = sich zeigen, erscheinen] ([christl.] Rel.): *Erscheinung einer Gottheit (bes. Christi) unter den Menschen.*

Epi|pha|ni|en|fest, das: *Epiphanias.*

Epi|phy|se, die; -, -n [griech. epíphysis = Zuwuchs, Ansatz] (Med., Biol.): **1.** *Zirbeldrüse der Wirbeltiere.* **2.** *Gelenkstück der Röhrenknochen von Wirbeltieren u. vom Menschen.*

Epi|phyt, der; -en, -en [zu griech. epí = (dar)auf u. phytón = Pflanze] (Bot.): *Pflanze, die auf anderen Pflanzen wächst, sich aber selbstständig ernährt; Überpflanze.*

Epi|ro|ge|ne|se, die; -, -n [zu griech. ḗpeiros = Festland u. ↑Genese] (Geol.): *langsame, in großen Zeiträumen ablaufende Hebungen u. Senkungen größerer Erdkrustenteile.*

Epi|rot, der; -en, -en: Ew. zu ↑Epirus.

Epi|ro|tin, die; -, -nen: w. Form zu ↑Epirot.

Epi|rus; Epirus': westgriechische Landschaft.

episch ⟨Adj.⟩ [lat. epicus < griech. epikós]: **a)** *die Epik, das Epos betreffend:* ein -es Gedicht; **b)** *erzählerisch, erzählend, berichtend:* -e Elemente; etw. in -er Breite *(in allzu großer Ausführlichkeit)* schildern.

Epi|sit, der; -en, -en [zu griech. epí = (dar)auf, analog zu ↑Parasit] (Zool.): *räuberisches Tier, das sich von anderen Tieren ernährt (z. B. Greifvogel).*

epis|ko|pal ⟨Adj.⟩ [kirchenlat. episcopalis]: *bischöflich.*

Epis|ko|pa|lis|mus, der; - (kath. Kirche): *kirchenrechtliche Auffassung, nach der das Konzil der Bischöfe über dem Papst steht.*

Epis|ko|pal|kir|che, die: *nicht katholische Kirche mit episkopaler Leitung.*

Epis|ko|pat, das, (Theol.:) der; -[e]s, -e [kirchenlat. episcopatus, episcopatum, zu: episcopus, ↑Episkopus]: **1.** ⟨o. Pl.⟩ *Amt u. Würde eines Bischofs.* **2.** *Gesamtheit der Bischöfe [eines Landes].*

epis|ko|pisch ⟨Adj.⟩: *episkopal.*

Epis|ko|pus, der; -, ...pi [kirchenlat. episcopus, ↑Bischof]: *Bischof.*

Epi|so|de, die; -, -n [frz. épisode < griech. epeisódion = Dialogteile zwischen den Chorgesängen]: **1.** *flüchtiges Ereignis innerhalb eines größeren Geschehens; unbedeutende, belanglose Begebenheit:* eine lustige, kleine E.; die Pariser Kommune von 1871 blieb E. *(war nur eine vorübergehende Erscheinung).* **2.** *Nebenhandlung, Zwischenstück in Dramen od. Romanen.* **3.** (Musik) *eingeschobener Teil zwischen erster u. zweiter Durchführung des Fugenthemas.*

Epi|so|den|film, der: *Film, der nicht eine durchgehende Handlung, sondern mehrere thematisch* *miteinander verbundene Episoden zum Inhalt hat.*

epi|so|den|haft ⟨Adj.⟩: *in der Art einer Episode; flüchtig, kurz.*

epi|so|disch ⟨Adj.⟩: *dazwischengeschaltet, vorübergehend, nebensächlich:* -e Gewässer (Geol.; *Flussläufe, die nur gelegentlich Wasser führen; Trockenflüsse*).

Epis|tel, die; -, -n [lat. epistola = Brief < griech. epistolḗ]: **1.** (christl. Rel.) **a)** *Apostelbrief im Neuen Testament;* **b)** *vorgeschriebene gottesdienstliche Lesung aus der Bibel, bes. aus den neutestamentlichen Briefen u. der Apostelgeschichte.* **2.** (veraltet, aber noch abwertend od. scherzh.) *[kunstvoller] längerer Brief:* seitenlange -n verfassen.

Epis|te|mo|lo|gie, die; - [engl. epistemology, zu griech. epistḗmē = das Verstehen; Wissenschaft] (Philos.): *Wissenschaftstheorie, -lehre; Erkenntnistheorie, -lehre.*

Epis|to|lar, das; -s, -e, **Epis|to|la|ri|um,** das; -s, ...ien [mlat. epistolarium, zu lat. epistola, ↑Epistel]: (kath. Kirche) *liturgisches Buch mit den gottesdienstlichen Episteln (1b) der Kirche.*

Epi|taph, das; -s, -e, **Epi|ta|phi|um,** das; -s, ...ien [lat. epitaphium < griech. epitáphion, eigtl. = zum Grab Gehörendes]: **1.** (bildungsspr.) **a)** *Grabinschrift;* **b)** *Gedenktafel mit Inschrift für einen Verstorbenen an einer Kirchenwand od. einem Pfeiler.* **2.** *in den orthodoxen Kirchen am Karfreitag aufgestelltes Christusbild.*

Epi|thel, das; -s, -e [zu griech. epí = (dar)auf u. thēlḗ = Brustwarze] (Biol.): *oberste Zellschicht des tierischen u. menschlichen Haut- u. Schleimhautgewebes.*

epi|the|li|al ⟨Adj.⟩: *zum Epithel gehörend; in der Art des Epithels.*

Epi|the|li|um, das; -s, ...ien: *Epithel.*

Epi|thel|zel|le, die; -, -n ⟨meist Pl.⟩: *einzelne Zelle des Epithels.*

Epi|the|se, die; -, -n [griech. epíthesis = Zusatz] (Sprachw.): *Anfügung eines Lautes an ein Wort, meist aus Gründen der Sprecherleichterung* (z. B. eines *d* in niemand, mhd. nieman).

Epi|the|ta or|nan|tia: Pl. von ↑Epitheton ornans.

Epi|the|ton, das; -s, ...ta [lat. epitheton < griech. epítheton = Beiwort] (Sprachw.): *als Attribut gebrauchtes Adjektiv od. Partizip* (z. B. das *große* Haus).

Epi|the|ton or|nans, das; - -, ...ta ornantia [lat.] (Rhet.): *nur schmückendes, d. h. typisierendes, formelhaftes, immer wiederkehrendes Beiwort* (z. B. *grüne* Wiese).

Epi|zen|trum, das; -s, ...ren [zu griech. epíkentros = über dem Mittelpunkt] (Geol.): *über dem Erdbebenherd liegendes Gebiet der Erdoberfläche:* das E. des Bebens.

Epi|zo|ne, die; - [aus griech. epí = (dar)auf u. ↑Zone] (Geol.): *obere Tiefenzone bei der Metamorphose der Gesteine.*

Epo, EPO, das; - (Jargon): kurz für ↑Erythropoietin.

epo|chal ⟨Adj.⟩ [zu ↑Epoche] (bildungsspr.): **1.** *über den Augenblick hinaus bedeutsam, in die Zukunft hinein wirkend:* eine -e Erfindung, Theorie; ein Ereignis von -er *(sehr großer, überragender)* Bedeutung; **Ü** (iron., scherzh. übertreibend:) du hast wieder mal eine -e Idee. **2.** (Päd.) *die einzelnen Fächer nicht nebeneinander, sondern nacheinander zum Gegenstand habend:* -er Unterricht.

Epo|che, die; -, -n [mlat. epocha < griech. epochḗ, eigtl. = das Anhalten]: *großer geschichtlicher Zeitabschnitt, dessen Beginn [u. Ende] durch einen deutlichen, einschneidenden Wandel der Verhältnisse, durch eine Wende o. Ä. gekennzeichnet ist:* eine friedliche, längst vergangene E.; eine neue E. der Raumfahrt; der Geist einer E.; am Beginn einer neuen E. stehen; * **E. machen** *(durch eine besondere Leistung einen neuen Zeitabschnitt einleiten, eine Wende herbeiführen; Aufsehen erregen;* LÜ von frz. faire époque): diese Erfindung wird E. machen; eine E. machende Entdeckung.

Epo|che ma|chend: s. Epoche.

Epo|de, die; -, -n [lat. epodos < griech. epōdós] (Verslehre): **1.** ⟨o. Pl.⟩ *[antike] Gedichtform, bei der auf einen längeren Vers ein kürzerer folgt.* **2.** *in antiken Gedichten u. besonders in den Chorliedern der altgriechischen Tragödie auf Strophe u. Antistrophe folgender dritter Kompositionsteil; Abgesang.*

epo|disch ⟨Adj.⟩: *die Epode* (1, 2) *betreffend, zu ihr gehörend, als Epode verfasst.*

Epo|nym, das; -s, -e [zu griech. epṓnymos = seinen Namen woher habend, wonach benannt, zu ónyma = Name]: *Gattungsbezeichnung, die auf einen Personennamen zurückgeht* (z. B. Zeppelin für Luftschiff).

Epos, das; -, Epen [lat. epos < griech. épos = Rede, Erzählung]: *erzählende Versdichtung größeren Umfangs in gleichmäßiger Versform:* das höfische E. des Mittelalters; die Epen Homers.

E-Post, die: *elektronische Post.*

Ep|pich, der; -s, -e [mhd. epfich, ahd. epfi(ch) = Sellerie < lat. apium]: landsch. Bez. für mehrere Pflanzen, z. B. Sellerie, Efeu.

Eprou|vette [epruˈvɛt], die; -, -n [...tn̩; frz. éprouvette, zu: éprouver = probieren, zu lat. probare = prüfen] (österr.): *Reagenzglas.*

Ep|si|lon, das; -[s], -s [griech. è psilón = bloßes e]: *fünfter Buchstabe des griechischen Alphabets* (Ε, ε).

Equa|li|zer [ˈiːkwəlaɪzə], der; -s, - [engl. equalizer, eigtl. = Ausgleich(er), zu lat. aequus = gleich] (Elektrot., Rundfunkt.): *[Zusatz]gerät an Verstärkern von Hi-Fi-Anlagen zur Verbesserung des Klangbildes.*

Equer|re [ˈɛkɛrə], die; -, -s [frz. équerre, über das Vlat. zu lat. quadrare, ↑quadrieren] (schweiz.): *Winkelmaß* (2).

equi|li|brie|ren: usw. ↑äquilibrieren usw.

Equi|pa|ge [ekviˈpaːʒə, seltener: eki...], die; -, -n [frz. équipage, zu: équiper, ↑equipieren]: **1.** (früher) *elegante Kutsche:* eine herrschaftliche E. **2.** (veraltet) *Schiffsmannschaft.* **3.** (veraltet) *Ausrüstung [eines Offiziers].*

Equipe [ekiːp, eˈkɪp], die; -, -n [...pn̩; frz. équipe, zu: équiper, ↑equipieren] (bes. [Reit]sport): *ausgewählte Mannschaft; Team:* die deutsche E.; die E. der Springreiter.

equi|pie|ren [ekviˈpiːrən, seltener: eki...] ⟨sw. V.; hat⟩ [frz. équiper < anord. skipa = ein Schiff ausrüsten] (veraltet): *ausrüsten, ausstatten.*

Equip|ment [ɪˈkwɪpmənt], das; -s, -s [engl. equipment < frz équipement, zu: équiper, ↑equipieren]: *technische Ausrüstung:* das E. ist auf dem neuesten Stand der Technik.

er ⟨Personalpron.; 3. Pers. Sg. Nom. Mask.⟩ [mhd., ahd. er, alter idg. Pronominalstamm; verw. mit [1]ein]: **1.** steht für ein männliches Substantiv, das eine Person od. Sache bezeichnet, die bereits bekannt ist: der Mann dort, er läuft; er als mein bester Freund; hier ist dein Hut, er lag auf dem Schrank; der Berg dort drüben, ist er nicht eindrucksvoll?; bei den Vögeln sorgt er *(das Männchen)* für Futter, während sie brütet; er *(der [modebewusste] Mann)* trägt in diesem Sommer Blazer; die Toilettentüren, die Handtücher im Bad waren mit »Er« und »Sie« gekennzeichnet; Er *(Gott)* hält seine Hand schützend über uns; ⟨Gen.:⟩ seiner: wir gedenken seiner/(veraltet:) sein mit Hochachtung; ⟨Dativ:⟩ ihm: ich gebe ihm das Buch; ⟨Akk.:⟩ ihn: wo ist Vati? ich habe ihn gerade noch gesehen; sie dachte nur an ihn. **2.** (veraltet) (in Großschreibung) Anrede an Untergebene (die weder mit du noch mit Sie angeredet wurden): hat Er dem Grafen die Nachricht überbracht?

[1]Er, der; -, -s (ugs.): *Person od. Tier männlichen Geschlechts:* dieser Hund ist ein Er.

er- [mhd. er-, ahd. ar-, ir-, das Einsetzen eines Geschehens od. die Erreichung eines Zwecks bezeichnendes Präfix, durch Abschwächung in unbetonter Stellung entstanden aus ↑ur-, Ur-, urspr. = heraus, hervor, dann = zum Ende hin]: drückt in Bildungen mit Verben aus, dass etw. erfolgreich abgeschlossen wird, zum gewünschten Erfolg führt, dass jmd. eine Sache bekomm[t,] erreicht: ersegeln, erspurten; sich erklatschen.

-er, der; -s, -: **1.** kennzeichnet in Bildungen mit Substantiven oder Verben (Verbstämmen) eine Person, die etw. berufs-, gewohnheitsmäßig ode[r] nur im Augenblick tut ⟨Bildungen z. T. ugs.⟩: Trinker, Klimatechniker. **2.** kennzeichnet in Bildungen mit Substantiven eine Person, die zu etw. gehört ⟨Bildungen z. T. ugs⟩: Gewerkschafter, Wohngemeinschafter. **3.** kennzeichnet in Bildungen mit geographischen Namen den Einwohner: Sauerländer, Weinheimer. **4.** kennzeichnet in Bildungen unterschiedlicher Wortarten eine Person oder Sache mit dem charakteristischen Merkmal: Benziner, Dreimaster. **5.** kennzeichnet in Bildungen mit Zahlwörtern eine Person oder Sache im Hinblick auf ein bestimm[tes] Maß: Neunzehnhundertzweiundachtziger, Achttausender. **6.** kennzeichnet in Bildungen mit Verben (Verbstämmen) ein Gerät, eine Maschine, die etw. macht: Entsafter, Wäschetrockner. **7.** kennzeichnet in Bildungen mit Verben (Verbstämmen) einen Gegenstand, mit dem etw. gemacht wird: Aufkleber, Vorleger. **8.** bezeichnet in Bildungen mit Verben (Verbstämmen) eine Tätigkeit, einen Vorgang oder dessen Ergebnis ⟨Bildungen z. T. ugs.⟩: Abrutscher, Seufzer.

er|ach|ten ⟨sw. V.; hat⟩ (geh.): *aufgrund von Überlegungen eine bestimmte Meinung von etw. haben; für etw. halten, als etw. ansehen:* etw. als/für notwendig, als/für seine Pflicht e.

Er|ach|ten: in der Verbindung **meinem E. nach/nach meinem E./meines -s** *(meiner Meinung, Ansicht nach):* meinem E. nach/nach meinem E./meines -s ist das Ergebnis falsch; Abk.: m. E.

er|ah|nen ⟨sw. V.; hat⟩: *ahnend erkennen, intuitiv erfassen:* man kann den Weg im Nebel nur e.

er|ar|bei|ten ⟨sw. V.; hat⟩ [1: mhd. erarbeiten]: **1.** *durch Arbeit erwerben, bekommen:* ich habe mir meine jetzige Position allein erarbeitet. **2.** *sich durch intensives Studium, Bemühen geistig zu Eigen machen:* den Unterrichtsstoff gemeinsam e. **3.** *in gemeinsamer Arbeit, Diskussion o. Ä. erstellen, ausarbeiten:* einen Plan e.

Er|ar|bei|tung, die; -, -en: *das Erarbeiten; das Sicherarbeiten.*

Erb|adel, der: *erblicher Adel* (3), *Geburtsadel.*

Erb|än|de|rung, die: *Mutation.*

Erb|an|la|ge, die (Biol.): *durch die Gene festgelegte Fähigkeit eines Organismus, bestimmte Merkmale auszubilden.*

Erb|an|spruch, der: *Anspruch auf eine Erbschaft.*

er|bar|men ⟨sw. V.; hat⟩ [mhd. (er)barmen, ahd. (ir)barmēn, aus der got. Kirchenspr., vgl. got. [ga]arman = sich erbarmen, LÜ von lat. misereri (zu: miser = arm); das b der ahd. Form gehört zum Präfix ab-, wurde aber zum Stamm gezogen]: **1.** ⟨e. + sich⟩ (geh.) *jmdm. aus Mitleid helfen:* er hat sich meiner/(veraltet:) über mich erbarmt; Herr, erbarme dich unser/über uns; **Ü** will sich keiner des letzten Stück Kuchens e. (scherzh.; *sich dessen annehmen, es essen*)? **2.** *jmds. Mitleid erregen; jmdm. Leid tun:* du erbarmst mich/(österr.:) mir.

Er|bar|men, das; -s: *von Herzen kommendes Mitgefühl, das zum Handeln bereitmacht:* E. mit jmdm. haben; er kennt kein E.; * **zum E.** *(sehr schlecht, erbärmlich [in Bezug auf eine Leistung o. Ä.]):* sie singt zum E.

er|bar|mens|wert ⟨Adj.⟩: *so geartet, beschaffen, dass jmds. Mitleid sehr erregt wird:* ein -er Anblick.

Er|bar|mer, der; -s (geh.): *Gott als Helfer aus Erbarmen.*

er|bärm|lich ⟨Adj.⟩ [mhd. erbermelîche (Adv.), ahd. erbarmelîh]: **1. a)** *[heruntergekommen u.] armselig, sodass Mitgefühl angebracht ist; elend, jämmerlich:* ein -er Zustand; das Kind schluchzte e.; **b)** *in seiner Qualität sehr schlecht; unzulänglich, unzureichend:* eine -e Leistung; **c)** (abwertend) *moralisch minderwertig; verabscheuungswürdig, gemein:* er ist ein -er Lump; er hat sich e. benommen. **2. a)** *sehr groß,* *stark; ungeheuer, schrecklich:* wir hatten einen -en Hunger; b) ⟨intensivierend bei Adj. u. Verben⟩ *sehr:* wir froren e.

r|bärm|lich|keit, die; -: *das Erbärmlichsein.*

r|bar|mung, die; -, -en [mhd. erbarmunge] ⟨Pl. selten⟩ (veraltet): *Erbarmen.*

r|bar|mungs|los ⟨Adj.⟩: *ohne Erbarmen; unbarmherzig, grausam.*

r|bar|mungs|lo|sig|keit, die; -: *das Erbarmungslossein; die Unbarmherzigkeit.*

r|bar|mungs|voll ⟨Adj.⟩ (geh.): *voller Erbarmen.*

r|bar|mungs|wür|dig ⟨Adj.⟩ (geh.): *erbarmenswert.*

r|bau|en ⟨sw. V.; hat⟩ [mhd. erbouwen, erbūwen = (an-, auf)bauen]: **1.** *ein [größeres] Bauwerk errichten [lassen]:* die Kirche wurde im 14. Jh. erbaut; Spr Rom ist nicht an/in einem Tage erbaut worden *(bedeutende Dinge brauchen ihre Zeit).* **2.** (geh.) **a)** ⟨e. + sich⟩ *sich durch etw. erfreuen, innerlich erheben lassen:* sich an guter Musik e.; **b)** *das Gemüt erheben, innerlich in eine gute Stimmung versetzen:* die Predigt erbaute sie; * **von etw., über etw. nicht/wenig erbaut sein** (ugs.; *von etw. nicht begeistert, entzückt sein; sich über etw. nicht freuen; unangenehm berührt sein).*

r|bau|er, der; -s, -: *jmd., der etw. erbaut [hat].*

r|bau|e|rin, die; -, -nen: w. Form zu ↑Erbauer.

r|bau|lich ⟨Adj.⟩ (veraltend): *von positivem Einfluss auf das Gemüt; in eine besinnliche Stimmung versetzend, [religiös] erhebend:* eine -e Predigt; -e Geschichten; ein nicht sehr, nicht gerade -er (ugs.; *wenig erfreulicher*) Anblick.

r|bau|lich|keit, die; -: *das Erbaulichsein.*

r|bau|ung, die; -, -en: *andächtige Erhebung des Gemüts; erhebende innere Stimmung:* etw. zur E. lesen.

r|bau|ungs|buch, das: *Buch [mit religiösem Inhalt], dessen Lektüre der Erbauung dienen soll.*

rb|bau|recht, das (Rechtsspr.): *veräußerliches, vererbbares Recht, auf fremdem Boden zu bauen; Erbpacht* (b).

rb|be|dingt ⟨Adj.⟩: *durch Vererbung bedingt.*

rb|be|rech|tigt ⟨Adj.⟩: *berechtigt, ein* [1]*Erbe* (1) *anzunehmen.*

rb|bild, das (Genetik): *Gesamtheit der bereits in der befruchteten Eizelle bzw. in der Sporenzelle vorliegenden Vererbungsanlagen eines Individuums.*

rb|bio|lo|gie, die ⟨o. Pl.⟩: *Genetik.*

rb|bio|lo|gisch ⟨Adj.⟩: *die Erbbiologie betreffend.*

Er|be, das; -s [mhd. erbe, ahd. erbi, urspr. = verwaister Besitz; vgl. Arbeit, arm]: **1.** *Vermögen, das jmd. bei seinem Tod hinterlässt u. das in den Besitz einer gesetzlich dazu berechtigten Person od. Institution übergeht:* das väterliche, mütterliche E. antreten, ausschlagen; auf sein E. verzichten. **2.** *etw. auf die Gegenwart Überkommenes; nicht materielles [geistiges, kulturelles] Vermächtnis:* das E. der Vorfahren.

Er|be, der; -n, -n [mhd. erbe, ahd. erb(e)o, zu ↑[1]Erbe]: *jmd., dem eine Erbschaft zugefallen ist od. zufallen wird:* der rechtmäßige, einzige, mutmaßliche E.; die lachenden -n (ugs.; *die sich über eine [zu erwartende] Erbschaft freuenden Nachkommen*); jmdn. zum/als -n einsetzen.

r|be|ben ⟨sw. V.; ist⟩ [mhd. erbiben, ahd. irbibēn]: **1. a)** *plötzlich u. heftig beben anfangen:* die vorbeifahrenden LKWs ließen das Haus e.; **b)** (geh.) *beben* (1): der Boden unter unseren Füßen erbebte. **2.** *von heftiger innerer Erregung gepackt werden; plötzlich zu zittern anfangen:* sie erbebte bei diesem Anblick.

r|ben ⟨sw. V.; hat⟩ [mhd., ahd. erben, zu ↑[1]Erbe]: **1. a)** *jmds. Eigentum nach dessen Tod erhalten; durch Erbschaft erlangen:* kostbaren Schmuck e.; vom Großvater ein Haus e.; du hast wohl geerbt? (scherzh. Frage, wenn jmd., dessen Geldmittel beschränkt sind, viel ausgibt); **b)** (ugs.) *aus dem Besitz von jmdm. übernehmen, geschenkt bekommen:* die Hose hat er von seinem Bruder geerbt; hier ist nichts, gibt es nichts zu e. *(hier kann man nichts umsonst bekommen).* **2.** *von seinen Eltern, Vorfahren als Veranlagung, Begabung mitbekommen:* die roten Haare hat sie von der Mutter geerbt.

Er|ben|ge|mein|schaft, die: *Gesamtheit aller an einer Erbschaft beteiligten* [2]*Erben, die den Nachlass gemeinsam verwalten.*

Er|bes|er|be, der; -n, -n: [2]*Erbe eines Erben.*

Er|bes|er|bin, die; -, -nen: w. Form zu ↑Erbeserbe.

[1]**er|be|ten** ⟨sw. V.; hat⟩: *durch Beten zu erlangen suchen:* das lang erbetete Glück.

[2]**er|be|ten:** ↑erbitten.

er|bet|teln ⟨sw. V.; hat⟩: **a)** *durch Betteln erhalten, zu erhalten versuchen:* Brot e.; ich habe mir das Geld erbettelt; **b)** *durch wiederholtes, inständiges Bitten erreichen, zu erreichen versuchen:* die Erlaubnis für etw. von den Eltern e.

er|beu|ten ⟨sw. V.; hat⟩ [zu mhd. biuten, ↑ausbeuten]: *durch Kampf, Raub, Plünderung o. Ä. in den Besitz von etw. gelangen u. mitnehmen; als Beute erringen:* feindliche Panzer e.; erbeutetes Diebesgut.

Er|beu|tung, die; -: *das Erbeuten; das Erbeutetwerden.*

erb|fä|hig ⟨Adj.⟩ (Rechtsspr.): *die rechtlichen Voraussetzungen für die Annahme eines* [1]*Erbes* (1) *erfüllend.*

Erb|fak|tor, der: *deutlich in Erscheinung tretendes erbliches Merkmal.*

Erb|fall, der (Rechtsspr.): *Tod eines Menschen, mit dem die Erbfolge eintritt.*

Erb|feind, der: **1. a)** *Volk, das seit Generationen als ständiger Feind bekämpft wird:* Deutsche und Franzosen galten lange Zeit als -e; **b)** *seit langem verhasster Gegner.* **2.** ⟨o. Pl.⟩ (verhüll.) *Teufel.*

Erb|fein|din, die: w. Form zu ↑Erbfeind (1 b).

Erb|fol|ge, die: **a)** *Rechtsnachfolge in die [Vermögens]stellung eines Verstorbenen;* **b)** *Thronfolge.*

Erb|fol|ge|krieg, der: *kriegerische Auseinandersetzung aufgrund von Streitigkeiten um die Thronfolge.*

Erb|gut, das: **1.** ⟨o. Pl.⟩ (Biol.) *Gesamtheit der Erbanlagen:* in ihrem E. identische eineiige Zwillinge. **2.** *Erbhof.*

Erb|hof, der **a)** (bes. nationalsoz.) *Bauernhof, der ungeteilt [an den ältesten Sohn] vererbt wird;* **b)** *bislang unbestrittener Anspruch, Einfluss- od. Herrschaftsbereich:* Brasilien als römisch-katholischer E.

er|bie|ten, sich ⟨st. V.; hat⟩ [mhd. erbieten = darreichen, anbieten] (geh.): *sich bereit erklären (etw. zu tun); seine Dienste anbieten:* er erbot sich, ihr bei den Aufgaben zu helfen.

Er|bin, die; -, -nen: w. Form zu ↑[2]Erbe.

Erb|in|for|ma|ti|on, die (Genetik): *in den Chromosomen lokalisierter genetischer Code.*

er|bit|ten ⟨st. V.; hat⟩ [1: mhd. erbiten, ahd. irbitan]: **1.** (geh.) *höflich, in höflichen Worten um etw. für sich selbst bitten:* jmds. Rat, Verzeihung e.; ich erbat mir seine Hilfe; baldige Antwort erbeten. **2.** ⟨e. + sich + lassen⟩ (veraltend) *aufgrund von Bitten bereit sein (etw. zu tun):* ich ließ mich e., ihnen die Miete zu stunden; er hat sich nicht e. lassen *(gab den Bitten nicht nach).*

er|bit|tern ⟨sw. V.; hat⟩: **a)** *mit bitterem Groll erfüllen; in Wut, Zorn versetzen:* die Ablehnung erbitterte sie zutiefst; erbittert über etw. sein; **b)** ⟨e. + sich⟩ *in Wut, Zorn geraten [u. dies zum Ausdruck bringen]; sich heftig erregen:* wieso erbitterst du dich so darüber, deshalb?

er|bit|tert ⟨Adj.⟩: *hartnäckig, sehr heftig; mit äußerstem Einsatz:* -en Widerstand leisten.

Er|bit|te|rung, die; -: *das Erbittertsein; Groll:* sie war voller E. über diese Ungerechtigkeit.

erb|krank ⟨Adj.⟩ (Med.): *mit einer erblichen Krankheit belastet.*

Erb|krank|heit, die (Med.): *Krankheit, bei der krankhaft veränderte Erbmasse eine ursächliche Rolle spielt; erbliche Krankheit.*

Erb|lan|de ⟨Pl.⟩ (hist): *Stammlande einer Dynastie:* die Habsburger E.

er|blas|sen ⟨sw. V.; ist⟩: **1.** (geh.) *blass, bleich werden:* sie erblasste vor Schreck, bei diesem Anblick. **2.** (dichter. veraltet) *sterben.*

Erb|las|sen|schaft, die; -, -en (Rechtsspr.): *Erbe, das ein Verstorbener hinterlässt.*

Erb|las|ser, der; -s, - (Rechtsspr.): *jmd., der bei seinem Tod eine Erbschaft hinterlässt.*

Erb|las|se|rin, die; -, -nen: w. Form zu ↑Erblasser.

Erb|last, die: *aus einer vorangegangenen Zeit stammender belastender Tatbestand; von einem Vorgänger unbewältigt weitergegebenes Problem, das sich als starke Belastung erweist.*

er|blei|chen ⟨st. u. sw. V.⟩ [1 a: mhd. erblīchen]: **1.** ⟨erbleichte/(veraltet:) erblich, ist erbleicht/ (veraltet:) erblichen⟩ **a)** (geh.) *bleich, blass werden; erblassen:* vor Angst e.; ihre Gesichter erbleichten; **b)** *heller, fahl werden, an Farbe verlieren:* ein erbleichter Anzug. **2.** ⟨nur: erblich, ist erblichen⟩ (dichter. veraltet) *sterben.*

erb|lich ⟨Adj.⟩: **a)** *sich vererbend; durch Erbfolge bestimmt:* -er Adel; ein -er Titel; **b)** *durch Vererbung übertragbar:* eine -e Krankheit; er ist e. belastet/das ist -e Belastung bei ihm *(er hat negative Erbanlagen);* (scherzh. auch positiv:) sie ist e. belastet, schon ihr Großvater war ein berühmter Schauspieler.

Erb|lich|keit, die; -: *erbliche Beschaffenheit; das Vererbbarsein.*

er|bli|cken ⟨sw. V.; hat⟩ [mhd. erblicken]: **1.** (geh.) *mit den Augen [plötzlich od. unvermutet] wahrnehmen, erfassen:* die Berge am Horizont e. **2.** *jmd., etw. als jmdn., etw. ansehen, betrachten; [zu] erkennen [glauben]:* darin erblicke ich einen Fortschritt.

er|blin|den ⟨sw. V.; ist⟩ [mhd. erblinden]: **1.** *blind werden:* nach einem Unfall e. **2.** *matt, glanzlos, undurchsichtig werden:* der Spiegel ist erblindet.

Er|blin|dung, die; -, -en: *das Erblinden* (1).

er|blon|den ⟨sw. V.; ist⟩ (ugs. scherzh.): *durch Färben, Bleichen blond werden:* sie ist über Nacht erblondet.

er|blü|hen ⟨sw. V.; ist⟩ (geh.): **a)** *zum Blühen gelangen, voll aufblühen:* die Rose ist in der Vase erblüht; **b)** *sich in eine positive Richtung entwickeln, sich voll entfalten:* das Mädchen war zu voller Schönheit erblüht.

Erb|mas|se, die: **1.** (Biol.) *Gesamtheit der Erbanlagen.* **2.** (Rechtsspr.) *alles in einer Erbschaft enthaltene Gut u. Vermögen.*

Erb|merk|mal, das: *vererbbare körperliche od. seelische Eigenschaft.*

Erb|mo|nar|chie, die: *Monarchie, bei der der Monarch durch dynastische Erbfolge berufen wird.*

Erb|on|kel, der (ugs. scherzh.): *Onkel, von dem eine Erbschaft zu erwarten ist.*

er|bo|sen ⟨sw. V.; hat⟩ [mhd. erbōsen = schlecht, böse werden]: **1.** *böse, zornig, wütend machen:* dieser Gedanke erboste sie sehr; über jmdn., etw. erbost sein; er sah sie erbost an. **2.** ⟨e. + sich⟩ *böse, zornig, wütend werden:* ich habe mich über dein Verhalten erbost.

er|bö|tig ⟨Adj.⟩ [zu ↑erbieten]: in den Verbindungen **e. sein** *(bereit sein):* sie war e., ein Treffen zu veranstalten; **sich e. machen/erklären** *(seine Bereitschaft bekunden):* sie machten/erklärten sich e., die Aufgabe zu übernehmen.

Erb|pacht, die: **a)** (früher) *erbliches Recht, ein Grundstück wirtschaftlich zu nutzen;* **b)** *Erbbaurecht.*

Erb|prinz, der: *ältester Sohn u. Thronfolger eines Fürsten.*

Erb|prin|zes|sin, die: w. Form zu ↑Erbprinz.

er|brau|sen ⟨sw. V.; ist⟩ (geh.): *brausend, rauschend ertönen:* die Orgel erbrauste.

er|bre|chen ⟨st. V.; hat⟩ [1: mhd. erbrechen, ahd. arbrehhan; 2: mhd. = hervorbrechen]: **1. a)** (geh.) *aufbrechen:* das Schloss e.; **b)** (veraltet) *unter Zerstörung der Umhüllung o. Ä. öffnen:* ein Siegel e. **2.** *Mageninhalt, etw. im Magen Befindliches unverdaut durch den Mund von sich geben; sich übergeben:* die Kranke erbricht alle Speisen; das Baby hat seinen Brei wieder erbrochen; ⟨auch e. + sich:⟩ ich musste mich e.; * **bis zum Erbrechen** (ugs. abwertend; *bis zum Überdruss*): wir haben bis zum E. geübt.

Erb|recht, das (Rechtsspr.): **a)** ⟨o. Pl.⟩ *Gesamtheit der Rechtsvorschriften, die das Vermögen eines Menschen nach seinem Tod betreffen;* **b)** *mit dem Tode des Erblassers entstehendes Recht auf den Nachlass.*

erb|recht|lich ⟨Adj.⟩: *das Erbrecht betreffend.*

er|brin|gen ⟨unr. V.; hat⟩: **a)** *als Ergebnis haben, liefern:* die Nachforschungen haben nichts erbracht; **b)** *aufbringen:* die Summe für den Bau e.; den Beweis, Nachweis für etw. e. (nachdrücklich; *etw. beweisen, nachweisen*).

Er|bro|che|ne, das; -n ⟨o. Pl.⟩: *herausgewürgter, erbrochener Mageninhalt:* -s aufwischen.

Erbs|brei, der: *Erbsenbrei.*

E

Erb|scha|den, der (Genetik): *durch Mutation verursachte Anomalie bei Lebewesen.*

Erb|schaft, die; -, -en [mhd. erbeschaft]: [1]*Erbe* (1), *Hinterlassenschaft:* eine E. antreten, machen.

Erb|schafts|an|ge|le|gen|heit, die: *Erbschaftssache.*

Erb|schafts|aus|ei|nan|der|set|zung, die: *eine Erbschaft betreffende Auseinandersetzung* (3).

Erb|schafts|kla|ge, die (Rechtsspr.): *Klage eines Erben auf eine Erbschaft.*

Erb|schafts|sa|che, die (Rechtsspr.): *Angelegenheit, die mit einer Erbschaft zusammenhängt.*

Erb|schafts|steu|er, (Steuerw.:) Erbschaftsteuer, die: *von den Erben zu zahlende Steuer bei der Übernahme einer Erbschaft.*

Erb|schaft|steu|er (Steuerw.): ↑Erbschaftssteuer.

Erb|schlei|cher, der (abwertend): *jmd., der auf unmoralische od. widerrechtliche Weise in den Besitz einer Erbschaft zu gelangen sucht.*

Erb|schlei|che|rin, die: w. Form zu ↑Erbschleicher.

Erb|se, die; -, -n [mhd. erbeiȝ, arwiȝ, ahd. arawiȝ, araweiȝ, verw. mit lat. ervum = Wicke; wohl aus einer Spr. des östl. Mittelmeeres]: **1. a)** *(zu den Schmetterlingsblütlern gehörende) Pflanze mit in Ranken auslaufenden Blättern und grünen, in Hülsen sitzenden, kugeligen Samen:* -n anbauen, ziehen; **b)** *Frucht der Erbse* (1 a): -n pflücken; **c)** ⟨meist Pl.⟩ *als Gemüse verwendeter Samen der Erbse* (1 a): grüne, getrocknete -n. **2.** (salopp) *Kopf:* zieh die E. ein!; * **etw. an der E. haben** *(nicht recht bei Verstand sein).*

Erb|sen|bein, das (Med.): *kleiner Handwurzelknochen.*

Erb|sen|brei, der: *gekochter Brei aus [getrockneten] Erbsen.*

Erb|sen|ein|topf, der: *dicke Erbsensuppe.*

erb|sen|groß ⟨Adj.⟩: *von der Größe einer Erbse:* -e Verdickungen; das Magengeschwür ist e.

Erb|sen|pü|ree, das: *Erbsenbrei.*

Erb|sen|scho|te, die (volkst.): [1]*Schote* (1) *der Erbse.*

Erb|sen|stein, der (Geol.): *aus kleinen, kugelförmigen Körpern zusammengesetztes Gestein; Oolith.*

Erb|sen|strauch, der: *häufig als Zierstrauch kultivierter Schmetterlingsblütler mit hochwachsenden Sträuchern u. gelben od. rötlich weißen Blüten.*

Erb|sen|sup|pe, die: *[dicke] Suppe aus [getrockneten] Erbsen, [Speck,] Gewürzen u. a.*

Erb|sen|zäh|ler, der; -s, - (ugs. abwertend): *kleinlicher, geiziger Mensch.*

Erb|sen|zäh|le|rei, die; - (ugs. abwertend): *kleinliches, pedantisches Verhalten.*

Erb|sen|zäh|le|rin, die; -, -nen: w. Form zu ↑Erbsenzähler.

Erb|stück, das: *alter [wertvoller] Gegenstand, den jmd. geerbt hat:* die Brosche ist ein wertvolles E.

Erb|sub|stanz, die (Biol.): *Erbgut* (1).

Erb|sün|de, die [mhd. erbesünde, LÜ von lat. peccatum hereditarium] (christl. Rel.): *durch den Sündenfall dem Menschen angeborene Sündhaftigkeit.*

Erb|tan|te, die (ugs. scherzh.): vgl. Erbonkel.

Erb|teil, das: **1.** (BGB: der) *Anteil eines* [2]*Erben an der gesamten Erbschaft:* Anspruch auf sein E. erheben. **2.** *ererbte Anlage od. Eigenschaft:* ein schlechtes E.

Erb|ver|trag, der (Rechtsspr.): *Vertrag zwischen* [2]*Erbe u. Erblasser zu dessen Lebzeiten.*

Erb|wort, das ⟨Pl. ...wörter⟩ (Sprachw.): *aus dem vorausgehenden Sprachzustand überkommenes Wort.*

Erd|ach|se, die: *gedachte Linie zwischen Nord- u. Südpol, um die sich die Erde* (5) *dreht.*

er|dacht: ↑erdenken.

Erd|al|ka|li|en ⟨Pl.⟩ (Chemie): *Oxide von Barium, Kalzium, Magnesium u. Strontium.*

Erd|al|ka|li|me|tall, das (Chemie): *Element der II. Hauptgruppe des Periodensystems der chemischen Elemente.*

Erd|al|ter|tum, das: *Paläozoikum.*

Erd|an|zie|hung, die ⟨o. Pl.⟩: *Anziehungskraft der Erde* (5).

Erd|ap|fel, der (landsch.): *Kartoffel:* * **Erdäpfel in der Montur** (österr. ugs.; *Pellkartoffeln*).

Erd|äp|fel|pü|ree, das (österr.): *Kartoffelpüree, Kartoffelbrei.*

Erd|äp|fel|sa|lat, der (österr.): *Kartoffelsalat.*

Erd|äqua|tor, der: *Äquator.*

Erd|ar|bei|ten ⟨Pl.⟩ (Bauw.): *alle Arbeiten im Hoch- u. Tiefbau, bei denen Erde* (1 a) *bewegt wird:* mit der Ausschachtung sind die E. abgeschlossen.

Erd|at|mo|sphä|re, die ⟨o. Pl.⟩: *gasförmige Hülle, die die Erde* (5) *umgibt.*

er|dau|ern ⟨sw. V.; hat⟩ (schweiz.): **a)** *eine Sache reifen lassen;* **b)** *sich etw. durch Warten verdienen.*

Er|dau|e|rung, die; -, -en (schweiz.): *das Erdauern.*

Erd|auf|schüt|tung, die: *Aufschüttung* (2 a) *von Erde.*

Erd|bahn, die (Astron.): *Umlaufbahn der Erde* (5) *um die Sonne.*

Erd|ball, der ⟨o. Pl.⟩ (geh.): *Erdkugel* (a).

Erd|be|ben, das: *natürliche Erschütterung der Erdkruste in mehreren Stößen:* ein E. der Stärke 5; Ü ein politisches E.

Erd|be|ben|herd, der: *Ausgangspunkt eines Erdbebens im Erdinnern; Hypozentrum.*

erd|be|ben|si|cher ⟨Adj.⟩: *vor Zerstörung durch Erdbeben geschützt:* -e Gebäude; ein -es Gebiet *(Gebiet, in dem keine Erdbeben zu erwarten sind).*

Erd|be|ben|wel|le, die: *vom Erdbebenherd ausgehende elastische Welle.*

Erd|beer|bow|le, die: *Bowle, die mit Erdbeeren angesetzt wird.*

Erd|bee|re, die [mhd. ertber, ahd. ertberi]: **a)** *(wild u. in Gärten wachsende) Pflanze mit in Rosetten stehenden Blättern, weißen Blüten u. Erdbeeren* (b) *als Früchten;* **b)** *rote, fleischig aromatische Frucht der Erdbeere* (a).

Erd|beer|eis, das: *Speiseeis mit Erdbeergeschmack.*

erd|beer|far|ben, erd|beer|far|big ⟨Adj.⟩: *von der Farbe reifer Erdbeeren.*

Erd|beer|ge|schmack, der ⟨o. Pl.⟩: *Geschmack von Erdbeeren.*

Erd|beer|kon|fi|tü|re, die: *Konfitüre aus Erdbeeren.*

Erd|beer|mar|me|la|de, die: *Marmelade aus Erdbeeren.*

erd|beer|rot ⟨Adj.⟩: *erdbeerfarben.*

Erd|beer|tört|chen, das: *Törtchen mit Erdbeeren.*

Erd|beer|tor|te, die: *mit Erdbeeren belegter Tortenboden.*

Erd|be|schleu|ni|gung, die (Physik): *Beschleunigung, die ein frei fallender Körper im luftleeren Raum erfährt.*

Erd|be|stat|tung, die: *Bestattung eines Leichnams in einem Sarg in der Erde* (1 a).

Erd|be|völ|ke|rung, die ⟨o. Pl.⟩: *Gesamtheit der Erdbewohner.*

Erd|be|we|gung, die: **a)** *Bewegung in der Erdkruste:* starke -en; **b)** *das Bewegen von Erdmassen bei Bauarbeiten.*

Erd|be|woh|ner, der: *Mensch als Bewohner der Erde* (5).

Erd|be|woh|ne|rin, die: w. Form zu ↑Erdbewohner.

Erd|bo|den, der: *fester, aus Erde* (1 a) *bestehender Boden:* auf dem E. liegen; ich wäre am liebsten in den E. versunken *(es war mir äußerst peinlich);* * **dem E. gleichmachen** *(völlig zerstören),* die Stadt wurde dem E. gleichgemacht; **wie vom E. verschluckt/verschwunden sein** *(ganz plötzlich verschwunden sein).*

erd|braun ⟨Adj.⟩: *braun wie Erde.*

Erd|bro|cken, der: *hartes Stück Erde* (1 a).

Er|de, die; -, -n ⟨Pl. selten⟩ [mhd. erde, ahd. erda] **1. a)** *aus verwittertem Gestein, organischen Stoffen u. Mineralien bestehendes, feinkörniges Gemisch, das einen Teil der Erdoberfläche bildet u. die Grundlage des Pflanzenwachstums darstellt; Erdboden, Erdreich:* fruchtbare, lockere, feuchte, sandige E.; ein Klumpen E.; ihn deckt längst die kühle E. (geh.; *er ist längst tot*); E. zu E. *(Worte beim Begräbnis);* die E. lockern, aufwühlen, umgraben; in geweihter E. (geh.; *auf dem Friedhof*) begraben sein; **b)** (Chemie) *bestimmtes Metalloxid:* seltene, alkalische -n. **2.** ⟨o. Pl.⟩ *fester Boden, Grund, auf dem man steht; Untergrund:* die E. bebt; etw. fällt auf die E.; das Wasser quillt aus der E.; etw. von der E. aufheben; zu ebener E. *(ebenerdig; im Erdgeschoss);* bei dieser Bemerkung wäre sie am liebsten in die E. versunken *(diese Bemerkung war ihr äußerst peinlich);* R die E. sei ihm leicht! (*seine Seele möge Ruhe, Frieden finden!;* von einem Toten); * **auf der E. bleiben** (ugs.; *sich keinen Illusionen hingeben*); **etw. aus der E. stampfen** (↑Boden); **unter der E. liegen** (geh. verhüll.; *tot u. begraben sein*); **jmdn. unter die E. bringen** (ugs.; 1. *jmds. vorzeitigen Tod verschulden.* 2. *beerdigen*); **jmdn. unter die E. wünschen** *(aus Ärger o. Ä. wünschen, dass jmd. tot sei).* **3.** *begrenztes Gebiet, Land, zu dem eine emotionale Beziehung besteht:* ein gesegnetes Fleckchen E.; auf heimatlicher, fremder E. kämpfen; er liegt in fremder E. (geh.; *im Ausland*) begraben. **4.** *irdische Welt; Welt als das von der Menschheit bewohnte Gebiet:* auf der ganzen E. bekannt sein, vorkommen; am Anfang schuf Gott Himmel und E. (Anfangsworte der biblischen Schöpfungsgeschichte); * **auf Erden** (geh.; *in der irdischen Welt*). **5.** ⟨o. Pl.⟩ (von der Sonne aus gerechnet) dritter Planet unseres Sonnensystems: die E. dreht sich um die Sonne. **6.** (Elektrot.) *Leitung zum Erden:* den Heizkörper als E. benutzen.

er|den ⟨sw. V.; hat⟩ (Elektrot.): *eine Strom leitende Verbindung zwischen einem elektrischen Gerät u. dem Erdboden herstellen:* das Radio e.

Er|den|be|woh|ner, der (geh.): *Erdbewohner.*

Er|den|be|woh|ne|rin, die: w. Form zu ↑Erdenbewohner.

Er|den|bür|ger, der (geh.): *Mensch, Erdbewohner:* ein kleiner, neuer E. (oft scherzh.; *neugeborenes Kind*).

Er|den|bür|ge|rin, die: w. Form zu ↑Erdenbürger.

Er|den|glück, das (dichter.): *irdisches Glück.*

er|den|ken ⟨unr. V.; hat⟩ [mhd. erdenken]: *ausdenken, ersinnen:* er erdachte einen raffinierten Plan; eine erdachte *(erfundene)* Geschichte.

er|denk|lich ⟨Adj.⟩: *was sich nur denken lässt; was, soweit überhaupt denkbar, irgendwie möglich ist:* er gab sich alle -e Mühe; wir wünschen Ihnen alles -e Gute; ⟨subst.:⟩ sie tat alles Erdenkliche.

Er|den|lauf, der ⟨o. Pl.⟩ (dichter.): vgl. Erdenleben.

Er|den|le|ben, das (dichter.): *das Leben auf der Erde (bes. im Hinblick auf sein Begrenztsein durch den Tod).*

Er|den|rund, das (dichter.): *Welt in ihrer ganzen Ausdehnung; Erdkreis.*

er|den|schwer ⟨Adj.⟩ (geh.): *dem Irdischen, Materiellen verhaftet (u. deshalb in gewisser Weise schwerfällig).*

Er|den|win|kel, der (dichter.): *idyllischer, abgelegener Ort.*

Er|den|wurm, der (dichter.): *Mensch als vergänglicher, unbedeutender Teil der Natur.*

Erd|far|be, die ⟨meist Pl.⟩: *anorganische Farbe,*

die in der Natur als Mineral vorkommt (z. B. Ocker).

rd|far|ben, erd|far|big ⟨Adj.⟩: *von der Farbe der Erde* (1 a); *bräunlich.*

rd|fer|kel, das (Zool.): *in Afrika in Erdhöhlen lebendes, nachtaktives plumpes Säugetier mit schweineartiger Schnauze, langem, sehr dickem Schwanz u. hufartigen Krallen.*

rd|fern ⟨Adj.⟩: 1. (Astron.) *von der Erdkugel* (a) *entfernt.* 2. (dichter.) *entrückt.*

rd|fer|ne, die: 1. *Apogäum.* 2. (dichter.) *Entrücktheit.*

rd|frucht, die: *Frucht, die unter der Erde* (2) *reift* (z. B. die Erdnuss).

rd|gas, das: *in der Erde* (5) *vorkommendes, brennbares Gasgemisch.*

rd|gas|la|ger, das, **Erd|gas|la|ger|stät|te,** die: *Lagerstätte von Erdgas.*

rd|gas|vor|kom|men, das: *Vorkommen an Erdgas.*

rd|ge|bun|den ⟨Adj.⟩: *an die Erde* (5) *gebunden.*

rd|geist, der: *in der Erde* (2) *wohnender Dämon, einer der Elementargeister.*

Erd|ge|schich|te, die ⟨o. Pl.⟩: *Entwicklungsgeschichte der Erde* (5).

rd|ge|schicht|lich ⟨Adj.⟩: *die Erdgeschichte betreffend, geologisch.*

Erd|ge|schmack, der ⟨o. Pl.⟩: *an Erde* (1 a) *erinnernder Geschmack.*

rd|ge|schoss, das: *meist zu ebener Erde gelegenes Geschoss; Parterre:* im E. wohnen.

Erd|gra|vi|ta|ti|on, die: *Erdanziehung.*

rd|haft ⟨Adj.⟩ (geh.): *der Erde* (1 a), *dem Irdischen verbunden, verhaftet; urwüchsig.*

rd|hal|tig ⟨Adj.⟩: *Erde* (1 a) *enthaltend.*

rd|hau|fen, der: *aus Erde* (1 a) *bestehender Haufen.*

Erd|höh|le, die: *natürliche od. künstliche Höhle unter der Erde* (2).

rd|hü|gel, der: vgl. Erdhaufen.

Erd|hund, der (Jagdw.): *Hund, der bei der Jagd zum Aufstöbern von Tieren in ihren Bauen* (5 a) *verwendet wird* (z. B. Dackel, Foxterrier).

er|dich|ten ⟨sw. V.; hat⟩ [mhd. ertihten] (geh.): *sich mithilfe der Fantasie etw.* [*Unwahres*] *ausdenken, erfinden:* eine Ausrede e.

er|dig ⟨Adj.⟩ [im 15. Jh. erdic]: **a)** *aus Erde* (1 a) *bestehend, Erde enthaltend; die Eigenschaft von Erde aufweisend:* eine -e Masse; ein -er Boden; -e Säuerlinge (*kohlensäurehaltige Mineralwässer*); **b)** (geh.) *mit Erde* (1 a) *beschmutzt, bedeckt:* -e Hände, Stiefel; **c)** *nach Erde* (1 a) *schmeckend, riechend; im Geschmack, Geruch an Erde erinnernd:* ein -er Moselwein.

Erd|in|ne|re, das: *unter der Erdkruste gelegenes Inneres der Erde* (5).

Erd|ka|bel, das: *unterirdisch verlegtes Kabel.*

Erd|kampf, der (Milit.): *Bodengefecht.*

Erd|kar|te, die: *Landkarte, die die ganze Erde* (5) *darstellt.*

Erd|kern, der: *aus Metallen bestehender innerster Kern der Erde* (5).

Erd|klum|pen, der: vgl. Erdbrocken.

Erd|kreis, der (dichter.): *Welt.*

Erd|krö|te, die: *in Europa vorkommende braune od. graue Kröte.*

Erd|krus|te, die ⟨o. Pl.⟩: *äußerste, spröde u. feste Schicht der Erde* (5): die E. ist etwa 30 km dick.

Erd|ku|gel, die: **a)** *die Erde* (5) *als kugelförmiger Planet;* **b)** *Globus.*

Erd|kun|de, die ⟨o. Pl.⟩: *Geographie:* er hat die Note 5 in E. (*im Schulfach Erdkunde*).

Erd|kun|de|un|ter|richt, der: *Unterricht im Schulfach Erdkunde.*

erd|kund|lich ⟨Adj.⟩: *geographisch.*

Erd|lei|tung, die (Elektrot.): *Erde* (6).

Erd|ling, der; -s, -e [viell. nach engl. earthing = Erdbewohner, bes. aus der Sichtweise von »Außerirdischen«] (scherzh.): *Erdbewohner.*

Erd|loch, das: *Loch in der Erde* (2): in ein E. fallen.

erd|ma|gne|tisch ⟨Adj.⟩: *den Erdmagnetismus betreffend, auf ihm beruhend:* -es Feld.

Erd|ma|gne|tis|mus, der (Physik): *Wirksamkeit des Magnetfelds der Erde* (5).

Erd|männ|chen, das: 1. *Kobold, Alraune* (2). 2. (*zu den Schleichkatzen gehörendes*) *kleines, in Bauen* (5 a) *lebendes Tier mit braunem Fell, spitzer Schnauze u. langem, dünn behaartem Schwanz.*

Erd|mas|sen ⟨Pl.⟩: *große Mengen von Erde* (1 a).

Erd|maus, die: *graubraune Wühlmaus.*

Erd|me|tall, das (Chemie): *Element der III. Hauptgruppe des Periodensystems der chemischen Elemente.*

Erd|mit|tel|al|ter, das: *Mesozoikum.*

Erd|mit|tel|punkt, der ⟨o. Pl.⟩: *Mittelpunkt der Erde* (5).

erd|nah ⟨Adj.⟩ (Astron.): **a)** *der Erdkugel* (a) *nah;* **b)** (dichter.) *erdverbunden.*

Erd|nä|he, die (Astron.): *Perigäum.*

Erd|neu|zeit, die: *Känozoikum.*

Erd|nuss, die: **a)** (*zu den Schmetterlingsblütlern gehörende*) *in Tropen u. Subtropen wachsende Pflanze mit eiförmigen Fiederblättchen u. gelben Blüten, aus denen sich (an einem langen, in die Erde wachsenden Stiel) längliche Hülsenfrüchte entwickeln, die meist zwei ölhaltige, essbare Samen enthalten;* **b)** *Hülsenfrucht, Samenkern der Erdnuss* (a): gesalzene Erdnüsse.

Erd|nuss|but|ter, die: *Brotaufstrich aus gemahlenen Erdnüssen.*

Erd|nuss|öl, das: *aus Erdnüssen gewonnenes, hochwertiges Speiseöl.*

Erd|ober|flä|che, die ⟨o. Pl.⟩: *Oberfläche der Erdkugel.*

Erd|öl, das: *durch* [*Tief*]*bohrung geförderter, dickflüssiger, fettiger Rohstoff von meist schwärzlicher Färbung:* E. fördern; nach E. bohren; die E. exportierenden, produzierenden Staaten; die E. fördernden, verbrauchenden Länder.

Erd|öl|boh|rung, die: *Bohrung nach Erdöl.*

Erd|öl|che|mie, die: *Petrolchemie.*

er|dol|chen ⟨sw. V.; hat⟩ (geh.): *mit einem Dolch, einer Stichwaffe töten.*

Erd|öl|er|zeu|ger, der: *Staat, der Erdöl fördert.*

Erd|öl ex|por|tie|rend: s. Erdöl.

Erd|öl|feld, das: *Gebiet, in dem Erdöl vorkommt.*

Erd|öl|för|der|län|der ⟨Pl.⟩: *Erdöl fördernde Länder.*

Erd|öl för|dernd: s. Erdöl.

Erd|öl|för|de|rung, die: *Förderung von Erdöl.*

erd|öl|höf|fig ⟨Adj.⟩: *ein reiches Erdölvorkommen versprechend.*

Erd|öl|kri|se, die: *Ölkrise.*

Erd|öl|la|ger, das, **Erd|öl|la|ger|stät|te,** die: *Lagerstätte von Erdöl.*

Erd|öl|lei|tung, die: *Rohrleitung, in der Rohöl transportiert wird; Pipeline.*

Erd|öl|preis, der: *Preis für Erdöl.*

Erd|öl|pro|dukt, das: *Produkt, für dessen Herstellung Erdöl der Grundstoff ist.*

Erd|öl pro|du|zie|rend: s. Erdöl.

Erd|öl|raf|fi|ne|rie, die: *Betrieb, der Rohöl zu Treibstoffen, Schmier- u. Heizölen verarbeitet.*

Erd|öl|ver|ar|bei|tung, die: *Verarbeitung von Erdöl.*

Erd|öl ver|brau|chend: s. Erdöl.

Erd|öl|vor|kom|men, das: *Vorkommen an Erdöl.*

Erd|reich, das: *Erde* (1 a) *als Grundlage des Pflanzenwachstums:* steiniges E.

er|dreis|ten, sich ⟨sw. V.; hat⟩ (geh.): *so dreist sein, etw. Bestimmtes zu tun:* der Schüler erdreistete sich, wortlos zu gehen.

Erd|rin|de, die: *Erdkruste.*

er|dröh|nen ⟨sw. V.; ist⟩: **a)** *dröhnend ertönen, widerhallen;* [*plötzlich*] *zu dröhnen beginnen:* die Glocken erdröhnen; **b)** *dröhnend zu beben beginnen:* die Erde erdröhnte.

er|dros|seln ⟨sw. V.; hat⟩: *durch Zuschnüren od. Zudrücken der Kehle gewaltsam töten:* er hat sein Opfer [mit einem Strick] erdrosselt.

Er|dros|se|lung, (seltener:) **Er|dross|lung,** die; -, -en: *das Erdrosseln.*

Erd|ro|ta|ti|on, die: *Erdumdrehung.*

er|drü|cken ⟨sw. V.; hat⟩ [1: mhd. erdrücken]: 1. [*durch zu großes Gewicht, Druck o. Ä.*] *zu Tode drücken:* die Boa erdrückt ihre Beute. 2. *durch ein Übermaß sehr stark belasten* [*und in der Existenz gefährden*]: von Sorgen [fast] erdrückt werden. 3. *durch Größe, Auffälligkeit, Bedeutsamkeit o. Ä. jmdn., etw. anderes in seiner Wirkung nicht zur Geltung kommen lassen:* das Bildchen wird von der Tapete völlig erdrückt.

er|drü|ckend ⟨Adj.⟩: *überwältigend, übermächtig, zu stark od. groß:* -es Beweismaterial; die Übermacht war e.

Erd|rutsch, der: [*plötzliche*] *Abwärtsbewegung großer Erdmassen an einem Hang:* die schweren Regenfälle hatten einen E. ausgelöst, verursacht; Ü die Partei erlebte bei den letzten Wahlen einen E. (*hatte erhebliche Stimmenverluste*).

erd|rutsch|ar|tig ⟨Adj.⟩: *in der Art eines Erdrutsches, einem Erdrutsch gleichkommend:* Ü ein -er (*sehr hoher*) Sieg; -e (*erhebliche, sehr große*) Verluste.

Erd|rutsch|sieg, der: *sehr hoher Wahlsieg.*

Erd|sa|tel|lit, der: *natürlicher od. künstlicher Himmelskörper, der die Erde* (5) *umkreist.*

Erd|schat|ten, der: *Schatten, den die von der Sonne beschienene Erde* (5) [*auf den Mond*] *wirft.*

Erd|schicht, die: **a)** [*dünne*] *Schicht Erde* (1 a); **b)** (Geol.) *einheitliche Ablagerungsschicht.*

Erd|schlipf, der (schweiz.): *Erdrutsch.*

Erd|schol|le, die: vgl. Erdbrocken.

Erd|spal|te, die: *Spalte in der Erde* (2).

Erd|stoß, der: *stoßartige Erschütterung der Erdkruste.*

Erd|strah|len ⟨Pl.⟩: 1. (Physik) *Alpha-, Beta- u. Gammastrahlen aus radioaktiven Bestandteilen des Bodens od. Gesteins.* 2. *physikalisch nicht nachweisbare Strahlen, die Einfluss auf Menschen u. Tiere haben sollen.*

Erd|teil, der: *große zusammenhängende Landmasse mit vorgelagerten Inseln; Kontinent:* nach vielen Berufsjahren in allen -en; * **der Schwarze E.** (*Afrika*).

Erd|tra|bant, der: **a)** (selten) *Erdsatellit;* **b)** ⟨o. Pl.⟩ (geh.) *Mond der Erde* (5).

er|dul|den ⟨sw. V.; hat⟩ [mhd. erdulden]: *etw.* (*Unangenehmes, Schweres, Schreckliches*) *mit Geduld* [*u. Tapferkeit*] *auf sich nehmen, über sich ergehen lassen:* Leid, Demütigungen e.

Erd|um|dre|hung, die: *Drehung der Erde* (5) *um die eigene Achse.*

Erd|um|fang, der: *Umfang der Erdkugel* (a).

Erd|um|krei|sung, die: *Umkreisung der Erde* (5) *von Satelliten o. Ä.*

Erd|um|lauf, der: vgl. Erdumkreisung.

Erd|um|lauf|bahn, die: *kreisförmige od. elliptische Bahn* [*eines Satelliten*] *um die Erde* (5): die Rakete wurde in eine E. geschossen.

Erd|um|se|ge|lung (seltener), **Erd|um|seg|lung,** die: *Fahrt mit dem Segelboot rund um die Erde* (5).

erd|um|span|nend ⟨Adj.⟩: *die ganze Erde* (5) *umspannend, einbeziehend.*

Er|dung, die; -, -en: 1. ⟨o. Pl.⟩: *das Erden.* 2. *Strom leitende Verbindung zwischen einem elektrischen Gerät u. dem Erdboden.*

Erd|ur|zeit, die ⟨o. Pl.⟩: *Archaikum.*

erd|ver|bun|den ⟨Adj.⟩ (geh.): *der Erde* (1 a), *dem Irdischen verhaftet; naturverbunden; bodenständig.*

Erd|wall, der: *künstlich aufgeschütteter Wall aus Erde* (1 a).

Erd|wär|me, die: *Wärme des Erdkörpers, die sich aus der Wärme des Erdinnern u. aus der Sonneneinstrahlung zusammensetzt.*

Erd|zeit|al|ter, das (Geol.): *Ära der Erdgeschichte.*

Ere|bos [auch: 'ɛ...], **Ere|bus,** der; - [lat. Erebus < griech. Érebos]: *Unterwelt; Reich der Toten in der griechischen Sage.*

-e|rei, die; -, -en ⟨Bildungen oft ugs. abwertend⟩: 1. drückt in Bildungen mit substantivierten Infinitiven (durch Anhängen an den Verbstamm) aus, dass etw. andauert od. sich wiederholt: Vorsagerei, Klingeldrückerei. 2. bezeichnet in Bildungen mit Substantiven ein Verhalten, Tun, das den darin angesprochenen Personen entspricht, ähnelt: Lumperei, Fantasterei.

er|ei|fern, sich ⟨sw. V.; hat⟩: *in Eifer geraten, leidenschaftlich u. erregt mit Worten für etw. eintreten:* sich im Gespräch e.

Er|ei|fe|rung, die; -, -en: *das Sichereifern.*

er|eig|nen, sich ⟨sw. V.; hat⟩ [unter Anlehnung an ↑eignen zu mhd. (er)öugen, ahd. (ir)ougen = vor Augen stellen, zeigen]: *geschehen, sich zutragen, sich abspielen:* es hat sich nichts Besonderes ereignet.

Er|eig|nis, das; -ses, -se: *besonderer, nicht alltäglicher Vorgang, Vorfall; Geschehnis:* ein trauriges, bedeutendes, historisches E.; die Duplizität der -se; das Konzert war ein E. *(etwas ganz Besonderes)* für unsere Stadt; R große -se werfen ihre Schatten voraus (nach dem von Lord Byron als Motto gewählten Vers des schott. Schriftstellers Thomas Campbell [1777–1844]: coming events cast their shadows before); * **ein freudiges E.** (verhüll.; *die Geburt eines Kindes*).

er|eig|nis|los ⟨Adj.⟩: *ohne besondere, bemerkenswerte Ereignisse:* ein -er Tag.

er|eig|nis|reich ⟨Adj.⟩: *reich an Ereignissen, Abwechslungen:* ein -er Urlaub, Tag.

er|ei|len ⟨sw. V.; hat⟩ (geh.): *(als etw. Unangenehmes) plötzlich u. überraschend erreichen, hart treffen:* die Nachricht ereilte ihn bei der Abreise; der Tod hat sie ereilt *(sie ist [plötzlich] gestorben).*

erek|til ⟨Adj.⟩ [zu lat. erectum, 2. Part. von: erigere, ↑erigieren] (Med.): *zur Erektion fähig:* -e Organe.

Erek|ti|on, die; -, -en [lat. erectio = Aufrichtung]: *durch Blutstauung bedingte Versteifung u. Aufrichtung von Organen, die mit Schwellkörpern versehen sind, bes. vom männlichen Glied.*

Ere|mit, der; -en, -en [lat. eremita < griech. erēmítēs, zu: erēmos = verlassen; einsam]: **a)** *jmd., der aus religiösen Gründen von der Welt abgeschieden lebt; Einsiedler, Klausner;* **b)** *allein u. zurückgezogen lebender Mensch.*

Ere|mi|ta|ge [eremiˈtaːʒə], die; -, -n [frz. ermitage]: *abseits gelegene Grotte od. Nachahmung einer Einsiedelei in Parkanlagen des 18. Jh.s.*

Ere|mi|ten|da|sein, das (geh.): *Leben eines zurückgezogen lebenden Menschen.*

Eren, Ern, der; -, - [mhd. er(e)n = Fußboden, Tenne, ahd. erin, arin; vgl. anord. arinn = Erhöhung, Podium; Herd, Feuerstelle] (landsch.): *Hausflur, Hausgang.*

er|er|ben ⟨sw. V.; hat⟩ (veraltet): *erben* (1 a, 2).

er|erbt ⟨Adj.⟩: **1.** *als [materielles] Erbe hinterlassen bekommen:* ein -es Haus, Grundstück. **2.** *als Veranlagung, Begabung von den Eltern, Vorfahren mitbekommen:* eine -e Krankheit.

er|fahr|bar ⟨Adj.⟩: *sich erkennen, erfahren lassend.*

[1]**er|fah|ren** ⟨st. V.; hat⟩ [mhd. ervarn, ahd. irfaran, urspr. = reisen, durchfahren, erreichen]: **1.** *Kenntnis erhalten; zu wissen bekommen:* etw. frühzeitig, zu spät e.; sie erfuhr Näheres, Genaueres aus dem Brief; wie wir aus zuverlässiger Quelle erfahren, ist noch nichts entschieden; er konnte keine Einzelheiten über die Person e. *(in Erfahrung bringen, ausfindig machen).* **2. a)** (geh.) *an sich selbst erleben, zu spüren bekommen:* Glück, Leid, nichts als Undank, manche Demütigung e.; ich habe es am eigenen Leibe erfahren; **b)** (verblasst) *in irgendeiner Weise behandelt, verändert werden; eine Behandlung, Veränderung mitmachen, erleiden:* das Buch soll eine Überarbeitung e. *(soll überarbeitet werden);* der Umsatz hat eine Steigerung e. *(ist gestiegen).*

[2]**er|fah|ren: 1.** [1,3]erfahren. **2.** ⟨Adj.⟩ *reich an Erfahrungen, Routine, Kenntnissen; kundig, versiert:* ein -er Arzt; sie ist auf ihrem Gebiet sehr e.

[3]**er|fah|ren** ⟨st. V.; hat⟩: *durch Fahren erlangen, in seinen Besitz bringen:* eine Medaille e.

Er|fah|ren|heit, die; -: *das Reichsein an Erfahrungen* (1).

Er|fah|rung, die; -, -en [mhd. ervarunge, auch: Durchwanderung; Erforschung]: **1.** ⟨Pl. selten⟩ *bei praktischer Arbeit od. durch Wiederholen einer Sache gewonnene Kenntnis; Routine:* sie hat viel E. auf diesem Gebiet; wir müssen uns seine -en zunutze machen; über reiche, langjährige -en verfügen. **2.** *Erleben, Erlebnis, durch das jmd. klüger wird:* die E. hat gezeigt, dass Fehler unvermeidlich sind; -en sammeln, austauschen; mit ihr habe ich schlechte -en gemacht; ich habe da so meine -en [gemacht] (ugs.; *bin durch Schaden klug geworden*); nach den -en der letzten Jahre; das weiß ich aus eigener E.; Spr E. ist die beste Lehrmeisterin. **3.** (Philos.) *durch Anschauung, Wahrnehmung, Empfindung gewonnenes Wissen als Grundlage der Erkenntnis.* **4.** * **etw. in E. bringen** *(durch Nachforschen erfahren):* hast du ihre Anschrift in E. bringen können?

Er|fah|rungs|aus|tausch, der: *gegenseitiges Mitteilen von Erfahrungen.*

Er|fah|rungs|be|reich, der: *Bereich, in dem ein Mensch Erfahrungen gemacht hat od. machen kann.*

Er|fah|rungs|be|richt, der: *Bericht über Erfahrungen, die jmd. auf einem Gebiet gemacht hat.*

er|fah|rungs|ge|mäß ⟨Adv.⟩: *aufgrund von Erfahrung, der Erfahrung nach.*

Er|fah|rungs|sa|che, die ⟨o. Pl.⟩ (ugs.): *Sache der praktischen Erfahrung u. nicht des theoretischen Wissens:* der Umgang mit dieser Maschine ist reine E.

Er|fah|rungs|schatz, der: *Summe der Erfahrungen, die jmd. gemacht hat, über die er verfügt.*

Er|fah|rungs|wert, der: *[Durchschnitts]zahl, die jmd. aufgrund von Erfahrungen u. nicht durch exakte Messungen gewonnen hat.*

er|fass|bar ⟨Adj.⟩: *sich erfassen (3, 4) lassend.*

er|fas|sen ⟨sw. V.; hat⟩: **1. a)** (selten) *[mit den Händen] ergreifen u. festhalten:* den Ertrinkenden am Arm e.; Ü die Scheinwerfer erfassten uns; **b)** *durch seine eigene Bewegung [gewaltsam] mitnehmen, mit sich reißen:* der Schwimmer wurde von einem Strudel erfasst. **2.** *(von einem Gefühl, einer Gemütsbewegung o. Ä.) [plötzlich] ergreifen u. für eine Weile in einem gewissen Zustand belassen; packen, überkommen:* Ekel, Angst, Freude, Mitleid erfasste ihn. **3.** *einen umfassenden Eindruck von etw. ins Bewusstsein aufnehmen; das Wesentliche einer Sache verstehen, begreifen:* etw. intuitiv e.; die Situation sofort e.; du hast es erfasst! (ugs.; *du hast es ganz richtig verstanden*). **4. a)** *(eine Personen- od. Sachgruppe) unter bestimmten Gesichtspunkten u. zu einem bestimmten Zweck ermitteln u. registrieren:* eine Bevölkerungsschicht, einen Sachverhalt statistisch e.; **b)** *mit einbeziehen, berücksichtigen:* die Versicherung erfasst auch die Angestellten.

Er|fas|sung, die; -, -en: *das Erfassen* (3, 4).

er|fech|ten ⟨st. V.; hat⟩ [mhd. ervehten]: *durch Kämpfen erlangen, bekommen; erkämpfen:* [sich ⟨Dativ⟩] den Sieg e.

er|fin|den ⟨st. V.; hat⟩ [mhd. ervinden, ahd. irfinden = entdecken, erfahren]: **1.** *durch Forschen u. Experimentieren etw. Neues, bes. auf technischem Gebiet, hervorbringen:* eine Maschine e. **2.** *sich (etw. Unwahres, Unwirkliches) ausdenken; fantasieren:* eine Ausrede, Geschichte e.; die Gestalten dieses Romans sind frei erfunden.

Er|fin|der, der; -s, -: *jmd., der etw. erfindet* (1), *einen Gegenstand, eine Verfahrensweise, einen neuen Gedanken o. Ä. als Erster hervorbringt:* Gutenberg war der E. der Buchdruckerkunst; R das ist nicht im Sinne des -s (ugs.; *das ist nicht so gedacht gewesen*).

Er|fin|der|geist, der ⟨o. Pl.⟩: *Fähigkeit, Neues zu schaffen od. [praktische] Probleme auf eine neue Art u. Weise zu lösen.*

Er|fin|de|rin, die; -, -nen: w. Form zu ↑Erfinder.

er|fin|de|risch ⟨Adj.⟩: *reich an Einfällen; stets in der Lage, eine Lösung für ein [praktisches] Problem zu finden:* er ist ein -er Kopf.

er|find|lich ⟨Adj.⟩: in der Verbindung **nicht e. sein** *(nicht erkennbar, ersichtlich, verständlich sein):* warum er es tat, ist nicht e.

Er|fin|dung, die; -, -en: **1. a)** ⟨o. Pl.⟩ *das Erfinden* (1): die E. der Dampfmaschine durch James Watt; **b)** *etw. Erfundenes, neu Hervorgebrachtes:* eine bahnbrechende E.; eine E. machen *(etw erfinden* 1). **2.** *etwas, was ausgedacht ist, nicht auf Wahrheit od. Realität beruht:* sie wies diese Aussage als [eine] reine E. zurück.

Er|fin|dungs|ga|be, die ⟨o. Pl.⟩: *Erfindergeist, Einfallsreichtum.*

er|fin|dungs|reich ⟨Adj.⟩: *reich an erfinderischen Einfällen.*

Er|fin|dungs|reich|tum, der ⟨o. Pl.⟩: *das Erfindungsreichsein; Fülle erfinderischer Einfälle.*

er|fle|hen ⟨sw. V.; hat⟩ [mhd. ervlēhen] (geh.): *mit flehenden Bitten zu erlangen suchen:* Gottes Segen, jmds. Verzeihung e.

Er|folg, der; -[e]s, -e [rückgeb. aus ↑erfolgen]: *positives Ergebnis einer Bemühung; Eintreten einer beabsichtigten, erstrebten Wirkung:* ein durchschlagender E.; ein E. versprechender Plan; der E. gab ihr Recht; der E. blieb aus; die Aufführung war ein voller E. *(war sehr erfolgreich);* der E. (ugs. iron.; *die Folge*) war, dass wir zu spät kamen; keinen E. haben; sie hat sich mit E. beschwert; seine Anstrengungen waren von E. gekrönt.

er|fol|gen ⟨sw. V.; ist⟩ [mhd. ervolgen = erreichen refl. = sich zutragen]: *als Folge von etw. geschehen, eintreten, vor sich gehen:* der Tod erfolgte wenig später; auf das Klingeln erfolgte nichts; ⟨oft verblasst:⟩ es ist noch keine Antwort erfolgt *(es ist noch nicht geantwortet worden);* Ihr Eintritt kann sofort e. *(Sie können sofort eintreten),* nach erfolgter *(durchgeführter)* Montage fuhr er sofort los.

er|folg|ge|krönt ⟨Adj.⟩ (geh.): *nach langen Bemühungen schließlich mit einem Erfolg abschließend:* ein -es Vorgehen.

er|folg|los ⟨Adj.⟩: *ohne Erfolg, ohne positives Ergebnis; vergeblich:* -e Versuche; e. bleiben.

Er|folg|lo|sig|keit, die; -: *das Erfolglossein.*

er|folg|reich ⟨Adj.⟩: **a)** *sich durch viele Erfolge auszeichnend:* ein -er Forscher; **b)** *ein positives Ergebnis aufweisend:* eine -e Politik.

Er|folgs|aus|sicht, die ⟨meist Pl.⟩: *Wahrscheinlichkeit eines Erfolges.*

Er|folgs|au|tor, der: *jmd., der erfolgreiche Bücher schreibt.*

Er|folgs|au|to|rin, die: w. Form zu ↑Erfolgsautor.

Er|folgs|be|tei|li|gung, die: *finanzielle Beteiligung von Betriebsangehörigen am Erfolg des Unternehmens.*

Er|folgs|bi|lanz, die: *Erfolge, erfolgreiche Unternehmungen aufweisende Bilanz* (b): seine E. reicht von zehn Meistertiteln bis zur olympischen Goldmedaille.

Er|folgs|chan|ce, die: *Erfolgsaussicht.*

Er|folgs|er|leb|nis, das: *freudiges, Auftrieb gebendes Gefühl der Selbstbestätigung beim Gelingen von etw., was nicht leicht zu schaffen, zu bewältigen war.*

Er|folgs|ho|no|rar, das: *Honorar, dessen Höhe sich nach dem Erfolg des Produktes richtet.*

Er|folgs|kurs, der ⟨o. Pl.⟩ (Jargon): *Weg zum Erfolg:* eine Mannschaft auf E. bringen *(ihr wieder zum Erfolg zu verhelfen).*

er|folgs|ori|en|tiert ⟨Adj.⟩: *in erster Linie auf Erfolg, auf Karriere o. Ä. ausgerichtet; stets auf Erfolg bedacht:* -e Schüler.

Er|folgs|re|zept, das: *Verfahrensweise, die immer wieder zum Erfolg führt.*

Er|folgs|se|rie, die: **1.** (Sport) *Serie* (3) *von Erfolgen.* **2.** *erfolgreiche Serie* (2).

er|folgs|ver|wöhnt ⟨Adj.⟩: *aufgrund zahlreicher Erfolge selbstsicher, sich überlegen gebend.*

Er|folgs|zwang, der: *in einer bestimmten Situation sich ergebender Zwang, Erfolge zu haben, erfolgreich zu sein:* jmdn. unter E. setzen; unter E. stehen.

er|folg|ver|spre|chend ⟨Adj.⟩: *einen Erfolg erwarten lassend:* die Pläne erscheinen uns wenig e.

er|for|der|lich ⟨Adj.⟩: *für einen bestimmten Zweck unbedingt notwendig; unerlässlich:* die

-en Mittel; die Einwilligung der Eltern ist e.; ⟨subst.:⟩ alles Erforderliche veranlassen.

r|for|der|li|chen|falls ⟨Adv.⟩ (Papierdt.): *falls nötig, falls erforderlich:* e. wird die Polizei eingeschaltet.

r|fọr|dern ⟨sw. V.; hat⟩ [mhd. ervordern = fordern; vor Gericht einklagen]: *als Voraussetzung zur Verwirklichung einer Sache unbedingt notwendig machen:* dieses Projekt erfordert viel Geld, Zeit; das erfordert *(macht nötig)*, dass alle Kräfte eingesetzt werden; das erfordert *(dazu braucht man)* schon etwas Mut.

r|fọr|der|nis, das; -ses, -se: *erforderliche Bedingung, Voraussetzung:* ein wichtiges E. für etwas sein; finanzielle, materielle -se *(Ansprüche).*

r|fọr|schen ⟨sw. V.; hat⟩ [mhd. ervorschen]: *[wissenschaftlich] genau untersuchen mit dem Ziel, möglichst viele Erkenntnisse zu erlangen; forschend ergründen:* unbekannte Länder e.; die Hintergründe, Zusammenhänge e.; sein Gewissen e. *(sich genau prüfen).*

r|fọr|scher, der; -s, -: *jmd., der etw. erforscht, ergründet:* der E. der Antarktis.

r|fọr|sche|rin, die; -, -nen: w. Form zu ↑Erforscher.

r|fọr|schung, die; -, -en: *das Erforschen:* die E. des Weltalls.

r|fra|gen ⟨sw. V.; hat⟩: *durch Fragen in Erfahrung bringen od. zu erfahren suchen:* den Weg e.

r|frẹ|chen, sich ⟨sw. V.; hat⟩ (geh.): *sich erdreisten:* (iron.:) ich habe mich nur erfrecht, die Wahrheit zu sagen.

r|freu|en ⟨sw. V.; hat⟩ [1: mhd. ervröuwen, ahd. irfreuwen]: **1. a)** *jmdm. Freude bereiten; in frohe Stimmung versetzen:* jmdn. mit einem Geschenk e.; sein Besuch hat mich sehr erfreut; über diese Ehrung bin ich sehr erfreut *(freue ich mich sehr);* sehr erfreut! (veraltend; formelhafte Wendung bei der Vorstellung); **b)** ⟨e. + sich⟩ *bei od. über etw. Freude empfinden:* ich erfreute mich an den Blumen. **2.** ⟨e. + sich⟩ (geh.) *etw. [voller Freude] genießen, im glücklichen Besitz von etw. sein:* der Politiker erfreut sich des Vertrauens der Wähler; sich großer Beliebtheit e. *(sehr beliebt sein).*

r|freu|lich ⟨Adj.⟩: *freudig stimmend, angenehm:* eine -e Nachricht; ⟨subst.:⟩ ich konnte leider nur wenig Erfreuliches berichten.

r|freu|li|cher|wei|se ⟨Adv.⟩: *zum Glück, glücklicherweise:* e. passierte ihr nichts.

r|frie|ren ⟨st. V.⟩ [mhd. ervriesen, vgl. frieren]: **1. a)** *durch übermäßige Frosteinwirkung umkommen* ⟨ist⟩: im Krieg sind viele Soldaten erfroren; Ü völlig erfroren *(vor Kälte starr, durchgefroren)* kamen sie nach Hause; **b)** *(von Gliedmaßen od. deren Teilen) durch Frosteinwirkung absterben* ⟨ist⟩: dem Bergsteiger sind zwei Zehen erfroren; **c)** ⟨e. + sich (Dativ)⟩ *durch Frosteinwirkung an Gliedmaßen geschädigt werden* ⟨hat⟩: ich habe mir die Ohren erfroren; **d)** *durch Frosteinwirkung eingehen* ⟨ist⟩: die Geranien sind über Nacht erfroren; **e)** *(von bestimmten pflanzlichen Nahrungsmitteln) durch Frosteinwirkung verderben* ⟨ist⟩: die Äpfel sind im Keller erfroren. **2.** *starr werden, erstarren* ⟨ist⟩: das Lächeln erfror ihr auf den Lippen.

r|frie|rung, die; -, -en: *Schädigung durch übermäßige Frosteinwirkung:* sich -en dritten Grades zuziehen.

Er|frie|rungs|tod, der: *Tod durch übermäßige Frosteinwirkung.*

er|frị|schen ⟨sw. V.; hat⟩ [1 a: mhd. ervrischen]: **1. a)** *neu beleben, jmdm. neue Frische bringen:* die Rast hat den Fahrer erfrischt; erfrischende Getränke; **b)** *geistig anregen, jmdm. neuen Schwung geben:* sie hat einen erfrischenden Humor; ihre Offenheit war erfrischend. **2.** ⟨e. + sich⟩ *sich durch äußerliche Mittel od. den Verzehr von etw. Kühlem od. Belebendem frisch machen, neu beleben:* sich mit einem Bad, einem Kaffee e.

Er|frị|schung, die; -, -en: **1.** *das Erfrischen* (1 a): die E. des Körpers durch ein Bad. **2. a)** *etw., wodurch jmd. sich erfrischt:* die Dusche war eine angenehme E.; **b)** *meist kühles, erfrischendes Getränk, kühle od. aus frischen Zutaten bestehende Speise:* es wurden -en gereicht.

Er|frị|schungs|ge|tränk, das: *alkoholfreies, aus Säften, Fruchtauszügen, Mineralwasser o. Ä. bestehendes, kühles Getränk.*

Er|frị|schungs|stand, der: *Stand, an dem Erfrischungen, Süßigkeiten, Bier o. Ä. verkauft werden.*

Er|frị|schungs|tuch, das: *kleines, wohlriechendes, feucht u. luftdicht verpacktes Papiertuch zur Erfrischung u. Reinigung von Händen u. Gesicht.*

er|fụ̈ll|bar ⟨Adj.⟩: *sich erfüllen (3) lassend; sich erfüllen (4) könnend:* ein schwer -er Wunsch.

er|fụ̈l|len ⟨sw. V.; hat⟩ [mhd. erfüllen, ahd. irfullen]: **1. a)** *[sich ausbreitend einen Raum allmählich] ganz u. gar [aus]füllen:* Qualm erfüllte das Zimmer; der ganze Raum war von betäubendem/mit einem betäubenden Duft erfüllt; **b)** *mit etw. ausfüllen:* die Kinder erfüllten das Haus mit Leben. **2. a)** *innerlich ganz in Anspruch nehmen, stark beschäftigen, von jmds. Gemüt od. Denken Besitz ergreifen:* Zorn, Freude erfüllte ihn; die neue Aufgabe erfüllte sie ganz; von Reiseeindrücken erfüllt sein; **b)** (geh.) *etw. in jmdm. aufkommen, entstehen lassen:* ihr Verhalten erfüllt mich mit Sorge. **3.** *einer Verpflichtung, Erwartung, Forderung o. Ä. ganz u. gar nachkommen, völlig entsprechen:* ein Versprechen, eine Pflicht e.; einem Kind jeden Wunsch e.; der Bewerber erfüllt die Bedingungen, Erwartungen nicht; damit ist der Tatbestand des Betrugs erfüllt (Rechtsspr.; *gegeben*). **4.** ⟨e. + sich⟩ *Wirklichkeit werden; eintreffen:* mein Wunsch, seine Prophezeiung hat sich erfüllt; er blickt auf ein erfülltes (geh.; *in seinen Anlagen u. Möglichkeiten verwirklichtes*) Leben zurück. **5.** (Math.) *stimmig, gültig machen:* welcher Wert für x erfüllt diese Gleichung?

Er|fụ̈llt|heit, die; -: *innerliches Erfülltsein, In-Anspruch-genommen-Sein.*

Er|fụ̈l|lung, die; -, -en: **1.** *inneres Erfülltsein von einer Sache, sodass das Denken u. Fühlen weitgehend davon beherrscht wird:* in einer Aufgabe E. finden. **2.** *das Erfüllen* (3): die E. meines Wunsches, des Vertrages. **3.** * **in E. gehen** *(Wirklichkeit werden):* mein Traum ging in E.

Er|fụ̈l|lungs|ge|hil|fe, der (bes. Rechtsspr.): *jmd., der für einen andern eine Leistung erbringt, zu der dieser verpflichtet ist:* der Malergeselle führt als E. den Auftrag aus; Ü (abwertend:) die Städte wehren sich dagegen, -n des Bundes zu sein.

er|fun|den: ↑erfinden.

Ẹr|furt: Stadt im südlichen Teil des Thüringer Beckens; Landeshauptstadt von Thüringen.

er|gän|zen ⟨sw. V.; hat⟩ [zu ↑ganz]: **1. a)** *durch Schließen entstandener Lücken wieder vollständig machen; durch Hinzufügen von etw. vervollständigen, bereichern:* seine Vorräte, eine Sammlung, das Lager e.; **b)** ⟨e. + sich⟩ *durch Schließen entstandener Lücken wieder vollständig werden:* der Vorstand ergänzt sich durch Zuwahl; **c)** *vervollständigend zu etw. hinzukommen:* Anmerkungen ergänzen den Text. **2.** *als zusätzliche, vervollständigende Feststellung o. Ä. äußern, vorbringen:* darf ich hierzu noch etwas e.?; eine ergänzende Bemerkung machen. **3.** *durch seine Eigenschaften, Fähigkeiten o. Ä. ausgleichen, was einem andern fehlt:* die Freunde, die Partner ergänzen sich/(geh.:) einander vortrefflich.

Er|gän|zung, die; -, -en: **1.** *das Ergänzen; das Ergänztwerden.* **2.** *etw., was etw. ergänzt.* **3.** *Objekt* (4): eine E. im 4. Fall.

Er|gän|zungs|ab|ga|be, die (Steuerw.): *(zu gewissen Zeiten erhobene) zusätzliche Steuer.*

Er|gän|zungs|band, der ⟨Pl. ...bände⟩ (Buchw.): *Buch, das Nachträge, Ergänzungen im Anschluss an ein [mehrbändiges] Werk bringt.*

Er|gän|zungs|bin|de|strich, der (Sprachw.): *Bindestrich, der bei zusammengesetzten od. abgeleiteten Wörtern anstelle eines gemeinsamen Bestandteils gesetzt wird.*

Er|gän|zungs|fra|ge, die: **1.** (Sprachw.) *Frage, die als Antwort nicht ein Ja od. ein Nein, sondern eine Ergänzung verlangt.* **2.** *zusätzliche, das Thema ergänzende Frage, z. B. im Parlament.*

Er|gän|zungs|heft, das: vgl. Ergänzungsband.

Er|gän|zungs|kom|man|do, das (österr.): *für die Einberufungen zum österreichischen Bundesheer zuständige Militärdienststelle.*

er|gạt|tern ⟨sw. V.; hat⟩ [eigtl. = aus einem Gatter od. über ein Gatter hinweg zu erlangen suchen] (ugs.): *sich (etw. Seltenes, knapp Gewordenes) mit Ausdauer, List od. Geschick verschaffen:* die letzten Eintrittskarten e.; eine Rolle e.

er|gau|nern ⟨sw. V.; hat⟩: *sich durch Betrug, Gaunerei verschaffen:* dieses Geld hast du [dir] doch ergaunert!

[1]er|ge|ben ⟨st. V.; hat⟩ [mhd. ergeben, ahd. irgeban]: **1. a)** *zum Resultat, zur Folge haben:* die Untersuchung ergab keinen Beweis ihrer Schuld; 60 geteilt durch 4 ergibt 15; die Nachprüfung hat ergeben, dass alles seine Ordnung hatte; **b)** ⟨e. + sich⟩ *aus etw. folgen; sich als Ergebnis zeigen:* eins ergibt sich aus dem andern; aus alledem ergibt sich, dass du Recht hattest; das hat sich so ergeben *(ist von allein so gekommen);* wenn es sich gerade ergibt *(wenn es gerade passt).* **2.** ⟨e. + sich⟩ **a)** *sich jmdm., einer Sache rückhaltlos hingeben, widmen:* sich dem Spiel, dem Alkohol, einer Leidenschaft e.; **b)** *sich fügen, etw. widerstandslos hinnehmen:* sich in sein Schicksal e.; **c)** *keinen Widerstand [mehr] leisten; kapitulieren:* er ergab sich der Polizei.

[2]er|ge|ben: 1. ↑[1]ergeben. **2.** ⟨Adj.⟩ **a)** *demütig zugeneigt, hingebungsvoll:* er ist ihr bedingungslos, blind e.; **b)** *ohne Widerstand; still resignierend:* ein -es Gesicht machen; **c)** *untertänig, devot:* sich e. verneigen; (veraltend; in Briefen:) Ihr sehr ergebener Markus Meier.

Er|ge|ben|heit, die; -: **a)** *Treue, Fügsamkeit, Hingegebensein:* jmdm. seine E. zeigen; **b)** *klagloses Sichfügen:* sein Schicksal mit E. tragen.

Er|ge|ben|heits|adres|se, die: *an eine führende Persönlichkeit gerichtete Adresse (2), mit der jmd. od. ein Personenkreis seine Ergebenheit bekunden will.*

Er|geb|nis, das; -ses, -se: **a)** *[un]beabsichtigte Folge einer Anstrengung, Unterlassung:* ein mageres, günstiges, positives E.; die Untersuchung hatte, brachte kein befriedigendes E., führte zu keinem E.; **b)** *etw., was durch Rechnung, Messung, Auszählung o. Ä. ermittelt wird:* das E. einer Mathematikaufgabe.

er|geb|nis|los ⟨Adj.⟩: *ohne Ergebnis [bleibend]:* die Verhandlungen wurden e. abgebrochen.

Er|geb|nis|lo|sig|keit, die; -: *das Ergebnislossein.*

Er|geb|nis|pro|to|koll, das: *Protokoll* (1 a), *das nur die wesentlichen Ergebnisse einer Sitzung o. Ä. [in der Art von Thesen] darstellt.*

er|geb|nis|reich ⟨Adj.⟩: *reich an Ergebnissen:* -e Forschungen.

Er|ge|bung, die; - [zu ↑[1]ergeben (2 b)] (geh.): *klagloses Sichfügen:* er trägt sein Los in stiller E.

er|ge|bungs|voll ⟨Adj.⟩ (geh.): *voll Ergebung:* e. stillhalten.

er|ge|hen ⟨unr. V.⟩ [mhd. ergān, ergēn = geschehen, sich vollenden, ahd. irgān = ausgehen, ereignen]: **1.** (geh.) *[offiziell] erlassen, an jmdn. gerichtet werden* ⟨ist⟩: ein neues Gesetz ist ergangen; an den Gelehrten erging ein Ruf in die USA. **2.** ⟨unpers.⟩ *jmdm. in bestimmter Weise geschehen, widerfahren* ⟨ist⟩: es ist ihr dort schlecht ergangen; ⟨subst.:⟩ sich nach jmds. Ergehen *(Los, Befinden)* erkundigen; * **etw. über sich e. lassen** *([geduldig] hinnehmen, mit sich geschehen lassen):* sie lässt alles ruhig, teilnahmslos über sich e. **3.** ⟨e. + sich⟩ *sich langatmig (in Worten od. Gedanken) mit etw. beschäftigen; sich über etw. verbreiten, umständlich äußern* ⟨hat⟩: sich in Vermutungen, Dankesworten e.; (oft abwertend:) man erging sich in langen Reden. **4.** ⟨e. + sich⟩ (geh.) *an einem Ort* *spazieren gehen, lustwandeln* ⟨hat⟩: die Damen ergingen sich im Park.

er|gie|big ⟨Adj.⟩: *ertragreich, viel ergebend; gute Ausbeute, großen Nutzen versprechend:* eine -e Kaffeesorte; das Thema war nicht besonders e.

Er|gie|big|keit, die; -: *das Ergiebigsein.*

er|gie|ßen ⟨st. V.; hat⟩ [mhd. ergiezen = aus-, vergießen]: **1.** ⟨e. + sich⟩ *in großer Menge irgendwohin fließen, strömen:* der Strom ergießt sich ins Meer; die Milch ergoss sich über ihn; Ü ein Schwall von Schimpfwörtern ergoss sich über sie. **2.** (geh.) *irgendwohin aussenden, verströmen:* die Sonne ergoss ein gleißendes Licht über das Tal.

er|glän|zen ⟨sw. V.; ist⟩ [mhd. erglenzen] (geh.): *glänzend aufleuchten; Glanz bekommen:* das Meer erglänzt in der Sonne.

er|glü|hen ⟨sw. V.; ist⟩ [mhd. erglüejen] (geh.): **a)** *zu glühen, glühend zu scheinen beginnen:* die Sterne erglühen; Ü in Liebe erglüht sein *(sich verliebt haben);* **b)** *rot werden:* vor Scham e.

er|go ⟨Adv.⟩ [lat.] (bildungsspr.): *also, folglich, demnach:* du hast es getan, e. musst du dafür geradestehen.

Er|go|me|ter, das; -s, - (Med.): *Gerät zur Messung der körperlichen Leistungsfähigkeit eines Menschen.*

Er|go|no|mie, Er|go|no|mik, die; - [engl. ergonomics, zu griech. érgon = Arbeit u. engl. economics = Volkswirtschaft(slehre)]: *Wissenschaft von den Leistungsmöglichkeiten u. -grenzen des arbeitenden Menschen sowie von der optimalen wechselseitigen Anpassung zwischen dem Menschen u. seinen Arbeitsbedingungen.*

er|go|no|misch ⟨Adj.⟩: *die Ergonomie betreffend, auf den Erkenntnissen der Ergonomie beruhend.*

Er|go|the|ra|pie, die; -, -n [zu griech. érgon = Arbeit u. ↑Therapie]: *Beschäftigungstherapie, bei der auch körperlich [u. geistig] gearbeitet werden muss.*

er|göt|zen ⟨sw. V.; hat⟩ [frühnhd. = sich erholen, mhd. ergetzen, ahd. irgetzen = vergessen machen, entschädigen] (geh.): **a)** *jmdm. Spaß, Vergnügen, Freude bereiten:* ihre Späße haben mich ergötzt; **b)** ⟨e. + sich⟩ *an etw. Vergnügen haben:* ich ergötzte mich an diesem Anblick.

Er|göt|zen, das; -s (geh.): *Vergnügen, Entzückung:* es geschah zum E. der Zuschauer.

er|götz|lich ⟨Adj.⟩ (geh.): *Vergnügen bereitend, vergnüglich:* eine -e Geschichte.

Er|göt|zung, die; -, -en (geh.): *Vergnügen, Zerstreuung.*

er|grau|en ⟨sw. V.; ist⟩: *grau[haarig] werden:* er, sein Haar begann zu e.; ⟨meist im 2. Part.:⟩ sie war schon leicht ergraut; ein im Dienst ergrauter *(alt gewordener)* Beamter.

er|grei|fen ⟨st. V.; hat⟩ [1 a: mhd. ergrīfen]: **1. a)** *mit der Hand nach einer Person, Sache greifen u. sie festhalten; [zu einem bestimmten Zweck] in die Hand nehmen:* ein Glas, jmds. Hand e.; ein Kind bei der Hand e.; er ergriff den Ertrinkenden beim Schopf; Ü die Flammen ergriffen das Haus; **b)** *festnehmen:* einen Dieb e.; der Täter konnte sofort ergriffen werden; **c)** (verblasst:) drückt den Entschluss zu etw., den Beginn von etw. aus: einen Beruf e. *(wählen);* die Initiative e. *(aktiv werden, zu handeln beginnen);* die Macht e. *(übernehmen).* **2. a)** *als [plötzliche] Empfindung in jmds. Bewusstsein dringen, als [plötzliches] Verhalten in jmdm. wirksam werden:* Reue, eine böse Ahnung, ein Gefühl der Freude ergreift mich; **b)** *erfassen, befallen; [schädigend] auf jmdn. eindringen, übergreifen:* von einer Krankheit ergriffen werden. **3.** *im Innersten bewegen; jmdm. nahe gehen:* ihr Schicksal, die Musik hat mich tief ergriffen; eine ergreifende Rede, Szene; [tief] ergriffen *(erschüttert)* sein.

Er|grei|fung, die; -, -en ⟨Pl. selten⟩: **1.** *das Ergreifen; Übernahme.* **2.** *Festnahme:* für die E. des Täters wurde eine Belohnung ausgesetzt.

er|grif|fen: ↑ergreifen.

Er|grif|fen|heit, die; -: *tiefe Gemütsbewegung unter dem Eindruck eines feierlichen Ereignisses, erhebenden Erlebnisses o. Ä.:* er versuchte seiner E. Herr zu werden; vor E. schweigen.

er|grim|men ⟨sw. V.; ist⟩ (geh.): *von Grimm, Zorn erfasst werden:* über etw. ergrimmt sein.

er|gründ|bar ⟨Adj.⟩: *sich in seinen Gründen, Ursachen erfassen lassend.*

er|grün|den ⟨sw. V.; hat⟩ [mhd. ergründen]: *in allen Einzelheiten, bis zum Ursprung erforschen:* die Ursache von etw. e.

Er|grün|dung, die; -, -en ⟨Pl. selten⟩: *das Ergründen.*

er|grü|nen ⟨sw. V.; ist⟩ [mhd. ergrüenen = grün machen] (geh.): *grün werden:* Bäume und Sträucher sind ergrünt.

Er|guss, der; -es, Ergüsse: **1.** (Med.) **a)** *Ansammlung von Flüssigkeit in einer Körperhöhle od. von Blut außerhalb der Blutbahn in den Weichteilen;* **b)** *Ejakulation.* **2.** (Geol.) **a)** *das Ausströmen flüssiger Lava bei Vulkanausbrüchen;* **b)** *ausgeströmte flüssige Lava.* **3.** (geh., oft iron.) *[wortreicher] Ausbruch von Gefühlen, Stimmungen o. Ä.:* ein poetischer E.

Er|guss|ge|stein, das (Geol.): *vulkanisches Gestein.*

er|ha|ben ⟨Adj.⟩ [mhd. erhaben; altes 2. Part. von: erheben = in die Höhe heben]: **1.** (bes. Fachspr.) *aus einer Fläche hervortretend, herausragend:* nur die -en Stellen der Platte erscheinen beim Druck. **2.** *durch seine Großartigkeit feierlich stimmend, weihevoll:* ein -es Gefühl; ein -er Anblick; R vom Erhabenen zum Lächerlichen ist nur ein Schritt (nach einem Ausspruch Napoleons auf seiner Flucht aus Russland). **3.** *überlegen; von etw. nicht mehr berührt:* über jeden Verdacht e. sein; seine Arbeit ist über jeden Zweifel e.; (abwertend:) er fühlt sich über alles e.

Er|ha|ben|heit, die; -, -en: **1.** (selten) *Erhöhung, kleine Erhebung:* eine E. des Bodens. **2.** ⟨o. Pl.⟩ *das Erhabensein; Würde.*

Er|halt, der; -[e]s (Papierdt.): **1.** *Empfang, Entgegennahme:* [jmdm.] den E. einer Ware, Lieferung, Sendung bestätigen; nach E. Ihres Schreibens. **2.** *Erhaltung von etw., was in seiner Existenz bedroht ist:* der E. der Buchhändlerschule.

er|hal|ten ⟨st. V.; hat⟩: **1. a)** *mit etw. bedacht, versehen werden; empfangen:* einen Orden e.; du erhältst, er erhielt das Buch als/zum Geschenk; **b)** *jmdm. (als Äquivalent, als Bezahlung o. Ä.) zuteil werden; (etwas, worauf man Anspruch hat) bekommen:* [keinen] Urlaub e.; sie erhält für einen Auftritt 6 000 Mark; Ü er hat den Lohn *(die Strafe)* für seine Untaten erhalten; **c)** *jmdm. zugestellt, übermittelt o. Ä. werden:* einen Brief, neue Nachrichten, ein Paket e.; **d)** *(als Strafe o. Ä.) hinnehmen müssen; bekommen:* einen Tadel, eine Strafe e.; er erhielt drei Jahre Gefängnis; **e)** *(an einer bestimmten Körperstelle) plötzlich von etw. getroffen werden:* sie erhielt einen Schlag auf den Kopf; **f)** *erteilt bekommen:* einen Auftrag, keine Aufenthaltsgenehmigung e.; [keine] Antwort e.; die Straße erhielt einen neuen Namen; **g)** *(eine bestimmte Vorstellung) gewinnen:* einen Eindruck, ein schiefes Bild von jmdm., etw. e.; **h)** *(als Endprodukt) aus etw. gewinnen:* Teer erhält man aus Kohle. **2.** *in seinem Bestand, Zustand bewahren:* Gemüse, Fleisch frisch e.; ich will mich durch Sport fit e.; nur einige konstitutionelle Monarchien haben sich noch erhalten *(bestehen noch);* diese Sitte hat sich erhalten; erhalte dir deine gute Laune!; ein Gebäude e. *(nicht verfallen lassen);* die Möbel sind gut erhalten; den Frieden e. *(aufrechterhalten);* davon ist nicht mehr viel erhalten *(übrig geblieben);* sie ist [noch recht] gut erhalten (scherzh.; *sieht für ihr Alter [noch] gut aus).* **3.** *unterhalten, ernähren:* eine große Familie zu e. haben; das Geschäft kann ihn gerade eben e. **4.** ⟨e. + 2. Part.; als Umschreibung des Passivs:⟩ etw. bestätigt, zugesprochen e.

er|hal|tens|wert ⟨Adj.⟩: *erhaltungswürdig:* ein -es Gebäude, Erbe.

er|hält|lich ⟨Adj.⟩: *zu erhalten, zu kaufen:* ein nicht mehr -es Präparat; dieser Artikel ist nur im Fachgeschäft e.

Er|hal|tung, die; -: **1.** *das Erhalten (2); Sicherung des weiteren Bestehens:* die E. eines Gebäudes, des Status quo, des Friedens; eine Kur dient der E. der Arbeitskraft; in der Physik gilt der Satz von der E. *(vom unveränderten Fortbestehen)* der Energie. **2.** *Ernährung, Versorgung:* sein Lohn ist zu gering zur E. der großen Familie.

Er|hal|tungs|kos|ten ⟨Pl.⟩: *Kosten für Ernährung Sicherung, Instandsetzung o. Ä.*

er|hal|tungs|wür|dig ⟨Adj.⟩: *wert, erhalten (2) zu werden:* ein -er Bau, Brunnen.

Er|hal|tungs|zu|stand, der: *Zustand, in dem sich eine Sache im Augenblick befindet:* der Wagen ist in bestem E.

er|han|deln ⟨sw. V.; hat⟩: **a)** *durch Handeln, Handel erwerben;* **b)** *aushandeln:* bessere Bedingungen e.

er|hän|gen ⟨sw. V.; hat⟩ [b: mhd. erhenken]: **a)** ⟨e. + sich⟩ *sich mit einem um den Hals gelegten Strick o. Ä. an etw. aufhängen u. dadurch Selbstmord begehen:* sich an einem Balken, in der Zelle, mit einem Koppel e.; **b)** *mit einem um den Hals gelegten Strick o. Ä. an etw. aufhängen u. dadurch töten:* man hat seinen Vater in den letzten Kriegstagen erhängt; ⟨subst.:⟩ jmdn. zum Tod durch Erhängen verurteilen.

Er|häng|te, der u. die; -n, -n ⟨Dekl. ↑Abgeordnete⟩: *jmd., der erhängt worden ist.*

er|här|ten ⟨sw. V.⟩: **1.** ⟨hat⟩ **a)** *durch Argumente untermauern, bekräftigen:* einen Verdacht [durch Zeugen] e.; eine Aussage eidlich, durch einen Eid e.; **b)** ⟨e. + sich⟩ *durch etw. untermauert, bekräftigt werden:* meine These hat sich erhärtet. **2.** (geh.) **a)** *hart werden* ⟨ist⟩: Beton erhärtet an der Luft; **b)** *hart machen* ⟨hat⟩: Ton durch Brennen e.

Er|här|tung, die; -, -en: *das Erhärten.*

er|ha|schen ⟨sw. V.; hat⟩: **1.** *durch plötzliches Zugreifen o. Ä. fangen:* mit einem Sprung erhaschte die Katze ihre Beute. **2. a)** *[gerade noch] wahrnehmen können:* einen Blick, ein paar Worte, einen Eindruck von jmdm. e.; mein Blick erhaschte gerade noch ihr Gesicht; **b)** *sich unter Anstrengungen in den Besitz von etw. bringen:* ein Stück Brot e. können.

er|hau|sen ⟨sw. V.; hat⟩ (schweiz.): *ersparen; durch Sparsamkeit erwerben.*

er|he|ben ⟨st. V.; hat⟩ [mhd. erheben = hoch-, anheben, ahd. irheffan]: **1. a)** *in die Höhe heben, emporstrecken:* den Arm e.; das Glas [auf jmds. Wohl] e.; erhobenen Hauptes *(stolz)* entfernte sie sich; die Augen, den Blick [zu jmdm.] e. (geh.; *zu jmdm. aufsehen);* Ü er sprach mit erhobener *(lauter)* Stimme; **b)** *erbauen (2 b):* die Kunst will uns, unser Gemüt e.; sich erhoben fühlen. **2.** ⟨e. + sich⟩ **a)** *aus dem Liegen, Sitzen od. Hocken hochkommen; aufstehen:* sich von seinem Platz, vom Stuhl e.; erst gegen Mittag erhob sie sich (geh.; *stand sie vom Schlaf auf);* **b)** *in die Höhe steigen; hochfliegen:* der Adler erhebt sich in die Lüfte; **c)** *emporragen:* auf dem Platz erhebt sich ein Denkmal; die Berge erheben sich dort nicht über 1 000 Meter. **3. a)** *in einen höheren Rang einordnen, auf eine höhere Stufe stellen:* eine Gemeinde zur Stadt e.; jmdn. in den Adelsstand e.; **b)** (veraltet) *rühmen, preisen, über alles loben;* **c)** ⟨e. + sich⟩ *über jmdn., etw. hinauswachsen, hinauskommen:* er erhebt sich, seine Leistungen erheben sich nie über den Durchschnitt; **d)** ⟨e. + sich⟩ *sich für besser halten:* du erhebst dich zu gern über die andern. **4.** ⟨e. + sich⟩ *einen Aufstand machen, gegen Unterdrückung o. Ä. rebellieren:* die Gefangenen erhoben sich gegen ihre Bewacher. **5. a)** *als Zahlung verlangen, einfordern, einziehen:* Steuern, Gebühren e.; bei dieser, für diese Veranstaltung wird ein Eintritt von 8 Mark erhoben; **b)** (bes. südd., österr.) *[behördlich] feststellen:* die Hochwasserschäden e.; **c)** *zusammentragen, sammeln:* Daten e.; das vom Autor erhobene Wortmaterial. **6. a)** ⟨e. + sich⟩ (geh.) *beginnen, aufkommen, ausbrechen:* ein Sturm erhebt sich

⟨auch unpers.:⟩ es erhob sich großes Geschrei; es erhebt sich die Frage, ob wir richtig gehandelt haben; **b)** (verblasst) *vorbringen, geltend machen:* Widerspruch, einen Einwand gegen jmdn., etw. e.; Klage e. *(klagen);* einen Anspruch auf etw. e. *(etw. beanspruchen);* ein großes Geschrei e. (ugs.; *laut protestieren).*

er|he|bend ⟨Adj.⟩ [1. Part. von ↑erheben (1 b)]: *in feierliche Stimmung versetzend, jmdm. ein Gefühl der Erbauung vermittelnd:* ein -er Augenblick; deine Leistung war nicht gerade e. *(war wenig erfreulich).*

er|heb|lich ⟨Adj.⟩: *beträchtlich; ins Gewicht fallend:* ein -er Schaden, Unterschied, Nachteil; e. weniger verdienen; sie wurde e. verletzt.

Er|he|bung, die; -, -en: **1.** *Anhöhe, Hügel, Berg[gipfel]:* die höchste E. des Riesengebirges. **2.** *das Erheben* (3 a): seine E. in den Adelsstand; **3.** *seelisches Glücksgefühl.* **4.** *das Sicherheben* (4); *Aufstand:* eine bewaffnete E. des Volkes gegen die Diktatur. **5.** *das Erheben* (5 a), *Einziehen von Abgaben:* die E. erfolgt nach neuen Beitragssätzen. **6.** *das Erheben* (5 b); *Nachforschung; Umfrage:* eine amtliche, statistische E.; -en über etw. anstellen, durchführen, machen.

er|hei|schen ⟨sw. V.; hat⟩ (geh.): *erfordern, nötig haben, verlangen:* Glanz und Ruhm e.

er|hei|tern ⟨sw. V.; hat⟩: **1. a)** *heiter, lustig stimmen:* ihre Späße erheitern uns; ⟨subst. 1. Part.:⟩ das hatte etwas Erheiterndes *(reizte zum Lachen);* **b)** (veraltend) *aufheitern:* der Wein erheitert unser Gemüt. **2.** ⟨e. + sich⟩ (geh.) **a)** *schön, klar, hell werden:* der Himmel erheiterte sich; **b)** *heiter werden:* ihr Gesicht erheiterte sich.

Er|hei|te|rung, die; -, -en ⟨Pl. selten⟩: *das Erheitern:* zur allgemeinen E. beitragen.

er|hel|len ⟨sw. V.; hat⟩: **1. a)** *hell machen, beleuchten:* Fackeln erhellen den Weg; den Raum mit einer/durch eine Lampe e.; die Fenster waren erhellt; Ü ein Lächeln erhellte ihr Gesicht *(gab ihm einen heiteren Ausdruck);* **b)** ⟨e. + sich⟩ *hell werden, sich aufheitern:* der Himmel erhellt sich; Ü sein Gesicht erhellte sich *(wurde heiter).* **2. a)** *deutlich machen, erklären:* diese Äußerung erhellt die ganze Situation; **b)** *deutlich, verständlich werden; sich [als Folgerung] ergeben:* aus den Messwerten erhellt, wie wichtig der Umweltschutz ist.

Er|hel|lung, die; -, -en ⟨Pl. selten⟩: *das Erhellen; das Erhelltwerden.*

er|hit|zen ⟨sw. V.; hat⟩ [mhd. erhitzen = heiß werden]: **1.** *heiß machen, stark erwärmen:* Milch, Wasser e.; ⟨subst.:⟩ beim Erhitzen platzen die Bläschen; Ü der Wein erhitzte sie. **2.** ⟨e. + sich⟩ *heiß werden:* das Öl hat sich erhitzt; Ü sie hatte sich beim Treppensteigen erhitzt; sie war erhitzt vom Tanzen. **3. a)** *erregen, innerlich stark bewegen:* der Streit erhitzte die Gemüter; dieser Gedanke erhitzte ihn, seine Fantasie; **b)** ⟨e. + sich⟩ *über etw. in Erregung, in Streit geraten:* sie erhitzten sich an dieser Frage.

Er|hit|zung, die; -, -en ⟨Pl. selten⟩: *das Erhitzen; das Erhitztwerden:* eine E. auf 80°.

er|hof|fen ⟨sw. V.; hat⟩: *auf etw. hoffen; hoffend [für sich] erwarten:* nichts mehr zu e. haben; ich erhoffe mir davon große Vorteile; der erhoffte Gewinn blieb aus.

er|hö|hen ⟨sw. V.; hat⟩ [1–3: mhd. erhœhen]: **1.** *höher machen:* die Deiche [um einen Meter] e. **2. a)** *steigern; vermehren, verstärken:* die Steuern, die Löhne, die Preise, die Produktion e.; den Beitragssatz um 0,5 % auf 11 % e.; der Blutdruck ist erhöht; erhöhte Temperatur *(leichtes Fieber);* **b)** ⟨e. + sich⟩ *wachsen, steigen; stärker werden:* die Kosten erhöhen sich ständig; die Zahl der Opfer hat sich auf 34 erhöht. **3.** *(jmdn.) auf eine höhere Stufe stellen, in seinem Rang erheben:* er wurde im Rang erhöht. **4.** (Musik) *um einen Halbton heraufsetzen:* bei dieser Tonart ist c [zu cis] erhöht.

Er|hö|hung, die; -, -en [spätmhd. erhœhunge = Erhebung]: **1.** *das Erhöhen* (1), *Höhermachen, Höherlegen durch bauliche Maßnahmen o. Ä.:* die E. des Dammes. **2.** (selten) *kleine Bodenerhebung, Anhöhe:* eine E. im Gelände. **3. a)** *das Steigern, Hinaufsetzen:* die E. der Preise, Gebühren; **b)** *das Vermehren, Vergrößern von etw.:* eine E. der Sicherheit; **c)** *das Ansteigen[lassen], Zunehmen[lassen]:* eine E. der Geschwindigkeit, des Blutdrucks. **4.** (geh.) *Erhebung in einen höheren [inneren, geistigen] Rang.* **5.** (Musik) *das Heraufsetzen eines Tones um einen Halbton:* die E. des Grundtons.

Er|hö|hungs|zei|chen, das (Musik): *Vorzeichen, das die Erhöhung eines Tones um einen Halbton anzeigt; Kreuz;* Zeichen: ♯

er|ho|len, sich ⟨sw. V.; hat⟩ [mhd. erholn = erwerben, ahd. irholōn = fordern]: **1. a)** *seine Kraft wiedererlangen:* ich habe mich an der See, im Urlaub gut erholt; sie sieht erholt aus; Ü der Rasen hat sich nach dem Regen schnell erholt; die Batterie hat sich über Nacht erholt; die Börsenkurse haben sich erholt (Wirtsch.; *sind wieder gestiegen*); die Aktien waren auf 580 gefallen, erholten sich aber auf 610; **b)** *etw. überwinden; etw. überstanden haben u. wieder zu Kräften kommen:* sich von einem Schreck, einer Krankheit e. **2.** (veraltet) *holen, einholen:* ich erholte mir Rat[s] bei ihr.

er|hol|sam ⟨Adj.⟩: *der Erholung dienend, Erholung bewirkend:* ein -er Urlaub.

Er|ho|lung, die; -: *das Zurückgewinnen von Gesundheit u. Leistungsfähigkeit:* E. suchen; Feriengebiete für E. Suchende, für E. suchende Großstädter; sie hat dringend E. nötig; zur E. [an die See, in ein Bad] fahren; die E. *(Selbstreinigung)* verschmutzten Wassers; E. des Bodens *(Wiedergewinnung der Fruchtbarkeit).*

Er|ho|lungs|auf|ent|halt, der: **1.** *zeitlich begrenzter Aufenthalt an einem Erholungsort:* der E. hat ihr sehr gut getan. **2.** (selten) *Erholungsort.*

er|ho|lungs|be|dürf|tig ⟨Adj.⟩: *[abgespannt, erschöpft u. daher] Erholung benötigend.*

Er|ho|lungs|ge|biet, das: *Landschaft, die der Erholung besonders förderlich ist.*

Er|ho|lungs|heim, das: *der Erholung dienendes Heim; Heim für Erholungsbedürftige.*

Er|ho|lungs|ort, der: *Ort, der seiner Lage, seiner Beschaffenheit nach besonders zur Erholung geeignet ist:* staatlich anerkannter E.

Er|ho|lung su|chend: s. Erholung.

Er|ho|lung|su|chen|de, der u. die; -n, -n ⟨Dekl. ↑Abgeordnete⟩: *jmd., der irgendwo Erholung sucht.*

Er|ho|lungs|ur|laub, der: *der Erholung dienender Urlaub.*

er|hö|ren ⟨sw. V.; hat⟩ [mhd. erhœren = (an)hören, wahrnehmen]: **1. a)** (geh.) *jmdm. Erbetenes gewähren:* Gott hat ihn, sein Gebet erhört; ihre Bitten wurden erhört; **b)** (veraltend) *einer Werbung nachgeben:* sie hat ihn erhört. **2.** (ostmd.) *anhören u. aushalten* ⟨meist verneint⟩: ich kann diesen Lärm nicht mehr e.!

Er|hö|rung, die; -, -en ⟨Pl. selten⟩: *das Erhören* (1); *das Erhörtwerden:* E. finden.

Erie|see ['ɪəri...], der; -s: See in Nordamerika.

eri|gie|ren ⟨sw. V.; ist⟩ [lat. erigere = (sich) aufrichten] (Med.): **a)** *sich in einer Erektion versteifen:* das Glied erigiert; ⟨oft im 2. Part.:⟩ ein erigierter Penis; **b)** *eine Erektion haben:* ich erigierte.

Eri|ka, die; -, -s od. ...ken [lat. erice < griech. ereíkē]: **a)** *Glockenheide;* **b)** *Heidekraut.*

Eri|ka|ge|wächs, das ⟨meist Pl.⟩: *Heidekrautgewächs.*

er|in|ner|lich ⟨Adj.⟩: *[noch, im gegenwärtigen Augenblick] im Gedächtnis, in der Erinnerung vorhanden:* der Vorgang ist mir [nicht mehr] e.

er|in|nern ⟨sw. V.; hat⟩ [mhd. (er)innern, ahd. innarōn = machen, dass jmd. einer Sache inne wird, zu ahd. innaro = inwendig]: **1.** ⟨e. + sich⟩ *im Gedächtnis bewahrt haben u. sich dessen wieder bewusst werden:* ich erinnere mich an den Vorfall, an diesen Menschen/(geh.:) dieses Menschen/(österr., schweiz.:) auf diesen Menschen; wenn ich mich recht erinnere; ⟨ugs., bes. nordd. auch mit Akk.-Obj. u. ohne Reflexivpron.:⟩ ich erinnere ihn gut; das erinnere ich nicht. **2. a)** *die Erinnerung an jmdn., etw. bei jmdm. wachrufen; wieder ins Bewusstsein rufen:* dieses Denkmal erinnert [uns] an vergangene Zeiten; ich will nicht mehr daran erinnert werden; **b)** *veranlassen, an etw. zu denken, jmdn., etw. nicht zu vergessen:* jmdn. an sein Versprechen e.; **c)** *durch seine Ähnlichkeit ins Bewusstsein bringen:* sie, ihre Stimme erinnert mich lebhaft an meine Schwester. **3.** (veraltend) *vorbringen, zu bedenken geben:* ich habe Verschiedenes dagegen zu e.

Er|in|ne|rung, die; -, -en: **1.** ⟨o. Pl.⟩ **a)** *Fähigkeit, sich an etw. zu erinnern* (1): meine E. setzt hier aus, lässt mich im Stich; **b)** *Besitz aller bisher aufgenommenen Eindrücke; Gedächtnis:* wenn mich die/meine E. nicht täuscht; dieses Ereignis ist meiner E. ganz entfallen; etw. aus seiner E. streichen, tilgen; etw. [gut] in E. haben, in [guter] E. behalten; jmdm., sich etw. in die E. zurückrufen; sie wollte sich mit diesem Gruß in E. bringen *(bewirken, dass man sich wieder an sie erinnert u. für sie in einer bestimmten Weise einsetzt).* **2.** *Eindruck, an den jmd. sich erinnert; wieder lebendig werdendes Erlebnis:* -en [an jmdn., etw.] werden wach; alte -en auffrischen; sie tauschten ihre -en aus; sie hat keine, nur eine schwache E. an ihre Kindheit; der Anblick weckt traurige -en [in mir]; er hing seinen -en nach; sie war ganz in E. versunken; nach meiner E./meiner E. nach war das ganz anders; sie zehrte noch von ihren -en. **3. a)** ⟨o. Pl.⟩ *Andenken, Gedenken:* er wollte jede E. an den Krieg auslöschen; behalte mich in freundlicher E.; sie steht bei uns in guter E.; in dankbarer E. gedenken wir des Mannes; zur E. an meine Mutter (Widmung); **b)** *Erinnerungsstück:* nimm das als E. an meinen Vater. **4.** ⟨Pl.⟩ *Niederschrift von Erlebtem; Autobiografie:* seine -en schreiben. **5.** *Mahnung:* öffentliche E. an Zahlungstermine. **6.** (Rechtsspr.) *Rechtsbehelf gegen nicht richterliche Entscheidungen, gegen die Art u. Weise der Zwangsvollstreckung.*

Er|in|ne|rungs|bild, das: *bildhaft-anschauliche Erinnerung an etw. Erlebtes, Vergangenes.*

Er|in|ne|rungs|fo|to, das: *Foto zur Erinnerung an etw.*

Er|in|ne|rungs|stück, das: *Gegenstand, der jmdn. an etw., jmdn. erinnert.*

Er|in|ne|rungs|ta|fel, die: *Gedenktafel.*

Er|in|ne|rungs|täu|schung, die: *durch eine subjektive Einstellung od. gefühlsmäßige Bewertung von Erlebnissen hervorgerufene Beeinträchtigung des Erinnerungsvermögens.*

Er|in|ne|rungs|ver|mö|gen, das ⟨o. Pl.⟩: *Fähigkeit, sich zu erinnern.*

Er|in|ne|rungs|wert, der: *(nicht materieller) Wert, den eine Sache für jmdn. als Erinnerung an jmdn., etw. hat:* dieses Stück hat nur noch E.

Erin|nye, die; -, -n, **Erin|nys,** die; -, ...yen ⟨meist Pl.⟩ [lat. Erin(n)ys < griech. Erinnýs] (griech. Myth.): *Rachegöttin.*

Eris (griech. Myth.): Göttin der Zwietracht.

Eris|ap|fel, der ⟨Pl. selten⟩ [nach der griech. Sage warf die nicht zur Hochzeit der Thetis geladene Eris einen Apfel mit der Aufschrift »der Schönsten« unter die Hochzeitsgäste, wodurch es zum Streit zwischen Hera, Athene u. Aphrodite kam] (bildungsspr.): *Zankapfel.*

Eri|trea, -s: afrikanischer Staat am Roten Meer.

Eri|tre|er, der; -s, -: Ew.

Eri|tre|e|rin, die; -, -nen: w. Form zu ↑Eritreer.

eri|tre|isch ⟨Adj.⟩: *Eritrea, die Eritreer betreffend; aus Eritrea stammend.*

Eri|wan: Hauptstadt von Armenien.

er|ja|gen ⟨sw. V.; hat⟩: **a)** *durch Jagen erbeuten:* Wild e.; **b)** *durch eifriges Bemühen gewinnen:* Geld, Ruhm e.

er|kal|ten ⟨sw. V.; ist⟩ [mhd. erkalten]: *kalt werden:* erkaltete Lava; Ü ihre Liebe ist längst erkaltet *(erloschen, zu Ende).*

er|käl|ten ⟨sw. V.; hat⟩: **1. a)** ⟨e. + sich⟩ *sich eine Infektion der oberen Luftwege zuziehen; Husten, Schnupfen bekommen:* ich habe mich bei dem

Regen erkältet; er ist stark erkältet; **b)** ⟨e. + sich (Dativ)⟩ *durch Kälteeinwirkung schädigen, krank machen:* ich habe mir den Magen, die Blase erkältet. **2.** (geh.) *kalt machen, kalt werden lassen:* Frost erkältet die Haut.

Er|kal|tung, die; -: *das Erkalten.*

Er|käl|tung, die; -, -en: *Erkrankung der Atemwege; Katarrh:* die E. klingt ab; eine [schwere] E. haben; eine E. bekommen; -en durch Abhärtung vorbeugen; sich vor E. schützen.

Er|käl|tungs|ge|fahr, die ⟨o. Pl.⟩: *Gefahr, sich zu erkälten.*

Er|käl|tungs|krank|heit, die: *Erkältung.*

er|kämp|fen ⟨sw. V.; hat⟩: *durch kämpferischen Einsatz erringen:* eine Goldmedaille, den Sieg e.; ich habe mir das alles mühsam e. müssen.

Er|kannt|nis, das; -ses, -se (schweiz.): [2]*Erkenntnis.*

er|kau|fen ⟨sw. V.; hat⟩ [mhd. erkoufen = kaufen]: **1.** *durch Einsatz u. Opfer gewinnen:* eine teuer erkaufte Freiheit. **2.** *durch [Bestechungs]geld u. Ä. gewinnen, sich verschaffen:* die Aussage des Zeugen war erkauft.

er|kenn|bar ⟨Adj.⟩: *[deutlich] zu erkennen; nahe, hell od. deutlich genug, um erkannt zu werden:* eine deutlich -e Gestalt; sich e. unterscheiden.

Er|kenn|bar|keit, die; -: *Deutlichkeit, Durchschaubarkeit, erkennbare Beschaffenheit.*

er|ken|nen ⟨unr. V.; hat⟩ [mhd. erkennen, ahd. irchennan = geistig erfassen, sich erinnern, zu ↑kennen; 3: biblische, auf den hebr. Urtext zurückgehende LÜ von lat. cognoscere feminam]: **1.** *so deutlich sehen, dass jmd. weiß, wen od. was er vor sich hat:* in der Dunkelheit niemanden e. können; hier sind noch Bremsspuren zu e.; der Stern ist gerade noch mit bloßem Auge zu e. **2. a)** *aufgrund bestimmter Merkmale ausmachen, identifizieren:* seinen Freund [nicht gleich] e.; ich erkenne ihre Stimme, sie an der Stimme; ich gab mich als Deutscher/(veraltet:) Deutschen zu e.; sie gab sich zu e. *(nannte ihren Namen);* **b)** *Klarheit über jmdn., etw. gewinnen; richtig einschätzen:* seinen Irrtum e.; etw. als falsch, als seine Pflicht e.; du bist erkannt *(durchschaut).* **3.** (geh. veraltet) *begatten; [mit einer Frau] Geschlechtsverkehr haben.* **4. a)** (Rechtsspr.) *ein Urteil fällen, einen Beschluss verkünden:* die Richter erkannten auf Freispruch, auf eine Geldstrafe; **b)** (Sport) *(als Schieds- od. Linienrichter) entscheiden:* der Schiedsrichter erkannte auf Elfmeter. **5.** (Bankw.) *(einem Konto eine Summe) gutschreiben.*

er|kennt|lich ⟨Adj.⟩: in der Verbindung **sich e. zeigen** *(seinen Dank durch eine Gabe od. Gefälligkeit ausdrücken):* ich möchte mich gern für seine Hilfe e. zeigen.

Er|kennt|lich|keit, die; -, -en (Papierdt.): **a)** ⟨o. Pl.⟩ *zum Ausdruck gebrachte Dankbarkeit;* **b)** *Gabe od. Gefälligkeit, durch die jmd. seine Dankbarkeit zum Ausdruck bringt.*

[1]**Er|kennt|nis** die; -, -se [mhd. erkantnisse = Erkennung, Einsicht]: **1.** *durch geistige Verarbeitung von Eindrücken u. Erfahrungen gewonnene Einsicht:* eine historische, gesicherte E.; neue -se gewinnen; ich durfte mich dieser E. nicht verschließen; nach den neuesten technischen -sen; er kam zu der E., dass sie Recht hatte. **2.** ⟨o. Pl.⟩ *Fähigkeit des Erkennens, des Erfassens der Außenwelt:* an die Grenzen der E. stoßen.

[2]**Er|kennt|nis,** das; -ses, -se (österr., schweiz., sonst veraltet): *Gerichtsbescheid, Urteil.*

Er|kennt|nis|drang, der ⟨o. Pl.⟩: *das Streben nach* [1]*Erkenntnis* (1).

Er|kennt|nis|leh|re, die ⟨o. Pl.⟩: *Erkenntnistheorie.*

Er|kennt|nis|pro|zess, der: *Prozess des bewussten Erfassens u. Erkennens.*

er|kennt|nis|the|o|re|tisch ⟨Adj.⟩ (Philos.): *die Erkenntnistheorie betreffend.*

Er|kennt|nis|the|o|rie, die ⟨o. Pl.⟩ (Philos.): *Teilgebiet der Philosophie, das sich mit der Frage nach den Bedingungen eines begründeten Wissens befasst.*

Er|kennt|nis|ver|mö|gen, das ⟨o. Pl.⟩: *Fähigkeit,* [1]*Erkenntnisse* (1) *zu gewinnen.*

Er|ken|nung, die; -: *das Erkennen:* in E. der Lage.

Er|ken|nungs|dienst, der: *kriminalpolizeiliche Dienststelle zur Identifikation von Personen u. Sachen mit wissenschaftlichen Methoden.*

er|ken|nungs|dienst|lich ⟨Adj.⟩: *für Zwecke des Erkennungsdienstes bestimmt; vom Erkennungsdienst vorgenommen od. ausgehend.*

Er|ken|nungs|mar|ke, die: *der Identifikation dienende metallene Plakette, die (bes. von Soldaten) an einer Kette auf der Brust getragen wird.*

Er|ken|nungs|zei|chen, das: *[verabredetes] Zeichen, an dem jmd., etw. erkannt werden soll:* er trug als E. eine rote Nelke im Knopfloch.

Er|ker, der; -s, - [mhd. erker(e), ärkēr, wohl < afrz. (nordfrz.) arquière = Schießscharte, über das Mlat. zu lat. arcus = Bogen]: *geschlossener, mit Fenstern versehener Vorbau an Gebäuden.*

Er|ker|fens|ter, das: *Fenster eines Erkers.*

er|kie|sen ⟨st. V.; hat; meist in den Formen des Präteritums u. des 2. Partizips gebr.⟩ [mhd. erkiesen, ahd. arkiosan, ↑[2]kiesen] (geh.): *erwählen:* sie erkor ihn zu ihrem Begleiter.

er|klär|bar ⟨Adj.⟩: *zum Erklären, Erklärtwerden geeignet:* kaum -e Zusammenhänge.

er|klä|ren ⟨sw. V.; hat⟩ [mhd. erklæren = klar machen; klar werden]: **1. a)** *deutlich machen; [in allen Einzelheiten] auseinander setzen; so erläutern, dass der andere die Zusammenhänge versteht:* etw. genau, kurz e.; einen Text, ein Bild e.; ich will es dir [an einem Beispiel] e.; erklärende Worte; **b)** *begründen, deuten:* etw. psychologisch e.; sie erklärte mir, warum sie nicht kommen könne; ich kann mir dein Verhalten nicht e. *(verstehe es nicht);* **c)** ⟨e. + sich⟩ *seine Begründung in etw. finden:* das erklärt sich aus sich selbst; ⟨auch unpers.:⟩ so erklärt es sich, dass wir nach Hause müssen; **2. a)** *äußern, [offiziell] mitteilen, sagen:* etw. mit Bestimmtheit, an Eides statt e.; seinen Rücktritt, sein Einverständnis e.; einem Land den Krieg e.; **b)** ⟨e. + sich⟩ *seine Haltung zum Ausdruck bringen:* erkläre dich deutlicher!; sich einverstanden, solidarisch e.; sich als treuer Beamter/(seltener:) treuen Beamten e.; sich für, gegen jmdn., etw. e. *(für, gegen jmdn., etw. Stellung nehmen);* er hat sich ihr erklärt *(hat ihr seine Liebe offenbart).* **3.** *[amtlich] bezeichnen, als jmdn., etw. kennzeichnen:* einen Vermissten für tot e. [lassen]; etw. für ungültig, für null und nichtig e.; er wurde zum Sieger nach Punkten erklärt.

Er|klä|rer, der; -s, -: *jmd., der etw. erklärt.*

Er|klä|re|rin, die; -, -nen: w. Form zu ↑Erklärer.

er|klär|lich ⟨Adj.⟩: *sich erklären lassend, verständlich:* ein -er Irrtum; das macht die Sache e.

er|klärt ⟨Adj.⟩: **a)** *sich offen bekennend; entschieden:* eine -e Gegnerin der Aufrüstung; **b)** *offenkundig, ausgesprochen:* der -e Publikumsliebling.

er|klär|ter|ma|ßen ⟨Adv.⟩: *durch eine Willensäußerung zum Ausdruck gebracht; ausdrücklich:* er hat den Vertrag e. als verbindlich angesehen.

er|klär|ter|wei|se ⟨Adv.⟩: *in ausgesprochener, entschiedener Weise.*

Er|klä|rung, die; -, -en: **1.** *das Erklären; Deutung, Begründung; Darlegung der Zusammenhänge:* sie hat, findet für alles eine E.; für dieses Verhalten verlange ich eine E. von Ihnen; ich musste mich mit dieser E. zufrieden geben. **2.** *Mitteilung; [offizielle] Äußerung:* eine feierliche E.; die Regierung gibt eine E. ab.

Er|klä|rungs|ver|such, der: *Versuch, etw. zu erklären:* -e machen.

er|kleck|lich ⟨Adj.⟩ [zu veraltet erklecken = ausreichen, genügen] (geh.): *beträchtlich, beachtlich, ziemlich groß (an Wert od. Zahl):* eine -e Summe, Erbschaft, Anzahl; ⟨subst.:⟩ um ein Erkleckliches größer sein.

er|klet|tern ⟨sw. V.; hat⟩: *kletternd besteigen; die höchste Stelle einer Erhebung durch Klettern erreichen:* einen hohen Felsen, den Gipfel e.

er|klim|men ⟨st. V.; hat⟩ (geh.): *mühsam, mit Anstrengung ersteigen:* einen Berg e.; Ü den höchsten Posten e.

er|klin|gen ⟨st. V.; ist⟩ [mhd. erklingen]: *[als melodischer Klang] hörbar werden; Töne von sich geben:* die Glocken erklingen; sie ließ ihre Stimme, ein Lied e.

er|ko|ren: ↑erkiesen.

er|kran|ken ⟨sw. V.; ist⟩: *krank werden:* an [einer] Grippe e.; sein Vater ist schwer, auf den Tod erkrankt; eine erkrankte Kollegin.

Er|kran|kung, die; -, -en: *Krankheit, Zustand des Krankseins:* eine E. der Atemwege.

er|küh|nen, sich ⟨sw. V.; hat⟩ (geh.): *kühn (c) wagen, etw. zu sagen od. zu tun:* was erkühnen Sie sich?; ich erkühnte mich zu widersprechen.

er|kun|den ⟨sw. V.; hat⟩ [zu ↑kund] (auch Milit.): *auskundschaften, erforschen:* das Gelände e.; militärische Geheimnisse e.

er|kun|di|gen, sich ⟨sw. V.; hat⟩: *um Auskunft bitten; durch Fragen etw. zu erfahren suchen; nachfragen:* sich [bei jmdm.] nach dem Weg, nach jmds. Befinden e.; erkundige dich bitte, ob Post gekommen ist.

Er|kun|di|gung, die; -, -en: *Nachfrage, Nachforschung:* unsere -en haben nichts ergeben; bei jmdm. über jmdn., etw. -en einziehen.

Er|kun|dung, die; -, -en (meist Milit.): *das Erkunden, Auskundschaften:* die E. des Geländes.

Er|kun|dungs|fahrt, die: *der Erkundung einer Sache dienende Fahrt.*

er|kü|ren ⟨sw. u. st. V.; hat⟩ (geh., bes. schweiz.): *erwählen.*

Er|kü|rung, die; -, -en (geh., bes. schweiz.): *Ernennung, Wahl.*

Er|lag, der; -[e]s, Erläge [zu ↑erlegen (2)] (österr. Amtsspr.): *Einzahlung, Entrichtung [eines bestimmten Betrages].*

Er|lag|schein, der (österr.): *Einzahlungsschein.*

er|lah|men ⟨sw. V.; ist⟩ [mhd. erlamen = lahm werden]: **a)** *(durch körperliche Anstrengung) müde u. schlaff werden:* seine Kräfte erlahmen; der Arm erlahmte ihr; **b)** (geh.) *an Stärke, Intensität nachlassen:* der Sturm erlahmt allmählich; ihr Eifer ist schnell erlahmt.

Er|lah|mung, die; -: *das Erlahmen.*

er|lan|gen ⟨sw. V.; hat⟩ [mhd. erlangen, zu: langen = sich ausstrecken]: *erreichen, gewinnen; [nach eifrigem Bemühen] bekommen:* die Freiheit, die absolute Mehrheit, einen Posten e.; wir konnten endlich Gewissheit über ihr Schicksal e. *(etw. Genaues über sie erfahren).*

Er|lan|gung, die; -: *das Erlangen.*

Er|lass, der; -es, -e, österr.: Erlässe: **1. a)** ⟨o. Pl.⟩ *das Erlassen* (1), *Herausgeben von etw.;* **b)** *behördliche Anordnung, amtliche Verfügung:* einen E. herausgeben, befolgen; nach dem E. des Ministeriums vom 30. 11. **2.** *das Erlassen* (2), *Entbinden von etw.:* den E. einer Strafe beantragen.

er|las|sen ⟨st. V.; hat⟩ [2: mhd. erlāȝen, ahd. irlāȝan, zu ↑lassen]: **1.** *amtlich bekannt machen, verkünden:* ein Gesetz, eine Verfassung, eine Amnestie, einen Befehl, ein Verbot e. **2.** *jmdn. von einer Verpflichtung entbinden, von einer Strafe freistellen:* jmdm. den Rest der Strafe e.; erlassen Sie es mir, näher darauf einzugehen!

er|lau|ben ⟨sw. V.; hat⟩ [mhd. erlouben, erlöuben, ahd. irlouben, verw. mit ↑lieb; vgl. Urlaub]: **1.** *die Zustimmung zu etw. geben; gestatten; jmdm. die Möglichkeit, die Freiheit, das Recht geben, etw., was er gern tun möchte, zu tun:* ich erlaubte ihr zu gehen; meine Eltern erlauben [mir] das nicht; dem Kranken das Aufstehen e.; Fotografieren ist hier nicht erlaubt; erlauben Sie, dass ich rauche?; [na] erlauben Sie mal! (ugs.; *wie kommen Sie dazu, so etw. zu sagen, sich so zu benehmen?*); R erlaubt ist, was gefällt. **2.** *bei jmdm. die Voraussetzung für etw. bieten; jmdn. in eine bestimmte Lage versetzen; ermöglichen, zulassen:* meine Zeit erlaubt mir nicht, euch zu besuchen; ihre Mittel erlauben ihr kein eigenes Auto; seine Gesundheit erlaubt diese Anstrengung nicht; wenn es das Wetter erlaubt. **3.** ⟨e. + sich⟩ **a)** *sich die Freiheit zu etw. nehmen:* ich kann mir hierüber kein Urteil e.; Sie meinen wohl, Sie können sich alles e.; ich erlaube mir, Sie morgen aufzusuchen; sich einen Scherz [mit jmdm.] e.; was erlaubst du dir denn! *(empört-ärgerlicher Ausruf der Ablehnung);* die Abwehr erlaubte sich reihenweise Fehlpässe *(ihr unterliefen zahlreiche Fehlpässe);* **b)** *sich etw. leisten:* endlich kann ich mir eine größere Wohnung e.

r|laub|nis, die; -, -se ⟨Pl. selten⟩: *Genehmigung, Zustimmung; Bestätigung, dass jmd. etw. tun darf:* jmdm. die E. zu etw. erteilen, verweigern; er hat den Wagen mit, ohne E. des Chefs benutzt; um E. bitten; mit Ihrer E. (Höflichkeitsfloskel; *wenn Sie erlauben; in der Annahme, dass es Ihnen recht ist)* fange ich jetzt an.

r|laucht ⟨Adj.⟩ [spätmhd. (md.) erlüht, eigtl. 2. Part. von mhd. erliuhten = aufleuchten] (geh.): *durch seine Berühmtheit, sein Wissen, Können o. Ä. herausragend u. andere überstrahlend:* eine -e Gesellschaft; ein Kreis -er Geister.

r|laucht, die; -, -en: **a)** ⟨o. Pl.⟩ *Titel u. Anrede für [Reichs]grafen, Angehörige mediatisierter gräflicher Häuser:* Seine E., Graf von Waldsee; Ihre E., die Gräfin; Euer E. werden gebeten einzuschreiten; **b)** *Träger dieses Titels:* E. lässt bitten.

r|lau|fen ⟨st. V.; hat⟩ (Sport): **a)** *(den Ball) durch Laufen erreichen:* eine Flanke e.; **b)** *durch Laufen (als Preis) gewinnen:* du hast [dir] viele Trophäen erlaufen.

r|läu|tern ⟨sw. V.; hat⟩ [mhd. erliutern, eigtl. = rein, klar machen, zu ↑läutern]: *(einen komplizierten Sachverhalt) näher erklären, durch Beispiele o. Ä. verdeutlichen:* einen Text e.; sie erläuterte mir, was es damit auf sich hatte; erläuternde Zusätze.

·läu|te|rung, die; -, -en: *nähere Erklärung* (1): fachliche -en [zu einer Sache] geben.

·le, die; -, -n [mhd. erle, ahd. erila, umgestellt aus älter: elira = die (gelblich od. rötlich) Schimmernde, nach der Farbe des geschlagenen Holzes]: **1.** *bes. an feuchten Stellen wachsender Baum od. Strauch mit rundlichen, am Rande leicht gelappten od. gesägten Blättern, Blüten in Kätzchen u. rundlichen, verholzenden Fruchtzapfen.* **2.** ⟨o. Pl.⟩ *Holz der Erle.*

·leb|bar ⟨Adj.⟩: *so gearbeitet, dass es innerlich empfunden u. erlebt werden kann.*

·le|ben ⟨sw. V.; hat⟩ [mdh. erleben]: **1. a)** *von etw. betroffen u. beeindruckt werden; erfahren müssen od. können; mitmachen, durchmachen:* Schönes, Schweres, eine Enttäuschung e.; ich habe schon viel[es] erlebt; **b)** *auf sich wirken lassen:* etw. bewusst, intensiv e.; ein Konzert, Abenteuer e.; so aufgeregt habe ich sie noch nie erlebt *(war sie noch nie in meinem Beisein).* **2. a)** *als Reaktion der Außenwelt, als Folge seines Tuns an sich erfahren:* einen glänzenden Aufstieg e.; (verblasst:) das Buch erlebt schon die 5. Auflage; hat man so was schon erlebt! (ugs.; Ausruf des Erstaunens u. der Entrüstung); du kannst [von mir] noch was e.! (ugs.; Ausdruck der Drohung); **b)** ⟨e. + sich⟩ (geh.) *eine bestimmte Feststellung in Bezug auf die eigene Person machen, sich als etw. empfinden:* er erlebte sich als unbedeutend, als unbedeutendes Wesen. **3.** *[noch] am Leben sein u. etw. als Zeitgenosse miterleben:* werden wir das Jahr 2050 e.?; sie hat ihren 90. Geburtstag nicht mehr erlebt.

|le|ben, das; -s: **a)** *Art, in der etw. erlebt* (1 b) *wird;* **b)** *etw., was jmd. erlebt.*

|le|bens|fall, der (Versicherungsw.): *festgesetzter Zeitpunkt, zu dem jmd. noch am Leben sein soll, um Geld ausbezahlt zu bekommen.*

|leb|nis, das; -ses, -se: *von jmdm. als in einer bestimmten Weise beeindruckend erlebtes Geschehen:* ein aufregendes E.; dies Konzert war ein E.; ich habe ein schreckliches E. gehabt; die Reise wurde [ihr/für sie] zu einem großen E.

|leb|nis- (Werbespr.): drückt in Bildungen mit Substantiven aus, dass etw. als aufregendes Erlebnis empfunden wird: Erlebnisbad, -einkauf.

|leb|nis|auf|satz, der (Päd.): *Aufsatz, durch den die anschauliche Wiedergabe persönlicher Erlebnisse geübt werden soll.*

Er|leb|nis|dich|tung, die (Literaturw.): *Dichtung, in der persönliches Erleben verarbeitet u. objektiviert wird.*

Er|leb|nis|gas|tro|no|mie, die: *Gesamtheit der gastronomischen Betriebe, die auch Unterhaltungsprogramme, Musik o. Ä. anbieten.*

er|leb|nis|hung|rig ⟨Adj.⟩: *begierig, etw. [Außergewöhnliches] zu erleben:* die -e Jugend.

er|leb|nis|reich ⟨Adj.⟩: *reich an Erlebnissen:* -e Tage.

er|le|di|gen ⟨sw. V.; hat⟩ [mhd. erledigen = frei machen, in Freiheit setzen, zu ↑ledig]: **1. a)** *ausführen, zu Ende führen, vollständig durchführen, fertig machen:* einen Auftrag, die Formalitäten e.; das muss der Chef selbst e.; viel zu e. haben; erledigt! (ugs.; *fertig, abgetan – darüber wird nicht mehr gesprochen);* **b)** ⟨e. + sich⟩ *zum Abschluss kommen, sich klären:* das erledigt sich von selbst; der Fall hat sich erledigt. **2.** (ugs.) *vernichtend besiegen; vernichten:* den Gegner [mit einem Schlag] e.; Ü jmdn. moralisch e.

er|le|digt ⟨Adj.⟩: **1.** (ugs.) *völlig erschöpft:* einen -en Eindruck machen; ganz e. sein. **2.** (veraltend) *nicht mehr besetzt:* ein -es Amt.

Er|le|di|gung, die; -, -en: **a)** ⟨o. Pl.⟩ *das Erledigen; das Erledigtwerden:* die E. ist dringend; (Papierdt.:) in E. Ihrer Anfrage teilen wir Ihnen Folgendes mit; **b)** *etw., was erledigt werden muss; Besorgung, Dienstgeschäft.*

er|le|gen ⟨sw. V.; hat⟩ [mhd. erlegen = niederlegen; beilegen, ahd. irleggen = auflegen; entgegensetzen; bestimmen]: **1.** (geh.) *(ein Tier) [durch einen Schuss] töten, niederstrecken:* Wild e. **2.** (österr., sonst landsch.) *(einen Geldbetrag) hergeben, bezahlen:* ein paar Groschen e.

Er|le|gung, die; -: *das Erlegen; das Erlegtwerden.*

er|leich|tern ⟨sw. V.; hat⟩: **1. a)** *leichter machen, das Gewicht von etw. verringern:* seinen Rucksack [um einige entbehrliche Sachen] e.; **b)** *einfacher, bequemer, leichter ertragbar machen:* jmdm. die Arbeit, das Schicksal e.; diese Erklärung erleichtert [ihr] das Verständnis; bei dieser Hitze muss ich mich erst einmal etwas e. (ugs.; *es mir durch Ablegen des Jacketts, der Krawatte, Öffnen des Kragens o. Ä. bequem machen).* **2.** *von einer seelischen Last, inneren Bedrückung befreien:* sich durch ein Geständnis e.; diese Nachricht erleichterte sie sehr; sein Herz, sein Gewissen e.; sie fühlte sich erleichtert; »Danke!«, sagte sie erleichtert; Ü er ging hinaus, um sich zu e. (verhüll.; *um seine Notdurft zu verrichten).* **3.** (ugs. scherzh.) *jmdm. Geld o. Ä. (durch Betteln* (2), *Betrug, Diebstahl od. im Spiel) abnehmen:* jmdn. beim Pokern, einen Betrunkenen um seine Brieftasche e.; sie hat mich schon wieder um 100 Mark erleichtert *(100 Mark von mir geborgt, mir 100 Mark gestohlen).*

Er|leich|te|rung, die; -, -en: **a)** ⟨o. Pl.⟩ *erleichtertes Gefühl, inneres Befreitsein:* E. empfinden; E. der Schmerzen/(schweiz.:) auf die Schmerzen fühlen; ein Seufzer der E.; etw. mit E., voller E. feststellen; **b)** *etw., was etw. leichter, erträglicher macht:* jmdm. -en bei der Haft gewähren.

er|lei|den ⟨unr. V.; hat⟩ [mhd. erlīden, ahd. irlīdan, zu ↑leiden]: **a)** *Leiden ausgesetzt sein; durchstehen, erdulden:* große Schmerzen e.; er hat [dort] viel Böses e. müssen; **b)** *Schaden zugefügt bekommen:* eine Niederlage, schwere Verluste, den Tod e.; erlittenes Unrecht; (verblasst:) einen Rückfall e. *(erneut krank werden).*

Er|len|holz, das: *Holz der Erle.*

er|lern|bar ⟨Adj.⟩: *sich erlernen lassend, zum Erlernen geeignet:* -e Fertigkeiten; das ist alles e.

Er|lern|bar|keit, die; -: *das Erlernbarsein.*

er|ler|nen ⟨sw. V.; hat⟩: *sich lernend mit einer Sache beschäftigen, bis sie beherrscht wird:* Sprachen, ein Handwerk e.; der erlernte Beruf.

Er|ler|nung, die; -: *das Erlernen.*

[1]er|le|sen ⟨st. V.; hat⟩ [mhd. erlesen, ahd. irlesan, zu ↑lesen] (geh. veraltet): *aussuchen, erwählen.*

[2]er|le|sen ⟨st. V.; hat⟩ (selten): *sich durch Lesen aneignen:* sie hat [sich ⟨Dativ⟩] ihr ganzes Wissen erlesen.

[3]er|le|sen: **1.** ↑[1,2]erlesen. **2.** ⟨Adj.⟩ *ausgesucht, auserlesen, ausgezeichnet, hervorragend:* -e Weine; eine Ausstattung von -em Geschmack; der Kreis der Gäste war e.

Er|le|sen|heit, die; -: *das Erlesensein; Ausgesuchtheit.*

er|leuch|ten ⟨sw. V.; hat⟩ [1: mhd. erliuhten, ahd. irliuhten, zu ↑leuchten]: **1. a)** *mit Licht erfüllen; durch seine Leuchtkraft hell machen, erhellen:* Blitze erleuchten den Himmel; der Saal wird durch viele Kerzen erleuchtet; hell erleuchtete Fenster; **b)** ⟨e. + sich⟩ *zu leuchten beginnen; hell werden:* Paris erleuchtete sich; Ü ihr Gesicht erleuchtete sich von innen. **2.** (geh.) *mit geistiger Klarheit erfüllen:* eine Kultur, die uns, die Welt erleuchtete.

Er|leuch|tung, die; -, -en: *plötzliche Erkenntnis, Eingebung:* die göttliche E.; ihr kam eine E.

er|lie|gen ⟨st. V.; ist⟩ [mhd. erligen, ahd. irliggen = umkommen, zu ↑liegen]: **1. a)** *von jmdm. besiegt werden, jmdm. unterliegen; von etw. (einem Gefühl, einer Leidenschaft o. Ä.) überwältigt werden:* einer Übermacht e.; dem Gegner im Kampf e.; den Versuchungen, den Verlockungen des Lebens e.; (verblasst:) einer Täuschung e. *(sich täuschen lassen);* einem Irrtum e. *(sich irren);* * **zum Erliegen kommen** *(zusammenbrechen; zum Stillstand kommen):* der Verkehr ist zum E. gekommen; **etw. zum Erliegen bringen** *(zusammenbrechen lassen; zum Stillstand bringen):* der Frost hat die Schifffahrt zum E. gebracht; **b)** *an etw. sterben:* einem Herzschlag e. **2.** (österr.) *hinterlegt sein:* beim Pförtner liegt eine Nachricht für Sie.

Erl|kö|nig, der; -s, -e [1: durch J. G. Herders falsche Übers. von dän. ellekonge = Elfenkönig als »Ellerkönig« (= Erlenkönig, ↑Eller) in die dt. Dichtung eingeführt; 2: wohl in Anlehnung an die erste Zeile (»Wer reitet so spät durch Nacht und Wind?«) der Ballade »Erlkönig« von Goethe] **1.** *märchenhafte Sagengestalt.* **2.** (Kfz-W. Jargon): *getarnter, probehalber eingesetzter Wagen eines neuen Autotyps.*

er|lo|gen: ↑erlügen.

Er|lös, der; -es, -e: *beim Verkauf einer Sache od. für eine Dienstleistung eingenommener Geldbetrag:* der E. der Sammlung, aus der Tombola; sie lebte vom E. ihrer Bilder.

er|lö|schen ⟨st. V.; ist⟩ [mhd. erleschen = auslöschen]: **a)** *zu brennen, zu leuchten aufhören:* das Feuer erlischt; der Vulkan ist erloschen; Ü das Lächeln erlosch wieder; **b)** *schwächer werden, nachlassen u. vergehen:* die Leidenschaft erlischt; mit erlöschender *(versagender)* Stimme sprechen; **c)** *aussterben:* das Adelsgeschlecht ist erloschen; **d)** *zu bestehen aufhören; seine Gültigkeit verlieren:* ihr Mandat, ihre Mitgliedschaft erlischt; die Firma ist erloschen.

er|lö|sen ⟨sw. V.; hat⟩ [mhd. erlœsen, ahd. irlōsan, eigtl. = frei machen, zu ↑lösen]: **1.** *frei machen; (aus einer Notlage, von Schmerzen, innerer Bedrängnis) befreien, erretten:* eine verzauberte Prinzessin e.; jmdn. aus einer gefährlichen Lage, von seinen Schmerzen e.; der Tod hat sie erlöst; er wurde von seinem schweren Leiden erlöst (verhüll.; *ist gestorben);* ich bin erlöst (ugs.; *bin [durch eine gute Nachricht] von einer Angst, Sorge befreit);* ich werde dich e. (ugs. scherzh.; *von etw. entbinden, ablösen);* er hat das erlösende *(klärende, befreiende)* Wort gesprochen. **2.** (veraltend) *(als Geldbetrag) bei einem Verkauf einnehmen; erzielen:* er hat 2 Mark pro Stück erlöst.

Er|lö|ser, der; -s, - [mhd. erlœsære, ahd. irlōsāri]: **a)** *jmd., der jmdn. erlöst:* der Tod kam als E.; **b)** ⟨o. Pl.⟩ (christl. Rel.) *Christus als Erretter der Menschen.*

Er|lö|ser|bild, das: **a)** *Darstellung von Christus als Erlöser;* **b)** (Rel.) *geistige Vorstellung eines Erlösers.*

Er|lö|se|rin, die; -, -nen: w. Form zu ↑Erlöser (a).

Er|lö|sung, die; -, -en ⟨Pl. selten⟩ [mhd. erlœsunge,

ahd. irlōsunga]: *das Erlösen; Erlöstwerden, Befreiung:* E. von seinen Qualen; der Tod war für sie eine E.; etw. als E. empfinden.

er|lü|gen ⟨st. V.; hat⟩: *erfinden u. als wahr ausgeben:* eine Geschichte e.; ⟨meist im 2. Part.:⟩ das ist alles erlogen.

er|mäch|ti|gen ⟨sw. V.; hat⟩ [für älter: mächtigen, mhd. mehtigen, zu ↑mächtig]: *jmdm. ein besonderes Recht, eine Vollmacht für etw. erteilen:* wir ermächtigen ihn, die Verhandlungen zu führen; dazu bin ich nicht ermächtigt.

Er|mäch|ti|gung, die; -, -en: *Vollmacht, [begrenzte] Berechtigung:* die E. zum Führen der Verhandlungen; dazu hat sie keine E.

Er|mäch|ti|gungs|ge|setz, das (Verfassungsw.): *Gesetz, das (in Notzeiten) gewisse Rechte der Gesetzgebung vom Parlament auf die Regierung überträgt.*

E

er|mah|nen ⟨sw. V.; hat⟩ [mhd. ermanen, ahd. irmanōn]: *eindringlich an eine Pflicht, an ein bestimmtes Verhalten erinnern:* jmdn. zur Vorsicht e.; ich muss dich ernstlich e. *(zurechtweisen);* »Seid leise!«, ermahnte sie die Kinder.

Er|mah|nung, die; -, -en: *ermahnende Worte, dringende Aufforderung:* eine väterliche E.; sie hat alle -en in den Wind geschlagen.

er|man|geln ⟨sw. V.; hat⟩ (geh.): *etw., was als notwendig, vorteilhaft, erwünscht o. Ä. betrachtet wird, nicht haben, nicht besitzen; etw. als fehlend empfinden:* ich ermang[e]le dieses Vorteils; sein Vortrag ermangelte jeglicher Sachkenntnis; ⟨auch unpers.:⟩ es ermangelte eines Spielfeldes.

Er|man|ge|lung, Er|mang|lung: nur in der Fügung **in E.** (geh.; *mangels*): in E. eines Besseren begnügte er sich mit der Kopie.

er|man|nen, sich ⟨sw. V.; hat⟩ [mhd. ermannen = Mut fassen, zu: mannen, ↑bemannen] (geh.): *sich aufraffen; [neuen] Mut zu etw. fassen:* endlich ermannte er sich [zu einer Erklärung].

er|mä|ßi|gen ⟨sw. V.; hat⟩: **a)** *senken, herabsetzen:* die Beiträge [auf die Hälfte, um ein Drittel] e.; Drucksachen zu ermäßigter Gebühr; **b)** ⟨e. + sich⟩ *niedriger, geringer werden:* mit der Sammelkarte ermäßigt sich der Fahrpreis um 10 %.

Er|mä|ßi|gung, die; -, -en: **a)** *Herabsetzung, Senkung:* eine E. der Gebühren beantragen; **b)** *[Preis]nachlass:* eine E. auf den Eintrittspreis erhalten.

er|mat|ten ⟨sw. V.⟩ (geh.): **1.** ⟨ist⟩ **a)** *schlapp, matt werden; (bei etw.) an Kraft verlieren:* ihre Arme waren von der Last ermattet; ermattet niedersinken; Ü sein Mut war bald ermattet; **b)** (selten) *an Glanz verlieren; stumpf werden:* das Gold ist ermattet. **2.** *matt, schwach machen* ⟨hat⟩: die Anstrengungen haben sie ermattet.

Er|mat|tung, die; - (geh.): *das Ermatten* (1).

er|mess|bar ⟨Adj.⟩: *sich ermessen lassend, absehbar.*

er|mes|sen ⟨st. V.; hat⟩: *in seinem Ausmaß, seiner Bedeutung erfassen u. einschätzen:* wer ermisst die Bedeutung dieses Augenblicks?

Er|mes|sen, das; -s: *Einschätzung, Beurteilung:* richterliches E.; aus, nach freiem, eigenem E.; * **nach menschlichem E.** *(mit allergrößter Wahrscheinlichkeit; soweit jmd. es überhaupt beurteilen kann);* **etw. in jmds. E. stellen** *(jmdm. die Entscheidung nach seinem eigenen Urteil überlassen).*

Er|mes|sens|fra|ge, die: *Frage, deren Entscheidung jmds. persönlichem Ermessen anheim gestellt ist.*

Er|mes|sens|spiel|raum, der: *Spielraum für eine Entscheidung nach eigenem Ermessen.*

er|mit|teln ⟨sw. V.; hat⟩ [zu ↑[1]Mittel]: **a)** *durch [geschicktes] Nachforschen herausfinden, feststellen:* einen Täter, die Adresse e.; **b)** *errechnen, feststellen:* den Sieger in einem Wettkampf, den Durchschnittswert e.; **c)** (Rechtsspr.) *Untersuchungen durchführen:* gegen jmdn. in einer Strafsache, wegen Sachbeschädigung e.

Er|mitt|ler, der; -s, -: *jmd., der Ermittlungen* (b) *durchführt:* verdeckter E. *(Polizeibeamter, der unter falscher Identität ermittelt).*

Er|mitt|le|rin, die; -, -nen: w. Form zu ↑Ermittler.

Er|mitt|lung, die; -, -en: **a)** *das Ermitteln* (a, b), *Feststellen* (1 a); **b)** *Nachforschung, polizeiliche Untersuchung:* -en einleiten, durchführen.

Er|mitt|lungs|ar|beit, die: *einer Ermittlung* (b) *dienende Tätigkeit:* die E. der Polizei wird dadurch erschwert.

Er|mitt|lungs|be|am|te, der: *mit einer Ermittlung* (b) *betrauter Beamter.*

Er|mitt|lungs|be|am|tin, die: w. Form zu ↑Ermittlungsbeamte.

Er|mitt|lungs|ver|fah|ren, das: *Verfahren der Staatsanwaltschaft zur Entscheidung, ob Anklage zu erheben ist:* ein E. [gegen jmdn.] einleiten.

er|mög|li|chen ⟨sw. V.; hat⟩: *möglich machen; die Möglichkeit, die Voraussetzungen für etw. schaffen:* jmdm. eine Reise e.; ich komme, sobald meine Zeit es ermöglicht *(sobald ich Zeit habe).*

Er|mög|li|chung, die; -: *das Ermöglichen; das Ermöglichtwerden.*

er|mor|den ⟨sw. V.; hat⟩ [mhd. ermorden, -murden]: *(einen Menschen) vorsätzlich töten:* jmdn. brutal e.; er wurde auf offener Straße ermordet.

Er|mor|dung, die; -, -en: *das Ermorden; das Ermordetwerden.*

Er|müd|bar|keit, die; -: *Neigung zu schneller Ermüdung.*

er|mü|den ⟨sw. V.⟩ [mhd. ermüeden, zu: müeden, ahd. muadēn = müde machen; müde werden]: **1. a)** *müde, matt, schläfrig werden* ⟨ist⟩: er arbeitete stundenlang, ohne zu e.; ermüdet setzten sie sich hin; die Augen ermüden beim Autofahren zuerst; Ü der Boden war ermüdet; **b)** *müde, matt, schläfrig machen* ⟨hat⟩: das Reden ermüdet mich; ⟨auch ohne Akk.-Obj.:⟩ langes Fahren ermüdet; eine ermüdende Beschäftigung. **2.** (Technik) *durch Dauerbelastung seine Spannung, Härte verlieren* ⟨ist⟩: der Stahl ermüdet.

Er|mü|dung, die; -, -en ⟨Pl. selten⟩: **1.** *das Müdewerden; Müdigkeit:* vor E. einschlafen. **2.** (Technik) *das Ermüden* (2).

Er|mü|dungs|bruch, der (Med.): *Knochenbruch bes. infolge wiederholter Überbelastung od. hoher Dauerbelastung.*

Er|mü|dungs|er|schei|nung, die: *Anzeichen von Ermüdung* (1).

Er|mü|dungs|zu|stand, der: *Zustand der Ermüdung* (1).

er|mun|tern ⟨sw. V.; hat⟩ [für gleichbed. älter muntern, mhd. mundern]: **1.** *jmdm. Mut u. Lust machen, etw. zu tun; durch Worte od. Beispiel ermutigen:* jmdn. zum Reden e.; der Erfolg ermunterte sie zu weiteren Taten; jmdn. ermunternd ansehen. **2.** (seltener) *wach machen:* der Kaffee wird dich e.

Er|mun|te|rung, die; -, -en: **a)** *das Ermuntern;* **b)** *ermunternde Worte:* jmdm. eine E., -en zurufen.

er|mu|ti|gen ⟨sw. V.; hat⟩: *jmdm. [zu etw.] den Antrieb geben; in positiver Weise in seinen Absichten bestärken:* Kinder durch Lob e.; günstige Kredite sollen die Unternehmer zu Investitionen e.; das klingt nicht sehr ermutigend; ermutigt durch Erfolge, machte er weiter.

Er|mu|ti|gung, die; -, -en: **a)** *das Ermutigen;* **b)** *ermutigende Worte.*

Ern: ↑Eren.

er|näh|ren ⟨sw. V.; hat⟩ [mhd. ernern, ahd. irneren = (er)retten, am Leben erhalten]: **1. a)** *[regelmäßig] mit Nahrung versorgen:* ein Baby mit der Flasche e.; der Kranke muss künstlich ernährt werden; schlecht ernährt aussehen; **b)** ⟨e. + sich⟩ *etw. über längere Zeit zu sich nehmen; von einer [bestimmten] Nahrung leben:* ich ernähre mich hauptsächlich von Obst; sich einseitig ernähren. **2. a)** *für jmds. Lebensunterhalt sorgen:* eine große Familie zu e. haben; **b)** ⟨e. + sich⟩ *seinen eigenen Lebensunterhalt bestreiten:* von dem Gehalt kann ich mich kaum e.

Er|näh|rer, der; -s, -: *jmd., der für jmds. Unterhalt sorgt:* der E. einer großen Familie; die Kinder haben ihren E. verloren.

Er|näh|re|rin, die; -, -nen: w. Form zu ↑Ernährer.

Er|näh|rung, die; -: **1. a)** *das Ernähren; das Ernährtwerden; Nahrungszufuhr:* natürliche, künstliche E.; für vernünftige E. sorgen; **b)** *Nahrung[smittel]:* tierische, pflanzliche E.; seine E. umstellen. **2.** *wirtschaftliche Versorgung:* die E. der Hungernden in aller Welt.

Er|näh|rungs|be|ra|ter, der: *Berater [bei Gesundheitsämtern, Krankenkassen o. Ä.], der in Fragen der Ernährung* (1) *berät.*

Er|näh|rungs|be|ra|te|rin, die: w. Form zu ↑Ernährungsberater.

Er|näh|rungs|phy|si|o|lo|gie, die (Med.): *Physiologie, bei der das Gebiet der Ernährung im Vordergrund steht.*

Er|näh|rungs|stö|rung, die (Med.): *Gesundheitsstörung, die durch übermäßige, unzureichende od. fehlerhafte Ernährung hervorgerufen wurde.*

Er|näh|rungs|wei|se, die: *Art, Zusammensetzung der Ernährung.*

Er|näh|rungs|wis|sen|schaft, die: *Wissenschaft von der physiologisch richtigen Ernährung.*

Er|näh|rungs|zu|stand, der (Med.): *körperlicher Zustand in Bezug auf die Nahrung u. ihre Verwertung im Körper.*

er|nen|nen ⟨unr. V.; hat⟩ [mhd. ernennen = ganz aussprechen]: **a)** *für ein Amt, einen Posten bestimmen:* jmdn. zu seinem Nachfolger e.; **b)** *den Inhaber eines Amtes bestimmen:* einen Nachfolger e.; der Präsident ernennt den Regierungschef auf Vorschlag des Parlaments.

Er|nen|nung, die; -, -en: *das Ernennen.*

Er|nen|nungs|ur|kun|de, die: *offizielles Dokument, in dem die Ernennung zu einem Amt bescheinigt wird:* den Ministern wurden die -n überreicht.

er|neu|er|bar ⟨Adj.⟩: *sich erneuern lassend; zum Erneuern geeignet:* -e *(regenerative 2)* Energien.

Er|neu|e|rer, Erneurer, der; -s, -: *jmd., der Altes neu macht od. Vergangenes wieder belebt:* Coubertin war der E. der Olympischen Spiele.

Er|neu|e|rin, die; -, -nen: w. Form zu ↑Erneuerer.

er|neu|ern ⟨sw. V.; hat⟩ [mhd. erniuwern]: **1. a)** *(Altes, Verbrauchtes) gegen Neues auswechseln:* die Autoreifen e.; der Verband muss täglich erneuert werden; **b)** *(durch Ausbessern, Auswechseln von Einzelteilen, Neuanstrich o. Ä.) wiederherstellen, renovieren:* ein Bauwerk von Grund auf e.; **c)** ⟨e. + sich⟩ *[von innen heraus] neu werden, neue Kraft gewinnen:* Körperzellen erneuern sich immer wieder. **2.** *neu beleben; wieder in Erinnerung rufen, wieder wirksam werden lassen:* eine alte Freundschaft e. **3.** *für weiterhin gültig erklären [lassen]:* den Pass e.

Er|neu|e|rung, die; -, -en: *das Erneuern; das Erneuertwerden.*

Er|neu|e|rungs|be|we|gung, die: *geistige, kulturelle od. politische Richtung, die eine bestimmte Idee erneuern will.*

Er|neu|rer: ↑Erneuerer.

er|neut ⟨Adj.⟩: *von neuem, wieder auftretend, vorhanden:* -e Unruhen; mit -er Kraft; -e *(neue, weitere)* Forderungen; e. Forderungen stellen.

er|nied|ri|gen ⟨sw. V.; hat⟩: **1. a)** *moralisch herabsetzen, herabwürdigen:* jmdn. öffentlich e.; damit hast du dich selbst erniedrigt; eine erniedrigende *(demütigende)* Behandlung erfahren; **b)** *(jmdn.) im Rang niedriger einstufen.* **2.** *niedriger machen; vermindern:* die Preise e.; den Druck in einer Vakuumkammer immer weiter e.; der erniedrigte Gefrierpunkt. **3.** (Musik) *um einen Halbton herabsetzen:* a zu as e.

Er|nied|ri|gung, die; -, -en: **1.** *das Erniedrigen* (1), *das Erniedrigtwerden:* viele -en zu ertragen haben. **2.** *das Erniedrigen* (2): Erhöhung oder E. des Druckes. **3.** (Musik) *das Herabsetzen eines Tones um einen Halbton:* die E. des Grundtons.

Er|nied|ri|gungs|zei|chen, das (Musik): *Vorzeichen, das die Erniedrigung eines Tones um einen Halbton anzeigt* (Zeichen: ♭).

ernst ⟨Adj.⟩ [im 16. Jh. entstanden aus Wendungen wie »es ist mir Ernst«]: **1.** *von Ernst [u. Nachdenklichkeit] erfüllt; nicht sorglos-heiter, nicht lachend:* ein -er Mensch; eine -e Miene machen; er, sein Gesicht wurde e.; sie bemühte sich, e. zu bleiben *(nicht zu lachen);* -e Musik *(klassische, seriöse Musik im Unterschied zu Unterhaltungsmusik).* **2.** *eindringlich, gewichtig, bedeutungsvoll:* -e Bedenken haben; jmdm. mit -en Worten ins Gewissen reden; seine Aufgabe e. nehmen. **3.** *wirklich so gemeint; aufrichtig:* es ist ihre -e Absicht, sich zu bessern; ein e. gemeinter Rat; nur e. gemeinte Zuschriften werden berücksichtigt; er meint es e.; es ist ihr [vollkommen] e. damit; er nahm die Drohung nicht e. *(glaubte nicht, dass sie wirklich so gemeint war);* du musst das Kind e. *(als eigene, selbstständige Persönlichkeit)* nehmen; ein e. zu nehmender Vorschlag. **4.** *sehr gefahrvoll, bedrohlich, Besorgnis erregend:* eine -e Krankheit; -e Verletzungen; ihr Zustand ist sehr e.; die Lage sieht e. aus; ⟨subst.:⟩ ist es was Ernstes?

Ernst, der; -es [mhd. ernest, ahd. ernust = Kampf; Festigkeit, Aufrichtigkeit, urspr. = Kampf(eseifer)]: **1. a)** *ernsthafte, durch Sachlichkeit, Nachdenklichkeit, oft eine gewisse Gemessenheit, Strenge gekennzeichnete Einstellung, Grundhaltung:* feierlicher E.; der E. seiner Worte; tierischer E. (ugs. abwertend; *Humorlosigkeit*); **b)** *ernster Wille; wirkliche, aufrichtige Meinung:* es ist mein [bitterer] E.; es ist mir [völliger] E. damit; hast du das im E. gemeint?; * **[mit einer Sache] E. machen** *(etw. in die Tat umsetzen; etw. [Angekündigtes nun] wirklich tun):* er hat mit seiner Drohung E. gemacht und ist abgereist; **allen -es** *(ganz ernsthaft, tatsächlich):* das hat sie allen -es behauptet. **2. a)** *[ernste, gewichtige] Wirklichkeit:* aus dem Spiel wird E.; * **der E. des Lebens** *(der harte Alltag; die raue Wirklichkeit; das Berufsleben):* nach der Schulzeit beginnt der E. des Lebens; **b)** *Bedrohlichkeit, Gefährlichkeit:* der E. der Lage.

Ernst|fall, der ⟨Pl. selten⟩: *das Eintreten eines für möglich gehaltenen [gefährlichen] Ereignisses:* wenn der E. eintritt; Vorsorge für den E. treffen; im E. muss alles schnell gehen.

ernst ge|meint: s. ernst (3).

ernst|haft ⟨Adj.⟩ [mhd. ernesthaft = ernst; kampfbereit, streitbar, ahd. ernisthaft = vor Eifer brennend]: **1.** *nicht heiter; ernst aussehend; in ernster Weise:* eine -e Miene aufsetzen; wir müssen etwas e. besprechen; er hat mich sehr e. angesehen. **2.** *eindringlich, gewichtig:* -e Ermahnungen; die Arbeit zeigt -e *(größere, nicht zu übersehende)* Mängel; e. bemüht sein; jmdn. e. befragen. **3.** *aufrichtig, ernst gemeint, tatsächlich; im Ernst:* ein -es Angebot; daran hat niemand e. geglaubt; auch -e *(ernst zu nehmende)* Forscher bezweifeln das. **4.** *sehr [stark], gefährlich:* -e Verletzungen; sie ist e. krank, erkrankt.

Ernst|haf|tig|keit, die; -: *das Ernsthaftsein; ernste Gesinnung, Haltung; Aufrichtigkeit:* mit großer E.; an der E. dieser Aussage ist nicht zu zweifeln.

ernst|lich ⟨Adj.⟩ [mhd. ernestlich = ernstlich, wahrhaft; wohl gerüstet; streitbar, ahd. ernestlīh = ernstlich, echt]: **1.** *nachdrücklich, gewichtig, eindringlich; mit Nachdruck [vorgetragen]:* -e Bedenken; jmdn. e. ermahnen. **2.** *wirklich so gemeint; im Ernst; aufrichtig:* -e Anstrengungen machen; die -e Absicht, den -en Wunsch haben, etw. zu tun; jmdm. e. böse sein; etw. e. wollen; ich habe e. die Absicht wegzufahren. **3.** *in nicht unbedenklicher Weise; nicht ungefährlich:* eine -e Gefährdung; e. krank sein; diese Gebiete sind e. in Gefahr.

Ern|te, die; -, -n [mhd. ernde, aus dem Pl. von ahd. arnōt = Ernte(zeit), zu: arnōn = ernten, zu: ar[a]n = Ernte, urspr. = Erntezeit, Sommer]: **1.** *das Ernten:* die E. hat begonnen; bei der E. helfen; die Bauern sind bei/in der E.; * **reiche/schreckliche/furchtbare o. ä. E. halten** (geh.; *Verderben, den Tod bringen*): Krieg und Pest hielten reiche E. **2.** *Gesamtheit der [geernteten] reifen Feld- u. Gartenfrüchte:* eine gute, schlechte E.; die gesamte E. wurde vernichtet; die E. einbringen, abliefern; wir hatten nur mittlere -n an Weizen; * **jmdm. ist die ganze E. verhagelt** (ugs.; *jmd. ist durch einen Misserfolg, eine Niederlage mutlos geworden, niedergeschlagen*).

Ern|te|aus|fall, der: **1.** ⟨o. Pl.⟩ *Beschaffenheit, Qualität, Menge einer Ernte* (2): ein guter, schlechter E. **2.** ⟨Pl.⟩ *Verluste, Einbußen bei einer Ernte* (2).

Ern|te|dank|fest, das: *kirchliches, meist am ersten Sonntag im Oktober gefeiertes Fest nach der Ernte* (1).

Ern|te|er|geb|nis, das: *Ergebnis, Ertrag einer Ernte* (1).

Ern|te|fest, das: *bäuerliches Fest bei od. nach der Ernte* (1) *mit überliefertem Brauchtum.*

Ern|te|hel|fer, der: *jmd., der bei der Ernte* (1) *hilft.*

Ern|te|hel|fe|rin, die: w. Form zu ↑Erntehelfer.

Ern|te|kranz, der: *zum Ernte[dank]fest aufgehängter großer Kranz aus Ähren, Blumen, Früchten u. Ä.*

Ern|te|kro|ne, die: *Erntekranz.*

Ern|te|mo|nat, Ern|te|mond, der [mhd. nicht belegt, ahd. aranmānōd] (veraltet): *August.*

ern|ten ⟨sw. V.; hat⟩ [für mhd. arnen, ahd. arnon, zu: ar[a]n = Ernte]: *(die reifen Feld- u. Gartenfrüchte) durch Pflücken, Mähen usw. einbringen:* Getreide, Kartoffeln, Obst e.; Ü Undank, keinen Dank e. *(mit etw. keinen Beifall, eher Ablehnung finden);* sie erntete nur Spott; der Künstler erntete großen Beifall.

ern|te|reif ⟨Adj.⟩: *reif zur Ernte* (1): -e Tomaten.

Ern|te|zeit, die: *Zeit der Ernte* (1).

Ern|ting, der; -s, -e (veraltet): *August.*

er|nüch|tern ⟨sw. V.; hat⟩: **1.** *nüchtern machen:* die frische Nachtluft ernüchterte ihn. **2.** *von einer rauschhaften Vorstellung od. Einbildung befreien; jmdm. seine Illusionen nehmen:* Ärger und Enttäuschung hatten sie ernüchtert; ein ernüchterndes Ergebnis.

Er|nüch|te|rung, die; -, -en: **1.** *das Nüchternwerden.* **2.** *das Aufhören eines [Begeisterungs]rausches:* der Begeisterung folgte sehr bald die E.

Er|o|be|rer, der; -s, -: *jmd., der etw. erobert:* den -n Widerstand entgegensetzen.

Er|o|be|rin, die; -, -nen: w. Form zu ↑Eroberer.

er|o|bern ⟨sw. V.; hat⟩ [spätmhd. erobern für mhd. [ge]oberen, ahd. [ga]obarōn = erlangen, gewinnen, eigtl. = der Obere sein, werden]: **1.** *(ein fremdes Land, Gebiet o. Ä.) durch eine militärische Aktion an sich bringen:* eine Festung im Sturm e.; die eroberten Städte, Provinzen. **2.** *durch eigene Anstrengung, Bemühung oft gegen Widerstände erlangen, erhalten, gewinnen:* die Macht, ein Mandat, den Weltmeistertitel e.; eine Frau, das Herz einer Frau e.; du hast dir die Sympathien der Zuhörer erobert; einen Berg e. (geh.; *besteigen, bezwingen*); das Lied hat [sich] die Welt, hat die Herzen im Sturm erobert; das Produkt hat der Firma neue Märkte erobert *(erschlossen);* ich hatte mir einen guten Platz erobert (scherzh.; *gesichert*).

Er|o|be|rung, die; -, -en: **1. a)** *das Erobern.* **b)** *etw. Erobertes:* die -en wieder herausgeben. **2. a)** *das Für-sich-Gewinnen; das Erringen:* die E. neuer Absatzmärkte; **b)** *etw. Gewonnenes, Errungenes:* dieses Mädchen ist seine neueste E. (ugs. scherzh.; *Freundin*); * **eine E./-en machen** *(jmdn., etw. für sich gewinnen);* **auf -en ausgehen** (scherzh.; *Verehrer, Frauen für sich zu gewinnen suchen*).

Er|o|be|rungs|feld|zug, der: vgl. Eroberungskrieg: einen E. planen, führen.

Er|o|be|rungs|krieg, der: *Angriffskrieg zur Eroberung fremden Gebietes.*

Er|o|be|rungs|zug, der: vgl. Eroberungskrieg.

ero|die|ren ⟨sw. V.; hat⟩ [lat. erodere = weg-, ausnagen] (Geol.): *den Boden auswaschen, wegspülen, abtragen:* erodierte Flächen.

er|öff|nen ⟨sw. V.; hat⟩ [mhd. eroff(en)en = kundtun, ahd. aroffonōn = offenbaren; öffnen]: **1.** *[erstmalig] der Öffentlichkeit, dem Publikumsverkehr zugänglich machen:* ein [neues] Geschäft, eine Praxis, eine Ausstellung e.; eine neue Straße für den Verkehr e. **2. a)** (Med., sonst veraltet) *[durch Schneiden] öffnen, aufmachen, freilegen:* Körperhöhlen e.; **b)** (Amtsspr.) *amtlich öffnen:* der Notar eröffnete das Testament; **c)** (Kaufmannsspr.) *anlegen, einrichten:* ein Konto bei der Bank e.; **d)** (Rechtsspr.) *in die Wege leiten:* einen Vergleich, den Konkurs e. **3. a)** *einleiten, (mit) etw. offiziell beginnen:* eine Sitzung, Diskussion, Verhandlung e.; der Ball wurde mit einer Polonaise eröffnet; eine Schachpartie e. *(die einleitenden Züge machen);* das Feuer [auf eine Stellung] e. *(zu schießen beginnen);* ein Lustspiel eröffnete die Theatersaison *(bildete den Anfang);* **b)** (Börsenw.) *zu Beginn in bestimmter Weise verlaufen:* die Börse eröffnete ruhig, mit schwankenden Kursen. **4. a)** *[etw. Neues, Unerwartetes] mitteilen:* sie eröffnete mir ihre Absichten, ihren Plan; **b)** ⟨e. + sich⟩ (geh.) *sich jmdm. anvertrauen:* ich eröffnete mich meinem älteren Freund. **5. a)** *zugänglich machen, offenbar werden lassen:* das Angebot eröffnet [mir] neue Möglichkeiten, Aussichten, Wege; **b)** ⟨e. + sich⟩ *zugänglich werden:* glänzende Aussichten eröffneten sich ihr.

Er|öff|nung, die; -, -en: **1.** *das Eröffnen* (1–5). **2.** *etw., was jmdm. eröffnet wird, [unerwartete] Mitteilung:* eine vertrauliche E.; er wollte uns eine E. machen (nachdrücklich; *wollte uns etw. bisher geheim Gehaltenes, Persönliches, Vertrauliches mitteilen*). **3.** (Schach) *Gesamtheit der einleitenden Züge einer Schachpartie.*

Er|öff|nungs|an|spra|che, die: *Ansprache, mit der eine Veranstaltung eröffnet wird.*

Er|öff|nungs|fei|er, die: *Feier, mit der eine Veranstaltung, eine Reihe von Veranstaltungen eröffnet wird.*

Er|öff|nungs|spiel, das (Sport): *Spiel, mit dem ein Turnier eröffnet wird.*

Er|öff|nungs|tag, der: *Tag der Eröffnung einer Veranstaltung:* am E. wurden die meisten Ausstellungsbesucher gezählt.

Er|öff|nungs|ver|an|stal|tung, die: vgl. Eröffnungsfeier.

ero|gen ⟨Adj.⟩ [zu griech. érōs (↑²Eros) u. -genḗs = verursachend]: **a)** *(meist von Körperstellen od. -zonen) geschlechtlich leicht erregbar, reizbar:* -e Zonen; **b)** *geschlechtliche Erregung auslösend:* -e Einflüsse.

er|ör|tern ⟨sw. V.; hat⟩ [Lehnübertragung von lat. determinare (↑determinieren), zu: Örter, Pl. von ¹Ort]: *ausführlich u. oft ins Einzelne gehend über einen noch nicht geklärten Sachverhalt sprechen, diskutieren:* einen Fall mit jmdm. e.; das Für und Wider eines Plans gründlich e.; ein Problem wissenschaftlich e. *(abhandeln).*

Er|ör|te|rung, die; -, -en: *eingehende Diskussion, Untersuchung:* gründliche, theoretische -en über etw. anstellen; das bedarf keiner E.

¹Eros (griech. Myth.): Gott der Liebe.

²Eros [auch: ˈɛrɔs], der; - [griech. érōs, H. u.]: *sehnsuchtsvolles sinnliches Verlangen; der Geschlechterliebe innewohnendes Prinzip [ästhetisch-]sinnlicher Anziehung; durch Seele u. Geist geadelte sinnliche Liebe.*

Eros-Cen|ter, das: *[behördlich genehmigtes u. kontrolliertes] Haus, in dem Prostitution betrieben wird; Bordell.*

Ero|si|on, die; -, -en [lat. erosio = das Zerfressenwerden, zu: erodere, ↑erodieren]: **1.** (Geol.) *zerstörende Wirkung von fließendem Wasser, auch von Eis u. Wind an der Erdoberfläche:* in den von der Landwirtschaft aufgegebenen Flächen setzt E. ein; durch E. entstandene Täler. **2.** (Med.) **a)** *Gewebeschaden an der Oberfläche der Haut u. der Schleimhäute* (z. B. Abschürfung); **b)** *das Fehlen od. die Abschleifung des Zahnschmelzes.* **3.** (Technik) *mechanische Zerstörung feuerfester Baustoffe.*

Ero|si|ons|schutz, der: *Schutz gegen Erosion (z. B. durch Anpflanzen von Wäldern).*

ero|siv ⟨Adj.⟩: *die Erosion* (1) *betreffend, durch Erosion* (1) *entstanden.*

Ero|ten ⟨Pl.⟩ [lat. Erotes, Pl. von: Eros < griech. Érōs = ¹Eros]: *allegorische Darstellungen geflügelter Liebesgötter, meist in Kindergestalt.*

Ero|tik, die; - [zu ↑erotisch]: **a)** *den geistig-seeli-*

schen Bereich einbeziehende sinnliche Liebe, Liebes-, Geschlechtsleben: die E. im Gegensatz zur bloßen Sexualität; **b)** (verhüll.) *Sexualität:* die billige E. eines Films.

Ero|ti|ka: Pl. von ↑Erotikon.

Ero|ti|kon, das; -s, ...ka, selten: ...ken [griech. erōtikón = die Liebe Betreffendes]: **a)** *Werk, Dichtung mit erotischem Hauptthema;* **b)** ‹meist Pl.› *im Hinblick auf sexuelle Betätigung anregendes Mittel.*

ero|tisch ‹Adj.› [frz. érotique < griech. erōtikós, zu: érōs, ↑²Eros]: **a)** *die Liebe in ihrer [ästhetisch-]sinnlichen Anziehungskraft betreffend:* -e Beziehungen, Erlebnisse, Lippen; **b)** (verhüll.) *sexuell:* -e Bedürfnisse.

ero|ti|sie|ren ‹sw. V.; hat›: **a)** *durch ästhetisch-sinnliche Reize sinnliches Verlangen hervorrufen, wecken:* erotisierende Musik; **b)** *auf das Gebiet der Erotik verlagern, mit erotischem Inhalt erfüllen:* eine Beziehung e.

Ero|ti|sie|rung, die; -, -en: *das Erotisieren; das Erotisiertwerden.*

Ero|to|ma|ne, der; -n, -n (Med., Psych.): *jmd., der an Erotomanie leidet.*

Ero|to|ma|nie, die; - [griech. erōtomanía = rasende Liebe] (Med., Psych.): *übersteigertes sexuelles Verlangen.*

Ero|to|ma|nin, die; -, -nen: w. Form zu ↑Erotomane.

Er|pel, der; -s, - [aus dem Niederd. < mniederd., mniederl. erpel, wahrsch. Kosef. des Personenn. asächs. Erpo, ahd. Erpho, eigtl. = der Braune]: *männliche Ente; Enterich.*

er|picht ‹Adj.› [Nebenf. von verpicht = (mit Pech) festgeklebt, urspr. bezogen auf die Pechrute beim Vogelfang]: meist in der Verbindung **auf etw. e. sein** *(begierig, versessen sein):* er ist aufs Geld, auf eine Belohnung e.; ‹auch attr.:› auf Neuigkeiten -e Damen.

er|press|bar ‹Adj.›: *die Voraussetzung für eine Erpressung schaffend, bietend:* dieser Vertragsabschluss macht uns e.

Er|press|bar|keit, die; -: *das Erpressbarsein.*

er|pres|sen ‹sw. V.; hat›: **1.** *durch Drohungen od. mit Gewalt unter Druck setzen u. zu etw. zwingen, nötigen:* er wurde von ihr/durch sie mit seinen früheren Briefen erpresst; ich lasse mich nicht e. **2.** *durch Drohungen od. Gewalt erlangen:* man erpresste von ihm Geld, ein Geständnis; eine erpresste Zusage.

Er|pres|ser, der; -s, -: *jmd., der andere erpresst:* ein kaltblütiger E.

Er|pres|ser|brief, der: *eine Erpressung enthaltender Brief.*

Er|pres|se|rin, die; -, -nen: w. Form zu ↑Erpresser.

er|pres|se|risch ‹Adj.›: *eine Erpressung darstellend, enthaltend, bezweckend:* e., mit -en Mitteln vorgehen.

Er|pres|sung, die; -, -en: *von Drohungen od. Gewaltmaßnahmen begleitete od. damit durchgesetzte Forderung:* eine versuchte E.; das ist E.!; die E. von Lösegeld; räuberische E.

Er|pres|sungs|ver|such, der: *Versuch, jmdn. zu erpressen, etw. von jmdm. zu erpressen.*

er|pro|ben ‹sw. V.; hat›: *auf bestimmte Eigenschaften, auf die Eignung zu etw. prüfen, einer Belastungs- od. Bewährungsprobe unterziehen:* das Mittel muss noch klinisch erprobt werden; jmdn. auf seine Zuverlässigkeit hin e.

er|probt ‹Adj.›: **a)** *geprüft u. bewährt, als zuverlässig ausgewiesen:* ein -er Kämpfer; **b)** (seltener) *althergebracht, seit langem üblich:* er begrüßte uns in -er Manier.

Er|pro|bung, die; -, -en: *das Erproben.*

er|qui|cken ‹sw. V.; hat› [mhd. erquicken, ahd. irquicchan, zu gleichbed. mhd. quicken, ahd. quicchan, eigtl. lebendig machen, zu ↑keck] (geh.): *neu beleben, stärken, erfrischen:* sich mit einem kühlen Getränk e.

er|quick|lich ‹Adj.› (geh.): *angenehm, erfreulich:* -e Aussichten.

Er|qui|ckung, die; -, -en (geh.): **1.** *das Erquicken:* zur E. ein Bad nehmen. **2.** *etw. Erquickendes.*

er|ra|re hu|ma|num est [lat.]: *Irren ist menschlich.*

er|ra|ten ‹st. V.; hat›: *durch Raten, Scheinfühlen richtig herausfinden:* jmds. Wunsch e.; das war leicht, [nicht] schwer zu e.

er|ra|tisch ‹Adj.› [frz. (bloc) erratique < lat. erraticus = umherirrend, zu: errare = (umher)irren; sich irren, verw. mit ↑irr] (selten): *vereinzelt, verirrt:* ein -er Block (Geol.; *vereinzelt liegender, großer Gesteinsblock in einem ehemals vergletscherten Gebiet, der während der Eiszeit dorthin gelangte).*

er|re|chen|bar ‹Adj.›: *sich errechnen lassend.*

er|rech|nen ‹sw. V.; hat›: **1. a)** *durch längeres Rechnen ermitteln; ausrechnen:* den Verkaufspreis, eine Entfernung e.; aus dem gegebenen Radius die Fläche eines Kreises e.; vom errechneten Kurs abweichen; **b)** *aufgrund genauer Berechnungen u. Überlegungen erwarten:* alles kam anders, als ich es mir errechnet hatte. **2.** ‹e. + sich› (Papierdt.) *sich durch Rechnen ermitteln lassen:* die Gebühr errechnet sich aus einer bestimmten Formel.

Er|rech|nung, die; -: *das Errechnen* (1 a).

er|reg|bar ‹Adj.›: *sich leicht erregen lassend:* ein [leicht] -er Mensch.

Er|reg|bar|keit, die; -: *das Erregbarsein.*

er|re|gen ‹sw. V.; hat›: **1. a)** *in einen Zustand heftiger Gefühls-, Gemütsbewegung versetzen; aufregen:* dieser Brief erregte sie, ihr Gemüt; ihr Anblick erregte ihn *(versetzte ihn in geschlechtliche Erregung);* ein erregendes Schauspiel; der Anblick war erregend schön; eine erregte Diskussion; die erregten Gemüter beruhigen; freudig erregt sein; Ü die vom Sturm erregte (geh.; *in Bewegung versetzte, aufgewühlte)* See; **b)** ‹e. + sich:› *in einen Zustand heftiger Gefühls-, Gemütsbewegung geraten:* ich habe mich sehr darüber erregt. **2. a)** *hervorrufen, verursachen:* Aufsehen, Staunen e.; sein Betragen erregte allgemeine Heiterkeit; ich wollte keinen Verdacht e. **b)** *anregen, reizen:* jmds. Fantasie e.; Muskeln durch einen Reiz e.

Er|re|ger, der; -s, -: *etw., was etw. anderes (bes. eine Krankheit) hervorruft:* der E. der Cholera.

Er|regt|heit, die; -: *Erregung* (1 b).

Er|re|gung, die; -, -en: **1. a)** *das Erregen* (1); *Aufregung:* alle möglichen -en von jmdm. fern halten; **b)** *das Erregtsein; Zustand heftiger Gemüts-, Gefühlsbewegung; Erregtheit:* seine E. nur mühsam verbergen; sie zitterte vor E. **2. a)** *das Erregen* (2 a), *das Hervorrufen, Verursachen:* (Rechtsspr.:) wegen E. öffentlichen Ärgernisses; **b)** *das Erregen* (2 b), *das Anregen, Reizen:* die E. eines Muskels durch den dazugehörigen Nerv.

Er|re|gungs|im|puls, der: *Erregung bewirkender Impuls.*

Er|re|gungs|lei|tung, die (Med.): *Fortleitung einer Erregung* (2 b) *entlang den Nerven- u. Muskelfasern.*

Er|re|gungs|zu|stand, der: *Zustand der Erregung.* (1 b)

er|reich|bar ‹Adj.›: *sich erreichen* (1–4) *lassend.*

Er|reich|bar|keit, die; -: *das Erreichbarsein.*

er|rei|chen ‹sw. V.; hat› [mhd. erreichen, ahd. irreihhen = erlangen, erreichen]: **1.** *bis zu etw., an etw. reichen, um es zu berühren od. zu fassen:* etw. mit ausgestrecktem Arm gerade noch e.; das Kind kann die Tischkante noch nicht e. **2.** *zu jmdm., etw. hinkommen, gelangen:* das Finale e.; den Gipfel des Berges e.; der Brief hat sie gerade noch erreicht; der Ort ist nur zu Fuß zu e.; die Krankheit hat ihren Höhepunkt erreicht; er hat ein hohes Alter erreicht *(ist sehr alt geworden);* das Klassenziel e. *(in die nächsthöhere Klasse versetzt werden).* **3.** *mit jmdm., etw. in Verbindung treten:* wie, wo kann ich Sie e.?; ich habe die Firma, das Büro nicht erreicht; durch den Film erreicht man viele Menschen. **4.** *durchsetzen, zustande bringen:* sie hat alles erreicht, was sie wollte; bei ihm wirst du [damit] nichts e.; ‹subst. 2. Part.:› erfreut sein über das Erreichte.

Er|rei|chung, die; -: *das Erreichen* (2, 4).

er|ret|ten ‹sw. V.; hat› [mhd. erretten, ahd. irretten] (geh.): *(jmdn.) retten* (1): jmdn. aus großer Not e.; er hat sie vom/vor dem Tode des Ertrinkens errettet.

Er|ret|ter, der; -s, - (geh.): *Retter.*

Er|ret|te|rin, die; -, -en: w. Form zu ↑Erretter.

Er|ret|tung, die; -, -en (geh.): *das Erretten; das Errettetwerden.*

er|rich|ten ‹sw. V.; hat› [1: mhd. nicht belegt, ahd. irrihten]: **1. a)** *in die Höhe bauen, erbauen:* Wohnblocks e.; **b)** *aufstellen, aufbauen, aufrichten:* Barrikaden e.; (Geom.:) auf einer Geraden das Lot e. **2. a)** *einrichten, [offiziell] begründen:* eine Schreckensherrschaft e.; eine Stiftung e.; Ü einen Kult um den Tod e.; **b)** (Rechtsspr.) *urkundlich niederlegen:* ein Testament e.

Er|rich|tung, die; -, -en: *das Errichten; das Errichtetwerden.*

er|rin|gen ‹st. V.; hat› [mhd. erringen, ahd. irringen]: *kämpfend, im Wettstreit, durch Anstrengung erlangen:* einen Vorteil, jmds. Vertrauen e.; bei einer Wahl die Mehrheit e.; ein hart, durch harte Arbeit errungener Sieg.

Er|rin|gung, die; -: *das Erringen.*

er|rö|ten ‹sw. V.; ist› [mhd. erröten, ahd. irrōtēn] (geh.): *im Gesicht rot werden:* vor Verlegenheit [tief] e.; sie schlug errötend die Augen nieder; das macht mich e.; ‹subst.:› mit dieser Bemerkung brachte er sie zum Erröten.

Er|run|gen|schaft, die; -, -en [LÜ von mlat. acquaestus]: *etw., was durch große Anstrengung erreicht, errungen wurde:* eine E. der Forschung; die Fabrik ist mit den neuesten -en der Technik ausgestattet; Ü dieses Kleid ist meine neueste E. (ugs. scherzh.; *Anschaffung).*

Er|satz, der; -es: **1. a)** *Person, Sache, die anstelle einer anderen Person od. Sache eingesetzt wird od. werden kann, deren Funktion übernimmt:* er ist ein guter E. für den Erkrankten; sie bekam ein neues Buch als E. für das beschädigte; für jmdn., etw. E. schaffen; als E. (Sport; *Ersatzspieler)* aufgestellt werden; **b)** *Entschädigung* (b): für einen Schaden E. leisten; **c)** (Milit.) *Reserve, Ersatztruppe:* ein Unteroffizier vom E. **2.** (selten) *das Ersetzen* (1 a): der E. von Öl durch Kohle.

Er|satz|an|spruch, der: *Anspruch auf Ersatz* (1 b): einen E. an jmdn. stellen.

Er|satz|bank, die ‹Pl. ...bänke› (Sport): *Reservebank.*

Er|satz|be|frie|di|gung, die (Psych.): *durch eine Ersatzhandlung erreichte Triebbefriedigung.*

Er|satz|dienst, der: *von Kriegsdienstverweigerern abzuleistender nicht militärischer Dienst; Zivildienst.*

Er|satz|dienst|leis|ten|de, der; -n, -n ‹Dekl. ↑Abgeordnete›: vgl. Ersatzdienstpflichtige.

er|satz|dienst|pflich|tig ‹Adj.›: *zum Ersatzdienst verpflichtet.*

Er|satz|dienst|pflich|ti|ge, der; -n, -n ‹Dekl. ↑Abgeordnete›: *ersatzdienstpflichtiger Mann.*

Er|satz|dienst|zeit, die: *Zeit des Ersatzdienstes.*

Er|satz|dro|ge, die: *pharmazeutisches Präparat, das Drogenabhängigen ermöglichen soll, ihre Abhängigkeit von einem (gefährlichen) Rauschgift zu überwinden:* die Verteilung von -n.

Er|satz|frau, die: vgl. Ersatzmann.

er|satz|ge|schwächt ‹Adj.› (Sport): *durch den Einsatz von Ersatzspielern in der Spielstärke beeinträchtigt:* eine -e Mannschaft.

Er|satz|hand|lung, die (Psych.): *Handlung, die an die Stelle der eigentlich angestrebten tritt, wenn diese nicht ausgeführt werden kann.*

Er|satz|heer, das: *Heimatorganisation des Landheeres als Ersatz für die Verluste des Frontheeres.*

Er|satz|in|fi|ni|tiv, der (Sprachw.): *Infinitiv, der in bestimmten Fällen nach einem reinen Infinitiv an die Stelle des 2. Partizips treten kann* (z. B. er hat ihn kommen »hören« statt »gehört«).

Er|satz|kaf|fee, der: *aus Kaffee-Ersatz hergestelltes Getränk.*

Er|satz|kas|se, die: *Krankenkasse, die von Versicherungspflichtigen anstelle einer Pflichtkrankenkasse gewählt werden kann od. deren Mit-*

glieder bei Überschreiten der Versicherungspflichtgrenze freiwillig versichert sind.

r|sạtz|leu|te ⟨Pl.⟩: 1. Pl. von ↑Ersatzmann. 2. *Gesamtheit der Ersatzfrauen u. Ersatzmänner.*

r|sạtz|los ⟨Adj.⟩: *ohne durch etw. anderes ersetzt zu werden, ohne Ersatz:* der Paragraph wird e. gestrichen.

r|sạtz|mann, der ⟨Pl. ...leute, auch: ...männer⟩: *männliche Person, die eine andere bei einer Arbeit, einem Wettkampf o. Ä. ersetzen kann od. ersetzt.*

r|sạtz|mut|ter, die: 1. *Person, die für jmdn. die Mutter ersetzt.* 2. *Leihmutter.*

r|sạtz|pflicht, die: *Verpflichtung, für einen verursachten Schaden o. Ä. Ersatz zu leisten.*

r|sạtz|spie|ler, der (Sport): *Spieler, der bei Ausfall od. Verletzung eines Spielers für diesen eingesetzt wird.*

r|sạtz|spie|le|rin, die: w. Form zu ↑Ersatzspieler.

r|sạtz|stoff, der: *Stoff als Ersatz für einen anderen:* ein E. für Nikotin.

r|sạtz|teil, das, seltener: der (bes. Technik): *Teil, das ein unbrauchbar gewordenes od. verloren gegangenes Teil eines Ganzen ersetzen kann.*

r|sạtz|teil|la|ger, das: *Lager für Ersatzteile.*

r|sạtz|tor|hü|ter, Er|sạtz|tor|wart, der: *Torwart, der bei Ausfall od. Verletzung des eigentlichen Torwartes eingesetzt wird.*

r|sạtz|trup|pe, die: *militärische Einheit, die dem Ersatzheer angehört.*

r|sạtz|wei|se ⟨Adv.⟩: *als Ersatz:* Sie erhalten e. eine neue Lieferung; ⟨mit Verbalsubstantiven auch attr.:⟩ eine e. Lieferung.

r|sạtz|zeit, die: *Zeit, in der aus bestimmten Gründen keine Beiträge zur sozialen Rentenversicherung entrichtet wurden, die aber als Versicherungszeit angerechnet wird.*

r|sau|fen ⟨st. V.; ist⟩ [mhd. nicht belegt, ahd. arsūfan]: 1. (salopp) *ertrinken:* wir werden mit dem Boot noch e. 2. a) *mit Wasser überschwemmt werden; im Wasser versinken, untergehen:* die Felder, Wiesen sind durch den starken Regen ersoffen; (Bergmannsspr.:) die Grube ist ersoffen; Ü in Formularen e.; b) (seltener) *absaufen* (2); der Motor ist ersoffen.

r|säu|fen ⟨sw. V.; hat⟩ [mhd. ersoufen]: *ertränken:* junge Katzen e.; Ü einen Misserfolg im Alkohol e. *(durch Genuss von Alkohol [vorübergehend] vergessen machen).*

r|schạf|fen ⟨st. V.; hat⟩ (geh.): *schaffen, entstehen lassen:* Gott hat die Welt erschaffen; man hat die Stadt aus dem Nichts erschaffen; ⟨subst. 2. Part.:⟩ Erschaffenes wieder zerstören.

r|schạf|fung, die; - (geh.): *das Erschaffen.*

r|schạl|len ⟨st. u. sw. V.; erscholl/(auch:) erschallte, ist erschollen/(selten:) erschallt⟩ (geh.): *laut ertönen:* ein Ruf, lautes Gelächter erscholl/erschallte; die Stimmen zur Ehre Gottes e. lassen.

r|schau|dern ⟨sw. V.; ist⟩ (geh.): *von einem Schauder ergriffen, gepackt werden:* er erschauderte vor Entsetzen.

r|schau|ern ⟨sw. V.; ist⟩ (geh.): *von einem Schauer ergriffen, überlaufen werden:* vor Kälte, vor Entsetzen e.; die plötzliche Stille ließ sie e.; ⟨subst.:⟩ ein wohliges Erschauern.

r|schei|nen ⟨st. V.; ist⟩ [1: mhd. erschīnen, ahd. irscīnan]: 1. a) *sichtbar, wahrnehmbar werden, sich zeigen:* er erschien auf dem Bildschirm; die Küste erschien am Horizont; b) *sich im Traum, als Vision o. Ä. zeigen:* Hamlet erscheint der Geist seines Vaters; c) *sich wie erwartet einfinden, einstellen; auftreten:* als Zeugin vor Gericht e.; er ist heute nicht zum Dienst erschienen; ⟨subst.:⟩ sie dankte den Zuhörern für ihr zahlreiches Erscheinen. 2. *herausgegeben, veröffentlicht werden:* die Zeitschrift erscheint monatlich; ⟨subst.:⟩ das Buch war gleich nach [seinem] Erscheinen vergriffen. 3. *sich in bestimmter Weise darstellen:* alles erschien mir wie ein Traum; es erscheint uns nötig, wünschenswert, dass nachgebessert wird; er bemüht sich, ruhig zu e. *(zu wirken, einen ruhigen Eindruck zu machen).*

Er|schei|nung, die; -, -en: 1. *wahrnehmbarer Vorgang:* der Totalitarismus ist eine spezifische E. des 20. Jahrhunderts; eine meteorologische E. beobachten; krankhafte -en feststellen; * **[Fest der] E. des Herrn** (christl. Rel.; *Epiphanias*); **in E. treten** *(sichtbar, erkennbar werden):* jetzt sind ihre wahren Absichten in E. getreten. 2. *durch ihr Äußeres, ihr Erscheinungsbild in bestimmter Weise wirkende Persönlichkeit:* er ist eine stattliche E.; in ihrer äußeren E., ihrer äußeren E. nach *(nach ihrem Äußeren)* ist sie sehr unauffällig. 3. *Vision, Traumbild:* sie hat -en; er starrte mich an wie eine E.

Er|schei|nungs|bild, das: *auf den Betrachter wirkendes äußeres Bild von jmdm., etw.:* das E. der Stadt; wir erwarten für diese Position ein gepflegtes E.

Er|schei|nungs|fest, das (christl. Rel.): *Epiphanias.*

Er|schei|nungs|form, die: *äußere Form, in der etw. erscheint, sich zeigt.*

Er|schei|nungs|jahr, das: *Jahr der Veröffentlichung eines Buches.*

Er|schei|nungs|ort, der ⟨Pl. -e⟩: vgl. Erscheinungsjahr.

Er|schei|nungs|wei|se, die: 1. *Art und Weise, in der etw. erscheint, sich darstellt:* die verschiedenen -n ein und desselben Vorgangs. 2. *das Erscheinen einer Zeitung o. Ä. in einem bestimmten zeitlichen Abstand:* eine wöchentliche E.

er|schie|ßen ⟨st. V.; hat⟩ [mhd. erschieȥen, ahd. irscieȥen]: *mit einer Schusswaffe töten:* er wurde hinterrücks erschossen; sie hat sich [mit einer Pistole] erschossen; das verletzte Pferd musste erschossen werden; * **erschossen sein** (1. ugs.; *am Ende seiner Kräfte, völlig erschöpft sein.* 2. ugs.; *äußerst überrascht sein.* 3. österr., schweiz.; *sich in einer schwierigen Lage befinden).*

Er|schie|ßung, die; -, -en: *das Erschießen; das Erschossenwerden.*

Er|schie|ßungs|kom|man|do, das: *für eine Hinrichtung durch Erschießen zusammengestelltes Kommando* (3 a).

er|schlạf|fen ⟨sw. V.⟩ [mhd. nicht belegt, ahd. irslaffen]: 1. ⟨ist⟩ a) *schlaff, kraftlos, matt werden:* seine Arme erschlafften; Ü die Truppe ist moralisch erschlafft; b) *seine Straffheit verlieren; welk werden.* 2. (seltener) *schlaff, kraftlos, matt machen* ⟨hat⟩: die Schwüle erschlaffte mich.

Er|schlạf|fung, die; -: *das Erschlaffen.*

er|schla|gen ⟨st. V.; hat⟩ [mhd. erslahen, ahd. irslahan]: a) *durch einen od. mehrere Schläge, Hiebe töten; totschlagen:* er wurde mit einem Hammer erschlagen; die Vermisste wurde erschlagen aufgefunden; Ü man hat ihn mit Beweismaterial förmlich erschlagen (ugs.; *erdrückt, sodass er von seiner Ansicht, Meinung abrücken musste*); ich fühle mich total erschlagen (ugs.; *erschöpft, todmüde*); sie war [wie] erschlagen (ugs.; *fassungslos, bestürzt*), als sie das hörte; b) *auf jmdn. mit Wucht, Heftigkeit treffen u. ihn töten:* er wurde vom Blitz erschlagen.

er|schlei|chen ⟨st. V.; hat⟩ [mhd. erslīchen = schleichend an etw. kommen] (abwertend): *zu Unrecht, durch heimliche, listige Machenschaften erwerben, durch Schmeichelei od. Täuschung erlangen, sich verschaffen:* ein Amt e.

Er|schlei|chung, die; -, -en ⟨Pl. selten⟩: *das Erschleichen.*

er|schließ|bar ⟨Adj.⟩: *sich erschließen lassend:* -e Märkte.

er|schlie|ßen ⟨st. V.; hat⟩: 1. a) *zugänglich machen:* ein Reisegebiet durch Verkehrsmittel e.; Baugelände e. *(durch Anlage od. Ausbau der Zugangswege, Kanalisation usw. für die Bebauung vorbereiten);* Ü jmdm. das Verständnis einer Sache e.; jmdm. ein Geheimnis e.; b) *auffinden u. nutzbar machen:* neue Bodenschätze e.; Ü neue Wählerschichten e. 2. ⟨e. + sich⟩ a) (geh.) *sich öffnen, aufbrechen:* die Knospe, die Blüte erschließt sich; b) *zugänglich, verständlich werden:* diese Dichtung erschließt sich sehr schwer; c) (geh.) *sich jmdm. offenbaren, anvertrauen:* du hast dich mir ganz erschlossen. 3. *durch bestimmte Schlussfolgerungen ermitteln:* die Bedeutung eines Wortes [aus dem Textzusammenhang] e.; etw. aus Andeutungen e.; eine erschlossene (Sprachw.; *aufgrund bestimmter sprachlicher Gesetze rekonstruierte, nicht belegte*) Wortform.

Er|schlie|ßung, die; -, -en: *das Erschließen* (1, 3); *das Erschlossenwerden.*

Er|schlie|ßungs|kos|ten ⟨Pl.⟩: *Kosten für die bauliche Erschließung eines Grundstücks.*

er|schlọs|sen: ↑erschließen.

er|schmei|cheln ⟨sw. V.; hat⟩: *durch Schmeicheln, Schmeichelei erlangen, sich verschaffen.*

er|schöp|fen ⟨sw. V.; hat⟩ [1 a: mhd. erschepfen]: 1. a) *vollständig verbrauchen, aufbrauchen, restlos nutzen:* seine Reserven e.; alle Möglichkeiten sind erschöpft; b) *vollständig, in allen Einzelheiten behandeln, erörtern:* das Thema e.; der Stoff lässt sich in so kurzer Zeit nicht e.; ein Thema erschöpfend darstellen. 2. *bis ans Ende der Kräfte ermüden, anstrengen:* die Strapazen haben ihn völlig, zu Tode erschöpft; sie erschöpfte sich in fruchtlosen Bemühungen; in völlig erschöpftem Zustand; erschöpft zu Boden sinken. 3. ⟨e. + sich⟩ a) *nur in etw. bestehen, nicht über etw. hinausgehen:* mein Auftrag erschöpft sich darin, die Briefe zu registrieren; b) *nachlassen, aufhören:* das Interesse erschöpft sich langsam.

Er|schöp|fung, die; -, -en ⟨Pl. selten⟩: 1. *das Erschöpfen* (1): die E. aller Reserven. 2. *durch übermäßige Anstrengung hervorgerufene Ermüdung:* bis zur totalen E. arbeiten.

Er|schöp|fungs|grad, der: *Grad* (1 a) *der Erschöpfung* (2).

Er|schöp|fungs|zu|stand, der: *Zustand der Erschöpfung* (2), *des Erschöpftseins.*

er|schọs|sen: ↑erschießen.

[1]er|schrẹ|cken ⟨st. V.; ist⟩ [mhd. erschrecken, zu ↑[1]schrecken]: *in Schrecken geraten, einen Schrecken bekommen:* heftig, zu Tode e.; ich erschrak vor ihr; ein erschrockenes Gesicht machen; erschrocken zurückweichen; ⟨subst.:⟩ das Erschrecken, das mich packte.

[2]er|schrẹ|cken ⟨sw. V.; hat⟩ [mhd. erschrecken, ahd. irscrecchen, zu ↑[2]schrecken]: *in Schrecken versetzen:* jmdn. heftig e.; erschrecke sie nicht!; die Seuche nimmt erschreckende Ausmaße an; sie sieht erschreckend blass aus; die Tauben flogen erschreckt auf.

[3]er|schrẹ|cken, sich ⟨sw. u. st. V.⟩ (ugs.): *in Schrecken geraten:* wie habe ich mich [darüber] erschreckt/erschrocken!

er|schrọ|cken: ↑[1,3]erschrecken.

er|schrọ̈ck|lich ⟨Adj.⟩ (altertümelnd scherzh.): *schrecklich.*

er|schüt|tern ⟨sw. V.; hat⟩ [zu mhd. erschütten, ahd. irscutten, zu ↑schütten in dessen alter Bed. »schütteln«]: 1. a) *in zitternde, wankende Bewegung bringen:* die Luft wurde von einer Detonation erschüttert; Ü schwere Unruhen erschütterten den Staat; b) *infrage stellen:* einen Beweis e.; dieser Vorfall hat ihr Ansehen erschüttert; mein Vertrauen ist erschüttert. 2. *im Innersten bewegen, ergreifen:* der Tod des Freundes hat ihn tief erschüttert; eine erschütternde Szene; das Resultat ist nicht gerade erschütternd (ugs.; *ist nur von geringer Bedeutung*); über etw. tief erschüttert sein.

Er|schüt|te|rung, die; -, -en: 1. a) *heftig rüttelnde Bewegung:* eine starke E. des Erdbodens; durch die ständigen -en haben sich Risse in der Wand gebildet; Ü der Staat hat eine schwere E. durchgemacht; b) *das Infragestellen:* die E. meines Vertrauens. 2. *tiefe Ergriffenheit:* eine schwere seelische E.; seine E. kaum verbergen können; ihr Tod löste tiefe E. aus; stumm vor E. stand er da.

er|schüt|te|rungs|frei ⟨Adj.⟩: *ohne Erschütterung; von Erschütterung frei.*

er|schwe|ren ⟨sw. V.; hat⟩: **a)** *(durch Widerstand, Hindernisse o. Ä.) schwierig, mühevoll machen:* Glatteis erschwert das Fahren; Nebel erschwert die Orientierung; unter erschwerten Bedingungen; erschwerende (Rechtsspr.; *strafverschärfende*) Umstände; **b)** *Schwierigkeiten bei etw. bereiten:* sie hat uns die Arbeit sehr erschwert; du erschwerst dir unnötig deine Aufgabe; **c)** ⟨e. + sich⟩ *schwerer, schwieriger werden:* dadurch erschwert sich die Aufgabe.

Er|schwer|nis, die; -, -se: *etw., was etw. anderes erschwert; [zusätzliche] Schwierigkeit:* eine große E. für etw. sein.

Er|schwer|nis|zu|la|ge, die: *Lohnzuschlag für besonders schwere Arbeit od. Schichtarbeit.*

Er|schwe|rung, die; -, -en: *das Erschweren.*

er|schwin|deln ⟨sw. V.; hat⟩: *durch Schwindeln, Betrug o. Ä. erlangen:* du hast [dir] eine Menge Geld erschwindelt.

er|schwin|gen ⟨st. V.; hat⟩ [mhd. erswingen = im Schwung erreichen] (selten): *(eine hohe Summe für etw.) aufbringen, bezahlen; sich (etw. Kostspieliges) leisten.*

er|schwing|lich ⟨Adj.⟩: *sich erschwingen, aufbringen lassend; finanziell zu bewältigen.*

Er|schwing|lich|keit, die; -: *das Erschwinglichsein.*

er|se|hen ⟨st. V.; hat⟩ [mhd. ersehen = betrachten; erblicken]: **1. a)** *entnehmen, schließen:* aus den Akten lässt sich nichts e.; ich ersehe daraus, dass du verzichtest; **b)** (selten) *etw. Sichbietendes erkennen:* er ersah eine Gelegenheit, seinen Vorteil. **2.** (veraltet) *ausersehen, erwählen:* das Schicksal hatte sie zu Höherem ersehen.

er|seh|nen ⟨sw. V.; hat⟩ (geh.): *herbeisehnen, sehnlichst wünschen:* etw. heiß e.; ich ersehne mir einen Enkel.

er|setz|bar ⟨Adj.⟩: *sich ersetzen* (1) *lassend:* jeder ist e.

Er|setz|bar|keit, die; -: *das Ersetzbarsein.*

er|set|zen ⟨sw. V.; hat⟩ [1: mhd. ersetzen, ahd. irsetzen]: **1. a)** *für jmdn., etw. Ersatz schaffen; jmdn., etw. an die Stelle von jmdm., etw. setzen:* alte Reifen durch neue e.; bis zu einem gewissen Grade lässt sich Talent durch Fleiß e.; **b)** *für jmdn., etw. ein Ersatz sein; an die Stelle von jmdm., etw. treten:* den Verstorbenen wird niemand leicht e. können; sie ersetzt dem Kind die Mutter. **2.** *erstatten, wieder geben, für etw. Ersatz leisten:* die Fahrkosten werden ersetzt.

Er|set|zung, die; -, -en: *das Ersetzen; das Ersetztwerden.*

er|sicht|lich ⟨Adj.⟩: *für den Intellekt deutlich erkennbar:* ohne -en Grund; es ist nicht e., was sie gemeint hat; man hat uns e. *(augenscheinlich, offensichtlich)* belogen.

er|sin|nen ⟨st. V.; hat⟩ [mhd. ersinnen = erforschen; erdenken, erwägen] (geh.): *durch Nachsinnen finden, sich ausdenken:* eine Geschichte, Verse e.; eine Ausrede, Lüge e.; der Plan ist raffiniert ersonnen.

er|sor|gen ⟨sw. V.; hat⟩ (schweiz. veraltend): *mit Sorge erwarten:* jmds. Heimkehr e.

er|spä|hen ⟨sw. V.; hat⟩ [mhd. erspehen = ersehen, erforschen, ahd. irspehōn = auskundschaften; erkennen] (geh.): *durch Spähen, suchendes Schauen zu sehen bekommen:* Wild, den Feind [in der Ferne] e.; ich erspähte sie unter den Gästen; Ü einen Vorteil e. *(entdecken).*

er|spa|ren ⟨sw. V.; hat⟩ [1: mhd. ersparn]: **1.** *durch Sparen zusammentragen, erwerben:* einen Notgroschen e.; ich habe mir ein Häuschen erspart; erspartes Geld; ⟨subst. 2. Part.:⟩ von seinem Ersparten leben. **2.** *(Unangenehmes, eine Mühe o. Ä.) von jmdm. fern halten; jmdn. mit etw. verschonen:* jmdm. Ärger e.; diesen Vorwurf kann ich Ihnen nicht e.; es bleibt einem [aber auch] nichts erspart (ugs.; *man muss auch das noch auf sich nehmen*); diesen Umweg hättest du dir e. können; diese Vorrichtung erspart *(erübrigt)* viel Arbeit.

Er|spar|nis, die; -, -se, österr. auch: das; -ses, -se: **1.** ⟨meist Pl.⟩ *ersparte Summe:* er hat sie um ihre -se gebracht. **2.** ⟨nur: die⟩ *Einsparung:* eine beträchtliche E. an Arbeit, Kosten; eine E. von 15 Minuten.

Er|spar|nis|grün|de ⟨Pl.⟩: *Gründe der Einsparung:* sein Auto aus -n verkaufen.

Er|spar|nis|kas|se, die (schweiz.): *Sparkasse.*

Er|spa|rung, die; -: *das Ersparen.*

er|spie|len ⟨sw. V.; hat⟩: *durch Spielen gewinnen, erlangen:* du hast [dir] beim Tennis einen Preis erspielt.

er|sprieß|lich ⟨Adj.⟩ [zu veraltet ersprießen = von Nutzen sein] (geh.): *nutzbringend, fruchtbar:* eine -e Zusammenarbeit.

Er|sprieß|lich|keit, die; -: *das Ersprießlichsein.*

er|spü|ren ⟨sw. V.; hat⟩ [mhd. erspürn = aufspüren] (geh.): **a)** *gefühlsmäßig erfassen, erkennen, wahrnehmen:* ich erspürte Misstrauen bei ihr; **b)** (selten) *ertasten.*

erst [mhd. ēr(e)st, ahd. ērist, Sup. von ↑eher]: I. ⟨Adv.⟩ **1. a)** *als Erstes, an erster Stelle; zuerst, zunächst:* e. kommst du an die Reihe, dann sie; sprich e. mit dem Arzt; e. einmal überlegen; (abgeschwächt:) das muss sich e. *(vorher noch)* zeigen; **b)** *anfänglich, zu Beginn:* e. ging alles noch gut, aber dann versagte er. **2. a)** *nicht eher, früher als:* e. zu Hause erfuhr er es; sie wird e. morgen kommen; e. jetzt, nun e. begriff er; die Vorstellung hat eben e., hat e. um acht Uhr angefangen; der nächste Bus fährt e. in zwanzig Minuten; e. mit vierzig Jahren hat sie geheiratet; **b)** *nicht länger zurückliegend als:* ich habe ihn e. gestern gesprochen; **c)** *nicht mehr als:* er ist e. zehn Jahre alt; sie haben e. die halbe Strecke zurückgelegt; ich habe e. einige Seiten gelesen. II. ⟨Partikel⟩ **1.** gibt der Aussage besonders in Wunschsätzen eine gewisse Nachdrücklichkeit: hätten wir e. unsere eigene Wohnung!; wären wir doch e. *(nur schon)* zu Hause! **2.** drückt eine Steigerung, Hervorhebung aus: er ist schon frech, aber e. sein Bruder!; das war e. ein Theater; was wird sie e. dazu sagen!; diese Nachteile und e. noch (schweiz.; *noch obendrein, zudem [noch]*) in dieser Vielzahl.

erst... ⟨Ordinalz. zu ↑[1]eins⟩ (als Ziffer: 1.): **a)** *in einer Reihe od. Folge den Anfang bildend:* die ersten beiden (einer Gruppe); das erste Grün; den ersten Schritt zur Versöhnung tun; er hat seine erste Liebe geheiratet; den ersten Zug haben *(bei einem Brettspiel als Erster ziehen);* Liebe auf den ersten Blick; bei der ersten *(nächsten)* Gelegenheit; einen Prozess in erster Instanz verlieren; im ersten Rang gewinnen; der Brief kam mit der ersten Post; zum ersten Mal[e]; Verbrennungen ersten *(leichtesten)* Grades; der Erste Weltkrieg; der Erste Mai; ⟨subst.:⟩ der Erste von rechts; du bist nicht der Erste, der das sagt *(das haben vor dir schon andere gesagt, beanstandet, kritisiert);* als Erstes *(zuerst)* möchte ich dies bemerken; zum Ersten, zum Zweiten, zum Dritten (Ruf des Auktionators bei Versteigerungen); am Ersten [des Monats]; *** der, die, das erste Beste** *(der, die, das zunächst sich Anbietende):* wir wollen nicht den ersten Besten mit dieser Aufgabe betrauen; **fürs Erste** *(zunächst, vorläufig):* fürs Erste ist jetzt Schluss; **b)** *nach Rang u. Qualität an der Spitze stehend:* eine erste Kraft; das erste Hotel am Platze; Strümpfe erster Wahl *(bester Qualität);* (ugs.:) sie gehört zur ersten Garnitur; ⟨subst.:⟩ der Erste der Klasse; sie ging als Erste *(als Siegerin)* durchs Ziel; *** Erster von hinten** (scherzh.; *Letzter, Schlechtester*).

Erst-: drückt in Bildungen mit Substantiven aus, dass jmd. oder etw. den Anfang darstellt, der oder das Erste überhaupt ist oder dass etw. zum ersten Mal erfolgt: Erstausbildung, Ersteinsatz, Erstwählerin.

er|star|ken ⟨sw. V.; ist⟩ (geh.): *(wieder) an Stärke gewinnen, stark, stärker werden:* die liebevolle Pflege ließ sie wieder e.; erstarkte Beine; Ü wirtschaftlich erstarkt; erstarkende Gewerkschaften.

Er|star|kung, die; -: *das Erstarken.*

er|star|ren ⟨sw. V.; ist⟩ [dafür mhd. erstorren, vgl. starren]: **1. a)** *starr, fest, hart werden:* die glühende Masse erstarrt sehr schnell; das Wasser erstarrt zu Eis; erstarrte Lava; Ü der grauenhafte Anblick ließ ihr das Blut in den Adern e.; **b)** (geh.) *jedes Leben verlieren u. sich auf etw. reduzieren:* das gesellschaftliche Leben war in Konventionen erstarrt. **2.** *vor Kälte steif, unbeweglich werden:* meine Finger sind ganz erstarrt; erstarrte Glieder. **3.** *plötzlich eine starre, unbewegte Haltung annehmen u. darin verharren:* vor Schreck e.; sie erstarrten in Ehrfurcht *(wurden von großer Ehrfurcht ergriffen);* das Lächeln erstarrte *(wurde starr)* auf ihren Lippen.

Er|star|rung, die; -: **1.** *das Erstarren, Starrwerden.* **2.** *Starrsein, Starrheit, Regungslosigkeit:* sich aus seiner E. lösen.

er|stat|ten ⟨sw. V.; hat⟩ [mhd. erstaten, zu ↑Statt]: **1.** *(Unkosten o. Ä.) zurückzahlen, ersetzen, vergüten:* alle Unkosten werden erstattet; die Firma erstattete ihr das Fahrgeld. **2.** drückt in Verbindung mit bestimmten Substantiven aus, dass etw. in offizieller Form an entsprechender Stelle vorgebracht wird: gegen jmdn. Anzeige e. *(jmdn. anzeigen);* Meldung e. *(etw. offiziell melden).*

Er|stat|tung, die; -, -en: *das Erstatten.*

Erst|auf|füh|rung, die: *erste Aufführung eines Bühnenwerks, eines Films:* die deutsche E. dieses französischen Films.

Erst|auf|la|ge, die: *erste Auflage eines Buches o. Ä.*

er|stau|nen ⟨sw. V.⟩ [urspr. schweiz.; älter auch = erstarren]: **1.** *in Staunen, Verwunderung versetzen* ⟨hat⟩: das erstaunt mich nicht weiter *(das wundert mich gar nicht).* **2. a)** *in Staunen, Verwunderung geraten* ⟨ist⟩: sie erstaunte über diesen Bericht; ich war sehr erstaunt darüber; erstaunte Blicke; jmdn. erstaunt ansehen; **b)** ⟨e. + sich⟩ *erstaunen* (2 a) ⟨hat⟩: ich habe mich sehr darüber erstaunt.

Er|stau|nen, das; -s: *das Erstauntsein:* seine Miene drückte E. aus; jmdn. in E. [ver]setzen *(jmdn. erstaunen);* zu meinem [großen, größten] E. ist sie noch hier.

er|staun|lich ⟨Adj.⟩: **1.** *Staunen [u. Bewunderung] erregend:* eine -e Begebenheit, Leistung; eine -e *(merkwürdige)* Geschichte; es ist e., wie er das macht; ⟨subst.:⟩ sie hat Erstaunliches geleistet. **2. a)** *sehr groß:* das Gelände hat -e Ausmaße; **b)** ⟨intensivierend bei Adj. u. Verben:⟩ *sehr:* sie sieht e. jung aus; er läuft e. schnell.

er|staun|li|cher|wei|se ⟨Adv.⟩: *zu jmds. Erstaunen:* e. war alles besetzt.

Erst|aus|ga|be, die: **1. a)** *erste Veröffentlichung eines gedruckten Werkes als selbstständiges Buch;* **b)** *Exemplar einer Erstausgabe* (1 a): er hat zahlreiche -n in seiner Bibliothek. **2.** *erste Ausgabe einer bestimmten Briefmarke.*

Erst|aus|stat|tung, die: *anfängliche Ausstattung:* die E. einer Wohnung; die E. für ein Baby kaufen.

Erst|aus|strah|lung, die: *Erstsendung.*

erst|bes|te ⟨Adj.⟩: in der Verbindung **der, die, das e. ...** *(der, die, das erste beste ...):* sie griff nach dem -n Gegenstand.

Erst|be|stei|gung, die (Bergsteigen): *erste Ersteigung eines sehr hohen [schwer zu besteigenden] Berges:* die E. des Montblanc.

Erst|be|zug, der: *erster Bezug einer Wohnung.*

Erst|di|vi|si|o|när, der: *Divisionär* (2) *in der ersten Division.* (3)

Erst|druck, der ⟨Pl. -e⟩: **1.** (Druckw.) *erster Abzug eines gedruckten Werkes wie Korrekturabzug od. Probedruck.* **2.** *Erstausgabe* (1).

er|ste|chen ⟨st. V.; hat⟩ [mhd. erstechen]: *durch einen od. mehrere Stiche töten:* jmdn. mit einem Messer e.

er|ste|hen ⟨unr. V.⟩ [1: mhd. erstēn, mhd. irstēn]: **1.** ⟨ist⟩ (geh.) *auferstehen; von neuem entstehen:* das zerstörte Schloss war wieder in alter Pracht erstanden. **2.** (geh.) *entstehen* ⟨ist⟩: daraus werden uns nur Unannehmlichkeiten e. **3.** *[mit*

Glück od. Mühe] käuflich erwerben ⟨hat⟩: eine Antiquität e.

s|te-Hil|fe-Aus|rüs|tung, die: *Ausrüstung für erste Hilfe.*

s|te-Hil|fe-Kas|ten, der: *[kleinerer] transportabler Kasten mit Erste-Hilfe-Ausrüstung.*

s|te-Hil|fe-Leis|tung, die: *das Leisten von erster Hilfe.*

ste|hung, die; -, -en: *das Erstehen.*

stei|gen ⟨st. V.; hat⟩: **a)** *bis zum höchsten Punkt von etw., auf etw. steigen:* eine Treppe e.; Ü sie hat die höchsten Stufen des Ruhms erstiegen; **b)** *bis zum höchsten Punkt von etw., auf etw. klettern; erklettern:* wir erstiegen den Berg in vier Stunden.

stei|gern ⟨sw. V.; hat⟩: *bei einer Versteigerung erwerben:* ein Gemälde e.

stei|ge|rung, die; -, -en: *das Ersteigern.*

stei|gung, die; -, -en: *das Ersteigen* (b).

st|ein|satz, der: *das Einsetzen von Atomwaffen, bevor dies ein Gegner tut, sodass dieser daran gehindert wird, einen Gegenangriff zu starten.*

s|te-Klas|se-Ab|teil usw.: ↑Erster-Klasse-Abteil usw.

stel|len ⟨sw. V.; hat⟩ (Papierdt.): **1.** *bauen, errichten:* ein Gebäude, Wohnungen e.; etw. fertig e. (schweiz.; *fertig stellen*). **2.** *anfertigen, ausarbeiten:* ein Gutachten e.

stel|lung, die; -, -en ⟨Pl. selten⟩: *das Erstellen; das Erstelltwerden.*

s|te Mal: s. [1]Mal.

s|tens ⟨Adv.⟩: *als Erstes, an erster Stelle:* e. habe ich kein Geld und zweitens keine Zeit.

s|ter... [Komp. zu ↑erst...] ⟨Adj.⟩: *(von zweien) zuerst genannt, gesagt; erstgenannt; der, die, das Erstgenannte:* weiße und rote Rosen; die ersteren dufteten nur schwach; er besitzt ein Haus in der Stadt und eines auf dem Land, ersteres hat er gekauft, letzteres hat er geerbt; ⟨subst.:⟩ Ersteres/das Erstere glaube ich nicht.

ster|ben ⟨st. V.; ist⟩ [mhd. ersterben = absterben] (geh.): **1.** *allmählich aufhören:* das Lächeln erstarb auf ihren Lippen; die Flamme erstirbt *(hört langsam auf zu brennen).* **2.** (selten) *sterben, vergehen:* ein Geschlecht erstirbt.

s|ter-Klas|se-Ab|teil, Erste-Klasse-Abteil, das: vgl. Erster-Klasse-Wagen.

s|ter-Klas|se-Wa|gen, Erste-Klasse-Wagen, der: *Eisenbahnwagen der ersten Wagenklasse.*

st|ge|bo|ren ⟨Adj.⟩: *als erstes Kind von mehreren Kindern einer Familie geboren:* der -e Sohn.

st|ge|bo|re|ne, Erst|ge|bor|ne, der, die, das; -n, -n ⟨Dekl. ↑Abgeordnete⟩: *erstgeborenes Kind.*

st|ge|burt, die: **1.** *Erstgeborene.* **2.** ⟨o. Pl.⟩ (Rechtsspr.) *besonderes Vorrecht des erstgeborenen Kindes in der Erbfolge.*

st|ge|nannt ⟨Adj.⟩: *an erster Stelle in einer Reihenfolge genannt:* die beiden -en Namen; ⟨subst.:⟩ der Erstgenannte jeder Gruppe.

sti|cken ⟨sw. V.⟩ [1: mhd. ersticken, ahd. irsticken, eigtl. wohl = mit dem Atem stecken bleiben; 2: mhd. erstecken, zu ↑stecken]: **1.** *durch Mangel an Luft, Sauerstoff sterben* ⟨ist⟩: sie wäre fast an dem Bissen erstickt; vor Lachen fast e. *(unmäßig lachen);* ⟨subst.:⟩ die Luft ist hier zum Ersticken; Ü in Arbeit e. *(sehr viel Arbeit haben, fast darin umkommen);* der wird noch einmal im eigenen Dreck e. *(umkommen);* ein ersticktes *(unterdrücktes)* Schluchzen. **2.** ⟨hat⟩ **a)** *durch Entzug der zum Atmen benötigten Luft töten:* sie erstickte den Säugling mit einem Kissen; es ist erstickend heiß; Ü eine Revolution im Blut e. *(blutig niederschlagen);* eine von Tränen erstickte Stimme; **b)** *löschen:* die Flammen mit Sand, mit einer Decke e.

sti|ckung, die; -: *das Ersticken.*

sti|ckungs|ge|fahr, die: *Gefahr zu ersticken.*

st|in|stanz, die (Rechtsspr.): *erste Instanz.*

st|jän|ner|brauch, der (österr., auch südd., schweiz.): *Neujahrsbrauch.*

st|klass- (schweiz.): **1.** drückt in Bildungen mit Substantiven aus, dass jmd. oder etw. zur ersten Schulklasse gehört: Erstklassdiktat, -lehrer. **2.** drückt in Bildungen mit Substantiven aus, dass etw. der ersten Leistungsgruppe, Qualität, [Größen]ordnung angehört: Erstklasshaus, -hotel.

Erst|kläs|ser, der; -s, - (bes. md.): *Schüler der ersten Klasse.*

Erst|kläs|se|rin, die; -, -nen: w. Form zu ↑Erstklässer.

erst|klas|sig ⟨Adj.⟩: **a)** *ausgezeichnet, hervorragend, vorzüglich:* ein -er Koch; das Hemd ist e. [gearbeitet]; **b)** (Sport) *in der ersten, höchsten Spielklasse spielend:* der Verein wird alles tun, um e. zu bleiben.

Erst|klas|sig|keit, die; -: *das Erstklassigsein.*

Erst|klass|ler (österr.), **Erst|kläss|ler** (südd., schweiz.), der: *Schüler der ersten Klasse.*

Erst|klass|le|rin, die; -, -nen: w. Form zu ↑Erstklassler.

Erst|kläss|le|rin, die; -, -nen: w. Form zu ↑Erstklässler.

Erst|klass|wa|gen, der (schweiz.): *Erster-Klasse-Wagen.*

Erst|kom|mu|ni|on, die (kath. Kirche): *erster Empfang der Kommunion* (1).

Erst|kon|su|ment, der: *jmd., der zum ersten Mal Drogen konsumiert.*

Erst|kon|su|men|tin, die: w. Form zu ↑Erstkonsument.

Erst|li|ga|mann|schaft, die: *Mannschaft* (1 a), *die in der ersten Liga* (2) *spielt.*

Erst|li|gist, der: *Ligist in der ersten Liga* (2).

Erst|li|gis|tin, die: w. Form zu ↑Erstligist.

Erst|ling, der; -s, -e: *erstes Werk eines Künstlers, einer Künstlerin:* dieser Film ist sein E.

Erst|lings|gar|ni|tur, die: *Garnitur aus zusammengehörenden Wäschestücken für ein neugeborenes Kind:* eine rosa, blaue E.

Erst|lings|werk, das: *erstes literarisches Produkt eines Autors:* dieser Roman ist sein E.

erst|ma|lig ⟨Adj.⟩: *zum ersten Mal geschehend, vorkommend, stattfindend.*

Erst|ma|lig|keit, die; -: *das Erstmaligsein.*

erst|mals ⟨Adv.⟩: *zum ersten Mal.*

er|stor|ben: ↑ersterben.

Er|stor|ben|heit, die; -: *das Erstorbensein.*

Erst|pla|cier|te: ↑Erstplatzierte.

Erst|plat|zier|te, der u. die; -n, -n ⟨Dekl. ↑Abgeordnete⟩ (Sport): *jmd., der bei einem Wettbewerb den ersten od. einen der ersten [drei] Plätze erreicht hat.*

Erst|pla|zier|te: frühere Schreibung für ↑Erstplatzierte.

er|strah|len ⟨sw. V.; ist⟩: *strahlend erglänzen.*

erst|ran|gig ⟨Adj.⟩: **a)** *vordringlich; sehr bedeutsam, wichtig; ersten Ranges:* ein -es Problem; eine -e Aufgabe; etw. ist von -er Bedeutung; **b)** (seltener) *erstklassig* (a); **c)** *(von Hypotheken) im Grundbuch an erster Stelle eingetragen.*

Erst|ran|gig|keit, die; -: *das Erstrangigsein.*

er|stre|ben ⟨sw. V.; hat⟩ (geh.): *zu erreichen suchen; nach etw. streben:* Ansehen e.

er|stre|bens|wert ⟨Adj.⟩: *wert, erstrebt zu werden:* ein -es Ziel; etw. [nicht] für e. halten.

er|stre|cken ⟨sw. V.; hat⟩ [mhd. erstrecken = (sich) ausstrecken]: **1.** ⟨e. + sich⟩ **a)** *eine bestimmte räumliche Ausdehnung haben:* der Wald erstreckt sich über ein riesiges Gebiet, [von hier] bis zum Fluss; **b)** *eine bestimmte Dauer haben:* ihre Forschungen erstreckten sich über zehn Jahre; **c)** *jmdn., etw. betreffen u. mit einbeziehen:* seine Kritik erstreckte sich auch auf Kollegen. **2.** (österr.) *verlängern:* eine Frist e.; einen Termin e. *(hinausschieben).*

Er|stre|ckung, die; -, -en: **1.** *das Sicherstrecken.* **2.** (österr.) *das Erstrecken* (2).

er|strei|ten ⟨st. V.; hat⟩ [mhd. erstrîten] (geh.): *streitend erringen, erkämpfen:* den Sieg e.

Erst|satz, der ⟨o. Pl.⟩: vgl. Erstdruck (1).

Erst|schlag, der [LÜ von engl. first strike] (Milit.): *zuerst geführter atomarer Angriff, der es dem Gegner unmöglich machen soll, seinerseits noch einen Vergeltungsschlag zu führen.*

Erst|se|mes|ter, das: *Student[in] im ersten Semester.*

Erst|sen|dung, die: *erste Ausstrahlung einer bestimmten Rundfunk- od. Fernsehsendung.*

erst|stel|lig ⟨Adj.⟩: *erstrangig* (c).

Erst|stim|me, die: *Stimme, die der Wähler bei den Wahlen zum Bundestag für einen Kandidaten in seinem Wahlkreis abgibt.*

Erst|tags|brief, der (Philat.): *zum ersten Tag der Gültigkeit neuer Briefmarken herausgegebener, mit den abgestempelten Marken versehener Schmuckumschlag (auch Postkarte).*

er|stun|ken [1: 2. Part. von veraltet erstinken = stinkend werden; also = stinkend geworden, faul; 2: in Analogie zu erfroren]: **1.** in der Wendung **e. und erlogen sein** (salopp; *eine ganz bewusste, niederträchtige Lüge sein*). **2.** in der R besser erstunken als erfroren (salopp; *lieber in einem warmen Raum mit schlechter Luft als in einem gut gelüfteten, aber kalten*).

E

er|stür|men ⟨sw. V.; hat⟩ [mhd. erstürmen]: *durch einen Sturmangriff einnehmen, erobern:* eine Stadt, eine Festung e.

Er|stür|mung, die; -, -en: *das Erstürmen.*

Erst|ver|kaufs|tag, der: *erster Tag, an dem etw. (meist ein Buch) verkauft wird.*

erst|ver|öf|fent|li|chen ⟨sw. V.; hat; nur im Inf. u. 2. Part. gebr.⟩: *erstmals veröffentlichen:* die Erzählung ist in deutscher Sprache erstveröffentlicht worden.

Erst|ver|öf|fent|li|chung, die: **1.** *das Erstveröffentlichen eines Werkes.* **2.** *erstveröffentlichtes Werk.*

Erst|ver|sor|gung, die: *das Leisten erster Hilfe:* die E. von Unfallverletzten.

Erst|ver|stor|be|ne, der u. die; -n, -n ⟨Dekl. ↑Abgeordnete⟩: *(meist von Ehepartnern) der zuerst Verstorbene.*

Erst|wäh|ler, der: *jmd., der aufgrund seines Alters zum ersten Mal wählen darf.*

Erst|wäh|le|rin, die: w. Form zu ↑Erstwähler.

Erst|zu|las|sung, die (Kfz-W.): *erstmalige Zulassung eines Kraftfahrzeugs.*

er|su|chen ⟨sw. V.; hat⟩ [mhd. ersuochen = (unter)suchen; aufsuchen; erregen, ahd. irsuohhen = (durch)suchen; prüfen, versuchen]: *höflich, in förmlicher Weise um etw. bitten, zu etw. auffordern:* jmdn. um eine Aussprache e.; um Geduld e.; wir ersuchen Sie, unser Haus zu verlassen.

Er|su|chen, das; -s, -: *höfliche, förmliche Bitte, Aufforderung:* ein E. an jmdn. richten, stellen; einem E. stattgeben, entsprechen; auf E. von Frau Müller/der Antragstellerin.

er|tan|zen ⟨sw. V.; hat⟩: *durch Tanzen erlangen, erringen:* das Paar hat [sich ⟨Dativ⟩] die Weltmeisterschaft ertanzt.

er|tap|pen ⟨sw. V.; hat⟩ [zu ↑tappen]: **1.** *bei heimlichem od. verbotenem Tun überraschen:* einen Schüler beim Abschreiben e.; der Dieb wurde auf frischer Tat ertappt. **2.** ⟨e. + sich⟩ *plötzlich merken, dass man etw. Unrechtes, Seltsames o. Ä. denkt od. wünscht:* er ertappte sich bei dem Gedanken, das Bild an sich zu nehmen.

er|tas|ten ⟨sw. V.; hat⟩: *durch Tasten wahrnehmen, erkennen:* im Dunkeln ein Hindernis e.

er|tau|ben ⟨sw. V.; ist⟩ [mhd. ertouben = taub machen; betäuben]: **a)** *gehörlos werden:* auf einem Ohr war er fast ertaubt. **b)** *gefühllos werden:* der kalte Wind ließ die Hände e.

Er|tau|bung, die; -: *das Ertauben.*

er|tei|len ⟨sw. V.; hat⟩ [mhd. erteilen, ahd. irteilen = Recht zuteilen, ein Urteil sprechen]: *aufgrund seiner Funktion od. einer Berechtigung geben, zuteil werden lassen, zukommen lassen:* jmdm. einen Rat, eine Auskunft, eine Rüge, einen Verweis e.; dem Vorstand wurde Entlastung erteilt; sie erteilt keinen Unterricht mehr *(sie unterrichtet nicht mehr).*

Er|tei|lung, die; -, -en: *das Erteilen.*

er|tö|nen ⟨sw. V.; ist⟩: **a)** *laut, hörbar werden:* plötzlich ertönte ein Ruf; der Dampfer ließ seine Sirene e.; **b)** (geh.) *von Klängen, Tönen, Lärm erfüllt werden.*

er|tö|ten ⟨sw. V.; hat⟩ [mhd. ertœten, ahd. irtōden

= töten]: (geh.) *(Gefühle, Regungen o. Ä.) absterben lassen, ersticken, unterdrücken.*

Er|tr̲ag, der; -[e]s, Erträge [rückgeb. aus veraltet ertragen = einbringen, Nutzen abwerfen]: 1. *bestimmte Menge [in der Landwirtschaft] erzeugter Produkte:* der Acker brachte dieses Jahr gute Erträge; durch Düngung höhere Erträge erzielen. 2. *finanzieller Nutzen; Gewinn, den etw. einträgt:* der E. eines Unternehmens; seine Häuser werfen gute Erträge ab; sie lebt vom E. ihrer Bücher.

er|trag|bar ⟨Adj.⟩: *erträglich* (a).

er|tra̲|gen ⟨st. V.; hat⟩: *(etw. Unangenehmes, Lästiges, Quälendes) hinnehmen u. aushalten:* tapfer alle Schmerzen e.; er konnte die Schande nicht länger e.; sie erträgt es nicht, kritisiert zu werden; ich kann ihn, seine Launen nicht mehr e.

er|trag|fä|hig, (auch:) ertragsfähig ⟨Adj.⟩: *so beschaffen, dass ein Ertrag möglich ist, erwartet werden kann:* ein sehr -er Boden.

Er|trag|fä|hig|keit, (auch:) Ertragsfähigkeit, die; - ⟨o. Pl.⟩: *das Ertragfähigsein.*

er|träg|lich ⟨Adj.⟩: a) *sich ertragen lassend:* die Hitze ist [gerade noch] e.; ⟨subst.:⟩ das überschreitet die Grenze, das Maß des Erträglichen; b) (ugs.) *nicht besonders schlecht; leidlich:* er hat ein -es Auskommen.

er|trag|los ⟨Adj.⟩: *keinen Ertrag bringend.*

er|trag|reich ⟨Adj.⟩: *guten, reichen Ertrag bringend:* ein -er Acker; dieses Jahr war besonders e.

er|trags|arm ⟨Adj.⟩: *geringen Ertrag bringend:* ein -es Geschäftsjahr.

Er|trags|aus|sich|ten ⟨Pl.⟩: *Aussichten auf den zu erwartenden Ertrag:* die E. für dieses Jahr sind günstig.

er|trags|fä|hig: ↑ertragfähig.

Er|trags|fä|hig|keit: ↑Ertragfähigkeit.

Er|trags|la|ge, die: *Lage im Hinblick auf den zu erwartenden Ertrag:* eine unbefriedigende E.

Er|trags|min|de|rung, die: *Minderung eines Ertrags.*

Er|trags|schwan|kung, die: vgl. Ertragsminderung.

er|trags|si|cher ⟨Adj.⟩: *sicher im Hinblick auf den zu erwartenden Ertrag.*

Er|trags|stei|ge|rung, (auch:) Ertragsteigerung, die: *Steigerung eines Ertrags.*

Er|trags|steu|er, (Steuerw.:) Ertragsteuer, die: *Steuer auf bestimmte Erträge.*

Er|trag|stei|ge|rung: ↑Ertragssteigerung.

Er|trag|steu|er: ↑Ertragssteuer.

Er|trags|wert, der (Wirtsch., Steuerw.): *aufgrund des gegenwärtigen od. zukünftigen Ertrags* (2) *errechneter Wert eines Grundstücks, einer Immobilie, einer Vermögensanlage o. Ä.*

er|trän|ken ⟨sw. V.; hat⟩ [mhd. ertrenken]: *durch Untertauchen im Wasser töten:* er ertränkte die jungen Katzen im Teich; sie hat sich ertränkt; Ü seine Sorgen in/im Alkohol e. *(durch Genuss von Alkohol [vorübergehend] vergessen).*

Er|trän|kung, die; -, -en: *das Ertränken; das Ertränktwerden.*

er|träu|men ⟨sw. V.; hat⟩: *träumend od. in seinen Vorstellungen herbeiwünschen, sich ausdenken:* ein nie erträumtes Glück.

er|trin|ken ⟨st. V.; ist⟩ [mhd. ertrinken, eigtl. = (aus)trinken]: *durch Versinken im Wasser ums Leben kommen:* der Junge ist beim Baden ertrunken; bei dem Hochwasser ist viel Vieh ertrunken; Ü wir ertrinken in einer Flut von Briefen; ⟨subst.:⟩ jmdn. vor dem Ertrinken retten.

Er|trin|ken|de, der u. die; -n, -n ⟨Dekl. ↑Abgeordnete⟩: *jmd., der in großer Gefahr ist zu ertrinken:* einen -n retten.

er|trot|zen ⟨sw. V.; hat⟩ (geh.): *durch Trotz, Eigensinn erreichen, durchsetzen:* du hast [dir] die Erlaubnis ertrotzt.

er|trun|ken: ↑ertrinken.

Er|trun|ke|ne, der u. die; -n, -n ⟨Dekl. ↑Abgeordnete⟩: *jmd., der ertrunken ist:* einen -n bergen.

er|tüch|ti|gen ⟨sw. V.; hat⟩: *durch Übungen kräftigen, leistungsfähig machen, stählen:* sich durch täglichen Frühsport e.

Er|tüch|ti|gung, die; -, -en: *das Ertüchtigen.*

er|üb|ri|gen ⟨sw. V.; hat⟩ [zu ↑übrig; im 16. Jh. in der Kanzleispr. für älter erübern]: 1. *durch Sparsamkeit gewinnen, einsparen, übrig behalten:* einen größeren Betrag e.; so viel kann ich nicht e. 2. ⟨e. + sich⟩ *überflüssig sein:* weitere Nachforschungen erübrigen sich; das hat sich jetzt alles erübrigt *(das ist jetzt alles nicht mehr nötig).*

Er|üb|ri|gung, die; -: *das Erübrigen* (1).

eru|ie|ren ⟨sw. V.; hat⟩ [lat. eruere, eigtl. = herausgraben]: a) (bildungsspr.) *etw. durch gründliche Untersuchungen, Nachforschungen herausfinden, feststellen:* die Wahrheit konnte noch nicht eruiert werden; b) (österr., schweiz.) *jmdn. ermitteln, ausfindig machen:* die Besitzerin des Wagens e.

Eru|ie|rung, die; -, -en (bildungsspr.): *das Eruieren.*

erup|tie|ren ⟨sw. V.; ist⟩ [zu lat. eruptum, 2. Part. von: erumpere = hervorbrechen] (Geol.): *(von Lava, Asche, Gas, Dampf) aus-, hervorbrechen:* Asche und Schlacke eruptierten aus dem Vulkan; Ü eruptierendes Gelächter.

Erup|ti|on, die; -, -en [lat. eruptio = das Hervorbrechen]: 1. a) (Geol.) *vulkanischer Ausbruch von Lava, Asche, Gas, Dampf:* die E. eines Vulkans; rasch aufeinander folgende -en; b) *Gasausbruch auf der Sonne.* 2. (Med.) a) *Ausbruch eines Hautausschlages;* b) *Hautausschlag.*

erup|tiv ⟨Adj.⟩: 1. a) (Geol.) *durch Eruption* (1) *entstanden;* b) (bildungsspr.) *wie eine Eruption* (1) *wirkend.* 2. (Med.) *aus der Haut hervortretend.*

Erup|tiv|ge|stein, das (Geol.): *durch die Erstarrung von Magma entstandenes Gestein.*

er|wa|chen ⟨sw. V.; ist⟩ [a: mhd. erwachen, ahd. irwachen] (geh.): a) *aufwachen, wach werden:* aus einer tiefen Ohnmacht e.; ich bin von dem Lärm erwacht; Ü aus seinen Träumen e. *(zur Realität zurückfinden);* aus seiner Gleichgültigkeit e. *(seine Gleichgültigkeit verlieren, aufgeben);* die Natur, der Tag erwacht [zu neuem Leben]; b) *sich in jmdm. regen, geweckt werden:* sein Interesse ist erwacht; ⟨subst.:⟩ das wird ein böses Erwachen geben.

¹er|wach|sen ⟨st. V.; ist⟩ [1 a: mhd. erwahsen, ahd. irwahsan]: 1. a) *(aus etw.) allmählich hervorgehen, sich [heraus]bilden, entstehen, sich entwickeln:* daraus konnte nichts Gutes e.; tiefes Misstrauen war zwischen uns erwachsen; * **in Rechtskraft e.** (schweiz.; *rechtskräftig werden*); b) *sich für jmdn., etw. ergeben:* daraus kann ihm nur Nutzen e. 2. (veraltend) *heranwachsen.*

²er|wach|sen: 1. ↑¹erwachsen. 2. ⟨Adj.⟩ *dem Jugendalter entwachsen, volljährig:* -e Töchter; die Kinder sind bald e.

Er|wach|se|ne, der u. die; -n, -n ⟨Dekl. ↑Abgeordnete⟩: *erwachsene Person:* der Film ist nur für E.

Er|wach|se|nen|al|ter, das ⟨o. Pl.⟩: *Alter, in dem jmd. ²erwachsen ist.*

Er|wach|se|nen|bil|dung, die ⟨o. Pl.⟩: *Einrichtungen u. Maßnahmen zur Weiterbildung von Erwachsenen.*

Er|wach|se|nen|tau|fe, die (Rel.): *Taufe von Erwachsenen.*

Er|wach|sen|sein, das: *Status eines Erwachsenen.*

er|wä|gen ⟨st. V.; hat⟩ [mhd. erwegen = bedenken; in Bewegung setzen]: *prüfend, abwägend überlegen, durchdenken; in Betracht ziehen:* einen Plan ernsthaft, gründlich e.; das Für und Wider einer Sache e.

er|wä|gens|wert ⟨Adj.⟩: *wert, erwogen zu werden:* dieser Vorschlag ist durchaus e.

Er|wä|gung, die; -, -en: *prüfende Überlegung:* -en über etwas anstellen; aus gesundheitlichen -en; in der E. dessen, was er gesagt hat; nach reiflicher E.; etw. in E. ziehen *(erwägen).*

er|wäh|len ⟨sw. V.; hat⟩ [mhd. erweln, ahd. irwellen] (geh.): a) *[aus]wählen, aussuchen:* er hat den richtigen Beruf erwählt; ich habe sie [mir] zur Frau erwählt; b) *durch eine Wahl bestimmen; wählen:* jmdn. zum König e.

Er|wähl|te, der u. die; -n, -n ⟨Dekl. ↑Abgeordnete⟩: *Auserwählte.*

Er|wäh|lung, die; -, -en: *das Erwählen.*

er|wäh|nen ⟨sw. V.; hat⟩ [im 16. Jh. für mhd. gewa henen, ahd. giwahan(en) = sagen, berichten, z einem Verb mit der Bed. »sprechen«]: *[beiläufig] nennen, kurz von etw. sprechen:* etwas nur beiläufig e.; er hat dich namentlich erwähnt; ic vergaß zu e., dass sie ihn verlassen hat; der Ort wird im 9. Jh. zuerst erwähnt *(urkundlich genannt);* die eben, schon, oben erwähnten Per sonen; wie oben erwähnt, war er zu dieser Zeit bereits abgereist.

er|wäh|nens|wert ⟨Adj.⟩: *wert, erwähnt zu werden:* ein -es Ergebnis; ⟨subst.:⟩ nichts Erwähnenswertes.

er|wäh|nter|ma|ßen ⟨Adv.⟩ [↑-maßen] (Papierdt veraltet): *wie bereits erwähnt:* e. sind wir zu Gesprächen bereit.

Er|wäh|nung, die; -, -en: *das Erwähnen:* etw. findet E. *(etw. wird erwähnt);* etw. verdient [keine E. *(etw. ist [nicht] erwähnenswert);* (geh.:) die Sache ist nicht der E. wert.

er|wah|ren ⟨sw. V.; hat⟩ (schweiz.): 1. *(das Ergebnis einer Abstimmung od. Wahl) amtlich bestä tigen.* 2. a) *wahr machen;* b) *wahr werden;* c) ⟨e. + sich⟩ *sich bewahrheiten.*

er|wan|dern ⟨sw. V.; hat⟩: a) *durch Wandern ken nen lernen, für sich erschließen:* den Odenwald e.; [sich ⟨Dativ⟩] seine Heimat e.; b) *durch Wan dern erlangen, für sich gewinnen.*

er|wär|men ⟨sw. V.; hat⟩ [1 a: mhd. erwermen]: 1. a) *warm machen:* die Strahlen erwärmen die Luft; Ü der Anblick erwärmte mir das Herz *(er machte mich froh);* b) ⟨e. + sich⟩ *warm werden* die Luft, die See erwärmt sich langsam. 2. a) ⟨e. sich⟩ *an jmdm., etw. Gefallen finden, jmdn., etw sympathisch finden:* sich für eine Idee e.; ich kann mich für ihn nicht e.; b) *(für jmdn., etw.) gewinnen, einnehmen:* er versuchte, die Partei für seine Ideen zu e.

Er|wär|mung, die; -, -en: *das [Sich]erwärmen.*

er|war|ten ⟨sw. V.; hat⟩ [mhd. erwarten = aufschauen, ahd. erwartēn = anblicken, mustern, zu ↑warten]: 1. *dem als gewiss vorausgesetzten Eintreffen einer Person od. Sache mit einer gewissen Spannung entgegensehen:* Besuch e.; Post e.; zum Essen Gäste e.; jmdn. am Bahnho e.; ich erwarte dich um 8 Uhr am Eingang; die Kinder können die Ferien kaum e. *(sie sind ungeduldig vor Vorfreude);* sie erwartet ein Kin [von ihm] *(sie ist schwanger);* Ü was wird mich noch alles e.! *(mir noch alles bevorstehen!).* 2. a) *für wahrscheinlich halten, mit etw. rechnen:* das war zu e.; viel Gutes war [von ihnen] nicht zu e.; es steht zu e., dass die Regierung zurücktritt; ich erwarte von dir *(setze als selbs verständlich voraus),* dass du uns hilfst; ⟨subst.:⟩ es ist wider Erwarten *(ganz im Gegen satz zu meinen, allen Erwartungen; obwohl man dergleichen gar nicht erwarten durfte)* gu abgelaufen; b) *erhoffen, sich versprechen:* ich erwarte mir viel von ihm; die junge Künstlerin lässt noch viel e. *(sie berechtigt zu großen Hoffnungen).*

Er|war|tung, die; -, -en: 1. ⟨o. Pl.⟩ *Zustand des Wartens, Spannung:* er war voll[er] E.; sie verbrachte den Tag in banger E.; sie leben in E. de Todes. 2. ⟨meist Pl.⟩ *vorausschauende Vermutung, Annahme, Hoffnung:* übertriebene -en hegen; sie hat unsere -en erfüllt; das bestätigt meine -en, entspricht ganz meiner E.; er hat sic in seinen -en getäuscht; in der E. *(indem ich hoffe),* bald von dir zu hören, gehe ich jetzt.

er|war|tungs|froh ⟨Adj.⟩: *voll froher Erwartung:* die Augen der Kinder glänzten e.

er|war|tungs|ge|mäß ⟨Adj.⟩: *den Erwartungen gemäß, wie erwartet:* der -e Gang der Dinge.

Er|war|tungs|hal|tung, die: *durch bestimmte Erwartungen geprägte Haltung.*

Er|war|tungs|ho|ri|zont, der ⟨o. Pl.⟩: *Umfang, Grenzen bestimmter Erwartungen:* die Maßna men müssen sich am E. der Betroffenen orientieren.

er|war|tungs|voll ⟨Adj.⟩: *voller Erwartung:* jmdn. e. ansehen.

er|we|cken ⟨sw. V.; hat⟩ [1: mhd. erwecken, ahd. arwecken]: **1. a)** (geh.) *aufwecken:* jmdn. aus tiefem Schlaf e.; **b)** *ins Leben zurückrufen, auferwecken:* jmdn. vom Tode, von den Toten e.; Ü alte Bräuche wieder zum Leben e. *(wieder aufleben lassen).* **2.** *erregen, wach-, hervorrufen:* Vertrauen e.; in jmdm. Interesse für etw. e.

Er|we|ckung, die; -, -en: **1.** *das Erwecken* (1, 2). **2. a)** (Mystik) *plötzlich vernommener Anruf zur völligen Hingabe an Gott;* **b)** (ev. Theol.) *Bekehrung eines sündigen od. gleichgültigen Christen.*

Er|we|ckungs|be|we|gung, die: *innerprotestantische Bewegung zur Wiedererweckung des religiösen Lebens (im 18./19. Jh.).*

er|weh|ren, sich ⟨sw. V.; hat⟩ [mhd. erwern, ahd. irwer(r)en = (sich) verteidigen] (geh.): *jmdn., etw. mit Mühe abwehren, fern halten; sich gegen jmdn., etw. wehren:* er musste sich der Autogrammjäger e.; sie konnte sich der Tränen nicht e.; ich kann mich des Eindrucks nicht e., dass du das mit Absicht getan hast.

er|weich|bar ⟨Adj.⟩: *sich erweichen* (1) *lassend.*

er|wei|chen ⟨sw. V.⟩: **1.** *weich machen* ⟨hat⟩: die Hitze erweichte das Wachs; Ü ihre Tränen haben mein Herz erweicht *(mich gerührt, milde gestimmt).* **2.** *weich werden* ⟨ist⟩: der Asphalt ist in der Sonne erweicht; Ü sein starrer Sinn ist erweicht *(er ist nachgiebig[er] geworden).*

Er|wei|chung, die; -, -en: *das Erweichen; das Erweichtwerden.*

Er|weis, der; -es, -e (veraltend): *Nachweis, Beweis:* den E. für etw. erbringen.

er|weis|bar ⟨Adj.⟩: *sich erweisen* (1) *lassend:* eine -e Behauptung.

er|wei|sen ⟨st. V.; hat⟩ [mhd. erwīsen = anweisen; refl. = sich zeigen, kundtun]: **1.** *nachweisen, beweisen:* jmds. Unschuld e.; es ist noch nicht erwiesen, ob er Recht hat; etw. als erwiesen ansehen. **2.** ⟨e. + sich⟩ *sich in bestimmter Weise zeigen, sich (als jmd., etw.) herausstellen:* sich dankbar gegen jmdn. e.; die Nachricht hat sich als falsch erwiesen; du hast dich als wahrer Freund erwiesen. **3.** *zuteil werden lassen, bezeigen:* jmdm. Achtung e.; du hast mir damit einen schlechten Dienst erwiesen.

er|wei|ter|bar ⟨Adj.⟩: *sich erweitern lassend:* -er Speicherplatz.

er|wei|tern ⟨sw. V.; hat⟩ [zu veraltet weitern, mhd. wītern = weiter werden; weiter machen]: **1.** *in seiner Ausdehnung, in seinem Umfang vergrößern:* die Blutgefäße werden durch das Präparat erweitert; erweiterte Pupillen; die Sammlung wurde durch Leihgaben um fünf wertvolle Stücke erweitert; Ü seinen Horizont e. *(sein geistiges Blickfeld vergrößern);* seine Kenntnisse e.; einen Bruch e. (Math.; *Zähler u. Nenner mit derselben Zahl multiplizieren*); ein Wort im erweiterten Sinn verwenden. **2.** ⟨e. + sich⟩ *weiter, größer werden:* der Tunnel erweitert sich zum Ausgang hin; die Pupillen, die Gefäße erweitern sich; ihr Herz ist krankhaft erweitert.

Er|wei|te|rung, die; -, -en: *das Erweitern:* die E. der Fahrbahn, der Anlagen.

Er|werb, der; -[e]s, -e: **1. a)** *das Erwerben* (1 a): der E. des Lebensunterhalts; **b)** *bezahlte Tätigkeit, berufliche Arbeit:* sich ⟨Dativ⟩ einen neuen E. suchen; einem E. nachgehen; **c)** *(geistige) Aneignung:* der E. von Wissen; **d)** *das Kaufen, Kauf:* der E. eines Grundstückes. **2.** *das Erworbene:* von seinem E. *(Verdienst)* leben.

er|wer|ben ⟨st. V.; hat⟩ [mhd. erwerben, ahd. irhwerban, eigtl. = durch tätiges Handeln erreichen, zu Ende bringen]: **1. a)** *durch Arbeit, Tätigsein erlangen, in seinen Besitz bringen:* er hat als Unternehmer ein beträchtliches Vermögen erworben; damit kannst du [dir] keine Reichtümer e.; Ü [sich ⟨Dativ⟩] große Verdienste um etw. e.; sie erwarb sich die Achtung ihrer Mitmenschen; **b)** *sich durch Übung, Lernen o. Ä. aneignen:* [sich ⟨Dativ⟩] Fertigkeiten e.; durch Lektüre ein umfangreiches Wissen e. **2. a)** *durch Kauf, Verhandlungen erlangen:* ein Grundstück käuflich e.; die [Aufführungs]rechte für ein neues Theaterstück e.; das Museum hat drei wertvolle Gemälde erworben; **b)** (Med., Psych.) *allmählich herausbilden, sich aneignen:* den Herzklappenfehler hat er schon als Kind erworben; ⟨meist im 2. Part.:⟩ angeborene und erworbene Reflexe, Leiden.

Er|wer|ber, der; -s, -: *jmd., der etw. erwirbt od. erworben hat:* der E. des Grundstücks.

Er|wer|be|rin, die; -, -nen: w. Form zu ↑Erwerber.

Er|werbs|aus|fall, der: *Ausfall der Verdienstmöglichkeit, Verdienstausfall.*

er|werbs|be|schränkt ⟨Adj.⟩: *durch körperliche od. seelische Beeinträchtigung in der Erwerbsfähigkeit beschränkt.*

Er|werbs|ein|künf|te ⟨Pl.⟩ (Wirtsch.): *Einkünfte, die der öffentlichen Hand aus der Teilnahme am wirtschaftlichen Prozess zufließen.*

er|werbs|fä|hig ⟨Adj.⟩: *fähig, sich seinen Lebensunterhalt zu verdienen:* voll e. sein.

Er|werbs|fä|hig|keit, die ⟨o. Pl.⟩: *Fähigkeit, sich seinen Lebensunterhalt zu verdienen.*

er|werbs|ge|min|dert ⟨Adj.⟩: *erwerbsbeschränkt.*

Er|werbs|le|ben, das: *Berufstätigkeit als Lebensbereich u. -phase:* im E. stehen *(berufstätig sein).*

er|werbs|los ⟨Adj.⟩: **a)** *arbeitslos* (1); **b)** (Amtsspr.) *arbeitslos u. ohne Anspruch auf Leistung aus der Arbeitslosenversicherung:* -e Schulabgänger.

Er|werbs|lo|se, der u. die; -n, -n ⟨Dekl. ↑Abgeordnete⟩: *jmd., der erwerbslos ist.*

Er|werbs|lo|sig|keit, die: *das Erwerbslossein.*

Er|werbs|min|de|rung, die: *Minderung der Erwerbsfähigkeit.*

Er|werbs|mög|lich|keit, die: *Möglichkeit, seinen Lebensunterhalt zu verdienen.*

Er|werbs|quel|le, die: vgl. Einnahmequelle.

Er|werbs|sinn, der ⟨o. Pl.⟩: *vom Erwerbsstreben bestimmte Neigung:* starken, keinen E. haben.

Er|werbs|stre|ben, das: *auf Erwerb gerichtetes Streben.*

er|werbs|tä|tig ⟨Adj.⟩: *einen Beruf zu Erwerbszwecken ausübend.*

Er|werbs|tä|ti|ge, der u. die; -n, -n ⟨Dekl. ↑Abgeordnete⟩: *jmd., der erwerbstätig ist.*

Er|werbs|tä|tig|keit, die: *das Erwerbstätigsein.*

er|werbs|un|fä|hig ⟨Adj.⟩: *wegen Krankheit, aus Altersgründen o. Ä. unfähig, [regelmäßig] erwerbstätig zu sein.*

Er|werbs|un|fä|hi|ge, der u. die; -n, -n ⟨Dekl. ↑Abgeordnete⟩: *jmd., der erwerbsunfähig ist.*

Er|werbs|un|fä|hig|keit, die: *Unfähigkeit zur Erwerbstätigkeit.*

Er|werbs|zweck, der: *Zweck des Erwerbs.*

Er|werbs|zweig, der: *von den Erwerbsmöglichkeiten her gesehener Wirtschafts-, Berufszweig; Branche:* die Autoindustrie ist ein wichtiger E.

Er|wer|bung, die; -, -en: **1.** ⟨o. Pl.⟩ *das Erwerben* (1, 2 a): die E. von Kenntnissen, eines Hauses. **2.** *etwas Erworbenes:* dieses Auto ist seine neueste E.

er|wi|dern ⟨sw. V.; hat⟩ [1: mhd. erwideren; ahd. irwidarōn = erwidern]: **1.** *antworten, entgegnen:* »Er ist krank«, erwiderte sie; sie konnte [mir] darauf nichts e.; er erwiderte mit einer Frage. **2.** *auf etw. in gleicher od. entsprechender Weise reagieren:* einen Besuch, einen Blick e.; seine Liebe wurde nicht erwidert; das Feuer e. (Milit.; *zurückschießen*).

Er|wi|de|rung, die; -, -en: **1.** *das Erwidern* (1); *Antwort:* eine mündliche, schriftliche E. **2.** *das Erwidern* (2): die E. eines Besuchs, ihrer Liebe.

er|wie|se|ner|ma|ßen ⟨Adv.⟩ [↑-maßen]: *wie erwiesen ist:* er war e. an der Tat beteiligt.

er|wir|ken ⟨sw. V.; hat⟩: *durch Bemühungen erreichen, durchsetzen:* eine Zahlung e.; jmds. Entlassung, Freispruch e.

er|wirt|schaf|ten ⟨sw. V.; hat⟩: *durch Wirtschaften erlangen, erreichen:* hohe Gewinne, Erträge e.

er|wi|schen ⟨sw. V.; hat⟩ [mhd. erwischen, zu ↑wischen] (ugs.): **1. a)** *nach einem Vergehen o. Ä. fassen, ergreifen:* man hat den Falschen erwischt; **b)** *bei einem Vergehen o. Ä. ertappen:* jmdn. beim Stehlen e.; lass dich nicht e.! **2. a)** *gerade noch fassen, zu fassen bekommen:* ich habe sie bei den Zöpfen erwischt; **b)** *gerade noch antreffen, erreichen:* er hat den Zug noch erwischt; **c)** *zufällig, unverhofft [zu fassen] bekommen:* das beste Stück, einen Sitzplatz e. **3.** ⟨unpers.⟩ *als Betroffenen in Mitleidenschaft ziehen:* ausgerechnet jetzt muss es mich e. *(muss ich krank werden);* zwei Soldaten hat es erwischt *(sie wurden [tödlich] verwundet);* meinen Freund hat es schwer erwischt (1. *er ist schwer erkrankt;* 2. *er hat sich schwer verletzt;* 3. *ihm ist etwas Schlimmes zugestoßen;* 4. scherzh.; *er hat sich heftig verliebt*); Ü den Motor hat's erwischt *(er ist kaputt).*

er|wor|ben: ↑erwerben.

er|wünscht ⟨Adj.⟩ [eigtl. 2. Part. von veraltet erwünschen (mhd. erwünschen) = wünschen]: *gewünscht, willkommen:* das gab ihm die -e Gelegenheit einzugreifen; du bist hier nicht e.

er|wür|gen ⟨sw. V.⟩ [mhd. erwürgen, ahd. irwurgen]: *durch Zudrücken der Kehle töten* ⟨hat⟩: er hat sein Opfer mit bloßen Händen erwürgt.

Ery|si|pel, das; -s, -e, **Ery|si|pe|las,** das; -, ...pelata [lat. erysipelas < griech. erysípelas, viell. zu: erythrós = rot u. eigtl. = das die Haut Rötende]: *Wundrose.*

Ery|them, das; -s, -e [griech. erýthēma, eigtl. = Röte, zu: erythrós = rot] (Med.): *entzündliche Rötung der Haut infolge verstärkter Durchblutung durch Gefäßerweiterung.*

Ery|thro|poi|e|tin, das; -s (Med., Pharm.): *Medikament, das die Bildung roter Blutkörperchen fördert u. das wegen seiner die Ausdauer verbessernden Wirkung auch als Mittel zum Doping verwendet wird.*

Ery|thro|zyt, der; -en, -en ⟨meist Pl.⟩ [zu griech. kýtos = Höhlung, Wölbung] (Med.): *rotes Blutkörperchen.*

Erz [auch: ɛrts], das; -es, -e [mhd. erze, arze, ahd. aruzzi, arizzi, aruz, H. u.; viell. aus einer kleinasiatischen Spr., vgl. sumer. urdu = Kupfer]: **1.** *metallhaltiges Mineral:* wertvolle -e; E. verhütten; gediegenes *(Metall in nahezu reiner Form enthaltendes)* E. **2.** (geh.) *Bronze:* eine Glocke aus E.; er stand da wie aus, in E. gegossen.

erz-, Erz- [mhd. erze-, ahd. erzi < lat. archi- < griech. archi-, ↑Architekt] (emotional verstärkend): **1.** drückt in Bildungen mit Adjektiven eine Verstärkung aus/ *sehr:* erzfrech, -misstrauisch. **2.** drückt in Bildungen mit Substantiven aus, dass eine Person – seltener eine Sache – etw. von Grund auf ist, etw. ganz und gar verkörpert: Erzdemokrat, -heuchler, -lüge.

Erz|ader, die: *kluftähnlicher kleiner Gang, der mit Erz ausgefüllt ist.*

er|zäh|len ⟨sw. V.; hat⟩ [mhd. erzeln, erzellen = aufzählen, berichten]: **a)** *schriftlich od. mündlich auf anschauliche Weise darstellen:* gut e. können; den Kindern ein Märchen e.; erzähle keine Märchen! *(lüg nicht so!);* der soll mir nur kommen, dem werd ich was e.! (ugs.; *meine Meinung sagen!*); Ü der Film erzählt die Geschichte einer ungewöhnlichen Liebe; **b)** *berichten:* den Hergang eines Unfalls e.; er hat viel über ihn erzählt; er kann etwas e. *(er hat viel erlebt);* ich habe mir e. lassen *(man hat mir berichtet),* dass du lange krank warst; das kannst du einem anderen, deiner Großmutter e./mir kannst du viel e. (ugs.; *das glaube ich dir nicht*); aus seinem Leben e.; **c)** *[in vertraulicher Unterredung] mitteilen, sagen:* man kann ihm alles e., was einen innerlich beschäftigt; du darfst aber niemandem [etwas] davon e.!

er|zäh|lens|wert ⟨Adj.⟩: *wert, erzählt zu werden.*

Er|zäh|ler, der; -s, -: **a)** *jmd., der etw. erzählt* (a); **b)** *Verfasser erzählender Dichtung:* ein zeitgenössischer E.; **c)** (Literaturw.) *in einem epischen Werk fiktive Gestalt, aus deren Perspektive erzählt wird:* der E. in Storms Novellen.

Er|zäh|le|rin, die; -, -nen: w. Form zu ↑Erzähler.

er|zäh|le|risch ⟨Adj.⟩: *das Erzählen (a), die Kunst*

des Erzählens betreffend: sie besitzt ein großes -es Talent.
Er|zähl|kunst, die ‹o. Pl.›: *Kunst des Erzählens:* ein Meister der E.
Er|zäh|lung, die; -, -en: **1.** *das Erzählen* (a, b): eine angefangene E. fortsetzen; eine unterbrochene E. wieder aufnehmen; jmds. E. zuhören; in seiner E. fortfahren, innehalten. **2.** (Literaturw.) *kürzeres Werk der erzählenden Dichtung:* eine mittelalterliche E.; -en schreiben, herausgeben.
Erz|amt, das [↑erz-, Erz-] (hist.): *oberste Reichswürde u. vor allem bei der Krönung des Königs von den Kurfürsten ausgeübtes Ehrenamt im Heiligen Römischen Reich* (z. B. Erzkämmerer, Erzkanzler, Erztruchsess).
Erz|bau, Erz|berg|bau, der ‹o. Pl.›: *der Erzgewinnung dienender Bergbau.*
Erz|berg|werk, das: *Bergwerk, in dem Erz abgebaut wird.*
Erz|bi|schof, der [mhd. erzebischof, ahd. erzibiscof < kirchenlat. archiepiscopus, zum 1. Bestandteil vgl. Architekt] (kath. Kirche): **a)** *Titel eines Bischofs, der eine Erzdiözese leitet, eines Metropoliten, der eine Kirchenprovinz leitet; Ehrentitel einzelner Bischöfe;* **b)** *Träger des Titels Erzbischof.*
erz|bi|schöf|lich ‹Adj.› (kath. Kirche): vgl. bischöflich.
Erz|bis|tum, das (kath. Kirche): *Erzdiözese.*
Erz|de|mo|krat, der [↑erz-, Erz-] (emotional verstärkend): *völlig überzeugter, kämpferischer Demokrat.*
Erz|di|ö|ze|se, die (kath. Kirche): *Hauptdiözese einer Kirchenprovinz.*
erz|dumm ‹Adj.› (emotional verstärkend): *in höchstem Grade dumm.*
Erz|dumm|heit, die (emotional verstärkend): *besonders große Dummheit* (2).
er|zei|gen ‹sw. V.; hat› [mhd. erzeigen = dartun, erweisen] (geh.): **1. a)** *als Ausdruck seiner Gesinnung, seines Empfindens zuteil werden lassen, bezeugen:* jmdm. Ehre e.; **b)** ‹e. + sich› *jmdm. gegenüber in bestimmter Weise seiner Gesinnung od. Empfindung Ausdruck geben:* sich jmdm. gegenüber dankbar e. **2. a)** *als etw. erscheinen lassen, erweisen:* die Peinlichkeit des Vorfalls als unwichtig e.; **b)** ‹e. + sich› *sich als etw. erweisen, zeigen:* sich als Gentleman e.
er|zen [auch: ˈɛrtsn̩] ‹Adj.› (geh.): *bronzen:* eine -e Glocke, Statue.
Erz|en|gel, der [mhd. erzengel, LÜ von kirchenlat. archangelus < griech. archággelos; vgl. Erzbischof]: *(in der Bibel) einer der ranghöchsten Engel:* die E. Gabriel, Michael und Raphael.
er|zeu|gen ‹sw. V.; hat› [mhd. erziugen, zu ↑²zeugen]: **1. a)** *entstehen lassen; bewirken:* Reibung erzeugt Wärme; er versteht es, Spannung zu e.; **b)** (veraltend) *zeugen:* er hatte viele Kinder erzeugt. **2. a)** *produzieren, hervorbringen:* Strom e.; der Boden erzeugt alles, was wir brauchen; **b)** (österr.) *(Gebrauchsgüter) herstellen:* Kleider e.
Er|zeu|ger, der; -s, -: **1.** (bes. Amtsspr.) *leiblicher Vater:* er ist nachweislich nicht der E. dieses Kindes; (iron.:) mein E. *(mein Vater).* **2. a)** *jmd., der etw. (eine Ware) produziert:* der Weg vom E. zum Verbraucher; **b)** (österr.) *jmd., der etw. erzeugt* (2 b): die E. von Glaswaren, Textilien.
Er|zeu|ge|rin, die; -, -nen: w. Form zu ↑Erzeuger (2).
Er|zeu|ger|land, das: *Land, in dem etw. erzeugt wurde.*
Er|zeu|ger|preis, der: *Preis, den der Erzeuger für seine Ware verlangt.*
Er|zeug|nis, das; -ses, -se: *etw., was erzeugt worden ist; Produkt:* industrielle -se; diese Vase ist ein deutsches E.; seine -se vertreiben; Ü diese Gestalt ist ein E. seiner Fantasie.
Er|zeu|gung, die; -, -en: *das Erzeugen; das Erzeugtwerden.*
Er|zeu|gungs|gram|ma|tik, die (Sprachw.): *generative Grammatik.*
erz|faul ‹Adj.› (emotional verstärkend): vgl. erzdumm: er ist ein -er Schüler.
Erz|feind, der (emotional verstärkend): *schlimmster Feind.*
Erz|fein|din, die (emotional verstärkend): w. Form zu ↑Erzfeind.
Erz|feind|schaft, die (emotional verstärkend): *besonders erbitterte Feindschaft.*
Erz|gau|ner, der [↑erz-, Erz-] (abwertend): *besonders übler Gauner* (1, 2).
Erz|ge|bir|ge, das: Mittelgebirge in Deutschland u. der Tschechischen Republik.
Erz|ge|halt, der: *Gehalt eines Gesteins an Erzen.*
Erz|ge|win|nung, die: *Gewinnung von Erz.*
Erz|gie|ße|rei, die: vgl. Gießerei.
Erz|gru|be, die: *Erzbergwerk.*
erz|hal|tig ‹Adj.›: *Erz enthaltend:* -es Gestein.
Erz|her|zog, der: **a)** *Titel der Prinzen des Hauses Österreich;* **b)** *Träger des Titels Erzherzog.*
Erz|her|zo|gin, die: w. Form zu ↑Erzherzog.
erz|höf|fig ‹Adj.› (Bergmannsspr.): *reiches Erzvorkommen versprechend.*
Erz|hüt|te, die: vgl. Hütte (3).
er|zieh|bar ‹Adj.›: *sich erziehen lassend:* ein sehr schwer -es Kind.
er|zie|hen ‹unr. V.; hat› [mhd. erziehen, ahd. irziohan, eigtl. = herausziehen, beeinflusst von lat. educare, ↑Edukt]: **1. a)** *jmds. (bes. eines Kindes) Geist u. Charakter bilden u. seine Entwicklung fördern:* ein Kind e.; sie wurde in einem Internat erzogen; er ist sehr frei erzogen worden; ein gut erzogenes Kind; **b)** *zu einem bestimmten Verhalten anleiten:* seine Kinder zur Selbstständigkeit e.; du musst dich zur Toleranz e. **2.** (Gartenbau) *(Pflanzen) [heran]ziehen.*
Er|zie|her, der; -s, -: **1.** *jmd., der Kinder u. Jugendliche erzieht:* dieser Lehrer ist der geborene E. **2.** *jmd., der eine Ausbildung an einer Fachschule als Betreuer von Kindern und Jugendlichen in öffentlichen Einrichtungen (wie Kindergärten, Heimen) abgeschlossen hat* (Berufsbez.).
Er|zie|he|rin, die; -, -nen: w. Form zu ↑Erzieher.
er|zie|he|risch ‹Adj.›: **a)** *die Erziehung betreffend, sich auf die Erziehung beziehend, pädagogisch;* **b)** *Erziehung bezweckend, der Erziehung dienend:* dieser Film soll e. wirken.
er|zieh|lich ‹Adj.› (bes. österr.): *erzieherisch.*
Er|zie|hung, die; -: **1.** *das Erziehen* (1): seinen Kindern eine gute E. geben; er hat ihre E. vernachlässigt. **2.** *in der Kindheit anerzogenes Benehmen, anerzogene gute Manieren:* ihm fehlt jede, jegliche E.; vergiss deine gute E. nicht!
Er|zie|hungs|be|ra|ter, der: *jmd., der in Erziehungsfragen berät* (Berufsbez.).
Er|zie|hungs|be|ra|te|rin, die: w. Form zu ↑Erziehungsberater.
Er|zie|hungs|be|ra|tung, die: **a)** *Beratung von Eltern in Erziehungsfragen;* **b)** *sozialpädagogische Einrichtung, die Eltern in Erziehungsfragen berät.*
er|zie|hungs|be|rech|tigt ‹Adj.›: *berechtigt, die elterliche Gewalt auszuüben.*
Er|zie|hungs|be|rech|tig|te, der u. die; -n, -n ‹Dekl. ↑Abgeordnete›: *jmd., der die elterliche Gewalt ausübt (Eltern, Vormund).*
Er|zie|hungs|fra|ge, die: *die Erziehung betreffende Frage.*
Er|zie|hungs|geld, das: *für eine bestimmte Zeit gewährte, finanzielle staatliche Zuwendung an Mütter (od. wahlweise auch Väter), die nicht oder nur teilweise erwerbstätig sind und sich der Betreuung und Erziehung ihres neugeborenen Kindes widmen.*
Er|zie|hungs|heim, das: *Heim für Jugendliche, deren Entwicklung gefährdet od. geschädigt ist.*
Er|zie|hungs|maß|nah|me, die: *erzieherische Maßnahme.*
Er|zie|hungs|me|tho|de, die: *Methode der Erziehung.*
Er|zie|hungs|mi|nis|te|ri|um, das: *Ministerium für das Erziehungswesen.*
Er|zie|hungs|mit|tel, das: *Maßnahme, die angewendet wird, um das angestrebte Ziel in der Erziehung zu erreichen.*
Er|zie|hungs|pflicht, die ‹o. Pl.›: *Pflicht der Erziehung:* seine E. vernachlässigen.
Er|zie|hungs|pro|zess, der: *Verlauf der Erziehung.*
Er|zie|hungs|ro|man, der (Literaturw.): *Roman, in dem die Erziehung eines jungen Menschen dargestellt wird.*
Er|zie|hungs|schwie|rig|kei|ten ‹Pl.›: *Schwierigkeiten bei der Erziehung von Kindern u. Jugendlichen:* mit der Pubertät zusammenhängende E.
Er|zie|hungs|stil, der: *typisierte erzieherische Verhaltensweise:* ein strenger, autoritärer E.
Er|zie|hungs|ur|laub, der: *Urlaub, den Mütter (od. wahlweise auch Väter) beanspruchen können, die Anspruch auf Erziehungsgeld haben.*
Er|zie|hungs|we|sen, das ‹o. Pl.›: *alle Einrichtungen u. Maßnahmen, die die Erziehung betreffen.*
Er|zie|hungs|wis|sen|schaft, die ‹o. Pl.›: **a)** *Teilbereich der Pädagogik, dessen Gegenstand die wissenschaftliche Erforschung der Erziehungsprozesse ist;* **b)** *Pädagogik.*
er|zie|len ‹sw. V.; hat›: *(etw. Angestrebtes) erreichen:* einen Erfolg e.; darüber konnte keine Einigung erzielt *(herbeigeführt)* werden.
Er|zie|lung, die, -: *das Erzielen.*
er|zit|tern ‹sw. V.; ist› [mhd. erziteren, erzittern]: *plötzlich [u. heftig] zittern:* der Boden erzitterte unter seinen Schritten; Ü ihr Blick ließ ihn e.
Erz|käm|me|rer, der (hist.): vgl. Erzamt.
Erz|kanz|ler, der (hist.): *Leiter des königlichen Kanzleiwesens im Mittelalter.*
erz|ka|tho|lisch ‹Adj.› (emotional verstärkend): *im höchsten Grade vom Katholizismus geprägt.*
erz|kon|ser|va|tiv ‹Adj.› (emotional verstärkend): *im höchsten Grade konservativ.*
Erz|la|ger|stät|te, die (Geol.): *natürliche Erzanhäufung in der Erdrinde.*
Erz|lüg|ner, der [↑erz-, Erz-] (abwertend): *besonders frecher, unverbesserlicher Lügner.*
erz|pro|tes|tan|tisch ‹Adj.› (emotional verstärkend): vgl. erzkatholisch.
erz|re|ak|ti|o|när ‹Adj.› (abwertend): vgl. erzkonservativ.
Erz|ri|va|le, der [↑erz-, Erz-] (emotional verstärkend): *schlimmster, langjähriger Rivale:* das Spiel der beiden -n hat begonnen.
Erz|ri|va|lin, die: w. Form zu ↑Erzrivale.
Erz|spitz|bu|be, der (abwertend): vgl. Erzgauner.
Erz|truch|sess, der [↑erz-, Erz-] (hist.): vgl. Erzamt.
er|zür|nen ‹sw. V.› [mhd. erzürnen, ahd. irzurnen] (geh.): **1.** ‹hat› **a)** *zornig machen:* seine Frechheit hat mich sehr erzürnt; **b)** ‹e. + sich› *zornig werden:* ich bin darüber sehr erzürnt; der erzürnte Vater. **2.** *zornig werden* ‹ist›.
Er|zür|nung, die: *das [Sich]erzürnen.*
Erz|va|ter, der [↑erz-, Erz-] (Rel.): *einer der Stammväter des jüdischen Volkes:* die Erzväter Abraham, Isaak und Jakob.
Erz|ver|hüt|tung, die: *Verhüttung von Erz.*
Erz|vor|kom|men, das: *Vorkommen* (b) *von Erz.*
er|zwin|gen ‹st. V.; hat› [mhd. ertwingen = erobern, bezwingen]: *durch Zwang erreichen, erhalten, herbeiführen:* eine Entscheidung e.; ein Versprechen von jmdm. e.; ein erzwungenes Geständnis.
Er|zwin|gung, die; -: *das Erzwingen.*
Er|zwin|gungs|haft, die: *Beugehaft.*
er|zwun|ge|ner|ma|ßen ‹Adv.›: *unter Zwang.*
¹es ‹Personalpron.; 3. Pers. Sg. Neutr. Nom. u. Akk.› [mhd., ahd. eȥ; vgl. er]: **1.** bezeichnet etw. bereits Bekanntes, von dem die Rede ist od. sein soll: **a)** vertritt ein sächliches [Pro]nomen einschließlich der hinzukommenden Bestimmungen: schaut, es (= das Kaninchen) frisst!; es (= das Buch) ist sehr spannend; (zur hervorhebenden Wiederaufnahme od. Vorwegnahme eines Subjekts:) dieses umständliche Hin und Her, es ödete ihn an; da ist es wieder, dein Misstrauen; ‹Gen.:› gedenke (geh.:) seiner/(veraltet:) sein!; ‹Dativ:› das Tier hat Hunger, gib ihm etwas zu fressen!; das ist ein ganz neues Problem, bei ihm (bei Sachen häufiger: dabei) ist Folgendes zu beachten; ‹Akk.:› er hatte das Buch zu Ende gelesen und legte es weg; Mode für ihn, sie und es (= das Kind); ein ungewöhnliches Urteil, aber man kann für es (bei Sachen

öfter: dafür) schwerwiegende Gründe anführen; (zur hervorhebenden Wiederaufnahme od. Vorwegnahme eines Objekts:) ein armes Tier, wer sorgt für es?; da habe ich es endlich wieder, mein lange vermisstes Buch; **b)** bezieht sich als Prädikatsnomen od. dazugehörendes Subj. auf ein [Pro]nomen beliebigen Geschlechts (Sg. od. Pl.) od. auf ein Adj.: ich höre jemand singen, es sind wohl Soldaten; Paul war es, der das sagte; keiner will es *(der Täter)* gewesen sein; er ist wütend, und sie ist es auch. **2. a)** bezieht sich auf das Prädikat (einschl. Bestimmungen od. Ergänzungen) od. auf den Gesamtinhalt eines [Neben]satzes; *das, dies[es]:* sie las ein Buch, und ich tat es auch; er hat zwar gesagt, er werde teilnehmen, es ist aber fraglich; du sagst es *(du hast Recht);* **b)** kündigt ein ins Mittel- od. Nachfeld des Satzes gerücktes (hervorzuhebendes) Subjekt an od. einen im Mittel- od. Nachfeld stehenden [verkürzten] Subjekt- od. Objektsatz; *da; das:* es fielen die ersten Tropfen; es war einmal ein König ... (Märchenanfang); [es ist] schön, dass Sie da sind; es drängt mich, Ihnen meinen Dank auszusprechen; ich lehne [es] ab, alles noch mal zu sagen; ⟨urspr. Gen.:⟩ *dessen:* er wurde es müde, immer wieder darauf hinzuweisen; ich bin es leid, immer Kindermädchen zu spielen!; **c)** bezieht sich unmittelbar auf einen gemeinten Sachverhalt: halt, es *(das)* ist genug!; es ist gut so; wir haben es geschafft!; wollen wir es dabei belassen?; hören wir auf, ich bin es (geh.; *dessen)* müde. **3.** ist Subjekt in unpersönl. Ausdrücken **a)** bei Witterungsimpersonalien: es regnet, es friert; es blitzt; **b)** bei der unpersönlichen Darstellung eines Geschehens od. einer sich zeigenden, sich ergebenden Situation: es brennt!; es grünt und blüht; es knistert; es klopft [an der Tür]; es friert mich *(ich friere)* [an den Armen]; diesmal hat es mich getroffen *(bin ich an der Reihe);* es hat ihn hart getroffen *(er hat viele Krankheiten od. Schicksalsschläge durchzustehen);* **c)** bei Zustands- und Artsätzen: es ist Nacht; es war schon spät; es wird wieder kälter; bald wird [es] dir wieder besser sein; **d)** bei passivischer od. reflexiver Konstruktion (in der Bed. *man* + Aktiv): es wurde [viel] gelacht; es darf nicht geraucht werden; hier wohnt es sich gut, lässt es sich gut wohnen *(kann man gut wohnen).* **4.** ist nur formales Objekt (bei bestimmten verbalen Verbindungen): er bekommt es mit mir zu tun; sie hat es gut; er meint es gut mit dir; sie hat es weit gebracht; er nimmt es mit jedem auf; sie hat es auf ihn abgesehen; sie hat es mit der Galle (ugs.; *sie ist gallenleidend).*

es, ¹Es, das; -, - (Musik): *um einen halben Ton erniedrigtes e, E* (2).

Es, das; -, - (Psych.): *das Unbewusste.*

Es = Einsteinium.

ESA, die; - [Abk. für engl. European Space Agency]: Europäische Weltraumbehörde.

Esc = Escudo.

Es|ca|lopes [eskaˈlɔp, ...ɔps] ⟨Pl.⟩ [frz. escalopes, Pl. von: escalope, im heutigen Sinne seit dem 18. Jh.; afrz. escalope = Muschel, aus dem Germ.] (Kochk.): *dünne, gebratene Fleisch-, Geflügel- od. Fischscheibchen.*

Es|cha|to|lo|gie [ɛsça...], die; -, -n [zu griech. éschatos = der Äußerste, Letzte u. ↑-logie] (Theol.): *Lehre bzw. Gesamtheit religiöser Vorstellungen von den letzten Dingen, d. h. vom Endschicksal des einzelnen Menschen u. der Welt.*

es|cha|to|lo|gisch ⟨Adj.⟩ (Theol.): **1.** *auf die Eschatologie bezüglich, ihr eigentümlich, gemäß, zu ihr gehörend:* der -e Charakter der Verkündigung im Neuen Testament. **2.** *auf die letzten Dinge bezüglich, ihnen eigentümlich, gemäß, zu ihnen gehörend; endzeitlich.*

Esche, die; -, -n [mhd. esche, eigtl. Pl. von gleichbed. asch, ahd. asc, alter idg. Baumname]: **1.** *(in mehreren Arten vorkommender) Laubbaum mit gefiederten Blättern u. geflügelten Früchten.* **2.** ⟨o. Pl.⟩ *Holz der Esche:* ein Wohnzimmer in E.

eschen ⟨Adj.⟩ [mhd. eschīn, ahd. eskīn]: *aus Eschenholz [gemacht].*

Eschen|holz, das: *Esche* (2): Möbel aus E.

Es|cu|do, (auch:) Eskudo, der; -[s], -[s] [port. escudo, eigtl. = Schild < lat. scutum]: *Währungseinheit in Portugal* (1 Escudo = 100 Centavos).

Es-Dur [auch: ˈ-ˈ-], das; -: *auf dem Grundton ¹Es beruhende Durtonart;* Zeichen: Es (↑²es, ¹Es).

Esel, der, -s, - [mhd. esel, ahd. esil < lat. asinus od. asellus (Vkl.), wohl aus einer kleinasiatischen Spr.]: **1.** *dem Pferd verwandtes, aber kleineres Säugetier mit grauem bis braunem Fell, kurzer Mähne, langen Ohren u. Quastenschwanz:* ein störrischer E.; beladen wie ein E. sein; **R** der E. geht voran (kritisch-saloppe Äußerung, wenn sich der damit Gemeinte [unhöflicherweise] an die erste Stelle setzt, Erster sein will); **Spr** wenn es dem E. zu wohl wird, geht er aufs Eis [und bricht sich ein Bein]/geht er aufs Eis tanzen (ugs.; *wenn es jmdm. zu gut geht, wird er übermütig [u. fügt sich selbst Schaden zu]*); wenn man den E. nennt, kommt er gerennt (salopp; *jmd. erscheint gerade dann, wenn man von ihm spricht*). **2.** (salopp) *Dummkopf, Tölpel, Tor:* du E.!; so ein alter E.; **R** der E. nennt sich zuerst. **3.** (ugs., scherzh.) **a)** *Fahrrad;* **b)** *Motorrad, Moped.*

Ese|lei, die; -, -en [mhd. eselīe] (ugs.): *dumme, törichte Handlung.*

Ese|lein, das; -s, -: Vkl. zu ↑Esel (1).

esel|grau ⟨Adj.⟩: *grau wie das Fell eines Esels.*

esel|haft ⟨Adj.⟩ (ugs.): *dumm, töricht:* -es Benehmen.

Esel|hengst, der: *männlicher Esel.*

Ese|lin, die; -, -nen [mhd. eselin(ne), ahd. esilin]: w. Form zu ↑Esel (1).

Esels|brü|cke, die [in der Schulspr. des 18. Jh.s als LÜ von mlat. pons asinorum = Ausdruck der scholastischen Philosophie für einen logischen Mittelbegriff] (ugs.): **1. a)** *[Anhaltspunkt als] Gedächtnisstütze;* **b)** *Verstehenshilfe; Hinweis, Wink, der jmdm. etw. erleichtern soll.* **2.** (Schülerspr.) *unerlaubte[rweise benutzte] Übersetzung, Übersetzungshilfe.*

Esels|milch, die: *Milch einer Eselin:* in E. baden.

Esels|ohr, das: **1.** *Ohr des Esels.* **2.** (ugs.) *umgeknickte Ecke einer [Buch]seite:* das Buch hat -en. **3.** *rötlicher, auch rosa- od. orangefarbener essbarer Schlauchpilz mit kurz gestieltem Fruchtkörper, der einseitig ohrförmig ausgezogen ist.*

Esels|rü|cken, der: **1.** *Rücken des Esels.* **2. a)** (Archit.) *eine dem Querschnitt eines Eselsrückens ähnliche Form des spätgotischen Bogens;* **b)** (Eisenb. Jargon) *Ablaufberg.*

Esel|stu|te, die: *weiblicher Esel.*

-esk: [frz. -esque, ital. -esco]: drückt in Bildungen mit Substantiven (meist Namen) aus, dass die beschriebene Person oder Sache vergleichbar mit jmdm., etw. oder dem ähnlich ist/ *in der Art von jmdm., etw.:* gigantesk, goyaesk.

Es|ka|la|de, die; -, -n [frz. escalade < ital. scalata, zu: scala, ↑Skala] (hist.): *Erstürmung einer Festung mit Sturmleitern.*

es|ka|la|die|ren ⟨sw. V.; hat⟩ [frz. escalader, zu: escalade, ↑Eskalade]: **1.** (hist.) *mit Sturmleitern erstürmen.* **2.** (veraltet) *an der Eskaladierwand üben, sie überklettern.*

Es|ka|la|dier|wand, die (veraltet): *Kletterwand.*

Es|ka|la|ti|on, die; -, -en [engl. escalation, zu: escalator = Rolltreppe, zu: escalade < frz. escalade, ↑Eskalade] (bildungsspr.): *der jeweiligen Notwendigkeit angepasste allmähliche Steigerung, Verschärfung, insbesondere beim Einsatz militärischer od. politischer Mittel:* die E. des Schreckens; die technische E. in der Autoindustrie.

es|ka|lie|ren ⟨sw. V.⟩: **1.** *durch Eskalation steigern, verschärfen* ⟨hat⟩: den Krieg e.; den Widerstand [bis] zum Terror e. **2.** *sich [allmählich] steigern, verschärfen, ausweiten* ⟨ist, auch: hat⟩.

Es|ka|lie|rung, die; -, -en: *das Eskalieren.*

Es|ka|mo|ta|ge [ɛskamoˈtaːʒə], die; -, -n [frz. escamotage, zu: escamoter, ↑eskamotieren] (veraltet): **1.** *Taschenspielerei.* **2.** *Taschenspielertrick.*

Es|ka|mo|teur [...ˈtøːɐ̯], der; -s, -e [frz. escamoteur] (veraltet): *Taschenspieler, Zauberkünstler.*

es|ka|mo|tie|ren ⟨sw. V.; hat⟩ [frz. escamoter, viell. < provenz. escamo(u)tar, zu: escamar = zerfasern, urspr. wohl = abschuppen, zu: escama = Schuppe, über das Vlat. zu gleichbed. lat. squama] (bildungsspr.): **a)** *durch einen [Taschenspieler]trick, durch ein [Zauber]kunststück verschwinden lassen; wegzaubern;* **b)** *durch gezwungene Erklärungen scheinbar zum Verschwinden bringen; weginterpretieren.*

Es|ka|pa|de, die; -, -n [frz. escapade < ital. scappata od. span. escapada, aus dem Vlat., vgl. echappieren]: **1.** (Reiten) *falscher Sprung eines Dressurpferdes, Sprung zur Seite.* **2.** (bildungsspr.) *abenteuerlich-eigenwillige Unternehmung, eigenwillige Handlung (insbesondere mutwilliger Streich od. Seitensprung, Abenteuer):* sich auf gefährliche politische -n einlassen; man wusste von ihrer E. mit einem italienischen Prinzen.

Es|ka|pis|mus, der; - [engl. escapism, zu: to escape = entfliehen, über das A(nord)frz. aus dem Vlat., vgl. echappieren] (Psych., bildungsspr.): *eskapistische Haltung, eskapistisches Verhalten.*

es|ka|pis|tisch ⟨Adj.⟩ (Psych., bildungsspr.): *vor der Realität u. ihren Anforderungen in Illusionen od. in Zerstreuungen u. Vergnügungen ausweichend.*

¹Es|ki|mo, der; -[s], -[s] [1: indian. (nordamerik.) eskimantsik, eigtl. = Rohfleischesser]: **1.** *Angehöriger eines in arktischen u. subarktischen Gebieten (bes. Amerikas) lebenden mongoliden Volkes; Inuit:* **R** das haut den stärksten E. vom Schlitten (salopp; *das ist wirklich umwerfend, verblüfft einen sehr*). **2.** ⟨o. Pl.⟩ *schwerer Mantelstoff.*

²Es|ki|mo, das; -s, -: *Eskimoisch.*

Es|ki|mo|frau, die: *weiblicher Eskimo.*

Es|ki|mo|hund, der: *Polarhund.*

es|ki|mo|isch ⟨Adj.⟩: **1.** *die Eskimos betreffend, zu ihnen gehörend.* **2.** vgl. deutsch.

Es|ki|mo|isch, das; -[s] u. ⟨nur mit best. Art.:⟩ **Es|ki|mo|i|sche,** das; -n *Sprache der Eskimos.*

Es|ki|mo|rol|le, die (Kanusport): *im Kanusport ausgeübte Technik, die von den Eskimos entwickelt wurde, um einen Kajak nach dem Kentern wieder aufzurichten, ohne auszusteigen, indem man durch entsprechende Bewegungen mit dem Paddel das Boot um seine Längsachse dreht u. so wieder in die richtige Lage bringt.*

es|ki|mo|tie|ren ⟨sw. V.; hat⟩ (Kanusport): *eine Eskimorolle ausführen.*

Es|kor|te, die; -, -n [frz. escorte < ital. scorta = Geleit, zu älter: scorgere (2. Part.: scorto) = geleiten, über ein vlat. Verb mit der Bed. »ausrichten; beaufsichtigen« zu lat. corrigere, ↑korrigieren]: *Begleitmannschaft, begleitende Schutzwache od. Wachmannschaft, [militärisches] [Ehren]geleit:* von einer E. bewacht werden.

es|kor|tie|ren ⟨sw. V.; hat⟩ [frz. escorter] (bes. Milit.): *schützend, bewachend od. ehrend geleiten:* Polizeihubschrauber eskortierten den Präsidentenwagen in niedriger Höhe.

Es|ku|do: ↑Escudo.

Es|me|ral|da, die; -, -s [span. esmeralda = Smaragd < lat. smaragdus, ↑Smaragd]: *spanischer Tanz.*

es-Moll [auch: ˈ-ˈ-], das; -: *auf dem Grundton ²es beruhende Molltonart;* Zeichen: es (↑²es, ¹Es).

Eso|te|rik, die; -: **1.** *Grenzwissenschaft* (2). **2.** (bildungsspr.) *esoterische Geisteshaltung, esoterisches Denken.* **3.** (bildungsspr.) *esoterische Beschaffenheit (z. B. einer Lehre).*

Eso|te|ri|ker, der; -s, - (bildungsspr.): *Anhänger, Vertreter einer (mystischen, religiösen, philosophischen, ästhetischen o. ä.) Geheimlehre.*

Eso|te|ri|ke|rin, die; -, -nen: w. Form zu ↑Esoteriker.

E

eso|te̱|risch ⟨Adj.⟩ [griech. esōterikós, eigtl. = innerlich]: **1.** *die Esoterik (1) betreffend, dazu gehörend.* **2.** (bildungsspr.) *nur für Eingeweihte einsichtig, [geistig] zugänglich:* eine -e Lehre.

Es|pa|drille [...'dri:j], die; -, -s [...'dri:j] ⟨meist Pl.⟩ [frz. espadrille, Nebenf. von älter espardille < provenz. espardi(l)hos (Pl.) = Sandalen aus Espartogras < aprovenz. espart < span. esparto, ↑Esparto]: *Leinenschuh mit einer aus Gräsern o. Ä. geflochtenen Sohle [u. mit kreuzweise um den unteren Teil der Wade geschnürten Bändern].*

Es|pa|gno|le [ɛspan'jo:lə], die; -, -n [frz. danse espagnole, zu: danse = Tanz u. espagnol = spanisch]: *spanischer Tanz.*

Es|pa|gno|let|te [ɛspanjo'lɛtə], die; -, -n [frz. espagnolette = Drehriegel, zu: espagnol, ↑Espagnole (da sie wahrsch. aus Spanien stammt)]: *Drehstangenverschluss für Fenster.*

Es|par|se̱t|te, die; -, -n [frz. esparcet(te) < provenz. esparseto]: *(zu den Schmetterlingsblütlern gehörende) Pflanze mit rosaroten, traubenförmig angeordneten Blüten.*

Es|pa̱r|to, der; -s, -s [span. esparto < lat. spartum < griech. spárton]: **a)** *(zu den Süßgräsern gehörendes) hochwachsendes Gras mit scharfkantigem Halm u. langer Blütenrispe;* **b)** *Blatt der Espartos (a), das bes. zur Papierherstellung verwendet wird.*

Es|pa̱r|to|gras, das: *Esparto (a).*

E̱s|pe, die; -, -n [mhd. espe, aspe, ahd. aspe, alter idg. Baumname]: *Pappel mit runden Blättern, die im Wind sehr leicht in Bewegung geraten; Zitterpappel.*

e̱s|pen ⟨Adj.⟩ [mhd. espīn]: *aus Espenholz.*

E̱s|pen|holz, das: *Holz der Espe.*

E̱s|pen|laub, das: *Laub der Espe:* *** wie E. zittern** (ugs.; *am ganzen Körper heftig zittern*).

Es|pe|ran|ti̱st, der; -en, -en: *Kenner, Anhänger des Esperanto.*

Es|pe|ran|ti̱s|tin, die; -, -nen: w. Form zu ↑Esperantist.

Es|pe|ra̱n|to, das; -[s] [nach dem Pseudonym Dr. Esperanto (= der Hoffende), unter dem der poln. Augenarzt L. Zamenhof (1859–1917) den Plan zu dieser Sprache 1887 vorlegte]: *(hauptsächlich auf den romanischen Sprachen u. dem Englischen aufbauende) Welthilfssprache.*

Es|pe|ran|to|lo|gi̱e, die; - [↑-logie]: *Wissenschaft von der Sprache u. Literatur des Esperanto.*

Es|pla|na̱|de, die; -, -n [frz. esplanade < ital. spianata, zu: spianare = ebnen < lat. explanare = eben ausbreiten]: *freier [Vor]platz (vor großen [öffentlichen] Gebäuden od. Gärten).*

Es|pre̱s|si: Pl. von ↑[1]Espresso.

es|pres|si̱|vo ⟨Adv.⟩ [ital. espressivo, zu: espresso, ↑[1]Espresso] (Musik): *ausdrucksvoll.*

Es|pres|si̱|vo, das; -s, -s od. ...vi: *ausdrucksvolle musikalische [Gestaltung einer] Passage.*

[1]Es|pre̱s|so, der; -[s], -s od. ...ssi (aber: drei Espresso) [ital. (caffè) espresso, urspr. = auf ausdrücklichen Wunsch eigens (d. h. schnell) zubereiteter Kaffee, zu: espresso = ausgedrückt < lat. expressus, ↑express]: **a)** ⟨o. Pl.⟩ *sehr dunkel gerösteter Kaffee;* **b)** *in einer Spezialmaschine aus [1]Espresso (a) zubereiteter, sehr starker Kaffee.*

[2]Es|pre̱s|so, das; -[s], -s: *kleines Lokal, in dem bes. [1]Espresso (b) serviert wird.*

Es|pre̱s|so|ma|schi̱|ne, die: *Maschine zur Zubereitung von [1]Espresso (b).*

Es|prit [ɛs'pri:], der; -s [frz. esprit < lat. spiritus, ↑[2]Spiritus] (bildungsspr.): *geistvoll-brillante, vor Geist und Witz sprühende Art [zu reden]:* E. haben, zeigen; ein Schriftsteller mit E.

Esq. = Esquire.

Es|qui|re [ɪs'kwaɪə], der; -s, -s [engl. esquire, eigtl. = Edelmann < afrz. escuier < (spät)lat. scutarius = Schildträger]: *englischer Höflichkeitstitel (in der Briefanschrift);* ohne vorangehendes Mr [= Mister] abgekürzt hinter dem Namen, falls dort kein Titel steht (Abk.: Esq.).

Es|say ['ɛse, ɛ'se:], der od. das; -s, -s [engl. essay < mfrz. essai = Probe, (literarischer) Versuch < lat. exagium = das Wägen]: *Abhandlung, die eine literarische od. wissenschaftliche Frage in knapper u. anspruchsvoller Form behandelt.*

Es|say|ist [ɛse'ɪst], der; -en, -en: *Schriftsteller, der Essays verfasst.*

Es|say|is|tik, die; -: **a)** *essayistisches Schaffen;* **b)** *Gesamtheit essayistischer Werke.*

Es|say|is|tin, die; -, -nen: w. Form zu ↑Essayist.

es|say|is|tisch ⟨Adj.⟩: *dem Essay eigen[tümlich]; in der Form, Art eines Essays.*

e̱ss|bar ⟨Adj.⟩: *als Nahrung für Menschen, zum Verzehr geeignet:* -e Pilze; ⟨subst.:⟩ (ugs.:) nach etw. Essbarem suchen.

E̱ss|bar|keit, die; -: *das Essbarsein.*

E̱ss|be|steck, das: *Besteck (1 a).*

E̱s|se, die; -, -n [mhd. esse, ahd. essa = Feuerherd, eigtl. = die Brennende, Glühende, verw. mit ↑Asche]: **1. a)** (landsch., bes. ostmd.) *Schornstein; Fabrikschlot;* **b)** *[Rauchfang über dem] Herd einer Schmiede;* *** etw. in die E. schreiben** (ugs.; ↑Schornstein). **2.** (landsch. scherzh.) *Zylinderhut.*

E̱ss|ecke, die: *für die Einnahme von Mahlzeiten eingerichtete Ecke eines Raums.*

e̱s|sen ⟨unr. V.; hat⟩ [mhd. eʒʒen, ahd. eʒʒan, urspr. = kauen, beißen]: **1.** *[feste] Nahrung zu sich nehmen:* wir essen gern etwas Kräftiges; mit Messer und Gabel e.; bei Kerzenlicht e.; hier isst man gut; sie isst in der Kantine *(pflegt in der Kantine zu essen);* heute Abend essen wir warm *(warme Speisen);* an einer Gans drei Tage e.; R selber e. macht fett (ugs.; *Kommentar, wenn jmd. von etwas Essbarem nichts abgibt u. den od. die anderen beim Essen hungrig zusehen lässt*). **2.** *als Nahrung zu sich nehmen, verzehren:* Fleisch, seine Suppe e.; sie isst keinen Fisch *(für sie kommt Fisch als Nahrung nicht infrage);* er isst zu viel; etw. isst sich gut, lässt sich gut e.; Spr es wird nichts so heiß gegessen, wie es gekocht wird *(man stellt sich alles viel schlimmer vor, als es dann wirklich ist).* **3.** *durch Nahrungsaufnahme in einen bestimmten Zustand bringen:* seinen Teller leer e.; er isst mich noch arm!; sich satt e.

[1]E̱s|sen, das; -s, - [subst. Inf. von ↑essen]: **1. a)** ⟨o. Pl.⟩ *Einnahme der [Mittags-, Abend]mahlzeit:* beim E. sitzen; mit dem E. anfangen; jmdn. zum E. einladen; Spr E. und Trinken hält Leib und Seele zusammen; **b)** *offizielle, festliche Mahlzeit:* nach dem Empfang findet ein E. statt; an einem E. teilnehmen; [für jmdn.] ein E. geben. **2.** *zur Mahlzeit zubereitete Speise:* ein warmes E.; das E. wird kalt; das E. auf den Tisch bringen; [das] E. kochen; ich werde dir das E. warm stellen; (Soldatenspr.:) E. fassen, empfangen; acht E. *(acht Portionen Essen)* fehlen; E. auf Rädern *(soziale Einrichtung, durch die in einer Gemeinschaftsküche zubereitetes Mittagessen älteren Menschen ins Haus geliefert wird).* **3.** ⟨o. Pl.⟩ *Verpflegung:* am E. sparen; für E. und Trinken sorgen.

[2]Es|sen: Stadt im Ruhrgebiet.

E̱s|sen|aus|ga|be, die: **1.** ⟨o. Pl.⟩ *Ausgabe von Essen.* **2.** *Stelle für die Essenausgabe (1).*

E̱s|sen|emp|fang, der ⟨o. Pl.⟩: *Entgegennahme von Essen.*

[1]E̱s|se|ner, der; -s, -: Ew. zu ↑[2]Essen.

[2]E̱s|se|ner ⟨indekl. Adj.⟩: zu ↑[2]Essen.

[3]Es|se̱|ner, der; -s, - [griech. Essēnoí, aus dem Aram., wohl eigtl. = die Sorger]: *Angehöriger einer altjüdischen Glaubensgemeinschaft.*

[1]E̱s|se|ne|rin, die; -, -nen: w. Form zu ↑[1]Essener.

[2]Es|se̱|ne|rin, die; -, -nen: w. Form zu ↑[3]Essener.

E̱s|sen|fas|sen, das; -s (bes. Soldatenspr.): *Essenempfang:* zum E. gehen.

E̱s|sen|ge|ruch, der: *Geruch, der beim Zubereiten von Speisen entsteht od. von Gekochtem u. Gebratenem ausgeht.*

E̱s|sen|kar|te, die: vgl. Essenmarke.

E̱s|sen|keh|rer, der; -s, - (landsch., bes. ostmd.): *Schornsteinfeger.*

E̱s|sen|mar|ke, die: *Wertmarke für ein Essen (in einer Kantine o. Ä.).*

E̱s|sens|aus|ga|be (seltener): ↑Essenausgabe.

e̱s|sensch ⟨Adj.⟩: zu ↑[2]Essen.

E̱s|sens|fol|ge, die: *Reihenfolge der Speisen während eines Essens.*

E̱s|sens|zeit, die: *Zeit, in der das Essen eingenommen wird:* es ist E.

es|sen|ti|a̱l ⟨Adj.⟩ [mlat. essentialis, zu lat. essentia, ↑Essenz] (bes. Philos.): vgl. essenziell.

Es|sen|tial [ɪ'sɛnʃəl], das; -s, -s ⟨meist Pl.⟩ [engl. essential] (bildungsspr.): **1.** *wesentlicher Punkt, wesentliche Sache.* **2.** *unentbehrliches, lebenswichtiges Gut.*

es|sen|ti|e̱ll: ↑essenziell.

Es|se̱nz, die; -, -en [lat. essentia = Wesen(heit), zu: esse = [1]sein, existieren; Bedeutungsübertr. in der Alchemistenspr.]: **1.** ⟨o. Pl.⟩ **a)** (bildungsspr.) *das Wesentlich[st]e, Wesen (1 a); der Kern:* dieser Satz ist die E. seiner Lehre; **b)** (Philos.) *Wesen[heit], Sosein, innere Natur.* **2.** *konzentrierte [alkoholische] Lösung meist pflanzlicher Stoffe, bes. ätherischer Öle:* duftende -en. **3.** (selten) *stark eingekochte Brühe von Fleisch, Fisch od. Gemüse zur Verbesserung von Speisen.*

es|sen|zi|e̱ll, (auch:) essentiell ⟨Adj.⟩ [frz. essentiel < mlat. essentialis, ↑essential]: **1. a)** (bildungsspr.) *wesentlich;* **b)** (Philos.) *wesensmäßig:* -e Eigenschaften. **2.** (Chemie, Biol.) *lebensnotwendig* (in Fügungen wie): -e Fettsäuren. **3.** (Med.) *(von Krankheitserscheinungen) nicht symptomatisch für eine bestimmte Krankheit, sondern ein eigenes Krankheitsbild darstellend; selbstständig.*

E̱s|ser, der; -s, - [mhd. eʒʒer]: *Essender, Essen Beanspruchender:* er ist ein guter, schlechter E. *(isst immer viel, nur wenig).*

Es|se|rei̱, die; - (ugs. abwertend): **1.** *unangenehme od. ungehörige Art des Essens:* was ist denn das für eine E.? **2.** *ständiges, allzu häufiges Essen.*

E̱s|se|rin, die; -, -nen: w. Form zu ↑Esser.

E̱ss|ge|rät, das (geh.): **1.** *Gerät, mit dem man isst (bes. Messer, Gabel, Löffel).* **2.** *Gesamtheit von Essgeräten (z. B. eines Haushalts).*

E̱ss|ge|schirr, das: **1.** *zum Essen benötigtes Geschirr.* **2.** *Kochgeschirr.*

E̱ss|ge|wohn|heit, die ⟨meist Pl.⟩: *das Essen betreffende Gewohnheit eines Menschen, einer bestimmten Gruppe, eines Volkes:* die Essgewohnheiten der Franzosen.

E̱ss|gier, die: *Gier auf Essen.*

e̱ss|gie|rig ⟨Adj.⟩: *gierig auf Essen.*

E̱s|sig, der; -s, (Sorten:) -e [mhd. eʒʒich, ahd. eʒʒih, mit Konsonantenumstellung zu lat. acetum, verw. mit: acer = scharf]: *würzende u. konservierende saure Flüssigkeit:* scharfer E.; Fleisch in E. [ein]legen; E. an den Salat tun; *** es ist E. mit etw.** (ugs.; *es ist vorbei/aus mit etw.; es wird nichts [mehr] aus etw.; etw. kommt nicht [mehr] zustande;* urspr. vom Wein, der durch zu langes Gären zu Essig u. damit ungenießbar geworden ist).

E̱s|sig|baum, der: *kleiner, meist mehrstämmiger (strauchartiger), oft als Ziergewächs angepflanzter Baum, dessen Rinde, bes. die der Wurzel, Gerbstoff enthält; Hirschkolbensumach.*

E̱s|sig|es|senz, die: *synthetisch hergestellte Flüssigkeit mit hohem Essigsäuregehalt, aus der durch Verdünnen mit Wasser Essig gewonnen wird.*

E̱s|sig|flie|ge, die: *Taufliege.*

E̱s|sig|gur|ke, die: *kleine in Essig eingelegte Gurke.*

E̱s|sig|mut|ter, die ⟨o. Pl.⟩ [2. Bestandteil Mutter = Sinkstoff, hochd. Form von ↑Moder]: *von Essigsäurebakterien gebildeter Überzug, Bodensatz o. Ä. bei alkoholhaltigen Flüssigkeiten od. Essig.*

e̱s|sig|sau|er ⟨Adj.⟩ (Chemie): *zur Essigsäure gehörend, von ihr abgeleitet:* essigsaure Salze.

E̱s|sig|säu|re, die ⟨o. Pl.⟩: *stechend riechende organische Fettsäure, die Hauptbestandteil des Essigs ist.*

E̱s|sig|säu|re|bak|te|rie, die ⟨meist Pl.⟩: *Bakterie, die alkoholhaltige Flüssigkeiten bei Luftzutritt allmählich in Essig umwandelt.*

E̱s|sig|so|ße, die: *Soße aus Essig, Öl und anderen Zutaten.*

Es|sig|su|mach, der: *Essigbaum.*
Es|sig-und-Öl-Stän|der, der: *Ständer mit Essig- u. Ölbehälter, bes. zum [Nach]würzen servierter Speisen.*
Es|sig|was|ser, das: *Wasser mit einem Schuss Essig.*
Ess|kas|ta|nie, die: *Kastanie* (2 a); *Edelkastanie* (1 b).
Ess|koh|le, die [zu ↑ ¹Esse]: *für das Schmiedefeuer u. als Hausbrandkohle geeignete, fast rauchfreie Steinkohle.*
Ess|kü|che, die: *Küche, die so eingerichtet ist, dass dort auch Mahlzeiten eingenommen werden können.*
Ess|kul|tur, die: *Kultur des Essens [u. der Zubereitung von Speisen].*
Ess|löf|fel, der: *größerer Löffel, bes. zum Essen von Suppe, Eintopf o. Ä.:* zwei E. Zucker.
ess|löf|fel|wei|se ⟨Adv.⟩: vgl. löffelweise.
Ess|lust, die: *Lust zu essen.*
ess|lus|tig ⟨Adj.⟩: *Esslust habend.*
Ess|mar|ke, die (selten): ↑ Essenmarke.
Ess|stäb|chen, das ⟨meist Pl.⟩: *paarweise gebrauchtes stäbchenförmiges Essgerät der Ostasiaten, bes. der Chinesen.*
Ess|sucht, die: vgl. Essgier.
Ess|tisch, der: *hochbeiniger [Auszieh]tisch, an dem Mahlzeiten eingenommen werden.*
Ess|wa|ren ⟨Pl.⟩: *Lebensmittel.*
Ess|zim|mer, das: **1. a)** *besonders eingerichtetes Zimmer zum Einnehmen der Hauptmahlzeiten;* **b)** *Einrichtung für ein Esszimmer* (1 a): ein E. in Eiche. **2.** (ugs.) **a)** *Mund[höhle];* **b)** (verhüll. scherzh.) *[künstliches] Gebiss.*
Ess|zwang, der ⟨o. Pl.⟩ (Psych.): *Zwangsvorstellung, essen zu müssen.*
Es|ta|blish|ment [ɪsˈtɛblɪʃmənt], das; -s, -s [engl. establishment = Einrichtung, organisierte Körperschaft, zu: to establish = festsetzen, einrichten < afrz. establir (= frz. établir), ↑ etablieren]: **a)** *Oberschicht der politisch, wirtschaftlich od. gesellschaftlich einflussreichen Personen;* **b)** (abwertend) *etablierte bürgerliche Gesellschaft, die auf Erhaltung des Systems bedacht ist.*
Es|ta|min: ↑ Etamin.
Es|tam|pe [ɛsˈtãːp(ə)], die; -, -n [...pn̩; frz. estampe < ital. stampa, zu: stampare = drucken, prägen, aus dem Germ.]: *Abdruck eines Stahl-, Kupfer- od. Holzstichs.*
Es|tan|zia [ɛsˈtantsi̯a, ...nsi̯a], die; -, -s [span. estancia, eigtl. = Wohnsitz]: *südamerikanisches Landgut [mit Viehwirtschaft].*
Es|te, der; -n, -n: Ew. zu ↑ Estland.
Es|ter, der; -s, - [Kunstwort aus Essigäther] (Chemie): *unter Wasserabspaltung aus organischen Säuren u. Alkoholen entstehende organische Verbindung.*
Es|tin, die; -, -nen: w. Form zu ↑ Este.
Est|land; -s: Staat in Nordosteuropa.
Est|län|der, der; -s, -: Ew.
Est|län|de|rin, die; -, -nen: w. Form zu ↑ Estländer.
est|län|disch ⟨Adj.⟩: *Estland betreffend, aus Estland stammend.*
est|nisch ⟨Adj.⟩: **a)** *Estland, die Estländer betreffend, aus Estland stammend;* **b)** *in der Sprache der Estländer.*
Est|nisch, das; -[s] u. ⟨nur mit best. Art.:⟩ **Est|nische,** das; -n: *die estnische Sprache.*
Es|to|mi|hi ⟨o. Art.; indekl.⟩ [lat. Esto mihi = Sei mir (nach den Anfangsworten des Introitus des Sonntags)] (ev. Kirche): *der letzte Sonntag vor der Passionszeit* (b; 7. Sonntag vor Ostern).
Es|tra|de, die; -, -n [1: frz. estrade < span. estrado < lat. stratum = das Hingebreitete; Fußboden; 2: nach russ. estrada]: **1.** (veraltend) *erhöhter [Teil des] Fußboden[s]* (z. B. vor einem Fenster); *Podium:* die Musiker sitzen auf einer E. **2.** (regional) *volkstümliche künstlerische Veranstaltung, bei der ein gemischtes Programm (bes. Musik, Tanz od. Artistik) dargeboten wird.*
Es|tra|den|kon|zert, das: vgl. Estrade (2).
Es|tra|gon, der; -s [frz. estragon < mlat. tarc(h)on < arab. ṭarḫūn]: **1.** *(zu den Korbblütlern gehörende, als Gewürz verwendete) Pflanze mit langen, schmalen Blättern u. unscheinbaren weißen Blüten in Rispen.* **2.** *aus [getrockneten] Blättern des Estragons bestehendes Gewürz.*
Ẹs|tra|gon|es|sig, der: *mit Estragon gewürzter Essig.*
Es|tre|ma|du|ra|garn, das; -[e]s [nach der span. Landschaft Estremadura]: *glattes Strick- od. Häkelgarn aus Baumwolle.*
Ẹs|trich, der; -s, -e [mhd. est(e)rich, ahd. esterih, astrih < mlat. astracum, astricum = Pflaster < griech. óstrakon = Scherbe, irdenes Täfelchen]: **1.** *fugenloser Fußboden, Unterboden aus einer erhärteten Masse (insbesondere Zement).* **2.** (schweiz.) *Dachboden, Dachraum.*
Es|zẹtt, das; -, - [entstanden aus der Schreibung ʃʒ für s u. ʒ, die im 14. Jh. aufkam]: *der Buchstabe ß.*
Eta, das; -[s], -s [griech. ēta < hebr. ḥêṯ, aus dem Phöniz.]: *siebenter Buchstabe des griech. Alphabets* (H, η).
ẸTA, die; - [Abk. für baskisch Euzkadi Ta Azkatasuna = Baskenland und Freiheit]: *(seit 1959) Untergrundbewegung im Baskenland.*
eta|blie|ren ⟨sw. V.; hat⟩ [frz. (s')établir, eigtl. = festmachen < lat. stabilire = befestigen, zu: stabilis, ↑ stabil]: **1.** *einrichten, gründen:* ein Geschäft e.; eine neue Wissenschaft e. *(begründen);* etablierte *(fest gegründete)* Machtpositionen; die etablierten *(namhaften)* Verlage. **2.** ⟨e. + sich⟩ **a)** *sich (besonders als selbstständiger Geschäftsmann) niederlassen;* **b)** *sich [häuslich] niederlassen, einrichten:* sich in einem Zimmer e.; **c)** *einen sicheren Platz innerhalb einer Ordnung od. Gesellschaft gewinnen, festen Bestand erlangen, sich festsetzen u. breit machen:* eine Kultur hat sich etabliert; ⟨subst. 2. Part.:⟩ die Etablierten *(das Establishment).*
Eta|blie|rung, die; -, -en: *das Etablieren, Sichetablieren.*
Eta|blis|se|ment [...səˈmãː, schweiz.: ...ˈmɛnt], das; -s, -s u. (schweiz.:) -e [...ˈmɛntə; frz. établissement] (geh.): **1.** *Unternehmen, Niederlassung, Geschäft, Betrieb, Einrichtung.* **2. a)** *gepflegte [kleine] Gaststätte;* **b)** *Vergnügungsstätte, [zweifelhaftes] [Nacht]lokal;* **c)** (verhüll.) *Bordell.*
Eta|ge [eˈtaːʒə], die; -, -n [frz. étage, urspr. = Rang; (Zu)stand; Aufenthalt, über das Vlat. zu lat. status, ↑ Status]: *Geschoss, bes. Obergeschoss;* ²*Stock:* 5 000 m² Verkaufsfläche auf vier -n; in/auf der dritten E.; Ü Auslagen, Dekorationen in -n (ugs.; *Stufen*) anordnen; die -n (Jargon; *Stufen, Ränge*) des Parteiapparates.
Eta|gen|bett, das: *Bettgestell, bei dem zwei Betten fest übereinander angebracht sind.*
eta|gen|för|mig ⟨Adj.⟩: *in Form von Etagen, Terrassen, Stufen o. Ä. [angeordnet, verlaufend].*
Eta|gen|haus, das: *mehrstöckiges [Miets]haus.*
Eta|gen|hei|zung, die: *Heizungsanlage, durch die eine einzelne Etage zentral beheizt wird.*
Eta|gen|tür, die: *Wohnungstür einer Etagenwohnung.*
Eta|gen|woh|nung, die: *Wohnung in der Etage eines Mietshauses.*
Eta|ge|re [etaˈʒɛːrə], die; -, -n [frz. étagère]: **1. a)** (veraltend) *Gestell für Bücher od. für Geschirr;* **b)** *Schale aus drei verschieden großen, übereinander angeordneten Tellern, die durch einen durch ihre Mitte verlaufenden Stab verbunden sind.* **2.** *aufhängbare, mit Fächern versehene Kosmetiktasche.*
Eta|min, Estamin, das (auch, bes. österr.: der); -s, **Eta|mi|ne,** die; - [frz. étamine < afrz. estamine, zu lat. stamineus = voll Fäden, faserig]: *gitterartiges, durchsichtiges Gewebe [für Vorhangstoffe].*
Etap|pe, die; -, -n [frz. étape, eigtl. = Versorgungs-, Verpflegungsplatz, urspr. = Handelsplatz < mniederl. stapel, ↑ Stapel]: **1. a)** *[an einem Tag] zu bewältigender Abschnitt, zurückzulegende Teilstrecke, nach der eine Ruhepause eingelegt wird:* eine Strecke in [drei] -n zurücklegen; Sieger der dritten E. [eines Rennens] sein; **b)** *zu bewältigender Zeitabschnitt, zu durchlaufendes Stadium; Entwicklungsabschnitt:* -n eines Lebens; die Entwicklung durchläuft viele -n; eine wichtige E. auf dem Weg zum Erfolg zurücklegen. **2.** (Milit.) *Versorgungs-, Nachschubgebiet hinter der Front;* (oft abwertend:) *Gebiet hinter der Front, wo man fern vom Kampf ist u. bequem leben kann:* in der E. liegen.
Etap|pen|flug, der: *Flug in mehreren Etappen* (1 a).
Etap|pen|lauf, der (Leichtathletik): *Rennen über mehrere Etappen.*
Etap|pen|ren|nen, das (Sport): *Straßenrennen über mehrere Etappen.*
Etap|pen|sieg, der (Rennsport): *Sieg in einer Teilstrecke eines Etappenlaufes od. -rennens.*
Etap|pen|sie|ger, der (Rennsport): *Sieger einer Etappe.*
Etap|pen|sie|ge|rin, die: w. Form zu ↑ Etappensieger.
etap|pen|wei|se ⟨Adv.⟩: *in Etappen* (1).
Etap|pen|ziel, das: *Ziel einer Etappe* (1 a).
Etat [eˈtaː], der; -s, -s [frz. état, eigtl. = Zustand < lat. status, ↑ Status]: **1. a)** *[Staats]haushalt:* der E. ist ausgeglichen; den E. kürzen; das ist im E. nicht vorgesehen; **b)** *Umfang eines Etats* (a), *Haushaltsvolumen:* ein E. von 100 Milliarden Mark; Ü unser E. für Neuanschaffungen ist erschöpft *(weitere Neuanschaffungen können wir nicht mehr finanzieren);* den E. überschreiten *(mehr ausgeben als vorgesehen).* **2.** (Kunstwiss.) *durch einen Probedruck festgehaltener Zustand der Platte während der Entstehung eines Kupferstichs.* **3.** (schweiz.) *Mitglieder-, Funktionärsverzeichnis.*
Etat|auf|stel|lung, die: *Aufstellung eines Etats.*
Etat|aus|gleich, der: *Ausgleich eines Etats.*
eta|ti|sie|ren ⟨sw. V.; hat⟩ [frz. étatiser] (Verwaltungsspr.): *in den Etat aufnehmen, im Etat berücksichtigen.*
Eta|ti|sie|rung, die; -, -en: *das Etatisieren; das Etatisiertwerden.*
Etat|kür|zung, die: *Kürzung des Etats.*
Etat|la|ge, die: *(durch den Etat bestimmte) finanzielle Lage.*
etat|mä|ßig ⟨Adj.⟩: **a)** *im Etat [vorgesehen]:* -e Ausgaben; **b)** *eine Planstelle innehabend:* -e Beamte; Ü der -e (Sport; *normalerweise immer auf diesem Posten eingesetzte*) Linksaußen.
Etat|mit|tel ⟨Pl.⟩: *für den Etat zur Verfügung stehende Mittel.*
Etat|pos|ten, der: *Posten in einem Etat.*
Etat|stär|ke, die (Milit.): *planmäßige Stärke.*
Etat|über|schrei|tung, die: *Überschreitung des Etats.*
etc. = et cetera.
et ce|te|ra [lat. eigtl. = und die übrigen (Dinge)]: *und so weiter* (Abk.: etc.).
et ce|te|ra pp. [pp. = Abk. von lat. perge, perge = fahre fort, fahre fort] (scherzh.): *und so weiter, und so weiter.*
etc. pp. = et cetera pp.
ete|pe|te|te [eːtapeˈteːtə, ...pə...] ⟨Adj.⟩ [wohl berlin. Umformung von niederd. ete, öte = geziert oder von frz. être, peut-être = [kann] sein, vielleicht] (ugs.): *geziert, zimperlich, eigen; übertrieben fein, steif u. konventionell:* er, ihr Benehmen ist sehr e.; seine Mutter spricht immer so e.
Eter|nit® [auch: ...ˈnɪt], das od. der; -s [Kunstwort zu lat. aeternus = ewig, unvergänglich]: *Asbestzement.*
Eter|nit|plat|te, die: *Platte aus Eternit.*
Ete|si|en ⟨Pl.⟩ [lat. etesiae < griech. etēsíai, eigtl. = (all)jährliche (Winde)]: *von Mai bis Oktober regelmäßig wehende, trockene Nord[west]winde im östlichen Mittelmeer.*
Ete|si|en|kli|ma, das: *Klima des Mittelmeergebietes.*
Ẹt|grön: ↑ Ettgrön.
ETH = Eidgenössische Technische Hochschule.
Ethan, das; -s [zu ↑ Äther] (Chemie): *gasförmiger Kohlenwasserstoff.*
Etha|nol, das; -s [zu ↑ Ethan u. ↑ Alkohol]: *chemische Verbindung aus der Gruppe der Alkohole.*
Ether, der; -s [↑ Äther] (Chemie): *Verbindung, bei*

der zwei Kohlenwasserstoffreste über ein Sauerstoffatom miteinander verbunden sind.

ethe|risch ‹Adj.› (Chemie): *etherhaltig:* -e Öle.

Ethik, die; -, -en [lat. ethica, ethice < griech. ēthikḗ, zu: ēthikós, ↑ethisch]: **1. a)** *philosophische Disziplin od. einzelne standpunktgebende Lehre, die das sittliche Verhalten des Menschen zum Gegenstand hat; Sittenlehre, Moralphilosophie:* Probleme der E.; **b)** *die Ethik darstellendes Werk:* -en des 19. Jh.s. **2.** ‹o. Pl.› (bildungsspr.) *Gesamtheit sittlicher Normen u. Maximen, die einer [verantwortungsbewussten] Einstellung zugrunde liegen:* sein Handeln war von christlicher E. geleitet.

Ethi|ker, der; -s, -: *Lehrer der Ethik, Vertreter einer Ethik; Moralphilosoph.*

Ethi|ke|rin, die; -, -nen: w. Form zu ↑Ethiker.

ethisch ‹Adj.› [lat. ethicus < griech. ēthikós = sittlich, moralisch, zu: ẽthos, ↑Ethos]: **1.** *die Ethik* (1 a) *betreffend, zur Ethik* (1 a) *gehörend:* -e Gesichtspunkte, Begründungen. **2.** *auf einer Ethik* (2) *beruhend, dazugehörend; von sittlichem Verhalten bestimmt, davon zeugend; sittlich:* -e Werte, Motive.

ETHL = ETH Lausanne.

Eth|nie, die; -, -n [zu griech. éthnos = Volk(sstamm), H. u.] (Völkerk.): *Menschengruppe (insbesondere Stamm od. Volk) mit einheitlicher Kultur.*

eth|nisch ‹Adj.› [griech. ethnikós = zum Volk gehörend, ihm eigentümlich] (bildungsspr.): *die [einheitliche] Kultur- u. Lebensgemeinschaft einer Volksgruppe bezeugend, betreffend:* -e Eigentümlichkeiten; -e Säuberung (↑Säuberung 2); ein e. [un]einheitliches Volk.

Eth|no|graf usw.: ↑Ethnograph usw.

Eth|no|graph, (auch:) Ethnograf, der; -en, -en [zu griech. gráphein = schreiben]: *Wissenschaftler auf dem Gebiet der Ethnographie.*

Eth|no|gra|phie, (auch:) Ethnografie, die; -, -n: *Teil der Völkerkunde, der die Merkmale der verschiedenen Völker u. Kulturen systematisch beschreibt; beschreibende Völkerkunde.*

Eth|no|gra|phin, (auch:) Ethnografin, die; -, -nen: w. Form zu ↑Ethnograph.

eth|no|gra|phisch (auch:) ethnografisch ‹Adj.›: *die Ethnographie betreffend.*

Eth|no|lin|gu|is|tik, die; -: *Disziplin der Linguistik, die die Sprache im Zusammenhang mit der Geschichte der Kultur untersucht, der die jeweiligen Sprachträger angehören.*

Eth|no|lo|ge, der; -n, -n [↑-loge]: *Wissenschaftler auf dem Gebiet der Ethnologie.*

Eth|no|lo|gie, die; -, -n [↑-logie]: **1.** *allgemeine [vergleichende] Völkerkunde, in der die Ergebnisse der Ethnographie miteinander verglichen werden.* **2.** *Wissenschaft, die sich mit Sozialstruktur u. Kultur der [primitiven] Gesellschaften beschäftigt.* **3.** *in den USA betriebene Wissenschaft, die sich mit Sozialstruktur u. Kultur aller Gesellschaften beschäftigt.*

Eth|no|lo|gin, die; -, -nen: w. Form zu ↑Ethnologe.

eth|no|lo|gisch ‹Adj.›: *die Ethnologie betreffend.*

Eth|no|so|zi|o|lo|gie, die; -: *interdisziplinärer wissenschaftlicher Teilbereich, der mit soziologischen Forschungsansätzen u. -methoden unter besonderer Berücksichtigung der Naturvölker die soziokulturellen Lebensverhältnisse der verschiedenen Gesellschaften untersucht.*

Eth|no|zen|tris|mus, der; - [zu ↑Zentrum]: *Form des Nationalismus, bei der das eigene Volk (die eigene Nation) als Mittelpunkt u. zugleich als gegenüber anderen Völkern überlegen angesehen wird.*

Etho|lo|ge, der; -n, -n [rückgeb. aus ↑Ethologie; ↑-loge]: *Wissenschaftler auf dem Gebiet der Ethologie; Verhaltensforscher.*

Etho|lo|gie, die; - [lat. ethologia = Sitten- od. Charakterdarstellung < griech. ēthología]: *Wissenschaft vom Verhalten der Tiere u. des Menschen; Verhaltensforschung.*

Etho|lo|gin, die; -, -nen: w. Form zu ↑Ethologe.

etho|lo|gisch ‹Adj.›: *die Ethologie betreffend.*

Ethos, das; - [griech. ẽthos = Gewohnheit; Gesittung, Charakter] (bildungsspr.): *vom Bewusstsein sittlicher Werte geprägte Gesinnung, Gesamthaltung; ethisches Bewusstsein; Ethik* (2): ein hohes E. bestimmte sein Handeln.

Ethyl|al|ko|hol, der [zu ↑Äther u. ↑Alkohol]: *gewöhnlicher Alkohol, Weingeist.*

Ethy|len, das; -s: *einfachster ungesättigter Kohlenwasserstoff (im Leuchtgas enthalten).*

ETHZ = ETH Zürich.

Eti|kett, das; -[e]s, -e[n], auch: -s [zu ↑[1]Etikette]: *[aufgeklebtes, angehängtes] Hinweisschildchen (an Gegenständen, Waren):* ein E. einnähen; die Flasche hat kein E.; der Preis steht auf dem E.; Ü jmdn. od. etw. mit einem E. versehen (meist abwertend *[oberflächlich, vorschnell] in eine bestimmte Kategorie einordnen, abstempeln*).

[1]Eti|ket|te, die; -, -n [frz. étiquette, urspr. = Markierung an einem in die Erde gesteckten Pfahl, zu afrz. estiqu(i)er = feststecken < mniederl. stikken] (schweiz., österr., sonst veraltet): *Etikett.*

[2]Eti|ket|te, die; -, -n ‹Pl. selten› [frz. étiquette, eigtl. = Zettel mit Hinweisen (auf das Hofzeremoniell), ↑[1]Etikette]: *Gesamtheit der herkömmlichen Regeln, die gesellschaftliche Umgangsformen vorschreiben:* die E. erlaubt das nicht; die E. verletzen; gegen die E. verstoßen.

Eti|ket|ten|schwin|del, der (ugs. abwertend): **1.** *irreführende Benennung [durch Verwendung einer bekannten Bezeichnung für eine minderwertige Sache].* **2.** (selten) *mit Weinetiketten getriebener Schwindel* (2).

eti|ket|tie|ren ‹sw. V.; hat› [frz. étiqueter]: **1.** *mit einem Etikett versehen:* Flaschen, Waren e. **2.** *[oberflächlich, vorschnell] in eine bestimmte Kategorie einordnen; mit einem gebräuchlichen Begriff kennzeichnen.*

Eti|ket|tie|rung, die; -, -en: **1.** *das Etikettieren.* **2.** *[oberflächliche] kategorisierende Bezeichnung.*

Eti|o|le|ment [eti̯oləmã:], das; -s [frz. étiolement] (Bot.): *Vergeilung.*

eti|o|lie|ren ‹sw. V.; hat› [frz. étioler, zu: éteule = Stoppel < afrz. estuble < spätlat. stupula, ↑[1]Stoppel] (Bot.): *vergeilen.*

et|lich... ‹Indefinitpron. u. unbest. Zahlwort› [mhd. ete(s)lich, ahd. etelīh, ettalīh = irgendein; Pl.: einige, gek. aus: edde(s)hwelīh, aus: etta- (< edde-) = irgend(wie) u. hwelīh, ↑welch]: **1.** ‹Sg.› (veraltend) *einig...* (1): etliche Mal[e]; sie braucht hierfür noch etliche Zeit; ‹allein stehend:› ich kann dazu noch etliches bemerken. **2.** ‹Pl.› (veraltend) *einig...* (2): etliche Mal[e]; die Behebung -er kleiner Mängel; ‹allein stehend:› es meldeten sich eine Menge Helfer, etliche waren schon bald im Einsatz. **3.** ‹Sg. u. Pl.› (ugs. verstärkend) *einig* ... (3): das hat etlichen Wirbel verursacht.

et|li|che Mal [auch: '– – –'–] s. etlich... (1, 2)

Et|mal, das; -[e]s, -e [mniederd. etmāl = wiederkehrende Periode, wohl aus: et = wieder u. ↑[1]Mal] (Seemannsspr.): **1.** *Zeit von Mittag bis Mittag.* **2.** *innerhalb eines Etmals* (1) *zurückgelegte Strecke:* Eintragungen über Wind, Wetter, gesteuerte Kurse und -e.

Eton [i:tn]: englische Stadt an der Themse.

Etru|ri|en; -s: altitalienische Landschaft.

Etrus|ker, der; -s, -: Ew.

Etrus|ke|rin, die; -, -nen: w. Form zu ↑Etrusker.

etrus|kisch ‹Adj.›: **a)** *Etrurien, die Etrusker betreffend, aus Etrurien stammend;* **b)** *in der Sprache der Etrusker.*

Etrus|kisch, das; -[s] u. ‹nur mit best. Art.:› **Etrus|ki|sche,** das; -n: *die etruskische Sprache.*

Etsch, die; -: Fluss in Norditalien.

Et|ter, der od. das; -s, - [frühnhd. < mhd. eter, ahd. etar = Zaun, urspr. = (Zaun)pfahl] (südd.): *bebautes Ortsgebiet.*

Etü|de, die; -, -n [frz. étude, eigtl. = Studium, Studie < afrz. estudie < lat. studium, ↑Studium] (Musik): *Übungs-, Vortrags-, Konzertstück, das spezielle Schwierigkeiten enthält:* -n spielen; Ü szenische -n (bildungsspr.; *Stücke, mit denen ein Autor hauptsächlich die Bewältigung spezieller Schwierigkeiten übt, demonstriert*).

Etui [ɛt'vi:, e'tyi:], das; -s, -s [frz. étui, afrz. estui, zu: estuier = einschließen, H. u.]: **1.** *kleiner [flacher] Behälter, meist aus festerem Material, zum Mitführen, Aufbewahren eines od. mehrerer Gegenstände bestimmter Art:* ein goldenes E. mit Zigaretten; die Brille ins E. stecken. **2.** (ugs. scherzh.) *schmales, enges Bett.*

Etui|kleid, das: *modisches, sehr eng geschnittenes Kleid.*

et|wa [mhd. etewā = irgendwo; ziemlich, sehr; ahd. etewār = irgendwo, aus: ete- (vgl. etlich...) u. wā, ↑wo]: **I.** ‹Adv.› **1.** *ungefähr:* [so] e. acht Tage; e. faustgroß; e. 7 500 DM; in e. einer Woche; so e./e. so könnte man das machen; wann e.?; *** in e.** *(ungefähr, in gewisser Hinsicht)*: wir stimmen in e. überein; das ist in e. dasselbe. **2.** *beispielsweise, zum Beispiel:* Klaus e. hätte anders reagiert; anderswo, [so] e. im Iran. **3.** (schweiz.) *bisweilen, manchmal:* auch später hat er uns immer noch e. besucht. **II.** ‹Partikel; unbetont› **1.** gibt verstärkend einer angenommenen Möglichkeit Ausdruck; *womöglich, möglicherweise, gar, vielleicht:* wenn er e. doch noch kommt, dann soll er hier unterschreiben; ist er e. *(er ist doch wohl nicht)* krank? **2.** verstärkt in negierten Aussage-, Frage- u. Wunschsätzen die ausgedrückte Verneinung: ist es e. nicht seine Schuld? *(es ist doch wohl offensichtlich seine Schuld!)*; er soll nicht e. denken, ich räche mich; glauben Sie nicht e. *(nur nicht, ja nicht)*, das wäre ein Versehen!

et|wa|ig ['ɛtva(:)ɪç] ‹Adj.›: *etwa* (II 1) *vorhanden, eintretend, auftretend, geschehend; eventuell* (I): -es besseres Material; bei -em gemeinsamem/(selten:) gemeinsamen Handeln; -e kleine Verzögerungen; -e Gäste.

et|was ‹Indefinitpron.› [mhd., ahd. etewaʒ, aus: ete- (vgl. etlich...) u. ↑was, urspr. Neutr. eines Pronomens mit der Bed. »irgendjemand«]: **1. a)** bezeichnet ein nicht näher Bestimmtes, eine [gewisse] Sache, ein Ding, Wesen o. Ä.: da klappert doch e.; e. muss geschehen; hat er e. gesagt?; ich will dir einmal e. sagen; ich muss e. unternehmen; du darfst dir e. wünschen; hat er dir e. getan *(ein Leid zugefügt)*?; sie hat e. *(eine Antipathie)* gegen mich; die beiden haben e. (ugs.; *ein Liebesverhältnis*) miteinander; ich weiß e., was ihr Freude macht; ich habe e. gehört, was/(seltener:) das ich nicht glauben kann; er findet an allem e. [zu tadeln]; e. zum Lesen; ‹attr. vor einem subst. Adj. od. Pron.:› e. Seltsames, was er gesehen hatte; e. ganz/ganz e. Neues; niemand weiß e. Genaues; nun zu e. anderem!; *** so e.** *(etwas Derartiges)*: mit so e. muss man rechnen; so e. *(etwas so)* Schönes hatte er nicht erwartet; so e. Dummes! *(Ausruf der Verärgerung)*; nein, so e.! (Ausruf des Erstaunens); **[so] e. wie ...** *(etwas Ähnliches wie ...)*: er ist so e. wie ein Dichter; **b)** bezeichnet eine nicht näher bestimmte Sache, die bedeutsam erscheint: aus dem Jungen wird einmal e.; sie wird es noch zu e. bringen *(sie wird Erfolg haben)*; e. sein *(eine geachtete, angesehene berufliche, gesellschaftliche Stellung haben)*; ihr Wort gilt e. bei der Regierung; **c)** bezeichnet einen nicht näher bestimmten Anteil von etwas: nimm dir e. von dem Geld; kann ich auch e. [davon] haben?; verstehst du e. davon? **2.** *ein bisschen, ein wenig:* sie nahm e. Salz; ich brauche e. Geld; e. Musik machen; sie spricht e. Englisch; er war e. ungeschickt; jetzt bin ich e. ruhiger; ich will noch e. *(eine Weile)* lesen; e. *(ein kleines Stück)* höher.

Et|was, das; -, -, (scherzh. auch:) -se [Subst. zu etwas (1 a)]: *nicht näher bestimmtes Wesen od. Ding:* ein kleines, piependes E.; er stieß an ein spitzes, hartes E.; *** das gewisse E.** (1. *eine unbestimmbare, die Männer anziehende Eigenart, die jmdm., bes. einer Frau, zugeschrieben wird:* sie hat das gewisse E. 2. *eine besondere [künstlerische] Fähigkeit, auf andere zu wirken*).

et|welch... ‹Indefinitpron.› [mhd. (md.) eteswilch, ahd. ettes(h)welīh, aus: ete- (vgl. etlich...) u. ↑welch] (schweiz., österr., sonst veraltet):

einig...: etwelches, geringfügiges Interesse; etwelche kleine Geschenke.

.ty|mo|lo|ge, der; -n, -n [lat. etymologos < griech. etymológos]: *Fachmann, Forscher auf dem Gebiet der Etymologie.*

.ty|mo|lo|gie, die; -, -n [lat. etymologia < griech. etymología, eigtl. = Untersuchung des wahren (ursprünglichen) Sinnes eines Wortes, zu: étymon (↑Etymon) u. lógos, ↑Logos] (Sprachw.): 1. ⟨o. Pl.⟩ *Wissenschaft von der Herkunft u. Geschichte der Wörter u. ihrer Bedeutungen.* 2. *Herkunft u. Geschichte eines Wortes u. seiner Bedeutung:* die E. eines Wortes angeben.

.ty|mo|lo|gin, die; -, -nen: w. Form zu ↑Etymologe.

ty|mo|lo|gisch ⟨Adj.⟩ [lat. etymologicus < griech. etymologikós] (Sprachw.): *die Etymologie betreffend:* -e Angaben, Wörterbücher.

ty|mo|lo|gi|sie|ren ⟨sw. V.; hat⟩ (Sprachw.): *etymologisch untersuchen u. beschreiben.*

'ty|mon [auch: 'e:...], das; -s, ...ma [griech. étymon, zu: étymos = wahrhaft, wirklich] (Sprachw.): *die so genannte ursprüngliche Form u. Bedeutung eines Wortes.*

t-Zei|chen, das [zu lat. et = und]: *Und-Zeichen* (&).

.t|zel: in der deutschen Sage Name von ↑[1]Attila.

:u = Europium.

U [e.u:], die; -: Europäische Union.

u|bi|o|tik, die; - [zu griech. eũ = gut, wohl u. biōtikḗ (téchnē) = die Kunst des Lebens, zu: biotikós, ↑biotisch] (Med.): *Lehre von der gesunden Lebensführung.*

'u|böa; -s: griechische Insel.

u|bö|isch ⟨Adj.⟩: *Euböa betreffend, von Euböa stammend.*

uch [mhd. iu, iuch, ahd. iu, iuwih] ⟨Dativ u. Akk. Pl.⟩: 1. Personalpron.: ↑[2]ihr. 2. Reflexivpron. (bezieht sich auf mit »ihr« [bzw. »Ihr«] angeredete Personen zurück): ihr irrt e. (Akk.); macht e. (Dativ) keine Sorgen!; (Höflichkeitsform, Sg. u. Pl., veraltet:) Gevatter, freut Ihr Euch (Akk.)?. 3. *einander:* ihr helft e. [gegenseitig].

u|cha|ris|tie, die; -, -n [kirchenlat. eucharistia < griech. eucharistía, eigtl. = Dankbarkeit, Danksagung, zu: eũ = gut, wohl u. cháris = Dankbarkeit] (kath. Kirche): 1. a) *Opfergottesdienst, Messopfer (als zentraler Teil der Messe, der die Bereitung, Wandlung u. Austeilung der Opfergaben umfasst); bes. Kommunion:* die Feier der heiligen E.; b) ⟨o. Pl.⟩ *Sakrament der heiligen Kommunion; Altar[s]sakrament.* 2. *die eucharistische Opfergabe (Brot u. Wein, insbesondere als äußere Gestalt des Leibes Christi).*

u|cha|ris|tisch ⟨Adj.⟩ (kath. Kirche): *auf die Eucharistie bezogen:* -e Opfergaben.

:u|dä|mo|nie, die; - [griech. eudaimonía, zu griech. eũ = gut u. ↑Dämon] ([griech.] Philos.): *seelisches Wohlbefinden; Glück, Glückseligkeit.*

.u|dä|mo|nis|mus, der; -: *philosophische Lehre, die im Glück des Einzelnen od. der Gemeinschaft die Sinnerfüllung menschlichen Daseins sieht.*

u|dä|mo|nis|tisch ⟨Adj.⟩: *dem Eudämonismus entsprechend, auf ihn bezogen.*

eu|er ⟨Possessivpron.⟩ [mhd., ahd. i(u)wer]: entspricht einem possessiven Gen. u. bezeichnet ein Zugehörigkeits-, Verbundenheits-, Besitz- od. Abhängigkeitsverhältnis zu mit »ihr« (bzw. »Ihr«) angeredeten Personen: 1. a) ⟨vor einem Subst.⟩ e. Vater, eu[e]re Mutter, e. Kind; eu[e]re Pflicht; e. neuer Chef; alle eu[e]re Kinder; dieser e. Name; ich bestaune eu[e]ren/euern Mut; kann ich e. [neues] Auto sehen?; ruft eu[e]re Kinder herbei!; wegen eu[e]res Leichtsinns müsstet ihr bestraft werden; sagt das eu[e]rem/euerm Lehrer!; herzliche Grüße von Eu[e]rem Emil/Euer Emil (Schlussformel in Briefen); b) als Ausdruck einer Gewohnheit, gewohnheitsmäßigen Zugehörigkeit, Regel o. Ä.: raucht ihr immer noch täglich eu[e]re *(die eurer Gewohnheit entsprechenden)* 20 Zigaretten?; c) (geh.) in der Anrede an eine hoch gestellte Persönlichkeit; Abk.: Ew.: Eu[e]re, Euer Eminenz, Ehrwürden; (veraltet in Beziehung auf eine mit »Ihr« angeredete Einzelperson:) Gevatter, wir gratulieren Euch zu Eu[e]rem/Euerm 80. Geburtstag; d) ⟨o. Subst.⟩ das ist nicht unser Hund, sondern eu[e]rer, nicht unser Verdienst, sondern eu[e]res; er, sie, alles ist e. (geh.; *gehört euch*). 2. ⟨subst.⟩ (geh.) das ist nicht unser Verdienst, sondern das eu[e]re; der Eu[e]re/(auch:) eu[e]re *(euer Mann);* die Eu[e]re/(auch:) eu[e]re *(eure Frau);* die Eu[e]ren, Euern/(auch:) eu[e]ren, euern *(eure Angehörigen);* das Eu[e]re/(auch:) eu[e]re *(das euch Gehörende, das euch Zukommende, eure Aufgabe, euer Teil);* (veraltet:) Gevatter, Ihr habt das Eu[e]re getan.

[2]eu|er ⟨Gen. des Personalpronomens »ihr«⟩ [mhd., ahd. i(u)wer]: ↑[2]ihr.

eu|er|seits: ↑eurerseits.

eu|ers|glei|chen: ↑euresgleichen.

eu|ert|hal|ben usw.: ↑eurethalben usw.

Eu|ge|ne|tik, die; - [zu griech. eũ = gut, wohl u. ↑Genetik]: *Eugenik.*

eu|ge|ne|tisch ⟨Adj.⟩: *eugenisch.*

Eu|ge|nik, die; - [zu griech. eugenḗs = wohlgeboren, von edler Abkunft, aus: eũ = gut, wohl u. -genḗs, ↑-gen] (Med.): *Wissenschaft von der Verbesserung körperlicher u. geistiger Merkmale der Menschen.*

eu|ge|nisch ⟨Adj.⟩: *die Eugenik betreffend.*

Eu|ka|lyp|tus, der; -, ...ten u. - [zu griech. eũ = gut, wohl u. kalýptein = verhüllen, also eigtl. = der Wohlverhüllte (nach den haubenartig geschlossenen Blütenkelchen)]: *zu den Myrtengewächsen gehörender, bes. in Australien heimischer hoch wachsender, immergrüner Baum mit schmalen, oft bläulich bereiften, ein ätherisches Öl enthaltenden Blättern.*

Eu|ka|lyp|tus|baum, der: *Eukalyptus.*

Eu|ka|lyp|tus|bon|bon, das od. der: *Hustenbonbon mit dem Geschmack des Eukalyptusöls.*

Eu|ka|lyp|tus|öl, das: *ätherisches Öl, das aus Blättern u. Holz des Eukalyptus gewonnen wird.*

Eu|ka|ry|on|ten, Eu|ka|ry|o|ten ⟨Pl.⟩ [zu griech. eũ = gut, wohl u. káryon = Nuss, Kern] (Biol.): zusammenfassende Bez. für *alle Organismen, deren Zellen durch einen typischen Zellkern charakterisiert sind.*

eu|kli|disch ⟨Adj.⟩ [nach dem griech. Mathematiker Euklid, um 300 v. Chr.] (Math.): *auf den von Euklid aufgestellten Axiomen bzw. der entsprechenden Geometrie beruhend:* -er Raum; -e Geometrie.

EU-Land, das: *Mitgliedsstaat der Europäischen Union.*

Eul|chen, das; -s, -: Vkl. zu ↑Eule (1).

Eu|le, die; -, -n [1: mhd. iu(we)le, ahd. ūwila, Vkl. von ↑Uhu; 3: wohl nach der Form]: 1. *(in vielen Arten weltweit verbreiteter) in Wäldern lebender nachtaktiver Vogel mit großen runden Augen u. kurzem krummem Schnabel;* * **-n nach Athen tragen** (bildungsspr.; *einen überflüssigen geistigen Beitrag zu etw. leisten;* nach einem Ausspruch in einer Komödie des Aristophanes; wer Eulen nach Athen trägt, tut überflüssige [geistige] Arbeit, weil die Eule – bes. als Attribut der weisen Stadtgöttin Athene – schon längst in Athen heimisch war). 2. a) (Schimpfwort) *unattraktive weibliche Person;* b) (Jugendspr.) *Mädchen.* 3. (nordd.) a) *Handfeger;* b) *Flederwisch, Staubwedel.* 4. *(in vielen Arten vorkommender) Nachtfalter, dessen Flügel eine an Baumrinde erinnernde Tarnfärbung aufweisen.* 5. (nord[west]d., berlin. ugs.) *Polizist auf Nachtstreife; Nachtwächter.*

eu|len|ähn|lich ⟨Adj.⟩: *einer Eule ähnlich.*

eu|len|ar|tig ⟨Adj.⟩: *von, in der Art einer Eule.*

eu|len|äu|gig ⟨Adj.⟩: *nachtsichtige Augen, Augen wie eine Eule habend.*

Eu|len|flucht, die ⟨o. Pl.⟩ [2. Bestandteil ↑[2]Flucht] (nordd.): *Abenddämmerung.*

Eu|len|flug, der: *Flug der, einer Eule.*

eu|len|haft ⟨Adj.⟩: *einer Eule ähnelnd, gleich[end]:* ein -es Aussehen.

Eu|len|spie|gel, der [zum niederd. Eigenn. Ulenspiegel (-spēgel) = später so genannter Schalksnarr des 14. od. 15. Jh.s u. Held eines urspr. niederd. Volksbuches; viell. zu niederd. ülen = reinigen, wischen (zu: Ule = Eule 3) u. spēgel = Spiegel, auch: Hinterteil, also eigtl. = wisch [mir] den Hintern]: *zu lustigen, mutwilligen Schelmenstreichen aufgelegter Mensch; jmd., der sinnreich zu handeln glaubt od. vorgibt u. doch Törichtes tut, Narrheiten begeht.*

Eu|len|spie|ge|lei, die; -, -en: *Gaukelspiel, mutwilliger Streich.*

Eu|len|vo|gel, der (Zool.): *Vogel einer Ordnung (6), zu der die Eulen u. die Schleiereulen gehören.*

Eu|mel, der; -s, - [H. u.]: 1. (Jugendspr.) a) (Schimpfwort) *unsympathischer Mensch, Dummkopf;* b) *umgänglicher, sympathischer Mensch.* 2. (ugs.) *Gegenstand, Ding.*

eu|meln ⟨sw. V.; hat⟩ [H. u.] (Jugendspr.): 1. *feiern; fröhlich u. ausgelassen sein; sich amüsieren.* 2. *Zärtlichkeiten austauschen; zärtlich, intim sein; liebkosen.*

Eu|me|ni|de, die; -, -n ⟨meist Pl.⟩ [lat. Eumenis (Gen.: Eumenidis) < griech. Eumenís = die Wohlwollende]: *Erinnye.*

Eu|nuch, der; -en, -en, **Eu|nu|che,** der; -n, -n [lat. eunuchus < griech. eunoũchos = Kämmerer, eigtl. = Betthalter, -schützer, zu: eunḗ = Lager, Bett u. échein = halten, bewahren]: 1. *Kastrat* (1). 2. *Haremswächter.*

eu|nu|chen|haft ⟨Adj.⟩: *einem Eunuchen (1) ähnlich, gleich[end].*

Eu|nu|chen|stim|me, die (ugs. scherzh.): *Kastratenstimme* (b).

Eu|phe|mis|mus, der; -, ...men [griech. euphēmismós, zu: eúphēmos = Worte mit guter Vorbedeutung redend, zu: euphēmeĩn = gut reden; Unangenehmes mit angenehmen Worten sagen, aus: eũ = gut, wohl u. phēmeĩn = reden, sagen] (bildungsspr.): *beschönigende, verhüllende, mildernde Umschreibung für ein anstößiges od. unangenehmes Wort:* »geistige Umnachtung« ist ein E. für »Wahnsinn«.

eu|phe|mis|tisch ⟨Adj.⟩ (bildungsspr.): *verhüllend, beschönigend:* ein -er Ausdruck für etw.

Eu|pho|nie, die; -, -n [lat. euphonia < griech. euphōnía, zu: eũ = gut, wohl u. phōnḗ, ↑Phon] (bes. Sprachw., Musik): *Wohlklang, Wohllaut.*

eu|pho|nisch ⟨Adj.⟩: 1. (bes. Sprachw., Musik) *wohlklingend, wohllautend.* 2. (Sprachw.) *des Wohlklangs, der Erleichterung des Sprechens wegen eingeschoben (bes. von Lauten):* das t in »eigentlich« ist ein -er Konsonant.

Eu|pho|ni|um, das; -s, ...ien [zu griech. eúphōnos = wohlklingend]: 1. *Glasröhrenspiel, das durch Bestreichen mit den Fingern zum Klingen gebracht wird.* 2. ältere Bez. für *Kornett in Baritonlage.*

Eu|phor|bia, die; -, ...ien, **Eu|phor|bie,** die; -, -n [lat. euphorbia < griech. euphórbion, zu: euphorbía = gute Nahrung, zu: eúphorbos = wohlgenährt, zu: eũ = gut, wohl u. phorbḗ = Nahrung, Futter] (Bot.): *zu den Wolfsmilchgewächsen gehörende Pflanze* (z. B. Weihnachtsstern).

Eu|pho|rie, die; -, -n [griech. euphoría = das leichte Tragen; Geduld, eigtl. = das reiche Tragen, zu: eũ = gut, wohl u. phérein = tragen] (bildungsspr.): 1. *zeitweilige übersteigert heitere u. zuversichtliche [Gemüts]stimmung, Hochstimmung, Zustand optimistischer Begeisterung, [rauschhaft] gesteigerten überschwänglichen Gefühls:* Augenblicke, Tage der E.; in [eine] E. verfallen. 2. (Med., Psych.) a) ⟨o. Pl.⟩ *dem objektiven Zustand nicht entsprechende gesteigerte Gemütsstimmung;* b) *Zustand übersteigerter Heiterkeit nach Genuss von Rauschmitteln u. bei bestimmten Geisteskrankheiten.*

eu|pho|risch ⟨Adj.⟩: 1. (bildungsspr.): *Euphorie (1) zeigend, bezeugend, ausdrückend.* 2. (Med., Psych.) *im Zustand der Euphorie (2) befindlich.*

eu|pho|ri|sie|ren ⟨sw. V.; hat⟩ (bes. Med.): *[durch Drogen-, Rauschmittelwirkung] in Euphorie versetzen:* euphorisierende Drogen.

Eu|phrat, der; -[s]: Strom in Vorderasien.

Eu|phu|is|mus, der; -, ...men [engl. euphuism, nach dem Roman »Euphues« (1578) des engl. Dichters J. Lyly (1553/54–1606)] (Literaturw.): 1. ⟨o. Pl.⟩ *schwülstiger Stil [in der englischen Literatur der Barockzeit].* 2. *euphuistischer Ausdruck, euphuistische Passage o. Ä.*

eu|phu|is|tisch ⟨Adj.⟩: *in der Art des Euphuismus* (1).

EUR = internationaler Währungscode für: Euro.

-eur [...øːr], der; -s, -e [frz. -eur]: bezeichnet in Bildungen mit Substantiven oder Verben (Verbstämmen) eine männliche Person, die etw. tut, die mit etw. in irgendeiner Weise zu tun hat: Flaneur, Marodeur, Redakteur.

E

Eu|ra|si|en; -s: Asien u. Europa umfassende Landmasse.

Eu|ra|si|er, der; -s, -: 1. Ew. 2. *jmd., der als Kind eines europäischen u. eines asiatischen Elternteils geboren wurde.*

Eu|ra|si|e|rin, die; -, -nen: w. Form zu ↑Eurasier.

eu|ra|sisch ⟨Adj.⟩: 1. zu ↑Eurasien. 2. *die Eurasier betreffend.*

Eu|ra|tom, die; - [Kurzwort aus: Europäische Atom(energie)gemeinschaft]: *Organisation der Europäischen Gemeinschaft zur friedlichen Nutzung der Atomenergie.*

eu|re: ↑[1]euer.

eu|rer|seits (österr. nur so), euerseits ⟨Adv.⟩ [↑-seits]: vgl. deinerseits.

eu|res|glei|chen (österr. nur so), euersgleichen ⟨indekl. Pron.⟩: vgl. deinesgleichen.

eu|ret|hal|ben (österr. nur so), euerthalben (veraltend) [↑-halben]: *euretwegen.*

eu|ret|we|gen (österr. nur so), euertwegen ⟨Adv.⟩: vgl. deinetwegen.

eu|ret|wil|len (österr. nur so), euertwillen ⟨Adv.⟩: vgl. deinetwillen.

Eu|rhyth|mie, die; - [griech. eurhythmía = das richtige Verhältnis, Ebenmaß, zu: eũ = gut, wohl u. rhythmós, ↑Rhythmus]: 1. (bes. Tanz, Gymnastik) *schöne Ausgeglichenheit der [Ausdrucks]bewegung.* 2. (Med.) *Regelmäßigkeit des Pulses.* 3. ↑Eurythmie.

Eu|rhyth|mik, die; -: *Eurhythmie* (1).

eu|ri|ge, der, die, das; -n, -n ⟨Possessivpron.; immer mit Art.⟩ (geh. veraltend): *der, die, das eure,* ↑[1]*euer* (2); vgl. meinige.

Eu|ro, der; -[s], -s ⟨aber: 10 Euro⟩ [Kunstwort]: *Währungseinheit der Europäischen Währungsunion* (1 Euro = 100 Cent; Zeichen: €).

eu|ro|cheque [...ʃɛk] (internationale Schreibung auf den Formularen, Scheckkarten usw.), **Eu|ro|cheque,** der; -s, -s [aus: euro-, Euro- (in Zus.) = europäisch, Europa- u. frz. chèque = [1]Scheck]: *offizieller, bei den Banken fast aller europäischen Länder einlösbarer Scheck.*

Eu|ro|cheque|kar|te, die: vgl. Scheckkarte.

Eu|ro|ci|ty®, der; -s, -s: ↑Eurocity-Zug.

Eu|ro|ci|ty-Zug, der: *Intercity-Zug im Fernverkehr mit dem Ausland* (Abk.: EC®).

Eu|ro|dol|lars ⟨Pl.⟩ (Wirtsch.): *Dollarguthaben in Europa, als Gegenstand von Geld- u. Kreditgeschäften europäischer Banken od. europäischer Niederlassungen von US-Banken.*

Eu|ro|kom|mu|nis|mus, der: *(bis zur Auflösung der Sowjetunion) politische Richtung innerhalb der kommunistischen Parteien Westeuropas (wie z. B. in Italien, Frankreich), die den Führungsanspruch der KPdSU nicht akzeptierte u. nationalen Sonderformen Platz einzuräumen versuchte.*

eu|ro|kom|mu|nis|tisch ⟨Adj.⟩: *den Eurokommunismus betreffend, zu ihm gehörend.*

Eu|ro|krat, der; -en, -en [frz. eurocrate, zusgez. aus: euro- = Europa-, europäisch u. technocrate = Technokrat] (Politik): *Politiker, der den Interessen der Europäischen Gemeinschaft (besonders gegenüber den USA) Vorrang einräumt.*

Eu|ro|kra|tin, die; -, -nen (Politik): w. Form zu ↑Eurokrat.

Eu|ro|land; 1. -s, (auch:) das; -[e]s: *an der Europäischen Währungsunion teilnehmende Staatengruppe.* 2. das: *Staat, der an der Europäischen Währungsunion teilnimmt.*

Eu|ro|norm, die: *in europäischen Ländern bes. der Europäischen Gemeinschaft geltende Norm* (5) *für Maße, Produkte, Verfahren o. Ä.*

[1]Eu|ro|pa; -s: 1. als Erdteil angesehener westlicher Teil Eurasiens. 2. Staatenkomplex, der durch einen Zusammenschluss der europäischen Staaten entstehen soll: sich für E. *(einen Zusammenschluss der europäischen Staaten)* einsetzen.

[2]Eu|ro|pa (griech. Myth.): phönikische Königstochter, die von Zeus nach Kreta entführt wird.

Eu|ro|pa|cup, der (Sport): vgl. Europapokal.

Eu|ro|pä|er, der; -s, -: 1. Ew. zu ↑[1]Europa. 2. *Politiker, der für einen Zusammenschluss der Staaten Europas eintritt.*

Eu|ro|pä|e|rin, die; -, -nen: w. Form zu ↑Europäer.

eu|ro|pä|isch ⟨Adj.⟩: 1. zu ↑[1]Europa. 2. *den Zusammenschluss der Staaten* [1]*Europas* (1) *betreffend:* der -e Gedanke.

eu|ro|pä|i|sie|ren ⟨sw. V.; hat⟩: *der europäischen Lebensart angleichen, nach europäischem Vorbild umgestalten, kulturell od. politisch an [Gesamt]europa orientieren:* europäisierte Völker, Länder.

Eu|ro|pä|i|sie|rung, die; -, -en: *das Europäisieren; das Europäisiertwerden.*

Eu|ro|pa|meis|ter, der (Sport): *Sieger im Kampf um die Europameisterschaft.*

Eu|ro|pa|meis|te|rin, die (Sport): w. Form zu ↑Europameister.

Eu|ro|pa|meis|ter|schaft, die (Sport): 1. *periodisch stattfindender Wettkampf, bei dem die beste Sportlerin od. der beste Sportler bzw. die beste Mannschaft Europas in einer Disziplin ermittelt wird.* 2. *Sieg u. Titelgewinn in der Europameisterschaft* (1): um die E. spielen, kämpfen.

Eu|ro|pa|par|la|ment, das ⟨o. Pl.⟩: kurz für: Europäisches Parlament.

Eu|ro|pa|po|kal, der (Sport): 1. *Siegestrophäe bei einem Pokalwettbewerb für europäische Mannschaften einer bestimmten Disziplin:* das Endspiel um den E. 2. *Pokalwettbewerb für europäische Mannschaften einer bestimmten Disziplin.*

Eu|ro|pa|po|kal|spiel, das (Sport): *im Rahmen eines Europapokals* (2) *ausgetragenes Spiel.*

Eu|ro|pa|rat, der ⟨o. Pl.⟩: *internationale Organisation europäischer Staaten* (Abk.: ER).

Eu|ro|pa|re|kord, der (Sport): *offiziell als höchste Leistung Europas anerkannter Rekord.*

Eu|ro|pa|stra|ße, die (Verkehrsw.): *für den internationalen Fernverkehr innerhalb Europas besonders gekennzeichnete u. nummerierte Fernstraße* (Abk.: E).

Eu|ro|pa|uni|on, die: *Union europäischer Staaten.*

eu|ro|pa|weit ⟨Adj.⟩: *ganz Europa umfassend, einschließend, in ganz Europa.*

eu|ro|pid ⟨Adj.⟩ [zu ↑[1]Europa u. griech. -eidḗs = -gestaltig] (Anthrop.): *zu den Europiden gehörend.*

Eu|ro|pi|de, der u. die; -n, -n ⟨Dekl. ↑Abgeordnete⟩ (Anthrop.): *Angehörige[r] des in Europa, Nordafrika u. dem Westteil Asiens einheimischen Menschentypus, dessen auffälligstes Merkmal die geringe Pigmentation von Haut, Haar u. Augen ist.*

Eu|ro|pi|um, das; -s [nach dem Erdteil Europa]: *graues, gut verformbares Metall aus der Gruppe der seltenen Erden (chemisches Element;* Zeichen: Eu).

Eu|ro|pol, die; - ⟨meist o. Art.⟩ [Kurzwort aus Europäisches Polizeiamt]: *Behörde der EU zur länderübergreifenden Bekämpfung von Terrorismus, Drogenhandel u. a.*

Eu|ro|star, der; -s, -s: *Hochgeschwindigkeitszug zwischen London und Paris bzw. Brüssel.*

Eu|ro|vi|si|on, die; -: *Zusammenschluss zahlreicher europäischer Rundfunk- u. Fernsehorganisationen zur gemeinsamen Veranstaltung von Fernsehsendungen.*

eu|ro|zen|trisch ⟨Adj.⟩: *Europa als Mittelpunkt auffassend, auf Europa als Mittelpunkt bezogen.*

Eu|ry|di|ke [...ke:; auch: ...ryˈdiːke:]: weibliche Gestalt der griechischen Mythologie.

Eu|ryth|mie, die; - [vom Begründer der Anthroposophie, R. Steiner, gebrauchte Schreibung für ↑Eurhythmie]: *in der anthroposophischen Bewegung gepflegte Bewegungskunst u. -therapie, bei der Gesprochenes, Vokal- u. Instrumentalmusik in Ausdrucksbewegungen umgesetzt werden.*

eu|ryth|misch ⟨Adj.⟩: *die Eurythmie betreffend, zu ihr gehörend.*

-eu|se [...øːzə], die; -, -n [frz. -euse]: bezeichnet in Bildungen mit Substantiven oder Verben (Verbstämmen) eine weibliche Person, die etw. tut, die mit etw. in irgendeiner Weise zu tun hat: Chauffeuse, Coiffeuse, Kontrolleuse.

Eu|se|bie, die; - [griech. eusébeia, zu: eusebḗs = fromm, gottesfürchtig, zu: sébesthai = verehren, Ehrfurcht haben]: *Gottes-, Götterfurcht; Frömmigkeit.*

eus|ta|chi|sche Röh|re, eus|ta|chi|sche Tu|be, die; -n -, -n -n [nach dem ital. Anatomen B. Eustachi (1520–1574)] (Med., Zool.): *Verbindungsgang zwischen Mittelohr u. Rachenraum; Ohrtrompete.*

Eu|stress, [ˈɔystrɛs], der; -es, -e [zu griech. eũ = gut, wohl u. ↑Stress] (Med., Psych.): *anregender stimulierender Stress.*

Eu|ter, das, älter, landsch. auch: der; -s, - [mhd. iuter, ūter, ahd. ūtar(o), eigtl. = Schwellendes]: *in der Leistengegend bei bestimmten weiblichen Säugetieren (z. B. Kühen, Ziegen, Schafen, Kamelen) sack- oder beutelartig herabhängendes Organ mit zwei oder mehr Zitzen, in dem sich die Milchdrüsen befinden:* pralle, volle E.

Eu|ter|pe (griech. Myth.): Muse der Lyrik.

Eu|tha|na|sie, die; - [griech. euthanasía = leichter Tod, zu: eũ = gut, wohl u. thánatos = Tod]: 1. (Med.) a) *Erleichterung des Sterbens, bes. durch Schmerzlinderung mit Narkotika;* b) *absichtliche Herbeiführung des Todes bei unheilbar Kranken durch Medikamente od. durch Abbruch der Behandlung.* 2. (nationalsoz. verhüll.) *systematische Ermordung psychisch kranker und behinderter Menschen.*

Eu|thy|mie, die; - [griech. euthymía, zu: eúthymos = fröhlich, zu: eũ = gut, wohl u. thymós = Gemüt] (bildungsspr.): *Heiterkeit, Frohsinn.*

eu|troph ⟨Adj.⟩ [griech. eútrophos = gut nährend, zu: eũ = gut, wohl u. tréphein = nähren] (bes. Fachspr.): 1. *(von Böden od. Gewässern) nährstoffreich:* -e *(an nährstoffreiche Umgebung gebundene)* Pflanzen. 2. *(von Gewässern) zu viel Nährstoffe enthaltend, überdüngt.*

Eu|tro|phie, die; - [griech. eutrophía] (Med.): a) *guter Ernährungszustand des Körpers, bes. von Säuglingen;* b) *regelmäßige u. ausreichende Versorgung eines Organs mit Nährstoffen.*

eu|tro|phie|ren ⟨sw. V.; ist⟩: *eutroph* (2) *werden.*

eV = Elektronenvolt.

ev. = evangelisch.

Ev. = Evangelium.

e. V. = eingetragener Verein.

E. V. = Eingetragener Verein.

Eva [ˈeːfa, auch: ˈeːva], die; -, -s [hebr. Hawwạ = erster, von Gott erschaffener weiblicher Mensch im A. T.] (ugs. scherzh.): *Mädchen, Frau, bes. als typische Vertreterin des weiblichen Geschlechts bzw. als Partnerin des Mannes:* eine hübsche E.

Eva|kos|tüm: ↑Evaskostüm.

Eva|ku|a|ti|on, die; -, -en [frz. évacuation < lat. evacuatio = Ausleerung]: 1. (seltener) *das Evakuieren* (1). 2. (Technik) *das Evakuieren* (2).

eva|ku|ie|ren ⟨sw. V.; hat⟩ [frz. évacuer < lat. evacuare = leer machen, zu: vacuus = leer]: 1. a) *wegen drohender Gefahr von seinem [Wohn]platz wegbringen, [vorübergehend] aussiedeln:* die Bewohner [aus einem Gebiet, Haus] e.; ⟨subst. 2. Part.:⟩ Evakuierte aufnehmen; Ü ein Archiv [in ein sicheres Gebiet] e. *(verlagern, auslagern);* b) *durch Evakuieren* (1 a) *räumen:* ein Gebiet e. 2. (Technik) *(in einem Hohlraum o. Ä.) ein Vakuum herstellen.*

va|ku|ie|rung, die; -, -en: *das Evakuieren; das Evakuiertwerden.*

va|lu|a|ti|on, die; -, -en [1: frz. évaluation = Schätzung, zu: évaluer = (ab)schätzen, zu lat. valere = stark, wert sein] (bildungsspr.): *das Evaluieren; sach- u. fachgerechte Bewertung:* die E. eines Lehrplanes.

va|lu|a|tiv ⟨Adj.⟩ (bildungsspr., Sprachw.): *wertend:* ein -er Kommentar; -e Adjektive.

va|lu|ie|ren ⟨sw. V.; hat⟩ (bildungsspr.): *sach- u. fachgerecht beurteilen, bewerten:* Lehrpläne, Unterrichtsprogramme, Forschungsprojekte e.

va|lu|ie|rung, die; -, -en: *das Evaluieren; Evaluiertwerden.*

van|ge|le, der; -n, -n [zu ↑evangelisch (2)] (ugs. abwertend): *Protestant* (1).

van|ge|li|ar, das; -s, -e, **Evan|ge|li|a|ri|um,** das; -s, ...ien [mlat. evangeliarium, zu kirchenlat. euangelium, ↑Evangelium]: *liturgisches Buch mit dem vollständigen Text der vier Evangelien [u. einem Verzeichnis der bei der Messe zu lesenden Abschnitte].*

van|ge|li|en: Pl. von ↑Evangelium.

van|ge|li|en|buch, das: *Evangeliar.*

van|ge|li|kal ⟨Adj.⟩ [engl. evangelical, zu: evangelic = die Evangelien betreffend < kirchenlat. euangelicus, ↑evangelisch] (christl. Rel.): 1. (Theol.) *dem Evangelium gemäß.* 2. *die unbedingte Autorität des Neuen Testaments im Sinne des Fundamentalismus vertretend.*

van|ge|li|ka|le, der u. die; -n, -n ⟨Dekl. ↑Abgeordnete⟩: *jmd., der der evangelikalen (2) Richtung angehört.*

van|ge|li|sa|ti|on, die; -, -en [kirchenlat. euangelizatio = das Predigen des Evangeliums] (ev. Rel.): *Evangelisierung.*

van|ge|lisch ⟨Adj.⟩ [1: mhd. ewangēlisch, ahd. euangēlisc < kirchenlat. euangelicus < griech. euaggelikós, zu: euaggélion, ↑Evangelium; 2: eigtl. = sich allein auf die schriftliche Überlieferung der Bibel stützend] (christl. Rel.): 1. *das Evangelium betreffend, darauf beruhend, dem Evangelium entsprechend.* 2. *protestantisch;* Abk.: ev.: eine -e Kirche; die -e Kirche; e. sein.

van|ge|lisch-lu|the|risch ⟨Adj.⟩: *protestantisch im Rahmen des Bekenntnisses und der Bekenntnisgemeinschaft, die sich ausschließlich an Martin Luther u. seiner Theologie orientiert* (Abk.: ev.-luth.).

van|ge|lisch-re|for|miert ⟨Adj.⟩: *protestantisch im Rahmen des auf Zwingli u. Calvin zurückgehenden Bekenntnisses;* (Abk.: ev.-ref.).

van|ge|li|sie|ren ⟨sw. V.; hat⟩ [kirchenlat. euangelizare = das Evangelium predigen < griech. euaggelízesthai, ↑Evangelist] (ev. Rel.): *mit dem Evangelium vertraut machen, zum Evangelium bekehren:* jmdn., ein Land e.

van|ge|li|sie|rung, die; -, -en (ev. Religion): *das Evangelisieren; das Evangelisiertwerden.*

van|ge|list, der; -en, -en [mhd. evangeliste < kirchenlat. euangelista < griech. euaggelistḗs, zu: euaggelízesthai = eine frohe Botschaft verkünden, zu: euággelos, ↑Evangelium]: 1. (christl. Rel.) *Verfasser eines der vier Evangelien:* der E. Markus. 2. (Ostkirche) *der das Evangelium verlesende Diakon.* 3. (ev. Rel.) *evangelisierender [Wander]prediger (bes. einer evangelischen Freikirche).*

van|ge|lis|ten|sym|bol, das: *eins der den vier Evangelisten (1) zugeordneten Bildsymbole: Engel od. Mensch (Matthäus), Löwe (Markus), Stier (Lukas), Adler (Johannes).*

van|ge|li|um, das; -s, ...ien [mhd. ewangēlje, ahd. euangēlijō < kirchenlat. euangelium < griech. euaggélion, eigtl. = gute Botschaft, zu: euággelos = gute Botschaft bringend, zu: eũ = gut, wohl u. ággelos, ↑Engel]: 1. ⟨o. Pl.⟩ a) (christl. Rel.) *Heilsbotschaft Christi; die Frohe Botschaft von Jesus Christus;* b) *Äußerung od. Schrift, an deren Richtigkeit bzw. maßgebenden Charakter man bedingungslos glaubt u. die man als höchste Instanz für das eigene Handeln anerkennt:* was er sagte, war [ein] E. für uns. 2. (christl. Rel.) a) ⟨o. Pl.⟩ *die Geschichte des Lebens u. Wirkens Jesu:* das E. nach Matthäus; b) *von einem der vier Evangelisten verfasster Bericht über das Leben u. Wirken Jesu (eins der ersten vier Bücher des Neuen Testaments;* Abk.: Ev.): das E. des Lukas, Johannes; c) *apokryphe Schrift, die das Leben Jesu zum Gegenstand hat:* die apokryphen Evangelien; d) *für die gottesdienstliche Lesung vorgeschriebener Abschnitt aus einem Evangelium* (2 a).

Eva|po|ra|ti|on, die; -, -en [lat. evaporatio] (Fachspr.): *Verdunstung [von Wasser].*

eva|po|rie|ren ⟨sw. V.⟩ [lat. evaporare = ausdampfen, ausdünsten, zu: vaporare =dampfen, zu: vapor = Dunst, Dampf] (Fachspr.): 1. *verdunsten* ⟨ist⟩: das Wasser evaporiert. 2. (Technik, Chemie) *etw. durch Eindampfen mehr od. weniger des Wassergehalts berauben u. dadurch dickflüssig[er] machen* ⟨hat⟩: eine Flüssigkeit e.

Eva|po|ri|me|ter, das; -s, -: *Gerät, das den Grad der Verdunstung [von Wasser] misst.*

Eva|si|on, die; -, -en [spätlat. evasio = das Entrinnen, zu lat. evadere (2. Part.: evasum) = entrinnen] (bildungsspr.): 1. *massenhaftes Hinausdringen, Entweichen; Massenflucht.* 2. (veraltet) *Ausflucht.*

Evas|kos|tüm, (auch:) Evakostüm, das: in der Wendung **im E.** (ugs. scherzh.; *[von weiblichen Personen] nackt*): im E. herumlaufen.

Event [i'vɛnt], der od. das; -s, -s [engl. event < afrz. event < lat. eventus, zu: eventum, 2. Part. von: evenire = heraus-, hervorkommen; sich zutragen, ereignen] (Jargon): *besonderes Ereignis.*

even|tu|al ⟨Adj.⟩ (selten): *eventuell* (I).

Even|tu|al|ab|stim|mung, die (schweiz.): *Vorabstimmung bei mehreren Anträgen.*

Even|tu|al|an|trag, der [zu ↑eventuell] (Rechtsspr.): *Neben-, Hilfsantrag, der für den Fall gestellt wird, dass der Hauptantrag abgewiesen wird:* einen E. stellen.

Even|tu|al|bud|get, das: vgl. Eventualhaushalt.

Even|tu|al|fall, der: *möglicherweise eintretender Fall:* etw. ist für den E. bestimmt.

Even|tu|al|haus|halt, der (Politik): *Posten im Bundeshaushaltsplan, der nötigenfalls zur Wirtschaftsförderung in Anspruch genommen werden kann.*

Even|tu|a|li|tät, die; -, -en: *eventueller Fall:* für alle -en gerüstet sein; auf jede E., auf alle -en gefasst sein.

even|tu|ell [frz. éventuel, zu lat. eventus = Ausgang; Zufall, Ereignis, zu: evenire (2. Part.: eventum) = herauskommen; eintreffen, sich ereignen]: I. ⟨Adj.⟩ *unter Umständen, möglicherweise eintretend:* für -e Notfälle. II. ⟨Adv.⟩ *unter Umständen, vielleicht.*

Eve|rest: ↑Mount Everest.

Ever|glaze® ['ɛvəgleɪz], das; -, - [aus engl. ever = immer u. glaze = Glasur, Lasur] (Textilw.): *krumpf- u. knitterfreies [Baumwoll]gewebe mit erhaben geprägter Kleinmusterung.*

Ever|green [...gri:n], der, auch: das; -s, -s [engl. evergreen = Immergrün, aus: ever = immer u. green = grün]: 1. *Musikstück, das lange Zeit beliebt bleibt u. immer wieder gespielt wird:* einen E. spielen. 2. [2]*Standard.*

Eve|ry|bo|dy's Dar|ling ['ɛvrɪbɔdiz 'da:ɐ̯lɪŋ (engl.: 'da:lɪŋ)], der; - -s, - -s [engl., aus: everybody = jeder(mann) u. darling, ↑Darling] (bildungsspr. scherzh.): *jmd., der [aufgrund seines Bemühens, allen zu gefallen u. es allen recht zu machen], überall beliebt, gern gesehen ist, Liebling.*

evi|dent ⟨Adj.⟩ [lat. evidens (Gen.: evidentis), zu: videre = sehen]: 1. (bildungsspr.) a) *unmittelbar einleuchtend, keines Beweises bedürfend:* eine -e Aussage; b) *augenfällig, offenkundig:* eine -e Tatsache; seine Dummheit ist e.; es ist e., dass dem so ist; sie ist e. benachteiligt. 2. * **e. halten** (österr. Amtsspr.: *in Evidenz halten*).

Evi|denz, die; -, -en [1: lat. evidentia]: 1. (bildungsspr.) a) ⟨o. Pl.⟩ *das Evidentsein; unmittelbare u. vollständige Einsichtigkeit, Deutlichkeit, Gewissheit:* die E. dieser Tatsache; b) (selten) *etw. Evidentes.* 2. (österr. Amtsspr.) *handliche, klare Übersicht:* * **in E. halten** (österr. Amtsspr.: 1. *etw., z. B. eine Liste, auf dem Laufenden halten.* 2. *registrieren, [in einer Liste] führen, übersichtlich zusammenstellen.* 3. *im Auge behalten, vormerken*).

Evi|denz|bü|ro, das (österr. Amtsspr.): *Stelle, bei der bestimmte Personen, Dinge registriert werden; Registratur.*

ev.-luth. = evangelisch-lutherisch.

Evo|ka|ti|on, die; -, -en [lat. evocatio = das Heraus-, Hervorrufen, zu: evocare, ↑evozieren]: 1. (bildungsspr.) *[suggestive] Erweckung von Vorstellungen od. Erlebnissen (z. B. durch ein Kunstwerk, seine Formen u. Inhalte).* 2. (Rechtsspr.) *Vorladung eines Beklagten vor ein anderes, höheres Gericht (unter Abforderung des gegen ihn rechtshängigen Prozesses).*

evo|ka|tiv ⟨Adj.⟩ (bildungsspr.): *Evokation* (1) *betreffend, bewirkend:* eine -e Wirkung; -e Klänge.

Evo|lu|ti|on, die; -, -en [lat. evolutio = das Aufschlagen (eines Buches), zu: evolvere, ↑evolvieren]: 1. (bildungsspr.) *langsame, bruchlos fortschreitende Entwicklung bes. großer od. großräumiger Zusammenhänge; allmähliche Fortentwicklung im Geschichtsablauf:* die E. der Gesellschaftsformen. 2. (Biol.) *stammesgeschichtliche Entwicklung von niederen zu höheren Formen des Lebendigen:* die E. der irdischen Fauna.

evo|lu|ti|o|när ⟨Adj.⟩ (bildungsspr.): *auf Evolution beruhend, bezogen:* sich e. vollziehen.

Evo|lu|ti|o|nis|mus, der; -: *vom Gedanken der Evolution ausgehende naturphilosophische Richtung des 19. Jahrhunderts.*

evo|lu|ti|o|nis|tisch ⟨Adj.⟩: *auf dem Evolutionismus beruhend.*

Evo|lu|ti|ons|leh|re, Evo|lu|ti|ons|the|o|rie, die: *Lehre, Theorie von der Entwicklung aller Lebewesen aus niederen, primitiven Organismen.*

evol|vie|ren ⟨sw. V.; hat⟩ [lat. evolvere = entwickeln, eigtl. = hinauswälzen, zu: volvere, ↑Volumen] (bildungsspr.): *entwickeln, entfalten.*

evo|zie|ren ⟨sw. V.; hat⟩ [lat. evocare = heraus-, hervorrufen; vorladen, zu: vocare, ↑Vokabel]: 1. (bildungsspr.) *durch Evokation (1) hervorrufen, bewirken:* Vorstellungen, Erinnerungen e. 2. (Rechtsspr.) *durch Evokation (2) vorladen.*

ev.-ref. = evangelisch-reformiert.

evtl. = eventuell.

ev|vi|va ⟨Interj.⟩ [ital. evviva, zu: e = und u. vivere = leben]: *er, sie, es lebe hoch!* (italienischer Hochruf).

Ew. [Abk. von frühnhd. ewer, mhd. iuwer]: = Euer, Eure (in Titeln, z. B. Ew. Majestät).

[1]**Ewe,** der; -, -: Angehöriger eines westafrikanischen Volkes.

[2]**Ewe,** das; -: *Sprache der* [1]*Ewe.*

Ewen|ke, der; -n, -n: *Tunguse.*

Ewer, der; -s, - [mniederd. ēver, ēvar, älter: ē(i)nvār, eigtl. = Schiff, das nur ein Mann führt] (nordd.): *kleines [anderthalbmastiges] Küsten[segel]schiff mit flachem Boden.*

E-Werk, das: *Elektrizitätswerk.*

EWG [eve'ge:], die; -: Europäische Wirtschaftsgemeinschaft.

EWI [eve'i:], das; -[s]: *Europäisches Währungsinstitut.*

ewig ⟨Adj.⟩ [mhd. ēwic, ahd. ēwig, zu: ēwa = Ewigkeit, vgl. Ehe]: 1. a) *zeitlich unendlich; unvergänglich, zeitlos:* die -en Naturgesetze; die -e Seligkeit; das -e Leben *(Leben in der Ewigkeit);* ⟨subst.:⟩ der Ewige *(Gott);* b) *die Zeiten, den Wechsel überdauernd; immer während, immer [bestehend]:* -e Liebe; -er Friede *(Friede, der auf immer gelten soll);* der Blinde lebt in -er Nacht; für immer und e.; ein -er Student (ugs.; *Student, der bereits sehr lange studiert u. noch kein abschließendes Examen gemacht hat).* 2. (ugs.) *sich immer wiederholend; endlos, übermäßig lang [dauernd], nicht endend:* lass doch dein -es Jammern und Klagen!; ich habe das -e Einerlei satt; er ist der -e Verlierer *(derjenige, der immer wieder, immer nur verliert);* der -e

E

Zweite; soll das e. *(immer nur)* so weitergehen?; das dauert ja wieder e. *(unerträglich lange),* bis das Bad frei ist!; das Material hält e. *(ist außerordentlich haltbar, widerstandsfähig);* das ist e. schade *(das ist sehr schade und bleibt bedauerlich);* * **e. und drei Tage** (scherzh.; *unendlich lange;* in Anspielung auf den alten Rechtsbrauch, zu einer Frist der Sicherheit halber einen kurzen Zeitraum hinzuzugeben): das dauert ja e. und drei Tage.

Ewig|ges|tri|ge, der u. die; -n, -n ⟨Dekl. ↑Abgeordnete⟩ (abwertend): *jmd., der in seinen Ansichten rückständig ist u. bleibt:* zu den -n gehören.

Ewig|keit, die; -, -en [mhd. ēwicheit, ahd. ēwigheit]: **1.** ⟨o. Pl.⟩ **a)** *ewige Dauer, Unvergänglichkeit:* die E. Gottes, der Naturgesetze; so sei es in E.; von E. zu E. (bibl.; *ewig*); **b)** (Rel.) *das jenseits der Zeit Liegende; das jenseitige ewige Reich:* nach dem Tode erwartet uns die E.; in die E. eingehen (geh. verhüll.; *sterben*). **2.** (ugs.) *sehr lange Dauer, übermäßig lange Zeit, endlos scheinende Zeit:* er schien uns eine E. wegzubleiben; das ist schon -en her; das dauert ja wieder eine [halbe] E. [lang]!; seit einer [kleinen] E., seit -en warte ich schon auf dich; das kann nicht [bis] in alle E. *(dauernd, immer)* so weitergehen; die Minuten dehnten sich zu -en *(wollten nicht vergehen).*

Ewig|keits|sonn|tag, der (ev. Kirche): *Totensonntag, letzter Sonntag des Kirchenjahres.*

Ewig|keits|wert, der (geh.): *zeitloser, unvergänglicher Wert:* Kunstwerke mit E.

ewig|lich ⟨Adv.⟩ [mhd. ēwiclīche] (dichter. veraltet): *ewig, unaufhörlich, immer.*

Ewig|weib|li|che, das; -n ⟨Dekl. ↑[2]Junge, das⟩ (bildungsspr.): *dem Wesen der Frau innewohnender Reiz, der zu allen Zeiten und unabhängig von allen Modeerscheinungen für den Mann bedeutsam ist.*

Ew. M. [vgl. Ew.]: = Eure Majestät, Euer Majestät.

EWS [eweːˈɛs], das; -: Europäisches Währungssystem.

EWU [eveˈuː], die; -: *Europäische Währungsunion.*

EWWU [eveveˈuː], die; -: *Europäische Wirtschafts- und Währungsunion.*

ex ⟨Adv.⟩ [lat. ex (Präp.) = (her)aus]: **1.** * (ugs.) **ex trinken** *(sein Glas mit einem alkoholischen Getränk in einem Zug leer trinken):* er trank [sein Glas] ex auf ihr Wohl; (als Aufforderung auch allein stehend:) ex!, auf das Wohl des Gastgebers! **2.** (ugs.) *vorbei, aus, zu Ende:* diese Freundschaft ist ex. **3.** (salopp) *tot:* der Patient von nebenan ist ex; er geht bald ex *(er stirbt bald).*

[1]Ex, der; -, - (ugs.): *früherer Freund (2) od. Ehemann.*

[2]Ex, die; -, - (ugs.): *frühere Freundin od. Ehefrau.*

Ex. = Exemplar.

Ex- [↑ex]: drückt in Bildungen mit Substantiven (meist Personenbezeichnungen) aus, dass die beschriebene Person früher etw. war, einen bestimmten Status, eine bestimmte Stellung innehatte: Exfreund, Exgattin, Exminister.

ex ab|rup|to [lat., zu ↑ex u. lat. abruptus, ↑abrupt] (bildungsspr.): *unversehens.*

ex ae|quo [lat., zu ↑ex u. lat. aequus = gleich] (bildungsspr.): *in derselben Weise, gleichermaßen.*

Exai|re|se: ↑Exhärese.

exakt ⟨Adj.⟩ [lat. exactus = genau zugewogen, adj. 2. Part. von: exigere = abmessen, abwägen, zu: agere = treiben, führen, handeln]: *in sachgerechter Weise genau, präzise:* eine -e Definition; er ist immer sehr e. [in seinen Angaben]; ein -er Mensch; -e Wissenschaften *(Wissenschaften, deren Ergebnisse auf logischen od. mathematischen Beweisen od. auf genauen Messungen beruhen);* e. arbeiten; er kam e. *(genau)* um 12 Uhr an; e.! *(stimmt genau!).*

Exakt|heit, die; -: *sachgerechte Genauigkeit, Sorgfalt:* mit größter E. arbeiten.

Exal|ta|ti|on, die; -, -en [frz. exaltation < lat. exaltatio = Erhöhung] (Psych., bildungsspr.): *Zustand, Haltung des Exaltiertseins.*

exal|tie|ren, sich ⟨sw. V.; hat⟩ [frz. s'exalter < lat. exaltare = erhöhen, zu: altus = hoch] (bildungsspr.): *sich [künstlich] aufregen, sich in einer dem Anlass unangemessenen, übertriebenen Weise (über etw., jmdn.) erregen, ereifern:* sich über jmdn. [moralisch] e.

exal|tiert ⟨Adj.⟩ [frz. exalté, 2. Part. von: exalter, ↑exaltieren] (bildungsspr.): **1.** *[künstlich] aufgeregt, hysterisch erregt, künstlich übersteigert:* ein -es Benehmen; e. sein; e. lachen. **2.** *überspannt:* ein -er Mensch; e. reagieren.

Exal|tiert|heit, die; -, -en: **1.** ⟨o. Pl.⟩ *Eigenschaft des Exaltiertseins.* **2.** ⟨meist Pl.⟩ *exaltierte Handlung, Verhaltensweise.*

Exa|men, das; -s, -, seltener: ...mina [(spät)lat. examen = Verhör, Untersuchung, eigtl. = Prüfung, urspr. = Ausschlag der Waage u. verw. mit: exigere, ↑exakt]: *Prüfung (bes. als Studienabschluss):* das mündliche E.; ein E. bestehen, ablegen; (ugs.:) durchs E. fallen, im E. durchfallen; Ü jmdn. einem E. *(einem Verhör, einer Gesinnungsprüfung)* unterziehen.

Exa|mens|angst, die: *Angst vor od. bei dem Examen.*

Exa|mens|ar|beit, die: *schriftliche Arbeit als Teil eines Examens.*

Exa|mens|fra|ge, die: **1.** *Frage, die in einem Examen gestellt wird, zu beantworten ist.* **2.** *sehr schwierige, unangenehme Frage.*

Exa|mens|kan|di|dat, der: *jmd., der vor od. in einem Examen steht.*

Exa|mens|kan|di|da|tin, die: w. Form zu ↑Examenskandidat.

Exa|mens|vor|be|rei|tung, die: *Vorbereitung auf das Examen:* er steckt mitten in -en.

Exa|mi|nand, der; -en, -en [lat. examinandus = ein zu Prüfender, Gerundivum von: examinare, ↑examinieren] (bildungsspr.): *Prüfling (in einem Examen).*

Exa|mi|nan|din, die; -, -nen (bildungsspr.): w. Form zu ↑Examinand.

Exa|mi|na|tor, der; -s, ...oren [lat. examinator] (bildungsspr.): *Prüf[end]er (in einem Examen).*

Exa|mi|na|to|rin, die; -, -nen (bildungsspr.): w. Form zu ↑Examinator.

exa|mi|nie|ren ⟨sw. V.; hat⟩ [mhd. examinieren < lat. examinare = untersuchen, prüfen]: **1.** *im Rahmen eines Examens prüfen, befragen:* jmdn. über einen Stoff e.; eine examinierte Krankenschwester *(Frau, die ihre Ausbildung zur Krankenschwester erfolgreich abgeschlossen hat).* **2.** *prüfend ausfragen, ausforschen:* einen Augenzeugen eingehend e. **3.** *prüfend untersuchen.*

Exan|them, das; -s, -e [lat. exanthema < griech. exánthēma, eigtl. = das Aufgeblühte, zu: exantheīn = aufblühen] (Med.): *[entzündlicher] Hautausschlag.*

Exarch, der; -en, -en [spätlat. exarchus = Vorgesetzter < griech. éxarchos, zu: exárchein = Anführer sein, zu: árchein, ↑Architekt]: **1.** (hist.) *byzantinischer (oströmischer) Statthalter (in Italien od. Nordafrika).* **2.** (Ostkirche) *für ein bestimmtes Gebiet, einen bestimmten Auftrag zuständiger Vertreter des Patriarchen; Obermetropolit.*

Exar|chat, das; -[e]s, -e [mlat. exarchatus]: *Amt[szeit] od. Verwaltungsgebiet eines Exarchen.*

Ex|au|di ⟨o. Art.; indekl.⟩ [lat. exaudi = (er)höre (nach dem ersten Wort des Eingangsverses der Liturgie des Sonntags)] (ev. Rel.): *der sechste Sonntag nach Ostern:* am Sonntag E.

exc. = excudit.

ex ca|the|dra [lat. = vom (Lehr)stuhl herab, ↑Katheder]: **1.** (kath. Rel.) *kraft päpstlichen Lehramtes [u. darauf beschränkter Unfehlbarkeit].* **2.** (bildungsspr. abwertend) *kraft höherer Entscheidungsgewalt, sodass Zweifel od. Einwände nicht zulässig sind:* etwas ex c. verurteilen.

Ex|change [ɪksˈtʃeɪndʒ], die; -, -n [engl. exchange < frz. échange, zu: échanger = umtauschen, zu: changer, ↑changieren] (Bankw.): **1.** *Tausch, Kurs (im Börsengeschäft).* **2.** *Börse[nkurs].*

excud. = excudit.

ex|cu|dit [lat., zu: excudere = schriftlich verferti|gen, eigtl. = meißeln, prägen]: *verlegt von ..., gedruckt von ...* (auf Kupferstichen hinter der Signatur od. dem Namen des Verlegers od. Dru|ckers; Abk.: exc., excud.).

Exe|dra, die; -, Exedren [lat. exedra < griech. exé|dra, eigtl. = draußen gelegener Sitz, zu: éxō = draußen, außen u. hédra = Sitz] (Archit.): **1.** *halbrunder od. rechteckiger Raum als Erwei|terung eines Saales od. einer Säulenhalle.* **2.** *(in MA.) Apsis.*

Exe|ge|se, die; -, -n [griech. exḗgēsis = das Erklä|ren, Auslegung] (Fachspr., bildungsspr.): *[wissenschaftliche] Erklärung u. Auslegung eines Textes, bes. der Bibel:* die E. eines Textes.

Exe|get, der; -en, -en [griech. exēgētḗs = Erklärer]: *jmd., der Exegese betreibt.*

Exe|ge|tik, die; - [spätlat. exegetice = Erklärung kunst < griech. exēgētikḗ téchnē] (veraltet): *Wissenschaft der Bibelauslegung (als Teilgebie|der Theologie).*

Exe|ge|tin, die; -, -nen: w. Form zu ↑Exeget.

exe|ge|tisch ⟨Adj.⟩ [griech. exēgētikós = erklärend, auslegend, zu: exēgeīsthai = auslegen, erklären]: *die Exegese betreffend, Exegese enthaltend; erklärend u. auslegend:* die -e Methode; sich e. mit einem Text befassen.

exe|ku|tie|ren ⟨sw. V.; hat⟩ [zu ↑Exekution]: **1. a)** *hinrichten:* jmdn. e.; **b)** (Rechtsspr. veralte|*(einem Urteil entsprechend) bestrafen.* **2.** (bildungsspr.) *ausüben, vollziehen, durchführen:* ein strenges Ritual e. **3.** (österr. Amtsspr.) *(jmdn.) pfänden:* er wurde wegen seiner Steue|schulden exekutiert.

Exe|ku|ti|on, die; -, -en [urspr. = Ausführung einer Anordnung < lat. ex(s)ecutio = Ausführung, Vollstreckung, zu: ex(s)equi (2. Part.: ex(s)ecutum) = aus-, durchführen]: **1. a)** *Hinric|tung:* die [standrechtliche] E. [des Verurteilten] vornehmen; **b)** (Rechtsspr. veraltet) *Bestrafung (gemäß Urteil).* **2.** (bildungsspr.) *Durchführung einer besonderen Aktion:* die E. *(Vollstreckung* des [Todes]urteils verschieben. **3.** (österr. Amtsspr., sonst veraltet) *Pfändung.*

Exe|ku|ti|ons|kom|man|do, das: *Kommando, da|eine Exekution (1 a) durchzuführen hat.*

exe|ku|tiv ⟨Adj.⟩ (bes. Politik, Rechtsspr.): *vollzie|hend, durchführend, ausübend:* die -e Gewalt.

Exe|ku|tiv|be|am|te, der: *Beamter einer Exekutivbehörde.*

Exe|ku|tiv|be|hör|de, die (Politik): *Behörde, die an der Ausübung der vollziehenden Gewalt bete|ligt ist, Regierungs- bzw. Verwaltungsbehörde.*

Exe|ku|ti|ve, die; -, -n: **1.** (Rechtsspr., Politik) *vol|ziehende, vollstreckende Gewalt im Staat;* vgl. *Judikative, Legislative.* **2.** (österr.) *Gesamtheit der Organe zur Ausübung der vollziehenden, vollstreckenden Gewalt, bes. Polizei u. Gendarmerie.*

Exe|ku|tiv|ge|walt, die (Politik): *Exekutive* (1).

Exe|ku|tiv|or|gan, das (Politik): *Organ der Exeku|tive* (1).

exe|ku|to|risch ⟨Adj.⟩: *durch [Zwangs]vollstreckung erfolgend.*

Exem|pel, das; -s, - [mhd. exempel < lat. exemplum, eigtl. = das (als Muster) Herausgenommene, Herausgegriffene, zu: eximere (2. Part.: exemptum), ↑eximieren]: **1.** (bildungsspr. veral|tend) *[Lehr]beispiel:* sich ⟨Dativ⟩ ein E. an jmdm., etw. nehmen; etw. zum E. nehmen; * **ei|E. [an jmdm., mit etw.] statuieren** *(durch dras|tisches Vorgehen in einem Einzelfall ein abschreckendes Beispiel aufstellen;* nach lat. exemplum statuere); **zum E.** (veraltend; *zum Beispiel).* **2.** (veraltet) *Rechenaufgabe (als Übungsbeispiel):* jmdm. ein E. aufgeben; ein E. lösen; * **die Probe aufs E. machen** *(etw. durch Ausprobieren am praktischen Fall auf seine Richtigkeit prüfen).*

Exem|plar, das; -s, -e [mhd. exemplar = Muster, Modell < lat. exemplar]: *Einzelstück, einzelnes Individuum (bes. Ding od. Tier) aus einer Menge gleichartiger Stücke, Individuen:* ein sel|tenes, schönes E.; von dem Buch wurden 3000

-e gedruckt; Fische dieser Art kommen nur noch in einzelnen -en vor (Abk. für Bücher o. Ä.: Ex., Expl.).

exem|pla|risch ⟨Adj.⟩ [lat. exemplaris] (bildungsspr.): *ein (aufschlussreiches) Beispiel gebend, liefernd; beispielhaft:* von -er Bedeutung sein; die -en Gestalten der Geschichte; -es Lernen (Päd.; *Lernen am aufschlussreichen Beispiel*); dieses Werk ist e. für die ganze Stilrichtung; jmdn. e. bestrafen *(ihn streng bestrafen, damit er ein warnendes Beispiel abgibt).*

Exem|pli|fi|ka|ti|on, die; -, -en (bildungsspr.): *Exemplifizierung.*

exem|pli|fi|zie|ren ⟨sw. V.; hat⟩ [mlat. exemplificare] (bildungsspr.): *durch Beispiele erläutern, veranschaulichen:* eine These [mit, an etw.] e.

Exem|pli|fi|zie|rung, die; -, -en: *das Exemplifizieren.*

exemt ⟨Adj.⟩ [zu lat. exemptum, 2. Part. von: eximere, ↑eximieren]: **1.** (Rechtsspr.) *von einer gesetzlichen Pflicht, einer Verbindlichkeit befreit.* **2.** *(von Klöstern u. anderen kirchlichen Einrichtungen) aus dem normalen kirchlichen Verband ausgegliedert u. einem höheren od. besonders eingesetzten Geistlichen unterstellt.*

Exem|ti|on, die; -, -en [lat. exemptio = das Herausnehmen]: **1.** (Rechtsspr.) *rechtsübliche od. gesetzliche generelle Freistellung (besonderer Personenkreise, Institutionen usw.) von bestimmten Lasten u. Pflichten od. von der normalen Gerichtsbarkeit.* **2.** *Ausgliederung (z. B. eines Klosters aus dem kirchlichen Verband u. Unterstellung unter einen höheren od. besonders eingesetzten Geistlichen).*

Exe|qua|tur, das; -s, ...uren [lat. ex(s)equatur = er möge ausführen, zu: ex(s)equi, ↑Exekution] (Amtsspr.): **1.** *Zulassung eines ausländischen Konsuls, Bestätigung im Amt:* jmdm. das E. erteilen. **2.** *staatliche Genehmigung zur Publikation kirchlicher Akte.*

Exe|qui|en ⟨Pl.⟩ [lat. ex(s)equiae, zu: ex(s)equi = einem Leichenzug nachfolgen] (kath. Kirche): *Begräbnisfeier.*

Exer|gie, die; -, -n [zu griech. ex = (her)aus u. érgon = Werk, analog zu ↑Energie] (Physik): *Anteil der Energie, der in die gewünschte, wirtschaftlich verwertbare Form (z. B. elektrische Energie) umgewandelt wird.*

Exer|zier|bom|be, die: *für Übungszwecke bestimmte Bombe.*

exer|zie|ren ⟨sw. V.; hat⟩ [lat. exercere = beschäftigen]: **1. a)** *militärische (Ausbildungs)übungen machen:* scharf e.; **b)** *militärisch ausbilden:* Rekruten e. **2. a)** (ugs.) *wiederholt üben:* die Berechnung von Kreisumfängen e.; **b)** *anwenden, praktizieren:* diese Methode hat schon sein Vorgänger exerziert.

Exer|zier|platz, der: *Platz zum Exerzieren* (1).

Exer|zier|schritt, der (früher): *Stechschritt, Paradeschritt.*

Exer|zier|übung, die: *einzelne beim Exerzieren* (1) *ausgeführte Übung.*

Exer|zi|ti|en ⟨Pl.⟩ [Pl. zu ↑Exerzitium]: **1.** Pl. von ↑Exerzitium. **2.** (kath. Rel.) *geistliche Übungen (zur inneren Einkehr):* E. abhalten; an E. teilnehmen.

Exer|zi|ti|um, das; -s, ...ien [lat. exercitium] (veraltend): **1.** *Übung (übende Handlung, Verrichtung):* ein stilistisches E.; körperliche Exerzitien; sich strengen Exerzitien unterwerfen. **2.** *schriftliche Übungs-, Hausarbeit für die Schule.*

Ex|frau, die: *Frau, die von ihrem Mann geschieden ist.*

Ex|freund, der: *ehemaliger Freund* (2).

Ex|freun|din, die: w. Form zu ↑Exfreund.

Ex|ha|la|ti|on, die; -, -en [lat. exhalatio]: **1.** (Med.) *das Exhalieren* (1). **2.** (Geol.) *das Ausströmen von vulkanischen Gasen u. Dämpfen.*

ex|ha|lie|ren ⟨sw. V.; hat⟩ [1: lat. exhalare, zu: halare = hauchen; duften]: **1.** (Med.) *ausatmen, ausdünsten.* **2.** (Geol.) *Gase u. Dämpfe ausströmen.*

Ex|haus|ti|on, die; -, -en [spätlat. exhaustio = Ausschöpfung] (Med.): *Erschöpfung[szustand].*

Ex|haus|ti|ons|me|tho|de, die (Geom.): *in der Antike ausgebildetes Rechenverfahren zur Bestimmung des Flächen- bzw. Rauminhalts gekrümmter Figuren u. Körper, wobei diese durch eine Folge immer größer werdender Figuren gleichsam ausgeschöpft werden.*

ex|haus|tiv ⟨Adj.⟩ [zu lat. exhaustus] (bildungsspr.): *vollständig, erschöpfend.*

Ex|haus|ti|vi|tät, die; - (bildungsspr.): *Vollständigkeit.*

Ex|haus|tor, der; -s, ...oren [zu lat. exhaustum, 2. Part. von: exhaurire = (her)ausschöpfen, entleeren] (Technik): *Gebläse zum Absaugen von Dampf, Staub o. Ä.*

ex|hi|bie|ren ⟨sw. V.; hat⟩ [lat. exhibere = darbieten, zeigen] (bildungsspr., oft abwertend): **a)** *exhibitionistisch* (a) *zur Schau stellend zeigen:* er geht ins Schwimmbad, um seinen Körper, sich zu e.; **b)** *der Öffentlichkeit [vor]zeigen, vorzeigend darbieten, vorführen.*

Ex|hi|bie|rung, die; -, -en: *das Exhibieren, Sichexhibieren; das Exhibiertwerden.*

Ex|hi|bi|ti|on, die; -, -en [lat. exhibitio = das Vorzeigen]: **1.** (Psych.) *exhibitionistische Entblößung der Geschlechtsteile in der Öffentlichkeit.* **2.** (bildungsspr.) *Zurschaustellung, Exhibierung.*

ex|hi|bi|ti|o|nie|ren ⟨sw. V.; hat⟩ (Psych.): *sich exhibitionistisch zur Schau stellen.*

Ex|hi|bi|ti|o|nis|mus, der; -: **1.** (Psych.) *krankhafte, auf sexuellen Lustgewinn gerichtete Neigung (bes. von Männern) zur Entblößung der Geschlechtsteile in Gegenwart fremder Personen, meist des anderen Geschlechts.* **2.** (bildungsspr.) **a)** *Neigung zur Exhibition* (2); **b)** *Zurschaustellung von Gefühlen, Überzeugungen.*

Ex|hi|bi|ti|o|nist, der; -en, -en: *exhibitionistisch Handelnder.*

Ex|hi|bi|ti|o|nis|tin, die; -, -nen: w. Form zu ↑Exhibitionist.

ex|hi|bi|ti|o|nis|tisch ⟨Adj.⟩: **a)** *Exhibitionismus* (1) *zeigend, bezeugend:* -e Handlungen; **b)** *den Exhibitionismus* (1, 2) *betreffend.*

ex|hu|mie|ren ⟨sw. V.; hat⟩ [mlat. exhumare = ausgraben, zu lat. humare = begraben, zu: humus, ↑Humus]: *(eine Leiche) aufgrund behördlicher Genehmigung od. Anordnung wieder ausgraben.*

Ex|hu|mie|rung, die; -, -en: *das Exhumieren; das Exhumiertwerden.*

Exil, das; -s, -e [lat. exilium, zu: ex(s)ul = in der Fremde weilend, verbannt; Verbannter]: *langfristiger Aufenthalt außerhalb des Heimatlandes, das aufgrund von Verbannung, Ausbürgerung, Verfolgung durch den Staat od. unerträglichen politischen Verhältnissen verlassen wurde:* die Jahre seines -s; während seines -s; das Stück hat er in seinem amerikanischen E. *(während seines Exils in Amerika)* geschrieben.

Exil-: in Zus. mit Nationalitätsbezeichnungen zur Bez. von Personen, die sich im Exil befinden: Exilkroate, Exilkubaner, Exilrusse.

Exi|lant, der; -en, -en: *jmd., der im Exil lebt.*

Exi|lan|tin, die; -, -nen: w. Form zu ↑Exilant.

Exil|hei|mat, die: *Heimat, die jmd. im Exil gefunden hat.*

exi|lie|ren ⟨sw. V.; hat⟩ [spätlat. ex(s)iliare] (bildungsspr.): *ins Exil schicken, verbannen:* jmdn. e.; ⟨meist im 2. Part.:⟩ ein exilierter Politiker.

Exi|lie|rung, die; -, -en: *das Exilieren; das Exiliertwerden.*

exi|lisch ⟨Adj.⟩ (bildungsspr.): **a)** *in die Zeit des Exils fallend, im Exil geschehen;* **b)** *vom Exil, vom Geist der Exilzeit geprägt.*

Exil|li|te|ra|tur, die: *Literatur, die entstanden ist, während ihre Autoren im Exil lebten (bes. Werke deutscher Autoren, die während des Nationalsozialismus im Exil lebten).*

Exil|po|li|ti|ker, der: *im Exil lebender Politiker.*

Exil|po|li|ti|ke|rin, die: w. Form zu ↑Exilpolitiker.

Exil|re|gie|rung, die (Völkerr.): *im Ausland ansässige u. tätige Regierung eines Landes, in dem eine illegitime Regierung die Macht an sich gerissen hat.*

exi|mie|ren ⟨sw. V.; hat⟩ [lat. eximere = herausnehmen; befreien, entheben, zu: emere = nehmen] (Rechtsspr.): *von einer Verbindlichkeit, bes. von der Gerichtsbarkeit eines anderen Staates, befreien.*

exis|tent ⟨Adj.⟩ [zu lat. ex(s)istens (Gen.: ex(s)istentis), 1. Part. von: ex(s)istere, ↑existieren]: *existierend, vorhanden:* eine -e Größe.

exis|ten|ti|al, Exis|ten|ti|a|lis|mus usw. s. existenzial usw.

Exis|tenz, die; -, -en [spätlat. ex(s)istentia = Dasein, Vorhandensein]: **1. a)** ⟨o. Pl.⟩ *das Existieren, Vorhandensein, Bestehen:* er wusste nichts von der E. dieses Briefes; **b)** ⟨Pl. selten⟩ *(menschliches) Dasein, Leben:* die menschliche E.; die nackte E. retten. **2.** *[berufliche Stellung als] (bes. materielle) Lebensgrundlage:* keine sichere E. haben; sich ⟨Dativ⟩ eine E. aufbauen; um seine E. ringen; der Krieg hat Tausende von -en vernichtet. **3.** (mit abwertendem Attribut) *Mensch:* in diesem Viertel treiben sich allerlei zweifelhafte -en herum; er ist eine gestrandete, gescheiterte E.

Exis|tenz|ana|ly|se, die (Psych.): *psychoanalytische Methode, bei der die Geschichte eines Individuums unter dem Gesichtspunkt von Sinn- u. Wertbezügen durchforscht wird.*

Exis|tenz|angst, die **a)** (Philos., bildungsspr.): *Angst, das eigene Leben nicht zu meistern od. den Sinn des Lebens zu verfehlen; Lebens-, Daseinsangst;* **b)** *Angst vor der Arbeitslosigkeit, vor dem wirtschaftlichen Ruin;* **c)** *Angst, als Institution, Partei, Verein o. Ä. künftig nicht mehr zu existieren* (1).

exis|tenz|be|dro|hend ⟨Adj.⟩: *die Existenz bedrohend.*

Exis|tenz|be|rech|ti|gung, die ⟨Pl. selten⟩: *[berufliche, gesellschaftliche] Daseinsberechtigung.*

exis|tenz|fä|hig ⟨Adj.⟩: *fähig zu existieren.*

Exis|tenz|fä|hig|keit, die ⟨o. Pl.⟩: *Fähigkeit zu existieren.*

Exis|tenz|fra|ge, die: *für die künftige Existenz* (1) *entscheidende Frage.*

Exis|tenz|grün|der, der: *jmd., der sich eine Existenz* (2) *gründet, aufbaut.*

Exis|tenz|grün|de|rin, die: w. Form zu ↑Existenzgründer.

Exis|tenz|grund|la|ge, die: *Grundlage für die [materiell, finanziell] gesicherte Existenz* (2).

Exis|tenz|grün|dung, die: *Gründung einer Existenz* (2).

exis|ten|zi|al, (auch:) existential ⟨Adj.⟩ (Philos.): *die Existenz, das [menschliche] Dasein hinsichtlich seiner Wesensmerkmale betreffend.*

Exis|ten|zi|a|lis|mus, (auch:) Existentialismus, der; - [frz. existentialisme] (Philos.): **1.** *bes. von J. P. Sartre ausgehende Philosophie, Weltanschauung; davon beeinflusste unbürgerliche, unkonventionelle [u. moralisch freizügige] Lebenseinstellung, die auf der Überzeugung von der [verpflichtenden] Freiheit u. unausweichlichen Diesseitigkeit des menschlichen Daseins beruht.* **2.** *Existenzphilosophie.*

Exis|ten|zi|a|list, (auch:) Existentialist, der; -en, -en [frz. existentialiste]: **1.** *Vertreter, Anhänger des Existenzialismus.* **2.** *jmd., der existenzialistisch [eingestellt ist u.] lebt.*

Exis|ten|zi|a|lis|tin, (auch:) Existentialistin, die; -, -nen: w. Form zu ↑Existenzialist.

exis|ten|zi|a|lis|tisch (auch:) existentialistisch ⟨Adj.⟩: **1.** *den Existenzialismus vertretend od. betreffend.* **2.** *die Lebenseinstellung des Existenzialismus* (1) *bzw. [ähnliche wie] dessen Lebens- u. Ausdrucksformen zeigend.*

Exis|ten|zi|al|phi|lo|so|phie, (auch:) Existentialphilosophie, die: *Existenzphilosophie.*

exis|ten|zi|ell (auch:) existentiell ⟨Adj.⟩ [frz. existentiel, zu: existence = Existenz < spätlat. ex(s)istentia, ↑Existenz] (Philos., bildungsspr.): **a)** *das im Erleben u. Handeln sich erschließende, wesenhafte menschliche Dasein (das Dasein hinsichtlich seines Seinscharakters) betreffend, wesenhaft daseinsmäßig;* **b)** *das Dasein, die Existenz wesentlich betreffend, lebenswichtig.*

Exis|tẹnz|kampf, der: *Kampf um die Existenz* (1, 2).

Exis|tẹnz|mi|ni|mum, das ⟨o. Pl.⟩: *zum Leben unbedingt nötiges Mindesteinkommen.*

Exis|tẹnz|phi|lo|so|phie, die: *philosophische Richtung des 20. Jh.s, deren Hauptthema das im Erleben u. Handeln sich erschließende, wesenhafte menschliche Dasein ist.*

exis|tie̲|ren ⟨sw. V.; hat⟩ [lat. ex(s)istere = heraus-, hervortreten, vorhanden sein, zu: sistere = (sich) hinstellen, stellen]: **1.** *vorhanden sein, da sein, bestehen:* das alte Haus existiert noch; diese Dinge existieren nur in deiner Fantasie; es existieren keine Aufzeichnungen mehr darüber. **2.** *leben, sein Auskommen haben:* von 400 Mark monatlich kann man kaum e.

E

Ẹxi|tus, der; - [lat. exitus, eigtl. = das Herausgehen, Ausgang] (Med.): *Tod.*

Ex|ka|va|ti|o̲n, die; -, -en [lat. excavatio = Aushöhlung]: **1.** (Med.) *(krankhafte od. normale) Aushöhlung, Ausbuchtung [eines Organs].* **2.** (Zahnmed.) *Entfernung kariösen Zahnbeins durch Exkavieren* (1). **3.** (Fachspr.) *Ausschachtung, Ausbaggerung.*

Ex|ka|va|tor, der; -s, ...o̲ren: **1.** (Zahnmed.) *löffelartiges Instrument zur Entfernung kariösen Zahnbeins.* **2.** *Maschine für Erdarbeiten.*

ex|ka|vie̲|ren ⟨sw. V.; hat⟩ [lat. excavare = aushöhlen, zu: cavus = hohl, gewölbt]: **1.** (Zahnmed.) *kariöses Zahnbein mit dem Exkavator* (1) *entfernen.* **2.** (Fachspr.) *ausschachten, ausbaggern, aushöhlen.*

exkl. = exklusive.

Ex|kla|ma|ti|o̲n, die; -, -en [lat. exclamatio] (Rhet.; bildungsspr. veraltet): *Ausruf.*

ex|kla|ma|to̲|risch ⟨Adj.⟩ (bildungsspr.): *ausrufend; marktschreierisch.*

Ex|kla̲|ve, die; -, -n [Ggb. zu ↑Enklave]: **1.** *von fremdem Staatsgebiet eingeschlossener Teil eines Staatsgebietes:* eine britische E. **2.** (Biol.) *kleineres, vom Hauptverbreitungsgebiet isoliertes Areal einer Tier- od. Pflanzenart.*

Ex|klu|si|o̲n, die; -, -en [lat. exclusio] (bildungsspr. veraltet): *Ausschließung.*

ex|klu|si̲v ⟨Adj.⟩ [engl. exclusive < (m)frz. exclusif < mlat. exclusivus, zu lat. excludere, aus: ex = (her)aus u. claudere, ↑Klause]: **1.** (bildungsspr.) **a)** *sich [gesellschaftlich] abschließend, abgrenzend, abhebend [u. daher in der allgemeinen Wert-, Rangeinschätzung hoch stehend]:* ein -er Zirkel; die -e *(vornehme)* Gesellschaft; e. leben; **b)** *höchsten Ansprüchen genügend, [vornehm u.] vorzüglich, anspruchsvoll:* ein -es Modell; ein -es Restaurant; e. speisen. **2.** *ausschließlich einem bestimmten Personenkreis od. bestimmten Zwecken, Dingen vorbehalten, anderen [Dingen] nicht zukommend:* eine -e [Theater]aufführung; einer Zeitung e. *(aufgrund einer Vereinbarung ihr allein)* über etw. berichten.

Ex|klu|si̲v|be|richt, der (bes. Zeitungsw.): *ausschließlich einer bestimmten Zeitung, einem bestimmten Sender o. Ä. vorbehaltener bzw. zur Veröffentlichung überlassener Bericht.*

ex|klu|si̲|ve: **I.** ⟨Präp. mit Gen.; zur Rektion vgl. auch ausschließlich III⟩ (bes. Kaufmannsspr.) *ausschließlich* (III). **II.** ⟨Adv.⟩ (bildungsspr.) *Letztgenanntes nicht mit einbegriffen:* der Vertrag läuft noch bis Januar e.; lesen Sie bitte weiter bis Kapitel drei e. (Abk.: exkl.).

Ex|klu|si̲v|fo|to, das: vgl. Exklusivbericht.

Ex|klu|si̲v|in|ter|view, das (bes. Zeitungsw., Rundf., Ferns.): *nur einer bestimmten Person (z. B. einem Reporter) gewährtes Interview.*

Ex|klu|si|vi|tä̲t, die; - (bildungsspr.): *das Exklusivsein; exklusive Beschaffenheit.*

Ex|klu|si̲v|recht, das (bes. Verlagswesen): *alleiniges Recht an, auf etw., bes. auf Veröffentlichung von etw.*

Ex|klu|si̲v|ver|trag, der: *Vertrag, in dem die Übertragung von Exklusivrechten festgelegt ist.*

Ex|kom|mu|ni|ka|ti|o̲n, die; -, -en [kirchenlat. excommunicatio] (kath. Kirche): *Ausschluss aus der Gemeinschaft der Gläubigen, bes. vom Empfang der Sakramente (aber nicht aus der Kirche).*

ex|kom|mu|ni|zie̲|ren ⟨sw. V.; hat⟩ [kirchenlat. excommunicare, aus lat. ex = (her)aus u. communicare, ↑kommunizieren] (kath. Kirche): *(zur Strafe) aus der Gemeinschaft der Gläubigen ausschließen:* einen Ketzer e.

Ex|kom|mu|ni|zie̲|rung, die; -, -en: *das Exkommunizieren; das Exkommuniziertwerden.*

Ex|kre|mẹnt, das; -[e]s, -e ⟨meist Pl.⟩ [lat. excrementum, zu: excernere, ↑Exkret] (bildungsspr.): *Ausscheidung (bes. Kot):* tierische, menschliche -e.; die -e der Vögel beseitigen.

Ex|kre̲t, das; -[e]s, -e [zu lat. excretum, 2. Part. von: excernere = aussondern, ausscheiden] (Med., Zool.): *vom Körper ausgeschiedenes wertloses Stoffwechselprodukt (bes. Harn, Kot, Schweiß).*

Ex|kre|ti|o̲n, die; -, -en (Med., Zool.): *Ausscheidung wertloser Stoffwechselprodukte aus dem Körper.*

ex|kre|to̲|risch ⟨Adj.⟩ (Med., Zool.): *ausscheidend, absondernd:* -e Drüsen.

Ex|kul|pa|ti|o̲n, die; -, -en [mlat. exculpatio = Schuldbefreiung, zu lat. culpa = Schuld] (Rechtsspr., bildungsspr.): *[Selbst]entlastung vom Vorwurf des Verschuldens, Rechtfertigung, Schuldbefreiung.*

Ex|ku̲rs, der; -es, -e [lat. excursus, eigtl. = das Herauslaufen; Streifzug, zu: excurrere (2. Part. excursum) = herauslaufen, zu: currere, ↑Kurs] (bildungsspr.): *Erörterung in Form einer Abschweifung:* ein historischer E.

Ex|kur|si|o̲n, die; -, -en [frz. excursion < lat. excursio = Streifzug]: *Gruppenausflug zu wissenschaftlichen od. Bildungszwecken:* eine geografische E. in die/den Alpen unternehmen; zu einer E. in die Antarktis aufbrechen; sich auf [einer] E. befinden.

ex|lẹx ⟨Adv.⟩ [lat. exlex = an kein Gesetz gebunden, gesetzlos, zu: lex = Gesetz] (bildungsspr.): *recht- u. gesetzlos, vogelfrei, geächtet.*

Ex|li̲|bris, das; -, - [lat. ex libris = aus den Büchern] (Buchw., Grafik): *auf die Innenseite des vorderen Buchdeckels geklebter, künstlerisch gestalteter Zettel mit [der Aufschrift »Exlibris« od. »Ex libris« u.] dem Namen des Eigentümers.*

Ẹx|mann, der ⟨Pl. ...männer⟩: *Mann, der von seiner Frau geschieden ist.*

Ex|ma|tri̲|kel, die; -, -n [aus lat. ex = (her)aus u. ↑Matrikel] (Hochschulw.): *Bescheinigung über das Verlassen der Hochschule.*

Ex|ma|tri|ku|la|ti|o̲n, die; -, -en [Ggb. zu ↑Immatrikulation] (Hochschulw.): *Streichung aus der Matrikel:* die E. beantragen; seit meiner E.

ex|ma|tri|ku|lie̲|ren ⟨sw. V.; hat⟩ [Ggb. zu ↑immatrikulieren] (Hochschulw.): **a)** *aus der Matrikel streichen:* einen Studenten e.; **b)** ⟨e. + sich⟩ *sich exmatrikulieren* (a) *lassen:* ich habe mich noch nicht exmatrikuliert.

Ex|mis|si|o̲n, die; -, -en [zu ↑exmittieren] (Rechtsspr.): *gerichtliche Ausweisung aus einem Haus od. Verweisung von einem Grundstück.*

ex|mit|tie̲|ren ⟨sw. V.; hat⟩ [lat. e(x)mittere (2. Part.: e(x)missum) = fortschicken, herauswerfen, zu: mittere, ↑Mission]: **1.** (Rechtsspr.) *durch gerichtlich angeordnete Zwangsräumung aus einer Wohnung, von einem Grundstück weisen.* **2.** (bildungsspr. selten) *hinauswerfen, hinaussetzen, hinausbefördern.*

Ex|mit|tie̲|rung, die; -, -en: *Exmission.*

exo-, Exo- [griech. éxō, zu: ex = (her)aus] ⟨Best. im Zus. mit der Bed.⟩: *außen, außerhalb* (z. B. exotherm, Exoallergie).

Exo|al|ler|gie̲, die; -, -n [↑Allergie] (Med.): *Allergie, bei der die Allergene von außen her auf den Organismus einwirken.*

Exo|bio|lo|gie̲, die; - [↑Biologie]: *Kosmobiologie.*

Exo|der|mis, die; -, ...men [zu griech. dérma = Haut] (Bot.): *äußeres [verkorktes] Abschlussgewebe der Pflanzenwurzel.*

Exo|dus, der; -, -se [1: lat. exodus < griech. éxodos = Ausgang; nach dem 2. Buch Mose, das den Auszug der Juden aus Ägypten schildert]: **1.** 2. Buch Mose. **2.** (bildungsspr.) *Auszug (einer Gesamtheit):* der E. der deutschen Bevölkerung aus Danzig; der E. der Opposition [aus dem Plenum] *(das demonstrative Verlassen des Plenums).*

ex of|fi|cio [lat., zu: officium, ↑Offizium] (Rechtsspr.): *von Amts wegen, amtlich, kraft Amtes* (Abk.: e. o.).

Exo|ga|mie̲, die; -, -n [zu ↑exo-, Exo- u. griech. gámos = Hochzeit, Ehe] (Soziol.): *Heiratsordnung, nach der nur außerhalb des eigenen sozialen Verbandes (z. B. Stamm, Sippe) geheiratet werden darf.*

exo|ge̲n ⟨Adj.⟩ [↑-gen]: **1. a)** (Med.) *(von Stoffen, Krankheitserregern od. Krankheiten) außerhalb des Organismus entstehend; von außen her in den Organismus eindringend:* -e Erreger; **b)** (Psych.) *umweltbedingt:* eine -e Psychose; **c)** (Bot.) *(bes. von Blattanlagen u. Knospen) außen entstehend.* **2.** (Geol.) *von Kräften ableitbar, die auf die Erdoberfläche einwirken, wie Wasser, Atmosphäre, Organismen u. Ä.:* Verwitterungen sind e. bestimmte Vorgänge.

Exo|ka̲rp, das; -s, -e [zu griech. karpós = Frucht] (Bot.): *äußerste Wandschicht einer pflanzlichen Frucht* (z. B. der Haarüberzug beim Pfirsich).

exo|kri̲n ⟨Adj.⟩ [zu griech. krínein = scheiden] (Med.): *(von Drüsen) nach außen abscheidend.*

Exo|ny̲m, das; -s, -e, **Exo̲|ny|mon,** das; -s, ...ma [zu ↑exo-, Exo- u. griech. ónyma = Name] (Sprachw.): *von dem amtlichen Namen abweichende, in anderen Ländern gebrauchte Ortsnamenform* (z. B. dt. Mailand für ital. Milano).

exor|bi|tạnt ⟨Adj.⟩ [zu spätlat. exorbitans (Gen.: exorbitantis), 1. Part. von: exorbitare = von der Bahn, der Wagenspur abweichen, zu lat. orbita, ↑Orbit] (bildungsspr.): *außerordentlich, gewaltig, enorm, ungeheuer:* -e Preise, Forderungen, Erfolge; ein -es Honorar; die Hitze war e.; seine Leistungen e. steigern.

Exor|bi|tạnz, die; -, -en ⟨Pl. selten⟩ (bildungsspr.): *exorbitante Beschaffenheit:* die E. einer Forderung.

ex ori|e̲n|te lux [lat., zu: oriens (↑Orient) u. lux = Licht]: *aus dem Osten (kommt) das Licht* (zunächst auf die Sonne bezogen, dann übertragen auf Christentum u. Kultur).

exor|zie̲|ren, exorzisieren ⟨sw. V.; hat⟩ [spätlat. exorcizare < griech. exorkízein = schwören lassen; beschwören, zu: hórkos = das, wobei od. worauf man schwört] (Rel.): *(vermeintlich vorhandene Dämonen, böse Geister) durch Beschwörung austreiben:* den Teufel e.

Exor|zie̲|rung, Exorzisierung, die; -, -en: *das Exorzieren; das Exorziertwerden.*

exor|zi|sie̲|ren usw.: ↑exorzieren usw.

Exor|zi̲s|mus, der; -, ...men [lat. exorcismus < griech. exorkismós] (Rel.): *[Praktik der] Austreibung von vermeintlich vorhandenen Dämonen, bösen Geistern.*

Exor|zi̲st, der; -en, -en [spätlat. exorcista < griech. exorkistḗs]: **1.** (Rel.) *jmd., der exorziert.* **2.** (kath. Kirche veraltet) *jmd., der den dritten Grad der niederen Weihen besitzt.*

Exor|zis|tin, die; -, -nen: w. Form zu ↑Exorzist (1).

Exo|sphä̲|re, die; -, -n [↑Sphäre]: *an die Ionosphäre grenzende, oberste Schicht der Atmosphäre.*

Exo̲t, der; -en, -en, (auch:) Exo̲te, der; -n, -n [zu ↑exotisch]: **1.** *Mensch, Tier, Pflanze aus einem fernen (bes. überseeischen, tropischen) Land:* in dieser Voliere sind die Exoten untergebracht; Ü auf dem Automarkt sind die Exoten (Jargon; *ausgefallene Fabrikate*) sehr gefragt. **2.** ⟨Pl.⟩ (Börsenw.) *überseeische Wertpapiere, die im Telefonhandel od. ungeregelten Freiverkehr gehandelt werden.*

Exo̲|te: ↑Exot.

Exo|te̲|ri|ker, der; -s, - [zu ↑exoterisch] (bildungsspr.): *(bezüglich esoterischer Lehren o. Ä.) Außenstehender, nicht Eingeweihter.*

Exo|te|ri|ke|rin, die; -, -nen: w. Form zu ↑Exoteriker.

xo|te|risch ⟨Adj.⟩ [lat. exotericus < griech. exōterikós, zu: éxō, ↑exo-, Exo-] (bildungsspr.): *für Außenstehende, für die Öffentlichkeit bestimmt; allgemein verständlich.*

xo|therm ⟨Adj.⟩ [zu ↑exo-, Exo- u. griech. thérmē = Wärme, Hitze] (Physik, Chemie): *(von chemischen Vorgängen) mit Freiwerden von Wärme verbunden, unter Freiwerden von Wärme ablaufend:* -e Reaktionen.

xo|tik, die; - [zu ↑exotisch] (bildungsspr.): *exotisches Aussehen, Wesen; exotische Beschaffenheit, Gestaltung:* ein Geschehen von pittoresker E.

xo|ti|ka ⟨Pl.⟩: *aus fernen Ländern stammende Kunstgegenstände.*

xo|tin, die; -, -nen: *Frau od. Mädchen aus einem fernen (bes. überseeischen, tropischen) Land.*

xo|tisch ⟨Adj.⟩ [lat. exoticus < griech. exōtikós = ausländisch, zu: exō, ↑exo-, Exo-]: **a)** *fernen (bes. überseeischen, tropischen) Ländern, Völkern eigentümlich, ihnen zugehörend, entstammend; [der Art, dem Aussehen, Eindruck nach] fremdländisch, fremdartig u. dabei einen gewissen Zauber ausstrahlend:* -e Tiere, Pflanzen, Menschen; -e (Jargon; *aus dem Fernen Osten importierte*) Geräte; e. klingen; **b)** *ausgefallen, ungewöhnlich:* -e Flugversuche unternehmen.

xo|tis|mus, der; -, ...men (Sprachw.): *fremdsprachiges Wort, das auf einen Begriff der fremdsprachigen Umwelt beschränkt bleibt* (z. B. College, Iglu, Hazienda).

x ovo [lat., eigtl. = vom Ei an]: *ab ovo.*

x|pan|der, der; -s, - [engl. expander, eigtl. = (Aus)dehner, zu: to expand = ausdehnen, strecken < lat. expandere, ↑expandieren] (Sport): *Trainingsgerät aus Metallspiralen od. elastischen Seilen, die man mit beiden Armen auseinander zieht, um Arm- und Oberkörpermuskulatur zu stärken.*

x|pan|die|ren ⟨sw. V.⟩ [lat. expandere (2. Part.: expansum) = auseinander spannen, ausbreiten, ↑Spaß]: **1.** (bildungsspr.) *sich ausdehnen, sich vergrößern, zunehmen* ⟨hat⟩: eine expandierende Stadt; die Sozialausgaben haben am stärksten expandiert *(sind am stärksten gestiegen).* **2.** (Physik, Technik) **a)** *(bes. Dämpfe, Gase) ausdehnen* ⟨hat⟩: der Wasserdampf wird durch Erhitzung expandiert; **b)** *(bes. von Dämpfen, Gasen) sich ausdehnen* ⟨ist⟩: das Gas ist um das Doppelte seines Volumens expandiert; der expandierende Kosmos. **3.** ⟨hat⟩ **a)** (Politik) *den Macht- od. Einflussbereich erweitern:* ein expandierender Staat; **b)** (Wirtsch.) *den Umsatz u. den Marktanteil kräftig steigern sowie den Leistungs- od. Einflussbereich erweitern, eine Expansion* (3 b) *zeigen:* das Unternehmen expandiert.

x|pan|si|on, die; -, -en [frz. expansion < lat. expansio = Ausdehnung, Ausstreckung, zu: expandere, ↑expandieren]: **1.** (bildungsspr.) *das Expandieren* (1); *Vergrößerung:* die E. der Großstädte; eine kräftige E. *(Steigerung)* des Etats, der Unkosten. **2.** *das Expandieren* (2 b); *starke räumliche Ausdehnung (bes. von Gasen, Dämpfen):* die E. des Wasserdampfs; die E. des Kosmos. **3. a)** (Politik) *Erweiterung des Macht- od. Einflussbereichs:* eine Politik der E. betreiben; **b)** (Wirtsch.) *kräftige Steigerung des Umsatzes u. Marktanteils in Verbindung mit einer Erweiterung des Leistungs- od. Einflussbereichs:* die E. eines Unternehmens [in neue Marktbereiche].

x|pan|si|o|nis|tisch ⟨Adj.⟩: *auf Expansion* (3 a) *bedacht:* eine -e Politik.

x|pan|si|ons|be|stre|bun|gen ⟨Pl.⟩: *Bestrebungen in Richtung auf eine Expansion* (3).

x|pan|si|ons|freu|dig ⟨Adj.⟩: *leicht u. schnell expandierend* (3), *stark zur Expansion* (3) *neigend.*

x|pan|si|ons|kraft, die (Physik): *Kraft, die sich in einer Tendenz zur Expansion zeigt.*

x|pan|si|ons|po|li|tik, die: **a)** *expansionistische Politik;* **b)** *auf Expansion* (3 b) *gerichtete Politik.*

x|pan|si|ons|ver|mö|gen, das: *Vermögen, Fähigkeit eines Stoffes zu expandieren* (2).

ex|pan|siv ⟨Adj.⟩: *sich ausdehnend, auf Ausdehnung u. Erweiterung, Expansion bedacht:* ein sehr -es *(starke Expansion 3 b aufweisendes)* Unternehmen; die Kostenentwicklung auf diesem Gebiet ist sehr e. *(die Kosten steigen sehr).*

Ex|pan|siv|kraft, die: *Kraft, die auf Expansion* (3) *gerichtet ist.*

Ex|pa|tri|a|ti|on, die; -, -en [zu ↑expatriieren] (Politik, Rechtsspr.): *Ausbürgerung, Verbannung.*

ex|pa|tri|ie|ren ⟨sw. V.; hat⟩ [mlat. expatriare = aus der Heimat weggehen, zu lat. patria = Vaterland] (Politik, Rechtsspr.): *ausbürgern, verbannen.*

Ex|pa|tri|ie|rung, die; -, -en: *Expatriation.*

Ex|pe|di|ent, der; -en, -en [zu lat. expediens (Gen.: expedientis), 1. Part. von: expedire, ↑expedieren]: **a)** *kaufmännischer Angestellter, der in der Expedition* (4 a) *eines Betriebes für die Abfertigung von Versand- u. Transportgüter zuständig ist* (Berufsbez.); **b)** *Angestellter in einem Reisebüro, Reisebürokaufmann* (Berufsbez.).

Ex|pe|di|en|tin, die; -, -nen: w. Form zu ↑Expedient.

ex|pe|die|ren ⟨sw. V.; hat⟩ [lat. expedire = losmachen, entwickeln, aufbereiten, eigtl. etwa = von einer Fußfessel befreien, zu lat. pes (Gen.: pedis) = Fuß]: *[abfertigen u.] absenden, befördern:* Briefe durch einen Boten e.

Ex|pe|die|rung, die; -, -en: *das Expedieren; das Expediertwerden.*

Ex|pe|dit, das; -[e]s, -e (österr.): *Versandabteilung [einer Firma].*

Ex|pe|di|ti|on, die; -, -en [lat. expeditio = Beseitigung, Erledigung; Feldzug]: **1. a)** *Forschungsreise einer Personengruppe [in unerschlossene Gebiete]:* eine gefährliche E.; eine E. [zum Nordpol] antreten; an einer E. teilnehmen; **b)** *Personengruppe, die eine Expedition* (1 a) *unternimmt:* sich einer E. anschließen. **2.** (veraltet) *Kriegszug:* eine missglückte E. Napoleons. **3.** *[ins Ausland] entsendete Personengruppe, die [für einen Verband, ein Unternehmen o. Ä.] bestimmte Aufgaben wahrnehmen soll:* die dreizehnköpfige E. des Deutschen Tischtennisbundes. **4. a)** *Versand-, Abfertigungsabteilung [einer Firma]:* in der E. eines Warenhauses arbeiten; **b)** (Kaufmannsspr., seltener) *Expedierung.*

Ex|pe|di|ti|ons|lei|ter, der: *Leiter einer Expedition* (1 a).

Ex|pe|di|ti|ons|lei|te|rin, die; -, -nen: w. Form zu ↑Expeditionsleiter.

Ex|pe|di|ti|ons|teil|neh|mer, der: *jmd., der an einer Expedition* (1 a) *teilnimmt.*

Ex|pe|di|ti|ons|teil|neh|me|rin, die: w. Form zu ↑Expeditionsteilnehmer.

Ex|pek|to|rans, das; -, ...ranzien u. ...rantia, **Ex|pek|to|ran|ti|um,** das; -s, ...ranzien u. ...rantia [zu lat. ex = (her)aus u. pectus (Gen.: pectoris) = Brust] (Med.): *schleimlösendes Mittel, Hustenmittel.*

Ex|pek|to|ra|ti|on, die; -, -en: **1.** (Med.) *Auswurf.* **2.** (veraltet) *Äußerung persönlicher Gefühle u. Erfahrungen, das Sichaussprechen, Herzensergießung:* sich jmds. -en anhören.

ex|pek|to|rie|ren ⟨sw. V.; hat⟩: **1.** (Med.) *Schleim auswerfen, aushusten.* **2.** ⟨auch: e. + sich⟩ (veraltet) *seine persönlichen Gefühle u. Erfahrungen aussprechen.*

Ex|pe|ri|ment, das; -[e]s, -e [lat. experimentum = Versuch, Probe; Erfahrung, zu: experiri = versuchen, erproben]: **1.** *wissenschaftlicher Versuch, durch den etw. entdeckt, bestätigt od. gezeigt werden soll:* ein chemisches, psychologisches E.; das E. gelingt, missglückt; ein E. durch-, vorführen; -e an, mit Tieren; -e [mit jmdm., etw.] anstellen; etw. im E., in, an -en zeigen. **2.** *[gewagter] Versuch, Wagnis; gewagtes, unsicheres Unternehmen:* ein kühnes, gefährliches E.; das politische E. der Demokratisierung; wir wollen keine -e machen, [nur] keine -e! *(wir wollen uns auf kein Risiko einlassen!).*

ex|pe|ri|men|tal ⟨Adj.⟩ (selten): *experimentell* (1).

Ex|pe|ri|men|tal|phy|sik, die: *experimentelle Physik.*

Ex|pe|ri|men|ta|tor, der; -s, ...oren: *jmd., der Experimente durch- od. vorführt.*

Ex|pe|ri|men|ta|to|rin, die; -, -nen: w. Form zu ↑Experimentator.

ex|pe|ri|men|tell ⟨Adj.⟩: **1.** *auf Experimenten beruhend, mithilfe von Experimenten [erfolgend]:* die -e Physik; -e Methoden; etw. e. nachweisen. **2.** (Kunst, Literatur, Musik) *(versuchsweise) mit besonderen, neuartigen, ungewöhnlichen, fremd wirkenden künstlerischen Mitteln frei gestaltet, komponiert:* ein Musikstück.

Ex|pe|ri|men|tier|büh|ne, die: *Bühne für experimentelles Theater.*

ex|pe|ri|men|tie|ren ⟨sw. V.; hat⟩: *Experimente anstellen, durchführen:* mit, an Tieren e.; mit Chemikalien e.

Ex|pe|ri|men|tier|freu|de, die: *starke Neigung zum Experimentieren.*

ex|pe|ri|men|tier|freu|dig ⟨Adj.⟩: *gern experimentierend:* ein -er Filmemacher.

Ex|pe|ri|men|tier|freu|dig|keit, die: *Experimentierfreude.*

Ex|pe|ri|men|tier|sta|di|um, das: vgl. Versuchsstadium.

Ex|pe|ri|men|tier|the|a|ter, das: **a)** ⟨o. Pl.⟩ *experimentelles Theater* (2); **b)** *Experimentierbühne.*

Ex|per|te, der; -n, -n [frz. expert < lat. expertus = erprobt, bewährt, adj. 2. Part. von: experiri, ↑Experiment]: *Sachverständiger, Fachmann, Kenner:* militärische -n; ein E. in, für Steuerfragen.

Ex|per|ten|be|fra|gung, die: *das Einholen einer Stellungnahme verschiedener Experten zu einem Thema, Problem o. Ä.*

Ex|per|ten|grup|pe, die: vgl. Expertenstab.

Ex|per|ten|stab, der: *Gruppe, Stab von Experten.*

Ex|per|ten|sys|tem, das (EDV): *Programmsystem, das »Wissen« über ein spezielles Gebiet speichert und ansammelt, daraus Schlussfolgerungen zieht und zu konkreten Problemen des Gebietes Lösungen anbietet.*

Ex|per|tin, die; -, -nen: w. Form zu ↑Experte.

Ex|per|ti|se, die; -, -n [frz. expertise] (bes. Wirtsch., Kunsthandel, Recht, Politik): *Gutachten eines Experten:* eine E. über etw. einholen, vorlegen; ein Rubens mit E. *(Expertengutachten über die Echtheit).*

Ex|pla|na|ti|on, die; -, -en [lat. explanatio = Erklärung, Auslegung] (Literaturw.): *inhaltliche Erläuterung, Erklärung eines Textes; Explikation.*

ex|pla|na|tiv ⟨Adj.⟩ [spätlat. explanativus] (Literaturw.): *auslegend, erläuternd.*

Ex|plan|ta|ti|on, die; -, -en [zu lat. ex = (her)aus u. planta = Gewächs, Pflanze] (Med., Zool.): *Entnahme von Zellen, Geweben od. Organen aus dem lebenden Organismus.*

ex|plan|tie|ren ⟨sw. V.; hat⟩ (Med., Zool.): *(Zellen, Gewebe, Organe) für die Gewebezüchtung od. Transplantation aus dem lebenden Organismus entnehmen, auspflanzen.*

Ex|pli|ka|ti|on, die; -, -en [lat. explicatio, eigtl. = das Auseinanderrollen]: **1.** (bildungsspr.) *Erklärung, Erläuterung, Darlegung:* seine theoretischen -en. **2.** (Logik) *entfaltende u. präzisierende Erklärung, Definition.*

ex|pli|zie|ren ⟨sw. V.; hat⟩ [lat. explicare, eigtl. = auseinander falten, rollen] (bildungsspr.): *erklären, näher erläutern, darlegen, auseinander setzen:* jmdm. einen Begriff, eine Angelegenheit e.

ex|pli|zit ⟨Adj.⟩ [lat. explicitus = ohne Schwierigkeiten auszuführen; klar, adj. 2. Part. von: explicare, ↑explizieren] (Fachspr., bildungsspr.): **1.** *ausdrücklich, deutlich:* diese Aussage ist e. im Text enthalten; implizite Regeln e. machen *(sie zu erkennen geben, ausformulieren).* **2.** *(bezüglich der Darstellung, Erklärung) ausführlich u. differenziert:* etw. e. darstellen.

ex|pli|zi|te ⟨Adv.⟩ [lat. explicite] (bildungsspr.): *ausdrücklich, in aller Deutlichkeit.*

Ex|pli|zit|heit, die; -: *das Explizitsein.*

ex|plo|dier|bar ⟨Adj.⟩: *die Eigenschaft besitzend, explodieren zu können.*

ex|plo|die|ren ⟨sw. V.; ist⟩ [lat. explodere = klatschend, schlagend hinaustreiben, aus: ex = (her)aus u. plodere (plaudere), ↑plausibel]: 1. *durch heftigen inneren [Gas]druck plötzlich auseinander getrieben werden, krachend [zer]platzen, [zer]bersten:* die Bombe, der Kessel, das Gasgemisch ist explodiert; Ü die Kosten explodieren *(steigen rapide an).* 2. *plötzlich in etw. ausbrechen, einen Gefühlsausbruch haben:* vor Zorn, Wut e. 3. (Sport Jargon) *sich plötzlich äußerst heftig, temperamentvoll einsetzen, plötzlich überaus kraftvoll spielen:* am Ball e.

Ex|ploi|ta|ti|on [ɛksploata'tsio:n], die; -, -en [frz. exploitation, zu: exploiter, über das Afrz. u. Vlat. zu lat. explicitus, ↑explizit] (veraltet): *Ausbeutung, Ausnutzung (von Sachen od. Personen).*

Ex|plo|rand, der; -en, -en [zu lat. explorandus, Gerundivum von: explorare, ↑explorieren] (Fachspr.): *jmd., der exploriert* (2) *wird.*

Ex|plo|ra|ti|on, die; -, -en [lat. exploratio = Untersuchung, Erforschung] (bes. Fachspr.): *das Explorieren.*

Ex|plo|ra|tor, der; -s, ...oren (Fachspr.): *jmd., der exploriert.*

Ex|plo|ra|to|rin, die; -, -nen: w. Form zu ↑Explorator.

ex|plo|ra|to|risch ⟨Adj.⟩ [lat. exploratorius = zum Aufklären gehörend] (bes. Fachspr.): *Exploration bezweckend, betreffend; ausforschend, erkundend:* -e Gespräche.

ex|plo|rie|ren ⟨sw. V.; hat⟩ [lat. explorare = untersuchen, erforschen, urspr. in der Jägerspr. = das Wild herausschreien (= aufscheuchen), zu: plorare, ↑Pleureuse] (Fachspr.): 1. *(Boden, Gelände) erforschen, untersuchen, erkunden (z. B. archäologisch od. zur Auffindung von Bodenschätzen):* das Terrain e.; ⟨auch o. Akk.-Obj.:⟩ der Ölkonzern exploriert in der Arktis. 2. *(Personen[gruppen]) zu Untersuchungs-, Erkundungszwecken befragen; (Verhältnisse) durch Befragung u. Gespräche untersuchen, erkunden:* eine Population e.

ex|plo|si|bel ⟨Adj.; ...bler, -ste⟩ [zu lat. explosum, 2. Part. von: explodere, ↑explodieren]: 1. *leicht explodierend, explosiv* (1 a): ein explosibles Gemisch. 2. (Med., Psych.) *(von Psychopathen) zu unvermittelten Gewalthandlungen u. plötzlichen Kurzschlussreaktionen neigend.*

Ex|plo|si|on, die; -, -en [lat. explosio = das Herausklatschen]: 1. *durch starken inneren [Gas]druck verursachtes, mit einem heftigen Knall verbundenes plötzliches Zerplatzen od. Zerbersten eines Körpers:* die E. eines Dampfkessels; eine heftige E. auslösen; eine Atombombe zur E. bringen. 2. *heftiger Gefühlsausbruch, bes. Zornes-, Wutausbruch:* seit langem gestauter Ärger führte zur, zu einer E., entlud sich in einer E. 3. *rapides Ansteigen, Anwachsen:* eine E. der Kosten, der Bevölkerungszahlen.

ex|plo|si|ons|ar|tig ⟨Adj.⟩: 1. *einer Explosion ähnlich [vor sich gehend]:* ein -es Zerbersten. 2. *rapide, plötzlich [erfolgend]:* -e Kostensteigerungen.

Ex|plo|si|ons|ge|fahr, die: *Gefahr einer Explosion.*

Ex|plo|si|ons|herd, der: 1. *Quelle einer Explosion* (1). 2. *Unruheherd.*

Ex|plo|si|ons|kraft, die: vgl. Sprengkraft.

Ex|plo|si|ons|kra|ter, der (Geol.): *durch eine Explosion* (1) *entstandener Krater.*

Ex|plo|si|ons|mo|tor, der (Technik): *Verbrennungsmotor.*

ex|plo|si|ons|si|cher ⟨Adj.⟩: *vor Explosion* (1) *gesichert:* ein -er Ofen.

Ex|plo|si|ons|wir|kung, die: *Wirkung einer Explosion* (1): eine kaum vorausberechenbare E.

ex|plo|siv ⟨Adj.⟩: 1. a) *leicht explodierend:* ein -es Gemisch; Ü die -en *(brisanten, gefährlichen)* Kräfte der Revolution; b) *zu plötzlichen Gefühls-, bes. Zornes-, Wutausbrüchen neigend:* ein -es Temperament. 2. a) *explosionsartig:* -e Laute (Sprachw.; *Explosivlaute*); Ü etw. geschieht mit -er Heftigkeit; b) *sehr temperamentvoll, heftig:* e. reagieren.

Ex|plo|siv, der; -s, -e, **Ex|plo|si|va,** die; -, ...vä (Sprachw.): *Explosivlaut.*

Ex|plo|siv|ge|schoss, das: *Geschoss, das beim Einschlagen explodiert.*

Ex|plo|si|vi|tät, die; -: *explosive Beschaffenheit, Art [u. Weise].*

Ex|plo|siv|laut, der (Sprachw.): *Laut, bei dessen Artikulation der von innen nach außen drängende Luftstrom für einen Moment völlig gestoppt wird; Verschlusslaut; Explosiv; Plosiv[laut]; Okklusiv* (z. B. p, t, k).

Ex|plo|siv|stoff, der: 1. (Technik) *explosiver Stoff.* 2. *Sprengstoff.*

Ex|po|nat, das; -[e]s, -e [russ. èksponat, zu lat. exponere, ↑exponieren] (Fachspr.): *Ausstellungs-, Museumsstück:* die Ausstellung umfasst über tausend -e.

Ex|po|nent, der; -en, -en [zu lat. exponens (Gen.: exponentis) = (her)aussetzend, -stellend, 1. Part. von: exponere, ↑exponieren]: 1. *herausgehobener Vertreter einer Richtung, Partei usw.:* der E. einer politischen Bewegung. 2. (Math.) a) *rechts oben angefügte Hochzahl als Angabe, wie oft ein zu potenzierender Ausdruck als Faktor zu setzen ist:* der E. einer Potenz; b) *dem Wurzelzeichen vorn hinzugesetzte Zahl, die angibt, in wie viele gleiche Faktoren der Radikand aufzugliedern ist:* der E. einer Wurzel.

Ex|po|nen|ti|al|funk|ti|on, die (Math.): *mathematische Funktion, bei der die unabhängige Veränderliche als Exponent einer Konstanten auftritt.*

ex|po|nen|ti|ell ⟨Adj.⟩ (Math.): *gemäß einer Exponentialfunktion verlaufend:* der -e Anstieg einer Kurve.

Ex|po|nen|tin, die; -, -nen: w. Form zu ↑Exponent.

ex|po|nie|ren ⟨sw. V.; hat⟩ [lat. exponere (2. Part.: expositum) = (her)aussetzen, -stellen; 4: zu ↑Exposition (5)]: 1. (bildungsspr.) *in eine der Aufmerksamkeit od. möglichen Angriffen, Gefahren ausgesetzte, ungeschützte, bes. herausgehobene räumliche Lage, Stellung bringen:* den Körper [der Sonnenstrahlung] e.; ein Spähtrupp darf sich nicht e. 2. (bildungsspr.) *in eine der Aufmerksamkeit od. möglichen Angriffen, Gefahren ausgesetzte Lage, Situation bringen:* jmdn., sich durch unvorsichtige Äußerungen e. 3. (Fachspr.) *als Voraussetzung weiterer Entfaltung einleitungsartig [knapp] darstellen:* in den ersten Kapiteln werden alle Regeltypen exponiert. 4. (Fot. selten) *belichten:* [den Film] e.

ex|po|niert ⟨Adj.⟩: 1. *(durch räumliche Lage, Stellung) der Aufmerksamkeit od. möglichen Angriffen, Gefahren ausgesetzt, ungeschützt, herausgehoben:* ein -er Ort; eine -e Lage; strategisch -e Staaten. 2. *(durch Lage, persönliche Situation o. Ä.) der Aufmerksamkeit od. möglichen Angriffen, Gefahren ausgesetzt:* eine -e politische Figur; eine -e Stellung einnehmen.

[1]Ex|port, der; -[e]s, -e [engl. export, zu: to export, ↑exportieren]: 1. ⟨o. Pl.⟩ *Ausfuhr* (a): den E. [von Kraftfahrzeugen] fördern, drosseln; für den E. nach Übersee bestimmte Waren; Fa. Schulz, Ex- und Import. 2. *Ausfuhr* (b): die -e *(Exportlieferungen)* nach Neuseeland wurden stark eingeschränkt.

[2]Ex|port, das; -, -: kurz für ↑Exportbier.

ex|port|ab|hän|gig ⟨Adj.⟩: *wirtschaftlich vom Export abhängig.*

Ex|port|ab|hän|gig|keit, die: *wirtschaftliche Abhängigkeit (z. B. eines Landes, einer Wirtschaft 1) vom Export.*

Ex|port|an|teil, der: 1. *Anteil des Exportes am [gesamten] Großhandel.* 2. *Anteil am [gesamten] Export.*

Ex|port|ar|ti|kel, der: *Artikel, der exportiert wird:* Mais ist der wichtigste E. dieses Landes.

Ex|port|be|schrän|kung, die: *Beschränkung der Exporte.*

Ex|port|bier, das [urspr. das für den Export nach Übersee stärker gebraute Bier von besonderer Haltbarkeit]: *ein qualitativ gutes, geschmacklich abgerundetes (nicht sehr bitteres) Bier.*

Ex|por|ten ⟨Pl.⟩ (Wirtsch.): *Exportwaren.*

Ex|por|teur [...'tø:r], der [französierende Bildung zu ↑exportieren] (Wirtsch.): *Person, Firma, die etw. exportiert.*

Ex|por|teu|rin, die; -, -nen: w. Form zu ↑Exporteur. er

Ex|port|ge|schäft, das: 1. *Firma, deren Tätigkeit im Export von Waren besteht.* 2. *einzelnes, über bestimmte Exportlieferungen abgeschlossenes Geschäft.* 3. ⟨o. Pl.⟩ *Exporthandel.*

Ex|port|han|del, der: *Handel mit dem Ausland.*

ex|por|tie|ren ⟨sw. V.; hat⟩ [engl. to export < lat. exportare = heraus-, hinaustragen, aus ex = (her)aus u. portare = tragen]: *(Waren) ins Ausland verkaufen, ausführen:* Südfrüchte, Kaffee e.; vor allem nach Indien e.; Ü die Inflation, Arbeitslosigkeit e. *(ins Ausland übertragen).*

Ex|port|in|dus|trie, die: *Industrie, die [vorwiegend] für den Export produziert.*

ex|port|in|ten|siv ⟨Adj.⟩: *viel für den Export produzierend:* ein sehr -er Wirtschaftszweig.

Ex|port|kauf|frau, die: vgl. Exportkaufmann.

Ex|port|kauf|mann, der: *Außenhandelskaufmann* (Berufsbez.).

Ex|port|land, das ⟨Pl. ...länder⟩: *Land, dessen Industrie vorwiegend für den Export produzier*

Ex|port|markt, der: *Markt* (3 b), *auf dem exportierte Waren abgesetzt werden können.*

Ex|port|prä|mie, die: *vom Staat od. von privaten Verbänden gewährte Prämie für den Export bestimmter Waren.*

Ex|port|preis, der: *Preis exportierter, für den Export bestimmter Waren (bes. im Gegensatz zum Inlandspreis).*

Ex|port|wa|re, die: vgl. Exportartikel.

Ex|port|wirt|schaft, die: vgl. Exportindustrie.

Ex|po|sé [ɛkspo'ze:], (auch:) **Ex|po|see,** das; -s, - [frz. exposé = Auseinanderlegung, Darlegung, subst. 2. Part. von: exposer = auslegen, -stellen darlegen < lat. exponere, ↑exponieren]: 1. *schriftlich niedergelegte, erläuternde Darstel lung; Denkschrift, Bericht:* seine Meinung zu etw. in einem [kurzen] E. niederlegen. 2. *Zusan menstellung, Übersicht, Plan.* 3. (Film, Literatu *Handlungsskizze, bes. als Vorstufe eines Drehbuchs:* das E. eines Romans, zu einem Film.

Ex|po|si|ti|on, die; -, -en [frz. exposition < lat. expositio = Darlegung, Entwicklung]: 1. a) (sel ten) *Darstellung, Darlegung (als Voraussetzung weiterer Entfaltung);* b) *Plan, Gliederung:* die E eines Schulaufsatzes. 2. (Literaturw.) *vorbereitender Teil eines Dramas, der die Voraussetzur gen für das weitere Geschehen bildet.* 3. (Musik a) *der Teil bes. des ersten Sonatensatzes, der di Aufstellung der musikalisch zu verarbeitenden Themen enthält;* b) *Kopfteil der Fuge mit der ersten Durchführung des Themas.* 4. *Ausstellung, Schau.* 5. (Fot. selten) *Belichtung.*

ex|po|si|to|risch ⟨Adj.⟩ (bes. Literaturw.): *der Exposition* (3) *dienend:* die -e Funktion der ers ten Szene.

Ex|po|si|tur, die; -, -en [zu lat. ex = (her)aus u. positus = gestellt, gelegt]: 1. (kath. Kirche) *abgegrenzter, selbstständiger Seelsorgebezirk einer Pfarrei.* 2. (österr.) a) *auswärtige Zweigstelle eines Geschäfts;* b) *Teil einer Schule, der i einem anderen Gebäude untergebracht ist [u. selbstständig geleitet wird].*

Ex|po|si|tus, der; -, ...ti (kath. Kirche): *Geistlicher der eine Expositur* (1) *leitet.*

ex|press ⟨Adv.⟩ [1: eigtl. = extra, eigens eingesetzt < lat. expressus = ausgedrückt, ausdrück lich, adj. 2. Part. von: exprimere = ausdrücken] 1. (veraltend) *eilig:* einen Brief e. *(durch Eilboten)* zustellen. 2. (landsch.) *eigens, extra:* das tu er e. *(absichtlich, mit Absicht, aus Trotz).*

Ex|press, der; -es, -e [kurz für: Expresszug, für engl. express train]: 1. (österr., sonst veraltet): *[Fern]schnellzug.* 2. * per E. *(durch Eilboten):* einen Brief per E. zustellen.

Ex|press|brief, der: *Brief, der besonders schnell (bis zum nächsten Tag) zugestellt wird.*

Ex|press|dienst, der: *Einrichtung, Personalgruppe für schnelle Dienstleistungen.*

Ex|press|gut, das (Eisenb.): *Versandgut, das auf*

dem schnellsten Weg zum Bestimmungsort gebracht wird: etw. als E. schicken.

x|pres|si|on, die; -, -en [lat. expressio, ↑Expressionismus] (bildungsspr.): *[gesteigerter] Ausdruck.*

x|pres|si|o|nis|mus, der; - [zu lat. expressio = Ausdruck, zu: exprimere = ausdrücken]: *im Gegensatz zum Impressionismus stehende [Stil]richtung der Literatur, bildenden Kunst u. Musik (bes. im Anfang des 20. Jh.s), deren Grundzug der gesteigerte Ausdruck des Geistig-Seelischen ist:* der literarische, musikalische E.

x|pres|si|o|nist, der; -en, -en: *Vertreter des Expressionismus.*

x|pres|si|o|nis|tin, die; -, -nen: w. Form zu ↑Expressionist.

x|pres|si|o|nis|tisch ⟨Adj.⟩: *den Expressionismus betreffend, vertretend; vom Expressionismus bestimmt:* der -e Stil; -e Künstler.

x|pres|sis ver|bis [...si:s ...bi:s; lat., zu: expressus (↑express) u. verbum, ↑Verb] (bildungsspr.): *ausdrücklich.*

x|pres|siv ⟨Adj.⟩ [zu lat. expressus, ↑express] (bildungsspr.): *ausdrucksvoll, ausdrucksstark, ausdrucksbetont, mit Ausdruck:* eine -e Gebärde; -er Stil; etw. e. schildern.

x|pres|si|vi|tät, die; -: **1.** *expressive Beschaffenheit, expressiver Charakter.* **2.** (Biol.) *Grad der Ausprägung einer Erbanlage im Erscheinungsbild.*

x|press|rei|ni|gung, die: *Schnellreinigung.*

x|press|sen|dung, die: vgl. Expressgut.

x|press|stra|ße, die (schweiz.): *Schnellstraße (in großen Städten).*

x|press|zug, der (veraltet, noch schweiz.): *[Fern]schnellzug.*

x pro|fes|so [lat., aus: ex = (her)aus u. professo, 2. Part. (Ablativ) von: profiteri, ↑[1]Profess] (bildungsspr.): *berufsmäßig, von Amts wegen.*

x|pro|pri|a|teur [...'tø:ɐ̯], der; -s, -e [frz. expropriateur] (marx.): *Enteigner, Ausbeuter.*

x|pro|pri|a|ti|on, die; -, -en [frz. expropriation] (marx.): *Enteignung:* die E. der Bourgeoisie.

x|pro|pri|ie|ren ⟨sw. V.; hat⟩ [frz. exproprier, zu lat. ex = (her)aus u. proprius = eigen] (marx.): *enteignen:* die Großgrundbesitzer e.

x|pul|si|on, die; -, -en [lat. expulsio = Vertreibung] (Med.): *Entfernung, Abführung* (z. B. von Eingeweidewürmern).

x|pul|siv ⟨Adj.⟩ (Med.): *eine Expulsion bewirkend; abführend.*

x|qui|sit ⟨Adj.⟩ [lat. exquisitus, adj. 2. Part. von: exquirere = aussuchen]: *ausgesucht, erlesen, vorzüglich:* -e Genüsse; der Wein ist e.

x|qui|sit, das; -s, -s: kurz für ↑Exquisitladen.

x|qui|sit|la|den, der (DDR): *Geschäft für qualitativ hochwertige, modische Waren zu hohen Preisen.*

x|sik|kans, das; -, ...kkanzien u. ...kkantia [zu lat. exsiccans, 1. Part. von: exsiccare = austrocknen, zu: siccus = trocken] (Med.): *austrocknendes, Flüssigkeit absorbierendes Mittel* (z. B. Talkum).

x|sik|kat, das; -[e]s, -e [zu lat. exsiccatus = trocken, adj. 2. Part. von: exsiccare, ↑Exsikkans] (Bot.): *getrocknete Pflanzenprobe.*

x|sik|ka|ti|on, die; -, -en [spätlat. exsiccatio] (Chemie): *das Austrocknen, die Austrocknung.*

x|sik|ka|tiv ⟨Adj.⟩ (Chemie): *Exsikkation bewirkend; austrocknend.*

x|sik|ka|tor, der; -s, ...oren (Chemie): *Gerät zum Austrocknen od. zum trockenen Aufbewahren von Chemikalien.*

x|spi|ra|ti|on, die; - [zu ↑exspirieren] (Med.): *Ausatmung.*

x|spi|ra|to|risch ⟨Adj.⟩ (Med.): *auf Exspiration beruhend, mit ihr zusammenhängend:* -e Artikulation (Sprachw.; *Artikulation beim Ausatmen*); -er Akzent (Sprachw.; *den germanischen Sprachen eigentümlicher Akzent, der auf der Tonstärke des Gesprochenen beruht*).

x|spi|rie|ren ⟨sw. V.; hat⟩ [lat. exspirare = herausblasen, aushauchen, aus: ex = (her)aus u. spirare, ↑[2]Spiritus] (Med.): *ausatmen.*

x|stir|pa|ti|on, die; -, -en [lat. exstirpatio = Ausrottung] (Med.): *völlige Entfernung [eines erkrankten Organs].*

Ex|su|dat, das; -[e]s, -e [zu lat. exsudatum, 2. Part. von: exsudare = ausschwitzen]: **1.** (Med.) *entzündliche Ausschwitzung (eiweißhaltige Flüssigkeit, die bei Entzündungen aus den Gefäßen austritt):* entzündliches E. **2.** (Biol.) *Drüsenabsonderung bei Insekten.*

Ex|su|da|ti|on, die; -, -en [spätlat. exsudatio = Ausschwitzung]: **1.** (Med., Biol.) *Ausschwitzung, Absonderung eines Exsudats.* **2.** (Geol.) *Ausscheidung von Mineralstoffen aus feinstverteilt aufsteigenden u. verdunstenden Bodenlösungen.*

ex tem|po|re ⟨Adv.⟩ [lat., eigtl. = aus dem Zeitabschnitt heraus, zu: tempus (Gen.: temporis) = Zeit] (Theater, bildungsspr.): *aus dem Stegreif, unvorbereitet:* ex t. sprechen.

Ex|ten|ded [ɪks'tɛndɪd], die; - [engl. extended = ausgedehnt; (vom Buchstaben) breit, eigtl. 2. Part. von: to extend = ausdehnen < lat. extendere, ↑extendieren (2. Part.: extensum), aus: ex = (her)aus u. tendere, ↑Tendenz] (Druckw.): *aus England stammende, breite Antiquadruckschrift.*

ex|ten|die|ren ⟨sw. V.; hat⟩ [lat. extendere] (veraltet): *ausweiten, ausdehnen, erweitern.*

Ex|ten|si|on, die; -, -en [lat. extensio]: **1.** (bildungsspr. selten) *Ausweitung, Ausdehnung, Streckung.* **2.** (Logik) *Umfang eines Begriffes; Gesamtheit der Gegenstände, die unter diesen Begriff fallen.* **3.** (Med.) **a)** *Streckbewegung einer Gliedmaße od. der Wirbelsäule;* **b)** *(bei Knochenbrüchen od. Verrenkungen (1)) das Zurückbringen in die normale anatomische Lage durch mechanische Streckung.* **4.** (EDV) *dem Namen einer Datei hinzugefügte, aus drei Buchstaben bestehende Kennung* (1).

ex|ten|si|o|nal ⟨Adj.⟩ (Logik): *die Extension betreffend, auf ihr beruhend:* -e Logik.

Ex|ten|si|tät, die; - [zu lat. extensum, 2. Part. von: extendere, ↑extendieren] (bildungsspr.): *Ausdehnung, Umfang.*

ex|ten|siv ⟨Adj.⟩ [spätlat. extensivus]: **1. a)** (bildungsspr.) *ausgedehnt, umfassend, in die Breite gehend:* -e Beeinflussung; **b)** (Landw.) *auf großen Flächen, aber mit verhältnismäßig geringem Aufwand betrieben:* -e Wirtschaft, Nutzung. e. bewirtschaftetes Dauergrünland. **2.** (Rechtsspr.) *ausdehnend, erweiternd.*

ex|ten|si|vie|ren ⟨sw. V.; hat⟩ **a)** (bildungsspr.): *ausdehnen, in die Breite gehen od. wirken lassen;* **b)** (Landw.): *auf extensive* (1 b) *Bewirtschaftung umstellen.*

Ex|ten|si|vie|rung, die; -, -en **a)** (bildungsspr.): *das Extensivieren; Ausdehnung;* **b)** (Landw.): *Umstellung auf extensive* (1 b) *Bewirtschaftung.*

Ex|ten|si|vi|tät, die; - (seltener): *Extensität.*

Ex|te|ri|eur [ɛkste'ri̯ø:ɐ̯], das; -s, -s u. -e [frz. extérieur < lat. exterior, Komp. von: exter(us) = außen befindlich] (bildungsspr.): **a)** *Äußeres, Außenseite:* das klassizistische E. des Gebäudes; **b)** *äußere Erscheinung:* sein elegantes E.

ex|tern ⟨Adj.⟩ [lat. externus, zu: exter, ↑Exterieur]: **1.** (Fachspr., bildungsspr.) **a)** *draußen befindlich, äußere:* -e Bauelemente; **b)** *nicht angestellt, in freier Mitarbeit tätig:* -e Mitarbeiterinnen. **2. a)** *(bes. als Prüfling) von auswärts zugewiesen:* ein -er Abiturient, Lehrling; ⟨subst.:⟩ das Examen als Externer ablegen; **b)** *nicht im Internat wohnend:* ein -er Schüler; ⟨subst.:⟩ das Konvikt nimmt noch Externe auf.

ex|ter|na|li|sie|ren ⟨sw. V.; hat⟩ [zu lat. externus, ↑extern] (Psych.): *nach außen verlagern:* Konflikte e.

Ex|ter|na|li|sie|rung, die; -, -en (Psych.): *das Externalisieren:* seelische Konflikte durch E. lösen.

Ex|ter|nat, das; -[e]s, -e [Ggb. zu ↑Internat]: *Lehranstalt, deren Schüler außerhalb der Schule wohnen.*

Ex|ter|nist, der; -en, -en: **1.** (österr.): **a)** *externer* (2 a) *Prüfling;* **b)** *externer* (2 b) *Schüler;* **c)** (Theater) *externer, nicht fest verpflichteter Schauspieler.* **2.** (Med.) **a)** (selten) *Facharzt für äußere Krankheiten;* **b)** *Kranker in ambulanter Behandlung.*

Ex|ter|nis|tin, die; -, -nen: w. Form zu ↑Externist.

ex|ter|res|trisch ⟨Adj.⟩ (seltener): *extraterrestrisch.*

ex|ter|ri|to|ri|al ⟨Adj.⟩ [aus lat. ex = (her)aus u. ↑territorial] (Völkerr.): *den Gesetzen des Aufenthaltslandes nicht unterworfen:* -e Gebiete.

ex|ter|ri|to|ri|a|li|sie|ren ⟨sw. V.; hat⟩: *(jmdm., einer Sache) einen exterritorialen Status geben.*

Ex|ter|ri|to|ri|a|li|tät, die; -: *exterritorialer Status, Charakter:* E. genießen.

ẹx|tra [lat. extra (Adv. u. Präp.) = außerhalb, außerdem; über ... hinaus]: **I.** ⟨Adv.⟩ **1.** *gesondert, für sich:* etw. e. einpacken; das Frühstück wird e. bezahlt; ⟨ugs. auch attr.:⟩ ein e. Zimmer. **2. a)** *über das Übliche hinaus, zusätzlich, außerdem:* jmdm. noch ein Trinkgeld e. geben; ein e. *(besonders)* starker Kaffee; ⟨ugs. auch attr.:⟩ eine e. Belohnung; **b)** (landsch.) *besonders gut* (oft verneint): es geht mir nicht e. **3.** *eigens:* er ist e. deinetwegen gekommen; das hast du e. (ugs.; *absichtlich*) gemacht! **II.** ⟨Adj.⟩ (bayr., österr.) *anspruchsvoll, wählerisch:* sei nicht gar so e.!

Ẹx|tra, das; -s, -s (meist Pl.): *Zusätzliches, zusätzliche Sonderleistung, insbesondere Zubehör[teil], das über die übliche Ausstattung hinausgeht, bes. bei Autos:* das Schiebedach ist ein E.; gepflegter Garagenwagen mit vielen -s.

ex|tra-: **1.** (Fachspr.) drückt in Bildungen mit Adjektiven aus, dass die beschriebene Sache außerhalb von etw. liegt: extrakorporal, -zellulär. **2.** drückt in Bildungen mit Adjektiven eine Verstärkung aus: extragroß, -stark.

Ẹx|tra-: kennzeichnet in Bildungen mit Substantiven eine Sache als etw. Zusätzliches, Besonderes: Extrabonus, -urlaub, -vorstellung.

Ẹx|tra|aus|ga|be, die: **1.** *Sonderausgabe, bes. einer Zeitung od. eines Buches.* **2.** *zusätzliche Geldausgabe.*

Ẹx|tra|blatt, das: *Sonderausgabe einer Zeitung mit sensationellen Nachrichten:* E.!

ẹx|tra dry ⟨indekl. Adj.; nachgestellt⟩ [engl., ↑dry]: *(von alkoholischen Getränken) besonders trocken.*

Ẹx|tra|ein|la|dung, die (ugs.): *besondere Aufforderung, zusammen mit anderen an etwas teilzunehmen (nachdem eine erste, an alle gerichtete Aufforderung unbeachtet geblieben ist):* kommt ihr endlich, oder braucht ihr eine E.?

ẹx|tra|fein ⟨Adj.⟩ (ugs.): *besonders fein:* -e Qualität; -e Stoffe.

ex|tra|ga|lak|tisch ⟨Adj.⟩ [aus lat. extra (Adv.; ↑extra) u. ↑galaktisch] (Astron.): *außerhalb der Galaxis befindlich; außergalaktisch:* -e Nebel.

ex|tra|hie|ren ⟨sw. V.; hat⟩ [lat. extrahere = herausziehen (2. Part.: extractum), aus: ex = (her)aus u. trahere, ↑traktieren]: **1.** (Med.) *[her]ausziehen:* einen Zahn e. **2.** (Chemie, Pharm.) *ausziehen* (1 c): Wirkstoffe aus Pflanzen e. **3.** (veraltet) *ausziehen* (6), *exzerpieren:* die wichtigsten Textstellen [aus dem Buch] e.

Ẹx|tra|klas|se, die: *Klasse von Dingen, Personen mit außergewöhnlicher Qualität:* ein Sportler der E.; sie ist, das ist E. (ugs.; *hervorragend*).

ex|tra|kor|po|ral ⟨Adj.⟩ [zu lat. extra (Adv.; ↑extra) u. corpus (Gen.: corporis) = Körper] (Med.): *außerhalb des Organismus befindlich, geschehend:* -e Befruchtung.

Ex|trạkt, der; -[e]s, -e [lat. extractum = Herausgezogenes, subst. 2. Part. von: extrahere, ↑extrahieren]: **1.** ⟨Fachspr. auch: das⟩ *[eingedickter od. eingetrockneter] Auszug aus pflanzlichen od. tierischen Stoffen:* -e aus pflanzlichen Substanzen. **2.** *konzentrierte Zusammenfassung der wesentlichen Punkte eines Textes, Buches o. Ä.:* der E. eines Buches; dieser Aufsatz enthält den E. *(den Kern, die Essenz)* seiner Forschungen.

Ex|trak|ti|on, die; -, -en [spätlat. extractio = das Herausziehen]: **1.** (Med.) *das Extrahieren* (1), *[Her]ausziehen:* die E. eines Zahnes. **2.** (Chemie, Pharm.) *das Extrahieren* (2): die E. einer Substanz aus einem Stoffgemisch.

E

ex|trak|tiv ⟨Adj.⟩ (Chemie, Pharm.): *ausziehend, auslaugend.*
Ex|tra|leis|tung, die: *Sonderleistung.*
ex|tra|lin|gu|al ⟨Adj.⟩ [zu lat. extra (Adv.; ↑extra) u. lingua = Zunge, Sprache] (Sprachw.): *außersprachlich, nicht zur Sprache gehörend; extralinguistisch.*
ex|tra|lin|gu|is|tisch ⟨Adj.⟩ [aus lat. extra (Adv.; ↑extra) u. ↑linguistisch] (Sprachw.): *extralingual.*
ex|tra mu|ros [lat. = außerhalb der Mauern] (bildungsspr.): *draußen, außerhalb; in der Öffentlichkeit.*
ex|tra|or|di|när ⟨Adj.⟩ [frz. extraordinaire < lat. extraordinarius, aus: extra (Adv.; ↑extra) u. ordinarius, ↑Ordinarius] (bildungsspr. veraltend): *außergewöhnlich, außerordentlich.*
Ex|tra|or|di|na|ri|at, das; -[e]s, -e [zu ↑Extraordinarius]: *Amt, Lehrstuhl eines Extraordinarius.*
Ex|tra|or|di|na|ri|um, das; -s, ...ien [zu lat. extraordinarius, ↑extraordinär]: *der außerordentliche Haushalt[splan] eines Staates.*
Ex|tra|or|di|na|ri|us, der; -, ...rien [zu lat. extraordinarius, ↑extraordinär]: *außerordentlicher Professor.*
Ex|tra|po|la|ti|on, die; -, -en (Math.): *das Extrapolieren.*
ex|tra|po|lie|ren ⟨sw. V.; hat⟩ [zu lat. extra (Adv.; ↑extra); geb. nach ↑interpolieren]: 1. (Math.) *Funktionswerte außerhalb eines Intervalls aufgrund der innerhalb dieses Intervalls bekannten Funktionswerte näherungsweise bestimmen:* einen Wert e.; extrapolierte Werte; ⟨subst.:⟩ Werte durch Extrapolieren bestimmen. 2. (bildungsspr.) *aus Bekanntem unter Voraussetzung gleich bleibenden Verlaufs erschließen:* ein [aus bekannten Daten] extrapoliertes Resultat.
Ex|tra|po|si|ti|on, die; -, -en [aus lat. extra (Adv.; ↑extra) u. ↑Position] (Sprachw.): *Herausstellung eines Gliedsatzes an das Ende des Satzgefüges, wobei ein stellvertretendes »es« vorangestellt wird* (z. B. »Es ist schön, dass du kommst« für: »Dass du kommst, ist schön«).
Ex|tra|pro|fit, der (marx.): *infolge besserer Produktionstechniken u. höherem Grad der Arbeitsorganisation erzielter zusätzlicher Kapitalertrag.*
Ex|tra|ra|ti|on, die: *zusätzliche Ration.*
ex|tra|so|lar ⟨Adj.⟩ [aus lat. extra = außerhalb u. ↑solar] (Astron., Physik): *außerhalb des Sonnensystems [befindlich].*
Ex|tra|sys|to|le [auch: ...'zʏstole], die; -, -n [...'sto:lən; aus lat. extra (Adv.; ↑extra) u. ↑Systole] (Med.): *auf einen ungewöhnlichen Reiz hin erfolgende vorzeitige Zusammenziehung des Herzens innerhalb der normalen Herzschlagfolge.*
Ex|tra|ter|res|trik, die; - [zu ↑extraterrestrisch]: *Fachgebiet der Physik, auf dem die physikalischen Vorgänge u. Gegebenheiten untersucht werden, die sich außerhalb der Erde u. ihrer Atmosphäre abspielen.*
ex|tra|ter|res|trisch ⟨Adj.⟩ [aus lat. extra = außerhalb u. ↑terrestrisch] (Astron., Physik): 1. *außerirdisch* (1). 2. *außerirdisch* (2): -es Leben, -e Intelligenz; -e Objekte.
Ex|tra|tour, die: 1. *zusätzliche Tour:* eine E. machen, fahren. 2. (ugs. abwertend) *ungern gesehene Unternehmung eines Einzelnen auf eigene Faust:* sich -en leisten.
ex|tra|ute|rin ⟨Adj.⟩ [zu lat. extra = außerhalb u. ↑Uterus] (Med.): *außerhalb der Gebärmutter [liegend, erfolgend].*
ex|tra|va|gant [auch: '- - - -] ⟨Adj.⟩ [frz. extravagant = ab-, ausschweifend < mlat. extravagans (Gen.: extravagantis), zu: extravagari = ausschweifen; unstet sein, aus lat. extra (Adv.; ↑extra) u. vagari, ↑Vagabund]: *vom Üblichen in [geschmacklich] außergewöhnlicher, ausgefallener od. in übertriebener, überspannter Weise bewusst abweichend u. dadurch auffallend:* ein -er Mensch, Lebenswandel, Geschmack; sie trug einen -en Hut; ihre Wohnung ist e. eingerichtet.
Ex|tra|va|ganz [auch: '- - - -], die; -, -en [frz. extravagance]: a) ⟨o. Pl.⟩ *das Extravagantsein, extravagante Beschaffenheit, extravagantes Wesen:* sie ist wegen ihrer E., ihrer Kleidung bekannt; b) ⟨meist Pl.⟩ *extravagante Sache, Handlung:* sich [keine] -en leisten [können]; eine Ausstattung ohne alle -en.
ex|tra|ver|tiert ⟨Adj.⟩ [zu lat. extra = außerhalb u. vertere, ↑Vers] (Psych.): *nach außen gerichtet, für äußere Einflüsse leicht empfänglich:* ein -er Typ.
Ex|tra|ver|tiert|heit, die; -: *das Extravertiertsein.*
Ex|tra|wurst, die: 1. in ugs. Wendungen wie **jmdm. eine E. braten** *(jmdn. besonders, bevorzugt behandeln);* **eine E. [gebraten] kriegen/bekommen** *(besonders, bevorzugt behandelt werden).* 2. (österr.) *Schinken-, Fleischwurst, Lyoner.*
ex|tra|zel|lu|lär ⟨Adj.⟩ [zu lat. extra (Adv.; ↑extra) u. ↑zellulär] (Med.): *außerhalb der Zelle [liegend].*
Ex|tra|zim|mer, das (österr.): *kleiner, abgesonderter Raum in einem Restaurant:* sie aßen im E.
Ex|tra|zug, der (schweiz.): *Sonderzug.*
ex|trem ⟨Adj.⟩ [lat. extremus = der äußerste, zu: exterus, ↑Exterieur]: *äußerst..., bis an die äußerste Grenze gehend:* -e Temperaturen; er hat -e *(radikale)* Ansichten; -e *(krasse)* Gegensätze; der Wagen ist e. sparsam im Verbrauch; sie steht [politisch] e. links; sich e. verbessern; ⟨subst.:⟩ er ist ein Extremer *(Extremist).*
Ex|trem, das; -s, -e: *das Äußerste; äußerste Grenze, höchster bzw. niedrigster Grad:* das entgegengesetzte E.; etw. ins, bis zum E. treiben; von, aus einem E. ins andere fallen *(eine extreme Haltung aufgeben u. eine andere, ebenso extreme annehmen);* zwischen den -en *(Gegensätzen)* schwanken, vermitteln; **Spr** die -e berühren sich *(sind in gewisser Hinsicht verwandt).*
Ex|trem|fall, der: *extremer Fall:* das sind untypische Extremfälle.
Ex|tre|mis|mus, der; -, (Arten:) ...men: *extreme, radikale [politische] Haltung od. Richtung.*
Ex|tre|mist, der; -en, -en: *[politisch] extrem, radikal eingestellter Mensch.*
Ex|tre|mis|tin, die; -, -nen: w. Form zu ↑Extremist.
ex|tre|mis|tisch ⟨Adj.⟩: *eine extreme, radikale [politische] Einstellung zeigend, bezeugend, betreffend; den Extremismus verfechtend, vertretend, zu ihm gehörend:* -e Tendenzen, Aktivitäten, Parolen, Parteien.
Ex|tre|mi|tät, die; -, -en [1: lat. extremitas (Gen.: extremitatis); 2: lat. extremitates (corporis), eigtl. = die äußersten Enden (des Körpers)]: 1. a) *äußerstes Ende;* b) *Extremsein:* die E. eines Plans, einer Idee. 2. ⟨meist Pl.⟩ *Gliedmaße:* die oberen -en *(Arme);* die unteren -en *(Beine).*
Ex|trem|klet|te|rer, der: *jmd. der Extremklettern als Sportart betreibt.*
Ex|trem|klet|te|rin, die: w. Form zu ↑Extremkletterer.
Ex|trem|klet|tern, das; -s (Bergsteigen): *Klettern an Steilwänden ohne Hilfsmittel wie Steighaken od. Kletterseil* (b).
Ex|trem|punkt, der (Math.): *extremer Punkt einer Kurve (Minimum od. Maximum).*
Ex|trem|si|tu|a|ti|on, die: *extreme Situation:* auch in -en die Nerven nicht verlieren.
Ex|trem|sport, der; -[e]s, (Arten:) -e ⟨Pl. selten⟩: *mit höchster körperlicher Beanspruchung, mit besonderen Gefahren verbundener Sport* (z. B. Triathlon, Freeclimbing).
Ex|trem|sport|art, die; -, -en: *einzelne Disziplin* (3) *des Extremsports.*
Ex|trem|wert, der: 1. (Math.) *extremer Wert einer Funktion (Minimum od. Maximum).* 2. *extremer Mess-, Zahlenwert.*
ex|trin|sisch ⟨Adj.⟩ [nach engl. extrinsic < lat. extrinsecus = von außen, zu: exterus (↑Exterieur) u. secus = -seitig, -seits] (bes. Psych., Päd.): *von außen her [bestimmt, gesteuert, angeregt]:* -e Motivation *(durch äußere Zwänge, z. B. Strafen, bewirkte Motivation).*
ex|tro|ver|tiert ⟨Adj.⟩ [geb. nach ↑introvertiert]: *extravertiert.*
Ex|tru|der, der; -s, - [engl. extruder] (Technik): *Maschine zur Herstellung von Formstücken aus thermoplastischem Material.*
ex|tru|siv ⟨Adj.⟩ (Geol.): *(von Gesteinen) an der Erdoberfläche erstarrt.*
Ex|tru|siv|ge|stein, das (Geol.): *an der Erdoberfläche erstarrtes Ergussgestein.*
Ex-und-hopp- [zu ↑ex (1) u. ↑hopp] (ugs., oft abwertend): drückt in Bildungen mit Substantiven aus, dass etwas auf Flüchtigkeit, Bequemlichkeit, Unverbindlichkeit (und eine gewisse Rücksichtslosigkeit od. Verantwortungslosigkeit) hin ausgerichtet ist: Ex-und-hopp-Generation, Ex-und-hopp-Sex.
Ex-und-hopp-Fla|sche, die; -, -n (ugs.): *Einweg-, Wegwerfflasche.*
ex usu [lat., zu ↑Usus]: *aus der Erfahrung, durch Übung, nach dem Brauch.*
Ex|uvie, die; -, -n [lat. exuviae (Pl.), zu: exuere = abnehmen; ablegen]: *beim Wachstumsprozess abgestreifte Haut (z. B. der Schlange).*
ex vo|to [lat., zu ↑Votum]: *aufgrund eines Gelübdes* (Inschrift auf Votivgaben).
Ex|vo|to, das; -s, -s u. ...ten (Rel.): *Weihgabe, Votivbild, -tafel.*
Exz. = Exzellenz.
ex|zel|lent ⟨Adj.⟩ [frz. excellent < lat. excellens (Gen.: excellentis), 1. Part. von: excellere, ↑exzellieren] (bildungsspr.): *hervorragend, ausgezeichnet:* ein -er Kenner; -e Ausstattung; das Frühstück war e.; er hat das Menü e. zubereitet.
Ex|zel|lenz, die; -, -en [frz. excellence, eigtl. = Erhabenheit, Herrlichkeit < lat. excellentia]: a) *Anrede im diplomatischen Verkehr:* Euer, Eure E.; die Einladung Eurer, Seiner E.; Ihren -en, dem Herrn amerikanischen Botschafter und Gattin; b) (früher) *Titel für Generale u. höchste Beamte.*
ex|zel|lie|ren ⟨sw. V.; hat⟩ [lat. excellere, verw. mit culminare, ↑Kulmination] (bildungsspr.): *hervorragen, glänzen:* als Schauspieler in allen Rollen e.
Ex|zen|ter, der; -s, - (Technik): *exzentrisch auf einer Welle angebrachte Steuerungsscheibe, die eine mit ihr gekoppelte Stange bei Drehung der Welle in eine hin- u. hergehende Bewegung versetzt.*
Ex|zen|ter|pres|se, die (Technik): *Werkzeugmaschine bes. zum Stanzen u. Pressen von Blechen, Kunststoffen usw., bei der die Auf- u. Abwärtsbewegung durch einen auf der Antriebswelle sitzenden Exzenter erzeugt wird.*
Ex|zen|ter|schei|be, die (Technik): *Exzenter.*
Ex|zen|trik, die; -: 1. (bildungsspr.) *exzentrisches, überspanntes Benehmen.* 2. *mit stark übertriebener Komik dargebotene Artistik.*
Ex|zen|tri|ker, der; -s, -: 1. (bildungsspr.) *exzentrischer, überspannter Mensch.* 2. *Artist in der Rolle eines Clowns.*
Ex|zen|tri|ke|rin, die; -, -nen: w. Form zu ↑Exzentriker.
ex|zen|trisch ⟨Adj.⟩ [1: nlat. Bildung zu spätlat. eccentros < griech. ékkentros, zu: ek = (her)aus u. kéntron = Zentrum]: 1. (Math., Astron.) *[mit dem eigenen Zentrum] außerhalb des Kreiszentrums bzw. Drehpunktes liegend:* -e Kreise; eine -e Scheibe; eine -e Umlaufbahn. 2. (bildungsspr.) *auf überspannte, übertriebene Weise ungewöhnlich, vom Üblichen abweichend:* ein -er Mensch; der Lebensstil des Künstlers ist e.
Ex|zen|tri|zi|tät, die; -, -en: 1. (Math., Astron.) *das Abweichen, Abstand vom Mittelpunkt:* die numerische E. der Ellipse. 2. (bildungsspr.) *exzentrisches* (2) *Wesen, Verhalten, Benehmen, exzentrische* (2) *Handlung.*
ex|zep|ti|o|nell ⟨Adj.⟩ [frz. exceptionnel, zu lat. exceptio = Ausnahme] (bildungsspr.): *außergewöhnlich:* eine -e Darbietung.
Ex|zep|tiv|satz, der [zu lat. exceptum, 2. Part. von excipere = von etw. ausnehmen, als Ausnahme hinstellen] (Sprachw.): *bedingender Gliedsatz, der eine Ausnahme ausdrückt* (z. B. es sei denn)

x|zer|pie|ren ⟨sw. V.; hat⟩ [lat. excerpere, eigtl. = herauspflücken, zu: ex = (her)aus u. carpere = pflücken] (bildungsspr.): *in Form eines Exzerptes herausschreiben:* wichtige Textstellen e.

x|zerpt, das; -[e]s, -e [spätlat. excerptum, subst. 2. Part. von lat. excerpere, ↑exzerpieren] (bildungsspr.): *schriftlicher (mit dem Text der Vorlage übereinstimmender) Auszug aus einem Schriftstück, Werk:* -e machen, anfertigen.

x|zerp|ti|on, die; -, -en [spätlat. excerptio = Exzerpt] (bildungsspr.): **1.** *das Exzerpieren.* **2.** (selten) *das Exzerpierte.*

x|zerp|tor, der; -s, ...oren (bildungsspr.): *jmd., der Exzerpte anfertigt.*

x|zerp|to|rin, die; -, -nen: w. Form zu ↑Exzerptor.

x|zess, der; -es, -e [lat. excessus, zu: excedere (2. Part.: excessum) = (über etw.) herausgehen] (bildungsspr.): *Ausschweifung; Unmäßigkeit:* sexuelle Exzesse; es kam zu wilden Exzessen [der Brutalität]; etw. bis zum E. *(ins Maßlose)* treiben; bis zum E. *(bis zur Maßlosigkeit)* arbeiten.

x|zes|siv ⟨Adj.⟩ (bildungsspr.): *das Maß sehr stark überschreitend, maßlos [ausschweifend]:* -e Fantasie, Lebensweise; -es Klima *(mit jährlichen Temperaturschwankungen über 40 °C).*

x|zi|die|ren ⟨sw. V.; hat⟩ [lat. excidere = herausschneiden] (Med.): *Gewebe herausschneiden.*

x|zi|pie|ren ⟨sw. V.; hat⟩ [lat. excipere, eigtl. = herausnehmen, zu: ex = (her)aus u. capere = nehmen] (veraltet): *von etw. ausnehmen, als Ausnahme hinstellen.*

x|zi|si|on, die; -, -en [lat. excisio = das Ausschneiden, zu: excisum, 2. Part. von: excidere, ↑exzidieren] (Med.): *das Exzidieren.*

x|zi|ta|ti|on, die; -, -en [spätlat. excitatio = Ermunterung; Erregung] (Med.): **1.** *Erregungszustand des Organismus.* **2.** *Anregung des Kreislaufs, der Atmung u. des vegetativen Nervensystems durch geeignete [Arznei]mittel.*

y [ei] ⟨Interj.⟩ [engl.] (ugs.): **1.** Ausruf, der Erstaunen, Überraschung ausdrückt: ey, das ist cool! **2.** Ausruf, der Empörung, Abwehr ausdrückt: ey, Mann, das kannst du doch nicht machen!

ye|cat|cher [ˈaiketʃɐ], der; -s, - [engl. eye-catcher]: *Blickfang* (z. B. in der Werbung).

ye|li|ner [ˈailainɐ], der; -s, - [zu engl. eye = Auge u. to line = liniieren]: *flüssiges Kosmetikum zum Ziehen eines Lidstriches.*

y|rir, der od. das; -s, Aurar [isländ. eyrir < anord. eyrir = Unze; Münzeinheit]: *Währungseinheit in Island* (100 Aurar = 1 Krone).

i|zes ⟨Pl.⟩ [jidd. eizes (Pl.), zu hebr. ˈez aḥ = Rat(schlag)] (ugs.): *Tipps, Ratschläge, Hinweise.*

F [ɛf], das; - (ugs.: -s), - (ugs.: -s) [1: mhd., ahd. f, v]: **1.** *sechster Buchstabe des Alphabets, ein Konsonant:* ein kleines f, ein großes F schreiben. **2.** (Musik) *vierter Ton der Grund-(C-Dur-)Tonleiter.*

= Femto...; forte; f-Moll.

= Fahrenheit; Farad; Fluor; F-Dur.

. = folgende [Seite]; für; fecit.

a [ital.]: *Silbe, auf die beim Solmisieren der Ton f gesungen wird.*

a. = Firma.

a|bel, die; -, -n [mhd. fabel(e) < (a)frz. fable < lat. fabula = Erzählung, Sage, verw. mit fari, ↑Fatum]: **1.** *lehrhafte, oft satirische Erzählung in Vers od. Prosa, in der Tiere nach menschlichen Verhaltensweisen handeln u. in der eine allgemein anerkannte Wahrheit, eine praktische Lebensweisheit o. Ä. veranschaulicht wird:* eine lehrreiche F.; die F. vom Fuchs und den Trauben. **2.** *erfundene, fantastische Geschichte:* jmdm. eine F. auftischen. **3.** (Literaturw.) *einer Dichtung zugrunde liegende Handlung in ihren wesentlichen Zügen:* die F. des Romans ist nicht gerade neu.

Fa|bel|dich|ter, der: *Dichter, dessen Werk vorwiegend aus Fabeln (1) besteht, der wegen seiner Fabeln bekannt ist.*

Fa|bel|dich|te|rin, die: w. Form zu ↑Fabeldichter.

fa|bel|haft ⟨Adj.⟩: **1.** *alle Vorstellungen, Erwartungen übertreffend; außergewöhnlich:* eine -e Leistung; er ist ein -er Kerl!; das ist ja f.! **2.** (ugs.) **a)** ⟨nur attr.⟩ *außergewöhnlich, unglaublich groß:* er besitzt ein -es Vermögen; **b)** ⟨intensivierend bei Adj.⟩ *überaus, sehr:* er ist f. reich.

fa|beln ⟨sw. V.; hat⟩: *fantastische, nicht der Wirklichkeit entsprechende Geschichten erfinden; etw. Unwahres, Erfundenes erzählen:* was fabelst du denn da wieder?; von Gespenstern f.

Fa|bel|tier, das: *(in der Mythologie) Tier von fantastischer, oft monströser Gestalt* (z. B. Basilisk, Einhorn, Greif).

Fa|bel|welt, die: **1.** *nur in der Fantasie existierende Welt.* **2.** *Welt der Fabel* (1).

Fa|bel|we|sen, das: *nur in der Fantasie existierendes Geschöpf.*

Fa|brik [faˈbriːk, auch: ...rɪk], die; -, -en [frz. fabrique < lat. fabrica = Künstler-, Handwerksarbeit; Werkstätte, zu: faber (Gen.: fabri) = Handwerker, Künstler]: **1.** *Betrieb* (1 a), *in dem auf industriellem Wege durch Be- u. Verarbeitung von Werkstoffen unter Einsatz mechanischer u. maschineller Hilfsmittel bestimmte Waren, Produkte (od. Teile davon) in großer Stückzahl hergestellt werden:* eine F. gründen, besitzen; er arbeitet in einer chemischen F.; sie geht in die F. (ugs.; *ist Fabrikarbeiterin*). **2.** *Fabrikgebäude, Fabrikanlage:* eine F. bauen; die Arbeiter strömten aus der F. **3.** *Belegschaft einer Fabrik* (1).

-fa|brik, die; -, -en (oft abwertend): bezeichnet in Bildungen mit Substantiven oder Verben (Verbstämmen) einen Ort, eine Einrichtung, wo fließbandmäßig und in hohem Maß etw. getan wird, wo in großen Mengen etw. hergestellt wird oder wo jmd. unpersönlich, mechanisch und ohne individuelle Betreuung behandelt wird: Denk-, Hitfabrik.

Fa|brik|an|la|ge, die: *Gesamtheit von Gebäuden, Einrichtungen u. dem Gelände einer Fabrik.*

Fa|bri|kant, der; -en, -en [frz. fabricant]: *jmd., der eine Fabrik besitzt.*

Fa|bri|kan|tin, die; -, -nen: w. Form zu ↑Fabrikant.

Fa|brik|ar|beit, die ⟨o. Pl.⟩: *Tätigkeit eines Fabrikarbeiters, einer Fabrikarbeiterin.*

Fa|brik|ar|bei|ter, der: *Arbeiter, der in einer Fabrik arbeitet.*

Fa|brik|ar|bei|te|rin, die: w. Form zu ↑Fabrikarbeiter.

Fa|bri|kat, das; -[e]s, -e: **1.** *[fabrikmäßig hergestelltes] Industrieerzeugnis:* die Firma stellt außer diesem Gerät auch noch andere -e her. **2.** *bestimmte Ausführung, bestimmter Typ eines Fabrikats* (1): die Maschine ist kein deutsches F.

Fa|bri|ka|ti|on, die; -, -en: *fabrikmäßige Herstellung; Produktion von Waren in einer Fabrik.*

Fa|bri|ka|ti|ons|be|trieb, der: *[kleinerer] Betrieb* (1 a) *oft als Teil eines größeren Unternehmens, in dem ein bestimmtes Produkt hergestellt wird.*

Fa|bri|ka|ti|ons|feh|ler, der: *Fehler an einem Produkt, der während der Fabrikation entstanden ist.*

Fa|bri|ka|ti|ons|ge|heim|nis, das: *die Fabrikation betreffendes Betriebsgeheimnis.*

Fa|bri|ka|ti|ons|pro|zess, der: *Prozess* (2) *der Fabrikation.*

Fa|bri|ka|ti|ons|ver|fah|ren, das: vgl. Fabrikationsprozess.

fa|bri|ka|to|risch ⟨Adj.⟩: *die Fabrikation betreffend, zu ihr gehörend, für sie charakteristisch:* die -e Herstellung, Beschaffenheit eines Geräts.

Fa|brik|be|sit|zer, der: *Fabrikant.*

Fa|brik|be|sit|ze|rin, die: w. Form zu ↑Fabrikbesitzer.

Fa|brik|be|trieb, der: **1.** *Fabrik* (1). **2.** *Arbeitsablauf, Betrieb in einer Fabrik.*

Fa|brik|di|rek|tor, der: *Direktor einer Fabrik.*

Fa|brik|di|rek|to|rin, die: w. Form zu ↑Fabrikdirektor.

Fa|brik|er|zeug|nis, das: *Fabrikat* (1).

Fa|brik|fah|rer, der (Sport): *professioneller Rad- od. Autorennfahrer, der (innerhalb eines Teams) für ein bestimmtes Industrieunternehmen startet.*

Fa|brik|fah|re|rin, die (Sport): w. Form zu ↑Fabrikfahrer.

Fa|brik|ge|bäu|de, das: *Gebäude, in dem sich eine Fabrik od. ein Teil einer Fabrik befindet:* ein nüchternes F.; ein F. ist ausgebrannt.

Fa|brik|ge|län|de, das: *Gelände, auf dem sich eine Fabrik befindet, das zu einer Fabrikanlage gehört.*

Fa|brik|hal|le, die: vgl. Fabrikgebäude.

Fa|brik|mar|ke, die: *[gesetzlich geschütztes] Zeichen, Emblem, mit dem eine Fabrik ihre Produkte kennzeichnet.*

fa|brik|mä|ßig ⟨Adj.⟩: *einem serienmäßigen Fabrikationsverfahren, der Produktionsweise einer Fabrik entsprechend:* der Artikel wird nur f. produziert.

fa|brik|neu ⟨Adj.⟩: *nach der (fabrikmäßigen) Herstellung noch nicht benutzt, ungebraucht:* ein -er Wagen.

Fa|brik|preis, der: *Preis einer Ware, eines Produkts ab Fabrik, ohne Aufschlag eines Händlers.*

Fa|briks|an|la|ge usw.: österr. für Fabrikanlage usw.

Fa|brik|schiff, das (Fischereiw.): *Schiff für den Fischfang, auf dem die Fische gleich nach dem Fang verarbeitet werden.*

Fa|brik|schlot, der, **Fa|brik|schorn|stein,** der: *Schornstein einer Fabrik* (2).

Fa|brik|si|re|ne, die: *Sirene, die Arbeitsbeginn u. -ende in einer Fabrik anzeigt.*

Fa|brik|stadt, die: *Stadt mit sehr viel Industrie; Industriestadt.*

Fa|brik|tor, das: *Tor [am Eingang] einer Fabrik.*

Fa|brik|ver|kauf, der: *Verkauf von Waren direkt von der Fabrik an den Verbraucher (ohne Zwischenhandel).*

Fa|brik|wa|re, die (oft abwertend): *in einer Fabrik gefertigte, maschinell hergestellte Ware:* das ist keine Handarbeit, sondern reine F.

fa|bri|zie|ren ⟨sw. V.; hat⟩ [lat. fabricare = verfertigen, herstellen]: **1.** (veraltend) *fabrikmäßig herstellen:* diese Firma fabriziert nur noch elektrische Geräte. **2.** (ugs., oft abwertend) **a)** *behelfsmäßig, laienhaft herstellen; mühsam, recht u. schlecht anfertigen, zurechtbasteln; verfertigen, zustande bringen:* ein Eigentor f.; **b)** *etw. Übles, Törichtes tun; anrichten, anstellen.*

Fa|bu|lant, der; -en, -en [zu lat. fabulans (Gen.: fabulantis), 1. Part. von: fabulari, ↑fabulieren] (bildungsspr.): **a)** *jmd., der fantastische Geschichten erfindet;* **b)** (abwertend) *Schwätzer; Schwindler.*

Fa|bu|lan|tin, die; -, -nen: w. Form zu ↑Fabulant.

fa|bu|lie|ren ⟨sw. V.; hat⟩ [lat. fabulari, zu: fabula, ↑Fabel]: *fantasievoll erzählen; Geschichten erfinden u. ausschmücken:* er fabulierte von seltsamen Begegnungen, Ereignissen; ⟨subst.:⟩ er geriet gelegentlich ins Fabulieren.

Fa|bu|lie|rer, der; -s, -: *jmd., der zu fabulieren versteht.*

Fa|bu|lie|re|rin, die; -, -nen: w. Form zu ↑Fabulierer.

Fa|bu|lier|kunst, die: *Fähigkeit, fantasievoll zu erzählen.*

Fa|bu|lier|lust, die ⟨o. Pl.⟩: *Freude am Fabulieren, Lust, fantasievoll zu erzählen.*

fa|bu|lös ⟨Adj.⟩ [frz. fabuleux < lat. fabulosus] (ugs.): **a)** *fantastisch anmutend:* ein -er Rekord; **b)** *unwahrscheinlich.*

Face [feːs], die; -, -n [...sn̩; frz. face = Gesicht; Vorderseite; Außenfläche, über das Vlat. zu lat.

facies, ↑Fazies] (veraltet): **1.** *Gesicht, Vorderseite.* **2.** (Münzk.) *Avers.*

Face|lif|ting ['feɪslɪftɪŋ], das; -s, -s [engl. face-lift(ing), aus: face = Gesicht < (a)frz. face (↑Face) u. lift(ing), ↑[2]Lift, ↑Lifting]: *Gesichtsoperation, bei der altersbedingte Hautfalten durch Herausschneiden von Hautstreifen operativ beseitigt werden.*

Face-to-Face-Kom|mu|ni|ka|ti|on ['feɪstə'feɪs...], die [zu engl. face to face = persönlich (gegenüber stehend) u. ↑Kommunikation (1)]: *persönliches Gespräch (ohne zwischengeschaltete Medien).*

Fa|cet|te [fa'setə], (auch:) **Fassette,** die; -, -n [frz. facette, Vkl. von: face, ↑Face]: **1.** *durch Schleifen entstandene, kleine eckige Fläche an Edelsteinen, auch an Körpern aus Glas od. Metall:* die -n eines geschliffenen Rubins. **2.** *Teilaspekt:* die vielen Facetten des Themas Umweltschutz. **3.** (Druckw.) *abgeschrägte Kante an Druckstöcken, die zum Befestigen auf der Unterlage dient.* **4.** (Zahnmed.) *Verkleidung aus Porzellan od. Kunststoff bei Zahnersatz.*

F

Fa|cet|ten|au|ge, das (Zool.): *aus mehreren Teilen, Einzelaugen zusammengesetztes Sehorgan der Gliederfüßer.*

Fa|cet|ten|glas, das ⟨Pl. ...gläser⟩: *in Facetten geschliffenes Glas.*

fa|cet|ten|reich ⟨Adj.⟩: **a)** *viele Facetten (2) aufweisend;* **b)** *reich an Nuancen.*

Fa|cet|ten|schliff, der: *Schliff in Form von Facetten* (1): Schmucksteine mit F.

fa|cet|tie|ren ⟨sw. V.; hat⟩: **1.** *durch Schleifen mit Facetten* (1) *versehen:* einen Edelstein f. **2.** (Druckw.) *eine Facette, Facetten* (2) *an Druckstöcken anbringen.*

Fach, das; -[e]s, Fächer [mhd. vach = Stück, Teil, Abteilung einer Wand o. Ä., ahd. fah = Mauer, urspr. = (Zusammen)gefügtes, Gebundenes, Geflochtenes]: **1.** *durch festeres, meist starres Material von der angrenzenden Umgebung abgeteilter, der Aufbewahrung von etw. dienender Teil eines Behältnisses, Möbelstücks o. Ä.:* das mittlere F. des Schrankes ist noch leer; die Tasche hat mehrere Fächer. **2.** (Archit.) *den Zwischenraum zwischen den Balken eines Fachwerkbaus füllendes Mauerstück.* **3.** (Weberei) *durch Hebung bzw. Senkung entstehender Zwischenraum zwischen den Kettfäden, durch den das Schiffchen geführt wird.* **4. a)** *Gebiet, auf dem sich jmd. ausbildet, ausgebildet, spezialisiert hat, auf dem jmd. speziell arbeitet:* sie studiert, lehrt die Fächer Chemie und Biologie; Meister seines -es sein; er ist vom F. *(ist ein Fachmann, kennt sich aus auf diesem Gebiet);* **b)** *bestimmte körperliche, stimmliche, darstellerische Gegebenheiten, Fähigkeiten voraussetzendes Gebiet eines Schauspielers, Opernsängers:* vom lyrischen ins dramatische F. wechseln.

-fach [spätmhd. -vach (in: zwi-, mannecvach), wohl älterem -valt (↑-fältig) nachgebildet; zu ↑Fach] in Zus., z. B. achtfach, mehrfach.

Fach|ar|bei|ter, der: *Arbeiter mit abgeschlossener Lehre in einem anerkannten Lehrberuf.*

Fach|ar|bei|ter|brief, der: *Urkunde über die abgelegte Facharbeiterprüfung.*

Fach|ar|bei|te|rin, die: w. Form zu ↑Facharbeiter.

Fach|ar|bei|ter|prü|fung, die: *Prüfung, die ein Facharbeiter am Ende seiner Ausbildung ablegt.*

Fach|ar|bei|ter|zeug|nis, das: *Facharbeiterbrief.*

Fach|arzt, der: *Arzt mit einer zusätzlichen anerkannten Ausbildung auf einem medizinischen Spezialgebiet.*

Fach|ärz|tin, die: w. Form zu ↑Facharzt.

fach|ärzt|lich ⟨Adj.⟩: *von einem Facharzt:* ein -es Gutachten; sich f. behandeln lassen.

Fach|aus|bil|dung, die: *berufliche Ausbildung in einem bestimmten Fach* (4a).

Fach|aus|druck, der: *feste, spezielle Bezeichnung für etw. ganz Bestimmtes in einem bestimmten Fachgebiet; Terminus.*

Fach|be|griff, der: vgl. Fachausdruck.

Fach|be|ra|ter, der: *Berater für ein bestimmtes Fachgebiet.*

Fach|be|ra|te|rin, die; -, -nen: w. Form zu ↑Fachberater.

Fach|be|reich, der: **1.** *Fachgebiet.* **2.** (Hochschulw.) *organisatorisch zusammengefasster Bereich von wenigen wissenschaftlich od. ausbildungsmäßig zusammengehörenden Fächern als Untergliederung od. anstelle einer Fakultät an wissenschaftlichen Hochschulen.*

fach|be|reichs|über|grei|fend ⟨Adj.⟩: *mehrere Fachbereiche* (2) *einbeziehend.*

Fach|be|zeich|nung, die: *Fachausdruck.*

fach|be|zo|gen ⟨Adj.⟩: *auf ein bestimmtes Fach[gebiet] bezogen, gerichtet.*

Fach|bi|blio|thek, die: *Bibliothek, in der nur Bücher eines od. mehrerer Fachgebiete enthalten sind.*

Fach|buch, das: *ein Fachgebiet, einen Gegenstand aus einem Fachgebiet [wissenschaftlich] darstellendes Buch.*

Fach|buch|hand|lung, die: *Buchhandlung, die vorwiegend od. ausschließlich Fachbücher führt.*

Fach|chi|ne|sisch, das; -[s] (abwertend): *dem Laien, Außenstehenden unverständlich erscheinende Sprache, Ausdrucksweise von Fachleuten.*

Fach|di|dak|tik, die: *Didaktik eines Faches* (4a).

fä|cheln [zu ↑fachen] ⟨sw. V.; hat⟩: **1.** (geh.) **a)** *in sanfter Bewegung wehen:* es fächelte eine leichte Brise; **b)** *sanft umwehen, anwehen:* ein kühler Lufthauch fächelte mir die Stirn; **c)** *(durch den Luftzug) leicht hin u. her bewegen:* eine leichte Brise fächelte die Blätter der Pappeln; **d)** *sich im Luftzug leicht hin- u. herbewegen:* die Zweige fächelten im Wind. **2.** *jmdm., sich, einem Körperteil durch leichtes Hin-und-her-Bewegen [eines Fächers] o. Ä. kühlende Luft zuwehen:* ich fächelte mich [mit einer gefalteten Zeitung].

fa|chen ⟨sw. V.; hat⟩ [für älter fochen = blasen, zu mlat. focare = entflammen, zu lat. focus, ↑Fokus] (selten): *an-, entfachen.*

Fä|cher, der; -s, - [älter focher, focker = Blasebalg, Wedel zum Anfachen des Feuers < mlat. focarius = Heizer; Küchenjunge, zu lat. focus, ↑Fokus]: **1.** *halbkreisförmiger [zusammenklappbarer] Gegenstand aus Seide, Papier o. Ä., den man mit der Hand hin- u. herbewegt, um sich kühlende Luft zuzuwehen:* ein seidener F.; ein F. aus Sandelholz; einen F. entfalten, zusammenlegen. **2.** (Jägerspr.) *fächerförmiger Schwanz des Auerhahns.* **3.** (Bot.) *fächerförmiger Wedel bestimmter Palmen.*

fä|cher|ar|tig ⟨Adj.⟩: *in der Art eines Fächers.*

fä|cher|för|mig ⟨Adj.⟩: *in der Form eines [ausgebreiteten] Fächers.*

fä|che|rig ⟨Adj.⟩: *fächerförmig.*

-fä|che|rig: in Zusb., z. B. ein-, zweifächerig usw. (Bot.; *mit einem Fach, zwei Fächern usw. ausgestattete Samenanlage von Pflanzen*).

[1]fä|chern ⟨sw. V.; hat⟩ (selten): *in Fächer* (1) *einteilen:* den Schrank f.; ⟨meist im 2. Part.:⟩ ein gefächertes Gestell.

[2]fä|chern ⟨sw. V.; hat⟩: **1. a)** *fächerartig aufgliedern; auffächern:* den Unterricht stärker f.; **b)** ⟨f. + sich⟩ *sich fächerartig ausbreiten, fächerartig angeordnet sein.* **2.** (bes. Jägerspr.) *fächerartig entfalten, auseinander schieben, spreizen:* der Auerhahn fächert den Stoß. **3.** (seltener) *fächeln* (1 c, 2).

Fä|cher|pal|me, die: *Palme mit fächerförmigen Wedeln.*

fä|cher|über|grei|fend ⟨Adj.⟩: *fachübergreifend.*

Fä|che|rung, die; -, -en: *das Fächern; das Gefächertsein.*

fach|ex|tern ⟨Adj.⟩: *außerhalb eines bestimmten Fachgebiets gelegen, erfolgend; nicht zu einem bestimmten Fachgebiet gehörend.*

Fach|fra|ge, die: *ein bestimmtes Fachgebiet betreffende Frage; fachliches Problem.*

Fach|frau, die: vgl. Fachmann.

fach|fremd ⟨Adj.⟩: *einem bestimmten Fach[gebiet] fremd, nicht darin ausgebildet.*

Fach|ge|biet, das: *ein bestimmtes Fach* (4a) *umfassendes Wissensgebiet.*

Fach|ge|lehr|te, der u. die: *auf ein Fachgebiet spezialisierte[r] Wissenschaftler[in]; Gelehrte[r] im Hinblick auf sein/ihr Spezialgebiet.*

fach|ge|mäß ⟨Adj.⟩: *den Regeln, Erfordernissen eines Fachgebietes gemäß; bestimmten fachlichen Ansprüchen entsprechend.*

fach|ge|recht ⟨Adj.⟩: *fachgemäß:* eine -e Reparatur; etw. f. ausbessern.

Fach|ge|schäft, das: *Geschäft, das nur Waren einer bestimmten Kategorie führt, auf den Verkauf bestimmter Waren spezialisiert ist; Spezialgeschäft.*

Fach|ge|spräch, das: *fachliches Gespräch.*

Fach|grup|pe, die: **1.** *durch bestimmte fachliche Merkmale gekennzeichnete Abteilung innerhalb einer Berufsgruppe.* **2.** *Gruppe, Arbeitsgemeinschaft, die sich mit einem bestimmten Fachgebiet befasst.*

Fach|han|del, der: vgl. Fachgeschäft.

Fach|hoch|schu|le, die: *[staatliche] Hochschule, an der man ein [technisches, künstlerisches] Fachstudium absolvieren kann.*

Fach|hoch|schul|rei|fe, die: *durch einen bestimmten qualifizierten Schulabschluss erworbene Berechtigung, an einer Fachhochschule zu studieren.*

Fach|idi|ot, der (abwertend): *jmd., der sich nur mit seinem Fachgebiet befasst.*

Fach|jar|gon, der: *innerhalb eines Fachbereichs, einer Berufsgruppe üblicher Jargon.*

Fach|jour|na|list, der: *Journalist, der [für eine Fachzeitschrift] über ein bestimmtes Fachgebiet berichtet.*

Fach|jour|na|lis|tin, die: w. Form zu ↑Fachjournalist.

Fach|kennt|nis, die ⟨meist Pl.⟩: *fundiertes Wissen auf einem bestimmten Gebiet.*

Fach|kol|le|ge, der: *jmd., der mit andern zusammen im gleichen Fachgebiet beruflich tätig ist.*

Fach|kol|le|gin, die: w. Form zu ↑Fachkollege.

Fach|kom|mis|si|on, die: *aus Fachleuten eines bestimmten Fachgebietes gebildete Kommission.*

Fach|kom|pe|tenz, die: *das Expertesein, Kompetenz in einem bestimmten Fachgebiet.*

Fach|kon|gress, der: *Kongress der Fachleute eines bestimmten Fachgebietes.*

Fach|kraft, die: *jmd., der innerhalb seines Berufs seines Fachgebietes über die entsprechenden Kenntnisse, Fähigkeiten verfügt.*

Fach|kreis, der ⟨meist Pl.⟩: *Kreis von Fachleuten:* ein in -en bekannter Wissenschaftler.

Fach|kun|de, die: *Gruppe von Unterrichtsfächern im beruflichen Schulwesen, die der zukünftige Facharbeiter für sein Arbeitsgebiet absolvieren muss.*

fach|kun|dig ⟨Adj.⟩: *genaue Kenntnisse in einem bestimmten Fachgebiet besitzend; auf genauen Fachkenntnissen beruhend, davon zeugend.*

fach|kund|lich ⟨Adj.⟩: *die Fachkunde betreffend, zu ihr gehörend:* -er Unterricht.

Fach|leh|rer, der: *für den Unterricht in einem od. mehreren bestimmten Lehrfächern ausgebildeter Lehrer.*

Fach|leh|re|rin, die; -, -nen: w. Form zu ↑Fachlehrer.

Fach|leu|te ⟨Pl.⟩: **1.** Pl. von ↑Fachmann. **2.** *Gesamtheit der Fachfrauen und Fachmänner.*

fach|lich ⟨Adj.⟩: *ein bestimmtes Fach, Fachgebiet betreffend, dazu gehörend:* -e Kenntnisse; etw. f. *(vom Fach her)* beurteilen.

Fach|li|te|ra|tur, die: *ein bestimmtes Fachgebiet behandelnde, bes. wissenschaftliche Literatur.*

Fach|mann, der ⟨Pl. ...leute, selten: ...männer⟩: *jmd., der auf einem bestimmten Gebiet die entsprechenden Fachkenntnisse hat, sich in seinem Fachgebiet genau auskennt:* F. auf diesem Gebiet sein; sich von einem F. beraten lassen; R da staunt der F. [und der Laie wundert sich] *(das sollte man nicht für möglich halten).*

fach|män|nisch ⟨Adj.⟩: *einem Fachmann entspre*

chend; aus der Sicht des Fachmanns: ein -es Urteil; jmdn. f. beraten.*

ach|ober|schu|le, die: *auf bestimmte Fachgebiete ausgerichtete Schule, die zur Fachhochschulreife führt.*

ach|per|so|nal, das: *fachlich geschultes Personal.*

ach|pres|se, die: *Gesamtheit der Fachzeitungen u. Fachzeitschriften.*

ach|pu|bli|ka|ti|on, die: vgl. Fachliteratur.

ach|pu|bli|kum, das: *Publikum* (a, b), *das aus Fachleuten eines bestimmten Fachgebiets besteht.*

ach|re|fe|rat, das: **1.** *fachbezogenes Referat, fachbezogener Vortrag.* **2.** *für ein bestimmtes Fachgebiet zuständige Verwaltungs- od. Ministeriumsabteilung:* das F. [für] Kultur.

ach|re|fe|rent, der: **1.** *Referent* (1), *der ein Fachreferat* (1) *hält.* **2.** *Referent* (2) *eines Fachreferats* (2).

ach|re|fe|ren|tin, die: w. Form zu ↑Fachreferent.

ach|rich|ter, der: *Richter mit einer Fachausbildung.*

ach|rich|te|rin, die: w. Form zu ↑Fachrichter.

ach|rich|tung, die: *spezielle Abteilung, Zweig eines [wissenschaftlichen] Fachgebietes.*

ach|schaft, die; -, -en: **1.** *Gesamtheit der Angehörigen einer Berufsgruppe, eines Arbeitsbereichs o. Ä.* **2.** *Gesamtheit der Studierenden eines Fachbereichs.*

ach|schafts|ver|tre|ter, der: *Vertreter* (1 b) *einer Fachschaft* (2).

ach|schafts|ver|tre|te|rin, die: w. Form zu ↑Fachschaftsvertreter.

ach|schu|le, die: *der beruflichen Aus- od. Weiterbildung dienende Tages- od. Abendschule.*

ach|se|mes|ter, das: *in einem bestimmten Fach absolviertes, zu absolvierendes Semester.*

ach|sim|pe|lei, die; -, -en (ugs., oft abwertend): *ausgiebiges Fachsimpeln:* sich in -en ergehen.

ch|sim|peln ⟨sw. V.; hat⟩ [aus ↑Fach (4 a) u. veraltet simpeln = einfältig werden] (ugs.): *sich ausgiebig über rein fachliche, rein berufliche Angelegenheiten unterhalten.*

ch|spe|zi|fisch ⟨Adj.⟩: *auf ein bestimmtes Fachgebiet, eine Fachrichtung speziell ausgerichtet.*

ach|spra|che, die: *Sprache, die sich vor allem durch Fachausdrücke von der Gemeinsprache unterscheidet.*

ch|sprach|lich ⟨Adj.⟩: *die Fachsprache betreffend, zu ihr gehörend.*

ach|stu|di|um, das ⟨Pl. selten⟩: *Studium eines bestimmten Fachs* (4 a).

ach|ter|mi|nus, der: *Fachausdruck.*

ach|über|grei|fend ⟨Adj.⟩: *mehrere Fächer* (4 a) *einbeziehend:* -er Unterricht.

ach|ver|band, der (Wirtsch.): *freiwilliger Zusammenschluss von Unternehmen unter fachlichen Gesichtspunkten zur Vertretung gemeinsamer Interessen.*

ach|ver|käu|fer, der: *für einen bestimmten Geschäftszweig ausgebildeter Verkäufer.*

ach|ver|käu|fe|rin, die: w. Form zu ↑Fachverkäufer.

ach|ver|tre|ter, der: *Vertreter eines Fachgebiets.*

ach|ver|tre|te|rin, die: w. Form zu ↑Fachvertreter.

ach|welt, die ⟨o. Pl.⟩: *Gesamtheit der Fachleute u. Experten eines bestimmten Fachgebietes.*

ach|werk, das: 1. (Archit.) a) ⟨o. Pl.⟩ *Bauweise, bei der die Wände aus einem Gerippe von Balken bestehen, dessen Zwischenräume durch Mauerwerk (Ziegelsteine, Lehm o. Ä.) ausgefüllt sind;* b) *Gerippe von Balken beim Fachwerkbau:* das F. des Hauses ist mit Schnitzereien verziert. 2. (Bauw.) *Baukonstruktion aus einem System von Stäben, die bes. für den Bau von Dächern, Brücken u. a. verwendet wird.*

ach|werk|bau, der: 1. (Archit.) ⟨o. Pl.⟩ *Fachwerk* (1 a). 2. ⟨Pl. ...bauten⟩ *Gebäude, das in Fachwerkbauweise gebaut ist.*

ach|werk|bau|wei|se, die: *Fachwerk* (1 a).

ach|werk|haus, das: *Fachwerkbau* (2).

ach|wis|sen, das: *Fachkenntnis[se].*

Fach|wis|sen|schaft, die: *auf ein spezielles Fachgebiet ausgerichtete Wissenschaft.*

Fach|wis|sen|schaft|ler, der: *Wissenschaftler, der in einem speziellen Fachgebiet arbeitet.*

Fach|wis|sen|schaft|le|rin, die: w. Form zu ↑Fachwissenschaftler.

Fach|wort, das ⟨Pl. ...wörter⟩: vgl. Fachausdruck.

Fach|wort|schatz, der: *Wortschatz einer Fachsprache.*

Fach|zeit|schrift, die: *Zeitschrift, in der Fragen eines bestimmten Fachgebietes, eines Berufszweiges abgehandelt werden.*

Fach|zei|tung, die: vgl. Fachzeitschrift.

Fa|ci|a|lis: ↑Fazialis.

Fa|ci|es ['fa:tsi̯ɛs]: **1.** ↑Fazies. **2.** (Med.) **a)** [1]*Gesicht* (1); **b)** *Außenfläche an Organen u. Knochen;* **c)** *für bestimmte Krankheiten typischer Gesichtsausdruck.*

Fa|ci|li|ty-Ma|nage|ment [fɛ'sɪlɪtɪ...], das [engl., zu facility = Einrichtung u. ↑Management] (Wirtsch.): *umfassende Betreuung und Überwachung von Gebäuden (vom Neubau über die Nutzung bis zum Abbruch).*

Fa|ckel, die; -, -n [mhd. vackel, ahd. faccala < vlat. facla < lat. facula, Vkl. von: fax = Fackel]: *mit einer brennbaren Schicht am oberen Ende versehener Stab [aus Holz], dessen Flamme hell leuchtet:* die F. brennt, lodert, flackert, (geh.:) verlischt; eine F. anzünden, [weiter]tragen; das Auto brannte wie eine F. *(lichterloh).*

fa|ckeln ⟨sw. V.; hat⟩ [2: eigtl. = unbestimmt, vage reden]: (ugs.) *unentschlossen, zögernd abwarten:* wenn du noch lange fackelst, ist die gute Gelegenheit vorbei.

Fa|ckel|schein, der ⟨o. Pl.⟩: *der Schein* (1 a) *von Fackeln.*

Fa|ckel|trä|ger, der: *jmd., der eine Fackel trägt.*

Fa|ckel|trä|ge|rin, die: w. Form zu ↑Fackelträger.

Fa|ckel|zug, der: *[feierlicher] Umzug mit Fackeln.*

Fa|çon [fa'sõ:]: ↑[1,2]Fasson.

Fact [fækt], der; -s, -s ⟨meist Pl.⟩ [engl. fact < lat. factum, ↑[1]Faktum]: *Tatsache[nmaterial].*

Fac|tion-Pro|sa ['fækʃən...], die; - [zu engl. faction = Partei(nahme) mit Anlehnung an fact = Tatsache] (Literaturw.): *nicht fiktive, auf Tatsachen fußende u. zu dokumentarischer Darstellung tendierende Prosa in der amerikanischen Nachkriegsliteratur.*

Fac|to|ring ['fæktərɪŋ], das; -s [engl.-amerik. factoring, zu factor = Agent, Vertreter < frz. facteur < lat. factor, ↑Faktor] (Wirtsch.): *Methode der Absatzfinanzierung, bei der der Lieferbetrieb seine Forderungen aus Warenlieferungen einem Finanzierungsinstitut verkauft, das meist auch das volle Kreditrisiko übernimmt.*

Fac|to|ry of the Fu|ture ['fæktərɪ ɔv ðə 'fju:tʃə(r)], die; - - - -, ...ries [...rɪz] - - - [engl. = Fabrik der Zukunft]: *Konzept der Industrieforschung, den Produktionsprozess mithilfe von Industrierobotern u. computerunterstützter Fertigung so zu automatisieren, dass bis auf wenige Kontrollpersonen keine körperliche Arbeiten verrichtenden Arbeitskräfte mehr erforderlich sind.*

Fac|to|ry-Out|let ['fæktərɪ‿aʊtlet], das; -s, -s [engl., zu factory = Fabrik u. outlet = Verkaufsstelle]: *Verkaufsstelle einer Firma, in der ihre Waren [mit Rabatt] direkt an den Verbraucher verkauft werden.*

Fac|to|ry-Out|let-Cen|ter, das: *Einkaufszentrum, das aus Factory-Outlets besteht.*

Fac|ture [fak'ty:rə], die; -, -n: *Faktur* (2 b).

fad (bes. südd., österr.): ↑fade.

Fäd|chen, das; -s, -: Vkl. zu ↑Faden (1, 2).

fa|de, (bes. südd., österr.:) fad ⟨Adj.⟩ [frz. fade, über das Galloroman. zu lat. fatuus = albern, blödsinnig] (abwertend): **1.** *[leicht unangenehm] nach nichts schmeckend; schlecht gewürzt, schal:* eine f. Brühe; einen -n Geschmack im Mund haben; die Suppe ist, schmeckt f. **2.** *[ohne jeglichen Reiz u. daher] langweilig* (1, 2): ein -r Mensch; mir ist f. (österr.; *ich langweile mich*); komm mach mit, sei nicht so f.! (österr.; *zier dich nicht so!*).

fä|deln ⟨sw. V.; hat⟩: **a)** *einfädeln;* **b)** *auffädeln.*

Fa|den, der; -s, Fäden u. Faden [mhd. vaden, vadem, ahd. fadum, urspr. = so viel Garn, wie man mit ausgespanntem Arm messen kann]: **1.** ⟨Pl. Fäden⟩ *langes, sehr dünnes, aus Fasern gedrehtes, aus Kunststoff, Metall u. a. hergestelltes Gebilde:* ein dünner, langer, seidener F.; Fäden aus Gold; der F. verknotet sich, ist gerissen; der Arzt zieht morgen die Fäden; einen F. einfädeln, abschneiden; hast du Nadel und F. *(Nähzeug)* bei dir?; etw. mit Nadel und F. annähen, mit einem F. umwickeln; die Marionetten hängen an Fäden; einen Knoten in den F. machen; Ü wir wollen den F. nicht weiterspinnen *(den Gedanken nicht weiterverfolgen);* * **der rote F.** (*der leitende, verbindende Grundgedanke;* nach Goethes »Wahlverwandtschaften« (2, 2), wo eine alles verbindende Hauptidee mit dem durchlaufenden roten Faden im Tauwerk der engl. Marine verglichen wird): sich als roter F./wie ein roter F. durch etw. hindurchziehen; **alle Fäden laufen in jmds. Hand zusammen/ jmd. hat, hält alle Fäden [fest] in der Hand** (*jmd. überschaut u. lenkt alles, übt entscheidenden Einfluss auf alles aus;* urspr. bezogen auf die Spinn- od. Webearbeit, dann mit Bezug auch auf den Marionettenspieler, der mithilfe der Fäden die Puppen bewegt); **keinen trockenen F. [mehr] am Leibe haben** (ugs.; *völlig durchnässt sein*); **die Fäden ziehen** (*[insgeheim] den entscheidenden Einfluss haben, die eigentliche Macht ausüben;* bezogen auf den Marionettenspieler); **den F. verlieren** (*beim Sprechen, Reden plötzlich nicht mehr weiterwissen, den gedanklichen Zusammenhang verlieren;* eigtl. = den Faden beim Garnwickeln, Spinnen o. Ä. aus der Hand gleiten lassen); **keinen guten F. an jmdm. lassen** (ugs.; *nur Schlechtes über jmdn. sagen, jmdn. gründlich schlecht machen;* aus der Weberspr., eigtl. = bei der Prüfung eines Meisterstückes den Faden [= die Gesamtheit der Fäden, aus der der Stoff gewebt ist] nicht gut genug finden); **keinen guten F. miteinander spinnen** (ugs.; *schlecht miteinander auskommen*); **an einem [dünnen/seidenen] F. hängen** (*sehr gefährdet, bedroht sein; in seinem Fortgang, Ausgang äußerst ungewiss sein;* vgl. Damoklesschwert). **2.** ⟨Pl. Fäden⟩ *etw., was die Form eines Fadens* (1) *hat, einem Faden ähnlich sieht:* ein dünner F. Blut rann aus seinem Mund; sie hat schon silberne Fäden im Haar; die Fäden von den Bohnen abziehen; der Sirup zieht Fäden. **3.** ⟨Pl. Faden⟩ (Seemannsspr.) *Maßeinheit, die etwa 1,80 m entspricht u. bes. zur Angabe der Wassertiefe dient:* der Anker liegt sechs F. tief.

Fa|den|dich|te, die: *Kennzahl, die angibt, wie viel Kett- u. Schussfäden je Längeneinheit sich in einem Gewebe befinden.*

fa|den|dünn ⟨Adj.⟩: *sehr dünn.*

Fa|den|en|de, das: *Ende eines Fadens:* das F. vernähen.

fa|den|för|mig ⟨Adj.⟩: *einem Faden ähnlich.*

Fa|den|glas, das ⟨Pl. ...gläser⟩: *Glas, in das Fäden eingeschmolzen sind, die Gitter, Muster bilden; Filigranglas.*

Fa|den|hef|tung, die (Buchbinderei): *Methode des Heftens von Büchern mit Fäden.*

Fa|den|kreuz, das (Optik): *an der Linse von optischen Geräten angebrachte Markierung in Form zweier senkrecht aufeinander stehender Fäden od. eingeätzter dünner Striche zum genauen Visieren:* etw. mit dem F. anvisieren; Ü jmdn. im F. haben *(jmdn. scharf beobachten).*

Fa|den|lauf, der (Weberei, Schneiderei): *Richtung der Längsfäden im Gewebe.*

Fa|den|nu|del, die ⟨meist Pl.⟩: *dünne, fadenförmige Nudel, bes. als Suppeneinlage.*

Fa|den|pilz, der: *Algenpilz.*

fa|den|schei|nig ⟨Adj.⟩ [für älter fadenschein; eigtl. von abgenutztem Gewebe, dessen Fäden erscheinen]: **1.** *ziemlich abgetragen:* ein -es Gewebe; die Jacke war an den Ärmeln f. geworden. 2. (abwertend) *nicht sehr glaubhaft u. leicht zu durchschauen:* eine -e Ausrede.

Fa|den|spiel, das: *Spiel, bei dem mit einem zu einer geschlossenen Schlinge geknüpften, zwischen den Fingern gespannten Faden verschiedene Figuren gebildet werden, die bestimmte Namen haben.*

Fa|den|stär|ke, die: *(von Wolle, Nähgarn) Stärke des [Web]fadens.*

Fa|den|wurm, der: *in zahlreichen Arten vorkommender Schlauchwurm mit fadenförmigem Körper.*

Fad|heit, die; -, -en (abwertend): 1. ‹o. Pl.› *das Fadesein.* 2. *fade Äußerung o. Ä.*

fä|dig ‹Adj.›: **a)** *aus feinen Fäden, fadenartigen Gebilden bestehend;* **b)** *in Form od. Aussehen einem Faden, Fäden ähnlich.*

-fä|dig: in Zusb., z. B. ein-, zwei-, dünn-, feinfädig.

F

Fa|ding [ˈfeɪdɪŋ], das; -s [engl. fading, zu: to fade = verblassen]: 1. (Rundfunkt.) *An- u. Abschwellen der Lautstärke im Rundfunkgerät.* 2. (Technik) *das Nachlassen der Bremswirkung infolge Erhitzung der Bremsen.*

fa|di|sie|ren, sich ‹sw. V.; hat› [zu ↑fad] (österr.): *sich langweilen.*

Fae|ces [ˈfɛːt̮seːs]: ↑Fäzes.

Fa|gott, das; -[e]s, -e [ital. fagotto, H. u.]: *Holzblasinstrument in Basslage mit U-förmig geknickter Röhre, Grifflöchern u. Klappen, dessen Ton in der Tiefe voll u. dunkel u. in der Höhe leicht gepresst u. näselnd ist.*

Fa|got|tist, der; -en, -en: *jmd., der [berufsmäßig] Fagott spielt.*

Fa|got|tis|tin, die; -, -nen: w. Form zu ↑Fagottist.

Fä|he, die; -, -n [mhd. vohe, ahd. voha = Füchsin] (Jägerspr.): *weibliches Tier bei Fuchs, Dachs u. Marder.*

fä|hig ‹Adj.› [im 15. Jh. für mhd. gevæhic = fähig, zu: va(he)n, ↑fangen; eigtl. = imstande, etw. zu empfangen od. aufzunehmen]: 1. *begabt, tüchtig, geschickt u. daher gestellten Aufgaben gewachsen; befähigt:* ein [überaus] -er Jurist. 2. * **zu etw. f. sein** *(zu etw. in der Lage, imstande sein):* sie war zu keinem Gedanken, (geh.:) keines Gedankens f.; diese Burschen sind zu allem f.; ‹auch attr.:› ein zu dieser Aufgabe durchaus, ein zu großen Leistungen -er Mann.

-fä|hig: 1. drückt in Bildungen mit Substantiven oder Verben (Verbstämmen) aus, dass die beschriebene Person oder Sache etw. machen kann, zu etw. in der Lage ist: aufnahme-, explodierfähig. 2. drückt in Bildungen mit Substantiven oder Verben (Verbstämmen) aus, dass etw. gemacht werden kann: sende-, zitierfähig. 3. drückt in Bildungen mit Substantiven aus, dass die beschriebene Person oder Sache für etw. geeignet ist, die erforderlichen Eigenschaften für etw. besitzt: mehrheits-, wettbewerbsfähig.

Fä|hig|keit, die; -, -en: 1. ‹meist Pl.›: *geistige, praktische Anlage* (6), *die zu etwas befähigt, Wissen, Können, Tüchtigkeit:* jmds. geistige -en; -en in jmdm. wecken; seine -en für etw. einsetzen; an jmds., den eigenen -en zweifeln. 2. ‹o. Pl.› *das Imstandesein, In-der-Lage-Sein, das Befähigtsein zu etw., Vermögen, etw. zu tun:* die Fähigkeit zum Frieden stärken; die F., jmdn. zu überzeugen, geht ihm ab.

fahl ‹Adj.› [mhd. val, ahd. falo, urspr. = grau, weißlich; scheckig]: *von blasser Färbung, fast farblos:* -es Licht; f. vor Entsetzen sein; Ü ein -es *(schwaches)* Lächeln.

Fahl|erz, das (Mineral.): *stahlgraues bis eisenschwarzes Silber- od. Kupfererz mit fahlem Glanz.*

fahl|gelb ‹Adj.›: *von fahlem, blassem Gelb.*

fahl|grau ‹Adj.›: *von fahlem, blassem Grau.*

Fahl|heit, die; -: *fahles Aussehen.*

fahl|rot ‹Adj.›: *von fahlem, blassem Rot.*

Fähn|chen, das; -s, -: 1. **a)** *kleine Fahne* (1) *[aus Papier]:* die Kinder schwenkten ihre F.; **b)** *Markierungszeichen in Form eines Fähnchens:* die Grenzen auf der Landkarte waren mit verschiedenfarbigen F. gekennzeichnet. 2. (ugs. abwertend) *leichtes, billig wirkendes, meist nicht sehr geschmackvolles Kleid.*

fahn|den ‹sw. V.; hat› [wohl aus dem Niederd. < mniederd. vanden = aufsuchen, besuchen, zu ↑finden]: *polizeilich suchen [um zu verhaften, zu beschlagnahmen]:* nach Terroristen, Rauschgift f.; Ü nach Lärmquellen f. *(sie ausfindig zu machen suchen).*

Fahn|der, der; -s, -: *jmd., der als Angehöriger eines Fahndungsdienstes eine Fahndung durchführt.*

Fahn|de|rin, die; -, -nen: w. Form zu ↑Fahnder.

Fahn|dung, die; -, -en: *das Fahnden:* eine polizeiliche F. einleiten;jmdn. zur F. ausschreiben.

Fahn|dungs|ak|ti|on, die: *polizeiliche Aktion des Fahndens nach jmdm., etw.*

Fahn|dungs|ap|pa|rat, der: *Gesamtheit der bei einer polizeilichen Fahndung eingesetzten Personen.*

Fahn|dungs|dienst, der: *Abteilung bei Zoll- u. Steuerbehörden, Bahnpolizei u. Ä., die Fahndungen durchführt.*

Fahn|dungs|fo|to, das: *für die Verbreitung in der Öffentlichkeit bestimmtes Foto einer Person, nach der gefahndet wird.*

Fahn|dungs|lis|te, die: *von den Kriminalämtern herausgegebener Katalog von Personen, nach denen gefahndet wird:* auf, in der F. stehen.

Fah|ne, die; -, -n [mhd. van(e), ahd. fano, urspr. = Gewebe; die Bed. »Fahne« wohl entstanden durch Kürzung aus ahd. gundfano = Kriegsfahne]: 1. *meist rechteckiges, an einer Stange befestigtes Tuch, das die Farben, das Zeichen eines Landes, eines Vereins, einer Gemeinschaft o. Ä. zeigt u. als Symbol o. Ä. für etw. gilt:* eine seidene, zerschlissene F.; die schwarz-rot-goldene F., die F. Schwarz-Rot-Gold; die -n flattern im Wind; die -n wehen auf halbmast; die F. aufziehen, hissen; die weiße F. (Milit.; *das Zeichen der Kapitulation, der Unterhandlungsbereitschaft*) hinaushängen, zeigen; Ü die F. der Freiheit hochhalten (geh.; *für die Freiheit eintreten, kämpfen*); den Sieg an seine -n heften (geh.; *siegen*); trotz des 0 : 1 wehen in Bremen die -n nicht auf halbmast *(ist man nicht traurig, niedergeschlagen, verliert man nicht den Mut);* * **die, seine F./das, sein Fähnchen nach dem Wind drehen, hängen** (abwertend: *sich [um persönlicher Vorteile willen] sehr schnell der jeweils herrschenden Meinung anschließen, sich an die jeweilige Lage anpassen*); **etw. auf seine F. schreiben** (*sich etw. zum Ziel setzen, etw. als Programm verkünden u. für dessen Verwirklichung kämpfen;* mit Bezug darauf, dass in Fahnen früher häufig Inschriften hineingestickt wurden); **mit fliegenden -n zu jmdm., etw. übergehen, überlaufen** *(plötzlich seine Ansichten, seinen Standpunkt ändern u. sich ohne Bedenken, in einem kurzen Entschluss auf die andere Seite schlagen)*; **zu den -n eilen** (geh. veraltet; *im Kriegsfall freiwillig, aus Überzeugung Soldat werden*); **zu den -n rufen** (geh. veraltet; *zum Kriegsdienst einberufen*). 2. ‹o. Pl.› (ugs.) kurz für ↑Alkoholfahne. 3. (Druckw.) *zu Korrekturzwecken auf losen Blättern od. Streifen hergestellter Abzug eines gesetzten, noch nicht auf Seitenformat gebrachten Textes.* 4. (Jägerspr.) *lange Behaarung des Schwanzes bei bestimmten Jagdhunden u. bei Eichhörnchen.* 5. (Zool.) *aus den einzelnen Ästen bestehender Teil der Vogelfeder zu beiden Seiten des Federkiels; Vexillum* (2). 6. (Bot.) *die übrigen Blütenblätter teilweise umgreifendes, oberes, größtes Blütenblatt bei Schmetterlingsblütlern; Vexillum* (3). 7. (ugs.) *Wehrdienst bei der Nationalen Volksarmee der DDR:* gleich nach der Schule kam die F.

Fah|nen|ab|zug, der (Druckw.): *Fahne* (3).

Fah|nen|ap|pell, der (Milit.): *Appell, bei dem die Fahne* (1) *gehisst wird.*

Fah|nen|eid, der (Milit.): *vom Soldaten auf die Fahne* (1) *geschworener Eid der Treue u. des Gehorsams.*

Fah|nen|flucht, die ‹o. Pl.› (Milit.): *eigenmächtiges Sichentfernen, Fernbleiben von der Truppe od. der militärischen Dienststelle mit der Absicht, sich der Verpflichtung zum Wehrdienst zu entziehen:* das Strafmaß für F. herabsetzen.

fah|nen|flüch|tig ‹Adj.› (Milit.): *Fahnenflucht begangen habend; desertiert.*

Fah|nen|flüch|ti|ge, der; -n, -n ‹Dekl. ↑Abgeordnete› (Milit.): *Soldat, der Fahnenflucht begangen hat; Deserteur.*

Fah|nen|mast, der: *Mast zum Aufziehen einer Fahne* (1).

Fah|nen|schwin|gen, das; -s: *(bei feierlichen Aufzügen, Handwerkerfesten o. Ä.) kunstvolles Schwingen, Hochwerfen u. Auffangen von Fahnen* (1).

Fah|nen|schwin|ger, der: *jmd., der eine Fahne* (1) *schwingt, bes. beim Fahnenschwingen.*

Fah|nen|schwin|ge|rin, die: w. Form zu ↑Fahnenschwinger.

Fah|nen|stan|ge, die: vgl. Fahnenmast; * **das Ende der F.** (ugs.; *Punkt, an dem es im Hinblick auf die Verwirklichung eines Vorhabens, auf das Fortführen einer Entwicklung o. Ä. nicht [mehr] weitergeht*): in der Sozialgesetzgebung ist jetzt das Ende der F. erreicht.

Fah|nen|trä|ger, der: *Träger einer Fahne* (1).

Fah|nen|trä|ge|rin, die: w. Form zu ↑Fahnenträger.

Fah|nen|tuch, das: 1. ‹Pl. ...tuche› *vorwiegend für Fahnen* (1) *verwendeter einfarbiger Stoff.* 2. ‹Pl. ...tücher› *Fahne* (1).

Fähn|lein, das; -s, -: 1. (selten) Vkl. zu ↑Fahne (1). 2. **a)** (hist.) *Truppeneinheit der Landsknechte;* **b)** *kleinere Einheit von Jugendorganisationen.*

Fähn|rich, der; -s, -e [mhd. venre, ahd. faneri]: 1. **a)** (hist.) *besonders tapferer Soldat als Fahnenträger (im mittelalterlichen Heer);* **b)** *jüngster Offizier einer Einheit (im preußischen Heer).* 2. *Offiziersanwärter vor der Beförderung zum Leutnant (in der Bundeswehr):* F. zur See (Kriegsmarine; *Offiziersanwärter vor der Beförderung zum Leutnant z. S.*).

Fahr|aus|weis, der: 1. *Fahrkarte, die zur Benutzung eines öffentlichen Verkehrsmittels berechtigt.* 2. (schweiz.) *Führerschein.*

Fahr|bahn, die: *für den Fahrzeugverkehr bestimmter Teil einer befestigten Straße:* von der F. abkommen.

Fahr|bahn|be|lag, der: *oberste Schicht der Befestigung einer Fahrbahn.*

Fahr|bahn|mar|kie|rung, die (Verkehrsw.): *für den Verkehrsteilnehmer bestimmte, der Regelung des Verkehrs dienende Markierung auf der Fahrbahn in Form von Linien, Zeichen o. Ä.*

Fahr|bahn|wech|sel, der: *das Wechseln, der Wechsel einer Fahrbahn.*

fahr|bar ‹Adj.›: 1. *so konstruiert, dass es fahren kann; sich fahren lassend; geeignet, gefahren zu werden:* ein -es Bett; der Teewagen ist f. 2. (veraltend) *befahrbar.*

fahr|be|reit ‹Adj.›: **a)** *alle technischen Voraussetzungen zum Fahren erfüllend:* die Fahrzeuge f. machen müssen; **b)** *fertig zum [Ab]fahren:* der Bus stand f. an der Haltestelle.

Fahr|be|reit|schaft, die: *einer Dienststelle angeschlossene Einrichtung, die über einen Wagenpark mit fahrbereiten Fahrzeugen u. dienstbereiten Fahrern verfügt.*

Fähr|be|trieb, der: *Verkehr von Fähren:* den F. einstellen.

Fähr|boot, das: *für den Fährbetrieb eingesetztes Boot.*

Fahr|bü|che|rei, die: *in einem Bus untergebrachte kleine Leihbücherei zur Versorgung städtischer Randgebiete, Vororte o. Ä.*

Fahr|damm, der (landsch., bes. berlin.): *Fahrbahn.*

Fahr|dienst, der: 1. (Eisenb.) *Tätigkeit des Fahrdienstleiters u. seiner Helfer.* 2. *Tätigkeit des an öffentlichen Verkehrsmitteln Beschäftigten.*

Fähr|dienst, der: vgl. Fährbetrieb.

Fahr|dienst|lei|ter, der (Eisenb.): *Bahnbeamter, der innerhalb bestimmter Streckenabschnitte* bes. die Zugfolge in eigener Verantwortung *regelt.*

hr|dienst|lei|te|rin, die (Eisenb.): w. Form zu ↑Fahrdienstleiter.

hr|draht, der (Verkehrsw., Technik): *als Oberleitung für elektrisch betriebene Bahnen od. Busse dienender Draht.*

hre, die; -, -n [mhd. ver(e), zu mhd. vern, ahd. ferian = mit dem, auf dem Schiff fahren, eigtl. Kausativ von ↑fahren in dessen alter Bed. »sich bewegen«]: 1. *Wasserfahrzeug zum Transportieren, Übersetzen von Personen über einen Fluss, einen See od. eine kürzere Meeresstrecke:* die F. legt [am Ufer] an, legt ab, fährt quer über den Strom; mit der F. übersetzen. 2. kurz für ↑Mondlandefähre.

hr|ei|gen|schaft, die ⟨meist Pl.⟩: *technische Eigenschaft eines Kraftfahrzeugs, die bes. während des Fahrens hervortritt:* gute -en haben.

h|ren ⟨st. V.⟩ [mhd. varn, ahd. faran, urspr. jede Art der Fortbewegung bezeichnend]: 1. a) *(von Fahrzeugen) sich rollend, gleitend [mithilfe einer antreibenden Kraft] fortbewegen* ⟨ist⟩: der Zug fährt; unser Auto fährt nicht *(ist defekt);* der Fahrstuhl fährt nur bis zum achten Stock; das Schiff fährt langsam [aus dem Hafen]; wann fährt die nächste Straßenbahn? *(wann fährt sie ab?);* fährt die Straßenbahn über den Markt? *(kommt sie am Markt vorbei, hat sie eine Haltestelle am Markt, in der Nähe des Marktes?);* der Triebwagen fährt *(verkehrt)* fahrplanmäßig, täglich; b) ⟨f. + sich⟩ *bestimmte Fahreigenschaften haben* ⟨hat⟩: der neue Wagen fährt sich hervorragend; c) ⟨f. + sich; unpers.⟩ *sich unter bestimmten Umständen in bestimmter Weise fahren lassen* ⟨hat⟩: auf dieser Straße, bei/im Nebel fährt es sich schlecht. 2. a) *sich [in bestimmter Weise] mit einem Fahrzeug o. Ä. fortbewegen* ⟨ist⟩: vorsichtig, schnell, mit großer Geschwindigkeit, wie der Teufel f.; rechts, links, geradeaus, in einer Kolonne f.; 80 [km/h] f.; ich fahre lieber Autobahn *(benutze beim Fahren lieber die Autobahn);* mit dem Fahrrad, mit der Bahn, mit dem Zug, erster Klasse [zur Arbeit] f.; in einer Kutsche f.; ihr fahrt u. wir gehen zu Fuß; er ist seit 20 Jahren unfallfrei gefahren; er fährt gut *(ist ein guter [Auto]fahrer);* wir fahren um 8 Uhr *(treten unsere Fahrt um 8 Uhr an);* man fährt bis dahin 2 Stunden *(braucht für die Fahrt 2 Stunden);* mit einem Ballon f.; Ü Christus ist gen Himmel gefahren *(zum Himmel aufgestiegen);* b) *eine Reise machen* ⟨ist⟩: an die See, nach Paris, in/auf Urlaub, zu den Großeltern f.; c) *eine bestimmte Strecke fahrend* (1 a) *zurücklegen* ⟨ist⟩: der Bus fährt von Bonn nach Köln. 3. *(von Verkehrsmitteln o. Ä.) ein bestimmtes Ziel haben* ⟨ist⟩: fährt dieser Zug nach Rom? 4. a) *sich auf, mit etw. Beweglichem fortbewegen* ⟨ist⟩: Karussell, Ski, Rollschuh f.; wir sind Schlitten gefahren; b) *ein Fahrzeug [irgendwohin] lenken, steuern* ⟨hat⟩: einen Pkw, ein schweres Motorrad f.; den Traktor aufs Feld, gegen einen Baum f.; den Wagen in die Garage f.; wer von euch hat das Auto gefahren?; sie hat mich den Wagen f. lassen *(hat mir erlaubt, den Wagen zu steuern);* c) *ein bestimmtes Fahrzeug besitzen* ⟨hat⟩: er fährt einen ganz neuen Wagen, einen Ferrari; d) *als Treibstoff benutzen* ⟨hat⟩: er fährt nur bleifreies Benzin, Super, Superbenzin. 5. ⟨hat/ist⟩ a) *mit einem Fahrzeug zurücklegen:* einen Umweg, einige Runden, täglich eine bestimmte Strecke f.; er ist, (seltener:) hat die Runde in 5:42 Minuten gefahren; ich bin diese Straße schon oft gefahren; b) *mit einem Fahrzeug ausführen, bewältigen:* Kurven f.; die beste Zeit, einen Rekord, sein letztes Rennen f. 6. *durch Fahren* (2 a) *in einen bestimmten Zustand bringen* ⟨hat⟩: er hat seinen Wagen schrottreif gefahren. 7. *mit einem Fahrzeug befördern, an einen bestimmten Ort transportieren* ⟨hat⟩: Sand, Mist f.; er hat den Verletzten ins Krankenhaus gefahren; ein Baby spazieren f. 8. ⟨hat⟩ a) (Technik) *in Betrieb halten, bedienen:* einen Hochofen f.; eine Anlage mit verminderter Leistung f.; b) (Jargon) *ablaufen lassen; [nach Plan] organisieren:* volles Programm f.; eine Sonderschicht in der Fabrik f.; die Nachrichtensendungen werden täglich mehrmals gefahren. 9. a) *sich rasch, hastig in eine bestimmte Richtung, an eine bestimmte Stelle bewegen* ⟨ist⟩: erschrocken aus dem Bett f.; in die Kleider f. *(sich rasch anziehen);* der Blitz ist in einen Baum gefahren; er fuhr in die Höhe *(sprang auf);* (Jägerspr.:) der Hase fährt aus dem Lager *(springt auf),* der Fuchs fährt zu Bau; der Hund ist ihm an die Kehle gefahren *(gesprungen);* Ü was ist denn in dich gefahren? *(was ist mit dir los?);* blitzschnell fuhr es ihr durch den Kopf *(kam ihr der Gedanke),* sofort abzureisen; b) *[mit einer schnellen Bewegung] über, durch etw. streichen, wischen, eine schnelle Bewegung machen* ⟨hat/ist⟩: sie fuhr sich mit dem Handrücken über die Stirn. 10. (Bergmannsspr.) *sich in einem Grubenbau fortbewegen, sich in die Grube hineinod. aus ihr herausbegeben* ⟨ist⟩. 11. (ugs.) *in bestimmter Weise zurechtkommen, bestimmte Erfahrungen machen* ⟨ist⟩: mit ihm, mit dieser Methode sind wir immer gut gefahren. 12. * **etw. f. lassen** (1. *etw. nicht mehr [fest]halten, sondern [schnell] loslassen:* sie hat seinen Arm f. lassen, [seltener auch:] f. gelassen. 2. *etw. aufgeben; auf etw. verzichten, nicht mehr daran glauben, festhalten:* sie hat alle Hoffnung f. lassen); **einen f. lassen** (derb; *eine Blähung abgehen lassen*).

Fah|ren, das; -s (Pferdesport): *Fahrsport.*

fah|rend ⟨Adj.⟩: *nicht sesshaft; umherziehend:* -e Musikanten; -e Habe (Rechtsspr.; *Fahrnis*).

Fah|ren|heit [nach dem dt. Physiker D. G. Fahrenheit (1686–1736)] (Physik): *Gradeinheit auf der Fahrenheitskala* (Zeichen: F).

Fah|ren|heit|ska|la, die ⟨o. Pl.⟩ (Physik): *Temperaturskala, bei der der Abstand zwischen dem Gefrierpunkt u. dem Siedepunkt des Wassers in 180 gleiche Teile unterteilt ist.*

fah|ren las|sen s. fahren (12).

Fah|rens|mann, der; -[e]s, ...leute u. ...männer (Seemannsspr.): *Seemann; Schiffer.*

Fah|rer, der; -s, -: a) *jmd., der ein Kraftfahrzeug fährt:* er ist ein sicherer F.; b) *jmd., der berufsmäßig ein [Kraft]fahrzeug (als Transport-, Verkehrsmittel o. Ä.) fährt:* während der Fahrt bitte nicht mit dem F. sprechen!

Fah|re|rei, die; - (oft abwertend): *dauerndes, als lästig empfundenes Fahren.*

Fah|rer|flucht, die ⟨o. Pl.⟩: *unerlaubtes Sichentfernen eines Verkehrsteilnehmers vom Unfallort nach einem von ihm verschuldeten Verkehrsunfall:* F. begehen.

fah|rer|flüch|tig ⟨Adj.⟩: *Fahrerflucht begehend, begangen habend:* nach dem -en Mann wird gesucht; f. werden *(Fahrerflucht begehen).*

Fah|re|rin, die; -, -nen: w. Form zu ↑Fahrer.

fah|re|risch ⟨Adj.⟩: *die Fahrkunst, -technik eines Kraftfahrers betreffend:* -es Können.

Fahr|er|laub|nis, die: 1. (Amtsspr.) *Genehmigung zum Fahren eines Kraftfahrzeugs:* er fuhr ohne F. 2. *Führerschein.*

Fah|rer|sitz, der: *Platz des Fahrers in einem Kraftfahrzeug, einer Straßenbahn o. Ä.*

Fah|rer|stand, der: *Fahrstand* (1).

Fahr|gast, der: *jmd., der in einem öffentlichen Verkehrsmittel fährt.*

Fahr|gast|raum, der: *für die Fahrgäste bestimmter Raum in einem öffentlichen Verkehrsmittel.*

Fahr|gast|schiff, das: *Schiff mit Kabinen, Gesellschaftsräumen u. a., das der Beförderung von Fahrgästen dient.*

Fahr|geld, das: *für die Benutzung eines öffentlichen Verkehrsmittels zu entrichtender Geldbetrag:* das F. bereithalten.

Fahr|geld|er|stat|tung, die: *Erstattung des Fahrgelds.*

Fahr|ge|mein|schaft, die: *Gruppe von Personen, die aus Gründen der Kostenersparnis ihre Fahrt zur Arbeit od. zur Ausbildung gemeinsam in einem Fahrzeug zurücklegen.*

Fahr|ge|räusch, das: *beim Fahren eines Kraftfahrzeugs entstehendes Geräusch.*

Fahr|ge|schwin|dig|keit, die: *Geschwindigkeit, mit der sich ein Fahrzeug fortbewegt.*

Fahr|ge|stell, das: 1. *Gesamtheit der Bauelemente der Vorder- u. Hinterachse eines Kraftfahrzeugs, die die Räder führend u. federnd mit dem Fahrzeug verbinden.* 2. *Fahrwerk* (1). 3. (salopp scherzh.) *Beine (eines Menschen).*

Fähr|ha|fen, der: *Hafen, Teil eines Hafens, in dem Fährschiffe anlegen.*

Fahr|hau|er, der: *Gehilfe eines Steigers* (Berufsbez.).

Fähr|haus, das: *Haus des Fährmanns.*

fah|rig ⟨Adj.⟩: a) *unausgeglichen u. unkontrolliert:* -e Bewegungen; b) *nicht in der Lage, sich richtig auf etw. zu konzentrieren; zerfahren:* ein -er Schüler; er wirkte ein wenig f.

Fah|rig|keit, die; -: *das Fahrigsein.*

Fahr|kar|te, die: *Kärtchen, das gegen Entrichtung eines bestimmten Geldbetrags zur Benutzung eines öffentlichen Verkehrsmittels, bes. der Eisenbahn, berechtigt:* eine F. lösen.

Fahr|kar|ten|au|to|mat, der: *Automat, an dem man eine Fahrkarte lösen kann.*

Fahr|kar|ten|kon|trol|le, die: *Kontrolle der Fahrkarten.*

Fahr|kar|ten|schal|ter, der: *Schalter, an dem gegen Entrichtung des entsprechenden Fahrgelds Fahrkarten ausgegeben werden.*

Fahr|ki|lo|me|ter, der: *Kilometer gefahrener Strecke.*

Fahr|kos|ten ⟨Pl.⟩: *für eine Fahrt zu entrichtender Geldbetrag; Fahrtkosten.*

Fahr|kunst, die: *Geschicklichkeit beim Führen eines Fahrzeugs.*

fahr|läs|sig ⟨Adj.⟩ [eigtl. = fahren lassend, zu mhd. varn lāʒen = gehen lassen, vernachlässigen]: *die gebotene Vorsicht, Aufmerksamkeit, Besonnenheit fehlen lassend:* ein -es Verhalten; -e (Rechtsspr.; *durch fahrlässiges Verhalten verursachte*) Tötung; die Arbeiter waren f.; [grob] f. handeln; er hat diesen Brand f. verursacht.

Fahr|läs|sig|keit, die; -, -en: *fahrlässiges Verhalten:* grobe F.; (Rechtsspr.:) bewusste, unbewusste F.

Fahr|leh|rer, der: *jmd., der anderen Unterricht im Führen eines Kraftfahrzeugs erteilt, sie beim Fahrenlernen anleitet* (Berufsbez.).

Fahr|leh|re|rin, die: w. Form zu ↑Fahrlehrer.

Fahr|leis|tung, die: *Leistung eines Fahrzeugs bezüglich seiner Fahreigenschaften.*

Fahr|lei|tung, die: *Fahrdraht.*

fähr|lich ⟨Adj.⟩ [mhd. værlich, ahd. fārlīh, zu: fāra, ↑Gefahr] (veraltet): *gefährlich.*

Fähr|li|nie, die: a) *planmäßig von Fähren* (1) *befahrene Strecke;* b) *Geschäftsunternehmen, das einen planmäßigen Fährbetrieb unterhält.*

Fähr|mann, der ⟨Pl. ...leute u. ...männer⟩: *Führer einer Fähre.*

Fahr|nis, die; -, -se (Rechtsspr.): *bewegliches Vermögen; fahrende Habe.*

Fähr|nis, die; -, -se (dichter.): *Gefahr, gefährliche Situation:* sich in -se begeben.

Fahr|plan, der: 1. a) *Zeitfolge der [Ankunft u.] Abfahrt eines Zuges, eines Busses o. Ä. an den Bahnhöfen od. Haltestellen:* die Straßenbahn hat ihren F. nicht eingehalten; b) *Zusammenfassung der Ankunfts- u. Abfahrtszeiten von Zügen, Bussen o. Ä. (an Bahnhöfen od. Haltestellen) auf einem Plan, in einem Buch:* auf dem, im F. nachsehen, wann der nächste Zug abfährt. 2. a) (ugs.) *Plan, Programm, Absicht:* ihr unerwarteter Besuch hatte seinen ganzen F. durcheinander gebracht; b) (Theater Jargon) *Theaterspielplan.*

Fahr|plan|än|de|rung, die: *Änderung des Fahrplans* (1 a).

fahr|plan|mä|ßig ⟨Adj.⟩: *den Angaben des Fahrplans entsprechend:* die -e Abfahrt des Zuges.

Fahr|pra|xis, die ⟨o. Pl.⟩: *durch häufiges Fahren gewonnene Übung im Führen eines Kraftfahrzeugs.*

Fahr|preis, der: *Preis für eine Fahrt mit einem öffentlichen Verkehrsmittel.*

Fahr|preis|an|zei|ger, der: *Zählwerk im Taxi, das den Fahrpreis anzeigt; Taxameter* (1).

Fahr|preis|er|hö|hung, die: *Erhöhung der Fahrpreise.*

Fahr|preis|er|mä|ßi|gung, die: vgl. Fahrpreiserhöhung.

Fahr|prü|fung, die: *aus einem theoretischen u. einem praktischen Teil bestehende Prüfung eines Fahrschülers* (1), *durch die er die Fahrerlaubnis erwirbt:* er hat die F. erst beim zweiten Mal bestanden.

Fahr|rad, das: *zweirädriges Fahrzeug, dessen Räder hintereinander angeordnet sind u. das durch Treten von Pedalen angetrieben wird:* F., auf einem F. fahren; mit dem F. wegfahren.

Fahr|rad|fah|rer, der (seltener): *Radfahrer.*

Fahr|rad|fah|re|rin, die: w. Form zu ↑Fahrradfahrer.

Fahr|rad|helm, der: *Sturzhelm für Fahrradfahrer.*

Fahr|rad|kar|te, die: **1.** *Landkarte mit Radwegen u. für Radtouren geeigneten Strecken.* **2.** *Schein für die Beförderung eines unverpackten Fahrrads o. Ä.*

Fahr|rad|ket|te, die: *endlose Kette, durch die beim Fahrrad die Antriebskraft von der Tretkurbel auf einen Zahnkranz an der Hinterachse übertragen wird:* die F. ist heruntergesprungen.

Fahr|rad|ku|rier, der: *Bote* (a), *der bes. in größeren Städten Sendungen mit dem Fahrrad zustellt.*

Fahr|rad|lö|sung, die (schweiz.): *Lösung* (5) *für ein Fahrrad.*

Fahr|rad|rah|men, der: *Gestell eines Fahrrads (ohne Räder).*

Fahr|rad|rei|fen, der: *Reifen eines Fahrrads.*

Fahr|rad|sat|tel, der: *Sattel* (2) *eines Fahrrads.*

Fahr|rad|schloss, das: *an einem der Räder eines Fahrrads angebrachtes Schloss zur Sicherung vor Diebstahl.*

Fahr|rad|schlüs|sel, der: **1.** *Schlüssel zum Fahrradschloss.* **2.** *spezieller Schraubenschlüssel für das Fahrrad.*

Fahr|rad|stän|der, der: *Vorrichtung, Gestell zum Abstellen von Fahrrädern.*

Fahr|rad|tour, die: *Radtour.*

Fahr|rin|ne, die: *durch bestimmte Zeichen markierter Streifen in einem Fluss u. im Meer vor der Küste, der, auch bei sonst geringer Wasserführung, die für die Schifffahrt erforderliche Wassertiefe aufweist.*

Fahr|schein, der: vgl. Fahrkarte.

Fahr|sche|mel, der (Technik): *Teilrahmen eines Kraftfahrzeugs, an dem Aggregate wie der Motor od. das Ausgleichsgetriebe sowie die komplette zugehörige Achsgruppe befestigt sind.*

Fähr|schiff, das: *Fähre.*

Fahr|schrei|ber, der: *Fahrtschreiber.*

Fahr|schu|le, die: **a)** *Unternehmen, in dem man das Fahren eines Kraftfahrzeugs erlernen kann;* **b)** (ugs.) *Unterricht in der Fahrschule* (a).

Fahr|schü|ler, der: **1.** *jmd., der Fahrstunden nimmt.* **2.** *Schüler, der täglich einen längeren Weg zwischen Wohnort u. Schule mit einem öffentlichen Verkehrsmittel zurücklegen muss.*

Fahr|schü|le|rin, die: w. Form zu ↑Fahrschüler.

Fahr|schul|prü|fer, der: *amtlich anerkannter Prüfer* (2), *der Fahrschülern die Fahrprüfung abnimmt.*

Fahr|schul|prü|fe|rin, die: w. Form zu ↑Fahrschulprüfer.

Fahr|sport, der (Pferdesport): *Gesamtheit sportlicher Übungen von Pferdegespannen bei Leistungsprüfungen für Wagenpferde (z. B. Dressurprüfung, Geschicklichkeitsfahren); Fahren.*

Fahr|spur, die: *durch entsprechende Markierungen gekennzeichneter Teil einer Fahrbahn für den Verkehr in einer Richtung, den ein Fahrzeug für sich benötigt:* die linke F. zum Überholen benutzen.

Fahr|stand, der: **1.** *Stand einschl. Armaturenbrett für die Fahrerin, den Fahrer (einer Straßenbahn, Lokomotive usw.); Fahrerstand, Führerstand.* **2.** *im Maschinenraum liegender Überwachungs- u. Steuerstand für die Antriebsanlage (bei Seeschiffen).*

Fahr|steig, der: *einem Gehsteig ähnliches Laufband, das der kontinuierlichen Personenbeförderung dient.*

Fahr|stei|ger, der (Bergmannsspr.): *Vorgesetzter mehrerer Steiger[innen]* (Berufsbez.).

Fahr|stei|ge|rin, die: w. Form zu ↑Fahrsteiger.

Fahr|stil, der: *Art u. Weise, wie jmd. fährt.*

Fahr|stra|ße, die: **1.** *breite, gut ausgebaute, vorwiegend dem Fernverkehr dienende Straße.* **2.** (Eisenb.) *durch Weichen- u. Signalstellung gesicherter Weg eines Zuges [durch einen Bahnhof].*

Fahr|stre|cke, die: *bei einer Fahrt zurückzulegende od. zurückgelegte Strecke.*

Fahr|strei|fen, der: *Fahrspur.*

Fahr|stuhl, der: **1. a)** *Kabine, Korb eines Aufzugs, bes. zur Beförderung von Personen:* sie ließ den F. kommen; **b)** *Aufzug* (2): den F. benutzen. **2.** kurz für ↑Krankenfahrstuhl.

Fahr|stuhl|füh|rer, der: *jmd., der den Fahrstuhl in einem öffentlichen Gebäude, einem Kaufhaus, Hotel o. Ä. bedient.*

Fahr|stuhl|füh|re|rin, die: w. Form zu ↑Fahrstuhlführer.

Fahr|stun|de, die: *Unterrichtsstunde bei einem Fahrlehrer, in der das Fahren eines Kraftfahrzeugs geübt wird.*

Fahrt, die; -, -en [mhd., ahd. vart = Fahrt, Reise; (Kriegs)zug; Spur]: **1.** ⟨o. Pl.⟩ **a)** *das Fahren:* nach drei Stunden F. kamen wir an; wir sprachen kein Wort während der F.; **b)** *Geschwindigkeit des Fahrens* (1 a, 2 a): der Zug verlangsamt die F.; das Schiff nahm F. auf *(wurde schneller)*; das Schiff machte nur wenig, kleine F. (Seemannsspr.; *fuhr langsam*); volle F. voraus! (Seemannsspr.; Befehl an den Maschinisten); Ü die Wirtschaft nahm langsam wieder F. auf; * **in F. kommen/geraten** (ugs.; 1. *in gute Stimmung, in Schwung geraten.* 2. *wütend, böse werden*); **in F. sein** (ugs.; 1. *guter Stimmung, in Schwung sein.* 2. *wütend, böse sein*); **jmdn. in F. bringen** (ugs.; 1. *in gute Stimmung versetzen.* 2. *wütend, zornig machen*). **2. a)** *Reise:* eine lange, anstrengende F.; wir hatten eine gute, angenehme F.; eine F. unterbrechen; eine F. [mit dem Auto] ins Ausland machen; * **eine F. ins Blaue** *(Ausflugsfahrt mit unbekanntem Ziel;* mit »das Blaue« ist hier die unbestimmte Ferne gemeint; vgl. Blaue); **b)** (veraltend) *mehrtägige Wanderung vorwiegend junger Leute [mit Zelten]:* auf F. gehen. **3.** (Bergmannsspr.) **a)** *in einem Schacht zum Ein- u. Aussteigen angebrachte Leiter;* **b)** *mit Seilzug betriebene Förderanlage.* **4.** (Seew.) *Fahrtbereich:* er ist Kapitän auf großer F.; das Schiff ist für mittlere F. zugelassen.

fahr|taug|lich ⟨Adj.⟩: *Fahrtauglichkeit besitzend.*

Fahr|taug|lich|keit, die: *geistige, körperliche Fähigkeit, ein Kraftfahrzeug zu fahren.*

Fahrt|aus|weis, der: *Fahrausweis* (1).

Fahrt|be|reich, der (Seew.): *Bereich, für den ein Schiffsführer durch sein Patent zugelassen ist od. innerhalb dessen ein Schiff seiner Größe, Konstruktion o. Ä. entsprechend eingesetzt werden, fahren darf.*

fahrt|be|reit ⟨Adj.⟩: *fahrbereit.*

Fähr|te, die; -, -n (Jägerspr.) [im Nhd. geb. aus den gebeugten Formen von mhd. vart (Gen., Dativ Sg., Nom., Akk. Pl.: verte), ↑Fahrt]: *Spur des Schalenwilds:* eine frische F.; der Hund nimmt die F. auf, folgt der F.; auf eine F. stoßen; den Hund auf die F. setzen; Ü die Polizei verfolgt eine falsche F.

Fahr|tech|nik, die: *sichere Beherrschung der technischen Mittel beim Fahren:* über F. verfügen.

fahr|tech|nisch ⟨Adj.⟩: *die Fahrtechnik betreffend, auf ihr beruhend.*

Fahr|ten|buch, das: **1.** *Kontrollbuch, in das ein Fahrzeugführer Einzelheiten über Fahrten, Reparaturen o. Ä. einträgt.* **2.** *Tagebuch einer Wandergruppe o. Ä.*

Fahr|ten|mes|ser, das: *feststehendes Messer, das in einer Scheide [aus Leder] steckt u. bes. bei Fahrten* (2 b) *mitgeführt wird.*

Fahr|ten|schrei|ber, der: *Fahrtschreiber.*

Fahr|ten|schwim|mer, der (ugs.): *Prüfung, die u. a. aus 30 Minuten Dauerschwimmen [u. einem Sprung vom 3-m-Brett] besteht.*

Fähr|ten|su|cher, der: *jmd., der eine Fährte such*

Fähr|ten|su|che|rin, die: w. Form zu ↑Fährtensucher.

Fahr|test, der: *Test, mit dem die Fahrtüchtigkeit* (2) *festgestellt werden soll.*

Fahrt|ge|schwin|dig|keit, die: *Fahrgeschwindigkeit.*

Fahrt|ki|lo|me|ter, der: *Fahrkilometer.*

Fahrt|kos|ten ⟨Pl.⟩: *Fahrkosten.*

Fahrt|rich|tung, die: *Richtung, in der sich ein Fahrzeug fortbewegt.*

Fahrt|rich|tungs|an|zei|ger, der (Kfz-T.): *Blinkleuchte.*

Fahrt|rin|ne, die: *Fahrrinne.*

Fahrt|rou|te, die: *Verlauf einer Wegstrecke, eine Fahrt* (2 a); *Reiseweg.*

Fahrt|schrei|ber, der (Kfz-T.): *Gerät in einem Fahrzeug, das die Fahrgeschwindigkeit (in Abhängigkeit von der Zeit) aufzeichnet; Fahrschreiber; Fahrtenschreiber; Tachograph.*

Fahrt|stre|cke, die: *Fahrstrecke.*

fahr|tüch|tig ⟨Adj.⟩: **1.** *Fahrtüchtigkeit* (1) *besitzend, aufweisend:* in diesem Zustand war er nicht mehr f. **2.** *aufgrund seines technischen Zustands einwandfreies Fahren gewährleisten*

Fahr|tüch|tig|keit, die: **1.** *geistige, körperliche (bes. die nicht durch Alkohol, Drogen o. Ä. beeinträchtigte) Fähigkeit, ein Kraftfahrzeug im Verkehr sicher zu führen.* **2.** *einwandfreies Fahren gewährleistender technischer Zustand eine Kraftfahrzeugs.*

Fahrt|un|ter|bre|chung, die: *Unterbrechung eine Fahrt.*

Fahrt|wind, der: *beim Fahren entstehender Gegenwind.*

Fahrt|zeit, die: *Fahrzeit.*

Fahrt|ziel, das: *Ziel einer Fahrt* (2 a); *Reiseziel.*

fahr|un|taug|lich ⟨Adj.⟩: *fahruntüchtig* (1).

Fahr|un|taug|lich|keit, die: *Fahruntüchtigkeit* (1

fahr|un|tüch|tig ⟨Adj.⟩: **1.** *Fahruntüchtigkeit* (1) *aufweisend, sie betreffend, davon zeugend:* -e Personen. **2.** *aufgrund technischer Mängel einwandfreies Fahren nicht mehr gewährleistend.*

Fahr|un|tüch|tig|keit, die: **1.** *geistige, körperliche bes. die durch Alkohol, Drogen o. Ä. bewirkte Unfähigkeit, ein Kraftfahrzeug im Verkehr sicher zu führen.* **2.** *technischer Zustand eines Kraftfahrzeugs, bei dem aufgrund bestimmter Mängel ein einwandfreies Fahren nicht mehr gewährleistet ist.*

Fahr|ver|bot, das: *vom Gericht od. einer entsprechenden Behörde ausgesprochenes, für eine befristete Zeit geltendes Verbot, ein Kraftfahrzeug zu führen.*

Fahr|ver|hal|ten, das: **1.** *Verhalten einer Kraftfah rerin, eines Kraftfahrers beim Fahren, bes. im Verkehr.* **2.** *technische Eigenschaften eines Kraftfahrzeugs, die bes. während des Fahrens hervortreten.*

Fahr|ver|kehr, der: *durch Fahrzeuge verursachter Verkehr (im Unterschied zum Fußgängerverkehr).*

Fähr|ver|kehr, der: *Fährbetrieb.*

Fahr|was|ser, das: vgl. Fahrrinne: das schmale F. des Flusses ist mit Bojen gekennzeichnet; Ü die Unterhaltung geriet in [ein] politisches F. *(wurde unversehens politisch)*; * **in seinem/im richtigen/im rechten F. sein** (ugs.; *eifrig von etwas reden, etwas mit Eifer betreiben, was einem besonders [am Herzen] liegt*); **in jmds. F. schwimmen/segeln** (ugs.; *von jmdm. stark beeinflusst sein, jmds. Gedanken, Anschauungen [kritiklos] übernehmen*).

Fahr|weg, der: **1.** vgl. Fahrstrecke. **2.** *Weg, der von Fahrzeugen benutzt werden kann.*

Fahr|wei|se, die: *Art u. Weise, in der jmd. ein Kraftfahrzeug fährt, bes. im Hinblick auf andere Verkehrsteilnehmer:* defensive, offensive F.

hr|werk, das: 1. *Gesamtheit der meist einzieh-*)aren *Teile eines Luftfahrzeugs, die dem Aufset-* zen *beim Landen u. der Fortbewegung auf dem* Boden *dienen.* 2. *Fahrgestell* (1).
hr|wind, der: 1. *beim Segeln u. Segelflug als* Antrieb *dienender Wind.* 2. *Fahrtwind.*
hr|zeit, die: *für das Zurücklegen einer* bestimmten *Strecke während einer Fahrt benö-* tigte *Zeit; Fahrtzeit.*
hr|zeug, das [aus dem Niederd., niederd. ahrtüg, älter niederl. vaartuig = Schiff]: *u. a.* mit *Rädern, Kufen od. Tragflächen ausgerüstete* technische *Konstruktion mit Eigen- od. Fremd-* antrieb *zur Beförderung von Personen u. Las-* ten.
hr|zeug|bau, der ‹o. Pl.›: *Industriezweig, der* sich *mit dem Bau von Fahrzeugen befasst.*
hr|zeug|brief, der: *Urkunde, die als Nachweis* für *den rechtmäßigen Besitz eines Kraftfahr-* zeugs *dient (u. in der der Name des jeweiligen* Besitzers, *die Zulassungsnummer u. die techni-* schen *Daten des Kraftfahrzeugs eingetragen* sind).
hr|zeug|füh|rer, der: *jmd., der ein Kraftfahr-* zeug *fährt.*
hr|zeug|füh|re|rin, die: w. Form zu ↑Fahrzeugführer.
hr|zeug|hal|ter, der: *jmd., der die Verfügungs-* gewalt *über ein Kraftfahrzeug besitzt u. es für* eigene *Rechnung gebraucht.*
hr|zeug|hal|te|rin, die: w. Form zu ↑Fahrzeughalter.
hr|zeug|in|sas|se, der: *Insasse eines Fahrzeugs.*
hr|zeug|in|sas|sin, die: w. Form zu ↑Fahrzeuginsasse.
hr|zeug|ko|lon|ne, die: *Kolonne* (1 b).
hr|zeug|len|ker, der (bes. schweiz.): *Fahrzeug-* führer.
hr|zeug|len|ke|rin, die (bes. schweiz.): w. Form zu ↑Fahrzeuglenker.
hr|zeug|pa|pie|re ‹Pl.›: *Kraftfahrzeugpapiere.*
hr|zeug|schlan|ge, die: vgl. Autoschlange.
hr|zeug|ver|kehr, der: *Fahrverkehr.*
i|ble [ˈfɛːbl̩], das; -s, -s [frz. faible, eigtl. = Schwachheit, Kraftlosigkeit, Subst. zu: faible = schwach, kraftlos, über das Galloroman. zu lat. flebilis = beweinenswert, kläglich, zu: flere = weinen]: *Vorliebe, Schwäche, die jmd. für jmdn.,* etw. *hat; Neigung, Hang, etw. Bestimmtes zu* tun: ein F. für jmdn., etw. haben.
ir [fɛːɐ̯] ‹Adj.› [engl. fair < aengl. fæger = schön, lieblich; vgl. asächs., ahd. fagar = schön]: a) *den* Regeln *des Zusammenlebens entsprechend;* anständig, *gerecht im Verhalten gegenüber* anderen: eine -e Verhandlung; ich bin immer f. zu Ihnen gewesen; das war nicht ganz f. von ihm; jmdn. f. behandeln; sich jmdm. gegenüber f. benehmen, verhalten; b) (Sport) *den [Spiel]re-* geln *entsprechend u. kameradschaftlich:* ein -er Wettkampf; er spielt nicht immer f.
ir|ness [ˈfɛːɐ̯nɛs], die; - [engl. fairness]: a) *an-* ständiges *Verhalten; gerechte, ehrliche Haltung* andern *gegenüber;* b) (Sport) *den [Spiel]regeln* entsprechendes, *anständiges u. kameradschaft-* liches *Verhalten beim Spiel, Wettkampf o. Ä.*
ir|play [ˈfɛəpleɪ], das; -, (auch:) **Fair Play,** das; - [engl. fair play]: *Fairness.*
i|ry|chess [ˈfɛːriˈtʃɛs], (auch:) **Fai|ry-Chess,** das; - [engl. fairy chess = Märchenschach, aus: fairy = Fee; feen- u. chess = Schach]: *Märchen-* schach.
it ac|com|pli [fɛtakõˈpli], das; - -, -s -s [fɛza...; frz., aus: fait = Tat(sache) u. accompli = vollendet] (bildungsspr.): *vollendete Tatsache:* ein F. a. schaffen; jmdn. vor ein F. a. stellen.
i|kal ‹Adj.› [zu lat. faex (Gen.: faecis), ↑Fäzes] (bes. Med.): *die Fäkalien betreffend, daraus* bestehend; *kotig.*
i|kal|be|reich, der: *Bestand an vulgären Aus-* drücken, *die Dinge u. Vorgänge im Zusammen-* hang *mit Fäkalien bezeichnen.*
i|ka|li|en ‹Pl.› (bes. Med.): *von Menschen u. Tie-* ren *ausgeschiedener Kot [u. Harn].*
ke [feɪk], der od. das; -s, -s [engl. fake, zu: to fake = vortäuschen, nachmachen] (ugs.): *Schwindel; Fälschung.*
fa|ken [feɪkn̩] ‹sw. V.; hat› (ugs.): a) *Informationen fälschen od. übertrieben darstellen;* b) *unter falschem Namen auftreten [im Internet].*
Fa|kih, der; -s, -s [arab. faqīh = Lehrer, Kenner des ↑Fikh]: *Lehrer der islamischen Rechtswissenschaft.*
Fa|kir der; -s, -e [arab. faqīr = arm; Armer]: 1. *Angehöriger asketischer Glaubensgemeinschaften in islamischen Ländern und in Indien [der seinen Körper durch besondere Konzentrationsübungen, durch Autosuggestion o. Ä. unempfindlich gegen Schmerzen machen kann].* 2. *als Fakir* (1) *auftretender Zauberer, Gaukler.*
Fak|si|mi|le, das; -s, -s [engl. facsimile, subst. aus lat. fac simile = mach ähnlich!] (Fachspr.): *mit einem Original in Größe u. Ausführung genau übereinstimmende Nachbildung, Wiedergabe, bes. als fotografische Reproduktion.*
Fak|si|mi|le|druck, der ‹Pl. ...drucke›: 1. ‹o. Pl.› *Druckverfahren, in dem das Faksimile eines historisch wertvollen Schriftwerks o. Ä. hergestellt wird.* 2. *in Faksimiledruck* (1) *hergestellte Nachbildung eines Originals.*
fak|si|mi|lie|ren ‹sw. V.; hat›: *ein Faksimile von etw. herstellen:* eine alte Urkunde f.
Fakt, der, auch: das; -[e]s, -en, auch: -s: [1]*Faktum:* das ist der F.; F. *(Tatsache)* ist, dass er hier nicht erschienen ist.
Fak|ta: Pl. von ↑[1]Faktum.
Fak|ten: Pl. von ↑Fakt u. ↑[1]Faktum.
Fak|ten|wis|sen, das: *Bestand an Kenntnissen über bestimmte Fakten, Daten o. Ä.:* seine Kenntnisse beschränken sich auf bloßes F.
Fak|tis, der; - [Kunstwort]: *als Gummiersatz verwendeter, künstlich hergestellter, kautschukähnlicher Stoff.*
fak|tisch [zu ↑[1]Faktum]: I. ‹Adj.› *in Wirklichkeit, tatsächlich, wirklich:* der -e Nutzen einer Reform; das ist f. schwer durchsetzbar; ‹subst.:› die normative Kraft des Faktischen. II. ‹Adv.› a) bekräftigt eine Aussage, die Richtigkeit einer Aussage; *in der Tat:* das ist f. unmöglich; b) (österr. ugs.) *eigentlich, quasi:* das ist ja f. dasselbe.
fak|ti|tiv [auch: ˈ- - -] ‹Adj.› [zu lat. factitare = oft, gewöhnlich tun]: 1. (bildungsspr.) *bewirkend.* 2. (Sprachw.) *das Faktitiv betreffend:* -e Verben.
Fak|ti|tiv, das; -s, -e, **Fak|ti|ti|vum,** das; -s, ...va (Sprachw.): *abgeleitetes Verb, das ein Bewirken zum Ausdruck bringt* (z. B. schärfen = scharf machen).
Fak|ti|zi|tät, die; -, -en (bildungsspr.): *Wirklichkeit; Tatsächlichkeit, Gegebenheit.*
Fak|to|gra|phie, die; - [zu ↑[1]Faktum u. ↑-graphie]: *Faction-Prosa.*
fak|to|gra|phisch ‹Adj.›: *in der Art der Faktographie:* eine -e Wiedergabe einzelner Ereignisse.
Fak|tor, der; -s, ...oren [lat. factor = Macher, Verfertiger]: 1. *etw., was in einem bestimmten Zusammenhang bestimmte Auswirkungen hat; Umstand:* ein entscheidender, wesentlicher, bestimmender F.; hier wirken viele verschiedene -en zusammen; das Wetter ist bei unserem Vorhaben ein unsicherer F. *(es lässt sich nicht von vornherein fest einkalkulieren);* der F. Zeit. 2. (Math.) *Zahl od. Größe, mit der eine andere multipliziert wird:* ein konstanter F.; ein F. von 10^8. 3. *technischer Leiter einer Setzerei, auch einer Buchdruckerei od. Buchbinderei.*
Fak|to|rei, die; -, -en [mlat. factoria = Geschäft] (veraltet): *größere Handelsniederlassung, bes. in Kolonien.*
Fak|to|ren|ana|ly|se, die: *mathematisch-statistische Methode zur Ermittlung der Faktoren, die einer großen Menge verschiedener Eigenschaften zugrunde liegen.*
fak|to|ri|ell ‹Adj.›: *nach Faktoren* (1) *aufgeschlüsselt, in Faktoren zerlegt.*
Fak|to|tum, das; -s, -s u. ...ten [subst. aus lat. fac totum = mache alles!]: 1. *jmd., der schon längere Zeit in einem Haushalt, Betrieb o. Ä. tätig ist u. alle anfallenden Arbeiten u. Besorgungen erledigt.* 2. *älterer Mensch, der (auf liebenswerte Weise) etwas sonderbar ist.*
Fakts: Pl. von ↑Fakt.
[1]Fak|tum, das; -s, ...ten, veraltend auch: ...ta [lat. factum = das Gemachte, subst. 2. Part. von: facere = machen, tun] (bildungsspr.): *etw., was tatsächlich, nachweisbar vorhanden, geschehen ist; [unumgängliche] Tatsache:* ein politisches, unabänderliches F.; sich auf Fakten stützen.
[2]Fak|tum, das; -, ...tümer [↑[1]Faktum; wohl verhüll. Gebrauch] (Gaunerspr.): *Beute, Diebesgut.*
Fak|tur, die; -, -en [relatinisiert aus ital. fattura < lat. factura = Bearbeitung]: 1. (Kaufmannsspr. veraltend) *Rechnung für eine gelieferte Ware; Lieferschein.* 2. (Musik) *kunstgerechter Aufbau einer Komposition.*
Fak|tu|ra, die; -, ...ren (österr. u. schweiz., sonst veraltet): ↑Faktur (1).
fak|tu|rie|ren ‹sw. V.; hat› (Kaufmannsspr.): *Fakturen* (1) *ausschreiben; Waren berechnen.*
Fak|tu|rier|ma|schi|ne, die (Bürow.): *Büromaschine zum Erstellen von Rechnungen o. Ä. in einem Arbeitsgang.*
Fä|ku|lom, das; -s, -e (Med.): *Koprom.*
Fa|kul|tas, die; -, ...täten [lat. facultas = Fähigkeit, Vermögen, zu: facere, ↑[1]Faktum] (bildungsspr.): *wissenschaftliche Lehrbefähigung in einem bestimmten Fach:* ein Studienrat mit der F. für Geschichte.
Fa|kul|tät, die; -, -en [mlat. facultas (Gen.: facultatis) = Wissens-, Forschungsgebiet < lat. facultas, ↑Fakultas]: 1. (Hochschulw.) a) *eine Gruppe zusammengehörender Wissenschaften od. Wissenschaftsgebiete umfassende Abteilung als Lehr- u. Verwaltungseinheit einer Universität od. Hochschule:* sich an der medizinischen F. einschreiben lassen; die F. wechseln; *** **[ein Kollege] von der anderen F. sein** (veraltend; 1. *eine andere [Glaubens]richtung, [Welt]anschauung vertreten.* 2. *homosexuell sein*); b) *Gesamtheit der Lehrenden u. Studierenden, die zu einer Fakultät* (1 a) *gehören;* c) *Gebäude, Räumlichkeiten als Sitz einer Fakultät* (1 a). 2. (veraltet) *Fakultas.* 3. (veraltet) *Fähigkeit.* 4. (Math.) *Produkt, dessen Faktoren durch die Gliederung der natürlichen Zahlenreihe, von 1 beginnend, gebildet werden* (z. B. $1 \cdot 2 \cdot 3 \cdot 4 \cdot 5 = 5$ Fakultät; Zeichen: 5!).
fa|kul|ta|tiv ‹Adj.› [frz. facultatif] (bildungsspr.): *dem eigenen Ermessen überlassen; nach eigener Wahl; nicht unbedingt verbindlich:* -er Unterricht; die Teilnahme daran ist f.
Fa|kul|täts|rat, der (Hochschulw.): *Ausschuss, der sich aus Vertretern der verschiedenen Gruppen einer Fakultät* (1 a) *zusammensetzt (Lehrstuhlinhaber[innen], Assistent[inn]en, Studierende o. Ä.).*
Fa|laises [faˈlɛːz], **Fa|lai|sen** [faˈlɛːzn̩] ‹Pl.› [frz. falaises, Pl. von: falaise, aus dem Germ., verw. mit ↑Fels] (Geogr.): *felsige Steilküste (bes. in der Normandie u. der Picardie).*
Fa|lan|ge [faˈlaŋə, span.: faˈlaŋxe], die; - [span. Falange, eigtl. = Stoßtrupp < lat. phalanx (Gen.: phalangis), ↑Phalanx]: *(1977 im Zuge der Demokratisierung aufgelöste) faschistische, totalitäre Staatspartei Spaniens.*
Fa|lan|gist, der; -en, -en [span. falangista]: 1. *Mitglied der Falange.* 2. *Mitglied einer rechtsgerichteten, überwiegend christlichen Partei im Libanon.*
Fa|lan|gis|tin, die; -, -nen: w. Form zu ↑Falangist.
Fa|la|sche, der; -n, ...scha, auch: -n [amharisch fälaša (Pl.) = Vertriebene]: *äthiopischer Jude.*
Fa|la|schin, die, -, -nen: w. Form zu ↑Falasche.
falb ‹Adj.› [mhd. val, valwer, urspr. südd. Nebenf. von ↑fahl] (geh.): *ein fahles Gelb aufweisend.*
Fal|be, der; -n, -n: *Pferd mit graugelbem Deckhaar u. meist dunklerem Mähnen- u. Schwanzhaar.*
Fal|bel, die; -, -n [frz. falbala, zu afrz. felpe, frepe = Franse] (Schneiderei): *gefältelter od. gekrauster Besatz an Kleidern; Rüsche.*
Fal|dis|to|ri|um, das; -s, ...ien [mlat. faldistorium, faldistolium, zu einem germ. Wort mit der Bed.

F

»Faltstuhl«, vgl. ahd. faltistuol = Faltstuhl]: *mit Armlehnen versehener Faltstuhl, auf dem der Bischof od. Abt bei bestimmten Pontifikalhandlungen sitzt.*

Fạl|ke, der; -n, -n [mhd. valk(e), ahd. falc(h)o, wohl zu ↑fahl (nach dem graubraunen Gefieder)]: **1.** *(in vielen Arten vorkommender) Greifvogel mit schlankem Körper, spitz zulaufenden Flügeln u. langem Schwanz, mit hakig gebogenem Schnabel u. graubraunem, an der Unterseite meist heller gefärbtem Gefieder.* **2.** *Vertreter eines harten politischen Kurses [gegenüber dem Gegner, bes. in der Außenpolitik].*

Fạl|ken|au|ge, das: **1.** (geh.) *wachsames, bes. scharfes Auge eines Menschen.* **2.** *als Schmuckstein verwendete, feinfaserige Quarzart.*

Fạl|ken|hau|be, die (Jagdw.): *Haube, die einem zur Jagd abgerichteten Falken über den Kopf gestülpt wird, solange er auf der Hand des Falkners sitzt.*

F

Fạl|ken|jagd, die: [1]vgl. Beize (3).

Fạlk|land|in|seln ⟨Pl.⟩: Inselgruppe östlich der Südspitze Südamerikas.

Falk|ne|rei, die; -, -en (Jagdw.): **1.** ⟨o. Pl.⟩ *das Abrichten von bestimmten Greifvögeln, bes. von Falken, u. das Jagen mit ihnen.* **2.** *Anlage, in der zahlreiche Greifvögel, bes. Falken, gehalten u. abgerichtet werden.*

[1]Fạll, der; -[e]s, Fälle [1: mhd., ahd. val, zu ↑fallen; 2–4: von der Vorstellung des Würfelfalls ausgehend, aber beeinflusst von lat. casus = Fall (frz. cas); 5: für lat. casus, ↑Kasus]: **1.** ⟨o. Pl.⟩ **a)** *das Fallen* (1 a): der Fallschirm öffnet sich im F., während des -es; *** der freie F.** (Physik; *gesetzmäßig beschleunigter Fall eines Körpers, auf den außer der Schwerkraft keine zusätzliche Kraft einwirkt*); **b)** *das Fallen* (1 d), *Hinfallen; Sturz:* einen schweren F. tun; im F. riss er sie mit; man hörte einen dumpfen F. *(das Geräusch eines Sturzes);* Ü der F. *(Untergang)* Trojas; der F. *(die Öffnung, der Abbau)* der Berliner Mauer; *** zu F. kommen** (1. geh.; *hinfallen, hinstürzen:* sie ist im Dunkeln zu F. gekommen. 2. *gestürzt werden; scheitern:* durch einen Skandal zu F. kommen); **zu F. bringen** (1. geh.; *hinfallen, hinstürzen lassen:* eine Baumwurzel hat ihn zu F. gebracht. 2. *scheitern lassen, zunichte machen; stürzen:* ein Gesetz zu F. bringen). **2. a)** *etw., womit man rechnen muss:* wenn dieser F. eintritt; für diesen F. habe ich vorgesorgt; in solchen Fällen gibt es nur eins; *** [nicht] der F. sein** *(sich [nicht] so verhalten, [nicht] so sein);* **den F. setzen** *(als gegeben annehmen);* **gesetzt den F., dass …; für den F., dass …; im Fall[e], dass …** *(falls, wenn);* **auf jeden F.** *(ganz bestimmt, unbedingt);* **auf alle Fälle** (1. *unbedingt, unter allen Umständen, ganz sicher.* 2. *zur Sicherheit, vorsichtshalber:* wir nehmen auf alle Fälle einen Schirm mit); **auf keinen F.** *(absolut nicht, unter keinen Umständen);* **von F. zu F.** *(jeweils für sich, besonders, in jedem Einzelfall):* etw. von F. zu F. entscheiden; **b)** *sich in einer bestimmten Weise darstellende Angelegenheit, Sache, Erscheinung:* ein ungewöhnlicher, hoffnungsloser, vergleichbarer F.; ein typischer F. von Leichtsinn; ich komme noch auf den F. zurück; das ist in jedem [einzelnen] F. wieder anders; er ist ein hoffnungsloser F. (ugs.; *er ist unverbesserlich, bei ihm ist alle Mühe vergebens*); R [das ist] ein typischer F. von denkste (ugs.; *da habe ich mich, hat sich jmd. gewaltig geirrt*); damit hat sich der F. (ugs.; *damit ist die Sache erledigt*); *** jmds. F. sein** (ugs.; *jmdm. gefallen, zusagen, entsprechen*): er ist nicht gerade mein F.; **klarer F.!** (ugs.; *aber natürlich!, selbstverständlich!*); **in jedem F.** *(ob so od. so).* **3.** (Rechtsspr.) *Gegenstand einer Untersuchung; Verhandlung:* der F. Robert Krause; dieser F. wird die Gerichte noch einige Zeit beschäftigen; einen F. aufklären, erneut aufrollen. **4.** (Med.) *das Auftreten, Vorhandensein einer Krankheit bei jmdm.:* es traten mehrere Fälle von Pilzvergiftung auf; sie haben zwei schwere Fälle *(schwerkranke Patienten)* auf der Station. **5.** (Grammatik) *Form der Beugung (eines Substantivs, Adjektivs, Pronomens od. Numerales); Kasus.*

[2]Fạll, das; -[e]s, -en [aus dem Niederd. < mniederd. val, eigtl. = das Fallen] (Seemannsspr.): *Tau zum Aufziehen u. Herablassen eines Segels.*

Fạll|beil, das: *das schwere Beil der Guillotine, das bei der Hinrichtung [durch Herabfallen] den Kopf vom Rumpf trennt:* unter das F. kommen.

Fạll|bei|spiel, das: *einen bestimmten Sachverhalt charakterisierender, illustrierender typischer Fall als Beispiel.*

Fạll|be|schleu|ni|gung, die (Physik): *Beschleunigung, die ein frei fallender Körper erfährt.*

Fạll|bö, die (Met.): *(häufig an der Leeseite von Bergen od. Gebirgskämmen, auch in Schauer- od. Gewitterwolken auftretende) heftige, abwärts gerichtete Luftströmung.*

Fạll|brü|cke, die: *bewegliche Brücke, die zur Erstürmung von Mauern, Überbrückung von Gräben diente u. auch an Schiffen angebracht wurde.*

Fạl|le, die; -, -n [mhd. valle, ahd. falla, zu ↑fallen; urspr. Bez. für ein Fanggerät mit Falltür]: **1.** *in unterschiedlicher Weise konstruierte Vorrichtung zum Fangen von Tieren:* die F. schnappt zu, schlägt zu; -n stellen; eine F. aufstellen; ein Tier in, mit der F. fangen; der Fuchs ist in die F. gegangen; Ü dieses Angebot ist nur eine [plumpe] F.; jmdm. eine F. stellen *(jmdn. mit einer List überraschen, hereinlegen wollen);* jmdn. in eine F. locken *(durch eine List überraschen, hereinlegen);* wir sitzen in der F. *(wissen keinen Ausweg aus dieser Lage);* er ist in eine F. geraten; er ist der Polizei in die F. gegangen *(ist von ihr durch eine List dingfest gemacht worden).* **2.** (salopp) *Bett:* in die F. gehen. **3. a)** *(der durch Niederdrücken der Türklinke bewegte) Riegel am Türschloss;* **b)** (schweiz.) *Türklinke.*

fạl|len ⟨st. V.; ist⟩ [mhd. vallen, ahd. fallan; altgerm. Verb]: **1. a)** *(von einem Körper) durch seine Schwere aus einer bestimmten Höhe abwärts [zu Boden] bewegt werden:* senkrecht f.; die Blätter fallen von den Bäumen; der Vorhang fällt; der Baum fiel krachend zu Boden; die Tropfen fielen dicht; es ist Schnee gefallen; er ist aus dem Bett gefallen; etw. ist in den Brunnen, vom Tisch gefallen; **b)** ⟨f. + lassen⟩ *bewirken, verursachen, dass etw. nach unten fällt* (1 a): lass das Geschirr nicht f.; beim Stricken die Maschen f. lassen; Ü er hat sogar seinen besten Freund f. lassen (seltener:) f. gelassen *(sich von ihm losgesagt, ihn nicht weiter unterstützt);* **c)** ⟨f. + sich + lassen⟩ (ugs.) *sich irgendwohin in eine liegende, sitzende Stellung begeben:* erschöpft ließ ich mich aufs Bett f.; **d)** *[beim Gehen, Laufen] den festen Halt, das Gleichgewicht verlieren und mit dem Körper auf den Boden geraten; hinfallen; hinstürzen:* pass auf, fall nicht!; die alte Frau ist gefallen; er ist auf die Nase (ugs.; *aufs Gesicht*), gegen die Tischkante, in den Schmutz gefallen; ⟨subst.:⟩ er hat im Fallen das Tischtuch mitgerissen; Ü ein gefallenes Mädchen *(nach früherer bürgerlicher Moralauffassung junge Frau, die Geschlechtsverkehr gehabt hat, ohne verheiratet zu sein).* **2. a)** *in bestimmter Weise nach unten hängen:* die Gardinen fallen locker; die Haare fielen ihm strähnig ins Gesicht; **b)** *schräg nach unten verlaufen, abfallen:* die Felsen fallen schroff ins Tal. **3. a)** *seine Höhe vermindern; niedriger werden; sinken:* der Wasserspiegel ist [um 1 m] gefallen; das Barometer fällt *(es gibt schlechtes Wetter);* die Temperatur, das Thermometer ist gefallen *(es ist kälter geworden);* **b)** *(im Wert) geringer werden; sinken:* die Preise f.; Ü sein Ansehen fällt immer mehr. **4. a)** *im Kampf sterben, als Soldat o. Ä. ums Leben kommen:* ihr Bruder ist [im Krieg] gefallen; **b)** (Jägerspr.) *durch Krankheit, Hunger, Kälte o. Ä. eingehen, verenden:* ein gefallenes Reh. **5.** *erstürmt, erobert, überwältigt werden:* die Hauptstadt ist gefallen; Ü der Tag, als die Berliner Mauer fiel *(geöffnet wurde, als Grenze keinen Bestand mehr hatte).* **6.** *keine Geltung mehr haben:* das Verbot ist gefallen; dieses Tabu ist jetzt [endlich] gefallen; wir haben unsere Absicht, eine Reise zu machen, f. lassen (seltener:) f. gelassen *(aufgegeben).* **7. a)** *sich plötzlich, mit einer bestimmten Heftigkeit irgendwohin, an eine bestimmte Stelle bewegen:* er fiel [vor ihr] auf die Knie *(warf sich [vor ihr] nieder);* sie fiel der Freundin um den Hals *(umarmte sie);* er fiel dem Pferd in die Zügel *(ergriff sie u. hielt das Pferd auf);* die Tü fiel ins Schloss; feindliche Truppen waren ins Land gefallen *(eingedrungen);* sie wollten dem Feind in die Flanke, in den Rücken f. *(ihn dort angreifen);* **b)** *an eine bestimmte Stelle dringen geworfen werden:* das Licht fällt ins Zimmer; sein Blick fiel [zufällig] auf den Ring; Ü die Wa ist auf sie gefallen *(sie wurde gewählt);* der Ver dacht fiel auf ihn *(er wurde verdächtigt).* **8. a)** *einer bestimmten Zeit, zu einem bestimmten Zeitpunkt stattfinden, sein:* der Heilige Abend fällt dieses Jahr auf einen Sonntag; in diese Ze fallen die Hauptwerke der Dichterin *(sie entstanden in dieser Zeit);* **b)** *zu einem bestimmte Bereich gehören; von etw. erfasst, betroffen we den:* in, unter dieselbe Kategorie f.; das fällt nicht in die Kompetenz der Länder; es fällt nicht in seine Zuständigkeit; **c)** *in jmds. Besitz kommen, jmdm. zufallen:* die Erbschaft fiel an seine Schwester; das Gebiet ist an Italien gefallen. **9. a)** *[unvermittelt] ausgeführt, durchgeführt, getroffen o. Ä. werden:* die Entscheidung ist gefallen; bei der Demonstration fielen Schüsse *(wurden Schüsse abgefeuert);* während der ersten Halbzeit fiel kein Tor *(wurde kein T geschossen, erzielt);* **b)** *ausgesprochen, geäußert werden:* in der Sitzung fielen böse Bemerkungen; sie hat da so eine Andeutung f. lassen (seltener:) f. gelassen. **10.** *[unvermittelt] in einen bestimmten Zustand geraten:* in Angst und Schrecken f.; in seinen alten Dialekt f.; das Gebäude ist in Trümmer gefallen. **11.** (ugs.) *durchfallen* (2 b). **12.** (Geol.) *(von schräg verlaufenden Gesteinsschichten) sich neigen.*

fạ̈l|len ⟨sw. V.; hat⟩ [mhd. vellen, ahd. fellan = fallen machen, zu Fall bringen, umwerfen, Kausativ zu ↑fallen]: **1.** *durch Hauen, Sägen o. Ä. zum Fallen bringen; umschlagen; umhauen:* Bäume, Holz f.; Ü nicht ruhen, bis der Gegner gefällt *(z Fall gebracht, gestürzt)* ist. **2.** (Milit.) *zum Angriff senken, nach vorn richten:* das Bajonett f. **3.** *(als gültig) aussprechen, verkünden:* eine Entscheidung, ein Urteil [über jmdn., etw.] f. **4.** (Chemie) *das Ausscheiden, Absondern eines gelösten Stoffes in Form von Tropfen, Flocken, Kristallen aus einer Lösung bewirken; ausfällen:* ein Salz aus einer Lösung f.

fạl|len las|sen: s. fallen (1 b, 6, 9 b).

Fạl|len|stel|ler, der; -s, -: *jmd., der Fallen* (1) *zum Tierfang aufstellt.*

Fạll|ge|schwin|dig|keit, die (Physik): *Geschwindigkeit, mit der sich ein frei fallender Körper bewegt.*

Fạll|gru|be, die (Jägerspr.): *tiefe, mit Zweigen überdeckte u. unsichtbar gemachte Grube als Falle für Tiere, bes. für Großwild.*

Fạll|hö|he, die: **1.** (Physik) *Strecke, die ein Körper im freien Fall zurücklegt.* **2.** (Literaturw.) *Hypothese bes. der Dramaturgie des Barocks u. der Aufklärung, nach der der soziale Fall des Helden als desto tiefer empfunden wird, je höher sein sozialer Rang ist.*

Fạll|holz, das: *abgefallene, meist dürre Äste u. Zweige:* F. sammeln.

fal|li|bel ⟨Adj.⟩ [mlat. fallibilis, zu lat. fallere = betrügen] (bildungsspr.): *dem Irrtum unterworfen, fehlbar.*

fạ̈l|lig ⟨Adj.⟩ [mhd. vellec, vellic = fallend; baufällig; zur Zahlung verpflichtet, ahd. fellīg = fallend, eingestürzt]: **a)** *zu einem bestimmten Zeitpunkt, Termin zu bezahlen:* -e Wechsel; der Betrag ist, wird am, [bis] zum 1. April f.; **b)** *[seit längerer Zeit] notwendig, zur Erledigung anstehend:* die längst -e Reform des Schulwesens; das Urteil ist am Freitag f.; der Kerl ist heute Abend f.! (ugs.; *ich werde ihn mir vornehmen*); **c)** *zu* *einem bestimmten Zeitpunkt zu erwarten:* der Schnellzug ist in 4 Minuten f.

äl|lig|keit, die; -, -en: 1. ⟨o. Pl.⟩ *das Fälligsein.* 2. (Kaufmannsspr., Bankw.) *festgelegter Zeitpunkt, zu dem die Zahlung einer Schuld fällig wird.*

äl|lig|keits|tag, der: vgl. Fälligkeitstermin.

äl|lig|keits|ter|min, der: *Zeitpunkt, zu dem eine Schuld zu begleichen ist.*

all|laub, das: vgl. Fallholz.

all|laub|ge|hölz, das: *Holzgewächs, das sein Laub jahreszeitlich abwirft.*

all|li|nie, die: 1. *auf einer geneigten Fläche die Linie des größten Gefälles.* 2. a) (Bergsteigen) *Direttissima;* b) (Ski) *direkte, kürzeste Abfahrt ins Tal.*

all|obst, das: *Obst, das von selbst vom Baum gefallen ist:* F. auflesen.

all|out, (auch:) **Fall-out** [fo:lˈ|aut], der; -s, -s [engl. fall-out, zu: to fall out = herausfallen] (Kernphysik): *nach Kernwaffenexplosionen od. Betriebsunfällen in Kernkraftwerken niedergehender radioaktiver Niederschlag.*

all|recht, das: *Recht* (1 a), *das auf den richterlichen Entscheidungen bei einzelnen exemplarischen Fällen beruht, sich künftig an diesen ausrichtet u. durch sie fortgebildet wird* (z. B. das angloamerikanische Recht).

all|reep, das [eigtl. = Reep (= Tau), an dem der Seemann sich vom Schiffsbord ins Boot »fallen« lässt] (Seemannsspr.): *an der Bordwand eines Schiffes herablassbare Treppe zum Betreten des Schiffes bes. von einem Boot aus.*

all|rohr, das: *senkrechtes, von der Regenrinne zum Erdboden führendes Rohr, das Regenwasser abführt.*

all|rück|zie|her, der (Fußball): *Aktion, bei der sich der Spieler rückwärts fallen lässt u. dabei den Ball über den eigenen Kopf hinweg nach hinten schießt.*

alls ⟨Konj.⟩ [eigtl. Gen. von ↑ ¹Fall]: *im Falle, für den Fall, unter der Voraussetzung, dass; wenn:* f. es regnen sollte, bleiben wir zu Hause; ich werde[,] falls nötig[,] selbst kommen.

all|schirm, der: *zu einem Paket zusammengefaltete, sich während des Fallens öffnende, die Fallgeschwindigkeit vermindernde schirmartige Vorrichtung, mit der Personen od. Gegenstände von einem Luftfahrzeug aus unversehrt zur Erde gebracht werden können:* der F. öffnet sich; mit dem F. abspringen.

all|schirm|ab|sprung, der: *Absprung aus einem Luftfahrzeug mit einem Fallschirm.*

all|schirm|jä|ger, der (Milit.): 1. *Soldat der Fallschirmjäger* (2). 2. ⟨Pl.⟩ *im Fallschirmspringen bes. für die Luftlandung ausgebildete Kampftruppe:* er ist, dient bei den -n.

all|schirm|sport, der: *Fallschirmspringen als Sportart mit Wettbewerben, die Präzision, Geschicklichkeit u. Ä. betreffen.*

all|schirm|sprin|gen, das; -s: *das Abspringen mit einem Fallschirm aus einem Luftfahrzeug.*

all|schirm|sprin|ger, der: a) *Fallschirmjäger;* b) *jmd., der als Sportart Fallschirmspringen betreibt.*

all|schirm|sprin|ge|rin, die: w. Form zu ↑ Fallschirmspringer (b).

all|strick, der [zu ↑ ¹Strick in der alten Bed. »Schlinge«]: *Hinterhältigkeit, auf die jmd. unversehens hereinfallen kann:* ein Examen voller -e; jmdm. -e legen *(jmdn. hereinlegen wollen).*

all|stu|die, die: *[wissenschaftliche] Untersuchung, Darstellung eines in psychologischer, pädagogischer, soziologischer o. ä. Hinsicht interessanten Einzelfalles, Phänomens (u. daraus folgende Ableitung genereller Prinzipien).*

all|stu|fe, die (bes. Geogr.): *künstliche od. natürliche Stufe in einem Fließgewässer.*

all|sucht, die ⟨o. Pl.⟩ (volkst. veraltet): *Epilepsie.*

all|tech|nik, die (Budo): *Technik des regelgerechten Fallens auf die Matte.*

all|tritt, der (Rugby): *Tritt gegen den fallen gelassenen Ball, bevor dieser den Boden berührt.*

Fall|tür, die: 1. *waagerecht, in Fußbodenhöhe über einer Keller- od. Bodentreppe angebrachte, aufklappbare Tür.* 2. *geheime Klapptür im Fußboden, durch die eine eintretende Person hindurchfallen soll.*

Fäl|lung, die; -, -en: 1. *das Fällen* (1). 2. *das Fällen* (3): die F. militärischer, politischer Entscheidungen. 3. (Chemie) *das Fällen* (4); *Ausfällung.*

Fäl|lungs|mit|tel, das (Chemie): *gasförmiger, flüssiger od. fester Stoff, der die Bildung unlöslicher Niederschläge in Lösungen bewirkt.*

Fall|wind, der: *in Gebirgen auftretender, mit großer Geschwindigkeit aus der Höhe nach unten wehender Wind.*

Fall|wurf, der (Handball): *Wurf aufs Tor, bei dem sich der Spieler in den gegnerischen Torraum fallen lässt.*

falsch ⟨Adj.⟩ [mhd. valsch (unter Einfluss von mniederl. valsc) < afrz. fals < lat. falsus = falsch, irrig]: 1. a) *(einer echten Sache gleicher Art) künstlich u. meist täuschend ähnlich nachgebildet, imitiert:* -e Zähne; ein -er Zopf; b) *gefälscht:* -e Banknoten; sein Pass war f. 2. a) *dem tatsächlichen Sachverhalt, der realen Gegebenheit nicht entsprechend; nicht stimmend; verkehrt:* ein -es Wort; in den -en Zug einsteigen; auf der -en Fährte sein; unter -em Namen reisen; das hast du f. verstanden; vieles ist f. gelaufen; mit dieser Vermutung liegst du aber völlig f. (ugs.; *irrst du dich*); f. verbunden sein *(einen anderen Telefonpartner bekommen, als man ursprünglich wollte);* * **an den Falschen/die Falsche geraten** *(bei jmdm. eine vollkommen unerwartete Reaktion erleben, eine Reaktion erleben, die gerade das Gegenteil der erwarteten ist);* b) *nicht so, wie es sein sollte; fehlerhaft; nicht richtig:* die -e Aussprache eines Wortes; die Antwort des Schülers war f.; f. singen, schreiben, parken; alles f. machen; deine Uhr geht f.; da sind Sie f. informiert; R wie mans macht, ists/macht mans f. 3. *einer gegebenen Situation nicht angemessen; unangebracht:* -e Bescheidenheit, Scham; mit -em Pathos reden. 4. *nicht der Wahrheit entsprechend; irreführend; betrügerisch:* -e Angaben, Versprechungen machen; f. schwören. 5. (abwertend) *seine eigentlichen Absichten in heuchlerischer Weise verbergend; unaufrichtig u. hinterhältig:* -es Spiel [mit jmdm.] treiben; sie ist eine -e Schlange; f. lächeln; er hat beim Skat f. gespielt *(betrogen).* 6. (landsch.) *böse, erzürnt, wütend:* f. auf jmdn. sein.

Falsch, der: in den Wendungen **an jmdm. ist kein F.** *(jmd. ist ein aufrichtiger Mensch);* **ohne F. sein** *(offen u. aufrichtig sein).*

Falsch|aus|sa|ge, die (Rechtsspr.): *nicht der wirklichen Lage entsprechende Darstellung eines Sachverhalts.*

Falsch|bu|chung, die (Wirtsch.): *falsche Buchung.*

Falsch|eid, der (Rechtsspr.): *eidliche Falschaussage, die der od. die Schwörende für wahr hält.*

fäl|schen ⟨sw. V.; hat⟩ [mhd. velschen, ahd. (gi)falscōn, (gi)felscen = für falsch erklären, widerlegen < mlat. falsi(fi)care, ↑ falsifizieren]: *in betrügerischer Absicht etw. Echtes möglichst originalgetreu nachbilden u. für echt ausgeben:* Geld, Banknoten, eine Unterschrift f.; der Pass ist gefälscht; gefälschte Papiere.

Fäl|scher, der; -s, - [mhd. valschære, velscher]: *jmd., der etw. fälscht.*

Fäl|sche|rin, die; -, -nen: w. Form zu ↑ Fälscher.

Falsch|fah|rer, der: *jmd., der auf der Autobahn nicht in der vorgeschriebenen Richtung fährt u. dadurch den ihm entgegenkommenden Verkehr gefährdet.*

Falsch|fah|re|rin, die: w. Form zu ↑ Falschfahrer.

Falsch|geld, das: *(in betrügerischer Absicht) originalgetreu nachgeahmte Banknoten od. Münzen.*

Falsch|heit, die; -, -en: 1. ⟨o. Pl.⟩ *das Falschsein.* 2. ⟨o. Pl.⟩ (Logik) *Eigenschaft von Aussagen, die nicht mit der Wirklichkeit übereinstimmen.* 3. ⟨Pl. selten⟩ (abwertend) *Unaufrichtigkeit; Hinterhältigkeit; unaufrichtige, hinterhältige Handlung.*

fälsch|lich ⟨Adj.⟩: *auf einem Irrtum, Versehen, Fehler beruhend:* eine -e Beschuldigung, Behauptung; jmdn. f. verdächtigen.

fälsch|li|cher|wei|se ⟨Adv.⟩: *aufgrund eines Fehlers:* das Paket wurde f. bei uns abgegeben.

falsch lie|gen: s. falsch (2 a).

Falsch|mel|dung, die: *Meldung, Nachricht, die nicht dem wirklichen Sachverhalt entspricht, ihm widerspricht:* er ist einer F. aufgesessen.

Falsch|mün|zer, der; -s, -: *jmd., der Falschgeld herstellt, Geld fälscht.*

Falsch|mün|ze|rei, die; -: *Herstellung von Falschgeld, das Fälschen von Geld.*

Falsch|mün|ze|rin, die; -, -nen: w. Form zu ↑ Falschmünzer.

falsch spie|len: s. falsch (5).

Falsch|spie|ler, der: *jmd., der beim Spielen, bes. beim Kartenspiel, betrügt.*

Falsch|spie|le|rin, die: w. Form zu ↑ Falschspieler.

Fäl|schung, die; -, -en: 1. ⟨Pl. selten⟩ *das Fälschen:* die F. einer Unterschrift. 2. *etw. Gefälschtes, gefälschter Gegenstand:* das Gemälde ist eine F.

fäl|schungs|si|cher ⟨Adj.⟩: *sich nicht fälschen lassend:* -e Ausweise.

Fal|sett, das; -[e]s, -e [ital. falsetto, zu: falso = falsch < lat. falsus] (Musik): *männliche Kopfstimme (ohne Brustresonanz).*

fal|set|tie|ren ⟨sw. V.; hat⟩ (Musik): *[im] Falsett singen.*

Fal|sett|stim|me, die: *Kopfstimme.*

fal|si|fi|zier|bar ⟨Adj.⟩: *das Falsifizieren* (2) *zulassend.*

fal|si|fi|zie|ren ⟨sw. V.; hat⟩ [mlat. falsificare, zu lat. falsus = falsch u. facere = machen, tun] (bildungsspr.): 1. *[ver]fälschen.* 2. *(eine wissenschaftliche Aussage, eine Behauptung) durch empirische Beobachtung, durch einen logischen Beweis widerlegen:* Hypothesen werden verifiziert oder falsifiziert.

Falt|blatt, das: *gefalteter bedruckter, bebilderter Papierbogen als Beilage in einem Schriftwerk, als Werbeprospekt o. Ä.*

Falt|boot, das: *zerlegbares Paddelboot aus starker, gummierter Leinwand u. einem leichten Holz- od. Metallgerüst.*

Fält|chen, das; -s, -: Vkl. zu ↑ Falte.

Fal|te, die; -, -n [mhd. valte, Nebenf. von: valt, ahd. falt, zu ↑ falten]: 1. a) *längliche, schmale Eindrückung oder Umbiegung (in Stoff, seltener auch in Papier o. Ä.):* tiefe -n; F. glätten; b) *durch Übereinanderlegen oder Zusammenschieben von Stoff entstandener, schmaler, lang gestreckter, wellenförmiger od. geknickter Stoffteil:* lose, aufspringende -n. 2. *vertiefte, unregelmäßig geformte Linie in der Haut:* tiefe, harte -n im Gesicht; die Stirn in -n ziehen. 3. (Geol.) *durch Faltung entstandene, wellenartige Formung von Gesteinsschichten der Erdkruste.*

fäl|teln ⟨sw. V.; hat⟩: *in kleine, nahe beieinander liegende Falten* (1 a) *legen:* sie war damit beschäftigt, die Gardinen zu f.

fal|ten ⟨sw. V.; hat⟩ [mhd. valten, ahd. faldan; altes germ. Verb]: 1. *sorgfältig zusammenlegen, sodass an der umgeschlagenen Stelle eine Falte* (1 a), *ein Knick entsteht:* einen Brief [zweimal] f. 2. a) *in Falten* (2) *ziehen; runzeln:* die Stirn f.; b) ⟨f. + sich⟩ *aus sich heraus Falten bilden, sich in Falten legen:* die Haut faltet sich. 3. *(von den Händen) zusammenlegen u. ineinander verschränken:* die Hände auf der Brust, zum Gebet, andächtig f. 4. (Geol.) a) *in Gesteinsschichten der Erdkruste Falten* (3) *bilden, entstehen lassen:* die Erdrinde hat sich hier gefaltet; b) ⟨f. + sich⟩ *aus sich heraus Falten* (3) *bilden.*

Fal|ten|bil|dung, die: 1. *Bildung, Entstehung von Falten* (2). 2. (Geol.) vgl. Faltung (2).

Fal|ten|ge|bir|ge, das (Geol.): *durch Faltung* (2) *entstandenes, meist lang gestrecktes Gebirge.*

Fal|ten|haut, die (Med.): *Haut mit starker Faltenbildung.*

fal|ten|reich ⟨Adj.⟩: 1. *mit vielen Falten* (1 b) *versehen.* 2. *viele Falten* (2) *aufweisend.*

Fal|ten|rock, der: [1]*Rock* (1 a), *der in Falten* (1 b) *fällt.*

Fal|ten|wurf, der: *Fall eines Gewandes in Falten* (1 b): das Bild zeigt eine Madonna in blauem F.

Fal|ter, der; -s, - [über mundartl. Formen zu mhd. vīvalter, ahd. fifaltra; verdoppelnde Bildung zu ↑flattern] (seltener): *Schmetterling.*

fal|tig ⟨Adj.⟩: 1. a) *in viele Falten* (1 b) *gelegt, Falten werfend, mit vielen Falten versehen:* der Vorhang ist f. gerafft; b) *viele durch Unachtsamkeit o. Ä. entstandene Falten* (1 a) *aufweisend; zerknittert:* sein Anzug war ganz f. 2. *von Falten* (2) *durchzogen; runzelig:* ein -er Hals.

-fäl|tig [mhd. -valtec, -veltec, weitergeb. aus mhd. -valt, ahd -falt, zu ↑Falte]: in Zusb., z. B. achtfältig, vielfältig.

F

Falt|kar|ton, der: *Karton* (2), *den man zum Aufbewahren flach zusammenlegen kann.*

Falt|pros|pekt, der: *Prospekt* (1), *der meist aus nur einem Blatt besteht, das [für den Versand, die Verteilung] zu einem handlichen Format gefaltet ist.*

Falt|stuhl, der: *zusammenklappbarer, hockerartiger Stuhl mit einer Sitzfläche aus Stoff od. Leder.*

Falt|tür, die: *aus mehreren schmalen Teilen bestehende Tür, die sich harmonikaartig zusammenfalten lässt.*

Fal|tung, die; -, -en: 1. *das Falten* (1). 2. (Geol.) *durch Einengung, seitlichen Druck verursachte wellenartige Formung von Gesteinsschichten der Erdkruste.*

Falz, der; -es, -e u. Fälze [mhd. valz = Fuge, Schwertrinne, zu ↑falzen]: 1. (Buchbinderei) a) *Stelle, an der ein Papierbogen [scharf] gefaltet ist; Kniff* (2) *im Papier;* b) *meist rillenförmiger Übergang zwischen Buchdeckel u. Buchrücken:* ein tiefer F.; c) *in Büchern mitgehefteter Papier- od. Leinenstreifen zum Ankleben von Einzelblättern.* 2. (Bauw., Holzverarb.) *kantige, meist rechtwinklige Aussparung, Vertiefung an Übergangs-, Anschlussstellen, die ein gutes Übereinandergreifen der Materialteile ermöglicht:* die Bretter müssen in den -en genau zusammenpassen. 3. (Technik) *Verbindungsstelle von ineinander greifenden Blechrändern, die umgebogen u. zusammengepresst werden.*

Falz|bein, das (Buchbinderei): *glattes, flaches Gerät zum Falzen* (1) *von Papier mit der Hand.*

fal|zen ⟨sw. V.; hat⟩ [mhd. valzen, velzen = krümmen, ineinander biegen, ahd. (ga)falzen, viell. Intensivbildung zu ↑falten u. eigtl. = fest zusammenlegen]: 1. *mit einem Falz* (1 a, 2, 3) *versehen:* gefalztes Blech. 2. (Gerberei) *durch Abheben dünner Schichten auf der Fleischseite von Tierhäuten die Dicke des Leders ausgleichen.*

fal|zig ⟨Adj.⟩: *mit Falzen versehen.*

Falz|li|nie, die: *Flattermarke.*

Fal|zung, die; -, -en: 1. *das Falzen.* 2. *gefalzte Stelle; Falz.*

Fa|ma, die; - [lat. fama, verw. mit: fari, ↑Fatum] (bildungsspr.): *Geschichte, die gerüchtweise über jmdn., etw. verbreitet wird:* es ging die F., dass er sich ins Ausland abgesetzt hat.

fa|mi|li|är ⟨Adj.⟩ [mit französierender Endung zu älter familiar < lat. familiaris, zu: familia, ↑Familie]: 1. *die Familie betreffend:* -e Sorgen haben; aus -en Gründen. 2. a) *freundschaftlich; ungezwungen:* es herrschte eine -e Atmosphäre; b) (auch abwertend) *[allzu] vertraulich:* sein -er Ton wurde als peinlich empfunden.

Fa|mi|li|a|ri|tät, die; -, -en [lat. familiaritas] (bildungsspr.): a) *familiäres* (2 a) *Verhalten; Vertrautheit, Zwanglosigkeit;* b) *familiäres* (2 b), *plump-vertrauliches Verhalten; Zudringlichkeit.*

Fa|mi|lie, die; -, -n [lat. familia, eigtl. = Gesinde, Kollektivbildung zu: famulus, ↑Famulus]: 1. a) *aus einem Elternpaar od. einem Elternteil u. mindestens einem Kind bestehende [Lebens]gemeinschaft:* eine vierköpfige, große, intakte, kinderreiche F.; F. Meyer ist verreist; eine F. gründen; haben Sie F.? *(haben Sie einen Partner, eine Partnerin u. Kinder?);* R das kommt in den besten -n vor *(das kann jedem passieren, ist nicht so schlimm);* b) *Gruppe aller miteinander [bluts]verwandten Personen; Sippe:* eine alte, adlige, reiche F.; (iron.:) eine feine, schöne F.!; in eine F. einheiraten; aus guter F. stammen; das liegt in der F. *(ist ihre Eigenart).* 2. (Biol.) *systematische Einheit, Kategorie, in der näher miteinander verwandte Gattungen tierischer od. pflanzlicher Lebewesen zusammengefasst sind.* 3. *Gesamtheit, Serie von ähnlich gebauten technischen Geräten [eines Herstellers] mit gleichem od. verwandtem System.*

Fa|mi|li|en|ähn|lich|keit, die: *Ähnlichkeit im Aussehen zwischen Personen, die derselben Familie* (1) *angehören und blutsverwandt sind.*

Fa|mi|li|en|al|bum, das: *Fotoalbum mit Familienbildern.*

Fa|mi|li|en|an|ge|hö|ri|ge, der u. die: *Angehörige* (a).

Fa|mi|li|en|an|ge|le|gen|heit, die: *Angelegenheit, die die Familie* (1) *betrifft:* in einer dringenden F. verreisen müssen.

Fa|mi|li|en|an|schluss, der: *das Einbezogenwerden (eines Außenstehenden) in den Kreis einer Familie* (1 a): F. haben, suchen.

Fa|mi|li|en|ban|de ⟨Pl.⟩ (geh.): *besonderer Zusammenhalt von Familienmitgliedern.*

Fa|mi|li|en|be|ra|tung, die: *Beratung von Familien* (1 a) *in pädagogischen, wirtschaftlichen u. rechtlichen Fragen.*

Fa|mi|li|en|be|ra|tungs|stel|le, die: *Beratungsstelle, die Familienberatung durchführt.*

Fa|mi|li|en|be|sitz, der: *Besitz einer Familie* (1 b): aus F. stammen.

Fa|mi|li|en|be|trieb, der: *[kleineres] Unternehmen, Geschäft o. Ä., das sich im Besitz einer Familie* (1) *befindet [u. von dieser geleitet, betrieben wird]:* kleine und mittelständische -e.

Fa|mi|li|en|bild, das: *Bild, Fotografie von [den] Mitgliedern einer Familie* (1).

Fa|mi|li|en|buch, das: *auf dem Standesamt nach der Eheschließung angelegtes Buch* (2), *das die Personalien der Ehegatten u. ihrer Eltern enthält u. in das die Eheschließung sowie spätere Änderungen in den persönlichen Verhältnissen (z. B. Tod, Scheidung, Geburt eines Kindes) eingetragen werden.*

Fa|mi|li|en|eh|re, die: *Ehre einer Familie* (1 b): die F. retten.

Fa|mi|li|en|fei|er, die: *Feier aus familiärem Anlass.*

Fa|mi|li|en|fest, das: vgl. Familienfeier.

Fa|mi|li|en|for|schung, die: *Genealogie.*

Fa|mi|li|en|fo|to, das: vgl. Familienbild.

fa|mi|li|en|freund|lich ⟨Adj.⟩: *der Familie (als sozialer Gruppe) dienlich, ihr entgegenkommend, sie fördernd:* eine -e Politik.

Fa|mi|li|en|ge|richt, das: 1. *Gericht, das für Fragen des Familienrechts zuständig ist.* 2. a) ⟨o. Pl.⟩ (ugs.) vgl. Familienrat (a); b) vgl. Familienrat (b).

Fa|mi|li|en|ge|schich|te, die: 1. *Geschichte* (1 a) *einer Familie* (1 a): er erzählte mir seine ganze F. 2. *Geschichte* (2) *über Ereignisse in der Familie:* sie gruben die alten -n wieder aus.

Fa|mi|li|en|ge|setz|buch, das (DDR): *Sammlung der Gesetze, die das Zusammenleben in der Familie* (1 a) *u. andere Dinge des Familienrechts regeln.*

Fa|mi|li|en|grab, das: *Grabstätte, in der die Angehörigen einer Familie* (1) *beigesetzt werden.*

Fa|mi|li|en|gruft, die: vgl. Familiengrab.

Fa|mi|li|en|idyll, das: *häusliches Idyll.*

Fa|mi|li|en|krach, der (ugs.): *Streit in der Familie* (1).

Fa|mi|li|en|kreis, der: *Gruppe der Mitglieder einer Familie* (1): eine Feier im engsten F.

Fa|mi|li|en|kun|de, die ⟨o. Pl.⟩: *Genealogie.*

Fa|mi|li|en|kut|sche, die (scherzh.): *größeres Auto.*

Fa|mi|li|en|las|ten|aus|gleich, der: *finanzielle Unterstützung, die der Staat kinderreichen Familien gewährt.*

Fa|mi|li|en|le|ben, das ⟨o. Pl.⟩: *Zusammenleben innerhalb einer Familie* (1 a): ein glückliches F. führen; darunter leidet das F.

Fa|mi|li|en|mi|nis|ter, der: *Minister für Angelegenheiten, die die Familie* (1 a) *betreffen.*

Fa|mi|li|en|mi|nis|te|rin, die: w. Form zu ↑Famili enminister.

Fa|mi|li|en|mi|nis|te|ri|um, das: vgl. Familienministen.

Fa|mi|li|en|mit|glied, das: *Mitglied einer bestimmten Familie.*

Fa|mi|li|en|na|me, der: *Nachname eines od. beider Elternteile, der den aus dieser Partnerscha hervorgehenden Kindern gegeben wird; Zuname.*

Fa|mi|li|en|ober|haupt, das (scherzh. veraltend) *Oberhaupt einer Familie* (1).

Fa|mi|li|en|pa|ckung, die (Werbespr.): *besonders große Warenpackung.*

Fa|mi|li|en|pass, der: 1. *Pass, der für mehrere Familienmitglieder (darunter stets mindestens ein Elternteil) ausgestellt wird.* 2. *(bis 1998 von der Deutschen [Bundes]bahn ausgestellter) Familienpass* (1), *auf den kinderreiche Familie ermäßigte Fahrkarten erhalten.*

Fa|mi|li|en|pfle|ge, die: *Betreuung einer Familie* (1 a) *durch eine Familienpflegerin od. einen Familienpfleger.*

Fa|mi|li|en|pfle|ger, der: vgl. Familienpflegerin.

Fa|mi|li|en|pfle|ge|rin, die: *weibliche Person, die (nach entsprechender Ausbildung) Familien* (1 a) *betreut, bei denen die Versorgung durch di Eltern [vorübergehend] nicht möglich ist* (Berufsbez.).

Fa|mi|li|en|pla|nung, die: *Gesamtheit der Bestre bungen, durch Maßnahmen der Geburtenregelung die Anzahl der Kinder den wirtschaftliche u. sozialen Verhältnissen der Eltern entsprechend zu bestimmen.*

Fa|mi|li|en|po|li|tik, die ⟨o. Pl.⟩: *Gesamtheit der unterstützenden Maßnahmen, mit denen der Staat die Gestaltung der Familie* (1 a) *beeinflusst.*

Fa|mi|li|en|rat, der ⟨o. Pl.⟩: a) *Beratung mehrerer Familienmitglieder über ein die Familie* (1) *betreffendes Problem:* einen F. halten; b) *die an einem Familienrat* (a) *teilnehmenden Familienmitglieder:* er musste tun, was der F. beschlossen hatte.

Fa|mi|li|en|recht, das ⟨o. Pl.⟩: *Teil des bürgerliche Rechts, der sich mit der Familie* (1 a), *der rechtl chen Stellung von Familienmitgliedern, Verwandten, Vormund u. Mündel o. Ä. befasst.*

Fa|mi|li|en|ro|man, der: *Roman, in dem Probleme, Ereignisse, die Geschichte einer Familie* (1) *[über mehrere Generationen hinweg] gestal tet sind.*

Fa|mi|li|en|schmuck, der: *in einer Familie weiter vererbter Schmuck.*

Fa|mi|li|en|sinn, der ⟨o. Pl.⟩: *Verständnis, teilnehmendes Interesse für die Belange, Angelegenhei ten, Probleme der eigenen Familie* (1 a) *od. eine ihrer Mitglieder:* einen ausgeprägten F. besitzer

Fa|mi|li|en|sitz, der: *größeres Besitztum* (b) *einer meist wohlhabenden, adligen o. ä. Familie* (1 b).

Fa|mi|li|en|stamm|buch, das: *Buch* (2), *das wichtige, den Personenstand betreffende Urkunden sowie kirchliche Urkunden (z. B. Taufschein) enthält u. meist bei der Eheschließung angefertigt u. ausgehändigt wird; Stammbuch* (2 a).

Fa|mi|li|en|stand, der ⟨o. Pl.⟩: *Status einer Person im Hinblick darauf, ob sie ledig, verheiratet, geschieden od. verwitwet ist:* Alter und F. angeben.

Fa|mi|li|en|tra|di|ti|on, die: *Tradition innerhalb einer Familie* (1).

Fa|mi|li|en|tref|fen, das: *Treffen aller Mitglieder einer Familie* (1 b) *aus einem bestimmten Anlass.*

Fa|mi|li|en|va|ter, der: *Vater, bes. im Hinblick au die Fürsorge für seine Familie:* ein treu sorgender, ordentlicher F.

Fa|mi|li|en|ver|band, der (Soziol.): *alle in einem Haushalt zusammenlebenden Familienangehörigen.*

Fa|mi|li|en|ver|hält|nis|se ⟨Pl.⟩: *Bedingungen, Lebensumstände, die jmdm. durch seine Familie gegeben sind:* in zerrütteten -n leben.

Fa|mi|li|en|vor|stand, der: vgl. Familienoberhaupt.

Fa|mi|li|en|wap|pen, das: *Wappen einer Familie* (1 b).

Fa|mi|li|en|zu|la|ge, die: *Zulage zur Arbeitslosenunterstützung für jedes unterhaltsberechtigte Familienmitglied.*

Fa|mi|li|en|zu|sam|men|füh|rung, die: *Zusammenführung der Angehörigen von Familien, die bes. durch Kriegswirren u. Kriegsfolgen auseinander gerissen wurden.*

Fa|mi|li|en|zwist, der: *über eine längere Zeit andauernder Streit in der Familie.*

fa|mos ⟨Adj.⟩ [(frz. fameux = berühmt <) lat. famosus = viel besprochen, berühmt, berüchtigt, zu: fama, ↑Fama] (ugs.): **1.** *fabelhaft; ausgezeichnet; großartig:* ein -er Kerl; das ist ganz f.! **2.** (veraltet) *berüchtigt, verrufen.*

Fa|mu|la, die; -, ...lä [lat. famula = Dienerin]: w. Form zu ↑Famulus.

Fa|mu|lant, der; -en, -en [zu lat. famulans (Gen.: famulantis), 1. Part. von: famulari, ↑famulieren]: *Student, der seine Famulatur ableistet.*

Fa|mu|lan|ten|stel|le, die: *Arbeitsstelle eines Famulanten, einer Famulantin.*

Fa|mu|lan|tin, die; -, -nen: w. Form zu ↑Famulant.

Fa|mu|la|tur, die; -, -en: *Praktikum, das Studierende im Rahmen ihrer Ausbildung ableisten müssen.*

fa|mu|lie|ren ⟨sw. V.; hat⟩ [lat. famulari = Diener sein]: *die Famulatur ableisten.*

Fa|mu|lus, der; -, -se u. ...li [lat. famulus = Diener, Gehilfe, H. u.] (früher): **1.** *Famulant.* **2.** *Student, der einem Hochschullehrer assistiert.*

Fan [fɛn], der; -s, -s [engl. fan, gek. aus: fanatic = Fanatiker; fanatisch < lat. fanaticus, ↑fanatisch]: *begeisterter Anhänger, begeisterte Anhängerin von jmdm., etw.:* die -s stürmten auf den Fußballplatz.

Fa|nal, das; -s, -e [frz. fanal = Leuchtfeuer, Feuerzeichen < ital. fanale, zu griech. phanós = Leuchte, Fackel] (geh.): *Ereignis, Tat, Handlung als weithin erkennbares Zeichen, das eine Veränderung, den Aufbruch zu etw. Neuem ankündigt:* das Volk setzte mit dem Aufstand ein F.

Fan|ar|ti|kel ['fɛn...], der: *für die Fans eines Vereins, Stars o. Ä. produzierter Artikel* (3), *der in Farbgebung, Design, Bebilderung o. Ä. deutlich den Bezug zum jeweiligen Idol erkennen lässt.*

Fa|na|ti|ker, der; -s, - [zu ↑fanatisch]: *jmd., der von bestimmten Ideen, einer bestimmten Weltanschauung o. Ä. so überzeugt ist, dass er sich leidenschaftlich, mit blindem Eifer [und rücksichtslos] dafür einsetzt:* ein wilder, religiöser, politischer F.

Fa|na|ti|ke|rin, die; -, -nen: w. Form zu ↑Fanatiker.

fa|na|tisch ⟨Adj.⟩ [(frz. fanatique <) lat. fanaticus, eigtl. = von der Gottheit ergriffen u. in rasende Begeisterung versetzt; zu: fanum = der Gottheit geweihter Ort, Tempel]: *sich leidenschaftlich, mit blindem Eifer [u. rücksichtslos] für etw. einsetzend; von Fanatismus zeugend, erfüllt:* ein -er Katholik; -e Anhänger; mit -er Begeisterung; er hat geradezu f. für diese Reform gekämpft.

fa|na|ti|sie|ren ⟨sw. V.; hat⟩ [frz. fanatiser]: *mit Fanatismus erfüllen, aufhetzen:* die Massen f.; die fanatisierte Menge bejubelte die Bücherverbrennungen.

Fa|na|tis|mus, der; - [frz. fanatisme]: *fanatisches Auftreten; fanatischer Einsatz für etw.:* sein [blinder] F. schadet nur.

Fan|be|treu|er ['fɛn...], der: *jmd., der im Auftrag eines Sportvereins dessen Fans als vorbeugende Maßnahme gegen das Rowdytum bei Sportveranstaltungen sozialpädagogisch betreut.*

Fan|be|treu|e|rin, die; -, -nen: w. Form zu ↑Fanbetreuer.

Fan|club: ↑Fanklub.

fand: ↑finden.

Fan|dan|go, der; -s, -s [span. fandango, H. u.]: *schneller spanischer Volkstanz (im ³/₄- od. ⁶/₈-Takt) mit Kastagnetten- u. Gitarrenbegleitung.*

fän|de: ↑finden.

Fan|fa|re, die; -, -n [frz. fanfare, H. u., viell. lautm.] (Musik): **1.** *lange, einfache Trompete ohne Ventile:* die F. spielen, blasen. **2.** *Trompetensignal aus Tönen des Dreiklangs:* -n erklingen, schmettern. **3.** *kurzes Musikstück, meist für Trompeten u. Pauken (in der Kunst- u. Militärmusik).*

Fan|fa|ren|blä|ser, der: *jmd., der Fanfare bläst.*

Fan|fa|ren|blä|se|rin, die: w. Form zu ↑Fanfarenbläser.

Fan|fa|ren|zug, der: *meist bei einem größeren Aufmarsch mitziehende Gruppe von Fanfarenbläsern.*

Fang, der; -[e]s, Fänge [mhd. vanc, zu ↑fangen]: **1.** ⟨o. Pl.⟩ **a)** *das Fangen* (1 a): der F. von Pelztieren; die Fischdampfer laufen zum F. aus; **b)** *beim Fangen* (1 a) *gemachte Beute:* der Angler freute sich über seinen guten F.; Ü einen guten, fetten F. machen, tun *(etw. Gutes finden);* mit dir haben wir ja einen tollen F. gemacht! (iron.; *von dir, deinen Leistungen sind wir sehr enttäuscht).* **2.** (Jägerspr.) **a)** ⟨o. Pl.⟩ *Maul bei Raubwild u. Hund;* **b)** ⟨meist Pl.⟩ *Eckzähne bei Raubwild u. Hund; Fangzähne;* **c)** ⟨Pl.⟩ *Füße od. Krallen bei Raubvögeln:* die starken Fänge des Adlers; Ü was er einmal in den Fängen (ugs.; *in seiner Gewalt)* hat, rückt er nicht wieder heraus. **3.** * **(einem Wild) den F. geben** (Jägerspr.; *ein angeschossenes, verletztes Wild mit der Waffe töten).*

Fang|arm, der: *beweglicher, armartiger Fortsatz in der Region des Kopfes bei niederen, im Wasser lebenden Tieren zum Aufspüren u. Erfassen von Beutetieren; Tentakel* (1).

Fang|boot, das: vgl. Fangschiff.

Fang|ein|rich|tung, die (Fernspr.): *fahrbares Gerät zur Feststellung von Anschlüssen anonymer Anrufer.*

Fang|ei|sen, das (Jagdw.): *eisernes Gerät, Falle zum Fangen von Raubwild.*

fan|gen ⟨st. V.; hat⟩ [nach dem Vorbild von mniederd. vangen rückgeb. aus dem Prät. u. 2. Part. von mhd. vā(he)n, ahd. fāhan, eigtl. = greifen, fassen]: **1. a)** *(ein Tier [das man verfolgt, gejagt hat]) ergreifen, zu fassen bekommen; in seine Gewalt bekommen u. der Freiheit berauben:* Vögel, Fische f.; die Katze hat eine Maus gefangen; drei Affen im Käfig gefangen halten; **b)** *jmdn. (der gesucht, verfolgt wird) festnehmen, fassen:* alle wollten helfen, den Dieb zu f.; ⟨meist im 2. Part.:⟩ die gefangenen Soldaten; jmdn. viele Jahre gefangen *(in Gefangenschaft)* halten; er wurde von einem Stoßtrupp gefangen genommen; jmdn. gefangen setzen (geh. veraltend; *festnehmen u. festsetzen);* Ü so leicht lasse ich mich nicht f. (ugs.; *überlisten);* ihre Erzählung hatte uns ganz gefangen *(in ihren Bann geschlagen, gefesselt);* die Musik, ihr Anblick, die Aufgabe nahm ihn ganz gefangen; **c)** ⟨f. + sich⟩ *in eine Falle, an ein Hindernis geraten u. nicht mehr loskommen:* der Fuchs hat sich im Tellereisen gefangen; Ü der Wind fängt sich im Schornstein; er hat sich in der eigenen Schlinge gefangen *(hat sich selbst überführt, kann sich nicht mehr herausreden).* **2.** *nach etw., was geworfen o. Ä. wird, greifen u. es festhalten:* einen Ball f.; Ü (ugs.:) eine [Ohrfeige] f. *(eine Ohrfeige bekommen).* **3.** ⟨f. + sich⟩ *wieder ins Gleichgewicht, in die normale Lage kommen:* ich stolperte, konnte mich aber gerade noch f.; Ü sie hat sich endlich wieder gefangen *(hat endlich ihr seelisches Gleichgewicht zurückgewonnen).*

Fan|gen, das; -s: *Kinderspiel, bei dem ein Kind den anderen nachlaufen muss, bis es eines von ihnen erreicht u. mit einem leichten Schlag* (1 a) *berührt:* F. spielen.

Fän|ger, der; -s, -: **a)** *jmd., der etw., ein Tier fängt;* **b)** (Baseball) *Catcher* (2).

Fän|ge|rin, die; -, -nen: w. Form zu ↑Fänger.

Fang|flot|te, die: *Flotte von gemeinsam fischenden Schiffen.*

Fang|fra|ge, die: *geschickte Frage, mit der man erreichen will, dass der Befragte sich verrät, etw. ungewollt preisgibt:* jmdm. eine F. stellen.

fang|frisch ⟨Adj.⟩: *(von Fischen o. Ä.) frisch gefangen:* -e Muscheln verkaufen.

Fang|ge|biet, das: *Gebiet, in dem Tiere, bes. Fische gefangen werden können.*

Fang|ge|rät, das: *Gerät zum Fangen von Tieren.*

Fang|grün|de ⟨Pl.⟩: *für den Fischfang ertragreiche Gebiete im Meer.*

Fang|heu|schre|cke, die: *Gottesanbeterin.*

Fang|lei|ne, die (Seemannsspr.): *an Bord eines Schiffes od. Bootes befestigte Leine zum Festmachen.*

Fang|netz, das: **1.** (Fischereiw., Jagdw.) *Netz zum Fangen von Fischen od. Wild.* **2.** (Flugw.) *am Ende einer Landebahn installiertes elastisches Netz, mit dem Flugzeuge bei Fehlstart od. Landung mit versagenden Bremsen abgebremst werden.* **3.** *in der Zirkusmanege ausgespanntes Netz, das Artisten zur Sicherung dient.*

Fan|go, der; -s [ital. fango, aus dem Germ.]: *an Mineralien reicher Schlamm vulkanischer Herkunft, der in Form von Packungen u. Bädern zu Heilzwecken, bes. bei rheumatischen Erkrankungen, verwendet wird.*

Fan|go|bad, das: *Bad mit Fango zu Heilzwecken.*

Fang|rie|men, der: *Riemen an Skibindungen, der den Ski festhält, wenn die Bindung sich beim Sturz löst.*

Fang|schal|tung, die: vgl. Fangeinrichtung: die Post hatte eine F. installiert, die eine Rückverfolgung der Gespräche ermöglichte.

Fang|schiff, das: *speziell für den Fischfang ausgerüstetes Schiff.*

Fang|schnur, die (Milit.): **a)** (früher) *Kopfbedeckung u. Uniform verbindende Schnur (bei berittenen Truppen);* **b)** *als Rangabzeichen od. als Zierde dienende Schnur an Uniformen.*

fang|si|cher ⟨Adj.⟩ (Sport): *sicher im Fangen von Bällen:* ein -er Torwart.

Fang|spiel, das: *Fangen.*

Fang|vor|rich|tung, die: **1.** *an Aufzügen, Fahrstühlen o. Ä. angebrachte, sich selbst auslösende Vorrichtung zum Abbremsen od. Festhalten des Förderkorbs, der Kabine beim Reißen des Seils.* **2.** *Fangeinrichtung.*

Fang|zeit, die: *für den Fischfang günstige Zeit.*

Fan|klub ['fɛn...], der: *Klub für die Fans einer bekannten Persönlichkeit, eines [bekannten] Sportklubs o. Ä.*

Fan|nings ['fænɪŋz] ⟨Pl.⟩ [engl. fannings, Pl. von: fanning = Getreidereinigung, zu: fan, ↑Fanglomerat]: *(fast ausschließlich für Teebeutel verwendete) durch Sieben gewonnene aus kleinen Blättern bestehende, feine Teesorte.*

Fan|post, die; -: *Post, die eine bekannte Persönlichkeit von Fans bekommt:* F. erhalten.

Fan|shop ['fɛnʃɔp], der [aus ↑Fan u. ↑Shop]: *Laden, in dem bestimmte, für Fans von Sportvereinen, Radiosendern o. Ä. interessante Artikel* (3) *verkauft werden.*

Fant, der; -[e]s, -e [Vermischung von niederd. fent = Knabe mit südd. Fant = Junge, Geck < ital. fante = Knabe, Knecht < lat. infans = kleines Kind] (veraltet): *junger, noch unerfahrener, unreifer Mensch.*

Fan|ta|sia, die; -, -s [ital. fantasia < lat. phantasia, ↑Fantasie]: **1.** *Reiterspiel [der Araber u. Berber] in Form eines Wettkampfs, bei dem Reitergruppen möglichst gemeinsam eine Gewehrsalve abschießen u. aus vollem Galopp möglichst auf der Stelle anhalten sollen.* **2.** (Musik) italienische Bez. für *Fantasie* (3).

Fan|ta|sie, (auch:) Phantasie, die; -, -n [mhd. fantasīe < lat. phantasia < griech. phantasía, zu: phantázesthai = erscheinen, zu: phaínesthai, ↑Phänomen]: **1. a)** ⟨o. Pl.⟩ *Fähigkeit, Gedächtnisinhalte zu neuen Vorstellungen zu verknüpfen, sich etw. in Gedanken auszumalen:* eine wilde, krankhafte, reiche F.; F. haben; keine, viel, wenig F. haben; du hast eine schmutzige F. *(stellst dir* *zu Unrecht etw. Unanständiges vor);* Musik regt die F. an, beflügelt die F.; eine ungewöhnliche F. entwickeln; der F. freien Lauf lassen; etw. entspringt jmds. F.; ein Spiel, Gebilde der F.; das ist nur in deiner F. so; du hast ja eine blühende F.! *(du übertreibst maßlos!);* **b)** *Produkt der Fantasie* (1 a), *(nicht der Wirklichkeit entsprechende) Vorstellung:* krankhafte, abgründige, sexuelle -n; das ist reine F. **2.** ⟨Pl.⟩ (Med.) *Fieberträume; bei Bewusstseinstrübungen wahrgenommene Trugbilder.* **3.** (Musik) *instrumentales Musikstück mit freier, oft improvisationsähnlicher Gestaltung ohne formale Bindung.*

fan|ta|sie|arm, (auch:) phantasiearm ⟨Adj.⟩: *durch einen Mangel an Fantasie gekennzeichnet.*

Fan|ta|sie|bild, (auch:) Phantasiebild, das: *Fantasie* (1 b): -er von einer besseren Welt.

F

Fan|ta|sie|ge|bil|de, (auch:) Phantasiegebilde, das: **a)** *nur in der Fantasie* (1 a) *bestehendes Gebilde; Fantasie* (1 b); **b)** *aus der Fantasie* (1 a) *heraus geschaffenes Gebilde:* der Pavillon in Sanssouci ist ein reines F.

Fan|ta|sie|ge|stalt, (auch:) Phantasiegestalt, die: **a)** *nur in der Fantasie* (1 a) *bestehende Gestalt;* **b)** *aus der Fantasie* (1 a) *heraus geschaffene Gestalt; fantastische Gestalt:* bei dem Faschingsball waren allerlei -en zu sehen.

fan|ta|sie|los, (auch:) phantasielos ⟨Adj.⟩: *ohne Fantasie.*

Fan|ta|sie|lo|sig|keit, (auch:) Phantasielosigkeit, die; -: *fantasielose Art, Beschaffenheit.*

fan|ta|sie|reich, (auch:) phantasiereich ⟨Adj.⟩: *reich an Fantasie.*

fan|ta|sie|ren, (auch:) phantasieren ⟨sw. V.; hat⟩ [mlat. phantasiari = sich einbilden]: **1. a)** *über etw., womit sich die Fantasie beschäftigt, was man sich in Gedanken ausmalt, sprechen:* vom Reichtum f.; fantasierst du *(redest du Unsinn),* oder sagst du die Wahrheit?; **b)** *sich jmdn., etw. in der Fantasie vorstellen, ausmalen:* die Eltern fantasierten ihre Kinder als engelhafte Unschuldswesen. **2.** (Med.) *(in Fieberträumen) wirr reden:* der Kranke fantasierte die ganze Nacht. **3.** (Musik) *auf einem Instrument ohne Noten spielen, was einem gerade einfällt:* auf dem Klavier f.; er fantasierte über ein Thema von Bach.

fan|ta|sie|voll, (auch:) phantasievoll ⟨Adj.⟩: **a)** *mit [viel] Fantasie begabt:* ein -es Kind; **b)** *mit viel Fantasie, fantasiereich:* ein -es Muster; f. schreiben, erzählen.

Fan|ta|sie|vor|stel|lung, (auch:) Phantasievorstellung, die: *Fantasie* (1 b).

Fan|ta|sie|welt, (auch:) Phantasiewelt, die: *nur in der Fantasie* (1 a) *bestehende, nicht der Wirklichkeit entsprechende Welt:* in einer F. leben.

Fan|tast, (auch:) Phantast, der; -en, -en [spätmhd. fantast < mlat. phantasta < griech. phantastḗs = Prahler] (abwertend): *Mensch mit überspannten Ideen, der zwischen Wunschtraum u. Wirklichkeit nicht unterscheiden kann; Schwärmer:* ein harmloser, weltfremder F.

Fan|tas|te|rei, (auch:) Phantasterei, die; -, -en (abwertend): *wirklichkeitsfremde Träumerei; Überspanntheit:* die wilden -en eines Schwärmers; das ist doch reine F. *(Unsinn).*

Fan|tas|tik, (auch:) Phantastik, die; - (bildungsspr.): *das Fantastische, Wirklichkeitsfremde, Unwirkliche:* von der F. einer Szene gefesselt sein.

Fan|tas|tin, die; -, -nen: w. Form zu ↑Fantast.

fan|tas|tisch, (auch:) phantastisch ⟨Adj.⟩ [lat. phantasticus < griech. phantastikós]: **1.** (bildungsspr.) *von Illusionen, unerfüllbaren Wunschbildern, unwirklichen, oft unklaren Vorstellungen od. Gedanken beherrscht u. außerhalb der Wirklichkeit od. im Widerspruch zu ihr stehend:* in ihrem Kopf spuken allerlei -e Vorstellungen; er erzählte -e Geschichten; -e Literatur (Literaturw.; *über den Realismus hinausgehende, durch fantastische Elemente gekennzeichnete Literatur*); dein Vorhaben erscheint mir [zu] f. **2.** (ugs.) **a)** *großartig u. begeisternd:* ein -er Mensch; sie hat eine -e Figur; der Plan, der Gedanke ist f.; [es war einfach] f.!; er kocht f.; **b)** *unglaublich, ungeheuerlich:* das Flugzeug erreicht eine -e Höhe; die Preise sind f. gestiegen.

Fan|ta|sy [ˈfæntəzɪ], die; - [engl. fantasy = Fantasie]: *Bereich derjenigen bes. im Roman, im Film, im Comicstrip behandelten Thematiken, mit denen (wie in Mythen, Märchen und Sagen) das Fantastische, Magisch-Geheimnisvolle mit Zauber und Magie in Traumwelten voller Fabelwesen heraufbeschworen wird.*

Fan|ta|sy|li|te|ra|tur, die: *Literatur mit Thematiken aus dem Bereich der Fantasy* (1).

Fan|zine [ˈfɛnziːn], das; -s, -s [engl. fanzine, zusgez. aus: fan (↑Fan) u. magazine = Magazin (4 a)]: *Zeitschrift für Anhänger und Fans bestimmter Personen od. Sachen.*

FAQ [ɛfleɪˈkjuː] ⟨Pl.⟩ [engl., aus: frequently asked questions]: (EDV): *Zusammenstellung von Informationen zu besonders häufig gestellten Fragen, häufig auftretenden Problemen (z. B. bei Gebrauchsanweisungen od. auf einer Homepage).*

Fa|rad, das; -[s], - [nach dem engl. Physiker u. Chemiker M. Faraday (1791–1867)] (Physik): *elektrische Maßeinheit für die Kapazität;* Zeichen: F.

Fa|ra|day|kä|fig [ˈfaradeː..., auch: ˈfærədɪ...], der (Physik): *metallene Umhüllung zur Abschirmung eines begrenzten Raumes gegen äußere elektrische Felder u. zum Schutz empfindlicher [Mess]geräte gegen elektrische Störungen.*

fa|ra|day|sche Ge|setz [faraˈdeːʃə, auch: ˈfærədɪʃə-], das; -n -es, -n -e ⟨meist Pl.⟩ (Physik): *eines der beiden von Faraday aufgestellten Gesetze, die bei der Elektrolyse den Zusammenhang zwischen dem Stromfluss u. den an den Elektroden abgeschiedenen Stoffmengen beschreiben.*

fa|ra|disch ⟨Adj.⟩ [vgl. Farad]: in der Fügung -er Strom (Physik; *unsymmetrischer, durch Unterbrecherschaltung erzeugter Wechselstrom).*

Farb|ab|stim|mung, die: **a)** (Fot.) *Einstellung der Dichte der drei am Bildaufbau beteiligten Teilfarbenbilder zu einer möglichst naturgetreuen Wiedergabe;* **b)** *Abstimmung verschiedener Farben untereinander.*

Farb|ab|stu|fung, die: *Änderung einer Farbe in Bezug auf Sättigung u. Helligkeit.*

Farb|ab|wei|chung, die: **a)** (Fot.) *Abweichen der Farbwiedergabe eines Details od. eines ganzen Farbbildes vom Original;* **b)** (Optik) vgl. Aberration (3).

Farb|ab|zug, der (Fot.): *Abzug von einem Farbnegativ od. Farbdia auf Farbpapier.*

Farb|auf|nah|me, die: *Farbfotografie* (2).

Farb|band, das ⟨Pl. ...bänder⟩: *mit einer farbigen Flüssigkeit getränkter Baumwoll-, Nylon- od. Seidenstreifen für Schreibmaschinen:* ein neues F. einlegen.

Farb|be|zeich|nung, die: *Bezeichnung einer Farbe.*

Farb|bild, das: *Farbfotografie* (2).

Farb|buch, das (Dipl.): *aus Anlass bestimmter außenpolitischer Ereignisse veröffentlichte Dokumentensammlung eines Staates, deren Umschlag eine bestimmte, je nach Land verschiedene Farbe hat* (z. B. Weißbuch).

Farb|dia, das (Fot.): *farbiges Diapositiv.*

Farb|druck, der ⟨Pl. -e⟩: **1.** ⟨o. Pl.⟩ *Druckverfahren mit bunten Druckfarben.* **2.** *mit bunten Druckfarben hergestellter* [2]*Druck* (1 b).

Farb|dru|cker, der (ugs.): *Farbtintenstrahldrucker.*

Far|be, die; -, -n [mhd. varwe, ahd. farawa, zu mhd. var, varwer, ahd. faro, farawēr = farbig, urspr. = gesprenkelt, bunt]: **1. a)** *mit dem Auge wahrnehmbare Erscheinungsweise der Dinge, die auf der verschiedenartigen Reflexion und Absorption von Licht beruht:* eine dunkle, helle, warme, kalte, giftige F.; grelle, schreiende, leuchtende -n; die -n sind gut aufeinander abgestimmt; diese -n beißen sich; in allen -n schillern; drei Hefte in den -n Gelb, Rot u. Orange; sein Gesicht verlor plötzlich alle F. *(wurde blass, bleich);* du hast wieder richtig F. bekommen *(du siehst gesund aus);* Ü ihr Spiel bekam, gewann immer mehr F. *(Ausdruckskraft, Lebendigkeit);* ***die F. wechseln** *(blass u. wieder rot werden);* **b)** ⟨o. Pl.⟩ *das Buntsein, Farbigsein* (1): die meisten Abbildungen des Buches sind in F. *(farbig, bunt);* **c)** *Farbton:* ein in zarten -n gehaltenes Bild. **2.** *färbende Substanz; Mittel zum Färben, Anmalen; Farbstoff:* eine schnell trocknende, gut deckende F.; die F. blättert von der Wand; die -n laufen ineinander; die F. dick auftragen; du kannst ruhig noch etwas F. *(Make-up)* auflegen; es roch nach frischer F.; Ü etw. in den schwärzesten -n malen, schildern, beschreiben *(außerordentlich negativ, pessimistisch darstellen).* **3.** *Farbe* (1 a) *als Symbol eines Landes, einer Vereinigung o. Ä.:* er vertritt bei den Wettkämpfen die -n seines Landes, seines Vereins; Fähnchen in den französischen -n; ein -n tragender *(einer [schlagenden] Verbindung, einem Korps angehörender)* Student; ***die F. wechseln** *(seine [politische] Überzeugung ändern, zu einer anderen Partei, Vereinigung o. Ä. übergehen).* **4.** *durch die gleichen Zeichen gekennzeichnete Serie von Spielkarten eines Kartenspiels:* eine F. ausspielen, bekennen; ***F. bekennen** (ugs.; *seine [wirkliche] Meinung zu etw. nicht länger zurückhalten).*

farb|echt ⟨Adj.⟩: *so gefärbt, dass die Farben nicht verblassen, auslaufen; nicht abfärbend.*

Farb|ef|fekt, der: *bestimmter Effekt einer bestimmten Farbe od. einer bestimmten Farbzusammenstellung.*

Fär|be|me|tho|de, die: *beim Färben von etw. angewandte Methode.*

Fär|be|mit|tel, das: *Farbstoff zum Färben von etw.*

farb|emp|find|lich ⟨Adj.⟩: **1.** (Fot.) *so beschaffen, dass Farben differenziert aufgenommen, genau registriert werden:* ein -er Film. **2.** *leicht verblassende od. auslaufende Farben aufweisend:* -e Gewebe.

Farb|emp|find|lich|keit, die ⟨o. Pl.⟩: *das Farbempfindlichsein.*

Farb|emp|fin|dung, die: *von einer Farbe ausgelöste subjektive Empfindung des Gesichtssinns.*

fär|ben ⟨sw. V.; hat⟩ [mhd. verwen, ahd. farawen]: **a)** *mithilfe von Farbstoff farbig, bunt machen, einer Sache eine bestimmte Farbe verleihen:* ein Kleid [dunkelblau] f.; Ostereier f.; sie hat ihr Haar [rot] gefärbt; Ü er liebt es, seine Vorträge humoristisch zu f.; **b)** (ugs.) *abfärben* (1): der Stoff färbt etwas; **c)** *(von etw., das Farbstoff enthält) bewirken, dass etw. eine bestimmte Farbe annimmt:* Henna färbt [die Haare] rot; **d)** ⟨f. + sich⟩ *eine bestimmte Farbe bekommen, eine bestimmte Färbung annehmen:* der Himmel färbte sich rötlich; das Laub färbt sich schon.

-far|ben [älter -farb, für mhd. var = farbig; aussehend nach; dann nach »golden, seiden« u. a. umgebildet]: in Zus., z. B. creme-, honigfarben.

Far|ben|be|zeich|nung, die: *Farbbezeichnung.*

far|ben|blind ⟨Adj.⟩: *nicht die Fähigkeit besitzend, Farben richtig zu erkennen od. zu unterscheiden.*

Far|ben|blind|heit, die: *das Farbenblindsein (als schwerste Form der Farbenfehlsichtigkeit).*

Far|ben|druck, der ⟨Pl. -e⟩: *Farbdruck.*

far|ben|emp|find|lich: *farbempfindlich.*

Far|ben|fehl|sich|tig|keit, die: *Störung des Sehvermögens bei der Wahrnehmung von Farben.*

Far|ben|film, der (schweiz.): *Farbfilm.*

far|ben|freu|dig ⟨Adj.⟩: **a)** *reich an kräftigen, lebhaften Farben:* Stoffe mit -en Mustern; **b)** *kräftige, lebhafte Farben bevorzugend.*

far|ben|froh ⟨Adj.⟩: vgl. farbenfreudig: der Festzug bot ein -es Bild.

Far|ben|holz|schnitt, der: *Farbholzschnitt.*

Far|ben|in|dus|trie, die: *vorwiegend synthetische Farbstoffe u. Lacke herstellende Industrie.*

Far|ben|kas|ten, der: *Malkasten.*

far|ben|kräf|tig ⟨Adj.⟩: *von kräftiger Farbe.*

Far|ben|leh|re, die: *Wissenschaftszweig, der sich*

mit den Farben (1 a), ihrer Entstehung, Messung, ihrem Zusammenwirken u. a. beschäftigt.

ar|ben|pa|let|te, die: **1.** *meist mit Daumenloch versehenes, ovales Mischbrett für Farben.* **2.** *reiche Auswahl, viele Möglichkeiten bietende Anzahl an Farben.*

ar|ben|pracht, die: *harmonisch wirkungsvoller Zusammenklang verschiedener intensiv leuchtender Farben:* die F. der Blumenbeete bewundern.

ar|ben|präch|tig ⟨Adj.⟩: *reich an intensiv leuchtenden Farben:* sie waren alle sehr f. kostümiert.

ar|ben|pro|be, die: *auf einem kleinen Stück eines Materials aufgetragene Farbe, die die farbliche Wirkung auf diesem Material zeigen soll.*

ar|ben|reich ⟨Adj.⟩: *viele verschiedene Farben aufweisend:* ein -er handgeknüpfter Teppich.

ar|ben|spiel, das: *ständig wechselndes Auftreten verschiedener Farben:* das reizvolle F. des abendlichen Himmels.

ar|ben|sym|bo|lik, die: *sinnbildliche Deutung, Anwendung bestimmter Farben:* die F. einer Dichtung untersuchen.

ar|ben tra|gend: s. Farbe (3).

ar|ben|wech|sel, der: *Farbwechsel.*

ar|ben|zu|sam|men|stel|lung, die: *Farbkombination.*

är|ber, der; -s, - [mhd. verwære]: *jmd., der beruflich mit dem Färben* (a) *von Textilien, textilen Materialien beschäftigt ist* (Berufsbez.).

är|be|rei, die; -, -en: **1.** ⟨o. Pl.⟩ *das Färben* (a) *von etw.* **2.** *Betrieb, in dem Textilien gefärbt werden.*

är|be|rin, die; w. Form zu ↑Färber.

är|ber|rö|te, die: *(zu den Rötegewächsen gehörende, im Mittelmeergebiet verbreitete) hohe, ausdauernde Pflanze mit gelben, doldenartigen Blüten, aus denen ein Farbstoff gewonnen wurde.*

arb|fern|se|hen, das: *Fernsehen mit in Farbe wiedergegebenen Bildern, Filmen.*

arb|fern|se|her, der (ugs.): *Farbfernsehgerät.*

arb|fern|seh|ge|rät, das: *Fernsehgerät, das die Bilder, Filme in Farbe wiedergibt.*

arb|film, der: **1.** *Film (2) für die Farbfotografie.* **2.** *in Farbe gedrehter Film* (3 a): in den Kinos laufen fast nur noch -e.

arb|fil|ter, der, Fachspr. meist: das: vgl. Filter (2).

arb|fleck, der: **1.** *durch Farbe entstandener Fleck:* der Malerkittel war voller -e. **2.** *farbiger, bunter Fleck:* etw. durch -e auflockern.

arb|fo|to, das: kurz für ↑Farbfotografie (2).

arb|fo|to|gra|fie, die: **1.** ⟨o. Pl.⟩ *Verfahren, etw. in natürlichen Farben fotografisch wiederzugeben.* **2.** *in Farbe aufgenommene Fotografie* (2).

arb|ge|bung, die; -, -en: *Verwendungsweise u. Anordnung von Farben bei der Gestaltung von etw.; Kolorit:* die F. eines Wohnraums.

arb|holz, das: *bestimmte Farbstoffe enthaltendes Holz meist tropischer Pflanzen.*

arb|holz|schnitt, der (bild. Kunst): *mit einem verschiedenfarbig eingefärbten Druckstock od. mit mehreren, jeweils in einer Farbe eingefärbten Druckstöcken hergestellter Holzschnitt.*

ar|big ⟨Adj.⟩ [1 c: für engl. coloured]: **1. a)** *verschiedene Farben aufweisend:* eine Zeichnung f. ausführen; **b)** *eine andere Farbe als Weiß od. Schwarz aufweisend:* -es Glas; ein -er Druck; **c)** *eine braune od. schwarze [od. rote od. gelbe] Hautfarbe habend:* ein -er Amerikaner; die Bevölkerung ist überwiegend f. **2.** *lebhaft, anschaulich; abwechslungsreich:* eine -e Schilderung.

är|big (österr.): ↑farbig (1 a, b).

far|big (in Zus.) *eine bestimmte Farbe, mehrere bestimmte od. unbestimmte Farben aufweisend* (z. B. creme-, rosen-, ein-, mehr-, vielfarbig).

ar|bi|ge, der u. die; -n, -n ⟨Dekl. ↑Abgeordnete⟩: *jmd., der farbig* (1 c) *ist.*

ar|big|keit, die; -: *das Farbigsein* (1 a, b, 2).

arb|kar|te, die: *Musterblatt, das die Palette der verschiedenen zur Wahl stehenden Farben zeigt.*

arb|kas|ten, der: *Malkasten.*

Farb|kom|bi|na|ti|on, die: *bestimmte Kombination von verschiedenen Farben.*

Farb|kon|trast, der: *farblicher Kontrast.*

Farb|ko|pie, die: *farbige Kopie* (1).

Farb|ko|pie|rer, der (ugs.), **Farb|ko|pier|ge|rät,** das: *Kopiergerät, mit dem Farbkopien hergestellt werden können.*

Farb|kör|per, der: vgl. Pigment (1).

Farb|leh|re, die: ↑Farbenlehre.

farb|lich ⟨Adj.⟩: *die Farbe* (1 a), *die Färbung von etw. betreffend:* die -e Ausgewogenheit eines Bildes.

Farb|li|tho|gra|phie, die: vgl. Farbholzschnitt.

farb|los ⟨Adj.⟩: **1.** *keine [richtige] Farbe aufweisend, enthaltend:* -er Lack, Leim. **2.** *durch keine hervorstechenden [positiven] Merkmale, Eigenschaften auffallend:* ein -er Politiker.

Farb|lo|sig|keit, die; -: *farblose Beschaffenheit.*

Farb|mi|ne, die: *farbige* [1]*Mine (3) in einem Farbstift, Druckbleistift o. Ä.*

Farb|mo|ni|tor, der: *Monitor, der das Bild in Farbe wiedergibt.*

Farb|ne|ga|tiv, das (Fot.): *Negativ, das die komplementären Farben zum Positiv zeigt.*

Farb|ne|ga|tiv|film, der: vgl. Negativfilm.

Farb|nu|an|ce, die: *kaum merkliche Schattierung eines Farbtons* (1).

Farb|pa|let|te, die: vgl. Farbskala.

Farb|pa|pier, das (Fot.): *fotografisches Papier zum Anfertigen von Farbabzügen od. -vergrößerungen.*

Farb|pho|to|gra|phie: ↑Farbfotografie.

Farb|pro|be, die: *Farbenprobe.*

Farb|pul|ver, das: *Farbe in Pulverform.*

Farb|punkt, der (Technik): *Leuchtpunkt des farbigen Bildschirms; einzelner Punkt eines Farbtripels.*

Farb|schicht, die: *Schicht von Farbe:* unter der oberen F. kamen mehrere andere zutage.

Farb|ska|la, die: *Reihe verschiedener Farbtöne:* eine reiche F.

Farb|stift, der: *farbig schreibender Stift* (Buntstift, Kugelschreiber o. Ä.).

Farb|stoff, der: *farbige Substanz, die etw. in einer bestimmten Farbe erscheinen lässt od. zum Färben von etw. verwendet wird:* natürliche -e.

Farb|strahl|dru|cker, der: *Farbtintenstrahldrucker.*

Farb|sym|bo|lik, die: *Farbensymbolik.*

Farb|ta|fel, die (Druckw.): *farbige Tafel* (2 b).

Farb|tem|pe|ra|tur, die (Fot.): *einer Lichtquelle zugeordnete Temperatur eines zum Vergleich dienenden nicht reflektierenden Körpers (schwarzen Strahlers), bei der dieser dieselbe Lichtstrahlung aussendet und damit dieselbe Farbe besitzt wie die Lichtquelle.*

Farb|tin|ten|strahl|dru|cker, der: *Tintenstrahldrucker, der farbige* [2]*Ausdrucke* (1 b) *liefert.*

Farb|ton, der: **1.** *Eigenschaft, durch die sich eine Farbe in allen ihren Schattierungen von anderen Farben unterscheidet:* Hut und Tasche im gleichen F. **2.** *Tönung* (2): einen rötlichen, dunklen F. haben.

Farb|topf, der: *Topf mit Farbe* (2).

Farb|tri|pel, das (Technik): *Leuchtpunkt auf dem farbigen Bildschirm für die drei Primärfarben Rot, Grün u. Blau, die zusammen das Farbbild ergeben.*

Farb|tup|fen, Farb|tup|fer, der: vgl. Farbfleck.

Farb|um|kehr|film, der: *Umkehrfarbfilm.*

Fär|bung, die; -, -en: **a)** *das Färben, Gefärbtwerden:* die F. der Wolle; **b)** *Art, wie etw. gefärbt ist; das Gefärbtsein:* eine auffallende F. haben; **Ü** er gab seiner Rede eine ironische F.

Farb|wech|sel, der: **1.** *wechselndes Auftreten von Farben:* den F. der Nachmittagsbeleuchtung beobachten. **2.** (Zool.) *Wechsel der Farbe des Körpers bei bestimmten Tieren:* F. zeigen.

Farb|werk, das (Druckw.): *aus mehreren Walzen bestehender Teil einer Druckmaschine, der das Einfärben der Druckform besorgt.*

Farb|wie|der|ga|be, die: *Wiedergabe der Farbe eines Originals durch eine Kopie.*

Farb|zu|sam|men|stel|lung, die: *Farbkombination.*

Far|ce [ˈfarsə], die; -, -n [frz. farce, eigtl. = Einlage, über das Vlat. zu lat. farcire = hineinstopfen]: **1.** (Literaturw.) **a)** *volkstümliche, spottende Einlage im französischen Mirakelspiel;* **b)** *kürzeres, derb-komisches Lustspiel [in Versen]; Posse.* **2.** *Angelegenheit, bei der die vorgegebene Absicht, das vorgegebene Ziel nicht mehr ernst zu nehmen ist (u. nur noch lächerlich gemacht, verhöhnt wird); lächerliche Karikatur (2) auf ein bestimmtes Ereignis:* die Vereidigung war eine einzige F. **3.** (Kochk.) *aus gehacktem Fleisch, Fisch, Gemüse, Ei, Gewürzen u. a. hergestellte Füllung bei Fleisch- u. Fischspeisen.*

Fa|rin, der; -s [zu lat. farina = Mehl]: **a)** *nicht raffinierter, gelblich brauner, leicht feuchter Zucker;* **b)** *Puderzucker.*

Fä|rin|ger, der; -s, -: [2]*Färöer.*

Fä|rin|ge|rin, die; -, -nen: w. Form zu ↑Färinger.

fä|rin|gisch ⟨Adj.⟩: *färöisch.*

Farm, die; -, -en [engl. farm, urspr. = gegen einen festen Preis verpachtetes Landgut < (a)frz. ferme, zu: fermer = schließen; bindend vereinbaren < lat. firmare, ↑Firma]: **1.** *größerer landwirtschaftlicher Betrieb (in angelsächsischen Ländern):* eine F. bewirtschaften. **2.** *größerer Betrieb, in dem Geflügel od. Pelztiere gehalten, gezüchtet werden.*

Far|mer, der; -s, - [engl. farmer]: *Besitzer einer Farm* (1).

Far|me|rin, die; -, -nen: w. Form zu ↑Farmer.

Far|mers|frau, die: **a)** *Frau eines Farmers;* **b)** *Frau, die eine Farm bewirtschaftet.*

Farn, der; -[e]s, -e [mhd., ahd. farn]: *(in zahlreichen Arten vorkommende, in den Tropen auch baumartige) sich durch Sporen vermehrende Pflanze mit großen, meist gefiederten Blättern, die in der ersten Wachstumsphase noch eingerollt sind.*

farn|ar|tig ⟨Adj.⟩: **a)** *mit dem Farn verwandt;* **b)** *wie Farn aussehend.*

Farn|kraut, das: *Farn.*

Farn|pflan|ze, die: **1.** (Biol.) *mehrere Klassen* (3) *umfassende Sporenpflanze.* **2.** *einzelne Pflanze des Farns.*

Farn|we|del, der: *gefiedertes Blatt eines Farns.*

[1]**Fä|rö|er** [auch: fɛˈrøːɐ̯] ⟨Pl.⟩: Inselgruppe zwischen Schottland und Island.

[2]**Fä|rö|er** [auch: fɛˈrøːɐ̯], der; -s, -: Ew.

[3]**Fä|rö|er** [auch: fɛˈrøːɐ̯] ⟨indekl. Adj.⟩: die F. Fischereihäfen.

Fä|rö|e|rin [auch: fɛˈrøːərɪn], die; -, -nen: w. Form zu ↑[2]Färöer.

fä|rö|isch [auch: fɛˈrøːɪʃ] ⟨Adj.⟩: *die* [1,2]*Färöer betreffend.*

Fär|se, die; -, -n [spätmhd. verse < mniederl. verse, zu: var(r)e = Stier]: *weibliches Rind, das noch nicht gekalbt hat.*

Fas, das; - [lat. fas, eigtl. = Äußerung, Ausspruch, zu: fari, ↑Fatum]: *in der römischen Antike das von den Göttern Erlaubte.*

f. a. s. = free alongside ship.

Fa|san, der; -[e]s, -e u. -en [mhd. fasān < (a)frz. faisan < lat. (avis) phasianus < griech. (órnis) Phasianós, eigtl. = in der Gegend des Flusses Phasis (am Schwarzen Meer) heimischer Vogel]: *(in zahlreichen Arten vorkommender) Hühnervogel, bei dem die Henne unauffällig graubraun, der Hahn meist sehr farbenprächtig gefiedert ist u. lange Schwanzfedern besitzt.*

Fa|sa|ne|rie, die; -, -n [nach frz. faisanderie]: **a)** *Gehege zur Aufzucht von Fasanen;* **b)** *(bes. im 17. u. 18. Jh.) [oft prächtig ausgestattetes] Gebäude in einer Fasanerie* (a).

Fas|ces [ˈfastseːs]: ↑Faszes.

fa|schie|ren ⟨sw. V.; hat⟩ [zu österr. mundartl. Fasch = ↑Farce (3)] (österr.): *durch den Fleischwolf drehen:* faschierte Laibchen *(Frikadellen).*

Fa|schier|ma|schi|ne, die (österr.): *Fleischwolf.*

Fa|schier|te, das; -n ⟨Dekl. [2]Junge, das⟩ (österr.): **1.** *Hackfleisch.* **2.** *aus Hackfleisch hergestellte Speise.*

Fa|schi|ne, die; -, -n [ital. fascina < lat. fascina, zu:

F

fascis, ↑Faszes] (Fachspr.): *mit Draht fest zusammengeschnürtes Bündel aus Reisig, das bei der Befestigung u. Sicherung der Böschung eines Ufers o. Ä. verwendet wird.*

Fạ|sching, der; -s, -e u. -s [mhd. vaschanc, vastschang, eigtl. = Ausschenken des Fastentrunks, umgedeutet aus: vastganc = Faschingsprozession] (bes. bayr., österr.): **1.** *Karnevalszeit:* im F. besuchen sie viele Bälle. **2.** *Fastnachtsfest:* auf den, zum F. gehen.

Fạ|schings|ball, der (bes. bayr., österr.): *Fastnachtsball.*

Fạ|schings|diens|tag, der (bes. bayr., österr.): *Fastnachtsdienstag.*

Fạ|schings|fest, das (bes. bayr., österr.): vgl. Faschingsball.

Fạ|schings|kos|tüm, das (bes. bayr., österr.): *Karnevalskostüm.*

Fạ|schings|prinz, der (bes. bayr., österr.): *Karnevalsprinz.*

Fạ|schings|prin|zes|sin, die (bes. bayr., österr.): w. Form zu ↑Faschingsprinz.

Fạ|schings|trei|ben, das (bes. bayr., österr.): *Fastnachtstreiben.*

Fạ|schings|um|zug, der (bes. bayr., österr.): *Karnevalsumzug.*

Fạ|schings|zeit, die ⟨o. Pl.⟩ (bes. bayr., österr.): *Karnevalszeit.*

Fạ|schings|zug, der (bes. bayr., österr.): *Karnevalsumzug.*

Fa|schịs|mus, der; - [ital. fascismo, zu: fascio = (Ruten)bündel < lat. fascis, ↑Faszes; die Faszes wurden von den Faschisten als Abzeichen getragen]: **1.** *von Mussolini errichtetes Herrschaftssystem in Italien* (1922–1945). **2.** (Politik) **a)** *nach dem Führerprinzip organisierte, nationalistische, antidemokratische, rechtsradikale Bewegung, Ideologie;* **b)** *auf dem Faschismus basierende totalitäre Herrschaftsform.*

Fa|schịst, der; -en, -en [ital. fascista] (oft abwertend): *Anhänger, Vertreter des Faschismus.*

Fa|schịs|tin, die; -, -nen: w. Form zu ↑Faschist.

fa|schịs|tisch ⟨Adj.⟩: **a)** *den Faschismus vertretend, zu ihm gehörend:* eine -e Partei; **b)** *auf den Prinzipien des Faschismus* (2) *beruhend, ihnen folgend:* eine -e Gesinnung.

fa|schis|to|i̲d ⟨Adj.⟩ [zu ↑Faschist u. griech. -oeidḗs = ähnlich]: *faschistische Züge zeigend:* -e Äußerungen, Gedanken.

Fạ|scho, der; -s, -s (Jargon): *Faschist.*

Fa̲|se, die; -, -n [frz. face = Gesicht; (Ober)fläche < lat. facies, ↑Fazies] (Holz-, Steinbearbeitung): *durch die Bearbeitung einer Kante entstandene, abgeschrägte Fläche.*

Fa̲|sel, der; -s, - [mhd. vasel = Zuchttier; Zuchtstier; Eber, ahd. fasal = Nachkommenschaft; [2]Junge (1), H. u.]: *junges, geschlechtsreifes, (je nach Landschaft) männliches od. weibliches Rind, seltener auch Schwein.*

Fa|se|le̲i, die; -, -en [zu ↑faseln] (ugs. abwertend): *[dauerndes] Faseln* (1).

Fa̲|se|ler, der; -s, - (ugs. abwertend): *jmd., der faselt* (1).

Fa̲|se|le|rin, die; -, -nen: w. Form zu ↑Faseler.

fa̲|se|lig ⟨Adj.⟩ [zu ↑faseln] (ugs. abwertend): *konfus; unüberlegt.*

fa̲|seln ⟨sw. V.; hat⟩ [neben älter fasen = irrereden; H. u.] **1.** (ugs. abwertend): *unüberlegt, wirr, meist weitschweifig u. ohne genaue Sachkenntnis von etw. reden od. über etw. schreiben; Unsinn von sich geben; daherreden:* er hat [etwas] von einem Roman gefaselt; hör auf zu f.! **2.** (landsch.) *ungenau, planlos, liederlich arbeiten.*

fa̲|sen ⟨sw. V.; hat⟩ [zu ↑Fase] (Holz-, Steinbearbeitung): *abkanten.*

Fa̲|ser, die; -, -n [zu mhd. vase = loser Faden, Franse, Saum, ahd. faso, fasa, eigtl. = im Winde wehender Faden]: **1.** *feines, dünnes fadenähnliches Gebilde, das aus einem pflanzlichen od. tierischen Rohstoff besteht od. synthetisch erzeugt ist [u. als Ausgangsmaterial für Garne u. Gewebe dient]:* lange, elastische, brüchige, haltbare -n; -n verspinnen; ein Gewebe aus synthetischen -n; **Ü** mit allen -n, mit jeder F. [seines Herzens] (geh.; *sehr, außerordentlich stark*) an jmdm., etw. hängen. **2.** *lang gestreckte Zelle des menschlichen, tierischen od. pflanzlichen Gewebes:* die -n eines Muskels.

Fa̲|ser|as|best, der (Geol.): *Chrysotil.*

Fä̲|ser|chen, das; -s, -: Vkl. zu ↑Faser.

Fa̲|ser|dämm|stoff, der (Technik): *aus pflanzlichen od. synthetisch hergestellten Fasern bestehender Dämmstoff in Form von Matten, Filzen o. Ä.*

fa̲|se|rig, fasrig ⟨Adj.⟩: *zum großen Teil aus [sich leicht ablösenden] Fasern bestehend; viele Fasern enthaltend, voller Fasern:* -es Holz, Papier; das Fleisch ist f.

fa̲|sern ⟨sw. V.; hat⟩: *Fasern verlieren:* das Gewebe, das Papier fasert zu sehr.

Fa̲|ser|pflan|ze, die: *Pflanze, deren Fasern bei der Herstellung von Spinnerei- u. Seilereiprodukten, von Geflechten, Besen, Pinseln o. Ä. verwendet werden.*

Fa̲|ser|plat|te, die: *Platte, die aus Fasern, bes. Holzfasern, u. entsprechenden Bindemitteln hergestellt wird.*

fa̲|ser|scho|nend ⟨Adj.⟩: *so beschaffen, dass die Fasern eines Gewebes, Stoffes nicht od. nur wenig angegriffen werden:* das Mittel wäscht besonders f.

Fa̲|ser|stoff: der: *aus pflanzlichen, tierischen, mineralischen od. synthetisch hergestellten Fasern bestehender textiler Rohstoff.*

Fa̲|se|rung, die; -: *das Fasern.*

Fa|shion [ˈfɛʃn̩, engl.: ˈfæʃən], die; - [engl. fashion < (a)frz. façon, ↑[1]Fasson]: **a)** *Mode;* **b)** *Vornehmheit; gepflegter Lebensstil.*

fa|shio|na|bel [faʃi̯oˈnaːbl̩] ⟨Adj.; ...bler, -ste⟩, **fa|shio|nable** [ˈfɛʃənəbl̩, engl.: ˈfæʃnəbl] ⟨Adj.⟩ [engl. fashionable] (bildungsspr. veraltend): *modisch-elegant; in Mode.*

Fa̲s|ler: ↑Faseler.

Fạs|nacht, die; - [mhd. vas(e)nacht, Ausspracheerleichterung für vastnacht (↑Fastnacht)] (südd., schweiz.): ↑Fastnacht.

Fạs|nach|ter usw.: ↑Fastnachter usw.

fa̲s|rig: ↑faserig.

Fạss, das; -es, Fässer (als Maßangabe auch: Fass) [mhd., ahd. vaʒ = Behälter, Gefäß, urspr. = geflochtenes Behältnis]: **1.** *größeres, zylindrisches, oft bauchig geformtes hölzernes, aus Dauben zusammengesetztes u. von Reifen zusammengehaltenes od. aus Metall bestehendes Behältnis, das der Aufnahme, Aufbewahrung meist ganz od. teilweise flüssiger Substanzen, Materialien, Nahrungsmittel usw. dient:* drei schwere Fässer aus Eichenholz; drei Fässer/F. Bier; ein F. mit Heringen; ein F. [Bier] anstechen, anzapfen; Bier vom F.; der Wein schmeckt nach [dem] F.; **Ü** er ist so dick wie ein F., ist ein richtiges F. (ugs.; *ist sehr dick*); er trinkt, säuft wie ein F. (ugs.; *unmäßig viel*); **R** das schlägt dem F. den Boden aus *(jetzt ist es aber genug; mehr kann man sich nicht gefallen lassen; das ist der Gipfel);* * **ein F. ohne Boden sein** *(so geartet, beschaffen sein, dass vergeblich immer wieder neue Mittel investiert werden müssen);* **ein F. aufmachen** (ugs.; 1. *eine ausgelassene Feier, Party veranstalten; etw. Übermütiges tun:* wir sollten mal wieder ein F. zusammen aufmachen. 2. *viel Aufhebens machen; eine Auseinandersetzung beginnen:* es ist nicht meine Art, wegen Kleinigkeiten ein F. aufzumachen). **2.** (Jugendspr. veraltend) *hervorragender Könner, Fachmann.*

Fas|sa̲|de, die; -, -n [frz. façade < ital. facciata, zu: faccia = Vorderseite, Gesicht, Aussehen, über das Vlat. zu lat. facies, ↑Fazies]: **1.** *vordere (gewöhnlich der Straße zugekehrte) Außenseite eines Gebäudes; Front, Vorderseite:* eine [un]verputzte, barocke F.; die F. [des Theaters] wird gereinigt, restauriert; die F. blättert ab. **2.** (oft abwertend) *Äußeres, äußeres Erscheinungsbild, das über den wahren Hintergrund, das eigentliche Wesen von jmdm., etw. nichts aussagt, es verbirgt:* bei ihm ist alles nur F.; hinter die -n gucken; die F. wahren. **3.** (ugs., oft abwertend) *Äußeres, bes. Gesicht eines Menschen:* sie hat zwar eine hübsche F., aber es ist nicht viel dahinter.

Fas|sa̲|den|klet|te|rer, der; -s, -: *Einbrecher, der, um durch ein Fenster einsteigen zu können, an der Fassade* (1) *eines Hauses hinaufklettert.*

Fas|sa̲|den|klet|te|rin, die; -, -nen: w. Form zu ↑Fassadenkletterer.

Fas|sa̲|den|rei|ni|ger, der: *jmd., der sich mit der Reinigung von Gebäuden, bes. der Fassaden, beschäftigt* (Berufsbez.).

Fas|sa̲|den|rei|ni|ge|rin, die; -, -nen: w. Form zu ↑Fassadenreiniger.

Fas|sa̲|den|stu|cka|teur, der: *Handwerker, der Stuckarbeiten an Fassaden* (1) *ausführt* (Berufsbez.).

Fas|sa̲|den|stu|cka|teu|rin, die: w. Form zu ↑Fassadenstuckateur.

Fạss|band, das ⟨Pl. ...bänder⟩: *Fassreifen.*

fạss|bar ⟨Adj.⟩: **a)** *deutlich erkennbar, greifbar, konkret* (2): ich kann noch keine -en Ergebnisse nennen; **b)** *dem Verstand zugänglich, begreifbar; fasslich:* das ist kaum, nicht f.

Fạss|bar|keit, die; -: *das Fassbarsein.*

Fạss|bier, das: *Bier, das vom Fass abgezapft wird.*

Fạss|bin|der, der (südd., österr.): *Böttcher.*

Fass|bin|de|re̲i, die (südd., österr.): *Böttcherei.*

Fạss|bin|de|rin, die; -, -nen: w. Form zu ↑Fassbinder.

Fạ̈s|chen, das; -s, -: Vkl. zu ↑Fass (1).

Fạss|dau|be, die: vgl. Daube.

fạs|sen ⟨sw. V.; hat⟩ [mhd. vaʒʒen, ahd. faʒʒōn, eigtl. = in ein Gefäß tun, zu ↑Fass]: **1.** *ergreifen u. festhalten:* das Messer am Griff, das Seil mit beiden Händen f.; jmdn. am Arm, bei der Hand f.; er bekam den Ast zu f. *(erreichte ihn);* der Habicht fasst seine Beute [mit den Fängen]; fass! (Befehl an den Hund); **Ü** die Strömung fasste das Boot *(nahm, riss es mit);* der Wind fasste ins Segel; (häufig verblasst:) Vertrauen, Zutrauen zu jmdm. f. *(gewinnen);* er konnte keinen [klaren] Gedanken f. *(zustande bringen);* er fasste neuen Mut *(bekam wieder Mut, wurde wieder zuversichtlich);* einen Entschluss f. *(sich zu etw. entschließen).* **2.** *mit der Hand an eine bestimmte Stelle greifen, anfassend berühren:* an den heißen Ofen, in den Schnee f.; nach einem Glas f.; er fasste ins Leere. **3.** *aufgreifen, in seine Gewalt bekommen u. festnehmen; gefangen nehmen:* der Täter konnte schließlich bei einer Razzia gefasst werden. **4.** *an der vorgesehenen Stelle eindringen, eingreifen, dort einrasten od. festsitzen:* die Schraube fasst [gut]; das Zahnrad fasst nicht mehr richtig *(greift nicht mehr richtig in das Getriebe ein, ist ausgeleiert).* **5.** (geh.) *erfassen:* ein Schauder fasste ihn; Entsetzen hatte sie gefasst. **6. a)** *als Ladung, Einfüllung o. Ä. aufnehmen, entgegennehmen:* sie liefen den Hafen an, um Kohlen zu f.; **b)** (Soldatenspr.) *als Zuteilung in Empfang nehmen, entgegennehmen:* Essen, Munition f. **7.** *aufnehmen können; ein bestimmtes Fassungsvermögen haben, Raum für eine bestimmte Menge, Anzahl bieten:* der Tank fasst 50 Liter; der Saal fasst 1 000 Zuschauer. **8.** *mit einer Einfassung, Umrahmung versehen; in eine Fassung bringen; einfassen:* einen Edelstein [in reines Gold] f.; eine Quelle f. *(die Stelle, an der die Quelle austritt, ausmauern).* **9.** *einer Sache Ausdruck verleihen, sie in bestimmter Weise ausdrücken, formulieren, gestalten:* seine Gedanken in Worte f.; etw. in Verse f.; die Verfügung sollte verständlicher gefasst werden. **10. a)** (geh.) *in seinen Zusammenhängen erkennen, verstehen; geistig erfassen:* den Sinn der Worte nicht f. können; es fiel ihm schwer, das Problem [ganz] zu f.; **b)** *in all seinen Auswirkungen für möglich, wahr halten:* er konnte nicht f., dass alles vorbei sein sollte; das ist [doch] nicht zu f.! **11.** ⟨f. + sich⟩ *sein inneres Gleichgewicht, seine Haltung wieder finden; sich wieder beruhigen:* sie erschrak, fasste sich aber schnell. **12.** (Kunstwiss.) *mit einer Fassung* (3) *versehen:* eine mit Ölfarbe gefasste Holzplastik.

äs|ser|wei|se ⟨Adv.⟩: *in mehreren, in vielen Fässern [gleichzeitig]:* die Heringe können nur f. geliefert werden; ⟨mit Verbalsubstantiven auch attr.:⟩ die f. Vernichtung von Wein.

ass|lich ⟨Adj.⟩: *leicht zu begreifen; fassbar:* eine in [leicht] -er Form geschriebene Abhandlung; seine Rede war klar und f. formuliert.

ass|lich|keit, die; -: *das Fasslichsein.*

Fas|son [fa'sõ:, auch: fa'so:n], die; -, -s u. (südd., österr. u. schweiz. meist:) -en [...'so:nən; frz. façon < lat. factio = das Machen, Verfahren, zu: facere = machen] (veraltend): **a)** *(von Kleidungsstücken) Machart, [Zu]schnitt:* ein Mantel nach neuester F.; **b)** *normale Form:* der Hut hat keine F. mehr, hat die F. verloren; sie ist in letzter Zeit etwas aus der F. geraten (ugs.; *ist dicker geworden, hat zugenommen*); **R** jeder muss/soll/kann nach seiner, auf seine [eigene] F. selig werden (*jeder soll nach seiner eigenen Auffassung leben, sein Leben gestalten;* nach einer Bemerkung Friedrichs des Großen, die sich auf die Toleranz allen Religionen gegenüber bezieht).

Fas|son, das; -s, -s [zu ↑ [1]Fasson (a)] (veraltet): [1]*Revers.*

as|so|nie|ren ⟨sw. V.; hat⟩: **1.** *(von Speisen, bes. Fleisch) in eine bestimmte Form bringen; gestalten, formen.* **2.** (österr.) *(die Haare) im Fassonschnitt schneiden.*

as|son|schnitt, der (veraltend): *Haarschnitt für Männer, bei dem die Haare an der Seite u. im Nacken mit stufenlosem Übergang in eine bestimmte Form geschnitten werden.*

ass|reif, Fass|rei|fen, der: *Reifen aus Holz od. Metall, der das aus Dauben zusammengesetzte Fass zusammenhält.*

as|sung, die; -, -en [mhd. vaȥȥunge = Gefäß; Bekleidung; Schmuck]: **1. a)** *der Befestigung eines Gegenstands (bes. eines Schmucksteins) in etw. dienende, oft kunstvoll ausgearbeitete Umrandung, Einfassung:* die goldene F. einer Perle; die F. *(das Gestell)* der Brille ist verbogen; **b)** *dem Auffangen, Sammeln von Wasser (bes. eines Brunnens) dienende [ausgemauerte] Umrandung:* eine Quelle mit einer steinernen F. umgeben; **c)** *[genormte] Haltevorrichtung zum Festschrauben od. Festklemmen von elektrischen Glühlampen, Röhren o. Ä., durch die gleichzeitig der elektrische Kontakt hergestellt wird:* die Birne aus der F. schrauben. **2. a)** *sprachliche Form, Ausformung; Formulierung:* die genaue F. *(den genauen Wortlaut)* eines Gesetzes nicht kennen; der Beschluss wurde in eine kürzere F. gebracht; **b)** *durch entsprechende Ausarbeitung od. bearbeitende Gestaltung entstandene Form, Art der formalen u. inhaltlichen Gestaltung eines künstlerischen, wissenschaftlichen o. ä. Werkes:* die ursprüngliche, letzte F. eines Romans, einer Abhandlung; der französische Film läuft in deutscher F. **3.** (Kunstwiss.) *farbige Bemalung bzw. Vergoldung einer Skulptur aus Holz od. auch Stein (bes. im MA. u. im Barock).* **4.** ⟨o. Pl.⟩ *Selbstbeherrschung; Haltung:* die F. bewahren, verlieren; er ist durch nichts aus der F. zu bringen; trags mit F.!; aus der F. geraten; nach F. ringen; sie war völlig außer F. **5.** ⟨o. Pl.⟩ (selten) **a)** *das Fassen* (1 b): die F. voreiliger Beschlüsse; **b)** *das geistige Erfassen, Fassen* (10 a). **6. a)** ⟨o. Pl.⟩ *Fassungsvermögen:* ein Getreidesilo mit 120 t F.; **b)** *Ladung* (1 b).

as|sungs|kraft, die ⟨o. Pl.⟩: *Auffassungsgabe.*

as|sungs|los ⟨Adj.⟩: *aus dem inneren Gleichgewicht gebracht; völlig verwirrt, aufs Höchste erstaunt, sprachlos:* ein -es Gesicht machen; f. vor Schmerz sein; jmdn. f. anstarren.

as|sungs|lo|sig|keit, die; -: *das Fassungslossein.*

as|sungs|ver|mö|gen, das ⟨o. Pl.⟩: **1.** *vorhandener Raum zur Aufnahme einer bestimmten Menge, Anzahl:* das F. eines Tanks, eines Saales. **2.** *Auffassungsgabe:* das übersteigt sein F.

ass|wein, der: vgl. Fassbier.

ass|wei|se ⟨Adv.⟩: *fässerweise.*

ast ⟨Adv.⟩ [mhd. vaste = fest, nahe an; stark, schnell, sehr, ahd. fasto, Adv. von ↑ fest]: *kaum noch von einem bestimmten Zustand, Ergebnis, Ausmaß, einer Anzahl, Größe o. Ä. entfernt; einer genannten Angabe ziemlich nahe kommend; beinahe, nahezu:* es waren f. tausend Personen anwesend; f. jeder kennt dieses Wort; f. in allen Fällen/in f. allen Fällen; der Bau ist f. fertig; f. wie ein Kind; wir hätten uns f. verlaufen.

fas|ten ⟨sw. V.; hat⟩ [mhd. vasten, ahd. fastēn, zu ↑ fest, wahrsch. urspr. = an den (Fasten)geboten festhalten]: *sich für eine bestimmte Zeit ganz od. teilweise der Nahrung enthalten od. auf den Genuss bestimmter Speisen verzichten:* der Kranke musste zwei Tage f.; ⟨subst.:⟩ durch langes Fasten war sein Körper geschwächt.

Fas|ten ⟨Pl.⟩ [Pl. von gleichbed. veraltet Faste, mhd. vaste, ahd. fasta] (kath. Kirche): **a)** *Fastenzeit vor Ostern;* **b)** *während der Fasten (a) auferlegte Einschränkungen u. Bußübungen.*

Fas|ten|kur, die: *(unter ärztlicher Aufsicht durchzuführende) Kur, bei der durch Einschränkung der Nahrungsaufnahme eine Verminderung des Gewichts od. eine Entschlackung des Körpers erreicht wird.*

Fas|ten|mo|nat, der: vgl. Fastenzeit (a).

Fas|ten|sonn|tag, der: *einer der in die Fastenzeit vor Ostern fallenden Sonntage.*

Fas|ten|zeit, die: **a)** (Rel.) *in verschiedenen Religionen festgesetzte Zeit des Fastens:* die F. im Islam ist der Monat Ramadan; **b)** (kath. Kirche) *von Aschermittwoch bis Ostern währende, der inneren Vorbereitung auf das Osterfest dienende Zeit; Passionszeit* (b).

Fast Food ['fa:st 'fu:d], das; - -[s], - -s, auch: **Fastfood,** das; -[s], -s [engl., aus: fast = schnell u. food = Essen, Nahrung]: **a)** ⟨o. Pl.⟩ *(in bestimmten Schnellgaststätten angebotene)* [2]*Schnellgerichte:* er ernährt sich fast ausschließlich von Tiefkühlkost, Snacks und Fast Food; **b)** *Schnellgaststätte:* in einem F. essen.

Fast|nacht, die; - [mhd. vastnaht = Vorabend der Fastenzeit]: *die letzten sechs Tage der Fastnachtszeit vor der mit dem Aschermittwoch beginnenden Fastenzeit:* F. feiern *(an Veranstaltungen während der Fastnacht teilnehmen);* ein Kostüm für [die] F. kaufen; sich zu F. vergnügen; *** alte F.** (westmd., südd.; *Sonntag nach Fastnacht*); **hinterherkommen wie die alte F.** (westmd., südd.; *mit etw. zu spät kommen, irgendwo zu spät eintreffen*).

Fast|nacht|ball usw. (seltener): ↑ Fastnachtsball usw.

Fast|nach|ter, der; -s, -: *jmd., der sich [als Mitglied eines Karnevalsvereins] aktiv am Fastnachtstreiben beteiligt* (z. B. als Büttenredner).

Fast|nach|te|rin, die; -, -nen: w. Form zu ↑ Fastnachter.

fast|nächt|lich ⟨Adj.⟩: *zur Fastnacht gehörend, die Fastnacht betreffend:* das -e Treiben der Narren.

Fast|nachts|ball, der: *anlässlich der Fastnacht veranstalteter Ball, bei dem die Teilnehmer in Kostümen (2, 3) erscheinen.*

Fast|nachts|brauch, der: *fastnächtlicher Brauch.*

Fast|nachts|diens|tag, der: *Dienstag vor Aschermittwoch.*

Fast|nachts|kos|tüm, das: *Karnevalskostüm.*

Fast|nachts|mas|ke, die: *Maske* (1 a), *die an Fastnacht zur Verkleidung getragen wird.*

Fast|nachts|prinz, der: *Karnevalsprinz.*

Fast|nachts|prin|zes|sin, die: w. Form zu ↑ Fastnachtsprinz.

Fast|nachts|spiel, das (Literaturw.): *volkstümliches, meist derb-komisches weltliches Spiel des späten Mittelalters mit schwankähnlichem Charakter.*

Fast|nachts|trei|ben, das; -s: *fastnächtliches Treiben.*

Fast|nachts|tru|bel, der: *fastnächtlicher Trubel.*

Fast|nachts|um|zug, der: *Karnevalsumzug.*

Fast|nachts|zeit, die ⟨o. Pl.⟩: *Karnevalszeit.*

Fast|nachts|zug, der: *Fastnachtsumzug.*

Fast|tag, der: *Tag, an dem jmd. fastet, an dem gefastet wird.*

Fas|zes ['fastse:s] ⟨Pl.⟩ [lat. fasces, Pl. von: fascis = Bund, Bündel, Paket]: *aus einem Rutenbündel mit Beil bestehendes Abzeichen der altrömischen Liktoren als Symbol der Amtsgewalt der höchsten Staatsbeamten.*

Fas|zi|a|ti|on, die; -, -en [zu spätlat. fasciatum, 2. Part. von: fasciare = umbinden, (um)wickeln] (Bot.): *Bildung von bandähnlichen Querschnittsformen bei Pflanzenwurzeln.*

Fas|zi|kel, der; -s, - [lat. fasciculus = kleines Bündel, Paket, Vkl. von: fascis, ↑ Faszes]: **1.** (bildungsspr.) **a)** *Bündel von Akten, Manuskriptseiten, Druckfahnen o. Ä.;* **b)** *Lieferung* (3). **2.** (Anat.) *kleines Bündel von Muskel- od. Nervenfasern.*

fas|zi|ku|lie|ren ⟨sw. V.; hat⟩ [zu ↑ Faszikel] (veraltet): *aktenmäßig bündeln, heften.*

Fas|zi|na|ti|on, die; - [lat. fascinatio = Beschreiung]: *anziehende, fesselnde Wirkung; bezaubernde Ausstrahlung, Anziehungskraft:* eine besondere, eigenartige F. geht von dem Redner, von den Bildern aus; sich der F. des Fliegens ergeben.

Fa|ta: Pl. von ↑ Fatum.

fa|tal ⟨Adj.⟩ [lat. fatalis = vom Schicksal bestimmt; Verderben bringend, zu: fatum, ↑ Fatum]: **a)** *sehr unangenehm u. peinlich; Unannehmlichkeiten, Ärger verursachend, in Verlegenheit bringend; misslich:* ein -es Gefühl; in eine -e Lage geraten; die Verwechslung hatte -e Folgen, war/erwies sich als sehr f.; **b)** *unangenehme, schlimme Folgen nach sich ziehend; verhängnisvoll, verderblich, folgenschwer:* -e Neigungen, Anlagen; etwas wirkt sich f. aus.

fa|ta|ler|wei|se ⟨Adv.⟩: *unglücklicherweise.*

Fa|ta|lis|mus, der; - (bildungsspr.): *Haltung, bei der die Ergebenheit in die als unabänderlich hingenommene Macht des Schicksals das Handeln bestimmt.*

Fa|ta|list, der; -en, -en: *jmd., der eine fatalistische Haltung hat.*

Fa|ta|lis|tin, die; -, -nen: w. Form zu ↑ Fatalist.

fa|ta|lis|tisch ⟨Adj.⟩: *von Fatalismus zeugend, davon geprägt, bestimmt:* -e Gedanken.

Fa|ta|li|tät, die; -, -en: *das Fatal-, Verhängnisvollsein; Peinlichkeit, Misslichkeit, Missgeschick, peinliche Lage.*

Fa|ta Mor|ga|na, die; - -, - ...nen u. - -s [ital. fata morgana, eigtl. fata Morgana = Fee Morgana (eine Fee, auf die der Volksglaube die Erscheinung der Luftspiegelung zurückführt, die in der Straße von Messina bes. häufig zu beobachten ist), zu: fata < vlat. Fata, ↑ Fee]: *(bes. in Wüstengebieten auftretende) Luftspiegelung, bei der entfernte Teile einer Landschaft näher gerückt scheinen od. Wasserflächen vorgegaukelt werden:* ich habe eine F. M. gesehen; Ü er schien uns für eine F. M. zu halten.

fa|tie|ren ⟨sw. V.; hat⟩ [1: lat. fateri, verw. mit: fari, ↑ Fatum]: **1.** (veraltet) *bekennen, angeben.* **2.** (österr. veraltet) *eine Steuererklärung abgeben.*

fa|ti|gant ⟨Adj.⟩ [frz. fatigant, adj. 1. Part. von: fatiguer < lat. fatigare = ermüden] (veraltet): *ermüdend, langweilig; lästig.*

Fat|sia, die; -, ...ien [nlat. für den jap. Pflanzennamen yatsude] (Bot.): *Zimmeraralie.*

Fa|tum, das; -s, ...ta ⟨Pl. selten⟩ [lat. fatum = (Schicksals)spruch, verw. mit: fari = [feierlich] sagen, sprechen] (bildungsspr.): *das dem Menschen bestimmte Schicksal, Geschick; Verhängnis.*

Fatz|ke, der; -n u. -s, -n u. -s [wohl zu frühnhd. Fatz = beißender Witz, Spötterei, gek. aus lat. facetia = Witz, Scherz] (ugs. abwertend): *eitler, von sich eingenommener, arroganter Mensch:* dieser [eitle] F.!

fau|chen ⟨sw. V.; hat⟩ [mhd. pfūchen, zu pfūch = lautm. für das drohende Fauchen von Tieren]: **1.** *(bes. von Tieren) gereizt, mit drohendem, zischendem Geräusch den Atem ausstoßen:* die Katze fauchte; Ü der Wind faucht; die Lokomotive fauchte *(ließ zischend den Dampf ab)* beim Anfahren. **2.** *sich erregt, gereizt äußern, in gereiztem Ton sagen:* »Raus!«, fauchte er.

faul ⟨Adj.⟩ [mhd. vūl, ahd. fūl, eigtl. = stinkend,

modrig; 3: schon mhd., eigtl. = so lange liegen geblieben, bis Fäulnis eintritt]: 1. *durch Einwirkung zersetzender Bakterien [u. unter Entwicklung übel riechender Gase] in Gärung, Verwesung geraten, übergegangen [u. dadurch verdorben, unbrauchbar]:* -es Fleisch, Obst, Holz; das Wasser hat einen -en Geruch; die Eier sind, schmecken f.; der Tümpel riecht f. *(riecht nach Fäulnis).* 2. (ugs. abwertend) *sehr zweifelhaft, bedenklich, [moralisch] unsauber; nicht einwandfrei, nicht in Ordnung u. daher unbefriedigend:* ein -er Kompromiss; -e Witze erzählen; das ist eine ganz -e Sache; eine -e *(unglaubwürdige)* Ausrede; ein -er *(ungedeckter)* Wechsel; an der Sache ist etwas f.; R etwas ist f. im Staate Dänemark (*hier stimmt etwas nicht, ist etwas nicht in Ordnung;* nach Shakespeare, Hamlet I, 4: something is rotten in the state of Denmark). 3. *abgeneigt zu arbeiten, sich zu bewegen, sich anzustrengen; nicht gern tätig; bequem, träge:* ein [stinkend (ugs. abwertend; *extrem*)] -er Schüler; ein -es Leben führen; er hat heute seinen -en Tag *(an dem er nichts tut);* er ist zu f. zum Schreiben; f. herumliegen; *** nicht f.** *(ohne zu zögern, schnell reagierend, rasch bei der Hand):* sie, nicht f., beantwortete seine Zudringlichkeit mit einer Ohrfeige. 4. (veraltend) *säumig, nachlässig:* ein -er Schuldner.

Faul|baum, der [nach dem fauligen Geruch der Rinde]: *als Strauch od. kleinerer Baum wachsende Pflanze mit glattrandigen, eiförmigen Blättern u. grünlich weißen Blüten, aus denen sich schwarze, erbsengroße Steinfrüchte entwickeln.*

Faul|baum|rin|de, die: *(in der Medizin genutzte) Rinde des Faulbaums.*

Fäu|le, die; - [mhd. viule, ahd. fulī] (geh.): *Fäulnis:* es riecht nach F.

fau|len ⟨sw. V.; ist/(auch:) hat⟩ [mhd. vūlen, ahd. fūlēn]: *faul werden, in Fäulnis übergehen, durch Fäulnis verderben:* das Obst, das Holz fault; faulendes Stroh; den Kindern faulen die Eckzähne *(sie werden kariös).*

fau|len|zen ⟨sw. V.; hat⟩ [aus dem Ostmd., eigtl. = faulig schmecken, riechen (= mhd. vūlezen)]: *sich dem Nichtstun hingeben [u. dabei Dinge vernachlässigen, die man zu erledigen hätte]:* er faulenzt den ganzen Tag; genug gefaulenzt!; er liegt im Gras und faulenzt.

Fau|len|zer, der; -s, -: 1. (abwertend) *jmd., der faul ist, zu viel faulenzt:* steh endlich auf, du F.! 2. (österr. ugs.) *Linienblatt.* 3. (ugs. scherzh. veraltet) *bequemer Sessel, Liegestuhl.*

Fau|len|ze|rei, die; -, -en ⟨Pl. selten⟩ (abwertend): *[übermäßiges] Faulenzen, Faulsein.*

Fau|len|ze|rin, die; -, -nen: w. Form zu ↑Faulenzer (1).

Faul|gru|be, die (Technik): *in mehrere Kammern unterteilter Raum, in dem Abwasser fault.*

Faul|heit, die; - [mhd. vūlheit]: *das Faulsein; Unlust, sich zu betätigen:* seine große, unbeschreibliche F.; jmdm. die F. austreiben; er hat es aus reiner F. nicht getan; *** vor F. stinken** (ugs. abwertend; *extrem faul sein*).

fau|lig ⟨Adj.⟩ [mhd. vūlich]: *faul* (1) *werdend, von Fäulnis befallen; angefault:* -es Obst; f. schmecken.

Fäul|nis, die; - [mhd. vūlnis, ahd. fūlnussi]: *durch Einwirkung von Bakterien [u. unter Entwicklung übel riechender Gase] entstehende Zersetzung, Gärung, Verwesung organischer Stoffe; das Faulwerden:* die F. des Holzes ist bereits fortgeschritten; in F. übergehen; Ü der F. *(Verfall)* der Moral Einhalt gebieten.

Fäul|nis|bak|te|rie, die ⟨meist Pl.⟩: *Fäulnis bewirkende Bakterie.*

fäul|nis|hem|mend ⟨Adj.⟩: *die Entstehung von Fäulnis hemmend.*

Fäul|nis|herd, der: *Stelle, von der Fäulnis ausgeht, sich weiterverbreitet.*

Faul|pelz, der (ugs. abwertend): *sehr fauler Mensch, Faulenzer:* steh auf, du F.!

Faul|schlamm, der: *(auf dem Grund von Gewässern, in Kläranlagen) durch Fäulnis entstehender schwarzer, übel riechender Schlamm.*

Faul|tier, das [nach den träge wirkenden Bewegungen des Tieres]: 1. *in den Wäldern Mittel- u. Südamerikas auf Bäumen lebendes Säugetier mit rundlichem Kopf, bräunlichem, dichtem Fell u. einem kurzen Schwanz.* 2. (ugs. abwertend) *Faulpelz.*

Fau|lung, die; -, -en ⟨Pl. selten⟩: *das Faulen, Faulwerden:* Schlamm in einer Kläranlage zur F. bringen.

Faun, der; -[e]s, -e [lat. Faunus, H. u.] (röm. Myth.): *gehörnter, bocksfüßiger, altrömischer Flur- u. Waldgott, später Waldgeist, der in Kunst u. Literatur besonders die starke, ungehemmte sexuelle Triebhaftigkeit symbolisiert:* die Darstellung eines Flöte spielenden -s; Ü er ist ein F. (geh.; *lüsterner Mensch*).

Fau|na, die; -, ...nen [nach lat. Fauna, der Frau od. Schwester des Gottes Faunus, die als Fruchtbarkeits- u. Feldgöttin verehrt wurde] (Zool.): 1. *Tierwelt (vorwiegend eines bestimmten Gebietes, Naturbereichs):* die heimische F. 2. *systematische Zusammenfassung der in einem bestimmten Gebiet vorkommenden Tierarten:* eine F. dieser Inseln wird gerade erarbeitet.

Fau|nen|kun|de, die: *Faunistik.*

fau|nisch ⟨Adj.⟩ [zu ↑Faun] (geh.): a) *natürlicheinfach, naturhaft; urwüchsig, unverbildet:* eine -e Idylle; b) *sinnenfroh, sinnlich, lüstern:* ein -es Lachen.

Fau|nis|tik, die; -: *Teilbereich der Zoologie, der sich mit der systematischen Zusammenstellung der Tierwelt eines Gebietes befasst.*

Faust, die; -, Fäuste [mhd. vūst, ahd. fūst, viell. verw. mit ↑fünf u. dann eigtl. = Fünfzahl der Finger]: *geballte Hand:* seine F. traf den Gegner; eine F. machen; die F. ballen; etw. aus der F. essen (ugs.; *etw. [unterwegs Gekauftes] ohne Besteck essen*); mit den Fäusten auf jmdn. losgehen, gegen die Tür trommeln; er hat schnelle Fäuste (Boxen; *er schlägt schnell*); *** passen wie die F. aufs Auge** (ugs.; 1. *überhaupt nicht passen:* das karierte Halstuch zu der gepunkteten Jacke – das passt wie die F. aufs Auge. 2. *genau passen:* das neue Ventil passt wie die F. aufs Auge); **die F. im Nacken spüren** *(sich hart unterdrückt fühlen; unter Zwang handeln müssen);* **die F./die Fäuste in der Tasche ballen/** (schweiz.:) **die F. im Sack machen** *(heimlich drohen; ohnmächtig seinen Zorn, seine Wut gegen jmdn. verbergen);* **auf eigene F.** *(selbstständig, von sich aus, ohne einen anderen [um Rat] zu fragen; auf eigene Verantwortung):* etw. auf eigene F. unternehmen; **mit der F. auf den Tisch schlagen/hauen** *(energisch auftreten; sich energisch Gehör verschaffen, durchsetzen):* es wird Zeit, dass die betroffenen Frauen einmal gehörig mit der F. auf den Tisch hauen; **mit eiserner F.** *(unter Einsatz von Gewalt, gewaltsam):* der Aufstand wurde mit eiserner F. unterdrückt.

Faust|ball, der: 1. ⟨o. Pl.⟩ *Mannschaftsspiel, bei dem ein Ball mit der Faust od. dem Unterarm über eine Leine geschlagen wird.* 2. *beim Faustball* (1) *verwendeter Lederball.*

Fäust|chen, das; -s, -: Vkl. zu ↑Faust: *** sich** ⟨Dativ⟩ **ins F./** (schweiz.:) **ins F. lachen** *(voll heimlicher Schadenfreude od. Genugtuung sein).*

faust|dick ⟨Adj.⟩: 1. *ungefähr so dick wie eine Faust:* eine -e Geschwulst. 2. (ugs.) a) *dreist, plump:* eine -e Lüge; Ü b) *sehr groß, unerwartet:* eine -e Sensation.

Fäus|tel, der; -s, -: 1. *schwerer Hammer, vor allem für die Arbeit der Bergleute u. der Steinmetzen.* 2. *Faustkeil.* 3. (landsch.) *Fausthandschuh.*

faus|ten ⟨sw. V.; hat⟩ [oberd. im 18. Jh., aber schon ahd. fūstōn = mit der Faust stoßen]: a) *(einen Ball) mit der Faust, den Fäusten [irgendwohin] schlagen:* der Torwart faustete den Ball ins Aus, zur Ecke; b) (selten) *zur Faust zusammenballen.*

Faust|feu|er|waf|fe, die: *Feuerwaffe, die in der Faust, mit einer Hand gehalten und abgefeuert werden kann* (z. B. Pistole).

Faust|for|mel, die: *grobe, einfache Formel, mit der man eine überschlägige Berechnung anstellen kann.*

faust|groß ⟨Adj.⟩: *ungefähr so groß wie eine Faust:* ein -er Stein.

Faust|hand|schuh, der: *Handschuh, bei dem nur der Platz für den Daumen (nicht aber der für die vier übrigen Finger) gesondert gearbeitet ist.*

Faust|hieb, der: vgl. Faustschlag.

faus|tisch ⟨Adj.⟩ [nach der Titelgestalt von Goethes »Faust«] (bildungsspr.): *stets nach neuem Erleben u. Wissen, nach immer tieferen Erkenntnissen strebend u. nie befriedigt:* ein -er Mensch; ein -es Streben.

Faust|kampf, der (geh.): *Boxkampf.*

Faust|kämp|fer, der (geh.): *Boxer.*

Faust|keil, der (Archäol.): *(in der Älteren Steinzeit als Werkzeug u. Waffe dienender) keilförmiger, bearbeiteter Stein.*

Fäust|ling, der; -s, -e [1: mhd. viustelinc, ahd. fūstiling]: 1. *Fausthandschuh:* gestrickte, pelzgefütterte -e. 2. (Bergmannsspr.) *etwa faustgroßer Brocken Gestein.*

Faust|pfand, das: *jmdm. als Pfand* (1 a) *überlassener Gegenstand:* etw. als F. an sich nehmen; Ü die Besatzer benutzen das Gebiet als F.

Faust|recht, das ⟨o. Pl.⟩: *rechtloser Zustand, in dem sich jeder durch Selbsthilfe sein [vermeintliches] Recht zu verschaffen sucht.*

Faust|re|gel, die: *grob gefasste, einfache Regel, nach der man sich meist ungefähr richten kann:* eine bewährte F. anwenden.

Faust|schlag, der: *Schlag mit der Faust:* jmdm. einen F. versetzen.

Fau|teuil [fo'tø:j], der; -s, -s [frz. fauteuil < afrz. faldestueil, faldestoel = Faltstuhl, aus dem Germ., vgl. ahd. faltistuol = Faltstuhl] (bes. österr., sonst veraltend): *bequemer Polstersessel mit Armlehnen.*

Fau|vist, der; -en, -en ⟨meist Pl.⟩: *Vertreter des Fauvismus.*

fau|vis|tisch ⟨Adj.⟩: *den Fauvismus betreffend, zu ihm gehörend; im Stil des Fauvismus gestaltet:* -e Malerei.

Faux Ami [foza'mi], der; - -, - -s [...'mi; frz. faux ami = falscher Freund, aus: faux = falsch (< afrz. fals, ↑falsch) u. ami < lat. amicus = Freund] (Sprachw.): *in mehreren Sprachen in gleicher od. ähnlicher Form vorkommendes Wort, das jedoch von Sprache zu Sprache verschiedene Bedeutungen hat (was häufig Anlass zu falschem Gebrauch u. zu Übersetzungsfehlern ist)* (z. B. frz. état = »Staat«, aber dt. Etat = »Haushalt«).

Faux|pas [fo'pa], der; - [...pa(s)], - [...pas; frz. faux pas = Fehltritt, eigtl. = falscher Schritt, zu: pas < lat. passus = Schritt]: *Verstoß gegen gesellschaftliche Umgangsformen; Taktlosigkeit:* es war ein F. [von dir], das zu tun; ihm ist ein F. unterlaufen; er hat einen F. begangen.

Fa|ve|la, die; -, -s [port. favela]: *Elendsquartier, Slum [in südamerikanischen, bes. in brasilianischen Großstädten].*

Fa|vis|mus, der; - [ital. favismo, zu: fava < lat. faba = (Sau)bohne] (Med.): *Fabismus.*

fa|vo|ra|bel ⟨Adj.; ...bler, -ste⟩ [frz. favorable < lat. favorabilis = begünstigt; empfehlend, zu favor, ↑Favorit] (veraltet): a) *geneigt, zugetan;* b) *günstig, vorteilhaft.*

fa|vo|ri|sie|ren ⟨sw. V.; hat⟩ [frz. favoriser, zu lat. favor, ↑Favorit]: 1. (bildungsspr.) *bevorzugen, begünstigen:* der neue Strompreis favorisiert die Großverbraucher. 2. *als voraussichtlichen Sieger in einem Wettbewerb ansehen, nennen; zum Favoriten* (2) *erklären:* in diesem Rennen kann man nur sie f.; ⟨meist im 2. Part.:⟩ der von vielen favorisierte Grand-Prix-Teilnehmer.

Fa|vo|rit, der; -en, -en [1: frz. favori (Fem.: favorite) = beliebt; Günstling < ital. favorito = Begünstigter, zu: favore = Gunst < lat. favor; 2: engl. favourite]: 1. a) *jmd., der bevorzugt, anderen vorgezogen wird; begünstigte Person, Lieb-*

ling: der vielseitige Schauspieler ist der F. dieses Regisseurs; Ü der einteilige Badeanzug ist der F. *(das beliebteste Modell)* dieser Saison; **b)** (veraltet) *Günstling, Geliebter:* er war der F. der Königin. **2.** *Teilnehmer an einem Wettbewerb mit den größten Aussichten auf den Sieg:* diese Mannschaft ist klarer, der erklärte F.; Ü der erfahrene Politiker geht als F. in den Wahlkampf.

a|vo|ri|ten|rol|le, die: *Rolle einer Favoritin, eines Favoriten* (2): sie fühlte sich in ihrer F. gar nicht wohl.

a|vo|ri|tin, die; -, -nen: w. Form zu ↑Favorit.

ạx, das, schweiz. meist: der; -, -e [gek. aus: Telefax, dies zu ↑tele-, Tele- u. ↑Faksimile, das x steht wohl in Anlehnung an ↑Telex]: **1.** *mithilfe eines Faxgeräts beim Sendenden erzeugte Kopie, die der Empfänger erhält.* **2. a)** *Faxgerät;* **b)** *Einrichtung, die das Faxen ermöglicht.*

ạ|xe, die; -, -n [gek. aus mundartl. Fickesfackes = alberne Späße, Unsinn, zu ↑fickfacken]: **1.** ⟨meist Pl.⟩ *possenhafte, spaßige Grimasse, Bewegung, die belustigen soll:* sie lachten über die -n, die der Clown machte. **2.** ⟨Pl.⟩ *Dummheiten, Albernheiten, Unfug, dummes Zeug:* mach ja keine -n (salopp; *mach keine Ausflüchte, keine Schwierigkeiten, leiste keinen Widerstand*)!; *** die -n dick, dicke haben** (salopp; *genug haben, mit seiner Geduld am Ende sein*).

ạ|xen ⟨sw. V.; hat⟩: *mithilfe eines Faxgeräts übertragen:* ich faxe dir mal schnell den Text.

ạx|ge|rät, das: *Gerät, mit dessen Hilfe Faxe* (1) *erstellt u. empfangen werden können.*

ạx|num|mer, die: *Nummer, unter der ein ans Fax* (2b) *angeschlossener Teilnehmer zu erreichen ist.*

a|yence [fa'jã:s], die; -, -n [...sn; älter frz. fayence (heute: faïence), für: vaisselle de faenze = Geschirr aus (der ital. Stadt) Faenza]: *farbig od. weiß glasierte, bemalte Tonware:* Delfter -n.

a|yence|tech|nik, die: *Technik des Glasierens von Fayencen.*

ä|zes ['fɛ:tse:s] ⟨Pl.⟩ [lat. faeces, Pl. von: faex = Bodensatz, Hefe] (Med.): *Kot, Ausscheidungen.*

a|zi|al ⟨Adj.⟩ [mlat. facialis, zu lat. facies, ↑Fazies] (Med.): *zum Gesicht gehörend.*

a|zi|a|lis, der; - [kurz für: Nervus facialis] (Med.): *Gesichtsnerv.*

a|zi|es ['fa:tsiɛs], die; -, - [...iɛ:s; lat. facies = Gestalt, Gesicht, Aussehen, Erscheinung, eigtl. = Aufmachung, zu: facere, ↑[1]Faktum]: **1.** (Geol.) *Merkmal, das die verschiedenen Ausbildungen von Sedimentgesteinen gleichen Alters kennzeichnet.* **2.** (Bot.) *kleinste Einheit einer Pflanzengesellschaft.*

a|zit, das; -s, -e u. -s [subst. aus lat. facit = (es) macht, 3. Pers. Sg. Präs. Indik. von: facere, ↑[1]Faktum]: **1.** (veraltet) *[Schluss]summe einer Rechnung.* **2.** *zusammenfassend festgestelltes Ergebnis; Schlussfolgerung; Resümee:* das F. der Untersuchungen, Überlegungen war jedes Mal das gleiche; *** das F. aus etw. ziehen** *(das Ergebnis von etw. zusammenfassen).*

BI [ɛfbi:'aɪ], der od. das; - [Abk. für engl. Federal Bureau of Investigation = bundesstaatliche Ermittlungsabteilung]: *Bundeskriminalpolizei der USA.*

CKW ['ɛftse:ka:we:], das; -: Fluorchlorkohlenwasserstoff.

CKW-frei ⟨Adj.⟩: *frei von Fluorchlorkohlenwasserstoffen:* -e Sprays.

DGB [ɛfde:ge:'be:], der; - (DDR): Freier Deutscher Gewerkschaftsbund.

DJ, die; - (DDR): Freie Deutsche Jugend (Verband für Jugendliche ab 14 Jahren).

DJler, der; -s, - (DDR): *Mitglied der FDJ.*

DJle|rin, die; -, -nen (DDR): w. Form zu ↑FDJler.

DP ['ɛfde:pe:], die; -: Freisinnig-Demokratische Partei (der Schweiz).

DP, (parteiamtlich:) **F.D.P.** ['ɛfde:pe:], die; -: Freie Demokratische Partei (Deutschlands).

-Dur ['ɛf..., auch: '–'–], das; -: *auf dem Grundton F beruhende Durtonart;* Zeichen: F (↑f, F 2).

F-Dur-Ton|lei|ter, die: *auf dem Grundton F beruhende Durtonleiter.*

Fe = Ferrum.

Fea|ture ['fi:tʃɐ], das; -s, -s, auch: die; -, -s [engl. feature < afrz. faiture < lat. factura = das Machen, die Bearbeitung]: **1. a)** (Rundf., Ferns.) *Sendung in Form eines aus Reportagen, Kommentaren u. Dialogen zusammengesetzten [Dokumentar]berichtes:* ein F. über die erste Mondlandung; **b)** (Zeitungsw.) *zu einem aktuellen Anlass herausgegebener, besonders aufgemachter Text- od. Bildbeitrag.* **2.** (Film) *Hauptfilm einer Filmvorstellung.*

Fe|ber, der; -s, - (österr.): *Februar.*

Febr. = Februar.

fe|bril ⟨Adj.⟩ [zu lat. febris = Fieber] (Med.): *fiebrig, fieberhaft:* ein -er Infekt.

Fe|bris, die; - [lat. febris] (Med.): *Fieber.*

Fe|bru|ar, der; -[s], -e ⟨Pl. selten⟩ [lat. (mensis) Februarius = Reinigungsmonat, nach den Reinigungs- und Sühneopfern, die in dieser Zeit veranstaltet wurden, zu: februare = reinigen]: *zweiter Monat des Jahres;* Abk.: Febr.; vgl. April.

fec. = fecit.

Fẹcht|an|zug, der: *aus Fechtjacke u. -hose bestehender Anzug für Fechtende.*

Fẹcht|aus|rüs|tung, die: *Ausrüstung (wie Fechtanzug, -maske, -handschuhe u. a.) der Fechtenden.*

Fẹcht|bahn, die: *Platz, Anlage zum Fechten.*

Fẹcht|bo|den, der (Verbindungsw.): *Fechtsaal.*

fẹch|ten ⟨st. V.; hat⟩ [1 a: mhd. vehten, ahd. fehtan, urspr. wahrsch. = kämmen; rupfen; zur Bedeutungsentwicklung vgl. raufen; 2: rotwelsch (17. Jh.), nach den wandernden Handwerksburschen, die für Geld ihre Fechtkünste zeigten]: **1. a)** *mit einer Hieb- od. Stoßwaffe kämpfen:* mit jmdm., gegen jmdn. f.; du fichtst, er ficht mit dem Degen, dem Säbel, dem Florett; (Fechten:) einen Gang f. *(fechtend austragen);* auf Hieb, Stoß f.; Damen fochten früher nur Florett; Ü sie fechten mit harten Worten (geh.; *sie führen eine harte Diskussion*); sie focht für das Recht der Schwachen; **b)** (geh.) *im Krieg als Soldat kämpfen:* er hat unter Napoleon gefochten; in den vordersten Reihen f.; sie fechten um/für ihre Unabhängigkeit, gegen die Fremdherrschaft. **2.** (ugs. veraltend) *[von Tür zu Tür, Haus zu Haus o. Ä. gehen u.] betteln.*

Fẹch|ter, der; -s, - [mhd. vehter = Kämpfer]: *jmd., der ficht* (1 a): ein geübter F.

Fẹch|ter|flan|ke, die (Turnen): *Flanke in den Stand, bei der man sich nur mit einem Arm abstützt.*

Fẹch|ter|gruß, der: *Fechtgruß.*

Fẹch|te|rin, die; -, -nen: w. Form zu ↑Fechter (1).

fẹch|te|risch ⟨Adj.⟩: *das Fechten betreffend, zu ihm gehörend:* eine -e Glanzleistung.

Fẹcht|gruß, der (Fechten): *zeremonielle Begrüßung zu Beginn des Kampfes, bei der die Fechtenden die Fechtmaske unter dem linken Arm halten u. die Waffe in Richtung auf Gegner od. Kampfrichter senken.*

Fẹcht|hand|schuh, der: *besonderer Handschuh zum Fechten.*

Fẹcht|hieb, der: *beim Fechten ausgeführter Hieb.*

Fẹcht|ho|se, die: *beim Fechten getragene spezielle Hose.*

Fẹcht|ja|cke, die: vgl. Fechthose.

Fẹcht|kampf, der: *Kampf zwischen zwei Fechtenden.*

Fẹcht|mas|ke, die: *korbartiger Gesichtsschutz für Fechtende.*

Fẹcht|meis|ter, der: *Lehrer im Fechten.*

Fẹcht|meis|te|rin, die: w. Form zu ↑Fechtmeister.

Fẹcht|pup|pe, die (Fechten): *dem menschlichen Körper nachgebildete Puppe, an der Fechtende üben können.*

Fẹcht|saal, der: *größerer Raum mit einer Fechtbahn.*

Fẹcht|sport, der: *das Fechten als Sport.*

Fẹcht|stel|lung, die: *halb seitliche Körperstellung der Fechtenden beim Fechtkampf:* in F. gehen.

Fẹcht|übung, die: *Übung im Fechten.*

Fẹcht|un|ter|richt, der: *Unterricht im Fechten.*

Fẹcht|waf|fe, die: *Waffe zum Fechten.*

fe|cit [lat. = hat (es) gemacht]: *geschaffen von ...* (öfter auf Kunstwerken hinter dem Namen des Künstlers); Abk.: f. od. fec.

fẹ|cken ⟨sw. V.; hat⟩ [zu mhd. phehten = prüfen, messen, eichen] (schweiz.): *amtlich prüfen, eichen.*

[1]Fẹ|cker, der; -s, - [zu ↑fecken] (schweiz): *Maß- u. Milchprüfer.*

[2]Fẹ|cker, der; -s, - [zu ↑feken] (schweiz.): *Landstreicher, Vagabund.*

Fẹ|cke|rin, die; -, -nen: w. Form zu ↑[1,2]Fecker.

Fe|da|jin, der; -s, - [arab. fidā'iyyūn, eigtl. = die sich Opfernden]: **a)** *arabischer Freischärler;* **b)** *Angehöriger einer arabischen politischen Untergrundorganisation.*

Fe|der, die; -, -n [1: mhd. veder(e), ahd. fedara, zu einem Verb mit der Bed. »auf etw. los-, niederstürzen; fliegen]: **1.** *auf dem Körper eines Vogels wachsendes Gebilde, das aus einer Art hornigem Stiel besteht, von dem feine rippenartige Verzweigungen od. fadenartige Gebilde ausgehen, u. das zusammen mit vielen gleichartigen das Gefieder des Vogels bildet u. dem Fliegen sowie dem Wärmeschutz dient:* zerzauste -n; die -n sträubten sich; ein Vogel mit schwarzen -n; eine F. am Hut tragen; -n schleißen *(von den Kielen befreien);* sie ist leicht wie eine F. *(sehr leicht);* *** -n lassen [müssen]** (ugs.; *Schaden erleiden, Einbußen, Nachteile, Verluste hinnehmen [müssen]*): die Partei musste -n lassen; **in die/in den/aus den -n** (ugs.; *ins/im/aus dem Bett*): in den -n liegen; ich muss morgen früh aus den -n; **sich mit fremden -n schmücken** (*Verdienste anderer als die eigenen ausgeben [u. sich damit brüsten]:* nach einer Fabel, in der sich eine Krähe mit Pfauenfedern schmückt [Quelle ist eine Fabel von Äsop]). **2. a)** *[spitz zulaufender] metallener Gegenstand, mit dem (mithilfe eines Federhalters) geschrieben od. gezeichnet wird:* eine goldene F.; die F. kleckst, kratzt; die F. eintauchen; mit einer breiten, einer dünnen F. schreiben; Ü der Tod nahm ihm die F. aus der Hand; jmd. schreibt, führt eine kluge, geschliffene, gewandte F. *(schreibt klug, geschliffen, drückt sich schriftlich gewandt aus);* eine spitze F. schreiben/führen *(sehr kritische u. aggressive Texte verfassen);* jmdm. etw. in die F. diktieren; **b)** (österr.) *[Füll]federhalter:* die F. füllen. **3.** (Technik) *in verschiedene Mechanismen eingebautes elastisches, spiraliges od. blattförmiges [Metall]teil, das einen Druck od. Zug aushalten od. ausüben soll:* die F. der Uhr ist gebrochen; die -n des Sofas ächzten unter der Last. **4.** (Tischlerei) **a)** *an ein Brett angearbeitete Leiste, die in die rinnenförmige Vertiefung eines anderen Brettes eingepasst wird u. so eine Verbindung zwischen zwei Brettern herstellt;* **b)** *Leiste, die in die rinnenförmigen Vertiefungen zweier benachbarter Bretter eingeschoben wird.* **5.** (Jägerspr.) **a)** ⟨meist Pl.⟩ *Borste auf dem Rücken des Wildschweins;* **b)** *Rippe des Rotwilds.*

Fe|der|an|trieb, der (Technik): *Antrieb durch Federkraft.*

Fe|der|ball, der: **1.** *leichter, zur Stabilisierung des Fluges mit Federn od. einem entsprechenden Ersatz ausgestatteter kleiner Gummiball.* **2.** ⟨o. Pl.⟩ *dem Tennis verwandtes Spiel, bei dem ein Federball (1) von den Spielenden mit Schlägern über ein gespanntes Netz hin- u. hergeschlagen wird.*

Fe|der|ball|schlä|ger, der: *einem Tennisschläger ähnlicher Schläger für das Federballspiel.*

Fe|der|ball|spiel, das: **1. a)** ⟨o. Pl.⟩ *Federball (2);* **b)** *Partie Federball (2).* **2.** *aus zwei Schlägern u. Federbällen (1) bestehende Ausrüstung zum Federballspielen.*

Fe|der|ball|spie|len, das; -s: *das Spielen einer Partie Federball (2).*

Fe|der|bein, das (Technik): *der Federung dienendes teleskopartiges Bauteil im Fahrwerk von Flugzeugen u. Kraftfahrzeugen.*

F

Fe|der|bett, das: *mit Federn* (1) *gefülltes Deckbett.*

Fe|der|busch, der: **1.** *mehrere in Größe u. Farbe vom übrigen Gefieder abstechende Federn auf dem Kopf eines Vogels.* **2.** *mehrere zu einem Büschel zusammengefasste Federn* (1) *als Zierde auf Hut od. Helm.*

Fe|der|fuch|ser, der; -s, - [urspr. wohl = Schreiber (2), der andere durch seine pedantische Genauigkeit ärgert, zu ↑Feder (2 a) u. ↑fuchsen] (abwertend): *jmd., der pedantisch auf der genauen Einhaltung von Vorschriften o. Ä. besteht.*

fe|der|füh|rend ⟨Adj.⟩: *die Federführung habend:* das -e Ministerium; Ü f. in etw. sein *(bei etw. die wichtigste Rolle spielen).*

Fe|der|füh|rung, die ⟨o. Pl.⟩: *Verantwortlichkeit, Zuständigkeit innerhalb einer Dienststelle o. Ä.:* unter [der] F. der Außenministerin/von Frau A.

Fe|der|ge|wicht, das [nach engl. featherweight] (Schwerathletik): **1.** ⟨o. Pl.⟩ *niedrige Körpergewichtsklasse.* **2.** *Sportler[in] der Gewichtsklasse Federgewicht* (1).

Fe|der|ge|wicht|ler, der; -s, - (Schwerathletik): *Federgewicht* (2).

Fe|der|ge|wicht|le|rin, die: w. Form zu ↑Federgewichtler.

Fe|der|hal|ter, der: *stielförmiges Schreibgerät, in dessen vorderes Ende eine Feder* (2 a) *eingesetzt wird.*

Fe|der|hal|ter|griff, der ⟨o. Pl.⟩ (Tischtennis): *Penholder.*

Fe|der|kern, der: *innerster, aus Sprungfedern bestehender Teil einer Matratze.*

Fe|der|kern|ma|trat|ze, die: *Matratze mit einem Federkern.*

Fe|der|kiel, der: **a)** *in der Haut wurzelnder schaftartiger Teil einer Feder* (1), *von dem nach zwei Seiten feine Äste abzweigen;* **b)** (früher) *aus einem Federkiel* (a) *gefertigtes Schreibgerät.*

Fe|der|kis|sen, das: *mit Federn* (1) *gefülltes Kissen.*

Fe|der|kleid, das (geh.): *Gefieder.*

Fe|der|kraft, die: **a)** (Technik) *Spannkraft einer Feder* (3); **b)** (seltener) *Elastizität* (1).

fe|der|leicht ⟨Adj.⟩: **a)** *leicht wie eine Feder* (1); *kein nennenswertes Gewicht habend:* ein -es seidenes Tuch; **b)** *scheinbar schwerelos, wie schwebend:* f. gleitet sie übers Eis.

Fe|der|le|sen, das; -s [zu mhd. vederlesen = schmeicheln, eigtl. = das beflissene [1]Ablesen von Federn, Fusseln vom Kleid vornehmer Personen]: nur in den Wendungen **nicht viel -[s] [mit jmdm., etw.] machen** *([mit jmdm., etw.] energisch verfahren, ohne große Umstände zu machen od. Rücksichten zu nehmen);* **ohne viel -s/ohne viel F./ohne langes F.** *(ohne große Umstände);* **[viel] zu viel -s** *(zu große Umstände).*

Fe|der|ling, der; -s, -e: *im Gefieder von Vögeln u. im Fell von Säugetieren als Parasit lebendes kleines flügelloses Insekt.*

fe|dern ⟨sw. V.; hat⟩ [zu ↑Feder (3); mhd. videren, ahd. fideran = mit Federn versehen]: **1.** *unter einer Belastung nachgeben u. nach dem Wegfall der Belastung sogleich in die Ausgangsstellung zurückkehren; elastisch schwingen, wippen:* das Brett federte beim Absprung; der Waldboden federte unter ihren Schritten; der Turner federt mit/in den Knien; mit federndem Gang. **2.** *mit einer Federung versehen:* ein Auto gut f.; ⟨meist im 2. Part.:⟩ ein schlecht gefederter Lastwagen; gut gefederte Polster. **3.** (Jägerspr.) **a)** *(bei der Jagd auf Flugwild) nicht voll treffen, sondern nur die Federn abschießen;* **b)** *(bei der Jagd auf Schalenwild) nur den Fortsatz der Rückenwirbel treffen.*

Fe|der|ohr, das: *Büschel von Federn* (1) *an den Ohren einiger Vögel, bes. der Eulen.*

Fe|der|schaft, der: *aus der Haut ragender Teil eines Federkiels.*

Fe|der|schmuck, der: **a)** *Gefieder;* **b)** *aus großen Federn bestehender Schmuck.*

Fe|der|strich, der: *mit einer Feder* (2 a) *gezogener Strich:* etw. mit wenigen -en skizzieren; Ü sie hat noch keinen F. getan (ugs.; *noch nichts geschrieben o. Ä.*); * **mit einem/durch einen F.** *(kurzerhand, ohne Rücksicht auf erhobene od. mögliche Einwände, durch einfache schriftliche Verfügung):* solche historisch gewachsenen Verhältnisse kann man nicht mit einem F. aus der Welt schaffen.

Fe|de|rung, die; -, -en: *aus Federn* (3) *od. anderem elastischem Material bestehende Vorrichtung, die dazu dient, einen plötzlichen u. starken Druck auf etw. aufzufangen u. abzumildern:* das Auto, das Sofa hat eine ungenügende F.

Fe|der|vieh, das (ugs.): *Geflügel.*

Fe|der|waa|ge, die: *Waage, bei der das Gewicht des zu wiegenden Objekts auf eine Feder wirkt, die sich je nach der Größe dieses Gewichts mehr od. weniger stark ausdehnt.*

Fe|der|wech|sel, der: *Mauser.*

Fe|der|weiß, das [wohl nach der Ähnlichkeit mit einer weißen Federfahne]: *feines Alaunpulver; Schneiderkreide.*

Fe|der|wei|ße, der; -n, -n ⟨Dekl. ↑Abgeordnete⟩ [viell. nach der einer weißen Feder ähnlichen milchigen Farbe des Alaunpulvers, das früher als Konservierungsmittel dem Wein zugegeben wurde]: *junger, noch gärender milchig-trüber Wein.*

Fe|der|wild, das (bes. Jägerspr.): *jagdbare Vögel.*

Fe|der|wisch, der: *Flederwisch.*

Fe|der|wol|ke, die: *zarte, faserige, aus Eiskristallen bestehende Wolke; Zirruswolke.*

Fe|der|zeich|nung, die: **a)** *mit Feder* (2 a) *u. Tinte od. Tusche angefertigte Zeichnung;* **b)** ⟨o. Pl.⟩ *das Anfertigen von Federzeichnungen* (a): die Technik der F.

Fe|der|zug, der (geh.): *Federstrich.*

Fee, die; -, -n [frz. fée = Fee, Zauberin < vlat. Fata = Schicksalsgöttin, Fee, zu lat. fatum, ↑Fatum]: *schönes, den Menschen meist wohlwollend gegenüberstehendes weibliches Märchenwesen, das mit Zauberkraft ausgestattet ist:* eine gute, böse F.; Ü Tante Liese war unser Schutzengel und unsere gute F.

Feed|back, (auch:) **Feed-back** ['fi:dbæk], das; -s, -s [engl. feedback, zu: to feed back = zurück-, weiterleiten, aus: to feed = (mit Nahrung) versorgen; füttern (verw. mit ↑[1]Futter) u. back, ↑back]: **1.** (Kybernetik) *zielgerichtete Steuerung eines technischen, biologischen od. sozialen Systems durch Rückmeldung der Ergebnisse, wobei die Eingangsgröße durch Änderung der Ausgangsgröße beeinflusst werden kann; Rückkoppelung* (1 a). **2.** (bes. Fachspr.) *Reaktion, die jmdm. anzeigt, dass ein bestimmtes Verhalten, eine Äußerung o. Ä. vom Kommunikationspartner verstanden worden ist [u. zu einer bestimmten Verhaltensweise od. -änderung geführt hat]; Rückkoppelung* (3), *Rückmeldung* (2): jmdm. ein F. geben; ein [spontanes] F. bekommen.

Fee|ling ['fi:lɪŋ], das; -s, -s [engl. feeling, zu: to feel = fühlen]: **a)** *[den ganzen Körper erfüllendes] Gefühl:* ein ganz eigenartiges F. [bei dieser Musik] verspüren; **b)** *Gefühl, Empfindung (für etw.); Einfühlungsvermögen:* für diese Musik hat er einfach kein [gutes] F.; **c)** *Stimmung, Atmosphäre:* das F. dieses Films wirkt noch lange nach.

fe|en|haft ⟨Adj.⟩: **a)** *märchenhaft, zauberhaft, geheimnisvoll:* das Zimmer hatte eine -e Beleuchtung; **b)** *wie eine Fee anmutig-zart.*

Fe|en|mär|chen, das: *Märchen, in dem eine od. mehrere Feen vorkommen.*

Feet: Pl. von ↑Foot.

Fe|ge|feu|er, (seltener:) Fegfeuer, das; -s [mhd. vegeviur, LÜ von kirchenlat. ignis purgatorius = reinigendes Feuer] (kath. Rel.): *Ort der Läuterung, in dem die Verstorbenen ihre lässlichen Sünden abbüßen, bevor sie in das Reich Gottes eingehen; Purgatorium:* durchs F. gehen; im F.

fe|gen ⟨sw. V.⟩ [mhd., mniederd. vegen, verw. mit mniederl. vāgen, aisl. fāga = reinigen, glänzend machen]: **1.** (bes. nordd.) ⟨hat⟩ **a)** *mit einem Besen, Handfeger von Staub, Schmutz u. a. befreien, säubern:* den Fußboden, Hof f.; die Küche f.; den Schornstein f.; ⟨auch o. Akk.-Obj.:⟩ hast du hier schon gefegt?; **b)** *fegend irgendwohin bewegen:* sie fegte den Schnee vom Bürgersteig; sie fegte die Blätter in die Ecke; **c)** *durch Fegen entstehen lassen, hervorbringen:* eine Bahn f. **2.** ⟨hat⟩ **a)** *mit einer [ausholenden] Bewegung (wie beim Hantieren mit dem Besen) von etw. entfernen, herunterwischen:* sie fegte mit der linken Hand die Hefte aus dem Regal; Ü eine Angelegenheit vom Tisch f.; **b)** *sehr schnell irgendwohin treiben, jagen:* die Feinde wurden ins Meer gefegt. **3.** *sich mit außerordentlich großer Geschwindigkeit fortbewegen, rasen, jagen, [dahin]stürmen* ⟨ist⟩: ein Sturm fegte über die Ebene; die Jungen fegten um die Ecke. **4.** (südd., schweiz.) *blank reiben, putzen* ⟨hat⟩: blank gefegte Töpfe. **5.** (Eishockey) *mit dem in einer Hand gehaltenen Schläger mit einer wischenden Bewegung den Puck spielen* ⟨hat⟩. **6.** (Jägerspr.) *(von Tieren, die mit einem Geweih ausgestattet sind) (das Geweih) durch Scheuern an Bäumen vom Bast* (2) *befreien* ⟨hat⟩: im Sommer fegen die Hirsche [ihr Geweih]. **7.** (derb) *koitieren* ⟨hat⟩.

Fe|ger, der; -s, -: **1.** (selten) *Kehrbesen.* **2.** (ugs.) **a)** *lebhaftes Kind, Wildfang;* **b)** *draufgängerischer [junger] Mann; frecher Bursche;* **c)** *temperamentvolle, unternehmungslustige [junge] Frau:* seine Freundin ist ein strammer, toller F.

Feg|feu|er: ↑Fegefeuer.

Feh, das; -[e]s, -e [mhd. vēch = buntes Pelzwerk, zu einem Adj. mit der Bed. »bunt«, vgl. ahd. fēh = verschieden(farbig); bunt]: *grauer od. weißer fein- u. langhaariger Pelz aus dem Fell einer in Sibirien u. Nordwesteuropa vorkommenden Art Eichhörnchen.*

Feh|de, die; -, -n [mhd. vēhede, ahd. (gi)fēhida = Feindschaft, Streit, zu mhd. gevēch, ahd. gifēh = feindselig]: *(im Mittelalter) tätliche Feindseligkeit od. Privatkrieg zwischen Einzelpersonen, Sippen od. Familien zur Durchsetzung von Rechtsansprüchen; kämpferische Auseinandersetzung, Kampf:* endlose -n zwischen den Adelsgeschlechtern; jmdm. F. ansagen; in F. leben; Ü (geh.:) politische -n [mit jmdm.] austragen.

Feh|de|hand|schuh, der: in den Wendungen **jmdm. den F. hinwerfen/vor die Füße werfen, ins Gesicht schleudern, werfen** (geh.; *jmdn. zum Kampf, Streit herausfordern;* nach dem Brauch der Ritter, dem Gegner als Zeichen der Herausforderung zum Kampf einen Handschuh vor die Füße zu werfen [den der Betroffene bei Annahme der Herausforderung aufhob]); **den F. aufnehmen/aufheben** (geh.; *eine Herausforderung zum Kampf, Streit annehmen*).

fehl ⟨Adv.⟩: meist in der Verbindung **f. am Platz[e] sein** (↑Platz).

Fehl [mhd. væl(e) < afrz. faille, zu: fa(il)lir, ↑fehlen]: in der Fügung **ohne F. [und Tadel]** (geh.; *ohne Fehler, Makel; einwandfrei, untadelig*).

fehl-, Fehl-: 1. drückt in Bildungen mit Substantiven oder Verben aus, dass etw. als fehlerhaft, verfehlt oder falsch angesehen wird: Fehlauslegung, Fehlbelichtung, Fehleinweisung; fehlauffassen, fehldeuten. **2.** (seltener) drückt in Bildungen mit Substantiven aus, dass etw. fehlt, nicht vorhanden ist, nicht zur Verfügung steht: Fehlsumme, Fehlwort.

Fehl|an|zei|ge, die: **a)** (Milit.) *(bei Schießübungen) Meldung, dass ein Schuss nicht getroffen hat;* **b)** (ugs.) *negativer Bescheid, negatives Ergebnis, Mitteilung, dass etw. nicht zutrifft, nicht vorhanden, nicht geschehen ist:* »Hast du denn schon versucht, sie im Büro zu erreichen?« – »Ja klar, [war] auch F.«;

fehl|bar ⟨Adj.⟩: **1.** (selten) *nicht gegen Irrtümer, Fehler gefeit:* ein -er Mensch. **2.** (schweiz.) **a)** *(einer Übertretung o. Ä.) schuldig;* **b)** *kränklich.*

Fehl|bar|keit, die; -: *das Fehlbarsein.*

Fehl|be|die|nung, die: *falsche Bedienung (eines Geräts o. Ä.).*

fehl|be|le|gen ⟨sw. V.; hat; nur im Inf. u. 2. Part.⟩

(Amtsspr.): *(eine Sozialwohnung) an eine nicht bedürftige Person vermieten.*

ehl|be|le|gung, die (Amtsspr.): *das Fehlbelegen, Fehlbelegtsein einer Sozialwohnung.*

ehl|be|set|zen ⟨sw. V.; hat⟩: *(eine Stelle, Rolle) mit einer ungeeigneten Person besetzen.*

ehl|be|set|zung, die: *Besetzung (einer Stelle, Rolle) mit einer ungeeigneten Person.*

ehl|be|trag, der: *fehlender Betrag; Defizit* (1).

ehl|bil|dung, die: *fehlerhafte Ausbildung eines Organs, Körperteils.*

ehl|deu|tung, die: vgl. Fehlinterpretation.

ehl|di|a|gno|se, die: *falsche Diagnose:* er hatte eine F. gestellt.

ehl|druck, der ⟨Pl. -e⟩ (bes. Philat.): *fehlerhafter Druck:* ein wertvoller F.

ehl|ein|schät|zung, die: *falsche Einschätzung.*

eh|len ⟨sw. V.; hat⟩ [mhd. vælen, vēlen < (a)frz. fa(il)lir = verfehlen, sich irren < lat. fallere]: **1. a)** *nicht existieren, nicht vorhanden sein:* besondere Kennzeichen fehlen; sie will dem Kind den fehlenden Vater ersetzen; **b)** *nicht zu jmds. Verfügung stehen; jmdm. abgehen, mangeln:* uns fehlt das Geld für eine Sommerreise; ihr fehlt jeder Sinn für Humor; **c)** *(von Menschen) zu einem bestimmten Zeitpunkt nicht an einer bestimmten Stelle sein, wo man eigentlich sein sollte; abwesend sein, ausbleiben:* die Kinder haben schon öfter unentschuldigt gefehlt; er fehlt schon eine Woche, seit einer Woche; du hast die meiste Zeit, während der meisten Zeit gefehlt; **d)** *[sehnlich] herbeigewünscht, vermisst werden:* du wirst/deine Hilfe wird mir sehr f.; das Auto fehlte uns doch sehr; **e)** *nicht mehr da sein; verschwunden, verloren gegangen sein:* an der Jacke fehlt ein Knopf *(ist ein Knopf abgegangen);* ihm fehlen 2 Zähne; Ü fehlt dir etwas? *(fühlst du dich nicht wohl, bist du krank?);* **f)** *zur Erreichung eines bestimmten Zustandes erforderlich sein:* noch drei Punkte fehlen [ihm] zum Sieg; viel fehlte nicht/es fehlte nicht viel, und wir hätten Streit bekommen *(beinahe hätten wir Streit bekommen);* das hat mir gerade noch gefehlt! (iron.; *das kommt mir äußerst ungelegen*); R das fehlte [gerade] noch *(das wäre ja noch schöner, das kommt gar nicht infrage)!* **2.** ⟨unpers.⟩ *nicht in genügendem Ausmaß vorhanden sein, nicht ausreichen, zu knapp sein, mangeln:* es fehlt uns am Nötigsten, an ausgebildeten Lehrern; die Gastgeber ließen es an nichts f. *(haben alles aufgeboten, um die Gäste zufrieden zu stellen);* an mir soll es nicht f. *(ich bin [dazu] bereit, stelle mich [dazu] zur Verfügung).* **3.** (veraltet) *nicht treffen, verfehlen;* *** weit gefehlt!** *(Irrtum!; völlig falsch [eingeschätzt, vermutet, geraten]).* **4.** (geh.) *eine Sünde begehen, etwas Unrechtes tun:* ich weiß, wie sehr ich gefehlt habe.

ehl|ent|scheid, der: *Fehlentscheidung.*

ehl|ent|schei|dung, die: *falsche Entscheidung:* eine F. treffen.

ehl|ent|wick|lung, die: *Entwicklung in eine falsche Richtung:* politische, wirtschaftliche -en.

eh|ler, der; -s, - [um 1500 in der Bed. »Fehlschuss«]: **1. a)** *etw., was falsch ist, vom Richtigen abweicht; Unrichtigkeit:* ein grober, schwerer, [ganz] dummer, folgenschwerer F.; grammatische, stilistische F.; F. korrigieren; sie hat im Diktat 10 F.; (Sport:) der Schiedsrichter entschied, erkannte auf F.; **b)** *irrtümliche Entscheidung, Maßnahme; Fehlgriff:* einen F. begehen, machen; es war ein F. *(es war falsch),* dass wir fortgegangen sind; das war mein F. *(meine Schuld).* **2. a)** *schlechte Eigenschaft, Mangel:* charakterliche, körperliche F. haben; sein F. ist, dass er zu viel trinkt; **b)** *Stelle an einer hergestellten Ware, die nicht so ist, wie sie sein müsste:* Textilien, Porzellan mit kleinen -n.

eh|ler|an|fäl|lig ⟨Adj.⟩: *anfällig für Fehler* (2 b): ein -es Gerät.

eh|ler|frei ⟨Adj.⟩: *fehlerlos:* der deutsche Reiter blieb auch bei dieser Runde f.

eh|ler|haft ⟨Adj.⟩: *Fehler aufweisend.*

eh|ler|haf|tig|keit, die; -: *das Fehlerhaftsein.*

Feh|ler|lin|gu|is|tik, die: *Forschungsrichtung der Linguistik, die Arten u. Ursachen der beim Spracherwerb u. beim Erlernen von Fremdsprachen auftretenden Abweichungen von sprachlichen Normen untersucht.*

feh|ler|los ⟨Adj.⟩: *keine Fehler aufweisend, ohne Fehler:* etw. f. übersetzen.

Feh|ler|mel|dung, die: *Meldung, Anzeige eines [Funktions]fehlers (bes. bei elektronischen Geräten):* auf dem Display des Faxgerätes erschien eine F.

fehl|er|näh|ren ⟨sw. V.; hat; nur im Inf. u. im 2. Part.⟩: *falsch ernähren:* fehlernährte Babys.

Fehl|er|näh|rung, die: *das Fehlernähren, Fehlernährtwerden:* Übergewicht durch F.

Feh|ler|quel|le, die: *etw., was zu einem Fehler führen kann, was [häufig] zu Fehlern führt:* -n möglichst ausschalten.

Feh|ler|su|che, die: *Suche nach einem Fehler, nach Fehlern:* der Mechaniker ist noch bei der F.

feh|ler|to|le|rant ⟨Adj.⟩ (EDV): *Fehlertoleranz aufweisend:* -e Datenbankabfragen.

Feh|ler|to|le|ranz, die (EDV): *Eigenschaft eines Rechners (2), auch dann noch korrekt zu arbeiten, wenn Teile der Hardware od. Software ausfallen.*

Feh|ler|zahl, die ⟨Pl. selten⟩: *Anzahl der Fehler (bes. in einer schriftlichen Arbeit).*

Fehl|far|be, die: **1.** (Kartenspiel) **a)** *Farbe, von der jmd. keine Karte hat;* **b)** *Farbe, die nicht Trumpf ist.* **2.** *Zigarre mit verfärbtem Deckblatt.*

Fehl|funk|ti|on, die: *falsche, fehlerhafte Funktion* (1 c): eine F. der Hirnanhangsdrüse.

fehl|ge|bil|det ⟨Adj.⟩ (Fachspr.): *eine Fehlbildung, Fehlbildungen aufweisend.*

Fehl|ge|burt, die: **1.** *Abgang einer [noch] nicht lebensfähigen Leibesfrucht;* [2]*Abort.* **2.** *[vorzeitig] abgegangene, nicht lebensfähige Leibesfrucht.*

fehl|ge|hen ⟨unr. V.; ist⟩ (geh.): **1.** *den falschen Weg einschlagen, in die Irre gehen.* **2.** *nicht treffen; danebengehen:* der erste Schuss ging fehl. **3.** *sich irren, sich täuschen.*

fehl|ge|steu|ert ⟨Adj.⟩: *in die falsche Richtung, falsch geleitet:* eine -e Rakete.

Fehl|griff, der: **a)** *sich als falsch erweisende Entscheidung, Maßnahme;* **b)** *Person od. Sache, die die an sie gestellten Erwartungen nicht erfüllt.*

Fehl|hal|tung, die: **1.** *vom Normalen abweichende körperliche Haltung.* **2.** (Psych.) *vom Normalen abweichendes Verhalten oder abweichende Einstellung.*

Fehl|hand|lung, die: *Fehlleistung.*

Fehl|in|for|ma|ti|on, die: *falsche Information.*

Fehl|in|ter|pre|ta|ti|on, die: *falsche, dem Sachverhalt nicht gerecht werdende Interpretation:* die F. einer Aussage, eines Verhaltens.

fehl|in|ter|pre|tie|ren ⟨sw. V.; hat⟩: *falsch interpretieren, auslegen, deuten:* sie hat die Entwicklung fehlinterpretiert.

Fehl|in|ves|ti|ti|on, die (bes. Wirtsch.): **a)** *unwirtschaftliche Investition:* das Management ist verantwortlich für -en; **b)** (ugs.) *Gegenstand einer unwirtschaftlichen Investition:* dieser Wohnhausblock war eine F.

Fehl|kal|ku|la|ti|on, die: **a)** (Wirtsch.) *falsche Kalkulation:* -en vermeiden; **b)** *irrtümliche Annahme, [Ein]schätzung.*

Fehl|kauf, der: **a)** (geh.) *Kauf, dessen Gegenstand die Ansprüche des Käufers enttäuscht; unnötiger, zu hoch bezahlter Kauf:* mit dieser Kaffeemaschine habe ich einen F. getätigt; **b)** *die Ansprüche des Käufers enttäuschender Gegenstand eines Kaufs:* diese Schuhe waren ein F.

Fehl|kon|struk|ti|on, die: *Konstruktion, deren Funktion durch technische Mängel gestört, beeinträchtigt ist:* diese Brücke ist eine F.

Fehl|leis|tung, die: **1.** (Psych.) *(aufgrund von Erregung od. Erschöpfung auftretende od. von Vorgängen des Unterbewusstseins beeinflusste) fehlgeleitete Handlung, Äußerung* (z. B. das Sichversprechen, das Sichverschreiben): eine freudsche F. *(Fehlleistung, die durch das Wirken unbewusster Wünsche bedingt ist;* nach S. Freud, dem Begründer der Psychoanalyse, 1856–1939). **2.** *sich als falsch, verfehlt erweisende Handlung o. Ä.:* die -en der Kraftwerksbetreiber.

fehl|lei|ten ⟨sw. V.; hat⟩ (geh.): *einen falschen Weg führen:* Ü eine fehlgeleitete Fantasie.

Fehl|mel|dung, die: **a)** *Falschmeldung;* **b)** *Fehlanzeige.*

Fehl|men|ge, die (Wirtsch.): *(durch fehlerhafte Planung, Lieferschwierigkeiten o. Ä.) nicht od. nicht vollständig gedeckter Bedarf an benötigten Wirtschaftsgütern.*

Fehl|pass, der (Ballspiele): *missglückter Pass* (3).

Fehl|pla|nung, die: *falsche Planung.*

fehl|schie|ßen ⟨st. V.; hat⟩ (geh.): *vorbeischießen* (1).

Fehl|schlag, der: **1.** *Misserfolg:* etw. hat sich als F. herausgestellt. **2.** (Ballspiele) *missglückter Schlag.*

fehl|schla|gen ⟨st. V.; ist⟩: *keinen Erfolg haben, misslingen:* alle Bemühungen schlugen fehl.

Fehl|schluss, der: *falscher Schluss* (2).

Fehl|schuss, der: *Schuss, der sein Ziel verfehlt.*

fehl|sich|tig ⟨Adj.⟩ (Fachspr.): *an einer Fehlsichtigkeit leidend:* sie ist f.

Fehl|sich|tig|keit, die; - (Fachspr.): *auf einer anomalen Lichtbrechung beruhende Verminderung der Sehleistung.*

Fehl|sprung, der (Sport): *fehlerhafter, regelwidriger Sprung* (1 b).

Fehl|start, der: **1.** (Leichtathletik) *regelwidriger, verfrühter Start.* **2.** (Flugw., Technik) *missglückter Start:* das Flugzeug, die Rakete hatte einen F.

Fehl|stel|lung, die (Fachspr.): *fehlerhafte Stellung* (z. B. von Zähnen im Kiefer).

Fehl|stun|de, die: *ausgefallene, nicht geleistete Arbeits-, Unterrichtsstunde o. Ä.*

Fehl|sum|me, die: vgl. Fehlbetrag.

fehl|tre|ten ⟨st. V.; ist⟩ (geh.): *falsch treten:* plötzlich trat ich fehl und stürzte.

Fehl|tritt, der: **a)** *falscher, ungeschickter Tritt:* ein F. im Gebirge kann das Leben kosten; **b)** (geh.) *[sittliche] Verfehlung:* einen F. tun, begehen; sich eines -s schuldig machen; **c)** (veraltend) *(von der Gesellschaft verpönte) Liebesbeziehung einer Frau, aus der ein nichteheliches Kind hervorgegangen ist.*

Fehl|ur|teil, das: **a)** *unangemessenes Urteil* (1); **b)** *falsches Urteil* (2).

Fehl|ver|hal|ten, das (Sozialpsych.): *den gesellschaftlichen Normen widersprechendes Verhalten:* kriminelles, sexuelles F.

Fehl|wurf, der (Leichtathletik): *ungültiger Wurf bei einem Wurfwettbewerb.*

Fehl|zeit, die: **1.** (Sozialvers.) *für die Berechnung der Rente fehlende Zeit.* **2.** *Zeit, in der jmd. abwesend ist, nicht zur Verfügung steht.*

Fehl|zün|dung, die (Technik): *(bei Verbrennungsmotoren) Zündung zu einem dafür nicht vorgesehenen Zeitpunkt:* *** F. haben** (ugs.; *nicht richtig begreifen; begriffsstutzig sein*).

Fehn, das; -[e]s, -e [niederl. veen = Morast < mniederl. veen, vene, vgl. Fenn] (nordd.): *Fenn.*

Feh|werk, das ⟨o. Pl.⟩ [zu ↑Feh] (Kürschnerhandwerk): *Pelzwerk.*

fei|en ⟨sw. V.; hat⟩ [zu mhd. veinen = nach Art der Feen durch Zauber schützen] (geh.): *gegen etw. schützen, unverletzlich machen:* sich rechtzeitig gegen/(ugs. auch:) vor jmds. Vorwürfe f.; ein Zauber sollte ihn gegen Feuer f.; ⟨meist im 2. Part.:⟩ gegen Arbeitslosigkeit, gegen jedes Klima gefeit sein.

Fei|er, die; -, -n [mhd. vīre, ahd. fīr(r)a = Festtag, Feier < spätlat. feria, Sg. von lat. feriae, ↑Ferien]: **a)** *festliche Veranstaltung anlässlich eines bedeutenden Ereignisses od. eines Gedenktages:* wo soll die F. stattfinden?; zu ihrem Geburtstag veranstalteten wir eine kleine F.; eine nette, gemütliche F. machen; (geh.:) eine F. begehen; **b)** *festliches, würdiges Begehen:* die F. des heiligen Abendmahls; *** zur F. des Tages** (meist scherzh.; *um den Tag würdig zu begehen*).

Fei|er|abend, der [spätmhd. vīrabent = Vorabend eines Feiertags, dann unter Anlehnung an ↑feiern umgedeutet]: **a)** *Freizeit im Anschluss an den Arbeitstag:* seinen F. genießen; **b)** *Dienst-*

schluss; Schluss der täglichen beruflichen Arbeit: F. machen; nach F.; [für heute ist] F.!; R für mich ist F., dann ist/mache ich F.! (ugs.; *ich kann, mag nicht mehr weitermachen; für mich ist es aus, vorbei!*); damit ist [bei mir] F. (ugs.; *diese Sache interessiert [mich] nicht mehr, ist [für mich] abgeschlossen, erledigt*).

Fei|er|abend- (öfter spött.): drückt in Bildungen mit Substantiven aus, dass eine Person etwas nur nebenher, nicht professionell ausübt, betreibt: Feierabendfußballer, -politiker.

Fei|er|abend|be|schäf|ti|gung, die: *Beschäftigung, der man nach Feierabend nachgeht.*

Fei|er|abend|lek|tü|re, die: *Lektüre für den Feierabend* (a).

Fei|er|abend|ver|kehr, der: *nachmittäglicher Berufsverkehr.*

Fei|e|rei, die; -, -en (ugs. abwertend): *allzu häufiges od. allzu langes, als lästig empfundenes Feiern:* diese F. geht mir allmählich auf die Nerven.

fei|er|lich ⟨Adj.⟩ [mhd. vīrelich]: **a)** *der Würde des Augenblicks Rechnung tragend, würde-, weihevoll, erhebend:* eine -e Handlung; -e Stille; sie wurden f. verabschiedet; er verbeugte sich f. (*förmlich);* R das/es ist ja [schon] nicht mehr f. (ugs.; *kaum mehr erträglich*); **b)** *nachdrücklich, emphatisch:* etw. f. versprechen.

Fei|er|lich|keit, die; -, -en: **1. a)** ⟨o. Pl.⟩ *das Feierlichsein; Würde, Ernst:* die F. der Stunde; **b)** *feierliche, förmliche Äußerung:* spar dir die -en. **2.** *Feier, feierliche Veranstaltung:* die -en dauern mehrere Tage; an einer F. teilnehmen.

fei|ern ⟨sw. V.; hat⟩ [mhd. vīren, ahd. fīrōn, nach gleichbed. lat. feriari]: **1. a)** *festlich, würdig begehen; als Fest, Feier gestalten:* Feste, Hochzeit f.; Abschied f.; sein Debüt, sein Comeback f.; das heilige Abendmahl f. *(zelebrieren);* **b)** *(von einer Gesellschaft) fröhlich, lustig beisammen sein:* wir feierten jede Nacht; **c)** *[als jmdn., etw.] ehren, umjubeln:* sie feierten ihn als Helden; eine gefeierte Schönheit. **2.** (ugs.) *[gezwungenermaßen] mit der Arbeit aussetzen:* die Arbeiter mussten [eine Woche lang] f.

Fei|er|stun|de, die: *Veranstaltung in festlichem, würdevollem Rahmen zur Begehung eines feierlichen Anlasses:* jmdn. in einer F. ehren.

Fei|er|tag, der [mhd. vīretac, ahd. fīratag]: **a)** *jährlich wiederkehrender Gedenktag [an dem nicht gearbeitet wird]:* ein gesetzlicher F.; ein hoher F.; morgen ist F.; schöne -e!; an Sonn- und -en geschlossen; **b)** *Tag, an dem jmd. etw. besonders Schönes erlebt:* heute ist für mich ein F.

fei|er|täg|lich ⟨Adj.⟩: *sonntäglich, festlich.*

fei|er|tags ⟨Adv.⟩: *an Feiertagen:* der Zug verkehrt sonn- und f.

Fei|er|tags|ar|beit, die: *an Feiertagen geleistete berufliche Arbeit.*

Fei|er|tags|ru|he, die: *an Feiertagen eingehaltene [Arbeits]ruhe:* die F. stören, beeinträchtigen.

Fei|er|tags|stim|mung, die: *für Feiertage* (a) *typische friedliche, ruhige Stimmung.*

feig, fei|ge ⟨Adj.⟩ [mhd. veige, ahd. feigi, eigtl. = dem Tode verfallen; verdammt, viell. verw. mit ↑Fehde] (abwertend): **1. a)** *[ohne Ehrgefühl, unehrenhaft] vor jeder Gefahr, jedem Risiko ängstlich zurückschreckend, ohne Mut:* sich f. zurückziehen; **b)** *von Feigheit zeugend:* feige Ausreden. **2.** *hinterhältig, gemein:* ein feiger Mord; sie haben uns f. im Stich gelassen.

Fei|ge, die; -, -n [mhd. vīge, ahd. fīga < aprovenz. figa < mlat. fica < lat. ficus, ↑Ficus]: **1.** (Bot.) *in sehr vielen Arten überwiegend in den Tropen vorkommende, als Baum, Strauch od. Schlingpflanze wachsende Pflanze mit immergrünen Blättern.* **2.** *Feigenbaum.* **3.** *Frucht des Feigenbaums:* getrocknete -n. **4. a)** (derb) *Vulva;* **b)** (derb abwertend) *Hure* (a).

Fei|gen|baum, der: *(in tropischem u. subtropischem Klima wachsender) Baum mit großen, fingerförmig gelappten Blättern u. grünen od. violetten, birnenförmigen, süßen Früchten, die frisch oder getrocknet gegessen werden.*

Fei|gen|blatt, das [2: nach 1. Mos. 3, 7, wo sich Adam u. Eva Lendenschurze aus Feigenblättern flechten]: **1.** *Blatt des Feigenbaums.* **2.** *etw., was dazu benutzt wird, etw. vor anderen zu verbergen; etw., was als Tarnung od. [schamhafte] Verhüllung dient:* etw. als F. benutzen. **3.** (Jägerspr.) *äußeres Geschlechtsteil beim weiblichen Schalenwild; Feuchtblatt.*

Feig|heit, die; - [mhd. veicheit = Unheil, Unseligkeit]: *das Feigesein; Angst vor jeder Gefahr, jedem Risiko:* sich seiner F. schämen; (Milit.:) er wurde verurteilt wegen F. vor dem Feind.

Feig|ling, der; -s, -e (abwertend): *Mensch, der als feige angesehen wird:* ein erbärmlicher F.

Feig|war|ze, die; -, -n [nach der Ähnlichkeit mit einer Feige (3)]: *warzenähnliche Hautwucherung an Geschlechtsteilen u. am After.*

feil ⟨Adj.⟩ [mhd. veile, ahd. feili = käuflich, zu einem Verb mit der Bed. »verkaufen; verdienen«]: **1.** (geh. abwertend) *(von Menschen) käuflich:* eine -e Dirne. **2. * f. sein** (veraltet; *verkäuflich, zu verkaufen sein*).

feil|bie|ten ⟨st. V.; hat⟩ [zu ↑feil] (geh.): *zum Verkauf anbieten:* Souvernirs f.

Fei|le, die; -, -n [mhd. vīle, ahd. fī(ha)la, H. u.]: *Werkzeug aus gehärtetem Stahl mit vielen kleinen Zähnen od. Rillen zur Bearbeitung, Glättung von Oberflächen:* eine grobe, feine F.; etw. mit der F. bearbeiten; Ü [an] einer Sache fehlt die letzte F. *(eine Sache lässt die Vollendung vermissen).*

fei|len ⟨sw. V.; hat⟩ [mhd. vīlen, ahd. fīhalōn]: *durch Bearbeitung mit einer Feile die letzten Unebenheiten von etw. entfernen, glätten:* etw. rund f.; ich muss mir die [Finger]nägel f.; Ü an diesem Konzept muss noch gefeilt werden.

Fei|len|hau|er, der: *jmd., der Feilen herstellt* (Berufsbez.).

Fei|len|hau|e|rin, die; -, -nen: w. Form zu ↑Feilenhauer.

Fei|len|ma|cher, der: *Feilenhauer.*

Fei|len|ma|che|rin, die: w. Form zu ↑Feilenmacher.

feil|hal|ten ⟨st. V.; hat⟩ (veraltet): *feilbieten.*

feil|schen ⟨sw. V.; hat⟩ [mhd. veils(ch)en, zu ↑feil] (oft abwertend): *bei einem Kauf durch hartnäckiges, kleinliches Handeln einen möglichst günstigen Preis für etw., den größtmöglichen Vorteil zu erreichen suchen:* sie feilscht zäh um den Preis jedes einzelnen Stücks; Ü ⟨subst.:⟩ nach der Wahl begann das Feilschen um die Kabinettsposten.

[1]Feim, der; -[e]s [mhd. veim, ahd. feim = Schaum, verw. mit engl. foam = Schaum; vgl. abgefeimt] (veraltet): *Brandung.*

[2]Feim, der; -[e]s, -e, **Fei|me,** die; -, -n, **Fei|men,** der; -s, - [mniederd. vīme] (nordd., md.): *großer, aufgeschichteter Haufen von Heu, Stroh, Getreide od. Holz.*

fei|men ⟨sw. V.; hat⟩ (nordd., md.): *zu Feimen aufschichten.*

fein ⟨Adj.⟩ [mhd. fīn < (a)frz. fin = fein, zart, über ein galloroman. Wort mit der Bed. »Äußerstes, Bestes« zu lat. finis = Ende, Grenze; Äußerstes, Höchstes]: **1. a)** *von dünner, zarter Beschaffenheit:* -es Gewebe; eine -e Röte überzog ihr Gesicht; ihr Haar ist sehr f.; ein -es *(engmaschiges)* Sieb; f. geschliffenes Kristall; f. gesponnenes Garn; **b)** *von angenehm-zartem Äußeren; nichts Grobes enthaltend, in allen Einzelheiten ausgebildet:* ein -es Profil; -e Hände haben; das Mädchen hat ein -es, ein f. geschnittenes Gesicht; f. geschwungene Augenbrauen; **c)** *aus kleinsten Teilchen bestehend:* -er Zucker; f. gemahlen; f. gehackte, geschnittene Kräuter; f. gestoßener Zimt; f. vermahlenes Mehl; f. verteilter Puderzucker; **d)** *sehr leise u. zart:* er hörte ein -es Stimmchen. **2. a)** *einfühlsam, feinsinnig:* einen -en Sinn für etw. haben; in ihren Worten lag eine -e Ironie; **b)** *fähig, auch nur andeutungsweise vorhandene Sinneseindrücke wahrzunehmen bzw. auf Impulse zu reagieren; empfindlich, scharf, genau, exakt:* ein -es Gehör haben; -e Instrumente; ein -er Beobachter; Unterschiede f. *(alle Einzelheiten berücksichtigend, genau)* herausarbeiten; **c)** *nur einem scharfsinnigen Beobachter (als solches) erkennbar:* f., aufs -ste (auch:) Feinste ausgeklügelt. **3. a)** *von ausgezeichneter Qualität, hochwertig, erlesen, vorzüglich, exquisit:* -es Gebäck; es duftet nach einer -en Seife; -es *(reines)* Gold, Silber; die -e Küche *(die Zubereitung feiner Speisen);* ⟨subst.:⟩ sie kauft immer nur das Feinste vom Feinen *(das Allerbeste, die allerbeste Qualität);* es gab Fußball vom Feinsten *(hochklassigen Fußball);* **b)** (ugs.) *erfreulich, lobenswert:* das ist eine -e Sache; f., dass du wieder da bist; *** f. [he]raus sein** (ugs.; *[nach Überwindung einer Schwierigkeit] in glücklicher Lage sein*): wer damals in dieser Branche investiert hat, ist heute f. raus; **c)** (ugs.) *(von Menschen) anständig, nett:* er ist wirklich ein -er Kerl; (iron.:) du hast ja eine -e Verwandtschaft. **4.** *gepflegt, vornehm, elegant [aussehend]:* -e Manieren; (abwertend:) ein -er Pinkel; du bist dir wohl zu f. dafür; f. aussehen. **5.** ⟨verstärkend, bekräftigend bei Adj. u. Verben⟩: etwas f. *(schön)* säuberlich aufschreiben; dass du mir f. *(schön)* brav bist!

Fein|ab|stim|mung, die (Technik): *präzise Abstimmung, Einstellung (eines Geräts).*

Fein|ar|beit, die: *ins Detail gehende [dem Erzeugnis den letzten Schliff gebende] Arbeit:* die F. kann man dann immer noch machen.

Fein|bä|cker, der: *Konditor* (Berufsbez.).

Fein|bä|cke|rei, die: *Konditorei.*

Fein|bä|cke|rin, die: w. Form zu ↑Feinbäcker.

Fein|back|wa|ren ⟨Pl.⟩: *Feingebäck.*

Fein|be|ar|bei|tung, die (Technik): *Bearbeitungsverfahren zur Verbesserung der Präzision od. zur Erreichung einer optimalen Oberflächenstruktur eines Werkstücks.*

fein|be|sai|tet ⟨Adj.⟩: *zartbesaitet, empfindlich.*

Fein|blech, das: *dünnes Blech.*

Feind, der; -[e]s, -e [mhd. vīnt, vīant, ahd. fīand, eigtl. = der Hassende, subst. 1. Part. von ahd. fīēn = hassen, urspr. = schädigen, wehtun]: **1. a)** *jmd., dessen [persönliches] Verhältnis zu einer bestimmten anderen Person durch Feindschaft bestimmt ist:* er ist mein gefährlichster F.; die beiden waren [persönliche] -e; [keine, viele] -e haben; sich jmdn. zum F. machen; R viel Feind', viel Ehr *(es ist ehrenvoll, viele Feinde zu haben);* *** jmdm. F. sein** (geh. veraltend; *jmdm. feindlich, ablehnend gegenüberstehen*): die beiden waren sich schon immer F.; **b)** *jmd., dessen Verhalten den Interessen einer bestimmten Gruppe von Menschen zuwiderläuft, der für diese Gruppe eine Bedrohung darstellt:* ein F. der Menschheit; Ü der Tiger hat keine [natürlichen] -e (Zool.; *es gibt keine Tiere, die dem Tiger gefährlich werden können*); die Eifersucht ist der F. der Liebe. **2. a)** *Angehöriger einer feindlichen Macht, feindlicher Soldat:* im Krieg waren die Amerikaner die -e der Japaner; **b)** *feindliche Macht:* das Bündnis mit den ehemaligen -en im Westen; **c)** ⟨o. Pl.⟩ *feindliche Truppen:* den F. in die Flucht schlagen; Tapferkeit, Feigheit vor dem F. *(im Gefecht);* R ran an den F.! (ugs. scherzh.; *auf, auf, nicht länger gezögert!*); *** vor dem F. bleiben** (geh. verhüll.; *im Krieg fallen*). **3.** *jmd., der etw. entschieden bekämpft:* ein F. der künstlichen Düngung; *** einer Sache F. sein** (geh. veraltend; *einer Sache feindlich, ablehnend gegenüberstehen*).

Feind|be|rüh|rung, die (Milit.): *Zusammentreffen mit feindlichen Truppen:* F. haben.

Feind|bild, das: *Vorstellung von einer Person od. Sache als von einem Feind, Gegner, als von etwas Feindlichem, Bedrohlichem.*

Feind|ein|wir|kung, die (Milit.): *Einwirkung vom Feind ausgehender zerstörerischer Kräfte.*

Fein|des|land, das ⟨o. Pl.⟩ (geh. veraltet): *Land des Feindes, feindliches Gebiet:* durch F. marschieren.

Feind|flug, der (Milit.): *Flug über feindliches Gebiet:* Ü vom F. zurück (Soldatenspr. scherzh.; *vom Rendezvous mit einem Mädchen zurückgekehrt*).

Fein|din, die; -, -nen: w. Form zu ↑Feind.

feind|lich ⟨Adj.⟩ [mhd. vī(e)ntlich, ahd. fiantlīh]:

1. a) *persönlicher Feindschaft entspringend, von Feindschaft gekennzeichnet:* eine -e Haltung [gegen jmdn./jmdm. gegenüber] einnehmen; -e Blicke; b) *in Feindschaft mit jmdm. lebend, verfeindet:* zwei -e Brüder. 2. *zum Feind* (2), *zum militärischen Gegner gehörend, von ihm ausgehend:* -e Stellungen; das Abhören -er Sender; 3. *einem Feind* (3) *entsprechend:* einer Sache f. gegenüberstehen.

-feind|lich: 1. drückt in Bildungen mit Substantiven aus, dass die beschriebene Person od. Sache ungünstig für jmdn., etw. ist, sich für jmdn., etw. nachteilig auswirkt, etw. behindert, hemmt: arbeitnehmer-, kommunikations-, verbraucherfeindlich. 2. drückt in Bildungen mit Substantiven aus, dass die beschriebene Person od. Sache jmdn., etw. ablehnt, gegen jmdn., etw. eingestellt ist: fremden-, regierungs-, systemfeindlich.

Feind|lich|keit, die; -, -en: 1. ⟨o. Pl.⟩ *feindliches Wesen, feindliche Haltung.* 2. *feindliche Handlung.*

Feind|schaft, die; -, -en: 1. ⟨o. Pl.⟩ *Haltung einem anderen Menschen gegenüber, die von dem Wunsch bestimmt ist, diesem zu schaden, ihn zu bekämpfen od. sogar zu vernichten:* sich jmds. F. zuziehen; ihr Verhältnis ist von jeher durch gegenseitige F. bestimmt. 2. ⟨Pl. selten⟩ *durch gegenseitige Feindschaft* (1) *geprägte Beziehung zwischen Menschen:* [mit jmdm.] in F. leben.

feind|schaft|lich ⟨Adj.⟩: *von Feindschaft erfüllt:* eine -e Haltung; sich f. gegenüberstehen.

feind|se|lig ⟨Adj.⟩ [im 16. Jh. nach anderen Bildungen auf -selig, urspr. = verhasst]: *feindlich gesinnt, hasserfüllt:* -e Blicke; sich f. ansehen.

Feind|se|lig|keit, die; -, -en: 1. ⟨o. Pl.⟩ *feindselige Haltung:* jmdm. mit offener F. gegenübertreten. 2. ⟨Pl.⟩ *Kampfhandlungen:* zwischen den beiden Mächten sind -en ausgebrochen; die -en einstellen.

Feind|sen|der, der: *[Nachrichten]sender des Feindes* (2 b).

feind|wärts ⟨Adv.⟩ [↑-wärts]: *in Richtung auf den Feind* (2).

Fein|ein|stel|lung, die: vgl. Feinabstimmung.

fein|fä|dig ⟨Adj.⟩: *feine Fäden aufweisend; aus feinen Fäden bestehend.*

fein|fa|se|rig ⟨Adj.⟩: *feine Fasern aufweisend, aus feinen Fasern bestehend.*

Fein|frost, der ⟨o. Pl.⟩ (regional): *Tiefkühlkost.*

Fein|frost|wa|re, die (regional): *Tiefkühlkost.*

fein|füh|lend ⟨Adj.⟩: *Zart-, Taktgefühl besitzend.*

fein|füh|lig ⟨Adj.⟩: a) *fein empfindend, zart fühlend; einfühlsam, sensibel:* ein -er Mensch; eine Komposition sehr f. interpretieren; b) (Technik) *auf feinste Impulse ansprechend:* ein -er Sensor.

Fein|füh|lig|keit, die; -: *das Feinfühligsein.*

Fein|ge|bäck, das: *feine Backwaren.*

Fein|ge|fühl, das ⟨o. Pl.⟩: *feines Gefühl, Empfinden:* etw. mit großem F. tun; er hat überhaupt kein F.

Fein|ge|halt, der: *Gehalt an absolut reinem Gold od. Silber in einer Legierung.*

fein ge|mah|len: s. fein (1 c).

fein ge|narbt, ge|schlif|fen: s. fein (1 a).

fein ge|schnit|ten: s. fein (1 b, c).

fein ge|schwun|gen: s. fein (1 b).

fein ge|spon|nen: s. fein (1 a).

fein ge|sto|ßen: s. fein (1 c).

fein ge|streift: s. fein (1 a).

Fein|ge|wicht, das (Münzk.): *Gewicht des in einer Münze enthaltenen Anteils an Edelmetall.*

fein|glie|de|rig, fein|glied|rig ⟨Adj.⟩: *von feinem, schlankem Wuchs:* ein -er Knabe; -e Hände.

Fein|gold, das: vgl. Feinsilber.

Fein|heit, die; -, -en: 1. ⟨o. Pl.⟩ *feine* (1) *Beschaffenheit:* die F. einer Schnitzerei, einer Struktur. 2. ⟨oft Pl.⟩ a) *Einzelheit, Nuance, Finesse:* stilistische -en nicht erkennen, registrieren; b) *etw. Feines* (2 c); *Subtilität:* seine Rede war mit -en gespickt. 3. ⟨o. Pl.⟩ *feine, erlesene Qualität:* die F. dieses Porzellans, dieser Stickerei. 4. ⟨o. Pl.⟩ *feine, vornehme [Lebens]art; Vornehmheit.*

fein|hö|rig ⟨Adj.⟩: *ein feines Gehör besitzend.*

fein|kör|nig ⟨Adj.⟩: 1. *aus feinen Körnern bestehend:* -er Sand. 2. (Fot.) *(von Filmen) ein feines* [1]*Korn* (4 a) *aufweisend.*

Fein|kör|nig|keit, die; -: *feinkörnige Beschaffenheit.*

Fein|kost, die: *Delikatessen.*

Fein|kost|ge|schäft, das: *auf Feinkost spezialisiertes Lebensmittelgeschäft.*

fein ma|chen: s. fein (4).

fein|ma|schig ⟨Adj.⟩: *feine Maschen aufweisend:* ein -es Netz.

Fein|me|cha|nik, die: *Teilgebiet der Technik, das sich mit dem Bau feiner [mess]technischer Geräte u. Apparate befasst.*

Fein|me|cha|ni|ker, der: *jmd., der feinmechanische Geräte baut u. wartet* (Berufsbez.).

Fein|me|cha|ni|ke|rin, die: w. Form zu ↑Feinmechaniker.

fein|me|cha|nisch ⟨Adj.⟩: *zur Feinmechanik gehörend:* -e Geräte.

Fein|mes|sen, das; -s (Technik): *Feinmessung.*

Fein|mess|ge|rät, das: *hoch empfindliches Gerät, das zur genauen Messung von Längen u. Winkeln dient.*

Fein|mes|sung, die (Technik): *Messen bes. von Längen mit extremer Genauigkeit.*

Fein|op|tik, die: *Optik* (2) *von hoher Genauigkeit für die Fertigung hochwertiger optischer Geräte.*

fein|op|tisch ⟨Adj.⟩: *die Feinoptik betreffend, dazu gehörend.*

fein|po|rig ⟨Adj.⟩: *feine Poren habend:* -es Leder.

Fein|ripp|wa|re, die ⟨o. Pl.⟩ (Textilind.): *Wirkware mit feinem Rippenmuster, bes. für Unterwäsche.*

fein|san|dig ⟨Adj.⟩: *mit feinem Sand bedeckt:* ein -er Strand.

fein|schlei|fen ⟨st. V.; hat⟩ (Technik): *durch abschließendes Schleifen die Präzision od. die Oberflächenbeschaffenheit eines Werkstücks verbessern.*

Fein|schliff, der: *besonders feiner Schliff* (1 b).

Fein|schme|cker, der: *jmd., der einen ausgeprägten Sinn für feine Speisen hat:* ein F. sein.

Fein|schme|cke|rin, die; -, -nen: w. Form zu ↑Feinschmecker.

Fein|schme|cker|lo|kal, das: *Restaurant, in dem besonders feine u. ausgefallene Speisen u. Getränke serviert werden.*

Fein|schnitt, der: *besonders fein geschnittener Rauchtabak.*

Fein|sil|ber, das: *Silber mit sehr hohem Feingehalt.*

fein|sin|nig ⟨Adj.⟩: *mit Feinsinnigkeit begabt, von Feinsinnigkeit zeugend.*

Fein|sin|nig|keit, die; -: *feines Empfinden (bes. für künstlerische Dinge); Sensibilität.*

Feinst|be|stand|teil, der: *feinster Bestandteil.*

Fein|struk|tur, die: *Struktur im Kleinen.*

Fein|strumpf, der ⟨meist Pl.⟩: *feiner Strumpf, Strumpf mit voller Passform.*

Fein|strumpf|ho|se, die: vgl. Feinstrumpf.

feinst|schlei|fen ⟨st. V.; nur im Inf. u. 2. Part. gebr.⟩: vgl. feinschleifen.

Fein|un|ze, die: *Gewichtseinheit für Feingold u. Feinsilber (31,10 g).*

fein ver|mah|len, ver|teilt: s. fein (1 c).

Fein|waa|ge, die: *sehr empfindliche Waage.*

Fein|wä|sche, die: *Wäsche, die besonders schonend gewaschen werden muss.*

Fein|wasch|mit|tel, das: *Waschmittel für Feinwäsche.*

feiß [mhd. veiʒ(e), urspr. = strotzend, schwellend] (alemann.): *fett, feist.*

feist [mhd. veiʒ(e)t, ahd. feiʒ(ʒ)it, eigtl. 2. Part. von mhd. veiʒen = fett machen, zu: veiʒ(e), ↑feiß] (meist abwertend): *[unangenehm, widerlich] fett, dick:* Ü mit einem -en Grinsen.

Feis|te, die; - [mhd. veiʒ(e)te], **Feist|heit,** die; - [mhd. veiʒetheit] (abwertend): *das Feistsein.*

Feis|tig|keit, die; - (abwertend): *Feistheit.*

fei|xen ⟨sw. V.; hat⟩ [wohl aus der Studentenspr., zu nordd. Feix = Unerfahrener, Dümmling, H. u.] (ugs.): *breit, schadenfroh, hämisch lachen; grinsen;* * **sich** ⟨Dativ⟩ **eins f.** (ugs.; *sich hämisch lachend lustig machen, sich in schadenfroher Weise amüsieren).*

fe|ken ⟨sw. V.; hat⟩ [eigtl. = die Flügel bewegen, im Flug erhaschen, zu: Fecken = Flügel < mhd. vettech, vetach, ↑Fittich] (schweiz.): *(Kleinigkeiten) heimlich entwenden.*

fe|kund ⟨Adj.⟩ [lat. fecundus, zu einem Verb mit der Bed. »säugen, nähren«] (Biol.): *fruchtbar.*

Fe|kun|da|ti|on, die; -, -en [zu lat. fecundatum, 2. Part. von: fecundare = befruchten, zu: fecundus, ↑fekund] (Biol.): *Befruchtung.*

Fe|kun|di|tät, die; - [lat. fecunditas] (Biol.): *Fruchtbarkeit.*

Fel|chen, der; -s, - [mhd. felche, H. u.]: *(zu den Renken gehörender) schlanker Lachsfisch mit silberglänzendem Körper.*

Feld, das; -[e]s, -er [mhd. veld, ahd. feld, urspr. = Ebenes, Breites]: 1. (geh.) *weite, unbebaute Bodenfläche:* durch F. und Wald; über freies F. laufen. 2. *abgegrenzte Bodenfläche für den Anbau von Nutzpflanzen:* ein brachliegendes F.; der Bauer bestellt das F., kommt vom F.; das Korn steht noch im F. *(ist noch nicht eingefahren);* * **noch in weitem F./-e stehen** (*noch ganz ungewiss, noch lange nicht sicher sein;* urspr. vom noch nicht geernteten Getreide). 3. *von einer zusammenhängenden Fläche abgetrenntes, abgeteiltes Teilstück:* die 64 -er des Schachbretts; dieses Wappen hat eine weiße Lilie auf blauem F. 4. (Sport) *Spielfeld:* das F. beherrschen *(das Spiel bestimmen);* der spanische Meister wurde im F. *(Mittelfeld)* überlegen. 5. ⟨o. Pl.⟩ (veraltend) *Kriegsschauplatz, Schlachtfeld, Front:* (geh. verhüll.:) auf dem F., -e der Ehre bleiben; aus dem F. *(aus dem Krieg)* zurückkommen; die Soldaten ins F. schicken *(in den Krieg ziehen lassen, an die Front schicken);* Ü die Partei beschloss, den früheren Außenminister ins F. zu schicken; * **das F. behaupten** *(seine Stellung gegen seine Konkurrenten behaupten);* **das F. beherrschen** *(maßgebend, allgemein als maßgeblich anerkannt sein);* **das F. räumen** *(seine Stellung aufgeben, weichen, sich absetzen);* **das F. gewinnen** (veraltend; *siegen, Sieger werden, siegreich sein);* **jmdm. das F. streitig machen** *(mit jmdm. um etw., jmdn. kämpfen; jmdm. Konkurrenz machen);* **jmdm. das F. überlassen** *(sich zurückziehen u. dadurch jmdm. den Weg zu etw. frei machen);* **jmdn. aus dem F./-e schlagen** (geh.; *jmdn. besiegen*); **etw. ins F. führen** (geh.; *etw. als Argument anführen*); **gegen, für jmdn., etw. zu -e ziehen** (geh.; *gegen, für jmdn., etw. kämpfen*). 6. *Gebiet* (2), *Sach-, Tätigkeitsbereich, Forschungs-, Fachgebiet:* sein eigentliches F. ist die Neurochirurgie; R das ist ein weites F. *(das ist ein schwer überschaubarer Bereich, ein Thema, über das sich viel sagen ließe).* 7. (Physik) *Raum, in dem die von einem Stoff ausgehenden Kräfte wirksam sind:* ein elektromagnetisches F. 8. (Sport) *geschlossene Gruppe von Sportlern in einem Lauf od. Rennen; Gesamtheit der Teilnehmer an einem Lauf od. Rennen:* das F. anführen, von hinten aufrollen; im hinteren F. landen. 9. (Sprachw.) kurz für ↑Wortfeld: der Begriff des sprachlichen -es.

Feld|ar|beit, die [2: LÜ von engl. field-work, ↑Fieldwork]: 1. *Arbeit auf den Feldern* (2). 2. *Feldforschung.*

Feld|ar|til|le|rie, die (Milit.): *ungepanzerte Artillerie.*

Feld|aus|rüs|tung, die (Milit.): *Ausrüstung der Soldaten für den Dienst an der Front.*

Feld|bahn, die: *schmalspurige, leicht zu verlegende Bahn.*

Feld|bett, das [geb. nach ↑Feldstuhl]: *leicht zusammenlegbare u. transportable einfache Liege.*

Feld|blu|me, die: *auf Feldern* (1) *blühende Blume:* Feld- und Wiesenblumen.

Feld|boh|ne, die: *Saubohne.*

Feld|dieb|stahl, der: *Diebstahl von Feld-, Gartenfrüchten.*

Fẹld|dienst, der (Milit. früher): *Dienst der Truppe im Gelände (zur Übung u. im Gefecht).*

fẹld|dienst|fä|hig ⟨Adj.⟩ (Milit. früher): *zum Felddienst fähig, tauglich.*

feld|ein, feld|ein|wärts ⟨Adv.⟩: *in die Felder hinein.*

Fẹld|ei|sen|bahn, die: *Feldbahn.*

Fẹld|fla|sche, die (Milit.): *zur Feldausrüstung gehörende flache Flasche aus Blech zum Mitführen von Getränken.*

Fẹld|flur, die ⟨o. Pl.⟩: *zu einer Ortschaft gehörende Ackerfläche.*

Fẹld|for|schung, die [LÜ von engl. field research] (Soziol., Sprachw. u. a.): *systematisches, an Ort u. Stelle vorgenommenes Sammeln von wissenschaftlich auswertbaren Daten über Verhältnisse in der Wirklichkeit.*

Fẹld|frucht, die ⟨meist Pl.⟩: *auf dem Acker angebaute Kulturpflanze (Getreide, Hackfrüchte, Kartoffeln u. a.) im Gegensatz zu den Gartenfrüchten.*

Fẹld|gans, die: *im freien Gelände lebender Gänsevogel.*

Fẹld|gen|dar|me|rie, die ⟨o. Pl.⟩ (Milit. früher): *Heerestruppe, die im Krieg militärpolizeiliche Aufgaben wahrzunehmen hat.*

Fẹld|ge|schütz, das: *Geschütz der Feldartillerie.*

Fẹld|got|tes|dienst, der: *zu besonderen Anlässen od. im Krieg vom Militärgeistlichen im Freien abgehaltener Gottesdienst.*

fẹld|grau ⟨Adj.⟩: *die Farbe Feldgrau aufweisend.*

Fẹld|grau, das: *graue Farbe der deutschen Uniformen im Ersten u. Zweiten Weltkrieg.*

Fẹld|hand|ball, der ⟨o. Pl.⟩: *Handball* (1) *auf einem Spielfeld im Freien.*

Fẹld|ha|se, der: *auf Feldern lebender Hase mit graugelbem bis braunem Fell und weißlicher Bauchseite.*

Fẹld|heer, das: *aktiver [an der Front stehender] Teil des Heeres im Unterschied zu den Reservisten.*

Fẹld|herr, der (veraltet): *Oberbefehlshaber, Heerführer.*

Fẹld|herrn|blick, der: *strenger, unnachsichtiger, prüfend-forschender, ins Weite gehender Blick.*

Fẹld|herrn|wür|de, die: *Würde, Rang, Amt des Feldherrn.*

Fẹld|ho|ckey, das: *Hockey auf einem Spielfeld im Freien.*

Fẹld|huhn, das: *Hühnervogel mit kurzem Schwanz u. unbefiederten Läufen* (z. B. Rebhuhn, Wachtel).

Fẹld|hü|ter, der: *jmd., der Felder* (2) *bewacht; Flurschütz.*

Fẹld|jä|ger, der (Milit.): **1.** *Angehöriger der Feldjäger* (2). **2.** ⟨Pl.⟩ *(in der Bundeswehr) Führungstruppe, die den militärischen Verkehr zu regeln u. zu überwachen u. für die Aufrechterhaltung der Ordnung zu sorgen hat.*

Fẹld|kü|che, die (Milit.): *großer fahrbarer Kessel* (1 b) *für die Verpflegung der Soldaten bei Übungen od. im Einsatz.*

Fẹld|la|ger, das (früher): *Lager der im Feld* (5) *stehenden Truppen; Heerlager.*

Fẹld|la|za|rett, das (Milit.): *verlegbares Lazarett zur ärztlichen Behandlung u. Pflege von Verwundeten u. Kranken an der Front.*

Fẹld|mar|schall, der [nach frz. maréchal de camp] (früher): **a)** ⟨o. Pl.⟩ *höchster militärischer Dienstgrad [unter dem Generalfeldmarschall];* **b)** *Offizier dieses Dienstgrades.*

fẹld|marsch|mä|ßig ⟨Adj.⟩: *so geartet, wie es für den Einsatz an der Front vorgeschrieben ist.*

Fẹld|maß, das: *Flächenmaß für landwirtschaftlich genutzte Bodenflächen.*

Fẹld|maus, die: *auf Feldern in weit verzweigten Gängen lebende Wühlmaus mit gelblich braunem bis graubraunem Fell.*

Fẹld|mohn, der: *Klatschmohn.*

Fẹld|müt|ze, die (früher): *zum Dienst getragene Mütze des Soldaten.*

Fẹld|po|li|zei, die: **1.** *staatliche Institution zur Verhütung von Beschädigungen der Äcker und Wiesen, die durch Menschen od. Tiere verursacht werden können.* **2.** (Milit.) *Polizei, die für die öffentliche Ordnung u. Sicherheit im Kriegsgebiet sorgt.*

Fẹld|post, die: *Postwesen in Kriegszeiten, durch das die Postverbindungen zwischen Truppe u. Heimat sowie innerhalb der Truppen (tariffrei) hergestellt werden.*

Fẹld|post|brief, der: *mit der Feldpost geschickter Brief.*

Fẹld|rain, der: *Grasstreifen an der Grenze eines Feldes* (2).

Fẹld|sa|lat, der: *(wild wachsende u. in Gärten gezogene) Pflanze mit länglich ovalen, in Rosetten angeordneten Blättern, die als Salat gegessen werden; Rapunzel.*

Fẹld|schlacht, die (früher): *Kampfhandlungen bei einem militärischen Einsatz auf offenem Feld* (5).

Fẹld|schütz, der [vgl. [1]Schütz]: *Flurhüter.*

Fẹld|spat, der: *in vielen Formen vorkommendes farbloses od. helles gesteinsbildendes Mineral.*

Fẹld|spiel, das (Sport): **1.** ⟨o. Pl.⟩ *Spiel im Mittelfeld.* **2.** *auf dem Spielfeld im Freien stattfindendes Spiel.*

Fẹld|spie|ler, der: *(im Unterschied zum Torwart) im Spielfeld spielender Spieler:* wie viele F. dürfen ausgewechselt werden?

Fẹld|spie|le|rin, die: w. Form zu ↑Feldspieler.

Fẹld|stär|ke, die (Physik): *in einem Kraftfeld wirksame Kraft.*

Fẹld|ste|cher, der [älter auch: Stecher, viell. urspr. scherzh. Bez.]: *Fernglas.*

Fẹld|stein, der: *auf einem Acker liegender od. von dort (als störend) entfernter [größerer] Stein.*

Fẹld|stück, das [b: zu ↑Stück in der alten Bed. »Kanone« (ein Stück Geschütz)]: *Stück Feld* (2), *Acker.*

Fẹld|stu|die, die: *einzelne Studie innerhalb der Feldforschung.*

Fẹld|stuhl, der [umgedeutet aus älterem ↑Faltstuhl, zu ↑Feld (5)]: vgl. Feldbett.

Fẹld|übung, die (Milit.): *Manöver* (1).

Fẹld|ver|such, der: *Versuch unter realen Bedingungen; Erprobung in der praktischen Anwendung.*

Fẹld|ver|weis, der (Sport): *Ausschluss eines Spielers vom weiteren Spiel (als disziplinarische Maßnahme).*

Feld-Wald-und-Wie|sen- (ugs. leicht abwertend): drückt in Bildungen mit Substantiven aus, dass jmd. od. etw. nichts Spezielles od. Charakteristisches hat, ganz unspezifisch ist u. von allem ein bisschen umfasst: Feld-Wald-und-Wiesen-Dichter, Feld-Wald-und-Wiesen-Buchhandlung.

Fẹld|we|bel, der; -s, - [vgl. Feldweibel]: **1. a)** ⟨o. Pl.⟩ *höchster Dienstgrad eines Unteroffiziers (bis 1918);* **b)** ⟨o. Pl.⟩ *(in der Bundeswehr) unterster Dienstgrad eines Unteroffiziers mit Portepee;* **c)** *Träger des Dienstgrades »Feldwebel«.* **2.** (landsch. scherzh.) *bes. große Blume* (2 b). **3.** (ugs. abwertend) *energische, laute weibliche Person.*

Fẹld|we|bel|ton, der (abwertend): *scharfer, befehlender Ton:* einen F. anschlagen.

Fẹld|weg, der: *[unbefestigter] schmaler Weg, der zwischen Feldern* (2) *u. Wiesen hindurchführt.*

Fẹld|wei|bel, der [zu mhd. weibel, ahd. weibil = Gerichtsbote, zu: weibōn = sich hin u. her bewegen] (schweiz.): *Feldwebel* (1).

Fẹld|zei|chen, das (Milit. hist.): *Kennzeichen (Fahne, Standarte, Adler o. Ä.), das an der Spitze der einzelnen militärischen Formationen im kriegerischen Einsatz mitgeführt wird.*

Fẹld|zug, der: **1.** (Milit.) *Gesamtheit der Kampfhandlungen während eines bestimmten Zeitabschnitts gegen einen bestimmten Gegner.* **2.** *groß angelegte Aktion, Unternehmung, Kampagne:* einen breit angelegten F. zur Bekämpfung der Kriminalität einleiten.

Fẹlg|auf|schwung, der (Turnen): *Aufschwung mit einer ganzen Drehung um die Querachse des Körpers:* einen F. am Reck turnen.

[1]Fẹl|ge, die; -, -n [1: mhd. velge, ahd. felga = Kranz des Wagenrades, urspr. wohl = die Gebogene; 2: nach dem felgenähnlichen Kreisschwung der Beine]: **1.** *Teil des Rades, auf den der Reifen aufgezogen wird:* den Reifen auf die F. montieren, ziehen. **2.** (Turnen) *Felgumschwung.*

[2]Fẹl|ge, die; -, -n [zu mhd. velgen, ↑[2]felgen] (landsch.): *Brachland nach dem Umpflügen.*

[1]fẹl|gen ⟨sw. V.; hat⟩ (selten): *(ein Rad) mit einer [1]Felge* (1) *versehen.*

[2]fẹl|gen ⟨sw. V.; hat⟩ [mhd. velgen, verw. mit ↑[1]Felge] (landsch.): *(den Boden) auflockern, umpflügen.*

Fẹl|gen|brem|se, die (Technik): *Bremse, die auf die Felge eines Rades wirkt:* ein Fahrrad mit -n.

Fẹlg|um|schwung, der (Turnen): *Umschwung aus dem Stütz.*

Fẹll, das; -[e]s, -e [mhd., ahd. vel, urspr. = Haut (von Mensch u. Tier), verw. mit lat. pellis, ↑Pelz]: **1. a)** ⟨Pl. selten⟩ *dicht behaarte Haut (eines Säugetiers):* ein struppiges F.; einem Pferd das F. striegeln; einem Hasen das F. abziehen; *** nur/bloß noch F. und Knochen sein** (ugs.; ↑Haut 1 a); **jmdm./jmdn. juckt das F.** (salopp; *jmd. ist so übermütig, verhält sich so provozierend, dass ihm jeden Moment Prügel drohen*); **ein dickes F. kriegen/bekommen** (ugs.; *seelisch unempfindlich, abgehärtet werden*); **ein dickes F. haben** (ugs.; *seelisch unempfindlich, abgehärtet sein*); **sich ein dickes F. anschaffen** (ugs.; *sich seelisch unempfindlich machen, abhärten*); **jmdm. das F. über die Ohren ziehen** (salopp; *jmdn. übervorteilen, betrügen*); **jmdm. das F. gerben/versohlen** (salopp; *jmdn. verprügeln*); **nur sein eigenes F. anhaben** (ugs. scherzh.; *nackt sein*); **sein F. zu Markte tragen** (ugs.; ↑Haut 1 a); **das F. versaufen** (salopp; *im Anschluss an eine Beerdigung einen Umtrunk veranstalten*); **b)** *(als Rohmaterial dienendes) abgezogenes Fell:* -e gerben; *** jmdm. schwimmen die/alle -e davon/fort/weg** (ugs.; *jmds. Hoffnungen zerrinnen;* wahrsch. urspr. auf den [unachtsamen] Lohgerber bezogen, der früher die gegerbten Häute im Stadtbach wässerte): sie sah aus, als wären ihr alle -e davongeschwommen; **seine -e davon-/fort-/wegschwimmen sehen** (ugs.; *seine Hoffnungen in nichts zerrinnen sehen*); **c)** ⟨o. Pl.⟩ *aus einem od. mehreren Fellen* (1 b) *gewonnenes Material:* eine Mütze aus F. **2.** *[aus Tierhaut hergestellte] Bespannung einer Trommel o. Ä., für eine Trommel o. Ä.* **3.** (Skisport) *Steigfell.*

Fel|la|che, der; -n, -n [arab. fallāḥ, eigtl. = Pflüger]: *Angehöriger der Ackerbau treibenden Landbevölkerung im Vorderen Orient.*

Fel|la|chin, die; -, -nen: w. Form zu ↑Fellache.

fel|la|chisch ⟨Adj.⟩: *die Fellachen betreffend:* -e Folklore.

Fel|lah, der; -s, -s: *Fellache.*

Fel|la|tio, die; -, ...ones [...ne:s; zu lat. fellatum, 2. Part. von: fellare, ↑fellieren]: *Praktik sexueller Befriedigung, bei der der Penis des Geschlechtspartners in den Mund genommen u. mit Lippen, Zähnen u. Zunge gereizt wird.*

fel|la|ti|o|nie|ren ⟨sw. V.; hat⟩: *(einen Geschlechtspartner) durch Fellatio stimulieren [u. sexuell befriedigen].*

Fẹl|lei|sen, das; -s, - [spätmhd. velīs(en) < frz. valise < ital. valigia, H. u.] (veraltet): *Rucksack, Tornister.*

fel|lie|ren ⟨sw. V.; hat⟩ [lat. fellare, eigtl. = saugen]: *fellationieren.*

Fẹll|ja|cke, die: *Jacke aus Fell.*

Fẹll|klei|dung, die: *aus Fellen gefertigte [primitive] Kleidung.*

Fẹll|müt|ze, die: *Mütze aus Fell.*

Fel|low [ˈfɛloʊ], der; -s, -s [engl. fellow, eigtl. = Partner, Gefährte < aengl. fēolaga < anord. fēlagi = Teilhaber; Geschäftspartner, zu: fē = Vermögen, Besitz, verw. mit ↑Vieh]: **1. a)** *(in Großbritannien) mit Rechten u. Pflichten ausgestattetes Mitglied eines Colleges* (1 b); **b)** *(in Großbritannien) Inhaber eines Forschungsstipendiums;* **c)** *(in Großbritannien) Mitglied einer wissenschaftlichen Gesellschaft.* **2.** *(in den USA) Student höheren Semesters.*

Fel|low|ship [ˈfɛloʊʃɪp], die; -, -s [engl. fellowship, eigtl. = Kameradschaft]: **1.** *Status eines Fellows* (1). **2.** *Stipendium für graduierte Studierende an britischen u. amerikanischen Universitäten.*

Fẹll|stie|fel, der: *Stiefel aus Fell.*

Fe|lo|nie, die; -, -n [frz. félonie, zu: félon = eidbrüchig; Verräter < mlat. fello = Sklavenschinder, übertr. = böser, gemeiner Mensch, aus dem Germ.]: *vorsätzlicher Bruch des Treueverhältnisses zwischen Lehnsherr u. Lehnsmann.*

Fẹls, der; - [mhd. vels(e), ahd. felis, felisa; vgl. anord. fjall, fell = Berg, Fels]: *feste Masse harten Gesteins:* harter, brüchiger F.; der nackte *(unbedeckte, unbewachsene)* F.

Fẹls, der; -ens (älter: -en), -en (geh.): *Felsen:* er stand da wie ein F. *(unerschütterlich, unbeirrt)* [in der Brandung].

Fẹls|bild, das (meist Pl.): *in frühen Kulturen auf Felswände [von Höhlen] gemalte, in Felswände [von Höhlen] geritzte bildliche Darstellung.*

Fẹls|block, der ⟨Pl. ...blöcke⟩: *aus* [1]*Fels bestehender Block* (1).

Fẹls|bro|cken, der: vgl. Felsblock.

Fẹl|sen, der; -s, - [↑[1]Fels]: *größere, aufragende Masse fest in sich zusammenhängenden Gesteins:* ein steiler, schroffer F.; einen F. ersteigen.

Fẹl|sen|bein, das [für nlat. os petrosum = felsiger Knochen, da er aus sehr hartem Knochengewebe besteht] (Anat.): *doppelseitiger, zur Schädelbasis gehörender, das innere Ohr umschließender Teil des Schläfenbeins.*

Fẹl|sen|bucht, die: *von Felsen eingefasste Bucht.*

fẹl|sen|fẹst ⟨Adj.⟩: *ganz fest, unerschütterlich:* der -en Meinung sein, dass ...

Fẹl|sen|ge|bir|ge, das: *Gebirge, das reich an Felsen ist; felsiges Gebirge.*

Fẹl|sen|grab, das: *als Begräbnisplatz verwendete [natürliche] Felsenhöhle.*

Fẹl|sen|höh|le, die: *Höhle in Felsen, in felsigem Gestein.*

Fẹl|sen|in|sel, die: *felsige, aus Felsen, felsigem Gestein bestehende Insel.*

Fẹl|sen|kir|che, die: *zu einer Kirche ausgestaltete große Felsnische.*

Fẹl|sen|küs|te, die: *felsige Küste.*

Fẹl|sen|nest, das: *hoch in den Felsen gelegenes, schwer zugängliches Versteck; hoch in die Felsen gebaute, schwer zugängliche Burg.*

Fẹl|sen|riff, das: *Reihe zusammenhängender Klippen im Meer.*

Fẹl|sen|schlucht, die: *felsige Schlucht.*

Fẹl|sen|spit|ze, die: *spitzer Felsvorsprung.*

Fẹl|sen|ufer, das: *felsiges Ufer.*

Fẹl|sen|vor|sprung, der: *Felsvorsprung.*

Fẹl|sen|wand, die: *Felswand.*

Fẹls|ge|stein, das: [1]*Fels.*

Fẹls|grat, der: *oberste Kante eines Felsrückens.*

fẹl|sig ⟨Adj.⟩ [mhd. felseht]: **a)** *mit Felsen, Felsbrocken durchsetzt; steinig; reich an Felsen:* eine -e Landschaft; das Gelände ist sehr f.; **b)** *aus Fels[en] bestehend:* -e Gipfel, Höhen.

Fel|sit [auch: ...ˈzɪt], der; -s, -e [zu ↑[1]Fels in der Bed. »Feldspat«]: *Quarzporphyr, der reich an Glas ist u. wenige od. keine Einsprengsel enthält.*

Fẹls|klet|tern, das; -s: *das Klettern, Bergsteigen im Fels (im Unterschied zum Eisklettern).*

Fẹls|kup|pe, die: *aus* [1]*Fels bestehende Kuppe* (1).

Fẹls|ma|le|rei, die: vgl. Felsbild.

Fẹls|mas|se, die: *große Ansammlung, Masse von Felsen.*

Fẹls|mas|siv, das: *große, kompakte Felsmasse; felsiges Bergmassiv.*

Fẹls|na|del, die: *spitzer, steil aufragender Felsen.*

Fẹls|ni|sche, die: *Nische in einem Felsen, im Felsgestein.*

Fẹls|plat|te, die: *glatte, plattenförmige Fläche eines großen Felsens, im Felsgestein.*

Fẹls|rit|ze, die: *Ritze im Fels.*

Fẹls|rü|cken, der: *lang gestreckter, oberer Teil eines Berges aus felsigem Gestein.*

Fẹls|spalt, der, **Fẹls|spal|te,** die: *Spalte im Fels.*

Fẹls|sturz, der: **a)** *das Herabstürzen von Felsgestein;* **b)** *Stelle, an der sich Felsgestein gelöst hat u. herabgestürzt ist; steil abfallender Abhang im Felsgestein.*

Fẹls|vor|sprung, der: *vorspringender Felsen.*

Fẹls|wand, die: *Seite eines steil aufragenden Felsens; aus Fels bestehender steiler Abhang.*

Fẹls|zeich|nung, die: vgl. Felsbild.

Fe|lu|ke, die; -, -n [frz. felouque < span. falucho, zu: falúa = [2]Gig (1), viell. aus dem Arab.]: **a)** *im Mittelmeer verwendetes Küstenfahrzeug mit zwei Masten u. einem dreieckigen Segel;* **b)** (früher) *kleines Kriegsschiff in Form einer Galeere.*

Fe|me, die; -, -n [mhd. veime, mniederd. veime, vēme, H. u.]: **1.** *(bes. vom 13.–15. Jh. in Westfalen) mittelalterliches Sondergericht, das besonders schwere Straftaten aburteilt.* **2.** *geheime gerichtsähnliche Versammlung, die über die Ermordung von politischen Gegnern u. Verrätern in den eigenen Reihen entscheidet.*

Fe|me|ge|richt, Femgericht, das: *Feme* (1, 2).

Fe|mel, [1]Fimmel, der; -s [zu lat. femella = Weibchen (da man die kleineren männlichen Pflanzen zuerst für die weiblichen hielt), Vkl. von: femina, ↑feminin] (Landw.): *männlicher Hanf.*

fe|meln, fimmeln [zu ↑Femel] ⟨sw. V.; hat⟩: *die bereits reifen männlichen Hanfpflanzen im Voraus ernten.*

Fe|me|mord, der: *aufgrund des Spruches einer Feme* (2) *durchgeführter [politischer] Mord.*

Fem|ge|richt: ↑Femegericht.

fe|mi|nie|ren ⟨sw. V.; ist⟩ [zu lat. femina, ↑feminin] (Med., Zool.): *(von Männern bzw. männlichen Tieren) infolge eines Eingriffs in den Hormonhaushalt, einer bestimmten Krankheit, einer Kastration o. Ä. verweiblichen* (1).

fe|mi|nin ⟨Adj.⟩ [lat. femininus, zu: femina = Frau, verw. mit: fel(l)lare (↑fellieren) u. eigtl. = die Säugende od. viell. = die sich saugen Lassende]: **1. a)** *für die Frau charakteristisch, weiblich:* -e Körperfunktionen; **b)** *das Weibliche betonend:* ein -es Parfüm; eine gute -e Figur; **c)** (oft abwertend) *(als Mann) nicht die charakteristischen Eigenschaften eines Mannes habend, nicht männlich, zu weich, weibisch:* ein -er Mann, Typ. **2.** (Sprachw.) *mit weiblichem Geschlecht:* ein -es Substantiv.

Fe|mi|ni|num [auch: femiˈniːnʊm], das; -s, ...na [lat. (genus) femininum] (Sprachw.): **a)** *Substantiv, das weibliches Geschlecht hat;* **b)** ⟨o. Pl.⟩ *weibliches Geschlecht eines Nomens:* das F. dient nicht nur zur Bezeichnung von Lebewesen.

Fe|mi|nis|mus, der; -, ...men: **1.** ⟨o. Pl.⟩ *Richtung der Frauenbewegung, die, von den Bedürfnissen der Frau ausgehend, eine grundlegende Veränderung der gesellschaftlichen Normen (z. B. der traditionellen Rollenverteilung) u. der patriarchalischen Kultur anstrebt.* **2.** (Med., Zool.) *das Vorhandensein od. die Ausbildung weiblicher Geschlechtsmerkmale beim Mann od. bei einem männlichen Tier; Verweiblichung.*

Fe|mi|nist, der; -en, -en ⟨meist Pl.⟩: *Anhänger des Feminismus* (1).

Fe|mi|nis|tin, die; -, -nen: *Vertreterin des Feminismus* (1).

fe|mi|nis|tisch ⟨Adj.⟩: **1.** *den Feminismus* (1) *betreffend:* -e Literatur, Theologie. **2.** *den Feminismus* (2) *betreffend, weibisch.*

Femme fa|tale [famfaˈtal], die; - -, -s -s [famfaˈtal; frz. = verhängnisvolle Frau, aus: femme = Frau < lat. femina (↑feminin) u. fatale, Femininum von: fatal = verhängnisvoll < lat. fatalis, ↑fatal] (bildungsspr.): *Frau mit Charme u. Intellekt, die durch ihren extravaganten Lebenswandel u. ihr verführerisches Wesen ihren Partnern häufig zum Verhängnis wird.*

Fem|to- [zu schwed. femton = fünfzehn] (Physik) ⟨Best. in Zus. mit der Bed.⟩: *der* 10^{15}*te Teil einer Einheit* (Zeichen: f).

Fem|to|fa|rad, das; -[s], -: *ein billiardstel Farad* (Zeichen: f^F).

Fem|to|me|ter, der od. das; -s, -: *ein billiardstel Meter* (Zeichen: fm).

Fẹn|chel, der; -s [mhd. ven(i)chel, ahd. fenihhal < lat. feniculum, zu: fenum = Heu (nach seinem Heugeruch)]: *(zu den Doldenblütlern gehörende) gelb blühende, würzig riechende, feinblättrige Pflanze, die als Arznei-, Gewürz- u. Gemüsepflanze angebaut wird.*

Fẹn|chel|öl, das: *aus den Früchten des Fenchels destilliertes ätherisches Öl, das als Aromastoff u. zu medizinischen Zwecken verwendet wird.*

Fẹn|chel|tee, der: *aus den Samen des Fenchels hergestellter Tee.*

Fen|dant [fãˈdãː], der; -s [frz. fendant, subst. 1. Part. von: (se) fendre = platzen, sich spalten (da die Beeren der gleichnamigen Traubensorte unter den Zähnen zerplatzen)]: *Weißwein aus dem Wallis.*

Fẹn|der, der; -s, - [engl. fender, eigtl. = Abwehrer, zu lat. defendere = abwehren] (Seew.): *aus Tau, Kork, einem Reifen o. Ä. bestehende Vorrichtung, die an der Außenwand eines Schiffes befestigt wird, um (z. B. beim Anlegen) Stöße gegen die Kaimauer o. Ä. zu dämpfen.*

Fe|nek: ↑Fennek.

Fe|ni|er, der; -s, -s [engl. Fenian, nach der sagenhaften altirischen Kriegertruppe der Fianna]: *Angehöriger eines von der 2. Hälfte des 19. bis zum Anfang des 20. Jh.s für die Trennung Irlands von Großbritannien eintretenden irischen Geheimbundes.*

Fẹnn, das; -[e]s, -e [mniederd. venne = Sumpf-, Moorland, vgl. ahd. fenne = Sumpf, H. u.] (bes. nordd.): *Moor, Sumpf[land].*

Fẹn|nek, Fenek, der; -s, -s u. -e [arab. fanak]: *kleines, einem Fuchs ähnliches Raubtier mit langem, wolligem Fell, buschigem Schwanz u. außergewöhnlich großen Ohren; Wüstenfuchs.*

Fen|no|skạn|dia, Fen|no|skạn|di|en; -s [zu Scandia, im Mlat. wohl Name Schwedens]: **1.** Skandinavien einschließlich Dänemarks u. Finnlands. **2.** (Geol.) *Scholle* (3), *die das östliche Skandinavien u. Teile des nördlichen Osteuropas sowie bestimmte Gebiete des westlichen Skandinaviens umfasst.*

fen|no|skạn|disch ⟨Adj.⟩: *Fennoskandia, Fennoskandien* (1, 2) *betreffend, dazu gehörend.*

Fẹns|ter, das; -s, - [mhd. venster, ahd. fenstar < lat. fenestra; 3: LÜ von engl. window]: **1. a)** *meist verglaste Öffnung, die Licht [u. Luft] in einen geschlossenen Raum dringen lässt:* ein vergittertes F.; das F. geht auf die Straße hinaus; aus dem F. sehen, fallen; die Nachbarn lagen alle in den -n *(stützten sich mit den Armen auf die Fensterbank u. sahen hinaus);* Ü ein Briefumschlag mit F. *(Fensterbriefumschlag);* * **sich [zu] weit aus dem Fenster lehnen/hängen** *(sich [zu] weit vorwagen, sich [zu] sehr exponieren);* **aus dem/zum F. hinausreden, -sprechen** (1. *vergeblich, erfolglos reden, sprechen.* 2. *scheinbar nur um der Sache willen, in Wahrheit aber für die Öffentlichkeit propagandistisch, manipulierend reden, sprechen*); **weg vom F. sein** (ugs.; *[von der Öffentlichkeit] nicht mehr beachtet sein, abgeschrieben, nicht mehr gefragt sein*); **b)** *zum Verschließen der Fensteröffnung dienendes gerahmtes Glas:* ein eingeschlagenes F.; das F. ist blind geworden; die F. putzen; Ü mit dieser Maßnahme hat der Staat endlich wieder ein F. zur Welt geöffnet *(Beziehungen mit der übrigen Welt möglich gemacht).* **2.** (ugs.) kurz für ↑Schaufenster: etw. ins F. stellen. **3.** (EDV) *auf dem Bildschirm eines Computers eingebautes rechteckiges Feld, das dazu dient, Textteile, Teile eines Programmes* (4) *od. andere Informationen zusätzlich auf der Benutzeroberfläche darzustellen [u. zu bearbeiten].*

Fẹns|ter|an|gel, die: vgl. Angel (2).

fẹns|ter|ar|tig ⟨Adj.⟩: *wie ein Fenster, in der Art eines Fensters gestaltet:* eine -e Maueröffnung.

Fẹns|ter|bank, die ⟨Pl. ...bänke⟩: **1.** *Brett od. Platte aus Holz, Stein o. Ä., mit dem die obere Fläche der Fensterbrüstung verkleidet ist.* **2.** *Sitzbank in einer Fensternische.*

Fẹns|ter|bo|gen, der (Archit.): *oberer Teil eines Bogenfensters.*

Fẹns|ter|brett, das: *Fensterbank* (1).

F

Fens|ter|brief|um|schlag, der: *Briefumschlag mit rechteckiger durchsichtiger Stelle, an der die auf dem Briefpapier stehende Anschrift sichtbar ist.*

Fens|ter|brüs|tung, die: *unterhalb eines Fensters liegender Teil einer Wand.*

Fens|ter|flü|gel, der: *Flügel* (2 a) *eines Fensters.*

Fens|ter|front, die: *Front eines Hauses, die von zahlreichen Fenstern durchbrochen ist.*

Fens|ter|gips, der: *Gipsverband, der eine Öffnung für die Behandlung einer Wunde frei lässt.*

Fens|ter|git|ter, das: *schmiedeeisernes Gitter vor od. in der Fensteröffnung als Schutz gegen Einbrecher.*

Fens|ter|glas, das: **a)** ⟨o. Pl.⟩ *für die Fensterfüllung verwendetes Glas;* **b)** ⟨Pl. ...gläser⟩ *ungeschliffenes, keine optische Verstärkung, Vergrößerung o. Ä. bewirkendes Glas.*

Fens|ter|griff, der: *Griff zum Öffnen u. Schließen des Fensters.*

Fens|ter|höh|le, die (geh.): *Fenster ohne Glas u. Rahmen [das leer u. hohl wirkt].*

Fens|ter|kitt, der: *Kitt, mit dem die Fensterscheiben im Rahmen befestigt werden.*

Fens|ter|kreuz, das: *sich kreuzende Stützhölzer, die den Fensterflügel in vier Flächen unterteilen.*

Fens|ter|kur|bel, die: vgl. Fenstergriff.

Fens|ter|la|den, der: *meist aus Holz gefertigte, schwenkbare Vorrichtung an der Außenwand, mit der ein Fenster geschützt od. verdunkelt werden kann:* geschlossene Fensterläden.

Fens|ter|le|der, das: *Lappen aus weichem, dünnem Leder zum Fensterputzen.*

fens|terln ⟨sw. V.; hat⟩ (südd., österr.): *nachts zu einem Mädchen ans Fenster gehen [u. durchs Fenster zu ihm ins Zimmer klettern].*

fens|ter|los ⟨Adj.⟩: *keine Fenster habend.*

Fens|ter|lu|ke, die: *lukenartiges Fenster.*

Fens|ter|ni|sche, die: *Nische, in der sich ein Fenster befindet.*

Fens|ter|öff|nung, die: *für ein Fenster bestimmte, als Fenster dienende Öffnung in einer Wand.*

Fens|ter|platz, der: *(bes. in öffentlichen Verkehrsmitteln) Sitzplatz am Fenster.*

Fens|ter|put|zer, der: *jmd., der Fensterscheiben reinigt* (Berufsbez.).

Fens|ter|put|ze|rin, die; -, -nen: w. Form zu ↑Fensterputzer.

Fens|ter|rah|men, der: **a)** *in der Mauer verankerter äußerer Rahmen, an dem die Fensterflügel befestigt sind;* **b)** *meist beweglich angebrachter innerer Rahmen, in dem die Glasscheiben befestigt sind.*

Fens|ter|re|de, die: *großspurige, propagandistische [aber wirkungslose, erfolglose] Rede, Ansprache.*

Fens|ter|ro|se, die (Archit.): *großes, rundes, mit Maßwerk ausgefülltes, oft buntes Kirchenfenster (der Gotik); Rosette* (1 b).

Fens|ter|schei|be, die: *in den Fensterrahmen* (b) *eingesetzte Glasscheibe.*

Fens|ter|schnal|le, die (österr.): *Fenstergriff.*

Fens|ter|sims, der od. das: *in der Höhe der Fensterbank sitzender Sims an der Außenseite des Fensters.*

Fens|ter|stock, der ⟨Pl. ...stöcke⟩ (österr.): *Fensterrahmen* (a).

Fens|ter|sturz, der: **1.** ⟨Pl. ...stürze⟩ *Sturz aus einem Fenster:* einen F. überleben. **2.** ⟨Pl. -e u. ...stürze⟩ (Archit.) *Sturz* (4) *des Fensters.*

Fens|ter|ver|band, der (Med.): *fester Verband, der eine Öffnung für die Behandlung einer Wunde frei lässt.*

Fens|ter|ver|gla|sung, die: *Verglasung* (2) *eines Fensters* (1 a).

Fens|ter|zar|ge, die (Bauw.): *Zarge eines Fensters, für ein Fenster.*

Fenz, die; -, -en [engl. fence, gek. aus: defence = Verteidigung]: bes. von Deutschamerikanern verwendete Bez. für *Zaun, Hecke, Einfriedung.*

fen|zen ⟨sw. V.; hat⟩: *mit einer Fenz umgeben; einfrieden.*

Fer|ge, der; -n, -n [mhd. ver(i)ge, verje, ahd. fer(i)go, ferio, zu: far = Überfahrtstelle, wohl verw. mit ahd. ferian, ↑Fähre] (dichter. veraltet): *Fährmann, Schiffer.*

ferg|gen ⟨sw. V.; hat⟩ [zusgez. aus mhd. vertigen (↑fertigen), eigtl. = reisefertig machen] (schweiz. früher): *abfertigen, fortschaffen, spedieren:* er hatte schon die Hälfte des Hausrats geferggt.

Fe|ria, die; -, ...iae [...ie; mlat. feria = Gebetsfeiertag; Wochentag, Sg. von lat. feriae, ↑Ferien]: *(in der römisch-katholischen Liturgie) Wochentag im Gegensatz zum Sonn- u. Feiertag.*

fe|ri|al ⟨Adj.⟩ [mlat. ferialis = festlich] (österr.): *zu den Ferien gehörend, frei, unbeschwert:* eine -e Stimmung.

Fe|ri|al|ar|beit, die (österr.): *Ferienarbeit.*

Fe|ri|al|da|tie|rung, die [zu mlat. feria = Wochentag]: *(vom 13. bis 16. Jh. übliche) Art der Datierung, bei der die Wochentage auf ein Heiligenfest bezogen werden* (z. B. Dienstag vor Martini = Dienstag vor dem 11. November).

Fe|ri|al|ko|lo|nie, die (österr.): *Ferienkolonie.*

Fe|ri|al|kurs, der (österr.): *Ferienkurs.*

Fe|ri|al|tag, der (österr.): *Ferientag.*

Fe|ri|en ⟨Pl.⟩ [lat. feriae = Festtage, Ruhetage, urspr. = die für religiöse Handlungen bestimmten Tage, mit: fanum (↑fanatisch) u. festus (↑Fest) zu einem Subst. mit der Bed. »religiöse Handlung«]: **a)** *mehrere zusammenhängende Tage od. Wochen dauernde, der Erholung dienende, turnusmäßig wiederkehrende Arbeitspause einer Institution (z. B. der Schule, der Hochschule, des Gerichts od. des Parlaments):* die großen F. *(die langen Sommerferien der Schulen);* wir haben F.; das Parlament geht in die F.; **b)** *Urlaub:* F. an der See; in die F. fahren; Ü Mutter braucht dringend einmal F. von der Familie; * **F. vom Ich** *(das Losgelöstsein vom Alltag, von sich selbst; zeitlich begrenzte Abkehr, völlige Entspannung vom Alltagsleben;* wohl nach dem gleichnamigen Roman von P. Keller, 1873–1932).

Fe|ri|en|ar|beit, die: **1.** *Arbeit, die von Schüler[inne]n od. Studierenden für den Zeitraum der Ferien angenommen wird:* sich durch F. Geld verdienen. **2.** *Arbeit, die während der Ferien zu Hause erledigt werden muss.*

Fe|ri|en|auf|ent|halt, der: **1.** *Aufenthalt während der Ferien:* ich kenne die Stadt von einem F. **2.** (selten) *Ort, an dem jmd. sich während seiner Ferien aufhält.*

Fe|ri|en|be|ginn, der: *Beginn der Ferien, der Ferienzeit.*

Fe|ri|en|dorf, das: *größerer, eine Einheit darstellender Geländekomplex mit Ferienhäusern [die an Urlauber vermietet werden].*

Fe|ri|en|en|de, das: vgl. Ferienbeginn.

Fe|ri|en|gast, der: *jmd., der seine Ferien als Gast in einem Hotel, einer Pension, einem Privatquartier o. Ä. verbringt.*

Fe|ri|en|haus, das: *für Ferienaufenthalte bestimmtes Haus:* ein F. haben, mieten.

Fe|ri|en|job, der: *Ferienarbeit* (1).

Fe|ri|en|kind, das: *Kind, das seine Ferien bes. an der See od. auf dem Land bei einer anderen Familie, in einem Heim o. Ä. verbringt.*

Fe|ri|en|klub, der: *größere, eine Einheit darstellende Anlage* (3) *mit klubähnlichem Charakter, in der jmdm., der hier seinen Urlaub verbringt, vor allem Animation* (1) *geboten wird.*

Fe|ri|en|ko|lo|nie, die: *Einrichtung für Ferienaufenthalte auf dem Land od. an der See, in der Kinder u. Jugendliche erzieherisch betreut werden.*

Fe|ri|en|kurs, der: **1.** (Hochschulw.) *an einer Hochschule während der vorlesungsfreien Zeit stattfindende [Lehr]veranstaltungen für ausländische Studierende.* **2.** *[im Ausland stattfindender] Sprachkurs (bes. für Schüler).*

Fe|ri|en|la|ger, das: *Lager, in dem Kinder u. Jugendliche ihre Ferien verbringen.*

Fe|ri|en|lek|tü|re, die: *[leichte] Lektüre für die Ferien.*

Fe|ri|en|ort, der ⟨Pl. -e⟩: **1.** *Ort, an dem man seine Ferien verbringt.* **2.** *Ortschaft, in der viele Leute ihre Ferien verbringen.*

Fe|ri|en|pa|ra|dies, das: *idealer Urlaubsort.*

Fe|ri|en|park, der: *eigens für Urlauber angelegter Komplex mit Häusern, Wohnungen usw.*

Fe|ri|en|plä|ne ⟨Pl.⟩: *Pläne, die die Gestaltung der Ferienzeit betreffen:* F. machen, schmieden.

Fe|ri|en|rei|se, die: *Reise, die jmd. in den Ferien macht:* eine F. ans Meer, ins Gebirge machen.

Fe|ri|en|spie|le ⟨Pl.⟩: *Veranstaltungen während der Ferienzeit am Heimatort für die zu Hause gebliebenen Schulkinder.*

Fe|ri|en|stim|mung, die: *gelöste, heitere Stimmung, wie sie sich gewöhnlich einstellt, wenn man Ferien hat, bekommt.*

Fe|ri|en|tag, der: *Tag in den Ferien.*

Fe|ri|en|woh|nung, die: vgl. Ferienhaus.

Fe|ri|en|zeit, die: *Zeit der Ferien.*

Fer|kel, das; -s, - [mhd. verkel(în), verhel(în), ahd. farhili(n), Vkl. von: far(a)h = (junges) Schwein, eigtl. = Wühler]: **1.** *junges Hausschwein:* ein rosiges, quiekendes F. **2.** (oft als Schimpfwort) **a)** *Mensch, der nicht auf Sauberkeit achtet:* das F. wäscht sich nie; **b)** *jmd., der sich unanständig, anstößig benimmt.*

Fer|ke|lei, die; -, -en (ugs. abwertend): *schmutzige Bemerkung od. Handlung:* lass doch diese -en!

fer|keln ⟨sw. V.; hat⟩: **1.** *(von der Sau) Junge gebären.* **2.** (ugs.) **a)** (abwertend) *schmutzige Bemerkungen machen; sich unanständig benehmen;* **b)** *etw., bes. beim Essen, in unachtsamer Weise beschmutzen.*

Fer|kel|zucht, die: *Zucht* (1 a, c) *von Ferkeln.*

ferm ⟨Adj.⟩ [ital. fermo = fest < lat. firmus, ↑firm] (österr. ugs.): *firm.*

fer|ma|men|te ⟨Adv.⟩ [ital., zu: fermare, ↑Fermate] (Musik): *sicher, fest, kräftig.*

Fer|ma|te, die; -, -n [ital. fermata, eigtl. = Halt, Aufenthalt, zu: fermare = anhalten, befestigen < lat. firmare, ↑firmen] (Musik): **a)** *Zeichen der musikalischen Notation über einer Note od. einer Pause, die dadurch auf eine nicht genau festgelegte Zeit verlängert wird;* Zeichen: 𝄐; **b)** *durch eine Fermate* (a) *verlängerte Note od. Pause:* eine F. spielen.

Ferme [fɛrm], die; -, -n [...mən; (a)frz. ferme, ↑Farm]: frz. Bez. für *Bauernhof, Pachtgut.*

Fer|ment, das; -s, -e [lat. fermentum = Gärung; Gärstoff, eigtl. = Quellendes, (Auf)wallendes, urverw. mit ↑Bärme] (veraltet): *Enzym.*

Fer|men|ta|ti|on, die; -, -en: **1.** *chemische Umwandlung von Stoffen durch Bakterien u. Enzyme.* **2.** *biochemisches Verfahren zur Entwicklung des Aromas in Lebens- u. Genussmitteln.*

fer|men|ta|tiv ⟨Adj.⟩: *durch Enzyme hervorgerufen:* ein -er Abbau.

Fer|men|ter, der; -s, -: *meist geschlossener Behälter unterschiedlicher Größe aus Glas od. Stahl zur Durchführung biochemischer Reaktionen, bes. zur Massenproduktion von Mikroorganismen in Forschung u. Industrie.*

fer|men|tie|ren ⟨sw. V.; hat⟩ [lat. fermentare = gären machen, zu: fermentum, ↑Ferment]: *durch Fermentation* (2) *veredeln:* Tee f.

Fer|ment|man|gel, der (veraltet): *Mangel an Enzymen.*

Fer|mi|um, das; -s [nach dem ital. Physiker E. Fermi (1901–1954)]: *zu den Transuranen gehörendes radioaktives Metall (chemisches Element;* Zeichen: Fm).

fern [mhd. verren, ahd. ferrana = (von) fern, Ersatz des Adv. mhd. ver(re), ahd. ferro, zu ↑ver-]: **I.** ⟨Adj.⟩ **1.** *weit entfernt, in großer Entfernung befindlich:* -e Länder; -es Donnern; f. von der Heimat sein; der Geruch soll Mücken f. halten; er hat den Kranken f. gehalten *(nicht in Kontakt kommen lassen);* von solchem Treiben, solchen Leuten halte ich mich f. *(solches Treiben, solche Leute meide ich);* etwas von f. beobachten; Ü von f. *(aus der Distanz mit nüchterner Überlegung)* betrachtet, sieht das ganz anders aus; es liegt mir f. *(liegt nicht in meiner Absicht, kommt für mich nicht infrage),* das zu tun; solche Überlegungen lagen ihm völlig f.; R das sei f. von mir! *([Gott] behüte!).* **2. a)** *weit zurückliegend, lange vergangen:* -e Vergangenheit; Erinnerungen an -e Kriegstage; **b)** *in weiter Zukunft liegend:* in -ster Zukunft; der Tag ist nicht mehr f.; diese Hoffnung ist -er gerückt denn je. **II.** ⟨Präp. mit Dativ⟩ (geh.) *weit entfernt von:* f. der Heimat; f. allem Trubel leben.

fern: **1.** drückt in Bildungen mit Substantiven aus, dass die beschriebene Person od. Sache nicht auf jmdn., etw. gerichtet, an jmdm., etw. orientiert ist: bürger-, staats-, zivilisationsfern. **2.** drückt in Bildungen mit Substantiven aus, dass die beschriebene Sache einen gewissen Abstand zu etw. hat: hals-, körperfern.

ern|ab (geh.): **I.** ⟨Adv.⟩ *weit entfernt, in weiter Ferne:* das Haus ist f. [von der Straße] gelegen. **II.** ⟨Präp. mit Gen.⟩ *weit entfernt von, in großer Entfernung von:* f. der Heimat.

ẹrn|amt, das (früher): *Vermittlungsstelle für Fern- u. Auslandsgespräche.*

ẹrn|an|schluss, der: **1.** (Eisenb.) *Anschluss an den Fernverkehr.* **2.** (Postw.) *Anschluss über Fernleitung.*

ẹrn|auf|nah|me, die (Fot.): *Aufnahme eines Objekts aus größerer Entfernung mit Teleobjektiv.*

ẹrn|aus|lö|ser, der (Fot.): *Einrichtung, die das Auslösen des Kameraverschlusses von einer von der Kamera entfernt liegenden Stelle aus ermöglicht.*

ẹrn|be|ben, das: *Erdbeben mit sehr weit entferntem Epizentrum.*

ern|be|die|nen ⟨sw. V.; hat; nur im Inf. u. 2. Part. gebr.⟩: *(ein elektronisches Gerät, eine Maschine) mithilfe einer entsprechenden Einrichtung aus einiger Entfernung bedienen.*

ẹrn|be|die|nung, die: **1.** *das Fernbedienen.* **2.** *die Fernbedienung* (1) *ermöglichende Vorrichtung; kleines elektronisches Gerät zur Fernbedienung* (1): die F. des CD-Players ist defekt.

ern|be|heizt ⟨Adj.⟩: *ferngeheizt:* eine -e Wohnung.

ern|blei|ben ⟨st. V.; ist⟩ (geh.): *(an etw.) nicht teilnehmen:* dem Unterricht [unentschuldigt] f.; ⟨subst.:⟩ er wurde wegen unentschuldigten Fernbleibens von der Arbeit abgemahnt.

ẹrn|blick, der: *über weite Entfernungen reichender Ausblick:* bei klarem Wetter hat man von hier einen herrlichen F.

ẹrn|bril|le, die: *Brille, die den Sehfehler der Kurzsichtigkeit korrigiert u. dadurch ein besseres Sehen in die Ferne ermöglicht.*

ẹr|ne ⟨Adv.⟩ (geh. veraltend): ↑fern (I).

ẹr|ne, die; -, -n [frühnhd. für mhd. virre, ahd. ferrī]: **1.** ⟨o. Pl.⟩ **a)** *räumliche Entfernung, Distanz, größerer Abstand:* etw. aus der F. betrachten, in weiter F. erblicken; eine Brille für die F.; **b)** (geh.) *entfernte Gegend; entferntes, unbekanntes Land, Gebiet; Fremde:* ein Gruß aus der F.; in die F. ziehen. **2.** ⟨Pl. selten⟩ **a)** *weit zurückliegende Vergangenheit:* das Ereignis liegt schon in weiter F.; **b)** *ferne Zukunft:* eine Lösung des Problems scheint noch in weiter F. zu liegen.

ẹr|ner [eigtl. Komp. von ↑fern, dafür mhd. verrer, ahd. ferrōr]: **I.** ⟨Adv.⟩ (geh.) *in Zukunft, künftig, weiterhin:* an diesem Brauch werden wir auch f. festhalten. **II.** ⟨Konj.⟩ *außerdem, des Weiteren:* wir brauchen eine Zange und einen Bohrer, f. einige Dübel und Schrauben; Ü er rangiert unter »f. liefen« (ugs.; *nimmt einen untergeordneten Platz ein, ist von nur untergeordneter Bedeutung*).

ẹr|ner, der; -s, - [zu mundartl. fern = firn; eigtl. = Schnee vom vorigen Jahr] (südd., österr.): *Gletscher.*

er|ner|hin [auch: '- -'-]: **I.** ⟨Adv.⟩ *ferner* (I): darum werden wir uns auch f. bemühen. **II.** ⟨Konj.⟩ *ferner* (II): das hatte f. zur Folge, dass man sie entließ.

er|ners (österr. veraltet): **I.** ⟨Adv.⟩ *ferner* (I). **II.** ⟨Konj.⟩ *ferner* (II).

ẹrn|fah|rer, der: *Fahrer eines Fernlastwagens, -zuges.*

Fẹrn|fah|re|rin, die: w. Form zu ↑Fernfahrer.

Fẹrn|fahrt, die: **1.** *über eine weite Strecke führende Fahrt mit dem Fernlastwagen od. -zug.* **2.** (Sport) *über eine weite Strecke führende Wettfahrt von Autos, Motor- od. Fahrrädern.*

fẹrn|ge|lenkt ⟨Adj.⟩: *mit einer Fernlenkung ausgestattet.*

Fẹrn|ge|spräch, das: *über den Nahbereich hinausgehendes Telefongespräch.*

fẹrn|ge|steu|ert ⟨Adj.⟩: vgl. ferngelenkt.

Fẹrn|glas, das ⟨Pl. ...gläser⟩ [Anfang des 17. Jh.s zuerst für das in den Niederlanden erfundene einrohrige Teleskop, niederl. verrekijker]: *handliches Fernrohr mit doppeltem Okular.*

fẹrn|gu|cken ⟨sw. V.; hat⟩ (ugs.): *fernsehen.*

fern hal|ten: s. fern (I 1).

Fẹrn|han|del, der: *Handel mit weit entfernt liegenden Ländern od. Gebieten.*

fẹrn|hei|zen ⟨sw. V.; nur im Inf. u. 2. Part. gebr.⟩: *durch Fernheizung mit Wärme versorgen.*

Fẹrn|hei|zung, die: *[Anlage zur] Heizung von Gebäudegruppen, die von einer zentralen Stelle aus über Rohrleitungen mittels Wasser od. Dampf mit Wärme versorgt werden.*

Fẹrn|heiz|werk, das: *zentrale Stelle, an der die Wärme für die Fernheizung erzeugt wird.*

fern|hẹr ⟨Adv.⟩ (geh.): *aus weiter Ferne; weither.*

fern|hịn ⟨Adv.⟩ (geh.): *in weite Entfernung; weithin:* f. hörte man das Läuten der Glocken.

Fẹrn|ko|pie, die: *Fax.*

fẹrn|ko|pie|ren ⟨sw. V.; hat⟩: *faxen.*

Fẹrn|ko|pie|rer, der: *Faxgerät.*

Fẹrn|kurs, Fẹrn|kur|sus, der: *Kurs[us], bei dem der Lernende ohne persönlichen Kontakt mit dem Lehrenden durch Briefe, Fernseh- od. Rundfunksendungen unterrichtet wird.*

Fẹrn|las|ter, der (ugs.): *Fernlastwagen, -zug.*

Fẹrn|last|wa|gen, der: *Lastkraftwagen für den Transport von Gütern über weite Strecken.*

Fẹrn|last|zug, der: *Fernlastwagen mit Anhänger.*

Fẹrn|lehr|gang, der: *Fernkurs.*

Fẹrn|lei|he, die: **1.** *für den Fernleihverkehr zuständige Dienststelle einer Bibliothek.* **2.** *Fernleihverkehr.*

Fẹrn|leih|ver|kehr, der: *zwischen öffentlichen Bibliotheken stattfindender leihweiser Austausch von Büchern.*

Fẹrn|lei|tung, die: *große Entfernungen überbrückende Leitung.*

fẹrn|len|ken ⟨sw. V.; hat; bes. im Inf. u. 2. Part. gebr.⟩: *durch Fernlenkung steuern.*

Fẹrn|len|kung, die: *meist über Funk erfolgende Lenkung eines [unbemannten] Land-, Luft- od. Wasserfahrzeuges von einer entfernten Stelle aus.*

Fẹrn|licht, das (Kfz-W.): *nicht abgeblendetes Scheinwerferlicht:* das F. einschalten.

fern lie|gen, lie|gend: s. fern (I 1).

Fẹrn|mel|de|amt, das: *Dienststelle für das Fernmeldewesen.*

Fẹrn|mel|de|an|la|ge, die: *technische Einrichtung, die Informationen in elektrische Signale verwandelt und überträgt.*

Fẹrn|mel|de|dienst, der: *für das Fernmeldewesen zuständiger Dienst.*

Fẹrn|mel|de|geheim|nis, das: vgl. Postgeheimnis.

Fẹrn|mel|de|mast, der: *Mast zur oberirdischen Führung von Leitungen, die dem Fernmeldeverkehr dienen.*

Fẹrn|mel|de|netz, das: *Gesamtheit der Vermittlungs- u. Übertragungseinrichtungen, die es den Teilnehmern ermöglichen, beliebig miteinander fernmündlich, fernschriftlich od. über Fax u. Funk zu verkehren; Telekommunikationsnetz.*

Fẹrn|mel|de|tech|nik, die ⟨o. Pl.⟩: *Zweig der Nachrichtentechnik, der sich mit der Übermittlung von Informationen durch Telefon, Funk u. Ä. befasst.*

Fẹrn|mel|de|tech|ni|ker, der: *Facharbeiter auf dem Gebiet der Fernmeldetechnik* (Berufsbez.).

Fẹrn|mel|de|tech|ni|ke|rin, die: w. Form zu ↑Fernmeldetechniker.

fẹrn|mel|de|tech|nisch ⟨Adj.⟩: *die Fernmeldetechnik betreffend, zu ihr gehörend.*

Fẹrn|mel|de|trup|pe, die (Milit.): *Führungstruppe, die für das militärische Fernmeldewesen sowie für die elektronische Kriegführung zuständig ist.*

Fẹrn|mel|de|turm, der: *höherer Turm, der fernmeldetechnisch genutzt wird.*

Fẹrn|mel|de|we|sen, das ⟨o. Pl.⟩: *alles, was die technische Übermittlung u. Verbreitung von Informationen über Telefon, Funk, Fax u. Ä. betrifft.*

fẹrn|münd|lich ⟨Adj.⟩: *telefonisch.*

Fẹrn|ost ⟨o. Art.; unflekt.⟩: *der Ferne Osten.*

fẹrn|öst|lich ⟨Adj.⟩: *zum Fernen Osten gehörend.*

Fẹrn|rei|se, die: *[Urlaubs]reise mit einem weit entfernten Ziel.*

Fẹrn|rohr, das: *meist fest montiertes optisches Gerät zum Betrachten entfernter Objekte, die mit dem bloßen Auge nicht deutlich zu erkennen sind; Teleskop.*

Fẹrn|schrei|ben, das: *durch einen Fernschreiber übermitteltes Schreiben.*

Fẹrn|schrei|ber, der: *schreibmaschinenähnliches Gerät, das der Aufnahme u. Übermittlung von Schriftzeichen dient.*

Fẹrn|schreib|netz, das: *Gesamtheit der Übermittlungseinrichtungen für den Fernschreibverkehr.*

Fẹrn|schreib|ver|kehr, der: *Nachrichtenaustausch über Fernschreiber.*

fẹrn|schrift|lich ⟨Adj.⟩: *durch Fernschreiber [übermittelt].*

Fẹrn|schuss, der (Ballspiele): *aus größerer Entfernung abgegebener Schuss auf das Tor.*

Fẹrn|seh|abend, der: *mit Fernsehen zugebrachter Abend:* gemütliche -e im Seniorenheim.

Fẹrn|seh|an|sa|ger, der: *jmd., der beim Fernsehen als Ansager arbeitet.*

Fẹrn|seh|an|sa|ge|rin, die: w. Form zu ↑Fernsehansager.

Fẹrn|seh|an|stalt, die: vgl. Rundfunkanstalt.

Fẹrn|seh|an|ten|ne, die: *Antenne für den Fernsehempfang.*

Fẹrn|seh|ap|pa|rat, der: *Fernsehgerät.*

Fẹrn|seh|auf|nah|me, die ⟨meist Pl.⟩: *Aufnahme für eine Fernsehsendung.*

Fẹrn|seh|auf|zeich|nung, die: *Aufzeichnung einer Fernsehsendung auf Film bzw. Magnetband zur Konservierung.*

Fẹrn|seh|bild, das: *auf einem Fernsehschirm sichtbares Bild.*

Fẹrn|seh|emp|fang, der: *Empfang von Fernsehsendungen.*

fẹrn|se|hen ⟨st. V.; hat⟩: *sich Fernsehsendungen ansehen:* wir sahen den ganzen Abend fern; wir haben lange ferngesehen; ⟨subst.:⟩ das kommt vom vielen Fernsehen.

Fẹrn|se|hen, das; -s: **1. a)** *mithilfe der Hochfrequenztechnik meist drahtlos erfolgende Übertragung gewöhnlich vertonter [bewegter] Bilder, die auf dem Bildschirm eines Empfangsgeräts sichtbar gemacht werden:* die Technik des digitalen -s; **b)** *als Massenkommunikationsmittel eingesetztes Fernsehen* (1 a): damals gab es kein F. **2.** *in einem bestimmten Bereich sendende Fernsehanstalten:* das F. brachte ein Interview mit dem Minister; sie arbeitet beim F.; ein Herr vom F.; das Spiel wird vom F. aufgezeichnet. **3. a)** *Sendungen des Fernsehens* (2): im F. auftreten; das Spiel wird im F. übertragen; **b)** *Fernsehsendungen, -programme:* unterhaltsames, seriöses F. machen. **4.** (ugs.) *Fernsehgerät:* wir haben kein F.

Fẹrn|se|her, der (ugs.): **1.** *Fernsehgerät:* ein tragbarer F.; der F. läuft; den F. einschalten, ausschalten; die Kinder sitzen vor dem F. *(sehen fern).* **2.** *Fernsehzuschauer:* Millionen von -n verfolgten die erste Mondlandung.

Fẹrn|se|he|rin, die: w. Form zu ↑Fernseher (2).

Fẹrn|seh|fea|ture, das: vgl. Feature (a).

Fẹrn|seh|film, der: *für das Fernsehen produzierter Film.*

Fẹrn|seh|ge|bühr, die ⟨meist Pl.⟩: vgl. Rundfunkgebühr.

Fẹrn|seh|ge|mein|de, die ⟨o. Pl.⟩ (spött.): *gewisser Kreis von Zuschauern, der bestimmte Sendun-*

F

gen des Fernsehens mit Begeisterung od. mit großer Regelmäßigkeit ansieht.

Fẹrn|seh|ge|neh|mi|gung, die: *Erlaubnis, gegen Entrichtung der Gebühren, einen Fernsehapparat zu benutzen.*

Fẹrn|seh|ge|rät, das: *Gerät zum Empfang von Fernsehsendungen.*

Fẹrn|seh|in|ter|view, das: *Interview mit einem Fernsehjournalisten.*

Fẹrn|seh|jour|na|list, der: *fürs Fernsehen arbeitender Journalist.*

Fẹrn|seh|jour|na|lis|tin, die: w. Form zu ↑Fernsehjournalist.

Fẹrn|seh|ka|me|ra, die: *elektronische Kamera zur Aufnahme von Fernsehbildern.*

Fẹrn|seh|ka|nal, der: *Kanal* (4).

Fẹrn|seh|kom|men|tar, der: vgl. Kommentar (2).

Fẹrn|seh|kom|men|ta|tor, der: vgl. Kommentator (2).

Fẹrn|seh|kom|men|ta|to|rin, die: w. Form zu ↑Fernsehkommentator.

Fẹrn|seh|leu|te ⟨Pl.⟩ (ugs.): *Personen, die beruflich bei einer Fernsehanstalt tätig sind, bes. Kameraleute o. Ä., die die Aufnahmen machen.*

Fẹrn|seh|lot|te|rie, die: *vom Fernsehen* (2) *durchgeführte u. übertragene Lotterie.*

Fẹrn|seh|pro|gramm, das: vgl. Rundfunkprogramm.

Fẹrn|seh|re|por|ta|ge, die: vgl. Reportage.

Fẹrn|seh|re|por|ter, der: vgl. Reporter.

Fẹrn|seh|re|por|te|rin, die: w. Form zu ↑Fernsehreporter.

Fẹrn|seh|röh|re, die: *Bildröhre.*

Fẹrn|seh|sa|tel|lit, der: *als Sender* (a) *od. Umsetzer arbeitender Nachrichtensatellit zur Übertragung von Fernsehprogrammen.*

Fẹrn|seh|schirm, der: vgl. Bildschirm.

Fẹrn|seh|sen|der, der: a) vgl. Rundfunksender; b) (ugs.) *Fernsehanstalt.*

Fẹrn|seh|sen|dung, die: vgl. Rundfunksendung.

Fẹrn|seh|se|rie, die: *inhaltlich, thematisch zusammengehörende Folge von [in sich abgeschlossenen] Fernsehsendungen, Episoden, die über einen bestimmten Zeitraum hin meist in regelmäßigen Abständen ausgestrahlt werden.*

Fẹrn|seh|show, die: vgl. Show.

Fẹrn|seh|spiel, das: *für das Fernsehen produzierte, schauspielähnliche Sendung.*

Fẹrn|seh|spot, der: vgl. Spot (1 a).

Fẹrn|seh|stu|dio, das: vgl. Studio (2).

Fẹrn|seh|team, das: *Team von Mitarbeitern des Fernsehens, die Aufnahmen für eine Sendung machen o. Ä.*

Fẹrn|seh|teil|neh|mer, der (Amtsspr.): *jmd., der ein Fernsehgerät zum Betrieb bereithält.*

Fẹrn|seh|teil|neh|me|rin, die: w. Form zu ↑Fernsehteilnehmer.

Fẹrn|seh|turm, der: vgl. Fernmeldeturm.

Fẹrn|seh|über|tra|gung, die: *Übertragung einer Veranstaltung durch das Fernsehen.*

Fẹrn|seh|volk, das ⟨o. Pl.⟩ (scherzh.): *Gesamtheit von Fernsehzuschauern.*

Fẹrn|seh|wer|bung, die: *Werbung im Fernsehen.*

Fẹrn|seh|zeit|schrift, die: vgl. Programmzeitschrift.

Fẹrn|seh|zu|schau|er, der: *jmd., der fernsieht.*

Fẹrn|seh|zu|schau|e|rin, die: w. Form zu ↑Fernsehzuschauer.

Fẹrn|sicht, die: *Ausblick, gute Sicht in die Ferne; gute Möglichkeit, in die Ferne zu sehen.*

fẹrn|sich|tig ⟨Adj.⟩: (selten) *weitsichtig* (1).

Fẹrn|sprech|amt, das: vgl. Amt (2 c).

Fẹrn|sprech|an|la|ge, die: *Anlage, die alle zu einem Fernsprechanschluss gehörenden Einrichtungen umfasst.*

Fẹrn|sprech|an|sa|ge|dienst, der: *Telefonansagedienst.*

Fẹrn|sprech|an|schluss, der: *Anschluss an ein Telefonnetz:* einen F. beantragen.

Fẹrn|sprech|ap|pa|rat, der: *Telefonapparat.*

Fẹrn|sprech|auf|trags|dienst, der: *Telefonauftragsdienst.*

Fẹrn|sprech|aus|kunft, die ⟨o. Pl.⟩: vgl. Auskunft (2).

Fẹrn|sprech|ein|rich|tung, die: vgl. Fernsprechanlage.

Fẹrn|spre|cher, der (Amtsspr.): *Telefon.*

Fẹrn|sprech|ge|heim|nis, das: vgl. Postgeheimnis.

Fẹrn|sprech|netz, das: *öffentliches Fernmeldenetz zur individuellen Kommunikation.*

Fẹrn|sprech|teil|neh|mer, der: *Inhaber eines Fernsprechanschlusses.*

Fẹrn|sprech|teil|neh|me|rin, die: w. Form zu ↑Fernsprechteilnehmer.

fẹrn ste|hen: s. fern (I 1).

fẹrn|steu|ern ⟨sw. V.; hat; bes. im Inf. u. 2. Part. gebr.⟩: vgl. fernlenken: ein Flugzeug f.

Fẹrn|steu|e|rung, die: vgl. Fernlenkung.

Fẹrn|stra|ße, die: *breite, gut ausgebaute Straße, die weit voneinander entfernt liegende Orte miteinander verbindet.*

Fẹrn|stu|dent, der: a) *jmd., der an einem Fernunterricht teilnimmt;* b) (bes. DDR) *jmd., der ein Fernstudium* (b) *absolviert.*

Fẹrn|stu|den|tin, die: w. Form zu ↑Fernstudent.

Fẹrn|stu|di|um, das: a) *Fernunterricht;* b) (bes. DDR) *Studium mit Fach- od. Hochschulabschluss, das neben der beruflichen Tätigkeit absolviert werden kann.*

fẹrn|trau|en ⟨sw. V.; hat; nur im Inf. u. 2. Part. gebr.⟩: *(bei jmdm.) eine Ferntrauung vornehmen.*

Fẹrn|trau|ung, die: *(unter bestimmten Umständen mögliche) Trauung, zu der die zu Trauenden nicht gemeinsam vor den Standesbeamten treten.*

fẹrn|über|mit|teln ⟨sw. V.; hat⟩: *mithilfe eines Faxgerätes übermitteln.*

Fẹrn|uni|ver|si|tät, die: *Universität, an der das Studium ausschließlich als Fernstudium möglich ist.*

Fẹrn|un|ter|richt, der: vgl. Fernkurs.

Fẹrn|ver|kehr, der: **1.** *Eisenbahn- u. Fahrzeugverkehr über größere Entfernungen.* **2.** *Gesamtheit aller Ferngespräche.*

Fẹrn|ver|kehrs|stra|ße, die: *Fernstraße.*

Fẹrn|wär|me, die: *Wärme aus der Fernheizung.*

Fẹrn|weh, das ⟨o. Pl.⟩ (geh.): *Sehnsucht nach der Ferne, nach fernen Ländern.*

Fẹrn|ziel, das: **1.** *Ziel, das nicht sofort, sondern für einen in der Zukunft liegenden Zeitpunkt angestrebt wird:* das F. bleibt die Verbesserung der allgemeinen Wirtschaftslage. **2.** (seltener) *in weiterer Entfernung liegendes Ziel:* auf den Wegweisern sollten mehr -e angegeben werden.

Fẹrn|zug, der: *Zug für den Fernverkehr.*

Fẹrn|zün|dung, die: *über Funk od. elektrische Leitungen erfolgende Zündung von Sprengkörpern von einer entfernten Stelle aus.*

fe|ro|ce [fe'ro:tʃə] ⟨Adv.⟩ [ital. feroce < lat. ferox (Gen.: ferocis) = wild, unbändig] (Musik): *wild, ungestüm, stürmisch.*

Fer|rit [auch: ...'rɪt], der; -s, -e ⟨meist Pl.⟩ [zu lat. ferrum, ↑Ferrum]: **1.** *reines, kohlenstofffreies Eisen in Form von mikroskopisch kleinen, magnetischen Kristallen.* **2.** *einer der magnetischen, zur Herstellung nachrichtentechnischer Bauteile verwendeten Werkstoffe, die durch Mischen u. Sintern von Eisen-, Mangan-, Nickel-, Zinkoxiden u. Ä. gewonnen werden.*

Fer|ro|le|gie|rung, die; -, -en: *Legierung des Eisens mit Begleitelementen.*

fer|ro|ma|gne|tisch ⟨Adj.⟩ (Physik): *Ferromagnetismus aufweisend.*

Fer|ro|ma|gne|tis|mus, der; -: *Magnetismus des Eisens (Kobalts, Nickels u. a.).*

Fẹr|rum, das; -s [lat. ferrum, über das Hebr. u. Phöniz. wohl aus einer vorderasiat. Spr.]: lat. Bez. für ↑Eisen (Zeichen: Fe).

Fẹr|se, die; -, -n [mhd. verse(ne), ahd. fersana, verw. mit gleichbed. aind. pā́rṣṇi-h]: **1.** *hinterer, gewölbter Teil des Fußes;* [2]*Hacke:* die F. tut mir weh; ***sich an jmds. -n/sich jmdm. an die -n heften/hängen** *(jmdn. hartnäckig verfolgen);* **jmdm. auf den -n sein/bleiben/sitzen** *(jmdn. so verfolgen, dass man immer dicht hinter ihm ist);* **jmdm. auf den -n folgen** *(jmdm. sofort nachfolgen);* **jmdn. auf den -n haben** *(einen Verfolger nicht loswerden).* **2.** *die Ferse* (1) *bedeckender Teil des Strumpfes:* Strümpfe mit Löchern in den -n.

Fer|sen|au|to|ma|tik, die (Skifahren): *hinterer Teil der Sicherheitsbindungen am Ski, der die Ferse des Skischuhs umschließt u. sich beim Anlegen der Skier automatisch schließt bzw. beim Sturz automatisch öffnet.*

Fer|sen|bein, das: *hinterster, die Ferse bildender Fußwurzelknochen.*

Fẹr|sen|geld: nur in der Wendung **F. geben** (ugs. scherzh.; *fliehen, davonlaufen;* mhd. versengelt geben; mhd. versengelt = Bez. einer früher üblichen Abgabe, vielleicht des Bußgeldes eines Flüchtigen): statt sich zu verteidigen gab er lieber F.

Fẹr|sen|sitz, der (Gymnastik): *Übung, bei der man sich zuerst mit aufrechtem Oberkörper niederkniet u. dann auf die Fersen setzt, wobei die Fußspitzen entweder gestreckt od. zum Unterschenkel hin angezogen sind.*

fẹr|tig ⟨Adj.⟩ [mhd. vertec, ahd. fartig, eigtl. = zur Fahrt bereit, reisefertig, zu ↑Fahrt]: **1. a)** *im endgültigen Zustand befindlich, vollendet:* ein -es Manuskript; -e *(gekochte, zubereitete)* Speisen; ist das Essen noch nicht f.?; das Bild ist f.; etw. f. kaufen; die Kartoffeln müssen noch f. *(bis zum Garsein)* kochen; das Essen f. kochen; seine Arbeit rechtzeitig f. machen, f. bekommen; einen Bau, ein Manuskript pünktlich f. stellen *(abschließen, beenden);* **b)** *völlig; vollkommen, ausgereift:* ein -er Künstler, Wissenschaftler; er ist noch nicht f. (ugs.; *noch nicht ganz erwachsen*); **c)** *so weit, dass nichts mehr zu tun übrig bleibt; zu Ende:* sie ist mit den Hausaufgaben f.; ich hoffe, rechtzeitig [damit] f. zu werden; wenn du so weiterarbeitest, wirst du nie f.; ich habe das Buch f. (ugs.; *ausgelesen*), f. gelesen; du bleibst daheim, [und] f. [ab]! *(keine Diskussion mehr, basta!);* ***mit jmdm. f. sein** (ugs.; *mit jmdm. nichts mehr zu schaffen haben wollen; zu jmdm. keine Beziehung mehr haben*): mit diesem Menschen bin ich [endgültig] f.; **mit jmdm. f. werden** (ugs.; *sich bei jmdm. durchsetzen; bei jmdm. die Oberhand behalten; der Stärkere bleiben*); **f. werden** (salopp verhüll.; *einen Orgasmus haben*); **mit etw. f. werden** *(etw. [innerlich] bewältigen; mit etw. zurechtkommen):* sie glaubt immer, mit allem allein f. zu werden; **es f. bringen/bekommen/(ugs.:) kriegen, etw. zu tun** *(es zustande, zuwege bringen, etw. zu tun; imstande sein, etw. zu tun):* sie hat es f. gebracht, den Streit zu schlichten; ich bekomme es nicht f., ihr die Wahrheit zu sagen; (iron.:) der kriegt es f., sich auch noch zu beschweren! **2.** *vollständig vorbereitet; bereit:* sie sind f. zur Abreise; bist du [endlich] f., dass wir gehen können?; die für den Versand -en Stücke; sich für den Theaterbesuch f. machen *(zurechtmachen);* auf die Plätze, f., los! (Sport; Startkommando); f. [zum Dienst, zum Start]! (Kommando). **3.** (ugs.) *erschöpft, am Ende [seiner Kräfte]; erledigt:* nach dieser Reise waren wir körperlich und seelisch f.; sie ist mit den Nerven f.; dieser Lärm macht mich [noch] richtig, total f. *(zermürbt mich);* ***f. sein** (ugs.; 1. *verblüfft, aufs Höchste erstaunt sein.* 2. *zahlungsunfähig sein*); **jmdn. f. machen** (1. ugs.; *in schärfstem Ton zurechtweisen, abkanzeln.* 2. ugs.; *völlig besiegen, körperlich erledigen:* im nächsten Spiel machen wir sie f. 3. ugs.; *zusammenschlagen:* noch ein Wort und ich mach dich f.! 4. salopp verhüllend; *sexuell befriedigen, zum Orgasmus bringen*).

-fer|tig: 1. a) drückt in Bildungen mit Substantiven oder Verben (Verbstämmen) aus, dass etw. sofort, ohne weitere Vorbereitung gemacht werden kann: anschluss-, back-, bügel-, trinkfertig; **b)** drückt in Bildungen mit Substantiven aus, dass die beschriebene Sache für etw. bereit, vorbereitet, fertig gestellt ist: pfannen-, schrankfertig. **2.** drückt in Bildungen mit Verben (Verbstämmen) aus, dass die beschriebene Person zu etw. bereit, gerüstet ist: ausgeh-, reisefertig.

Fẹr|tig|bau, der ⟨Pl. -ten⟩: **1.** ⟨o. Pl.⟩ *Herstellung* *eines Gebäudes in Fertigbauweise.* **2.** *in Fertigbauweise errichtetes Gebäude.*

ẹr|tig|bau|wei|se, die: *Bauweise, bei der vorgefertigte Bauteile auf dem Bauplatz zu einem Gebäude zusammengefügt werden:* das Haus ist in F. gebaut.

ẹr|tig be|kom|men: s. fertig (1 a, c).

ẹr|tig brin|gen: s. fertig (1 a, c).

ẹr|ti|gen ⟨sw. V.; hat⟩ [mhd. vertigen, vertegen = reisefertig machen]: *anfertigen, herstellen:* Behälter aus Holz f.; mit der Hand, maschinell gefertigte Waren.

ẹr|tig|er|zeug|nis, das: *Fertigprodukt.*

ẹr|tig|fa|bri|kat, das: *Fertigprodukt.*

ẹr|tig|ge|richt, das: *fertig zubereitetes Gericht, das vor dem Essen nur aufgewärmt zu werden braucht:* -e für Camping und Wanderungen.

ẹr|tig|haus, das: vgl. Fertigbau (2).

ẹr|tig|keit, die; -, -en: **a)** *bei der Ausführung bestimmter Tätigkeiten erworbene Geschicklichkeit; Routine, Technik:* handwerkliche -en; [eine] große F. im Klavierspielen, Basteln haben; **b)** ⟨Pl.⟩ *Kenntnisse, Fähigkeiten:* für diesen Beruf braucht man besondere -en.

ẹr|tig|klei|dung, die: *Konfektion.*

ẹr|tig ko|chen: s. fertig (1 a).

ẹr|tig krie|gen: s. fertig (1 c).

ẹr|tig le|sen: s. fertig (1 c).

ẹr|tig ma|chen: s. fertig (1 a, 2, 3).

ẹr|tig|me|nü, das: vgl. Fertiggericht.

ẹr|tig|pro|dukt, das (Wirtsch.): *Erzeugnis, das alle Stufen der Produktion durchlaufen hat.*

ẹr|tig stel|len: s. fertig (1 a).

ẹr|tig|stel|lung, die: *das Fertigstellen; das Fertig-gestellt-Werden:* die F. des Films, der Reparatur.

ẹr|tig|teil, das: *vorgefertigtes [Bau]teil:* ein hölzerner Geräteschuppen aus -en.

ẹr|ti|gung, die; -, -en: **1. a)** *industrieller od. handwerklicher Produktionsprozess; Herstellung:* die F. einer Serie; die F. von Ersatzteilen, Kleidern; **b)** *Art, Weise, wie etw. gefertigt ist:* die sorgfältige F. der einzelnen Teile. **2.** ⟨Pl. selten⟩ *Abteilung in einem Betrieb, in der der Produktionsprozess abläuft:* in der F. tätig sein.

ẹr|ti|gungs|ab|lauf, der: *Produktionsablauf.*

ẹr|ti|gungs|kos|ten ⟨Pl.⟩: *Herstellungskosten.*

ẹr|ti|gungs|me|tho|de, die: *Methode der Fertigung* (1 a).

ẹr|ti|gungs|pro|zess, der: *Fertigungsablauf.*

ẹr|ti|gungs|stra|ße, die: *Gesamtheit der dem Produktionsablauf entsprechend aneinander gereihten Arbeitsplätze mit jeweiligen Werkzeugmaschinen o. Ä., die bei der Fertigung* (1 a), *Bearbeitung eines Werkstücks nötig sind.*

ẹr|ti|gungs|ver|fah|ren, das: vgl. Fertigungsmethode.

ẹr|tig|wa|re, die: vgl. Fertigprodukt.

er|til ⟨Adj.⟩ [lat. fertilis, eigtl. = zum (Frucht)tragen geeignet, zu: ferre = tragen] (Biol., Med.): *fruchtbar, ertragreich.*

er|ti|li|sa|ti|on, die; -, -en (Med.): **1.** *Befruchtung.* **2.** *In-vitro-Fertilisation.*

er|ti|li|tät, die; - [lat. fertilitas] (Biol., Med.): *Fruchtbarkeit.*

ẹs, ¹Fẹs, das; -, - (Musik): *um einen halben Ton erniedrigtes f, F* (2).

Fẹs, der; -[es], -[e], ¹Fez [türk. fes, wohl nach der marokkanischen Stadt Fes, die möglicherweise der erste Herstellungsort war]: *(in den arabischen Ländern von Männern getragene) kappenartige Kopfbedeckung aus rotem Filz in Form eines Kegelstumpfes [mit einer Quaste].*

esch [österr.: fe:ʃ] ⟨Adj.⟩ [gek. aus ↑fashionable]: **a)** (österr. u. ugs.) *hübsch, flott, sportlich aussehend:* ein -er Mann; das Kleid ist nicht sehr f.; **b)** (österr.) *nett, freundlich:* sei f. und komm mit!

ẹ|schak [auch: 'fe:ʃak], der; -s, -s [aus ↑fesch u. der slaw. Endung -ak] (österr. ugs.): *fescher Kerl.*

Fẹs|sel, die; -, -n ⟨meist Pl.⟩ [vermischt aus mhd. veʒʒer, ahd. feʒʒara = Fessel (verw. mit ↑Fuß) u. mhd. veʒʒel, ahd. feʒʒil = Trag- u. Halteband für Schwert u. Schild (verw. mit ↑Fass u. eigtl. = Geflochtenes)]: *Band, Seil, Kette o. Ä. zum Fesseln* (1): jmdm. -n anlegen; die -n sprengen; sie legten ihn in -n (geh.; *fesselten ihn*); Ü sich aus den -n *(dem Zwang)* der Ehe befreien.

²Fẹs|sel, die; -, -n [mhd. veʒʒel, fissel, zu: vuoz, ↑Fuß]: **1.** *(bei Huftieren) Teil des Fußes zwischen Mittelfuß u. Huf:* ein schwarzes Pferd mit weißen -n. **2.** *(beim Menschen) Teil des Beins zwischen Wade u. Fußgelenk:* ein Mädchen mit schlanken -n.

Fẹs|sel|bal|lon, der: *Ballon, der, mit Drahtseilen am Erdboden verankert, über einem bestimmten Ort gehalten wird.*

fẹs|sel|frei ⟨Adj.⟩ (geh.): *frei von Fesseln, ohne Fesseln:* am Tag blieben die Gefangenen f.

Fẹs|sel|ge|lenk, das [zu ↑²Fessel]: *(bei Huftieren) Gelenkverbindung zwischen Mittelfuß u. dem oberen Ende des ersten Zehenglieds.*

fẹs|sel|los ⟨Adj.⟩: **1.** *fesselfrei.* **2.** *zügellos, hemmungslos, entfesselt:* ein -es Treiben.

fẹs|seln ⟨sw. V.; hat⟩ [spätmhd. vesseln, für mhd. veʒʒeren, ahd. feʒʒarōn, zu ↑¹Fessel]: **1.** *durch Anlegen von ¹Fesseln od. Festbinden an etw. seiner Bewegungsfreiheit berauben:* ich fessele, fessle ihn [an einen Pfahl]; jmds. Hände, jmdn. an den Händen f.; der Gefangene war gefesselt und geknebelt; Ü der Kranke war ans Bett, an den Rollstuhl gefesselt. **2.** *in Bann halten, faszinieren; jmds. Aufmerksamkeit stark beanspruchen:* das Buch, der Film, die Arbeit, der Anblick, die Frau fesselte ihn; ein fesselnder *(interessanter)* Vortrag; ein fesselnd geschriebenes Buch. **3.** (Ringen) **a)** *den Arm od. das Bein des Gegners einklemmen u. blockieren;* **b)** *den Gegner so greifen, dass er sich nicht mehr befreien kann.*

Fẹs|se|lung, (auch:) **Fẹss|lung,** die; -, -en: **1.** *das Fesseln* (1), *Gefesseltwerden.* **2.** (Schach) *Stellung, bei der eine Figur ihr Feld nicht verlassen darf, weil sonst der König im Schach steht.*

fẹst ⟨Adj.⟩ [mhd. veste, ahd. festi, fasti; verw. mit engl. fast = fest; schnell]: **1.** *von harter, kompakter Beschaffenheit, nicht flüssig od. gasförmig:* der Kranke bekommt wieder -e Nahrung. **2. a)** *stabil, haltbar, widerstandsfähig, solide:* ein -es Tuch, Gewebe; -es Schuhwerk; die -e Schale eines Krebses; sie wohnen in -en Häusern; eine f. verwurzelte Eiche; Ü eine -e *(robuste)* Gesundheit haben; eine f. gegründete Meinung haben; f. verwurzelte *(durch festen Glauben unerschütterliche)* Anschauungen; der Betrunkene ist nicht mehr f. auf den Beinen *(bewegt sich, steht nicht mehr sicher);* der Staat ist f. gefügt; **b)** (veraltend, noch landsch.) *geschützt, gefeit, unempfindlich:* eine -e (Milit.; *befestigte)* Stellung. **3. a)** *straff [sitzend], haftend; nicht locker:* ein -er Verband; der Hut, die Perücke sitzt nicht f.; sich f. an jmdn., etw. klammern; die Schnürsenkel ganz f. binden; eine Schraube f. anziehen; Ü eine -e (Sprachw.; *untrennbare)* Zusammensetzung; **b)** *stark, kräftig, nicht leicht:* ein -er Händedruck; du hast zu f. zugeschlagen; die Tür f. schließen; er schläft f. *(wacht nicht so leicht auf);* **c)** ⟨auch: feste⟩ (ugs.) *tüchtig, ordentlich, kräftig:* wir haben fest[e] mitgefeiert; er hat den ganzen Tag fest[e] gearbeitet; du musst fest[e] essen, zugreifen. **4.** *Entschlossenheit zeigend; energisch:* ein -er Blick; mit -en Schritten auftretend; ihre Stimme war f. **5. a)** *unerschütterlich, unbeirrbar, unwandelbar:* sie handelt nach -en Grundsätzen; eine -e Meinung vertreten; sie ist der -en Überzeugung, dass es ihr gelingen wird; ich bin f. davon überzeugt; **b)** *endgültig, definitiv, bindend:* eine -e Zusage; eine -e Verabredung haben; es gibt dafür keine -en Regeln; sie hat schon -e Berufspläne; etw. f. vereinbaren; f. umrissene *(bis ins Einzelne gehende, genaue, detaillierte)* Vorstellungen. **6.** *ständig, geregelt, gleich bleibend, konstant:* einen -en Wohnsitz, ein -es Einkommen haben; -e *(feststehende)* Preise, Kosten; das Geschäft hat viele -e Kunden *(Stammkunden);* sie hat schon einen -en Freund (ugs.; *einen ständigen [Geschlechts]partner*); er ist f. angestellt; f. angestellte Mitarbeiter; f. besoldete Beamte; die f. Angestellten, f. Besoldeten.

-fest: 1. drückt in Bildungen mit Substantiven aus, dass die beschriebene Sache gegen etw. unempfindlich, widerstandsfähig, vor etw. geschützt ist: frost-, kältefest. **2.** drückt in Bildungen mit Verben (Verbstämmen) aus, dass etw. ohne schädliche Auswirkungen gemacht werden kann: strapazier-, waschfest. **3.** drückt in Bildungen mit Verben aus, dass die beschriebene Sache etw. nicht macht oder etw. verhindert: klopf-, knitterfest. **4. a)** drückt in Bildungen mit Substantiven aus, dass die beschriebene Person oder Sache in etw. beständig ist, an etw. festhält: charakter-, prinzipienfest; **b)** drückt in Bildungen mit Verben aus, dass die beschriebene Person standfest, ausdauernd in etw. ist: sauf-, trinkfest. **5.** drückt in Bildungen mit Substantiven aus, dass die beschriebene Person sich gut in etw. auskennt: bibel-, satzungsfest.

Fẹst, das; -[e]s, -e [mhd. fest < lat. festum = Fest(tag), zu: festus = die für die religiösen Handlungen bestimmten Tage betreffend; festlich, feierlich, verw. mit: feriae, ↑Ferien]: **1.** *[größere] gesellschaftliche Veranstaltung [in glanzvollem Rahmen]:* ein großes, gelungenes F.; das F. der goldenen Hochzeit; das F. ist in vollem Gang; ein rauschendes F.; ein F. geben, veranstalten, besuchen, feiern; zu einem F. gehen; **R** man muss die -e feiern, wie sie fallen *(man soll sich keine gute Gelegenheit entgehen lassen [ein F. zu feiern]);* Ü es ist mir ein F. (ugs. scherzh.; *eine große Freude, ein großes Vergnügen).* **2.** *ein einzelner od. zwei aufeinander folgende hohe kirchliche Feiertage:* bewegliche -e sind z. B. Ostern und Pfingsten, unbewegliche -e sind Weihnachten u. Allerheiligen; frohes F.!

Fẹst|akt, der: *festlicher Akt* (1 b).

Fẹst|an|ge|bot, das (Wirtsch.): *Angebot, dessen Annahme einem Vertragsabschluss gleichkommt.*

fest an|ge|stellt: s. fest (6).

Fẹst|an|ge|stell|te, der u. die: *jmd., der fest angestellt ist.*

Fẹst|an|lass, der (schweiz.): *Festveranstaltung.*

Fẹst|an|spra|che, die: vgl. Festrede.

Fẹst|an|stel|lung, die: *feste Anstellung.*

Fẹst|auf|füh|rung, die: *Aufführung* (1) *aus festlichem Anlass:* eine F. zur Einweihung der Oper.

fẹst|ba|cken ⟨sw. V.; hat⟩ (landsch.): *irgendwo festkleben, haften:* der Schnee backt an den Stiefeln fest.

Fẹst|ban|kett, das: *offizielles Festessen.*

Fẹst|bat|zen, der (schweiz.): *Gedenkmünze.*

fẹst|bei|ßen, sich ⟨st. V.; hat⟩: *krampfartig in etw. beißen; sich in etw. verbeißen:* der Wolf biss sich an, in der Beute fest; Ü sie hat sich an dem Fall festgebissen *(kommt nicht mehr davon los).*

Fẹst|bei|trag, der: *Beitrag zur Gestaltung eines Festes.*

Fẹst|be|leuch|tung, die: *festlich helle Beleuchtung:* der Saal erstrahlte in F.; Ü wozu diese F.? (ugs. scherzh.; *warum brennt hier so viel [unnötiges] Licht?*).

fest be|sol|det: s. fest (6).

Fẹst|be|trag, der: *feststehender Betrag.*

fẹst|bin|den ⟨st. V.; hat⟩: **a)** *durch Binden an etw. befestigen:* den Strick an einem Pfosten f.; **b)** *durch Anbinden mit einer Leine, Schnur o. Ä. an etw. festhalten, festmachen:* den Hund an einem/(selten:) einen Baum f.; **c)** *durch Binden mit einem Band, einer Schnur o. Ä. in einer bestimmten Lage festhalten:* die Haare mit einer Schleife f.; die Mütze [unter dem Kinn] f.

fẹst|blei|ben ⟨st. V.; ist⟩: *sich nicht umstimmen lassen, nicht nachgeben.*

fẹst|drü|cken ⟨sw. V.; hat⟩: *durch Andrücken befestigen; zusammendrücken:* Setzlinge in der Erde f.

fẹs|te: ↑fest (3 c).

Fẹs|te, die; -, -n [mhd. veste, ahd. festī = Festigkeit, befestigter Ort] (veraltet): **1. a)** (in Verbindung mit Namen auch: Veste) *befestigte Burg, Festung:* eine F. erstürmen; Veste Coburg;

F

b) (veraltet) *Fundament, Grundlage:* ihr Vertrauen war bis in die -en*(zutiefst)* erschüttert. 2. (dichter.) *Himmel[sgewölbe], Firmament.*

fẹs|ten ⟨sw. V.; hat⟩ (bes. schweiz.): *ein Fest, Feste feiern.*

Fẹst|es|sen, das: *Essen in festlichem Rahmen:* R es ist mir ein F. (ugs. scherzh.; *ist mir ein Vergnügen).*

Fẹs|tes|stim|mung, die ⟨o. Pl.⟩ (geh.): *Feststimmung.*

fẹst|fah|ren ⟨st. V.⟩: **a)** *(mit einem Fahrzeug) in etw. so stecken bleiben, dass die Räder o. Ä. nicht mehr greifen, sich nicht mehr drehen* ⟨ist⟩: das Auto ist im Schnee festgefahren; Ü die Verhandlungen sind festgefahren; **b)** ⟨f. + sich⟩ *(von einem Fahrzeug) so festgefahren* (a) *sein, dass ein Weiterkommen nicht mehr möglich ist* ⟨hat⟩: der Lkw fuhr sich im Morast fest; Ü die Verhandlungen haben sich festgefahren.

fẹst|fres|sen, sich ⟨st. V.; hat⟩: **1.** *irgendwo hineingeraten, sich verklemmen u. dadurch blockieren:* der Kolben des Motors hatte sich [im Zylinder] festgefressen. **2.** *sich bei jmdm. festsetzen, jmdn. nicht mehr loslassen:* diese Meinung fraß sich [in ihm] fest.

Fẹst|freu|de, die: *Freude anlässlich eines Festes.*

fẹst|frie|ren ⟨st. V.; ist⟩: **a)** *gefrieren u. dadurch an etw. haften:* die Wäsche ist über Nacht [an der Leine] festgefroren; **b)** *gefrieren u. dabei in einer bestimmten Form erstarren:* im Schnee festgefrorene Spuren; Ü ein festgefrorenes Lächeln.

fẹst|ge|bend ⟨Adj.⟩ (schweiz.): *ein Fest veranstaltend:* das -e Komitee.

fẹst ge|fügt: s. fest (2 a).

fẹst ge|grün|det: s. fest (2 a).

Fẹst|ge|la|ge, das (abwertend): *allzu üppiges Festessen.*

Fẹst|geld, das (Bankw.): *Einlage* (8 a) *mit fester Laufzeit von mindestens einem Monat.*

Fẹst|ge|wand, das (geh.): *aus festlichem Anlass getragenes Gewand.*

Fẹst|got|tes|dienst, der: *Gottesdienst aus Anlass eines Festes.*

fẹst|ha|ken ⟨sw. V.; hat⟩: **a)** *durch Einhaken befestigen:* er öffnete das Tor und hakte es [an der Mauer] fest; **b)** *sich verhaken, irgendwo hängen bleiben:* das Seil hakt irgendwo fest; ⟨meist f. + sich:⟩ die Dornen hatten sich in den Strümpfen festgehakt.

Fẹst|hal|le, die: *Halle für [festliche] Großveranstaltungen.*

fẹst|hal|ten ⟨st. V.; hat⟩: **1.** *durch Zupacken, Ergreifen daran hindern, sich zu entfernen; nicht loslassen:* einen Hund [am Halsband] f.; jmds. Arm f.; etw. mit den Händen f.; Ü einen Brief f. *(nicht weitergeben; zurückhalten);* jmdn. widerrechtlich f. *(gefangen halten).* **2. a)** *in Bild, Ton o. Ä. fixieren, aufzeichnen:* ein Ereignis auf Kassette, fotografisch, in Wort u. Bild, für die Nachwelt f.; eine Persönlichkeit in Stein oder Erz f.; **b)** *feststellen, konstatieren:* halten wir fest, der Vorfall ereignete sich um Mitternacht. **3.** ⟨f. + sich⟩ *sich fest an jmdm., etw. halten, anklammern, um nicht zu fallen:* ich hielt mich [mit beiden Händen] am Geländer, an ihr fest; Ü halt dich fest (ugs.; *du wirst staunen, sehr überrascht sein).* **4.** *von jmdm., etw. nicht abgehen; jmdn., etw. nicht aufgeben:* sie hielt treu an ihrem Freund fest; [eisern] an einer alten Tradition, an einem Grundsatz f.

fẹst|hän|gen ⟨st. V.; hat⟩: *(durch Hängenbleiben an etw.) nicht weiterkommen, nicht vom Fleck kommen, stecken bleiben:* ich hing in den Dornen fest; Ü über Südeuropa hängt ein Tief fest.

fẹst|hef|ten ⟨sw. V.; hat⟩: *durch Heften an etw. befestigen:* einen Zettel [an der Tür] f.

fẹs|ti|gen ⟨sw. V.; hat⟩: **a)** *stärken, kräftigen; fester, widerstandsfähiger machen; stabilisieren; konsolidieren:* eine Freundschaft, ein Bündnis f.; die Arbeit hat ihn charakterlich gefestigt; eine gefestigte *(in sich sichere)* Persönlichkeit; **b)** ⟨f. + sich⟩ *fester, stärker werden; sich stabilisieren:* jmds. Gesundheit festigt sich wieder; die Beziehungen zwischen den beiden Ländern haben sich gefestigt.

Fẹs|ti|ger, der; -s, -: kurz für ↑Haarfestiger.

Fẹs|tig|keit, die; -: **1.** *Widerstandsfähigkeit gegen Bruch; Haltbarkeit:* der Grad der F. eines Materials; Ü die F. *(Stabilität)* eines politischen Systems. **2. a)** *Entschlossenheit:* mit F. auftreten; **b)** *Standhaftigkeit:* die F. seines Glaubens.

Fẹs|tig|keits|leh|re, die ⟨o. Pl.⟩ (Technik): *Lehre von der Bestimmung der Verformungen u. Spannungen, denen Werkstoffe, Bauteile u. Ä. bei Belastung unterliegen.*

Fẹs|ti|gung, die; -, -en: *das Festigen; das Gefestigtwerden:* die F. des Bündnisses, des Staates.

Fẹs|ti|val [ˈfɛstivəl, ˈfɛstival], das, (schweiz. auch:) der; -s, -s [engl. festival < afrz. festival = festlich, zu lat. festivus = festlich, zu: festus, ↑Fest]: *[mehrere Tage dauernde] kulturelle Großveranstaltung, Festspiele:* ein F. des Films, des Sports; auf dem F. spielen bekannte Musikgruppen.

Fes|ti|vi|tät, die; -, -en [lat. festivitas] (veraltet, noch ugs. scherzh.): *Festlichkeit* (2).

fẹst|kei|len ⟨sw. V.; hat⟩: *durch Verkeilen so befestigen, dass es sich nicht mehr bewegen kann:* die Tür f.; Ü sie waren zwischen den Menschenmassen festgekeilt *(konnten sich nicht mehr [fort]bewegen).*

fẹst|klam|mern ⟨sw. V.; hat⟩: **1.** *mit Klammern befestigen:* das Tischtuch [am Tisch] f. **2.** ⟨f. + sich⟩ *sich krampfhaft festhalten, anklammern:* sie klammerte sich an dem Ast fest.

fẹst|kle|ben ⟨sw. V.⟩: **1.** *fest an etw. kleben, haften, festsitzen* ⟨ist⟩: der Kaugummi ist an der Schuhsohle festgeklebt. **2.** *durch Ankleben befestigen* ⟨hat⟩: die abgelöste Sohle f.

Fẹst|kleid, das: **1.** *bei einem festlichen Anlass getragenes Kleid.* **2.** ⟨Pl.⟩ *Festkleidung.*

Fẹst|klei|dung, die ⟨o. Pl.⟩: *aus festlichem Anlass getragene Kleidung.*

fẹst|klem|men ⟨sw. V.⟩: **1.** *so eingeklemmt, eingekeilt sein, dass keine Bewegung mehr möglich ist; festsitzen* ⟨ist⟩: das oberste Schubfach klemmt fest. **2.** *durch Einklemmen in einer bestimmten Lage festhalten* ⟨hat⟩: das Vorderrad des Fahrrades zwischen den Beinen f.

fẹst|klop|fen ⟨sw. V.; hat⟩: *durch Klopfen fest, zusammenhängend machen:* er klopfte die Erde fest; Ü sie wollte ihr Position f.

fẹst|kno|ten ⟨sw. V.; hat⟩: vgl. festbinden.

Fẹst|ko|mi|tee, das: *Komitee, das Organisation u. Durchführung eines Festes leitet.*

Fẹst|kon|zert, das: *Konzert aus Anlass eines Festes.*

Fẹst|kör|per, der (Physik): *Stoff, der Formveränderungen von außen großen Widerstand entgegensetzt:* Kristalle als F.

Fẹst|kör|per|phy|sik, die: *Teilgebiet der Physik, das die Eigenschaften von Festkörpern untersucht.*

fẹst|kral|len, sich ⟨sw. V.; hat⟩: *(bes. von Tieren) sich [krampfhaft] mit den Krallen festhalten:* die Katze krallt sich am Vorhang fest.

Fẹst|land, das ⟨Pl. ...länder⟩: **1.** *größere zusammenhängende Landmasse, Kontinent (im Gegensatz zu den Inseln):* das afrikanische, griechische F. **2.** ⟨o. Pl.⟩ *der aus festem Boden bestehende Teil der Erdoberfläche (im Gegensatz zum Meer); Land* (1).

Fẹst|land|block, Festlandsblock, der ⟨Pl. ...blöcke⟩: *ein Festland* (2) *bildende Landmasse.*

fẹst|län|disch ⟨Adj.⟩: *zum Festland* (1) *gehörend, kontinental:* -es Klima.

Fẹst|lands|block: ↑Festlandblock.

Fẹst|land|so|ckel, Fẹst|lands|so|ckel, der: *unter dem Meeresspiegel liegender Rand des Festlandes bis zu 200 Meter Meerestiefe; Schelf:* Ölbohrungen im F.

fẹst|lau|fen, sich ⟨st. V.; hat⟩: **a)** *[an einem Hindernis] stecken bleiben, nicht mehr weiterkommen:* das Schiff hat sich im Packeis festgelaufen; ⟨auch ohne »sich«; ist:⟩ die Jacht wird f.; Ü an seinem Widerstand liefen sich alle Ansätze zu Neuerungen fest; **b)** (Ballspiele) *die gegnerische Abwehr nicht durchbrechen können:* die Stürmer liefen sich im gegnerischen Strafraum fest.

fẹst|leg|bar ⟨Adj.⟩: *sich festlegen* (1), *genau bestimmen lassend:* eindeutig -e Werte.

fẹst|le|gen ⟨sw. V.; hat⟩: **1.** *verbindlich beschließen, bestimmen, regeln, vorschreiben:* etw. schriftlich, testamentarisch f.; es wurde festgelegt, dass die Kinder jedes zweite Wochenende bei ihm verbringen durften; einen Termin, ein Programm genau f.; gesetzlich/durch Gesetz/in einem Gesetz festgelegte Rechte. **2.** *sich, jmdn. in Bezug auf etw. binden, verpflichten:* ich habe mich nicht, auf/(schweiz.:) über nichts f. lassen; legen Sie mich bitte nicht darauf fest *(verlangen Sie von mir keine bindende Zusage dafür/Auskunft darüber),* dass ich heute noch fertig werde. **3.** *(einen Geldbetrag) langfristig anlegen:* das Geld ist auf mehrere Jahre festgelegt. **4.** (selten) *festmachen* (3): im Hafen f.

Fẹst|le|gung, die; -, -en: *das Festlegen; das Festgelegtwerden.*

fẹst|le|sen, sich ⟨st. V.; hat⟩ (ugs.): *beim Lesen vom Inhalt so fasziniert werden, dass man länger liest als ursprünglich beabsichtigt:* sich in einem Abenteuerroman f.

fẹst|lich ⟨Adj.⟩: **a)** *den Charakter eines Festes habend; wie ein Fest glanzvoll, sehr eindrucksvoll:* ein -es Konzert; **b)** *einem Fest gemäß, angemessen, entsprechend:* -e Kleidung, Beleuchtung.

Fẹst|lich|keit, die; -, -en: **1.** ⟨o. Pl.⟩ *festliche Stimmung:* die F. dieses Augenblicks. **2.** *festliches Ereignis, festliche Veranstaltung.*

fẹst|lie|gen ⟨st. V.; hat; südd., österr., schweiz. auch: ist⟩: **1.** *festgelaufen, -gefahren sein, nicht weiterkommen:* das Schiff liegt auf der Sandbank fest. **2.** *bestimmt, festgelegt sein; feststehen:* der Termin für die Unterredung liegt fest.

Fẹst|lohn, der: *vertraglich abgesicherter Lohn; Mindestlohn.*

fẹst|ma|chen ⟨sw. V.; hat⟩: **1.** *befestigen, fest anbringen:* ein Poster an der Wand f.; Ü das Problem kann man nicht allein daran f. *(darauf zurückführen).* **2.** *fest, bindend vereinbaren:* einen Treffpunkt [mit jmdm.] f.; ein Geschäft f. (Kaufmannsspr.; *abschließen).* **3. a)** (Seemannsspr.) *(ein Schiff) an einer Anlegestelle festvertäuen:* das Schiff am Poller f.; **b)** *landen* (1 b); *anlegen:* wir machen im Jachthafen fest. **4.** (Jägerspr.) **a)** *(ein Wildschwein) durch Hunde aufspüren u. umstellen:* die Hunde haben das Wildschwein festgemacht; **b)** *(den Aufenthaltsort von Marder u. Iltis) feststellen:* er hat einen Marder festgemacht.

Fẹst|mahl, das (geh.): *Festessen.*

Fẹst|me|ter, der od. das: *Raummaß für 1 m³ feste Holzmasse* (Abk.: fm).

fẹst|mon|tie|ren ⟨sw. V.; hat⟩: *durch Montieren befestigen:* einen Wasserhahn an der Wand f.

fẹst|na|geln ⟨sw. V.; hat⟩: **1.** *durch Annageln befestigen:* eine Leiste, ein Blech f.; sie sitzt da wie festgenagelt; Ü er hat mich mit einem langen Gespräch festgenagelt (ugs.; *aufgehalten).* **2.** (ugs.) *deutlich auf etw. hinweisen:* in einem Fernsehinterview nagelte sie die Widersprüche ihres politischen Gegners fest. **3.** (ugs.) *festlegen* (2): ich ließ mich nicht, auf keine Aussage f.

fẹst|nä|hen ⟨sw. V.; hat⟩: *durch Annähen befestigen:* den Rocksaum [wieder] f.

Fẹst|nah|me, die; -, -n [zum 2. Bestandteil vgl. Abnahme]: *vorläufige Gefangennahme, Verhaftung:* bei seiner F. leistete der Dieb Widerstand.

fẹst|neh|men ⟨st. V.; hat⟩: *vorläufig u. für kurze Zeit [ohne richterliche Anordnung] in polizeilichen Gewahrsam nehmen:* einen Verbrecher f.

Fẹst|netz, das (Technik): *aus [fest verlegten] Telefonleitungen o. Ä. bestehendes Telekommunikationsnetz.*

Fẹst|of|fer|te, die (Kaufmannsspr.): *festes Angebot.*

fẹst|pin|nen ⟨sw. V.; hat⟩ (ugs.): *mit Reißzwecken o. Ä. (an etw.) fest anbringen:* eine Postkarte an der Wand f.

Fẹst|plat|te, die [LÜ von engl. hard disk] (EDV):

fest im Computer eingebaute u. hermetisch abgeschlossene Magnetplatte als Speichermedium.

est|platz, der: *Platz, auf dem [Volks]feste, Jahrmärkte o. Ä. veranstaltet werden:* auf den F. gehen.

est|preis, der (Wirtsch.): *staatlich od. vertraglich festgelegter Preis.*

est|pro|gramm, das: *Folge der einzelnen Darbietungen eines Festes.*

est|punkt, der: 1. *genau gekennzeichneter u. seiner Lage nach bestimmter Punkt, auf den Messungen im Gelände bezogen werden.* 2. *Bezugspunkt für eine Temperaturskala* (z. B. Siedepunkt u. Gefrierpunkt des Wassers).

est|re|de, die: *anlässlich eines Festes gehaltene Rede.*

est|re|den, sich ⟨sw. V.; hat⟩: *beim Reden auf ein Thema kommen, das einen so beschäftigt, dass man länger redet als ursprünglich beabsichtigt:* ich hatte mich an meinem Lieblingsthema festgeredet.

est|red|ner, der: *jmd., der eine Festrede hält.*

est|red|ne|rin, die: w. Form zu ↑Festredner.

est|saal, der: *Saal, in dem ein Fest veranstaltet wird.*

est|sau|gen, sich ⟨st. u. sw. V.; saugte/(geh.:) sog sich fest, hat sich festgesaugt/(geh.:) festgesogen⟩: *saugend an etw. haften:* die Zecke hatte sich an ihrer Wade festgesaugt.

est|schie|ßen, das; -s: *das Schießen mit Böllern* (1) *anlässlich eines Festes.*

est|schmaus, der (scherzh.): *Festessen.*

est|schmie|den ⟨sw. V.; hat⟩: *[unlösbar] fest anschmieden:* sie war wie festgeschmiedet an ihn.

est|schmuck, der: *festlicher Schmuck:* die ganze Stadt prangt im F.

est|schnal|len ⟨sw. V.; hat⟩: *durch Anschnallen befestigen, festmachen:* das Kind hinten im Auto f.; der Pilot schnallt sich am Sitz fest.

est|schrau|ben ⟨sw. V.; hat⟩: *fest anschrauben:* eine Mutter, Kleiderhaken [an der Wand] f.

est|schrei|ben ⟨st. V.; hat⟩: *(durch einen Vertrag o. Ä.) festlegen; festsetzen:* den Status quo vertraglich f.

est|schrei|bung, die; -, -en: *das Festschreiben; das Festgeschriebenwerden.*

est|schrift, die: *aus mehreren, von verschiedenen Autoren verfassten Beiträgen bestehende Veröffentlichung, die zu einem Jubiläum herausgegeben wird:* eine F. zum tausendjährigen Bestehen der Stadt; jmdn. mit einer F. ehren.

est|set|zen ⟨sw. V.; hat⟩: 1. *verbindlich beschließen, bestimmen, festlegen:* Preise für etw. f.; der Streitwert wurde auf 500 DM festgesetzt; sie erschien am festgesetzten Tag. 2. *in Haft nehmen, gefangen setzen:* jmdn. wegen Steuerhinterziehung f. 3. ⟨f. + sich⟩ **a)** *sich ansammeln, haften bleiben:* in den Ritzen hat sich Schmutz festgesetzt; Ü ein Gedanke setzte sich in, bei mir fest; **b)** (ugs.) *sich an einem Ort niederlassen:* er hatte sich vor Jahren hier festgesetzt.

est|set|zung, die; -, -en: 1. *verbindliche Bestimmung, Festlegung.* 2. *Gefangennahme.*

est|sit|zen ⟨unr. V.; hat; südd., österr., schweiz. auch: ist⟩: 1. **a)** *gut befestigt sein:* die Schrauben sitzen fest; **b)** *fest an etw. haften, kleben:* der Schmutz sitzt ziemlich fest; Ü der Gedanke hat lange in, bei ihm festgesessen. 2. **a)** *nicht mehr weiterkommen, stecken geblieben sein, festgefahren sein:* wir sitzen mit einem Motorschaden fest; das Schiff saß auf der Sandbank fest; Ü ich sitze mit diesem Problem fest (ugs.; *finde keine Lösung*); **b)** (selten) *längere Zeit sitzen bleiben, nicht fortgehen:* wir haben bis Mitternacht in der Kneipe festgesessen.

est|spiel, das: 1. *Bühnenstück, das aus festlichem Anlass geschrieben wurde.* 2. ⟨Pl.⟩ *periodisch wiederkehrende Serie festlicher Veranstaltungen, bei der mehrere Bühnen- u. Musikstücke od. Filme aufgeführt werden.*

est|spiel|haus, das: *Theater, in dem Festspiele stattfinden.*

Fest|spiel|stadt, die: *Stadt, in der regelmäßig Festspiele stattfinden.*

fest|stamp|fen ⟨sw. V.; hat⟩: vgl. festtreten.

fest|ste|cken: 1. ⟨sw. V.; hat⟩ **a)** *durch [An-, Hinein]stecken befestigen:* eine Blume im Knopfloch f.; **b)** *durch Stecken mit Nadeln in die gewünschte Form, an die gewünschte Stelle bringen:* die Haare f. 2. ⟨geh. auch: st. V.; hat; südd., österr., schweiz. auch: ist⟩ *am Weiterkommen gehindert werden:* wir steckten im Stau fest.

fest|ste|hen ⟨unr. V.; hat; südd., österr., schweiz. auch: ist⟩: **a)** *bestimmt, festgelegt, geregelt sein:* der Termin für die Prüfung steht noch nicht fest; eine feststehende Reihenfolge; **b)** *sicher, gewiss, unumstößlich sein:* jmds. Entschluss steht fest; es steht fest, fest steht, dass wir morgen abreisen; feststehende Tatsachen.

fest|stell|bar ⟨Adj.⟩: 1. *sich feststellen* (1 a, b) *lassend:* eine -e Entwicklung. 2. *sich feststellen* (2), *arretieren lassend:* die Markise ist f.

fest|stel|len ⟨sw. V.; hat⟩: 1. **a)** *in Erfahrung bringen, ermitteln:* jmds. Personalien f.; wer an dem Unfall beteiligt war, [das] können wir leicht f.; **b)** *bemerken, erkennen, wahrnehmen:* eine Veränderung f.; sie stellte fest, dass ihr Plan gelungen war; **c)** *mit Entschiedenheit sagen, nachdrücklich aussprechen:* ich muss hier mit aller Deutlichkeit f., dass überhaupt nichts getan worden ist. 2. *durch Einstellen festmachen, arretieren:* die Sessellehne in der richtigen Höhe f.

Fest|stell|he|bel, der: *Hebel, mit dem man etw. feststellen* (2) *kann.*

Fest|stell|schrau|be, die: vgl. Feststellhebel.

Fest|stell|tas|te, die: *Taste der Schreibmaschine, mit der man den Wagen* (4) *so einstellen kann, dass nur Großbuchstaben geschrieben werden.*

Fest|stel|lung, die: **a)** *das Feststellen* (1 a); *Ermittlung:* die Angaben dienen zur F. der Tatzeit; **b)** *das Feststellen* (1 b); *Wahrnehmung:* beim näheren Hinsehen machte ich die F., dass das Bild schon sehr alt sein musste; **c)** *das Feststellen* (1 c); *ausdrückliche Erwähnung, entschiedene Aussage:* dazu machte sie, traf sie folgende -en: ...; ich lege Wert auf die F., dass ... *(ich betone, dass ...).*

Fest|stel|lungs|kla|ge, die (Rechtsspr.): *Klage, durch die nur festgestellt werden soll, ob ein bestimmtes Rechtsverhältnis existiert od. nicht.*

Fest|stim|mung, die: *festliche Stimmung.*

Fest|stoff, der ⟨meist Pl.⟩ (Wasserbau): *im Wasser sich nicht lösender Stoff (wie Sand, Kies, Geröll), der von der Strömung fortbewegt od. abgelagert wird.*

Fest|stoff|ra|ke|te, die: *Rakete, deren fester Treibstoff direkt in die Brennkammer eingegossen u. dort polymerisiert wird.*

Fest|ta|fel, die (geh.): *für ein Festessen gedeckte, festlich geschmückte Tafel.*

Fest|tag, der: 1. *Tag, der jmdm. od. einem Ereignis zu Ehren festlich begangen wird:* ein hoher, kirchlicher F.; zu ihrem F. kamen viele Glückwünsche. 2. ⟨Pl.⟩ *periodisch wiederkehrender Zeitraum von mehreren Tagen, in dem Festspiele stattfinden.*

fest|täg|lich ⟨Adj.⟩: *dem Festtag entsprechend, angemessen, feiertäglich:* in -er Kleidung; f. gestimmt sein.

Fest|tags|klei|dung, die: *festliche Kleidung.*

Fest|tags|stim|mung, die: *festliche Stimmung.*

fest|tre|ten ⟨st. V.; hat⟩: *durch Darauftreten fest, zusammenhängend machen:* die Erde [wieder] f.; R das tritt sich fest! (salopp; 1. *es ist nicht so schlimm, dass das zu Boden gefallen ist* [als Trost od. Beruhigung]. 2. *als scherzhafte Bemerkung, wenn jmdm. etw. auf den Boden gefallen ist* [z. B. ein Buch, Portemonnaie]. 3. *das gibt sich mit der Zeit*).

fest um|ris|sen: s. fest (5 b).

Fest|um|zug, der: *Umzug aus Anlass eines Festes.*

Fes|tung, die; -, -en [1: mhd. vestunge, zu: vesten, ahd. festen = befestigen]: 1. *stark befestigte, strategischen Zwecken dienende Verteidigungsanlage; Zitadelle:* eine uneinnehmbare F.; die F. ist gefallen; eine F. belagern, stürmen, einnehmen, halten, schleifen. 2. *Festungshaft.*

Fes|tungs|an|la|ge, die: *Gesamtkomplex einer Festung.*

Fes|tungs|bau, der ⟨Pl. -ten⟩: 1. *Festung:* der F. erstreckt sich über den ganzen Bergrücken. 2. ⟨o. Pl.⟩ *das Bauen einer Festung:* Material für den F. heranschaffen. 3. ⟨o. Pl.⟩ *die Kunst, Festungen zu bauen:* der englische F. des 16. Jahrhunderts.

Fes|tungs|gra|ben, der: *eine Festung umgebender Verteidigungsgraben.*

Fes|tungs|haft, die (früher): *[in einer Festung zu verbüßende] Haftstrafe bei militärischen u. politischen Vergehen:* zu 5 Jahren F. verurteilt werden.

Fes|tungs|mau|er, die: *eine Festung* (1) *umgebende, dicke Mauer.*

Fes|tungs|wall, der: vgl. Festungsgraben.

Fes|tungs|werk, das: *Gesamtheit der befestigten Anlagen einer Festung* (1).

Fest|ver|an|stal|tung, die: *Veranstaltung aus Anlass eines Festes.*

fest ver|wur|zelt: s. fest (2 a).

fest|ver|zins|lich ⟨Adj.⟩ (Bankw.): *über einen langen Zeitraum einen gleich bleibenden Zins abwerfend:* -e Papiere.

Fest|vor|trag, der: vgl. Festrede.

fest|wach|sen ⟨st. V.; ist⟩: *fest anwachsen.*

Fest|wert|spei|cher, der (EDV): *Datenspeicher, dessen Daten nach dem Einprogrammieren nur noch abgerufen, aber nicht mehr verändert werden können; ROM.*

Fest|wo|che, die: 1. *Woche, in der mehrere festliche Veranstaltungen u. Aufführungen stattfinden.* 2. ⟨Pl.⟩ *periodisch wiederkehrender Zeitraum von mehreren Wochen, in dem Festspiele stattfinden.*

Fest|zelt, das: *auf einem Festplatz aufgestelltes großes Zelt, in dem den Besuchern eines [Volks]festes Getränke u. Speisen angeboten werden [u. Festveranstaltungen stattfinden].*

fest|zie|hen ⟨unr. V.; hat⟩: *fest an-, zusammenziehen:* einen Knoten f.

Fest|zug, der: vgl. Festumzug.

fest|zur|ren ⟨sw. V.; hat⟩ (bes. Seemannsspr.): *(mit einer ruckartigen Bewegung) ziehend, zerrend festbinden; zurrend festziehen:* die Segelleine f.

fe|tal, (auch:) fötal ⟨Adj.⟩ [zu ↑Fetus] (Med.): **a)** *den Fetus betreffend:* die -e Entwicklung; **b)** *zum Fetus gehörend:* -es Gewebe.

Fe|te ['fe:tə, 'fɛ:tə], die; -, -n [frz. fête < vlat. festa = Fest, zu lat. festus, ↑Fest] (ugs.): *fröhliche Feier in kleinerem Rahmen; kleineres Fest; Party:* das war eine tolle F.; eine F. machen.

Fe|tisch, der; -[e]s, -e [frz. fétiche < port. feitiço = Zauber(mittel), eigtl. = (Nach)gemachtes < lat. facticius = nachgemacht, künstlich, zu: facere = machen] (Völkerk.): *[heiliger] Gegenstand, dem magische Kräfte zugeschrieben werden, subjektiv besondere Bedeutung beigemessen wird; Götzenbild:* einen F. verehren, anbeten; Ü die Jugend zum F. erheben.

Fe|ti|schis|mus, der; -: 1. (Völkerk.) *Glaube an die magischen Kräfte, die Ausstrahlung eines Fetischs; Verehrung eines Fetischs.* 2. (Psych.) *sexuelle Neigung, bei der Gegenstände, die dem vom Fetischisten verehrten od. begehrten Menschen gehören, als einzige od. bevorzugte Objekte sexueller Erregung od. Befriedigung dienen.*

Fe|ti|schist, der; -en, -en: 1. (Völkerk.) *jmd., der an die magischen Kräfte eines Fetischs glaubt, einen Fetisch verehrt.* 2. (Psych.) *dem Fetischismus* (2) *zugeneigte Person.*

Fe|ti|schis|tin, die; -, -nen: w. Form zu ↑Fetischist.

fe|ti|schis|tisch ⟨Adj.⟩: *den Fetischismus* (1, 2) *betreffend.*

fett ⟨Adj.⟩ [aus dem Niederd. < mniederd. vet, eigtl. adj. 2. Part., vgl. feist]: 1. **a)** *viel Fett enthaltend; fettreich:* -er Käse; -e Kost; eine -e Hautcreme; f. *(fettreiche Speisen)* essen; **b)** *überfettet:* -e Haut, -es Haar; **c)** *sehr dick, mit viel Fettge-*

webe ausgestattet: eine -e Gans; ein -er (abwertend; *sehr beleibter, korpulenter*) Mann; f. sein, werden; Schweine f. füttern *(mästen);* Ü davon wirst du/wird man nicht f. (ugs.; *das bringt nicht viel ein, rentiert sich nicht*). **2. a)** *üppig, kräftig, ertragreich:* -er Boden; -er Klee; Ü -e *(große)* Beute machen; **b)** (ugs.) *auf materiellen Wohlstand gegründet, reich:* wir erlebten -e Jahre, Zeiten; f. leben; **c)** (Jugendspr.): *hervorragend; sehr gut, schön:* das ist ja fett! **3.** (Druckw.) *(von gedruckten Buchstaben) durch besondere Breite u. Größe gekennzeichnet:* -e Lettern; f. gedruckte Schlagzeilen. **4.** (landsch. salopp) *völlig betrunken:* er kam ganz schön f. nach Hause.

Fett, das; -[e]s, -e [aus dem Niederd. < mniederd. vet(te), subst. Adj.]: **1.** *aus tierischen od. pflanzlichen Zellen gewonnener od. synthetisch hergestellter fester, halbfester od. flüssiger Stoff, der hauptsächlich aus den Estern des Glyzerins u. Fettsäuren besteht u. als Nahrungsmittel od. für industriell-technische Zwecke verwendet wird:* pflanzliche, tierische, synthetische -e; das F. brutzelt in der Pfanne; F. auslassen; überflüssiges F. abschöpfen; es roch nach ranzigem F.; ***das F. abschöpfen** (ugs.; *sich selbst den größten Vorteil, das Beste verschaffen*); **sein F. [ab]bekommen, [ab]kriegen** (ugs.; *verdientermaßen für etw. getadelt, bestraft werden;* H. u., viell. urspr. ein iron. Vergleich mit dem früheren Brauch des gemeinsamen Schweineschlachtens, bei dem jeder Besitzer eines Schlachttieres eine bestimmte Menge Fett erhielt); **sein F. [weg]haben** (ugs.; *die verdiente Strafe bekommen haben;* vgl. die vorige Wendung); **im F. sitzen/schwimmen** (ugs.; *im Wohlstand leben*). **2.** *Anhäufung von Fettgewebe im Körper von Menschen u. Tieren:* die Gans hat sehr viel F.; F. ansetzen *(an Gewicht zunehmen);* Ü von seinem F. zehren (ugs.; *von Reserven leben*); im eigenen F. schmoren (ugs.; *mit selbst verschuldeten Schwierigkeiten nicht fertig werden*); **Spr** F. schwimmt [immer] oben (scherzhafte Äußerung, die besagen soll, dass dicke Leute aufgrund ihres Fettes keine Angst vor dem Ertrinken zu haben brauchen).

Fett|ab|la|ge|rung, die (Med., Physiol.): *Ablagerung von Fett im Körper.*

Fett|ab|sau|gung, die; -, -en: *das [medizinische] Absaugen von Fettgewebe.*

fett|ähn|lich ⟨Adj.⟩: *dem Fett* (1) *ähnlich.*

Fett|an|satz, der: *[am Körper sichtbare] Ablagerung von Fett:* zum F. neigen.

fett|arm ⟨Adj.⟩: *(von Speisen) niedrigen Fettgehalt aufweisend, arm an Fett:* -e Kost, Milch.

Fett|au|ge, das: *Fetttropfen an der Oberfläche einer heißen Flüssigkeit (z. B. einer Suppe).*

Fett|bauch, der (salopp abwertend): **1.** *fetter Bauch, Schmerbauch:* streck deinen F. nicht so in die Gegend! **2.** *Person mit fettem Bauch:* den F. kann ich nicht leiden.

fett|bäu|chig ⟨Adj.⟩ (ugs.): *einen fetten Bauch habend.*

Fett|be|darf, der: *für die Ernährung des Menschen notwendige Menge an Fett.*

Fett|creme, die: *Hautcreme mit hohem Fettgehalt.*

Fett|de|pot, das (Med., Physiol.): *Ablagerung von Fett im Körper.*

Fett|druck, der (Druckw.): *Druck in fetten* (3) *Lettern.*

fet|ten ⟨sw. V.; hat⟩ [spätmhd. vetten = fett machen od. werden < mniederd. vetten]: **1.** *mit Fett einreiben, einschmieren:* Schuhe f.; ein gefettetes Backblech. **2. a)** *Fett absondern, abgeben:* eine fettende Creme; **b)** *Fett annehmen, durchlassen:* das Papier fettet.

fett|fein ⟨Adj.⟩ (Druckw.): *(von zwei Linien) stark u. schwach parallel laufend.*

Fett|film, der: *dünne Fettschicht.*

Fett|fleck, (auch:) **Fett|fle|cken,** der: *durch Fett hervorgerufener Fleck.*

fett|frei ⟨Adj.⟩: *von Fett frei:* -e Kost; f. kochen, essen.

fett füt|tern: s. fett (1 c).

Fett|ge|bäck, das: *Gebäck aus Hefeteig, das in heißem Fett schwimmend gebacken wird.*

fett ge|druckt: s. fett (3).

Fett|ge|halt, der: *Gehalt an Fett:* Milch mit einem F. von 3,5 %.

Fett|ge|schwulst, die (Med.): *gutartige Geschwulst aus Fettgewebe.*

Fett|ge|we|be, das (Med., Physiol.): *Bindegewebe aus Fettzellen.*

fett|glän|zend ⟨Adj.⟩: *von Fett glänzend:* -e Haut.

fett|hal|tig, (österr.:) **fett|häl|tig** ⟨Adj.⟩: *Fett enthaltend:* -e Nahrungsmittel.

Fett|heit, die; -: *das Dick-, Fettsein; Beleibtheit.*

Fett|hen|ne, die: *(in vielen Arten vorkommende) Pflanze mit fleischigen Blättern u. strahligen Blüten.*

fet|tig ⟨Adj.⟩: **a)** *fetthaltig:* eine -e Substanz; **b)** *mit Fett durchsetzt, bedeckt, beschmiert:* -es Papier; meine Haare sind f.

Fet|tig|keit, die; -, -en: **1.** ⟨o. Pl.⟩ *das Fettigsein.* **2.** ⟨Pl.⟩ (ugs.) *fettreiche Nahrungsmittel.*

Fett|kloß, der (ugs. abwertend): *sehr dicker Mensch:* er ist ein richtiger F. geworden.

Fett|le|be, die; - (landsch.): *üppiges Leben, Wohlleben:* ***F. machen** *(gut u. üppig essen, leben).*

Fett|le|ber, die (Med.): *krankhaft erhöhter Fettgehalt des Gewebes der Leber.*

fett|lei|big ⟨Adj.⟩ (geh.): *(von Menschen) sehr dick, beleibt, korpulent:* ein -er Mann.

Fett|lei|big|keit, die; - (geh.): *Beleibtheit, Dicke, Korpulenz; Adipositas* (a): krankhafte F.

fett|lös|lich ⟨Adj.⟩: *in Fett löslich:* -e Vitamine.

Fett|napf, der: *Fettnäpfchen.*

Fett|näpf|chen, das: meist in der Wendung **[bei jmdm.] ins F. treten** (ugs. scherzh.; *durch eine unbedachte, unkluge Äußerung o. Ä. jmds. Unwillen erregen, einen Fauxpas begehen;* nach der Ungeschicklichkeit, die früher jmd. beging, der in das neben der Tür stehende Näpfchen mit [Stiefel]fett trat): da war sie wieder voll ins F. getreten.

Fett|pflan|ze, die: *(hauptsächlich in trockenen Gebieten vorkommende) Pflanze mit besonderen, Wasser speichernden Geweben in Wurzeln, Blättern od. Stamm; Sukkulente.*

Fett|pols|ter, das: *Fettdepot:* überflüssige F. abbauen; Ü die Firma besitzt ein ausreichendes F. *(Reservekapital).*

fett|reich ⟨Adj.⟩: *(von Speisen) viel Fett enthaltend, reich an Fett:* -e Kost.

Fett|sack, der (derb abwertend): *sehr dicker Mensch.*

Fett|säu|re, die (Chemie): *organische Säure, die in der Natur in Form von tierischem u. pflanzlichem Fett u. Öl vorkommt:* gesättigte u. ungesättigte -n.

Fett|schicht, die: *Schicht von flüssigem od. festem Fett.*

Fett|schwanz|schaf, das: *(in Afrika u. Asien gezüchtetes) Schaf, das in seinem Schwanz Fett zu speichern vermag.*

Fett|schwein, das (Landw.): *Schwein, das einen hohen Fettanteil besitzt.*

Fett|spal|tung, die (Chemie): *Aufspaltung der Fette u. fetten Öle in freie Fettsäuren u. Glyzerin.*

Fett|steiß, der: **1.** (bes. Anthrop.) *starke Fettablagerungen im Bereich des Steißbeins.* **2.** (salopp) *sehr dickes Gesäß.*

Fett|stift, der: **1.** *fetthaltiger Farbstift zum Schreiben auf glatten Oberflächen.* **2.** *Fettcreme für die Lippen in Form eines Lippenstifts.*

Fett|stuhl, der (Med.): *[lehmartiger] Stuhl* (4 b) *mit reichlichem Gehalt an Fettsäuren u. Ä.; Stea[to]rrhö.*

Fett|sucht, die (Med.): *übermäßige Vermehrung od. Bildung von Fettgewebe; krankhafte Fettleibigkeit; Adipositas* (b).

fett|trie|fend ⟨Adj.⟩: *von Fett triefend.*

Fett|trop|fen, der: *Fett in Form eines Tropfens.*

Fett|tu|sche, die: *fetthaltige Tusche.*

Fett|wanst, der (derb abwertend): *Fettbauch* (1, 2).

Fett|wulst, der od. die: *aus Fettgewebe bestehender Wulst.*

Fett|zel|le, die (Physiol.): *der Speicherung von Fetttröpfchen dienende Bindegewebszelle.*

Fe|tus, Fötus, der; - u. -ses, -se u. ...ten [lat. fetus foetus = Kind, Sprössling; das Zeugen, Gebären zu einem Verb mit der Bed. »säugen«] (Med.): *[menschliche] Leibesfrucht vom 3. Monat der Schwangerschaft an.*

Fet|wa, Fatwa, das; -s, -s [arab. fatwā]: *(in arabischen Ländern) Rechtsgutachten des Muftis, in dem festgestellt wird, ob eine Handlung mit den Grundsätzen des islamischen Rechts vereinbar ist.*

Fetz, der; -es, -e [zu ↑Fetzen] (bes. südd.): *Mann, der als niederträchtig, gemein angesehen wird Lump.*

fet|zeln ⟨sw. V.; hat⟩ (landsch.): *in Fetzen* (1 a) *zerreißen:* er fetzelte den Brief in den Papierkorb.

fet|zen ⟨sw. V.⟩: **1.** *[mit Wucht] ab-, herunterreißen* ⟨hat⟩: sie fetzten die Wahlplakate von den Tafeln. **2.** (ugs.) **a)** *sich sehr schnell fortbewegen, wetzen* (2) ⟨ist⟩: sie fetzte mit dem Rad um die Ecke; **b)** *schnell irgendwohin bringen* ⟨hat⟩: er fetzte die Teller in den Schrank. **3.** ⟨f. + sich⟩ (ugs.) *sich heftig streiten* ⟨hat⟩: die beiden habe sich gefetzt. **4.** (ugs.) *mitreißen, begeistern* ⟨hat der Sound, die Musik fetzt; das fetzt *(das reißt mit, erweckt Begeisterung, ist toll).*

Fet|zen, der; -s, - [1 a: mhd. vetze, zu: vassen (↑fassen) in der Bed. »kleiden«, vgl. aisländ. fọt = Kleider, Pl. von: fat = Gefäß; Decke]: **1. a)** *unregelmäßig abgerissenes Teilstück eines dünnen Materials, bes. Stoff, Papier:* ein F. Papier; die Haut ging ihm in F. runter; etw. in F. [zer]reißen etw. geht in F. (ugs.; *zerreißt*); ... dass die F. fliegen (ugs.; *rücksichtslos, hart*); wir mussten arbeiten, dass die F. [nur so] flogen; **b)** *zusammenhangloses Stück von etw.; Ausschnitt:* F. eines Gesprächs, von Tanzmusik klangen herüber. **2.** (ugs. abwertend) **a)** *billiges, schlecht sitzendes Kleid;* **b)** (österr.) *Arbeitsschürze;* **c)** (österr.) *Scheuerlappen; Staubtuch.* **3.** (österr. ugs. *Rausch:* er hat einen ganz schönen F.

fet|zig ⟨Adj.⟩ [zu ↑fetzen (4)] (Jugendspr.): *mitreißend, temperamentvoll, wirkungsvoll, toll:* eine -en Titel spielen; ein fetziges Outfit.

feucht ⟨Adj.⟩ [mhd. viuhte, ahd. fūht(i), urspr. = schlammig, sumpfig]: *mit Wasser o. Ä. geringfügig durchtränkt od. bedeckt; ein wenig nass:* -e Umschläge machen; -e *(viel Wasserdampf enthaltende)* Luft; ein -er *(regenreicher)* Sommer; sie machte einen Sprung in das -e Element (scherzh.; *ins Wasser*); das Gras war f. von Tau; den Boden f. *(mit einem feuchten Lappen)* aufwischen; ihre Augen waren, schimmerten f. *(sie hatte Tränen in den Augen);* Ü ein -er Abend (ugs. verhüll.; *Abend, an dem viel Alkohol getrunken wird*).

Feucht|bi|o|top, das, auch: der: *Biotop, dessen pflanzliche und tierische Lebensgemeinschaften auf das Vorhandensein von Wasser (wie Teiche, Moore o. Ä.) angewiesen sind; Feuchtgebiet.*

Feucht|blatt, das (Jägerspr.): *Feigenblatt* (3).

Feuch|te, die; - [mhd. viuhte, ahd. fūhtī] (geh., Fachspr.): *Feuchtigkeit, bes. der Luft.*

feuch|ten ⟨sw. V.; hat⟩ [mhd. viuhten, ahd. fühten]: **1.** (dichter.) **a)** *feucht machen, benetzen;* **b)** *Feuchtigkeit abgeben:* das Gras feuchtet schon; **c)** ⟨f. + sich⟩ *[von hervortretenden Tränen] feucht werden:* ihr Auge feuchtete sich. **2.** (Jägerspr.) *(von Hunden, von Wild) urinieren.*

feucht|fröh|lich ⟨Adj.⟩ (ugs. scherzh.): *im Zusammenhang mit Alkohol fröhlich u. ausgelassen:* eine -e Gesellschaft; ein -er Abend.

Feucht|ge|biet, das: *Feuchtbiotop.*

feucht|heiß ⟨Adj.⟩: *feucht u. heiß:* ein -es Klima.

Feuch|tig|keit, die; - [mhd. viuhtecheit]: **1.** *das Feuchtsein, die Feuchte; der Gehalt an Wasser[dampf]:* die F. des Bodens, der Luft. **2.** *leicht Nässe:* etw. saugt F. auf, gibt F. ab.

Feuch|tig|keits|creme, die (Kosmetik): *Feuchtigkeit spendende Hautcreme.*

Feuch|tig|keits|ge|halt, der: *Gehalt an Feuchtigkeit:* der F. der Luft.

Feuch|tig|keits|grad, der: vgl. Feuchtigkeitsgehalt.

Feuch|tig|keits|mes|ser, der (Technik): *Gerät zum Bestimmen bes. der Luftfeuchtigkeit.*

feucht|kalt ⟨Adj.⟩: *feucht und kalt:* ein -er Herbsttag; -e Hände.

feucht|warm ⟨Adj.⟩: *feucht u. warm:* -e Luft.

feu|dal ⟨Adj.⟩ [mlat. feudalis, zu: feudum, feodum = Lehngut, unter Einwirkung von mlat. al(l)odium (↑ Allod) umgebildet aus gleichbed. mlat. feum, aus dem Germ. (vgl. ahd. fihu, ↑ Vieh)]: **1.** *den Feudalismus betreffend, auf ihn gegründet:* eine -e Gesellschaftsordnung. **2.** *den höheren Ständen angehörend, aristokratisch:* -e und bürgerliche Kreise. **3.** (ugs.) *vornehm, herrschaftlich vom äußeren Eindruck her:* ein -es Restaurant; f. wohnen. **4.** (bes. marx. abwertend) *reaktionär:* -e Ansichten.

Feu|dal|ge|sell|schaft, die: *Gesellschaft[sform] des Feudalismus.*

Feu|dal|herr, der: *Vertreter der herrschenden Oberschicht in einem Feudalstaat.*

Feu|dal|herr|schaft, die: *Feudalismus.*

Feu|da|lis|mus, der; -: **1.** *auf dem Lehnsrecht aufgebaute Wirtschafts- u. Gesellschaftsform, in der alle Herrschaftsfunktionen von der über den Grundbesitz verfügenden aristokratischen Oberschicht ausgeübt werden.* **2. a)** *System des Lehnswesens im mittelalterlichen Europa:* das Zeitalter des F.; **b)** *Zeit des Feudalismus* (2 a).

feu|da|lis|tisch ⟨Adj.⟩: *den Feudalismus betreffend, zu ihm gehörend:* die -e Gesellschaft.

Feu|da|li|tät, die; -: *feudales Wesen, feudale Beschaffenheit.*

Feu|dal|staat, der: *Staatswesen, das auf dem Feudalismus* (1) *beruht:* der mittelalterliche F.

Feu|dal|sys|tem, das: *Feudalismus.*

Feu|dal|we|sen, das: *Feudalismus* (1, 2 a).

Feu|dal|zeit, die ⟨o. Pl.⟩: *Zeit des Feudalismus.*

Feu|del, der; -s, - [auch: Feul < niederl. mundartl. feil < frz. faille = grober Seidenstoff; Mantel] (nordd.): *Tuch zum Aufwischen; Scheuerlappen.*

feu|deln ⟨sw. V.; hat⟩ (nordd.): *mit dem Feudel reinigen:* den Boden f.

Feu|er, das; -s, - [mhd. viur, ahd. fiur, verw. mit griech. pỹr = Feuer]: **1.** ⟨o. Pl.⟩ *Form der Verbrennung mit Flammenbildung, bei der Licht u. Wärme entstehen:* F., Wasser, Luft und Erde *(die vier Elemente der antiken Wissenschaft);* F. [mit einem Stein] schlagen; die Wunde brennt wie F. *(schmerzt empfindlich);* * **[ein Gegensatz] wie F. und Wasser sein** *(vollkommen unvereinbar, ein schroffer Gegensatz sein).* **2.** *vom Menschen kontrolliertes Feuer* (1) *als Energiespender:* ein helles, offenes F.; das olympische F.; das F. brennt, flackert im Ofen, ist ausgegangen; das F. [im Herd, Ofen] anzünden, anmachen; das Essen aufs F. *(auf den Herd zum Kochen)* stellen; jmdn. um F. (zum Anzünden von Zigarette, Zigarre od. Pfeife) bitten; um das F. *(Lagerfeuer)* herumsitzen; **Ü** obwohl der Bruder einlenken wollte, schürte die Schwester das F. *(verstärkte sie den Konflikt)* mit Sticheleien; * **mit dem F. spielen** *(leichtsinnig ein Risiko eingehen, sich in Gefahr begeben).* **3.** *zerstörendes, verzehrendes Feuer* (1); *Feuersbrunst, Brand:* F.! (Warn- u. Hilferuf beim Entdecken eines Feuers); das F. griff auf das Nachbarhaus über; F. [an ein Haus] legen *([ein Haus] in Brand stecken);* das F. löschen; ein F. speiender Vulkan; durch F. zerstört werden; im F. umkommen; **R** es ist F. am Dach (österr., schweiz.; *es herrscht großer Aufruhr*); * **F. und Flamme sein** (ugs.; *hellauf begeistert sein*); **F. fangen** (1. *in Brand geraten, in Flammen aufgehen.* 2. *von Begeisterung für etw. gepackt werden.* 3. *sich in jmdn. verlieben*); **F. hinter etw. machen** (ugs.; *etw., was zu langsam vorwärts geht, durch entsprechende antreibende Maßnahmen beschleunigen*); **F. unter dem Dach haben** (ugs.; *Familienzwist, Familienstreit haben*); **jmdn. F. unter dem/den Hintern/(derb:) Arsch/unter den/dem Schwanz/Frack machen** (salopp; *jmdn. nachdrücklich zur Eile antreiben*); **etw. aus dem F. reißen** *(etw., was schon sehr gefährdet, fast verloren war, doch noch retten, zu einem guten Ende bringen):* schließlich haben sie das Spiel doch noch aus dem F. gerissen; **für jmdn. durchs F. gehen** *(jmdn. so sehr schätzen, dass man für ihn alles tun würde).* **4.** ⟨o. Pl.⟩ *das Schießen mit Feuerwaffen; Beschuss:* feindliches, gegnerisches F.; [gebt] F.! *(Kommando zum Schießen);* F. frei! *(Schießen ist erlaubt);* F. geben *(schießen);* das F. einstellen; etw. unter F. nehmen; * **zwischen zwei F. geraten** *(von zwei Seiten gleichzeitig bedrängt werden, in zwei Unannehmlichkeiten geraten).* **5.** (Seemannsspr.) kurz für ↑ Leuchtfeuer: das F. des Leuchtturms. **6.** ⟨o. Pl.⟩ *das Leuchten, Funkeln, Strahlen:* das F. eines Diamanten; das F. in seinen Augen; ihre Augen sprühten F. **7.** ⟨o. Pl.⟩ *sich in Taten od. Gesten zeigende seelische Energie, innerer Schwung, Begeisterung:* sein jugendliches F. war erloschen; dieses Pferd hat viel F. *(Temperament);* der Wein hat F. *(berauschende Kraft);* beim Spielen in F. geraten; sich in F. reden.

Feu|er|alarm, der: *Alarm bei Ausbruch eines Feuers* (3).

Feu|er|an|zün|der, der: **1.** *leicht entflammbarer Stoff in Form von Würfeln o. Ä. zum Entfachen eines Feuers* (2). **2.** *Gasanzünder.*

feu|er|ar|tig ⟨Adj.⟩: *dem Feuer ähnlich, wie Feuer.*

Feu|er|ball, der: **1.** *Zentrum einer Atombombenexplosion.* **2.** (geh.) *feurig glühender Ball:* die Sonne als riesiger F.

Feu|er|be|fehl, der (Milit.): *Befehl zu feuern* (2); *Schießbefehl.*

feu|er|be|reit ⟨Adj.⟩ (Milit.): *zum Abfeuern bereit:* -e Geschütze.

Feu|er|be|reit|schaft, die (Milit.): *Bereitschaft zum Abfeuern.*

Feu|er|berg, der (dichter.): *Feuer speiender Berg; Vulkan.*

feu|er|be|stän|dig ⟨Adj.⟩: *widerstandsfähig gegen Feuer, nicht brennbar:* -e Bauteile.

Feu|er|be|stat|tung, die: *Form der Bestattung, bei der die Leiche verbrannt wird; Einäscherung.*

Feu|er|boh|ne, die: *weiß od. rot blühende Bohne* (1 a) *mit violetten, schwarzen, weißen od. gesprenkelten Samen.*

Feu|er|brand, der: *bes. an Obstbäumen auftretende Pflanzenkrankheit, bei der in der Rinde brandige Stellen auftreten u. Blüten, Blätter u. junge Zweige verdorren.*

Feu|er|büch|se, die: **1.** (veraltet) *Gewehr.* **2.** (Technik) *Kammer für die Feuerung von Dampfmaschinen o. Ä.*

Feu|er|dorn, der: *(als Strauch wachsende) Pflanze mit dunkelgrünen, eiförmigen Blättern, weißen Blüten u. kleinen, leuchtend roten od. gelben, kugeligen Früchten.*

Feu|er|ei|fer, der: *[besonders] großer Eifer:* mit, voll F. etw. tun.

Feu|er|ei|mer, der (früher): *Eimer, der zum Herbeischaffen von Löschwasser dient.*

Feu|er|ein|stel|lung, die (Milit.): *Einstellung des Beschusses:* Befehl zur F. geben.

feu|er|fest ⟨Adj.⟩: *feuerbeständig:* -es Glas, Porzellan.

feu|er|flüs|sig ⟨Adj.⟩: *durch Hitzeeinwirkung flüssig geworden:* -e Lava.

Feu|er|fres|ser, der (ugs.): *Feuerschlucker.*

Feu|er|ge|fahr, die ⟨o. Pl.⟩: *Gefahr des Ausbrechens von Feuer.*

feu|er|ge|fähr|det ⟨Adj.⟩: *der Feuergefahr besonders ausgesetzt.*

feu|er|ge|fähr|lich ⟨Adj.⟩: *leicht entflammbar; explosiv:* Benzin ist f.

Feu|er|ge|fähr|lich|keit, die: *feuergefährliche Beschaffenheit, Art.*

Feu|er|ge|fecht, das (bes. Milit.): *mit Feuerwaffen ausgetragenes Gefecht.*

Feu|er|geist, der: **1.** ⟨meist Pl.⟩ *im Feuer* (1) *lebender Elementargeist.* **2.** *[geniale, jugendliche] Persönlichkeit, die voll Leidenschaft u. Tatendrang ist, ihre Ideen u. Ziele vertritt [u. schöpferisch tätig ist]:* der junge Schiller war ein F.

Feu|er|ge|schwin|dig|keit, die: *Maß für die Leistung einer Feuerwaffe, angegeben in Schusszahl pro Minute; Kadenz* (5).

Feu|er|glo|cke, die (veraltet): *Alarmglocke, die bei Schadenfeuer geläutet wird.*

Feu|er|ha|ken, der: *Schürhaken.*

Feu|er|hal|le, die (österr.): *Krematorium.*

feu|er|hem|mend ⟨Adj.⟩: *eine Zeit lang gegen Feuer widerstandsfähig:* eine -e Tür; -e Stoffe.

Feu|er|herd, der: vgl. Brandherd.

Feu|er|holz, das ⟨o. Pl.⟩: *trockenes [in Scheite gespaltenes] Holz zum Feuern* (1).

Feu|er|kas|se, die: *Brandkasse.*

Feu|er|kopf, der: *leicht aufbrausender Mensch; Hitzkopf.*

Feu|er|kraft, die ⟨o. Pl.⟩ (Milit.): *von Feuergeschwindigkeit, Reichweite u. Explosionsgewalt abhängende Wirkung von Feuerwaffen.*

Feu|er|krö|te, die: *Unke.*

Feu|er|ku|gel, die: *großer, sehr heller Meteor; Bolid* (1).

Feu|er|lei|ter, die: **1.** *außen an einem Haus fest montierte eiserne Leiter als Fluchtweg bei Feuer* (3). **2.** *Leiter, über die höher gelegene Brandstellen erreicht u. gelöscht werden können.*

Feu|er|li|lie, die: *Lilie mit großen, trichterförmigen, feuerroten, schwarz gefleckten Blüten.*

Feu|er|loch, das (landsch.): *Öffnung in Ofen od. Herd zum Heizen.*

Feu|er|lösch|an|la|ge, die: *Anlage* (4) *zum Löschen eines Feuers.*

Feu|er|lösch|boot, das: *Boot mit Wasserwerfern zur Bekämpfung von Bränden im Hafengebiet.*

Feu|er|lö|scher, der: *leicht bedienbares, tragbares Feuerlöschgerät.*

Feu|er|lösch|ge|rät, das: *mit feuerlöschendem Pulver od. Schaum gefülltes Gerät zur Bekämpfung von Bränden.*

Feu|er|lösch|teich, der: *Teich, aus dem das Wasser zum Löschen eines Brandes gepumpt wird.*

Feu|er|lösch|zug, der: *Gruppe von Feuerwehrfahrzeugen, die bei einem Brand eingesetzt werden.*

Feu|er|mal, das: *bes. am Gesicht vorkommendes rotes od. blaurotes* [2]*Mal* (1).

Feu|er|mau|er, die: *Brandmauer.*

Feu|er|mel|der, der: *[öffentlich angebrachtes] elektrisches Gerät, über das Feueralarm gegeben werden kann.*

feu|ern ⟨sw. V.; hat⟩ [1: mhd. viuren = Feuer machen; glühen; 4: nach engl. to fire]: **1.** *Feuer [im Ofen] machen u. unterhalten; heizen:* den Ofen [mit Koks, Briketts] f. **2.** (Milit.) *Feuer* (4) *geben, schießen:* in die Luft, aus allen Rohren f.; feuernde Geschütze. **3.** (ugs.) *mit Wucht irgendwohin befördern, werfen, schleudern:* das Buch [zornig] an die Wand f. **4.** (ugs.) *[fristlos] entlassen* (2): sie wurde auf der Stelle [vom Chef] gefeuert. **5.** (landsch.) *brennen, glühen:* sie spürte die Wunde f. **6.** * **jmdm. eine f.** (salopp; *jmdm. eine Ohrfeige geben*).

Feu|er|pat|sche, die: *einer Klatsche ähnliches Gerät zum Ausschlagen eines kleinen Feuers* (3).

Feu|er|pau|se, die (Milit.): *vorübergehende Einstellung des Feuers* (4).

Feu|er|po|li|zei, die: *Gesamtheit der staatlichen Dienststellen, die für den Brandschutz zuständig sind.*

feu|er|po|li|zei|lich ⟨Adj.⟩: *die Feuerpolizei betreffend:* -e Vorschriften, Maßnahmen.

Feu|er|pro|be, die [1: urspr. nach dem Verfahren, Gold durch Feuer zu läutern; später bezogen auf das Gottesurteil]: **1.** *Prüfung[ssituation], in der der Beweis höchster Belastbarkeit u. bester Qualität erbracht werden soll:* das Auto hat bei dieser Rallye die F. bestanden. **2.** *mittelalterliches Gottesurteil, bei dem die Schuld od. Unschuld des Angeklagten aus der Art hervorging, wie die durch die Berührung mit glühendem Eisen entstandenen Wunden abheilten.*

Feu|er|qual|le, die: *Qualle, deren Nesselfäden eine Flüssigkeit absondern, die bei Berührung das Gefühl hervorruft, man habe sich verbrannt.*

Feu|er|rad, das: 1. *Feuerwerkskörper, der sich dreht u. dadurch den Eindruck eines aus Feuer bestehenden Rades erweckt.* 2. *mit Stroh umwundenes brennendes Wagenrad, das nach einem alten Brauch zur Frühjahrs- od. zur Sonnwendfeier zu Tal gerollt wird.*

Feu|er|rei|ter, der: *sagenhafte Gestalt eines Reiters, der bei einer Feuersbrunst auftaucht u. sie durch Umreiten löscht.*

feu|er|rot ⟨Adj.⟩: *grellrot (wie Feuer):* ein -er Pullover; Ü als ich den Jungen ansprach, wurde er f. [vor Scham, Verlegenheit].

Feu|er|sa|la|man|der, der [galt nach altem Volksglauben als Feuergeist]: *Schwanzlurch mit schwarzem, gelb geflecktem Körper.*

Feu|er|säu|le, die: *steil aufsteigende, riesige Flamme.*

Feu|ers|brunst, die [zu ↑Brunst in der alten Bed. »Brand, Glut«] (geh.): *Schadenfeuer, Brand von größerem Ausmaß:* mehrere Häuser waren der F. zum Opfer gefallen.

Feu|er|schein, der: *Widerschein eines Feuers:* F. erleuchtete den Nachthimmel.

Feu|er|schiff, das: *mit Leuchtfeuer ausgerüstetes, verankertes Schiff.*

Feu|er|schlu|cker, der (ugs.): *Artist, der brennende Gegenstände scheinbar verschluckt.*

Feu|er|schlu|cke|rin, die: w. Form zu ↑Feuerschlucker.

Feu|er|schutz, der: 1. a) *Schutz gegen Feuer* (3); b) *Gesamtheit aller Einrichtungen u. Maßnahmen gegen die Gefahr eines Brandes.* 2. (Milit.) *Schutz durch den Einsatz von Feuerwaffen, mit dem militärische Operationen gedeckt werden:* jmdm. F. geben.

feu|er|si|cher ⟨Adj.⟩: a) *widerstandsfähig gegen Feuer:* ein -er Anzug aus Asbest; b) *geschützt vor Feuer:* etw. f. aufheben, installieren.

Feu|ers|not, die (veraltet): *Gefahr durch ausgebrochenes Feuer.*

Feu|er spei|end: s. Feuer (3).

Feu|er|sprit|ze, die: *[durch einen Motor angetriebene] Spritze der Feuerwehr.*

Feu|er|stät|te, die: *feste Einrichtung zum Heizen u. Kochen; Feuerstelle.*

Feu|er|stein, der [1: mhd. viurstein; wurde zum Feuerschlagen benutzt]: 1. *hartes, kiesartiges Gestein, das bes. in der Steinzeit zur Herstellung von Werkzeugen u. bis in die Gegenwart zur Erzeugung von Feuer diente; Flint:* Faustkeile aus F.; mit -en Funken schlagen. 2. *kleiner Stift aus einer Legierung von Cer u. Eisen, mit dem das Feuerzeug entzündet wird; Zündstein.*

Feu|er|stel|le, die: *[einfache] Feuerstätte.*

Feu|er|strahl, der: *Flamme, die mit Wucht hervor- od. emporschießt:* ein F. fuhr aus dem Rohr.

Feu|er|stuhl, der (ugs.): *[schweres] Motorrad; Moped:* ein heißer F. *(ein schweres Motorrad).*

Feu|er|sturm, der: *durch Feuersbrünste hervorgerufene, einen starken Sog verursachende, stürmische Aufwinde.*

Feu|er|tau|fe, die [nach Matth. 3, 11, eigtl. = Taufe mit dem Heiligen Geist]: 1. *erste Bewährungsprobe:* der neue Lehrer, das Auto hat seine F. bestanden. 2. (Soldatenspr.) *erste Teilnahme eines Soldaten an einem Gefecht.*

Feu|er|teu|fel, der (ugs.): *Brandstifter.*

Feu|er|tod, der: 1. (geh.): *Flammentod:* den F. sterben. 2. *(bis ins 18. Jh. angewandte) Form der Todesstrafe durch Verbrennen.*

Feu|er|trep|pe, die: vgl. Feuerleiter (1).

Feu|e|rung, die; -, -en: 1. a) *Vorrichtung zum Verbrennen von Brennstoffen* (z. B. Ofen): eine neue F. errichten; b) *Teil der Feuerung* (1 a), *in dem die Verbrennung erfolgt:* die F. reinigen. 2. ⟨o. Pl.⟩ *das Feuern* (1), *Heizen:* die F. mit Holz ist zu teuer. 3. ⟨o. Pl.⟩ *Brennmaterial, Brennstoffe.*

Feu|e|rungs|an|la|ge, die: *Einrichtung zum Verbrennen von Heizmaterial.*

Feu|er|ver|si|che|rung, die: *Versicherung gegen Schäden durch Brand, Explosion u. Blitzschlag.*

feu|er|ver|zin|ken ⟨sw. V.; hat; meist im Inf. u. 2. Part. gebr.⟩ (Metallbearb.): *durch Eintauchen in flüssiges Zink mit einem Schutzüberzug gegen Rost versehen:* ein feuerverzinkter Eimer.

Feu|er|wa|che, die: *Gebäude, in dem alle Einrichtungen der Feuerwehr* (1) *ständig in Alarmbereitschaft sind.*

Feu|er|waf|fe, die: *Waffe, bei der das Geschoss mithilfe von Schießpulver u. Ä. aus dem Lauf getrieben wird.*

Feu|er|wan|ze, die: *Wanze mit auffallender schwarzroter od. schwarzgelber Zeichnung, mit meist reduzierten Flügeln, die sich hauptsächlich von Pflanzensäften aus Samen u. Früchten ernährt.*

Feu|er|was|ser, das ⟨o. Pl.⟩ (ugs.): *Branntwein, Schnaps.*

Feu|er|wech|sel, der (Milit.): *gegenseitiges Beschießen:* die F. am Suezkanal dauern an.

Feu|er|wehr, die: 1. *Einrichtung zur Abwehr von Schäden durch Brand u. zur Hilfeleistung in Katastrophenfällen:* die freiwillige *(nicht berufsmäßige)* F.; die F. alarmieren, herbeirufen. 2. (ugs.) *Feuerwehrmänner, die sich im Einsatz befinden:* die F. rückt aus, war sofort zur Stelle; alle -en der Umgebung rückten an; er fuhr wie die F. *(sehr schnell).* 3. (Kinderspr.) *Spielzeugauto als Nachbildung eines Feuerwehrautos:* meine F. ist kaputt.

Feu|er|wehr|au|to, das: vgl. Feuerwehrfahrzeug.

Feu|er|wehr|fahr|zeug, das: *dem Transport von Feuerwehrmännern, technischen Gerätschaften u. a. dienendes Fahrzeug.*

Feu|er|wehr|frau, die: *Angehörige der Feuerwehr* (1).

Feu|er|wehr|haupt|mann, der: *Führer eines Trupps der freiwilligen Feuerwehr.*

Feu|er|wehr|haus, das: *Gebäude, in dem Geräte u. Fahrzeuge der Feuerwehr untergebracht sind.*

Feu|er|wehr|lei|ter, die: *lange Leiter der Feuerwehr.*

Feu|er|wehr|mann, der ⟨Pl. ...männer u. ...leute⟩: *Angehöriger der Feuerwehr* (1).

Feu|er|werk, das [frühnhd., eigtl. = Pulver, Geschützmunition]: *durch das Abbrennen von Feuerwerkskörpern hervorgebrachte Lichteffekte (am Nachthimmel):* ein prächtiges F.; das Fest endete mit einem großen F.; Ü seine Rede war ein F. witziger Einfälle.

feu|er|wer|ken ⟨sw. V.; hat⟩ (selten): *ein Feuerwerk abbrennen:* er hat schon immer gern gefeuerwerkt.

Feu|er|wer|ker, der: a) *jmd., der Feuerwerkskörper herstellt; Pyrotechniker;* b) *Sachverständiger für Sprengstoff;* c) (Milit.) *(in der Bundeswehr) Unteroffizier od. Offizier mit mehrjähriger Ausbildung im Bereich Konstruktion, Wartung u. Vernichtung von Munition.*

Feu|er|wer|ke|rei, die: *Herstellung u. Gebrauch von Feuerwerkskörpern; Pyrotechnik.*

Feu|er|wer|ke|rin, die; -, -nen: w. Form zu ↑Feuerwerker (a, b).

Feu|er|werks|kör|per, der: *Gegenstand, der aus einer Papphülle besteht u. ein explosives, Funken sprühendes Gemisch enthält.*

Feu|er|zan|ge, die: *eiserne Zange zum Ergreifen von Brennmaterial.*

Feu|er|zan|gen|bow|le, die: *heißes, aus Rotwein, Rum u. Fruchtsaft hergestelltes Getränk, bei dessen Zubereitung über eine Bowle* (2) *eine Art Feuerzange mit Zuckerhut gelegt wird, der mit Rum übergossen u. angezündet wird.*

Feu|er|zei|chen, das: *über weite Entfernungen erkennbares, durch Feuer od. Scheinwerfer erzeugtes Lichtsignal.*

Feu|er|zeug, das [mhd. viurziuc]: *[kleines] Gerät zum Entzünden einer Flamme (für Raucher):* das F. geht nicht, funktioniert nicht.

Feuil|la|ge [fœ'ja:ʒə], die; -, -n [frz. feuillage, zu: feuille, ↑Feuilleton] (bild. Kunst): *geschnitztes od. gemaltes Laub- od. Blattwerk.*

Feuil|le|ton [fœjə'tõ:, auch: 'fœjətõ], das; -s, -s [frz. feuilleton, eigtl. = (das unterhaltende) Beiblättchen (einer Zeitung), zu: feuille = Blatt < vlat. folia, ↑Folie]: 1. *literarischer, kultureller od. unterhaltender Teil einer Zeitung:* das F. machen; die Rezension steht im F. 2. *literarischer Beitrag im Feuilletonteil einer Zeitung:* ein geistreiches F. schreiben. 3. (österr.) *populärwissenschaftlicher, im Plauderton geschriebener Aufsatz.*

Feuil|le|to|nist, der; -en, -en: *Verfasser von Feuilletons* (2).

Feuil|le|to|nis|tin, die; -, -nen: w. Form zu ↑Feuilletonist.

feuil|le|to|nis|tisch ⟨Adj.⟩: 1. *das Feuilleton* (1) *betreffend.* 2. a) *im Stil eines Feuilletons* (2), *unterhaltend:* ein -er Stil; b) (abwertend) *oberflächlich, halbwissenschaftlich:* -es Geschwafel.

Feuil|le|ton|re|dak|teur, der: *Redakteur des Feuilletons* (1).

Feuil|le|ton|re|dak|teu|rin, die: w. Form zu ↑Feuilletonredakteur.

Feuil|le|ton|sei|te, die: *Seite einer Zeitung, die für das Feuilleton* (1) *reserviert ist.*

Feuil|le|ton|stil, der: *feuilletonistischer Stil:* dieser F. ist einer wissenschaftlichen Arbeit nicht angemessen.

Feuil|le|ton|teil, der: vgl. Feuilletonseite.

feu|rig ⟨Adj.⟩ [mhd. viurec = brennend, glühend, zu ↑Feuer]: 1. *temperamentvoll, leidenschaftlich:* ein -er Liebhaber; ein -es Pferd; jmdm. -e Blicke zuwerfen; eine -e *(zündende)* Rede; -e *(scharfe)* Gewürze; der Wein ist f. *(stark berauschend).* 2. a) (veraltend) *glühend, brennend:* -e Kohlen; b) (geh.) *feuerrot:* ein -er Abendhimmel; c) (geh.) *funkelnd:* -e Diamanten.

Fex, der; -es, -e, südd., österr.: der; -en, -en [gek. aus älter Narrifex = Narr, scherzh. Bildung nach lat. pontifex u. a., ↑Pontifex] (südd., österr.): *jmd., der in etw. vernarrt ist; Narr.*

[1]Fez [fe:s, auch: fe:ts], der; -[es], -[e]: [2]*Fes.*

[2]Fez, der; -es [viell. zu frz. fêtes, Pl. von: fête, ↑Fete] (ugs.): *Spaß, Ulk, Unsinn:* viel F. machen.

ff = sehr fein.

ff = fortissimo.

FF = französischer Franc.

ff. = folgende [Seiten].

FGB = Familiengesetzbuch.

FH = Fachhochschule.

Fi|a|ker, der; -s, - [frz. fiacre, wohl nach einem Pariser Hotel St.-Fiacre, in dem im 17. Jh. das erste Vermietungsbüro für Mietkutschen eingerichtet war] (österr.): a) *[zweispännige] Pferdedroschke;* b) *Kutscher eines Fiakers* (a).

Fi|a|le, die; -, -n [ital. fiala = Flasche mit engem Hals < lat. phiala, ↑Phiole] (Archit.): *schlankes, spitzes gotisches Türmchen.*

Fi|as|ko, das; -s, -s [aus der Theaterspr., eigtl. = Stück, das beim Publikum nicht ankommt < ital. fiasco in der Wendung: far fiasco, eigtl. = Flasche machen; ital. fiasco = Flasche < mlat. flasco, aus dem Germ. (vgl. ahd. flaska, ↑Flasche)]: *großer Misserfolg; Fehlschlag, Reinfall:* die Inszenierung war ein F.; ein klägliches, schmähliches, peinliches F. [mit etw.] erleben.

fi|at [lat., 3. Pers. Sg. Konjunktiv von: fieri = werden, geschehen; 1: nach den Worten aus der lat. Übers. der Schöpfungsgeschichte (1. Mos. 1, 3) fiat lux = es werde Licht]: 1. (bildungsspr.) *es geschehe.* 2. (Med.) *man verarbeite zu* (auf Rezepten); Abk.: f.

[1]Fi|bel, die; -, -n [entstellt aus ↑Bibel (aus der viele Lesestücke stammten)]: 1. (veraltend) *Lesebuch, nach dem die Schüler der ersten Klasse lesen u. schreiben lernen.* 2. *Lehrbuch, das in die Anfangsgründe eines bestimmten Fachgebietes einführt:* eine F. für Bastler.

[2]Fi|bel, die; -, -n [lat. fibula = Klammer, Spange] (Kunstwiss.): *frühgeschichtliche kunstvolle Spange od. Nadel aus Metall:* zu den Funden gehören auch -n aus Bronze und Silber.

Fi|ber, die; -, -n [lat. fibra = Pflanzen-, Muskelfaser]: 1. (Med., Biol.) *Muskel-, Pflanzenfaser.* 2. ⟨o. Pl.⟩ *Kunstfaser von größerer Festigkeit.*

Fi|bril|le, die; -, -n [nlat. fibrilla, Vkl. von lat. fibra, ↑Fiber] (Med.): *sehr feine Muskel- od. Nervenfaser.*

Fi|brin, das; -s [zu lat. fibra, ↑Fiber] (Med.):

Eiweißstoff des Blutes, der bei der Blutgerinnung entsteht; Blutfaserstoff, Plasmafaserstoff.

il|bri|no|gen, das; -s [zu ↑Fibrin u. ↑-gen] (Med.): *im Blut enthaltener Eiweißstoff (die lösliche Vorstufe des Fibrins).*

il|bro|blast, der; -en, -en ⟨meist Pl.⟩ [zu griech. blastós = Keim, Trieb] (Med., Biol.): *(vor allem bei Wirbeltieren vorkommende) Bildungszelle des faserigen Bindegewebes.*

il|brom, das; -s, -e [zu lat. fibra, ↑Fiber] (Med.): *gutartige Geschwulst aus Bindegewebe.*

i|brös ⟨Adj.⟩ (Med.): *aus Bindegewebe bestehend:* eine -e Geschwulst.

Fi|bu|la, die; -, Fibuln [lat. fibula]: [2]*Fibel.*

Fi|bu|la, die; -, ...lae [...lɛ; lat. fibula = Klammer, Spange] (Med.): *Wadenbein.*

Fiche [fiːʃ], die; -, -s [frz. fiche, eigtl. = Rammpflock; Kennzeichen, zu: ficher = einrammen; festmachen, zu lat. figere = (an)heften]: **1.** *Spielmarke.* **2.** (veraltet) *Pflock zum Lagerabstecken.*

Fi|che [ˈfiʃ(ə)], die; -, -n (schweiz.): *Karteikarte.*

Fiche [fiːʃ], das u. der; -s, -s [engl. fiche < frz. fiche, ↑[1]Fiche] (Dokumentation, EDV): *mit einer lichtempfindlichen Schicht überzogene Karte, auf der in Form fotografischer Verkleinerungen Daten von Originalen gespeichert sind, die mit speziellen Lesegeräten gelesen werden.*

icht: ↑fechten.

ich|te, die; -, -n [mhd. viehte, ahd. fiohta, viell. eigtl. = die Stechende (nach den Nadeln)]: **1. a)** *(in vielen Arten auf der nördlichen Erdhalbkugel verbreiteter) hoch wachsender Nadelbaum mit meist gleichmäßig um den Zweig angeordneten kurzen, einzelnen Nadeln u. länglichen, hängenden Zapfen;* **b)** *Rottanne.* **2.** ⟨o. Pl.⟩ *Holz der Fichte* (1): Möbel aus F.

ich|tel|berg, der; -[e]s: höchster Berg im deutschen Teil des Erzgebirges.

ich|ten ⟨Adj.⟩ [mhd. viehtīn]: *aus Fichtenholz bestehend:* eine -e Truhe.

ich|ten|baum, der: *Fichte* (1).

ich|ten|holz, das: *Fichte* (2).

ich|ten|kreuz|schna|bel, der: *(zu den Finken gehörender) Vogel mit gelblich olivfarbenem Gefieder u. gekreuztem Schnabel, der bes. in Nadelwäldern lebt.*

ich|ten|na|del, die: *nadelförmiges Blatt der Fichte.*

ich|ten|na|del|bad, das: *Vollbad, das mit einem Extrakt od. Öl aus Fichtennadeln versetzt ist.*

ich|ten|na|del|öl, das: *durch Destillation bes. aus den Nadeln von Nadelhölzern gewonnenes ätherisches Öl, das u. a. als Badezusatz verwendet wird.*

ich|ten|spar|gel, der (Bot.): *in dunklen Wäldern wachsende, spargelähnlich aussehende Pflanze von blassgelber Farbe mit schuppenartigen Blättern u. in einer Traube stehenden Blüten.*

ich|ten|stamm, der: *Stamm einer Fichte.*

ich|ten|zap|fen, der: *zapfenförmige, verholzte Frucht der Fichte, bei der die Samen schuppenartig um eine Achse angeordnet sind.*

i|chu [fiˈʃyː], das; -s, -s [frz. fichu, Substantivierung von: fichu, 2. Part. von: ficher, ↑[1]Fiche (hier im Sinne von »nachlässig gekleidet«)]: *großes Dreiecktuch, das um Schultern u. Brust geschlungen u. auf dem Rücken gebunden wird.*

ick, der; -s, -s [rückgeb. aus ↑ficken] (vulg.): *Koitus.*

i|cken ⟨sw. V.; hat⟩ [eigtl. (mundartl.) = hin u. her bewegen, mhd. ficken = reiben, urspr. wohl lautm.]: **1.** (vulg.) **a)** *koitieren* (a): gut f. können; mit jmdm., zusammen f.; **R** fick dir bloß nicht ins/aufs Knie! *(stell dich bloß nicht so an!);* **b)** *mit jmdm. den Geschlechtsakt vollziehen; koitieren* (b): eine Frau/einen Mann f. **2. a)** (Soldatenspr., Jugendspr.) *hart herannehmen:* die Ausbilder haben uns heute ganz schön gefickt; **b)** (vulg.) *hereinlegen* (2).

i|cker, der; -s, - (vulg.): *jmd., der [häufig] Geschlechtsverkehr hat.*

i|cke|rei, die; -, -en (vulg.): *[häufigeres] Koitieren.*

i|cke|rig, fickrig ⟨Adj.⟩ [zu mundartl. ficken, ↑ficken]: **1.** (landsch.) *unruhig, zappelig:* ein -es Kind. **2.** (vulg.) *geschlechtlich erregt, geil.*

Fick|fack, der; -[e]s, -e [zu ↑fickfacken] (landsch.): *Vorwand, Ausflucht.*

Fick|fa|cker, der; -s, - (landsch.): *unzuverlässiger Mensch.*

Fick|fa|cke|rei, die; -, -en (landsch.): **1.** *Betrügerei.* **2.** *Unsinn.*

Fick|müh|le, die; -, -n (landsch.): *Zwickmühle.*

fick|rig: ↑fickerig.

Fi|cus, der; -, ...ci [...tsi; lat. ficus, aus einer kleinasiat. Spr. od. einer Spr. des Mittelmeerraums]: *Feige* (1).

Fi|dei|kom|miss [fidei..., auch: ˈfiːdei...], das; -es, -e [lat. fideicommissum = im Vertrauen auf die Ehrlichkeit des Erben gemachte testamentarische Verfügung über einen Gegenstand, den er einem Nichterben übergeben soll] (Rechtsspr.): *unveräußerliches u. unteilbares Vermögen einer Familie.*

fi|del ⟨Adj.⟩ [aus Studentenspr., urspr. scherzh. Verwendung von älter fidel = treu < lat. fidelis = treu, zuverlässig, zu: fides, ↑Fides] (ugs.): *von unbeschwerter Fröhlichkeit, Lustigkeit; vergnügt:* eine -e Gesellschaft; er ist ein -es Haus *(ein gut gelaunter, fröhlicher Mensch).*

Fi|del, die; -, -n [mhd. videl(e), ahd. fidula, H. u.]: *der Geige ähnliches Saiteninstrument (des MA.).*

Fi|des, die; - [lat. fides = Vertrauen, Glaube; Treue]: *(im alten Rom) Treueverhältnis zwischen Patron u. Klient.*

Fi|di|bus, der; - u. -ses, - u. -se [H. u., wohl scherzh. latinis. Bildung der Studentenspr.] (veraltend, noch scherzh.): *gefalteter Papierstreifen (seltener Holzspan), den man an einem offenen Feuer entzündet, um damit die Pfeife o. Ä. anzuzünden.*

[1]**Fi|dschi:** -s: Staat auf den Fidschi-Inseln.

[2]**Fi|dschi,** der; -s, - (salopp abwertend): *jmd., der aus Indochina stammt, bes. Vietnamese.*

Fi|dschi|a|ner, der; -s, -: Ew.

Fi|dschi|a|ne|rin, die; -, -nen: w. Form zu ↑Fidschianer.

fi|dschi|a|nisch ⟨Adj.⟩.

Fi|dschi|in|seln, (auch:) **Fi|dschi-In|seln** ⟨Pl.⟩: Inselgruppe im südwestlichen Pazifischen Ozean.

Fi|duz, das [lat. fiducia = Vertrauen; Beherztheit]: nur in der Wendung **kein F. zu etw. haben** (ugs. veraltend; *keinen Mut zu etw. haben*).

Fi|du|zi|ar, der; -s, -e (Rechtsspr.): *Treuhänder bei einem fiduziarischen Geschäft.*

Fi|du|zi|a|rin, die; -, -nen: w. Form zu ↑Fiduziar.

fi|du|zi|a|risch ⟨Adj.⟩ [lat. fiduciarius] (Rechtsspr.): *treuhänderisch.*

Fie|ber, das; -s, (selten:) - [mhd. fieber, ahd. fiebar < lat. febris = Fieber]: **1. a)** *über 38 °C ansteigende Körpertemperatur als Abwehrreaktion des Organismus:* das F. steigt; F. messen; hohes F. haben; ein F. erzeugendes Mittel; mit F. im Bett liegen; **b)** *fieberhafte Erkrankung:* ein F. warf ihn nieder. **2.** (geh.) *Zustand starker seelischer Erregung; das Besessensein von etw.:* das F. der Spielleidenschaft hatte sie erfasst.

Fie|ber|an|fall, der: *plötzliches Auftreten von Fieber.*

Fie|ber er|zeu|gend: s. Fieber (1 a).

Fie|ber|fan|ta|sie, die: *bei hohem Fieber häufiger auftretende Wahnvorstellungen.*

fie|ber|frei ⟨Adj.⟩: *ohne Fieber.*

Fie|ber|frost, der: *bei Fieber gleichzeitig akut auftretendes Frostgefühl.*

fie|ber|glän|zend ⟨Adj.⟩: *(von den Augen) im Gefolge von Fieber einen besonderen Glanz aufweisend:* -e Augen.

fie|ber|glü|hend ⟨Adj.⟩: *von Fieber glühend:* ein -es Gesicht.

fie|ber|haft ⟨Adj.⟩: **1.** *mit Fieber verbunden:* eine -e Erkrankung. **2. a)** *angestrengt u. eilig; hektisch:* sie waren in -er *(sehr großer)* Aufregung, Eile; es wurde f. [an der Ausbesserung der Brücke] gearbeitet; er überlegte f.; **b)** *von einem seltsamen, erregenden Zauber erfüllt:* ein -er Sonnenuntergang.

fie|ber|heiß ⟨Adj.⟩: *heiß von Fieber:* ein -es Gesicht.

Fie|ber|hit|ze, die: *durch Fieber hervorgerufene hohe Körpertemperatur.*

fie|be|rig: ↑fiebrig.

fie|ber|krank ⟨Adj.⟩: *an Fieber erkrankt.*

Fie|ber|kran|ke, der u. die: *jmd., der an Fieber erkrankt ist.*

Fie|ber|kur|ve, die: *grafische Darstellung der gemessenen Körpertemperatur bei fieberhaften Erkrankungen, die den Verlauf des Fiebers anzeigt.*

Fie|ber|mes|ser, der (ugs.): *Fieberthermometer.*

Fie|ber|mit|tel, das (Med.): *Fieber erzeugendes od. das Fieber senkendes Mittel.*

Fie|ber|mü|cke, die: *Anopheles.*

fie|bern ⟨sw. V.; hat⟩ [spätmhd. fiebern]: **1.** *Fieber haben:* der Kranke fiebert; ein fieberndes Kind. **2. a)** *sehr aufgeregt, voll innerer Unruhe, Erwartung sein:* die Kinder fieberten vor Aufregung; **b)** *heftig nach etw. verlangen; etw. erstreben:* sie fiebert danach, eine Chance zu bekommen.

fie|ber|sen|kend ⟨Adj.⟩: *das Fieber herabsetzend:* ein -es Mittel.

Fie|ber|ther|mo|me|ter, das: *Thermometer zum Messen der Körpertemperatur.*

Fie|ber|traum, der: *Fieberfantasie.*

fieb|rig, fieberig ⟨Adj.⟩ [1: spätmhd. fieberic]: **1. a)** *Fieber habend, von Fieber befallen:* das Kind ist f., sieht f. aus; **b)** *mit Fieber einhergehend:* eine -e Erkältung; **c)** *auf Fieber hinweisend:* -e, f. glänzende Augen. **2.** *(in Erwartung von etw.) in einem Zustand von Hektik, Aufregung; fieberhaft* (2 a): in -er Eile, Aufregung; f. auf etw. gespannt sein.

Fie|del, die; -, -n [↑Fidel] (veraltet, noch scherzh. od. abwertend): *Geige:* die F., auf der F. spielen.

fie|deln ⟨sw. V.; hat⟩ [mhd. videlen] (scherzh. od. abwertend): *[ohne große Kunstfertigkeit, schlecht] auf der Geige spielen:* sie fiedelt den ganzen Tag; eine bekannte Melodie f.

Fie|der, die; -, -n [zu ↑fiedern]: **1.** (veraltet) *kleine Feder.* **2.** (Bot.) *einzelnes Blättchen eines Fiederblattes.*

Fie|der|blatt, das (Bot.): *gefiedertes Blatt.*

Fie|der|blätt|chen, das: *Fieder* (2).

fie|de|rig, fiedrig ⟨Adj.⟩: *gefiedert.*

fie|dern, sich ⟨sw. V.; hat⟩ [mhd. videren, ahd. fideran = mit Federn versehen, zu ↑Feder] (Jägerspr.): *sich mausern.*

fie|der|tei|lig ⟨Adj.⟩: *gefiedert* (2).

Fie|de|rung, die; -, -en: *das Gefiedertsein; Art des Gefiedertseins:* Blätter mit verschiedenen -en.

Fied|ler, der; -s, - [mhd. videlære, zu: videl(e), ↑Fidel]: **a)** (veraltet) *Geige spielender [Straßen]musikant;* **b)** (scherzh. od. abwertend) *jmd., der ohne große Kunstfertigkeit Geige spielt.*

Fied|le|rin, die; -, -nen: w. Form zu ↑Fiedler (b).

fied|rig: ↑fiederig.

fiel: ↑fallen.

Field|re|search [ˈfiːldrisəːtʃ], das; -s [engl. field research, aus: field = Feld u. ↑Research] (Soziol., Statistik): *Feldforschung.*

Field|work [ˈfiːldwəːk], das; -s [engl. field-work, eigtl. = Arbeit im Gelände] (Soziol.): *Fieldresearch.*

fie|pen ⟨sw. V.; hat⟩ [lautm.]: **1.** (Jägerspr.) *(von Rehkitz u. Ricke) einen leisen, hohen Lockruf hervorbringen.* **2.** *einen leisen, hohen Ton von sich geben:* der Hund, der Vogel fiepte ängstlich.

fiep|sen ⟨sw. V.; hat⟩: *fiepen* (2): die Maus fiepste.

fiep|sig ⟨Adj.⟩: *sich wie ein Fiepsen anhörend.*

Fi|e|rant [fiəˈrant, fieˈrant], der; -en, -en [zu ital. fiera = Jahrmarkt < mlat. feria, ↑Feria] (österr.): *Warenhändler, Markthändler.*

Fi|e|ran|tin [fiə..., fie...], die; -, -nen: w. Form zu ↑Fierant.

fie|ren ⟨sw. V.; hat⟩ [mniederd. vīren; vgl. ahd. gifieren = (nach einer bestimmten Seite) wenden; fügen, führen, bringen, zu: fiera = Seite] (Seemannsspr.): **a)** *eine Last o. Ä. durch Lösen*

F

des Taus herunterlassen: das Großsegel f. **b)** *(ein belastetes Tau) ablaufen lassen.*

fi|e|ro ⟨Adv.⟩ [ital. fiero < lat. ferus = ungezähmt, wild] (Musik): *stolz, wild, heftig.*

fies ⟨Adj.⟩ [aus dem Niederd. < mniederd. vīs, viell. zu: fī = pfui od. vīst = abgehende Blähung, vgl. Fist] (ugs.): **1.** *Ekel, Widerwillen erregend, auslösend; unangenehm, widerlich:* das schmeckt f.; er sieht f. aus in seiner Ungepflegtheit. **2.** *charakterlich widerwärtig, unsympathisch, abstoßend:* ein -er Charakter, Kerl; sie kann ziemlich f. werden; das war f. von dir.

fie|seln ⟨sw. V.; hat⟩ (bayr., österr. ugs.): *(etw. Kleines, nur mit den Fingerspitzen o. Ä. zu Fassendes) mühsam u. einzeln [ab]lösen.*

Fies|ling, der; -s, -e (salopp abwertend): *Mensch, der als widerlich, durch seine Eigenschaften abstoßend angesehen wird.*

Fi|es|ta, die; -, -s [span. fiesta < vlat. festa, ↑Fete]: *[spanisches Volks]fest.*

Fi|fa, FIFA, die; - [Abk. für frz. Fédération Internationale de Football Association]: Internationaler Fußballverband.

fif|ty-fif|ty [ˈfɪftɪˈfɪftɪ; engl. fifty-fifty = halbpart, eigtl. = fünfzig-fünfzig]: in den Verbindungen **f. machen** (ugs.; *halbpart machen*): mit den Einnahmen machen wir f.; **f. ausgehen, stehen** (ugs.; *unentschieden ausgehen, stehen*).

Fi|ga|ro, der; -s, -s [nach der Bühnengestalt in Beaumarchais' Lustspiel »Der Barbier von Sevilla«] (scherzh.): *Friseur.*

Fight [fait], der; -s, -s [engl. fight, eigtl. = Kampf, zu: to fight = kämpfen, verw. mit ↑fechten]: **1.** *verbissen geführter Kampf (in einem sportlichen Wettkampf); harte Auseinandersetzung.* **2.** (Boxen) *Boxkampf:* der F. zwischen Clay und Frazier musste verschoben werden.

figh|ten [ˈfaitn̩] ⟨sw. V.; hat⟩ [engl. to fight]: **1.** *hart, verbissen kämpfen, um etw. zu erreichen:* um den Sieg f. **2.** (Boxen) *ungestüm, den Schlagabtausch suchend kämpfen.*

Figh|ter [ˈfaitɐ], der; -s, - [engl. fighter]: **1.** *jmd., der hart u. verbissen um etw. kämpft; Kämpfernatur.* **2.** (Boxen) *Boxer, der den Schlagabtausch u. eine ungestüme Kampfweise bevorzugt.*

Fi|gur, die; -, -en [mhd. figur(e) < afrz. figure < lat. figura = Gebilde, Gestalt, Erscheinung, zu: fingere, ↑fingieren]: **1.** *Körperform, Gestalt, äußere Erscheinung eines Menschen im Hinblick auf ihre ausgewogene Proportion:* eine gute, schlanke, grazile, rundliche F.; sie hat eine tolle F.; auf seine F. achten [müssen] *(sich beim Essen mäßigen [müssen], um nicht dicker zu werden);* ***eine gute, schlechte, klägliche** o. ä. **F. machen/abgeben** *(durch seine Erscheinung, sein Auftreten einen guten, schlechten, kläglichen o. ä. Eindruck machen).* **2.** *[künstlerische] Darstellung eines menschlichen, tierischen od. abstrakten Körpers:* mythologische -en; -en aus Porzellan; eine abstrakte F. von Moore. **3.** *Spielstein bes. beim Schachspiel:* eine F. zieht. **4. a)** *[geometrisches] Gebilde aus Linien od. Flächen; Umrisszeichnung o. Ä.:* eine geometrische F.; **b)** *Abbildung, die als Illustration einem Text beigegeben ist:* vergleiche F. 4; Abk.: Fig. **5. a)** *Person, Persönlichkeit (in ihrer Wirkung auf ihre Umgebung, auf die Gesellschaft):* er war eine wichtige, herausragende F. seiner Zeit; eine undurchschaubare, merkwürdige F.; **b)** (salopp) *Person, Mensch (meist männlichen Geschlechts), Typ:* das waren die -en von vorhin; **c)** *handelnde Person, Gestalt in einem Werk der Dichtung:* die -en des Dramas; die -en dieses Romans sind frei erfunden; die komische F. *(Rollenfach im Theater).* **6.** (Sport) *in sich geschlossene Bewegungsabfolge, die Teil eines größeren Ganzen ist:* eine einzelne F. [eines Tanzes] üben; auf dem Eis -en laufen. **7.** (Musik) *in sich geschlossene Tonfolge als schmückendes u. vielfach zugleich textausdeutendes Stilmittel:* eine musikalisch-rhetorische F. **8.** (Sprachw.) *von der normalen Sprechweise abweichende sprachliche Form, die als Stilmittel eingesetzt wird:* eine rhetorische F.

Fi|gu|ra [lat.]: nur in der Wendung **wie F. zeigt** (bildungsspr. veraltend; *wie man an dem gegebenen Beispiel sehen, ablesen kann*).

Fi|gu|ra ety|mo|lo|gi|ca, die; - -, ...rae ...cae [...rɛ ...tsɛ; ↑etymologisch] (Rhet., Stilk.): *Redefigur, bei der sich ein intransitives Verb mit einem Substantiv gleichen Stammes od. verwandter Bedeutung als Objekt verbindet* (z. B. einen Kampf kämpfen).

fi|gu|ral ⟨Adj.⟩: *mit Figuren versehen.*

Fi|gu|ral|mu|sik, die: *mehrstimmiger kontrapunktischer Tonsatz in der Kirchenmusik des Mittelalters.*

Fi|gu|rant, der; -en, -en [lat. figurans (Gen.: figurantis), 1. Part. von: figurare, ↑figurieren]: **a)** (Theater, Film veraltet) *stumme [Neben]rolle, Statist;* **b)** *Lückenbüßer.*

Fi|gu|ran|tin, die; -, -nen: w. Form zu ↑Figurant.

Fi|gu|ra|ti|on, die; -, -en [lat. figuratio = Bildung, äußere Gestalt]: **1.** (Musik) *Auflösung einer Melodie oder eines Akkords in rhythmische [melodisch untereinander gleichartige] Notengruppen.* **2.** (Kunstwiss.) *figürliche, bildhafte Darstellung.*

fi|gu|ra|tiv ⟨Adj.⟩ [spätlat. figurativus = zur bildlichen Darstellung geeignet]: **1.** (bildungsspr.) *figürlich, gegenständlich abbildend, abgebildet:* die -e Wiedergabe einer Szene; die -e Malerei. **2.** (Sprachw.) *(von Wortbedeutungen) in bildlichem, übertragenem Sinn:* ein -er Sprachgebrauch.

fi|gur|be|tont ⟨Adj.⟩: *die Figur* (1) *betonend:* ein -es Kleid; die Mode ist dieses Jahr sehr f.

Fi|gür|chen, das; -s, -: Vkl. zu ↑Figur (1–3).

Fi|gu|ren|grup|pe, die: *Gruppe von Figuren* (2): dieser Bildhauer schuf die F.

Fi|gu|ren|mus|ter, das: *aus Figuren* (4 a) *bestehendes Muster.*

fi|gu|ren|reich ⟨Adj.⟩: *viele Figuren* (2, 5 c, 6) *aufweisend:* ein -es Theaterstück; ein -er Tanz.

Fi|gu|ren|the|a|ter, das: *Theater mit Figuren (Marionetten, Puppen u. Ä.).*

fi|gu|rie|ren ⟨sw. V.; hat⟩ [lat. figurare = bilden, gestalten, darstellen]: **1.** (bildungsspr.) *(in einer Funktion o. Ä.) eine Rolle spielen, in Erscheinung treten, auftreten:* als Rennleiter f. **2.** (Musik) *einen Akkord mit einer Figuration* (1) *versehen:* einen Cantus firmus f.; ⟨meist im 2. Part.⟩ ein figurierter Choral *(mehrstimmiger Choralsatz, dessen Motive in allen Stimmen verwendet werden).*

Fi|gu|rie|rung, die; -, -en: *das Figurieren* (1, 2).

Fi|gu|ri|ne, die; -, -n [frz. figurine < ital. figurina, zu lat. figura, ↑Figur]: **1.** (Kunstwiss.) *kleine Statue.* **2.** (Kunstwiss.) *menschliche Figur als Staffage auf Gemälden, bes. Landschaftsbildern.* **3.** (bes. Theater) *Kostümentwurf, Modellbild [für eine bestimmte Rolle, ein bestimmtes Stück]:* -n zeichnen.

fi|gür|lich ⟨Adj.⟩: **1.** *in Bezug auf die Figur* (1): sie ist ihr f. sehr ähnlich. **2.** (Kunstwiss.) *eine Figur* (2), *Figuren* (2) *darstellend:* eine -e Darstellung. **3.** (Sprachw.) *figurativ* (2): ein -er Wortgebrauch.

Fikh, das; - [arab. fiqh]: *Rechtswissenschaft des Islams.*

Fik|ti|on, die; -, -en [lat. fictio = Einbildung, Annahme, zu: fingere, ↑fingieren]: **1.** (bildungsspr.) *etw., was nur in der Vorstellung existiert; etw. Vorgestelltes, Erdachtes:* eine politische, literarische F.; alle Gestalten des Werkes sind dichterische F. **2.** (Philos.) *bewusst gesetzte widerspruchsvolle od. falsche Annahme als methodisches Hilfsmittel bei der Lösung eines Problems.*

fik|ti|o|nal ⟨Adj.⟩ (bildungsspr.): *auf einer Fiktion beruhend:* ein -er Text.

fik|ti|o|na|li|sie|ren ⟨sw. V.; hat⟩ (bildungsspr.): *als Fiktion darstellen:* die Zeit f.

Fik|ti|o|na|li|sie|rung, die; -, -en: *das Fiktionalisieren; das Fiktionalisiertwerden.*

Fik|ti|o|na|lis|mus, der; - (Philos.): *philosophische Theorie der Fiktionen.*

fik|tiv ⟨Adj.⟩ (bildungsspr.): *nur angenommen; erdacht, erdichtet, frei erfunden:* ein -er Dialog; etwas erweist sich als, ist [rein] f.

Fi|la|ge [fiˈlaːʒə], die; -, -n [frz. filage]: **1.** *das Zusammendrehen von Seidenfäden.* **2.** *das Abziehen der gezinkten Karten beim Falschspiel.*

Fi|la|ment, das; -s, -e [spätlat. filamentum = Fadenwerk, zu lat. filum, ↑Filet]: **1.** (Bot.) *Staubfaden der Blüte.* **2.** ⟨meist Pl.⟩ (Astron.) *dunkles, fadenförmiges Gebilde in der Chromosphäre.* **3.** *nach verschiedenen chemisch-technischen Verfahren hergestellte, fast endlose Faser als Bestandteil von Garnen u. Kabeln.*

fil di vo|ce [ˈfɪl di ˈvoːtʃə; ital., zu: fil(o) = dünner Faden (< lat. filum, ↑Filet) u. voce = Stimme < lat. vox (Gen.: vocis)] (Musik): *mit schwacher dünner Stimme.*

File [fail], das; -s, -s [engl. file, eigtl. = Aktenordner, Aktenbündel, urspr. = Schnur, mit der Akten o. Ä. zusammengehalten werden < frz. fil < lat. filum, ↑Filet] (EDV): engl. Bez. für *Datei.*

Fi|let [fiˈleː], das; -s, -s [frz. filet, eigtl. = kleiner Faden, zu: fil = Faden < lat. filum (1: wohl, weil die Stücke früher in Fäden eingerollt verkauft wurden)]: **1.** (Kochk.) **a)** *zartes Fleisch von der Lende* (2); **b)** *entgrätetes u. enthäutetes Stück vom Rücken eines Fisches;* **c)** *Fleisch von der Brust von Geflügel.* **2.** (Textilind.) *netzartig gewirkter Stoff.* **3.** (Handarb.) *Filetarbeit.* **4.** (Textilind.) *Abnehmerwalze hinter der Auflockerungsmaschine in Baumwollspinnereien.*

Fi|let|ar|beit, die: *Handarbeit[stechnik], bei der ein Gitterwerk aus quadratisch verknüpften Fäden hergestellt wird, das dann in verschiedenartiger Weise bestickt wird.*

Fi|let|bra|ten, der: *Braten aus Filet.*

Fi|let|de|cke, die: *Tischdecke in Filetarbeit.*

Fi|let|hä|ke|lei, die: *Häkelarbeit, die eine Nachahmung der echten Filetarbeit in einer Häkeltechnik darstellt.*

Fi|let|hand|schuh, der: *Handschuh in Filetarbeit.*

fi|le|tie|ren ⟨sw. V.; hat⟩ (Kochk.): *Filets* (1) *aus dem Fleisch von Schlachttieren, Fisch, Geflügel od. Wild herauslösen:* Fisch f.

Fi|le|tie|rer, der; -s, -: *(bes. in der Fisch verarbeitenden Industrie) jmd., der Filets schneidet* (Berufsbez.).

Fi|le|tie|re|rin, die; -, -nen: w. Form zu ↑Filetierer.

Fi|le|tier|ma|schi|ne, die: *Maschine zum Filetieren von Fisch.*

Fi|let|na|del, die: *Sticknadel zur Herstellung von Filetarbeiten.*

Fi|let|spit|ze, die: *Spitze in Filetarbeit.*

Fi|let|steak, das: *Steak aus Filet* (1 a).

Fi|let|stück, das: *Lendenstück:* ein zartes F.

Fi|li|al|be|trieb, der: *Filiale.*

Fi|li|a|le, die; -, -n [zu kirchenlat. filialis = kindlich (abhängig), zu lat. filius = Sohn od. filia = Tochter]: **1.** *(bes. im Lebensmitteleinzelhandel) einzelnes Geschäft einer Gruppe von gleichartigen Läden, die zentral geführt werden; Zweiggeschäft.* **2.** *(bes. im Versicherungs- u. Bankengewerbe) Zweigstelle, -niederlassung, die in einem anderen Stadtteil od. an einem anderen Ort unterhalten wird:* die F. einer Bank eröffnen.

Fi|li|al|ge|mein|de, die: *Gemeinde einer Filialkirche.*

Fi|li|a|list, der; -en, -en (Wirtsch.): **1. a)** *Einzelhandelsunternehmer, der eine Reihe von Filialen* (1) *besitzt;* **b)** *Leiter einer Filiale.* **2.** *Seelsorger einer Filialgemeinde.*

Fi|li|a|lis|tin, die; -, -nen: w. Form zu ↑Filialist.

Fi|li|al|kir|che, die: *von dem Geistlichen einer anderen, meist größeren Gemeinde mitbetreute Kirche.*

Fi|li|al|lei|ter, der: *Geschäftsführer eines Filialbetriebes, -geschäfts.*

Fi|li|al|lei|te|rin, die: w. Form zu ↑Filialleiter.

Fi|li|al|netz, das: *Gesamtheit von planmäßig über ein Gebiet verteilten Filialen.*

Fi|li|a|ti|on, die; -: **1.** (Genealogie) *[Nachweis der] Abstammung einer Person von einer anderen:* [il]legitime F. **2.** (Rechtsspr.) *legitime Abstammung eines Kindes von seinen Eltern.* **3.** (Politik)

Gliederung des Staatshaushaltsplans. **4.** (hist.) *Verhältnis von Mutter- u. Tochterkloster im Ordenswesen des Mittelalters.*

Fi|li|a|ti|ons|nach|weis, der: *Nachweis einer Filiation* (1).

[1]Fi|li|bus|ter: ↑Flibustier.

[2]Fi|li|bus|ter [fili'bastɐ], das; -[s], - [engl. filibuster (↑Flibustier), eigtl. = jmd., der in seinen Aktionen einem Freibeuter od. Partisan vergleichbar ist]: *im amerikanischen Senat von Minderheiten geübte Praktik, durch Marathonreden die Verabschiedung eines Gesetzes zu verhindern.*

fi|li|e|ren ⟨sw. V.; hat⟩ [1: nach frz. filer = spinnen < spätlat. filare = in Fäden ziehen, zu lat. filum, ↑Filet]: **1.** (Handarb.) *eine Filetarbeit herstellen:* eine Decke, ein Netz f.; filierte Spitze. **2.** *filetieren.*

fi|li|gran ⟨Adj.⟩: *aus Filigran, filigranähnlichen Formen bestehend:* ein -es Schmuckstück.

Fi|li|gran, das; -s, -e [ital. filigrana, eigtl. = Faden und Korn, zu lat. filum = Faden u. granum = Korn]: *Goldschmiedearbeit aus einem kunstvollen Geflecht von Gold- od. Silberdrähten.*

Fi|li|gran|ar|beit, die: *Filigran.*

Fi|li|gran|glas, das ⟨Pl. ...gläser⟩: *Fadenglas.*

Fi|li|gran|schmuck, der: *Schmuck aus Filigran.*

Fi|li|pi|na, die; -, -s: w. Form zu ↑Filipino.

Fi|li|pi|no, der; -s, -s: Angehöriger der eingeborenen (alt)malaiischen Bevölkerung der Philippinen.

Fi|li|us, der; -, -se [lat. filius, eigtl. = Säugling, zu: fel(l)are, ↑fellieren] (bildungsspr. scherzh.): *jugendlicher Sohn:* unser F. steht vorm Abitur.

Fil|lér ['filɐ, 'file:ɐ], der; -[s], - [ung. fillér]: *ungarische Währungseinheit* (100 Fillér = 1 Forint).

Film, der; -[e]s, -e [engl. film, eigtl. = Häutchen, dann = dünne Schicht, verw. mit ↑Fell]: **1.** *[sehr] dünne zusammenhängende Schicht:* die Creme bildet einen schützenden F. auf der Haut. **2.** *[zu einer Rolle aufgewickelter] Streifen aus einem mit einer lichtempfindlichen Schicht überzogenen Material für fotografische Aufnahmen od. Filme* (3 a): ein hoch empfindlicher F.; der F. ist unterbelichtet; einen neuen F. [in den Fotoapparat] einlegen; den F. entwickeln; ich habe noch drei Bilder auf dem F. (ugs.; *kann noch drei Aufnahmen machen*). **3. a)** *mit der Filmkamera aufgenommene Abfolge von bewegten Bildern, Szenen, Handlungsabläufen o. Ä., die zur Vorführung im Kino od. zur Ausstrahlung im Fernsehen bestimmt ist:* ein historischer, dokumentarischer, abendfüllender F.; der F. läuft schon seit vier Wochen; die Ereignisse laufen ab wie ein F.; einen F. vorführen, ansehen; das Drehbuch für einen F. schreiben; in einen F. (ugs.; *ins Kino*) gehen; **Ü** bei ihm ist der F. gerissen (ugs.; ↑Filmriss); **b)** ⟨o. Pl.⟩ *Filmbranche, -industrie:* der F. hat ihn mehr interessiert als das Theater; sie will zum F. (ugs.; *will Filmschauspielerin werden*).

Film|aka|de|mie, die: *Filmhochschule.*

Film|ama|teur, der: *jmd., der als Amateur Filmaufnahmen, kleine Filme* (3 a) *für seinen privaten Gebrauch macht.*

Film|ama|teu|rin, die: w. Form zu ↑Filmamateur.

Film|ar|chiv, das: *Archiv für Filme.*

Film|ate|li|er, das: *Atelier, in dem Filmaufnahmen gemacht werden.*

Film|auf|nah|me, die: *filmische Aufnahme einer Szene, eines Vorgangs.*

Film|au|tor, der: *Drehbuchautor.*

Film|au|to|rin, die: w. Form zu ↑Filmautor.

Film|be|richt, der: *von Filmaufnahmen begleiteter Bericht eines Reporters, Berichterstatters.*

Film|be|spre|chung, die: *Filmkritik* (a).

Film|bran|che, die: *den Bereich des Films* (3 a) *umfassende Branche.*

Film|büh|ne, die (veraltend): *Kino.*

Film|di|va, die (veraltend): vgl. Diva.

Fil|me|ma|cher, der (Jargon): *jmd., der als Regisseur [u. zugleich als Drehbuchautor] Filme in eigener Verantwortung macht.*

Fil|me|ma|che|rin, die (Jargon): w. Form zu ↑Filmemacher.

fil|men ⟨sw. V.; hat⟩: **1. a)** *(mit einer Kamera) Filmaufnahmen machen:* sie hat [im Urlaub, mit einer Schmalfilmkamera] gefilmt; in Zeitlupe f.; **b)** *mit der Filmkamera aufnehmen:* die Tiere im Zoo f.; **c)** *Dreharbeiten für einen Film machen; drehen:* das Team filmt gerade in Afrika; **d)** *als Schauspieler in einem Film* (3 a) *mitwirken:* er hat sich ganz der Theaterarbeit entfremdet u. filmt nur noch. **2.** (ugs.) *hereinlegen, lächerlich machen:* da bist du ganz schön gefilmt worden!

Fil|me|rei, die; - (leicht abwertend): **a)** *jmds. Betätigung als Amateurfilmer, -filmerin;* **b)** *jmds. Arbeit als Filmschauspieler, -schauspielerin.*

Film|fan, der: *jmd., der sehr gerne Filme sieht.*

Film|fes|ti|val, das: *Festival, bei dem besondere Filme* (3 a) *vorgeführt u. von einer Jury bewertet [u. ausgezeichnet] werden.*

Film|fest|spie|le ⟨Pl.⟩: vgl. Filmfestival.

Film|for|mat, das: *Format, Breite eines Films* (2).

Film|frit|ze, der [↑-fritze] (ugs.): *jmd., der beim Film* (3 b) *arbeitet.*

Film|ge|schäft, das ⟨o. Pl.⟩: *Arbeitsbereich des Filmemachens, -produzierens in künstlerischer od. wirtschaftlicher Hinsicht.*

Film|ge|schich|te, die ⟨o. Pl.⟩: *Geschichte* (1 a) *der Entwicklung des Films* (3 a): Max Ophüls Verfilmung von Schnitzlers »Reigen« hat F. geschrieben *(ist filmgeschichtlich bedeutsam geworden).*

film|ge|schicht|lich ⟨Adj.⟩: *die Geschichte des Films betreffend.*

Film|ge|sell|schaft, die: *Unternehmen der Filmindustrie.*

Film|grö|ße, die: *bekannter männlicher od. weiblicher Filmschauspieler.*

Film|hand|lung, die: *Handlung eines Films* (3 a).

Film|held, der: *Leinwandheld.*

Film|hoch|schu|le, die: *Einrichtung zur Ausbildung von Filmschaffenden.*

Film|in|dus|trie, die: *Gesamtheit der Filmgesellschaften, die sich mit der Produktion von Filmen* (3 a) *befassen.*

fil|misch ⟨Adj.⟩: *mit den Mitteln des Films* (3 a) *[gestaltet]; dem Film* (3 a) *eigen, zugehörig:* -e Kunstmittel; etw. f. darstellen.

Film|ka|me|ra, die: *Kamera für Filmaufnahmen.*

Film|kar|ri|e|re, die: *Karriere als Filmschauspieler.*

Film|kas|set|te, die (Fot.): *lichtundurchlässige Kassette, in die der Film* (2) *eingelegt wird.*

Film|ko|mi|ker, der: *komödiantenhafter Filmschauspieler.*

Film|ko|mi|ke|rin, die: w. Form zu ↑Filmkomiker.

Film|ko|mö|die, die: *Film in der Art einer Komödie.*

Film|kom|po|nist, der: *Komponist von Filmmusik.*

Film|kom|po|nis|tin, die: w. Form zu ↑Filmkomponist.

Film|kri|tik, die: **a)** *kritische Besprechung eines Films* (3 a) *in einer Zeitung, Zeitschrift:* sie schreibt -en; **b)** ⟨o. Pl.⟩ *Gesamtheit der Kritiker, die bes. den Film* (3 a) *zum Gegenstand ihrer kritischen Betrachtung machen.*

Film|kri|ti|ker, der: *jmd., der berufsmäßig Filmkritiken verfasst.*

Film|kri|ti|ke|rin, die: w. Form zu ↑Filmkritiker.

Film|ku|lis|se, die: *Kulisse einer Filmszene.*

Film|kunst, die ⟨o. Pl.⟩: *Richtung des Filmschaffens, die dem künstlerischen Film* (3 a) *gewidmet ist; Cineastik.*

Film|lein|wand, die: *[aufrollbare] Bildwand, auf die der Film* (3 a) *projiziert wird.*

Film|lieb|ling, der: *beliebte Filmschauspielerin, beliebter Filmschauspieler.*

Film|mu|sik, die: *speziell für einen bestimmten Film* (3 a) *komponierte Musik.*

Film|pa|last, der: *großes, luxuriöses Kino.*

Film|preis, der: *Preis, der für eine künstlerische Leistung bei der Mitarbeit an einem Film* (3 a) *zuerkannt wird.*

Film|pre|mi|e|re, die: vgl. Premiere.

Film|pro|duk|ti|on, die: *Herstellung und Finanzierung eines Films.*

Film|pro|du|zent, der: *jmd., der die Herstellung eines Films* (3 a) *finanziert.*

Film|pro|du|zen|tin, die: w. Form zu ↑Filmproduzent.

Film|pro|gramm, das: *Programm* (1 b) *zu einem bestimmten Film.*

Film|pro|jek|tor, der: vgl. Diaprojektor.

Film|re|gis|seur, der: *Regisseur eines Films.*

Film|re|gis|seu|rin, die: w. Form zu ↑Filmregisseur.

Film|riss, der: **1.** *plötzliches Reißen* (1) *eines Films* (2). **2.** (ugs.) *plötzlich auftretender Verlust des Erinnerungsvermögens; Blackout:* einen F. haben *(sich plötzlich nicht mehr an etw. erinnern).*

Film|rol|le, die: **1.** *Spule, die ein im Allgemeinen 600 m langes Teilstück eines Films* (3 a) *enthält.* **2.** *schauspielerische Rolle in einem Film* (3 a): sie hat eine neue F. übernommen.

Film|satz, der: *Fotosatz.*

Film|schaf|fen, das: *die Filmproduktion hinsichtlich ihres künstlerischen Anspruchs:* Ballettfilme haben Tradition im sowjetischen F.

Film|schaf|fen|de, der u. die; -n, -n ⟨Dekl. ↑Abgeordnete⟩: *jmd., der an der Herstellung eines Films* (3 a) *mitwirkt.*

Film|schau|spie|ler, der: *Schauspieler, der [ausschließlich] in Filmen* (3 a) *spielt.*

Film|schau|spie|le|rin, die: w. Form zu ↑Filmschauspieler.

Film|spu|le, die: *Spule, auf die der Filmstreifen aufgewickelt wird.*

Film|star, der: *Filmschauspielerin od. -schauspieler von größerer Bekanntheit.*

Film|stern|chen, das: *junge Nachwuchsschauspielerin beim Film* (3 b).

Film|stoff, der: *verfilmter od. für eine Verfilmung geeigneter Stoff.*

Film|strei|fen, der: *Film* (2).

Film|stu|dio, das: *Räumlichkeiten mit technischen Einrichtungen für Filmaufnahmen.*

Film|sze|ne, die: *Szene in einem Film* (3 a).

Film|ta|blet|te, die: *Tablette, die von einer einem Film* (1) *ähnlichen Schicht, die sich im Magen rückstandslos auflöst, umgeben ist.*

Film|tech|nik, die: *die gesamte Technik, die zur Herstellung eines Films* (3 a) *gehört.*

Film|the|a|ter, das: *größeres Kino.*

Film|trans|port, der: *Durchlauf, das Weiterwandern des Films* (2) *in der [Film]kamera od. dem Projektor:* eine Kamera mit automatischem F.

Film|ver|leih, der: *Unternehmen, das Filme* (3 a) *erwirbt u. in Form von Kopien an Filmtheater verleiht.*

Film|vor|füh|rer, der: *jmd., der die Vorführapparate eines Kinos bedient* (Berufsbez.).

Film|vor|füh|re|rin, die: w. Form zu ↑Filmvorführer.

Film|vor|führ|ge|rät, das: *Filmprojektor.*

Film|vor|füh|rung, die: *das Vorführen eines Films* (3 a), *von Filmen.*

Film|vor|stel|lung, die: *Darbietung eines Films* (3 a) *in einem Kino.*

Film|wirt|schaft, die ⟨o. Pl.⟩: *Gesamtheit der mit Herstellung, Verleih u. Aufführung von Filmen* (3 a) *in Zusammenhang stehenden Unternehmen.*

Film|zeit|schrift, die: *Zeitschrift, die über Filme u. die Filmbranche berichtet.*

Film|zen|sur, die: *Zensur von Filmen* (3 a) *im Hinblick auf ihre Eignung für eine öffentliche Aufführung.*

Fi|lou [fi'lu:], der, landsch. auch: das; -s, -s [frz. filou, wohl < engl. fellow, ↑Fellow] (scherzh., auch abwertend): *jmd., der andere mit Schläue, Raffinesse [in harmloser Weise] zu übervorteilen versteht.*

Fils, der; -, -: *Währungseinheit in Bahrein, im Irak, im Jemen, in Jordanien u. Kuwait.*

Fil|ter, der, fachspr. meist: das; -s, - [älter Filtrum < mlat. filtrum = Durchseihgerät aus Filz, aus dem ↑Filz zugrunde liegenden germ. Wort]: **1. a)** *durchlässiges Material (verschiedener Art), das zum Filtern von flüssigen od. gasförmigen Stoffen verwendet wird:* in dieser Anlage dient Kies als F.; **b)** *Vorrichtung, Gerät, mit dessen*

F

Hilfe feste Stoffe von flüssigen od. gasförmigen Stoffen getrennt werden: die Flüssigkeit durch ein/einen F. gießen. **2.** (Optik, Fot.) *Vorrichtung, durch die bestimmte unerwünschte Anteile aus Lichtstrahlen ausgefiltert, absorbiert werden:* einen F. auf ein Objektiv schrauben. **3.** kurz für ↑Filtermundstück. **4.** (Elektrot.) *aus elektrischen Schwingkreisen bestehende Vorrichtung, die nur Wechselstrom bestimmter Frequenzen hindurchlässt.* **5.** (Math.) *System von Mengen mit bestimmten Eigenschaften.*

Fil|ter|an|la|ge, die: *technische Anlage, in der bestimmte Stoffe gefiltert werden.*

fil|ter|fein ⟨Adj.⟩ (Werbespr.): *(von Kaffee) so fein gemahlen, dass er bei Filterung am besten ausgenutzt wird:* den Kaffee f. mahlen.

Fil|ter|kaf|fee, der: *mithilfe eines Filters* (1 b) *zubereiteter Kaffee.*

Fil|ter|mund|stück, das: *Mundstück einer Zigarette, das aus filterndem Material besteht.*

fil|tern ⟨sw. V.; hat⟩: **1.** *einen flüssigen od. gasförmigen Stoff durch einen Filter* (1) *gehen lassen u. dadurch feste Bestandteile zurückhalten od. abtrennen:* den Kaffee f.; die angesaugte Luft wird gefiltert u. gereinigt; gefiltertes Wasser. **2.** (Optik, Fot.) *Licht[strahlen] durch einen Filter* (2) *gehen lassen u. dadurch bestimmte unerwünschte Strahlungsanteile zurückhalten, ausschalten.*

Fil|ter|pa|pier, das: *Papier von bestimmter Beschaffenheit, das als Einsatz in einem Filter* (1 b) *verwendet wird.*

Fil|ter|tuch, das: **a)** ⟨Pl. -e⟩ *Gewebe von bestimmter Beschaffenheit, das bei der Filtration verwendet wird;* **b)** ⟨Pl. ...tücher⟩ *Tuch aus solchem Gewebe, mit dessen Hilfe etw. gefiltert wird.*

Fil|ter|tü|te, die: *aus Filterpapier bestehender tütenförmiger Einsatz.*

Fil|te|rung, die; -, -en: *das Filtern; das Gefiltertwerden.*

Fil|ter|zi|ga|ret|te, die: *Zigarette mit Filter* (3).

Fil|trat, das; -[e]s, -e [mlat. filtratum, 2. Part. von: filtrare, ↑filtrieren] (Fachspr.): *durch Filtration geklärte, gereinigte Flüssigkeit.*

Fil|tra|ti|on, die; -, -en (Fachspr.): *das Filtrieren.*

fil|trie|ren ⟨sw. V.; hat⟩ [mlat. filtrare, frz. filtrer] (bes. Fachspr.): *filtern* (1).

Fil|trier|pa|pier, das: *Filterpapier.*

Fil|trier|tuch, das: *Filtertuch.*

Fil|trie|rung, die; -, -en: *das Filtern* (1).

Filz, der; -es, -e [1: mhd. vilz, ahd. filz, eigtl. = gestampfte Masse; 6: urspr. Schelte des groben u. geizigen Bauern (mhd. vilzgebūr), nach seiner Lodenkleidung]: **1.** *durch Pressen vorwiegend aus Schafwolle u. anderen Tierhaaren hergestelltes dichtes Material:* Stiefel aus F. **2. a)** *etw. filzartig, filzähnlich Verwobenes, Verschlungenes:* die Pflanzen des Hochmoors sind zu einem dichten F. zusammengewachsen; **b)** (südwestd.) *Fussel, Fluse.* **3.** kurz für ↑Filzhut. **4.** (ugs.) kurz für ↑Bierfilz. **5.** (südd.) *Moor.* **6.** (ugs. abwertend) **a)** *Mensch, der als geizig angesehen wird;* **b)** *Mensch, der als bäurisch, ungehobelt angesehen wird.* **7.** (österr.) *ungeschmolzenes Bauchfett des Schweines.* **8.** *Filzokratie.*

filz|ar|tig ⟨Adj.⟩: *von einer dem Filz* (1) *ähnlichen Beschaffenheit, Struktur.*

Filz|de|cke, die: *Decke aus Filz.*

Filz|de|ckel, der: **1.** *Bierdeckel.* **2.** (ugs. scherzh.) *Filzhut.*

¹fil|zen ⟨sw. V.⟩ [mhd. vilzen = zu od. von Filz machen; 2: rotwelsch filzen = (Handwerksburschen in der Herberge) auf Reinlichkeit prüfen, eigtl. = durch-, auskämmen (wobei auch gestohlen wurde); 3: wohl nach der Filzdecke im Bett]: **1.** *verfilzen* ⟨hat, seltener: ist⟩: die Wolle filzt leicht beim Waschen. **2. a)** (selten) *(Kleidungsstücke) auf Ungeziefer hin untersuchen* ⟨hat⟩; **b)** (ugs.) *im Zuge einer Kontrolle [auf verbotenen Besitz hin] gründlich durchsuchen* ⟨hat⟩: die Reisenden wurden gefilzt; **c)** (salopp) *[durchsuchen und] bestehlen, berauben* ⟨hat⟩: sie war überfallen u. gefilzt worden. **3.** (ugs.) *[fest] schlafen* ⟨hat⟩: sie haben unterwegs im Stroh gefilzt. **4.** (ugs.) *knauserig, geizig sein* ⟨hat⟩: er filzt mit jedem Pfennig.

²fil|zen ⟨Adj.⟩: *aus Filz* (1) *bestehend:* -e Schuhe.

Filz|hut, der: *Hut aus Filz* (1).

fil|zig ⟨Adj.⟩: **1. a)** *verfilzt, zu Filz* (1) *geworden:* -es Haar; **b)** *von einer dem Filz* (1) *ähnlichen [Oberflächen]beschaffenheit:* die Blätter haben eine -e Unterseite. **2.** (ugs. abwertend) *in unangenehmer u. kleinlicher Weise geizig:* sei nicht so f. mit dem Trinkgeld.

Filz|laus, die: **1.** *Laus, die sich vor allem in der Schambehaarung des Menschen festsetzt.* **2.** (salopp abwertend) *Mensch, der lästig fällt, Ärger bereitet.*

Fil|zo|krat, der; -en, -en [↑-krat] (spött.): *jmd., der zur Filzokratie gehört.*

Fil|zo|kra|tie, die; -, -n [zu ↑Filz (2 a) u. ↑-kratie, analog zu ↑Demokratie] (spött.): *verfilzte, ineinander verflochtene Machtverhältnisse, die durch Begünstigung bei der Ämterverteilung o. Ä. zustande kommen:* F. im Rathaus.

Fil|zo|kra|tin, die; -, -nen (spött.): w. Form zu ↑Filzokrat.

Filz|pan|tof|fel, der: *Pantoffel aus Filz.*

Filz|schrei|ber, der: *Schreibgerät, dessen Spitze aus einem gehärteten, die Farbe od. Tinte leitenden Docht aus Filz* (1) *besteht.*

Filz|soh|le, die: *Schuhsohle aus Filz* (1).

Filz|stift, der: *Filzschreiber.*

Filz|un|ter|la|ge, die: *Unterlage aus Filz* (1).

¹Fim|mel: ↑Femel.

²Fim|mel, der; -s, - [H. u.; viell. zu ↑femeln, fimmeln = heraussuchen] (ugs. abwertend): *übertriebene, fast zu einer Sucht ausartende Vorliebe für etw.; Tick, Spleen:* er hat den F., Bierdeckel zu sammeln; die hat doch einen F.! *(die ist doch verrückt, hat einen Spleen!).*

fim|meln: ↑femeln.

FINA, Fi|na, die; - [Abk. für: Fédération Internationale de Natation Amateur]: Internationaler Amateur-Schwimmverband.

fi|nal ⟨Adj.⟩ [lat. finalis = die Grenze, das Ende betreffend, zu: finis, ↑Finis]: **1.** (bildungsspr.) *das Ende, den Schluss von etw. bildend.* **2.** (Philos., Sprachw.) *die Absicht, den Zweck betreffend, bestimmend od. kennzeichnend:* »damit« ist eine -e Konjunktion.

¹Fi|nal, der; -s, -s (schweiz.): *Finale* (3).

²Fi|nal ['faɪnl], das; -s, -s [engl. final, zu lat. finalis, ↑final]: *Finale* (3).

Fi|nal|be|geg|nung, die (Sport): vgl. Finale (3 a).

Fi|na|le, das; -s, -, im Sport auch Finals [1, 2: ital. finale, zu lat. finalis, ↑final; 3: viell. durch frz. Vermittlung]: **1.** (Musik) **a)** *letzter, meist der vierte Satz eines größeren Instrumentalwerkes:* ein furioses F.; **b)** *Schlussszene der einzelnen Akte eines musikalischen Bühnenwerks:* das F. des dritten Aktes. **2.** (bildungsspr.) *einen besonderen Höhepunkt darstellender, glanzvoller Abschluss von etw.:* ein großes Feuerwerk bildete das F. der Veranstaltung. **3.** (Sport) **a)** *Endkampf, Endspiel:* das F. erreichen; im F. stehen; **b)** *Endspurt* (a): sie gewann nach einem großartigen F.

Fi|nal|geg|ner, der (Sport): *Gegner in einem Finale* (3 a).

Fi|nal|geg|ne|rin, die: w. Form zu ↑Finalgegner.

Fi|na|list, der; -en, -en [ital. finalista] (Sport): *Teilnehmer an einem Finale* (3 a).

Fi|na|lis|tin, die; -, -nen (Sport): w. Form zu ↑Finalist (1).

Fi|na|li|tät, die; -, -en [zu ↑final (2)] (bes. Philos.): *Bestimmung eines Geschehens, einer Handlung nicht durch ihre Ursache, sondern durch ihren Zweck; Zweckbestimmtheit.*

Fi|nals: Pl. von ↑Finale (3).

Fi|nal|satz, der (Sprachw.): *Gliedsatz, der die Absicht, den Zweck eines Verhaltens angibt.*

Fi|nal|sieg, der (Sport): *Sieg im Finale* (3).

Fi|nal|spiel, das: *Finale* (3 a).

Fi|nanz, die; - [rückgeb. aus ↑Finanzen] (Jargon): **1.** *Finanz-, Geldwesen:* in der F. geübte Praktiken. **2.** *Gesamtheit der Fachleute des Bank- u. Geldwesens; Hochfinanz.* **3.** (österr. ugs.) *Finanzamt.*

Fi|nanz|ab|tei|lung, die: *kaufmännische Abteilung eines Unternehmens.*

Fi|nanz|adel, der: *Finanzaristokratie.*

Fi|nanz|amt, das: **a)** *unterste Behörde, die für die Einziehung u. Verwaltung der Steuern zuständig ist:* Ü wir arbeiten ja nur noch fürs F.! (ugs.; *was wir erarbeiten, wird zur Bezahlung von Steuern u. Abgaben gebraucht);* **b)** *Gebäude, in dem ein Finanzamt* (a) *untergebracht ist.*

Fi|nanz|aris|to|kra|tie, die: *über Geld, Besitz verfügende, einflussreiche [Führungs]schicht eines Landes; Geldaristokratie.*

Fi|nanz|aus|gleich, der: *zweckmäßiger Ausgleich der anfallenden Einnahmen u. Ausgaben zwischen Bund, Ländern u. Gemeinden.*

Fi|nanz|be|am|te, der: *Beamter der Finanzverwaltung.*

Fi|nanz|be|am|tin, die: w. Form zu ↑Finanzbeamte.

Fi|nanz|be|hör|de, die: *untergeordnete Behörde der Finanzverwaltung.*

Fi|nanz|be|ra|ter, der: vgl. Steuerberater.

Fi|nanz|be|ra|te|rin, die: w. Form zu ↑Finanzberater.

Fi|nanz|buch|hal|ter, der: *jmd., der die Finanzbuchhaltung eines Unternehmens führt* (Berufsbez.).

Fi|nanz|buch|hal|te|rin, die: w. Form zu ↑Finanzbuchhalter.

Fi|nanz|buch|hal|tung, die (Wirtsch.): *Bestandteil des betrieblichen Rechnungswesens, der den außerbetrieblichen Werteverkehr erfasst.*

Fi|nanz|dienst|leis|ter, der: *Unternehmen, das Dienstleistungen in finanziellen Angelegenheiten anbietet* (z. B. eine Bank, Versicherung).

Fi|nanz|di|rek|ti|on, die (schweiz.): *[kantonales] Finanzministerium.*

Fi|nanz|di|rek|tor, der (schweiz.): *Vorsteher der Finanzdirektion.*

Fi|nanz|di|rek|to|rin, die: w. Form zu ↑Finanzdirektor.

Fi|nan|zen ⟨Pl.⟩ [frz. finance(s) = Zahlungen, Geldmittel, mlat. financia, zu: finare = endigen, zum Ende kommen, zu lat. finis, ↑Finis]: **1.** *Finanz-, Geldwesen:* das Ressort Wirtschaft u. F. **2.** *Einkünfte od. Vermögen des Staates, eines Landes, einer Körperschaft des öffentlichen Rechts u. Ä.:* die F. des Staates ordnen. **3.** (ugs.) *Geld, das jmd. zur Verfügung hat:* bei knappen F. sein; sich die -en aufbessern.

Fi|nan|zer, der; -s, - [ital. finanziere] (österr. ugs.): *Zollbeamter.*

Fi|nanz|ex|per|te, der: *Experte in finanziellen Angelegenheiten.*

Fi|nanz|ex|per|tin, die: w. Form zu ↑Finanzexperte.

Fi|nanz|ge|ba|ren, das: *Art des Umgangs mit [öffentlichen] Geldmitteln.*

Fi|nanz|ge|nie, das (oft scherzh.): *jmd., der ganz besonderes Geschick im Umgang mit Geld hat.*

Fi|nanz|ge|schäft, das: *Geldgeschäft.*

Fi|nanz|ho|heit, die: *Recht des Staates, von seinen Bürgern Abgaben zu erheben.*

fi|nan|zi|ell ⟨Adj.⟩ [französierende Bildung]: *die Geldmittel betreffend, geldlich:* die -e Situation, Lage des Vereins; -e Transaktionen; -e Sorgen haben; von jmdm. f. abhängig sein; jmdn. f. unterstützen.

Fi|nan|zi|er [finan'tsi̯eː], der; -s, -s [frz. financier, zu: finance, ↑Finanzen]: *jmd., der über ein Vermögen verfügt u. damit bestimmte Dinge finanziert.*

fi|nan|zier|bar ⟨Adj.⟩: *so beschaffen, gestaltet, geplant, dass eine Finanzierung möglich ist.*

fi|nan|zie|ren ⟨sw. V.; hat⟩ [frz. financer]: **1.** *finanzielle Mittel für etw., jmdn. zur Verfügung stellen:* [seinen Kindern] ein Studium f.; er finanziert sich die Ferien mit Straßenmusik *(er verdient sich das Geld für seine Ferien mit Straßenmusik);* staatlich finanzierte Wohnungen. **2.** (Kaufmannsspr.) **a)** *mithilfe eines Kredits* *kaufen, bezahlen:* ein Auto f.; **b)** *einen Kredit aufnehmen.*

inan|zie|rung, die; -, -en: **1.** *das Finanzieren* (1): eine Auskunft über die direkte F. der Parteien. **2.** *Kreditgewährung:* langfristige F.

inan|zie|rungs|ge|schäft, das (Bankw.): *Beschaffung von Kapital durch eine Bank für Unternehmungen verschiedener Art.*

inan|zie|rungs|mit|tel ⟨Pl.⟩: *für die Finanzierung* (1) *benötigte Geldmittel.*

inanz|jahr, das: *Rechnungsjahr.*

inanz|kon|trol|le, die (Wirtsch.): *laufende Überwachung u. Prüfung der [öffentlichen] Finanzwirtschaft [durch den Bundesrechnungshof u. Ä.].*

inanz|kraft, die ⟨o. Pl.⟩: *finanzielle Möglichkeiten eines Landes, eines Unternehmens o. Ä.*

inanz|kräf|tig ⟨Adj.⟩: *über großen finanziellen Rückhalt verfügend:* ein -es Unternehmen.

inanz|kri|se, die: *Krise durch Änderung der Finanzlage.*

inanz|la|ge, die ⟨o. Pl.⟩: *finanzielle Lage, Situation.*

inanz|mann, der ⟨Pl. …männer, …leute⟩: *Finanzier.*

inanz|markt, der: *Markt* (3 a), *auf dem Finanzierungsmittel [als Ertrag bringende Geld- u. Vermögensanlagen der Gläubiger] angeboten u. [zur Finanzierung von Aktivgeschäften] nachgefragt werden.*

inanz|mi|nis|ter, der: *für das Finanzwesen zuständiger Minister.*

inanz|mi|nis|te|rin, die: w. Form zu ↑Finanzminister.

inanz|mi|nis|te|ri|um, das: *für das Finanzwesen zuständiges Ministerium.*

inanz|pla|nung, die: *Planung der Finanzpolitik.*

inanz|platz, der: *Stadt od. Land mit einer hohen Konzentration an Banken, Börsen o. Ä. und einem bedeutenden Finanzmarkt.*

inanz|po|li|tik, die: **a)** *Gesamtheit der finanzwirtschaftlichen Überlegungen u. Maßnahmen eines Staates;* **b)** (Wirtsch.) *Gesamtheit der Maßnahmen, die den finanziellen Sektor eines Unternehmens betreffen.*

nanz|po|li|tisch ⟨Adj.⟩: *die Finanzpolitik betreffend, auf ihr beruhend.*

nanz|schwach ⟨Adj.⟩: *keinen größeren finanziellen Rückhalt habend:* Hilfen für die -en Länder.

nanz|sprit|ze, die (ugs): *finanzielle Hilfe, bes. für ein Unternehmen, ein Land o. Ä., das sich in wirtschaftlichen Schwierigkeiten befindet.*

nanz|stark ⟨Adj.⟩: *finanzkräftig.*

nanz|ver|wal|tung, die: *Gesamtheit aller Finanzämter u. -behörden.*

nanz|we|sen, das ⟨o. Pl.⟩: *alles, was mit den öffentlichen Finanzen* (2) *zusammenhängt.*

nanz|wirt|schaft, die: *Wirtschaft der öffentlichen Körperschaften, die alle Einrichtungen u. Tätigkeiten umfasst, die auf die Beschaffung u. Verwendung von Mitteln für öffentliche Zwecke gerichtet sind.*

nanz|wirt|schaft|lich ⟨Adj.⟩: *die Finanzwirtschaft betreffend, zu ihr gehörend.*

nanz|wis|sen|schaft, die: *Gebiet der Wirtschaftswissenschaften, das die öffentliche Finanzwirtschaft zum Gegenstand hat.*

n|ca, die; -, -s [span. finca, zu älter: fincar = (ver)bleiben; sich aufhalten, über das Vlat. zu lat. figere = (an)heften]: *spanisches Landhaus mit Garten; Landgut in Südamerika.*

n|del|kind, das [zu älter fündel = gefundenes Kind]: *von seinen Eltern ausgesetztes, verlassen aufgefundenes kleines Kind.*

n|den ⟨st. V.; hat⟩ [mhd. vinden, ahd. findan, urspr. = auf etw. treten; antreffen]: **1. a)** *zufällig od. suchend auf jmdn., etw. treffen, stoßen; jmdn., etw. entdecken:* sie hat im Zug eine Uhr gefunden; die Polizei hat eine Spur gefunden; so etwas findet man heute nicht mehr *(gibt es nicht mehr);* für diese Arbeit fand sich niemand, ließ sich niemand f. *(konnte man niemanden gewinnen);* **R** das/es wird sich alles f. (1. *das/es wird sich herausstellen, aufklären.* 2. *das/es wird alles in Ordnung kommen*); **b)** ⟨f. + sich⟩ *zum Vorschein kommen:* die abhanden gekommenen Gegenstände haben sich doch noch gefunden; **c)** *[durch eigene Bemühung] bekommen, erlangen, erwerben, sodass man es für längere Zeit behalten kann:* Arbeit, eine Wohnung f.; er hat hier viele Freunde gefunden; die beiden haben sich gefunden *(sind sich begegnet und haben sich befreundet, da sie gut zueinander passen);* **Ü** der Künstler hat seinen eigenen Stil gefunden *(entwickelt);* ich hatte mich noch nicht gefunden *(noch nicht meine eigene Persönlichkeit entwickelt);* **d)** *durch Überlegung auf etw. kommen:* den Fehler, die Lösung des Problems f.; sie findet immer die rechten Worte *(weiß immer etwas Richtiges zu sagen);* hast du einen Ausweg gefunden? **2.** *in bestimmter Weise vorfinden:* sie hatten das Haus leer, die Kinder schlafend gefunden; **Ü** hier finde ich meinen Eindruck bestätigt. **3.** *in bestimmter Weise einschätzen, beurteilen, empfinden:* etw. gut, richtig, in Ordnung, falsch f.; das finde ich komisch, zum Lachen; wie findest du meinen neuen Hut?; ich finde nichts dabei, dass sie sich so verhalten hat *(beurteile es nicht negativ, nehme nicht Anstoß daran);* ich habe gefunden *(festgestellt),* dass in diesem Laden alles viel billiger ist; ich finde *(bin der Meinung),* dass er sehr ungerecht ist; ich finde es *(mir ist es)* kalt hier; wie finde ich denn das? (ugs.; Ausruf der Verwunderung, der Entrüstung o. Ä.). **4.** *(an einen bestimmten Ort) kommen, gelangen:* nach Hause f.; ich habe nur mit Schwierigkeiten zu euch gefunden. **5.** *jmdn., etw. in bestimmter Weise sehen, erfahren, erleben:* Freude, Gefallen, Geschmack an jmdm., etw. f.; ich weiß nicht, was sie an ihm findet *(was ihr an ihm gefällt).* **6.** *einer Sache teilhaftig werden:* Hilfe f.; Beachtung f. *(beachtet werden).* **7.** ⟨f. + sich⟩ (geh.) *sich in etw. schicken, mit etw. abfinden:* hast du dich in deine Lage gefunden? **8.** (Gaunerspr.) *stehlen.*

Fin|der, der; -s, - [mhd. vindære]: *jmd., der etw., was ein anderer verloren hat, findet:* der F. erhält eine Belohnung.

Fin|de|rin, die; -, -nen: w. Form zu ↑Finder.

Fin|der|lohn, der ⟨o. Pl.⟩: *Belohnung, die der Eigentümer eines verlorenen Gegenstandes dem Finder gibt od. zu geben hat.*

Fin de Si|è|cle [fɛ̃d'sjɛkl], das; - - - [frz. = Jahrhundertwende, zu: fin = Ende (< lat. finis, ↑Finis) u. siècle = Jahrhundert (< lat. saeculum, ↑Säkulum); nach dem gleich lautenden Titel eines Lustspiels von F. de Jouvenot u. H. Micard (1888)]: *Zeit des ausgehenden 19. Jh.s, die in Gesellschaft, bildender Kunst u. Literatur ausgeprägte Verfallserscheinungen wie Überfeinerung u. Ä. aufwies.*

fin|dig ⟨Adj.⟩ [mhd. vündec = erfinderisch, zu: vunt (↑Fund) = Erfindung]: *gewitzt, wendig, einfallsreich:* sie ist ein -er Kopf; ⟨subst.:⟩ die ganz Findigen fangen die Sache anders an.

Fin|dig|keit, die; -: *das Findigsein.*

Find|ling, der; -s, -e [mhd. vundelinc = ausgesetztes, gefundenes Kind]: **1.** (seltener) *Findelkind.* **2.** (Geol.) *erratischer Block.*

Find|lings|block, der ⟨Pl. …blöcke⟩: *Findling* (2).

Fin|dung, die; -, -en ⟨Pl. selten⟩: *das Finden* (1), *Herausfinden:* bei der F. des Urteils.

Fi|ne, das; -s, -s [ital. fine < lat. finis, ↑Finis] (Musik): *Bezeichnung am Ende des ersten Teils eines Musikstücks, das bis zu dieser Stelle wiederholt werden soll.*

Fi|nes|se, die; -, -n [frz. finesse, zu: fin, ↑fein] (bildungsspr.): **1. a)** ⟨meist Pl.⟩ *Kunstgriff, Trick, besondere Technik in der Arbeitsweise o. Ä.:* er beherrscht alle -n des Schachspiels; **b)** *Schlauheit, Durchtriebenheit:* ihrer taktischen F. war keiner gewachsen. **2.** ⟨meist Pl.⟩ *Besonderheit, Feinheit in der Beschaffenheit, Ausstattung o. Ä.:* ein Gerät mit allen technischen -n.

fi|nes|sen|reich ⟨Adj.⟩: *schlau, trickreich.*

fing: ↑fangen.

Fin|ger, der; -s, - [mhd. vinger, ahd. fingar, verw. mit ↑fünf, urspr. = Gesamtheit der Finger an einer Hand]: **1.** *eines der fünf beweglichen Glieder der Hand bei Menschen u. Affen:* zarte, dicke, schlanke, bewegliche, geschickte F.; der kleine *(fünfte)* F.; der F. blutet; die F. werden [ihr] steif vor Kälte; die F. krümmen, spreizen; einen bösen, schlimmen F. haben; F. weg! (barsche Aufforderung, etw. nicht anzufassen); den F. *(Zeigefinger)* auf die Lippen legen (als Bitte, leise zu sein); [sich (Dativ)] die F. in die Ohren stecken (um sich gegen Lärm abzuschirmen); die Polizisten hatten den F. am Abzug *(waren schussbereit);* ich steckte mir den F. in den Hals (um erbrechen zu können); einen Ring am F. tragen; man konnte die Besucher an den -n abzählen *(ganz wenige Besucher waren da);* auf zwei -n pfeifen; ich habe mir/mich in den F. geschnitten; mit den -n schnalzen, schnippen; sie tippt mit zwei -n *(schreibt nur mit zwei Fingern auf der Schreibmaschine);* der Riss in der Mauer ist einen F. breit *(etwa so breit wie ein Finger);* **R** (scherzh.:) man zeigt nicht mit nacktem F. auf angezogene Leute; das sagt mir mein kleiner F. *(ich habe eine untrügliche Ahnung, dass es so ist);* wenn man ihr den kleinen F. reicht, nimmt sie gleich die ganze Hand *(macht man nur ein kleines Zugeständnis, so fordert sie noch mehr);* **Ü** du hast dir die F. wund geschrieben mit Gesuchen *(hast viele Gesuche geschrieben [ohne etw. zu erreichen]);* das Geld zerrann ihm unter, zwischen den -n *(er konnte nicht haushalten);* ***jmdm./jmdn. jucken die F. nach etw.** (ugs.; *jmd. möchte etw. sehr gerne haben*); **die F. von etw. lassen/weglassen** (ugs.; *sich nicht mit etw. abgeben*); **den/seinen F. darauf haben** (ugs.; *etw. unter seiner Kontrolle haben*); **keinen F. krumm machen** (ugs.; *[von sich aus] nichts arbeiten, nichts tun*); **klebrige F. haben** (ugs.; ↑Hand); **keinen F. rühren** (ugs.; ↑Hand); **sich** ⟨Dativ⟩ **die F./alle zehn F. nach etw. lecken** (ugs.; *auf etw. begierig sein*); **die F. in etw./im Spiel haben** (ugs.; *an etw. [in negativer Weise] heimlich beteiligt sein*); **den F. auf die Wunde legen** *(auf ein Übel deutlich hinweisen);* **sich** ⟨Dativ⟩ **nicht gern die F. schmutzig machen** *(einer unangenehmen Arbeit o. Ä. aus dem Wege gehen);* **sich** ⟨Dativ⟩ **die F. verbrennen** (ugs.; *[durch Unvorsichtigkeit] bei etw. Schaden erleiden*); **sich** ⟨Dativ⟩ **etw. an den [fünf, zehn] -n abzählen können** (ugs.; *sich etw. leicht denken, etw. leicht voraussehen können*); **an jedem F. eine, einen/**(emotional:) **zehn haben** (ugs. scherzh.; *viele Verehrer, Freunde, Verehrerinnen, Freundinnen haben*); **jmdm. auf die F. sehen/gucken** (ugs.; *auf jmdn. [aus Misstrauen] besonders aufpassen*); **jmdm. auf die F. klopfen** (ugs.; *jmdn. scharf zurechtweisen*); **sich** ⟨Dativ⟩ **etw. aus den -n saugen** *(einen Sachverhalt frei erfinden);* **etw. im kleinen F. haben** (ugs.; *etw. genau kennen, völlig beherrschen;* nach der Vorstellung, dass der kleine Finger wie der Däumling im Märchen besonders schlau sei); **jmdm./jmdn. juckt/kribbelt es in den -n** (ugs.; *jmd. hat das heftige Bedürfnis, etw. Bestimmtes zu tun*); **jmdm. in die F. fallen/geraten** (ugs.; *in jmds. Gewalt geraten, jmds. Opfer werden*): als Soldat war er dem Feind in die F. gefallen; **etw. in die F. bekommen/kriegen** (ugs.; *[zufällig] in den Besitz von etw. kommen*); **jmdn. in die F. bekommen/kriegen** (ugs.; *jmds. habhaft werden, jmdn. zu fassen kriegen*); **sich** ⟨Dativ⟩ **in den F. schneiden** (ugs.; *sich gründlich irren, täuschen*); **etw. mit spitzen -n anfassen** *(aus Ekel, Widerwillen nicht richtig zugreifen);* **etw. mit dem kleinen F. machen** (ugs.; *etw. so selbstverständlich beherrschen, dass man es mühelos erledigen kann*); **mit -n/mit dem F. auf jmdn. zeigen** *(sich über jmdn., jmds. Tun sichtlich aufhalten; jmdn. wegen seines Verhaltens öffentlich anprangern od. lächerlich machen);* **jmdn. um den [kleinen] F. wickeln** (ugs.; *jmdn. leicht beeinflussen, lenken können; alles von jmdm. bekommen können*): die kleine Tochter kann den Vater um den F. wickeln; **jmdm. unter die F. kommen/geraten** *(jmdm. begegnen; von jmdm. angetroffen, vorgefunden, geschnappt werden):* das Papier darf ihm auf keinen Fall unter die F. geraten; **der elfte F.** (scherzh. verhüll.; *Penis*). **2.** *Teil des Handschuhs, der einen Finger* (1) *umschließt:* die F. der Handschuhe haben dünne Stellen bekommen.

Fin|ger|ab|druck, der ⟨Pl. ...abdrücke⟩: *(zur Feststellung der Identität* 1 a *auswertbarer, die Linien der Haut erkennen lassender)* [2]*Abdruck* (2) *der Innenfläche eines Fingers* (1): jmdm. Fingerabdrücke abnehmen; *** genetischer F.** *(Muster des persönlichen Erbgutes, das durch molekularbiologische Genanalyse gewonnen wird).*

fin|ger|breit ⟨Adj.⟩: *von, in der Breite eines Fingers* (1): ein -er Spalt; f. auseinander klaffen.

Fin|ger|breit, der; -, -: *Breite eines Fingers* (1) *als Maßeinheit;* Ü sie gab keinen F. nach; er war nicht bereit, auch nur einen F. Boden herzugeben.

Fin|ger|brei|te, die: *Fingerbreit.*

fin|ger|dick ⟨Adj.⟩: *von, in der Dicke eines Fingers* (1): die Butter f. aufs Brot schmieren.

Fin|ge|rei, die; -, -en (abwertend): *häufiges, als lästig empfundenes Anfassen, Betasten, Befingern.*

Fin|ger|ent|zün|dung, die (Med.): *eitrige Entzündung am Finger, am Nagelbett; Umlauf* (5); *Panaritium.*

Fin|ger|far|be, die: *Malfarbe für Kinder, die unmittelbar mit den Fingern aufgetragen wird.*

fin|ger|fer|tig ⟨Adj.⟩: *geschickt, flink im Gebrauch der Finger:* eine -e Näherin.

Fin|ger|fer|tig|keit, die ⟨o. Pl.⟩: *Geschicklichkeit mit den Fingern.*

fin|ger|för|mig ⟨Adj.⟩ (Bot.): *(von Fiederblättern) mit Fiedern, die alle von der gleichen Stelle des Stängels ausgehen:* die Kastanie hat -e Blätter.

Fin|ger|ge|lenk, das: *Gelenk zwischen den Fingergliedern.*

Fin|ger|glied, das: *einzelnes Glied eines Fingers* (1).

Fin|ger|ha|keln, das; -s: *(in den Alpenländern in Wettkämpfen geübte) sportliche Betätigung, bei der sich zwei Männer mit ineinander gehakten Mittelfingern über einen zwischen ihnen stehenden Tisch zu ziehen versuchen.*

Fin|ger|hand|schuh, der: *Handschuh mit fünf Fingern* (2) *im Gegensatz zum Fausthandschuh.*

Fin|ger|hut, der ⟨Pl. ...hüte⟩: **1.** *bei Näharbeiten zum Schutz des Mittelfingers über das oberste Fingerglied zu stülpende Kappe aus Metall o. Ä.;* Ü ein F. [voll] *(sehr wenig).* **2.** *(zu den Rachenblütlern gehörende) hohe Staude mit großen roten od. gelben, in Trauben wachsenden, einem Fingerhut* (1) *ähnlichen Blüten;* [1]*Digitalis.*

Fin|ger|knö|chel, der: *mittleres Fingergelenk.*

Fin|ger|kraut, das: *Rosengewächs mit meist fingerförmigen Blättern u. kleinen gelben od. weißen Blüten; Potentilla.*

Fin|ger|kup|pe, die: *Fingerspitze.*

fin|ger|lang ⟨Adj.⟩: *von, in der Länge eines Fingers:* ein -es Stück.

Fin|ger|ling, der; -s, -e [mhd. vingerlinc = Ring]: **1.** *als Schutz über einen verletzten Finger zu streifende Hülle.* **2.** *Teil des Fingerhandschuhs, der einen Finger umschließt.*

fin|gern ⟨sw. V.; hat⟩ [mhd. vingern = mit den Fingern Zeichen machen; mit den Fingern berühren]: **1. a)** *mit den Fingern suchend, tastend an etw. herumnesteln, nach etw. greifen:* sie fingerte an den Knöpfen ihrer Jacke; **b)** *[mit einiger Mühe] mit den Fingern aus etw. hervorziehen:* ein Geldstück aus der Tasche f. **2.** (salopp) *mit Geschick bewerkstelligen, ausführen:* kannst du die Sache f.? **3.** (salopp) *einen Diebstahl begehen, etw. stehlen.*

Fin|ger|na|gel, der: *Nagel* (3) *auf der Oberseite des vordersten Fingergliedes:* schmutzige, gepflegte Fingernägel; Fingernägel mit Trauerrändern (scherzh.; *mit schmutzigen Rändern*); an den Fingernägeln kauen; *** nicht das Schwarze unter dem/unterm F.** (ugs.; *gar nichts*): er gönnt ihr nicht das Schwarze unterm F.

Fin|ger|ring, der: *als Schmuck im Allgemeinen am Ringfinger getragener Ring.*

Fin|ger|satz, der (Musik): *(durch Zahlen meist über den Noten angegebene) Anweisung zum zweckmäßigen Einsatz der einzelnen Finger beim Spielen eines Streich- od. Tasteninstrumentes.*

Fin|ger|schal|le, die: *kleine, mit Wasser gefüllte Schale zum Reinigen der Fingerspitzen bei Tisch.*

Fin|ger|schnal|zen, das; -s: *das Hervorbringen eines kurzen, knallenden Lautes mit dem Daumen u. einem zweiten Finger.*

Fin|ger|spiel, das: *(meist von Erwachsenen mit kleinen Kindern gespieltes) Spiel, bei dem mit den Fingern Figuren dargestellt werden.*

Fin|ger|spit|ze, die: *Ende des vordersten Fingergliedes; Fingerkuppe:* etw. mit den -n berühren, anfassen; Ü mir kribbelt es in den -n (ugs.; *ich bin sehr ungeduldig*); bis in die -n *(durch u. durch)* musikalisch sein.

Fin|ger|spit|zen|ge|fühl, das ⟨o. Pl.⟩: *Feingefühl; Einfühlungsgabe im Umgang mit Menschen u. Dingen:* die Verhandlungen müssen mit politischem F. geführt werden.

Fin|ger|spra|che, die: **1.** *Zeichensprache, die bes. zur Verständigung mit Gehörlosen dient.* **2.** (ugs.) *System von mit den Fingern* (1) *dargestellten Zeichen für die Buchstaben des Alphabets.*

Fin|ger|übung, die (Musik): **a)** *Übung auf einem Instrument zur Gewinnung größerer Fingerfertigkeit:* sie macht täglich -en; Ü seine bisherigen Aufgaben waren nur -en gegenüber dem, was ihn jetzt erwartet; **b)** *kleines Übungsstück als Fingerübung* (a).

Fin|ger|zeig, der; -s, -e: *nützlicher Hinweis, Wink, durch den jmd. auf etw., jmdn. aufmerksam gemacht wird:* jmdm. einen F. geben; einen F. bekommen, erhalten.

fin|gie|ren ⟨sw. V.; hat⟩ [lat. fingere = bilden, formen; sich vorstellen, erdichten, urspr. wohl = Lehm, Ton formen] (bildungsspr.): *in einer bestimmten Absicht vortäuschen, vorspiegeln; erdichten:* der Unfall, Einbruch war fingiert; ein fingierter *(frei erfundener)* Briefwechsel.

Fi|nis, das; -, - [lat. finis = Grenze, Ende; Äußerstes, Höchstes; Zweck]: **1.** (veraltet) *heute nicht mehr üblicher Schlussvermerk in Büchern.* **2.** ⟨o. Art.; o. Pl.⟩ (bildungsspr.) *Schluss, Ende:* [jetzt ist] F.!

Fi|nish [ˈfɪnɪʃ], das; -s, -s [engl. finish, eigtl. = Abschluss, zu: to finish = (be)enden < afrz. fenir < lat. finire, zu: finis, ↑Finis]: **1.** (Fachspr.) *letztes Stadium in der Fertigung (eines Industrieproduktes); letzter Schliff, Vollendung.* **2.** (Sport) *Endkampf, Endspurt.*

fi|ni|shen [ˈfɪnɪʃn̩] ⟨sw. V.; hat⟩ [engl. to finish] (Pferdesport): *bei einem Rennen im Finish* (2) *dem Pferd die äußerste Leistung abverlangen.*

Fi|nis|sa|ge [...ˈsaːʒə], die; -, -n [frz. finissage, zu: finir = (be)enden < lat. finire, ↑Finish] (bildungsspr.): *Veranstaltung zur Beendigung einer Kunstausstellung, Schließung einer Galerie o. Ä.*

fi|nit ⟨Adj.⟩ [spätlat. finitus, adj. 2. Part. von lat. finire, ↑Finish] (Sprachw.): *bestimmt:* -e Form *(in Person u. Zahl bestimmte Verbform im Unterschied zum Infinitiv u. Partizip).*

Fi|ni|tum, das; -s, ...ta [↑finit] (Sprachw.): *finite Verbform.*

Fink, der; -en, -en [mhd. vinke, ahd. finc(h)o; lautm.; 2: vgl. die Schimpfwörter Dreck-, Mistfink]: **1.** *(in vielen Arten vorkommender) Körner fressender kleiner Singvogel mit buntem Gefieder u. kegelförmigem Schnabel.* **2.** (Verbindungsw.) *Student, der keiner Korporation angehört.*

Fin|ken, der; -s, - [H. u.; vgl. mlat. ficones, Pl. von: fico = Hausschuh] (schweiz. mundartl.): *warmer Hausschuh:* *** die F. klopfen** *(sich [rasch u. unbemerkt] entfernen).*

Fin|ken|schlag, der ⟨o. Pl.⟩ (Fachspr.): *das Zwitschern des Finken.*

Fin|ken|vo|gel, der: *zur Familie der Finken gehörender Vogel.*

Finn-Din|gi, das; -s, -s [eigtl. = finnisches Dingi (wohl, weil es für die Olympischen Spiele 1952 i[n] Helsinki konstruiert wurde)] (Segeln): *von eine[r] Person zu segelndes Boot mit Schwert für den Rennsegelsport* (Kennzeichen: ≈).

[1]Fin|ne, die; -, -n [wohl verw. mit mhd. phinne = (kleiner) Nagel]: **1.** (Zool.) *Larve eines parasitä[ren] Wurms.* **2.** (Med.) *durch Akne hervorgerufe[nes] Knötchen od. Pustel in der Haut; Mitesser.*

[2]Fin|ne, die; -, -n [aus dem Niederd.; 1: mniederd vinne, eigtl. wohl = Ende, Spitze; 2: eigtl. = Nagel, Pflock < mniederd. pin(ne)]: **1.** (Zool.) *Rückenflosse von Hai u. Wal.* **2.** *die zugespitzte Seite des Hammers:* Steine mit der F. behauen.

[3]Fin|ne, der; -n, -n: Ew. zu ↑Finnland.

Fin|nen|dolch, der: *kurzes, breites, scharfes dolchartiges Messer.*

fin|nig ⟨Adj.⟩: **1.** *von* [1]*Finnen* (1) *befallen:* -es Fleisch. **2.** [1]*Finnen* (2) *aufweisend; pickelig.*

Fin|nin, die; -, -nen: w. Form zu ↑[3]Finne.

fin|nisch ⟨Adj.⟩.

Fin|nisch, das; -[s] u. ⟨nur mit best. Art.:⟩ **Fin|nische,** das; -n: *die finnische Sprache.*

fin|nisch-ugrisch, finnougrisch, finnugrisch ⟨Adj.⟩ [zu aruss. ugre (Pl.) = die Ungarn] (Sprachw.): *die Sprachfamilie betreffend, deren Sprecher heute auf den Gebieten der finnischen Halbinsel, dem nordwestlichen Sibirien u. der ungarischen Steppe beheimatet sind.*

Finn|land, -s: Staat in Nordeuropa.

Finn|län|der, der; -s, -: [3]Finne mit schwedischer Muttersprache.

Finn|län|de|rin, die; -, -nen: w. Form zu ↑Finnländer.

finn|län|disch ⟨Adj.⟩.

finn|lan|di|sie|ren ⟨sw. V.; hat⟩ [zu ↑Finnlandisierung] (Politik, meist abwertend): *ein nach außen hin unabhängiges Land unter den Einfluss einer Großmacht bringen.*

Finn|lan|di|sie|rung, die; - [gepr. von dem dt. Politikwissenschaftler R. Löwenthal (1908–1991) mit Bezug auf das Verhältnis zwischen Finnlan[d] u. der Sowjetunion nach dem 2. Weltkrieg] (Politik, meist abwertend): *das Finnlandisiere[n].*

Finn|mark, die; -, - [schwed. finnmark; vgl. Markka]: *Währungseinheit in Finnland* (1 Finn[-]mark = 100 Penni); Abk.: Fmk.

fin|no|ugrisch: ↑finnisch-ugrisch.

Fin|no|ugris|tik, die; -: *Wissenschaft von den finnisch-ugrischen Sprachen.*

finn|ugrisch: ↑finnisch-ugrisch.

Finn|wal, der [zu ↑[2]Finne (1), nach seiner große[n] Fettfinne]: *sehr großer Wal mit grauer Färbun[g] des Rückens u. weißer Bauchseite.*

fins|ter ⟨Adj.⟩ [mhd. vinster, ahd. finstar, wahrsch. dissimiliert aus gleichbed. mhd. dinster, ahd. dinstar, verw. mit ↑Dämmerung]: **1.** *[sehr] dunkel, ohne Licht:* ein -er Raum; es wird schon f. *(die Nacht bricht herein);* ⟨subst.:⟩ im Finstern den Lichtschalter suchen; Ü das -e *(geistig unaufgeklärte)* Mittelalter; es waren -e *(trostlose, schlimme)* Zeiten; *** im Finstern tappen** (↑dunkel): in dieser Sache tappt die Polizei noch völlig im Finstern. **2.** *dunkel, düster erscheinend u. dadurch unheimlich:* eine -e Gasse, Kneipe; das Gebäude wirkt f. **3.** *anrüchig, zwielichtig:* eine -e Gestalt begegnete ihnen. **4.** *verdüstert, unfreundlich, feindselig wirkend:* eine -e Miene.

Fins|te|re, die; - [mhd. vinstere, ahd. finstri] (schweiz., sonst veraltet): *Finsternis, Dunkelheit.*

Fins|ter|keit, die; - (selten): *Finsternis.*

fins|tern ⟨sw. V.; hat⟩ (veraltend): *dunkel, finster werden:* es finstert schon.

Fins|ter|nis, die; -, -se [mhd. vinsternisse, ahd. finstarnissi]: **1.** *undurchdringliche Dunkelheit; Lichtlosigkeit:* die F. der Nacht; Ü die Mächte der F. (bibl.; *das Böse*); das Reich der F. (bibl.; *die Hölle*); *** eine ägyptische F.** (ugs.; *tiefste*

Finsternis; nach 2. Mos. 20, 21–23). **2.** (Astron.) *Himmelserscheinung, die dadurch gekennzeichnet ist, dass ein leuchtender Himmelskörper durch einen anderen verdeckt wird od. in den Schatten eines anderen tritt:* eine partielle, totale F. der Sonne.

Fin|te, die; -, -n [ital. finta = List < spätlat. fincta, subst. 2. Part. von lat. fingere, ↑ fingieren]: **1.** (bildungsspr.) *Vorwand, Täuschung:* das war nur eine F. von ihr; jmdn. durch eine F. täuschen. **2. a)** (Fechten, Boxen) *vorgetäuschter Stoß, bei dem die Reaktion des Gegners erwartet u. für eigene Zwecke ausgenutzt wird;* **b)** (Ringen) *angedeuteter Griff, der den Gegner täuschen soll.*

fin|ten|reich ⟨Adj.⟩ (geh.): *geschickt im Erfinden von Ausflüchten, Vorwänden; häufig Finten* (1) *gebrauchend.*

fin|tie|ren ⟨sw. V.; hat⟩ (Fechten, Boxen, Ringen): *eine Finte* (2) *ausführen:* er fintiert gekonnt.

fin|ze|lig, finz|lig ⟨Adj.⟩ [H. u.] (landsch.): *sehr mühsam, knifflig, anstrengend [für die Augen].*

Fi|o|ret|te, die; -, -n ⟨meist Pl.⟩ [ital. fioretto, eigtl. = Blümchen, Vkl. von: fiore = Blume < lat. flos (Gen.: floris)], **Fi|o|ri|tur,** die; -, -en ⟨meist Pl.⟩ [ital. fioritura, zu: fiorire = mit Blumen schmücken] (Musik): *Gesangsverzierung in Opernarien des 18. Jahrhunderts.*

Fips, der; -es, -e [aus dem Niederd., wohl rückgeb. aus: fipsen = schnelle Bewegungen machen; lautm.] (landsch.): *kleiner, unscheinbarer Mensch.*

fip|sig ⟨Adj.⟩ (ugs.): *klein [u. mickrig], unansehnlich:* ein -er Kerl.

Fi|ren|ze: ital. Name von ↑ Florenz.

Fire|wall, [ˈfaɪəwɔːl]die; -, -s u. der; -s, -s [engl. fire wall, eigtl. = Brandmauer (das System schützt das Netzwerk, wie eine Brandmauer ein Haus schützt)] (EDV): *System von Programmen, das Netzwerke vor unerwünschtem Zugriff schützt.*

Fir|le|fanz, der; -es, -e [spätmhd. firlifanz, Bez. für einen lustigen Springtanz, H. u.] (ugs. abwertend): **1.** ⟨o. Pl.⟩ *überflüssiges od. wertloses Zeug; Tand, Flitter.* **2.** ⟨o. Pl.⟩ *Unsinn, törichtes Zeug, Gerede, Gebaren:* das ist doch alles F. **3.** (selten) *jmd., der nur Torheiten im Sinn hat, mit dem nicht viel anzufangen ist.*

firm ⟨Adj.⟩ [lat. firmus = fest, stark, tüchtig, zuverlässig]: in der Wendung **in etw. f. sein** (veraltend; *[in einem bestimmten Fachgebiet, Bereich] sicher, sattelfest, beschlagen sein*).

Fir|ma, die; -, Firmen [ital. firma, eigtl. = bindende, rechtskräftige Unterschrift, zu: firmare = durch Unterschrift rechtskräftig machen < lat. firmare = bekräftigen, bestätigen, zu: firmus, ↑ firm]: **1. a)** *kaufmännischer Betrieb, gewerbliches Unternehmen:* eine alteingesessene F.; eine F. gründen; in einer F. arbeiten; R die F. dankt (ugs. scherzh.; *danke [nein]*); **b)** (Wirtsch.) *der ins Handelsregister eingetragene Name eines Unternehmens, Geschäftes o. Ä.:* die F. ist erloschen; das Geschäft wird unter der F. Meyer u. Co. geführt; Abk.: Fa. **2.** (ugs. abwertend) *Sippschaft, Gesellschaft:* das ist [mir] eine saubere F.

Fir|ma|ment, das; -[e]s [spätlat. firmamentum = der über der Erde befestigte Himmel] (geh.): *Himmel, Himmelsgewölbe.*

fir|men ⟨sw. V.; hat⟩ [mhd. firmen, eigtl. = (im Glauben) stärken, befestigen, ahd. firmōn < lat. firmare, ↑ Firma] (kath. Kirche): *[jmdm.] das Sakrament der Firmung spenden.*

Fir|men|auf|druck, der: *Aufdruck [auf Briefbögen], der den Firmennamen zeigt.*

Fir|men|chef, der: vgl. Firmeninhaber.

Fir|men|che|fin, die: w. Form zu ↑ Firmenchef.

fir|men|ei|gen ⟨Adj.⟩: *der Firma gehörend.*

Fir|men|in|ha|ber, der: *Inhaber einer Firma.*

Fir|men|in|ha|be|rin, die: w. Form zu ↑ Firmeninhaber.

fir|men|in|tern ⟨Adj.⟩: *nur für den Bereich der Firma bestimmt, nach außen geheim.*

Fir|men|lo|go, das: *Firmenzeichen.*

Fir|men|na|me, der: *Name einer Firma.*

Fir|men|sitz, der: *Sitz* (3) *einer Firma.*

Fir|men|spre|cher, der: *offizieller Sprecher einer Firma.*

Fir|men|spre|che|rin, die: w. Form zu ↑ Firmensprecher.

Fir|men|ver|zeich|nis, das: *Verzeichnis aller Firmen einer Branche, Stadt o. Ä.*

Fir|men|wert, der ⟨o. Pl.⟩ (Wirtsch.): *Teil des Wertes eines Betriebes, der im Gegensatz zu den Sachwerten auf dem Unternehmen als Ganzem, auf ideellen Faktoren beruht u. im Vertrauen zur u. im guten Ruf der Firma, der Stellung des Betriebes im Markt u. a. in Erscheinung tritt; Geschäftswert; Goodwill* (a).

Fir|men|zei|chen, das: *Zeichen, Signet als Erkennungszeichen auf Produkten einer Firma (häufig als eingetragenes Warenzeichen).*

fir|mie|ren ⟨sw. V.; hat⟩: *(von Firmen, Unternehmen o. Ä.) unter einem bestimmten Namen bestehen, einen bestimmten Namen führen [u. mit diesem unterzeichnen]:* das Unternehmen firmiert als Meyer & Co., mit/unter dem Namen Meyer & Co.

Firm|ling, der; -s, -e (kath. Kirche): *jmd., der gefirmt wird.*

Fir|mung, die; -, -en (kath. Kirche): *Sakrament, bei dem durch Salben u. Auflegen der Hand durch den Bischof dem Firmling eine Festigung im Glauben zuteil werden soll.*

firn ⟨Adj.⟩ [mhd. virne, ahd. firni = alt, verw. mit ↑ fern] (Winzerspr.): *(von Wein) alt:* ein -er Wein.

Firn, der; -[e]s, -e, (auch:) -en [zu ↑ firn]: **a)** *nicht wegschmelzender Schnee des Hochgebirges, der durch wiederholtes Auftauen u. Wiedergefrieren körnig geworden ist;* **b)** (schweiz.) *mit Firn bedeckter Berggipfel, Gletscher.*

Fir|ne, die; -, -n [zu ↑ firn] (Winzerspr.): *Altersstadium des Weines, bei dem eine Dunkelfärbung eintritt, später auch eine Beeinträchtigung des Geschmacks.*

Firn|eis, das: *aus fest zusammengebacktem Firn entstandene Eisschicht; Gletschereis.*

Fir|ner: ↑ Ferner.

Fir|ne|wein, der (Winzerspr.): *alter, abgelagerter Wein.*

Firn|feld, das: *flaches Becken im Nährgebiet eines Gletschers, in dem sich der Firn sammelt.*

Firn|gren|ze, die: *Schneegrenze, bis zu der der Schnee auf einem Gletscher im Sommer wegschmilzt u. der Gletscher ausapert.*

fir|nig ⟨Adj.⟩: *wie Firn beschaffen:* -er Schnee.

Fir|nis, der; -ses, -se [mhd. virnīs < (a)frz. vernis = Firnis, Lack, H. u.]: *schnell trocknendes, farbloses Öl, das als Schutzschicht auf etw. aufgetragen wird:* ein Gemälde, Möbel mit F. behandeln.

fir|nis|sen ⟨sw. V.; hat⟩ [mhd. virnīsen]: *zum Schutz gegen Licht, Schmutz u. Ä. mit Firnis bestreichen:* ein Gemälde f.

Firn|schnee, der: *Firn* (a).

First, der; -[e]s, -e [mhd. virst, ahd. first]: *oberste waagrechte Kante des geneigten Daches; Dachfirst:* auf dem F. der Scheune sitzen Tauben.

First|bal|ken, der: *Balken, der den First eines Daches bildet.*

first class [ˈfəːst ˈklɑːs; engl. first-class, zu: first = erst... u. class = Klasse]: *erste Klasse, erstklassig, von gehobenem Standard.*

First-Class-Ho|tel, das: *Hotel von gehobenem Standard; Luxushotel.*

First|hö|he, die: *bis zum First gemessene Höhe eines Bauwerks:* die F. des Hauses beträgt 10 m.

First La|dy [ˈfəːst ˈleɪdɪ], die; --, - Ladies [...dɪz; engl., eigtl. = erste Dame, aus: first = erst... u. ↑ Lady]: *Frau eines Staatsoberhauptes.*

First|pfet|te, die: *Konstruktionsteil (Balken oder Bohle) des Dachstuhls, der die Sparren am Dachfirst trägt.*

fis, [1]Fis, das; -, - (Musik): *um einen halben Ton erhöhtes f, F* (2).

FIS, [2]Fis, die; - [Abk. für: Fédération Internationale de Ski]: Internationaler Skiverband.

Fisch, der; -[e]s, -e [mhd. visch, ahd. fisk; vgl. lat. piscis = Fisch]: **1. a)** *im Wasser lebendes, durch Kiemen atmendes Wirbeltier mit einem von Schuppen bedeckten Körper u. Flossen, mit deren Hilfe es sich fortbewegt:* ein großer, dicker, exotischer F.; ein F. hat [am Angelhaken] angebissen; -e zappeln im Netz; -e fangen, räuchern; die F. *(Fische)* verarbeitende Industrie; Fliegende -e (↑ fliegen); sie ist gesund, munter wie ein F. im Wasser; er fühlt sich hier wie ein F. auf dem Trocknen *(es fehlt ihm das Lebenselement, das er braucht);* sie ist stumm wie ein F. *(spricht kein Wort, verhält sich schweigend);* der Junge schwimmt wie ein F. *(schwimmt gut, ausdauernd);* R die großen -e fressen die kleinen *(die Reichen u. Mächtigen leben auf Kosten der Armen);* *** ein kalter F.** (ugs.; *ein Mensch, der keine Gefühlsregungen, kein Mitgefühl zeigt*); **ein großer/ein dicker F.** (ugs. scherzh.; *eine [ge]wichtige Persönlichkeit*); **kleine -e** (ugs.; *Dinge, die nicht ins Gewicht fallen; Kleinigkeiten*); **b)** *Fischgericht:* heute gibt es F.; sie isst keinen F.; *** weder F. noch Fleisch sein** (ugs.; *nicht zu bestimmen, einzuordnen sein; nichts Eindeutiges sein*). **2.** (Astrol.) **a)** ⟨Pl.⟩ *Tierkreiszeichen für die Zeit vom 19. 2. bis 20. 3.:* sie ist im Zeichen -e geboren; **b)** *jmd., der im Zeichen Fische* (2 a) *geboren ist:* er ist [ein] F. **3.** ⟨o. Pl.⟩ Sternbild beiderseits des Himmelsäquators. **4.** (Druckerspr. veraltet) *im falschen Fach des Setzkastens liegender Druckbuchstabe.* **5.** (seem.) *Fischung.*

Fisch|ad|ler, der: *(an europäischen Küsten heimischer) größerer Greifvogel mit schwärzlichem Rücken und weißer Bauchseite, der sich hauptsächlich von Fischen ernährt.*

fisch|ähn|lich ⟨Adj.⟩: *fischartig.*

fisch|arm ⟨Adj.⟩: *keinen Reichtum an Fischen aufweisend:* -e Gewässer.

fisch|ar|tig ⟨Adj.⟩: *wie ein Fisch geartet; wie ein Fisch aussehend, wirkend.*

Fisch|au|ge, das [2: LÜ von engl. fish-eye (lens)]: **1.** *Auge eines Fisches.* **2.** *fotografisches Objektiv mit extrem weitem Bildwinkel u. entsprechend kurzer Brennweite; Fisheye.*

Fisch|bein, das ⟨o. Pl.⟩ [↑ Bein (5)]: *hornartige Substanz aus den Barten des Bartenwals, die früher bes. zur Herstellung von Schirmgestellen u. Korsettstäben verwendet wurde.*

Fisch|be|stand, der: *Bestand an Fischen in einem Gewässer.*

Fisch|be|steck, das: *Essbesteck, mit dem Fisch gegessen wird.*

Fisch|bla|se, die: **1.** *Schwimmblase der Fische.* **2.** (Archit.) *einer Fischblase* (1) *ähnliche Ornamentform bes. im spätgotischen Maßwerk; Schneuß.*

Fisch|bröt|chen, das: *meist mit Hering, Aal od. Lachs belegtes Brötchen.*

Fisch|brut, die: *Brut von Fischen.*

Fisch|damp|fer, der: *Schiff, das für den Hochseefischfang ausgerüstet ist.*

Fisch|ech|se, die: *Ichthyosaurus.*

Fisch|ei, das: vgl. Fischrogen.

fi|schen ⟨sw. V.; hat⟩ [mhd. vischen, ahd. fiscōn]: **1. a)** *mit einem Fanggerät [berufsmäßig] Fische fangen, zu fangen versuchen:* in diesem Bach kann man [Forellen] f.; (Jargon:) auf Kabeljau f.; mit der Reuse f.; er geht f. *(geht auf Fischfang);* **b)** *mit Netzen, durch Tauchen o. Ä. vom Meeresboden herauf-, aus dem Wasser herausholen:* Perlen, Austern f. **2.** (ugs.) **a)** *[mühsam, vorsichtig] aus etw. herausholen, -kramen, -ziehen:* [sich] ein Stück Zucker [aus der Dose] f.; Ü die Polizei hatte den Gesuchten schnell aus der Menge gefischt *(ihn entdeckt u. festgenommen);* **b)** *in einem Behältnis nach etw. suchen, kramen:* sie fischte in ihrer Tasche nach dem Schlüssel.

Fi|scher, der; -s, - [mhd. vischære, ahd. fiscāri]: **a)** *jmd., dessen Beruf der Fischfang ist:* die F. sind bereits auf hoher See; **b)** (ugs.) *Angler.*

Fi|scher|boot, das: *Boot für Binnen- u. Küstenfischerei.*

Fi|scher|dorf, das: *überwiegend von Fischern bewohntes Dorf bes. an der Küste.*

Fi|sche|rei, die; - [mhd. vischerīe]: *gewerbsmäßig betriebener Fang von Fischen u. anderen nutzbaren Wassertieren:* von der F. leben.

F

Fi|sche|rei|fahr|zeug, das: *Schiff od. Boot, das zur Fischerei gebraucht wird.*

Fi|sche|rei|flot|te, die: *Gesamtheit der Fangboote eines Landes, Ortes od. Gebietes.*

Fi|sche|rei|ge|setz, das: vgl. Fischereirecht (2).

Fi|sche|rei|gren|ze, die (Völkerr.): *im Meer verlaufende Grenze, die das Fischfanggebiet eines Küstenstaates gegen die hohe See abgrenzt.*

Fi|sche|rei|ha|fen, der: *Hafen, von dem aus die Fischerei in einem bestimmten Gebiet betrieben wird.*

fi|sche|rei|lich ⟨Adj.⟩: *die Fischerei betreffend, zu ihr gehörend:* -e Probleme.

Fi|sche|rei|recht, das: **1.** *Recht, die Fischerei in einem bestimmten Gebiet auszuüben.* **2.** ⟨o. Pl.⟩ *die Fischerei betreffende Rechtsvorschriften.*

Fi|sche|rei|schiff, das: vgl. Fischereifahrzeug.

Fi|sche|rei|we|sen, das ⟨o. Pl.⟩: *alles, was mit dem gewerbsmäßigen Fischfang zusammenhängt, einschließlich Organisation u. Verwaltung.*

F

Fi|scher|frau, die: *Frau des Fischers.*

Fi|sche|rin, die; -, -nen: **1.** w. Form zu ↑Fischer. **2.** (selten) *Fischerfrau.*

Fi|scher|netz, das: *Netz, das die Fischer zum Fischfang verwenden.*

Fi|schers|frau: ↑Fischerfrau.

Fi|schers|mann, der; -[e]s, ...leute (veraltet): *Fischer.*

Fi|scher|ste|chen, das; -s, -: *(in manchen Gegenden noch lebendiger) Brauch der Fischer, bei dem diese versuchen, in leichten Booten stehend sich gegenseitig mit langen Stangen ins Wasser zu stoßen.*

Fisch|fa|brik, die (ugs.): *Fabrik, in der Fische zu Konserven u. Ä. verarbeitet werden.*

Fisch|fang, der ⟨o. Pl.⟩: *das Fangen von Fischen:* auf F. gehen; vom F. leben.

Fisch|fang|ge|biet, das: *Gebiet, in dem Fischerei betrieben wird.*

Fisch|fi|let, das: *Filet* (1 b).

Fisch|fleisch, das: *Fleisch vom Fisch.*

Fisch|fut|ter, das: *Futter für Fische.*

Fisch|ga|bel, die: *Gabel, die zum Fischbesteck gehört.*

Fisch|ge|richt, das: *Gericht, zu dem zubereiteter Fisch gehört.*

Fisch|ge|ruch, der: *Geruch, der von Fisch u. Fischwaren ausgeht.*

Fisch|ge|schäft, das: *Einzelhandelsgeschäft, das bes. frische Fische, Fischkonserven u. Ä. anbietet.*

Fisch|grat [spätmhd. vischgrät = Fischgräte, ↑Grat] (Textilind.): **1.** das ⟨meist o. Art.⟩; -s, -s: *Fischgrätenmuster.* **2.** der; -s, -s: *Gewebe in Fischgrätenmuster:* ein grauer F.

Fisch|grat|bin|dung, die (Weberei): *bestimmte Bindung eines Gewebes, die ein fischgrätenähnliches Muster ergibt.*

Fisch|grä|te, die: **1.** (Zool.) *knöcherner, häufig gegabelter Faden od. dünner Stab im Muskelfleisch vieler Knochenfische.* **2.** (ugs.) *Rippe eines Knochenfischs.*

fisch|grä|ten|ähn|lich ⟨Adj.⟩: *wie Fischgräten* (2) *aussehend.*

Fisch|grä|ten|mus|ter, das (Textilind.): *Musterung eines Gewebes mit Fischgratbindung.*

Fisch|grund, der ⟨meist Pl.⟩ (Fischereiw.): *Fischfanggebiet mit besonderem Fischreichtum.*

Fisch|han|del, der: *Handel mit Fisch.*

Fisch|hand|lung, die: *Fischgeschäft.*

fi|schig ⟨Adj.⟩ [mhd. fischec]: **1.** *[unangenehm] nach Fisch riechend od. schmeckend.* **2.** *wie ein Fisch aussehend; wie bei einem Fisch beschaffen.*

Fisch|kom|bi|nat, das (DDR): *Großbetrieb der Hochseefischereiwirtschaft.*

Fisch|kon|ser|ve, die: vgl. Fleischkonserve.

Fisch|kun|de, die ⟨o. Pl.⟩: *Ichthyologie.*

Fisch|kut|ter, der (Fischereiw.): *in der Küsten- u. Hochseefischerei eingesetzter Kutter.*

Fisch|laich, der (Zool.): *Laich von Fischen.*

Fisch|markt, der: *Markt, auf dem Fische verkauft werden.*

Fisch|maul, das: *Maul eines Fisches.*

Fisch|mehl, das: *Futtermittel aus getrockneten u. zermahlenen Fischabfällen.*

Fisch|mes|ser, das: *Messer, das zum Fischbesteck gehört.*

Fisch|milch, die (Zool.): *Milch* (3).

Fisch|netz, das: *Fischernetz.*

Fisch|ot|ter, der: *am Wasser u. bes. von Fischen lebender Otter.*

Fisch|pass, der: *Vorrichtung an Wehren o. Ä., die Fischen bei der Wanderung ermöglicht, ein sonst unüberwindliches Hindernis zu passieren; Fischweg* (1).

fisch|reich ⟨Adj.⟩: *(von einem Gewässer) einen großen Reichtum an Fischen aufweisend.*

Fisch|reich|tum, der ⟨o. Pl.⟩: *Reichtum an Fischen.*

Fisch|rei|her, der: *Reiher mit teils grauem, teils weißem Gefieder u. langem, gelbem Schnabel.*

Fisch|reu|se, die (Fischereiw.): *sackartiges Netz, mit dem bestimmte Fischarten gefangen werden.*

Fisch|ro|gen, der (Zool.): *Eier des Fischs.*

Fisch|schup|pe, die: *kleines, rundes Knochenplättchen auf der Haut der meisten Fische.*

Fisch|schwanz, der: *Schwanz[flosse] eines Fisches.*

Fisch|schwarm, der: *große Anzahl zusammen schwimmender Fische.*

Fisch|stäb|chen, das ⟨meist Pl.⟩ (Kochk.): *[gebratenes] kleines, rechteckiges Stück Fischfleisch.*

Fisch|ster|ben, das: *Massensterben von Fischen in verschmutzten Gewässern.*

Fisch|sup|pe, die (Kochk.): *aus Fischfleisch zubereitete Suppe.*

Fisch|teich, der: *Teich, in dem Fische [zu gewerblichen Zwecken] gehalten werden.*

Fi|schung, die; - (seem.): **1.** *mittlere Decksplanke, in deren sägeförmige Ausschnitte die gekrümmten Decksplanken münden.* **2.** *runder, verstärkter Durchbruch durch das Deck für den Mast, für Pumpen o. Ä.; Fisch* (5).

Fisch ver|ar|bei|tend: s. Fisch (1 a).

Fisch|wan|de|rung, die (Zool.): *das Wandern von Fischen, bes. zum Aufsuchen der Laichplätze.*

Fisch|weg, der: **1.** *Fischpass.* **2.** (Zool.) *je nach Art verschiedener Weg, den Fische auf ihren Wanderungen einhalten.*

Fisch|wehr, das: *Fischzaun.*

Fisch|wei|her, der: *Fischteich für die Angelfischerei.*

Fisch|wirt|schaft, die: *Wirtschaftszweig, der den Fang u. die Verarbeitung von Fischen betreibt.*

Fisch|zaun, der: *in Küstengebieten benutzte Vorrichtung zum Fischfang.*

Fisch|zucht, die: *planmäßige Aufzucht von Fischen unter wirtschaftlichem Aspekt.*

Fisch|zug, der: **1.** (Fischereiw.) *das Ausbringen u. Einholen eines Zug- od. Schleppnetzes.* **2.** *Unternehmung, von der man sich reiche Ausbeute erhofft od. die einem reiche Ausbeute an etw. bringt:* er hatte einen großen F. geplant.

Fis-Dur [auch: '–'–], das; -: *auf dem Grundton Fis beruhende Durtonart;* Zeichen: Fis (↑fis, [1]Fis).

Fish|eye ['fɪʃaɪ], das; -s, -s [engl. fish-eye (lens)]: *Fischauge* (2).

Fi|si|ma|ten|ten ⟨Pl.⟩ [H. u.] (ugs.): *etw., was unnötigerweise etw. anderes behindert, verzögert; Umstände; Sperenzchen, Ausflüchte:* das sind alles nur F.; [mach] keine F.!

Fis|kal, der; -s, -e [zu lat. fiscalis, ↑fiskalisch] (früher): *Amtsträger, der vor Gerichten die (vermögenswerten) Rechte des Kaisers od. eines Landesherrn vertritt.*

fis|ka|lisch ⟨Adj.⟩ [lat. fiscalis = die Staatskasse betreffend, dem Staat gehörend, zu: fiscus, ↑Fiskus]: *den Staat als Verwalter des Staatsvermögens betreffend.*

Fis|kus, der; -, ...ken u. -se ⟨Pl. selten⟩ [lat. fiscus, eigtl. = (Geld)korb]: *Staat als Eigentümer des Staatsvermögens; Staatskasse:* der F. als Empfänger der Steuern.

fis-Moll [auch: '–'–], das; -: *auf dem Grundton fis beruhende Molltonart;* Zeichen: fis (↑fis, [1]Fis).

fis|seln ⟨sw. V.; hat; unpers.⟩ [niederd. fi(e)sseln; wohl lautm.] (landsch.): *längere Zeit hindurch dünn, fein regnen od. schneien; nieseln.*

fis|sil ⟨Adj.⟩ [lat. fissilis, zu: findere (2. Part.: fissum) = spalten] (Fachspr.): *spaltbar.*

[1]Fis|si|on, die; -, -en [lat. fissio = das Spalten] (Biol.): *Teilung einzelliger pflanzlicher u. tierischer Organismen in zwei gleiche Teile.*

[2]Fis|si|on, die; -, -en [engl. (nuclear) fission < lat. fissio, ↑[1]Fission]: **1.** (Kernphysik) *Atomkernspaltung.* **2.** (Biol.) *Kern- bzw. Zellteilung bei Einzellern.*

Fis|sur, die; -, -en [lat. fissura = Spalte, Ritze] (Med.): **1.** *Riss, Schrunde bes. der unelastisch gewordenen Haut od. Schleimhaut.* **2.** *Riss in einem Knochen.*

Fist, der; -[e]s, -e [mhd. vist, vīst, wohl zu einem Verb mit der Bed. »blasen«] (landsch. derb): *abgehende Blähung.*

Fis|tel, die; -, -n [1: mhd. fistel, ahd. fistul < lat. fistula = röhrenförmiges Geschwür; 2: lat. fistula = Röhre; (hell tönende) Rohrpfeife]: **1.** (Med.) *in einem krankhaften Prozess entstandener od. operativ hergestellter röhrenförmiger Kanal, der ein Organ mit der Körperoberfläche od. mit einem anderen Organ verbindet.* **2.** kurz für ↑Fistelstimme.

fis|te|lig ⟨Adj.⟩: *(von der Sprechstimme) unangenehm hoch klingend.*

fis|teln ⟨sw. V.; hat⟩: *mit Fistelstimme sprechen.*

Fis|tel|stim|me, die; -, -n: **1.** (Musik) *die männliche Kopfstimme ohne Brustresonanz:* mit F. singen. **2.** *unangenehm hohe, kraftlose Sprechstimme bei Männern.*

fit ⟨Adj.; fitter, fitteste⟩ [engl. fit, H. u.]: *in guter körperlicher Verfassung, leistungsfähig, sportlich durchtrainiert:* f. sein, bleiben; er hält sich durch tägliches körperliches Training f.

Fi|tis, der; - u. -ses, -se [lautm.]: *kleiner, auf der Oberseite graugrüner, auf der Unterseite gelblich weißer, zu den Laubsängern gehörender Singvogel.*

Fit|ness, die; - [engl. fitness, zu: fit, ↑fit]: *gute körperliche Verfassung, Leistungsfähigkeit [aufgrund eines planmäßigen sportlichen Trainings]:* sich durch Joggen seine F. erhalten; Ü ihre geistige F. ist erstaunlich.

Fit|ness|cen|ter, das: *Einrichtung, die die Möglichkeit bietet, an bes. für diesen Zweck bestimmten Geräten seine körperliche Leistungsfähigkeit zu verbessern od. auf einem guten Stand zu halten.*

Fit|ness|stu|dio, das: *Fitnesscenter.*

Fit|ness|trai|ning, das: *sportliches Training zur Erhaltung od. Verbesserung der körperlichen Leistungsfähigkeit.*

Fit|sche, die; -, -n [H. u.] (landsch.): *Tür-, Fensterangel, Scharnier.*

fit|ten ⟨sw. V.; hat⟩ [engl. to fit = passend machen, zu: fit, ↑fit]: **1.** (Technik) *anpassen.* **2.** (Schiffsbau) *einen Kiel auf Unebenheiten hin abtasten.*

Fit|tich, der; -[e]s, -e [mhd. vitich, vetach, ahd. fettāh, feddāh] (dichter.): *Flügel, Schwinge:* die -e des Adlers; ***jmdn. unter seine -e nehmen** (ugs. scherzh.; *sich jmds. annehmen, ihn betreuen, ihm helfen o. Ä.*).

Fit|ting, das; -s, -s ⟨meist Pl.⟩ [engl. fitting = Zubehörteil, zu: to fit, ↑fitten] (Technik): *bei der Installation von bestimmten Rohrleitungen verwendetes Verbindungsstück mit Gewinde.*

Fitz, der; -es [mhd. vitz, ↑Fitze] (landsch.): **1.** *etw., was sich zu einem unentwirrbaren Knäuel aus Fäden od. Fadenartigem verwirrt hat:* die Wolle, das Haar hat sich zu einem einzigen F. verwirrt. **2.** *Aufregung, Ärger, Mühe:* sie hatte ihren F., mit der Arbeit fertig zu werden.

Fitz|chen, das; -s, - (landsch.): *kleines, kaum noch brauchbares od. verwertbares Stück, Endchen von etw.:* ein F. Garn, Stoff.

Fit|ze, die; -, -n [mhd. vitz, vitze, ahd. fizza = eine beim Haspeln abgeteilte u. für sich verbundene Anzahl Fäden; vgl. griech. péza = (Saum am) Fischernetz] (landsch.): **1.** *abgeteilter Strang von [Garn]fäden.* **2.** *geflochtene Rute.*

Fit|zel, der od. das; -s, - (landsch.): *Fitzchen.*

Fit|zel|chen, das; -s, - (ugs.): *Fitzchen.*

fit|zen ⟨sw. V.; hat⟩ [zu mhd. vitz(e), ↑Fitze] (landsch.): **1.** *sich verwirren:* das Garn, das Haar hat gefitzt. **2.** *zerfetzen, zerkleinern, zerschnippeln:* Bohnen f. **3.** *beim Arbeiten nervös, aufgeregt sein; hastig, unüberlegt hantieren:* du brauchst doch nicht so zu f.

Fi|u|ma|ra, Fi|u|ma|re, die; -, ...re[n] [ital. fiumara, eigtl. = Sturzbach, zu: fiume < lat. flumen = Fluss] (Geogr.): *Flusslauf, der im regenlosen Sommer kaum od. kein Wasser führt.*

fix [I, 1: lat fixus = angeheftet, befestigt, fest, adj. 2. Part. von: figere = anheften; 2: eigtl. = fest, verlässlich, geschickt; 3: eigtl. = geübt, geschickt; II: verkürzt aus ↑Kruzifixus]: **I.** ⟨Adj.⟩ **1. a)** *auf eine gleich bleibende feste Summe o. Ä. festgelegt:* -e Kosten; **b)** (österr.) *ständig, dauernd:* an einem -en Wohnort ansässig sein; er ist f. angestellt; **c)** (österr.) *endgültig, definitiv:* jmdm. f. zusagen; **d)** (veraltend) *feststehend, unveränderlich, konstant:* ein -er Punkt. **2.** (ugs.) **a)** *schnell, ohne Verzögerung:* das geht ganz f.; gehts nicht ein bisschen -er?; **b)** *flink; wendig; agil; rasch in seiner Reaktionsfähigkeit:* er ist ein -er Bursche. **3.** *** f. und fertig** (ugs.; 1. *mit einer Arbeit o. Ä. ganz fertig, zum vollständigen Abschluss gelangt; fertig vorbereitet:* f. u. fertig angezogen sein. 2. *völlig erschöpft:* nach dem Umzug war sie f. und fertig. 3. *ruiniert:* die Firma ist pleite, und er ist f. und fertig); **f. und foxi** (ugs.; *völlig erschöpft;* nach Fix und Foxi, zwei von R. Kauka erfundenen Comicfiguren, unter Anlehnung an »fix und fertig«): nach dem Konzert war er f. und foxi; **nicht [ganz] f. sein** (landsch. abwertend; *nicht [ganz] bei Verstand sein*). **II.** ⟨Interj.⟩ (österr.) *verflucht!*

Fix, der; -[es], -e [engl. fix, zu ↑fixen (2)] (Jargon): *Einspritzung einer Droge.*

Fi|xa: Pl. von ↑Fixum.

Fi|xa|teur [fɪksaˈtøːɐ̯], der; -s, -e [frz. fixateur, zu: fixe = fest, beständig < lat. fixus, ↑fix (I 1)] (Technik): **1.** *Stoff, der die Fähigkeit hat, dem Duft des Parfüms erhöhte Beständigkeit zu verleihen.* **2.** *Zerstäuber, mit dem ein Fixativ aufgetragen wird.*

Fi|xa|ti|on, die; -, -en [frz. fixation, zu: fixe, ↑Fixateur]: **1.** (veraltet) *Festigung.* **2.** (Psych.) *emotionale Bindung an jmdn., an etw.*

Fi|xa|tiv, das; -s, -e [frz. fixatif, zu: fixe, ↑Fixateur] (Fachspr.): *Mittel, das in verschiedenen Bereichen zum Festigen u. Härten verwendet wird.*

Fi|xa|tor, der; -s, ...oren [latinis.]: *Fixateur* (1).

Fi|xe, die; -, -n [zu ↑fixen (2)] (Jargon): *Spritze, mit der eine Droge injiziert wird:* da lag eine gebrauchte F.; *** an der F. hängen** (↑Nadel 2 e).

fi|xen ⟨sw. V.; hat⟩ [engl.-amerik. to fix, eigtl. = zurechtmachen] (ugs.): *sich Drogen [ein]spritzen:* sie fixt schon lange.

Fi|xer, der; -s, -: **1.** (Börsenw.) *Spekulant, der auf eine erwartete Baisse hin Geschäfte tätigt.* **2.** (ugs.) *Drogenabhängiger, der sich ein Rauschgift einspritzt.*

Fi|xe|rin, die; -, -nen: w. Form zu ↑Fixer.

fix|fer|tig ⟨Adj.⟩ (schweiz.): *fix und fertig* (↑fix I 3): wir waren f.

Fi|xier|bad, das: *Lösung für das Fixieren* (5 a) *von fotografischem Material.*

fi|xie|ren ⟨sw. V.; hat⟩ [zu lat. fixus, ↑fix (I 1); 4: unter Einfluss von frz. fixer < mlat. fixare, eigtl. = festmachen]: **1.** (bildungsspr.) **a)** *schriftlich niederlegen, in Wort od. Bild dokumentarisch festhalten:* Beschlüsse in einem Protokoll f.; **b)** *[schriftlich] festlegen; verbindlich bestimmen:* ein Recht vertraglich f. **2. a)** (landsch., auch Fachspr.) *an einer Stelle befestigen, festmachen, -heften:* den Aushang mit Tesafilm am schwarzen Brett f.; einen Knochenbruch f. (Med.; *durch einen Gipsverband o. Ä. ruhig stellen*); **b)** (Gewichtheben) *etw. mit gestreckten Armen über dem Kopf halten u. damit dessen Beherrschung demonstrieren;* **c)** (Ringen) *jmdn. so festhalten, dass er sich nicht befreien kann.* **3.** ⟨f. + sich⟩ (Psych., Verhaltensf.) *sich emotional an jmdn., etw. binden:* ⟨2. Part.:⟩ an/auf jmdn., etw. fixiert sein; **Ü** er ist nicht auf ein bestimmtes Urlaubsziel fixiert. **4. a)** *die Augen fest auf ein Objekt richten, heften [um es genau zu erkennen]:* einen Punkt in der Ferne mit den Augen f.; **b)** *unverwandt ansehen, anstarren, mustern:* er fixierte sie schon den ganzen Abend. **5. a)** (Fot.) *(fotografisches Material) im Fixierbad lichtbeständig machen:* einen Film f.; **b)** (Fachspr.) *etw. mit einem Fixativ behandeln:* eine Kohle-, Kreidezeichnung f.; **c)** (Fachspr.) *(pflanzliche od. organische Gewebeteile) zum Zwecke mikroskopischer Untersuchung o. Ä. mit geeigneten Stoffen haltbar machen:* ein Transplantat f.

Fi|xier|mit|tel, das: vgl. Fixativ.

Fi|xier|salz, das (Fot.): *für das Fixieren* (5 a) *von fotografischem Material verwendetes Salz.*

Fi|xie|rung, die; -, -en: **1.** *das Fixieren; das Fixiertwerden.* **2.** *Vorrichtung zum Fixieren* (2 a): die Schraube der F. anziehen.

Fi|xig|keit, die; - (ugs.): *Behändigkeit, Schnelligkeit, das Fixsein* (I 2 b).

Fi|xing, das; -s, -s [engl. fixing, zu: to fix = festmachen, bestimmen] (Börsenw.): *die an der Börse (dreimal täglich) erfolgende Feststellung der Devisenkurse.*

Fix|kos|ten ⟨Pl.⟩ (Kaufmannsspr.): *fixe* (I 1 a) *Kosten.*

Fix|punkt, der: **1.** *fester Bezugspunkt für eine Messung, Beobachtung o. Ä.* **2.** (Math.) *Punkt, der bei einer Abbildung auf sich selbst abgebildet wird.*

Fix|stern, der [lat. fixa stella, ↑fix (I 1)] (Astron.): *selbstleuchtender Himmelskörper, der seine Lage zu anderen Sternen nicht merklich ändert.*

Fi|xum, das; -s, Fixa [zu ↑fix (I 1)]: *festes Entgelt für eine berufliche Tätigkeit, zu dem im Allgemeinen noch eine zusätzliche Summe aus Einzelleistungen, z. B. Provision, hinzukommt:* sie hat nur ein bescheidenes F.

Fix|zeit, die: *(bei gleitender Arbeitszeit) die Zeitspanne im Verlauf eines Arbeitstages, während deren die Arbeitnehmer anwesend sein müssen.*

Fizz [fɪs], der; -[es], (Sorten:) -e [engl. fizz, zu: to fizz = zischen, sprühen, lautm.]: *Mixgetränk aus Alkohol, Fruchtsaft, Ei und Sekt o. Ä.*

Fjäll, der; -s, -s [schwed. fjäll = Felsen, Berg, aus dem Anord.]: *baumlose Hochfläche oberhalb der Waldgrenze in Skandinavien.*

Fjeld, der; -s, -s [dän. fjeld, vgl. Fjäll] (veraltet): *Fjäll.*

Fjord, der; -[e]s, -e [schwed., norw. fjord, aisl. fjǫrðr, verw. mit ↑Furt]: *[an einer Steilküste] tief ins Landinnere reichende, schmale, lang gestreckte Bucht.*

Fjord|küs|te, die: *Küste mit Fjorden.*

FKK = Freikörperkultur: FKK machen.

FKK-Ge|län|de, das: *[abgegrenztes] Gelände für FKKler.*

FKKler [ɛfka:ˈka:lɐ], der; -s, - (ugs.): *Anhänger der Freikörperkultur.*

FKKle|rin, die; -, -nen: w. Form zu ↑FKKler.

FKK-Strand, der: vgl. FKK-Gelände.

fl., Fl. = Florin (Gulden).

Fla, die; -: Kurzwort für ↑Flugabwehr.

Flab, die; - (schweiz.): Kurzwort für ↑Fliegerabwehr.

flach ⟨Adj.⟩ [mhd. vlach, ahd. flah, eigtl. = ausgebreitet]: **1.** *ohne größere Erhebung od. Vertiefung, in der Breite ausgedehnt, eben:* ein -es Gelände; ein -es Dach; sich f. hinlegen *(sich ausgestreckt auf einen ebenen Untergrund legen).* **2.** *niedrig, ohne größere Höhe:* ein -es Gebäude; Schuhe mit -en Absätzen; eine -e *(kaum gewölbte)* Brust. **3.** *nicht tief:* -e Teller; der Fluss ist an dieser Stelle f. *(seicht);* f. atmen *(nicht durchatmen).* **4.** (abwertend) *ohne [gedankliche] Tiefe u. daher nichts sagend, unwesentlich; oberflächlich, banal:* eine -e Unterhaltung.

Flach|bau, der ⟨Pl. ...bauten⟩: *ein- bis zweistöckiges Bauwerk.*

Flach|bett, das (Fachspr.): *mit Daunen gefüllte Zudecke, bei der das Inlett in regelmäßigen Abständen zusammengenäht ist.*

Flach|bett|scan|ner, der (EDV): *Scanner, bei dem die einzulesenden Texte od. Bilder flach auf eine Glasplatte gelegt u. abgedeckt werden.*

Flach|bo|gen, der (Archit.): *flach gewölbter Bogen.*

flach|brüs|tig ⟨Adj.⟩: *eine wenig gewölbte Brust besitzend:* ein -es Hutzelmännchen.

Flach|dach, das: *Dach ohne od. nur mit geringer Neigung:* ein Bungalow mit F.

Flach|druck, der ⟨Pl. -e⟩: **1.** ⟨o. Pl.⟩ *Druckverfahren, bei dem die druckenden Teile mit den nicht druckenden in einer Ebene liegen.* **2.** *ein im Flachdruckverfahren hergestelltes Druckerzeugnis.*

Flach|druck|ver|fah|ren, das: *Flachdruck* (1).

Flä|che, die; -, -n [mhd. vleche]: **1.** *nach Länge u. Breite flach ausgedehnter Bereich; ebenes Gebiet:* kein Wind kräuselte die spiegelglatte F. des Sees. **2.** *[glatte] flache Außenseite, Oberfläche eines Körpers, Gegenstands:* eine glatte F.; ein Würfel hat sechs -n. **3.** (Math.) *ebenes od. gekrümmtes zweidimensionales Gebilde:* eine geometrische F.

Flach|ei|sen, das: **1.** *bandförmig gewalztes Eisen mit rechteckigem Querschnitt.* **2.** *meißelähnliches Werkzeug zum Behauen von Steinen, zur Holzbearbeitung o. Ä.*

Flä|chen|aus|deh|nung, die: *Größe einer Fläche in Länge u. Breite.*

Flä|chen|be|rech|nung, die: *mathematische Berechnung der Größe einer Fläche* (3).

Flä|chen|brand, der: *über eine größere Fläche sich erstreckender Brand.*

flä|chen|de|ckend ⟨Adj.⟩: *ein bestimmtes Gebiet, einen Bereich vollständig erfassend.*

Flä|chen|er|trag, der: *Ertrag auf einer bestimmten Ackerfläche (im Allgemeinen auf einem Hektar).*

flä|chen|haft ⟨Adj.⟩: **1.** *sich über eine Fläche erstreckend:* das Öl breitete sich f. *(wie eine Fläche)* auf dem Meer aus. **2.** *nur sehr allgemein u. ohne deutliche Konturen.*

Flä|chen|in|halt, der (Math.): *Inhalt eines zweidimensionalen Gebildes; Größe einer Fläche* (3): den F. eines Rechtecks, Kreises berechnen.

Flä|chen|maß, das (Math.): *Maßeinheit für die Berechnung der Größe einer Fläche:* Hektar, Morgen sind -e.

Flä|chen|nut|zungs|plan, der: *von den Gemeinden zu erstellender Plan, der die beabsichtigte Nutzung der Fläche der Gemeinde veranschaulicht.*

flä|chen|treu ⟨Adj.⟩ (Kartographie): *(von Landkarten) eine Fläche maßstabsgetreu abbildend:* -e Projektion.

Flä|chen|wid|mungs|plan, der (österr.): *Flächennutzungsplan.*

Flä|chen|wir|kung, die: *flächige Wirkung.*

flach|fal|len ⟨st. V.; ist⟩ (salopp): *nicht stattfinden, nicht eintreten; ausfallen:* der Ausflug fällt flach.

Flach|feu|er|ge|schütz, das (Milit.): *Geschütz, dessen Geschoss eine mäßig gekrümmte Flugbahn durchfliegt.*

Flach|glas, das ⟨Pl. ...gläser⟩ (Fachspr.): *plattenförmiges Glas für Fensterscheiben u. Ä.*

Flach|heit, die; -, -en: **1.** ⟨o. Pl.⟩ *das Flachsein:* die F. des Daches erleichtert die Begrünung. **2.** (abwertend) **a)** ⟨o. Pl.⟩ *Geistlosigkeit, Gedankenarmut, geistige Oberflächlichkeit;* **b)** *geistlose, oberflächliche Bemerkung, Äußerung:* er gibt immer nur -en von sich.

flä|chig ⟨Adj.⟩: **1.** *eine breitere Fläche bildend; abgeflacht.* **2.** *sich auf einer Fläche ausdehnend.*

Flach|kopf, der (abwertend): *Mensch, der als geistig wenig rege, dumm, geistlos angesehen wird.*

flach|köp|fig ⟨Adj.⟩: *nicht viel Geist besitzend; geistlos.*

Flach|küs|te, die (Geogr.): *allmählich abfallende Küste.*

Flach|land, das ⟨Pl. ...länder⟩: *ausgedehnte Landfläche mit geringen Höhenunterschieden.*

Flach|land|bahn, die: *Bahn für den Eisschnelllauf in einer Höhe unter 1 000 m.*

F

Flạch|län|der, der; -s, -: *Bewohner des Flachlandes.*
Flạch|land|ti|ro|ler, der (ugs. scherzh. abwertend): *jmd., der kein Gebirgsbewohner ist, aber wie ein Gebirgsbewohner gekleidet ist u. sich auch entsprechend zu benehmen versucht.*
flạch|le|gen ⟨sw. V.; hat⟩ (salopp): **1.** ⟨sich + f.⟩ *sich [für kurze Zeit] schlafen legen.* **2. a)** *bewusstlos schlagen, niederstrecken;* **b)** *mit jmdm. koitieren:* er prahlt, dass er schon viele Frauen flachgelegt habe.
flạch|lie|gen ⟨st. V.; hat; südd., österr., schweiz. auch: ist⟩ (salopp): *krank sein.*
Flạch|mann, der ⟨Pl. ...männer⟩: **1.** (ugs. scherzh.) *kleine, flache [Schnaps]flasche, die man in die Tasche stecken kann:* er nimmt einen Schluck aus dem F. **2.** ***einen F. bauen** (salopp; *sterben;* nach der Vorstellung, dass der Tote flach auf dem Boden liegt).
Flạch|mei|ßel, der: *Meißel mit breiter Schneide.*
Flạch|moor, das (Geogr.): *Moor, das durch Verlandung entstanden ist.*
Flạch|pass, der (Fußball): *flach zugespielter Pass* (3).
Flạch|re|li|ef, das: *Basrelief.*
Flạchs, der; -es [1: mhd. vlahs, ahd. flahs, zu ↑flechten; 2: rückgeb. aus ↑flachsen]: **1. a)** *einjährige, blau od. weiß blühende Pflanze mit bastreichen Stängeln u. ölhaltigen Samen:* der F. blüht; **b)** *Faser der Flachspflanze, die gesponnen zu Leinen verarbeitet wird:* F. spinnen. **2.** (ugs.) *leichthin gemachte spaßige Äußerung [mit der man einen anderen neckt, aufzieht]:* das war nur F.; [jetzt mal] ganz ohne F. *(im Ernst).*
flạchs|blond ⟨Adj.⟩: *hellblond:* -es Haar.
Flạchs|bre|che, die: *Gerät zum Zerbrechen der Flachsstängel.*
Flạch|schuss, der (Fußball): *Schuss, dessen Bahn in niedriger Höhe über dem Boden verläuft.*
Flạchs|dar|re, die: *Anlage zum Darren des Flachses* (1).
Flạch|se, die; -, -n (bayr., österr.): *Flechse.*
flạch|sen ⟨sw. V.; hat⟩ [viell. scherzh. Verwendung von ostmd. flachsen = (durch)hecheln] (ugs.): *jmdm. gegenüber scherzend Unsinn reden u. sich dabei auf seine Kosten amüsieren; jmdn., indem man ihm Unwahrheiten erzählt od. Dinge übertreibend darstellt, necken:* mit jmdm. f.
flạ̈ch|sen ⟨Adj.⟩: *flächsern.*
Flạch|se|rei̲, die; -, -en (ugs.): **1.** ⟨o. Pl.⟩ *beständiges, als lästig empfundenes Flachsen.* **2.** *flachsende Bemerkung.*
flạ̈ch|sern ⟨Adj.⟩: **1.** *aus Flachs bestehend; den Flachs betreffend:* -e Fäden. **2.** *flachsfarben.*
flạchs|far|ben ⟨Adj.⟩: *hellgelb.*
Flạchs|fa|ser, die: *Flachs* (1 b).
Flạchs|garn, das: *Faden aus Flachs* (1 b).
Flạchs|haar, das: *hellblondes Haar.*
flạchs|haa|rig ⟨Adj.⟩: *flachsfarbenes Haar habend.*
flạch|sig ⟨Adj.⟩ (ugs.): *neckisch.*
Flạchs|kopf, der: *Kind, junger Mensch mit hellblondem Haar.*
Flạchs|sa|men, der: *Leinsamen.*
Flạchs|schwin|ge, die: *Gerät zum Schwingen* (8) *des Flachses* (1 a).
Flạchs|spin|ne|rei, die: *Fabrik, in der Flachs* (1 b) *zu Leinenfäden gesponnen wird.*
Flạch|was|ser, das ⟨o. Pl.⟩: *flaches, seichtes Wasser.*
Flạch|web|stuhl, der: *Webstuhl mit waagerecht gespannter Kette.*
Flạch|wurz|ler, der; -s, - (Bot.): *Pflanze mit flach unter der Bodenoberfläche verlaufenden seitlichen Wurzeln:* die Fichte gehört zu den -n.
Flạch|zan|ge, die: *Zange mit flachen Backen zum Biegen von Draht, Blech o. Ä.*
[1]**flạ|cken** ⟨sw. V.; hat⟩ [frühnhd. (oberd.) vlacken; vgl. flackern] (selten): *flackern.*
[2]**flạ|cken** ⟨sw. V.; hat⟩ [schwäb., bayr. flacken, H. u.] (südd.): *[faul] daliegen.*
Flạ|cker|feu|er, das (Seemannsspr.): *mit behelfsmäßig hergestellten Fackeln gezeigtes Feuer als Signal.*
flạ|cke|rig, flackrig ⟨Adj.⟩: *flackernd.*
flạ|ckern ⟨sw. V.; hat⟩ [spätmhd. vlackern = flackern, flattern, weitergebildet aus dem ↑flacken zugrunde liegenden Verb, wohl eigtl. = hin u. her schlagen]: **1. a)** *unruhig, mit zuckender Flamme brennen:* die Kerze flackerte; Ü in seinen Augen flackerte die Angst; **b)** *(vom elektrischen Licht) in kurzen, unregelmäßigen Abständen an- u. ausgehen:* die Neonröhre, die Glühlampe flackert. **2.** *sich unruhig bewegen:* seine Augen flackerten vor Erregung.
flạck|rig: ↑flackerig.
Fla̲|den, der; -s, - [mhd. vlade = breiter, dünner Kuchen; Honigscheibe; Kuhfladen, ahd. flado = flacher, dünner (Honig)kuchen (als Opferkuchen), eigtl. = Flaches, Ausgebreitetes, verw. mit ↑Flunder u. ahd. flaʒ = flach]: **1.** *flacher [süßer] Pfannkuchen:* einen F. backen. **2. a)** *flach u. breit sich erstreckende [breiige] Masse;* **b)** kurz für ↑Kuhfladen. **3.** (landsch.) *großes Stück Brot od. Kuchen.*
Fla̲|den|brot, das: *flaches [rundes] Brot.*
Fla̲|der, die; -, -n [spätmhd. vlader, zu: vlader(e)n = flattern, flackern (nach der Ähnlichkeit mit einer flackernden Flamme)]: *bogenförmiger Jahresring des Sehnenschnitts beim Baumstamm; Maser, Holzader.*
Fla̲|der|holz, das: *Holz mit Maserung.*
fla̲|de|rig, fladrig ⟨Adj.⟩: *gemasert.*
Fla̲|der|schnitt, der: *Schnitt durch einen Baumstamm, durch den die Fladern sichtbar werden.*
Fla̲|de|rung, die; -, -en [zu ↑Flader]: *Maserung des Holzes.*
Flä̲d|le, das; -s, - (bes. schwäb.): *kleiner, in Streifen geschnittener Fladen (1) aus dünn ausgerolltem, in Fett gebackenem Eierteig als Suppeneinlage.*
Flä̲d|le|sup|pe, die: *Suppe mit Flädle.*
fla̲d|rig: ↑fladerig.
Fla|gel|lạnt, der; -en, -en [zu lat. flagellans (Gen.: flagellantis), 1. Part. von: flagellare = geißeln, schlagen, zu: flagellum, ↑Flegel]: **1.** *Angehöriger religiöser Bruderschaften des Mittelalters, die durch Selbstgeißelung Sündenvergebung erreichen wollten.* **2.** (Med., Psych.) *sexuell abnorm veranlagter Mensch, der in Züchtigung u. Geißelung geschlechtliche Erregung u. Triebbefriedigung sucht.*
Fla|gel|lạn|ten|tum, das; -s: *Kasteiung, Selbstgeißelung aus religiösen Gründen.*
Fla|gel|lạn|tin, die; -, -nen: w. Form zu ↑Flagellant.
Fla|gel|lan|tịs|mus, der; - (Med., Psych.): *abnormer Trieb zur sexuellen Lustgewinnung durch Flagellation.*
Fla|gel|la̲t, der; -en, -en [zu ↑Flagellum] (Biol.): *Einzeller mit einer od. mehreren Geißeln zur Fortbewegung; Geißeltierchen.*
Fla|gel|la|ti|o̲n, die; -, -en (Med., Psych.): *Geißelung u. Züchtigung mittels einer Riemen- od. Strickpeitsche als sexuelles Reizmittel (Form des Sadismus bzw. Masochismus).*
Fla|gẹl|le, die; -, -n: *Flagellum.*
Fla|gẹl|lum, das; -s, ...llen [lat. flagellum, ↑Flegel]: **1.** (Biol.) *Fortbewegungsorgan vieler einzelliger Tiere u. Pflanzen.* **2.** *Riemen- od. Strickpeitsche eines Flagellanten* (2).
Fla|geo|lẹtt [flaʒo'lɛt], das; -s, -e u. -s [frz. flageolet, zu lat. flare = blasen] (Musik): **1.** *besonders hohe Flöte, kleinster Typ der Blockflöte.* **2.** *flötenähnlicher Ton bei Streichinstrumenten u. Harfe.* **3.** *Flötenregister der Orgel.*
Fla|geo|lẹtt|ton, der: *Flageolett* (2).
Flạg|ge, die; -, -n [aus dem Niederd. < engl. flag, wahrsch. verw. mit aisl. flǫgra = flattern (verw. mit ↑flackern)]: *an einer Leine befestigte Fahne als Hoheits- od. Ehrenzeichen eines Staates, als Erkennungszeichen u. Verständigungsmittel [im Seewesen für Schiffe], die an einem Flaggenmast, -stock o. Ä gehisst od. befestigt wird:* eine F. aufziehen; die F. setzen (Seemannsspr.; *aufziehen*); das Schiff fährt unter britischer F.; ***die F. streichen** (*sich geschlagen geben;* nach dem seemännischen Brauch, als Zeichen der Niederlage die F. einzuziehen; vgl. engl. to strike the flag): vor diesen Argumenten musste sie die F. streichen; **F. zeigen** (*seine Meinung od. Erwartung mit Nachdruck u. deutlich zu erkennen geben;* nach engl. to show the flag); **unter falscher F. segeln** *(eine bestimmte Identität vortäuschen).*
flạg|gen ⟨sw. V.; hat⟩: *aus einem besonderen Anlass Fahnen hissen.*
Flạg|gen|al|pha|bet, das (Seew.): *Darstellung des Alphabets durch verschiedene Flaggen.*
Flạg|gen|gruß, der: *Gruß zwischen Schiffen durch Dippen der Schiffsflagge.*
Flạg|gen|mast, der: *Mast, an dem eine Flagge gehisst wird.*
Flạg|gen|pa|ra|de, die: *das feierliche Hissen der Dienst- od. Nationalflagge bei Sonnenaufgang u. das Niederholen bei Sonnenuntergang.*
Flạg|gen|si|gnal, das: *Signal, das mithilfe einer Flagge gegeben wird.*
Flạg|gen|stock, der (Seemannsspr.): *Stock am Heck eines Schiffes, an dem die Flagge befestigt wird.*
Flạgg|of|fi|zier, der: *höherer Seeoffizier, dem ein Verband von Kriegsschiffen unterstellt ist.*
Flạgg|schiff, das: **1.** *Kriegsschiff, das die Flagge des an Bord befindlichen Flaggoffiziers gehisst hat.* **2.** *größtes Schiff einer Flotte od. Reederei.*
fla|grạnt ⟨Adj.⟩ [frz. flagrant < lat. flagrans (Gen.: flagrantis) = brennend, adj. 1. Part. von: flagrare = brennen, lodern] (bildungsspr.): *deutlich u. offenkundig [im Gegensatz zu etw. stehend], ins Auge fallend:* ein -er Verstoß, Widerspruch.
Flair [flɛːɐ̯], das, seltener: der; -s [frz. flair = Geruchssinn; Spürsinn, zu: flairer = riechen, wittern < mlat. flagrare, dissimiliert aus lat. fragrare = stark riechen, duften]: **1.** *die einen Menschen od. eine Sache umgebende als positiv, angenehm empfundene, persönliche Note; Atmosphäre; Fluidum:* sie hatte ein F. von Extravaganz. **2.** (bes. schweiz., sonst selten) *feiner Instinkt, Gespür:* ein F. für den Außendienst haben.
Flạk, die; -, -, auch: -s (Milit.): **1.** Kurzwort für Flug(zeug)abwehrkanone. **2.** ⟨o. Pl.⟩ *Flugabwehrartillerie.*
Flạk|ge|schütz, das: *zur Flugzeugabwehr eingesetztes Geschütz.*
Flạk|hel|fer, der: *(im Zweiten Weltkrieg) noch nicht wehrpflichtiger Helfer bei der Flak* (2).
Fla|kon [fla'kõː], der od. das; -s, -s [frz. flacon < spätlat. flasca, flasco = Flasche, aus dem Germ.]: *Glasfläschchen mit Stöpsel zum Aufbewahren von Parfüm o. Ä.*
Flạk|sol|dat, der: *Soldat der Flak* (2).
Flạk|stel|lung, die: *[ausgebaute] Stellung der Flak* (2).
Flam|beau [flã'boː], der; -s, -s [frz. flambeau, zu afrz. flamb(l)e = Flamme < lat. flammula = kleine Flamme, Vkl. von: flamma, ↑Flamme]: *mehrarmiger Leuchter mit hohem Fuß.*
Flạm|berg, der; -[e]s, -e [frz. flamberge, in Anlehnung an: flambe = Flamme, zu: Floberge = Name eines Schwerts in einem afrz. Heldenepos]: *mit beiden Händen zu führendes Schwert der Landsknechte mit wellig-geflammter Klinge; Flammenschwert.*
flam|bie̲|ren ⟨sw. V.; hat⟩ [frz. flamber < lat. flammare = (ent)flammen, brennen, zu: flamma, ↑Flamme]: **1.** *(Speisen wie z. B. Fleisch, Früchte) zur Geschmacksverfeinerung mit Alkohol übergießen u. anzünden.* **2.** (veraltet) *absengen.*
flam|bo|yant [flãboa'jant] ⟨Adj.⟩ [frz. flamboyant 1. Part. von: flamboyer = flammen, aufleuchten, zu: flamber, ↑flambieren] (bildungsspr.): **1. a)** *flammend, geflammt:* -e Muster; **b)** *farbenprächtig, grellbunt.* **2.** *heftig, energisch.*
Flam|bo|yant|stil [flãboa'jãː...], der; -[e]s [frz. style flamboyant, eigtl. = geflammter Stil (nach den Schmuckformen)]: *spätgotischer Baustil in England u. Frankreich.*
Fla̲|me, der; -n, -n: Ew. zu ↑Flandern.
Fla|mẹn|co, der; -[s], -s [span. flamenco, eigtl. =

flämisch; (andalusischer) Zigeuner < mniederl. Vlaminc = Flame]: **a)** *andalusisches [Tanz]lied;* **b)** *stark rhythmisch bewegter Solo- od. Paartanz, der auf den Flamenco (a) getanzt wird.*

lame-out [ˈfleɪmaʊt], der; -s, -s [engl. flame-out, eigtl. = Zu-Ende-Flammen, zu: to flame out = Schubkraft durch Triebwerksausfall verlieren, zu: flame = Flamme < lat. flamma, ↑Flamme] (Flugw.): *durch Treibstoffmangel bedingter Ausfall eines Strahltriebwerks beim Flugzeug; Burn-out* (1 b).

la|min, Flä|min, die; -, -nen: w. Form zu ↑Flame.

la|min|go, der; -s, -s [älter span. flamengo, (heute: flamenco), viell. zu lat. flamma = Flamme (wegen des »geflammten« Gefieders)]: *gesellig lebender, graziler, weiß, rot od. rosafarben befiederter großer Wasservogel mit sehr langen Beinen, sehr langem Hals u. einem vorn abgebogenen Schnabel.*

la|min|go|blu|me, die [der rote Blütenkolben erinnert in Form u. Farbe an den Hals eines Flamingos]: *Anthurie.*

lä|misch [2: urspr. = fein, zart, H. u.] ⟨Adj.⟩: *die Flamen betreffend, von ihnen stammend, zu ihnen gehörend.*

lä|misch, das; -[s] u. ⟨nur mit best. Art.:⟩ **Flä|mische,** das; -n: *die flämische Sprache.*

lämm|chen, das; -s, -: Vkl. zu ↑Flamme.

lam|me, die; -, -n [mhd. vlamme < lat. flamma, zu: flagrare, ↑flagrant]: **1.** *[in bläulich od. gelbrot leuchtenden Zungen (8)] hochschlagender Teil des Feuers:* die F. schießt empor; Ü die -n der Leidenschaft; * **in [hellen] -n stehen** *(mit aufschlagenden Flammen brennen):* der Dachstuhl stand in -n; **in [Rauch und] -n aufgehen** *(vom Feuer völlig zerstört werden);* **2. a)** *an der Luft verbrennender Gasstrom:* auf kleiner F. kochen; **b)** *Stelle, an der Gas [an einem Kochherd] zum Zwecke des Kochens angezündet werden kann:* ein Gasherd mit vier -n. **3.** (ugs. veraltend) *Freundin* (2).

lam|mé [...ˈmeː], der; -[s], -s [zu frz. flammé = geflammt] (Textilind.): *in Leinwandbindung gewebter Kleider- u. Dekorationsstoff mit Flammengarn im Schuss* (8).

am|men ⟨sw. V.; hat⟩ [mhd. vlammen]: **1.** (geh. veraltet) *mit hochschießender, aufschlagender Flamme brennen, lodern:* das Feuer flammt im Kamin. **2.** (geh.) *vor Erregung leuchten, funkeln.*

äm|men ⟨sw. V.; hat⟩ (bes. Technik): *absengen.*

äm|men|bo|gen, der (südd., österr.): *Lichtbogen.*

am|mend ⟨Adj.⟩: **1.** *strahlend; funkelnd; leuchtend [rot]:* ein -es Rot. **2.** *leidenschaftlich-mitreißend, begeistert.*

am|men|för|mig ⟨Adj.⟩: *die Form einer Flamme aufweisend.*

am|men|ku|chen: ↑Flammkuchen.

am|men|meer, das (emotional): *große brennende Fläche:* die Stadt war ein einziges F.

am|men|schwert, das: *Flamberg.*

am|men|tod, der (emotional): *Tod durch Verbrennen.*

am|men|wer|fer, der: **1.** (Milit.) *im Nahkampf eingesetzte Waffe, bei der flüssiger Brennstoff verspritzt wird, der sich beim Ausströmen entzündet.* **2.** (ugs. scherzh.) *Feuerzeug, das mit großer Flamme brennt.*

am|me|ri, der; -[s], -s [engl. flummery, eigtl. = Haferbrei < walisisch llymru, H. u.]: *kalte Süßspeise aus Milch, Zucker, Stärkeprodukten u. Früchten (die zum Servieren gestürzt wird).*

amm|fest ⟨Adj.⟩ (Fachspr.): *(von Textilien) mithilfe einer speziellen Appretur schwer entflammbar gemacht:* ein -er Theatervorhang.

amm|koh|le, die: *mit langer Flamme brennende Steinkohle.*

amm|ku|chen, Flammenkuchen, der [der Kuchen wurde früher im von Glut u. Asche gesäuberten vorderen Teil des Backofens (a) gebacken, während im hinteren Teil noch Feuer brannte] (landsch.): *fladenartiger Kuchen aus Hefeteig, der bes. mit Speck u. Zwiebeln belegt ist u. warm gegessen wird.*

Flamm|punkt, der: *Temperatur, bei der ein Stoff brennbare Gase entwickelt.*

Flan|dern; -s: belgische Provinz.

flan|drisch ⟨Adj.⟩: *Flandern betreffend.*

Fla|nell, der; -s, -e [frz. flanelle < engl. flannel, zu kelt. (kymrisch) gwlân = Wolle]: *gerautes Gewebe in Leinen- od. Köperbindung aus [Baum]wolle für Wäsche od. Oberbekleidung.*

Fla|nell|an|zug, der: *meist grauer Anzug aus Flanell.*

fla|nel|len ⟨Adj.⟩: *aus Flanell bestehend.*

Fla|nell|hemd, das: *Oberhemd aus leichtem Flanell.*

fla|nel|lig ⟨Adj.⟩: *flanellartig, wie Flanell.*

Fla|neur [flaˈnøːɐ̯], der; -s, -e [frz. flâneur, zu: flâner, ↑flanieren]: *jmd., der irgendwo flaniert.*

fla|nie|ren ⟨sw. V.; hat/ist⟩ [frz. flâner, wohl über das Norm. zu aisl. flana = ziellos herumlaufen, verw. mit ↑Feld]: *ohne ein bestimmtes Ziel langsam spazieren gehen, umherschlendern.*

Fla|nier|mei|le, die (ugs.): *meist breite, lang gestreckte Straße, die bes. zum Flanieren geeignet ist.*

Flan|ke, die; -, -n [frz. flanc, aus dem Germ., vgl. ahd. (h)lanka, ↑Gelenk]: **1.** *weicher seitlicher Teil des Rumpfes [von Tieren]; Weiche:* das Pferd stand mit zitternden -n da. **2.** (Milit.) *rechte od. linke Seite einer marschierenden od. in Stellung gegangenen Truppe:* die F. war ungeschützt. **3.** (seltener) *breiter, stärker geneigter seitlicher Berghang.* **4.** (seltener) *Seite* (1 b, c): das Motorrad fuhr dem Lastzug in die F. **5.** (Sport) **a)** (Turnen) *Stützsprung über ein Turngerät, bei dem eine gestreckte Körperseite dem Gerät zugewendet ist;* **b)** (Ballspiele) *[halb]hohe Ballabgabe vor das gegnerische Tor von der Seite her:* eine F. schlagen; **c)** (Ballspiele) *rechter od. linker Teil des Sturms einer Mannschaft;* **d)** (Ballspiele) *rechter od. linker Teil des Spielfeldes.* **e)** (Fechten) *untere Blöße auf der rechten Seite.*

flan|ken ⟨sw. V.; hat⟩: **a)** (Ballspiele) *den Ball mit einer Flanke (5 b) spielen:* in den Strafraum f.; **b)** *eine Flanke (5 a) machen:* er flankte rechtshändig über eine Barriere.

Flan|ken|ball, der (Ballspiele): *als Flanke (5 b) geschlagener Ball.*

Flan|ken|de|ckung, die (Milit.): *Deckung der Flanke (2).*

Flan|ken|wech|sel, der (Ballspiele): *Vorlage, bei der der Ball von einer Seite des Spielfeldes auf die andere geschlagen wird.*

flan|kie|ren ⟨sw. V.; hat⟩ [frz. flanquer, zu: flanc, ↑Flanke]: *zu beiden Seiten von etw., jmdm. stehen, gehen; [schützend] begleiten:* zwei Türme flankierten das Tor.

Flansch, der; -[e]s, -e [spätmhd. vlansch = Zipfel, verw. mit ↑flennen]: *als Verbindung od. Anschluss dienende ringförmige Verbreiterung am Ende eines Rohrs od. einer Welle.*

flan|schen ⟨sw. V.; hat⟩: *(ein Rohr od. eine Welle) mit einem Flansch versehen.*

Flan|schen|dich|tung, die: *Dichtung zwischen zwei Flanschen.*

Flan|schen|ver|bin|dung, die: *Verbindung zweier Rohre od. Wellen mit Flanschen.*

Flap [flɛp], das; -s, -s [engl. flap = Klappe, zu: to flap = (mit den Flügeln) schlagen, flattern, wohl lautm.; vgl. flappen] (Flugw.): *an der Unterseite der Tragflächen von Flugzeugen anliegender klappenähnlicher Teil, der zur Erhöhung des Auftriebs nach vorn geklappt wird.*

Flap|pe, die; -, -n [mniederd. vlabbe, zu ↑flappen] (md., nordd.): *[schiefer, verzerrter] Mund.*

flap|pen ⟨sw. V.; hat⟩ [aus dem Niederd.; wohl lautm.]: *(meist von Gegenständen aus Stoff) sich mit klatschendem Geräusch [im Wind] bewegen:* das Segel flappte im Wind.

Flaps, der; -es, -e [aus dem Niederd., wohl zu ↑Flappe] (ugs.): *junger Mensch mit ungeschliffenen od. schlechten Manieren.*

flap|sig ⟨Adj.⟩ (ugs.): *in der Art eines Flapses, schlechte Manieren zeigend:* eine -e Antwort.

Fla-Ra|ke|te, die; -, -n [↑Fla] (Milit.): *Flugabwehrrakete.*

Fläsch|chen, das; -s, -: Vkl. zu ↑Flasche (1).

Fla|sche, die; -, -n [1: mhd. vlasche, ahd. flaska, entw. zu ↑flechten u. eigtl. = umflochtenes Gefäß od. zu ↑flach u. eigtl. = flaches Gefäß; 2: auf die Vorstellung der leeren Flasche zurückgehend]: **1.** *[verschließbares] Gefäß aus Glas, Metall od. Kunststoff mit enger Öffnung u. Halsansatz zum Aufbewahren von Flüssigkeiten, auch Gasen:* eine bauchige F. aus Glas; eine F. Bier; eine F. spanischer Wein/(geh.:) spanischen Wein[e]s; mit drei -n hochprozentigem Rum/(geh.:) hochprozentigen Rums; eine F. verkorken, entkorken; eine F. austrinken; dem Kind die F. *(Milchflasche)* geben; Wein auf -n ziehen *(in Flaschen abfüllen);* * **einer F. den Hals brechen** (ugs. scherzh.; *eine Flasche Wein, Schnaps o. Ä. öffnen, um sie auszutrinken*); **zur F. greifen** (ugs.; *sich dem Alkohol ergeben*); **zu tief in die F. geguckt/geschaut haben** (ugs. scherzh.; ↑Glas 2 a). **2.** (ugs.) *unfähiger Mensch; Versager:* so eine F.!

Fla|schen|ab|fül|lung, die: *Abfüllung in Flaschen.*

Fla|schen|baum, der: *Baumart mit flaschenförmigem, Wasser speicherndem Stamm.*

Fla|schen|bier, das: *in Flaschen abgefülltes Bier (im Unterschied zu Fassbier).*

Fla|schen|bo|fist, (auch:) **Fla|schen|bo|vist,** der: *flaschenförmiger [essbarer] Pilz.*

Fla|schen|bürs|te, die: *schmale, lange Bürste zum Reinigen von Flaschen.*

Fla|schen|eti|kett, das: *Etikett auf einer Flasche.*

fla|schen|för|mig ⟨Adj.⟩: *die Form einer Flasche habend:* eine -e Frucht.

Fla|schen|gar|ten, der: *in einer Flasche angepflanzte Zierpflanzen.*

Fla|schen|gä|rung, die: *(bei der Schaumweinherstellung) Gärung des Schaumweins in der Flasche.*

Fla|schen|gas, das: *Gas, das unter Druck in Stahlflaschen aufbewahrt u. transportiert wird.*

Fla|schen|ge|stell, das: *Gestell zum waagerechten Lagern von Weinflaschen.*

Fla|schen|glas, das ⟨Pl. ...gläser⟩: *dickes, billiges Glas, aus dem Flaschen gemacht werden.*

fla|schen|grün ⟨Adj.⟩: *kräftig dunkelgrün.*

Fla|schen|hals, der: **1.** *schmaler, oberer Teil einer Flasche.* **2.** (ugs.) *bes. schmale Stelle einer Verkehrsstraße, an der sich der Verkehr in Stoßzeiten staut; Engpass.*

Fla|schen|kind, das: *Kleinkind, das statt Muttermilch Nahrung aus der Flasche bekommt.*

Fla|schen|kor|ken, der: *Flaschenverschluss aus Kork.*

Fla|schen|kür|bis, der: *Kürbis mit flaschenförmigen Früchten.*

Fla|schen|milch, die: *in Flaschen abgefüllte Milch.*

Fla|schen|nah|rung, die: *Nahrung für Kleinkinder, die mit einer Flasche gefüttert werden.*

Fla|schen|öff|ner, der: *Gerät zum Öffnen von Flaschen.*

Fla|schen|pfand, das: *(beim Kauf von Getränken) für Flaschen zu entrichtendes Pfand.*

Fla|schen|post, die: *Nachricht in einer verschlossenen Flasche, die ins Meer geworfen wird in der Hoffnung, dass sie irgendwo ans Land getrieben u. von jmdm. gefunden u. gelesen wird.*

fla|schen|reif ⟨Adj.⟩ (Fachspr.): *(vom Wein) so lange gelagert, dass er in Flaschen gefüllt werden kann, ohne trüb zu werden.*

Fla|schen|rei|fe, die (Fachspr.): *das Flaschenreifsein.*

Fla|schen|schiff, das: *in eine Flasche hineingebautes Schiffsmodell.*

Fla|schen|ver|schluss, der: *Verschluss einer Flasche in Form eines [Kron]korkens, Schraubverschlusses o. Ä.*

Fla|schen|wein, der: *Wein, der in Gaststätten als ganze Flasche serviert wird.*

fla|schen|wei|se ⟨Adv.⟩: **a)** *in Flaschen [abgefüllt];* **b)** *in großer, in Flaschen gemessener Menge.*

Fla|schen|zug, der [zu ↑Flasche = flaschenförmiges Gehäuse, in dem die Rollen laufen]: *Vorrichtung zum Heben von Lasten, bei der ein Seil od. eine Kette über eine od. mehrere Rollen geführt wird.*

Flasch|ner, der; -s, - [spätmhd. vlaschener (da früher Flaschen auch aus Blech od. Zinn hergestellt wurden)] (südd., schweiz.): *Klempner.*

Fla|ser, die; -, -n [H. u.]: *Ader im Gestein.*

fla|se|rig, flasrig ⟨Adj.⟩: *geädert, gemasert.*

Flash [flɛʃ], der; -s, -s [engl. flash, eigtl. = Blitz, zu: to flash = (auf)blitzen, wohl laut- u. bewegungsnachahmend u. urspr. auf das Ansteigen u. Auseinanderfließen von Wellen bezogen; 3: engl. news flash]: **1.** (Film) **a)** *kurze Einblendung in eine längere Bildfolge;* **b)** *Rückblick, Rückblende.* **2.** (Jargon) *Augenblick, in dem sich ein gespritztes Rauschmittel mit dem Blut verbindet u. der Rauschzustand eintritt.* **3.** (Rundf., Ferns., Zeitungsw.) *Eil-, Kurzmeldung.* **4.** kurz für ↑Flashlight (1, 2).

Flash|back, (auch:) **Flash-back** [ˈflæʃbæk], der od. das; -[s], -s [engl. flashback = Rückschlag (von Flammen); Rückblende]: *durch Konditionierung bedingter Rauschzustand wie nach der Einnahme von Drogen, ohne dass eine Einnahme von Drogen erfolgt.*

Flash|light [ˈflæʃlait], das; -s, -s [engl. flashlight = Blitzlicht]: **1.** *rasche Abfolge von Lichtblitzen, aufblitzendes Licht (z. B. in Diskotheken).* **2.** *Anlage, die Flashlights* (1) *erzeugt.*

flas|rig: ↑flaserig.

Flatsch [ˈfla(:)tʃ], der; -[e]s, -e, **Flat|sche** [ˈfla(:)tʃə], die; -, -n, **Flat|schen** [ˈfla(:)tʃn̩], der; -s, - [mhd. vlatsche, vletsche = Schwert mit breiter Klinge, wohl zu ahd. flaʒ, ↑Fladen] (landsch.): **a)** *auf dem Boden liegende breiige Masse;* **b)** *größeres [unförmiges] Stück.*

Flat|ter, die; - [zu ↑flattern (1 b)]: nur in der Fügung **die F. machen** (salopp; *weggehen, verschwinden*).

Flat|ter|ech|se, die: *Flugdrache.*

Flat|te|rei, die; -: *dauerndes Flattern.*

flat|ter|haft ⟨Adj.⟩ (abwertend): *von unbeständigem, unstetem Charakter; oberflächlich.*

Flat|ter|haf|tig|keit, die; -: *unstetes, wankelmütiges Wesen; Oberflächlichkeit.*

flat|te|rig, flattrig ⟨Adj.⟩: **a)** *flatterhaft;* **b)** *unruhig, unregelmäßig:* der Puls ist, geht f.

Flat|ter|mann, der ⟨Pl. ...männer⟩ (ugs.): **1.** (scherzh.) *Brathähnchen.* **2.** *nervöser, unruhiger Mensch, Mann.* **3.** (o. Pl.) *innere Unruhe, Aufgeregtheit:* den F. überwinden; ***einen F. haben** *(Lampenfieber haben).*

Flat|ter|mar|ke, die (Druckw.): *auf dem Rücken jedes gefalzten Druckbogens aufgedrucktes Zeichen, dessen Lage sich gleichmäßig verändert u. fehlende od. falsch liegende Bogen erkennen lässt; Falzlinie.*

flat|tern ⟨sw. V.⟩ [frühnhd. flatern, mhd. vladeren, wohl verw. mit ↑Falter]: **1. a)** *unruhig-taumelig irgendwohin fliegen* ⟨ist⟩: ein Vogel flattert durch das Zimmer; **b)** *mit den Flügeln in kurzen Abständen schlagen [u. sich hin u. her bewegen]* ⟨hat⟩. **2.** *(von Blättern, Papierstücken o. Ä.) vom Wind od. Luftzug bewegt weitergetragen werden* ⟨ist⟩: die Blätter flatterten durch die Luft; **Ü** eine Einladung ist mir auf den Tisch geflattert *(ich habe sie unvermutet, unerwartet bekommen).* **3.** ⟨hat⟩ **a)** *heftig vom Wind bewegt werden:* die Fahne flattert im Wind; **b)** *[aufgrund von innerer Unruhe od. Erregtheit] sich unruhig, zitternd bewegen:* seine Hände flatterten nervös; **Ü** das Herz, der Puls beginnt zu f. *(unregelmäßig zu schlagen);* **c)** (ugs.) *die [Boden]haftung verlieren u. dadurch unregelmäßig u. heftig vibrieren.*

Flat|ter|satz, der (Druckw.): *Schriftsatz mit ungleichmäßig langen Zeilen.*

Flat|ter|tier, das: *(in mehreren Hundert Arten vorkommendes) Säugetier, das mithilfe von großen Flughäuten weit u. schnell fliegen kann* (z. B. Fledermaus).

flat|tie|ren ⟨sw. V.; hat⟩ [frz. flatter, eigtl. = mit der (flachen) Hand streicheln, aus dem Germ. (im Sinne von »die flache Hand über etw. gleiten lassen«), vgl. ahd. flaʒ, ↑Fladen] (schweiz., sonst veraltend): *jmdm. schmeicheln.*

flatt|rig: ↑flatterig.

Fla|tu|lenz, die; -, -en [zu ↑Flatus] (Med.): **a)** *Gasbildung im Magen od. Darm; Blähsucht;* **b)** *Abgang von Blähungen.*

Fla|tus, der; -, - [...tu:s; lat. flatus, eigtl. = das Blasen, zu: flare, ↑Inflation] (Med.): *Blähung.*

flau ⟨Adj.⟩ [aus dem Niederd. < mniederd. flau = matt, schwach, kraftlos, krank < mniederl. flau, H. u.]: **a)** *schwach, kraftlos, matt:* eine -e Brise; -e (veraltend; *matte, verschwimmende*) Farben; das Negativ ist f. (Fot.; *unterbelichtet, kontrastarm*); **b)** *leicht übel, schwindelig:* ein -es Gefühl im Magen haben; **c)** (Kaufmannsspr.) *(in Bezug auf Geschäftliches) nicht den Erwartungen entsprechend, schlecht:* der Absatz verläuft f.; in meinem Geldbeutel sieht es f. aus (ugs.; *es ist nicht viel Geld darin*).

[1]Flaum, der; -[e]s (landsch.): *Flom.*

[2]Flaum, der; -[e]s [mhd. pflūme, ahd. pflūma < lat. pluma = Flaumfeder]: **1.** *Gesamtheit der Flaumfedern bei Vögeln.* **2. a)** *feiner, zarter Haarwuchs [eines Säuglings], erster Bartwuchs:* blonder, rötlicher F.; **b)** *weicher, pelziger Überzug.*

Flaum|bart, der [zu ↑[2]Flaum (2 a)]: *erster, weicher Bart.*

Flau|mer, der; -s, - [zu ↑[2]Flaum (1)] (schweiz.): *Mopp.*

Flaum|fe|der, die: *Daunenfeder.*

flau|mig ⟨Adj.⟩: **a)** *mit [2]Flaum bedeckt, aus [2]Flaum bestehend:* -e Haut; **b)** (österr.) *weich u. locker [wie [2]Flaum]:* ein -er Stoff.

flaum|weich ⟨Adj.⟩: *so weich wie [2]Flaum* (2 a): eine -e Haut.

Flausch, der; -[e]s, -e [aus dem Niederd. < mniederd. vlūs(ch) = Wollbüschel; Schaffell, verw. mit ↑Vlies u. urspr. = ausgerupfte Wolle od. Feder]: **1.** *dicker, weicher Wollstoff mit gerauter Oberfläche.* **2.** *Mantel aus Flausch* (1).

flau|schig ⟨Adj.⟩: *weich wie Flausch:* ein -es Handtuch.

Flausch|ja|cke, die: *Jacke aus Flausch* (1).

Flau|se, die; -, -n ⟨meist Pl.⟩ [landsch. Nebenform zu ↑Flausch, eigtl. = loses Fadenende, herumfliegende Wollflocke]: **1.** *dummer od. lustiger Einfall; Unsinn, Spinnerei.* **2.** *Ausflucht, Ausrede:* mach keine -n!

flau|tan|do, flau|ta|to ⟨Adv.⟩ [ital. flautando = flötend, flautato = geflötet, zu: flautare = flöten] (Musik): *mit flötenartiger Klangfarbe (durch Spielen nahe am Griffbrett des Streichinstruments).*

Flau|te, die; -, -n [zu ↑flau]: **1.** (Seemannsspr.) *sehr geringe Bewegung der Luft; Windstille:* es herrschte totale F.; in eine F. geraten. **2.** (Kaufmannsspr.) *Zeit, in der keine Nachfrage nach Waren, Gütern o. Ä. herrscht:* es herrscht eine allgemeine F. **3.** *vorübergehende Leistungsschwäche, lustlose Stimmung.*

Flä̱z, der; -es, -e [aus dem Niederd., viell. zu: vlöte = breiter Löffel zum Abschöpfen der Sahne] (ugs. abwertend): *Mensch, der als plump, roh, flegelhaft angesehen wird; Lümmel.*

flä|zen, sich ⟨sw. V.; hat⟩ (ugs. abwertend): *in nachlässiger Haltung halb sitzen, halb liegen; sich halb setzen, halb legen; sich hinlümmeln, -flegeln.*

flä|zig ⟨Adj.⟩: *flegelhaft, lümmelhaft.*

Fleb|be, Fleppe, die; -, -n ⟨meist Pl.⟩ [H. u.] (Gaunerspr.): **a)** *Legitimations-, Ausweispapier;* **b)** *Geldschein.*

Flech|se, die; -, -n [wohl zusgez. aus: Flechtsehne]: *Sehne, bes. von Tieren.*

flech|sig ⟨Adj.⟩: *sehnig.*

Flecht|band, das ⟨Pl. ...bänder⟩: *Ornament aus verschlungenen Bändern.*

Flech|te, die; -, -n [mhd. vlehte = Flechtwerk, Geflochtenes]: **1.** (geh.) *Zopf:* sie trug lange blonde -n. **2.** *niedere Pflanze aus Algen u. Pilzfäden, die in Symbiose leben u. zu krustigen, strauchigen Körpern zusammenwachsen.* **3.** *schuppiger od. krustiger Hautausschlag:* eine nässende F. am Arm haben.

flech|ten ⟨st. V.; hat⟩ [mhd. vlehten, ahd. flehtan, verw. mit gleichbed. lat. plectere]: **a)** *mehrere Stränge o. Ä. aus einem biegsamen Material regelmäßig ineinander schlingen:* die Haare zu einem Zopf f.; ich flocht mir ein Band ins Haar; **b)** *durch Ineinanderschlingen von biegsamem Material herstellen:* einen Korb f.

Flecht|werk, das: **1.** *geflochtener Gegenstand, Geflecht.* **2.** (Archit.) **a)** *aus Flechtwerk bestehende Wand, die mit Lehm verkleidet ist;* **b)** *Flechtband.* **3.** *Reisigmatte zur Befestigung von Böschungen.*

Fleck, der; -[e]s, -e [mhd. vlec(ke), ahd. flec(cho), eigtl. wohl = flaches, breit geschlagenes Stück]: **1.** *[durch einen Klecks] verschmutzte Stelle:* Rotwein macht -e; einen F. entfernen; **R** mach dir nur keinen F. ins Hemd! (salopp; *stell dich nicht so an!*); ***einen F. auf der [weißen] Weste haben** (ugs.; *etw. Unredliches, Ungesetzliches, Unmoralisches getan haben*). **2.** *andersfarbige Stelle:* braune -e auf der Haut; sie hat von dem Sturz einen blauen F.; **Ü** ein weißer F. auf der Landkarte *(ein unerforschtes Gebiet).* **3.** (ugs.) *bestimmte Stelle; bestimmter Punkt, Ort:* ich stehe schon eine Stunde auf demselben F.; der gelbe F. im Auge (Med.; *Stelle der größten Sehschärfe auf der Netzhaut*); ich rührte mich nicht vom F.; ***nicht vom F. kommen** *([mit einer Sache] nicht vorankommen):* wir sind heute mit der Arbeit nicht vom F. gekommen; **am falschen F.** *(wenn es nicht angebracht ist):* sie ist am falschen F. energisch; **vom F. weg** *(auf der Stelle, sofort):* er heiratete sie vom F. weg. **4.** (landsch.) *Flicken.*

Fleck|chen, das; -s, - [zu ↑Fleck (3)]: *kleine Stelle* (meist in Verbindung mit »Erde«): ein herrliches F. [Erde].

fle|cken ⟨sw. V.; hat⟩ [mhd. vlecken = beschmutzen; schlagen; vom Fleck schaffen, fördern] (landsch.): **1.** *Flecke machen:* Rotwein fleckt. **2.** *[leicht] Flecke annehmen:* Seide fleckt. **3.** *(Schuhe) mit neuen Sohlen od. Absätzen versehen.* **4.** *vorangehen, vorwärts gehen:* die Arbeit will heute nicht recht f.

Fle|cken, der; -s, -: **1.** *Fleck* (1, 2, 4). **2. a)** (früher) *größeres Dorf mit einzelnen städtischen Rechten;* **b)** *kleine Ortschaft; Dorf.*

Fle|cken|ent|fer|ner, der: *Fleckenentfernungsmittel.*

Fle|cken|ent|fer|nungs|mit|tel, das: *chemisches Mittel zum Entfernen von Flecken bes. aus Textilien.*

fle|cken|los ⟨Adj.⟩: **a)** *keine [Schmutz]flecke aufweisend:* die Hose ist wieder f. sauber; **b)** *(in Bezug auf Benehmen od. Lebenswandel) einwandfrei, tadellos.*

Fle|cken|lo|sig|keit, die; -: *das Fleckenlossein.*

Fleck|ent|fer|ner, der: *Fleckenentferner.*

Fle|cken|was|ser, das ⟨Pl. ...wässer⟩: *dünnflüssiges Fleckenentfernungsmittel.*

Fle|ckerl, das; -s, -n (österr.): **a)** *kleiner Fleck;* **b)** ⟨meist Pl.⟩ *quadratisch geschnittenes Stück aus dünnem Nudelteig als Beilage od. Suppeneinlage.*

Fle|ckerl|sup|pe, die (österr.): *Suppe mit Fleckerln* (b) *als Einlage.*

Fle|ckerl|tep|pich, der (bayr., österr.): *Flickenteppich.*

Fleck|fie|ber, das [nach dem fleckigen Hautausschlag]: *durch Läuse übertragene Infektionskrankheit des Menschen.*

fle|ckig ⟨Adj.⟩: **a)** *voller Flecke* (1): eine -e Tischdecke; **b)** *voller Flecke* (2): ein -er Apfel.

Fleck|ty|phus, der: *Fleckfieber.*

Fle|ckung, die; -: *das Geflecktsein.*

Fleck|vieh, das: *geflecktes Vieh.*

Fled|de|rer, der; -s, -: *jmd., der fleddert.*

Fled|de|rin, die; -, -nen: w. Form zu ↑Fledderer.

fled|dern ⟨sw. V.; hat⟩ [zu rotwelsch fladern = waschen (verhüll. gebr.)]: **a)** *Wehrlose, Leichen ausrauben, ausplündern.* **b)** (ugs. scherzh.) *her-*

renlos, unbewacht umherliegende Gegenstände wegnehmen, an sich nehmen.

Fle|der|maus, die; -, ...mäuse [mhd. vledermūs, ahd. fledarmūs = Flattermaus, zu mhd. vlederen, ahd. fledarōn = flattern, ablautende Bildung zu ↑flattern]: *kleineres, meist Insekten fressendes Säugetier mit Flughäuten zwischen den Gliedmaßen, das in der Dämmerung seine Beute fängt.*

Fle|der|maus|oh|ren ⟨Pl.⟩ (salopp scherzh.): *große Ohren.*

Fle|der|tier, das: *Flattertier.*

Fle|der|wisch, der; -[e]s, -e [in Anlehnung an mhd. vlederen = flattern < mhd. vederwisch]: **1.** *Gänseflügel, Büschel von Federn mit Stiel zum Abstauben.* **2.** (ugs.) *unruhiger, oberflächlicher Mensch.*

Fleece [fli:s], das; - [engl. fleece, verw. mit ↑Vlies]: *synthetischer Flausch* (1).

Fleet, das; -[e]s, -e [aus dem Niederd. < mniederd. vlēt, eigtl. = fließendes Wasser]: *schiffbarer Kanal in norddeutschen Küstenstädten, bes. in Hamburg.*

Fle|gel, der; -s, - [mhd. vlegel, ahd. flegil < kirchenlat. flagellum = Dreschflegel < lat. flagellum = Geißel, Peitsche, Vkl. von gleichbed. flagrum; 1: frühnhd. = Bauer, der den Dreschflegel schwingt]: **1.** (abwertend) *[junger] Mann, der als ungeschliffen, schlecht erzogen angesehen wird; Lümmel.* **2.** (seltener) *Dreschflegel.*

Fle|gel|al|ter, das: vgl. Flegeljahre.

Fle|ge|lei, die; -, -en (abwertend): *grobe Unhöflichkeit, Ungezogenheit.*

fle|gel|haft ⟨Adj.⟩ (abwertend): *sehr ungezogen, wie ein Flegel* (1): -e Bemerkungen.

Fle|gel|haf|tig|keit, die; -, -en (abwertend): **1.** ⟨o. Pl.⟩ *das Flegelhaftsein.* **2.** *flegelhafte Handlung, Äußerung.*

fle|ge|lig ⟨Adj.⟩ (abwertend): *flegelhaft.*

Fle|gel|jah|re ⟨Pl.⟩: *Entwicklungsjahre, in denen ein junger Mensch zu flegelhaftem Benehmen neigt.*

fle|geln, sich ⟨sw. V.; hat⟩ (ugs. abwertend): *sich in betont nachlässiger Haltung setzen.*

fle|hen ⟨sw. V.; hat⟩ [mhd. vlēhen, ahd. flēhan, flēhōn; vgl. got. (ga)Þlaihan] (geh.): **1.** *eindringlich, demütig bei jmdm. um etw. bitten:* mit flehender Stimme. **2.** *inständig, voller Verzweiflung zu jmdm. beten.*

fle|hent|lich ⟨Adj.⟩ (geh.): *eindringlich u. demütig, inständig, unter Flehen:* f. um etw. bitten.

Fleisch, das; -[e]s [mhd. vleisch = (Frucht)fleisch, Leib, ahd. fleisc = Fleisch, Leib, H. u.]: **1.** *von Bindegewebe umgebenes weiches Muskelgewebe des menschlichen u. tierischen Körpers:* in der Wunde sah man das rohe F.; auf der Bühne, in diesem Film wurde viel [nacktes] F. *(spärlich bekleidete Darsteller, bes. Frauen)* gezeigt; F. fressende Pflanzen *(Pflanzen, die Insekten u. Ä. auf verschiedene Weise anlocken, fangen u. verdauen);* *** **sein/ihr eigen[es] F. und Blut** (geh.; *sein[e]/ihr[e] Kind[er]*); **jmdm. in F. und Blut übergehen** *(jmdm. zur selbstverständlichen Gewohnheit werden; etw. beherrschen, ohne überlegen zu müssen);* **sich ins eigene F. schneiden** *(sich selbst schaden);* **vom Fleisch[e] fallen** (ugs.; *abmagern*). **2.** (bibl.) *menschlicher Körper [mit seinen Begierden] (im Unterschied zum Geist):* dem F. erliegen *(seinen Begierden nachgeben);* R der Geist ist willig, aber das F. ist schwach (↑[1]Geist 1 a). **3.** *essbares Muskelgewebe von Tieren:* geräuchertes F.; geschmortes F. essen; heute gibt es [kein] F.; die F. verarbeitende Industrie. **4.** *weiche, essbare Teile von Früchten u. Ä.; Fruchtfleisch:* das saftige F. des Pfirsichs. **5.** (Druckw.) *nicht druckende Teile der Oberseite einer Drucktype:* eine Schrift mit viel F.

fleisch|arm ⟨Adj.⟩: *mit wenig Fleisch* (3) *versehen:* -e Kost; sich f. ernähren.

Fleisch|bank, die ⟨Pl. ...bänke⟩ (österr.): **a)** (veraltet) *Fleischerei;* **b)** *Arbeits- u. Verkaufstisch des Fleischers.*

Fleisch|berg, der (ugs. abwertend): *großer, dicker Mensch.*

Fleisch|be|schau, die: **1.** *amtliche Untersuchung des zur menschlichen Nahrung bestimmten Fleisches* (3). **2.** (ugs. scherzh.) *lüsternes Betrachten wenig bekleideter Frauen durch männliche Personen.*

Fleisch|be|schau|er, der: *jmd., der eine Fleischbeschau* (1) *vornimmt* (Berufsbez.).

Fleisch|be|schau|e|rin, die; -, -nen: w. Form zu ↑Fleischbeschauer.

Fleisch|brü|he, die: *durch Auskochen von Fleisch* (3) *u. Knochen gewonnene Brühe; Bouillon.*

Fleisch|ein|la|ge, die: *Einlage* (3) *von Fleisch.*

Fleisch|ein|waa|ge, die: *Einwaage* (1) *von Fleisch [in einer Konserve].*

Flei|scher, der; -s, - [spätmhd. vleischer, wohl gek. aus: vleischhouwer, -hacker]: *jmd., der Vieh schlachtet, zerlegt, zu Fleisch- u. Wurstwaren weiterverarbeitet u. diese verkauft; Metzger, Schlachter* (Berufsbez.): er ist F., will F. werden.

Flei|sche|rei, die; -, -en: *Betrieb eines Fleischers; Metzgerei, Schlachterei.*

Flei|scher|ha|ken, der: *Stahlhaken zum Aufhängen von Fleischstücken.*

Flei|sche|rin, die; -, -nen: w. Form zu ↑Fleischer.

Flei|scher|in|nung, die: *Innung der Fleischer u. Fleischerinnen.*

Flei|scher|meis|ter, der: *Fleischer, der die Meisterprüfung abgelegt hat.*

Flei|scher|meis|te|rin, die: w. Form zu ↑Fleischermeister.

Flei|scher|mes|ser, das: *großes, scharfes Messer.*

flei|schern ⟨Adj.⟩: *aus Fleisch bestehend:* ⟨subst.:⟩ sie isst gern Fleischernes (südd.; *Fleisch*).

Flei|sches|lust, die; -, ...lüste ⟨Pl. selten⟩ (geh.): *sinnliche, geschlechtliche Begierde.*

Fleisch|ex|trakt, der: *aus Fleisch[brühe] gewonnene pastenartige Masse als Speisewürze.*

Fleisch|fa|brik, die (ugs.): *Fabrik, in der Fleisch* (3) *zu Konserven o. Ä. verarbeitet wird.*

Fleisch|far|be, die: *Fleischton.*

fleisch|far|ben, fleisch|far|big ⟨Adj.⟩: *von der Farbe der menschlichen Haut; zartrosa.*

Fleisch|fon|due, das: *Fondue* (b).

Fleisch fres|send: s. Fleisch (1).

Fleisch|fres|ser, der: *[Raub]tier, dessen Nahrung vorwiegend aus Fleisch* (3) *besteht.*

Fleisch|fül|lung, die (Kochk.): *Füllung aus gehacktem Fleisch* (3), *Gewürzen u. a. für ein Gericht:* eine Pastete mit F.

Fleisch|gang, der: *aus einem Fleischgericht bestehender Gang* (9).

Fleisch|ge|richt, das: *Gericht, in dem Fleisch* (3) *enthalten ist.*

Fleisch|ge|schwulst, die (Med.): *Sarkom.*

Fleisch ge|wor|den: s. Fleisch (2).

Fleisch|hau|er, der (österr.): *Fleischer.*

Fleisch|hau|e|rei, die; -, -en (österr.): *Fleischerei.*

Fleisch|hau|e|rin, die: w. Form zu ↑Fleischhauer.

flei|schig ⟨Adj.⟩: *mit viel Fleisch* (1, 4) *[versehen]; dick:* -e Hände; eine -e Frucht.

Flei|schig|keit, die: *das Fleischigsein.*

Fleisch|kä|se, der (landsch.): *dem Leberkäse ähnliches Erzeugnis aus Fleisch* (3), *Eiern u. Gewürzen.*

Fleisch|klop|fer, der: *Küchengerät zum Mürbeklopfen von Fleischscheiben.*

Fleisch|klops, der: *Fleischkloß* (1).

Fleisch|kloß, der: **1.** *Kloß aus Hackfleisch, Eiern u. Gewürzen.* **2.** *Fleischklumpen* (2).

Fleisch|klöß|chen das: *kleiner Fleischkloß als Suppeneinlage.*

Fleisch|klotz, der: *Hackklotz des Fleischers.*

Fleisch|klum|pen, der (ugs.): **1.** *großes Stück Fleisch* (3). **2.** (ugs. abwertend) *großer, unförmig dicker Mensch.*

Fleisch|kon|ser|ve, die: *Konserve, die in der Hauptsache Fleisch* (3) *enthält.*

Fleisch|kü|chel, das [mhd. küechel = kleiner Kuchen] (südd.): *Frikadelle.*

Fleisch|laib|chen, das (österr.): *Frikadelle.*

Fleisch|leis|tung, die: *bestimmte Menge Fleisch* (3), *die ein Schlachttier erbringt.*

fleisch|lich ⟨Adj.⟩: **1.** (veraltend) *aus Fleisch* (1) *bestehend, Fleisch* (3) *enthaltend:* -e Kost. **2.** (geh.) *die sinnlichen, bes. die geschlechtlichen Begierden betreffend:* die -en Lüste.

Fleisch|lich|keit, die (geh.): *fleischliche* (1) *Beschaffenheit.*

fleisch|los ⟨Adj.⟩: **1.** *(von Speisen u. Gerichten) ohne Fleisch* (3) *bereitet:* die -e *(vegetarische)* Küche; f. kochen. **2.** *mit nur wenig Fleisch* (1) *versehen; sehr mager u. knochig:* -e Hände.

Fleisch|ma|schi|ne, die (österr.): *Fleischwolf.*

Fleisch|mehl, das: *aus getrockneten gemahlenen Fleischresten bestehendes Mehl [als Viehfutter].*

Fleisch|mes|ser, das: *großes Messer zum Schneiden von Fleisch* (3).

Fleisch|nah|rung, die: *Nahrung, die aus Fleisch* (3) *besteht.*

Fleisch|pas|te|te, die: *Pastete mit Fleischfüllung.*

Fleisch|saft, der: *Flüssigkeit, die in einem Stück Fleisch* (3) *enthalten ist.*

Fleisch|sa|lat, der: *aus klein geschnittenem Fleisch* (3), *Mayonnaise, Gewürzgurken, Gewürzen u. a. hergestellter Salat.*

Fleisch|schaf, das: *Schaf, das wegen des Fleisches (u. nicht wegen der Wolle) gezüchtet wird.*

Fleisch|schau, die (schweiz.): *Fleischbeschau* (1).

Fleisch|schau|er, der: *Fleischbeschauer* (Berufsbez.).

Fleisch|schau|e|rin, die; -, -nen: w. Form zu ↑Fleischschauer.

Fleisch|schei|be, die: *Scheibe* (2) *von gebratenem Fleisch* (3).

Fleisch|sei|te, die (Gerberei): *dem Körper zugewandte Seite der tierischen Haut; Aasseite.*

Fleisch|spei|se, die: *Fleischgericht.*

Fleisch|spieß, der: *Gericht aus Stückchen verschiedener Fleischsorten, Zwiebeln, Speck o. Ä., die auf einem Spieß* (2) *gebraten od. gegrillt u. serviert werden.*

Fleisch|stück, das: *Stück vom Fleisch* (3).

Fleisch|to|ma|te, die: *größere Tomate mit dickerer, aromatischer Fruchtwand.*

Fleisch|ton, der (Malerei): *blassrote Hautfarbe.*

Fleisch|topf, der: *schwerer Kochtopf zum Braten od. Kochen von Fleisch* (3); *** **die Fleischtöpfe Ägyptens** *(das Leben im Wohlstand;* nach 2. Mos. 16, 3).

Fleisch ver|ar|bei|tend: s. Fleisch (3).

Fleisch|ver|gif|tung, die: *Vergiftung nach dem Verzehr von verdorbenem Fleisch* (3).

Fleisch|vo|gel, der [schweiz. Vogel = Gericht aus kleinen Stücken Kalbfleisch, die einem Vogel ähneln] (schweiz.): *Roulade.*

Fleisch|wa|ren ⟨Pl.⟩: *verschiedenerlei zum Verkauf bestimmte, bes. durch Trocknen, Salzen, Erhitzen od. Räuchern zubereitete Sorten von Fleisch.*

Fleisch|wer|dung, die; - (geh.): *Verkörperung [des Göttlichen] in menschlicher Gestalt; Menschwerdung.*

Fleisch|wolf, der [nach der Vorstellung des reißenden, gierig fressenden Tieres]: *Gerät, das Fleisch* (3) *o. Ä. mithilfe eines sich drehenden Flügelmessers zerkleinert u. durch eine Lochscheibe presst, sodass eine weiche Masse entsteht:* Rindfleisch durch den F. drehen.

Fleisch|wun|de, die: *Verletzung des Fleisches* (1).

Fleisch|wurst, die: *Wurst aus zerkleinertem Fleisch* (3), *Gewürzen u. a., die meist als Ring hergestellt wird.*

Fleiß, der; -es [mhd. vlīȥ, ahd. flīȥ, urspr. = (Wett)streit, H. u.; vgl. aengl. gleichbed. flīt]: **1.** *strebsames u. unermüdliches Arbeiten; ernsthafte u. beharrliche Beschäftigung mit einer Sache:* sein F. trug Früchte, wurde belohnt; Spr ohne F. kein Preis! *(nur bei entsprechendem Fleiß stellt sich der Erfolg ein).* **2.** *** **mit F.** (veraltend, noch landsch.; *absichtlich, vorsätzlich*).

Fleiß|ar|beit, die: **a)** *Arbeit, die viel Fleiß erfordert.* **b)** (oft leicht abwertend) *mit viel Fleiß zustande gekommene, aber wenig Anregendes enthaltende Arbeit.*

flei|ßig ⟨Adj.⟩ [mhd. vlīȥec, vlīȥic, ahd. flīȥīg = eifrig bemüht]: **a)** *unermüdlich u. zielstrebig* *arbeitend, arbeitsam:* ein -er Schüler; mein Mann war heute sehr f. *(hat viel getan, erledigt);* f. lernen; **b)** *von Fleiß zeugend:* eine -e Arbeit; **c)** (ugs.) *regelmäßig, häufig:* du musst f. spazieren gehen.

Fleiß|kärt|chen, das (landsch.): *Kärtchen, das ein[e] Schüler[in] als Belohnung für Fleiß erhält.*

Flei|ver|kehr, der; -s [Kurzwort für Flug-Eisenbahn-Verkehr]: *kombinierter Güterverkehr mit Flugzeug u. Eisenbahn.*

flek|tier|bar ‹Adj.› (Sprachw.): *(von einem Wort) sich flektieren lassend.*

Flek|tier|bar|keit, die ‹o. Pl.› (Sprachw.): *das Flektierbarsein.*

flek|tie|ren ‹sw. V.; hat› [lat. flectere = biegen, beugen] (Sprachw.): **a)** *(ein Wort) in seinen grammatischen Formen abwandeln, beugen; deklinieren, konjugieren:* ein Verb, ein Substantiv f.; flektierende Sprachen *(Sprachen, die im Unterschied zu agglutinierenden u. isolierenden Sprachen die Beziehungen der Wörter im Satz durch Flexion ausdrücken);* **b)** *(von einem Wort) die grammatischen Formen in bestimmter Weise bilden:* dieses Wort flektiert stark, schwach.

flen|nen ‹sw. V.; hat› [eigtl. = den Mund verziehen, vgl. gleichbed. ahd. flannēn; verw. mit ↑Flansch, ↑Flunsch] (ugs. abwertend): *heftig weinen, heulen:* hör auf zu f.!

Flen|ne|rei, die; -, -en (abwertend): *[dauerndes] Flennen.*

Flens|burg: Stadt in Schleswig-Holstein.

Flep|pe: ↑Flebbe.

flet|schen ‹sw. V.; hat› [mhd. vletschen, eigtl. = den Mund breit ziehen, zu ahd. flaȝ, ↑Fladen]: *[von Tieren] als Ausdruck der Aggression dem Gegner die Zähne zeigen.*

Flett, das; -[e]s, -e [aus dem Niederd. < mniederd. vlet(te) = Fußboden, Estrich, dafür mhd. vletze, ↑Flöz; vgl. Fletz]: *Wohn- u. Herdraum im altniedersächsischen Bauernhaus.*

Flett|ner|ro|tor, der; -s, -e [nach dem dt. Ingenieur A. Flettner (1885–1961)]: *Vortriebseinrichtung für Schiffe in Form eines rotierenden Zylinders.*

Flett|ner|ru|der, das; -s, -: *an der Hinterkante eines Hauptruders angebrachtes Hilfsruder für Luftfahrzeuge.*

Fletz [auch: flets], das od. der; -es, -e [mhd. vletze, ↑Flöz] (südd.): *Hausflur.*

fleucht [fälschlich für: fleugt, ältere (frühnhd.) Form von: (er, sie, es) fliegt, ↑fliegen (1); als Reimwort zu »kreucht« gebildet]: in der Verbindung **[alles,] was da kreucht und f.** (geh.; *alle Lebewesen [zu Lande und in der Luft]*; eigtl. alles, was kriecht und fliegt).

Fleu|ron [flø'rõ:], der; -s, -s [frz. fleuron, zu: fleur = Blume, Blüte]: **1.** *Blumenverzierung in der Baukunst u. im Buchdruck.* **2.** ‹Pl.› (Kochk.) *zur Garnierung von Speisen verwendete, ungesüßte Blätterteigstückchen.*

Fleu|rop ['flɔyrɔp, 'flø:rɔp], die; - [Kurzwort für Flores Europae = Blumen Europas]: *internationale Organisation der Blumengeschäfte zur Vermittlung von Blumengeschenken an auswärtige Empfänger.*

Flex, die; -, -: *tragbares, mit einer Trennscheibe (2) ausgestattetes u. mit einem Elektromotor betriebenes Gerät, mit dem harte Materialien (wie Stein, Beton, Metall) zersägt werden können.*

fle|xi|bel ‹Adj.; ...bler, -ste› [lat. flexibilis, zu: flectere, ↑flektieren]: **1.** *biegsam, elastisch.* **2.** (bildungsspr.) *an veränderte Umstände anpassungsfähig, bei Entscheidungen wendig:* die flexible Altersgrenze *(gesetzlich festgelegte Möglichkeit, von einem bestimmten vorgezogenen Zeitpunkt an Altersrente zu beziehen);* f. verhandeln. **3.** *flektierbar.*

fle|xi|bi|li|sie|ren ‹sw. V.; hat›: *flexibel (2) gestalten, machen:* die Arbeitszeit f.

Fle|xi|bi|li|sie|rung, die; -, -en: *das Flexibilisieren; das Flexibilisiertwerden.*

Fle|xi|bi|li|tät, die; -: **1.** *flexible (1) Beschaffenheit; Biegsamkeit, Elastizität.* **2.** *Fähigkeit des flexiblen (2), anpassungsfähigen Verhaltens.*

Fle|xi|on, die; -, -en [lat. flexio]: **1.** (Sprachw.) *das Flektieren:* die starke F. eines Verbs, Substantivs. **2.** (Med.) *Beugung, Abknickung von Körperorganen.* **3.** *Flexur (2).*

Fle|xi|ons|en|dung, die (Sprachw.): *Endung, die als Kennzeichen der Flexion an den Wortstamm angehängt wird* (z. B. Garten-s, lieb-te).

fle|xi|ons|fä|hig ‹Adj.›: vgl. flektierbar.

fle|xi|ons|los ‹Adj.›: *ohne Flexion (1), beugungslos:* -e Sprachen.

fle|xi|visch ‹Adj.›: *die Flexion (1) betreffend; Flexion (1) aufweisend.*

Fle|xo|druck, der; -[e]s [zu ↑flexibel] (Druckw.): *Hochdruckverfahren, bei dem die Druckform aus Gummi od. Kunststoff besteht.*

Fle|xur, die; -, -en [lat. flexura = Krümmung]: **1.** (bes. Anat.) *Biegung, gebogener Abschnitt [eines Organs].* **2.** (Geol.) *bruchlose Verbiegung einer Gesteinsschicht.*

Fli|bus|tier, Filibuster, der; -s, - [frz. flibustier, engl. filibuster, wohl < älter engl. flibutor, freebooter < niederl. vrijbuiter = Freibeuter]: *westindischer Seeräuber in der zweiten Hälfte des 17. Jh.s.*

Flic, der; -s, -s [frz. flic, wohl < rotwelsch Flick = Knabe]: volkst. frz. Bez. für *Polizist.*

flicht: ↑flechten.

Flick|ar|beit, die: *in Flicken, [notdürftigem] Ausbessern bestehende Arbeit:* -en ausführen.

fli|cken ‹sw. V.; hat› [mhd. vlicken = einen Fleck (4) an- od. aufsetzen, zu ↑Fleck in dessen alter Bed. »Lappen«]: **a)** *[durch Aufsetzen eines Flickens] ausbessern:* geflickte Schuhe; **b)** (landsch.) *stopfen;* **c)** (ugs.) *reparieren.*

Fli|cken, der; -s, - [zu ↑flicken]: *kleines Stück Stoff, Leder, Gummi o. Ä. zum Ausbessern od. zum Aufsetzen auf eine beschädigte Stelle.*

Fli|cken|de|cke, die: *aus [bunten] Stoffstücken od. gehäkelten od. gestrickten Vierecken zusammengesetzte Decke (1).*

Flick|flack, der; -s, -s [frz. flic flac = klipp, klapp; lautm.] (Turnen): *mehrmals schnell hintereinander, meist rückwärts ausgeführter Handstandüberschlag.*

Flick|korb, der: *Korb mit Utensilien u. Materialien zum Ausbessern von Kleidungsstücken.*

Flick|schus|ter, der: (ugs.) *Stümper.*

Flick|schus|te|rei, die; -, -en (ugs. abwertend): *das Flickschustern.*

flick|schus|tern ‹sw. V.; hat›: *nicht koordiniert, ohne Gesamtkonzept u. fundierte Sachkenntnis (u. deshalb stümperhaft u. ohne akzeptables Ergebnis) arbeiten, vorgehen.*

Flick|werk, das ‹o. Pl.› (abwertend): *zusammengestückelte, nicht fachmännisch ausgeführte Arbeit:* dieses Buch musste F. bleiben.

Flick|wort, das ‹Pl. ...wörter›: *Füllwort.*

Flick|zeug, das: *Materialien zum Flicken (z. B. von Fahrradschläuchen).*

Flie|boot, das; -[e]s, -e [älter niederl. vlieboot]: **1.** *kleines Fischerboot.* **2.** *Beiboot.*

Flie|der, der; -s, - [1: nach der Ähnlichkeit mit Flieder (2); 2: aus dem Niederd., mniederd. vleder = Holunder; 1. Bestandteil H. u., zum 2. Bestandteil -der vgl. Teer]: **1. a)** *als Strauch od. kleiner Baum wachsende Pflanze mit weißen od. hell- bis dunkellila, stark duftenden Blüten in großen Rispen:* der F. blüht; **b)** *blühende Zweige des Fliederstrauchs:* ein Strauß F.; jmdm. F. schenken. **2.** (landsch.) *Holunder.*

Flie|der|baum, der: *Flieder (1 a).*

Flie|der|bee|re, die (landsch.): *Holunderbeere.*

flie|der|blau ‹Adj.›: vgl. fliederfarben.

Flie|der|blü|te, die: vgl. Apfelblüte.

Flie|der|busch, der: **1.** *Flieder (1 a).* **2.** (landsch.) *Holunder (1).*

Flie|der|duft, der: *Duft von Fliederblüten.*

flie|der|far|ben, flie|der|far|big ‹Adj.›: *hellviolett:* ein -es Kleid.

Flie|der|strauch, der: vgl. Fliederbusch.

Flie|der|tee, der (landsch.): *Tee aus getrockneten Holunderblüten.*

Flie|ge, die; -, -n [1: mhd. vliege, ahd. fliega, eigtl. = die Fliegende; 3: für frz. mouche]: **1.** *(in zahlreichen Arten vorkommendes) gedrungenes, kleines Insekt mit zwei Flügeln u. kurzen Fühlern:* eine lästige F.; die -n summen; eine F. fangen; mit der [künstlichen] F. *(einer Nachbildung der Fliege)* angeln; *** zwei -n mit einer Klappe schlagen** (ugs.; *einen doppelten Zweck auf einmal erreichen*); **eine, die F. machen** (salopp; *[schnell] weggehen;* nach dem raschen Davonfliegen der Fliegen); **sich über die F. an der Wand ärgern** *(sich über jede Kleinigkeit ärgern);* **jmdn. stört die F. an der Wand** *(jmdn. stört jede Kleinigkeit);* **umfallen wie die -n** (ugs.; *in großer Zahl sterben*); **matt sein wie eine F.** (ugs.; *sehr erschöpft sein*); **keiner F. etw. zuleide tun [können]** (ugs.; *sehr gutmütig sein u. niemandem etwas zuleide tun [können]*). **2.** *als Querschleife gebundene Krawatte:* eine F. umbinden. **3.** *schmales, gestutztes Bärtchen auf der Oberlippe od. zwischen Unterlippe u. Kinn.*

flie|gen ‹st. V.› [mhd. vliegen, ahd. fliogan, urspr. wohl = sich (schnell) bewegen]: **1.** *sich [mit Flügeln] aus eigener Kraft durch die Luft bewegen* ‹ist›: die Schwalben fliegen heute tief; Fliegende Fische *(Fische, die aus dem Wasser schnellen u. einige Sekunden lang über das Wasser zu gleiten vermögen).* **2.** *sich durch Auftrieb od. mechanischen Antrieb durch die Luft, den freien Raum bewegen* ‹ist›: der Ballon ist weit geflogen. **3.** ‹f. + sich; hat› **a)** *bestimmte Flugeigenschaften haben:* diese Maschine fliegt sich gut, leicht; **b)** ‹unpers.› *in bestimmter Art u. Weise geflogen werden können:* bei Nebel fliegt es sich schlecht. **4.** *sich mit einem Luft-, Raumfahrzeug fortbewegen, reisen* ‹ist›: er ist nach London geflogen; von Frankfurt nach Köln fliegt man *(braucht man mit dem Flugzeug)* 1 Stunde; das fliegende Personal *(Personal, das seinen Dienst an Bord eines Flugzeugs verrichtet).* **5. a)** *die Fähigkeit zum Steuern eines Luftfahrzeugs besitzen; den Beruf eines Piloten ausüben* ‹hat/ist›: ich kann, lerne jetzt f.; er hat/ist 10 000 Stunden geflogen *(hat als Pilot 10 000 Stunden Flugerfahrung);* **b)** *(ein Luftfahrzeug) steuern* ‹hat›: eine Maschine zum ersten Mal f.; **c)** *fliegend zurücklegen* ‹ist›: einen Umweg f. **6.** *fliegend ausführen* ‹hat/ist›: eine Kurve f. **7.** *mit einem Luftfahrzeug befördern, transportieren* ‹hat›: Medikamente in das Katastrophengebiet f. **8.** *durch äußeren Einfluss (meist Wind) bewegt werden* ‹ist›: die Blätter fliegen durch die Luft. **9.** ‹hat› (geh.) **a)** *zittern:* ihre Hände flogen; **b)** *das normale Tempo erheblich überschreiten:* ihr Puls flog. **10.** (geh.) *sich rasch irgendwohin bewegen* ‹ist›: ich flog nach Hause; die Hand flog über das Papier *(schrieb eilig);* in fliegender *(überaus großer)* Hast; Ü ein Lächeln flog über ihr Gesicht *(war für einen Augenblick zu sehen).* **11.** *[irgendwohin] geschleudert, geworfen werden* ‹ist›: ein Stein flog ins Fenster; (ugs.:) der Wagen flog aus der Kurve; beim Unfall durch die Scheibe f.; Reklamebriefe fliegen bei mir sofort in den Papierkorb *(werfe ich sofort weg);* Ü ins Gefängnis, in den Bau f. (ugs.; *ins Gefängnis kommen*). **12.** (ugs.) *[hin]fallen, stürzen* ‹ist›: über das Geländer f. **13.** (ugs.) *plötzlich, aufgrund von Verfehlungen ausgeschlossen, entlassen werden* ‹ist›: von der Schule f. **14.** (ugs.) *fallen (11)* ‹ist›: durch die Prüfung f. **15.** (ugs.) *von etw. stark angezogen werden* ‹ist›: er fliegt auf blonde Mädchen.

flie|gend ‹Adj.›: *ohne festen Standort, frei beweglich, umherziehend:* eine -e Ambulanz.

Flie|gen|draht, der: *feinmaschiges Drahtgewebe zum Schutz gegen Fliegen.*

Flie|gen|dreck, der: *Kot von Fliegen.*

Flie|gen|fän|ger, der: *mit Leim überzogener Papierstreifen, an dem Fliegen kleben bleiben, wenn sie sich darauf setzen:* einen F. aufhängen.

Flie|gen|fens|ter, das: *Fenstereinsatz aus Fliegendraht.*

Flie|gen|ge|wicht, das [nach engl. flyweight]: **1.** ‹o. Pl.› (Schwerathletik) *leichteste Körperge-*

wichtsklasse. **2.** (Schwerathletik) *Sportler der Körpergewichtsklasse Fliegengewicht.*

ie|gen|ge|wicht|ler, der; -s, - (Schwerathletik): *Fliegengewicht* (2).

ie|gen|git|ter, das: *Gitter aus Fliegendraht.*

ie|gen|klap|pe, Flie|gen|klat|sche, die: vgl. Klatsche.

ie|gen|kopf, der (Druckw.): *als Blockade dienende, auf den Kopf gestellte Letter.*

ie|gen|pilz, der [Milch, in der der Pilz abgekocht worden ist, wurde früher als »Fliegenfalle« aufgestellt]: *giftiger Blätterpilz mit weiß gepunktetem, leuchtend rotem Hut.*

ie|gen|schiss, der (salopp): *Fliegendreck:* Ü reg dich bloß nicht über jeden F. *(über jede Kleinigkeit)* auf!

ie|gen|schnäp|per, der: *Insekten fressender Singvogel.*

ie|gen|schwamm, der [Schwamm (3)]: *Fliegenpilz.*

ie|ger, der; -s, -: **1.** *Pilot* (1 a). **2. a)** (ugs.) *Angehöriger der Luftwaffe:* er ist bei den -n; **b)** *einfacher Soldat der Luftwaffe.* **3.** *Tier, das (in bestimmter Weise) fliegen kann:* Fasane sind schlechte F. **4.** (ugs.) *Flugzeug.* **5. a)** (Pferderennen) *Pferd, das über eine kurze Distanz Höchstleistungen erbringt;* **b)** (Radrennen) *Fahrer, der über kurze Strecken u. ohne Schrittmacher fährt.*

ie|ger|ab|wehr, die (Milit., bes. schweiz.): **1.** *Flugabwehr* (1). **2.** *Bekämpfung feindlicher Flugzeuge vom Boden aus.*

ie|ger|alarm, der: *wegen eines feindlichen Luftangriffs ausgelöster, gegebener Alarm.*

ie|ger|an|griff, der: *mit Flugzeugen durchgeführter militärischer Angriff.*

ie|ger|bom|be, die: *von einem Flugzeug aus abgeworfene Bombe.*

ie|ge|rei, die; -: **a)** *Flugwesen;* **b)** *das Fliegen* (5 b).

ie|ger|ge|schä|digt ⟨Adj.⟩: *(von Zivilpersonen) durch einen Fliegerangriff geschädigt.*

ie|ger|ge|schä|dig|te, der u. die: *jmd., der fliegergeschädigt ist.*

ie|ger|horst, der (Milit.): *Militärflugplatz.*

ie|ge|rin, die; -, -nen: w. Form zu Flieger (1).

ie|ge|risch ⟨Adj.⟩: *das Fliegen* (5 b), *die Fliegerei betreffend:* eine -e Glanzleistung.

ie|ger|ren|nen, das: **1.** (Radrennen) *Bahnrennen* (1) *über kurze Sprintstrecken ohne Schrittmacher.* **2.** (Pferdesport) *Rennen über kurze Distanzen.*

ie|ger|spra|che, die ⟨o. Pl.⟩: *Fachjargon der Flieger* (1).

ieh|burg, die (hist.): *(vor- od. frühgeschichtliche) Befestigungsanlage, in der die Bevölkerung bei Gefahr Zuflucht nehmen kann.*

ie|hen ⟨st. V.⟩ [mhd. vliehen, ahd. fliohan, H. u.]: **1.** *sich eilig entfernen, um sich vor einer Gefahr in Sicherheit zu bringen; (vor etw., jmdm.) davonlaufen* ⟨ist⟩: ins Ausland f.; bei Kriegsende mussten sie f. *(die Heimat verlassen);* Ü die Zeit flieht (dichter.; *verrinnt schnell;* nach lat. tempus fugit). **2.** (geh.) *vor jmdm., etw. ausweichen; meiden* ⟨hat⟩: den Lärm der Stadt f.; Ü der Schlaf flieht ihn seit Tagen (geh.; *er kann seit Tagen nicht schlafen*).

ie|hend ⟨Adj.⟩: *schräg nach hinten verlaufend, zurückweichend:* eine -e Stirn.

ieh|kraft, die (Physik): *Zentrifugalkraft.*

ie|se, die; -, -n [aus dem Niederd. < mniederd. vlīse = Steinplatte, viell. eigtl. = die (Ab)gespaltene]: **a)** *meist viereckige Platte aus Steingut, Stein, Kunststoff od. Glas als wasserdichter u. hygienischer Wand- u. Fußbodenbelag;* **b)** kurz für ↑Teppichfliese.

ie|sen ⟨sw. V.; hat⟩: *mit Fliesen auslegen.*

ie|sen|le|ger, der: *Handwerker, der Fliesen verlegt* (Berufsbez.).

ie|sen|le|ge|rin, die: w. Form zu ↑Fliesenleger.

ieß, das; -es, -e [mhd. vliez, zu ↑fließen] (veraltet, noch landsch.): *Bach.*

ieß|ar|beit, die ⟨o. Pl.⟩: *Arbeitsmethode in der Industrie, bei der verschiedene zusammenhängende Arbeitsvorgänge lückenlos aneinander gereiht werden:* Autos in F. herstellen.

Fließ|band, das ⟨Pl. ...bänder⟩: *mechanisch bewegtes Band, auf dem bei der Fließarbeit die Werkstücke von einem Arbeitsplatz zum anderen befördert werden:* am F. arbeiten; ein Gerät am F. fertigen.

Fließ|band|ar|beit, die: *Arbeit am Fließband.*

Fließ|band|ar|bei|ter, der: *Arbeiter, der am Fließband arbeitet.*

Fließ|band|ar|bei|te|rin, die: w. Form zu ↑Fließbandarbeiter.

Fließ|ei, das: *Windei* (1).

flie|ßen ⟨st. V.; ist⟩ [mhd. vliezen, ahd. fliozan, urspr. wohl = überfließen]: **1. a)** *(von flüssigen Stoffen, bes. Wasser) sich gleichmäßig u. ohne Stocken fortbewegen:* das Wasser fließt spärlich [aus der Leitung]; hinter dem Haus fließt ein Bach; das Zimmer hat fließendes Wasser *(Anschluss an die Wasserleitung);* Ü der Sekt floss in Strömen *(es wurde sehr viel Sekt getrunken);* es ist sehr viel Blut geflossen *(viele Menschen wurden verwundet od. getötet);* die Gelder fließen reichlich *(die Einnahmen sind reichlich);* **b)** *strömend irgendwohin gelangen:* die Isar fließt in die Donau; die Elbe fließt *(mündet)* in die Nordsee; Ü die Verse fließen ihm nur so aus der Feder; **c)** *sich ohne Stauung od. Stockung [von einem Ort zu einem anderen] bewegen:* der Verkehr fließt [durch einen Tunnel, auf sechs Spuren]; R alles fließt *(alles verändert sich ständig;* Übersetzung des griech. Ausspruchs pánta rheĩ, der Heraklit [um 500 v. Chr.] zugeschrieben wird). **2.** *[größere Mengen von] Flüssigkeit abgeben:* die Quelle fließt reichlich. **3.** *weich u. wellig nach unten fallen:* das Haar fließt weich auf die Schultern.

flie|ßend ⟨Adj.⟩: **1.** *ohne Stocken [vor sich gehend], geläufig:* in -em Russisch; er spricht f. Englisch; das Kind kann das Gedicht f. aufsagen. **2.** *nicht klar markiert u. daher nicht genau lokalisierbar, definierbar:* -e Übergänge. **3.** *sanft geschwungen [verlaufend]:* -e Linien.

Fließ|fer|ti|gung, die: *Fertigung in Fließarbeit.*

Fließ|ge|wäs|ser, das: *fließendes Gewässer.*

Fließ|heck, das: *in einer nicht gebrochenen gerađen od. leicht gekrümmten Linie flach nach hinten abfallendes Heck eines Pkw.*

Fließ|laut, der (Sprachw.): *Liquida.*

Fließ|pa|pier, das [die Tinte »zerfließt« auf dem Papier]: *Löschpapier.*

Fließ|satz, der ⟨o. Pl.⟩ (Druckw.): *Satz* (3 a), *in dem Kleinanzeigen ohne besondere Hervorhebungen u. ohne Abstände gesetzt werden.*

Fließ|stra|ße, die: *Anordnung von Arbeitsplatten u. Maschinen entsprechend dem Ablauf der einzelnen Arbeitsgänge bei der Herstellung eines Produkts.*

Fließ|text, der (Druckw.): *fortlaufender Text eines Artikels ohne Überschrift, Tabellen o. Ä.*

Fließ|was|ser, das ⟨o. Pl.⟩ (österr.): *fließendes Wasser:* ein möbliertes Zimmer mit F.

Flim|mer, der; -s: **1.** (dichter.) *das Flimmern, flimmernder Schein:* der F. der Sterne. **2.** (dichter.) *eitler, nichtiger Glanz.* **3.** (Biol.) *feiner, kurzer, beweglicher Protoplasmafortsatz, der der Nahrungsaufnahme, der Ausscheidung od. Fortbewegung dient.* **4.** (veraltet) *Glimmer* (1).

Flim|mer|epi|thel, das (Biol.): *oberste, mit Wimpern versehene Zellschicht vieler Schleimhäute.*

flim|mer|frei ⟨Adj.⟩ (Fachspr.): *(von Bildern) nicht von Flimmern* (1) *begleitet.*

Flim|mer|här|chen, das (Biol.): *Flimmer* (3).

flim|me|rig: ↑flimmrig.

Flim|mer|kas|ten, der, **Flim|mer|kis|te,** die (ugs. scherzh., oft abwertend): *Fernsehgerät.*

flim|mern ⟨sw. V.; hat⟩ [zu veraltet flammern = unruhig, zitternd flammen, zu ↑flammen]: *Licht in vielen kleinen, zitternden Punkten zurückwerfen; unruhig, zittrig leuchten, funkeln:* das Wasser flimmert in der Sonne; der Film flimmert stark; es flimmert mir vor den Augen; flimmernde Hitze; Ü diese Sendung ist schon mehrmals über die Bildschirme geflimmert (ugs.; *im Fernsehen gesendet worden*).

flimm|rig, flimmerig ⟨Adj.⟩: *flimmernd.*

flink ⟨Adj.⟩ [aus dem Niederd., eigtl. = blank, glänzend]: *sich rasch u. geschickt bewegend od. arbeitend:* ein -es Mädchen; er ist f. wie ein Wiesel; sie verpackte f. das Geschenk.

flink|fü|ßig ⟨Adj.⟩: *sich rasch u. geschickt [fort]bewegend:* sie kam f. daher.

Flink|heit, die; -: *das Flinksein.*

flink|zün|gig ⟨Adj.⟩: *schlagfertig:* f. antworten.

Flins, der; -es, -e, **Flin|se,** die; -, -n [aus dem Slaw.] (landsch.): *Plinse.*

Flint, der; -[e]s, -e [mniederl. vlint, urspr. = Steinsplitter]: *Feuerstein* (1).

Flin|te, die; -, -n [gek. aus: Flintbüchse, bei der ein ↑Flint den Zündfunken lieferte]: *Jagdgewehr zum Schießen mit Schrot;* Ü der soll mir nur vor die F. kommen (ugs.; *mit dem werde ich abrechnen*); * **die F. ins Korn werfen** (ugs.; *vorschnell aufgeben, verzagen;* urspr. vom Soldaten, der im aussichtslos gewordenen Kampf die Waffe wegwirft [und flieht]).

Flin|ten|ku|gel, die: *Geschoss für eine Flinte.*

Flin|ten|schrot, der od. das: *Schrot* (2) *für eine Flinte.*

Flin|ten|weib, das (abwertend): **1.** (veraltet) *Frau, die eine Feuerwaffe trägt.* **2.** *Frau, die kompromisslos u. rigoros u. mit [übersteigertem] Selbstbewusstsein auftritt.*

Flint|glas, das ⟨Pl. ...gläser⟩ [engl. flint glass, zu: flint = Flint]: *sehr reines, für optische Zwecke verwendetes Glas.*

Flinz, der; -es, -e [mhd. vlins, ahd. flins = Kiesel, Stein]: **1.** *feinkörniger, meist dunkler, bituminöser Kalk u. Schiefer.* **2.** *im Alpenvorland vorkommendes feines, sandiges Sediment* (1).

Flip, der; -s, -s [engl. flip, zu: to flip = leicht schlagen; schnipsen, schnellen; laut- u. bewegungsnachahmend]: **1.** *alkoholisches Mischgetränk mit Ei.* **2.** (Eiskunstlauf, Rollkunstlauf) *nach dem Einstechen mit der Zacke des Schlittschuhs ausgeführter Sprung mit einer vollen Drehung und Landung auf dem gleichen Bein, mit dem abgesprungen wurde.*

Flip|chart [...tʃa:(r)t], das; -s, -s [engl.(-amerik.) flip chart, aus: to flip = (um)drehen u. chart = Schaubild (↑Chart)]: *auf einem Gestell befestigter großer Papierblock, dessen Blätter nach oben umgeschlagen werden können.*

Flip|flop, das; -s, -s [engl. flip-flop (circuit)], **Flip-flop|schal|tung,** die: *Kippschaltung in elektronischen Geräten.*

Flip|per, der; -s, - [zu engl. to flip, ↑Flip]: *Spielautomat, bei dem eine Kugel möglichst lange auf dem abschüssigen Spielfeld gehalten werden muss.*

flip|pern ⟨sw. V.; hat⟩ (ugs.): *an einem Flipper spielen.*

Flip|pi, der; -s, -s [zu ↑flippig u. ↑-i (2)] (Jargon): *jmd., der ([noch] nicht etabliert 2 c ist und) ein locker-leichtes, ein wenig ausgefallenes, durch viel Freiheit, Spontaneität und Kreativität gekennzeichnetes Leben führt.*

flip|pig ⟨Adj.⟩ (ugs.): *von lockerer, leichter, unsteter Art; kess, flott und oft ein wenig ausgefallen, leicht verrückt:* ein -er Typ; -e Kleider.

flir|ren ⟨sw. V.; hat⟩ [wohl Vermischung von ↑flimmern mit ↑schwirren] (geh.): *unruhig, zitternd glänzen, flimmern:* die Luft flirrte.

Flirt [flœrt, auch: flɪrt], der; -s, -s [zu ↑flirten]: **a)** *Bekundung von erotischer Zuneigung durch ein bestimmtes Verhalten, durch Gesten, Blicke od. scherzhafte Worte:* ein kleiner F.; **b)** *unverbindliche erotische Beziehung von meist kurzer Dauer; Liebelei:* einen F. mit jmdm. haben.

flir|ten [ˈflœrtn̩, auch: ˈflɪrtn̩] ⟨sw. V.; hat⟩ [engl. to flirt, H. u.]: *jmdm. durch ein bestimmtes Verhalten, durch Gesten, Blicke od. scherzhafte Worte seine erotische Zuneigung bekunden u. auf diese Weise eine erotische Beziehung anzubahnen suchen:* er flirtete den ganzen Abend mit ihr.

Flir|te|rei [flœrtəˈrai̯, auch: flɪrtəˈrai̯], die; -: *allzu häufiges od. allzu langes Flirten.*

Flit|scherl, das; -s, -n [Vkl. von mundartl. Flitsch(en) = Mädchen, eigtl. = Flügel, viell. aus Flittich, mundartl. Nebenf. von ↑Fittich] (österr. ugs.): *Flittchen.*

Flitt|chen, das; -s, - [wohl zu ↑Flitter, flittern] (ugs. abwertend): *leichtlebige [junge] Frau, die häufig u. mit verschiedenen Männern sexuelle Beziehungen hat:* sie ist ein ziemliches F.

Flit|ter, der; -s, - [rückgeb. aus ↑[1]flittern]: **1.** *glitzernder Schmuck in Form von Metallplättchen zum Aufnähen auf Kleidungsstücke:* ein Kostüm mit aufgenähten -n. **2.** ⟨o. Pl.⟩ (abwertend) *billiger, unechter, wertloser Schmuck.*

Flit|ter|gold, das: *als Ersatz für Blattgold dienendes, sehr dünnes Messingblech.*

[1]flit|tern ⟨sw. V.; hat⟩ (seltener): *flimmern* (1).

[2]flit|tern ⟨sw. V.; hat⟩ [rückgeb. aus ↑Flitterwochen] (ugs. scherzh.): *sich in den Flitterwochen befinden.*

F

Flit|ter|werk, das (abwertend): *Flitter* (2).

Flit|ter|wo|chen ⟨Pl.⟩ [zu mhd. vlittern »flüstern, kichern; liebkosen« (lautm.), eigtl. »Kosewochen«]: *erste [als besonders unbeschwert-schön empfundene] Wochen nach der Eheschließung.*

Flit|ter|wöch|ner, der; -s, -: *Ehemann in den Flitterwochen.*

Flit|ter|wöch|ne|rin, die: w. Form zu ↑Flitterwöchner (1).

Flitz|bo|gen, (landsch. auch:) **Flit|ze|bo|gen,** der [mniederd. flitsbōgen] (ugs.): *Bogen* (4); * **gespannt sein wie ein F.** (ugs.; *sehr neugierig auf den Ausgang einer Sache sein*).

flit|zen ⟨sw. V.; ist⟩ [im 19. Jh. = wie ein Flitz (= Pfeil) sausen, eilen, urspr. = mit Flitzen schießen] (ugs.): **1.** *sich sehr rasch [mit einem Fahrzeug] fortbewegen:* eben mal zum Bäcker f.; um die Ecke f. **2.** (veraltend) *blitzen* (5).

Flit|zer, der; -s, - (ugs.): **1.** *kleines, sportliches schnelles Fahrzeug:* einen F. fahren. **2.** (seltener) *jmd., der schnell laufen kann.*

Float [floʊt], der; -s, -s [engl. float, eigtl. = das Fließen, Fluss, zu: to float ↑floaten] (Bankw.): *Summe der von Konten abgebuchten, aber noch nicht gutgeschriebenen Zahlungen im bargeldlosen Zahlungsverkehr.*

floa|ten [ˈfloʊtn̩] ⟨sw. V.; hat⟩ [engl. to float, eigtl. = schwimmen, treiben] (Wirtsch.): *(vom Außenwert einer Währung) durch Freigabe des Wechselkurses schwanken.*

Floa|ting [ˈfloʊtɪŋ], das; -s, -s [engl. floating = das Freigeben] (Wirtsch.): *durch Freigabe des Wechselkurses eingeleitetes Schwanken des Außenwertes einer Währung in einem System fester Wechselkurse.*

Flo|bert|ge|wehr [auch: floˈbeːɐ̯..., floˈbɛːɐ̯...], das; -[e]s, -e [nach dem frz. Waffentechniker N. Flobert (1819–1894)]: *leichte Handfeuerwaffe mit innen glattem Lauf.*

F-Loch [ˈɛf...], das; -[e]s, F-Löcher: *Schallloch in Form eines f (f od. ʃ) bei Streichinstrumenten.*

flocht, flöch|te: ↑flechten.

Flöck|chen, das; -s, -: Vkl. zu ↑Flocke (1).

Flock|druck, der [nach engl. flock printing, aus: flock = Flocke u. printing = das Drucken] (Textilw.): *Verfahren zum Bedrucken von Stoffen, bei dem das Muster durch aufgeklebten Faserflor erzeugt wird, wodurch eine samtartige Oberfläche entsteht.*

Flo|cke, die; -, -n [mhd. vlock(e), ahd. floccho, H. u.; wahrsch. Vermischung von lat. floccus = Wollfaser u. einem germ. Wort]: **1. a)** *kleines, leichtes, lockeres Stück eines faser- od. fadenförmigen Stoffes;* **b)** kurz für ↑Schneeflocke; **c)** *kleines Stückchen von Schaum od. einer weichen Masse:* kleine -n aus Eischnee. **2.** ⟨meist Pl.⟩ *zu kleinen, dünnen Plättchen gequetschtes Getreidekorn o. Ä.:* Hafer zu -n verarbeiten. **3.** *kleiner weißer Fleck auf der Stirn von Haustieren, bes. Pferden.* **4.** ⟨Pl.⟩ (salopp) *Geld:* her mit den -n!

flo|cken ⟨sw. V.; hat⟩ (geh.): *Flocken bilden, sich zu Flocken zusammenballen; in Form von Flocken in Erscheinung treten.*

Flo|cken|blu|me, die: *(zu den Korbblütlern gehörende, in vielen Arten vorkommende) meist flockig behaarte Kräuter mit in Köpfchen stehenden, großen Röhrenblüten.*

flo|cken|wei|se ⟨Adv.⟩: *in einzelnen Flocken.*

flo|ckig ⟨Adj.⟩: *in Form von Flocken, wie Flocken.*

Flock|sei|de, die: *wirres Fadenmaterial der äußeren Schicht des Seidenkokons.*

Flo|ckung, die; -, -en: *das Flocken.*

Flo|ckungs|mit|tel, das (Chemie): *Mittel, das eine Flockung bewirkt od. verstärkt.*

Flö|del, der; -s, - [H. u.]: *schmaler Zierstreifen am Rand von Decke u. Boden bei Streichinstrumenten.*

flog, flö|ge: ↑fliegen.

floh: ↑fliehen.

Floh, der; -[e]s, Flöhe [1: mhd. vlō(ch), ahd. flōh; schon früh an ↑fliehen angelehnt im Sinne von »schnell entkommendes Tier«, wahrsch. aber verhüll. Entstellung od. Abwandlung des urspr. Tiernamens; 2: viell. nach einem Vergleich des schnellen Ausgebens von Geldmünzen mit dem Weghüpfen der Flöhe]: **1.** *sehr kleines, flügelloses, Blut saugendes Insekt, das sehr gut springen kann u. auf Vögeln, Säugetieren u. Menschen schmarotzt:* einen F. fangen; der Hund hat Flöhe; Flöhe knacken (ugs.; *durch Zerdrücken töten*); R es ist schlimmer, [einen Sack (voll)] Flöhe zu hüten (↑Sack 1 a); * **jmdm. einen F. ins Ohr setzen** (ugs.; *jmdm. einen Gedanken, einen Wunsch eingeben, der diesen dann nicht mehr ruhen lässt*); **die Flöhe husten, niesen hören** (ugs. spött.; *schon aus den kleinsten Veränderungen etwas für die Zukunft erkennen wollen*). **2.** ⟨Pl.⟩ (salopp) *Geld:* keine Flöhe mehr haben.

Floh|bei|ßen: in der Fügung **angenehmes F.!** (ugs. scherzh.; *gute Nacht!*).

Floh|biss, der: *Biss eines Flohs.*

flö|he: ↑fliehen.

flö|hen ⟨sw. V.; hat⟩: *nach Flöhen absuchen.*

Floh|hüp|fen, das; -s: *Kinderspiel, bei dem kleine bunte Plättchen in einen Becher geschnipst werden müssen.*

Floh|ki|no, das (ugs.): *kleines Vorstadtkino.*

Floh|kraut, das [früher als Mittel gegen Flöhe verwendet]: *(zu den Korbblütlern gehörendes, in mehreren Arten vorkommendes) Kraut mit gelben Blüten.*

Floh|markt, der [H. u., vgl. gleichbed. frz. marché aux puces (zu: marché = Markt u. puce = Floh)]: *Markt, auf dem Trödel und gebrauchte Gegenstände verkauft werden; Trödelmarkt:* hier ist wöchentlich F.

Floh|spiel, das ⟨o. Pl.⟩: *Flohhüpfen.*

Floh|zir|kus, der: *zirkusähnliche Vorführung mit scheinbar dressierten Flöhen.*

Flo|ka|ti, der; -s, -s [ngriech. phlokátē = wollene Decke, zu: phlokátos = mit Quasten geschmückt, zu: phlóka = Quaste]: *Teppich mit langen haarigen Wollfäden an der Oberseite.*

Flom, Flo|men, der; -s [aus dem Niederd. < mniederd. vlōme, eigtl. wohl = (flach) Ausgebreitetes]: *Bauch- u. Nierenfett vom Schwein, aus dem Schmalz hergestellt wird.*

Floor [flɔː], der; -s, -s [engl. floor = Fußboden; Stockwerk; Sitzungssaal, verw. mit ↑Flur] (Börsenw.): **1.** *(an Produktenbörsen) abgegrenzter Raum, in dem sich die Makler zur Abwicklung von Termingeschäften zusammenfinden.* **2.** *vereinbarter Mindestzins bei zinsvariablen Anleihen.*

Flop, der; -s, -s [engl. flop, eigtl. = das Hinplumpsen]: **1.** (Leichtathletik) kurz für ↑Fosbury-Flop. **2.** (bes. Werbespr.) **a)** *Misserfolg;* **b)** *Niete* (2).

flop|pen ⟨sw. V.; hat/ist⟩ (Leichtathletik Jargon): **1.** *im Fosbury-Flop springen:* sie floppte über 1,96 m. **2.** *ein Misserfolg, Flop* (2 a) *sein.*

Flop|py Disk [...pi -], die; - -, - -s, (auch:) **Flop|py|disk,** die; -, -s [engl. floppy disk, aus: floppy = weich u. biegsam u. disc = Scheibe, (Schall)platte] (EDV): *Diskette.*

[1]Flor, der; -s, -e ⟨Pl. selten⟩ [aus lat. in flore esse = in Blüte stehen, zu: flos (Gen.: floris) = Blume, Blüte] (geh.): **1. a)** *Blumen-, Blütenfülle, Blumenpracht:* der Zauber des herbstlichen -s; **b)** *Fülle, Menge blühender [schöner] Blumen [der gleichen Art]; Fülle, Menge von Blüten [einer Pflanze]:* ein F. duftender Rosen; Ü ein F. reizer der Damen. **2.** (seltener) *Wohlstand, Gedeihen.*

[2]Flor, der; -s, -e, selten: Flöre [niederl. floers, wol < frz. velours, ↑[1]Velours]: **1. a)** *feines, zartes, durchsichtiges Gewebe:* ein festliches Kleid aus F.; **b)** kurz für ↑Trauerflor. **2.** *aufrecht stehende Enden der [Stoff]fasern bei Samt, Plüsch u. Te pichen:* ein Teppich mit dickem F.

[1]Flo|ra, die; -, ...ren [nach dem Namen der ↑[2]Flora zu lat. flos, ↑[1]Flor]: **1.** *[systematisch erfasste] Pflanzenwelt eines bestimmten Gebietes:* die tropische F. **2.** *Bestimmungsbuch für die Pflanzen eines Gebiets.* **3.** ⟨o. Pl.⟩ *Gesamtheit der natürlich vorkommenden Bakterien in einem Körperorgan.*

[2]Flo|ra (röm. Myth.): Göttin der Blüte u. des Früh lings.

flo|ral ⟨Adj.⟩ [zu lat. flos (Gen.: floris) = Blume]: **a)** *mit Blumen, geblümt:* -e Dessins; **b)** *Blüten betreffend, darstellend.*

Flor|band, das ⟨Pl. ...bänder⟩: *Trauerflor.*

Flo|ren|ge|biet, das: *bes. durch bestimmte Pflan zengattungen u. -arten charakterisiertes Gebie der Erde mit einer aufgrund der geographische u. klimatischen Verhältnisse einheitlichen Pla zenwelt; pflanzengeographische Region.*

Flo|ren|re|gi|on, die: vgl. Florengebiet.

[1]Flo|ren|ti|ner, der; -s, -: **1.** Ew. zu ↑Florenz. **2.** *Damenstrohhut mit breitem, schwingendem Rand.* **3.** *flaches, rundes, halbseitig mit Kuvertüre überzogenes Gebäckstück aus einer Mischung von Zucker, Honig, Fett u. Milch, der gehackte Mandeln od. Nüsse hinzugefügt sind.*

[2]Flo|ren|ti|ner ⟨indekl. Adj.⟩: zu ↑Florenz.

Flo|ren|ti|ne|rin, die; -, -nen: w. Form zu ↑[1]Florentiner (1).

flo|ren|ti|nisch ⟨Adj.⟩: *Florenz, die [1]Florentiner 1 betreffend.*

Flo|renz: italienische Stadt.

Flo|res [ˈfloːreːs] ⟨Pl.⟩ [lat. flores, Pl. von flos, ↑[1]Flor]: **1.** (Pharm.) *getrocknete Blüten[teile] al Bestandteile von Drogen.* **2.** *[improvisierte] Gesangsverzierungen in der mittelalterlichen Musik.*

Flo|res|zenz, die; -, -en [zu lat. florescens (Gen.: florescentis), 1. Part. von: florescere = aufblühen] (Bot.): **1.** *Blütezeit.* **2.** *Gesamtheit der Blüten einer Pflanze; Blütenstand.*

Flo|rett, das; -[e]s, -e [frz. fleuret < ital. fioretto, eigtl. = Knospe; nach dem knospenähnlichen Knopf, der bei Fechtübungen auf die Spitze gesteckt wurde]: **1.** *Stoßwaffe mit biegsamer, vierkantiger Klinge u. Handschutz.* **2.** ⟨o. Pl.⟩ *Florettfechten:* er hat im F. gewonnen.

Flo|rett|fech|ten, das; -s (Sport): *Fechten mit der Florett als sportliche Disziplin.*

Flo|rett|sei|de, die [nach ital. fioretto di seta = Auswahlseide] (Textilind.): *aus den kurzen Fadenenden des Kokons gesponnene [Abfall]seide.*

Flor|flie|ge, die: *zartes, hellgrünes Insekt mit gro ßen, durchsichtigen Flügeln.*

flo|rid ⟨Adj.⟩ [lat. floridus = blühend] (Med.): *(von Krankheiten) stark ausgeprägt, rasch fortschreitend.*

Flo|ri|da; -s: **1.** nordamerikanische Halbinsel. **2.** Bundesstaat der USA.

flo|rie|ren ⟨sw. V.; hat⟩ [lat. florere = blühen, zu: flos, ↑[1]Flor]: *sich [geschäftlich] günstig entwickeln, gedeihen; blühen.*

Flo|ri|leg, das; -s, -e, **Flo|ri|le|gi|um,** das; -s, ...ien [zu lat. florilegus = Blüten sammelnd, also eigtl. = Blütenlese] (veraltet): **1.** *Anthologie.* **2. a)** *Auswahl aus den Werken von Schriftstellern der Antike;* **b)** *Sammlung von Aussprüchen u. Redewendungen.*

Flo|rin, der; -s, -e u. -s [mlat. florinus = (Florentiner) Gulden, zu lat. flos (Gen.: floris) = Blume (nach der Wappenlilie auf der Rückseite)]: **a)** *niederländischer Gulden;* Abk.: [h]fl.; **b)** [ˈflɔrɪn] *ehemalige englische Silbermünze (zwei Shilling);* Abk.: fl., Fl.

Flo|rịst, der; -en, -en [1: zu ↑ [1]Flora; 2: zu lat. flos (Gen.: floris) = Blume]: **1.** *Kenner u. Erforscher einer* [1]*Flora* (1). **2.** *Blumenbinder* (Berufsbez.).

Flo|rịs|tik, die; -: **1.** *Wissenschaft von den natürlichen Verbreitungsgebieten der Pflanzenarten u. -sippen, floristische Geobotanik.* **2.** *Arbeitsgebiet der Floristinnen u. Floristen.*

Flo|rịs|tin, die; -, -nen: w. Form zu ↑ Florist.

flo|rịs|tisch ⟨Adj.⟩: **1.** *die Flora od. die Floristik* (1) *betreffend, zu ihr gehörend.* **2.** *die Floristik* (2) *betreffend, zu ihr gehörend.*

Flos|kel, die; -, -n [lat. flosculus = Blümchen, eigtl. = Redeblume, Vkl. von: flos, ↑ [1]Flor]: *nichts sagende Redensart; formelhafte, leere Redewendung:* seine Rede bestand nur aus -n.

flos|kel|haft ⟨Adj.⟩: *in der Art einer Floskel.*

floss: ↑ fließen.

Floß, das; -es, Flöße [mhd. vlōȝ, ahd. flōȝ, zu ↑ fließen in der alten Bed. »schwimmen«]: **1. a)** *flaches Wasserfahrzeug aus zusammengebundenen schwimmfähigen Materialien (wie Holz, Bambus, Schilf o. Ä.) zur Beförderung von Personen u. Waren;* **b)** *mehrere, zum Transport auf fließenden Gewässern zusammengebundene Baumstämme, die durch die Strömung fortbewegt werden.* **2.** *Schwimmer* (3) *an einer Angel.*

flöß|bar ⟨Adj.⟩: *(von Gewässern) zum Flößen* (1 a) *geeignet.*

Floß|brü|cke, die: *behelfsmäßige Brücke aus zusammengebundenen Baumstämmen.*

flös|se: ↑ fließen.

Flos|se, die; -, -n [mhd. vloȝȝe, ahd. floȝȝa, zu ↑ fließen in der alten Bed. »schwimmen, treiben«]: **1.** *der Fortbewegung u. Steuerung dienendes, fächerförmiges, aus Haut u. Knorpel bestehendes Organ im Wasser lebender Tiere.* **2.** kurz für ↑ Schwimmflosse (1). **3.** *fest stehender Teil des Leitwerks an Flugzeugen, Luftschiffen, [Unter]wasserfahrzeugen.* **4.** (ugs. scherzh. od. abwertend) **a)** *Hand;* **b)** ⟨meist Pl.⟩ (seltener) *Fuß.*

flö|ßen ⟨sw. V.; hat⟩ [mhd. vlœȝen, vlœtzen = fließen machen]: **1. a)** *Baumstämme als Flöße* (1 b) *befördern;* **b)** *mit einem Floß* (1) *transportieren.* **2.** *jmdm. eine Flüssigkeit in kleinen Mengen durch den Mund eingeben; einflößen.*

Flos|sen|fü|ßer, Flos|sen|füß|ler, der: *Robbe.*

Flö|ßer, der; -s, -: *jmd., der ein Floß* (1) *begleitet u. steuert* (Berufsbez.).

Flö|ße|rei, die; -: *das Flößen* (1 a): die F. hat in Nordeuropa noch große Bedeutung.

Flö|ße|rin, die; -, -nen: w. Form zu ↑ Flößer.

Floß|fahrt, die: *Fahrt mit einem Floß* (1).

Floß|gas|se, die (Wasserbau): *(in Stauanlagen) geneigte Rinne, durch die Flöße vom oberen ins untere Wasser schwimmen können.*

Floß|holz, das: *Holz, das geflößt wird.*

Flo|ta|ti|on, die; -, -en [engl. flo(a)tation, zu: to float = schwimmen (lassen)] (Technik, bes. Hüttenw.): *Aufbereitung, Sortierung von [mineralischen] Stoffgemischen durch Feinstverteilung in Wasser u. Beigabe schäumender Chemikalien, die bestimmte Bestandteile an Gasblasen angelagert nach oben treiben.*

flo|ta|tiv ⟨Adj.⟩: *die Flotation betreffend, dazu gehörend.*

Flö|te, die; -, -n [mhd. vloite < afrz. flaüte < aprovenz. flaüt, H. u.]: **1.** *rohrförmiges Blasinstrument aus Holz od. Metall, dessen Tonlöcher mit Klappen od. den Fingern geschlossen werden:* F. spielen; die F., auf der F. spielen. **2.** (Musik) *Labialpfeife.* **3.** *hohes, schlankes [Sekt]glas.* **4.** (Skat) *fortlaufende Reihe von Karten gleicher Farbe.*

flö|ten ⟨sw. V.; hat⟩: **1. a)** (selten) *[laienhaft] Flöte* (1) *spielen;* **b)** *Töne hervorbringen, die wie Flötentöne klingen:* die Amsel flötete; **c)** (landsch.) *pfeifen.* **2. a)** *mit einschmeichelnder, hoher Stimme sprechen;* **b)** *flötend* (2 a) *sagen:* »Die Freude ist ganz meinerseits«, flötete sie. **3.** * **f. gehen** (zu gaunerspr. Flöte, verhüllend für »Gefängnis«; ugs.: 1. *verloren gehen, abhanden kommen.* 2. *entzweigehen.*

flö|ten|ar|tig ⟨Adj.⟩: *wie eine Flöte* (1): -e Töne hervorbringen.

flö|ten ge|hen: s. flöten (4).

Flö|ten|kon|zert, das: **1.** *Konzert* (1 a) *für Flöte* (1) *u. Orchester.* **2.** *Konzert* (1 b) *mit Flötenmusik.*

Flö|ten|mu|sik, die: vgl. Flötenkonzert (1).

Flö|ten|re|gis|ter, das: *zu den Flöten* (2) *gehörendes Register bei der Orgel.*

Flö|ten|spiel, das: *Spiel* (5 b) *auf der Flöte.*

Flö|ten|spie|ler, der: *jmd., der Flöte spielt.*

Flö|ten|spie|le|rin, die: w. Form zu ↑ Flötenspieler.

Flö|ten|ton, der ⟨Pl. ...töne⟩: *mit einer Flöte hervorgebrachter Ton;* * **jmdm. [die] Flötentöne beibringen** (ugs.: *jmdn. das richtige Benehmen, Ordnung lehren;* wohl eigtl. jmdm. beibringen, sich nach den Signalen einer Flöte zu richten).

Flö|ten|werk, das (Musik): **1.** *kleine Orgel, die nur mit Flöten* (2) *besetzt ist.* **2.** *Gesamtheit der Labialstimmen einer Orgel.*

flo|tie|ren ⟨sw. V.; hat⟩ [nach engl. to float, ↑ Flotation] (Technik, bes. Hüttenw.): *(Erz) durch Flotation aufbereiten.*

Flö|tist, der; -en, -en: *jmd., der [berufsmäßig] Flöte* (1) *spielt:* ein virtuoser F.

Flö|tis|tin, die; -, -nen: w. Form zu ↑ Flötist.

flọtt ⟨Adj.⟩ [4: aus niederd. flot maken = ein Schiff fahrbereit, schwimmfähig machen, zu mniederd. vlot = das Schwimmen, zu: vlēten = fließen; schwimmen; 3: urspr. Studentenspr.]: **1.** (ugs.) **a)** *schnell, flink; zügig:* eine -e Bedienung; ein -es Tempo fahren; geht es nicht etwas -er?; bei der Arbeit f. vorankommen; * **einen Flotten bekommen/kriegen, haben** (salopp; *Durchfall bekommen, haben*); **b)** *schwungvoll, beschwingt:* -e Musik. **2.** (ugs.) **a)** *schick, modisch:* ein -er Hut, Mantel; sie sieht in dem Kleid f. aus; **b)** *(von Personen) hübsch, attraktiv [u. unbekümmert]:* ein -es Mädchen. **3.** *leichtlebig, lebenslustig u. unbeschwert:* ein -es Leben führen; f. leben. **4.** (Seemannsspr.) *frei schwimmend, fahrbereit:* das aufgelaufene Schiff ist wieder f.; Ü das Auto ist wieder f. *(wieder fahrtüchtig).*

Flọtt, das; -[e]s [aus dem Niederd. < mniederd. vlot, ↑ flott] (nordd.): **1.** *Entenflott.* **2.** *Floß* (2). **3. a)** *Sahne;* **b)** *Haut der abgekochten Milch.*

flọtt|be|kom|men ⟨st. V.; hat⟩ (ugs.): *fahrbereit bekommen* (6 c).

Flọt|te, die; -, -n [1: unter Einfluss von ital. flotta, frz. flotte < mniederd. vlōte, zu ↑ fließen; 2: zu ↑ Flott]: **1. a)** *Gesamtheit der [Kriegs]schiffe eines Staates:* die englische F.; **b)** *größerer [Kriegs]schiffsverband.* **2.** *Flüssigkeit, in der Textilien gebleicht, gefärbt od. imprägniert werden.*

Flọt|ten|ab|kom|men, das (Milit.): *Vertrag zwischen zwei od. mehr Staaten über Stärke u. Bewaffnung ihrer Flotten* (1 a).

Flọt|ten|ba|sis, die (Milit.): *Hafen mit Versorgungseinrichtungen für eine Flotte* (1).

Flọt|ten|stütz|punkt, der (Milit.): vgl. Flottenbasis.

Flọt|ten|ver|band, der (Milit.): *Gruppe von Kriegsschiffen mit gemeinsamer Aufgabe.*

flot|tie|ren ⟨sw. V.; hat⟩ [frz. flotter, zu: flot = Welle, aus dem Germ.]: **1.** (Med.) *in einer Flüssigkeit frei beweglich schwimmen:* der Fetus flottiert im Fruchtwasser. **2.** (bildungsspr.; Fachspr.) *schwanken, schweben:* flottierende Schuld (Rechtsspr.; *kurzfristige Darlehensschuld des Staates, schwebende Schuld*). **3.** (Textilind.) *(von Garnfäden im Gewebe) stellenweise frei liegen.*

Flot|til|le [flɔˈtɪl(j)ə], die; -, -n [span. flotilla, Vkl. von: flota < frz. flotte, ↑ Flotte]: **1.** (Milit.) *Verband kleinerer Kriegsschiffe.* **2.** *Verband aus mehreren Fangschiffen u. einem verarbeitenden Schiff, die gemeinsam fischen.*

Flot|til|len|ad|mi|ral, der (Milit.): **a)** ⟨o. Pl.⟩ *unterster Dienstgrad in der Rangklasse der Admirale;* **b)** *Offizier dieses Dienstgrades.*

flọtt|krie|gen ⟨sw. V.; hat⟩ (ugs.): *flottbekommen.*

flọtt|ma|chen ⟨sw. V.; hat⟩: **1.** (Seemannsspr.) *(ein auf Grund gelaufenes Schiff) wieder zum freien Schwimmen bringen.* **2.** (ugs.) *(ein Fahrzeug) fahrbereit machen.*

flọtt|schlep|pen ⟨sw. V.; hat⟩: *(ein auf Grund gelaufenes Schiff) wegziehen, sodass es wieder frei schwimmt.*

flọtt|weg ⟨Adv.⟩ (ugs.): *flott, zügig, ohne Verzögerungen:* f. arbeiten.

Flọtz|maul, das; -[e]s, ...mäuler [wohl zu mhd. vlōȝ, ahd. flōȝ = Fließendes, Fluss]: *feuchte Hautpartie zwischen Nase u. Oberlippe beim Rind.*

Flow|er-Pow|er [ˈflaʊəpaʊə], die; - [engl. flower power = Macht der Blumen]: Schlagwort der Hippies, die in der Konfrontation mit der bürgerlichen Gesellschaft Blumen als Symbol für ihr Ideal einer humanisierten Gesellschaft verwenden.

Flöz, das; -es, -e [mhd. vletze, ahd. flezzi, flazzi = geebneter Boden, zu ahd. flaȝ, ↑ Fladen; vgl. Flett, Fletze] (Bergbau): *Schicht nutzbarer Gesteine von großflächiger Ausdehnung:* die Kohle dieses -es ist minderwertig.

Fluch, der; -[e]s, Flüche [mhd. vluoch, ahd. fluoh, rückgeb. aus ↑ fluchen]: **1.** *im Zorn gesprochener Kraftausdruck:* ein derber, [gottes]lästerlicher F.; einen kräftigen F. ausstoßen. **2.** *böse Verwünschung; Wunsch, dass jmdm. ein Unheil widerfahren soll:* einen F. gegen jmdn. ausstoßen; der F. erfüllte sich nicht. **3.** ⟨o. Pl.⟩ *Strafe, Unheil, Verderben [das durch einen Fluch* (2) *bedingt ist]:* ein fürchterlicher F. liegt auf dem Haus; R das ist der F. der bösen Tat *(das ist die verhängnisvolle Folge;* nach Schiller, Piccolomini, V, 1).

fluch|be|la|den ⟨Adj.⟩ (geh.): *unter einem Fluch* (3) *stehend:* ein -es Geschlecht.

flu|chen ⟨sw. V.; hat⟩ [mhd. vluochen, ahd. fluohhōn, eigtl. = mit der Hand auf die Brust schlagen (diese Bewegung hat wohl die Verwünschung begleitet; vgl. aengl. flōcan = schlagen)]: **1. a)** *im Zorn, in ärgerlicher Erregung Flüche, Kraftausdrücke gebrauchen, ausstoßen:* laut f.; unflätig fluchend verließ er das Büro; **b)** *in großer Erregung u. unter Verwendung von Kraftausdrücken heftig auf jmdn. od. etw. schimpfen:* er fluchte auf das Wetter. **2.** (geh.) *verfluchen* (a): er fluchte seinem Schicksal.

[1]**Flucht,** die; -, -en [mhd. vluht, ahd. fluht, zu ↑ fliehen]: **1. a)** ⟨o. Pl.⟩ *das Fliehen, Flüchten:* er wurde auf der F. erschossen; er ist auf der F. vor der Polizei; er konnte sich durch schnelle F. [ins Freie] retten; sie jagten in wilder F. davon; * **die F. ergreifen** *([vor etw., jmdm.] davonlaufen; fliehen):* vor dem Hund ergriff der Dieb die F.; **jmdn. in die F. schlagen** *(jmdn. durch Androhung von Gewalt od. durch Gegenwehr dazu bringen zu fliehen);* **b)** *das unerlaubte u. heimliche Verlassen eines Landes, Ortes:* die F. aus dem Gefängnis gelang; seine F. vorbereiten; an seiner F. arbeiten (ugs. scherzh.; *im Begriff sein, sich [heimlich] zu entfernen, wegzugehen).* **2.** ⟨o. Pl.⟩ *das Ausweichen aus einer als unangenehm empfundenen od. nicht zu bewältigenden [Lebens]situation:* die F. in die Anonymität, in die Krankheit; die F. nach vorn antreten *(durch eine entsprechende Handlung, durch risikoreiche Aktivitäten aus einer misslichen Lage herauszukommen suchen).* **3.** (Jägerspr.) *hoher u. weiter Sprung des [Schalen]wildes:* das Reh ging in hohen -en ab.

[2]**Flucht,** die; -, -en [aus dem Niederd., niederd. flugt = zusammen fliegende Vogelschar, zu ↑ fliegen (nach der geraden Linie, in der z. B. die Wildgänse hintereinander fliegen)] (Bauw.): **1.** *Reihung in gerader Linie, bes. vertikale Ebene, die auf einer Seite den Abschluss von Gebäuden, Innenräumen od. Bauteilen bildet:* die F. der Fenster, der Arkaden; die Häuser stehen alle in einer F. *(in einer Linie).* **2.** (geh.) *in einer Reihe liegende Zimmer, die durch Türen miteinander verbunden sind:* eine F. von Gemächern. **3.** *senkrecht u. waagerecht geradliniger Verlauf einer Mauer:* die Mauer in die F. bringen. **4.** (selten) *Spielraum:* das Fenster muss mehr F. haben.

flucht|ar|tig ⟨Adj.⟩: *sehr schnell, wie auf der*

[1]*Flucht vor etw., jmdm. [vor sich gehend]:* sie verließen das Lokal f.

Flucht|be|we|gung, die: **1.** *[1]Flucht vieler Menschen aus einem Land wegen drohender Gefahr:* die Hintergründe der F. in Südostasien. **2.** (Verhaltensf.) *Reaktion fluchtartiger Wegbewegung eines Lebewesens aus dem Bereich einer Gefahr, eines unangenehmen Reizes.*

Flucht|burg, die (hist.): *Fliehburg:* die Einwohner des Dorfes verschanzten sich in der F.

fluch|ten ⟨sw. V.; hat⟩ [zu ↑[2]Flucht] (Bauw.): **1.** *beim Bauen eine Mauer, Häuser od. Gebäudeteile in eine gerade Linie bringen.* **2.** *(von einer Mauer, Häusern, Gebäudeteilen) in einer geraden Linie liegen, verlaufen:* die beiden Häuser fluchten nicht.

flüch|ten ⟨sw. V.⟩ [zu ↑[1]Flucht; mhd. vlühten, ahd. fluhten = in die Flucht schlagen, vertreiben]: **a)** *[plötzlich u. sehr eilig] fliehen; sich einer drohenden Gefahr durch [1]Flucht (1) zu entziehen versuchen* ⟨ist⟩: vor den Soldaten, dem Hochwasser f.; über die Grenze ins Ausland f.; das Kind flüchtete ängstlich zur Mutter; **Ü** in Sachwerte f. *(aus Angst vor Inflation o. Ä. sein Geld in Sachwerten anlegen);* **b)** ⟨f. + sich⟩ *sich durch [1]Flucht (1) irgendwohin in Sicherheit bringen* ⟨hat⟩: sie flüchteten sich vor dem Gewitter in eine Hütte.

Flucht|fahr|zeug, das: *zur [1]Flucht (1) benutztes Fahrzeug.*

Flucht|ge|fahr, die ⟨o. Pl.⟩: *Gefahr, dass eine bestimmte Person flüchtet:* bei ihm besteht F.

Flucht|ge|schwin|dig|keit, die (Physik): *Geschwindigkeit, die ein Körper haben muss, um die Anziehungskraft eines Himmelskörpers zu überwinden.*

Flucht|hel|fer, der: *jmd., der einem anderen zur [1]Flucht (1 b) verhilft.*

Flucht|hel|fe|rin, die: w. Form zu ↑Fluchthelfer.

Flucht|hil|fe, die: *Handlung, die den Zweck hat, jmdm. zur [1]Flucht (1 b) zu verhelfen.*

flüch|tig ⟨Adj.⟩ [mhd. vlühtec, ahd. fluhtīc = fliehend, zu ↑[1]Flucht]: **1.** *auf der [1]Flucht (1 a) befindlich, geflüchtet:* ein -es *(schnell, fluchtartig davonlaufendes)* Reh; die Täter sind f.; *** f. gehen** (landsch.; *die [1]Flucht 1 a ergreifen, fliehen).* **2. a)** *von kurzer Dauer [u. geringer Intensität]; im Vorübergehen, nebenbei [erfolgend]:* ein -er Blick; ein -er Kuss; sein Blick streifte sie f.; **b)** *oberflächlich, ungenau:* einen -en Eindruck von jmdm. haben; ich kenne ihn nur f.; **c)** *zu rasch u. unkonzentriert u. daher fehlerhaft:* eine -e Arbeit; f. arbeiten. **3.** *rasch vorübergehend, nicht lange bestehend, vergänglich:* -e Augenblicke des Glücks. **4.** (Chemie) *rasch verdunstend:* ein -es Öl; Alkohol ist leicht f.

Flüch|tig|keit, die; -, -en: **1.** ⟨o. Pl.⟩ *das Flüchtigsein.* **2.** *flüchtige (2 c) Ausführung, Handhabung, Gestaltung:* solche -en dürfen nicht vorkommen.

Flüch|tig|keits|feh|ler, der: *auf Flüchtigkeit beruhender Fehler:* der Aufsatz war voll von -n.

Flücht|ling, der; -s, -e: *jmd., der aus politischen, religiösen od. ethnischen Gründen seine Heimat eilig verlassen hat od. verlassen musste u. dabei seinen Besitz zurückgelassen hat:* als politischer F. anerkannt werden.

Flücht|lings|aus|weis, der: *Ausweis, den jmd. erhält, der als Flüchtling anerkannt worden ist.*

Flücht|lings|elend, das: *Elend, große Not der Flüchtlinge.*

Flücht|lings|la|ger, das: *Lager, in dem Flüchtlinge [vorübergehend] Aufnahme finden.*

Flücht|lings|treck, der: *Treck von Menschen, die als Flüchtlinge ihre Heimat verlassen.*

Flücht|lings|wel|le, die: *größere Anzahl von Menschen, die aus einem bestimmten Anlass plötzlich ihr Land verlassen.*

Flucht|li|nie, die [zu ↑[2]Flucht]: **1.** *Baufluchtlinie.* **2.** *auf einen Fluchtpunkt zulaufende Linie.*

Flucht|punkt, der: *Punkt eines perspektivischen Bildes, in dem solche Linien zusammenlaufen, die in der Wirklichkeit parallelen Linien entsprechen.*

Flucht|re|ak|ti|on, die (Verhaltensf.): *in [1]Flucht (1 a) bestehende Reaktion (eines Tieres).*

Flucht|ver|dacht, der: vgl. Fluchtgefahr.

flucht|ver|däch|tig ⟨Adj.⟩: *unter Fluchtverdacht stehend.*

Flucht|ver|such, der: *Versuch zu fliehen:* ein misslungener F.

Flucht|wa|gen, der: *zur [1]Flucht (1) benutzter Wagen.*

Flucht|weg, der: **a)** *Weg, auf dem jmd. flüchtet, geflüchtet ist:* jmds. F. rekonstruieren; **b)** *Weg, auf dem jmd. gegebenenfalls flüchten kann.*

fluch|wür|dig ⟨Adj.⟩ (geh.): *verabscheuungswürdig, verdammenswert:* eine -e Tat.

Flug, der; -[e]s, Flüge [mhd. vluc, ahd. flug, zu ↑fliegen]: **1.** *das Fliegen als Fortbewegung in der Luft:* den F. eines Vogels, eines Flugzeugs beobachten; im F. *(während des Fliegens);* *** [wie] im -e** *([überraschend, sehr] schnell in Bezug auf etw., was sich über eine gewisse Zeit erstreckt):* die Tage vergingen [mir] wie im -e. **2.** *das Fliegen zu einem bestimmten Zweck od. Ziel; Flugreise:* ein ruhiger F.; billige Flüge nach Amerika; der F. zum Mond; einen F. antreten, buchen. **3.** (Skispringen, Skifliegen) *das Gleiten durch die Luft, der Verlauf der Flugbahn des Skispringers vom Absprung bis zum Aufsetzen:* ein wundervoller F. über 180 m. **4.** (Jägerspr.) *Gruppe zusammen fliegender Vögel der gleichen Art:* ein F. Wildenten.

Flug|ab|wehr, die: **1.** (Milit.) *Abwehr von Luftangriffen.* **2.** (Ballspiele) *das Abwehren eines Balles im Sprung.*

Flug|ab|wehr|ar|til|le|rie, die (Milit.): *mit Flugabwehrkanonen ausgerüstete Artillerie* (a).

Flug|ab|wehr|ka|no|ne, die (Milit.): *bei der Flugabwehr eingesetztes bewegliches [Schnellfeuer]geschütz.*

Flug|ab|wehr|ra|ke|te, die (Milit.): *bei der Flugabwehr eingesetzte Raketenwaffe.*

Flug|angst, die: *Angst vor dem Fliegen* (4).

Flug|asche, die: *bei der Verbrennung eines Brennstoffs vom Rauch mitgeführte Asche.*

Flug|bahn, die: *Bahn, die ein fliegendes Objekt beschreibt.*

Flug|ball, der (Sport): **a)** *hoch durch die Luft fliegender Ball;* **b)** (Tennis) *Ball, der direkt aus der Luft gespielt wird, ohne dass er vorher auf dem Boden aufspringt.*

Flug|be|glei|ter, der: *Steward an Bord von Flugzeugen.*

Flug|be|glei|te|rin, die: *Stewardess.*

Flug|ben|zin, das: *Benzin für Flugzeugmotoren.*

flug|be|reit ⟨Adj.⟩: vgl. fahrbereit: die Maschine stand f. auf dem Rollfeld.

Flug|be|reit|schaft, die: **1.** ⟨Pl. selten⟩ *das Flugbereitsein.* **2.** *einer Dienststelle angeschlossene Einrichtung, die über flugbereite Flugzeuge od. Hubschrauber u. dienstbereite Piloten verfügt.*

Flug|be|trieb, der ⟨o. Pl.⟩: **a)** *organisierter Ablauf des Flugverkehrs:* der F. konnte wieder aufgenommen werden; **b)** *das [häufige] Starten u. Landen von Flugzeugen:* auf dem Sportflugplatz herrscht sonntags reger F.

Flug|bild, das (Zool.): *charakteristisches Erscheinungsbild eines fliegenden Vogels.*

Flug|blatt, das [nach frz. feuille volante]: *meist unentgeltlich verteiltes od. von Flugzeugen o. Ä. in größerer Menge abgeworfenes Blatt, das einod. zweiseitig bedruckt [u. illustriert] ist u. über ein aktuelles Ereignis informiert od. dazu Stellung nimmt:* Flugblätter abwerfen, verteilen.

Flug|boot, das: *Wasserflugzeug, dessen Rumpf als Schwimmkörper ausgebildet ist.*

Flug|da|ten|schrei|ber, der: *Flugschreiber.*

Flug|dra|che, der: *Echse, die mithilfe zweier flügelartiger Hautlappen ein Stück weit durch die Luft gleiten kann; Flatterechse.*

Flug|dra|chen, der: *Drachen* (4).

Flug|ech|se, die: *Flugsaurier.*

Flug|ei|gen|schaft, die ⟨meist Pl.⟩: *technische Eigenschaft eines Flugzeugs o. Ä., die bes. während des Flugs hervortritt.*

Flü|gel, der; -s, - [1 a: mhd. vlügel; 3 a: unter Einfluss von gleichbed. lat. ala, eigtl. = Vogelflügel; 5: nach der Ähnlichkeit mit einem Vogelflügel]: **1. a)** *paariges, am Rumpf sitzendes Organ, mit dessen Hilfe Vögel u. Insekten fliegen* (1): der Adler breitet die F. aus; die Gans hat einen F. gebrochen, schlägt mit den -n; *** die F. hängen lassen** (ugs.; *mutlos u. bedrückt sein);* **jmdm. die F. beschneiden/stutzen** *(jmds. Tatendrang, Übermut dämpfen);* **jmdm. F. verleihen** (geh.; *jmdn. beflügeln* a); **b)** *(von mythologischen o. ä. Wesen) in der Form den Vogelflügeln ähnliches, zum Fliegen geeignetes Organ:* ein Engel, eine Elfe mit silbernen -n; **c)** (Flugw.) *Tragflügel.* **2. a)** *[beweglicher] seitlicher Teil eines mehrgliedrigen, symmetrischen Ganzen:* der rechte F. eines Altars, Fensters; der linke F. der Lunge; **b)** *von einem [sich im Zentrum drehenden] Mittelstück abstehendes Teil eines mechanischen Geräts, das in der Form od. Funktion einem Vogelflügel ähnelt:* eine Schiffsschraube mit drei -n; die F. der Windmühle. **3. a)** *äußerer Teil einer aufgestellten Truppe, Mannschaft o. Ä.:* der linke F. der Armee; über die F. (Fußball; *über den vorderen rechten u. linken Teil der gegnerischen Spielfeldhälfte)* angreifen; **b)** *Gruppierung innerhalb einer politischen od. weltanschaulichen Partei od. Gruppe:* der linke, rechte F. der Partei. **4.** *seitlicher Teil eines größeren Gebäudes, der in einem Winkel an das Hauptgebäude anschließt:* im westlichen F. des Schlosses. **5.** *großes, dem Klavier ähnliches Musikinstrument auf drei Beinen mit relativ flachem, an die Form eines Vogelflügels erinnerndem Resonanzkörper, dessen Deckel hochgestellt werden kann u. in dem die Saiten waagerecht in Richtung der Tasten gespannt sind:* am F., auf dem F. begleitete ein berühmter Pianist.

Flü|gel|al|tar, der: *Altar mit fest stehendem Mittelteil u. zwei od. mehr beweglichen Flügeln* (2 a).

Flü|gel|är|mel, der: *sehr weiter Ärmel.*

flü|gel|ar|tig ⟨Adj.⟩: *in der Art eines Flügels* (1 a).

Flü|gel|de|cke, die: *als Schutz für Hinterflügel u. Hinterleib dienender Vorderflügel der Insekten; Deckflügel.*

Flü|gel|fens|ter, das: *Fenster mit mehreren Flügeln* (2 a).

Flü|gel|hau|be, die (früher): *Haube mit großer gestärkter Schleife.*

Flü|gel|horn, das [H. u.; viell. urspr. Horn der Jäger, die die Flügel einer Treibjagd befehligen] (Musik): *dem Kornett verwandtes, hohes Blechblasinstrument.*

Flü|gel|kampf, der ⟨meist Pl.⟩ (bes. Politik): *Auseinandersetzung zwischen den verschiedenen Flügeln einer Partei o. Ä.*

flü|gel|lahm ⟨Adj.⟩: **a)** *(von Vögeln) mit verletzten, lahmen Flügeln* (1 a): eine -e Drossel; **b)** *mutlos, kraftlos, matt:* seit diesem Ereignis ist er etwas f. geworden.

flü|gel|los ⟨Adj.⟩: *keine Flügel* (1 a) *besitzend:* -e Insekten.

Flü|gel|mann, der ⟨Pl. ...männer u. ...leute⟩: **a)** (Milit.) *erster bzw. letzter Mann eines Gliedes;* **b)** (Ballspiele) *Außenstürmer.*

Flü|gel|mes|ser, das: *Maschinen-, Geräteteil aus mehreren im Kreis angeordneten, sich drehenden Messern.*

Flü|gel|mut|ter, die: *Schraubenmutter mit zwei flügelartigen Ansätzen, die das Festziehen u. das Lösen von Hand ermöglichen.*

Flü|gel|paar, das: **1.** *Paar Flügel* (1 a). **2.** (Ballspiele) *rechter u. linker Außenstürmer.*

Flü|gel|rad, das: **1.** (Technik) *Maschinenteil aus mehreren, sich um eine Achse drehenden Flügeln (2 b): Propeller.* **2.** *geflügeltes Rad als Symbol [der Eisenbahn].*

Flü|gel|schlag, der: *Bewegung der Flügel* (1 a): mit kraftvollen Flügelschlägen schwang sich der Adler empor.

flü|gel|schla|gend ⟨Adj.⟩: *mit den Flügeln schlagend:* schnatternd und f. lief die Gans davon.

Flü|gel|schrau|be, die: vgl. Flügelmutter.

Flü|gel|spit|ze, die: *Spitze eines Flügels* (1 a).

lü|gel|stür|mer, der (Ballspiele): *rechter od. linker Außenstürmer.*

lü|gel|stür|me|rin, die (Ballspiele): w. Form zu ↑Flügelstürmer.

lü|gel|tür, die: *Tür mit zwei Flügeln* (2 a).

lug|fä|hig ⟨Adj.⟩: *in der Lage, fähig zu fliegen.*

lug|fä|hig|keit, die: *das Flugfähigsein.*

lug|funk, der: *Funkverkehr zwischen Flugzeugen od. zwischen Flugzeug u. Bodenstation; Bordfunk.*

lug|gast, der: *Passagier eines Flugzeugs.*

lüg|ge ⟨Adj.⟩ [aus dem Niederd. < mniederd. vlügge = flugfähig; beweglich, emsig, zu ↑fliegen]: *(von jungen Vögeln) so weit entwickelt, dass erste Flüge möglich sind:* die Amseln werden nach drei Wochen f.; Ü die Kinder sind bald f. (ugs., oft scherzh.; *[weitgehend] erwachsen; selbstständig*).

lug|ge|rät, das ⟨o. Pl.⟩ (bes. Milit.): *Gesamtheit aller Luftfahrzeuge.*

lug|ge|sell|schaft, die: *Luftfahrtgesellschaft.*

lug|ha|fen, der: *größerer Flugplatz für den allgemeinen Flugverkehr [bes. den Linienverkehr]:* ein internationaler F.; jmdn. zum F. bringen.

lug|ha|fen|res|tau|rant, das: *Restaurant auf einem Flughafen.*

lug|haut, die (Zool.): *ausspannbare Hautfalte bei Wirbeltieren, die zu Gleitflügen befähigt.*

lug|hö|he, die: *Höhe, in der ein Vogel, Flugzeug o. Ä. während des Fluges fliegt.*

lug|hund, der: *(in den Tropen u. Subtropen lebendes, zu den Fledermäusen gehörendes) Säugetier, das den Tag schlafend, meist an Baumästen hängend verbringt.*

lug|ka|pi|tän, der: *verantwortlicher Pilot in einer größeren Verkehrsmaschine.*

lug|ka|pi|tä|nin, die: w. Form zu ↑Flugkapitän.

lug|kar|te, die: **1.** vgl. Luftfahrtkarte. **2.** vgl. Fahrkarte.

lug|ki|lo|me|ter ⟨Pl.⟩: *von einem Flugzeug o. Ä. zu fliegende od. geflogene Anzahl von Kilometern.*

lug|kör|per, der: *Rakete, die, Raumschiff o. Ä., das sich auf einer Flugbahn bewegt.*

lug|lärm, der: *Lärm, der beim Starten u. Landen von Flugzeugen entsteht:* die Anwohner fühlen sich durch den F. gestört.

lug|leh|rer, der: *jmd., der Unterricht im Führen von Flugzeugen gibt.*

lug|leh|re|rin, die: w. Form zu ↑Fluglehrer.

lug|lei|ter, der: *jmd., der im Flugsicherungsdienst tätig ist* (Berufsbez.).

lug|lei|te|rin, die: w. Form zu ↑Flugleiter.

lug|lei|tung, die: *Dienststelle auf einem Flughafen für den Flugsicherungsdienst.*

lug|li|nie, die: **a)** *planmäßig von Flugzeugen beflogene Strecke:* auf dieser F. verkehren täglich drei Maschinen; **b)** (ugs.) *Luftfahrtgesellschaft.*

lug|loch, das: *Öffnung an Bienenstöcken, Taubenschlägen o. Ä., durch die die Tiere ein- u. ausfliegen.*

lug|lot|se, der: *Flugleiter.*

lug|lot|sin, die: w. Form zu ↑Fluglotse.

lug|ob|jekt, das: *[nicht näher auszumachendes] fliegendes Objekt* (1 a): * **unbekanntes F.** *(UFO).*

lug|pas|sa|gier, der: *Fluggast.*

lug|pas|sa|gie|rin, die: w. Form zu ↑Flugpassagier.

lug|per|so|nal, das: *Personal einer Fluggesellschaft, das im Flugzeug tätig ist.*

lug|plan, der: vgl. Fahrplan.

lug|platz, der: *Gelände mit [befestigten] Rollbahnen zum Starten u. Landen von Luftfahrzeugen, Wartungseinrichtungen, Gebäuden zur Abfertigung von Passagieren u. Frachtgut, technischen Anlagen zur Steuerung u. Überwachung des Flugverkehrs.*

lug|post, die: *Luftpost.*

lug|rei|se, die: *Reise mit dem Flugzeug.*

lug|rei|sen|de, der u. die: *mit dem Flugzeug Reisende[r].*

lug|rich|tung, die: *Richtung, in die jmd., etw. fliegt.*

lugs ⟨Adv.⟩: *schnell, sofort, sogleich.*

Flug|sand, der: *sehr feiner, vom Wind transportierter Sand (z. B. bei Dünen).*

Flug|sau|ri|er, der: *ausgestorbenes Kriechtier unterschiedlicher Größe, das mithilfe großer Flughäute fliegen kann.*

Flug|schan|ze, die (Skifliegen): *Sprungschanze, bei der Sprünge über große Weiten möglich sind.*

Flug|schau, die: *Veranstaltung, bei der Luftfahrzeuge ausgestellt werden und in oft spektakulären Vorführungen zu sehen sind.*

Flug|schein, der: **1.** *Flugkarte* (2). **2.** *Pilotenschein.*

Flug|schnei|se, die: *Einflugschneise, Ausflugschneise.*

Flug|schrei|ber, der: *Gerät, das in einem Flugzeug automatisch die technischen Daten des Fluges (Höhe, Geschwindigkeit usw.) aufzeichnet; Flugdatenschreiber.*

Flug|schü|ler, der: vgl. Fluglehrer.

Flug|schü|le|rin, die: w. Form zu ↑Flugschüler.

Flug|si|cher|heit, die ⟨o. Pl.⟩: *Sicherheit beim Fliegen mit einem Flugzeug o. Ä.*

Flug|si|che|rung, die: **a)** *Gewährleistung der Sicherheit des Flugverkehrs;* **b)** *für die Flugsicherung* (a) *zuständige Abteilung.*

Flug|si|che|rungs|dienst, der: *Gesamtheit der der Sicherheit des Flugverkehrs dienenden Tätigkeiten.*

Flug|sport, der: *Gesamtheit der mit dem Fliegen zusammenhängenden sportlichen Disziplinen.*

Flug|steig, der: *[überdachter] Gang, der von den Hauptgebäuden des Flughafens auf das Rollfeld hinausführt.*

Flug|stre|cke, die: *geflogene od. zu fliegende Strecke.*

Flug|stun|de, die: **1.** vgl. Fahrstunde. **2. a)** *Flugzeit von einer Stunde:* nach einer halben F. waren wir an der Küste; **b)** *Strecke, die ein Flugzeug in einer Flugstunde* (a) *zurücklegen kann:* London ist anderthalb -n entfernt.

flug|taug|lich ⟨Adj.⟩: *vom Gesundheitszustand her geeignet, ein Flugzeug zu führen.*

Flug|taug|lich|keit, die: *das Flugtauglichsein.*

Flug|tech|nik, die: *Technik des Flugzeugbaus, Fliegens.*

flug|tech|nisch ⟨Adj.⟩: *die Flugtechnik betreffend.*

Flug|ti|cket, das: *Flugschein* (1).

flug|un|fä|hig ⟨Adj.⟩: *nicht in der Lage zu fliegen.*

Flug|ver|bin|dung, die: *Verbindung durch eine Fluglinie.*

Flug|ver|kehr, der: *Verkehr von Luftfahrzeugen:* die Überwachung des -s.

Flug|weg, der: *Richtung, die ein Flugzeug, Flugkörper o. Ä. zu einem bestimmten Ziel einschlägt.*

Flug|we|sen, das ⟨o. Pl.⟩: *Gesamtheit dessen, was mit dem Fliegen* (4, 5) *zusammenhängt, einschließlich Organisation, Verwaltung o. Ä.*

Flug|wet|ter|dienst, der: *Wetterdienst, der bes. für den Flugverkehr wichtige Informationen gibt.*

Flug|wild, das (Jägerspr.): *Federwild.*

Flug|zeit, die: *für das Fliegen einer Flugstrecke benötigte Zeit:* die gesamte F. beträgt 5 Stunden.

Flug|zet|tel, der (österr.): *Flugblatt.*

Flug|zeug, das [nach ↑Fahrzeug geb.]: *Luftfahrzeug, das während des Fluges durch den aerodynamischen Auftrieb fest stehender bzw. umlaufender Flügel getragen wird:* einmotorige, viermotorige -e; das F. startet, hebt ab, steigt [auf], kreist über der Stadt, setzt zur Landung an, landet, setzt [hart] auf, ist abgestürzt, ist notgelandet; ein F. konstruieren, bauen, führen; mit dem F. reisen, fliegen.

Flug|zeug|ab|sturz, der: *Absturz eines Flugzeugs.*

Flug|zeug|ab|wehr, die: *Flugabwehr.*

Flug|zeug|bau, der ⟨o. Pl.⟩: *Bau von Flugzeugen.*

Flug|zeug|ent|füh|rer, der: *jmd., der ein Flugzeug entführt [hat].*

Flug|zeug|ent|füh|re|rin, die: w. Form zu ↑Flugzeugentführer.

Flug|zeug|ent|füh|rung, die: *Entführung eines Flugzeugs.*

Flug|zeug|füh|rer, der: *Pilot* (1 a).

Flug|zeug|füh|re|rin, die: w. Form zu ↑Flugzeugführer.

Flug|zeug|hal|le, die: *Hangar.*

Flug|zeug|mo|dell, das: *Modell eines Flugzeugs.*

Flug|zeug|trä|ger, der: *großes [Kriegs]schiff mit langen Decks zum Starten u. Landen von Flugzeugen.*

Flug|zeug|un|glück, das: vgl. Flugzeugabsturz.

Fluh, die; -, Flühe [mhd. vluo, ahd. fluoh, viell. verw. mit ↑flach] (schweiz.): *Fels[wand].*

flu|id ⟨Adj.⟩ [lat. fluidus, zu: fluere = fließen, strömen] (Chemie): *flüssig, fließend.*

Flu|i|da: Pl. von ↑Fluidum.

Flu|i|dum, das; -s, ...da [zu lat. fluidus, ↑fluid; urspr. Bez. für hypothetisch angenommene flüchtige Stoffe, die Eigenschaften u. Wirkungen übertragen können]: *besondere, von einer Person od. Sache ausgehende Wirkung od. Ausstrahlung, die eine bestimmte Atmosphäre schafft:* die Sängerin hat, besitzt ein starkes künstlerisches F.; die Bibliothek strahlt ein geistiges F. aus; ein Stadtteil mit ländlichem F.

Fluk|tu|a|ti|on, die; -, -en [lat. fluctuatio = das Schwanken]: **1.** (bildungsspr.) *das Fluktuieren* (1): die überaus starke F. der Angestellten. **2.** (Med.) *das Fluktuieren* (2).

fluk|tu|ie|ren ⟨sw. V.; hat⟩ [lat. fluctuare = wogen; schwanken]: **1.** (bildungsspr.) *schwanken, wechseln, sich ändern:* die Zahl der Grippekranken, die Verkehrsdichte fluktuiert sehr stark; fluktuierende Preise. **2.** (Med.) *(von abgekapselten Körperflüssigkeiten) hin u. her schwappen.*

Flum|mi, der; -s, -s [zusgez. aus »fliegendes Gummi«, womit in dem Walt-Disney-Film »Der fliegende Pauker« (1960) ein Fluggegenstand bezeichnet wurde]: *springender, kleiner Ball aus elastischem Vollgummi.*

Flun|der, die; -, -n [mniederd. vlundere, eigtl. = flacher Fisch]: *(im Atlantik u. auch in Flussmündungen vorkommender) braungelber, in großen Schwärmen lebender Plattfisch:* gebackene -n; * **platt sein wie eine F.** (ugs.; *sehr erstaunt sein;* Wortspiel mit den Bed. von ↑platt).

Flun|ke|rei, die; -, -en (ugs.): **a)** ⟨o. Pl.⟩ *allzu häufiges [als lästig empfundenes] Flunkern:* wenn er nur die F. lassen könnte; **b)** *geflunkerte Geschichte, Behauptung:* ich glaube ihm seine -en nicht.

Flun|ke|rer, der; -s, - (ugs.): *jmd., der flunkert.*

Flun|ke|rin, die; -, -nen (ugs.): w. Form zu ↑Flunkerer.

flun|kern ⟨sw. V.; hat⟩ [aus dem Niederd., eigtl. = glänzen, schimmern, dann: glänzen wollen, aufschneiden]: (ugs.) *nicht ganz der Wahrheit Entsprechendes erzählen; schwindeln:* er hat wohl nur geflunkert.

Flunsch, der; -[e]s, -e u. die; -, -en [aus dem Niederd., Md., zu mhd. vlans = Maul, verw. mit ↑flennen; vgl. Flansch] (ugs.): *verdrießlich od. zum Weinen verzogener Mund:* eine[n] F. machen, ziehen.

[1]Flu|or, das; -s [urspr. Bez. des Flussspats, des wichtigsten Fluor enthaltenden Minerals; lat. fluor = das Fließen]: *gelblich grünes Gas mit stechendem Geruch (chemisches Element;* Zeichen: F).

[2]Flu|or, der; -s [lat. fluor = das Fließen] (Med.): *Ausfluss aus der Scheide u. der Gebärmutter.*

Flu|or|chlor|koh|len|was|ser|stoff, der (Chemie): *(als Treib- od. Kühlmittel verwendete) organische Verbindung, die sich, wenn sie freigesetzt wird, zerstörend auf die Ozonschicht der Erdatmosphäre auswirkt.*

Flu|o|res|zenz, die; - [engl. fluorescence, zu: fluor = Flussspat (an dem diese Erscheinung zuerst beobachtet wurde), ↑[1]Fluor]: *Eigenschaft bestimmter Stoffe zu fluoreszieren.*

flu|o|res|zie|ren ⟨sw. V.; hat⟩ [zu ↑Fluoreszenz]: *(bei Bestrahlung mit Licht- od. Röntgenstrahlen) von selbst leuchten.*

Flu|o|rid, das; -[e]s, -e [zu ↑[1]Fluor] (Chemie): *Salz der Flusssäure.*

flu|o|ri|die|ren, flu|o|rie|ren, flu|o|ri|sie|ren

F

⟨sw. V.; hat⟩: **1.** [1]*Fluor in chemische Verbindungen einführen:* eine chemische Verbindung f. **2.** *mit* [1]*Fluor anreichern:* das Trinkwasser f.

Flu|o|rit [auch: ...ˈrɪt], der; -s, -e [zu ↑[1]Fluor] (Mineral.): *Flussspat.*

flu|o|ro|gen ⟨Adj.⟩ [↑-gen]: *die Eigenschaft der Fluoreszenz habend, fluoreszierend.*

Flu|o|ro|se, die; -, -n [zu ↑[1]Fluor] (Med.): *Gesundheitsschädigung durch* [1]*Fluor.*

Flu|or|test, der (Paläont.): *chemisches Verfahren zur Bestimmung des relativen Alters von Fossilien nach ihrem Gehalt an* [1]*Fluor.*

Flu|or|ver|gif|tung, die (Med.): *Fluorose.*

Flu|or|was|ser|stoff, der: *farblose, giftige, an der Luft rauchende Substanz (chemische Verbindung des Wasserstoffs mit* [1]*Fluor).*

Flu|or|was|ser|stoff|säu|re, die: *farblose, stechend riechende Lösung von Fluorwasserstoff in Wasser; Flusssäure.*

[1]Flur, der; -[e]s, -e [unter Einfluss von mniederd. flōr = Diele, Estrich < mhd. vluor, ↑[2]Flur]: **a)** *[lang gestreckter, schmaler] Raum innerhalb einer Wohnung od. eines öffentlichen Gebäudes, an dessen Seiten sich die Türen zu den angrenzenden Räumen befinden:* ein langer, dunkler F.; über, durch den F. gehen; **b)** *Hausflur.*

[2]Flur, die; -, -en [mhd. vluor = Boden(fläche), Feld, urspr. = flacher, festgestampfter Boden]: **a)** (geh.) *offenes, unbewaldetes Kulturland:* blühende -en; durch Wald und F. schweifen; Ü allein auf weiter F. *(ganz allein)* sein, stehen; **b)** *in Parzellen eingeteilte landwirtschaftliche Nutzfläche eines Siedlungsverbandes:* planmäßig angelegte -en; die F. bereinigen; ein Acker, Waldstück in der Altenbacher F.; **c)** *abgegrenztes Teilstück einer* [2]*Flur* (b); *Gewann.*

Flur|be|rei|ni|gung, die: *Zusammenlegung u. Neueinteilung von zersplittertem landwirtschaftlichem Grundbesitz:* eine F. vornehmen.

Flur|buch, das: *Verzeichnis der zu einer Gemeinde gehörenden Grundstücke.*

Flur|för|de|rer, der (Fachspr.): *Fahrzeug zum Transport von Lasten innerhalb eines Betriebs* (z. B. Elektrokarren, Stapler).

Flur|gar|de|ro|be, die: *im* [1]*Flur befindliche Garderobe.*

Flur|hü|ter, der: *Feldhüter.*

Flur|hü|te|rin, die: w. Form zu ↑Flurhüter.

Flur|na|me, der: *feste Bezeichnung (Eigenname) für einen Teil der* [2]*Flur.*

Flur|scha|den, der: *durch Wild, Truppenübungen, Straßenbau o. Ä. entstandener Schaden an Feldern u. Feldfrüchten:* Ü politischer F.

Flur|schütz, Flur|schüt|zer, der: *Feldhüter.*

Flur|schüt|ze|rin, die: w. Form zu ↑Flurschützer.

Flur|schüt|zin, die: w. Form zu ↑Flurschütz.

Flur|stück, das: *Parzelle einer* [2]*Flur* (b, c).

Flur|tür, die: *Tür in einem* [1]*Flur.*

Flur|um|gang, der (früher): *das [mit Segnungen verbundene] regelmäßige kontrollierende Umgehen der* [2]*Flur.*

Flu|se, die; -, -n [niederd. Form von ↑Flausch] (nordd.): *Fadenrest, Fussel.*

flu|sen ⟨sw. V.; hat⟩ (nordd.): *fusseln.*

flu|sig ⟨Adj.⟩ (nordd.): **a)** *fusselig;* **b)** *oberflächlich, ungenau; flüchtig* (2 c).

Fluss, der; -es, Flüsse [mhd. vluȝ, ahd. fluȝ, zu ↑fließen]: **1.** *größerer natürlicher Wasserlauf:* ein breiter, reißender F.; der F. entspringt im Gebirge, mündet ins Meer; einen F. regulieren, überqueren; das Haus liegt am F.; im F. baden; mit einem Boot über den F. setzen. **2.** ⟨o. Pl.⟩ *fließende Bewegung; stetiger, ununterbrochener Fortgang:* der F. des Verkehrs; den F. der Rede unterbrechen; der Verkehr ist wieder in F., kommt in F.; * **im F. sein** *(in Bewegung, in der Entwicklung sein, noch nicht endgültig geklärt u. abgeschlossen sein):* die Dinge, Verhandlungen sind [noch] im F.; **in F. kommen/geraten** *(beginnen u. dann kontinuierlich fortwirken, fortdauern):* die Angelegenheit kommt allmählich wieder in F.; **in F. bringen** *([eine ins Stocken geratene Angelegenheit wieder] in Bewegung setzen; bewirken, dass etw. in Gang kommt u. abläuft):* das Gespräch [wieder] in F. bringen. **3.** ⟨o. Pl.⟩ (Technik) *flüssiger Zustand von Metallen, Gesteinen, Mineralien.*

fluss|ab, fluss|ab|wärts ⟨Adv.⟩: *in Richtung auf die Mündung (eines Flusses):* f. fahren; zwei Kilometer [weiter] f.

Fluss|arm, der: *Arm* (2) *eines Flusses.*

fluss|auf, fluss|auf|wärts ⟨Adv.⟩: *in Richtung auf die Quelle (eines Flusses):* f. schwimmen; eine Meile [weiter] f.

Fluss|barsch, der: *im Süßwasser lebender Barsch.*

Fluss|bett, das ⟨Pl. -en, selten: -e⟩: *durch die Ufer begrenzter Graben, in dem der Fluss* (1) *fließt:* ein schmales, ausgetrocknetes F.

Flüss|chen, das; -s, -: Vkl. zu ↑Fluss.

Fluss|di|a|gramm, das (EDV): *grafische Darstellung eines Arbeitsablaufs.*

Fluss|ebe|ne, die: *Ebene, die durch einen Fluss* (1) *gebildet wurde.*

Fluss|fisch, der: *in Flüssen* (1) *lebender Fisch; Süßwasserfisch.*

Fluss|gott, der (Myth.): *(in der [antiken] Plastik häufig liegend mit einer Urne, aus der Wasser strömt, dargestellter) Gott od. mythologische Gestalt, deren Sitz in Quellen, Flüssen u. Strömen gedacht wird.*

Fluss|göt|tin, die: w. Form zu ↑Flussgott.

flüs|sig ⟨Adj.⟩ [mhd. vlüȝȝec, ahd. fluȝȝīg, zu ↑Fluss]: **1.** *die Eigenschaft besitzend, fließen zu können; ohne feste Form; weder fest noch gasförmig:* -e Nahrung; der Lack ist noch f.; Wachs f. machen. **2.** *ohne Stocken; fließend, zügig:* -er Verkehr; f. schreiben, sprechen. **3.** *(von Geld, Kapital o. Ä.) verfügbar:* -e Gelder; ich bin nicht f. (ugs.; *habe kein Geld zur Hand*); könntest du tausend Mark f. machen *(verfügbar machen, bereitstellen).*

Flüs|sig|dün|ger, der (Landw.): *Dünger in flüssiger Form.*

Flüs|sig|gas, das: *verflüssigtes Gas.*

Flüs|sig|keit, die; -, -en: **1.** *Stoff in flüssigem Zustand:* eine grünliche, übel riechende F.; die F. verdunstet, schlägt sich nieder; Flaschen mit verschiedenen leicht entzündbaren -en. **2.** ⟨o. Pl.⟩ *das Flüssigsein* (2): die F. seiner Rede.

Flüs|sig|keits|maß, das: *Maß, mit dem eine Flüssigkeit gemessen wird.*

Flüs|sig|keits|men|ge, die: *Menge einer Flüssigkeit, Menge an flüssigen Substanzen.*

Flüs|sig|kris|tall, das (Physik): *homogene Flüssigkeit, die bei einem bestimmten Zustand ihrer Moleküle wie bestimmte Kristalle eine Doppelbrechung verursacht.*

Flüs|sig|kris|tall|an|zei|ge, die [LÜ von engl. liquid crystal display] (Elektronik): *Display* (2) *bei Digitaluhren, Taschenrechnern, Laptops o. Ä., bei dem mithilfe von Flüssigkristallen u. durch Anlegen einer elektrischen Spannung an entsprechend geformte transparente Elektroden Buchstaben, Ziffern u. Zeichen sichtbar gemacht werden;* Abk.: LCD.

flüs|sig ma|chen: s. flüssig (3).

Flüs|sig|sei|fe, die: *Seife* (1) *in flüssiger Form.*

Fluss|ki|lo|me|ter, der: *einen bestimmten Punkt der [schiffbaren] Strecke eines Flusses bezeichnende Kilometerangabe:* der Havarist liegt bei F. 7,5 quer zur Fahrrinne.

Fluss|krebs, der: *grauer od. bräunlicher, im Süßwasser lebender Krebs, dessen Fleisch als Delikatesse gilt.*

Fluss|land|schaft, die: **a)** *Landschaft an einem Fluss* (1); **b)** *bildliche Darstellung einer Flusslandschaft* (a): eine F. von Salomon van Ruysdael.

Fluss|lauf, der: *Verlauf eines Flusses* (1).

Fluss|mün|dung, die: *Mündung eines Flusses* (1).

Fluss|nie|de|rung, die: vgl. Flussebene.

Fluss|pferd, das: *(in langsam fließenden Gewässern Afrikas lebendes) Pflanzen fressendes Säugetier mit massigem, plumpem Körper, breitem Kopf mit kleinen Augen u. Ohren.*

Fluss|re|gu|lie|rung, die: *Veränderung eines natürlichen Wasserlaufs zur Verbesserung der Schiffbarkeit, Vermeidung von Überschwemmungen u. a.*

Fluss|rich|tung, die: *Richtung des Fließens.*

Fluss|säu|re, die: *Fluorwasserstoffsäure.*

Fluss|schiff|fahrt, die: *Schifffahrt auf Flüssen* (1).

Fluss|spat, der: *wasserhelles od. farbiges, meist auf Erzgängen vorkommendes Mineral; Fluorit.*

Fluss|stahl, der: *(heute ausschließlich verwendeter) in flüssigem Zustand erzeugter Stahl.*

Fluss|tal, das: vgl. Flussebene.

Fluss|ufer, das: *Ufer eines Flusses* (1).

Flüs|ter|ge|wöl|be, das: *Gewölbe mit der akustischen Besonderheit, dass an bestimmten Stellen geflüsterte Worte an entfernteren Stellen deutlich wahrgenommen werden können, während sie im übrigen Raum nicht zu hören sind.*

flüs|tern ⟨sw. V.; hat⟩ [aus dem Niederd. < mniederd. flistern = leise zischen; lautm.]: **a)** *mit tonloser, sehr leiser Stimme sprechen:* sie flüsterten miteinander; ⟨subst.:⟩ es war nur leises Flüstern zu hören; **b)** *sehr leise, nur für einen od. wenige hörbar sagen:* er flüsterte, ich solle mitkommen; jmdm. etw. ins Ohr f.; Ü wer hat ihm denn das geflüstert (ugs.; *die vertrauliche Mitteilung gemacht*)?; R das kann ich dir f.! (ugs.; *darauf kannst du dich verlassen!*); * **jmdm. etw. f.** (ugs.; *jmdn. tüchtig zurechtweisen*).

Flüs|ter|pro|pa|gan|da, die: *verstohlen weitergegebene mündliche Propaganda* (2).

Flüs|ter|tü|te, die (ugs. scherzh.): *Megafon.*

Flut, die; -, -en [1: aus dem Niederd. < mniederd. vlōt; 2: mhd. vluot, ahd. fluot, eigtl. = das Fließen]: **1.** *im Wechsel der Gezeiten ansteigender od. bereits wieder angestiegener Wasserstand:* die F. kommt, steigt; die F. abwarten; das Schiff lief mit der F. ein. **2.** ⟨häufig Pl.⟩ (geh.) *größere, strömende Wassermasse:* die aufgewühlten, schmutzigen -en des Rheins; viele kamen in den -en um; wir wollen uns in die kühlen -en stürzen (scherzh.; *schwimmen gehen*); Ü er tauchte in der F. der Menschenmenge unter; * **eine F. von etw.** *(eine [plötzlich auftretende] unerwartete große Menge von etw.):* eine F. von Briefen erreichte ihn, ergoss sich über ihn.

flu|ten ⟨sw. V.⟩ [mhd. vluoten, zu ↑Flut]: **1.** (geh.) *(von Wasser) in großer Menge [plötzlich herein]strömen* ⟨ist⟩: das Wasser flutet in die Schleusenkammer; Ü (geh.:) Menschenmassen fluteten in den Saal, durch die Stadt; helles Sonnenlicht, die abendliche Kühle flutete ins Zimmer. **2.** (Seemannsspr.) *voll laufen lassen* ⟨hat⟩: eine Schleuse f.

Flu|ter, der; -s, -: **1.** kurz für ↑Vorfluter. **2.** *[Decken]leuchte, meist mit einer Halogenlampe als Lichtquelle.*

Flut|hö|he, die: *Höhe, die die Flut* (1) *erreicht.*

Flut|ka|ta|stro|phe, die: *durch eine ungewöhnlich hohe Flut* (1) *ausgelöste Katastrophe.*

Flut|licht, das ⟨o. Pl.⟩ [LÜ von engl. floodlight]: *starkes künstliches Licht zur Beleuchtung von Sportplätzen u. a.:* bei F. spielen.

Flut|licht|an|la|ge, die: *Beleuchtungsanlage mit Flutlicht.*

flut|schen ⟨sw. V.⟩ [aus dem Niederd., lautm.]: **1.** (ugs.) *rutschen, schlüpfen, [ent]gleiten* ⟨ist⟩: die Seife flutschte ihm aus der Hand. **2.** (ugs.) *glatt vonstatten gehen, flott u. reibungslos vorangehen* ⟨hat⟩: die Arbeit flutscht heute.

Flut|war|nung, die: *Warnung vor einer zu erwartenden, besonders hohen Flut* (1).

Flut|wel|le, die: **a)** *(bes. in Flussmündungen) sprunghaftes Ansteigen des Wassers beim Einsetzen der Flut* (1); **b)** *durch ein Seebeben, eine unter Wasser sich ereignende Detonation o. Ä. ausgelöste sehr hohe Welle.*

Flut|zeit, die: *Zeit des Hochwassers* (1).

flu|vi|al ⟨Adj.⟩ [lat. fluvialis = im Fluss befindlich, zu: fluvius = fließendes Wasser, Fluss], **flu|vi|a|til** ⟨Adj.⟩ [lat. fluviatilis = im Fluss befindlich] (Geol.): *durch fließendes Wasser geschaffen, verursacht; zum Fluss gehörend.*

Fly|er [ˈflaiɐ], der; -s, - [1: engl. flyer, zu: to fly = fliegen; eilen] (Technik): **1.** *besondere Spinnma-*

schine. 2. *Arbeiter an einem Flyer* (1). 3. *Handzettel.*
ly|e|rin, die; -, -nen: w. Form zu ↑Flyer (2).
ly|ing Dutch|man [ˈflaɪŋ ˈdʌtʃmən], der; -, ...men [...mən; engl. = Fliegender Holländer (viell. in Anspielung darauf, dass das Boot von einem Holländer konstruiert wurde)]: *von zwei Personen zu segelndes Boot mit Schwert für den Rennsegelsport.*
m = Festmeter.
m = Fermium, Festmeter.
mk = Finnmark.
-Moll [ˈɛf..., auch: ˈ-ˈ-], das; -: *auf dem Grundton f beruhende Molltonart:* Zeichen f (↑f, F 2).
-Moll-Ton|lei|ter, die: *auf dem Grundton f beruhende Molltonleiter.*
ọcht, fọ̈ch|te: ↑fechten.
ọck, die; -, -en [aus dem Niederd., zu: focken = Segel hissen] (Seemannsspr.): **a)** *(auf alten Rahseglern) unterstes Segel am Vordermast;* **b)** (Sportsegeln) *Vorsegel vor dem Großsegel;* **c)** *(auf Jachten u. Ä.) hinterstes Vorsegel.*
ọck|mast, der (Seemannsspr.): *vorderer Mast eines mehrmastigen Segelschiffes.*
ọck|ra|he, die (Seemannsspr.): *Rahe zur Befestigung der Fock.*
ọck|schot, die: *Schot zum Bedienen der Fock.*
ọck|se|gel, das (Seemannsspr.): *Fock.*
ö|de|ra̲l ⟨Adj.⟩ [nach frz. fédéral, zu lat. foedus (Gen.: foederis) = Bündnis]: *föderativ.*
ö|de|ra|lịs|mus, der; - [frz. fédéralisme]: **a)** *Streben nach Errichtung od. Erhaltung eines Bundesstaates mit weitgehender Eigenständigkeit der Einzelstaaten;* **b)** *politisches Gestaltungsprinzip, das den Föderalismus* (a) *verwirklicht.*
ö|de|ra|lịst, der; -en, -en: *Anhänger des Föderalismus.*
ö|de|ra|lịs|tin, die; -, -nen: w. Form zu ↑Föderalist.
ö|de|ra|lịs|tisch ⟨Adj.⟩: *den Föderalismus betreffend, auf dem Föderalismus beruhend, im Sinne des Föderalismus:* eine -e Verfassung.
ö|de|ra|ti|o̲n, die; -, -en [lat. foederatio = Vereinigung]: 1. (Politik) **a)** *Bündnis zwischen Staaten;* **b)** *Bundesstaat* (1); **c)** *Staatenbund.* 2. *Zusammenschluss von Organisationen.*
ö|de|ra|ti̲v ⟨Adj.⟩ [frz. fédératif, zu lat. foederatus = verbündet]: *auf einer Föderation beruhend, in der Art einer Föderation:* eine -e Regierungsform.
ö|de|ra|ti̲v|staat, der: *Bundesstaat* (1).
ö|de|rie̲rt ⟨Adj.⟩: *verbündet:* -e Staaten.
ö|de|rie̲r|te, der; -n, -n ⟨meist Pl.; Dekl. ↑Abgeordnete⟩: *verbündeter Staat.*
og, der; -s [engl. fog, H. u.]: engl. Bez. für *[dichter] Nebel.*
o|gosch, der; -[e]s, -e [ung. fogas, eigtl. = gezahnt (nach seinen langen, spitzen Zähnen)] (österr.): *Zander.*
oh|len (sw. V.; hat): *ein Fohlen zur Welt bringen.*
oh|len, das; -s, - [mhd. vol(e), ahd. folo, eigtl. = Kleines]: 1. **a)** *neugeborenes bzw. junges Pferd;* **b)** *(von Eseln, Kamelen, Zebras) neugeborenes bzw. junges Tier.* 2. *naturfarbener od. gefärbter, kurzhaariger Pelz mit Moiréezeichnung aus dem Fell junger Fohlen* (1).
öhn, der; -[e]s, -e [mhd. foenne, ahd. phōnno < vlat. faonius < lat. favonius = Frühlingswind, zu: fovere = warm machen]: 1. *(bes. auf der Nord- u. Südseite der Alpen auftretender) warmer, trockener Fallwind, der beim Überströmen der Luft über ein hohes Gebirge entsteht:* der F. bringt Tauwetter; wir haben F.; bei F. 2. *elektrisches Gerät zum Trocknen des Haars.*
öh|nen ⟨sw. V.; hat⟩: 1. ⟨unpers.:⟩ *föhnig werden:* es föhnt. 2. *(bes. Haare) mit dem Föhn trocknen.*
öh|nig ⟨Adj.⟩: *vom Föhn* (1) *beeinflusst, bestimmt:* -es Wetter.
öhn|wel|le, die: *durch Föhnen erzeugte Wellung der Haare.*
öhn|wet|ter, das ⟨o. Pl.⟩: *föhniges Wetter.*
öhn|wind, der: *Föhn* (1).
öh|re, die; -, -n [mhd. vorhe, ahd. forha, idg. Baumname] (landsch.): [2]*Kiefer.*

fo|ka̲l ⟨Adj.⟩ [zu ↑Fokus]: 1. (Optik) *den Fokus* (1) *betreffend:* im -en Bereich. 2. (Med.) *von einem Fokus* (2) *ausgehend, ihn betreffend.*
Fo|ka̲l|dis|tanz, die (Optik): *Brennweite.*
Fo̲|kus, der; -, -se [1: lat. focus = Feuerstätte, Herd; 2: mlat. focus; 3: nach gleichbed. engl. focus (übertr. von 1)]: 1. (Optik) *Brennpunkt:* der F. einer Linse. 2. (Med.) *streuender Krankheitsherd im Körper.* 3. (bildungsspr.) *Schwerpunkt, Mittelpunkt des Interesses, einer Sache, einer Auseinandersetzung, eines Diskurses.*
fo|kus|sie̲|ren ⟨sw. V.; hat⟩: 1. (Physik) **a)** *(Lichtstrahlen) in einem Punkt vereinigen;* **b)** *(von Lichtstrahlen) sich in einem Punkt vereinigen;* **c)** *(eine Linse) ausrichten, (ein Objektiv) scharf stellen.* 2. (Kerntechnik) *(Strahlen, die aus geladenen Teilchen bestehen) durch geeignete elektrische od. magnetische Felder sammeln.* 3. (bildungsspr.) **a)** *etw. zum Fokus* (3) *machen;* **b)** ⟨f. + sich⟩ *sich als Fokus* (3) *herausbilden.*
Fo|kus|sie|rung, die; -, -en: *das Fokussieren; das Fokussiertwerden.*
fol., Fol. = Folio; Folioblatt.
Fol|der [ˈfoʊldɐ], der [engl. folder, zu: to fold = falten]: (bes. Werbespr.) *Faltblatt, Faltprospekt.*
Fọl|ge, die; -, -n [mhd. volge = Gefolge; Nachfolge; Befolgung; Lehnsfolge, ahd. nur in: selbfolga = Partei, zu ↑folgen]: 1. *etw., was aus einem bestimmten Handeln, Geschehen folgt; Auswirkung eines bestimmten Handelns, Geschehens:* unangenehme, verhängnisvolle, katastrophale, schwerwiegende -n; die zwangsläufige F. [davon] war, dass sie sich vollends verschloss; die -n sind noch gar nicht abzusehen; etw. kann üble, böse -n haben, nach sich ziehen; die -n tragen müssen *([für etw.] zur Verantwortung gezogen werden);* er starb an den -n eines Unfalls; das Verhältnis blieb nicht ohne -n (verhüll.; *aus dieser Beziehung ging ein Kind hervor*); das Unwetter hatte schwere Schäden zur F. *(führte zu schweren Schäden).* 2. *das Aufeinanderfolgen von etw., Reihe von zeitlich aufeinander folgenden Dingen:* eine F. von Tönen; in rascher F. erschienen mehrere Romane dieses Autors; es kam zu einer ganzen F. von Unfällen; die nächste F. *(Lieferung)* der Zeitschrift erscheint im Juni; ein Fernsehspiel in drei -n *(Teilen);* *** in der F., für die F.** *(künftig, später):* ich bitte dies in der F. zu beachten; *** in F.** *(in ununterbrochener Reihenfolge, ohne Unterbrechung):* die dritte Niederlage in F.; **einer Sache F. leisten** (Papierdt.; *einer Aufforderung o. Ä. entsprechen, nachkommen;* urspr. von der Befolgung einer gerichtlichen Vorladung; mhd. volge = Gehorsam): einer Einladung F. leisten.
Fọl|ge|er|schei|nung, die: *etw., was sich als Folge von etw. ergibt, einstellt:* eine notwendige F. des Systems; eine Krankheit mit ihren -en.
Fọl|ge|kos|ten ⟨Pl.⟩: vgl. Folgelasten.
Fọl|ge|las|ten ⟨Pl.⟩: *finanzielle Verpflichtungen, die aus bestimmten Investitionen od. Ausgaben resultieren.*
fọl|gen ⟨sw. V.⟩ [mhd. volgen, ahd. folgēn, H. u.]: 1. ⟨ist⟩ **a)** *nachgehen; hinter jmdm., etw. hergehen:* jmdm. heimlich, unauffällig, in einigem Abstand, auf dem Fuße, auf Schritt und Tritt, ins Haus f.; einer Spur f.; jmdm. mit den Augen f. *(hinter jmdm. hersehen);* gefolgt von verschiedenen Würdenträgern, betrat er den Saal; Ü die Straße folgt dem Fluss *(verläuft an ihm entlang);* **b)** *[später] nachkommen:* seine Familie folgte ihm ins Ausland; Ü er folgte ihr in den Tod geh.; *er starb kurz nach ihrem Tod, nahm sich auf ihren Tod hin das Leben);* **c)** *mit Verständnis zuhören; verstehend nachvollziehen:* einem Gespräch aufmerksam, mit Interesse f.; ich konnte seinen Gedankengängen nicht f. *(konnte sie nicht verstehen);* kannst du mir [geistig] f.? (oft scherzh.; *verstehst du überhaupt, was ich meine?*); **d)** *in der gleichen Weise od. ähnlich wie jmd. handeln; sich nach jmdm., etw. richten; etw. mitmachen:* er ist mir nicht immer, nicht in allen Stücken gefolgt; wir können dem Kurs der Regierung nicht weiter f. 2. **a)** *einer Aufforderung o. Ä. entsprechend handeln, sich von etw. leiten lassen* ⟨ist⟩: jmds. Rat, Drängen, Befehlen f.; seiner inneren Stimme f.; **b)** *gehorchen* ⟨hat⟩: das Kind will nicht f.; der Hund folgt [ihm] aufs Wort. 3. *zeitlich nach jmdm., etw. kommen, sich anschließen* ⟨ist⟩: jmdm. im Amt f.; dem Winter, auf den Winter folgte ein nasses Frühjahr; auf Karl den Großen folgte *(sein Nachfolger war)* Ludwig der Fromme; [die] Fortsetzung folgt [in der nächsten Nummer]; sie schreibt wie folgt *(folgendermaßen);* ⟨häufig im 1. Part.:⟩ folgender überraschende Anblick; er sprach folgende [beleidigende/(seltener:) beleidigenden] Worte; am folgenden *(nächsten)* Abend; ⟨subst.:⟩ ich möchte dir Folgendes, das Folgende berichten; im Folgenden werde ich darlegen, wie es dazu kam. 4. *sich mit logischer Konsequenz aus etw. ergeben* ⟨ist⟩: daraus, aus seinen Darlegungen folgt, dass er im Recht war; daraus kann für uns nur eines f. *(daraus können wir nur eine Konsequenz ziehen).*
fọl|gen|der|ma̲|ßen ⟨Adv.⟩: *auf folgende Art u. Weise; so:* das funktioniert f.
fọl|gen|los ⟨Adj.⟩: *keine Folgen nach sich ziehend; ohne Folgen, Auswirkung, Ergebnis:* die Auseinandersetzungen blieben f.
fọl|gen|reich ⟨Adj.⟩: *reich an Auswirkungen, von einschneidenden Folgen begleitet:* eine -e Entdeckung.
fọl|gen|schwer ⟨Adj.⟩ [LÜ von frz. gros de conséquences]: *schwerwiegende [negative] Folgen nach sich ziehend; sich nachteilig, verhängnisvoll auswirkend:* -e Durchblutungsstörungen.
Fọl|gen|schwe|re, die: *das Folgenschwersein.*
fọl|ge|recht ⟨Adj.⟩ (veraltend): *folgerichtig.*
fọl|ge|rich|tig ⟨Adj.⟩: *der Logik entsprechend, konsequent:* es ist nur f., so zu reagieren.
Fọl|ge|rich|tig|keit, die: *das Folgerichtigsein:* die F. seines Verhaltens.
fọl|gern ⟨sw. V.; hat⟩: *als Folge [logisch] ableiten; schließen, den Schluss ziehen:* richtig, messerscharf, voreilig f.; daraus lässt sich f., dass er es so wollte.
fọl|gernd ⟨Adj.⟩ (Sprachw. selten): *konsekutiv.*
Fọl|ge|rung, die; -, -en: *logische Ableitung einer Folge; Schluss[folgerung]:* eine falsche, notwendige F.; eine F. aus etw. ableiten, ziehen.
Fọl|ge|satz, der (Sprachw. selten): *Konsekutivsatz.*
Fọl|ge|scha|den, der (bes. Versicherungsw.): *durch einen Schadensfall verursachter weiterer Schaden.*
fọl|ge|wid|rig ⟨Adj.⟩: *der Logik widersprechend, inkonsequent:* sich f. verhalten.
Fọl|ge|wid|rig|keit, die: *das Folgewidrigsein.*
Fọl|ge|zeit, die: *(auf etw. Bestimmtes) folgende Zeit:* in der F. geschah nichts.
fọlg|lich ⟨Adv.⟩: *aus etw. Bestimmtem folgend* (4); *also, demzufolge, infolgedessen:* ich war verreist, f. bin ich über die Angelegenheit nur ungenügend informiert.
fọlg|sam ⟨Adj.⟩: *sich (als Kind) den Anordnungen fügend, sich ihnen nicht widersetzend; gehorsam, artig:* ein -es Kind.
Fọlg|sam|keit, die; -: *folgsames Wesen, Verhalten.*
Fọ|lia: Pl. von ↑Folium.
Fo|li|ạnt, der; -en, -en [zu ↑Folio (1)]: *großes [unhandliches, altes] Buch [im Format eines halben Bogens* (7) *hergestellt]:* ein dicker F. aus dem 16. Jh.
Fọ|lie, die; -, -n [vlat. folia < lat. folium = Blatt; urspr. Bez. für ein metallenes Glanzplättchen als Unterlage für gefasste Edelsteine]: 1. *aus Metall od. Kunststoff in Bahnen hergestelltes, sehr dünnes Material zum Bekleben od. Verpacken:* eine durchsichtige F.; in F. verpackt. 2. (geh.) *geistiger Hintergrund, von dem sich etw. abhebt:* der Krieg bildet die dunkle F., vor der die eigentliche Geschichte spielt.
Fọ|li|en: Pl. von ↑Folie, Folio, Folium.
Fọ|li|en|kar|tof|fel, die (Kochk.): *mit der Schale in einer Folie* (1) *gegarte Kartoffel.*
fọ|li|en|ver|packt ⟨Adj.⟩: *in Folie* (1) *verpackt:* -e Waren.

fo|li|ie|ren ⟨sw. V.; hat⟩: **1.** *die Blätter eines Druckbogens nummerieren.* **2.** *etw. mit Folie* (1) *unterlegen.* **3.** *(gegenüberliegende Seiten eines Geschäftsbuches) gleich beziffern.*

fo|lio [lat. folio, ↑Folium]: *auf dem Blatt [einer mittelalterlichen Handschrift];* Abk.: fol., z. B.: fol. 3 b.

Fo|lio, das; -s, Folien u. -s [aus der Fügung »in Folio« < lat. in folio = in einem Blatt]: **1.** ⟨o. Pl.⟩ (Buchw.) *Buchformat in der Größe eines halben Bogens:* ein Buch in F.; Zeichen: 2°; Abk.: fol., Fol. **2.** *Doppelseite eines Geschäftsbuches.*

Fo|lio|blatt, das: *Folio* (2).

Fo|lio|for|mat, das (Buchw.): *Folio* (1): ein Buch in/im F.

Fo|li|um, das; -s, ...ia u. ...ien ⟨meist Pl.⟩ [lat. folium] (Pharm.): *Pflanzenblatt (bes. als Bestandteil von Drogen u. Heilmitteln).*

Folk [foʊk], der, -s [engl. folk, eigtl. = Volk]: *meist vokale englische, schottische, irische od. nordamerikanische Volksmusik od. an deren Traditionen anknüpfende, oft vom Rock beeinflusste populäre Musik.*

Fol|ke|ting, das; -s [dän. folketing, eigtl. = Volksversammlung, aus: folk = Volk u. ting = Versammlung]: **1.** *(bis 1953) zweite Kammer des dänischen Reichstags.* **2.** *(ab 1953) dänisches Parlament.*

Folk|lo|re, die; - [engl. folklore, aus: folk = Volk u. lore = (überliefertes) Wissen]: **1. a)** *volkstümliche Überlieferung (z. B. in Liedern, Trachten, Brauchtum):* die Pflege der heimatlichen F.; **b)** *Volkskunde.* **2. a)** *Musik in Form von Volkslied u. Volkstanz:* ein Konzert mit internationaler F.; **b)** *volksmusikalische Züge in der Kunstmusik:* die tschechische Musik ist reich an F.

Folk|lo|re|kleid, das: *mit farbigem Druck od. bunter Stickerei mit Motiven aus der Volkskunst verziertes Kleid.*

Folk|lo|rist, der; -en, -en: *Kenner der Folklore; Volkskundler.*

Folk|lo|ris|tik, die; -: *Wissenschaft von den Volksüberlieferungen, bes. Volksliedforschung.*

Folk|lo|ris|tin, die; -, -nen: w. Form zu ↑Folklorist.

folk|lo|ris|tisch ⟨Adj.⟩: **1.** *die Folklore* (1 a, 2 a) *betreffend, zu ihr gehörend, aus ihr stammend:* eine -e Veranstaltung. **2.** *volkskundlich:* das -e Interesse ist neu erwacht. **3.** *volksliedhaft, nach Art der Volksmusik:* Musik mit -en Elementen.

Folk|sän|ger [ˈfoʊk...], der; -s, -: *Sänger des Folksongs.*

Folk|sän|ge|rin, die: w. Form zu ↑Folksänger.

Folk|song [ˈfoʊksɔŋ], der; -s, -s [engl. folk-song]: *Lied* (1) *in der Art u. dem Stil eines Volkslieds.*

Folk|wang, -s (germ. Myth.): Sitz der Göttin Freyja.

Fol|li|kel, der; -s, - [lat. folliculus = kleiner Ledersack, -schlauch, Vkl. von: follis = Schlauch; Blasebalg] (Biol., Med.): **1.** *[Drüsen]bläschen, kleiner Schlauch, Säckchen* (z. B. Haarbalg, Lymphknötchen). **2.** *Hülle der heranreifenden Eizelle im Eierstock.*

Fol|li|kel|hor|mon, das (Biol., Med. veraltend): *Östrogen.*

Fol|li|kel|sprung, der (Biol., Med.): *Ausstoßung des reifen Eis aus dem Eierstock; Eisprung.*

fol|li|ku|lar, fol|li|ku|lär ⟨Adj.⟩ (Biol., Med.): **1.** *follikelartig, schlauchartig.* **2.** *den Follikel betreffend; von einem Follikel ausgehend.*

Fol|ter, die; -, -n [um 1400 föltrit, foltren (Dativ), umgestaltet aus mlat. poledrus = Fohlen, das dann ein der Form nach einem kleinen Pferd ähnelndes Foltergestell bezeichnete]: **1.** *das Foltern; Folterung:* die F. anwenden; jmdn. mit F. bedrohen. **2.** *Gerät od. Instrument, mit dem jmd. gefoltert wird:* jmdn. auf die F. legen; * **jmdn. auf die F. spannen** *(jmdn. in quälende Spannung versetzen, ihn im Unklaren über etw lassen, was er gern wissen möchte).* **3.** (geh.) *[peinigende] Qual:* die Folter der Einsamkeit.

Fol|ter|bank, die ⟨Pl. ...bänke⟩: *(im MA.) Gestell, auf das jmd. zur Folterung (durch gewaltsames Strecken) gelegt wird.*

Fol|te|rer, der; -s, -: *jmd., der foltert.*

Fol|ter|ge|rät, das: vgl. Folterwerkzeug.

Fol|te|rin, die; -, -nen: w. Form zu ↑Folterer.

Fol|ter|in|stru|ment, das: vgl. Folterwerkzeug.

Fol|ter|kam|mer, die: *(im MA.) mit Foltergeräten u. -werkzeugen ausgerüsteter Raum, in dem gefoltert wird:* die -n des Mittelalters.

Fol|ter|kel|ler, der: vgl. Folterkammer.

Fol|ter|knecht, der: *(im MA.) jmd., der die Folter* (1) *ausführt.*

Fol|ter|me|tho|de, die: *Art des Vorgehens beim Foltern* (1).

fol|tern ⟨sw. V.; hat⟩: **1.** *[mit Folterwerkzeugen] sehr quälen, misshandeln [um etw., bes. eine Aussage, ein Geständnis zu erzwingen]:* Gefangene f.; jmdn. zu Tode f. **2.** (geh.) *peinigen, quälen:* die Schmerzen folterten ihn.

Fol|ter|qual, die: **1.** *bei der Folter* (1) *erlittene Qual.* **2.** (geh.) *äußerste [seelische] Qual:* -en leiden.

Fol|te|rung, die; -, -en: *das Foltern; das Gefoltertwerden.*

Fol|ter|werk|zeug, das: *Instrument zum Foltern:* Daumenschrauben und andere -e.

Fon, das; -s ⟨meist o. Art. u. ungebeugt⟩: (bes. auf Visitenkarten, Briefbögen o. Ä.) kurz für ↑Telefon.

Fön®, der; -[e]s, -e [nach ↑Föhn (1)]: *Föhn* (2).

-fon: ↑-phon.

Fond [fõ:], der; -s, -s [frz. fond = Grund; Grundstock < afrz. fons < lat. fundus, ↑Fundus]: **1.** *hinterer Teil des Wageninneren, der die Rücksitze enthält:* im F. sitzen. **2. a)** *Hintergrund (z. B. eines Gemäldes, einer Bühne):* Statisten im F. der Bühne; **b)** *Untergrund (z. B. eines Stoffmusters):* ein buntes Karomuster auf weißem F., mit weißem F. **3.** (bildungsspr.) *Grundlage, Basis:* der F. zum Erfolg. **4.** *beim Braten, Dünsten od. Schmoren von Fleisch zurückgebliebener Fleischsaft als Grundlage für Soßen od. Suppen:* aus dem F. eine Soße bereiten.

Fon|dant [fõˈdã:], der, auch: das; -s, -s [frz. fondant, eigtl. = im Munde zergehend, zu: fondre = schmelzen < lat. fundere]: **a)** *unter Zugabe von Farb- u. Geschmacksstoffen hergestellte Zuckermasse;* **b)** *Praline aus Fondant* (a).

Fonds [fõ:], der; - [fõ:(s)], - [fõ:s; frz. fonds, identisch mit: fond, ↑Fond; das -s stellt die in afrz. fons vorliegende Schreibweise wieder her]: **1. a)** *für bestimmte Zwecke gebildete Vermögensreserve:* einen F. für Notfälle haben; **b)** (Wirtsch.) *Sondervermögen einer Gesellschaft für Kapitalanlagen, das in Wertpapieren od. Immobilien angelegt ist.* **2.** (geh.) *ideeller Grundstock:* er konnte aus dem reichen F. seiner Erfahrung schöpfen. **3.** ⟨Pl.⟩ (Finanzw. veraltet) *Schuldverschreibungen öffentlicher Körperschaften.*

Fon|due [fõˈdy:, schweiz.: ˈfõdy:], das; -s, -s od. die; -, -s [frz. fondue, eigtl. = geschmolzen, w. 2. Part. von: fondre, ↑Fondant]: **a)** *(schweizerisches) Gericht, bei dem kleine Stücke Brot bei Tisch in eine durch Erhitzen flüssig gehaltene Mischung von Hartkäse, Weißwein u. Gewürzen getaucht u. dann gegessen werden; Käsefondue;* **b)** *Gericht, bei dem kleine Fleischstücke bei Tisch in heißem Öl gegart u. mit verschiedenen Soßen gegessen werden;* chinesisches F. *(Fleischfondue, bei dem statt des Öls eine Brühe* 1 a *verwendet wird).*

Fon|due|ga|bel, die: *langstielige Gabel mit zwei Zinken zum Fondueessen.*

fö|nen: frühere Schreibung für ↑föhnen (2).

Fo|no|dik|tat usw.: ↑Phonodiktat usw.

Font, der; -s, -s [engl. font, fount < frz. fonte = das Gießen (von Drucktypen), über das Vlat. zu lat. fundere = gießen] (EDV): *Zeichensatz.*

Fon|tä|ne, die; -, -n [frz. fontaine = (Spring)brunnen < spätlat. fontana = Quelle, zu gleichbed. lat. fons (Gen.: fontis)]: **a)** *aufsteigender starker Wasserstrahl [eines Springbrunnens]:* aus dem Teich stieg eine hohe F. auf; **b)** *Springbrunnen mit starkem Wasserstrahl.*

Fon|ta|nel|le, die; -,-n [frz. fontanelle, eigtl. = kleine Quelle] (Anat.): *Lücke zwischen den Knochen des Schädeldachs bei Neugeborenen.*

Fon|zahl: ↑Phonzahl.

Food|de|si|gner [ˈfu:ddizainɐ], der; -s, -: *jmd., der berufsmäßig Fotos von Speisen für Kochbücher und Zeitschriften macht.*

Food|de|si|gne|rin, die: w. Form zu ↑Fooddesigner.

Foot [fʊt], der; -, Feet [fi:t; engl. foot, eigtl. = Fuß]: *Längeneinheit in Großbritannien u. in den USA (= 12 Inches = 0,3048 m);* Abk.: ft; Zeichen: ′.

Foot|ball [ˈfʊtbɔ:l], der; -[s] [engl. football, eigtl. = Fußball]: *dem Rugby ähnliches amerikanisches Mannschaftsspiel mit zwei Mannschaften zu je elf Spielern; American Football.*

fop|pen ⟨sw. V.; hat⟩ [spätmhd. = lügen, aus der Gaunerspr.; H. u.]: *jmdm. (meist im Scherz) etw. Unwahres sagen [u. sich darüber freuen, wenn er es glaubt]:* man wollte ihn [damit] f.

Fop|pe|rei, die; -, -en (oft abwertend): *das Foppen:* was soll die alberne F.?

Fo|ra: Pl. von ↑Forum.

Force [fɔrs], die; -, -n ⟨Pl. selten⟩ [frz. force < vlat. fortia = Kraft, Macht, eigtl. subst. Neutr. Pl. von lat. fortis = stark] (veraltet): *Stärke, Gewalt, Zwang.*

Force de Frappe [fɔrs də ˈfrap], die; - - - [frz., eigtl. = Schlagkraft]: *die Gesamtheit der mit Atomwaffen ausgerüsteten französischen militärischen Einheiten.*

for|cie|ren [fɔrˈsi:rən] ⟨sw. V.; hat⟩ [frz. forcer, über das Vlat. zu lat. fortis = stark, fest]: **1. a)** *verstärken, steigern:* seine Anstrengungen, das Tempo, die Produktion f.; die Arbeiten, die Industrialisierung f. *(durch erhöhte Anstrengungen vorantreiben);* das Wachstum künstlich f. *(beschleunigen);* sie forcierte das Rennen *(steigerte das Tempo);* **b)** *durch gezielte Maßnahmen, durch Zwang o. Ä. erreichen; erzwingen:* er versuchte immer wieder, sein Glück zu f.; so etwas darf man nicht f., das muss sich ergeben. **2.** (Milit.) *(ein Hindernis od. eine Festung o. Ä.) bezwingen, nehmen* (18): eine Stadt f.

for|ciert ⟨Adj.⟩ (bildungsspr.): *erzwungen, gezwungen, unnatürlich:* ein -es Lächeln.

For|cie|rung, die; -, -en: *das Forcieren.*

För|de [auch: ˈfœrdə], die; -, -n [aus dem Niederd. < schwed., norw. fjord, ↑Fjord]: *weit ins Flachland eindringende, lang gestreckte Meeresbucht:* die Flensburger F.; ein Haus an der F.

För|der|an|la|ge, die (Technik): *maschinelle Vorrichtung zum Befördern von Massengütern; Transportanlage.*

För|der|band, das ⟨Pl. ...bänder⟩ (Technik): *endloses, mechanisch bewegtes Band zur Beförderung von Gütern; Transportband.*

För|de|rer, der; -s, -: *jmd., der jmdn., etw. fördert:* ein F. junger Künstler, der Wissenschaft.

För|de|rer|kreis, der: ↑Förderkreis.

För|der|ge|fäß, das (Bergbau): *schmaler, hoher, oben offener Stahlbehälter für die Förderung im Schacht.*

För|de|rin, die; -, -nen: w. Form zu ↑Förderer.

För|der|korb, der (Bergbau): *schmales, langes, korbartiges Stahlgerüst zum Aufwärts- od. Abwärtsbewegen der Bergleute u. der Wagen bei der Förderung im Schacht.*

För|der|kreis, Fördererkreis, der: *Vereinigung von Personen od. Institutionen, die jmdn., etw. fördert.*

För|der|kurs, der (Schulw.): *(innerhalb eines Kurssystems) Kurs zur besonderen Förderung von Schülern, deren Leistungsniveau abzusinken droht od. die eine Umstufung in einen leistungsstärkeren Kurs erreichen wollen.*

För|der|land, das: *Land, das im Hinblick auf die Förderung bestimmter Rohstoffe, bes. von Erdöl, gesehen wird.*

för|der|lich ⟨Adj.⟩ [mhd. vürderlich]: *der positiven, vorteilhaften Entwicklung einer Person od. Sache nützend; jmdm., einer Sache zum Vorteil gereichend:* Sport wäre seiner Gesundheit f.

För|der|ma|schi|ne, die (Bergbau): *Maschine, mit*

deren Hilfe die Förderkörbe auf- u. abbewegt werden.

för|dern ‹sw. V.; hat› [mhd. vo(r)dern, ahd. fordarōn, eigtl. = verlangen, dass jmd., etw. hervorkommt, zu ↑vorder...]: **1.** *einen Anspruch erheben u. ihn nachdrücklich kundtun; verlangen:* etw. energisch, leidenschaftlich f.; sein Recht f.; Rechenschaft von jmdm. f.; der Verteidiger forderte Freispruch für den Angeklagten; einen hohen Preis [für etw.] f. *(haben wollen);* Einlass f. *(nachdrücklich bitten, eingelassen zu werden);* Ü der Körper fordert sein Recht; das Unglück forderte drei Menschenleben *(bei dem Unglück kamen drei Menschen ums Leben).* **2.** *auffordern [lassen], sich im Zweikampf od. vor Gericht für etw. zu verantworten:* jmdn. auf Pistolen (früher; *zum Zweikampf mit Pistolen*) f.; er wurde vor Gericht gefordert *(geladen);* (Sport:) er hat ihn zu einem Vergleichskampf gefordert. **3.** *(jmdm.) etw. abverlangen; zu einer Leistung zwingen:* die Mannschaft wurde vom Gegner gefordert; der Job fordert ihn sehr.

för|dern ‹sw. V.; hat› [mhd. vürdern, ahd. furdiren, eigtl. = weiter nach vorn bringen, zu ↑fürder]: **1. a)** *in seiner Entfaltung, bei seinem Vorankommen (finanziell) unterstützen:* sie hat viele junge Künstler, unsere Arbeit gefördert; den Handel, den Fremdenverkehr f.; **b)** *unterstützen, verstärken:* solche Komplimente fördern seinen Hang zur Eitelkeit. **2.** (bes. Bergbau) *aus dem Erdinnern [zum Zwecke der wirtschaftlichen Nutzung] heraufholen, [durch Abbau] gewinnen:* Kohle, Erze f. **3.** (Technik) *an eine Stelle vorwärts bewegen:* das Band fördert die Briketts in den Waggon.

För|der|preis, der: *Preis, durch dessen Vergabe begabte Künstler, Wissenschaftler u. a. gefördert werden sollen.*

För|der|schacht, der (Bergbau): *Schacht, der zum Transport der gewonnenen Kohle o. Ä. dient.*

För|der|seil, das (Bergbau): *Seil zum Heraufziehen u. Ablassen eines Förderkorbs.*

För|der|stu|fe, die (Schulw.): *durch einen vom Schultyp unabhängigen Unterricht gekennzeichnete Organisationsform des 5. u. 6. Schuljahres.*

För|der|turm, der (Bergbau): *turmartiges Bauwerk aus Stahl od. Beton unmittelbar über dem Schacht eines Bergwerks, in dem die Fördermaschine untergebracht ist.*

For|de|rung, die; -, -en [mhd. vo(r)derunge, ahd. fordrunga]: **1. a)** *nachdrücklich zum Ausdruck gebrachter Wunsch, Anspruch:* eine berechtigte F.; seine -en sind unannehmbar; eine F. geltend machen, erfüllen, an jmdn. stellen; er wollte von seiner F. nicht abgehen; **b)** *etw., was von einem bestimmten Standpunkt aus erforderlich scheint:* eine politische F.; die F. des Tages *(was die Umstände gerade erfordern);* **c)** (Kaufmannsspr.) *aus einer Warenlieferung od. Leistung resultierender finanzieller Anspruch:* die ausstehende F. beträgt 2 500 DM; eine F. an jmdn. haben. **2.** (früher) *Aufforderung, sich einem Duell mit dem Auffordernden zu stellen:* jmdm. eine F. [auf Pistolen, Säbel] schicken.

För|de|rung, die; -, -en: **1.** *das Fördern* (1), *Gefördertwerden:* die F. des Nachwuchses; zur F. des Fremdenverkehrs beitragen. **2.** (bes. Bergbau) *das Fördern* (2): die F. von Kohle. **3.** (Technik) *das Fördern* (3). **4.** (Bergbau) *geförderte Menge:* die tägliche F. beträgt 1 000 t.

För|de|rungs|maß|nah|me, die: *[staatliche] Maßnahme zur Förderung von etw.:* sozialpolitische -n.

För|de|rungs|mit|tel ‹Pl.›: *staatliche Mittel zur Förderung von etw.*

För|de|rungs|pro|gramm, das: *in einem Programm dargelegte Förderungsmaßnahmen.*

för|de|rungs|wür|dig ‹Adj.›: *[nach dem Gesetz] berechtigt, [staatlich] gefördert zu werden; Förderung* (1) *verdienend:* -e Bauvorhaben.

För|der|ver|ein, der: *zur Förderung* (1) *einer bestimmten Sache gegründeter Verein.*

För|der|wa|gen, der (Bergbau): *Wagen zum Transport von Erz, Kohle u. a. im Bergwerk.*

För|der|werk, das (Technik): *maschinelle Vorrichtung zum Befördern von Massengütern.*

för|der|wür|dig ‹Adj.›: *förderungswürdig.*

Fö|re, die; - [schwed. före, norw. føre, zu schwed. föra, norw. føra = führen] (Ski): *Eignung des Schnees zum Fahren; Geführigkeit.*

Fore|che|cking [ˈfɔːtʃɛkɪŋ], das; -s, -s [zu engl.-amerik. to forecheck = den Gegner bereits in dessen Verteidigungsdrittel stören, zu: fore = vorder-, Vorder- u. ↑²Check] (Eishockey): *das Stören des gegnerischen Angriffs bereits im gegnerischen Verteidigungsdrittel.*

Fore|hand [ˈfɔːhænd], die; -, -s, auch: der; -[s], -s [engl. forehand] (Sportspr.): *Vorhand.*

Fo|reign Of|fice [ˈfɔrɪn ˈɔfɪs], das; - - [engl.]: *britisches Außenministerium.*

Fo|rel|le, die; -, -n [mhd. forhele, ahd. forhana, eigtl. = die Gesprenkelte, die Bunte (nach den bunten Tupfen auf dem Rücken)]: *in kalten Bächen lebender, räuberischer Lachsfisch mit schlankem Körper, der wegen seines zarten, schmackhaften Fleisches geschätzt wird:* F. [auf/nach] Müllerinart (Kochk.; *Fischgericht, bei dem die Forelle in Mehl gewendet, in Butter gebraten u. danach mit brauner Butter übergossen wird*); -n angeln, fangen, züchten.

Fo|rel|len|teich, der: *zur Zucht von Forellen angelegter Fischteich.*

Fo|rel|len|zucht, die: *Zucht* (1 a, c) *von Forellen.*

Fo|ren: Pl. von ↑Forum.

fo|ren|sisch ‹Adj.› [lat. forensis, eigtl. = zum ↑Forum gehörend]: *gerichtlichen od. kriminologischen Zwecken dienend, im Dienste der Rechtspflege stehend; gerichtlich:* -e Chemie, Psychologie, Pädagogik, Medizin, Histologie; ein -es Gutachten; für -e Zwecke.

Fo|rint [ˈfoːrɪnt, auch: foˈrɪnt], der; -[s], -s [foˈrɪntə] ‹aber: 30 Forint› [ung. forint < ital. fiorino = Gulden, zu: fiore = Blume < lat. flos, ↑¹Flor]: *Währungseinheit in Ungarn* (1 Forint = 100 Fillér; Abk.: Ft).

For|ke, die; -, -n [mniederd. forke < lat. furca = zweizinkige Gabel] (nordd.): **1.** *Heu-, Mistgabel.* **2.** (salopp abwertend) *Gabel* (1).

for|keln ‹sw. V.; hat› [zu veraltet Forkel = Gabel am Geweih des Hirsches < lat. furcula = gabelförmige Stütze] (Jägerspr.): *mit dem Geweih angreifen, aufspießen, kämpfen:* die Hirsche forkelten.

For|le, die; -, -n [vgl. Föhre] (südd.): *²Kiefer.*

Forl|eu|le, die [zu ↑Forle]: *als gefährlicher Schädling auftretender Schmetterling.*

Form, die; -, -en [mhd. forme < lat. forma; 2: nach engl. form]: **1. a)** *äußere plastische Gestalt mit bestimmten Umrissen, in der etw. erscheint:* die weiblichen -en *(Rundungen des Körpers);* der Gegenstand hat eine plumpe, schöne, elegante F., die F. einer Kugel; der Hut hat seine F. verloren, ist aus der F. geraten, wird wieder in [seine] F. gebracht; *** [feste] F./-en annehmen** *(als Projekt allmählich in seiner künftigen Entwicklung deutlicher erkennbar werden, Gestalt gewinnen):* der Plan nimmt F. an; **hässliche, scharfe o. ä. -en annehmen** *(sich in einer bestimmten unangenehmen Weise gestalten, entwickeln):* der Streit nahm hässliche -en an; **aus der F. gehen** (ugs. scherzh. od. abwertend; *sehr dick werden*); **in F. von etw., von einer Sache** *(in Gestalt von; als):* örtliche Niederschläge in F. von Regen; Zuwendungen in F. kleinerer Geldbeträge; **b)** *dem Inhalt entsprechende Art der geistigen, künstlerischen Gestaltung; Darstellungsweise:* die F. dieses Gedichts ist das Sonett; etw. in eine leicht verständliche F. bringen; **c)** *Art u. Weise, in der etw. vorhanden ist, erscheint, sich darstellt; Erscheinungsweise, einzelne Erscheinungsform:* die -en des menschlichen Zusammenlebens; die -en *(Spielarten)* einer Pflanzengattung; die -en *(Deklinationsformen)* eines Substantivs; **d)** *festgelegte Verhaltensweise, vorgeschriebene Art des gesellschaftlichen Umgangs:* feine, gute, höfliche, strenge -en; das ist alles nur F. *(alles sinnentleert, rein äußerlich);* die F. wahren; der F. genügen; sich über gesellschaftliche -en hinwegsetzen; *** in aller F.** *(ausdrücklich u. verbindlich, unter Beachtung aller Vorschriften).* **2.** ‹o. Pl.› (bes. Sport) *leistungsfähige Verfassung; Kondition:* seine F. verbessern; gänzlich außer F. sein; gut, nicht in F. sein; er ist in der F. seines Lebens *(in hervorragender Form);* allmählich wieder in F. kommen; zu großer F. auflaufen *(sich zu einer großen Leistung steigern).* **3.** *Gegenstand, mit dem einem bestimmten Stoff, einer Masse eine bestimmte Form* (1 a) *gegeben wird:* Kuchenteig in eine F. *(Backform)* füllen; Metall in eine F. *(Gießform)* gießen.

for|mal ‹Adj.› [1: lat. formalis]: **1.** *die äußere Form* (1 a, b, d), *die Anlage o. Ä. von etw. betreffend, auf ihr beruhend, zu ihr gehörend:* die -e Gliederung eines Dramas; -e *(juristische)* Gleichstellung der Frau mit dem Mann; er hat das Problem f. [elegant] gelöst. **2.** *nur der Form* (1 b, d) *nach [vorhanden], ohne eigentliche Entsprechung in der Wirklichkeit:* eine -e Wahrung äußerer Gesetzmäßigkeit; f. im Recht sein.

Form|al|de|hyd [auch: ...ˈhyːt], der; -s [Kurzwort aus nlat. acidum formicum = Ameisensäure u. ↑Aldehyd]: *zur Desinfektion von Räumen verwendetes, farbloses, stechend riechendes Gas.*

For|ma|lie, die; -, -n ‹meist Pl.› [lat. formalia, Neutr. Pl. von: formalis, ↑formal]: *etw., was nur zum Formalen, Formellen gehört, nicht zum Wesen, zum Inhalt, zur Sache selbst; formale, formelle Einzelheit:* juristische -n.

For|ma|lin®, das; -s [zu ↑Formaldehyd]: *wässerige Lösung von Formaldehyd, die als Konservierungs- u. Desinfektionsmittel verwendet wird.*

for|ma|li|sie|ren ‹sw. V.; hat›: **1.** *(einen Zusammenhang) mithilfe von Formeln u. grafischen Zeichen allgemein formulieren, formal darstellen:* eine grammatische Theorie f. **2.** *in eine strenge Form* (1 b) *bringen, systematisieren; durchgehend an gegebenen Formen* (1 b, d), *Regeln orientieren:* eine Idee, Strategie f.; eine stark formalisierte Kunst.

For|ma|li|sie|rung, die; -, -en: *das Formalisieren; das Formalisiertwerden.*

For|ma|lis|mus, der; -, ...men: **a)** ‹o. Pl.› *Überbetonung der Form* (1 b, d), *des Formalen:* diese Wissenschaft droht im F., in F. zu erstarren; **b)** *etw. rein äußerlich, mechanisch Vollzogenes:* eine durch Formalismen geprägte Verwaltung.

For|ma|list, der; -en, -en: *jmd., der etw. rein formalistisch behandelt, betreibt, für den das Formale im Vordergrund steht.*

For|ma|lis|tin, die; -, -nen: w. Form zu ↑Formalist.

for|ma|lis|tisch ‹Adj.›: *den Formalismus* (1) *betreffend, auf ihm beruhend:* der -e Charakter der Rechtsprechung.

For|ma|li|tät, die; -, -en [mlat. formalitas]: **a)** *äußere [behördliche] Vorschrift:* alle nötigen -en erledigen; **b)** *Äußerlichkeit, Formsache:* die Genehmigung ist nur noch eine F.

for|ma|li|ter ‹Adv.› [lat. formaliter] (bildungsspr.): *der äußeren Form* (1 b) *nach:* die Trennung war nun auch f. vollzogen.

for|mal|ju|ris|tisch ‹Adj.›: *rein äußerlich genau dem Gesetz entsprechend:* eine -e Entscheidung.

for|mal|recht|lich ‹Adj.›: *formaljuristisch.*

For|mans, das; -, ...anzien u. ...antia [lat. formans (Gen.: formantis), 1. Part. von formare, ↑formieren] (Sprachw.): *grammatisches Bildungselement; gebundenes Morphem* (z. B. ...lich in lieblich).

Form|an|stieg, der (Sport): *Verbesserung der Form* (2).

For|mat, das; -[e]s, -e [lat. formatum = das Geformte; das Genormte, subst. 2. Part. von: formare = formen; ordnen]: **1.** *[genormtes] Größenverhältnis eines Gegenstandes nach Länge u. Breite:* ein mittleres F.; das F. eines Papierbogens, eines Briefumschlages; das Buch hat ein handliches F.; ein Briefbogen im F. DIN A 4; es waren hauptsächlich kleinere -e *(Bilder in kleinerem Format)* ausgestellt. **2.** ‹o. Pl.› **a)** *stark ausgeprägtes Persönlichkeitsbild; außergewöhnlicher Rang aufgrund der Persönlichkeit,*

F

bedeutender Fähigkeiten o. Ä.: dazu fehlt ihm das [menschliche] F.; er hat als Sportler internationales F.; sie hat F. *(ist eine Persönlichkeit);* ein Mann von [außergewöhnlichem] F.; **b)** *besonderes Niveau, große Bedeutung:* die Aufführung hatte F.; ein Theater von [großstädtischem] F.

for|ma|tie|ren ⟨sw. V.; hat⟩ (EDV): **a)** *Daten nach verbindlich vorgegebenen Vorschriften od. nach den Bedürfnissen des Benutzers anordnen u. zusammenstellen:* einen Text f.; **b)** *eine Diskette für die Aufnahme von Daten vorbereiten:* eine Diskette f.

For|ma|ti|on, die; -, -en [lat. formatio = Gestaltung; (An)ordnung]: **1.** *Herausbildung durch Zusammenstellung:* die F. gesellschaftlicher Gruppen. **2. a)** *bestimmte Anordnung, Aufstellung, Verteilung:* in geschlossener F. marschieren; in F. fliegen; die Mannschaft trat in der gleichen F. wie beim letzten Spiel an; **b)** *für einen bestimmten militärischen Zweck od. Auftrag gebildete Truppe, Gruppe; Verband:* die F. der Pioniere rückte wieder ab. **3.** *Gruppe, die sich zusammengeschlossen hat, die ein in bestimmter Weise strukturiertes soziales, ökonomisches o. ä. Gebilde darstellt:* die F. der Jungsozialisten; diese Band gehört zu den musikalisch interessantesten deutschen -en. **4.** (Geol.) **a)** *Zeitabschnitt in der Erdgeschichte, der sich hinsichtlich Fauna od. Flora von anderen unterscheidet;* **b)** *Folge von Gesteinsschichten, die sich in einem größeren erdgeschichtlichen Zeitraum gebildet hat.* **5.** (Bot.) *durch das Vorherrschen einer bestimmten Form des Wachstums, einer Lebensform gekennzeichnete Pflanzengesellschaft* (z. B. Laubwald).

For|ma|ti|ons|flug, der: **a)** *Flug mehrerer Luftfahrzeuge in Formation* (2 a); **b)** *Flug von zwei od. mehreren Raumfahrzeugen auf gleichen od. ähnlichen Bahnen als Vorbereitung eines Rendezvousmanövers.*

For|ma|ti|ons|tanz, der (Tanzsport): *Tanz, bei dem acht Paare eine Formation* (2 a) *bilden.*

for|ma|tiv ⟨Adj.⟩ [zu lat. formatio, ↑Formation]: *die Gestaltung betreffend, gestaltend.*

For|ma|tiv, das; -s, -e (Sprachw.): **1.** *Formans.* **2.** *kleinstes Element mit syntaktischer Funktion innerhalb einer Kette.* **3.** *Zeichenform, -gestalt (im Unterschied zum bezeichneten Inhalt).*

form|bar ⟨Adj.⟩: **1.** *sich formen* (1), *kneten, in eine bestimmte Form bringen lassend:* ein -es Material. **2.** *sich formen* (2), *prägen lassend:* in diesem Alter sind Kinder noch f.

Form|bar|keit, die; -: *das Formbarsein.*

form|be|stän|dig ⟨Adj.⟩: *seine Form* (1 a) *behaltend, nicht so schnell verlierend:* -es Material.

Form|be|stän|dig|keit, die: *das Formbeständigsein.*

Form|blatt, das: *amtliches Formular.*

Förm|chen, das; -s, -: **1.** Vkl. zu ↑Form (3). **2.** kurz für ↑Sandförmchen.

Form|ei|sen, das: *Werkstück aus Eisen mit vorgegebenem Querschnitt* (z. B. Schiene).

For|mel, die; -, -n [lat. formula, Vkl. von: forma, ↑Form]: **1.** *fester, sprachlicher Ausdruck, feste Formulierung für etw. Bestimmtes:* eine stereotype F.; die F. des Eides sprechen. **2.** *Folge von Buchstaben, Zahlen od. Worten zur verkürzten Bezeichnung eines mathematischen, chemischen od. physikalischen Sachverhalts:* eine chemische F.; eine F. [für etw.] aufstellen; einen physikalischen Zusammenhang in einer F. ausdrücken. **3.** *kurz gefasster Satz od. Ausdruck, in dem sich ein gedanklicher Zusammenhang erhellend fassen lässt:* etw. auf eine [einfache] F. bringen. **4.** (Motorsport) *durch eine Kommission des Internationalen Automobilverbandes od. durch einen Motorsportverband festgelegte Merkmale des Rennwagens einer bestimmten Klasse:* (z. B. Formel 1, 2, 3, V, Super-V): Rennwagen der Formel 1.

For|mel-1-Ren|nen [...'ains...], das (Motorsport): *Autorennen mit Formel-1-Wagen.*

For|mel-1-Wa|gen [...'ains...], der (Motorsport): *Rennwagen der Formel 1.*

for|mel|haft ⟨Adj.⟩: *in der Art einer Formel* (1), *zu einer Formel erstarrt:* eine -e Ausdrucksweise.

for|mell ⟨Adj.⟩ [frz. formel < lat. formalis, ↑formal]: **a)** *dem Gesetz od. der Vorschrift nach, offiziell:* es kam eine -e Einigung zustande; **b)** *bestimmten gesellschaftlichen Formen* (1 d), *den Regeln der Höflichkeit genau entsprechend:* ein -er Antrittsbesuch; er ist immer sehr f. *(höflich, aber sehr distanziert u. unverbindlich);* **c)** *aufgrund festgelegter Ordnung, aber nur äußerlich, ohne eigentlichen Wert, um dem Anschein zu genügen:* er ist [nur] f. im Recht.

For|mel|samm|lung, die: *Nachschlagewerk, das die Formeln* (2) *u. Gesetze eines Fachgebiets enthält:* eine mathematische F.

For|mel|spra|che, die: *durch viele Formeln* (1, 2) *geprägte fachsprachliche Ausdrucksweise.*

For|mel|zei|chen, das: *in Formeln* (2) *verwendetes Zeichen, Symbol für bestimmte Größen u. ihre Verknüpfungen od. Relationen in mathematischen, chemischen od. physikalischen Sachverhalten.*

for|men ⟨sw. V.; hat⟩ [mhd. formen, zu ↑Form]: **1.** *einer Sache eine bestimmte [ihr eigene] Form* (1 a, b) *geben:* ein Modell aus, in Ton f.; Ton zu einer Vase f.; Brot f.; Hüte f.; Laute mit den Lippen f. *(artikulieren);* ihre Hände sind schön geformt (*haben eine schöne Form* 1 a). **2.** *in einer bestimmten Weise innerlich verändern u. prägen:* diese Erlebnisse haben ihn [zu einer Persönlichkeit], haben seinen Charakter geformt. **3.** ⟨f. + sich⟩ *eine bestimmte Form* (1 a, b) *bekommen; Gestalt gewinnen:* das Wachs formt sich unter seinen Händen.

For|men|kreis, der (Med.): *Komplex unterschiedlicher Ausprägungsformen eines Krankheitstyps:* der rheumatische F.

For|men|leh|re, die: **1.** (Sprachw.) *Teilgebiet der Grammatik, das die Bildung der Wortformen bei Deklination, Konjugation u. Komparation umfasst; Morphologie.* **2.** (Musik) *Teil der Kompositionslehre, der die Beschreibung formaler Schemata (z. B. Fuge, Sonatensatz) umfasst.* **3.** (Biol.) *Morphologie* (2).

for|men|reich ⟨Adj.⟩: *eine Vielfalt der Erscheinungsformen aufweisend; vielgestaltig:* -e Pflanzenarten.

For|men|reich|tum, der ⟨o. Pl.⟩: *Vielfalt der Erscheinungsformen; Vielgestaltigkeit.*

For|men|sinn, der ⟨o. Pl.⟩: *Sinn, Empfindung für [künstlerische] Formen* (1 b).

For|men|spra|che, die: *zu einem bestimmten Konzept gehörende Ausdrucksmittel eines [bildenden] Künstlers od. einer Epoche der bildenden Kunst:* die F. der Kubisten.

For|mer, der; -s, -: *Facharbeiter, der Gießformen für den Guss von Metallteilen herstellt* (Berufsbez.).

For|me|rei, die; -, -en: *Abteilung eines Gießereibetriebes, in der die [Sand]formen hergestellt werden.*

For|me|rin, die; -, -nen: w. Form zu ↑Former.

Form|feh|ler, der: **1.** *Verstoß gegen die Form* (1 d), *in der etw. vor sich zu gehen hat:* bei der Abstimmung ist ein F. unterlaufen. **2.** *Fehler in der Körperform bes. von Zuchttieren.*

Form|fra|ge, die: *ein Problem, eine Frage der Form* (1 d): das sind alles nur -n.

form|ge|bend ⟨Adj.⟩: *einer Sache [ihre] Form* (1 a, b) *gebend:* ein -es Modell.

Form|ge|bung, die; -, -en: *Gestaltung eines Gebrauchs- od. Kunstgegenstandes:* diese Keramik wirkt hauptsächlich durch ihre eigenwillige F.

form|ge|recht ⟨Adj.⟩: *der Form* (1 d) *entsprechend:* sich f. ausdrücken, verhalten.

Form|ge|stal|tung, die: *Design.*

for|mi|da|bel ⟨Adj.; ...bler, -ste⟩ [frz. formidable < lat. formidabilis = grausig, fürchterlich] (bildungsspr.): **1.** *durch seine Größe, Leistung o. Ä. beeindruckend; großartig:* eine formidable Sportlerin; ein formidables Souper. **2.** (veraltend) *durch sein großes Ausmaß o. Ä. Besorgnis, Furcht erregend:* formidable Hindernisse.

for|mie|ren ⟨sw. V.; hat⟩ [frz. former = (Truppen) aufstellen, anordnen; schon mhd. formieren = gestalten, bilden < lat. formare]: **1. a)** *zur Aufstellung in einer bestimmten Ordnung veranlassen:* eine Mannschaft f.; **b)** ⟨f. + sich⟩ *sich in einer bestimmten Ordnung aufstellen; sich ordnen:* der Festzug formierte sich. **2. a)** *nach bestimmten Prinzipien bilden; nach einem bestimmten Plan organisieren:* eine Partei, Organisation [neu] f.; **b)** ⟨f. + sich⟩ *sich zusammenschließen; sich nach einem bestimmten Plan organisieren:* neue Verbände formierten sich.

For|mie|rung, die; -, -en: **1.** *das Formieren.* **2.** *das Sichformieren.*

-för|mig: drückt in Bildungen mit Substantiven aus, dass die beschriebene Sache in der äußeren Gestalt vergleichbar mit etw. ist, die Form von etw. hat: pilz-, treppenförmig; A-förmig.

Form|kri|se, die (Sport): *eine gewisse Zeit anhaltende schlechte Form* (2), *die unzulängliche sportliche Leistungen zur Folge hat.*

förm|lich ⟨Adj.⟩ [mhd. formelich = nach einer Form gestaltet; vorbildhaft]: **1.** *durch Vorschrift angeordnet; offiziell, formell:* die -e Übergabe der Geschäfte; die Kündigung war noch nicht f. [erfolgt]. **2.** *die Höflichkeitsformen peinlich genau beachtend u. dabei oft konventionell, steif, unpersönlich:* eine -e Begrüßung; bei unserer Unterhaltung war er sehr f. **3.** *regelrecht; wahrhaft, geradezu:* eine -e Angst ergriff ihn; er erschrak f., als er mich sah.

Förm|lich|keit, die; -, -en: **1.** *vorgeschriebene [zur Äußerlichkeit erstarrte] Form:* eine juristische F.; überlebte -en. **2.** *mit Unpersönlichkeit u. Steifheit verbundene, genaue Beachtung der Höflichkeitsformen:* alle F. beiseite lassen.

Form|ling, der; -s, -e [zu ↑formen] (Fachspr.): *in einer dafür vorgesehenen Form (durch Gießen, Pressen o. Ä. einer bestimmten Masse z. B. bei der Herstellung von Keramiken) hergestelltes Gebilde.*

form|los ⟨Adj.⟩: **1.** *keine bestimmte Form* (1 a) *erkennen lassend, umrisslos:* eine -e Masse. **2. a)** *ohne vorgeschriebene Form* (1 b): ein -er Antrag; **b)** *nicht auf die Form* (1 d) *achtend, zwanglos, ungezwungen:* eine -e Begrüßung.

Form|lo|sig|keit, die; -: **1.** *formlose* (1) *Beschaffenheit:* die F. eines Stoffes. **2. a)** *formlose* (2 a) *Beschaffenheit, Darstellungsweise:* das Werk scheitert an seiner inneren F.; **b)** *formlose* (2 b) *Verhaltensweise, Art.*

Form|obst, das: **1.** *niedrige, veredelte Obstbäume, bei denen durch regelmäßiges starkes Schneiden ein künstlicher Baumkronenwuchs erzielt wird.* **2.** *Früchte von Formobst* (1).

Form|obst|baum, der: *Formobst* (1).

For|mo|sa; -s: früherer Name von ↑Taiwan.

Form|sa|che, die: *nur eine Angelegenheit der Form* (1 d), *Formalität:* etw. ist [eine] reine F.

form|schön ⟨Adj.⟩: *als Gebrauchsgegenstand schön geformt, von schöner Form* (1 a): ein -es Essservice; f. gestaltete Lampenschirme.

Form|schön|heit, die ⟨o. Pl.⟩: *das Formschönsein.*

Form|schwan|kung, die ⟨meist Pl.⟩ (Sport): *Schwankung hinsichtlich der Form* (2): der sensible Spieler war besonders starken -en unterworfen.

Form|stand, der (schweiz., bes. Sport): *Stand* (4 b) *der Form* (2).

Form|stein, der: *von der normalen Ausführung abweichender Mauer- od. Dachstein* (z. B. Lüftungsstein, Kaminformstück).

Form|stück, das: *vorgeformtes Bauteil* (2) *o. Ä.*

Form|tief, das (Sport): *Formkrise.*

form|treu ⟨Adj.⟩: *formbeständig.*

For|mu|lar, das; -s, -e [subst. aus lat. formularius (-ium) = die vorgeschriebenen (Rechts-, Gerichts)formeln betreffend]: *[amtlicher] Vordruck zur Beantwortung bestimmter Fragen od. für bestimmte Angaben:* ein amtliches F.; ein F. ausfüllen, unterschreiben.

for|mu|lie|ren ⟨sw. V.; hat⟩ [frz. formuler, zu: formule = Formel < lat. formula, ↑Formel]: **1.** *in* *eine angemessene sprachliche Form* (1 b) *bringen:* eine Frage f.; eine prägnant formulierte Antwort. **2.** *festlegen, entwerfen:* die Ziele für ein Programm f.

or|mu|lie|rung, die; -, -en: **1.** ⟨Pl. selten⟩ *das Formulieren* (1, 2): es gab Schwierigkeiten bei der F. des Vertragstextes. **2.** *etw. Formuliertes; in bestimmter Weise formulierter Text:* eine ungenaue F.; einige -en wurden geändert.

or|mung, die; -, -en: **1.** *Art, in der etw. geformt ist:* die künstlerische F. einer Vase. **2.** ⟨o. Pl.⟩ *das Formen* (2); *Erziehung, Bildung:* die F. der Persönlichkeit, des Charakters.

orm|ver|än|de|rung, die: *Veränderung der Form* (1 a).

orm|vol|len|det ⟨Adj.⟩: *vollendet in der Beherrschung der Form* (1 b, d), *in der etw. ausgeführt ist:* eine -e Verbeugung.

orm|wort, das ⟨Pl. ...wörter⟩ (Sprachw.): *Wort, das den Satz hauptsächlich von seiner syntaktischen Form* (1 c), *weniger vom Inhalt her bestimmt* (z. B. Konjunktion, Pronomen).

orsch ⟨Adj.⟩ [aus dem Niederd., niederd. fors = kräftig, zu mniederd. forse = Kraft, Macht < frz. force, ↑Force]: *[leicht allzu] entschlossen u. energisch; resolut, zupackend:* ein -er Bursche; ein -er Stil; er ist sehr f.; f. auftreten.

or|sche, die; - (ugs.): *forsche Art des Vorgehens.*

or|scheln ⟨sw. V.; hat⟩ [Vkl. von ↑forschen] (schweiz.): *vorsichtig forschen* (a), *jmdn. aushorchen:* sie förschelte nach unseren Gründen.

or|schen ⟨sw. V.; hat⟩ [mhd. vorschen, ahd. forscōn = fragen, (aus)forschen, urspr. = fragen, bitten, im Sinne von »wühlen« verw. mit ↑Furche]: **a)** *durch intensives Bemühen jmdn., etw. zu finden od. zu ermitteln suchen:* in jmds. Gesicht, nach den Ursachen des Unglücks, nach dem Täter f.; jmdn. forschend ansehen; **b)** *sich um [wissenschaftliche] Erkenntnis bemühen:* er hat jahrelang, unermüdlich auf diesem Gebiet geforscht; in unveröffentlichten Werken f.; **c)** (schweiz.) *erforschen, herausfinden.*

or|scher, der; -s, - [mhd. vorschære]: *jmd., der auf einem Gebiet [wissenschaftliche] Forschung betreibt.*

or|scher|geist, der: **a)** ⟨o. Pl.⟩ *Geist, Verstand des Forschers;* **b)** *Mensch mit großem Wissensdrang.*

or|sche|rin, die; -, -nen: w. Form zu ↑Forscher.

or|sche|risch ⟨Adj.⟩: *den Forscher, die Forschung betreffend, charakterisierend:* die -e Tätigkeit.

orsch|heit, die; -: *das Forschsein.*

or|schung, die; -, -en: **1.** *das Forschen* (a), *forschende Bemühung:* die F. nach den Ursachen blieb erfolglos. **2. a)** *das Forschen* (b), *das Arbeiten an wissenschaftlichen Erkenntnissen; Untersuchung eines wissenschaftlichen Problems:* empirische -en anstellen; diese Erkenntnisse sind Ergebnisse eingehender -en; **b)** ⟨o. Pl.⟩ *forschende Wissenschaft:* die neuere F. hat dies bestätigt; in der F. tätig sein.

or|schungs|an|stalt, die: *Anstalt, die Forschungen durchführt, Forschungsarbeit leistet.*

or|schungs|ar|beit, die: **1.** *Arbeit* (4 a) *über bestimmte Forschungsergebnisse.* **2.** *Forschung* (2 a): intensive F.

or|schungs|auf|ga|be, die: *Forschungsauftrag.*

or|schungs|auf|trag, der: *Auftrag, auf einem bestimmten Gebiet zu forschen.*

or|schungs|be|reich, der: *Forschungsgebiet.*

or|schungs|er|geb|nis, das: *Ergebnis bestimmter Forschungen* (2 a).

or|schungs|ge|biet, das: *Gebiet, Sachbereich, dem bestimmte Forschungen* (2 a) *gelten:* neue, interessante -e; ein F. der Medizin.

or|schungs|ge|gen|stand, der: *Gegenstand bestimmter Forschungen* (2 a).

or|schungs|in|sti|tut, das: *[staatlich gefördertes] Institut für bestimmte Forschungszwecke.*

or|schungs|la|bo|ra|to|ri|um, das: *bestimmten Forschungen dienendes Laboratorium.*

or|schungs|me|tho|de, die: *Methode, nach der bestimmte Forschungen betrieben werden.*

For|schungs|pro|gramm, das: vgl. Forschungsmethode.

For|schungs|ra|ke|te, die: *suborbitale Rakete mit ausschließlich wissenschaftlicher Aufgabenstellung* (z. B. im Bereich der Meteorologie).

For|schungs|rei|se, die: *Reise zur Erforschung unerschlossener Gebiete.*

For|schungs|rei|sen|de, der u. die: *jmd., der eine Forschungsreise unternimmt.*

For|schungs|rich|tung, die: *von einer Gruppe von Forschern (mit bestimmten gemeinsamen wissenschaftlichen Anschauungen) vertretene Richtung innerhalb eines Forschungsbereiches.*

For|schungs|sa|tel|lit, der: vgl. Forschungsrakete.

For|schungs|sta|ti|on, die: *Beobachtungsstelle für meteorologische, geologische o. ä. Forschungszwecke.*

For|schungs|stät|te, die: vgl. Forschungsinstitut.

For|schungs|sti|pen|di|um, das: *Stipendium zum Zwecke der Forschung* (2 a).

For|schungs|zen|trum, das: *großes Forschungsinstitut mit verschiedenen, bes. naturwissenschaftlichen Forschungszweigen.*

For|schungs|ziel, das: vgl. Forschungszweck.

For|schungs|zweck, der: *bestimmter Zweck, für den Forschung betrieben wird.*

For|schungs|zweig, der: *Teilgebiet der [naturwissenschaftlichen] Forschung.*

Forst, der; -[e]s, -e[n] [mhd. vorst, ahd. forst, H. u.]: *nach forstwirtschaftlichen Grundsätzen bewirtschafteter u. abgegrenzter Wald.*

Forst|amt, das: **1.** *unterste Dienststelle der Forstverwaltung.* **2.** *Gebäude, in dem ein Forstamt* (1) *untergebracht ist.*

Forst|be|am|te, der: *in der Forstverwaltung tätiger Beamter.*

Forst|be|am|tin, die: w. Form zu ↑Forstbeamte.

Forst|be|hör|de, die: *Behörde, die die staatliche Hoheitsgewalt über Forsten hinsichtlich Aufsicht u. Betreuung ausübt.*

Forst|be|zirk, der: *Bezirk, für den ein Forstamt zuständig ist.*

Förs|ter, der [mhd. forster, forstaere, spätmhd. forstäri]: *jmd., der mit der Hege des Waldes u. der Pflege des Wildes betraut ist* (Berufsbez.).

Förs|te|rei, die; -, -en: **1.** *Dienststelle eines Försters.* **2.** *Gebäude, in dem eine Försterei* (1) *untergebracht ist.*

Förs|te|rin, die; -, -nen: w. Form zu ↑Förster.

Forst|fre|vel, der: *Übertretung der Bestimmungen, die zum Schutze des Waldes erlassen worden sind; Waldfrevel.*

forst|ge|recht ⟨Adj.⟩: *sich im Forstwesen auskennend; von Kenntnissen im Forstwesen zeugend.*

Forst|haus, das: *Haus u. Dienststelle eines Försters.*

Forst|leu|te ⟨Pl.⟩: **1.** Pl. von ↑Forstmann. **2.** *Gesamtheit der Försterinnen und Förster.*

forst|lich ⟨Adj.⟩: *den Forst, die Forstwirtschaft betreffend, zu ihm gehörend:* f. genutzte Flächen.

Forst|mann, der ⟨Pl. ...männer u. ...leute⟩: *Förster.*

Forst|meis|ter, der: *Forstbeamter im höheren Dienst mit abgeschlossenem Studium als Leiter eines Forstamtes.*

Forst|meis|te|rin, die: w. Form zu ↑Forstmeister.

Forst|recht, das: *Gesamtheit der Gesetze u. rechtlichen Vorschriften, die den Wald u. die Forstwirtschaft betreffen.*

Forst|re|vier, das: *dem Revierförster unterstellter Teilbezirk eines Forstamtes.*

Forst|scha|den, der: *von Menschen, durch Forstschädlinge, Wettereinwirkungen od. sonstige Naturgewalten verursachter Schaden im Wald.*

Forst|schäd|ling, der: *pflanzlicher od. tierischer Schädling des Waldes.*

Forst|ver|wal|tung, die: *Verwaltung zur Erhaltung u. Pflege des Waldes sowie zur wirtschaftlichen Vermarktung des Holzes.*

Forst|we|sen, das ⟨o. Pl.⟩: *Gesamtheit der Erkenntnisse, Erfahrungen, Maßnahmen u. Verwaltungstätigkeiten auf dem Gebiet der Forstwirtschaft u. Forstwissenschaft.*

Forst|wirt, der: **1. a)** *Forstbeamter im höheren Dienst mit abgeschlossenem Studium der Forstwissenschaft;* **b)** *Waldfacharbeiter.* **2.** *Waldeigentümer, der seinen Waldbesitz nach ökonomischen Grundsätzen bewirtschaftet od. bewirtschaften lässt.*

Forst|wir|tin, die: w. Form zu ↑Forstwirt.

Forst|wirt|schaft, die: *Zweig der Landwirtschaft, der sich mit der wirtschaftlichen Nutzung, der Pflege u. dem Anbau des Waldes beschäftigt.*

forst|wirt|schaft|lich ⟨Adj.⟩: *die Forstwirtschaft betreffend:* -e Fachbegriffe.

Forst|wis|sen|schaft, die: *Wissenschaft von den biologischen Gesetzmäßigkeiten im Wachstum von Bäumen u. Wäldern, der Nutzung von Holz, vom Forstrecht o. Ä.*

Forst|zei|chen, das: *in den Stamm von Bäumen, die zum Fällen vorgesehen sind, eingeschlagenes Zeichen.*

For|sy|thie [fɔrˈzyːtsi̯ə, auch: ...ti̯ə; österr., schweiz.: fɔrˈziːtsi̯ə], die; -, -n [nach dem engl. Botaniker W. Forsyth (1737–1804)]: *im zeitigen Frühjahr blühender Strauch mit vor den Blättern erscheinenden leuchtend gelben Blüten.*

fort ⟨Adv.⟩ [mhd. vort, asächs. forth = vorwärts, weiter, fortan, verw. mit ↑vor]: **1.** *nicht mehr länger an einem Ort [anwesend]; weg:* f. mit ihm, damit!; [schnell] f.!; die Kinder sind schon f. (ugs.; *weggegangen*); das Buch ist f. (ugs.; *nicht zu finden*); wann seid ihr von zu Hause f. (ugs.; *aufgebrochen*)? **2.** *ohne Unterbrechung, unausgesetzt ablaufend, sich in die weitere Zeit erstreckend; weiter:* nur immer so f.!; ***und so f.** *(und Ähnliches, in derselben Art [zu ergänzen]; und so weiter);* **in einem f.** *(ununterbrochen, fortgesetzt, fortwährend, ständig).*

Fort [foːɐ̯], das; -s, -s [frz. fort, zu: fort = fest, stark < lat. fortis]: *einzelne Befestigungsanlage zur Verteidigung strategisch wichtiger Geländepunkte, die oft Teil eines ausgedehnten Systems von Befestigungen ist.*

fort|an ⟨Adv.⟩ (geh.): *[mit logischer Konsequenz] von einem bestimmten markanten Zeitpunkt an:* er zog aufs Land und lebte f. als Bauer.

fort|be|ge|ben, sich ⟨st. V.; hat⟩ (geh.): *[gemessenen Schrittes] weggehen; sich entfernen:* ich begab mich [aus der Stadt] fort.

Fort|be|stand, der ⟨o. Pl.⟩: *das Fortbestehen.*

fort|be|ste|hen ⟨unr. V.; hat; südd., österr., schweiz. auch: ist⟩: *[trotz veränderter Voraussetzungen] nach wie vor bestehen:* die alten Verhältnisse bestanden fort.

fort|be|we|gen ⟨sw. V.; hat⟩: **a)** *von der Stelle bewegen:* er versuchte, den schweren Stein fortzubewegen; **b)** ⟨f. + sich⟩ *sich in bestimmter Richtung [in gemäßigtem Tempo] vorwärts bewegen:* der Kranke kann sich nur an Krücken f.

Fort|be|we|gung, die: **a)** *das Fortbewegen;* **b)** *das Sichfortbewegen.*

Fort|be|we|gungs|or|gan, das: *der Fortbewegung dienendes Organ* (1).

fort|bil|den ⟨sw. V.; hat⟩: *die Fähigkeiten einer Person, jmds. od. die eigene Bildung weiterentwickeln, vervollkommnen:* Angestellte in speziellen Kursen f.

Fort|bil|dung, die: *das Fortbilden.*

Fort|bil|dungs|kurs, (seltener:) **Fort|bil|dungs|kur|sus,** der: *der beruflichen Fortbildung dienender Kurs:* an einem F. teilnehmen.

fort|bla|sen ⟨st. V.; hat⟩: *durch Blasen entfernen; wegblasen:* Krümel, Staub [vom Tisch] f.; ihre Skrupel waren wie fortgeblasen *(waren plötzlich nicht mehr vorhanden).*

fort|blei|ben ⟨st. V.; ist⟩: *[über einen bestimmten Zeitraum] nicht [wieder]kommen; wegbleiben.*

fort|brau|sen ⟨sw. V.; ist⟩ (ugs.): *(von Kraftfahrzeugen) mit Lärm u. großer Geschwindigkeit davonfahren.*

fort|brin|gen ⟨unr. V.; hat⟩: **1.** *aus einem bestimmten Grund, zu einem bestimmten Zweck an einen anderen Ort bringen, wegbringen:* einen Verunglückten [mit dem Unfallwagen] f. *(ins Krankenhaus bringen);* ein Paket f. *(zur Post bringen).* **2.** *von der Stelle wegbewegen u. vor-*

F

wärts bringen: die Frau konnte den schweren Karren kaum f.

Fort|dau|er, die: *das Fortdauern.*

fort|dau|ern ⟨sw. V.; hat⟩: *weiterhin dauern, nicht aufhören zu sein od. zu geschehen:* das schlechte Wetter dauert fort; ein fortdauernder Widerstand.

fort|den|ken ⟨unr. V.; hat⟩: *wegdenken.*

fort|drän|gen ⟨sw. V.; hat⟩: *wegdrängen.*

fort|dür|fen ⟨unr. V.; hat⟩ (ugs.): *wegdürfen.*

for|te ⟨Adv.; Komp.: più forte, Sup.: fortissimo⟩ [ital. forte < lat. fortis]: **1.** (Musik) *laut, stark, kräftig:* eine Stelle f. spielen; (Abk.: f; fortissimo: ff). **2.** (Pharm.) *stark [wirkend].*

For|te, das; -s, -s u. …ti (Musik): *große Lautstärke, Klangfülle:* das Klavier hat an dieser Stelle ein F.

fort|ei|len ⟨sw. V.; ist⟩ (geh.): *sich schnell, eilends entfernen.*

fort|ent|wi|ckeln ⟨sw. V.; hat⟩: **a)** *durch Entwicklung auf eine neue Stufe stellen; weiterentwickeln:* bestimmte Ansätze, ein Modell, eine Serie f.; **b)** ⟨f. + sich⟩ *durch Entwicklung eine neue Stufe erreichen; sich weiterentwickeln:* diese Gruppen haben sich zu Parteien fortentwickelt.

Fort|ent|wi|cke|lung, Fort|ent|wick|lung, die: **a)** *das Fortentwickeln;* **b)** *das Sichfortentwickeln.*

for|te|pi|a|no ⟨Adv.⟩ [aus ↑forte u. ↑piano] (Musik): *laut u. sofort danach leise:* der Taktanfang ist f. zu spielen; (Abk.: fp).

For|te|pi|a|no, das; -s, -s: **1.** (Musik) *laute u. sofort danach leise Tonstärke.* **2.** (veraltet) *Klavier, Pianoforte.*

For|tes: Pl. von ↑Fortis.

fort|fah|ren ⟨st. V.⟩: **1. a)** *mit einem Fahrzeug einen Ort verlassen; abreisen, wegfahren* ⟨ist⟩: er ist um 10 Uhr fortgefahren; wir fahren heute [mit dem Auto] fort *(machen einen Ausflug);* **b)** *mit einem Fahrzeug wegbringen; abtransportieren, wegfahren* ⟨hat⟩: er hat den Müll fortgefahren. **2.** *ein Tun [nach einer Unterbrechung] fortsetzen* ⟨hat/ist⟩: in seiner Rede f.

Fort|fall, der ⟨o. Pl.⟩: *das Fortfallen, Wegfall:* der F. aller radikalen Parteien.

fort|fal|len ⟨st. V.; ist⟩: *bei der Ausführung von etw. ausgelassen werden, nicht in Erscheinung treten od. wirksam werden; wegfallen.*

fort|flat|tern ⟨sw. V.; ist⟩: **1.** *sich flatternd entfernen; wegflattern:* der Schmetterling flatterte fort. **2.** *in flatternder Bewegung vom Wind fortgetragen werden; wegflattern:* der Zettel ist fortgeflattert.

fort|flie|gen ⟨st. V.; ist⟩: *sich fliegend entfernen; davon-, wegfliegen:* die Schwalben sind fortgeflogen.

fort|füh|ren ⟨sw. V.; hat⟩: **1.** *fortsetzen [was von einem anderen begonnen wurde]:* der Sohn führte das Geschäft des Vaters fort. **2.** *von einem Ort wegbringen, wegführen:* einen Gefangenen f.

Fort|füh|rung, die ⟨Pl. selten⟩: *das Fortführen.*

Fort|gang, der ⟨o. Pl.⟩: **1.** *das [endgültige] Weggehen aus einer bestimmten Umgebung:* sein F. aus der Heimat; mit seinem F., nach seinem F. veränderte sich vieles. **2.** *weitere Entwicklung von etw., weiterer Verlauf, das Voranschreiten:* der F. der Verhandlungen.

fort|ge|ben ⟨st. V.; hat⟩: *einem anderen übergeben; weggeben:* etw. zur Reparatur f.

fort|ge|hen ⟨unr. V.; ist⟩: **1.** *sich von einem Ort, von jmdm. entfernen; weggehen:* schnell, heimlich f. **2.** *ohne Unterbrechung weiterhin geschehen, verlaufen; andauern:* es hätte noch eine Zeit lang so f. können.

fort|ge|schrit|ten: 1. ↑fortschreiten. **2.** ⟨Adj.⟩ **a)** *in einer sozialen, technischen, wissenschaftlichen o. ä. Entwicklung auf einem höheren Niveau stehend:* ein industriell -er Staat; **b)** *ein späteres Entwicklungsstadium, einen späteren Zeitpunkt erreicht habend:* die -e Paralyse eines Organismus; ein Mann im -en Alter *(ein älterer Mann);* zu -er Tageszeit *(zu später Stunde).*

Fort|ge|schrit|te|ne, der u. die; -n, -n ⟨Dekl. ↑Abgeordnete⟩: *jmd., der auf einem Gebiet schon Fortschritte gemacht hat, kein Anfänger mehr ist:* Spanisch für F.

fort|ge|setzt ⟨Adj.⟩: *ständig wiederholt, immer wieder sich ereignend, vorkommend:* eine -e Steuerhinterziehung; f. den Unterricht stören.

fort|gie|ßen ⟨st. V.; hat⟩: *weggießen.*

fort|ha|ben ⟨unr. V.; hat⟩ (ugs.): *weghaben* (1).

fort|hin ⟨Adv.⟩ (veraltend): *von einem bestimmten Zeitpunkt, von nun an immer:* f. fragte er sie zuerst nach ihrer Meinung.

fort|ho|len ⟨sw. V.; hat⟩: *wegholen.*

For|ti: Pl. von ↑Forte.

For|ti|fi|ka|ti|on, die; -, -en [frz. fortification < spätlat. fortificatio = das Starkmachen, zu lat. fortis = stark] (veraltet): **a)** *Festungswerk, Befestigungswerk:* eine neolithische F.; **b)** ⟨o. Pl.⟩ *Kunst, Befestigungsanlagen zu bauen:* Vauban war ein Meister der F.

For|tis, die; -, …tes […te:s; zu lat. fortis = stark] (Phon.): *mit großer Intensität gesprochener u. mit gespannten Artikulationsorganen gebildeter Konsonant* (z. B. p, t, k, ß).

For|tis|si|mi: Pl. von ↑Fortissimo.

for|tis|si|mo (Musik): *sehr laut, sehr stark u. kräftig.*

For|tis|si|mo, das; -s, -s u. …mi (Musik): *sehr große Lautstärke, Klangfülle:* das Orchester spielte im höchsten F.

fort|ja|gen ⟨sw. V.⟩: **1.** ⟨hat⟩ **a)** *jmdn., ein Tier unsanft dazu bringen, einen bestimmten Ort sofort zu verlassen; wegjagen:* die Kinder von der Baustelle f.; die Spatzen vom Kirschbaum f.; **b)** *aus Verärgerung sofort aus der Wohnung werfen, aus dem Dienst entlassen, wegjagen:* der Chef hat seinen Fahrer fortgejagt. **2.** *sich aus einem bestimmten Grund im Galopp od. in rasender Fahrt von einem Ort entfernen* ⟨ist⟩: auf einem Pferd, Motorrad f.

fort|kom|men ⟨st. V.; ist⟩: **1. a)** *[es schaffen] sich von einem Ort [zu] entfernen; wegkommen:* machen Sie, dass Sie fortkommen!; **b)** *weggebracht, abtransportiert werden, wegkommen:* es wird Zeit, dass die alten Möbel einmal fortkommen; **c)** *abhanden kommen, verloren gehen, wegkommen:* es ist schon wieder [jmdm.] Geld fortgekommen. **2.** *vorwärts kommen, seinen Weg fortsetzen können:* im tiefen Schnee nicht mehr f.; **3.** *im Beruf o. Ä. sich durch seine Leistung weiterentwickeln, Erfolg haben, vorankommen:* er kommt im Leben, mit seiner Arbeit nicht recht fort.

Fort|kom|men, das; -s: **1.** *das Vorwärtskommen auf einem Weg, Fortsetzung des Weges:* Nebel, das Dickicht erschwerte das F. **2. a)** *das Vorwärtskommen in einer Laufbahn:* jmds. F. hinderlich sein; **b)** *zum Leben Notwendiges; Lebensunterhalt:* er hat hier sein F.

fort|kön|nen ⟨unr. V.; hat⟩ (ugs.): *wegkönnen.*

fort|krie|chen ⟨st. V.; ist⟩: *sich kriechend von einer Stelle wegbewegen.*

fort|krie|gen ⟨sw. V.; hat⟩ (ugs.): *fortbringen* (2).

fort|las|sen ⟨st. V.; hat⟩: **1.** *weggehen lassen:* seine Mutter wollte ihn nicht mehr f. **2.** *bei etw. nicht verwenden, anwenden, erwähnen; aus-, weglassen:* in einem Brief etwas absichtlich, aus Versehen f.

Fort|las|sung, die; -, -en: *das Fortlassen* (2).

fort|lau|fen ⟨st. V.; ist⟩: **1.** *sich laufend, schnell von einem Ort entfernen, weglaufen:* von zu Hause f.; ihre Katze ist ihnen fortgelaufen *(entlaufen);* Ü ihm ist die Frau fortgelaufen *(sie hat ihn verlassen).* **2.** *sich in räumlicher od. zeitlicher Erstreckung fortsetzen:* der Feldweg lief noch ein Stück fort; eine Filmserie mit fortlaufender *(sich über die einzelnen Folgen fortsetzender)* Handlung; die Blätter sind fortlaufend *(durchgehend, eins auf das andere folgend)* nummeriert; f. *(fortgesetzt, ständig)* trafen neue Meldungen ein.

fort|le|ben ⟨sw. V.; hat⟩: **1.** *über den Tod hinaus in jmdm., in jmds. Gedächtnis gegenwärtig sein, weiterleben:* in seinen Kindern, in seinem Werk f. **2.** (veraltet) *seine Existenz fortsetzen:* mögen sie glücklich f.!

fort|le|gen ⟨sw. V.; hat⟩: *[von sich weg, aus den Händen] an einen anderen Ort legen; weglegen:* die Zeitung, das Messer f.

fort|lo|ben ⟨sw. V.; hat⟩: *wegloben:* jmdn. in eine andere Abteilung f.

fort|lo|cken ⟨sw. V.; hat⟩: *von einem Ort an einen anderen locken, weglocken.*

fort|ma|chen ⟨sw. V.⟩: **1. a)** ⟨f. + sich⟩ (ugs.) *sich [schnell, unauffällig] aus einem bestimmten Grund entfernen* ⟨hat⟩: er machte sich fort und ließ seine Familie im Elend zurück; mach dich fort! *(geh sofort weg von hier!);* **b)** (landsch.) *von einem Ort an einen anderen ziehen* ⟨ist⟩: wegen seiner neuen Arbeitsstelle ist er nach Stuttgart fortgemacht. **2.** (ugs.) *in einem bestimmten Tun fortfahren, weitermachen* ⟨hat⟩: er macht imme so fort; (iron.:) mach nur so fort!

fort|mar|schie|ren ⟨sw. V.; ist⟩: *sich marschieren von einem Ort entfernen, fortbewegen.*

fort|müs|sen ⟨unr. V.; hat⟩ (ugs.): *wegmüssen.*

fort|neh|men ⟨st. V.; hat⟩: **1.** *von einem Ort entfernen, wegnehmen:* welke Blumen f. **2.** *einem andern nicht länger lassen, wegnehmen [u. in seinen Besitz bringen]:* einem Kind ein Spielzeug, einer Katze alle Jungen f.

fort|pa|cken, sich ⟨sw. V.; hat⟩ (salopp): *sich aus einem bestimmten Grund schleunigst entferne* (meist in Aufforderungen o. Ä.): pack dich fort!

fort|pflan|zen ⟨sw. V.; hat⟩: **1. a)** ⟨f. + sich⟩ *sich vermehren, Nachkommen hervorbringen:* sich durch Zeugung f.; **b)** *durch Zeugung von Nachkommen weiterhin bestehen lassen:* sein Geschlecht f. **2. a)** ⟨f. + sich⟩ *sich (bes. akustisch) verbreiten:* das Echo, das Licht, die Heiterkeit pflanzt sich fort; **b)** (selten) *verbreiten, weiterleiten:* jmds. Namen, eine Lehre f.

Fort|pflan|zung, die: **1.** *das Fortpflanzen* (1): ein [un]geschlechtliche F. **2.** *das Fortpflanzen* (2): die F. des Lichtes.

fort|pflan|zungs|fä|hig ⟨Adj.⟩: *fähig, sich fortzupflanzen* (1 a).

Fort|pflan|zungs|ge|schwin|dig|keit, die: *Geschwindigkeit der Fortpflanzung* (2): die F. des Lichtes.

Fort|pflan|zungs|or|gan, das: *Geschlechtsorgan.*

Fort|pflan|zungs|trieb, der: *Geschlechtstrieb.*

fort|pflan|zungs|un|fä|hig ⟨Adj.⟩: *nicht fähig, sic fortzupflanzen* (1 a).

FORTRAN, das; -s [Kurzwort aus engl. formula = Formel u. translation = Übersetzung] (EDV): *bes. auf wissenschaftliche u. technische Aufgaben ausgerichtete Programmiersprache.*

fort|räu|men ⟨sw. V.; hat⟩: *wegräumen.*

fort|rei|sen ⟨sw. V.; ist⟩: *einen Ort verlassen u. an einen anderen reisen.*

fort|rei|ßen ⟨st. V.; hat⟩: *mit einer heftigen Bewegung erfassen u. von einem Ort gewaltsam weg bringen, mit sich nehmen, wegreißen:* die Menge, der Strom riss mich [mit sich] fort; Ü sich von seinen Gefühlen f. *(überwältigen)* lassen.

fort|rei|ten ⟨st. V.; ist⟩: *sich reitend von einem Or entfernen; wegreiten.*

fort|ren|nen ⟨unr. V.; ist⟩ (ugs.): *schnell weglaufen, wegrennen.*

fort|rol|len ⟨sw. V.⟩: **1.** *rollend von einer Stelle wegbewegen* ⟨hat⟩: Fässer f. **2.** *sich rollend entfernen; wegrollen* ⟨ist⟩: der Ball ist fortgerollt.

fort|rü|cken ⟨sw. V.⟩: **1.** *von einer Stelle an eine andere rücken; wegrücken* ⟨hat⟩: den Schrank f. **2.** *sich durch eine rückende Bewegung entfernen; wegrücken* ⟨ist⟩: er rückte ein wenig vom Fenster fort.

fort|rüh|ren, sich ⟨sw. V.; hat⟩: *sich von einer Stelle wegbewegen* (meist verneint): dass du dich nicht fortrührst!

Fort|satz, der: *von einem Organismus ausgebildete Verlängerung:* Fortsätze von Nervenzellen

fort|schaf|fen ⟨sw. V.; hat⟩: *[unter Anstrengungen von einem Ort zu einem bestimmten Zweck wegbringen; wegschaffen:* alte Möbel f.

fort|sche|ren, sich ⟨sw. V.; hat⟩ (ugs.): *sich schleunigst entfernen, wegscheren* (meist in Aufforderungen o. Ä.): schert euch fort!

fọrt|scheu|chen ⟨sw. V.; hat⟩: *durch drohende Zurufe, Gebärden o. Ä. fortjagen, wegscheuchen:* [jmdm. die] Fliegen f.; Ü trübe Gedanken f.
fọrt|schi|cken ⟨sw. V.; hat⟩: **a)** *zum Weggehen auffordern u. nicht länger bei sich lassen; wegschicken:* einen Hausierer, lästige Besucher f.; **b)** *(Briefe, Pakete usw.) befördern lassen, an einen anderen Ort senden; wegschicken.*
fọrt|schie|ben ⟨st. V.; hat⟩: *wegschieben.*
fọrt|schlei|chen ⟨st. V.; hat/ist⟩: *davonschleichen* (a, b).
fọrt|schlep|pen ⟨sw. V.; hat⟩ (ugs.): **1.** *unter Anstrengung [gewaltsam] wegtragen, wegschleppen:* seine Beute f. **2.** ⟨f. + sich⟩ *sich nur unter größter Anstrengung langsam fortbewegen:* der Verletzte schleppte sich nur mühsam [an Krücken] fort; Ü das Gespräch schleppte sich fort *(verlief nur stockend).*
fọrt|schleu|dern ⟨sw. V.; hat⟩: *von einer Stelle an eine andere schleudern; wegschleudern:* den Ball, [vor Wut] die Schulmappe f.
fọrt|schmei|ßen ⟨st. V.; hat⟩ (ugs.): *wegschmeißen.*
fọrt|schrei|ben ⟨st. V.; hat⟩: **1.** *eine Statistik entsprechend den neuen Zu- und Abgängen fortlaufend ergänzen:* den Bevölkerungsstand f. **2.** *einen Grundstückseinheitswert neu feststellen, wenn eine Abweichung im Wert der wirtschaftlichen Einheit seit dem letzten Bescheid feststellbar ist:* einen Einheitswert f. **3.** *als Projekt o. Ä. weiterführen u. in Anpassung an veränderte Gegebenheiten aktualisieren:* einen Plan, ein Modell, eine begonnene Diskussion f.
fọrt|schrei|ten ⟨st. V.; ist⟩: *sich in derselben Richtung weiterentwickeln:* die Krankheit schreitet fort; die Arbeit schreitet gut, langsam, schnell fort; die Wissenschaft ist heute schon weit fortgeschritten; das Jahr, die Zeit ist schon weit fortgeschritten *(vorgerückt);* die fortschreitende Elektronisierung.
fọrt|schritt, der [nach frz. progrès < lat. progressus = das Fortschreiten, der Fortgang]: *positiv bewertete Weiterentwicklung; Erreichung einer höheren Stufe der Entwicklung:* rasche, erstaunliche, greifbare -e; -e der Medizin, auf dem Gebiet der Technik; etw. ist schon ein F. *(stellt schon eine Verbesserung dar);* -e erzielen; [große] -e machen *(gut vorankommen).*
fọrt|schritt|lich ⟨Adj.⟩: **a)** *sich für den Fortschritt einsetzend:* -e Lehrer; f. eingestellt sein; **b)** *den Fortschritt repräsentierend, bekundend:* eine -e Idee, Lösung.
fọrt|schritt|lich|keit, die; -: *das Fortschrittlichsein; fortschrittliche Haltung, Beschaffenheit.*
fọrt|schritts|feind|lich ⟨Adj.⟩: *dem Fortschritt gegenüber nicht aufgeschlossen:* eine -e Religion.
fọrt|schritts|glau|be, der: *[allzu] großes Vertrauen in den ständigen Fortschritt.*
fọrt|schritts|gläu|big ⟨Adj.⟩: *[in naiver Weise] von einem ständigen Fortschritt überzeugt:* das -e 19. Jahrhundert.
fọrt|schwem|men ⟨sw. V.; hat⟩: *von einem Ort an einen anderen schwemmen; wegschwemmen:* der Regen schwemmte die Erde fort.
fọrt|schwim|men ⟨st. V.; ist⟩: **a)** *sich schwimmend entfernen; wegschwimmen;* **b)** *von der Strömung fortgetragen werden:* das Brett schwimmt [auf dem Wasser] fort.
fọrt|se|geln ⟨sw. V.; ist⟩: **a)** *sich mithilfe eines Segelbootes o. Ä. durch Nutzung des Winddrucks von einem Ort wegbewegen;* **b)** (iron.) *in angemessener Eile, würdevoll u. die Aufmerksamkeit auf sich ziehend einen Ort verlassen.*
fọrt|se|hen ⟨st. V.; hat⟩: *wegsehen.*
fọrt|seh|nen, sich ⟨sw. V.; hat⟩: *sich sehnlichst an einen anderen Ort wünschen.*
fọrt|set|zen ⟨sw. V.; hat⟩: **a)** *etw. Begonnenes wieder aufnehmen u. weiterführen:* eine Reise, Arbeit f.; den Weg zu Fuß f.; **b)** ⟨f. + sich⟩ *sich räumlich od. zeitlich weiter ausdehnen:* der Wald setzt sich bis zur Grenze fort.
fọrt|set|zung, die; -, -en: **1.** *das Fortsetzen:* die F. der Verhandlungen. **2.** *etw. Fortgesetztes, Sich-fortsetzendes; anschließender Teil:* die südliche F. der Alpen; F. folgt; etw. ist eine F. zu etw.
Fọrt|set|zungs|ro|man, der: *in Fortsetzungen erscheinender Roman.*
fọrt|sol|len ⟨unr. V.; hat⟩ (ugs.): vgl. fortdürfen.
fọrt|spin|nen ⟨st. V.; hat⟩: *etw. Gedankliches weiter ausführen:* ein Thema f.
fọrt|spü|len ⟨sw. V.; hat⟩: **a)** *im Darüberfließen mit fortnehmen; wegspülen:* der Regen hat die Spuren fortgespült; **b)** *mit Wasser od. einer Flüssigkeit wegbringen, beseitigen, wegspülen.*
fọrt|steh|len, sich ⟨st. V.; hat⟩: *sich heimlich von einem Ort wegbegeben; sich wegstehlen:* er stahl sich leise [aus dem Zimmer] fort.
fọrt|sto|ßen ⟨st. V.; hat⟩: *wegstoßen.*
fọrt|stür|men ⟨sw. V.; ist⟩: *sich schnell in stürmischer Bewegung von einem Ort entfernen.*
fọrt|stür|zen ⟨sw. V.; ist⟩ (ugs.): *sich kopflos u. schnell von einem bestimmten Ort entfernen:* auf die Nachricht hin stürzte sie fort.
fọrt|tö|nen ⟨sw. V.; hat⟩: *weiterhin tönen, zu hören sein:* die Musik tönte lange fort.
fọrt|tra|gen ⟨st. V.; hat⟩: *von einem Ort zu einem andern tragen; wegbringen, wegtragen:* die Gartengeräte f.; Ü sie ließen sich von ihren Träumen f.
fọrt|trei|ben ⟨st. V.⟩: **1.** *nicht länger an einem Ort dulden, von dort vertreiben, wegtreiben* ⟨hat⟩: jmdn. aus dem Haus f. **2. a)** *vorwärts treiben* ⟨hat⟩: die Strömung trieb sie, das Boot fort; **b)** *an einen anderen Ort treiben, von der Strömung fortgetragen werden; wegtreiben* ⟨ist⟩: der Ball trieb auf den Wellen fort. **3.** *weiterhin treiben, tun* ⟨hat⟩: lange kann sie es nicht mehr so f.
[1]**For|tu|na** [lat. Fortuna, personifiziert aus: fortuna = Schicksal, Zufall; Glück, Unglück, zu: fors = blinder Zufall, Schicksal, zu: ferre = bringen, tragen] (röm. Myth.): Göttin des Glücks, des Schicksals.
[2]**For|tu|na,** die; - [↑[1]Fortuna] (geh.): *Glück* (2): F. war, erwies sich ihr hold (geh.; *sie hatte Glück*); F. lächelt, lacht jmdm. (geh.; *jmd. hat Glück*).
For|tune [fɔrˈtyːn], (auch:) **For|tü|ne,** die; - [frz. fortune < lat. fortuna] (bildungsspr.): *Erfolg, Glück, das jmd. bei od. mit etw. hat* (meist verneint): er hatte einfach keine F.
fọrt|wäh|ren ⟨sw. V.; hat⟩ (geh.): *fortdauern.*
fọrt|wäh|rend ⟨Adj.⟩: *sich stets wiederholend, immer wieder auftretend, vorkommend; fortgesetzt, andauernd:* das -e Reden störte sie; er hatte f. etwas auszusetzen.
fọrt|wäl|zen ⟨sw. V.; hat⟩: *von einer Stelle an eine andere wälzen; wegwälzen:* einen Stein f.
fọrt|we|hen ⟨sw. V.⟩: **1.** *wehend* (1 a) *entfernen: von einem Ort fortblasen* ⟨hat⟩: der Wind hat die Blätter fortgeweht. **2.** *vom Wind weggetragen werden; an eine andere Stelle wehen* (1 c) ⟨ist⟩: die Blätter sind weggeweht.
fọrt|wer|fen ⟨st. V.; hat⟩: *wegwerfen.*
fọrt|wir|ken ⟨sw. V.; hat⟩ (geh).: *nicht an Wirkung verlieren, in einer späteren Zeit noch Wirkung ausüben:* dieser Roman wirkt noch bis heute fort.
fọrt|wol|len ⟨unr. V.; hat⟩: *nicht länger an einem Ort bleiben, sondern von dort weggehen wollen; wegwollen:* er sah ihr an, dass sie fortwollte.
fọrt|wün|schen ⟨sw. V.; hat⟩: **a)** ⟨f. + sich⟩ *wünschen von einem unangenehmen Ort fort zu sein:* ich wünschte mich von dort fort; **b)** *wegwünschen* (b): sie haben ihn oft fortgewünscht.
fọrt|zah|len ⟨sw. V.; hat⟩: *weiterhin zahlen.*
Fọrt|zah|lung, die: *weiterlaufende Zahlung.*
fọrt|zau|bern ⟨sw. V.; hat⟩: *durch Zauber entfernen; wegzaubern.*
fọrt|zer|ren ⟨sw. V.; hat⟩: *wegzerren.*
fọrt|zie|hen ⟨unr. V.⟩: **1.** *von einer Stelle wegziehen, ziehend entfernen* ⟨hat⟩: jmdn. vom Schaufenster f.; seine Hand f.; Ü es gibt nichts, was mich fortzieht. **2.** *an einen anderen Ort [um]ziehen, wegziehen* ⟨ist⟩: ich will von hier f.
Fọ|rum, das; -s, Foren u. Fora [lat. forum, wohl eigtl. = mit einem Bretterzaun umgebener Platz, zu: forus = (mit Planken) abgeteilte Fläche]: **1.** ⟨Pl. Foren⟩ **a)** *geeigneter Personenkreis, der eine sachverständige Erörterung von Problemen od. Fragen garantiert:* ein internationales F.; vor einem F. sprechen; **b)** *Plattform, geeigneter Ort für etw.:* eine Zeitschrift als F. für bestimmte Fragen. **2.** ⟨Pl. Foren⟩ *öffentliche Diskussion, Aussprache:* ein literarisches F.; ein F. über Politik; ein F. zu Umweltfragen veranstalten. **3.** ⟨Pl. Foren u. Fora⟩ *Platz in altrömischen Städten als Ort der Rechtspflege, der Volksversammlung o. Ä.*
Fo|rums|dis|kus|si|on, die, **Fo|rums|ge|spräch,** das: *Forum* (2).
For|ward [ˈfɔːwəd], der; -s, -s [engl. forward, eigtl. = vorwärts, vorn] (Fußball, Eishockey, bes. schweiz.): *Stürmer.*
for|zan|do [ital. zu: forzare = anstrengen; (voran)treiben, zu lat. fortia = Kraft, subst. Neutr. Pl. von: fortis = stark, kräftig] ⟨Adv.⟩: *sforzato.*
for|za|to: ↑sforzato.
Fos|bu|ry|flop [ˈfɔsbərɪflɔp], der; -s, -s [nach dem amerik. Leichtathleten R. Fosbury (geb. 1947); zu engl. flop = das Hinplumpsen]: **a)** ⟨o. Pl.⟩ *Technik im Hochsprung, bei der der Springer sich nach dem Absprung so dreht, dass er mit Kopf u. Schultern zuerst die Latte überquert;* **b)** *einzelner Sprung in dieser Technik.*
fos|sil ⟨Adj.⟩ [lat. fossilis = ausgegraben, zu: fossum, 2. Part. von: fodere = graben]: **a)** *vorweltlich, urzeitlich, als Versteinerung erhalten:* -e Krebse; **b)** *(auf bestimmte Rohstoffe bezogen) aus erdgeschichtlich weit zurückliegender Zeit stammend:* -e Brennstoffe, Energieträger.
Fos|sil, das; -s, -ien: *als Abdruck, Versteinerung o. Ä. erhaltener Überrest von Tieren od. Pflanzen aus frühen Epochen der Erdgeschichte:* -ien in Bernstein; -ien präparieren; Ü der alte Lehrer ist für die Schüler ein F. *(jmd. mit überlebten Vorstellungen);* das Auto war ein F. aus den Zwanzigerjahren.
fö|tal: ↑fetal.
[1]**Fo|to,** das; -s, -s, schweiz. auch: die; -, -s: Kurzf. von ↑Fotografie (2): ein gestochen scharfes, verwackeltes F.; -s von seiner Familie machen, knipsen, zeigen; sie brachten ihr F. *(ein Foto, das sie darstellt)* als Titelbild.
[2]**Fo|to,** der; -s, -s (ugs.): Kurzf. von ↑Fotoapparat.
Fo|to|al|bum, das: *Album für Fotografien* (2).
Fo|to|ap|pa|rat, der: *Apparat zum Fotografieren:* den F. zücken (scherzh.; *zum Fotografieren bereitmachen [u. fotografieren]*).
Fo|to|ate|li|er, das: *Geschäft, in dem [künstlerische] Fotografien* (2) *hergestellt werden.*
Fo|to|che|mie: ↑Photochemie.
Fo|to|fi|nish, das (Sport): *Finish, dessen Sieger nur durch Zielfotografie ermittelt werden kann.*
fo|to|gen, (auch:) photogen ⟨Adj.⟩ [nach engl. photogenic, zu: photo(graph) = Foto(grafie) u. griech. -genēs, ↑-gen]: *sich gut fotografieren lassend, zum Fotografieren od. Filmen besonders geeignet:* sie ist sehr f.
Fo|to|ge|ni|tät, (auch:) Photogenität, die; -: *das Fotogensein.*
Fo|to|graf, (auch:) Photograph, der; -en, -en [zu: griech. gráphein = schreiben, aufzeichnen]: *jmd., der Fotografien* (2) *herstellt* (Berufsbez.).
Fo|to|gra|fie, (auch:) Photographie, die; -, -n [vermischt aus engl. photogenic = durch Lichteinwirkung entstanden u. frz. héliographie = Lichtpause]: **1.** ⟨o. Pl.⟩ **a)** *[Verfahren zur] Herstellung dauerhafter, durch elektromagnetische Strahlen od. Licht erzeugter Bilder:* angewandte, experimentelle F.; **b)** *Art des Fotografierens beim Film:* die F. dieses Films ist hervorragend. **2.** *einzelnes Lichtbild, Foto:* eine alte F.; eine F. von jmdm. machen; jmdn. auf einer F. erkennen.
fo|to|gra|fie|ren ⟨sw. V.; hat⟩: **1. a)** *durch Einstellen des Fotoapparates u. Auslösen seines Verschlusses einen Film belichten [u. dadurch Abbildungen von jmdm. od. etw. machen], fotografische Aufnahmen machen:* mit Teleobjektiv f.; es ist verboten, in der Ausstellung zu f.!; er hat den ganzen Abend fotografiert; **b)** *durch Fotografieren* (a) *aufnehmen [u. abbilden]:* seine

F

Familie f.; **c)** (seltener) *durch Fotografieren* (a) *herstellen:* diese Aufnahme habe nicht ich fotografiert; **d)** ⟨f. + sich⟩ *sich in einer bestimmten Weise dazu eignen, fotografiert* (b) *zu werden:* dieses Modell fotografiert sich gut, schlecht. **2.** *bei einem Film mit der Kamera arbeiten; Filmaufnahmen machen:* der Film ist sehr schön fotografiert.

Fo|to|gra|fik, die: **1.** ⟨o. Pl.⟩ *Form der künstlerischen Fotografie* (1), *bei der grafische Effekte im Vordergrund stehen.* **2.** *einzelnes Werk der Fotografik* (1).

Fo|to|gra|fin, die; -, -nen: w. Form zu ↑Fotograf.

fo|to|gra|fisch ⟨Adj.⟩: **a)** *die Fotografie, das Fotografieren betreffend:* eine -e Aufnahme; **b)** *mithilfe der Fotografie [erfolgend]:* etw. f. kopieren.

Fo|to|jour|na|list, der: vgl. Fotoreporter.

Fo|to|jour|na|lis|tin, die: w. Form zu ↑Fotojournalist.

Fo|to|ko|pie, die: *fotografisch hergestellte Kopie eines Schriftstücks, einer Druckseite od. eines Bildes; Ablichtung:* die beglaubigte F. eines Briefes; eine F. von etw. machen, anfertigen [lassen].

fo|to|ko|pie|ren ⟨sw. V.; hat⟩: *ein Schriftstück o. Ä. fotografisch vervielfältigen; ablichten:* ein Zeugnis f.; fotokopierte Unterlagen.

Fo|to|ko|pie|rer, der, **Fo|to|ko|pier|ge|rät,** das: *Gerät zum Fotokopieren.*

Fo|to|la|bor, das: *Labor, in dem Fotografien* (2) *o. Ä. entwickelt sowie Abzüge und Vergrößerungen hergestellt werden.*

Fo|to|mo|dell, das: **1.** *fotogene Person, die als Modell für [Mode]fotos od. Kurzfilme tätig ist* (Berufsbez.). **2.** (verhüll.) *Prostituierte* (bes. in Anzeigen).

Fo|to|mon|ta|ge, die: **1.** *Zusammensetzung verschiedener Bildausschnitte zu einem neuen Gesamtbild.* **2.** *durch Fotomontage* (1) *hergestelltes Bild.*

Fo|to|ob|jek|tiv, das: *Linsenkombination an einem Fotoapparat zur Bilderzeugung.*

Fo|to|pa|pier, das: *Spezialpapier mit lichtempfindlicher Schicht zur Herstellung von Fotografien* (2).

Fo|to|re|a|lis|mus, der: *Stilrichtung in der modernen Malerei, bei der dem Maler Fotografien* (2) *als Vorlagen für seine großformatigen Bilder dienen.*

Fo|to|re|por|ta|ge, die: *Reportage, die ein Thema mit Fotos dokumentiert.*

Fo|to|re|por|ter, der: *Reporter, der für eine Zeitung o. Ä. fotografiert* (Berufsbez.).

Fo|to|re|por|te|rin, die: w. Form zu ↑Fotoreporter.

Fo|to|ro|man, der: *in aneinander gereihten Fotos [mit Sprechblasen od. Untertiteln versehene] erzählte Bildergeschichte mit meist trivialem Inhalt.*

Fo|to|sa|fa|ri, die: *[Gesellschafts]reise bes. nach Afrika, bei der Tiere beobachtet u. fotografiert werden können.*

Fo|to|satz, der (Druckw.): *fotografisch mit entsprechenden Geräten u. Maschinen hergestellter Satz* (3); *Lichtsatz; Filmsatz.*

Foto|shoo|ting [...ʃu:tɪŋ], das; -s, -s [zu engl. shooting = das Schießen (4)]: *Aufnahme, Anfertigung von Fotos für einen bestimmten Zweck (z. B. für eine Werbekampagne o. Ä.).*

Fo|to|ta|sche, die: *Tasche für den Fotoapparat.*

Fo|to|tech|nik, die: *Technik der Fotografie* (1).

Fo|to|ter|min, der: *vereinbartes Treffen einer Person od. von Personen des öffentlichen Interesses mit Fotografen, -reportern, -journalisten.*

fo|to|trop ⟨Adj.⟩ [zu griech. phōs (Gen.: phōtós) = Licht u. trópos = Wendung]: *(von Brillengläsern) sich unter Lichteinwirkung verfärbend.*

Fo|to|wett|be|werb, der: *Wettbewerb, bei dem es um die besten Fotos mit einer bestimmten Thematik geht.*

Fo|to|zeit|schrift, die: *Zeitschrift für Fotografie* (1).

Fö|tus: ↑Fetus.

Fot|ze, die; -, -n [1: 15. Jh., zu gleichbed. mhd. vut, wahrsch. verw. mit ↑faul in dessen alter Bed. »stinkend«; 3: H. u.]: **1.** (vulg.) **a)** *Vulva;* **b)** *Vagina.* **2.** (vulg., oft als Schimpfwort): *Weibsbild, Hure.* **3.** (bayr., österr. derb) **a)** *Mund;* **b)** *Ohrfeige.*

Föt|zel, der; -s, - [wohl zu alemann. Fotz = Zotte, Fetzen, H. u.] (schweiz.): *Lump, Taugenichts.*

fot|zen ⟨sw. V.; hat⟩ [zu ↑Fotze (3 b)] (bayr., österr. derb): *ohrfeigen.*

foul [faul] ⟨Adj.⟩ [engl. foul, eigtl. = schmutzig; hässlich, verw. mit ↑faul] (Sport): *regelwidrig, unfair, unsportlich:* der Verteidiger spielte f.

Foul, das; -s, -s [engl. foul] (Sport): *regelwidriges, unfaires, unsportliches Verhalten, Spiel:* ein grobes, klares, verstecktes, unbeabsichtigtes F.; ein F. [an jmdm.] mit einem Elfmeter ahnden.

Foul|elf|me|ter ['faul...], der (Fußball): *nach einem Foul im Strafraum verhängter Strafstoß:* einen F. zum 2 : 0 verwandeln; durch einen F. ein Tor erzielen.

fou|len ['faulən] ⟨sw. V.; hat⟩ [engl. to foul] (Sport): *durch ein Foul behindern, zu Fall bringen o. Ä.:* der Stürmer wurde hart gefoult.

Foul|spiel ['faul...], das ⟨o. Pl.⟩: *Foul.*

Fou|ra|ge usw.: ↑Furage usw.

Fou|rier [fu'ri:ɐ̯], der; -s, -e [↑Furier]: **1. a)** (österr., schweiz.) *für die Verpflegung u. das Rechnungswesen einer Einheit verantwortlicher Unteroffizier;* **b)** (schweiz.) *dritthöchster Dienstgrad eines Unteroffiziers (zwischen Feldweibel u. Wachtmeister).* **2.** *Furier* (2).

Four-Let|ter-Word ['fɔ:lɛtəwə:d], das; -s, -s [engl. four-letter word, eigtl. = Vierbuchstabenwort, nach den vier Buchstaben des engl. to fuck = koitieren]: *vulgäres Wort bes. aus dem Sexualbereich.*

Fox, der; -[es], -e: Kurzf. von ↑Foxterrier, ↑Foxtrott.

Fox|ter|ri|er, der; -s, - [engl. fox-terrier, aus: fox = Fuchs u. terrier, ↑Terrier]: *kleiner, temperamentvoller Hund mit weißem, schwarz geflecktem Fell, stehenden Ohren u. gestutztem Schwanz.*

Fox|trott, der; -s, -e u. -s [engl. foxtrot, eigtl. = Fuchsgang]: *Gesellschaftstanz im $^{4}/_{4}$-Takt.*

Fo|yer [foa'je:], das; -s, -s [frz. foyer, eigtl. = Herd, Brennpunkt, über das Vlat. zu lat. focus = Feuerstätte, Herd]: *Wandelhalle bes. im Theater.*

FPÖ [ɛfpe:'|ø:], die; -: Freiheitliche Partei Österreichs.

fr = Franc.

Fr = Francium.

fr. = frei.

Fr. = [2]Franken; Frau; Freitag.

Fra ⟨o. Art.⟩ [ital., Abk. von Frate < lat. frater = Bruder] (kath. Kirche): Anrede italienischer Klosterbrüder.

Fracht, die; -, -en [aus dem Niederd. < mniederd. vracht = Frachtgeld, Schiffsladung, urspr. = Beförderungspreis, zu ↑ver... in dessen alter Bed. »weg« u. einem Subst. mit der Bed. »Lohn, Preis«]: **1.** *Ladung; zu befördernde Last; Frachtgut:* die F. ein-, ausladen, löschen, umschlagen; etw. per F. schicken; **2.** *Preis für die Beförderung einer Fracht* (1): die F. beträgt 500 DM.

Fracht|brief, der: *vorgedrucktes Begleitpapier für die Fracht, das alle Angaben über Empfänger, Gewicht, Verpackung o. Ä. enthält.*

Frach|ten|bahn|hof, der, **Frach|ten|sta|ti|on,** die (österr.): *Güterbahnhof.*

Frach|ter, der; -s, -: *Schiff, das zur Beförderung von Fracht bestimmt ist.*

Fräch|ter, der; -s, - (österr.): *Spediteur, der Transporte selbst mit Lkw durchführt.*

Fracht|füh|rer, der: *Unternehmer, Kaufmann, der gewerbsmäßig Fracht befördert.*

Fracht|geld, das: *für eine Fracht zu zahlendes Geld.*

Fracht|gut, das: *[mit Güterzügen] zu befördernde größere Sendung.*

Fracht|kahn, der: *Kahn* (2).

Fracht|kos|ten ⟨Pl.⟩: *Frachtgeld.*

Fracht|raum, der ⟨o. Pl.⟩: *für die Beladung zur Verfügung stehender Platz.*

Fracht|schiff, das: *Frachter.*

Fracht|stück, das: *Einzelstück der Fracht.*

Fracht|ver|kehr, der: *Verkehr von Fahrzeugen, die Frachten befördern.*

Frack, der; -[e]s, Fräcke, ugs. auch: -s [engl. frock = Rock, urspr. = ein langes Mönchsgewand < afrz. froc, H. u.]: *bei festlichen Anlässen od. von Kellnern u. Musikern als Berufskleidung getragene, vorne kurze, hinten mit langen Rockschößen versehene, meist schwarze Jacke:* *** jmdm. den F. voll hauen** (ugs.; *jmdn. verprügeln*).

Frack|hemd, das: *zum Frack getragenes, weißes [verziertes] Hemd mit steifer Brust.*

Frack|ho|se, die: *zum Frack getragene meist schwarze Hose mit seidenen Tressen an den äußeren Hosennähten.*

Frack|sau|sen: nur in der Wendung **F. haben, kriegen, bekommen** (ugs.; *Angst haben, bekommen*).

Frack|schoß, der: [1]vgl. Schoß (3 a).

Frack|zwang, der ⟨o. Pl.⟩: *gesellschaftliche Verpflichtung, im Frack zu erscheinen:* bei diesem Empfang besteht F.

Fra|ge, die; -, -n [mhd. vrāge, ahd. frāga, zu einem untergegangenen Verb mit der Bed. »fragen«, urspr. = herumwühlen; suchen]: **1.** *eine Antwort, Auskunft, Erklärung, Entscheidung o. Ä. fordernde Äußerung, mit der sich jmd. an jmdn. wendet:* eine neugierige, dumme, verfängliche, müßige F.; eine rhetorische F. *(als Frage gestellte rhetorische Figur, auf die keine Antwort erwartet wird);* -n zur Person und zur Sache; so eine F.! *(das ist doch selbstverständlich!);* F. (ugs.; *es stellt sich die Frage*), können wir das schaffen?; die F. muss erlaubt sein, ob diese Handlungsweise richtig ist *(man muss daran zweifeln dürfen);* es stellt sich die F. *(man muss sich fragen),* ob das reichen wird; »Was war da los?« – »Gute F.« (floskelhafte Antwort auf eine schwer zu beantwortende Frage); jmdm./an jmdn. eine F. stellen; an jmdn. eine F. richten; eine F. beantworten, bejahen, verneinen; hat jemand noch eine F.?; auf eine F. antworten; sich mit einer F. an jmdn. wenden. **2.** *Problem; zu erörterndes Thema, zu klärende Sache, Angelegenheit:* eine schwierige, ungelöste, offene F.; die letzten -n *(religiöse Themen, bes. das Problem des Todes);* die F. nach dem Sinn des Lebens; das ist eine F. des Geldes *(das hängt vom verfügbaren Geld ab);* das ist eine F. der Ehre *(es geht um die Selbstachtung, die innere Würde);* das ist noch sehr die F., ist die große F. *(ist noch sehr zweifelhaft);* das ist gar keine F. *(ist ganz gewiss);* eine F. aufwerfen, anschneiden, diskutieren; über wissenschaftliche, politische -n sprechen; wir kommen um diese F. nicht herum; *** nur eine F. der Zeit sein** *(mit Gewissheit früher od. später eintreten);* **außer F. sein/stehen** *(ganz gewiss, unbezweifelbar sein);* **jmdn., etw. in F. stellen** (↑infrage); **etw. in F. stellen** (↑infrage); **in F. kommen** (↑infrage); **ohne F.** *(zweifellos, ganz gewiss).*

-fra|ge, die; -, -n: **1.** bezeichnet in Bildungen mit Substantiven ein Problem, einen Komplex, der jmdn., etw. betrifft, der sich auf jmdn., etw. bezieht: Arbeiter-, Umweltfrage. **2.** drückt in Bildungen mit Substantiven aus, dass es um etw. Bestimmtes geht, dass etw. im Vordergrund steht, ein wichtiges Thema darstellt: Disziplin-, Stil-, Überlebensfrage. **3.** drückt in Bildungen mit Substantiven aus, dass alles von etw. abhängt: Geld-, Kostenfrage.

Fra|ge|bo|gen, der: *Vordruck, der eine Reihe zu beantwortender Fragen enthält.*

Fra|ge|bo|gen|ak|ti|on, die: *Aktion* (1), *bei der mithilfe von Fragebogen Meinungen zu einem bestimmten Thema, Problem eingeholt werden.*

Fra|ge|für|wort, das: *Interrogativpronomen.*

frä|geln ⟨sw. V.; hat⟩ (schweiz. mundartl.): *vorsichtig, listig fragen.*

fra|gen ⟨sw. V.; hat⟩ [mhd. vrāgen, ahd. frāgēn, frāhēn, zu ↑Frage]: **1. a)** *sich eine Antwort, Auskunft, Erklärung o. Ä. erwartend mit einer Äußerung an jmdn. wenden:* [jmdn.] unvermittelt, ärgerlich, beiläufig, geradeheraus, erstaunt etw. f.; ich wurde gefragt, ob ich etwas davon wisse; ich muss erst f., wie das geht; darf ich [dich] etwas f.?; du, ich habe dich was gefragt! (drückt Ungeduld od. Ärger darüber aus, dass jmd. auf eine gestellte Frage nicht antwortet); R da fragst du mich zu viel (ugs.; *das weiß ich auch nicht*); **b)** *Fragen stellen:* gezielt, klug, überlegt f.; frag nicht so dumm, so viel!; wie alt sind Sie, wenn ich f. darf?; da fragst du noch? *(das ist doch klar, das müsstest du doch selbst wissen);* fragend den Kopf heben. **2. a)** *sich erkundigen, Auskunft über jmdn., etw. haben, Genaueres wissen wollen:* nach dem Weg f.; ich habe sie nach ihren Eltern gefragt; danach wollte ich schon immer f.; **b)** *sich um jmdn., etw. kümmern* (meist verneint): der Vater fragte nicht nach den Kindern; wer fragt nach der einsamen, alten Frau?; ich frage einen Dreck danach! (salopp; *das kümmert mich überhaupt nicht*). **3.** *sich an jmdn. wenden, um etw. zu erbitten; nachfragen, nachsuchen:* [jmdn.] um Rat, um [die] Erlaubnis f.; er hat schon an vielen Stellen nach Arbeit, um Arbeit, wegen Arbeit gefragt. **4.** ⟨f. + sich⟩ *sich etw. überlegen, über etw. nachdenken, auf etw. neugierig, gespannt sein:* das habe ich mich auch schon gefragt; ich frage mich, ob ich das tun kann; ⟨auch unpers.:⟩ es fragt sich nur *(es ist fraglich, ist nicht sicher),* ob ich kommen kann.

Fra|gen|ka|ta|log, der: *große Anzahl, Reihe von Fragen zu einem bestimmten Thema, Problem o. Ä.*

Fra|gen|kom|plex, Fra|gen|kreis, der: *Gesamtheit mehrerer ineinander greifender, thematisch zusammengehörender Fragen u. Probleme.*

Fra|ge|par|ti|kel, die (Sprachw.): *in einem Fragesatz stehende, einen Fragesatz einleitende* [1]*Partikel* (2).

Fra|ger, der; -s, -: *jmd., der [immer wieder] fragt; Neugieriger:* einen unbequemen F. loswerden.

Fra|ge|rei, die; -, -en (abwertend): *häufiges, langes, als lästig empfundenes Fragen:* hör auf mit deiner F.!

Fra|ge|rin, die; -, -nen: w. Form zu ↑Frager.

Fra|ge|satz, der: *Interrogativsatz.*

Fra|ge|stel|ler, der; -s, -: **a)** *jmd., der [offiziell vor einem Kreis] Fragen od. eine Frage stellt;* **b)** *Interviewer.*

Fra|ge|stel|le|rin, die; -, -nen: w. Form zu ↑Fragesteller.

Fra|ge|stel|lung, die: **a)** *Formulierung einer Frage:* die F. ist unklar; **b)** *Frage* (2), *(wissenschaftliches, philosophisches) Problem:* neue -en traten auf.

Fra|ge|stun|de, die: *Termin für mündliche Anfragen im Parlament:* die F. des Bundestages.

Fra|ge-und-Ant|wort-Spiel, das: **1.** *Gesellschaftsspiel, bei dem Fragen zu beantworten od. vorgegebene Antworten bestimmten Fragen zuzuordnen sind.* **2.** *(bes. in Diskussionen, Interviews o. Ä.) Fragen und Antworten in längerer Folge [mit geringem Informationsgehalt].*

Fra|ge|wort, das (Pl. ...wörter): **1.** *Interrogativpronomen.* **2.** (seltener) *Fragepartikel.*

Fra|ge|zei|chen, das [LÜ von lat. signum interrogationis]: *Satzzeichen, das am Ende einer wörtlich wiedergegebenen Frage geschrieben wird:* ein F. setzen; dastehen, dasitzen wie ein F. *(in schlechter Haltung dastehen, dasitzen);* Ü es bleiben noch einige F. *(Unklarheiten, Ungewissheiten);* sie ist ein wandelndes F. *(fragt unentwegt);* etw. mit einem [dicken, großen] F. versehen *(anzweifeln, nicht [ohne weiteres] für richtig, glaubwürdig halten).*

fra|gil ⟨Adj.⟩ [lat. fragilis, zu: frangere, ↑Fraktion] (geh.): *zerbrechlich, zart.*

Fra|gi|li|tät, die; - [lat. fragilitas] (geh.): *Zartheit, Zerbrechlichkeit.*

frag|lich ⟨Adj.⟩: **1.** *unsicher, ungewiss, zweifelhaft:* ein äußerst -es Unterfangen; ihre Teilnahme an dem Wettbewerb bleibt f.; **2.** *infrage kommend; betreffend:* zur -en Zeit war ich verreist.

frag|los ⟨Adv.⟩: *ohne Frage, zweifellos:* so ist es f. am besten.

Frag|ment, das; -[e]s, -e [lat. fragmentum, zu: frangere, ↑Fraktion]: **a)** *Bruchstück:* -e einer Skulptur sind erhalten geblieben; **b)** *etw. Unvollendetes; nicht fertig gestelltes Kunstwerk:* der Nachwelt nur -e hinterlassen; dieses Drama ist F. geblieben.

frag|men|ta|risch ⟨Adj.⟩: *bruchstückhaft, nicht vollständig [erhalten]; unvollkommen:* ein -er, f. überlieferter Text.

frag|wür|dig ⟨Adj.⟩: **a)** *zu Bedenken, Zweifeln, Misstrauen Anlass gebend:* ein -er Gewinn; das Angebot kam mir sehr f. vor; **b)** (abwertend) *anrüchig, verdächtig, zwielichtig:* -e Gesellen.

Frag|wür|dig|keit, die; -, -en: **a)** ⟨o. Pl.⟩: *das Fragwürdigsein* (a): die F. ihrer Handlungsweise; **b)** *fragwürdige* (a) *Handlung o. Ä.*

frais [frɛːs], **fraise** [frɛːz] ⟨indekl. Adj.⟩ [zu frz. fraise = Erdbeere < vlat. fraga < lat. fragum]: *erdbeerfarben:* ein f. Kostüm.

Frai|se [ˈfrɛːzə], (eingedeutscht auch:) Fräse, die; -, -n [1: frz. fraise, ↑Fräse]: **1.** *im 15. u. 16. Jh. getragene Halskrause.* **2.** *schmaler Backen- u. Kinnbart von Ohr zu Ohr.*

fraise|far|ben [ˈfrɛːz...] ⟨Adj.⟩: *frais.*

Frak|ti|on, die; -, -en [1 a: frz. fraction = Bruchteil, Teil < lat. fractio = das Brechen; Bruch, zu: fractum, 2. Part. von: frangere = (zer)brechen]: **1. a)** *organisatorische Gliederung im Parlament, in der alle Abgeordneten einer Partei od. befreundeter Parteien zusammengeschlossen sind:* die sozialdemokratische F.; die -en des Bundestages; die F. der CDU/CSU; die F. tritt zusammen; eine F. bilden; **b)** *Zusammenschluss einer Sondergruppe innerhalb einer Organisation:* in der Gewerkschaft bildeten sich -en; **c)** (österr.) *[einzeln gelegener] Ortsteil.* **2.** (Chemie) *bei einem Trenn- od. Reinigungsverfahren gewonnenes Produkt; Destillat:* nicht verwertbare -en.

frak|ti|o|nie|ren ⟨sw. V.; hat⟩: **1.** (bildungsspr.) *in Gruppen, Fraktionen* (1 b) *aufspalten:* eine Organisation f. **2.** (Chemie): *(Gemische mit verschiedenen Siedepunkten) in Fraktionen* (2) *zerlegen; destillieren.*

Frak|ti|o|nie|rung, die; -, -en: *das Fraktionieren.*

Frak|ti|ons|be|schluss, der: *von der ganzen Fraktion* (1 a) *gefasster Beschluss.*

Frak|ti|ons|chef, der: *Fraktionsvorsitzender.*

Frak|ti|ons|che|fin, die: w. Form zu ↑Fraktionschef.

Frak|ti|ons|dis|zi|plin, die ⟨o. Pl.⟩: *Unterordnung im Interesse der Fraktion* (1 a), *zu der jmd. gehört:* strikte F.; sich der F. unterwerfen.

Frak|ti|ons|füh|rer, der: *Fraktionsvorsitzender.*

Frak|ti|ons|füh|re|rin, die: w. Form zu ↑Fraktionsführer.

Frak|ti|ons|ge|mein|schaft, die: *Gemeinschaft von Abgeordneten zweier od. mehrerer Parteien zur Bildung einer gemeinsamen Fraktion:* die F. von CDU und CSU im Bundestag.

frak|ti|ons|los ⟨Adj.⟩: *keiner Fraktion* (1 a) *[mehr] angehörend:* ein -er Abgeordneter.

Frak|ti|ons|mit|glied, das: *Mitglied einer Fraktion* (1 a).

Frak|ti|ons|sit|zung, die: *Sitzung einer Fraktion* (1 a).

Frak|ti|ons|spre|cher, der: *Sprecher* (1 a) *einer Fraktion.*

Frak|ti|ons|spre|che|rin, die: w. Form zu ↑Fraktionssprecher.

Frak|ti|ons|stär|ke, die: **a)** *für die Bildung einer Fraktion* (1 a) *erforderliche Anzahl von Mitgliedern:* F. haben; **b)** *durch die Anzahl ihrer Mitglieder bestimmte Größe einer Fraktion.*

Frak|ti|ons|sta|tus, der: *Status* (2 b) *als Fraktion* (1 a): den F. verlieren.

Frak|ti|ons|ver|samm|lung, die: *Versammlung einer Fraktion* (1 a).

Frak|ti|ons|vor|sitz, der: *Vorsitz einer Fraktion* (1 a).

Frak|ti|ons|vor|sit|zen|de, der u. die: *jmd., der den Vorsitz einer Fraktion* (1 a) *hat.*

Frak|ti|ons|zwang, der ⟨o. Pl.⟩: *Verpflichtung eines Abgeordneten, seine Stimme nur im Sinne der Fraktionsbeschlüsse abzugeben.*

Frak|tur, die; -, -en [lat. fractura = Bruch]: **1.** (Med.) *Knochenbruch:* eine F. des rechten Oberarms. **2.** ⟨o. Pl.⟩ *(heute nicht mehr gebräuchliche) Schreib- u. Druckschrift mit gebrochenen Linien; deutsche Schrift:* * **F. [mit jmdm.] reden** (*[jmdm.] unmissverständlich, deutlich seine Meinung sagen;* eigtl. = jmdm. etw. in Fraktur aufschreiben [die wegen ihrer Eckigkeit als derb u. grob empfunden wurde]).

Frak|tur|schrift, die: *Fraktur* (2).

Frame [freːm], der u. das; -s, -s [engl. frame = Rahmen, Gestell, zu: to frame = verfertigen, zusammenpassen]: **1.** (Sprachw., EDV) *besondere Datenstruktur für die begriffliche Repräsentation von Objekten u. stereotypen Situationen in Modellen künstlicher Intelligenz.* **2.** *(im programmierten Unterricht) einzelner Lernschritt innerhalb eines Programmes.* **3.** *einzelnes Spiel* (3) *beim Snooker.*

Franc [frãː], der; -, -s [frãː] ⟨aber: 100 Franc⟩ [frz. franc, nach der mlat. Aufschrift Francorum rex = König der Franken auf der ersten im Jahre 1360 hergestellten Münze dieser Art]: *Währungseinheit verschiedener Länder, bes. in Frankreich, Belgien, Luxemburg* (1 Franc = 100 Centimes); Abk.: fr, Pl.: frs; französischer F. (Abk.: F, FF); belgischer F. (Abk.: bfr, Pl.: bfrs); Luxemburger F. (Abk.: lfr, Pl.: lfrs).

Fran|chise [ˈfræntʃaɪz], das; - [engl. franchise = Konzession < frz. franchise = Freiheit (von Abgaben), zu: franc, ↑frank ↑[1]Franchise] (Wirtsch.): *Vertriebsform im Einzelhandel, bei der ein Unternehmer seine Produkte durch einen Einzelhändler in Lizenz verkaufen lässt.*

Fran|chi|sing [ˈfræntʃaɪzɪŋ], das; -s: *Franchise.*

Fran|ci|um, das; -s [zu frz. France = Frankreich (dem Heimatland seiner Entdeckerin) < mlat. Francia]: *radioaktives, schnell zerfallendes Alkalimetall (chemisches Element;* Zeichen: Fr).

fran|co: ↑franko.

frank ⟨Adj.⟩ [frz. franc < mlat. Francus = Franke; fränkisch; frei (die Franken galten als Eroberer u. freie Herren)]: *frei, offen, unmittelbar:* eine -e Antwort; meist in der Verbindung **f. und frei** *(offen u. ehrlich):* etwas f. und frei sagen, erklären, zugeben.

Fran|ke, der; -n, -n: **1.** Angehöriger eines westgermanischen Volksstammes. **2.** Ew. zu ↑[1]Franken.

[1]Fran|ken; -s: Landschaft in Bayern u. Baden-Württemberg.

[2]Fran|ken, der; -s, - [↑Franc]: **1.** *Währungseinheit in der Schweiz* (1 Franken = 100 Rappen; Abk.: Fr., sFr., im deutschen Bankwesen: sfr, Pl.: sfrs). 2. (seltener) *Franc.*

Fran|ken|stück, das: *Münze im Wert eines* [2]*Frankens.*

Fran|ken|wein, der: *Wein aus* [1]*Franken.*

Frank|furt am Main: Stadt in Hessen.

[1]Frank|fur|ter, der; -s, -: Ew.

[2]Frank|fur|ter ⟨indekl. Adj.⟩: F. Würstchen.

[3]Frank|fur|ter, die; -, -: *aus reinem Schweinefleisch hergestellte, leicht geräucherte Brühwurst; Frankfurter Würstchen:* ein Paar F.

Frank|fur|te|rin, die; -, -nen: w. Form zu ↑[1]Frankfurter.

frank|fur|tisch ⟨Adj.⟩: *Frankfurt, die Frankfurter betreffend.*

Frank|furt (Oder): Stadt in Brandenburg.

fran|kie|ren ⟨sw. V.; hat⟩ [ital. francare, zu: franco, ↑franko]: *(eine Postsendung) mit Briefmarken od. Freistempel versehen, freimachen:* einen Brief f.

Fran|kier|ma|schi|ne, die: *Maschine zum Freimachen von Postsendungen.*

Fran|kie|rung, die; -, -en: **a)** *das Frankieren;* **b)** *Porto.*

Frän|kin, die; -, -nen: w. Form zu ↑Franke.

frän|kisch ⟨Adj.⟩: zu ↑Franke, [1]Franken; vgl. badisch.

Fränk|ler, der; -s, - (schweiz.): *Frankenstück.*

fran|ko, franco ⟨Adv.⟩ [ital. franco, gek. aus: porto franco = Beförderung frei, zu: franco = frei < mlat. Francus, ↑frank] (Kaufmannsspr. veraltend): *portofrei (für den Empfänger).*

Fran|ko|ka|na|di|er, der: Französisch sprechender Bewohner Kanadas.

Fran|ko|ka|na|di|e|rin, die: w. Form zu ↑Frankokanadier.

fran|ko|ka|na|disch ⟨Adj.⟩: *die Frankokanadier betreffend.*

fran|ko|phil ⟨Adj.⟩ [zu griech. phileīn = lieben] (bildungsspr.): *Frankreich, seinen Bewohnern u. seiner Kultur besonders aufgeschlossen gegenüberstehend.*

fran|ko|phob ⟨Adj.⟩ [zu griech. phobeīn = fürchten] (bildungsspr.): *Frankreich, seinen Bewohnern u. seiner Kultur ablehnend gegenüberstehend, gegen alles Französische eingenommen.*

fran|ko|phon ⟨Adj.⟩ [frz. francophone, zu griech. phōnē, ↑Phon] (bildungsspr.): *Französisch als Muttersprache sprechend; französischsprachig.*

Frank|reich; -s: Staat in Westeuropa.

Frank|ti|reur [frãtiˈrøːɐ̯, auch: fraŋk...], der; -s, -e u. (frz.:) -s [frz. franc-tireur, eigtl. = Freischütze, aus: franc (↑frank) u. tireur = Schütze] (früher): *Freischärler, hinter der Front kämpfender Zivilist.*

Fräns|chen, das; -s, -: Vkl. zu ↑Franse.

Fran|se, die; -, -n [mhd. franse < frz. frange, über das Vlat. zu lat. fimbria = Haargekräusel, Tierzotte, Franse]: *herabhängender Faden, der mit vielen anderen gleichartigen Abschluss u. Verzierung eines Gewebes bildet:* ein Tuch mit -n; die -n des Teppichs glatt streichen; Ü die -n *(Haarsträhnen)* hingen ihr ins Gesicht; *** in -n gehen** (landsch. ugs.; *zunichte werden, sich auflösen*): die Welt ging in -n.

fran|sen ⟨sw. V.; hat⟩: *fransig werden, Fransen bilden:* der Stoff, der Ärmel franst [an der Kante].

fran|sig ⟨Adj.⟩: *Fransen aufweisend; ausgefranst.*

Franz|brannt|wein, der ⟨o. Pl.⟩ [zum 1. Bestandteil vgl. Franzmann]: *alkoholhaltiges, erfrischendes u. kräftigendes Einreibmittel.*

Fran|zis|ka|ner, der; -s, - [nach dem hl. Franziskus von Assisi (1181/82–1226)]: *Angehöriger des Franziskanerordens.*

Fran|zis|ka|ne|rin, die; -, -nen: w. Form zu ↑Franziskaner.

Fran|zis|ka|ner|klos|ter, das: *Kloster der Franziskaner.*

Fran|zis|ka|ner|or|den, der: **a)** ⟨o. Pl.⟩ *von Franz von Assisi gegründeter Bettelorden;* Abk. OFM (für lat. Ordo Fratrum Minorum = Orden der Minderen Brüder); **b)** *sich auf Franz von Assisi als Gründer berufende Ordensgemeinschaften.*

fran|zis|ka|nisch ⟨Adj.⟩: *die Franziskaner betreffend, zu ihnen gehörend.*

Franz|mann, der ⟨Pl. ...männer⟩ [1. Bestandteil älter Franze, mhd. Franze = Franzose, zu mlat. Francia, ↑Francium] (ugs. veraltend): *Franzose; französischer Soldat.*

Fran|zo|se, der; -n, -n [2, 3: H. u.]: **1.** Ew. zu ↑Frankreich. **2.** *verstellbarer Schraubenschlüssel.* **3.** (landsch.) *Schabe.* **4.** ⟨Pl.⟩ *Franzosenkrankheit.*

Fran|zo|sen|brot, das (landsch.): *langes, dünnes französisches Weißbrot.*

Fran|zo|sen|krank|heit, die ⟨o. Pl.⟩ [die Krankheit verbreitete sich im 15. Jh. von Frankreich aus über Europa] (veraltet): *Syphilis.*

fran|zö|si|e|ren ⟨sw. V.; hat⟩: *der französischen Sprache, den französischen Verhältnissen angleichen; nach französischem Geschmack gestalten.*

Fran|zö|sin, die; -, -nen: w. Form zu ↑Franzose (1).

fran|zö|sisch ⟨Adj.⟩ [spätmhd. franzo(i)sisch, zu mhd. franzois < afrz. françois, zu: France, ↑Francium]: **a)** *die Franzosen, Frankreich betreffend:* die -e Staatsangehörigkeit; die -e Küche lieben; der -e Kuss *(Zungenkuss);* ein -es *(breites zweischläfriges, in einem Stück gearbeitetes)* Bett; -er Verkehr (Sexualk.; *Oralverkehr; Ausüben von Cunnilingus u. Fellatio*); *** sich f. empfehlen/verabschieden, verdrücken; f. Abschied nehmen** (ugs.; *heimlich weggehen, ohne sich zu verabschieden;* unhöfliche Haltung, die den Franzosen zugeschoben wurde); **b)** *in der Sprache der Bevölkerung Frankreichs:* die -e Sprache; ein f. sprechender Redner.

Fran|zö|sisch, das; -[s]: **a)** *das Französische:* kein F. verstehen; gut F. sprechen; die F. sprechende *(die französische Sprache beherrschende)* Bevölkerung Afrikas; das Buch ist in F. abgefasst; *** sich auf F. empfehlen/verabschieden/verdrücken; auf F. Abschied nehmen** (ugs.; *sich französich empfehlen*); **b)** *französische Sprache u. Literatur als Lehrfach:* sie unterrichtet F.; er hat eine Eins in F.; hast du schon F. (Schülerspr.; *die Hausaufgaben o. Ä. für den Französischunterricht*) gemacht?

Fran|zö|si|sche, das; -n: **a)** ⟨mit best. Art.⟩ *die französische Sprache:* die sprachlichen Feinheiten des -n; **b)** *das die Franzosen Kennzeichnende; französische Eigenart:* sie begeistert sich für alles F.

fran|zö|sisch|spra|chig ⟨Adj.⟩: **a)** *die französische Sprache sprechend:* die -e Bevölkerung Kanadas; **b)** *in französischer Sprache:* eine -e Zeitung.

fran|zö|sisch|sprach|lich ⟨Adj.⟩: *die französische Sprache betreffend:* den Ausbau des -en Unterrichts in Deutschland fördern.

fran|zö|sisch spre|chend, Fran|zö|sisch sprechend: s. französisch (b), Französisch (a).

Fran|zö|sisch|un|ter|richt, der: *[Schul]unterricht in französischer Sprache u. Literatur.*

fran|zö|si|sie|ren ⟨sw. V.; hat⟩: *französieren.*

frap|pant ⟨Adj.⟩ [frz. frappant, 1. Part. von: frapper, ↑frappieren] (bildungsspr.): *verblüffend, überraschend, frappierend:* eine -e Ähnlichkeit.

[1]**Frap|pé,** (auch:) **Frap|pee,** das; -s, -s [zu frz. frappé, ↑[2]Frappé]: **1.** *mit klein geschlagenem Eis serviertes [alkoholisches] Getränk.* **2.** (österr.) *Mixgetränk aus Milch u. Früchten.* **3.** *gut gekühlt servierte Süßspeise mit Früchten od. Früchtestücken [der Speiseeis od. Sorbet* (2) *zugesetzt ist].*

[2]**Frap|pé,** (auch:) **Frap|pee,** das; -s, -s [frz. frappé, eigtl. = geschlagen, 2. Part. von: frapper, ↑frappieren] (Ballett): *leichtes, schnelles Anschlagen der Ferse des Spielbeins gegen das Standbein vor u. hinter dem Spann des Fußes.*

frap|pie|ren ⟨sw. V.; hat⟩ [frz. frapper, eigtl. = schlagen, treffen, wohl aus dem Germ.] (bildungsspr.): **1.** *in Erstaunen versetzen, sehr überraschen:* ihr Kommentar frappierte; ⟨häufig im 1. Part.:⟩ mit frappierender Genauigkeit; der Schluss ist frappierend. **2.** (Fachspr.) *(Sekt, Wein) durch drehende Bewegung der Flasche in Eis kühlen.*

Fras|ca|ti, der; -, -: *italienischer Weißwein aus der Umgebung der Stadt Frascati.*

Frä|se, die; -, -n [frz. fraise, eigtl. = Halskrause (nach einem Vergleich mit deren Einschnitten), urspr. = Hülle, identisch mit: fraise = Gekröse (eigtl. = Hülle um die Eingeweide), zu: fraiser = ausweiten, wohl zu einem vlat. Verb mit der Bed. »von seiner Umhüllung befreien«, zu lat. fresum, 2. Part. von: frendere = zermalmen; schroten]: **1.** *Fraise.* **2. a)** *Maschine, mit deren Hilfe Werkstücke spanend geformt werden können;* **b)** *Fräser* (1).

frä|sen ⟨sw. V.; hat⟩: **a)** *(Holz, Metall u. Ä.) mit einer Fräse bearbeiten:* ein Werkstück f.; **b)** *durch Fräsen* (a) *herstellen:* ein Gewinde f.

Frä|ser, der; -s, -: **1.** *Werkzeug mit rotierenden Messern.* **2.** *eine Fräse* (2 a) *bedienender Facharbeiter* (Berufsbez.).

Frä|se|rin, die; -, -nen: w. Form zu ↑Fräser (2).

Fraß, der; -es, -e ⟨Pl. selten⟩ [mhd. vrāʒ = das Fressen; Schlemmerei]: **1. a)** *Nahrung für [Raub]tiere:* den Löwen werden Fleischbrocken als, zum F. vorgeworfen; *** jmdm. etw. zum F. hinwerfen/vorwerfen** (abwertend; *jmdm. etw., was er für seine Zwecke benutzen soll, opfernd übergeben, preisgeben*): dem Sieger wurde die fruchtbare Provinz zum F. vorgeworfen; **b)** (derb abwertend) *schlechtes Essen; Nahrung, die einem widersteht:* ein abscheulicher F. **2.** *Schaden anrichtendes Abfressen durch Insekten, Nagetiere o. Ä.*

fraß: ↑fressen.

frä|ße: ↑fressen.

Fra|ter, der; -s, Fratres [ˈfraːtreːs; lat. frater = Bruder] (kath. Kirche): **a)** *[Kloster]bruder vor der Priesterweihe;* **b)** *Laienbruder eines Mönchsordens.*

Fra|ter|ni|sa|ti|on, die; -, -en [frz. fraternisation] (bildungsspr.): *das Fraternisieren:* F. betreiben.

fra|ter|ni|sie|ren ⟨sw. V.; hat⟩ [frz. fraterniser, zu lat. fraternus = brüderlich] (bildungsspr.): *(bes. von Soldaten mit der Bevölkerung eines besiegten Landes) sich verbrüdern; Freundschaft schließen:* sie fraternisierte mit dem Feind.

Fra|ter|ni|sie|rung, die; -: *Fraternisation.*

Fra|ter|ni|tät, die; - [lat. fraternitas]: **1.** (bildungsspr.) **a)** *Brüderlichkeit;* **b)** *Verbrüderung.* **2.** (kath. Kirche) *[kirchliche] Bruderschaft.*

Fra|ter|ni|té [...niˈteː], die; - [frz. fraternité < lat. fraternitas]: *Brüderlichkeit* (eines der drei Losungsworte der Französischen Revolution).

Fra|tres: Pl. von ↑Frater.

Fratz, der; -es, -e, (österr. nur:) -en, -en [frühnhd. fratz(e) = Laffe, geckenhafter Kerl < ital. frasca, ↑Fratze]: **1. a)** (fam.) *niedliches Kind; nettes Mädchen:* ein süßer, kleiner F.; **b)** (landsch., bes. südd., österr. abwertend) *ungezogenes Kind, bes. Mädchen:* so ein eitler, ungezogener F.! **2.** (veraltend) *Fratze* (2 b).

Frätz|chen, das; -s, -: Vkl. zu ↑Fratz, ↑Fratze.

Frat|ze, die; -, -n [gek. aus: Fratzengesicht = Spaßmachergesicht, zu frühnhd. fratzen (Pl.) = Späße, Unsinn; albernes Gerede, wohl < ital. frasche (Pl.) = Unfug, Unsinn]: **1. a)** *abstoßend hässliches, deformiertes Gesicht:* die scheußliche F. einer Maske; **b)** (ugs.) *absichtlich verzerrtes, künstlich entstelltes Gesicht, Grimasse:* [vor jmdm., vor dem Spiegel] -n, eine F. schneiden *(höhnisch od. zum Spaß das Gesicht verziehen);* sie verzog das Gesicht zu einer F. **2.** (salopp, oft abwertend) **a)** *Gesicht:* ich kann seine F. nicht ausstehen, nicht mehr sehen!; **b)** *unangenehmer, widerlicher Mensch.*

Frat|zen|ge|sicht, das: *Fratze* (1 a).

frat|zen|haft ⟨Adj.⟩: *einer Fratze* (1) *gleich; wie eine Fratze:* ein -es Gesicht.

frau ⟨Indefinitpron.⟩: bes. in feministischem Sprachgebrauch, sonst oft scherzh. für [1]man, bes. wenn [ausschließlich] Frauen gemeint sind.

Frau, die; -, -en [mhd. vrouwe, ahd. frouwe = Herrin, Dame, w. Form zu einem untergegangenen Subst. mit der Bed. »Herr«, vgl. asächs. frōio = Herr u. (mit anderer Bildung) ahd. frō, ↑Fron]: **1.** *erwachsene Person weiblichen Geschlechts:* eine junge, kluge, emanzipierte, berufstätige, verheiratete, schwangere F.; die F. seiner Träume *(sein weibliches Idealbild);* die F. von heute *(die moderne Frau);* eine F. von Welt *(eine weltläufige Frau);* eine F. lieben, heiraten; er hat viele -en *(Freundinnen, Geliebte)* gehabt; für die Gleichberechtigung der F. kämpfen; *** weise F.** (1. veraltet; *Hebamme.* 2. veraltet verhüll.; *Frau, die illegal Abtreibungen vornimmt*). **2.** *Ehefrau* (hebt weniger die gesetzmäßige Bindung als die Zusammengehörigkeit mit dem Mann hervor): meine, seine F.; seine zukünftige, geschiedene F.; sie lebten wie Mann und F.; keine passende F., die F. fürs Leben finden; [sich] eine F. suchen; [sich] eine F. nehmen *(heiraten);* er hat eine Engländerin zur F. **3.** *Hausherrin, Dame:* die F. des Hauses; die gnädige F. ist nicht zu Hause; *** Unsere Liebe F.** (kath. Rel.; *Maria, die Mutter Christi*). **4. a)** titelähnliche, auch als Anrede verwendete Bezeichnung für eine erwachsene Person weiblichen Geschlechts: ich habe F. Meier getroffen; F. Oberin; sehr geehrte F. Müller; sehr geehrte gnädige F.; **b)** (geh.) als Zusatz bei Verwandtschaftsbezeichnungen: Ihre F. Mutter; Grüße an die F. Gemahlin!

Frau|chen, das; -s, -: **1.** *kleine [alte] Frau* (1): ein kleines, verhutzeltes F. **2.** (fam.) *Ehefrau.* **3.** *Herrin des Hundes:* komm zu F.!

Frau|en|ar|beit, die: **a)** ⟨o. Pl.⟩ *Erwerbstätigkeit von Frauen;* **b)** *bes. für Frauen geeignete Arbeit* *od. Verrichtung;* **c)** ⟨o. Pl.⟩ *organisierte Betätigung für die Belange von Frauen.*

Frau|en|arzt, der: *Gynäkologe.*

Frau|en|ärz|tin, die: w. Form zu ↑Frauenarzt.

Frau|en|be|auf|trag|te, die: *Frau, die (z. B. als Angestellte einer Kommune, eines Betriebes) damit betraut ist, die Rechte von Frauen zu vertreten.*

Frau|en|be|ruf, der: *Beruf, der vorwiegend von Frauen ausgeübt wird.*

Frau|en|be|we|gung, die ⟨o. Pl.⟩: *organisierte Form des Kampfes um die Gleichberechtigung der Frau.*

Frau|en|bild, das: *Bild* (3), *das jmd. von Frauen hat.*

Frau|en|eman|zi|pa|ti|on, die: *Emanzipation der Frauen:* für die F. eintreten.

Frau|en|fach|schu|le, die: *Fachschule für Frauenberufe.*

Frau|en|farn, der: *Farn mit zwei- bis dreifach gefiederten langen, hellgrünen Wedeln, der vor allem an feuchten Waldstellen wächst.*

Frau|en|feind, der: **a)** *Mann, der sich aus Abneigung od. Verachtung von Frauen fern hält;* **b)** *frauenfeindlicher Mann.*

Frau|en|feind|lich ⟨Adj.⟩: *den Frauen schadend, sie benachteiligend; die Benachteiligung der Frauen akzeptierend:* -e Äußerungen.

Frau|en|feind|lich|keit, die: **1.** ⟨o. Pl.⟩ *frauenfeindliche Haltung.* **2.** *frauenfeindliche Handlung.*

Frau|en|feld: Hauptstadt des Kantons Thurgau.

Frau|en|för|der|plan, der: *Maßnahmenkatalog zur Verbesserung der Gleichstellung der Frauen im Beruf.*

Frau|en|for|schung, die ⟨o. Pl.⟩: *Forschung u. Lehre, die ausdrücklich von weiblichen Bedürfnissen, Sichtweisen u. Interessen ausgeht und sich mit Frauen betreffenden Themen beschäftigt.*

Frau|en|fra|ge, die: *die Emanzipation u. Gleichberechtigung der Frauen umfassender Fragenkomplex.*

Frau|en|fuß|ball, der (Sport): *von Frauenmannschaften gespielter Fußball.*

Frau|en|ge|fäng|nis, das: *Gefängnis für weibliche Gefangene.*

Frau|en|ge|schich|ten ⟨meist Pl.⟩ (ugs.): *Liebeserlebnisse mit Frauen:* er hatte viele F.

Frau|en|ge|stalt, die: **a)** *körperliches Erscheinungsbild einer Frau:* eine schöne F.; **b)** *künstlerische, meist dichterische Darstellung [des Charakters] einer Frau:* die -en bei Hebbel.

Frau|en|grup|pe, die: [1]*Gruppe* (2) *von Frauen, die für die Emanzipation arbeiten:* sie schloss sich einer F. an.

Frau|en|han|del, der ⟨o. Pl.⟩: *Vermittlung, Verkauf von Frauen (z. B. zur Prostitution) in ein anderes Land.*

Frau|en|haus, das: **1.** *(von Frauen, einer Frauengruppe geleitetes) Haus, in dem Frauen, die von ihren Männern misshandelt werden, [mit ihren Kindern] aufgenommen werden, Schutz u. Hilfe finden.* **2.** (Völkerk.) *gemeinschaftliches* (1) *Haus, in dem (bei manchen Völkern) die heiratsfähigen Mädchen meist unter Aufsicht der älteren Frauen wohnen.*

Frau|en|heil|kun|de, die: *Gynäkologie.*

Frau|en|held, der: *[junger] Mann, der viele Liebschaften, viel Erfolg bei Frauen hat.*

Frau|en|kleid, das: **1.** *Kleid einer Frau.* **2.** ⟨Pl.⟩ *üblicherweise von Frauen getragene Kleidung:* er trug -er, um nicht erkannt zu werden.

Frau|en|krank|heit, die ⟨meist Pl.⟩: *geschlechtsspezifische Krankheit der Frau.*

Frau|en|la|ger, das: *Konzentrations-, Internierungslager für Frauen.*

Frau|en|lei|den, das: vgl. Frauenkrankheit.

Frau|en|lieb|ling, der: *Mann, der der Liebling der Frauen ist:* der Poet ist ein F.

Frau|en|li|te|ra|tur, die: *von Frauen verfasste [im Zusammenhang mit der Frauenbewegung entstandene] Literatur, Frauen betreffende Literatur.*

frau|en|los ⟨Adj⟩: *ohne Frau od. Frauen:* ein -er Haushalt.

Frau|en|mann|schaft, die (Sport): *von Frauen gebildete Mannschaft.*

Frau|en|man|tel, der: *Pflanze mit großen, runden, am Rande ausgebogten u. gesägten Blättern, behaarten Stängeln u. gelbgrünen unscheinbaren Blüten.*

Frau|en|mör|der, der: *Mann, der Frauen ermordet [hat].*

Frau|en|or|den, der (kath. Rel.): *weibliche Ordensgemeinschaft.*

Frau|en|pow|er [...paʊə], die: (Jargon): *Kraft, Stärke, Macht der Frauen.*

Frau|en|quo|te, die (ugs.): *Anteil der Frauen (z. B. in Betrieben, Verwaltungen, Führungspositionen).*

Frau|en|raub, der (Völkerk.): *gewaltsame Entführung eines Mädchens gegen od. mit dessen Willen zur Eheschließung.*

Frau|en|recht|le|rin, die; -, -nen: *Kämpferin für die Gleichberechtigung der Frau.*

Frau|en|rock, der: *von Frauen getragener* [1]*Rock* (1 a).

Frau|en|schuh, der: **1.** *Damenschuh.* **2.** *einheimische, ein bis vier Blüten tragende Orchidee mit fünf langen, braunroten Blütenblättern u. gelber Lippe.*

Frau|en|sta|ti|on, die: *Station für weibliche Patienten in einem Krankenhaus.*

Frau|en|stift, das (früher): *Stiftung, in der allein stehende [adlige] Frauen leben.*

Frau|en|stim|me, die: *weibliche Sprech- od. Singstimme.*

Frau|en|tag: in der Fügung **Internationaler F.** *(internationaler Aktionstag, an dem die Forderung nach der Gleichberechtigung der Frauen ins Bewusstsein gehoben werden soll).*

Frau|en|tur|nen, das: *Turnen mit für den weiblichen Körper besonders geeigneten Übungen (auch als sportliche Disziplin für Wettbewerbe u. Meisterschaften).*

Frau|en|typ, der: **1.** *weiblicher Typ* (1 a). **2.** *Mann, von dem Frauen bes. angezogen werden.*

Frau|en|ver|ein, der: *Zusammenschluss von Frauen mit dem Ziel, sich sozial zu engagieren od. Frauenthemen u. -fragen stärker ins allgemeine Bewusstsein zu heben.*

Frau|en|wahl|recht, das: *den Frauen in gleicher Weise wie den Männern zustehendes Recht zur aktiven u. passiven Wahl.*

Frau|en|zeit|schrift, die: *Zeitschrift, die Frauenthemen behandelt.*

Frau|en|zim|mer, das [spätmhd. vrouwenzimmer = Frauengemach u. die Gesamtheit der dort wohnenden weiblichen Personen; im 17. Jh. auf die einzelne Person übertragen, urspr. ohne negative Bedeutung]: **a)** (salopp abwertend) *als liederlich, leichtfertig o. ä. angesehene weibliche Person:* ein niederträchtiges F.; **b)** (veraltet, noch landsch.) *weibliche Person:* junge F. mögen.

Frau Hol|le; --s ⟨o. Art.⟩ [Gestalt der Sage u. des Volksglaubens, die als Anführerin der Hollen (zu ↑hold), einer Dämonenschar, auftritt, nach jüngeren Sagen die Neugeborenen aus ihrem geheimnisvollen Brunnen hervorgehen lässt, die Seelen der Verstorbenen empfängt u. belohnend u. strafend auftritt]: Titelgestalt eines grimmschen Märchens: R F. H. schüttelt die Betten aus *(es schneit).*

Fräu|lein, das; -s, -, ugs.: -s [mhd. vrouwelīn (Vkl. von: vrouwe) = junge Frau vornehmen Standes; erst seit dem 18./19. Jh. auch für bürgerliche Mädchen]: **1. a)** (veraltend) *kinderlose, ledige [junge] Frau;* **b)** (ugs. veraltet) *leichtfertiges junges Mädchen; Prostituierte.* **2. a)** (veraltend) titelähnliche, auch als Anrede verwendete (heute allgemein durch »Frau« ersetzte) Bezeichnung für eine unverheiratete weibliche Person: guten Tag, F. Müller!; **b)** (geh. veraltend) als Zusatz bei Verwandtschaftsbezeichnungen: wie geht es Ihrem F. Tochter?; **c)** (ugs.) *kleines Mädchen* (1); oft [scherzh.] drohend: nimm dich in Acht, mein liebes F.!; **d)** (ugs. abwertend veraltet) *Deutsche als Geliebte eines amerikanischen Besatzungssoldaten nach 1945.* **3.** (ugs. veraltet) *weibliche Angestellte in einem Dienstleistungsberuf od. im Lehramt* (meist als Anrede): F., bitte zahlen!; das F. hat uns eine Strafarbeit aufgegeben; * **das F. vom Amt** (veraltet; *die Vermittlerin im Fernsprechverkehr*).

Fräu|lein|wun|der, das ⟨o. Pl.⟩: *in den 60er-Jahren überraschend ins Positive gewandeltes Bild von deutschen Mädchen in den USA aufgrund ihrer Erscheinung [u. Wesensart]:* Ü das deutsche Fotomodell gilt als neues F.

frau|lich ⟨Adj.⟩ [mhd. vrouwelich]: *der Art einer [reifen] Frau entsprechend:* ein sehr -er Typ.

Frau|lich|keit, die; -: *das Fraulichsein.*

frdl. = freundlich.

Freak [fri:k], der; -s, -s [engl. freak, H. u.]: **1.** *jmd., der sich nicht ins normale bürgerliche Leben einfügt, der seine gesellschaftlichen Bindungen aufgegeben hat, um frei zu sein.* **2.** *jmd., der sich in übertrieben erscheinender Weise für etw. begeistert:* die -s auf ihren Motorrädern.

frea|kig ⟨Adj.⟩ [nach engl. freakish]: *in der Art eines Freaks* (1); *ausgeflippt* (b).

frech ⟨Adj.⟩ [mhd. vrech = tapfer, kühn, lebhaft, keck, ahd. freh = wild; habsüchtig, verw. mit ↑frank]: **a)** *in herausfordernder Weise, ohne Achtung u. Respekt vor anderen; unverschämt:* ein -er Kerl; ein -es Mundwerk; -e Antworten; jmdn. f. anlügen; **b)** *keck, [auf liebenswerte Weise] respektlos u. draufgängerisch, kess, herausfordernd:* eine -e Karikatur; sie ist f. frisiert.

Frech|dachs, der (fam., meist scherzh. wohlwollend): *(auf liebenswerte Weise) freches [kleines] Kind:* ein richtiger kleiner F.!

Frech|heit, die; -, -en: **1.** ⟨o. Pl.⟩ *freches Benehmen; das Frechsein:* er treibt die F. zu weit; sie hatte, besaß die F., alles abzustreiten; das ist der Gipfel der F.; R F. siegt! **2.** *freche Äußerung od. Handlung:* sie hat sich zu viele -en herausgenommen, erlaubt.

Free|clim|ber ['fri:klaimə], der; -s, - [engl., aus: free = frei u. climber = Bergsteiger, zu: to climb = (hinauf)klettern, verw. mit ↑klimmen]: *jmd., der Freeclimbing [als Sportart] betreibt.*

Free|clim|bing ['fri:klaimɪŋ], das; -s [engl.]: *Bergsteigen ohne Hilfsmittel wie Seil, Haken o. Ä.*

Free Jazz ['fri: 'dʒæz], der; --, (auch:) **Free|jazz,** der; - [engl., aus: free = frei u. ↑Jazz] (Musik): *auf freier Improvisation beruhendes Spielen von Jazzmusik.*

Free|sie, die; -, -n [nach dem dt. Arzt F. H. Th. Freese († 1876)]: *(zu den Schwertliliengewächsen gehörende) Pflanze mit schmalen Blättern u. trichterförmigen, duftenden, alle nach einer Seite ausgerichteten Blüten.*

Free|style ['fri:stail] der; -s, (auch:) **Free Style,** der; --s [engl. freestyle, aus: free = frei und style = Stil] (Sport): **1.** *Trickskilaufen.* **2.** *freier Stil* (4).

Free|town ['fri:taʊn]: Hauptstadt von Sierra Leone.

Free TV ['fri: ti'vi:], das; --[s], (auch:) **Free-TV,** das; -[s] [zu engl. free = frei u. ↑TV]: *(im Gegensatz zum Pay-TV) durch Gebühren und Werbung finanziertes, frei zu empfangendes Fernsehprogramm.*

Fre|gat|te, die; -, -n [urspr. = Beiboot, wohl < frz. frégate < ital. fregata, H. u.]: **1.** *schwer bewaffnetes, hauptsächlich zum Geleitschutz eingesetztes, wendiges Kriegsschiff:* die F. traf im Heimathafen ein. **2.** (ugs., oft als Schimpfwort) *ältere korpulente weibliche Person:* eine aufgetakelte F.

Fre|gat|ten|ka|pi|tän, der: *Marineoffizier im Rang eines Oberstleutnants.*

Fre|gatt|vo|gel, der: *(an [sub]tropischen Küsten lebender) großer, im Fliegen sehr gewandter Vogel mit schwarzem Gefieder, langem, an der Spitze gekrümmtem Schnabel u. einem Kehlsack beim Männchen, den es während der Balz zu einem großen roten Ball aufbläst.*

frei ⟨Adj.⟩ [mhd. vrī, ahd. frī; in der germ. Rechtsordnung urspr. = zu den Lieben (= zur Sippe) gehörend (u. daher geschützt); eigtl. = lieb, erwünscht]: **1. a)** *sich in Freiheit* (1) *befindend, unabhängig, nicht gebunden:* der -e Wille; das -e Spiel der Kräfte; er ist -er *(nicht fest angestellter, gegen Einzelhonorar schreibender)* Mitarbeiter bei der Zeitung; ein -er *(freischaffender)* Schriftsteller; die -e *(nicht durch staatlichen Dirigismus gelenkte)* Wirtschaft; etw. zur -en Verfügung haben; Ü eine -e *(nicht wörtliche)* Übersetzung; f. nach Morgenstern *(in der Art Morgensterns ausgedrückt, parodiert);* die Geschichte ist f. erfunden; **b)** *ohne Hilfsmittel:* etw. aus -er Hand *(ohne Lineal u. Zirkel)* zeichnen; f. in der Luft schweben; sie hat f. *(ohne Manuskript)* gesprochen; **c)** *nicht an [moralische] Normen gebunden, von [sittlichen] Vorurteilen unabhängig:* hier herrscht ein -er *(natürlicher, unkonventioneller)* Ton; er ist ein Verfechter der -en Liebe *(des Zusammenlebens von Mann u. Frau ohne Eheschließung);* die Kinder sind sehr f. erzogen worden; R ich bin so f.! *(ich erlaube mir ohne weitere Formalitäten, das zu tun);* **d)** (Chemie, Physik) *nicht gebunden, nicht fest in den Bau des Atom[kern]s od. Moleküls eingefügt:* -e Elektronen; bei diesem Vorgang wird Stickstoff f. **2. a)** *nicht behindert, nicht beeinträchtigt:* ein -er Blick bis zum Horizont; -e Arztwahl; -en Zugang zu etw. haben; etw. aus -em Entschluss tun; der Zug hält auf -er Strecke *(außerhalb des Bahnhofs);* ein f. stehendes *(nicht mit Nachbarhäusern verbundenes)* Haus; sich von Vorurteilen f. machen *(befreien);* f. schalten und walten, sich f. entfalten können; ***f. und ledig** *(unbehindert; ohne Rücksichten nehmen zu müssen);* **b)** *durch bestimmte Dinge nicht [mehr] beeinträchtigt od. gehemmt:* die Kranke ist f. von Beschwerden; er ist f. von Schuld; das Brot ist f. von Konservierungsstoffen; **c)** *nicht festgenommen, nicht gefangen:* der Gefangene ist wieder f. *(in Freiheit);* der Räuber läuft noch f. herum; Eier von f. laufenden Hühnern *(von Hühnern, die so gehalten werden, dass sie Auslauf haben);* f. lebende Tiere. **3. a)** *offen, unbedeckt, nicht umschlossen:* unter -em Himmel; ein -er Platz; ⟨subst.:⟩ ins Freie gehen; **b)** *unbekleidet, bloß:* das Kleid lässt Arme und Schultern f.; bitte den Oberkörper f. machen! **4. a)** *unbesetzt, nicht von andern benutzt:* ein -er Arbeitsplatz; wir haben noch zwei Betten f.; Bahn f.!; (Boxen:) Ring f.!; eine f. stehende *(leere, unvermietete)* Wohnung; **b)** *verfügbar:* -e Zeit haben; der Film ist f. *(zugelassen)* für Jugendliche ab 16 Jahren. **5.** *kostenlos:* -er Eintritt; ein Getränk ist f.; ⟨mit Akk., in der Art einer Präposition gebraucht:⟩ wir liefern die Ware f. Haus, f. deutsche Grenze (Kaufmannsspr.; *ohne Transportkosten ins Haus, bis an die deutsche Grenze*). **6.** (bes. Fußball) *nicht gedeckt und daher anspielbar:* einen -en Mann anspielen; der Rechtsaußen stand f. vor dem Tor.

-frei: 1. drückt in Bildungen mit Substantiven aus, dass die beschriebene Sache nicht an etw. gebunden, nicht von etw. abhängig ist: bündnis-, kreisfrei. 2. drückt in Bildungen mit Substantiven aus, dass etw. nicht benötigt wird, nicht erforderlich ist: schienen-, waffenscheinfrei. 3. drückt in Bildungen mit Substantiven aus, dass etw. nicht erhoben wird, nicht geschuldet wird: beitrags-, schulgeldfrei. 4. drückt in Bildungen mit Substantiven oder Verben (Verbstämmen) aus, dass etw. nicht gemacht zu werden braucht: bügel-, wartungsfrei. 5. drückt in Bildungen mit Substantiven aus, dass etw. nicht stattfindet, dass man etw. nicht hat: schul-, vorlesungsfrei. 6. drückt in Bildungen mit Substantiven aus, dass etw. nicht vorhanden ist: herrschafts-, kalorienfrei. 7. drückt in Bildungen mit Substantiven oder Verben (Verbstämmen) aus, dass etw. nicht eintritt: knautsch-, verschleißfrei. 8. drückt in Bildungen mit Substantiven aus, dass etw. nicht bedeckt wird: hals-, wadenfrei.

Freia: ↑Freyja.

Frei|bad, das: *Schwimmbad im Freien.*

Frei|bal|lon, der: *Ballon* (1 a).

Frei|bank, die ⟨Pl. selten: ...bänke⟩ [frühnhd. = steuerfreier Verkaufsstand der Landfleischer in der Stadt]: *kommunale od. private Verkaufsstelle am Schlachthof für Fleisch, das bei der Fleischbeschau als nur bedingt tauglich abgestempelt wurde.*

frei|be|kom|men ⟨st. V.; hat⟩: **a)** (ugs.) *Urlaub, Freizeit erhalten; eine bestimmte Zeit als schul- od. dienstfrei zugeteilt bekommen:* wir haben heute zwei Stunden freibekommen; **b)** *bewirken, dass jmd., etw. wieder frei wird:* einen Inhaftierten gegen Kaution f.

Frei|be|ruf|ler, der; -s, -: *in einem freien Beruf Tätiger:* F. sein; als F. arbeiten.

Frei|be|ruf|le|rin, die; -, -nen: w. Form zu ↑Freiberufler.

frei|be|ruf|lich ⟨Adj.⟩: *in einem freien Beruf [tätig]:* eine -e Tätigkeit ausüben.

Frei|be|trag, der (Steuerw.): *Betrag, der vor der Berechnung der Steuer vom Einkommen abgezogen werden kann.*

Frei|beu|ter, der; -s, - [mniederd. vrībūter = Schiffsführer mit Vollmacht zum Kapern; Seeräuber, zu: vrībūte = freigegebene Kriegsbeute, aus vrī = frei u. būte, ↑Beute]: **a)** (früher) *Seeräuber;* **b)** (abwertend) *jmd., der Freibeuterei* (b) *betreibt.*

Frei|beu|te|rei, die; -: **a)** (früher) *Seeräuberei;* **b)** (abwertend) *skrupellose Gewinnerzielung auf Kosten anderer.*

Frei|bier, das ⟨o. Pl.⟩: *[aus Anlass einer Festlichkeit, eines Jubiläums o. Ä.] kostenlos ausgeschenktes Bier.*

Frei|brief, der [spätmhd. vrībrief = Privileg, Pass] (früher): **1.** *Urkunde über eine erteilte Erlaubnis od. Befreiung von einem Verbot:* ***ein F. für etw. sein; einen F. für etw. darstellen** *(die Erlaubnis in sich schließen, etw. [nach Willkür] zu tun):* Karneval ist kein F. für Ehebruch; **einen F. für etw. haben** *(die besondere Erlaubnis haben, etw. zu tun);* **jmdm. einen F. für etw. geben/ausstellen** *(jmdm. volle Freiheit geben, etw. zu tun);* **etw. als F. für etw. ansehen/betrachten** *(etw. für seine Zwecke ausnutzen).* **2.** *Urkunde über die Entlassung aus der Leibeigenschaft.* **3.** *Urkunde, die jmds. freie Geburt bescheinigt.*

Frei|burg, -s: Kanton der Schweiz.

Frei|burg im Breis|gau: Stadt in Baden-Württemberg.

Frei|burg im Ücht|land od. **Üechtland** [-ˈyəxt...]: Hauptstadt des Kantons Freiburg.

Frei|de|mo|krat, der: *Mitglied der Freien Demokratischen Partei.*

Frei|de|mo|kra|tin, die; -, -nen: w. Form zu ↑Freidemokrat.

frei|de|mo|kra|tisch ⟨Adj.⟩: *die Freie Demokratische Partei betreffend, zu ihr gehörend, für sie charakteristisch.*

Frei|den|ker, der [LÜ von engl. freethinker]: *jmd., der bes. in Bezug auf Religion seine eigenen Anschauungen hat.*

Frei|den|ke|rin, die: w. Form zu ↑Freidenker.

frei|den|ke|risch ⟨Adj.⟩: *nicht weltanschaulich gebunden; einem Freidenker gemäß.*

Freie, der u. die; -n, -n ⟨Dekl. ↑Abgeordnete⟩ [mhd. vrīe]: *(im MA.) rechtsfähige, mit politischen Rechten ausgestattete Person.*

frei|en ⟨sw. V.; hat⟩ [aus dem Niederd., Md. < mniederd. vrīen, entw. < asächs. friehōn = lieben od. zu: frī = Frau (von vornehmer Herkunft), eigtl. = die Liebe] (veraltet): **1.** *heiraten, mit jmdm. eine Ehe schließen;* **Spr** jung gefreit hat nie gereut. **2.** *[für einen andern] einer weiblichen Person einen Heiratsantrag machen, um sie werben, um ihre Hand bitten.*

Frei|er, der; -s, - [mniederd., mhd. (md.) vrīer]: **1.** (veraltend) *jmd., der um ein Mädchen freit; Bewerber:* der F. wurde abgewiesen. **2.** (verhüll.) *Kunde einer Dirne od. eines Strichjungen.*

Frei|er|platz, der (schweiz.): *Platz, Stelle innerhalb der Stadt, wo Prostituierte od. Strichjunger auf Kundschaft warten.*

Frei|ers|fü|ße: in der Wendung **auf -n gehen/wandeln** (scherzh.; *eine Ehefrau suchen; bald heiraten wollen*).

Frei|exem|plar, das (Buch-, Zeitungsw.): *an bestimmte Personen wie Autor, Rezensent o. Ä. kostenlos abgegebenes Exemplar eines Druck-Erzeugnisses.*

Frei|fahr|kar|te, die: *Fahrkarte, die zu einer Freifahrt berechtigt.*

Frei|fahr|schein, der: *Fahrschein, der zu einer Freifahrt berechtigt.*

Frei|fahrt, die: *kostenlose Fahrt mit einem öffentlichen Verkehrsmittel.*

frei|fi|nan|ziert ⟨Adj.⟩: *(in Bezug auf den Wohnungsbau) mit eigenen Mitteln finanziert u. nicht steuerbegünstigt:* der -e Wohnungsbau.

Frei|flug, der: *kostenloser Flug.*

Frei|frau, die [spätmhd. vrīvrouwe]: **1.** ⟨o. Pl.⟩ *Adelstitel der Ehefrau eines Freiherrn:* Eva F. von Hartog. **2.** *Ehefrau eines Freiherrn.*

Frei|fräu|lein, das: *Freiin.*

Frei|ga|be, die: *das Freigeben; das Freigegebenwerden.*

Frei|gang, der: **1.** *(in Bezug auf einen Strafgefangenen) das tägliche Verlassen der Haftanstalt ohne Aufsicht zur Berufsausübung im gelockerten Strafvollzug.* **2.** *Hofgang der Strafgefangenen:* der tägliche F. im Gefängnishof.

Frei|gän|ger, der; -s, -: *Häftling, der nach Bewährung tagsüber ohne besondere Aufsicht in einem normalen Betrieb arbeiten darf u. abends in die Vollzugsanstalt zurückkehrt.*

Frei|gän|ge|rin, die; -, -nen: w. Form zu ↑Freigänger.

frei|ge|ben ⟨st. V.; hat⟩: **1. a)** *aus der Haft od. aus einer Bindung entlassen; jmdm. die Freiheit [wieder]geben:* einen Gefangenen f.; ihre Firma gibt sie nicht frei *(hält sie in ihrer Stellung fest);* **b)** *nicht mehr zurückhalten, zur Verfügung stellen:* die Akten wurden freigegeben; ein Haus zum Abriss f.; der Schiedsrichter gibt den Ball frei (Fußball; *lässt das Spiel nach einer Unterbrechung fortsetzen*). **2.** *der Öffentlichkeit, dem freien Gebrauch übergeben:* eine Strasse für den Verkehr, einen See für Wassersportler f.; Ü das Fenster gibt den Blick auf die Berge frei *(lässt die Berge ungehindert sichtbar werden).* **3.** *Freizeit gewähren, Urlaub geben.*

frei|ge|big ⟨Adj.⟩ [veraltet gebig, gäbig = gerne gebend, zu ↑Gabe]: *großzügig im Schenken; gern bereit, andern etw. zu geben:* ein -er Mensch; Ü sie war sehr f. mit ihren Reizen *(zeigte sie).*

Frei|ge|big|keit, die; -: *das Freigebigsein.*

Frei|ge|he|ge, das: *größeres, oft nicht eingezäuntes Gehege, Revier [in einem Tiergarten], in dem bestimmte Tiere in einer ihrer Lebensweise möglichst entsprechenden Umgebung gehalten werden.*

Frei|geist, der ⟨Pl. -er⟩ [LÜ von frz. esprit libre]: *Freidenker.*

frei|geis|tig ⟨Adj.⟩: *freidenkerisch.*

Frei|ge|las|se|ne, der u. die; -n, -n ⟨Dekl. ↑Abgeordnete⟩ (früher): *in die Freiheit entlassener Sklave, entlassene Sklavin.*

Frei|ge|päck, das: *Gepäck, das [bei einem Flug] kostenlos mitgenommen werden kann.*

Frei|ge|tränk, das: *im Eintrittspreis o. Ä. einbegriffenes kostenloses Getränk.*

Frei|ge|wehr, das (Schießsport): *Sportgewehr für das Schießen auf 50 u. 300 m.*

Frei|gren|ze, die (Steuerw.): *[Einkommens]betrag, bis zu dem keine Steuer erhoben wird.*

frei|ha|ben ⟨unr. V.; hat⟩ (ugs.): *Urlaub, Freizeit haben:* kann ich heute Nachmittag f.?

Frei|ha|fen, der: *Hafen, in dem Güter, die nicht zur Einfuhr ins Inland bestimmt sind, zollfrei umgeschlagen* (6) *u. gelagert werden.*

frei|hal|ten ⟨st. V.; hat⟩: **1.** *für jmdn. die Zeche bezahlen:* er hat die Tischrunde freigehalten. **2. a)** *offen halten; nicht versperren:* Einfahrt bitte f.!; **b)** *belegen, reservieren:* ich werde dir/für dich einen Platz f.; Ü ich soll mich für den

Chef f. *(Zeit für ihn einplanen, reservieren);* 3. *vor etw. bewahren, schützen:* der Bürgersteig ist von Schnee freizuhalten.

Frei|han|del, der [LÜ von engl. free trade]: *System eines durch keinerlei Zölle, Devisenvorschriften o. Ä. eingeschränkten zwischenstaatlichen Handelsverkehrs.*

Frei|han|dels|zo|ne, die: *Gebiet mehrerer Staaten, zwischen denen Freihandel besteht.*

frei|hän|dig ⟨Adj.⟩: **1.** *ohne technische Hilfsmittel ausgeführt:* -es Zeichnen. **2.** *ohne sich aufzustützen ausgeführt; ohne Zuhilfenahme der Hände:* f. Rad fahren. **3.** (Amtsspr.) *ohne öffentliche Versteigerung od. Ausschreibung; unter der Hand getätigt:* ein -er Verkauf.

Frei|heit, die; -, -en [mhd. vrîheit, auch = Stand eines Freien; Privileg; Asyl, Zufluchtsort, ahd. frîheit = freier Sinn; verliehenes Privileg]: **1.** ⟨o. Pl.⟩ *Zustand, in dem jmd. von bestimmten persönlichen od. gesellschaftlichen, als Zwang od. Last empfundenen Bindungen od. Verpflichtungen frei ist u. sich in seinen Entscheidungen o. Ä. nicht [mehr] eingeschränkt fühlt; Unabhängigkeit, Ungebundenheit:* die politische F.; die innere F.; die F. des Geistes, der Presse; die F. des Andersdenkenden; die F. von Forschung und Lehre; F. *(das Freisein)* von Not und Furcht; seine F. bewahren, verlieren; F., Gleichheit, Brüderlichkeit (aus der Französischen Revolution stammende Losung für die politischen Grundforderungen). **2.** ⟨o. Pl.⟩ *Möglichkeit, sich frei u. ungehindert zu bewegen; das Nicht-gefangen-Sein:* einem Gefangenen, einem Tier die F. schenken, geben; jmdn. seiner F. berauben; ein Tier in der F. *(in der freien Natur)* beobachten. **3.** *Recht, etw. zu tun; bestimmtes [Vor]recht, das jmdm. zusteht od. das er sich nimmt:* die F. der Wahl haben; besondere -en genießen; sich gewisse -en erlauben, herausnehmen; das ist dichterische F. *(Abweichung des Dichters von den Tatsachen u. der historischen Genauigkeit);* die Mode erlaubt heute viele -en *(Abweichungen von der Norm);* *** sich** ⟨Dativ⟩ **die F. nehmen, etw. zu tun** *(sich etw. erlauben, das Recht zu etw. nehmen):* ich nehme mir die F., deinen Brief zu öffnen.

frei|heit|lich ⟨Adj.⟩: **1.** *nach Freiheit strebend, von der Freiheit bestimmt:* eine -e Gesinnung; die Verfassung ist f. **2.** (österr.) *die Freiheitliche Partei Österreichs betreffend, zu ihr gehörend, für sie charakteristisch.*

Frei|heit|li|che, der u. die; -n, -n ⟨Dekl. ↑Abgeordnete⟩ (österr.): *Mitglied der Freiheitlichen Partei Österreichs.*

frei|heit|lie|bend ⟨Adj.⟩ (schweiz.): *freiheitsliebend.*

Frei|heits|be|rau|bung, die (Rechtsspr.): *widerrechtlicher Entzug der persönlichen Bewegungsfreiheit (durch Einsperren, Verschleppen o. Ä.).*

Frei|heits|be|schrän|kung, die: *Beschränkung der individuellen Freiheit.*

Frei|heits|be|stre|bung, die ⟨meist Pl.⟩: *auf das Erlangen von Freiheit u. Unabhängigkeit gerichtete Bestrebung.*

Frei|heits|drang, der ⟨o. Pl.⟩: *Sehnsucht, Streben nach Freiheit:* ein unbändiger F.

Frei|heits|ent|zug, der (Rechtsspr.): *Entzug der Freiheit nach Gerichtsurteil.*

Frei|heits|ge|dan|ke, der: *Vorstellung von Freiheit, vom Prinzip der Freiheit.*

Frei|heits|held, der: *Freiheitskämpfer, der als Held verehrt wird.*

Frei|heits|hel|din, die: w. Form zu ↑Freiheitsheld.

Frei|heits|kampf, der: *Kampf um die Freiheit [eines Volkes].*

Frei|heits|kämp|fer, der: *jmd., der für die Freiheit [seines Volkes] kämpft.*

Frei|heits|kämp|fe|rin, die: w. Form zu ↑Freiheitskämpfer.

Frei|heits|krieg, der: **a)** *Krieg für die Freiheit* (1); **b)** ⟨Pl.⟩ *die Kämpfe von 1813 bis 1815, die Europa von der Herrschaft Napoleons befreiten.*

frei|heits|lie|bend ⟨Adj.⟩: *besonderen Wert auf Freiheit legend; sich für die Freiheit einsetzend:* -e Völker.

Frei|heits|recht, das ⟨meist Pl.⟩: *jedes im Sinne des Freiheitsgedankens dem Einzelnen u. den Völkern zustehende Recht:* individuelle -e.

Frei|heits|stra|fe, die (Rechtsspr.): *Strafe des Freiheitsentzugs:* hohe -n wurden beantragt.

frei|he|raus ⟨Adv.⟩: *unumwunden, geradeheraus, ohne Umschweife, direkt:* f. gesagt ist das Unsinn; etw. f. bekennen.

Frei|herr, der [spätmhd. vrîherre, vrîer herre = freier Edelmann]: **1.** ⟨o. Pl.⟩ *Adelstitel eines Angehörigen einer Klasse des niederen Adels.* **2.** *Träger dieses Titels.*

Frei|in, die; -, -nen: **1.** ⟨o. Pl.⟩ *Adelstitel für die unverheiratete Tochter eines Freiherrn.* **2.** *Trägerin dieses Titels.*

frei|kämp|fen ⟨sw. V.; hat⟩: *durch Kampf befreien.*

Frei|kar|te, die: *kostenlos abgegebene Eintrittskarte zu einer Veranstaltung.*

frei|kau|fen ⟨sw. V.; hat⟩: *durch einen [Löse]geldbetrag befreien:* den Inhaftierten aus dem Iran f.; Ü sich von einer Schuld f. *(sich durch Geld eines Schuldgefühls entledigen).*

Frei|kir|che, die: *[vom Staat u. den Landeskirchen] unabhängige protestantische Kirche.*

frei|kom|men ⟨st. V.; ist⟩: *loskommen* (3), *sich befreien; befreit werden; in die Freiheit gelangen:* nach Stalins Tod kam sie frei.

Frei|kör|per|kul|tur, die ⟨o. Pl.⟩: *Baden u. Bewegung in der freien Natur mit nacktem Körper* (Abk.: FKK).

Frei|korps, das (früher): *aus Freiwilligen gebildeter Truppenverband.*

Frei|ku|gel, die [eigtl. = durch Zauber »frei« gemachte (= geschützte) Kugel]: *(in der Sage) vom Teufel gegossene Flintenkugel, die mit Sicherheit trifft.*

Frei|land, das ⟨o. Pl.⟩ (Landw., Gartenbau): *Anbaufläche im Freien (im Unterschied zu Gewächshaus od. Frühbeet).*

Frei|land|ge|mü|se, das: *Gemüse, das im Freiland auf natürliche Weise ausgereift ist.*

Frei|land|ver|such, der: *im Freiland durchgeführter Versuch* (3).

frei|las|sen ⟨st. V.; hat⟩: *jmdm., einem Tier die Freiheit geben; aus der Haft, einer Fesselung entlassen:* sie haben den Vogel wieder freigelassen; man hat sie gegen eine Kaution freigelassen; den Hund f. *(von der Leine losmachen).*

Frei|las|sung, die; -, -en: *das Freilassen.*

Frei|lauf, der (Technik): *(bei Motorfahrzeugen, beim Fahrrad u. bei Maschinen) Vorrichtung zum zeitweiligen Ausschalten der Verbindung zwischen Antrieb u. Rädern.*

frei|lau|fen, sich ⟨st. V.; hat⟩ (bes. Fußball, Handball, Hockey): *seinem Bewacher durch Laufen entkommen u. dadurch frei, ungedeckt sein.*

frei lau|fend, frei le|bend: s. frei (2 c).

frei|le|gen ⟨sw. V.; hat⟩: *deckende Schichten von etw. entfernen u. es zugänglich machen:* Skelette f.; die Grundmauern eines römischen Hauses f.

Frei|le|gung, die; -, -en: *das Freilegen; das Freigelegtwerden.*

frei|lich ⟨Adv.⟩ [mhd. vrîlîche = ungehindert, unbekümmert, dann = unverdeckt, offenkundig]: **1.** *jedoch, hingegen, allerdings* (einschränkend, einräumend): das wusste ich f. nicht. **2.** (bes. südd.) *ja, natürlich, selbstverständlich, gewiss doch* (als bekräftigende Antwort, Zustimmung): »Kommst du mit?« – »[Ja] f.«.

Frei|licht|auf|füh|rung, die: *Theateraufführung im Freien.*

Frei|licht|büh|ne, die: *Freilichttheater.*

Frei|licht|ma|le|rei, die ⟨o. Pl.⟩ [wohl nach frz. peinture de plein air, eigtl. = Malerei in freier Luft]: *das Malen von Landschaften unmittelbar in u. nach der Natur.*

Frei|licht|mu|se|um, das: *volkskundliche Museumsanlage, in der Wohnformen im Freien dargestellt sind.*

Frei|licht|the|a|ter, das: *Anlage [mit Bühne u. Zuschauerbänken] für Theateraufführungen im Freien.*

Frei|los, das: **1.** *unentgeltliches Lotterielos.* **2.** *Los, durch das eine Mannschaft, ein Spieler kampflos die nächste Runde erreicht.*

frei|ma|chen ⟨sw. V.; hat⟩: **1.** *frankieren.* **2.** (ugs.) **a)** *dienstfrei nehmen, freie Zeit erübrigen:* kannst du [dich] heute f.?; **b)** *nicht arbeiten:* heute machen wir frei.

Frei|ma|chung, die; -: **1.** *Frankierung* (a). **2.** *Bereitstellung, Räumung, Freigabe.*

Frei|mau|rer, der [LÜ von engl. Freemason, urspr. = in der Geheimzeichen der Bauhütten eingeweihter Steinmetzgeselle]: *Mitglied eines weltweit verbreiteten, in Logen gegliederten Männerbundes mit ethischen u. kosmopolitischen Zielen u. einem mystischen Ritual.*

Frei|mau|re|rei, die ⟨o. Pl.⟩: *Bewegung der Freimaurer.*

frei|mau|re|risch ⟨Adj.⟩: *die Freimaurer betreffend, von den Freimaurern stammend.*

Frei|mau|rer|lo|ge, die: *Gruppe, organisatorischer Zusammenschluss von Freimaurern.*

Frei|mut, der: *Offenheit, Aufrichtigkeit.*

frei|mü|tig ⟨Adj.⟩: *ohne Ängste u. falsche Rücksicht seine Meinung bekennend; offen:* eine -e Aussprache; sie äußerte sich sehr f.

Frei|mü|tig|keit, die; -: *das Freimütigsein; freimütige Art.*

Frei|nacht, die (schweiz.): **a)** *Nacht ohne Polizeistunde;* **b)** *ausnahmsweise durchgehender Betrieb in einem Restaurant.*

frei|neh|men ⟨st. V.; hat⟩ (ugs.): *Urlaub, dienstfrei nehmen:* sie nahm einen Tag frei.

frei|pres|sen ⟨sw. V.; hat⟩: *durch Erpressung mithilfe einer Geiselnahme o. Ä. aus der Haft befreien:* die Terroristen wurden freigepresst.

Frei|pres|sung, die; -, -en: *das Freipressen.*

Frei|raum, der: **1.** (Psych., Soziol.): *Möglichkeit zur Entfaltung eigener Kräfte u. Ideen (für eine Person od. Gruppe):* sich Freiräume schaffen; jmdm. Freiräume einräumen. **2.** (bes. Volleyball) *außerhalb des Spielfeldes an den seitlichen Linien verlaufender 1 m breiter Streifen.*

frei|re|li|gi|ös ⟨Adj.⟩: *jede dogmatisch gebundene Religionsgemeinschaft ablehnend.*

Frei|sass, Frei|sas|se, der [mhd. vrîsāȝe, ↑Sass] (hist.): *persönlich freier Bauer, dessen Land aber einem Grundherrn gehört.*

frei|schaf|fend ⟨Adj.⟩: *nicht angestellt; in eigener Verantwortung [künstlerisch od. wissenschaftlich] arbeitend:* er ist -er Architekt; sie ist f.; ⟨subst.:⟩ Steuervergünstigungen für Freischaffende.

Frei|schar, die: *aus Freiwilligen bestehender militärischer Verband.*

Frei|schär|ler, der; -s, -: **a)** (hist.) *Angehöriger einer Freischar;* **b)** *Angehöriger einer Guerillatruppe.*

Frei|schär|le|rin, die; -, -nen: w. Form zu ↑Freischärler (b).

frei|schau|feln ⟨sw. V.; hat⟩: *durch Schaufeln freilegen:* einen zugeschneiten Weg f.

Frei|schicht, die: *(im Schichtbetrieb) für einen Arbeitnehmer zum Ausgleich von mehr geleisteter Arbeit eingeschobene Freizeit.*

frei|schie|ßen ⟨st. V.; hat⟩: *durch Schießen frei machen:* die Gangster versuchten, sich den Weg, den Fluchtweg freizuschießen.

Frei|schlag, der (bes. Hockey, Polo): *nach einer Regelwidrigkeit vom Schiedsrichter verfügtes unbehindertes Schlagen des Balles od. Pucks durch die Gegenpartei.*

frei|schlep|pen ⟨sw. V.; hat⟩ (Schifffahrt): *(ein auf Grund gelaufenes Schiff durch ein anderes) herausziehen u. ins freie Wasser bringen.*

Frei|schuss, der: **a)** *durch einen Treffer gewonnener kostenloser Schuss (in einer Schießbude);* **b)** *(in der Sage) Schuss mit einer Freikugel.*

Frei|schütz, Frei|schüt|ze, der: *(in der Sage) Gestalt eines Mannes, der mit Freikugeln schießt.*

frei|schwim|men, sich ⟨st. V.; hat⟩: *eine Schwimmprüfung ablegen als Nachweis für die Fertigkeit, eine Viertelstunde sicher schwimmen zu können:* schon als Fünfjähriger hatte er sich freigeschwommen; Ü du musst dich f. *(selbstständig werden; lernen, aus eigener Verantwortung zu handeln).*

Frei|schwim|mer, der: 1. *jmd., der sich freigeschwommen hat.* 2. (ugs.) *Nachweis, Freischwimmer* (1) *zu sein:* er hat den F.

Frei|schwim|me|rin, die: w. Form zu ↑Freischwimmer (1).

frei|set|zen ⟨sw. V.; hat⟩: a) (Physik, Chemie, Med.) *aus der bisherigen Bindung lösen:* Energie, Radioaktivität f.; Ü bestimmte Finanzmittel f.; Emotionen, Gefühle, Hass f. *(provozieren);* gegen Kaution freigesetzt *(auf freien Fuß gesetzt)* werden; b) (verhüll.) *(Arbeitskräfte) entlassen:* Mitarbeiter f.

Frei|set|zung, die; -, -en: *das Freisetzen; das Freigesetztwerden.*

Frei|sinn, der ⟨o. Pl.⟩: a) (veraltet) *freiheitliche, liberale Gesinnung;* b) (schweiz.) Kurzwort für Freisinnig-Demokratische Partei.

frei|sin|nig ⟨Adj.⟩: 1. (veraltet) *von freiheitlicher Gesinnung zeugend:* f. eingestellt sein. 2. (schweiz.) *die Freisinnig-Demokratische Partei betreffend, zu ihr gehörend, für sie charakteristisch.*

Frei|sin|ni|ge, der u. die; -n, -n ⟨Dekl. ↑Abgeordnete⟩ (schweiz.): *Mitglied der Freisinnig-Demokratischen Partei.*

frei|spie|len ⟨sw. V.; hat⟩ (Ballspiele): *spielend sich selbst od. einen Mitspieler der gegnerischen Partei in eine freie, ungedeckte Position bringen.*

Frei|sprech|an|la|ge, die: *Halterung mit [Strom- und Antennen]anschlüssen, in die das Handy im Auto eingesetzt werden kann, sodass ein freihändiges Telefonieren möglich ist.*

frei|spre|chen ⟨st. V.; hat⟩: 1. (Rechtsspr.) *durch Gerichtsurteil vom Vorwurf der Anklage befreien:* der Angeklagte wurde freigesprochen; Ü vom Vorwurf der Eitelkeit ist sie nicht ganz freizusprechen. 2. (Handw.) *nach bestandener Prüfung zum Gesellen od. Facharbeiter erklären:* zwanzig Azubis wurden freigesprochen.

Frei|spre|chung, die; -, -en: *das Freisprechen; das Freigesprochenwerden.*

Frei|spruch, der: *gerichtliches Urteil, das einen Angeklagten freispricht:* auf F. plädieren.

Frei|staat, der (veraltend): *Republik:* F. Sachsen.

Frei|statt, Frei|stät|te, die; -, ...stätten (geh.): *Asyl, Zufluchtsort (an dem Dinge getan od. gesagt werden können, die anderswo nicht möglich sind):* eine F. für geistige Auseinandersetzungen.

frei|ste|hen ⟨st. V.; hat; südd., österr., schweiz. auch: ist⟩: *jmds. Entscheidung überlassen sein:* es steht dir frei, ob du kommen willst.

frei|stel|len ⟨sw. V.; hat⟩: 1. *jmdn. zwischen mehreren Möglichkeiten entscheiden lassen; jmdm. die Wahl überlassen:* es wurde ihr freigestellt, wie sie ihre Arbeit einteilte. 2. *aus bestimmten Gründen, für bestimmte Zwecke vom Dienst befreien:* er wurde für den Dienst im Ministerium freigestellt; jmdn. vom Wehrdienst f. 3. (verhüll.) *(Arbeitskräfte) entlassen.*

Frei|stel|lung, die: *das Freistellen (2, 3); das Freigestelltwerden.*

Frei|stel|lungs|be|scheid, der: *amtliches Dokument, in dem eine Freistellung (z. B. vom Wehrdienst) bescheinigt wird.*

Frei|stem|pel, der (Postw.): *mit der Frankiermaschine aufgedrückter Stempel (der nachweist, dass die Sendung freigemacht ist).*

Frei|stil, der ⟨o. Pl.⟩ (Sport): a) kurz für ↑Freistilringen; b) kurz für ↑Freistilschwimmen.

Frei|stil|rin|gen, das; -s (Sport): *bestimmte Art des Ringens, bei der Griffe am ganzen Körper u. Beinstellen erlaubt sind.*

Frei|stil|schwim|men, das; -s (Sport): *Schwimmdisziplin, in der die Wahl des Schwimmstils freigestellt ist.*

Frei|stoß, der (Fußball): *als Strafe nach einer Regelwidrigkeit vom Schiedsrichter verfügtes unbehindertes Spielen des Balles durch einen Spieler der gegnerischen Mannschaft:* einen F. verhängen, treten; auf F. entscheiden; direkter F. *(Freistoß, der unmittelbar ins Tor gehen darf);* indirekter F. *(Freistoß, aus dem ein Tor nur erzielt werden kann, wenn dazwischen noch ein anderer Spieler den Ball berührt).*

Frei|stun|de, die: *freie Stunde zwischen Zeiten der Arbeit od. des Unterrichts.*

Frei|tag, der; -[e]s, -e [mhd. vrītac, ahd. frīa-, frījedag, zum Namen der mit der röm. Liebesgöttin Venus gleichgesetzten Göttin Frija (eigtl. = die Geliebte, ↑frei) nach lat. Veneris dies = Tag der Venus]: *fünfter Tag der mit Montag beginnenden Woche:* ein schwarzer F. *(unglücklicher, durch [geschäftlichen] Misserfolg gekennzeichneter Freitag;* nach Freitag, dem 24. 9. 1869, als durch spekulative Manipulationen amerikanischer Finanzmänner zahlreiche Bankkunden ruiniert wurden); *** der Stille F.** *(Karfreitag);* vgl. Dienstag.

Frei|tag|abend usw.: vgl. Dienstagabend usw.

Frei|tags|ge|bet, das (islam. Rel.): *Djuma.*

Frei|tisch, der (veraltend): *kostenlose warme Mahlzeit für jmdn., der nicht auf eigene Kosten essen gehen kann:* -e für Obdachlose.

Frei|tod, der [nach Nietzsches »Vom freien Tode« 1906 gepr. von Fritz Mauthner] (verhüll.): *Selbstmord:* den F. suchen, wählen.

frei|tra|gend ⟨Adj.⟩ (Bauw.): *ohne Stütze gebaut; ohne Stützpfeiler:* eine -e Brücke, Treppe.

Frei|trep|pe, die (Archit.): *außen vor einem Bauwerk liegender [prunkvoll ausgestalteter] Aufgang.*

Frei|übung, die (Sport): *gymnastische Übung ohne Gerät od. nur mit Handgerät (wie Hantel, Keule o. Ä.):* -en machen.

Frei|um|schlag, der: *frankierter Briefumschlag.*

Frei|ver|kehr, der (Bankw.): *Handel mit Wertpapieren außerhalb der amtlichen Börsennotierungen:* der Kurs war im F. um 5 Punkte gestiegen.

Frei|ver|lad, der (schweiz.): *Laderampe mit standgeldfreien Fristen.*

frei|weg ⟨Adv.⟩ (ugs.): *unbekümmert, ohne zu zögern:* etw. f. behaupten.

Frei|wild, das [eigtl. = zur Jagd freigegebenes Wild]: *der Willkür anderer schutzlos preisgegebener Mensch.*

frei|wil|lig ⟨Adj.⟩: *aus eigenem freiem Willen; ohne Zwang ausgeführt:* -e Helfer, Leistungen; bei der -en Feuerwehr; sich f. melden für etw.

Frei|wil|li|ge, der u. die; -n, -n ⟨Dekl. ↑Abgeordnete⟩: *jmd., der aufgrund einer freiwilligen [Länger]verpflichtung beim Militär Dienst tut.*

Frei|wil|lig|keit, die; -: *das Freiwilligsein; freiwilliges Handeln.*

Frei|wurf, der (Hand-, Korb-, Wasser-, Basketball): *als Strafe nach einer Regelwidrigkeit vom Schiedsrichter verfügter unbehinderter Wurf des Balles.*

Frei|wurf|li|nie, die (Basketball, Handball): *Linie, von der aus ein Freiwurf ausgeführt wird.*

Frei|zei|chen, das (Nachrichtent.): *Summton, der anzeigt, dass die gewählte Telefon- od. Telexnummer frei ist.*

Frei|zeit, die: 1. *Zeit, in der jmd. nicht zu arbeiten braucht, keine besonderen Verpflichtungen hat; für Hobbys od. Erholung frei verfügbare Zeit:* seine F. im Garten verbringen; sie liest viel in ihrer F. 2. *[mehrtägige] Zusammenkunft für Gruppen mit bestimmten gemeinsamen Interessen:* -en für Schüler veranstalten.

Frei|zeit|ak|ti|vi|tät, die ⟨meist Pl.⟩: *in der Freizeit* (1) *betriebene Aktivität.*

Frei|zeit|an|ge|bot, das: *Angebot an Möglichkeiten, seine Freizeit mit Aktivitäten auszufüllen.*

Frei|zeit|aus|gleich, der: *Ausgleich von Überstunden durch Freizeit.*

Frei|zeit|be|klei|dung, die: vgl. Freizeitkleidung.

Frei|zeit|be|schäf|ti|gung, die: *während der Freizeit als Hobby ausgeübte Beschäftigung.*

Frei|zeit|ein|rich|tung, die: vgl. Freizeitzentrum.

Frei|zeit|ge|sell|schaft, die (Soziol.): *Gesellschaft im Hinblick auf die Problematik, die sich aus einem zunehmenden Maß an Freizeit ergibt.*

Frei|zeit|ge|stal|tung, die (Soziol.): *Art u. Weise, in der Freizeit gestaltet wird.*

Frei|zeit|in|dus|trie, die: *Industriezweig, der bes. die Bedürfnisse der Menschen in ihrer Freizeit befriedigt.*

Frei|zeit|klei|dung, die: *[in der Freizeit getragene] legere, unkonventionelle [bunte] Kleidung.*

Frei|zeit|sport, der: *in der Freizeit betriebener Sport, betriebene Sportart.*

Frei|zeit|stress, der (abwertend): *Stress, der sich für jmdn. aus einem Übermaß o. Ä. von Freizeitaktivitäten entwickelt.*

Frei|zeit|ver|gnü|gen, das: *etw., womit jmd. sich in der Freizeit vergnügt.*

Frei|zeit|ver|hal|ten, das (Soziol.): *Verhalten der Menschen in ihrer Freizeit.*

Frei|zeit|zen|trum, das: *größere Anlage mit verschiedenen Einrichtungen für Spiel, Sport, Unterhaltung zur Freizeitgestaltung.*

frei|zü|gig ⟨Adj.⟩ [zu: Zug = das Ziehen, Wandern]: 1. *frei in der Wahl des Wohnsitzes, des Aufenthalts; nicht ortsgebunden:* der f. lebende Bürger; Artisten führen meist ein -es *(durch häufigen Ortswechsel gekennzeichnetes)* Leben. 2. a) *großzügig; sich nicht streng nach Vorschriften richtend:* f. im Geldausgeben sein; ein allzu -er *(unkontrollierter)* Umgang mit Arzneimitteln; b) *nicht den bürgerlichen Moralbegriffen entsprechend:* ein sehr -er Film; sie liebt etwas -ere Kleidung.

Frei|zü|gig|keit, die; -: *das Freizügigsein.*

fremd ⟨Adj.⟩ [mhd. vrem(e)de, ahd. fremidi, zu einem untergegangenen Adv. mit der Bed. »vorwärts; von – weg« (verw. mit ↑ver-) u. eigtl. = entfernt]: 1. *nicht dem eigenen Land od. Volk angehörend; von anderer Herkunft:* -e Länder, Sitten; eine -e Währung; -e Sprachen lernen. 2. *einem anderen gehörend; einen anderen, nicht die eigene Person, den eigenen Besitz betreffend:* -es Eigentum; das ist nicht für -e Ohren bestimmt; etw. ohne -e Hilfe schaffen. 3. a) *unbekannt, nicht vertraut:* -e Leute; in -er Umgebung leben müssen; Verstellung ist ihr f. *(sie kann sich nicht verstellen);* ich fühle mich hier f. *(kann mich hier nicht einleben);* ich bin f. hier *(kenne mich hier nicht aus, weiß hier nicht Bescheid);* sie sind einander f. geworden *(verstehen sich nicht mehr);* b) *ungewohnt; nicht zu der Vorstellung, die jmd. von jmdm., etw. hat, passend; anders geartet:* das ist ein -er Zug an ihr.

-fremd: 1. drückt in Bildungen mit Substantiven aus, dass die beschriebene Person od. Sache nicht zu etw. gehört: kirchen-, gewebsfremd. 2. drückt in Bildungen mit Substantiven aus, dass die beschriebene Person sich in etw. nicht auskennt, dass die beschriebene Sache mit etw. nichts zu tun hat: praxis-, weinfremd. 3. drückt in Bildungen mit Substantiven aus, dass die beschriebene Person oder Sache irgendwo fremd, nicht zu Hause ist: berlin-, revierfremd.

Fremd|ar|bei|ter, der (veraltend): *(bes. in der Zeit des Zweiten Weltkriegs) zur Arbeit in deutschen Betrieben gezwungener ausländischer Arbeitnehmer.*

Fremd|ar|bei|te|rin, die: w. Form zu ↑Fremdarbeiter.

fremd|ar|tig ⟨Adj.⟩: *ungewöhnlich; fremd* (3) *wirkend:* ein -es Aussehen; diese Musik klingt f.

Fremd|ar|tig|keit, die: *das Fremdartigsein.*

Fremd|be|stäu|bung, die (Bot.): *Bestäubung der Narbe einer Blüte mit dem Blütenstaub einer andern Blüte derselben Art.*

fremd|be|stimmt ⟨Adj.⟩ (Politik, Soziol.): *durch Einflüsse von außen bestimmt u. gelenkt; nicht unabhängig:* -e Wesen.

Fremd|be|stim|mung, die (Politik, Soziol.): *das Bestimmtsein durch andere in einem Abhängigkeitsverhältnis:* die F. der Forschung durch die Sponsoren.

Fremd|bild, das ([Sozial]psych.): *Heterostereotyp.*

[1]Frem|de, der u. die; -n, -n ⟨Dekl. ↑Abgeordnete⟩ [mhd. vremde]: a) *jmd. der aus einer anderen Gegend, einem anderen Land stammt, der an einem Ort fremd ist, an diesem Ort nicht wohnt:*

sie ist hier immer eine F. geblieben; b) *jmd., der einem anderen unbekannt ist, den er nicht kennt:* eine F. stand vor der Tür.

Frem|de, die; - [mhd. vrem(e)de] (geh.): *unbekanntes, fern der eigenen Heimat liegendes Land; [weit entferntes] Ausland:* das Leben in der F.; er ist aus der F. heimgekehrt.

fremd|ein|wir|kung, die ⟨o. Pl.⟩: *von außen kommende Einwirkung auf jmdn., etw.:* das Auto geriet ohne F. ins Schleudern.

frem|deln ⟨sw. V.; hat⟩: *in fremder Umgebung, Fremden gegenüber scheu, ängstlich sein:* das Kind fremdelt.

frem|den ⟨sw. V.; hat⟩ (schweiz.): *fremdeln.*

frem|den|bett, das: *für einen Hotelgast o. Ä. bereitstehendes Bett:* in dem Ferienort gibt es 300 -en.

frem|den|feind|lich ⟨Adj.⟩: *Fremden (a) gegenüber ablehnend eingestellt:* -es Verhalten.

frem|den|feind|lich|keit, die: 1. *feindselige Haltung gegenüber Menschen aus einer anderen Region, einem anderen Volk od. Kulturkreis.* 2. (selten) *fremdenfeindliche Handlung.*

frem|den|fre|quenz, die (schweiz.): *Zahl der Fremden; Besucherzahl.*

frem|den|füh|rer, der: *jmd., der [gegen Bezahlung] fremden Besuchern die Sehenswürdigkeiten eines Ortes, Gebäudes o. Ä. zeigt u. erklärt.*

frem|den|füh|re|rin, die: w. Form zu ↑Fremdenführer.

frem|den|hass, der: *Hass auf Menschen aus einer anderen Region, einem anderen Volk od. Kulturkreis.*

frem|den|le|gi|on, die ⟨o. Pl.⟩: *aus französischen und nicht französischen Berufssoldaten gebildete Truppe in Frankreich.*

frem|den|le|gi|o|när, der: *Angehöriger der Fremdenlegion.*

frem|den|po|li|zei, die: *für Ausländer zuständiges Dezernat einer Polizeibehörde.*

frem|den|ver|kehr, der ⟨o. Pl.⟩: *[Urlaubs]reiseverkehr; Tourismus:* vom F. leben.

frem|den|ver|kehrs|ort, der: *Ort mit sehr starkem Fremdenverkehr.*

frem|den|zim|mer, das: a) *Hotel-, Gasthauszimmer;* b) *Zimmer für Schlafgäste (innerhalb der Wohnung).*

fremd|fi|nan|zie|rung, die (Wirtsch.): *Kapitalbeschaffung durch Beteiligung Dritter.*

fremd|fir|ma, die: *Firma, die für andere Firmen od. für bestimmte Institutionen [oft in deren Gebäuden] Arbeiten übernimmt, die sonst von den Firmen od. Institutionen selbst geleistet werden müssten.*

fremd|ge|hen ⟨unr. V.; ist⟩ (ugs.): *außereheliche Beziehungen haben.*

fremd|heit, die; -, -en ⟨Pl. selten⟩: *das Fremdsein; Unvertrautheit; kühle Distanz:* F. gegenüber einem Menschen, in einer Umgebung empfinden.

fremd|herr|schaft, die ⟨Pl. selten⟩ (Politik): *Beherrschung eines Volkes, Staates od. eines seiner Teilgebiete durch eine fremde Macht.*

fremd|ka|pi|tal, das (Wirtsch.): *Kapital, das von außen (durch Anleihen, langfristige Darlehen o. Ä.) zur Verfügung gestellt wird.*

fremd|kör|per, der: 1. (Med., Biol.) *etw., was von außen in einen Körper, Organismus eingedrungen ist:* einen F. im Auge haben. 2. *Sache od. Person, die in ihrer Umgebung fremd wirkt, nicht in sie hineinpasst:* sich als F. fühlen.

fremd|län|disch ⟨Adj.⟩: *aus einem fremden Land, einer fremden Kultur stammend; exotisch:* ein -er Akzent; -e Pflanzen; -e Arbeitskräfte.

fremd|leis|tung, die: a) *Leistung, die nicht von der eigenen Firma, Institution o. Ä., sondern von einer Fremdfirma erbracht wird;* b) *Leistung, die nicht zum eigentlichen Aufgabenbereich einer Institution gehört:* -en der Sozialversicherung.

fremd|ling, der; -s, -e [mhd. vremdelinc] (veraltend, meist dichter.): *Fremder [der sich auch innerlich fremd fühlt od. seiner Umgebung besonders fremd vorkommt]:* er blieb ein F. im Kreise der andern.

Fremd|mit|tel ⟨Pl.⟩ (Finanzw.): *fremde Geldmittel.*

Fremd|spra|che, die: *fremde Sprache, die sich jmd. nur durch bewusstes Lernen aneignet; Sprache, die nicht jmds. Muttersprache ist:* -n beherrschen.

Fremd|spra|chen|kor|res|pon|dent, der: *kaufmännischer Angestellter mit der Befähigung, selbstständig Korrespondenzen in einer od. mehreren Fremdsprachen zu erledigen* (Berufsbez.).

Fremd|spra|chen|kor|res|pon|den|tin, die: w. Form zu ↑Fremdsprachenkorrespondent.

Fremd|spra|chen|un|ter|richt, der: *Unterricht in einer Fremdsprache.*

fremd|spra|chig ⟨Adj.⟩: a) *eine fremde Sprache sprechend:* -e Bevölkerungsteile; b) *in einer fremden Sprache geschrieben:* -e Literatur; c) *in einer fremden Sprache gehalten:* -er Unterricht.

fremd|sprach|lich ⟨Adj.⟩: a) *zu einer Fremdsprache gehörend, daraus kommend:* -e Wörter im Deutschen; b) *auf eine Fremdsprache bezüglich:* -er Unterricht.

fremd|stäm|mig ⟨Adj.⟩: *von einem andern Volk zugehörigen Vorfahren abstammend.*

Fremd|stoff, der: 1. (Med.) *fremde, als Gift wirkende Substanz; Allergen.* 2. *Zusatzstoff.*

Fremd|ver|schul|den, das (Rechtsspr.): *Schuld eines Dritten.*

Fremd|wäh|rung, die (Finanzw.): *ausländische Währung.*

Fremd|wort, das ⟨Pl. ...wörter⟩: *aus einer fremden Sprache übernommenes od. in der übernehmenden Sprache mit Wörtern od. Wortteilen aus einer fremden Sprache gebildetes Wort:* übertriebener Gebrauch von Fremdwörtern; * **[für jmdn.] ein F. sein:** *([jmdm.] als geistige od. seelische Haltung fremd sein; [jmdm.] nicht vertraut sein):* für sie ist Toleranz ein F.

Fremd|wör|ter|buch, das: *Wörterbuch, das die gebräuchlichen Fremdwörter der eigenen Sprache erklärt.*

fre|ne|tisch ⟨Adj.⟩ [aus der Fügung »frenetischer Beifall« für frz. applaudissements frénétiques] (bildungsspr.): *stürmisch, leidenschaftlich:* -er Beifall, Jubel; f. applaudieren.

Fre|nu|lum, das; -s, ...la [Vkl. von lat. frenum = Band] (Anat.): 1. *kleine Haut- bzw. Schleimhautfalte.* 2. *Hautfalte, die die Eichel des männlichen Gliedes mit der Vorhaut verbindet.*

fre|quent ⟨Adj.⟩ [lat. frequens (Gen.: frequentis) = häufig, zahlreich, viell. im Sinne von »gestopft voll« zu: farcire, ↑Farce]: 1. (Fachspr.) *häufig, zahlreich.* 2. (Med.) *beschleunigt:* der Puls ist sehr f.

fre|quen|tie|ren ⟨sw. V.; hat⟩ [lat. frequentare] (geh.): *häufig besuchen:* der Flohmarkt wurde gut frequentiert; ⟨häufig im 2. Part.:⟩ ein stark frequentiertes Freibad.

Fre|quenz, die; -, -en [lat. frequentia = Häufigkeit, zu: frequens, ↑frequent]: 1. *Höhe der Besucherzahl; Zustrom:* eine Straße mit starker F. *(hoher Verkehrsdichte).* 2. a) (Physik) *Schwingungszahl von Wellen (pro Sekunde):* die F. eines Senders; b) (Med.) *Zahl der Puls- od. Herzschläge (pro Minute).*

Fre|quenz|än|de|rung, die (Physik): *Änderung der Schwingungszahl.*

Fre|quenz|band, das ⟨Pl. ...bänder⟩ (Nachrichtent.): *abgegrenzter schmaler Frequenzbereich.*

Fre|quenz|be|reich, der (Nachrichtent.): *Gruppe von [elektromagnetischen] Schwingungen mit ähnlichen Eigenschaften.*

Fre|quenz|lis|te, die (schweiz.): *Anwesenheitsliste.*

Fres|ko, das; -s, ...ken [gek. aus: Freskogemälde < ital. pittura a fresco, zu: fresco = frisch, aus dem Germ.] (Kunstwiss.): *auf frischem, noch feuchtem Putz ausgeführte Malerei.*

Fres|ko|ge|mäl|de, das: vgl. Freskomalerei.

Fres|ko|ma|le|rei, die: *Malerei auf feuchtem Putz.*

Fres|sa|li|en ⟨Pl.⟩ [zu ↑fressen, geb. nach ↑Viktualien, wohl urspr. Studentenspr.] (ugs., oft scherzh.): *Esswaren; Verpflegung:* F. für unterwegs; sich mit F. versorgen.

Fress|an|fall, der: *anfallartig auftretender Heißhunger.*

Fres|se, die; -, -n (derb): 1. *Mund:* * **eine große F. haben/die F. weit aufreißen** *(prahlen; großsprecherisch sein);* **[ach] du meine F.!** *(nein, so etwas!;* Ausruf des Erstaunens); **die F. halten** *([über etw.] schweigen);* **die F. voll haben** (↑Nase 1 a). 2. *Gesicht:* er schlug ihm in die F.; auf der F. liegen *(krank sein);* * **jmdm. die F. polieren/einschlagen; jmdm. eins vor die F. geben** *(jmdm. heftig ins Gesicht schlagen).*

fres|sen ⟨st. V.; hat⟩ [mhd. v(e)reʒʒen, ahd. freʒʒan, aus ↑ver- u. ↑essen, urspr. = weg-, aufessen, verzehren]: 1. a) *(von Tieren) feste Nahrung zu sich nehmen:* das Reh fraß mir aus der Hand; (salopp, meist abwertend von Menschen:) er frisst für drei; b) *(von Tieren) als Nahrung zu sich nehmen, verbrauchen:* Kühe fressen Gras; dem Vieh etwas zu f. geben; (emotional, meist abwertend von Menschen:) die Leute wollen endlich etwas zu f. haben; sie sah mich an, als wollte sie mich f. *(sah mich böse an);* R wies kommt, [so] wirds gefressen (ugs.; *man muss die Dinge nehmen, wie sie sind*); * **etw. in sich f.** *(Ärger od. Kummer schweigend hinnehmen, aber seelisch umso mehr darunter leiden;* nach Psalm 39, 3); **etw. gefressen haben** (ugs.; *etw. verstanden haben*); **jmdn., etw. gefressen haben** (ugs.; *jmdn., etw. hassen, absolut nicht leiden können;* jmd., etw. ist gleichsam eine Nahrung, die man aufgenommen hat, aber nicht verdauen kann); **jmdn. zum Fressen gern haben** (ugs. scherzh.; *sehr gern haben*); **zum Fressen sein/aussehen** (ugs.; *[von Mädchen od. Kleinkindern] besonders hübsch, niedlich sein, aussehen*); c) *durch Fressen (1 a) in einen bestimmten Zustand bringen:* der Hund hat den Napf leer gefressen; (ugs.:) ihr werdet mich noch arm f.; d) *durch Fressen erzeugen:* die Motten haben Löcher in den Pullover gefressen; Ü (ugs.:) der Urlaub hat ein großes Loch in die Kasse gefressen. 2. a) *verbrauchen, verschlingen:* der Motor frisst viel Benzin; b) (geh.) *zerstörend aufzehren:* die Flammen fressen das Gras; c) *angreifen u. langsam zerstören:* Säure frisst am Metall; Ü Ärger, Sorge frisst an ihr, an ihren Nerven; d) ⟨f. + sich⟩ *kontinuierlich zerstörend in etw. hinein-, durch etw. hindurchdringen:* die Säge frisst sich durch das Holz; der Bagger frisst sich in das Erdreich; Ü die Kälte frisst sich in den Körper.

Fres|sen, das; -s: a) *Futter (für bestimmte Haustiere):* der Katze ihr F. geben; b) (derb abwertend) [1]*Essen (2):* das F. in der Kneipe ist mies; * **ein [gefundenes] F. für jmdn. sein** (ugs.; *jmdm. sehr willkommen sein, jmds. Wünschen sehr entgegenkommen*); der Skandal war ein gefundenes F. für die Presse.

Fres|ser, der; -s, - [b: mhd. vreʒʒer]: a) (Landw.) *Tier, das in bestimmter Weise frisst, Nahrung aufnimmt:* ein schlechter F.; b) (ugs., meist abwertend) *Mensch, der viel isst od. dessen Ernährung andere Geld kostet:* ein großer F.; wieder ein F. *(Kind)* mehr auf der Welt.

Fres|se|rei, die; -, -en (ugs., meist abwertend): a) *allzu ausgedehntes u. üppiges Essen; Gelage:* eine große F.; b) ⟨o. Pl.⟩ *unmanierliche Art des Essens.*

Fres|se|rin, die; -, -nen: w. Form zu ↑Fresser (b).

Fress|ge|la|ge, das (ugs.): *Fresserei (a).*

Fress|korb, der (ugs.): a) *auf einen Ausflug mitgenommener Korb mit Verpflegung;* b) *Geschenkkorb mit besonderen Delikatessen u. alkoholischen Getränken.*

Fress|napf, der: *kleines Gefäß, in dem Haustieren das Futter hingestellt wird.*

Fress|pa|ket, das (ugs.): *Paket mit Lebensmitteln (das jmdm. geschickt od. mitgegeben wird).*

Fress|sack, der (ugs., oft abwertend): *jmd., der viel isst; gefräßiger Mensch.*

Fress|sucht, die (ugs.): *krankhafte Sucht zu essen:* sie hat die F.

fress|süch|tig ⟨Adj.⟩ (ugs.): *an Fresssucht leidend:* sie ist f.

Fress|wel|le, die (salopp): *sich [nach einer Zeit der Entbehrung] in der Allgemeinheit für kürzere Zeit ausbreitende Sucht nach gutem u. reichlichem Essen.*

Fress|werk|zeu|ge ⟨Pl.⟩ (Zool.): *der Nahrungsaufnahme dienende Organe (bes. bei Insekten).*

Frett, das; -[e]s, -e, **Frett|chen,** das; -s, - [niederl. fret, frz., mniederl. furet, über das Vlat. zu spätlat. furo, eigtl. = Dieb, zu lat. fur = Dieb]: *(bes. für die Kaninchenjagd gezüchteter) Iltis von weißer bis blassgelber Farbe.*

fret|ten, sich ⟨sw. V.; hat⟩ [mhd. vret(t)en, eigtl. = wund reiben, ahd. fratōn, H. u.] (südd., österr. ugs.): **1.** ⟨f. + sich⟩ *sich wund reiben, scheuern:* sich die Zehe f. **2. a)** *sich mühsam durchbringen:* sich im Krieg f. müssen; **b)** *sich mit etw. sehr abmühen.*

Freu|de, die; -, -n [mhd. vröude, ahd. frewida, frouwida, zu ↑froh]: **1.** ⟨o. Pl.⟩ *hochgestimmter Gemütszustand; das Froh- und Beglücktsein:* eine tiefe F.; diebische F.; die F. an der Natur, über das Geschenk; es ist eine F., ihr zuzusehen; keine reine F. sein; es wird mir eine F. sein, Sie zu begleiten *(ich werde Sie gern begleiten);* jmdm. die F. verderben, versalzen; seine helle F. an etw. haben; jmdm. mit etw. [eine] F. machen, bereiten *(jmdn. mit etw. erfreuen);* du machst mir F.! (iron.; *du enttäuschst mich sehr!*); eine [große] Freude bringende Nachricht; voll[er] F. zustimmen; etw. aus F. an der Sache, (ugs. scherzh.:) aus Spaß an der F. tun; außer sich vor F. sein; sie möchte vor F. an die Decke springen (ugs.; *sie freut sich unmäßig*); zu unserer größten F.; Grund zur F. haben; **R** da kommt F. auf! (häufig iron.; *das ist ja wunderbar!*); **Spr** geteilte F. ist doppelte F.; ***Freud und Leid** (geh.; *Glück u. Unglück des Lebens*): in Freud und Leid zusammenhalten; **mit -n** *(gern, mit Vergnügen).* **2.** ⟨Pl.⟩ (geh.) *etw., was jmdn. erfreut:* die -n der Liebe; die kleinen -n des Alltags; sie lebten herrlich und in -n *(es ging ihnen sehr gut).*

Freu|de brin|gend: s. Freude (1).

Freu|den|aus|bruch, der: *plötzliche, heftige Äußerung von Freude.*

Freu|den|be|cher, der (dichter.): *Fülle der Freude, des Glücks:* den F. leeren *(sein Glück auskosten).*

Freu|den|fest, das: *Fest, das aus einem freudigen Anlass gefeiert wird.*

Freu|den|feu|er, das: *zum Zeichen der Freude entzündetes Feuer.*

Freu|den|ge|heul, Freu|den|ge|schrei, das: *lautstarker Ausdruck der Freude.*

Freu|den|haus, das: *Bordell.*

Freu|den|mäd|chen, das [LÜ von frz. fille de joie] (geh. verhüll.): *Prostituierte.*

freu|den|reich ⟨Adj.⟩ (geh.): *reich an Freude:* eine -e Zeit erleben.

Freu|den|ruf, der: *Ausruf der Freude.*

Freu|den|schrei, der: *Schrei der Freude:* einen F. ausstoßen.

Freu|den|tag, der: *glücklicher, freudiger Tag.*

Freu|den|tanz: in der Wendung **einen [wilden, wahren usw.] F./[wilde, wahre usw.] Freudentänze aufführen/vollführen** (ugs.; *sich unbändig freuen*).

Freu|den|tau|mel, der: *Taumel* (b) *der Freude:* in einen F. verfallen.

Freu|den|trä|ne, die ⟨meist Pl.⟩: *vor Freude vergossene Träne:* -n weinen.

freu|de|strah|lend ⟨Adj.⟩: *strahlend vor Freude:* jmdn. f. ansehen.

Freu|di|a|ner, der; -s, -: *Anhänger der Lehre des österreichischen Psychiaters Sigmund Freud.*

Freu|di|a|ne|rin, die; -, -nen: w. Form zu ↑Freudianer.

freu|di|a|nisch ⟨Adj.⟩: *die Lehre Sigmund Freuds betreffend, auf ihr beruhend.*

freu|dig ⟨Adj.⟩: **a)** *von Freude erfüllt, bestimmt; froh:* ein -es Wiedersehen; jmdn. f. begrüßen; f. überrascht sein; **b)** *Freude bereitend; erfreulich:* eine -e Nachricht, Überraschung.

-freu|dig: 1. drückt in Bildungen mit Verben (Verbstämmen) aus, dass die beschriebene Person gern und häufig etw. macht: diskutier-, reisefreudig. **2.** drückt in Bildungen mit Substantiven aus, dass die beschriebene Person schnell, gern bereit ist zu etw.: entscheidungs-, reformfreudig. **3.** drückt in Bildungen mit Substantiven aus, dass die beschriebene Person Freude an etw. hat, zeigt: publicity-, showfreudig. **4.** drückt in Bildungen mit Verben (Verbstämmen) aus, dass die beschriebene Sache etw. gut und leicht tut, zu etw. neigt: reiß-, rieselfreudig.

freud|los <Adj.>: *ohne Freude; traurig; öde:* ein -es Dasein.

Freud|lo|sig|keit, die; -: *das Freudlossein.*

freu|en ⟨sw. V.; hat⟩ [mhd. vröuwen, ahd. frewan, zu ↑froh u. eigtl. = froh machen]: **1.** ⟨f. + sich⟩ *Freude empfinden; voller Freude [und Fröhlichkeit] über etw. sein:* sich mächtig, aufrichtig f.; sie kann sich f. wie ein Kind *(sich sehr freuen);* (iron.:) da hast du dich zu früh gefreut; sich seines Lebens f. *(sein Leben genießen);* sich an [den] Blumen f. *(seine Freude daran haben);* wir freuen uns auf den Ausflug *(erwarten ihn freudig);* ich freue mich schon darauf, dich wiederzusehen; ich freue mich für dich *(gönne es dir sehr),* dass du die Stelle bekommen hast; sich mit jmdm. f.; sich über seinen Erfolg f.; wir freuen uns, Ihnen helfen zu können. **2.** *erfreuen, jmdm. Freude bereiten; jmdn. mit Freude erfüllen:* das freut mich [aufrichtig]; es freut mich, dass du gekommen bist; (iron.:) das freut einen ja denn auch!

Freund, der; -[e]s, -e [mhd. vriunt, ahd. friunt, eigtl. = der Liebende, zu ↑frei]: **1.** *jmd., der einem anderen in Freundschaft* (1 a) *verbunden ist, ihm nahe steht:* ein guter F. von mir; mein F. Klaus; mein bester F.; -e werden; wir sind -e; die beiden sind dicke -e (ugs.; *sind eng befreundet*); das ist ihr spezieller F. (iron.; *den kann sie nicht leiden*); (ugs. iron.:) du bist mir ein schöner F.!; viele -e haben, besitzen; unter -en sein; jmdn. zum F. haben; **Spr** -e in der Not gehn hundert/tausend auf ein Lot *(in Notzeiten hat man wenige od. keine Freunde);* **Ü** ein vierbeiniger F. *(ein Hund);* ***F. Hein** (verhüll.; *der Tod;* bes. durch M. Claudius bekannt gewordene Tabubez.; Hein = niederd. Kurzf. von Heinrich); **[mit jmdm.] gut F. sein** (landsch. veraltend; *gut mit jmdm. auskommen*); **F. und Feind** *(jedermann).* **2.** *männliche Person, mit der eine Frau befreundet ist [u. mit der sie zusammenlebt]:* sie hat einen festen, neuen F.; **3. a)** *jmd., der etwas Bestimmtes besonders schätzt:* ein F. des Weins, guter Musik; ***kein F. von etw. sein** *(etw. nicht schätzen u. es daher nicht [gern] tun):* ich bin kein F. von vielen Worten; **b)** *jmd., der etw. besonders unterstützt od. fördert:* Verein der -e und Förderer des Stadttheaters; **c)** *Gesinnungsgenosse, Parteifreund o. Ä.:* meine politischen -e. **4.** vertrauliche Anrede: wie gehts, alter F.?; (scherzh. od. drohend:) [mein] lieber F. [und Kupferstecher]!

Freund|chen, das; -s, -: *Freund* (4): (meist [scherzh.] drohend als Anrede): F., dir werden wir's mal zeigen!

Freun|des|kreis, der: *Kreis* (3 b) *von Freunden:* einen großen F. haben; sie gehört zum engsten F.

Freun|des|paar, das (geh.): *zwei Freunde.*

Freund-Feind-Den|ken, das (Soziol.): *schematische Klassifizierung von Mitmenschen unter dem alleinigen Gesichtspunkt der Freundschaft od. Feindschaft.*

Freund-Feind-Sche|ma, das (Soziol.): vgl. Freund-Feind-Denken.

Freun|din, die; -, -nen [mhd. vriundin(ne)]: w. Form zu ↑Freund (1–3).

freund|lich ⟨Adj.⟩ [mhd. vriuntlich, ahd. friuntlīh]: **a)** *im Umgang mit anderen aufmerksam u. entgegenkommend; liebenswürdig:* ein -er Empfang; ein -es Gesicht machen; ein paar -e Worte; mit -en Grüßen (Briefschluss); das war sehr f. von Ihnen; würden Sie so f. sein, mir zu helfen?; f. zu jmdm./(veraltet:) gegen jmdn. sein; bitte recht f.! (Aufforderung beim Fotografieren); f. lächeln; **b)** *angenehm, ansprechend, heiter [stimmend]:* -es Wetter; ein -es Zimmer; diese Farben sind besonders f. *(hell u. ansprechend);* die Stimmung an der Börse ist f. (Börsenw.; *günstig*); **c)** *wohlwollend, freundschaftlich:* eine -e Haltung [gegen jmdn./jmdm. gegenüber] einnehmen; jmdm. f. gesinnt sein.

-freund|lich: 1. drückt in Bildungen mit Substantiven aus, dass die beschriebene Sache für jmdn., etw. günstig, angenehm, für etw. gut geeignet ist: magen-, reparatur-, verbraucherfreundlich. **2.** drückt in Bildungen mit Substantiven ein freundliches Entgegenkommen aus: *wohlgesinnt gegenüber jmdm., etw.:* kinder-, hundefreundlich.

freund|li|cher|wei|se ⟨Adv.⟩: *aus Freundlichkeit:* sie erbot sich f., uns zu helfen.

Freund|lich|keit, die; -, -en: **1.** ⟨o. Pl.⟩ **a)** *freundliches* (a) *Wesen, Verhalten; Liebenswürdigkeit:* jmdm. mit großer, ausgesuchter F. begegnen; haben Sie doch die F. *(seien Sie bitte so freundlich),* uns Bescheid zu geben; **b)** *freundliche* (b), *angenehme Art:* die F. *(angenehme Helligkeit)* eines Raumes. **2.** *freundliche* (a) *Handlung:* jmdn. um eine F. *(Gefälligkeit)* bitten.

freund|nach|bar|lich ⟨Adj.⟩: *unter Nachbarn u. Freunden üblich; als Nachbar[n] u. Freund[e]:* f. mit jmdm. verbunden sein.

Freund|schaft, die; -, -en [mhd. vriuntschaft, ahd friuntscaf; 1 b, c: nach gleichbed. russ. družba]: **1. a)** *auf gegenseitiger Zuneigung beruhendes Verhältnis von Menschen zueinander:* eine innige F.; die F. zwischen den Kindern; uns verbindet eine tiefe F.; so weit geht die F. nicht *(das kommt nicht in Betracht);* mit jmdm. F. schließen; etw. aus F. tun; jmdm. in F. verbunden sein ich sage es dir in aller F. *(mit Wohlwollen);* **b)** ⟨o. Pl.⟩ (DDR) Gruß der Freien Deutschen Jugend: sich mit dem Gruß »F.!« verabschieden. **2.** (selten) *Kreis der Personen, mit denen jmd. bekannt od. befreundet ist:* das ist ihre F. **3.** ⟨o. Pl.⟩ (landsch.) *Gesamtheit der Verwandten:* die ganze F. nahm an dem Begräbnis teil.

freund|schaft|lich ⟨Adj.⟩: *auf Freundschaft* (1 a) *gegründet:* -e Beziehungen; mit jmdm. f. verbunden sein.

Freund|schaft|lich|keit, die; -: *freundschaftliches Verhalten.*

Freund|schafts|ban|de ⟨Pl.⟩ (geh.): *freundschaftliche Bindungen:* F. knüpfen.

Freund|schafts|be|weis, der: *sichtbares Zeichen der Freundschaft* (1 a): jmdm. einen F. geben.

Freund|schafts|dienst, der: *aus Freundschaft geleistete Hilfe, erwiesener Dienst:* jmdm. einen F. erweisen.

Freund|schafts|preis, der: *aus Freundschaft od. aufgrund guter Beziehungen reduzierter Preis* (1): jmdm. etw. zu einem F. überlassen.

Freund|schafts|ring, der: *Ring, den jmd. einem anderen zum Zeichen der Freundschaft schenkt.*

Freund|schafts|spiel, das (Sport): *zwischen zwei Mannschaften außerhalb eines Wettbewerbs ausgetragenes Spiel.*

Fre|vel, der; -s, - [mhd. vrevel, ahd. fravali] (geh.): *Verstoß gegen die göttliche od. menschliche Ordnung aus bewusster Missachtung, Auflehnung od. Übermut:* ein gotteslästerlicher F.; einen F. an der Natur begehen; **Ü** (scherzh.:) es wäre ein F., den schönen Tag zu verschlafen.

fre|vel|haft ⟨Adj.⟩ (geh.): *verwerflich:* mit -em Leichtsinn handeln.

Fre|vel|haf|tig|keit, die; -: *frevelhafte Handlung, Haltung, Beschaffenheit.*

fre|veln ⟨sw. V.; hat⟩ [mhd. vrevelen] (geh.): *einen Frevel begehen:* gegen das Gesetz f.; an der Natur f.

Frev|ler, der; -s, - [mhd. vreveler] (geh.): *jmd., der einen Frevel begeht od. begangen hat.*

Frev|le|rin, die; -, -nen: w. Form zu ↑Frevler.

frev|le|risch ⟨Adj.⟩: *frevelhaft.*

Frey, Freyr: (germ. Myth.): Gott des Lichtes u. der Fruchtbarkeit.

reyja (germ. Myth.): Göttin der Liebe u. der Fruchtbarkeit.

reyr: ↑Frey.

RF = internationaler Währungscode für: französischer Franc.

rhr. = Freiherr.

ri|dat|te usw. (österr.): ↑Frittate usw.

ri|de|ri|zi|a|nisch ⟨Adj.⟩ [zu Fridericus = latinis. Form von Friedrich]: *auf die Zeit König Friedrichs II. von Preußen bezogen:* das -e Preußen.

rie|de, der; -ns, -n (seltener): ↑Frieden.

rie|den ⟨sw. V.; hat⟩ (selten): *befrieden; einfrieden.*

rie|den, der; -s, - [mhd. vride, ahd. fridu, urspr. = Schonung, Freundschaft, zu ↑frei]: **1. a)** ⟨o. Pl.⟩ *[vertraglich gesicherter] Zustand des inner- od. zwischenstaatlichen Zusammenlebens in Ruhe u. Sicherheit:* es ist, herrscht F.; F. schließen; die Erhaltung des -s; mitten im [tiefsten] F.; in F. und Freiheit leben; **Ü** die Geschwister haben F. geschlossen *(sich versöhnt);* **b)** *Friedensschluss:* einen ehrenvollen F. aushandeln; den Besiegten den F. diktieren; den F. unterzeichnen. **2.** ⟨o. Pl.⟩ **a)** *Zustand der Eintracht, der Harmonie:* der häusliche, eheliche F.; der soziale F. (Soziol.; *Abwesenheit innergesellschaftlicher Konflikte*); F. stiften; in Ruhe und F., in F. und Freundschaft/Eintracht miteinander leben; um des lieben -s willen zustimmen; **Spr** Friede[n] ernährt, Unfriede[n] verzehrt; *** seinen F. mit jmdm., etw. machen** *(sich mit jmdm., einer Sache aussöhnen);* **dem F. nicht trauen** *(skeptisch im Hinblick auf die Ruhe nach einem Streit o. Ä. sein);* **Friede, Freude, Eierkuchen** (ugs.; *wieder hergestellte [aber fragwürdige] Harmonie*): zwischen ihnen, in der Familie herrscht wieder F., Freude, Eierkuchen; **b)** *ungestörte Ruhe:* man hat keinen F. vor ihr; *** jmdn. [mit etw.] in F. lassen** (↑Ruhe 3); **c)** *Zustand beschaulich-heiterer Ruhe:* den F. *(die friedliche Stille)* der Natur lieben. **3.** (christl. Rel.) *Geborgenheit in Gott:* Friede sei mit euch! (Segensspruch); Friede ihrer Asche!; er ruhe in F.!

rie|dens|an|ge|bot, das: *Angebot* (1b), *Frieden* (1 a, 2 a) *zu schließen.*

rie|dens|ap|pell, der: *Appell, Aufruf zum Frieden.*

rie|dens|be|din|gung, die: *Bedingung, unter der ein Frieden* (1 b) *geschlossen wird:* günstige -en aushandeln.

rie|dens|be|mü|hung, die ⟨meist Pl.⟩: *Bemühung um den Frieden.*

rie|dens|be|reit|schaft, die ⟨o. Pl.⟩: *Bereitschaft, Frieden* (1 a, 2 a) *zu wahren, zu schließen.*

rie|dens|be|weg|te, der u. die; -n, -n ⟨Dekl. ↑Abgeordnete⟩: *friedensbewegte Person.*

rie|dens|be|we|gung, die: *Gruppe od. Organisation, die aktiv für den Weltfrieden eintritt.*

rie|dens|bot|schaft, die (geh.): *den Frieden verkündende Botschaft.*

rie|dens|bruch, der: *Bruch eines vereinbarten Friedens* (1 a).

rie|dens|de|mons|tra|ti|on, die: *Demonstration für den Frieden* (1 a, 2 a).

rie|dens|dienst, der ⟨o. Pl.⟩: *von Kriegsdienstverweigerern zu leistender Ersatzdienst.*

rie|dens|dik|tat, das: *diktierter Frieden mit harten Bedingungen für die Besiegten.*

rie|dens|en|gel, der: **1.** *Engel mit Palmzweig als Symbol des Friedens.* **2.** (geh.) *jmd., der als Friedensstifter auftritt.*

rie|dens|fah|ne, die: *[weiße] Fahne als Zeichen des Friedens od. der Friedensbereitschaft.*

rie|dens|fahrt, die: *jährlich stattfindendes internationales Radrennen für Amateure u. Profis durch Deutschland, Polen u. Tschechien.*

Frie|dens|for|schung, die: *wissenschaftliche Erforschung der Bedingungen für Krieg u. Frieden.*

Frie|dens|freund, der: *Freund* (3 b) *des Friedens.*

Frie|dens|freun|din, die: w. Form zu ↑Friedensfreund.

Frie|dens|fürst; der: **1.** (geh. veraltet) *friedlich gesinnter, den Frieden liebender Fürst.* **2.** ⟨o. Pl.⟩ (bibl.) *Jesus Christus.*

Frie|dens|ga|ran|tie, die: *Garantie für die Erhaltung od. Schaffung des Friedens:* eine Pufferzone ist noch keine F.

Frie|dens|ge|dan|ke, der: *Idee des Friedens:* den -n verbreiten.

Frie|dens|ge|spräch, das: *Gespräch zur Vorbereitung eines Friedensschlusses:* -e führen.

Frie|dens|glo|cke, die: *anlässlich eines Friedensschlusses geläutete Glocke:* endlich läuteten die -n.

Frie|dens|hand: in den Wendungen **die F. ausstrecken; jmdm. die F. reichen** (geh.: *jmdm. die Bereitschaft zur Versöhnung zu erkennen geben*).

Frie|dens|heer, das: *in Friedenszeiten bereitstehender Teil des Heers.*

Frie|dens|hoff|nung, die: *Hoffnung auf Frieden* (1, 2 a).

Frie|dens|ini|ti|a|ti|ve, die: **1.** *Initiative* (1 a) *für den Frieden:* die F. des ägyptischen Präsidenten. **2.** *Friedensbewegung.*

Frie|dens|kon|fe|renz, die: *Konferenz, auf der über die Herbeiführung eines Friedens beraten wird.*

Frie|dens|kuss, der (kath. Rel.): *stilisierte Umarmung unter katholischen Geistlichen während der Messe.*

Frie|dens|lie|be, die ⟨o. Pl.⟩: *Liebe zum Frieden.*

Frie|dens|marsch, der (DDR): *Demonstration* (1) *für den Frieden.*

Frie|dens|mis|si|on, die: *Mission, deren Gegenstand die Vorbereitung eines Friedensschlusses ist:* die F. ist gescheitert.

Frie|dens|no|bel|preis, der: *für besondere Verdienste um den Weltfrieden verliehener Nobelpreis.*

Frie|dens|ord|nung, die: *Plan für ein friedliches Zusammenleben der Völker:* zu einer europäischen F. beitragen.

Frie|dens|pfei|fe, die [nach engl. pipe of peace]: *mit Schmuck versehene Pfeife der Indianer Nordamerikas, die zur Besiegelung von Friedensschlüssen, Verträgen u. a. reihum geraucht wird;* *** [mit jmdm.] die F. rauchen** (ugs. scherzh.; *sich [mit jmdm.] versöhnen*).

Frie|dens|pflicht, die ⟨o. Pl.⟩ (Arbeitsrecht): *Pflicht zur Wahrung des Arbeitsfriedens während der Dauer eines Tarifvertrages:* die F. verletzen.

Frie|dens|po|li|tik, die: *auf Erhaltung des Friedens ausgerichtete Politik:* eine konsequente F. verfolgen, betreiben.

Frie|dens|preis, der: *Preis für besondere Verdienste um die Förderung des Friedensgedankens.*

Frie|dens|rich|ter, der [LÜ von engl. Justice of the Peace]: **1.** *(bes. in den USA u. Großbritannien) Einzelrichter für Zivil- u. Strafsachen von geringerer Bedeutung.* **2.** (schweiz., sonst veraltet) *ehrenamtlich tätige Person, die bei bestimmten Delikten einen Sühneversuch zu unternehmen hat.*

Frie|dens|rich|te|rin, die: w. Form zu ↑Friedensrichter.

Frie|dens|schluss, der: *Abschluss eines Friedensvertrags.*

Frie|dens|stif|ter, Friedenstifter, der: *jmd., durch dessen Vermittlung die Beilegung eines Konfliktes zustande kommt.*

Frie|dens|stif|te|rin, die: w. Form zu ↑Friedensstifter.

Frie|dens|tau|be, die [nach 1. Mos. 8, 11]: *Taube als Symbol des Friedens.*

Frie|den|stif|ter usw.: ↑Friedensstifter.

Frie|den|stif|te|rin, die: w. Form zu ↑Friedenstifter.

Frie|dens|trup|pe, die: *Truppe von UNO-Soldaten, die die Sicherung bzw. die Einhaltung des Friedens in einem Krisengebiet überwachen sollen.*

Frie|dens|ver|hand|lung, die ⟨meist Pl.⟩: *Verhandlung, die dem Abschluss eines Friedensvertrages vorausgeht:* in -en eintreten.

Frie|dens|ver|trag, der: *Vertrag, der den Kriegszustand zwischen Staaten beendet:* einen F. schließen.

Frie|dens|zeit, die: *Zeit, historischer Zeitraum, in dem Frieden* (1 a) *herrscht:* eine lange F.; es war wie in -en.

fried|fer|tig ⟨Adj.⟩: *das friedliche Zusammenleben, die Eintracht liebend; verträglich, umgänglich:* ein -er Mensch, Charakter.

Fried|fer|tig|keit, die; -: *friedfertige Gesinnung.*

Fried|hof, der [mhd. vrīthof, ahd. frīthof, urspr. = eingehegter Raum]: *Ort, an dem die Toten bestattet werden.*

Fried|hofs|blu|me, die: *Blume, die häufig als Grabschmuck verwendet wird.*

Fried|hofs|gärt|ne|rei, die: *in unmittelbarer Nähe eines Friedhofs angesiedelte Gärtnerei, die hauptsächlich die Bepflanzung von Gräbern besorgt.*

Fried|hofs|ka|pel|le, die: *zum Friedhof gehörende Kapelle, in der Trauerfeiern abgehalten werden.*

Fried|hofs|mau|er, die: *den Friedhof umgebende Mauer.*

Fried|hofs|ord|nung, die: *Ordnung für die Benutzung eines Friedhofs.*

Fried|hofs|ru|he, die: *auf einem Friedhof herrschende Ruhe* (1): die F. stören; **Ü** zur Zeit der Diktatur herrschte F. *(erzwungene, als bedrückend empfundene Ruhe)* im Lande.

Fried|hofs|stil|le, die: *Stille, die auf einem Friedhof, wie sie auf einem Friedhof herrscht.*

fried|lich ⟨Adj.⟩ [mhd. vridelich]: **1. a)** *ohne Gewalt od. Krieg [bestehend, sich vollziehend]; nicht kriegerisch:* eine -e Koexistenz; einen Konflikt auf -em Wege; **b)** *nicht kriegerischen Zwecken dienend:* die -e Nutzung der Kernenergie. **2. a)** *verträglich, versöhnlich:* ein -er Mensch; sei f.! *(fange keinen Streit an!);* sie lebten f. nebeneinander; **b)** (geh.) *von Frieden* (2 c) *erfüllt, ruhig, still:* ein -er Anblick; f. einschlafen (verhüll.; *einen sanften Tod sterben*).

Fried|lich|keit, die; -: *das Friedlichsein* (2).

fried|lie|bend ⟨Adj.⟩: *den Frieden liebend:* ein -er Mensch.

fried|los ⟨Adj.⟩: **1.** (geh.) *keinen Frieden* (2 c) *findend, ruhelos:* f. irrt er umher. **2.** (hist.) *geächtet, vogelfrei.*

Fried|rich Wil|helm, der; - -s, - -s [wohl nach dem preuß. Königsnamen Friedrich Wilhelm (früher häufiger m. Vorn.)] (ugs. scherzh.): *Unterschrift:* seinen F. W. unter einen Brief setzen.

fried|voll ⟨Adj.⟩ (geh.): *voll inneren Friedens.*

frie|ren ⟨st. V.⟩ [mhd. vriesen, ahd. friosan; -r- aus Formen des Präteritums]: **1.** ⟨hat⟩ **a)** *einen Mangel an Wärme empfinden:* leicht f. *(kälteempfindlich sein);* ich habe ganz erbärmlich gefroren; an den Händen, aus Müdigkeit f.; **R** (scherzh.:) ich kann gar nicht so schnell zittern, wie ich friere; **b)** ⟨unpers.⟩ *das Gefühl der Kälte in jmdm. entstehen lassen:* es friert mich; mich friert [es] jämmerlich [an den Händen]; **c)** *(von einem Körperteil) kalt geworden sein u. dadurch bei jmdm. ein Gefühl der Kälte hervorrufen:* die Füße frieren mir; ihm/(landsch.:) ihn fror die Nase. **2. a)** ⟨unpers.⟩ *(von der Temperatur) unter den Gefrierpunkt sinken* ⟨hat⟩: draußen friert es; heute Nacht hat es gefroren; **b)** *durch Einwirkung von Frost [in bestimmter Weise] erstarren, hart werden* ⟨ist⟩: das Wasser friert; der Boden ist [hart] gefroren; die Wäsche ist steif gefroren.

[1]Fries, der; -es, -e [frz. frise, H. u.] (Archit.): *mit plastischen od. gemalten Ornamenten u. figürlichen Darstellungen ausgestaltete Fläche als Gliederung u. Schmuck einer Wand:* ein dorischer F.

[2]Fries, der; -es, -e, (Fachspr. auch:) **[1]Frie|se,** die; -, -n [frz. frise, H. u.] (Textilind.): *dickes, flauschartiges Woll- od. Mischgewebe.*

[2]Frie|se, der; -n, -n: Angehöriger eines an der Nordseeküste heimischen Volksstammes.

Frie|sel, der od. das; -s, -n ⟨meist Pl.⟩ [zu einem

vorgerm. Wort mit der Bed. »Hirse« (nach der Ähnlichkeit mit einem Hirsekorn)]: *kleines Hautbläschen mit wässrigem Inhalt, das bes. bei starkem Schwitzen in Form eines harmlosen Hautausschlags auftritt.*

frie|seln ⟨sw. V.; hat⟩ [Intensivbildung zu bayr. friesen = frieren] (bayr., österr.): *frösteln; eine Gänsehaut bekommen:* ich fries[e]le.

Frie|sen|nerz, der (ugs. scherzh.): *Öljacke.*

Frie|sin, die; -, -nen: w. Form zu ↑²Friese.

frie|sisch ⟨Adj.⟩: **1.** *die ²Friesen betreffend.* **2.** *friesländisch.*

Frie|sisch, das; -[s] u. ⟨nur mit best. Art.:⟩ **Frie|si|sche,** das; -n: *die friesische Sprache* (westgermanische Sprache).

Fries|land; -s: **1.** Landkreis in Niedersachsen. **2.** Provinz in den nördlichen Niederlanden.

fries|län|disch ⟨Adj.⟩: *Friesland betreffend.*

Frigg (germ. Myth.): Gemahlin Wodans.

fri|gid (seltener), **fri|gi|de** ⟨Adj.⟩ [lat. frigidus = kalt] (Med. abwertend): *(von einer Frau) sexuell nicht erregbar, nicht zum Orgasmus fähig.*

Fri|gi|di|tät, die; -: (Med. abwertend): *(bei einer Frau) mangelnde sexuelle Erregbarkeit, Unfähigkeit zum Orgasmus.*

Fri|ka|del|le, die; -, -n [dissimiliert aus ital. frittatella (frittadella) = Gebratenes, kleiner Pfannkuchen, Vkl. von: frittata, ↑Frittate] (Kochk.): *gebratener [flacher] Kloß aus gehacktem Fleisch; deutsches Beefsteak, Bulette.*

Fri|kas|see, das; -s, -s [frz. fricassée, zu: fricasser, ↑frikassieren] (Kochk.): *Gericht aus hellem, gekochtem Fleisch in einer hellen, leicht säuerlichen Soße:* ein F. aus Hühnerfleisch; **Ü** ich mache F. aus dir! (salopp scherzh.; *ich werde dich verprügeln, übel zurichten*).

fri|kas|sie|ren ⟨sw. V.; hat⟩ [frz. fricasser, wohl Mischform aus: frire (↑fritieren) und casser = zerkleinern]: **1.** (Kochk.): *zu Frikassee verarbeiten:* Kalbfleisch f. **2.** (salopp scherzh.): **a)** *verprügeln:* jmdn. f.; **b)** *übel zurichten.*

Fri|ka|tiv der; -s, -e [zu lat. fricare (2. Part.: fric[a]tum) = reiben] (Sprachw.): *durch Reibung der ausströmenden Atemluft an Lippen, Zähnen od. Gaumen hervorgebrachter Laut* (z. B. sch, f).

Frik|ti|on, die; -, -en [spätlat. frictio = das Reiben]: **1.** (Technik) *Reibung zwischen gegeneinander bewegten Körpern zur Übertragung von Kräften u. Drehmomenten:* durch F. entsteht Wärme. **2.** (Wirtsch.) *Widerstand, Verzögerung, die der sofortigen Wiederherstellung des wirtschaftlichen Gleichgewichts beim Überwiegen von Angebot od. Nachfrage entgegensteht.* **3.** (geh.) *im Zusammenleben entstehende Reibung, Unstimmigkeit.* **4.** (Med.) **a)** *Einreibung* (z. B. mit Salben); **b)** *Massage durch kreisförmige Bewegung der Fingerspitzen.*

frik|ti|ons|frei ⟨Adj.⟩: *so beschaffen, dass keine Friktionen* (2) *entstehen können.*

Fris|bee® [ˈfrɪzbɪ], das; -, -s [engl. frisbee, viell. nach einem Familienn.]: **a)** *Sportgerät in Form einer runden Scheibe aus Plastik;* **b)** *Spiel mit dem Frisbee* (a): F. spielen.

frisch ⟨Adj.⟩ [mhd. vrisch, ahd. frisc]: **1. a)** *(bes. von Lebensmitteln) nicht alt, abgestanden, welk o. ä.:* -e Eier, Butter; -e Fische; -e Blumen; das Obst war [nicht mehr] f.; **b)** *unverbraucht:* -e Luft; noch -e Kräfte haben; **Ü** -e *(noch unverblasste)* Eindrücke; die Erinnerung daran war noch zu f. *(das fragliche Erlebnis o. Ä. lag erst kurze Zeit zurück);* **c)** *eben erst [entstanden, hergestellt, ausgeführt]:* eine -e Wunde; ein noch -er Blutfleck; der Fleck ist noch f.; f. gebackenes Brot; Vorsicht, f. gestrichen!; **Ü** ein f. gebackenes (ugs. scherzh. *neu vermähltes*) Ehepaar; **d)** *gerade eben [geschehen o. Ä.]:* f. erworbene Kenntnisse; f. von der Uni kommen; ein f. verliebtes Pärchen. **2. a)** *erneuert; ausgeruht; erholt:* -e Truppen, Pferde; nach der Rast mit -en Kräften weiterklettern; **Ü** -en *(neuen)* Mut fassen; **b)** *sauber, rein:* -e Handtücher bereitlegen; das Bett f. *(mit sauberer Wäsche)* beziehen; sich f. machen *(Toilette machen);* **c)** (ugs.) *neu; noch unbenutzt, ungebraucht:* ein -es Handtuch, Blatt Papier. **3. a)** *gesund, blühend [aussehend]:* eine -e Gesichtsfarbe; sie ist wieder f. und munter (ugs.; *wohlauf*); f., fromm, fröhlich, frei (Wahlspruch der deutschen Turnerschaft [1860–1934] u. des Deutschen Turner-Bundes [seit 1950]); **b)** *lebhaft, munter:* ein -es Mädchen; sein -es *(unbekümmertes)* Wesen nimmt alle für ihn ein. **4.** *lebhaft, leuchtend:* -e Farben. **5.** *kühl:* ein -er Wind; es weht ein -es Lüftchen; es ist ziemlich f. heute.

-frisch: drückt in Bildungen mit Substantiven oder Verben (Verbstämmen) aus, dass die beschriebene Sache (meist Nahrungsmittel) unmittelbar von oder aus etw. kommt, stammt und daher besonders frisch ist: ernte-, garten-, röstfrisch.

frisch|auf ⟨Adv.⟩: drückt eine Ermunterung aus od. die Aufforderung, sich in Bewegung, in Marsch zu setzen.

frisch|ba|cken ⟨Adj.⟩: *frisch gebacken:* -es Brot.

Fri|sche, die; - [mhd. vrische]: **1.** *frische* (1 a) *Beschaffenheit:* die F. knuspriger Brötchen; die köstliche F. des Obstes. **2.** *körperliche u. geistige Leistungsfähigkeit; Regsamkeit, Rüstigkeit:* körperliche und geistige F. bewahren; morgen in alter F.! (ugs.; *so frisch u. munter wie jetzt!*). **3.** *das Frischsein; [Gefühl der] Sauberkeit:* diese F. hielt den ganzen Tag vor. **4.** *gesundes, blühendes Aussehen:* die rosige F. ihres Gesichts. **5.** *Lebhaftigkeit, Leuchtkraft:* die F. heller Farben; **Ü** die F. des Aufsatzes. **6.** *[erfrischende] Kühle:* die belebende F. der Waldluft.

fri|schen ⟨sw. V.; hat⟩ [mhd. vrischen]: **1.** (Hüttenw.) *Roheisen durch Oxidation der begleitenden Bestandteile in Stahl umwandeln.* **2.** (Jägerspr.) *(vom Wildschwein) Junge werfen:* die Bache frischt.

Frisch|fleisch, das: *nicht konserviertes Fleisch von frisch geschlachtetem Vieh.*

frisch ge|ba|cken: s. frisch (1c).

Frisch|hal|te|beu|tel, der: *Beutel aus Plastik, in dem Lebensmittel für kurze Zeit frisch gehalten werden können.*

Frisch|hal|te|pa|ckung, die: *meist aus Kunststofffolie bestehende, luftdicht abschließende Packung, in der Lebensmittel für längere Zeit frisch gehalten werden.*

Frisch|kä|se, der: *aus Sauermilch hergestellter Käse von weißer Farbe u. weicher Konsistenz, der keinen Reifeprozess durchgemacht hat* (z. B. Quark, Schichtkäse).

Frisch|kost, die: *Kost aus frischen Lebensmitteln (bes. frischem Obst u. Gemüse).*

Frisch|ling, der; -s, -e [mhd. vrisch(l)inc, ahd. frisking]: **1.** (Jägerspr.) *junges, höchstens ein Jahr altes Wildschwein.* **2.** (scherzh.) *neues Mitglied, Neuling:* sie ist noch ein F. in der Partei.

Frisch|luft, die (Technik): *frische, unverbrauchte Luft:* einen Raum mit F. versorgen.

Frisch|luft|zu|fuhr, die: *das Zuführen od. Zugeführtwerden von Frischluft.*

Frisch|milch, die: *nicht konservierte Milch.*

Frisch|was|ser, das ⟨o. Pl.⟩: **1.** *unverbrauchtes, nicht verunreinigtes Wasser:* eine technische Anlage mit F. versorgen. **2.** (Seew.) *auf Schiffen mitgeführtes Süßwasser [für Dampfkessel].*

frisch|weg ⟨Adv.⟩: *munter, unbekümmert, ohne Hemmungen:* f. erzählen.

Frisch|zel|le, die (Med.): *einem Organismus entnommene, noch lebende Zelle:* jmdm. -n einspritzen, einpflanzen.

Frisch|zel|len|be|hand|lung, Frisch|zel|len|kur, Frisch|zel|len|the|ra|pie, die (Med.): *Behandlung, Therapie mit Frischzellen.*

Fri|sée [friˈzeː], der; -s, **Fri|sée|sa|lat,** der [zu frz. frisée, w. Form von: frisé = gekräuselt, 2. Part. von: friser, ↑frisieren]: *Kopfsalat mit kraus gefiederten Blättern.*

Fri|seur, Frisör [friˈzøːɐ̯], der; -s, -e [französierende Bildung zu ↑frisieren]: *jmd., der berufsmäßig anderen das Haar schneidet [u. frisiert].*

Fri|seur|hand|werk, das ⟨o. Pl.⟩: *Handwerk der Friseurin, des Friseurs.*

Fri|seu|rin [friˈzøːrɪn], die; -, -nen: w. Form zu ↑Friseur.

Fri|seur|la|den, der: *Friseursalon.*

Fri|seur|meis|ter, der: *Meister des Friseurhandwerks.*

Fri|seur|meis|te|rin, die: w. Form zu ↑Friseurmeister.

Fri|seur|sa|lon, (auch:) Frisiersalon, der: *Geschäft* (2), *in dem der Kundin, dem Kunden das Haar geschnitten, geformt, frisiert wird.*

Fri|seu|se [friˈzøːzə], die; -, -n (älter): w. Form zu ↑Friseur.

Fri|sier|creme, die: *Creme, die dem Haar Halt, Sitz verleihen soll.*

fri|sie|ren ⟨sw. V.; hat⟩ [über niederl. friseren < frz. friser = kräuseln, frisieren, wohl zu: frise = ↑²Fries]: **1.** *jmdm., sich das Haar in bestimmter Weise ordnen, kämmen, zu einer Frisur formen:* du hast dein Haar/dir das Haar sehr eigenwillig frisiert; der Friseur hat dich sehr schön frisiert; eine modisch, untadelig frisierte Dame. **2.** (ugs.) **a)** *Änderungen an etw. vornehmen, um dadurch einen ungünstigen Sachverhalt zu verschleiern, um etw. vorzutäuschen:* eine Bilanz, einen Unfallwagen f.; frisierte Meldungen; **b)** (Kfz-T.) *die Leistung eines serienmäßig hergestellten Kfz-Motors durch nachträgliche Veränderungen steigern:* einen Motor, ein Auto f.

Fri|sier|hau|be, die: **1.** *dünne Haube aus netzartigem Gewebe zum Festhalten der frischen Frisur.* **2.** *Trockenhaube.*

Fri|sier|kom|mo|de, die (veraltend): *Frisiertoilette.*

Fri|sier|kra|gen, der (schweiz.): *Frisierumhang.*

Fri|sier|sa|lon, der (veraltend): *Friseursalon.*

Fri|sier|spie|gel, der: *großer, meist aus mehreren drehbaren Teilen bestehender Spiegel.*

Fri|sier|tisch, der: *Tisch mit Spiegel, an dem sich jmd. sitzend frisieren kann.*

Fri|sier|toi|let|te, die (veraltend): *Kommode mit Frisierspiegel u. größerer Ablagefläche, an der sich jmd. sitzend frisieren kann.*

Fri|sier|um|hang, der: *Umhang zum Umlegen beim Frisieren.*

Fri|sis|tik, die; -: *Wissenschaft von der Sprache, Literatur u. Landeskunde der ²Friesen.*

Fri|sör: eindeutschend für ↑Friseur.

Fri|sö|rin, die; -, -nen: w. Form zu ↑Frisör.

Fri|sö|se, die; -, -n: w. Form zu ↑Frisör.

Frist, die; -, -en [mhd. vrist, ahd. frist, eigtl. = das Bevorstehende, verw. mit ↑First]: **a)** *für einen bestimmten Zweck festgelegte Zeitspanne:* eine F. von vier Wochen; die F. [für Reklamationen] ist verstrichen, überschritten; jmdm., sich eine F. setzen *(eine Zeit festlegen, innerhalb deren etw. erledigt o. Ä. sein muss);* eine F. verlängern; etw. innerhalb kürzester F. *(in sehr kurzer Zeit)* erledigen; **b)** *begrenzter Aufschub:* der Schuldner erhielt eine weitere Woche F.; **c)** *[festgesetzter] Zeitpunkt:* bis zu dieser F. muss die Ware geliefert sein; zu jeder F. *(jederzeit).*

fris|ten ⟨sw. V.; hat⟩ [mhd. vristen = aufschieben; bewahren, ahd. frist(j)an]: **1.** *mit Mühe erhalten, über die Zeit retten:* kümmerlich sein Leben f.; seine Existenz mit Gelegenheitsarbeiten f. **2.** (selten) *[die Frist für etw.] aufschieben, verlängern:* einen Kredit f.

Fris|ten|lö|sung, die: *Fristenregelung.*

Fris|ten|re|ge|lung, die: *gesetzliche Regelung, die den straffreien Schwangerschaftsabbruch in den ersten [drei] Monaten der Schwangerschaft ermöglichen soll.*

frist|ge|mäß, frist|ge|recht ⟨Adj.⟩: *unter Einhaltung einer bestimmten Frist [geschehend, erfolgend]:* die -e Lieferung einer Ware.

frist|los ⟨Adj.⟩: *sofortig; ohne Aufschub [geschehend, erfolgend]:* eine -e Kündigung; jmdn. f. entlassen.

Frist|über|schrei|tung, die: *Überschreitung einer gegebenen Frist.*

Fris|tung, die; -, -en: *Fristverlängerung, Aufschub.*

Frist|ver|län|ge|rung, die: *Verlängerung einer gesetzten Frist.*

Fri|sur, die; -, -en [zu ↑frisieren]: **1.** *Art u. Weise, in* *der jmds. Haar frisiert ist; Haartracht:* sie hat eine andere, neue, praktische, moderne F.; die F. sitzt nicht mehr (ugs.; *hat keine gute Form mehr*). **2.** *das Frisieren* (2).

ri|su|ren|mo|de, die: *Frisuren* (1) *betreffende Mode:* die F. hat sich sehr geändert.

ri|teu|se: frühere Schreibung für ↑Fritteuse.

ri|tie|ren usw.: frühere Schreibung für ↑frittieren usw.

rit|ta|te, (österr.:) Fridatte, die; -, -n [ital. frittata, zu: fritto, 2. Part. von: friggere < lat. frigere, ↑frittieren]: *[kleiner] Eierkuchen [der – in dünne Streifen geschnitten – als Suppeneinlage serviert wird].*

rit|te, die; -, -n [1: frz. frite, eigtl. = Gebackenes, subst. 2. Part. von: frire, ↑frittieren]: **1.** (Fachspr.) *durch Fritten* (1) *entstandenes Produkt.* **2.** ⟨meist Pl.⟩ (ugs.) *Pommes frites:* -n mit Mayonnaise.

rit|ten ⟨sw. V.; hat⟩: **1.** (Fachspr.) *pulverförmige od. körnige Materialien bis zum losen Aneinanderhaften der Teilchen erhitzen.* **2.** (Geol.) *(von Sedimentgesteinen) sich beim Emporsteigen von Magma durch Hitze verändern.* **3.** (landsch.) *frittieren.*

rit|ten|bu|de, die (ugs.): *kleinerer Imbiss* (2), *an dem bes. Pommes frites verkauft werden.*

rit|teu|se [fri'tø:zə], die; -, -n [frz. friteuse, zu: frire, ↑frittieren]: *elektrisches Gerät zum Frittieren.*

rit|tie|ren ⟨sw. V.; hat⟩ [zu frz. frit, 2. Part. von: frire = braten < lat. frigere = rösten, braten] (Kochk.): *in heißem Fett schwimmend garen:* Kartoffeln, Fisch f.; frittierte Fischstäbchen.

rit|tü|re, die; -, -n [frz. friture]: **1.** *heißes Fett zum Frittieren.* **2.** *in heißem Fett ausgebackene Speise.* **3.** *Fritteuse.*

frit|ze, der; -n, -n (ugs. abwertend): kennzeichnet in Bildungen mit Substantiven – seltener mit Verben (Verbstämmen) – eine männliche Person, die sehr allgemein durch etw. charakterisiert ist: Fernseh-, Immobilien-, Werbefritze.

fri|vol ⟨Adj.⟩ [frz. frivole, eigtl. = nichtig, unbedeutend < lat. frivolus = zerrieben, zerbrechlich, zu: friare = zerreiben]: **a)** *leichtfertig, bedenkenlos:* f. mit seinem Leben spielen; **b)** *das sittliche Empfinden, die geltenden Moralbegriffe verletzend:* ein -er *(schlüpfriger)* Witz.

Fri|vo|li|tät, die; -, -en [frz. frivolité]: **1.** ⟨o. Pl.⟩ *frivoles* (a, b) *Verhalten:* etw. mit einem Anstrich von F. sagen, tun. **2. a)** *leichtfertige Bemerkung;* **b)** *schlüpfrige Äußerung:* die Herren unterhielten sich mit pikanten -en. **3.** ⟨meist Pl.⟩ (Handarb.) *mit einem Schiffchen hergestellte geknüpfte Spitze.*

Frl. = Fräulein.

froh ⟨Adj.⟩ [mhd. vrō, ahd. frao, frō, eigtl. = lebhaft, schnell, dann: erregt, bewegt, viell. urspr. = hüpfend]: **1. a)** *von Freude erfüllt; fröhlich [gestimmt]; glücklich:* -e Menschen, Gesichter; -e Weihnachten! (Glückwunsch zu Weihnachten); über/(südd., schweiz.:) um etw. f. sein; ich bin ja so f., dass du wieder daheim bist; sie sind sehr f. mit ihrer neuen Wohnung; um jeden Arbeitsplatz f. *(für jeden Arbeitsplatz dankbar)* sein; jmdn. f. machen, stimmen; eine f. gelaunte Gesellschaft; f. gestimmt den Tag beginnen; **b)** (ugs.) *zufrieden, erleichtert:* du kannst f. sein, dass du nicht dabei warst; ich bin ganz f., dass es ein Ende hat; über etw. f. sein. **2.** *Freude bringend, erfreulich:* eine -e Kunde, Nachricht.

froh ge|launt: s. froh (1 a).

froh|ge|mut ⟨Adj.⟩ [mhd. vrōgemuot = frohen Mutes] (geh.): *fröhlich, zuversichtlich.*

froh ge|stimmt: s. froh (1 a).

fröh|lich ⟨Adj.⟩ [mhd. vrœlich, ahd. frawalīh, frōlīh]: **1. a)** *von Freude erfüllt; unbeschwert froh:* ein -er Mensch; ein -es Gemüt besitzen; sie ist immer f.; Ü die -en Farben der Wände *(ihre leuchtende, heitere Farbe);* **b)** *vergnügt, lustig, ausgelassen:* -es Treiben; in -er Runde zusammensitzen; **c)** (ugs.) *unbekümmert:* f. drauflos wirtschaften. **2.** *Freude bereitend; vergnüglich:* -e Spiele, Tänze.

Fröh|lich|keit, die; -: *das Fröhlichsein:* lärmende F. erfüllte den Saal.

froh|lo|cken ⟨sw. V.; hat⟩ [spätmhd. vrōlocken, 2. Bestandteil wohl zu ↑löcken u. eigtl. = vor Freude springen] (geh.): **1.** *lebhafte Schadenfreude empfinden [u. laut zum Ausdruck bringen]; triumphieren:* da hast du zu früh frohlockt; heimlich frohlockte er über den Misserfolg seines Kollegen. **2.** *vor Freude jubeln; jauchzen:* sie frohlockte über das gute Ergebnis. **3.** (geh. veraltet) *lobsingen:* dem Herrn f.

Froh|na|tur, die: **a)** ⟨o. Pl.⟩ *frohe, heitere Wesensart:* ganz besonders liebe ich ihre F.; **b)** *Mensch von froher, heiterer Wesensart:* eine rheinische F.

Froh|sinn, der ⟨o. Pl.⟩: *heitere Gemütsstimmung; Fröhlichkeit:* F. und gute Laune verbreiten.

Fro|mage [fro'ma:ʒ], der; -, -s [fro'ma:ʒ; frz. fromage < vlat. formaticus, zu lat. forma = Form (zur Herstellung von Käse)]: frz. Bez. für *Käse.*

Fro|mage de Brie [- də 'bri:], der; - - -, -s [fro'ma:ʒ] - -: *Briekäse.*

fromm ⟨Adj.; frommer, frommste, auch: frömmer, frömmste⟩ [mhd. vrum, vrom = nützlich, brauchbar, auch: tüchtig, tapfer, rechtschaffen, zu: fruma, ↑frommen]: **1. a)** *vom Glauben an Gott geprägt; gläubig, religiös:* ein -er Mensch, Christ; f. sein; **b)** *scheinheilig:* -es *(Frömmigkeit vortäuschendes)* Getue. **2.** (veraltet) *rechtschaffen, tüchtig:* ein -er Mann; **3.** *(von bestimmten Tieren) leicht lenkbar, gehorsam; nicht tückisch:* ein -es Pferd.

Fröm|me|lei, die; -, -en (abwertend): **a)** ⟨o. Pl.⟩ *das Frömmeln;* **b)** *frömmelnde Handlung, Äußerung:* ich kann diese -en nicht mehr ertragen.

fröm|meln ⟨sw. V.; hat⟩ (abwertend): *sich [übertrieben] fromm gebärden, [übertriebene] Frömmigkeit zur Schau stellen* ⟨meist im 1. Part.:⟩ eine frömmelnde alte Frau.

from|men ⟨sw. V.; hat⟩ [mhd. vrumen, ahd. frummen = fördern, vollbringen, zu mhd. vrome, vrume, ahd. froma, fruma = Nutzen, Vorteil] ⟨unpers.⟩ (veraltet): *nützen, helfen:* was frommt es, zu jammern?; sein blinder Eifer frommte ihm nichts.

fröm|mer: ↑fromm.

Fromm|heit, die; - (veraltend): *Frömmigkeit.*

Fröm|mig|keit, die; - [mhd. vrümecheit, spätahd. frumicheit = Tüchtigkeit, Tapferkeit, zu mhd. vrümec, ahd. frumig = tüchtig, tapfer]: *das Frommsein; Gläubigkeit, Gottesfurcht:* von echter, tiefer F. erfüllt sein.

Frömm|ler, der; -s, -: *frömmlerischer Mensch.*

Frömm|le|rin, die; -, -nen: w. Form zu ↑Frömmler.

frömm|le|risch ⟨Adj.⟩: *frömmelnd.*

frömms|te: ↑fromm.

Fron, die; -, -en ⟨Pl. selten⟩ [mhd. vrōn(e) = Herrschaft(sdienst), zu: vrōn = heilig (im Sinne von »Gott gehörend«); herrschaftlich (im Sinne von »einem weltlichen Herrscher gehörend«), zu ahd. frōno = (Besitz) der Götter, Gen. Pl. von: frō = Herr, Gott, vgl. Frau]: **1.** (hist.) *in körperlicher Arbeit bestehende Dienstleistung der Bauern für ihren Lehnsherren; Frondienst:* die Befreiung der Bauern von der F. **2.** (geh.) *als unerträglichen Zwang empfundene Arbeit:* die F. des Alltags.

Fron|ar|beit, die: **1.** *Fron.* **2.** (schweiz.) *Frondienst* (2).

Fron|de ['frõ:də], die; -, -n [frz. fronde, eigtl. = Schleuder, wohl über das Vlat. zu gleichbed. lat. funda; urspr. Bez. für den Aufstand des französischen Hochadels gegen das absolutistische Königtum (1648–1653)]: *scharfe politische Opposition; oppositionelle Gruppe innerhalb einer Partei od. Regierung:* F. machen gegen etw.

Fron|deur [frõ'dø:ɐ̯], der; -s, -e [frz. frondeur, zu ↑Fronde]: *scharfer politischer Opponent od. Regierungsgegner.*

Fron|dienst, der: **1.** *Fron* (1). **2.** (schweiz.) *freiwillige unbezahlte Arbeit für Gemeinde, Genossenschaft, Verein.*

fro|nen ⟨sw. V.; hat⟩ [mhd. vrōnen, ahd. frōnen, zu ↑Fron]: **1.** (hist.) *Frondienst leisten:* dem/für den Lehnsherrn f. **2.** (geh.) *schwere, als Zwang empfundene Arbeit leisten:* für einen Hungerlohn f.

frö|nen ⟨sw. V.; hat⟩ [mhd. vrœnen, ahd. frōnen] (geh.): *sich einer Sache (einer Neigung, Leidenschaft o. Ä.) hingeben, ergeben:* einem Laster, einer Leidenschaft, seinem Hobby f.

Fron|hof, der [mhd. vrōn(e)hof]: *Hof* (2) *einer Herrschaft, der Frondienst entgegennahm.*

Fron|leich|nam, der; -[e]s ⟨meist o. Art.⟩ [mhd. vrōnlīcham, der vrōne līcham = der Leib des Herrn, zu mhd. vrōn = göttlich, ↑Fron] (kath. Kirche): *Fest (am zweiten Donnerstag nach Pfingsten) zum Gedenken an die Einsetzung der Eucharistie.*

Fron|leich|nams|fest, das (kath. Kirche): *Fronleichnam.*

Fron|leich|nams|pro|zes|si|on, die (kath. Kirche): *an Fronleichnam stattfindende Prozession.*

Fron|leich|nams|tag, der: *Fronleichnam.*

Front, die; -, -en [frz. front < lat. frons (Gen.: frontis) = Stirn(seite); vordere Linie]: **1. a)** *breite [meist als Vorder- od. Stirnseite der Straße zugewandte] Seite eines größeren Gebäudes:* die F. eines Hauses; die vordere, hintere, rückwärtige F. *(Rückfront)* des Rathauses; in einer F. *(Frontlinie)* mit anderen Häusern; **b)** (Milit.) *ausgerichtete vordere Reihe einer angetretenen Truppe:* die F. [der Ehrenkompanie] abschreiten, abnehmen; [vor jmdm., gegen jmdn.] F. machen *(sich ihm zum Erweisen der Ehrenbezeigung zuwenden u. Haltung annehmen);* * **in F.** (Sport; *an der Spitze, an die Spitze; in Führung):* in F. gehen; in F. liegen; **F. gegen jmdn., etw. machen** *(sich jmdm., einer Sache widersetzen):* gegen Neuerungen F. machen. **2.** (Milit.) **a)** *vorderste Linie der kämpfenden Truppe:* die gegnerische F.; die F. steht, kommt in Bewegung, ist geschlossen; die F. verläuft entlang dem Niederrhein; die F. zurücknehmen, verkürzen; auf breiter F., auf einer F. von 50 km angreifen; zwischen den -en lagen Verwundete; Ü die -en haben sich verhärtet *(die gegensätzlichen Positionen werden noch unnachgiebiger als bisher schon vertreten);* einen Kampf an zwei, nach zwei -en *(nach zwei Seiten)* führen; klare -en ziehen *(die gegensätzlichen Standpunkte klar abgrenzen);* **b)** *militärisches Kampfgebiet:* an die F. gehen; an der F. sein, stehen. **3.** *Gruppe, die jmdm. od. einer Sache Widerstand entgegensetzt, sich kämpferisch für etw. einsetzt:* eine revolutionäre F.; die F. der Kriegsgegner. **4.** (Met.) *Grenzzone zwischen Luftmassen verschiedenen Ursprungs u. verschiedener Eigenschaften:* eine F. kalter Luftmassen; die F. wandert.

-front, die; - (ugs.): bezeichnet in Bildungen mit Substantiven den Bereich von etw./*-sektor:* Heirats-, Medien-, Verkaufsfront.

Front|ab|schnitt, der: *Abschnitt der Front* (2).

fron|tal ⟨Adj.⟩ [zu ↑Front]: **a)** *von der Vorderseite her [kommend], von vorn:* ein -er Zusammenstoß; der Wagen prallte f. gegen einen Baum; eine Figur f. (bild. Kunst; *in Vorderansicht)* darstellen; **b)** *unmittelbar nach vorn gerichtet:* einen -en Angriff starten; f. angreifen.

Fron|tal|an|griff, der (bes. Milit.): *nach vorn vorgetragener Angriff:* einen F. abschlagen, abwehren; zum F. übergehen.

Fron|tal|un|ter|richt, der (Päd.): *Form des Schulunterrichts, bei der der Lehrer vor der Klasse steht u. sie als Einheit führt.*

Fron|tal|zu|sam|men|stoß, der: *Zusammenstoß, bei dem Fahrzeuge frontal* (a) *aufeinander prallen.*

Front|an|trieb, der (Kfz-T.): *unmittelbar auf die Vorderräder wirkender Antrieb; Vorderradantrieb:* dieser Wagen hat F.; ein Auto mit F.

Front|be|gra|di|gung, die (Milit.): *Zurücknahme von im Bogen vorgeschobenen Einheiten auf eine möglichst gerade Linie.*

Front|be|richt, der: *Bericht von der Front* (2 b).

Front|be|richt|er|stat|tung, die: *Berichterstattung von der Front.* (2 b)

F

Frọnt|brei|te, die: 1. *Breite der Front* (1 a): der Balkon erstreckt sich über die gesamte F. des Hauses. 2. (Milit.) *Entfernung zwischen den Flanken der angreifenden bzw. sich verteidigenden Truppenteile od. Verbände.*

Frọnt|dienst, der (Milit.): *Dienst an der Front* (2 b).

Frọnt|ein|satz, der: *Einsatz an der Front* (2 b).

Frọnt|frau, die: vgl. Frontmann.

Frọnt|kämp|fer, der: *jmd., der der kämpfenden Truppe angehört.*

Frọnt|kämp|fe|rin, die: w. Form zu ↑Frontkämpfer.

Frọnt|la|der, der: 1. *Waschmaschine, die über eine Öffnung an der Frontseite gefüllt wird.* 2. *Fahrzeug, das an seiner Vorderseite eine hydraulisch betätigte Ladevorrichtung hat.* 3. *Kassetten- od. Videorekorder, dessen Kassettenfach u. Bedienelemente sich (im Unterschied zum Toplader 2) auf der senkrechten Vorderseite des Gerätes befinden.*

Frọnt|len|ker, der (Kfz-T.): *Kraftfahrzeug, bei dem der Motor im Heck od. unterflur angeordnet ist u. der Fahrersitz sich über der Vorderachse befindet.*

Frọnt|li|nie, die: *Front* (2 a).

Frọnt|man [...mæn, engl.: ˈfrʌntmæn], der; -[s], ...men [...mɛn; engl. front man]: *Frontmann.*

Frọnt|mann, der ‹Pl. ...männer› [LÜ von engl. front man]: *Musiker einer Rockgruppe o. Ä., der bei Auftritten, meist als Sänger, im Vordergrund agiert.*

Frọnt|mo|tor, der (Kfz-T.): *im vorderen Teil eines Fahrzeugs untergebrachter Motor.*

Frọnt|schei|be, die: *Windschutzscheibe.*

Frọnt|schwein, das (Soldatenspr.): *Frontsoldat.*

Frọnt|sei|te, die: *Vorder-, Stirnseite.*

Frọnt|sol|dat, der: *Soldat, der der kämpfenden Truppe angehört.*

Frọnt|spoi|ler, der: *Spoiler an der Vorderfront eines Autos.*

Frọnt|stadt, die: *Stadt an vorgeschobener Stelle, an der Grenze zu einem feindlichen politischen System:* die F. Berlin.

Frọnt|stel|lung, die: 1. *strikt ablehnende, feindselige Haltung, entschiedene Gegnerschaft.* 2. (Fechten) *Körperstellung, bei der der Fechter frontal [zum Übungsleiter] steht.*

Frọnt|trup|pe, die: *kämpfende Truppe.*

Frọnt|tür, die: *in der Vorderfront (z. B. bei einigen Autos) angebrachte Tür.*

Frọnt|ur|laub, der: *Urlaub von der Front* (2 b).

Frọnt|ver|lauf, der: *Verlauf der Front* (2 a).

Frọnt|wand, die: *Vorder-, Stirnwand:* die F. eines Gebäudes.

fror, frö|re: ↑frieren.

Frọsch, der; -[e]s, Frösche [1, 2: mhd. vrosch, ahd. frosk, H. u.]: 1. a) *(im u. am Wasser lebendes) Tier mit gedrungenem Körper von grüner od. brauner Färbung, flachem Kopf mit breitem Maul, großen, oft stark hervortretenden Augen u. langen, als Sprungbeine ausgebildeten Hintergliedmaßen:* die Frösche quaken im Teich; sich aufblasen wie ein F. (*sich wichtig machen, brüsten; prahlen;* nach der Phädrusfabel von dem Frosch, der sich, neidisch auf die Größe eines Ochsen, so aufblies, bis er zerplatzte); R sei kein F.! (ugs.; *sei kein Spielverderber, zier dich nicht so!*; viell. nach dem Verhalten des Frosches, der bei Gefahr ins Wasser springt u. sich dort verbirgt); * **einen F. in der Kehle/im Hals haben** (ugs.; *vorübergehend heiser sein, eine belegte Stimme haben;* wohl nach der Froschgeschwulst = Zyste im Bereich der Zunge); b) (volkst.) *Froschlurch.* 2. kurz für ↑Knallfrosch. 3. (Musik) *Griffende des Bogens von Streichinstrumenten, das mit einer Stellschraube zum Spannen der Saiten versehen ist;* Talon (3).

Frọsch|au|ge, das: 1. *Auge des Frosches.* 2. ‹meist Pl.› (ugs.) *großes, hervorquellendes menschliches Auge.* 3. (Kfz-W. Jargon) *aufgesetzter, vorstehender Scheinwerfer.*

Frösch|chen, das; -s, -: Vkl. zu ↑Frosch.

Frọsch|ge|schwulst, die [für den med. Fachausdruck Ranula < lat. rānula, eigtl. = Fröschchen] (Med.): *beim Menschen u. bei verschiedenen Haustieren auftretende Zyste im Bereich der Zunge.*

Frọsch|go|scherl, das (österr.): a) (ugs.) *Löwenmaul;* b) *durch besonderes Raffen des Stoffes geformte Borte zur Verzierung, bes. an einem Trachtenkleid.*

Frọsch|hand, die (ugs.): *feuchtkalte Hand:* du hast ja richtige Froschhände!

Frọsch|kö|nig, der: *in einen Frosch verwandelter Prinz (als Gestalt des Volksmärchens).*

Frọsch|kon|zert, das (scherzh.): *anhaltendes Quaken vieler Frösche.*

Frọsch|laich, der: *Laich von Fröschen.*

Frọsch|lurch, der: *zu den Lurchen gehörendes Tier einer weit verbreiteten Ordnung, deren bekannteste Familie die der Frösche (1) ist.*

Frọsch|mann, der ‹Pl. ...männer› [LÜ von engl. frogman]: *frei schwimmender Taucher für militärische u. Noteinsätze.*

Frọsch|maul, das: 1. *Maul des Froschs:* Ü er machte ein F. (ugs.; *schob den Mund vor als Zeichen des Missbehagens*). 2. (Archit.) *halbkreisförmig geschwungenes Dachfenster.*

Frọsch|per|spek|ti|ve, die: *sehr tief gelegener Blickpunkt (von dem aus etw. betrachtet o. Ä. wird):* etw. aus der F. fotografieren; Ü diese Spießer betrachten alles nur aus ihrer F. (abwertend; *aus ihrer beschränkten, engstirnigen Sicht*).

Frọsch|schen|kel, der: *(als Delikatesse geltender) hinterer Schenkel von bestimmten Froscharten.*

Frọsch|test, der (Med.): *(früher gebräuchlicher) Schwangerschaftstest, bei dem etwas Urin der zu untersuchenden Frau einem männlichen Frosch eingespritzt wird, worauf dieser bei Vorliegen einer Schwangerschaft nach kurzer Zeit Samen produziert.*

Frọst, der; -[e]s, Fröste [mhd. vrost, ahd. frost, zu ↑frieren]: 1. *Temperatur unter dem Gefrierpunkt:* es herrscht strenger F.; dieser Baum hat F. bekommen; die ersten Fröste *(Frosteinbrüche)* im Herbst. 2. *(bes. bei krankhaften Zuständen) heftige Kälteempfindung im Körper:* die Kranke wurde von heftigem F. geschüttelt.

frọst|an|fäl|lig ‹Adj.›: *anfällig gegenüber Frost* (1): -e Pflanzen.

Frọst|auf|bruch, der: *durch Frost (1) verursachtes Aufbrechen einer Straßendecke o. Ä.*

frọst|be|stän|dig ‹Adj.›: *beständig gegen Frost* (1).

Frọst|beu|le, die: 1. *durch Kälte u. Feuchtigkeit bes. an Händen u. Füßen entstehende, gerötete, später bläulich verfärbte Schwellung der Haut.* 2. (landsch. scherzh.) *[übermäßig] kälteempfindlicher Mensch:* was bist du nur für eine F.!

Frọst|ein|bruch, der: *unvermitteltes Eintreten von Frost* (1).

Frọst|ein|wir|kung, die: *Einwirkung von Frost.*

frös|teln ‹sw. V.; hat›: a) *unter der Empfindung eines leichten Mangels an fühlbarer Wärme schauern:* ich fröst[e]le vor Kälte, Angst, Müdigkeit; ‹subst.› mich überkam, überlief ein Frösteln; Ü dieser Blick macht einen f.; b) ‹unpers.› *jmdn. als unangenehmes Gefühl leichter Kälte überkommen:* mich fröstelt [es]; es fröstelte mich.

frọst|emp|find|lich ‹Adj.›: *gegenüber Frost (1) empfindlich.*

Fros|ter, der; -s, - [wohl nach engl. freezer]: *Tiefkühlfach eines Kühlgeräts.*

frọst|frei ‹Adj.›: *frei von Frost (1), ohne Frost:* die Nacht war f.

Frọst|ge|fahr, die ‹o. Pl.›: *Gefahr des Auftretens von Frost* (1).

Frọst|gren|ze, die (Met.): *Grenze, bis zu der der Frost (1) vordringt:* die F. liegt bei 1 000 Metern.

frọs|tig ‹Adj.› [mhd. vrostec = kalt, frierend]: 1. *Kälte u. Frost aufweisend:* -e Luft. 2. *abweisend, unfreundlich:* ein -es Lächeln; der Empfang war ausgesprochen f.; sie wurde f. begrüßt.

frọst|kalt ‹Adj.› (geh.): *sehr kalt; mit Frost einhergehend:* eine -e Winternacht.

frọst|klamm ‹Adj.›: *klamm vor Frost.*

frọst|klar ‹Adj.›: *durch, bei Frostwetter klar, wolkenlos:* eine -e Winternacht.

frọst|klir|rend ‹Adj.›: *durch starken Frost (1) sehr kalt:* ein -er Wintertag.

Frọst|nacht, die: *Nacht, in der Frost herrscht.*

Frọst|pe|ri|o|de, die: *Periode anhaltenden Frostwetters.*

Frọst|scha|den, der: *durch Frost (1) verursachter Schaden:* Frostschäden an Pflanzen, Straßen.

Frọst|schutz, der: 1. *Schutz gegen Einwirkungen des Frostes* (1). 2. kurz für ↑Frostschutzmittel.

Frọst|schutz|mit|tel, das: *Mittel zum Frostschutz (bes. zum Schutz gegen das Gefrieren).*

frọst|si|cher ‹Adj.›: *unempfindlich gegen Frost* (1).

frọst|starr ‹Adj.›: *starr vor Frost.*

frọst|steif ‹Adj.›: *steif vor Frost.*

Frọst|tag, der (Met.): *Tag, an dem die Lufttemperatur unter 0 °C absinkt.*

Frọst|ver|wit|te|rung, die (Geol.): *Verwitterung durch Wasser, das in Gesteinsspalten o. Ä. eingedrungen ist, dort gefriert u. durch die dabei erfolgende Ausdehnung das Gestein sprengt.*

Frọst|war|nung, die (Met.): *Warnung vor Frostwetter.*

Frọst|wet|ter, das ‹o. Pl.›: *Wetter, das durch [anhaltenden] Frost (1) gekennzeichnet ist.*

Frot|tee, (auch:) **Frot|té** [...ˈteː], das od. der; -[s], -s [französierende Bildung zu ↑frottieren]: 1. *aus Frotteegarn gewebter Kleiderstoff mit rauer, gekräuselter Oberfläche.* 2. (ugs.) *Frottiergewebe.*

Frot|tee|garn, das: *meist Schlingen aufweisendes, mehrfach gezwirntes Effektgarn.*

Frot|tee|ge|we|be, das: *Frottee.*

Frot|tee|hand|schuh, der: (ugs.) *Frottierhandschuh* (1).

Frot|tee|hand|tuch, das (ugs.): *Frottierhandtuch.*

Frot|tee|kleid, das: 1. *Kleid aus Frottee* (1). 2. *Kleid aus Frottiergewebe.*

Frot|tee|man|tel, der: *Bademantel aus Frottiergewebe.*

Frot|tee|stoff, der: *Frottee.*

frot|tie|ren ‹sw. V.; hat› [frz. frotter, H. u.]: *(mit einem Tuch, einer Bürste o. Ä.) kräftig reiben, abreiben:* ich frottiere mich mit dem Badetuch.

Frot|tier|ge|we|be, das (Textilind.): *Baumwollgewebe, das ein- od. beidseitig mit Schlingen besetzt ist u. aufgrund seiner hohen Saugfähigkeit bes. zur Herstellung von Handtüchern, Waschlappen, Bademänteln u. Ä. verwendet wird.*

Frot|tier|hand|schuh, der: 1. *Waschhandschuh aus Frottiergewebe.* 2. *zum Frottieren od. Massieren geeigneter Handschuh mit rauer Oberfläche.*

Frot|tier|hand|tuch, das: *Handtuch aus Frottiergewebe.*

Frot|tier|stoff, der: *Frottiergewebe.*

Frot|tier|tuch, das ‹Pl. ...tücher›: *Frottierhandtuch.*

Frot|ze|lei, die; -, -en (ugs.): 1. ‹o. Pl.› *fortwährendes Frotzeln.* 2. *frotzelnde Bemerkung:* hämische -en über sich ergehen lassen.

frọt|zeln ‹sw. V.; hat› [H. u., viell. zu: Fratzen ‹Pl.›, ↑Fratze] (ugs.): a) *mit spöttischen od. anzüglichen Bemerkungen necken:* jmdn. [wegen einer Sache] f.; b) *spöttische od. anzügliche Bemerkungen machen:* sie frotzelten gern über ihn.

Frou|frou [fruˈfruː], der od. das; -, -s [frz. froufrou; lautm.]: *das Rascheln der (bes. für die Zeit um 1900 charakteristischen) eleganten Damenunterkleidung.*

Frụcht, die; -, Früchte [mhd. vruht, ahd. fruht < lat. fructus, zu: frui (2. Part.: fructum) = genießen]: 1. a) *aus dem Fruchtknoten entstehender Teil der Pflanze, der den Samen bis zur Reife umschließt (u. der bei bestimmten Bäumen, bei Pflanzen von Feld u. Garten essbar ist):* eine reife, saftige F.; eingemachte, kandierte Früchte; (geh.:) die Früchte des Feldes; Früchte tragen; ein Teller mit Früchten *(mit vielerlei Obst);* Spr es sind die schlechtesten Früchte nicht, woran die Wespen nagen; Ü das Buch ist die F. *(der Ertrag)* langer Arbeit; ihre Bemühungen haben reiche Früchte getragen *(haben sich sehr gelohnt)*; die Früchte seines Fleißes ernten; * **verbotene Früchte** *(verlockende, aber verbotene Genüsse*; nach 1. Mos. 3, 2–6); **F. der Liebe** (geh. veraltet; *nichteheliches Kind*); **b)** ‹o. Pl.› (landsch.) *Getreide:* die F. steht gut. **2.** *wachsender Keim im Mutterleib; Leibesfrucht:* die heranreifende F. im Mutterleib. **3.** (Rechtsspr.) *wirtschaftlicher Ertrag einer Sache od. eines Rechts.*

ucht|an|satz, der (Bot.): *Ansatz zur Herausbildung von Früchten:* die Bäume haben einen guten F.

ucht|bar ‹Adj.› [mhd. vruhtbære]: **1. a)** *reichen Ertrag (an Früchten) bringend:* -er Boden; ein -er Baum; ein -er *(das Wachstum der Pflanzen fördernder)* Regen; dieses Land ist sehr f.; **b)** *die Fähigkeit besitzend, zahlreiche Nachkommen hervorzubringen:* Mäuse, Kaninchen sind besonders f.; die -en Tage der Frau *(Tage, an denen eine Empfängnis möglich ist)*; Ü ein -er *(produktiver)* Schriftsteller. **2.** *sich als nützlich erweisend; sich segensreich auswirkend; nutzbringend:* -e Gespräche; eine -e Zusammenarbeit, Kooperation; Erkenntnisse für einen größeren Kreis f. machen.

ucht|bar|keit, die; -: *das Fruchtbarsein.*

ucht|bar|keits|kult, der (Volksk.): *Kult bei Naturvölkern zur Verehrung u. Steigerung der Fruchtbarkeit von Pflanze, Tier u. Mensch.*

ucht|bar|keits|sym|bol, das (Rel., Volksk.): *Gegenstand, Bild, symbolische Handlung o. Ä., wodurch die Fruchtbarkeit gefördert werden soll.*

ucht|be|cher, der: **1.** (Bot.) *becherförmiger, oft mit Schuppen o. Ä. besetzter Pflanzenteil, der die Früchte der Buchengewächse umgibt.* **2.** *Eisbecher mit Früchten.*

ucht|bil|dung, die: *Ausbildung von Früchten* (1 a).

ucht|bla|se, die (Anat.): *den Embryo einschließende, mit Fruchtwasser gefüllte Eihülle (bei Mensch u. Säugetier).*

rucht|blatt, das (Bot.): *Teil der Blüte, der die Samenanlagen trägt.*

rucht|bon|bon, der od. (österr. nur:) das: *Bonbon mit Fruchtgeschmack.*

ucht|brin|gend ‹Adj.›: *fruchtbar, nutzbringend, nützlich:* -e Gespräche.

rücht|chen, das; -s, - [2: zu mhd. vruht = Sprössling, Kind]: **1.** Vkl. zu ↑Frucht (1). **2.** (ugs. abwertend) *Kind, junger Mensch, den jmd. für ungeraten, durchtrieben hält; Taugenichts:* ein sauberes F.!

rüch|te|brot, (österr.:) Früchtenbrot, das: *Gebäck in Brotform mit hineingebackenen getrockneten Früchten.*

rucht|eis, das: *Speiseeis mit Zusatz von Früchten od. mit Fruchtgeschmack.*

uch|ten ‹sw. V.; hat› [mhd. vrühten, vruhten = Frucht tragen; fruchtbar machen]: *nützen, helfen, von Erfolg sein:* (oft verneint:) alle Ermahnungen haben bei ihr nicht[s] gefruchtet.

rüch|ten|brot: ↑Früchtebrot.

rucht|ent|saf|ter, der: *Entsafter für Früchte.*

rüch|te|reich: ↑fruchtreich.

rucht|fäu|le, die (Bot.): *Fäulnis an reifenden Früchten.*

rucht|fleisch, das: *fleischiger Teil einer Frucht:* das saftige F. eines Pfirsichs.

rucht|flie|ge, die: *Fliege, deren Larve sich in verschiedenen Pflanzenteilen, z. B. den Früchten, entwickelt u. diese zerstört.*

rucht|fol|ge, die (Landw.): *bestimmte Aufeinanderfolge des Anbaus verschiedener Kulturpflanzen auf einer Nutzfläche.*

rucht|ge|schmack, der: *fruchtiger Geschmack:* ein Bonbon mit F.

rucht|gum|mi, das: *Gummibonbon.*

rucht|holz, das: *Blüten u. Früchte tragende Triebe der Obstbäume; Tragholz.*

ruch|tig ‹Adj.›: *(von Duft od. Geschmack) in der Art frischer Früchte:* ein Wein von -em Geschmack; eine f. schmeckende Limonade.

Frucht|jo|ghurt, der od. (österr. nur:) das: *Joghurt mit Früchten od. mit Fruchtgeschmack.*

Frucht|kap|sel, die (Bot.): *Kapsel (3) einer Frucht.*

Frucht|kno|ten, der (Bot.): *aus einem od. mehreren Fruchtblättern gebildeter, geschlossener Hohlraum, der die Samenanlagen enthält.*

Frucht|korb, der: *(zum Verzehr aufgestellter) mit verschiedenen Früchten in dekorativer Anordnung gefüllter Korb.*

Frucht|kör|per, der (Biol.): *sowohl unterirdisch als auch oberirdisch wachsender Teil des Pilzes* (1).

frucht|los ‹Adj.›: **a)** *keinen Erfolg bringend; vergeblich, nutzlos:* -e Bemühungen; ihre Ermahnungen blieben f.; **b)** (selten) *unfruchtbar* (2).

Frucht|lo|sig|keit, die; -: *das Fruchtlossein.*

Frucht|mark, das: [3]*Mark* (2).

Frucht|nek|tar, der: *Getränk, das einen größeren Zusatz von Fruchtsaft aufweist.*

frucht|reich, früchtereich ‹Adj.› (geh.): *reich an Früchten.*

Frucht|saft, der: *aus frischen Früchten gewonnener Saft.*

Frucht|saft|ge|tränk, das: *Getränk, das einen Zusatz von Fruchtsaft aufweist.*

Frucht|säu|re, die: *bes. in säuerlichen Früchten vorkommende organische Säure.*

Frucht|scha|le, die: **1.** *Schale* (1), *die eine Frucht umgibt.* **2.** *Schale* (2), *die der Aufnahme von Früchten dient:* die F. mit verschiedenen Früchten füllen.

Frucht|stand, der (Bot.): *aus einem gemeinsamen Blütenstand hervorgegangene Früchte, die das Aussehen einer einzelnen Frucht angenommen haben.*

frucht|tra|gend ‹Adj.›: *Früchte tragend:* ein -er Baum.

Frucht|wand, die (Bot.): *Perikarp.*

Frucht|was|ser, das (Physiol.): *Flüssigkeit, in die die Leibesfrucht im Mutterleib eingebettet ist.*

Frucht|was|ser|un|ter|su|chung, die (Med.): *Amniozentese.*

Frucht|wech|sel, der (Landw.): *Art der Fruchtfolge, bei der in regelmäßigem Wechsel Halm- u. Blattfrüchte angebaut werden.*

Frucht|wein, der: *durch Vergärung von Früchten hergestellter Wein.*

Frucht|zu|cker, der: *zusammen mit Traubenzucker in vielen Pflanzen, süßen Früchten u. im Honig enthaltener Zucker.*

Fruc|to|se: ↑Fruktose.

fru|gal ‹Adj.› [frz. frugal < lat. frugalis = zu den Früchten gehörig, fruchtig, zu: frux (Gen.: frugis) = Frucht, zu: frui, ↑Frucht]: *(in Bezug auf die Lebensweise, bes. in Bezug auf Essen u. Trinken) einfach, bescheiden; nicht üppig:* ein -es *(einfaches, aber gutes)* Mahl; f. leben, essen.

Fru|ga|li|tät, die; - [frz. frugalité = Genügsamkeit, Einfachheit < lat. frugalitas, eigtl. = Vorrat an Früchten]: *Einfachheit, Bescheidenheit.*

früh [I: mhd. vrüe(je), ahd. fruoji, zu: fruo, ↑früh (II); II: mhd. vruo, ahd. fruo, eigtl. = (zeitlich) vorn, voran]: **I.** ‹Adj.› **1.** *in der Zeit noch nicht weit fortgeschritten, am Anfang liegend, zeitig:* am -en Morgen; in -er, -[e]ster Kindheit; es ist noch f. am Tage; f. blühende Tulpen; Ü der -e *(junge)* Nietzsche; die -esten *(ältesten)* Kulturen; * **von f. auf** *(von früher Kindheit, Jugend an)*: sie ist von f. auf an Selbstständigkeit gewöhnt. **2.** *früher als erwartet, als normalerweise geschehend, eintretend o. Ä.; frühzeitig, vorzeitig:* ein -er Winter; ein -er Tod; eine -e *(früh reifende)* Sorte Äpfel; wir nehmen einen -eren Zug; Ostern ist, fällt dieses Jahr f.; er kam -er als erwartet; sie ist zu f., noch f. genug gekommen; ihre f. *(in jungen Jahren)* verstorbene Mutter; ein f. vollendeter *(in seiner Kunst schon in jungen Jahren zu absoluter Meisterschaft gelangter [u. jung verstorbener])* Maler; sie hat f. geheiratet; -er oder später *(zwangsläufig irgendwann einmal)* wird sie doch umziehen müssen. **II.** ‹Adv.› *morgens, am Morgen:* heute f., [am] Dienstag f.; kommst du morgen f.?; er arbeitet von f. bis spät [in die Nacht] *(den ganzen Tag)*.

Früh, die; - (südd., österr.): *Frühe:* in der F.; gestern, heute, morgen F. *(am Morgen)*.

Früh|an|ti|ke, die: *Frühzeit der Antike.*

Früh|ap|fel, der: *Apfel einer früh reifenden Sorte.*

früh auf: s. früh (I 1).

Früh|auf|ste|her, der; -s, -: *jmd., der in der Regel früh aufsteht.*

Früh|auf|ste|he|rin, die; -, -nen: w. Form zu ↑Frühaufsteher.

Früh|beet, das: *zur Anzucht junger Pflanzen angelegtes Beet, das zum Schutz vor der Witterung mit einer Umrandung versehen u. mit Glas od. Folie abgedeckt ist.*

Früh|bir|ne, die: vgl. Frühapfel.

früh blü|hend: s. früh (I 1).

Früh|chen, das; -s, - (Jargon): *Neugeborenes, das zu früh geboren ist; Frühgeburt* (2).

früh|christ|lich ‹Adj.›: *die ersten christlichen Jahrhunderte betreffend, aus ihnen stammend:* -e Kunst.

Früh|di|a|gno|se, die (Med.): *(vor allem bei Krebserkrankungen) [mithilfe medizinischer Apparate] zu einem möglichst frühen Zeitpunkt noch vor dem Auftreten charakteristischer Merkmale gestellte Diagnose.*

Früh|dienst, der: *Dienst am [frühen] Morgen:* F. haben.

Früh|druck, der ‹Pl. -e›: *Druckwerk aus der Frühzeit des Buchdrucks.*

Frü|he, die; - [frühnhd. frue, ahd. fruoī] (geh.): *Beginn des Tages; früher Morgen:* du musst in der F. raus aus dem Bett!; * **in aller F.** *(sehr früh am Morgen; frühmorgens)*.

frü|her [Komp. zu ↑früh (I)]: **I.** ‹Adj.› **1.** *vergangen; zurückliegend:* -e Generationen; in den -en Zeiten. **2.** *ehemalig:* der -e Eigentümer. **II.** ‹Adv.› *ehemals; einst:* er war f. Buchhändler; von f. *(von früheren Zeiten)* erzählen; wir kennen uns von f. [her].

Früh|er|ken|nung, die; - (bes. Med.): *frühzeitige Erkennung einer Beschaffenheit, Entwicklung o. Ä.:* regelmäßige Untersuchungen zur F. von Krebserkrankungen.

frü|hes|tens ‹Adv.› [adv. Gen. des Sup. von ↑früh]: *nicht früher als:* f. am Dienstag; wir sehen uns f. in zwei Wochen.

frü|hest|mög|lich ‹Adj.›: *so früh wie möglich:* ich komme zum -en Termin.

Früh|form, die: **1.** *Form, die jmd. od. etw. im Anfangsstadium od. zu Beginn eines Vorgangs od. Ablaufs hat:* die F. einer Krankheit. **2.** (bes. Sport) *gute körperliche Verfassung unmittelbar vor od. zu Beginn der Saison.*

Früh|ge|bet, das: *Morgengebet.*

Früh|ge|burt, die: **1.** *Geburt eines noch nicht ausgetragenen, aber lebensfähigen Kindes.* **2.** *vorzeitig geborenes Kind.*

Früh|ge|mü|se, das: *frühzeitig erntereifes Gemüse.*

Früh|ge|schich|te, die ‹o. Pl.›: **1.** *auf die Vorgeschichte folgender Zeitabschnitt.* **2.** *frühe geschichtliche Phase einer Bewegung, Strömung, Erscheinung o. Ä.:* die F. des Sozialismus.

früh|ge|schicht|lich ‹Adj.›: *die Frühgeschichte* (1) *betreffend:* -e Funde.

Früh|go|tik, die: *Anfangsjahre der kunstgeschichtlichen Epoche der Gotik.*

früh|go|tisch ‹Adj.›: *zur Frühgotik gehörend, sie betreffend.*

Früh|got|tes|dienst, der: *erster, vor dem Hauptgottesdienst am Morgen abgehaltener Gottesdienst.*

Früh|gym|nas|tik, die: *Gymnastik am [frühen] Morgen.*

Früh|herbst, der: *erste Phase des Herbstes.*

Früh|holz, das ‹o. Pl.› (Bot.): *(als innerer Teil des betreffenden Jahresringes sichtbares) im Frühjahr eines Jahres gebildetes Holz.*

früh|in|va|lid (österr. nur so), **früh|in|va|li|de** ‹Adj.›: *frühzeitig invalide.*

Früh|in|va|li|de, der u. die: *frühinvalide Person.*

F

Früh|in|va|li|di|tät, die: *frühzeitige Invalidität.*
Früh|jahr, das; -s, -e: *Abschnitt des Jahres zwischen Winterende und Ende des Frühlings:* ein regnerisches F.; im zeitigen F.
früh|jahrs ‹Adv.›: *im Frühjahr; während des Frühjahrs.*
Früh|jahrs|ar|beit, die: *im Frühjahr (bes. für Gärtner u. Bauern) anfallende Arbeit.*
Früh|jahrs|ka|ta|log, der: *für das Frühjahr geltender Katalog eines Versandhauses.*
Früh|jahrs|kol|lek|ti|on, die: vgl. Herbstkollektion.
Früh|jahrs|kur, die: *im Frühjahr durchgeführte Kur.*
Früh|jahrs|mes|se, die (Wirtsch.): *im Frühjahr stattfindende* [2]*Messe* (1).
Früh|jahrs|mo|de, die: *Mode für das Frühjahr:* in der neuen F. überwiegen Pastelltöne.
Früh|jahrs|mü|dig|keit, die: *allgemeine körperliche Abgespanntheit im Frühjahr:* unter F. leiden.
Früh|jahrs|putz, der: *gründlicher Hausputz im Frühjahr.*
Früh|jahrs|put|ze|te, die (schweiz.): *Frühjahrsputz.*
Früh|jahrs|sturm, der: *Sturm, wie er im Frühjahr vorkommt.*
Früh|jahrs-Tag|und|nacht|glei|che, die: *Äquinoktium im Frühjahr.*
Früh|ka|pi|ta|lis|mus, der: *Frühzeit des Kapitalismus.*
früh|ka|pi|ta|lis|tisch ‹Adj.›: *zum Frühkapitalismus gehörend, ihn betreffend.*
Früh|kar|tof|fel, die: vgl. Frühapfel.
früh|kind|lich ‹Adj.›: *das frühe Kindesalter betreffend, dazu gehörend:* die -e Entwicklung.
Früh|kir|sche, die: vgl. Frühapfel.
Früh|klas|sik, die: *Frühzeit der Klassik.*
früh|klas|sisch ‹Adj.›: *zur Frühklassik gehörend.*
Früh|li|be|ra|lis|mus, der: *Frühzeit des Liberalismus:* der deutsche F.
Früh|ling, der; -s, -e [spätmhd. vrüelinc]: *Jahreszeit zwischen Winter u. Sommer mit meist milden Temperaturen, in der die meisten Pflanzen zu wachsen [u. zu blühen] beginnen:* ein zeitiger, später F.; es wird F.; Ü seinen zweiten F. erleben (iron.; *sich im reifen Alter noch einmal verlieben*).
früh|lings ‹Adv.›: *frühjahrs.*
Früh|lings|an|fang, der: *Anfang, Beginn des Frühlings* (zwischen 20. u. 23. März): am 21. März ist F.
Früh|lings|be|ginn, der: *Frühlingsanfang.*
Früh|lings|bo|te, der (geh.): *Gewächs od. Tier, das mit seinem Erscheinen den Frühling ankündigt:* Schneeglöckchen, die Schwalben als -n.
Früh|lings|fest, das: **1.** *Fest, mit dem der beginnende Frühling gefeiert wird.* **2.** *im Frühling stattfindendes Fest.*
Früh|lings|ge|fühl, das ‹meist Pl.›: *Gefühl der Heiterkeit u. Gelöstheit angesichts des erwachenden Frühlings:* ***-e haben/bekommen** (ugs. scherzh.; *sich [im reifen Alter noch einmal] verlieben*).
früh|lings|haft ‹Adj.›: *wie im Frühling [vorherrschend]:* das Wetter ist schon richtig f.
Früh|lings|him|mel, der: *heiterer, strahlend blauer Himmel:* ein leuchtend blauer F.
Früh|lings|lied, das: *Lied, dessen Thema der Frühling ist.*
Früh|lings|luft, die: *laue, linde Luft, wie sie der Frühling bringt.*
Früh|lings|mo|nat, der: **a)** ‹o. Pl.› (geh.) *März;* **b)** ‹meist Pl.› *März, April, Mai.*
Früh|lings|mond, der (dichter. veraltet): *Frühlingsmonat* (a).
Früh|lings|re|gen, der: *im Frühling fallender Regen.*
Früh|lings|rol|le, die (Kochk.): *chinesische Vorspeise aus einer in einen dünnen Teig gehüllten u. frittierten Masse aus Fleisch, Fisch u. Gemüse.*
Früh|lings|son|ne, die: *Sonne* (1 b) *des Frühlings:* in der F. spazieren gehen.
Früh|lings|sup|pe, die (Kochk.): *Suppe mit vielerlei frischem Gemüse.*
Früh|lings|tag, der: *Tag im Frühling.*
Früh|lings|wet|ter, das: *[sonniges, warmes] Wetter, wie es im Frühling herrscht.*
Früh|lings|zeit, die ‹o. Pl.› (geh.): *Zeit des Frühlings.*
Früh|ma|schi|ne, die: *früh am Tag fliegendes Verkehrsflugzeug.*
Früh|mensch, der (Anthrop., veraltet): *zur ältesten Gruppe der urzeitlichen echten Menschen gehörender Mensch.*
Früh|mes|se, die (kath. Kirche): *erste Messe des Tages.*
Früh|met|te, die: vgl. Mette.
Früh|mit|tel|al|ter, das: *Frühzeit des Mittelalters.*
früh|mit|tel|al|ter|lich ‹Adj.›: *zum frühen Mittelalter gehörend; das frühe Mittelalter betreffend.*
früh|mit|tel|hoch|deutsch ‹Adj.›: *zum Frühmittelhochdeutschen gehörend, das Frühmittelhochdeutsche betreffend;* Abk.: frühmhd.
Früh|mit|tel|hoch|deutsch, das; -[s] u. ‹nur mit best. Art.:› **Früh|mit|tel|hoch|deut|sche,** das; -n: *die Anfangsjahre der literarischen u. sprachgeschichtlichen Epoche des Mittelhochdeutschen umfassende Stufe* (2 a) *in der Entwicklung der deutschen Sprache.*
früh|mor|gend|lich ‹Adj.›: vgl. morgendlich.
früh|mor|gens ‹Adv.›: *früh am Morgen:* von f. bis spätabends.
Früh|nach|rich|ten ‹Pl.›: *am frühen Morgen gesendete Nachrichten.*
Früh|ne|bel, der: *am frühen Morgen auftretender Nebel.*
früh|neu|hoch|deutsch ‹Adj.›: *zum Frühneuhochdeutschen gehörend, das Frühneuhochdeutsche betreffend;* Abk.: frühnhd.
Früh|neu|hoch|deutsch, das; -[s] u. ‹nur mit best. Art.:› **Früh|neu|hoch|deut|sche,** das; -n: *frühe Stufe* (2 a) *in der Entwicklung der neuhochdeutschen Sprache.*
Früh|obst, das: *früh reifendes Obst.*
Früh|pha|se, die: *frühe Phase:* aus der F. der Lithographie.
früh|reif ‹Adj.›: **1.** *körperlich, geistig vor der üblichen Zeit entwickelt od. eine solche Entwicklung erkennen lassend:* ein -es Kind. **2.** (Bot., Zool.) **a)** *frühzeitig reif:* eine -e Tierart; **b)** *vorzeitig reif geworden; notreif:* -es Obst.
Früh|rei|fe, die: *das Frühreifsein.*
Früh|re|nais|sance, die: vgl. Frühgotik.
Früh|ren|te, die: *vorzeitig gezahlte Rente.*
Früh|rent|ner, der: *jmd., der aufgrund bestimmter Umstände vorzeitig Rente bezieht.*
Früh|rent|ne|rin, die: w. Form zu ↑Frührentner.
Früh|ro|man|tik, die: *Anfangsjahre der literarischen Epoche der Romantik.*
Früh|schicht, die: **a)** *am frühen Morgen beginnende Schichtarbeit;* **b)** *Gesamtheit der Arbeiter der am frühen Morgen beginnenden Schicht.*
Früh|schop|pen, der: *geselliger Trunk am Vormittag:* den F. trinken; zum F. gehen.
Früh|som|mer, der: *erste Phase des Sommers.*
Früh|sport, der: *am [frühen] Morgen nach dem Aufstehen ausgeführte gymnastische Übungen zur Lockerung der Muskeln:* F. machen.
Früh|sta|di|um, das: *frühes Stadium von etw.:* das F. einer Krankheit.
Früh|start, der (Sport): *Start* (1 a) *vor dem Startsignal.*
Früh|stück, das; -s, -e [15. Jh.; eigtl. = das am frühen Morgen gegessene Stück Brot]: **a)** *am Morgen, am [frühen] Vormittag eingenommene Mahlzeit:* ein reichliches F.; das erste, zweite F.; [das] F. machen; beim F. sitzen; zum F. ein Ei essen; **b)** *etw., was jmd. für die Frühstückspause zum Essen vorsieht:* sein F. auspacken; **c)** (ugs.) *Frühstückspause:* um 9 Uhr machen wir F.
früh|stü|cken ‹sw. V.; hat›: **a)** *das Frühstück* (a) *einnehmen:* im Bett, in der Küche f.; sie hat ausgiebig gefrühstückt; **b)** *zum Frühstück essen:* ein Brötchen f.
Früh|stücks|brett|chen, das: *kleines Brett, von dem anstelle eines Tellers gegessen werden kann.*
Früh|stücks|brot, das: *belegtes Brot, das jmd. als [zweites] Frühstück* (a) *zur Arbeit, zur Schule o. Ä. mitnimmt.*
Früh|stücks|bü|fett, das: *(in Hotels) Tisch o. Ä. mit verschiedenen zu einem Frühstück* (a) *gehörenden Speisen u. Getränken, an dem sich der Gast selbst bedient u. seine Mahlzeit nach eigenem Geschmack zusammenstellt.*
Früh|stücks|di|rek|tor, der (ugs.): *jmd., der eine höhere Position in einer Firma od. Institution bekleidet, aber keine entscheidenden Befugnisse, keinen nennenswerten Einfluss hat.*
Früh|stücks|di|rek|to|rin, die: w. Form zu ↑Frühstücksdirektor.
Früh|stücks|ei, das: *Ei, das zum Frühstück* (a) *gegessen wird.*
Früh|stücks|fern|se|hen, das: *Fernsehsendungen, -programm am frühen Morgen.*
Früh|stücks|fleisch, das: *meist als Brotbelag verwendete Mischung aus Fleisch, Speck u. Gewürzen.*
Früh|stücks|ge|deck, das (Gastr.): *komplettes Frühstück* (a): ein F. bestellen.
Früh|stücks|ge|schirr, das: *für das Frühstück verwendetes Geschirr.*
Früh|stücks|kell|ne|rin, die: w. Form zu ↑Frühstückskellner.
Früh|stücks|korb, der: *Korb, in dem das Frühstück [auf das Feld] mitgenommen od. gebracht wird.*
Früh|stücks|pau|se, die: *Pause, in der gefrühstückt werden kann.*
Früh|stücks|pen|si|on, die (bes. österr.): *Pension, in der es nur Frühstück gibt; Hotel garni.*
Früh|stücks|raum, der: *Raum in einem Hotel o. Ä. in dem das Frühstück* (a) *serviert wird.*
Früh|stücks|speck, der: *mit Fleisch durchwachsener Speck vom Schweinerücken.*
Früh|stücks|tisch, der: *Tisch, auf dem das Frühstück* (a) *aufgetragen ist:* am F. sitzen.
früh ver|stor|ben, früh voll|en|det: s. früh (I 2).
Früh|warn|sys|tem, das: **1.** (Milit.) *System weit reichender Radarstationen, mit dem feindliche Flugkörper frühzeitig erfasst werden können.* **2.** *technische o. ä. Einrichtung, die in bestimmten Zusammenhängen eine gefährliche Veränderung anzeigt.*
Früh|werk, das: *früh, im Anfang einer Schaffensperiode entstandenes Werk.*
Früh|zeit, die: *frühester Abschnitt, Anfangszeit einer geschichtlichen Epoche, einer Schaffensperiode o. Ä.*
früh|zei|tig ‹Adj.›: **a)** *zu einem frühen Zeitpunkt, früh:* f. aufstehen; etw. f. vorbereiten, bestellen; **b)** *vorzeitig:* ein -er Winter; f. ergrautes Haar.
Früh|zei|tig|keit, die; -: *das Frühzeitigsein.*
Früh|zug, der: *am [frühen] Morgen fahrender Zug.*
Früh|zün|dung, die: (Technik) *Selbstentzündung des Gasgemisches in Verbrennungsmotoren, bevor die Zündung durch den Funken erfolgt.*
Fruk|to|se, fachsprachl. Fructose, die; - [zu lat. fructus, ↑Frucht] (Chemie): *Fruchtzucker.*
Frust, der; -[e]s (ugs.): *das Frustriertsein; Frustration:* voller F.; seinen ganzen F. abreagieren.
frus|ten ‹sw. V.; hat› (ugs.): *frustrieren:* das gefrustete Publikum reagierte mit Pfiffen.
Frus|tra|ti|on, die; -, -en [lat. frustratio = Täuschung einer Erwartung] (Psych.): *[Erlebnis einer] Enttäuschung u. [vermeintlichen] Zurücksetzung durch erzwungenen Verzicht od. versagte Befriedigung:* F. am Arbeitsplatz.
frus|trie|ren ‹sw. V.; hat› [lat. frustrare = in der Erwartung täuschen, hinhalten, zu: frustra = irrtümlich, vergebens] (Psych.): *jmds. Erwartung enttäuschen, jmdm. die Befriedigung eines Bedürfnisses versagen:* die eintönige Arbeit frustriert sie; frustrierende Erlebnisse.
Frut|ti di Ma|re ‹Pl.› [ital., eigtl. = Früchte des Meeres] (Kochk.): *Meeresfrüchte.*
F-Schlüs|sel, der (Musik): *aus dem Tonbuchsta-*

ben F entwickeltes Zeichen, mit dem im Liniensystem die Lage des f festgelegt wird.

FSK [ɛfɛs'kaː], die; -: Freiwillige Selbstkontrolle der Filmwirtschaft.

ft = Foot, Feet.

Ft = Forint.

Fuchs, der; -es, Füchse [1: mhd. vuhs, ahd. fuhs, eigtl. = der Geschwänzte, wohl verhüll. Bez.; 7: H. u.; 8: nach der rötlichen Farbe des Goldes; 9: nach der Form des Fuchsbaus]: 1. *kleineres Raubtier mit rötlich braunem Fell, spitzer Schnauze, großen, spitzen Ohren u. buschigem Schwanz:* der F. schnürt übers Feld; einen F. schießen, erlegen; **Spr** stirbt der F., so gilt der Balg (*wenn jmd. stirbt, steht das Erbe im Vordergrund;* eigtl. alter Rechtsspruch: beim Tode ausgeliehener Tiere musste der Wert des Balgs erstattet werden); **R** der F. muss zum Loch heraus *(der Fall muss aufgeklärt werden);* da kommt der F. zum Loch heraus *(der wahre Grund kommt an den Tag);* das/den Weg hat der F. [mit dem Schwanz] gemessen [und den Schwanz dazugegeben] *(der Weg ist viel länger als angegeben);* *** wo sich die Füchse/wo sich F. und Hase Gute Nacht sagen** (scherzh.; *an einem verlassenen, einsamen Ort [gelegen]*); **die Füchse brauen** *(es wird neblig, Nebel steigt auf);* **Füchse prellen** (1. *schlauer sein als Schlaue.* 2. *jmdm. übel mitspielen*). 2. a) *Fell des Fuchses* (1): ein Kragen aus F.; b) *aus dem Fell des Fuchses* (1) *gearbeiteter Pelz:* sie trägt einen F. 3. (ugs.) *durch seine Schläue u. Gewitztheit andern überlegener Mensch:* er ist ein [schlauer, alter] F. 4. (ugs., oft abwertend) *ein Mensch mit roten Haaren:* er, sie ist ein F. 5. *Pferd mit rötlich braunem Fell sowie Mähne u. Schwanzhaar von gleicher od. hellerer Farbe.* 6. *Tagfalter mit gelb- bis rotbraunen, blau bis schwärzlich gefleckten u. gesäumten Flügeln.* 7. (Verbindungswesen) *noch nicht vollberechtigtes Mitglied einer Studentenverbindung im ersten u. zweiten Semester.* 8. (veraltet) *Goldmünze.* 9. *Abzugskanal einer Feuerung zum Schornstein.*

Fuchs|bau, der ⟨Pl. -e⟩: *Bau* (5 a) *eines Fuchses* (1): einen F. begasen.

Füchs|chen, das; -s, -: Vkl. zu ↑Fuchs (1).

fuch|sen ⟨sw. V.; hat⟩ [wohl in Anlehnung an ↑Fuchs (1) zu mundartl. fucken = hin u. her fahren] (ugs.): a) *jmds. heftigen Ärger erregen:* seine Bemerkungen haben mich sehr gefuchst; es fuchste sie, dass ich ihr Geheimnis entdeckt hatte; b) ⟨f. + sich⟩ *sich sehr ärgern:* sich über eine Niederlage f.

fuchs|far|ben ⟨Adj.⟩: *fuchsrot.*

Fuch|sie, die; -, -n [nach dem dt. Botaniker L. Fuchs (1501–1566)]: *als Strauch wachsende Pflanze mit dunkelgrünen Blättern u. hängenden, mehrfarbigen Blüten.*

fuch|sig ⟨Adj.⟩: 1. *fuchsrot:* -e Haare. 2. *ungeduldig, heftig:* ein -es Temperament. 3. (ugs.) *wütend, ärgerlich, erbost:* das hat mich f. gemacht.

Füch|sin, die; -, -nen: w. Form zu ↑Fuchs (1, 7).

Fuchs|jagd, die: 1. *Jagd auf Füchse* (1). 2. *Jagdreiten, bei dem das Wild durch einen Reiter dargestellt wird, der einen Fuchsschwanz an der Schulter trägt.*

Fuchs|loch, das: *Fuchsbau.*

Fuchs|ma|jor, der (Verbindungswesen): *älterer Student einer Verbindung, der für die Erziehung der Füchse* (7) *verantwortlich ist.*

Fuchs|pelz, der: *Fuchs* (2).

fuchs|rot ⟨Adj.⟩: *rötlich braun:* -es Haar.

Fuchs|schwanz, der [2: die Blütenstände ähneln Fuchsschwänzen (1); 3: nach der Form des Sägeblattes]: 1. *Schwanz eines Fuchses* (1). 2. a) *Pflanze mit langen, walzenförmigen, dunkelroten Blütenständen u. großen Blättern;* b) *Süßgras mit dichten, weichen Ährenrispen.* 3. *eingriffige Säge mit breitem, nach vorn schmaler werdendem Blatt.*

fuchs|teu|fels|wild ⟨Adj.⟩ (emotional verstärkend): *sehr wütend:* er wurde f., als er das hörte.

Fuch|tel, die; -, -n [älter = breiter Degen; dann: Schlag mit der flachen Klinge (als Strafe beim militärischen Drill), zu ↑fechten]: 1. (früher) *breiter Degen.* 2. ⟨o. Pl.⟩ (ugs.) *strenge Zucht, Herrschaft:* unter jmds. F. sein; jmdn. unter der, seiner F. haben *(jmdn. streng beaufsichtigen).* 3. (landsch.) *zänkische, herrschsüchtige Frau.*

fuch|teln ⟨sw. V.; hat⟩ [älter = mit Stock od. Klinge schlagen] (ugs.): *etw. schnell [u. erregt] in der Luft hin u. her bewegen:* mit den Händen f.; wild fuchtelnd kam sie auf mich zu.

fuch|tig ⟨Adj.⟩: *durch etw. aufgebracht, zornig:* sie wurde richtig f.

fud|deln, fu|deln ⟨sw. V.; hat⟩ [niederd., H. u.] (landsch. abwertend): 1. *eine Arbeit schlampig anfertigen, verrichten; pfuschen.* 2. *im [Karten]spiel betrügen.*

Fu|der, das; -s, - [mhd. vuoder, ahd. fuodar, ablautende Bildung zu ↑Faden u. eigtl. = so viel man mit ausgestreckten Armen umfassen kann]: 1. a) *Ladung eines Ackerwagens (bes. beladen mit Heu, Stroh, Getreide):* ein, drei F. Heu, Mist; b) *Leiterwagen zum Einbringen der Ernte mit einer Wagenladung;* c) (ugs.) *große Menge:* ein F. Sand im Schuh haben. 2. *altes Hohlmaß [für Wein] (zwischen 1 000 u. 1 800 l).*

fu|der|wei|se ⟨Adv.⟩ (ugs.): *in großen Mengen:* etw. f. verbrauchen.

Fud|schi|ja|ma, der; -s: höchster Berg Japans.

Fuf|fi, der; -s, -s (ugs.): *Fünfzigmarkschein.*

fuf|fzehn (landsch.): *fünfzehn:* *** 'ne Fuffzehn machen** (*die Arbeit unterbrechen, eine Pause machen;* eigtl. = fünfzehn Minuten Pause machen).

fuf|fzig [nach frühnhd. funffzig] (landsch.): *fünfzig.*

Fuf|fzi|ger, der; -s, - (landsch.): *Fünfzigpfennigstück:* *** ein falscher F.** (ugs.; *jmd., der unaufrichtig ist, dem nicht zu trauen ist*).

Fug, der [mhd. vuoc = Schicklichkeit, zu ↑fügen]: in der Verbindung **mit F. [und Recht]** *(mit vollem Recht; voller Berechtigung):* das kann man mit F. und Recht behaupten.

fu|ga|to ⟨Adv.⟩ [ital. fugato, zu: fuga, ↑²Fuge] (Musik): *in der Art der ²Fuge komponiert.*

Fu|ga|to, das; -s, -s u. ...ti (Musik): *Fugenthema mit freien kontrapunktischen Umspielungen ohne die Gesetzmäßigkeit der ²Fuge.*

¹Fu|ge, die; -, -n [mhd. vuoge = Verbindungsstelle, zu ↑fügen]: 1. *schmaler [ausgefüllter] Zwischenraum zwischen zwei [Bau]teilen, Mauersteinen o. Ä.:* die -n verschmieren; *** aus den -n gehen, geraten** (1. *den Zusammenhalt verlieren, entzweigehen:* der Stuhl ist ganz aus den -n gegangen. 2. *den [inneren] Zusammenhalt verlieren; in Unordnung geraten:* die Welt gerät aus den -n). 2. (Sprachw.) *Stelle, an der die Bestandteile einer Zusammensetzung zusammentreffen* (z. B. Eisen/bahn).

²Fu|ge, die; -, -n [ital. fuga = Fuge < lat. fuga = Flucht (da eine Stimme gleichsam vor der folgenden »flieht«)] (Musik): *selbstständiges Musikstück od. Teil einer Komposition in zwei- bis achtstimmiger kontrapunktischer Satzart mit nacheinander in allen Stimmen durchgeführtem, fest geprägtem Thema.*

fu|gen ⟨sw. V.; hat⟩ [eigtl. südd. Form von ↑fügen, in Anlehnung an ↑¹Fuge] (Bauw.): a) *[Bau]teile fest miteinander verbinden, zusammenfügen:* Bretter f.; b) *(bei unverputztem Mauerwerk) die Fugen sauber ausstreichen:* eine Mauer f.

fü|gen ⟨sw. V.; hat⟩ [mhd. füegen, ahd. fuogen, eigtl. = verbinden, ineinander passen, verw. mit ↑Fach]: 1. (geh.) *in einer bestimmten Art zusammenfügen, -bauen:* die Mauer war aus unbehauenen Steinen gefügt; **Ü** Einzelnes zu einem Ganzen f.; eine fest gefügte Ordnung. 2. a) *an etw. anfügen; in etw. einfügen:* einen Stein an den anderen f.; b) ⟨f. + sich⟩ *in etw. passend eingefügt sein; sich einfügen:* das Brett fügt sich genau in die entsprechende Lücke; **Ü** diese Vorgänge wollen sich in keinen Zusammenhang f. 3. ⟨f. + sich⟩ a) *sich einer oft unpersönlichen Gewalt [aus Einsicht] unterordnen, sich in gegebene Verhältnisse einordnen:* nach anfänglichem Widerstand fügte sie sich; sich jmds. Anordnungen nicht f.; b) *etw. gefasst auf sich nehmen; sich in etw. schicken:* sich in sein Schicksal, ins Unabänderliche, Unvermeidliche f. 4. (geh.) a) *schicksalhaft geschehen, eintreten lassen; bewirken:* das Schicksal fügte alles zu seinem Besten; b) ⟨f. + sich⟩ *schicksalhaft geschehen, eintreten:* alles fügte sich aufs Beste.

fu|gen|los ⟨Adj.⟩: *ohne erkennbare ¹Fuge* (1) *ausgestattet:* eine -e Wand; die Tür schließt f.

Fu|gen-s, das; -, - (Sprachw.): vgl. Fugenzeichen.

Fu|gen|the|ma, das (Musik): *Thema einer ²Fuge.*

Fu|gen|zei|chen, das (Sprachw.): *eine ¹Fuge* (2) *kennzeichnender Laut od. kennzeichnende Silbe* (z. B. Geschichtsbuch, Zitatenschatz).

füg|lich ⟨Adv.⟩ [spätmhd. vuoclich, vüeclich = schicklich, angemessen]: *berechtigterweise; mit Recht; begründeterweise:* nach all dem darf man das f. bezweifen; man kann sich f. fragen, welcher Preis gezahlt wurde.

füg|sam ⟨Adj.⟩: *sich leicht od. ohne Widerstreben einer Autorität unterordnend:* ein -es Kind.

Füg|sam|keit, die; -: *das Fügsamsein.*

Fu|gung, die; -, -en: a) *das Fugen;* b) *das Gefugte.*

Fü|gung, die; -, -en [1: mhd. vüegunge = Verbindung; 2: für lat. constructio]: 1. *schicksalhaftes Geschehen, Verknüpfung von Ereignissen, hinter der eine göttliche, übernatürliche Macht steht:* in etw. eine glückliche F. sehen. 2. (Sprachw.) *eine sprachliche Einheit bildende Wortgruppe:* eine präpositionale, syntaktische F.

fühl|bar ⟨Adj.⟩: 1. *sich so deutlich bemerkbar machend, dass es empfunden, gespürt wird; merklich:* ein -er Unterschied; die Bedingungen wurden f. erleichtert. 2. (selten) *sich durch den Tastsinn wahrnehmen lassend:* der Puls war kaum f.

füh|len ⟨sw. V.; hat⟩ [mhd. vüelen, ahd. fuolen, eigtl. wohl = tasten]: 1. a) *mit dem Tastsinn, den Nerven wahrnehmen; körperlich spüren:* einen Schmerz, die Wärme der Sonne f.; er fühlte sein Herz schlagen; sie hat ihr Ende kommen f./gefühlt; b) *tastend prüfen, feststellen:* [jmdm.] den Puls f.; man kann die Beule am Kopf f. 2. *seelisch empfinden:* etw. instinktiv f.; Achtung für jmdn., Mitleid mit jmdm. f.; er fühlte, dass er auf dem richtigen Weg war; sie ließ ihn ihre Verachtung f. *(zeigte sie ihm);* sie fühlen als Franzosen *(fühlen sich zu den Franzosen gehörig);* ein fühlendes Herz *(ein Mensch, der Mitgefühl hat);* 3. *tastend nach etw. suchen:* er fühlte sofort, ob seine Brieftasche noch vorhanden sei. 4. ⟨f. + sich⟩ a) *von seinem körperlichen od. seelischen Zustand, von seiner Lage, Situation o. Ä. eine bestimmte Empfindung haben:* sich krank, besser, geborgen, einsam f.; sie fühlt sich seit gestern nicht wohl; wie fühlen Sie sich?; b) *sich in seinem Gefühl für etw. halten:* sich schuldig, betrogen f.; sie fühlte sich verpflichtet, ihm zu helfen; sich für etw. verantwortlich, nicht zuständig f.; sich beengt, bedroht f.; ich fühle mich hier fremd; c) (ugs.) *auf etw. stolz u. davon ganz durchdrungen sein:* er fühlt sich mächtig [in seiner neuen Würde]; sich als große Heldin f.

Füh|ler, der; -s, -: 1. *bei niederen Tieren paarig am Kopf sitzendes Tast-, Geruchs- u. Geschmackssinnesorgan:* die Schnecke streckt die F. aus, zieht die F. ein; **Ü** feine F. *(ein feines Gefühlsempfinden)* besitzen; *** [seine/die] F. ausstrecken** (ugs.; *vorsichtig die Lage erkunden; vorsichtig Verbindung zu jmdm., etw. aufnehmen*). 2. kurz für ↑Messfühler.

fühl|los ⟨Adj.⟩ (geh. veraltend): 1. *gefühllos, ohne Mitgefühl:* ein -er Mensch. 2. *ohne Gefühl* (1); *empfindungslos:* die Hand war f.

Füh|lung, die; -, -en: 1. ⟨o. Pl.⟩ *Verbindung zu, mit jmdm.; Kontakt, Beziehung:* mit jmdm. F. [auf]nehmen, haben, halten; mit jmdm. in F. kommen. 2. (veraltet) *das Fühlen; Gefühl.*

Füh|lung|nah|me, die; -, -n: *Aufnahme von Kontakten:* eine persönliche, private, telefonische F.

fuhr: ↑fahren.

füh|re: ↑fahren.

Fuh|re, die; -, -n [mhd. vuor(e), ahd. fuora = Fahrt, Weg, zu ↑fahren]: **1.** *Wagenladung:* eine F. Holz. **2.** *Fahrt, bei der jmd., etw. transportiert wird:* das Taxi hat eine F. nach außerhalb.

Füh|re, die; -, -n [zu ↑führen (1 a)] (Bergsteigen): *Route; bezeichneter Kletterweg:* die F. über den Silvrettapass.

füh|ren ⟨sw. V.; hat⟩ [mhd. vüeren, ahd. fuoren, Kausativ zu ↑fahren u. eigtl. = in Bewegung setzen, fahren machen]: **1. a)** *jmdm. den Weg zeigen u. dabei mit ihm gehen, ihn geleiten; leiten* (2 a); *auf einem Weg o. Ä. geleiten:* einen Blinden [über die Straße] f.; ein Kind an der Hand f.; einen Hund an der Leine f.; sie ließ sich durch das Haus f. *(ließ es sich zeigen);* Besucher in einem Schloss f. *(ihnen bei der Besichtigung die nötigen Erläuterungen geben);* **b)** *veranlassen, an einen bestimmten Ort mitzukommen; an einen bestimmten Ort bringen; geleiten:* jmdn. in ein Restaurant f.; nach dem Tanz die Dame zu ihrem Tisch f.; Ü eine Klasse [bis] zum Abitur f. *(als Klassenlehrer unterrichten u. auf das Abitur vorbereiten);* durch das Programm f. *(die einzelnen Programmnummern ansagen).* **2. a)** *(in pädagogischer Absicht, als Vorgesetzter o. Ä.) leiten:* Schüler streng, mit fester Hand f.; die Untergebenen zu f. verstehen; **b)** ⟨f. + sich⟩ *sich in den Augen einer beurteilenden Instanz über eine längere Zeit in bestimmter Weise verhalten:* der Schüler, Strafgefangene hat sich gut geführt. **3. a)** *verantwortlich leiten* (1); *die Leitung* (1 a) *von etw. haben, innehaben:* ein Geschäft f.; eine Delegation f.; sie hat das Restaurant zehn Jahre lang geführt; ein gut geführtes Hotel; jmdm. den Haushalt f.; **b)** *[als Verantwortlicher] in eine bestimmte Situation, Lage bringen:* ein Unternehmen aus den roten Zahlen f.; er führte das Land ins Chaos; eine Mannschaft zur Meisterschaft f.; eine Sache zum guten Ende f. **4.** *an der Spitze liegen, an oberster Stelle stehen:* die Mannschaft führt 3 : 2, mit 3 : 2 [Toren]; nach Punkten, mit fünf Punkten [Vorsprung] f.; das Land führt *(ist führend)* in der Umwelttechnik. **5. a)** *handhaben, in bestimmter Weise bewegen:* die Kamera beim Filmen ruhig f. **b)** *(einen Ball o. Ä.) fortbewegen:* den Ball am linken Fuß, mit der Hand f.; der Stürmer hat den Ball zu lange geführt *(hat ihn zu spät abgespielt).* **6.** *an eine bestimmte Stelle hinbewegen:* das Glas an die Lippen, den Kamm durchs Haar, den Löffel zum Mund f. **7. a)** *[anlegen u.] in seinem Verlauf festlegen:* die neue Autobahn um die Stadt f.; **b)** *in einer bestimmten Richtung verlaufen, eine bestimmte Richtung auf ein Ziel hin nehmen:* die Bahn führt ans Meer; die Treppe führt in den Garten; eine Brücke führt über die Bucht; Ü das führt zu weit *(geht über das vertretbare Maß hinaus);* **c)** *Anlass sein, Gelegenheit dafür bieten, dass jmd. an einen bestimmten Ort gelangt:* ihre Reise führt sie nach Afrika; was führt Sie zu mir?; Ü ein Hinweis führte *(brachte)* die Polizei auf die richtige Spur. **8. a)** (Amtsspr.) *ein Fahrzeug steuern, fahren:* ein Flugzeug, einen Zug f.; die Berechtigung, einen LKW zu f.; **b)** (bes. österr.) *mit einem Fahrzeug befördern:* ich kann Sie zum Flughafen, zum Hotel f. **9. a)** *für einen bestimmten Zweck bei sich haben, bei sich tragen:* keine Fahrzeugpapiere, eine geladene Pistole bei sich f.; Gepäck mit sich f.; **b)** *dabeihaben; enthalten u. transportieren:* der Zug führt einen Speisewagen; der Fluss führt Hochwasser; die Leitung führt keinen Strom; **c)** *im Warenangebot haben; zum Verkauf haben; verkaufen:* diesen Artikel führen wir nicht; **d)** *als offizielles Kennzeichen haben:* die Stadt führt einen Löwen in ihrem Wappen; **e)** *als Titel haben; (einen bestimmten Titel) tragen:* den Doktortitel, einen Decknamen f. **10.** *durchführen, [ab]halten:* Verhandlungen, Gespräche f.; Regie f.; (meist verblasst:) die Aufsicht, den Vorsitz f. *(haben);* eine glückliche Ehe f. *(in einer glücklichen Ehe leben);* über etw. Klage f. *(sich beklagen);* den Beweis f. *(beweisen).* **11. a)** *anlegen u. fortlaufend Eintragungen darin machen:* eine Liste, eine Kartei f.; über etw. Buch f. *(etw. vermerken, aufzeichnen);* **b)** *(in einer Kartei o. Ä.) registriert haben:* jmdn. in einer Liste f. **12.** *ein bestimmtes Ergebnis haben:* zu keinem Ergebnis, zu nichts f.; dieser Hinweis hat zur Ergreifung der Täter geführt.

füh|rend ⟨Adj.⟩: *das Geschehen in einem bestimmten Bereich bestimmend; maßgebend:* -e Persönlichkeiten des politischen Lebens; diese Firma ist f. auf ihrem Gebiet.

Füh|rer, der; -s, - [mhd. vüerer; 1 c: wohl geb. nach dem Vorbild von ↑Duce]: **1. a)** *leitende Person einer Organisation, Bewegung o. Ä.:* ein erfahrener F.; der F. einer Bewegung, Partei; **b)** *Person, die Sehenswürdigkeiten erklärt, bei Besichtigungen die nötigen Erläuterungen gibt:* F. sein; etw. mit einem F. besichtigen; **c)** ⟨meist mit Art.⟩ (nationalsoz.) *Adolf Hitler* (seit 1933 offizielle Bez. [»F. und Reichskanzler«]): der F. spricht; **d)** (schweiz., sonst selten) *Fahrer, Lenker (eines [Kraft]fahrzeugs).* **2.** *Buch, das für die Besichtigung eines Museums, einer Stadt o. Ä. die nötigen Erläuterungen gibt:* ein F. durch München, für die Schweiz.

Füh|rer|aus|weis, der (schweiz. amtl.): *Führerschein.*

Füh|rer|flucht, die ⟨o. Pl.⟩ (schweiz.): *Fahrerflucht.*

Füh|rer|haus, das: *Raum für den Fahrer [u. den Beifahrer] in einem Lastwagen, Kran o. Ä.*

Füh|re|rin, die; -, -nen: w. Form von ↑Führer (1).

füh|rer|los ⟨Adj.⟩: *ohne Führer.*

Füh|rer|na|tur, die: **a)** *jmd., der durch seine Veranlagung zum Führer* (1 a) *anderer Menschen prädestiniert ist:* er ist eine F.; **b)** ⟨o. Pl.⟩ *Wesensart, die jmdn. zum Führer* (1 a) *anderer Menschen prädestiniert:* eine F. haben.

Füh|rer|prin|zip, das: *politisches Prinzip des Faschismus u. des Nationalsozialismus, nach dem Autorität ausschließlich vom Führer* (1 a) *ausgeübt wird.*

Füh|rer|schaft, die; -, -en ⟨Pl. selten⟩: **1.** *das Führersein; Führung.* **2.** *Führungsspitze; die Führung* (1 a) *innehabende Personengruppe.*

Füh|rer|schein, der: *amtliche Bescheinigung, die jmdn. berechtigt, ein Kraftfahrzeug zu führen:* den F. machen *(die Fahrerlaubnis erwerben);* keinen F. besitzen; jmdm. den F. entziehen.

Füh|rer|schein|ent|zug, der: *Entzug des Führerscheins durch Gerichtsurteil (nach bestimmten Delikten im Straßenverkehr).*

Füh|rer|sitz, der: *Sitz des Fahrers, Wagenführers.*

Füh|rer|stand, der: *Platz, von dem aus die Lokomotive eines Zuges, der Triebwagen einer Straßenbahn geführt* (8 a) *wird.*

Fuhr|ge|schäft, das: *Fuhrunternehmen.*

Führ|hand, die (Boxen): *(in der Grundstellung) ein wenig vor dem Körper gehaltene Hand zur Vorbereitung der mit der Schlaghand ausgeführten Treffer.*

Führ|hund, der: kurz für ↑Blindenführhund.

füh|rig ⟨Adj.⟩: **1.** (Jägerspr.) *(vom Hund) sich ruhig an der Leine führen lassend; folgsam:* ein -es Tier. **2.** *gefügig.*

Fuhr|leu|te: Pl. von ↑Fuhrmann.

Fuhr|lohn, der: *Bezahlung für eine Fuhre* (2).

Fuhr|mann, der ⟨Pl. ...leute, seltener: ...männer⟩: **1.** *jmd., der ein Fuhrwerk lenkt.* **2.** ⟨o. Pl.⟩ Sternbild am nördlichen Sternenhimmel.

Fuhr|park, der: *Gesamtheit der Gebrauchsfahrzeuge eines Unternehmens, einer militärischen Einheit o. Ä.:* der F. der Regierung.

Füh|rung, die; -, -en [mhd. vüerunge]: **1.** ⟨o. Pl.⟩ **a)** *das Führen* (3 a); *verantwortliches Leiten* (1): die F. eines Betriebes übernehmen; **b)** *das Führen* (2 a): dem Kind fehlt eine feste F.; die innere F. *(Erziehung zu einem mündigen Soldaten)* bei der Bundeswehr; sich ganz jmds. F. überlassen; **c)** *leitende Personengruppe:* die F. des Konzerns, der Partei tagt. **2.** *Besichtigung mit einem Führer* (1 b): täglich finden -en durch den Dom statt. **3.** ⟨o. Pl.⟩ *führende Position:* auf einem Gebiet die F. haben; die F. verlieren; (Sport:) durch ein Tor in F. gehen *(die Führung übernehmen).* **4.** ⟨o. Pl.⟩ *das Sichführen* (2 b): wegen guter F. wurde er vorzeitig aus dem Gefängnis entlassen. **5.** ⟨o. Pl.⟩ *das Führen* (5), *Handhaben:* die F. des Bogens beim Violinspiel, der Kamera beim Filmen. **6.** (Technik) *die Bewegungsrichtung bestimmender Teil an Maschinen u. Geräten:* die F. eines Rades, eines Geschosses. **7.** ⟨o. Pl.⟩ (Amtsspr.) *das Führen* (8); *Fahren, Lenken:* die Berechtigung zur F. eines Kraftfahrzeugs. **8.** ⟨o. Pl.⟩ *das Führen* (9 e): ab sofort ist ihr die F. dieses Titels untersagt. **9.** ⟨o. Pl.⟩ *das Führen* (11 a): die F. der Geschäftsbücher.

Füh|rungs|an|spruch, der: *Anspruch auf Führung* (3): der F. der USA; seinen F. geltend machen.

Füh|rungs|ar|beit, die (Leichtathletik): *das Anführen des Feldes bei einem Langstreckenlauf durch einen Läufer, der das Tempo bestimmt:* sich bei, in der F. abwechseln.

Füh|rungs|auf|ga|be, die: *Aufgabe (einer, eines Vorgesetzten o. Ä.), das Führen* (2 a) *von Menschen betreffend:* mit einer F. betraut werden.

Füh|rungs|ebe|ne, die: *Führungsspitze.*

Füh|rungs|gre|mi|um, das: *Gremium, das die Führung* (1 a) *innehat.*

Füh|rungs|grup|pe, die: vgl. Führungsgremium.

Füh|rungs|kraft, die: **1.** *Person, die in leitender Stellung tätig ist; leitende Kraft* (3) *in einem Unternehmen:* die Arbeit der Führungskräfte. **2.** ⟨o. Pl.⟩ *Fähigkeit, Kraft* (1), *eine Führungsposition auszufüllen:* die F. des Präsidenten.

Füh|rungs|kri|se, die: *Krise in der Führung* (1 a).

füh|rungs|los ⟨Adj.⟩: *ohne Führung* (1 a).

Füh|rungs|lo|sig|keit, die; -: *das Führungslossein.*

Füh|rungs|of|fi|zier, der (DDR): *Offizier des Staatssicherheitsdienstes, der Agenten betreut.*

Füh|rungs|po|si|ti|on, die: *führende Stellung:* eine F. innehaben.

Füh|rungs|qua|li|tät, die ⟨oft Pl.⟩: vgl. Führungskraft (2): sie besitzt natürliche -en.

Füh|rungs|rol|le, die: *führende Rolle.* (5 b)

Füh|rungs|schicht, die: *Schicht* (2), *die im gesellschaftlichen, wirtschaftlichen, politischen o. ä. Bereich maßgebend ist:* die politische, geistige F.

Füh|rungs|schie|ne, die (Technik): *bei bestimmten Maschinen, Fahrzeugen o. Ä. vorhandene Schiene, die die Bewegungsrichtung von Maschinenteilen o. Ä. bestimmt.*

Füh|rungs|schwä|che, die: *Mangel an Fähigkeit zu führen* (3 a); *Schwäche* (2 b) *bei der Führung* (1 a) *von etw.*

Füh|rungs|spit|ze, die: *die Führung* (1 a) *innehabende Personengruppe:* die F. der Partei.

Füh|rungs|stab, der: **1. a)** *organisatorische Spitze der Bundeswehrstreitkräfte;* **b)** *organisatorische Spitze einer einzelnen Waffengattung.* **2.** *organisatorische Spitze, Leitung eines größeren Industrieunternehmens.*

Füh|rungs|stil, der: *Art u. Weise, in der jmd. seine Führungsaufgabe erfüllt (bes. im Umgang mit Untergebenen):* ein guter, schlechter F.

Füh|rungs|tor, das (Sport): *Tor, durch das eine Mannschaft in Führung* (3) *geht.*

Füh|rungs|tref|fer, der (Sport): vgl. Führungstor.

Füh|rungs|trup|pe, die: *(in der Bundeswehr) Truppe des Heeres, die für die nachrichtentechnische Verbindung, die Beobachtung u. Aufklärung zuständig ist u. so die Grundlagen für die Führung der Großverbände schafft.*

Füh|rungs|wech|sel, der: **1.** *Wechsel in der [politischen] Führung* (1 a): ein F. an der Spitze der Partei. **2.** (Sport) *Wechsel in der führenden Stellung einer Meisterschaftsklasse o. Ä.*

Füh|rungs|zeug|nis, das: **1.** *polizeiliches Zeugnis über etwaige im Strafregister eingetragene Strafen:* ein polizeiliches F. beibringen müssen. **2.** *Zeugnis des Arbeitgebers über Führung* (4) *u. Leistung eines Arbeitnehmers.*

Fuhr|un|ter|neh|men, das: *Unternehmen, das Transporte mit Lastwagen o. Ä. ausführt.*

Fuhr|un|ter|neh|mer, der: *Inhaber eines Fuhrunternehmens.*

Fuhr|un|ter|neh|me|rin, die: w. Form zu ↑Fuhrunternehmer.

uhr|werk, das [spätmhd. fürwerc]: **1.** *mit Zugtieren bespannter Wagen.* **2.** (österr.) *Lastwagen.*

uhr|wer|ken ⟨sw. V.; hat⟩: **1.** (ugs. seltener) *herumfuhrwerken:* mit den Armen f.; Ü leichtfertig mit Geld f. *(umgehen).* **2.** (südd., österr.) *mit dem Fuhrwerk fahren.*

uhr|wer|ker, der (österr.): **a)** *Führer, Lenker eines Fuhrwerks;* **b)** *Unternehmer, der Transportaufträge mit einem Fuhrwerk ausführt.*

uhr|wer|ke|rin, die: w. Form zu ↑Fuhrwerker.

Ful|da, die; -: Quellfluss der Weser.

Ful|da: Stadt an der [1]Fulda.

Ful|da|er, der; -s, -: Ew.

Ful|da|er ⟨indekl. Adj.⟩.

ul|da|e|rin, die; -, -nen: w. Form zu ↑[1]Fuldaer.

ul|da|isch, ful|disch ⟨Adj.⟩: *Fulda, die Fuldaer betreffend.*

üll|blei|stift, der (schweiz.): *Drehbleistift.*

ull Dress, der; - -, (auch:) **Full|dress,** der; - [engl. full dress, aus: full = völlig, voll(ständig) u. dress, ↑Dress]: *einem offiziellen Anlass entsprechende Kleidung; Gesellschaftsanzug:* im F. D.

ül|le, die; -, -n [mhd. vülle, ahd. fullī, zu ↑voll]: **1.** ⟨o. Pl.⟩ *große Menge, Zahl; Vielfalt:* eine F. von Anregungen wurde/(auch:) wurden geboten; es gab Wein die F. (geh.; *im Überfluss*). **2.** (geh.) ⟨o. Pl.⟩ *volle Intensität; volles Maß; [volles Genügen verschaffender] Reichtum* (2), *der in etw. liegt:* die F. der Stimme; die ganze F. des Glücks; aus der F. der Erfahrungen. **3.** ⟨o. Pl.⟩ *Üppigkeit der körperlichen Erscheinung; Körperfülle:* in seiner ganzen F. saß er da. **4.** ⟨Pl. selten⟩ (landsch.) *Füllung* (2 a).

ül|len ⟨sw. V.; hat⟩ [mhd. vüllen, ahd. fullen, fulljan, Bewirkungswort zu ↑voll]: **1. a)** *durch Hineinfüllen, -schütten, -gießen von etw. voll machen; mit etw. anfüllen:* eine Flasche [mit Saft], einen Teller, einen Korb bis zum Rand f.; Ü die Zeit mit Erzählen von Geschichten f. *(ausfüllen);* der Saal war bis auf den letzten Platz gefüllt *(besetzt);* er hat eine gut gefüllte Brieftasche *(hat viel Geld);* dieser Jasmin ist gefüllt *(hat Blüten mit mehrfach übereinander liegenden Blütenblättern, die das Blüteninnere ausfüllen);* **b)** *mit einer Füllung* (2 a) *versehen:* die Gans f.; gefüllte Paprikaschoten; gefüllte *(eine cremeartige Füllung enthaltende)* Schokolade; **c)** *mit einer Füllung* (2 b) *versehen:* einen Zahn f. **2.** *in etw. schütten, einfüllen, hineinfließen lassen:* die Kartoffeln in Säcke, den Wein in Flaschen f. **3.** ⟨f. + sich⟩ *(von einem Raum, einem Gefäß o. Ä.) voll werden:* das Theater füllte sich bis auf den letzten Sitz; die Badewanne füllt sich langsam; ihre Augen füllten sich mit Tränen (geh.; *sie begann zu weinen*). **4.** *Platz in Anspruch nehmen, ausfüllen:* die Bücher füllen zwei Schränke; das Material füllt fünf Bände.

Fül|len, das; -s, - [mhd. vülī(n), ahd. fulī(n), Vkl. von ↑Fohlen] (geh.): *Fohlen.*

Fül|ler, der; -s, -: **1.** (ugs.) *Füllfederhalter:* mit einem F. schreiben. **2.** (Zeitungsw., Rundf., Fernsehen Jargon) *Artikel, der freien Raum in einer Zeitung füllen soll.*

Füll|fe|der, die (bes. südd., österr., schweiz.): *Füllfederhalter.*

Füll|fe|der|hal|ter, der: *Federhalter mit eingebautem, nachfüllbarem Tintenbehälter.*

Füll|ge|wicht, das: *Gewicht einer Ware beim Einfüllen in ein Behältnis.*

Füll|hal|ter, der: *Füllfederhalter.*

Füll|horn, das ⟨Pl. …hörner⟩ [für älteres »Horn der Fülle«, LÜ von lat. cornu copiae]: *(aus der antiken Mythologie stammendes) Sinnbild der Fülle u. des Überflusses (in Gestalt eines gewundenen Hornes, aus dem Früchte u. Blumen quellen).*

Full House ['fʊl 'haʊs], das; - -, - -s ['- 'haʊzɪz], (auch:) **Full|house,** das; -, -s [engl., eigtl. = volles Haus]: **1.** *Kombination von Spielkarten beim Poker aus drei u. zwei Karten mit jeweils dem gleichen Wert.* **2.** (ugs.) *volles Haus; drangvolle Enge:* bei der Geburtstagsfete hatten wir F. H.

fül|lig ⟨Adj.⟩ [aus dem Niederd. < mniederd. vüllīk, zu ↑Fülle]: **1. a)** *weiche, rundliche Körperformen aufweisend:* sie ist f. geworden; **b)** *üppig, weich:* -e Haare, Polster. **2.** *voll[tönend], voluminös.* **3.** (Fachspr.) *(von Weinen) bukettreich.*

Füll|ma|schi|ne, die: *Maschine, mit deren Hilfe bestimmte Massengüter abgefüllt werden.*

Füll|mas|se, die (Kochk.): *Füllung* (2 a).

Füll|ma|te|ri|al, das: vgl. Füllmasse.

Füll|mit|tel, das (Textilw.): *in Gewebe eingelagertes Mittel zur Erhöhung des Volumens.*

Füll|ort, der ⟨Pl. …örter⟩ (Bergbau): *im Bereich des Schachts gelegene Stelle auf einer Sohle, an der das Fördergut in den Förderkorb verladen wird.*

Füll|sel, das; -s, -: **1.** *etw., was in erster Linie dazu dient, eine Lücke auszufüllen:* Handtücher als F. in den Koffer tun. **2.** (landsch.) *[Fleisch]füllung in einem Fleischgericht; Füllung der [Brat]wurst.*

Full Ser|vice ['fʊl 'sə:vɪs], der; - -, - -s ['- 'sə:vɪsɪs], (auch:) **Full|ser|vice,** der; -, -s [engl. full service = volle Dienstleistung, aus: full = voll u. service, ↑[2]Service] (Wirtsch.): *Kundendienst, der alle anfallenden Arbeiten übernimmt.*

Full Speed ['fʊl 'spi:d], die; - -, (auch:) **Full|speed,** die; - [engl. full speed = volle Geschwindigkeit, aus: full = voll u. speed, ↑Speed]: *das Entfalten der Höchstgeschwindigkeit [eines Autos].*

Füll|stoff, der (Technik): *bei der Herstellung von Papier, Gummi o. Ä. verwendeter Zusatzstoff (wie z. B. Kreide), der besondere Eigenschaften des Industrieprodukts bewirkt.*

Full-Time-Job ['fʊltaɪm…], (auch:) **Full|time|job,** der [engl. full-time job, aus: full-time = Ganztags- (eigtl. = Vollzeit-) u. ↑Job]: *Ganztagsarbeit; Beschäftigung, die jmdn. ganz ausfüllt.*

Fül|lung, die; -, -en: **1.** ⟨Pl. selten⟩ (selten): *das Füllen* (1 a). **2. a)** *Masse, die (als besonderer Bestandteil) zur Anreicherung in bestimmte Speisen ([Fleisch]gerichte, Backwaren, Süßigkeiten) hineingefüllt wird;* **b)** *Masse, die den Hohlraum in einem Zahn nach dem Ausbohren der schadhaften Stelle verschließt;* **c)** *Material in Matratzen, Federbetten, Kissen.* **3.** *Teil der Tür innerhalb des Türrahmens; Türfüllung.* **4.** (Verslehre) *Senkungen u. Hebungen (in bestimmter Anordnung), die einen Verstakt füllen.*

Füll|wort, das ⟨Pl. …wörter⟩ (Sprachw., Literaturw.): *Wort mit geringem Aussagewert.*

ful|mi|nant ⟨Adj.⟩ [zu lat. fulminans (Gen.: fulminantis), 1. Part. von: fulminare = blitzen; mit dem Blitz treffen, zu: fulmen = Blitz(strahl)]: *sich in seiner außergewöhnlichen Wirkung od. Qualität schlagartig mitteilend; ausgezeichnet, glänzend, großartig:* ein -er Erfolg.

[1]**Fum|mel,** der; -s, - [niederd., zu ↑fummeln] (ugs., oft abwertend): *Kleid [aus billigem u. leichtem Stoff]:* ein billiger, schriller, teurer F.

[2]**Fum|mel,** die; -, -n (österr. Schimpfwort): *dumme Person.*

Fum|me|lei, die; -, -en ⟨Pl. selten⟩ (ugs.): *das Fummeln* (1, 2).

fum|me|lig ⟨Adj.⟩ (ugs.): **1.** *viel mühseliges Hantieren erfordernd, lästige Kleinarbeit notwendig machend:* diese Arbeit ist mir zu f. **2.** *nervös u. [zornig] erregt:* das hat mich f. gemacht.

fum|meln ⟨sw. V.; hat⟩ [aus dem Niederd. < spätmniederd. fummelen, urspr. wohl lautm.]: **1.** (ugs.) **a)** *mit den Händen tastend, suchend sich zu schaffen machen:* an einer Waffe, an einem Gerät f.; **b)** *mühsam hinein- od. herausbringen:* Geld aus der Tasche f.; **c)** *zustande bringen:* irgendwie fummelte sie sich einen Salat; **d)** *jmdn. als Form des erotisch-sexuellen Kontakts berühren, streicheln:* ein bisschen [mit Mädchen] f. **2.** (Fußball Jargon) *zu häufig u. zu lange dribbeln.*

Fumm|ler, der; -s, -: **1.** (ugs.) *jmd., der fummelt* (1 a–c). **2.** (Fußball Jargon) *Spieler, der [allzu] gern u. häufig dribbelt.* **3.** (ugs. abwertend) *männliche Person, die fummelt* (1 d).

Fumm|le|rin, die; -, -nen: w. Form zu ↑Fummler (1, 2).

Fun [fan], der; -s [engl. fun]: *Spaß, den jmd. bei bestimmten Tätigkeiten hat:* F. haben.

Func|tio|nal Food ['faŋkʃənəl fʊt], das; - -[s], - -s [engl. functional food, aus: functional = zweckmäßig u. food = Essen]: *Lebensmittel, das neben der Ernährung noch einen weiteren Zweck erfüllen (z. B. die Gesundheit fördern) soll.*

Fund, der; -[e]s, -e [mhd. vunt, zu ↑finden]: **1.** *das Finden, Auffinden von etw.; Entdeckung von etw. [durch Forschen o. Ä.]:* ein glücklicher F.; der F. der Geldbörse; den F. bei der Polizei melden.; einen seltsamen, grausigen F. machen *(etw. Seltsames, Grausiges finden, entdecken).* **2.** *etw., was gefunden, aufgefunden, [durch Forschen o. Ä.] entdeckt worden ist:* archäologische -e.

Fun|da|ment, das; -[e]s, -e [lat. fundamentum, zu: fundare, ↑fundieren]: **1. a)** *bis auf tragfähigen Untergrund hinabgeführter Unterbau eines Bauwerks:* das F. gießen, mauern; das F. für ein Gebäude legen; ein F. *(den Raum für ein Fundament)* ausbaggern; ein Haus bis auf die -e abreißen; die Halle ist bis auf die -e niedergebrannt; **b)** *Unterbau, Sockel einer Maschine.* **2.** *[geistige] Grundlage, Basis:* die sittlichen -e der abendländischen Kultur; das F. zur Zivilisation legen; das Abitur bildet ein solides F. für die weitere Berufsausbildung; etw. in seinem F. erschüttern.

fun|da|men|tal ⟨Adj.⟩ [spätlat. fundamentalis]: *ein Fundament* (2) *darstellend; grundlegend, von entscheidender Bedeutung:* eine -e Erkenntnis, Frage, Leistung; ein -er Irrtum; F. anders; sich f. unterscheiden.

Fun|da|men|tal|bass, der (Musik): *ideeller Basston, auf dem sich die Harmonie aufbaut, ohne dass er selbst erklingen muss.*

Fun|da|men|tal|be|griff, der: *Grundbegriff.*

Fun|da|men|ta|lis|mus, der; - [a: engl. fundamentalism, zu: fundamental, ↑fundamental]: **a)** *geistige Haltung, Anschauung, die durch kompromissloses Festhalten an [ideologischen, religiösen] Grundsätzen gekennzeichnet ist [u. das politische Handeln bestimmt]:* religiöser F.; **b)** *streng bibelgläubige Richtung des amerikanischen Protestantismus.*

Fun|da|men|ta|list, der; -en, -en: *Vertreter, Anhänger des Fundamentalismus.*

Fun|da|men|ta|lis|tin, die; -, -nen: w. Form zu ↑Fundamentalist.

fun|da|men|ta|lis|tisch ⟨Adj.⟩: *zum Fundamentalismus gehörend, ihn vertretend.*

Fun|da|men|tal|op|po|si|ti|on, die (bes. Politik): *grundsätzliche, prinzipielle, alle Aspekte umfassende Opposition* (1).

Fun|da|men|tal|satz, der: *grundlegender Lehrsatz:* der F. der Algebra.

fun|da|men|tie|ren ⟨sw. V.; hat⟩: **1.** *mit einem Fundament* (1) *versehen, ein Fundament für etw. legen:* ein Gebäude f. **2.** (bildungsspr.) *mit einem Fundament* (2) *versehen:* eine Theorie f.

Fun|da|men|tie|rung, die; -, -en: *das Fundamentieren.*

Fund|amt, das (bes. österr.): *Fundbüro.*

Fun|da|ti|on, die; -, -en [lat. fundatio = Gründung, zu: fundare, ↑fundieren]: **1.** (schweiz.) **a)** *Fundament* (1 a); **b)** *Fundamentierung.* **2.** *[kirchliche] Stiftung.*

Fund|bü|ro, das: *amtliche Stelle, auf der Fundsachen abgegeben u. abgeholt werden können.*

Fund|ge|gen|stand, der: **a)** *Fundsache;* **b)** *archäologischer Fund* (2).

Fund|gru|be, die [urspr. = Grube, in der zuerst ein umfangreicher Erzfund bloßgelegt wird]: *etw., was für ein bestimmtes Interesse sehr ergiebig, wertvoll, von großer Bedeutung ist:* der Flohmarkt ist eine echte F. für die Besucher.

Fun|di, der; -s, -s (Jargon): *Fundamentalist (bes. als Vertreter einer Gruppierung bei den [4]Grünen).*

fun|die|ren ⟨sw. V.; hat⟩ [lat. fundare = den Grund legen (für etw.), zu: fundus, ↑Fundus]: **1. a)** *auf eine finanzielle Grundlage stellen, mit den nötigen Mitteln versehen, finanziell sichern:* ⟨meist im 2. Part.:⟩ ein gut fundiertes Unternehmen; eine fundierte (Finanzw.; *[durch Grundbesitz] sichergestellte, gedeckte*) Schuld; **b)** (bildungsspr.) *durch eine Grundlage, ein Funda-*

ment (2) *in seinem realen Bestand unterstützen, festigen, sichern:* eine militärisch fundierte Machtstellung. **2.** *auf ein Fundament* (2), *auf eine geistige Grundlage stellen u. dadurch sichern, [be]gründen, untermauern:* eine Politik theoretisch f.; ⟨meist im 2. Part.:⟩ ein fundiertes Wissen; fundierte *(gute)* Kenntnisse; eine fundierte *(wohlbegründete)* Kritik.

fün|dig ⟨Adj.⟩ [zu ↑Fund] (Bergbau, Geol.): *ergiebig, reich an Bodenschätzen:* ein -er Boden; ***f. werden** (1. *bei Bohrungen o. Ä. auf Lagerstätten stoßen.* 2. *nach längerem Suchen, Forschen etw. entdecken, auf etw. stoßen:* bei der Suche nach einer Wohnung f. werden).

Fund|lü|cke, die (Prähist.): *Hiat* (4).

Fund|ort, der: ⟨Pl. -e⟩: *Ort, an dem etw. gefunden wurde.*

Fund|sa|che, die: *gefundene Sache, die ein anderer verloren hat.*

Fund|stät|te, die: vgl. Fundort.

Fund|stel|le, die: **1.** *Fundort.* **2.** *Fundbüro.*

Fund|stück, das: *Fundgegenstand* (b).

Fun|dus, der; -, - [lat. fundus = Boden, Grund(lage)]: **1.** *[Abteilung mit der] Gesamtheit der Kostüme, Requisiten u. anderer Ausstattungsmittel bei Theater, Film o. Ä.:* die alte Dekoration kommt in den F. **2.** *[geistiger] Grundstock, Bestand, auf den jmd. bei Bedarf zurückgreifen kann:* ein reicher, unschätzbarer F. von/an Erfahrungen. **3.** ⟨Pl. auch ...di⟩ (Med.) *[Hinter]grund, Boden eines Organs.* **4.** (hist.) *Grund u. Boden; Grundstück.*

fünf ⟨Kardinalz.⟩ [mhd. vünv, vunv, ahd. funf, finf; vgl. griech. pénte (pémpe), ↑Pfingsten] (als Ziffer: 5): vgl. acht: R es ist f. [Minuten] vor zwölf *(es ist höchste Zeit einzugreifen, etw. zu stoppen);* ***fünf[e] gerade sein lassen** (ugs.; *etw. nicht so genau nehmen).*

Fünf, die; -, -en: **a)** *Ziffer 5;* **b)** *Spielkarte mit fünf Zeichen;* **c)** *Anzahl von fünf Augen beim Würfeln;* **d)** *Zeugnis-, Bewertungsnote 5;* **e)** (ugs.) *[Straßen]bahn, Omnibus der Linie 5;* vgl. [1]Acht.

fünf|bän|dig ⟨Adj.⟩: vgl. achtbändig.

Fünf|eck, das: vgl. Achteck.

fünf|eckig ⟨Adj.⟩: vgl. achteckig.

fünf|ein|halb ⟨Bruchz.⟩ (in Ziffern: $5\frac{1}{2}$): vgl. achteinhalb.

Fün|fer, der; -s, - (ugs.): **1.** *Fünfpfennigstück.* **2.** *fünf Zahlen, auf die ein Gewinn fällt:* ein F. im Lotto. **3.** (landsch.) *Fünf* (a, c, d, e).

fün|fer|lei ⟨best. Gattungsz.; indekl.⟩: vgl. achterlei.

Fün|fer|rei|he, die: vgl. Achterreihe.

Fünf|eu|ro|schein, (mit Ziffer: 5-Euro-Schein), der: *Banknote im Wert von fünf Euro.*

fünf|fach ⟨Vervielfältigungsz.⟩ (mit Ziffer: 5fach): vgl. achtfach.

Fünf|fa|che, das; -n ⟨Dekl. ↑[2]Junge, das⟩: vgl. Achtfache.

fünf|fäl|tig ⟨Adj.⟩: vgl. achtfältig.

Fünf|flach, das; -[e]s, -e, **Fünf|fläch|ner,** der; -s, -: *Pentaeder.*

Fünf|fran|ken|stück, (mit Ziffer: 5-Franken-Stück), das: *schweizerische Münze im Wert von fünf Franken.*

fünf|fü|ßig ⟨Adj.⟩ (Verslehre): *fünf Versfüße, Takte enthaltend; in einer Anordnung von fünf Versfüßen:* -e Jamben.

Fünf|gang|ge|trie|be, das (Kfz-T.): *Schaltgetriebe mit fünf* [1]*Gängen* (6 a).

Fünf|gang|me|nü, das: *aus fünf* [1]*Gängen* (9) *bestehendes Menü* (1).

fünf|ge|schos|sig ⟨Adj.⟩: vgl. achtgeschossig.

fünf|hun|dert ⟨Kardinalz.⟩ (in Ziffern: 500): vgl. hundert.

Fünf|hun|dert|mark|schein, der: vgl. Fünfmarkschein.

Fünf|jah|res|plan, Fünfjahrplan, der: *für fünf Jahre aufgestellter Volkswirtschaftsplan in einer [sozialistischen] Planwirtschaft.*

fünf|jäh|rig ⟨Adj.⟩: vgl. achtjährig.

Fünf|jäh|ri|ge, der u. die; -n, -n (mit Ziffer: 5-Jährige): vgl. Achtjährige.

fünf|jähr|lich ⟨Adj.⟩: vgl. achtjährlich.

Fünf|jahr|plan: ↑Fünfjahresplan.

Fünf|kampf, der: *sportlicher Wettkampf in fünf Disziplinen:* ***moderner F.** *(sportlicher Mehrkampf für Frauen u. Männer, der aus den Disziplinen Springreiten, Degenfechten, Schwimmen, Schießen u. Geländelauf besteht).*

Fünf|li|ber, der [eigtl. = Taler im Wert von 5 frz. Franc, nach frz. livre < lat. libra = Pfund] (schweiz. ugs.): *Fünffrankenstück.*

Fünf|ling, der; -s, -e: *eines von fünf gleichaltrigen Geschwistern.*

fünf|mal ⟨Wiederholungsz.; Adv.⟩: vgl. achtmal.

fünf|ma|lig ⟨Adj.⟩ (mit Ziffer: 5-malig): vgl. achtmalig.

Fünf|mark|schein, (mit Ziffer: 5-Mark-Schein), der: *Banknote im Wert von fünf Mark.*

Fünf|mark|stück, (mit Ziffer: 5-Mark-Stück), das: *Münze im Wert von fünf Mark.*

Fünf|me|ter|raum, der (Fußball): *Torraum.*

fünf|mo|na|tig ⟨Adj.⟩: vgl. achtmonatig.

fünf|mo|nat|lich ⟨Adj.⟩: vgl. achtmonatlich.

Fünf|pfen|nig|stück, das: vgl. Fünfmarkstück.

Fünf|pro|zent|hür|de, die (ugs.): vgl. Fünfprozentklausel.

fünf|pro|zen|tig ⟨Adj.⟩: vgl. dreiprozentig.

Fünf|pro|zent|klau|sel, (mit Ziffer: 5-Prozent-Klausel, mit Ziffer u. Zeichen: 5 %-Klausel), die: *Bestimmung, nach der nur solche Parteien eine Fraktion bilden dürfen, die mindestens 5 % der im Wahlgebiet abgegebenen gültigen Stimmen erhalten haben.*

Fünf|raum|woh|nung, die (regional): vgl. Dreiraumwohnung.

fünf|sai|tig ⟨Adj.⟩: *mit fünf Saiten bespannt:* -e Streichinstrumente.

fünf|schif|fig ⟨Adj.⟩: *(von Kirchen) aus Mittelschiff u. zwei verdoppelten Seitenschiffen bestehend:* eine -e Basilika.

fünf|sei|tig ⟨Adj.⟩: vgl. achtseitig.

fünf|stel|lig ⟨Adj.⟩: vgl. achtstellig.

Fünf|ster|ne|ho|tel, das: *Hotel der Luxusklasse mit höchstem Komfort.*

fünf|stö|ckig ⟨Adj.⟩: vgl. achtstöckig.

fünft: in der Fügung **zu f.** *(als Gruppe von fünf Personen):* zu f. spielen.

fünft... ⟨Ordinalz. zu ↑fünf⟩ [mhd. fünfte, ahd. finfto] (als Ziffer: 5.): vgl. acht...: ⟨subst.:⟩ sie wurde nur Fünfte, der Fünfte; Karl der Fünfte.

Fünf|ta|ge|wo|che, die: *Verteilung der Wochenarbeitszeit auf fünf Wochentage.*

fünf|tä|gig ⟨Adj.⟩: vgl. achttägig.

fünf|täg|lich ⟨Adj.⟩: vgl. achttäglich.

fünf|tau|send ⟨Kardinalzahl⟩ (in Ziffern: 5 000): vgl. tausend.

Fünf|tau|sen|der, der: vgl. Achttausender.

Fünf|tau|send|me|ter|lauf, (mit Ziffern und Zeichen: 5 000-m-Lauf), der (Leichtathletik): *Wettbewerb im Laufen über 5 000 Meter.*

fünf|tei|lig ⟨Adj.⟩: vgl. achtteilig.

fünf|tel ⟨Bruchz.⟩ (als Ziffer $\frac{}{5}$): vgl. achtel.

Fünf|tel, das, schweiz. meist: der; -s, - [mhd. fünfteil]: vgl. Achtel (a).

fünf|tens ⟨Adv.⟩ (als Ziffer: 5.): vgl. achtens.

Fünf|uhr|tee, der: *Tee* (4) *gegen fünf Uhr nachmittags.*

Fünf|uhr|zug, der: vgl. Achtuhrzug.

Fünf|und|drei|ßig|stun|den|wo|che, (mit Ziffern: 35-Stunden-Woche), die: *Arbeitszeit von 35 Stunden in der Woche.*

fünf|und|ein|halb ⟨Bruchzahl⟩: vgl. achtundeinhalb.

fünf|vier|tel ⟨Bruchz.⟩ (in Ziffern: $\frac{5}{4}$).

fünf|wö|chent|lich ⟨Adj.⟩: vgl. achtwöchentlich.

fünf|wö|chig ⟨Adj.⟩: vgl. achtwöchig.

fünf|zehn ⟨Kardinalz.⟩ [mhd. vünfzehen, ahd. finfzehen] (in Ziffern: 15): vgl. acht.

fünf|zehn|hun|dert ⟨Kardinalz.⟩ (in Ziffern: 1 500): *eintausendfünfhundert.*

fünf|zehn|jäh|rig ⟨Adj.⟩: vgl. achtzehnjährig.

fünf|zig ⟨Kardinalz.⟩ [mhd. vünfzec, ahd. fimfzuc] (in Ziffern: 50): vgl. achtzig.

Fünf|zig, die; -: vgl. Achtzig.

Fünf|zig|cent|stück, (mit Ziffern: 50-Cent-Stück), das: *Münze im Wert von fünfzig Cent.*

fünf|zi|ger ⟨indekl. Adj.⟩ (mit Ziffern: 50er): vgl. achtziger.

Fünf|zi|ger, der; -s, -: **1.** (ugs.) *Fünfzigpfennigstück.* **2.** vgl. Achtziger, Fuffziger.

Fünf|zi|ge|rin, die; -, -nen: vgl. Achtzigerin.

Fünf|zi|ger|jah|re ⟨Pl.⟩: vgl. Achtzigerjahre.

Fünf|zig|eu|ro|schein, (mit Ziffern: 50-Euro-Schein), der: vgl. Fünfeuroschein.

Fünf|zig|gro|schen|stück, das: *österreichische Münze im Wert von fünfzig Groschen.*

fünf|zig|jäh|rig ⟨Adj.⟩: vgl. dreißigjährig.

Fünf|zig|ki|lo|me|ter|ge|hen, (meist mit Ziffern u. Zeichen: 50-km-Gehen), das (Leichtathletik): *Wettbewerb im Gehen über fünfzig Kilometer.*

Fünf|zig|mark|schein, (mit Ziffern: 50-Mark-Schein), der: vgl. Fünfmarkschein.

Fünf|zig|pfen|nig|stück, das: vgl. Fünfpfennigstück.

fünf|zigst... ⟨Ordinalz. zu ↑fünfzig⟩ [mhd. vünfzigist, ahd. finfzugōsto] (in Ziffern: 50.): vgl. fünft...

Fünf|zim|mer|woh|nung, die: vgl. Dreizimmerwohnung.

fun|gi|bel ⟨Adj.⟩ [mlat. fungibilis, zu lat. fungi, ↑fungieren]: **1.** (Rechtsspr.) *austauschbar, ersetzbar:* fungible *(bewegliche, im Verkehr nach Maß, Zahl u. Gewicht zu bestimmende)* Sachen, Waren. **2.** (bildungsspr., häufig abwertend) *in beliebiger Funktion einsetzbar; auf verschiedene Weise verwendbar.*

fun|gie|ren ⟨sw. V.; hat⟩ [lat. fungi (2. Part.: functum) = verrichten, vollbringen; verwalten] *eine bestimmte Funktion ausüben, eine bestimmte Aufgabe haben, zu etw. da sein:* die Köchin fungierte als Trauzeugin.

Fu|ni|cu|laire [fynikyˈlɛ:ɐ̯], das; -[s], -s [frz. funiculaire, zu lat. funiculus = dünnes Seil, Strick, Vkl. von: funis = Seil, Tau] (bes. schweiz.): *Drahtseilbahn.*

[1]Funk [faŋk], der; -s [engl.-amerik. funk, für: funky music, aus: funky = einfach, derb, eigtl. = stinkend, zu: funk = starker Geruch, Gestank (H. u.) u. music = Musik]: **a)** *meist von Schwarzen in Amerika gespielte Popmusik, die eine Art Mischung aus Pop u. Jazz darstellt;* **b)** *bluesbetonte u. auf Elemente der Gospelmusik zurückgreifende Spielweise im Jazz.*

[2]Funk, der; -s [zu ↑funken (1)]: **1.** ⟨meist ohne Artikel⟩ **a)** *drahtlose Übertragung von Sendungen durch elektromagnetische Wellen mittels besonderer Sende- u. Empfangsgeräte:* jmdn., etw. über F. anfordern; **b)** *Funkgerät:* ein Taxi mit F. **2.** kurz für ↑Rundfunk (1): F. und Fernsehen.

Funk|ama|teur, der: *jmd., der mit behördlicher Genehmigung als Amateur* (1 a) *mithilfe eines Funkgerätes Funksprüche empfangen u. senden kann.*

Funk|ama|teu|rin, die: w. Form zu ↑Funkamateur.

Funk|an|la|ge, die: *Anlage zur Übermittlung von Nachrichten, Bildern o. Ä. über* [2]*Funk* (1 a).

Funk|aus|stel|lung, die: *Ausstellung neu entwickelter Geräte u. Anlagen im Bereich des Funkwesens.*

Funk|be|trieb, der: *Tätigkeit des Funkens* (1).

Funk|bild, das: *durch* [2]*Funk* (1 a) *übermitteltes aktuelles Foto o. Ä.*

Funk|brü|cke, die: *besondere Funkanlage, durch die größere Entfernungen überbrückt werden.*

Fünk|chen, das; -s, -: Vkl. zu ↑Funke (1): ***ein F. [von]** (↑Funke 1).

Fun|ke, der; -ns, -n, Funken, der; -s, - [1: mhd. (md.) vunke, ahd. funcho, entstanden aus den mit -n- geb. Formen des ↑Feuer zugrunde liegenden Subst.; 2: urspr. = Kölner Stadtsoldat (wohl nach der roten Uniform)]: **1.** *glimmendes, glühendes Teilchen, das sich bei Verbrennungs- u. Reibungsvorgängen od. bei der Funkenentladung [von einer brennenden Materie] löst [u. durch die Luft fliegt]:* ein elektrischer F.; eine Funken sprühende Wunderkerze; Ü der F. der Begeisterung; es fehlt der zündende F. *(etwas, was mitreißt);* der F. sprang über *(jmd. gewann* *plötzlich eine Beziehung zu jmdm., etw.);* ihre Augen sprühten Funken *(blitzten vor Erregung);* ein Funken sprühender *(brillanter)* Geist; * **ein Funken [von]** *(ein geringes Maß [von], ein bisschen):* ein Funken Hoffnung besteht; keinen Funken [von] Ehrgefühl [im Leibe] haben; **[mit etw.] den Funken ins Pulverfass werfen** *(durch etw. Unbedachtes, Geringfügiges ein Verhältnis, eine Lage so weit verschlimmern, dass es zum offenen Konflikt kommt);* **... dass die Funken stieben/sprühen/fliegen** *(mit sehr großem Eifer, sehr intensiv):* sie haben gearbeitet, dass die Funken stoben. 2. ⟨meist Pl.⟩ *(in der historischen Uniform der Kölner Stadtsoldaten auftretende) Figur des [Kölner] Karnevals.*

ụn|keln ⟨sw. V.; hat⟩ [mhd. vunkeln = Funken geben, blinken; Iterativbildung zu vunken, ↑funken]: *funkenähnlich aufleuchtendes, ständig wechselndes Licht, Lichtreflexe von sich geben:* die Sterne, Brillanten, Brillengläser funkeln; der Ring funkelte golden; funkelnder Wein.

ụn|kel|na|gel|neu ⟨Adj.⟩ [zusgez. aus älterem funkelneu u. ↑nagelneu] (ugs.): *gerade erst hergestellt od. erworben u. noch vollkommen neu:* ein -er Schreibtisch.

ụn|ken ⟨sw. V.; hat⟩ [2: mhd. vunken = Funken von sich geben; blinken, schimmern; 1: eigtl. = durch Funken übermitteln; zu ↑Funke (1)]: 1. *durch* ²*Funk* (1 a) *übermitteln:* SOS f.; das Raumschiff hat Messdaten zur Bodenstation gefunkt. 2. *Funken* (1) *sprühen, von sich geben:* die Oberleitung der Bahn funkt. 3. (ugs.) *funktionieren:* der Apparat funkt nicht; Ü der Laden funkt *(die Sache verläuft wunschgemäß).* 4. (ugs.) *schießen:* die feindliche Artillerie funkte pausenlos; * **es funkt** (ugs.; 1. *es gibt Schläge, Prügel:* wenn du nicht hörst, funkt es! 2. *es gibt eine Auseinandersetzung:* zu Hause funkt es.). 3. *jmd. versteht, merkt, begreift endlich etw.:* es dauert lange, bis es bei ihr funkt. 4. *etw. glückt, gelingt [wie geplant].* 5. *ein enger persönlicher Kontakt, eine Liebesbeziehung entsteht:* bei den beiden hat es offenbar gefunkt).

Fụn|ken: ↑Funke.

Fụn|ken|ent|la|dung, die: *schlagartige elektrische Entladung, die von Funkenbildung, Leuchterscheinungen, Knistern od. Knall begleitet ist.*

Fụn|ken|flug, der ⟨Pl. selten⟩: *[anhaltendes] Fortfliegen von Funken.*

ụn|ken|in|duk|tor, der (Elektrot.): *Transformator zur Umwandlung von Gleichstrom in Wechselstrom mit hoher Spannung.*

ụn|ken|ma|rie|chen, das; -s, - [nach einer Marketenderin der Kölner Stadtsoldaten, ↑Funke (2)]: *als Tänzerin auftretende Begleiterin der Funken* (2).

Fụn|ken|re|gen, der: *große Funkenmenge, die sich über etw. ergießt.*

Fụn|ken|sonn|tag, der: *erster Fastensonntag, an dem im schwäbisch-alemannischen Raum (neben anderen Bräuchen) auf der Anhöhe ein Holzstoß entzündet wird.*

Fụn|ken sprü|hend: s. Funke (1).

fụnk|ent|stö|ren ⟨sw. V.; hat; meist im Inf. u. im 2. Part. gebr.⟩: *Funkstörungen durch bestimmte Maßnahmen (z. B. Verwendung von Kondensatoren an der Störquelle) ausschalten od. verringern:* Kraftfahrzeuge f.

Fụnk|ent|stö|rung, die: *das Funkentstören.*

Fụn|ker, der; -s, - [zu ↑funken (1)]: 1. *jmd., der für die drahtlose Nachrichtenübermittlung im militärischen od. zivilen Bereich (Seeschifffahrt, Post) ausgebildet ist* (Berufsbez.). 2. (Milit.) *Soldat des untersten Dienstgrades bei der Fernmeldetruppe.*

Fụn|ke|rin, die; -, -nen: w. Form zu ↑Funker (1).

Fụnk|ge|rät, das: *Sende- u. Empfangsgerät für die Nachrichtenübermittlung über* ²*Funk* (1 a).

Fụnk|haus, das: *Gebäude[komplex] eines Rundfunksenders, u. a. mit Studios für Ton- u. Fernsehsendungen.*

Fụn|kie, die; -, -n [nach dem dt. Apotheker Funck]: *(zu den Liliengewächsen gehörende) Pflanze mit großen, grundständigen, durch zahlreiche parallel verlaufende Adern gekennzeichneten Blättern u. in einer Traube wachsenden Blüten von bläulicher od. weißer Farbe.*

fun|kig [ˈfaŋkɪç; zu ↑¹Funk, nach engl.-amerik. funky] ⟨Adj.⟩ (Jargon): *in der Art des* ¹*Funk, wie* ¹*Funk geartet:* -er Rock.

Fụnk|kol|leg, das: *wissenschaftliche Vorlesungsreihe im Hörfunk als eine Form des Fernstudiums.*

Fụnk|kon|takt, der: *Kontakt mit einer Funkstation:* F. aufnehmen.

Fụnk|mess|ge|rät, das: *Radargerät.*

Fụnk|mess|tech|nik, die: *Verfahren, mithilfe elektromagnetischer Wellen die Entfernung, Flughöhe, Wassertiefe o. Ä. von Objekten zu bestimmen; Radartechnik.*

Fụnk|pei|lung, die: *mit einem speziellen Gerät erfolgende Ermittlung der Richtung, in der sich ein Sender befindet.*

Fụnk|schat|ten, der (Funkw.): *toter Bereich hinter einem Hindernis für die Ausbreitung von Funkwellen.*

Fụnk|si|gnal, das: *Funkzeichen.*

Fụnk|sprech|ge|rät, das: *[kleines, handliches] Gerät zur drahtlosen Nachrichtenübermittlung über kurze Entfernungen.*

Fụnk|sprech|ver|kehr, der: *drahtlose Nachrichtenübermittlung über kurze Entfernungen.*

Fụnk|spruch, der: *durch Funk* (1 a) *übermittelte Nachricht:* einen F. auffangen.

Fụnk|sta|ti|on, die: *[Sende]station mit einer Funkanlage.*

Fụnk|stil|le, die: **a)** *Unterbrechung des Funkverkehrs;* **b)** *Sendepause im Rundfunk.*

Fụnk|stö|rung, die: *Störung des Bild- u. Tonempfangs durch elektromagnetische Schwingungen.*

Fụnk|strei|fe, die: *im Funkstreifenwagen fahrende Polizeistreife:* die F. alarmieren.

Fụnk|strei|fen|wa|gen, der: *mit einer Sprechfunkanlage ausgerüstetes Auto einer Polizeistreife:* einen F. herbeirufen.

Fụnk|ta|xi, das: *Taxi, das durch Sprechfunk mit der Zentrale in Verbindung steht u. von dort seine Fahraufträge erhält.*

Fụnk|tech|nik, die: *Teilgebiet der Nachrichtentechnik mit allen technischen Verfahren u. Geräten zur drahtlosen Übermittlung von Signalen mithilfe von Funkwellen.*

fụnk|tech|nisch ⟨Adj.⟩: *die Funktechnik betreffend.*

Fụnk|te|le|fon, das: *Telefon, das über* ²*Funk* (1 a) *arbeitet.*

Fụnk|te|le|gra|fie, die: *drahtlose Telegrafie.*

Fụnk|te|le|gramm, das: *durch* ²*Funk* (1 a) *übermitteltes Telegramm.*

Funk|ti|on, die; -, -en [lat. functio = Verrichtung; Geltung, zu: fungi, ↑fungieren]: **1. a)** ⟨o. Pl.⟩ *Tätigkeit; das Arbeiten* (z. B. eines Organs); **b)** *Amt od. Stellung, die jmd. in einem größeren Ganzen hat:* eine leitende F. [in der Partei] innehaben; **c)** *[klar umrissene] Tätigkeit, Aufgabe innerhalb eines größeren Zusammenhanges; Rolle:* die -en des Gehirns; die F. der Kunst in der modernen Gesellschaft; das Gremium hat nur beratende F.; die Anlage ist außer, wieder in F. *(arbeitet nicht, wieder);* in solchen Fällen tritt der Krisenstab in F. *(wird tätig).* **2.** (Math.) *Abbildung* (3): eine algebraische F.; eine F. mit zwei Variablen; eine F. von A in die Menge B.

funk|ti|o|nal ⟨Adj.⟩: *die Funktion* (1 c) *betreffend, auf die Funktion bezogen, der Funktion entsprechend:* ein -er *(zweckmäßiger, von seiner Funktion her bestimmter)* Stil; die -e (Sprachw.; *an der sprachlichen Funktion der grammatischen Formen orientierte)* Grammatik.

funk|ti|o|na|li|sie|ren ⟨sw. V.; hat⟩ (bes. Wirtsch.): *dem Gesichtspunkt der Funktion* (1 c) *entsprechend gestalten.*

Funk|ti|o|na|li|sie|rung, die; -, -en ⟨Pl. selten⟩ (bes. Wirtsch.): *das Funktionalisieren:* die F. der Wirtschaftspolitik.

Funk|ti|o|na|lis|mus, der; -: **1.** *sich aus dem Zweck eines Bauwerks od. Gebrauchsgegenstandes ableitende Gestaltungsweise in der modernen Architektur u. im Design.* **2.** *psychologische Theorie, nach der die psychologischen Funktionen* (1 c) *in Abhängigkeit von den biologischen Anlagen, bes. den Antrieben od. Bedürfnissen, zu sehen sind.*

Funk|ti|o|na|list, der; -en, -en: *Vertreter des Funktionalismus.*

Funk|ti|o|na|lis|tin, die; -, -nen: w. Form zu ↑Funktionalist.

funk|ti|o|na|lis|tisch ⟨Adj.⟩: *den Funktionalismus betreffend.*

Funk|ti|o|na|li|tät, die; -: *funktionale Beschaffenheit.*

Funk|ti|o|när, der; -s, -e [nach frz. fonctionnaire]: **a)** *hauptberuflicher od. ehrenamtlicher Beauftragter eines politischen, wirtschaftlichen, sozialen od. sportlichen Verbandes, der in Abhängigkeit von einer solchen Organisation handelt u. ihren Interessen dient;* **b)** (schweiz.) *Beamter.*

Funk|ti|o|nä|rin, die; -, -nen: w. Form zu ↑Funktionär.

funk|ti|o|nell ⟨Adj.⟩ [nach frz. fonctionnel]: **1. a)** *auf die Leistung bezogen, durch Leistung bedingt:* -e Gruppen (Chemie; *Atomgruppen in organischen Molekülen, bei denen charakteristische Reaktionen ablaufen können);* **b)** *die Funktion* (1 c) *erfüllend, im Sinne der Funktion wirksam; das Funktionieren, die Funktionen betreffend, eine bestimmte Funktion habend:* nach -en Prinzipien; etw. f. gestalten. **2.** (Med.) *die Leistungsfähigkeit des Organs betreffend; mit der normalen bzw. gestörten Funktion eines Organs zusammenhängend:* -e Störungen; -e Erkrankung *(Erkrankung, bei der nur die Funktion eines Organs gestört, dieses aber nicht krankhaft verändert ist).*

funk|ti|o|nie|ren ⟨sw. V.; hat⟩ [nach frz. fonctionner]: **1.** *intakt sein u. durch Zusammenwirken bestimmter [technischer] Vorgänge die Funktion* (1 c) *erfüllen:* wie funktioniert das?; der Apparat funktioniert nicht; Ü die Organisation funktionierte *(klappte)* reibungslos. **2.** (ugs.) *sich bestimmten Normen entsprechend, angepasst verhalten.*

Funk|ti|ons|be|reich, der: *eine bestimmte Funktion betreffender Bereich.*

Funk|ti|ons|ein|heit, die: *funktionelle Einheit.*

funk|ti|ons|fä|hig ⟨Adj.⟩: *in der Lage, gut, dem Zweck entsprechend zu funktionieren.*

Funk|ti|ons|fä|hig|keit, die; -: *das Funktionsfähigsein.*

funk|ti|ons|ge|recht ⟨Adj.⟩: *seiner Funktion entsprechend [gestaltet]:* ein -er Arbeitsplatz.

Funk|ti|ons|glei|chung, die (Math.): *Darstellung einer Funktion* (2) *in Form einer algebraischen Gleichung.*

Funk|ti|ons|leis|te, die (EDV): *in Gestalt einer Leiste auf dem PC-Bildschirm erscheinende Aneinanderreihung von Icons, bei deren Anklicken eine Abfolge von Befehlen gestartet wird, um ein auf dem Icon in schriftlicher od. symbolischer Form dargestelltes Ergebnis zu erreichen.*

funk|ti|ons|los ⟨Adj.⟩: *keine Funktion erfüllend od. erkennen lassend:* ein -es Bauteil; etw. ist f.

Funk|ti|ons|prü|fung, die (Med.): *Untersuchung eines Körperorgans auf seine Leistungsfähigkeit.*

Funk|ti|ons|schwä|che, die ⟨o. Pl.⟩: *geschwächte Funktion bes. eines Organs.*

Funk|ti|ons|stö|rung, die ⟨meist Pl.⟩: *gestörte Funktion eines Organs.*

Funk|ti|ons|tas|te, die: *(mit »F« u. arabischer Ziffer gekennzeichnete) Taste auf dem Keyboard eines [Personal]computers, die vom Benutzer selbst mit bestimmten Funktionen belegt werden kann od. durch deren Betätigung ein bestimmter festgelegter Befehl ausgeführt werden kann.*

Funk|ti|ons|trä|ger, der: *Person, die bestimmte Funktionen ausübt.*

Funk|ti|ons|trä|ge|rin, die: w. Form zu ↑Funktionsträger.

funk|ti|ons|tüch|tig ⟨Adj.⟩: *gut, richtig funktionierend, funktionsfähig.*
Funk|ti|ons|tüch|tig|keit, die: *das Funktionstüchtigsein.*
Funk|ti|ons|verb, das (Sprachw.): *Verb in einem Funktionsverbgefüge.*
Funk|ti|ons|verb|ge|fü|ge, das (Sprachw.): *aus einer festen Verbindung von Substantiv u. Verb bestehendes Syntagma, bei dem der Verbinhalt verblasst ist u. das Substantiv den Inhalt der Wortverbindung bestimmt* (z. B. in Verbindung treten).
Funk|ti|ons|ver|lust, der (bes. Soziol.): *Verlust einer bestimmten [traditionellen] Funktion.*
Funk|ti|ons|wei|se, die: *Art u. Weise, wie etw. funktioniert.*
Funk|turm, der: *hoher Turm als Träger von Sende- od. Empfangsantennen.*
Funk|über|tra|gung, die: *Übertragung durch Funk[wellen].*
Funk|ver|bin|dung, die: vgl. Funkkontakt.
Funk|ver|kehr, der: *Nachrichtenaustausch zwischen Funkstationen.*
Funk|wa|gen, der: *Auto mit einer Funkanlage.*
Funk|wel|len ⟨Pl.⟩: *elektromagnetische Wellen (zur Signal- bzw. Nachrichtenübertragung).*
Funk|we|sen, das ⟨o. Pl.⟩: *Bereich u. alle Einrichtungen der drahtlosen Nachrichtenübermittlung.*
Funk|zei|chen, das: *in der drahtlosen Nachrichtenübermittlung verwendetes [Morse]zeichen.*
Fun|sport ['fan...], der [zu engl. fun, ↑Fun]: *unkonventioneller Sport, bei dem das Vergnügen im Vordergrund steht.*
Fun|sport|art ['fan...], die: *einzelne Disziplin* (3) *des Funsports.*
Fun|zel, die; -, -n [frühnhd. voncksel = Zündstoff, Zunder, zu ↑Funke (1)] (ugs. abwertend): *Lampe, Lichtquelle, die nicht viel Licht gibt.*
fun|ze|lig, funzlig ⟨Adj.⟩ (ugs. abwertend): *trübe, nicht viel Licht gebend:* eine -e Gaslaterne.
fun|zeln ⟨sw. V.; hat⟩ (ugs.): *schwaches Licht geben.*
funz|lig: ↑funzelig.
für [mhd. vür, ahd. furi = vor(aus), verw. mit ↑vor]: **I.** ⟨Präp. mit Akk.⟩ **1. a)** zur Angabe des Ziels, Zwecks, Nutzens: f. höhere Löhne kämpfen; **b)** zugunsten einer Person, Sache: wir sind f. Neuerungen, f. mehr Unterhaltung; ⟨subst.:⟩ das Für und Wider *(Vor- u. Nachteile)* erwägen. **2. a)** zur Angabe der Bestimmung, Zuordnung, Zugehörigkeit, Hinwendung: eine Sendung f. Kinder; das Buch ist f. dich; f. jmdn., etw. schwärmen; f. etw. keine Garantie übernehmen; das ist f. mich *(was mich betrifft)* [nicht] dasselbe; diese Ermahnung gilt auch f. dich *(gilt auch dir);* das ist ein schwerer Verlust f. uns; f. die Feuerwehr wurde Alarm gegeben; jmdn. ganz f. sich *(zu seinen eigenen Gunsten)* einnehmen; * **f. sich** *(allein):* f. sich leben, sitzen, spielen, wohnen; **b)** (ugs.) *[als Mittel geeignet] gegen:* ein Medikament f. Rheuma; Bier ist gut f. den Durst. **3.** zur Angabe einer Meinung, Beurteilung, Bewertung o. Ä.: etw. f. [nicht] sinnvoll halten; man sollte es nicht f. möglich halten! (Ausruf der Verwunderung). **4.** zur Angabe eines Grundes; *wegen:* sich f. etw. entschuldigen; sie schämte sich f. ihr Kleid. **5.** zur Angabe der Vertretung, des Ersatzes von jmdm., etw.; *anstelle:* f. andere die Arbeit machen; f. *(so viel wie)* zwei arbeiten; er spricht f. die ganze *(als Stellvertreter der)* Belegschaft. **6.** zur Angabe der Gegenleistung, des Gegenwertes: etw. f. 500 DM kaufen; nicht f. umsonst (ugs.; *umsonst)* arbeiten; * **f. nichts und wieder nichts** *(ohne irgendeine Wirkung, irgendeinen Erfolg; umsonst, vergeblich).* **7.** zur Angabe eines Verhältnisses, Vergleichs: f. sein Alter ist das Kind sehr groß; f. einen Ausländer spricht er sehr gut Deutsch. **8. a)** zur Angabe einer Dauer: f. einige Wochen verreisen; f. immer; **b)** zur Angabe eines Zeitpunkts: einen Patienten f. 11 Uhr vormerken; das Zimmer ist f. morgen bestellt. **9.** in Verbindung mit zwei gleichen Substantiven zur Angabe der Aufeinanderfolge ohne eine Auslassung: Tag f. Tag *(jeden Tag)* um 6 Uhr aufstehen; Texte Wort f. Wort vergleichen. **II.** in der Fügung **was f. [ein]** (zur Angabe der Art od. Qualität; *welch*): was f. ein Kleid möchten Sie kaufen?; was f. eine Tat!; aus was f. Gründen auch immer; was hat das Ganze f. einen Sinn? **III.** in der Fügung **f. und f.** (veraltend; *[für] immer*): an jmdn. f. und f. die Erinnerung bewahren; vgl. dafür (7).
für|bass ⟨Adv.⟩ [mhd. vürbaʒ, ahd. furbaʒ, eigtl. = besser vorwärts, aus ↑für u. ↑bass] (veraltet, noch scherzh.): *weiter, vorwärts:* rüstig f. schreiten.
Für|bit|te, die; -, -n [mhd. vürbete, -bitte]: *Bitte od. Gebet für jmd. anders:* bei jmdm. F. für jmdn. einlegen.
für|bit|ten ⟨st. V.; nur im Inf. gebr.⟩: *für jmdn., etw. Fürbitte leisten.*
Fur|che, die; -, -n [mhd. vurch, ahd. fur(u)h, eigtl. = Aufgewühltes, Aufgerissenes]: **1.** *[mit dem Pflug o. Ä. hervorgebrachte] linienmäßige Vertiefung im Boden:* [mit dem Pflug] -n [in den Boden] graben, ziehen. **2. a)** *tiefe Faltenlinie in der [Gesichts]haut:* die Haut bekommt -n; die -n auf ihrer Stirn glätteten sich; **b)** *als Linie verlaufende Vertiefung in einer [bearbeiteten] Oberfläche:* die -n einer Säule, des Gehirns.
fur|chen ⟨sw. V.; hat⟩ [1: mhd. vurhen] (geh.): **1.** *den Boden mit Furchen, furchenähnlichen Linien durchziehen:* die Straßen waren gefurcht. **2. a)** *im Gesicht durch seine Mimik Furchen* (2 a) *ziehen:* die Stirn f.; **b)** *durch furchenähnliche Linien an der Oberfläche zerteilen:* das Schiff furcht die See; ⟨f. + sich:⟩ die Wasserfläche furcht sich.
Fur|chen|wal, der: *Bartenwal mit kurzen* [2]*Barten u. Furchen* (2 a) *an Kehle und Brust, die eine starke Erweiterung des Rachens ermöglichen.*
Fur|chen|zie|her, der; -s, -: *Gerät, mit dem vor dem Säen od. Pflanzen Furchen* (1) *gezogen werden.*
fur|chig ⟨Adj.⟩: *mit Furchen* (2 a) *bedeckt.*
Furcht, die; - [mhd. vorhte, ahd. for(a)hta]: **1.** *Angst angesichts einer Bedrohung od. Gefahr* (in der Allgemeinsprache wird »Furcht« meist als gehobener Ausdruck für »Angst« verwendet): die F. vor dem Tode; lähmende F. ergriff sie; F. [und Schrecken] verbreiten; jmdm. F. einjagen; in ständiger F. vor etw. leben; F. um jmdn., etw. haben; [übertriebene] F. [vor etw.] haben; ein F. erregender Anblick; aus F. vor Strafe; vor F. zittern. **2.** (veraltend) *Scheu; Ehrfurcht:* in der F. vor Gott leben.
furcht|bar [mhd. vorhtebære] ⟨Adj.⟩: **1.** *durch seine Art, Gewalt o. Ä. sehr schlimm, bange Beklemmung erregend:* ein -es Unglück; ein -er (ugs.; *unangenehmer*) Mensch; er ist f. in seiner Wut; die Verletzte sah f. aus. **2.** (ugs.) **a)** *unangenehm stark, sehr groß:* eine -e Hitze; **b)** ⟨verstärkend bei Adjektiven u. Verben⟩ *sehr, überaus:* das ist f. nett; sich f. blamieren.
Furcht|bar|keit, die; -, -en ⟨Pl. selten⟩: *furchtbare Beschaffenheit, [Wesens]art.*
furcht|ein|flö|ßend ⟨Adj.⟩: *durch seine Art jmdn. mit Furcht erfüllend:* eine äußerst -e Gestalt.
fürch|ten ⟨sw. V.; hat⟩ [mhd. vürhten, ahd. furhten, furihtan]: **1.** *vor jmdm., vor etw. Angst haben; Unangenehmes ahnen, befürchten:* keinen Gegner f.; er fürchtete[,] zu ersticken; ich fürchte *(habe die Befürchtung)*, du hast Recht; sein Zorn ist gefürchtet. **2.** ⟨f. + sich:⟩ *Furcht empfinden, Angst haben:* sich im Dunkeln f.; sich vor der Prüfung f.; ⟨subst.:⟩ hier ist es zum Fürchten; zum Fürchten (ugs.; *sehr, unbeschreiblich*) langweilig. **3.** *sich jmds., einer Sache wegen Sorgen machen:* für/um jmdn. f.; für jmds., seine Gesundheit f. **4.** (veraltend) *vor jmdm. Ehrfurcht haben:* Gott f.
fürch|ter|bar ⟨Adj.⟩ [zusgez. aus fürchterlich u. furchtbar] (scherzh.): *fürchterlich, furchtbar.*
fürch|ter|lich ⟨Adj.⟩ [für mhd. vorhtlich, ahd. forahtlīch] (emotional): **1. a)** *durch seine [unvorstellbare] Furchtbarkeit o. Ä. Bestürzung hervorrufend:* eine -e Katastrophe; **b)** (ugs.) *äußerst unangenehm, durch seine Art abstoßend:* ein -er Kerl. **2.** (ugs.) **a)** *beängstigend stark, groß:* eine -e Hitze; **b)** (verstärkend bei Adjektiven u. Verben) *in beängstigend hohem Maß, sehr:* f. dumm sein; der Lohn war f. gering; f. viel zu tun haben; sich f. blamieren; das fällt mir f. schwer.
furcht|er|re|gend ⟨Adj.⟩: *durch seinen Eindruck Furcht hervorrufend:* ein äußerst -er Anblick; der Anblick war [äußerst] f.
furcht|ge|bie|tend ⟨Adj.⟩ (geh.): *durch Art u. Aussehen Furcht erweckend:* eine äußerst -e Erscheinung.
furcht|los ⟨Adj.⟩: *ohne Furcht, keine Furcht habend:* ein -er Charakter, Mensch; f. für seine Überzeugung eintreten.
Furcht|lo|sig|keit, die; -: *furchtlose Haltung, [Wesens]art.*
furcht|sam ⟨Adj.⟩ [mhd. vorhtesam]: *vor jmdm., etw. Furcht empfindend, von ängstlicher Wesensart [zeugend]:* ein -es Reh; -e Blicke.
Furcht|sam|keit, die; -, -en ⟨Pl. selten⟩: *furchtsame [Wesens]art.*
Fur|chung, die; -, -en [zu ↑furchen] (Biol.): *(als erster Abschnitt der Embryonalentwicklung erfolgende) Teilung der Eizelle, wobei durch Längs- u. Querteilungen stets kleiner werdende Zellen entstehen.*
für|der, für|der|hin ⟨Adv.⟩ [mhd. vürder, ahd. furdir, Komparativbildung zu ↑fort] (geh. veraltend): *(vom gegenwärtigen Zeitpunkt an od. von einem bestimmten Zeitpunkt in der Vergangenheit aus) in Zukunft:* das bleibt uns f. verborgen.
für|ei|nan|der ⟨Adv.⟩: *einer für den andern:* keine Zeit f. haben; f. einspringen
Fu|rie, die; -, -n [lat. Furia, personifiziert aus: furia = Wut, Raserei]: **1.** (röm. Myth.) *rasende, wütende, Furcht u. Schrecken verbreitende Rachegöttin:* wie von -n gejagt sein; Ü die -n *(Schrecken)* des Krieges. **2.** (abwertend) *rasende, wütende Frau.*
Fu|rier, der; -s, -e [frz. fourrier, zu afrz. fuerre = Viehfutter, aus dem Germ.]: **1.** (Milit. veraltet): *Fourier* (1 a). **2.** *Rechnungsführer* (2).
fu|ri|os ⟨Adj.⟩ [lat. furiosus = wütend, rasend]: **a)** (bildungsspr. veraltend) *rasend, hitzig, leidenschaftlich:* ein -er Streiter; **b)** *[in seinem Ablauf] von mitreißendem, begeisterndem Schwung, glänzend:* ein -er Auftakt.
fu|ri|o|so ⟨Adv.⟩ [ital.] (Musik): *mit wildem Temperament, stürmisch, leidenschaftlich.*
Fu|ri|o|so, das; -s, -s u. ...si: *Musikstück mit der Tempobezeichnung »furioso«.*
für|lieb neh|men: in der Wendung **mit jmdm., etw. f. nehmen** (↑vorlieb).
für|nehm ⟨Adj.⟩ (veraltet, noch iron.): *vornehm.*
Fur|nier, das; -s, -e [zu ↑furnieren]: *dünnes Deckblatt aus wertvollem [gut gemasertem] Holz, das auf Holz von geringerer Qualität aufgeleimt wird:* ein Schrank mit dunklem F.
fur|nie|ren ⟨sw. V.; hat⟩ [frz. fournir = liefern; mit etw. versehen, aus dem Germ.]: *mit Furnier bekleben:* der Tisch ist mit Mahagoni furniert.
Fur|nier|holz, das: *für Furniere geeignetes Holz.*
Fur|nie|rung, die: **1.** *das Furnieren.* **2.** *Furnier.*
Fu|ror, der; -s [lat. furor, zu: furere = einherstürmen, in wilder Bewegung sein] (geh.): *Wut, Raserei:* sich in einen F. hineinsteigern.
Fu|ro|re, die; - od. das; -s [ital. (far) furore = Begeisterung (erwecken), eigtl. = Wut, Raserei]: *Aufsehen:* die Erfindung sorgte für F.; * **F. machen** *([erfolgreich] Aufsehen erregen).*
fürs ⟨Präp. + Art.⟩ (oft ugs.): *für das:* **f. Erste** *(zunächst, vorläufig).*
Für|sor|ge, die; - [mhd. vürsorge = Besorgnis vor Zukünftigem, die heutige Bed. seit dem 16. Jh.]: **1.** *tätige Bemühung um jmdn., der ihrer bedarf:* elterliche F. **2. a)** *öffentliche, organisierte Hilfstätigkeit zur Unterstützung in Notsituationen od. besonderen Lebenslagen;* **b)** (veraltend) *Einrichtung[en] der öffentlichen Fürsorge* (2 a); *Sozialamt:* Kinder der F. übergeben; **c)** (ugs.) *Fürsorgeunterstützung:* von der F. leben.
Für|sor|ge|amt, das (veraltet): *Sozialamt.*

Für|sor|ge|an|stalt, die (veraltet): *Anstalt, [Erziehungs]heim der öffentlichen Fürsorge* (2 a).

Für|sor|ge|ein|rich|tung, die (veraltend): *Einrichtung der öffentlichen Fürsorge.*

Für|sor|ge|emp|fän|ger, der: *jmd., der Fürsorgeunterstützung empfängt.*

Für|sor|ge|emp|fän|ge|rin, die: w. Form zu ↑Fürsorgeempfänger.

für|sor|gend ⟨Adj.⟩: *um jmdn. liebevoll bemüht und für ihn vorsorgend.*

Für|sor|ge|pflicht, die ⟨o. Pl.⟩ (Rechtsspr.): *bes. Verpflichtung des Arbeitgebers, für den Schutz seiner Angestellten Sorge zu tragen.*

Für|sor|ger, der; -s, - (veraltend) [zu veraltet fürsorgen = Fürsorge tragen]: *in der Fürsorge* (2 a) *tätiger Angestellter od. Beamter mit einer bestimmten fachlichen Ausbildung; Sozialarbeiter.*

Für|sor|ge|rin, die; -, -nen: w. Form zu ↑Fürsorger.

für|sor|ge|risch ⟨Adj.⟩ (veraltend): *die Fürsorge* (2 a) *betreffend.*

Für|sor|ge|un|ter|stüt|zung, die (veraltend): *von der Fürsorge* (2 b) *gezahltes Unterstützungsgeld.*

für|sorg|lich ⟨Adj.⟩: *liebevoll um jmds. Wohl bemüht:* sie ist sehr f.; f. mit jmdm. umgehen.

Für|sorg|lich|keit, die; -: *fürsorgliches Wesen, Verhalten, fürsorgliche Art.*

Für|spra|che, die; -, -n: *das Sichverwenden einer Einfluss besitzenden Person bei jmdm. zu dem Zweck, dass die Interessen, Wünsche eines Dritten berücksichtigt werden:* auf F. seines Onkels bekam er den Posten.

Für|sprech, der; -s, -e [mhd. vürspreche, ahd. furisprehho]: **1.** (veraltet) *Fürsprecher.* **2.** (schweiz.) *Rechtsanwalt.*

Für|spre|cher, der; -s, -: **1.** *jmd., der durch seine Fürsprache jmds. Interessen, Wünsche vertritt:* **Ü** ein F. der Gewaltlosigkeit *(jmd., der Gewaltlosigkeit fordert, propagiert).* **2.** *Fürsprech* (2).

Für|spre|che|rin, die; -, -nen: w. Form zu ↑Fürsprecher.

Fürst, der; -en, -en [mhd. vürste, ahd. furisto, eigtl. = der Erste, Vornehmste, zu: furist, subst. Sup. von: furi (Adv.) = vor, voraus]: **a)** *seit dem Mittelalter nach dem Kaiser od. König rangierender, an der Herrschaft über das Reich beteiligter Angehöriger des hohen Adels:* Heinrich F. [von] Sorden; wie ein F. *(sehr üppig, mit großem Aufwand)* leben; **Spr** gehe nie zu deinem F. *(Vorgesetzten),* wenn du nicht gerufen wirst; **Ü** der F. dieser Welt (bibl.; *der Teufel*); **b)** *Angehöriger des Adels im Rang zwischen Graf u. Herzog;* **c)** *Herrscher, Monarch.*

Fürst|bi|schof, der: *im Heiligen Römischen Reich Bischof im Fürstenrang.*

Fürs|ten|die|ner, der (veraltet abwertend): *jmd., der Pläne u. Absichten eines Fürsten servil zu verwirklichen trachtet.*

Fürs|ten|ge|schlecht, das: vgl. Fürstenhaus.

Fürs|ten|gruft, die: *Gruft, in der Angehörige eines Fürstenhauses bestattet sind.*

Fürs|ten|haus, das: *Familie, deren Oberhaupt [früher] in einem monarchischen Staat regiert [hat]; Dynastie.*

Fürs|ten|hof, der: *Residenz eines Fürsten.*

Fürs|ten|knecht, der: vgl. Fürstendiener.

Fürs|ten|kro|ne, die: *Krone eines Fürsten in Gestalt eines fünfzackigen goldenen Kronreifs mit drei sichtbaren Bügeln u. purpurner Kappe.*

Fürs|ten|schloss, das: *Schloss als Residenz eines Fürsten.*

Fürs|ten|sitz, der: vgl. Fürstenhof.

Fürs|ten|spie|gel, der: *Schrift, in der anhand von [idealisierten] Lebensbildern u. in Grundsätzen u. Regeln für das Verhalten das Musterbild eines Fürsten aufgestellt wird.*

Fürs|ten|stand, der ⟨o. Pl.⟩: *Stand* (5 c) *eines Fürsten:* einen Grafen in den F. erheben.

Fürs|ten|tag, der (hist.): *Versammlung der deutschen Fürsten außerhalb der Reichstage.*

Fürs|ten|tum, das; -s, ...tümer [mhd. vürst(en)tuom]: *Territorium mit einem Fürsten als Oberhaupt.*

Fürs|tin, die; -, -nen: **a)** *Frau eines Fürsten:* Amalie F. [von] Sorden; **b)** w. Form zu ↑Fürst.

Fürs|tin|mut|ter, die: *Mutter eines regierenden Fürsten.*

fürst|lich ⟨Adj.⟩ [mhd. vürst(e)lich]: **1.** *den Fürsten[adel] betreffend, zum Fürsten[adel] gehörend:* die -e Familie; -e Auftraggeber. **2.** *in seiner Großzügigkeit, Prächtigkeit, in seinem Handeln einem Fürsten entsprechend; wie ein Fürst:* ein -es Trinkgeld; das Essen war f.; f. bewirtet werden.

Fürst|lich|keit, die; -, -en: *Angehöriger des Fürstenadels.*

Fürst-Pückler-Eis, das [nach H. Fürst von Pückler-Muskau (1785–1871)]: *aus drei Schichten der Geschmacksrichtungen Erdbeer, Schokolade und Vanille bestehendes Sahneeis.*

Furt, die; -, -en [mhd. vurt, ahd. furt, eigtl. = Überfahrtsstelle, zu ↑fahren]: *seichte Stelle eines Flusses, die das Überqueren gestattet.*

Fürth: Nachbarstadt von Nürnberg.

für|treff|lich ⟨Adj.⟩ (veraltet, noch iron.): *vortrefflich.*

Für|tuch, das; -[e]s, ...tücher [mhd. vortuoch] (südd., schweiz., österr.): *Schürze.*

Fu|run|kel, der, auch: das; -s, - [lat. furunculus, eigtl. = kleiner Dieb; auch: Nebenschössling (an Rebstöcken, der dem Haupttrieb den Saft »stiehlt«); übertr. auf das Geschwür]: *tief reichende, eitrige Entzündung eines Haarbalgs u. seiner Umgebung; Eitergeschwür, -beule.*

Fu|run|ku|lo|se, die; -, -n (Med.): *ausgedehnte Furunkelbildung.*

für|wahr ⟨Adv.⟩ (geh. veraltend): *in der Tat* (zur Bekräftigung einer Feststellung, Erkenntnis o. Ä.): das ist f. eine lobenswerte Einstellung.

Für|witz, der; -es (veraltet): *Vorwitz.*

für|wit|zig ⟨Adj.⟩ (veraltet): *vorwitzig.*

Für|wort, das; -[e]s, ...wörter: *Pronomen.*

für|wört|lich ⟨Adj.⟩: *pronominal.*

Furz, der; -es, Fürze [mhd. vurz, spätahd. furz, zu mhd. verzen, ahd. ferzan = furzen; lautm.] (derb): *[laut] entweichende Darmblähung:* einen F. lassen; **Ü** ein F. ist er gegen mich! *(er reicht nicht im Geringsten an mich heran);* mit jedem F. *(jeder Kleinigkeit)* kommt er zu mir gelaufen; *** aus einem F. einen Donnerschlag machen** (derb; *etw. aufbauschen u. als äußerst schlimm od. gefährlich hinstellen*); **hin und her sausen/hin und her rasen wie ein F. auf der Gardinenstange** (derb; *sehr schnell umhergehen*).

fur|zen ⟨sw. V.; hat⟩ [spätmhd. vurzen] (derb): *eine Darmblähung [laut] entweichen lassen.*

fur|zig ⟨Adj.⟩ (derb): *von einem Furz verursacht:* ein -er Geruch.

furz|tro|cken ⟨Adj.⟩: **1.** (derb) *durch u. durch trocken [u. ohne den sonst üblichen Feuchtigkeitsgehalt]:* Kuchen ist f. **2.** (salopp) *trocken* (3).

Fu|sche|lei, die; -, -en: *das Fuscheln.*

fu|scheln ⟨sw. V.⟩ [wohl lautm.] (landsch.): **1.** *heimlich od. rasch umherlaufen* ⟨ist⟩. **2.** *pfuschen* ⟨hat⟩. **3.** *täuschen* ⟨hat⟩. **4.** *hastig u. tastend mit den Händen etw. suchen* ⟨hat⟩.

fu|schen ⟨sw. V.⟩: *fuscheln* (1–3).

fu|schern ⟨sw. V.⟩: *fuscheln* (1–3).

Fu|sel, der; -s, - ⟨Pl. selten⟩ [niederd., H. u.] (ugs. abwertend): *schlechter Branntwein.*

Fu|sel|ge|ruch, der (ugs. abwertend): *durch [das Trinken von] Fusel verursachter Geruch.*

[1]fu|seln ⟨sw. V.; hat⟩ [zu ↑Fusel]: *schlechten Schnaps trinken.*

[2]fu|seln ⟨sw. V.; hat⟩ (landsch.): **1.** *fusseln.* **2.** *übereilt u. schlecht arbeiten.* **3.** *klein u. unleserlich schreiben.*

Fu|sel|öl, das: *schlecht schmeckendes, gesundheitsschädliches, farbloses bis gelblich braunes Alkoholgemisch, das bei der alkoholischen Gärung entsteht.*

Fü|si|lier, der; -s, -e [frz. fusilier, zu: fusil = Feuerstahl; (Feuerstein)flinte, über das Vlat. zu lat. focus, ↑Fokus] (schweiz., sonst veraltet): *Schütze der leichten Infanterie.*

fü|si|lie|ren ⟨sw. V.; hat⟩ [frz. fusiller]: *nach Kriegs- od. Ausnahmerecht durch ein Erschießungskommando hinrichten, standrechtlich erschießen.*

Fü|si|lier|re|gi|ment, das ⟨Pl. -er⟩ (schweiz., sonst veraltet): *Regiment der leichten Infanterie.*

Fu|si|on, die; -, -en [lat. fusio = das Gießen, Schmelzen, zu: fundere (2. Part.: fusum) = gießen, fließen lassen]: **1.** *Verschmelzung zweier od. mehrerer Unternehmen od. [politischer] Organisationen.* **2.** (Biol.) *Verschmelzung von Zellen od. Chromosomen.* **3.** (Optik) *Vereinigung der Bilder des rechten u. linken Auges zu einem einzigen Bild.* **4.** (Physik) *Verschmelzung zweier leichter Atomkerne zu einem schweren, wobei Energie frei wird.*

fu|si|o|nie|ren ⟨sw. V.; hat⟩: *mit einem od. mehreren Unternehmen verschmelzen:* der Verlag fusionierte mit einem größeren Unternehmen.

Fu|si|o|nie|rung, die; -, -en: *das Fusionieren.*

Fu|si|ons|re|ak|tor, der (Physik): *Reaktor zur Energiegewinnung durch Kernfusion.*

Fu|si|ons|ver|hand|lung, die: *Verhandlung über eine Fusion* (1).

Fuß, der; -es, Füße u. - [mhd. vuoȝ, ahd. fuoȝ; vgl. griech poús, lat. pes]: **1.** ⟨Pl. Füße⟩ **a)** *durch das Sprunggelenk mit dem Unterschenkel verbundener unterster Teil des Beines beim Menschen u. bei Wirbeltieren:* ein schmaler, zierlicher F.; laufen, so schnell [einen] die Füße tragen; den linken, rechten F. vorsetzen; kalte Füße haben; ich habe mir den F. verstaucht, gebrochen; er hatte Füße wie Blei *(von Müdigkeit ganz schwere Füße u. Beine);* den F. in die Tür *(in die Türöffnung)* setzen *(damit sie von innen nicht zugemacht werden kann);* bei dem Regen konnte man keinen F. vor die Tür setzen *(konnte man nicht nach draußen gehen);* keinen F. mehr über jmds. Schwelle setzen *(jmds. Wohnung nicht mehr betreten);* den F. vom Gas nehmen (ugs.; *beim Autofahren den Druck des Fußes auf das Gaspedal vermindern u. langsamer fahren*); leichten, beschwingten -es (geh.; *mit leichten, beschwingten Schritten*); sie kamen noch trockenen -es *(ohne nasse Füße zu bekommen)* nach Hause; Erfrierungen an beiden Füßen; da tritt man sich gegenseitig auf die Füße *(so überfüllt ist es);* bei F.! (Kommando für den Hund); mit bloßen Füßen; mit dem F. stampfen; zu F. gehen *(einen Weg im Gehen zurücklegen u. nicht fahren);* jmdm. zu Füßen *(etw. unterhalb von jmdm. [ihm aufmerksam zugewandt])* sitzen; **R** warme Füße – kühler Kopf; *** wie eingeschlafene Füße schmecken** (salopp; *fade schmecken*); **stehenden -es** (*sofort;* **LÜ** von lat. stante pede; nach einer alten Rechtsformel, die besagte, dass man sich sofort, an Ort und Stelle gegen ein ungerechtes Urteil wehren musste, damit es nicht rechtskräftig wurde); **[festen] F. fassen** (*[von Personen, Ideen usw.] sich nach einer geraumen Zeit in einer neuen Umgebung integrieren [u. durchsetzen], sich einen festen Platz schaffen);* **kalte Füße bekommen/kriegen** (ugs.; *ein [gemeinsames] Vorhaben aufgeben, weil man inzwischen Bedenken hat*); **Füße bekommen haben** (↑Bein 1); **sich** ⟨Dativ⟩ **die Füße nach etw. ablaufen, wund laufen** (↑Bein 1); **sich** ⟨Dativ⟩ **die Füße vertreten** *(sich nach längerem [beengtem] Sitzen etw. Bewegung verschaffen);* **sich** ⟨Dativ⟩ **kalte Füße holen** (ugs.; *mit etw. keinen Erfolg haben*); **jmdm. den F. auf den Nacken setzen** (geh.; *jmdn. seine Macht fühlen lassen*); **(bei jmdm.) einen F. in der Tür haben** *(sich an einem bestimmten Ort Einfluss verschafft haben);* **etw. an den Füßen haben** *(vermögend sein);* **auf eigenen Füßen stehen** *(selbstständig, unabhängig sein);* **sich auf eigene Füße stellen** *(sich selbstständig, unabhängig machen);* **auf freiem F. sein** *(noch nicht/nicht mehr in Haft, im Gefängnis sein;* eigtl. = ohne Fessel am Fuß[gelenk]); **jmdn. auf freien F. setzen** (*jmdn. freilassen;* eigtl. = die Fessel vom Fuß[gelenk] nehmen); **auf großem F. leben** (1. *aufwendig leben.* 2. scherzh.; *eine große Schuhgröße haben*); **mit jmdm. auf freund-**

F

schaftlichem, gespanntem o. ä. F. leben/stehen (*mit jmdm. in einem freundschaftlichen, gespannten o. ä. Verhältnis leben;* veraltet Fuß = Grundlage, Verhältnis); **auf tönernen/schwachen/schwankenden/(ugs.:) wackligen Füßen stehen** (*keine feste Grundlage haben;* nach dem Koloss auf tönernen Füßen im A. T., Dan. 2, 31–35); **auf festen Füßen stehen** *(eine gesicherte materielle Grundlage haben);* **immer [wieder] auf die Füße fallen** (↑Bein 1); **jmdm. auf den F./auf die Füße treten** (ugs.; 1. *jmdn. zurechtweisen.* 2. *jmdn. zur Eile antreiben*); **auf dem Fuß[e] folgen** (1. *unmittelbar folgen.* 2. *sofort nach etw. geschehen*); **jmdn., etw. mit Füßen treten** *(jmdn., etw. gröblich missachten);* **mit den Füßen abstimmen** (ugs.; *sich durch Hingehen, Weggehen od. Wegbleiben für od. gegen etw. entscheiden*); **mit dem linken F. zuerst aufgestanden sein** (↑Bein 1); **mit einem F. im Grabe stehen** (↑Bein 1); **mit einem F. im Gefängnis stehen** (↑Bein 1); **jmdm. vor/über die Füße laufen** (ugs.; *jmdm. zufällig begegnen*); **(eine Wegstrecke o. Ä.) unter die Füße nehmen** *(gehen; gehend, laufend bewältigen);* **jmdm. etw. vor die Füße werfen** *(jmdm. zornentbrannt etw. zurückgeben, niederlegen);* **zu F.** *([durch Fortbewegung] auf den Füßen; durch Gehen):* wir kommen zu F.; **gut, schlecht zu F. sein** *(aufgrund der Beschaffenheit seiner Füße gut, schlecht eine längere Strecke gehen können);* **jmdm. zu Füßen liegen** (geh.; *jmdn. über die Maßen verehren*); **jmdm. etw. zu Füßen legen** (geh.; *jmdm. etw. aus Verehrung darreichen*); **b)** (südd., österr., schweiz.) *Bein:* nimm deine Füße weg!; * **die Füße unter jmds. Tisch strecken** (↑Bein 1); **mit beiden Füßen [fest] auf der Erde, im Leben stehen** (↑Bein 1); **c)** *letzter Teil der Gliedmaßen von Insekten;* **d)** *Fortbewegungsorgan bei Weichtieren:* der F. der Schnecke. **2.** ⟨Pl. Füße⟩ **a)** *tragender Teil von [Einrichtungs]gegenständen:* der F. einer Lampe; die Füße eines Tisches absägen; **b)** *unterer Teil, von dem aus etw. in die Höhe ragt; Sockel:* am F. des Denkmals; der F. einer Säule. **3.** ⟨Pl. Füße⟩ *den Fuß* (1 a) *bedeckender Teil des Strumpfes.* **4.** ⟨Pl.: -⟩ *[veraltetes] Längenmaß unterschiedlicher Größe:* ein englischer F. **5.** ⟨Pl. Füße⟩ kurz für ↑Versfuß.

Fuß|ab|druck, der: *Abdruck eines Fußes.*

Fuß|ab|strei|cher, Fuß|ab|strei|fer, Fuß|ab|tre|ter, der (landsch.): *Fußmatte od. Rost vor der Tür zum Abtreten des Schmutzes von den Schuhen.*

Fuß|ab|wehr, die (Ballspiele): *Abwehr, bei der der Torwart den Ball mit dem Fuß abwehrt.*

Fuß|an|gel, die [spätmhd. vuoȝangel]: *in den Boden eingerammtes Eisen mit Spitzen, das in Grundstücken zum Schutz gegen Diebe ausgelegt wird:* -n [aus]legen.

Fuß|bad, das: **1. a)** *das Baden der Füße:* ein F. nehmen; **b)** *Wasser (in einer kleinen Wanne o. Ä.) zum Baden der Füße:* sich ein F. machen. **2.** (ugs. scherzh.) *aus einer Tasse auf die Untertasse o. Ä. übergelaufene Flüssigkeit.*

Fuß|ball, der [LÜ von engl. football]: **1.** *mit Luft gefüllter Leder- od. Kunststoffball von bestimmter Größe für das Fußballspiel.* **2.** ⟨o. Pl.⟩ *zwischen zwei Mannschaften ausgetragenes Ballspiel, bei dem der Ball nach bestimmten Regeln mit dem Fuß, Bein, Kopf od. durch körperlichen Einsatz unter Vermeidung absichtlicher Berührung mit der Hand od. dem Arm über die Torlinie des gegnerischen Tores zu spielen ist:* [einen attraktiven, exzellenten] F. spielen.

Fuß|ball|bun|des|li|ga, die: *oberste Spielklasse im deutschen Fußball.*

Fuß|ball|bun|des|li|gist, der: *Mannschaft, die in der Fußballbundesliga spielt.*

Fuß|ball|bun|des|trai|ner, der: *Bundestrainer für die Fußballnationalmannschaft.*

Fuß|ball|elf, die: *Fußballmannschaft.*

Fuß|bal|len, der: *Ballen* (2) *am Fuß.*

Fuß|bal|ler, der; -s, - (ugs.): *Fußballspieler.*

Fuß|bal|ler|bein, das (ugs.): *für einen Fußballspieler typisches muskulöses, unästhetisch wirkendes Bein:* er hat -e.

Fuß|bal|le|rin, die: w. Form zu ↑Fußballer.

fuß|bal|le|risch ⟨Adj.⟩: *den Fußball* (2) *betreffend, ihm entsprechend:* -es Können.

fuß|bal|lern ⟨sw. V.; hat⟩ (ugs. scherzh.): *Fußball spielen:* Kinder fußballern auf der Straße.

Fuß|ball|fan, der: *leidenschaftlicher Anhänger, leidenschaftliche Anhängerin des Fußballs* (2).

Fuß|ball|feld, das: *Spielfeld, auf dem Fußball* (2) *gespielt wird.*

Fuß|ball|klub, der: *Fußballverein.*

Fuß|ball|kri|mi, der (ugs. scherzh.): *spannendes Fußballspiel, dessen Ausgang bis zum Schluss im Ungewissen bleibt.*

Fuß|ball|län|der|spiel, das: *Länderspiel zwischen zwei Fußballnationalmannschaften.*

Fuß|ball|mann|schaft, die: *aus elf Spielern od. Spielerinnen bestehende Mannschaft beim Fußballspiel.*

Fuß|ball|match, das, auch: der: *Fußballspiel.*

Fuß|ball|meis|ter, der: *Gewinner einer Fußballmeisterschaft.*

Fuß|ball|meis|ter|schaft, die: *Reihe von Spielen zur Ermittlung der besten Fußballmannschaft.*

Fuß|ball|na|ti|o|nal|elf, die: *Fußballnationalmannschaft.*

Fuß|ball|na|ti|o|nal|mann|schaft, die: *Nationalmannschaft im Fußball.*

Fuß|ball|ober|li|ga, die (DDR): *Oberliga im Fußball.*

Fuß|ball|platz, der: *Sportplatz für Fußballspiele.*

Fuß|ball|po|kal, der: **1.** *Siegespokal beim Fußball* (2). **2.** *Pokalwettbewerb im Fußball* (2).

Fuß|ball|schuh, der: *spezieller Schuh für das Fußballspiel.*

Fuß|ball|spiel, das: *einzelnes Spiel im Fußballsport.*

Fuß|ball|spie|len, das; -s: *das Betreiben des Fußballsports.*

Fuß|ball|spie|ler, der: *jmd., der Fußball spielt.*

Fuß|ball|spie|le|rin, die: w. Form zu ↑Fußballspieler.

Fuß|ball|sport, der: *Fußball* (2) *als sportliche Disziplin.*

Fuß|ball|sta|di|on, das: vgl. Fußballplatz.

Fuß|ball|tor, das: [1]*Tor* (2 a), *in das der Fußball gespielt wird.*

Fuß|ball|to|to, das, auch: der: *Glücksspiel, bei dem der Ausgang bestimmter Fußballspiele vorhergesagt werden muss.*

Fuß|ball|trai|ner, der: *Trainer einer Fußballmannschaft.*

Fuß|ball|trai|ne|rin, die: w. Form zu ↑Fußballtrainer.

Fuß|ball|ver|band, der: *mit der Organisation des Fußballs* (2) *auf regionaler, nationaler od. internationaler Ebene betrauter Verband.*

Fuß|ball|ver|ein, der: *Verein, in dem das Fußballspiel betrieben u. gefördert wird.*

Fuß|ball|welt|meis|ter, der: vgl. Fußballmeister.

Fuß|ball|welt|meis|ter|schaft, die: vgl. Fußballmeisterschaft.

Fuß|bank, die: *niedrige kleine Bank als Fußstütze beim Sitzen.*

Fuß|be|klei|dung, die: *Schuhe [u. Strümpfe] als Teil der Kleidung.*

Fuß|bett, das: *der Fußsohle entsprechend geformte Innensohle des Schuhs.*

Fuß|bo|den, der: *aus Stein, Holz, Kunststoff o. Ä. hergestellte Bodenfläche in einem Innenraum.*

Fuß|bo|den|be|lag, der: *Belag* (2) *des Fußbodens.*

Fuß|bo|den|hei|zung, die: *Heizung, deren Rohre im od. unter dem Fußboden verlegt sind.*

Fuß|bo|den|le|ger, der: *jmd., der Fußböden verlegt* (Berufsbez.).

Fuß|bo|den|le|ge|rin, die: w. Form zu ↑Fußbodenleger.

fuß|breit ⟨Adj.⟩ [mhd. vuoȝbreit]: **a)** *von der Breite eines Fußes:* ein -er Weg; **b)** (seltener) *breit, wie ein Fuß lang ist.*

Fuß|breit, der; -: *Ausdehnung, Fläche von der Größe eines Fußes.*

Fuß|brem|se, die: *mit einem Pedal zu betätigende Bremse.*

Fuß|brett, das: *Brett als Stütze für die Füße.*

Füß|chen, das; -s, -: Vkl. zu ↑Fuß (1 a, 2 a, 3).

Fus|sel, die; -, -n, auch: der; -s, -[n] [vgl. landsch. Fis(s)el = Fetzen < spätmhd. viseln (Pl.) = Fasern, Fransen, H. u.]: *[Woll]fädchen od. Faserstückchen, das sich auf Kleidung, Stoffen o. Ä. absetzt.*

fus|se|lig, fusslig ⟨Adj.⟩: **1. a)** *von Fusseln bedeckt:* der Rock ist f.; **b)** *fusselnd:* ein -er Stoff. **2.** *ausgefranst.* **3.** (landsch.) *unruhig u. unkonzentriert.*

fus|seln ⟨sw. V.; hat⟩: *Fusseln abgeben:* der Wollstoff fusselt.

fu|ßeln ⟨sw. V.; ist⟩ [zu ↑Fuß] (landsch.): **a)** *trippeln; mit kleinen, gezierten Schritten gehen;* **b)** *schnell laufen; eilen, flink gehen.*

fü|ßeln ⟨sw. V.⟩: **1.** (landsch.) *mit den Füßen unter dem Tisch Berührung suchen* ⟨hat⟩. **2.** (veraltet) *fußeln* (a, b) ⟨ist⟩. **3.** (österr.) *ein Bein stellen* ⟨hat⟩.

fu|ßen ⟨sw. V.⟩ [mhd. vuoȝen = den Fuß aufsetzen; sich stützen, gründen]: **1.** *etw. als Basis, in etw. seine Grundlage haben* ⟨hat⟩. **2.** (Jägerspr.) *(von Raubvögeln) sich niederlassen* ⟨hat⟩.

Fuß|en|de, das: *unteres Ende, an das beim Liegen die Füße platziert werden:* am F. des Bettes.

-fü|ßer [zu ↑Fuß 1 c], der; -s, - (Zool.): in Zusb. z. B. Kopffüßer, Tausendfüßer.

Fuß|fall, der [mhd. vuoȝval]: *das Niederknien, Sichniederwerfen vor jmdm. als Ausdruck flehentlichen Bittens od. demütiger Unterwerfung.*

fuß|fäl|lig ⟨Adj.⟩: *mit einem Fußfall.*

fuß|faul ⟨Adj.⟩ (ugs.): *zu bequem, zu Fuß zu gehen.*

Fuß|feh|ler, der: **1.** (bes. Hockey) *Fehler, der darin besteht, dass der Ball mit dem Fuß gespielt wird.* **2.** (Tennis) *Fehler, der darin besteht, dass der aufschlagende Spieler, die aufschlagende Spielerin beim Aufschlag geht od. läuft od. sich nicht hinter der Grundlinie innerhalb der richtigen Hälfte befindet.*

Fuß|fes|sel, die: **1.** *am Fuß angebrachte* [1]*Fessel:* elektronische F. *([im offenen Strafvollzug verwendeter] Sender am Fußgelenk eines Sträflings, der das Verlassen der Wohnung meldet).* **2.** (Gymnastik) *Griff mit der Hand um das Fußgelenk.*

Fuß|gän|ger, der; -s, - [mhd. vuoȝgenger = zu Fuß gehender u. kämpfender Krieger]: *zu Fuß gehender Verkehrsteilnehmer:* ein Übergang für F.

Fuß|gän|ger|am|pel, die: *Ampel, die auf Knopfdruck für den fließenden Verkehr auf Rot schaltet u. so ein gefahrloses Überqueren der Straße für Fußgänger ermöglicht.*

Fuß|gän|ger|brü|cke, die: *Brücke für Fußgänger.*

Fuß|gän|ge|rin, die; -, -nen: w. Form zu ↑Fußgänger.

Fuß|gän|ger|schutz|weg, der, **Fuß|gän|ger|strei|fen,** der (schweiz.): *Fußgängerübergang.*

Fuß|gän|ger|tun|nel, der: *tunnelähnliche Unterführung für Fußgänger.*

Fuß|gän|ger|über|gang, Fuß|gän|ger|über|weg, der: *durch Nägel* (2), *Streifen o. Ä. auf der Fahrbahn markierte Stelle, an der die Fußgänger eine Straße überqueren dürfen.*

Fuß|gän|ger|ver|kehr, der: *Verkehr von Fußgängern:* in dieser Straße herrscht starker F.

Fuß|gän|ger|weg, der: *Weg, der nur von Fußgängern benutzt werden darf.*

Fuß|gän|ger|zo|ne, die: *(aus einer od. mehreren [Geschäfts]straßen bestehender) Bereich einer Stadt, in dem Fahrrad-, Auto- u. Motorradfahren verboten ist.*

Fuß|ge|her, der (österr.): *Fußgänger.*

Fuß|ge|he|rin, die (österr.): w. Form zu ↑Fußgeher.

Fuß|ge|lenk, das: *Gelenk zwischen Fuß u. Unterschenkel.*

fuß|ge|recht ⟨Adj.⟩: *von guter Passform u. so gearbeitet, dass der Fuß eine gute Lage im Schuh hat:* -e Schuhe.

Fuß|ge|stell, das: *Gestell, auf das man die Füße stellen kann.*

uß|he|bel, der: *mit dem Fuß zu betätigender Hebel; Pedal.*

ß|hoch ⟨Adj.⟩: *so hoch wie ein Fuß; so hoch, dass die Füße darin versinken.*

ü|ßig [zu ↑Fuß (1, 2 a, 5)]: in Zusb., z. B. vierfüßig (mit vier Füßen); leichtfüßig; vielfüßig.

ß|kalt ⟨Adj.⟩: *(in Bezug auf einen Raum, eine Wohnung o. Ä.) vom Boden her kalt.*

uß|kett|chen, das: *als Schmuck um das Fußgelenk getragenes Kettchen.*

uß|knö|chel, der: *vorspringender Knochen am Ansatz des Fußes.*

uß|kno|chen, der: *einer der Knochen, der mit anderen zusammen das Skelett des Fußes bildet.*

ß|krank ⟨Adj.⟩: *kranke, [vom Marschieren] wunde Füße habend.*

uß|kran|ke, der u. die: *jmd., der fußkrank ist.*

uß|kuss, der: *Kuss auf den Fuß als zeremonielle Geste der Verehrung.*

uß|la|ge, die: *Lage des Kindes bei der Geburt, bei der beide Füße od. ein Fuß u. der Steiß vorangehen.*

ß|lahm ⟨Adj.⟩ (ugs.): *vom vielen Gehen müde u. kaum noch auftreten könnend.*

ß|lang ⟨Adj.⟩: *von der Länge eines Fußes.*

uß|lap|pen, der: *[als Strumpfersatz] um den Fuß gewickelter, in Stiefeln getragener Lappen.*

uß|lat|scher, der: **1.** (ugs.) *Fußgänger.* **2.** (Soldatenspr.) *Infanterist.*

ß|läu|fig ⟨Adj.⟩ (Fachspr. Jargon): *zu Fuß zu erreichen, zu begehen; nicht weit entfernt.*

uß|lei|den, das: *Erkrankung eines od. beider Füße.*

uß|leis|te, die: *Leiste zum Verdecken der Fuge zwischen Fußboden u. Wand.*

üß|ler: vgl. -füßer.

ss|lig: ↑fusselig.

üß|ling, der; -s, -e [spätmhd. fueßling]: **a)** *den Fuß umschließender Teil eines Strumpfes, einer Strumpfhose o. Ä.;* **b)** *einer Socke ähnliches Kleidungsstück für den Fuß, das nur knapp Zehen und Ferse bedeckt.*

uß|marsch, der: *[mit Anstrengung verbundener] Marsch:* ein langer, beschwerlicher F.

uß|mat|te, die: *Matte zum Abtreten des Schmutzes von den Schuhen.*

uß|mi|nu|te, die: *Zeitraum von etwa einer Minute, in dem jmd. zu Fuß eine bestimmte Strecke zurücklegen kann.*

uß|na|gel, der: *Nagel (3) einer Zehe:* die Fußnägel schneiden, lackieren.

uß|no|te, die: *durch eine hochgestellte Ziffer o. Ä. auf eine Textstelle bezogene Anmerkung am unteren Rand einer Seite.*

uß|pfle|ge, die: *(aus Baden, Beschneiden der Fußnägel, Entfernung der Hornhaut usw. bestehende) Behandlung der Füße; Pediküre.*

uß|pfle|ger, der: *jmd., der Fußpflege betreibt* (Berufsbez.).

uß|pfle|ge|rin, die: w. Form zu ↑Fußpfleger.

uß|pilz, der ⟨o. Pl.⟩: ugs. kurz für ↑Fußpilzerkrankung.

uß|pilz|er|kran|kung, die: *(bes. zwischen den Zehen auftretende) Erkrankung des Fußes durch Hautpilz.*

uß|pu|der, der: *[medizinischer] Puder zur Pflege der Füße.*

uß|punkt, der: **1.** (Math.) *Punkt, in dem das auf eine Gerade od. Ebene gefällte Lot diese trifft.* **2.** *Nadir.*

uß|ras|te, die: *[für den sicheren Halt des Fahrers u. Beifahrers an Motorrädern angebrachte] Fußstütze.*

uß|re|flex|zo|nen|mas|sa|ge, die: *Reflexzonenmassage der Füße.*

uß|ring, der: *als Erkennungszeichen am Fuß eines Vogels angebrachter Ring.*

uß|rü|cken, der: *Spann.*

uß|schal|ter, der: *durch einen Druck mit dem Fuß zu betätigender Schalter.*

uß|schal|tung, die: *mit dem Fuß[hebel] zu betätigende Schaltung.*

Fu̲ß|soh|le, die: *Unterseite des Fußes:* jmdn. an den -n kitzeln.

Fu̲ß|sol|dat, der (veraltet): *Infanterist.*

Fu̲ß|spit|ze, die: *vorderer Teil des Fußes:* mit der F. wippen.

Fu̲ß|spray, der od. das: vgl. Fußpuder.

Fu̲ß|spur, die: *Spur eines Fußes (dort, wo jmd. gegangen, hingetreten ist):* -en im Schnee.

Fu̲ß|stap|fe, die; -, -n, **Fu̲ß|stap|fen,** der; -s, - [mhd. vuoȝstaphe; ↑Stapfe]: *Fußspur, die sich in weichem Untergrund eingedrückt hat;* *** in jmds. Fußstapfen treten** *(jmds. Vorbild folgen).*

Fu̲ß|steig, der: **1.** (veraltet) *Fußpfad.* **2.** *neben der Fahrbahn verlaufender Fußweg.*

Fu̲ß|strei|fe, die: *Polizeistreife, die zu Fuß unterwegs ist, Dienst tut.*

Fu̲ß|stüt|ze, die: **1.** *(zur Korrektur von Fußdeformitäten) in den Schuh eingearbeitete Stütze.* **2.** *Stütze für die Füße beim Sitzen.*

Fu̲ß|tas|te, die: vgl. Fußhebel.

fu̲ß|tief ⟨Adj.⟩: *so tief, dass die Füße darin versinken.*

Fu̲ß|tritt, der: **1. a)** *Tritt mit dem Fuß (1 a):* jmdm. einen F. versetzen; **b)** (abwertend) *unwürdige, verletzende Behandlung:* -e austeilen. **2.** (veraltet) *Schritt.*

Fu̲ß|trup|pe, die: *Infanterie.*

Fu̲ß|volk, das [mhd. vuoȝvolc]: **1.** (veraltet) *Infanterie.* **2.** (spött.) *[bedeutungslose] Masse der Angehörigen einer Organisation o. Ä. im Gegensatz zur Führungsspitze;* *** unters F. geraten sein** (ugs. veraltend; *in sittlicher Hinsicht heruntergekommen sein).*

Fu̲ß|wan|de|rung, die: vgl. Fußmarsch.

fu̲ß|warm ⟨Adj.⟩: *(in Bezug auf einen Raum, eine Wohnung o. Ä.) vom Boden her warm:* eine -e Wohnung; -e Fußböden.

Fu̲ß|wa|schung, die (kath. Kirche): *in der Gründonnerstagsliturgie (durch den zelebrierenden Priester) vorgenommene Waschung der Füße als Zeichen demütiger Nächstenliebe.*

Fu̲ß|weg, der: **a)** *Weg für Fußgänger;* **b)** *Zeit, die benötigt wird, um eine bestimmte Strecke zu Fuß zu gehen:* kaum eine Stunde F. entfernt.

fu̲ß|wund ⟨Adj.⟩: *wund an den Füßen.*

Fu̲ß|wur|zel, die (Anat.): *Skelettteil des Fußes zwischen Mittelfuß u. Unterschenkel.*

Fu̲ß|wur|zel|kno|chen, der (Anat.): *zur Fußwurzel gehörender Knochen.*

Fu̲ß|zei|le, die (Buchw.): *Textabschnitt, meist Angabe der Seitenzahl, am unteren Rand einer Seite.*

Fut [fʊt, fu:t], die; -, -en [mhd. vut, ↑Fotze (1)] (vulg.): *Vulva.*

Fu|thark ['fu:θark], das; -s, -e [nach den in Folge gelesenen ersten sechs Runenzeichen]: *ältestes germanisches Runenalphabet.*

fu|ti̲e̲|ren ⟨sw. V.; hat⟩ [zu frz. foutre = werfen, schmeißen; refl.: sich um nichts kümmern, eigtl. = beschlafen < lat. futuere] (schweiz.): **a)** *[ehrverletzend] beschimpfen:* ich lass mich von dir nicht f.; **b)** ⟨f. + sich⟩ *sich (um etw.) nicht kümmern, sich (über etw.) hinwegsetzen.*

fu|ti̲l ⟨Adj.⟩ [lat. fut(t)ilis, eigtl. = leicht ausgießbar, zu: fundere, ↑Fusion] (bildungsspr.): *nichtig.*

Fu̲|ton, der; -s, -s [jap. futon]: *als Matratze [eines japanischen Bettes] dienende, relativ hart (mit Naturstoffen wie Rosshaar, Baumwolle o. Ä.) gepolsterte Matte.*

fu̦tsch ⟨Adj.⟩ [wohl lautm.] (salopp): *verloren; nicht mehr da, nicht mehr als Besitz vorhanden:* das Geld, alles ist f.; **R** f. ist f. [und hin ist hin] *(das ist endgültig, unwiederbringlich verloren).*

fut|schi|ka̲|to ⟨Adj.⟩ [italienisierende Bildung zu ↑futsch] (salopp scherzh.): *futsch.*

¹Fu̦t|ter, das; -s [mhd. vuoter, ahd. fuotar, verw. mit lat. pascere, ↑Pastor]: *Nahrung für [Haus]tiere:* dem Hund, den Hühnern [das] F. geben; Ü dieses F. (salopp; *Essen*) passt dir wohl nicht?; der Mitarbeiter braucht neues F. (ugs.; *neue Arbeit*); *** gut im F. sein/stehen** (ugs.; *gut genährt sein*).

²Fu̦t|ter, das; -s, - [mhd. vuoter, ahd. fuotar = Unterfutter, Futteral, eigtl. = schützende Hülle; Überzug]: **1.** *[dünnerer] Stoff od. Material auf der Innenseite von Kleidungsstücken, Schuhen, Lederwaren o. Ä.:* [ein] glänzendes F.; der Briefumschlag hat graues F. *(ist innen mit grauem Seidenpapier ausgekleidet).* **2.** *Holzauskleidung der Leibung bei Türen u. Fenstern.* **3.** *Vorrichtung zum Einspannen des Werkstücks* (z. B. bei Bohrmaschinen, Drehbänken). **4. a)** *feuerfeste Steine, mit denen Schmelzöfen ausgekleidet sind;* **b)** *isolierende Stoffe, mit denen Feuerungsräume von Dampfkesseln ausgemauert sind.*

Fut|te|ra̲l, das; -s, -e [mlat. fotrale, futrale, zu: fotrum = Überzug, aus dem Germ., vgl. ²Futter]: *[eng] der Form angepasste Hülle für einen Gegenstand:* die Brille aus dem F. ziehen.

Fu̦t|ter|an|bau, der ⟨o. Pl.⟩: *Anbau von Futterpflanzen.*

Fu̦t|ter|au|to|mat, der (Landw.): *Vorrichtung, aus der die Tiere ihr ¹Futter selbstständig entnehmen können.*

Fu̦t|ter|bar|ren, der (österr.): *Futtertrog.*

Fu̦t|ter|bau, der ⟨o. Pl.⟩: *Futteranbau.*

Fu̦t|ter|beu|tel, der: *einem Zugtier zum Fressen vors Maul gehängter Beutel.*

Fu̦t|ter|fisch, der: *(wirtschaftlich als minderwertig angesehener) See- od. Süßwasserfisch, der in der Fischzucht als ¹Futter für Forellen u. andere Raubfische verwendet wird.*

Fu̦t|ter|flä|che, die: *Anbaufläche für Viehfutter.*

Fu̦t|ter|ge|trei|de, das: *als ¹Futter angebautes Getreide.*

Fu̦t|ter|gras, das: vgl. Futtergetreide.

Fu̦t|ter|haus, das: **1.** (DDR Landw.) *Gebäude, in dem Futtermittel gelagert u. zum Füttern zubereitet werden.* **2.** *Futterhäuschen.*

Fu̦t|ter|häus|chen, das: *Häuschen, in dem Vogelfutter ausgelegt wird, das [im Winter] in der Natur fehlendes ¹Futter ersetzen soll; Vogelhäuschen.*

Fu̦t|ter|kalk, der: *im Wesentlichen aus Kalziumphosphat od. Kalziumkarbonat bestehende Mischung mit zugesetzten Vitaminen, die dem ¹Futter beigegeben wird.*

Fu̦t|ter|kar|tof|fel, die: vgl. Futtergetreide.

Fu̦t|ter|krip|pe, die: *auf gekreuzten Beinen stehender, trogartiger Behälter, der ¹Futter für Vieh od. größeres Wild enthält:* Ü ran an die F.! (salopp; *jetzt wird gegessen!*); *** an die F. kommen, an der F. sitzen** (salopp; *einen günstigen, einträglichen Posten bekommen, haben, der unmittelbaren u. zu eigenem Vorteil nutzbaren Zugang zu etw. bietet*).

Fu̦t|ter|kü|che, die (Landw.): *Raum zur Vorbereitung des ¹Futters.*

Fu̦t|ter|le|der, das: *Kalb-, Schaf- od. Ziegenleder als ²Futter (1) für Schuhe.*

Fu̦t|ter|man|gel, der: *¹Mangel (1) an ¹Futter.*

Fu̦t|ter|mehl, das (Landw.): *Abfall, der beim Mahlen des Getreides anfällt u. als Futtermittel verwendet wird.*

Fu̦t|ter|mit|tel, das: *Nahrungsmittel als ¹Futter für Tiere.*

fu̦t|tern ⟨sw. V.; hat⟩: **1.** (ugs.) *[mit Lust, viel] essen:* sie futtert viele Süßigkeiten. **2.** (landsch.) *füttern.*

¹fü̦t|tern ⟨sw. V.; hat⟩ [mhd. vuotern, vüetern, ahd. fuotiren]: **1. a)** *(Tieren, einem Tier) ¹Futter geben;* **b)** *als ¹Futter geben; verfüttern:* Hafer f. **2. a)** *jmdm. Nahrung in den Mund geben:* einen Säugling f.; **b)** *jmdm. etw. im Übermaß zu essen geben:* jmdn. mit Kuchen f. **3. a)** *(einem Computer o. Ä.) bestimmte Daten, Angaben eingeben:* einen Computer mit einem besonderen Programm f.; **b)** *als bestimmte Angabe (einem Computer o. Ä.) eingeben:* Daten in einen Computer f.; **c)** (ugs.) *etw. zu einem bestimmten Zweck in einen Apparat o. Ä. hineinwerfen, hineingeben:* einen Automaten mit Groschen f.

²fü̦t|tern ⟨sw. V.; hat⟩ [mhd. vuotern, vüetern]: **1.** *mit einem ²Futter (1) ausstatten:* der Rock ist gefüttert; [mit Pelz] gefütterte Stiefel; gefütterte Briefumschläge. **2.** *mit einer Schutzschicht auskleiden.*

Fut|ter|napf, der: *Napf für das* [1]*Futter.*

Fut|ter|neid, der: **a)** *einem Tier unterstellter Neid auf das* [1]*Futter eines anderen;* **b)** (salopp) *Neid auf den Vorteil, die Bevorzugung, den Erfolg eines anderen:* ihr Erfolg hat den F. der Kollegen herausgefordert.

Fut|ter|pa|ket, das (ugs.): *Lunchpaket.*

Fut|ter|pflan|ze, die: *zur Ernährung des Viehs angebaute Pflanze.*

Fut|ter|platz, der: **1.** *Stelle, an der Tiere ihr* [1]*Futter finden:* Futterplätze für Vögel, Wild. **2.** (Landw.) *zentraler Ort, an dem Futtermittel gelagert u. zubereitet werden u. der eine kurze Verbindung zum Verbrauchsort hat.*

Fut|ter|ra|ti|on, die: *Ration an* [1]*Futter.*

Fut|ter|rau|fe, die: *aus Stäben bestehende Futterkrippe für Grünfutter u. Heu.*

Fut|ter|rü|be, die: *Runkelrübe.*

Fut|ter|sack, der: vgl. Futterbeutel.

Fut|ter|schnei|de|ma|schi|ne, Fut|ter|schneid|ma|schi|ne, die: *Häckselmaschine zum Schneiden von* [1]*Futter.*

Fut|ter|sei|de, die: *als Futterstoff verwendete Seide.*

Fut|ter|si|lo, der, auch: das: *Silo für Futtermittel.*

Fut|ter|spei|cher, der: *Speicher, in dem Futtermittel gelagert werden.*

Fut|ter|stoff, der: *als Futter für Kleidungsstücke od. Lederwaren verwendeter Stoff.*

Fut|ter|su|che, die: *die Suche eines wild lebenden Tieres nach Futter:* auf F. gehen; auf F. sein.

Fut|ter|trog, der: *Trog für das* [1]*Futter [der Schweine].*

[1]**Füt|te|rung,** die; -, -en: *das* [1]*Füttern.*

[2]**Füt|te|rung,** die; -, -en: **1.** ⟨Pl. selten⟩ *das* [2]*Füttern.* **2.** [2]*Futter.*

Fut|ter|ver|wer|ter, der (Landw.): *Zuchttier, das die angebotene Nahrung in bestimmter Weise in Fett u. Fleisch umsetzt:* ein guter, schlechter F.; Ü (ugs.:) mein Sohn ist ein guter, schlechter F.

Fut|ter|vor|rat, der: *Vorrat an Futter.*

Fu|tur, das; -s, -e [lat. (tempus) futurum, zu: futurus = sein werdend, Part. Futur von: esse = sein] (Sprachw.): **1.** *Zeitform, mit der ein verbales Geschehen od. Sein als zukünftig od. ungewiss charakterisiert wird:* erstes F. *(Futur);* zweites F. *(Futurum exaktum).* **2.** *Verbform im Futur* (1).

fu|tu|risch ⟨Adj.⟩ (Sprachw.): *das Futur betreffend; im Futur:* -e Formen.

Fu|tu|ris|mus, der; - [ital. futurismo, zu: futuro = Zukunft < lat. futurum, ↑Futur]: *(von Italien ausgehende) literarische, künstlerische u. politische Bewegung des beginnenden 20. Jh.s, die den völligen Bruch mit der Tradition fordert.*

Fu|tu|rist, der; -en, -en [ital. futurista]: *Anhänger, Vertreter des Futurismus.*

Fu|tu|ris|tik, die; -: *Futurologie.*

Fu|tu|ris|tin, die; -, -nen: w. Form zu ↑Futurist.

fu|tu|ris|tisch ⟨Adj.⟩: **1.** *den Futurismus betreffend; dem Futurismus eigentümlich.* **2.** *die Futuristik betreffend, ihr gemäß; zukunftsweisend.*

Fu|tu|ro|lo|ge, der; -n, -n [↑-loge]: *Wissenschaftler auf dem Gebiet der Futurologie; Zukunftsforscher.*

Fu|tu|ro|lo|gie, die; - [zu lat. futurum = Zukunft u. ↑-logie]: *Wissenschaft, die sich mit den zu erwartenden Entwicklungen auf technischem, wirtschaftlichem u. sozialem Gebiet beschäftigt; Zukunftsforschung.*

Fu|tu|ro|lo|gin, die; -, -nen: w. Form zu ↑Futurologe.

Fu|tu|rum, das; -s, ...ra (veraltet): *Futur.*

Fu|tu|rum ex|ak|tum, das; - -, ...ra ...ta [zu lat. exactum, ↑exakt]: *vollendetes Futur, zweites Futur* (z. B. sie wird gegangen sein).

Fu|zel, der; -s, - [Nebenform von ↑Fussel] (österr. ugs.): *Staubflocke; Fussel.*

fu|zeln ⟨sw. V.; hat⟩ (österr. ugs.): **a)** *sehr klein, eng schreiben;* **b)** *sehr kleine Stücke abschneiden.*

Fu|zerl, das; -s, -n (österr. ugs.): *Fuzel.*

Fuz|zi, der; -s, -s [nach der gleichnamigen Gestalt einer amerik. Wildwestfilmserie] (salopp; meist abwertend): *[nicht ganz ernst zu nehmender] Mensch; Typ* (2): was will denn dieser F.!

Fuz|zy Lo|gic [ˈfazi lɔdʒɪk], die; - -, (auch:) **Fuz|zy-lo|gic,** die; -: *Fuzzylogik.*

Fuz|zy|lo|gik, Fuz|zy|the|o|rie [ˈfazɪ...], die; - [engl. fuzzy logic, fuzzy theory, zu: fuzzy = verschwommen, eigtl. = verschwommene Logik bzw. Theorie] (EDV): *(bei Systemen der künstlichen Intelligenz angewandte) Methode der Nachahmung des menschlichen Denkens, die neben den mathematisch-logischen Klassifizierungen »wahr« u. »falsch« weitere Entscheidungskriterien zulässt.*

g, G [ge:], das; - (ugs.: -s), - (ugs.: -s) [1: mhd., ahd. g]: **1.** *siebter Buchstabe des Alphabets, ein Konsonant:* ein kleines g, ein großes G schreiben. **2.** (Musik) *fünfter Ton der Grund-(C-Dur-)Tonleiter.*

g = Gramm; (in Österreich auch:) Groschen; g-Moll.

G = Geld (3), Geldkurs; Giga ...; Gauß.

γ, Γ: ↑Gamma.

Ga = Gallium.

Ga. = Georgia.

Gäa (griech. Myth.): Göttin der Erde.

gab: ↑geben.

Ga|bar|dine [ˈgabardi:n, auch: ...ˈdi:n], der; -s, (Sorten:) -, auch: die; -, (Sorten:) - [frz. gabardine < span. gabardina = eng anliegender Männerrock, wohl Kreuzung aus: gabán = Mantel, Rock u. tabardina, Vkl. von: tabardo = Überkleid aus grobem Tuch]: *festes, dichtes Gewebe aus Kammgarn in einer Art Köperbindung.*

Ga|bar|dine|an|zug, der: *Anzug aus Gabardine.*

Ga|bar|dine|kos|tüm, das: *Kostüm aus Gabardine.*

Gab|bro, der; -s [nach dem Hügelland von Gabbro bei Livorno, Italien] (Geol.): *körniges, schwarzgrünes Tiefengestein.*

[1]**gä|be:** ↑geben.

[2]**gä|be:** ↑gang.

Ga|be, die; -, -n [mhd. gäbe, zu ↑geben]: **1.** (geh.) **a)** *etw., was jmdm. als Geschenk, als Aufmerksamkeit überreicht, zuteil wird:* die -n unter den Christbaum legen; jmdm. eine G., etw. als G. mitbringen; **b)** *etw., was jmd. einem Bedürftigen gibt, Almosen* (1); *Spende:* eine milde G.; um eine kleine G. bitten. **2.** *in jmdm. angelegte ungewöhnliche Befähigung, Begabung für etw.:* seine -n verkümmern lassen; er hat die G. des Erzählens; (iron.:) du hast die G., überall anzuecken; ein Mensch mit glänzenden -n. **3.** (Fachspr.) **a)** ⟨o. Pl.⟩ *das Verabreichen, Verabreichung (eines Medikaments);* **b)** *bestimmte, auf einmal verabreichte Menge eines Medikaments; Dosis.* **4.** (schweiz.) *Gewinn (bei Lotterien, Schießsportveranstaltungen u. beim Kegeln).*

Ga|bel, die; -, -n [mhd. gabel(e); ahd. gabala = Gabel (2); urspr. = gegabelter Ast]: **1.** *Essgerät* (1) *mit zwei od. mehr Zinken, das beim Essen zum Zerlegen, zum Aufnehmen od. Vorlegen von Speisen dient:* eine dreizinkige G.; mit Messer und G. essen; Ü er isst mit der fünfzinkigen G. (ugs. scherzh.; *mit den Fingern*). **2.** *Gerät mit zwei od. mehr Zinken u. langem Stiel, das in der Landwirtschaft bes. zum Auf- u. Abladen von Heu, Mist o. Ä. gebraucht wird.* **3. a)** *Gabelung* (b) *eines Weges, einer Straße;* **b)** *Teil eines Telefons (bes. eines Gerätes älterer Bauart), auf den der Hörer aufgelegt od. in den er eingehängt wird:* den Hörer auf, in die G. legen; sie hängte den Hörer in die G.; **c)** *gabelähnlicher Teil eines Fahrrads, in den das Rad eingehängt ist;* **d)** kur für ↑Astgabel; **e)** *Gabeldeichsel.* **4.** (Jägerspr.) *Gehörn od. Geweih mit nur zwei Enden.* **5.** (Schach) *Angriff eines Bauern gegen zwei feindliche Figuren durch einen Zug.*

Ga|bel|bis|sen, der: *kleines, zusammengerolltes Stück Heringsfilet in pikanter Marinade.*

Gä|bel|chen, das; -s, -: Vkl. zu ↑Gabel.

Ga|bel|deich|sel, die: *aus zwei Stangen bestehende Deichsel, zwischen die ein einzelnes Zugtier eingespannt wird.*

ga|bel|för|mig ⟨Adj.⟩: *von einem Punkt aus in zwei Richtungen auseinander strebend, sich in zwei Arme teilend, in der Form einer Gabel* (1) *ähnlich.*

Ga|bel|früh|stück, das [nach frz. déjeuner à la fourchette; weil es meist im Stehen nur mit der Gabel gegessen wird] (veraltend): *bei besonderen [festlichen] Anlässen eingenommenes zweites Frühstück am späten Vormittag, bei dem zu alkoholischen Getränken pikant zubereitete kalte Speisen gereicht werden.*

ga|be|lig, gablig ⟨Adj.⟩ (seltener): *sich gabelnd, gegabelt:* -e Äste.

Ga|bel|kreuz, das: *Kreuz in der Form eines Y.*

ga|beln ⟨sw. V.; hat⟩: **1.** ⟨g. + sich⟩ *sich von einem Punkt aus teilen u. gabelförmig verzweigen, auseinander streben:* die Straße gabelt sich an dieser Stelle; der Ast hat sich hier gegabelt; ein gegabelter Ast; Ü die Entwicklung gabelt sich in zwei verschiedene Stränge. **2.** *mit der Gabel* (2) *auf- od. abladen, aufnehmen [u. irgendwohin befördern]:* Heu [vom Wagen, auf den Wagen] g. **3.** (selten) **a)** *mit der Gabel* (1) *aufspießen [u. irgendwohin befördern]:* [sich] etw. auf den Teller g.; **b)** *mit der Gabel* (1) *essen.*

Ga|bel|schlüs|sel, der: *flacher Schraubenschlüssel mit gabelförmiger Öffnung.*

Ga|bel|stap|ler, der; -s, -: *kleineres, motorgetriebenes Fahrzeug, das an seiner Vorderseite mit einer Vorrichtung zum Aufnehmen u. Verladen od. Stapeln von Stückgut ausgestattet ist.*

Ga|bel|stap|ler|fah|rer, der: *Fahrer eines Gabelstaplers.*

Ga|bel|stap|ler|fah|re|rin, die: w. Form zu ↑Gabelstaplerfahrer.

Ga|be|lung, Gablung, die; -, -en: **a)** *das Sichgabeln;* **b)** *Stelle, an der sich etw. gabelt.*

Ga|bel|wei|he, die: *Milan mit an der Oberseite rotbraunem Gefieder; Roter Milan.*

Ga|ben|be|rei|tung, die (kath. Kirche): *Darbringung der Opfergaben Brot u. Wein bei der Feier der* [1]*Messe* (1).

Ga|ben|tisch, der: *Tisch, auf dem (zu Weihnachten, an jmds. Geburtstag o. Ä.) die Gaben* (1) *aufgebaut sind:* einen G. aufbauen; jmdm. etw. auf den G. legen.

gab|lig: ↑gabelig.

Gab|lung: ↑Gabelung.

Ga|bo|ro|ne: Hauptstadt von Botswana.

Ga|bun; -s: Staat in Afrika.

Ga|bu|ner, der; -s, -: Ew.

Ga|bu|ne|rin, die; -, -nen: w. Form zu ↑Gabuner.

ga|bu|nisch ⟨Adj.⟩: *Gabun, die Gabuner betreffend; von den Gabunern stammend, zu ihnen gehörend.*

G-8-Staat [ge:ˈaxt-], der ⟨meist Pl.⟩ [vgl. G-7-Staat]: *Staat einer von den G-7-Staaten und Russland gebildeten Gruppe von Staaten, die gemeinsam über internationale politische od. wirtschaftliche Fragen berät.*

Ga|cke|lei, die; - (ugs.): *fortwährendes Gackeln* (1).

ga|ckeln ⟨sw. V.; hat⟩ [lautm.]: **1.** (ugs.) *kichernd lachen u. schwatzen:* die Mädchen sitzen auf der Bank und gackeln. **2.** (landsch.) *gackern* (1).

ga|ckern ⟨sw. V.; hat⟩ [lautm.]: **1.** *(von Hühnern) mehrfach hintereinander einen hohen, kehligen kurzen [u. zwischendurch lang gezogenen] Laut von sich geben:* R wer gackert, muss auch ein Ei legen (ugs.; *wer etwas andeutet, ankündigt, soll sich dann auch erklären, etwas vorweisen*). **2.** (ugs.) *gackeln* (1): sie haben immer etw. zu g.

gack, gack ⟨Interj.⟩: lautm. für das Gackern des Haushuhns.

gacks: ↑gicks.

gack|sen ⟨sw. V.; hat⟩ [lautm.] (landsch.): 1. *gackern.* 2. *knarren:* die Tür, der Stuhl, der Fußboden gackst.

Ga|den, der; -s, - [2 a: mhd. gaden, gadem, ahd. gadum, H. u.]: 1. (Archit.) *Fensterbereich im oberen, über die Dächer der Seitenschiffe hinausragenden Teil des Mittelschiffs einer Basilika.* 2. (landsch., sonst veraltet) **a)** *Haus, das nur einen Raum od. ein Stockwerk hat;* **b)** *Stube, Kammer.*

Gad|get [ˈgædʒɪt], das; -s, -s [engl. gadget, H. u.] (Werbespr.): *kleine Werbebeigabe.*

Gad|get|brief, der (Werbespr.): *Werbebrief, auf den flache Gegenstände aufgeklebt werden.*

Ga|do|li|nit [auch: ...ˈnɪt], der; -s, -e [nach dem finn. Chemiker J. Gadolin (1760 bis 1852)]: *schwarzes bis grünlich braunes, meist radioaktives Mineral.*

Ga|do|li|ni|um, das; -s [vgl. Gadolinit]: *metallisches Element von silberweißer bis gelblicher Farbe (chemisches Element;* Zeichen: Gd).

Gaf|fel, die; -, -n [aus dem Niederd. < mniederd. gaffel(e) = Gabel]: 1. (Seemannsspr.) *schräge, um den Mast drehbare Stange, an der das Gaffelsegel befestigt wird.* 2. (landsch.) *große, zweizinkige hölzerne Gabel* (2).

Gaf|fel|scho|ner, der: *Schoner mit Gaffelsegeln.*

Gaf|fel|se|gel, das: *trapezförmiges Segel, das mit seiner Oberkante an der Gaffel befestigt ist.*

gaf|fen ⟨sw. V.; hat⟩ [mhd. gaffen, eigtl. = den Mund aufsperren, wahrsch. verw. mit ↑gähnen] (abwertend): *verwundert, neugierig, selbstvergessen, häufiger aber sensationslüstern [mit offenem Mund u. dümmlichem Gesichtsausdruck] jmdn., etw. anstarren, einen Vorgang verfolgen:* herumstehen und g.

Gaf|fer, der; -s, - (abwertend): *jmd., der gaffend dasteht.*

Gaf|fe|rei, die; - (abwertend): *fortwährendes Gaffen.*

Gaf|fe|rin, die; -, -nen (abwertend): w. Form zu ↑Gaffer.

Gag [gɛk], der; -s, -s [a: engl. gag, eigtl. = Knebel, übertr. im Sinne von »Eingeschobenes«]: **a)** (Theater, Film, Kabarett) *[durch technische Tricks herbeigeführte] komische Situation, witziger Einfall:* das Stück enthält einige -s; Ü sich einen G. einfallen lassen; **b)** *etw., was einen Überraschungseffekt hat; Besonderheit.*

ga|ga [auch: -ˈ-] ⟨indekl. Adj.⟩ [a: frz. gaga = kindisch; lautm.; b: engl. gaga < frz. gaga]: **a)** (selten) *trottelig.* **b)** (salopp) *übergeschnappt, verrückt:* du bist wohl g.!

Ga|gat, der; -[e]s, -e [lat. gagates < griech. gagátēs (nach dem Fluss u. der Stadt Gagas in Lykien)]: *Pechkohle von samtartigem Glanz, die als Schmuckstein verwendet wird; Jett.*

Ga|ge [ˈga:ʒə], die; -, -n [frz. gage = Pfand; Sold, aus dem Germ.]: 1. *Bezahlung der Einzelleistung eines Künstlers; Künstlerhonorar:* eine bescheidene, hohe G.; die -n der Stars sind schwindelerregend; er ist ohne G. aufgetreten. 2. (österr. veraltet) *Gehalt eines Offiziers.*

Gag|ger [ˈgægɐ], der; -s, - [engl. gagger, zu ↑Gag]: *Gagman.*

Ga|gist [gaˈʒɪst], der; -en, -en: *jmd., der Gage* (1) *bezieht.*

Gag|man [ˈgægmən], der; -[s], ...men [...mən; engl. gagman] (Theater, Film, Kabarett): *jmd., dessen Aufgabe es ist, Gags* (a) *zu erfinden u. gezielt einzusetzen.*

gäh|nen ⟨sw. V.; hat⟩ [1: mhd. genen, ginen, ahd. ginēn, urspr. = klaffen, weit offen stehen, auch lautm. für den Gähnlaut u. das heisere Ausfauchen z. B. der Gans]: 1. *(als Anzeichen von Müdigkeit od. Langeweile) unwillkürlich den Mund [weit] aufsperren u. die Luft [geräuschvoll] einziehen u. ausstoßen:* herzhaft g.; vor Müdigkeit g. [müssen]; gelangweilt g.; ⟨subst.:⟩ ein Gähnen unterdrücken; Gähnen ist ansteckend; der Vortrag war zum Gähnen langweilig. 2. (geh.) *sich auftun; sich in eine große, dunkle Tiefe o. Ä., einen Abgrund hinein öffnen:* im Saal herrschte gähnende Leere.

Gäh|ner, der; -s, - (ugs.): *einmaliges kräftiges Gähnen.*

Gäh|ne|rei, die; - (ugs. abwertend): *fortwährendes Gähnen* (1).

Gah|nit [auch: ...ˈnɪt], der; -s, -e [nach dem schwed. Chemiker J. G. Gahn (1745–1818)]: *dunkelgrünes bis schwarzes metamorphes Mineral.*

ga|ke|lig ⟨Adj.⟩ [zu: gagelen = hin und her schwanken, wackeln, mundartl. Nebenf. von ↑gaukeln (1)] (südd.): *[schwächlich, dünn u.] wackelig:* ein -er Stuhl.

Gal, das; -s, - [Kurzwort für Galilei, nach dem Namen des ital. Naturforschers Galileo Galilei (1564–1642)]: *physikalische Einheit der Beschleunigung* ($1\ cm/s^2$).

Ga|la [auch: ˈgala], die; -, -s [span. gala, viell. zu afrz. gale, ↑galant]: 1. *für einen besonderen Anlass vorgeschriebene festliche Kleidung; großer Gesellschaftsanzug;* * **sich in G. werfen** (ugs., scherzh.; *sich für einen bestimmten Anlass festlich anziehen*). 2. (hist.) *Hoftracht.* 3. *Theater-, Opernaufführung, Konzertveranstaltung, Auftritt von Unterhaltungskünstlern o. Ä. [in festlichem Rahmen].*

Ga|la|abend, der: *Abendveranstaltung in festlichem Rahmen.*

Ga|la|an|zug, der ⟨o. Pl.⟩: *für einen besonderen Anlass vorgeschriebene festliche Kleidung.*

Ga|la|di|ner, das: *[offizielles] festliches Diner [zu Ehren eines hoch gestellten (Staats)gastes].*

Ga|la|din|ner, das: *Galadiner:* ein G. veranstalten.

Ga|lakt-: ↑Galakto-.

ga|lak|tisch ⟨Adj.⟩ [zu griech. galaxías = Milchstraße, zu: gala, ↑Galakto-] (Astron.): *zur Galaxis* (a), *zu einer Galaxie gehörend.*

Ga|lak|to-, (vor Vokalen:) Galakt- [zu griech. gála (Gen.: gálaktos) = Milch] ⟨Best. in Zus. mit der Bed.⟩: *Milch-, milchartige Flüssigkeit* (z. B. Galaktometer).

Ga|lak|to|me|ter, das: *Messgerät zur Bestimmung des spezifischen Gewichts der Milch.*

Ga|lak|tor|rhö, die; -, -en [zu griech. rheīn = fließen] (Med.): *spontane Milchabsonderung aus der weiblichen Brust während der Stillzeit.*

Ga|lak|to|se, die; -, -n [↑Galakto-]: *Bestandteil des Milchzuckers.*

Ga|la|lith® [auch: ...ˈlɪt], das; -s [zu griech. gála = Milch u. líthos = Stein]: *harter, hornartiger Werkstoff aus Kunststoff.*

Ga|lan, der; -s, -e [span. galán, zu: galano = schön gekleidet, höfisch, zu: gala, ↑Gala]: **a)** (veraltend, noch iron.) *[herausgeputzter] Mann, der sich mit besonderer Höflichkeit, Zuvorkommenheit um seine Dame bemüht;* **b)** (ugs. abwertend) *Liebhaber, Freund* (2).

ga|lant ⟨Adj.⟩ [frz. galant = lebhaft, liebenswürdig, eigtl. 1. Part. von afrz. galer = sich erfreuen, sich vergnügen, zu: gale = Freude, Vergnügen]: **a)** (veraltend) *(von Männern) betont höflich u. gefällig gegenüber Damen:* er ist immer sehr g.; sich g. verbeugen; **b)** *ein Liebeserlebnis betreffend; amourös:* ein -es Abenteuer; die -e Dichtung *(literarische Modeströmung am Ende des 17. Jh.s).*

Ga|lan|te|rie, die; -, -n [frz. galanterie] (bildungsspr. veraltend): 1. ⟨o. Pl.⟩ *galantes* (a) *Benehmen:* ein Mann von großer G. 2. *galantes Kompliment:* jmdm. -n sagen.

Ga|lant|homme [galanˈtɔm], der; -s, -s [frz. galanthomme, zu: galant (↑galant) u. homme = Mann]: frz. Bez. für *Ehrenmann, Mann von Charakter u. feiner Lebensart.*

Ga|la|pa|gos|in|seln ⟨Pl.⟩: zu Ecuador gehörende Inselgruppe im Pazifischen Ozean.

Ga|la|tea (griech. Myth.): eine der Nereiden.

Ga|la|ter ⟨Pl.⟩: keltisches Volk in Kleinasien.

Ga|la|ter|brief, der ⟨o. Pl.⟩: Brief des Apostels Paulus an die Christen in Galatien (Kleinasien).

Ga|la|uni|form, die: *nur bei besonderen Anlässen getragene prunkvolle Uniform.*

Ga|la|xie, die; -, -n [mlat. galaxia = Milchstraße < lat. galaxias < griech. galaxías] (Astron.): *großes Sternsystem außerhalb der Milchstraße:* ferne -n.

Ga|la|xis, die; -, ...xien (Astron.): **a)** ⟨o. Pl.⟩ *Milchstraße;* **b)** (seltener) *Galaxie.*

Gal|ban, das; -s, **Gal|ban|harz,** das ⟨o. Pl.⟩, **Gal|ba|num,** das; -s [lat. galbanum < griech. chalbánē, aus dem Semit.]: *aus dem Milchsaft bestimmter Doldenblütler gewonnenes Gummiharz, das in der Parfümerie* (2) *verwendet wird.*

Gä|le, der; -n, -n: irisch-schottischer Kelte.

Ga|le|as|se, die; -, -n [älter niederl. galeas < frz. galéace, galéasse < ital. galeazza, Vgr. von: galea, ↑Galeere] (Seew. früher): **a)** *große Galeere;* **b)** *(in den Küstengewässern von Nord- u. Ostsee als Frachtschiff verwendetes) Segelschiff mit rundem, überfallendem Heck.*

Ga|lee|re, die; -, -n [ital. gale(r)a < mlat. galea < mgriech. galéa, wohl zu griech. galéē = Schwertfisch, eigtl. = Wiesel, wegen der Schnelligkeit]: *(im MA.) Ruderschiff (mit zwei Segelmasten) des Mittelmeerraums meist mit zum Rudern verurteilten Sklaven, Sträflingen od. Gefangenen:* er wurde auf die G. geschickt *(zu einer Galeerenstrafe verurteilt).*

Ga|lee|ren|skla|ve, der (früher): *zum Rudern auf einer Galeere gezwungener Sklave.*

Ga|lee|ren|stra|fe, die (früher): *das Rudern auf einer Galeere als schwere Strafe für ein Verbrechen.*

Ga|le|nik, die; - [nach dem altgriech. Arzt Galen, 129(?)–199(?)]: *Lehre von der Zubereitung u. Herstellung von Arzneimitteln.*

Ga|le|ni|kum, das; -s, ...ka: *in der Apotheke aus Drogen* (1) *zubereitetes Arzneimittel.*

ga|le|nisch ⟨Adj.⟩: **a)** *aus Drogen* (1) *zubereitet;* **b)** *die Galenik betreffend, zu ihr gehörig.*

Ga|le|nit [auch: ...ˈnɪt], der; -s, -e [zu gleichbed. lat. galena, H. u.]: *Bleiglanz.*

Ga|le|o|ne, Galione, die; -, -n [ital. galeone < span. galeón, zu mlat. galea, ↑Galeere] (früher): *als Kriegs- u. als Handelsschiff verwendetes großes, mit mehreren Geschützen bewaffnetes Segelschiff [der Spanier u. Portugiesen].*

Ga|le|o|te, Galiote, die; -, -n [frz. galiote, ital. galeotta] (früher): *in den Küstengewässern von Nord- u. Ostsee als Frachtschiff verwendetes Segelschiff mit spitzem Heck u. senkrechtem Steven.*

Ga|le|rie, die; -, -n [älter Gallerei < ital. galleria = langer, gedeckter Säulengang (vgl. gleichbed. frz. galérie), wohl < ital. galilea = Vorhalle, mlat. galilea = Vorhalle einer Kirche; 10: eigtl. = Verbrecherkartei; nach den wie in einer Galerie gesammelten Fotografien in der Verbrecherkartei]: 1. (Archit.) **a)** *mit Fenstern, Arkaden u. Ä. versehener Gang als Laufgang an der Fassade einer romanischen od. gotischen Kirche;* **b)** *umlaufender Gang, der auf der Innenhofseite um das Obergeschoss eines Schlosses o. Ä. geführt ist;* **c)** *außen an Bauernhäusern angebrachter balkonartiger Umgang.* 2. (Archit.) *mehrere Räume verbindender Gang od. großer lang gestreckter, für Festlichkeiten od. auch zum Aufhängen od. Aufstellen von Kunstwerken benutzter Raum in Schlössern.* 3. **a)** kurz für ↑Gemäldegalerie: die Stadt hat mehrere große -n; **b)** *Kunsthandlung, bes. für Bilder u. Plastiken, die auch Ausstellungen veranstaltet:* er hat das Bild in einer G. gekauft. 4. **a)** *Empore [in einem Saal, Kirchenraum];* **b)** (veraltend) *oberster Rang im Theater:* die G. war ganz besetzt; **c)** (veraltend) *auf der Galerie sitzendes Publikum:* die G. applaudierte; * **für die G. spielen** *(in effektvoller, übertreibender Weise handeln, sich gebärden, um ein breites Publikum zu beeindrucken, den Beifall der Massen für sich zu gewinnen).* 5. *Orientteppich in der Form eines Läufers:* vor der Bücherwand liegt eine G. 6. (bes. österr., schweiz.) *Tunnel an einem Berghang mit fensterartigen Öffnungen nach der Talseite.* 7. (hist.) *mit Schießscharten versehener, bedeckter Gang im Mauerwerk einer Befestigungsan-*

G

lage. **8.** (Seemannsspr. veraltend) *um das Heck laufender Rundgang an [alten Segel]schiffen.* **9.** (meist scherzh.) *größere Anzahl gleichartiger Dinge, Personen:* sie besitzt eine ganze G. schöner Hüte, von Hüten. **10.** (österr. veraltend) *Unterwelt, Verbrechertum.* **11.** (selten) *glasgedeckte Passage mit Läden.*

Ga|le|rist, der; -en, -en [1: ital. gallerista; 2: zu ↑Galerie (10)]: **1.** *Besitzer, Leiter einer Galerie* (3b); *Kunsthändler.* **2.** (österr. veraltend): *Verbrecher, Angehöriger der Unterwelt.*

Ga|le|ris|tin, die; -, -nen: w. Form zu ↑Galerist (1).

Gal|gen, der; -s, - [mhd. galge = Galgen, Kreuz, ahd. galgo, eigtl. = Stange, Pfahl]: **1.** *aus einem od. mehreren Pfosten u. darüber liegendem Querbalken bestehendes Gerüst zum Hängen eines zum Tode Verurteilten:* die Verräter wurden zum Tode am G. verurteilt; wenn du so weitermachst, endest du noch am G. (ugs.; *wirst du noch ein schlimmes Ende nehmen*); wer so etwas tut, ist reif für den G. (ugs.; *verdient, schwer bestraft zu werden*); ***jmdn. an den G. bringen** (ugs.; *jmdn. anzeigen u. dadurch bewirken, dass er bestraft wird*). **2.** *galgenähnliche Vorrichtung, an der etw. aufgehängt werden kann:* bei den Filmaufnahmen hängt das Mikrofon am G. *(an einem schwenkbaren Arm über den Köpfen der Darsteller).*

Gal|gen|frist, die ⟨Pl. selten⟩ [eigtl. = die letzte Gnadenfrist, die einem zum Galgen Verurteilten bis zu seiner Hinrichtung gewährt wird]: *kurzer Aufschub, letzte Frist, die jmdm. vor einem entscheidenden Ereignis noch bleibt od. gewährt wird:* er hat noch zwei Tage G. erhalten.

Gal|gen|hu|mor, der: *gespielter Humor, vorgetäuschte Heiterkeit, mit der jmd. einer unangenehmen od. verzweifelten Lage, in der er sich befindet, zu begegnen sucht.*

Gal|gen|strick, der [spätmhd. galgenstric = Strick, mit dem der Verurteilte am Galgen aufgehängt wird]: **a)** (ugs. veraltend, abwertend) *Strolch, Taugenichts;* **b)** (ugs.) *Junge, Bursche, der listig, durchtrieben ist (dem man das aber bis zu einem gewissen Grad nachsieht).*

Gal|gen|vo|gel, der [urspr. = Rabe (der sich wegen der Leichen in der Nähe von Galgen aufzuhalten pflegte)]: **a)** (ugs. abwertend) *Strolch; Taugenichts;* **b)** (ugs. seltener) *Galgenstrick* (b).

Ga|li|ci|en [...tsi̯ən]; -s: historische Landschaft u. autonomes Gebiet in Spanien.

Ga|li|ci|er, der; -s, -: Ew.

Ga|li|ci|e|rin, die; -, -nen: w. Form zu ↑Galicier.

ga|li|cisch [...tsɪʃ] ⟨Adj.⟩: **a)** *Galicien, die Galicier betreffend; von den Galiciern stammend, zu ihnen gehörend;* **b)** *in der Sprache der Galicier.*

Ga|li|cisch, das; -[s] u. ⟨nur mit best. Art.:⟩ **Ga|li|ci|sche,** das; -n: *im Nordwesten Spaniens gesprochene Sprache, aus deren mittelalterlicher Form sich das Portugiesische entwickelt hat.*

Ga|li|läa, -s: historische Landschaft in Palästina.

Ga|li|lä|er, der; -s, -: Ew.

Ga|li|lä|e|rin, die; -, -nen: w. Form zu ↑Galiläer.

ga|li|lä|isch ⟨Adj.⟩: *Galiläa, die Galiläer betreffend; von den Galiläern stammend, zu ihnen gehörend.*

Gä|lin, die; -, -nen: w. Form zu ↑Gäle.

Ga|li|on, das; -s, -s [mniederl. galjoen < frz. galion, span. galeón, ↑Galeone] (früher): *kunstvoll gestalteter Vorbau am Bug eines hölzernen Schiffes.*

Ga|li|o|ne: ↑Galeone.

Ga|li|ons|fi|gur, die: *geschnitzte Figur auf dem Galion eines Schiffes, meist in Form einer Frauengestalt:* Ü jmdn. zur G. einer Partei machen *(als zugkräftige, werbende Figur an die Spitze stellen).*

Ga|li|o|te: ↑Galeote.

gä|lisch ⟨Adj.⟩: zu ↑Gäle.

Gä|lisch, das; -[s] u. ⟨nur mit best. Art.:⟩ **Gä|li|sche,** das; -n: *die gälische Sprache.*

Ga|li|zi|en; -s: historische Landschaft nördlich der Karpaten.

Ga|li|zi|er, der; -s, -: Ew.

Ga|li|zi|e|rin, die; -, -nen: w. Form zu ↑Galizier.

ga|li|zisch ⟨Adj.⟩: *Galizien, die Galizier betreffend; von den Galiziern stammend, zu ihnen gehörend.*

Gal|jass, die; -, -en: ↑Galeasse.

Gal|jot, die; -, -en: ↑Galeote.

Gall|ap|fel, der (Bot.): *kugelige od. birnenförmige* ²*Galle* (2) *an Blättern, Knospen od. jungen Trieben von Eichen.*

¹Gal|le, die; -, -n [mhd. galle, ahd. galla, eigtl. = die Gelblichgrüne, verw. mit ↑gelb]: **a)** kurz für ↑Gallenblase: sie hat es an der G.; **b)** *von der Leber gebildetes, für die Verdauung der Fette wichtiges Sekret, das in der Gallenblase gespeichert wird:* die Kranke hat G. gebrochen; die Arznei schmeckt bitter wie G. *(sehr bitter);* Ü seine Worte waren voll G. *(voll Bitterkeit);* ***jmdm. steigt, kommt die G. hoch/schwillt die G./läuft die G. über** (*jmdn. packt die Wut;* bei zorniger Erregung erhöht sich die Ausschüttung von Galle); **G. verspritzen** (*Bosheiten sagen;* die Galle gilt als Symbol der Bitterkeit); **jmdn. in G. bringen** *(jmdn. in Wut versetzen).*

²Gal|le, die; -, -n [mhd. galle = Geschwulst am Pferdefuß, mniederd. galle = wunde Hautstelle, urspr. wohl = Schaden, Fehler; 2: wohl durch frz. Vermittlung entlehnt aus lat. galla = kugelartiger Auswuchs an Pflanzen, Gallapfel u. zusammengefallen mit ²Galle (1)]: **1.** (Tiermed.) *krankhafte Schwellung, Geschwulst an den Gelenken (bes. bei Pferden).* **2.** (Bot.) *meist durch tierische Parasiten hervorgerufene Wucherung bei bestimmten Pflanzen.*

gal|le|bit|ter, gallenbitter ⟨Adj.⟩: *sehr bitter, so bitter wie* ¹*Galle* (b).

Gal|len|bla|se, die: *mit der Leber verbundenes Organ, das die Gallenflüssigkeit speichert.*

Gal|len|bla|sen|ent|zün|dung, die: *Entzündung der Gallenblase.*

Gal|len|farb|stoff, der: *in der Leber gebildeter grünlicher Farbstoff.*

Gal|len|flüs|sig|keit, die ⟨o. Pl.⟩: ¹*Galle* (b).

Gal|len|gang, der ⟨meist Pl.⟩: *zu einem verzweigten System gehörendes leitendes Gefäß, in dem die* ¹*Galle* (b) *in der Leber gesammelt u. von dort in den Zwölffingerdarm geleitet wird.*

Gal|len|ko|lik, die: *im Zusammenhang mit einem Gallensteinleiden auftretende Kolik.*

Gal|len|lei|den, das: *chronische Erkrankung der Gallenblase.*

Gal|len|saft, der: *Sekret der* ¹*Galle* (a).

Gal|len|stein, der: *aus Bestandteilen der* ¹*Galle* (b) *entstandene Ablagerung, die in den Gallenwegen zu Stauungen u. Ä. führen kann.*

Gal|len|stein|lei|den, das: *durch Gallensteine hervorgerufenes Leiden.*

gal|len|trei|bend, galletreibend ⟨Adj.⟩: *den Abfluss der Gallenflüssigkeit beschleunigend.*

Gal|len|weg, der ⟨meist Pl.⟩: *Gallengang, ableitendes Gefäß der Galle.*

Gal|le|ria, die; -, -s [ital. galleria, ↑Galerie] (Archit.): *mehrere Räume od. Gebäudeteile verbindende hallenartige [Beton- od. Stahl]konstruktion mit großen, viel Licht einfallen lassenden Glasflächen.*

Gal|lert [auch: ˈgalɛrt], das; -[e]s, (Arten:) -e [mundartl. für mhd. galreide < mlat. galatria, gelatria = Gefrorenes; Sülze, zu vlat. gelata, ↑Gelee]: *nach dem Erkalten zu einer steifen, durchsichtigen Masse erstarrte eingedickte Fleisch-, Knochenbrühe, auch eingedickter erstarrter Saft einiger Früchte.*

gal|lert|ar|tig ⟨Adj.⟩: *eine gleiche od. ähnliche Konsistenz wie Gallert aufweisend:* eine -e Masse.

Gal|ler|te [auch: ˈga...], die; -, (Arten:) -n: *Gallert.*

gal|ler|tig [auch: ˈga...] ⟨Adj.⟩: *aus Gallerte od. gallertähnlicher Substanz bestehend.*

Gal|lert|mas|se, die: *gallertartige Masse.*

gal|le|trei|bend: ↑gallentreibend.

Gal|li|ar|de [gaˈjardə]: *Gaillarde.*

Gal|li|en; -s: lateinischer Name Frankreichs.

Gal|li|er, der; -s, -: Ew.

Gal|li|e|rin, die; -, -nen: w. Form zu ↑Gallier.

gal|lig ⟨Adj.⟩: **1.** *gallebitter:* ein -er Geschmack. **2.** *verbittert [u. dadurch beißend, scharf in seinen Äußerungen]:* eine -e Bemerkung; eine -e Satire; ihr Humor ist ziemlich g.

Gal|lig|keit, die; -: *das Galligsein.*

gal|li|ka|nisch ⟨Adj.⟩ [nach frz. gallican < (m)lat. gallicanus = gallisch]: **a)** *die mit Sonderrechten ausgestattete katholische Kirche in Frankreich vor der Revolution betreffend;* **b)** *zum Gallikanismus* (a) *gehörend:* die -e Kirche.

Gal|li|ka|nis|mus, der; - [frz. gallicanisme]: **a)** *Staatskirchentum in Frankreich mit Sonderrechten gegenüber dem Papst (bis zur Französischen Revolution);* **b)** *nationale Bestrebungen der Kirche in Frankreich (bis zur Französischen Revolution).*

gal|lisch ⟨Adj.⟩: **a)** *Gallien, die Gallier betreffend; von den Galliern stammend, zu ihnen gehörend;* **b)** *in der Sprache der Gallier.*

Gal|lisch, das; -[s] u. ⟨nur mit best. Art.:⟩ **Gal|li|sche,** das; -n: *eine keltische Sprache.*

Gal|li|um, das; -s [zu lat. Gallia = Gallien (der Entdecker war Franzose)]: *silberweißes, leicht verformbares Metall (chemisches Element;* Zeichen: Ga).

Gal|li|zis|mus, der; -, ...men [frz. gallicisme, zu (m)lat. gallicus = gallisch, französisch] (Sprachw.): *für das Französische charakteristische sprachliche Erscheinung in einer nicht französischen Sprache.*

Gal|lon [ˈgælən], der od. das; -[s], -s [engl. gallon, ↑Gallone]: *Gallone.*

Gal|lo|ne, die; -, -n [engl. gallon < norm.-pik. galon < afrz. jalon, H. u.]: **a)** *v. a. in Großbritannien verwendetes Hohlmaß* (4,546 l); Zeichen: gal, gall; **b)** *amerikanisches Hohlmaß* (3,785 l; Zeichen: gal, gall).

gal|lo|phil ⟨Adj.⟩ [zu (m)lat. Gallus = Gallier; Franzose u. griech. phileĩn = lieben]: *frankophil.*

gal|lo|phob ⟨Adj.⟩ [zu griech. phobeĩn = fürchten]: *frankophob.*

gal|lo|ro|ma|nisch ⟨Adj.⟩: *den romanischen Sprachen auf gallischem Boden angehörend, von ihnen abstammend.*

Gal|lo|ro|ma|nisch, das; -s u. ⟨nur mit best. Artikel:⟩ **Gal|lo|ro|ma|ni|sche,** das; -n: *aus dem Vulgärlatein hervorgegangener Teil des Westromanischen, der sprachgeographisch auf das ehemalige römische Gallien beschränkt ist u. die unmittelbare Vorstufe des Altprovenzalischen u. Altfranzösischen bildet.*

Gal|mei [auch: ˈ– –], der; -s, -e [spätmhd., über das Roman. zu lat. cadmia, ↑Kadmium] (Mineral.): *meist gelbbraunes Mineral.*

Ga|lon [gaˈlõ:], der; -s, -s [frz. galon, rückgeb. aus: galonner, ↑galonieren], **Ga|lo|ne,** die; -, -n [ital. gallone < frz. galon, ↑Galon] (Schneiderei): *Tresse, Borte, Litze, die als Schmuck an Livreen, Uniformen, Abendanzügen verwendet wird:* eine Hose mit Galons an den Seitennähten.

ga|lo|nie|ren ⟨sw. V.; hat⟩ [frz. galonner, H. u.]: **1.** (Schneiderei) *mit Galons besetzen:* eine Hose g. **2.** (Kürschnerei) *langhaarige, dichte Felle durch Dazwischensetzen schmaler Lederstreifen o. Ä. verlängern.*

Ga|lopp, der; -s, -s u. -e [1: ital. galoppo < frz. galop, zu: galoper, ↑galoppieren; 2: frz. galop]: **1.** *schnellste Gangart bes. des Pferdes, die aus einer Folge von Sprüngen besteht:* in G. fallen; sein Pferd in G. setzen; in vollem, gestrecktem, hopsendem, wildem G.; ***im G.** (ugs.; *sehr schnell; in großer Hetze, weil die Zeit drängt*): etw. im G. erledigen; alles ging im G.; **im G. durch die Kinderstube geritten sein** (ugs. abwertend; *kein gutes Benehmen haben*). **2.** *schneller Rundtanz im* $^2/_4$*-Takt.*

Ga|lopp|bahn, die (Pferdesport): *Bahn für Galopprennen.*

ga|lop|pie|ren ⟨sw. V.; hat/ist⟩ [ital. galoppare < (a)frz. galoper, wohl aus dem Germ., eigtl. = gut springen (verw. mit ↑wohl u. ↑laufen)]: **a)** *(bes. von Pferden) im Galopp laufen* ⟨hat, seltener: ist⟩: die Pferde haben [auf der Weide] galoppiert; der Reiter galoppierte *(ritt im Galopp)* mit seinem Tier; galoppierende Pferde; **b)** *eine Strecke im Galopp zurücklegen* ⟨ist⟩: die Pferde, die Reiter sind über die Bahn galoppiert; Ü die Arbeitslosigkeit galoppiert.

ga|lop|pie|rend ⟨Adj.⟩: *mit zunehmender Schnelligkeit eine nachteilige Entwicklung nehmend:* -e *(schnell steigende)* Inflation; -e *(schnell zum Tode führende)* Schwindsucht.

Ga|lopp|renn|bahn, die (Pferdesport): *Galoppbahn.*

Ga|lopp|ren|nen, das (Reiten): *Rennen, bei dem die Pferde in gestrecktem Galopp* (1) *laufen.*

Ga|lo|sche, die; -, -n ⟨meist Pl.⟩ [frz. galoche < vlat. gallicula, Vkl. von lat. gallica (solea) = gallische Sandale]: **a)** (veraltend) *Überschuh aus Gummi o. Ä.;* **b)** (ugs. abwertend) *alter, ausgetretener [Haus]schuh.*

galt ⟨Adj.⟩ [vgl. [1]gelt] (südd., österr., schweiz.): *(von Kühen, Ziegen) keine Milch gebend:* eine -e Kuh.

galt: ↑ gelten.

Galt, der; -[e]s [zu ↑ [1]galt] (südd., österr., schweiz.): *Zeit, in der eine Kuh od. Ziege [weil sie noch zu jung ist, wegen hoher Trächtigkeit o. Ä.] keine Milch hat.*

gäl|te: ↑ gelten.

Galt|ling, der; -s, -e (südd., österr., schweiz.): *Kuh, Kalb im Galt.*

Gal|va|ni|sa|ti|on, die; -, -en [vgl. Galvanismus] (Med.): *(in der Elektrotherapie) Behandlung bestimmter Krankheiten mit Gleichstrom.*

gal|va|nisch ⟨Adj.⟩: *auf elektrochemischer Stromerzeugung beruhend [u. den auf diese Weise erzeugten Gleichstrom betreffend]:* -er Strom; -es Element.

Gal|va|ni|seur [galvaniˈzøːɐ̯], der; -s, -e [frz. galvanis(at)eur]: *Facharbeiter auf dem Gebiet der Galvanotechnik.*

Gal|va|ni|seu|rin, die; -, -nen: w. Form zu ↑ Galvaniseur.

gal|va|ni|sie|ren ⟨sw. V.; hat⟩ (Technik): *mithilfe der Elektrolyse mit einer dünnen Schicht aus Metall überziehen.*

Gal|va|ni|sie|rung, die; -, -en: *das Galvanisieren, Galvanisiertwerden.*

Gal|va|nis|mus, der; - [ital. galvanismo, nach dem ital. Naturforscher Galvani (1737–1798)]: *Lehre von der Umwandlung chemischer Energie in elektrische Energie.*

Gal|va|no, das; -s, -s [Kurzf. für Galvanoklischee und Galvanoplastik] (graf. Technik): *auf galvanischem Wege hergestellte Abformung von einer Autotypie, einem Schriftsatz u. a.*

Gal|va|no|gra|phie, (auch:) Galvanografie, die [↑ -graphie]: *Verfahren zur Herstellung von Kupferdruckplatten.*

Gal|va|no|kli|schee, das: *Galvanoplastik* (b).

Gal|va|no|me|ter, das (Technik): *Instrument für die Messung schwacher elektrischer Ströme u. Spannungen.*

gal|va|no|me|trisch ⟨Adj.⟩: *mithilfe des Galvanometers [erfolgend].*

Gal|va|no|plas|tik, die ⟨o. Pl.⟩: **a)** *Verfahren, Gegenstände durch galvanisches Abscheiden eines Überzugs aus Metall von einer Form* (3) *herzustellen od. nachzubilden;* **b)** *Verfahren, nicht metallische Gegenstände mit Metall zu überziehen, bes. die Herstellung von Galvanos im grafischen Gewerbe; Elektrotypie.*

Gal|va|no|plas|ti|ker, der; -s, -: *jmd., der galvanoplastische Arbeiten ausführt* (Berufsbez.).

Gal|va|no|plas|ti|ke|rin, die; -, -nen: w. Form zu ↑ Galvanoplastiker.

gal|va|no|plas|tisch ⟨Adj.⟩: *die Galvanoplastik betreffend, auf ihr beruhend.*

Gal|va|no|tech|nik, die: *Gesamtheit verschiedener Verfahren des Galvanisierens.*

Ga|man|der, der; -s, - [mhd. gamandrē < mlat. gamandrea, chamandrea < lat. chamaedrys < griech. chamaídrys]: *(in vielen Arten vorkommende) Pflanze mit kleinen, ovalen, am Rand gezackten Blättern u. roten od. gelblichen Blüten.*

Ga|ma|sche, die; -, -n [frz. gamache = Gamasche (aus Leder od. Stoff) < span. guadamecí = weiches Leder < arab. (ǧild) ǧadāmasī = (Leder) aus Gadames (Libyen)]: **a)** *seitlich geknöpftes, den Spann bedeckendes u. bis zum Knöchel od. bis zum Knie reichendes, über Schuhen u. Strümpfen getragenes Bekleidungsstück für das Bein (als Teil der Männerkleidung bzw. der Uniform);* **b)** *Wickelgamasche:* * **vor jmdm., etw. -n haben** (ugs. veraltend; vgl. Manschetten; viell., weil die Manschette mundartlich auch Handgamasche hieß).

Ga|ma|schen|dienst, der [wegen der zahlreichen Knöpfe u. wegen des unbequemen Sitzes der Gamaschen bes. des preuß. Heeres im 18. Jh.] (abwertend): *pedantischer, sinnloser [Kasernen]drill.*

Gam|ba, die; -, -s [span. (katalan.) gamba, über das Vlat. < lat. cammarus = Hummer]: span. Bez. für *Garnele, Krevette.*

Gam|be, die; -, -n [älter: Violgambe < ital. viola da gamba, aus: viola (↑ [2]Viola) u. gamba = Bein < spätlat. gamba = Gelenk, [2]Fessel]: *sechssaitiges Streichinstrument, das beim Spiel auf die Knie gestützt od. zwischen den Knien gehalten wird; Viola da Gamba; Kniegeige.*

Gam|bia; -s: Staat in Westafrika.

Gam|bi|er, der; -s, -: Ew.

Gam|bi|e|rin, die; -, -nen: w. Form zu ↑ Gambier.

Gam|bir, der; -s [indon.]: *als Gerb- u. Heilmittel verwendeter Saft eines ostasiatischen Kletterstrauches; Cachou.*

gam|bisch ⟨Adj.⟩: zu ↑ Gambia.

Gam|bit, das; -s, -s [span. gambito < ital. gambetto, eigtl. = das Beinstellen, zu: gamba, ↑ Gambe] (Schach): *Eröffnung einer Partie mit einem Bauernopfer, durch die den eigenen Figuren schnell die Bahn zum Angriff geöffnet werden soll.*

Gam|bri|nus: sagenhafter flandrischer König, angeblicher Erfinder des Bierbrauens u. Schutzherr der Brauer.

Game|boy® [ˈgeːmbɔy], der; -[s], -s [engl., aus: game = Spiel u. boy = Junge]: *kleines, in der Hand zu haltendes elektronisches Gerät für bestimmte Spiele in der Art von Computerspielen (die bes. Schnelligkeit u. Geschicklichkeit erfordern).*

Game|port [ˈgeːmpɔːt, ˈgeɪmpɔːt], (auch:) **Game-Port,** der; -s, -s [engl. game port; aus: game = Spiel u. port, ↑ [2]Port] (EDV): *[2]Port zum Anschluss eines peripheren* (3) *Gerätes (z. B. eines Joysticks) für Computerspiele.*

Game|show [ˈgeːmʃoʊ, ˈgeɪmʃoʊ], (auch:) **Game-Show,** die; -, -s [engl. game show, aus: game = Spiel u. show, ↑ Show] (Ferns.): *Unterhaltungssendung im Fernsehen, in der Kandidaten in einem Spiel od. Quiz um Preise* (2 a) *konkurrieren.*

Ga|met, der; -en, -en [griech. gamétēs = Gatte] (Biol.): *der geschlechtlichen Fortpflanzung dienende Zelle; Geschlechtszelle.*

Ga|me|ten|bil|dung, die (Biol.): *Bildung von Gameten.*

Ga|me|to|ga|mie, die; - [zu griech. gámos = Hochzeit, Ehe] (Biol.): *Vereinigung zweier verschiedengeschlechtlicher Zellen.*

Ga|me|to|ge|ne|se, die; -, -n (Biol.): *Vorgang der Geschlechtszellenbildung.*

Ga|me|to|zyt, der; -en, -en [zu griech. kýtos = Höhle, Wölbung] (Biol.): *noch nicht geschlechtsspezifisch zu unterscheidende Zelle, aus der im Verlauf der Gametenbildung die Gameten hervorgehen.*

Gam|ma, das; -[s], -s [griech. gámma, aus dem Semit., vgl. hebr. gîmel, eigtl. = Kamel (hebr. gamal, nach der Ähnlichkeit des althebr. Buchstabens mit einem Kamelhals)]: *dritter Buchstabe des griechischen Alphabets* (Γ, γ).

Gam|ma|as|tro|no|mie, die: *Röntgenastronomie.*

Gam|ma|quant, γ-Quant, das (Physik): *den Gammastrahlen zugeordnetes Photon.*

Gam|ma|spek|trum, das: *Energiespektrum der Gammastrahlen.*

Gam|ma|strah|len, γ-Strah|len ⟨Pl.⟩ (Physik, Med.): *kurzwellige radioaktive Strahlen, die in der Strahlentherapie sowie zur Prüfung von Werkstoffen eingesetzt werden.*

Gam|me, die; -, -n [frz. gamme < ital. gamma, nach dem Namen des griech. Buchstabens γ (Gamma), mit dem im MA., dem Buchstaben c des lat. Alphabets entsprechend, der erste Ton der Tonleiter bezeichnet wurde] (Musik): *Tonleiter; Skala.*

[1]Gam|mel, der; -s [aus dem Niederd., eigtl. wohl = das Alte, zu ↑ gammeln (1)]: **1.** (ugs. abwertend) *minderwertiges, wertloses, unbrauchbares Zeug verschiedener Art:* in dem Laden gibts nur G. **2.** (Fachspr.) *für die menschliche Ernährung nicht verwertbarer Teil des Hochsee- u. Küstenfischfangs, der zu Fischmehl od. Dünger verarbeitet wird.*

[2]Gam|mel, die; -, -n [viell. identisch mit ↑ [1]Gammel] (ugs., oft als Schimpfwort): *schlampige weibliche Person.*

Gam|me|lei, die; - [zu ↑ gammeln (2 a)] (ugs. abwertend): *das Gammeln.*

gam|me|lig, gammlig ⟨Adj.⟩ [a: aus dem Niederd., zu ↑ [1]Gammel] (ugs.): **a)** *(von Nahrungsmitteln) unappetitlich, ungenießbar geworden:* -e Wurst; das Obst ist g. geworden; **b)** (oft abwertend) *(in Bezug auf die äußere Erscheinung, bes. die Kleidung) sehr salopp; unordentlich, vernachlässigt:* -e Kleidung; g. gekleidet sein; g. herumlaufen.

Gam|mel|le|ben, das ⟨o. Pl.⟩ (ugs. abwertend): *Zeit, in der jmd. gammelt* 2 a; *ungeregelte Lebensweise:* das G. muss ein Ende haben.

gam|meln ⟨sw. V.; hat⟩ [1: aus dem Niederd. < mniederd. gammelen = alt werden, zu einem germ. Adj. mit der Bed. »alt«, vgl. schwed. gammal, dän. gammel = alt; 2: wohl eigtl. = herumliegen (wie Gammel 1)] (ugs.): **1.** *(von Nahrungsmitteln) bei längerem Liegen nach u. nach verderben, ungenießbar werden:* das Brot gammelt im Vorratsraum. **2. a)** (oft abwertend) *ohne geregelte Arbeit seine Zeit verbringen; ziellos, ohne Betätigungsdrang und ohne äußere Ansprüche in den Tag hinein leben:* sie hat in Paris drei Monate gegammelt; **b)** (ugs.) *[bei der Arbeit] trödeln; Zeit mit Nichtstun verbringen:* wir haben den ganzen Tag gegammelt.

Gamm|ler, der; -s, - (ugs., oft abwertend): *(bes. in den Sechzigerjahren) Jugendlicher, der alle Formen des Etabliertseins ablehnt, daher keinen Wert auf ein den gesellschaftlichen Normen entsprechendes Äußeres legt u. keiner geregelten Arbeit nachgeht.*

Gamm|le|rin, die; -, -nen (ugs., oft abwertend): w. Form zu ↑ Gammler.

Gamm|ler|tum, das; -s: *das Gammlersein; Lebensform, Lebenseinstellung der Gammler.*

gamm|lig: ↑ gammelig.

Gams, der, die, das; -, -[en] [mhd. gam(e)z, Nebenf. von ↑ Gämse] (Jägerspr., landsch.): *Gämse.*

Gams|bart, (auch:) **Gäms|bart,** der: *Büschel von Rückenhaaren der Gämse, das als Schmuck an bestimmten Trachten- u. Jägerhüten getragen wird.*

Gams|bock, Gäms|bock, der: *männliche Gämse.*

Gäm|se, die; -, -n [mhd. gemeʒe, ahd. gamiʒa, wohl aus einer untergegangenen Spr. in den Alpen]: *im Hochgebirge lebendes, zu den Paarhufern gehörendes Säugetier mit gelblich braunem bis rotbraunem Fell u. nach hinten gekrümmtem Gehörn:* ein Rudel -n; er kann klettern wie eine G.

Gäm|sen|jä|ger: ↑ Gämsjäger.

gäms|far|ben ⟨Adj.⟩: *in einem gelblichen Braun getönt wie das Fell der Gämse [im Sommer]; chamois.*

Gäms|geiß, die: *weibliche Gämse.*

gäms|gelb ⟨Adj.⟩: *gämsfarben.*

Gäms|jä|ger, Gämsenjäger, der: *Jäger, der Gämsen jagt.*

Gams|le|der, Gäms|le|der, das ⟨o. Pl.⟩: *weiches, haltbares Leder aus dem Fell der Gämsen.*

G

Gams|wild, das (Jägerspr.): *Gesamtheit von Gämsen.*

Gams|wurz, Gäms|wurz, die (Bot.): *(zu den Korbblütlern gehörende) als Staude wachsende Pflanze mit ungeteilten Blättern u. gelben Blüten.*

Ga|nache [ga'naʃ], die; - [frz. crème ganache, H. u.]: *cremige Nachspeise, die hauptsächlich aus einer Mischung von süßer Sahne u. geriebener Schokolade hergestellt wird.*

Gand, die; -, -en od. das; -s, Gänder [Alpenwort wahrsch. roman. Herkunft] (österr., schweiz.): *Schuttfeld, Geröllhalde.*

Ga|neff, der; -[s], -e u. -s [jidd. gannew, ↑Ganove] (österr.): *Ganove.*

gang: in der Fügung **g. und gäbe sein,** (landsch. auch:) **gäng und gäbe sein** *(allgemein üblich, gebräuchlich sein;* zu gang, älter: gäng < mhd. genge, ahd. gengi = verbreitet, gewöhnlich, eigtl. = was gehen od. umlaufen kann, u. gäbe = annehmbar, willkommen, lieb, gut, zu ↑geben, eigtl. = was sich leicht geben lässt; urspr. bezogen auf die gängige Währung, dann auch auf gängige Handelsware): dieser Begriff ist unter Experten g. und gäbe.

gäng: ↑gang.

[1]Gang, der; -[e]s, Gänge [mhd., ahd. ganc, eigtl. = das Schreiten; das Spreizen der Beine, nicht verw. mit ↑gehen]: **1. a)** *Art u. Weise, Bewegung des Gehens* (1); *Art der Körperhaltung beim Gehen* (1): ein schlaksiger, federnder, aufrechter G.; sein G. war schwerfällig; die Frau hatte einen schleppenden G.; er beschleunigte seinen G.; sie erkannten ihn am G.; **b)** (Tierzucht) *Gangart von Pferden u. anderen Reit- od. Zugtieren.* **2.** *das Gehen* (1) *einer Strecke [mit einem bestimmten Ziel]:* sie machten einen G. *(Spaziergang)* durch den Park; ich habe noch einige Gänge *(Besorgungen)* zu machen; einen schweren, bitteren G. tun, gehen [müssen] *(irgendwohin gehen [müssen], wo einen etw. Unangenehmes erwartet);* er begegnete ihm auf seinem G. zum Bahnhof; **Ü** jmdn. auf seinem letzten G. begleiten (geh. verhüll.; *an jmds. Beerdigung teilnehmen*); *** ein G. nach Canossa** *(als erniedrigend empfundener Bittgang;* ↑Canossa). **3.** *die ununterbrochene Bewegung, das Laufen einer Apparatur, Maschine o. Ä.:* der G. der Uhr ist unregelmäßig; die Anlage ist die ganze Nacht über in G. *(in Betrieb);* *** etw. in G. bringen, setzen** *(bewirken, dass etw. in Bewegung gerät, zu funktionieren beginnt):* einen Motor wieder in G. bringen; er hat die Verhandlungen [wieder] in G. gebracht; **etw. in G. halten** *(etw. nicht zum Stillstand kommen lassen):* bei Stromausfall hält ein Notstromaggregat die Motoren in G.; **in G. kommen** *(in Bewegung geraten, zu funktionieren beginnen).* **4.** *Ablauf; Verlauf, den etw. nimmt:* der G. der Ereignisse, der Geschäfte; den G. der Geschichte, Gedanken nachvollziehen; *** seinen [geordneten] G. gehen** *(sich so entwickeln, so verlaufen, wie es zu erwarten ist):* es geht alles wieder seinen alten G.; wenn der Antrag ordnungsgemäß eingereicht ist, wird die Sache ihren G. gehen; **im Gang[e]/in G. sein** (1. *in Bewegung, Aktion sein; im Ablauf begriffen sein:* es war erst vier Uhr morgens, aber sie war schon im Gang[e]; die Feier war bereits in vollem Gang. 2. *als gegen jmdn., etw. gerichtete Aktion [heimlich] vorbereitet werden:* gegen den Minister scheint etwas im Gang[e] zu sein). **5.** (Sport) *Abschnitt im Verlauf eines sportlichen Kampfes:* er war nach dem zweiten G. *(Durchgang)* kampfunfähig. **6.** (Technik) **a)** *Stufe der Übersetzung des Getriebes an Fahrzeugen:* den ersten G. einlegen, einkuppeln, (ugs.:) reindonnern, reinhauen, reinwürgen; den G. [he]rausnehmen *(in den Leerlauf schalten);* im dritten G. fahren; in den zweiten G. schalten; **Ü** den vierten, fünften G. einschalten (ugs.; *sein Tempo bei etw. steigern*); auf langsamen G. kaufen (ugs.; *auf Raten kaufen*); er hat heute bei der Arbeit auf kleinen G. geschaltet (ugs.; *im gemächlicheren Tempo gearbeitet*); *** einen G. zulegen** (ugs.; *sein Tempo bei etw. steigern*); **einen G. zurückschalten** (ugs.; *sein Tempo bei etw. mäßigen*); **b)** kurz für ↑Gewindegang. **7. a)** *von Bäumen, Sträuchern, Zäunen o. Ä. umschlossener od. überdachter Weg; Laubengang:* der G. einer Allee; die Gänge, die durch den Wald führen; **b)** *unterirdischer Weg, Stollen o. Ä.;* **c)** *Hausflur; Korridor* (1): am Ende des -es befindet sich das Büro; auf dem G. warten; das Fahrrad steht unten im G. **8.** (Geol.) *von einem Erz od. Mineral ausgefüllte Ader od. Spalte im Gestein:* einen Erz führenden G. abbauen. **9.** (Kochk.) *einzelnes Gericht in der Speisenfolge einer Mahlzeit:* das Festessen hatte fünf Gänge.

[2]Gang, der; -s [zu ↑gehen] (Seew.): **a)** *Gruppe zusammenarbeitender Leute an Bord eines Schiffes;* **b)** *Arbeitskolonne im Hafen.*

[3]Gang [gɛŋ], die; -, -s [engl. gang = [1]Bande; Gruppe, Trupp; zusammengehörende Dinge, Satz (6), eigtl. = das (Zusammen)gehen, verw. mit ↑[1]Gang]: **a)** *[organisierter] Zusammenschluss von Verbrechern:* Mitglieder einer G. hatten ihn entführt; **b)** *Bande von meist verwahrlosten Jugendlichen, die sich von der Gesellschaft nicht angenommen fühlen u. deshalb zu Gewalthandlungen neigen.*

Gang|art, die: **1. a)** *(von Menschen u. Tieren, bes. Pferden) Art u. Weise des Gehens:* in eine schnellere G. verfallen; der Galopp ist eine der -en des Pferdes; **b)** (Sport) *Art u. Weise, in der ein Spiel geführt wird, wie u. mit welchem körperlichen Einsatz gekämpft wird:* die Stürmer bedienten sich einer rauen G.; **c)** (Leichtathletik) *Technik beim Gehen* (2). **2.** (Geol.) **a)** *nicht abbauwürdiges Mineral, das eine Erzlagerstätte begleitet;* **b)** *beim Verhüttungsprozess Schlacken bildende Bestandteile der Erde.*

gang|bar ⟨Adj.⟩ [mhd. in: ungancbære]: **1.** *(von einem Weg o. Ä.) so beschaffen, dass eine Benutzung als Weg möglich ist; begehbar:* ein auch im Winter leicht -er Weg; **Ü** etw. für einen -en Weg *(eine Möglichkeit, brauchbare Methode)* halten. **2.** *allgemein üblich od. gebräuchlich; gängig* (1).

Gang|bar|keit, die; -: *das Gangbarsein.*

Gän|gel|band, das ⟨Pl. ...bänder⟩ [zu ↑gängeln] (veraltet): [1]*Band* (I 1), *an dem ein Kind beim Laufenlernen geführt u. zugleich festgehalten wird:* *** jmdn. am G. führen, haben, halten** *(jmdn. dauernd bevormunden, gängeln, ihn daran hindern, selbstständig zu werden);* **am G. gehen** *(dauernd bevormundet werden; sich in all seinen Handlungen von einem anderen lenken, bestimmen lassen).*

Gän|ge|lei, die; -, -en (abwertend): *das Gängeln, Gegängeltwerden.*

gän|geln ⟨sw. V.; hat⟩ [frühnhd. Iterativbildung zu mhd. gengen = gehen machen, verw. mit ↑[1]Gang] (abwertend): *dauernd bevormunden; einen anderen in seinem Handeln beeinflussen od. bestimmen:* jmdn. zu g. versuchen.

Gän|ge|lung, die; - (abwertend): *das Gängeln, Gegängeltwerden.*

Gan|ges ['gaŋgɛs], der; -: Fluss in Indien.

gang|ge|nau ⟨Adj.⟩: *(von einem Uhrwerk) genau, präzis gehend:* ein -es Laufwerk.

Gang|ge|nau|ig|keit, die: *(von einem Uhrwerk) Genauigkeit, präzises Gehen.*

Gang|ge|stein, das (Geol.): *Gestein, das in* [1]*Gängen* (8) *u. Spalten der Erdrinde auftritt.*

gän|gig ⟨Adj.⟩ [mhd. gengec, für älter: genge, ↑gang]: **1.** *allgemein üblich, gebräuchlich, in Mode:* die -e Meinung; -e Musik, die heute -en Preise; diese Methode ist die -ste. **2.** *viel gekauft, gut verkaufbar:* Anzüge in -en Größen. **3.** *(von Münzen) in Umlauf befindlich, gültig:* -e Münzen. **4.** *sich drehen, bewegen, handhaben lassend u. entsprechend benutzbar, brauchbar:* -e Schrauben; das Schloss wieder g. machen. **5.** (Jägerspr.) *führig* (1).

Gän|gig|keit, die; -: *das Gängigsein.*

Gan|gli|en|kno|ten, der (Med.): *Ganglion* (1).

Gan|gli|om [gaŋ(g)li'o:m], das; -s, -e [zu ↑Ganglion] (Anat., Physiol.): *bösartige Geschwulst, die von den Ganglien des Sympathikus ihren Ausgang nimmt.*

Gan|gli|on ['gaŋ(g)liɔn], das; -s, ...ien ⟨meist Pl.⟩ [2: lat. ganglion < griech. gagglíon = Geschwulst; 1: nach einem Vergleich mit (2)] (Med.): **1.** *Anhäufung von Nervenzellen in verschiedenen Nervensträngen.* **2.** *Überbein, Geschwulst an Gelenken.*

Gan|grän, die; -, -en od. das; -s, -e [lat. gangraena < griech. gággraina = fressendes Geschwür] (Med.): *Brand* (5 a).

gan|grä|nes|zie|ren ⟨sw. V.; hat⟩ (Med.): *gangränös werden.*

gan|grä|nös ⟨Adj.⟩ (Med.): *mit Gangränbildung [einhergehend], brandig.*

Gang|schal|tung, die (Technik): *Vorrichtung, mit deren Hilfe die einzelnen* [1]*Gänge* (6 a) *eines Getriebes geschaltet werden:* ein Fahrrad mit G.

Gang|spill, das; -[e]s, -e [niederl. gangspil, aus: gang = [2]Gang u. spil, ↑Spill] (Seew.): *Spill mit senkrechter Welle, in dessen Kopf Speichen eingesetzt werden, die von den Matrosen im Rundgang herumgedreht werden, um [Anker]ketten auf- u. abzuwinden.*

Gang|steig, der (südd., österr.): *Bürgersteig.*

Gangs|ter ['gɛŋstɐ], der; -s, - [engl. gangster, zu ↑[3]Gang] (abwertend): *[in einer* [3]*Gang (a) organisierter] Schwerverbrecher:* schwer bewaffnete G.

Gangs|ter|ban|de, die (abwertend): *Bande von Gangstern.*

Gangs|ter|boss , der: *Boss einer Gangsterbande.*

Gangs|ter|braut, die: *Frau, die mit einem Gangster liiert ist.*

Gangs|ter|me|tho|de, die ⟨meist Pl.⟩ (abwertend) *Art u. Weise des Handelns, Verhaltens, wie sie [eigentlich nur] von Gangstern erwartet wird:* der Konzern ging mit -n vor.

Gang|tür, die: *Tür, die einen größeren* [1]*Gang* (7 c) *abschließt od. im Seitengang eines Zugs als Schwingtür angebracht ist.*

Gang|way ['gæŋweɪ], die; -, -s [engl. gangway, eigtl. = Gehweg, aus: gang (↑[3]Gang) u. way = Weg]: *an ein Schiff od. Flugzeug heranzuschiebende, einem Steg od. einer Treppe ähnliche Vorrichtung, über die die Passagiere ein- u. aussteigen:* die G. hinaufsteigen; das Flugzeug über die G. verlassen.

Ga|no|ve, der; -n, -n [aus der Gaunerspr. < jidd. gannew < hebr. gannav] (ugs. abwertend): *Verbrecher, Betrüger; Angehöriger der Unterwelt:* einen -n dingfest machen; (auch als Schimpfwort:) dieser G.!

Ga|no|ven|eh|re, die: *Ehre* (2) *im Verständnis eines Ganoven:* das geht gegen seine G.

Ga|no|ven|spra|che, die: vgl. Gaunersprache.

Gans, die; -, Gänse [1 a: mhd., ahd. gans, eigtl. = Faucherin, Gähnerin, nach dem heiseren Fauchen mit geöffnetem Schnabel im erregten Zustand]: **1. a)** *(bes. seines Fleisches wegen als Haustier gehaltener) großer, meist weiß gefiederter Vogel mit gedrungenem Körper, langem Hals u. gewölbter oberer Schnabelhälfte:* die Gänse schnattern; Gänse mästen; eine G. rupfen, braten; **b)** *weibliche Gans;* **c)** *Gänsebraten:* am Martinstag gibt es G. **2.** (ugs. abwertend) *unerfahrene, junge weibliche Person:* die albernen Gänse kicherten immerzu; (auch als Schimpfwort:) blöde, dumme G.!

Gäns|chen, das; -s, -: Vkl. zu ↑Gans.

Gän|se|blüm|chen, das [vermutlich nach einem Vergleich des weißen u. gelben Blütenkopfes mit dem weißen Gefieder u. dem gelben Schnabel der Gans]: *(zu den Korbblütlern gehörende) fast das ganze Jahr hindurch blühende, kleine Pflanze, deren Blüte aus einem gelben Körbchen u. strahlenförmig darum angeordneten schmalen, weißen, an der Spitze oft rosa gefärbten Blütenblättern besteht.*

Gän|se|bra|ten, der: *gebratene Gans.*

Gän|se|brust, die: *[gepökeltes u. geräuchertes] Bruststück der gebratenen Gans.*

Gän|se|ei, das: *Ei einer Gans* (1 b).

Gän|se|fe|der, die: *Feder einer Gans.*

Gän|se|fett, das: *Fett von der Gans.*

än|se|fin|ger|kraut, das [vermutlich nach dem langen, biegsamen Stängel der Pflanze, der an den Hals der Gans erinnert]: *Kraut mit gefiederten, auf der Unterseite weißen u. seidig haarigen Blättern u. gelben Blüten.*

ạn|se|füß|chen, das [aus der Druckerspr.; H. u., vermutlich nach dem Abdruck des Gänsefußes] (ugs.): *Anführungszeichen.*

än|se|haut, die ⟨o. Pl.⟩ [nach der Ähnlichkeit mit der Haut einer gerupften Gans]: *durch Kältereiz od. durch psychische Faktoren (Schreck, Angst) bewirkte Veränderung des Aussehens der Haut, auf der die Haarbälge hervortreten u. die Haare sich aufrichten:* eine G. bekommen; der Anblick verursachte ihm eine G.; * **jmdm. läuft eine G. über den Rücken** (ugs.; *etw. lässt jmdn. [vor Angst, Entsetzen] schaudern*).

än|se|keu|le, die: *Keule (2) einer Gans.*

än|se|kiel, der: *früher als Schreibfeder benutzte Schwungfeder einer Gans.*

än|se|klein, das; -s: **1.** *Hals, Kopf, Flügel u. Innereien einer geschlachteten Gans.* **2.** *Gericht aus Gänseklein (1).*

än|se|kraut, das [die klein gehackten Blätter der Pflanzen wurden an die Gänse verfüttert, od. die Pflanze wurde als wertlos erachtet u. man ließ sie als Futter für die Gänse stehen]: **a)** *Gänsekresse;* **b)** *zu den Kreuzblütlern gehörende Pflanze unterschiedlicher Art.*

än|se|kres|se, die [vgl. Gänsekraut]: *(zu den Kreuzblütlern gehörende) niedrig, als Polster wachsende Pflanze mit kleinen Blättern u. weißen, bläulichen, rötlichen od. gelben Blüten in Trauben; Gänsekraut* (a).

än|se|le|ber, die: *Leber von der Gans.*

än|se|le|ber|pas|te|te, die: *mit Gänseleber hergestellte Pastete* (c).

än|se|marsch, der ⟨o. Pl.⟩: meist in der Fügung **im G.** *(einer hinter dem anderen gehend):* die Kinder liefen im G. hintereinander her.

än|se|rich, der; -s, -e [vgl. Enterich]: **1.** *männliche Gans.* **2.** *Gänsefingerkraut.*

än|se|schmalz, das: *ausgelassenes Gänsefett.*

än|se|vo|gel, der ⟨meist Pl.⟩: *(einer Ordnung mit vielen Arten angehörender) vorwiegend an od. auf Gewässern lebender großer Vogel.*

än|se|wein, der ⟨o. Pl.⟩ [zuerst bei Joh. Fischart (um 1546–1590), in dessen »Podagrammisch Trostbüchlein« das Wasser der den Gänsen von Gott gegebene Wein ist] (ugs. scherzh.): *Wasser als Getränk.*

äns|lein, das; -s, -: Vkl. zu ↑Gans.

ant, die; -, -en [mhd. gant, zu (m)lat. in quantum = wie viel? (Frage des Auktionators); vgl. gleichbed. ital. incanto, frz. encan] (schweiz., sonst veraltet): *öffentliche Versteigerung.*

an|ten ⟨sw. V.; hat⟩ (schweiz., sonst veraltet): *versteigern.*

a|ny|med [auch: ˈgaː...], der; -s, -e [nach dem Mundschenk des Zeus in der griech. Mythologie] (bildungsspr. selten): *junger Diener, Kellner.*

anz ⟨Adj.⟩ [mhd., ahd. ganz = unversehrt, heil; vollständig; vollkommen, H. u.]: **1. a)** ⟨hochspr. nur bei Subst. im Sg.⟩ *alle[s] ohne Rest, ohne Ausnahme; gesamt; vollständig:* die -e Arbeit; das -e Haus; die -e Familie; die -e Zeit über; das war nicht die -e Wahrheit; -e Landstriche wurden verwüstet; er ist ein -er Kerl (ugs.; *jmd., der sich in allen Lebenslagen zurechtfindet, auf den man sich verlassen kann*); wir brauchen für die Arbeit einen -en Mann *(jmdn., der seine Arbeitskraft voll einsetzt);* das ist schon das -e Geheimnis *(mehr verbirgt sich nicht dahinter; die Handhabung o. Ä. ist gar nicht so kompliziert, wie es erst geschienen hat);* ⟨nicht standardsprachlich auch bei Subst. im Pl.:⟩ die -en *(alle)* Kinder, Häuser; ⟨indekl. bei geographischen Namen o. Art.:⟩ g. Mannheim; in g. Europa; etw. g. aufessen; etw. g. vergessen; das hat sie g. allein *(ohne fremde Hilfe)* gemacht; das ist g. *(völlig)* meine Meinung; sie ist g. die Mutter/(ugs.:) die -e Mutter *(ist ihrer Mutter in Aussehen u. Wesen sehr ähnlich);* das ist etwas g. anderes *(das ist nicht vergleichbar);* er war g. Würde *(verhielt sich sehr würdevoll);* **b)** (als unbest. Zahladj.) *vollständig, abgeschlossen, ungeteilt:* eine -e Drehung; eine -e Zahl; wir haben drei -e Flaschen Wein und noch eine halbe getrunken; eine -e Note (Musik; *Note, die im Hinblick auf die Dauer des zu spielenden bzw. zu singenden Tones angibt, dass er vier Schläge lang zu halten ist*); * **g. und gar** (nachdrückl.; *völlig*): er hat g. und gar versagt; **g. und gar nicht** (nachdrückl.; *überhaupt nicht*): das gefällt mir g. und gar nicht. **2. a)** ⟨einschränkend bei Adj.⟩ *ziemlich, einigermaßen:* das Wetter war g. schön; es gefällt mir g. gut; **b)** ⟨intensivierend bei Adj.⟩ *sehr; überaus:* ein g. kleiner Rest; er war g. begeistert. **3.** (ugs.) *ziemlich (viel), ziemlich (groß):* eine -e Menge; es dauerte eine -e Weile. **4.** ⟨in Verbindung mit einer Kardinalz.⟩ (ugs.) *nicht mehr als:* das Buch hat -e fünf Mark gekostet. **5.** (ugs.) *unbeschädigt, unversehrt, heil:* er hat nur ein -es Paar Schuhe; etw. wieder g. machen; bei der Explosion ist keine Fensterscheibe g. geblieben;

Gạnz|band, der ⟨Pl. ...bände⟩ (Buchw.): *Bucheinband, der ganz mit einem Material (z. B. Leinen, Leder) bezogen ist.*

[1]Gạn|ze, der; -n, -n [Subst. zu ↑ganz] (Verbindungswesen): *ein volles Glas Bier.*

[2]Gạn|ze, das; -n ⟨Dekl. ↑[2]Junge, das⟩ [Subst. zu ↑ganz]: **1.** *etw., was eine natürliche Einheit bildet, was als Einheit gesehen wird:* die Teile des Bauwerkes bilden ein harmonisches -s; man muss das [große] G. im Auge behalten; etw. als -s *(in seiner Ganzheit)* betrachten; mit einheitlichem -m/(seltener:) -n; aufs G., im Ganzen gesehen *(alles in allem, von einem übergeordneten Gesichtspunkt aus betrachtet).* **2.** *die ganze Sache, Angelegenheit; alles:* das G. hat keinen Sinn; das G. war ein großer Bluff; heute geht es ums G. *(steht alles auf dem Spiel);* * **nichts -s und nichts Halbes sein** (↑halb 2 a); **aufs G. gehen** (ugs.; *entschlossen u. ohne Umschweife so auf sein Ziel losgehen, dass die Sache, um die es geht, sich entscheiden muss*); **im -n** (1. *insgesamt:* er war im -n dreimal hier. 2. *alles, alle Einzelaspekte zusammengenommen:* im -n [gesehen] war die Sache ein Erfolg); **im großen -n** *(im Allgemeinen; alles in allem):* diese Entscheidung war im großen -n richtig.

Gän|ze: nur in den Fügungen **in seiner/ihrer G.** (geh.; *in seiner/ihrer Ganzheit, Vollständigkeit; in seinem/ihrem ganzen Umfang*); **zur G.** *(vollständig, ganz):* er hat die Flasche fast zur G. ausgetrunken.

gạnz|gar ⟨Adj.⟩ (Gerberei): *fertig gegerbt:* -e Häute.

Gạnz|heit, die; -, -en ⟨Pl. selten⟩ [mhd. ganzheit]: *das Ganzsein, Ungeteiltsein; aus zusammengehörigen Teilen bestehende Einheit; Geschlossenheit:* etw. in seiner G. *(als Ganzes)* erfassen.

gạnz|heit|lich ⟨Adj.⟩: *auf eine Ganzheit bezogen; über einzelne Fächer o. Ä. hinausgreifend u. so einen größeren Zusammenhang darstellend:* eine -e Betrachtungsweise; -er Unterricht.

Gạnz|heit|lich|keit, die; -: *das Ganzheitlichsein; ganzheitliche Beschaffenheit.*

Gạnz|heits|er|zie|hung, die: *ganzheitliche Erziehung.*

Gạnz|heits|me|di|zin, die ⟨o. Pl.⟩: *Richtung der Medizin, die den Kranken in seiner leib-seelischen Gesamtverfassung zu erfassen u. zu behandeln sucht.*

Gạnz|jah|res|rei|fen, der: *Autoreifen, der aufgrund seines Profils bei allen im Laufe eines Jahres auftretenden Straßenzuständen gefahren werden kann.*

gạnz|jäh|rig ⟨Adj.⟩: *das ganze Jahr über [bestehend, vorkommend]:* das Hotel ist g. geöffnet.

Gạnz|le|der|band, der ⟨Pl. ...bände⟩ (Buchw.): *in Leder gebundenes Buch.*

gạnz|lei|nen ⟨Adj.⟩: **1.** (Textilind.) *aus reinem Leinen [bestehend]:* -es Gewebe. **2.** (Buchw.) *ganz aus Leinen [bestehend]:* ein -er Einband.

Gạnz|lei|nen, das: **1.** (Textilind.) *ganz aus Leinen bestehendes Gewebe; reines Leinen.* **2.** ⟨meist o. Art.⟩ (Buchw.) *ganz mit Leinen od. leinenartigem Stoff überzogener Bucheinband.*

Gạnz|lei|nen|band, der ⟨Pl. ...bände⟩ (Buchw.): *in Ganzleinen gebundenes Buch.*

gänz|lich ⟨Adj.⟩ [mhd. genzlich, ganzlich] (nachdrücklich): *völlig, ganz:* ein -er Mangel an Bereitschaft; etw. fehlt g.; eine ihr g. fremde Person.

Gạnz|por|trät, das: *Porträt, das eine Person in ganzer Figur zeigt.*

gạnz|ran|dig ⟨Adj.⟩ (Bot.): *(von Blättern) mit glattem (nicht gekerbtem, gezähntem o. ä.) Rand.*

gạnz|sei|den ⟨Adj.⟩ (seltener): *reinseiden.*

gạnz|sei|tig ⟨Adj.⟩: *eine ganze Buchseite o. Ä. einnehmend:* eine -e Anzeige.

gạnz|tä|gig ⟨Adj.⟩: *den ganzen Tag lang [dauernd]:* g. arbeiten.

gạnz|tags ⟨Adv.⟩: *den ganzen Tag über:* g. arbeiten.

Gạnz|tags|ar|beit, die ⟨o. Pl.⟩: *Ganztagsbeschäftigung.*

Gạnz|tags|be|schäf|ti|gung, die ⟨o. Pl.⟩: *den vollen Arbeitstag umfassende Beschäftigung* (1 b).

Gạnz|tags|schu|le, die: *Schule, in der die Schüler vormittags u. nachmittags unterrichtet werden [u. in der sie mittags eine Mahlzeit einnehmen können].*

Gạnz|ton, der ⟨Pl. ...töne⟩ (Musik): *zwei Halbtöne umfassendes Intervall; große Sekunde.*

Gạnz|ton|lei|ter, die (Musik): *Tonleiter, die nur aus Ganztönen besteht.*

gạnz|zah|lig ⟨Adj.⟩ (Math.): *aus einer ganzen Zahl [bestehend]:* eine -e Zahl.

Gạnz|zah|lig|keit, die; - (Math.): *das Ganzzahligsein.*

[1]gar ⟨Adj.⟩ [mhd. gar, ahd. garo = bereit, gerüstet; ganz]: **1.** *(von bestimmten Nahrungsmitteln) fertig gekocht, gebraten, gebacken:* das -e Fleisch vom Knochen ablösen; der Dampf macht das Fleisch schneller g.; die Suppe auf kleiner Flamme g. kochen; g. gekochte Suppe; das Fleisch ist g. gekocht; die Kartoffeln sind noch nicht, sind erst halb g. **2.** (Landw.) *(vom Ackerboden) in dem für eine Bestellung günstigsten Zustand:* der Boden ist g. **3.** (südd., österr. ugs.) *aufgebraucht, aufgezehrt:* unser Geld war g.; die Vorräte werden bald g. sein.

[2]gar: **I.** ⟨Adv.⟩ **1.** (verstärkend bei Verneinungen) *überhaupt:* g. nicht[s]; g. kein; sie stellte g. keine Fragen; warum nicht g.?; das ist doch ganz und g. nicht wahr. **2.** (südd., österr., schweiz.) *sehr:* das schmeckt g. gut; das klingt so g. traurig. **II.** ⟨Partikel⟩: **1.** ⟨unbetont⟩ wirkt verstärkend bei Vermutungen, [rhetorischen] Fragen: er wird es doch nicht g. gestohlen haben?; habe ich das Buch g. falsch eingestellt? **2.** ⟨betont⟩ verstärkt ein steigerndes »zu« od. »so«: er wäre g. zu gerne mitgefahren; das ist g. zu kompliziert; sie ist g. so empfindlich, g. so zart. **3.** ⟨unbetont⟩ wirkt (häufig in Verbindung mit »und«) verstärkend, hervorhebend in Aussagen; *erst* (II 2): der Schmutz im Hotel war schon schlimm, und g. das Ungeziefer; er konnte schon unangenehm werden, und g. seine Frau; eine Prognose für die nächsten Monate oder g. für das erste Halbjahr ist nicht möglich. **4.** ⟨unbetont⟩ wirkt verstärkend bei Behauptungen; *wirklich; tatsächlich:* er ist g. zu allem fähig.

Ga|ra|ge [gaˈraːʒə], die; -, -n [frz. garage, zu: garer = in Sicherheit bringen, aus dem Germ., verw. mit ↑wahren]: **1.** *Raum zum Einstellen von Kraftfahrzeugen:* das Auto aus der G. holen, in die G. fahren, bringen, stellen. **2.** (selten) *Autowerkstatt.*

Ga|ra|gen|ein|fahrt, die: *Einfahrt in eine Garage.*

Ga|ra|gen|wa|gen, der: *Personenwagen, der immer in der Garage geparkt wird u. so mutmaßlich weniger Schäden durch Witterungseinflüsse aufweist als ein im Freien geparktes Fahrzeug.*

ga|ra|gie|ren [garaˈʒiːrən] ⟨sw. V.; hat⟩ (österr., schweiz.): *(ein Kraftfahrzeug) in die Garage einstellen.*

Ga|ra|mond [garaˈmõː], die; - [nach dem frz.

Stempelschneider C. Garamond (um 1480–1561)]: *moderne Antiquadruckschrift (die eine Kopie einer alten Antiquadruckschrift Garamonds darstellt).*

Ga|rant, der; -en, -en [frz. garant < afrz. g(u)arant, warant, aus dem Germ., verw. mit ↑gewähren]: *Person, Institution o. Ä., die (durch ihr Ansehen) Gewähr für die Sicherung, Erhaltung o. Ä. von etw. bietet:* der Staatenbund war der G. des Friedens.

Ga|ran|tie, die; -, -n [frz. garantie, zu: garant, ↑Garant]: **1. a)** *Gewähr, Sicherheit:* der Einsatz ist keine G. für einen Erfolg; für die Richtigkeit der Angaben können wir keine G. übernehmen; dass da etwas nicht stimmt, darauf gebe ich dir meine G. (ugs.; *das steht für mich außer Zweifel*); ich glaube, er kommt heute, aber ohne G. (ugs.; *ganz genau weiß ich es nicht*); wenn du dich nicht beeilst, kommst du unter G. (ugs.; *ganz bestimmt, mit Sicherheit*) zu spät; **b)** (Kaufmannsspr.) *vom Hersteller schriftlich gegebene Zusicherung, innerhalb eines bestimmten begrenzten Zeitraums auftretende Defekte an einem gekauften Gegenstand kostenlos zu beheben:* die G. auf, für das Gerät ist abgelaufen; die Uhr hat ein Jahr G.; das Werk gibt, leistet [eine] G.; die Reparatur geht noch auf G., fällt noch unter die G. **2. a)** *einen bestimmten Sachverhalt betreffende verbindliche Zusage, [vertraglich festgelegte] Sicherheit:* -n gegen Freiheitsbeschränkungen; **b)** (Bankw.) *Sicherheit* (5), *Bürgschaft* (1).

G

Ga|ran|tie|leis|tung, die: **a)** ⟨o. Pl.⟩ *das Leisten von Garantie* (1 b): bei Beschädigung durch unsachgemäße Behandlung entfällt die G. des Herstellers; **b)** *aufgrund einer Garantie* (1 b) *erbrachte od. zu erbringende Leistung:* der Liefervertrag beinhaltet -en wie Wartung und Reparaturen.

ga|ran|tie|ren ⟨sw. V.; hat⟩ [frz. garantir]: **a)** *(durch Versprechen) fest zusichern, zusagen:* [jmdm.] ein festes Einkommen, geregelte Freizeit g.; ich garantiere dir (ugs.; *ich bin fest davon überzeugt*), das wird großartig; **b)** *gewährleisten, sicherstellen, sichern:* die Verfassung garantiert die Rechte der Bürger; **c)** *die Garantie* (1) *übernehmen, sich verbürgen:* wir garantieren für die Qualität der Ware.

ga|ran|tiert ⟨Adv.⟩ (ugs.): *mit Sicherheit, bestimmt:* er hat es g. vergessen.

Ga|ran|tie|schein, der: *einer Ware beigepackter od. dem Käufer ausgehändigter Schein, der eine Garantie* (1 b) *zusichert.*

Ga|ran|tie|zeit, die: *Zeit, innerhalb der eine Garantie* (1 b) *gilt.*

Ga|ran|tin, die; -, -nen: w. Form zu ↑Garant: diese Partei als G. der Außenpolitik.

Gar|aus, der; -, - [1: hervorgegangen aus dem Ruf »gar aus!« = vollständig aus!, mit dem seit dem 15. Jh. in Süddeutschland die Polizeistunde geboten wurde; 2: vermutlich so benannt, weil die Pflanze als Halbschmarotzer den Gräsern ihrer Umgebung anorganische Salze entzieht u. ihnen so »den Garaus macht«]: **1.** in der Wendung **jmdm. den G. machen** (meist ugs. scherzh.; *jmdn. töten, umbringen*): sie wollten ihm den G. machen; er hatte keine Ruhe, bis er der Fliege den G. gemacht hatte. **2.** *Kraut mit eiförmigen, am Rande gezähnten Blättern u. ährenartigen weißen od. bläulichen Blüten.*

[1]Gar|be, die; -, -n [mhd. garbe, ahd. garba, eigtl. = Zusammengegriffenes]: **1.** *(bei der Ernte) gebündelte u. zum Aufstellen zusammengebundene Menge geschnittener Getreidehalme:* -n binden, aufstellen. **2.** *Serie von schnell abgefeuerten Geschossen in kegelförmiger Streuung:* mit einem Maschinengewehr eine G. abgeben.

[2]Gar|be, die; -, -n: *Schafgarbe.*

Gar|ben|bin|de|ma|schi|ne, die: *landwirtschaftliche Maschine, die mit der Mähmaschine gekoppelt ist u. das gemähte Getreide sofort nach dem Schnitt zu Garben bindet; Mähbinder.*

Gar|ben|bin|der, der: *Garbenbindemaschine.*

Gar|ben|bün|del, das: *Garbe* (1).

Gar|çon [gar'sõ:], der; -s, -s [frz. garçon, aus dem Germ.] (veraltet): **1.** *Kellner.* **2.** *junger Mann; Junggeselle.*

Gar|çonne [gar'sɔn], die; -, -n [...nən; frz. garçonne]: **1.** (veraltet) *Junggesellin; knabenhaft wirkende Frau.* **2.** ⟨o. Pl.⟩ *knabenhafte Mode (um 1925 u. wieder um 1950).*

Gar|çon|nière [garsɔ'ni̯ɛ:r], die; -, -n [frz. garçonnière = Mädchenzimmer, auch: Wohnung eines Junggesellen od. einer Junggesellin] (österr.): *Einzimmerwohnung.*

Gar|da|see, der; -s: See in Oberitalien.

Gar|de, die; -, -n [(a)frz. garde, zu: garder = schützen, bewachen, aus dem Germ.]: **1. a)** (Milit. früher) *Elitetruppe;* **b)** *meist mit besonders farbenprächtigen Uniformen ausgestattetes Regiment für den persönlichen Schutz eines Monarchen; Leibgarde:* vor dem Schloss ist die königliche G. aufgezogen. **2.** *Gruppe von Menschen, die eine gemeinsame Aufgabe erfüllen, an der gleichen Sache arbeiten, beteiligt sind:* sich mit einer G. von Helfern umgeben; sie gehört zur alten G. in diesem Betrieb *(zur Gruppe der langjährigen, zuverlässigen Mitarbeiter);* *** noch [einer] von der alten G. sein** *(ein Mensch von verlässlicher, am Alten festhaltender Denkart sein).* **3.** *zur Karnevalszeit in farbenprächtigen Uniformen auftretende Gruppe eines Karnevalsvereins.*

Gar|de|du|korps [gardədy'ko:ɐ̯], das; - [...o:ɐ̯(s); frz. garde du corps = Leibwache]: *[berittene] Leibgarde eines Monarchen.*

Gar|de|korps ['gardəko:ɐ̯], das: *aus Garden* (1 a) *gebildete Truppe.*

Gar|de|nie, die; -, -n [nach dem schott. Botaniker A. Garden (18. Jh.)]: *(vorwiegend in den Tropen beheimateter) artenreicher immergrüner Strauch od. Baum mit glänzenden, ledrigen Blättern u. großen, duftenden, gelben od. weißen Blüten.*

Gar|den|par|ty ['ga:dn'pa:tɪ], (auch:) **Gar|den-Par|ty,** die [engl. garden party]: *Gartenparty.*

Gar|de|of|fi|zier, der: *Offizier der Garde* (1 a, b).

Gar|de|re|gi|ment, das: *Garde* (1 a, b).

Gar|de|ro|be, die; -, -n [frz. garde-robe, aus: garde (↑Garde) u. robe (↑Robe), eigtl. = Kleiderverwahrung]: **1.** ⟨o. Pl.⟩ *[gesamte] Oberbekleidung, die jmd. besitzt od. gerade trägt:* für diesen Anlass fehlt ihr die passende G.; er besitzt wenig G.; neue G. kaufen; seine G. pflegen; wir haften nicht für die G. *(für Mäntel, Hüte o. Ä.)* der Gäste. **2. a)** *(aus Garderobenhaken, Schirmständer, Spiegel usw. bestehende) Gruppe von Einrichtungsgegenständen zum Aufhängen, Ablegen von Mänteln, Hüten o. Ä.:* Hut und Mantel an die G. hängen; **b)** *kleiner Raum, Nische o. Ä. zum Ablegen der Mäntel, Hüte o. Ä.* **3.** *abgeteilter Raum in einem Theater, Museum o. Ä., wo die Besucher ihre Mäntel, Hüte o. Ä. abgeben:* die Mäntel an der G. abgeben; die G. *(die Aufbewahrung von Mantel u. Hut o. Ä. in der Garderobe)* kostet 2 Mark. **4.** *Ankleideraum eines Künstlers im Theater.*

Gar|de|ro|ben|frau, die: *Frau, die an der Theatergarderobe die Mäntel usw. der Besucher in Empfang nimmt.*

Gar|de|ro|ben|ha|ken, der: *an der Wand o. Ä. angebrachter Haken zum Aufhängen der Mäntel, Hüte o. Ä.*

Gar|de|ro|ben|mar|ke, die: *Marke mit Nummer, die ein Besucher beim Abgeben seines Mantels o. Ä. an der Garderobe* (3) *erhält.*

Gar|de|ro|ben|stän|der, der: *Gestell mit zahlreichen Haken zum Aufhängen, Ablegen von Mänteln, Hüten o. Ä.*

Gar|de|ro|bier [gardəro'bi̯e:], der; -s, -s (Theater): *männliche Person, die die Aufgabe hat, einem Künstler beim Ankleiden usw. zu helfen, u. die für die Pflege der Kostüme verantwortlich ist* (Berufsbez.).

Gar|de|ro|bi|e|re, die; -, -n: **1.** w. Form zu ↑Garderobier. **2.** (veraltend) *Garderobenfrau.*

Gar|de|sol|dat, der: *Soldat einer Garde* (1 a, b).

gar|dez! [gar'de:; frz. gardez la dame = schützen Sie (Ihre Dame)!, zu: garder, ↑Garde] (Schach): *(von Laien verwendeter) höflicher Hinweis für den Gegner, dass seine [1]Dame* (2 a) *bedroht ist.*

Gar|di|ne, die; -, -n [aus dem Niederd. < niederl. gordijn, urspr. = Bettvorhang < frz. courtine < kirchenlat. cortina = Vorhang, zu lat. cors, cohors (Gen.: cortis, cohortis) < griech. chórtos = Einzäunung, Hofraum]: *Store:* -n aufhängen, abnehmen, spannen, zuziehen; sie haben noch keine -n vor den Fenstern; *** hinter schwedischen -n/hinter schwedische -n** (ugs. scherzh. *im Gefängnis;* aus der Gaunerspr., »Gardinen« stehen ironisch für die Gitterstäbe; das Attribut »schwedisch« deutet möglicherweise auf die Grausamkeiten der Schweden im Dreißigjährigen Krieg hin od. aber auf eine Beschaffenheit der Gefängnisgitter aus schwedischem Stahl): er hat drei Jahre hinter schwedischen -n gesessen, zugebracht.

Gar|di|nen|leis|te, die: *an der Decke, über dem Fenster angebrachte Leiste mit einer od. mehreren Laufschienen od. Laufrillen zur Führung der Gardinenringe; Gardinenstange* (a).

Gar|di|nen|pre|digt, die [entspr. älter niederl. gordijnpreek, älter engl. curtain lecture = nächtliche Strafpredigt, mit der die Ehefrau den vom Wirtshaus heimkehrenden betrunkenen Mann hinter dem Bettvorhang empfing] (ugs. scherzh.): *Vorhaltungen in strafendem Ton, durch die jmd. seine Verärgerung zu erkennen gibt:* er hält seiner Frau eine G.

Gar|di|nen|ring, der: *Ring, der zu einer Anzahl gleichartiger Ringe gehört, an denen eine Gardine aufgehängt wird.*

Gar|di|nen|stan|ge, die: **a)** *Gardinenleiste;* **b)** *Stab, mit dem eine Gardine auf- u. zugezogen werden kann; Schleuderstange;* **c)** *Stäbchen zum Befestigen von Scheibengardinen.*

Gar|di|nen|stoff, der: *Stoff, aus dem Gardinen gemacht werden.*

Gar|dist, der; -en, -en [zu ↑Garde]: *Angehöriger der Garde* (1).

Ga|re, die; -: **1.** (Kochk.) *Zustand des Garseins.* **2.** (Landw.) *für den Anbau günstigste Beschaffenheit des Bodens.*

ga|ren ⟨sw. V.; hat⟩ [zu ↑[1]gar] (Kochk.): **a)** *gar werden lassen:* Fleisch [auf kleiner Flamme] g.; Reis in kochendem Wasser 20 Minuten lang g.; **b)** *gar werden:* etw. [auf kleiner Flamme] g. lassen; **c)** (Hüttenwesen) *gewonnenes Metall einer letzten Reinigung unterziehen, um es gießfertig zu machen.*

gä|ren ⟨st., auch, bes. in übertr. Bed. sw. V.⟩ [mhd. gern, jern, entstanden durch das Eindringen der r-Formen des Präteritums (mhd. jaren) von mhd. jesen, ahd. jesan in den Präsensstamm u. unter Einfluss des Anlautes von ↑[1]gar; eigtl. = aufwallen, brodeln]: **1. a)** *sich teilweise (bes. [schäumend] unter Bildung von Alkohol od. Milchsäure od. Buttersäure) zersetzen, sich in Gärung befinden* ⟨hat/ist⟩: der Most, das Bier gärt; der Teig gärte/gor; der Wein hat/ist gegoren/(seltener:) gegärt; der Wein ist zu Essig gegoren; gegorener *(durch Gärung verdorbener)* Saft; **b)** *zu bestimmten Zwecken in Gärung bringen* ⟨hat⟩: Bier, Tabak g. **2.** *in jmdm. Unruhe [u. Unzufriedenheit] verursachen* ⟨hat⟩: der Hass, die Wut, die Leidenschaft gärt in ihm; der Aufruhr gärte/(selten:) gor im Volk; ⟨unpers.:⟩ in ihm, in der Bevölkerung hatte es schon lange gegärt; gärende Wut.

Gär|fut|ter, das (Landw.): *im Silo als Vorrat eingesäuertes pflanzliches Futter; Ensilage* (b).

gar ge|kocht: s. [1]gar (1).

gä|rig ⟨Adj.⟩ [zu ↑gären] (veraltet): *gärend, in Gärung [übergegangen u. daher verdorben, ungenießbar].*

Gar|koch, der: *Koch [in einer Garküche* (1)*].*

Gar|kö|chin, die: w. Form zu ↑Garkoch.

Gar|kü|che, die: **1.** *einfache Speisegaststätte.* **2.** *Küche einer einfachen Speisegaststätte od. Kantine.*

Gär|mit|tel, das: *Mittel, durch das ein Gärprozess eingeleitet wird.*

Gar|mond [gar'mõ:], die; - [vgl. Garamond] (Druckw. veraltend): ³*Korpus.*

Garn, das; -[e]s, -e [mhd., ahd. garn, eigtl. = Darm, urspr. Bez. für die aus getrockneten Därmen gedrehte Schnur, verw. mit griech. chordḗ, ↑Chorda]: **1. a)** *Faden aus Fasern:* feines, dünnes, kräftiges, einfaches, zwei-, dreifaches G.; G. ab-, aufspulen; G. färben; Flachs zu G. spinnen; **b)** (Seew.) *starker, oft geteerter Faden zum Vernähen von Segeltuch;* **c)** (Seemannsspr.) *(bes. von einem Seemann erzählte) erfundene, fantastische, fantastisch ausgeschmückte Geschichte:* meist in der Wendung **[s]ein G. spinnen** *(eine erfundene Geschichte erzählen):* der Steuermann spann sein G. vor versammelter Mannschaft. **2.** (Jagdw., Fischereiw.) *Netz:* das Wild ins G. treiben, locken; *** jmdm. ins G. gehen** (↑Netz); **jmdn. ins G. locken** *(jmdn. mit etw. [an]locken, ihm eine Falle stellen u. ihn so überlisten).*

Gar|nasch, der; -s, -en [mhd. garnasch < afrz. garnache = mit Pelzen besetztes od. gefüttertes Kleidungsstück < lat. gaunacum < griech. kaunákē = Pelz aus dem Fell kleinerer Nagetiere]: *(im MA.) langes Oberkleid mit weiten, halblangen Ärmeln für Männer.*

Gar|ne|le, die; -, -n [frühnhd. garnad < mniederl. gheenaert, H. u.]: *(im Meer lebender) Krebs mit langen Fühlern, schlankem, seitlich abgeflachtem, meist durchsichtigem Körper u. langem, kräftigem Hinterleib.*

Gar|ne|len|fän|ger, der: **1.** *Garnelenfischer.* **2.** *für den Fang von Garnelen ausgerüstetes Fangschiff.*

Gar|ne|len|fän|ge|rin, die: w. Form zu ↑Garnelenfänger (1).

Gar|ne|len|fi|scher, der: *Fischer, der Garnelen fängt.*

Gar|ne|len|kur|re, die: *(bes. in der Nordsee) zum Fangen von Garnelen verwendete Kurre.*

gar|ni: ↑Hotel garni.

Gar|nichts, der od. das; -, -e ⟨Pl. selten⟩ (abwertend): *Mensch, Wesen ohne irgendeine Bedeutung; Nichts.*

Gar|nier, das; -s (Schiffbau): *Boden- u. Seitenverkleidung der Laderäume eines Frachtschiffs; Garnierung* (2b).

gar|nie|ren ⟨sw. V.; hat⟩ [(a)frz. garnir, urspr. = (aus)rüsten, aus dem Germ., urspr. = vorsehen, verw. mit ↑warnen]: **1. a)** *etw. verzieren, schmücken:* einen Tisch mit Blumen g.; einen Hut mit einem Band, mit einer Schleife g.; **b)** *mit schmückenden, verzierenden, würzenden, schmackhaft machenden Zutaten versehen:* eine Fleischplatte mit Petersilie, mit Mayonnaise, mit verschiedenen Gemüsen g.; eine Torte g. **2.** (Schiffbau) *mit Garnier versehen.*

Gar|ni|e|rit [auch: ...rɪt], der; -s, -e [nach dem frz. Geologen J. Garnier (1839–1904)]: *hellgrünes Mineral, das zur Gewinnung von Nickel dient.*

Gar|nier|mas|se, die: *Masse zum Garnieren* (1b).

Gar|nier|sprit|ze, die (Kochk.): *Röhre mit einer Spritze, durch deren Öffnung Creme o. Ä. zur Garnierung auf Speisen gespritzt wird:* Sahne mit der G. auftragen, verteilen.

Gar|nie|rung, die; -, -en: **1.** *das Garnieren* (1). **2. a)** *etw. Garnierendes; garnierende Zutat;* **b)** (Schiffbau) *Garnier.*

Gar|ni|son, die; -, -en [frz. garnison = Besatzung; eigtl. Schutz-, Verteidigungsausrüstung, zu: garnir, ↑garnieren]: **1.** *Standort einer [Besatzungs]truppe:* in G. liegen, legen; die G. verlassen; die Truppe ist jetzt in der G. **2.** *Gesamtheit der an einem Standort stationierten [Besatzungs]truppen:* die G. rückte zum Manöver aus; eine Stadt mit einer G. belegen.

Gar|ni|son|kir|che, Garnisonskirche, die: *Kirche einer Garnison.*

Gar|ni|sons|stadt, Gar|ni|son|stadt, die: *Stadt, in der eine Garnison* (2) *stationiert ist.*

Gar|ni|tur, die; -, -en [frz. garniture, zu: garnir, ↑garnieren]: **1. a)** *Gesamtheit verschiedener zusammengehörender, zusammenpassender, aufeinander abgestimmter [Kleidungs-, Ausstattungs]stücke, die gemeinsam einem bestimmten Zweck dienen:* eine G. für den Schreibtisch *(Schreibtischgarnitur);* eine G. [Unterwäsche] *(Wäschegarnitur);* eine G. Knöpfe; eine G. *(Uniform)* für festliche Anlässe; **b) * die erste, zweite, zweitbeste o. ä. G.** *(die besten, weniger guten Vertreter aus einer Gruppe):* die erste, zweite, zweitbeste G. einer Mannschaft, einer Partei. **2. a)** *Garnierung* (2a), *Verzierung, Besatz:* -en aufnähen; ein Hut, ein Kleid mit passender G.; **b)** (Kochk.) *Garnierung* (2a) *von Speisen.* **3.** (Handwerk) *Gesamtheit der Beschläge:* ein Koffer mit einer G. aus Messing. **4.** (salopp) *Geschlechtsteile (des Mannes).*

Garn|knäu|el, der u. das: *Knäuel aus Garn* (1a).

Garn|num|mer, die: *Nummer, die die Feinheit, Stärke von Garnen* (1), *Fasern, Seilen usw. angibt.*

Garn|rol|le, die: *Rolle, auf die Garn* (1a) *gespult ist.*

Garn|spu|le, die: *Spule* (1) *für Garn* (1a, b).

Garn|stär|ke, die: *Stärke von Garn* (1a).

Ga|rot|te usw.: ↑Garrotte usw.

Gär|pro|zess, der: *chemischer Prozess des Gärens* (1a).

Gar|rot|te, Garotte, die; -, -n [span. garrote] (früher): *Halseisen zur Vollstreckung der Todesstrafe (in Spanien).*

gar|rot|tie|ren, garottieren ⟨sw. V.; hat⟩ (früher): *durch die Garrotte hinrichten.*

gars|tig ⟨Adj.⟩ [zu mhd. garst = ranzig, verdorben; H. u.]: **1.** *sich jmdm. gegenüber äußerst unfreundlich, ungezogen verhaltend:* ein -es Kind; sei nicht so g. zu deinen/(auch:) gegen deine Eltern! **2.** *den Widerwillen, den mit Entsetzen verbundenen Abscheu des Betrachters hervorrufend; abscheulich, hässlich u. böse:* ein -er Zwerg; eine -e Hexe. **3.** *als unangenehm, störend, beeinträchtigend empfunden werdend:* ein -es Wetter; ein -er Geruch.

Gars|tig|keit, die; -, -en: **1.** ⟨o. Pl.⟩ *garstige Beschaffenheit, garstiges Wesen.* **2.** *garstige* (1) *Handlung, Äußerung:* er musste all ihre -en ertragen.

Gär|stoff, der: *Gärung hervorrufender Stoff.*

Gärt|chen, das; -s, -: Vkl. zu ↑Garten.

Gar|ten, der; -s, Gärten [mhd. garte, ahd. garto, eigtl. = das Umzäunte, verw. mit lat. cohors, ↑Gardine]: *begrenztes Stück Land [am, um ein Haus] zur Anpflanzung von Gemüse, Obst, Blumen o. Ä.:* ein gepflegter, verwilderter, blühender G.; ein Stück G.; einen G. anlegen, umgraben, bebauen, pflegen; im G. arbeiten; **R** das ist nicht in seinem G. gewachsen *(stammt nicht von ihm, gehört ihm nicht, hat er nicht fertig gebracht, hat er nicht durch eigenes Überlegen hervorgebracht, erarbeitet);* *** botanischer G.** *(ausgedehnte gärtnerische Anlage, in der viele verschiedene, auch exotische Pflanzen betrachtet werden können);* **zoologischer G.** *(Zoo, Tierpark);* **hängende Gärten** *(an Abhängen terrassenförmig angelegte Gartenanlagen im Altertum);* **englischer G.** *(der natürlichen Landschaft angeglichene, großflächige, gärtnerisch gestaltete Anlage;* eigtl. = Garten im englischen Stil); **der G. Eden** (↑Eden 1); **quer durch den G.** (ugs.; 1. scherzh.; *[von Suppe, Eintopf] viele verschiedene Sorten Gemüse o. Ä. enthaltend.* 2. oft spött.; *in bunter Vielfalt).*

Gar|ten|amt, das: *für Gärten und Grünflächen zuständiges Amt.*

Gar|ten|an|la|ge, die: *gärtnerisch gestaltete Grünfläche.*

Gar|ten|ar|beit, die: *in einem Garten anfallende Arbeit.*

Gar|ten|ar|chi|tekt, der: *jmd., der für die Planung u. Gestaltung von Gärten u. Parks ausgebildet ist.*

Gar|ten|ar|chi|tek|tin, die: w. Form zu ↑Gartenarchitekt.

Gar|ten|bau, der ⟨o. Pl.⟩: *(intensiver) Pflanzenbau (in Gärten, Baumschulen usw.), bes. Anbau von Gemüse, Obst, Blumen:* G. treiben.

Gar|ten|bau|aus|stel|lung, die: *Ausstellung, auf der Gartenanlagen, Erzeugnisse des Gartenbaus usw. besichtigt werden können.*

Gar|ten|beet, das: *Beet im Garten.*

Gar|ten|er|de, die: *Erde in einem Garten; Erde, die für einen Garten geeignet ist.*

Gar|ten|fest, das: *[sommerliches] Fest im Garten.*

Gar|ten|form, die: *in Gärten angebaute Kulturform einer Pflanze.*

Gar|ten|ge|mü|se, das: *im Garten gezogenes Gemüse.*

Gar|ten|ge|rät, das: **1.** *Gerät* (1a) *für Gartenarbeit.* **2.** ⟨o. Pl.⟩ *Gerät* (2) *für Gartenarbeit.*

Gar|ten|hag, der (schweiz.): *Garteneinfriedung (wie Hecke, Zaun o. Ä.).*

Gar|ten|haus, das: **1.** *kleines Haus in einem Garten.* **2.** (landsch.) *Hinterhaus mit Garten.*

Gar|ten|häus|chen, das: Vkl. zu ↑Gartenhaus (1).

Gar|ten|ko|lo|nie, die: *große zusammenhängende Gruppe von Kleingärten.*

Gar|ten|kräu|ter ⟨Pl.⟩: *im Garten angebaute Kräuter.*

Gar|ten|kres|se, die: *für Salate verwendete Gartenform der Kresse.*

Gar|ten|kunst, die: *Kunst der ästhetischen Gestaltung von Ziergärten u. Parks.*

Gar|ten|lau|be, die: *Laube im Garten:* in der G. sitzen, frühstücken.

Gar|ten|laub|kä|fer, der: *(durch Blattfraß in Laubwäldern u. Gärten Schäden anrichtender) Käfer mit grünem bis grünlich blauem Kopf u. Halsschild sowie metallisch grün od. blauschwarz schillernder Unterseite.*

Gar|ten|laub|vo|gel, der: *Gelbspötter.*

Gar|ten|lo|kal, das: *im Freien betriebene Gaststätte.*

Gar|ten|mau|er, die: *einen Garten begrenzende Mauer.*

Gar|ten|meis|ter, der: *ausgebildeter Gärtner in beaufsichtigender Dienststellung (bes. bei einer Behörde).*

Gar|ten|meis|te|rin, die: w. Form zu ↑Gartenmeister.

Gar|ten|mö|bel, das ⟨meist Pl.⟩: *leichteres, für den Gebrauch im Garten bestimmtes Möbel.*

Gar|ten|par|ty, die: vgl. Gartenfest.

Gar|ten|sän|ger, der: *Gelbspötter.*

Gar|ten|schach, das: *im Freien auf einem dem Schachbrett nachgebildeten großen Quadrat mit großen Figuren gespieltes Schach.*

Gar|ten|schau, die: *öffentliche, bes. [inter]nationale Gartenbauausstellung auf dem Gebiet des Anpflanzens von Zierpflanzen, verbunden mit der Errichtung bleibender Park- u. Gartenanlagen.*

Gar|ten|schlauch, der: *Schlauch mit einer [Spritz]vorrichtung zum Sprengen des Gartens.*

Gar|ten|spöt|ter, der: *Gelbspötter.*

Gar|ten|sprit|ze, die: *Spritze mit Schlauch zum Sprengen des Gartens.*

Gar|ten|stadt, die [LÜ von engl. garden city, gepr. 1898 von dem Engländer E. Howard]: *Stadt[teil], Siedlung mit Gärten u. Grünflächen am Rande od. in der Nähe einer Großstadt.*

Gar|ten|the|a|ter, das: *Freilichttheater, dessen Spielfläche die Landschaft (bes. einen Park) als Kulisse einbezieht.*

Gar|ten|tor, das: *Tor als Eingang zum Garten.*

Gar|ten|weg, der: *durch den Garten führender Weg.*

Gar|ten|wirt|schaft, die: *Gartenlokal.*

Gar|ten|zaun, der: *den Garten abgrenzender Zaun.*

Gar|ten|zim|mer, das: *Zimmer mit Tür u. breitem Fenster zum Garten.*

Gar|ten|zwerg, der: **1.** *bunte kleine Figur in Gestalt eines Zwerges* (1), *die im Garten aufgestellt wird.* **2.** (ugs. abwertend) *als hässlich empfundener kleiner Mensch:* du eingebildeter G.!

Gärt|ner, der; -s, - [mhd. gartenære, zu ↑Garten]: **a)** *jmd., der Gartenbau betreibt, Gärten pflegt* (Berufsbez.): sein Sohn ist G.; **b)** *jmd., der viel im Garten arbeitet:* ein leidenschaftlicher G. sein.

Gärt|ne|rei, die; -, -en: **1.** *Unternehmen, das*

G

gewerbsmäßig Gartenbau betreibt (bes. Anbau von Zierpflanzen, von Pflanzen u. Stauden für den Bedarf des Gärtners, von Obst u. Gemüse). **2.** ⟨o. Pl.⟩ (ugs.) *Gartenarbeit.*

Gärt|ne|rei|be|trieb, der: *Gärtnerei* (1).

Gärt|ne|rin, die; -, -nen: w. Form zu ↑Gärtner.

Gärt|ne|rin|art: in der Verbindung **auf/nach G.** (Gastr.; *mit Beilage von verschiedenen Gemüsen [zu gebratenem od. gegrilltem Fleisch]; à la jardinière*).

gärt|ne|risch ⟨Adj.⟩: *die Gärtnerei betreffend, zu ihr gehörend, auf ihr beruhend:* -e Betriebe, Kulturen; -er Gemüsebau; sich g. *(als Gärtner)* betätigen.

gärt|nern ⟨sw. V.; hat⟩: *[aus Liebhaberei] im Garten arbeiten.*

Gä|rung, die; -, -en: **1.** *das Gären* (1): alkoholische G. *(Bildung von Alkohol durch Gärung);* die G. der Trauben; in G. geraten, übergehen. **2.** *das Gären* (2): geistige, soziale G.; die G. in jmds. Bewusstsein, im Volk wächst.

Gä|rungs|er|re|ger, der: *Gärung bewirkendes Kleinstlebewesen* (z. B. Pilz, Bakterie).

gä|rungs|hem|mend ⟨Adj.⟩: *eine Gärung* (1) *hemmend, unterdrückend.*

Gä|rungs|pro|zess, der: *Gärprozess.*

Gä|rungs|vor|gang, der: *Vorgang der Gärung.*

Gar|zeit, die (Kochk.): *Zeit, in der eine Speise gar wird.*

Gas, das; -es, -e [niederl. gas (mit Ausspr. des anlautenden g als Achlaut im Niederl.), in Anlehnung an griech. cháos = leerer Raum; Luftraum (↑Chaos) gepr. von dem Brüsseler Chemiker J. B. van Helmont (1579–1644)]: **1.** *[im Normalzustand] luftförmiger Stoff:* giftiges, brennbares, explosives, flüssiges G.; ideales G. (Physik; *hypothetisch angenommenes Gas, dessen Verhalten bei beliebigem Druck u. beliebiger Temperatur völlig mit bestimmten grundlegenden Gasgesetzen übereinstimmt);* brennende -e; G. erzeugen, verdünnen, kondensieren, verflüssigen, ablassen; einen Ballon mit G. füllen; zu G. werden; G. bildende, G. erzeugende Stoffe; **2. a)** *Brenngas:* das G. strömt aus; ein G. erzeugendes Unternehmen; die Stadtwerke haben ihm das G. gesperrt; das G. *(Gas am Gasherd o. Ä.)* anzünden, abstellen, (ugs.:) abdrehen; mit G. kochen, heizen; jmdn., sich mit G. vergiften; *** jmdm. das G. abdrehen** (salopp; ↑Luft 1b); **b)** ⟨o. Pl.⟩ (ugs.) *Gaskocher, Gasherd o. Ä.:* das G. geht nicht; den Kochtopf aufs G. stellen, vom G. nehmen; auf G. kochen. **3.** ⟨o. Pl.⟩ **a)** *Treibstoff, der dem Motor eines Fahrzeugs durch Druck aufs Gaspedal o. Ä. zugeführt wird, um das Fahrzeug in Gang zu setzen od. die Fahrt zu beschleunigen:* G. geben *(das Fahrzeug durch Drücken aufs Gaspedal in Gang setzen od., wenn es bereits fährt, beschleunigen);* G. wegnehmen *(den Druck aufs Gaspedal o. Ä. verringern u. so die Fahrt verlangsamen);* das G. stehen lassen (Jargon; *nicht wegnehmen);* *** kein G. im Ballon haben** (Jugendspr. veraltend; *geistig beschränkt sein);* **b)** (ugs.) *Gashebel, Gaspedal:* das G. betätigen, bedienen; aufs G. treten; vom G. weggehen. **4.** (Milit.) *Giftgas:* G. als Kampfstoff benutzen; mit G. angreifen. **5.** ⟨o. Pl.⟩ *Gaskammer:* in Auschwitz wurden Tausende ins G. getrieben. **6.** *** G. haben** (landsch.; 1. *betrunken sein.* 2. *Glück haben;* H. u.).

Gas|ab|le|ser, der: *Angestellter, der von den Zählern den Verbrauch an Gas* (2 a) *abliest [u. das Geld dafür kassiert].*

Gas|ab|le|se|rin, die: w. Form zu ↑Gasableser.

Gas|ab|zug, der: **1.** *Abzug* (4 a) *der Gase* (1). **2.** *Abzug* (4 b) *für Gase* (1).

Gas|ana|ly|se, die: *quantitative chemische Analyse von Gasen* (1) *od. Gasgemischen.*

Gas|an|griff, der: *militärischer Angriff mit Giftgas.*

Gas|an|schluss, der: *Anschluss an das Gasversorgungsnetz.*

Gas|an|stalt, die: vgl. Gaswerk.

Gas|an|zün|der, der: *Gerät zum Entzünden von Gas* (2 a).

gas|ar|tig ⟨Adj.⟩: *in, nach der Art von Gas* (1, 2 a).

Gas|aus|bruch, der: **1.** (Bergbau) *plötzliches starkes Ausströmen im Gestein gespeicherter Gase* (1). **2.** (Geol.) *vulkanischer Ausbruch von Gasen* (1).

Gas|aus|tausch, der: **1.** (Biol.) *Austausch gasförmiger Stoffe zwischen einem Organismus u. dem ihn umgebenden* [1]*Medium* (3). **2.** (Med.) *Austausch von Sauerstoff gegen Kohlendioxid in der Lunge.*

Gas|aus|tritt, der (Fachspr.): *Austreten, Ausströmen von Gas* (1, 2 a).

Gas|au|to|mat, der: *Gaszähler, der gegen Münzeinwurf eine bestimmte Menge Gas* (2 a) *freigibt.*

Gas|be|häl|ter, der: *großer Speicherbehälter für Gas* (1, 2 a).

gas|be|heizt ⟨Adj.⟩: *mit Gas* (2 a) *beheizt.*

Gas|be|leuch|tung, die: *Beleuchtung durch Gaslicht; mit Gas* (2 a) *erzeugtes Licht.*

Gas|be|ton, der (Bauw.): *durch ein Gas* (1) *od. auch andere Mittel aufgelockerter, feinkörniger Beton.*

Gas|be|trieb, der (Technik): *Betrieb (z. B. einer Maschine) mit Brenn- od. Treibgas.*

gas|be|trie|ben ⟨Adj.⟩: *mit Gas* (2), *Flüssiggas betrieben.*

Gas bil|dend: s. Gas (1).

Gas|bil|dung, die: *Bildung von Gas* (1).

Gas|bla|se, die: *Gas enthaltende Blase in festem od. flüssigem Material.*

Gas|boi|ler, der: *mit Gas* (2 a) *beheizter Boiler.*

Gas|brand, der (Med.): *bei tiefen, verschmutzten Wunden entstehende, mit Bildung von Gasen* (1) *im Gewebe verbundene gefährliche Infektionskrankheit; Gasgangrän; Gasphlegmone.*

Gas|bren|ner, der: *Vorrichtung, Gerät zur Hitzeerzeugung durch Verbrennung von Gas* (2 a), *z. B. in Gaskochern, -herden.*

gas|dicht ⟨Adj.⟩: *undurchlässig für Gase* (1).

Gas|dich|te, die (Fachspr.): *Dichte eines Gases* (1, 2 a).

Gas|druck, der ⟨Pl. ...drücke⟩: *Druck, den ein Gas* (1) *ausübt.*

Gas|dy|na|mik, die (Physik): *Strömungslehre auf dem Gebiet gasförmiger Stoffe.*

ga|sen ⟨sw. V.⟩: **1.** ⟨unpers.⟩ *nach Gas* (2 a) *riechen* ⟨hat⟩: es gast. **2.** (salopp) *eine Darmblähung entweichen lassen* ⟨hat⟩. **3.** ⟨ist⟩ (ugs.) **a)** *sehr schnell, eilig laufen:* durch die Gegend g.; **b)** *mit viel Gas* (3 a), *sehr schnell fahren:* wir sind nach München gegast. **4.** (Fachspr.) *Gas* (1) *ausströmen* ⟨hat⟩: die Deponie wird lange g.

Gas|ent|ar|tung, die (Physik): *Abweichung von den normalen Gesetzmäßigkeiten im Verhalten von Gasen* (1) *(bei sehr niedrigen Temperaturen bzw. bei sehr hohen Dichten).*

Gas|ent|la|dung, die (Physik): *elektrische Entladung in [verdünnten] Gasen* (1).

Gas|ent|la|dungs|lam|pe, die (Technik): *Lampe, deren Funktionieren auf der elektrischen Entladung beim Durchgang eines elektrischen Stroms durch ein Gas* (1) *beruht.*

Gas|ent|wick|lung, die: *Entwicklung, Bildung von Gas[en].*

Gas er|zeu|gend: s. Gas (1, 2 a).

Gas|ex|plo|si|on, die: *durch hohen Gasdruck verursachte Explosion.*

Gas|feld, das: *Gebiet, in dem Erdgas gefördert wird.*

Gas|fern|ver|sor|gung, die: *Versorgung eines Gebiets mit Gas* (2 a) *aus einem [weiter] entfernten Gebiet.*

Gas|feu|e|rung, die: *Feuerung mit Brenn-, Heizgas.*

Gas|feu|er|zeug, das: *mit flüssigem Gas gespeistes Feuerzeug.*

Gas|flam|me, die: *Flamme des aus dem Gasbrenner strömenden entzündeten Gases* (2 a).

Gas|fla|sche, die: *Behälter aus Stahl zur Aufnahme verdichteter, verflüssigter od. unter Druck gelöster Gase* (1).

Gas|form, die: *Zustandsform eines Gases* (1): in G. *(in Form von Gas, gasförmig).*

gas|för|mig ⟨Adj.⟩: *in Form von Gas[en]:* -e Stoffe.

Gas|fuß, der (Jargon): *(rechter) Fuß, mit dem der [Auto]fahrer das Gaspedal bedient.*

gas|ge|füllt ⟨Adj.⟩: *mit Gas* (1, 2 a) *gefüllt.*

gas|ge|kühlt ⟨Adj.⟩: *mit einem Gasgemisch gekühlt (bes. bei Kernreaktoren).*

Gas|ge|misch, das: *Gemisch aus verschiedenen Gasen* (1, 2 a).

Gas|ge|ne|ra|tor, der (Technik): *Generator* (2).

Gas|ge|rät, das: *mit Gas* (2 a) *betriebenes Gerät.*

Gas|ge|ruch, der: *Geruch nach Gas* (2 a).

Gas|ge|setz, das: *physikalisches Gesetz, das (wie einige andere solcher Gesetze) das Verhalten idealer od. realer Gase* (1) *beschreibt.*

Gas|ge|stän|ge, das: *durch Betätigung des Gaspedals o. Ä. bewegtes Gestänge* (2) *zur Regelung der Zufuhr von Gas* (3 a).

Gas|ge|win|nung, die ⟨Pl. selten⟩: *Gewinnung von Gas* (1).

Gas|griff, der: vgl. Gashebel.

Gas|hahn, der: *Hahn, durch den die Gaszufuhr zum Gasbrenner geregelt wird:* den G. abstellen, (ugs.:) auf-, abdrehen; den G. aufdrehen (ugs. verhüll.; *Selbstmord durch Einatmen von Gas* 2 a *verüben);* *** jmdm. den G. abdrehen** (↑Gas 2 a).

gas|hal|tig ⟨Adj.⟩: *Gas* (1) *enthaltend:* -e Stoffe.

Gas|he|bel, der: *Hebel, Pedal o. Ä. zur Regelung der Zufuhr von Gas* (3 a).

Gas|hei|zung, die: *mit Gas* (2 a) *betriebene Heizung[sanlage].*

Gas|herd, der: *mit Gas* (2 a) *betriebener Kochherd:* ein vierflammiger G.

Gas|hül|le, die: *gasförmige Hülle* (z. B. Atmosphäre 1).

ga|sie|ren ⟨sw. V.; hat⟩ [frz. gazer = sengen, zu: gaz = Gas] (Textilind.): *(Garne) durch Absengen über Gasflammen von Faserenden befreien.*

ga|sig ⟨Adj.⟩ [2: vgl. Gas (6)]: **1.** *gasartig, wie Gas* (1, 2 a): -er Qualm. **2.** (landsch.) *betrunken.*

Gas|kam|mer, die: *Raum zur Hinrichtung bzw. Tötung von Menschen durch* [1]*Gas* (1).

Gas|kes|sel, der: vgl. Gasbehälter.

Gas|ko|cher, der: *mit Gas* (2 a) *betriebenes kleines Kochgerät.*

Gas|koh|le, die (Fachspr., bes. Bergbau): *gasreiche Steinkohle.*

Gas|krieg, der: *mit Giftgas geführter Krieg.*

Gas|lam|pe, die: *mit Gas* (2 a) *gespeiste Lampe.*

Gas|la|ter|ne, die: *mit Gas* (2 a) *gespeiste Straßenlaterne.*

Gas|lei|tung, die: *Rohrleitung für Gas* (2 a): eine G. legen.

Gas|licht, das: **1.** *[Licht der] Gasbeleuchtung.* **2.** *Flamme in der Gaslampe.*

Gas-Luft-Ge|misch, das (Technik): *Gemisch aus gasförmigem Treibstoff u. Luft (in einem Verbrennungsmotor).*

Gas|mann, der ⟨Pl. ...männer⟩ (ugs.): *Gasableser.*

Gas|mas|ke, die: *Schutzmaske mit Luftfilter zum Schutz der Atmungsorgane u. der Augen gegen die Einwirkung von Gas, Rauch o. Ä.:* die G. anlegen.

Gas|mes|ser, der: *Gaszähler.*

Gas|mo|tor, der: *mit Gas* (2 a) *betriebener Motor.*

Gas|ofen, der: *mit Gas* (2 a) *beheizter Ofen.*

Gas|öl, das: *als Dieselkraftstoff u. Heizöl verwendetes dünnflüssiges Öl, das bei der Destillation von Erdöl, Teeren o. Ä. anfällt.*

Ga|so|lin, das; -s [Kurzwort aus engl. gas = Treibstoff u. lat. oleum = Öl]: *Zwischenprodukt bei der Destillation von Rohöl.*

Ga|so|me|ter, der [frz. gazomètre] (veraltend): *großer Gasbehälter.*

Gas|pa|tro|ne, die: *mit Gas* (4) *od. Tränengas gefüllte Patrone.*

Gas|pe|dal, das: vgl. Gashebel: [voll] aufs G. treten; den Fuß vom G. nehmen.

Gas|pis|to|le, die: *Pistole, die mit Gaspatronen geladen wird.*

Gas|rech|nung, die: *Rechnung über die verbrauchte Menge Gas* (2 a).

gas|reich ⟨Adj.⟩: *viel Gas* (1) *enthaltend; reich an Gas:* -e Steinkohle.

ạs|rei|ni|gung, die (Technik): *Reinigung bzw. Isolierung technischer Gase.*
ạs|rohr, das: *Leitungsrohr für Gas* (1).
ass|aus: in der Fügung **g., gassein** (veraltend; *überall in den Straßen u. Gassen*).
ạ̈ss|chen, das; -s, -: Vkl. zu ↑Gasse.
ạs|schlauch, der: *Verbindungsschlauch zwischen Gasrohr u. Gasgerät.*
ạs|schutz, der: *Schutz gegen Giftgas durch entsprechende Geräte, Mittel, Maßnahmen.*
ạs|schutz|ge|rät, das: *Gerät zum Schutz gegen Giftgas.*
ạs|schweif, der: *aus Gasen* (1) *bestehender Teil des Kometenschweifs.*
ạs|se, die; -, -n [mhd. gazze, ahd. gazza, H. u.]: 1. *schmale Straße zwischen zwei Reihen von Häusern:* eine enge, winklige, krumme G.; auf der G. lärmten die Kinder; aus einer G. kommend, auf die Hauptstraße einbiegen; durch die -n gehen; sie wohnt in einer abgelegenen G.; **R** das wissen sogar die Kinder auf der G./auf den -n *(das weiß jedermann);* das kann man auf allen -n (abwertend; *überall, allgemein, von allen Leuten*) hören; **Ü** [für jmdn.] eine G. *(einen schmalen Weg zum Durchgehen)* bilden; jmdm., sich eine G. durch die Menge bahnen; die Felswände ließen nur eine schmale G. frei; der Sturm reißt -n in den Waldbestand. 2. *Gesamtheit der Bewohner einer Gasse:* er brachte die ganze G. in Aufruhr. 3. (österr.) *Straße (im Gegensatz zum Innern der Gebäude):* auf der G.; das Zimmer liegt an der G.; * **über die G.** *(über die Straße, zum Mitnehmen):* Speisen, Getränke über die G. [ver]kaufen. 4. (Druckw.) *als Arbeitsplatz dienender Raum zwischen den Regalen in der Setzerei.* 5. (Druckw.) *über mehrere Zeilen gehender, fehlerhafter Zwischenraum.* 6. (Kegeln) *Zwischenraum seitlich zwischen den Gruppen der hintereinander aufgestellten Kegel.* 7. (Fußball) *Weg durch zwei od. mehrere Abwehrspieler hindurch in den freien Raum:* den Ball in die G. spielen. 8. (Rugby) *Aufstellung der Spieler in zwei sich gegenüberstehenden Reihen rechtwinklig zur seitlichen Linie an der Stelle, wo der Ball ins Aus ging:* eine G. bilden; der Einwerfer wirft den Ball in die 5 Meter von der Außenlinie beginnende G.
ass|ein: ↑gassaus.
ạs|sen|bub (südd., österr., schweiz.), **Gạs|sen|bu|be,** der (veraltend): *Gassenjunge.*
ạs|sen|dreck, der: meist in der Wendung **frech wie G.** (salopp; *sehr frech, unverschämt*).
ạs|sen|hau|er, der [urspr. = Nachtbummler, zu ↑hauen in der früheren Bed. »treten, laufen«, dann das von Nachtbummlern gesungene Lied] (ugs. veraltend): *[auf den Straßen gesungenes] allbekanntes, triviales Lied:* einen G. singen, pfeifen, grölen.
ạs|sen|jun|ge, der (abwertend): *sich viel auf der Straße herumtreibender wilder [kleiner] Junge.*
ạs|sen|sei|tig ⟨Adj.⟩ (österr.): *auf der zur Straße hin gelegenen Seite:* eine -e Wohnung.
ạs|sen|witz, der: *derber Witz.*
ạs|sen|wort, das ⟨Pl. ...wörter⟩: *derbes Wort:* das Kind hat ein G. aufgeschnappt.
ạs|si: meist in den Wendungen **G. gehen** (ugs.; *mit dem Hund auf die Straße gehen*); **(einen Hund) G. führen** (ugs.; *einen Hund auf die Straße führen*).
ạs|si|che|rung, die: *Vorrichtung an Gasgeräten, die verhindern soll, dass Gas* (2a) *ausströmt, ohne verbrannt zu werden.*
ạ̈ss|lein, das; -s, -: Vkl. zu ↑Gasse.
ạs|spür|ge|rät, das: *Gerät (zur Luftanalyse), das bes. zum Erkennen gefährlicher Gase u. Dämpfe verwendet wird.*
Gạst, der; -[e]s, Gäste [mhd., ahd. gast, urspr. = Fremdling]: 1. *zur Bewirtung od. vorübergehenden Beherbergung eingeladene od. aufgenommene Person:* ein willkommener, gern gesehener G.; er ist bei uns ein seltener, ist uns ein lieber G.; heute Abend kommen Gäste zu uns; Gäste [zum Essen] einladen, erwarten, empfangen; die Gäste unterhalten; wir haben heute Gäste; der Hausherr begrüßte seine Gäste; jmdn. als G. mitbringen; Sie sind mein G./seien Sie bitte mein G./betrachten Sie sich als mein G. *(ich lade Sie [in eine Gaststätte zu einem Essen o. Ä.] ein, ich zahle, was Sie verzehrt haben);* **Ü** die Not war ständiger G. bei ihnen; der Frühling ist ein willkommener G. *(seine Wiederkehr wird als sehr angenehm empfunden);* Einbrecher und andere ungebetene Gäste; unerwünschte Gäste wie Wanzen, Mäuse und Ratten; * **bei jmdm. zu G. sein** *(bei jmdm. als Gast zum Essen usw. eingeladen u. anwesend sein);* **jmdn. zu G. haben** *(jmdn. als Gast beim Essen usw. haben);* **jmdn. zu Gast[e] laden, bitten** (geh.; *jmdn. als Gast zu sich zum Essen usw. einladen*); **dasitzen wie der steinerne G.** *(in einer Gesellschaft sitzen, ohne sich am Gespräch zu beteiligen, stumm dasitzen;* geht zurück auf das in spanischen Romanzen auftauchende volkstümliche Sagenmotiv, wonach ein steinernes Standbild einem lebenden Rächer gleich eine frevelhafte Tat bestraft). 2. a) *Besucher eines Lokals:* die letzten Gäste verließen das Lokal; einen G. bedienen; b) *jmd., der gegen Entgelt beherbergt wird:* im Hilton wohnen viele ausländische Gäste; ein hoher, illustrer G.; die Gäste des Hotels Excelsior; wir nehmen noch Gäste auf; zahlende Gäste (im Unterschied zu Gast 1). 3. a) *jmd., der sich [als Besucher] in einer anderen als seiner eigenen Umgebung, bes. in einem Personenkreis, zu dem er nicht fest gehört, zu bestimmten Zwecken vorübergehend aufhält:* sie war nur G., wir waren nur Gäste in dieser Stadt, in diesem Land; er ist ständiger G. auf dem Rennplatz *(er hält sich bei allen entsprechenden Gelegenheiten dort auf);* er ist bei uns nur ein flüchtiger G. *(hält sich nicht lange auf);* als G. am Unterricht teilnehmen; Sie wurden als Gäste [der Regierung] willkommen geheißen; als G. [im Studio] begrüßen wir den Außenminister; eine Vorstellung, Aufführung für geladene Gäste; b) *jmd., der als Künstler, Künstlerin an einem anderen Ort, bes. auf einer fremden Bühne auftritt:* berühmte Künstler und Künstlerinnen, Ensembles sind in diesem Theater als Gäste aufgetreten; eine Aufführung mit prominenten Gästen; c) (Sport) *Sportler, Sportlerin oder Mannschaft beim Wettkampf auf dem [Wettkampf]platz des Gegners:* der G. siegte schließlich mit 3 : 1. 4. (bes. nordd.) *Geselle* (2); *Mensch (in Verbindung mit einem abwertenden Attr.);* ein seltsamer, schlimmer G.
²Gast, der; -[e]s, -en (Seemannsspr.): *für einen bestimmten Dienst vorgesehener Matrose.*
Gạs|tan|ker, der: *spezieller Tanker für verflüssigte Gase* (1).
Gạst|ar|bei|ter, der (veraltend): *Arbeiter, der für eine gewisse Zeit in einem für ihn fremden Land arbeitet; ausländischer Arbeitnehmer:* die italienischen, spanischen, türkischen G. in Deutschland.
Gạst|ar|bei|ter|get|to, das (veraltend, abwertend): *Stadtviertel, in dem ausländische Mitbürger verhältnismäßig abgeschlossen von den übrigen Bewohnern leben.*
Gạst|ar|bei|ter|heim, das (veraltend): *Wohnheim für Gastarbeiter.*
Gạst|ar|bei|te|rin, die: w. Form zu ↑Gastarbeiter.
Gạst|di|ri|gent, der: *Dirigent, der ein Orchester als ¹Gast aufgrund einer vorübergehenden Verpflichtung leitet.*
Gạst|di|ri|gen|tin, die: w. Form zu ↑Gastdirigent.
Gạst|do|zent, der (Hochschulw.): *für eine begrenzte Zeit an eine Hochschule verpflichteter, gastweise tätiger Dozent.*
Gạst|do|zen|tin, die: w. Form zu ↑Gastdozent.
Gạ̈s|te|bett, das: *Bett für einen ¹Gast.*
Gạ̈s|te|buch, das: a) *Buch, in das sich der ¹Gast [mit einigen Worten zum Dank o. Ä.] einträgt;* b) *Buch, in das der ¹Gast* (2b) *eingetragen wird.*
Gạs|tech|nik, die: *Technik der Herstellung, Behandlung, Anwendung von Gas* (2a).
Gạ̈s|te|hand|tuch, das: *Handtuch für den ¹Gast.*
Gạ̈s|te|haus, das: *(einer [größeren] Einrichtung) angegliedertes Haus zur Unterbringung von Gästen:* das G. des Hotels, des Betriebs.
Gạ̈s|te|heim, das: vgl. Gästehaus.
Gạ̈s|te|toi|let|te, die: *Gäste-WC.*
Gạ̈s|te-WC, das: *(in einer Wohnung, einem Haus) zusätzliches WC für Gäste* (1).
Gạ̈s|te|zim|mer, das: 1. *Zimmer zum Beherbergen eines od. mehrerer Gäste.* 2. (seltener) *Gaststube.*
Gạst|fa|mi|lie, die: *Familie, die für eine bestimmte Zeit jmd. Fremden (meist einen Austauschschüler, ein Aupairmädchen o. Ä.) bei sich beherbergt.*
gạst|frei ⟨Adj.⟩: *großzügige Bereitschaft zeigend, Gäste* (1) *einzuladen, aufzunehmen:* eine -e Familie; ein -es Haus führen; -e Aufnahme.
Gạst|frei|heit, die ⟨o. Pl.⟩: *das Gastfreisein.*
Gạst|freund, der (veraltet): 1. *jmd., der einen Freund als ¹Gast* (1) *bei sich aufnimmt.* 2. *jmd., der von einem Freund als ¹Gast* (1) *aufgenommen wird.*
Gạst|freun|din, die (veraltet): w. Form zu ↑Gastfreund.
gạst|freund|lich ⟨Adj.⟩: *gastfrei u. um den ¹Gast* (1, 3a) *freundlich bemüht:* -e Leute; ein -es Haus; jmdn. g. aufnehmen.
Gạst|freund|lich|keit, die ⟨o. Pl.⟩: *das Gastfreundlichsein:* den Touristen wurde große G. entgegengebracht.
Gạst|freund|schaft, die: *jmdm. [dem Rechtsbrauch gemäß] erwiesenes Entgegenkommen, das bes. in freundlicher Aufnahme als ¹Gast* (1, 3a) *u. in [Schutz u.] Beherbergung besteht:* jmds. G. genießen, in Anspruch nehmen; jmdm. G. gewähren; ich bedanke mich für Ihre G.; sie wurde mit großer G. aufgenommen.
Gạst|ge|ber, der: 1. *jmd., der jmdn. als ¹Gast* (1) *zu sich einlädt, bei sich zu ¹Gast* (1) *hat:* ein guter, aufmerksamer G.; den G. spielen. 2. (Sport) *Mannschaft, die den Gegner auf eigenem [Wettkampf]platz, vor eigenem Publikum empfängt.*
Gạst|ge|be|rin, die: w. Form zu ↑Gastgeber.
gạst|ge|be|risch ⟨Adj.⟩: *in der Art eines Gastgebers.*
Gạst|ge|schenk, das: 1. *Geschenk des ¹Gastes für den Gastgeber:* ein G. mitbringen, überreichen. 2. (selten) *Geschenk, das der Gastgeber o. Ä. dem Gast zur Bekräftigung seiner Gastfreundschaft [mit]gibt.*
Gạst|haus, das: *Haus mit Gaststätte [u. Zimmern zur Beherbergung von Gästen]:* im G. essen, übernachten; in einem G. einkehren.
Gạs|ther|me, die: *Gasgerät zum Erhitzen von Wasser.*
Gạst|hof, der: *Gasthaus [auf dem Lande].*
Gạst|hö|rer, der: *jmd., der an einer Hochschule kein ordentliches Studium absolviert, sondern nur an bestimmten Lehrveranstaltungen als ¹Gast teilnimmt.*
Gạst|hö|re|rin, die: w. Form zu ↑Gasthörer.
gas|tie|ren (sw. V.; hat): 1. *als ¹Gast* (3b) *auftreten:* das Orchester, die Sängerin, die Band gastiert in Rom; ein Tourneetheater, ein Zirkus gastiert in der Stadt. 2. (Sport) *am Ort bzw. auf dem [Wettkampf]platz der gegnerischen Mannschaft zum Wettkampf antreten:* am Freitag gastieren die Berliner in Frankfurt.
Gạst|kon|zert, das: *Konzert eines gastierenden* (1) *auswärtigen Künstlers, Ensembles, Orchesters.*
Gạst|land, das ⟨Pl. ...länder⟩: *Land, das jmdn. als ¹Gast* (3a) *aufnimmt.*
gạst|lich ⟨Adj.⟩ [mhd. gastlich]: *in Art od. Verhalten so, dass sich ein ¹Gast wohl fühlt; gastfreundlich:* ein -es Haus; -e Aufnahme finden; jmdn. g. empfangen, aufnehmen.
Gạst|lich|keit, die; -: *das Gastlichsein.*
Gạst|mahl, das ⟨Pl. ...mähler, auch: -e⟩ (geh.): *festliche Mahlzeit mit Gästen:* jmdn. zu einem G. einladen.
Gạst|mann|schaft, die (Sport): *Mannschaft, die zum Wettkampf auf dem Platz* (1b), *in der Sporthalle o. Ä. des Gegners antritt.*

G

Gas|tod, der: *Tod durch giftiges Gas.*
Gast|pflan|ze, die (Bot.): *schmarotzende Pflanze.*
Gast|pro|fes|sor, der: vgl. Gastdozent.
Gast|pro|fes|so|rin, die: w. Form zu ↑Gastprofessor.
gastr-, Gastr-: ↑gastro-, Gastro-.
Gas|trä|a, die; -, ...äen [griech. gastraía = Bauch eines Gefäßes, zu: gastḗr, ↑gastro-, Gastro-] (Zool.): *hypothetisches, einer Gastrula ähnelndes Lebewesen als Stammform aller mehrzelligen Tiere.*
gas|tral ⟨Adj.⟩ [zu griech. gastḗr, ↑gastro-, Gastro-] (Med.): *zum Magen gehörend, den Magen betreffend.*
Gast|recht, das: *Berechtigung, Recht als* [1]*Gast* (3 a) *anwesend zu sein, die Gastfreundschaft, den Schutz anderer in Anspruch zu nehmen:* G. genießen; das G. missbrauchen.
Gast|red|ner, der: *Redner, der eingeladen worden ist, über ein bestimmtes Thema zu reden:* als G. begrüßen wir den Innenminister.
Gast|red|ne|rin, die: w. Form zu ↑Gastredner.
Gas|trek|to|mie, die; -, -n [zu ↑Ektomie] (Med.): *vollständige operative Entfernung des Magens.*
gas|trisch ⟨Adj.⟩ (Med.): *zum Magen gehörend, vom Magen ausgehend:* -e Krise (Med.; *bei Tabes 1 auftretende kolikartige, mit Erbrechen verbundene Schmerzen in der Magengegend*).
Gas|tri|tis, die; -, ...itiden (Med.): *Magenschleimhautentzündung, Magenkatarrh.*
gas|tro-, Gas|tro-, (vor Vokalen meist:) gastr-, Gastr- [zu griech. gastḗr (Gen.: gastrós) = Bauch, Magen] ⟨Best. in Zus. mit der Bed.⟩: *magen-, Magen-* (z. B. gastroduodenal, Gastroenteritis, Gastralgie).
gas|tro|du|o|de|nal ⟨Adj.⟩ (Med.): *Magen u. Zwölffingerdarm betreffend.*
Gas|tro|du|o|de|ni|tis, die; -, ...itiden (Med.): *Entzündung der Schleimhaut von Magen u. Zwölffingerdarm.*
gas|tro|en|te|risch ⟨Adj.⟩ [zu griech. énteron, ↑Enteron] (Med.): *Magen u. Darm betreffend.*
Gas|tro|en|te|ro|lo|gie, die; - [zu griech. énteron (↑Enteron) u. ↑-logie]: *Teilgebiet der inneren Medizin, das sich mit den Krankheiten des Verdauungsapparates befasst.*
gas|tro|gen ⟨Adj.⟩ [↑-gen] (Med.): *vom Magen ausgehend.*
gas|tro|in|tes|ti|nal ⟨Adj.⟩ (Med.): *Magen u. Darm betreffend.*
Gast|rol|le, die: *von einem* [1]*Gast* (3 b) *[für eine bestimmte Zeit] übernommene Rolle:* sie hat in der beliebten Fernsehserie eine G. übernommen; Ü sie gab in unserer Firma nur eine [kurze] G. [als Übersetzerin] (scherzh.; *arbeitete nicht lange bei uns*); die Sonne hat heute nur eine G. gegeben (scherzh.; *hat nicht lange geschienen*).
Gas|tro|nom, der; -en, -en [frz. gastronome = Feinschmecker, zu ↑Gastronomie]: *Gastwirt mit besonderen Kenntnissen auf dem Gebiet der Kochkunst u. des Gaststättenwesens.*
Gas|tro|no|mie, die; - [frz. gastronomie = Feinschmeckerei, feine Kochkunst < griech. gastronomía = Vorschrift zur Pflege des Bauches (ein Buchtitel der Antike), zu: gastḗr = Bauch]: 1. *Gaststättengewerbe.* 2. *feine Kochkunst.*
Gas|tro|no|min, die; -, -nen: w. Form zu ↑Gastronom.
gas|tro|no|misch ⟨Adj.⟩: *die Gastronomie* (1, 2) *betreffend, dazu gehörend, darauf beruhend.*
Gas|tro|po|de, der; -n, -n ⟨meist Pl.⟩ [zu griech. poús (Gen.: podós) = Fuß] (Zool.): *Schnecke (als Gattungsbezeichnung).*
Gas|tro|skop, das; -s, -e [zu griech. skopeĩn = betrachten] (Med.): *mit Beleuchtungseinrichtung u. Spiegel versehenes, durch die Speiseröhre einzuführendes Endoskop zur Untersuchung des Mageninneren.*
Gas|tro|sko|pie, die; -, -n (Med.): *Untersuchung des Mageninneren mit dem Gastroskop.*
gas|tro|sko|pie|ren ⟨sw. V.; hat⟩ (Med.): *mit dem Gastroskop untersuchen; eine Gastroskopie durchführen.*
Gas|tro|to|mie, die, -, -n [zu griech. tomḗ = Schneiden, Schnitt] (Med.): *operative Öffnung des Magens; Magenschnitt.*
Gas|tru|la, die; - (Zool.): *aus den zwei Zellschichten Entoderm u. Ektoderm bestehender, oft becherförmiger Keim (als Entwicklungsstadium mehrzelliger Tiere).*
Gas|tru|la|ti|on, die; -, -en (Zool.): *Bildung der Gastrula.*
Gast|schü|ler, der: 1. *Schüler, der die Schule eines anderen Schulbezirks besucht.* 2. *fremdsprachiger Austauschschüler.*
Gast|schü|le|rin, die: w. Form zu ↑Gastschüler.
Gast|spiel, das: 1. *Auftreten als* [1]*Gast* (3 b); das G. des Ensembles hatte gute Kritiken; ein G. ankündigen, absagen; ein G. geben (*als* [1]*Gast* 3 b, c *auftreten*); Ü er hat in dieser Firma nur ein kurzes G. gegeben (*hat nur kurze Zeit dort gearbeitet*); 2. (Sport Jargon) *Auswärtsspiel:* die Mannschaft konnte das G. in München für sich entscheiden.
Gast|spiel|rei|se, die: *Reise zu einem od. mehreren Gastspielen:* auf G. sein, gehen.
Gast|stät|te, die: *Haus, Betrieb mit einem od. mehreren Räumen für den Aufenthalt von Gästen, die dort gegen Entgelt Speisen u. Getränke erhalten u. verzehren können; Restaurant, Lokal:* in einer G. zu Abend essen.
Gast|stät|ten|be|trieb, der: *Betrieb* (1 a) *im Gaststättenbereich.*
Gast|stät|ten|ge|wer|be, das: *Gesamtheit der Gaststättenbetriebe als Erwerbszweig.*
Gast|stu|be, die: *Raum, in dem die Gäste eines Wirtshauses sitzen u. Speisen u. Getränke verzehren können.*
Gast|tier, das (Zool.): *schmarotzendes Tier.*
Gas|tur|bi|ne, die: *durch Verbrennung von Gas angetriebene Turbine.*
Gast|volk, das (Völkerk.): 1. *eingewandertes Volk.* 2. *von einem höher entwickelten Nachbarvolk gleichzeitig geschütztes u. ausgebeutetes Volk.*
Gast|vor|le|sung, die (Hochschulw.): *von einem Gastdozenten gehaltene Vorlesung.*
gast|wei|se ⟨Adv.⟩: *als* [1]*Gast* (1, 3): er ist g. hier; g. anwesend sein, mitarbeiten, auftreten.
Gast|wirt, der: *Inhaber, Pächter einer Gaststätte.*
Gast|wir|tin, die: w. Form zu ↑Gastwirt.
Gast|wirt|schaft, die: *einfachere Gaststätte.*
Gast|wort, das ⟨Pl. ...wörter⟩ (Sprachw.): *geläufig u. allgemein vertraut gewordenes Fremdwort.*
Gast|zim|mer, das: 1. *Gästezimmer* (1). 2. *Gaststube.*
Gas|uhr, die: *Gaszähler.*
Gas|ver|brauch, der: *Verbrauch an Gas* (2 a).
Gas|ver|flüs|si|gung, die (Technik, Physik): *Verflüssigung eines Gases* (1).
Gas|ver|gif|tung, die: *Vergiftung durch Gas* (1, 2 a).
Gas|ver|sor|gung, die: *Versorgung mit Gas* (2 a).
Gas|ver|sor|gungs|netz, das: *Netz von Transportwegen für die Versorgung mit Gas* (2 a).
Gas|werk, das: *Betrieb zur Erzeugung von Gas* (2 a).
Gas|zäh|ler, der: *an eine Gasleitung anzuschließendes Messgerät, das den Gasverbrauch anzeigt:* einen G. einbauen; den Stand des -s ablesen.
Gas|zu|fuhr, die: *Zufuhr von Gas* (1, 2 a).
Gat: ↑Gatt.
Gate [geɪt], das; -s, -s [engl. gate = Tür, Tor; 1: nach der Vorstellung einer sich öffnenden u. schließenden Tür]: 1. (Physik) *spezielle Elektrode zur Steuerung eines Elektronenstroms.* 2. (Flugw.) *Flugsteig.*
Gatt, Gat, das; -[e]s, -en u. -s [mniederd. gat = Loch, Öffnung] (Seemannsspr.): 1. a) *Loch, Öse im Segel (für Tau od. Leine);* b) kurz für ↑Speigatt. 2. kurz für ↑Hellegatt.
GATT, das; -s [Abk. für engl. General Agreement on Tariffs and Trade]: *(1947 geschlossenes) allgemeines Zoll- u. Handelsabkommen zur Durchsetzung einer weltweiten handelspolitischen Ordnung.*
Gat|te, der; -n, -n [mhd. gate, gegate = Genosse, Gefährte; Ehegefährte, Ehemann, eigtl. = jmd. der einem gleichsteht, der derselben Gemeinschaft angehört, verw. mit ↑gut in dessen urspr Bed. »passend«]: 1. (geh.) *Ehemann* (wird auße in Österreich auf den Ehemann einer anderen Frau, nicht auf den eigenen Ehemann bezogen und drückt besondere Höflichkeit aus): ein liebevoller, treuer G.; wie geht es Ihrem -n?; sie kam in Begleitung ihres -n. 2. ⟨Pl.⟩ (veraltend) *Eheleute:* beide -n stammen aus München.
gat|ten, sich ⟨sw. V.; hat⟩ [mhd. gaten = zusammenkommen, genau zusammenpassen; vereini gen; (refl.:) sich fügen, sich zugesellen, sich ver einigen, zu: gate, ↑Gatte] (dichter.): *sich verbin den, vereinen:* zwei Eigenschaften, die sich gatten; sich [mit] einer Sache g.
Gat|ten|lie|be, die (geh.): *Liebe des Ehemanns u der Ehefrau zueinander.*
Gat|ten|mord, der (Rechtsspr., sonst geh.): *Mor am Ehepartner.*
Gat|ten|wahl, die: 1. (geh.) *Entscheidung für einen Ehepartner.* 2. (Biol.) *[Aus]wahl des Geschlechtspartners.*
Gat|ter, das; -s, - [mhd. gater, ahd. gataro = Gatter als Zaun od. Tor; Pforte aus Gitterstäben (a Burgen), verw. mit ↑Gitter]: 1. a) *[Latten]zaun:* die Wiesen sind durch ein G. voneinander getrennt; b) *Latten-, Gittertor;* c) (Reiten) *senkrechter Lattenverschlag zwischen zwei Pfosten als Hindernis bei Springprüfungen.* 2. (Jägerspr. *Gehege:* das G. muss erweitert werden. 3. (Technik) a) *Rahmen mit den Sägeblättern (bei der Gattersäge);* b) *Gattersäge.* 4. (Technik) *Spulengestell an Spinnmaschinen.* 5. (Elektronik) *Schaltkreis, der elementare logische Verknüpfungen realisiert.*
Gat|te|rich, der; -s, -e [nach dem Muster von: Enterich, Gänserich usw.] (ugs. scherzh.): *Ehemann.*
gat|tern ⟨sw. V.; hat⟩ [zu ↑Gatter] (landsch.): *umzäunen, einzäunen; in ein Gatter einschließen.*
Gat|ter|sä|ge, die (Technik): *Maschine, die mithilfe hin- u. hergehender Sägeblätter Baumstämme zu Brettern u. Bohlen zersägt.*
Gat|ter|tor, das: 1. *Tor eines Gatters* (2). 2. *Gatter* (1 b).
Gat|ter|tür, die: 1. *Tür eines Gatters* (2). 2. *Gatter* (1 b).
gat|tie|ren ⟨sw. V.; hat⟩ [mit romanisierender Endung geb. zu ↑gatten]: 1. (Textilind.) *Baumwolle aus verschiedenen Ballen od. Sorten mischen, damit ein aus ziemlich gleichen Bestandteilen zusammengesetztes Ausgangsprodukt entsteht.* 2. (Hüttenwesen) *bestimmte Materialien (bes. Metalle) zur gewünschten Zusammensetzung des Endproduktes zusammenstellen.*
Gat|tin, die; -, -nen (geh.): *Ehefrau* (wird außer in Österreich auf die Ehefrau eines anderen Mannes, nicht auf die eigene Ehefrau bezogen und drückt besondere Höflichkeit aus): sie kamen alle in Begleitung ihrer -nen; grüßen Sie Ihre G.
Gat|tung, die; -, -en [zu ↑gatten]: 1. a) *Gesamtheit von [Arten von] Dingen, Einzelwesen, Formen, die in wesentlichen Eigenschaften übereinstimmen:* -en der bildenden Kunst sind Baukunst, Plastik, Malerei; Menschen, Waren, Schiffe, Lokomotiven jeder G. *(unterschiedlichster Art u. Herkunft);* die schöne Literatur gliedert sich in die drei -en Lyrik, Epik und Dramatik; b) kurz für ↑Waffengattung. 2. (Biol.) *Gesamtheit nächstverwandter Arten von Lebewesen (als zwischen Art u. Familie stehende Einheit im System der Lebewesen):* verwandte -en; diese G. von Tieren ist ausgestorben; Zuckerahorn gehört zur G. Ahorn.
Gat|tungs|be|griff, der: *mehrere Artbegriffe zusammenfassender Begriff.*
Gat|tungs|be|zeich|nung, die (bes. Fachspr.): *Bezeichnung für eine Gattung von Dingen, Lebewesen usw. bzw. für Dinge, Lebewesen usw., insofern sie ihrer Gattung nach bestimmt sind.*

gat|tungs|fremd ⟨Adj.⟩: *nicht zu einer bestimmten Gattung gehörend.*
gat|tungs|gleich ⟨Adj.⟩: *zur gleichen Gattung gehörend.*
Gat|tungs|kauf, der (Rechtsspr.): *Kauf einer nur der Gattung nach, aber sonst nicht näher bestimmten Sache* (z. B. der Kauf von 1 000 l Wein ohne nähere Angabe über Jahrgang oder Lage).
Gat|tungs|na|me, der: **1.** *Name einer Gattung.* **2.** (Sprachw.) *Gattungsbezeichnung, Appellativ.*
Gat|tungs|zahl|wort, das ⟨Pl. ...wörter⟩ (Sprachw.): *Zahlwort, das die Zahl der Gattungen od. Arten angibt, aus denen etw. besteht* (z. B. dreierlei, mancherlei).
Gau, der (landsch.: das); -[e]s, -e [mhd. gou, göu = Land(schaft), Gegend; wahrsch. eigtl. = Land am Wasser, Kollektivbildung zu ↑Aue]: **1.** (bes. hist.) *in sich geschlossene Landschaft, großer landschaftlicher Bezirk:* die Untergruppen germanischer Stämme siedelten in -en. **2.** (nationalsoz.) *(im nationalsozialistischen Deutschland) regionale Organisationseinheit der NSDAP unterhalb der Reichs- und oberhalb der Kreisebene.*
GAU, der; -s, -s [Abk. für: **g**rößter **a**nzunehmender **U**nfall]: *schwerster Störungsfall, der in einem Kernkraftwerk auftreten kann [u. für den beim Bau der Anlage entsprechende Sicherheitsvorkehrungen zu treffen sind].*
Gäu, das; -[e]s, -e [Nebenf. von ↑Gau]: **1.** (österr., schweiz.) *Gau* (1). **2.** (österr. veraltet) *abgegrenztes Gebiet, für das jmd. in einer bestimmten Funktion zuständig ist:* in diesem G. kassiert er die Beiträge ein; ***jmdm. ins G. kommen** (österr., schweiz.; ↑Gehege (1)). **3.** (schweiz. veraltet) *Land, Landschaft, Bezirk:* im ganzen G.; das G. hinauf und hinab *(landauf, landab);* ***ins G. gehen** (schweiz. veraltet; *hinter Frauen her sein*).
Gau|be, Gaupe, die; -, -n [spätmhd. gupe = Erker, wohl zu mhd. gupf(e) = Spitze, Gipfel] (Bauw., landsch.): *Dachgaube.*
Gauch, der; -[e]s, -e u. Gäuche [mhd. gouch, ahd. gauh, lautm.] (veraltet): **1.** *Kuckuck.* **2.** *Narr, Tor.*
Gauch|heil, der; -[e]s, -e [zu ↑Gauch (2); die Pflanze galt früher auch als Mittel gegen Geisteskrankheiten]: *Ackergauchheil.*
Gau|cho [ˈgaʊ̯tʃo], der; -[s], -s [span. gaucho, wahrsch. aus einer Indianerspr.]: *berittener Viehhüter der südamerikanischen Pampas.*
Gau|de|a|mus, das; - [nach dem Liedanfang lat. Gaudeamus igitur = Freuen wir uns also]: Name eines alten Studentenliedes.
Gau|dee, die; -, -n [↑Gaudium] (österr., oft abwertend): *Vergnügung, Unterhaltung.*
Gau|di, die; - (auch:) das; -s (ugs.): *Spaß, Vergnügen:* wir haben eine große G., viel G. gehabt; sich eine G. aus etw. machen.
Gau|di|um, das; -s [lat. gaudium = Freude, Vergnügen, zu: gaudere, ↑Gaudeamus] (bildungsspr. veraltend): *Spaß, Belustigung:* etw. ist ein G. für jmdn.; sein G. haben; etw. geschieht zu jmds. G.
Gäu|er, der; -s, - (schweiz.): *Bewohner eines Gäus* (1).
Gäu|e|rin, die; -, -nen (schweiz.): w. Form zu ↑Gäuer.
Gau|fe[l], die; -, -n [mhd. goufe] (schweiz.): **1.** *hohle Hand.* **2.** *Menge von etwa zwei Händen voll.*
Gau|fra|ge [goˈfraːʒə], die; -, -n [frz. gaufrage, zu ↑gaufrieren] (Textilind.): *Musterung von Papier od. Geweben.*
Gau|fré [goˈfreː], das; -[s], -s [zu frz. gaufré, 2. Part. von: gaufrer, ↑gaufrieren] (Textilind.): *Gewebe mit eingepresstem Muster.*
gau|frie|ren ⟨sw. V.; hat⟩ [frz. gaufrer = Figuren auf etw. pressen, zu: gaufre = Waffel < afrz. walfre < mniederl. wäfel, verw. mit dt. Waffel] (Textilind.): *ein Muster in ein Gewebe, in Papier od. Karton mithilfe von Druck u. Wärme auf dem Gaufrierkalander einprägen.*
Gau|frier|ka|lan|der, der (Textilind.): *Kalander zur Musterung von Papier od. Geweben.*
Gau|graf, der (hist.): *Graf, dessen Herrschaftsbereich ein Gau* (1) *ist.*
Gau|kel|bild, das (geh.): *vorgegaukeltes [Fantasie]bild.*
Gau|ke|lei, die; -, -en [zu ↑gaukeln] (geh.): **a)** *[kunstreiche, verführerische] Vorspiegelung, Vortäuschung:* das ist eine G. der Fantasie; **b)** *spaßiger Unfug, Possenspiel:* er ist immer zu -en aufgelegt.
gau|kel|haft ⟨Adj.⟩ [zu ↑gaukeln] (geh. abwertend): *gauklerisch.*
Gau|kel|kunst, die (geh.): *Zauber- und Taschenspielerkunst.*
gau|keln ⟨sw. V.⟩ [mhd. goukeln, ahd. goukolon = Zauberei treiben, Possen reißen, zu mhd. goukel, ahd. goukal = Zauberei; Taschenspielerei, H. u.]: **1.** (dichter.) *leicht und spielerisch schaukelnd schweben* ⟨ist⟩: der Schmetterling gaukelt von Blüte zu Blüte. **2.** ⟨hat⟩ **a)** (geh.) *etwas vorspiegeln, vortäuschen;* **b)** (veraltet) *Zauber-, Taschenspielerkunst treiben.*
Gau|kel|spiel, das (geh. abwertend): *[kunstreiche] Vorspiegelung, Vortäuschung.*
Gau|kel|werk, das ⟨o. Pl.⟩ (geh. veraltend): *Gaukelspiel.*
Gauk|ler, der; -s, - [1 a: mhd. goukelære, ahd. goukulāri, zu ↑gaukeln; 2: wegen seiner »akrobatischen« Balzflüge]: **1. a)** (veraltend) *jmd., der akrobatische o. ä. Kunststücke auf dem Jahrmarkt, im Zirkus vorführt;* **b)** (geh.) *jmd., der anderen etw. vormacht, ihnen durch allerlei Tricks etw. vorzutäuschen versucht:* ist er ein G. oder ein Genie? **2.** *(in Mittel- u. Südafrika beheimateter) großer Greifvogel mit schwarzer Grundfärbung, rostroter Oberseite, rotem Gesicht, roten Füßen u. einem dicken Federschopf am Hinterkopf.*
Gauk|le|rei, die; -, -en: **a)** (veraltet) *Aus-, Vorführung der Künste eines Gauklers* (1 a); **b)** (geh. abwertend) *Trick, mit dem jmd. getäuscht werden soll.*
gauk|ler|haft ⟨Adj.⟩ (veraltend): *wie von einem Gaukler* (1), *in der Art eines Gauklers.*
Gauk|le|rin, die; -, -nen: w. Form zu ↑Gaukler (1).
gauk|le|risch ⟨Adj.⟩ [zu ↑gaukeln] (geh. abwertend): *vorspiegelnd, vortäuschend, vorgaukelnd.*
Gauk|ler|trup|pe, die (veraltend): *Truppe von Gauklern* (1 a).
Gaul, der; -[e]s, Gäule [mhd. gūl = Pferd; männliches Tier, bes. Eber; Ungetüm, H. u.]: **1.** (abwertend) *schlechtes Pferd:* ein alter G. **2.** (bes. md., südd., sonst veraltend) *Pferd:* der G. wiehert; Spr einem geschenkten G. schaut/sieht man nicht ins Maul (*mit einem Geschenk soll man, so wie es ist, zufrieden sein;* Alter u. Wert eines Pferdes stellt der Käufer dadurch fest, dass er ihm ins Maul sieht u. den Zustand seines Gebisses prüft); ***jmdm. zureden wie einem lahmen G.** (ugs.; *jmdm. auf eindringliche Weise gut zureden;* wie man es bei einem lahmen Gaul tut, damit er wieder weitergeht); **jmdm. geht der G. durch** (↑Pferd); **den G. beim Schwanz aufzäumen** (↑Pferd).
Gäul|chen, das; -s, - (selten): Vkl. zu ↑Gaul.
Gau|lei|ter, der (nationalsoz.): *Leiter eines Gaus* (2).
Gau|lei|tung, die (nationalsoz.): *Leitung eines Gaus* (2) *durch einen Gauleiter.*
Gaul|lis|mus [goˈlɪsmʊs], der; - [frz. gaullisme]: *(auf den französischen General u. Staatspräsidenten Ch. de Gaulle, 1890–1970, zurückgehende) politische Bewegung, die eine starke Staatsführung u. eine führende Rolle Frankreichs in Europa zum Ziel hat.*
Gaul|list, der; -en, -en [frz. gaulliste]: *Verfechter, Anhänger des Gaullismus.*
Gaul|lis|tin, die; -, -nen: w. Form zu ↑Gaullist.
gaul|lis|tisch ⟨Adj.⟩: *den Gaullismus betreffend, zu ihm gehörend, auf ihm beruhend:* die -e Regierung; -e Abgeordnete; g. gesinnt sein.
Gault [gɔːlt], der; -[e]s, [engl. gault, eigtl. (landsch.) = Kalkmergel] (Geol.): *zweitälteste Stufe der Kreide.*
gau|men ⟨sw. V.; hat⟩ [mhd., ahd. goumen, H. u.] (schweiz.): **1.** *behüten, hüten:* das Haus und die Kinder g. **2.** *bewahren, wahren:* seine Unabhängigkeit g.
Gau|men, der; -s, - [mhd. goume, ahd. goumo, eigtl. = Rachen, Schlund, verw. mit ↑gähnen]: **1.** *obere Wölbung der Mundhöhle:* harter, knöcherner G. *(vorderer Gaumen);* weicher G. *(hinterer Gaumen, Gaumensegel);* mein G. ist ganz trocken. **2.** (meist geh.) *Gaumen* (1) *als Geschmacksorgan:* einen feinen G. haben *(ein Feinschmecker sein):* etw. kitzelt den G. *(ist sehr appetitlich; ist etwas für Feinschmecker);* etw. kann auch den verwöhntesten G. *(Geschmack)* reizen; etw. beleidigt den G. *(schmeckt sehr schlecht),* schmeichelt dem G. *(schmeckt sehr gut);* etw. ist etw. für jmds. G. *(etw. schmeckt jmdm. sehr gut);* etw. ist etw. für einen verwöhnten G. *(befriedigt einen Feinschmecker).*
Gau|men|bein, das (Anat.): *paariger Knochen, der den hinteren Abschnitt des harten Gaumens bildet.*
Gau|men|bo|gen, der (Anat.): *eine der zwei je doppelt vorhandenen Schleimhautfalten beiderseits des Gaumensegels, zwischen denen die Gaumenmandel liegt:* die vorderen, die hinteren G.
Gau|men|freu|de, die (geh.): *etw. Wohlschmeckendes, was jmdm. großen Genuss bereitet:* dieser Wein ist eine wahre G.
Gau|men|kit|zel, der: (geh.) *Gaumenfreude.*
Gau|men|laut, der: *Guttural.*
Gau|men|man|del, die (Anat.): *zwischen den Gaumenbogen liegendes, beim Menschen mandelgroßes Organ.*
Gau|men|plat|te, die: *dem Gaumen anliegende Kunststoffplatte, die den Zahnersatz trägt.*
Gau|men-R, das: *Zäpfchen-R.*
Gau|men|reiz, der ⟨Pl. selten⟩ (geh.): *Gaumenkitzel.*
Gau|men|se|gel, das (Anat., Sprachw.): *hinterer, weicher Gaumen; Velum* (3).
Gau|men|se|gel|laut, der: *Velar.*
Gau|men|spal|te, die (Med.): *Längsspalte im Gaumen als angeborene Fehlbildung.*
Gau|men|zäpf|chen, das (Anat.): *Zäpfchen* (3).
gau|mig ⟨Adj.⟩: *durch eine Artikulation gekennzeichnet, die in auffälliger od. anormaler Weise vom hinteren Gaumen ausgeht:* -e Laute; g. sprechen.
Gaum|schu|le, die [zu ↑gaumen] (schweiz.): *Kindergarten, Schule für Kleinkinder.*
Gau|ner, der; -s, - [älter: Jauner, gaunerspr. (15. Jh.) Juonner, Ioner = (Falsch)spieler, wahrsch. zu hebr. yawan = Griechenland, eigtl. = Ionien, also urspr. = Grieche, Ionier] (abwertend): **1.** *Mann, der auf betrügerische Art andere zu übervorteilen versucht; Betrüger, Schwindler, Dieb; Spitzbube.* **2.** (ugs.) *schlauer, durchtriebener Mensch.*
Gau|ner|ban|de, die: *Bande von Gaunern.*
Gau|ne|rei, die; -, -en: *Handlung, Tat eines Gauners; Betrügerei.*
gau|ner|haft ⟨Adj.⟩: *in der Art eines Gauners betrügerisch, unehrlich.*
Gau|ne|rin, die; -, -nen: w. Form zu ↑Gauner.
gau|ne|risch ⟨Adj.⟩: *die Gauner betreffend, zu ihnen gehörend, von ihnen stammend.*
gau|nern ⟨sw. V.; hat⟩: *Gaunereien verüben, betrügen.*
Gau|ner|spra|che, die: *[als Geheimsprache verwendete] im Wortschatz von der Hochsprache sehr verschiedene Sondersprache der Landstreicher u. Gauner.*
gau|ner|sprach|lich ⟨Adj.⟩: *die Gaunersprache betreffend, zu ihr gehörend.*
Gau|ner|stück, das: *Trick, Betrügerei o. Ä. eines Gauners, von Gaunern.*
Gau|ner|zin|ken, der: *Zinken* (1).
Gau|pe: ↑Gaube.
Gaur [ˈgaʊ̯ɐ], der; -s, -[s] [Hindi]: *in Indien wild lebendes Rind.*

G

Gauß, das; -, - [nach dem dt. Mathematiker C. F. Gauß (1777–1855)] (Physik): *(nicht gesetzliche) Einheit der magnetischen Induktion* (Zeichen: G od. Gs).

Gautsch|brief, der (Druckw.): *urkundenähnliche Bestätigung für jmdn., der* [1]*gegautscht* (2) *worden ist.*

[1]**Gaut|sche,** die; -, -n (Papierherstellung): *Gautschpresse.*

[2]**Gaut|sche,** die; -, -n [H. u.] (südwestd.): *Schaukel.*

Gaut|scher, der; -s, - (Papierherstellung): *Facharbeiter, der das Papier* [1]*gautscht* (1).

Gaut|sche|rin, die; -, -nen: w. Form zu ↑Gautscher.

Gautsch|fest, das (Druckw.): *das feierliche* [1]*Gautschen* (2) *u. der anschließende Umtrunk.*

Gautsch|pres|se, die (Papierherstellung): *Vorrichtung, zwischen deren Walzen die feuchte Papierbahn gepresst u. entwässert wird.*

Ga|vot|te [ga'vɔt(ə)], die; -, -n [...tn̩; frz. gavotte < provenz. gavotto = Tanz der gavots, d. h. der Bewohner der provenzalischen Alpen]: **a)** *Tanz im* $^2/_4$*-Takt;* **b)** (Musik) *auf die Sarabande folgender Teil der Suite.*

Ga|wein (Myth.): Held der Artussage.

gay [geɪ] ⟨Adj.⟩ [engl. gay, eigtl. = fröhlich, lustig < afrz. gai, H. u.] (Jargon): *homosexuell:* jmdn. g. nennen.

Gay [geɪ], der; -[s], -s (Jargon): *Homosexueller.*

Ga|ze ['ga:zə], die; -, -n [frz. gaze < span. gasa, wohl < arab. qazz = Rohseide]: *lockeres, gitterartiges, oft appretiertes Gewebe aus Baumwolle, Seide o. Ä., das in der Technik als Siebbespannung, in der Medizin als Verbandsmaterial od. stark appretiert als Stickereigrundlage verwendet wird:* ein Stück G. auf eine Wunde legen; ein Vorhang aus G.; etw. mit G. bespannen.

Ga|zel|le, die; -, -n [ital. gazzella < arab. ġazāla[h]]: *(in den Steppen u. Wüsten Afrikas lebende) Antilope mit langen, schlanken Beinen, großen Augen u. quer geringelten Hörnern:* flink, schlank wie eine G.

Ga|zet|te [auch: ga'zɛtə], die; -, -n [frz. gazette = Zeitung < ital. gazzetta < venez. gazeta, eigtl. = Name einer Münze, zu deren Wert im 16. Jh. ein Nachrichtenblatt verkauft wurde] (veraltet, noch abwertend): *Zeitung:* man darf nicht alles glauben, was in den -n steht.

Gaz|pa|cho [gas'patʃo], der; -[s], -s [span. gazpacho, H. u.] (Kochk.): **1.** *kalt angerichtete spanische Gemüsesuppe.* **2.** *als Brotbelag verwendete Bröckchen eines in der Asche od. auf offenem Feuer gebackenen Eierkuchens.*

GBl. = Gesetzblatt.

GBP = internationaler Währungscode für: Pfund (2) [Sterling].

GByte = Gigabyte.

Gd = Gadolinium.

Gdańsk [gdaɪ̯sk]: polnischer Name von ↑Danzig.

G-Dur ['ge:..., auch: '-'-], das; -: *auf dem Grundton G beruhende Durtonart;* Zeichen: G (↑g, G 2).

G-Dur-Ton|lei|ter, die: *auf dem Grundton G beruhende Durtonleiter.*

Ge...e, das; -s ⟨Bildungen oft ugs. abwertend⟩: bezeichnet in Bildungen mit Verben (Verbstämmen) ein andauerndes Tun, Geschehen: Geklotze, Gesuche, Vorgesage; ⟨auch ohne -e:⟩ Geglimmer.

ge|ach|tet ⟨Adj.⟩: *Achtung genießend:* ein -er Name, Bürger; bei allen sehr g. sein.

Ge|äch|te|te, der u. die; -n, -n ⟨Dekl. ↑Abgeordnete⟩: *jmd., der geächtet ist.*

Ge|äch|ze, das; -s (oft abwertend): *[dauerndes] Ächzen:* er arbeitete mit viel G.

Ge|äder, das; -s, - [mhd. geæder, Kollektivbildung zu ↑Ader]: *Gesamtheit der vielen Adern in etw.; Netz verästelter Adern* 1, 3 a–c.

ge|adert, ge|ädert: ↑adern, ädern.

Ge|äf|ter, das; -s, - [Kollektivbildung zu gleichbed. weidm. Aftern (Pl.); identisch mit ↑After] (Jägerspr.): *Afterklauen (bei Paarhufern u. Hunden).*

Ge|al|ber, das; -s, **Ge|al|be|re,** das; -s (ugs. abwertend): *dauerndes Albern:* hör mit dem G. auf!

ge|ar|tet ⟨Adj.⟩: **a)** *beschaffen:* wie auch immer -e Stoffe, Fälle, Strukturen; besonders -e Krankheitsursachen; **b)** *veranlagt:* seine Kinder sind gut g.

Ge|ar|tet|heit, die; -: *das Geartetsein.*

Ge|äse, das; -s, - (Jägerspr.): **1.** [1]*Äser.* **2.** *Äsung.*

Ge|äst, das; -[e]s: *Gesamtheit der Äste eines Baumes, Busches; Astwerk:* im dichten, kahlen G. der Buche zwitschert ein Vogel.

[1]**geb.** = geboren (Zeichen: *); geborene, geborener: Maria Schmidt[,] geb. Schulze.

[2]**geb.** = (von Büchern) gebunden.

Ge|bab|bel, das; -s (landsch., oft abwertend): *dauerndes Babbeln.*

Ge|bäck, das; -[e]s, (Sorten:) -e [15. Jh.; urspr. = auf einmal Gebackenes, zu ↑[1]backen]: *feines, meist süßes, aus einem Teig [u. anderen Zutaten] bes. in geformten, ziemlich festen Einzelstücken Gebackenes:* zum Kaffee G. anbieten.

ge|ba|cken: ↑[1]backen.

Ge|ba|cke|ne, das; -n ⟨Dekl. ↑[2]Junge, das⟩: *gebackene Speise:* es duftet nach -m.

Ge|bäck|scha|le, die: *Schale zum Anbieten von Gebäck.*

Ge|bäck|stück, das: *geformtes Stück Gebäck.*

Ge|bäck|zan|ge, die: *Greifzange für Gebäck.*

Ge|bal|ge, das; -s (ugs. abwertend): *dauerndes Herumbalgen.*

Ge|bälk, das; -[e]s, -e ⟨Pl. selten⟩ [spätmhd. gebelke = Stockwerk im Fachwerkbau, Kollektivbildung zu ↑Balken]: **1.** *Gesamtheit der Balken bes. der Holzdecke zwischen zwei Stockwerken, der Dachkonstruktion oder eines ganzen Gebäudes; Balkenwerk:* festes, morsches G.; R es knistert/kracht im G. *(die bestehende Ordnung, Gemeinschaft, Gesellschaft weist bedrohliche Spannungen auf).* **2.** (Archit.) *Gesamtheit von [Stein]balken u. horizontalen Bauelementen über einer Säule.*

Ge|bälk|trä|ger, der (Archit.): *tragende Säule in Gestalt einer männlichen Figur.*

Ge|bal|ler, das, **Ge|bal|le|re,** das; -s (ugs. abwertend): *[dauerndes] Ballern.*

ge|ballt: ↑ballen.

Ge|bän|de, Gebende, das; -s [mhd. gebende]: *(im MA. von Frauen oft in Verbindung mit einem Schappel 1 getragenes) breites Band aus Leinen, das mehrfach um Scheitel u. Kinn geführt wurde.*

ge|bän|dert: ↑bändern (1).

ge|bar: ↑gebären.

Ge|bär|de, die; -, -n [mhd. gebærde, ahd. gibārida = Benehmen, Aussehen, Wesensart, zu mhd. gebæren, ahd. gibāren = sich verhalten, sich aufführen, vgl. gebaren]: **1.** *Bewegung des Körpers, bes. der Arme, Hände, die eine Empfindung, Nachahmung od. Mitteilung ausdrücken soll:* eine beschwichtigende, bittende, leidenschaftliche, abweisende, hilflose, segnende G.; [gegen jmdn.] eine drohende G. machen; sich durch -n verständigen. **2.** (geh.) *äußerlich zum Ausdruck gebrachte innere Haltung; Verhalten u. Auftreten, das etw. Bestimmtes ausdrückt:* G. des Wahnsinns; mit der G. des Staatsmanns auftreten.

ge|bär|den, sich ⟨sw. V.; hat⟩: *eine bestimmte auffällige [übertriebene u. unkontrollierte] Verhaltensweise zeigen:* sich eitel, gekränkt, aufdringlich, unvernünftig, unmanierlich g.; sich wie wahnsinnig, irrsinnig, toll g.; du hast dich als ihr schärfster Gegner gebärdet.

Ge|bär|den|spiel, das ⟨o. Pl.⟩: *Gestik u. Mienenspiel.*

Ge|bär|den|spra|che, die: *Verständigung mittels Gebärden; Zeichensprache.*

ge|ba|ren, sich ⟨sw. V.; hat⟩ [mhd. gebāren, ahd. gibārōn, zu mhd. bern, ahd. beran, ↑gebären]: (veraltet) *sich gebärden.*

Ge|ba|ren, das; -s: *[auffälliges] durch bestimmte Bewegungen, Handlungen gekennzeichnetes Verhalten, Benehmen:* ein sonderbares, auffälliges G. an den Tag legen; ein weltmännisches, einnehmendes G. haben; das geschäftliche, kaufmännische G. einer Firma.

ge|bä|ren ⟨st. V.; hat⟩ [mhd. gebern, ahd. giberan = (hervor)bringen, erzeugen, gebären, zu mhd. bern, ahd. beran = tragen; bringen; hervorbringen; gebären]: *(ein Kind) aus dem Körper heraus-, hervorbringen, herauspressen (von einer Frau); (ein Kind) zur Welt bringen:* Zwillinge g.; die Frau gebärt/(veraltend:) gebiert ihr erstes Kind; (geh.:) sie gebar ihm zwei Söhne; unter Schmerzen g.; noch nicht geboren haben; geboren werden *(zur Welt kommen);* ich wurde am 11. November 1971 in Köln geboren; so ein Mann muss erst noch geboren werden (ugs.; *solch einen Mann, der diese hohen Ansprüche erfüllen könnte, gibt es [noch] nicht*); Max Schwarz, geboren (Abk.: geb.; Zeichen: *) 1845; Frau Marie Berger[,] geb. *(geborene, mit Mädchennamen)* Schröder; sie ist eine geborene Schröder; ein geborener Berliner *(jmd., der in Berlin lebt u. auch dort geboren ist);* von seiner Ehefrau Lisa, geborene/(auch:) geborener, geborenen Wenzel; er ist der geborene/ein geborener Kaufmann *(ist sehr geeignet für den Kaufmannsberuf);* ⟨subst. 1. Part.:⟩ eine Gebärende ärztlich versorgen; ⟨subst. 2. Part.:⟩ was ist sie für eine Geborene (ugs.; *wie hieß sie mit Mädchennamen*)?; Ü Hass gebiert neuen Hass (geh.; *bringt ihn hervor*); *** zu etw. geboren sein** *(eine natürliche Begabung für etw. haben):* zum Schauspieler geboren sein.

Ge|bä|re|rin, die; -, -nen (geh. od. iron.): *Frau, die gebärt bzw. [jmdn.] geboren hat:* sie ist deine G.

ge|bär|fä|hig ⟨Adj.⟩: *(von weiblichen Personen) physisch, altersmäßig fähig, Kinder zu gebären:* sie ist im -en Alter.

ge|bär|freu|dig ⟨Adj.⟩: *geneigt, [mehrere] Kinder zu bekommen; schon öfter, häufig geboren habend:* die Frauen werden wieder -er; sie hat ein -es (scherzh.; *breites*) Becken.

Ge|bär|kli|nik, die (österr.): *Entbindungsabteilung, -heim.*

Ge|bär|mut|ter, die ⟨Pl. ...mütter⟩: *(beim Menschen u. Säugetier) Hohlorgan des weiblichen Körpers, in dem sich das befruchtete Ei fortentwickelt; Uterus.*

Ge|bär|mut|ter|hals, der: *unterster Abschnitt der Gebärmutter.*

Ge|bär|mut|ter|mund, der ⟨Pl. ...münder⟩: *Muttermund.*

Ge|bär|mut|ter|spie|gel, der (Med.): *Endoskop zur Untersuchung der Gebärmutter.*

Ge|bär|mut|ter|vor|fall, der (Med.): *Vorfall, Prolaps der Gebärmutter.*

Ge|ba|rung, die; -, -en [zu ↑gebaren]: **1.** ⟨o. Pl.⟩ (geh.) *Gebaren.* **2.** (österr.) *Buchführung, finanzielle Geschäftsführung:* eine ausgeglichene G.; einen Einblick in die [geschäftliche, finanzielle] G. einer Firma gewähren; die G. *(den Geschäftsbericht)* vorlegen.

Ge|ba|rungs|be|richt, der (österr.): *Geschäftsbericht.*

Ge|ba|rungs|jahr, das (österr.): *Geschäftsjahr.*

Ge|bäu, das; -[e]s, -e [mhd., ahd. gebiuwe, zu ↑bauen] (veraltet): *Gebäude.*

ge|bauch|kit|zelt, ge|bauch|pin|selt, ge|bauch|strei|chelt [eigtl. = am Bauch gekitzelt, den Bauch mit dem Pinsel bestrichen (wohl zu: Pinsel = Penis), den Bauch gestreichelt; viell. vom Liebesspiel]: in den Verbindungen **sich g. fühlen** (ugs. scherzh.; *sich geschmeichelt, geehrt fühlen*).

ge|baucht ⟨Adj.⟩: *bauchig.*

Ge|bäu|de, das; -s, - [mhd. gebūwede, ahd. gebūwida, eigtl. = der Bau, das Bauen, zu ↑bauen]: **1. a)** *großer Bau, Bauwerk:* ein öffentliches, privates G.; das G. des Postministeriums; **b)** *Gefüge, [kunstvoller] Aufbau, [kunstvoll] zusammengefügtes Ganzes:* das G. einer Wissenschaft; ein G. von Lügen; **2.** (Bergbau) *Grubenanlage.* **3.** (Jägerspr., Pferdezucht) *Körperbau, Körperform [des Hundes, Pferdes].*

Ge|bäu|de|kom|plex, der: *Komplex* (1 b).

Ge|bäu|de|rei|ni|gung, die: **1.** *Pflege u. Reinigung* *von Gebäuden.* **2.** *Betrieb, der umfassende Pflege- u. Reinigungsarbeiten in u. an Gebäuden aller Art ausführt.*

Ge|bäu|de|teil, der: *Teil eines Gebäudes.*

Ge|bäu|de|ver|si|che|rung, die: *Versicherung von Gebäuden gegen Feuer-, Sturm- u. andere Schäden.*

Ge|bäu|lich|keit, die; -, -en ⟨meist Pl.⟩ (südd., schweiz.): *Baulichkeit.*

ge|baut [eigtl. 2. Part. von ↑bauen]: in den Verbindungen **g. sein** *(einen bestimmten Körperbau haben, in bestimmter Art gewachsen sein):* sie ist gut g.; ⟨auch attr.:⟩ ein gut, stark, schlank -er Sportler; **so wie jmd. g. ist** (ugs. scherzh.; *so wie jmd. veranlagt ist, so wie jmd. nun einmal ist*): so wie er g. ist, bringt er auch das noch fertig!

ge|be|freu|dig ⟨Adj.⟩: *gern gebend, schenkend; freigebig.*

Ge|bein, das; -[e]s, -e [mhd. gebeine, ahd. gibeini, Kollektivbildung zu ↑Bein (5)] (geh.): **1.** *sämtliche Glieder eines lebenden Körpers:* ein Schreck fuhr ihm durchs/ins G., in die -e. **2.** ⟨Pl.⟩ *sterbliche Reste, bes. Knochen; Skelett eines Toten:* die -e eines Toten.

Ge|bell, das; -[e]s, **Ge|bel|le,** das; -s (ugs. abwertend): *[dauerndes] Bellen.*

ge|ben ⟨st. V.; hat⟩ [mhd. geben, ahd. geban, urspr. = nehmen; bringen, reichen]: **1. a)** *(durch Übergeben, Überreichen, [Hin]reichen, Aushändigen) in jmds. Hände, Verfügungsgewalt gelangen lassen:* jmdm. die Speisekarte, dem Portier den Schlüssel, einem Kranken das Essen g.; dem Patienten zu essen, zu trinken g.; dem Taxifahrer das Geld, seinen Lohn g.; sich ⟨Dat.⟩ eine Quittung g. lassen; jmdm. [zur Begrüßung] die Hand g.; jmdm. etw. in die Hand g.; etw. nicht aus der Hand g.; jmdm. Feuer g. *(die Zigarette anzünden);* Kaffee und Kuchen g. *(seinen Gästen anbieten);* [jmdm.] etw. auf Kredit g. *(überlassen);* [jmdm.] drei Mark für etw. g. *(bezahlen);* eine Ware billig, zu teuer g. (landsch.; *verkaufen*); wer gibt [Karten] *(teilt die Karten zum Spiel aus)*?; du gibst (Ballspiele; *hast Aufschlag, bringst den Ball ins Spiel*); ich gäbe viel darum, wenn ich das wüsste *(ich wüsste es sehr gern);* Ü geben Sie mir bitte Herrn Meier *(verbinden Sie mich bitte mit Herrn Meier, rufen Sie ihn bitte ans Telefon);* jmdm. gute Lehren mit auf den Weg g.; *** was gibst du, was hast du** (ugs.; *sehr eilig, so schnell wie möglich;* H. u.; viell. nach dem gedrängten Wortwechsel u. Austausch von Gesten bei Kauf, Tausch, Zug-um-Zug-Geschäften): was gibst du, was hast du weglaufen; **b)** *als Geschenk, Spende in jmds. Besitz gelangen lassen:* der Vater gibt dem Kind Geld für ein Buch; gibst du ihr etwas zum Geburtstag?; dem Bettler eine milde Gabe g.; bei den Sammlungen gibt er immer viel; sie gibt gern *(ist freigebig);* Ü sie gab ihm ihre ganze Liebe; Spr Geben ist seliger denn Nehmen (Apostelgeschichte 20, 35). **2.** *zu einem bestimmten Zweck überlassen, übergeben:* jmdn. jmdm. als Begleiter, zur Begleitung g. *(als Begleitung mit jmdm. mitgehen lassen);* den Koffer in die Gepäckaufbewahrung, in Verwahrung g.; das Auto zur Reparatur, in die Werkstatt g.; den Jungen in die Lehre g.; das Kind in Pflege, in die Obhut der Eltern g.; den Aufsatz in Druck, zum Druck g. *(veranlassen, dass er in die Druckerei kommt u. gedruckt wird);* das Paket zur Post g. **3. a)** (landsch.) *irgendwohin tun:* Zucker an/über die Mehlspeise g.; eine Decke auf den Tisch g.; **b)** (Ballspiele) *abgeben, weitergeben, spielen:* den Ball in die Mitte g. **4. a)** *bieten, gewähren, zukommen lassen:* jmdm. ein Autogramm, ein Interview g.; jmdm. Zeit, eine Frist g.; jmdm. Rechenschaft, eine Chance g.; die Ärzte geben der Kranken nur noch ein paar Wochen *(nehmen an, dass sie nur noch ein paar Wochen zu leben hat);* jmdm. keinen Grund, keine Gelegenheit zu etw. g.; [den Kunden] Kredit, Rabatt g.; jmdm. eine gute Erziehung g.; jmdm. ein Aufsatzthema g. *(stellen);* jmdm. das a g. (Musik; *für ihn den Ton a erklingen lassen, damit er sich beim Stimmen, beim Einsatz usw. bezüglich der Tonhöhe daran orientieren kann*); der Baum gab *(spendete)* uns Schatten; das Telefon gibt uns die Möglichkeit, Informationen schnell weiterzuleiten; (häufig verblasst:) [jmdm.] Unterricht g. *(jmdn. unterrichten);* der Lehrer gibt *(unterrichtet)* Deutsch und Englisch; jmdm. ein Zeichen g. *(jmdn. auf etw. aufmerksam machen);* [jmdm.] keine Antwort g. *([jmdm.] nicht antworten);* sie hat [mir] keine Aufklärung darüber gegeben *([mich] darüber nicht aufgeklärt);* einen Bericht über etw. g. *(über etw. berichten);* [jmdm.] Bescheid g. *(jmdn. verständigen);* [jmdm.] Nachricht g. *(jmdn. benachrichtigen);* [jmdm.] sein Wort, ein Versprechen g. *([jmdm.] etw. versprechen);* jmdm. die Versicherung g. *(versichern),* dass nichts davon stimme; [jmdm.] einen Auftrag g. *(jmdn. beauftragen);* einen Befehl g. *(etwas befehlen);* [jmdm.] einen Beweis seiner Liebe g. *(jmdm. seine Liebe beweisen);* sie hat [ihm] ihr Jawort gegeben *(einer Heirat zugestimmt);* der Schiedsrichter gibt ein Tor, einen Freistoß (Sport; *erkennt, entscheidet auf Tor, Freistoß*); [jmdm.] die Erlaubnis g. *(erlauben),* etw. zu tun; [jmdm.] einen Rat g. *(raten);* Gesetze g. *(erlassen);* jmdm. einen Verweis g. *(jmdn. rügen);* jmdm. einen Kuss g. *(jmdn. küssen);* jmdm. einen Tritt g. *(jmdn. treten);* jmdm. einen Stoß geben *(jmdn. stoßen);* R gut gegeben (ugs.; *gut geantwortet, eine schlagfertige Abfuhr erteilt*)!; *** es jmdm. g.** (ugs.; 1. *jmdm. gehörig die Meinung sagen.* 2. *jmdn. verprügeln*); **b)** *verleihen* (3): jmdm. Mut, Hoffnung g.; etw. gibt jmdm. Schwung, Auftrieb, Sicherheit; seinen Worten Nachdruck g.; etw. ist jmdm. gegeben *(als Anlage, natürliche Fähigkeit mitgegeben, etw. liegt jmdm.);* mir ist es nicht gegeben, die Dinge leicht zu nehmen. **5.** *bewirken, dass etw. vorhanden ist; erzeugen, hervorbringen:* die Kuh gibt Milch; der Ofen gibt Wärme; etw. gibt (ugs.; *macht*) Spaß. **6.** *veranstalten:* ein Fest, ein Essen g.; eine Vorstellung, ein Konzert g. **7. a)** *aufführen:* was wird heute im Theater gegeben?; **b)** *darstellen, spielen:* eine Rolle, den Helden des Stücks g.; **8.** *zum Ergebnis haben:* zwei mal zwei gibt vier; das gibt keinen Sinn; der Junge gibt einen guten *(wird ein guter)* Kaufmann; was wird das g. *(was wird daraus werden)*?; was gibt das (ugs.; *was wird daraus*)?; Wein gibt (ugs.; *macht*) Flecke. **9.** *äußern, hervor-, herausbringen:* keinen Laut, Ton von sich g.; Unsinn, Gemeinplätze von sich g.; er konnte es nicht so recht von sich g. (ugs.; *er konnte sich nicht so recht ausdrücken*). **10.** (ugs.) *erbrechen:* alles wieder von sich g. **11.** *auf etw. Wert legen, einer Sache Bedeutung beimessen:* viel auf gutes Essen g.; nichts auf jmds. Urteil, auf eine Behauptung, Warnung g.; etwas auf sich g. *(auf sein Äußeres achten).* **12.** ⟨g. + sich⟩ *sich in bestimmter Weise verhalten, benehmen:* sich gelassen, freundlich g.; sich als biederer Bürger, als Experte g. **13.** ⟨g. + sich⟩ *nachlassen u. aufhören:* die Schmerzen werden sich g. **14.** ⟨g. + sich⟩ (selten) *sich finden, sich ergeben:* wenn sich eine Gelegenheit gibt; das Übrige wird sich g. **15.** ⟨unpers.⟩ *vorhanden sein, existieren, vorkommen:* es gibt einen Gott; in diesem Fluss gibt es viele Fische; sie ist die beste Spielerin, die es gibt; gibt es dich auch noch? (ugs.; Frage, wenn man jmdn. lange nicht gesehen hat); in dieser Stadt gibt es einige gute Restaurants; das gibt es *(das kommt vor);* das gibt es ja gar nicht *(existiert, besteht ja gar nicht);* das, so etwas gibt es [bei mir] nicht *(das kommt bei mir nicht infrage; das ist ausgeschlossen, nicht möglich);* (ugs.:) was es nicht alles gibt!; was gibt es [denn da] (ugs.; *was ist [denn da] los*)?; was gibt es Neues?; was gibt es (ugs.; *was ist*) da zu lachen?; es gab viel zu tun; davon gibt es die Fülle, die Masse *(sehr viel);* da gab es kein Entkommen *(war kein Entkommen möglich);* R da gibts [gar] nichts (ugs.; *das steht außer Frage, dagegen ist nichts zu unternehmen, kein Einwand möglich*): er ist der Beste, da gibts [gar] nichts; **16.** ⟨unpers.⟩ *angeboten, ausgegeben werden:* was gibt es, gab es [zu essen, zu Mittag]?; an diesem Schalter gibt es Briefmarken *(sind Briefmarken zu bekommen, zu kaufen);* was gibt es heute im Theater, im Fernsehen *(was wird heute im Theater, im Fernsehen geboten)*? **17.** ⟨unpers.⟩ *kommen, eintreten, geschehen [werden]:* es gibt [bald] Regen, ein Gewitter; es gibt noch ein Unglück; heute wirds noch etwas g. (ugs.; *wird es noch regnen, wird noch ein Gewitter kommen*); wenn du nicht ruhig bist, gibts was (ugs.; *wirst du bestraft, bekommst du Schläge*).

Ge|ben|de: ↑Gebände.

Ge|be|ne|dei|te, die; -en ⟨Dekl. ↑Abgeordnete⟩ [zu ↑benedeien] (christl. Rel.): *Gesegnete (als Beiname der Gottesmutter).*

Ge|ber, der; -s, - [1: mhd. geber, ahd. gebäri, zu ↑geben (1)]: **1.** *jmd., der anderen etw. gibt, schenkt.* **2.** (Telegrafie) *Zeichengeber; Sendegerät.* **3.** (Technik) *Gerät, das nicht elektrische Messgrößen in elektrische umsetzt; Messgrößenumformer.*

Ge|be|rin, die; -, -nen: w. Form zu ↑Geber (1).

Ge|ber|land, das: *Land* (5 a), *das einem anderen Land, anderen Ländern [im Rahmen der Entwicklungshilfe] Unterstützung bes. in Form von Krediten gewährt.*

Ge|ber|lau|ne, die ⟨o. Pl.⟩: *gebefreudige Stimmung (eines Menschen):* in G. sein.

Ge|ber|spra|che, die (Sprachw.): *Sprache, aus der ein Wort, eine sprachliche Erscheinung fremden Ursprungs kommt; Herkunftssprache.*

Ge|bet, das; -[e]s, -e [mhd. gebet, ahd. gibet, zu ↑bitten]: **a)** *[vom Falten der Hände, vom Niederknien o. Ä. begleitetes] Sprechen mit Gott (um ihn zu verehren, um etw. zu bitten od. für etw. zu danken); das Beten;* ein stilles, inbrünstiges, gemeinsames G.; jmds. G. wird erhört; ein G. für die Toten/um Hilfe; sein G. verrichten; im G. versunken sein; im stillen G. verweilen; seine Hände zum G. falten; jmdn. in sein G. mit einschließen *(für ihn beten);* **b)** *an Gott gerichtete [festgelegte] Worte bes. des Bittens, des Dankens od. der Verehrung; Wortlaut, Text des Betens:* ein G. sprechen, herunterleiern; das G. des Herrn (geh.; *das Vaterunser*); *** ewiges G.** (kath. Kirche; *Verehrung, Anbetung des auf den Altar gestellten Sakraments durch Gemeinschaften od. sich ablösende Einzelbeter;* zurückgehend auf den Brauch eines 40-stündigen Fastens, das man in der Karwoche zu Ehren der auf 40 Stunden berechneten Grabesruhe Jesu hielt); **jmdn. ins G. nehmen** (ugs.; *jmdm. eindringlich u. unter Ermahnungen zureden, etw. zu tun od. zu unterlassen, etw. mitzuteilen, zu gestehen; jmdm. ins Gewissen reden;* vermutlich urspr. = ins Gebet aufnehmen, in die [öffentliche] Fürbitte einschließen).

Ge|bet|buch, das [2: gek. aus »des Teufels Gebetbuch«]: **1.** *[kleinformatiges] Buch, das eine geordnete Sammlung von gottesdienstlichen od. anderen Gebeten enthält.* **2.** (ugs. scherzh.) *Spielkarten.* **3.** (Rallyesport Jargon) *Notizbuch mit genauen Angaben über Verlauf u. Beschaffenheit der Fahrstrecke u. die günstigste Fahrweise:* das G. studieren.

ge|be|ten: ↑bitten.

Ge|bets|for|mel, die: *in Gebeten übliche Formel* (1).

Ge|bets|haus, das: *Gebäude, in dem man sich zum Gebet versammelt [u. in dem gottesdienstliche Feiern abgehalten werden können].*

Ge|bets|man|tel, der (jüd. Rel.): *beim Gebet getragener Überwurf.*

Ge|bets|müh|le, die: *(im tibetanischen Lamaismus) sakrales Gerät in Form eines um seine Achse drehbaren, zylinderförmigen Behälters, der Papierstreifen mit kurzen Gebetstexten, heiligen Formeln enthält u. der ersatzweise für mündliche Gebete mit der Hand od. auch durch Wind od. fließendes Wasser gedreht wird (wobei durch die Bewegung die von selbst wirkende Kraft der Worte vervielfacht werden soll).*

ge|bets|müh|len|ar|tig ⟨Adj.⟩ [nach dem Bild der

sich stetig drehenden Gebetsmühle]: *[sich] ständig wiederholend; immer wieder vorbringend [u. dabei eigensinnig an seinen Vorstellungen o. Ä. festhaltend]:* etw. g. wiederholen.

Ge|bets|ni|sche, die (islam. Rel.): *gegenüber dem Eingang in der nach Mekka ausgerichteten Wand einer Moschee liegende kleine Nische, der beim Beten das Gesicht zugewandt wird.*

Ge|bets|ord|nung, die (kath. Kirche): *von der Kirche festgelegte Reihenfolge der zu bestimmten Tageszeiten zu verrichtenden Gebete.*

Ge|bets|stät|te, die: *Stätte des Gebets.*

Ge|bets|stun|de, die: vgl. Gebetszeit.

Ge|bets|tep|pich, der (islam. Rel.): *kleinerer, in der Mitte meist mit der stilisierten Darstellung einer Gebetsnische versehener Knüpfteppich, auf den die Muslime zum Beten niederknien.*

Ge|bets|zeit, die: *festgelegte Zeit, in der gebetet wird.*

Ge|bet|tel, das; -s (ugs. abwertend): *[dauerndes] Betteln.*

ge|beu|telt: ↑beuteln.

ge|biert: ↑gebären.

Ge|biet, das; -[e]s, -e [mhd. gebiet(e) = Befehl, Gebot, Gerichtsbarkeit; Bereich, über den sich Befehlsgewalt od. Gerichtsbarkeit erstreckt, zu ↑gebieten]: **1.** *unter bestimmten Gesichtspunkten in sich geschlossener räumlicher Bereich von größerer Ausdehnung:* ein fruchtbares, unterentwickeltes, exterritoriales G.; das ist städtisches, besetztes, besiedeltes G.; das G. der Bundesrepublik Deutschland; weite -e des Landes waren überschwemmt; ein G. (Met.; *eine Zone*) tiefen Luftdrucks. **2.** *[Sach]bereich, Feld, Fach:* ein schwieriges, interessantes G.; auf wirtschaftlichem G., auf dem G. der Sozialpolitik, auf seinem G. Fachmann sein.

ge|bie|ten ⟨st. V.; hat⟩ [mhd. gebieten, ahd. gibiotan, zu ↑bieten] (geh.): **1. a)** *(bes. aufgrund bestimmter Autorität, Macht, Würde) befehlen:* Ruhe, Schweigen g.; **b)** *dringend erfordern, verlangen, zu etw. zwingen:* die Situation, die Klugheit gebietet [es]/gebietet [es] dir, etw. zu unternehmen; etw. gebietet besondere Vorsicht; es ist Vorsicht geboten. **2. a)** *über jmdn., etw. die Herrschaft ausüben, Befehlsgewalt haben:* über ein Land, eine Armee g.; **b)** *etw. bezwingen, in der Gewalt haben:* über seine Leidenschaften g.; **c)** *über etw. verfügen:* über eine kräftige Stimme, über beträchtliche Mittel g.

Ge|bie|ter, der; -s, - (veraltend): *jmd., der [über jmdn.] gebietet; Herrscher, Herr* (3): selbstherrlicher, unumschränkter G.

Ge|bie|te|rin, die; -, -nen: w. Form zu ↑Gebieter.

ge|bie|te|risch ⟨Adj.⟩ (geh.): *herrisch, befehlend, keinen Widerspruch zulassend:* etw. g., mit -er Stimme fordern; Ü eine -e *(zwingende, unausweichliche, unabweisbare)* Notwendigkeit.

ge|biet|lich ⟨Adj.⟩: *das Gebiet betreffend, dem [jeweiligen] Gebiet eigen[tümlich], gemäß:* -e Unterschiede.

Ge|biets|an|spruch, der: *territorialer* (1) *Anspruch.*

Ge|biets|er|wei|te|rung, die: **1.** *Ausdehnung des Staatsgebiets.* **2.** *Erweiterung des Sachgebiets.*

Ge|biets|ho|heit, die ⟨o. Pl.⟩: *Territorialhoheit:* die G. der Bundesländer.

Ge|biets|kör|per|schaft, die (Rechtsspr.): *Körperschaft des öffentlichen Rechts, deren Gebietshoheit einen räumlich abgegrenzten Teil des Staatsgebiets sowie dessen Bewohner als gesetzliche Mitglieder ihrer Organisation erfasst.*

Ge|biets|kran|ken|kas|se, die (österr.): *eine der für jeweils ein österreichisches Bundesland zuständigen Krankenkassen, die Träger der gesetzlichen Krankenversicherung sind.*

Ge|biets|re|form, die: *Neugliederung eines Gebietes auf Landes- bzw. kommunaler Ebene, bei der die Zahl von Landkreisen, Städten, Gemeinden reduziert wird.*

Ge|biets|teil, der: *Teil eines Gebietes* (1).

ge|biets|wei|se ⟨Adv.⟩: *nach Gebieten; je nach dem Gebiet; auf ein od. mehrere bestimmte Gebiete bezogen, beschränkt:* etw. g. gliedern; heute g. Regen.

Ge|bild|brot, das (Volksk.): *Backware in Form von symbolischen Figuren o. Ä., die bes. zu bestimmten Festtagen (z. B. Neujahr, Fastnacht, Ostern) gebacken wird.*

Ge|bil|de, das; -s, - [an ↑bilden angelehnt; mhd. gebilde, ahd. gebilide, Kollektivbildung zu ↑Bild]: *etw., was gebildet worden ist, sich gebildet hat:* ein symmetrisches G.; Ü ein G. der Fantasie.

ge|bil|det ⟨Adj.⟩: *Bildung* (1) *habend, davon zeugend:* ein -er Mensch; -es Benehmen; akademisch, vielseitig g. sein; sich g. unterhalten.

Ge|bil|de|te, der u. die; -n, -n ⟨Dekl. ↑Abgeordnete⟩: *jmd., der gebildet ist.*

Ge|bim|mel, das; -s (ugs. abwertend): *[dauerndes] Bimmeln.*

Ge|bin|de, das; -s, - [mhd. gebinde = Band, zu ↑binden]: **1.** *Gesamtheit zusammengebundener Dinge [einer Art]:* ein G. aus Blumen und Zweigen; Porree in großen -n *(Bunden)* verkaufen. **2.** *bestimmtes [genormtes] Quantum Garn vom Strang.* **3.** (Bauw.) **a)** *aus zwei Dachsparren u. den dazugehörenden Hölzern bestehende, dreieckige Holzkonstruktion;* **b)** *zusammenhängende Reihe von Dachziegeln:* ein G. Ziegel. **4.** (bes. österr.) *[größeres] Fass.* **5.** (Gastr.) *Fischeingeweide.*

Ge|bir|ge, das; -s, - [mhd. gebirge, ahd. gibirgi, eigtl. = Gesamtheit von Bergen; Kollektivbildung zu ↑Berg]: **1. a)** *zusammenhängende, durch Täler gegliederte Gruppe von hohen Bergen:* ein hohes, kahles, vulkanisches G.; im G. wandern; Ü ein G. *(eine große, sich auftürmende Masse, ein Berg)* von Schutt, Akten; **b)** *Gegend mit Gebirge* (1 a): in den Ferien ins G. fahren. **2.** (Bergbau) *Gesteinsschichten, die Lagerstätten umschließen.*

ge|bir|gig ⟨Adj.⟩: *bergig in der Art eines Gebirges:* eine -e Landschaft; -es Gelände.

Ge|bir|gig|keit, die; -: *gebirgige Beschaffenheit.*

Ge|birg|ler, der; -s, -: *Gebirgsbewohner.*

Ge|birg|le|rin, die; -, -nen: w. Form zu ↑Gebirgler.

Ge|birgs|bach, der: vgl. Gebirgssee.

Ge|birgs|bahn, die: *über ein Gebirge führende Eisenbahn.*

Ge|birgs|be|woh|ner, der: *Bergbewohner.*

Ge|birgs|be|woh|ne|rin, die: w. Form zu ↑Gebirgsbewohner.

Ge|birgs|bil|dung, die: *Orogenese.*

Ge|birgs|dorf, das: *Dorf in einem Gebirge.*

Ge|birgs|fal|tung, die (Geol.): *Gebirgsbildung.*

Ge|birgs|jä|ger, der (Milit.): **1.** *Angehöriger der Gebirgsjäger* (2). **2.** ⟨Pl.⟩ *Kampftruppe des Heeres, die speziell für den Einsatz im Gebirge ausgebildet ist.*

Ge|birgs|kamm, der: *Kamm des Gebirgszuges.*

Ge|birgs|ket|te, die: *Kette von [Teil]gebirgen od. von hohen Bergen eines Gebirges.*

Ge|birgs|la|ge, die: *gebirgige Lage, Lage im Gebirge:* ein Kurort in G.; der Ort hat wegen seiner G. ein raues Klima.

Ge|birgs|land|schaft, die: *gebirgige Landschaft, Landschaft im Gebirge.*

Ge|birgs|mas|siv, das: *Massiv* (1).

Ge|birgs|pflan|ze, die: *im Gebirge vorkommende Pflanze.*

Ge|birgs|pi|o|nier, der (Milit.): **1.** *Angehöriger der Gebirgspioniere* (2). **2.** ⟨Pl.⟩ *Teil der Pioniertruppen, der speziell für den Einsatz im Gebirge ausgebildet ist:* er wurde zu den -en eingezogen.

Ge|birgs|rü|cken, der: *Rücken, Kamm des Gebirgszuges.*

Ge|birgs|schlag, der (Bergbau, Geol.): *durch bergmännisch geschaffene Hohlräume verursachte schlagartige Erschütterung u. Entspannungsbewegung im Gestein.*

Ge|birgs|schlucht, die: vgl. Gebirgssee.

Ge|birgs|see, der: *See im Gebirge.*

Ge|birgs|stock, der ⟨Pl. …stöcke⟩: *geschlossen erscheinende Gebirgseinheit; Massiv.*

Ge|birgs|tal, das: *Tal im Gebirge.*

Ge|birgs|trup|pe, die (Milit.): *Truppe verschiedener Waffengattungen, die speziell für den Einsatz im Gebirge ausgebildet u. ausgerüstet ist.*

Ge|birgs|zug, der: *lang gestrecktes [Teil]gebirge.*

Ge|biss, das; -es, -e [mhd. gebiʒ, ahd. gibiʒ, zu ↑beißen]: **1.** *Gesamtheit der Zähne (in der Mundhöhle eines Menschen, Wirbeltiers):* ein kräftiges, gesundes G. haben; sein G. zeigen, entblößen. **2.** *künstlicher Ersatz für die Zähne eines od. beider Kiefer:* ein [künstliches] G. tragen; das G. herausnehmen. **3.** *metallenes Mundstück am Pferdezaum.*

Ge|biss|ab|druck, der (Zahnmed.): *(bes. als Modell für Zahnersatz) mit einer Masse zum Abformen hergestellter Abdruck eines Gebisses* (1).

Ge|biss|ano|ma|lie, die (Zahnmed.): *Abweichung von der normalen Form des Gebisses.*

ge|bis|sen: ↑beißen.

Ge|biss|re|gu|lie|rung, die: *Korrektur von Fehlstellungen einzelner oder mehrerer Zähne.*

Ge|blaff, das; -[e]s, **Ge|blaf|fe,** das; -s (ugs. abwertend): *[dauerndes] Blaffen.*

Ge|bla|se, das; -s (ugs. abwertend): *[dauerndes] Blasen.*

Ge|blä|se, das; -s, - (Technik): **1. a)** *Maschine, Gerät zur Erzeugung [u. Zuführung] eines verdichteten Luft- od. Gasstroms* (z. B. Blasebalg od. Kühlvorrichtung für luftgekühlte Motoren); **b)** *Anlage, die mit einem starken Luftstrom Heu, Stroh o. Ä. befördert.* **2.** (Jargon) *Schweißbrenner.*

Ge|blä|se|mo|tor, der: *Verbrennungsmotor mit vorgeschaltetem Gebläse* (1 a).

ge|bla|sen: ↑blasen.

ge|blen|det: ↑blenden.

ge|bli|chen: ↑[2]bleichen.

Ge|blö|del, das; -s (ugs. abwertend): *[dauerndes] Blödeln.*

Ge|blök, das; -[e]s, **Ge|blö|ke,** das; -s (ugs. abwertend): *[dauerndes] Blöken.*

ge|blumt (bes. österr.): *geblümt.*

ge|blümt ⟨Adj.⟩ [mhd. geblüemet, 2. Part. von: blüemen = (mit Blumen) schmücken]: **1.** *mit Blumen [gemustert]:* ein -es Kissen, Kleid. **2.** *(bes. von einem bestimmten Stil in der deutschen Literatur des 13. Jh.s) kunstvoll u. blumenreich bis zur Künstelei:* -er Stil.

Ge|blüt, das; -[e]s [mhd. geblüete = Gesamtmasse des Blutes, Kollektivbildung zu ↑Blut]: **1.** (veraltet) *gesamte Menge des im Körper zirkulierenden Bluts:* der Wein, der Gedanke brachte sein G. in Wallung *(brachte ihn in eine angeregte od. erregte, aufgeregte körperliche u. seelische Verfassung);* **2. a)** (selten) *körperliche u. seelische Verfassung.* **b)** (geh.) *Gesamtheit der Anlagen, Natur:* etw. liegt jmdm. im G.; **c)** (geh.) *[vornehme] Abstammung, Herkunft:* eine Dame von [edlem] G.

ge|bo|gen: **1.** ↑biegen. **2.** ⟨Adj.⟩ *eine Biegung, Krümmung aufweisend; gekrümmt:* eine -e Nase; der Schnabel ist stark g.

ge|bogt ⟨Adj.⟩: *ausgebogt.*

ge|bongt: ↑bongen.

ge|bo|ren: ↑gebären (vgl. [1]geb.).

Ge|bo|ren|zei|chen, das: *Sternchen* (*) *vor dem Geburtsdatum als Zeichen für »geboren«.*

ge|bor|gen: **1.** ↑bergen. **2.** ⟨Adj.⟩ *gut aufgehoben, sicher, beschützt:* bei jmdm., an jmds. Seite, an einem Ort g. sein; sich g. fühlen, wissen.

Ge|bor|gen|heit, die; -: *das Geborgensein:* die G. des Elternhauses vermissen; in häuslicher G.

ge|bors|ten: ↑bersten.

Ge|bot, das; -[e]s, -e [mhd. gebot, ahd. gibot, zu ↑(ge)bieten]: **1.** *moralisches od. religiöses Gesetz, das ein bestimmtes Handeln, Verhalten [allgemein] verbindlich vorschreibt, fordert:* ein göttliches, sittliches, moralisches G.; das oberste G.; ein G. halten *(erfüllen, nicht übertreten);* das G. der Menschlichkeit, Nächstenliebe, der Höflichkeit beachten, befolgen; die Zehn -e *(die [zuerst im 2. u. 5. Buch Mose formulierten] zehn Gesetze der christlichen Moral);* das erste, sechste G. (der Zehn Gebote); das elfte G. (ugs. scherzh. verhüll.; *das Gebot der Lebensklugheit:*

»Lass dich nicht erwischen!«). 2. *von einer höheren Instanz ausgehende Willenskundgebung in schriftlicher od. mündlicher Form, die den Charakter eines Befehls od. einer Anweisung hat:* ein G. [miss]achten, befolgen, übertreten; ein G. erlassen; etw. auf jmds. G. hin tun; G. für Fußgänger (Verkehrsw.; *durch Gebotszeichen ausgedrückte Vorschrift, dass ein bestimmter Weg o. Ä. nur von Fußgängern benutzt werden soll*); * **zu -e stehen** *(zur Verfügung stehen):* ihm steht das Wort, die Kunst der Rede zu G. wie kaum einem anderen. 3. *Erfordernis, Notwendigkeit:* Besonnenheit ist ein/das G. der Stunde; das ist ein G. der Vernunft. 4. (Kaufmannsspr.) *Preisangebot des Bieters bei Versteigerungen:* ein höheres G. machen, abgeben.

[1]**ge|bo|ten:** ↑bieten.

[2]**ge|bo|ten:** ↑gebieten.

Ge|bots|schild, das ⟨Pl. -er⟩ (Verkehrsw.): *Verkehrsschild mit einem Gebotszeichen.*

Ge|bots|zei|chen, das (Verkehrsw.): *Verkehrszeichen (weiß auf blauem Grund), das ein Gebot (2) anzeigt.*

Gebr. = Gebrüder.

Ge|brab|bel, das; -s (ugs. abwertend): *[dauerndes] Brabbeln.*

Ge|bräch, das; -[e]s, -e [zu ↑brechen]: 1. (Jägerspr.) *vom Schwarzwild mit dem Rüssel aufgewühlter Boden.* 2. (Bergmannsspr.) *Gestein, das leicht in Stücke zerfällt.*

Ge|brä|che, das; -s, - (Bergmannsspr.): *Gebräch* (2).

ge|bracht: ↑bringen.

ge|brand|markt: ↑brandmarken.

ge|brannt: ↑brennen.

ge|bra|ten: ↑braten.

Ge|bra|te|ne, das; -n ⟨Dekl. ↑[2]Junge, das⟩: *gebratene Speise.*

Ge|bräu, das; -[e]s, -e [zu ↑brauen] (meist abwertend): *[Zusammen]gebrautes.*

Ge|brauch, der; -[e]s, Gebräuche [mhd. gebrūch, zu ↑gebrauchen]: 1. ⟨o. Pl.⟩ *das Gebrauchen; Benutzung, Anwendung:* der zu häufige G. des Medikaments führt zu Gesundheitsschäden; der G. von Messer und Gabel; für den persönlichen, täglichen G.; vor G. gut schütteln! (Aufschrift auf Flaschen mit Arznei, Putzmitteln o. Ä.); der G. *(die Anwendung)* eines Mittels; dieser G. *(diese Verwendungsweise)* des Wortes ist neu; sparsam im G. *(Verbrauch)* sein; von etw. G. machen *(sich in einem akuten Fall einer Sache bedienen);* von seinem Recht, seiner Schusswaffe G. machen; machen Sie bitte von dieser Mitteilung keinen G. *(erzählen Sie es nicht weiter)!;* ein Medikament zum innerlichen, äußerlichen G. *(das einzunehmen, äußerlich anzuwenden ist);* außer G. kommen *(veralten, unüblich werden);* außer G. setzen (Papierdt.; *aufhören zu brauchen, zu benutzen*); in G. kommen *(üblich werden);* in G. nehmen *(zu gebrauchen beginnen);* in/im G. haben *(gebrauchen, benutzen);* ein Werkzeug schon lange im G. haben; in/im G. sein *(gebraucht, benutzt werden);* die neue Anlage ist bereits in G. 2. ⟨meist Pl.⟩ *Sitte, Brauch.*

ge|brau|chen ⟨sw. V.; hat⟩ [mhd. gebrūchen, ahd. gibrūhhan, verstärkend für ↑brauchen in der Bed. »verwenden«]: 1. *verwenden, benutzen:* Hammer und Zange g.; das kann ich gut/nicht g.; etw. ist [zu vielem] zu g.; jmd. ist zu nichts zu g. (ugs.; *jmd. ist zu nichts nütze*); jmd. ist zu allem zu g. (ugs.; *jmd. ist wegen seiner Anstelligkeit, vielseitigen Geschicklichkeit sehr nützlich*); seine Schusswaffe, Gewalt, den Verstand, eine List g. *(anwenden);* derbe Worte g. *(verwenden, äußern);* ein Arzneimittel [äußerlich] g. (bes. Med.; *nehmen, bei sich anwenden*); Tabletten g. (bes. Med.; *einnehmen*); ⟨2. Part.:⟩ ein gebrauchtes *(bereits benutztes)* Handtuch in die Wäsche geben; ein gebrauchter Wagen *(Gebrauchtwagen);* etw. gebraucht kaufen; ⟨subst.:⟩ wir nehmen Ihren Gebrauchten *(Gebrauchtwagen)* gern in Zahlung. 2. (ugs., bes. nordd.) *brauchen, benötigen:* ich könnte einen Mantel g.

ge|bräuch|lich ⟨Adj.⟩: *allgemein üblich:* ein -es Verfahren.

Ge|bräuch|lich|keit, die; -: *das Gebräuchlichsein.*

Ge|brauchs|an|lei|tung, die: *Gebrauchsanweisung.*

Ge|brauchs|an|ma|ßung, die (Rechtsspr.): *unbefugter Gebrauch fremden Eigentums.*

Ge|brauchs|an|wei|sung, die: *Anweisung, wie etwas zu gebrauchen ist.*

Ge|brauchs|ar|ti|kel, der: *(im Unterschied zum Luxusartikel) Artikel für Gebrauchszwecke, bes. Artikel des täglichen Bedarfs.*

ge|brauchs|fä|hig ⟨Adj.⟩: *für den Gebrauch geeignet; benutzbar.*

Ge|brauchs|fahr|zeug, das: *Fahrzeug für Gebrauchszwecke:* Rennwagen sind empfindlicher als -e.

ge|brauchs|fer|tig ⟨Adj.⟩: *fertig für den Gebrauch:* ein -es Erzeugnis.

Ge|brauchs|ge|gen|stand, der: *Gegenstand für Gebrauchszwecke, bes. für den täglichen Gebrauch.*

Ge|brauchs|gra|fik, die: *an bestimmte Gebrauchszwecke, bes. gewerbliche Zwecke gebundene Grafik* (z. B. Werbegrafik).

Ge|brauchs|gut, das ⟨meist Pl.⟩: *für den Gebrauch bestimmter Gegenstand.*

Ge|brauchs|li|te|ra|tur, die: *Literatur (unterschiedlichsten Charakters), deren Gebrauch an einen ganz bestimmten Zweck gebunden ist* (z. B. Schlager- u. Reklametexte).

Ge|brauchs|mu|sik, die [gepr. von dem dt. Musikforscher H. Besseler (1900–1969)]: *Musik, die für einen bestimmten Zweck od. für eine bestimmte Gruppe von Instrumentalisten od. Sängern bestimmt ist* (z. B. Film-, Tanzmusik, Schulmusik).

Ge|brauchs|mus|ter, das (Rechtsspr.): *patentähnlich geschützte Erfindung auf dem Gebiet der [zweckmäßigen] Gestaltung von Gegenständen des praktischen Gebrauchs.*

ge|brauchs|tüch|tig ⟨Adj.⟩ (bes. Werbespr.): *durch Gebrauch voll beanspruchbar, strapazierfähig:* ein -er Teppichboden, Anorak, Apparat.

Ge|brauchs|vor|schrift, die: *Vorschrift für den Gebrauch einer Sache.*

Ge|brauchs|wert, der: *Wert, den eine Sache hinsichtlich ihrer Brauchbarkeit, ihrer Eignung für bestimmte Funktionen u. Zwecke hat; Nutzwert.*

Ge|brauchs|zweck, der: 1. *Zweck, zu dem etw. gebraucht wird:* Gegenstände mit unterschiedlichem G. 2. ⟨Pl.⟩ *Zwecke des praktischen Gebrauchs, praktische Zwecke* (im Unterschied z. B. zum Selbstzweck, zu Zwecken der Repräsentation, der bloßen Dekoration, der künstlerischen Gestaltung, des Sports od. Spiels): etw. zu -en anschaffen.

ge|braucht: ↑gebrauchen.

Ge|braucht|wa|gen, der: *nicht fabrikneues, sondern bereits gebrauchtes Auto; Wagen aus zweiter Hand.*

Ge|braucht|wa|gen|han|del, der: *Handel mit Gebrauchtwagen.*

Ge|braucht|wa|gen|markt, der: 1. *Markt* (3 a) *für Gebrauchtwagen.* 2. *[von Händlern organisierte] Veranstaltung zum Verkauf von Gebrauchtwagen.*

Ge|braus, das; -es, **Ge|brau|se,** das; -s: *[anhaltendes] Brausen.*

Ge|brech, das; -[e]s, -e [zu ↑brechen]: 1. (Jägerspr.) *Rüssel des Schwarzwildes.* 2. (Bergmannsspr.) *Gebräch* (2).

Ge|bre|che, das; -s, - (Bergmannsspr.): *Gebräch* (2).

ge|bre|chen ⟨st. V.; hat⟩ [mhd. gebrechen = mangeln, fehlen; zerbrechen, ahd. gibrehhan = zerbrechen] (geh.): *fehlen, mangeln* ⟨unpers.:⟩ jmdm. gebricht es an Geld, Zeit, Ausdauer; ⟨veraltet auch pers.:⟩ dazu gebrach [ihm, seinen Bemühungen] der rechte Antrieb.

Ge|bre|chen, das; -s, - [mhd. gebreche(n)] (geh.): *dauernder [körperlicher, gesundheitlicher] Schaden:* ein schweres körperliches, geistiges G. haben; die G. des Alters.

ge|brech|lich ⟨Adj.⟩ [mhd. gebrechlich]: 1. *mit Gebrechen behaftet; hinfällig, altersschwach, schwächlich:* ein -er Greis. 2. *zart, zerbrechlich:* ein -es Pflänzchen.

Ge|brech|lich|keit, die; -: *das Gebrechlichsein.*

Ge|breit, das; -[e]s, -e, **Ge|brei|te,** das; -s, - [mhd., ahd. gebreite, zu ↑breiten] (veraltet): *Feld, Acker.*

Ge|bres|ten, das; -s, - [zu mhd. gebresten, ahd. gibrestan = Mangel haben] (schweiz., sonst veraltet): *Gebrechen.*

ge|bro|chen: 1. ↑brechen. 2. ⟨Adj.⟩ **a)** *nicht gerade weiter verlaufend, geknickt:* eine -e Linie; ein -er Lichtstrahl; **b)** (Musik) *(in Bezug auf die einzelnen Töne eines Akkords) kurz voneinander abgesetzt gespielt:* ein -er Dreiklang; **c)** *(bes. von Malfarben) durch Beimischung [einer anderen Buntfarbe] nicht mehr rein u. daher weniger leuchtkräftig:* -e Farben; **d)** (Sprachw.) *durch Brechung* (2) *entstanden:* -e Vokale; **e)** *tief getroffen u. völlig niedergedrückt, [endgültig] des Lebensmutes beraubt:* ein -er Mensch; **f)** *durch Befangenheit, Unsicherheit, Spannungen o. Ä. beeinträchtigt; gestört:* ein -es Verhältnis zu jmdm., etw. haben; **g)** *(vom Sprechen einer fremden Sprache) durchgehend mangelhaft, holperig u. mit vielen Fehlern:* sich in -em Deutsch unterhalten; g. Englisch sprechen.

Ge|bro|chen|heit, die; -: *das Gebrochensein* (e–g).

Ge|bröckel, das; -s: 1. *[dauerndes] Bröckeln.* 2. *Gebröckeltes.*

Ge|bro|del, das; -s: 1. *[dauerndes] Brodeln.* 2. *brodelnde Flüssigkeit, Masse o. Ä.*

Ge|brü|der ⟨Pl.⟩ [mhd. gebruoder, gebrüeder, ahd. gibruoder, Kollektivbildung zu ↑Bruder]: 1. (veraltet) *Gesamtheit der Brüder einer Familie.* 2. (Kaufmannsspr.) *Brüder, die ein Unternehmen gemeinsam leiten;* Abk.: Gebr.

Ge|brüll, das; -[e]s, **Ge|brül|le,** das; -s: 1. *[dauerndes] Brüllen* (2 c): R (ugs. scherzh.:) auf ihn mit Gebrüll! *(stürzen wir uns auf ihn!).* 2. *[dauerndes] Brüllen* (1, 2 a, 2 b, 2 d, 3).

Ge|brumm, das; -[e]s, **Ge|brum|me,** das; -s: *[dauerndes] Brummen.*

Ge|brum|mel, das; -s: *[dauerndes] Brummeln.*

ge|buch|tet ⟨Adj.⟩: *Buchten aufweisend:* eine -e Küste; Ü ein tief -er Resonanzkörper.

ge|bu|ckelt ⟨Adj.⟩: **a)** *mit kleinen Buckeln [versehen]:* ein -er Ring; **b)** *buckelartig gewölbt.*

ge|bü|gelt: ↑bügeln.

Ge|bühr, die; -, -en [mhd. gebür(e), ahd. giburi, eigtl. = was einem zukommt, zufällt, zu ↑gebühren]: 1. *für eine [öffentliche] Dienstleistung (an eine Behörde, ein Amt) zu bezahlender Betrag:* die G. für die Benutzung beträgt 20 Mark; eine G. erheben, bezahlen, entrichten; gegen G. etw. leihen. 2. * **nach G.** *(angemessen):* seine Arbeit wird nach G. bezahlt; **über G.** *(mehr als nötig, übertrieben).*

ge|büh|ren ⟨sw. V.; hat⟩ [mhd. gebürn, ahd. giburian = geschehen; zukommen] (geh.): 1. *als Recht zukommen; zustehen:* ihr, ihrer Leistung gebührt Anerkennung. 2. ⟨g. + sich⟩ *sich gehören* (5): sie verhält sich, wie es sich [für eine Aufsteigerin] gebührt.

Ge|büh|ren|an|zei|ge, die: *(bei Fernsprechapparaten) Anzeige* (3 b) *für die zu berechnenden Gebühreneinheiten.*

Ge|büh|ren|be|frei|ung, die: *Gebührenerlass.*

Ge|büh|ren|be|scheid, der: *amtliche Mitteilung über zu entrichtende Gebühren.*

ge|büh|rend ⟨Adj.⟩: *wie es jmdm. od. einer Sache gebührt* (1); *angemessen:* etw. in -er Weise würdigen; etw. g. loben.

ge|büh|ren|der|ma|ßen, ge|büh|ren|der|wei|se ⟨Adv.⟩: *wie es jmdm., einer Sache, sich gebührt:* jmdn., etw. g. durch eine Feier würdigen.

Ge|büh|ren|ein|heit, die (Fernspr. früher): *Geldbetrag als kleinste Einheit, in der Gesprächsgebühren (bes. im Selbstwählverkehr) berechnet werden.*

Ge|büh|ren|er|hö|hung, die: *Erhöhung der Gebühren für etw.*

Ge|büh|ren|er|lass, der: *Befreiung von Gebühren.*
Ge|büh|ren|er|mä|ßi|gung, die: *Ermäßigung der Gebühren für etw.*
Ge|büh|ren|er|stat|tung, die: *Erstattung von Gebühren.*
ge|büh|ren|frei ⟨Adj.⟩: *nicht mit Gebühren verbunden; kostenlos.*
Ge|büh|ren|frei|heit, die ⟨o. Pl.⟩: *Gebührenerlass.*
Ge|büh|ren|mar|ke, die: *Wertmarke, die auf ein Schriftstück o. Ä. geklebt wird als Beleg dafür, dass die mit der Aus-, Abfertigung verbundene Gebühr bezahlt ist.*
Ge|büh|ren|ord|nung, die: *amtliche Zusammenstellung, nach der in einem bestimmten Dienstleistungsbereich, Berufszweig o. Ä. die Gebühren zu berechnen sind.*
ge|büh|ren|pflich|tig ⟨Adj.⟩: *[für den Empfänger] mit der Pflicht zur Zahlung einer Gebühr verbunden:* sie erhielt von dem Polizisten eine -e Verwarnung; jmdn. g. verwarnen.
Ge|büh|ren|pla|ket|te, die: vgl. Gebührenmarke.
Ge|büh|ren|satz, der: *fester Betrag gemäß der Gebührenordnung.*
Ge|büh|ren|sen|kung, die: *Senkung der Gebühren für etw.*
Ge|büh|ren|stei|ge|rung, die: *Steigerung der Gebühren für etw.*
Ge|büh|ren|zäh|ler, der: vgl. Gebührenanzeiger.
ge|bühr|lich ⟨Adj.⟩ [mhd. gebürlich] (veraltend): *gebührend.*
Ge|bühr|nis, die; -, -se (veraltet): *Gebühr, Abgabe.*
Ge|bum|se, das; -s (ugs. abwertend): *[dauerndes] Bumsen.*
ge|bun|den: ↑binden.
-ge|bun|den: drückt in Bildungen mit Substantiven aus, dass die beschriebene Sache an jmdn. od. etw. gebunden ist, fest zu jmdm. od. etw. gehört: hersteller-, klassen-, standortgebunden.
Ge|bun|den|heit, die; -, -en: *das Gebundensein.*
Ge|burt, die; -, -en [mhd. geburt, ahd. giburt, zu ↑gebären]: **1. a)** *das Gebären; Entbindung:* eine leichte, schwere G.; die sanfte, natürliche, programmierte G.; die G. verlief ohne Komplikationen; die G. einleiten; einer G. beiwohnen; die Zahl der -en ist leicht angestiegen; das war eine schwere G. (ugs.; *ein schweres Stück Arbeit*); **b)** ⟨o. Pl.⟩ *das Geborenwerden, Zur-Welt-Kommen:* wir freuen uns über die G. unserer Tochter Ute; im 9. Jahrhundert vor/nach Christi G.; von G. [an] *(seit der Geburt);* **c)** *Geborenes, Geschöpf, Lebewesen:* Ü eine G. *(Ausgeburt)* der Fantasie. **2.** *Abstammung, Herkunft:* von niedriger, hoher G. sein; er ist von G. Schweizer.
Ge|bur|ten|be|schrän|kung, die: *Beschränkung der Geburtenzahl durch Geburtenkontrolle, -regelung.*
Ge|bur|ten|buch, das: *Personenstandsbuch zur Beurkundung der Geburten.*
Ge|bur|ten|ex|plo|si|on, die: *schnelles u. starkes Ansteigen der Geburtenziffer.*
ge|bur|ten|freu|dig ⟨Adj.⟩: *die Tendenz zu hoher Geburtenziffer aufweisend:* ein -er Jahrgang.
Ge|bur|ten|häu|fig|keit, die (Statistik): *Anzahl der lebend Geborenen bezogen auf eine bestimmte Zahl an Personen u. einen bestimmten Zeitraum.*
Ge|bur|ten|kon|trol|le, die ⟨o. Pl.⟩: *familien- und bevölkerungspolitische Maßnahmen (bes. die Empfängnisverhütung) zur Beschränkung der Geburtenzahl als Schutz vor einer Überbevölkerung.*
Ge|bur|ten|ra|te, die: vgl. Geburtenziffer.
Ge|bur|ten|re|ge|lung, Ge|bur|ten|reg|lung, die ⟨o. Pl.⟩: *Regelung, bes. Beschränkung der Empfängniszeiten u. Geburtenzahl durch entsprechende, von den Geschlechtspartnern angewandte Verhaltensweisen od. [Verhütungs]mittel.*
Ge|bur|ten|rück|gang, der: *Rückgang der Geburtenzahl.*
ge|bur|ten|schwach ⟨Adj.⟩: *eine niedrige Geburtenzahl aufweisend:* ein -er Jahrgang.
ge|bur|ten|stark ⟨Adj.⟩: *eine hohe Geburtenzahl aufweisend:* -e Jahrgänge.
Ge|bur|ten|sta|tis|tik, die: **1.** *Teilgebiet der Bevölkerungsstatistik, das sich mit Geburtenhäufigkeit, -ziffer o. Ä. beschäftigt.* **2.** *Statistik* (2) *über Geburtenhäufigkeit, -ziffer o. Ä.*
Ge|bur|ten|über|schuss, der: *das Überwiegen der Geburten gegenüber den Sterbefällen.*
Ge|bur|ten|zahl, die: *Anzahl der Geburten.*
Ge|bur|ten|zif|fer, die: *Zahl, die angibt, wie viele Geburten auf 1 000 Personen im Jahr kommen.*
Ge|bur|ten|zu|wachs, der: *Anstieg der Geburtenzahl.*
ge|bür|tig ⟨Adj.⟩ [mhd. gebürtich, ahd. gibūrtīg]: *geboren in, der Geburt nach stammend aus:* sie ist -e Schweizerin; aus Berlin, aus Ungarn g. sein.
ge|burt|lich ⟨Adj.⟩ (Med.): *mit der Geburt zusammenhängend:* -e Hirnschädigungen.
Ge|burts|adel, der: *Erbadel.*
Ge|burts|an|zei|ge, die: **1.** *(von den Eltern versandte od. aufgegebene) Anzeige, durch die die Geburt eines Kindes bekannt gemacht wird.* **2.** *Anzeige einer Geburt beim Standesamt.*
Ge|burts|da|tum, das: *Datum der Geburt* (1 b).
Ge|burts|feh|ler, der: *angeborener körperlicher Fehler:* Ü ein G. unserer Demokratie *(ein ihr seit Bestehen anhaftender Fehler).*
Ge|burts|ge|wicht, das: *Gewicht, das ein Kind od. Tier bei der Geburt hat.*
Ge|burts|haus, das: **1.** *Wohnhaus, in dem jmd. [der bekannt, berühmt ist] geboren worden ist:* Beethovens G. **2.** *klinikähnliche Einrichtung, in der Entbindungen vorgenommen werden:* in einem G. entbinden.
Ge|burts|hel|fer, der: *jmd. (bes. der Arzt), der [beruflich] Geburtshilfe leistet.*
Ge|burts|hel|fe|rin, die: *weibliche Person (z. B. Ärztin, Hebamme), die [beruflich] Geburtshilfe leistet.*
Ge|burts|hil|fe, die ⟨o. Pl.⟩: **1.** *fachkundige Hilfe bei der Geburt:* G. leisten. **2.** *Lehre von der fachkundigen Hilfe bei der Geburt.*
Ge|burts|jahr, das: vgl. Geburtsdatum.
Ge|burts|la|ge, die (Med.): *Lage des Kindes in der Gebärmutter vor u. während der Entbindung.*
Ge|burts|land, das ⟨Pl. ...länder⟩: *Land, in dem jmd. geboren worden ist.*
Ge|burts|mal, das ⟨Pl. -e⟩: *Muttermal.*
Ge|burts|na|me, der: *Familienname, unter dem jmd. geboren worden ist.*
Ge|burts|ort, der ⟨Pl. -e⟩: vgl. Geburtsland.
Ge|burts|schein, der: *Geburtsurkunde.*
Ge|burts|stadt, die: vgl. Geburtsland.
Ge|burts|stun|de, die: *Stunde der Geburt:* Ü die G. der Demokratie.
Ge|burts|tag, der [mhd. geburttac, ahd. giburt(i)tag(o), LÜ von lat. dies natalis]: **1.** *Jahrestag der Geburt* (1 b): ein runder G. *(Geburtstag, an dem jmd. 30, 40 od. 50 Jahre usw. alt wird);* G. haben; [seinen 50.] G. feiern; jmdm. zum G. gratulieren; sich etw. zum G. wünschen; herzliche Glückwünsche zum G.!; Ü der 80. G. unseres Staates. **2.** (Amtsspr.) *Geburtsdatum:* Ihr G.? – 17. 4. 23.
Ge|burts|tags|fei|er, die: *Feier des Geburtstages* (1).
Ge|burts|tags|fest, das: *Fest aus Anlass des Geburtstages.*
Ge|burts|tags|ge|schenk, das: *Geschenk zum Geburtstag* (1).
Ge|burts|tags|kar|te, die: *auf der Vorderseite oft mit einem Bild* (1 a) *u. mit Text versehene Karte* (2), *mit der jmd. seine Glückwünsche zu jmds. Geburtstag übermittelt.*
Ge|burts|tags|kind, das (scherzh.): *jmd., der Geburtstag hat.*
Ge|burts|tags|ku|chen, der: *jmdm. zum Geburtstag gebackener Kuchen [der mit einer den Lebensjahren entsprechenden Anzahl von Kerzen besteckt ist].*
Ge|burts|tags|tisch, der: **1.** *Tisch für Geburtstagsgeschenke.* **2.** *für die Geburtstagsfeier festlich gedeckter Tisch.*
Ge|burts|tags|tor|te, die: vgl. Geburtstagskuchen.
Ge|burts|ur|kun|de, die: *[standes]amtliche Urkunde über jmds. Geburt (Ort u. Tag) sowie Abstammung.*
Ge|burts|vor|gang, der: *Vorgang der Geburt.*
Ge|burts|we|hen ⟨Pl.⟩: *Wehen:* Ü die G. der Demokratie *(mit der Entstehung verbundene Schwierigkeiten, Bedrängnisse, Krisen).*
Ge|burts|zan|ge, die: *zur Geburtshilfe in schwierigen Fällen verwendetes zangenförmiges Instrument, mit dem der Kopf des Kindes festgehalten u. aus dem Mutterleib herausgezogen wird.*
Ge|büsch, das; -[e]s, -e [mhd. gebüsche, Kollektivbildung zu ↑Busch]: *viele dicht zusammenstehende Büsche; Buschwerk:* ein ausgedehntes, dichtes G.; sich im G. verstecken; im G. verschwinden; eingerahmt von G.
geck: ↑jeck.
Geck, der; -en, -en [mniederd. geck = geistig Behinderter, urspr. lautm. für das unverständlich Gesprochene eines solchen Menschen]: **1.** (abwertend) *männliche Person, die als eitel, sich übertrieben modisch kleidend angesehen wird:* ein eitler G. **2.** (landsch.) *Narr* (1).
ge|cken|haft ⟨Adj.⟩ (abwertend): *wie ein Geck* (1) *geartet.*
Ge|cken|haf|tig|keit, die; - (abwertend): *geckenhaftes Wesen, Benehmen.*
Ge|cko, der; -s, -s u. ...onen [niederl. gekko od. engl. gecko, gekko < malai. gekok, lautm., nach seinen durchdringenden Kehllauten]: *(in Tropen u. Subtropen heimisches) zu den Echsen gehörendes Kriechtier von unterschiedlicher Gestalt u. Größe, mit großen Augen u. mit Haftorganen an den Zehen.*
ge|dacht: 1. a) ↑denken; **b)** ↑gedenken. **2.** * **g. sein** *(bestimmt, geplant sein):* etw. ist für jmdn., etw. g.; das ist nur als Notlösung g.; so war es nicht g.!
Ge|dächt|nis, das; -ses, -se [mhd. gedæhtnisse, ahd. kithēhtnissi = das Denken an etw.]: **1.** *Fähigkeit, Sinneswahrnehmungen od. psychische Vorgänge (im Gehirn) zu speichern, sodass sie bei geeigneter Gelegenheit ins Bewusstsein treten können; Vermögen, Bewusstseinsinhalte aufzubewahren, zu behalten, zu speichern u. sich ins Bewusstsein zurückzurufen, sie wieder zu beleben; Erinnerung[svermögen]:* ihr G. reicht weit zurück; mein G. lässt nach, lässt mich oft im Stich; wenn mich mein G. nicht täuscht, war es so; ein gutes, schlechtes G. [für Zahlen] haben; das G. verlieren; sein G. nicht mit etw. belasten; sein G. auffrischen; etw. dem G. [fest] einprägen; er hat ein kurzes G. (ugs.; *vergisst schnell*); ihr Name ist meinem G. entfallen *(ich habe ihren Namen vergessen);* jmds. G. nachhelfen (1. *jmdn. erinnern, indem man ihm Anhaltspunkte gibt.* 2. iron.; *jmdn., der sich an bestimmte Tatsachen nicht erinnern will bzw. angeblich nicht erinnert, auf diese Tatsachen hinweisen*); aus dem G. *(ohne Vorlage, auswendig)* zitieren; etw. im G. behalten, bewahren *(nicht vergessen);* jmdm., sich etw. ins G. zurückrufen *(jmdn., sich an etw. erinnern);* * **ein G. wie ein Sieb haben** (ugs.; *sehr vergesslich sein*); **2.** *[ehrendes] Andenken, Gedenken:* dem Verstorbenen ein ehrenvolles G. bewahren; zum G. der Opfer; zum G. an die Katastrophe ein Denkmal errichten. **3.** (schweiz.) *(in der katholischen Kirche) Gedächtnisgottesdienst; Gedächtnismesse.*
Ge|dächt|nis|aus|stel|lung, die: *Gedenkausstellung.*
Ge|dächt|nis|fei|er, die: *Gedenkfeier.*
Ge|dächt|nis|got|tes|dienst, der: *Gottesdienst zum Andenken bes. an einen Toten.*
Ge|dächt|nis|hil|fe, die: *Hinweis, Anhaltspunkt zur Unterstützung des Gedächtnisses.*
Ge|dächt|nis|in|halt, der: *Gesamtheit der Sinneswahrnehmungen od. psychischen Vorgänge, die im Gedächtnis gespeichert sind.*
Ge|dächt|nis|kunst, die: *Kunst, bes. durch systematische Anwendung von Gedächtnishilfen*

überdurchschnittliche od. artistische Gedächtnisleistungen zu erreichen.

Ge|dạ̈cht|nis|leis|tung, die: *Leistung des Gedächtnisses.*

Ge|dạ̈cht|nis|lü|cke, die: *fehlende Erinnerung an einen Vorgang.*

Ge|dạ̈cht|nis|mes|se, die: vgl. Gedächtnisgottesdienst.

Ge|dạ̈cht|nis|pro|to|koll, das: *aus dem Gedächtnis angefertigtes Protokoll.*

ge|dạ̈cht|nis|schwach ⟨Adj.⟩: *mit schwachem Gedächtnis ausgestattet.*

Ge|dạ̈cht|nis|schwä|che, die ⟨o. Pl.⟩ (bes. Med., Psych.): *Leistungsminderung des Gedächtnisses.*

Ge|dạ̈cht|nis|schwund, der: *Schwund* (1 a) *des Gedächtnisses.*

Ge|dạ̈cht|nis|stö|rung, die (bes. Med., Psych.): *vorübergehendes Nachlassen od. Aussetzen des Gedächtnisses.*

Ge|dạ̈cht|nis|stüt|ze, die: vgl. Gedächtnishilfe.

Ge|dạ̈cht|nis|trai|ning, das: *Training des Gedächtnisses.*

Ge|dạ̈cht|nis|ver|lust, der ⟨o. Pl.⟩ (bes. Med., Psych.): *Verlust älterer Gedächtnisinhalte.*

ge|dạckt ⟨Adj.⟩ [mhd. gedact, 2. Part. von: decken, ↑decken] (Musik): *(von Orgelpfeifen) oben verschlossen u. eine Oktave od. eine Quinte tiefer klingend als eine gleich lange offene Pfeife.*

Ge|dạ̈mpft|heit, die; -: *das Gedämpftsein.*

Ge|dạn|ke, der; -ns, -n [mhd. gedanc, ahd. gidanc, zu ↑denken]: **1. a)** *etw., was gedacht wird, gedacht worden ist; Überlegung:* gute, vernünftige Gedanken; dieser Gedanke liegt mir fern, verfolgt mich, tröstet mich; ein Gedanke ging mir durch den Kopf; mir drängt sich der Gedanke auf, dass das nicht stimmt; einen Gedanken fassen, aufgreifen, fallen lassen, in Worte kleiden, zu Ende denken, nicht mehr loswerden; Gedanken an jmdn., etw. verschwenden; auf einen Gedanken kommen, verfallen; es ist mir ein schrecklicher Gedanke *(eine schreckliche Vorstellung)*, dass du verärgert bist; seine Gedanken sammeln *(sich konzentrieren)*; seinen Gedanken nachhängen, sich seinen Gedanken überlassen *([nach]sinnen)*; sich an einen Gedanken klammern *(ängstlich, krampfhaft daran festhalten u. Hoffnung damit verbinden)*; jmdn. auf andere Gedanken bringen *(ablenken)*; [ganz] in Gedanken verloren, versunken sein; ich war [ganz] in Gedanken *(war gedankenverloren, zerstreut, habe nicht aufgepasst)*; das habe ich in Gedanken *(ohne es zu wollen, zu wissen)* getan; mit seinen Gedanken woanders, nicht bei der Sache sein *(gedankenverloren, unaufmerksam sein)*; R Gedanken sind [zoll]frei *(was man denkt, kann einem keiner vorschreiben)*; der erste Gedanke ist nicht immer der beste; *** [jmds.] Gedanken lesen [können]** *([jmds.] Gedanken erraten [können])*; **sich ⟨Dativ⟩ Gedanken [über jmdn., etw./wegen jmds., etw.] machen** *(sich [um jmdn., etw.] sorgen)*; **sich ⟨Dativ⟩ über etw. Gedanken machen** *(über etw. länger nachdenken)*; **b)** ⟨o. Pl.⟩ *das Denken an etw.:* bei dem Gedanken [daran] wurde ihr unheimlich zumute; der bloße Gedanke [daran] macht ihn wütend; *** kein Gedanke [daran]!** (ugs.; *keinesfalls, unmöglich, das kommt nicht infrage!*). **2.** ⟨Pl.⟩ *Meinung, Ansicht:* über etw. seine eigenen Gedanken haben; sie tauschten ihre Gedanken [über das Buch] aus. **3.** *Einfall; Plan, Absicht:* ein verwegener, großartiger Gedanke; da kam ihr ein rettender Gedanke; das bringt mich auf einen Gedanken; einen Gedanken in die Tat umsetzen; auf dumme Gedanken kommen (ugs.; *etw. tun, was nicht richtig, was unklug ist*). **4.** *Begriff, Idee:* der [tragende] Gedanke eines vereinten Europas; der Gedanke der Freiheit. **5.** *** [um] einen Gedanken** (landsch.; *ein wenig*): der Mantel könnte [um] einen Gedanken länger sein.

Ge|dạn|ken|akro|ba|tik, die (iron.): *übermäßig komplizierte Abfolge von Gedanken.*

Ge|dạn|ken|ar|beit, die ⟨o. Pl.⟩: *gedankliches Erarbeiten, Durchdringen; Denkarbeit.*

ge|dạn|ken|arm ⟨Adj.⟩: *arm an eigenen, schöpferischen Gedanken* (1 a).

Ge|dạn|ken|ar|mut, die: *Mangel an eigenen Gedanken* (1 a), *Ideen.*

Ge|dạn|ken|aus|tausch, der: *Austausch von Gedanken* (1 a), *bes. im Gespräch od. Briefwechsel:* ein reger G. unter, zwischen den Kollegen; den G. mit Kollegen pflegen.

Ge|dạn|ken|blitz, der (ugs. scherzh.): *plötzlicher Einfall:* einen G. haben.

Ge|dạn|ken|ex|pe|ri|ment, das: *nur in Gedanken* (1 a) *durchgeführtes [u. durchführbares] Experiment, das etw. zeigen, beweisen soll.*

Ge|dạn|ken|flug, der: *hochfliegende [geistreiche u. fantasievolle] Gedankenführung od. entsprechender Gedankengang:* jmds. hohem G., jmds. Gedankenflügen nicht folgen können.

Ge|dạn|ken|fluss, der ⟨o. Pl.⟩: *gedanklicher Fluss; zusammenhängende Folge von Gedanken* (1 a).

Ge|dạn|ken|fol|ge, die ⟨o. Pl.⟩: *[Aufeinander]folge der Gedanken* (1 a).

Ge|dạn|ken|frei|heit, die ⟨o. Pl.⟩: *Freiheit, bes. in weltanschaulicher od. politischer Hinsicht zu denken, was man will, u. seine Meinung frei zu äußern.*

Ge|dạn|ken|füh|rung, die: *[systematische] Entwicklung von Gedanken* (1 a) *zum Zweck der Darlegung bestimmter [umfassender] Zusammenhänge.*

Ge|dạn|ken|fül|le, die ⟨o. Pl.⟩: *Fülle von Gedanken* (1 a); *gedanklicher Reichtum.*

Ge|dạn|ken|gang, der: *Abfolge von Gedanken* (1 a), *die zu einem bestimmten Resultat führt:* ein logischer, vernünftiger G.; einem G. folgen [können].

Ge|dạn|ken|ge|bäu|de, das: *in sich geschlossenes Gesamtergebnis des Denkens [eines Vertreters einer bestimmten Lehre, Weltanschauung]:* das G. der hegelschen Philosophie; das ganze G. brach zusammen.

Ge|dạn|ken|gut, das ⟨o. Pl.⟩: *Gesamtheit vorhandener Gedanken* (1 a) *[bes. einer Weltanschauung od. Kultur]:* christliches G.

Ge|dạn|ken|ket|te, die: *Folge von miteinander zusammenhängenden, auseinander sich ergebenden Gedanken.*

ge|dạn|ken|leer ⟨Adj.⟩: **1.** *gedankenarm.* **2.** *ohne Gedanken* (1 a): ein -er Blick.

Ge|dạn|ken|lee|re, die: *Gedankenarmut.*

Ge|dạn|ken|le|sen, das; -s: **1.** *Erraten fremder Gedanken* (1 a). **2.** (selten) *Telepathie.*

ge|dạn|ken|los ⟨Adj.⟩: **1.** *unüberlegt, ohne darüber nachzudenken:* etw. g. sagen; eine g. übernommene These. **2.** *zerstreut, unaufmerksam, geistesabwesend:* g. vor sich hin starren.

Ge|dạn|ken|lo|sig|keit, die; -, -en: **1. a)** ⟨o. Pl.⟩ *Unüberlegtheit:* etw. aus G. sagen; **b)** *unüberlegte Handlung, Äußerung.* **2. a)** ⟨o. Pl.⟩ *Zerstreutheit, Unaufmerksamkeit, Geistesabwesenheit;* **b)** *zerstreute, unaufmerksame Handlung o. Ä.*

ge|dạn|ken|reich ⟨Adj.⟩: *reich an eigenen, schöpferischen Gedanken* (1 a).

Ge|dạn|ken|reich|tum, der ⟨o. Pl.⟩: *der Reichtum an eigenen Gedanken* (1 a), *Ideen.*

Ge|dạn|ken|rich|tung, die: *[an einem bestimmten Ziel ausgerichtete] Denkweise, der eine bestimmte [weltanschauliche] Überzeugung, Richtung o. Ä. zugrunde liegt:* eine überholte G. in der Wissenschaft vertreten; einer [bestimmten] G. folgen.

Ge|dạn|ken|schär|fe, die: *Schärfe* (6) *der Gedanken, des Denkens.*

ge|dạn|ken|schnell ⟨Adj.⟩: *schnell wie ein Denkvorgang:* sie antwortete g.

Ge|dạn|ken|schnel|le, die: *Schnelligkeit des Denkvorgangs:* in, mit G.

Ge|dạn|ken|schritt, der: *Teil, [Zwischen]stufe eines Gedankengangs.*

ge|dạn|ken|schwer ⟨Adj.⟩ (geh.): **a)** *den Kopf voll von [wichtigen] Gedanken* (1 a) *habend;* **b)** *sorgenvoll, bedrückt.*

Ge|dạn|ken|spiel, das: *spielerische u. unverbindliche od. experimentelle Herstellung gedanklicher Zusammenhänge.*

Ge|dạn|ken|split|ter, der: *Aphorismus.*

Ge|dạn|ken|sprung, der: *völlig unvermittelte Aufnahme eines neuen Gedankens* (1 a), *der nicht im [direkten] Zusammenhang des gerade ausgeführten Gedankengangs steht:* ein kühner, unmotivierter G.; einen G. nicht nachvollziehen können.

Ge|dạn|ken|strich, der: *Satzzeichen in Form eines waagrechten Strichs, das zur Kennzeichnung einer Pause, zur Abgrenzung eines eingeschobenen Satzes od. Satzteiles dient od. für ein bewusst ausgelassenes Wort steht.*

Ge|dạn|ken|tie|fe, die ⟨o. Pl.⟩: *gedankliche Tiefe* (3).

Ge|dạn|ken|über|tra|gung, die: *Telepathie.*

Ge|dạn|ken|ver|bin|dung, die: **1.** *zwischen verschiedenen Gedanken* (1 a), *Sachverhalten o. Ä. (z. B. durch Beziehungsbegriffe, Zwischenglieder) hergestellte bzw. herstellbare gedankliche Verbindung, gedanklicher Zusammenhang:* etw. mit etw. in eine G. bringen. **2.** *Verbindung von Gedanken durch [inhaltlich] motivierte Aneinanderreihung.*

ge|dạn|ken|ver|lo|ren ⟨Adj.⟩: *in Gedanken* (1 a), *Nachdenken versunken, vertieft; geistesabwesend:* mit -em Gesichtsausdruck; g. vor sich hin starren.

ge|dạn|ken|ver|sun|ken ⟨Adj.⟩: *gedankenverloren.*

ge|dạn|ken|voll ⟨Adj.⟩: *nachdenklich:* g. dasitzen.

Ge|dạn|ken|welt, die: *Gesamtheit der bes. für einen Menschen, eine Weltanschauung, für eine Kultur wichtigen bzw. charakteristischen Gedanken* (1 a), *Vorstellungen, Ideen:* die christliche G.; in der G. der Antike, der alten Griechen zu Hause sein.

Ge|dạn|ken|zu|sam|men|hang, der: *gedanklicher Zusammenhang, Gedankenverbindung* (1).

ge|dạnk|lich ⟨Adj.⟩: *das Denken betreffend, auf das Denken bezogen; auf bestimmten Gedanken beruhend:* -e Anstrengung, Tiefe, Ablenkung; der -e Aufbau eines Buches; in keinem -en Zusammenhang stehen; etw. g. *(denkend)* durchdringen.

Ge|dạ̈rm, das; -[e]s, -e, (selten:) **Ge|dạ̈r|me,** das; -s, - [mhd. gederme, ahd. gidermi, Kollektivbildung zu ↑Darm]: *Eingeweide (bes. die Därme):* ein Rumoren im Gedärm, in den Gedärmen spüren.

Ge|dẹck, das; -[e]s, -e [nach frz. couvert = Tischzeug (mhd. gedeck, ahd. gideki = Decke, Bedeckung), zu ↑decken]: **1.** *Gesamtheit aller für eine Person auf einen Tisch in bestimmter Anordnung hingelegten Gegenstände zur Benutzung bei einer Mahlzeit (Geschirr 1 a, Essbesteck u. Serviette):* drei -e auflegen. **2. a)** *(bes. im Restaurant zu einem bestimmten Gesamtpreis) als Mahlzeit angebotene feste Zusammenstellung bzw. Folge von Speisen [u. Getränken]:* ein G. bestellen; ich nehme G. zwei; **b)** *(in einer Bar, einem Nachtlokal o. Ä.) (als Mindestverzehr) serviertes Getränk od. Zusammenstellung von Getränken;* **c)** (berlin.) *Gedeck* (2 b) *aus einem Glas Bier u. einem Glas Korn.*

ge|dẹckt ⟨Adj.⟩: **1.** *(von Farben) gedämpft, matt:* -e Farben, Grautöne. **2.** (Musik) *gedackt.*

Ge|deih: in der Wendung **auf G. und Verderb** *(bedingungslos, was auch Gutes od. Schlimmes geschehen mag):* auf G. und Verderb zusammenhalten.

ge|dei|hen ⟨st. V.; ist⟩ [mhd. gedihen, ahd. gedīhan, zu mhd. dīhen, ahd. dīhan = gedeihen, eigtl. = dicht, fest werden, verw. mit ↑dicht]: **a)** *im pflanzlichen, körperlichen od. geistigen Wachstum [erfreulich] gut vorankommen:* diese Pflanze gedeiht nur bei viel Sonne; sein Kind gedieh prächtig; **b)** *in einem bestimmten Entwicklungsprozess fortschreiten:* sein neues Werk gedeiht; die Verhandlungen sind/wir sind mit den Verhandlungen schon weit gediehen; ⟨subst.:⟩ jmdm., einer Angelegenheit gutes Gedeihen *(alles Gute, viel Erfolg)* wünschen.

G

ge|deih|lich ⟨Adj.⟩ (geh.): *nützlich, fruchtbar:* eine -e Wirkung, Entwicklung.
Ge|deih|lich|keit, die; -: *gedeihliche Beschaffenheit.*
Ge|denk|aus|ga|be, die (Philat.): vgl. Gedenkmarke.
Ge|denk|aus|stel|lung, die: *Ausstellung zum Gedenken an eine verstorbene Persönlichkeit od. ein historisches Ereignis.*
ge|den|ken ⟨unr. V.; hat⟩ [mhd. gedenken, ahd. gadenchan = an etw. denken, zu ↑denken]: **1.** (geh.) **a)** *an jmdn., etw. ehrend, anerkennend zurückdenken, erinnern u. dies äußern:* jmds., eines Toten [dankbar] g.; der Opfer in einer Feier g. *(sie in einer Feier ehren);* (schweiz.:) jmdm. g.; **b)** *an jmdn., etw. in einer bestimmten Situation denken, sich an dessen Existenz erinnern:* er gedachte des Freundes. **2.** *beabsichtigen, vorhaben:* ich gedenke morgen abzureisen; was gedenkst du zu tun?
Ge|den|ken, das; -s: *das Gedenken* (1); *Andenken* (1): jmdm. ein ehrendes G. bewahren; Worte des -s; zum G. an Dr. Meier/Dr. Meier zum G.
Ge|denk|fei|er, die: vgl. Gedenkausstellung.
Ge|denk|mar|ke, die (Philat.): *zum Gedenken an eine bedeutende Persönlichkeit od. ein historisches Ereignis herausgegebene Briefmarke.*
Ge|denk|mi|nu|te, die: *Schweigeminute als Ausdruck des Gedenkens.*
Ge|denk|mün|ze, die: vgl. Gedenkmarke.
Ge|denk|re|de, die: *Rede zum Gedenken an jmdn., etw.*
Ge|denk|stät|te, die: *zum Gedenken an jmdn., etw. eingerichtete, angelegte Stätte:* G. für die Opfer des Faschismus.
Ge|denk|stein, der: *Steinblock mit Gedenktafel od. Inschrift zum Gedenken an jmdn., etw.*
Ge|denk|stun|de, die: *Feierstunde zum Gedenken an jmdn., etw.*
Ge|denk|ta|fel, die: *zum Gedenken an jmdn., etw. angebrachte Tafel mit Inschrift.*
Ge|denk|tag, der: *Jahrestag zum Gedenken an jmdn., etw.*
ge|deucht: ↑dünken.
Ge|dicht, das; -[e]s, -e [mhd. getiht(e), zu ↑[2]dichten]: *[lyrische] Dichtung in einer bestimmten [metrischen] Form mit besonderem Rhythmus [u. Reim]:* ein lyrisches, episches, dramatisches G.; ein G. [auswendig] lernen, aufsagen, verfassen, vorlesen; R [und] noch ein G.! (salopp scherzh.; *noch etw. von derselben Sorte!;* zurückgehend auf den dt. Komiker Heinz Erhardt, 1909–1979, der seine heiteren Verse oft mit diesen Worten ankündigte); * **ein G. sein** (emotional; *ganz herrlich sein; außergewöhnlich gut, schön sein*).
Ge|dicht|form, die: *Form eines Gedichtes:* der Antwortbrief war in G. verfasst.
Ge|dicht|in|ter|pre|ta|ti|on, die: *Interpretation eines Gedichtes, von Gedichten.*
Ge|dicht|samm|lung, die: *(nach bestimmten Gesichtspunkten gegliederte) Sammlung von [ausgewählten] Gedichten eines od. verschiedener Verfasser.*
ge|die|gen ⟨Adj.⟩ [mhd. gedigen = reif; gehaltvoll; tüchtig; urspr. 2. Part. von ↑gedeihen]: **1.** *ohne Beimischungen, rein, massiv:* -es Gold. **2. a)** *sorgfältig gearbeitet, von solider Qualität:* -er Hausrat; die Verarbeitung ist sehr g.; die Wohnung ist g. *(mit Geschmack u. in der Qualität solide)* eingerichtet; **b)** *ordentlich, gut, gründlich, solide:* -e Kenntnisse haben; er ist ein -er *(solider u. zuverlässiger)* Charakter. **3.** (ugs.) **a)** *komisch, lustig:* sein Bruder ist eine -e Marke!; das ist g.!; **b)** *wunderlich, merkwürdig, seltsam, eigenartig:* du bist aber g.!
Ge|die|gen|heit, die; -: *das Gediegensein.*
ge|dieh, ge|die|hen: ↑gedeihen.
ge|dient ⟨Adj.⟩: *Pflicht- od. Berufswehrdienst geleistet habend:* ein -er Soldat.
Ge|din|ge, das; -s, - [mhd. gedinge, ahd. gidingi = Vertrag, zu: dingōn, ↑dingen] (Bergmannsspr.): *zwischen Betriebsleitung u. Untertagearbeitern ausgehandelter Akkordlohn:* im G. arbeiten.
Ge|din|ge|ar|bei|ter, der: *jmd., der im Gedinge arbeitet.*
Ge|din|ge|ar|bei|te|rin, die: w. Form zu ↑Gedingearbeiter.
Ge|don|ner, das; -s: *[dauerndes] Donnern.*
Ge|döns, das; -es [mhd. gedense = das Hin- und Herziehen, das Gezerre, zu: dinsen, ↑gedunsen] (landsch.): **a)** *Getue, Aufheben:* mach nicht solch ein, so viel G. [darum]!; **b)** *für den alltäglichen Gebrauch nicht unbedingt notwendige u. deshalb als überflüssig erachtete Gegenstände:* lauter G. kaufen.
ge|dop|pelt ⟨Adj.⟩ (veraltet): *[ver]doppelt.*
Ge|drän|ge, das; -s, - [mhd. gedrenge, ahd. gidrengi, zu mhd. drangen, ahd. drangōn, ↑Drang]: **1.** ⟨o. Pl.⟩ *das Drängen* (1, 2). **2.** ⟨o. Pl.⟩ *drängende Menschenmenge:* sich ins G. begeben; im G. verschwinden; sich einen Weg durch das G. bahnen; (Sport:) das Tor fiel aus einem G. im Strafraum; * **[mit etw.] ins G. kommen/geraten** (*[mit etw.] in [zeitliche] Schwierigkeiten, in Bedrängnis kommen;* urspr. vom Gedränge im Kampf). 3. (Rugby) *Fortführung des Spiels (nach bestimmten Spielunterbrechungen), zu der die Stürmer beider Mannschaften einander gegenüber Aufstellung nehmen, sich nach vorn gebeugt umfassen u. mit den Schultern den Gegner wegzudrängen versuchen, wobei in den von den Körpern u. Beinen gebildeten Tunnel von einer Seite der Ball eingeworfen wird:* ein G. bilden.
Ge|drän|gel, das; -s (ugs.): *das Drängeln* (1).
ge|drängt ⟨Adj.⟩: *knapp, gerafft:* eine -e Übersicht; ein -er Satz; g. schreiben.
Ge|drängt|heit, die; -: *das Gedrängtsein.*
Ge|dröhn, das; -[e]s, (ugs.:) **Ge|dröh|ne,** das; -s: *[dauerndes] Dröhnen.*
ge|dro|schen: ↑dreschen.
ge|drückt ⟨Adj.⟩: *niedergeschlagen, bedrückt:* in -er Stimmung sein.
Ge|drückt|heit, die; -: *Bedrücktheit, Niedergeschlagenheit.*
ge|drun|gen [2: adj. 2. Part. von veraltet dringen = stoßen, drängen]: **1.** ↑dringen. **2.** ⟨Adj.⟩ *(in Bezug auf den Wuchs, die äußere Form) mittelgroß od. klein u. dabei breit:* er ist von kleiner, -er Gestalt.
Ge|drun|gen|heit, die; -: *das Gedrungensein; gedrungene Gestalt.*
Ge|du|del, das; -s (ugs. abwertend): *[dauerndes] Dudeln.*
Ge|duld, die; - [mhd. (ge)dult, ahd. (gi)dult, eigtl. = das Dulden, zu mhd. doln, ahd. dolēn = tragen, dulden, verw. mit lat. tolerare, ↑tolerieren]: *Ausdauer im ruhigen, beherrschten, nachsichtigen Ertragen od. Abwarten von etw.:* große, engelhafte G.; jmds. G. ist am Ende, ist erschöpft; jmdm. geht die G. aus; ihr müsst [ein wenig] G. mit ihm haben; jmds. G. auf eine harte Probe stellen; die G. verlieren; keine G. [zu etw.] haben; etw. mit/in G. [er]tragen; jmdn. um [ein wenig] G. bitten *(jmdn. bitten, noch eine gewisse Zeit mit Geduld zu warten);* jmdn. um die G. bringen; [nur] G.!; * **jmdm. reißt die G.** *(jmd. verliert die Geduld u. wird ärgerlich);* **sich in G. fassen** *(mit Geduld abwarten).*
ge|dul|den, sich ⟨sw. V.; hat⟩ [mhd. gedulden, ahd. gidulten, zu ↑dulden]: *mit Geduld [ab]warten; Geduld haben:* gedulde dich [noch]!; sich noch ein bisschen, einen Augenblick, einen Tag g. [müssen].
Ge|duld|fa|den: ↑Geduldsfaden.
ge|dul|dig ⟨Adj.⟩ [mhd. gedultec, ahd. gidultig]: *Geduld zeigend, habend:* ein -er Zuhörer; etw. g. [er]tragen; etw. g. über sich ergehen lassen.
Ge|dulds|fa|den, (schweiz.:) Geduldfaden, der: in der Wendung **jmdm. reißt der G.** (ugs.; *jmd. verliert die Geduld*).
Ge|duld|spiel: ↑Geduldsspiel.
Ge|dulds|pro|be, die: *hohe Anforderung an jmds. Geduld:* das lange Warten ist eine große G. für sie; etw. stellt jmdn. auf eine harte G.
Ge|dulds|spiel, Geduldspiel, das: *Spiel, meist für einen Einzelnen, das besondere Konzentration u. Geschicklichkeit verlangt.*
ge|dun|gen: ↑dingen.
ge|dun|sen ⟨Adj.⟩ [2. Part. von mhd. dinsen, ahd. dinsan (refl.) = sich ausdehnen, sich mit etw. anfüllen]: *aufgedunsen.*
Ge|dun|sen|heit, die; -: *das Gedunsensein.*
Ge|düns|te|te, das; -n ⟨Dekl. ↑[2]Junge, das⟩ (österr.): *gedünstetes Fleisch, Gemüse.*
ge|durft: ↑dürfen.
ge|eig|net ⟨Adj.⟩: *einem bestimmten Zweck, bestimmten Anforderungen entsprechend, voll genügend; passend, tauglich:* das war der -e Moment; ein [für diesen, zu diesem Zweck] -es Mittel; etw. ist als Geschenk g.; sie ist für diese Tätigkeit, zur Lehrerin [kaum/nicht] g.; sie ist [dazu] g., eine führende Position einzunehmen; diese Maßnahmen sind nicht [dazu] g. *(besitzen nicht die erforderlichen Eigenschaften),* Frieden zu stiften.
Ge|eig|net|heit, die; -: *das Geeignetsein; geeignete Beschaffenheit, Eignung.*
Geest, die; -, -en [aus dem Niederd. < mniederd. gēst, Substantivierung von gēst = trocken, hoch; unfruchtbar, eigtl. = rissig, klaffend, verw. mit ↑gähnen in dessen urspr. Bed. »klaffen«]: *(in Nordwestdeutschland, Schleswig-Holstein u. Westjütland) höher gelegenes, sandiges u. weniger fruchtbares Land.*
Geest|land, das ⟨o. Pl.⟩: *Geest.*
gef. = gefallen (↑fallen 4 a); Zeichen: ⚔
Ge|fach, das, -[e]s, -e (Bauw.): *durch Balken begrenztes Feld beim Fachwerkbau.*
Ge|fahr, die; -, -en [mhd. gevāre = Hinterhalt; Betrug, zu: vāre, ahd. fāra = Nachstellung; Hinterlist]: *Möglichkeit, dass jmdm. etw. zustößt, dass ein Schaden eintritt; drohendes Unheil:* eine akute, tödliche G.; höchste, äußerste G.; die -en des Verkehrs, des Meeres; die G. der politischen Isolierung; [eine] G. droht; es besteht [keine] G. für jmdn.; es besteht [die] G., dass der Damm bricht; eine G. heraufbeschwören, herausfordern, abwenden, bannen; diese Vorgehensweise bringt G. [mit sich]; ein G. bringendes Verhalten; jmdn., sich einer G. aussetzen; in G. kommen, geraten; jmdn., etw. in G. bringen; in G. schweben; sich in G. begeben; jmd., etw. ist in G. [zu verwahrlosen]; es ist G. im Anzug; jmd. ist eine öffentliche G. *(bedroht die öffentliche Sicherheit);* ich tue es auf die G. hin *(auch wenn ich damit rechnen muss),* dass ich mir Feinde mache; der Kranke ist außer G. *(ist nicht mehr gefährdet);* bei G. im Verzug (Rechtsspr.; *wenn durch eine Verzögerung möglicherweise ein Schaden entsteht*); gegen alle -en (Rechtsspr., Versicherungsw.; *Risiken*) versichert sein; mit/unter G. seines Lebens, unter persönlicher G. *(unter Lebensgefahr);* * **G. laufen** (*in Gefahr sein, kommen, geraten;* viell. nach frz. courir le risque [de ...]): die Partei läuft G., das Vertrauen der Wähler zu verlieren; **auf eigene G.** *(auf eigene Verantwortung; auf eigenes Risiko):* Betreten der Baustelle auf eigene G.!
Ge|fahr brin|gend: s. Gefahr.
ge|fähr|den ⟨sw. V.; hat⟩ [spätmhd. gevērden, zu ↑Gefahr]: *in eine bestimmte Gefahr bringen; einer bestimmten Gefahr aussetzen:* jmdn., jmds. Leben, Gesundheit g.; den Erfolg einer Sache g.; ⟨häufig im 2. Part.:⟩ [sittlich, sozial] gefährdete *(sittlich, sozial bedrohte)* Jugendliche; bei zwei Schülern ist die Versetzung gefährdet *(sie werden möglicherweise nicht versetzt werden).*
ge|fahr|dro|hend ⟨Adj.⟩: *Gefahr ankündigend.*
Ge|fähr|dung, die; -, -en: *das Gefährden; das Gefährdetsein.*
Ge|fah|re, das; -s (ugs. abwertend): *dauerndes [unvorsichtiges, schlechtes] Fahren.*
Ge|fah|ren|be|reich, der: *gefährlicher Bereich:* den G. räumen; der Aufenthalt im G. des Krans ist verboten.
Ge|fah|ren|ge|biet, das: *Gebiet, das zu betreten Gefahren mit sich bringt.*
Ge|fah|ren|ge|mein|schaft, die (Fachspr.):

Gemeinschaft, deren Mitglieder bestimmte gleichartige Risiken gemeinsam tragen.

e|fah|ren|gren|ze, die: *Grenze, Punkt, Stadium, bei dessen Überschreitung die Gefahr beginnt bzw. etw. zur Gefahr wird:* die Luftverschmutzung hat die G. erreicht.

e|fah|ren|herd, der: *Ausgangspunkt immer wieder neuer Gefahren; Quelle ständiger Gefahr.*

e|fah|ren|punkt, der: **1.** *Gefahrenstelle.* **2.** *Gefahrengrenze.*

e|fah|ren|quel|le, die: *Quelle, Ursache einer Gefahr, von Gefahren.*

e|fah|ren|stel|le, die: *Stelle, die gefährlich ist, an der besonders aufgepasst werden muss:* -n im Straßenverkehr.

e|fah|ren|träch|tig ⟨Adj.⟩: *in besonderem Maße Gefahren enthaltend, mit sich bringend, aufweisend:* ein -es Verhalten; eine als g. bekannte Straßenkreuzung.

e|fah|ren|zo|ne, die: *Gefahrenbereich:* in eine G. geraten.

e|fah|ren|zu|la|ge, die: *Lohn-, Gehaltszulage aufgrund der mit einer Tätigkeit verbundenen besonderen Gefahren.*

e|fahr|gut, das (bes. Amtsspr.): *Gut* (3), *von dem aufgrund seiner Beschaffenheit bes. im Zusammenhang mit der Beförderung auf öffentlichen Verkehrswegen eine Gefahr für die Allgemeinheit ausgehen kann; gefährliches Gut.*

e|fahr|gut|trans|port, der: *Transport eines Gefahrguts, von Gefahrgütern.*

e|fähr|lich ⟨Adj.⟩ [mhd. geværlich = hinterlistig; verfänglich]: **a)** *eine Gefahr bildend, Gefahr[en] enthaltend, [mit sich] bringend:* eine -e Kurve; eine -e Situation; eine -e *(lebensbedrohende)* Krankheit; ein -es *(gewagtes)* Spiel treiben; ein -er *(riskanter)* Plan; die Strömung des Flusses ist für die Schiffe g.; der Weg ist ihr zu g.; dieser Konkurrent kann ihm kaum, durchaus g. werden; g. leben; **b)** *so geartet, beschaffen, dass große Vorsicht geboten ist:* das ist ein -er Verbrecher; eine -e Miene; ihre Aufmachung sah g. aus (scherzh.; *war sehr gewagt*).

e|fähr|lich|keit, die; -: *das Gefährlichsein; gefährliche Art.*

e|fahr|los ⟨Adj.⟩: *mit keiner Gefahr verbunden; ohne Gefahr.*

e|fahr|lo|sig|keit, die; -: *gefahrlose Beschaffenheit, Art.*

e|fahr|stel|le, die (Amtsspr.): *Gefahrenstelle.*

e|fährt, das; -[e]s, -e [mhd. gevert(e) = Fahrt, Gang, Reise; Kollektivbildung zu ↑Fahrt] (geh., auch scherzh.): *Fuhrwerk, Kraftfahrzeug:* ein offenes, klappriges G.

e|fähr|te, der; -n, -n [mhd. geverte, ahd. giferto, eigtl. = der mit einem zusammen fährt, reist] (geh.): *jmd., der durch Freundschaft od. gleiche Lebensumstände mit jmdm. verbunden ist; [begleitender] Freund, Kamerad:* jmds. G. sein; einen neuen -n finden.

e|fähr|tin, die; -, -nen [mhd. gevertin] (geh.): *weibliche Person, die durch Freundschaft od. gleiche Lebensumstände mit jmdm. verbunden ist; [begleitende] Freundin, Kameradin.*

e|fahr|ver|kün|dend ⟨Adj.⟩: *eine Gefahr, Gefahren ankündigend.*

e|fahr|voll ⟨Adj.⟩: *voller Gefahr.*

e|fäl|le, das; -s, - [mhd. gevelle = Sturz; Schlucht, ahd. gefelli = Einsturz; Kollektivbildung zu ↑[1]Fall]: **1.** *Grad der Neigung* (2): das Gelände, die Straße hat ein starkes G., ein G. von 10 %. **2.** *sich von höheren zu niedrigeren Werten bewegender quantitativer od. qualitativer Unterschied:* ein starkes geistiges G.; das G. der Temperatur; das soziale G. zwischen den einzelnen Bevölkerungsgruppen *(der Unterschied in der sozialen Stellung).* **3.** (bes. schweiz.) *Neigung, Tendenz, Hang:* ein G. zum Faschismus haben.

e|fal|len ⟨st. V.; hat⟩ [mhd. gevallen, ahd. gifallan, eigtl. = zufallen, zuteil werden, zu ↑fallen]: **1.** *jmds. Geschmack, Vorstellung, Erwartung entsprechen; bei jmdm.* [1]*Gefallen erregen:* das Bild gefällt mir; das Mädchen hat ihm [gut] gefallen; wie gefällt es dir hier?; der Film hat allgemein gefallen; der Wunsch zu g.; die Sache gefällt mir nicht (ugs.; *scheint mir bedenklich*); sie gefällt mir nicht, will mir heute gar nicht g. (ugs.; *ihr Aussehen u. ihr Gesundheitszustand machen mir Sorgen*); es gefällt ihm *(er macht sich einen Spaß daraus),* andere zu ärgern; (in Nachrufen:) es hat Gott gefallen *(es war Gottes Wille),* unsere Mutter zu sich zu rufen. **2.** ⟨g. + sich⟩ *sich in selbstgefälliger Weise durch ein bestimmtes Verhalten hervortun:* er gefällt sich in Kraftausdrücken, Schwarzsehereien, Verwünschungen; sich in der Rolle des Märtyrers, Herzensbrechers, Snobs g. **3.** *** sich** ⟨Dativ⟩ **etw. g. lassen** (ugs.; 1. *etw. Unangenehmes hinnehmen, über sich ergehen lassen:* sie ließ sich die Frechheiten, die Schmeicheleien g.; du lässt dir immer alles g.; diese Behandlung brauche ich mir nicht g. zu lassen. 2. *etw. gut, schön finden u. sich darüber freuen, es begeistert akzeptieren:* das, diesen Vorschlag lasse ich mir g.).

[2]**ge|fal|len: 1.** ↑fallen. **2.** ↑[1]gefallen.

[1]**Ge|fal|len,** der; -s, - [mhd. geval]: *etw., wodurch sich jmd. einem anderen gefällig erweist:* jmdm. einen großen, persönlichen G. tun; jmdm. einen G. erweisen; tu mir den [einen] G. und hör auf zu jammern (ugs.; *hör bitte endlich auf zu jammern*)!

[2]**Ge|fal|len,** das; -s [mhd. gevallen, subst. Inf.]: *persönliche Freude an jmdm. od. etw., was als angenehm in seiner Wirkung auf sich selbst empfunden wird:* G. erregen, erwecken; an jmdm., etw. [sein/großes/wenig/kein] G. haben/finden; etw. mit/ohne G. betrachten; bei jmdm. G. finden *(jmdm. gefallen);* *** nach G.** (geh.; *nach Belieben; wie es einem gefällt*); **jmdm. etw. zu G. tun** *(für jmdn. etw. zu dessen Freude, Befriedigung tun).*

Ge|fal|le|ne, der u. die; -n, -n ⟨Dekl. ↑Abgeordnete⟩: *gefallener Soldat bzw. gefallene Soldatin:* die -n ehren; sie gedachten der -n zweier Weltkriege.

Ge|fal|le|nen|denk|mal, das: *Denkmal für die Gefallenen.*

Ge|fal|le|nen|fried|hof, der: *Friedhof, auf dem Gefallene bestattet sind.*

Ge|fäl|le|stre|cke: ↑Gefällstrecke.

ge|fäl|lig ⟨Adj.⟩ [mhd. gevellec, ahd. gefellig, zu ↑gefallen]: **1.** *zu Gefälligkeiten bereit; hilfsbereit:* ein -er Mensch; jmdm. g. sein *(jmdm. eine Gefälligkeit erweisen);* sich [jmdm.] g. erweisen, zeigen; (Amtsdt., Kaufmannsspr. veraltend; zum Ausdruck einer höflichen Bitte:) zur -en Beachtung. **2.** [2]*Gefallen erweckend; ansprechend:* ein -es Äußeres, Benehmen; sich g. kleiden. **3.** (bes. in höflichen od. iron. Fragen) *gewünscht, angenehm:* wir gehen um 8 Uhr, wenns g. ist; [eine] Zigarette g.?; sonst noch etw. g.?

ge|fäl|li|ger|wei|se ⟨Adv.⟩: *aus Gefälligkeit* (1 b).

Ge|fäl|lig|keit, die; -, -en [mhd. gevellekeit]: **1. a)** *kleiner, aus Freundlichkeit, Hilfsbereitschaft erwiesener Dienst:* jmdm. eine G. erweisen; **b)** ⟨o. Pl.⟩ *Bereitschaft zu Gefälligkeiten* (1 a): etw. aus [reiner] G. tun. **2.** ⟨o. Pl.⟩ *gefällige* (2) *Art:* die G. der Kleidung, der Formen, des Benehmens.

ge|fäl|lig|keits|hal|ber ⟨Adv.⟩ (ugs.): *aus Gefälligkeit* (1 b).

ge|fäl|ligst ⟨Adv.⟩ [Sup. zu ↑gefällig] (bei Aufforderungen): **1.** (ugs.) zum verstärkten Ausdruck des Unwillens: warten Sie g. *(ich mahne Sie dringend zu warten),* bis man Sie ruft; halt g. deinen Mund!; benimm dich g.! **2.** (veraltet) *gefälligerweise, freundlicherweise, bitte:* wollen Sie g. hier unterschreiben.

Ge|fäll|stre|cke, (auch:) Gefällestrecke, die: *Strecke mit einem Gefälle* (1).

Ge|fall|sucht, die; - (abwertend): *Sucht, anderen zu gefallen.*

ge|fall|süch|tig ⟨Adj.⟩ (abwertend): *übermäßig darauf bedacht, anderen zu gefallen.*

ge|fan|gen: ↑fangen.

Ge|fan|ge|ne, der u. die; -n, -n ⟨Dekl. ↑Abgeordnete⟩ [mhd. gevangen, subst. 2. Part. von ↑fangen]: **1.** *jmd., der im Krieg gefangen genommen worden ist:* G. austauschen, freilassen; G. machen *(Gegner, bes. feindliche Soldaten gefangen nehmen).* **2.** *jmd., der festgenommen, inhaftiert worden ist; Häftling:* politische G. *(aufgrund ihrer Opposition gegen das bestehende Regime Inhaftierte);* Ü sie wurde zur -n ihrer Wünsche.

Ge|fan|ge|nen|auf|se|her, der: *Aufseher über Gefangene.*

Ge|fan|ge|nen|auf|se|he|rin, die: w. Form zu ↑Gefangenenaufseher.

Ge|fan|ge|nen|aus|tausch, der: *Austausch von Kriegsgefangenen.*

Ge|fan|ge|nen|be|frei|ung, die (Rechtsspr.): *vorsätzliche Befreiung eines Gefangenen* (2) *als strafrechtliches Vergehen.*

Ge|fan|ge|nen|für|sor|ge, die: *Fürsorge* (2 a) *für Gefangene* (2) *während u. nach der Haft sowie für ihre Familien.*

Ge|fan|ge|nen|haus, das (österr.): *Gefängnis.*

Ge|fan|ge|nen|la|ger, das ⟨Pl. -⟩: *Lager für Kriegsgefangene.*

Ge|fan|ge|nen|wär|ter, der (veraltet): *Gefängniswärter.*

Ge|fan|ge|nen|wär|te|rin, die: w. Form zu ↑Gefangenenwärter.

ge|fan|gen hal|ten: s. fangen (1 a, b).

Ge|fan|gen|haus, das (österr., bes. Amtsspr.): *Gefangenenhaus.*

Ge|fan|gen|nah|me, die; -: *das Entwaffnen und Festsetzen von Soldaten im Krieg:* bei der G. des Spähtrupps durch den Gegner.

ge|fan|gen neh|men: s. fangen (1 b).

Ge|fan|gen|schaft, die; -, -en ⟨Pl. selten⟩ [mhd. gevangenschaft]: **1.** *das Gefangensein [als Kriegsgefangener]:* aus der G. entlassen werden, heimkehren; in G. sein; in G. geraten; in G. gehen *(sich gefangen nehmen lassen).* **2.** *Zustand des Gefangenseins (in einem Käfig o. Ä.), des Eingesperrtseins:* die Tiere pflanzen sich in G. nur selten fort; in G. lebende, gehaltene Löwen, Seeadler; Ü wir mussten die Tür aufbrechen, um ihn aus seiner G. zu befreien.

ge|fan|gen set|zen: s. fangen (1 b).

Ge|fäng|nis, das; -ses, -se [mhd. (ge)vencnisse, (ge)vancnisse = Gefangennahme, Gefangenschaft, zu ↑fangen]: **1.** *Gebäude, Anstalt für Häftlinge mit zeitlich begrenzter Freiheitsstrafe, die unter leichteren Haftbedingungen verbüßt wird:* aus dem G. ausbrechen; ins G. kommen *(mit Gefängnis bestraft werden);* jmdn. ins G. bringen *(veranlassen, dass jmd. ins Gefängnis kommt);* jmdn. ins G. werfen (geh.; *einsperren*); im G. sein, sitzen *(eine Gefängnisstrafe verbüßen).* **2.** ⟨o. Pl.⟩ *Gefängnisstrafe:* darauf steht G.; zu zwei Jahren G. verurteilt werden, (ugs.:) zwei Jahre G. kriegen; dieses Vergehen wird mit G. [nicht unter zwei Jahren] bestraft; er wurde mit G. bestraft.

Ge|fäng|nis|auf|se|her, der: *Aufseher in einem Gefängnis.*

Ge|fäng|nis|auf|se|he|rin, die: w. Form zu ↑Gefängnisaufseher.

Ge|fäng|nis|be|am|te, der: *Strafvollzugsbeamter.*

Ge|fäng|nis|be|am|tin, die: w. Form zu ↑Gefängnisbeamte.

Ge|fäng|nis|geist|li|che, der u. die: *Geistliche, Geistlicher für die Gefangenen* (2).

Ge|fäng|nis|haft, die: *Haft* (2), *die im Gefängnis verbüßt wird.*

Ge|fäng|nis|in|sas|se, der: *Insasse* (b) *eines Gefängnisses.*

Ge|fäng|nis|in|sas|sin, die: w. Form zu ↑Gefängnisinsasse.

Ge|fäng|nis|kran|ken|haus, das: *einem Gefängnis angegliedertes Krankenhaus für Häftlinge.*

Ge|fäng|nis|mau|er, die: *[hohe] Mauer, die ein Gefängnis umgibt:* er hat sein Leben fast nur hinter -n *(im Gefängnis)* verbracht.

Ge|fäng|nis|pfar|rer, der: vgl. Gefängnisgeistliche.

Ge|fäng|nis|pfar|re|rin, die: w. Form zu ↑Gefängnispfarrer.

Ge|fäng|nis|re|vol|te, die: *Revolte der Häftlinge in einem Gefängnis.*

Ge|fäng|nis|stra|fe, die: *im Gefängnis zu verbüßende Freiheitsstrafe:* eine G. verbüßen, absitzen; jmdn. zu einer G. von zwei Jahren verurteilen.

Ge|fäng|nis|wär|ter, der: vgl. Gefängnisaufseher.

Ge|fäng|nis|wär|te|rin, die: w. Form zu Gefängniswärter.

Ge|fäng|nis|zel|le, die: *Zelle für Gefängnisinsassen.*

Ge|fa|sel, das; -s (ugs. abwertend): *[dauerndes] Faseln; unsinniges od. zusammenhangloses Gerede.*

Ge|fäß, das; -es, -e [mhd. gevæȥe = Schmuck, Ausrüstung, Gerät, Geschirr, ahd. givāȥi = Proviantladung, zu ↑fassen, später als Kollektivbildung zu ↑Fass verstanden]: **1. a)** *kleinerer, aus festem Material hergestellter Behälter bes. für Flüssigkeiten od. feinkörnige Stoffe:* ein blaues, großes, irdenes, zerbrechliches G.; ein G. für Salz; ein G. mit Wasser; das G. ist voll, läuft über; etw. in ein G. füllen; Ü die Sprache als G. der Gedanken; **b)** (Fechten) *Handschutz an Degen od. Säbel in Form eines Bügels od. Korbes.* **2. a)** (Anat.) *(bei Mensch u. Tier) röhrenförmige, Blut od. Lymphe führende Leitungsbahn:* die feinen -e der Haut; die -e erweitern, verengen sich; **b)** (Bot.) *röhrenförmige Leitungsbahn, die dem Transport von Wasser u. der darin gelösten Nährsalze dient; Trachee.*

Ge|fäß|chi|rur|gie, die (Med.): *die operativen Eingriffe an Blutgefäßen umfassendes Teilgebiet der Chirurgie.*

ge|fäß|er|wei|ternd ⟨Adj.⟩ (Med.): *eine Erweiterung der Blutgefäße bewirkend:* -e Medikamente.

Ge|fäß|er|wei|te|rung, die (Med.): *Erweiterung eines Blutgefäßes (oft in Form einer Ausbuchtung) meist infolge von Erschlaffung der Gefäßmuskulatur.*

Ge|fäß|krank|heit, die (Med.): *Erkrankung des Gefäßsystems od. eines einzelnen Gefäßes; Angiopathie.*

Ge|fäß|mus|ku|la|tur, die (Med.): *Gesamtheit der in der Gefäßwand ringförmig angeordneten Muskelfasern, die Spannung, Zusammenziehung, Erweiterung o. Ä. der Gefäße regulieren.*

Ge|fäß|sys|tem, das: *Gesamtheit der Blutgefäße.*

ge|fasst ⟨Adj.⟩: **1.** *trotz starker seelischer Belastung ruhig u. beherrscht; mit Fassung:* einen -en Eindruck machen; der Verurteilte war ganz g.; die Todesnachricht g. aufnehmen. **2.** *** auf etw. g. sein** *(mit dem Eintreten eines bestimmten Ereignisses rechnen u. darauf vorbereitet, eingestellt sein);* **sich auf etw. g. machen** *(mit etw. Unangenehmem rechnen, sich darauf seelisch einstellen, vorbereiten):* sich auf einen harten Kampf g. machen [können]; (ugs., drohend:) der kann sich auf was g. machen!

Ge|fasst|heit, die; -: *gefasste* (1) *Art.*

ge|fäß|ver|en|gend, ge|fäß|ver|en|gernd ⟨Adj.⟩ (Med.): *eine Verengung, Zusammenziehung der Blutgefäße bewirkend:* -e Medikamente.

Ge|fäß|ver|en|ge|rung, Ge|fäß|ver|en|gung, die (Med.): *durch Zusammenziehung der Gefäßmuskulatur, durch Ablagerungen an der inneren Gefäßwand o. Ä. hervorgerufene Verengung eines Blutgefäßes.*

Ge|fäß|ver|kal|kung, die: vgl. Arteriosklerose.

Ge|fäß|ver|stop|fung, die: *(durch Blutgerinnsel o. Ä. entstandener) [teilweiser] Verschluss eines Blutgefäßes; Embolie, Thrombose.*

Ge|fäß|wand, die (Med.): *Wand* (2 b) *eines Gefäßes* (2 a).

Ge|fauch, das; -s, (selten:) **Ge|fau|che,** das; -s: *[dauerndes] Fauchen.*

Ge|fecht, das; -[e]s, -e [mhd. gevehte, ahd. gifeht, zu ↑fechten (1 a, b)]: **1.** *kurzer, bewaffneter Zusammenstoß feindlicher militärischer Einheiten, Auseinandersetzung von kürzerer Dauer zwischen bewaffneten Gruppen:* ein schweres, blutiges, kurzes G.; dem Feind harte -e liefern; neue Truppen ins G. führen, werfen; Ü ein hitziges G. *(ein hitziger Streit, ein heftiger, erregter Wortwechsel);* *** jmdn. außer G. setzen** (1. *kampfunfähig machen.* 2. *unfähig zu wirksamem Handeln, Argumentieren machen*); **etw. ins G. führen** (geh.; *[als Argument in einem Wortwechsel, bei Verhandlungen] vorbringen, anführen*). **2.** (Fechten) *einzelner Wettkampf zwischen zwei Fechtern.*

Ge|fechts|ab|schnitt, der: *Abschnitt* (2 a), *in dem ein Gefecht stattfindet.*

Ge|fechts|aus|bil|dung, die: *Ausbildung für das Gefecht; Kampfausbildung.*

Ge|fechts|be|fehl, der: *ausgegebener Befehl, der Durchführung u. Ziel des Gefechts betrifft.*

ge|fechts|be|reit ⟨Adj.⟩: *einsatzbereit* (b) *zum Gefecht.*

Ge|fechts|be|reit|schaft, die: *Einsatzbereitschaft* (b) *zum Gefecht.*

Ge|fechts|ein|heit, die: *Kampfeinheit.*

ge|fechts|klar ⟨Adj.⟩ (bes. Marine): *klar* (5) *zum Gefecht; gefechtsbereit:* ein Schiff, ein Geschütz g. machen.

Ge|fechts|kopf, der: *Vorderteil bei schweren Geschossen, Raketen, Torpedos, das Sprengladung u. Zünder enthält.*

Ge|fechts|li|nie, die: *vorderste Kampflinie.*

ge|fechts|mä|ßig ⟨Adj.⟩: *einem Gefecht entsprechend, eigentümlich, nach Art eines Gefechts:* g. ausgerüstete Soldaten.

Ge|fechts|ord|nung, die: *gefechtsmäßige Aufstellung der Truppen.*

Ge|fechts|stand, der: *feste od. bewegliche Einrichtung (z. B. Bunker, Fahrzeug), von der aus ein Gefecht geleitet wird.*

Ge|fechts|übung, die: *gefechtsmäßige Übung.*

Ge|fe|ge, das; -s, - (Jägerspr.): *vom Geweih abgefegter Bast.*

ge|fehlt ⟨Adj.⟩ (schweiz.): *missraten:* ein -es Werk.

Ge|feilsch, das; -s, **Ge|feil|sche,** das; -s (abwertend): *[dauerndes] Feilschen.*

ge|fes|tigt ⟨Adj.⟩: **a)** *fest gefügt, geworden; stark:* eine sehr -e Tradition; **b)** *[in Bezug auf den Charakter] fest; nicht ins Wanken zu bringen:* ideologisch -e Mitglieder der Partei.

Ge|fie|del, das; -s (ugs. abwertend): *[dauerndes] Fiedeln.*

Ge|fie|der, das; -s, - [mhd. gevider(e), Kollektivbildung zu ↑Feder (1)]: *Gesamtheit der Federn [eines Vogels]; Federkleid:* buntes, glänzendes, weißes G.; das G. des Vogels sträubte sich.

ge|fie|dert ⟨Adj.⟩ [2. Part. zu mhd. videren, ↑fiedern]: **1. a)** *mit Federn, Gefieder* (1): unsere -en Freunde, Sänger *(die Singvögel);* **b)** *am Schaftende mit Federn besetzt:* ein -er Pfeil. **2.** (Bot.) *(von Blättern) aus zahlreichen einzelnen Blättchen bestehend, die symmetrisch angeordnet beiderseits der Mittelrippe stehen; fiederteilig:* -e Blätter.

Ge|fil|de, das; -s, - [mhd. gevilde, ahd. gifildi, eigtl. = Gesamtheit von Feldern, Kollektivbildung zu ↑Feld] (geh.): *Landschaft, Gegend:* anmutige, ländliche, sonnige G.; die himmlischen, die elys[ä]ischen G., die G. der Seligen (griech. Myth.; *Elysium, Paradies*); sich den heimatlichen -n nähern (scherzh.; *sich der Heimat nähern; bald zu Hause sein*).

ge|fin|gert ⟨Adj.⟩ [eigtl. 2. Part. von veraltet sich fingern = sich in Finger aufteilen] (Bot.): *(von Blättern) aus mehreren einzelnen kleineren Blättern bestehend, die strahlenförmig am Ende des Blattstiels stehen.*

ge|fin|kelt ⟨Adj.⟩ [zu mundartl. Fink = schlauer Mensch] (österr.): *schlau, durchtrieben:* ein -er Gauner.

Ge|fla|cker, das; -s, (selten:) **Ge|fla|cke|re,** das; -s: *[dauerndes] Flackern.*

ge|flammt ⟨Adj.⟩: **a)** *flammenartig gemustert, gemasert:* -e Kacheln; ein -er Stoff; **b)** (Heraldik) *durch s-förmig gebogene Spitzen geteilt:* ein rotweiß -er Schild.

Ge|flat|ter, das; -s, (selten:) **Ge|flat|te|re,** das; -s *[dauerndes] Flattern.*

Ge|flecht, das; -[e]s, -e [15. Jh.; Kollektivbildung zu ↑Flechte]: **a)** *Geflochtenes, Flechtwerk:* ein G aus Stroh, Binsen herstellen; **b)** *Verflochtenes, dichtes Netz von Linien, Strängen o. Ä.:* ein wirres G.; ein G. von Kletterpflanzen; das G. der Nerven, Adern; Ü ein G. von Verkehrswegen.

ge|fleckt ⟨Adj.⟩: *Flecke* (2) *aufweisend; mit Flecken versehen, gesprenkelt:* ein -er Hund; ihr Hals war rot g.

Ge|fle|he, das; -s (abwertend): *[dauerndes] Flehen.*

Ge|flen|ne, das; -s (ugs. abwertend): *[dauerndes] Flennen.*

Ge|flim|mer, das; -s, (selten:) **Ge|flim|me|re,** das -s: *[dauerndes] Flimmern.*

ge|flis|sent|lich ⟨Adj.⟩ [frühnhd. geflissenlichen (Adv.), zu mhd. vlīȥen, ahd. flīȥan = streben, trachten, sich bemühen, verw. mit ↑Fleiß]: **1.** *m absichtlich auf etw. [anderes] gerichteter Aufmerksamkeit:* sich hinter -er Geschäftigkeit ver bergen *(so tun, als habe man viel zu arbeiten);* jmdn., etw. g. übersehen; etw. g. überhören. **2.** (Amtsdt. veraltet) *freundlich, gefällig* (bes. ir der Fügung): zur -en Kenntnisnahme, Beachtung.

Ge|flitz, das; -es, **Ge|flit|ze,** das; -s (ugs.): *[dauerndes] Flitzen.*

ge|floch|ten: ↑flechten.

ge|flockt ⟨Adj.⟩: *in Flocken [hergestellt].*

ge|flo|gen: ↑fliegen.

ge|flo|hen: ↑fliehen.

ge|flos|sen: ↑fließen.

Ge|flu|che, das; -s (ugs. abwertend): *[dauerndes] Fluchen.*

Ge|flü|gel, das; -s [spätmhd. gevlügel(e), unter Einfluss von ↑Flügel zu mhd. gevügel < ahd. gifugili = Kollektivbildung zu: fogal = Vogel]: **1.** *als Nutz- u. Haustiere gehaltene Vögel:* G. hal ten, züchten, schlachten, rupfen. **2.** *Geflügelfleisch:* G. essen.

Ge|flü|gel|auf|zucht, die: *Aufzucht von Geflügel* (1).

Ge|flü|gel|farm, die: *großer Betrieb für Geflügelzucht.*

Ge|flü|gel|fleisch, das: *Fleisch vom Geflügel* (1).

Ge|flü|gel|hal|tung, die: *das Halten von Geflüge* (1).

Ge|flü|gel|hof, der: *[kleinerer] Betrieb für Geflügelzucht.*

Ge|flü|gel|le|ber, die: *Leber vom Geflügel* (1).

Ge|flü|gel|mast, die: *das Mästen von Geflügel* (1

Ge|flü|gel|sa|lat, der: *Salat, dessen Hauptbestandteil gekochtes, in kleine Streifen od. Würfe geschnittenes Geflügelfleisch ist.*

Ge|flü|gel|sche|re, die: *spezielle Schere zum Zer legen des zubereiteten Geflügels* (1).

ge|flü|gelt ⟨Adj.⟩ [eigtl. 2. Part. von veraltet flügeln, mhd. vlügelen = mit Flügeln versehen]: *mit Flügeln* (1 a, b, 2 b) *[versehen], mit Vorrichtungen, Organen [versehen], die die Form od. Funktion von Flügeln* (1 a) *haben:* -e Insekten, Fabelwesen; -e Samen.

Ge|flü|gel|wurst, die: *Wurst aus Geflügelfleisch.*

Ge|flü|gel|zucht, die: *planmäßige Aufzucht von Geflügel* (1) *unter wirtschaftlichem Aspekt.*

Ge|flun|ker, das; -s, (selten:) **Ge|flun|ke|re,** das; -s (ugs. abwertend): *[dauerndes] Flunkern.*

Ge|flüs|ter, das; -s: *[dauerndes] Flüstern.*

ge|foch|ten: ↑fechten.

Ge|fol|ge, das; -s, - [zu ↑Folge]: **a)** *Begleitung einer hoch gestellten Persönlichkeit:* das G. der Präsidentin; jmds. G. bilden; ein großes G. haben; im G. des Ministers waren mehrere Beamte; *** im G.** (Papierdt.; *aufgrund*): die Über schwemmungen im G. des Hurricans; **b)** *Traue geleit:* nur die nächsten Angehörigen und Freunde bildeten das G.

Ge|folg|schaft, die; -, -en: **1.** ⟨o. Pl.⟩ *Gehorsam u. unbedingte Treue:* jmdm. G. leisten; jmdm. die G. aufsagen, kündigen, verweigern. **2. a)** ⟨o. Pl.⟩ *(bei den Germanen) persönliches Treueverhält nis eines Freien, bes. eines Edelings, zu seinem*

Herrn, bes. dem König; **b)** *durch das Verhältnis der Gefolgschaft* (2 a) *verbundene Gruppe von Gefolgsmännern.* **3.** *Gesamtheit der treuen Anhänger; Anhängerschaft.*

Ge|folgs|leu|te ⟨Pl.⟩: **1.** Pl. von ↑Gefolgsmann. **2.** *Gesamtheit der Anhängerinnen und Anhänger:* seine G. um sich scharen.

Ge|folgs|mann, der ⟨Pl. ...männer u. ...leute⟩: *Angehöriger einer Gefolgschaft* (2 b): Ü seine Gefolgsleute *(Anhänger)* um sich scharen.

Ge|formt|heit, die; -: *das Geformtsein.*

Ge|fra|ge, das; -s (abwertend): *[dauerndes] Fragen.*

ge|fragt ⟨Adj.⟩: *auf starkes Interesse stoßend, begehrt, viel verlangt:* ein -er Künstler; dieses Auto ist sehr g.; Ü Zivilcourage ist nicht g. *(ist nicht erwünscht; wird nicht für wünschenswert gehalten).*

ge|frä|ßig ⟨Adj.⟩ [für mhd. vræȝec, zu ↑Fraß] (abwertend): *unmäßig, unersättlich im Essen; voller Essgier:* ein -er Mensch; -e Insekten, Raupen; sei nicht so g.!

Ge|frä|ßig|keit, die; -: *das Gefräßigsein.*

Ge|frei|te, der u. die; -n, -n ⟨Dekl. ↑Abgeordnete⟩ [urspr. = der vom Schildwachestehen befreite Soldat; nach lat. exemptus = ausgenommen (vom Schildwachestehen), zu veraltet freien = frei machen, mhd. vrīen, zu ↑frei]: **a)** ⟨o. Pl.⟩ *zweituntersten Mannschaftsdienstgrad:* -r werden; zur -n befördert werden; **b)** *Träger, Trägerin dieses Dienstgrades.*

ge|fres|sen: ↑fressen.

ge|freut ⟨Adj.⟩ (schweiz.): *erfreulich, erwünscht, angenehm:* -e Leute; die Familienverhältnisse sind nicht sehr g.

Ge|frier|brand, der (Fachspr.): *weiße od. bräunlich rote Verfärbung an tiefgefrorenen Lebensmitteln als Folge von Temperaturschwankungen, unsachgemäßer Verpackung o. Ä.*

ge|frie|ren ⟨st. V.⟩: **1.** *durch Kälte zu Eis erstarren, fest u. hart werden* ⟨ist⟩: das Wasser gefriert [zu Eis]; der Boden ist [an der Oberfläche] gefroren; gefrorenes Wasser; Ü das Lächeln gefror (geh.; *erstarrte*) auf ihren Lippen; ihm gefror vor Entsetzen das Blut in den Adern (geh.; *ihm wurde kalt [u. er erstarrte] vor Entsetzen*). **2.** (bes. Fachspr.) *einfrieren* (2), *tiefgefrieren* ⟨hat⟩: Lebensmittel g.

Ge|frier|fach, das: *besonderes Fach im Kühlschrank mit tieferer, [leicht] unter dem Gefrierpunkt liegender Temperatur.*

Ge|frier|fleisch, das: *durch Tiefkühlung konserviertes Fleisch:* G. auftauen und zubereiten.

Ge|frier|ge|mü|se, das: vgl. Gefrierfleisch.

Ge|frier|ge|rät, das: *Haushaltsgerät zum Gefrieren* (2) *von Lebensmitteln (z. B. Gefrierschrank).*

ge|frier|ge|trock|net ⟨Adj.⟩: *durch Gefriertrocknung konserviert.*

Ge|frier|gut, das: *durch Gefrieren* (2) *konserviertes Gut (bes. Lebensmittel).*

Ge|frier|punkt, der: *Temperatur, bei der ein flüssiger Stoff (bes. Wasser) gefriert* (1): die Temperatur sinkt auf den G.; Temperaturen über, unter dem G., um den G.

Ge|frier|schrank, der: *Gefriergerät in Form eines Schrankes zum Gefrieren u. Lagern bes. von Lebensmitteln.*

Ge|frier|schutz|mit|tel, das: *Frostschutzmittel.*

ge|frier|trock|nen ⟨sw. V.; hat; meist im Inf. u. 2. Part.⟩: *Stoffe (z. B. Blutkonserven, Vitaminpräparate) u. Lebensmittel unter Erhaltung ihrer Qualität tiefgefroren im Vakuum trocknen.*

Ge|frier|trock|nung, die: *das Gefriertrocknen.*

Ge|frier|tru|he, die: *Gefriergerät in Form einer Truhe zum Gefrieren u. Lagern bes. von Lebensmitteln.*

Ge|frier|ver|fah|ren, das: *Verfahren zum Gefrieren* (2).

ge|fro|ren: **1.** ↑frieren. **2.** ↑gefrieren.

Ge|fro|re|ne, Ge|fror|ne, das; -n ⟨Dekl. ↑[2]Junge, das⟩ [nach ital. gelato] (südd., österr. veraltet): *Speiseeis.*

Ge|frot|zel, das; -s (ugs. abwertend): *[dauerndes] Frotzeln.*

Ge|fuch|tel, das; -s, (selten:) **Ge|fuch|te|le,** das; -s (ugs. abwertend): *[dauerndes] Fuchteln.*

Ge|fü|ge, das; -s, - [zu ↑fügen]: **1.** *Gesamtheit des [sachgerecht] Zusammengefügten:* das G. der Balken; ein G. aus Balken. **2.** *innerer Aufbau, Struktur, in sich zusammenhängende Gesamtheit mit einer bestimmten inneren Ordnung:* ein syntaktisches G.; das wirtschaftliche, soziale G. eines Staates; das G. eines Metalls.

ge|fü|gig ⟨Adj.⟩ [spätmhd. = von feiner Sitte, statt älterem gefüge, mhd. gevüege, zu ↑fügen]: *sich jmds. [autoritärem] Anspruch, Zwang fügend, unterordnend; widerstandslos gehorsam:* ein -er Mensch, Charakter; [sich ⟨Dat.⟩] jmdn. g. machen; jmdn. seinen Wünschen g. machen.

Ge|fü|gig|keit, die; -: *gefügiges Wesen, Verhalten.*

Ge|fühl, das; -s, -e [für spätmhd. gevūlichkeit, gevūlunge, zu ↑fühlen]: **1.** *das Fühlen* (1); *(durch Nerven vermittelte) Empfindungen:* ein prickelndes G.; das G. für warm und kalt, für glatt und rau; ein G. des Schmerzes in der Magengegend spüren; kein G. mehr in den Fingern haben; dem G. nach *(danach zu urteilen, wie es sich anfühlt)* ist es Holz. **2.** *das Fühlen* (2); *seelische Regung, Empfindung des Menschen, die seine Einstellung u. sein Verhältnis zur Umwelt mitbestimmt:* ein beglückendes, erhebendes, beängstigendes G.; patriotische -e; widerstrebende -e bewegen jmdn.; ein [heißes] G. der Dankbarkeit, Angst überkommt, ergreift mich; ein G. wie Weihnachten (ugs. scherzh.; *ein Glücksgefühl*); seine -e unterdrücken, beherrschen, zeigen, verbergen; zärtliche -e für jmdn. empfinden, hegen; ein G. der Liebe, der Erleichterung, der Furcht, der Scham, des Hasses empfinden; ein G. der Überlegenheit haben; jmds. -e *(Zuneigung)* erwidern; kein G. haben *(keine Fähigkeit zur inneren Anteilnahme haben);* seinen -en Ausdruck geben; im Aufruhr, im Widerstreit der -e; ein Film mit viel G. (iron.; *ein sentimentaler Film*); sich von seinen -en hinreißen lassen; *** mit gemischten -en** *(nicht unbedingt mit Freude, sondern sowohl Freude als auch ein gewisses Unbehagen verspürend, da unklar ist, was geschehen wird);* **das höchste der -e** (ugs.; *das Äußerste, was in Bezug auf etw. Bestimmtes möglich ist, sich machen, einrichten lässt;* aus Mozarts »Zauberflöte« [Text von K. L. Giesecke u. J. E. Schickaneder]): eine Stunde bleibe ich noch, das ist aber das höchste der -e. **3.** ⟨o. Pl.⟩ **a)** *gefühlsmäßiger, nicht näher zu erklärender Eindruck; Ahnung:* ein beklemmendes, undeutliches G.; ein G. haben, als ob es gleich losgeht; bei etw. ein ungutes G. haben; er hatte das dunkle G., dass die Sache nicht gut gehen würde; ich habe das G./werde das G. nicht los, dass sie uns etwas verschweigt; *** etw. im G. haben** *(etw. instinktiv wissen);* **b)** *Fähigkeit, etw. gefühlsmäßig zu erfassen; Gespür:* ein musikalisches G.; ein G. für Rhythmus, für Recht und Unrecht, ein feines, sicheres G. für etw. haben; sich auf sein G. verlassen; das muss man mit G. machen; etw. nach G., (salopp scherzh.:) nach G. und Wellenschlag *(nach grober Einschätzung, ohne genaue Berechnung od. Prüfung)* tun.

ge|füh|lig ⟨Adj.⟩: *[allzu] gefühlsbetont.*

Ge|füh|lig|keit, die; -: *gefühliges Wesen, gefühlige Art.*

ge|fühl|los ⟨Adj.⟩: **1.** *ohne Gefühl* (1): seine Hände wurden bei der Kälte g.; sein rechtes Bein ist g. gegen Schmerzen. **2. a)** *ohne Mitgefühl, herzlos:* ein -er Mensch; jmdn. g. behandeln; sich g. gegen jmdn. od. etw. verhalten; **b)** *ohne Gefühl* (2), *ohne seelische Regung, innere Beteiligung:* g. dahinvegetieren.

Ge|fühl|lo|sig|keit, die; -, -en: **1.** ⟨o. Pl.⟩ *das Gefühllossein* (1). **2. a)** ⟨o. Pl.⟩ *das Gefühllossein* (2); **b)** *gefühllose* (2 a) *Handlung.*

ge|fühls|arm ⟨Adj.⟩: *wenig Gefühl* (2), *Gefühle habend:* ein -er Mensch.

Ge|fühls|ar|mut, die: *Mangel an Gefühl* (2).

Ge|fühls|aus|bruch, der: *plötzliche, starke u. ungehemmte Gefühlsäußerung.*

Ge|fühls|aus|druck, der ⟨o. Pl.⟩: **1.** *Ausdruck, Ausdrücken der Gefühle:* er ist zu keinem G. fähig. **2.** *gefühlsbetonter Ausdruck:* etw. mit starkem G. vortragen.

Ge|fühls|äu|ße|rung, die: *Äußerung eines Gefühls (in Sprache od. Verhalten).*

ge|fühls|be|dingt ⟨Adj.⟩: *durch das Gefühl* (2) *bedingt.*

ge|fühls|be|stimmt ⟨Adj.⟩: *durch das Gefühl* (2) *bestimmt.*

ge|fühls|be|tont ⟨Adj.⟩: *vorwiegend vom Gefühl* (2) *bestimmt:* eine -e Frau.

Ge|fühls|du|se|lei, die; -, -en (ugs. abwertend): *durch übertriebenes Gefühl, übertriebene Sentimentalität bestimmtes Denken, Verhalten.*

ge|fühls|du|se|lig, ge|fühls|dus|lig ⟨Adj.⟩ (ugs. abwertend): *von Gefühlsduselei zeugend:* g. sein, handeln.

ge|fühls|kalt ⟨Adj.⟩: **1.** *nicht zu Gefühlen* (2) *fähig, in Bezug auf Gefühle anderer unzugänglich.* **2.** *frigide.*

Ge|fühls|käl|te, die: **1.** *gefühlskaltes Wesen, Verhalten.* **2.** *Frigidität.*

Ge|fühls|la|ge, die: *Bewusstseinslage hinsichtlich der Gefühle, der gefühlsmäßigen Einstellung[en].*

Ge|fühls|le|ben, das ⟨o. Pl.⟩: *das Erleben u. Äußern von Gefühlen in seiner Gesamtheit:* ein starkes G. haben; etw. stumpft das G. ab.

ge|fühls|mä|ßig ⟨Adj.⟩: **1.** *auf dem Gefühl* (2) *beruhend, vom Gefühl geleitet:* eine -e Ablehnung, Reaktion. **2.** *das Gefühl betreffend:* etw. wirkt sich g. aus.

Ge|fühls|mensch, der: *in seinem Verhalten hauptsächlich vom Gefühl* (2) *bestimmter Mensch.*

Ge|fühls|re|gung, die: *Regung* (2) *des Gefühls* (2).

Ge|fühls|sa|che, die: meist in der Wendung **etw. ist [reine] G.** *(etw. ist [ausschließlich] Angelegenheit des Gefühls* 2).

ge|fühls|se|lig ⟨Adj.⟩: *in Gefühlen schwelgend, ganz dem Gefühl hingegeben.*

Ge|fühls|se|lig|keit, die: *gefühlsselige Art, gefühlsseliges Verhalten.*

Ge|fühls|über|schwang, der: *Überschwang des Gefühls* (2).

Ge|fühls|wal|lung, die: *Aufwallung des Gefühls* (2).

Ge|fühls|wär|me, die: *Warmherzigkeit.*

Ge|fühls|welt, die: *Gesamtheit der Gefühle.*

Ge|fühls|wert, der: *Wert* (3), *den etw. für jmds. Gefühl* (2) *besitzt:* der Gegenstand hat nur [einen] G.

ge|fühl|voll ⟨Adj.⟩: **a)** *tiefer Empfindungen, Gefühle* (2) *fähig:* ein -er Mensch; **b)** *mit Gefühl* (2), *[leicht] sentimental* (a): eine -e Musik; ein -er Interpret; ein Gedicht g. vortragen; **c)** *Gefühl* (1) *einsetzend; mit, voller Gefühl* (1): eine -e Flanke.

ge|füh|rig ⟨Adj.⟩ [zu ↑führen] (landsch.): *(vom Schnee) die Skier, Kufen o. Ä. gut führend, günstig zum Skilaufen o. Ä.:* der Schnee ist g.

Ge|füh|rig|keit, die; -: *Före.*

Ge|fum|mel, das; -s, **Ge|fum|me|le, Ge|fumm|le,** das; -s (ugs. abwertend): *[dauerndes] Fummeln.*

ge|fun|den: ↑finden.

Ge|fun|kel, das; -s: *[dauerndes] Funkeln.*

ge|furcht ⟨Adj.⟩: *mit einer Furche, mit Furchen [versehen]:* ein [vom Alter] -es Antlitz.

Ge|ga|ckel, das; -s, (selten:) **Ge|ga|cke|le,** das; -s (ugs., meist abwertend): *[dauerndes] Gackeln.*

Ge|ga|cker, das; -s: **1.** *[dauerndes] Gackern* (1): das G. der Hühner. **2.** (ugs.) *Gekicher.*

ge|gan|gen: ↑gehen.

ge|ge|ben: **1.** ↑geben. **2.** ⟨Adj.⟩ **a)** *vorhanden, vorliegend, bestehend:* aus -em Anlass; im -en Fall (1. *in diesem Fall.* 2. *gegebenenfalls*); unter den -en Umständen; etw. als g. *(feststehend)* voraussetzen; (Math.:) eine -e Größe; **b)** *passend, geeignet:* sie ist dafür die -e Frau; zu -er Stunde; ⟨subst.:⟩ das ist das Gegebene *(das Nächstliegende, Beste).*

ge|ge|be|nen|falls ⟨Adv.⟩: *wenn der betreffende Fall eintreten sollte; eventuell:* an diesen Arzt kannst du dich g. wenden; g. kommen wir auf Ihr Angebot zurück (Abk.: ggf.).

Ge|ge|ben|heit, die; -, -en ⟨meist Pl.⟩: *in bestimmter Weise gegebener* (1) *Zustand, Umstand, dem jmd. Rechnung zu tragen hat:* soziale, ökonomische -en; bei der Städteplanung die natürlichen -en der Landschaft berücksichtigen; sich auf neue politische -en einstellen.

Ge|gei|fer, das; -s (abwertend): *[dauerndes] Geifern, wütendes Schimpfen.*

ge|gen [mhd. gegen, ahd. gegin, H. u.]: **I.** ⟨Präp. mit Akk.⟩ **1.** (räumlich) **a)** kennzeichnet die [Aus]richtung auf jmdn., etw., die Hinwendung zu jmdm., etw.; *auf jmdn., etw. zu; zu jmdm., etw. hin:* sich g. die Wand drehen; sich, die Leiter g. die Mauer lehnen; **b)** kennzeichnet eine gegenläufige Bewegung; *in entgegengesetzter Richtung (zu jmdm., etw. Entgegenkommendem); wider:* g. die Strömung, den Strom, den Wind rudern; sich g. etw. stemmen; **c)** kennzeichnet die Weise, in der eine zielgerichtete Bewegung auf etw. auftrifft; *an:* Regen klatscht g. die Fenster; g. die Tür schlagen, stoßen; jmdm. g. das Schienbein treten. **2. a)** kennzeichnet ein Entgegenwirken, ein Angehen gegen jmdn., etw., ein Sichentgegenstellen: g. den Hunger in der Welt kämpfen; der Kampf g. Krankheit und Armut; etw. g. die Missstände tun; g. etw. protestieren; sich g. jmdn. auflehnen; ein Mittel g. Husten *(das den Husten vertreibt);* eine Impfung g. *(zum Schutz vor)* Pocken; **b)** kennzeichnet eine Gegensätzlichkeit, ein Entgegenstehen, ein Zuwiderlaufen o. Ä.; *entgegen:* etw. ist g. die Abmachung, g. alle Vernunft; g. bessere Einsicht; g. seinen Willen; g. alle Erwartungen; **c)** kennzeichnet ein bestimmtes [gegeneinander gerichtetes] Agieren von Personen, Gruppen miteinander: g. jmdn. spielen, gewinnen; sie siegten g. Kanada mit 4 : 3 Toren; einer g. alle; in Sachen Krause g. Meier. **3.** kennzeichnet eine in bestimmter Weise geartete Beziehung zu jmdm., einer Sache gegenüber: höflich, freundlich, abweisend g. jmdn. (veraltend; *zu jmdm.*) sein; sie hat sich schlecht g. mich (veraltend; *mir gegenüber*) benommen. **4.** (zeitlich) **a)** zur Angabe eines ungefähren Zeitpunktes, der unter- od. überschritten werden kann: ich komme [so] g. 11 Uhr nach Hause; **b)** zur Angabe eines bestimmten Zeitraumes, der nicht überschritten wird: g. Abend, Mittag; g. Ende der Ferien, des Krieges. **5.** *im Vergleich, im Verhältnis zu:* g. ihn ist er sehr klein; wie gut hat sie es heute g. früher. **6.** *[im Austausch] für:* die Ware g. Bezahlung liefern; er hat den Schnaps g. Devisen eingehandelt. **II.** ⟨Adv.⟩ (bei Zahlenangaben) *der angegebenen Anzahl od. Menge wahrscheinlich sehr nahe kommend; ungefähr:* es waren g. 100 Leute anwesend.

Ge|gen-: 1. drückt in Bildungen mit Substantiven aus, dass etw. in Opposition zum Üblichen, Etablierten steht: Gegengesellschaft, -kirche, -öffentlichkeit. **2.** drückt in Bildungen mit Substantiven die Erwiderung von etw. aus: Gegeneinladung, -essen. **3.** kennzeichnet in Bildungen mit Substantiven etw. als gegenüberliegend, in entgegengesetzter Richtung verlaufend: Gegenecke, -verkehr. **4.** drückt in Bildungen mit Substantiven aus, dass etw. (zur Entkräftung, Bekämpfung) entgegengestellt, entgegengesetzt wird: Gegenbemerkung, -information. **5.** drückt in Bildungen mit Substantiven die Kontrolle von etw. aus: Gegenprobe, -zeichnung.

Ge|gen|ak|ti|on, die: *Aktion, die sich gegen eine andere Aktion richtet:* eine G. starten.

Ge|gen|an|ge|bot, das: *auf ein vorangegangenes Angebot erfolgendes, sich von diesem unterscheidendes Angebot.*

Ge|gen|an|griff, der: **1.** (Milit.) *Angriff als Reaktion auf einen erfolgten Angriff:* zum G. ansetzen; Ü der Diskussionspartner ging zum G. über. **2.** (Sport) *Spielzug, durch den der Gegner seinerseits angreift:* der Titelverteidiger startete sofort einen G.

Ge|gen|an|trag, der: *Antrag, der sich gegen den Antrag einer Gegenpartei o. Ä. richtet:* einen G. stellen.

Ge|gen|an|zei|ge, die (Med.): *Kontraindikation.*

Ge|gen|ar|gu|ment, das: *Argument gegen etw., gegen ein anderes Argument:* -e vorbringen; auf jedes Argument hat sie ein G.

Ge|gen|be|haup|tung, die: *Behauptung, die sich von einer anderen Behauptung unterscheidet od. ihr entgegengesetzt ist:* eine G. zu etw. aufstellen.

Ge|gen|bei|spiel, das: *Beispiel für etwas Andersartiges od. Gegensätzliches:* ein G. finden; -e für etw. anführen.

Ge|gen|be|schul|di|gung, die: *Beschuldigung, die als Reaktion auf eine vorangegangene Beschuldigung erhoben wird:* eine G. gegen jmdn. erheben.

Ge|gen|be|such, der [LÜ von frz. contre-visite]: *Besuch, mit dem man jmds. Besuch erwidert:* ich habe ihr einen G. abgestattet.

Ge|gen|be|we|gung, die: **1.** *Bewegung* (3), *die einer anderen Bewegung entgegengesetzt ist.* **2.** (Musik) **a)** *Umkehrung eines melodischen Ablaufs;* **b)** *die in ihrer Richtung auseinander od. aufeinander zu laufende Führung zweier Stimmen.*

Ge|gen|be|weis, der: *Beweis, der einen von der Gegenpartei angeführten [angeblichen] Beweis widerlegt:* den G. für etw. antreten; den G. führen.

Ge|gen|bu|chung, die: *(bei doppelter Buchführung) die einer Sollbuchung entsprechende Habenbuchung u. umgekehrt:* eine G. vornehmen.

Ge|gend, die; -, -en [mhd. gegent, gegende, ahd. geginōti, eigtl. = gegenüberliegendes Gebiet, zu ↑gegen, wohl LÜ von mlat. contrata (regio, terra), zu lat. contra = gegen(über)]: **1.** *im Hinblick auf seine Beschaffenheit od. seinen Bezugspunkt bestimmtes, aber nicht näher abgegrenztes Gebiet:* eine einsame, gebirgige, vertraute G.; eine rein katholische G.; die schönste G. Österreichs; in der G. von Berlin; in einer vornehmen G. *(einem vornehmen Stadtviertel)* wohnen; Einbrecher machen neuerdings die G. hier unsicher; wir wollen nur etwas durch die G. fahren *(ohne Ziel eine kleine Fahrt machen);* Schmerzen in der G. des Magens *(ungefähr dort, wo der Magen liegt)* haben; er zeigte in die G. *(Richtung),* aus der das Geräusch gekommen war; *** in der G. [um]** (salopp; in Bezug auf Zeit- u. Mengenangaben; *ungefähr; etwa [bei]*): es wird in der G. um Ostern gewesen sein, als wir den Unfall hatten; der Preis liegt in der G. um 50 Mark. **2.** *Einwohner der Umgebung, eines Stadtviertels:* die ganze G. spricht davon.

Ge|gen|dar|stel|lung, die: **1.** *Entgegnung auf eine [in der Presse] veröffentlichte Darstellung durch den Betroffenen:* die Zeitung musste meine G. veröffentlichen. **2.** *Darstellung eines gegensätzlichen Sachverhalts:* der Lehrer hörte sich auch die G. der anderen Schüler an.

Ge|gen|de|mons|tra|ti|on, die: vgl. Gegenaktion: die Kommunisten riefen zu einer G. auf.

Ge|gen|dienst, der: *Gefälligkeit, mit der jmd. eine ihm erwiesene Gefälligkeit erwidert:* jmdm. einen G. erweisen; zu -en bin ich jederzeit gern bereit.

Ge|gen|druck, der ⟨o. Pl.⟩: **a)** *durch einen* [1]*Druck* (1) *erzeugter u. gegen ihn gerichteter Druck:* Druck erzeugt G.; **b)** *einen Druck zurückgebender Druck:* einen leichten G. spüren; sie erwiderte meinen Händedruck mit einem festen G.

ge|gen|ei|n|an|der ⟨Adv.⟩: *einer gegen den anderen, den einen gegen den anderen:* g. kämpfen; sie haben etwas g. (ugs.; *sie mögen sich nicht*); Gefangene g. austauschen; zwei Freunde g. ausspielen; zwei Bereiche g. abgrenzen; zwei Dinge g. drücken, halten, pressen; zwei Bretter g. stellen; die Gläser g. stoßen; verschiedene Vorschläge, Konzepte, Pläne g. halten, stellen *(vergleichen);* zwei Hunde g. hetzen; wir sind an der Tür g. geprallt, gestoßen; die Hacken, Absätze g. schlagen; die unterschiedlichen Auffassungen müssen klar und deutlich g. gesetzt werden; sie haben schon immer g. gestanden *(sich feindlich gegenübergestanden);* jetzt stehen die beiden Aussagen g. *(widersprechen sie sich);* ⟨subst.:⟩ das ständige Gegeneinander *(gegeneinander gerichtete Vorgehen)* von Regierung und Opposition.

ge|gen|ei|n|an|der drü|cken, ge|gen|ei|n|an|der hal|ten, ge|gen|ei|n|an|der het|zen usw.: s. gegeneinander.

Ge|gen|ent|wurf, der: vgl. Gegenantrag.

Ge|gen|er|klä|rung, die: *Erklärung, die einer anderen Erklärung entgegengesetzt ist:* eine G. abgeben.

Ge|gen|fahr|bahn, die: *Fahrbahn für den Gegenverkehr:* der Wagen geriet aus noch ungeklärter Ursache auf die G.

Ge|gen|far|be, die: *Komplementärfarbe.*

Ge|gen|feu|er, das: *Feuer, mit dem man bei der Bekämpfung eines Waldbrandes ein bestimmtes Gebiet niederbrennt, um eine Grenze zu schaffen.*

Ge|gen|fi|gur, die: *jmd., der von seiner Persönlichkeit, seinem Auftreten u. der damit verbundenen Wirkung auf andere her einer bestimmten Figur* (5 a) *völlig entgegengesetzt ist, ihr Gegenpart ist; Antityp[us]* (b).

ge|gen|fi|nan|zie|ren (sw. V.; hat): *(öffentliche Ausgaben, Steuerentlastungen o. Ä.) finanzieren, indem an anderer Stelle Ausgaben gekürzt, Steuern od. Gebühren erhöht werden o. Ä.*

Ge|gen|fi|nan|zie|rung, die: *das Gegenfinanzieren; das Gegenfinanziertwerden.*

Ge|gen|for|de|rung, die: **a)** *auf die Forderung[en] einer Gegenpartei o. Ä. hin gestellte Forderung;* **b)** *Forderung, die ein Schuldner seinerseits gegenüber seinem Gläubiger hat:* er hat an mich eine G. in Höhe von 1 000 DM.

Ge|gen|fra|ge, die: *Frage als Erwiderung auf eine Frage:* eine Frage mit einer G. beantworten.

ge|gen|fra|gen ⟨sw. V.; hat⟩: *eine Gegenfrage stellen:* antworte doch mal, statt immer nur gegenzufragen.

Ge|gen|füß|ler, der; -s, - (veraltet): *Antipode* (1).

Ge|gen|füß|le|rin, die; -, -nen: w. Form zu ↑Gegenfüßler.

Ge|gen|ga|be, die (geh.): *Gabe als Dank für eine empfangene Gabe:* dies ist eine G. für dein Geschenk.

Ge|gen|ge|ra|de, die (Leichtathletik): *gerader Teil einer Laufbahn, der dem Teil, auf dem gestartet wird, gegenüberliegt.*

Ge|gen|ge|schenk, das: vgl. Gegengabe.

ge|gen|ge|schlecht|lich ⟨Adj.⟩: *das andere Geschlecht betreffend; vom anderen Geschlecht; dem eigenen Geschlecht entgegengesetzt:* er wurde mit -en Hormonen behandelt.

Ge|gen|ge|walt, die: vgl. Gegendruck: auf Gewalt mit G. antworten.

Ge|gen|ge|wicht, das: *Gewicht, das ein anderes Gewicht ausgleicht, aufhebt:* die einseitige Belastung eines Krans durch ein G. ausgleichen; Ü seine Strenge bildet das notwendige G. zu ihrer Nachgiebigkeit.

Ge|gen|gift, das [LÜ von frz. contrepoison, LÜ von lat. antidotum < spätgriech. antídoton, Substantivierung von griech. antídotos = dagegen gegeben]: *Substanz, die die schädliche Wirkung eines in den Körper gelangten Gifts abschwächt od. aufhebt:* ein G. injizieren.

ge|gen|gleich ⟨Adj.⟩: *in gleicher, aber spiegelbildlicher Weise auf beiden Seiten, nach beiden Seiten hin.*

Ge|gen|grund, der: vgl. Gegenargument: zu etw. Gründe und Gegengründe anführen.

Ge|gen|gruß, der: *Gruß* (1), *mit dem man jmds. Gruß erwidert:* sie beantwortete meinen Gruß mit einem freundlichen G.

ge|gen|hal|ten ⟨st. V.; hat⟩ (nordd. ugs.): *Widerstand entgegensetzen, leisten:* da müssen wir g.

Ge|gen|kai|ser, der: vgl. Gegenkönig.

Ge|gen|kai|se|rin, die: w. Form zu ↑Gegenkaiser.

Ge|gen|kan|di|dat, der: *jmd., der gegen einen Mitbewerber kandidiert:* er wurde als G. aufgestellt.

Ge|gen|kan|di|da|tin, die: w. Form zu ↑Gegenkandidat.

Ge|gen|kan|di|da|tur, die: *Aufstellung als Gegenkandidat für eine Wahl:* sich zur G. bereit finden.

Ge|gen|ka|the|te, die (Geom.): *die einem spitzen Winkel im rechtwinkligen Dreieck gegenüberliegende Kathete.*

Ge|gen|kla|ge, die (Rechtsspr.): *Klage eines Beklagten gegen den Kläger.*

Ge|gen|klä|ger, der (Rechtsspr.): *jmd., der Gegenklage erhebt.*

Ge|gen|klä|ge|rin, die: w. Form zu ↑Gegenkläger.

Ge|gen|kom|pli|ment, das: vgl. Gegenfrage: ich muss Ihnen ein G. machen.

Ge|gen|kö|nig, der: *dem herrschenden König od. der herrschenden Königin entgegengestellter, von einer Gegenpartei gewählter König.*

Ge|gen|kö|ni|gin, die: w. Form zu ↑Gegenkönig.

Ge|gen|kon|zept, das: *Konzept, das einem anderen entgegengesetzt ist.*

Ge|gen|kraft, die: *Kraft, die einer anderen Kraft entgegenwirkt:* die einwirkende Kraft hat eine G. zu überwinden; Ü gegen die Regierung sind neue Gegenkräfte erstarkt.

Ge|gen|kul|tur, die (Soziol.): *Kultur einer Gruppe in einer Gesellschaft, die deren Kultur in bestimmten Teilen ablehnt u. dafür eigene Normen u. Werte setzt.*

ge|gen|kul|tu|rell ⟨Adj.⟩: *die Gegenkultur betreffend.*

Ge|gen|kurs, der: *Kurs* (1) *in die entgegengesetzte Richtung:* das Flugzeug ging sofort auf G.

ge|gen|läu|fig ⟨Adj.⟩: *in entgegengesetzter Richtung [verlaufend, sich bewegend]:* ein Motor mit -en Kolben; etw. verläuft g. zu etw. anderem; Ü eine -e Entwicklung.

Ge|gen|leis|tung, die: *Leistung als Erwiderung einer erbrachten Leistung:* als G. verlangt sie unsere Hilfe; wir sind zu keiner G. bereit.

ge|gen|len|ken ⟨sw. V.; hat⟩: *(beim Autofahren) ganz kurz das Fahrzeug der Fahrtrichtung entgegengesetzt lenken, um eine Abweichung zu verhindern od. zu korrigieren.*

ge|gen|le|sen ⟨st. V.; hat⟩: *zur Kontrolle nochmals lesen:* ein Manuskript g.; wer liest gegen?

Ge|gen|licht, das ⟨o. Pl.⟩ (bes. Fot.): *entgegen der Blickrichtung des Betrachters strahlendes Licht, dessen Quelle [durch das betrachtete Objekt] verdeckt ist:* du hättest es bei, im G. fotografieren, aufnehmen sollen; das Foto zeigt den Dom im G.

Ge|gen|licht|auf|nah|me, die (Fot.): *bei Gegenlicht gemachte Aufnahme.*

Ge|gen|licht|blen|de, die: *Sonnenblende* (2).

Ge|gen|lie|be, die: *erwiderte Liebe:* jmds. G. gewiss sein; * **G. finden, auf G. stoßen** *(Anklang, Beifall, Zustimmung finden):* sie stieß mit ihrem Vorschlag bei den Kollegen auf [keine, wenig] G.

Ge|gen|lis|te, die: *Liste* (b), *die Gegenvorschläge zu einer bereits eingereichten od. veröffentlichten Wahlliste enthält.*

Ge|gen|maß|nah|me, die: *Maßnahme, die sich gegen etw. richtet, die etw. bekämpfen od. verhindern soll:* -n [gegen etw.] ergreifen, treffen, einleiten, beschließen; mit sofortigen, geeigneten, politischen, militärischen -n [auf etw.] reagieren.

Ge|gen|mei|nung, die: *gegensätzliche Meinung:* eine G. zu etw. haben.

Ge|gen|mit|tel, das: *gegen etw. (eine Krankheit, ein Gift o. Ä.) wirkendes Mittel:* gegen bestimmte Gifte gibt es kein G.

Ge|gen|mut|ter, die: *Kontermutter.*

Ge|gen|of|fen|si|ve, die: *Gegenangriff.*

Ge|gen|papst, der: *dem rechtmäßigen Papst entgegengestellter, nicht rechtmäßig gewählter Papst.*

Ge|gen|part, der; -[e]s, -e: *Gegner in einem Spiel od. Wettkampf.*

Ge|gen|par|tei, die: **1.** *einen gegensätzlichen Standpunkt vertretende Gruppe:* die Argumente der G. hören; * **die G. ergreifen** *(als Dritter für den Standpunkt der Gegenpartei eintreten).* **2.** *gegnerische Partei, Gruppe, Mannschaft:* die G. wird den Prozess wohl verlieren; der Elfmeter wurde der G. zugesprochen; sie ist überraschend zur G. übergetreten.

Ge|gen|pol, der: *entgegengesetzter Pol:* der Südpol ist der G. zum Nordpol; Ü sie ist in jeder Hinsicht sein G.

Ge|gen|po|si|ti|on, die: *Position, die einer anderen entgegengesetzt ist.*

Ge|gen|pro|be, die: **1.** *Überprüfung eines [Rechen]ergebnisses, einer Behauptung, These o. Ä. durch Umkehrung:* die G. machen. **2.** *Überprüfung eines durch Handzeichen od. Aufstehen erzielten Abstimmungsergebnisses durch Abstimmen mit entgegengesetzter Fragestellung.*

Ge|gen|re|ak|ti|on, die: *gegen etw. (eine Handlung, Einwirkung o. Ä.) gerichtete Reaktion.*

ge|gen|rech|nen ⟨sw. V.; hat⟩: *eine Gegenrechnung aufstellen:* rechnet man hier einmal gegen, so stellt man fest, dass der Aufwand letztlich größer als die Zeitersparnis ist.

Ge|gen|rech|nung, die: *Rechnung, die einer anderen gegenübergestellt wird:* eine G. aufstellen, aufmachen.

Ge|gen|re|de, die: **1.** (geh.) *Antwort, Erwiderung:* sie wechselten angeregt Rede und G. **2.** *Widerrede, Einwand:* ohne G. ließ sie sich alles bezahlen.

Ge|gen|re|for|ma|ti|on, die (hist.): *(im 16. u. 17. Jh.) Gegenbewegung der katholischen Kirche gegen die Reformation.*

ge|gen|re|for|ma|to|risch ⟨Adj.⟩: *die Gegenreformation betreffend.*

Ge|gen|re|gie|rung, die: *Regierung, die mit einer bestehenden Regierung rivalisiert:* im Exil wurde eine G. gebildet.

Ge|gen|re|vo|lu|ti|on, die: *gegen eine siegreiche Revolution gerichtete Bewegung, die im Wesentlichen die Wiederherstellung der vorrevolutionären Verhältnisse zum Ziel hat; Konterrevolution.*

ge|gen|re|vo|lu|ti|o|när ⟨Adj.⟩: *die Gegenrevolution betreffend; konterrevolutionär:* -e Bestrebungen.

Ge|gen|rich|tung, die: *entgegengesetzte Richtung:* der in der G. fließende Verkehr; die Straße ist in der G. gesperrt.

Ge|gen|satz, der [wohl LÜ von spätlat. oppositio (↑Opposition); urspr. nur in der Bed. »Erwiderung im Rechtsstreit«]: **1.** *Verhältnis äußerster Verschiedenheit:* diese beiden Ansichten bilden einen G., stehen in einem scharfen, diametralen G. zueinander; zwischen den beiden Seiten besteht ein tiefer, unversöhnlicher G.; * **im G. zu** *(im Unterschied zu):* im G. zu ihm ist sie recht klein. **2.** *etw. (z. B. ein Begriff, eine Eigenschaft) od. jmd., der etw., jmd. anderem völlig entgegengesetzt ist:* der G. von »warm« ist »kalt«; der G. von Land- u. Stadtleben; sie ist genau der G. zu ihm; R Gegensätze ziehen sich an *(Menschen mit gegensätzlichem Charakter finden sich anziehend, sympathisch).* **3.** *Widerspruch:* seine Worte stehen in einem krassen, schroffen G. zu seinen Taten. **4.** ⟨Pl.⟩ *Meinungsverschiedenheiten, Differenzen:* unüberbrückbare Gegensätze; die Gegensätze haben sich verschärft; Gegensätze überbrücken, abbauen, ausgleichen. **5.** (Musik) *erster Kontrapunkt zum Thema einer Fuge.*

ge|gen|sätz|lich ⟨Adj.⟩: *einen Gegensatz* (1) *bildend; völlig verschieden; einander widerstreitend, (formal od. inhaltlich) unvereinbar:* -e Meinungen, Auffassungen; sie sind sehr, total g. veranlagt.

Ge|gen|sätz|lich|keit, die; -: *gegensätzliche Art, Beschaffenheit:* die G. ihrer Ansichten, Auffassungen.

Ge|gen|satz|paar, das: *zwei Wörter, wovon das eine das Gegensatzwort des anderen ist:* die beiden Begriffe bilden ein G.

Ge|gen|satz|wort, das ⟨Pl. …wörter⟩ (Sprachw.): *Wort, das einem anderen in Bezug auf die Bedeutung entgegengesetzt ist; Antonym* (z. B. schwarz/weiß, starten/landen, Mann/Frau).

Ge|gen|schlag, der: **1.** *Schlag in Vergeltung eines Schlags:* er holte zu einem kräftigen G. aus. **2.** *als Reaktion auf eine gegnerische Aktion ergriffene, gegen den Gegner gerichtete Maßnahme:* die Polizei bereitet einen G. gegen die verbotene Organisation vor; der Feind setzt zum G. an.

Ge|gen|sei|te, die: **1.** *gegenüberliegende Seite:* die G. der Straße. **2.** *Gegenpartei* (2).

ge|gen|sei|tig ⟨Adj.⟩: **a)** *nicht nur für den einen in Bezug auf den anderen, sondern gleicherweise umgekehrt zutreffend; wechselseitig* (a): -es Verständnis, -e Achtung; in -er Abhängigkeit stehen; sich g. helfen; sich g. überbieten; **b)** *beide Seiten betreffend:* -e Abmachungen; sich im -en Einvernehmen trennen.

Ge|gen|sei|tig|keit, die; -: *wechselseitiges Verhältnis:* der Vertrag ist auf G. gegründet; ihre Feindschaft beruht auf G. *(jeder ist dem anderen gleichermaßen feindlich gesinnt);* auf G. (Abk.: a. G.).

Ge|gen|se|rum, das: *Antiserum.*

Ge|gen|sinn, der [b: LÜ von frz. contresens, aus: contre = gegen u. sens = Sinn]: in der Fügung **im G.** *(im entgegengesetzten Sinn, in entgegengesetzter Richtung):* die beiden Schrauben müssen im G. gedreht werden.

ge|gen|sin|nig ⟨Adj.⟩ (Fachspr.): *im Gegensinn.*

Ge|gen|spie|ler, der: **1. a)** *Gegner, Widersacher:* er ist sein offener G.; seine G. ausschalten; **b)** (Sport) *Spieler, der einen Spieler der gegnerischen Mannschaft bewacht od. von ihm bewacht wird:* seinen G. gut decken; **c)** *(bes. in der dramatischen Dichtung) Gestalt, die einen meist negativen Gegenpol zur Hauptfigur bildet u. durch ihr Verhalten od. Tun die Handlungsweise der Hauptfigur bedingt:* die Gestalt des -s war zu farblos gezeichnet. **2.** *Kraft, die zu einer anderen in Wechselwirkung od. im Gegensatz steht:* der Streckmuskel hat im Beugemuskel seinen G.

Ge|gen|spie|le|rin, die: w. Form zu ↑Gegenspieler (1).

Ge|gen|spi|o|na|ge, die: *Abwehr der Spionage eines fremden Landes durch den Aufbau einer eigenen Spionage.*

Ge|gen|sprech|an|la|ge, die: *Sprechanlage, bei der in beiden Richtungen gleichzeitig gesprochen werden kann.*

ge|gen|spre|chen ⟨st. V.; hat; meist im Inf. u. 2. Part. gebr.⟩: *im Gegensprechverkehr sprechen.*

Ge|gen|sprech|ver|kehr, der: *Funk- od. [Fern]sprechverkehr, bei dem gleichzeitig in beiden Richtungen gesendet u. empfangen werden kann.*

Ge|gen|stand, der; -[e]s, Gegenstände [eigtl. = das Entgegenstehende; seit dem 18. Jh. Ersatzwort für ↑Objekt]: **1.** *[kleinerer, fester] Körper; nicht näher beschriebene Sache, Ding:* ein schwerer, spitzer, stumpfer G.; Gegenstände des täglichen Bedarfs; sie stolperte im Dunkeln über einen metallenen G. **2.** ⟨Pl. selten⟩ **a)** *dasjenige, worum es in einem Gespräch, einer Abhandlung, Untersuchung o. Ä. jeweils geht, was den jeweiligen gedanklichen Mittelpunkt bildet; Thema* (1): der G. unserer Unterredung; sie hat diese Frage zum G. einer wissenschaftlichen Untersuchung gemacht; wir sind vom G. abgekommen; **b)** *jmd., etw. Bestimmtes, auf das jmds. Handeln, Denken, Fühlen gerichtet ist, Objekt, Ziel* (3): der G. seiner Liebe; zum G. heftiger Kritik werden; sie war der G. allgemeiner Bewunderung. **3.** (österr.) *Schulfach:* Musik ist ihr liebster G.

ge|gen|stän|dig ⟨Adj.⟩ (Bot.): *(von Blättern) einander gegenüberstehend:* die Blätter sind g. angeordnet.

ge|gen|ständ|lich ⟨Adj.⟩: **a)** *in der Art von Gegenständen, auf die Welt der Gegenstände bezogen;*

G

dinglich, konkret: g. denken; eine Idee g. darstellen; **b)** *(von Kunst[werken]) die in der Wirklichkeit vom menschlichen Auge wahrgenommenen Dinge in ihrer Erscheinungsform so darstellend, dass sie [noch] identifiziert werden können:* -e Kunst; g. malen.

Ge|gen|ständ|lich|keit, die; -: *das Gegenständlichsein.*

Ge|gen|stand|punkt, der: *gegensätzlicher Standpunkt:* den G. vertreten.

Ge|gen|stands|be|reich, der: *Bereich, dem ein Gegenstand* (2a) *angehört.*

ge|gen|stands|be|zo|gen ⟨Adj.⟩: *auf den Gegenstand* (2a), *das Thema bezogen:* eine knappe, -e Diskussion.

ge|gen|stands|los ⟨Adj.⟩: **1. a)** *als Gegenstand* (2a) *einer weiteren Diskussion o. Ä. nicht mehr in Betracht kommend; überflüssig, hinfällig:* durch die Änderungen des Textes wurden die Einwände g.; **b)** *unbegründet, jeder Grundlage entbehrend:* -e Verdächtigungen. **2.** *nicht gegenständlich* (b); *abstrakt* (3): -e Kunst; g. malen.

Ge|gen|stands|lo|sig|keit, die; -: *das Gegenstandslossein.*

ge|gen|steu|ern ⟨sw. V.; hat⟩: *gegenlenken.*

Ge|gen|stim|me, die: **1. a)** *bei einer Abstimmung gegen jmdn., gegen etw. abgegebene Stimme:* der Antrag wurde mit vier -n, ohne G. angenommen; **b)** *Stellungnahme gegen etw., Äußerung einer gegenteiligen Meinung:* in der Diskussion erhoben sich einige -n gegen den Plan. **2.** (Musik) *melodisch selbstständige Stimme, die einen Bezug auf die Hauptmelodie erkennen lässt.*

Ge|gen|stoß, der: **1.** vgl. Gegenschlag (1). **2.** (Milit.) *Gegenangriff* (1): einen G. führen.

Ge|gen|stra|te|gie, die: *Strategie, die eine andere bekämpft:* eine G. entwickeln.

Ge|gen|strom, der: *Strom in der Gegenrichtung.*

Ge|gen|strö|mung, die: **1.** *Strömung, die entgegengesetzt zu einer anderen Strömung verläuft.* **2.** *entgegengesetzte Entwicklung, Tendenz, Opposition:* eine heftige G. gegen die neue Politik setzte ein.

Ge|gen|stück, das: **1.** *Person od. Sache, die einer anderen Person od. Sache ähnlich ist, ihr entspricht; Pendant:* der Roman ist eine Art französisches G. zu Orwells »1984«. **2.** *Gegenteil.*

Ge|gen|teil, das [mhd. gegenteil = Gegenpartei im Rechtsstreit]: *etw. (z. B. eine Eigenschaft, Aussage) od. jmd., der etw., jmd. anderem völlig entgegengesetzt ist:* er ist ganz das G. von ihr; sie hat genau, gerade das G. behauptet, erreicht; etw. wendet sich in sein G.; die Stimmung schlug ins G. um; ich bin nicht nervös, [ganz] im G. *(ganz u. gar nicht).*

ge|gen|tei|lig ⟨Adj.⟩: *das Gegenteil bildend, ausdrückend; entgegengesetzt:* er ist -er Ansicht; das Gericht hat g. *(im entgegengesetzten Sinn)* entschieden.

Ge|gen|the|se, die: *Antithese* (1).

Ge|gen|tor, das (Sport): *auf ein od. mehrere gegnerische Tore folgendes eigenes Tor einer Mannschaft:* ein G. erzielen.

Ge|gen|tref|fer, der (Sport): *Gegentor.*

ge|gen|über: **I.** ⟨Präp. mit Dativ⟩ **1.** räumlich; bezeichnet eine frontal entgegengesetzte Lage: g. dem Rathaus/(auch:) dem Rathaus g. steht die Kirche. **2.** bezeichnet die Beziehung zu einer Person od. Sache; *zu, in Bezug auf die genannte Person, Sache:* sie ist älteren Leuten g. besonders höflich; mir g. wagt er das nicht zu sagen; er ist g. allen Reformen/allen Reformen g. sehr zurückhaltend. **3.** bezeichnet einen Vergleich; *im Vergleich zu:* sie ist dir g. im Vorteil; g. dem vergangenen Jahr verdient er mehr. **II.** ⟨Adv.⟩ *auf der entgegengesetzten Seite:* Ludwigshafen liegt g. von Mannheim am Rhein; seine Eltern wohnen schräg g. *(etwas weiter links od. rechts auf der anderen Straßenseite).*

Ge|gen|über, das; -s, - ⟨Pl. selten⟩ [nach frz. vis-à-vis, ↑vis-à-vis]: **1.** *Person, die jmdm. gegenübersitzt od. -steht:* mein G. bei Tisch war äußerst gesprächig; Ü was ihm fehlt, ist ein G. *(jmd., mit dem er sich auseinander setzen, austauschen kann).* **2.** *Bewohner[in] der gegenüberliegenden Häuserfront:* unser G. ist eine alte Witwe. **3.** ⟨o. Pl.⟩ *das Entgegengesetztsein:* das G. von Theorie und Praxis.

ge|gen|über|lie|gen ⟨st. V.; hat; südd., österr., schweiz. auch: ist⟩: *gegenüber von jmdm., etw. liegen:* die beiden Häuser liegen sich, einander gegenüber; hier lagen sich unsere und die feindlichen Truppen damals gegenüber; auf der gegenüberliegenden Straßenseite.

ge|gen|über|se|hen, sich ⟨st. V.; hat⟩: *sich [unvermittelt] vor jmdm., etw. befinden:* plötzlich sah ich mich dem gesuchten Mann gegenüber; Ü wir sehen uns schwierigen Problemen gegenüber *(sind mit ihnen konfrontiert).*

ge|gen|über|set|zen ⟨sw. V.; hat⟩: **1. a)** ⟨g. + sich⟩ *sich jmdm. zugewandt setzen:* möchtest du dich mir g.?; **b)** *jmdn. jmdm. zugewandt setzen:* die Cousine werden wir ihm g. **2.** *einer Sache zugewandt aufstellen, errichten:* dem Museum wird ein Parkhaus gegenübergesetzt.

ge|gen|über|sit|zen ⟨unr. V.; hat; südd., österr., schweiz. auch: ist⟩: *jmdm. zugewandt sitzen:* jmdm., sich, einander g.

ge|gen|über|ste|hen ⟨unr. V.; hat; südd., österr., schweiz. auch: ist⟩: **1. a)** *jmdm. zugewandt stehen:* plötzlich stand er seinem Chef gegenüber; **b)** ⟨g. + sich⟩ *im Widerstreit stehen:* hier stehen sich verschiedene Auffassungen gegenüber; **c)** ⟨g. + sich⟩ (Sport) *gegen jmdn. spielen:* die beiden Mannschaften standen sich zum ersten Mal gegenüber. **2. a)** *sich mit etw. auseinander setzen müssen, mit etw. konfrontiert werden:* großen Schwierigkeiten g.; **b)** *eine bestimmte Einstellung zu jmdm., etw. haben:* er steht euch, dem Plan skeptisch, mit Misstrauen gegenüber.

ge|gen|über|stel|len ⟨sw. V.; hat⟩: **1.** *mit jmdm. konfrontieren:* der Angeklagte wurde der Zeugin gegenübergestellt. **2.** *zum Zweck des Vergleichs nebeneinander halten, in Beziehung bringen:* die verschiedenen Fassungen eines Werkes [einander] g. **3.** *entgegensetzen:* einer Autorität eine andere g.

Ge|gen|über|stel|lung, die; -, -en: *das Gegenüberstellen; das Gegenübergestelltwerden:* der Täter wurde bei einer G. von seinem Opfer identifiziert.

ge|gen|über|tre|ten ⟨st. V.; ist⟩: **1.** *vor jmdn. hintreten:* er fürchtete sich, ihr nach diesem Vorfall gegenüberzutreten. **2.** *gegenüber jmdm., etw. in bestimmter Weise auftreten, sich in bestimmter Weise verhalten:* seinen Anklägern, einer Gefahr, seinem Schicksal mutig g.

Ge|gen|un|ter|schrift, die: *Unterschrift einer zweiten Person (zur Genehmigung, Kontrolle o. Ä.).*

Ge|gen|ver|an|stal|tung, die: vgl. Gegenaktion.

Ge|gen|ver|kehr, der: **1.** *entgegenkommender Verkehr:* es herrscht starker G. **2.** *Verkehr in beiden Richtungen:* eine Straße, ein Streckenabschnitt mit G.

Ge|gen|vor|schlag, der: *auf einen Vorschlag hin gemachter, anders gearteter od. gegensätzlicher Vorschlag.*

Ge|gen|vor|wurf, der: *auf einen Vorwurf hin gemachter anderer Vorwurf:* er antwortete mit heftigen Gegenvorwürfen.

Ge|gen|wart, die; - [2: mhd. gegenwart, ahd. geginwartī]: **1.** *Zeit[punkt] zwischen Vergangenheit u. Zukunft; Zeit, in der man gerade lebt; Jetztzeit:* die Dichtung der G.; in der G., nur für die G. leben; bis in die jüngste G. [hinein] nachfortwirken. **2.** (Sprachw.) *Zeitform, die ein gegenwärtiges Geschehen ausdrückt; Präsens.* **3.** *Anwesenheit:* seine G. ist hier nicht erwünscht; in G. unserer Gäste; in deiner, Peters, Mutters G.

ge|gen|wär|tig [auch: - - '- -] ⟨Adj.⟩ [mhd. gegenwertec, ahd. geginwertig]: **1.** *in der Gegenwart* (1) *[gegeben, geschehend], ihr angehörend; derzeit[ig]:* die -e politische Lage; unsere Beziehungen sind g. *(zurzeit)* sehr schlecht. **2.** (veraltend) *anwesend, zugegen:* die hier -en Besucher; bei einer Sitzung [nicht] g. sein; Ü in dieser alten Stadt ist das Mittelalter g. *(geistig vorhanden, lebendig);* *** jmdm. g. sein** *(jmdm. erinnerlich sein).*

Ge|gen|wär|tig|keit [auch: - -'- - -], die; - (selten): **1.** *Anwesenheit.* **2.** *Bezug zur Gegenwart.*

ge|gen|warts|be|zo|gen ⟨Adj.⟩: *auf die Gegenwart* (1) *bezogen:* ein -er Roman.

Ge|gen|warts|be|zo|gen|heit, die: *Bezogenheit auf die Gegenwart* (1).

ge|gen|warts|fern ⟨Adj.⟩: *den Besonderheiten, dem Denken der Gegenwart* (1) *widersprechend nicht im Einklang damit:* seine Ansichten sind völlig g.

Ge|gen|warts|fer|ne, die ⟨o. Pl.⟩: *das Entrücktsein von den Besonderheiten, dem Denken der Gegenwart* (1).

Ge|gen|warts|form, die: *Präsensform.*

Ge|gen|warts|fra|ge, die: *Frage, Problem von allgemeinem gegenwärtigem Interesse:* eine Debatte über politische -n.

Ge|gen|warts|li|te|ra|tur, die: *Literatur der Gegenwart* (1): bedeutende Werke der G. werden vorgestellt.

ge|gen|warts|nah, ge|gen|warts|na|he ⟨Adj.⟩: *den Besonderheiten, dem Denken der Gegenwart* (1) *entsprechend, damit im Einklang; zeitnah, aktuell:* ein gegenwartsnaher Dokumentarfilm; g. denken, unterrichten.

Ge|gen|warts|nä|he, die ⟨o. Pl.⟩: *gegenwartsnahes Denken, Verhalten; gegenwartsnahe Beschaffenheit o. Ä.*

Ge|gen|warts|pro|blem, das: vgl. Gegenwartsfrage.

Ge|gen|warts|ro|man, der: *Roman über ein Thema aus der unmittelbaren Gegenwart.*

Ge|gen|warts|spra|che, die: *Sprache der Gegenwart* (1): die Entwicklung der deutschen G.

Ge|gen|wehr, die ⟨Pl. selten⟩: *das Sichwehren gegen etw.; Verteidigung, Widerstand:* heftige G leisten.

Ge|gen|welt, die: vgl. Gegenkultur.

Ge|gen|wert, der: *entsprechender Wert, Äquivalent:* der Gewinner des Preisausschreibens war an dem gewonnenen Auto nicht interessiert und ließ sich den G. in Bar auszahlen; Waren im G. von umgerechnet 100 000 Mark.

Ge|gen|wind, der: *Wind, der entgegengesetzt zu der Richtung weht, in die sich jmd. bewegt:* G. haben; gegen starken G. ankämpfen.

Ge|gen|wir|kung, die: *einer Wirkung folgende gegensätzliche Wirkung:* Wirkung und G.; eine G. ausüben.

Ge|gen|wort, das: **1.** ⟨Pl. ...wörter⟩ *Gegensatzwort.* **2.** ⟨Pl. -e⟩ (landsch.) *Antwort.*

ge|gen|zeich|nen ⟨sw. V.; hat⟩: *mit der Gegenunterschrift versehen, mit unterschreiben:* einen Vertrag, Geschäftsbrief g.; er weigert sich gegenzuzeichnen.

Ge|gen|zeich|ner, der; -s, -: *jmd., der etw. gegenzeichnet.*

Ge|gen|zeich|ne|rin, die: w. Form zu ↑Gegenzeichner.

Ge|gen|zeich|nung, die; -, -en: *das Gegenzeichnen.*

Ge|gen|zeu|ge, der: **1.** *jmd., der das Gegenteil einer Aussage, Behauptung o. Ä. bezeugt:* ich habe zwei -n gegen die Behauptung, ich sei schuld an dem Unfall. **2.** *Zeuge der Gegenpartei in einem Prozess:* die -n wurden noch nicht vernommen.

Ge|gen|zeu|gin, die: w. Form zu ↑Gegenzeuge.

Ge|gen|zug, der: **1.** *gegnerischer Zug* (5) *beim Brettspiel:* ein geschickter G.; Ü das war ein kluger politischer G. **2.** *auf derselben Strecke in der Gegenrichtung verkehrender Zug.* **3.** (Sport) *Gegenangriff* (2).

ge|ges|sen: ↑essen.

ge|gie|belt ⟨Adj.⟩: *mit einem Giebel versehen, in einen Giebel auslaufend.*

Ge|girr, das; -s, **Ge|gir|re,** das; -s: *(dauerndes) Girren.*

ge|gli|chen: ↑gleichen.

ge|glit|ten: ↑gleiten.

Ge|glit|zer, das; -s, (selten:) **Ge|glit|ze|re,** das; -s: *[dauerndes] Glitzern.*

ge|glom|men: ↑glimmen.

Ge|glucks, das; -es, **Ge|gluck|se,** das; -s: *[dauerndes] Glucksen.*

ge|glückt: ↑glücken.

Geg|ner, der; -s, - [aus dem Niederd. < mniederd. gēgenēre (LÜ von lat. adversarius), zu: gēgenen = entgegenkommen, begegnen, zu ↑gegen]: **a)** *jmd., der gegen eine Person od. Sache eingestellt ist [u. sie bekämpft]:* ein erbitterter, persönlicher G.; sie sind unversöhnliche G.; er ist ein entschiedener G. der Todesstrafe; **b)** (Sport) *Einzelspieler, -läufer o. Ä. als Konkurrent; Mannschaft der Gegenpartei* (2): der G. war für ihn zu stark; **c)** *Feind* (2): der G. greift auf breiter Front an; zum G. überlaufen.

Geg|ne|rin, die; -, -nen: w. Form zu ↑Gegner (a, b).

geg|ne|risch ⟨Adj.⟩: *den Gegner betreffend, zu ihm gehörend, von ihm ausgehend.*

Geg|ner|schaft, die; -, -en: **1.** *gegnerische Einstellung, Haltung, Gesinnung:* sie bekundet offen ihre G. gegen unser Vorhaben; zwischen ihnen bestand eine erbitterte G. **2.** ⟨o. Pl.⟩ (selten) *Gesamtheit der Gegnerinnen und Gegner.*

ge|gol|ten: ↑gelten.

ge|go|ren: ↑gären.

ge|gos|sen: ↑gießen.

gegr. = gegründet (↑gründen 1).

ge|grif|fen: ↑greifen.

Ge|grin|se, das; -s (ugs. abwertend): *[dauerndes] Grinsen:* hör endlich mit dem G. auf!

Ge|gröl, das; -[e]s, **Ge|grö|le,** das; -s (ugs. abwertend): *[dauerndes] Grölen.*

ge|grün|det: ↑gründen.

Ge|grunz, das; -es, **Ge|grun|ze,** das; -s: *[dauerndes] Grunzen.*

ge|gür|tet: ↑gürten.

Ge|ha|be, das; -s [mhd. gehabe]: **1.** (abwertend) *geziertes, unnatürliches Benehmen; Getue.* **2.** *Gehaben* (1).

ge|ha|ben, sich ⟨sw. V.; hat⟩ [mhd. gehaben, ahd. gihabēn = halten, haben; sich befinden; (refl.:) sich halten, sich benehmen, zu ↑haben]: **1.** in den Verbindungen **gehab dich wohl!, gehabt euch wohl!, gehaben Sie sich wohl!** (veraltet, noch scherzh.; *leb wohl!, lebt wohl!, leben Sie wohl!*). **2.** (österr., sonst veraltet) *sich benehmen.*

Ge|ha|ben, das; -s [subst. Inf.]: **1.** *Betragen, Gebaren, Verhalten.* **2.** (selten) *Gehabe* (1).

ge|habt: **1.** ↑haben. **2.** ⟨Adj.⟩ (ugs.) *schon [einmal] dagewesen:* wie g. *(wie bisher leider üblich)* mussten wir wieder stundenlang warten.

Ge|hack|te, das; -n ⟨Dekl. ↑[2]Junge, das⟩: *Hackfleisch:* ein halbes Pfund -s; eine Füllung mit -m.

[1]Ge|halt, der; -[e]s, -e [mhd. gehalt = Gewahrsam; innerer Wert, zu: gehalten = festhalten, [auf]bewahren, zu ↑halten]: **1.** *gedanklicher Inhalt; geistiger, ideeller Wert:* der religiöse, politische G. eines Werkes. **2.** *Anteil eines bestimmten Stoffes in einer Mischung od. in einem anderen Stoff:* dieser Schnaps hat einen hohen G. an Alkohol; diese Nahrungsmittel haben wenig G. *(wenig Nährstoffe);* Ü etw. auf seinen G. an Wahrheit prüfen.

[2]Ge|halt, das, österr.: der; -[e]s, Gehälter [eigtl. = Summe, für die man jmdn. in Diensten hält]: *regelmäßige monatliche Bezahlung der Beamten u. Angestellten:* ein hohes, festes, sicheres G.; die Gehälter werden erhöht, angehoben, gekürzt; wie hoch ist Ihr G.?; sie hat/bezieht 6 800 DM G./ein G. von 6 800 DM.

ge|hal|ten ⟨Adj.⟩ [1: adj. 2. Part. von veraltet halten = zu etw. anhalten; 2: adj. 2. Part. von veraltet sich halten = sich zurückhalten]: in der Verbindung **zu etw. g. sein** (geh.; *[ein bestimmtes Verhalten] auferlegt bekommen haben, dazu verpflichtet sein*): wir sind g., Stillschweigen zu bewahren.

ge|halt|lich ⟨Adj.⟩ (ugs.): *das [2]Gehalt betreffend:* eine -e Aufbesserung.

ge|halt|los ⟨Adj.⟩: **1.** *ohne wesentlichen geistigen [1]Gehalt (1), ohne Substanz (3), Tiefe; oberflächlich, nichts sagend:* ein -es Buch; dieser Film ist ziemlich g. **2. a)** *keine od. nur sehr wenig Nährstoffe enthaltend:* eine -e Kost; **b)** *ohne od. nur mit sehr geringem Feingehalt:* -e Münzen.

Ge|halt|lo|sig|keit, die; -: **1.** *Mangel an [1]Gehalt (1), Substanz (3), Tiefe.* **2.** *gehaltlose (2) Beschaffenheit.*

ge|halt|mä|ßig ⟨Adj.⟩: *den [1]Gehalt betreffend.*

ge|halt|reich ⟨Adj.⟩: **1. a)** *reich an Nährstoffen; von hohem Nährwert:* -e Speisen; **b)** *mit einem hohen Feingehalt:* -e Münzen. **2.** *gehaltvoll* (1).

Ge|halts|ab|rech|nung, die: **1. a)** *Abrechnung über das [2]Gehalt:* das Kindergeld wird mit der G. ausbezahlt; **b)** *Blatt Papier, Computerausdruck o. Ä., auf dem die Gehaltsabrechnung (1 a) dokumentiert wird.* **2.** *Abteilung eines Betriebes, in der die Gehaltsabrechnungen (1) erstellt werden:* in der G. arbeiten.

Ge|halts|ab|zug, der: *Abzug einer bestimmten Summe vom [2]Gehalt:* einen G. in Kauf nehmen müssen.

Ge|halts|an|spruch, der: **1.** *Recht auf [2]Gehalt:* als Angestellter hat er nun auch G. **2.** ⟨meist Pl.⟩ *Forderung nach einem bestimmten [2]Gehalt:* höhere Gehaltsansprüche geltend machen.

Ge|halts|an|wei|sung, die: **1.** *Anordnung zur Überweisung des [2]Gehalts:* die G. ist noch nicht erfolgt. **2.** *Schriftstück, mit dem die Überweisung des [2]Gehalts veranlasst wird:* eine G. ausstellen.

Ge|halts|aus|zah|lung, die: *Auszahlung des [2]Gehalts.*

Ge|halts|emp|fän|ger, der: *jmd., der [2]Gehalt bezieht:* er ist jetzt G.

Ge|halts|emp|fän|ge|rin, die: w. Form zu ↑Gehaltsempfänger.

Ge|halts|er|hö|hung, die: *Erhöhung des [2]Gehalts.*

Ge|halts|for|de|rung, die: *Gehaltsanspruch* (2).

Ge|halts|grup|pe, die: *[1]Gruppe (1 b), in die Beamte u. Angestellte aufgrund ihrer jeweiligen Tätigkeitsmerkmale eingestuft werden u. nach der sich die Höhe des [2]Gehalts richtet.*

Ge|halts|kon|to, das: *Konto, auf das das [2]Gehalt überwiesen wird.*

Ge|halts|pfän|dung, die: *Pfändung eines Teils des [2]Gehalts zugunsten eines Gläubigers.*

Ge|halts|stu|fe, die: vgl. Gehaltsgruppe: in eine höhere G. vorrücken.

Ge|halts|vor|rü|ckung, die (österr.): *Gehaltserhöhung bes. für Beamte.*

Ge|halts|vor|schuss, der: *Vorschuss auf das [2]Gehalt.*

Ge|halts|vor|stel|lung, die: *Vorstellung* (2 a), *die sich jmd. über sein [2]Gehalt macht.*

Ge|halts|wunsch, der: *gewünschtes [2]Gehalt:* bei einer Bewerbung den G. angeben.

Ge|halts|zah|lung, die: *Gehaltsauszahlung.*

Ge|halts|zu|la|ge, die: *Zulage (a) zum [2]Gehalt:* eine G. in Höhe von monatlich 400 DM bekommen.

ge|halt|voll ⟨Adj.⟩: **1.** *reich an [1]Gehalt (1), Substanz (3); von großer Aussagekraft:* ein [besonders] -es Buch; ein -er *(inhaltsreicher)* Brief. **2.** *gehaltreich* (1 a).

ge|han|di|capt: ↑handicapen.

Ge|hän|ge, das; -s, -: **1.** *etw., was [von oben herab]hängt; etw. Hängendes:* das traubenförmige G. bestimmter Blüten; ihre Ohren hat sie mit glitzernden -n *(mit Ohrringen, die beim Tragen herabhängen)* geschmückt. **2.** (salopp) *männliche Geschlechtsteile.*

ge|han|gen: ↑[1]hängen.

Ge|häng|te, der u. die; -n, -n ⟨Dekl. ↑Abgeordnete⟩: *jmd., der gehängt wurde.*

Ge|hän|sel, das; -s, (selten:) **Ge|hän|se|le,** das; -s (ugs. abwertend): *[dauerndes] Hänseln.*

ge|har|nischt ⟨Adj.⟩ [adj. 2. Part. von veraltet harnischen = mit einem Harnisch versehen]: **1.** *sich in empörten, scharfen Worten gegen etw. äußernd u. sich damit an jmdn. wendend; erbost, aufgebracht, scharf [anprangernd]:* ein -er Protest; ein -er Brief; g. antworten. **2.** *einen Harnisch tragend:* ein -er Reiter.

ge|häs|sig ⟨Adj.⟩ [mhd. geheȥȥec = hassend, feindlich gesinnt, zu ↑Hass] (abwertend): *in bösartiger Weise missgünstig; boshaft, gemein:* ein -er Mensch; eine -e Bemerkung; sei nicht so g.!; g. von jmdm. reden.

Ge|häs|sig|keit, die; -, -en: **1.** ⟨o. Pl.⟩ *gehässiges Wesen, Verhalten:* etw. aus purer G. tun. **2.** *gehässige Äußerung, Bemerkung:* jmdm. -en sagen.

ge|hau|en: ↑hauen.

ge|häuft ⟨Adj.⟩: **1.** *(von einem Löffel) hoch gefüllt:* ein -er Esslöffel Zucker. **2.** *wiederholt, häufig:* ein -es Auftreten von Schädlingen; g. vorkommen.

Ge|häu|se, das; -s, - [spätmhd. geheus, gehiuse = Hütte, Verschlag, Kollektivbildung zu ↑Haus]: **1.** *feste, schützende Umhüllung um etw.:* das G. einer Uhr, eines Radiogeräts; die Schnecke ist in ihrem G. **2.** kurz für ↑Kerngehäuse: das G. aus dem Apfel herausschneiden. **3.** (Sport Jargon) *[1]Tor (2a):* im G. stehen. **4.** (veraltet) *Behausung.*

geh|be|hin|dert ⟨Adj.⟩: *durch einen genetischen Defekt od. eine Verletzung im Gehen behindert:* stark g. sein.

Geh|be|hin|der|te, der u. die: *jmd., der gehbehindert ist.*

Geh|be|hin|de|rung, die: *durch einen genetischen Defekt od. eine Verletzung bedingte Behinderung beim Gehen.*

Ge|heck, das; -[e]s, -e [zu ↑hecken] (Jägerspr.): **1.** *die Jungen vom Raubwild* (bes. von Fuchs u. Wolf). **2.** *Brut (bei Entenvögeln).*

Ge|he|ge, das; -s, - [mhd. gehege, gehage, ahd. gahagi(um) = Umfriedung, Einhegung, Kollektivbildung zu ↑Hag]: **1.** (Jägerspr.) *[eingezäuntes] Revier, in dem Wild weidmännisch betreut u. gejagt wird:* das G. mit Rotwild besetzen; ***jmdm. ins G. kommen/geraten** (**1.** *in das Gebiet eines anderen eindringen, in den Bereich eines anderen vorstoßen.* **2.** *jmdn. in seinen Plänen o. Ä. durch eigenes Handeln stören;* eigtl. = in das umzäunte Gebiet eines anderen eindringen). **2.** *eingezäunter größerer Bereich innerhalb eines Zoos od. Tierparks, in dem Tiere gehalten werden:* das G. der Affen, Löwen.

ge|heim ⟨Adj.⟩ [mhd. geheim = heimlich, vertraut, zu: geheim, geheime = vertrauter Umgang, zu ↑Heim]: **a)** *vor anderen, vor der Öffentlichkeit absichtlich verborgen gehalten; bewusst nicht bekannt gegeben, nicht für andere bestimmt:* eine -e Zusammenkunft; ihre -sten Gedanken, Wünsche; -e Wahl *(Wahl, bei der geheim bleibt, wie jede[r] einzelne Wählende gestimmt hat);* g. abstimmen; der Ort der Verhandlungen wurde streng g. gehalten; warum musst du immer so g. tun (ugs. abwertend; *so tun, als hättest du ein Geheimnis zu hüten*); der -e Vorbehalt (Rechtsspr.; *stillschweigend abweichende Auslegung od. Umdeutung einer Aussage durch den, die Sprechende*); ***im Geheimen** (**1.** *im Verborgenen, von anderen unbemerkt; heimlich:* ganz im Geheimen wurde das Fest vorbereitet. **2.** *im Innersten, insgeheim:* im Geheimen bedauerte er den Vorfall); **b)** *in seiner Art ein Geheimnis (2) bleibend, in einer mit dem Verstand nicht erklärbaren Weise wirksam:* -e Kräfte besitzen; von ihr ging eine -e Anziehungskraft aus.

Ge|heim|ab|kom|men, das: *geheimes (a) Abkommen.*

Ge|heim|ab|spra|che, die: *geheime (a) Absprache.*

Ge|heim|agent, der: *Agent eines Geheimdienstes.*

Ge|heim|agen|tin, die: w. Form zu ↑Geheimagent.

Ge|heim|auf|trag, der: *geheimer (a) Auftrag:* er wurde mit einem G. ins Ausland geschickt.

Ge|heim|bund, der: *Organisation, die ihre Aufgaben u. Ziele vor der übrigen Bevölkerung geheim hält:* ein religiöser, politischer G.

Ge|heim|bün|de|lei, die; - (veraltend): *Gründung eines Geheimbundes; Mitwirkung in einem Geheimbund.*

Ge|heim|bünd|ler, der; -s, -: *Mitglied eines Geheimbundes.*

Ge|heim|dienst, der: *Organisation zur Beschaf-*

fung vorwiegend geheimer Informationen militärischer, politischer, wirtschaftlicher u. wissenschaftlicher Natur aus anderen Ländern, zur Sabotage[abwehr] u. Spionage[abwehr]: der militärische G.; sie arbeitet für den amerikanischen G.

ge|heim|dienst|lich ⟨Adj.⟩: *den Geheimdienst betreffend, zum Geheimdienst gehörend:* -e Tätigkeiten; g. tätig sein.

Ge|heim|di|plo|ma|tie, die: **a)** *Einsatz geheimer diplomatischer Unterhändler neben der offiziellen Diplomatie;* **b)** *Praxis der Geheimhaltung diplomatischer Kontakte u. Verhandlungen.*

Ge|heim|do|ku|ment, das: *geheimes* (a) *Dokument.*

Ge|heim|fach, das: *verborgenes Fach* (1) *in Schreibtischen, Schränken u. Ä.:* er bewahrt die Dokumente im G. seines Schreibtischs auf.

Ge|heim|fa|vo|rit, der (bes. Sport): *jmd., der insgeheim als Favorit gilt.*

Ge|heim|fa|vo|ri|tin, die: w. Form zu ↑Geheimfavorit.

Ge|heim|gang, der: *geheimer* (a) *[1]Gang* (7), *bes. unter der Erde od. in Gebäuden:* einen unterirdischen G. entdecken.

Ge|heim|ge|sell|schaft, die: *Geheimbund.*

ge|heim hal|ten: s. geheim (a).

Ge|heim|hal|tung, die ⟨o. Pl.⟩: *das Geheimhalten:* strikte G.; zur absoluten G. verpflichtet sein.

Ge|heim|hal|tungs|pflicht, die: *Pflicht zur absoluten Geheimhaltung.*

Ge|heim|kon|to, das: *geheimes* (a) *Konto:* er hat bei der Bank ein G.

Ge|heim|kult, der: *im Geheimen betriebener Kult.*

Ge|heim|leh|re, die: *religiöse od. philosophische Lehre, die nur Eingeweihten zugänglich u. von diesen geheim zu halten ist.*

Ge|heim|mit|tel, das (früher): *Arzneimittel von angeblich fantastischer Wirkung mit einer vom Hersteller (meist einem Alchemisten) geheim gehaltenen Zusammensetzung:* Ü sie kennt angeblich ein G. *(nicht allgemein bekanntes Mittel)* gegen Cellulitis.

Ge|heim|nis, das; -ses, -se [von Martin Luther (1483–1546) für lat. mysterium (↑Mysterium) gebraucht]: **1. a)** *etw., was geheim bleiben soll:* ein ängstlich gehütetes G.; sie haben keine -se voreinander; ein G. lüften; militärische -se verkaufen; ein G. für sich behalten, mit ins Grab nehmen, preisgeben; jmdm. ein G. anvertrauen; jmdn. in ein G. einweihen; das ist kein G. mehr *(das ist längst bekannt);* sie macht kein G. aus ihren Plänen *(sie spricht ganz offen darüber);* das ist das ganze G. *(das ist alles, was zu dieser Angelegenheit zu sagen ist, hinter dieser Sache steckt);* * **ein offenes/(selten:) öffentliches G.** *(etw., was bereits allgemein bekannt ist, aber offiziell noch geheim gehalten wird;* nach dem Titel »Das öffentliche Geheimnis« der dt. Bearbeitung des Theaterstücks »Il pubblico secreto« [1769 v. C. Gozzi]); **ein süßes G. haben** (fam. veraltend; *ein Baby erwarten*); **b)** *etw., was nur Eingeweihten bekannt ist:* jmdn. in die -se des Schachspiels einweihen. **2.** *etw. Unerforschtes od. nicht Erforschbares:* das G. des Lebens, des Glaubens; die -se der Natur erforschen.

Ge|heim|nis|krä|mer, der: *Geheimnistuer.*

Ge|heim|nis|krä|me|rei, die: *Geheimnistuerei:* du mit deiner G.

Ge|heim|nis|krä|me|rin, die: w. Form zu ↑Geheimniskrämer.

ge|heim|nis|krä|me|risch ⟨Adj.⟩: *geheimnistuerisch.*

Ge|heim|nis|trä|ger, der (Fachspr.): *jmd., der dienstlich Einblick in Sachverhalte (bes. militärischer u. politischer Art) bekommt, die vor der Öffentlichkeit geheim zu halten sind.*

Ge|heim|nis|trä|ge|rin, die: w. Form zu ↑Geheimnisträger.

Ge|heim|nis|tu|er, der; -s, - (ugs. abwertend): *jmd., der so tut, als habe er Geheimnisse zu hüten, der sich mit angeblichen Geheimnissen wichtig tut.*

Ge|heim|nis|tu|e|rei, die; - (ugs. abwertend): *geheimnisvolles* (b) *Getue.*

Ge|heim|nis|tu|e|rin, die; -, -nen: w. Form zu ↑Geheimnistuer.

ge|heim|nis|tu|e|risch ⟨Adj.⟩ (ugs. abwertend): *in der Art eines Geheimnistuers, einer Geheimnistuerin.*

ge|heim|nis|um|wit|tert ⟨Adj.⟩ (geh.): *von Geheimnissen, geheimnisvollen Geschichten o. Ä. umgeben:* ein -es altes Schloss.

ge|heim|nis|um|wo|ben ⟨Adj.⟩ (geh.): *geheimnisumwittert.*

Ge|heim|nis|ver|rat, der (Rechtsspr.): *Verrat von Dienst- od. Staatsgeheimnissen.*

ge|heim|nis|voll ⟨Adj.⟩: **a)** *voller Geheimnisse, nicht zu durchschauen, mysteriös, unerklärlich:* er verschwand auf -e Weise; ein -er *(voller Geheimnisse u. dadurch unheimlicher)* Ort; **b)** *ein Geheimnis andeutend; so, als gäbe es ein besonderes Geheimnis:* ein -es Gesicht machen; sie sprach, tat sehr g.

Ge|heim|num|mer, die: **1.** *geheime* (a), *nicht im Telefonbuch verzeichnete Telefonnummer.* **2.** *geheim gehaltene Nummer von Bankkonten, Scheckkarten, Schlössern mit Zahlenkombinationen o. Ä.*

Ge|heim|or|ga|ni|sa|ti|on, die: *Geheimbund.*

Ge|heim|po|li|zei, die: *Polizeiverwaltung, die nicht der regulären Polizeiverwaltung eingegliedert ist u. aufgrund besonderer Vollmachten alle staatsfeindlichen Bestrebungen verfolgt; politische Polizei.*

Ge|heim|po|li|zist, der: *Polizist bei der Geheimpolizei.*

Ge|heim|po|li|zis|tin, die: w. Form zu ↑Geheimpolizist.

Ge|heim|rat, der ⟨Pl. ...räte⟩ [zu ↑geheim in der veralteten Bed. »vertraut«] (früher): **a)** ⟨o. Pl.⟩ (als Anrede gebrauchte) Kurzf. verschiedener Titel (z. B. Geheimer Regierungsrat/Hofrat); **b)** *Träger eines mit »Geheimrat«* (a) *wiedergegebenen Titels.*

Ge|heim|rats|ecken ⟨Pl.⟩ (ugs. scherzh.): *durch Haarausfall oberhalb der Schläfen entstandene tiefe Einbuchtungen im Haaransatz bei Männern.*

Ge|heim|re|zept, das: *geheime Anleitung zur Herstellung von etw.:* das Heilmittel ist nach einem G. hergestellt.

Ge|heim|sa|che, die: *geheim gehaltene Angelegenheit.*

Ge|heim|schrift, die: *verschlüsselte od. unsichtbar gemachte Schrift, die nur für Eingeweihte entzifferbar sein soll:* eine G. entschlüsseln; in G. schreiben.

Ge|heim|sen|der, der: *illegaler Rundfunksender, der bes. vom militärischen Gegner od. von verbotenen Organisationen zu Zwecken der Propaganda o. Ä. benutzt wird.*

Ge|heim|spra|che, die: *künstliche Sprache, die nur für Eingeweihte verständlich sein soll:* die Kinder hatten sich eine G. ausgedacht.

Ge|heim|text, der: *verschlüsselter, in Geheimschrift geschriebener Text:* einen G. entschlüsseln.

Ge|heim|tin|te, die: *Tinte, die nach dem Trocknen keine Spuren hinterlässt u. nur durch chemische od. physikalische Mittel sichtbar gemacht werden kann:* eine Botschaft mit einer G. schreiben.

Ge|heim|tipp, der: **1.** *jmd., der unter Eingeweihten als besonders aussichtsreich gilt.* **2.** *persönlicher, vertraulicher Tipp eines Eingeweihten.*

Ge|heim|tu|e|rei, die: *Geheimnistuerei.*

ge|heim|tu|e|risch ⟨Adj.⟩: *geheimnistuerisch.*

ge|heim tun: s. geheim (a).

Ge|heim|tür, die: *verborgene Tür:* durch eine G. gelangt man in den Nebenraum.

Ge|heim|ver|trag, der: *Vertrag, dessen Abschluss od. Inhalt geheim bleiben soll.*

Ge|heim|waf|fe, die (Milit.): *im Geheimen entwickelte neue Waffe:* mit dem Einsatz von -n drohen; Ü die Firma will jetzt ihre G. gegen den Umsatzrückgang einsetzen.

Ge|heim|wis|sen|schaft, die: *Lehre von den geheimen* (b), *nicht jedem erkennbaren Eigenschaften u. Kräften der Natur.*

Ge|heim|zahl, die: *Geheimnummer* (2).

Ge|heim|zei|chen, das: vgl. Geheimschrift.

Ge|heiß, das; -es [mhd. geheiʒ(e), ahd. gaheiʒ(a), zu ↑[1]heißen (3)] (geh.): *Anordnung, mündlicher Befehl:* jmds. G. folgen; er tat es auf ihr G.

ge|hei|ßen: ↑[1]heißen.

ge|hemmt ⟨Adj.⟩: *voller Hemmungen:* einen -en Eindruck machen; g. wirken, sprechen.

Ge|hemmt|heit, die; -: *das Gehemmtsein; gehemmtes Verhalten.*

ge|hen ⟨unr. V.; ist⟩ [mhd., ahd. gēn, gān, urspr. = verlassen, fortgehen; leer sein, klaffen, verw. mit gähnen]: **1.** *sich in aufrechter Haltung auf den Füßen schrittweise fortbewegen:* schnell, langsam, gerade, gebückt, barfuß, südwärts, am Stock, auf Zehenspitzen, eingehakt g.; geradeaus, um die Ecke, über die Straße, auf und ab, hin und her g.; willst du mitfahren oder lieber [zu Fuß] g.?; * **wo jmd. geht u. steht** *(immerzu; überall):* er trägt die Sonnenbrille, wo er geht und steht; **wie jmd. geht u. steht** *(so, wie jmd. gerade [angezogen] ist; sofort):* als er die Nachricht hörte, rannte er los, wie er ging und stand. **2.** *eine bestimmte Strecke gehend* (1) *zurücklegen:* einen Umweg, 5 km g.; ich bin den Weg in einer Stunde gegangen; sie ist ein Stück mit uns gegangen; der Pfad ist nicht leicht zu g. **3.** ⟨g. + sich; unpers.⟩ *in bestimmter Weise zu begehen sein:* auf diesem Pflaster geht es sich schlecht. **4. a)** *sich [mit bestimmter Absicht] irgendwohin begeben:* schwimmen, tanzen, einkaufen, essen g.; auf den Markt, aufs Standesamt g.; ins Ausland g.; zu/ins Bett g.; zur/in die Kirche g. *(den Gottesdienst besuchen);* an die Luft g. *(ins Freie gehen, um sich zu entspannen, zu erfrischen);* in die Himbeeren g. (ugs.; *Himbeeren pflücken gehen*); Ü an die Arbeit g. *(mit der Arbeit beginnen);* in Deckung g. *(Schutz suchen);* in Urlaub, Pension g.; mit einigen Hoffnungen in den Wahlkampf g.; das Manuskript geht in Druck *(man beginnt mit dem Druck);* * **in sich g.** *(über sein Verhalten [mit Bedauern] nachdenken, um es zu ändern);* * **jmdn. g. lassen** (ugs.; *jmdn. in Ruhe lassen*): lass den Hund g.; * **jmdn., etw. g. lassen** (ugs.; *jmdn., etw. loslassen*): er ließ das Seil plötzlich g.; * **sich g. lassen** *(sich nicht beherrschen, sich keine Selbstdisziplin auferlegen):* du hast dich gestern Abend ziemlich g. lassen/(seltener:) gelassen; **b)** *regelmäßig besuchen:* in den Kindergarten, auf die Universität g.; sie geht noch zur Schule *(sie ist noch Schülerin);* Ü er ist durch eine harte Schule gegangen *(hat viel Schweres durchgemacht);* **c)** *in einem bestimmten Bereich [beruflich] tätig werden:* in den Staatsdienst, in die Industrie, Politik g.; ins Kloster g. *(Nonne, Mönch werden);* zum Theater, zum Film g. *([Film]schauspieler[in] werden);* **d)** (landsch.) *als etw. [zu] arbeiten [beginnen]:* als Schaffner g. **5.** (ugs.) *sich in bestimmter Weise kleiden:* er geht immer gut gekleidet; in Schwarz, in Trauer, in Zivil g.; zum Fasching als Cowboy *(im Kostüm eines Cowboys)* g. **6. a)** *einen Ort verlassen; weggehen:* ich muss jetzt g.; er ist wortlos, grußlos gegangen; gehen wir?; jmdn. lieber g. als kommen sehen *(jmdn. nicht mögen u. deshalb auf seine Anwesenheit keinen Wert legen);* geh/gehen Sie/(südd., österr.:) gehts mir doch damit (ugs.; als Ausdruck der Ablehnung, des Unwillens; *lass/lassen Sie mich doch damit in Ruhe*)!; geh/(südd., österr.:) gehts, das soll ich glauben? (ugs.; als Ausdruck des Zweifels); er ist von uns gegangen (verhüll.; *gestorben*); der Zug geht um 12.22 Uhr *(fährt um 12.22 Uhr ab);* der nächste Bus geht *(fährt)* erst in einer halben Stunde; * **etw. mit sich g. heißen/lassen** (ugs.; ↑mitgehen); **b)** *seinen bisherigen Arbeitsplatz aufgeben; aus dem Amt, Dienst ausscheiden:* sie hat gekündigt und wird nächsten Monat g.; der Minister musste g.; Sie können g. *(Sie sind entlassen)*!; * **gegangen werden** (ugs. scherzh.; *entlassen* *werden).* 7. (ugs.) **a)** *sich an etw. zu schaffen machen:* jemand muss an meinen Schreibtisch gegangen sein, er ist völlig in Unordnung; **b)** *sich unerlaubt von einer Sache etw. nehmen:* ich habe gemerkt, dass du an mein Geld gegangen bist. **8.** (ugs.) *mit jmdm. ein Freundschafts- od. Liebesverhältnis haben [u. sich in der Öffentlichkeit mit ihm zeigen]:* sie geht schon zwei Jahre mit dem Jungen; die beiden gehen [fest] miteinander. **9. a)** *in bestimmter Weise in Bewegung sein:* die Maschine geht *(funktioniert; ist in Betrieb);* die Uhr geht nicht mehr *(ist stehen geblieben);* er erwachte, weil die Klingel, das Telefon ging *(läutete);* sein Mundwerk ging ununterbrochen (ugs.; *er redete ununterbrochen*); es geht *(weht)* ein kalter Wind; kein Lüftchen ging *(es war windstill);* die Tür geht *(wird geöffnet; bewegt sich);* Ü die Affäre ging durch alle Zeitungen *(wurde in allen Zeitungen verbreitet);* es geht *(man erzählt sich)* das Gerücht, dass er daran beteiligt war; * **einen g. lassen** (ugs.; *eine Blähung abgehen lassen*); **b)** *aufgehen* (4): der Teig muss noch g. **10. a)** *sich machen lassen; möglich sein:* das geht nicht; aber das geht doch nicht *(das kommt nicht infrage),* dass du jetzt schon aufbrichst!; ⟨unpers.:⟩ leider geht es nicht anders; es geht nicht ohne deine Hilfe; soll ich es einpacken oder geht es so?; **b)** (ugs.) *einigermaßen akzeptabel sein, gerade noch angehen:* die ersten Tage im Urlaub gingen noch, aber dann wurde die Hitze unerträglich; ⟨unpers.:⟩ »Gefällt es dir?« – »Es geht [so]« *(leidlich; einigermaßen);* das geht zu weit *(geht über das vertretbare Maß hinaus).* **11. a)** *sich in bestimmter Weise entwickeln; in bestimmter Weise verlaufen:* der Laden, das Geschäft geht gut, überhaupt nicht; (ugs.:) alles geht drunter und drüber; ⟨unpers.:⟩ es geht alles nach Wunsch; Ü wie geht *(lautet)* die erste Strophe?; * **vor sich g.** *(gerade stattfinden; geschehen):* es sind Veränderungen vor sich gegangen; was geht hier vor sich?; **b)** *in bestimmter Weise zu handhaben, zu machen, durchzuführen sein:* etw. geht schwer, leicht, ganz einfach; ich weiß nicht, wie diese Rechenaufgabe, dieses Spiel geht. **12.** *absetzbar, verkäuflich sein; gewünscht werden:* der Artikel geht bei uns sehr schlecht; das Produkt geht überall. **13. a)** *in etw. Raum finden:* in das Gefäß geht nur ein Liter; der Schrank geht *(passt)* nicht durch die Tür, in das Zimmer; **b)** (von Zahlen, Maßen) *in etw. enthalten sein:* wie oft geht 2 in 10?; von diesen Äpfeln gehen vier auf ein Pfund; **c)** *in etw. aufgeteilt werden:* die Erbschaft geht in fünf gleiche Teile. **14. a)** *sich bis zu einem bestimmten Punkt erstrecken, ausdehnen:* der Rocksaum geht bis zu den Knien; das Wasser ging mir bis an den Hals; die Summe geht in die Hunderte; Ü er ging so weit zu behaupten, dass ich selbst daran schuld sei; bis es nicht mehr geht *(bis zum Überdruss);* das geht über *(übersteigt)* seine Kräfte, seinen Horizont; seine Familie geht ihm über alles *(ist ihm am meisten wert);* es geht nichts über *(nichts ist besser als)* ein gutes Glas Wein; **b)** *eine bestimmte Richtung haben, einschlagen; in einer bestimmten Richtung verlaufen:* die Straße geht durch den Wald; der Weg geht erst geradeaus, dann links; wohin geht *(führt)* die Reise?; **c)** *auf etw., jmdn. abzielen, gerichtet sein:* das Fenster geht auf den Hof, nach der Straße; der Ball ging *(traf)* ins Tor; Ü der erste Preis ging an Frau Meier; diese Bemerkung geht gegen dich; das geht gegen meine Prinzipien; die Rechnung geht auf mich *(bezahle ich);* seine Ansicht, Meinung geht dahin, dass wir das gemeinsam zu verantworten hätten; das geht mir ans Gemüt, zu Herzen *(trifft, bewegt mich);* die Farbe geht *(spielt)* ins Blau; **d)** *sich einem bestimmten Zustand, Zeitpunkt o. Ä. nähern:* etw. geht zu Ende; er geht auf die 60 *(nähert sich seinem sechzigsten Lebensjahr);* ⟨unpers.:⟩ es geht auf/gegen Mitternacht; dieser Zustand geht jetzt ins dritte Jahr *(dauert schon [länger als] zwei Jahre an);* **e)** *sich nach jmdm., etw. richten; jmdn., etw. als Maßstab nehmen:* er geht nur nach dem Äußeren; danach kann man nicht g.; es kann nicht immer alles nach dir g. *(es kann sich nicht immer alles nach deinem Willen richten).* **15.** ⟨unpers.⟩ **a)** *sich in einer bestimmten Verfassung, Lage befinden:* es geht ihm [gesundheitlich, finanziell] gut, schlecht; wie geht es dir?; (ugs.:) wie gehts, wie stehts?; **b)** *sich um etw. handeln:* worum geht es hier, in diesem Film? *(was ist der Inhalt?);* es geht mir darum, ihn zu überzeugen *(ich möchte erreichen, dass er sich überzeugen lässt).*

Ge|hen, das; -s: **1.** *das Gehen* (1): das G. fällt ihm schwer; Beschwerden beim G. haben. **2.** (Leichtathletik) *sportlicher Wettbewerb über eine bestimmte Strecke, bei dem im Unterschied zum Laufen immer jeweils ein Fuß mit dem Boden in Berührung sein muss.*

ge|hen|kelt ⟨Adj.⟩ [zu ↑Henkel]: *mit einem od. zwei Henkeln versehen.*

Ge|henk|te, der u. die; -n, -n ⟨Dekl. ↑Abgeordnete⟩ [zu ↑henken]: *jmd., der durch* ²*Hängen* (5 a) *hingerichtet wurde.*

ge|hen las|sen: s. gehen (4 a).

Ge|her, der; -s, - (Leichtathletik: *jmd., der das Gehen* (2) *als sportliche Disziplin betreibt.*

Ge|he|rin, die; -, -nen: w. Form zu ↑Geher.

Ge|hetz, das; -es, **Ge|het|ze,** das; -s (ugs. abwertend): **1.** *[dauerndes] Hetzen* (2) *od. Gehetztwerden.* **2.** *[dauerndes] Hetzen* (3), *Aufwiegeln:* sein G. gegen die Kolleginnen.

ge|hetzt: ↑hetzen.

Ge|hetzt|sein, das: *Abgehetztsein; Zustand des Gejagt-, Getriebenwerdens von jmdm., etw.*

ge|heu|er ⟨Adj.⟩ [mhd. gehiure = lieblich; nichts Unheimliches an sich habend, zu ahd. hiuri = freundlich, lieblich (eigtl. = zum Hauswesen, zur Hausgemeinschaft gehörend, verw. mit dem 1. Bestandteil von ↑Heirat)]: in der Verbindung **nicht [ganz] g.** (1. *unheimlich:* der dunkle Wald war mir nicht [ganz] g.; an der alten Ruine soll es nicht [ganz] g. sein *[soll es spuken].* 2. *unbehaglich, nicht ganz wohl:* ganz g. ist mir nicht bei unserem Vorhaben. 3. *verdächtig:* irgendetwas kommt mir daran nicht g. vor).

Ge|heul, das; -[e]s: **1.** *[dauerndes] Heulen* (1). **2.** (ugs. abwertend): *[dauerndes] Heulen* (2).

geh|fä|hig ⟨Adj.⟩: *in der Lage zu gehen:* die Patientin ist gesund, aber noch nicht g.

Geh|fal|te, die: *(bei engen Damenröcken) Falte, die beim Gehen aufspringt u. dadurch größere Schritte ermöglicht.*

Geh|feh|ler, der: *Körperbehinderung, die das Gehen beeinträchtigt:* einen G. haben.

Geh|gips, der: *Gehverband.*

Geh|hil|fe, die (Fachspr.): *orthopädisches Hilfsmittel (z. B. Krücke) zur Erleichterung des Gehens für eine gehbehinderte Person.*

Ge|hil|fe, der; -n, -n [mhd. gehelfe, ahd. gehelfo, zu ↑Hilfe]: **1.** *jmd., der nach beendeter Lehrzeit die Gehilfenprüfung bestanden hat.* **2.** (geh.) *jmd., der einem anderen bei der Arbeit hilft; Helfer:* sein Bruder war ihm beim Bau des Hauses ein nützlicher G. **3.** (Rechtsspr.) *jmd., der zu einer Straftat Beihilfe leistet; Komplize.*

Ge|hil|fen|brief, der: *Zeugnis über die bestandene Gehilfenprüfung.*

Ge|hil|fen|prü|fung, die: *(in kaufmännischen Berufen) die Lehrzeit abschließende Prüfung vor einer Industrie- u. Handelskammer.*

Ge|hil|fen|schaft, die; - (schweiz. Rechtsspr.): *Beihilfe* (2).

Ge|hil|fin, die; -, -nen: w. Form zu ↑Gehilfe.

Ge|hirn, das; -[e]s, -e [15. Jh.; Kollektivbildung zu ↑Hirn]: **1.** *aus einer weichen, an der Oberfläche reliefartige Windungen aufweisenden Masse bestehender, im Schädel gelegener Teil des Zentralnervensystems des Menschen u. der Wirbeltiere, der das Zentrum für Assoziationen, Instinkte, Gedächtnis u. Lernen, beim Menschen auch Sitz des Bewusstseins ist:* der Bau des menschlichen -s; einen Tumor im G. haben. **2.** (ugs.) *Verstand:* sein G. anstrengen; ich zermartere mir das G. *(denke sehr angestrengt nach).* **3.** (landsch.) *Hirn* (1 b).

Ge|hirn|akro|ba|tik, die (ugs. scherzh.): **a)** *übermäßige geistige Anstrengung:* ohne G. ist dieser Satz, dieses Buch nicht zu verstehen; **b)** *komplizierte Denkweise, verschlungener Gedankengang:* dieser G. kann ich nicht ganz folgen.

Ge|hirn|blu|tung, die (Med.): *Blutung innerhalb des Gehirns.*

Ge|hirn|chi|rur|gie, die: *Zweig der Chirurgie, der sich mit operativen Eingriffen in das Gehirn befasst.*

Ge|hirn|ent|zün|dung, die (Med.): *Entzündung der Gehirnsubstanz.*

Ge|hirn|er|schüt|te|rung, die (Med.): *durch einen heftigen Schlag, Stoß o. Ä. bewirkte vorübergehende Schädigung des Gehirns, die mit plötzlicher Bewusstseinsstörung, Übelkeit od. Erbrechen u. a. verbunden ist:* der Libero wurde mit Verdacht auf G. vom Platz getragen.

Ge|hirn|er|wei|chung, die (Med.): *Erweichung von (kleinsten bis großen) Teilen des Gehirns infolge mangelnder Durchblutung.*

Ge|hirn|funk|ti|on, die: *Funktion des Gehirns* (1); *Gehirntätigkeit.*

Ge|hirn|ge|schwulst, die: *Hirntumor.*

Ge|hirn|haut, die ⟨o. Pl.⟩: *Hirnhaut.*

Ge|hirn|kas|ten, der (salopp scherzh.): *Verstand:* streng gefälligst deinen G. ein bisschen an!

Ge|hirn|mas|se, die: *Gehirnsubstanz.*

Ge|hirn|ope|ra|ti|on, die: *Operation am Gehirn* (1).

Ge|hirn|schä|di|gung, die: *Schädigung des Gehirns.*

Ge|hirn|schal|le, die (Med.): *Hirnschale.*

Ge|hirn|schlag, der (Med.): *örtliche Durchblutungsstörung des Gehirns, durch die plötzlich Funktionen des Gehirns ausfallen u. Lähmungen od. Bewusstseinsstörungen auftreten; Apoplexie.*

Ge|hirn|schwund, der (Med.): *meist altersbedingte Schrumpfung der Gehirnsubstanz.*

Ge|hirn|stamm, der (Med.): *Großhirn ohne Großhirnrinde.*

Ge|hirn|sub|stanz, die: *Substanz, aus der das Gehirn besteht:* die graue, weiße G.

Ge|hirn|tä|tig|keit, die ⟨o. Pl.⟩: *Arbeit, Tätigkeit des Gehirns.*

Ge|hirn|tod, der: *Hirntod.*

Ge|hirn|tu|mor, der: *Hirntumor.*

Ge|hirn|ver|let|zung, die: *Verletzung des Gehirns.*

Ge|hirn|wä|sche, die [LÜ von engl. brainwashing, nach gleichbed. chin. hsi-nao]: *Versuch der gewaltsamen Veränderung der Urteilskraft u. der [politischen] Einstellung eines Menschen durch starken physischen u. psychischen Druck:* die Kriegsgefangenen wurden einer G. unterzogen.

Ge|hirn|win|dung, die: *Hirnwindung.*

Ge|hirn|zel|le, die: *Nervenzelle des Gehirns.*

Geh|mi|nu|te, die: *Fußminute.*

ge|ho|ben: **1.** ↑heben. **2.** ⟨Adj.⟩ **a)** *[sozial] höher stehend:* eine -e Position; sie ist Beamtin des -en Dienstes; **b)** *sich vom Alltäglichen abhebend, sich darüber erhebend:* eine -e Ausdrucksweise; Artikel des -en Bedarfs *(Luxusartikel);* Kleidung für den -en *(anspruchsvollen)* Geschmack; in -er *(festlich-froher)* Stimmung sein.

Ge|höft [auch: gəˈhœft], das; -[e]s, -e [aus dem Niederd., Kollektivbildung zu ↑Hof]: *landwirtschaftliches Anwesen mit den dazugehörenden Wohn- u. Wirtschaftsgebäuden:* ein einsames G.

ge|hol|fen: ↑helfen.

Ge|hol|per, das; -s, (selten:) **Ge|hol|pe|re,** das; -s (ugs. abwertend): *[dauerndes] Holpern.*

Ge|hölz, das; -es, -e [1: mhd. gehülze, Kollektivbildung zu ↑Holz]: **1.** *kleiner, inmitten von Feld- od. Wiesenfluren gelegener Bestand aus niedrigen Bäumen:* die Kinder durchstreiften das G. **2.** ⟨Pl.⟩ *Pflanzen, deren Stamm u. Äste verholzen; Holzgewächse:* Laub tragende -e

Ge|hol|ze, das; -s (bes. Fußball Jargon): *[dauerndes] Holzen* (2 a): die Zuschauer quittierten das G. auf dem Platz mit anhaltenden Pfiffen.

Ge|hop|pel, das; -s, (selten:) **Ge|hop|pe|le,** das; -s: *[dauerndes] Hoppeln.*

Ge|hops, das; -es, **Ge|hop|se,** das; -s (ugs. abwertend): *[dauerndes] Hopsen:* das ewige G. der Kinder.

Ge|hör, das; -[e]s, -e [mhd. gehœr(d)e = das Hören; Gehörsinn < ahd. gehōrida, zu ↑hören]: **1.** ⟨o. Pl.⟩ *Sinn (1 a) für die Wahrnehmung von Schall; Fähigkeit zu hören:* ein feines, empfindliches G.; das G. verlieren; nach dem G. *(ohne Noten)* singen, spielen; ein gutes G. für Musik haben; absolutes G. (Musik; *Fähigkeit, die Höhe eines Tons ohne Vergleich festzustellen*); rechtliches G. (Rechtsspr.; *Anhörung vor Gericht*); *** G. finden** *(mit seinem Anliegen angehört werden):* seine Bitten fanden bei ihr kein G.; **jmdm., einer Sache G. schenken** *(jmdn., etw. anhören; auf jmdn., etw. eingehen):* er schenkte ihr, den Bitten kein G.; **sich** ⟨Dativ⟩ **G. verschaffen** *(dafür sorgen, angehört zu werden);* **um G. bitten** *(darum bitten, angehört zu werden);* **zu G. bringen** (geh.; *[in künstlerischer Weise] vortragen*): ein Lied, ein Gedicht zu G. bringen; **zu G. kommen** (geh.; *[in künstlerischer Weise] vorgetragen werden*): ein Lied, ein Gedicht kommt nun zu G.; **jmdm. zu G. kommen** (↑Ohr). **2.** ⟨Pl.⟩ (Jägerspr.) *Ohren des Raubwilds u. des Murmeltiers.*

Ge|hör|bil|dung, die (Musik): *Schulung des musikalischen Gehörs.*

ge|hor|chen ⟨sw. V.; hat⟩ [mhd. gehorchen, eigtl. = zuhören, zu ↑horchen]: **1.** *sich dem Willen einer [höher gestellten] Person od. Autorität unterordnen u. das tun, was sie bestimmt od. befiehlt:* er muss g. lernen; jmdm. blind g.; der Hund gehorcht mir aufs Wort *(befolgt meinen Befehl sofort).* **2.** *jmdm., einer Sache folgen; sich von jmdm., von etw. leiten lassen:* seine Stimme, Zunge gehorchte ihm nicht ganz; das Schiff gehorcht der leisesten Drehung des Steuers; einer Laune gehorchend, ging sie noch aus.

ge|hö|ren ⟨sw. V.; hat⟩ [mhd. gehœren = [an]hören, gehorchen; zukommen, ahd. gihōrian = gehorchen, zu ↑hören]: **1.** *jmds. Besitz, jmds. Eigentum sein:* das Buch gehört mir; **Ü** dir will ich g. (dichter.; *in Liebe verbunden sein*); ihr Herz gehört einem andern (geh.; *sie liebt einen andern*); dieser Tag gehört der Familie *(wird der Familie gewidmet).* **2.** *Glied od. Teil eines Ganzen sein, zu etw. zählen:* er gehört schon ganz zu unserer Familie; dieser Wein gehört zur Spitzenklasse. **3.** *an einer bestimmten Stelle passend, am Platze sein:* das Fahrrad gehört nicht in die Wohnung; das gehört nicht hierher; die Kinder gehören um sieben Uhr ins Bett *(sollten um sieben Uhr im Bett sein).* **4.** *für etw. erforderlich, Voraussetzung sein:* es gehört viel Mut dazu, diese Aufgabe zu übernehmen; dazu gehört nicht viel *(sind keine besonderen Eigenschaften od. Fähigkeiten erforderlich).* **5.** ⟨g. + sich⟩ *den Regeln des Anstands, den Normen der Sittlichkeit entsprechen, sich schicken:* das gehört sich nicht [für dich]!; benimm dich, wie es sich gehört! **6.** (landsch., bes. südd.) *für jmdn. angebracht sein, jmdm. gebühren* (1): ihm gehört eine Ohrfeige; ⟨meist in Verbindung mit einem 2. Part.:⟩ der gehört eingesperrt! (ugs.; *man sollte ihn einsperren*).

Ge|hör|feh|ler, der: *Schaden des Gehörorgans, der das Hörvermögen beeinträchtigt.*

Ge|hör|gang, der (Med.): *Verbindungsgang im äußeren Ohr zwischen Ohrmuschel u. Trommelfell.*

ge|hör|ge|schä|digt ⟨Adj.⟩: *hörgeschädigt:* das Kind ist g.

ge|hö|rig ⟨Adj.⟩ [mhd. gehœrec, ahd. gahōrig = gehorchend, folgsam; seit dem 15. Jh. in der Bed. an ↑gehören angeschlossen]: **1. a)** *so, wie es [jmdm., einer Sache] angemessen ist; gebührend, geziemend:* jmdm. den -en Respekt erweisen; du musst den -en Abstand wahren; den -en Platz finden; er hat sich nicht g. entschuldigt, benommen; **b)** *(in Ausmaß, Menge o. Ä.) nicht gering, beträchtlich:* eine -e Tracht Prügel; jmdm. einen -en Schrecken einjagen; eine -e Portion essen; er hat ihn g. *(sehr heftig)* ausgeschimpft. **2.** (nicht standardsprachlich) *zu jmdm., etw. gehörend; einem bestimmten Bereich, Kreis o. Ä. zugehörend:* die in den Schrank -e Wäsche; die zu dieser Gruppe -e Insel; sie betrachtete diese Eigenschaften als zum Menschen g.

Ge|hör|knö|chel|chen ⟨Pl.⟩: *drei gelenkig miteinander verbundene Knöchelchen in der Paukenhöhle (Hammer, Amboss, Steigbügel), die die Schallwellen vom Trommelfell zum Labyrinth* (2) *leiten.*

ge|hör|los ⟨Adj.⟩: *kein Gehör besitzend:* ein -es Kind.

Ge|hör|lo|se, der u. die; -n, -n ⟨Dekl. ↑Abgeordnete⟩: *jmd., der gehörlos ist.*

Ge|hör|lo|sen|schu|le, die: *Schule für Gehörlose.*

Ge|hör|lo|sig|keit, die; -: *das Gehörlossein.*

Ge|hörn, das; -[e]s, -e [mhd. gehürne, Kollektivbildung zu ↑Horn]: **1.** *Hörner bestimmter Tiere:* das G. der Ziegen, Schafe, Rinder, Antilopen. **2.** (Jägerspr.) *Geweih des Rehbocks;* [2]*Gewicht.*

Ge|hör|nerv, der (Med.): *Nerv, der die Gehörreize ins Gehirn weiterleitet.*

ge|hörnt ⟨Adj.⟩ [mhd. gehürnet, 2. Part. von: hürnen = mit Hörnern versehen]: *ein Gehörn tragend:* -e Haustiere.

Ge|hörn|te, der; -n, -n ⟨Dekl. ↑Abgeordnete⟩: **1.** (ugs. veraltend) *betrogener Ehemann.* **2.** ⟨o. Pl.⟩ (verhüll.) *Teufel.*

Ge|hör|or|gan, das: *dem Gehör dienendes Sinnesorgan; Ohr.*

Ge|hör|reiz, der: *auf das Gehör einwirkender Reiz:* -e aufnehmen, verarbeiten.

ge|hor|sam ⟨Adj.⟩ [mhd. gehōrsam, ahd. gihōrsam, für lat. oboediens = gehorsam, willfährig; zu ↑hören]: **a)** *sich dem Willen einer Autorität unterordnend:* ein -er Untertan; sie war seinen Anordnungen jederzeit g. gewesen; (veraltet; Höflichkeitsformeln:) -ster Diener; danke -st; **b)** *als Kind die Autorität einer Respektsperson anerkennend u. ihren Forderungen sofort u. pünktlich nachkommend; brav, folgsam:* die Kinder sind nicht g.

Ge|hor|sam, der; -s [mhd. gehōrsam(e), ahd. gihōrsami]: *Unterordnung unter den Willen einer Autorität:* blinder, bedingungsloser G.; G. gegen das Gesetz, gegenüber Vorgesetzten; du musst dir G. verschaffen; jmdm. den G. aufsagen, kündigen (geh.; *jmdm. nicht mehr gehorchen*).

Ge|hor|sam|keit, die; -: *gehorsames* (b) *Verhalten.*

Ge|hor|sams|pflicht, die ⟨o. Pl.⟩ (bes. Milit.): *Pflicht zum Gehorsam.*

Ge|hor|sams|ver|wei|ge|rung, die ⟨o. Pl.⟩ (bes. Milit.): *Verweigerung des Gehorsams.*

Ge|hör|scha|den, der: *Gehörfehler.*

Ge|hör|schutz, der: *einem Kopfhörer ähnliche Vorrichtung, die bei bestimmten Arbeiten zum Schutz des Gehörs gegen Lärm zu tragen ist.*

Ge|hör|sinn, der ⟨o. Pl.⟩: *Gehör.*

[1]**Geh|re,** die; -, -n [↑[2]Gehre] (Technik): *Gehrung.*

[2]**Geh|re,** die; -, -n, Gehren, der; -s, - [mhd. gēre, ahd. gēro, zu ↑Ger (nach der Ähnlichkeit mit einer Gerspitze)] (landsch.): **a)** *Rock-, Kleiderschoß;* **b)** *keilförmiges Stück* (z. B. Zwickel in einem Kleidungsstück); **c)** *keilförmig zulaufendes Ackerbeet.*

geh|ren ⟨sw. V.; hat⟩ (Handw.): *schräg abschneiden.*

Geh|ren: ↑[2]Gehre.

Geh|rock, der [wohl Kurzf. von Ausgehrock] (veraltend): *meist zweireihig geknöpfte (Herren)jacke mit knielangen, vorn übereinander greifenden Schößen.*

Geh|rung, die; -, -en (Handw., Technik): **a)** *schräger Zuschnitt von Brettern, Leisten o. Ä., die unter einem beliebigen Winkel zusammenstoßen;* **b)** *Eckfuge, in der die auf Gehrung* (a) *geschnittenen Teile zusammenstoßen:* Leisten für einen Bilderrahmen auf G. zusammenfügen.

Geh|steig, der: *Bürgersteig.*

Geh|stö|rung, die: *durch Erkrankung od. Fehlbildungen des Bewegungsapparates hervorgerufene Störung des normalen Gehens.*

Geht|nicht|mehr: in der Fügung **bis zum G.** (ugs.; *bis zum Überdruss*): die Geschichte ist banal bis zum G.

Ge|hu|del, das; -s, **Ge|hu|de|le,** das; -s (landsch. abwertend): *[dauerndes] Hudeln* (1); *Hudelei* (1): das ist keine gewissenhafte Arbeit, sondern reines G.

Ge|hu|pe, das; -s (ugs. abwertend): *[dauerndes] Hupen:* dieses laute G.!

Ge|hüp|fe, das; -s (ugs. abwertend): *Gehopse.*

Ge|hus|te, das; -s (ugs. abwertend): *[dauerndes] Husten.*

Geh|ver|band, der: *stützender [Gips]verband für Bein u. Fuß, der nach Knochenbrüchen o. Ä. angelegt wird, um ein frühzeitiges Gehen zu ermöglichen.*

Geh|ver|such, der ⟨meist Pl.⟩: *Versuch zu gehen* (1): das kleine Kind macht gerade seine ersten -e *(lernt gerade laufen);* **Ü** die ersten musikalischen -e in einer Band.

Geh|weg, der: **1.** *Bürgersteig.* **2.** *Fußweg* (a): den G. zwischen den Feldern benutzen.

Geh|werk, das: *Getriebe* (1), *bes. einer Uhr.*

Gei|er, der; -s, - [mhd., ahd. gīr, eigtl. = der Gierige]: *(bes. in den Tropen u. Subtropen heimischer) Aas fressender, großer Greifvogel mit nacktem Kopf u. Hals u. starkem, nach unten gebogenem Schnabel:* der G. kreist über dem verendenden Zebra; **Ü** er ist ein richtiger G. (ugs. abwertend; *ein habgieriger Mensch*); *** hol dich, hols der G.!** (↑Teufel); **[das] weiß der G.!** (ugs.; ↑Kuckuck).

Gei|fer, der; -s [mhd. geifer, verw. mit niederd. gīpen = den Mund aufreißen]: **1.** *aus dem Mund fließender [schäumender] Speichel:* der Alte wischte sich den G. ab. **2.** (geh. abwertend) *gehässige, wütende Worte:* seine Gegner gossen Hass und G. über ihn aus.

Gei|fe|rer, der; -s, - (geh. abwertend): *jmd., der [ständig] geifert* (2).

Gei|fe|rin, die; -, -nen (geh. abwertend): w. Form zu ↑Geiferer.

gei|fern ⟨sw. V.; hat⟩ [mhd. geifern]: **1.** *Speichel aus dem Mund fließen lassen:* das Kind geifert. **2.** (geh. abwertend) *gehässige, wütende Worte ausstoßen:* gegen seine Feinde g.

Gei|ge, die; -, -n [mhd. gīge, spätahd. gīga, H. u.]: *hell klingendes Streichinstrument mit vier in Quinten gestimmten Saiten; Violine:* eine alte G.; die G. hat einen guten Klang; G. spielen; er möchte das Stück auf seiner neuen G. spielen; er spielt im Orchester [die] erste, zweite G. *(er spielt auf der Geige die erste, zweite Stimme);* *** die erste G. spielen** (ugs.; *die führende Rolle spielen, tonangebend sein*); **die zweite G. spielen** (ugs.; *eine untergeordnete Rolle spielen*); **nach jmds. G. tanzen** (ugs.; ↑Pfeife 1 a).

gei|gen ⟨sw. V.; hat⟩ (ugs.): **a)** *Geige spielen:* sie geigt täglich drei Stunden; **b)** *(etw.) auf der Geige spielen:* einen Walzer g.; *** es jmdm. g.** (ugs.; *jmdm. eine Standpauke halten, gründlich die Meinung sagen*).

Gei|gen|bau, der ⟨o. Pl.⟩: *[Handwerk der] Herstellung von Streichinstrumenten.*

Gei|gen|bau|er, der; -s, -: *jmd., der Streichinstrumente herstellt* (Berufsbez.).

Gei|gen|bau|e|rin, die; -, -nen: w. Form zu ↑Geigenbauer.

Gei|gen|bo|gen, der: *Bogen* (5).

Gei|gen|hals, der: *der das Griffbrett tragende, schmale Teil der Geige.*

Gei|gen|kas|ten, der: **1.** *Behältnis für die Geige.* **2.** ⟨meist Pl.⟩ (salopp scherzh.) *besonders große Schuhe od. Stiefel.*

Gei|gen|kon|zert, das: **1.** *für Geige u. Orchester komponiertes Konzert.* **2.** *Konzertveranstaltung, bei der Geigenmusik vorgetragen, aufgeführt wird.*

Gei|gen|sai|te, die: *Saite einer Geige.*

Gei|gen|spiel, das: *Spielen auf der Geige:* sein G. ist schon viel besser geworden.

ei|gen|spie|ler, der (veraltend): *Geiger.*

ei|gen|spie|le|rin, die: w. Form zu ↑Geigenspieler.

ei|gen|vir|tu|o|se, der: *Virtuose im Geigenspiel.*

ei|gen|vir|tu|o|sin, die: w. Form zu ↑Geigenvirtuose.

ei|ger, der; -s, -: *jmd., der [berufsmäßig] Geige spielt:* der junge G. macht schöne Fortschritte; erster G. *(jmd., der im Orchester od. in einem Kammermusikensemble erste Geige spielt).*

ei|ge|rin, die; -, -nen: w. Form zu ↑Geiger.

ei|ge|risch ⟨Adj.⟩: *das Geigenspiel betreffend:* -es Talent haben.

ei|ger|zäh|ler, der [nach dem dt. Physiker H. Geiger (1882–1945)] (Physik): *Gerät zur Feststellung u. Messung von radioaktiver Strahlung:* der G. tickt; Strahlung mit dem G. messen.

eil ⟨Adj.⟩ [mhd., ahd. geil = kraftvoll; üppig; lustig, eigtl. = gärend, aufschäumend]: **1.** (oft abwertend) *gierig nach geschlechtlicher Befriedigung, vom Sexualtrieb beherrscht, sexuell erregt:* ein -er Kerl; ein -es Lachen; * **auf etw. g. sein** *(auf etw. versessen sein).* **2.** (Landw.) **a)** *(von Pflanzen) [allzu] üppig, aber nicht sehr kräftig wachsend; wuchernd:* die -en Triebe einer Pflanze; **b)** *(vom Boden) fett, [zu] stark gedüngt:* der Boden ist feucht und g. **3.** (salopp, bes. Jugendspr.) *in begeisternder Weise schön, gut; großartig, toll:* -e Musik.

eil (ugs.): drückt in Bildungen mit Substantiven aus, dass die beschriebene Person begierig, versessen auf etw. ist: applaus-, karriere-, medien-, sensationsgeil.

ei|le, die; -, -n [mhd. geil(e), ahd. geili]: **1.** (Jägerspr.) *Hoden des Wildes.* **2.** ⟨o. Pl.⟩ (veraltet) *Geilheit* (1 a).

ei|len ⟨sw. V.; hat⟩ [mhd. geilen]: **1.** (selten, abwertend) *geil* (1) *sein.* **2.** (veraltet) *(von Pflanzen) üppig wuchern.*

eil|heit, die; -, -en: **1. a)** ⟨o. Pl.⟩ (oft abwertend) *das Geilsein;* **b)** *geiler* (1) *Gedanke, geile* (1) *Empfindung o. Ä.* **2.** ⟨o. Pl.⟩ (Landw.) *(von Pflanzen) [allzu] üppiges Wachsen, Wuchern:* die G. des Getreides.

ei|sel, die; -, -n, (selten:) der; -s, - [mhd. gīsel, ahd. gīsal, wohl aus dem Kelt., eigtl. = Pfand]: *Person, die zu dem Zweck gefangen genommen, festgehalten wird, dass für ihre Freilassung bestimmte, gegen einen Dritten gerichtete Forderungen erfüllt werden:* -n stellen; jmdn. als, zur G. nehmen.

ei|sel|be|frei|ung, die: *Befreiung* (1 a) *von Geiseln.*

ei|sel|dra|ma, das: *dramatisch verlaufende Geiselnahme.*

ei|sel|gangs|ter, der (abwertend): *Geiselnehmer.*

ei|sel|gangs|te|rin, die: w. Form zu ↑Geiselgangster.

ei|sel|nah|me, die; -, -n [zum 2. Bestandteil vgl. Abnahme]: *das Festnehmen einer od. mehrerer Personen als Geiseln.*

ei|sel|neh|mer, der: *jmd., der jmdn. als Geisel in seine Gewalt bringt.*

ei|sel|neh|me|rin, die; -, -nen: w. Form zu ↑Geiselnehmer.

ei|ser: ↑Geysir.

ei|sha [ˈgeːʃa, auch: ˈgaiʃa], die; -, -s [engl. geisha < jap. geisha]: *in Musik u. Tanz ausgebildete Gesellschafterin, die zur Unterhaltung der Gäste in japanischen Teehäusern o. Ä. beiträgt.*

eiß, die; -, -en [mhd., ahd. geiʒ, idg. Tiername mit unklarem Benennungsmotiv]: **1.** (südd., österr., schweiz., westmd.) *weibliche Ziege.* **2.** (Jägerspr.) *weibliches Tier beim Gams-, Stein- u. Rehwild.*

eiß|bart, der [nach der Ähnlichkeit der Blütenstände mit einem Ziegenbart]: **1.** ⟨o. Pl.⟩ (Bot.) *als hohe Staude wachsende Pflanze mit kleinen, weißen, eine große Rispe bildenden Blüten.* **2.** (österr.) *langer Spitzbart.*

eiß|blatt, das ⟨o. Pl.⟩ [wohl, weil die Blätter gern von Ziegen gefressen werden]: *Jelängerjelieber.*

eiß|blatt|ge|wächs, das (Bot.): *als Baum od. Strauch vorkommende Pflanze mit gegenständigen Blättern, kronenförmiger Blüte u. Beeren- od. Kapselfrüchten.*

Geiß|bock, der (südd., österr., schweiz., westmd.): *Ziegenbock.*

Gei|ßel, die; -, -n [mhd. geisel, ahd. geis(i)la, eigtl. = Stock, Stange]: **1. a)** (früher) *zur Züchtigung od. Kasteiung verwendeter Stab mit Riemen od. Schnüren:* jmdn. mit der G. züchtigen; **Ü** der Krieg ist eine G. (geh.; *eine Plage*) der Menschheit; **b)** (landsch.) *Peitsche:* er treibt das Pferd mit der G. an. **2.** (Biol.) *fadenförmiges Fortbewegungsorgan der Geißeltierchen.*

gei|ßeln ⟨sw. V.; hat⟩ [mhd. geiseln]: **1.** *aufs Heftigste anprangern:* politische Missstände g. **2. a)** (früher) *jmdn., sich mit einer Geißel* (1 a) *heftig schlagen:* Gefangene g.; die Mönche geißelten sich; **b)** (veraltet, noch landsch.) *peitschen* (1).

Gei|ßel|tier|chen, das; -s, - ⟨meist Pl.⟩: *Flagellat.*

Gei|ße|lung, (seltener:) Geißlung, die; -, -en: *das Geißeln.*

Geiß|fuß, der [1: nach den ziegenhufähnlichen Blättern; 2–4: nach der Ähnlichkeit mit einem (gespaltenen) Ziegenhuf]: **1.** ⟨o. Pl.⟩ *(zu den Doldengewächsen gehörende) Pflanze mit weißlichen Blüten, die an feuchten Stellen wächst u. als volkstümliches Heilmittel gegen Gicht u. Rheuma gilt.* **2.** *gabelförmig auslaufendes Handwerkszeug zum Ausziehen von Nägeln.* **3.** *Werkzeug mit winkliger Schneide zum Ausarbeiten innerer Ecken bei der Holzbearbeitung u. in der Bildhauerei.* **4.** (Zahnmed.) *hebelartiges Instrument zum Entfernen von Zahnwurzeln.*

Geiß|hirt, der (südd., österr., schweiz.): *Ziegenhirt.*

Geiß|hir|tin, die: w. Form zu ↑Geißhirt.

Geiß|lein, das; -s, -: Vkl. zu ↑Geiß.

Geiß|ler, der; -s, -: *Flagellant.*

Geiß|le|rin, die; -, -nen: w. Form zu ↑Geißler.

Geiß|lung: ↑Geißelung.

[1]Geist, der; -[e]s, -e [mhd., ahd. geist, eigtl. = Erregung, Ergriffenheit]: **1.** ⟨o. Pl.⟩ **a)** *denkendes Bewusstsein des Menschen, Verstandeskraft, Verstand:* G. und Körper; sein G. ist verwirrt; seinen G. anstrengen; einen wachen G. haben; die Errungenschaften des menschlichen -es; **R** der G. ist willig, aber das Fleisch ist schwach *(ein guter Vorsatz ist zwar oft vorhanden, aber seine Ausführung scheitert an der menschlichen Schwäche;* nach Matth. 26, 41); * **den/seinen G. aufgeben** (1. veraltet, noch ironisch; *sterben;* nach Klagelieder Jeremia 2, 12. 2. ugs. scherzh.; *entzweigehen, nicht mehr funktionieren:* die Maschine hat ihren Geist aufgegeben); **den/seinen G. aushauchen** (geh. verhüll.; *sterben*); **jmdm. auf den G. gehen** (ugs.; *jmdm. äußerst lästig werden*); **im Geist[e]** *(in Gedanken, in der Vorstellung):* im G. sind wir bei euch; ich sehe sie im G. vor mir; **b)** *Scharfsinn, Esprit:* seinen G. sprühen lassen; eine Unterhaltung voller G. und Witz; ein Mann von, ohne G. **2.** ⟨o. Pl.⟩ *Gesinnung; innere Einstellung, Haltung:* der G. der Zeit; in der Klasse herrscht ein kameradschaftlicher G.; wir handeln im G. des Verstorbenen *(wie es sein Wille gewesen wäre);* * **... wes -es Kind jmd. ist** (*... welcher Art jmds. Denken, jmds. Gesinnung in Wirklichkeit ist, wie jmd. tatsächlich eingestellt ist;* nach Luk. 9, 55): an ihren Äußerungen erkennt man bald, wes -es Kind sie sind. **3.** *klares Destillat von unvergorenen, mit Alkohol versetzten Früchten, bes. Beerenfrüchten.*

[2]Geist, der; -[e]s, -er: **1. a)** *Mensch im Hinblick auf seine geistigen Eigenschaften:* sie ist ein schöpferischer, genialer G.; er ist nur ein kleiner G.; die führenden -er unserer Zeit; **R** hier, da scheiden sich die -er *(in diesem Punkt gehen die Meinungen auseinander);* große -er stört das nicht (ugs. scherzh.; *das bringt mich nicht aus der Ruhe*); **b)** *durch bestimmte Eigenschaften des Wirkens od. Sichverhaltens charakterisierter Mensch:* sie ist der gute G. unseres Hauses; das Kind ist wirklich ein unruhiger G.; * **dienstbarer G.** (ugs. scherzh.; *Dienstbote, Dienstbotin;* nach Hebr. 1, 14). **2.** *geistige Wesenheit:* Gott ist G.; der Heilige G. (christl. Rel.; *dritte Person der Dreieinigkeit*); der böse G. *(Teufel);* der G. der Finsternis (geh.; *Teufel*). **3.** *Gespenst, Spukgestalt:* gute, böse -er; ihm erschien der G. des Toten; -er beschwören; du siehst ja aus wie ein G. *(siehst ganz blass aus);* * **von allen guten -ern verlassen sein** (ugs.; *etw. völlig Unvernünftiges, Törichtes, Konfuses tun*).

geist|bil|dend ⟨Adj.⟩: *den [1]Geist* (1 a) *bildend:* eine -e Lektüre.

Geis|ter|bahn, die: *auf Jahrmärkten o. Ä. aufgestellte Bahn, die durch dunkle Räume führt, in denen schaurige Geräusche u. Erscheinungen die Mitfahrenden erschrecken sollen.*

Geis|ter|be|schwö|rung, die: *(im Volksglauben) Beschwörung* (2) *von [2]Geistern* (3).

Geis|ter|bild, das (Ferns.): *Bildfehler, bei dem die Konturen des Fernsehbilds mehrfach erscheinen.*

Geis|ter|er|schei|nung, die: *(im Volksglauben) das Erscheinen* (1 a, b) *von [2]Geistern* (3): an -en glauben.

Geis|ter|fah|rer, der: *Falschfahrer.*

Geis|ter|fah|re|rin, die: w. Form zu ↑Geisterfahrer.

Geis|ter|fahrt, die: *Fahrt eines Geisterfahrers, einer Geisterfahrerin.*

Geis|ter|ge|schich|te, die: *von [2]Geistern* (3) *handelnde Geschichte.*

Geis|ter|glau|be, der: *Glaube an [2]Geister* (3).

geis|ter|haft ⟨Adj.⟩: *die Vorstellung von [2]Geistern* (3) *erweckend; gespenstisch:* eine -e Beleuchtung; die Bäume sahen im Mondlicht g. aus.

Geis|ter|hand, die: meist in der Fügung **wie von/durch G.** *(wie durch eine unsichtbare Hand, Kraft [bewegt]):* wie von G. schloss sich plötzlich die Tür.

geis|tern ⟨sw. V.⟩: **a)** *wie ein [2]Geist* (3) *umgehen* ⟨ist⟩: die Kinder geistern nachts durchs Haus; Lichter geisterten über die Insel; **b)** *sich an einem bestimmten Ort wie ein [2]Geist* (3) *bewegen* ⟨hat⟩: Lichter geistern hinter den Fenstern; **Ü** diese Idee geistert immer noch in ihren Köpfen.

Geis|ter|reich, das ⟨o. Pl.⟩: *Reich, Welt der [2]Geister* (3).

Geis|ter|se|her, der: *jmd., der [2]Geister* (3) *zu sehen glaubt, der Visionen, Erscheinungen hat.*

Geis|ter|se|he|rin, die: w. Form zu ↑Geisterseher.

Geis|ter|stadt, die [LÜ von engl. ghost town]: *[unheimliche] verlassene Stadt.*

Geis|ter|stun|de, die ⟨o. Pl.⟩ (scherzh.): *mitternächtliche Stunde.*

Geis|ter|welt, die ⟨o. Pl.⟩: *Geisterreich.*

Geis|ter|zug, der (Jargon): *leer fahrender Personenzug.*

geis|tes|ab|we|send ⟨Adj.⟩: *abwesend* (2): g. zum Fenster hinausstarren.

Geis|tes|ab|we|sen|heit, die [LÜ von frz. absence d'esprit]: *geistesabwesender Zustand.*

Geis|tes|akro|ba|tik, die (meist scherzh.): *angestrengtes [spitzfindiges] Denken:* es bedarf einiger G., um diese Thesen plausibel zu begründen.

Geis|tes|ar|beit, die: *geistige Arbeit.*

Geis|tes|ar|bei|ter, der: *jmd., der beruflich überwiegend geistig arbeitet.*

Geis|tes|ar|bei|te|rin, die: w. Form zu ↑Geistesarbeiter.

Geis|tes|bil|dung, die: *Bildung des [1]Geistes* (1 a): G. besitzen; ein Mensch von hoher G.

Geis|tes|blitz, der (ugs.): *plötzlicher geistreicher Einfall:* ein genialer G.; einen G. haben.

Geis|tes|ga|ben ⟨Pl.⟩: *geistige Anlagen, Fähigkeiten:* mit hervorragenden G. ausgestattet sein.

Geis|tes|ge|gen|wart, die [LÜ von frz. présence d'esprit]: *Fähigkeit, in unvorhergesehenen Situationen schnell zu reagieren u. das Richtige zu tun:* die G. bewahren, verlieren; sie fand noch die G., sofort den Strom auszuschalten.

geis|tes|ge|gen|wär|tig ⟨Adj.⟩: *Geistesgegenwart besitzend, davon zeugend:* eine -e Tat; g. handeln.

G

Geis|tes|ge|schich|te, die ⟨o. Pl.⟩: *Geschichte der geistigen Kräfte u. Strömungen einer Epoche od. Nation:* die deutsche G.

geis|tes|ge|schicht|lich ⟨Adj.⟩: *die Geistesgeschichte betreffend, zu ihr gehörend:* die -en Wurzeln des Faschismus untersuchen.

geis|tes|ge|stört ⟨Adj.⟩ (ugs. veraltend, oft abwertend): **1.** *psychotisch.* **2.** *geistig behindert.*

Geis|tes|ge|stör|te, der u. die; -n, -n ⟨Dekl. ↑Abgeordnete⟩ (ugs. veraltend, oft abwertend): **1.** *Psychotiker[in].* **2.** *geistig Behinderte[r].*

Geis|tes|ge|stört|heit, die; - (ugs. veraltend, oft abwertend): **1.** *Psychose.* **2.** *geistige Behinderung.*

Geis|tes|grö|ße, die: **1.** ⟨o. Pl.⟩ *überragende geistige Befähigung:* G. besitzen. **2.** *Mensch von überragender geistiger Befähigung.*

Geis|tes|hal|tung, die: *geistige Haltung, Einstellung.*

Geis|tes|kraft, die: *Kraft* (1) *des* [1]*Geistes* (1 a): überragende Geisteskräfte besitzen.

geis|tes|krank ⟨Adj.⟩ (Med., Psychol. veraltet, noch ugs.): **1.** *psychotisch.* **2.** *geistig behindert.*

Geis|tes|krank|heit, die: **1.** *Psychose.* **2.** *geistige Behinderung.*

Geis|tes|le|ben, das ⟨o. Pl.⟩: *Gesamtheit des Geschehens auf geistigem Gebiet:* die Entwicklung des deutschen -s.

Geis|tes|schär|fe, die: *geistige Schärfe* (6).

Geis|tes|schwä|che, die ⟨o. Pl.⟩ (veraltend): *geistige Behinderung.*

Geis|tes|stär|ke, die: *geistige Stärke* (6 a).

Geis|tes|strö|mung, die: *geistige Strömung* (2): die -en der Neuzeit.

Geis|tes|träg|heit, die: *Trägheit des Geistes.*

Geis|tes|ver|fas|sung, die ⟨o. Pl.⟩: *geistige Verfassung* (2): sich in einer bestimmten G. befinden.

geis|tes|ver|wandt ⟨Adj.⟩: *geistig, dem* [1]*Geiste nach verwandt:* sich mit jmdm. g. fühlen.

Geis|tes|ver|wandt|schaft, die: *geistige Verwandtschaft* (3).

Geis|tes|ver|wir|rung, die: *Verwirrung des* [1]*Geistes* (1 a): an G. leiden.

Geis|tes|wis|sen|schaft, die ⟨meist Pl.⟩: **a)** *Gesamtheit der Wissenschaften, die die verschiedenen Gebiete der Kultur u. des geistigen Lebens zum Gegenstand haben;* **b)** *einzelne Wissenschaft, die ein bestimmtes Gebiet der Kultur u. des geistigen Lebens zum Gegenstand hat.*

Geis|tes|wis|sen|schaft|ler, der: *Wissenschaftler od. Student auf dem Gebiet der Geisteswissenschaften.*

Geis|tes|wis|sen|schaft|le|rin, die: w. Form zu ↑Geisteswissenschaftler.

geis|tes|wis|sen|schaft|lich ⟨Adj.⟩: *die Geisteswissenschaften betreffend, zu ihnen gehörend.*

Geis|tes|zu|stand, der ⟨o. Pl.⟩: *psychische Verfassung eines Menschen.*

geist|feind|lich ⟨Adj.⟩: *allem Geistigen, Intellektuellen feindlich gegenüberstehend:* ein -es Regime; eine -e Haltung.

geis|tig ⟨Adj.⟩ [2: mhd. geistec; 3: zu ↑[1]Geist (3)]: **1. a)** *auf den menschlichen* [1]*Geist* (1 a), *das Denkvermögen des Menschen, seine Verstandeskräfte, seine Fähigkeit, Dinge zu durchdenken u. zu beurteilen, bezogen:* -e und körperliche Arbeit; -e Interessen, Fähigkeiten; die -e Auseinandersetzung, Konzeption; das -e Rüstzeug für etw. haben; im Vollbesitz seiner -en Kräfte sein; g. träge, rege; g. arbeiten; g. zurückgeblieben (ugs., meist abwertend) sein; er war g. weggetreten (ugs.; *war nicht bei der Sache*); **b)** *besonders scharfen Verstand, ausgeprägtes Denkvermögen besitzend, sich mit den Dingen des* [1]*Geistes beschäftigend:* er ist ein ausgesprochen -er Mensch, Typ. **2.** *nur gedacht, allein in der Vorstellungswelt vorhanden:* -e Wesen, Wesenheiten. **3.** *alkoholisch:* -e Getränke.

Geis|tig|keit, die; -: *geistige* (1) *[Wesens]art; geistige Natur, Beschaffenheit.*

geist|lich ⟨Adj.⟩ [mhd. geistlich, ahd. geistlīh, LÜ von lat. spiritualis, ↑spiritual]: *die Religion, den kirchlichen u. gottesdienstlichen Bereich betreffend:* -e Lieder; das -e Gewand *(Gewand eines/einer Geistlichen);* ein -er Herr *(ein Geistlicher);* der -e Stand *(der Stand der Geistlichen);* jmdm. g. *(mit den Mitteln der Religion, der Kirche)* beistehen.

Geist|li|che, der u. die; -n, -n ⟨Dekl. ↑Abgeordnete⟩: *jmd., der als Theologe, Theologin einer Religionsgemeinschaft Aufgaben im gottesdienstlichen Bereich und in der Seelsorge wahrnimmt:* er war -r; sie ist G.; ein muslimischer -r; der Kranke verlangte nach einem -n.

Geist|lich|keit, die; -: **a)** *Gesamtheit der Geistlichen;* **b)** *Klerus.*

geist|los ⟨Adj.⟩ [mhd. geistelōs]: *ohne* [1]*Geist* (1), *eigene Gedanken; dumm:* ein -er Nachahmer; ein -es Gespräch *(ein Gespräch ohne besonderen gedanklichen Gehalt).*

Geist|lo|sig|keit, die; -, -en: **1.** ⟨o. Pl.⟩ *geistlose Art, geistloses Wesen.* **2.** *geistlose Äußerung.*

geist|reich ⟨Adj.⟩ [mhd. geistrīch]: *viel* [1]*Geist* (1) *zeigend; von* [1]*Geist* (1) *zeugend; in kluger, gescheiter Weise witzig; voller Esprit:* ein -er Autor; sie versteht g. zu plaudern; ein -es (ugs. iron.; *dummes, einfältiges*) Gesicht machen.

geist|sprü|hend ⟨Adj.⟩: *überströmend von* [1]*Geist* (1), *reich an geistvollen Gedanken, Einfällen:* sie hat ein -es Theaterstück geschrieben.

geist|tö|tend ⟨Adj.⟩: *überaus eintönig, langweilig:* eine -e Beschäftigung.

geist|voll ⟨Adj.⟩: *voller* [1]*Geist* (1); *durch gedankliche Originalität u. Tiefe auffallend:* eine -e Huldigung.

Geiz, der; -es, -e [1: spätmhd. geiz, mhd. gīz, zu: git(e)sen, giten (↑geizen) od. zu mhd., ahd. gīt(e) = Gier, Habgier; 2: da er den Pflanzen »gierig« den Saft aussaugt]: **1.** ⟨o. Pl.⟩ *übertriebene Sparsamkeit:* seine Sparsamkeit grenzt schon beinahe an G.; von krankhaftem G. besessen sein. **2.** (Landw., Weinbau) *Nebentrieb, der die Entwicklung des Haupttriebes beeinträchtigt.*

gei|zen ⟨sw. V.; hat⟩ [mhd. gīt(e)sen, gīzen, zu: gīten = gierig sein, zu mhd., ahd. gīt(e), ↑Geiz]: **1.** *übertrieben sparsam sein:* mit jedem Pfennig g.; Ü mit jeder Minute g.; man geizte nicht mit Lob; sie geizt nicht mit ihren Reizen (iron.; *zeigt sie freigebig*). **2.** (geh. veraltet) *heftig verlangen:* nach Ruhm g. **3.** *ausgeizen.*

Geiz|hals, der (abwertend): *geiziger Mensch:* der alte G. gibt dir sicher nichts.

gei|zig ⟨Adj.⟩ [im 15. Jh. für mhd. gītec, ahd. gītag = (hab)gierig]: *übertrieben sparsam:* der Alte ist sehr g.; sie hält ihr Geld g. zusammen.

Geiz|kra|gen, der (ugs. abwertend): *Geizhals.*

Ge|jam|mer, das; -s, (selten:) **Ge|jam|me|re,** das; -s (ugs. abwertend): *[dauerndes] Jammern.*

Ge|jauch|ze, das; -s (ugs. abwertend): *[dauerndes] Jauchzen* (a): das G. der Kinder wollte kein Ende nehmen.

Ge|jaul, das; -[e]s, **Ge|jau|le,** das; -s (ugs. abwertend): *[dauerndes] Jaulen:* das G. eines Hundes.

Ge|jo|del, das; -s (ugs. abwertend): *[dauerndes] Jodeln.*

Ge|johl, das; -[e]s, **Ge|joh|le,** das; -s (ugs. abwertend): *[dauerndes] Johlen* (a): die Menschenmenge empfing ihn mit lautem G.

ge|kannt: ↑kennen.

Ge|keif, das; -[e]s, **Ge|kei|fe,** das; -s (ugs. abwertend): *[dauerndes] Keifen.*

Ge|keu|che, das; -s (ugs. abwertend): *[dauerndes] Keuchen.*

Ge|ki|cher, das; -s (ugs. abwertend): *[dauerndes] Kichern:* das G. der Schulmädchen.

Ge|kläff, das; -[e]s, **Ge|kläf|fe,** das; -s (ugs. abwertend): *[dauerndes] Kläffen.*

Ge|klap|per, das; -s (ugs. abwertend): *[dauerndes] Klappern.*

Ge|klatsch, das; -[e]s, **Ge|klat|sche,** das; -s [zu ↑klatschen] (abwertend): **1.** *wiederholtes Beifallklatschen:* das dauernde G. stört nur. **2.** (ugs.) *[dauerndes] Klatschen* (4 a), *Klatsch* (2 a).

ge|klei|det: ↑kleiden.

Ge|klim|per, das; -s, (selten:) **Ge|klim|pe|re,** das; -s (ugs. abwertend): *[dauerndes] Klimpern.*

Ge|klin|gel, das; -s, **Ge|klin|ge|le, Ge|kling|le,** das; -s (ugs. abwertend): *[dauerndes] Klingeln.*

Ge|klirr, das; -[e]s, **Ge|klir|re,** das; -s (abwertend): *[dauerndes] Klirren.*

ge|klom|men: ↑klimmen.

Ge|klopf, das; -[e]s, **Ge|klop|fe,** das; -s (abwertend): *[dauerndes] Klopfen.*

Ge|klüft, das; -[e]s, -e, **Ge|klüf|te,** das; -s, - [Kollektivbildung zu ↑[2]Kluft] (dichter.): *zerklüftete Gegend mit Felsen, Klippen u. Abgründen:* er stieg empor durch wildes G.

ge|klun|gen: ↑klingen.

Ge|knall, das; -[e]s, **Ge|knal|le,** das; -s (ugs. abwertend): *[dauerndes] Knallen, [dauernde] Knallerei.*

Ge|knat|ter, das; -s (ugs. abwertend): *[dauerndes Knattern:* das G. der Motorräder.

ge|knickt ⟨Adj.⟩ (ugs.): *in seinen Erwartungen sehr enttäuscht u. darum betrübt u. niedergeschlagen:* einen -en Eindruck machen.

ge|knif|fen: ↑kneifen.

ge|knip|pen: ↑[1]kneipen.

Ge|knirsch, das; -[e]s, **Ge|knir|sche,** das; -s (abwertend): *[dauerndes] Knirschen.*

Ge|knis|ter, das; -s (abwertend): *[dauerndes] Knistern:* störendes G. mit Stanniolpapier.

ge|knüp|pelt ⟨Adj.⟩: in der Fügung **g. voll** (ugs.; *übermäßig, gestopft voll*).

Ge|knut|sche, das; -s (ugs. abwertend): *[dauerndes] Knutschen.*

ge|kom|men: ↑kommen.

ge|konnt ⟨Adj.⟩ [adj. 2. Part. von ↑können]: *von hohem (handwerklichem od. technischem) Können zeugend:* mit -er Rhetorik; ihr Spiel war g.

ge|köp|pert ⟨Adj.⟩ (Textilind.): *in Köperbindung gewebt.*

ge|ko|ren: ↑küren, [2]kiesen.

ge|körnt: ↑körnen.

Ge|krab|bel, das; -s, **Ge|krab|be|le,** das; -s (ugs.) *[dauerndes] [Umher]krabbeln.*

Ge|krächz, das; -es, **Ge|kräch|ze,** das; -s: *[dauerndes] Krächzen.*

Ge|kra|kel, das; -s, **Ge|kra|ke|le, Ge|krak|le,** das; -s (ugs. abwertend): **1.** *krakelig Geschriebenes.* **2.** *[dauerndes] Krakeln.*

ge|kränkt: ↑kränken.

Ge|kränkt|heit, die; -, -en: **1.** ⟨o. Pl.⟩: *Zustand des Gekränktseins.* **2.** *Gefühl, Empfindung des Gekränktseins.*

Ge|krätz, das; -es [zu ↑kratzen] (Technik): *dünne vor dem Guss abzuziehende Schicht aus Legierungen u. Schlacke auf geschmolzenem Metall.*

Ge|krat|ze, das; -s (ugs. abwertend): *[dauerndes] Kratzen.*

Ge|kräu|sel, das; -s (geh.): **a)** *[dauerndes] Sichkräuseln:* das G. der Wellen; **b)** *etw. Gekräuseltes.*

ge|kräu|selt: ↑kräuseln.

Ge|kreisch, das; -[e]s, **Ge|krei|sche,** das; -s: *[dauerndes] Kreischen.*

Ge|kreu|zig|te, der u. die; -n, -n ⟨Dekl. ↑Abgeordnete⟩: **1.** *jmd., der ans Kreuz geschlagen wurde.* **2.** ⟨der; o. Pl.⟩ (christl. Rel.) *Christus.*

Ge|krit|zel, das; -s, (selten:) **Ge|krit|ze|le,** das; -s (abwertend): **1.** *etw. Gekritzeltes.* **2.** *[dauerndes Kritzeln.*

ge|kro|chen: ↑kriechen.

ge|kröpft: ↑kröpfen.

Ge|krö|se, das; -s, - [mhd. gekrœse = kleines Gedärm, eigtl. = Krauses, zu ↑kraus]: **1. a)** (Anat.) *wie eine Kreppmanschette gekräuseltes, aus Bindegewebe bestehendes Aufhängeband des Dünndarms;* **b)** *Eingeweide, Gedärm.* **2.** (Kochk.) *essbare Innereien (bes. vom Kalb).*

ge|kün|digt: ↑kündigen.

Ge|kün|dig|te, der u. die; -n, -n ⟨Dekl. ↑Abgeordnete⟩: *jmd., dem gekündigt worden ist.*

Ge|kun|gel, das; -s (ugs. abwertend): *[dauerndes Kungeln; Kungelei.*

ge|küns|telt ⟨Adj.⟩ [adj. 2. Part. von veraltet künsteln = (kleine) Künste gebrauchen] (abwertend): *nicht echt, nicht natürlich [wirkend]:* -e Freundlichkeit; sie lachte etwas g.

Ge|kụs|se, das; -s (ugs. abwertend): *[dauerndes] Küssen.*

Gel, das; -s, -e, ugs. auch: -s [Kurzf. von ↑Gelatine]: **1.** ⟨Pl. -e⟩ (Chemie): *gallertartiger Niederschlag aus einer fein zerteilten Lösung.* **2.** *einer Creme* (1) *ähnliches, fettfreies Kosmetikum; gallertartiger Hygieneartikel.*

Ge|lạb|ber, das; -s [zu ↑labbern] (nordd. abwertend): *fades [lauwarmes] Getränk.*

Ge|la|ber, das; -s, **Ge|la|be|re,** das; -s [zu ↑labern] (ugs. abwertend): *seichtes Gerede, törichtes Geschwätz.*

Ge|lạ|che, das; -s (abwertend): *[dauerndes] Lachen.*

ge|lacht: ↑lachen.

Ge|lạ̈ch|ter, das; -s, - ⟨Pl. selten⟩ [mhd. gelehter, Kollektivbildung zu: lahter, ahd. (h)lahtar = (lautes) Lachen]: **1.** *lautes [anhaltendes] Lachen:* lautes G.; ein großes G. anstimmen; in G. ausbrechen; *** homerisches G.** (*schallendes Gelächter;* nach Stellen bei Homer, wo von dem »unauslöschlichen Gelächter der seligen Götter« die Rede ist). **2.** ⟨o. Pl.⟩ *Gegenstand, Anlass des Lachens:* jmdn., sich zum G. [der Leute] machen.

ge|lack|mei|ert ⟨Adj.⟩ [H. u.; viell. zu ↑lacken u. ↑anmeiern] (salopp scherzh.): *hintergangen, betrogen:* g. sein; sich g. fühlen; ⟨subst.:⟩ er ist wieder mal der Gelackmeierte.

ge|lạckt: ↑lacken.

ge|la|den [2: nach der geladenen Schusswaffe]: **1.** ↑[1,2]laden. **2.** *** g. sein** (salopp; *voll aufgestauter Wut, zornig, wütend sein*): auf jmdn., etw. g. sein.

Ge|la|ge, das; -s, - [niederrhein. Gelag, Gelach, urspr. = (zum Essen u. Trinken) Zusammengelegtes, zu ↑legen]: *gemeinsames reichliches, oft über das gewöhnliche Maß hinausgehendes Essen u. Trinken:* ein wüstes G. fand statt.

Ge|lä|ger, das; -s, - [zu ↑Lager] (Winzerspr.): *trüber Rückstand, Ablagerung im Fass nach der Gärung des Weines; Trub.*

ge|lähmt: ↑lähmen.

Ge|lähm|te, der u. die; -n, -n ⟨Dekl. ↑Abgeordnete⟩: *jmd., der ganz od. an einzelnen Gliedern bewegungsunfähig ist.*

Ge|lähmt|heit, die; -: *[geistige] Unbeweglichkeit, Stumpfheit:* seelische G.

Ge|lạ̈n|de, das; -s, - [mhd. gelende, ahd. gilenti, Kollektivbildung zu ↑Land]: **a)** *Landschaft; [nicht begrenztes] Gebiet in seiner natürlichen Beschaffenheit:* ein ebenes, hügeliges G.; das G. steigt an, fällt ab; das G. erkunden; auf freiem G.; **b)** *bestimmtes, in seinen Grenzen festgelegtes Stück Land; [Bau]grundstück:* ein G. für eine Fabrik erwerben; auf dem G. der Ausstellung.

Ge|lạ̈n|de|auf|nah|me, die (Geogr.): *Vermessung u. kartenmäßige Erfassung eines Gebietes.*

Ge|lạ̈n|de|fahrt, die: *Fahrt mit einem Geländefahrzeug durch ein Gelände ohne Straßen u. Wege.*

Ge|lạ̈n|de|fahr|zeug, das: *Fahrzeug, mit dem man durch ein Gelände ohne Straßen u. Wege fahren kann.*

ge|lạ̈n|de|gän|gig ⟨Adj.⟩: *(von Fahrzeugen) bes. für Fahrten durch unwegsames Gelände geeignet:* der Jeep ist sehr g.

Ge|lạ̈n|de|lauf, der (Leichtathletik): *längerer Lauf querfeldein durch freies Gelände od. durch Wald.*

Ge|lạ̈n|de|marsch, der: *Marsch durch freies Gelände als [militärische] Marschübung [mit Gepäck].*

Ge|lạ̈n|der, das; -s, - [spätmhd. gelender, gelenter, zu mhd. gelanter, Kollektivbildung zu: lander = Stangenzaun (zu ↑Linde u. eigtl. = Latte, Stange aus Lindenholz)]: *an der freien Seite von Treppen, Balkonen u. an Brücken einem Zaun ähnliche, oben mit einem Handlauf o. Ä. abschließende Vorrichtung, die als Schutz vor Absturz u. zum Festhalten dient:* ein schmiedeeisernes G.; sich am G. festhalten; sich über das G. beugen.

Ge|lạ̈n|de|ritt, der: **a)** *[Übungs]ritt durch freies Gelände;* **b)** (Reiten) *Wettbewerb im Reiten auf einer abgesteckten Strecke mit natürlichen Hindernissen im offenen Gelände.*

Ge|lạ̈n|de|spiel, das: *(von Jugendgruppen ausgeübtes) Mannschaftsspiel im Gelände mit Wandern, Orientierungsübungen, Spurensuche u. Ä.*

Ge|lạ̈n|de|sport, der: *sportliche Übungen im Gelände.*

ge|lạ̈n|de|taug|lich ⟨Adj.⟩: *geländegängig.*

Ge|lạ̈n|de|übung, die (Milit.): *Übung im freien Gelände.*

Ge|lạ̈n|de|wa|gen, der: *Geländefahrzeug.*

ge|lạng, ge|lạ̈n|ge: ↑gelingen.

ge|lạn|gen ⟨sw. V.; ist⟩ [mhd. gelangen, ahd. gilangōn, ablautende Bildung zu ↑gelingen]: **1.** (geh., bes. schriftspr.) *ein bestimmtes Ziel erreichen; an ein bestimmtes Ziel kommen:* ans Ziel, nach Hause, zum Bahnhof g.; der Brief ist nicht in meine Hände gelangt; an die Öffentlichkeit, jmdm. zu Ohren g.; etw. gelangt in jmds. Besitz; jmd. gelangt in den Besitz von etw. **2.** (schweiz.) *sich (an jmdn.) wenden; appellieren:* er will [mit dieser Angelegenheit] an den Bundesrat g. **3.** *etw., einen angestrebten Zustand erreichen, zu etw. kommen:* zu Geld, Ansehen, Ehre g.; ich bin zu der Erkenntnis gelangt, dass du damals Recht hattest; zur Ruhe g. *(ruhig werden);* zum Abschluss g. *(abgeschlossen werden);* zur Ausführung g. *(ausgeführt werden);* zum Einsatz g. *(eingesetzt werden);* zur Darstellung g. *(dargestellt werden).*

ge|lang|weilt: ↑langweilen.

ge|lạppt ⟨Adj.⟩ [zu ↑Lappen] (Bot.): *(von Laubblättern) durch spitze Einschnitte geteilt:* Ahornblätter sind g.

Ge|lạ̈rm, das; -s, **Ge|lạ̈r|me,** das; -s (abwertend): *[dauerndes] Lärmen.*

Ge|lạss, das; -es, -e [mhd. gelæȥe = (Art der) Niederlassung, zu ↑lassen] (geh.): *kleiner, enger, dürftig eingerichteter [Keller]raum.*

ge|lạs|sen [2: mhd. gelāȥen = gottergeben, später = maßvoll, ruhig; eigtl. 2. Part. von: gelāȥen = sich benehmen]: **1.** ↑lassen. **2.** ⟨Adj.⟩ *das seelische Gleichgewicht bewahrend; beherrscht, ruhig, gefasst:* mit -er Miene; g. sein, tun; etwas g. hinnehmen.

Ge|lạs|sen|heit, die; - [mhd. gelāȥenheit = Gottergebenheit]: *gelassene Haltung.*

Ge|lạ̈s|ter, das; -s (abwertend): *[dauerndes] Lästern.*

Ge|la|ti|ne [ʒe...], die; - [nlat. gelatina, zu lat. gelatus = gefroren, erstarrt, adj. 2. Part. von: gelare, ↑gelieren]: *(aus Knochen u. Häuten hergestellte) leimartige Substanz ohne Geschmack* (1), *die zum Eindicken u. Binden von Speisen sowie u. a. in der pharmazeutischen u. Kosmetikindustrie Verwendung findet.*

Ge|la|ti|ne|kap|sel, die: *dünnwandige Kapsel aus Gelatine für bestimmte [schlecht schmeckende] Medikamente, die sich erst im Magen auflöst u. so das Einnehmen erleichtert.*

ge|la|ti|nie|ren ⟨sw. V.⟩: **a)** *zu Gelatine erstarren* ⟨ist⟩: die Lösung ist [zum Gel] gelatiniert; **b)** *eine fein zerteilte Lösung in Gelatine verwandeln* ⟨hat⟩.

Ge|läuf, das; -[e]s, -e [zu ↑laufen]: **1.** (Jägerspr.) *Spur des Federwildes.* **2.** (Sport) **a)** *Boden einer Pferderennbahn, eines Pferdeweges;* **b)** *Boden des Spielfeldes:* ein schweres G.

Ge|lau|fe, das; -s (ugs. abwertend): **1.** *[dauerndes] Laufen.* **2.** *Lauferei.*

ge|lau|fen: ↑laufen.

ge|läu|fig ⟨Adj.⟩ [verstärkend für mhd. löufec, ↑läufig]: **1.** *durch häufigen Gebrauch allgemein bekannt, vertraut, üblich:* -e Redensarten. **2.** *fließend, perfekt:* in -em Französisch; g. Klavier spielen.

Ge|läu|fig|keit, die; -: **1.** *Bekanntheit, Vertrautheit.* **2.** *Perfektion:* seine G. beim Klavierspielen nimmt zu.

ge|launt [adj. 2. Part. von veraltet launen < mhd. lūnen = in vorübergehender Stimmung sein, zu ↑Laune]: in den Fügungen **g. sein** *(sich in einer bestimmten Gefühlslage, Stimmung befinden):* froh, gut, schlecht g. sein; ⟨auch attr.:⟩ ein gut -er Onkel; **zu etw. g. sein** (veraltend; *in der Stimmung sein [etw. zu tun]*): er ist heute nicht zum Scherzen g.

Ge|läut, das; -[e]s, -e [↑Geläute]: **1.** *die (zusammengehörigen u. klanglich aufeinander abgestimmten) Glocken einer Kirche:* die Gemeinde sammelte für ein neues G. **2.** ⟨o. Pl.⟩ *Geläute* (1).

Ge|läu|te, das; -s [mhd. geliute = Schall, Getöse; Glockengeläut, zu ↑läuten]: **1.** *anhaltendes Läuten.* **2.** (Jägerspr.) *das Bellen der Hunde auf der Jagd.*

gẹlb ⟨Adj.⟩ [mhd. gel, ahd. gelo, eigtl. = glänzend, schimmernd; das b stammt aus den gebeugten Formen (mhd. gelw-)]: *von der Farbe einer reifen Zitrone:* eine -e Tapete; die Blätter werden schon g. *(bekommen Herbstfärbung);* Gelbe Rüben (südd.; *Möhren*); vgl. blau.

Gẹlb, das; -s, -, ugs.: -s: *gelbe Farbe:* ein zartes, kräftiges, dunkles G.; bei G. *(gelbem Licht der Ampel)* ist die Kreuzung zu räumen; der Spieler sah G. (Sport; *ihm wurde die gelbe Karte gezeigt*).

gẹlb|braun ⟨Adj.⟩: *in einem braunen Farbton, der ins Gelbe spielt.*

Gẹl|be, das; -n ⟨Dekl. ↑[2]Junge, das⟩: *das Gelbsein; gelbe Farbe, Färbung:* *** das G. vom Ei sein** (ugs.; *das Beste, Vorteilhafteste sein*): diese Lösung ist nicht unbedingt das G. vom Ei.

Gẹlb|fie|ber, das ⟨o. Pl.⟩ [nach der begleitenden Gelbsucht] (Med.): *(in tropischen Gebieten Afrikas u. Amerikas vorkommende) mit hohem Fieber u. Erbrechen einhergehende Infektionskrankheit, deren Erreger die Gelbfiebermücke überträgt.*

Gẹlb|fie|ber|mü|cke, die: *Stechmücke, die das Gelbfieber überträgt.*

Gẹlb|fil|ter, der, Fachspr. meist: das (Fot.): *zur Dämpfung von blauen Farbtönen eingesetzter Filter.*

gẹlb|grün ⟨Adj.⟩: *in einem grünen Farbton, der ins Gelbe spielt.*

Gẹlb|grün|fil|ter, der, Fachspr. meist: das (Fot.): *Farbfilter, der Blau dämpft u. Grün aufhellt.*

Gẹlb|kör|per, der (Anat., Med.): *im Eierstock nach dem Ausstoßen eines reifen Eies sich bildende Drüse, die einen gelben Farbstoff speichert u. ein Sexualhormon erzeugt.*

Gẹlb|kör|per|hor|mon, das: *im Gelbkörper gebildetes weibliches Sexualhormon.*

Gẹlb|kreuz, das ⟨o. Pl.⟩ [nach der Kennzeichnung der Behälter durch ein gelbes Kreuz]: *Ätzungen der Haut bewirkendes Giftgas.*

gẹlb|lich ⟨Adj.⟩: *leicht gelb getönt, sich im Farbton dem Gelb nähernd, ins Gelbe spielend:* ein -es Weiß; ein g. grünes, g. weißes Licht; das Foto ist schon g. geworden; g. schimmern.

gẹlb|lich grün: s. gelblich.

Gẹlb|licht, das ⟨o. Pl.⟩ (Verkehrsw.): *gelbes Licht der Ampel.*

gẹlb|lich weiß: s. gelblich.

Gẹlb|rand|kä|fer, der: *(im Süßwasser lebender) Schwimmkäfer, dessen schwarzbraune Oberseite einen gelben Rand aufweist.*

Gẹlb|rost, der: *(bes. an Getreidepflanzen auftretende) durch Rostpilze hervorgerufene Krankheit, bei der sich an den Blättern im Sommer gelbe, im Winter schwarze Streifen bilden.*

gẹlb|rot ⟨Adj.⟩: *in einem roten Farbton, der ins Gelbe spielt.*

gẹlb-rot ⟨Adj.⟩: *gelb u. rot gefärbt:* ⟨subst.:⟩ der Spieler sah Gelb-Rot (Fußball; *die gelbe u. die rote Karte als Zeichen für einen Platzverweis*).

Gẹlb|rü|be, die (südd.): *Möhre.*

gẹlb|sei|den ⟨Adj.⟩: *aus gelber Seide.*

Gẹlb|sper|re, die (Fußball): *nach einer bestimmten Anzahl von gelben Karten automatisch in Kraft tretendes Spielverbot:* wegen einer G. im Aufgebot fehlen.

Gẹlb|spöt|ter, der: *die Stimmen anderer Vögel nachahmender Singvogel mit schwefelgelber Unter- u. olivgrüner Oberseite; Gartensänger; Gartenlaubvogel; Gartenspötter.*

Gẹlb|sucht, die ⟨o. Pl.⟩ [mhd. gelsucht, ahd. gelasuht] (Med.): *die Funktion von Galle u. Leber* *beeinflussende Krankheit, bei der sich Haut u. Schleimhäute gelb verfärben.*

gẹlb|süch|tig ⟨Adj.⟩: *Erscheinungen von Gelbsucht zeigend; aufgrund von blasser, gelblicher Hautfarbe krank wirkend:* g. aussehen.

Gẹlb|wurst, die: *geräucherte Fleischwurst in gelbem Darm.*

Gẹlb|wur|zel, die: *(zu den Ingwergewächsen gehörende) Pflanze mit lanzettförmigen Blättern u. blassgelben Blüten, deren Wurzelstock das im Curry enthaltene Kurkuma liefert.*

Gẹld, das; -[e]s, -er [mhd. gelt = Zahlung, Vergütung, Einkommen, Wert; dann: geprägtes Zahlungsmittel, ahd. gelt = Zahlung; Lohn; Vergeltung, zu ↑gelten]: **1.** ⟨o. Pl.⟩ *vom Staat geprägtes od. auf Papier gedrucktes Zahlungsmittel:* bares G.; großes G. *(Scheine);* kleines G. *(Münzen);* das ist hinausgeworfenes G. *(eine unnütze, sinnlose Ausgabe);* leichtes G. *(Geld, das ohne große Mühe verdient werden kann);* schmutziges G. *(auf unredliche Weise erworbene Geldmittel);* G. [von der Bank, vom Sparbuch] abheben; G. wechseln; G. fälschen; das kostet viel G. *(ist teuer);* das ist sein G. wert *(ist von guter Qualität u. rechtfertigt seinen Preis);* G. verdienen; diese Idee bedeutet bares G. *(bringt Gewinn);* G. scheffeln (ugs.; *viel Geld verdienen, zusammenraffen*); etw. für teures G. erwerben; G. flüssig machen *(sich durch Verkauf von Wertpapieren o. Ä. Bargeld beschaffen);* sein G. arbeiten lassen *(ausleihen, investieren u. dafür Zinsen bekommen);* der Traum vom großen G. *(Reichtum);* **R** da kommt G. zu G. *(ein reicher Mann und eine reiche Frau heiraten);* G. verdirbt den Charakter; **Spr** G. stinkt nicht (nach dem Ausspruch »Non olet« Kaiser Vespasians, der mit diesen Worten seinem Sohn Titus auf dessen Tadel hin, dass er die Bedürfnisanstalten besteuert habe, das erste aus dieser Steuer eingenommene Geld unter die Nase gehalten haben soll); G. regiert die Welt; G. allein macht nicht glücklich [scherzh. Hinzufügung: aber es beruhigt]; wenn es ums G. geht, hört die Freundschaft auf; * **heißes G.** (1. Wirtsch.; *Geld, das, um größeren Gewinn zu erzielen, je nach Zinshöhe in andere Länder fließt;* LÜ von engl. hot money. 2. *durch Raub, Erpressung u. Ä. erworbene Münzen u. Noten, deren Nummern möglicherweise notiert wurden u. die der Erwerber deshalb schnell wieder abstoßen will*); **G. und Gut** (geh.; *der gesamte Besitz*); **hier liegt das G. auf der Straße** *(hier kann man leicht zu Geld kommen);* **jmdm. rinnt das G. durch die Finger** *(jmd. ist verschwenderisch);* **[das große, leichtes] G. machen** (ugs.; *[viel] Geld verdienen;* LÜ von engl. to make money); **sein G. unter die Leute bringen** (ugs.; *rasch ausgeben*); **jmdm. das G. aus der Tasche ziehen** (ugs.; 1. *zum eigenen Vorteil jmdn. dazu bringen, dass er immer wieder Geld ausgibt.* 2. *jmdm. eine überhöhte Rechnung ausstellen*); **G. wie Heu haben; im G. schwimmen** (ugs.; *sehr reich sein*); **sein G. [mit beiden Händen] auf die Straße werfen/zum Fenster hinauswerfen/zum Schornstein hinausjagen** (ugs.; *sehr verschwenderisch sein*); **nicht für G. und gute Worte** (ugs.; *auf keinen Fall, um keinen Preis*); **ins G. gehen/laufen** (ugs.; *viel Geld kosten, teuer werden*); **zu G. kommen** *(reich werden);* **etw. zu G. machen** *(verkaufen).* **2.** ⟨meist Pl.⟩ *größere [von einer bestimmten Stelle stammende, für einen bestimmten Zweck vorgesehene] Summe:* öffentliche -er; die -er für den Bau einer Straße aufbringen; er hat das G., die [ihm anvertrauten] -er veruntreut; über das nötige G., die nötigen -er verfügen. **3.** (Börsenw.) kurz für ↑Geldkurs: US-Dollar = DM 1,87 Geld (Abk.: G).

Gẹld|adel, der: *Finanzaristokratie.*

Gẹld|an|ge|le|gen|heit, die ⟨meist Pl.⟩: *Gesamtheit dessen, was die [persönlichen od. familiären] Finanzen betrifft:* in -en konnte man ihm nichts vormachen.

Gẹld|an|la|ge, die: *Objekt, in dem jmd. sein Geld gewinnbringend anlegen kann:* Grundstücke sind eine sichere G.

Gẹld|aris|to|kra|tie, die: *Finanzaristokratie.*

Gẹld|aus|ga|be, die: **1. a)** *das Ausgeben* (2 a) *von Geld;* **b)** *ausgegebenes* (2 a) *Geld.* **2.** *das Aushändigen, Abgeben von Geld:* bei diesem Automaten geht die G. zügig voran.

Gẹld|aus|ga|be|au|to|mat, der: *Automat, der nach Auswertung einer eingeführten Scheckkarte, Kreditkarte o. Ä. Geld abgibt; Geldautomat.*

Gẹld|au|to|mat, der: *Geldausgabeautomat.*

Gẹld|be|trag, der: *bestimmte [kleinere] Geldsumme.*

Gẹld|beu|tel, der: *Portemonnaie:* den G. zücken; er ist noch vom G. des Vaters abhängig *(wird noch vom Vater ernährt od. geldlich unterstützt);* **Ü** für etw. tief in den G. greifen (ugs.; *viel Geld ausgeben*); * **auf dem/auf seinem G. sitzen** (ugs. abwertend; *geizig sein*).

Gẹld|bom|be, die [nach der Form] (Bankw.): *metallenes Behältnis (für die Tageseinnahmen eines Geschäftes), das nach Schalterschluss durch eine Öffnung an der Bank eingeworfen wird u. in den Schacht zum gesicherten Nachttresor der Bank hinunterfällt.*

Gẹld|bör|se, die (geh.): *Portemonnaie.*

Gẹld|brief|trä|ger, der (früher): *Zusteller für Geld-, Einschreibe-, Nachnahmesendungen u. Ä.*

Gẹld|brief|trä|ge|rin, die: w. Form zu ↑Geldbriefträger.

Gẹld|bün|del, das: *Bündel von Geldscheinen.*

Gẹld|bu|ße, die: *Buße* (3): der Richter ist bereit, die Anklage gegen eine G. von 500 Mark fallen zu lassen.

Gẹld|ent|wer|tung, die: *Verminderung des Geldwertes* (b).

Gẹld|er|werb, der: **1.** *Erwerb von Geld:* auf G. aus sein. **2.** *[berufliche] Tätigkeit, mit der jmd. Geld erwirbt:* dem, seinem G. nachgehen.

Gẹl|des|wert: in den Fügungen **mit/für Geld und G.** *(mit/für Geld u. alles, was den Wert von Geld hat).*

Gẹld|for|de|rung, die: *finanzieller Anspruch; einzutreibende Schuld:* eine G. an/gegen jmdn. haben.

Gẹld|fra|ge, die: *Frage des vorhandenen od. nicht vorhandenen Geldes:* ob wir verreisen können, das ist eine G.

Gẹld|ge|ber, der: *jmd., der für eine Sache Geld gibt, sich finanziell an einem Unternehmen beteiligt.*

Gẹld|ge|be|rin, die: w. Form zu ↑Geldgeber.

Gẹld|ge|schäft, das ⟨meist Pl.⟩: *Handel, bei dem es um Geld geht, bei dem Geld bezahlt werden muss.*

Gẹld|ge|schenk, das: *Geschenk in Form von [Bar]geld.*

Gẹld|gier, die (abwertend): *[rücksichtsloses] Streben nach Geld.*

gẹld|gie|rig ⟨Adj.⟩ (abwertend): *auf Geld versessen.*

Gẹld|grün|de ⟨Pl.⟩: in der Fügung **aus -n** *(wegen des Geldes).*

Gẹld|hahn, der: meist in der Wendung **[jmdm.] den G. ab-/zudrehen** (ugs.; *[jmdm.] kein Geld mehr geben*).

Gẹld|hei|rat, die: *Eheschließung, die [nur] aus finanziellen Gründen erfolgt.*

Gẹld|herr|schaft, die: *Herrschaft durch die Macht des Kapitals; Plutokratie.*

Gẹld|in|sti|tut, das ⟨meist Pl.⟩: *Unternehmen, in dem Geld eingezahlt, abgehoben od. gewechselt werden kann* (z. B. Bank, Sparkasse).

Gẹld|ka|pi|tal, das (Wirtsch.): *in Barmitteln, Wertpapieren o. Ä. bestehendes Kapital eines Unternehmens.*

Gẹld|kar|te, die: *kleine, als elektronisches Zahlungsmittel verwendete Karte aus Plastik mit einem Mikrochip, auf dem eine Geldsumme gespeichert werden kann.*

Gẹld|kas|set|te, die: *kleiner, verschließbarer Kasten aus Metall zur Aufbewahrung von Geld.*

Gẹld|knapp|heit, die: *Knappheit an Geld.*

Gẹld|kurs, der (Börsenw.): *Kurs, zu dem ein Wertpapier o. Ä. an der Börse, auf der Bank gesucht od. gekauft wird.*

Gẹld|leis|tung, die ⟨meist Pl.⟩ (Amtsspr.): *[Unterstützungs]zahlung.*

gẹld|lich ⟨Adj.⟩: *das Geld* (1) *betreffend; finanziell; Geld-:* -e Schwierigkeiten; jmdn. g. unterstützen.

Gẹld|man|gel, der ⟨o. Pl.⟩: *Mangel an Geld.*

Gẹld|markt, der (Wirtsch.): *Markt für kurzfristige Kredite, Wechsel u. Ä.:* sich auf dem G. Mittel für neue Investitionen verschaffen.

Gẹld|men|ge, die: *in einer Volkswirtschaft im Umlauf befindliche Menge an Zahlungsmitteln (Bargeld u. Sichteinlagen).*

Gẹld|mit|tel ⟨Pl.⟩: *Summe, die für bestimmte [öffentliche] Aufgaben od. Vorhaben zur Verfügung steht:* seine G. sind erschöpft.

Gẹld|not, die: *Not* (1) *aufgrund von Geldmangel:* in G. sein.

Gẹld|po|li|tik, die: *Maßnahmen der Regierung u. der Zentralbank zur Beeinflussung von Geldumlauf, Zinshöhe, Anzahl der Kredite u. Ä.*

Gẹld|prä|mie, die: *Prämie in Form von Geld.*

Gẹld|preis, der: *Preis in Form von Geld.*

Gẹld|quel|le, die: **a)** *Stelle (Person, Institution, Firma), bei der jmd. Geld (als Darlehen, Unterstützung, Lohn) bekommen kann;* **b)** *Einnahmequelle.*

Gẹld|re|gen, der (ugs. scherzh.): *sehr willkommene, erwünschte, oft unerwartete größere Geldzuwendung, größere Einnahme.*

Gẹld|rol|le, die (Bankw.): *in festes Papier verpackte u. mit Wertangabe versehene Rolle, die eine bestimmte Anzahl gleichartiger Münzen enthält.*

Gẹld|sack, der: **1. a)** (veraltet) *großer Beutel für Geld:* * **auf seinem G. sitzen** (ugs. abwertend; *geizig sein*); **b)** *fester Sack, in dem größere Geldmengen (in gepanzerten Wagen) von od. zu einer Bank befördert werden können.* **2.** (ugs. abwertend) *jmd., der sehr reich, aber geizig ist.*

Gẹld|schein, der: *Schein von bestimmter Größe (durch Wasserzeichen, schmalen Metallstreifen u. besonderen Druck gegen Nachahmungen geschützt), der den aufgedruckten Geldwert repräsentiert; Banknote:* sie warf mit -en nur so um sich.

Gẹld|schnei|der, der [urspr. = Geldwechsler, der sich durch Beschneiden der Münzränder bereichert] (ugs. abwertend): *allzu sehr auf Gewinn bedachter Kaufmann; Wucherer.*

Gẹld|schnei|de|rei, die (ugs. abwertend): *ungerechtfertigtes Verdienen, Einnehmen, Herausschlagen von unverhältnismäßig viel Geld:* der Zwangsumtausch ist reine G.

Gẹld|schrank, der: *gepanzerter, feuerfester u. gegen Diebstahl gesicherter Schrank zur Aufbewahrung von Geld, Wertsachen u. Ä.; Tresor.*

Gẹld|schrank|kna|cker, der (ugs.): *Einbrecher, der darauf spezialisiert ist, Geldschränke gewaltsam zu öffnen:* der G. wurde nie gefasst.

Gẹld|schuld, die: *Verpflichtung zur Zahlung einer bestimmten Geldsumme.*

Gẹld|sor|gen ⟨Pl.⟩: *Sorgen in Bezug auf das Geld, die wirtschaftliche Existenz.*

Gẹld|sor|te, die (Bankw.): *bestimmte [ausländische] Währung.*

Gẹld|spen|de, die: *Spende in Form von Geld.*

Gẹld|stra|fe, die: *Strafe in Form einer Geldzahlung.*

Gẹld|stück, das: *kleinere Metallscheibe, die den aufgeprägten Geldwert repräsentiert; Münze* (1).

Gẹld|sum|me, die: *[bestimmte] Summe Geld.*

Gẹld|ta|sche, die: *[Leder]tasche, die bes. für das Aufbewahren größerer Mengen von Kleingeld geeignet ist.*

Gẹld|um|lauf, der: *die innerhalb eines Staatsgebiets umlaufende Geldmenge.*

Gẹld|um|tausch, der: *Umtausch von einer Währung in eine andere.*

Gẹld|ver|kehr, der ⟨o. Pl.⟩: *wechselseitige Zahlung.*

ẹld|ver|le|gen|heit, die (verhüll.): *Verlegenheit (2) aufgrund von Geldmangel:* gerade in G. sein.
ẹld|wasch|an|la|ge, die (Jargon): *Einrichtung, Institution o. Ä., die Geldwäsche betreibt.*
ẹld|wä|sche, die (Jargon): **a)** *das Umwandeln von Geldern illegaler Herkunft (insbesondere aus Raub, Erpressung, Drogen-, Waffen- u. Frauenhandel) in offiziell registrierte Zahlungsmittel;* **b)** *das Weiterleiten unbeschränkt steuerbegünstigter Spendengelder an eine Institution, bes. an eine politische Partei, für deren Spenden nur eine teilweise Steuervergünstigung besteht.*
ẹld|wert ⟨Adj.⟩ (Bankw.): *einen bestimmten, in Geld auszudrückenden Wert darstellend:* ein -er Vorteil.
ẹld|wert, der: **a)** *in Geld ausgedrückter Wert eines Gegenstandes:* die alte Truhe hat einen nur geringen, einen beträchtlichen, hohen G.; **b)** *Wert der Währung eines Landes; Kaufkraft* (1): fallende Preise bedeuten steigenden G.
ẹld|we|sen, das ⟨o. Pl.⟩: *Gesamtheit der mit dem Geld zusammenhängenden Vorgänge u. Einrichtungen.*
ẹld|wirt|schaft, die: *Wirtschaftssystem mit Geld als allgemeinem Zahlungsmittel.*
ẹld|zah|lung, die: *Zahlung einer Geldsumme.*
ẹld|zu|wen|dung, die: *Unterstützung in Form von Geld.*
e|lẹckt ⟨Adj.⟩: meist in der Wendung **wie g. aussehen** (ugs. scherzh.; 1. *sehr sauber aussehen.* 2. *sehr sorgfältig, übertrieben korrekt gekleidet sein*).
e|lee [ʒe'le:, auch: ʒə'le:], das od. der; -s, -s [frz. gelée < vlat. gelata, subst. 2. Part. von lat. gelare, ↑gelieren]: **a)** *süßer Brotaufstrich aus gallertartig eingedicktem Fruchtsaft:* G. aus Brombeeren kochen; **b)** *in gallertartigen Zustand übergegangener Saft von Fleisch od. Fisch:* Hering in G.; **c)** *mithilfe von Geliermitteln hergestellte Süßspeise;* **d)** *als Wirkstoffträger in der kosmetischen Industrie verwendete, halbfeste, meist durchscheinende Substanz.*
e|le|ge, das; -s, -: (*bes. von Vögeln u. Reptilien*) *Gesamtheit der von einem Tier an einer Stelle abgelegten Eier:* ein G. von 5 Eiern.
e|le|gen [2: mhd. gelegen, ahd. gelegan, urspr. = angrenzend, benachbart, dann = verwandt u. passend, geeignet]: **1.** ↑liegen. **2.** ⟨Adj.⟩ *in einem günstigen Augenblick [geschehend, eintretend]; zu jmds. Absichten passend:* zu -er Stunde; dein Besuch ist, kommt mir sehr g.
e|le|gen|heit, die; -, -en [mhd. gelegenheit = Art u. Weise, wie etw. liegt; Lage, Stand (der Dinge)]: **1.** *geeignete Umstände, um etw. Geplantes auszuführen; [günstiger] Augenblick; Möglichkeit* (2): die G. ist günstig; dazu bietet sich bald [eine] G.; verpasste -en; jmdm. [die] G. geben, etw. zu tun; die G. nutzen; bei der nächsten G. *(sobald es sich ermöglichen lässt);* bei G. *(gelegentlich, irgendwann einmal);* **Spr** G. macht Diebe *(eine günstige Gelegenheit verführt dazu, etw. Verbotenes od. nicht Erwünschtes zu tun);* *** die G. beim Schopf[e] fassen/ergreifen/packen/nehmen** *(einen einmaligen, günstigen Augenblick schnell entschlossen ausnutzen;* nach dem im griech. Mythos als Gott verehrten Kairos [= der günstige Augenblick] mit lockigem Vorder- u. kahlem Hinterhaupt, der deshalb als Davonfliegender dargestellt wurde, weil man meist die gute Gelegenheit erst zu ergreifen sucht, wenn sie schon vorbei ist). **2.** *Anlass:* Kleidung für alle -en; nur zu festlichen -en wird der Saal benutzt; bei G. (Papierdt.: *anlässlich*) seines Besuches. **3.** (Werbespr.) *bes. günstiges Angebot.* **4.** (verhüll.) *Toilette:* wo ist hier die G.?
e|le|gen|heits|ar|beit, die: *nur vorübergehend angenommene Arbeit, Erwerbstätigkeit.*
e|le|gen|heits|ar|bei|ter, der: *jmd., der nur gelegentlich arbeitet, keiner geregelten Arbeit nachgeht.*
e|le|gen|heits|ar|bei|te|rin, die: w. Form zu ↑Gelegenheitsarbeiter.
e|le|gen|heits|bil|dung, die (Sprachw.): *Wort, das jederzeit gebildet werden kann, aber nicht fester Bestandteil des Wortschatzes ist.*
Ge|le|gen|heits|dich|tung, die: vgl. Gelegenheitsgedicht.
Ge|le|gen|heits|dieb|stahl, der: *[nicht im Voraus geplanter] Diebstahl, den jmd. begeht, weil sich gerade eine für ihn günstige Gelegenheit ergibt, die Umstände die Straftat erleichtern.*
Ge|le|gen|heits|ge|dicht, das: *für einen bestimmten Anlass verfasstes Gedicht.*
Ge|le|gen|heits|job, der: *Gelegenheitsarbeit:* er hielt sich mit -s über Wasser.
Ge|le|gen|heits|kauf, der: **a)** *Kauf, zu dem sich jmd. durch eine günstige Gelegenheit, ein günstiges Angebot o. dgl. spontan entschließt:* wir machten auf dem Markt einige Gelegenheitskäufe; **b)** *bei einem Gelegenheitskauf* (a) *erworbener Gegenstand:* diese alte Truhe ist ein G.
ge|le|gent|lich [mhd. gelegenlich = gelegen, günstig]: **I.** ⟨Adj.⟩ **a)** *bei Gelegenheit, bei passenden Umständen [geschehend]:* -e Besuche; diese Sachen sollen g. verkauft werden; **b)** *manchmal, hier u. da, von Zeit zu Zeit [erfolgend]:* -e Niederschläge; er raucht nur noch g. **II.** ⟨Präp. mit Gen.⟩ (Papierdt.) *anlässlich, bei:* g. seines Besuches wurde ein weiteres Treffen vereinbart.
ge|leh|rig ⟨Adj.⟩ [zu veraltet gleichbed. lehrig, zu ↑lehren]: *schnell die Gewohnheiten, Praktiken o. Ä. eines anderen annehmend, sich dessen Kenntnisse zu Eigen machend; anstellig:* ein -er Schüler; sehr g. sein.
Ge|leh|rig|keit, die; -: *das Gelehrigsein; Anstelligkeit.*
ge|lehr|sam ⟨Adj.⟩: **1.** *gelehrig:* ein -es Tier. **2.** (veraltet) *gelehrt.*
Ge|lehr|sam|keit, die; - (geh.): *umfassende wissenschaftliche Bildung; großer Reichtum an Kenntnissen; Gelehrtheit:* er war ein Mann von hoher G.
ge|lehrt ⟨Adj.⟩ [mhd. gelēr(e)t, ahd. galērit, eigtl. 2. Part. von ↑lehren]: **a)** *gründliche u. umfassende wissenschaftliche Kenntnisse besitzend; wissenschaftlich umfassend gebildet:* eine -e Frau; **b)** *auf wissenschaftlicher Grundlage beruhend:* -e Angriffe gegen eine Theorie; der -e Apparat *(Anmerkungen, Literaturangaben)* eines Buches; **c)** (meist abwertend) *in wissenschaftlicher Fachsprache abgefasst u. daher schwer verständlich:* er drückt sich immer so g., viel zu g. aus.
Ge|lehr|te, der u. die; -n, -n ⟨Dekl. ↑Abgeordnete⟩: *jmd., der gelehrt ist:* das Klischee des lebensfremden -n; eine bekannte G.; **R** darüber streiten sich die -n/sind sich die -n noch nicht einig (scherzh.; *das ist [wissenschaftlich] noch nicht geklärt;* nach Horaz, Ars poetica, Vers 78).
Ge|lehr|ten|streit, der: *wissenschaftliche Auseinandersetzung, Kontroverse.*
Ge|lehrt|heit, die; -: *das Gelehrtsein; Gelehrsamkeit.*
Ge|lei|er, das; -s (abwertend): **a)** *[dauerndes] Leiern;* **b)** *monotone Vortragsweise.*
Ge|lei|se, das; -s, - [mhd. geleis(e) = (Rad)spur, Kollektivbildung zu: leis(e), ahd. (wagan)leisa = (Wagen)spur] (österr., schweiz., sonst veraltet): *Gleis.*
Ge|leit, das; -[e]s, -e [mhd. geleite, zu ↑geleiten]: **a)** (geh.) *das Geleiten; Begleitung zum Schutz od. als Ehrung für jmdn.:* jmdm. sein G. anbieten; im G. des Präsidenten; *** freies/sicheres G.** (Rechtsspr.; *Garantie der Bewegungsfreiheit u. Unverletzlichkeit*); **jmdm. das G. geben** (geh.; *jmdn. [offiziell] begleiten*); **jmdm. das letzte G. geben** (geh. verhüll.; *an jmds. [feierlicher] Beerdigung teilnehmen*); **zum G.** (*als einleitende Worte;* in einer Publikation); **b)** *Gruppe von Personen, Fahrzeugen, die jmdn. geleiten, offiziell begleiten; Eskorte:* ein G. von mehreren Flugzeugen folgte der Maschine des Gastes.
ge|lei|ten ⟨sw. V.; hat⟩ [mhd. geleiten, ahd. gileitan, zu ↑leiten] (geh.): *begleitend, zum Schutz mit jmdm. mitgehen, ihn irgendwohin bringen, führen:* einen Blinden über die Straße g.; er geleitete den Gast zur Tür.
Ge|leit|schutz, der: *[militärischer] Schutz durch Begleitung:* Handelsschiffen G. geben; sie lassen sich im G. nach Hause bringen.
Ge|leit|wort, das ⟨Pl. -e⟩: *einer Veröffentlichung zum Geleit* (a) *vorangestellte Vorbemerkung, Würdigung:* mit einem G. von Professor X.
Ge|leit|zug, der (Milit.): *Konvoi aus Handelsschiffen u. zur Sicherung mitfahrenden Kriegsschiffen.*
ge|lẹnk ⟨Adj.⟩ [mhd. gelenke] (veraltet): *gelenkig, geschmeidig.*
Ge|lẹnk, das; -[e]s, -e [mhd. gelenke = Taille, zu mhd. lanke, ahd. (h)lanka = Hüfte, Lende, Weiche, eigtl. = Biegung am Körper, biegsamer Teil]: **a)** (Anat.) *bewegliche Verbindung zwischen Knochen:* ein schwaches G.; im Alter bekommt man steife -e; es knackt in den -en; in den -en einknicken; **b)** (Bot.) *polsterförmige Verdickung an Blattstielen od. Stängeln, die eine hebende od. senkende Bewegung des Blattes od. eines Teils des Stängels ermöglicht;* **c)** (Technik) *bewegliche Verbindung zwischen Maschinenteilen od. Teilen eines technischen Gerätes, einer technischen Vorrichtung:* ein G. ölen.
Ge|lẹnk|band, das ⟨Pl. ...bänder⟩: *Scharnierband.*
Ge|lẹnk|ent|zün|dung, die (Med.): *Arthritis.*
Ge|lẹnk|fahr|zeug, das: *Fahrzeug, das aus zwei od. mehreren Teilfahrzeugen besteht, die durch ein bewegliches Gelenk* (c) *miteinander verbunden sind, sodass ein Durchgehen von einem zum andern möglich ist.*
ge|lẹn|kig ⟨Adj.⟩: **a)** *von besonderer Beweglichkeit in den Gelenken* (a); *leicht beweglich u. wendig:* ein -er Sportler; er sprang g. über den Zaun; **b)** (Fachspr.) *durch ein Gelenk* (c), *durch Gelenke beweglich:* eine -e Verbindung.
Ge|lẹn|kig|keit, die; -: *Biegsamkeit, Beweglichkeit des Körpers in den Gelenken* (a).
Ge|lẹnk|kap|sel, die (Anat.): *Kapsel eines Gelenks* (a).
Ge|lẹnk|kopf, der (Anat.): *abgerundetes Ende eines Knochens, das in die Gelenkpfanne eingreift u. mit dieser ein Gelenk* (a) *bildet.*
Ge|lẹnk|ku|gel, die (Anat.): *Gelenkkopf.*
Ge|lẹnk|pfan|ne, die (Anat.): *muldenförmiger Teil eines Knochens, in den der Gelenkkopf eines anderen Knochens eingreift.*
Ge|lẹnk|pup|pe, die: *Gliederpuppe.*
Ge|lẹnk|rheu|ma|tis|mus, der (Med.): *schmerzhafte, meist mit Fieber verbundene rheumatische Erkrankung der Gelenke* (a).
Ge|lẹnk|schmerz, der (Med.): *Schmerz im Gelenk* (a).
Ge|lẹnks|ent|zün|dung, Ge|lẹnks|kap|sel usw. (österr.): ↑Gelenkentzündung, ↑Gelenkkapsel usw.
Ge|lẹnk|ver|stei|fung, die (Med.): *Steifwerden eines Gelenks* (a) *(durch Verletzung, Entzündung o. Ä.); Ankylose.*
Ge|lẹnk|wel|le, die (Technik): *mit [Kardan]gelenken an jedem Ende versehene Welle* (5) *zur Übertragung von Drehmomenten zwischen [versetzt angeordneten] Wellen, z. B. bei Kraftfahrzeugen.*
ge|lernt ⟨Adj.⟩ [adj. 2. Part. von ↑lernen in der älteren Bed. »lehren«]: *für ein bestimmtes Handwerk, einen Beruf vollständig ausgebildet:* sie ist -e Verkäuferin.
ge|le|sen: ↑[1,2]lesen.
ge|liebt: ↑lieben.
[1]Ge|lieb|te, der; -n, -n ⟨Dekl. ↑Abgeordnete⟩: **1. a)** *Mann, mit dem eine verheiratete Frau außerhalb ihrer Ehe eine sexuelle Beziehung hat:* der eifersüchtige Ehemann erschoss den -n seiner Frau; einen -n haben; **b)** *Mann, mit dem eine Frau, ein anderer Mann eine sexuelle Beziehung hat.* **2.** (geh. veraltet; als Anrede) *geliebte männliche Person:* -r, hörst du mich?
[2]Ge|lieb|te, die; -n, -n ⟨Dekl. ↑Abgeordnete⟩: **1. a)** *Frau, mit der ein verheirateter Mann außerhalb seiner Ehe eine sexuelle Beziehung hat:* nach der Scheidung hat er seine langjährige G. geheiratet; **b)** *Frau, mit der ein Mann, eine*

G

andere Frau eine sexuelle Beziehung hat: er wohnt mit seiner -n zusammen. **2.** (geh. veraltet; als Anrede) *geliebte weibliche Person.*

ge|lie|fert: in der Verbindung **g. sein** (salopp; *aufgrund einer Sache verloren, ruiniert sein;* urspr. = dem Gericht überliefert): wenn man dich dabei schnappt, bist du g.

ge|lie|hen: ↑leihen.

ge|lie|ren [ʒe..., auch: ʒə...] ⟨sw. V.; hat⟩ [frz. geler = zum Gefrieren bringen; gefrieren; steif werden < lat. gelare = gefrieren machen, zum Erstarren bringen]: *zu einer halbfesten Masse, zu Gelee werden:* Beeren gelieren besonders gut; der Bratensaft hat sofort geliert.

Ge|lier|mit|tel, das (Kochk.): *Zusatz, der das Gelieren einer Flüssigkeit ermöglicht od. fördert* (z. B. Gelatine).

Ge|lier|zu|cker, der: *mit einem Geliermittel versetzter Zucker.*

ge|lind, ge|lin|de ⟨Adj.; gelinder, gelindeste⟩ [mhd. gelinde, zu ↑lind]: **1.** (geh. veraltend) **a)** *mild, nicht rau:* gelindes Klima; **b)** *von geringer Intensität; schwach, nicht stark:* ein gelinder Regen, Schmerz; die Speisen sind gelind[e] gewürzt; **c)** *mild, nicht streng, nicht hart:* mit einer gelinden Strafe davonkommen; **d)** *schonend, vorsichtig.* **2.** ⟨nur: gelinde⟩ (in Verbindung mit einem Verb des Sagens od. einem entsprechenden Subst.) *abschwächend, schonend, vorsichtig [ausgedrückt], obgleich eigentlich ein stärkerer, weniger beschönigender Ausdruck angebracht wäre:* »Frechheit« ist nur ein gelinder Ausdruck für solch ein Benehmen; das Wort »Unverschämtheit« ist noch sehr gelinde dafür; das war, gelinde gesagt, nicht gerade rücksichtsvoll von ihr. **3.** ⟨nur: gelinde⟩ (ugs.) *aufgrund von Gemütsbewegungen nicht zu unterdrücken, nicht gering:* gelinde Schadenfreude; ein gelinder Schauer lief ihm den Rücken hinunter; da packte sie gelinde Wut.

ge|lin|gen ⟨st. V.; ist⟩ [mhd. (ge)lingen, ahd. gilingan, urspr. = leicht od. schnell vonstatten gehen, verw. mit ↑leicht]: *durch jmds. Planung od. Bemühung mit Erfolg zustande kommen:* das Werk gelingt; es muss g., das Feuer einzudämmen; es gelang mir nicht, ihn zu überreden; die Überraschung ist [dir] vollauf gelungen; der Kuchen ist mir gut, schlecht, nicht gelungen; ⟨häufig im 2. Part.:⟩ eine gelungene *(geglückte)* Überraschung; die Aufführung war sehr gelungen.

Ge|lin|gen, das; -s: *Erfolg:* auf ein gutes G.

Ge|lis|pel, das; -s (veraltet abwertend): *[dauerndes] Lispeln [u. Flüstern].*

ge|lit|ten: ↑leiden.

[1]**gell** ⟨Adj.⟩ [zu ↑gellen] (geh.): *laut, schrill, gellend:* -es Geschrei; das Lachen wurde immer -er.

[2]**gell** ⟨Interj.⟩ (südd.): [2]*gelt:* du kommst doch auch, g.?

gel|le ⟨Interj.⟩ (md.): [2]*gelt.*

gel|len ⟨sw. V.; hat⟩ [mhd. gellen, ahd. gellan, eigtl. = rufen, schreien]: **a)** *hell u. durchdringend schallen:* ein Pfiff gellte durch die Nacht; seine Stimme gellte mir in den Ohren; gellende Hilferufe; **b)** *durch den Schall erschüttert werden u. nachhallen:* sie schrie, dass das ganze Haus gellte; ihm gellten die Ohren von all dem Lärm.

ge|lo|ben ⟨sw. V.; hat⟩ [mhd. geloben, ahd. gilobōn, zu ↑loben] (geh.): **a)** *feierlich versprechen:* Gehorsam, Besserung g.; sich [gegenseitig]/(geh.:) einander Treue g.; er gelobte, sie nie zu verlassen; **b)** ⟨g. + sich⟩ *sich etw. fest vornehmen:* ich habe mir gelobt, ein anderer Mensch zu werden.

Ge|löb|nis, das; -ses, -se: **1.** (geh.) *feierliches Versprechen:* ein G. ablegen. **2.** *Gelöbnis (1) von Rekruten, mit dem sie ein Bekenntnis zu ihren Pflichten ablegen.*

Ge|löb|nis|fei|er, die: *Akt* (1 b) *anlässlich eines feierlichen Gelöbnisses* (2): eine öffentliche G.

ge|lo|gen: ↑lügen.

ge|löst ⟨Adj.⟩: *[nach einem Zustand innerer Anspannung] frei von Sorge, Belastung:* eine -e Stimmung; sie wirkte g.

Ge|löst|heit, die; -: *das Gelöstsein.*

Gel|se, die; -, -n [zu veraltet gelsen = summen, zu ↑gellen] (österr.): *Stechmücke.*

Gel|sen|kir|chen: Stadt im Ruhrgebiet.

[1]**Gel|sen|kir|che|ner,** der; -s, -: Ew.

[2]**Gel|sen|kir|che|ner** ⟨indekl. Adj.⟩: * **G. Barock** (salopp scherzh.; *Möbelstil, der durch neu gefertigte, schwer wirkende Möbel, bes. Schrankwände mit überladenen barocken Verzierungen, Schnitzereien gekennzeichnet ist;* wohl urspr. spött. Bez. für den Baustil der Stadt Gelsenkirchen in der 1. Hälfte des 19. Jh.s, der sich von dem der umliegenden Industriestädte deutlich abhob).

Gel|sen|kir|che|ne|rin, die; -, -nen: w. Form zu ↑[1]Gelsenkirchener.

[1]**gelt** ⟨Adj.⟩ [mhd., ahd. galt, eigtl. 2. Part. zu ahd. galan = singen, zaubern, behexen; unfruchtbares Vieh galt nach dem Volksglauben als behext] (Jägerspr., Landw.): *(von Tieren) [vorübergehend] unfruchtbar:* eine -e Geiß; das Tier ist in diesem Jahr g.

[2]**gelt** ⟨Interj.⟩ [eigtl. = es möge gelten, zu ↑gelten] (südd., österr. ugs.): *nicht wahr?:* da staunst du, g.?

gel|ten ⟨st. V.; hat⟩ [mhd. gelten = zurückzahlen, entschädigen; für etw. büßen; Einkünfte bringen; kosten, wert sein, ahd. geltan = zurückzahlen, zurückerstatten; opfern, urspr. = entrichten; erstatten (bez. auf den heidnischen Opferdienst u. auf die Zahlung von Bußen u. Abgaben)]: **1.** *gültig sein; Gültigkeit haben:* die Fahrkarte gilt zwei Monate; diese Briefmarken gelten nicht mehr; das Gesetz gilt für alle; die Wette gilt; das gilt nicht! (im Spiel: *das widerspricht den Regeln*); nach geltendem Recht; * **etw., jmdn. [nicht] g. lassen** *(etw., jmdn. [nicht] anerkennen):* diesen Einwand lasse ich [nicht] g. **2.** *etw. [Bestimmtes] wert sein:* diese Münze gilt nicht viel; das Geld gilt immer weniger; es gilt ihm gleich, ob sie kommt oder nicht. **3.** *bei einer Beurteilung in bestimmter Weise eingeschätzt werden:* als klug, als überzeugte Sozialistin g.; das gilt als sicher; das galt ihm für ausgemacht. **4. a)** *als Handlung, Geschehen auf jmdn., etw. gerichtet sein:* der Beifall galt den Schauspielern; das gilt dir; **b)** (geh.) *(von jmds. Gedanken o. Ä.) sich mit etw. beschäftigen, sich auf etw., jmdn. beziehen:* mein Interesse gilt diesem Problem. **5.** ⟨unpers.⟩ **a)** *auf etw. ankommen:* es gilt, sich zu entscheiden; es gilt einen Versuch *(kommt auf einen Versuch an);* dieses Ziel gilt es zu erreichen *(dieses Ziel muss erreicht werden);* **b)** (geh.) *um etw. gehen, was in Gefahr ist:* es gilt seine Ehre; bei dem Kampf galt es Sieg oder Niederlage; er läuft, als gelte es sein Leben.

gel|tend: in den Verbindungen **etw. g. machen** *(auf berechtigte Ansprüche o. Ä. hinweisen u. sie durchsetzen wollen):* seine Wünsche, Forderungen g. machen; **sich g. machen** *(sich auswirken, bemerkbar machen):* die Missstimmung hat sich in Unruhen g. gemacht.

Gel|tend|ma|chung, die; - (Papierdt.): *das Geltendmachen.*

Gel|tung, die; -: **1.** *das Gelten* (1); *Gültigkeit:* die G. der Naturgesetze; die Bestimmung hat für die Fälle G. *(gilt für die Fälle),* bei denen dieser Abschnitt fehlt; in G. sein, bleiben *(gültig sein, bleiben).* **2.** *Wirkung, Wirksamkeit:* der Künstler mit seinem Drang nach G.; eine Frau von G.; * **jmdm., sich, einer Sache G. verschaffen** *(dafür sorgen, dass jmd., etw. respektiert wird);* **an G. verlieren** *(weniger beachtet, bedeutungslos werden);* **zur G. bringen** *(vorteilhaft wirken lassen);* **zur G. kommen** *(durch etw. vorteilhaft wirken):* in dieser Beleuchtung kommt das Bild sehr gut zur G.

Gel|tungs|be|dürf|nis, das ⟨o. Pl.⟩: *Bedürfnis, angesehen zu sein u. bei anderen etwas zu gelten:* ein übersteigertes G.

gel|tungs|be|dürf|tig ⟨Adj.⟩: *Geltungsbedürfnis habend.*

Gel|tungs|be|reich, der: *Bereich, in dem, für den etw. gilt.*

Gel|tungs|dau|er, die: *Zeitraum der Gültigkeit:* ein Mietvertrag mit fünfjähriger G.

Gel|tungs|drang, der: *Geltungsbedürfnis.*

Gel|tungs|sucht, die ⟨o. Pl.⟩: *allzu starkes, krankhaftes Geltungsbedürfnis.*

gel|tungs|süch|tig ⟨Adj.⟩: *von Geltungssucht erfüllt.*

Ge|lüb|de, das; -s, - [mhd. gelüb(e)de, ahd. gilubida, zu ↑geloben] (geh.): *feierliches [vor Gott abgelegtes] Versprechen:* ein stilles, heiliges G.; das G. der Armut, der Keuschheit; sein G. erfüllen, halten, verletzen, brechen; die ewigen G. (kath. Kirche; *die Ordensgelübde*) ablegen; an, durch ein G. gebunden sein; die Nonne wurde von ihrem G. befreit.

Ge|lump, das; -[e]s, **Ge|lum|pe,** das; -s [Kollektivbildung zu ↑Lump, Lumpen]: **1.** (ugs. abwertend) *[herumliegende od. -stehende] wertlose, alte, überflüssige Sachen; Plunder.* **2.** (abwertend) *bestimmte Gruppe von Menschen, die abgelehnt oder verachtet wird;* [2]*Pack, Gesindel.*

ge|lun|gen: **1.** ↑gelingen. **2.** ⟨Adj.⟩ (landsch.) *durch eine komische, originelle Art belustigend; ulkig, drollig, zum Lachen:* eine -e Idee; das finde ich g., dass wir uns wieder getroffen haben; du siehst in deinem Kostüm einfach g. aus.

Ge|lüst, das; -[e]s, -e, **Ge|lüs|te,** das; -s, - [mhd. gelüste, geluste, ahd. gilusti, zu ↑gelüsten] (geh.): *sich plötzlich in jmdm. regendes Verlangen nach bestimmten sinnlichen, bes. leiblichen Genüssen:* ein seltsames G.; sexuelle Gelüste; ein G. spüren; ein G. haben, etw. zu tun; ein G. auf/nach etw. haben.

ge|lüs|ten ⟨sw. V.; hat; unpers.⟩ [mhd. gelüsten, ahd. gilusten, zu ↑Lust] (geh.): *jmdn. ein Gelüst, Lust verspüren lassen:* mich gelüstet [es] nach frischem Obst; es gelüstete ihn, heftig zu widersprechen.

GEMA, die; -: = Gesellschaft für musikalische Aufführungen u. mechanische Vervielfältigungsrechte.

ge|mach ⟨Adv.⟩ [mhd. gemach = bequem, ruhig, langsam, ahd. gimah = passend, geeignet, bequem, zu ↑machen] (altertümelnd): *langsam, nichts überstürzen!* (als Ausruf): nur g.!; g., g.!

Ge|mach, das; -[e]s, Gemächer, veraltet: -e [mhd. gemach, ahd. gimah, urspr. = Bequemlichkeit] (geh.): *Zimmer, [vornehmer] Wohnraum:* ein fürstliches G.; die Gemächer der Königin; sich in seine Gemächer zurückziehen (scherzh.; *[schlafen gehen u.] nicht mehr zu sprechen sein*).

ge|mäch|lich [gəˈmɛ(ː)çlɪç] ⟨Adj.⟩ [mhd. gemechlich, ahd. gimahlih]: **a)** *sich Zeit lassend; langsam u. ohne Hast:* -en Schrittes daherkommen; sein Tempo war g.; **b)** *durch ruhige Behaglichkeit gekennzeichnet:* ein -es Leben führen; er blieb g. sitzen.

Ge|mäch|lich|keit, die; -: *gemächliche Art.*

ge|macht: ↑machen.

[1]**Ge|mächt,** das; -[e]s, -e, [1]**Ge|mäch|te,** das; -s, - [mhd. gemaht (Pl. gemehte), ahd. gimaht(i), zu Macht in der veralteten Bed. »Zeugungskraft (des Mannes)«] (veraltet, noch scherzh.): *männliche Geschlechtsteile.*

[2]**Ge|mächt,** das; -[e]s, -e, [2]**Ge|mäch|te,** das; -s, - [mhd. gemeht(e), gemachede, ahd. gimahhida, zu ↑machen] (veraltet): **a)** *Geschöpf:* der Mensch ist ein hinfälliges G.; **b)** (abwertend) *Gemachtes, Machwerk:* ein miserables G.

[1]**Ge|mahl,** der; -s, -e ⟨Pl. selten⟩ [mhd. gemahel(e), ahd. gimahalo, urspr. = Bräutigam, zu mhd. gemahelen, ahd. gimahalen = zusammensprechen, verloben, zu mhd. mahel, ahd. mahal = Versammlung(sort), Gericht(sstätte), (Ehe)vertrag] (geh.): *Ehemann, Gatte* (wird gewöhnlich auf den Ehemann einer anderen Frau bezogen und schließt einen höheren gesellschaftlichen Status ein): der G. der Herzogin; (wird im Gespräch aus Höflichkeit oft in Verbindung mit vorangestelltem Herr gebraucht:) bitte grüßen Sie Ihren Herrn G.!

[2]Ge|mahl, das; -[e]s, -e ⟨Pl. selten⟩ (veraltet, dichter.): *Braut, Ehefrau.*

ge|mah|len: ↑mahlen.

Ge|mah|lin, die; -, -nen [im 15. Jh. für mhd. gemahele, ahd. gimahila = Braut; Ehefrau] (geh.): w. Form zu ↑[1]Gemahl (wird gewöhnlich auf die Ehefrau eines anderen Mannes bezogen und schließt einen höheren sozialen Status ein): die G. des Erzherzogs; (wird im Gespräch aus Höflichkeit oft mit vorangestelltem Frau gebraucht:) empfehlen Sie mich bitte Ihrer Frau G.

ge|mah|nen ⟨sw. V.; hat⟩ [mhd. gemanen, ahd. gimanōn, zu ↑mahnen]: **a)** (geh.) *jmdm. jmdn., etw. eindringlich ins Gedächtnis rufen:* der Ehrenfriedhof gemahnt [uns] an die Opfer des Krieges; **b)** *aufgrund seines Aussehens o. Ä. an einen bestimmten Gegenstand, eine bestimmte Person o. Ä. denken lassen; erinnern:* die Raumkapsel gemahnt an ein seltsames Meerestier.

Ge|mäl|de, das; -s, - [mhd. gemælde, ahd. gimālidi, eigtl. = Ge- od. Bemaltes, zu ↑malen]: *in Öl, Tempera o. Ä. gemaltes Bild:* ein altes, meisterhaftes, gut erhaltenes, zeitgenössisches G.; ein G. von Rubens; eine Ausstellung impressionistischer G.; Ü der Roman bringt ein breit ausgeführtes G. *(eine Sittenschilderung)* des bürgerlichen Lebens um die Jahrhundertwende.

Ge|mäl|de|aus|stel|lung, die: *Ausstellung von Gemälden eines Malers, einer bestimmten Epoche od. Thematik.*

Ge|mäl|de|ga|le|rie, die: **a)** *[öffentliche] Räumlichkeit, in der Gemälde ausgestellt werden;* **b)** *[private] Sammlung von Gemälden.*

Ge|mäl|de|samm|lung, die: *Sammlung von Gemälden.*

Ge|mar|chen ⟨Pl.⟩ [zu ↑March] (schweiz.): *Gemarkung.*

Ge|mar|chung, die; -, -en (schweiz.): **1.** *Grenze.* **2.** *abgegrenztes Gebiet.*

Ge|mar|kung, die; -, -en [zu ↑[2]Mark]: *Gebiet, gesamte Fläche einer Gemeinde; Gemeindeflur:* dieses Waldstück gehört zur G. Neustadt.

Ge|mar|kungs|gren|ze, die: *Grenze einer Gemarkung:* die -n kennzeichnen.

ge|ma|sert: ↑masern.

ge|mäß [mhd. gemæʒe, ahd. gimāʒi, eigtl. = was sich messen lässt, angemessen; zu ↑messen]: **I.** ⟨Präp. mit Dativ⟩ *nach, entsprechend, zufolge:* g. Artikel 1 des Grundgesetzes; seinem Wunsch g.; g. internationalem Recht. **II.** ⟨Adj.⟩ in der Verbindung **jmdm., einer Sache g. sein** *(jmdm., einer Sache angemessen sein; der Art o. Ä., einer Person, Sache entsprechen):* das ist ihrem Geschmack g.; diese Arbeit ist seiner Bildung nicht g.; das unstete Leben war ihm nicht mehr g.; ⟨auch attr.:⟩ eine seinen Fähigkeiten -e Stellung.

-ge|mäß: **1.** drückt in Bildungen mit Substantiven aus, dass einer Sache entsprechend, zufolge gehandelt o. Ä. wird/*wie es etw. vorsieht:* abmachungs-, vertragsgemäß. **2.** drückt in Bildungen mit Substantiven aus, dass die beschriebene Sache jmdm., einer Sache angemessen ist, jmdm., einer Sache zukommt: art-, kind-, systemgemäß.

Ge|mäß|heit, die; - (selten): *das Gemäßsein.*

ge|mä|ßigt ⟨Adj.⟩: **a)** *in seiner Art nicht so streng, extrem, radikal [wie die anderen vorgehend, denkend]:* die -en Kräfte; der -e Flügel der Partei; **b)** *von einer Art, die nicht ins Übertriebene geht [u. daher im Ausmaß reduziert ist]:* -er Optimismus; -ere Zonen Europas.

Ge|mäu|er, das; -s, - [mhd. gemiure, Kollektivbildung zu ↑Mauer] (geh.): *altes [verfallenes] Mauerwerk; aus alten Mauern bestehendes Bauwerk:* ein fensterloses G.

Ge|mau|le, das; -s (ugs. abwertend): *[dauerndes] Maulen:* lass das ewige G.!; hör endlich mit dem G. auf!

Ge|mau|schel, das; -s (ugs. abwertend): *das Mauscheln* (1 a, 3 b).

Ge|me|cker, das; -s, (seltener:) **Ge|me|cke|re,** das; -s: **1.** *das Meckern* (1). **2.** (abwertend) *meckerndes Lachen:* albernes G. **3.** (ugs. abwertend) *fortwährendes, kleinlich-unzufriedenes Beanstanden von etw.:* hör mit deinem G. auf!

ge|mein ⟨Adj.⟩ [mhd. gemein(e), ahd. gimeini, urspr. = mehreren abwechselnd zukommend; der abwertende Nebensinn stammt aus der Vorstellung, dass das, was vielen gemeinsam ist, nicht wertvoll sein kann]: **1. a)** *abstoßend roh:* -e Gesichtszüge; -es Lachen; **b)** *(in Bezug auf jmds. Verhalten o. Ä.) in empörender Weise moralisch schlecht; niederträchtig:* eine -e Gesinnung; sie war so g., mich gleich anzuzeigen; **c)** *in empörender Weise frech, unverschämt:* eine -e Lüge, Behauptung; **d)** *unfein u. unanständig; ordinär; unflätig:* -e Witze, Wörter. **2.** (ugs.) **a)** *unerfreulich, ärgerlich, als eine Unfreundlichkeit des Schicksals erscheinend:* ich gewinne nie im Lotto, das ist einfach g.; dass mir die Bahn vor der Nase weggefahren ist, war ganz schön g.; **b)** ⟨intensivierend bei Adjektiven u. Verben⟩ *sehr:* draußen ist es g. kalt. **3.** (Bot., Zool., sonst veraltend) *keine besonderen Merkmale habend, durch nichts herausragend:* die Gemeine Stubenfliege; der -e Mann *(der Durchschnittsbürger);* er ist -er Soldat *(Soldat ohne militärischen Dienstgrad).* **4.** (veraltend) *auf die Allgemeinheit bezogen:* -es Recht; *** **etw. mit jmdm., etw. g. haben** *(mit jmdm., etw. etwas Gemeinsames, eine gemeinsame Eigenschaft haben, in bestimmter Weise zusammengehören):* mit dem Vorgängermodell hat die Küche nur noch die ursprüngliche Form g.; **sich mit jmdm. g. machen** *(sich mit jmdm., der als sozial od. moralisch tiefer stehend angesehen wird, in freundschaftlicher Verbindung in Benehmen u. Tun auf die gleiche Stufe stellen);* **jmdm., einer Sache g. sein** (geh.; *mehreren Personen od. Sachen gemeinsam sein od. gehören*): allen war die Liebe zur Musik g.

Ge|mein|be|sitz, der: *gemeinschaftliches Eigentum:* die Überführung der Produktionsmittel in G.

Ge|mein|de, die; -, -n [mhd. gemeinde, ahd. gimeinida, zu ↑gemein]: **1. a)** *unterste Verwaltungseinheit des Staates:* eine ärmere, reichere, kleine, große, ländliche G.; die G. hat 5 000 Einwohner; diese Häuser gehören zur G. Neustadt; **b)** *unterste Verwaltungseinheit einer Religionsgemeinschaft; Seelsorgebezirk, [Gebiet einer] Pfarrei:* eine christliche, freireligiöse, jüdische G.; die evangelische G. des Ortes zählt 2 000 Seelen. **2. a)** *Gesamtheit der Bewohner einer Gemeinde* (1 a): die G. wählt einen neuen Bürgermeister; **b)** *Gesamtheit der Mitglieder, Angehörigen einer Gemeinde* (1 b): die G. hat die Orgel durch Spenden mitfinanziert. **3. a)** *Gesamtheit der Teilnehmer an einem Gottesdienst:* die G. sang einen Choral; **b)** *[zu einer bestimmten Gelegenheit zusammengekommene] Gruppe von Menschen mit gleichen geistigen Interessen; Anhängerschaft:* bei der Dichterlesung war eine stattliche G. versammelt. **4.** (schweiz.) *Versammlung aller Stimmfähigen; Gemeindeversammlung* (a).

Ge|mein|de|ab|ga|ben ⟨Pl.⟩: *von den Gemeinden erhobene Gebühren, Beiträge, Steuern usw.*

Ge|mein|de|am|mann, der (schweiz.): **a)** *Gemeindevorsteher;* **b)** *Betreibungs- u. Vollstreckungsbeamter.*

Ge|mein|de|amt, das: *untere Verwaltungsbehörde.*

Ge|mein|de|be|am|te, der: *Kommunalbeamter.*

Ge|mein|de|be|am|tin, die: w. Form zu ↑Gemeindebeamte.

Ge|mein|de|be|hör|de, die: *Verwaltungsbehörde einer Gemeinde.*

Ge|mein|de|be|zirk, der: **a)** *gesamtes zu einer Gemeinde gehörendes Gebiet;* **b)** (österr.) *Teilgebiet, Bezirk innerhalb Wiens.*

Ge|mein|de|di|a|kon, der (ev. Kirche): *Diakon* (1).

Ge|mein|de|di|a|ko|nin, die: w. Form zu ↑Gemeindediakon.

ge|mein|de|ei|gen ⟨Adj.⟩: *der Gemeinde gehörend:* ein -es Grundstück; die -en Krankenhäuser; die Wiese war schon immer g.

Ge|mein|de|ei|gen|tum, das: *Eigentum der Gemeinde.*

Ge|mein|de|flur, die: *Wald- od. Weideland, das einer Gemeinde gehört u. von allen genutzt werden kann; Allmende.*

Ge|mein|de|glied, das ⟨meist Pl.⟩: *Mitglied einer [Kirchen]gemeinde:* in den letzten Jahren sind viele -er zugezogen.

Ge|mein|de|gut, das: *Gemeindeflur.*

Ge|mein|de|haus, das: *Gebäude[teil] mit kirchlichen Amts- u. Versammlungsräumen sowie sozialen Einrichtungen.*

Ge|mein|de|hel|fer, der (ev. Kirche): *Diakon* (1).

Ge|mein|de|hel|fe|rin, die: w. Form zu ↑Gemeindehelfer.

Gemein|de|kin|der|gar|ten, der: **a)** *von einer Kommune getragener, öffentlicher Kindergarten;* **b)** *von einer Pfarrgemeinde eingerichteter und konfessionell gebundener Kindergarten.*

Ge|mein|de|kir|chen|rat, der: *Kirchenvorstand.*

Ge|mein|de|mit|glied, das: *Gemeindeglied.*

Ge|mein|de|ord|nung, die: *Gesetz, das die Rechte u. Pflichten in einer Gemeinde[verwaltung] u. die verschiedenen Zuständigkeiten regelt.*

Ge|mein|de|pfle|ge, die (ev. Kirche): *sozialer Dienst der Gemeinde [am Ort] bes. an Alten, Kranken, Kindern u. Jugendlichen.*

Ge|mein|de|prä|si|dent, der (schweiz.): *(in einigen Kantonen) Bürgermeister.*

Ge|mein|de|prä|si|den|tin, die: w. Form zu ↑Gemeindepräsident.

Ge|mein|de|rat, der: **1.** *Gremium der gewählten Vertreter einer Gemeinde* (1 a): im G. wurde beschlossen, dass der Bau verschoben wird. **2.** *einzelnes Mitglied eines Gemeinderates* (1): er wurde auf 4 Jahre zum G. gewählt.

Ge|mein|de|rä|tin, die: w. Form zu ↑Gemeinderat (2).

Ge|mein|de|rats|sit|zung, die: *Sitzung* (1 a) *des Gemeinderats* (1).

Ge|mein|de|rats|wahl, die: *Wahl zum Gemeinderat* (1).

Ge|mein|de|saal, der: *Saal für Veranstaltungen einer [Kirchen]gemeinde.*

Ge|mein|de|schwes|ter, die: *von einer Gemeinde* (1) *in der häuslichen Alten- und Krankenpflege eingesetzte Krankenschwester.*

Ge|mein|de|steu|er, die ⟨meist Pl.⟩: *von einer Gemeinde erhobene Steuer* (z. B. Grundsteuer, Gewerbesteuer).

Ge|mein|de|um|la|ge, die ⟨meist Pl.⟩: *von der Gemeinde erhobene Gebühren, Beiträge, Steuern usw.*

ge|mein|deutsch ⟨Adj.⟩: *allgemein deutsch:* -e und landschaftlich gebrauchte Wörter.

Ge|mein|de|ver|band, der: *verwaltungsmäßiger Zusammenschluss mehrerer kleiner Gemeinden.*

Ge|mein|de|ver|samm|lung, die: **a)** *(in kleineren Gemeinden, bes. in der Schweiz) Versammlung aller Stimmberechtigten zur Beschlussfassung über wichtige Angelegenheiten der Gemeinde;* **b)** *[einmal jährlich abzuhaltende] Versammlung aller Mitglieder einer Kirchengemeinde.*

Ge|mein|de|ver|tre|tung, die: *Gemeinderat* (1).

Ge|mein|de|ver|wal|tung, die: *Verwaltung einer Gemeinde* (1 a).

Ge|mein|de|vor|stand, der: **1.** *Verwaltungsausschuss zur Ausführung von Beschlüssen der Gemeindevertretung; Vorstand der Gemeinde.* **2.** *vorsitzender Verwaltungsbeamter; Bürgermeister.*

Ge|mein|de|vor|ste|her, der: *Gemeindevorstand* (2).

Ge|mein|de|vor|ste|he|rin, die: w. Form zu ↑Gemeindevorsteher.

Ge|mein|de|wahl, die: *Kommunalwahl.*

Ge|mein|de|zen|trum, das: *einer kirchlichen Gemeinde od. einer Kommune gehörender Komplex von Gebäuden u. Anlagen für soziale u. Verwaltungsaufgaben sowie für Veranstaltungen.*

G

ge|meind|lich ⟨Adj.⟩: *zu einer Gemeinde (1) gehörend, sie betreffend:* auf -er Ebene.

¹Ge|mei|ne, die; -, -n [mhd. gemeine, ahd. gimeinī, zu ↑gemein] (veraltet, noch landsch.): *Gemeinde.*

²Ge|mei|ne, der; -n, -n: **1.** (Druckw.) *Minuskel.* **2.** *(im deutschen Heer bis 1918) unterster Dienstgrad der Landstreitkräfte; einfacher Soldat.*

Ge|mein|ei|gen|tum, das (Politik, Wirtsch.): *etw., was nicht nur einem, sondern einer ganzen Gemeinschaft gehört u. zur Bearbeitung od. Nutzung zur Verfügung steht.*

ge|mein|ge|fähr|lich ⟨Adj.⟩: *eine Gefahr für die Allgemeinheit darstellend.*

Ge|mein|geist, der ⟨o. Pl.⟩ [LÜ von engl. public spirit]: *Sinn für das allgemeine Wohl:* sie hat G. gezeigt, bewiesen.

ge|mein|gül|tig ⟨Adj.⟩: *allgemein gültig.*

Ge|mein|gut, das (geh.): *etw., was jeder Einzelne einer größeren Gemeinschaft als seinen Besitz bezeichnen kann:* diese Anlage ist G. aller Bewohner der Siedlung; Ü dieser Schlager ist längst zum G. geworden.

Ge|mein|heit, die; -, -en: **a)** ⟨o. Pl.⟩ *gemeine (1 b) Art:* etw. aus G. tun, sagen; diese Tat zeugt von ihrer G.; **b)** *gemeine (1 b) Handlung, Ausdrucksweise:* eine bodenlose G.; eine G. begehen, verüben; man traut ihm jede G. zu; willst du dir diese -en gefallen lassen?; **c)** (ugs.) *etw. Unerfreuliches, Ärgerliches, was als eine Unfreundlichkeit des Schicksals erscheint:* so eine G., wieder nichts gewonnen!

ge|mein|hin ⟨Adv.⟩: *im Allgemeinen; für gewöhnlich:* schneller, als g. angenommen wird.

ge|mei|nig|lich ⟨Adv.⟩ [mhd. gemeineclīche = auf gemeinsame Weise, insgesamt] (geh. veraltend): *im Allgemeinen, gewöhnlich; gemeinhin.*

Ge|mein|kos|ten ⟨Pl.⟩ (Wirtsch.): *Kosten, die nicht im Einzelnen erfassbar sind; indirekte Kosten.*

Ge|mein|nutz, der; -es: *Nutzen, der einer Gemeinschaft zugute kommt:* R G. [geht] vor Eigennutz *(private Interessen sollten hinter denen der Gemeinschaft zurückstehen;* nach frz. le bien particulier doit céder au bien public = das Wohl des Einzelnen muss dem öffentlichen Wohl weichen, einer Maxime des frz. Schriftstellers u. Staatstheoretikers Montesquieu [1689–1755]).

ge|mein|nüt|zig ⟨Adj.⟩: **a)** *dem allgemeinen Wohl dienend:* -e Arbeit; **b)** (Steuerw.) *nicht auf Gewinn ausgerichtet, sondern sozialen Aufgaben dienend:* Spenden für diesen Zweck werden als g. anerkannt.

Ge|mein|nüt|zig|keit, die; -: *gemeinnützige Art u. Weise, gemeinnützige Beschaffenheit.*

Ge|mein|platz, der [LÜ von engl. commonplace, LÜ von lat. locus communis] (abwertend): *abgegriffene, nichts sagende Redensart:* seine Rede bewegte sich nur in Gemeinplätzen.

ge|mein|sam ⟨Adj.⟩ [mhd. gemeinsam, ahd. gimeinsam, verdeutlichende Bildung aus mhd. gemein, ahd. gimeini (↑gemein) u. mhd., ahd. -sam, ↑-sam]: **1.** *mehreren Personen od. Dingen in gleicher Weise gehörend, eigen:* die -e Wohnung; -e Interessen; -e Kasse machen; eine -e Basis finden; das Grundstück gehörte ihnen g.; größter -er Teiler und kleinstes -es Vielfaches (Math.; *höchste Zahl, die in allen gegebenen Zahlen als Faktor enthalten ist, u. niedrigste Zahl, in der alle gegebenen Zahlen als Faktoren enthalten sind);* *** etw. mit jmdm., etw. g. haben** *(etw. mit jmd. anderem, mit einer anderen Sache in gleicher Weise, übereinstimmend haben);* **jmdm., einer Sache g. sein** *(jmdm., einer Sache in gleicher Weise eigen sein):* die Liebe zur Musik war ihnen g. **2.** *in Gemeinschaft [unternommen, zu bewältigen]; zusammen, miteinander:* -e Wanderungen, Aufgaben; wir wollen das g. besprechen.

Ge|mein|sam|keit, die; -, -en: **1.** *gemeinsames (1) Merkmal, gemeinsame (1) Eigenschaft:* zwischen diesen beiden Völkern gibt es viele -en. **2.** ⟨o. Pl.⟩ *Zustand gegenseitiger Verbundenheit:* in trauter G. handeln; es entstand eine neue G. zwischen ihnen.

Ge|mein|schaft, die; -, -en [mhd. gemeinschaft, ahd. gimeinscaf]: **1.** ⟨o. Pl.⟩ *das Zusammensein, -leben in gegenseitiger Verbundenheit:* die eheliche G.; die freie, friedliche G. der Völker; mit jmdm. G. haben; *** in G. mit jmdm., etw.** *(gemeinsam, zusammen, in Zusammenarbeit mit):* die Festspiele werden von der Stadt in G. mit dem Rundfunk veranstaltet. **2.** *Gruppe von Personen, die durch gemeinsame Anschauungen o. Ä. untereinander verbunden sind:* eine verschworene G.; die G. der Heiligen *(die heilige Kirche, die Einheit der durch die Gnade des Heiligen Geistes Gläubigen;* LÜ von kirchenlat. communio sanctorum); einer G. beitreten; jmdn. in eine G. aufnehmen; aus der G. ausgeschlossen werden. **3.** *durch ein Bündnis zusammengeschlossene Staaten, die ein gemeinsames wirtschaftliches und politisches Ziel verfolgen:* die atlantische, westliche G.

ge|mein|schaft|lich ⟨Adj.⟩: **1.** *die Gemeinschaft (1, 2) betreffend, darauf bezogen.* **2.** *von mehreren zusammen im Hinblick auf ein gemeinsames Ziel durchgeführt; gemeinsam:* -e Anstrengungen; sie wurden wegen -en schweren Diebstahls angezeigt.

Ge|mein|schafts|an|schluss, der: *Verbindung mehrerer Fernsprechanschlüsse in einem Hauptanschluss.*

Ge|mein|schafts|an|ten|ne, die: *Antenne, an die mehrere Rundfunk- u. Fernsehgeräte angeschlossen sind.*

Ge|mein|schafts|ar|beit, die: **a)** ⟨o. Pl.⟩ *gemeinschaftliche Arbeit an einer gemeinsamen Aufgabe:* diese Aufgabe wurde in G. erledigt; **b)** *etw. in Gemeinschaftsarbeit* (a) *Hergestelltes, Gefertigtes:* den ersten Preis bekam eine G. zweier Architekten.

Ge|mein|schafts|auf|ga|be, die: **a)** *Aufgabe, die einer Gemeinschaft gestellt ist, von ihr zu bewältigen ist;* **b)** (Bundesrepublik Deutschland) *eine für die Gesamtheit bedeutungsvolle Aufgabe, die ein Land gemeinsam mit dem Bund bewältigt.*

Ge|mein|schafts|be|sitz, der: *gemeinsamer Besitz.*

Ge|mein|schafts|ge|fühl, das: *Gefühl der Verbundenheit mit den Menschen in einer Gemeinschaft.*

Ge|mein|schafts|geist, der ⟨o. Pl.⟩: *Bereitschaft, sich für eine Gemeinschaft einzusetzen u. Opfer dafür zu bringen:* G. zeigen, beweisen; er hat keinen G.

Ge|mein|schafts|kü|che, die: **a)** *Küche, in der Gemeinschaftsverpflegung zubereitet wird; Werks-, Krankenhausküche usw., Kantine;* **b)** *Küche (in einem Lager, Wohnheim o. Ä.), in der mehrere Parteien gleichzeitig kochen können.*

Ge|mein|schafts|kun|de, die ⟨o. Pl.⟩: *Sozialkunde.*

Ge|mein|schafts|le|ben, das ⟨o. Pl.⟩: *Leben in einer [größeren] Gemeinschaft.*

Ge|mein|schafts|pra|xis, die: *Praxis* (3), *die von zwei od. mehreren Ärzten od. Ärztinnen gemeinsam unterhalten wird.*

Ge|mein|schafts|pro|duk|ti|on, die: **a)** ⟨o. Pl.⟩ vgl. Gemeinschaftsarbeit (a): das Flugzeug wurde in britisch-französischer G. hergestellt; **b)** vgl. Gemeinschaftsarbeit (b): der Film ist eine deutsch-italienische G.

Ge|mein|schafts|raum, der: *als Aufenthaltsraum u. für Veranstaltungen genutzter Raum (in Heimen, Betrieben, Wohnblocks u. dgl.).*

Ge|mein|schafts|schu|le, die: *für alle gemeinsame, nicht nach bestimmten Konfessionen getrennte Schule.*

Ge|mein|schafts|sinn, der ⟨o. Pl.⟩: *Gemeinschaftsgeist.*

Ge|mein|schafts|un|ter|neh|men, das: *gemeinschaftliches Unternehmen.*

Ge|mein|schafts|ver|pfle|gung, die: *gemeinsame Verpflegung für eine größere Personengruppe.*

Ge|mein|schuld|ner, der (Rechtsspr.): *Schuldner, über dessen Vermögen ein Konkurs stattfindet, durch den alle Gläubiger anteilmäßig befriedigt werden sollen.*

Ge|mein|schuld|ne|rin, die: w. Form zu ↑Gemeinschuldner.

Ge|mein|sinn, der ⟨o. Pl.⟩ [LÜ von lat. sensus communis]: *Verständnis u. Einsatzbereitschaft für die Allgemeinheit.*

Ge|mein|spra|che, die: **a)** *allgemein verwendete u. allen Mitgliedern einer Sprachgemeinschaft verständliche Sprache (ohne Mundarten od. Fachsprachen);* **b)** (Sprachw.): *Standardsprache.*

ge|mein|sprach|lich ⟨Adj.⟩: *die Gemeinsprache betreffend, zu ihr gehörend.*

ge|mein|ver|ständ|lich ⟨Adj.⟩: *so abgefasst, dass jeder es verstehen kann:* ein -es Buch; die Rednerin hat sich g. ausgedrückt.

Ge|mein|ver|ständ|lich|keit, die: *Allgemeinverständlichkeit.*

Ge|mein|werk, das (schweiz.): *unbezahlte gemeinschaftliche Arbeit für die Gemeinde, eine Genossenschaft o. Ä.:* G. leisten.

Ge|mein|we|sen, das: *Gemeinde[verband], Staat als öffentlich-rechtliches Gebilde.*

Ge|mein|wirt|schaft, die: *der Gesamtheit dienende, nicht auf Gewinn ausgerichtete Wirtschaftsform.*

ge|mein|wirt|schaft|lich ⟨Adj.⟩: *die Gemeinwirtschaft betreffend, nach ihren Prinzipien aufgebaut:* -e Aufgaben.

Ge|mein|wohl, das [LÜ von engl. commonwealth]: *das Wohl[ergehen] aller Mitglieder einer Gemeinschaft:* dem G. dienen; im Dienst des -s der Menschheit.

Ge|men|ge, das; -s, - [mhd. gemenge = Vermischung, zu ↑mengen]: **1.** *Gemisch, dessen Bestandteile meist grob verteilt sind und mit dem Auge unterschieden werden können:* ein G. aus den verschiedensten Zutaten; ein G. aus Klee und Gerste. **2.** *[buntes] Durcheinander:* ein G. von Sprachen, Düften; er mischte sich in das G. *(Gewühl)* des Jahrmarkts. **3.** (Landw.) *mehrere auf demselben Acker gleichzeitig angebaute Nutzpflanzen.* **4.** (veraltet) *Handgemenge, Kampf:* mit jmdm. ins G. kommen/geraten (selten; *mit jmdm. handgreiflich einen Streit austragen).*

Ge|men|ge|la|ge, die (Landw.): *verstreut liegende Feld- u. Waldstücke eines Grundbesitzes, die infolgedessen nur mit Schwierigkeiten zu bewirtschaften sind, wobei es zwangsläufig zu gegenseitigen Abhängigkeiten der Anrainer kommt;* Ü eine gefährliche G. *(Mischung)* aus Angst und Überheblichkeit.

Ge|meng|sel, das; -s, - (emotional): *etw., was [nicht mehr unterscheidbar] vermischt, vermengt ist:* ein G. von Äpfeln und Rosinen.

ge|mes|sen [2: urspr. = genau abgemessen, knapp]: **1.** ↑messen. **2.** ⟨Adj.⟩ **a)** *ruhig u. würdevoll, sodass die Bewegungen, Äußerungen genau bemessen wirken:* g. sprechen, schreiten; **b)** *würdevoll u. zurückhaltend:* ein -es Auftreten; mit -er Höflichkeit; **c)** (veraltend) *exakt, knapp u. genau:* -e Befehle; **d)** *angemessen:* jmdm. in -em Abstand folgen.

Ge|mes|sen|heit, die; -: *gemessene Art; gemessenes Auftreten.*

Ge|met|zel, das; -s, - [zu ↑metzeln] (abwertend): *grausames Morden; mörderischer Kampf, bei dem viele [Wehrlose] getötet werden; Blutbad:* es war ein fürchterliches G.; ein G. veranstalten.

ge|mie|den: ↑meiden.

Ge|mi|na|ta, die; -, ...ten [zu lat. geminatus = verdoppelt] (Sprachw.): *Doppelkonsonant, dessen Bestandteile auf zwei Sprechsilben verteilt werden* (z. B. in ital. freddo, gesprochen fred-do; im Deutschen nur noch orthographisches Mittel).

Ge|misch, das; -[e]s, -e: **1.** *aus zwei oder mehr verschiedenen Stoffen bestehende Mischung, deren Bestandteile meist sehr fein verteilt sind:* ein G. aus Gips, Sand und Kalk; ein hochexplosives G.; Ü ein G. aus Angst und Hoffnung; sich in einem G. aus Deutsch und Englisch verständlich zu machen suchen. **2.** (Kfz-T.) **a)** *zünd- u. verbren-*

nungsfähige Mischung aus Kraftstoff u. Luft; **b)** *Mischung aus Benzin u. Öl:* G. tanken; die meisten Motorräder fahren [mit] G.

ge|mischt ⟨Adj.⟩: **a)** *aus verschiedenen Bestandteilen bestehend od. zusammengesetzt:* -e Kost; -er Wald; -e *(aus Mitgliedern aus verschiedenen Institutionen, Ländern o. Ä. bestehende)* Kommission; -er *(aus Personen männlichen u. weiblichen Geschlechts bestehender)* Chor; das Publikum war [bunt] g. *(bestand aus Vertretern verschiedener gesellschaftlicher Schichten);* Ü mit -en Gefühlen; mit -em *(mittelmäßigem)* Erfolg; **b)** (abwertend) *nicht auf dem erwarteten Niveau; wenig gesittet; gewöhnlich:* auf dem Fest ging es ziemlich g. zu.

ge|mischt|spra|chig ⟨Adj.⟩: *verschiedene Sprachen (als jeweilige Muttersprache) sprechend:* ein -es Gebiet; die Bevölkerung in diesem Grenzland ist g.

Ge|mischt|wa|ren|hand|lung, die (veraltend): *Laden [in einer kleineren Ortschaft], in dem neben Lebensmitteln Gegenstände des täglichen Bedarfs angeboten werden.*

ge|mit|telt: ↑mitteln.

Gem|me, die; -, -n [ital. gemma < lat. gemma, urspr. = Auge od. Knospe am Weinstock]: **1.** *[Halb]edelstein mit vertieft od. erhaben eingeschnittenen Figuren (bes. zahlreich in der Antike).* **2.** ⟨meist Pl.⟩ (Biol.) *bei der ungeschlechtlichen Fortpflanzung von Pilzen gebildete dauerhafte Zelle.*

Gem|mo|lo|gie, die; - [↑-logie]: *Lehre, Wissenschaft von den Edelsteinen.*

ge|mocht: ↑mögen.

ge|mol|ken: ↑melken.

ge|mop|pelt: ↑doppelt (1).

Ge|mot|ze, das; -s [zu ↑motzen] (ugs. abwertend): *vorwurfsvolles Kritisieren; Nörgeln:* was soll denn das ständige G.?

Gems|bart, Gems|bock, Gem|se usw.: frühere Schreibungen für ↑Gämsbart, Gämsbock, Gämse usw.

Ge|muf|fel, das; -s (ugs. abwertend): *[dauerndes]* [1]*Muffeln.*

Ge|mun|kel, das; -s (ugs.): *[dauerndes] Munkeln, [heimliches] Gerede.*

ge|münzt: ↑münzen (2).

Ge|mur|mel, das; -s: *[dauerndes] Murmeln:* ein undeutliches G.

Ge|mü|se, das; -s, - [mhd. gemüese, urspr. = Brei, Speise (aus gekochten Nutzpflanzen), Kollektivbildung zu ↑Mus]: **1.** *Pflanzen, deren verschiedene Teile in rohem od. gekochtem Zustand gegessen werden:* grünes, junges G.; G. anbauen, putzen; Fleisch mit Kartoffeln und G.; Ü junges G. (ugs. scherzh., auch abwertend; *[unerfahrene] Jugendliche; Jugend*). **2.** (salopp scherzh.) *Blumenstrauß, Blumen.*

Ge|mü|se|an|bau, der ⟨o. Pl.⟩: *gärtnerische od. landwirtschaftliche Nutzung einer Bodenfläche für Gemüse.*

Ge|mü|se|art, die: *Art* (4 a) *von Gemüse.*

Ge|mü|se|bau, der ⟨o. Pl.⟩: *Gemüseanbau.*

Ge|mü|se|beet, das: *Beet mit Gemüse.*

Ge|mü|se|ein|topf, der: *Eintopf aus verschiedenen Gemüsen.*

Ge|mü|se|gar|ten, der: *Garten[teil], in dem Gemüse angebaut wird:* Ü quer durch den G. (ugs.; *alles bunt durcheinander, von allem etwas*).

Ge|mü|se|ge|schäft, das: *Gemüseladen.*

Ge|mü|se|händ|ler, der: *jmd., der mit Gemüse handelt, einen Gemüseladen besitzt.*

Ge|mü|se|händ|le|rin, die: w. Form zu ↑Gemüsehändler.

Ge|mü|se|hand|lung, die: *Gemüseladen.*

Ge|mü|se|kohl, der (Landw.): *Kohl* (1 a), *der als Gemüse gegessen wird.*

Ge|mü|se|la|den, der ⟨Pl. …läden⟩: *Ladengeschäft, in dem bes. Gemüse verkauft wird.*

Ge|mü|se|pflan|ze, die: *als Gemüse dienende Pflanze.*

Ge|mü|se|saft, der: *aus Gemüse (z. B. Möhren) ausgepresster Saft.*

Ge|mü|se|sor|te, die: *Gemüseart.*

Ge|mü|se|sup|pe, die: *Suppe mit verschiedenen Gemüsen.*

ge|mü|ßigt (veraltet): in der Wendung **sich g. sehen/fühlen/finden** (↑bemüßigen).

ge|musst: ↑müssen.

Ge|müt, das; -[e]s, -er [mhd. gemüete = Gesamtheit der seelischen Empfindungen u. der Gedanken; Gemütszustand; Kollektivbildung zu ↑Mut]: **1.** *Gesamtheit der seelischen u. geistigen Kräfte eines Menschen:* ein sanftes, trauriges G.; das G. eines Künstlers; ihr kleiner Sohn hat ein sonniges G.; du hast vielleicht ein sonniges, kindliches G.! (iron.; *du bist wirklich recht naiv!*); die neue Inszenierung erregte die -er der Zuschauer; *** ein G. haben wie ein Fleischerhund** (ugs.; *gefühllos sein, überhaupt kein Gemüt haben*); **ein G. haben wie ein Veilchen/ Schaukelpferd** (salopp; *naiv sein; ohne sich Gedanken zu machen, jmdm. etw. zumuten*). **2.** *geistig-seelisches Empfindungsvermögen; Empfänglichkeit für Gefühle erregende Eindrücke:* diese Frau hat viel G.; das rührt ans, ist etwas fürs G.; *** jmdm. aufs G. schlagen** *(deprimierend auf jmdn. wirken);* **jmdm. nach dem -e sprechen** *(so sprechen, reden, dass der andere voll u. ganz damit übereinstimmt);* **sich** ⟨Dativ⟩ **etw. zu -e führen** (1. *etw. beherzigen.* 2. *[etw. Gutes] mit Genuss essen od. trinken*). **3.** *Mensch (in Bezug auf seine geistig-seelischen Regungen):* einfachere -er; er ist ein heiteres, offenes G.; inzwischen haben sich die -er beruhigt; ein Fall, der die G. bewegt.

ge|müt|haft ⟨Adj.⟩: *vom Gemüt her bestimmt:* eine -e Persönlichkeit.

ge|müt|lich ⟨Adj.⟩ [mhd. gemüetlich, gemuotlich = angenehm, zu: gemuete, ↑Gemüt]: **a)** *eine angenehme, behagliche Atmosphäre schaffend:* eine -e Wohnung; hier finde ich es recht g.; ein g. eingerichtetes Lokal; in der Küche war es g. warm; mach es dir g.! *(schaffe dir Gemütlichkeit!);* **b)** *zwanglos gesellig, ungezwungen:* jetzt beginnt der -e Teil der Veranstaltung; jmdn. zu -em Beisammensein einladen; **c)** *umgänglich, freundlich:* ein -er alter Herr; **d)** *in aller Ruhe, gemächlich:* ein -es Tempo; g. spazieren gehen.

Ge|müt|lich|keit, die; -: **a)** *[das Gefühl der] Behaglichkeit auslösende Atmosphäre:* die G. der Wohnung; **b)** *zwanglose Geselligkeit; Ungezwungenheit:* ein Prosit der G.!; **c)** *Ruhe, Gemächlichkeit:* er trank in aller G. sein Bier aus; R da hört [sich] doch die G. auf! (ugs.; *das ist unerhört, das kann man sich wirklich nicht bieten lassen*).

ge|müts|arm ⟨Adj.⟩: *wenig Gemüt* (2) *besitzend; gefühlskalt.*

Ge|müts|art, die: *Art des Gemüts* (1): eine weiche, herrschsüchtige G.; ein Mensch von stiller G.

Ge|müts|be|we|gung, die: *seelische Erregung als [sichtbare] Reaktion auf etw.:* sie zeigte keine G.

ge|müts|krank ⟨Adj.⟩ (Med., Psych.): *krank in Bezug auf das Gemüt* (1); *an Depressionen leidend.*

Ge|müts|kran|ke, der u. die: *jmd., der gemütskrank ist.*

Ge|müts|krank|heit, die: *seelische Krankheit.*

Ge|müts|la|ge, die: *augenblickliche Verfassung des Gemüts* (1).

Ge|müts|lei|den, das: *Gemütskrankheit.*

Ge|müts|mensch, der (ugs.): **a)** *jmd., der sich durch nichts aus der Ruhe bringen lässt; gutmütiger, aber etwas langsamer Mensch;* **b)** (iron.) *jmd., der, ohne über die Schwierigkeiten nachzudenken, anderen fast Unmögliches zumutet:* die Arbeit soll ich in einer Stunde schaffen? Du bist ein G.!

Ge|müts|re|gung, die: *Gemütsbewegung.*

Ge|müts|ru|he, die: *innere Ruhe; Freisein von Aufregung u. Hast:* sie bewahrt immer ihre G.; er trank noch in aller G. *([fast aufreizend] gemächlich)* sein Bier aus.

Ge|müts|stim|mung, die: *Gemütslage.*

Ge|müts|ver|fas|sung, die: *Gemütslage:* sich in einer heiteren G. befinden.

Ge|müts|zu|stand, der: *Gemütslage:* ein unbestimmter G.

ge|müt|voll ⟨Adj.⟩: *Gemüt* (2) *besitzend, offenbarend:* Verse g. vortragen.

gen ⟨Präp. mit Akk.⟩ [mhd. gein, zusgez. aus ↑gegen] (veraltend): *in Richtung; nach, gegen* (I 1 a): ihr Blick ging g. Westen.

Gen, das; -s, -e [gepr. von dem dän. Botaniker W. Johannsen (1857–1927), zu griech. génos, ↑-gen] (Biol.): *in den Chromosomen lokalisierter Träger einer Erbanlage, eines Erbfaktors, der die Ausbildung eines bestimmten Merkmals bestimmt, beeinflusst.*

-gen [griech. -genēs = hervorbringend, verursachend; hervorgebracht, verursacht, zu: génos = Geschlecht, Abstammung, Gattung, zu: gígnesthai = geboren werden, entstehen]: **1.** kennzeichnet in Bildungen mit Substantiven od. deren Ableitungen die Zugehörigkeit zu diesen/*betreffend, angemessen:* filmogen, schmalzogen. **2.** (bes. Med.) **a)** drückt in Bildungen mit Substantiven meist griech. Ursprungs od. deren Ableitungen aus, dass etw. gebildet, hervorgerufen wird: kanzerogen; **b)** drückt in Bildungen mit Substantiven meist griech. Ursprungs od. deren Ableitungen aus, dass etw. der Auslöser, der Ausgangspunkt ist: iktogen *(durch plötzlich auftretende Krankheiten ausgelöst, bedingt),* urethrogen *(von der Harnröhre ausgehend).*

gen. = genannt.

Gen. = Genitiv; Genosse; Genossin; Genossenschaft.

Gen|ana|ly|se, die: *Analyse* (2) *eines Gens, von Genen zur Ermittlung der vorhandenen Erbanlagen.*

ge|nannt: ↑nennen.

ge|nant [ʒeˈnant] ⟨Adj.⟩ [frz. gênant, adj. 1. Part. von: gêner, ↑genieren]: **a)** (veraltend) *unangenehm, peinlich:* das war [ihm] etwas g.; **b)** *sich leicht, unangebrachterweise genierend; etw. (z. B. Nacktheit) als peinlich empfindend:* ein -es Kind; er stand etwas g. abseits; sei nicht so g.!

ge|nas: ↑genesen.

ge|nä|se: ↑genesen.

ge|nau [mhd. genou = knapp, eng, sorgfältig, zu gleichbed. nou, zu mhd. niuwen, ahd. hniuwan = zerreiben, zerstoßen u. eigtl. = drückend, kratzend]: **I.** ⟨Adj.⟩ **a)** *mit einem Muster, Vorbild, einer Vergleichsgröße [bis in die Einzelheiten] übereinstimmend; einwandfrei stimmend, exakt:* eine -e Waage; die -e Uhrzeit; den -en Wortlaut einer Rede wiedergeben; es ist jetzt g. acht Uhr; das ist g. das Gleiche; er konnte sich g. daran erinnern; die Länge stimmte auf den Millimeter g.; ⟨subst.:⟩ Genaues, Genaueres weiß ich nicht *(die einzelnen Zusammenhänge, Hintergründe kenne ich nicht);* **b)** *gründlich, gewissenhaft ins Einzelne gehend; sorgfältig:* -e Kenntnis; sie ist in allem sehr g.; er arbeitet ihr nicht g. genug; etw. ist peinlich g. durchdacht; ich kenne ihn ganz g.; etw. g., genau[e]stens unterscheiden; g. genommen *(wenn man es gründlich betrachtet; eigentlich, im Grunde);* ⟨subst.:⟩ die Vorschriften müssen aufs Genau[e]ste/(auch:) genau[e]ste beachtet werden; *** es mit etw. [nicht so] g. nehmen** *(auf die Einhaltung, Erfüllung von etw. [nicht] sehr bedacht sein):* sie nimmt es mit der Wahrheit, mit den Vorschriften nicht so g.; **c)** (landsch.) *sparsam; haushälterisch:* sie ist eine -e Frau. **II.** ⟨Adv.⟩ betont die Exaktheit, Genauigkeit einer Angabe, drückt bestätigend aus, dass etw. gerade richtig, passend, wie geschaffen für etw. ist/*gerade* (III), *eben* (II): das kommt g. zur rechten Zeit; er ist g. der Mann für diese Aufgabe; als Ausdruck der Hervorhebung, der reinen Verstärkung einer Aussage: g. das wollte ich sagen; g. das Gegenteil ist der Fall; als Ausdruck bestätigender Zustimmung: [g.,] g.! *(so ist es!).*

ge|nau ge|nom|men: s. genau (I b).

Ge|nau|ig|keit, die; -: **a)** *das Genausein* (I a): die G. einer Waage; es geschah mit mathematischer G.; **b)** *das Genausein* (I b): etw. mit pedantischer G. befolgen; **c)** *das Genausein* (1 c).

G

ge|nau|so ⟨Adv.⟩: *in derselben Weise, in demselben Maße:* sie macht alles [ganz] g. wie er; das Wetter ist heute g. schlecht wie gestern; das schmeckt g. wie Sahne; dies gilt g. für dich, wie es für mich gilt; du kannst g. gut die Bahn nehmen; er hat g. häufig, g. oft gefehlt; das dauert g. lange; sie hat g. viel bekommen; sie ist g. weit gelaufen; das stört mich g. wenig.

ge|nau|so gut, ge|nau|so häu|fig, ge|nau|so lan|ge usw.: s. genauso.

Gen|darm [ʒanˈdarm, auch: ʒã'...], der; -en, -en [frz. gendarme = Polizeisoldat, urspr. = bewaffneter Reiter, zusger. aus: gens d'armes = bewaffnete Männer, aus: gens = Leute u. armes = Waffen]: (österr., sonst veraltet): *(bes. auf dem Land eingesetzter) Polizist; Angehöriger einer Gendarmerie.*

Gen|dar|me|rie [ʒandarməˈri:, auch: ʒãd...], die; -, -n [frz. gendarmerie] (österr., sonst veraltet): *Einheit der staatlichen Polizei in Landbezirken; Gesamtheit der Gendarmen.*

G

Gen|dar|me|rie|sta|ti|on, die (österr., sonst veraltet): *Station, Dienststelle der Gendarmerie.*

Gen|de|fekt, der: *Defekt, Störung in der Struktur eines Gens.*

Ge|ne|a|lo|gie, die; -, -n [2: lat. genealogia < griech. genealogía, zu: geneá = Geburt, Abstammung u. ↑-logie]: **1.** ⟨o. Pl.⟩ *Forschungsgebiet, das sich mit der Herkunft u. den Verwandtschaftsverhältnissen bestimmter Personen, Familien, Sippen, mit Ursprung, Folge u. Verwandtschaft der Geschlechter befasst; Geschlechterkunde.* **2.** *[Darstellung der] Abstammung einer Person, Geschlechterfolge einer Familie, Sippe:* die G. eines Adelsgeschlechts.

ge|ne|a|lo|gisch ⟨Adj.⟩: *die Genealogie betreffend:* -e Daten; die Verwandtschaftsverhältnisse g. untersuchen.

ge|nehm ⟨Adj.⟩ [mhd. genæme, eigtl. = was gern genommen wird, zu ↑nehmen]: in der Verbindung **jmdm. g. sein** (geh.; *jmdm. angenehm, willkommen, erwünscht sein*): diese Lösung war ihm sehr g.; sie war ihm als Mitarbeiterin nicht g.; ⟨auch attr.:⟩ ist das ein Ihnen -er Termin?

ge|neh|mi|gen ⟨sw. V.; hat⟩: **1.** *(bes. amtlich, offiziell) die Ausführung, Verwirklichung einer Absicht, die jmd. als Antrag, Gesuch o. Ä. vorgebracht hat, gestatten:* die Baubehörde hat den Anbau genehmigt. **2.** ⟨g. + sich⟩ (ugs. scherzh.) *sich den Genuss (1) von etw. gestatten:* sich ein Gläschen Wein g.; * **sich ⟨Dativ⟩ einen g.** (ugs. scherzh.; *einen Schnaps o. Ä. trinken*).

Ge|neh|mi|gung, die; -, -en: **a)** *das Genehmigen (1):* eine offizielle G.; die G. zur Ausreise erteilen; eine G. einholen, erhalten; mit polizeilicher G.; **b)** *Schriftstück, Papier, auf dem etw. (amtlich) genehmigt wird:* eine G. vorlegen.

Ge|neh|mi|gungs|pflicht, die ⟨o. Pl.⟩ (Amtsspr.): *gesetzliche Verpflichtung, für etw. von offizieller Stelle die Genehmigung einzuholen:* G. für Anlagen zur Abfallbeseitigung.

ge|neh|mi|gungs|pflich|tig ⟨Adj.⟩ (Amtsspr.): *der Genehmigungspflicht unterliegend.*

ge|neigt [eigtl. = zum Ausdruck des Wohlwollens zu einem Bittenden (hinunter)geneigt]: in den Wendungen **zu etw. g. sein, sich zu etw. g. zeigen** *(Neigung haben, bereit sein, etw. zu tun):* sie war g., das Angebot anzunehmen; **jmdm. g. sein** (geh.; *jmdm. wohlgesinnt sein; wohlwollend gegenüberstehen*): sein Vorgesetzter war ihr nicht sonderlich g.

Ge|neigt|heit, die; -: **1.** *das Geneigtsein* (1); *Bereitschaft.* **2.** (geh.) *das Geneigtsein* (2), *Zugetansein; Wohlwollen.*

Ge|ne|ra: Pl. von ↑Genus.

Ge|ne|ral, der; -s, -e u. ...räle [1: frz. (capitaine, lieutenant) général; 2 a: mhd. general = Oberhaupt eines Mönchsordens < kirchenlat. generalis (abbas), zu lat. generalis = allgemein, zu: genus, ↑Genus]: **1. a)** ⟨o. Pl.⟩ *[höchster] Dienstgrad der höchsten Rangklasse der Offiziere;* **b)** *Offizier des Dienstgrades General* (1 a): die -e haben sich ergeben; die Pläne des kommandierenden -s Meier; die Absicht G. Meiers. **2. a)** *oberster Vorsteher einer kath. Ordensgemeinschaft;* **b)** *oberster Vorsteher der Heilsarmee.* **3.** (bes. Politik Jargon) *Generalsekretär.*

Ge|ne|ral-: 1. drückt in Bildungen mit Substantiven aus, dass etw. alles umfasst, alles und alle betrifft: Generalaussperrung, -debatte, -überholung. **2.** kennzeichnet in Bildungen mit Substantiven, dass jmd. eine leitende Funktion hat, die höchste Stellung innehat oder dass etw. die höchste Institution ist/*Haupt-, oberste[r]:* Generaldirektor, -intendant, -konsulat.

Ge|ne|ral|an|griff, der: *groß angelegter Angriff; Hauptangriff:* den G. des Gegners abwehren.

Ge|ne|ral|bass, der [ital. basso generale] (Musik): *(bes. im 17. u. 18. Jh.) einer Komposition durchlaufend zugrunde liegende Bassstimme, meist mit den vom Komponisten zugefügten Ziffern u. Zeichen, nach denen auf einem Tasteninstrument eine mehrstimmige Begleitung zu spielen ist; Basso continuo.*

Ge|ne|ral|de|bat|te, die: *umfassende Debatte über etw. in seiner Gesamtheit.*

Ge|ne|ral|di|rek|tor, der: **a)** ⟨o. Pl.⟩ *Position der obersten Instanz an der Spitze der Leitung eines großen Unternehmens;* **b)** *jmd., der die Position eines Generaldirektors (a) innehat.*

Ge|ne|ral|di|rek|to|rin, die: w. Form zu ↑Generaldirektor (b).

Ge|ne|ral|feld|mar|schall, der: **a)** ⟨o. Pl.⟩ *höchster militärischer Dienstgrad;* **b)** *Offizier des höchsten militärischen Dienstgrads.*

Ge|ne|ral|gou|ver|ne|ment, das: **1.** *größeres Gouvernement.* **2.** *Statthalterschaft.*

Ge|ne|ral|gou|ver|neur, der: *Leiter eines Generalgouvernements; Statthalter, oberster Beamter (bes. in Kolonien).*

Ge|ne|ra|lin, die; -, -nen: **1.** w. Form zu ↑General (1 b, 2 b). **2.** (veraltet): *Frau eines Generals.*

Ge|ne|ral|in|spek|teur, der: *unmittelbar dem Verteidigungsminister unterstehender ranghöchster Soldat u. höchster Repräsentant der Bundeswehr.*

Ge|ne|ral|in|ten|dant, der: *für die künstlerische Gestaltung u. die Verwaltung verantwortlicher Leiter eines größeren Theaters mit mehreren Gattungen der darstellenden Kunst.*

Ge|ne|ral|in|ten|dan|tin, die: w. Form zu ↑Generalintendant.

ge|ne|ra|li|sie|ren ⟨sw. V.; hat⟩ [frz. généraliser] (bildungsspr.): *verallgemeinern:* man sollte hier nicht g.

ge|ne|ra|li|siert ⟨Adj.⟩ (Med.): *(bes. von Hautkrankheiten) über den ganzen Körper verbreitet.*

Ge|ne|ra|li|sie|rung, die; -, -en (bildungsspr.): *das Generalisieren; Verallgemeinerung:* vor -en sollte man sich hüten.

Ge|ne|ra|list, der; -en, -en: *jmd., der in seinen Interessen nicht auf ein bestimmtes Gebiet festgelegt ist:* -en und Spezialisten.

Ge|ne|ra|lis|tin, die; -, -nen: w. Form zu ↑Generalist.

Ge|ne|ral|kom|man|do, das: *oberste Kommandostelle u. Verwaltungsbehörde eines Armeekorps.*

Ge|ne|ral|kon|sul, der: *der höchsten Rangklasse angehörender Konsul (2), der Leiter eines meist zu einem größeren Bezirk gehörenden Konsulats ist.*

Ge|ne|ral|kon|su|lat, das: **a)** *Amt eines Generalkonsuls;* **b)** *Amtssitz, -gebäude eines Generalkonsuls.*

Ge|ne|ral|kon|su|lin, die: w. Form zu ↑Generalkonsul.

Ge|ne|ral|ma|jor, der: **a)** ⟨o. Pl.⟩ *dritthöchster Dienstgrad in der Rangklasse der Generale;* **b)** *Offizier des Dienstgrads Generalmajor (a).*

Ge|ne|ral|mu|sik|di|rek|tor, der (Abk.: GMD): **a)** ⟨o. Pl.⟩ *Titel des obersten musikalischen Leiters eines städtischen Opernhauses, Orchesters;* **b)** *Dirigent mit dem Titel Generalmusikdirektor (a).*

Ge|ne|ral|oberst, der: **a)** ⟨o. Pl.⟩ *in der deutschen Wehrmacht erste Hauptstufe über dem General;* **b)** *Offizier des Dienstgrads Generaloberst (a).*

Ge|ne|ral|pro|be, die: *meist ohne Unterbrechung ablaufende letzte Probe vor der Premiere im Theater, vor der ersten Aufführung eines Bühnenstücks, Konzerts o. Ä.:* erst auf der G. würde man sie zu sehen bekommen.

Ge|ne|ral|schlüs|sel, der: *Hauptschlüssel.*

Ge|ne|ral|se|kre|tär, der: *oberster Geschäftsführer einer Partei, eines wirtschaftlichen, wissenschaftlichen o. ä. Verbandes od. einer internationalen Organisation.*

Ge|ne|ral|se|kre|tä|rin, die: w. Form zu ↑Generalsekretär.

Ge|ne|ral|staa|ten ⟨Pl.⟩: **1.** *niederländisches Parlament.* **2.** (hist.) *im 15. Jh. vereinigter Landtag der niederländischen Provinzen.* **3.** (hist.) *(zwischen 1593 u. 1796) Abgeordnetenversammlung der sieben niederländischen Nordprovinzen.*

Ge|ne|ral|staats|an|walt, der: *oberster Staatsanwalt beim Oberlandesgericht.*

Ge|ne|ral|stab, der: *Kreis von ausgewählten, besonders ausgebildeten Offizieren, der den obersten Befehlshaber od. Heerführer beratend unterstützt.*

Ge|ne|ral|stabs|chef, der: *Chef des Generalstabs.*

Ge|ne|ral|stabs|of|fi|zier, der: *dem Generalstab angehörender Offizier.*

Ge|ne|ral|streik, der: *[politischen Zielen dienender] allgemeiner Streik der Arbeitnehmer eines Landes.*

ge|ne|ral|über|ho|len ⟨sw. V.; nur im Inf. u. Part. gebr.⟩ (bes. Technik): *im Ganzen auf sämtliche möglicherweise vorhandenen Fehler hin überprüfen u. alle Mängel beseitigen:* seinen Wagen g. lassen.

Ge|ne|ral|über|ho|lung, die: *das Generalüberholen.*

Ge|ne|ral|ver|samm|lung, die: *Versammlung sämtlicher Mitglieder einer Gesellschaft, Genossenschaft, eines Vereins o. Ä.; Hauptversammlung.*

Ge|ne|ral|ver|tre|tung, die: *Alleinvertretung.*

Ge|ne|ra|ti|on, die; -, -en [lat. generatio = Zeugung(sfähigkeit); Generation, zu: generatum, ↑generativ]: **1. a)** *einzelnes Glied der Geschlechterfolge, bei der Großeltern, Eltern, Kinder, Enkel unterschieden werden:* der Ring wurde von G. zu G. weitergegeben; in diesem Haus wohnen drei -en *(Vertreter dreier Generationen);* **b)** (Biol.) *Gesamtheit der in der Entwicklung einer Tier-, Pflanzenart zum Prozess der Fortpflanzung gehörenden Tiere, Pflanzen:* die Merkmale lassen sich bei vier -en feststellen. **2.** (bes. Soziol.) *Gesamtheit der Menschen ungefähr gleicher Altersstufe [mit ähnlicher sozialer Orientierung u. Lebensauffassung]:* die junge, ältere G.; die G. nach dem Krieg. **3.** *ungefähr die Lebenszeit eines Menschen umfassender Zeitraum; Menschenalter:* es wird noch -en dauern. **4.** *in der technischen Entwicklung auf einer bestimmten Stufe stehende, durch eine bestimmte Art der Konzeption u. Konstruktion gekennzeichnete Gesamtheit von Geräten o. Ä.:* die neue G. nuklearer Waffen; ein Computer der dritten G.

ge|ne|ra|ti|o|nen|mä|ßig ⟨Adj.⟩: *generationsmäßig.*

Ge|ne|ra|ti|o|nen|ver|trag, der ⟨o. Pl.⟩: *Art u. Weise, in der in der Rentenversicherung jeweils die im Arbeitsleben stehende Generation die Renten für die Generation der Rentner erarbeitet.*

Ge|ne|ra|ti|ons|kon|flikt, der: *Konflikt zwischen Angehörigen verschiedener Generationen, bes. zwischen Jugendlichen u. Erwachsenen, der aus den unterschiedlichen Auffassungen in bestimmten Lebensfragen erwächst.*

ge|ne|ra|ti|ons|mä|ßig ⟨Adj.⟩: *eine Generation bzw. verschiedene Generationen betreffend; durch den Wechsel der verschiedenen Generationen bedingt, darauf beruhend:* die allein schon g. sich ergebenden Probleme.

Ge|ne|ra|ti|ons|un|ter|schied, der: *Unterschied in der Denk- u. Lebensweise von Angehörigen verschiedener Generationen.*

e|ne|ra|ti|ons|wech|sel, der: **1.** *Ablösung von Angehörigen der älteren durch Angehörige der jüngeren Generation.* **2.** (Biol.) *Wechsel zwischen geschlechtlicher u. ungeschlechtlicher Fortpflanzung bei bestimmten Pflanzen u. wirbellosen Tieren:* der G. der Farne.

e|ne|ra|ti|on X [auch: dʒɛnəˈreɪʃən ɛks], die; - -: *Altersgruppe der etwa 1965 bis 1975 Geborenen, die durch Orientierungslosigkeit, Desinteresse am Allgemeinwohl u. a. charakterisiert ist.*

e|ne|ra|tiv ⟨Adj.⟩ [1: spätlat. generativus, zu lat. generatum, 2. Part. von: generare, ↑generieren; 2: engl. generative]: **1.** (Biol.) *die Zeugung, geschlechtliche Fortpflanzung betreffend.* **2.** (Sprachw.) *die Erzeugung von Sätzen betreffend:* -e [Transformations]grammatik *(die Sprache mit Mitteln der mathematischen Logik u. der Psychologie beschreibende Grammatiktheorie, die zu erklären sucht, wie es einem Sprecher möglich ist, aufgrund der unbewussten Beherrschung einer endlichen Menge von Regeln seiner Muttersprache eine unendliche Menge von Sätzen in dieser Sprache zu erzeugen u. zu verstehen).*

e|ne|ra|tor, der; -s, ...oren [lat. generator = Erzeuger]: **1.** *Maschine, in der mechanische in elektrische Energie umgewandelt, elektrische Spannung od. elektrischer Strom erzeugt wird.* **2.** *einem Schachtofen ähnlicher Apparat zur Erzeugung von Gas aus festen Brennstoffen wie Kohle u. Koks.*

e|ne|rell ⟨Adj.⟩ [französierende Bildung für veraltet general = allgemein]: *für die meisten od. alle Fälle derselben Art geltend, zutreffend:* das ist ein -es Problem; die Missstände müssen g. beseitigt werden.

e|ne|rie|ren ⟨sw. V.; hat⟩ [lat. generare = (er)zeugen, hervorbringen, zu: genus, ↑Genus]: **1.** (bildungsspr., Fachspr.) *hervorbringen, erzeugen:* Daten g.; das System generiert immer noch Fehler. **2.** (Sprachw.) *in Übereinstimmung mit einem grammatischen Regelsystem (im Sinne der generativen Grammatik) hervorbringen, bilden:* Sätze g.

e|ne|ri|kum, das; -s, ...ka [zu engl. generic name = nicht geschützte Kurzbez. einer chem. Verbindung, eigtl. = Gattungsname, aus: generic = Gattungs- (< frz. générique, zu lat. genus, ↑Genus) u. name = Name] (Pharm.): *pharmazeutisches Präparat mit der gleichen Zusammensetzung wie ein auf dem Markt befindliches Präparat, das in der Regel billiger angeboten wird als dieses.*

e|ne|risch ⟨Adj.⟩: **1.** (Sprachw.) *in allgemein gültigem Sinne [gebraucht]:* -es *(nicht spezifisches, beide Geschlechter umfassendes)* Maskulinum. **2.** (Biol.) *das Geschlecht od. die Gattung betreffend.*

e|ne|rös [auch: ʒe...] ⟨Adj.⟩ [frz. généreux < lat. generosus, eigtl. = von (guter) Art] (bildungsspr.): *großmütig; großzügig, nicht kleinlich im Geben, im Gewähren von etw.:* eine -e Geste; -es Verhalten; er war, zeigte sich sehr g.

e|ne|ro|si|tät [auch: ʒe...], die; -, -en ⟨Pl. selten⟩ [frz. générosité < lat. generositas, eigtl. = edle Art] (bildungsspr.): *generöse Art.*

e|ne|se, die; -, -n [lat. genesis < griech. génesis = Zeugung, Schöpfung] (Fachspr., bildungsspr.): *Entstehung, Entwicklung:* die G. einer Krankheit, eines Kunstwerks, einer Gesteinsbildung.

e|ne|sen ⟨st. V.; ist⟩ [mhd. genesen, ahd. ginesan, urspr. = überleben, errettet werden]: **1.** (geh.) *gesund werden:* nach, von langer Krankheit g. **2.** (dichter.) *(ein Kind) zur Welt bringen, gebären.*

e|ne|sen|de, der u. die; -n, -n (Dekl. ↑Abgeordnete): *jmd., der im Begriff ist zu genesen.*

e|ne|sis [auch: ˈge:n...], die; - [↑Genese]: **1.** *Schöpfungsgeschichte.* **2.** 1. Buch Mose.

e|ne|sung, die; -, -en ⟨Pl. selten⟩ (geh.): *das Genesen, Gesundwerden:* er befindet sich auf dem Wege der G.

e|ne|tik, die; - [zu griech. génesis, ↑Genese] (Biol.): *Wissenschaft, die sich mit den Gesetzmäßigkeiten der Vererbung von Merkmalen u. mit den grundlegenden Phänomenen der Vererbung im Bereich der Moleküle befasst; Vererbungslehre.*

Ge|ne|ti|ker, der; -s, -: *Wissenschaftler auf dem Gebiet der Genetik; Genforscher.*

Ge|ne|ti|ke|rin, die; -, -nen: w. Form zu ↑Genetiker.

ge|ne|tisch ⟨Adj.⟩ (Biol.): **a)** *die Entstehung, Entwicklung der Lebewesen (im Sinne der Genetik) betreffend; entwicklungsgeschichtlich, erblich bedingt:* die -e Verwandtschaft von Lebewesen; -e Zusammenhänge, Faktoren; -er Fingerabdruck (↑Fingerabdruck); **b)** *auf der Genetik beruhend, dazu gehörend:* -e Experimente.

Ge|nève [ʒəˈnɛ:v]: frz. Form von ↑Genf.

Ge|ne|ver [ʒeˈne:vɐ, auch: ʒəˈn..., geˈn...], der; -s, - [älter niederl. genever < afrz. gene(i)vre = Wacholder < lat. iuniperus]: *niederländischer Wacholderbranntwein.*

Ge|ne|za|reth: ↑See Genezareth.

Genf: Kanton u. Stadt in der Schweiz.

[1]Gen|fer, der; -s, -: Ew.

[2]Gen|fer ⟨indekl. Adj.⟩: G. See, Konvention.

Gen|fe|rin, die; -, -nen: w. Form zu ↑[1]Genfer.

gen|fe|risch ⟨Adj.⟩: *Genf, die Genfer betreffend; aus Genf stammend.*

Gen|fer See, der; - -s: See zwischen Westalpen u. Jura.

Gen|for|scher, der: *Genetiker.*

Gen|for|sche|rin, die: w. Form zu ↑Genforscher.

Gen|for|schung, die: *Forschung im Bereich der Gentechnologie.*

ge|ni|al ⟨Adj.⟩ [gek. aus älterem ↑genialisch]: *[1]Genie (1) besitzend, erkennen lassend; überragend, großartig:* eine -e Idee, Künstlerin; seine Musik ist geradezu g.; er hat das Problem g. gelöst.

ge|ni|a|lisch ⟨Adj.⟩ [zu ↑[1]Genie] (bildungsspr.): **a)** *in Art u. Leistung zum Genialen tendierend:* ein -es Talent; **b)** *in oft exaltierter Weise in seinem Auftreten das Konventionelle, Durchschnittliche missachtend:* sich g. gebärden.

Ge|ni|a|li|tät, die; -: *überragende schöpferische Veranlagung:* die G. eines Erfinders.

Ge|nick, das; -[e]s, -e [mhd. genic(ke), Kollektivbildung zu: necke, nacke, ↑Nacken]: *von den ersten beiden Halswirbeln gebildetes Gelenk, das die Beweglichkeit des Kopfes gegen den Rumpf ermöglicht:* du wirst dir noch das G. brechen!; ein steifes G. haben (ugs.; *als Folge von Muskelverspannungen im Nacken den Kopf nicht richtig bewegen können*); * **jmdm., einer Sache das G. brechen** (ugs.; *jmdn., etw. scheitern lassen, zugrunde richten*); **jmdm. im G. sitzen** (ugs.; *jmdn. bedrängen, dass er eine bestimmte Arbeit schnell erledigt*).

Ge|nick|fang, der [zu ↑Fang (3)] (Jägerspr.): *Stich mit dem Jagdmesser in das Genick eines verwundeten Tieres, um es zu töten.*

Ge|nick|schuss, der: *Schuss aus allernächster Nähe ins Genick eines Wehrlosen:* jmdn. durch G. umbringen.

Ge|nick|stand, der (Turnen): *Nackenstand.*

Ge|nick|star|re, die: **1.** *Nackenstarre.* **2.** (Med. veraltet) *Meningitis.*

[1]Ge|nie [ʒe...], das; -s, -s [frz. génie < lat. genius, ↑Genius]: **1.** ⟨o. Pl.⟩ *überragende schöpferische Begabung, Geisteskraft:* das G. eines Künstlers; ein Regisseur von G. **2.** *Mensch mit überragender schöpferischer Begabung, Geisteskraft:* sie ist ein [großes, mathematisches] G.; er ist nicht gerade ein/ist kein G. auf diesem Gebiet (iron.; *er versteht davon nicht viel*); ein verkanntes G. (scherzh.; *jmd., von dessen besonderer Begabung nichts bekannt ist*).

[2]Ge|nie, die; - od. das; -s ⟨meist in Zus.⟩ [frz. génie = militärisches Ingenieurwesen] (schweiz.): *Pioniertruppe.*

Ge|ni|en: Pl. von ↑Genius.

ge|nie|ren [ʒe...] ⟨sw. V.; hat⟩ [frz. (se) gêner, zu: gêne, veraltet auch: Folter < afrz. gehine = das durch Folter erpresste Geständnis]: **1.** ⟨g. + sich⟩ *eine Situation als unangenehm u. peinlich empfinden u. sich entsprechend gehemmt u. verschämt zeigen:* du brauchst dich deswegen, vor ihr nicht zu g.; ich genierte mich nicht *(hatte keinerlei Hemmungen)*, ihr die Wahrheit zu sagen. **2.** (veraltend) *belästigen, stören; jmdm. hinderlich sein.*

ge|nieß|bar ⟨Adj.⟩: *ohne Bedenken zu verzehren, zu sich zu nehmen:* das Fleisch ist nicht mehr g.; Ü der Chef ist heute wieder mal nicht g. (ugs.; *ist unausstehlich, schlechter Laune*).

Ge|nieß|bar|keit, die; -: *das Genießbarsein.*

ge|nie|ßen ⟨st. V.; hat⟩ [mhd. (ge)nieʒ(ʒ)en, ahd. (gi)nioʒan = innehaben, gebrauchen, urspr. = ergreifen, fangen]: **1.** *von einer Speise, einem Getränk etw. zu sich nehmen:* sie konnte nur wenig von den Leckerbissen g.; Ü er ist heute nicht, nur mit Vorsicht zu g. (ugs.; *ist unausstehlich, schlechter Laune*). **2.** *mit Freude, Genuss, Wohlbehagen auf sich wirken lassen:* seinen Urlaub g.; das Leben in vollen Zügen g.; er genoss es sichtlich, so gefeiert zu werden. **3.** *[zu seinem Nutzen, Vorteil] erhalten, erfahren:* eine gute Ausbildung, Erziehung g.; (häufig verblasst:) jmds. Vertrauen g. *(haben)*; jmds. Achtung g. *(von jmdm. geachtet werden)*; bei jmdm. hohes Ansehen g. *(hoch angesehen sein)*; sie genießt seinen ganz besonderen Schutz *(ihr wird sein ganz besonderer Schutz zuteil)*.

Ge|nie|ßer, der; -s, - [mhd. genieʒer = der Genusssüchtige]: *jmd., dem es auf den Genuss ankommt u. der es versteht, etw. [bewusst] zu genießen:* er ist ein wahrer G.; ein stiller G. sein *(etw. still für sich genießen 2)*.

Ge|nie|ße|rin, die; -, -nen: w. Form zu ↑Genießer.

ge|nie|ße|risch ⟨Adj.⟩: *nach der Art eines Genießers:* g. vom Wein kosten; er lehnte sich g. zurück.

Ge|nie|streich, der: *originelles, großartig gelungenes, Bewunderung hervorrufendes [künstlerisches] Werk:* seine neue Oper war ein G.

Ge|nie|trup|pe, die [zu ↑[2]Genie] (schweiz. Milit.): *Pioniertruppe.*

Ge|nie|zeit, die ⟨o. Pl.⟩ (Literaturw.): *Zeitabschnitt der deutschen Literaturgeschichte von 1767 bis 1785; Sturm-und-Drang-Zeit.*

ge|ni|tal ⟨Adj.⟩ [lat. genitalis, zu: genus, ↑Genus] (bes. Med.): *die Geschlechtsorgane betreffend, zu ihnen gehörend, von ihnen ausgehend:* -e Phase (Psychoanalyse; *mit der Pubertät beginnende Phase der sexuellen Entwicklung, in der die für den Erwachsenen endgültige Ausprägung der Sexualität erreicht wird*).

Ge|ni|tal|be|reich, der: *Bereich der Genitalien:* Erkrankungen im G.

Ge|ni|ta|le, das; -s, ...lien ⟨meist Pl.⟩ [lat. (membrum) genitale] (bes. Med.): *Geschlechtsorgan.*

Ge|ni|tiv, der; -s, -e [lat. (casus) genitivus = die Herkunft, Zugehörigkeit bezeichnend(er Fall), zu: gignere, ↑Genus] (Sprachw.): **1.** *Kasus, in dem das Objekt bestimmter intransitiver Verben, bestimmte substantivische Attribute u. bestimmte adverbiale Fügungen stehen; Wesfall, zweiter Fall:* die Präposition »jenseits« regiert den G.; das Substantiv steht hier im G.; Abk.: Gen. **2.** *Wort, das im Genitiv (1) steht:* der Satz enthält mehrere -e.

Ge|ni|tiv|at|tri|but, das (Sprachw.): *Substantiv im Genitiv, das einem anderen Substantiv als nähere Bestimmung zugeordnet ist* (z. B. der Hut *meines Vaters*).

Ge|ni|tiv|ob|jekt, das (Sprachw.): *Ergänzung eines (intransitiven) Verbs im Genitiv; im Genitiv stehendes Objekt* (z. B. ich bedarf nicht *seines Rates*).

Ge|ni|us, der; -, ...ien [lat. genius = Schutzgeist; spätlat. = Schöpfergeist, natürliche Begabung]: **1.** *(bes. im römischen Altertum) beschützender, vor Unheil bewahrender Geist eines Menschen, einer Gemeinschaft, eines Ortes:* sein G. hat ihm geholfen. **2.** ⟨meist Pl.⟩ (Kunstwiss.) *geflügelt dargestellte Gottheit der römischen Mythologie.* **3.** (geh.) **a)** ⟨o. Pl.⟩ *[höchste] schöpferische Geisteskraft eines Menschen:* der G. Goethes; **b)** *Mensch mit höchster schöpferischer Geistes-*

G

kraft: Bach, der große musikalische G. des Barocks.
Gen|la|bor, das: Kurzf. von ↑Genlaboratorium.
Gen|la|bo|ra|to|ri|um, das: *Laboratorium, in dem Genforschung betrieben wird.*
Gen|ma|ni|pu|la|ti|on, die (Biol.): *Manipulation am genetischen Material von Lebewesen in der Absicht, gezielte Veränderungen herbeizuführen od. neue Kombinationen von Erbanlagen zu entwickeln.*
Gen|mu|ta|ti|on, die (Biol.): *erbliche Veränderung eines Gens.*
Gen|ne|sa|ret: ↑See Genezareth.
Ge|nom, das; -s, -e [zu griech. génos, ↑-gen] (Biol.): *einfacher Chromosomensatz einer Zelle, der deren Erbmasse darstellt.*
ge|nom|men: ↑nehmen.
Ge|nör|gel, das; -s (ugs. abwertend): *[dauerndes] Nörgeln; Nörgelei.*
ge|noss: ↑genießen.
Ge|nos|se, der; -n, -n [1: mhd. genoʒ(e), ahd. ginōʒ(o), eigtl. = jmd., der mit einem andern die Nutznießung von etw. gemeinsam hat, verw. mit ↑genießen]: 1. (veraltend) *Kamerad; Begleiter, Gefährte:* sie suchten noch einen -n für die Reise. 2. *Anhänger der gleichen linksgerichteten politischen Weltanschauung; (bes. als Anrede für einen Parteifreund):* der Antrag des -n [Müller] wurde angenommen; wir bedauern Genosse[n] Meiers Austritt aus der Partei. 3. (Wirtsch. veraltend) *Mitglied einer Genossenschaft.*
ge|nös|se, ge|nös|sen: ↑genießen.
Ge|nos|sen|schaft, die; -, -en: *Vereinigung, Zusammenschluss mehrerer Personen mit dem Ziel, durch gemeinschaftlichen Geschäftsbetrieb den Einzelnen wirtschaftlich zu fördern:* sie gehörten verschiedenen ländlichen -en an; Abk.: Gen.
Ge|nos|sen|schaf|ter, der; -s, - (seltener): ↑Genossenschaftler.
Ge|nos|sen|schaf|te|rin, die; -, -nen: w. Form zu ↑Genossenschafter.
Ge|nos|sen|schaft|ler, der; -s, -: *Mitglied einer Genossenschaft.*
Ge|nos|sen|schaft|le|rin, die; -, -nen: w. Form zu ↑Genossenschaftler.
ge|nos|sen|schaft|lich ⟨Adj.⟩: *zu einer Genossenschaft gehörend, ihren Prinzipien entsprechend:* ein -er Betrieb; etw. g. verwalten.
Ge|nos|sen|schafts|bank, die ⟨Pl. ...banken⟩: *Bank in der rechtlichen Form einer Genossenschaft.*
Ge|nos|sen|schafts|bau|er, der ⟨Pl. -n⟩ (bes. DDR): *einer landwirtschaftlichen Produktionsgenossenschaft angehörender Bauer.*
Ge|nos|sen|schafts|bäu|e|rin, die: w. Form zu ↑Genossenschaftsbauer.
Ge|nos|sin, die; -, -nen: w. Form zu ↑Genosse (1, 2).
Ge|no|typ, der; -s, -en, Genotypus, der; -, ...pen [zu griech. génos (↑-gen) u. ↑Typ] (Biol.): *Gesamtheit der Erbfaktoren eines Lebewesens.*
ge|no|ty|pisch ⟨Adj.⟩ (Biol.): *den Genotyp betreffend.*
Ge|no|ty|pus: ↑Genotyp.
Ge|no|va ['dʒɛːnova]: ital. Form von ↑Genua.
Ge|no|zid, der, auch: das; -[e]s, -e u. -ien [engl. genocide, zu griech. génos (↑-gen) u. lat. -cidere = töten] (bildungsspr.): *Völkermord.*
Gen|re ['ʒãːrə], das; -s, -s [frz. genre < lat. genus, ↑Genus]: *Gattung, Art (bes. in der Kunst):* das literarische G. der Erzählung; *** nicht jmds. G. sein** *(nicht nach jmds. Geschmack sein; nicht zu jmdm. passen, sodass ein Kontakt unerwünscht ist).*
Gen|re|bild, das: *Bild im Stil der Genremalerei.*
Gen|re|ma|le|rei, die ⟨o. Pl.⟩ [LÜ von frz. peinture de genre]: *Malerei, in der typische Handlungen u. Begebenheiten aus dem täglichen Leben einer bestimmten Berufsgruppe od. sozialen Klasse dargestellt werden.*
Gent: Stadt in Belgien.
Gen|tech|nik, die ⟨Pl. selten⟩: *Technik der Erforschung u. Manipulation der Gene.*
gen|tech|nisch ⟨Adj.⟩: *die Gentechnik betreffend.*
Gen|tech|no|lo|gie, die ⟨o. Pl.⟩ (Biol.): *mit der Erforschung u. der Manipulation von Genen befasstes Teilgebiet der Molekularbiologie.*
gen|tech|no|lo|gisch ⟨Adj.⟩: *die Gentechnologie betreffend.*
gen|til [ʒɛn'tiːl, ʒã'tiːl] ⟨Adj.⟩ [frz. gentil = nett, freundlich, veraltet auch: adelig < lat. gentilis = aus demselben Geschlecht, zu: gens (Gen.: gentis) = Familienverband, zu: gignere = hervorbringen, erzeugen] (veraltet): *nett, liebenswürdig.*
Gen|tle|man ['dʒɛntlmən], der; -s, ...men [...mən; engl. gentleman, LÜ von frz. gentilhomme, eigtl. = Edelmann]: *Mann von Anstand, Lebensart u. Charakter.*
gen|tle|man|like [...laɪk] ⟨Adj.⟩ [engl.]: *nach Art eines Gentlemans:* er benahm sich nicht gerade g.
Gen|tle|man's Agree|ment, Gen|tle|men's Agree|ment ['dʒɛntlmənz ə'griːmənt], das; - -, - -s [engl.]: *(bes. im diplomatischen Bereich) im Vertrauen auf die Redlichkeit des Partners getroffene Übereinkunft, Abmachung ohne formalen Vertrag; Vereinbarung auf Treu u. Glauben.*
Gen|trans|fer, der (Genetik): *Übertragung fremder Erbanlagen in die befruchtete Eizelle.*
[1]Ge|nua: Stadt in Norditalien.
[2]Ge|nua, die; -, - [nach dem erstmaligen Auftauchen dieses Segels 1927 bei einer Regatta in [1]Genua] (Seemannsspr.): *großes, den Mast u. das Großsegel stark überlappendes Vorsegel.*
Ge|nu|e|se, der; -n, -n: Ew.
Ge|nu|e|ser ⟨indekl. Adj.⟩.
Ge|nu|e|sin, die; -, -nen: w. Form zu ↑Genuese.
ge|nu|e|sisch ⟨Adj.⟩: *Genua, die Genuesen betreffend; aus Genua stammend.*
ge|nug ⟨Adv.⟩ [mhd. genuoc, ahd. ginuoc, urspr. Adjektiv zu einem Verb mit der Bed. »reichen, (er)langen«]: **a)** *in zufrieden stellendem Maß; ausreichend; genügend:* wir haben g. Arbeit/Arbeit g.; hast du g. Geld eingesteckt, mit[genommen]?; das ist g. für mich; nicht g. damit, dass er seine Aufgaben erledigte *(obwohl er eigentlich mit seinen Aufgaben genügend zu tun hatte),* half er auch noch anderen; die Leute können nicht g. bekommen, kriegen *(sie sind raffgierig u. wollen immer noch mehr);* jetzt habe ich g. von dieser Arbeit *(bin ich ihrer überdrüssig);* jetzt habe ich aber g.! *(jetzt ist meine Geduld zu Ende);* g. der [vielen] Worte, wir müssen jetzt etwas unternehmen; *** sich** ⟨Dativ⟩ **selbst g. sein** *(auf den Umgang mit andern verzichten, ihn nicht benötigen);* **b)** nachgestellt bei Adjektiven einen bestimmten Grad o. Ä. kennzeichnend; *genügend, ausreichend:* der Schrank ist groß g.; dazu ist er jetzt alt g. *(hat er das entsprechende Alter);* es ist ihr alles nicht gut g. *(sie hat an allem etwas auszusetzen);* das alles ist schlimm g. *(sehr schlimm).*
Ge|nü|ge [mhd. genüege, ahd. ginuogī]: meist in den Wendungen **jmdm., einer Sache G. tun/leisten** (geh.; *jmdn. zufrieden stellen; eine Sache gebührend berücksichtigen; einer Forderung o. Ä. entsprechen*): seinen Forderungen muss G. getan werden; **G. [an etw.] finden/haben** (geh. veraltend; *mit etw. zufrieden sein*); **jmdm., einer Sache geschieht G.** *(jmds. Forderungen o. Ä. werden erfüllt, etw. wird in genügendem Maße beachtet);* **zur G.** (oft abwertend; *in genügendem, ausreichendem Maß*): diese Zustände kenne ich zur G.
ge|nü|gen ⟨sw. V.; hat⟩ [mhd. genüegen, ahd. ginuogen]: **1.** *in einem Maß, einer Menge vorhanden sein, dass es für etw. reicht; genug sein, ausreichen:* das genügt [mir] fürs Erste; zwei Meter Stoff genügen nicht; habt ihr genügend *(genug)* Geld eingesteckt?; (als Schulnote veraltet:) ihre Leistungen wurden mit »genügend« beurteilt. **2.** *einer Forderung o. Ä. entsprechen; etw. in befriedigender Weise erfüllen:* den gesellschaftlichen Pflichten, Anforderungen g.
ge|nüg|sam ⟨Adj.⟩: *mit wenigem zufrieden:* ein -er Mensch; im Essen und Trinken ist sie sehr g.; g. leben.
Ge|nüg|sam|keit, die; -: *genügsame Art.*
ge|nug|tun ⟨unr. V.; hat⟩ [mhd. genuoc tun, LÜ von lat. satisfacere] (veraltend): *einer Forderung o. Ä. entsprechen:* sie war eifrig bemüht, seinen Fragen genugzutun; *** sich** ⟨Dativ⟩ **nicht g. können, etw. zu tun** *(nicht mit etw. aufhören; bei etw. in seinem Überschwang kein Ende finden):* sie kann sich nicht g., ihn zu loben.
Ge|nug|tu|ung, die; -, -en ⟨Pl. selten⟩ [15. Jh.; LÜ von lat. satisfactio]: **1.** *innere Befriedigung:* das ist mir eine große G.; die G. haben, dass endlich etwas geschieht; G. über etw. empfinden; er vernahm die Nachricht [über ihre Niederlage] mit G. **2.** (geh.) *Entschädigung für ein zugefügtes Unrecht; Wiedergutmachung:* der Beleidigte verlangte, erhielt G.; man sollte ihr G. geben.
ge|nu|in ⟨Adj.⟩ [lat. genuinus, eigtl. = angeboren natürlich, zu: genus, ↑Genus]: **1.** (bildungsspr.) *echt:* ein -es Kunstwerk; die Versorgung der Leser ist die -e Aufgabe der Büchereien. **2.** (Med.) *nicht als Folge anderer Krankheiten auftretend; angeboren, erblich:* -e Krankheiten.
Ge|nus [auch: 'geːnʊs], das; -, Genera [lat. genus (Gen.: generis) = Geschlecht, Art, Gattung, zu: gignere = hervorbringen, erzeugen]: **1.** (bildungsspr. veraltend) *Art, Gattung.* **2.** (Sprachw.) *eine der verschiedenen Klassen (männlich, weiblich, sächlich), in die die Substantive (danach Adjektive u. Pronomen) eingeteilt sind; grammatikalische Kategorie beim Nomen; grammatisches Geschlecht.*
Ge|nus|be|zeich|nung, die: *Bezeichnung des Genus.*
Ge|nuss, der; -es, Genüsse [zu ↑genießen]: **1.** ⟨o. Pl.⟩ *das Genießen* (1): übermäßiger G. von Alkohol ist schädlich; jmdm. vom G. einer Speise abraten. **2.** *Freude, Annehmlichkeit, die jmd. beim Genießen* (2) *von etw. empfindet:* der Kaffee ist ein G. *(ist köstlich);* *** in den G. von etw. kommen** *(eine Vergünstigung od. etw., was einem zusteht, erhalten):* sie kam nicht in den G. eines Stipendiums.
ge|nüss|lich ⟨Adj.⟩: *einen Genuss voll auskostend bewusst genießend:* ein -es Gefühl der Schwere; sich g. im Sessel zurücklehnen.
Ge|nuss|mensch, der: *jmd., der sich gern allen möglichen Genüssen, Vergnügungen hingibt.*
Ge|nuss|mit|tel, das: *etw., was nicht wegen seines etwa vorhandenen Nährwertes, sondern wegen seines guten Geschmacks, seiner anregenden Wirkung o. Ä. genossen wird.*
ge|nuss|süch|tig ⟨Adj.⟩: *unmäßig nach Genüssen verlangend.*
ge|nuss|voll ⟨Adj.⟩: **a)** *großen Genuss bereitend, verschaffend:* ein -er Urlaub; **b)** *einen Genuss auskostend; mit Genuss:* etw. g. auf der Zunge zergehen lassen.
Ge|nus Ver|bi, das; - -, Genera - [zu ↑Genus (2) u. ↑Verb] (Sprachw.): *Verhaltensrichtung des Verbs als Aktiv od. Passiv.*
Geo, das; -s ⟨meist o. Art.⟩ (Schülerspr.): kurz für ↑Geographieunterricht.
geo-, Geo- [griech. geō-, zu: gē = Erde] ⟨Best. in Zus. mit der Bed.⟩: *erd-, Erd-, Land-* (z. B. geographisch, Geographie).
Geo|bo|ta|nik, die; -: *Wissenschaft von der geographischen Verbreitung der Pflanzen.*
Geo|che|mie, die; -: *Wissenschaft von der chemischen Zusammensetzung der Erde.*
geo|che|misch ⟨Adj.⟩: *die Geochemie betreffend.*
Geo|dä|sie, die; - [griech. geōdaisía = Erd-, Landverteilung]: *Wissenschaft von der Vermessung der Erde u. Technik ihrer Vermessung.*
Geo|dät, der; -en, -en [griech. geōdaítēs = Landvermesser]: *Fachmann, Wissenschaftler auf dem Gebiet der Geodäsie; Geometer.*
Geo|dä|tin, die; -, -nen: w. Form zu ↑Geodät.
geo|dä|tisch ⟨Adj.⟩: *die Geodäsie betreffend:* -e Forschung, Technik.
Geo|drei|eck®, das [Kunstw. aus ↑Geometrie u. ↑Dreieck]: *mathematisches Hilfsmittel in Form*

eines (transparenten) Dreiecks zum Ausmessen u. Zeichnen von Winkeln, Parallelen o. Ä.

e|o|gen ⟨Adj.⟩ [↑-gen] (Geol.): *[auf natürliche Weise] in der Erde entstanden.*

eo|graf, Geo|gra|fie usw.: ↑Geograph, ↑Geographie usw.

eo|graph, (auch:) Geograf, der; -en, -en [lat. geographus = Erdbeschreiber < griech. geōgráphos]: *Wissenschaftler auf dem Gebiet der Geographie.*

eo|gra|phie, (auch:) Geografie, die; - [lat. geographia < griech. geōgraphía]: *Wissenschaft von der Erde u. ihrem Aufbau, von der Verteilung u. Verknüpfung der verschiedensten Erscheinungen u. Sachverhalte der Erdoberfläche, bes. hinsichtlich der Wechselwirkung zwischen Erde u. Mensch; Erdkunde:* sie studiert G.; in G. *(im Schulfach Geographie)* hat er eine Zwei.

eo|gra|phie|un|ter|richt, (auch:) Geografieunterricht, der: *Unterricht im Schulfach Geographie.*

eo|gra|phin, die; -, -nen: w. Form zu ↑Geograph.

eo|gra|phisch, (auch:) geografisch ⟨Adj.⟩: **a)** *die Geographie betreffend:* eine -e Expedition nach Afrika; -e Forschungen treiben; **b)** *die Lage, das Klima usw. eines Ortes, Gebietes betreffend:* eine g. sehr günstig gelegene Stadt; **c)** *sich auf einen bestimmten Punkt o. Ä. der Erdoberfläche beziehend:* -e Namen.

eo|lo|ge, der; -n, -n [↑-loge]: *Wissenschaftler auf dem Gebiet der Geologie.*

eo|lo|gie, die; - [↑-logie]: *Wissenschaft von der Entstehung, Entwicklung u. Veränderung der Erde u. der sie bewohnenden Lebewesen in erdgeschichtlicher Zeit.*

eo|lo|gin, die; -, -nen: w. Form zu ↑Geologe.

eo|lo|gisch ⟨Adj.⟩: *die Geologie betreffend:* die -e Untersuchung eines Geländes.

eo|me|ter, der; -s, - [lat. geometres < griech. geōmétrēs]: *Geodät.*

eo|me|trie, die; - [lat. geometria < griech. geōmetría]: *Teilgebiet der Mathematik, das sich mit räumlichen u. nicht räumlichen (ebenen) Gebilden befasst.*

eo|me|trisch ⟨Adj.⟩ [lat. geometricus < griech. geōmetrikós]: **a)** *die Geometrie betreffend:* -e Grundbegriffe, Berechnungen; **b)** *Figuren der Geometrie (Dreiecke, Kreise, Punkte o. Ä.) aufweisend:* ein -es Muster; -e Formen; etw. streng g. anordnen.

eo|mor|pho|lo|ge [auch: ˈge:o...], der; -n, -n: *Wissenschaftler auf dem Gebiet der Geomorphologie.*

eo|mor|pho|lo|gie [auch: ˈge:o...], die; -: *Wissenschaft von den Formen der Erdoberfläche u. den sie beeinflussenden Kräften u. Prozessen.*

eo|mor|pho|lo|gin [auch: ˈge:o...], die; -, -nen: w. Form zu ↑Geomorphologe.

eo|mor|pho|lo|gisch [auch: ˈge:o...] ⟨Adj.⟩: *die Geomorphologie betreffend, zu ihr gehörend, auf ihr beruhend.*

eo|phy|sik [auch: ˈge:o...], die; -: *Teilgebiet der Physik, das sich mit den natürlichen Erscheinungen u. Vorgängen auf der Erde, in ihrem Inneren u. ihrer Umgebung befasst.*

eo|phy|si|ka|lisch [auch: ˈge:o...] ⟨Adj.⟩: *die Geophysik betreffend, zu ihr gehörend, auf ihr beruhend.*

eo|po|li|tik [auch: ˈge:o...], die; -: *Wissenschaft von der Einwirkung geographischer Faktoren auf politische Vorgänge u. Kräfte.*

eo|po|li|tisch [auch: ˈge:o...] ⟨Adj.⟩: **a)** *die Geopolitik betreffend;* **b)** *durch die geographische Lage bedingt politisch; raumgebunden politisch.*

eorge|town [ˈdʒɔ:dʒtaʊn]: Hauptstadt von Guyana.

eor|gette [ʒɔrˈʒɛt], der; -s, -s: kurz für ↑Crêpe Georgette.

eor|gia [ˈdʒɔ:dʒə]; -s: Bundesstaat der USA.

e|or|gi|en; -s: Republik in Transkaukasien.

e|or|gi|er, der; -s, -: Ew.

e|or|gi|e|rin, die; -, -nen: w. Form zu ↑Georgier.

e|or|gisch ⟨Adj.⟩: *Georgien, die Georgier, das Georgische betreffend.*

Ge|or|gisch, das; -[s] u. ⟨nur mit best. Art.:⟩ **Ge|or|gi|sche,** das; -n: *die georgische Sprache.*

Geo|wis|sen|schaft, die; -, -en ⟨meist Pl.⟩: *eine der Wissenschaften, die sich mit der Erforschung der Erde befassen.*

geo|zen|trisch ⟨Adj.⟩ (Astron.): **1.** *die Erde als Mittelpunkt betrachtend, von der Erde als Mittelpunkt ausgehend:* das -e Weltsystem des Aristoteles. **2.** *auf den Erdmittelpunkt bezogen, vom Erdmittelpunkt aus gerechnet:* der -e Ort eines Gestirns.

Geo|zo|o|lo|gie [auch: ˈge:o...], die; -: *Wissenschaft von der geographischen Verbreitung der Tiere.*

geo|zo|o|lo|gisch [auch: ˈge:o...] ⟨Adj.⟩: *die Geozoologie betreffend, dazu gehörend, darauf beruhend.*

Ge|päck, das; -[e]s [Kollektivbildung zu ↑[1]Pack]: **a)** *Gesamtheit der für eine Reise, Wanderung o. Ä. in verschiedenen Behältnissen (Koffer, Reisetasche o. Ä.) zusammengepackten [Ausrüstungs]gegenstände:* [nicht] viel G. haben; das G. aufgeben, verstauen, kontrollieren; Ü der Minister hatte keine neuen Vorschläge im G. *(brachte keine neuen Vorschläge mit);* **b)** (Milit.) *feldmarschmäßige Ausrüstung:* G. aufnehmen!; ein Marsch mit leichtem G.

Ge|päck|ab|fer|ti|gung, die: **1.** ⟨o. Pl.⟩ *das Abfertigen des Reisegepäcks:* die G. im Flughafen dauerte nicht lange. **2.** *Schalter, Stelle, wo das Reisegepäck abgefertigt wird:* wo ist hier die G.?

Ge|päck|auf|be|wah|rung, die: **1.** ⟨o. Pl.⟩ *das Aufbewahren des Reisegepäcks:* die Gebühr für die G. **2.** *Schalter, Stelle, wo das Reisegepäck zur Aufbewahrung aufgegeben wird:* die Koffer bei der G. abgeben.

Ge|päck|auf|ga|be, die: **1.** ⟨o. Pl.⟩ *das Aufgeben (1), Abgeben des Reisegepäcks zur Weiterbeförderung:* die G. ging schnell vonstatten. **2.** *Schalter, Stelle, wo das Reisegepäck zur Weiterbeförderung abgegeben wird:* an der G. stand eine Schlange von Reisenden.

Ge|päck|aus|ga|be, die: **1.** ⟨o. Pl.⟩ *das Ausgeben von aufbewahrtem od. weiterbefördertem Gepäck.* **2.** *Schalter, Stelle, wo aufbewahrtes od. weiterbefördertes Gepäck ausgegeben wird:* die G. ist geschlossen.

Ge|päck|be|för|de|rung, die: *Beförderung von Reisegepäck.*

Ge|päck|kon|trol|le, die: *Kontrolle des Reisegepäcks [durch Zollbeamte bei der Zollabfertigung].*

Ge|päck|netz, das: *meist über den Sitzplätzen in Verkehrsmitteln angebrachte, aus dicken Schnüren geknüpfte, netzartige Ablage zum Unterbringen von Gepäck:* die Reisetasche im G. verstauen.

Ge|päcks|ab|fer|ti|gung usw. (österr.): ↑Gepäckabfertigung usw.

Ge|päck|schal|ter, der: *Schalter, an dem die Gebühren für Gepäck zur Aufbewahrung od. Weiterbeförderung entrichtet werden, Gepäck angenommen od. ausgegeben wird.*

Ge|päck|schein, der: *als Beleg dienender Schein für Gepäck, das zur Beförderung mit der Bahn aufgegeben wird.*

Ge|päck|stück, das: *einzelner Gegenstand (Koffer, Tasche, Paket o. Ä.), der als Gepäck mitgeführt, weiterbefördert wird.*

Ge|päck|trä|ger, der: **1.** *jmd., der Reisenden gegen Bezahlung (meist nur innerhalb des Bahnhofsgeländes od. des Flughafenbereichs) Gepäckstücke transportiert.* **2.** *meist über dem Hinterrad eines Zweirades angebrachter Halter, Träger für kleinere Gepäckstücke:* auf dem G. mitfahren.

Ge|päck|wa|gen, der: *Eisenbahnwagen, der nur für die Beförderung von Reisegepäck, Expressgut, Postsendungen o. Ä. vorgesehen ist; Packwagen.*

Ge|pard [auch: geˈpart], der; -s, -e [frz. guépard, älter: gapard < ital. gattopardo = Leopard < mlat. cattus pardus = Pantherkater, kleiner Leopard]: *(vor allem in den Steppen u. Savannen Afrikas heimisches) schlankes, hochbeiniges, katzenartiges Raubtier mit schwarz geflecktem gelblichem Fell.*

ge|pfef|fert ⟨Adj.⟩ [eigtl. = mit Pfeffer gewürzt, scharf] (ugs.): **1.** *(bezogen auf eine für etw. geforderte Geldsumme) übertrieben, unverschämt hoch:* -e Mieten; seine Preise sind ganz schön g. **2. a)** *streng, schonungslos:* eine -e Kritik; **b)** *derb, anzüglich, zweideutig:* -e Witze.

Ge|pfei|fe, das; -s (ugs., meist abwertend): *[dauerndes] Pfeifen:* lass doch endlich das G.!

ge|pfif|fen: ↑pfeifen.

ge|pflegt ⟨Adj.⟩: **a)** *dank aufmerksamer Pflege, sorgsamer Behandlung gut erhalten, in einem erfreulichen Zustand [u. daher angenehm wirkend]:* ein -es Äußeres; der Park wirkt sehr g.; **b)** *von bestimmter Güte, qualitätvoll [u. daher angenehme Empfindungen, Wohlbehagen auslösend]:* -e Weine und Biere; ein -es Restaurant; dort kann man sehr g. *(gut u. in angenehmer Umgebung)* essen; **c)** *einem gewissen Anspruch auf Niveau u. Kultiviertheit genügend:* eine sehr -e *(kultivierte, gewählte)* Ausdrucksweise.

G

Ge|pflegt|heit, die; -: *gepflegte Art.*

ge|pflo|gen: ↑pflegen (2).

Ge|pflo|gen|heit, die; -, -en (geh.): *durch häufige Wiederholung zur Gewohnheit gewordene, oft bewusst gepflegte u. kultivierte Handlung od. Handlungsweise.*

Ge|plän|kel, das; -s, - [zu ↑plänkeln]: **1.** (Milit. veraltend) *leichtes Gefecht, unbedeutende militärische Auseinandersetzung (vor od. nach der Schlacht).* **2.** *in Rede u. Gegenrede vor sich gehende, harmlose Auseinandersetzung; [scherzhaftes] Wortgefecht.*

Ge|plap|per, das; -s (ugs., oft abwertend): *[dauerndes] Plappern; naives, nichts sagendes Gerede:* das G. des Kindes.

Ge|plät|scher, das; -s: *[dauerndes] Plätschern:* Ü das G. ihrer Unterhaltung *(ihre sich an der Oberfläche bewegende Unterhaltung)* langweilte mich.

Ge|plau|der, das; -s: *das Plaudern, Plauderei.*

Ge|pol|ter, das; -s: **1.** *[dauerndes] Poltern; polternder Lärm:* sie rannten mit G. die Treppe hinunter. **2.** *lautes [gutmütiges] Schimpfen:* die Kinder fürchteten sich etwas vor dem G. des Großvaters.

Ge|prä|ge, das; -s, - [mhd. gepræche, ahd. gabrācha = erhabenes Bildwerk, zu ↑prägen]: **1.** (Münzk.) *gesamte Prägung von Bild u. Schrift auf Münzen u. Medaillen:* das unversehrte G. einer alten Münze. **2.** ⟨o. Pl.⟩ (geh.) *kennzeichnendes Aussehen; charakteristische Eigenart:* das äußere G. einer Stadt; diese Epoche trägt sein G.

Ge|prän|ge, das; -s [zu ↑prangen] (geh.): *Prachtentfaltung, Prunk.*

ge|prie|sen: ↑preisen.

ge|punk|tet ⟨Adj.⟩: **a)** *mit vielen Punkten versehen:* ein -es Kleid; **b)** *aus Punkten bestehend:* eine -e Linie.

Ge|quat|sche, das; -s (ugs. abwertend): *[dauerndes] Quatschen:* sein G. ging ihr auf die Nerven.

ge|quol|len: ↑[1]quellen.

Ger, der; -[e]s, -e [mhd., ahd. gēr, H. u.]: *germanischer Wurfspieß.*

[1]ge|ra|de ⟨Adj.⟩ [mhd. gerat, ahd. girat = gleich zählend, gerade, verw. mit ↑Rede] (Math.): *(von Zahlen) durch zwei ohne Rest teilbar.*

[2]ge|ra|de, (ugs.:) grade [mhd. gerade, gerat = schlank aufgewachsen, lang; gleich(artig), ahd. rado (Adv.) = schnell, verw. mit ↑Rad]: **I.** ⟨Adj.⟩ **1. a)** *in unveränderter Richtung fortlaufend, nicht krumm, gekrümmt; unverbogen:* eine g. Linie; der Weg ist g. *(ändert die Richtung nicht; ist eben, steigt nicht an);* den Draht wieder g. biegen, klopfen, machen; der Rock ist g. geschnitten *(nicht eng u. nicht ausgestellt);* Ü er stammt in -r *(direkter)* Linie von ihr ab; **b)** *in natürlicher Richtung [fortlaufend], nicht schief; aufrecht:* ein -r Baumstamm; er hat eine g. *(aufrechte)* Haltung, ist g. gewachsen; den Kopf, die Schultern, sich selbst g. halten; sitz, steh g.!; die

Bücher im Regel g. stellen *(so stellen, dass sie aufrecht stehen);* er konnte nicht mehr g. stehen (verhüll.; *war ziemlich betrunken*); **c)** *nicht schief; waagerecht, horizontal:* das Bild hängt nicht g.; die Kerze g. halten. **2.** *aufrichtig, offen seine Meinung äußernd, ohne sich durch Rücksichtnahme auf andere beirren zu lassen:* ein -r Mensch. **3.** *genau, auch im Kleinsten übereinstimmend:* sie behauptet das g. Gegenteil. **II.** ⟨Adv.⟩ **a)** ⟨zeitlich⟩ *in diesem Augenblick, soeben, momentan:* er telefoniert g.; ich komme g. [erst] zurück; wir waren g. beim Essen, als es passierte; als er ankam, war sie g. *(kurz vorher)* gegangen; **b)** (ugs.) *rasch, geschwind, für [ganz] kurze Zeit:* bring doch g. [mal] das Buch herüber!; **c)** *unmittelbar, direkt* (1): er wohnt g. um die Ecke; **d)** *mit Mühe u. Not, knapp:* wir kamen g. [noch] rechtzeitig an; **e)** (ugs.) *erst recht:* jetzt [tue ich es] g. [nicht]! **III.** ⟨Partikel; unbetont⟩ **1.** drückt eine Verstärkung aus, weist mit Nachdruck auf etw. hin: g. das wollte ich ja; g. er sollte ruhig sein; g. Kinder brauchen viel Zuneigung. **2.** drückt Ärger, Verstimmung o. Ä. aus; *ausgerechnet:* warum muss g. ich das tun?; g. jetzt wird sie krank. **3.** (ugs.) schwächt eine Verneinung ab, mildert einen Tadel o. Ä.: ich verdiene nicht g. viel; du hast das nicht g. professionell ausgeführt; sie ist nicht g. fleißig.

Ge|ra|de, die; -n, -n ⟨aber: zwei -[n]⟩: **1.** (Geom.) *als kürzeste Verbindung zweier Punkte denkbare, gerade Linie, die nach beiden Richtungen nicht durch Endpunkte begrenzt ist.* **2.** (Leichtathletik) *gerade verlaufender Teil einer Rennstrecke (Aschen-, Kunststoffbahn):* das Feld bog in die G. ein. **3.** (Boxen) *durch das Stoßen der Faust in gerader Richtung nach vorn ausgeführter Boxschlag:* eine linke G.

ge|ra|de|aus ⟨Adv.⟩: *in gerader Richtung weiter, ohne die Richtung zu ändern:* g. blicken; »Wo geht es zum Bahnhof?« – »Immer g.!«; Ü sie ist immer sehr g. *(aufrichtig u. offen).*

Ge|ra|de|aus|fahrt, die: *nicht durch Kurven behindertes Fahren auf gerader Strecke.*

ge|ra|de|bie|gen ⟨st. V.; hat⟩: (ugs.) *in Ordnung bringen:* wir werden diese Geschichte schon g.

ge|ra|de bie|gen: s. ^{2}gerade (I 1 a).

ge|ra|de hal|ten: ⟨st. V.; hat⟩: s. ^{2}gerade (I 1 b, 1 c).

ge|ra|de|he|raus ⟨Adv.⟩ (ugs.): *offen, freimütig, direkt:* sie ist unkompliziert und g.

ge|ra|de klop|fen: s. ^{2}gerade (I 1 a).

ge|ra|de le|gen: s. ^{2}gerade (I 1 c).

ge|ra|de ma|chen: s. ^{2}gerade (I 1 a).

ge|ra|den|wegs ⟨Adv.⟩: ↑geradewegs.

ge|ra|de rich|ten: s. ^{2}gerade (I 1 b).

ge|rä|dert ⟨Adj.⟩ [2. Part. von ↑rädern] (ugs.): *erschöpft, abgespannt, zerschlagen:* ich fühlte mich abends [wie] g.

ge|ra|de sit|zen: s. ^{2}gerade (I 1 b).

ge|ra|de|so ⟨Adv.⟩: *ebenso, genauso:* er macht es g. [wie/(schweiz. auch:) als ich]; das kann sie g. gut; das Problem lässt sich g. gut von der anderen Seite her aufrollen; er hat g. viel Angst wie ich.

ge|ra|de|so gut, ge|ra|de|so viel: s. geradeso.

ge|ra|de|ste|hen ⟨unr. V.; hat; südd., österr., schweiz. auch: ist⟩: *für etw., jmdn. die Verantwortung übernehmen, einstehen:* für das, was du angestellt hast, musst du g.

ge|ra|de ste|hen, ge|ra|de stel|len: s. ^{2}gerade (I 1 b).

ge|ra|des|wegs ⟨Adv.⟩ (selten): ↑geradewegs.

ge|ra|de|wegs ⟨Adv.⟩: **a)** *ohne Umweg, direkt:* wir fuhren g. ins Stadtzentrum; **b)** *ohne Umschweife, unmittelbar:* er kam g. darauf zu sprechen.

ge|ra|de|zu ⟨Adv.⟩: **1.** [-'- - -] (verstärkend) *direkt, sogar; man kann sogar, fast sagen …:* ein g. ideales Beispiel; g. in/in g. infamer Weise; ich habe ihn g. angefleht. **2.** [- - -'-] (landsch.) *geradeheraus, offen, unverblümt:* er ist immer sehr g.

Ge|rad|heit, die; -: *Aufrichtigkeit, Offenheit.*

ge|rad|li|nig ⟨Adj.⟩: *in gerader Richtung verlaufend:* eine -e Häuserfront; die Strecke verläuft g.; Ü ein -er *(direkter)* Nachkomme; ein g. *(aufrichtig)* denkender Mensch.

Ge|rad|li|nig|keit, die; -: *das Geradlinigsein, geradliniger Verlauf:* die G. der Strecke; Ü die G. seines Denkens.

ge|ram|melt: in der Wendung **g. voll** (ugs.; *bis zur Grenze des Fassungsvermögens voll [von Menschen];* analog zu: gerüttelt voll; ↑gerüttelt): alle Züge waren g. voll.

Ge|ran|gel, das; -s (ugs.): **a)** *[dauerndes] Rangeln; Balgerei, Rauferei:* das G. der Kinder auf dem Schulhof; **b)** (abwertend) *mehr od. weniger ernsthafter, aber zäher Kampf um bestimmte Positionen, Einflussbereiche o. Ä.:* das ständige G. um Vorstandsposten.

Ge|ra|nie, die; -, -n [↑Geranium]: **1.** *aufrecht wachsende od. hängende Pflanze mit runden, gekerbten Blättern u. in großen, meist kugeligen Dolden wachsenden Blüten in verschiedenen leuchtenden Farben; Pelargonie.* **2.** *Storchschnabel* (2).

Ge|ra|ni|um, das; -s, …ien [lat. geranion < griech. geránion = Name einer Pflanze mit »kranichschnabelförmigen« Früchten, zu: géranos = Kranich]: *Storchschnabel* (2).

ge|rannt: ↑rennen.

Ge|rät, das; -[e]s, -e [mhd. geræte, ahd. girāti, Kollektivbildung zu ↑Rat = Ausrüstung; Vorrat; Hausrat, Werkzeuge; Rat, Beratung]: **1. a)** *[beweglicher] Gegenstand, mit dessen Hilfe etw. bearbeitet, bewirkt od. hergestellt wird:* elektrische, landwirtschaftliche -e; das G. ist leicht zu bedienen; stell bitte das G. (kurz für: *Radio-, Fernsehgerät)* ab!; **b)** *zum Turnen u. a. dienende Vorrichtung:* an den -en turnen. **2.** ⟨o. Pl.⟩ *Gesamtheit von Geräten* (1 a), *Ausrüstung:* sein G. überprüfen.

^{1}ge|ra|ten ⟨st. V.; ist⟩ [mhd. gerāten, ahd. girātan, urspr. = Rat erteilen]: **1. a)** *ohne Absicht, zufällig an eine bestimmte Stelle, irgendwohin gelangen [u. dadurch Nachteile erfahren, Schaden erleiden]:* in eine unbekannte Gegend, in ein Gewitter g.; das Auto geriet auf die Gegenfahrbahn; (ugs.:) wie bist du denn an diesen Kerl geraten?; **b)** *in einen bestimmten Zustand, eine bestimmte Lage kommen:* in Schulden, in eine gefährliche Situation, in eine Krise, in Misskredit, in Not, in Verruf, in Schwierigkeiten, in schlechte Gesellschaft, unter schlechten Einfluss g.; (häufig verblasst:) in Vergessenheit g. *(vergessen werden);* in Erstaunen g. *(erstaunen);* in Gefangenschaft g. *(gefangen genommen werden);* in Verlegenheit g. *(verlegen werden);* in Brand g. *(Feuer fangen u. zu brennen anfangen);* in Wut g. *(wütend werden);* in Streit g. *(zu streiten anfangen);* ins Stocken g. *(zu stocken anfangen);* *** außer sich g.** (↑außer I 2). **2. a)** *gelingen, gut ausfallen:* der Kuchen ist heute geraten; seine Kinder geraten *(entwickeln sich gut);* **b)** *am Ende einer Herstellung bestimmte Eigenschaften aufweisen, ausfallen:* das Essen ist [ihr] gut, schlecht geraten. **3.** *(einem Eltern- od. Großelternteil) ähnlich werden:* sie gerät nach dem Vater.

^{2}ge|ra|ten: **1.** ↑raten. **2.** ⟨Adj.⟩ *ratsam, empfehlenswert:* es schien [mir] g., zunächst einmal zu warten.

Ge|rä|te|schup|pen, der: *Schuppen, in dem Arbeitsgeräte aufbewahrt werden.*

Ge|rä|te|ste|cker, der: *Stecker für elektrische Geräte.*

Ge|rä|te|tur|nen, das: *das Turnen an Geräten* (1 b).

Ge|rä|te|übung, die: *Übung an einem Gerät* (1 b).

Ge|ra|te|wohl [auch: -'- - -], das: nur in der Wendung **aufs G.** (ugs.; *ohne zu wissen, was sich daraus ergibt; auf gut Glück;* frühnhd., zum subst. Imperativ von ↑^{1}geraten 2 a): aufs G. losmarschieren.

Ge|rät|schaft, die; -, -en (meist Pl.): **1.** *Ausrüstungsgegenstand, Gerät:* seine -en zusammenpacken. **2.** *Gesamtheit von Ausrüstungsgegenständen.*

Ge|rät|tur|nen usw.: ↑Geräteturnen usw.

Ge|räu|cher|te, das; -n ⟨Dekl. ↑^{2}Junge⟩: *geräuchertes Fleisch.*

ge|raum ⟨Adj.⟩ [mhd. gerūm(e), ahd. (adv.) girūmo, zu: rūmi, ↑Raum] (geh.): *(zeitlich) länger, beträchtlich:* vor -er Zeit.

ge|räu|mig ⟨Adj.⟩ [zu ↑geraum]: *viel Raum, Platz (für etw.) bietend:* ein -es Arbeitszimmer; der Schrank ist sehr g.

Ge|räu|mig|keit, die; -: *geräumige Beschaffenhei*

Ge|räusch, das; -[e]s, -e [mhd. geriusche, zu ↑rau schen]: *etw., was akustisch mehr od. weniger stark wahrgenommen wird (u. was ohne bewusste Absicht durch etw. in Bewegung Befindliches od. Gesetztes entstanden ist):* ein leises, dumpfes, verdächtiges G.; -e machen, ver ursachen; er vernahm ein seltsames G.; ein G. drang an ihr Ohr; Ü mit viel G. (abwertend; *in Aufsehen erregender Art u. Weise).*

ge|räusch|emp|find|lich ⟨Adj.⟩: *empfindlich gegen Geräusche:* er ist sehr g.

Ge|räusch|ku|lis|se, die: **1.** *ständig im Hintergrund vorhandene, nicht bewusst, deutlich als solche wahrgenommene Geräusche.* **2.** *akustische Untermalung in Theater, Film, Funk u. Fernsehen, durch die ein Geschehen realistisch gestaltet wird.*

ge|räusch|los ⟨Adj.⟩: **a)** *kein Geräusch machend, lautlos:* ein -er Mechanismus; sie öffnete g. den Schrank; **b)** (ugs.) *ohne Aufsehen:* g. verschwinden.

Ge|räusch|pe|gel, der: *gemessene Stärke eines Geräusches:* den G. senken.

ge|räusch|voll ⟨Adj.⟩: *mit viel Geräusch verbunden, laut:* ein -er Auftritt; die Schüler erhoben sich g. von ihren Stühlen.

ger|ben ⟨sw. V.; hat⟩ [mhd. gerwen, ahd. garawen, urspr. = fertig machen, zubereiten, machen, zu ↑gar]: *(Häute u. Felle) mit Gerbmitteln zu Leder verarbeiten:* Häute g.; ein gegerbtes Fell; Ü ihr Gesicht war von Wind und Sonne gegerbt.

Ger|ber, der; -s, - [mhd. gerwer, ahd. (leder)gerwere]: *Handwerker, der Häute u. Felle gerbt* (Berufsbez.).

Ger|be|rei, die; -, -en: **1.** *Handwerksbetrieb, in dem Häute u. Felle gegerbt werden.* **2.** ⟨o. Pl.⟩ *das handwerkliche Gerben von Häuten.*

Ger|ber|hand|werk, das: *Handwerk des Gerbers.*

Ger|be|rin, die; -, -nen: w. Form zu ↑Gerber.

Ger|ber|lo|he, die: ^{2}*Lohe.*

Gerb|mit|tel, das: *Gerbstoffe enthaltendes, zum Gerben verwendetes Mittel.*

Gerb|säu|re, die: *pflanzlicher Gerbstoff.*

Gerb|stoff, der: *[natürlicher] Stoff, der zum Gerben verwendet wird.*

Ger|bung, die; -, -en: *das Gerben.*

ge|recht ⟨Adj.⟩ [mhd. gereht = gerade; recht…; richtig, ahd. gireht = gerad(linig), zu ↑recht]: **1.** *dem geltenden Recht entsprechend, gemäß; nach bestehenden Gesetzen handelnd, urteilend:* ein -er Richter; das Urteil ist g.; er war g. gegen alle; g. handeln, urteilen. **2.** *dem [allgemeinen] Empfinden von Gerechtigkeit, Wertmaßstäben entsprechend, gemäß; begründet, gerechtfertigt:* eine -e Verteilung, Sache; ein -er Zorn; *** jmdm., einer Sache g. werden** *(jmdn., etw. angemessen beurteilen):* der Kritiker, die Kritik wird dem Autor nicht g. **3.** *bestimmten Ansprüchen, Gegebenheiten angepasst, genügend, entsprechend:* eine jeder Witterung -e Kleidung; *** einer Sache g. werden** *(eine Aufgabe bewältigen, erfüllen, einem Anspruch genügen):* er ist den Anforderungen seines Berufs nicht g. geworden. **4.** (bibl.) **a)** *(von Menschen) Gott gehorsam, fromm; trotz Sünden von Gott akzeptiert:* R ⟨subst.:⟩ der Gerechte muss viel leiden; **b)** *(von Gott) die Menschen trotz Sünde akzeptierend, gnädig, barmherzig:* der -e Gott.

-ge|recht: **1.** drückt in Bildungen mit Substantiven aus, dass die beschriebene Sache jmdm., einer Sache angemessen ist, jmdm., einer Sache zukommt, den Ansprüchen von jmdm., etw. genügt: behinderten-, computer-, markt-, menschengerecht. **2.** drückt in Bildungen mit Sub-

stantiven aus, dass einer Sache entsprechend, zufolge gehandelt o. Ä. wird/ *wie es etw. vorsieht:* drehbuch-, regelgerecht.
e|rẹch|ter|wei|se ⟨Adv.⟩: *um jmdm., einer Sache gerecht zu werden:* g. muss man einräumen, dass er damals krank war.
e|rẹcht|fer|tigt ⟨Adj.⟩ [eigtl. 2. Part. von ↑ rechtfertigen]: *zu Recht bestehend, richtig:* diese Maßnahme erweist sich als/ist g.
e|rẹch|tig|keit, die; -, -en [mhd. gerehtikeit]: **1.** ⟨o. Pl.⟩ **a)** *das Gerechtsein; Prinzip eines staatlichen od. gesellschaftlichen Verhaltens, das jedem gleichermaßen sein Recht gewährt:* die soziale G.; die G. des Richters, eines Urteils; G. fordern, (geh.:) üben; jmdm. G. verschaffen, (geh.:) widerfahren lassen; um der G. willen; **b)** *etw., was als gerecht* (2) *angesehen wird:* die G. nahm ihren Lauf; * **ausgleichende G.** *(etw., was eine als Ungerechtigkeit empfundene Entscheidung o. Ä. wieder wettmacht):* es scheint doch so etwas wie eine ausgleichende G. zu geben. **2.** ⟨o. Pl.⟩ (geh.) *Justiz:* die strafende G.; einen Verbrecher den Händen der G. übergeben. **3.** ⟨o. Pl.⟩ (christl. Rel.) *das Gerechtsein Gottes.* **4.** ⟨o. Pl.⟩ (veraltet) *Berechtigung, Legitimität:* die G. einer Forderung.
e|rẹch|tig|keits|ge|fühl, das: *Gefühl für Gerechtigkeit:* kein G. besitzen.
e|rẹch|tig|keits|lie|be, die: *ausgeprägtes Gerechtigkeitsgefühl.*
e|rẹch|tig|keits|sinn, der: *Gerechtigkeitsgefühl:* einen ausgeprägten, unbeirrbaren G. besitzen.
e|re|de, das; -s: **1.** (ugs.) *unnötiges, sinnloses Reden, Geschwätz:* leeres, dummes G.; was soll das ewige G. von der Gleichberechtigung; sie konnte das G. nicht mehr mit anhören. **2.** *abfälliges Reden über jmdn., der nicht anwesend ist; Klatsch:* es hat viel G. gegeben; sich dem G. der Leute aussetzen; * **jmdn. ins G. bringen** *(bewirken, dass über jmdn. [schlecht] geredet wird):* er hatte es endlich geschafft, sich ins G. zu bringen; **ins G. kommen/geraten** *(Gegenstand des Klatsches, eines Gerüchtes werden):* das Institut kam wegen der Unterschlagung ins G. **3.** (schweiz.) *Gespräch.*
e|re|gelt ⟨Adj.⟩: *regelmäßig; geordnet:* einer -en Arbeit nachgehen.
e|rei|chen ⟨sw. V.; hat⟩ [mhd. gereichen, zu ↑ reichen] (geh.): *einbringen* (nur in Verbindung mit »zu« u. bestimmten Substantiven): diese Tat gereicht ihm zur Ehre; dies gereicht uns zum Vorteil, Nachteil, Nutzen.
e|reift ⟨Adj.⟩: *aufgrund von Lebenserfahrung charakterlich gefestigt [u. geistig in hohem Grade entwickelt]:* eine -e Persönlichkeit; sie war geistig g.
e|rei|me, das; -s (abwertend): **a)** *das Reimen;* **b)** *schlechte Verse.*
e|reizt ⟨Adj.⟩: *sich seelisch in einem Zustand befindend, in dem man auf etw., was einem nicht passt, sogleich nervös-empfindlich, böse und ärgerlich reagiert; überempfindlich:* in -er Stimmung sein; in -em Ton sprechen; g. sein, antworten.
e|reizt|heit, die; -: *das Gereiztsein, gereizte Stimmung.*
e|reu|en ⟨sw. V.; hat⟩ (geh. veraltend): *reuen* (a).
er|i|a|trie, die; - [zu griech. gérōn = Greis u. iatreía = das Heilen]: *Altersheilkunde.*
er|i|a|trisch ⟨Adj.⟩: *die Geriatrie betreffend, zu ihr gehörend:* eine -e Klinik.
Ge|rịcht, das; -[e]s, -e [mhd. geriht(e), ahd. girihti, unter Einfluss von ↑ richten zu ↑ recht]: **1. a)** *öffentliche Institution, die vom Staat mit der Rechtsprechung betraut ist, Verstöße gegen Gesetze bestraft u. Streitigkeiten schlichtet:* das zuständige G.; das G. tagte, sprach den Angeklagten frei; dieser Fall wird noch die -e beschäftigen; jmdn. vor G. laden; vor G. erscheinen, aussagen; ein ordentliches G. *(Gericht, das für Zivil- u. Strafsachen zuständig ist);* das G. anrufen *(Klage erheben);* einen Angeklagten dem G. vorführen *(ihm den Prozess machen);* vor G. stehen *(angeklagt sein);* mit einem Streitfall vor G. gehen *(in einem Streitfall eine gerichtliche Entscheidung herbeiführen);* **b)** *Richterkollegium:* das G. zieht sich zur Beratung zurück; Hohes G.! (Anredeformel); **c)** *Gebäude, in dem ein* [1]*Gericht* (1 a) *untergebracht ist:* das G. war von Polizisten umstellt. **2.** ⟨o. Pl.⟩ *das Richten, Urteilen, Rechtsprechen:* ein schonungsloses G.; * **das Jüngste/Letzte G.** (bes. christl. Rel.; *göttliches Gericht über die Menschheit am Tag des Weltuntergangs;* jüngst... = allerletzt...): der Tag des Jüngsten -s; **mit jmdm. [hart, scharf] ins G. gehen** (1. *sich mit jmdm. hart auseinander setzen u. ihn scharf kritisieren, zurechtweisen.* 2. *jmdn. hart bestrafen*); **über jmdn., etw. G. halten/zu G. sitzen** (geh.; 1. *über eine[n] Angeklagte[n] bei Gericht verhandeln.* 2. *jmds. Haltung, Tun, Ansichten verurteilen mit dem Ziel, bestimmte Maßnahmen dagegen zu ergreifen*).
[2]**Ge|rịcht,** das; -[e]s, -e [mhd. geriht(e), zu ↑ richten = anrichten]: *als Mahlzeit zubereitete Speise:* ein G. aus Fleisch und Gemüse; ein G. [Krebse] auftragen.
ge|rịch|tet ⟨Adj.⟩: *auf ein bestimmtes Ziel ausgerichtet, gelenkt, gesteuert:* -es Licht.
ge|rịcht|lich ⟨Adj.⟩: **1.** *das* [1]*Gericht betreffend, zu ihm gehörend:* -e Zuständigkeit; -e *(forensische)* Psychologie; -e Polizei (schweiz.; *Behörden, die sich ausschließlich mit der Strafverfolgung befassen*). **2.** *vom* [1]*Gericht* (1 a), *mithilfe des* [1]*Gerichts* (1 a) *[durch-, herbeigeführt]:* ein -es Verfahren, Nachspiel; -e Untersuchungen, Entscheidungen; jmdn. g. verfolgen, belangen; gegen jmdn. g. vorgehen; dieser Sachverhalt ist g. nachprüfbar; jmdn. g. *(durch Gerichtsbeschluss)* für tot erklären lassen.
Ge|rịchts|arzt, der: *Arzt, der dem* [1]*Gericht* (1 a) *für gerichtsmedizinische Untersuchungen zur Verfügung steht; Gerichtsmediziner.*
Ge|rịchts|ärz|tin, die: w. Form zu ↑ Gerichtsarzt.
ge|rịchts|ärzt|lich ⟨Adj.⟩: **a)** *den Gerichtsarzt betreffend, zu ihm gehörend;* **b)** *vom Gerichtsarzt [durchgeführt]:* eine -e Untersuchung.
Ge|rịchts|bar|keit, die; -, -en: **1.** ⟨o. Pl.⟩ *Befugnis zur Rechtsprechung:* die G. des Europäischen Gerichtshofs. **2.** *Ausübung der Recht sprechenden Gewalt.*
Ge|rịchts|be|scheid, der: *von einem* [1]*Gericht* (1 a) *ergehender Bescheid.*
Ge|rịchts|be|schluss, der: *Beschluss eines* [1]*Gerichts* (1 a).
Ge|rịchts|be|zirk, der: *Bezirk, räumlicher Bereich, für den ein* [1]*Gericht* (1 a) *örtlich zuständig ist.*
Ge|rịchts|bo|te, der (veraltet): *jmd., der bei einem* [1]*Gericht* (1 a) *als Bote angestellt ist.*
Ge|rịchts|die|ner, der (veraltet): vgl. Gerichtsbote.
Ge|rịchts|ent|scheid, der, **Ge|rịchts|ent|scheidung,** die: *Entscheid[ung] eines* [1]*Gerichts* (1 a).
Ge|rịchts|ge|büh|ren ⟨Pl.⟩: *Gerichtskosten.*
Ge|rịchts|herr, der (hist.): *Inhaber der Gerichtsbarkeit (z. B. Gutsherr, Landesherr).*
Ge|rịchts|hof, der: **1.** [1]*Gericht* (1 a) *höherer Instanz:* der Europäische G. **2.** (früher) [1]*Gericht* (1 a) *mit mehreren Richtern:* Hoher G. (Anredeformel).
Ge|rịchts|ho|heit, die: *Befugnis, Gerichtsbarkeit auszuüben:* die G. des Staates.
Ge|rịchts|kos|ten ⟨Pl.⟩: *in einem Gerichtsverfahren anfallende Kosten.*
Ge|rịchts|me|di|zin, die ⟨o. Pl.⟩: *Zweig der Medizin, der sich mit medizinisch-naturwissenschaftlichen Fragen befasst, die für die Rechtspflege von Bedeutung sind.*
Ge|rịchts|me|di|zi|ner, der: *Gerichtsarzt.*
Ge|rịchts|me|di|zi|ne|rin, die: w. Form zu ↑ Gerichtsmediziner.
ge|rịchts|me|di|zi|nisch ⟨Adj.⟩: **a)** *gerichtsärztlich:* eine -e Untersuchung; **b)** *die Gerichtsmedizin betreffend:* -e Methoden.
ge|rịchts|no|to|risch ⟨Adj.⟩ (Rechtsspr.): *vom* [1]*Gericht amtlich zur Kenntnis genommen:* seine Straftaten sind g.
Ge|rịchts|ort, der ⟨Pl. -e⟩: **1.** *Ort, Stadt usw. mit einem* [1]*Gericht* (1 a). **2.** vgl. Gerichtsstand.
Ge|rịchts|pra|xis, die ⟨Pl. selten⟩: *Praxis* (1 b) *der Rechtsprechung.*
Ge|rịchts|saal, der: *großer Raum, in dem die Gerichtsverhandlungen stattfinden.*
Ge|rịchts|schrei|ber, der: *(im schweizerischen Recht) Angehöriger der Justizbehörde mit juristischer Ausbildung, dem u. a. das Führen des Protokolls bei Gerichtsverhandlungen obliegt.*
Ge|rịchts|schrei|be|rin, die: w. Form zu ↑ Gerichtsschreiber.
Ge|rịchts|stand, der (Rechtsspr.): *Sitz des zuständigen (Zivil-, Straf)gerichts:* der G. einer Person ist in der Regel ihr Wohnort; ein vertraglich vereinbarter G.
Ge|rịchts|ter|min, der: *Termin für eine Gerichtsverhandlung.*
Ge|rịchts|ur|teil, das: *gerichtliches Urteil.*
Ge|rịchts|ver|fah|ren, das: *gerichtliches Verfahren:* ein G. einleiten; er wurde ohne G. zum Tode verurteilt.
Ge|rịchts|ver|fas|sung, die: *externe u. interne Organisation sowie Zuständigkeit der* [1]*Gerichte* (1 a).
Ge|rịchts|ver|fas|sungs|ge|setz, das: *Gesetz, das die Gerichtsverfassung festlegt.*
Ge|rịchts|ver|hand|lung, die: *Verhandlung über einen Rechtsstreit, ein Strafverfahren o. Ä. vor Gericht:* an einer G. teilnehmen.
Ge|rịchts|voll|zie|her, der; -s, -: *Angehöriger der Justizbehörde, der mit der Durchführung von Zwangsvollstreckungen betraut ist:* der G. hat die Möbel gepfändet; die Schulden mithilfe des -s eintreiben.
Ge|rịchts|voll|zie|he|rin, die; -, -nen: w. Form zu ↑ Gerichtsvollzieher.
ge|rie|ben [2: eigtl. = geglättet]: **1.** ↑ reiben. **2.** ⟨Adj.⟩ (ugs.) *durchtrieben, gerissen.*
ge|rie|hen: ↑ [2]reihen.
Ge|rie|sel, das; -s: *[dauerndes] Rieseln.*
ge|rịng ⟨Adj.⟩ [mhd. (ge)ringe, ahd. (nur verneint) ungiringi = gewichtig, H. u.]: **1. a)** *als wenig zu erachten in Bezug auf Menge, Umfang, Anzahl u. Ä.; nicht sehr groß; unbeträchtlich klein:* eine -e Menge; die Zahl der Ausfälle war, blieb g.; der Abstand wird immer -er; * **ein Geringes** (veraltet; *[um] ein wenig*); **um ein Geringes** (1. veraltet; *um wenig Geld:* etw. um ein Geringes erwerben. 2. geh.; *ein wenig, geringfügig:* die Qualität um ein Geringes erhöhen. 3. *fast:* um ein Geringes hätte er den Zug verpasst); **b)** *in Bezug auf den Grad, das Maß, Ausmaß von etw. minimal, niedrig, geringfügig, unbedeutend:* das spielt eine -e Rolle; er befand sich in nicht -er *(ziemlich großer)* Verlegenheit; das ist meine -ste Sorge *(kümmert mich wenig);* er hatte nicht die -ste *(nicht die mindeste, überhaupt keine)* Lust; die Sache ist von -em Wert *(hat kaum einen Wert);* er bekam nur ein -es *(bescheidenes)* Entgelt; die Anforderungen, Chancen waren g. *(niedrig);* eine Gefahr g. achten, schätzen *(sie missachten, gar nicht od. wenig auf sie achten);* sie achtete, schätzte ihn g. *(hielt ihn für verachtenswert);* g. *(nur wenig)* qualifizierte Arbeitskräfte; die Aussichten g. veranschlagen; ⟨subst.:⟩ das Geringste *(Mindeste),* was er tun müsste, wäre ...; er ist auch im Geringsten *(in den kleinsten Dingen)* genau; * **nicht das Geringste** *(überhaupt nichts);* **nicht im Geringsten** *(nicht im Mindesten, überhaupt nicht).* **2.** (geh.) *einer niedrigen sozialen Schicht angehörend, entsprechend:* das -e Volk; * **kein Geringerer als ...** *(immerhin ..., sogar ...).* **3.** (geh., selten) *von minderer Qualität:* eine -e Qualität.
ge|rịng ach|ten: s. gering (1 b).
Ge|rịng|ach|tung, die: *das Geringachten.*
ge|rịn|gelt ⟨Adj.⟩: **a)** *zu Ringeln geformt;* **b)** *mit ringsherum laufenden Querstreifen:* -e Söckchen.
ge|rịng|fü|gig ⟨Adj.⟩ [erweitert aus älter geringfüge, 2. Bestandteil mhd. -füege (in: kleinvüege = klein, gering[fügig]), zu ↑ fügen]: *unbedeutend, nicht ins Gewicht fallend, belanglos:* -e Verletzungen; der Text wurde g. abgeändert.
Ge|rịng|fü|gig|keit, die; -, -en: **1.** ⟨o. Pl.⟩ *Unbedeu-*

G

tendheit, Belanglosigkeit: die G. eines Vergehens. **2.** *unwichtige, nebensächliche Sache, Kleinigkeit:* solche -en kann man außer Betracht lassen.

ge|ring schät|zen: s. gering (1 b).

ge|ring|schät|zig ⟨Adj.⟩: *abschätzig, verächtlich:* eine -e Handbewegung; g. lächeln.

Ge|ring|schät|zig|keit, die; -: *geringschätzige Art, Einstellung:* die G., mit der er sprach, war nicht zu überhören.

Ge|ring|schät|zung, die ⟨o. Pl.⟩: *das Geringschätzen; Verachtung:* er brachte seine G. zum Ausdruck.

ge|rings|ten|falls ⟨Adv.⟩ (geh.): *im geringsten Fall; zumindest:* sie bekommt g. die Hälfte der Summe ersetzt.

ge|ringst|mög|lich ⟨Adj.⟩: *so gering wie möglich.*

ge|ring|wer|tig ⟨Adj.⟩ (selten): *von geringerem Wert.*

ge|rinn|bar ⟨Adj.⟩: *gerinnungsfähig.*

ge|rin|nen ⟨st. V.; ist⟩ [mhd. gerinnen, ahd. girinnen = zusammenfließen (von Flüssigkeiten), zu ↑rinnen]: *(von Milch, Blut o. Ä.) feine Klümpchen, Flocken bilden u. dadurch dickflüssig, fest, klumpig, flockig werden; stocken:* geronnenes Blut; **Ü** bei diesem Anblick gerann mir das Blut in den Adern *(erstarrte ich vor Schreck).*

Ge|rinn|sel, das; -s, -: **1.** (veraltend) *Rinnsal.* **2.** *kleiner Klumpen von geronnenem Blut in der Blutbahn, Embolus.*

Ge|rin|nung, die; -, -en ⟨Pl. selten⟩: *das Gerinnen.*

ge|rin|nungs|fä|hig ⟨Adj.⟩ (Med.): *die Eigenschaft besitzend, gerinnen zu können.*

Ge|rin|nungs|fä|hig|keit, die ⟨o. Pl.⟩ (Med.): *Eigenschaft des Blutes, gerinnen zu können:* die fehlende G. des Blutes.

ge|rin|nungs|hem|mend ⟨Adj.⟩ (Med.): *die Gerinnung des Blutes hemmend.*

Ge|rip|pe, das; -s, - [Kollektivbildung zu ↑Rippe]: *Knochengerüst des Körpers, Skelett:* sie ist fast bis zum G. abgemagert; **Ü** er ist ein wandelndes G., nur noch ein G. (ugs.; *ist stark abgemagert u. sieht krank aus*); das G. *(Gerüst)* eines Schiffs, eines Flugzeugs, eines Blatts.

ge|rippt ⟨Adj.⟩: **1.** *mit Rippen* (2) *[versehen]:* ein -er Pullover. **2.** *mit Rippen* (3) *[versehen]:* -e Blätter.

ge|ris|sen [2: viell. aus der Jägerspr., nach einem Tier, das angefallen u. gerissen wurde, aber entkommen konnte (vgl. reißen)]: **1.** ↑reißen. **2.** ⟨Adj.⟩ (ugs.) *sich in allen Schlichen auskennend, sodass man von anderen nicht mehr überlistet werden kann; in unangenehmer Weise schlau u. auf seinen Vorteil bedacht:* ein -er Geschäftsmann; er hält sich für sehr g.

Ge|ris|sen|heit, die; -: *das Gerissensein* (2).

ge|ritzt: in der Verbindung **[die Sache] ist g.** (salopp; *etw. ist abgemacht, wird so erledigt, wie es besprochen worden ist; man kann sich darauf verlassen*).

Germ, der; -[e]s, südd. nur, österr. auch: die; - [zusgez. aus spätmhd. gerben, mhd. gerwe, zu: gern = gären] (südd., österr.): *Hefe* (1).

Ger|ma|ne, der; -n, -n [spätmhd. German < lat. Germanus, wohl aus dem Kelt.]: Angehöriger einer der zur indogermanischen Sprach- u. Völkerfamilie gehörenden Gruppe untereinander sprachverwandter Völkerschaften in Nord- u. Mitteleuropa: die alten -n; sein Freund war ein blonder G. (scherzh.; *ein großer, blonder, blauäugiger Mensch*).

Ger|ma|nen|tum, das; -s: *Wesen u. Kultur der Germanen.*

Ger|ma|nia, die; -: *Frauengestalt, die das ehemalige Deutsche Reich symbolisiert.*

Ger|ma|ni|en; -s: *Deutschland zur Römerzeit.*

Ger|ma|nin, die; -, -nen: w. Form zu ↑Germane.

ger|ma|nisch ⟨Adj.⟩: *die Germanen betreffend, zu ihnen gehörend, von ihnen stammend:* die -en Völker, Sprachen.

ger|ma|ni|sie|ren ⟨sw. V.; hat⟩: **1. a)** *eindeutschen* (a); **b)** *eindeutschen* (b); **2.** (hist.) **a)** *zu Germanen machen;* **b)** *der Sprache u. Kultur der Germanen angleichen.*

Ger|ma|ni|sie|rung, die; -: *das Germanisieren, Germanisiertwerden.*

Ger|ma|nis|mus, der; -, ...men (Sprachw.): **1.** *sprachliche Besonderheit des Deutschen.* **2.** *Entlehnung aus dem Deutschen [in eine andere Sprache].*

Ger|ma|nist, der; -en, -en: *Wissenschaftler auf dem Gebiet der Germanistik; jmd., der sich wissenschaftlich mit der deutschen Sprache u. Literatur befasst.*

Ger|ma|nis|tik, die; -: *deutsche od. germanische Sprach- u. Literaturwissenschaft, Deutschkunde im weiteren Sinn (unter Einschluss der deutschen Volks- u. Altertumskunde).*

Ger|ma|nis|tin, die; -, -nen: w. Form zu ↑Germanist.

ger|ma|nis|tisch ⟨Adj.⟩: *die Germanistik betreffend:* eine -e Fachzeitschrift.

gern, (seltener:) **ger|ne** ⟨Adv.; lieber, am liebsten⟩ [mhd. gerne, ahd. gerno, Adv. zu: gern = eifrig, urspr. = begehrend, verlangend; vgl. Gier]: **1.** *mit freudiger Bereitwilligkeit, Vergnügen:* sie spielt g. Klavier; er ist immer g. gesehen; ein g. gesehener *(stets willkommener)* Gast; »Danke schön!« – »Gern geschehen!«; »Kommst du mit?« – »[Ja,] g.!«; sie hat, sieht es [nicht, sehr] g., wenn ... *(sie mag, liebt es [nicht, sehr], wenn ...)*; so etwas habe ich g.! (ugs. iron.; *das gefällt, passt mir ganz u. gar nicht*); sie hatten sich [sehr] g. *(empfanden [große] Sympathie, Zuneigung füreinander)*; sie hat es bestimmt nicht g. (ugs.; *nicht mit Absicht*) getan; *** du kannst, er kann usw. mich g. haben!** (ugs. iron.; *mit dir, dem usw. will ich nichts [mehr] zu tun haben*). **2. a)** drückt eine Bestätigung, Billigung aus; *ohne weiteres:* das glaube ich dir g.; du kannst g. mitkommen; **b)** drückt einen Wunsch aus; *nach Möglichkeit, wenn es geht, möglich ist:* er wäre am liebsten, sehr g. allein geblieben; ich wüsste [nur zu, ganz] g., was daraus geworden ist; **c)** dient der höflichen Äußerung eines Wunsches: ich hätte g. ein Kilo Trauben; ich möchte mir nur noch g. die Hände waschen. **3.** (ugs.) *leicht[er], (verhältnismäßig) schnell:* Stellen, an denen sich g. Pilze ansiedeln.

Ger|ne|groß, der; -, -e (ugs. scherzh.): *jmd., der mehr gelten möchte, als er ist; Angeber.*

gern ge|se|hen: s. gern (1).

ge|ro|chen: 1. ↑riechen. **2.** ↑rächen.

Ge|röll, das; -[e]s, -e, Gerölle, das; -s, - [zu ↑rollen]: *sich an Halden* (1) *u. in Bach- u. Flussbetten ablagernde, große Massen von Steinen; lockeres Gestein.*

Ge|röll|bro|cken, der: *Brocken von Geröll.*

Ge|röl|le: ↑Geröll.

Ge|röll|hal|de, die: *Halde* (1) *mit Geröll.*

Ge|röll|mas|se, die: vgl. Geröllbrocken.

ge|ron|nen: ↑rinnen.

Ge|ront, der; -en, -en [griech. gérōn (Gen.: gérontos) = Greis, eigtl. = der Geehrte]: *Mitglied der Gerusia.*

Ge|ron|to|lo|gie, die; - [zu griech. gérōn (↑Geront) u. ↑-logie]: *Fachgebiet, auf dem die Alterungsvorgänge im Menschen unter biologischem, medizinischem, psychologischem u. sozialem Aspekt erforscht werden; Alternsforschung.*

ge|ron|to|lo|gisch ⟨Adj.⟩: *die Gerontologie betreffend.*

Gers|te, die; -, (Sorten:) -n [mhd. gerste, ahd. gersta, H. u.]: **a)** *Getreideart mit kurzem Halm, langen Grannen u. kantigen Körnern, deren Frucht vor allem zum Brauen von Bier u. als Tierfutter verwendet wird;* **b)** *Frucht der Gerste* (a): Kaffee-Ersatz aus G.

Gers|ten|grau|pe, die ⟨meist Pl.⟩: *Graupe aus einem enthülsten Gerstenkorn.*

Gers|ten|korn, das ⟨Pl. ...körner⟩: **1.** *Frucht der Gerste.* **2.** *mit einer gerstenkornähnlichen Schwellung verbundene eitrige Entzündung einer Hautdrüse am Lid.*

Gers|ten|mehl, das: *Mehl aus Gerste.*

Ger|te, die; -, -n [mhd. gerte, ahd. gerta, zu mhd., ahd. gart = Stachel; Stock]: *dünner, sehr biegsamer Stock:* sich eine G. schneiden.

ger|ten|schlank ⟨Adj.⟩: *sehr schlank:* ein -es Mädchen.

Ge|ruch, der; -[e]s, Gerüche [1: mhd. geruch, zu: ruch = Duft; Dampf, zu ↑riechen; 2: eigtl. zu ↑Gerücht, volksetym. an »riechen« angeschlossen]: **1. a)** *Ausdünstung, Ausströmung, die durch das Geruchsorgan wahrgenommen wird; die Art, wie etwas riecht:* ein süßlicher, stechender, beißender G.; der G. nach, von etw. verbreitet sich, hängt in der Luft, durchzieht das Haus; **b)** ⟨o. Pl.⟩ *Fähigkeit zu riechen, Geruchssinn:* der Hund hat einen feinen G. **2.** ⟨o. Pl.⟩ (geh.) *allgemeine, weit verbreitete, meist schlechte Meinung von jmdm.:* er kam in den G. *(Ruf)* der Geschichtsfeindlichkeit; *** im G. stehen** *(betrachtet, angesehen werden als ..., im Ruf stehen)*: er steht im G. eines Heiligen, radikalen Kreisen anzugehören.

ge|ruch|los ⟨Adj.⟩: *keinen Geruch* (1 a) *ausströmend, ohne Geruch* (1 a).

ge|ruchs|emp|find|lich ⟨Adj.⟩: *empfindlich gegen Geruch.*

Ge|ruchs|nerv, der: *Riechnerv.*

Ge|ruchs|or|gan, das: *das Organ, dessen Sinneszellen Gerüche wahrnehmen.*

Ge|ruchs|sinn, der ⟨o. Pl.⟩: *Fähigkeit von Lebewesen, mithilfe bestimmter Organe Gerüche wahrzunehmen.*

Ge|ruchs|ver|schluss, der: *mehrfach gekrümmtes Rohr in Abwasserleitungen, das ständig mit Wasser gefüllt ist u. dadurch das Ausströmen von Gerüchen aus der Kanalisation verhindert; Trap.*

Ge|rücht, das; -[e]s, -e [aus dem Niederd. < mniederd. geruchte, urspr. = Gerufe, Geschrei, zu ↑rufen]: *etwas, was allgemein gesagt, weitererzählt wird, ohne dass bekannt ist, ob es auch wirklich zutrifft:* ein hartnäckiges G.; die -e verstärken sich, breiten sich aus, finden sich bestätigt, halten sich lange; etw. stellt sich als bloßes G. heraus; ein G. in die Welt, in Umlauf setzen; das halte ich für ein G. *(glaube ich nicht)*; -en zufolge soll sie alles gestanden haben; einem G aufsitzen, zum Opfer fallen.

Ge|rüch|te|kü|che, die (ugs. abwertend): *Ort, an dem viele Gerüchte entstehen.*

ge|rücht|wei|se ⟨Adv.⟩: *als Gerücht:* etw. g. vernehmen, hören.

Ge|ru|fe, das; -s (abwertend): *[dauerndes] Rufen.*

ge|ru|fen: ↑rufen.

ge|ru|hen ⟨sw. V.; hat⟩ [mhd. geruochen, ahd. (gi)ruohhen] (geh. veraltend, sonst iron.): *sich gnädig herablassen, belieben, etw. zu tun:* Seine Majestät haben geruht zuzustimmen.

ge|ruh|sam ⟨Adj.⟩: *ruhig u. behaglich:* einen -en Abend verbringen; g. frühstücken.

Ge|rum|pel, das; -s (auch abwertend): *[dauerndes] Rumpeln:* das G. des Wagens auf dem Straßenpflaster.

Ge|rüm|pel, das; -s [mhd. gerümpel = Gepolter, Lärm; später = rumpelnd wackelnder, zusammenbrechender Hausrat, zu ↑rumpeln] (abwertend): *alte, unbrauchbar u. wertlos gewordene Gegenstände:* altes G.; der Dachboden steht voller G., ist mit G. angefüllt.

Ge|run|di|um, das; -s, ...ien [spätlat. gerundium, zu lat. gerundum = was ausgeführt werden muss, zu: gerere, ↑Geste] (Sprachw.): *(in einigen Sprachen, bes. dem Lateinischen, vorkommende) Verbform mit substantivischen Eigenschaften, der im Deutschen etwa der substantivierte Infinitiv entspricht (z. B. lat. [ars] amandi = [die Kunst] des Liebens).*

Ge|run|div, das; -s, -e, **Ge|run|di|vum,** das; -s, ...v [spätlat. modus gerundivus] (Sprachw.): *(im Lateinischen) als Adjektiv fungierende Verbform mit passivischer Bedeutung, die eine Notwendigkeit ausdrückt (z. B. lat. [puer] laudandus = [ein Junge,] der gelobt werden muss).*

ge|run|gen: ↑[1]ringen, [2]ringen.

Ge|ru|sia, Ge|ru|sie, die; - [griech. gerousía, zu:

gerousíos = den Alten zukommend, zu: gérōn, ↑Geront]: *Ältestenrat altgriechischer Staaten.*

Ge|rụ̈st, das; -[e]s, -e [mhd. gerüste, ahd. gi(h)rusti, urspr. = Ausrüstung, zu ↑rüsten]: *(aus Stangen oder Metallrohren, Brettern o. Ä. errichtete) Konstruktion bes. für Bau-, Reparatur- u. Montagearbeiten:* ein tragfähiges G.; ein G. aufbauen, aufschlagen; auf das G. klettern; vom G. fallen; Ü das logische G. *(die grundlegenden Gedanken)* einer Lehre; das G. *(der Grundplan)* eines Dramas.

Ge|rụ̈st|bau, der ⟨o. Pl.⟩: *das Errichten von [Bau]gerüsten.*

ge|rụ̈t|telt: in der Fügung **g. voll** (veraltend; *randvoll*): der Sack ist g. voll; vgl. [1]Maß (1 b).

ges, Ges, das; -, - (Musik): *um einen halben Ton erniedrigtes g, G* (2).

ge|sägt ⟨Adj.⟩ (Biol.): *(bes. bei Laubblättern) mit einem dem Sägeblatt ähnlichen, gezähnten Rand.*

Ge|sạlb|te, der u. die; -n, -n ⟨Dekl. ↑Abgeordnete⟩ (Rel., hist.): *jmd., der durch eine zeremonielle Salbung geweiht od. gekrönt worden ist.*

ge|sạl|zen ⟨Adj.⟩ [eigtl. = mit Salz gewürzt, scharf] (salopp): **a)** *(von Preisen, Rechnungen u. Ä.) sehr hoch:* eine -e Rechnung; **b)** *derb:* ein -er Witz; **c)** *unfreundlich, grob:* ein -er Brief.

ge|sạm|melt ⟨Adj.⟩: *konzentriert* (2).

ge|sạmt ⟨Adj.⟩ [mhd. gesam(en)t, ahd. gisamanōt, 2. Part. von mhd. samenen, ahd. samanōn, ↑sammeln]: *alle Teile od. Bestandteile eines zusammenhängenden Ganzen zusammengenommen, zusammengefasst; ganz, vollständig:* die -e Bevölkerung; er hat sein -es Vermögen verloren; ⟨subst.:⟩ im Gesamten (veraltend; *insgesamt, alles in allem*).

Ge|sạmt|an|sicht, die: *vollständige, alles umfassende Ansicht:* eine G. des Schlosses.

Ge|sạmt|as|pekt, der: vgl. Teilaspekt.

Ge|sạmt|auf|la|ge, die (Druckw.): *Gesamtheit der Auflagen eines Buches.*

Ge|sạmt|aus|ga|be, die (Druckw.): *Ausgabe, die alle Werke eines Dichters, Schriftstellers, Komponisten od. Wissenschaftlers umfasst:* eine G. der Dramen von Shakespeare.

Ge|sạmt|be|trag, der: *gesamter Betrag, Summe der Teilbeträge.*

Ge|sạmt|be|völ|ke|rung, die: *gesamte Bevölkerung.*

Ge|sạmt|bild, das: *Bild, das etw. im Ganzen zeigt.*

Ge|sạmt|dar|stel|lung, die: *vollständige, umfassende Darstellung:* die G. eines Problems.

ge|sạmt|deutsch ⟨Adj.⟩: **a)** (hist.) *Deutschland mit allen seinen Fürstentümern, Ländern betreffend, umfassend;* **b)** (hist.) *Deutschland mit seinen beiden Staaten nach dem 2. Weltkrieg betreffend, umfassend;* **c)** *ganz Deutschland betreffend, umfassend.*

Ge|sạmt|deutsch|land; -[s]: **a)** (hist.) *Deutschland mit allen seinen Fürstentümern, Ländern;* **b)** (hist.) *Deutschland mit seinen beiden Staaten nach dem 2. Weltkrieg;* **c)** *ganz Deutschland.*

Ge|sạmt|ein|druck, der: *Eindruck, der sich aus einzelnen Eindrücken, Beobachtungen ergibt.*

Ge|sạmt|ein|kom|men, das: *gesamtes Einkommen.*

Ge|sạmt|er|be, der: *Allein-, Universalerbe.*

Ge|sạmt|er|bin, die: w. Form zu ↑Gesamterbe.

Ge|sạmt|er|geb|nis, das: *Ergebnis, das aus verschiedenen Einzel- od. Teilergebnissen errechnet wird.*

Ge|sạmt|er|schei|nung, die: *Gesamteindruck, den jmds. Erscheinung vermittelt.*

Ge|sạmt|ge|wicht, das: *das gesamte Gewicht von etw.:* das zulässige G. (Kfz-W.; *Gewicht eines Fahrzeugs, das sich aus seinem Leergewicht u. dem Gewicht der beförderten Last zusammensetzt*).

Ge|sạmt|ge|winn, der: *gesamter Gewinn:* der diesjährige G. des Konzerns.

ge|sạmt|haft (bes. schweiz.): **I.** ⟨Adj.⟩ (seltener) *gesamt, ganz, gänzlich:* der -e Einsatz. **II.** ⟨Adv.⟩ *insgesamt.*

Ge|sạmt|heit, die; -: **1.** *alle Personen, Dinge, Vorgänge, Erscheinungen, die aufgrund von bestimmten übereinstimmenden Eigenschaften, Merkmalen, Bedingungen u. Ä. zusammengehören; alle ... zusammen:* die G. der Kenntnisse; *** in seiner usw. G.** *(insgesamt):* das Volk in seiner G. **2.** *Allgemeinheit* (1).

Ge|sạmt|hoch|schu|le, die (Hochschulw.): *inhaltliche u. organisatorische Verbindung einer wissenschaftlichen u. einer pädagogischen Hochschule sowie unterschiedlicher Fachhochschulen (um eine größere Durchlässigkeit der Studiengänge zu erzielen, interdisziplinäres Arbeiten zu fördern u. die Verwaltung zu rationalisieren).*

Ge|sạmt|kos|ten ⟨Pl.⟩: *gesamte Kosten.*

Ge|sạmt|kunst|werk, das: **1.** *Kunstwerk (Musikdrama, Oper), in dem Dichtung, Musik, Tanz- u. bildende Kunst vereinigt sind.* **2.** *Kunstwerk, in dem verschiedene bildende Künste, künstlerische Mittel vereinigt sind.*

Ge|sạmt|la|ge, die: *im Ganzen zusammengefasst betrachtete Lage* (3 a): die wirtschaftliche G. des Landes.

Ge|sạmt|leis|tung, die: *Leistung insgesamt.*

Ge|sạmt|schau, die: *Zusammenfassung, vergleichende Übersicht, Synopse.*

Ge|sạmt|schuld, die *gesamte Schuld:* diese Posten summieren sich zu einer G. von etwa 500 Millionen Mark.

Ge|sạmt|schu|le, die: *Schulform, bei der Haupt- u. Realschule sowie Gymnasium eine organisatorische Einheit bilden:* die integrierte G. *(Schulform, bei der anstelle der drei traditionellen Schultypen ein Kurssystem tritt).*

Ge|sạmt|sieg, der (Sport): *Sieg in einem Wettkampf, der aus mehreren Konkurrenzen besteht od. mehrere Disziplinen umfasst.*

Ge|sạmt|sum|me, die: *Gesamtbetrag.*

Ge|sạmt|werk, das: *das gesamte Schaffen eines Künstlers:* das musikalische G. Beethovens.

Ge|sạmt|wert, der: *gesamter Wert:* Schmuck im G. von 1 Million Franken.

Ge|sạmt|wer|tung, die: *Wertung insgesamt:* in der G. führt dieser Reiter.

Ge|sạmt|wir|kung, die: vgl. Gesamteindruck.

Ge|sạmt|wirt|schaft, die: *gesamte Wirtschaft eines Landes.*

ge|sạmt|wirt|schaft|lich ⟨Adj.⟩: *die Gesamtwirtschaft betreffend.*

Ge|sạmt|zahl, die: *Zahl, die alles umfasst; endgültige Zahl.*

ge|sạndt: ↑senden.

Ge|sạnd|te, der u. die; -n, -n ⟨Dekl. ↑Abgeordnete⟩: *bei einem Staat akkreditierter diplomatischer Vertreter eines anderen Staates, der im Rang unter dem Botschafter steht:* der päpstliche G. *(Nuntius).*

Ge|sạnd|tin, die; -, -nen: w. Form zu ↑Gesandte, der.

Ge|sạndt|schaft, die; -, -en: **1.** *von einem/einer Gesandten geleitete diplomatische Vertretung eines Staates im Ausland.* **2.** *Gebäude, in dem eine Gesandtschaft* (1) *untergebracht ist.*

Ge|sạng, der; -[e]s, Gesänge [mhd. gesanc, ahd. gisang, zu ↑Sang]: **1.** ⟨o. Pl.⟩ **a)** *das Singen des Menschen:* jmds. G. [auf dem Klavier] begleiten; sie zogen mit/(veraltend:) unter G. durch die Straßen; sie will G. *(Singen als künstlerisches Unterrichtsfach)* studieren; Ü (dichter.:) der G. des Windes; **b)** *klingende od. rhythmische Lautäußerungen bestimmter Tiere:* der G. der Vögel, Zikaden. **2.** *das Gesungene in seiner charakteristischen Form, etw. zum Singen Bestimmtes, Lied:* geistliche, weltliche Gesänge *(Lieder);* *** gregorianischer G.** *(einstimmiger, rhythmisch freier, unbegleiteter liturgischer Gesang der kath. Kirche, gregorianischer Choral;* benannt nach Papst Gregor I., um 540–604). **3. a)** ⟨o. Pl.⟩ (dichter. veraltet) *das Dichten, Dichtkunst;* **b)** (Literaturw.) *Abschnitt einer Versdichtung; Unterteilung des Epos.*

ge|sạng|ar|tig ⟨Adj.⟩: *einem Gesang ähnlich.*

Ge|sạng|buch, das: *[zum Gebrauch im Gottesdienst bestimmtes] Buch, in dem eine Sammlung von Kirchenliedern u. geistlichen Gesängen enthalten ist;* *** das falsche/nicht das richtige G. haben** (ugs. scherzh.; *eine nicht gern gesehene, dem Fortkommen schadende Religionszugehörigkeit, inopportune politische Einstellung o. Ä. haben*).

Ge|sạng|leh|rer, der: *jmd., der Gesangunterricht erteilt* (Berufsbez.).

Ge|sạng|leh|re|rin, die: w. Form zu ↑Gesanglehrer.

ge|sạng|lich ⟨Adj.⟩: **1.** *den Gesang betreffend, mit Gesang verbunden:* -e Fähigkeiten. **2.** *in einer für den Gesang typischen, die Töne gut bindenden Art, durch melodischen Fluss gekennzeichnet:* sie spielten sehr g.

Ge|sạngs|buch (österr.): ↑Gesangbuch.

Ge|sạngs|dar|bie|tung, die: *gesangliche* (1) *Darbietung* (2).

Ge|sạngs|kunst, die: *künstlerische Ausübung des Gesangs.*

Ge|sạngs|leh|rer: ↑Gesanglehrer.

Ge|sạngs|leh|re|rin: ↑Gesanglehrerin.

Ge|sạngs|num|mer, die: *Gesangsdarbietung.*

Ge|sạngs|so|list, der: *als Solist eingesetzter Sänger (in Gegenüberstellung zu Orchester, Chor u. Ä.); Vokalsolist.*

Ge|sạngs|so|lis|tin, die: w. Form zu ↑Gesangssolist.

Ge|sạngs|stim|me, die: *Singstimme* (b).

Ge|sạngs|stück: ↑Gesangstück.

Ge|sạng|stim|me: ↑Gesangsstimme.

Ge|sạng|stück, das: *Vokalkomposition.*

Ge|sạngs|un|ter|richt: ↑Gesangunterricht.

Ge|sạng|un|ter|richt, der: *Unterricht zur Ausbildung in künstlerischem Gesang.*

Ge|sạ̈ß, das; -es, -e [mhd. gesæȝe = (Wohn)sitz; Ruheplatz, dann: Gesäß, ahd. gisāȝi = Ruheplatz; (Wohn)sitz, Siedlung, eigtl. = das, worauf man sitzt, zu ↑sitzen]: *Teil des Körpers, auf dem man sitzt.*

Ge|sạ̈ß|ba|cke, die: *rundliche Hälfte des Gesäßes:* die -n zusammenkneifen.

Ge|sạ̈ß|fal|te, die: *Querfalte zwischen Gesäß u. Oberschenkel.*

Ge|sạ̈ß|spal|te, die: *senkrechte Spalte zwischen den Gesäßbacken.*

Ge|sạ̈ß|ta|sche, die: *Hosentasche über dem Gesäß:* das Portemonnaie in die G. stecken.

gesch. = geschieden (Zeichen: ∞).

Ge|schạ̈|dig|te, der u. die; -n, -n ⟨Dekl. ↑Abgeordnete⟩: **1.** *jmd., der geschädigt, dem Schaden zugefügt worden ist.* **2.** (Rechtsspr.): *Verletzte[r].*

ge|schaf|fen: ↑schaffen.

Ge|schạ̈ft, das; -[e]s, -e [mhd. gescheft(e) = Beschäftigung, Angelegenheit; Vertrag, zu ↑schaffen]: **1. a)** *auf Gewinn abzielende [kaufmännische] Unternehmung, [kaufmännische] Transaktion; Handel:* die -e gehen gut; das G. kommt zustande, ist perfekt; mit jmdm. ein G. abschließen; mit jmdm. -e machen; dunkle -e treiben, abwickeln, tätigen; aus einem G. aussteigen (ugs.; *sich nicht mehr daran beteiligen*); in ein G. einsteigen (ugs.; *sich daran beteiligen*); in -en *(geschäftlich)* unterwegs sein; mit jmdm. im G. sein, ins G. kommen *(jmdn. als Geschäftspartner haben, gewinnen);* R G. ist G. *(wenn es um Geld geht, kann man auf Gefühle o. Ä. keine Rücksicht nehmen);* Ü das G. mit der Angst *(Verbreitung von Angst, um in dem so geschaffenen geistigen Klima besser seine eigenen Ziele erreichen zu können);* **b)** ⟨o. Pl.⟩ *die kaufmännischen Transaktionen; Verkauf, Absatz:* das G. belebt sich, blüht, ist rege; **c)** ⟨o. Pl.⟩ *Gewinn [aus einer kaufmännischen Unternehmung], Profit:* diese Unternehmung war für uns [k]ein G. *([k]ein finanzieller Erfolg);* ein G. wittern; ein G. von zehn Prozent; er hat damit ein [glänzendes] G. gemacht *([sehr] viel daran verdient).* **2. a)** *gewerbliches od. kaufmännisches Unternehmen, Handelsunternehmen, Firma:* ein renommiertes G.; ein G. führen, leiten; als Teilhaber in ein G. einsteigen (ugs.; *sich an einem Unternehmen beteiligen*); morgen gehe ich nicht ins G. (landsch.; *zum Arbeiten in die Firma, ins Büro*); **b)** *Räume, Räumlichkeiten, in denen ein Han-*

G

delsunternehmen, ein gewerbliches Unternehmen Waren ausstellt u. zum Verkauf anbietet; Laden (1): die -e schließen um 20 Uhr; ein teures *(hohe Preise verlangendes)* G. 3. *Aufgabe; Angelegenheit, die zu erledigen ist:* ein undankbares G.; er versteht sein G. *(er ist tüchtig in seinem Beruf);* *** sein [großes od. kleines] G. erledigen/verrichten/machen** (ugs. verhüll.; *seine Notdurft verrichten; den Darm entleeren od. Wasser lassen).*

Ge|schäft|chen: in den Wendungen **sein G. erledigen/machen/verrichten** (fam. verhüll.; *seine Notdurft verrichten).*

ge|schäf|te|hal|ber ⟨Adv.⟩: *wegen Geschäften* (1 a): er ist g. nach Rom geflogen.

Ge|schäf|te|ma|cher, der (abwertend): *jmd., der um des Gewinnes willen aus allem ein Geschäft* (1 a) *zu machen sucht:* ein übler G.

Ge|schäf|te|ma|che|rei, die; -, -en (abwertend): vgl. Geschäftemacher.

Ge|schäf|te|ma|che|rin, die (abwertend): w. Form zu ↑Geschäftemacher.

G

ge|schäf|tig ⟨Adj.⟩ [mhd. (md.) gescheftig]: *unentwegt tätig, sich (mit viel Aufwand an Bewegung) unausgesetzt mit etw. beschäftigend:* -es Treiben; g. tun.

Ge|schäf|tig|keit, die; -: *das Geschäftigsein, geschäftiges Wesen.*

Ge|schaftl|hu|ber, Ge|schaftl|hu|be|rin: ↑Gschaftlhuber, Gschaftlhuberin.

ge|schäft|lich ⟨Adj.⟩: **a)** *die Geschäfte* (1, 2) *betreffend; nicht privat:* eine -e Verabredung; er ist g. verhindert, nach London unterwegs; ⟨subst.:⟩ das Geschäftliche erledigen wir später; **b)** *unpersönlich, formell:* etwas in -em Ton sagen; nach dieser Unterbrechung wurde er wieder g.

Ge|schäfts|ab|lauf, der: *Ablauf der Geschäfte* (1 a): ein geordneter G.

Ge|schäfts|ab|schluss, der: *Abschluss eines Geschäftes* (1 a): einen G. tätigen.

Ge|schäfts|adres|se, die: *geschäftliche* (a), *nicht private Adresse.*

Ge|schäfts|an|teil, der: *finanzieller Anteil an einem Geschäft* (2 a).

Ge|schäfts|auf|ga|be, Ge|schäfts|auf|lö|sung, die: *Auflösung eines Geschäfts* (2 a): wegen Geschäftsaufgabe stark reduzierte Preise.

Ge|schäfts|be|din|gun|gen ⟨Pl.⟩ (Wirtsch.): *für den Abschluss eines Geschäfts* (1 a) *bindender, im Voraus festgelegter Inhalt von Verträgen:* allgemeine G. (Abk.: AGB).

Ge|schäfts|be|ginn, der: vgl. Geschäftsschluss.

Ge|schäfts|be|reich, der: **a)** *Amtsbereich, Ressort:* Minister ohne G. *(Portefeuille);* **b)** *Geschäftsfeld.*

Ge|schäfts|be|richt, der: *zum Jahresabschluss gehörender schriftlicher Bericht über den Verlauf eines Geschäftsjahrs.*

Ge|schäfts|be|trieb, der: 1. *Geschäft* (2 a). 2. ⟨o. Pl.⟩ *geschäftliche* (a) *Aktivitäten:* ein reger G.

Ge|schäfts|be|zie|hung, die: *geschäftliche* (a) *Beziehung:* in -en mit jmdm. stehen.

Ge|schäfts|brief, der: *geschäftlicher* (a) *Brief eines Unternehmens.*

Ge|schäfts|buch, das: *Buch, in das ein Kaufmann seine Geschäfte* (1 a) *u. den Stand seines Vermögens einzutragen verpflichtet ist:* Einsicht in die Geschäftsbücher nehmen, erhalten.

Ge|schäfts|er|öff|nung, die: *Eröffnung eines Geschäfts* (2).

ge|schäfts|fä|hig ⟨Adj.⟩ (Rechtsspr.): *fähig, Rechtsgeschäfte selbstständig u. verbindlich zu erledigen; dispositionsfähig:* Minderjährige im Jugendalter sind nur bedingt g.

Ge|schäfts|fä|hig|keit, die ⟨o. Pl.⟩ (Rechtsspr.): *das Geschäftsfähigsein.*

Ge|schäfts|feld, das: *Feld* (6), *in dem, Sparte* (1), *in der sich ein Unternehmen* (2) *betätigt:* der Aufbau neuer -er.

Ge|schäfts|frau, die: *Frau, die Geschäfte* (1 a) *tätigt, die Geschäfte* (2 a) *führt:* eine tüchtige G.

Ge|schäfts|freund, der: *jmd., mit dem man enge geschäftliche* (a), *gelegentlich auch private Beziehungen hat, pflegt.*

Ge|schäfts|freun|din, die: w. Form zu ↑Geschäftsfreund.

ge|schäfts|füh|rend ⟨Adj.⟩: **a)** *zur Geschäftsführung berechtigt, leitend:* der -e Angestellte; **b)** *verantwortlich; amtierend:* der -e Vorsitzende; die -e Regierung *(zurückgetretene Regierung, die die Regierungsgeschäfte wahrnimmt, bis eine neue Regierung eingesetzt ist).*

Ge|schäfts|füh|rer, der: 1. *Geschäftsleiter* (1), *besonders einer GmbH:* sie beschwerte sich direkt beim G. 2. *jmd., der damit beauftragt ist, für jmdn., einen Verein, Verband, eine Organisation o. Ä. die rechtsgeschäftlichen Interessen wahrzunehmen:* parlamentarischer G. (Politik; *Angehöriger einer parlamentarischen Fraktion, der für die organisatorischen u. taktischen Probleme seiner Fraktion zuständig ist).*

Ge|schäfts|füh|re|rin, die; -, -nen: w. Form zu ↑Geschäftsführer.

Ge|schäfts|füh|rung, die: 1. ⟨o. Pl.⟩ *Leitung eines Unternehmens.* 2. *die mit der Leitung eines Unternehmens betrauten Personen.*

Ge|schäfts|ge|ba|ren, das: *Vorgehen beim Abwickeln von Geschäften* (1 a): ein solides G.

Ge|schäfts|grün|dung, die: *Gründung eines Geschäfts* (2 a).

Ge|schäfts|haus, das: 1. *Handelshaus, Firma.* 2. *Haus, dessen Räume für gewerbliche Zwecke genutzt werden.*

Ge|schäfts|in|ha|ber, der: *Inhaber eines Geschäfts* (2 a).

Ge|schäfts|in|ha|be|rin, die: w. Form zu ↑Geschäftsinhaber.

Ge|schäfts|jahr, das: *Zeitraum, an dessen Ende eine Jahresbilanz aufgestellt wird; Wirtschaftsjahr.*

Ge|schäfts|ket|te, die: *Ladenkette.*

Ge|schäfts|kor|res|pon|denz, die: *geschäftliche* (a) *Korrespondenz.*

Ge|schäfts|kos|ten ⟨Pl.⟩: in der Fügung **auf G.** *(zulasten des Unternehmens, der Firma):* auf G. reisen; der Wagen geht auf G.

Ge|schäfts|krei|se ⟨Pl.⟩: *geschäftliche Kreise:* wie aus -n verlautete, ...; in -n wird die Wirtschaftslage negativ beurteilt.

Ge|schäfts|kun|de, der: *als Kunde* (1) *auftretende Firma:* die Bank hat überwiegend -n; die Telefongesellschaft, der Provider bietet attraktive Sondertarife für -n.

Ge|schäfts|kun|din, die: w. Form zu ↑Geschäftskunde.

Ge|schäfts|la|ge, die: 1. *wirtschaftliche Situation eines Unternehmens.* 2. *Lage eines Geschäfts* (2 b): ein Haus in günstiger G.

Ge|schäfts|le|ben, das: *geschäftliches Leben:* im G. stehen.

Ge|schäfts|lei|ter, der: 1. *Angestellter, der ein Unternehmen* (2) *od. den Teil eines Unternehmens verantwortlich leitet:* der technische, kaufmännische G. 2. *Geschäftsführer* (2).

Ge|schäfts|lei|te|rin, die; -, -nen: w. Form zu ↑Geschäftsleiter.

Ge|schäfts|lei|tung, die: *Geschäftsführung.*

Ge|schäfts|leu|te ⟨Pl.⟩: 1. Pl. von ↑Geschäftsmann. 2. *Gesamtheit der Geschäftsfrauen u. Geschäftsmänner.*

Ge|schäfts|lis|te, die (schweiz.): *Tagesordnung.*

Ge|schäfts|mann, der ⟨Pl. ...leute, selten: ...männer⟩ [LÜ von frz. homme d'affaires, zu: homme = Mann u. affaire, ↑Affäre]: *jmd., der Geschäfte* (1 a) *tätigt, der ein Geschäft* (2 a) *führt:* ein versierter, seriöser G.

ge|schäfts|mä|ßig ⟨Adj.⟩: **a)** *im Rahmen von Geschäften, geschäftlich* (a): -es Handeln; **b)** *im Rahmen des Geschäftlichen bleibend, sachlich, objektiv:* eine -e Unterredung; **c)** *unpersönlich, kühl:* in -em Ton sprechen.

Ge|schäfts|me|tho|de, die ⟨meist Pl.⟩: *Methode bei der Abwicklung von Geschäften:* anrüchige -n.

Ge|schäfts|ord|nung, die: *Gesamtheit der Bestimmungen, die das Funktionieren eines Parlaments, einer Behörde, einer Partei, eines Vereins u. Ä. regeln:* sich an die G. halten.

Ge|schäfts|part|ner, der: 1. *jmd., der an einem Geschäft* (2 a) *beteiligt ist:* jmdn. als G. gewinnen. 2. *jmd., der mit einem anderen ein Geschäft* (1 a) *macht.*

Ge|schäfts|part|ne|rin, die: w. Form zu ↑Geschäftspartner.

Ge|schäfts|po|li|tik, die: *Gesamtheit der geschäftlichen* (a) *Aktivitäten mit bestimmter Zielsetzung.*

ge|schäfts|po|li|tisch ⟨Adj.⟩: *die Geschäftspolitik betreffend, dazu gehörend:* eine wichtige -e Entscheidung.

Ge|schäfts|prak|tik, die ⟨meist Plur.⟩: *im Geschäftsleben angewandte Praktik* (1).

Ge|schäfts|raum, der ⟨meist Pl.⟩: *gewerblich genutzter Raum:* die Wohnung wird in Geschäftsräume umgewandelt.

Ge|schäfts|rei|se, die: *Reise in geschäftlichen* (a) *Angelegenheiten:* eine G. machen; er ist auf G.

Ge|schäfts|re|kla|me, die: *Reklame, die ein Geschäft macht.*

Ge|schäfts|rück|gang, der: *Rückgang des Umsatzes.*

ge|schäfts|schä|di|gend ⟨Adj.⟩: *durch sein Verhalten dem Erfolg od. Ansehen eines Geschäfts* (2 a) *Schaden zufügend.*

Ge|schäfts|schä|di|gung, die: *Schädigung des Erfolgs od. Ansehens eines Geschäfts* (2 a).

Ge|schäfts|schluss, der: *Laden-, Büro-, Dienstschluss.*

Ge|schäfts|sinn, der ⟨o. Pl.⟩: *Sinn, Aufgeschlossenheit für geschäftliche* (a) *Unternehmungen:* sein guter, ausgeprägter G. hat ihm rasch zu einem ansehnlichen Vermögen verholfen.

Ge|schäfts|sitz, der: *Ort, an dem sich ein Geschäft* (2 a) *befindet.*

Ge|schäfts|stel|le, die: **a)** *Stelle, Büro einer Institution, wo die laufenden Geschäfte* (1 a) *erledigt [u. Kunden bedient] werden:* die G. von Amnesty International in Bonn; **b)** (Rechtsspr.) *bei Gericht eingerichtete Stelle, durch die Beurkundungen, Ausfertigungen von Urteilen, Zustellungen u. Ä. erledigt werden.*

Ge|schäfts|stra|ße, die: *Straße, in der sich besonders viele Geschäfte* (2 b) *befinden:* eine belebte G.

Ge|schäfts|stun|den ⟨Pl.⟩: *Geschäftszeit:* während, außerhalb der G.

Ge|schäfts|tä|tig|keit, die ⟨o. Pl.⟩: *geschäftliche* (a) *Tätigkeit:* eine rege G.

Ge|schäfts|trä|ger, der [für frz. chargé d'affaires]: *dem niedrigsten Rang angehörender diplomatischer Vertreter eines Staates im Ausland.*

Ge|schäfts|trä|ge|rin, die: w. Form zu ↑Geschäftsträger.

ge|schäfts|tüch|tig ⟨Adj.⟩: **a)** *kaufmännisch geschickt;* **b)** (abwertend) *äußerst findig, [mit nicht ganz einwandfreien Methoden] aus bestimmten Umständen Vorteile zu ziehen.*

Ge|schäfts|tüch|tig|keit, die: *das Geschäftstüchtigsein.*

ge|schäfts|un|fä|hig ⟨Adj.⟩ (Rechtsspr.): *nicht geschäftsfähig.*

Ge|schäfts|un|fä|hig|keit, die (Rechtsspr.): *das Geschäftsunfähigsein.*

Ge|schäfts|ver|bin|dung, die: *geschäftliche* (a) *Verbindung:* -en [mit jmdm.] aufnehmen.

Ge|schäfts|ver|kehr, der: 1. *Gesamtheit der geschäftlichen* (a) *Wechselbeziehungen.* 2. (selten) vgl. Berufsverkehr.

Ge|schäfts|vier|tel, das: *Stadtteil, in dem sich besonders viele Geschäfte* (2 b) *befinden, Geschäfts-, Einkaufszentrum.*

Ge|schäfts|vor|fall, der ⟨meist Pl.⟩ (Kaufmannsspr.): *Geschäft* (1 a), *Geschäftsabschluss.*

Ge|schäfts|vor|gang, der: *in ein Geschäftsbuch eingetragenes Geschäft* (1 a).

Ge|schäfts|wa|gen, der: *von einer Firma gehaltener, gewerblichen Zwecken dienender Wagen.*

Ge|schäfts|welt, die ⟨o. Pl.⟩: 1. *Gesamtheit der Geschäftsleute.* 2. *Geschäftsleben.*

Ge|schäfts|wert, der (Wirtsch.): *über den substanziellen Wert hinausgehender [Mehr]wert eines Unternehmens o. Ä., der auf Verhält-*

nissen wie Lage, Kundenstamm, Ruf, Erfolgsaussichten beruht.

Ge|schäfts|zei|chen, das: vgl. Aktenzeichen.

Ge|schäfts|zeit, die: *Zeit, in der die Geschäfte* (2 b) *geöffnet sind; Öffnungszeit.*

Ge|schäfts|zen|trum, das: *Geschäftsviertel.*

Ge|schäfts|zim|mer, das: *Zimmer, in dem Verwaltungsarbeiten getätigt werden; Büro.*

Ge|schäfts|zweig, der: *Wirtschaftszweig, Branche.*

ge|schah: ↑ geschehen.

Ge|schä|ker, das; -s (gelegtl. abwertend): *[dauerndes] Schäkern:* Schluss jetzt mit dem G.!

Ge|schar|re, das; -s (ugs. gelegentlich abwertend): *[dauerndes] Scharren.*

Ge|schau|kel, das; -s (ugs. abwertend): *[dauerndes] Schaukeln:* das G. der Straßenbahn.

ge|scheckt ⟨Adj.⟩ [mhd. geschecket, 2. Part. von: schecken, ↑ scheckig]: *scheckig, gefleckt:* ein -es Fell.

ge|sche|hen ⟨st. V.; ist⟩ [mhd. geschehen, ahd. giskehan, zu: skehan = eilen, rennen, die heutigen Bed. aus »schnell vor sich gehen, plötzlich vorkommen«]: **1. a)** *(von etw. Auffallendem, Bemerkenswertem) in eine bestimmte Situation eintreten, eine entsprechende Zeitspanne durchlaufen u. zum Abschluss kommen; sich ereignen, sich zutragen, sich abspielen, vorgehen, passieren:* ein Unglück, ein Wunder ist geschehen; es geschah, dass ...; so tun, als wäre nichts geschehen; ich dachte schon, es sei Wunder was geschehen, weil du nicht kamst; wenn du nicht aufpasst, wird noch etwas g. *(wird noch etw. Unangenehmes, Schlimmes passieren);* so geschehen (veraltet, noch kritisch, spött.; *so hat es sich ereignet)* am 12. Juni 1866; **R** geschehen ist geschehen *(was geschehen ist, lässt sich nicht mehr rückgängig machen);* ⟨subst. 2. Part.:⟩ das Geschehene geschehen sein lassen *(Vergangenes ruhen lassen);* **b)** *ausgeführt, getan, unternommen werden:* das Verbrechen geschah aus Eifersucht; es wird alles nach Wunsch, in größter Heimlichkeit g.; in dieser Sache muss etwas g.!; was geschieht mit den alten Zeitungen?; »Danke schön!« – »Gern geschehen!« (Höflichkeitsfloskel als Reaktion, wenn jmd. sich bei einem bedankt); er ließ es g. *(duldete es, ließ es zu, unternahm nichts dagegen),* dass der Angeklagte schuldlos verurteilt wurde; **c)** *widerfahren, zustoßen, passieren:* jmdm. geschieht ein Unrecht, Leid; bei dem Unfall ist ihr nichts [Schlimmes] g.; das geschieht ihm ganz recht *(er hat es nicht besser verdient);* ich wusste nicht, wie mir geschah *(so schnell ging es).* **2.** * **es ist um jmdn. geschehen** (*1. jmd. ist verloren, [gesundheitlich, finanziell] ruiniert, hat keine Chancen mehr. 2. jmd. hat sich rettungslos verliebt*); **es ist um etw. geschehen** *(etw. ist dahin, besteht nicht mehr):* als er das hörte, war es um seine Ruhe geschehen.

Ge|sche|hen, das; -s, - ⟨Pl. selten⟩ (geh.): **1.** *etw., was geschieht; besondere, auffallende Vorgänge, Ereignisse:* ein dramatisches G. **2.** *die Vorfälle, Ereignisse in ihrem Ablauf:* das weltpolitische, sportliche G.; einem G. folgen.

-ge|sche|hen, das; -s: bezeichnet in Bildungen mit Substantiven zusammenfassend die Vorgänge, Ereignisse und Entwicklungen von etw., von einem bestimmten Bereich: Alltags-, Krankheits-, Kriegs-, Musik-, Tages-, Vereinsgeschehen.

Ge|scheh|nis, das; -ses, -se (geh.): *Ereignis, Vorgang:* über die -se während der Revolution berichten; sie rekonstruierte die -se dieses Tages aufs Genaueste.

ge|scheit ⟨Adj.⟩ [mhd. geschīde, eigtl. = (unter)scheidend, scharf (vom Verstand u. von den Sinnen), zu: schīden, ↑ scheiden]: **a)** *einen guten, praktischen Verstand besitzend; ein gutes Urteilsvermögen erkennen lassend; klug, intelligent:* ein -es Mädchen; sich für g. halten; * **aus einer Sache nicht g. werden** (↑ klug b); **b)** *kluge Gedanken enthaltend, von Verstand zeugend:* eine -e Äußerung; **c)** (ugs.) *vernünftig:* es wäre -er, wenn wir gleich anfangen würden; **R** du bist wohl nicht ganz/nicht recht g. *(bei Verstand, bei Trost)!;* ⟨subst.:⟩ nichts Gescheites *(Sinnvolles)* zustande bringen.

Ge|scheit|heit, die; -, -en ⟨Pl. selten⟩: *das Gescheitsein; Klugheit, Intelligenz:* er lobte seine G.

Ge|schenk, das; -[e]s, -e [mhd. geschenke, urspr. = Eingeschenktes, zu ↑ schenken]: *etw., was man jmdm. schenkt bzw. von jmdm. geschenkt bekommt; Gabe:* ein großzügiges G.; das ist ein G. [von] ihrer Mutter, für ihre Mutter; jmdm. ein G. machen; ein G. aussuchen, erhalten, annehmen; -e verteilen; er überhäufte ihn mit -en; sie machte ihm den Ring zum G.; **Spr** kleine -e erhalten die Freundschaft; * **ein G. des Himmels** *(eine unerwartet günstige Fügung).*

Ge|schenk|ar|ti|kel, der: *etw., was sich besonders zum Schenken eignet, eigens zum Verschenken hergestellt wird:* das Kaufhaus hat eine Abteilung für G.

Ge|schenk|pa|ckung, die: *hübsch aufgemachte Verpackung, in der eine Ware verkauft wird.*

Ge|schenk|pa|ket, das: *Paket, das ein Geschenk od. Geschenke enthält:* die -e unter den Weihnachtsbaum legen.

Ge|schenk|pa|pier, das: *dekoratives Papier zum Verpacken von Geschenken:* Bücher in G. einwickeln.

Ge|schenk|zwe|cke ⟨Pl.⟩ (Papierdt.): meist in der Wendung **zu -n/für G.** *(als Geschenk):* diese Gegenstände sind besonders zu -n geeignet.

Ge|schep|per, das; -s (ugs., oft abwertend): *[dauerndes] Scheppern:* das G. geht mir auf die Nerven.

ge|schert, gschert ⟨Adj.⟩ [mundartl. 2. Part. von ↑ [1]scheren, wohl nach dem geschorenen Kopf der Leibeigenen] (südd., österr. salopp): *dumm [u. ohne feine Umgangsformen]:* ein gescherter Lackel.

Ge|schich|te, die; -, -n [mhd. geschiht, ahd. gisciht = Geschehnis, Ereignis, zu ↑ geschehen]: **1.** ⟨o. Pl.⟩ **a)** *politischer, kultureller u. gesellschaftlicher Werdegang, Entwicklungsprozess eines bestimmten geographischen, kulturellen o. ä. Bereichs:* die deutsche G.; die G. der Menschheit; die G. der antifaschistischen Widerstandsbewegungen; seine Taten gingen in die G. ein (geh.; *waren historisch bedeutsam);* Ereignisse, die längst der G. *(Vergangenheit)* angehören; * **G. machen** *(für die Entwicklung der Menschheit etw. Entscheidendes leisten od. bedeuten);* **b)** *Geschichtswissenschaft:* er ist Professor für G.; eine Zwei in G. *(im Schulfach Geschichte);* morgen haben wir keine G. (Schülerspr.; *keinen Geschichtsunterricht);* hast du schon G. (Schülerspr.; *die Hausaufgaben o. Ä. für den Geschichtsunterricht)* gemacht?; * **Alte, Mittlere, Neue G.** *(Geschichte des Altertums, des Mittelalters, der Neuzeit);* **c)** *wissenschaftliche Darstellung einer historischen Entwicklung:* eine G. des Dreißigjährigen Krieges schreiben. **2.** *mündliche od. schriftliche, in einen logischen Handlungsablauf gebrachte Schilderung eines tatsächlichen od. erdachten Geschehens, Ereignisses; Erzählung:* eine spannende, wahre G.; die G. vom Räuber Hotzenplotz; eine G. vorlesen, erzählen, aufschreiben, zum Besten geben; * **die/eine unendliche G.** (ugs.; *etw. nicht enden Wollendes, sich sehr in die Länge Ziehendes;* nach dem 1979 erschienenen Roman »Die unendliche Geschichte« von Michael Ende). **3.** (ugs.) *[unangenehme] Sache, Angelegenheit:* eine dumme, verzwickte G.; das sind alte -n *(das ist nichts Neues);* das ist wieder die alte G. *(das ist hinlänglich bekannt);* das sind ja schöne -n *(Affären, Dummheiten);* mach keine -n! *(mach keine Dummheiten!, zier dich nicht!);* mach keine langen -n! *(mach keine Umstände!);* du brauchst mir die ganze G. *(das alles)* nicht noch mal zu erzählen; die ganze G. *(alles zusammen)* kostet 50 Mark.

Ge|schich|ten|buch, das: *Buch mit Geschichten* (2).

ge|schicht|lich ⟨Adj.⟩: **a)** *die Geschichte* (1) *betreffend, auf sie bezüglich, der Geschichte gemäß; historisch:* eine -e Darstellung; den -en Hintergrund klären; ein Ereignis g. bewerten, erklären; zu -er Zeit *(nicht prähistorisch);* **b)** *aufgrund von Überlieferung od. Quellen als wahr od. existent erwiesen; historisch:* -e Ereignisse; diese Gestalten sind g.; **c)** *historisch* (c): ein Vertrag von -er Bedeutung; diese Stadt war g. nie bedeutend.

Ge|schicht|lich|keit, die; -: **a)** *das Geschichtlichsein* (b); **b)** (Philos.): *Zeitlichkeit* (1).

Ge|schichts|at|las, der: *Atlas, auf dessen Karten historische Zustände od. Abläufe dargestellt werden.*

Ge|schichts|auf|fas|sung, die: *Grundauffassung von Geschichte* (1): die materialistische G.

Ge|schichts|be|trach|tung, die: vgl. Geschichtsauffassung.

Ge|schichts|be|wusst|sein, das: *Bewusstsein von der geschichtlichen Bedingtheit der menschlichen Existenz.*

Ge|schichts|bild, das: **1.** vgl. Geschichtsauffassung. **2.** *Historienbild.*

Ge|schichts|buch, das: *Lehrbuch für das Schulfach Geschichte.*

Ge|schichts|dar|stel|lung, die: *Darstellung geschichtlicher Ereignisse.*

Ge|schichts|deu|tung, die: vgl. Geschichtsdarstellung.

Ge|schichts|dra|ma, das: *Drama, das historische Stoffe gestaltet.*

Ge|schichts|epo|che, die: *Epoche der Geschichte.*

Ge|schichts|fäl|schung, die: *verfälschende, bewusst falsche Darstellung eines geschichtlichen Ereignisses:* jmdm. G. vorwerfen.

Ge|schichts|for|scher, der: *jmd., der Geschichte [wissenschaftlich] erforscht; Historiker.*

Ge|schichts|for|sche|rin, die: w. Form zu ↑ Geschichtsforscher.

Ge|schichts|for|schung, die: *wissenschaftliche Erforschung der Geschichte* (1).

Ge|schichts|ken|ner, der: *Kenner der Geschichte.*

Ge|schichts|ken|ne|rin, die: w. Form zu ↑ Geschichtskenner.

Ge|schichts|klit|te|rung, die [aus dem Titel eines 1582 erschienenen Buches von J. Fischart; zu ↑ klittern]: *aus einer bestimmten Absicht heraus verfälschende Darstellung od. Deutung geschichtlicher Ereignisse od. Zusammenhänge:* G. betreiben.

Ge|schichts|leh|rer, der: *Lehrer im Schulfach Geschichte.*

Ge|schichts|leh|re|rin, die: w. Form zu ↑ Geschichtslehrer.

ge|schichts|los ⟨Adj.⟩: *ohne Beziehung zur [eigenen] Geschichte* (1), *ohne Bewusstsein der [eigenen] geschichtlichen Vergangenheit.*

Ge|schichts|lo|sig|keit, die; -: *das Geschichtslossein; das Nichtvorhandensein eines Geschichtsbewusstseins.*

Ge|schichts|lü|ge, die: *Unwahrheit über geschichtliche Ereignisse.*

Ge|schichts|ma|le|rei, die ⟨o. Pl.⟩: *Historienmalerei.*

Ge|schichts|phi|lo|so|phie, die: *philosophische Deutung der Geschichte* (1) *auf ihren Sinn hin.*

ge|schichts|phi|lo|so|phisch ⟨Adj.⟩: *die Geschichtsphilosophie betreffend, darauf beruhend.*

Ge|schichts|schrei|ber, der (veraltet): *jmd., der vergangene Ereignisse in ihrem geschichtlichen Ablauf beschreibt; Historiker.*

Ge|schichts|schrei|bung, die: *schriftliche Darstellung der Geschichte* (1).

Ge|schichts|stu|di|um, das ⟨o. Pl.⟩: *Studium* (1) *der Geschichte.*

Ge|schichts|stun|de, die: *Unterrichtsstunde im Schulfach Geschichte.*

ge|schichts|träch|tig ⟨Adj.⟩ (emotional): *als Ort o. Ä. historisch bedeutsam, von Geschichte erfüllt:* auf -em Boden.

Ge|schichts|un|ter|richt, der: *vgl. Geschichtsstunde.*

Ge|schịchts|werk, das: *größere geschichtliche Darstellung.*
Ge|schịchts|wis|sen|schaft, die: *Wissenschaft von der Geschichte* (1) *u. ihrer Erforschung, Historie.*
Ge|schịchts|wis|sen|schaft|ler, der: vgl. Geschichtswissenschaft.
Ge|schịchts|wis|sen|schaft|le|rin, die: w. Form zu ↑Geschichtswissenschaftler.
Ge|schịchts|zahl, die: *Jahreszahl eines geschichtlich bedeutenden Ereignisses:* -en pauken; ein gutes Gedächtnis für -en haben.
[1]Ge|schịck, das; -[e]s, -e [mhd. geschicke = Begebenheit; Verfügung, zu ↑[1]schicken]: **a)** (geh.) *Schicksal:* ein glückliches G.; ihn traf ein schweres G.; sein G. beklagen, hinnehmen; sich in sein G. ergeben; **b)** ⟨meist Pl.⟩ *politische u. wirtschaftliche Situation, Entwicklung; Lebensumstände:* die G. des Landes, des Unternehmens.
[2]Ge|schịck, das; -[e]s [in Anlehnung an ↑geschickt]: **a)** *das Geschicktsein, Geschicktheit:* diplomatisches, handwerkliches G.; er hat G. zu/für Handarbeiten; sie haben G., mit Kindern umzugehen; **b)** (landsch.) *Ordnung.*
Ge|schịck|lich|keit, die; -: *Fähigkeit, eine Sache rasch, auf zweckmäßige Weise u. mit positivem Resultat auszuführen, wobei vorhandene Begabung mit Erlerntem u. Erfahrung zusammenwirkt:* handwerkliche G.; etw. mit großer G. anpacken, ausführen.
Ge|schịck|lich|keits|fah|ren, das; -s (Motor- u. Pferdesport): *Wettbewerb, bei dem es darauf ankommt, Hindernisse in begrenzter Zeit zu überwinden.*
Ge|schịck|lich|keits|prü|fung, die (Motorsport): *Wettbewerb, bei dem geprüft wird, ob der Fahrer das Fahrzeug in allen möglichen Situationen beherrscht.*
Ge|schịck|lich|keits|spiel, das: *Spiel, bei dem es vor allem auf Geschicklichkeit ankommt.*
Ge|schịck|lich|keits|test, der: *Test, bei dem jmds. Geschicklichkeit geprüft wird.*
Ge|schịck|lich|keits|übung, die: *Übung zur Steigerung der Geschicklichkeit.*
Ge|schịck|lich|keits|wett|be|werb, der: vgl. Geschicklichkeitsspiel.
ge|schịckt ⟨Adj.⟩ [mhd. geschicket, eigtl. 2. Part von: schicken = vorbereitet sein, geeignet sein]: **1. a)** *[körperlich] wendig, gewandt; bestimmte praktische Fertigkeiten beherrschend:* ein -er Handwerker; -e Hände; sie ist [sehr] g. in praktischen Dingen; sich g. anstellen; die Blumen g. arrangieren; **b)** *gewandt im Umgang mit Menschen, im Erfassen u. Beherrschen komplizierter Situationen; klug; diplomatisch:* ein -er Diplomat; -e *(wohl überlegte)* Fragen stellen; sich g. verteidigen. **2.** (südd.) **a)** *praktisch, tauglich, geeignet:* -es Schuhwerk; **b)** *passend, angebracht:* ein -er Zeitpunkt.
Ge|schịckt|heit, die; -: *das Geschicktsein.*
Ge|schi̱e|be, das; -s, -: **1.** ⟨o. Pl.⟩ (ugs.) *[dauerndes] Schieben.* **2.** (Geol.) *von Gletschern transportierte u. in Moränen abgelagerte Gesteinsbrocken.* **3.** (Zahnmed.) *aus zwei ineinander geführten Teilen bestehende Befestigung zwischen noch vorhandenen Zähnen u. Brücke od. Prothese.*
ge|schi̱e|den: ↑scheiden; vgl. gesch.
Ge|schi̱e|de|ne, der u. die; -n, -n ⟨Dekl. ↑Abgeordnete⟩: *jmd., dessen Ehe geschieden ist.*
ge|schi̱e|nen: ↑scheinen.
Ge|schi̱e|ße, das; -s (ugs. abwertend): *[dauerndes] Schießen:* jetzt geht das G. schon wieder los!
Ge|schịmp|fe, das; -s (ugs. abwertend): *[dauerndes] Schimpfen.*
Ge|schịrr, das; -[e]s, -e [mhd. geschirre, ahd. giscirri, zu ↑[1]scheren, eigtl. = das (Zurecht)geschnittene]: **1. a)** *[zusammengehörende] Gefäße aus Porzellan, Steingut o. Ä., die man zum Essen u. Trinken benutzt:* unzerbrechliches, feuerfestes, spülmaschinenfestes G.; G. aus Porzellan; sie bekamen zur Hochzeit zwei -e; **b)** ⟨o. Pl.⟩ *Gesamtheit der Gefäße u. Geräte, die man zum Kochen u. Essen benutzt:* das gebrauchte G. abwaschen; mit dem G. klappern; **c)** (veraltet) *Gefäß.* **2.** *Riemenzeug, mit dem Zugtiere vor den Wagen gespannt werden:* dem Pferd das G. anlegen; im G. gehen *(eingespannt sein);* *** **sich ins G. legen** (1. *kräftig zu ziehen beginnen:* die Pferde legten sich kräftig ins G. 2. *sich sehr anstrengen, hart arbeiten:* für dein Abitur musst du dich noch tüchtig ins G. legen).
Ge|schịrr|auf|zug, der: *Aufzug für Geschirr* (1 a, b).
Ge|schịrr|schrank, der: *Schrank, in dem das Geschirr* (1 a, b) *aufbewahrt wird; Büfett* (1).
Ge|schịrr|spü|len, das; -s: *das Spülen von Geschirr* (1 a, b): beim G. helfen.
Ge|schịrr|spü|ler, der (ugs.): *Geschirrspülmaschine.*
Ge|schịrr|spül|ma|schi|ne, die: *Maschine zum Reinigen von schmutzigem Geschirr* (1 a, b) *mithilfe von heißem Wasser u. einem darin gelösten Reinigungsmittel.*
Ge|schịrr|spül|mit|tel, das: *Spülmittel.*
Ge|schịrr|tuch, das ⟨Pl. ...tücher⟩: *Handtuch zum Abtrocknen des Geschirrs* (1 a, b).
Ge|schịrr|wasch|ma|schi|ne, die (schweiz.): *Geschirrspülmaschine.*
Ge|schịss, das; -es [zu ↑scheißen] (salopp): *Getue, [unnötiges] Aufheben um etw.:* um jede Kleinigkeit [ein] großes G. machen.
ge|schịs|sen: ↑scheißen.
Ge|schlạb|ber, das; -s (ugs.): **a)** (meist abwertend) *[dauerndes] Schlabbern* (1): das G. der Katze; **b)** *weiche, schlabbrige Masse:* das G. am Fleisch abschneiden; **c)** *dünnes Getränk; wässriges Essen;* **d)** *das Schlabbern* (3): das G. des langen Rocks stört beim Gehen.
ge|schla̱|fen: ↑schlafen.
ge|schla̱|gen: ↑schlagen.
Ge|schlẹcht, das; -[e]s, -er [mhd. geslehte, ahd. gislahti, zu ↑schlagen (14), eigtl. = das, was in dieselbe Richtung schlägt]: **1. a)** ⟨o. Pl.⟩ *(von Lebewesen, bes. dem Menschen u. höheren Tieren) Gesamtheit der Merkmale, wonach ein Lebewesen in Bezug auf seine Funktion bei der Fortpflanzung als männlich od. weiblich zu bestimmen ist:* ein Kind weiblichen -s; **b)** *Gesamtheit der Lebewesen, die entweder männliches od. weibliches Geschlecht* (1 a) *haben:* das männliche G. *(die Männer);* das andere G. (auch für: *die Frauen*); der Kampf der -er; *** **das starke G.** (ugs. scherzh.; *die Männer*); **das schwache/zarte/schöne G.** (ugs. scherzh.; *die Frauen*); **das dritte G.** *(Gesamtheit der Homosexuellen [u. Bisexuellen, Transsexuellen, Transvestiten]).* **2.** ⟨o. Pl.⟩ kurz für ↑Geschlechtsteil. **3. a)** *Gattung, Art:* das menschliche G.; **b)** *Generation:* das vererbt sich von G. zu G.; **c)** *Familie, Sippe:* ein altes, vornehmes G. **4.** (Sprachw.) *Genus.*
Ge|schlẹch|ter|buch, das: *genealogisches Handbuch bürgerlicher Familien.*
Ge|schlẹch|ter|fol|ge, die: *Folge der Generationen.*
Ge|schlẹch|ter|kun|de, die; -: *Genealogie* (1).
Ge|schlẹch|ter|tren|nung, die: *Trennung nach dem Geschlecht* (1): die G. bei der Erziehung ist weitgehend aufgehoben.
ge|schlẹcht|lich ⟨Adj.⟩: **a)** *das Geschlecht* (1) *betreffend:* -e Fortpflanzung; **b)** *die Geschlechtlichkeit betreffend; sexuell:* eine -e Beziehung; mit jmdm. g. verkehren *(Geschlechtsverkehr mit jmdm. haben).*
Ge|schlẹcht|lich|keit, die; -: *das gesamte Empfinden u. Verhalten im Bereich der Liebe u. Sexualität.*
ge|schlẹcht|los: ↑geschlechtslos.
Ge|schlẹchts|akt, der: *Koitus.*
Ge|schlẹchts|ap|pa|rat, der (Fachspr.): *Gesamtheit der Geschlechtsorgane.*
Ge|schlẹchts|be|stim|mung, die: *Bestimmung des Geschlechts* (1 a): pränatale G.
Ge|schlẹchts|chro|mo|som, das (Biol.): *Chromosom, das für die Ausbildung des Geschlechts* (1 a) *entscheidend ist; Heterosom.*
Ge|schlẹchts|drü|se, die: *Keimdrüse.*
Ge|schlẹchts|er|zie|hung, die: *Sexualerziehung.*
ge|schlẹchts|ge|bun|den ⟨Adj.⟩: *an das eine od. andere Geschlecht* (1 a) *gebunden:* -e Merkmale.
Ge|schlẹchts|ge|nos|se, der (Fachspr.): *Individuum gleichen Geschlechts* (1 a).
Ge|schlẹchts|ge|nos|sin, die (Fachspr.): w. Form zu ↑Geschlechtsgenosse.
Ge|schlẹchts|hor|mon, das: *Hormon, das die Fortpflanzung u. die Ausbildung von Geschlechtsmerkmalen steuert; Heterochromosom.*
ge|schlẹchts|krank ⟨Adj.⟩: *an einer Geschlechtskrankheit leidend.*
Ge|schlẹchts|krank|heit, die: *Infektionskrankheit, die vorwiegend durch den Geschlechtsverkehr übertragen wird u. deren Erscheinungen vor allem an den Geschlechtsorganen sichtbar werden.*
Ge|schlẹchts|le|ben, das ⟨o. Pl.⟩: *sexuelles Verhalten (im Ganzen).*
ge|schlẹchts|los ⟨Adj.⟩: *ohne bestimmtes Geschlecht* (1 a): -e Organismen; Ü man betrachtete sie als -es Wesen *(sprach ihr Sexualität ab od. gestand sie ihr nicht zu).*
Ge|schlẹchts|merk|mal, das: *Merkmal, das männliche u. weibliche Individuen voneinander unterscheidet:* primäre -e *(die Geschlechtsorgane);* sekundäre -e *(Gestalt, Behaarung u. a.).*
ge|schlẹchts|neu|tral ⟨Adj.⟩: **a)** *keines der beiden Geschlechter* (1 b) *betreffend:* -es Verhalten; **b)** *beide Geschlechter* (1 b) *unterschiedslos betreffend:* g. formulierte Stellenanzeigen.
Ge|schlẹchts|or|gan, das: *Organ, das unmittelbar der geschlechtlichen [Befriedigung u.] Fortpflanzung dient; Fortpflanzungsorgan:* innere -e *(Eierstöcke, Gebärmutter, Hoden u. a.);* äußere -e *(Penis, Klitoris u. a.).*
Ge|schlẹchts|part|ner, der: *Sexualpartner.*
Ge|schlẹchts|part|ne|rin, die: w. Form zu ↑Geschlechtspartner.
ge|schlẹchts|reif ⟨Adj.⟩: *das Alter, die Reife erreicht habend, um sich fortpflanzen zu können:* -e Jungtiere.
Ge|schlẹchts|rei|fe, die: *das Geschlechtsreifsein.*
ge|schlẹchts|spe|zi|fisch ⟨Adj.⟩: *für ein Geschlecht* (1 b) *spezifisch:* -e Merkmale.
Ge|schlẹchts|teil, das; auch: der [LÜ von lat. pars genitalis]: *äußeres Geschlechtsorgan.*
Ge|schlẹchts|trieb, der: *Trieb, der alle Verhaltensweisen auslöst u. steuert, die darauf abzielen, einen Geschlechtspartner zu suchen u. sich mit ihm [zum Zweck der Fortpflanzung] zu vereinigen; Fortpflanzungstrieb.*
Ge|schlẹchts|um|wand|lung, die: *natürliche od. durch äußere Einwirkungen bewirkte Umwandlung des Geschlechts* (1 a) *bei einem Individuum.*
Ge|schlẹchts|un|ter|schied, der: *auf den Geschlechtsmerkmalen beruhender Unterschied zwischen männlichen u. weiblichen Individuen.*
Ge|schlẹchts|ver|kehr, der ⟨o. Pl.⟩: *sexueller, bes. genitaler Kontakt mit einer Partnerin, einem Partner; Koitus:* G. [mit jmdm.] haben; häufig wechselnder G.; kam es zum G.?
Ge|schlẹchts|we|sen, das: *geschlechtliches Wesen* (3 b).
Ge|schlẹchts|wort, das ⟨Pl. ...wörter⟩ (Sprachw.): *Artikel* (4).
Ge|schlẹchts|zel|le, die: *Gamet.*
ge|schlị|chen: ↑schleichen.
ge|schlịf|fen [2: eigtl. = abgeschliffen, geglättet]: **1.** ↑[1]schleifen. **2.** ⟨Adj.⟩ **a)** *vollendet, tadellos in Bezug auf die äußere Form, überzeugend kultiviert wirkend:* ein -er Dialog; **b)** *(in der Formulierung) scharf:* sie hat eine -e Zunge.
ge|schlịs|sen: ↑schleißen.
ge|schlọf|fen: ↑schliefen.
ge|schlọs|sen: 1. ↑schließen. **2.** ⟨Adj.⟩ **a)** *gemeinsam, ohne Ausnahme, einheitlich:* der -e Abmarsch der Einheiten; g. gegen etwas stimmen; **b)** *in sich zusammenhängend:* eine -e Ortschaft; die Wolkendecke ist g.; **c)** *abgerundet, in sich eine Einheit bildend:* eine [in sich] -e Persönlichkeit. **3.** ⟨Adj.⟩ (Sprachw.) **a)** *(von Vokalen) mit wenig geöffnetem Mund gesprochen:* ein -es

E; b) *(von Silben) mit einem Konsonanten endend.*

Ge|schlos|sen|heit, die; -: *das Geschlossensein.*

Ge|schlun|gen: ↑[1]schlingen, [2]schlingen.

Ge|schmack, der; -[e]s, Geschmäcke u. (ugs. scherzh.:) Geschmäcker [1, 2: mhd. gesmac, zu ↑schmecken; 3–5: nach frz. (bon) goût od. ital. (buon) gusto]: **1.** *etw., was man mit dem Geschmackssinn wahrnimmt; charakteristische Art, in der ein Stoff schmeckt, wenn man ihn isst od. trinkt:* ein süßer, angenehmer G.; einen schlechten G. im Munde haben; Ü der fade G. der Enttäuschung. **2.** ⟨o. Pl.⟩ *Fähigkeit zu schmecken; Geschmackssinn:* wegen eines Schnupfens keinen G. haben. **3. a)** *Fähigkeit zu ästhetischem Werturteil:* ein feiner, sicherer G.; er hat keinen [guten] G.; seine Wohnung mit viel G. einrichten; **b)** (geh.) *einheitlicher ästhetischer Wertmaßstab einer bestimmten Zeit od. Epoche:* im G. des Biedermeiers; nach neuestem G.; **c)** *das an einem Gegenstand, Gebäude o. Ä. Sichtbarwerden bestimmter ästhetischer Prinzipien u. Wertmaßstäbe.* **4.** *subjektives Werturteil über das, was für jmdn. schön od. angenehm ist, was jmdm. gefällt, wofür jmd. eine Vorliebe hat:* das ist nicht mein/nach meinem G.; sie hat mit dem Geschenk genau seinen G. getroffen; R über G. lässt sich nicht streiten; (ugs. scherzh.:) die Geschmäcker sind verschieden; * **an etw. G. finden** *(etw. für sich entdecken u. gut finden):* ich finde G. an dem Spiel; **an etw. G. gewinnen; einer Sache G. abgewinnen; auf den G. kommen** *(die angenehmen Seiten einer Sache [allmählich] entdecken):* du wirst schon noch auf den G. kommen. **5.** (geh.) *Anstand, Takt, guter Ton:* gegen den [guten] G. verstoßen. **6.** (schweiz.) *Geruch* (1).

ge|schmäck|le|risch ⟨Adj.⟩ (abwertend): *übertriebene [ästhetische] Ansprüche stellend; einen besonders erlesenen Geschmack in Bezug auf Kunst o. Ä. habend.*

ge|schmack|lich ⟨Adj.⟩: **a)** *den Geschmack* (1) *betreffend:* -e Verbesserung; **b)** *den Geschmack* (3) *betreffend:* eine -e Unmöglichkeit.

ge|schmack|los ⟨Adj.⟩: **a)** *ohne Geschmack* (1): ein -es Pulver; das Essen ist völlig g. *(fade);* **b)** *keinen guten Geschmack* (3) *zeigend, unschön, ästhetische Grundsätze verletzend:* ein -es Kleid; g. gekleidet sein; **c)** *die guten Sitten verletzend:* ein -er Witz.

Ge|schmack|lo|sig|keit, die; -, -en: **a)** ⟨o. Pl.⟩ *Eigenschaft, geschmacklos* (b) *zu sein:* seine Bemerkung zeugte von G.; **b)** *geschmacklose* (c) *Äußerung, Handlung.*

Ge|schmack|sa|che: ↑Geschmackssache.

Ge|schmacks|emp|fin|dung, die: vgl. Geschmackssinn.

Ge|schmacks|fra|ge, die: *Frage, die vom Geschmack* (3) *zu entscheiden ist.*

Ge|schmack|sinn: ↑Geschmackssinn.

ge|schmacks|neu|tral ⟨Adj.⟩: *ohne spezifischen Geschmack* (1): der Konservierungsstoff ist g.

Ge|schmacks|or|gan, das: *Sinnesorgan, das Geschmack* (1) *wahrnehmen kann (z. B. die Zunge).*

Ge|schmacks|rich|tung, die: **a)** *Richtung des Geschmacks* (1): Pudding in drei -en; **b)** *Richtung des Geschmacks* (2): dieser Wein ist genau meine G.; **c)** *allgemeine Richtung des Geschmacks* (3 b): Möbel in der G. unserer Zeit.

Ge|schmacks|sa|che, Geschmacksache, die: in der Wendung **das/etw. ist G.** *(das, etw. ist eine Sache des Geschmacks 3, 4).*

Ge|schmacks|sinn, Geschmacksinn, der ⟨o. Pl.⟩: *Fähigkeit von Lebewesen, mithilfe bestimmter Organe verschiedene lösliche (chemische) Stoffe wahrzunehmen.*

Ge|schmacks|sin|nes|or|gan, das: *Sinnesorgan zur Wahrnehmung des Geschmacks* (1).

Ge|schmacks|stoff, der: *(chemischer) Stoff, der durch den Geschmackssinn wahrgenommen wird.*

Ge|schmacks|ver|ir|rung, die (abwertend): *Wahl, Zusammenstellung von Gegenständen, die dem Geschmack* (3) *eines anderen ganz u. gar nicht entspricht:* seine allerneueste Mode scheint ja manchmal an G. zu grenzen.

ge|schmack|voll ⟨Adj.⟩: *Geschmack* (3 a) *zeigend; mit [künstlerischem] Geschmack:* eine -e Tapete; sich g. kleiden; das Zimmer war mit sehr viel Geld g. eingerichtet.

Ge|schmei|de, das; -s, - [mhd. gesmīde, ahd. gismīdi, Kollektivbildung zu mhd. smīde, ahd. smīda = Metall, zu ↑Schmied] (geh.): *kostbarer Schmuck:* glitzerndes G.

ge|schmei|dig ⟨Adj.⟩ [mhd. gesmīdec, eigtl. = leicht zu schmieden, gut zu bearbeiten]: **1.** *biegsam, schmiegsam u. glatt; weich u. dabei voll Spannkraft:* -es Leder. **2.** *biegsame, gelenkige Glieder besitzend u. daher sehr gewandt; mit gleitenden, kraftvollen u. dabei anmutigen Bewegungen:* sie ist g. wie eine Katze; sich g. bewegen. **3.** (oft abwertend) *anpassungsfähig, wendig im Gespräch od. Verhalten:* ein -er Diplomat.

Ge|schmei|dig|keit, die; -: *das Geschmeidigsein.*

Ge|schmeiß, das; -es [mhd. gesmeiȥe, zu ↑[2]schmeißen]: **1.** *Ekel erregendes Ungeziefer u. dessen Brut:* es wimmelte von Würmern und anderem G. **2.** (emotional abwertend) *widerliche, verabscheuenswürdige Menschen.*

Ge|schmier, das; -[e]s, **Ge|schmie|re,** das; -s (ugs. abwertend): **a)** *Schmieriges;* **b)** *unleserlich (weil unsauber u. liederlich) Geschriebenes; Schmiererei:* dein G. kann ich nicht lesen; **c)** *schlecht (weil schnell u. unsorgfältig) Geschriebenes, Machwerk.*

ge|schmis|sen: ↑[1]schmeißen.

ge|schmol|zen: ↑schmelzen.

Ge|schmor|te, das; -n ⟨Dekl. ↑[2]Junge⟩ (ugs.): *Schmorbraten; geschmortes Fleisch.*

Ge|schnet|zel|te, das; -n ⟨Dekl. ↑[2]Junge⟩ [zu ↑schnetzeln] (landsch.): *Gericht aus dünnen, kleinen Fleischscheibchen [in einer Soße].*

ge|schnie|gelt: ↑schniegeln.

ge|schnit|ten: ↑schneiden.

ge|schno|ben: ↑schnauben.

ge|scho|ben: ↑schieben.

ge|schol|len: ↑schallen.

ge|schol|ten: ↑schelten.

ge|schönt: ↑schönen.

Ge|schöpf, das; -[e]s, -e [Ende 15. Jh., zu ↑[2]schöpfen]: **1.** *Lebewesen:* -e Gottes. **2.** *Mensch, Person:* ein armes G.; sie ist ein reizendes G. *(Mädchen).* **3.** *künstlich erschaffene [literarische] Gestalt:* die -e seiner Fantasie.

ge|scho|ren: ↑[1]scheren.

Ge|schoss, (österr.) **Ge|schoß,** das; -es, -e [1: mhd. geschōȥ, ahd. giscoȥ, zu ↑schießen; 2: mhd. geschōȥ, zu schießen = aufschießen, in die Höhe ragen]: **1.** *aus od. mithilfe einer [Feuer]waffe auf ein Ziel geschossener [meist länglicher] Körper:* das G. trifft ins Ziel; Ü ein unhaltbares G. (Fußball; *besonders scharf geschossener Ball).* **2.** *Gebäudeteil, der alle auf gleicher Höhe liegenden Räume umfasst; Stockwerk, Etage:* im obersten G. wohnen.

ge|schos|sen: ↑schießen.

ge|schraubt ⟨Adj.⟩ [eigtl. = (künstlich) hoch gedreht] (ugs. abwertend): *nicht natürlich u. schlicht; gekünstelt u. schwülstig wirkend:* ein -er Stil; sich g. ausdrücken.

Ge|schrei, das; -s [mhd. geschrei(e), ahd. giscreigi, Kollektivbildung zu ↑Schrei]: **a)** (oft abwertend) *[dauerndes] Schreien:* das G. der Kinder; das G. verstummte; **b)** (ugs.) *lautes, anhaltendes Jammern, Lamentieren um Geringfügigkeiten:* mach doch kein solches G. [deswegen]!; **c)** (landsch.) *Klatsch, Gerede.*

ge|schrie|ben: ↑schreiben.

ge|schrie|en, ge|schrien: ↑schreien.

ge|schrit|ten: ↑schreiten.

ge|schult: ↑[1]schulen.

ge|schun|den: ↑schinden.

Ge|schütz, das; -es, -e [mhd. geschütze, Kollektivbildung zu ↑Schuss, urspr. = Gesamtheit der Schusswaffen]: *fahrbare oder fest montierte [schwere] Feuerwaffe:* [schwere] -e auffahren, in Stellung bringen; * **grobes/schweres G. auffahren** (ugs.; *jmdm. [übertrieben] scharf entgegentreten).*

Ge|schütz|feu|er, das: *das Feuern der Geschütze.*

Ge|schütz|rohr, das: *Rohr am Geschütz, in dem das Geschoss seine Richtung auf das Ziel erhält.*

Ge|schütz|turm, der (Milit.): *turmartiger Aufbau auf Panzern od. Schiffen, in dem Geschütze montiert sind.*

Ge|schwa|der, das; -s, - [Kollektivbildung zu spätmhd. swader = Reiterabteilung, Flottenverband < ital. squadra = in quadratischer Formation angeordnete (Reiter)truppe, zu lat. quadrus = viereckig]: *größerer Verband von Kriegsschiffen od. Kampfflugzeugen:* ein G. von Bombern flog über uns; Ü das G. (ugs.; *die Schar*) der Putzfrauen.

Ge|schwa|fel, das; -s (ugs. abwertend): *[dauerndes] Schwafeln:* sein blödes G.; hör auf mit dem G.!

Ge|schwätz, das; -es [mhd. geswetze, zu ↑schwätzen] (ugs. abwertend): **a)** *dummes, inhaltsloses Gerede:* leeres G.; ich kann das G. nicht mehr mit anhören; R was kümmert mich mein [dummes] G. von gestern (ugs.; *ich habe meine frühere Meinung o. Ä. nun einmal geändert*); **b)** *Klatsch, Tratsch, [verleumderisches] Gerede:* nichts auf das G. der Leute geben.

Ge|schwat|ze, (landsch. auch:) **Ge|schwät|ze,** das; -s (ugs. abwertend): *[dauerndes] Schwatzen.*

ge|schwät|zig ⟨Adj.⟩ (abwertend): *viel u. in aufdringlicher Weise redend, redselig:* eine -e alte Frau; er ist sehr g.

Ge|schwät|zig|keit, die; - (abwertend): *das Geschwätzigsein.*

ge|schweift ⟨Adj.⟩ [1: zu ↑Schweif; 2: zu ↑schweifen]: **1.** *mit einem Schweif [versehen]:* der -e Stern über Bethlehem. **2.** *gebogen, geschwungen [gearbeitet]:* -e Tischbeine; -e Klammern.

ge|schwei|ge ⟨Konj.⟩ [eigtl. = ich geschweige, zu veraltet geschweigen = stillschweigen, mhd. geswīgen, ahd. giswīgēn]: *schon gar nicht, noch viel weniger, ganz zu schweigen von* (nur nach einer verneinten od. einschränkenden Aussage, oft in Verbindung mit »denn«): er hat nicht einmal Geld zum Leben, g. [denn] für ein Auto; ich glaube nicht, dass er anruft, g. [denn] dass er kommt.

ge|schwind ⟨Adj.⟩ [mhd. geswinde, zu: swinde, swint = heftig, ungestüm, urspr. = stark, kräftig, ablautend verw. mit ↑gesund] (landsch.): *schnell, rasch:* g. *(kurz)* zum Bäcker gehen.

Ge|schwin|dig|keit, die; -, -en: **a)** (Physik) *Verhältnis von zurückgelegtem Weg zu aufgewendeter Zeit:* die G. messen; **b)** *Schnelligkeit, Tempo:* eine hohe G.; die G. beträgt 100 Stundenkilometer; die G. beschränken; er fuhr mit überhöhter G.

Ge|schwin|dig|keits|be|gren|zung, die: *Geschwindigkeitsbeschränkung.*

Ge|schwin|dig|keits|be|schrän|kung, die: *[durch Verordnungen o. Ä. festgelegte] Beschränkung der Geschwindigkeit für Fahrzeuge auf bestimmten Straßen; Geschwindigkeitsbegrenzung, Geschwindigkeits-, Tempolimit:* G. in geschlossenen Ortschaften, auf der Autobahn.

Ge|schwin|dig|keits|kon|trol|le, die: *Kontrolle von Kraftfahrern in Bezug auf die Einhaltung von vorgeschriebenen Höchstgeschwindigkeiten.*

Ge|schwin|dig|keits|mes|ser, der: *Tachometer* (1).

Ge|schwin|dig|keits|über|schrei|tung, die: *Überschreitung einer vorgeschriebenen Höchstgeschwindigkeit.*

Ge|schwis|ter, das; -s, - [mhd. geswister, ahd. giswestar, eigtl. = Gesamtheit der Schwestern, zu ↑Schwester]: **1.** ⟨Pl.⟩ *(männliche wie weibliche) Kinder gleicher Eltern:* die G. sehen sich alle ähnlich; ich habe drei G. *(wir sind vier Geschwister).* **2.** (Fachspr.; auch schweiz.) *ein Geschwisterteil:* das ältere G.

ge|schwis|ter|lich ⟨Adj.⟩: *die Geschwister betreffend, Geschwistern gemäß:* etw. g. teilen.

G

Ge|schwis|ter|paar, das: *zwei Geschwister.*

Ge|schwis|ter|teil, der: *eines der Geschwister.*

ge|schwol|len: 1. ↑[1]schwellen. 2. ⟨Adj.⟩ (abwertend) *hochtrabend u. wichtigtuerisch, schwülstig:* eine -e Ausdrucksweise; g. schreiben.

ge|schwom|men: ↑schwimmen.

ge|schwo|ren: 1. ↑schwören. 2. ⟨Adj.⟩ meist in der Fügung **ein -er Feind von etw.** *(ein erklärter, entschiedener Gegner von etw.).*

Ge|schwo|re|ne, österr. amtl. auch: Geschworne, der u. die; -n, -n ⟨Dekl. ↑Abgeordnete⟩ [spätmhd. gesworne = derjenige, der geschworen hat u. damit eidlich verpflichtet ist]: **1.** (veraltet) *Schöffe an einem Schwurgericht.* **2. a)** (in Österreich) *Laienrichter, der bei schweren Verbrechen u. politischen Straftaten allein über die Schuld u. zusammen mit dem Richter über das Strafmaß entscheidet;* **b)** (in angelsächsischen Ländern) *Laienrichter, der unabhängig vom Richter über die Schuld des Angeklagten entscheidet.*

Ge|schwo|re|nen|ge|richt, das: **1.** (veraltet) *Schwurgericht.* **2.** (österr. auch: Geschwornengericht) *Gericht, das über schwere Verbrechen u. politische Straftaten zusammen mit Geschworenen* (2 a) *entscheidet.*

Ge|schwor|ne: ↑Geschworene.

Ge|schwulst, die; -, Geschwülste [mhd. geswulst, ahd. giswulst, zu ↑[1]schwellen]: **1.** *krankhafte Wucherung von Gewebe; Tumor:* eine gutartige, bösartige G. **2.** (Med.) *krankhafte Schwellung.*

ge|schwulst|ar|tig ⟨Adj.⟩: *wie eine Geschwulst.*

ge|schwun|den: ↑schwinden.

ge|schwun|gen: 1. ↑schwingen. 2. ⟨Adj.⟩ *bogenförmig, gebogen:* -e Augenbrauen; eine sanft -e Treppe.

Ge|schwür, das; -s, -e [zu ↑schwären, eigtl. = das, was schwärt, eitert]: *[mit einer Schwellung einhergehende, eiternde] Entzündung der [Schleim]haut; Ulkus:* ein eitriges G.; ein G. aufschneiden.

ge|seg|net: ↑segnen (2).

ge|se|hen: ↑sehen.

Ge|selch|te, das; -n ⟨Dekl. ↑[2]Junge⟩ [zu ↑selchen] (südd., österr.): *geräuchertes Fleisch:* er isst gern -s.

Ge|sell, der; -en, -en (veraltet): **1.** *Geselle* (1): ein fahrender G. **2.** (oft abwertend) *Geselle* (2): ein wilder G. **3.** *Geselle* (3): Christi G.

Ge|sel|le, der; -n, -n [mhd. geselle, ahd. gisell(i)o = Freund, Gefährte, Kollektivbildung zu ↑Saal, eigtl. = jmd., der mit jmdm. denselben Saal (= Wohnraum) teilt; 1: spätmhd.]: **1.** *Handwerker, der nach einer Lehrzeit die Gesellenprüfung abgelegt hat:* bei jmdm. G. sein, als G. arbeiten. **2.** (oft abwertend) *Bursche, Kerl:* ein übler, lustiger G. **3.** (selten) *Gefährte, Kamerad:* ein guter, treuer G.

ge|sel|len, sich ⟨sw. V.; hat⟩ [mhd. gesellen, ahd. gisellan = (sich) zum Gefährten machen]: **1.** *sich jmdm. anschließen:* auf dem Heimweg gesellte ich mich zu ihr. **2.** *zu einer Sache dazukommen:* zu den beruflichen Misserfolgen gesellten sich noch familiäre Schwierigkeiten.

Ge|sel|len|brief, der: *Zeugnis, das der Geselle nach bestandener Gesellenprüfung erhält.*

Ge|sel|len|prü|fung, die: *Prüfung, die ein Auszubildender od. eine Auszubildende am Ende der Ausbildung ablegt.*

Ge|sel|len|stück, das: *praktische Arbeit, die bei der Gesellenprüfung vorgelegt wird.*

ge|sel|lig ⟨Adj.⟩ [mhd. gesellec = zugesellt, verbunden, freundschaftlich, zu ↑Geselle]: **1. a)** *mit der Fähigkeit u. Neigung ausgestattet, sich leicht anderen anzuschließen u. mit ihnen gesellschaftlichen Umgang zu pflegen:* ein -er Typ; **b)** (Biol.) *mit anderen Artgenossen zusammenlebend od. auf dieses Zusammenleben hindeutend:* der Mensch ist ein -es Wesen; -e Vögel; g. leben. **2.** *in zwangloser, anregender Gesellschaft stattfindend; unterhaltsam:* ein -er Abend; g. bei einem Glas Wein sitzen.

Ge|sel|lig|keit, die; -, -en [mhd. gesellekeit]: **1.** ⟨o. Pl.⟩ *zwangloser Umgang, Verkehr mit anderen Menschen:* die G. lieben. **2.** *geselliger Abend, geselliges Beisammensein.*

Ge|sel|lin, die; -, -nen: w. Form zu ↑Geselle.

Ge|sell|schaft, die; -, -en [2: mhd. geselleschaft, ahd. giselliscaft = freundschaftliches Verbundensein, Freundschaft; 4: mhd. = kaufmännische Genossenschaft, Handelsgesellschaft]: **1.** *Gesamtheit der Menschen, die unter bestimmten politischen, wirtschaftlichen u. sozialen Verhältnissen zusammen leben:* die bürgerliche G.; die Stellung der Frauen in der G. **2. a)** *das Zusammensein, Begleitung, Umgang:* ⟨o. Pl.⟩ das ist keine G. für dich; jmds. G. fliehen, meiden; er sucht ihre G. *(möchte mit ihr zusammen sein);* in schlechte G. geraten; * **jmdm. G. leisten** *(bei jmdm. sein, sich jmdm. anschließen, damit er nicht allein ist);* **sich in guter/bester G. befinden** *(bei etw., was einem widerfährt, was man tut od. sagt, nicht der Einzige sein, sondern auf andere, oft bekannte Persönlichkeiten, verweisen können, denen dasselbe widerfahren ist, die dasselbe getan od. gesagt haben [wodurch Negatives abgeschwächt u. Positives verstärkt wird]);* **zur G.** *(nur aus einer die Geselligkeit fördernden Haltung heraus od. um jmdm. einen Gefallen zu tun):* zur G. ein Bier mittrinken; **b)** *größere gesellige Veranstaltung:* eine geschlossene G. *(nur einem bestimmten Kreis zugängliche Veranstaltung);* eine G. geben; **c)** *Kreis von Menschen, die gesellig beisammen sind:* eine fröhliche, laute G.; ich will von der ganzen G. (ugs.; *von allen diesen Leuten*) nichts mehr wissen. **3.** *durch Vermögen, Stellung [u. Bildung] maßgebende obere Schicht der Bevölkerung; gesellschaftliche Oberschicht:* die Damen der G.; zur G. gehören. **4. a)** *Vereinigung mehrerer Menschen, die ein bestimmtes Ziel od. gemeinsame Interessen haben:* eine literarische G. gründen; **b)** (Wirtsch.) *Vereinigung mehrerer Personen od. einzelner Firmen zu einem Handels- od. Industrieunternehmen:* eine bankrotte G.; G. mit beschränkter Haftung (*Kapitalgesellschaft, bei der die Gesellschafter* 2 *nur mit ihrer Einlage haften;* Abk.: GmbH); eine G. gründen.

Ge|sell|schaf|ter, der; -s, -: **1.** *jmd., der eine Gesellschaft* (2 c) *unterhält:* ein amüsanter, glänzender G. **2.** (Wirtsch.) *Teilhaber an einem Wirtschaftsunternehmen:* ein stiller G. *(allein am Gewinn beteiligter Gesellschafter, der keine sonstigen Rechte u. Pflichten hat).* **3.** (verhüll.) *männliche Person, die jmdm. für sexuelle Kontakte zur Verfügung steht.*

Ge|sell|schaf|te|rin, die; -, -nen: **1. a)** *weibliche Person, die zur Begleitung u. Unterhaltung bei jmdm. angestellt ist;* **b)** w. Form zu ↑Gesellschafter (1). **2.** w. Form zu ↑Gesellschafter (2): diese Firma ist G. bei einem großen Unternehmen. **3.** (verhüll.) w. Form zu ↑Gesellschafter (3).

ge|sell|schaft|lich ⟨Adj.⟩: **1.** *die politischen, wirtschaftlichen, sozialen Verhältnisse einer Gesellschaft* (1) *betreffend:* die -en Verhältnisse; g. bedingt sein. **2.** *in der Gesellschaft* (3) *üblich; die guten Umgangsformen betreffend:* -e Formen. **3. a)** (marx.) *gemeinschaftlich; die Gesamtheit der Beziehungen der Menschen in einer bestimmten Gesellschaft betreffend:* -es Eigentum an Produktionsmitteln; **b)** (DDR) *der Gesellschaft nützend, dienend:* -e Arbeit.

Ge|sell|schafts|an|zug, der: *Anzug für einen offiziellen, festlichen Anlass.*

Ge|sell|schafts|da|me, die (veraltet): *Gesellschafterin* (1).

ge|sell|schafts|fä|hig ⟨Adj.⟩: *den Normen der Gesellschaft* (3) *entsprechend, von ihr anerkannt; korrekt:* nach diesem Skandal ist sie nicht mehr g.

Ge|sell|schafts|form, die: **1.** *Form, Art u. Weise, in der eine Gesellschaft* (1) *aufgebaut ist; Sozialstruktur.* **2.** (Wirtsch.) *Form, in der eine Gesellschaft* (4b) *aufgebaut ist:* die GmbH als G.

Ge|sell|schafts|in|seln ⟨Pl.⟩: Inselgruppe im südlichen Pazifischen Ozean.

Ge|sell|schafts|klas|se, die: *Klasse* (2) *innerhalb einer Gesellschaft* (1).

Ge|sell|schafts|klatsch, der: *Klatsch über die Gesellschaft* (3) *(bes. in Boulevardzeitungen).*

Ge|sell|schafts|kri|tik, die ⟨o. Pl.⟩: *Kritik an einer bestehenden Gesellschaft* (1).

ge|sell|schafts|kri|tisch ⟨Adj.⟩: *Gesellschaftskritik übend; der bestehenden Gesellschaft* (1) *kritisch gegenüberstehend.*

Ge|sell|schafts|leh|re, die ⟨o. Pl.⟩: **a)** *Schulfach, das Geschichte, Geographie u. Sozialkunde umfasst;* **b)** *Soziologie.*

Ge|sell|schafts|ord|nung, die: *Art u. Weise, wie eine Gesellschaft* (1) *wirtschaftlich, politisch u. sozial aufgebaut ist:* die kapitalistische, sozialistische G.

Ge|sell|schafts|po|li|tik, die: *Sozialpolitik:* eine gerechte G.; G. betreiben.

ge|sell|schafts|po|li|tisch ⟨Adj.⟩: *die Gesellschaftspolitik betreffend, zu ihr gehörend.*

Ge|sell|schafts|raum, der: *Raum, in dem Gesellschaften* (2 b) *veranstaltet werden.*

Ge|sell|schafts|rei|se, die: *organisierte Gruppenreise.*

Ge|sell|schafts|schicht, die: vgl. Gesellschaftsklasse.

Ge|sell|schafts|spiel, das: *unterhaltendes Spiel, das von mehreren Kindern od. Erwachsenen zusammen gespielt wird.*

Ge|sell|schafts|sys|tem, das: *System, nach dem eine Gesellschaft* (1) *politisch, wirtschaftlich u. sozial aufgebaut ist.*

Ge|sell|schafts|tanz, der: *nicht od. wenig improvisierter Tanz, der bei geselligen Festen getanzt wird (im Unterschied zu Ballett u. Volkstanz).*

Ge|sell|schafts|wis|sen|schaft, die: **1.** ⟨Pl.⟩ *Soziologie, politische Wissenschaften u. Volkswirtschaftslehre.* **2.** ⟨meist Pl.⟩ *Gesamtheit der Wissenschaften, die sich mit dem gesellschaftlichen Leben befassen.* **3.** (DDR) *Studienfach, das die philosophischen u. ideologischen Grundlagen des Sozialismus vermittelt.*

ge|ses|sen: ↑sitzen.

Ge|setz, das; -es, -e [mhd. gesetze, gesetzede, ahd. gisezzida, eigtl. = Festsetzung, zu ↑setzen]: **1.** *vom Staat festgesetzte, rechtlich bindende Vorschrift:* ein strenges G.; das G. zum Schutz von Minderjährigen; ein G. tritt in Kraft; ein G. beschließen, erlassen, verabschieden; die -e einhalten, brechen; gegen die -e verstoßen; eine Lücke im G. finden *(einen im Gesetz nicht berücksichtigten Fall ausnutzen);* mit dem G. in Konflikt geraten *(straffällig werden);* im G. *(Gesetzbuch)* nachschlagen; vor dem G. sind alle gleich *(bei der Rechtsprechung sollen keine Unterschiede nach Klasse, Hautfarbe, Geschlecht, Religion o. Ä. gemacht werden).* **2.** *einer Sache innewohnendes Ordnungsprinzip; unveränderlicher Zusammenhang zwischen bestimmten Dingen u. Erscheinungen in der Natur:* das G. von Angebot u. Nachfrage; * **das G. der Serie** *(Wahrscheinlichkeit, dass ein bisher immer gleiches Ereignis auch weiterhin eintreten wird);* **das G. des Handelns** *(zwingende Notwendigkeit zu handeln);* **das G. des Dschungels** *(Gesetz- u. Rechtlosigkeit; Verhaltensweise, für die jedes Mittel erlaubt scheint).* **3.** *feste Regel, Richtlinie, Richtschnur:* das ist ihm oberstes G.; * **ein ungeschriebenes G.** *(etw., was sich eingebürgert hat u., ohne dass es schriftlich fixiert ist, als verbindlich, als Richtschnur gilt).*

Ge|setz|blatt, das: *Amtsblatt zur Veröffentlichung von Gesetzen u. Verordnungen.*

Ge|setz|buch, das: *[großes] Buch, in dem alle Gesetze u. Verordnungen zu einem bestimmten Sachgebiet enthalten sind:* das Bürgerliche G. (Abk. BGB).

Ge|setz|ent|wurf, der: *dem Parlament vorgelegter Entwurf eines Gesetzes.*

Ge|set|zes|bre|cher, der: *jmd., der gegen die Gesetze verstoßen hat.*

Ge|set|zes|bre|che|rin, die; -, -nen: w. Form zu ↑Gesetzesbrecher.

G

Ge|set|zes|hü|ter, der (scherzh.): *Polizist.*

Ge|set|zes|hü|te|rin, die (scherzh.): w. Form zu ↑Gesetzeshüter.

Ge|set|zes|kraft, die ⟨o. Pl.⟩: *gesetzliche Gültigkeit:* der Entwurf hat G.

ge|set|zes|kun|dig ⟨Adj.⟩: *rechtskundig; sich in den Gesetzen auskennend.*

Ge|set|zes|no|vel|le, die: *Abänderung, Ergänzung, Nachtrag zu einem Gesetz.*

Ge|set|zes|samm|lung, die: *Sammlung von Gesetzestexten.*

Ge|set|zes|ta|fel, die ⟨meist Pl.⟩: *steinerne Tafel, auf der Gebote od. Gesetze geschrieben sind.*

Ge|set|zes|text, der: *Text, Wortlaut eines Gesetzes.*

Ge|set|zes|vor|la|ge, die: vgl. Gesetzentwurf.

Ge|set|zes|werk, das: *alle in einem bestimmten Zusammenhang erlassenen Gesetze.*

ge|setz|ge|bend ⟨Adj.⟩: *Gesetze beratend u. verabschiedend:* die -e Versammlung.

Ge|setz|ge|ber, der: *von der Verfassung bestimmtes Staatsorgan, das Gesetze erlässt:* das Parlament in seiner Funktion als G.

ge|setz|ge|be|risch ⟨Adj.⟩: *in der Funktion als Gesetzgeber; gesetzgebend:* -es Staatsorgan.

Ge|setz|ge|bung, die; -, -en: *Vorschlagen, Beraten u. Erlassen von Gesetzen:* bei der G. mitwirken.

ge|setz|lich ⟨Adj.⟩: *einem Gesetz* (1) *entsprechend; durch Gesetze geregelt, festgelegt:* -e Bestimmungen; ein -er Feiertag; die -en Vertreter.

Ge|setz|lich|keit, die; -: **1.** *Gesetzmäßigkeit, inneres Ordnungsprinzip.* **2.** *durch Gesetze geregelter Zustand.*

ge|setz|los ⟨Adj.⟩: *keinerlei Gesetze achtend:* ein -er Tyrann; -e Zustände *(Zustände, in denen keinerlei Gesetze mehr geachtet werden).*

Ge|setz|lo|sig|keit, die; -, -en: **a)** ⟨o. Pl.⟩ *das Fehlen von Gesetzen od. Vorschriften.* **b)** *Missachtung von Gesetzen.*

ge|setz|mä|ßig ⟨Adj.⟩: **1.** *einem inneren Gesetz folgend:* eine -e Entwicklung. **2.** *gesetzlich, rechtmäßig:* der -e Besitzer.

Ge|setz|mä|ßig|keit, die: *das Gesetzmäßigsein* (1).

Ge|setz|samm|lung: ↑Gesetzessammlung.

ge|setzt ⟨Adj.⟩: *[aufgrund des Alters od. der Erfahrung] ruhig u. besonnen, in sich gefestigt:* ein -er älterer Herr; sie ist in -erem Alter.

Ge|setzt|heit, die; -: *das Gesetztsein.*

ge|setz|wid|rig ⟨Adj.⟩: *gegen das Gesetz verstoßend:* eine -e Handlung.

Ge|setz|wid|rig|keit, die: *das Gesetzwidrigsein.*

ges. gesch. = gesetzlich geschützt.

[1]Ge|sicht, das; -[e]s, -er [mhd., ahd. gesiht = das Sehen, Anblicken; Erscheinung, Anblick, Aussehen; Gesicht, zu ↑sehen]: **1. a)** *bes. durch Augen, Nase u. Mund geprägte Vorderseite des menschlichen Kopfes vom Kinn bis zum Haaransatz:* ein hübsches, volles G.; ihr G. lief rot an; das G. abwenden; jmdm. ins G. sehen; jmdm./(auch:) jmdn. ins G. schlagen; er strahlte über das ganze G. (ugs.; *sein ganzes Gesicht drückte die Freude über etw. aus*); (auch von bestimmten [dem Menschen ähnlichen od. nahe stehenden] Tieren:) die Katze hat ein niedliches G.; * **sein wahres G. zeigen** *(seine eigentliche Gesinnung, seinen wirklichen Charakter offen durch etw. zutage treten lassen, sich nicht mehr verstellen);* **jmdm. wie aus dem G. geschnitten sein** *(jmdm. sehr ähnlich sehen);* **jmdm. ins G. lachen** *(jmdn. mit herausforderndem, höhnischem Lachen ansehen);* **jmdm. ins G. lügen** *(jmdn. frech anlügen);* **jmdm. etw. ins G. sagen** *(jmdm. offen u. rückhaltlos etw. [Unangenehmes] sagen);* **jmdm. nicht ins G. sehen/blicken können** *(jmdm. gegenüber ein schlechtes Gewissen haben, sich jmdm. gegenüber schämen u. deshalb seinen Blick nicht ertragen können);* **jmdm. ins G. springen** (ugs.; *mit großer Wut auf jmdn. losgehen, über jmdn. herfallen, jmdn. scharf zurechtweisen*); **den Tatsachen ins G./Auge sehen** *(eine Situation realistisch einschätzen u. entsprechend handeln);* **jmdm. zu Gesicht[e] stehen** *(zu jmdm. passen);* **b)** *Mensch (im Hinblick darauf, ob man ihn schon kennt od. nicht kennt):* ein bekanntes G.; lauter fremde -er; **c)** (selten) *Vorder- od. Oberseite eines Gegenstands.* **2.** *Miene, Gesichtsausdruck:* ein trauriges, beleidigtes G. machen; jmdm. etw. vom G. ablesen; * **ein anderes G. aufsetzen/machen** *(freundlicher, fröhlicher schauen;* meist als Aufforderung); **das G. wahren/retten** *(den Schein wahren, so tun, als ob alles in Ordnung sei;* LÜ von engl. to save one's face); **das G. verlieren** *(durch sein [enttäuschendes] Verhalten sein Ansehen verlieren, etw. von seiner Geltung einbüßen;* LÜ von engl. to lose face); **ein G. machen wie drei/sieben/acht/zehn/vierzehn Tage Regenwetter** *(besonders mürrisch, verdrießlich dreinblicken);* **ein langes G./lange -er machen** *(enttäuscht dreinblicken);* **etw. steht jmdm. im/ins G. geschrieben** *(etw. ist bei jmdm. als Gefühlsregung o. Ä. am Gesichtsausdruck deutlich erkennbar).* **3.** *[charakteristisches] Aussehen, äußeres Erscheinungsbild:* das G. der Stadt hat sich verändert; dieses Land hat viele -er *(kann sehr verschiedenartig erscheinen);* * **ein G. haben** *(das richtige, erwartete Aussehen haben);* **ein anderes G. bekommen** *(in einem anderen Licht erscheinen, anders aussehen).* **4.** ⟨o. Pl.⟩ (veraltet) *Sehvermögen, Gesichtssinn:* sie hat das G. verloren *(ist erblindet);* * **das zweite G.** (*Fähigkeit, Zukünftiges vorauszusehen;* nach engl. second sight); **jmdn./etw. aus dem G. verlieren** *(jmdn./etw. nicht mehr wahrnehmen, sehen; die Verbindung mit jmdm. verlieren);* **zu G. bekommen** *(zu sehen bekommen).*

[2]Ge|sicht, das; -[e]s, -e: *Vision:* -e haben.

Ge|sichts|aus|druck, der: *Miene.*

Ge|sichts|creme, die: *Hautcreme für das Gesicht.*

Ge|sichts|far|be, die: *Hautfarbe des Gesichts:* eine blasse G.

Ge|sichts|feld, das: **1.** *Teil eines Raumes, der mit unbewegtem Auge erfasst werden kann.* **2.** (Optik) *kreisförmiges Gebiet, das man durch optische Instrumente sehen kann.*

Ge|sichts|form, die: *Form des Gesichts* (1 a): eine runde, ovale G.

Ge|sichts|hälf|te, die: *eine der beiden Hälften des Gesichts:* die rechte G.

Ge|sichts|haut, die: *Haut des Gesichts.*

Ge|sichts|kon|trol|le, die (ugs., oft scherzh.): *bei bestimmten Veranstaltungen, Lokalen o. Ä. für den Zutritt geübtes Auswahlverfahren, u. zwar meist nach dem äußeren Eindruck dessen, der hineingehen will.*

Ge|sichts|krebs, der (Med.): *Hautkrebs im Bereich des Gesichts.*

Ge|sichts|kreis, der: **1.** *überschaubarer Umkreis:* das Auto entfernte sich aus meinem G.; **Ü** ich habe ihn ganz aus dem G. verloren *(treffe ihn nicht mehr, weiß nichts mehr von ihm).* **2.** (veraltet) *Horizont.* **3.** *durch Erfahrung u. Kenntnisse gewonnener geistiger Horizont:* seinen G. durch Reisen erweitern.

ge|sichts|los ⟨Adj.⟩: *(vom Menschen) keine besonderen, charakteristischen Eigenschaften erkennen lassend:* er bahnte sich geduldig seinen Weg durch die -en Massen in den Untergrundbahnhöfen.

Ge|sichts|mas|ke, die: **1.** *vor dem Gesicht getragene Maske, Larve.* **2.** *kosmetisches Präparat, das aufs Gesicht aufgetragen wird.* **3.** ([Eis]hockey) *vom Torhüter getragene Schutzmaske für das Gesicht.* **4.** (Med.) **a)** *Atemmaske;* **b)** *Mundschutz.*

Ge|sichts|mas|sa|ge, die: *kosmetische Massage des Gesichts.*

Ge|sichts|milch, die: *milchiges kosmetisches Präparat für das Gesicht.*

Ge|sichts|mus|kel, der: *Muskel im Bereich des Gesichts.*

Ge|sichts|nerv, der: vgl. Gesichtsmuskel.

Ge|sichts|par|tie, die: *Teil des Gesichts:* die obere G.

Ge|sichts|pfle|ge, die: vgl. Hautpflege.

Ge|sichts|punkt, der [LÜ von lat. punctum visus]: *Art u. Weise, eine Sache anzusehen u. zu beurteilen; Aspekt, unter dem eine Sache betrachtet werden kann:* persönliche -e; etw. unter einem neuen G., von einem pädagogischen G. aus betrachten.

Ge|sichts|ro|se, die (Med.): *Wundrose im Bereich des Gesichts.*

Ge|sichts|schä|del, der (Anat.): *vorderer Teil des menschlichen Schädels ohne das Stirnbein.*

Ge|sichts|sinn, der ⟨o. Pl.⟩: *Fähigkeit von Lebewesen, mithilfe bestimmter Organe Lichtsinnesreize aufzunehmen.*

Ge|sichts|täu|schung, die: *optische Täuschung.*

Ge|sichts|ver|lust, der: *Verlust an Ansehen, Wertschätzung.*

Ge|sichts|was|ser, das ⟨Pl. ...wässer⟩: *kosmetische Flüssigkeit zur Reinigung u. Pflege des Gesichts.*

Ge|sichts|win|kel, der: **a)** *Winkel, unter dem ein Gegenstand dem Betrachter von seinem Standpunkt aus erscheint;* **b)** *vgl. Gesichtspunkt.*

Ge|sichts|zug, der ⟨meist Pl.⟩: *Zug* (11): ihre Gesichtszüge waren streng und edel.

Ge|sims, das; -es, -e [Kollektivbildung zu ↑Sims]: **a)** *waagerecht aus einer Mauer hervortretendes, fensterbrettartiges Bauteil zur Gliederung von Außenwänden;* **b)** *gesimsartiger Vorsprung im Fels.*

Ge|sin|de, das; -s, - [mhd. gesinde, ahd. gisindi] (veraltet): *Gesamtheit der Knechte u. Mägde.*

Ge|sin|del, das; -s [Vkl. zu ↑Gesinde, urspr. = kleine Gefolgschaft, kleine (Krieger)schar] (abwertend): *Gruppe von Menschen, die als asozial, verbrecherisch o. ä. verachtet, abgelehnt wird:* lichtscheues G.

Ge|sin|de|ord|nung, die (hist.): *Verordnung, die Lohn, Arbeitszeit o. Ä. des Gesindes regelt.*

ge|sinnt ⟨Adj.⟩ [mhd. gesinnet = mit Sinn u. Verstand begabt, zu ↑Sinn]: *von, mit bestimmter Gesinnung:* ein sozial -er Politiker; christlich g. sein; * **jmdm./(selten:) gegen jmdn. g. sein** *(gegenüber jmdm. in bestimmter Weise eingestellt sein):* jmdm. freundlich g. sein.

Ge|sin|nung, die; -, -en [zu veraltet gesinnen = an etw. denken]: *Haltung, die jmd. einem anderen od. einer Sache gegenüber grundsätzlich einnimmt; geistige u. sittliche Grundeinstellung eines Menschen:* eine fortschrittliche G.; seine G. wechseln.

Ge|sin|nungs|ethik, die: *Moralphilosophie, die die sittliche Qualität einer Handlung allein bzw. primär nach der ihr zugrunde liegenden Gesinnung, d. h. nach dem subjektiven Wissen u. Wollen des handelnden Individuums bemisst.*

Ge|sin|nungs|ge|nos|se, der: *jmd., dessen [politische] Gesinnung man teilt.*

Ge|sin|nungs|ge|nos|sin, die: w. Form zu ↑Gesinnungsgenosse.

ge|sin|nungs|los ⟨Adj.⟩ (abwertend): *ohne sittliche Grundsätze:* ein -er Lump.

Ge|sin|nungs|lump, der (abwertend): *jmd., der seine Gesinnung der jeweiligen Lage anpasst.*

Ge|sin|nungs|tä|ter, der: *jmd., der aus einer politischen o. ä. Überzeugung heraus [nach geltendem Recht strafbar] handelt.*

Ge|sin|nungs|tä|te|rin, die: w. Form zu ↑Gesinnungstäter.

ge|sin|nungs|treu ⟨Adj.⟩: *einer Gesinnung treu bleibend:* eine -e Haltung.

Ge|sin|nungs|treue, die: *gesinnungstreue Haltung:* G. zeigen.

Ge|sin|nungs|wan|del, der: *Wandel der [politischen] Einstellung.*

ge|sit|tet ⟨Adj.⟩ [mhd. gesitet = gesitten, geartet, ahd. gesit = geartet, eigtl. 2. Part. von (gi)siton = bewirken, tun, zu ↑Sitte]: *sich den guten Sitten entsprechend benehmend, kultiviert, wohlerzogen:* ein -es Benehmen; -e *(zivilisierte)* Völker; sich g. aufführen; manch einer meint, Kinder sollten sich g. aufführen.

Ge|sit|tung, die; - (geh.): *gesittetes Wesen, zivilisiertes Verhalten; Kultiviertheit.*

Ge|socks, das; -[es] [H. u., viell. zu veraltet socken = [davon]laufen, also eigtl. = umherziehendes Volk] (salopp abwertend): *bestimmte Gruppe von Menschen, die als asozial, verbrecherisch o. ä. verachtet od. abgelehnt wird; Gesindel, [2]Pack.*

Ge|söff, das; -[e]s, -e [zu veraltet Soff, zu ↑Suff] (salopp abwertend): *schlecht schmeckendes Getränk:* ein übles, süßes G.

ge|sof|fen: ↑saufen.

ge|so|gen: ↑saugen.

ge|son|dert ⟨Adj.⟩: *von etw. anderem getrennt, extra, für sich:* -e Abrechnungen; etw. g. betrachten.

ge|son|nen [2: 2. Part. zu veraltet gesinnen = streben, trachten < mhd. gesinnen, ahd. gesinnan, zu ↑Sinn]: **1.** ↑sinnen. **2.** ⟨Adj.⟩ **g. sein, etw. zu tun** *(die Absicht haben, gewillt sein, etw. zu tun):* ich bin nicht g., meinen Plan aufzugeben.

ge|sot|ten: ↑sieden.

Ge|sot|te|ne, das; -n ⟨Dekl. ↑[2]Junge, das⟩ (landsch.): *gekochtes Fleisch:* Gebratenes und -s.

Ge|spann, das; -[e]s, -e [zu ↑spannen]: **1. a)** *vor einen Wagen o. Ä. gespannte Zugtiere:* ein G. Pferde; **b)** *Wagen mit einem Gespann* (1 a): ein G. mit vier Pferden; Ü ein reise- und bergfreudiges G. *(Auto mit Anhänger).* **2.** *zwei auf bestimmte Weise zusammengehörende Menschen:* ein merkwürdiges G. **3.** (schweiz.) *Lattengerüst.*

ge|spannt ⟨Adj.⟩ [zu ↑spannen]: **1.** *voller Erwartung den Ablauf eines Geschehens verfolgend; aus Neugierde aufmerksam:* -e Erwartung; ich bin g., ob es ihr gelingt; sie verfolgten g. das Geschehen. **2.** *von einem latenten Konflikt, von Gereiztheit zeugend:* -e Beziehungen; die Lage wird immer -er.

Ge|spannt|heit, die; -: **1.** *das Gespanntsein* (1); *erwartungsvolle Neugier, Aufmerksamkeit:* alle Gesichter waren mit einer schweigenden G. auf den Nikolaus gerichtet. **2.** *das Gespanntsein* (2); *Gereiztheit:* sie trennten sich bald und in deutlicher G.

Ge|spenst, das; -[e]s, -er [mhd. gespenst(e), ahd. gispensti = (Ver)lockung, (teuflisches) Trugbild, zu mhd. spanen, ahd. spanan = locken, reizen, eigtl. = anziehen, verw. mit ↑spannen]: *Furcht erregendes Spukwesen [in Menschengestalt];* [2]*Geist* (3): im alten Schloss geht ein G. um; du siehst aus wie ein G. *(sehr schlecht, bleich);* [nicht] an -er glauben; ***-er sehen** *(Dinge sehen, die gar nicht da sind; unbegründet Angst haben, sich unnötige Sorgen machen).*

Ge|spens|ter|ge|schich|te, die: *[literarisch gestaltete] Darstellung unheimlicher Begebenheiten.*

ge|spens|ter|haft ⟨Adj.⟩: *wie von Gespenstern herrührend; unheimlich:* eine -e Erscheinung.

Ge|spens|ter|schiff, das: *Schiff, das der Sage nach mit einer Besatzung von Toten auf dem Meer treibt.*

Ge|spens|ter|stun|de, die: *Stunde zwischen Mitternacht und ein Uhr.*

ge|spens|tig: ↑gespenstisch.

ge|spens|tisch ⟨Adj.⟩ [mhd. gespenstec = verführerisch, zauberisch]: *unheimlich, düster drohend; Furcht erregend:* ein -er Friedhof; g. aussehen.

ge|spie|ben: ↑speiben.

ge|spie|en, gespien: ↑speien.

Ge|spie|le, der; -n, -n [mhd. gespil(e) = Spielgefährte, Gespielin] (veraltend): **1. a)** *jmd., der als Kind mit einem anderen Kind häufig zusammenkommt u. mit ihm gemeinsam spielt; Spielkamerad;* **b)** *Vertrauter, enger Freund.* **2.** (scherzh.) [1]*Geliebter* (1 a).

Ge|spie|lin, die; -, -nen: w. Form zu ↑Gespiele.

ge|spien: ↑gespieen.

Ge|spinst, das; -[e]s, -e [mhd. gespunst, zu ↑spinnen]: **a)** *etw. Gesponnenes; zartes Gewebe, Netzwerk:* ein feines G.; **b)** (Textilind.) *endloser Faden.*

ge|splis|sen: ↑spleißen.

ge|spon|nen: ↑spinnen.

[1]Ge|spons, der; -es, -e [mhd. gespons, gespunse = Bräutigam, Braut < lat. sponsus, sponsa] (veraltet, noch scherzh.): *Bräutigam, Ehemann.*

[2]Ge|spons, das; -es, -e (veraltet, noch scherzh.): *Braut, Ehefrau.*

ge|spon|sert: ↑sponsern.

ge|spornt: **1.** ↑spornen. **2.** vgl. gestiefelt.

Ge|spött, das; -[e]s [mhd. gespötte, zu ↑spotten]: *Spott, Hohn:* sein G. mit jmdm. treiben; ***jmdn. zum G. machen** *(bewirken, dass jmd. Gegenstand des Spottes wird);* **zum G. werden,** (selten:) **jmds. G. sein/werden** *([sich lächerlich machen u.] von andern verspottet werden).*

Ge|spräch, das; -[e]s, -e [mhd. gespræche, ahd. gisprāchi = Rede, Unterredung, zu ↑sprechen]: **1.** *mündlicher Gedankenaustausch in Rede u. Gegenrede über ein bestimmtes Thema:* ein offenes, vertrauliches G.; die -e drehten sich um die gegenwärtige politische Lage; das Ereignis war das G. *(der Gesprächsstoff)* des Tages, des ganzen Ortes; das G. auf etw. bringen; ein G. mit jmdm., ein G. über etw.; die -e *(politischen Gespräche, Verhandlungen)* zwischen Washington und Moskau; ein G. führen; das G. beenden, unterbrechen, wieder aufnehmen; Gegenstand unseres -s waren die Wahlen; er konnte dem G. nicht folgen; sich an einem G. beteiligen; lass dich nicht auf/in ein G. mit ihm ein!; in ein G. vertieft sein; sich in ein G. einmischen; jmdn. in ein G. verwickeln; mit jmdm. ins G. kommen *(sich mit jmdm. unterhalten);* ***mit jmdm. im G. bleiben** *(mit jmdm. in Kontakt bleiben);* **im G. sein** *(Gegenstand von [öffentlich diskutierten] Verhandlungen sein):* er ist als Nachfolger im G. **2.** *Telefongespräch:* ein dienstliches, privates, dringendes G.; ein G. aus, mit Berlin; das G. kostet 90 Pfennig, wurde unterbrochen; ein G. mit London *(mit einem Teilnehmer in London)* führen; legen Sie das G. auf mein Zimmer! **3.** (ugs.) *Gegenstand eines Gesprächs; besprochenes Ereignis:* die Affäre wurde zum G. der ganzen Stadt.

ge|sprä|chig ⟨Adj.⟩ [spätmhd. gespræchec, zu mhd. gespræche < ahd. gisprāchi = beredt]: *zum Reden, Erzählen aufgelegt, gern bereit:* ein -er älterer Herr; du bist heute aber nicht sehr g.

Ge|sprä|chig|keit, die; -: *das Gesprächigsein, gesprächiges Wesen.*

Ge|sprächs|fet|zen, der: *aus dem Zusammenhang gerissener Teil eines Gesprächs* (1).

Ge|sprächs|ge|gen|stand, der: *Gesprächsthema:* der bevorzugte G. sind Mädchen, Partys und Diskotheken.

Ge|sprächs|kreis, der: *Gruppe von Personen, die gemeinsame Gespräche* (1) *führen.*

Ge|sprächs|lei|ter, der: vgl. Diskussionsleiter.

Ge|sprächs|lei|te|rin, die: w. Form zu ↑Gesprächsleiter.

Ge|sprächs|par|ti|kel, die (Sprachw.): *Partikel ohne eigentliche Bedeutung, die in einem Gespräch benutzt wird, um Pausen zu überbrücken od. dem Gesprächspartner eine Information darüber zu geben, ob u. wie eine Äußerung aufgenommen worden ist* (z. B. äh, aha).

Ge|sprächs|part|ner, der: *jmd., mit dem man ein Gespräch* (1) *führt:* ein interessanter G.

Ge|sprächs|part|ne|rin, die: w. Form zu ↑Gesprächspartner.

Ge|sprächs|run|de, die: vgl. Diskussionsrunde.

Ge|sprächs|stoff, der: *Stoff* (4 b) *eines Gesprächs:* sie hatten genügend G.

Ge|sprächs|teil|neh|mer, der: *jmd., der an einem Gespräch* (1) *teilnimmt.*

Ge|sprächs|teil|neh|me|rin, die: w. Form zu ↑Gesprächsteilnehmer.

Ge|sprächs|the|ma, das: *Thema eines Gesprächs:* der Wahlkampf war kein G.; ein unerschöpfliches G.; die Flugzeugentführung war G. Nummer eins.

ge|sprächs|wei|se ⟨Adv.⟩: *durch ein Gespräch* (1); *während, im Laufe eines Gesprächs* (1).

ge|spreizt ⟨Adj.⟩ (abwertend): *[in der Ausdrucksweise] geziert u. unnatürlich:* -er Stil.

Ge|spreizt|heit, die; -: *das Gespreiztsein.*

ge|spren|kelt ⟨Adj.⟩ [zu ↑Sprenkel]: *Sprenkel aufweisend:* -e Vogeleier; die Krawatte ist bunt g.

Ge|spritz|te, Gspritzte, der; -n, -n ⟨Dekl. ↑Abgeordnete⟩ (bes. südd., österr.): *Wein mit Mineralwasser.*

ge|spro|chen: ↑sprechen.

ge|spros|sen: ↑[2]sprießen.

ge|sprun|gen: ↑springen.

Ge|spür, das; -s [mhd. gespür = Spur (1 a)]: *Fähigkeit, einen verborgenen, nicht deutlich sichtbaren Sachverhalt gefühlsmäßig zu erfassen; Gefühl* (3 b): ein feines, sicheres G. für etw. haben; ohne G. für die Zusammenhänge.

gest. = gestorben (Zeichen: †).

Ge|sta|de, das; -s, - [mhd. gestat, Kollektivbildung zu: stade, ahd. stad(o) = Ufer, zu ↑stehen] (dichter.): *Teil des festen Landes, der an das Wasser grenzt; Küste, Ufer.*

ge|staf|felt: ↑staffeln.

Ges|ta|gen, das; -s, -e [zu lat. gestatio = das Tragen u. ↑-gen]: *Hormon, das der Vorbereitung u. Erhaltung der Schwangerschaft dient.*

Ge|stalt, die; -, -en [mhd. gestalt = Aussehen, Beschaffenheit; Person, Substantivierung von: gestalt, ahd. gistalt, 2. Part. von ↑stellen]: **1.** ⟨Pl. selten⟩ *sichtbare äußere Erscheinung des Menschen im Hinblick auf die Art des Wuchses:* eine untersetzte, schmächtige G.; zierlich von G.; der Teufel in [der] G. der Schlange *(in der Schlange verkörpert).* **2.** *unbekannte, nicht näher zu identifizierende Person:* vermummte, dunkle -en. **3. a)** *Persönlichkeit, wie sie sich im Bewusstsein anderer herausgebildet hat:* die großen -en der Geschichte; **b)** *von einem Dichter o. Ä. geschaffene Figur:* die zentrale G. eines Romans. **4.** ⟨Pl. selten⟩ *Form, die etw. hat, in der etw. erscheint; sichtbare Form eines Stoffes:* der Grundriss der Kirche hat die G. eines Achtecks; ***G. annehmen/gewinnen** *(sich mit der Zeit deutlicher gestalten u. Wirklichkeit werden):* der Plan nimmt allmählich G. an; **einer Sache G. geben/verleihen** *(etw. deutlich, wirklich werden lassen);* **in G. von/in G. einer Sache** *(das Aussehen, die Erscheinung, Form habend von; erscheinend, vorhanden seiend als):* Gas wurde in G. von aufsteigenden Bläschen sichtbar; (Papierdt.:) Unterstützung in G. von Nahrungsmitteln; **sich in seiner wahren G. zeigen** *(zeigen, wer man wirklich ist; sich entlarven).*

ge|stal|ten ⟨sw. V.; hat⟩: **1.** *einer Sache eine bestimmte Form, ein bestimmtes Aussehen geben:* den Abend abwechslungsreich g.; eine Lage erträglich g. *(Schwierigkeiten o. Ä. in Grenzen halten).* **2.** ⟨g. + sich⟩ *sich in einer bestimmten Art entwickeln; werden:* der Aufstieg gestaltete sich schwieriger als gedacht.

Ge|stal|ter, der; -s, -: *jmd., der etw. gestaltet:* der G. eines Films, Kunstwerks.

Ge|stal|te|rin, die; -, -nen: w. Form zu ↑Gestalter.

ge|stal|te|risch ⟨Adj.⟩: *die Gestaltung betreffend; künstlerisch:* seine -en Fähigkeiten.

ge|stalt|los ⟨Adj.⟩: *keine klar umrissene Form aufweisend.*

Ge|stalt|lo|sig|keit, die; -: *das Gestaltlossein.*

Ge|stal|tung, die; -, -en: **1.** ⟨Pl. selten⟩ *das Gestalten* (1), *Gestaltetsein:* die geschmackvolle G. einer Galerie; die G. des Unterrichts; die äußere G. einer Zeitschrift. **2.** (seltener) *etw. Gestaltetes, gestaltete Einheit.*

Ge|stal|tungs|ele|ment, das: *gestalterisches Element.*

Ge|stal|tungs|form, die: *Form der Gestaltung.*

Ge|stal|tungs|prin|zip, das: *Prinzip, nach dem etw. gestaltet ist.*

Ge|stam|mel, das; -s (ugs., oft abwertend): **a)** *[dauerndes] Stammeln;* **b)** *gestammelte Worte, Sätze:* sein unverständliches G.

ge|stan|den [2: eigtl. = (seinem Gegner) standgehalten habend]: **1.** ↑stehen. **2.** ⟨Adj.⟩ *(meist von Männern) [reiferen Alters u.] erfahren, erprobt, sich auf seinem Gebiet auskennend:* ein -er Mann, Parlamentarier. **3.** ***-e Milch** (landsch.; *Sauermilch, Dickmilch).*

ge|stän|dig ⟨Adj.⟩ [mhd. gestendec = zustimmend, zu ↑gestehen]: *ein Vergehen, Unrecht, seine Schuld [vor Gericht od. auf der Polizeibehörde] eingestehend:* ein -er Angeklagter; der Verhaftete war g.

Ge|ständ|nis, das; -ses, -se: *das Eingestehen einer Schuld, eines Vergehens [vor Gericht od. auf der Polizeibehörde]:* ein erzwungenes G.; ein [umfassendes] G. ablegen; sein G. widerrufen; ich muss dir ein G. machen *(etw. sagen, was ich bisher verschwiegen habe).*

Ge|stän|ge, das; -s, - [Kollektivbildung zu ↑Stange]: **1.** *miteinander verbundene Stangen, die etw. zusammenhalten, tragen, stützen:* das G. eines Bettes, eines Karussells. **2.** (Technik) *aus mehreren durch Gelenke verbundenen Stangen u. Hebeln zusammengesetzte Vorrichtung zur Übertragung von Schub- u. Zugkräften:* das G. einer Dampflokomotive. **3.** (Bergmannsspr.) *Gleis in einer Grube.*

Ge|stank, der; -[e]s [mhd. gestanc, Kollektivbildung zu mhd., ahd. stanc = (schlechter) Geruch] (abwertend): *übler Geruch:* ein scheußlicher, schwefliger G.; ein G. von faulen Eiern schlug ihnen entgegen.

Ge|stän|ker, das; -s [zu ↑stänkern] (ugs. abwertend): *[dauerndes] Stänkern.*

Ge|sta|po [geˈstaːpo, auch: gəˈʃtaːpo], die; - [Kurzwort aus **Ge**heime **Sta**ats**po**lizei]: *politische Polizei des nationalsozialistischen Regimes:* er drohte mir mit G. und Konzentrationslager.

Ge|sta|po|me|tho|den ⟨Pl.⟩ (abwertend): *unmenschliche, den Methoden der Gestapo ähnliche Behandlung.*

Ges|ta|ti|on, die; -, -en [lat. gestatio = das Tragen, zu: gestare = tragen, Intensivbildung zu: gerere, ↑Geste] (Med.): *Schwangerschaft (in ihrem physiologischen Verlauf).*

ge|stat|ten ⟨sw. V.; hat⟩ [mhd. gestaten, ahd. gistatōn, zu ahd. stata = rechter Ort]: **1.** *[in förmlicher Weise] einwilligen, dass jmd. etw. tut od. lässt:* jmdm. den Aufenthalt in einem Raum g.; jmdm. g., die Bibliothek zu benutzen; ich werde das Fenster öffnen, wenn Sie gestatten; (häufig als Höflichkeitsformel:) gestatten Sie [eine Frage]: Wann waren Sie zuletzt dort?; gestatten Sie, dass ich rauche?; gestatten Sie? *(darf ich?).* **2.** ⟨g. + sich⟩ (geh.) *sich die Freiheit zu etw. nehmen:* ich gestatte mir, Sie zum Essen einzuladen; (als Höflichkeitsformel:) wenn ich mir eine Bemerkung g. darf, … **3.** *als Voraussetzung etw. zulassen, die Voraussetzung für etw. bieten; ermöglichen:* das gestattet mein Einkommen nicht; wenn die Umstände, Verhältnisse es gestatten, werde ich kommen; wenn meine Gesundheit es gestattet, werde ich an der Sitzung teilnehmen.

Ge|stat|tung, die; -, -en: *das Gestatten; das Gestattetwerden.*

Ges|te [auch: ˈgeːstə], die; -, -n [Ende des 15. Jh.s in der Wendung gesten machen, lat. gestus = Gebärdenspiel des Schauspielers od. Redners, zu: gerere (2. Part.: gestum) = tragen; zur Schau tragen; aus-, vollführen; (refl.:) sich benehmen]: **1.** *spontane od. bewusst eingesetzte Bewegung des Körpers, bes. der Hände u. des Kopfes, die jmds. Worte begleitet od. ersetzt [u. eine bestimmte innere Haltung ausdrückt]:* eine verlegene, feierliche, typische G.; jmdn. mit einer einladenden G. ins Haus bitten. **2.** *Handlung od. Mitteilung, die etw. indirekt ausdrücken soll:* das Angebot war nur eine G.; etw. als freundliche G. betrachten.

Ge|steck, das; -[e]s, -e [zu ↑stecken]: **1.** *[vom Floristen] in bestimmter Anordnung in einer Schale o. Ä. fest eingesetztes Blumenarrangement.* **2.** (bayr., österr.) *Hutschmuck [aus Federn od. einem Gamsbart].*

ge|steckt [2. Part. von ↑stecken]: in der Wendung **g. voll** (ugs.; *so voll, dass niemand, nichts mehr Platz findet).*

ge|ste|hen ⟨unr. V.; hat⟩ [mhd. gestēn, ahd. gistān, eigtl. = zur Aussage vor Gericht treten, zu ↑stehen]: **a)** *eine Tat, ein Unrecht, das man begangen hat, zugeben, bekennen:* die Tat, das Verbrechen g.; er hat ihr alles gestanden; ⟨auch ohne Akk.-Obj.:⟩ keiner der Angeklagten hat gestanden; **b)** *Gefühle, einen Sachverhalt offen aussprechen:* die Wahrheit g.; jmdm. seine Liebe g.; ich muss zu meiner Schande g., dass ich vergessen habe, das Buch zurückzugeben; offen gestanden, ich habe keine rechte Lust dazu.

Ge|ste|hungs|kos|ten ⟨Pl.⟩ [zu mhd. gestēn = zu stehen kommen, kosten] (Wirtsch.): *Kosten der Herstellung; Selbstkosten.*

Ge|stein, das; -[e]s, -e [mhd. gesteine, ahd. gisteini = Edelsteine, Schmuck, Kollektivbildung zu ↑Stein]: **1.** *aus Mineralien bestehender, fester Teil der Erdkruste:* kristallines G. **2.** [1]*Fels:* brüchiges G.

Ge|steins|ader, die: *Ader* (3 d).

ge|steins|bil|dend ⟨Adj.⟩: *Gestein bildend:* -e Mineralien.

Ge|steins|bil|dung, die: *Bildung von Gestein.*

Ge|steins|block, der ⟨Pl. …blöcke⟩: *große zusammenhängende Masse von Gestein.*

Ge|steins|bro|cken, der: vgl. Felsbrocken.

Ge|steins|hül|le, die ⟨o. Pl.⟩: *äußere Hülle der Erde aus Gestein.*

Ge|steins|kun|de, die ⟨o. Pl.⟩: *Petrologie:* beschreibende G. *(Petrographie).*

Ge|steins|mas|se, die: *Masse von Gestein.*

Ge|steins|schicht, (österr. auch:) **Ge|steins|schich|te,** die: *Schicht von Gestein* (1).

Ge|steins|schich|tung, die: *Schichtung eines Gesteins.*

Ge|steins|schol|le, die (Geol.): *Scholle* (3).

Ge|steins|stück, das: vgl. Gesteinsbrocken.

Ge|steins|trüm|mer ⟨Pl.⟩: vgl. Gesteinsbrocken.

Ge|stell, das; -[e]s, -e [mhd. gestelle = Gestell, Aufbau; Gestalt, ahd. gistelli = Gestell; Lage, Standort, eigtl. = Zusammengestelltes, zu ↑Stall, heute auf ↑stellen bezogen]: **1.** *Aufbau aus Stangen, Brettern o. Ä., auf den etw. gestellt od. gelegt werden kann:* die Flaschen liegen auf einem G. **2.** *Unterbau, fester Rahmen* (z. B. einer Maschine, eines Apparats): das G. des Hochofens; Ü zieh dein G. ein! (salopp; *nimm deine Beine weg!*). **3.** (salopp) *Person mit einem dürren Körper.* **4.** (Jägerspr.) *schneisenartig ausgehauenes Waldstück.* **5.** kurz für ↑Brillengestell.

ge|stelzt: ↑stelzen.

ges|tern ⟨Adv.⟩ [mhd. gester(n), ahd. gesteron, eigtl. = am anderen Tag]: **1.** *an dem Tag, der dem heutigen unmittelbar vorausgegangen ist:* g. Vormittag, um dieselbe Zeit; g. früh, (auch:) Früh; g. vor einer Woche; (landsch.:) in der Nacht auf, zu g.; er ist seit g. krank; die Zeitung ist von g. *(ist gestern erschienen).* **2.** *früher:* die Welt von g.; (subst.:) keinen Gedanken an das Gestern verschwenden; * **von g. sein** (ugs.; *altmodisch, unmodern, rückständig, dumm sein;* nach Hiob 8, 9): ihre Ideen, diese Leute sind einfach von g.

ge|stie|felt ⟨Adj.⟩ [2. Part. von veraltet sich stiefeln = Stiefel anziehen]: *mit Stiefeln versehen, Stiefel tragend:* ein -er Bursche; das Märchen vom Gestiefelten Kater; * **g. und gespornt** (ugs. scherzh.; *fertig, bereit zum Aufbruch).*

ge|stie|gen: ↑steigen.

ge|stielt ⟨Adj.⟩: *mit einem Stiel* (1 a, 2 b) *versehen.*

Ges|tik, die; - [zu ↑Geste]: *Gesamtheit der Gesten [als Ausdruck einer charakteristischen inneren Haltung]:* die G. eines Schauspielers; jmdn. an seiner G. erkennen.

Ges|ti|ku|la|ti|on, die; -, -en [lat. gesticulatio]: *das Gestikulieren.*

ges|ti|ku|lie|ren ⟨sw. V.; hat⟩ [lat. gesticulari, zu gesticulus = pantomimische Bewegung, Vkl. von: gestus, ↑Geste]: *heftige Bewegungen mit Armen u. Händen ausführen [um sich verständlich zu machen]:* aufgeregt mit dem Stock g.

ge|stimmt: ↑stimmen.

Ge|stimmt|heit, die; -, -en (geh.): *Stimmung, in die jmd. versetzt worden ist.*

Ge|stirn, das; -[e]s, -e [mhd. gestirne, ahd. gistirni = Sterne, Kollektivbildung zu ↑[2]Stern]: **a)** *selbst leuchtender od. Licht von anderen Planeten reflektierender Himmelskörper:* den Gang der -e verfolgen; **b)** (selten) [2]*Stern* (1 b): aus den -en das Schicksal lesen.

ge|sto|ben: ↑stieben.

ge|sto|chen: 1. ↑stechen. **2.** ⟨Adj.⟩ *äußerst sorgfältig; genau:* eine -e Handschrift; in -em Deutsch schreiben; die Kamera liefert g. *(sehr)* scharfe Bilder.

ge|stoh|len: ↑stehlen.

Ge|stöhn, das; -[e]s, **Ge|stöh|ne,** das; -s (ugs. abwertend): *[anhaltendes] Stöhnen:* jmds. G. nicht mehr ertragen.

ge|stopft: ↑stopfen.

ge|stor|ben: ↑sterben; vgl. gest.

ge|stört ⟨Adj.⟩: *durch bestimmte Umstände, Ereignisse belastet u. beeinträchtigt:* Kinder aus -en Familienverhältnissen; * **geistig g.** *([zeitweise] nicht über seine [volle] geistige Kraft verfügend u. krankhaft wirr im Denken u. Handeln):* jmdn. für geistig g. halten.

ge|sto|ßen: ↑stoßen.

Ge|stot|ter, das; -s (ugs., meist abwertend): *[dauerndes] Stottern:* hör auf mit deinem G.!

Ge|sträuch, das; -[e]s, -e [spätmhd. gestriuche, zu ↑Strauch]: **a)** *[dicht] nebeneinander wachsende Sträucher mit vielen Zweigen:* dorniges G.; **b)** *Reisig, Strauchwerk:* dürres G. verbrennen.

ge|streckt: ↑strecken (1 a).

ge|streift ⟨Adj.⟩: *(in regelmäßigen Abständen) Streifen aufweisend:* -e Tapeten; der Rock ist blau-weiß g.

ge|streng ⟨Adj.⟩ [mhd. gestrenge, eigtl. = stark, gewaltig] (veraltend): *streng u. furchtgebietend.*

ge|stresst: ↑stressen.

ge|stri|chen: ↑streichen.

Ge|strick, das; -[e]s, -e (Fachspr.): *etw. Gestricktes; Strickware.*

gest|rig ⟨Adj.⟩ [mhd. gesteric, ahd. gesterig, zu ↑gestern]: **1.** *gestern gewesen, von gestern:* die -e Zeitung; unser -es Gespräch. **2.** *altmodisch, nicht fortschrittlich; rückständig:* jmdn. als g. abtun; in seinen Anschauungen, Methoden völlig g. sein.

ge|stromt ⟨Adj.⟩ [zu veraltet Strom, Nebenf. von mhd. strām = Streifen]: *(von Hunden od. Katzen) im Fell einzelne ineinander laufende Querstreifen aufweisend.*

Ge|strüpp, das; -[e]s, -e [Kollektivbildung zu mhd. struppe = Buschwerk]: *wild wachsendes, fast undurchdringliches Gesträuch:* etw. ins G. werfen; Ü das G. der Barthaare; sich im G. der Paragraphen verfangen.

ge|stuft: ↑stufen.

Ge|stühl, das; -[e]s, -e [mhd. gestüele, ahd. gistuoli, Kollektivbildung zu ↑Stuhl]: *Gesamtheit aller Stühle, Sitzgelegenheiten, die in bestimmter Anordnung in einem größeren Raum aufgestellt sind:* das G. im Theater, in einer Kirche.

ge|stun|ken: ↑stinken.

ge|stürzt ⟨Adj.⟩ (Heraldik): *nach unten zeigend; auf den Kopf gestellt:* eine -e Krone.

Ge|stüt, das; -[e]s, -e [Kollektivbildung zu ↑Stute]: **1.** *Betrieb, der Pferde züchtet:* ein G. besitzen; Ferien auf einem G. **2.** *Gesamtheit aller Pferde eines Gestüts* (1). **3.** *Gesamtheit der Abstammungsmerkmale eines Pferdes.*

Ge|stüt|hengst, der: *Hengst eines Gestüts.*

Ge|stüts|brand, der: *Brandzeichen eines Gestüts.*

ge|stylt [gəˈstaɪlt]: ↑stylen.

Ge|such, das; -[e]s, -e [zu ↑suchen; mhd. gesuoh, ahd. gisuoh = Erwerb; Ertrag]: *Schreiben, das eine Privatperson an eine Behörde od. an jmdn. mit entsprechender Befugnis richtet, um in einem bestimmten Fall eine Bewilligung od. Genehmigung zu erhalten:* ein G. auf, um Erhöhung der Pensionsbezüge; ein G. einreichen, ablehnen, abschlägig bescheiden; einem G. entsprechen.

ge|sucht ⟨Adj.⟩: **a)** *unter größter Anstrengung zustande gekommen u. unecht wirkend, gekünstelt:* ein -er Briefstil; **b)** *begehrt:* -e Antiquitäten.

Ge|summ, das; -[e]s, **Ge|sum|me,** das; -s (oft abwertend): *[dauerndes] Summen.*

ge|sund ⟨Adj.; gesünder, seltener: gesunder, gesündeste, seltener: gesundeste⟩ [mhd. gesunt, ahd. gisunt, ablautend verw. mit ↑geschwind]: **1. a)** *ohne Störung im körperlichen, seelischen u. geistigen Wohlbefinden; durch Krankheit nicht beeinträchtigt, keine Schäden durch Krankheit aufweisend:* ein -es Kind; -e Zähne; ein -er

Magen; g. und munter sein; bleib schön g.!; einen Kranken g. pflegen, machen; jmdn. als g. entlassen; (auch von Pflanzen:) ein -er Obstbaum; das Getreide ist nicht g.; Ü ein -er Mittelstand; die Firma, das Unternehmen ist [nicht] g. *(ist wirtschaftlich [nicht] gesichert);* **b)** *[durch sein Aussehen] von Gesundheit zeugend:* er, sein Gesicht hat eine -e Farbe; sie hat einen -en *(starken)* Appetit. **2.** *die Gesundheit fördernd, ihr zuträglich:* eine -e Luft, Lebensweise; Obst essen ist g.; g. leben; Ü diese Strafe ist ganz g. für dich *(ist ganz heilsam für dich, wird dir eine Lehre sein).* **3.** *der allgemeinen menschlichen Beurteilung nach richtig, vernünftig, normal:* seinen -en Menschenverstand walten lassen; ein -er Ehrgeiz; R aber sonst bist du g.? (ugs.; *du bist wohl nicht ganz bei Verstand!*). **4.** (Jägerspr.) *nicht getroffen; nicht angeschossen u. daher kein Blut verlierend.*

ge|sund|be|ten ⟨sw. V.; hat⟩ (oft abwertend): *jmds. Krankheit durch das Sprechen von Gebeten, Sprüchen o. Ä. behandeln mit dem Anspruch, ihn auf diese Weise gesund zu machen:* er wollte sich nicht g. lassen.

G

Ge|sun|de, der u. die; -n, -n ⟨Dekl. ↑Abgeordnete⟩: *jmd., der gesund, nicht krank ist:* G. und Kranke.

ge|sun|den ⟨sw. V.⟩ [mhd. gesunden = gesund machen, gesund bleiben] (geh.): **1.** *wieder gesund werden* ⟨ist⟩: in diesem Klima gesunden die Patienten verhältnismäßig rasch. **2.** *sich wieder erholen, einen guten Zustand erreichen* ⟨ist⟩: die Maßnahmen ließen das Land, die Finanzen g. **3.** *sich wieder erholen od. einen guten Zustand erreichen lassen* ⟨hat⟩: seine Regierung hat den Staat gesundet.

Ge|sund|heit, die; - [mhd. gesundheit]: *Zustand od. bestimmtes Maß körperlichen, seelischen od. geistigen Wohlbefindens; Nichtbeeinträchtigung durch Krankheit:* eine robuste, schwache G.; seine G. ist sehr angegriffen; etw. schadet der G.; sich bester G. erfreuen; auf jmds. G. trinken *(jmdm. zutrinken);* bei guter G. sein; über seine G. *(über Störungen seines Wohlbefindens)* klagen; in der Glückwunschformel G. und [ein] langes Leben!; G.! (Ausruf, der den Wunsch ausdrückt, dass jmd., der gerade geniest hat, gesund bleiben möge); Ü eine finanzielle, moralische G.; die G. der Wirtschaft;

ge|sund|heit|lich ⟨Adj.⟩: **a)** *die Gesundheit betreffend:* g. nicht auf der Höhe sein; **b)** *der Gesundheit dienend.*

Ge|sund|heits|amt, das: *staatliche Behörde in einem Stadt- oder Landkreis für das Gesundheitswesen.*

Ge|sund|heits|be|hör|de, die: vgl. Gesundheitsamt.

Ge|sund|heits|für|sor|ge, die: *[staatliche] Fürsorge zur Beseitigung od. Vorbeugung gesundheitlicher Notstände.*

ge|sund|heits|ge|fähr|dend ⟨Adj.⟩: *die Gesundheit gefährdend, bedrohend:* übermäßiges Essen, das Rauchen ist g.

Ge|sund|heits|ge|fähr|dung, die: *Gefährdung der Gesundheit.*

Ge|sund|heits|leh|re, die ⟨o. Pl.⟩: *Hygiene* (1).

Ge|sund|heits|pfle|ge, die: *Maßnahmen zur Erhaltung u. Förderung der Gesundheit:* öffentliche G.

Ge|sund|heits|po|li|tik, die: *Gesamtheit der Bestrebungen auf dem Gebiet der öffentlichen Gesundheitspflege.*

ge|sund|heits|po|li|tisch ⟨Adj.⟩: *die Gesundheitspolitik betreffend.*

Ge|sund|heits|re|form, die (ugs.): *Reform des Gesundheitswesens.*

ge|sund|heits|schä|di|gend, ge|sund|heits|schäd|lich ⟨Adj.⟩: *der Gesundheit schadend:* diese Stoffe sind g.

Ge|sund|heits|schutz, der: *Maßnahmen zum Schutz der Gesundheit.*

Ge|sund|heits|we|sen, das ⟨o. Pl.⟩: *Gesamtheit der staatlichen Einrichtungen zur Förderung u. Erhaltung der Gesundheit, zur Bekämpfung von Krankheiten od. Seuchen.*

Ge|sund|heits|zu|stand, der ⟨o. Pl.⟩: *gesundheitliches Befinden.*

ge|sund|ma|chen, sich ⟨sw. V.; hat⟩ (ugs., oft abwertend): *gesundstoßen:* am Verkauf dieser Produkte haben sie sich gesundgemacht.

ge|sund|schrei|ben ⟨st. V.; hat⟩ (ugs.): *jmdm. seine Arbeitsfähigkeit schriftlich bescheinigen.*

ge|sund|schrump|fen ⟨sw. V.; hat⟩ (ugs.): *aus Gründen der Rentabilität die Produktion eines Unternehmens, eines Wirtschaftszweiges einschränken:* die Landwirtschaft, eine Firma g.

ge|sund|sto|ßen, sich ⟨st. V.; hat⟩ [aus der Börsensprache: vor dem Börsensturz Aktien abstoßen, wodurch man seine wirtschaftliche Lage verbessert] (ugs., oft abwertend): *durch geschicktes Vorgehen od. Manipulieren bei einem Geschäft o. Ä. seine wirtschaftliche Lage verbessern, sich bereichern:* sich durch überhöhte Rechnungen, mit alten Autos g.

Ge|sun|dung, die; - (geh.): **1.** *das Gesunden* (1): seine G. macht langsam Fortschritte. **2. a)** *das Gesunden* (2): die erste Stufe der G.; **b)** *das Gesunden* (3): die G. der Finanzen.

ge|sun|gen: ↑singen.

ge|sun|ken: ↑sinken.

get. = getauft (Zeichen: ≈).

ge|tan: ↑tun.

Geth|se|ma|ne, (ökum.:) Getsemani: Garten am Ölberg bei Jerusalem, die Stätte der Gefangennahme Christi.

Ge|tier, das; -[e]s [mhd. getier, Kollektivbildung zu ↑Tier]: **a)** *nicht näher charakterisierte Tiere:* das G. des Waldes; jagdbares G.; **b)** *nicht näher charakterisiertes einzelnes Tier (bes. Insekt):* was ist denn das für ein G. an der Wand?

ge|ti|gert ⟨Adj.⟩ [zu ↑Tiger]: **a)** *ungleiche Flecke am ganzen Fell aufweisend:* -e Doggen; **b)** *dunkle Querstreifen aufweisend:* -e Katzen.

Ge|tön, das; -[e]s, **Ge|tö|ne,** das; -s: **a)** *[anhaltendes] Tönen:* das feine G. der Telegrafenstangen; **b)** (ugs. abwertend) *angeberisches Gerede.*

Ge|to|se, das; -s: *[anhaltendes] Tosen:* das G. des Sturms.

Ge|tö|se, das; -s [mhd. gedœʒe, Kollektivbildung zu mhd., ahd. dōʒ = Geräusch] (oft abwertend): *tosendes Geräusch, Lärm:* das G. der Wellen; mach nicht solch ein G.!; mit lautem G.

ge|tra|gen [2: nach ital. portare la voce = die Stimme tragen, kunstgerecht singen]: **1.** ↑tragen. **2.** ⟨Adj.⟩ *in gemessenem Tempo u. mit ruhigem Ernst erklingend, vorgetragen:* eine -e Melodie; etw. sehr g. spielen.

Ge|tram|pel, das; -s (ugs., auch abwertend): *[dauerndes] Trampeln:* das laute G. und Gejohle der Fans.

Ge|tränk, das; -[e]s, -e [mhd. getrenke, Kollektivbildung zu ↑Trank]: *zum Trinken zubereitete Flüssigkeit:* ein heißes, erfrischendes, alkoholisches, alkoholfreies G.; -e anbieten.

Ge|trän|ke|au|to|mat, der: *Automat* (1 a) *für Getränke.*

Ge|trän|ke|markt, der: *Markt* (4), *in dem ausschließlich Getränke verkauft werden.*

Ge|tratsch, das; -[e]s, **Ge|trat|sche,** das; -s (ugs. abwertend): *das Tratschen; Klatsch:* nicht in das allgemeine G. über jmdn. einstimmen.

ge|trau|en, sich ⟨sw. V.; hat⟩ [mhd. getrouwen, ahd. gitrūwen = (sich) zutrauen, zu ↑trauen]: *genug Mut besitzen, etw. zu tun:* ich getraue mich/(seltener:) mir nicht, das zu tun; das getraut er sich bestimmt nicht.

Ge|trei|de, das; -s, - [mhd. getreide, getregede = Bodenertrag; Körnerfrucht, ahd. gitregidi = Ertrag, Besitz, eigtl. = das, was getragen wird, zu ↑tragen]: *Pflanzen, die angebaut werden, um aus ihren in Ähren enthaltenen Körnern Mehl, Schrot o. Ä. zu gewinnen (bes. Gerste, Hafer, Roggen, Weizen):* das G. ist reif; das G. steht dieses Jahr gut; G. anbauen, mähen, ernten, dreschen; das G. *(die Körner)* lagern.

Ge|trei|de|an|bau, der ⟨o. Pl.⟩: *Anbau von Getreide.*

Ge|trei|de|art, die: *Art von Getreide.*

Ge|trei|de|bau, der ⟨o. Pl.⟩: *Getreideanbau.*

Ge|trei|de|ern|te, die: **1.** *das Ernten des Getreides.* **2.** *Gesamtheit des geernteten Getreides:* di diesjährige G. war gut.

Ge|trei|de|feld, das: *mit Getreide bebautes Feld:* die -er sind abgeerntet; sich im G. verstecken.

Ge|trei|de|gar|be, die: *Garbe* (1).

Ge|trei|de|halm, der: *Halm von Getreide.*

Ge|trei|de|han|del, der: *Handel mit Getreide.*

Ge|trei|de|korn, das: *Frucht u. Samen eines Getreides.*

Ge|trei|de|preis, der: *Preis für Getreide.*

Ge|trei|de|si|lo, der, auch: das: *Silo für die Lagerung von Getreide.*

Ge|trei|de|sor|te, die: *Sorte von Getreide.*

Ge|trei|de|spei|cher, der: vgl. Getreidesilo.

ge|trennt: ↑trennen.

ge|trennt|ge|schlech|tig ⟨Adj.⟩: **1.** (Bot.) *entweder nur männliche Staubblätter od. weibliche Fruchtblätter ausbildend:* -e Blüten. **2.** (Zool.) *männliche u. weibliche Gameten in verschiedenen Individuen einer Art ausbildend.*

Ge|trennt|ge|schlech|tig|keit, die; -: **1.** (Bot.) *Ausbildung entweder nur männlicher Staubblätter od. weiblicher Fruchtblätter.* **2.** (Zool.) *Ausbildung männlicher u. weiblicher Gameten in verschiedenen Individuen einer Art.*

getrennt|ge|schlecht|lich ⟨Adj.⟩: **1. a)** *nach dem Geschlecht* (1) *getrennt; nicht gleichgeschlechtlich* (2): -er Unterricht; -e Erziehung, Klassen, Schulen; **b)** *nicht gleichgeschlechtlich* (1); *heterosexuell:* -e Lebensgemeinschaften. **2.** *getrenntgeschlechtig.*

Ge|trennt|schrei|bung, die: *das Auseinanderschreiben; Schreibung in zwei od. mehr Wörtern.*

ge|treu [mhd. getriuwe, ahd. gitriuwi, älter für mhd. triuwe, ↑treu]: **I.** ⟨Adj.⟩ **1.** (geh.) *mit Hingabe in einem Anerkennung verdienenden Maße treu:* ein -er Diener, Freund; g. zu jmdm. stehen. **2.** *einer vorgegebenen Sache genau entsprechend:* eine -e Wiedergabe; eine Anordnung g. befolgen. **II.** ⟨Präp. mit Dativ⟩ *genau entsprechend; nach, gemäß:* g. dem Modell, seinem Vorsatz, der Tradition des Hauses.

-ge|treu: drückt in Bildungen mit Substantiven aus, dass die beschriebene Sache mit etw. übereinstimmt, etw. genau wiedergibt, einer Sache genau entspricht: maßstabs-, original-, wortgetreu.

Ge|treue, der u. die; -n, -n ⟨Dekl. ↑Abgeordnete⟩: *mit anderen Anhängern, Anhängerinnen, Freunden, Freundinnen, Gefolgsleuten zu jmdm. gehörende Person:* im Kreis seiner -n.

ge|treu|lich ⟨Adj.⟩ (geh.): **1.** *in treuer, anhänglicher Weise, beständig bei etw. ausharrend:* der Hund lief ihm g. nach. **2.** *sich in zuverlässiger Weise genau an eine vorgegebene Sache haltend:* den Sinn seiner Worte habe ich g. wiedergegeben.

Ge|trie|be, das; -s, - [15. Jh.; zu ↑treiben]: **1.** *Vorrichtung in Maschinen o. Ä., die Bewegungen überträgt u. die Maschine o. Ä. funktionstüchtig macht:* ein hydraulisches, automatisches G.; das G. des Autos ist synchronisiert; Ü im G. der Massengesellschaft. **2.** *lebhaftes Treiben; Betriebsamkeit:* im G. der Großstadt. **3.** (Bergbau) *Pfähle zur Sicherung des Schachtes.*

ge|trie|ben: **1.** ↑treiben. **2.** ⟨Adj.⟩ (Turnen) *mit starker Körperneigung, sehr flach u. schnell ausgeführt:* ein -er Überschlag.

Ge|trie|be|öl, das: *Schmieröl (mit besonders hoher Druckfestigkeit u. guter Haftfähigkeit) für das Getriebe* (1).

Ge|trie|be|scha|den, der: *Schaden, Defekt am Getriebe* (1): mit einem G. liegen bleiben.

[1]**ge|trof|fen:** ↑treffen.

[2]**ge|trof|fen:** ↑triefen.

ge|tro|gen: ↑trügen.

Ge|trom|mel, das; -s (ugs., auch abwertend): *[dauerndes] Trommeln:* lass das G. mit den Fingern!; das wilde G. auf Bongos und Congas war die ganze Nacht zu hören.

ge|tr̲ost ⟨Adj.⟩ [mhd. getrōst, ahd. gitrōst, zu ↑Trost od. ↑trösten]: **1.** *sich vertrauensvoll in etw. schickend od. schicken könnend; zuversichtlich:* du kannst ihm g. vertrauen. **2.** *ohne Bedenken [haben zu müssen]; ruhig:* g. mit etw. fortfahren.

ge|tr̲ös|ten ⟨sw. V.; hat⟩ [mhd. getrœsten, ahd. gitrōstan = trösten]: **1.** ⟨g. + sich⟩ (geh.) *auf etw. vertrauen:* ich getröste mich ihrer Hilfe; sich der himmlischen Gnade und Barmherzigkeit g. **2.** (veraltet) *trösten.*

ge|trụn|ken: ↑trinken.

Get|se|ma|ni: ↑Gethsemane.

Get|ter, der; -s, - [engl. getter, eigtl. = Fangstoff, zu: to get = (zu fassen) bekommen, kriegen] (Chemie): *Substanz zur Bindung von Gasen, die bes. in Elektronenröhren zur Aufrechterhaltung des Vakuums verwendet wird.*

Get|to, Ghetto, das; -s, -s [ital. ghetto, H. u.; viell. aus dem Hebr. od. aus ital. getto = Gießerei (wegen der Nachbarschaft des ersten in Venedig belegten Judenviertels zu einer Kanonengießerei, nach der dieser Stadtteil schon vorher geheißen haben könnte)]: **a)** (früher) *abgeschlossenes Stadtviertel, in dem die jüdische Bevölkerung abgetrennt von der übrigen Bevölkerung leben muss:* die -s von Warschau; im G. leben; **b)** (meist abwertend) *Stadtviertel, in dem diskriminierte Minderheiten, Ausländer od. auch privilegierte Bevölkerungsschichten zusammenleben:* die -s der Schwarzen; die Ausländer wohnen, leben hier in -s; **Ü** ein G. der Reichen, Alten, Homosexuellen; **c)** *bestimmter (sozialer, wirtschaftlicher o. ä.) geistiger od. seelischer Bezirk, aus dem sich jmd. nicht entfernen kann.*

Gẹt|to|blas|ter, der; -s, - [engl. ghetto blaster, zu ghetto = Wohnviertel bes. der farbigen Minderheiten in Großstädten u. to blast = Krach, laute Musik machen]: *großer, besonders leistungsstarker tragbarer Radiorekorder.*

get|to|i|si̲e̲|ren, ghettoisieren ⟨sw. V.; hat⟩ (bildungsspr. abwertend): *(jmdn.) isolieren* (1 a), *von sich fern halten.*

Get|to|i|si̲e̲|rung, Ghettoisierung, die; -, -en (bildungsspr. abwertend): *das Gettoisieren.*

Ge|tu̲, das [vgl. Getue]: **a)** (selten) *Getue;* **b)** (landsch.) *etw., womit jmd. [angeblich] beschäftigt ist; [angeblich wichtige] Beschäftigung.*

Ge|tu̲e, das; -s [zu ↑tun] (ugs. abwertend): *übertrieben, unecht wirkendes Verhalten; Gehabe:* ein albernes, vornehmes, betriebsames G.; er macht ein G. *(macht sich wichtig, spielt sich auf).*

Ge|tụm|mel, das; -s, - ⟨Pl. selten⟩ [15. Jh., zu mhd. tumel = Lärm od. zu ↑tummeln]: *wildes Durcheinanderwogen bei Menschenansammlungen, im Verkehr, im Kampf o. Ä.:* das G. des Festes, der Schlacht; sich ins dickste G. stürzen.

ge|tüp|felt: ↑tüpfeln.

ge|tupft: ↑tupfen.

ge|türkt: ↑türken.

Ge|tu|schel, das; -s (ugs., oft abwertend): *[dauerndes] Tuscheln:* heimliches G.; unter dem G. der Nachbarn, der Umstehenden.

ge|übt ⟨Adj.⟩: *durch Übung etw. gut beherrschend u. darin erfahren:* ein -er Segler; ein -es Auge, Ohr erkennt das gleich; sie war im Reden nicht sehr g.

Ge|übt|heit, die; -, -en ⟨Pl. selten⟩: *das Geübtsein.*

Ge|vạt|ter, der; -s, älter: -n, -n [mhd. gevater(e), ahd. gifatero, LÜ von kirchenlat. compater = Taufpate, eigtl. = »Mitvater«]: **1.** (veraltet) *Taufpate:* G. stehen; jmdn. zu G. bitten; * **bei etw. G. stehen** (scherzh.; *bei etw. Pate stehen*). **2.** (veraltend, noch scherzh.) *jmd., mit dem man befreundet, verwandt od. bekannt ist:* (dichter. veraltet:) G. Tod.

Ge|vạt|te|rin, die; -, -nen: w. Form zu ↑Gevatter.

Ge|vạt|ter|schaft, die; -, -en [mhd. gevaterschaft] (veraltet): *Patenschaft.*

Ge|vạt|ters|mann, der ⟨Pl. ...leute⟩ (veraltet): *Gevatter.*

Ge|vi̲e̲rt, das; -[e]s, -e: **1.** *Viereck, Quadrat; durch etw. begrenzter viereckiger Platz, Raum:* das G. eines Gefängnishofes; ein G. von Baracken; ein Garten von ein paar hundert Metern im G. **2.** (Druckerspr.) *Quadrat* (3).

ge|vi̲e̲r|teilt: ↑vierteilen.

Ge|wạ̈chs, das; -es, -e [mhd. gewechse, zu ↑[1]wachsen]: **1. a)** *(aus der Erde) Gewachsenes, nicht näher charakterisierte Pflanze:* seltene, tropische, unbekannte -e. **b)** *zu einer bestimmten Zeit, an einem bestimmten Ort angebaute Pflanzen-, bes. Weinsorte:* dieser Wein ist ein G. aus dem Jahrgang 1957; der Tabak ist eigenes G. *(eigenes Erzeugnis, auf eigenem Boden gewachsen).* **2.** *unnatürlicher Auswuchs an einem Organ, Wucherung des Gewebes, Geschwulst:* ein gutartiges, bösartiges G.; ein G. im Unterleib; ein G. operieren. **3.** (salopp) *bestimmter Menschentyp; Mensch, wie er sich in einer bestimmten Art herausgebildet hat:* er ist ein echtes Berliner G.

ge|wạch|sen: 1. ↑[1]wachsen. **2.** * **jmdm., einer Sache g. sein** *(einem Überlegenen standhalten, eine Aufgabe bewältigen, jmdm., einer Sache Widerpart bieten können):* seinem Gegner, einem Redner, einem Problem, der Situation g. sein; einem solchen Ton bin ich nicht g.

Ge|wạ̈chs|haus, das: *an allen Seiten u. am Dach mit Glas od. Folie abgedeckter, hausartiger Bau, in dem unter besonders günstigen klimatischen Bedingungen Pflanzen gezüchtet werden:* Alpenveilchen, Salat, Gurken im G. ziehen.

ge|wạchst: ↑[2]wachsen.

Ge|wạ|ckel, das; -s, **Ge|wạ|cke|le, Ge|wạck|le,** das; -s (ugs., oft abwertend): *[dauerndes] Wackeln:* das G. des Tisches macht mich nervös.

Ge|wạff, das; -[e]s [gek. aus ↑Gewaffen] (Jägerspr.): **1.** *aus den Kiefern seitlich der Schnauze hervortretende Eckzähne des Keilers; Waffen* (2 a). **2.** *Fang* (2 c).

Ge|wạf|fen, das; -s [mhd. gewæfen, Kollektivbildung zu ↑Waffe] (veraltet): *nicht näher charakterisierte Waffen.*

Ge|wa̲gt|heit, die; -, -en: **1.** ⟨o. Pl.⟩ *das Gewagtsein.* **2.** *gewagte Äußerung, Handlung.*

ge|wä̲hlt: 1. ↑wählen. **2.** ⟨Adj.⟩ *nicht alltäglich; im Ausdruck abgewogen; mit Bedacht u. Geschmack:* ein -es Hochdeutsch sprechen; sich g. ausdrücken.

Ge|wä̲hlt|heit, die; -: *das Gewähltsein.*

ge|wa̲hr [mhd. gewar, ahd. giwar = bemerkend; aufmerksam, zu ↑wahren]: in den Verbindungen **jmdn., etw./jmds., einer Sache g. werden** (geh.; *jmdn., etw. mit den Sinnen, bes. mit den Augen, wahrnehmen*): ein Geräusch, einen Geruch g. werden; in der Menge wurde ich ihn/ seiner plötzlich g.; **etw./einer Sache g. werden** (geh.; *etw. nach einer gewissen Zeit in seiner Bedeutung erkennen*): er wurde seinen Irrtum/ seines Irrtums g.

Ge|wä̲hr, die; - [mhd. gewer, ahd. gaweri = Bürgschaft, zu ↑gewähren]: *Sicherheit, die jmdm., der sich auf etw. einlässt, von jmdm. od. durch etw. geboten wird:* es ist die G. gegeben, dass ...; für etw. G. leisten; keine G. für etw. übernehmen; die Angabe der Lottozahlen erfolgt ohne G.

ge|wa̲h|ren ⟨sw. V.; hat⟩ [mhd. gewarn, zu ↑gewahr] (geh.): **1.** *[unvermutet] jmdn., etw., was sich aus etw. Ungeordnetem herauslöst, sehen:* in der Ferne eine Gestalt, die Stadt g.; die Wache hatte ihn nicht gewahrt. **2.** *durch Einfühlung, Beobachtung wahrnehmen, erkennen:* jmds. Veränderung, die großen Linien eines Plans g.

ge|wä̲h|ren ⟨sw. V.; hat⟩ [mhd. (ge)wern, ahd. (gi)werēn, wahrsch. zu ↑wahr]: **1. a)** *[jmdm. etw., was er erbittet od. wünscht, aus Machtvollkommenheit] großzügigerweise geben, zugestehen:* jmdm. eine Audienz, ein Interview g.; dem Angestellten Kredit, eine [Zahlungs]frist, einen Vorschuss g.; jmdm. eine Vergünstigung, in etw. Einblick g.; einem Flüchtling Schutz, Asyl, Unterkunft g.; die gewährten Subventionen; **b)** *einer Bitte o. Ä. entsprechen, sie zulassen, erfüllen:* jmdm. einen Wunsch, ein Gesuch, Anliegen g.; **c)** *jmdm. durch sein Vorhandensein etw. zuteil werden lassen:* die Musik gewährte ihm Trost; diese Einrichtung gewährt große Sicherheit, Ihnen manche Vorteile. **2.** * **jmdn. g. lassen** *(jmds. Tun geduldig od. gleichgültig zusehen u. ihn nicht hindern):* die Kinder g. lassen.

ge|wä̲hr|leis|ten ⟨sw. V.; hat⟩: *dafür sorgen, eine Gewähr dafür sein, dass etw. sichergestellt, nicht gefährdet ist:* alles tun, um die Einbringung der Ernte, die Sicherheit des Lebens, einen reibungslosen Übergang zu g.; das Gesetz gewährleistet den Gemeinden dieses Recht.

Ge|wä̲hr|leis|tung, die; -, -en: **1.** *das Gewährleisten.* **2.** *Mängelhaftung.*

[1]Ge|wa̲hr|sam, der; -s [mhd. gewarsame, zu: gewarsam = sorgsam, zu: gewar, ↑gewahr]: **1.** *Obhut, Schutz:* etw. in [sicheren] G. bringen, geben, nehmen; etw. in [sicherem] G. [be]halten, haben. **2.** *Haft:* jmdn. in [polizeilichen] G. nehmen, bringen; in G. sein.

[2]Ge|wa̲hr|sam, das; -s, -e (veraltet): *Gefängnis:* jmdn. in ein G. bringen.

Ge|wä̲hrs|frau, die: vgl. Gewährsmann.

Ge|wä̲hrs|mann, der; -[e]s, ...männer u. ...leute: *jmd., auf dessen fundierte Aussage man sich stützt:* einen G. nennen; sich auf seine Gewährsmänner berufen.

Ge|wä̲h|rung, die; -, -en ⟨Pl. selten⟩: *das Gewähren* (1).

Ge|wạlt, die; -, -en [mhd. gewalt, ahd. (gi)walt, zu ↑walten]: **1.** *Macht, Befugnis, das Recht u. die Mittel, über jmdn., etw. zu bestimmen, zu herrschen:* die staatliche, richterliche, elterliche, priesterliche, göttliche G.; die Teilung der -en in gesetzgebende, richterliche und ausführende G.; etw. in seine G. bringen; jmdn. in seiner G. haben; sie stehen völlig in, unter seiner G. *(werden völlig von ihm beherrscht, unterdrückt, sind ganz von ihm abhängig);* **Ü** die G. über sein Fahrzeug verlieren *(im Fahren durch überhöhte Geschwindigkeit o. Ä. plötzlich nicht mehr in der Lage sein, sein Fahrzeug zu lenken);* * **sich, etw. in der G. haben** *(sich, etw. beherrschen u. die nötige Zurückhaltung üben):* sie hat ihre Zunge oft nicht in der G. **2.** ⟨o. Pl.⟩ **a)** *unrechtmäßiges Vorgehen, wodurch jmd. zu etw. gezwungen wird:* in ihrem Staat geht G. vor Recht; G. leiden müssen; ich weiche nur der G.; etw. mit G. zu erreichen suchen; **sich** ⟨Dativ⟩ **G. antun [müssen]** *(etw. nur lustlos, unter Selbstüberwindung tun);* **einer Sache G. antun** *(etw. den eigenen Ansichten, Wünschen entsprechend auslegen u. dafür passend machen):* der Wahrheit, den Tatsachen, der Geschichte G. antun; **mit [aller] G.** *(unbedingt, unter allen Umständen):* er wollte mit [aller] G. reich werden, von hier fort; **b)** *[gegen jmdn., etw. rücksichtslos angewendete] physische Kraft, mit der etw. erreicht wird:* bei etw. G. anwenden; G. in den Händen haben (veraltend; *kräftig zupacken können*); G. verherrlichen; G. verherrlichende Texte; jmdn. mit G. am Eintreten hindern; man musste ihn mit [sanfter] G. hinausbefördern; die Tür ließ sich nur mit G. *(gewaltsam)* öffnen; die immer lauter werdenden Forderungen nach strafrechtlicher Verfolgung von G. in der Ehe; G. gegen Frauen ist nicht nur im sexuellen, sondern auch im sozialen und kulturellen Bereich zu finden; * **jmdm. G. antun** (geh. verhüll.; *jmdn. vergewaltigen*). **3.** (geh.) *elementare Kraft von zwingender Wirkung:* die G. des Sturms, der Wellen; den -en des Unwetters trotzen; **Ü** die G. der Leidenschaft, seiner Rede; * **höhere G.** *(etw. Unvorhergesehenes, auf das der Mensch keinen Einfluss hat):* Naturkatastrophen sind höhere G., für die keine Haftung übernommen wird.

Ge|wạlt|akt, der: *durch Gewaltanwendung gekennzeichnete Handlung:* politische -e.

Ge|wạlt|an|dro|hung, die: *Androhung von Gewalt* (2).

Ge|wạlt|an|wen|dung, die: *Anwendung von Gewalt* (2).

ge|wạlt|be|reit ⟨Adj.⟩: *bereit, Gewalt* (2 b) *anzuwenden, Gewalttaten zu begehen:* -e Demonstranten.

Ge|wạlt|be|reit|schaft, die: *das Gewaltbereitsein.*

Ge|wạlt|ein|wir|kung, die: *Einwirkung von Gewalt* (2 b).

Ge|wạl|ten|tei|lung, die ⟨o. Pl.⟩: *Trennung von gesetzgebender, ausführender u. richterlicher Staatsgewalt u. ihre Zuweisung an voneinander unabhängige Staatsorgane:* das demokratische Prinzip der G.

ge|wạlt|frei ⟨Adj.⟩: **a)** *gewaltlos;* **b)** (Politik Jargon) *ohne Anwendung physischer Gewalt u. unter Verzicht auf Gegengewalt geschehend:* eine -e Blockade.

Ge|wạlt|frei|heit, die ⟨o. Pl.⟩: *gewaltfreie* (b) *Vorgehensweise.*

Ge|wạlt|herr|schaft, die: *unumschränkte Herrschaft eines Einzelnen, einer bestimmten Gruppe; Zwangsherrschaft.*

Ge|wạlt|herr|scher, der: *jmd., der eine Gewaltherrschaft ausübt.*

Ge|wạlt|herr|sche|rin, die: w. Form zu ↑Gewaltherrscher.

ge|wạl|tig ⟨Adj.⟩ [mhd. gewaltec, ahd. giwaltig]: **1.** *über eindrucksvolle Machtfülle verfügend u. sie unumschränkt ausübend; mit Gewalt auf etw. einwirkend:* er war der -ste Mann Frankreichs; Angst und Neid als die -sten Triebkräfte. **2. a)** *von außerordentlicher Größe od. Stärke; den Eindruck übergroßer Kraft od. Wucht erweckend:* ein -es Bauwerk; vor einer -en Naturkulisse; **b)** *das normale Maß weit übersteigend:* eine -e Last; -e Anstrengungen unternehmen; der Fortschritt der letzten Jahre ist g.; **c)** ⟨intensivierend bei Adj. u. Verben⟩ (ugs.) *sehr, überaus:* hier ist es g. kühl; sich g. überschätzen; der Absatz ist g. gestiegen.

-ge|wal|tig: drückt in Bildungen mit Substantiven aus, dass die beschriebene Person über etw. in hohem Maß verfügt od. etw. mit beeindruckender Kraft, Energie ausführen kann: finanz-, schuss-, wort-, wurfgewaltig.

-ge|wal|ti|ge, der u. die; -n, -n ⟨meist Pl.; Dekl. ↑Abgeordnete⟩: kennzeichnet in Verbindung mit Substantiven eine Person, die in einem bestimmten Bereich sehr großen Einfluss, große Macht hat: Finanz-, Fernseh-, Medien-, Touristikgewaltige.

ge|wạ̈l|ti|gen ⟨sw. V.; hat⟩ [mhd. geweltigen = etw. in seine Gewalt bringen, zwingen]: (Bergbau) *wieder zugänglich machen:* einen Stollen, eine Zeche g.;

Ge|wạl|tig|keit, die; -: *das Gewaltigsein.*

Ge|wạlt|kur, die (ugs.): *radikale therapeutische Maßnahmen zur Heilung od. Besserung:* eine G. auf sich nehmen.

ge|wạlt|los ⟨Adj.⟩: *ohne Anwendung von Gewalt:* eine -e Änderung des politischen Systems.

Ge|wạlt|marsch, der: *anstrengender, schneller u. langer Marsch.*

Ge|wạlt|maß|nah|me, die: *Maßnahme, die rücksichtslos gegen jmdn. ergriffen wird:* politische -n.

Ge|wạlt|mensch, der: *grober Mensch, der rücksichtslos mit anderen verfährt.*

Ge|wạlt|po|ten|zi|al, das: *potenzielle, latente Gewalt* (2).

Ge|wạlt|sam|keit, die; -, -en: **1.** ⟨o. Pl.⟩ *das Gewaltsamsein.* **2.** *gewaltsame Handlung, Verhaltensweise.*

Ge|wạlt|spi|ra|le, die: *ständig gesteigertes, sich ständig steigerndes Auftreten von Gewalt* (2 b).

Ge|wạlt|tat, die: *unter Anwendung von [körperlicher] Gewalt [an jmdm.] begangene unrechtmäßige od. kriminelle Tat:* er hat schon viele -en begangen.

Ge|wạlt|tä|ter, der: *jmd., der eine Gewalttat, ein Verbrechen verübt:* ein kaltblütiger G.

Ge|wạlt|tä|te|rin, die: w. Form zu ↑Gewalttäter.

ge|wạlt|tä|tig ⟨Adj.⟩: *seinen Willen rücksichtslos u. mit roher Gewalt durchsetzend:* ein -er Mensch; er wird schnell g.

Ge|wạlt|tä|tig|keit, die; -, -en: **1.** ⟨o. Pl.⟩ *gewalttätige [Wesens]art.* **2.** *Gewalttat.*

Ge|wạlt|ver|bre|chen, das: vgl. Gewalttat: die Ermittlung nazistischer G.

Ge|wạlt|ver|bre|cher, der: vgl. Gewalttäter: der Tätertyp des -s.

Ge|wạlt|ver|bre|che|rin, die: w. Form zu ↑Gewaltverbrecher.

ge|wạlt|ver|herr|li|chend ⟨Adj.⟩: *die Gewalt* (2 b) *verherrlichend:* ein -er Kriegsfilm; seine Schriften sind pornographisch und g.

Ge|wạlt|ver|herr|li|chung, die: *das Verherrlichen der Gewalt* (2 b).

Ge|wạnd, das; -[e]s, Gewänder [mhd. gewant, ahd. giwant, urspr. = gewendetes (= gefaltetes) Tuch, zu ↑wenden] (geh., sonst österr. u. südd.): *[bei bestimmten Anlässen getragenes, festliches, langes, weites] Kleidungsstück:* ein lang herabwallendes, indisches G.; liturgische Gewänder *(von den Liturgen der christlichen Kirchen beim Gottesdienst getragene besondere Kleidungsstücke);* ein G. an-, ablegen, tragen; Ü das Buch erscheint in neuem G. *(in neuer Aufmachung).*

Ge|wạ̈n|de, das; -s, - [Kollektivbildung zu ↑Wand]: **1.** (Archit., Kunstwiss.) *durch schrägen Einschnitt in die Mauer entstehende [gestaffelte, mit Figuren, Säulen o. Ä. versehene] Fläche an Fenstern u. bes. Portalen.* **2.** (österr.) *Felswand.*

ge|wạn|delt: ↑wandeln (1 a, 2 a).

ge|wạn|den ⟨sw. V.; hat⟩ [mhd. gewanden, zu ↑Gewand] (geh. veraltet, noch scherzh.): *in bestimmter Weise kleiden:* ein Kind festlich g.; ⟨noch im 2. Part.:⟩ hellblau gewandet sein *(ein hellblaues Kleid tragen).*

Ge|wạnd|haus, das [eigtl. = Tuchhalle]: *(im späten MA.) Lager- u. Verkaufshaus der Tuchmacherzunft, das auch Räume für gesellige Veranstaltungen enthielt.*

Ge|wạnd|meis|ter, der: *bei Theater, Film u. Fernsehen Vorstand der Kostümschneiderei, der die Herstellung, Aufbewahrung u. Pflege der Kostüme überwacht* (Berufsbez.).

Ge|wạnd|meis|te|rin, die: w. Form zu ↑Gewandmeister.

ge|wạndt [2: eigtl. = in eine andere Richtung gewendet]: **1.** ↑wenden. **2.** ⟨Adj.⟩ *in Bewegungen, Benehmen, Auftreten, Ausdrucksweise o. Ä. sicher u. geschickt; von dieser Sicherheit u. Geschicktheit zeugend:* ein -er Tänzer; eine -e Redeweise; er ist sehr g. und weiß mit Menschen umzugehen.

Ge|wạndt|heit, die; -: *das Gewandtsein, gewandtes Wesen:* sich mit G. bewegen.

Ge|wạn|dung, die; -, -en [zu ↑gewanden]: **1.** (geh., sonst österr. u. südd.) *besondere Kleidung für einen bestimmten Zweck:* in festlicher G. erscheinen. **2.** (Kunstwiss.) *Darstellung des Gewandes od. Faltenwurfs.*

ge|wạnn: ↑gewinnen.

Ge|wạnn, das; -[e]s, -e, (seltener:) **Ge|wạn|ne,** das; -s, - [mhd. gewande, eigtl. = Ackergrenze, an der der Pflug gewendet wird] (bes. südd.): *in mehrere Streifen [mit gemeinsamer Grenzlinie] aufgeteiltes [Acker]gelände.*

ge|wạpp|net: ↑wappnen.

ge|wạ̈r|tig [mhd. gewertec, zu: gewarten, ahd. giwartēn = beobachten, erwarten, zu ↑warten]: in der Verbindung **einer Sache g. sein** *(etw. Neues od. Unangenehmes erwarten, sich darauf eingestellt haben):* des Äußersten g. sein; man musste jeden Augenblick [dessen] g. sein, von ihm hinausgeworfen zu werden.

ge|wạ̈r|ti|gen ⟨sw. V.; hat⟩ (geh.): **1.** *die Erfüllung eines bestimmten Anspruchs o. Ä. erwarten:* von jmdm. nichts, keine Hilfe zu g. haben; ⟨auch g. + sich:⟩ von dieser Arbeit darfst du dir kein besonderes Lob g. *(erwarten, versprechen).* **2.** *sich auf etw. Unangenehmes einstellen:* eine Strafe, eine Anzeige, die Ausweisung zu g. haben.

Ge|wạ̈sch, das; -[e]s [zu spätmhd. weschen, waschen = schwatzen, ↑waschen] (ugs. abwertend): *leeres Gerede:* das G. über Politik.

ge|wa̱|schen: ↑waschen.

Ge|wä̲s|ser, das; -s, - [spätmhd. gewezzere, Kollektivbildung zu ↑Wasser]: *größere natürliche Ansammlung von Wasser:* ein stilles, dunkles, sumpfiges, stehendes G.; die fließenden G. Nordeuropas.

Ge|wä̲s|ser|bett, das: *durch die Ufer begrenzte, ständig od. zeitweise mit Wasser gefüllte Vertiefung in der Landoberfläche (z. B. Flussbett).*

Ge|wä̲s|ser|kun|de, die ⟨o. Pl.⟩: *Teilgebiet der Hydrologie, das sich mit den Gewässern im natürlichen Wasserkreislauf zwischen dem Niederschlag auf das Festland u. dem Rückfluss ins Meer befasst.*

Ge|wä̲s|ser|schutz, der ⟨o. Pl.⟩: *Gesamtheit der Maßnahmen zum Schutz der Gewässer vor Verunreinigung durch eingeleitete Abwässer o. Ä.*

Ge|we̲|be, das; -s, - [mhd. gewebe, ahd. giweb(i), zu ↑weben]: **1.** *in bestimmter Weise gewebter, aus sich kreuzenden Fäden bestehender Stoff:* ein feines, grobes, festes, synthetisches G.; Ü sich im G. *(Netz)* seiner Lügen verstricken. **2.** (Med., Biol.) *Verband von Zellen annähernd gleicher Bauart u. gleicher Funktion:* pflanzliches, tierisches, gesundes G.; G. verpflanzen, untersuchen; krankes G. wegschneiden.

Ge|we̲|be|bank, die ⟨Pl. ...banken⟩: *Vorratsstelle für konserviertes menschliches Gewebe* (2), *das für Transplantationen bereitgehalten wird.*

Ge|we̲|be|brand, der (Med.): *Absterben des Gewebes* (2).

Ge|we̲|be|brei|te, die (Textilind.): *Breite von Stoffen.*

Ge|we̲|be|flüs|sig|keit, die: ↑Gewebsflüssigkeit.

Ge|we̲|be|hor|mon: ↑Gewebshormon.

Ge|we̲|be|kul|tur, die: *Züchtung von Zellen höherer Organismen im Reagenzglas.*

Ge|we̲|be|leh|re, die: *Histologie.*

Ge|we̲|be|pro|be, die: *einem Organ für eine histologische od. biochemische Untersuchung entnommenes Stück Gewebe* (2).

Ge|we̲|be|schicht, die (Biol., Med.): *Schicht des Gewebes* (2).

Ge|we̲|be|trans|plan|ta|ti|on, die: *Transplantation von Gewebe* (2).

Ge|we̲|be|züch|tung, die: *Gewebekultur.*

Ge|we̲bs|bil|dung, die: *Bildung von Gewebe* (2).

Ge|we̲bs|flüs|sig|keit, die: *farblose bis hellgelbe Flüssigkeit, die in den Lymphgefäßen verläuft; Lymphe.*

Ge|we̲bs|hor|mon, das: *in verschiedenen Geweben* (2) *erzeugter, in seiner Art u. Wirkung einem Hormon ähnlicher Stoff.*

Ge|we̲bs|lap|pen, der: *lappenartige Gewebsbildung.*

Ge|we̲bs|rest, der: vgl. Gewebsbildung.

Ge|we̲bs|teil, das, auch: der: vgl. Gewebsbildung.

Ge|we̲bs|trans|plan|ta|ti|on, die, **Ge|we̲bs|über|tra|gung,** die: *Transplantation von Gewebe* (2).

Ge|we̲bs|zel|le, die: *einzelne Zelle des Gewebes* (2).

ge|wẹckt ⟨Adj.⟩: *aufgeweckt.*

Ge|wẹckt|heit, die: *Aufgewecktheit.*

Ge|we̲hr, das; -[e]s, -e [mhd. gewer, ahd. giwer = Abwehr, Schutz, Kollektivbildung zu ↑ [1]Wehr]: **1.** *Schusswaffe mit langem Lauf u. Kolben, die im Allgemeinen an der Schulter in Anschlag gebracht wird:* ein großkalibriges G.; das G. laden, anlegen, in Anschlag bringen, entsichern, schultern, spannen, reinigen; G. bei Fuß *(in militärischer Haltung, wobei das Gewehr mit dem Kolben nach unten neben den Fuß gestellt ist)* stehen; ins/unters G. treten *(mit dem Gewehr antreten);* jmdn. mit vorgehaltenem G. zu etw. zwingen; er zielte mit dem G. auf ihn; in militär. Kommandos: G. ab!; das G. über!; präsentiert das G.!; R ran an die -e! (ugs.; *fangen wir also an!*); haben ein G.! (ugs. scherzh. veraltend; *das ist leider nicht möglich;* nach dem Anfang des Kinderliedes »Wer will unter die Soldaten, der muss haben ein Gewehr« von F. Güll, 1812–79); * **G. bei Fuß** *(aufmerksam wachend u. bereit, notfalls einzugreifen).* **2.** (Jägerspr.) *die Hauer* (2).

Ge|wehr|feu|er, das ⟨o. Pl.⟩: *Feuer (4) aus Gewehren (1).*

Ge|wehr|kol|ben, der: *verstärkter hinterer Teil des Schaftes (1 b) eines Gewehrs (1):* der Gefangene erhielt einen Schlag mit dem G.

Ge|wehr|ku|gel, die: vgl. Kanonenkugel: von einer G. tödlich getroffen werden.

Ge|wehr|lauf, der: *Lauf (8) eines Gewehrs (1):* den G. reinigen; die Entführer hatten die Gewehrläufe auf ihn gerichtet.

Ge|wehr|mün|dung, die: *Ende des Gewehrlaufs, wo die Kugel den Lauf verlässt.*

Ge|wehr|sal|ve, die: *Salve von Gewehrschüssen.*

Ge|wehr|schuss, der: *Schuss aus einem Gewehr (1).*

Ge|weih, das; -[e]s, -e [mhd. gewī[g]e, urspr. = Geäst, Kollektivbildung zu einem untergegangenen ahd. Subst. mit der Bed. »Ast, Zweig«]: *paarig ausgebildete, zackige u. verästelte Auswüchse aus Knochen auf dem Kopf von Hirsch, Rehbock o. Ä.:* ein starkes, ausladendes, verzweigtes G.; das G. abwerfen, (Jägerspr.:) fegen; * **jmdm. ein G. aufsetzen** (↑Horn 1).

Ge|weih|en|de, das (Jägerspr.): *Spitze der Sprosse eines Geweihs.*

Ge|weih|schau|fel, die (Jägerspr.): *Abflachung u. Verbreiterung der Geweihstange.*

Ge|weih|spit|ze, die: *Geweihende.*

Ge|weih|stan|ge, die (Jägerspr.): *eines der beiden stangenähnlichen Gebilde, die mit ihren Abzweigungen das Geweih bilden.*

[1]ge|weiht: ↑weihen.

[2]ge|weiht [zu ↑Geweih] (Jägerspr.): *(vom Hirsch) ein Geweih tragend.*

Ge|wei|ne, das; -s (ugs., meist abwertend): *[dauerndes] Weinen:* hör endlich auf mit dem G.!

ge|wellt: ↑wellen.

Ge|wer|be, das; -s, - [mhd. gewerbe = Geschäft, Tätigkeit, zu ↑werben]: **1.** *[selbstständige] dem Erwerb dienende berufliche Tätigkeit* (nicht in Bezug auf freie Berufe u. Berufe in Land- u. Forstwirtschaft, Fischerei u. Bergbau): ein ehrliches, einträgliches, schmutziges, ambulantes G.; das G. des Bäckers; ein G. ausüben, betreiben; im grafischen G. tätig sein; * **das horizontale,** (selten:) **ambulante G.** (ugs. scherzh.; 1. *die Prostitution.* 2. *die Gesamtheit der Prostituierten*); **das älteste G. der Welt** (verhüll. scherzh.; *die Prostitution*). **2.** ⟨o. Pl.⟩ *[produzierende] kleine u. mittlere Betriebe, [Handels]unternehmen; Bereich der gewerblichen Tätigkeit:* Handwerk und G. fördern. **3.** (schweiz.) *Gehöft u. dazu gehörender Grundbesitz eines Bauern; landwirtschaftlicher Betrieb.*

Ge|wer|be|amt, das: *Gewerbeaufsichtsamt.*

Ge|wer|be|arzt, der: *in Betrieben od. bei Gewerbeaufsichtsämtern zur Überwachung des Gesundheitsschutzes in Industrie u. Handel tätiger Arzt.*

Ge|wer|be|ärz|tin, die: w. Form zu ↑Gewerbearzt.

Ge|wer|be|auf|sicht, die: *staatliche Überwachung der Einhaltung der Bestimmungen über den Arbeitsschutz in Gewerbebetrieben.*

Ge|wer|be|auf|sichts|amt, das: *staatliche Behörde, der die Gewerbeaufsicht obliegt.*

Ge|wer|be|be|trieb, der: *gewerblicher Betrieb.*

Ge|wer|be|flä|che, die: *für die Ansiedlung eines Gewerbebetriebes vorgesehenes Grundstück.*

Ge|wer|be|fleiß, der: *Produktivität in einem bestimmten Gewerbe.*

Ge|wer|be|frei|heit, die [LÜ von engl. freedom of trade]: *Recht, ein Gewerbe zu betreiben, sofern nicht gesetzliche Ausnahmen od. Beschränkungen bestehen.*

Ge|wer|be|ge|biet, das: *für die Ansiedlung von Gewerbebetrieben bestimmtes Gebiet; Gebiet, in dem sich Gewerbebetriebe befinden.*

Ge|wer|be|in|spek|tor, der: *Beamter bei der Gewerbeaufsicht* (Berufsbez.).

Ge|wer|be|in|spek|to|rin, die: w. Form zu ↑Gewerbeinspektor.

Ge|wer|be|leh|rer, der: *Lehrkraft an einer Gewerbeschule.*

Ge|wer|be|leh|re|rin, die: w. Form zu ↑Gewerbelehrer.

Ge|wer|be|ord|nung, die: *Gesetz, das Regelungen zur Ausübung eines Gewerbes enthält;* Abk.: GewO.

Ge|wer|be|recht, das ⟨o. Pl.⟩: *Gesamtheit der öffentlich-rechtlichen Vorschriften, die die Ausübung eines Gewerbes regeln.*

Ge|wer|be|schein, der: *behördliche Bescheinigung, die dazu berechtigt, ein Gewerbe auszuüben.*

Ge|wer|be|schu|le, die: *Berufsfachschule für die Vermittlung des Grundwissens in einem gewerblich-technischen Beruf.*

Ge|wer|be|steu|er, die: *Steuer, die ein Gewerbebetrieb abführen muss.*

Ge|wer|be|tä|tig|keit, die: *selbstständige Tätigkeit in einem Gewerbe.*

ge|wer|be|trei|bend ⟨Adj.⟩: *ein Gewerbe betreibend.*

Ge|wer|be|trei|ben|de, der u. die; -n, -n ⟨Dekl. ↑Abgeordnete⟩: *jmd., der ein Gewerbe betreibt.*

Ge|wer|be|zweig, der: *Teilbereich innerhalb des Gewerbes (2).*

Ge|werb|ler, der; -s, - (schweiz.): *Gewerbetreibender.*

Ge|werb|le|rin, die; -, -nen (schweiz.): w. Form zu ↑Gewerbler.

ge|werb|lich ⟨Adj.⟩: *das Gewerbe (1, 2) betreffend, zu ihm gehörend:* -e Tätigkeit; -e Berufsgenossenschaften; kaufmännische und -e *(in der Produktion arbeitende)* Lehrlinge; Räume zu -er Nutzung.

ge|werbs|mä|ßig ⟨Adj.⟩: *als Gewerbe (1) betrieben; auf regelmäßigen Erwerb ausgerichtet, bedacht:* ein -er Einbrecher; einen Handel g. betreiben.

Ge|werk, das; -[e]s, -e [mhd. gewerke = vollendete Arbeit, zu ↑Werk] (Fachspr., sonst veraltet): **1. a)** *Gewerbe, Handwerk; Zunft;* **b)** *[bes. beim Bau eines Gebäudes o. Ä. eingesetzte] Gruppe von Handwerkern einer bestimmten Fachrichtung.* **2.** (landsch.) *[Uhr-, Räder]werk.*

Ge|wer|ke, der; -n, -n [mhd. gewerke] (veraltet): **1.** *Inhaber von Anteilen (1 b) einer Gewerkschaft (2).* **2.** *Mitglied einer bergbaulichen Genossenschaft, Zunftgenosse.*

Ge|werk|schaft, die; -, -en [im 16. Jh. = Angehörige eines bestimmten Berufes; bergbauliche Genossenschaft, zu ↑Gewerke (2)]: **1.** *Organisation der Arbeitnehmer [einer bestimmten Berufsgruppe] zur Durchsetzung ihrer [sozialen] Interessen:* freie, christliche -en; die G. der Eisenbahner; in eine G. eintreten. **2.** (veraltend) *bergbauliche Unternehmensform einer Kapitalgesellschaft.*

Ge|werk|schaf|ter, der; -s, -: *Mitglied od. Funktionär einer Gewerkschaft.*

Ge|werk|schaf|te|rin, die; -, -nen: w. Form zu ↑Gewerkschafter.

Ge|werk|schaft|ler, der; -s, -: ↑Gewerkschafter.

Ge|werk|schaft|le|rin, die; -, -nen: w. Form zu ↑Gewerkschaftler.

ge|werk|schaft|lich ⟨Adj.⟩: *die Gewerkschaft betreffend, zu ihr gehörend:* -e Verbände; g. organisiert sein.

Ge|werk|schafts|ar|beit, die ⟨o. Pl.⟩: *Arbeit in der, für die Gewerkschaft.*

Ge|werk|schafts|be|we|gung, die ⟨o. Pl.⟩: *auf Verbesserung der wirtschaftlichen u. sozialen Verhältnisse abzielende, von der Gewerkschaft organisierte Bewegung (3 a) der Arbeitnehmer.*

Ge|werk|schafts|bund, der: *Vereinigung von verschiedenen Einzelgewerkschaften.*

Ge|werk|schafts|füh|rer, der: *jmd., der zum Führungsgremium einer od. mehrerer Gewerkschaften gehört.*

Ge|werk|schafts|füh|re|rin, die: w. Form zu ↑Gewerkschaftsführer.

Ge|werk|schafts|füh|rung, die: **1.** *Führungsausschuss einer od. mehrerer Gewerkschaften.* **2.** ⟨o. Pl.⟩ *Führung einer Gewerkschaft.*

Ge|werk|schafts|funk|ti|o|när, der: *Funktionär einer Gewerkschaft.*

Ge|werk|schafts|funk|ti|o|nä|rin, die: w. Form zu ↑Gewerkschaftsfunktionär.

ge|werk|schafts|nah ⟨Adj.⟩: *den Gewerkschaften politisch nahe stehend:* eine -e Stiftung, Partei.

Ge|werk|schafts|ver|band, der: vgl. Gewerkschaftsbund.

Ge|werk|schafts|vor|sit|zen|de, der u. die: *Vorsitzende[r] einer Gewerkschaft.*

Ge|we|se, das; -s [aus dem Niederd., zu ↑wesen] (ugs., häufig abwertend): **1.** *auffallendes Verhalten, Gebaren:* * **G. [von etw., sich] machen** *(Aufhebens [von etw., sich] machen):* er hatte weiter kein großes G. gemacht und sich sofort bereit erklärt. **2.** (landsch.) *Anwesen.*

ge|we|sen: 1. ↑[1]sein. **2.** ⟨Adj.⟩ (bes. österr.) *ehemalig:* die -e Sängerin R.

Ge|we|se|ne, das; -n ⟨Dekl. ↑[2]Junge, das⟩: *Vergangenes:* -s vergessen.

ge|wi|chen: ↑[2]weichen.

ge|wichst [2 b: 2. Part. von ↑wichsen, eigtl. = blank geputzt, glatt gerieben]: **1.** ↑wichsen. **2.** ⟨Adj.⟩ **a)** (veraltet) *herausgeputzt.* **b)** (ugs.) *klug, gewitzt.*

[1]Ge|wicht, das; -[e]s, -e [mhd. gewiht(e), zu ↑wägen]: **1.** ⟨o. Pl.⟩ **a)** *Schwere eines Körpers, die sich durch Wiegen ermitteln lässt; Last:* ein G. von 45 kg; ein geringes, großes G.; das spezifische G. *(das Gewicht der Volumeinheit eines Stoffes);* das G. vom rechten auf das linke Bein verlagern; sein G. halten *(nicht zu- od. abnehmen);* der Koffer hat sein G. *(ist ziemlich schwer);* Orangen nicht nach Stückzahl, sondern nach G. verkaufen; der Mann krümmte sich unter dem G. der Last; **b)** (Physik) *Größe der Kraft, mit der ein Körper auf seine Unterlage drückt od. nach unten zieht.* **2.** *Körper von bestimmter Schwere [der als Maßeinheit zum Wiegen dient]:* große, kleine -e; die -e *(an einer Kette hängende, als Triebkraft wirkende Metallstücke)* der Pendeluhr; die -e müssen geeicht sein; mehrere -e auf die Waage legen; (Sport:) ein G. stemmen. **3.** ⟨o. Pl.⟩ *Bedeutung, die im Verhältnis zu anderen Fakten schwer wiegt u. den Charakter eines Zusammenhangs od. Sachverhalts beeinflusst:* in der Partei hat seine Stimme großes, kein G.; dieses Land bekommt immer mehr G.; mit dem ganzen G. seiner Persönlichkeit; * **sein ganzes G. in die Waagschale werfen** *(alle Anstrengungen unternehmen, seinen ganzen Einfluss geltend machen, um etw. zu erreichen):* er versicherte uns, er werde sein ganzes G. in die Waagschale werfen, um den Beschluss durchzusetzen; **auf etw. G. legen** *(etw. für wichtig halten u. Wert darauf legen* [nach der Waagschale, auf die man ein G. legt, damit die Zunge nach ihrer Seite ausschlägt]); **[nicht] ins G. fallen** *([nicht] von ausschlaggebender Bedeutung in einem bestimmten Zusammenhang sein* [nach der Sache, die schwer wiegt u. die Waagschale herunterdrückt]): da fällt eine gewisse lässige Großzügigkeit kaum ins G. **4.** (Math.) *[Zahlen]faktor, durch den eine Größe gegenüber einer anderen bei der Berechnung von Mittelwerten stärker od. schwächer berücksichtigt wird.*

[2]Ge|wicht, das; -[e]s, -er [Nebenf. von ↑Geweih] (Jägerspr.): *Gehörn (2).*

ge|wich|ten ⟨sw. V.; hat⟩ [zu ↑[1]Gewicht (3)]: **1.** (Statistik) *von etw. unter Berücksichtigung der Häufigkeit des Auftretens einzelner Werte einen Durchschnittswert bilden u. damit den Wert, die Bedeutung der einzelnen Größen einer Reihe ermitteln.* **2.** *die Bedeutung, Bedeutsamkeit, Wichtigkeit von etw. festhalten, festlegen; Schwerpunkte bei etw. setzen:* diese Pläne gilt es nun [neu, richtig] zu g.

Ge|wicht|he|ben, das; -s: *schwerathletische Sportart, bei der ein [1]Gewicht (2) durch Reißen od. Stoßen vom Boden zur Hochstrecke gebracht wird.*

Ge|wicht|he|ber, der: *Schwerathlet in der Disziplin des Gewichthebens.*

Ge|wicht|he|be|rin, die: w. Form zu ↑Gewichtheber.

ge|wịch|tig ⟨Adj.⟩: **1.** (veraltend) *schwer u. massig:* ein -er Koffer; ein -er *(umfangreicher)* Band; sie ist ziemlich g. (scherzh.; *dick, korpulent*). **2.** *[in einem bestimmten Zusammenhang] bedeutungsvoll:* ein -er Satz, Grund; -er ist hier die Frage, ob ...; (iron.:) sich g. räuspern.

Ge|wịch|tig|keit, die; -: *Bedeutung* (2), *Wichtigkeit:* die G. der Fragen.

Ge|wịchts|ab|nah|me, die: *Abnahme des Körpergewichts.*

Ge|wịchts|ana|ly|se, die (Chemie): *Gravimetrie* (2).

Ge|wịchts|an|ga|be, die: *Angabe des* [1]*Gewichts* (1 a).

Ge|wịchts|aus|gleich, der: *Ausgleich des* [1]*Gewichts* (1 a; z. B. durch Aufnehmen od. Abwerfen von Ballast).

Ge|wịchts|be|stim|mung, die: *Bestimmung, Feststellung des* [1]*Gewichts* (1 a).

Ge|wịchts|ein|heit, die: *Einheit zur Gewichtsbestimmung.*

Ge|wịchts|klas|se, die (Sport): *international einheitlich abgegrenzte Klasse, der die Kämpfer in den Sportarten Boxen, Gewichtheben, Judo u. Ringen entsprechend ihrem die Leistung beeinflussenden Körpergewicht zugeordnet werden.*

Ge|wịchts|kon|trol|le, die: *Kontrolle des Körpergewichts in bestimmten Zeitabständen.*

ge|wịchts|los ⟨Adj.⟩: **1.** *ohne körperliche Schwere; schwerelos:* ein fast -er Körper. **2.** *ohne* [1]*Gewicht* (3); *bedeutungslos:* -e Argumente.

Ge|wịchts|pro|zent, das: *Anteil eines Stoffes in einem Gemisch od. einer Lösung, der in Gramm je 100 g Mischung gemessen wird.*

Ge|wịchts|satz, der: *zu einer Waage gehörender Satz von verschiedenen* [1]*Gewichten* (2).

Ge|wịchts|stein, der: [1]*Gewicht* (2).

Ge|wịchts|sys|tem, das: vgl. Maßsystem.

Ge|wịcht|stein: ↑Gewichtsstein.

Ge|wịchts|ver|la|ge|rung, die: **1.** *Verlagerung des Körpergewichts.* **2.** *Verlagerung des* [1]*Gewichts* (3): eine G. von links nach rechts.

Ge|wịchts|ver|lust, der: *Verlust an* [1]*Gewicht* (1 a).

Ge|wịchts|zu|nah|me, die: vgl. Gewichtsabnahme.

Ge|wịch|tung, die; -, -en: **1.** (Statistik) *das Gewichten* (1): eine G. von Daten vornehmen. **2.** *das Gewichten* (2); *das Festlegen von Schwerpunkten.*

ge|wie̲ft ⟨Adj.⟩ [wahrsch. 2. Part. von mhd. wīfen = winden, schwingen, verw. mit ↑Wipfel] (ugs.): *sehr erfahren, schlau, gewitzt; jeden Vorteil sogleich erkennend u. sich nicht übervorteilen lassend:* ein -er Bursche, Wahlkampftaktiker; er ist g. im Auskundschaften.

Ge|wie̲ft|heit, die; -: *das Gewieftsein.*

ge|wie̲gt [2: eigtl. = (in einer Wiege) geschaukelt; in etw. groß geworden]: **1.** ↑[2]wiegen. **2.** ⟨Adj.⟩ (ugs.) *durch Erfahrung geschickt u. mit allen Feinheiten vertraut:* ein -er Kommissar; der Bursche ist ganz schön g.

Ge|wie̲|her, das; -s: **1.** *[dauerndes] Wiehern:* das G. der Pferde. **2.** (salopp) *wieherndes Gelächter:* ein lautes G. ausbrechen.

ge|wie|sen: ↑weisen.

ge|wịllt ⟨Adj.⟩ [mhd. gewillet, gewilt, 2. Part. von: willen (refl.:) = sich entschließen, ahd. will(e)ōn = zu Willen sein]: in der Verbindung **g. sein, etw. zu tun** *(den festen Willen haben, entschlossen sein, etw. zu tun):* er ist nicht g., ohne weiteres nachzugeben.

Ge|wịm|mel, das; -s [mhd. gewimmel, zu ↑wimmeln]: *Durcheinander von vielen, sich schnell bewegenden Lebewesen; sich in lebhaftem Durcheinander bewegende Masse:* auf dem Platz entstand, herrschte ein G.; sie stürzt sich ins G.

Ge|wịm|mer, das; -s: *[dauerndes] Wimmern:* das G. des Kranken, der alten Frau.

Ge|wịn|de, das; -s, - [zu ↑[1]winden]: **1.** *in Form einer Schraubenlinie in die Außenfläche eines zylindrischen Körpers od. in die Innenfläche eines zylindrischen Hohlkörpers eingeschnittene Rille von bestimmtem Profil:* ein G. schneiden. **2.** (veraltend) *etw. aus Blumen, Laub o. Ä. Gewundenes.*

Ge|wịn|de|gang, der: *voller Umfang der Schraubenlinie eines Gewindes* (1).

ge|wịn|kelt ⟨Adj.⟩: *abgewinkelt konstruiert; in Winkeln abgeknickt.*

Ge|wịnn, der; -[e]s, -e [mhd. gewin, ahd. giwin = Erlangtes, Vorteil, zu ↑gewinnen]: **1.** *materieller Nutzen, Ertrag [eines Unternehmens]; Überschuss über den Kostenaufwand:* ein beachtlicher, bescheidener G.; einen G. von fünf Prozent erzielen; aus etw. G. schlagen, ziehen; -e abschöpfen; etw. bringt G. ein; eine G. bringende Investition; etw. mit G. verkaufen. **2. a)** *Geld od. Sachwert, der als Preis bei einem Spiel o. Ä. gewonnen werden kann:* die -e einer Tombola; -e ausschütten, auszahlen; seinen G. bei der Lottostelle abholen; **b)** *Los, das gewinnt:* jedes dritte Los ist ein G. **3.** ⟨o. Pl.⟩ *praktischer Nutzen od. innere Bereicherung, die aus einer Tätigkeit od. dem Gebrauch von etw. kommt:* einen G. von etw. haben; ein Buch mit [großem] G. lesen. **4.** ⟨o. Pl.⟩ *das Gewinnen* (1, 2 a).

Ge|wịnn|ab|füh|rung, die: *Abführung des Gewinns* (1).

Ge|wịnn|an|teil, der: *Anteil, auf den der Teilhaber einer Gesellschaft* (4 b) *Anspruch hat.*

Ge|wịnn|aus|schüt|tung, die: *Auszahlung von Gewinnanteilen.*

ge|wịnn|bar ⟨Adj.⟩: **1.** *sich gewinnen* (1) *lassend:* ein Atomkrieg ist niemals g. **2.** *sich für etwas gewinnen* (3) *lassend:* für das Unternehmen -e Kunden. **3.** *sich gewinnen* (5), *erzeugen lassend:* leicht -e Substanzen.

Ge|wịnn|be|tei|li|gung, die: *Beteiligung auch der Arbeitnehmer am Gewinn* (1) *eines Unternehmens.*

ge|wịnn|brin|gend ⟨Adj.⟩: **1.** *hohen Gewinn* (1) *erzielend:* ein sehr -es Geschäft; ein noch -eres Unternehmen. **2.** *von einer Art od. in einer Weise, die für jmdn. einen Gewinn* (3) *bedeutet:* eine einigermaßen -e Gestaltung der Freizeit; sich g. unterhalten.

Ge|wịnn|chan|ce, die: **a)** *Chance, in einem Spiel o. Ä. zu gewinnen;* **b)** *Chance, einen Gewinn* (1) *zu erzielen.*

ge|wịn|nen ⟨st. V.; hat⟩ [mhd. gewinnen, ahd. giwinnan = zu etw. gelangen; erlangen, zu mhd. winnen, ahd. winnan = kämpfen, sich anstrengen; erlangen, urspr. = umherziehen; nach etw. suchen]: **1. a)** *einen Kampf, einen Wettstreit, eine Auseinandersetzung o. Ä. zu seinen Gunsten entscheiden:* den Krieg, eine Schlacht g.; einen Boxkampf g.; ein Rennen klar, eindeutig, überlegen g.; ein Fußballspiel [mit] 2 : 1 g.; der Tabellenletzte hat überzeugend gegen den Meisterschaftsfavoriten gewonnen; ich kann beim Tennis nicht gegen ihn g., er spielt zu gut; eine Wette g.; er hat den Prozess gewonnen; * **es über sich g., etw. zu tun** (veraltet; *sich überwinden, etw. zu tun*): er konnte es nicht über sich g., seinen Fehler einzugestehen; **b)** *in einem Kampf, Wettstreit o. Ä. Sieger sein:* [bei, in einem Spiel] klar, haushoch, nur knapp, nach Punkten g. **2. a)** *beim Spiel o. Ä. Geld od. einen Sachwert als Preis erhalten:* einen Pokal g.; [5 000 Mark] in der Lotterie g.; noch nie gewonnen haben; bei der Tombola sind hauptsächlich Gebrauchsgegenstände zu g.; **b)** *einen Gewinn* (2 a) *bringen:* jedes vierte Los gewinnt. **3. a)** *durch eigene Anstrengung [u. günstige Umstände] etw. Wünschenswertes erhalten:* Zeit, einen Vorsprung g.; jmds. Liebe, Herz, Vertrauen g.; die Herrschaft über jmdn. g.; mit etw. keine Reichtümer g. können; seine entschlossene Haltung hat ihm viele Sympathien gewonnen *(eingebracht, verschafft);* (häufig verblasst:) Abstand von etw., Klarheit über etw., Einblick in die Verhältnisse g.; den Eindruck g., dass ...; die Sache gewinnt dadurch eine besondere Bedeutung; es gewinnt den Anschein *(es scheint so),* als ob ...; **R** wie gewonnen, so zerronnen *(etwas sehr leicht u. schnell Erworbenes wurde ebenso leicht u. schnell wieder verloren);* **b)** (geh.) *ein räumliches Ziel [mit Mühe] erreichen:* das Ufer zu g. versuchen; das Schiff gewann das offene Meer; das Freie g. *(in freies Gelände kommen);* **c)** *dazu bringen, sich an etw. zu beteiligen od. sich für etw. einzusetzen; (jmdn.) für etw. einnehmen* (7 a): jmdn. für einen Plan, einen Künstler für ein Konzert g.; jmdn. als Kunden, zum Freund g. **4. a)** *sich zu seinem Vorteil verändern:* sie hat in letzter Zeit gewonnen; der Saal hat durch die Renovierung gewonnen; **b)** *an etw. [Erstrebtem] zunehmen:* an Sicherheit g.; das Flugzeug gewann immer mehr an Höhe; der Zug gewinnt an Fahrt. **5. a)** *Bodenschätze, Naturvorkommen abbauen, fördern:* Kohle, Eisen g.; **b)** *aus einem Naturprodukt erzeugen, herstellen:* Zucker aus Rüben g.; der Saft wird aus reifen Früchten gewonnen.

ge|wịn|nend ⟨Adj.⟩: *von liebenswürdigem Wesen, solches Wesen erkennen lassend u. andere für sich einnehmend:* ein -es Wesen; seine Art war sehr g.; g. lächeln.

Ge|wịn|ner, der; -s, -: **1.** *jmd., der gewinnt* (1): der G. eines sportlichen Wettkampfs. **2.** *jmd., der gewinnt* (2 a): der G. der Bronzemedaille; in der Lotterie unter den -n sein.

Ge|wịn|ne|rin, die; -, -nen: w. Form zu ↑Gewinner.

Ge|wịn|ner|stra|ße, die: in der Wendung **auf der G. sein** (Sport Jargon; *im Begriff sein zu gewinnen*).

Ge|wịnn|er|war|tung, die ⟨meist Pl.⟩: *Erwartung* (2) *im Hinblick auf Gewinn* (1).

Ge|wịnn|klas|se, die: *Klasse, Kategorie bei Wettspielen o. Ä., zu der alle Gewinner mit dem gleichen Tipp, der gleichen Lösung gehören u. nach der sich die Gewinnquote richtet; Rang.*

Ge|wịnn|los, das: *Los, auf das ein Gewinn* (2 a) *fällt.*

Ge|wịnn|mar|ge, die (Wirtsch.): *Gewinnspanne.*

Ge|wịnn|ma|xi|mie|rung, die (Wirtsch.): *Streben nach größtmöglichem Gewinn* (1).

Ge|wịnn|mit|nah|me, die; -, -en (Börsenw.): *Käuferverhalten in Bezug auf Wertpapiere, das darauf gerichtet ist, aus Kursanstiegen schnellen Gewinn* (1) *zu ziehen.*

ge|wịnn|ori|en|tiert ⟨Adj.⟩: *auf das Erzielen von Gewinn* (1) *ausgerichtet:* ein -es Unternehmen; g. arbeiten.

Ge|wịnn|quo|te, die: *Anteil am ausgeschütteten Gesamtgewinn, der auf den einzelnen Wettteilnehmer entsprechend der jeweiligen Gewinnklasse entfällt.*

Ge|wịnn|satz, der (Tennis, Tischtennis, Volleyball): *zum Gesamtgewinn erforderlicher gewonnener Satz* (11): das Einzel wurde über drei Gewinnsätze gespielt.

Ge|wịnn|schwel|le, die: *Stadium in der Entwicklung eines Unternehmens od. eines wirtschaftlichen Projekts, von dem an Gewinn* (1) *erwirtschaftet wird.*

Ge|wịnn|span|ne, die: *durch den Unterschied zwischen Selbstkosten u. Verkaufspreis erzielter Gewinn* (1).

Ge|wịnn|sucht, die ⟨Pl. selten⟩: *Erwerbssinn von sittlich anstößigem Ausmaß; Habgier.*

ge|wịnn|süch|tig ⟨Adj.⟩: *von Gewinnsucht getrieben, habgierig.*

ge|wịnn|träch|tig ⟨Adj.⟩: *einen lohnenden Gewinn* (1) *erwarten lassend:* -e Unternehmungen.

Ge|wịnn-und-Ver|lust-Rech|nung, die (Wirtsch.): *für eine Aktiengesellschaft o. Ä. neben der Bilanz aufzustellende jährliche Rechnung, die Einblick in das Zustandekommen des Erfolgs gibt.*

Ge|wịn|nung, die; -, -en ⟨Pl. selten⟩: **a)** *das Gewinnen* (5 a): die G. von Kohle; **b)** *das Gewinnen* (5 b): die G. von Gummi aus Kautschuk.

Ge|wịnn|zahl, die: *Zahl, auf die [zusammen mit andern Zahlen] ein Gewinn* (2 a) *fällt:* die Bekanntgabe der -en im Fernsehen.

Ge|wịnn|zo|ne, die: *Stadium einer geschäftlichen Entwicklung, in dem ein Unternehmen Gewinn* (1) *erzielt:* in die G. gelangen; [nicht mehr] in der G. sein; eine Firma in die G. bringen.

Ge|win|sel, das; -s (abwertend): **1.** *[dauerndes] Winseln:* das G. des Hundes. **2.** *unwürdiges Klagen, Bitten.*

Ge|wir|bel, das; -s: *[dauerndes] Durcheinanderwirbeln:* im G. der Schneeflocken, der Herbstblätter.

Ge|wirk, das; -[e]s, -e, **Ge|wir|ke,** das; -s, -: **1.** (Textilind.) *gewirkter Stoff:* G., das nicht verfilzt. **2.** (Biol.) *Zellen in einem Bienenstock od. Wespennest, Waben.*

Ge|wirr, das; -[e]s, (selten:) **Ge|wir|re,** das; -s [mhd. gewerre, zu veraltet wirren, ↑verwirren]: **1.** *wirres Knäuel; Fäden o. Ä., die sich verwickelt haben:* ein dichtes G. von Drähten; das Garn war zu einem unauflösbaren G. verknäult. **2.** *wirre Ungeordnetheit [von optischen od. akustischen Sinneseindrücken], sodass die Dinge nicht zu unterscheiden sind u. unklar bleiben:* das G. der Stimmen, der engen Gassen.

Ge|wis|per, das; -s: *[dauerndes] Wispern:* er musste das G. der Umstehenden über sich ergehen lassen.

ge|wiss [mhd. gewis, ahd. giwis, eigtl. = das, was (sicher) gewusst wird, urspr. 2. Part. des ↑wissen zugrunde liegenden Verbs]: **I.** (Adj.) **1. a)** *nicht genau bestimmbar; nicht näher bezeichnet [aber doch dem andern bekannt]:* ein -er Herr Krause; ein -er Jemand; von einem -en Alter an; die Einstellung -er national gesinnter Kreise; **b)** *von nicht sehr großem Ausmaß o. Ä., aber doch ein Mindestmaß einhaltend:* eine -e Ähnlichkeit; aus einer -en Distanz; bis zu einem -en Grade. **2.** *ohne Zweifel bestehend, eintretend:* die -e Zuversicht, Hoffnung haben, dass dies eintritt; jmds. Unterstützung, seines Erfolges g. sein *(ganz bestimmt damit rechnen)* können; etw. für g. halten. **II.** (Adv.) *nach jmds. Meinung ohne Zweifel, mit Sicherheit:* du hast dich g. darüber gefreut; das kannst du mir g. glauben; aber g. [doch]! *(es verhält sich tatsächlich so);* g. hat sie es gehört.

Ge|wis|sen, das; -s, - [mhd. gewiȥȥen(e), ahd. gewiȥȥenī = (inneres) Bewusstsein, LÜ von lat. conscientia, eigtl. = Mitwissen, LÜ von griech. syneídēsis]: *Bewusstsein von Gut u. Böse des eigenen Tuns; Bewusstsein der Verpflichtung einer bestimmten Instanz gegenüber:* das menschliche G.; sein ärztliches, künstlerisches G. lässt das nicht zu; dabei regte sich ihr G. *(kamen ihr Bedenken hinsichtlich der moralischen Vertretbarkeit);* ihn plagt sein G.; sein G. erleichtern, erforschen, zum Schweigen bringen; kein G. haben *(skrupellos sein);* ein reines G. haben *(sich unschuldig fühlen);* sie hatte wegen des Ladendiebstahls ein schlechtes G. *(war wegen dieses schuldhaften Verhaltens bedrückt);* ich hatte schon ein schlechtes G., dir nicht geschrieben zu haben *(machte mir schon Vorwürfe wegen dieser Nachlässigkeit);* seinem G. folgen; ruhigen -s etw. tun; an jmds. G. appellieren; gegen sein G. handeln; etw. mit gutem G. tun; seine Angaben nach bestem Wissen und G. *(ohne etw. dabei zu verschweigen)* machen; etw. vor seinem G. nicht verantworten können; **Spr** ein gutes G. ist ein sanftes Ruhekissen; *** sich** (Dativ) **kein G. aus etw. machen** *(etw. Übles tun, ohne sich durch sein Gewissen davon zurückhalten zu lassen;* nach Römer 14, 22); **jmdn. auf dem G. haben** *(durch sein Verhalten an jmds. Tod od. Untergang schuld sein);* **etw. auf dem G. haben** *(etw. durch sein Verhalten verschuldet haben);* **jmdm. ins G. reden** *(jmdn. wohlmeinend, aber ernsthaft u. eindringlich ermahnen u. ihn zu einer Änderung seines verkehrten, missbilligten Verhaltens zu bewegen, vom falschen Weg abzubringen suchen).*

ge|wis|sen|haft (Adj.): *mit großer Genauigkeit u. Sorgfalt vorgehend:* eine -e Untersuchung; der Schüler ist sehr g.; etw. g. prüfen, erledigen.

Ge|wis|sen|haf|tig|keit, die; -: *das Gewissenhaftsein; gewissenhaftes Wesen:* sie nahm mit größter G. ihre Medizin.

ge|wis|sen|los (Adj.): *ohne [jedes] Empfinden für Gut u. Böse seines Tuns od. davon zeugend:* er ist ein -er Mensch; g. handeln.

Ge|wis|sen|lo|sig|keit, die; -, -en: **1.** (o. Pl.) *das Gewissenlossein; gewissenloses Wesen:* mit unglaublicher G. handeln. **2.** *gewissenlose Handlung.*

Ge|wis|sens|angst, die: *durch das Gewissen verursachte Angst im Hinblick auf die eigene Handlungsweise:* von G. gepeinigt sein.

Ge|wis|sens|biss, der (meist Pl.) [LÜ von lat. conscientiae morsus]: *quälendes Bewusstsein, unrecht gehandelt zu haben, an etw. schuld zu sein:* Gewissensbisse haben, spüren, empfinden; sich Gewissensbisse über etw. machen.

Ge|wis|sens|ent|schei|dung, die: *Entscheidung, die jmd. allein nach seinem Gewissen getroffen hat.*

Ge|wis|sens|er|for|schung, die (Pl. selten): *[Selbst]befragung [des katholischen Gläubigen vor der Beichte] über begangene Sünden, über das eigene Handeln hinsichtlich der moralischen Vertretbarkeit.*

Ge|wis|sens|fra|ge, die (Pl. selten): *unabweisbare schwierige Frage, die [persönlich] entschieden werden muss.*

Ge|wis|sens|frei|heit, die (o. Pl.) [LÜ von lat. libertas conscientiae]: *Recht des Menschen, in seinen Äußerungen u. Handlungen nur seinem Gewissen zu folgen:* die G. respektieren.

Ge|wis|sens|grün|de (Pl.): *vom Gewissen vorgeschriebene Gründe für jmds. Haltung:* den Kriegsdienst aus -n verweigern.

Ge|wis|sens|kon|flikt, der: *Konflikt, in den jmd. gerät, wenn er eine notwendige Entscheidung mit dem Gewissen nicht vereinbaren kann:* in einen G. geraten.

Ge|wis|sens|not, die: vgl. Gewissenskonflikt.

Ge|wis|sens|prü|fung, die: **a)** (Pl. selten) *Gewissenserforschung;* **b)** (ugs.) *Nachprüfung der Gewissensentscheidung eines Kriegsdienstverweigerers durch eine entsprechende Behörde.*

Ge|wis|sens|qual, die: *Qual, die jmdm. sein schlechtes Gewissen bereitet:* -en leiden.

Ge|wis|sens|wurm, der (o. Pl.) (ugs. scherzh.): *schlechtes Gewissen, das jmdn. plagt.*

ge|wis|ser|ma|ßen (Adv.): *in gewissem Sinne, Grade; sozusagen:* g. aus heiterem Himmel; g. zum Spaß; das tat ihrer Würde keinen Abbruch, sondern erhöhte sie noch g.

Ge|wiss|heit, die; -, -en [mhd. gewisheit, ahd. giwisheit]: **1.** (o. Pl.) *sicheres Gefühl, Wissen in Bezug auf etw. [Geschehendes]:* die G., auf dem rechten Weg zu sein; G. über etw. erlangen; ich muss mir darüber G. verschaffen; was gibt dir die G.?; der Verdacht wurde zur G. **2.** *etw., was für jmdn. unanzweifelbar eintritt od. sich unanzweifelbar in bestimmter Weise verhält; unanzweifelbare Sache:* mindestens eine G. hat diese Begegnung gebracht.

ge|wiss|lich (Adv.) [mhd. gewislich, ahd. giwislīho] (veraltend): *ganz gewiss* (II): das ist g. wahr.

Ge|wit|ter, das; -s, - [mhd. gewiter(e), ahd. giwitiri, urspr. = Witterung, Wetter, Kollektivbildung zu ↑Wetter]: *mit Blitzen, Donner [u. Regen o. Ä.] verbundenes Unwetter:* ein schweres, heftiges, nächtliches G.; ein G. zieht [her]auf, liegt in der Luft, ist im Anzug, braut sich zusammen, bricht los, entlädt sich, geht über der Stadt nieder, zieht vorüber; der Streit wirkte wie ein reinigendes G.; es gibt heute bestimmt noch ein G.; die Strandgäste flüchteten vor dem G.; **Ü** das häusliche G. *(der Streit)* hat sich ausgetobt.

Ge|wit|ter|ecke, die (Pl. selten): *Gegend, aus der in einer bestimmten Landschaft die Gewitter kommen.*

Ge|wit|ter|front, die: *Front* (4), *deren Durchzug von Gewittern begleitet ist.*

ge|wit|te|rig: ↑gewittrig.

Ge|wit|ter|luft, die: *schwüle Luft vor einem Gewitter.*

ge|wit|tern (sw. V.; hat; unpers.): *donnern u. blitzen; als Gewitter heraufziehen od. niedergehen:* es gewittert [schon länger].

Ge|wit|ter|nei|gung, die (o. Pl.): *mögliches Aufkommen von Gewittern.*

Ge|wit|ter|re|gen, der: *[kurzer] heftiger Regen während eines Gewitters.*

Ge|wit|ter|stim|mung, die: *Stimmung der Natur vor einem Gewitter.*

Ge|wit|ter|sturm, der: *Sturm vor einem losbrechenden Gewitter, während eines Gewitters.*

Ge|wit|ter|wand, die: *große, zusammenhängende Masse von Gewitterwolken.*

Ge|wit|ter|wol|ke, die: *dunkle, schwere Wolke, die ein Gewitter ankündigt.*

Ge|wit|ter|zie|ge, die (salopp abwertend): *böse [zänkische] Frau* (oft als Schimpfwort).

ge|witt|rig, (selten:) gewitterig (Adj.): **a)** *ein Gewitter erwarten lassend:* eine -e Schwüle; **b)** *in der Art eines Gewitters; durch ein Gewitter hervorgerufen:* -e Störungen, Niederschläge.

Ge|wit|zel, das; -s: *[dauerndes] Witzeln.*

ge|witzt (Adj.) [mhd. gewitzet, 2. Part. von: witzen = klug machen]: *mit praktischem Verstand begabt, geschickt u. schlau:* ein -er Junge, Geschäftsmann; mit der Zeit wurden wir allerdings auch -er.

Ge|witzt|heit, die; -: *das Gewitztsein.*

GewO = Gewerbeordnung.

ge|wo|ben: ↑weben.

Ge|wo|ge, das; -s: *[dauerndes] Wogen:* das G. eines Getreidefeldes.

ge|wo|gen [2: eigtl. 2. Part. zu mhd. (ge)wegen = Gewicht od. Wert haben, angemessen sein]: **1.** ↑[1]wiegen. **2.** (Adj.) (geh.) *zugetan, freundlich gesinnt, wohlgesinnt:* er war, zeigte sich ihr stets g.; sie war meinem Plan g. *(billigte ihn);* bleiben Sie uns g. *(behalten Sie uns in guter Erinnerung).*

Ge|wo|gen|heit, die; - (geh.): *das Gewogensein, Zugetansein.*

ge|wöh|nen (sw. V.; hat) [mhd. gewenen, ahd. giwennen, zu mhd., ahd. wenen = gewöhnen]: **a)** *durch Einübung, eingehende Beschäftigung, häufigen Umgang o. Ä. mit jmdm., etw. vertraut machen:* er musste den Hund erst an sich g.; du musst die Kinder an Ordnung g. *(sie ihnen zur Gewohnheit machen);* **b)** (g. + sich) *mit jmdm., etw. vertraut werden; sich auf jmdn., etw. einstellen:* ich habe mich langsam an sie, an ihre Eigenarten gewöhnt; die Augen müssen sich erst an die Dunkelheit g.; wir sind an Arbeit, an dieses Klima gewöhnt *(die Arbeit, dieses Klima ist uns nicht fremd).*

Ge|wohn|heit, die; -, -en [mhd. gewon(e)heit, ahd. giwonaheit]: *durch häufige u. stete Wiederholung selbstverständlich gewordene Handlung, Haltung, Eigenheit; etw. oft nur noch mechanisch od. unbewusst Ausgeführtes:* eine liebe, gute, alte G.; eine üble, absonderliche, schlechte G. *(Angewohnheit);* seine -en ändern, beibehalten; etw. aus [reiner], entgegen aller G. tun; das ist ihm schon zur [festen] G. geworden *(er hat sich daran gewöhnt u. tut es immer wieder).*

ge|wohn|heits|ge|mäß (Adj.): *einer bestimmten Gewohnheit entsprechend:* er schloss g. die Haustür ab.

ge|wohn|heits|mä|ßig (Adj.): *[mechanisch, unbewusst] einer bestimmten Gewohnheit folgend; aus Gewohnheit:* -e Verrichtungen.

Ge|wohn|heits|mä|ßig|keit, die; -: *gewohnheitsmäßiger Ablauf o. Ä.*

Ge|wohn|heits|mensch, der: *jmd., dessen Lebensweise von bestimmten Gewohnheiten geprägt ist, der nach seinen Gewohnheiten handelt, nicht von ihnen abweicht.*

Ge|wohn|heits|recht, das (Pl. selten) (Rechtsspr.): *schriftlich nicht festgelegtes Recht, das durch fortwährende Praktizierung u. längere Tradition verbindlich ist.*

ge|wohn|heits|recht|lich (Adj.): *das Gewohnheitsrecht betreffend, auf ihm beruhend.*

Ge|wohn|heits|sa|che, die: *etw., was jmdm. zur Gewohnheit geworden ist.*

Ge|wohn|heits|tier: in der Redewendung: der Mensch ist ein G. (↑[1]Mensch b).

Ge|wohn|heits|trin|ker, der: *jmd., der sich an*

G

den übermäßigen Genuss von Alkohol gewöhnt hat u. vom Trinken nicht mehr ohne weiteres loskommt.

Ge|wohn|heits|trin|ke|rin, die: w. Form zu ↑Gewohnheitstrinker.

Ge|wohn|heits|ver|bre|cher, der (Rechtsspr.): *jmd., der immer wieder Straftaten begeht u. bei dem dies Ausdruck einer Eigenart seiner Persönlichkeit ist.*

Ge|wohn|heits|ver|bre|che|rin, die: w. Form zu ↑Gewohnheitsverbrecher.

ge|wöhn|lich ⟨Adj.⟩ [mhd. gewonlich]: **1.** *durchschnittlichen, normalen Verhältnissen entsprechend; durch keine Besonderheit hervorgehoben od. auffallend; alltäglich, normal:* ein [ganz] -er Tag; im -en Leben. **2.** *gewohnt, üblich:* zur -en Zeit; sie gehen wieder ihrer -en Beschäftigung nach; er steht [für] g. *(üblicherweise, in der Regel)* sehr früh auf; es endete wie g. *(wie meist, wie sonst auch immer).* **3.** *in Art, Erscheinung, Auftreten ein niedriges Niveau verratend; ordinär:* ein ziemlich -er Mensch; -e Ausdrücke; er war ihr zu g.; er benahm sich recht g.

Ge|wöhn|lich|keit, die; -: *gewöhnliche* (3) *Art; das Gewöhnlichsein.*

ge|wohnt ⟨Adj.⟩ [spätmhd. gewon(e)t, adj. 2. Part. von mhd. gewonen = gewohnt sein, werden; verweilen, ahd. giwonēn = wohnen, bleiben, zu ↑gewohnen]: *durch Gewohnheit üblich geworden; vertraut; bekannt:* die -e Arbeit, Umgebung; etw. in -er Weise, zur -en Zeit erledigen; ***etw. g. sein** *(etw. als Selbstverständlichkeit empfinden; an etw. gewöhnt, mit etw. vertraut sein):* schwere Arbeit g. sein; er war [es] g., früh aufzustehen.

ge|wöhnt: ↑gewöhnen (b).

ge|wohn|ter|ma|ßen ⟨Adv.⟩: *wie gewohnt, wie üblich:* er verließ g. um 8 Uhr das Haus.

Ge|wöh|nung, die; -: *das Sichgewöhnen, das Sicheinstellen auf jmdn., etw.; Anpassung:* die G. an Narkotika.

ge|wöh|nungs|be|dürf|tig ⟨Adj.⟩: *der Gewöhnung bedürfend; eine Zeit der [Ein]gewöhnung, Anpassung verlangend, erfordernd:* ein -er Führungsstil; die Schaltautomatik ist g.

Ge|wöl|be, das; -s, - [mhd. gewelbe, ahd. giwelbi, zu ↑wölben]: **1.** *aus Steinen zusammengefügte Baukonstruktion mit bogenförmigem Querschnitt, meist als gewölbte Decke eines Raumes:* das G. des Seitenschiffs. **2.** *von massivem Mauerwerk umschlossener, oft niedriger, lichtloser Raum mit gewölbter Decke:* ein dunkles, finsteres, feuchtes G.

Ge|wöl|be|bo|gen, der: *Krümmung eines Gewölbes.*

Ge|wöl|be|flä|che, Ge|wöl|be|lai|bung, die: *untere, innere Seite eines Gewölbes.*

ge|wölbt: ↑wölben.

Ge|wölk, das; -[e]s [mhd. gewülke, Kollektivbildung zu ↑Wolke]: *eine größere Menge von [zusammenhängenden] Wolken:* schwarzes G.

Ge|wöl|le, das; -s, - [mhd. gewelle = Brechmittel für den Falken; Erbrochenes, zu: wellen, willen, ahd. willōn, wullōn = erbrechen] (Zool., Jägerspr.): *(bes. von Eulen u. Greifvögeln) herausgewürgter Klumpen von unverdaulichen Nahrungsresten (wie Haaren, Federn o. Ä.).*

ge|wollt: **1.** ↑wollen. **2.** ⟨Adj.⟩ *mit allzu leicht erkennbarer Absicht; gekünstelt; unnatürlich:* seine Gesten, Reden sind, wirken [sehr] g.

ge|won|ne, ge|won|nen: ↑gewinnen.

ge|wor|ben: ↑werben.

ge|wor|den: ↑werden.

ge|wor|fen: ↑werfen.

ge|wrun|gen: ↑wringen.

Ge|wühl, das; -[e]s: **1.** (oft abwertend) *[dauerndes] Wühlen, Herumsuchen:* mit deinem G. in den Schubladen bringst du alles durcheinander. **2.** *lebhaftes Durcheinander sich hin u. her bewegender u. sich drängender Menschen:* es herrschte ein fürchterliches G.; jmdn. im G. aus den Augen verlieren; sich ins G. stürzen.

ge|wun|den: ↑[1]winden.

ge|wun|ken: ↑winken.

ge|wür|felt ⟨Adj.⟩ [zu ↑würfeln (2)]: *mit gleichartigen verschiedenfarbigen Karos schachbrettartig gemustert:* eine -e Decke; -e Bettbezüge.

Ge|wür|ge, das; -s: **1.** *länger anhaltendes, heftiges [Heraus]würgen:* nach qualvollem G. kam der Knopf wieder zum Vorschein. **2.** (landsch.) *umständliches, beschwerliches, oft planloses Vorgehen, Arbeiten:* das war kein Fußballspiel, sondern ein entsetzliches G.

Ge|würm, das; -[e]s, -e ⟨Pl. selten⟩ [mhd. gewürme, Kollektivbildung zu ↑[1]Wurm] (oft abwertend): *größere Anzahl von Würmern:* abscheuliches, sich windendes G.

Ge|würz, das; -es, -e [15. Jh., Kollektivbildung zu ↑Wurz, heute auf ↑würzen bezogen]: *aus bestimmten Teilen von Gewürzpflanzen bestehende od. aus ihnen hergestellte aromatische Substanz, die Speisen zugesetzt wird, um ihnen eine bestimmte Geschmacksrichtung zu verleihen:* ein scharfes, mildes G.

Ge|würz|gur|ke, die: *in Essig mit bestimmten Gewürzen eingelegte Gurke.*

Ge|würz|kraut, das: *Kraut, das wegen seines aromatischen Geschmacks zum Würzen von Speisen verwendet wird.*

Ge|würz|ku|chen, der: *unter Verwendung von bestimmten Gewürzen, Honig, Nüssen u. Rosinen hergestellter Kuchen.*

Ge|würz|mi|schung, die: *geschmacklich abgestimmte Mischung von verschiedenen Gewürzen.*

Ge|würz|müh|le, die: a) *Mühle* (1 b) *für Gewürze;* b) *Fabrik, in der Gewürze gereinigt, gemahlen od. in ähnlicher Weise verarbeitet werden.*

Ge|würz|nel|ke, die: *als Gewürz verwendete, getrocknete dunkelbraune, aromatische u. süßlich schmeckende Blütenknospe des Gewürznelkenbaums.*

Ge|würz|nel|ken|baum, der: *(zur Familie der Myrtengewächse gehörender) hoher Baum, der zur Gewinnung von Gewürznelken (bes. auf Madagaskar u. Sansibar) kultiviert wird.*

Ge|würz|pflan|ze, die: *Pflanze, von der bestimmte Teile (Blüten, Früchte, Samen, Rinde u. a.) als Gewürze verwendet werden.*

Ge|würz|stän|der, der: *kleines, regalähnliches Gestell zur Aufbewahrung der Gefäße mit den verschiedenen Gewürzen.*

Ge|würz|tra|mi|ner, der: a) ⟨o. Pl.⟩ *Rebsorte (Spielart des Traminers) mit rosafarbenen, spät reifenden Trauben;* b) *aus den Trauben des Gewürztraminers (a) hergestellter, alkoholreicher, würziger, säurearmer Weißwein.*

Ge|würz|wein, der: *Würzwein.*

Ge|wu|sel, das; -s [zu ↑wuseln] (landsch.): *rasches, geschäftiges Hin-und-her-Eilen; Gewimmel:* das G. auf einem Marktplatz.

ge|wusst: ↑wissen.

Gey|sir, der; -s, -e, (eindeutschend auch:) Geiser, der; -s, - [isländ. geysir, zu: geysa = in heftige Bewegung bringen]: *heiße Quelle, die in bestimmten Abständen Wasser in Form einer Fontäne ausstößt.*

gez. = gezeichnet; vgl. zeichnen (3 a).

ge|zackt: ↑zacken.

ge|zählt ⟨Adj.⟩ [eigtl. 2. Partizip von ↑zählen] (österr.): *in einer erstaunlich großen od. kleinen Zahl vorkommend.*

ge|zahnt: ↑zahnen.

ge|zähnt: ↑zähnen.

Ge|zänk, das; -[e]s, (auch:) **Ge|zan|ke,** das; -s (abwertend): *[dauerndes] Zanken, zänkisches Streiten:* das G. geht mir auf die Nerven; hört endlich auf mit eurem ewigen G.!

Ge|zap|pel, das; -s (ugs., oft abwertend): *[dauerndes] Zappeln:* das G. der Kinder fiel ihr auf die Nerven.

ge|zeich|net: ↑zeichnen (2, 3 a).

Ge|zeit, die; -, -en [Anfang des 17. Jh.s verhochdeutschend für mniederd. getīde = Flutzeit, zu: tide = Zeit; mhd. gezīt = (festgesetzte) Zeit; Gebetsstunde; Begebenheit, ahd. gizīt = Zeit, Zeitlauf]: a) ⟨Pl.⟩ *(durch die Anziehungskraft des Mondes mitverursachte) Bewegung der Wassermassen des Meeres, die an den Küsten als periodisches Ansteigen u. Absinken des Meeresspiegels in Erscheinung tritt; Ebbe und Flut:* die Berechnung der -en; b) (Fachspr.) *Tide* (a).

Ge|zei|ten|kraft|werk, das: *Kraftwerk, bei dem die durch den unterschiedlichen Wasserstand der Gezeiten sich ergebende Energie zur Stromerzeugung ausgenutzt wird.*

Ge|zei|ten|strom, der ⟨Pl. selten⟩: *durch die Gezeiten verursachte Strömung im Meer.*

Ge|zei|ten|wech|sel, der: *Wechsel von Ebbe u. Flut.*

Ge|zer|re, das; -s (abwertend): *[dauerndes] Zerren, Hin-und-her-Zerren:* das G. des Hundes; Ü das G. um die Erbschaft stieß ihn ab.

Ge|ze|ter, das; -s (abwertend): *[dauerndes] Zetern.*

ge|zie|hen: ↑zeihen.

ge|zielt ⟨Adj.⟩ [eigtl. 2. Part. von ↑zielen]: *einen Zweck verfolgend; auf ein bestimmtes Ziel ausgerichtet:* -e Fragen, Maßnahmen; wir müssen -er planen.

ge|zie|men ⟨sw. V.; hat⟩ [mhd. gezemen, ahd. gizeman, zu ↑ziemen] (veraltend): **1.** *gemäß sein; jmdm. aufgrund seiner Stellung, Eigenschaften o. Ä. gebühren:* es geziemt dir nicht, danach zu fragen. **2.** ⟨g. + sich⟩ *sich gehören, schicken:* verhalte dich so, wie es sich ihr gegenüber geziemt.

ge|zie|mend ⟨Adj.⟩ (geh.): *dem Takt, der Höflichkeit, der Rücksicht auf die Würde einer Person entsprechend:* etw. in -er Weise, mit -en Worten sagen.

Ge|zie|re, das; -s (oft abwertend): *[dauerndes] Sichzieren; geziertes Benehmen.*

ge|ziert ⟨Adj.⟩ [eigtl. 2. Part. von ↑zieren] (abwertend): *sich nicht natürlich gebend; affektiert; gekünstelt, unecht wirkend:* eine -e Sprechweise; -es Benehmen; sie gibt sich entsetzlich g.

Ge|ziert|heit, die; -: *das Geziertsein.*

ge|zinkt: ↑zinken.

Ge|zirp, das; -[e]s, **Ge|zir|pe,** das; -s (oft abwertend): *[dauerndes] Zirpen:* das G. der Grillen wollte nicht enden.

Ge|zisch, das; -[e]s, **Ge|zi|sche,** das; -s (oft abwertend): *[dauerndes] Zischen:* das Brodeln und G. des Wassers auf dem Herd.

Ge|zi|schel, das; -s (abwertend): *[dauerndes] Zischeln:* das G. der Nachbarinnen.

ge|zo|gen: ↑ziehen.

Ge|zün|gel, das; -s: *[dauerndes] Züngeln:* das G. der Schlange; Ü das G. der Flammen.

Ge|zweig, das; -[e]s, **Ge|zwei|ge,** das; -[e]s (geh.): *Gesamtheit von Zweigen:* ein Baum mit starkem G.

Ge|zwit|scher, das; -s: *[dauerndes] Zwitschern:* lautes G. erfüllte das Vogelhaus.

ge|zwun|gen ⟨Adj.⟩ [eigtl. 2. Part. von ↑zwingen]: *unfrei, unnatürlich wirkend; gekünstelt:* ein -es Wesen, Benehmen; sie lachte etwas g.

ge|zwun|ge|ner|ma|ßen ⟨Adv.⟩ [↑-maßen]: *einem Zwang, einer Notwendigkeit, Verpflichtung, Forderung folgend:* den Rest des Heimwegs legten sie g. zu Fuß zurück.

Ge|zwun|gen|heit, die; -: *Unnatürlichkeit, Gekünsteltheit:* die G. seines Lachens, Benehmens.

GG = Grundgesetz.

ggf. = gegebenenfalls.

Gha|na; -s: Staat in Afrika.

Gha|na|er, der; -s, -: Ew.

Gha|na|e|rin, die; -, -nen: w. Form zu ↑Ghanaer.

gha|na|isch ⟨Adj.⟩: *Ghana, die Ghanaer betreffend; von den Ghanaern stammend, zu ihnen gehörend.*

Ghet|to usw.: ↑Getto usw.

Ghost|wri|ter ['...raɪtə], der; -s, - [engl. ghost-writer, eigtl. = Geisterschreiber] (bildungsspr.): *Autor, der für eine andere Person, meist eine bekannte Persönlichkeit, schreibt u. nicht als Verfasser genannt wird.*

GHz = Gigahertz.

G. I., GI [dʒiː'aɪ], der; -[s], -[s] [engl. G. I., GI, eigtl. Abk. für engl. government issue, etwa = Staatseigentum od. general issue = allg. Eigentum] (ugs.): *einfacher amerikanischer Soldat.*

gib: ↑geben.

Gib|bon, der; -s, -s [frz. gibbon, H. u.]: *(in den Urwäldern Südostasiens heimischer) kleinwüchsiger, schwanzloser Affe mit rundlichem Kopf u. sehr langen Armen.*

Gi|bral|tar [österr. ˈgi:...]; -s: Halbinsel an der Südspitze Spaniens (britische Kronkolonie).

Gi|bral|ta|rer, der; -s, -: Ew.

Gi|bral|ta|re|rin, die; -, -nen: w. Form zu ↑Gibraltarer.

gi|bral|ta|risch ⟨Adj.⟩: *Gibraltar, die Gibraltarer betreffend; von den Gibraltarern stammend, zu ihnen gehörend.*

gibst, gibt: ↑geben.

Gicht, die; - [mhd. giht, ahd. firgiht(e), gigiht(e), zu ahd. jehan = sagen, bekennen, urspr. = Behexung]: *durch eine Störung des Stoffwechsels verursachte Krankheit, die sich bes. in schmerzhaften Entzündungen von Gelenken äußert.*

Gicht|an|fall, der: *Anfall von Gicht.*

gicht|brü|chig ⟨Adj.⟩ (veraltet): *an Gicht erkrankt; durch Gicht stark behindert.*

gich|tig, gich|tisch ⟨Adj.⟩: *an Gicht erkrankt; von Gicht befallen:* ein -er Greis; -e Hände.

Gicht|kno|ten, der: *infolge chronischer Gicht entstandene knotenförmige Verdickung in der Umgebung von Gelenken.*

gicht|krank ⟨Adj.⟩: *gichtig, gichtisch.*

Gi|ckel, der; -s, - [lautm.] (landsch.): *Hahn.*

gi|ckeln, gi|ckern ⟨sw. V.; hat⟩ [lautm.] (landsch., bes. md.): *hell kichernd u. etwas unterdrückt (oft etwas albern u. ohne ersichtlichen Grund) lachen:* die Mädchen tuschelten u. gickelten.

gicks: in den Wendungen **weder g. noch gacks wissen, sagen, verstehen** (ugs.; *überhaupt nichts wissen, sagen, verstehen*); **g. und gacks** (ugs.; *alle Welt; jeder*): das weiß doch g. und gacks.

gick|sen ⟨sw. V.; hat⟩ [1: mhd. gichzen, gigzen, ahd. gicchaz(z)en, lautm.; 2: zu der lautm. Interj. gick] (landsch., bes. md.): **1.** *einen leichten, hohen Schrei ausstoßen; (von der Stimme) plötzlich in die Kopfstimme umschlagen u. zu hoch [u. schrill] erklingen:* er, seine Stimme gickste manchmal beim Sprechen. **2.** *mit einem spitzen Gegenstand stechen, stoßen:* er hat ihn/ihm in die Seite, hat ihn mit dem Stock gegickst.

Gick|ser, der; -s, - (landsch., bes. md.): *hoher, halb unterdrückter Laut des Kicherns, des Überschlagens der Stimme.*

[1]Gie|bel, der; -s, - [H. u.]: *zu den Karauschen gehörender kleinerer Fisch.*

[2]Gie|bel, der; -s, - [mhd. gibel, ahd. gibil, urspr. wohl = Astgabel u. Bez. für die Gabelung, in der der Balken, der den First eines Daches bildet, ruht]: **1.** *der meist dreieckige, obere Teil der Wand an der Schmalseite eines Gebäudes, der zu beiden Seiten vom [schräg aufsteigenden] Dach begrenzt wird:* ein spitzer, steiler G. **2.** (Archit.) *meist dreieckiger, oft verzierter, schmückender Aufsatz als oberer Abschluss von Fenstern, Portalen o. Ä.* **3.** (ugs.) *Nase.*

Gie|bel|dach, das: *Satteldach, bes. eines Giebelhauses, dessen Giebelseite der Straße zugekehrt ist.*

Gie|bel|feld, das: *vom Dach, von Gesimsen eingegrenzte Fläche des [2]Giebels.*

Gie|bel|fens|ter, das: *Fenster im [2]Giebel eines Hauses.*

Gie|bel|haus, das: *Haus, dessen Giebelseite der Straße zugekehrt ist.*

Gie|bel|sei|te, die: *Seite eines Hauses, an der sich der [2]Giebel befindet.*

Gie|bel|zim|mer, das: *Zimmer, das am [2]Giebel eines Hauses liegt.*

Giek|se|gel, das; -s, - (veraltet): *Gaffelsegel.*

Gie|per, der; -s [aus dem Niederd., rückgeb. aus ↑giepern] (landsch., bes. nordd.): *auf etw. Bestimmtes, bes. etw. Essbares gerichtete, plötzlich wach werdende Begierde; große Lust auf etw.:* er hatte einen ungeheuren G. auf etwas Saures.

gie|pern ⟨sw. V.; hat⟩ [aus dem Niederd., zu: giepen = Luft schnappen, verw. mit ↑Geifer] (landsch., bes. nordd.): *Gieper haben:* die Kinder gieperten bereits nach Popcorn.

giep|rig ⟨Adj.⟩ (landsch., bes. nordd.): *heftiges Verlangen in sich verspürend, in den Genuss von etw. zu kommen; gierig:* er griff g. nach dem Kuchen.

Gier, die; - [mhd. gir(e), ahd. girī]: *auf Genuss u. Befriedigung, Besitz u. Erfüllung von Wünschen gerichtetes, heftiges, maßloses Verlangen; ungezügelte Begierde:* hemmungslose, blinde, wilde G.; die Gier nach Macht und Geld.

[1]gie|ren ⟨sw. V.; hat⟩ [mhd. gir(e)n, wohl geb. zu dem ↑gern(e) zugrunde liegenden Adj., heute als Abl. von ↑Gier empfunden] (geh.): *heftig, übermäßig, voller Gier nach etw. verlangen, etw. begehren:* nach Geld g.; gierende Hunde.

[2]gie|ren ⟨sw. V.; hat⟩ [niederl. gieren, eigtl. = schief (ab)stehen] (Seemannsspr.): *infolge heftigen Seegangs hin u. her gehen, nicht den geraden Kurs halten:* das Schiff, das Boot giert.

gie|rig ⟨Adj.⟩ [mhd. giric, ahd. girīg, zu mhd., ahd. ger, ↑Gier]: *von einem heftigen, maßlosen Verlangen nach etw. erfüllt; voller Gier:* -e Blicke, Augen; mit -en Händen nach etw. greifen; sie war ganz g. nach Obst; etw. g. verschlingen.

Gie|rig|keit, die; - (selten): *Gier.*

Gier|schlund, der (ugs.): *gieriger Mensch.*

Gieß|bach, der: *[Gebirgs]bach mit starkem Gefälle, der [infolge von Regen- od. Schneefällen] viel Wasser führt.*

Gieß|bad, das: *Guss* (2 a).

gie|ßen ⟨st. V.; hat⟩ [mhd. gieʒen, ahd. gioʒan]: **1. a)** *eine Flüssigkeit aus einem Gefäß an eine bestimmte Stelle, in ein anderes Gefäß fließen lassen, über etw. rinnen, laufen lassen, schütten:* Kaffee in die Tassen, Wasser an/auf/über den Braten g.; Ü (dichter.:) der Mond goss sein Licht über die Felder; **b)** ⟨g. + sich⟩ *sich in bestimmter Weise gießen* (1 a) *lassen:* aus dieser, mit dieser Kanne gießt es sich nicht gut; **c)** *eine Flüssigkeit versehentlich über etw. ausgießen, verschütten:* er hat die Tinte auf die Tischdecke, übers Heft gegossen; du hast ihr den [ganzen] Wein aufs Kleid gegossen. **2.** *mittels einer Gießkanne mit Wasser versorgen; begießen:* die Blumen g.; er muss fast jeden Abend [den Garten] g. **3.** ⟨unpers.⟩ (ugs.) *heftig regnen:* es goss in Strömen. **4. a)** *durch Schmelzen flüssig gemachtes Metall in dafür vorgesehene Hohlformen gießen u. darin erstarren lassen:* Silber, Kupfer g.; in diesem Werk wurde früher nur Eisen gegossen; **b)** *aus einer durch Schmelzen flüssig gemachten Masse dadurch herstellen, dass man diese in eine entsprechende Form fließen u. darin zu dem gewünschten Gegenstand erstarren lässt:* Lettern, Glocken g.; Kerzen g.; der Stuhl wurde aus einem neuartigen Kunststoff in einem Stück gegossen.

Gie|ßen: Stadt an der Lahn.

[1]Gie|ße|ner, der; -s, -: Ew.

[2]Gie|ße|ner ⟨indekl. Adj.⟩.

Gie|ße|ne|rin, die; -, -nen: w. Form zu ↑[1]Gießener.

Gie|ßer, der; -s, -: *jmd., der berufsmäßig mit einem der verschiedenartigen Verfahren des Gießens einer flüssig gemachten Masse, bes. Metall, beschäftigt ist.*

Gie|ße|rei, die; -, -en: **1.** ⟨o. Pl.⟩ **a)** *Herstellung bestimmter Gegenstände durch Gießen von flüssig gemachtem Metall;* **b)** *Zweig der Metallindustrie, der sich mit der Gießerei* (1 a) *befasst.* **2.** *Betrieb der Metallindustrie, in dem Metall gegossen wird, bzw. die entsprechende Anlage innerhalb eines solchen Betriebs.*

Gie|ße|rei|ar|bei|ter, der: *in einer Gießerei beschäftigter Arbeiter.*

Gie|ße|rei|ar|bei|te|rin, die; -, -nen: w. Form zu ↑Gießereiarbeiter.

Gie|ße|rei|be|trieb, der: *Gießerei* (2).

Gie|ße|rei|tech|nik, die ⟨o. Pl.⟩: *Technik der Gießerei* (1 a).

Gie|ße|rin, die; -, -nen: w. Form zu ↑Gießer.

Gieß|form, die (Technik): *Form zum Gießen* (4).

Gieß|harz, das (Technik): *Kunststoff, der in seinem ursprünglich flüssigen Zustand gegossen werden kann u. der ohne Einwirkung von Druck hart wird.*

Gieß|kan|ne, die: **1.** *kannenförmiges Gefäß mit einem [siebartig durchlöcherten Aufsatz auf einem] Rohr zum Begießen von Pflanzen.* **2.** (ugs. scherzh.) *Penis;* *** sich** ⟨Dativ⟩ **die G. verbiegen** (salopp scherzh.; *[vom Mann] sich eine Geschlechtskrankheit zuziehen*).

Gieß|kan|nen|prin|zip, das ⟨o. Pl.⟩: *für die Verteilung von etw. getroffene Regelung, nach der jeder Empfänger, jeder Bereich in gleicher Weise mit etw. bedacht wird ohne Berücksichtigung der unterschiedlichen Verhältnisse.*

Gieß|ofen, der (Gießerei): *Ofen einer Erzgießerei.*

Gieß|pfan|ne, die (Gießerei): *an einem Kran befestigter, feuerfest ausgekleideter Behälter, mit dem flüssiger Stahl aus dem Ofen aufgenommen, zu den Formen* (3) *transportiert u. in diese eingegossen wird.*

G

Gieß|ver|fah|ren, das (Gießerei): *Verfahren zum Gießen geschmolzener Metalle in bestimmte Formen* (3).

Gieß|zet|tel, der (Druckw.): *Verzeichnis der verschiedenen Mengen von Buchstaben, die bei einem bestimmten Gesamtgewicht des Gusses gegossen werden müssen.*

Gift, das; -[e]s, -e [mhd., ahd. gift, eigtl. = das Geben, Übergabe; Gabe, zu ↑geben]: *in der Natur vorkommender od. künstlich hergestellter Stoff, der nach Eindringen in den Organismus eines Lebewesens eine schädliche, zerstörende, tödliche Wirkung hat (wenn er in einer bestimmten Menge, unter bestimmten Bedingungen einwirkt):* ein gefährliches, chemisches G.; die Samen der Pflanze enthalten ein G.; G. nehmen *(in der Absicht, sich zu töten, Gift einnehmen);* er hat dem kranken Tier G. gegeben *(hat es vergiftet);* das Messer schneidet wie G. (ugs.; *ist sehr scharf*); Ü sie war, antwortete voller G. *(Gehässigkeit, Boshaftigkeit);* *** blondes G.** (ugs. scherzh.; *erotisch attraktive Frau mit auffallend hellblonden Haaren*); **G. für jmdn., etw. sein** *(sehr schädlich für jmdn., etw. sein);* **sein G. verspritzen** (ugs.; *sich sehr boshaft, gehässig äußern*); **G. und Galle speien/spucken** (*sehr wütend sein, sehr heftig werden; sehr böse, gehässig [auf etw.] reagieren;* nach 5. Mos. 32, 33); **auf etw. G. nehmen können** (ugs.; *sich auf etw. völlig verlassen können; etw. als ganz sicher betrachten können;* H. u., viell. bezogen auf die ma. Gottesurteile, also urspr. ausdrückend, dass etwas so sicher ist, dass sich jmd. ohne Sorge der Giftprobe unterziehen kann).

Gift|am|pul|le, die: *ein tödlich wirkendes Gift enthaltende Ampulle.*

Gift|be|cher, der (früher): *mit einer ein tödliches Gift enthaltenden Flüssigkeit gefüllter Becher, den ein zu dieser Art des Todes Verurteilter austrinken muss:* er musste den G. trinken.

Gift|drü|se, die (Zool.): *bei bestimmten Tieren entwickelte Drüse, die einen für andere Lebewesen giftigen Stoff ausscheidet, der auf verschiedene Weise (z. B. durch Zähne, Stachel) verabfolgt wird.*

gif|ten ⟨sw. V.; hat⟩ (ugs.): **1. a)** *sehr ärgerlich, böse machen:* dass sie ständig bevorzugt wurde, giftete ihn immer mehr; **b)** ⟨g. + sich⟩ *sich sehr ärgern; sehr ärgerlich, böse werden:* sich über einen Vorfall g.; als ich davon hörte, giftete ich mich mächtig. **2.** *seinem Ärger, Missfallen heftig schimpfend, mit boshaften, gehässigen Worten Ausdruck geben:* er giftete entsetzlich.

gift|frei ⟨Adj.⟩: *keine giftigen Stoffe enthaltend u. deshalb ungefährlich.*

Gift|gas, das: *Gas, das eine schädigende, zerstörende, tödliche Wirkung auf den Organismus von Lebewesen, bes. von Menschen, ausübt.*

gift|grün ⟨Adj.⟩: *eine kräftige, grelle grüne Farbe aufweisend:* ein -es Kleid.

G

gift|hal|tig, (österr.:) **gift|häl|tig** ⟨Adj.⟩: *giftige Stoffe enthaltend.*

gif|tig ⟨Adj.⟩ [1: mhd. giftec]: **1.** *Gift, einen Giftstoff enthaltend; die schädigende Wirkung von Gift habend, entwickelnd:* -e Pflanzen, Pilze, Chemikalien; das Medikament enthält eine -e Substanz *(ein Gift, einen Giftstoff);* ein -er Pfeil *(Giftpfeil);* die Dämpfe sind g. **2.** (ugs.) *bösartig [u. aggressiv]; von Bosheit, Gehässigkeit geprägt, zeugend:* eine -e Bemerkung; ein -er Blick; g. lächeln; jmdn. g. anfahren, anstarren. **3.** *(von bestimmten Farben) grell, schreiend:* ein -es Gelb. **4.** (Sport Jargon) *verbissen, mit großem körperlichem Einsatz kämpfend u. deshalb für den Gegner gefährlich:* ein -er Mittelstürmer; er war, spielte sehr g.

Gif|tig|keit, die; -: *das Giftigsein.*

Gift|krö|te, die (ugs. abwertend): *sehr boshafter, gehässiger Mensch* (oft als Schimpfwort).

Gift|kü|che, die: **1.** (scherzh., auch abwertend) *Labor; Produktionsstätte für chemische Erzeugnisse.* **2.** (abwertend) *Ort, an dem boshafte, gehässige Gerüchte entstehen, von dem üble, unsaubere Machenschaften ausgehen.*

Gift|mi|scher, der: **1.** (ugs. abwertend) *jmd., der verbotenermaßen, in böser Absicht Gift zubereitet, etw. mit Gift präpariert.* **2.** (ugs. scherzh.) *jmd., der beruflich mit Chemikalien, Medikamenten, Giften zu tun hat, bes. Apotheker.*

Gift|mi|sche|rin, die: w. Form zu ↑Giftmischer.

Gift|mord, der: *mithilfe von Gift verübter Mord.*

Gift|mör|der, der: *jmd., der einen Giftmord begangen hat.*

Gift|mör|de|rin, die: w. Form zu ↑Giftmörder.

Gift|müll, der: *aus Gewerbe- und Industriebetrieben stammende giftige Abfallstoffe, die die Umwelt schädigen u. verseuchen.*

Gift|müll|de|po|nie, die: *Deponie für Giftmüll.*

Gift|nu|del, die: **1.** (ugs. abwertend) *giftige* (2) *weibliche Person.* **2.** (ugs. scherzh.) *[schlechte] Zigarre, Zigarette.*

Gift|pfeil, der: *Pfeil, dessen Spitze mit Gift präpariert ist:* Ü er ließ sich auch durch ihre gefürchteten -e *(boshaften, gehässigen Bemerkungen)* nicht aus der Ruhe bringen.

Gift|pflan|ze, die (Biol.): *Pflanze, die einen giftigen Stoff enthält, der bei Menschen u. Tieren eine schädliche, zerstörende, tödliche Wirkung hat.*

Gift|pilz, der: vgl. Giftpflanze.

Gift|schlan|ge, die: *Schlange, bei deren Biss ein giftiges Sekret in die Bisswunde gelangt.*

Gift|schrank, der: **1.** *verschließbarer Schrank (in Apotheken u. Krankenhäusern), in dem bes. gefährliche Medikamente, Gifte aufbewahrt werden.* **2.** (ugs.) *Schrank, in dem Bücher unter Verschluss gehalten werden, die aus bestimmten (politischen, moralischen o. ä.) Gründen nicht jedem zugänglich sein sollen.*

Gift|spin|ne, die: *bes. für den Menschen giftige Spinne.*

Gift|sprit|ze, die **1.** (ugs.): *Injektionsspritze, mit der einem zum Tode Verurteilten bei der Hinrichtung das tödliche Gift injiziert wird.* **2.** (ugs. abwertend): *Giftnudel* (1).

Gift|sta|chel, der (Zool.): *stachelartiges Organ bei bestimmten Tieren (z. B. bei Insekten, Fischen), mit dessen Hilfe das Sekret der Giftdrüse in die Einstichstelle geführt wird.*

Gift|stoff, der: *giftige Substanz; Gift.*

Gift|tier, das (Zool.): *Tier, das ein giftiges Sekret produziert, mit dessen Hilfe es Beute machen od. sich verteidigen kann.*

Gift|wol|ke, die: *Wolke aus giftigem Gas o. Ä.*

Gift|zahn, der (Zool.): *mit einem Kanal od. einer Rinne versehener Zahn bestimmter Schlangen, durch den das Sekret der Giftdrüse beim Biss weitergeleitet u. übertragen wird:* * **jmdm. die Giftzähne ausbrechen/ziehen** (ugs.; *jmdn. energisch daran hindern, gehässige, boshafte Reden zu führen, sich weiterhin abfällig, verleumderisch über jmdn., etw. zu äußern).*

Gift|zet|tel, der (Schülerspr. landsch.): *Schulzeugnis.*

Gift|zwerg, der (ugs. abwertend): *boshafter, gehässiger Mensch, bes. jmd., der seine körperliche Kleinheit durch Boshaftigkeit, Gehässigkeit kompensiert* (oft als Schimpfwort).

[1]**Gig,** das; -s, -s [engl. gig, H. u.] (veraltend): *leichter, offener Wagen, Einspänner mit einer Gabeldeichsel.*

[2]**Gig,** die; -, -s, seltener: das; -s, -s [engl. gig, übertr. von ↑[1]Gig]: **1.** (Seemannsspr.) *als Beiboot mitgeführtes leichtes, schnelles Ruderboot, bes. zur Benutzung für den Kapitän* (1). **2.** (Rudern) *zum Training u. für Wanderfahrten verwendetes leichtes Ruderboot.*

[3]**Gig,** der; -s, -s [engl. gig, H. u.] (Jargon): *Auftritt für einen Abend bei einem Pop-, Jazzkonzert o. Ä.*

Gi|ga- [zu griech. gígas, ↑Gigant]: bedeutet in Bildungen mit Substantiven *das* 10^9*fache einer [physikalischen] Einheit* (Zeichen: G).

Gi|ga|byte [- -'-], das; -[s], -[s] (EDV): *1024 Megabyte* (Zeichen: GByte).

Gi|ga|hertz, das; -, - (Physik): *eine Milliarde Hertz* (Zeichen: GHz).

Gi|ga|me|ter, das od. der; -s, - (Physik): *eine Milliarde Meter* (Zeichen: Gm).

Gi|gant, der; -en, -en [1: lat. gigas (Gen.: gigantis) < griech. gígas]: **1.** (geh.) *Riese.* **2.** *jmd., der durch außergewöhnlich große Leistungsfähigkeit, Machtfülle, Bedeutsamkeit o. Ä. beeindruckt; etw., was hinsichtlich einer Größe, Mächtigkeit, Wirksamkeit o. Ä. Vergleichbarem weit überlegen ist:* die -en des Skisports; der Konzern ist ein G. auf dem Weltmarkt.

-gi|gant, der: kennzeichnet in Verbindung mit Substantiven eine Person od. sehr große Firma, die in ihrem Bereich außergewöhnliche Macht besitzt, allen vergleichbaren Personen od. Firmen weit überlegen ist: Elektronik-, Fastfood-, Hollywood-, Medien-, Modegigant.

gi|gan|tesk ⟨Adj.⟩ [frz. gigantesque < ital. gigantesco, zu: gigante = Riese < lat gigas, ↑Gigant] (bildungsspr.): *ins Riesenhafte, Maßlose übersteigert; maßlos.*

Gi|gan|tin, die; -, -nen: w. Form zu ↑Gigant.

gi|gan|tisch ⟨Adj.⟩ [griech. gigantikós]: **a)** *sehr, riesig groß; gewaltige, imposante Ausmaße aufweisend:* -e Bauwerke, Schiffe; ein -er Konzern; **b)** *ungeheuer, gewaltig, riesig, außerordentlich:* ein -er Erfolg, Machtkampf; -e Anstrengungen; ein -es Verbrechen; ihre Stimme ist g.

Gi|gan|tis|mus, der; -: **1.** (Med.) *krankhafter Riesenwuchs; übermäßiges Wachstum:* an G. leiden. **2.** (bildungsspr.) *Gesamtheit der Erscheinungsformen, in denen das Bestreben, die Sucht, alles ins Riesenhafte, Maßlose zu übersteigern, mit gewaltigen Ausmaßen zu gestalten, sichtbar, offenbar wird.*

Gi|gan|to|ma|nie, die; - (bildungsspr.): *Sucht, alles ins Riesenhafte, Maßlose zu übersteigern, mit gewaltigen Ausmaßen zu gestalten.*

gi|gan|to|ma|nisch ⟨Adj.⟩ (bildungsspr.): *die Gigantomanie betreffend, auf ihr beruhend, von ihr zeugend:* in -en Dimensionen denken.

Gi|go|lo ['ʒi:golo, auch: 'ʒɪg...], der; -s, -s [frz. gigolo, wohl eigtl. = junger Mann, der häufig (zwielichtige) Tanzveranstaltungen besucht, H. u.]: **1.** *Eintänzer.* **2.** (bildungsspr. veraltend) *jüngerer Mann, der sich von Frauen aushalten lässt.*

Gi|got [ʒi'go:], das; -s, -s [frz. gigot = Schenkel, Keule, zu afrz. gigue = ein keulen-, schenkelförmiges Streichinstrument] (schweiz.): *Hammelkeule.*

Gigue [ʒi:g], die; -, -n [frz. gigue < engl. jig, wohl zu afrz. giguer = springen, tanzen]: **a)** *alter, aus England übernommener, lebhafter Schreittanz im Dreiertakt;* **b)** *bestimmter Satz einer Suite.*

gik|sen: ↑gicksen (2).

Gilb, der; -s [urspr. Name einer in der Waschmittelwerbung der 60er-Jahre verwendeten Comicfigur, die Weißwäsche zum Vergilben bringt]: *durch Alter od. Verschmutzung hervorgerufene [gelbliche] Verfärbung.*

gil|ben ⟨sw. V.; hat⟩ [mhd. (sich) gilwen, zu ↑gelb] (dichter.): *gelb, fahl werden.*

Gil|de, die; -, -n [aus dem Niederd. < mniederd. gilde = Innung; Trinkgelage, urspr. wahrsch. = gemeinsamer Trunk anlässlich eines abgeschlossenen Rechtsgeschäftes, zu ↑Geld od. ↑gelten]: **1.** *genossenschaftliche Vereinigung bes. von Kaufleuten u. Handwerkern od. Zusammenschluss von religiös Gleichgesinnten (bes. im MA.) zur Förderung gemeinsamer gewerblicher od. religiöser Interessen, auch zum gegenseitigen Schutz der Mitglieder.* **2.** *Gruppe von Leuten in gleichen Verhältnissen, mit gleichen Interessen, Absichten o. Ä.*

Gil|de|haus, das: *Haus für die Zusammenkünfte, Versammlungen einer Gilde* (1).

Gil|de|meis|ter, der: *Vorsteher einer Gilde* (1).

Gil|den|hal|le, die: vgl. Gildehaus.

Gil|den|schaft, die; -, -en: *Gesamtheit der Mitglieder einer Gilde* (1).

Gi|let [ʒi'le:], das; -s, -s [frz. gilet < älter span. gileco, jileco, aus dem Arab.] (landsch., österr. veraltend, schweiz.): *Weste.*

Gil|ga|mesch (sumer. Myth.): als Gott verehrte Gestalt eines Helden.

gil|tig (veraltet, österr. veraltend): ↑gültig.

Gim|mick, der, auch: das; -s, -s [engl. gimmick, eigtl. = verborgene Vorrichtung, H. u.] (Werbung): *etw. möglichst Ungewöhnliches, Auffallendes, was die Aufmerksamkeit auf ein bestimmtes Produkt, auf eine wichtige Aussage der Werbung für ein Produkt lenkt; Werbegag.*

Gim|pel, der; -s, - [1: mhd. gümpel, zu: gumpen = hüpfen, springen (nach den ungeschickten Sprüngen auf ebener Erde); 2: in Anspielung darauf, dass der Vogel leicht im Garn zu fangen ist]: **1.** *(zu den Finken gehörender) Vogel mit kurzem, kräftigem Schnabel, grauschwarzem Gefieder u. (beim Männchen) roter Brust; Dompfaff.* **2.** (ugs. abwertend) *einfältiger, unerfahrener, unbeholfener Mensch.*

Gin [dʒɪn], der; -s, (Sorten:) -s [engl. gin, Kurzf. von: geneva < älter niederl. genever, ↑Genever]: *wasserklarer englischer Wacholderbranntwein:* einen G. *(ein Glas Gin)* pur trinken; bitte drei *(drei Gläser)* G.

Gin|fizz ['dʒɪnfɪs], (auch:) **Gin-Fizz,** der [↑Fizz]: *Mixgetränk aus Gin, Mineralwasser, Zitrone u. Zucker:* er trinkt bereits den vierten G. *(das vierte Glas Ginfizz).*

ging: ↑gehen.

Gin|ger ['dʒɪndʒɐ], der; -s, - [engl. ginger < lat. gingiber, ↑Ingwer]: *Ingwer.*

Gin|ger|ale [...eɪl], das; -s [engl. ginger ale, zu: ale, ↑Ale]: *alkoholfreies Erfrischungsgetränk mit Ingwergeschmack.*

Gin|ger|beer [...bɪə], das; -s, -s [engl. ginger beer, zu beer = Bier]: *Ingwerbier.*

Gink|go ['gɪŋko], (auch:) **Gin|ko,** der; -s, -s [jap. ginkyo]: *in China u. Japan heimischer, den Nadelhölzern verwandter, sehr hoch wachsender Baum mit meist zweiteiligen fächerförmigen Blättern u. gelben, kirschenähnlichen Früchten, der oft in Parks u. Anlagen angepflanzt wird.*

Gin|seng [auch: 'ʒ...], der; -s, -s [chin.]: *in Ostasien heimische Pflanze mit gefingerten Blättern u. grünlich weißen Blüten, aus deren Wurzelstock ein Anregungsmittel gewonnen wird.*

Gins|ter, der; -s, - [mhd. ginster, genster, ahd. genster, geneste < lat. genista]: **a)** *(zu den Schmetterlingsblütlern gehörender) in vielen Arten bes. auf trockenen Böden vorkommender, vorwiegend gelb blühender Strauch mit grünen, elastischen, gelegentlich dornigen Zweigen u. kleinen, manchmal auch fehlenden Blättern;* **b)** *Besenginster.*

Gin To|nic [- 'tɔnɪk], der; - -[s], - -s [engl.]: *Gin mit Tonic [u. Zitronensaft o. Ä.].*

[1]**Gip|fel,** der; -s, - [1, 2: spätmhd. gipfel, güpfel, H. u.; 3: nach engl. summit]: **1. a)** *höchste Spitze eines [steil emporragenden, hohen] Berges:* steile, bewaldete, schneebedeckte G.; der G. lag im Nebel; einen G. besteigen, bezwingen; den G.

erreichen; auf dem G. rasten; sie mussten unter dem Gipfel aufgeben; **b)** (veraltend, noch landsch.) *Wipfel:* der Sturm hat die G. [mehrerer Bäume] geknickt. **2.** *höchstes denkbares, erreichbares Maß von etw.; das Äußerste; Höhepunkt:* der G. des Glücks, der Geschmacklosigkeit; die Ausgelassenheit erreichte ihren G. um Mitternacht; er war auf dem G. der Macht, des Ruhms angelangt; **R** das ist [doch] der G.! (ugs.; *das ist unerhört, empörend*). **3.** (Politik Jargon) kurz für ↑Gipfelkonferenz, ↑Gipfeltreffen.

Gip|fel, der; -s, - [vgl. Kipfel] (schweiz.): **a)** *kleines, längliches Weißbrot;* **b)** *Hörnchen* (2).

Gip|fel|buch, das (Alpinistik): *auf dem* [1]*Gipfel* (1 a) *eines hohen Berges an einem wettergeschützten Platz aufbewahrtes Buch [mit den Daten der Erstbesteigung des Gipfels], in das sich jeder, der den Gipfel bestiegen hat, eintragen kann.*

Gip|fe|lig ⟨Adj.⟩: *mit* [1]*Gipfeln* (1) *versehen.*

Gip|fel|kon|fe|renz, die [LÜ von engl. summit conference]: *Zusammenkunft, Konferenz der obersten Staatsmänner bes. von führenden, einflussreichen Staaten; internationales Treffen auf höchster Ebene:* eine europäische, west-östliche G.

Gip|fel|kreuz, das (Alpinistik): *auf dem höchsten Punkt eines* [1]*Gipfels* (1 a) *errichtetes Kreuz.*

Gip|fel|leis|tung, die: *außergewöhnliche, Vergleichbares [weit] überragende Leistung:* eine G. moderner Forschung.

gip|feln ⟨sw. V.; hat⟩: *in, mit etw. Bestimmtem seinen Höhepunkt finden, erreichen:* seine Ansprache gipfelte in der Forderung nach mehr Demokratie.

Gip|fel|punkt, der: **1.** *höchster Punkt der Bahn eines Flugkörpers, eines Geschosses.* **2.** *höchste Stufe, höchstes erreichbares Maß von etw.; das Äußerste; Höhepunkt:* diese Oper stellt einen absoluten G. in seinem Schaffen dar.

Gip|fel|tref|fen, das: vgl. Gipfelkonferenz.

gipf|lig: ↑gipfelig.

Gips, der; -es, (Arten:) -e [mhd., ahd. gips < lat. gypsum < griech. gýpsos, aus dem Semit.]: **1. a)** *in Gestalt farbloser od. weißer Kristalle vorkommendes gesteinsbildendes Mineral;* **b)** *(durch Erhitzen) aus Gips* (1 a) *gewonnene, graue od. weiße, mehlartige Substanz, die nach Aufnahme von Wasser schnell wieder erhärtet u. bes. als Bindemittel verwendet wird:* der G. bindet schnell ab; den G. anrühren; eine Büste aus G.; etw. in G. abgießen, formen; Löcher in der Wand mit G. ausfüllen, verschmieren. **2.** kurz für ↑Gipsverband: jmdm. einen G. anlegen; den G. abnehmen; den rechten Arm in G. haben.

Gips|ab|druck, der: *mithilfe von Gips gefertigter* [2]*Abdruck* (2).

Gips|ab|guss, der: *mithilfe von Gips hergestellter Abguss* (2) *als Nachbildung eines Gegenstands der Natur od. eines plastischen Kunstwerks od. als Vorstufe zum eigentlichen Guss des Kunstwerks in Metall.*

Gips|bein, das (ugs.): *wegen eines Bruches, einer Verstauchung o. Ä. in Gips gelegtes Bein.*

Gips|bett, das (Med.): *an den Körper eines Patienten modellierte Schale aus Gips zur Ruhigstellung bes. der Wirbelsäule im Liegen.*

Gips|bin|de, die (Med.): *in Gips getränkte, mit Gips bestrichene Mullbinde zum Anlegen eines Gipsverbandes.*

Gips|büs|te, die: vgl. Gipsfigur.

Gips|die|le, die (Bauw.): *tafelförmige, aus Gips u. Einlagen von Rohr o. Ä. gefertigte Platte für die Verkleidung von Decken u. Wänden, für leichte Trennwände o. Ä.*

gip|sen ⟨sw. V.; hat⟩: **1.** *mit Gips bearbeiten, ausbessern, reparieren, überziehen:* ein zerbrochenes Gefäß [wieder] g.; eine Decke g.; der Arzt hat den gebrochenen Arm sofort gegipst (ugs.; *mit einem Gipsverband versehen*). **2.** *Wein mit Gips* (1 a) *versetzen, um den gesamten Säuregrad zu erhalten u. Farbe u. Klarheit zu verbessern:* ⟨subst.:⟩ das Gipsen von Wein ist in Deutschland verboten.

Gip|ser, der; -s, -: *Facharbeiter, der Verputz-, Stuckarbeiten o. Ä. mit Gips ausführt.*

Gip|se|rin, die; -, -nen: w. Form zu ↑Gipser.

gip|sern ⟨Adj.⟩: *aus Gips gefertigt, bestehend:* -e Figuren.

Gips|fi|gur, die: *in Gips gegossene od. modellierte Figur.*

Gips|form, die: *für das Gießen* (4 b) *bestimmter Gegenstände, Plastiken o. Ä. aus Gips hergestellte Form.*

Gips|kopf, der: **1.** (selten) vgl. Gipsfigur. **2.** (ugs. abwertend): *einfältiger Mensch, Dummkopf* (oft als Schimpfwort).

Gips|kor|sett, das (Med.): *Gipsverband um den Rumpf zur Ruhigstellung der Wirbelsäule.*

Gips|kra|wat|te, die (Med.): *Gipsverband um den Hals zur Ruhigstellung u. Entlastung der Wirbelsäule im Bereich des Halses.*

Gips|mas|ke, die: *aus Gips geformte Maske eines Gesichts.*

Gips|plat|te, die (Bauw.): *Gipsdiele.*

Gips|sä|ge, die (Med.): *Instrument in Form einer Säge zum Durchtrennen, Öffnen von Gipsverbänden.*

Gips|ver|band, der: *aus Gipsbinden [u. einer Schiene o. Ä.] hergestellter, fester, dauerhafter Verband zur möglichst vollständigen Ruhigstellung von Körperpartien, Gliedmaßen, bes. Gelenken:* jmdm. einen G. anlegen, den G. abnehmen.

Gi|raf|fe, die; -, -n [spätmhd. geraff (durch Vermittlung von ital. giraffa), mhd. schraffe < vulgärarab. ğrāfa[h], arab. zurāfa[h]]: *(in den Savannen Afrikas in Herden lebendes) großes, Pflanzen fressendes Säugetier mit sehr langem Hals, stark abfallendem Rücken u. kurzhaarigem, unregelmäßig braun geflecktem, sandfarbenem Fell.*

Gi|ral|geld [ʒi…], das; -[e]s, -er [zu ↑Giro] (Bankw.): *Geld des bargeldlosen Zahlungsverkehrs der Banken; Guthaben bei einem Kreditinstitut, über das der Inhaber durch Überweisung od. Scheck verfügen kann.*

Gi|rant [ʒi…], der; -en, -en [ital. girante, zu: girare, ↑girieren] (Bankw.): *jmd., der einen Wechsel, Scheck o. Ä. durch Giro* (2) *auf einen anderen überträgt; Indossant.*

Gi|ran|tin, die; -, -nen: w. Form zu ↑Girant.

Gi|rat [ʒi…], der; -en, -en, **Gi|ra|tar** [ʒi…], der; -s, -e [ital. giratario, zu: girare, ↑girieren] (Bankw.): *jmd., für den bei der Übertragung eines Wechsels od. eines sonstigen Orderpapiers ein Indossament erteilt wurde; Indossat.*

Gi|ri [ˈʒiːriː] (österr.): Pl. von ↑Giro.

gi|rie|ren [ʒi…] ⟨sw. V.; hat⟩ [ital. girare < spätlat. gyrare = sich drehen, zu: gyrus, ↑Giro] (Bankw.): *durch ein Giro* (2) *auf eine andere Person übertragen; in Umlauf setzen; indossieren:* einen Scheck, einen Wechsel g.

Girl [gœrl, engl.: gəːl], das; -s, -s [engl. girl, viell. verw. mit ↑Gör]: **1.** (salopp, oft scherzh.) *Mädchen.* **2.** *einer Tanzgruppe, einer Revue* (1 b) *angehörende Tänzerin.*

Gir|lan|de, die; -, -n [frz. guirlande < ital. ghirlanda, wohl über das Aprovenz. aus dem Germ.]: *langes, meist in durchhängenden Bogen angeordnetes Gebinde aus Blumen, Blättern, Tannengrün o. Ä. od. aus buntem Papier zur Dekoration von Straßen, Gebäuden od. Räumen:* -n winden; den Garten mit -n schmücken.

Gir|lie [ˈgəːli], das; -s, -s [zu engl. girlie (meist: girly) = mädchenhaft]: *unkonventionelle junge Frau mit selbstbewusstem, manchmal frechem Auftreten.*

Gir|litz, der; -es, -e [lautm. (mit der urspr. slaw. Endung -itz, wie z. B. im ↑Kiebitz) od. aus dem Slaw.]: *(zu den Finken gehörender) Singvogel mit gelbgrünem, dunkel gestreiftem Gefieder u. kurzem, stumpfem Schnabel, der vor allem an Waldrändern, in Parkanlagen u. Gärten lebt.*

Gi|ro [ˈʒiːro], das; -s, -s, österr. auch: Giri [ital. giro = Kreis, Umlauf (bes. von Geld od. Wechseln) < lat. gyrus < griech. gŷros = Kreis] (Bankw.): **1.** *Überweisung von Geld u. Wertpapieren im bargeldlosen Zahlungsverkehr:* der Betrag wird durch G. weitergeleitet. **2.** *Vermerk, durch den ein Wechsel o. Ä. auf einen anderen übertragen wird; Indossament:* das Papier ist auf der Rückseite mit dem G. versehen.

Gi|ro|bank, die ⟨Pl. -en⟩: *Bank, bei der vorwiegend Girogeschäfte abgewickelt werden.*

Gi|ro|ge|schäft, das: *Geschäft im Giroverkehr.*

Gi|ro|kas|se, die: vgl. Girobank.

Gi|ro|kon|to, das: *Konto, über das Girogeschäfte durch Scheck od. Überweisung abgewickelt werden.*

Gi|ron|dis|ten [ʒirõˈdɪstn̩] ⟨Pl.⟩ [nach dem frz. Departement Gironde, aus dem mehrere der Führer kamen]: *Gruppe der gemäßigten Republikaner in der französischen Nationalversammlung (1791–93) zur Zeit der Französischen Revolution.*

Gi|ro|scheck [ʒi…], der: *Scheck, der durch Belastung des Girokontos des Ausstellers u. durch Gutschrift auf dem Konto des Empfängers beglichen wird.*

Gi|ro|ver|kehr, der: *bargeldloser Zahlungsverkehr, der über Girokonten abgewickelt wird.*

gir|ren ⟨sw. V.; hat⟩ [lautm.]: **1.** *(von Vögeln, bes. von Tauben) einen rollenden, glucksenden, gurrenden Laut wiederholt von sich geben; gurren:* der Tauber saß girrend auf dem Dachfirst. **2.** *schmeichelnd, verführerisch, kokettierend sprechen, lachen.* **3.** (veraltet, noch schweiz.) *knarren.*

gis, Gis, das; -, - (Musik): *um einen halben Ton erhöhtes g, G* (2).

gi|schen (veraltet): ↑gischten.

Gischt, der; -[e]s, -e u. die; -, -en ⟨Pl. selten⟩ [wohl mit lautm. -sch- aus mhd. jest = Schaum, Gischt, zu ↑gären]: *wild aufsprühendes, spritzendes, schäumendes Wasser; Schaum heftig bewegter Wellen:* weiße, salzige G.

gisch|ten ⟨sw. V.; hat⟩ (geh.): *als Gischt aufschäumen, wild aufsprühen.*

Gis-Dur [auch: ˈ-ˈ-], das: *auf dem Grundton Gis beruhende Durtonart;* Zeichen: Gis (↑gis, Gis).

Gi|seh, (auch:) Gise: Stadt in Ägypten.

gis-Moll: [auch: ˈ-ˈ-], das: *auf dem Grundton gis beruhende Molltonart;* Zeichen: gis (↑gis, Gis).

gis|sen ⟨sw. V.; hat⟩ [aus dem Niederd., mniederd. gissen = schätzen, urspr. wohl = erreichen, erlangen] (Seemannsspr., Fliegerspr.): *die Position eines Schiffes od. Flugzeuges ungefähr bestimmen.*

Gi|ta|na [xiˈtaːna], die; - [span. gitana = Zigeunerin, w. Form zu: gitano = Zigeuner, eigtl. = Ägypter, zu: Egipto = Ägypten]: *feuriger Zigeunertanz mit Kastagnettenbegleitung.*

Gi|tar|re, die; -, -n [span. guitarra < arab. qītāra[h] < griech. kithára, ↑Zither]: *Zupfinstrument mit flachem [einer Acht ähnlichem] Körper u. breitem Hals mit meist sechs Saiten:* er lernt G. spielen; einen Sänger auf der G. begleiten; zur G. singen.

Gi|tar|ren|spie|ler, der: *Gitarrist.*

Gi|tar|ren|spie|le|rin, die: w. Form zu ↑Gitarrenspieler.

Gi|tar|rist, der; -en, -en: *jmd., der [berufsmäßig] Gitarre spielt.*

Gi|tar|ris|tin, die; -, -nen: w. Form zu ↑Gitarrist.

Git|ter, das; -s, - [1: wahrsch. aus spätmhd. gegiter, zu mhd. geter = Gitter, Gatter, verw. mit ↑Gatter]: **1.** *aus parallel angeordneten od. gekreuzten Metall- od. Holzstäben od. aus grobem Drahtgeflecht gefertigte Absperrung (bes. als äußerer Abschluss von Fenster- od. Türöffnungen), Abdeckung (von Öffnungen, Schächten), Verkleidung (von Heizkörpern o. Ä.), Füllung (von Geländern), Einfriedung u. a.:* ein hölzernes, schmiedeeisernes G.; das G. vor einem Fenster, vor einem Heizungsschacht; das Gehege ist von einem G. umgeben; *** hinter G./-n** (ugs.; *ins, im Gefängnis*): jmdn. hinter G. bringen; hinter -n sitzen. **2.** (Physik, Chemie) *periodische Anordnung von Punkten od. von Materieteilchen (Atomen, Ionen, Molekülen)* (z. B. in Kristallen). **3. a)** (bes. Math.) *Netz aus* *sich kreuzenden, meist senkrecht aufeinander stehenden Linien;* **b)** *Gitternetz.* **4.** (Elektronik) *in Elektronenröhren zwischen der Kathode u. der Anode angebrachte, gitterförmig angeordnete Elektroden, mit deren Hilfe der elektrische Strom in der Röhre beeinflusst wird.*

git|ter|ar|tig ⟨Adj.⟩: *einem Gitter* (1) *ähnlich; an ein Gitter erinnernd:* ein -es Gewebe.

Git|ter|bett, das: *Bett mit gitterartigem Gestell, bes. Kinderbett mit [hochklappbarem] Gitter* (1).

Git|ter|fens|ter, das: *Fenster, das mit einem Gitter* (1) *versehen ist:* die G. des Gefängnisses.

Git|ter|lei|ter, die (Turnen): *aus gitterartig miteinander verbundenen Holmen u. Sprossen bestehendes, frei stehendes, an Decke u. Fußboden befestigtes Gerät für bestimmte gymnastische Übungen.*

git|tern ⟨sw. V.; hat⟩ (selten): *mit einem Gitter versehen; eingittern.*

Git|ter|netz, das (Kartographie): *auf Karten mit großem Maßstab eingetragenes, der geographischen Orts- u. Lagebeschreibung bestimmter Punkte dienendes Netz von senkrecht aufeinander stehenden Geraden (das nicht mit dem Netz der Längen- u. Breitengrade übereinstimmt u. bes. bei der Navigation eine Rolle spielt).*

G

Git|ter|rost, der: *begehbare Abdeckung von Schächten, Kellerfenstern o. Ä. meist aus Metall in Form eines gitterartigen* [1]*Rostes.*

Git|ter|span|nung, die (Elektronik): *elektrische Spannung zwischen dem Gitter* (4) *u. der Kathode einer Elektronenröhre.*

Git|ter|stab, der: *einzelner Stab eines Gitters* (1).

Git|ter|stoff, der (Textilind.): *aus groben Fäden bestehendes, stark appretiertes, gitterartiges Gewebe aus Leinen, Baumwolle od. Chemiefasern bes. als Untergrund für Stickereien.*

Git|ter|struk|tur, die (Physik): *gesetzmäßiger, periodischer Aufbau der Kristalle aus Atomen, Ionen, Molekülen.*

Git|ter|tür, die: *aus einem Gitter* (1) *bestehende Tür:* die G. in einem Gartenzaun; der Eingang war durch eine zusätzliche G. gesichert.

Git|ter|werk, das ⟨o. Pl.⟩: **a)** *Gefüge, Struktur, Gliederung eines meist kunstvollen Gitters* (1): das G. eines schmiedeeisernen Geländers; **b)** *Gesamtheit aller an einem Bauwerk, einer technischen Anlage o. Ä. vorhandenen Gitter* (1): das G. des gesamten Fabrikgeländes wird gestrichen.

Give-away [ˈgɪvəweɪ], (auch:) **Give|away,** das; -s, -s [engl. giveaway, zu: to give away = (ver)schenken] (Werbespr.): *[kleines] Werbegeschenk.*

Glace [frz. glace, eigtl. = Eis < vlat. glacia < lat. glacies]: **1.** [gla:s], die; -, -s [gla:s] (Kochk.) **a)** *aus Zucker hergestellte Glasur;* **b)** *ungesalzener, geleeartig eingekochter, nach dem Erkalten schnittfester Fond* (4) *zum Verfeinern von Suppen u. Soßen.* **2.** [ˈglasə], die; -, -n (schweiz.): *Speiseeis, Gefrorenes.*

Gla|cé (auch:) **Gla|cee** [glaˈse:], der; -[s], -s [frz. glacé = Glanz, urspr. 2. Part. von: glacer, ↑glacieren]: **1.** *schillerndes Gewebe aus Naturseide od. Reyon.* **2.** ⟨Pl.⟩ *Glacéhandschuhe.*

Gla|cé|hand|schuh, der: *Handschuh aus Glacéleder:* * **jmdn. mit -en anfassen** (ugs.; *jmdn. besonders rücksichtsvoll, vorsichtig, überaus behutsam behandeln, damit er nicht empfindlich, negativ auf etw. reagiert).*

Gla|cé|le|der, das: *feines, weiches, glänzendes Leder aus Fellen von jungen Schafen od. Ziegen.*

gla|cie|ren [glaˈsi:rən] ⟨sw. V.; hat⟩ [frz. glacer, eigtl. = zu Eis machen < lat. glaciare, zu: glacies, ↑Glace]: **1.** (veraltet) *zum Gefrieren bringen.* **2. a)** (Kochk.) *mit geleeartigem Fleischsaft überziehen:* den Braten g.; **b)** *(Gemüse) mit Butter und Zucker dünsten, sodass eine sirupartige Glasur* (b) *entsteht.* **3.** (veraltet) *glasieren.*

Gla|cis [glaˈsi:], das; - [glaˈsi:(s)], - [glaˈsi:s; frz. glacis, eigtl. = Abhang, zu afrz. glacier = gleiten < lat. glaciare, ↑glacieren] (Milit.): **a)** *zum Feind hin flache, ins Vorfeld verlaufende Erdaufschüttung vor einem Festungsgraben, die keinen toten Winkel entstehen lässt;* **b)** *ungedecktes, [einer Festung] vorgelagertes Gelände;* **c)** *Abdachung der äußeren Brustwehr einer Festung.*

Gla|di|a|tor, der; -s, ...oren [lat. gladiator, zu: gladius = Schwert]: *(im alten Rom) Fechter, Schwertkämpfer, der in Zirkusspielen auf Leben u. Tod gegen andere Gladiatoren od. gegen wilde Tiere kämpft.*

Gla|di|a|to|ren|kampf, der: *(im alten Rom) Kampf von Gladiatoren.*

Gla|di|o|le, die; -, -n [lat. gladiolus, eigtl. = kleines Schwert]: *(zu den Schwertliliengewächsen gehörende) hoch wachsende Pflanze mit breiten, schwertförmigen Blättern u. großen trichterförmigen Blüten, die in einem dichten Blütenstand auf einer Seite ausgerichtet sind.*

Gla|mour [ˈglæmə], der od. das; -s [engl. glamour, eigtl. = Glanz, aus dem Schott., urspr. = Magie, Zauberspruch]: *blendender, betörender Glanz [dem gelegentlich etwas Künstliches anhaftet]:* G. und Theatralik; Hollywoods G. bröckelt ab.

Gla|mour|girl, das [engl. glamour girl]: *Glamour ausstrahlende weibliche Person [der Filmbranche].*

gla|mou|rös [glamu...] ⟨Adj.⟩ [engl. glamorous]: *Glamour ausstrahlend, davon umgeben.*

Glan|du|la, die; -, ...lae [...lɛ; nlat., zu lat. glandulae (Pl.) =* [1]*Mandeln (2), Drüsen, Vkl. von: glans (Gen.: glandis) = Eichel] (Med.): *Drüse.*

Glanz, der; -es [mhd. glanz, zu mhd., ahd. glanz = glänzend, leuchtend, verw. mit ↑gelb]: **a)** *das Glänzen; glänzende Beschaffenheit von etw.:* heller, strahlender G.; der fiebrige G. der Augen; der seidige G. ihrer Haare; der matte, warme G. von Seide; seinen G. verlieren; **R** welcher G. in meiner Hütte! (scherzhaft-ironische Äußerung zur Begrüßung eines überraschend od. selten erscheinenden Besuchers; nach Schillers »Jungfrau von Orleans«, Prolog, 2. Auftritt); **Ü** sich im G. des Ruhmes sonnen; **b)** *einer Sache innewohnender bewunderter Vorzug, der in entsprechender Weise nach außen hin in Erscheinung tritt:* ein trügerischer G.; seine Stimme hat an G. verloren; ein Fest mit großem G. *(Aufwand, Pomp)* feiern; etw. kommt zu neuem G.; * **mit G.** (ugs.; *sehr gut, hervorragend, ausgezeichnet*): sie hat die Prüfung mit G. bestanden, die Schwierigkeit mit G. gemeistert; **G. und Gloria** *(öffentliche Ehrung u. Anerkennung);* **mit G. und Gloria** (ugs.; 1. *hervorragend:* eine Prüfung mit G. und Gloria bestehen. 2. iron.; *wie es schlimmer nicht geht:* er ist mit G. und Gloria durchgefallen, rausgeflogen).

Glanz|ab|zug, der (Fot.): *glänzender Abzug* (2 a).

Glanz|bürs|te, die: *Bürste zum Polieren der Schuhe.*

glän|zen ⟨sw. V.; hat⟩ [mhd. glenzen, ahd. glanzen]: **a)** *einen Lichtschein zurückwerfen, so blank od. glatt sein, auf der Oberfläche so beschaffen od. in einem solchen Zustand sein, dass auffallendes Licht [stark] reflektiert wird:* das Gold, Wasser, Metall glänzt in der Sonne; ihre Augen glänzen feucht; der Boden glänzt vor Sauberkeit; die Sterne glänzen [am Himmel]; der See glänzt im Mondschein; glänzendes Stanniol; glänzend schwarze Haare; seine Augen waren glänzend schwarz; **Ü** Freude glänzt in ihren Augen; er glänzt vor Freude *(man sieht ihm die Freude an);* **b)** *in bestimmter Weise Bewunderung hervorrufen; sich hervortun, sich auszeichnen, auffallen:* durch Wissen, Virtuosität g.; er glänzte in der Rolle des Hamlet; bei jeder Gelegenheit versucht sie zu g.; * **durch Abwesenheit g.** (↑Abwesenheit 1).

glän|zend ⟨Adj.⟩ (ugs.): *großartig; hervorragend; ausgezeichnet:* ein -er Einfall; sie kommen g. miteinander aus; es geht ihr g.

glän|zend schwarz: s. glänzen (a).

glanz|er|füllt ⟨Adj.⟩ (geh.): *bedeckt, ausgefüllt mit Glanz, mit Leuchten:* sein Gesicht war g.

Glanz|koh|le, die: *hochglänzende, spröde, aus Borke od. Holz entstandene Kohle.*

Glanz|le|der, das: *glänzend gemachtes Leder.*

Glanz|leis|tung, die: *besonders herausragende, auffallende Leistung.*

Glanz|licht, das ⟨Pl. -er⟩: **a)** *glänzendes* (a) *Licht;* **b)** (bild. Kunst) *tupfenartiger Lichteffekt;* * **einer Sache -er aufsetzen** *(etw. [in einzelnen Punkten] besonders effektvoll gestalten):* er setzte seinem Artikel noch ein paar -er auf.

glanz|los ⟨Adj.⟩: *ohne Glanz, matt, trübe:* ihr Haar war, wirkte g.; **Ü** eine -e Stimme haben.

Glanz|lo|sig|keit, die; -: *glanzlose Beschaffenheit.*

Glanz|num|mer, die: *bester, wirkungsvollster Teil einer Darbietung:* der indische Seiltrick ist eine seiner -n.

Glanz|pa|pier, das: *auf einer od. zwei Seiten mit metallartiger Folie beschichtetes Papier:* Christbaumschmuck aus G.

Glanz|pa|ra|de, die (Sport): *besonders gute Parade des Torwarts:* der Dortmunder Torwart zeigte einige -n.

Glanz|punkt, der: *Höhepunkt; Sensation:* gleich kommt der G. des Abend.

Glanz|rol|le, die: *Rolle, in der ein Darsteller seine künstlerischen Fähigkeiten besonders entfalten kann:* der Mephisto war eine von Gründgens' -n.

Glanz|stück, das: **a)** *Meisterwerk; Spitzenleistung;* **b)** *Kleinod, Juwel, wertvollstes Stück:* dieser seltene Stein ist das G. seiner Sammlung.

glanz|voll ⟨Adj.⟩: **a)** *voller Glanz* (b); *ausgezeichnet:* eine -e Varieténummer; **b)** *festlich, prachtvoll:* der -e Einzug der Teilnehmer ins Olympiastadion.

Glanz|zeit, die: *inzwischen vergangene Periode der Glanzleistungen, glanzvolle Zeit:* sie hatten Maria Callas noch in ihrer G. auf der Bühne erlebt.

[1]**Glar|ner,** der; -s, -: Ew. zu ↑Glarus.

[2]**Glar|ner** ⟨indekl. Adj.⟩.

Glar|ne|rin, die; -, -nen: w. Form zu ↑[1]Glarner.

glar|ne|risch ⟨Adj.⟩: *aus Glarus stammend; die Glarner betreffend.*

Gla|rus: Kanton und Stadt in der Schweiz.

[1]**Glas,** das; -es, Gläser, (als Maß- u. Mengenangabe:) - [mhd., ahd. glas, urspr. = Bernstein; eigtl. = Schimmerndes, Glänzendes, verw. mit ↑gelb]: **1.** ⟨o. Pl.⟩ *lichtdurchlässiger, meist durchsichtiger, leicht zerbrechlicher Stoff, der aus einem geschmolzenen Gemisch hergestellt wird u. als Werkstoff (z. B. für Scheiben, Gläser) dient:* [Vorsicht,] G.!; dünnes, feuerfestes, kugelsicheres, farbiges G.; G. [zer]bricht, zersplittert, springt leicht; G. pressen, blasen, schleifen, ätzen; ein Bild unter, hinter G. setzen [lassen]; Briefmarken, Juwelen unter G. legen; **R** du bist nicht aus G.! (ugs.; *du nimmst mir die Sicht!*). **2. a)** *Trinkgefäß aus Glas* (1): ein leeres, bauchiges, grünes G.; ein G. (voll) Bier, Wasser; ein G. guter Wein/(geh.:) guten Weines; der Genuss eines G. Wein[e]s/eines -es Wein; (als Maßangabe:) zwei G. Wein; sie nippte am G.; den Erfolg mit einem G. Wein begießen; * **zu tief ins G. geguckt/geschaut haben** (scherzh. verhüll.; *zu viel von einem alkoholischen Getränk getrunken haben):* der hat wieder einmal zu tief ins G. geguckt; **b)** *[Zier]gefäß od. Behälter aus Glas* (1): venezianisches G. schmückt *(venezianische Ziergefäße aus* [1]*Glas schmücken)* das Regal; **c)** kurz für ↑Brillenglas: das linke G. ist stärker als das rechte; er trägt dicke, dunkle Gläser; **d)** kurz für ↑Fern-, Opernglas: er suchte mit dem G. das Gelände ab.

[2]**Glas,** das; -es, -en [niederl. glas, eigtl. = Stundenglas] (Seemannsspr.): *Zeitraum einer halben Stunde:* die Wachzeit von vier Stunden ist in acht -en eingeteilt.

Glas|aal, der: *junger, noch durchsichtiger Aal.*

Glas|ar|beit, die: *Erzeugnis, Produkt, Kunstwerk aus* [1]*Glas* (1).

glas|ar|tig ⟨Adj.⟩: *die Eigenschaften des* [1]*Glases* (1) *besitzend; wie Glas aussehend.*

Glas|au|ge, das: *[aus* [1]*Glas 1 hergestelltes] künstliches Auge:* ein Mann mit einem G.

Glas|bau|stein, der: *lichtdurchlässiger Baustein aus* [1]*Glas* (1) *für Abschlüsse von Außen- od. Innenöffnungen, durch die Licht eindringen soll.*

Glas|be|häl|ter, der: *Behälter aus* [1]*Glas* (1).
Glas|bla|sen, das; -s: *Technik zur Formung von zähflüssigem* [1]*Glas* (1) *mithilfe einer Glasbläserpfeife.*
Glas|blä|ser, der: *jmd., der Gegenstände aus* [1]*Glas* (1) *mithilfe der Glasbläserpfeife herstellt* (Berufsbez.).
Glas|blä|se|rei, die; -, -en: **1.** ⟨o. Pl.⟩ *Gewerbe des Glasbläsers.* **2.** *Betrieb, in dem Gegenstände aus* [1]*Glas* (1) *mithilfe der Glasbläserpfeife hergestellt werden.*
Glas|blä|se|rin, die: w. Form zu ↑Glasbläser.
Glas|blä|ser|pfei|fe, die: *langes Rohr mit Mundstück zum Glasblasen.*
Glas|boh|rer, der: *Spezialwerkzeug zum Durchbohren von* [1]*Glas* (1).
Gläs|chen, das; -s, -: Vkl. zu ↑[1]Glas (2 a, b): etw. mit einem G. begießen (ugs.; *einen Erfolg o. Ä. mit alkoholischen Getränken feiern*).
Glas|con|tai|ner, der: *Altglascontainer.*
Glas|dach, das: *Dach aus* [1]*Glas* (1).
[1]**gla|sen** ⟨sw. V.; hat⟩ [zu ↑[1]Glas] (selten): *eine Glasscheibe [in einen Rahmen] einsetzen.*
[2]**gla|sen** ⟨sw. V.; hat⟩ [zu ↑[2]Glas] (Seemannsspr.): *durch halbstündliches Anschlagen an die Schiffsglocke bekannt geben, wie viel halbe Stunden einer vierstündigen Wache vergangen sind.*
Gla|ser, der; -s, - [mhd. glaser, ahd. glesere]: *Handwerker, der in Fenster* [1]*Glas* (1) *einsetzt u. Bilder rahmt* (Berufsbez.): R ist/war dein Vater G.? (ugs. scherzh.; *meinst du, du wärst durchsichtig?; du nimmst mir die Sicht!*).
Gla|ser|di|a|mant, der: *spitzer, in einen Halter eingesetzter Diamant zum Ritzen od. Schneiden von* [1]*Glas* (1).
Gla|se|rei, die; -, -en: **a)** *Betrieb, Werkstatt des Glasers:* in einer G. arbeiten; **b)** ⟨o. Pl.⟩ *Glaserhandwerk:* die G. erlernen.
Gla|ser|hand|werk, das: *Handwerk des Glasers.*
Gla|se|rin, die; -, -nen: w. Form zu ↑Glaser.
Glä|ser|klang, der ⟨o. Pl.⟩ (geh.): *Klang der* [1]*Gläser* (2 a) *beim Anstoßen.*
Gla|ser|meis|ter, der: *Glaser mit Meisterprüfung* (Berufsbez.).
Gla|ser|meis|te|rin, die: w. Form zu ↑Glasermeister.
glä|sern ⟨Adj.⟩ [mhd. gleserīn]: **1.** *aus* [1]*Glas* (1) *bestehend, hergestellt:* -e Figuren; Ü der -e Abgeordnete *(Abgeordneter, der alle seine Einnahmequellen offen legt).* **2.** *glasartig:* die Augen hatten einen Ausdruck -er Leere.
Glas|fa|bri|ka|ti|on, die: *Fabrikation von* [1]*Glas* (1).
Glas|fa|ser, die ⟨meist Pl.⟩: *aus* [1]*Glas* (1) *hergestellte Faser, die u. a. für Isolierungen verwendet wird.*
Glas|fa|ser|ka|bel, das: [1]*Kabel* (1) *aus Glasfasern.*
Glas|fa|ser|pa|pier, das: *Folie aus feinen Glasfasern für Filtration o. Ä.*
Glas|fi|ber, die ⟨o. Pl.⟩: *Glasfaser.*
Glas|fi|ber|stab, der (Leichtathletik): *aus Glasfiber hergestellter Stab zum Stabhochsprung.*
Glas|fla|sche, die: *Flasche aus* [1]*Glas* (1).
Glas|fluss, der: *stark glänzendes, buntes, aus Bleiglas gewonnenes Material, das zur Imitation von Edelsteinen verwendet wird.*
glas|ge|deckt ⟨Adj.⟩: *mit einem Glasdach versehen.*
Glas|ge|fäß, das: *Gefäß aus* [1]*Glas* (1).
Glas|ge|mäl|de, das: *künstlerische Darstellung (aus Schmelz- u. Emailfarben) auf* [1]*Glas* (1).
Glas|ge|schirr, das: *Geschirr aus* [1]*Glas* (1).
Glas|glo|cke, die: **a)** *Glocke aus* [1]*Glas* (1); **b)** *gläserne Schutzbedeckung in Form einer Glocke (meist für Lebensmittel, bes. Käse):* jmdn. in Watte packen und eine G. darüber stülpen (ugs. spött.; *jmdn. übertrieben behüten*).
Glas|gow [ˈglaːsgoʊ]: Stadt in Schottland.
Glas|har|fe, die: *aus dem Glasspiel entwickeltes Musikinstrument mit zartem Klang, der durch in einem Resonanzboden fest stehende Glasglocken hervorgerufen wird, die so angeordnet sind, dass Dreiklänge mit einer Hand gespielt werden können.*
Glas|har|mo|ni|ka, die: *aus dem Glasspiel entwickeltes Musikinstrument mit flötenähnlichen Tönen, die durch verschieden große, ineinander geschobene Glasglocken hervorgerufen werden, die auf einer horizontalen Achse lagern, in Umdrehung versetzt u. durch Berührung mit feuchten Fingerspitzen zum Klingen gebracht werden.*
glas|hart ⟨Adj.⟩: **a)** [ˈ- -] *hart, spröde;* **b)** [ˈ-ˈ-] (Sport) *hart [u. wuchtig]:* ein -er Schuss.
Glas|haus, das: *Gewächshaus, Treibhaus:* Spr wer [selbst] im G. sitzt, soll nicht mit Steinen werfen *(man soll anderen nicht Fehler vorwerfen, die man selbst macht od. hat).*
glas|hell ⟨Adj.⟩: *hell leuchtend, durchsichtig wie Glas:* der Tautropfen schimmerte g.
Glas|her|stel|lung, die: *Herstellung von [Gegenständen aus]* [1]*Glas* (1).
Glas|hüt|te, die: *industrielle Anlage, in der aus Rohstoffen* [1]*Glas* (1) *gewonnen u. teilweise weiterverarbeitet wird.*
gla|sie|ren ⟨sw. V.; hat⟩ [mit roman. Endung zu ↑[1]Glas]: **a)** *mit einer Glasur überziehen u. dadurch glätten od. haltbar machen:* farbig glasierte Ziegel; **b)** (Kochk.) *Speisen od. Gebäck durch eine Glasur ein schöneres Aussehen geben u. sie gleichzeitig schmackhafter machen.*
gla|sig ⟨Adj.⟩: **1.** *ausdruckslos, starr:* ein -er Blick. **2. a)** *von matt glänzender Durchsichtigkeit:* Speck mit Zwiebeln anbraten, bis alles g. ist; **b)** *kalt schimmernd:* g. nüchternes Tageslicht.
Glas|in|dus|trie, die: *Gesamtheit der Unternehmen, die* [1]*Glas* (1) *u. Produkte aus* [1]*Glas* (1) *herstellen.*
Glas|kas|ten, der: **a)** *kastenartiger Behälter aus* [1]*Glas* (1): tropisch bepflanzte Glaskästen; **b)** (ugs.) *[abgeteilter] Raum mit Glaswänden (in dem z. B. ein Pförtner sitzt).*
Glas|ke|ra|mik, die: *Werkstoff aus* [1]*Glas* (1), *der sich u. a. durch besondere Härte auszeichnet.*
Glas|kir|sche, die [nach dem glasigen Fruchtfleisch]: *Amarelle.*
glas|klar ⟨Adj.⟩: **1.** [ˈ- -] *so klar wie* [1]*Glas* (1), *durchsichtig, hell:* -es Wasser; -e Gebirgsluft. **2.** [ˈ-ˈ-] *sehr klar u. deutlich:* -e Ansichten; sie vertritt ihre Meinung g.
Glas|kol|ben, der: *kolbenförmiges Glasgefäß.*
Glas|kon|ser|ve, die (Fachspr.): *in Glasgefäßen haltbar gemachtes Nahrungs- od. Genussmittel.*
Glas|kopf, der: *kugeliges, trauben- od. nierenförmiges Mineral mit glatter, glänzender Oberfläche.*
Glas|kör|per, der (Med.): *zwischen Linse, Ziliarkörper u. Netzhaut gelegener, gallertiger, in der Hauptsache aus Wasser bestehender Teil des Auges.*
Glas|ku|gel, die: *[farbige] Kugel aus* [1]*Glas* (1) *als Schmuck für den Weihnachtsbaum, als Ziergegenstand od. zum Murmelspielen.*
Glas|ma|ler, der: *jmd., der* [1]*Glas* (1) *bedruckt, spritzt u. bemalt* (Berufsbez.).
Glas|ma|le|rei, die: **1.** ⟨o. Pl.⟩ *Herstellung farbiger Bilder auf* [1]*Glas* (1). **2.** *auf* [1]*Glas* (1) *hergestelltes farbiges Bild.*
Glas|ma|le|rin, die: w. Form zu ↑Glasmaler.
Glas|mas|se, die: *Glasschmelze.*
Glas|nost, die; - [russ. glasnost' = Öffentlichkeit, zu: glasnyj = öffentlich, der Allgemeinheit zugänglich]: *das Offenlegen; Transparenz bes. in Bezug auf die Zielsetzungen der Regierung in der ehemaligen Sowjetunion.*
Glas|nu|del, die ⟨meist Pl.⟩: *[aus Reis hergestellte] dünne, glasige Nudel* (1).
Glas|pa|last, der (ugs.): *größeres Gebäude mit langen Fronten aus* [1]*Glas* (1) *od. vielen großen Fenstern.*
Glas|pa|pier, das: *vor allem zum Abschleifen u. Polieren von Holz dienendes Papier mit einer Schicht aus Glaspulver.*
Glas|per|le, die: *Perle aus* [1]*Glas* (1).
Glas|plat|te, die: *Platte aus* [1]*Glas* (1).
Glas|pul|ver, das: *körnige bis pulver- od. staubartige Masse aus gemahlenem Glas* (die z. B. bei der Herstellung von Glaspapier verwendet wird).
Glas|rah|men, der: **1.** *Rahmen aus* [1]*Glas* (1) *mit geschliffenen od. geätzten Verzierungen.* **2.** *geschliffene Glasscheibe[n] u. dazugehörige Rückenplatte, die mit Klammern zusammengehalten werden u. zwischen die ein Bild o. Ä. gelegt werden kann.*
Glas|rei|ni|ger, der: **a)** *Mittel zum Reinigen von* [1]*Glas* (1); **b)** *jmd., der* [1]*Glas* (1) *reinigt* (Berufsbez.).
Glas|rei|ni|ge|rin, die: w. Form zu ↑Glasreiniger (b).
Glas|rohr, das: *Rohr aus* [1]*Glas* (1).
Glas|röhr|chen, das: *Röhrchen aus* [1]*Glas* (1), *vorwiegend zur Aufbewahrung von Tabletten.*
Glas|röh|re, die: *Röhre aus* [1]*Glas* (1).
Glas|scha|le, die: *Schale* (2) *aus* [1]*Glas* (1).
Glas|schei|be, die: *dünne Platte aus* [1]*Glas* (1) *[in einem Rahmen, bes. bei Fenstern u. Bildern].*
Glas|scher|be, die: *Stück eines zerbrochenen Glasgefäßes od. einer zerbrochenen Glasscheibe.*
Glas|schlei|fer, der: **a)** *jmd., der* [1]*Gläser* (2 a, b) *durch eingeschliffene od. geätzte Ornamente verziert* (Berufsbez.); **b)** *jmd., der* [1]*Glas* (1) *für optische Zwecke bearbeitet* (Berufsbez.).
Glas|schlei|fe|rin, die: w. Form zu ↑Glasschleifer.
Glas|schliff, der: **a)** *das Einschleifen von Gravuren u. Ä. in* [1]*Glas* (1); **b)** *durch Schleifen u. anschließendes Polieren entstehende glatte Oberfläche von Kristall- u. Spiegelglas.*
Glas|schmel|ze, die: *Rohstoff zur Verarbeitung von* [1]*Glas* (1) *in eingeschmolzenem Zustand.*
Glas|schmuck, der: *Modeschmuck aus* [1]*Glas* (1).
Glas|schnei|der, der: *Werkzeug zum Anritzen von Glas[scheiben], an dessen Griff ein Diamant od. ein gehärtetes Stahlrädchen angebracht ist, das unter Druck in das* [1]*Glas* (1) *eindringt.*
Glas|schrank, der: *Schrank mit Türen od. Wänden aus* [1]*Glas* (1) *(für Ausstellungsstücke o. Ä.).*
Glas|schüs|sel, die: *Schüssel aus* [1]*Glas* (1).
Glas|spiel, das (Musik): *Musikinstrument aus* [1]*Glas* (1), *das durch Reiben (seltener durch Anschlagen) zum Klingen gebracht wird; Verillon.*
Glas|split|ter, der: *Splitter von zerbrochenem* [1]*Glas* (1).
Glas|stück, das: vgl. Glassplitter.
Glas|sturz, der ⟨Pl. ...stürze⟩ (südd., österr., schweiz.): *Glasglocke* (b).
Glast, der; -[e]s [mhd. glast, verw. mit ↑gelb] (südd. u. dichter.): *Glanz.*
Glas|tisch, der: *Tisch aus* [1]*Glas* (1).
Glas|tür, die: *Tür aus* [1]*Glas* (1) *od. mit Glasscheiben.*
Gla|sur, die; -, -en [frühnhd. Bildung unter Einfluss von ↑Lasur aus ↑[1]Glas u. der Endung -ur]: **a)** *dünne, glasartige Schicht auf keramischen Erzeugnissen;* **b)** (Kochk.) *glänzender Überzug auf Speisen od. Gebäck.*
Glas|ve|ran|da, die: *Veranda mit Glaswänden od. großen Fenstern.*
Glas|ver|si|che|rung, die: *Sachversicherung zur Deckung von Schäden, die an Scheiben od. anderen Gegenständen aus* [1]*Glas* (1) *durch Zerbrechen entstehen.*
Glas|wand, die: *Wand aus einer od. mehreren Glasscheiben.*
Glas|wa|re, die ⟨meist Pl.⟩: *zum Verkauf hergestellter Gegenstand aus* [1]*Glas* (1).
glas|wei|se ⟨Adv.⟩: *in kleinen Mengen; jeweils so viel, wie in ein* [1]*Glas* (2 a) *passt.*
Glas|wer|ker, der: *jmd., der serienmäßig maschinell gepresste Produkte aus Glasmasse od. Rohglas herstellt* (Berufsbez.).
Glas|wer|ke|rin, die: w. Form zu ↑Glaswerker.
Glas|wol|le, die: *zur Schalldämpfung, zur elektrischen Isolierung u. Wärmeisolierung verwendetes watteähnliches Material aus Glasfasern.*
glatt ⟨Adj.; -er, -este, ugs.: glätter, glätteste⟩ [mhd. glat = glänzend, blank; eben; schlüpfrig, ahd. glat = glänzend]: **1. a)** *ohne sichtbare, spürbare*

Unebenheiten: eine -e Fläche; -e *(nicht lockige)* Haare; -e *(nicht raue)* Haut; sich im -en *(wellenlosen, unbewegten, stehenden)* Wasser spiegeln; etw. g. machen; seine Haare g. kämmen; ein Brett g. hobeln, schleifen, schmirgeln; Kanten g. feilen; den Schotter g. walzen; einen Teig g. rühren; das Hemd war nicht richtig g. gebügelt; ein g. rasiertes Gesicht; das Blatt g. streichen; sie muss noch das Laken g. ziehen; g. rechts *(ohne Muster)* stricken; Ü ein -er *(flüssiger, gewandter)* Stil; **b)** *eine Oberfläche aufweisend, die keinen Halt bietet; rutschig, glitschig:* eine -e Straße; es ist heute g. draußen; die Fische waren so g., dass er sie nicht festhalten konnte. **2.** *ohne Komplikationen, Schwierigkeiten, Hindernisse:* eine -e Landung; ein -er Bruch (Med.: *ohne Komplikationen*); die Sache, die Arbeit geht g. vonstatten; die Rechnung ging g. *(exakt)* auf; es ist alles g. gegangen (ugs.; *ohne Komplikationen abgelaufen*). **3.** (ugs.) *so eindeutig od. rückhaltlos [geäußert], dass das damit Beabsichtigte offensichtlich ist, dass kein Zweifel daran aufkommen kann:* eine -e Lüge, Irreführung, Provokation; das ist ja -er Wahnsinn; er schrieb eine -e Eins, Fünf; sie konnten ihre Gegner g. *(mit großem Vorsprung)* schlagen; er sagte es ihr g. ins Gesicht; das haut mich g. um (salopp; *ich bin fassungslos; damit werde ich nicht fertig!*). **4.** *allzu gewandt, übermäßig höflich; einschmeichelnd [u. dabei unaufrichtig, heuchlerisch]:* er ist so ein -er Typ.

glatt bü|geln: s. glatt (1 a).

Glät|te, die; - [mhd. glete]: **1. a)** *glatte* (1 a), *ebene Beschaffenheit:* die G. des Spiegels, der Wasserfläche; **b)** *das Glattsein* (1 b): die G. des Eises, der Straße. **2.** (abwertend) *das Glattsein* (4): die G. seines Auftretens, seiner Reden.

Glatt|eis, das: *dünne, glatte Eisschicht, die sich durch Gefrieren von Feuchtigkeit [auf dem Boden] bildet:* auf dem G. ausrutschen; bei G. sollte man vorsichtig fahren, gehen; Ü er hat sich auf das G. der Politik begeben; * **jmdn. aufs G. führen** *(jmdn. durch bewusst irreführende Fragen u. Behauptungen auf die Probe stellen, überlisten, in Gefahr bringen);* **aufs G. geraten** *(unversehens in eine schwierige, heikle Lage geraten; sich unbeabsichtigt auf einem Gebiet bewegen, das man nicht sicher beherrscht).*

Glatt|eis|bil|dung, die: *Bildung von Glatteis.*

Glät|tei|sen, das (schweiz.): *Bügeleisen.*

Glatt|eis|ge|fahr, die ⟨o. Pl.⟩: *Gefahr der Glatteisbildung:* es besteht G.

glät|ten ⟨sw. V.; hat⟩ [mhd. gleten]: **1. a)** *glatt machen, eben machen:* einen zerknitterten Zettel, Geldschein g.; die Falten des Kleides g.; Ü jmds. Zorn, Stimmung g.; **b)** ⟨g. + sich⟩ *glatt werden:* nach dem Sturm beginnt das Meer sich zu g.; ihre Stirn glättete sich wieder; Ü die Wogen der Erregung haben sich geglättet. **2.** (schweiz.) *bügeln, plätten.*

glat|ter|dings ⟨Adv.⟩: *durchaus; ganz u. gar; schlechterdings:* das ist g. unmöglich.

glatt ge|hen: s. glatt (1 a).

glatt|haarig ⟨Adj.⟩: *glatte, nicht gelockte od. gekrauste Haare tragend.*

Glatt|heit, die; -: *Glätte.*

glatt ho|beln, glatt käm|men, glatt le|gen: s. glatt (1 a).

glatt|ma|chen ⟨sw. V.; hat⟩ (ugs.): *eine seit einiger Zeit bestehende finanzielle Forderung begleichen:* eine Rechnung g.

glatt po|lie|ren: s. glatt (1 a).

Glätt|pres|se, die (selten): *Kalander.*

glatt|ran|dig ⟨Adj.⟩: *einen glatten Rand besitzend.*

glatt ra|sie|ren, glatt rüh|ren, glatt schlei|fen: s. glatt (1 a).

glatt|stel|len ⟨sw. V.; hat⟩: **1.** (Kaufmannsspr., Bankw.) *(bei einem Konto o. Ä.) die Soll- u. Habenseite auf den gleichen Stand bringen, ausgleichen:* die Buchung g. **2.** *laufende Geschäfte abwickeln.*

glatt strei|chen: s. glatt (1 a).

Glät|tung, die; -, -en: *das Glätten; das Geglättetwerden.*

glatt wal|zen: s. glatt (1 a).

glatt|wan|dig ⟨Adj.⟩: *mit glatten Wänden [ausgestattet].*

glatt|weg ⟨Adv.⟩ (ugs.): *ohne die Gegebenheiten zu berücksichtigen, auf sie einzugehen; einfach, ohne Bedenken; kurzerhand, rundheraus:* eine Sache g. ablehnen; das ist g. erlogen.

glatt zie|hen: s. glatt (1 a).

glatt|zün|gig ⟨Adj.⟩ (abwertend): *zu allzu gewandten, einschmeichelnden, übermäßig höflichen [u. dabei heuchlerischen, unaufrichtigen] Äußerungen neigend.*

Glatt|zün|gig|keit, die; - (abwertend): *glattzüngiges Wesen, Verhalten.*

Glat|ze, die; -, -n [mhd. gla(t)z, zu: glat, ↑glatt]: **a)** *größere, durch Haarausfall entstandene kahle Stelle auf dem Kopf:* eine G. haben, kriegen, bekommen; sich eine G. schneiden, scheren lassen (ugs.; *sich kahl scheren lassen*); er hatte schon sehr früh eine G.; ein Mann mit G.; **b)** (Jargon) *Skinhead.*

Glatz|kopf, der: **a)** *Kopf ohne Haar, mit wenig Haaren;* **b)** (ugs.) *jmd., der eine Glatze hat:* er ist ein G.; **c)** (Jargon) *Glatze* (b).

glatz|köp|fig ⟨Adj.⟩: *ohne Haare, kahlköpfig:* ein -er Mann; g. sein.

Glau|be, der; -ns (seltener auch: Glauben) [mhd. g(e)laube, ahd. gilauba, zu ↑glauben]: **1.** *gefühlsmäßige, nicht von Beweisen, Fakten o. Ä. bestimmte unbedingte Gewissheit, Überzeugung:* ein blinder, unerschütterlicher, fanatischer G.; der G. an die Zukunft, an jmds. Zuverlässigkeit; den -n an jmdn., etw. verlieren; jmdm. -n schenken; [keinen] -n finden; man muss ihr den -n lassen; er gab sich dem törichten -n hin, ihm könne nichts geschehen; sich in dem -n wiegen *(fälschlicherweise der Meinung sein),* alles richtig gemacht zu haben; im guten/in gutem -n *(im Vertrauen auf die Richtigkeit);* guten -ns sein *(ganz überzeugt sein);* des [festen] -ns sein; jmdn. bei dem/in dem -n lassen, dass ...; R der G. versetzt Berge/kann Berge versetzen (*wenn man fest von etw. überzeugt ist, kann man auch etw. schaffen, was sich normalerweise nicht verwirklichen lässt;* 1. Kor. 13, 2). **2. a)** *religiöse Überzeugung* (2): ein fester G. bestimmte ihr Leben; seinen -n [an Gott] verlieren; von echtem -n erfüllt sein; **b)** *Religion, Bekenntnis:* der christliche, jüdische, islamische G.; in Fragen des -ns tolerant sein; für seinen -n kämpfen, sterben; sich zum christlichen -n bekennen.

glau|ben ⟨sw. V.; hat⟩ [mhd. gelouben, ahd. gilouben, urspr. = für lieb halten; gutheißen, zu ↑lieb]: **1. a)** *für möglich u. wahrscheinlich halten, annehmen; meinen:* glaubst du, dass er kommt?; sie glaubte sich zu erinnern; er glaubte[,] den Mann zu kennen; ich glaube, dass ich das nachweisen kann; ich glaube, du spinnst, du bist verrückt!; ich glaube gar! (ugs.; Ausdruck der Entrüstung, Ablehnung o. Ä.; *kommt nicht infrage!*); **b)** *fälschlich glauben, für jmdn. od. etw. halten; wähnen:* sich allein, unbeobachtet g.; ich glaubte mich im Recht; wir glaubten sie längst in Berlin. **2. a)** *für wahr, richtig, glaubwürdig halten; gefühlsmäßig von der Richtigkeit einer Sache od. einer Aussage überzeugt sein:* das glaubst du doch selbst nicht!; ich glaube schon, dass es sich so verhält; man muss nicht alles g., was in der Zeitung steht; sie glaubt jedes seiner Worte, glaubt ihm jedes Wort; wenn man seinen Worten g. will; er hat die Nachricht nicht g. wollen; man glaubt ihr die Tänzerin *(sieht aus ihren Bewegungen, dass sie wirklich Tänzerin ist);* du glaubst nicht, wie ich mich freue! *(ich freue mich sehr);* es ist so, ob du es glaubst oder nicht (ugs.; *es ist wirklich so*); R wers glaubt, wird selig [und wers nicht glaubt, kommt auch in den Himmel] (ugs. scherzh.; *ich glaube das niemals;* vgl. Mark. 16, 16); das ist doch kaum/nicht zu g. (ugs.; *das ist unerhört*); **b)** *jmdm., einer Sache vertrauen, sich auf jmdn., etw. verlassen:* ich glaube an ihn, an seine Ehrlichkeit; an das Gute [im Menschen] g.; an sich selbst g. *(Selbstvertrauen haben);* * **jmdn. etw. g. machen wollen** *(jmdm. etw. einzureden versuchen):* sie wollte uns g. machen, sie habe das Geld gefunden. **3. a)** *vom Glauben* (2 a) *erfüllt sein, gläubig sein:* fest, unbeirrbar g.; zu g. beginnen; **b)** *in seinem Glauben* (2 a) *von der Existenz einer Person od. Sache überzeugt sein, etw. für wahr, wirklich halten:* an Gott, an die Auferstehung g.; an Gespenster, an Wunder g.; * **dran g. müssen** (1. salopp; *ums Leben kommen:* bei dem Flugzeugabsturz mussten über 100 Menschen dran g. 2. ugs.; *von etw. Unangenehmem betroffen sein, an der Reihe sein:* heute muss sie dran g. und das Geschirr spülen).

Glau|ben, der; -s: seltener für ↑Glaube.

Glau|bens|ar|ti|kel, der: *einzelner Abschnitt des Glaubensbekenntnisses* (b).

Glau|bens|be|kennt|nis, das: **a)** *Zugehörigkeit zu einer bestimmten Konfession;* **b)** ⟨o. Pl.⟩ *formelhafte Zusammenfassung der wesentlichen Aussagen der christlichen Glaubenslehre:* das G. sprechen; **c)** *Überzeugung, [leidenschaftlich vertretene] Weltanschauung:* ein politisches G.

Glau|bens|bru|der, der: *Angehöriger des gleichen Bekenntnisses:* für seine Glaubensbrüder eintreten.

Glau|bens|din|ge ⟨Pl.⟩: *Fragen des Glaubens* (2 a): in -n war er sehr doktrinär.

Glau|bens|ei|fer, der: *aktives Eintreten für den Glauben* (2 a) *[mit dem Willen, auch andere zu überzeugen].*

Glau|bens|fra|ge, die: *den Glauben* (2 a) *betreffende Frage:* -n erörtern; Ü die Entscheidung ist für die Partei eine G. *(eine ihre politische Überzeugung berührende Frage, Angelegenheit).*

Glau|bens|frei|heit, die ⟨o. Pl.⟩: *Recht, seinen religiösen Glauben frei zu wählen, sich zu einer Konfession zu bekennen.*

Glau|bens|ge|mein|schaft, die: *Gesamtheit der Angehörigen einer Konfession od. religiösen Gruppe.*

Glau|bens|ge|nos|se, der: **a)** *jmd., der sich zur gleichen Konfession bekennt;* **b)** *jmd., der sich zur gleichen politischen Überzeugung bekennt.*

Glau|bens|ge|nos|sin, die: w. Form zu ↑Glaubensgenosse.

Glau|bens|in|halt, der ⟨meist Pl.⟩: *Inhalt, Gehalt eines religiösen Glaubens.*

Glau|bens|kraft, die: **a)** ⟨o. Pl.⟩ *Stärke, Intensität des Glaubens* (2 a); **b)** *vom Glauben* (2 a) *u. von einem Gläubigen ausgehende Kraft.*

Glau|bens|krieg, der: *um die Durchsetzung eines Glaubens* (2), *einer Konfession geführter Krieg; Religionskrieg;* Ü über diese Frage ist ein G. entstanden *(es wird grundsätzlich u. erbittert darüber gestritten).*

Glau|bens|leh|re, die: *bestimmte* [1]*Lehre* (2 a) *eines Glaubens* (2 b).

Glau|bens|rich|tung, die: *Richtung* (2) *eines religiösen Glaubens.*

Glau|bens|sa|che, die (ugs.): *etw., was nur auf Glauben* (1), *nicht auf Beweisen beruht.*

Glau|bens|satz, der: **a)** *mit dem Anspruch unbedingter Geltung vertretene religiöse These;* **b)** *starre Anschauung, [Lehr]meinung.*

Glau|bens|schwes|ter, die: vgl. Glaubensbruder.

glau|bens|stark ⟨Adj.⟩: *stark, unbeirrbar im Glauben* (2 a).

Glau|bens|streit, der: *grundsätzliche Auseinandersetzung um grundlegende Fragen des Glaubens* (2), *der Religion.*

glau|bens|voll ⟨Adj.⟩ (geh.): *tief gläubig.*

Glau|be|rit, das; -s, -e [nach dem dt. Chemiker J. R. Glauber (1604–1670)]: *bes. in ozeanischen Salzlagerstätten sowie in Binnenseen vorkommendes Doppelsalz (Natrium-Kalzium-Sulfat).*

Glau|ber|salz, das; -es [↑Glauberit] (Chemie): *wasserhaltiges Natriumsulfat, das als Mineral (in Prismen kristallisiert) u. gelöst als Bestandteil vieler natürlicher Mineralwässer vorkommt u. industriell bes. in der Glasfabrikation, medizinisch als Abführmittel verwendet wird.*

glaub|haft ⟨Adj.⟩ [mhd. g(e)loubehaft]: *so [geartet, dargestellt], dass man es für wahr halten, glauben kann; einleuchtend, überzeugend:* ein -er Bericht; die Ausrede wird dadurch nicht -er; etwas g. machen; der Schauspieler hat seine Rolle g. verkörpert.

Glaub|haf|tig|keit, die; -: *das Glaubhaftsein:* ich bezweifle die G. dieser Aussage.

gläu|big ⟨Adj.⟩ [mhd. geloubec, ahd. giloubīg]: **a)** *vom Glauben (2 a) erfüllt:* ein -er Christ; zutiefst, tief g. sein; **b)** *vertrauend, vorbehaltlos (einem Menschen, einer Sache) ergeben:* er war ein -er Marxist; er hat -e Anhänger um sich gesammelt.

-gläu|big: drückt in Bildungen mit Substantiven aus, dass die beschriebene Person od. Sache fest dem Glauben verhaftet ist, dass (in Bezug auf eine bestimmte Sache) das Heil o. Ä. von dem im Bestimmungswort Genannten ausgeht, abhängt: jugend-, vernunftgläubig.

Gläu|bi|ge, der u. die; -n, -n ⟨Dekl. ↑Abgeordnete⟩: *gläubiger, religiöser Mensch.*

Gläu|bi|ger, der; -s, - [spätmhd. gleubiger, LÜ von lat. creditor]: *jmd., der durch ein Schuldverhältnis berechtigt ist, an einen anderen finanzielle Forderungen zu stellen, der einem Schuldner gegenüber anspruchsberechtigt ist:* von seinen -n bedrängt werden.

Gläu|bi|ge|rin, die; -, -nen: w. Form zu ↑Gläubiger.

Gläu|bi|ger|land, das: *Land (5), in der Rolle eines Gläubigers.*

Gläu|bi|ger|ver|samm|lung, die: *Zusammenkunft aller Gläubiger in einem Konkursverfahren zur Wahrung ihrer Rechte.*

Gläu|big|keit, die; -: **a)** *das Gläubigsein (a):* eine tiefe G. beseelt sie; **b)** *das Gläubigsein (b):* in kritikloser G. halten sie alles Gedruckte für wahr.

-gläu|big|keit: Subst. zu ↑-gläubig.

glaub|lich ⟨Adj.⟩: in der Verbindung **es/das ist kaum g.** *(es/das ist unwahrscheinlich).*

glaub|wür|dig ⟨Adj.⟩: *als wahr, richtig, zuverlässig erscheinend u. so das Glauben daran rechtfertigend:* eine -e Schilderung des Vorgangs; ein -er Zeuge; der Angeklagte ist nicht g.; etw. g. versichern.

Glaub|wür|dig|keit, die; -: *das Glaubwürdigsein:* an G. verlieren.

Glau|kom, das; -s, -e [griech. glaúkōma = bläuliche Haut über der Linse, zu: glaukós = bläulich glänzend] (Med.): *durch erhöhten Innendruck des Auges verursachte Augenkrankheit, die zur Erblindung führen kann; grüner Star.*

gla|zi|al ⟨Adj.⟩ [lat. glacialis = eisig, voll Eis] (Geol.): *eiszeitlich, während einer Eiszeit entstanden, mit einer Eiszeit im Zusammenhang stehend:* -e Ablagerungen; -es Abflussregime *([bei einem Fluss] vom Schmelzwasser eines Gletschers abhängiger Wasserstand).*

Gla|zi|al, das; -s, -e (Geol.): *Eiszeit.*

Gla|zi|al|zeit, die: *Glazial.*

Gla|zi|o|lo|gie, die; - [zu lat. glacies = Eis u. ↑-logie]: *Wissenschaft von der Entstehung u. Wirkung des Eises u. der Gletscher; Gletscherkunde.*

gla|zi|o|lo|gisch ⟨Adj.⟩: *die Glaziologie betreffend.*

gleich [I: mhd. gelīch, ahd. galīh, Zus. mit dem ↑Leiche zugrunde liegenden Wort u. urspr. = denselben Körper, dieselbe Gestalt habend; II: aus der Verwendung als Ausdruck räumlicher od. zeitlicher Übereinstimmung]: **I.** ⟨Adj.⟩ **1. a)** *in allen Merkmalen, in jeder Hinsicht übereinstimmend:* die -e Anzahl; das -e Ziel haben; auf die -e Weise; in -em Maße; die -e Sprache sprechen; -er Lohn für -e Arbeit; -es Recht für alle fordern; die g. Gesinnten; g. gesinnte Freunde; g. gestimmte Seelen; g. denkende Schwestern; g. lautende Namen, Wörter; g. lautende Meldungen; der Aufruf wurde g. lautend überall verbreitet; die -en Gesichter *(dieselben Leute)* wie gestern; im -en Haus wohnen; am -en Tag; am -en Ort; im -en Moment; zur -en Zeit; -e (Math.; *kongruente)* Dreiecke; g. *(ebenso)* alt, schnell sein; zweimal zwei [ist] g. *(ist gleichbedeutend, identisch mit, ergibt)* vier; ⟨subst.:⟩ alle wollen das Gleiche; das Gleiche gilt *(dieselben Worte, Anordnungen gelten)* auch für dich; **b)** *miteinander od. mit einem Vergleichsobjekt in bestimmten Merkmalen, in der Art, im Typ übereinstimmend; sich gleichend; vergleichbar:* das -e Kleid tragen; sie hat die -e Figur wie ihre Schwester; die -en Schwierigkeiten haben; seinem Vorbild g. zu werden versuchen; g. geartete, g. beschaffene Verhältnisse; in g. gelagerten Fällen; R alle Menschen sind g. [(iron.:) nur einige sind -er (nach einer satirischen Fabel von George Orwell)]; ⟨subst.:⟩ [man soll nicht] Gleiches mit Gleichem vergelten; Spr Gleich und Gleich gesellt sich gern *(Menschen mit gleicher Gesinnung, gleichen [schlechten] Absichten schließen sich gern zusammen).* **2.** *unverändert, gleich bleibend:* mit immer -er Freundlichkeit; der Preis ist seit zehn Jahren g. geblieben; in g. bleibendem Abstand; es waren g. bleibend jedes Mal rund hundert Bewerber; du bist dir in deinem Wesen immer g. geblieben; das bleibt sich doch g. (ugs.; *ist gleichgültig, kommt auf dasselbe hinaus*); ⟨subst.:⟩ das immer Gleiche; er ist immer der Gleiche geblieben *(unverändert in seinem Wesen u. in seinen Ansichten).* **3.** * **jmdm. g. sein** (ugs.; *jmdm. gleichgültig sein*): es ist mir völlig g., was du dazu sagst; **etw. ins Gleiche bringen** (geh.; *etw. in Ordnung bringen*); **von Gleich zu Gleich** *(auf einer Ebene, Stufe).* **II.** ⟨Adv.⟩ **1. a)** *in relativ kurzer Zeit, sofort, [sehr] bald:* ich komme g.; es muss nicht g. sein; g. nach dem Essen gingen sie weg; warum nicht g. so?; bis g.!; **b)** *unmittelbar daneben; dicht bei:* der Gemüsestand ist g. am Eingang; g. hinterm Haus beginnt der Wald. **2.** (meist in Verbindung mit einer Zahl) *erstaunlicherweise auf einmal, zugleich:* g. zwei Paar Schuhe kaufen. **III.** ⟨Partikel⟩ **a)** ⟨unbetont⟩ drückt in Fragesätzen aus, dass der Sprecher nach etwas eigentlich Bekanntem fragt, an das er sich im Moment nicht erinnert; *noch; doch* (III 4): was hat er g. gesagt?; wie heißt das g.?; **b)** ⟨betont⟩ drückt in Aussage- u. Aufforderungssätzen Unmut od. Resignation aus: dann lass es g. bleiben; wenn er nicht mitspielt, können wir g. zu Hause bleiben; **c)** ⟨unbetont⟩ (mit Negation) *überhaupt.* **IV.** ⟨Präp. mit Dativ⟩ (geh.) *einem anderen Menschen, einer anderen Sache gleichend; wie:* sie hüpfte g. einem Ball.

gleich|al|te|rig usw.: ↑gleichaltrig usw.

gleich|alt|rig, gleichalterig ⟨Adj.⟩: *im gleichen Alter:* -e Kinder; die beiden sind g.

gleich|ar|mig ⟨Adj.⟩ (Mech.): *gleich lange Hebelarme habend.*

gleich|ar|tig ⟨Adj.⟩: *von/in gleicher Art; sehr ähnlich:* -e Probleme, Tiere; nicht alle Fälle sind g.

Gleich|ar|tig|keit, die ⟨o. Pl.⟩: *das Gleichartigsein; große Ähnlichkeit.*

gleich|auf [auch: ˈ-ˈ-] ⟨Adv.⟩ (bes. Sport): *auf gleicher Höhe; wertungsgleich:* sie waren im Ziel g.; g. [mit jmdm.] liegen.

gleich|be|deu|tend ⟨Adj.⟩: *die gleiche Bedeutung habend:* ihr Schweigen war g. mit Ablehnung.

Gleich|be|hand|lung, die ⟨o. Pl.⟩: *gleiche, gleichartige Behandlung:* die G. der Fälle gewährleisten.

gleich|be|rech|tigt ⟨Adj.⟩: *mit gleichen Rechten ausgestattet; rechtlich gleichgestellt:* Frau und Mann als -e Partner.

Gleich|be|rech|ti|gung, die ⟨o. Pl.⟩: *gleiches Recht:* für die volle G. der Frauen kämpfen.

gleich be|schaf|fen: s. gleich (I 1 b).

gleich blei|ben: s. gleich (I 2).

gleich den|kend: s. gleich (I 1 a).

Glei|che, die; -, -n [mhd. gelīche, ahd. gilīhī = Gleichheit]: **1.** * **in die G. bringen** (selten; *in Ordnung bringen*): etw. in die G. bringen. **2.** (österr.) *Richtfest.*

glei|chen ⟨st. V.; hat⟩ [mhd. gelīchen, ahd. gilīhhan]: *sehr ähnlich, vergleichbar sein:* er gleicht seinem Bruder; die Brüder gleichen sich, (geh.:) einander sehr; diese Dinge gleichen sich wie ein Ei dem andern; in seinen Eigenheiten gleicht er seinem Vater.

-glei|chen [mhd. -gelīhen, erstarrte schwache Form des mhd. subst. Adjektivs gelīch]: in Zusammenrückungen, z. B. dergleichen, deinesgleichen, sondergleichen.

glei|chen|orts ⟨Adv.⟩ (schweiz.): *am gleichen Ort.*

glei|chen|tags ⟨Adv.⟩ (bes. schweiz.): *am gleichen Tage.*

gleich|er|big ⟨Adj.⟩ (Biol.): *[in Bezug auf bestimmte Merkmale] von beiden Eltern her gleiche Erbanlagen besitzend; reinerbig:* ein Stamm von g. roten Blüten wurde gezüchtet.

glei|cher|ma|ßen ⟨Adv.⟩: *in gleichem Maße; ebenso, genauso:* überall g. anerkannt sein.

glei|cher|wei|se ⟨Adv.⟩: *in derselben Weise, auf dieselbe Art; ebenso.*

gleich|falls ⟨Adv.⟩: *in gleicher Weise; auch, ebenfalls:* er hatte g. kein Glück; danke, g.!

gleich|far|big ⟨Adj.⟩: *von gleicher Farbe:* sie trägt ein grünes Kleid und -e Strümpfe; die Handschuhe sind g. mit den Schuhen.

gleich|för|mig ⟨Adj.⟩: *immer in gleicher Weise [verlaufend] [u. daher eintönig, langweilig]:* -e Bewegungen; sein Leben ist immer -er geworden; g. verlaufen.

Gleich|för|mig|keit, die; -: *gleichförmige Beschaffenheit.*

gleich ge|ar|tet, gleich ge|la|gert: s. gleich (I 1 b).

gleich|ge|rich|tet ⟨Adj.⟩: *in gleicher Richtung verlaufend, die gleiche Richtung habend:* ein -es Interesse haben.

gleich|ge|schlech|tig ⟨Adj.⟩: *gleiches Geschlecht habend; von gleichem Geschlecht:* eineiige Zwillinge sind immer g.

gleich|ge|schlecht|lich ⟨Adj.⟩: **1.** *auf ein Wesen gleichen Geschlechts gerichtet; homosexuell:* -e Liebe; -e Paare, Partner; er ist g. veranlagt. **2.** *gleichgeschlechtig:* der -e Elternteil; -e Geschwister.

Gleich|ge|schlecht|lich|keit, die; -: *Homosexualität.*

gleich ge|sinnt: s. gleich (I 1 a).

Gleich|ge|sinn|te, der u. die; -n, -n ⟨Dekl. ↑Abgeordnete⟩: *jmd. mit gleicher Gesinnung.*

gleich ge|stimmt: s. gleich (I 1 a).

Gleich|ge|wicht, das ⟨o. Pl.⟩ [LÜ von lat. aequilibrium, frz. équilibre]: **1. a)** *Zustand eines Körpers, in dem die entgegengesetzt wirkenden Kräfte einander aufheben:* stabiles G.; das G. halten; sie verlor das G. und stürzte; aus dem G. kommen; die Waage ist im G.; **b)** *Ausgeglichenheit, Ausgewogenheit, Stabilität:* das europäische G.; das G. der Kräfte; Sicherung des ökologischen -s. **2.** *innere, seelische Ausgeglichenheit:* darunter leidet mein seelisches G.; sein G. bewahren, verlieren; aus dem G. geraten; sich nicht aus dem G. bringen lassen *(ruhig bleiben).*

gleich|ge|wich|tig ⟨Adj.⟩: *im Gleichgewicht, Gleichmaß befindlich:* zwischen Angebot und Nachfrage ein -es Verhältnis herstellen.

Gleich|ge|wichts|emp|fin|den, Gleich|ge|wichts|ge|fühl, das: *Fähigkeit, seinen Körper [aufrecht] im Gleichgewicht zu halten.*

Gleich|ge|wichts|la|ge, die: *Zustand der Ausgewogenheit:* die Volkswirtschaft in eine G. bringen.

Gleich|ge|wichts|or|gan, das (Biol., Med.): *Organ, das das Gleichgewichtsgefühl steuert.*

Gleich|ge|wichts|sinn, der: *Gleichgewichtsgefühl.*

Gleich|ge|wichts|stö|rung, die: *Störung der Fähigkeit, sich im Gleichgewicht zu halten.*

Gleich|ge|wichts|zu|stand, der: *Gleichgewichtslage:* ein G. zwischen Ost und West.

gleich|gil|tig ⟨Adj.⟩ (österr., sonst veraltet): *gleichgültig.*

gleich|gül|tig ⟨Adj.⟩ [urspr. = gleichwertig, Bedeutungsentwicklung über »unterschiedslos; unbedeutend« zu »uninteressiert«]: **1.** *ohne Interesse od. [innere] Anteilnahme; weder Lust noch Unlust bei etw. empfindend od. erkennen lassend:* ein -es Gesicht machen; ihre Stimme klang g.; sich g. gegen jmdn./jmdm. gegenüber benehmen. **2.** ⟨nicht adv.⟩ *belanglos, unwichtig; nicht interessant [für jmdn.]:* über -e Dinge

G

sprechen; das ist doch g.; das ist mir g.; sie ist ihm nicht g. (geh. verhüll.; *sie bedeutet ihm etwas, gefällt ihm*).

Gleich|gül|tig|keit, die: *Teilnahmslosigkeit, gleichgültiges Verhalten, Desinteresse, inneres Unbeteiligtsein:* ihre G. geht mir auf die Nerven; er antwortet mit gespielter G.

Gleich|heit, die; -, -en [mhd. gelîcheit, glîcheit = Gleichheit, auch: Gleichmäßigkeit]: **a)** *Übereinstimmung in bestimmten Merkmalen; große Ähnlichkeit:* die G. der Ansichten und Meinungen; **b)** ⟨o. Pl.⟩ *gleiche Stellung, gleiche Rechte:* die G. aller vor dem Gesetz; soziale G.; für die G. *(Gleichberechtigung)* von Mann und Frau eintreten.

Gleich|heits|grund|satz, der: *Gleichheitssatz.*

Gleich|heits|prin|zip, das, **Gleich|heits|satz,** der: *Grundrecht der Gleichheit u. Gleichbehandlung aller vor dem Gesetz.*

Gleich|heits|zei|chen, das: *Symbol für die Gleichheit der Werte auf beiden Seiten [einer Gleichung]* (Zeichen: =).

G

Gleich|klang, der: *Zusammenklang [von Tönen], Harmonie, Übereinstimmung:* im G.; Ü G. der Seelen.

gleich|kom|men ⟨st. V.; ist⟩: **a)** *gleichen, entsprechen:* eine Versetzung, die einer Beförderung gleichkam; **b)** *die gleiche Leistung wie eine bestimmte andere Person erreichen:* niemand kommt ihm an Schnelligkeit gleich.

Gleich|lauf, der ⟨o. Pl.⟩ (meist Technik): *ausgeglichener, gleichmäßiger Lauf [eines Gerätes od. mehrerer aufeinander abgestimmter Antriebe]; Synchronismus* (1): der G. muss präzise gesteuert werden; Uhren im G. halten.

gleich|lau|fend ⟨Adj.⟩: *in der gleichen Richtung, gleichartig od. gleichzeitig vorangehend; parallel:* -e Tendenzen.

gleich|läu|fig ⟨Adj.⟩ (Technik): *im gleichen Sinne laufend; synchron* (1): die Kolben bewegen sich g.

Gleich|läu|fig|keit, die (Technik): *synchroner Lauf.*

gleich lau|tend: s. gleich (I 1 a).

gleich|ma|chen ⟨sw. V.; hat⟩: *die Unterschiede, die zwischen etw. bestehen, beseitigen, angleichen, anpassen:* man kann nicht alle Menschen g., g. wollen.

Gleich|ma|che|rei, die; -, -en (abwertend): *(das Charakteristische, Besondere von einer Person, Sache negierende) Aufhebung objektiv vorhandener Unterschiede:* soziale, politische G.

gleich|ma|che|risch ⟨Adj.⟩ (abwertend): *die Gleichmacherei betreffend:* -e Theorien.

Gleich|maß, das ⟨o. Pl.⟩ [rückgeb. aus ↑gleichmäßig]: **a)** *Ebenmaß, Harmonie:* das G. ihrer Züge; **b)** *Ausgeglichenheit, Einheitlichkeit (des Verlaufs od. der Bewegung).*

gleich|mä|ßig ⟨Adj.⟩: *in einem Gleichmaß* (b), *ohne [starke] Veränderungen vor sich gehend, ablaufend; ausgeglichen:* -e Schritte; in -em Tempo; eine g. gute Qualität; g. atmen.

Gleich|mä|ßig|keit, die: *gleichmäßige Beschaffenheit, gleichmäßiger Fortgang; Gleichmaß:* eine Bewegung von großer G.

Gleich|mut, der (veraltend, landsch. auch: die; -) [rückgeb. aus ↑gleichmütig]: *ruhiger, leidenschaftsloser Gemütszustand:* unerschütterlicher G.; mit gespieltem G.

gleich|mü|tig ⟨Adj.⟩: *voller Gleichmut:* ein -es Gesicht; g. bleiben; sie wandte sich g. ab.

Gleich|mü|tig|keit, die; -: *gleichmütiges Wesen, gleichmütige Haltung.*

gleich|na|mig ⟨Adj.⟩: **a)** *den gleichen Namen tragend:* ein Film nach dem -en Roman von ...; **b)** (Math.) *mit gleichem Nenner:* -e Brüche; um Brüche addieren zu können, muss man sie g. machen; **c)** (Physik) *gleich[artig]:* -e Ladungen, Pole.

Gleich|na|mig|keit, die; -: *gleichnamige Beschaffenheit.*

Gleich|nis, das; -ses, -se [mhd. gelîchnisse, ahd. gilîhnissa, eigtl. = das, was sich mit etwas anderem vergleichen lässt]: *kurze bildhafte Erzählung, die einen abstrakten Gedanken od. Vorgang durch Vergleich mit einer anschaulichen, konkreten Handlung [mit belehrender Absicht] verständlich machen will:* das G. vom verlorenen Sohn; etw. in einem G. ausdrücken, durch ein G. erläutern.

gleich|nis|haft ⟨Adj.⟩: *in der Art eines Gleichnisses [dargestellt]:* eine -e Umschreibung; das ist hier nur g. gesagt worden.

gleich|nis|wei|se ⟨Adv.⟩: *in Gleichnissen.*

gleich|ran|gig ⟨Adj.⟩: *von gleichem Rang, auf einer Stufe stehend:* -e Persönlichkeiten; -e Bewerber um einen Posten; -e Stellungen an verschiedenen Behörden; etw. g. behandeln; die beiden Straßen sind g. (*sind Straßen gleicher Ordnung* 9).

Gleich|ran|gig|keit, die; -, -en: *das Gleichrangigsein.*

gleich|rich|ten ⟨sw. V.; hat⟩ (Elektrot.): *von Wechselstrom in Gleichstrom umwandeln.*

Gleich|rich|ter, der (Elektrot.): *Gerät zum Gleichrichten.*

Gleich|rich|tung, die ⟨o. Pl.⟩ (Elektrot.): *Umwandlung von Wechselstrom in Gleichstrom.*

gleich|sam ⟨Adv.⟩ [mhd. dem gelîche sam = dem, was gleich ist, ähnlich; ↑-sam] (geh.): *sozusagen, gewissermaßen, wie:* der Brief ist g. eine Anklage; er sah uns mit staunenden Augen an, g. als käme er aus einer anderen Welt.

gleich|schal|ten ⟨sw. V.; hat⟩ [urspr. Wort der Elektrotechnik, von den Nationalsozialisten 1933 zuerst für das »Gesetz zur Gleichschaltung der Länder mit dem Reich« übernommen]: **1. a)** (nationalsoz.) *(zur Zeit der nationalsozialistischen Herrschaft) Organisationsformen von Körperschaften u. Institutionen an die nationalsozialistische Weltanschauung anpassen:* Parteien und Vereine wurden gleichgeschaltet; **b)** (meist abwertend) *[mit Zwangsmaßnahmen] im Denken u. Handeln der Politik u. Weltanschauung der regierenden Machthaber unterwerfen.* **2.** (meist abwertend) *auf eine gleiche, einheitliche, [zentral bestimmte] Linie bringen.*

Gleich|schal|tung, die: **1. a)** (nationalsoz.) *das Gleichschalten* (1 a): die G. der Verwaltung war den Nazis wichtig; **b)** (meist abwertend) *das Gleichschalten* (1 b). **2.** (meist abwertend) *das Gleichschalten* (2).

gleich|schen|ke|lig, gleich|schenk|lig ⟨Adj.⟩ (Math.): *(vom Dreieck) mit zwei gleich langen Seiten:* dieses Dreieck ist g.

Gleich|schritt, der ⟨o. Pl.⟩: *Marschieren mit gleicher Schrittlänge, mit gleichmäßigen, in einem genauen Rhythmus verlaufenden Beinbewegungen (bes. beim Marschieren in [militärischen] Gruppen):* G. halten; im G., marsch! (militär. Kommando); Ü nicht im G. marschieren wollen.

gleich|se|hen ⟨st. V.; hat⟩: *gleichen; im Aussehen, in der Art jmdm., etw. sehr ähnlich sein:* sie sieht ihrer Mutter gleich; der Mantel sieht meinem zum Verwechseln gleich; ***etw. sieht jmdm. gleich** (ugs.; *etw. ist typisch für jmdn., passt zu ihm*): er hat verschlafen und den Zug verpasst! Das sieht ihm mal wieder gleich!; **etw./ nichts g.** (landsch., bes. südd.; *ansehnlich, passabel/unscheinbar, unansehnlich sein*): ihre Kleidung sieht nichts g.

gleich|sei|tig ⟨Adj.⟩ (Math.): *(von Flächen od. Körpern) gleich lange Seiten aufweisend:* ein -es Dreieck.

gleich|set|zen ⟨sw. V.; hat⟩: **a)** *vergleichbar machen; als gleich, als dasselbe ansehen:* er hat seine Arroganz mit Können gleichgesetzt; **b)** *auf eine Stufe stellen, als [sozial] gleichwertig ansehen:* der Handarbeiter ist dem Kopfarbeiter gleichzusetzen.

Gleich|set|zung, die: **a)** *das Gleichsetzen* (a): die G. von fortschrittlichen und sozialistischen Ideen; **b)** *das Auf-eine-Stufe-Stellen.*

Gleich|set|zungs|ak|ku|sa|tiv, der (Sprachw.): *Satzglied im Akkusativ, das in bes. enger Verbindung zum Akkusativobjekt steht* (z. B. er nennt ihn einen *Lügner*).

Gleich|set|zungs|glied, das (Sprachw.): *Satzglied, das im Gleichsetzungssatz dem Subjekt gegenübergestellt wird; Prädikativum.*

Gleich|set|zungs|no|mi|na|tiv, der (Sprachw.): *Satzglied im Nominativ, das in bes. enger Verbindung zum Subjekt steht* (z. B. er ist ein *Lügner*).

Gleich|set|zungs|satz, der (Sprachw.): *Satz, in dem ein Subjekt mit einem Wesen od. Ding gleichgesetzt wird.*

gleich|sin|nig ⟨Adj.⟩ (Wissensch.): *im gleichen Sinne, in gleicher Art u. Weise.*

Gleich|stand, der ⟨o. Pl.⟩: **a)** (Sport) *gleicher Spielstand, gleiche Punktzahl:* den G. herstellen; G. erreichen; **b)** (Politik) *gleiches Kräfteverhältnis; Gleichgewicht:* der nukleare G. der beiden Weltmächte.

gleich|ste|hen ⟨unr. V.; hat; südd., österr., schweiz. auch: ist⟩: *mit jmdm., etw. gleichwertig sein; auf gleicher Stufe stehen:* er steht im Rang einem Oberstleutnant gleich.

gleich|stel|len ⟨sw. V.; hat⟩: *auf die gleiche [Rang]stufe stellen; die gleichen Rechte zugestehen:* man wollte die Arbeiter der verschiedenen Zweige gehaltlich [einander] g.; den Arbeiter dem Angestellten/mit dem Angestellten g.

Gleich|stel|lung, die: *das Gleichstellen, Gleichgestelltwerden:* die G. von Frau und Mann.

gleich|stim|mig ⟨Adj.⟩: *in gleicher Stimmung* (4), *auf gleicher Tonhöhe.*

Gleich|strom, der: *elektrischer Strom gleich bleibender Richtung.*

Gleich|takt, der ⟨o. Pl.⟩: *gleichmäßiger, gleich bleibender Rhythmus:* ein ruhiger G.; die Uhren schlagen im G.

gleich|tun ⟨unr. V.; hat⟩: in der Wendung es **jmdm. g.** (1. *jmdn. nachahmen; sich genauso benehmen wie ein anderer:* es jmdm. g. 2. *die gleiche [als vorbildlich angesehene] Leistung eines anderen anstreben u. erreichen:* sie hat es ihm an Schnelligkeit, im Trinken gleichgetan.).

Glei|chung, die; -, -en [mhd. g(e)lîchunge = Vergleichung, Gleichartigkeit, Änlichkeit, zu ↑gleichen]: [1]*Ausdruck* (5), *in dem zwei mathematische Größen gleichgesetzt werden:* eine G. mit einer Unbekannten; die G. geht auf; quadratische -en; -en dritten Grades; eine G. aufstellen; Ü er wollte seine Ideale in die Praxis umsetzen, aber die G. ging nicht auf.

gleich|viel [-ˈ- auch: ˈ--] ⟨Adv.⟩: *einerlei; wie dem auch sei; gleichgültig [ob]:* ich gehe weg, g. wohin; getan werden muss es, g. ob es leicht oder schwer geht.

gleich|wer|tig ⟨Adj.⟩: *von gleichem Wert:* -e Gegner; die Konzessionen sind g.

Gleich|wer|tig|keit, die ⟨Pl. selten⟩: *gleichwertige Beschaffenheit.*

gleich|wie ⟨Konj.⟩ (geh.): **a)** *nicht anders als, ebenso wie:* er kehrte zurück, g. in ein fremdes Land; **b)** *wie.*

gleich|win|ke|lig, gleich|wink|lig ⟨Adj.⟩: *gleiche Winkel aufweisend, bildend:* die Lamellen sind g. angeordnet.

gleich|wohl [-ˈ- auch: ˈ--; spätmhd. glich(e)wol, eigtl. = in gleicher Weise gut, wirksam]: **I.** ⟨Adv.⟩ *unbeschadet einer vorangegangenen gegenteiligen Feststellung; dennoch, trotzdem:* es wird g. nötig sein, die Angaben noch einmal zu überprüfen. **II.** ⟨Konj.⟩ (selten, noch landsch.) *obgleich, obwohl.*

gleich|zei|tig ⟨Adj.⟩: **1.** *zur gleichen Zeit [stattfindend]:* für den 1. April war die -e Uraufführung der neuen Oper in Hamburg und München angesetzt; sie redeten alle g.; so kann ich telefonieren und g. die Straße überblicken. **2.** (selten) *zugleich, auch noch:* das Rauchtischchen ist g. ein Schachbrett.

Gleich|zei|tig|keit, die; -: *gleichzeitiges Eintreten, Vorsichgehen.*

gleich|zie|hen ⟨unr. V.; hat⟩ [zu gleich = gerade, eben, also eigtl. = gerade ziehen] (bes. Sport): *die gleiche Leistung erzielen; auf die gleiche Stufe, Höhe, auf der sich ein anderer bereits befindet, gelangen:* im Lebensstandard mit anderen Ländern g.

Gleis, das; -es, -e [↑Geleise]: **a)** *aus zwei in gleich bleibendem Abstand voneinander laufenden [auf Schwellen verlegten] Schienen bestehende Fahrspur für Schienenfahrzeuge:* -e verlegen, erneuern; Überschreiten der -e verboten!; der Zug läuft auf G. 5 ein; die Räder sind aus dem G. gesprungen; ein totes *(unbenutztes)* G.; Ü auf/in ein falsches G. geraten; * [in den folgenden Wendungen (mit Ausnahme der ersten) bedeutet »Gleis« urspr. die eingefahrene Spur der Wagenräder auf Landstraßen, auf deren Einhalten der Fahrer zu achten hatte] **jmdn., etw. auf ein totes G. schieben** *(jmdn., etw. auf einen Platz stellen, rücken, wo kein Weiterkommen mehr möglich ist, wo die Person, die Sache in Vergessenheit gerät; abschieben):* die Reformen dürfen nicht wieder auf ein totes G. geschoben werden; der Parteisekretär wurde mit diesem Posten auf ein totes G. geschoben *(er wurde seines Einflusses beraubt);* **aus dem G. kommen/geraten** *(die gewohnte Ordnung u. Regelmäßigkeit verlieren);* **jmdn. aus dem G. bringen/werfen** *(jmdn. aus der gewohnten Ordnung reißen);* **im G. sein** *(in Ordnung sein);* **wieder ins [rechte] G. kommen** *(sich wieder richtig einspielen; die gewohnte Ordnung zurückgewinnen);* **wieder ins [rechte] G. bringen** *(zurechtrücken, in Ordnung bringen);* **sich in ausgefahrenen -en bewegen** *(einfallslos, unselbstständig handeln);* **b)** (selten) *einzelne Schiene des Gleises* (a): er lief zwischen den -en entlang.

Gleis|an|la|ge, die: *die gesamte mit Eisenbahnschienen belegte Fläche.*

Gleis|an|schluss, der: *Gleise, auf denen die [Haupt]eisenbahnlinie erreicht werden kann.*

Gleis|ar|bei|ten ⟨Pl.⟩: *[Ausbesserungs]arbeiten an den Gleisen.*

Gleis|ar|bei|ter, der: *jmd., der Gleisarbeiten ausführt.*

Gleis|bau, der ⟨o. Pl.⟩: *Herstellung des Bahnkörpers der Eisenbahn.*

Gleis|bau|er, der; -s, -: *Facharbeiter für das Verlegen von Schienen u. die Herstellung des Unterbaus* (Berufsbez.).

Gleis|bett, das: *feste Unterlage aus Schotter für Gleise* (a).

Gleis|drei|eck, das: *aus drei Weichen u. drei Schienensträngen bestehende Verbindung von Gleisen in Form eines Dreiecks, die Schienenfahrzeugen den unmittelbaren Übergang in eine andere Richtung od. das Wenden ohne Drehscheibe o. Ä. ermöglicht.*

-glei|sig: in Zusb., z. B. ein-, zwei-, mehrgleisig.

Gleis|kör|per, der: *Gesamtheit von Gleis, Schwelle* (2) *u. Gleisbett:* Betreten des -s verboten!

gleis|los ⟨Adj.⟩: *ohne [Straßenbahn]gleise:* für den -en Verkehr eintreten.

Gleis|ner, der; -s, - [mhd. glīsnære, gelīchs(e)nære, zu mhd. gelīchesen, ahd. gilīhhisōn = es jmdm. gleichtun, sich verstellen, heucheln, zu ↑gleich] (veraltet): *Heuchler.*

Gleis|ne|rei, die; - (veraltet): *Heuchelei.*

Gleis|ne|rin, die; -, -nen (veraltet): w. Form zu ↑Gleisner.

gleis|ne|risch ⟨Adj.⟩ (veraltet): *heuchlerisch:* mit -er Freundlichkeit.

gleiß|ßen ⟨sw. V.; hat; landsch. auch stark: gliss, geglissen⟩ [a: mhd. glīȥen, ahd. glīȥ(ȥ)an, urspr. wohl = blank, glatt sein, verw. mit ↑gelb; b: spätmhd. glīssen, vermischt aus mhd. gelīchesen (↑Gleisner) u. glīȥen, ↑gleißen (a)]: (dichter.) *stark u. spiegelnd [metallisch] glänzen:* die Sonne gleißt über der Küste; ⟨meist im 1. Part.:⟩ gleißendes Licht; gleißend hell.

Gleit|boot, das: *schnelles Motorboot, das sich durch seine Geschwindigkeit aus dem Wasser hebt u. [mit bes. ausgebildeten Tragflügeln] auf der Wasseroberfläche gleitet.*

Gleit|creme, die: *Creme* (1), *die beim Geschlechtsverkehr ein leichteres, gleitendes Einführen des Penis ermöglicht.*

glei|ten ⟨st. V.⟩ [mhd. glīten, ahd. glītan, wahrsch. eigtl. = blank, glatt sein u. dann viell. verw. mit ↑gleißen, ↑glimmen]: **1.** ⟨ist⟩ **a)** *schwebend fliegen:* durch die Luft g.; die Möwen gleiten im Wind; das Flugzeug glitt sanft zu Boden; **b)** *sich leicht u. gleichmäßig, fast schwebend über eine Fläche hinbewegen:* über das Eis g.; die Segelboote gleiten über das Wasser; die Tanzpaare gleiten über das Parkett; Ü seine Blicke glitten über ihren Körper; **c)** *sich leicht u. gleichmäßig nach unten bewegen; herabgleiten:* aus dem Sattel g.; sie glitt ins Wasser; die Decke war von ihren Füßen geglitten; Ü das Geld gleitet ihm aus den Händen *(er gibt es aus, fast ohne es zu bemerken, kann es nicht zusammenhalten);* **d)** (selten) *ausrutschen, ausgleiten.* **2.** (ugs.) *Arbeitsbeginn u. -ende im Rahmen der gleitenden Arbeitszeit frei wählen* ⟨hat⟩: in unserem Betrieb können wir g.; ⟨1. Part.:⟩ gleitende Arbeitswoche *([bei Fabriken, deren Arbeitsschichten an Wochenenden weiterlaufen] Arbeitswoche mit wechselnden freien Tagen);* gleitende Arbeitszeit *(Arbeitszeitregelung, bei der der Arbeitnehmer in einem bestimmten Rahmen Beginn u. Ende der Arbeitszeit frei wählen kann).*

Glei|ter, der; -s, - [engl. glider] (Fliegerspr.): *Segelflugzeug.*

gleit|fä|hig ⟨Adj.⟩: *die Eigenschaft besitzend, gut zu gleiten* (1 b).

Gleit|fä|hig|keit, die: *Eigenschaft, gleitfähig zu sein.*

Gleit|flä|che, die: *glatte Fläche, auf der etw. [entlang]gleiten kann.*

Gleit|flug, der: *schwebender, leicht abwärts führender Flug ohne Flügelschlag (bei Vögeln) od. ohne Motorantrieb (bei Flugzeugen):* im G. niedergehen, landen.

Gleit|flug|zeug, das: *Segelflugzeug.*

Gleit|klau|sel, die: *Klausel in einem Vertrag, Vereinbarung, dass die Höhe einer Zahlung (wie z. B. Miets-, Gehaltszahlung) nach einer bestimmten Frist den veränderten [Lebenshaltungs]kosten angepasst wird.*

Gleit|mit|tel, das: **1. a)** (Med.) *Zusatzstoff bei Medikamenten, Kathetern u. Ä., der leichteres, gleitendes Eindringen ermöglicht;* **b)** (Med.) *Zusatzstoff bei Abführmitteln, durch den der Kot geschmeidiger werden soll;* **c)** (Kosmetik) *Zusatzstoff in kosmetischen Präparaten zur Verminderung der Reibung u. Erhöhung der Gleitfähigkeit (z. B. Paraffinöl in Massageölen).* **2.** (Technik) *Zusatzstoff, der bei Press- u. Spritzgussmassen das plastische Verformen erleichtert.*

Gleit|schie|ne, die: *Schiene* (2 a).

Gleit|schirm, der: *beim Paragliding verwendetes fallschirmähnliches Sportgerät mit rechteckigem Schirm; Gleitsegel; Paragleiter.*

Gleit|schirm|flie|gen, das; -s: *Paragliding.*

Gleit|schutz, der (Kfz-T.): *Schutz[mittel] gegen das Gleiten der Räder auf glatter Fahrbahn:* Schneeketten sind der sicherste G.

Gleit|se|gel, das: *Gleitschirm.*

Gleit|se|geln, das; -s: *Paragliding.*

gleit|si|cher ⟨Adj.⟩: *gegen Ausgleiten, Rutschen gesichert:* -e Reifen; Gehwege g. streuen.

Gleit|sicht|glas, das (Augenoptik): *aus einem Stück geschliffenes Brillenglas mit stufenlos wirksamer Optik, das einen gleitenden Übergang vom Teil für die Ferne zum Teil für die Nähe schafft u. auf diese Weise ein natürliches Sehen ermöglicht.*

Gleit|wachs, das: *Wachs, das die Lauffläche der Skier besonders glatt macht u. das Festbacken von Schnee verhindert.*

Gleit|zeit, die: **a)** *(bei gleitender Arbeitszeit) Zeitspanne außerhalb der Fixzeit, in der der Arbeitnehmer Arbeitsbeginn bzw. -ende frei wählen kann;* **b)** *(in Stunden ausgedrückte) Summe der Zeit, die ein Arbeitnehmer gegenüber der insgesamt nötigen Stundenzahl zu viel oder zu wenig abgeleistet hat:* mir fehlen noch 3 Stunden G.; **c)** (ugs.) *gleitende Arbeitszeit.*

Glen|check [ˈglɛntʃɛk], der; -[s], -s [engl. glencheck, aus: glen = Tal (im schott. Hochland) u. check = Karomuster, eigtl. = Stoff mit Karomuster, wie er in Schottland getragen wird]: **a)** *aus hellen u. dunklen Fäden entstandenes großflächiges Karomuster:* der Stoff ist in G. gemustert; **b)** *Gewebe (Anzug- od. Mantelstoff), das in Glencheck* (a) *gemustert ist;* **c)** *Kleidungsstück aus Glencheck* (b).

Glet|scher, der; -s, - [walliserisch glaĉer, über das Vlat. zu lat. glacies = Eis]: *großes Eisfeld, aus Firneis gebildete Eismasse, die sich in einem Strom langsam zu Tal bewegt:* der G. schmilzt, geht zurück; der G. kalbt *(Eismassen brechen von ihm ab).*

glet|scher|ar|tig ⟨Adj.⟩: *in der Art eines Gletschers.*

Glet|scher|brand, der: *im Hochgebirge durch ultraviolette Strahlung u. deren Reflexion an Schnee u. Eis hervorgerufener starker Sonnenbrand.*

Glet|scher|bril|le, die: *Schutzbrille für Touren auf einem Gletscher.*

Glet|scher|eis, das: *Eis eines Gletschers.*

Glet|scher|feld, das: *[flache] zusammenhängende Oberfläche eines Gletschers.*

Glet|scher|kun|de, die: *Glaziologie.*

Glet|scher|spal|te, die: *Spalte im Gletschereis.*

Glet|scher|zun|ge, die (Geol.): *nach vorn schmaler werdendes u. zungenartig auslaufendes Ende eines Gletschers.*

glib|be|rig ⟨Adj.⟩ [mniederd. glibberich] (nordd.): *schlüpfrig, glitschig:* -e Quallen.

glib|bern ⟨sw. V.; hat⟩ [niederl. glibberen = gleiten, glitschen, viell. urspr. = glatt sein, glänzen u. verw. mit ↑gelb] (nordd.): *sich schwankend bewegen, wackeln:* der Boden glibbert unter meinen Füßen.

Glib|ber|pud|ding, der (nordd. scherzh.): *mit Gelatine bereitete Nachspeise; Götterspeise.*

glich: ↑gleichen.

Glied, das; -[e]s, -er [mhd. gelit, ahd. gilid; ge-Bildung zu gleichbed. mhd. lit, ahd. lid, eigtl. = Bewegliches, Biegsames (am Körper); 2: mhd. lit, ahd. lid, Übers. von lat. membrum (virile)]: **1. a)** *(bei Mensch u. Tier) beweglicher, durch ein Gelenk mit dem Rumpf verbundener Körperteil:* kräftige, schmale, bewegliche -er; ein künstliches G. *(Prothese);* die -er sind ihm steif vor Kälte; mir tun alle -er weh; sei froh, dass du noch gesunde -er hast; alle -er von sich strecken; [vor Kälte, Schrecken] kein G. rühren können *(sich nicht bewegen können, wie gelähmt sein);* an allen -ern zittern *(vor Angst od. Aufregung heftig, am ganzen Körper zittern);* die Angst, das Schwächegefühl, der Schrecken, die Krankheit steckte/saß ihm [noch] in den -ern *(hatte seinen ganzen Körper erfasst);* der Schreck fuhr ihm in die -er/durch alle -er *(erfasste ihn ganz, traf ihn schlagartig);* **b)** (Anat.) *Gliedteil zwischen zwei Gelenken:* ein Finger besteht aus drei -ern; ich habe mir ein G. am Mittelfuß verstaucht. **2.** *das äußere männliche Geschlechtsorgan; Penis:* das männliche G. **3.** *eines der ineinander greifenden Teilstücke, die zusammen eine Kette bilden:* eiserne -er; jede Kette ist so stark wie das schwächste ihrer -er; ein Armband aus goldenen -ern; Ü es fehlt noch ein G. in der Kette der Beweise. **4.** *Teil eines Ganzen:* die -er eines Satzes, einer Gleichung; ein nützliches G. der Gesellschaft. **5. a)** *Reihe einer angetretenen Mannschaft:* das erste G. tritt einen Schritt vor; aus dem G. treten; ins G. zurücktreten; im G. stehen; der Mann im dritten G.; in Reihen zu drei -ern antreten!; **b)** (geh. veraltet) *Geschlechterfolge, Generation:* er konnte seine Vorfahren bis ins zehnte G. zurückverfolgen.

Glie|der|bau, der ⟨o. Pl.⟩: *Bau der Glieder* (1 a): ein Mann von kräftigem G.

Glie|der|fü|ßer, der (Zool.): *(in sehr vielen Arten vorkommendes) wirbelloses Tier mit einem in zahlreiche Segmente gegliederten, von einem Panzer aus Chitin umgebenen Körper;* vgl. Arthropoden.

-glie|de|rig: ↑-gliedrig.

Glie|der|kak|tus, der: *Kaktus mit flachen, aus*

einzelnen Gliedern (4) *zusammengesetzten Sprossen u. großen, rosa bis tiefroten Blüten.*

glie|der|lahm ⟨Adj.⟩: *(vor Müdigkeit, langem Verweilen in unveränderter Haltung o. Ä.) steif, unbeweglich in den Gliedern* (1 a).

Glie|der|me|ter, der (schweiz.): *Zollstock.*

glie|dern ⟨sw. V.; hat⟩ [zu ↑Glied]: **a)** *etw. Zusammenhängendes [übersichtlich u. schwerpunktmäßig, nach bestimmten Gesichtspunkten] in einzelne Abschnitte einteilen, ordnen:* einen Aufsatz, Vortrag [klar, übersichtlich, gut, schlecht] g.; etw. nach bestimmten Gesichtspunkten g.; das Buch ist in einzelne Abschnitte gegliedert; eine hierarchisch gegliederte Organisation; **b)** ⟨g. + sich⟩ *in verschiedene, unterscheidbare, aber zusammenhängende Teile untergliedert sein:* die Lehre von der Politik gliedert sich in drei Gebiete; mein Referat gliedert sich wie folgt: …

Glie|der|pup|pe, die: *Puppe mit beweglichen Gliedern* (1 a); *Gelenkpuppe.*

Glie|der|rei|ßen, das (ugs.): *Gliederschmerz.*

Glie|der|satz, der (Sprachw.): *Satz, der aus mehreren Gliedern* (4) *besteht; Satzgefüge, Periode.*

Glie|der|schmerz, der: *ziehender Schmerz in einem Glied* (1 a) *od. in allen Gliedern.*

Glie|der|schwe|re, die: *subjektives Gefühl, als hätten Arme u. Beine an Gewicht zugenommen u. wären nur mit Anstrengung zu bewegen; bleierne Müdigkeit.*

Glie|der|tier, das ⟨meist Pl.⟩ (Zool.): *Vertreter einer Gruppe unterschiedlicher Tierstämme, deren gemeinsames Merkmal die Aufgliederung des Körpers in zahlreiche Segmente ist.*

Glie|de|rung, die; -, -en: **1. a)** *das Gliedern, Aufteilen:* eine G. nach bestimmten Gesichtspunkten; sich um eine übersichtliche G. bemühen; **b)** *das Gegliedertsein; Aufbau, Einteilung:* die gesellschaftliche G. eines Volkes. **2.** (nationalsoz.) *Organisationseinheit der NSDAP:* die Partei und ihre -en.

Glie|der|zu|cken, das; -s: *unkontrollierte, krankhafte Bewegung der Glieder* (1 a).

Glied|ma|ße, die; -, -n ⟨meist Pl.⟩ [mhd. gelidemæȝe = Glied, Gliedmaßen, eigtl. = Maß, rechtes Verhältnis der Glieder]: *Glied* (1 a): die vorderen, hinteren -n des Hundes; gesunde, steife -n haben; sich die -n brechen; an den unteren -n gelähmt sein.

-glied|rig, -gliederig: in Zusb., z. B. grobglied[e]rig *(von grobem Gliederbau),* mehrglied[e]rig *(mit mehreren Gliedern 3, 4).*

Glied|satz, der (Sprachw.): *abhängiger Satz in einem Satzgefüge; Nebensatz.*

Glied|staat, der: *einzelner Staat eines Bundesstaates od. Staatenbundes.*

glied|wei|se ⟨Adv.⟩: *Glied für Glied:* g. vortreten.

glim|men ⟨st., auch sw. V.; hat⟩ [mhd. glimmen, verw. mit ↑gleißen]: *ohne Flamme schwach brennen; schwach glühen:* die Zigaretten glimmten/(geh.:) glommen in der Dunkelheit; unter der Asche hat noch das Feuer geglimmt/(geh.:) geglommen; Ü eine letzte Hoffnung glomm noch in ihr.

Glimm|ent|la|dung, die (Elektrot.): *Gasentladung, bei der gleichzeitig an den Elektroden eine schwach glühende Lichterscheinung u. zwischen ihnen eine leuchtende Säule entsteht.*

Glim|mer, der; -s, - [zu ↑glimmern]: **1.** *glänzendes Mineral, das in vielen Gesteinen in blättrig tafelartiger Form vorkommt.* **2.** (selten) *schwacher Glanz, Schimmer.* **3.** (ugs.) *leichter Rausch* (1).

glim|me|rig, glimmrig ⟨Adj.⟩ (veraltend): **1.** *schimmernd, schwach glänzend.* **2.** *Glimmer* (1) *enthaltend:* -es Gestein.

glim|mern ⟨sw. V.; hat⟩ [mhd. glimmer(e)n = glänzen, leuchten, Iterativ-Intensiv-Bildung zu ↑glimmen]: *schimmern, schwach glänzen:* ein Rotlicht glimmerte am Armaturenbrett; glimmernde Granite.

Glimm|lam|pe, die (Elektrot.): *meist als Signal- od. Kontrolllampe verwendete, überwiegend mit Neon gefüllte, kleine Lampe, die das bei der Glimmentladung entstehende rötlich glimmende Licht nutzt.*

glimm|rig: ↑glimmerig.

Glimm|stän|gel, der [seit Anfang des 19. Jh.s zunächst als Ersatzwort für »Zigarre« verwendet] (ugs.): *Zigarette.*

¹Glimpf, der; -[e]s, -e [H. u., vielleicht identisch mit spätmhd. glimpf = herabhängendes Gürtelende als Zierrat] (schweiz.): *Nadel zum Durchziehen* (1).

²Glimpf, der; -[e]s [mhd. g(e)limpf, ahd. gilimpf = angemessenes Benehmen, zu mhd. gelimpfen, ahd. gilimpfen = etw. angemessen tun, rücksichtsvoll sein, urspr. = schlaff, locker sein] in der Fügung **mit G.** (geh. veraltet; *glimpflich*): wir sind mit G. davongekommen.

glimpf|lich ⟨Adj.⟩ [mhd. gelimpflich, ahd. gilimpflih, zu ↑²Glimpf od. zu mhd. gelimpf = angemessen, zu: gelimpfen (↑²Glimpf)]: **1.** *ohne größeren Schaden, ohne schlimme Folgen [abgehend]:* der -e Ausgang eine Sache; g. abgehen, verlaufen; das lief gerade noch einmal g. ab. **2.** *mild, schonend, nachsichtig:* ein -es Urteil; er behandelte ihn nicht gerade g.

Gli|om, das; -s, -e [zu griech. glía = Leim] (Med.): *Geschwulst im Gehirn, Rückenmark od. an der Netzhaut des Auges.*

glit|schen ⟨sw. V.⟩ [spätmhd. glitschen, glitzschen, Intensivbildung zu ↑gleiten]: **1.** (ugs.) *rutschen, [aus]gleiten* ⟨ist⟩: die Seife ist mir aus der Hand geglitscht; **2.** (landsch.) *schlittern* (1 a) ⟨hat/ist⟩: die Kinder sind über den gefrorenen See geglitscht.

glit|sche|rig, glitschrig ⟨Adj.⟩: ↑glitschig (1).

glit|schig ⟨Adj.⟩ (ugs.): **1.** *schlüpfrig, glatt:* der Torwart konnte den -en Ball nicht festhalten; der Rasen war g. **2.** (landsch.) *(von Kuchen o. Ä.) nicht richtig durchgebacken, nicht ganz ausgebacken, noch teigig:* der Kuchen, das Brot ist innen g.

glitsch|rig: ↑glitscherig.

Glit|ter, der; -s [zu landsch. glittern = flimmern, glänzen; gleiten, wohl Iterativbildung zu ↑gleiten]: *Flitter* (2).

Glit|zer, der; -s (veraltet): *Flitter.*

glit|ze|rig, glitzrig ⟨Adj.⟩ (ugs.): *glitzernd:* -e Regentropfen.

glit|zern ⟨sw. V.; hat⟩ [15. Jh.; Iterativbildung zu mhd. glitzen = glänzen, zu: glīȝen, ↑gleißen]: *im Licht immer wieder in kleinen, aber kräftigen silbrigen Funken vielfältig aufblitzen:* hell, bunt g.; das Eis glitzert in der Sonne; Pailletten glitzern auf ihrem Kleid; ein glitzernder Brillant; Ü ⟨subst.:⟩ in ihren Augen war ein Glitzern.

glitz|rig: ↑glitzerig.

glo|bal ⟨Adj.⟩ [zu ↑Globus]: **1.** *auf die ganze Erde bezüglich; weltumspannend:* ein -er Konflikt; -e Abrüstung; -es *(weltweit operierendes)* Unternehmen; -er Wettbewerb *(Wettbewerb der weltweit operierenden Unternehmen).* **2. a)** *umfassend:* ein -es Wissen haben; **b)** *nicht ins Detail gehend, allgemein:* nur eine -e Vorstellung von etw. haben.

glo|ba|li|sie|ren ⟨sw. V.; hat⟩: *auf die ganze Erde ausdehnen.*

Glo|ba|li|sie|rung, die; -, -en: *das Globalisieren; das Globalisiertwerden:* die G. der Wirtschaft.

Glo|bal Play|er [ˈɡloʊbl ˈpleiɐ], der; - -s, - -s, (auch:) **Glo|bal|play|er,** der; -s, -s [engl. global player, aus: global (↑global) u. player = Spieler]: *Konzern, Unternehmen o. Ä. mit weltweitem Wirkungskreis.*

Glo|ben: Pl. von ↑Globus.

Glo|be|trot|ter [ˈɡloːbətrɔtɐ, ˈɡloːptrɔtɐ, engl.: ˈɡloʊbtrɔtə], der; -s, - [engl. globe-trotter, zu: globe = Erdball (< lat. globus, ↑Globus) u. to trot = traben]: *Weltenbummler.*

Glo|be|trot|te|rin, die; -, -nen: w. Form zu ↑Globetrotter.

Glo|bin, das; -s [zu lat. globus (↑Globus), nach dem kugelförmigen Aussehen der roten Blutkörperchen, in denen es enthalten ist] (Med., Biol.): *Eiweißbestandteil des Hämoglobins.*

Glo|bu|lin, das; -s, -e [zu lat. globulus = Kügelchen, nach dem kugelförmigen Aufbau der Moleküle] (Med., Biol.): *wichtiger Eiweißkörper des menschlichen, tierischen u. pflanzlichen Organismus (z. B. in Blutplasma, Milch, Eiern, Pflanzensamen u. a.).*

Glo|bu|lus, der; -, …li [zu lat. globulus, Vkl. von: globus, ↑Globus] (Pharm.): *Arzneimittel in Form von kleinen Kügelchen.*

Glo|bus, der; - u. …busses, -se, auch: …ben [lat. globus = Kugel, eigtl. = Geballtes]: **1. a)** *Kugel mit dem Abbild der Erdoberfläche; kugelförmiges Modell der Erde; Erdkugel* (b): ein Land auf dem G. suchen, zeigen; **b)** *Himmels-, Mondglobus;* **c)** (geh.) *Erdball, Erde.* **2.** (salopp) *[dicker, runder] Kopf:* zieh mal deinen G. ein!; du kriegst gleich eins an den G.

Glock [↑Glocke] in Verbindung mit der in der vollen od. halben Stunde angegebenen Uhrzeit (landsch.): *genau um …:* G. halb drei verließ sie das Haus.

Glöck|chen, das; -s, -: Vkl. zu ↑Glocke (1, 2).

Glo|cke, die; -, -n [mhd. glocke, ahd. glocca, clocca < air. cloc(c), lautm.; im Rahmen der Missionstätigkeit ir. Mönche übernahmen die Germanen mit der Sache auch das kelt. Wort]: **1. a)** *aus Metall bestehender, in der Form einem umgedrehten Kelch ähnlicher, nach unten offener, hohler Gegenstand, der durch einen im Innern befestigten Klöppel* (1 a) *zum Klingen gebracht wird:* eine schwere, bronzene G.; die G. läutet, tönt; die G. schlägt acht [Uhr], läutet Sturm; die G. zur letzten Runde (Sport; *das mit einer Glocke gegebene Signal für den führenden Läufer, Radfahrer o. Ä.*) ertönte; er läutet die -n; eine G. gießen; der Guss einer G.; eine Schnur mit vielen kleinen -n, Glöckchen; * [die beiden folgenden Wendungen gehen auf den alten Brauch zurück, Bekanntmachungen, öffentliche Rügen, drohende Gefahr usw. der Allgemeinheit mit einer Glocke (Kirchenglocke) anzukündigen] **etw. an die große G. hängen** (ugs.; *etw. [Privates, Vertrauliches] überall erzählen;* meist verneint gebr.; nach dem Brauch, die Teilnehmer einer Gerichtsversammlung durch das Läuten der großen Kirchenglocke zusammenzurufen); **an die große G. kommen** (ugs.; *überall herumerzählt werden, in aller Leute Munde sein*); **wissen, was die G. geschlagen hat** (ugs.; *sich über den Ernst, die Bedrohlichkeit einer Situation im Klaren sein*); **die G. läuten hören, aber nicht wissen, wo sie hängt** (ugs.; *über etw. nicht genau Bescheid wissen [u. dennoch darüber reden]*); b) (Fachspr., sonst veraltend) *Klingel:* die G. schrillte. **2.** *etw., was einer Glocke* (1 a) *ähnlich ist:* die -n *(Blüten)* der Narzisse. **3. a)** *Bowler:* * **jmdm. eins auf die G. geben** (salopp; *jmdm einen Schlag [auf den Kopf] versetzen; jmdn. verprügeln*); **eins auf die G. kriegen** (salopp; *einen Schlag [auf den Kopf] bekommen; verprügelt werden*); **b)** *runder Damenhut [aus Filz] mit [leicht gewellter] heruntergebogener Krempe.* **4.** *kreisrund geschnittener, vorn offener [mit einer Kapuze versehener] Umhang.* **5.** *glockenförmiger Gegenstand, den man über etw. stülpt* (z. B. Butter-, Käse-, Kuchenglocke): sie legt den Käse unter die G.; Ü eine G. von Nebel und Dunst hing über der Stadt. **6.** (Fechten) *halbkugelförmiger, aus Metall bestehender Schutz für die Hand oberhalb des Waffengriffs.*

Glo|cken|ap|fel, der [nach der Form]: *gelblich rötlicher Apfel mit säuerlichem Geschmack.*

Glo|cken|bal|ken, der: *Balken, an dem eine Glocke in einem Turm aufgehängt ist.*

Glo|cken|blu|me, die: *(in vielen Arten vorkommende) Pflanze mit glockenförmigen, meist blauen Blüten.*

Glo|cken|bron|ze, die: *aus Kupfer u. Zinn bestehende Legierung zum Gießen von Glocken.*

Glo|cken|form, die: *Form* (1 a) *einer Glocke.*

glo|cken|för|mig ⟨Adj.⟩: *einer Glocke ähnlich; in der Form einer Glocke.*

Glo|cken|ge|läut, Glo|cken|ge|läu|te, das: *das Läuten von einer od. mehreren Glocken.*

Glọ|cken|gie|ßer, der: *jmd., der Glocken gießt u. Glockenstühle aufstellt* (Berufsbez.).

Glọ|cken|gie|ße|rin, die; -, -nen: w. Form zu ↑Glockengießer.

Glọ|cken|hei|de, die [↑ ²Heide (2)]: *niedrige, immergrüne Pflanze mit nadelförmigen Blättern u. lebhaft gefärbten, oft glockenförmigen Blüten, die zu mehreren an den Enden der Ästchen stehen; Erika* (a).

glọ|cken|hell ⟨Adj.⟩: *besonders hell u. klar [klingend]:* ein -es Lachen.

Glọ|cken|klang, der: *Klang einer Glocke.*

Glọ|cken|läu|ten, das; -s: *Glockengeläut.*

Glọ|cken|re|be, die: *Kletterpflanze mit großen, glockenförmigen, blauvioletten od. weißen Blüten; Cobaea.*

Glọ|cken|rock, der: *[aus mehreren Bahnen zusammengesetzter] glockig fallender Rock.*

Glọ|cken|schlag, der: *Schlag einer Glocke zum Anzeigen der Zeit:* *** mit dem/auf den G.** (ugs.; *sehr pünktlich*): er betritt jeden Morgen mit dem G. das Büro.

Glọ|cken|schwen|gel, der: *Klöppel* (1 a).

Glọ|cken|spiel, das: **1.** *aus einer Reihung aufeinander abgestimmter Glocken bestehendes Werk, das, durch einen bestimmten Mechanismus angetrieben (meist mit Hämmern, die die Glocken anschlagen), bestimmte Melodien hervorbringt, häufig in Kirch- od. Stadttürmen aufgestellt u. mit einer Uhr gekoppelt ist.* **2.** *Musikinstrument, das aus einer Reihung aufeinander abgestimmter Stäbe, Plättchen od. Röhren aus Metall besteht, die mit einem Hämmerchen angeschlagen werden:* das G. einer Feuerwehrkapelle.

Glọ|cken|stuhl, der: *Gerüst [in einem Glockenturm], in dem die Glocke aufgehängt ist.*

Glọ|cken|ton, der: vgl. Glockenklang.

Glọ|cken|turm, der: *eigens für eine Glocke, für die Glocken vorgesehener Turm einer Kirche, eines Rathauses o. Ä.*

Glọ|cken|zei|chen, das: *mit einer kleineren Glocke od. Klingel gegebenes Zeichen:* auf ein G. hin nahmen die Theaterbesucher wieder ihre Plätze ein.

glọ|ckig ⟨Adj.⟩: *in der Form einer Glocke ähnlich.*

Glọ̈ck|ner, der; -s, - [mhd. glockenære] (veraltet): *jmd., der [als Kirchendiener o. Ä.] für das Läuten der Glocken zu sorgen hat.*

¹Glọ|ria, das; -s od. die; - [lat. gloria, H. u.] (meist iron.): *Ruhm, Glanz, Herrlichkeit:* Menschen, die sich an Preußens vergangener G. berauschen; ↑Glanz (b).

²Glọ|ria, das; -s [nach dem Anfangswort]: *Lobgesang in der christlichen Liturgie:* das G. singen.

³Glọ|ria, das od. der; -s, -s [frz. gloria = ²Gloria, scherzh. gebr. als Bez. für etw. Köstliches, Wohlschmeckendes] (Gastr.): *süßer, starker Kaffee, auf dem ein Löffel Kognak abgebrannt wird.*

Glo|rie, die; -, -n [mhd. glōrie < lat. gloria, ↑ ¹Gloria]: **1.** (geh.) *Ruhm, Glanz.* **2.** (geh.) *Heiligenschein:* die Gestalt des Engels war von einer G. umgeben. **3.** *Lichterscheinung aus hellen farbigen Ringen um den Schatten eines Körpers (z. B. eines Flugzeugs od. Ballons) auf einer von Sonne od. Mond beschienenen Nebelwand od. der Oberfläche einer Wolke.*

Glo|ri|en|schein, der: *Heiligenschein:* von einem G. umgeben sein.

Glo|ri|fi|ka|ti|o̲n, die; -, -en [(kirchen)lat. glorificatio = Verherrlichung]: *Verherrlichung; Glorifizierung.*

glo|ri|fi|zie̲|ren ⟨sw. V.; hat⟩ [kirchenlat. glorificare]: *verherrlichen:* er wurde als Held glorifiziert.

Glo|ri|fi|zie̲|rung, die; -, -en: *Glorifikation.*

Glo|ri|o̲|le, die; -, -n [lat. gloriola] (bildungsspr.): *Heiligen-, Glorienschein:* die Gestalt der Heiligen ist von einer G. umgeben.

glo|ri|o̲s ⟨Adj.⟩ [lat. gloriosus] (meist iron.): *glorreich:* er hatte einen -en Auftritt; ein -er Reinfall.

glo̲r|reich ⟨Adj.⟩ (meist iron.): *großartig; glanzvoll:* eine -e Vergangenheit; das war eine -e Idee!

Glos|sa̲r, das; -s, -e [lat. glossarium < griech. glōssárion, eigtl. Vkl. von: glõssa, ↑Glosse]: **1.** *Sammlung von Glossen* (2). **2.** *selbstständig od. als Anhang eines bestimmten Textes erscheinendes Wörterverzeichnis [mit Erklärungen]:* jeder Band enthält ein nützliches G. seiner Hauptbegriffe.

Glọs|se [Fachspr. auch: ˈgloːsə], die; -, -n [mhd. glōse < lat. glossa = erläuternde Bemerkung < griech. glõssa = Zunge, Sprache; 3: span. glosa < lat. glossa]: **1. a)** *[spöttische] Bemerkung, Randbemerkung:* er muss über alles, zu allem seine -n machen; **b)** *knapper [polemischer] Kommentar (in Presse, Rundfunk od. Fernsehen) zu aktuellen Ereignissen od. Problemen:* eine G. schreiben. **2.** (Sprachw., Literaturw.) *in alten Handschriften erscheinende Erläuterung eines der Erklärung bedürftigen Ausdrucks:* die althochdeutschen, altfranzösischen -n; die G. steht am Rand, zwischen den Zeilen, im Text. **3.** (Literaturw.) *spanische Gedichtform, bei der jede Zeile eines vorangestellten vierzeiligen Themas als jeweiliger Schlussvers von vier Strophen wiederkehrt.* **4.** *(in germanischer u. frühmittelalterlicher Zeit) erläuternde Randbemerkung zu einem Gesetzestext, in der in der Volkssprache bestimmte rechtssprachliche Fachausdrücke erklärt werden.*

glos|sie̲|ren ⟨sw. V.; hat⟩ [mhd. glōsieren < spätlat. glossari]: **1. a)** *mit [spöttischen, polemischen] Bemerkungen versehen, begleiten;* **b)** *mit einer Glosse* (1 b) *kommentieren:* er glossiert in unserer Zeitung die Tagesereignisse. **2.** (Sprachw., Literaturw.) *mit Glossen* (2) *versehen:* ein reich glossierter mittelalterlicher Text.

Glot|ta̲l, der; -s, -e [zu griech. glõtta = attische Form von: glõssa, ↑Glosse] (Sprachw.): *in od. mit Beteiligung der Glottis artikulierter Laut; Kehlkopflaut.*

Glọt|tis, die; -, ...ides [...ideːs; griech. glōttís, eigtl. = Mundstück der Flöte]: **a)** *das aus den beiden Stimmbändern bestehende Stimmorgan im Kehlkopf;* **b)** *die Stimmritze zwischen den beiden Stimmbändern im Kehlkopf.*

Glọt|ze, die; -, -n (salopp): *Fernsehgerät:* abends, stundenlang vor der G. sitzen.

glọt|zen ⟨sw. V.; hat⟩ [mhd. glotzen, wahrsch. urspr. = glänzen, schimmern; blank sein u. verw. mit ↑gelb; Bedeutungsentwicklung über »leuchten, anstrahlen«]: **1.** (ugs., auch abwertend) *mit weit aufgerissenen od. hervortretenden Augen [u. dummer Miene] starren:* glotz nicht so dämlich! **2.** (salopp) *fernsehen.*

Glọt|zer ⟨Pl.⟩ (ugs.): *[große] Augen.*

Glọtz|kas|ten, der, **Glọtz|kis|te,** die (ugs.): *Fernsehgerät.*

Glọtz|kopf, der (salopp abwertend): *Mensch mit großen Augen u. [dummem] starrendem Blick.*

Glo|xi̲|nie, die; -, -n [nach dem elsässischen Arzt B. P. Gloxin (gest. 1784)]: *(aus Südbrasilien stammende) Pflanze mit ovalen, weich behaarten Blättern u. großen, glockenförmigen, leuchtend blauvioletten Blüten auf kurzen Stielen.*

Glu̲bsch|au|ge: ↑Glupschauge.

glu̲b|schen: ↑glupschen.

glụck ⟨Interj.⟩: **1.** lautm. für das Glucken der Henne. **2.** lautm. für das Gluckern einer Flüssigkeit: R g., g., weg war er (scherzhafter Kommentar, der einen entsprechenden Vorgang begleitet, z. B. wenn jmd. untergeht, unter die Wasseroberfläche taucht); *** g., g. machen** (ugs. scherzh.: *Alkohol [aus der Flasche] trinken*).

Glụ̈ck, das; -[e]s, -e ⟨Pl. selten⟩ [mhd. gelücke = Schicksal(smacht); Zufall < mniederd. (ge)lucke < mniederl. (ghe)lucke, H. u.]: **1.** ⟨o. Pl.⟩ *etw., was Ergebnis des Zusammentreffens besonders günstiger Umstände ist; besonders günstiger Zufall, günstige Fügung des Schicksals:* großes, unverdientes, unverschämtes G.; [es ist] ein G. *(es ist nur gut),* dass dir das noch eingefallen ist; das ist dein G. *(es ist nur gut, günstig für dich),* dass du noch gekommen bist; ihm lief das G. nach *(er hatte viel Glück);* er hat G. gehabt, dass ihm nichts passiert ist; G. im Unglück haben; mit diesen Plänen wirst du bei ihm kein G. haben *(keinen Erfolg haben, nichts erreichen);* er hat kein G. *(keinen Erfolg)* bei Frauen; mit Zimmerpflanzen hat sie kein, wenig G. *(sie gedeihen nicht bei ihr);* etw. bringt jmdm. G.; ein G. bringender Anhänger; ein G. verheißender Umstand; jmdm. viel G. für, zu etw. wünschen; [bei jmdm.] sein G. versuchen; er hat sein G. gemacht; R G. muss der Mensch haben!; mehr G. als Verstand haben; mit etwas G. kann man das schon schaffen; noch nichts von seinem G. wissen (iron.; *noch nicht wissen, was einem an Unerfreulichem bevorsteht*); *** sein G. versuchen/probieren** *(etw. mit der Hoffnung auf Erfolg tun, unternehmen);* **sein G. machen** *(erfolgreich sein, es zu etw. bringen);* **auf gut G.** *(ohne die Gewissheit eines Erfolges, aufs Geratewohl):* wir werden es auf gut G. versuchen müssen; **von G. sagen/reden können** *(etw. einem glücklichen Umstand verdanken);* **zum G.; zu jmds. G.** *(zu jmds. Vorteil, glücklicherweise):* zu meinem G. hat mich niemand gesehen; **G. ab!** (Fliegergruß; dem Bergmannsgruß »Glück auf!« nachgebildet); **G. auf!** (Bergmannsgruß, im 16. Jh. von den Bergleuten im Erzgebirge als bergmännischer Gruß zur Unterscheidung von dem allgemeinen Gruß »Glück zu!« gebildet); **G. zu!** (veraltet; Zuruf, Grußformel). **2.** ⟨o. Pl.⟩ *das personifiziert gedachte Glück* (1); *Fortuna:* das G. ist blind, launisch, wechselhaft; das G. ist mit jmdm., gegen jmdn.; ihm lächelt, winkt das G.; das G. ist ihm gewogen; sie ist ein Kind, ein Liebling, ein Stiefkind des -s. **3. a)** ⟨o. Pl.⟩ *angenehme u. freudige Gemütsverfassung, in der man sich befindet, wenn man in den Besitz od. Genuss von etw. kommt, was man sich gewünscht hat; Zustand der inneren Befriedigung u. Hochstimmung:* das wahre, höchste G.; ein zartes, kurzes, ungetrübtes, stilles G.; das G. der Liebe; etw., jmd. ist jmds. ganzes G.; sein G. mit Füßen treten; ich will deinem G. nicht im Wege stehen; manche Leute muss man zu ihrem G. zwingen; R du hast/das hat mir gerade noch zu meinem G. gefehlt (iron.; *du kommst/das kommt mir jetzt sehr ungelegen*); Spr G. und Glas, wie leicht bricht das *(das Glück kann überraschend, plötzlich zerstört werden);* jeder ist seines -es Schmied *(man hat sein Schicksal, Wohlergehen selbst in der Hand);* *** das junge G.** (veraltend, noch scherzh.; *das junge Ehepaar*); **b)** *einzelne glückliche Situation; glückliches Ereignis, Erlebnis.*

Glụ̈ck|a̲b, das; -s: Fliegergruß.

Glụ̈ck|a̲uf, das; -s: Bergmannsgruß.

Glụ̈ck brin|gend: s. ↑Glück (1).

Glu̲|cke, die; -, -n [mhd. glucke, zu ↑glucken]: **1.** *Henne, die brütet od. ihre Küken führt:* die Küken verstecken sich unter den Flügeln der G.; sie wacht wie eine G. über ihre Kinder. **2.** *Nachtfalter mit plumpem, dicht behaartem Körper u. braun, gelb od. grau gefärbten Flügeln.*

glu|cken ⟨sw. V.; hat⟩ [mhd. glucken, lautm. für die Laute mehrerer Vogelarten, bes. für die Laute der Henne beim Brüten od. Locken, u. für die dunkel klingenden Laute von leicht bewegtem Wasser]: **1. a)** *(von der Henne) brüten [wollen].* **b)** *(von der Henne) tiefe Kehllaute hervorbringen u. damit die Küken locken.* **2.** (ugs.) *an ein und derselben Stelle sitzen, sich aufhalten u. keinen Antrieb haben, sich von dort wegzubewegen:* er gluckt den ganzen Tag zu Hause.

glụ̈|cken ⟨sw. V.; ist⟩ [mhd. g(e)lücken = gelingen, zu ↑Glück]: *[durch günstige Umstände] das erstrebte Ergebnis, den gewünschten Erfolg haben; gelingen:* die Flucht schien zu g.; der Plan ist geglückt; die Torte ist dir wieder gut geglückt *(gut geraten);* ein geglückter Versuch.

glu̲|ckern ⟨sw. V.⟩ [zu ↑glucken]: **1.** *(von einer Flüssigkeit) durch leichte [Wellen]bewegung leise, dunkel klingende Laute hervorbringen* ⟨hat⟩: der Bach gluckert; eine gluckernde Quelle. **2.** *(von einer Flüssigkeit) sich fließend fortbewegen u. dabei leise, dunkel klingende Laute hervorbringen* ⟨ist⟩: der Wein gluckert in die Gläser.

glụ̈ck|haft ⟨Adj.⟩ (geh.): **a)** *mit Glück* (1) *verbun-*

G

den: ein -er Fischzug; **b)** *Glück* (3) *enthaltend od. verheißend:* ein -er Tag.

Gluck|hen|ne, die; -, -n: *Glucke* (1).

glück|lich [spätmhd. g(e)lück(e)lich = vom Zufall abhängig; günstig, zu ↑Glück]: **I.** ⟨Adj.⟩ **1. a)** *vom Glück* (2) *begünstigt; erfolgreich:* der -e Gewinner; die Geschichte endete g.; die Mannschaft kam zu einem -en *(eher durch Glück als durch Können errungenen)* Sieg; **b)** *vorteilhaft; günstig:* es war eine -e Fügung; der Zeitpunkt war nicht gerade g. gewählt. **2.** *von froher Zufriedenheit, Freude, Glück* (3) *erfüllt:* ein -er Mensch, eine -e Familie; eine -e Zeit; ein -es neues Jahr! (Glückwunschformel zum Jahreswechsel); er ist/hat eine -e Natur; wunschlos, grenzenlos, unsagbar g. sein; ich bin darüber sehr g.; jmdn. g. machen; g. verheiratet sein; ⟨subst.:⟩ **Spr** dem Glücklichen schlägt keine Stunde. **II.** ⟨Adv.⟩ *endlich, schließlich, zu guter Letzt:* jetzt haben wir es g. doch noch geschafft; (iron.:) jetzt hast du die Vase g. kaputtgekriegt!

G

glück|li|cher|wei|se ⟨Adv.⟩: *zum Glück, erfreulicherweise:* g. gab es keine Verletzten.

glück|los ⟨Adj.⟩: *kein Glück habend, ohne Glück:* ein -er Politiker.

Glück|sa|che: ↑Glückssache.

Glücks|bot|schaft, die: *glückliche Botschaft.*

Glücks|brin|ger, der: **1.** *etw., was Glück bringen soll:* das Hufeisen gilt als G. **2.** *männliche Person, die anderen Glück bringt.*

Glücks|brin|ge|rin, die; -, -nen: w. Form zu ↑Glücksbringer (2).

Glücks|bu|de, die (ugs.): *Bude auf einem Jahrmarkt o. Ä., in der man bei Spielen od. durch den Kauf von Losen etw. gewinnen kann.*

glück|se|lig ⟨Adj.⟩: *überglücklich:* ein -es Lächeln; g. lächelnd sahen sie sich an.

Glück|se|lig|keit, die; -, -en: **1.** ⟨o. Pl.⟩ *glückseliger Zustand:* sie jubelte, tanzte vor G.; in G. schwelgen. **2.** *glückseliges Ereignis.*

gluck|sen ⟨sw. V.; hat⟩ [mhd. glucksen, zu ↑glucken]: **1.** *gluckern* (1). **2.** *dunkel klingende, unterdrückte Laute von sich geben:* sie gluckste vor Vergnügen.

Gluck|ser, der; -s, - (südd.): **1.** *glucksendes Geräusch.* **2.** *Schluckauf.*

Glücks|fall, der: *als besonders glücklich, vorteilhaft, erfreulich empfundener Umstand, Zufall:* ein seltener G.; etw. einem G. verdanken.

Glücks|fee, die (scherzh.): *weibliche Person, die jmdm. Glück bringt, die als Glücksbringerin betrachtet wird:* die G. spielen; bei der Verlosung als G. auftreten.

Glücks|ge|fühl, das: *Gefühl des Glücklichseins:* ein unbeschreibliches G. durchströmte ihn.

Glücks|göt|tin, die: *Göttin des Glücks; Fortuna.*

Glücks|gü|ter ⟨Pl.⟩ (geh.): *materielle Güter, Reichtümer:* er war mit -n nicht gerade gesegnet.

Glücks|kä|fer, der (volkst.): *Marienkäfer.*

Glücks|kind, das: *jmd., der immer Glück hat, dem alles zufällt.*

Glücks|klee, der: *Klee mit ausnahmsweise vierteiligem Blatt, der als Glücksbringer gilt.*

Glücks|männ|chen, das (volkst.): *Alraune.*

Glücks|pfen|nig, der: *als Glück bringend geltender [gefundener] Pfennig.*

Glücks|pil|le, die ⟨meist Pl.⟩ (ugs.): *Antidepressivum.*

Glücks|pilz, der (ugs.): *jmd., der unvermutet od. oft Glück hat:* sie ist eben ein G.

Glücks|rad, das: **1.** *auf Jahrmärkten od. Volksfesten aufgestelltes Rad, das zu Verlosungen gedreht wird.* **2.** *Rad als Symbol für den Wechsel des Glücks.*

Glücks|rit|ter, der (abwertend): *Abenteurer, der sich blind auf sein Glück verlässt.*

Glücks|rit|te|rin, die; -, nen: w. Form zu ↑Glücksritter.

Glücks|sa|che, (seltener:) Glücksache, die: in der Verbindung **etw. ist [reine] G.** *(etw. ist allein einem glücklichen Zufall, Umstand zu verdanken):* einen funktionierenden Automaten zu finden ist schon G. *(dazu muss man Glück haben);* Denken ist G.! *(das war falsch gedacht!);* (iron.:) Fremdwörter sind G.; Benehmen ist G. (iron. Kommentar).

Glücks|schwein|chen, das: *kleine Nachbildung eines als Glück bringend geltenden Schweines:* ein G. aus Marzipan.

Glücks|spiel, das: *(behördlicher Genehmigung bedürfendes) Spiel, bei dem der Erfolg, Gewinn od. Verlust fast nur vom Zufall abhängt:* das Hütchenspiel ist ein verbotenes G.

Glücks|spie|ler, der: *jmd., der ein verbotenes Glücksspiel betreibt.*

Glücks|spie|le|rin, die: w. Form zu ↑Glücksspieler.

Glücks|stern, der: *als Glück bringend geltendes Gestirn:* unter einem G. geboren sein.

Glücks|sträh|ne, die: *vorübergehend für jmdn. nicht abreißende Reihe glücklicher Zufälle:* eine G. haben.

glück|strah|lend ⟨Adj.⟩: *sehr glücklich [aussehend]:* das -e Paar.

Glücks|tref|fer, der: *von einem glücklichen Zufall begünstigter Treffer:* dieser Lottogewinn war ein richtiger G.

Glücks|zahl, die: *für Glück bringend gehaltene Zahl:* die 13 ist meine G.

Glück|wunsch, der: *Wunsch für Glück u. Wohlergehen zu einem besonderen Fest od. Ausdruck der freudigen Anteilnahme an einem Erfolg, einer Leistung, einem freudigen Ereignis o. Ä.:* jmdm. die herzlichsten Glückwünsche aussprechen, übermitteln, senden; herzlichen G. zum Geburtstag.

Glück|wunsch|adres|se, die: *Schreiben offiziellen Charakters, das Glückwünsche ausspricht:* eine G. an jmdn. richten.

Glück|wunsch|kar|te, die: *Karte mit einem [vorgedruckten] Glückwunsch.*

Glück|wunsch|te|le|gramm, das: *Telegramm, mit dem man jmdm. seine Glückwünsche übermittelt.*

Glu|co|se: ↑Glukose.

Glüh|bir|ne, die [für älteres Glasbirne]: *birnenförmige Glühlampe:* eine G. einschrauben, ausdrehen, auswechseln.

Glüh|draht, der: *Draht in Glühbirnen, elektrischen Heizgeräten o. Ä., der durch den hindurchfließenden elektrischen Strom zum Glühen gebracht wird.*

glü|hen ⟨sw. V.; hat⟩ [mhd. glüe(je)n, ahd. gluoen, urspr. = glänzen, schimmern, verw. mit ↑gelb]: **1. a)** *[ohne helle Flamme] rot leuchtend brennen; rot vor Hitze leuchten:* das Feuer glüht nur noch; die Zigaretten glühten in der Dunkelheit; die Herdplatte glüht; ⟨subst.:⟩ etw. zum Glühen bringen; Ü ihr Gesicht glühte [vor Begeisterung]; er hatte vor Eifer glühend rote Ohren; der Himmel glühte *(leuchtete rot)* von der untergehenden Sonne; heute ist es glühend *(sehr)* heiß; **b)** *etw. bis zum Glühen* (1 a) *erhitzen:* Eisen g.; das Eisen ist glühend heiß. **2.** (geh.) *von einer leidenschaftlichen Gemütsbewegung erfüllt, erregt, begeistert sein:* er glühte in Leidenschaft, vor Eifer, für seine Idee; er glühte danach, sich zu rächen; ⟨1. Part.:⟩ glühende Liebe, Begeisterung; glühender Hass; ein glühender Verehrer; sie schilderte den Vorgang mit glühenden Worten; jmdn. glühend bewundern.

glü|hend heiß, glü|hend rot: s. glühen (1).

Glüh|fa|den, der: *dünner Wolframfaden in Glühbirnen.*

glüh|heiß (selten): *glühend heiß.*

Glüh|ker|ze, die: *Vorrichtung, in der ein Draht od. Stift durch den hindurchfließenden elektrischen Strom zum Glühen gebracht wird u. die als Zündhilfe zum Anlassen von Dieselmotoren dient.*

Glüh|lam|pe, die (Fachspr.): *Lichtquelle, bei der in einem luftleeren od. mit Gas gefüllten Hohlkörper aus Glas ein elektrisch leitender Faden od. Stift durch den hindurchfließenden Strom zum Glühen gebracht wird.*

Glüh|ofen, der (Technik): *Ofen, in dem Metalle geglüht werden.*

Glüh|wein, der: *erhitzter Rotwein mit Zucker od. Honig u. Gewürzen.*

Glüh|würm|chen, das (ugs.): *Leuchtkäfer.*

Glu|ko|se, (auch:) Glucose, die; - [zu griech. glykýs = süß] (Chemie): *Traubenzucker.*

glu|pen ⟨sw. V.; hat⟩ [eigtl. = (mit halb geöffneten Augen) tückisch blicken, urspr. = klaffen, gähnen] (nordd.): ↑glupschen.

glupsch ⟨Adj.⟩ [zu ↑glupen] (nordd.): *(von jmds. Gesichtsausdruck, Blick) finster-drohend, böse:* er hat ihn g. angesehen.

Glupsch|au|ge, das ⟨meist Pl.⟩ (nordd.): *stark hervortretendes Auge:* -n bekommen, machen *(neugierig, gierig gucken).*

glup|schen ⟨sw. V.; hat⟩ [zu ↑glupsch] (nordd.): *mit großen Augen dreinblicken.*

Glut, die; -, -en [mhd., ahd. gluot, zu ↑glühen]: **1.** *glühende Masse:* die G. im Ofen; die G. der brennenden Zigarette; die G. schüren, austreten; Ü die sengende G. *(Hitze)* der Sonne; die G. *(Röte)* ihrer Wangen. **2.** (geh.) *Leidenschaftlichkeit:* die G. seiner Blicke.

Glu|ta|mat, das; -[e]s, -e [zu ↑Glutamin]: **1.** ⟨o. Pl.⟩ (Fachspr.) *Substanz von würzigem, fleischbrühartigem Geschmack, die Suppen od. Konserven zur Verfeinerung des Geschmacks zugesetzt u. auch in der Medizin als Mittel gegen mangelnde Konzentrationsfähigkeit verwendet wird.* **2.** ⟨meist Pl.⟩ (Chemie) *eines der neutralen Salze der Glutaminsäure.*

Glu|ta|min, das; -s, -e [zu ↑Gluten u. ↑Amin] (Chemie): *Aminosäure, die im menschlichen u. tierischen Organismus aus Glutaminsäure u. Ammoniak (unter Energieverbrauch) entsteht.*

Glu|ta|min|säu|re, die (Chemie): *Aminosäure in vielen eiweißhaltigen Nahrungsmitteln, die im Stoffwechsel der Zellen, bes. im Hirn, eine wichtige Rolle spielt u. daher zu therapeutischen Zwecken, bes. zur Erhöhung der geistigen Leistungsfähigkeit, verwendet wird.*

glut|äu|gig ⟨Adj.⟩: *mit dunklen, feurigen Augen:* eine -e Schöne; -e Kinder.

Glu|ten, das; -s [lat. gluten = Leim]: *Kleber* (2).

glut|heiß ⟨Adj.⟩: *sehr, glühend heiß.*

Glut|hit|ze, die: *sehr große, sengende Hitze:* unter der G. leiden.

glut|rot ⟨Adj.⟩: *von dunklem, tiefem Rot:* sie wurde g. vor Scham.

Gly|ce|rin: ↑Glyzerin.

Gly|ko|gen, das; -s [zu griech. glykýs = süß u. ↑-gen] (Med., Biol.): *energiereiches, bes. in den Muskeln u. in der Leber gespeichertes, oft auch als tierische Stärke bezeichnetes Kohlehydrat.*

Gly|kol, das; -s, -e [Kurzwort aus griech. glykýs = süß u. ↑Alkohol]: *bes. als Frostschutz u. Desinfizierungsmittel verwendeter, zweiwertiger, giftiger Alkohol von süßem Geschmack.*

Gly|ko|se, die; - [zu griech. glykýs = süß]: außerhalb der chemischen Fachsprache vorkommende, ältere Form für ↑Glucose.

Gly|ze|rin, (auch:) Glycerin, das; -s [frz. glycérine, geb. von dem frz. Chemiker M. E. Chevreul (1786–1889) zu griech. glykerós = süß, zu: glykýs = süß]: *dreiwertiger, farbloser, sirupartiger Alkohol, der in allen natürlichen Fetten enthalten ist u. z. B. zur Herstellung von Sprengstoff, von Cremes u. Salben, von Farbstoffen u. a. verwendet wird.*

Gly|ze|rin|sal|be, die: *Glyzerin enthaltende Salbe.*

Gly|ze|rin|sei|fe, die: *Glyzerin enthaltende Seife.*

Gly|ze|rin|trä|ne, die (Film, Ferns.): *künstliche Träne aus Glyzerin.*

Gly|zi|ne, Gly|zi|nie, die; -, -n [zu griech. glykýs = süß]: *als kletternder Strauch wachsende Pflanze mit großen, duftenden blauen, weißen od. lilafarbenen Blüten in langen, hängenden Trauben.*

Gm = Gigameter.

G-Man [ˈdʒiːmæn], der; -[s], G-Men [ˈdʒiːmɛn; engl.-amerik. g-man, Kurzwort für: government man = »Regierungsmann«]: *Sonderagent des FBI.*

GmbH [geːɛmbeˈhaː], die; -, -s: Gesellschaft mit beschränkter Haftung.

GMD = Generalmusikdirektor.

g-Moll [ˈgeː..., auch: ˈ-ˈ-], das; - (Musik): *auf dem*

Grundton g beruhende Molltonart; Zeichen: g (↑g, G 2).
g-Moll-Ton|lei|ter, die (Musik): *auf dem Grundton g beruhende Molltonleiter.*
Gna|de, die; -, -n ⟨Pl. selten⟩ [mhd. g(e)nade, ahd. ginâda = (göttliches) Erbarmen, eigtl. = Hilfe, Schutz, zu einem Verb mit der Bed. »unterstützen, helfen«]: **1. a)** *Gunst eines sozial, gesellschaftlich o. ä. Höherrangigen gegenüber einem sozial, gesellschaftlich o. ä. auf niedrigerem Rang Stehenden:* die G. des Königs erlangen, verlieren; er wollte nicht von der G. seines Vaters abhängen, leben; *** die G. haben** (veraltet, noch iron.; *sich herablassen, so gnädig sein*): er hatte nicht die G., uns eintreten zu lassen; **vor jmdm./vor jmds. Augen G. finden** *(vor jmdm. bestehen können, von ihm anerkannt, akzeptiert werden);* **auf G. und/oder Ungnade** *(bedingungslos, auf jede Bedingung hin):* sich jmdm. auf G. und Ungnade ergeben, ausliefern; **aus G. [und Barmherzigkeit]** *(aus bloßem Mitleid);* **in -n** *(mit Wohlwollen);* **bei jmdm. in [hohen] -n stehen, sein** (geh.; *von jmdm. [sehr] geschätzt werden*); **jmdn. wieder in -n aufnehmen** (geh.; *jmdm. etw. nachsehen u. ihn in einem Kreis wieder aufnehmen*); **von jmds. -n** *(durch jmds. Gunst, durch jmdn. [bewirkt, geworden, zustande gekommen]);* **b)** (Rel.) *verzeihende Güte Gottes:* die göttliche G.; das ist kein Verdienst, sondern eine G. des Himmels; in den Besitz der G. gelangen. **2.** *Milde, Nachsicht in Bezug auf eine verdiente Strafe, Strafnachlass:* der Gefangene flehte um G.; *** G. vor/für Recht ergehen lassen** *(von einer Bestrafung absehen, nachsichtig sein).* **3.** *** Euer,** (auch:) **Ihro, Ihre -n** (veraltete Anrede an Personen von hohem Rang; vgl. [m]lat. vestra clementia): Euer -n haben/⟨seltener:⟩ hat gerufen.
gna|den ⟨sw. V.⟩ [mhd. genâden, ahd. ginādōn]: meist in der Fügung **gnade mir, dir usw. Gott!** *(wehe mir, dir usw.!):* wenn er jetzt nicht gleich kommt, dann gnade ihm Gott!
Gna|den|akt, der: *Akt der Gnade* (2).
Gna|den|be|weis, der: *Beweis von Gnade* (1, 2).
Gna|den|bild, das (kath. Rel.): *an Wallfahrtsorten verehrtes, oft als wundertätig angesehenes Bild von Christus od. von Heiligen, bes. von Maria.*
Gna|den|brot, das ⟨o. Pl.⟩: *Versorgung [im Alter] trotz Arbeitsunfähigkeit aus Mitleid od. aus Dankbarkeit für früher geleistete Dienste:* einem Pferd das G. gewähren; er isst, bekommt bei ihnen das G.
Gna|den|er|lass, der: *Amnestie.*
Gna|den|frist, die: *letzter Aufschub, der jmdm. gewährt wird:* jmdm. eine G. geben, gewähren, bewilligen.
Gna|den|ge|such, das: *Gesuch um Begnadigung:* ein G. beim Präsidenten einreichen.
Gna|den|hoch|zeit, die (landsch.): *der siebzigste Hochzeitstag.*
gna|den|los ⟨Adj.⟩: **a)** *ohne Gnade* (1 a), *mitleidlos:* ein -er Tyrann; Ü die Sonne brannte g.; **b)** *ohne Gnade* (2), *ohne Milde, ungemildert:* ein -es Urteil; **c)** *hart, rücksichtslos, erbarmungslos:* ein -er Konkurrenzkampf; jmdn., etw. g. ausnutzen.
Gna|den|lo|sig|keit, die; -: *das Gnadenlossein.*
gna|den|reich ⟨Adj.⟩ (geh.): *voller Gnade* (1 b): eine -e Zeit.
Gna|den|schuss, der: vgl. Gnadenstoß: er gab dem verletzten Pferd den G.
Gna|den|stoß, der [eigtl. = Stoß, den der Henker dem auf das Rad geflochtenen Verbrecher in das Herz oder Genick gibt, um ihm weitere Qualen zu ersparen]: *Stoß, Stich, mit dem man die Todesqualen eines Tieres beendet:* der Hirsch erhielt den G.
Gna|den|tod, der (geh.): *Tod durch Euthanasie* (1).
gna|den|voll ⟨Adj.⟩ (geh.): *voller Gnade* (1 b): eine -e Zeit.
Gna|den|weg, der ⟨o. Pl.⟩: **a)** *Begnadigung aufgrund eines Gnadengesuchs:* dem Häftling blieb nur noch der G. offen; **b)** *Verfahren der Begnadigung:* auf dem G., über den G. wurde ihm ein Teil der Strafe erlassen.
gnä|dig ⟨Adj.⟩ [mhd. g(e)nædec, ahd. g(i)nādīg = wohlwollend, barmherzig]: **1.** (oft iron.) *Gnade* (1 a) *zeigend, wohlwollend; nachsichtig:* sei doch so g., mir zu helfen!; sie nickte, lächelte g. *(herablassend);* (in höflicher Anrede:) sehr geehrte -e Frau; (veraltet:) -er Herr, die -e Herrin; (subst.:) ich danke Ihnen, meine Gnädige, Gnädigste (veraltet; *gnädige Frau*). **2.** *Gnade* (2), *Milde, Nachsicht zeigend; schonungsvoll:* ein -er Richter; machen Sie es g. mit mir (scherzh.; *verfahren Sie nicht zu hart mit mir, schonen Sie mich*)! **3.** (Rel.) *(von Gott, den Göttern) voller Gnade* (1 b); *barmherzig:* Gott ist [zu] den Sündern g.
Gna|gi, das; -s [zu schweiz. Genage = Knochen, an dem noch Fleisch ist, zu ↑nagen] (schweiz.): *gepökelte Teile von Kopf, Gliedmaßen u. Schwanz des Schweins.*
[1]**Gnatz,** der; -es, -e [mhd. gnaz = Schorf, auch: Knauserei, eigtl. = Zernagtes, Zerkratztes] (ugs.): *Ausschlag, Grind, Schorf.*
[2]**Gnatz,** der; -es, -e [zu ↑gnatzen] (ugs.): *mürrischer, übel gelaunter Mensch.*
gnat|zen ⟨sw. V.; hat⟩ [aus dem Niederd., urspr. lautm.] (ugs.): *mürrisch, übel gelaunt sein.*
gnat|zig ⟨Adj.⟩ (ugs.): *mürrisch, übel gelaunt, verdrossen:* g. sein.
Gneis, der; -es, -e [H. u., viell. zu mhd. g(a)neist = Funke, nach dem funkelnden Glanz]: *im Wesentlichen aus Quarz, Feldspat u. Glimmer bestehendes Gestein.*
gnei|sig ⟨Adj.⟩: *aus Gneis bestehend.*
Gnit|te, Gnit|ze, die; -, -n [mniederd. gnitte, eigtl. = stechendes Tier, zu dem auch ↑[1]Gnatz zugrunde liegenden Verb mit der Bed. »zerreiben, (zer)kratzen«] (nordd.): *kleine Mücke.*
Gnoc|chi [ˈnjɔki] ⟨Pl.⟩ [ital. gnocco (Pl. gnocchi) = Mehlklößchen, Knödel, aus dem Venez.] (Kochk.): *Klößchen aus einem mit Kartoffeln und Mehl hergestellten Teig, die in verschiedenen Zubereitungsarten als Vorspeise [oder Beilage] gereicht werden.*
Gnom, der; -en, -en [H. u.; gepr. im 16. Jh. von dem dt. Arzt u. Naturforscher Paracelsus (1493–1541)]: **a)** *Kobold, Zwerg:* er wirkte wie ein G.; (auch als Schimpfwort:) dieser G.!; **b)** (ugs.) *sehr kleiner Mensch.*
gno|men|haft ⟨Adj.⟩: *wie ein Gnom geartet, wirkend, aussehend.*
Gno|sis, die; - [griech. gnôsis = (Er)kenntnis, zu: gignṓskein = erkennen] (Rel.): **1.** *[Gottes]erkenntnis.* **2.** *in der Schau Gottes erfahrene Welt des Übersinnlichen; hellenistische, jüdische u. bes. christliche Versuche der Spätantike, die im Glauben verborgenen Geheimnisse durch philosophische Spekulation zu erkennen u. so zur Erlösung vorzudringen.*
Gnos|tik, die; - [zu griech. gnōstikós = das Erkennen betreffend] (veraltet): *die Lehre der Gnosis.*
Gnos|ti|ker, der; -s, - (Rel.): *Vertreter der Gnosis* (2) *od. des Gnostizismus.*
Gnos|ti|ke|rin, die; -, -nen (Rel.): w. Form zu ↑Gnostiker.
gnos|tisch ⟨Adj.⟩ (Rel.): *die Gnosis od. den Gnostizismus betreffend.*
Gnos|ti|zis|mus, der; - (Rel.): **1.** *alle religiösen Richtungen, die die Erlösung durch [philosophische] Erkenntnis Gottes u. der Welt suchen.* **2.** *synkretistische religiöse Strömungen u. Glaubensgemeinschaften der späten Antike.*
Gnu, das; -s, -s [hottentott. ngu]: *(in den Steppen Süd- u. Ostafrikas heimische) Antilope mit großem, gebogene Hörner tragendem Kopf, kurzem, glattem Fell u. einer Mähne an Stirn, Nacken, Hals u. Brust.*
Go, das; - [jap. go]: *japanisches Brettspiel, bei dem mit Steinen auf den Schnittpunkten von waagerechten u. senkrechten Linien Ketten zu bilden u. die vom Gegner auf die Schnittpunkte gesetzten Steine durch Umschließen mit eigenen Steinen zu gewinnen sind.*
Goal [go:l], das; -s, -s [engl. goal = Tor, eigtl. = Ziel, Endpunkt, H. u.] (österr., schweiz., sonst veraltet): *Tor, Treffer (z. B. beim Fußballspiel).*
Goal|get|ter, der; -s, - [engl., zu to get = bekommen, kriegen] (Sport, bes. österr. u. schweiz.): *Torjäger, Torschütze.*
Goa|lie, (auch:) **Goa|li,** der; -s, -s [engl. goalie] (schweiz. Sport): *Torhüter.*
Goal|kee|per [...ki:pɐ], der [↑Keeper] (Sport, bes. österr. veraltet u. schweiz.): *Torhüter.*
Goal|mann, der; -s ⟨Pl. ...männer⟩ (Sport, bes. österr.): *Torhüter.*
Go|be|lin [gobəˈlɛ̃:, frz.: gɔˈblɛ̃], der; -s, -s [frz. gobelins (Pl.), wohl nach dem Eigenn. les Gobelins einer frz. Teppich- u. Kunsttapetenfabrik]: *Wandteppich mit eingewirkten Bildern:* kostbare, schwere -s; einen G. wirken, weben.
Go|be|lin|stich, der: *Stickereistich, der [halb]schräg od. senkrecht ausgeführt wird, und zwar meist über einen vorgespannten Faden, um die Stickerei zu verdichten.*
Go|bi, die; -: Wüste in Innerasien.
Go|ckel, der; -s, - [wohl lautm.] (bes. südd., sonst ugs. scherzh.): **1.** *Hahn* (1 a): ein prächtiger G.; er stolziert wie ein G. über die Straße. **2.** (ugs. scherzh.) *Mann, der sich bes. männlich gibt u. auf sexuelle Abenteuer aus ist.*
Go|ckel|hahn, der (ugs. scherzh. od. Kinderspr.): *Gockel.*
[1]**Go|de,** der; -n, -n [anord. goði = Priester] (hist.): *Priester u. Gauvorsteher im alten Island u. in Skandinavien.*
[2]**Go|de:** Nebenf. von ↑[1,2]Gote.
Gode|mi|ché [go:tmiˈʃe:], der; -, -s [frz. godemiché, H. u.]: *künstliche Nachbildung des erigierten Penis, die von Frauen zur eigenen Befriedigung od. bei der Ausübung gleichgeschlechtlichen Verkehrs benutzt wird.*
Go|der, der; -s, - [mhd. goder = Gurgel, Schlund] (österr. ugs.): *Doppelkinn.*
Go|derl, das; -s, -n [Vkl. von ↑Goder]: nur in der Wendung **jmdm. das G. kratzen** (österr. ugs.; *jmdm. schöntun, schmeicheln*).
goe|thesch, goethisch ⟨Adj.⟩: *von Goethe stammend; nach Art Goethes:* -e, (auch:) Goethe'sche Dramen; ihm gelangen Verse von -er, (auch:) Goethe'scher Klarheit.
goe|thisch: ↑goethesch.
Go-go-: [engl. go-go = aufreizend, begeisternd (von der Musik in Diskotheken u. Nachtklubs), auch: Tanz (in einer Diskothek), Verdoppelung von: go = los!, vorwärts!, zu: to go = gehen].
Go-go-Boy, der [engl. go-go boy]: *Vortänzer in einer Diskothek o. Ä.*
Go-go-Girl, das [engl. go-go girl]: *Vortänzerin in einer Diskothek o. Ä.*
Goi, der; -[s], Gojim [ˈgo:jɪm, goˈji:m; hebr. gôy]: jüdische Bez. für *Fremder, kein Jude.*
Go-in, das; -[s], -s [zu engl. to go in = hineingehen]: *unbefugtes [gewaltsames] Eindringen Demonstrierender in einen Raum od. ein Gebäude [um eine Diskussion zu erzwingen].*
Goi|se|rer, der; -s, - ⟨meist Pl.⟩ [nach der österr. Stadt Bad Goisern] (österr.): *schwerer, genagelter Bergschuh.*
Go|jim: Pl. von ↑Goi.
Go|kart, der; -[s], -s [engl. go-kart, geb. zu: gocart = Handwagen, Sportwagen, älter: Kinderwagen]: **1.** (Sport) *niedriger, unverkleideter kleiner Rennwagen.* **2.** *einem Gokart* (1) *nachgebildetes Kettcar.*
Go|lat|sche: ↑Kolatsche.
Gold, das; -[e]s [mhd. golt, ahd. gold, eigtl. = das Gelbliche od. Blanke, verw. mit ↑gelb]: **1.** *rötlich gelb glänzendes, weiches Edelmetall (chemisches Element);* Zeichen: Au (↑Aurum): reines, gediegenes, 24-karätiges G.; etw. glänzt wie G.; G. graben, waschen, schürfen; ein G. führender Fluss; der Ring ist aus massivem G.; G. in Form von Barren od. Münzen; die Währung ist ans G. gebunden, in, durch G. gedeckt; einen Edelstein in G. fassen; etw. mit G. überziehen; **Spr** es ist nicht alles G., was glänzt *(der Schein trügt oft);* *** [noch] G. gegen etw./jmdn. sein** (ugs.; *weitaus erträglicher o. ä., viel weniger negativ zu*

beurteilen sein); meine Schuhe sind ziemlich abgetragen, deine jedenfalls sind noch G. dagegen; **treu wie G. sein** (*sehr treu u. zuverlässig sein;* Gold ist, bes. im MA., das Sinnbild der Treue, oft in Zusammenhang mit der Symbolik des goldenen Fingerringes); **G. in der Kehle haben** (*eine besonders schöne Singstimme haben;* eigtl. = eine so schöne Stimme haben, dass damit als Gesangskünstler viel Geld zu verdienen ist); **G. wert sein** (*sehr wertvoll, nützlich, gewinnbringend sein):* ein solides Fachwissen ist in dieser Branche G. wert. **2. a)** *Goldmünze:* etw. in G. bezahlen; *** nicht mit G. zu bezahlen/aufzuwiegen sein** (*überaus kostbar, unbezahlbar, unersetzbar sein);* **b)** *Gegenstand aus Gold:* er verwöhnte sie mit G. *(Schmuckstücken aus Gold)* und Edelsteinen; olympisches G. *(Goldmedaille).* **3. a)** *etw., was für jmdn. überaus wertvoll ist* (in bestimmten Fügungen): flüssiges G. *(Erdöl);* schwarzes G. *(Kohle, Erdöl);* weißes G. *(Elfenbein; Porzellan; Salz; Schnee in einem Wintersportgebiet);* **b)** *goldene Farbe, goldener Glanz:* das G. der Sonne; das seidige G. ihres Haares.

Gold|ader, die: *goldhaltige Gesteinsader.*

gold|ähn|lich ⟨Adj.⟩: *dem Gold* (1) *ähnlich.*

Gold|am|mer, die: *großer Finkenvogel mit goldgelber Bauchseite.*

Gold|am|sel, die [nach der gelben Färbung]: *Pirol.*

Gold|auf|la|ge, die: *Auflage aus Gold (auf einem anderen Metall):* ein Armband mit 18-karätiger G.

Gold|bar|ren, der: *Block, Stange aus massivem Gold:* er hat einen Teil seines Vermögens in G. angelegt.

Gold|barsch, der [nach der Farbe der Bauchseite]: *Rotbarsch.*

gold|be|stickt ⟨Adj.⟩: *mit einer Stickerei aus Goldfäden versehen:* ein -es Kissen.

Gold|blätt|chen, das: *Blättchen von fein ausgewalztem Gold.*

gold|blond ⟨Adj.⟩: **a)** *(vom Haar) von goldglänzendem Blond:* -e Locken, Zöpfe; ⟨subst.:⟩ ihr Haar ist von seidigem Goldblond; **b)** *mit Haar von goldglänzendem Blond:* ein -es kleines Mädchen.

gold|braun ⟨Adj.⟩: *von leuchtendem, ins Gelbliche spielendem Braun:* -e Augen; die Sahne verleiht dem Kaffee eine -e Farbe.

Gold|broi|ler, der (regional): *goldbraun gegrilltes Hähnchen.*

Gold|bro|kat, der: *mit Goldfäden durchwirkter Brokat:* schwere Gardinen aus G.

Gold|de|ckung, die: *Deckung der im Umlauf befindlichen Banknoten in einer festen Relation durch Gold:* die G. dieser Währung ist gefährdet.

Gold|dou|blé, Golddublee, das: *mit Gold überzogenes minderwertiges Metall.*

gold|durch|wirkt ⟨Adj.⟩: *mit Goldfäden durchwirkt:* -es Gewebe.

gol|den ⟨Adj.⟩ [mhd., ahd. guldīn, zu ↑Gold]: **1.** ⟨nur attr.⟩ *aus Gold bestehend:* eine -e Münze, Kette, ein -er Ring. **2.** (dichter.) *von der Farbe des Goldes, goldfarben:* die -en Ähren; ihre Haare glänzten g. **3.** *im höchsten Maß als gut, schön, glücklich empfunden; ideal, herausgehoben:* die -e Freiheit; die -e Jugendzeit; (iron.:) -en Zeiten entgegengehen; -e *(beherzigenswerte)* Worte, Lehren; er hat einen -en *(echten, vortrefflichen)* Humor.

Gol|den De|li|cious [ˈgoʊldən dɪˈlɪʃəs], der; --, -- [engl., eigtl. = der goldene Köstliche]: *mittelgroßer Apfel mit dünner, grüngoldgelber, bräunlich punktierter Schale u. gelblichem, süßem Fruchtfleisch.*

Gol|den Goal [ˈgoʊldən ˈgoʊl], das; - -s, - -s [engl.] (Fußball): *Spielentscheidung durch das erste gefallene Tor in einer Verlängerung* (3).

Gol|den Twen|ties [ˈgoʊldən ˈtwɛntɪz] ⟨Pl.⟩ [engl.]: *die Zwanzigerjahre des 20. Jahrhunderts in den USA u. Westeuropa, die durch wirtschaftliche Prosperität gekennzeichnet waren.*

Gold|esel, der [nach dem Esel im grimmschen Märchen »Tischchen, deck dich!«, der auf Geheiß Goldstücke von sich gibt] (ugs.): *unerschöpfliche Geldquelle.*

Gold|fa|den, der: *gold[farb]ener Faden:* das Gewebe ist mit feinen Goldfäden durchwirkt.

gold|far|ben, gold|far|big ⟨Adj.⟩: *von der Farbe des Goldes.*

Gold|fa|san, der: **1.** *(in China heimischer) Fasan mit farbenprächtigem Gefieder u. goldgelbem Federschopf:* Ü sie, er ist ja dein G. (scherzh., oft abwertend; *besonderer Liebling).* **2.** (nationalsoz. ugs. abwertend) *höherer Funktionär der Nationalsozialistischen Deutschen Arbeiterpartei.*

Gold|fe|der, die: *goldene Feder eines Füllfederhalters:* mit einer G. schreiben.

Gold|fie|ber, das: *Goldrausch.*

Gold|fisch, der: **1.** *(aus China stammender) Fisch mit rotgolden bis golden glänzendem, gedrungenem Körper.* **2.** (ugs. scherzh.) *(bes. im Hinblick auf eine Heirat) jmd., der ein ansehnliches Vermögen hat.*

Gold|fo|lie, die: *goldfarbene Folie* (1): Sterne, Christbaumschmuck aus G.

Gold|fuchs, der [3: vgl. Fuchs (8), nach dem rötlichen Farbschimmer der Goldmünze]: **1.** *Fuchs mit hellerer, gelbroter Färbung.* **2.** *Pferd mit golden glänzendem Fell.* **3.** (veraltet) *Gold-, Geldstück.*

Gold füh|rend: s. Gold (1).

Gold|fül|lung, die: *aus Gold bestehende Füllung eines Zahnes.*

Gold|ge|halt, der: *Gehalt, Anteil an Gold:* der G. einer Münze.

gold|gelb ⟨Adj.⟩: *von kräftigem, leuchtendem Gelb:* -er Honig.

Gold|glanz, der: *Glanz [wie] von Gold:* der G. blendete sie.

gold|glän|zend ⟨Adj.⟩: *glänzend wie Gold:* -e Metallbeschläge.

Gold|grä|ber, der: *jmd., der nach goldhaltigem Gestein gräbt.*

Gold|grä|ber|fie|ber, das: *mit Besessenheit betriebene Suche nach Gold (in einem Gebiet, in dem Gold gefunden wird).*

Gold|grä|be|rin, die; -, -nen: w. Form zu ↑Goldgräber.

Gold|grä|ber|stim|mung, die ⟨o. Pl.⟩: *Stimmung, in die jmd. od. etw. (ein Unternehmen, eine Institution o. Ä.) bei Aussicht auf hohen Gewinn, Profit gerät:* es herrscht G.

Gold|gru|be, die: **1.** *Goldlagerstätte, Goldmine.* **2.** (ugs.) *sehr einträgliches Unternehmen, Lokal, Geschäft o. Ä.:* das Lokal ist eine wahre G.; er hat aus dem kleinen Laden eine G. gemacht.

gold|grün ⟨Adj.⟩: *grün mit einem goldenen Schimmer.*

Gold|haar, das: **1.** (geh.) *goldblondes Haar.* **2.** *Aster mit kleinen, dicht stehenden Blättern u. kleinen, goldgelben, haarigen Blütenköpfen.*

Gold|hähn|chen, das: *meist in kleinen Trupps auftretender Singvogel mit graugrünem Gefieder u. leuchtend gelbem Scheitel.*

gold|hal|tig, (österr.:) **gold|häl|tig** ⟨Adj.⟩: *Gold enthaltend:* -es Gestein.

Gold|hams|ter, der: *Hamster mit goldbraunem, an der Bauchseite weißlichem Fell, der als Haustier [bei Kindern] sehr beliebt ist.*

Gold|han|del, der: *Handel mit Gold.*

gold|hung|rig ⟨Adj.⟩: *gierig nach Gold.*

gol|dig ⟨Adj.⟩ [frühnhd. guldig, zu ↑Gold]: **1.** (ugs.) **a)** *(in seiner äußeren Erscheinung) auf rührende Art reizend:* ein -es kleines Mädchen; das Kleidchen ist ja g.!; **b)** (ugs.) *in menschlicher Hinsicht rührend nett:* dass du uns beim Umzug helfen willst, finde ich g. **2.** (selten) *golden leuchtend:* der -e Schimmer der Abendsonne.

Gold|jun|ge, der (ugs.): **1.** (Kosew.) *männliche Person, die jmd. besonders gern mag:* Mamas G. **2.** (Sport) *Gewinner einer Goldmedaille.*

Gold|kä|fer, der: **1.** *goldgrüner, metallisch glänzender Käfer; Rosenkäfer:* Ü (Kosew.:) mein kleiner G. **2.** (ugs.) *reiches Mädchen.*

Gold|kehl|chen, das; -s, - (ugs. iron.): *junger Gesangsstar, dem das Singen viel Geld einbringt.*

Gold|ket|te, die: *Kette aus Gold:* sie trug eine schmale G. um den Hals.

Gold|kind, das **1.** (Schülerspr.) *Klassenbester.* **2.** (ugs. Kosew.): vgl. Goldjunge (1).

Gold|klum|pen, der: *Klumpen unbearbeiteten Goldes.*

Gold|knopf, der: *Knopf aus goldfarbenem Metall:* eine Livree mit Goldknöpfen.

Gold|kro|ne, die: **1.** *goldene Krone:* die G. der Königin. **2.** (Zahnt.) *Zahnkrone aus Gold.* **3.** Bez für verschiedene Goldmünzen.

Gold|küs|te, die; -: Küstengebiet am Golf von Guinea.

Gold|lack, der: *kleiner Strauch mit stark duftenden, goldgelben, braunen od. dunkelroten Blüten.*

Gold|la|ger, das, **Gold|la|ger|stät|te,** die: *Lagerstätte von Gold.*

Gold|land, das: *Land, in dem Gold zu finden ist.*

Gold|le|gie|rung, die: *Legierung von Gold mit einem anderen Metall, bes. mit Kupfer u. Silber.*

Gold|ma|cher, der: *Alchemist.*

Gold|ma|cher|kunst, die: *Alchemie.*

Gold|mäd|chen, das: vgl. Goldjunge.

Gold|ma|kre|le, die: *Makrele mit metallisch glänzendem Körper, die als Speisefisch geschätzt wird.*

Gold|mark, die: *Rechnungseinheit während der Inflation (nach dem Ersten Weltkrieg).*

Gold|markt, der (Wirtsch.): *Markt für Gold.*

Gold|me|dail|le, die: *[sportliche] Auszeichnung in Form einer Medaille aus Gold od. einem vergoldeten Metall, die für den ersten Platz verliehen wird:* eine G. [in einem Wettbewerb] erringen, gewinnen.

Gold|mi|ne, die: *Mine* (1 a) *mit goldhaltigem Gestein:* -n ausbeuten.

Gold|mün|ze, die: *Münze aus Gold od. einer Goldlegierung.*

Gold|nes|sel, die: *in feuchten Laubwäldern verbreitete Pflanze mit goldgelben Blüten, eiförmigen Blättern u. vierkantigem Stängel.*

Gold|pa|pier, das: *goldfarbenes Papier:* Weihnachtssterne aus G. basteln.

Gold|par|mä|ne, die: *aromatischer, mittelgroßer Tafelapfel von süßem Geschmack mit duftender, rötlich gelber, rot gestreifter Schale.*

Gold|plom|be, die (Zahnt.): *goldene Plombe in einem Zahn.*

Gold|preis, der: *Preis des Goldes (im Handel an der Edelmetallbörse).*

Gold|rah|men, der: *vergoldeter Bilderrahmen.*

Gold|rand, der: *gold[farb]ener Rand:* eine Brille, Tassen mit G.

Gold|rausch, der: *rauschhafter, fieberhafter Drang, Gold zu finden.*

Gold|rau|te, die: *Goldrute.*

Gold|re|gen, der [2. Bestandteil wahrsch. nach den Blütentrauben, die, vom Wind bewegt, einem Goldregen ähnlich sehen]: **1.** *Zierstrauch od. Baum mit langen, hängenden, goldgelben Blütentrauben.* **2. a)** *Funkenregen, der beim Abbrennen bestimmter Feuerwerkskörper entsteht;* **b)** *[unerwarteter] Wohlstand, Reichtum:* die Funde von Bodenschätzen brachten dem Land einen wahren G.

Gold|reich|tum, der: *Reichtum an Gold:* der G. eines Landes.

Gold|reif, der (geh.): *goldener Reif:* sie trug einen schmalen G. am Finger, am Handgelenk, im Haar.

Gold|re|net|te, die: *großer Tafelapfel von süßsaurem Geschmack mit ledriger, rötlich gelber, rot gestreifter Schale.*

Gold|re|ser|ve, die ⟨meist Pl.⟩: *Reserve an Gold (bei einer Goldwährung):* die -n eines Landes.

gold|rich|tig ⟨Adj.⟩ (ugs.): *völlig, genau richtig:* deine Entscheidung war g.; das hast du g. gemacht.

Gold|ring, der: *goldener Ring:* sie trug einen schmalen G. am Finger.

Gold|röhr|ling, der: *Pilz mit goldgelbem, kuppel-*

artig gewölbtem Hut u. rötlich gelbem, weiß beringtem Stiel, der als guter Speisepilz gilt.

Gold|ru|te, die: *im Sommer blühende Staude mit goldgelben Blütenrispen.*

Gold|schatz, der: **1.** *Schatz von Gold[gegenständen]:* ein sagenhafter G. **2.** (Kosew.) *Liebling:* komm her, mein G.

Gold|schlä|ger, der: *jmd., der Blattgold in Handarbeit herstellt* (Berufsbez.).

Gold|schlä|ge|rin, die; -, -nen: w. Form zu ↑Goldschläger.

Gold|schmied, der: *Handwerker, der Schmuck od. künstlerisch gestaltete Gebrauchsgegenstände aus Gold od. anderen Edelmetallen anfertigt* (Berufsbez.).

Gold|schmie|de|ar|beit, die: **1.** ⟨o. Pl.⟩ *Arbeit des Goldschmieds* (1): für die G. begabt sein. **2.** *künstlerischer Gegenstand aus der Hand eines Goldschmieds:* eine Ausstellung von -en.

Gold|schmie|de|hand|werk, das: *Handwerk des Goldschmieds.*

Gold|schmie|de|kunst, die ⟨o. Pl.⟩: *künstlerische Verarbeitung von Gold.*

Gold|schmie|din, die: w. Form zu ↑Goldschmied.

Gold|schmuck, der: *Schmuck aus Gold.*

Gold|schnitt, der: *Gesamtheit der mit Gold versehenen Schnittflächen eines Buches.*

Gold|schrift, die: *aus gold[farb]enen Buchstaben, Zeichen bestehende Schrift:* der Name steht in G. über dem Eingang.

Gold|staub, der: *staubfein verteiltes Gold.*

Gold|stern, der: *auf Äckern und Wiesen wachsende, im Frühling blühende Pflanze mit sternförmigen, schwefel- bis grünlich gelben Blüten.*

Gold|sti|cke|rei, die: *Stickerei mit Goldfäden.*

Gold|stück, das (früher): *als Zahlungsmittel geltende Goldmünze:* ein Beutel mit -en; Ü meine Sekretärin ist ein wahres G.

Gold|su|cher, der: vgl. Goldgräber.

Gold|su|che|rin, die: w. Form zu ↑Goldsucher.

Gold|ton, der: *goldener Farbton:* in einem G. gehaltene Gardinen.

Gold|tres|se, die: *von Goldfäden durchzogene Tresse:* eine mit -n besetzte Livree.

Gold|über|zug, der: *Überzug von Gold auf einem unedlen Metall:* das Armband ist mit einem dünnen G. versehen.

Gold|uhr, die: *goldene [Taschen]uhr.*

Gold|vor|kom|men, das: *Vorkommen von Gold:* ein Land mit reichen G.

Gold|vor|rat, der: *Goldreserve:* die Goldvorräte des Landes sind erschöpft.

Gold|waa|ge, die: *Feinwaage für Edelmetall:* * **alles, jedes Wort auf die G. legen** (ugs.; 1. *alles wortwörtlich, übergenau nehmen:* du darfst nicht alles, was er bei dem Streit gesagt hat, auf die G. legen. 2. *in seinen Äußerungen sehr vorsichtig sein:* bei ihm muss man jedes Wort auf die G. legen).

Gold|wäh|rung, die (Wirtsch.): *Währungssystem, bei dem das Geld in unterschiedlicher Weise an das Gold gebunden ist od. aus ihm besteht.*

Gold|wä|sche, die: *das Abschlämmen od. Auswaschen von Gold aus Sand od. Gestein.*

Gold|wä|sche|rei, die: *Gewinnung von Gold durch Goldwäsche.*

Gold|was|ser, das: *wasserheller Gewürzlikör mit Zusätzen von Blattgold:* Danziger G. *(ein Likör).*

gold|wert ⟨Adj.⟩ (Finanzw.): *mit einem Wert, der sich in Gold ausdrücken lässt:* -e Devisen.

Gold|wert, der ⟨o. Pl.⟩: **1.** *Wert des Goldgehaltes in einem Gegenstand.* **2.** *Goldpreis.*

Gold|zahn, der (ugs.): *Zahnkrone aus Gold.*

Go|lem, der; -s [hebr. golem = formlose Masse; ungeschlachter Mensch]: *nach der jüdischen Sage aus Lehm od. Ton künstlich erschaffenes, stummes menschliches Wesen, das oft gewaltige Größe u. Kraft besitzt [u. als Retter der Juden in Zeiten der Verfolgung erscheint].*

[1]Golf, der; -[e]s, -e [ital. golfo < vlat. colphus < griech. kólpos = Busen, Meerbusen, Bucht]: *größere Meeresbucht:* der G. von Genua.

[2]Golf, das; -s [engl. golf, aus dem Schott., H. u.] (Sport): *Rasenspiel mit Hartgummiball u. Schlägern, bei dem es gilt, den Ball mit möglichst wenig Schlägen in die einzelnen Löcher zu spielen:* G. spielen.

Golf|ball, der: [1]*Ball* (1), *mit dem* [2]*Golf gespielt wird.*

gol|fen ⟨sw. V.; hat⟩ (ugs.): [2]*Golf spielen.*

Gol|fer, der; -s, - [engl. golfer]: *Golfspieler:* er wird nie ein guter G.

Gol|fe|rin, die; -, -nen: w. Form zu ↑Golfer.

Golf|platz, der: *Platz, auf dem* [2]*Golf gespielt wird.*

Golf|schlä|ger, der: *Schläger, mit dem* [2]*Golf gespielt wird.*

Golf|spiel, das: [2]*Golf.*

Golf|spie|ler, der: *jmd., der das Golfspiel betreibt.*

Golf|spie|le|rin, die: w. Form zu ↑Golfspieler.

Golf|staat, der ⟨meist Pl.⟩: *Anrainerstaat des Persischen Golfs.*

Golf|strom, der; -[e]s [nach dem Golf von Mexiko, der früher als Ursprungsgebiet angesehen wurde] (Geogr.): *Meeresströmung im Nordatlantik, die wärmeres Wasser aus den Subtropen in nördliche Breiten führt u. großen Einfluss auf Teile des europäischen Klimas hat.*

Golf|tur|nier, das: *Turnier beim* [2]*Golf.*

Gol|ga|tha, (ökum.:) **Gol|go|ta** [kirchenlat. golgotha < griech. golgothā < hebr. gulgolet = Schädel, Kopf]: Hügel bei Jerusalem als Kreuzigungsstätte Christi: Ü er erlebte hier sein Golgatha (geh.; *er musste hier seinen tiefsten Schmerz erleiden*).

Go|li|ath, der; -s, -s [riesenhafter Krieger der Philister, der nach 1. Sam. 17 vom jungen David im Zweikampf mit einer Steinschleuder getötet wurde]: *sehr großer Mensch von kräftigem Körperbau; Mensch von riesenhafter Gestalt.*

göl|te: ↑gelten.

Go|mor|rha, (ökum.:) **Go|mor|ra:** ↑Sodom.

gon = Gon.

Gon, das; -s, -e ⟨aber: 5 Gon⟩ [griech. gōnía = Winkel] (Geodäsie): *Maßeinheit für ebene Winkel (100. Teil eines rechten Winkels;* Zeichen: gon).

Go|na|de, die; -, -n [zu griech. gonḗ = Erzeugung] (Biol., Med.): *Keimdrüse.*

Gon|del, die; -, -n [ital. gondola = kleines Schiff, aus dem Venez., H. u.]: **1.** *langes, schmales [zu einem Teil überdachtes] venezianisches Boot mit steilem, verziertem Vorder- u. Achtersteven, das im Stehen auf einer Seite gerudert wird.* **2.** *an Ballon, Luftschiff, Seilbahn o. Ä. meist hängend befestigte Kabine, befestigter Korb o. Ä. zur Aufnahme von Personen, Lasten o. Ä.* **3.** *Ampel* (3). **4.** (landsch.) *einem Hocker ähnlicher Stuhl mit niedrigen Armlehnen.* **5.** *längerer, von allen Seiten zugänglicher Verkaufsstand in einem Kaufhaus.*

Gon|del|bahn, die: *Seilbahn.*

Gon|del|fahrt, die: *Fahrt mit einer Gondel* (1): eine G. machen.

gon|deln ⟨sw. V.; ist⟩ (ugs.): *gemächlich [ohne festes Ziel] fahren, reisen:* mit dem Fahrrad durch die Stadt, mit dem Schiff über das Meer g.

Gon|do|li|e|re, der; -s, ...ri [ital. gondoliere]: *jmd., der berufsmäßig eine Gondel* (1) *rudert.*

Gong, der, selten: das; -s, -s [engl. (angloind.) gong < malai. (e)gung = Schallbecken aus Metall]: *[an Schnüren frei aufgehängte] runde Metallscheibe, die einen dumpf hallenden Ton hervorbringt, wenn jmd. sie mit einem Klöppel anschlägt:* der G. ertönt, schlägt [zur nächsten Runde], markiert Anfang u. Ende des Boxkampfs.

gon|gen ⟨sw. V.; hat⟩: *mit dem Gong ein Zeichen für etw. geben:* der Kellner hat in der Halle [zum Essen] gegongt; ⟨unpers.:⟩ bald darauf gongte es *(ertönte der Gong)* zum Abendessen.

Gong|schlag, der: *Schlag auf den Gong [als akustisches Zeichen für etw.]:* beim G. ist es acht Uhr (früher; Zeitansage im Rundfunk).

gön|nen ⟨sw. V.; hat⟩ [mhd. gunnen, ahd. giunnan, zu ahd. unnan = gönnen; gewähren, gestatten, H. u.]: **1.** *Glück u. Erfolg eines andern ohne Neid sehen, jmdm. etw. neidlos zugestehen:* jmdm. sein Glück, den Erfolg g.; das sei dir gegönnt *(das neide ich dir nicht [weil es mich gar nicht reizt]);* die Freude mich verlieren zu sehen gönne ich denen nicht *(ich möchte verhindern, dass sie Grund zur Schadenfreude über meine Niederlage haben);* (iron.:) diese Blamage gönne ich ihr. **2.** *jmdm., sich zuteil werden, zukommen lassen; jmdm. etw. gewähren:* sich etwas [Gutes], einige Tage Ruhe, ein Glas Sekt g.; er gönnt ihr kein gutes Wort *(hat für sie kein freundliches, anerkennendes Wort übrig);* sie gönnte ihm keinen Blick *(sie würdigte ihn keines Blickes, beachtete ihn nicht);* R man gönnt sich ja sonst nichts (scherzh.; *entschuldigend gebraucht, wenn man sich etwas Besonderes leistet*).

Gön|ner, der; -s, - [mhd. gunner, günner]: *einflussreiche, vermögende Persönlichkeit, die jmdn. in seinen Bestrebungen [finanziell] fördert:* einflussreiche G. besitzen.

gön|ner|haft ⟨Adj.⟩ (abwertend): *einem anderen mit deutlicher Herablassung etw. Gutes zukommen lassend; bei den Freundlichkeiten, die jmd. jmdm. erweist, zu sehr die eigene Überlegenheit durchblicken lassend:* mit -er Miene; er gab sich g.

Gön|ner|haf|tig|keit, die; -: *gönnerhafte Art.*

Gön|ne|rin, die; -, -nen: w. Form zu ↑Gönner.

gön|ne|risch ⟨Adj.⟩ (seltener): *gönnerhaft.*

Gön|ner|mie|ne, die (abwertend): *Ausdruck freundlicher Herablassung:* jmdm. etw. mit G. überreichen.

Gön|ner|schaft, die; -: **1.** *Förderung durch einen Gönner:* jmds. G. genießen. **2.** *Gönner, die jmd. hat:* die ganze G. des Künstlers saß im Saal.

Go|no|kok|kus, der; -, ...kken [zu ↑Kokke]: *Bakterie, die als Erreger des Trippers gilt.*

Go|nor|rhö, die; -, -en [griech. gonórrhoia = Samenfluss (für den der eitrige Ausfluss gehalten wurde)]: *Geschlechtskrankheit, die sich in einer Entzündung der Schleimhäute der Harnröhre u. Geschlechtsorgane äußert [u. mit schmerzhaftem Brennen u. eitrigem Ausfluss einhergeht]; Tripper.*

go|nor|rho|isch ⟨Adj.⟩: *die Gonorrhö betreffend, darauf beruhend.*

good|bye [ˈgʊd ˈbaɪ; engl. goodbye, zusgez. aus: God be with you = Gott sei mit dir]: englischer Abschiedsgruß).

Good|will [ˈgʊdˈwɪl], der; -s [engl. goodwill = Wohlwollen]: **a)** (Wirtsch.) *Firmenwert, Geschäftswert;* **b)** *Ansehen, guter Ruf einer Institution o. Ä.;* **c)** *Wohlwollen, freundliche Gesinnung:* den G. der Mitarbeiter ausnutzen.

Good|will|rei|se, die [nach engl. goodwill mission od. tour]: *Reise eines Politikers, einer einflussreichen Persönlichkeit o. Ä., um freundschaftliche Beziehungen zu einem anderen Land herzustellen od. zu festigen.*

Good|will|tour, die: *Goodwillreise.*

Göp|pel, der; -s, - [aus dem Ostmd., H. u.]: *durch im Kreis herumgehende Menschen od. Tiere bewegte große Drehvorrichtung zum Antrieb von Arbeitsmaschinen.*

Gör, das; -[e]s, -en [aus dem Niederd., wahrsch. zu einem Adj. mit der Bed. »klein« (vgl. mhd. gōrec = klein, ahd. gōrag) u. urspr. = kleines hilfloses Wesen] (nordd., oft abwertend): **1.** ⟨meist Pl.⟩ *[schmutziges, unartiges] Kind.* **2.** *[vorwitziges, freches kleines] Mädchen.*

gor: ↑gären.

gor|disch: ↑Knoten (1 a).

Gö|re, die; -, -n [vgl. Gör] (nordd., oft abwertend): **1.** *Gör* (1). **2.** *Gör* (2): eine echte Berliner G.

Gor|go|nen|haupt, das; -[e]s, ...häupter [nach dem in der griech. Sage vorkommenden weiblichen Ungeheuer Gorgo mit Schlangenhaaren u. versteinerndem Blick]: *bes. als Emblem auf Waffen u. Geräten der Antike erscheinender Kopf eines weiblichen Ungeheuers mit Schlangen anstelle der Haare:* das G. auf einem Harnisch; Ü (geh.:) das G. der Macht.

Gor|gon|zo|la, der; -s, -s [nach dem gleichnamigen ital. Ort]: *mit Schimmelpilzen durchsetzter italienischer Weichkäse.*

G

Go|ril|la, der; -s, -s [engl. gorilla < griech. Gorílla*i*, eigtl. = behaarte wilde Wesen in Afrika; westafrik. Wort]: **1.** *(in den Wäldern Äquatorialafrikas lebender) großer Menschenaffe mit stark vorspringender Schnauze, kleinen Augen, langen Armen u. dichtem, [braun]schwarzem Fell.* **2.** (ugs.) *Leibwächter.*

Gosch, Go|sche, Go|schen, die; -, Goschen [H. u.] (landsch. salopp, meist abwertend): *Mund:* ***eine große G. haben** (↑[1]Mund 1 a); **die G. halten** (↑[1]Mund 1 a).

Go|scherl, das; -s, -[n]: **1.** (bayr., österr. fam.) *Gosch.* **2.** (österr. salopp) *hübsches Mädchen.* **3.** (österr.) kurz für ↑Froschgoscherl.

Go|se, die; -, -n [nach dem gleichnamigen Fluss durch Goslar]: *obergäriges, säuerlich-salziges, in offenen bauchigen Flaschen mit langem Hals gehaltenes Bier, das in der Gegend von Leipzig hergestellt wird.*

Gos|lar: Stadt am Nordrand des Harzes.

Go-slow [goʊˈsloʊ], der od. das; -s, -s [engl. go-slow, zu: go slow! = geh, mach langsam!]: *Bummelstreik, Dienst nach Vorschrift [im Flugwesen]:* ein G. machen, veranstalten.

Gos|pel, das od. der; -s, -s [engl. gospel < aengl. gōdspell = gute Botschaft, Evangelium, zu: spell = Erzählung, Rede, vgl. Beispiel]: kurz für ↑Gospelsong.

Gos|pel|sän|ger, der: *Gospelsinger.*

Gos|pel|sän|ge|rin, die: w. Form zu ↑Gospelsänger.

Gos|pel|sin|ger, der; -s, -[s] [engl. gospel singer]: *jmd., der Gospelsongs vorträgt.*

Gos|pel|sin|ge|rin, die; -, -nen: w. Form zu ↑Gospelsinger.

Gos|pel|song, der [engl. gospel song, eigtl. = Evangelienlied]: *einfach komponiertes geistliches Lied der nordamerikanischen Schwarzen, das Elemente des Spirituals, des Blues und des Jazz enthält u. durch einen ekstatischen Ausdruck gekennzeichnet ist.*

goss: ↑gießen.

Gos|se, die; -, -n [md. gosse, mniederd. gote, eigtl. = Stelle, wo etw. ausgegossen wird, zu ↑gießen]: **1.** *an der Bordkante entlanglaufende Rinne in der Straße, durch die Regenwasser u. Straßenschmutz abfließen.* **2.** (abwertend) *Bereich sozialer, moralischer Verkommenheit:* jmdn. aus der G. auflesen, ziehen (ugs.; *aus den übelsten Verhältnissen herausholen*); in der G. aufwachsen, enden; du landest noch in der G.!

gös|se: ↑gießen.

Gos|sen|jar|gon, der; -s, -s ⟨Pl. selten⟩: *Jargon der Gosse (2); ungepflegte, niedrige Ausdrucksweise.*

Gos|sen|spra|che, die; -, -n ⟨Pl. selten⟩: *Gossenjargon.*

Got|cha [ˈgɔtʃɐ], das; -s [engl.-amerik. gotcha, nach der Slangaussprache von: (I) got you! = (ich) hab dich (gekriegt, getroffen)!]: *Paintball.*

[1]Go|te, der; -n, -n [mhd. göte, eigtl. = der zur ↑[2]Gote Gehörige] (landsch.): *Pate.*

[2]Go|te, die; -, -n [mhd. gote, göte, ahd. gota; vgl. gleichbed. aengl. godmōdor, aus: god = Gott u. mōdor = Mutter, eigtl. = Mutter in Gott, d. h. »geistliche Mutter«] (landsch.): *Patin.*

[3]Go|te, der; -n, -n: Angehöriger eines germanischen Volkes.

Go|tha, der; - [nach dem Verlagsort, der thüringischen Stadt Gotha]: *genealogisches Handbuch des europäischen Adels.*

Go|tik, die; - [zu ↑gotisch]: *europäische Stilepoche (von der Mitte des 12. bis zum Ende des 15. Jahrhunderts) in [Sakral]architektur (mit Rippengewölben, Spitzbogen, Strebewerk, Maßwerk), [Architektur]plastik sowie Tafel- u. Buchmalerei:* die Baukunst der G.

Go|tin, die; -, -nen: w. Form zu ↑[3]Gote.

go|tisch ⟨Adj.⟩ [1: nach mlat. gothicus; 2: nach frz. gothique, engl. Gothic = barbarisch, roh, mit Bezug auf den im Italien der Renaissance als barbarisch empfundenen ma. Baustil, der auf die Goten (= Germanen) zurückgeführt wurde]: **1.** *den Volksstamm der Goten betreffend:* die -e Sprache, Bibel. **2. a)** *die Gotik betreffend, zu ihr gehörend, aus ihr stammend:* -e Dome, Gewölbe, Fenster; die -e Schrift, Minuskel *(seit dem 12. Jh. aus der karolingischen Minuskel durch doppelte Brechung der Schäfte, Streckung der Schrift u. engeren Zusammenschluss der Buchstaben gebildete Schrift mit spitzbogigem Duktus als Vorform der Fraktur);* **b)** *für die Gotik typisch; an die Gotik erinnernd:* lange -e Finger, Hände.

[1]Go|tisch, die; -: *gotische* (1, 2 a) *Schrift.*

[2]Go|tisch, das; -[s]: *Gotische* (a).

Go|ti|sche, das; -n ⟨Dekl. ↑[2]Junge, das⟩: **a)** ⟨nur mit best. Art.⟩ *die gotische* (1) *Sprache;* **b)** *das die Gotik Kennzeichnende.*

go|ti|sie|ren ⟨sw. V.; hat⟩ (Kunstwiss.): *mit neugotischen Elementen versehen, verändern.*

Gott, der; -es (selten in festen Wendungen -s), Götter [mhd., ahd. got, H. u.; viell. eigtl. = das (durch Zauberwort) angerufene Wesen od. = das (Wesen), dem (mit Trankopfer) geopfert wird]: **1.** ⟨o. Pl.; o. Art. außer mit attributiver Bestimmung⟩ *(im Monotheismus, bes. im Christentum) höchstes übernatürliches Wesen, das als Schöpfer Ursache allen Geschehens in der Natur ist, das Schicksal der Menschen lenkt, Richter über ihr sittliches Verhalten u. ihr Heilsbringer ist:* der allmächtige, dreieinige, gütige, gerechte G.; G. Vater, Sohn und Heiliger Geist; G., der Allmächtige; der liebe G.; G. der Herr; der G. der Juden, der Christen, der Muslime; G. ist barmherzig; G. segne dich!; G. mit uns! (Wahlspruch der preußischen Könige); so wahr mir G. helfe (Eidesformel); G. anbeten, [zum Zeugen] anrufen, lieben, loben, leugnen, lästern; G. sei Lob und Dank!; wie es G. gefällt *(nach Gottes Willen);* das Reich -es; -es Segen, Wille; -es Wort *(Offenbarung Gottes im Text der Heiligen Schrift);* in -es Hand sein; mit -es Hilfe; vor -es Angesicht, Thron; -es Sohn *(Jesus);* die Mutter -es *(Jesu als des Gottmenschen);* an G. glauben; auf G. vertrauen; bei G. schwören; die Toten sind bei G.; »Hier ruht in Gott ...« (Inschrift auf einem Grabstein); zu G. beten, flehen; **Spr** was G. zusammengefügt hat, das soll der Mensch nicht scheiden (in Bezug auf die Ehe; Matth. 19, 6); hilf dir selbst, so hilft dir G.; wer G. vertraut, hat wohl gebaut/hat nicht auf Sand gebaut; -es Mühlen mahlen langsam [mahlen aber trefflich fein] *(für sein unrechtes, böses Tun wird man schließlich doch von Gott gestraft);* * **[großer/allmächtiger/guter/mein] G. [im Himmel]!, oh/ach [du lieber/mein] G.!** (Ausrufe der Verwunderung, Bestürzung, des Bedauerns o. Ä.); **[ach] G., ...** (am Satzanfang als Ausdruck einer Überlegung; *nun, ...*): [ach] G., ich kann nicht klagen; **grüß [dich, euch, Sie] G.!** (landsch. Grußformel); **G. zum Gruß!** (veraltete Grußformel); **behüt dich G.!** (südd., österr. Abschiedsgruß); **vergelts G.!** (landsch. Dankesformel); **G. behüte/bewahre; da sei G. vor!** (Ausrufe des Erschreckens, der Abwehr); **das walte G.!** 1. (ev. Rel.; *das möge Gott uns schenken!* 2. ugs.; Bekräftigungsformel); **G. steh mir/uns bei!** (Ausruf des Erschreckens); **wollte/gebe G., dass ...** *(hoffentlich ist es so, dass ...);* **G. soll mich strafen, wenn [nicht] ...** *(es ist bestimmt [nicht] wahr, dass ...);* **gnade dir** usw. **G.!** (ugs. Drohung); **weiß G.** *(wahrhaftig, wirklich, gewiss):* das wäre weiß G. nicht nötig gewesen; **G. weiß** (ugs.; *keiner weiß, es ist ungewiss*): G. weiß, wann sich das ändert; sie hat es G. weiß wem [alles] erzählt; **G. verdamm mich** (derber Fluch); **so G. will** (ugs.; *wenn nichts dazwischenkommt*); **jmdn. hat G. im Zorn erschaffen** *(jmd. ist hässlich, abstoßend, unsympathisch);* **wie G. jmdn. geschaffen hat** (scherzh.; *nackt*); **G. hab ihn** usw. **selig** (*er* usw. *ist nun auch schon gestorben;* als Einschub nach der Nennung einer verstorbenen Person): unser lieber Freund, G. hab ihn selig, hat davon nichts gewusst; **leben wie G. in Frankreich** (ugs.; *im Überfluss leben; ein unbekümmertes Wohlleben führen;* viell. vermischt aus den älteren Wendungen »leben wie ein Gott« u. »leben wie ein Herr [= ein Geistlicher] in Frankreich«, wobei Letztere auf das Wohlleben der frz. Geistlichkeit im MA. anspielt); **jmds. G. sein** *(von jmdm. als sein höchstes Gut betrachtet u. aus einem übersteigerten Empfinden heraus abgöttisch geliebt werden):* er, das Geld ist ihr G.; **helf G.!** (Zuruf an einen Niesenden; nach der Vorstellung, dass beim Niesen etw. Böses aus dem Menschen heraus- od. in ihn hineinfahre); **G. und die Welt** *(alles Mögliche, alle möglichen Leute):* sie kennt G. und die Welt; **den lieben G. einen guten Mann sein lassen** (ugs.; *unbekümmert seine Zeit verbringen;* d. h. also, sich Gott nicht als Rachegott vorstellen); **dass G. erbarm** (ugs.; *erbärmlich schlecht;* gelegentlich als Beurteilung einer Leistung): sie spielte, sang, dass G. erbarm; **G. sei Dank!** (ugs.; Ausruf der Erleichterung); **G. seis getrommelt und gepfiffen!** (ugs. scherzh.; freudiger Ausruf sichtlicher Erleichterung); **G. seis geklagt!** (ugs.; *leider!*); **G. befohlen!** (geh. veraltend; Abschiedsgruß); **dem lieben G. den Tag stehlen** (ugs.; *seine Zeit unnütz verbringen*); **um -es willen** (1. Ausruf des Schreckens, der Abwehr. 2. Ausdruck einer inständigen, dringenden Bitte); **in -es Namen** (ugs.; *wie sehnlich gewünscht; meinetwegen*): soll sie sich doch in -es Namen eine eigene Wohnung nehmen; **leider -es** (ugs.; *bedauerlicherweise*); **seinen Frieden mit G. machen** *(sich vor dem Sterben in Gottes Willen ergeben);* **jmd. ist [wohl] ganz und gar von G. verlassen!** (ugs.; Ausruf des Unwillens, der Missbilligung); **von -es Gnaden** (hist.; *durch die besondere Güte Gottes;* Übers. von lat. gratia dei): ein Herrscher von -es Gnaden; **jmdn., etw. zu seinem G. machen** *(jmdn., etw. als sein höchstes Gut betrachten u. aus einem übersteigerten Empfinden heraus abgöttisch lieben).* **2.** *(im Polytheismus) kultisch verehrtes übermenschliches Wesen als personal gedachte Naturkraft, sittliche Macht:* heidnische Götter; die griechischen, germanischen Götter; der G. des Krieges; Schönheit ist ein Geschenk der Götter *(ein herrliches Geschenk, mit dem jmd. von der Natur bedacht werden, das jmd. aber nicht erwerben kann);* ***wie ein junger G.** *(strahlend schön, großartig)*: wie ein junger G. spielen, tanzen; **das wissen die Götter** (ugs.; *das ist ganz unbestimmt, ungewiss*); **Götter in Weiß** (ugs. iron.; ↑Halbgott).

gott|ähn|lich ⟨Adj.⟩: *einem Gott ähnlich:* ein -es Wesen; eine -e Verehrung *(eine Verehrung wie für einen Gott).*

gott|be|gna|det ⟨Adj.⟩ (emotional): *mit außergewöhnlichen künstlerischen, geistigen Gaben bedacht:* ein -er Künstler.

gott|be|hü|te ⟨Adv.⟩ (österr.): *gottbewahre.*

gott|be|wah|re ⟨Adv.⟩: abwehrende od. verneinende Beteuerung; *auf keinen Fall, bestimmt nicht:* g., so etwas lasse ich mir nicht gefallen.

Gott|chen, das; -s, - [Vkl. von Gott (1)]: * **[ach] G.!** (Ausruf des [gerührten] Erstaunens, des Erschreckens, der Verwunderung).

Gott|er|bar|men: nur in der Wendung **zum G.** (ugs.; 1. *jämmerlich, Mitleid erregend:* die Kinder weinten, froren zum G. 2. *jämmerlich schlecht in Bezug auf die Ausführung o. Ä. von etw.:* er spielte Geige zum G.).

Göt|ter|bild, das: **1.** *in den Kult einbezogene bildliche Darstellung eines Gottes* (2). **2.** *überaus schönes Bildnis.*

Göt|ter|bo|te, der (griech.-röm. Myth.): *Mittler, durch den die Götter mit den Menschen in Beziehung treten* (z. B. Hermes, der Bote des Zeus).

Göt|ter|däm|me|rung, die ⟨o. Pl.⟩ [falsche LÜ von aisl. ragna rökkr = Götterverfinsterung, das mit aisl. ragna rök = Götterschicksal vermischt wurde] (germ. Myth.): *Untergang von Göttern u. Welt vor Anbruch eines neuen Zeitalters.*

Göt|ter|gat|te, der [der Ausdruck fand Verbreitung durch die Operette »Der Göttergatte« von F. Lehár 1904; H. u.] (ugs. scherzh.): *Ehemann.*

got|ter|ge|ben ⟨Adj.⟩ [spätmhd. gottergeben]: *mit allzu großer Selbstverständlichkeit untertänig u. willig jmdm. gegenüber, sich in sein Schicksal fügend:* g. nicken, warten.

Got|ter|ge|ben|heit, die: *gottergebene Art.*

Göt|ter|ge|schlecht, das (Myth.): *Geschlecht von Göttern.*

göt|ter|gleich ⟨Adj.⟩: *einem Gott, den Göttern gleich, ähnlich; wie ein Gott, die Götter:* ein -er Held; sich g. wähnen.

Göt|ter|sa|ge, die: **a)** ⟨Pl. selten⟩ *bestimmte Mythologie:* die griechische G.; **b)** *einzelne Sage von einem Gott od. von Göttern.*

Göt|ter|spei|se, die: **1. a)** ⟨o. Pl.⟩ *Ambrosia* (1); **b)** (scherzh.) *köstliche Speise.* **2.** *aus Gelatine mit Aromastoffen od. unter Verwendung von Fruchtsaft hergestellte Süßspeise.*

Göt|ter|trank, der: **a)** ⟨o. Pl.⟩ *Nektar* (1); **b)** (scherzh.) *köstliches Getränk.*

Göt|ter|va|ter, der (Myth.): *höchster Gott:* Zeus als der G. der griechischen Mythologie.

Got|tes|acker, der [mhd. gotesacker, eigtl. = Gott geweihter Acker, urspr. Bez. für den in den Feldern liegenden Begräbnisplatz, im Unterschied zum Kirchhof] (geh.): *Friedhof.*

Got|tes|an|be|te|rin, die [nach der Haltung ihrer Fangbeine beim Lauern auf Beute]: *große, räuberisch lebende Heuschrecke von grüner, seltener graubrauner Farbe, deren Vorderbeine zu langen Greiforganen umgewandelt sind.*

Got|tes|be|griff, der: *Begriff, Vorstellung von Gott* (1): der christliche G.

Got|tes|be|weis, der: *Versuch, aus Vernunftgründen auf die Existenz Gottes zu schließen.*

Got|tes|dienst, der [mhd. gotsdienst]: *[in einer Kirche stattfindende] gemeinschaftliche religiöse Feier zur Verehrung Gottes:* ein evangelischer, katholischer, ökumenischer G.; einen G. abhalten, besuchen; G. halten.

got|tes|dienst|lich ⟨Adj.⟩: *den Gottesdienst betreffend:* eine -e Versammlung.

Got|tes|dienst|ord|nung, die: *geregelte Einteilung der in einer Kirche innerhalb eines bestimmten Zeitabschnitts stattfindenden Gottesdienste.*

Got|tes|furcht, die [LÜ von lat. timor dei]: *Ehrfurcht vor Gott (u. daraus folgende fromme Lebensweise):* keine G. besitzen.

got|tes|fürch|tig ⟨Adj.⟩: *in der Ehrfurcht vor Gott lebend u. danach trachtend, seine Gebote zu erfüllen:* ein -er Mensch.

Got|tes|ga|be, die: *wunderbare Gabe.*

Got|tes|gna|den|tum, das; -s [nach der Formel »von Gottes Gnaden«] (hist.): *göttliche Legitimität des abendländischen Herrschers, bes. im Absolutismus.*

Got|tes|haus, das [mhd. gotshūs, ahd. gotes hūs; LÜ von lat. templum dei bzw. domus od. casa dei] (oft geh.): *für den Gottesdienst bestimmtes Gebäude; Kirche:* ein evangelisches, christliches, jüdisches G.

Got|tes|kind|schaft, die; -: *enge, persönliche Bindung des Menschen an Gott.*

Got|tes|knecht, der (im A.T.): **1.** *Name für den rechtgläubigen Israeliten.* **2.** *Ehrenname für einen von Gott Jahve Erwählten.* **3.** *erwarteter Messias.*

Got|tes|lamm, das ⟨o. Pl.⟩ [LÜ von lat. agnus dei]: symbolische Bezeichnung Jesu.

Got|tes|läs|te|rer, der: *jmd., der Gott lästert.*

Got|tes|läs|te|rin, die: w. Form zu ↑Gotteslästerer.

got|tes|läs|ter|lich ⟨Adj.⟩: *Gott lästernd:* -e Flüche, Reden.

Got|tes|läs|te|rung, die: *[öffentliche] Beleidigung, Herabsetzung, Beschimpfung Gottes; Blasphemie.*

Got|tes|leug|nung, die: *das Leugnen der Existenz Gottes.*

Got|tes|lohn, der ⟨o. Pl.⟩: *Belohnung einer guten Tat durch Gott:* sich mit etw. einen G. verdienen; ***um/für [einen] G.** *(unentgeltlich, ohne etw. für eine Leistung zu erhalten).*

Got|tes|mann, der ⟨Pl. ...männer⟩ [spätmhd. gottesmann = Prophet, ahd. gotesman = Priester] (geh., oft scherzh.): *[sich seinem Beruf mit Eifer hingebender] Geistlicher:* ein katholischer G.

Got|tes|mut|ter, die ⟨o. Pl.⟩ (kath. Rel.): *Maria, die Mutter Jesu als des Gottmenschen.*

Got|tes|na|tur, die ⟨o. Pl.⟩: *Natur* (2).

Got|tes|sohn, der ⟨o. Pl.⟩: *Jesus Christus, der Sohn Gottes.*

Got|tes|staat, der ⟨o. Pl.⟩ [nach lat. civitas dei = Stadt, Gemeinde Gottes]: *(in Augustinus' »De civitate Dei«) der Staat Gottes, der aus der in Liebe zu ihm verbundenen Menschheit im Himmel u. auf Erden besteht.*

Got|tes|ur|teil, das (hist.): *(bes. im MA. beim Fehlen sicherer Beweismittel angewandtes) Verfahren zur Ermittlung eines Schuldigen (z. B. Feuerprobe, Zweikampf), wobei dem Ausgang des Verfahrens das als richtig angesehene Urteil Gottes entnommen wird.*

Got|tes|ver|eh|rung, die ⟨Pl. selten⟩: *Verehrung [eines] Gottes.*

Got|tes|wort, das ⟨o. Pl.⟩: *Gottes Offenbarung im Text der Heiligen Schrift.*

gott|ge|fäl|lig ⟨Adj.⟩ (geh.): *wie Gott es haben will; auf Gottes Wohlgefallen gerichtet:* ein -es Leben.

Gott|ge|fäl|lig|keit, die ⟨o. Pl.⟩: *das Gottgefälligsein.*

gott|ge|ge|ben ⟨Adj.⟩: **a)** *von Gott gegeben:* die -e Seele des Menschen; **b)** *unabwendbar wie von Gott gegeben:* etw. wird nicht mehr als g. hingenommen.

gott|ge|weiht ⟨Adj.⟩: *bestimmt, im Dienste Gottes zu stehen:* ein -es Leben.

gott|ge|wollt ⟨Adj.⟩: *in Gottes Willen beschlossen, seinen Ursprung habend; als Gottes Wille verstanden:* eine -e Ordnung; etw. als g. hinnehmen.

gott|gläu|big ⟨Adj.⟩ (nationalsoz.): *ohne Zugehörigkeit zu einer Religionsgemeinschaft an Gott glaubend.*

Gott|heit, die; -, -en [mhd., ahd. got(e)heit]: **1.** ⟨o. Pl.; nur mit best. Art.⟩ (geh.) *Gott* (1). **2.** *nicht eindeutig bezeichneter Gott (2) bzw. Göttin:* heidnische -en. **3.** ⟨o. Pl.⟩ (geh.) *das Gottsein; Göttlichkeit, göttliche Natur.*

Göt|tin, die; -, -nen: *weibliche Gottheit:* Minerva, die römische G. der Weisheit.

Göt|tin|gen: Stadt an der Leine.

Gott|kö|nig|tum, das ⟨o. Pl.⟩: *Idee u. Institution eines sakralen Herrschertums (bei Naturvölkern, im Alten Orient, im Hellenismus u. in der römischen Kaiserzeit).*

gött|lich [mhd. gotelich, ahd. gotlīh]: **1.** *Gott eigen, zugehörend; von Gott ausgehend, stammend:* die -e Gnade, Weisheit; die -e Offenbarung im Wort, in Jesus Christus; ein -es Gebot. **2. a)** *einem Gott zugehörend:* die -en Attribute des Zeus; **b)** *einem Gott zukommend:* in diesem Land genießen bestimmte Tiere -e Verehrung. **3. a)** *einem Gott, einer Göttin ähnlich, gleich:* g. edle Gesichtszüge; **b)** (oft scherzh.) *herrlich [sodass jmd. nur staunen kann]:* die -e Marlene; g. singen, spielen.

Gött|lich|keit, die; -: *das Göttlichsein; göttliche Art.*

gott|lob ⟨Adv.⟩ [mhd. got(e)lob, ahd. got sī lob]: *zu jmds. Beruhigung, Erleichterung, Freude; Gott sei Lob u. Dank:* g. ist es nicht weit.

gott|los ⟨Adj.⟩ [mhd. gotlōs]: **a)** *verwerflich:* ein -es Leben führen; ein -es (ugs.; *freches, unverschämtes)* Mundwerk; **b)** *nicht an Gott glaubend; Gott leugnend:* -e Leute.

Gott|lo|se, der u. die; -n, -n ⟨Dekl. ↑Abgeordnete⟩: *jmd., der gottlos (b) ist.*

Gott|lo|sig|keit, die; -: **1.** *Nichtachtung Gottes; Verwerflichkeit.* **2.** *Unglaube, Gottesleugnung.*

Gott|mensch, der ⟨o. Pl.⟩: *Person, die Gott u. Mensch zugleich ist (in Bezug auf Jesus Christus).*

Gott|sei|bei|uns, der; - (verhüll.): *Teufel.*

gott|se|lig [auch: '– – –] ⟨Adj.⟩ (veraltend): *in Gott selig, vom Glauben an Gott erfüllt:* ein -es Leben.

gotts|er|bärm|lich ⟨Adj.⟩ (salopp): **1.** *ganz erbärmlich* (1 a): sie heulte g. **2. a)** *in unangenehmer Weise äußerst groß, stark:* eine -e Hitze; **b)** ⟨intensivierend bei Adj. u. Verben⟩ *sehr, außerordentlich:* es war g. kalt; sie schielte g.

Gott|su|che, die: *intensives Streben, in seinem Leben Gott zu finden, ihm nahe zu kommen.*

Gott|su|cher, der: *jmd., der von Gottsuche erfüllt ist.*

Gott|su|che|rin, die; -, -nen: w. Form zu ↑Gottsucher.

Gott|va|ter, der ⟨o. Pl., meist o. Art⟩: *Gott der Vater als Person des dreieinigen Gottes (als Vater Jesu Christi u. als Schöpfer).*

gott|ver|damm|mich ⟨Interj.⟩ [zusammengezogen aus »Gott verdamme mich«](salopp): drückt Wut, Ärger, Schmerz o. Ä., seltener auch Anerkennung, Überraschung aus: g., tut das weh!

gott|ver|dammt ⟨Adj.⟩ (salopp): *jmdm. höchst zuwider od. hinderlich, von ihm als schlimm, übel, verabscheuenswert empfunden:* diese -en Spitzbuben!

gott|ver|las|sen ⟨Adj.⟩: **1.** (ugs.) *(in bedrückender, trostloser Weise) abseits von allem Verkehr, von allem städtischen Getriebe gelegen:* ein -es Kaff. **2.** *von Gott verlassen od. dieses Gefühl empfindend:* eine -e Einsamkeit; sich g. vorkommen. **3.** *jmdm. wie von Gott verlassen, ohne Verstand erscheinend:* g. agieren.

Gott|ver|trau|en, das: *Vertrauen auf Gott:* kein G. haben; wenn sie das ernsthaft meint, besitzt sie aber G. *(ist sie naiv).*

gott|voll ⟨Adj.⟩: **1.** (ugs.) *übermäßig komisch wirkend:* ein -er Anblick; du bist g.! *(du kommst auf merkwürdige Ideen).* **2.** (geh.) *in ergreifender Weise herrlich:* eine -e Landschaft; die junge Künstlerin spielte g.

Götz: in der Fügung **G. von Berlichingen** (salopp verhüll.; *lass mich in Ruhe!;* nach dem ↑Götzzitat).

Göt|ze, der; -n, -n [mhd. götz = Heiligenbild; bei Luther dann = falscher Gott; eigtl. = Kosef. von ↑Gott]: **1.** *etw. [bildlich Dargestelltes] (Gegenstand, Wesen o. Ä.), was als Gott (2) verehrt wird:* heidnische -n; ein G. aus Gold; -n anbeten, verehren; einem -n opfern.**2.** (geh. abwertend) *Person od. Sache, die zu jmds. Lebensinhalt wird, von der sich jmd. sklavisch abhängig macht, obwohl sie es nicht wert ist:* Fernsehen und schnelle Autos sind die -n der modernen Gesellschaft.

Göt|zen|an|be|ter, der; -s, -: *jmd., der einen Götzen* (1) *anbetet, verehrt.*

Göt|zen|an|be|te|rin, die: w. Form zu ↑Götzenanbeter.

Göt|zen|bild, das: *in den Kult einbezogene bildliche Darstellung eines Götzen* (1): ein G. anbeten, verehren.

Göt|zen|die|ner, der: **1.** *jmd., der Götzen* (1) *anbetet, verehrt.* **2.** (geh. abwertend) *jmd., der etw. als seinen Götzen* (2) *verehrt.*

Göt|zen|die|ne|rin, die: w. Form zu ↑Götzendiener.

göt|zen|die|ne|risch ⟨Adj.⟩: *in der Art eines Götzendieners (1, 2) handelnd, verfahrend.*

Göt|zen|dienst, der ⟨o. Pl.⟩: **1.** *Verehrung von Götzen* (1). **2.** (geh. abwertend) *Verehrung einer Person od. Sache als Götze* (2): auch so etwas ist G.

Götz|zi|tat, das; -[e]s [in Goethes Urfassung des »Götz von Berlichingen«, 3. Akt, die Worte: »er kann mich im Arsch lecken«]: *die Worte »leck mich am Arsch«:* er gebraucht ständig das G.

Gou|ache (österr. u. Fachspr. nur so), die; -, -n, (eingedeutscht:) Guasch [gu̯a(:)ʃ], die; -, -en [...ʃn̩; frz. gouache < ital. guazzo, eigtl. = Wasserlache < lat. aquatio = das Wasserholen]: **1.** ⟨o. Pl.⟩ *deckende Malerei mit Wasserfarben in Verbindung mit Bindemitteln u. Deckweiß, deren dicker Farbauftrag nach dem Trocknen eine dem Pastell ähnliche Wirkung ergibt.* **2.** *Bild in der Technik der Gouache* (1).

Gou|ache|ma|le|rei, die: vgl. Aquarellmalerei.

Gou|da ['gauda], der; -s, -s, **Gou|da|kä|se,** der; -s, - [nach der niederl. Stadt Gouda]: *[niederländischer] brotlaibförmiger, hell- bis goldgelber Schnittkäse mit runden bis ovalen Löchern u. von mildem bis pikantem Geschmack entsprechend der Reifezeit.*

Gour|mand [gʊr'mã:], der; -s, -s [frz. gourmand, H. u.]: *jmd., der gern gut u. zugleich viel isst; Schlemmer.*

Gour|met [gʊr'mɛ, ...'me:], der; -s, -s [frz. gourmet, afrz. gormet = Gehilfe des Weinhändlers]: *jmd., der aufgrund seiner diesbezüglichen Kenntnisse in der Lage ist, über Speisen u. Getränke, bes. Wein, ein fachmännisches Urteil abzugeben, u. der gern ausgesuchte Delikatessen verzehrt, ohne jedoch unmäßig dabei zu sein; Feinschmecker:* ein Restaurant für -s.

Gour|met|lo|kal, das: *Feinschmeckerlokal.*

Gour|met|tem|pel, der (oft leicht abwertend): *von Feinschmeckern bes. geschätztes, renommiertes Feinschmeckerlokal.*

Gout [gu:], der; -s, -s [frz. goût < lat. gustus = das Kosten] (bildungsspr. veraltend): *jmds. persönlicher Geschmack:* etw. ist nicht nach jmds. G.

gou|tie|ren [gu'ti:rən] ⟨sw. V.; hat⟩ [frz. goûter < lat. gustare = kosten] (bildungsspr.): *Geschmack an etw., Gefallen an etw.,* (selten:) *jmdm. finden:* man kann ihren Stil durchaus g.

Gou|ver|nan|te [guvɛr'nantə], die; -, -n [frz. gouvernante, subst. 1. Part. von: gouverner = lenken, leiten < lat. gubernare, ↑Gouverneur]: **a)** (früher) *Erzieherin, Hauslehrerin;* **b)** *weibliche, ein wenig altjüngferlich wirkende Person, die dazu neigt, andere zu belehren u. zu bevormunden:* sie ist eine richtige G.

gou|ver|nan|ten|haft ⟨Adj.⟩: *in der Art einer Gouvernante (b); wie eine Gouvernante (b) handelnd, geartet:* ein -er Zug in ihrem Wesen.

Gou|ver|ne|ment [guvɛrnə'mã:], das; -s, -s [frz. gouvernement]: **a)** *Regierung, Verwaltung durch einen Gouverneur;* **b)** *Verwaltungsbezirk einer militärischen od. zivilen Behörde.*

gou|ver|ne|men|tal ⟨Adj.⟩ (schweiz., sonst veraltet): *regierungsfreundlich; Regierungs...:* eine -e Vorlage.

Gou|ver|neur [guvɛr'nø:ɐ̯], der; -s, -e [frz. gouverneur < lat. gubernator = Steuermann (eines Schiffes); Lenker, Leiter, zu: gubernare = das Steuerruder führen; lenken, leiten < griech. kybernãn]: **a)** *höchster Exekutivbeamter eines größeren Verwaltungsbezirks, einer Provinz;* **b)** *höchster Exekutivbeamter einer Kolonie:* der britische G.; **c)** *oberster Befehlshaber einer Festung, Garnison od. eines Standorts;* **d)** *höchster Exekutivbeamter eines Bundesstaates in den USA:* der G. von Idaho.

GPS [ge:pe:'ɛs], das; - [Abk. von Global Positioning System (= weltumspannendes Ortungssystem)]: *auf Signalen von Satelliten beruhendes, weltweit funktionierendes Hilfsmittel zur exakten Navigation od. Ortsbestimmung.*

G-Punkt ['ge:...], der; -[e]s, -e [nach dem dt. Gynäkologen Ernst Graefenberg, geb. 1881-1957] (Med., Sexualk.): *hinter dem Eingang der Vagina gelegene, äußerst druckempfindliche erogene Stelle; Graefenbergpunkt.*

Graaf|fol|li|kel, der; -s, - [nach dem niederl. Anatomen R. de Graaf (1641–1673)] (Biol., Med.): *das reife Ei enthaltendes Bläschen im Eierstock.*

Grab, das; -[e]s, Gräber [mhd. grap, ahd. grab, urspr. = in die Erde gegrabene Vertiefung, zu ↑graben]: **a)** *für die Beerdigung eines Toten ausgehobene Grube:* ein offenes, leeres G.; ein G. ausschachten, zuschaufeln; jmdn. ins G. legen (geh.; *beerdigen*); **R** jmd. würde sich im Grab[e] herumdrehen (ugs.; *wäre entsetzt, sehr ärgerlich, sehr bekümmert*); * **verschwiegen wie ein/das G. sein** (ugs.; *sehr verschwiegen, diskret sein*); **ein feuchtes/nasses G. finden; sein G. in den Wellen finden** (geh.; *ertrinken*); **ein frühes G. finden** (geh.; *früh sterben*); **sich** ⟨Dativ⟩ **selbst sein G. schaufeln/graben** *(selbst seinen Untergang herbeiführen);* **mit einem Fuß/Bein im -e,** (geh.:) **am Rande des -es [stehen]** *(dem Tod sehr nahe [sein]);* **jmdn. an den Rand des -es bringen** (geh.; *beinahe jmds. Tod verursachen*); **jmdn. ins G. bringen** (1. *an jmds. Tod schuld sein.* 2. *jmdn. zur Verzweiflung bringen, völlig entnerven*); **ins G. sinken** (geh.; *sterben*); **jmdm. ins G. folgen** (geh.; *[kurz] nach jmdm. sterben*); **etw. mit ins G. nehmen** (geh.; *ein Geheimnis niemals preisgeben*); **jmdn. zu -e tragen** (geh.; *jmdn. beerdigen*); **etw. zu -e tragen** (geh.; *etw. endgültig aufgeben*): seine Wünsche, Hoffnungen zu -e tragen; **b)** *oft durch einen kleinen [geschmückten] Erdhügel [mit einem Kreuz, mit Grabstein od. -platte] kenntlich gemachte Stelle, wo ein Toter beerdigt ist:* ein eingefallenes, frisches G.; ein G. bepflanzen, pflegen, einebnen; man hat sein Grab geschändet; ein G. öffnen; im G. liegen (fam.; *gestorben sein*); * **das Heilige G.** *(das Grab Jesu Christi [oft als plastische Darstellung im Kircheninnern]);* **das G. des Unbekannten Soldaten** (Name von Gedenkstätten für gefallene Soldaten); **bis ins/ans G.; bis über das G. hinaus** (geh.; *bis in den Tod; über den Tod hinaus; für immer; für alle Zeit*).

Grab|bei|ga|be, die (Archäol.): *einem Toten ins Grab mitgegebener Gegenstand:* eine G. aus der Bronzezeit.

Grab|bel|kis|te, die: vgl. Grabbeltisch.

grab|beln ⟨sw. V.; hat⟩ [aus dem Niederd., Iterativbildung zu: grabben = raffen, schnell an sich reißen] (bes. nordd.): **a)** *mit den Fingern [herum]tasten:* in der Aktentasche [nach etw.] g.; **b)** *tastend, mit den Fingern herumwühlend [in die Hand] nehmen:* Kleingeld aus der Tasche g.

Grab|bel|sack, der; -[e]s, ...säcke (ugs.): *mit kleinen Geschenkpäckchen gefüllter Sack [des Nikolaus], aus dem sich jmd., ohne hineinzusehen, ein Päckchen nehmen kann.*

Grab|bel|tisch, der; -[e]s, -e (ugs.): *Verkaufstisch, auf dem eine ungeordnete Menge preisgünstiger Waren, meist Textilien, zum Verkauf angeboten wird.*

Gräb|chen, das; -s, -: Vkl. zu ↑Grab.

Grab|ein|fas|sung, die: *Umrandung eines Grabes (b):* eine G. aus Stein.

gra|ben ⟨st. V.; hat⟩ [mhd. graben, ahd. graban]: **1. a)** *mit dem Spaten o. Ä. Erde umwenden, ausheben:* im Garten g.; einen Meter tief g.; **b)** *durch Graben (a) schaffen, herstellen, anlegen:* ein Loch g.; einen Brunnen, Stollen [in die Erde] g.; der Maulwurf hat sich einen Bau gegraben; Ü der Fluss hat sich ein neues Bett gegraben; das Alter hat tiefe Furchen in ihr Gesicht gegraben. **2. a)** *grabend nach etw. suchen, durch Graben (1) aus der Erde zu fördern suchen:* nach Kohle, Erz, Gold g.; Ü tief in den Akten g.; **b)** *durch Graben (1) aus der Erde gewinnen:* Torf g. **3.** (geh.) *durch Ritzen, Kratzen, Meißeln o. Ä. eingraben:* eine Inschrift [mit dem Meißel] in einen Gedenkstein g.; eine Inschrift in Kupfer g. *(gravieren);* Ü die Katastrophe hat mir diesen Namen für immer ins Gedächtnis gegraben *(eingeprägt).* **4.** (geh.) **a)** *wie grabend in etw. eindringen lassen; etw. in etw. bohren:* sie grub ihre Zähne in den Apfel, ihre Fingernägel in die Handflächen; **b)** ⟨g. + sich⟩ *bohrend in etw. eindringen, sich in etw. bohren, wühlen, [hin]eingraben:* ihre Fingernägel gruben sich in seinen Arm; die Schaufeln des Baggers gruben sich ins Erdreich; Ü etw. gräbt sich in jmds. Gedächtnis *(prägt sich jmdm. ein);* Falten graben sich in jmds. Stirn (geh.; *entstehen auf jmds. Stirn, bilden Vertiefungen darauf*).

Gra|ben, der; -s, Gräben ['grɛ:bn̩; mhd. grabe, ahd. grabo, zu ↑graben]: **1.** *[für einen bestimmten Zweck ausgehobene] längere, schmale Vertiefung im Erdreich:* einen G. ausheben, ziehen; Gräben [zur Bewässerung] anlegen; seinen Wagen in den G. *(Straßengraben)* fahren; über einen G. springen; Ü die Gräben zwischen den streitenden Parteien haben sich vertieft; * **Gräben aufreißen** *(Feindschaften provozieren).* **2. a)** *Schützengraben:* **b)** *Festungsgraben.* **3.** (Geol.) *eingesunkenes, lang gestrecktes Stück der Erdkruste.* **4.** *Orchestergraben.*

Gra|ben|kampf, der (Milit.): *Kampf im Schützengraben:* Ü es kam zu Grabenkämpfen innerhalb der Frauenbewegung.

Grä|ber: Pl. von ↑Grab.

Grä|ber|feld, das: *Feld (1) mit vielen Gräbern.*

Grä|ber|fund, der ⟨meist Pl.⟩: *in einem alten Grab gefundener Gegenstand.*

Gra|bes|rand: in der Wendung **am G.** (geh.; *dem Tod sehr nahe*).

Gra|bes|ru|he, die: *tiefe [ewige] Ruhe (wie im Grab).*

Gra|bes|stil|le, die: *tiefe Stille (wie im Grab).*

Gra|bes|stim|me, die ⟨o. Pl.⟩ (ugs.): *ernste, tiefe, wie von weit her kommende Stimme:* mit G. sprechen.

Grab|ge|sang, der: *Gesang bei der Bestattung; Totenlied:* Ü diese Ereignisse waren der G. *(der Beginn des Untergangs)* der Demokratie.

Grab|ge|wöl|be, das: *als Begräbnisstätte dienendes Gewölbe (2).*

Grab|hü|gel, der: *Grab (b).*

Grab|in|schrift, die: *Inschrift auf einem Grabstein.*

Grab|kam|mer, die: vgl. Grabgewölbe.

Grab|kir|che, die: *Kirche, in der sich eine Grablege befindet.*

Grab|le|ge, die; -, -n: *für mehrere Gräber bzw. Grabmäler einer königlichen, fürstlichen od. adligen Familie bestimmte Anlage (insbesondere im Chor einer Kirche).*

Grab|le|gung, die; -, -en: **1.** (geh. selten) *Begräbnis.* **2.** (Kunstwiss.) *Darstellung des Begräbnisses Christi in der Kunst.*

Grab|licht, das ⟨Pl. -er⟩: *auf Gräbern brennende Kerze od. brennendes Öllämpchen.*

Grab|mal, das ⟨Pl. ...mäler, geh.: -e⟩: *Bauwerk, Monument od. größerer Gedenkstein als Erinnerungs- u. Gedenkzeichen für einen Toten, für eine Tote (mit einer Grabstätte verbunden od. selbst als Grabstätte dienend):* * **das G. des Unbekannten Soldaten** (vgl. Grab b).

Grab|plat|te, die: **1.** *liegender Grabstein bes. in Form einer das Grab abschließenden großen Platte.* **2.** *an einer Außen- od. Innenwand der Kirche angebrachte od. darin eingelassene Gedenktafel für einen Toten (im Format einer Grabplatte 1).*

Grab|re|de, die: *Rede bei der Beerdigung.*

grab|schän|de|risch ⟨Adj.⟩: *die Grabschändung betreffend.*

Grab|schän|dung, die: *Beschädigung, Verwüstung od. Beraubung eines Grabes.*

grab|schen: ↑grapschen.

Grab|scher: ↑Grapscher.

Grab|schmuck, der: *aus Blumen, Pflanzen o. Ä. bestehender Schmuck auf einem Grab.*

Grab|spruch, der: *Spruch auf einem Grabstein o. Ä.*

gräbst: ↑graben.

Grab|stät|te, die: *Grab:* eine ehrwürdige G.

Grab|stein, der: *Gedenkstein auf dem Grab:* jmdm. einen G. setzen.

Grab|ste|le, die: vgl. Stele.

Grab|stel|le, die: *Stelle für ein Grab:* eine G. kaufen.

Grab|sti|chel, der: *bes. beim Kupfer-, Stahl-, Holzstich gebrauchtes Werkzeug zum Gravieren u. Ziselieren.*

gräbt: ↑graben.

Grab|tuch, das ⟨Pl. ...tücher⟩: *Leichentuch.*

Gra|bung, die; -, -en (bes. Archäol.): *das Graben:* archäologische -en.

Gracht, die; -, -en [niederl. gracht, eigtl. = Graben]: *schiffbarer Kanal in niederländischen Städten:* die -en von Amsterdam.

grad (ugs.): ↑²gerade.

Grad, der; -[e]s, -e ⟨aber: 30 Grad⟩ [lat. gradus, eigtl. = Schritt, zu: gradi = (einher)schreiten]: **1. a)** *[messbare] Stufe, Abstufung des mehr od. weniger starken Vorhandenseins einer Eigenschaft, eines Zustandes; Stärke, Maß:* der G. der Feuchtigkeit, Helligkeit, Härte, Reife; den höchsten G. der Reinheit, an Reinheit erreichen; einen hohen, geringen G. von Verschmutzung, Verwahrlosung aufweisen; (Chemie:) den G. der Konzentration einer Flüssigkeit feststellen; (Med.:) Verbrennungen ersten, vierten -es; ein Verwandter zweiten, dritten -es; miteinander im dritten G. verwandt sein; bis zu einem gewissen -e *(in gewissem Maße)* übereinstimmen; das missfällt mir in hohem, in höchstem, im höchsten -e *(außerordentlich);* diese Farbe ist [um] einen G. *(Ton),* um einige -e dunkler; (geh.:) ein Künstler von hohen -en; diese Schrift ist um einen G. (Druckw.; *Schriftgrad)* größer als jene; **b)** *Rang:* einen akademischen G., den akademischen G. eines Doktors der Philosophie erwerben; ein Offizier im G. eines Obersten; **c)** (Math.) *höchste Potenz, in der eine Unbestimmte (Variable od. Unbekannte) [in einer Gleichung] auftritt:* eine Gleichung zweiten, dritten -es. **2.** ⟨häufiger: das⟩ *Maßeinheit einer gleichmäßig eingeteilten Skala für das mehr od. weniger starke Vorhandensein bestimmter Eigenschaften (z. B. Wärme [der Luft]), bes. Einheit für die Temperaturmessung:* 20 G. Celsius (20° C, fachspr.: 20 °C); 80 G. Fahrenheit; es waren 35 G. [Celsius] im Schatten; draußen herrschten 25 G. Wärme, Kälte; gestern war es [um] einige G., -e kälter; 40 G. Fieber haben; das Thermometer zeigt minus 5 G./5 G. minus/5 G. unter null; etw. auf 80 G. erhitzen; das Thermometer stieg auf 30 G., steht auf, bei 30 G.; Zeichen: °. **3.** (Zeichen: °) **a)** *Maßeinheit für ebene Winkel (neunzigster Teil eines rechten Winkels):* der Winkel hat genau 30 G. (30°); ein Winkel von 32 G.; um 10 G. [mehr als etw. anderes] geneigt sein; sich um 180 G. drehen *(eine halbe Drehung machen);* *** sich um hundertachtzig G. drehen** *(zum entgegengesetzten Standpunkt übergehen);* **b)** (Geogr., auch Astron.) *Breiten- od. Längengrad:* der Ort liegt auf dem 51. G. nördlicher, südlicher Breite, auf dem 15. G. westlicher, östlicher Länge; der Ort liegt unter 51 G. (51°) nördlicher Breite und 15 G. (15°) westlicher Länge.

grad. = graduiert.

gra|daus usw.: geradaus usw.

gra|de, Gra|de: ↑[1,2]gerade, Gerade.

Grad|ein|heit, die: *in Grad (2) ausgedrückte Maßeinheit.*

Grad|ein|tei|lung, die: *Einteilung in Grade (2, 3).*

gra|den|wegs, gra|des|wegs, gra|de|wegs: ↑geradenwegs usw.

Grad|heit: ↑Geradheit.

Gra|di|ent, der; -en, -en [zu lat. gradiens (Gen.: gradientis), 1. Part. von: gradi, ↑Grad] (Fachspr.): *Gefälle od. Anstieg einer Größe auf einer bestimmten Strecke.*

Gra|di|en|te, die; -, -n (Fachspr.): *von Gradienten gebildete Neigungslinie.*

gra|die|ren ⟨sw. V.; hat⟩ [mit französierender Endung zu ↑Grad]: **1. a)** (bildungsspr.) *verstärken, auf einen höheren Grad bringen;* **b)** *(bes. Solen in Gradierwerken) allmählich konzentrieren.* **2.** *gradweise abstufen.* **3.** (Fachspr.) *in Grade (bes. 2, 3) einteilen.*

Gra|die|rung, die; -en: *das Gradieren.*

Gra|dier|werk, das: *hohes, mit Reisig belegtes Holzgerüst, über das Sole herabrieselt, deren Salzgehalt durch erhöhte Verdunstung ansteigt, sodass salzhaltige, heilkräftige Luft erzeugt wird.*

-gra|dig, (österr. u. schweiz. in Maßangaben:) **-grä|dig:** in Zusb., z. B. dreigradig (mit Ziffer: 3-gradig), (österr., schweiz.:) dreigrädig (3-grädig): *von drei Grad.*

grad|li|nig: ↑geradlinig.

Grad|li|nig|keit: ↑Geradlinigkeit.

grad|mä|ßig ⟨Adj.⟩: *den Grad (1 a) betreffend:* g. verschieden; ⟨auch attr.:⟩ eine -e Veränderung.

Grad|mes|ser, der: *Maßstab für den Grad (1 a) von etw.:* der Preis ist kein G. für die Qualität.

Grad|netz, das (bes. Geogr.): *Netz der Längen- u. Breitenkreise.*

Gra|du|a|le, das; -s, ...lien [mlat. graduale = Stufengebet, da dies meist auf den Stufen des Altars vorgetragen wurde] (kath. Kirche): **1.** *kurzer liturgischer Gesang in der [1]Messe (1) nach der Epistel.* **2.** *liturgisches Buch mit den Gesängen der [1]Messe (1).*

gra|du|ell ⟨Adj.⟩ [frz. graduel]: **1.** *dem Grad (1 a) nach:* -e Veränderungen; etw. unterscheidet sich nur g. **2.** *gradweise:* -er Übergang.

gra|du|ie|ren ⟨sw. V.; hat⟩ [wohl unter Einfluss von frz. graduer < mlat. graduare]: **1.** (Hochschulw.) **a)** *einen akademischen Grad, Titel verleihen:* jmdn. [zum Ingenieur] g.; **b)** (selten) *einen akademischen Grad, Titel erwerben:* in einem Fach g. **2.** (Fachspr.) **a)** *gradweise abstufen;* **b)** *mit Gradeinteilung versehen.*

gra|du|iert ⟨Adj.⟩: **1.** *einen akademischen Grad, Titel besitzend.* **2.** *das Abschlusszeugnis einer Fachhochschule besitzend;* Abk.: grad., z. B. Ingenieur (grad.).

Gra|du|ier|te, der u. die; -n, -n ⟨Dekl. ↑Abgeordnete⟩: *jmd., der graduiert ist.*

Gra|du|ie|rung, die; -, -en: *das Graduieren (1 a, 2).*

Grad|un|ter|schied, der: *Unterschied im Grad (1 a).*

grad|wei|se ⟨Adv.⟩: *in Graden (1 a); Grad für Grad:* sich g. verändern; ⟨mit Verbalsubstantiven auch attr.:⟩ eine g. Veränderung.

Grae|cum, das; -s [zu lat. Graecum = griech. Sprache u. Literatur, zu: Graecus < griech. Graikós = griechisch; Grieche]: *bestimmte Kenntnisse der altgriechischen Sprache, die durch ein amtliches [Prüfungs]zeugnis nachweisbar sind:* das G. haben; das G. *(die Prüfung für das Graecum)* machen.

Grae|fen|berg|punkt, der; -[e]s, -e: *G-Punkt.*

[1]Graf: ↑[1]Graph.

[2]Graf: ↑[3]Graph.

[3]Graf, der; -en, -en [mhd. grāve, ahd. grāvo, grāfio < mlat. graphio, urspr. = königlicher Beamter < (m)griech. grapheús (byzantin. Hoftitel), eigtl. = Schreiber, zu griech. gráphein = schreiben]: **1.** (hist.) *königlicher Amtsträger (Beamter), der in seinem Amtsbezirk weitgehende administrative u. richterliche Befugnisse [sowie grundherrliche Rechte] hat.* **2. a)** ⟨o. Pl.⟩ *Adelstitel zwischen Fürst u. Freiherr:* Manfred G. [von] Senden; der Titel »Graf«; *** wie G. Koks [von der Gasanstalt]** (ugs. scherzh.; *übertrieben, stutzerhaft o. ä herausgeputzt*); **b)** *Mann mit Grafentitel:* der Besitz des -en.

-graf: ↑-graph.

Gra|fem: ↑Graphem.

Gra|fen|ge|schlecht, das: *gräfliches Geschlecht.*

Gra|fen|stand, der: **1.** *Stand eines Grafen:* jmdn. in den G. erheben. **2.** *Gesamtheit der Grafen [eines Reichs].*

Gra|fen|ti|tel, der: *Titel eines Grafen.*

Gra|fe|o|lo|gie usw.: ↑Grapheologie usw.

Graf|fi|to, der od. das; -[s], ...ti [1, 2: ital. graffito, zu: graffiare = kratzen; 3: nach engl. graffito] (Kunst): **1.** *in eine Wand eingekratzte [kultur- u. sprachgeschichtlich bedeutsame] Inschrift.* **2.** *in eine Marmorfliese eingeritzte, mehrfarbige ornamentale od. figurale Dekoration.* **3.** ⟨meist Pl.⟩ *auf Wände, Mauern, Fassaden usw. meist mit Spray gesprühte od. gemalte [künstlerisch gestaltete] Parole od. Figur.*

-gra|fie: ↑-graphie.

Gra|fik, (auch:) Graphik, die; -, -en [griech. graphikḗ (téchnē) = Schreib-, Zeichenkunst, zu: graphikós = das Schreiben betreffend]: **1.** ⟨o. Pl.⟩ *künstlerische, bes. zeichnerische o. ä. Gestaltung von Flächen, vor allem mithilfe bestimmter Verfahren, die Abzüge, Vervielfältigungen ermöglichen:* eine Fachhochschule für G. **2.** ⟨o. Pl.⟩ *Gesamtheit von Erzeugnissen der Grafik (1), grafisches Schaffen:* der 1. Band des Kataloges umfasst die G. **3.** *Werk der künstlerischen Grafik (1):* eine farbige G. **4.** *Schaubild, Illustration:* eine G. verdeutlicht die Entwicklung.

Gra|fi|ker, (auch:) Graphiker, der; -s, -: *Künstler, Techniker auf dem Gebiet der Grafik (1).*

Gra|fi|ke|rin, die; -, -nen: w. Form zu ↑Grafiker.

Gra|fik|kar|te, (auch:) Graphikkarte, die (EDV): *spezielle Steckkarte zur Erstellung [farbiger] Grafiken (4) auf dem Monitor eines Computers.*

Grä|fin, die; -, -nen [mhd. grævinne]: **1.** ⟨o. Pl.⟩ *Adelstitel zwischen Fürstin u. Freifrau:* Hilda G. [von] Senden. **2.** *Frau mit Grafentitel.* **3.** *Frau eines Grafen.*

Grä|fin|wit|we, die: *Witwe eines Grafen.*

gra|fisch, (auch:) graphisch ⟨Adj.⟩: **1.** *zur Grafik (1) gehörend, der Grafik eigentümlich, gemäß:* das -e Schaffen eines Künstlers; sie ist -e Zeichnerin bei einem Verlag; -es Gewerbe (veraltend; *Druckindustrie*); etw. g. gestalten. **2.** *durch Zeichnung[en], Schaubilder veranschaulicht, schematisch dargestellt:* eine -e Darstellung; eine mathematische Funktion g. darstellen; wirtschaftliche Zusammenhänge g. veranschaulichen. **3.** (bes. Sprachw.) *die zeichnerische Gestalt der Schriftzeichen betreffend:* eine -e Variante.

Gra|fit usw.: ↑Graphit usw.

gräf|lich ⟨Adj.⟩ [mhd. grēflich]: **1.** *[zu] einem Grafen gehörend:* -er Besitz. **2.** *nach Art eines Grafen, wie ein Graf:* g. leben.

Gra|fo|lo|ge usw.: ↑Graphologe usw.

Gra|fo|thek: ↑Graphothek.

Graf|schaft, die; -, -en [mhd. gräveschaft, ahd. gräsc(h)aft]: **1.** *Amts-, Herrschaftsbezirk des Grafen.* **2.** *Gerichts- u. Verwaltungsbezirk, bes. in Großbritannien (County).*

Gra|ham|brot, das; -[e]s, -e [nach dem amerik. Arzt S. Graham (1794–1851), dem Verfechter einer auf Diät abgestellten Ernährungsform]: *Weizenschrot-Vollkornbrot in Kastenform.*

grä|ko|la|tei|nisch ⟨Adj.⟩ [zu lat. Graecus, ↑Graecum]: *griechisch-lateinisch.*

Grä|kum: ↑Graecum.

Gral, der; -s [mhd. grāl < afrz. graal, eigtl. = Gefäß, H. u.]: *(in der mittelalterlichen Dichtung) geheimnisvoller, Wunder wirkender Stein; geheimnisvolle, Leben spendende Schale [in der Christi Blut aufgefangen wurde].*

Grals|burg, die ⟨o. Pl.⟩: *(in der mittelalterlichen Dichtung) Burg, in der der Gral aufbewahrt wird.*

Grals|hü|ter, der: *(in der mittelalterlichen Dichtung) Angehöriger der auserwählten Schar keuscher Ritter u. Jungfrauen, die den Gral hüten:* Ü die G. der Verfassung, des guten Geschmacks.

Grals|hü|te|rin, die: *Frau, die etw. erhält, beibehält, bewahrt.*

Grals|rit|ter, der: *(in der mittelalterlichen Dichtung) Ritter der Gralsburg.*

Grals|su|che, die: *(in der mittelalterlichen Dichtung) Suche nach dem Gral, der nur von Auserwählten gefunden werden kann.*

gram ⟨Adj.⟩ [mhd., ahd. gram = zornig, wütend]: in der Verbindung **jmdm. g. sein** (geh.: *jmdm. böse sein*).

Gram, der; -[e]s [subst. aus der spätmhd. Verbindung grame muot = erzürnter Sinn] (geh.): *nagender Kummer, dauernde tiefe Betrübnis über jmdn. od. etw.:* großer, tiefer G.; von G. um jmdn. erfüllt sein; von G. gebeugt; sich vor G. verzehren; aus G., vor G. über einen Verlust sterben.

grä|men ⟨sw. V.; hat⟩ [mhd., ahd. grem(m)en, urspr. = zornig, wütend machen, zu ↑gram] (geh.): **1.** *mit Gram erfüllen:* es grämte sie, dass man sie übergangen hatte; das grämt mich nicht *(ist mir gleichgültig).* **2.** ⟨g. + sich⟩ *sich wegen einer Person, Sache gramvolle Gedanken machen, darüber traurig werden:* sich über einen Verlust g.; sie grämte sich um die alte Dame; sich jmds., einer Sache wegen g.

gram|er|füllt ⟨Adj.⟩: *von Gram erfüllt.*

Gram|fär|bung, die; - [nach dem dänischen Bakteriologen H. C. J. Gram (1853–1938)] (Bakteriol.): *bestimmte Färbemethode od. Färbung, durch die sehr ähnlich aussehende Bakterien voneinander unterschieden werden können.*

gram|ge|beugt ⟨Adj.⟩: *von Gram gebeugt.*

gräm|lich ⟨Adj.⟩: *verdrießlich, [bekümmert u.] missmutig:* ein -er Mensch; ein -es Gesicht.

Gräm|lich|keit, die; -: *grämliche Art.*

Grạmm, das; -s, -e ‹aber: 2 Gramm› [frz. gramme < lat. gramma, griech. grámma = Gewicht von $^{1}/_{24}$ Unze, eigtl. = Geschriebenes, Aufgezeichnetes, zu: gráphein = schreiben]: *tausendster Teil eines Kilogramms;* $^{1}/_{1000}$ *kg (Grundeinheit des metrischen Gewichtssystems):* 1 Kilogramm hat 1 000 G.; 1 000 G. sind 1 Kilogramm; 100 G. gekochten Schinken kaufen; der Preis eines G. Heroins/eines -s Heroin (Zeichen: g).

-gramm, das; -s, -e [griech. grámma in der Bed. »Geschriebenes; Schrift(zeichen)«; ↑Gramm]: in Zus., z. B. Autogramm, Kardiogramm.

Grạmm|äqui|va|lent, das: *Menge eines chemischen Elements, die sich mit einem Grammatom Wasserstoff verbinden od. die entsprechende Menge Wasserstoff in einer Verbindung ersetzen kann.*

Gram|mạ|tik, die; -, -en [lat. (ars) grammatica < griech. grammatikḗ (téchnē), zu: grammatikós = die Buchstaben, die Schrift betreffend]: **1.** *Teil der Sprachwissenschaft, der sich mit den sprachlichen Formen u. deren Funktion im Satz, mit den Gesetzmäßigkeiten, dem Bau einer Sprache beschäftigt; Sprachlehre:* die historische, deskriptive, traditionelle, generative G.; die G. der deutschen Sprache, die deutsche G.; die fehlerhafte G. *(grammatische Beschaffenheit)* einer Formulierung. **2.** *wissenschaftliche Darstellung, Lehrbuch der Grammatik* (1); *Sprachlehre:* eine französische G.; eine G. der chinesischen Sprache.

gram|ma|ti|ka|lisch ‹Adj.› [lat. grammaticalis] (Sprachw.): *grammatisch* (1): -e Fehler; g. korrekt schreiben, sprechen.

Gram|mạ|ti|ker, der; -s, - [lat. grammaticus = Sprachgelehrter < griech. grammatikós]: *Wissenschaftler auf dem Gebiet der Grammatik* (1).

Gram|mạ|ti|ke|rin, die; -, -nen: w. Form zu ↑Grammatiker.

Gram|mạ|tik|re|gel, die: *grammatische Regel.*

Gram|mạ|tik|the|o|rie, die: *Theorie der Grammatik.*

gram|mạ|tisch ‹Adj.› (Sprachw.): **1.** *die Grammatik betreffend, zur Grammatik gehörend:* die -e Struktur einer Sprache; ein -er Fehler; -es Geschlecht *(Genus);* -er Wechsel *(Wechsel von stimmhaften u. stimmlosen Reibelauten im Germanischen, je nach der Stelle des Akzents in der indogermanischen Grundsprache);* g. einwandfrei, richtig schreiben. **2.** *der Grammatik gemäß, den Regeln der Grammatik entsprechend, danach korrekt gebildet:* die Äußerung ist nicht g.

Grạmm|atom, das: *Menge eines chemischen Elements, die so viele Gramm enthält, wie das Atomgewicht angibt.*

Grạm|mel, die; -, -n [viell. eigtl. = das harte Überbleibsel ausgelassenen Fetts, das beim Kauen zwischen den Zähnen knirscht]: **1.** (bayr., österr.) *Griebe.* **2.** (österr. ugs., bes. wiener.) *Dirne, Hure.*

Grạmm|ge|wicht, das: *Gewicht in Gramm.*

Grạmm|ka|lo|rie, die (veraltet): *Kalorie.*

Gramm|mo̱l, das: kurz für ↑Grammmolekül.

Grạmm|mo|le|kül, das (Chemie, Physik): *Menge einer chemischen Verbindung, die so viele Gramm enthält, wie das Molekulargewicht angibt.*

Gram|mo|fo̱n usw.: ↑Grammophon usw.

Gram|mo|pho̱n®, das, schweiz. gelegtl.: der; -s, -e [zu griech. grámma = Aufgezeichnetes (↑Gramm) u. phōnḗ = Stimme, Ton, Schall] (früher): *[mit einer Kurbel aufzuziehendes] Gerät [mit einem Schalltrichter] zum Abspielen von Schallplatten.*

Gram|mo|pho̱n|na|del, die: *Nadel am Tonabnehmer zum Abtasten der rotierenden Schallplatte.*

grạmm|wei|se ‹Adv.›: *in Mengen von wenigen Gramm:* ein Gewürz g. verkaufen; ‹auch attr.:› -er Verkauf.

Gram|my [Award] [ˈgræmɪ (əˈwɔ:d)], der; -s, -s [engl., aus: grammy, geb. zu: gram = ugs. Kurzf. von gramophone = Grammophon (od. geb. nach Emmy = amerik. Name einer Auszeichnung für TV-Sendungen) u. award = (Preis)verleihung]: *jährlich verliehener amerikanischer Schallplattenpreis.*

gram|po|si|tiv ‹Adj.›: *bei der Gramfärbung den (blauen) Farbstoff festhaltend.*

grạm|seln ‹sw. V.; hat› [urspr. wohl = sich winden, drehen u. verw. mit ↑Krampf, ↑Kringel] (schweiz.): *(von Insekten) krabbeln, wimmeln.*

grạm|voll ‹Adj.›: *voller Gram; mit tiefem Gram verbunden.*

Grạn, das; -[e]s, -e ‹aber: 20 Gran› [1: lat. granum = Korn; 2: frz. grain < lat. granum] (früher): **1.** *sehr kleines Apothekergewicht* (meist etwa 65 mg): Ü er bewältigte die Aufgabe, ohne ein G. *(eine Spur, ein bisschen)* seiner Sicherheit zu verlieren; darin ist/liegt ein G. Wahrheit *(daran ist etwas Wahres).* **2.** ↑Grän.

Grä̱n, (auch:) Gran, das; -[e]s, -e ‹aber: 20 Grän, Gran›: *sehr kleines Edelmetall- od. Juwelengewicht* (z. B. bei Juwelen: $\frac{1}{4}$ Karat, bei Gold: $^{1}/_{12}$ Karat).

Gra|na̱|da: Stadt u. Provinz in Südspanien.

Gra|na|di̱l|le: ↑Grenadille.

[1]Gra|na̱t, der; -[e]s, -e [aus dem Niederd. < fläm. grenat]: *in Küstennähe gelegenen Gewässern des Nordatlantiks u. seiner Nebenmeere vorkommende Garnele.*

[2]Gra|na̱t, der; -[e]s, -e, österr.: -en, -en [1: mhd. grānāt < mlat. granatus < lat. (lapis) granatus = körniger, kornförmiger Edelstein, zu: granum = Korn; 2: wohl wegen des minderen Werts des Granats (1)]: **1.** *hartes, stark glänzendes, meist braunrotes Mineral, das als Schmuckstein beliebt ist.* **2.** (österr. ugs.) *Falschspieler.*

Gra|na̱t|ap|fel, der [mhd. grānātapfel, nach lat. malum granatum = kernreicher Apfel]: *einem Apfel ähnliche, wohlschmeckende, zunächst rote, dann gelb werdende Beerenfrucht des Granatapfelbaums.*

Gra|na̱t|ap|fel|baum, der: *(in den Subtropen heimischer) rot blühender Baum od. Strauch mit Granatäpfeln als Früchten.*

Gra|na̱|te, die; -, -n [1: ital. granata, urspr. = von Grenadieren geschleudertes Wurfgeschoss, das mit Pulverkörnern gefüllt ist, eigtl. = Granatapfel, nach Form u. Füllung]: **1.** *mit Sprengstoff gefülltes [Artillerie]geschoss:* die G. schlägt ein, krepiert. **2.** (Sport Jargon) *wuchtiger Schuss aufs Tor.*

Gra|na̱|ten|ha|gel, der: *große Zahl einschlagender Granaten.*

gra|na̱|ten|vo̱ll ‹Adj.› [eigtl. = zum Bersten voll] (ugs.): *völlig betrunken.*

gra|na̱t|far|ben ‹Adj.›: *granatrot.*

Gra|na̱t|ha|gel, der: *Granatenhagel.*

gra|na̱t|rot ‹Adj.›: **a)** *von der Farbe des [2]Granats* (1); *braunrot;* **b)** *purpur-, korallenrot.*

Gra|na̱t|split|ter, der: *Splitter einer explodierten Granate.*

Gra|na̱t|wer|fer, der: *[aus Bodenplatte, Zweibein u. Rohr bestehendes] kleines Steilfeuergeschütz der Infanterie.*

Gran Ca|na̱|ria; - -s: eine der Kanarischen Inseln.

Grand [grã:, auch: graŋ], der; -s, -s [gek. aus frz. grand jeu = großes Spiel, zu: grand, ↑Grandeur]: *höchstes Spiel im Skat, bei dem nur die Buben Trumpf sind:* [einen] G. mit vieren *(mit vier Buben)* spielen; * **G. Hand** *(Grand aus der Hand, bei dem der Skat nicht aufgenommen werden darf).*

Grạn|de, der; -n, -n [span. grande, eigtl. = der Große < lat. grandis = groß]: *Angehöriger des spanischen Hochadels.*

Grande Dame [grã:dˈdam], die; - -, -s -s [frz., aus: grand = groß (↑Grandeur) u. dame, ↑Dame]: *Grand Old Lady:* die G. D. der österreichischen Literatur.

Gran|deur [grãˈdø:ɐ̯], die; - [frz. grandeur, zu: grand < lat. grandis = groß] (bildungsspr.): *Großartigkeit, Größe:* Überreste einstiger G.

Gran|de̱z|za, die; - [ital. grandezza < span. grandeza, zu: grande, ↑Grande]: *(bes. von Männern) hoheitsvoll-würdevolle Eleganz der Bewegung, des Auftretens:* er verneigte sich mit [spanischer] G.; mit der G. eines Weltmannes.

Grand|ho|tel [ˈgrã:...], das [frz. grand hôtel]: *großes Luxushotel.*

gran|di|o̱s ‹Adj.› [ital. grandioso, zu: grande = groß(artig)]: *großartig, überwältigend:* ein -er Anblick, Erfolg; das ist eine -e Idee; (auch spött.:) ein -er Blödsinn; etw. g. bewältigen.

gran|di|o̱|so ‹Adv.› [ital. grandioso, ↑grandios] (Musik): *großartig, erhaben.*

Grand Lit [grãˈli:], das; - -, -s -s [grãˈli:; frz., eigtl. = großes Bett]: *breiteres Bett für zwei Personen.*

Grand Old La|dy [ˈgrænd ˈoʊld ˈleɪdɪ], die; - - -, - - ...dies [- - ...dɪz; engl., eigtl. = große alte Dame, aus: grand = groß (< afrz. grant < lat. grandis, ↑Grandeur), old = alt u. ↑Lady]: *älteste bedeutende weibliche Persönlichkeit in einem bestimmten Bereich.*

Grand Old Man [- - ˈmæn], der; - - -, - - Men [- - ˈmɛn; engl., eigtl. = großer alter Mann]: *älteste bedeutende männliche Persönlichkeit in einem bestimmten Bereich:* der G. O. M. der amerikanischen Malerei.

Grand ou|vert [grã:uˈvɛ:ɐ̯], der; - -[s] [- uˈvɛ:ɐ̯(s)], - -s [- uˈvɛ:ɐ̯s; zu ↑[3]Grand u. frz. ouvert = offen] (Skat): *Grand aus der Hand, bei dem der Spieler seine Karten offen hinlegen muss.*

Grand Prix [grãˈpri:], der; - - [- ˈpri:(s)], - - [- ˈpri:s; frz.], (seltener:) **Grand|prix,** der; -, -: frz. Bez. für *Großer Preis:* er ist der Sieger des G. P., im G. P.

Grand|sei|gneur [grãsɛnˈjø:ɐ̯], der; -s, -s u. -e [frz. grand seigneur = Standesherr] (bildungsspr.): *vornehmer, weltgewandter Mann.*

Grand|slam [ˈgrændˈslæm], der; -[s], -s, (auch:) **Grand Slam,** der; - -[s], - -s [engl. grand slam, übertr. vom Bridge u. eigtl. Bez. für den Gewinn von 13 Stichen, vgl. Schlemm] (Tennis): *Gewinn der internationalen Meisterschaften von Großbritannien, Frankreich, Australien und den USA innerhalb eines Jahres durch einen Spieler, durch eine Spielerin.*

Grand-Tou|ris|me-Ren|nen [grãtuˈrism...], das [zu frz. grand tourisme = Grand-Tourisme-Wagen (1), eigtl. = sportlicher Reisewagen]: *Rennen für Grand-Tourisme-Wagen;* Kurzf.: GT-Rennen.

Grand-Tou|ris|me-Wa|gen, der (Kfz-W.): **1.** *in kleinen Serien hergestellter Kraftwagen mit einem Höchstmaß an Leistung u. Komfort ohne Rücksicht auf Unterhaltungskosten.* **2.** *für Wettbewerbszwecke homologierter zweisitziger Kraftwagen od. Serientourenwagen [mit weitgehenden Veränderungen];* Kurzf.: GT-Wagen.

Gra|ni̱t [auch: ...ˈnɪt], der; -s, (Arten:) -e [mhd. granīt < ital. granito, zu: granire = körnen, zu: grano < lat. granum = Korn]: *sehr hartes Gestein aus körnigen Teilen von Feldspat, Quarz u. Glimmer:* ein Denkmal aus G.; hart wie G.; * **bei jmdm. auf G. beißen** *(bei jmdm. mit einem Bestreben, einer Forderung o. Ä. auf unüberwindlichen Widerstand stoßen):* mit dieser Bitte biss sie bei Mutter auf G.

Gra|nit|block, der ‹Pl. ...blöcke›: *Block* (1) *von Granit.*

gra|ni̱|ten [auch: ...ˈnɪtn̩] ‹Adj.›: **1.** *aus Granit bestehend.* **2.** (geh.) *hart u. fest wie Granit:* ein Stoff von -er Härte; Ü ein -er *(unumstößlicher)* Grundsatz.

Gra|nit|fels, Gra|nit|fel|sen, der: *Fels, Felsen aus Granit.*

gra|ni̱|tisch [auch: ...ˈnɪtɪʃ] ‹Adj.› (Geol., Mineral.): *zum Granit gehörend, nach Art des Granits:* -er Gneis.

Gran|ne, die; -, -n [mhd. gran(e) = Barthaar; (Ähren)borste, ahd: grana = Barthaar; Gräte, eigtl. = die (Hervor)stechende, Spitze] (Bot.): *borstenartige Spitze an den Spelzen von Gräsern u. Getreide:* -n tragende Gräser.

Grạn|nen tra|gend: s. Granne.

grạn|nig ‹Adj.›: *mit Grannen; borstig.*

Gran|ny Smith [ˈgrænɪ ˈsmɪθ], der; - -, - - [eigtl. = Oma Smith, nach M. A. Smith]: *glänzend grüner, saftiger, säuerlich schmeckender Apfel.*

Grạnt, der; -s [wohl zu ↑grantig] (bayr., österr.

ugs.): *Übellaunigkeit, Unmut:* einen G. wegen etw. haben.

gran|teln ⟨sw. V.; hat⟩ [vgl. grantig] (südd.): *grantig sein, sich grantig zeigen:* sie grantelte und wollte kein Interview geben.

gran|tig ⟨Adj.⟩ [H. u., viell. eigtl. = spitz, scharf] (südd., österr. ugs.): *übel gelaunt; ärgerlich, unmutig:* ein paar -e Sprüche; g. werden.

Gran|tig|keit, die; - (südd., österr. ugs.): *grantige Art.*

Grant|ler, der; -s, - (bayr., österr. ugs.): *jmd., der zum Granteln neigt.*

Grant|le|rin, die; -, -nen: w. Form zu ↑Grantler.

Gra|nu|lat, das; -[e]s, -e [zu lat. granulum = Körnchen] (Fachspr.): *durch Granulieren in Körner zerkleinerte Substanz:* ein linsenförmiges G.

Gra|nu|la|ti|on, die; -, -en (Fachspr.): **1.** *Herstellung, Bildung einer körnigen [Oberflächen]struktur.* **2.** *körnige [Oberflächen]struktur.*

Gra|nu|la|ti|ons|ge|we|be, das (Med.): *sich neu bildendes Bindegewebe (bei Wunden, Entzündungen), das nach einiger Zeit in Narbengewebe übergeht.*

gra|nu|lie|ren ⟨sw. V.⟩: **1.** (Fachspr.) *[an der Oberfläche] körnig machen, in körnige, gekörnte Form bringen* ⟨hat⟩. **2.** (Med.) *Körnchen, Granulationsgewebe bilden* ⟨ist/hat⟩.

Gra|nu|lie|rung, die; -, -en: **1.** *das Granulieren; Granulation* (1). **2.** (selten) *Granulation* (2).

Gra|nu|lom, das; -s, -e (Med.): *Geschwulst od. geschwulstähnliche Bildung aus Granulationsgewebe.*

gra|nu|lös ⟨Adj.⟩ [frz. granuleux, zu lat. granulum = Körnchen] (Fachspr.): *körnig, gekörnt.*

Grape|fruit [ˈgreːpfruːt], die; -, -s [engl. grapefruit, aus: grape = Traube u. fruit = Frucht, nach den traubenförmigen Blütenständen]: *große, runde Zitrusfrucht mit dicker, gelber Schale u. saftreichem, säuerlich-bitter schmeckendem Fruchtfleisch.*

Grape|fruit|saft, der: *Saft aus Grapefruits.*

¹Graph, der; -en, -en [zu griech. gráphein = schreiben] (bes. Math., Naturw.): *grafische Darstellung (z. B. von Relationen) in Form von [markierten] Knoten[punkten] u. verbindenden Linien (Kanten).*

²Graph, das; -s, -e (Sprachw.): *Schriftzeichen als kleinste Einheit in Texten, die durch Segmentierung von Geschriebenem gewonnen, im Unterschied zum Graphem aber noch nicht klassifiziert ist.*

-graph, (auch:) -graf, der; -en, -en [↑¹Graph]: in Zus., z. B. Autograph, Seismograph.

Gra|phem, das; -s, -e [engl. grapheme, zu griech. gráphēma = Schrift] (Sprachw.): *kleinste bedeutungsunterscheidende Einheit in einem Schriftsystem, die ein Phonem bzw. eine Phonemfolge repräsentiert.*

Gra|phe|o|lo|gie, die; - [zu griech. graphḗ = Schrift u. ↑-logie]: *Wissenschaft von der Verschriftung von Sprache u. von den Schreibsystemen.*

gra|phe|o|lo|gisch ⟨Adj.⟩: *die Grapheologie betreffend.*

-gra|phie, (auch:) -grafie, die; -, -n [griech. -graphía, zu: gráphein = schreiben]: in Zus., z. B. Geographie, Röntgenographie.

Gra|phik usw.: ↑Grafik usw.

Gra|phit [auch: ...ˈfɪt], der; -s, (Arten:) -e [zu griech. gráphein = schreiben, zeichnen]: *schwarzgraues Mineral aus reinem Kohlenstoff.*

gra|phit|far|ben, gra|phit|grau ⟨Adj.⟩: *von der Farbe des Graphits; schwarzgrau.*

gra|phit|hal|tig ⟨Adj.⟩: *Graphit enthaltend.*

gra|phi|tisch [auch: ...ˈfɪtɪʃ] ⟨Adj.⟩ (Mineral.): **1.** *das Graphit betreffend; aus Graphit bestehend, Graphit enthaltend:* das -e Kristallgitter; -es Gestein. **2.** *dem Graphit ähnlich.*

Gra|phit|mi|ne, die: *Bleistiftmine aus Graphit.*

Gra|phit|stab, der (Technik): *aus Graphit bestehender Stab für bestimmte technische Anwendungsbereiche* (z. B. bei Elektroden).

Gra|phit|stift, der: *Bleistift mit Graphitmine.*

Gra|phit|zeich|nung, die (Kunst): *mit dem Bleistift od. einem nur aus Graphit bestehenden Stift gefertigte Zeichnung.*

Gra|pho|lo|ge, der; -n, -n [↑-loge]: *Fachmann auf dem Gebiet der Graphologie.*

Gra|pho|lo|gie, die; - [frz. graphologie, eingeführt zu Ende des 19. Jh.s von dem frz. Abt u. Schriftsteller J.-H. Michon, dem Begründer der modernen Graphologie; zu griech. gráphein = schreiben u. ↑-logie]: *Wissenschaft von der Deutung der Handschrift bes. als Ausdruck des Charakters.*

Gra|pho|lo|gin, die; -, -nen: w. Form zu ↑Graphologe.

gra|pho|lo|gisch ⟨Adj.⟩: *die Graphologie betreffend:* ein -es Gutachten.

Gra|pho|thek, (auch:) Grafothek, die; -, -en [2. Bestandteil zu griech. thḗkē = Behältnis; vgl. Bibliothek]: *Kabinett, das grafische Originalblätter moderner Kunst ausleiht.*

Grap|pa, der; -s, -s, (auch:) die; -, -s [ital. grappa, zu älter: grappo = Traube]: *italienischer Tresterbranntwein:* zwei *(zwei Gläser)* G.

grap|schen, grabschen ⟨sw. V.; hat⟩ [zu mundartl. grappen = raffen, hochd. Entsprechung von niederd. grabben, ↑grabbeln] (ugs.): **a)** *rasch ergreifen, an sich raffen:* etw. g.; ich grapschte mir, was ich gerade fand; [sich] jmdn. g. *(jmdn. fassen, packen, ihn ergreifen, festnehemen);* **b)** *schnell nach etw., irgendwohin greifen:* der Mitarbeiter hat einer Kollegin an den Busen gegrapscht; nach einer Tüte Milch g.

Grap|scher, Grabscher, der; -s, - (salopp abwertend): *männliche Person, die eine Frau unsittlich berührt.*

grap|sen ⟨sw. V.; hat⟩ [zu mundartl. grappen, ↑grapschen] (österr. ugs.): *stehlen.*

Gras, das; -es, Gräser [mhd., ahd. gras, eigtl. = das Keimende, Hervorstechende]: **1.** *(in vielen Gattungen u. Arten über die ganze Welt verbreitete) Pflanze mit einem durch Knoten* (2 a) *gegliederten Halm, langen, schmalen Blättern u. bes. als Ähren od. Rispen ausgebildeten Blütenständen mit unscheinbaren Blüten:* Gräser sammeln. **2.** ⟨o. Pl.⟩ *Gesamtheit von Gräsern* (1), *grasähnlichen Pflanzen als Pflanzendecke; Rasen:* hohes, saftiges, grünes, dürres G.; G. mähen, schneiden; die Kühe fressen G.; G. fressende Tiere; nach feuchtem G. riechen; der Weg ist mit G., von G. überwuchert; **R** wo der hinhaut/hintritt/hinfasst, da wächst kein G. mehr (ugs.; *er ist in seinem Tun ziemlich grob, hat eine ziemlich grobe Art*); * **das G. wachsen hören** (ugs. spött.; *an den kleinsten od. auch an eingebildeten Anzeichen zu erkennen glauben, wie die Lage ist od. sich entwickelt*); **das G. von unten besehen/betrachten/wachsen hören [können]** (salopp scherzh.; *tot sein, im Grab liegen*); **über etw. wächst G.** (ugs.; *eine unangenehme Sache wird mit der Zeit vergessen*): darüber ist längst G. gewachsen; **ins G. beißen** (salopp; *sterben;* vermutlich nach der antiken Vorstellung, dass der Kämpfer beim Todeskampf in Erde od. Gras beißt). **3.** (Jargon) *Haschisch; Marihuana:* G. rauchen.

Gras|af|fe, der [1. Bestandteil nach dem im Frühjahr noch frischen u. grünen Gras als Ausdruck der Unerfahrenheit u. Unreife] (salopp abwertend, veraltend): *unreifer, eitler Mensch.*

Gras|art, die: *bestimmte Art von Gras.*

gras|ar|tig ⟨Adj.⟩: *in der Art von Gras; wie Gras geartet.*

gras|be|wach|sen ⟨Adj.⟩: *mit Gras bewachsen.*

Gras|blü|te, die: **1.** ⟨o. Pl.⟩ *das Blühen des Grases; Zeit, in der das Gras blüht:* die Grasblüte ist noch nicht vorüber. **2.** *Blüte von Gras.*

Gras|bo|den, der: *grasbewachsener Boden.*

Gras|bü|schel, das: *Büschel Gras.*

Gräs|chen, das; -s, - u. Gräserchen: Vkl. zu ↑Gras (1).

Gras|dach, das: *mit Gras bewachsenes Dach.*

Gras|de|cke, die: *Pflanzendecke aus Gras.*

gra|sen ⟨sw. V.; hat⟩ [mhd. grasen = Gras schneiden; weiden, ahd. grasōn = Gras schneiden]: **1.** *Gras abfressen; weiden:* die Kühe grasen [auf der Weide]. **2.** (ugs.) *überall nach etw. suchen:* nach einem Zitat g.

Grä|ser: Pl. von ↑Gras.

Grä|ser|chen: Pl. von ↑Gräschen.

Gras|flä|che, die: vgl. Grasboden.

Gras|fleck, der: **1.** *grasbewachsenes Stück Boden.* **2.** *durch zerquetschtes Gras verursachter grüner Fleck.*

Gras|fle|cken, der: *Grasfleck* (2).

Gras fres|send: s. Gras (2).

Gras|fres|ser, der (Zool.): *Gras fressendes Tier.*

Gras|frosch, der: *(meist im feuchten Wiesengelände lebender) gelb- bis dunkelbrauner, auf der Oberseite dunkel, auf der Unterseite weißlich gefleckter Frosch.*

Gras|fut|ter, das: *Gras als Futter für Tiere.*

gras|grün ⟨Adj.⟩: *leuchtend grün:* ein -er Pullover.

Gras|halm, der: *Halm des Grases.*

Gras|hüp|fer, der (ugs.): *Heuschrecke.*

gra|sig ⟨Adj.⟩ [2: mhd. grasec, ahd. grasag]: **1.** *grasartig.* **2.** *mit Gras bewachsen.*

Gras|land, das ⟨o. Pl.⟩: *grasbewachsenes Land:* wie viel Hektar G. wurde verbrannt?

Gras|mü|cke, die [mhd., ahd. gras(e)muc(ke), eigtl. = Grasschlüpferin, 2. Bestandteil verw. mit ↑schmiegen]: *(in vielen Arten weltweit verbreiteter) kleiner, meist unscheinbar gefärbter Singvogel mit feinem, spitzem Schnabel u. unauffälligem Gefieder.*

Gras|nar|be, die: *die oberste Bodenschicht dicht überziehende u. durchziehende Pflanzendecke, die sich durch die Verwachsung von Gräsern, Klee u. verschiedenen Kräuterarten bildet:* die G. abstechen, abheben.

Gras|nel|ke, die: *kleine Pflanze mit grasartigen Blättern u. trichterförmigen bis röhrenartigen weißen, rosa od. roten Blüten.*

Gras|pflan|ze, die: vgl. Gras (1).

Gras|platz, der: **1.** *grasbewachsener Platz.* **2.** *Tennisplatz auf Rasen.*

Grass, das; - [engl. grass, eigtl. = Gras, nach den getrockneten Pflanzenteilen] (Jargon): *Marihuana.*

Gras|sa|men, der: *Samen von Gräsern [für Rasen].*

Gras|schnitt, der: **a)** *das Abmähen von Gras;* **b)** *abgemähtes Gras.*

gras|sie|ren ⟨sw. V.; hat⟩ [zu lat. grassari = losgehen]: *(von Krankheiten, Missständen o. Ä.) um sich greifen; sich ausbreiten:* dort grassiert die Ruhr; eine grassierende Unsitte.

Gras|ski, der: *(zum Skifahren auf Grashängen konstruierter) kurzer Ski mit beweglichem Band unter der Lauffläche.*

gräss|lich ⟨Adj.⟩ [aus dem Niederd. < mniederd. greselik = Schauder erregend, H. u.]: **1.** (emotional) *schauderndes Erschrecken hervorrufend:* ein -es Verbrechen; ein -er Anblick; sein Gesicht war g. entstellt. **2.** (ugs.) **a)** *äußerst unangenehme Gefühle hervorrufend:* -es Wetter; ein -er Kerl; **b)** *in unangenehmer Weise groß, stark:* -e Angst haben; **c)** ⟨intensivierend bei Adj. u. Verben:⟩ *überaus; in höchstem Maße:* ich war g. aufgeregt; wir haben uns dort g. gelangweilt.

Gräss|lich|keit, die; -, -en (emotional): **1.** ⟨o. Pl.⟩ *grässliche Art, Beschaffenheit.* **2.** *grässliche Äußerung, Handlung; grässlicher Umstand:* die -en der Jagd.

Gras|stän|gel, der: *Grashalm.*

Gras|step|pe, die (Geogr.): *fruchtbare, von Gras u. Kräutern bewachsene Steppe.*

Gras|strei|fen, der: *mit Gras bewachsener Streifen des Bodens.*

Gras|tep|pich, der (geh.): *dichte, weiche Grasdecke.*

gras|über|wach|sen ⟨Adj.⟩: *von Gras überwachsen:* -e Pfade.

Grat, der; -[e]s, -e [mhd. grāt = Bergrücken, Rückgrat; Gräte, Spitze, Stachel, ahd. grāt = Rückgrat, eigtl. = Spitze(s), Hervorstechendes]: **1.** *oberste Kante eines Bergrückens; [scharfe] Kammlinie:* ein schmaler G.; den G. eines Berges entlangwandern; **Ü** auf einem schmalen G. der Demokratie wandern. **2.** (Bauw., Archit.)

a) *schräg verlaufende Schnittlinie zweier Dachflächen;* **b)** *Schnittlinie zweier Gewölbeflächen.* **3.** (Fachspr.) *[beim Gießen, Stanzen usw. entstehende] scharfe, harte Kante; scharfkantiger Rand eines Werkstoffes:* der G. eines gestanzten Teils. **4.** (Textilind.) *aus der Gewebefläche heraustretende Bindungslinie mit schrägem Verlauf.*

Grä|te, die; -, -n [mhd. græte, urspr. Pl. von: grāt, ↑Grat]: **1.** *Fischgräte:* die dünnen, feinen -n entfernen; ihr ist eine G. im Hals stecken geblieben. **2.** (salopp) *Knochen:* sich die -n brechen.

grä|ten|los ⟨Adj.⟩: *ohne Gräten.*

Grä|ten|schritt, der: *Schritt mit fischgrätenartiger Spur, den der Skiläufer beim Aufstieg anwendet, indem er die Innenkante der mit den Spitzen weit nach außen gerichteten Skier belastet:* eine Steigung im G. nehmen.

Gra|ti|fi|ka|ti|on, die; -, -en [lat. gratificatio = Gefälligkeit, zu: gratificari, ↑gratifizieren]: *Sonderzuwendung, die der Arbeitnehmer vom Arbeitgeber zu bestimmten Anlässen erhält:* eine G. bekommen, zahlen.

G

gra|ti|fi|zie|ren ⟨sw. V.; hat⟩ [lat. gratificari = eine Gefälligkeit erweisen] (veraltet): *etw. als Sonderzuwendung zahlen.*

grä|tig ⟨Adj.⟩ [2: eigtl. = schlecht genießbar wie ein grätiger (1) Fisch]: **1.** *viele Gräten enthaltend:* -e Fische. **2.** (ugs.) *übellaunig, reizbar.*

Gra|tin [gra'tɛ̃:], das od. der; -s, -s [frz. gratin, zu: gratter, ↑gratinieren]: *überbackenes* [2]*Gericht.*

Grä|ting, die; -, -e u. -s [engl. grating = Gitter(werk)] (Seemannsspr.): *Gitterrost [auf Schiffen].*

gra|ti|nie|ren ⟨sw. V.; hat⟩ [frz. gratiner = am Rand des Kochtopfs festbacken, zu: gratter = abkratzen]: *überbacken, bis eine braune Kruste entsteht:* der Auflauf wird mit Käse bestreut und im Backofen gratiniert.

gra|tis ⟨Adv.⟩ [lat. gratis, urspr. Ablativ von: gratia = Dank; also eigtl. = um den bloßen Dank (und nicht um Belohnung)]: *ohne dass etw. dafür bezahlt werden muss; unentgeltlich, kostenlos:* der Katalog ist g.; Eintritt g.!; es gibt nichts g.; * **g. und franko** (ugs.; *umsonst*).

Gra|tis|ak|tie, die: *Aktie, die der Aktionär ohne direkte Gegenleistung erhält.*

Gra|tis|pro|be, die: *kostenlose Probe:* Sie erhalten auf Anfrage eine G. des neuen Produktes.

Gra|tis|vor|stel|lung, die: *kostenlose Vorstellung* (3): eine G. geben.

Grätsch|ab|schwung, der (Turnen): *mit gegrätschten Beinen ausgeführter Abschwung vom Gerät.*

Grätsch|auf|schwung, der (Turnen): *mit gegrätschten Beinen ausgeführter Aufschwung auf das Gerät.*

grätsch|bei|nig ⟨Adj.⟩ (Turnen): *mit gegrätschten Beinen.*

Grät|sche, die; -, -n [zu ↑grätschen]: **1.** (Turnen) *[Stütz]sprung mit gegrätschten Beinen:* eine G. über das Pferd; mit G. [vom Reck] abgehen. **2.** (Turnen) *Stellung mit gegrätschten Beinen:* in die G. gehen. **3.** (Fußball) *das Grätschen* (3).

grät|schen ⟨sw. V.⟩ [Intensivbildung zu veraltet gräten, mhd. grēten = die Beine spreizen, wohl urspr. lautm.]: **1.** (Turnen) *die gestreckten Beine [im Sprung, Schwung] seitwärts spreizen* ⟨hat⟩: die Beine g.; mit gegrätschten Beinen. **2.** (Turnen) *einen Grätschsprung ausführen* ⟨ist⟩: über das Pferd g. **3.** (Fußball) *mit gestrecktem Bein auf den Ball (u. die Füße des Gegenspielers) zurutschen:* in die Beine des Stürmers g.

Grätsch|schritt, der: *Schritt, mit dem eine Grätschstellung erreicht wird.*

Grätsch|sprung, der (Turnen): *Sprung mit gegrätschten Beinen.*

Grätsch|stel|lung, die (Turnen): *Stellung mit gegrätschten Beinen.*

Gra|tu|lant, der; -en, -en [lat. gratulans (Gen.: gratulantis), 1. Part. von: gratulari, ↑gratulieren]: *jmd., der jmdm. gratuliert:* die -en empfangen.

Gra|tu|lan|tin, die; -, -nen: w. Form zu ↑Gratulant.

Gra|tu|la|ti|on, die; -, -en [lat. gratulatio, zu: gratulari, ↑gratulieren]: **1.** *das Gratulieren:* zur G. erscheinen. **2.** *Glückwunsch:* zahlreiche -en trafen ein.

Gra|tu|la|ti|ons|cour, die: *feierliche Beglückwünschung (bes. einer hoch gestellten Persönlichkeit) durch eine Vielzahl von Gratulanten.*

gra|tu|lie|ren ⟨sw. V.; hat⟩ [lat. gratulari, zu: gratus = willkommen]: *seine Glückwünsche aussprechen, Glück wünschen, jmdn. beglückwünschen:* jmdm. [schriftlich, mündlich] g.; jmdm. [herzlich] zum Geburtstag g.; jmdm. zum bestandenen Examen g.; darf man [schon] g.?; ich gratuliere [Ihnen zu dieser Rede]; (ugs.:) gratuliere!; zu solchen Töchtern kann man Ihnen [nur] g. *(auf solche Töchter können Sie stolz sein);* zu diesem Schwiegersohn kannst du dir g. (ugs.; *darüber kannst du froh sein*).

Grat|wan|de|rung, die: **1.** *Wanderung auf einem Grat* (1): eine G. machen. **2.** *Vorgehensweise, bei der schon ein kleiner Fehler großes Unheil auslösen kann:* die Tarifparteien befinden sich auf einer G.

Grät|zel, das; -s, -n [viell. zu mhd. gereiȥ = Umkreis] (österr. ugs.): *Teil eines Wohnviertels, einer Straße in einem Wohnviertel; Häuserblock.*

grau ⟨Adj.⟩ [mhd. grā, ahd. grāo, eigtl. = schimmernd, strahlend]: **1.** *im Farbton zwischen Schwarz u. Weiß; von der Farbe der Asche, dunkler Wolken):* ein -er Anzug; er hat schon -e Haare; sie hat -e Augen *(Augen mit grauer Iris);* eine -e *(fahle)* Gesichtsfarbe; die -e Substanz (Med.; *der an Nervenzellen reiche Teil des Gehirns u. des Rückenmarks*); der Himmel ist [heute] g.; alt und g. werden; sie ist ganz g. geworden *(hat graue Haare bekommen);* der Himmel ist g. in g. *(es ist sehr trübe);* [ein Bild] g. in g. *(in grauen Farbtönen)* malen; ein g. behaarter Kopf; g. melierte Schläfen; ein g. melierter Stoff; eine g. getigerte Katze. **2.** (ugs.) *sich an der Grenze der Legalität bewegend, nicht ganz korrekt:* -e Händler; -er Technologietransfer. **3.** *trostlos, öde:* dem -en Alltag entfliehen; alles erschien ihr g. [und öde]; * **alles g. in g. sehen, malen** *(alles pessimistisch beurteilen, darstellen).* **4.** *[zeitlich weit entfernt u.] unbestimmt:* in -er Vorzeit.

Grau, das; -s, -, ugs.: -s: **1.** *graue Farbe:* ein helles, dunkles G.; sie erschien ganz in G. *(in grauer Kleidung).* **2.** *Trostlosigkeit, Öde:* dem G. des Alltags entfliehen. **3.** *Unbestimmtheit [zeitlicher Ferne]:* im G. der Vorzeit entschwunden sein.

grau|äu|gig ⟨Adj.⟩: *mit grauen Augen; graue Augen habend.*

Grau|bart, der: **1.** (selten) *grauer Bart.* **2.** (ugs.) *Mann mit ergrautem Bart.*

grau|bär|tig ⟨Adj.⟩: *einen grauen Bart habend, aufweisend.*

grau be|haart: s. grau (1).

grau|blau ⟨Adj.⟩: *blau mit grauem Einschlag.*

grau|braun ⟨Adj.⟩: *braun mit grauem Einschlag.*

Grau|brot, das (landsch.): *Mischbrot (aus Roggen u. Weizen).*

Grau|bün|den; -s: Kanton in der Schweiz.

[1]**Grau|bünd|ner,** der; -s, -: Ew.

[2]**Grau|bünd|ner** ⟨indekl. Adj.⟩: G. Speck.

Grau|bünd|ne|rin, die; -, -nen: w. Form zu ↑[1]Graubündner.

grau|bünd|ne|risch ⟨Adj.⟩: *Graubünden, die Graubündner betreffend; aus Graubünden stammend.*

Gräu|el, der; -s, - ⟨meist Pl.⟩ [mhd. griu(we)l = Grauen, Schrecken, zu: grüwen, ↑[2]grauen] (geh.): *grauenhafte, [moralisch] abstoßende Gewalttat:* die G. des Krieges; G. begehen, verüben; * **jmdm. ein G. sein** *(von jmdm. als höchst widerwärtig angesehen werden):* mir ist der Kerl, die Gartenarbeit ein G.

Gräu|el|mär|chen, das: *[bewusst] auf Auslösung von Emotionen zielender, nicht den Tatsachen entsprechender Bericht von Gräueltaten:* G. verbreiten.

Gräu|el|pro|pa|gan|da, die [bes. nationalsoz., nach ähnlichen Ausdrücken zur Zeit des 1. Weltkriegs]: *Diffamierung des politischen Gegners durch die Verbreitung von Gräuelmärchen o. Ä.*

Gräu|el|tat, die: *Schreckenstat, Gewalttat, Gräuel:* -en verüben, ausführen.

[1]**grau|en** ⟨sw. V.; hat⟩ [mhd. grāwen, ahd. grāwēn = grau werden; dämmern]: **1.** (geh.) *dämmern:* der Abend graut; ein neuer Tag graut *(bricht an);* es begann gerade zu g. **2.** (selten) *grau werden; ergrauen:* ihre Haare beginnen zu g.

[2]**grau|en** ⟨sw. V.; hat⟩ [mhd. grūwen, ahd. (in)grūēn, H. u.]: **a)** <unpers.> *jmdn. Grauen empfinden lassen:* mir/(seltener:) mich graut, wenn ich an morgen denke; es graut mir heute schon vor der Prüfung; **b)** <g. + sich> *Grauen empfinden:* sich vor einer Begegnung g.; ich graue mich nicht so leicht.

Grau|en, das; -s, -: **1.** ⟨o. Pl.⟩ *Furcht, Entsetzen vor etw. Unheimlichem, Drohendem:* ein leises G. erfasst, überläuft jmdn.; ein G. vor etw. empfinden; ein G. erregender Anblick; die Unfallstelle bot noch am späten Nachmittag ein Bild des -s. **2.** *Grauen erregendes Ereignis:* das G., die G. des Atomkrieges schildern.

grau|en|er|re|gend ⟨Adj.⟩: *Grauen hervorrufend:* ein äußerst -er Anblick; die Fernsehbilder waren g.

grau|en|haft ⟨Adj.⟩: **1.** *Grauen hervorrufend:* ein -er Anblick; eine -e Entdeckung machen; die Verwüstungen waren g. **2.** (ugs.) **a)** *in besonders starkem Maße als unangenehm empfunden:* das ist ja eine -e Unordnung!; -e Angst haben; **b)** ⟨intensivierend bei Adj. u. Verben⟩ *sehr, arg; in schrecklicher Weise:* es war g. kalt; sie hat sich g. gefürchtet.

grau|en|voll ⟨Adj.⟩: **1.** *grauenhaft* (1): eine -e Entdeckung; was wir sahen, war g. **2.** (ugs.) *grauenhaft* (2).

grau|far|ben ⟨Adj.⟩ (seltener): *von grauer Farbe.*

Grau|fär|bung, die: *von grauer Färbung.*

Grau|fuchs, der: *(bes. in Nordamerika vorkommender) Fuchs von grauer Färbung mit schwarzem Rückenstreifen u. rostbrauner Unterseite.*

Grau|gans, die: *Wildgans (mit dunkelgrauer, meist weißlich quer gebänderter Oberseite, hellgrauer Unterseite und hellgrauem Kopf).*

grau ge|ti|gert: s. grau (1).

grau|grün ⟨Adj.⟩: *grün mit grauem Einschlag.*

grau|haa|rig ⟨Adj.⟩: *mit grauem Haar:* ein -er Herr.

Grau|hörn|chen, das: *oberseits bräunlich graues od. schwarzes, unterseits weißliches Eichhörnchen (bes. im östlichen Nordamerika).*

Grau|kopf, der (ugs.): **1.** *Kopf mit grauem Haar.* **2.** *Mensch mit grauem Haar.*

grau|len ⟨sw. V.; hat⟩ [mhd. grūweln, griuweln = Furcht empfinden, zu ↑[2]grauen] (ugs.): **1. a)** ⟨g. + sich⟩ *[leichtes] Grauen empfinden:* sich vor der Dunkelheit g.; ich graule mich, wenn ich allein im Keller bin; **b)** ⟨unpers.⟩ *jmdn. [leichtes] Grauen empfinden lassen:* mir/mich grault bei diesem Gedanken; es grault mir vor der Prüfung. **2.** *durch unfreundliches, unangenehmes Verhalten vertreiben:* jmdn. aus dem Haus g.

[1]**grau|lich** ⟨Adj.⟩ [unter Anlehnung an »grau(l)en« zu ↑Gräuel]: **a)** *Graulen verursachend:* eine -e Höhle; **b)** *sich graulend:* -e Leute.

[2]**grau|lich,** [1]**gräu|lich** ⟨Adj.⟩: *ins Graue spielend, mit grauem Einschlag:* ein -es Blau.

[2]**gräu|lich** ⟨Adj.⟩ [mhd. griu(we)lich, zu: griu(we)l, ↑Gräuel]: **1.** *mit Abscheu u. Widerwillen verbundene Furcht erregend; scheußlich:* ein -es Verbrechen. **2.** (ugs.) **a)** *überaus unangenehm, sehr übel, schlecht:* ein -er Gestank; hier riecht es g.; ⟨subst.:⟩ es war ihr etwas Gräuliches widerfahren; **b)** ⟨intensivierend bei Adjektiven u. Verben⟩ *in kaum erträglicher, besonders übler Weise; sehr:* g. schlecht; das tut g. weh.

grau me|liert: s. grau (1).

Grau|pa|pa|gei, der: *(in Zentral- u. Westafrika beheimateter) grauer Papagei, der sehr sprechbegabt ist.*

Gräup|chen, das; -s, -: Vkl. zu ↑Graupe (1 a).

Grau|pe, die; -, -n ⟨meist Pl.⟩ [wahrsch. aus dem Slaw., vgl. gleichbed. obersorb. krupa, poln.

krupa]: a) *enthülstes u. gerundetes Gersten- od. Weizenkorn:* eine Suppe mit -n als Einlage; b) ⟨Pl.⟩ *[Brei aus] Graupen als Teil eines Gerichts:* -n mit Speck.

Grau|pel, die; -, -n ⟨meist Pl.⟩ [zu ↑graupeln]: *kleines [weiches] Hagelkorn:* Schnee mit -n.

grau|pel|ar|tig ⟨Adj.⟩: *in der Art von Graupeln; wie Graupeln geartet:* -e Niederschläge.

grau|pe|lig, grauplig ⟨Adj.⟩: *in Form von Graupeln; mit Graupeln versehen:* -er Regen.

grau|peln ⟨sw. V.; hat; unpers.⟩: *(von Niederschlag) in Form von Graupeln niedergehen:* es graupelte den ganzen Nachmittag.

Grau|pel|schau|er, der: *mit Graupeln vermischter Regenschauer.*

Grau|pen|brei, der: vgl. Graupen (1 b).

Grau|pen|sup|pe, die: *Suppe mit Graupen* (1 a).

graup|lig: ↑graupelig.

Grau|rei|her, der: *Fischreiher.*

Graus, der; -es [mhd. grūs(e), zu ↑grausen]: *Schrecken, Entsetzen:* ihr ist allein der Gedanke daran ein G.; die Sache war für viele ein G.; sie hat, oh G. (ugs. scherzh.; *oh Schreck*), alles falsch gemacht.

grau|sam ⟨Adj.⟩ [mhd. grū(we)sam = Grauen erregend, zu ↑²grauen; die heutige Bed. seit dem 16. Jh.]: **1. a)** *unmenschlich, roh u. brutal:* ein -er Mensch, Herrscher; -e Verbrechen, Taten, Strafen, Kriege; sie wurde g. behandelt, gefoltert; **b)** *sehr schlimm, hart:* -e Kälte; eine -e Eintönigkeit; **c)** (ugs.) *sehr schwer zu ertragen:* eine -e Enttäuschung, Ernüchterung erfahren; es ist g. zu wissen, dass es keine Hilfe mehr gibt; **d)** *in besonders starkem Maße, wie eine Art Pein empfunden:* eine -e Verlegenheit; das ist ja g., wie unsere Mannschaft spielt. **2.** (ugs.) ⟨intensivierend bei Verben u. Adj.⟩ *sehr, überaus:* sich g. langweilen; eine g. lange Zeit warten müssen.

Grau|sam|keit, die; -, -en: **1.** ⟨o. Pl.⟩ *grausame Art:* seelische G.; jmdn. mit großer, unerbittlicher G. verfolgen, misshandeln. **2.** *grausame Handlung:* furchtbare -en begehen.

grau|sche|ckig ⟨Adj.⟩: *mit unregelmäßigen grauen Flecken:* ein -es Fell.

Grau|schim|mel, der: *[weiß]graues Pferd.*

Grau|schlei|er, der: *Einschlag ins Schmutziggraue:* die Wäsche hat einen G.

grau|schwarz ⟨Adj.⟩: *schwarz mit grauem Einschlag.*

grau|sen ⟨sw. V.; hat⟩ [mhd. grūsen, griusen, ahd. (ir)grū(wi)sōn, zu ↑²grauen]: **a)** ⟨unpers.⟩ *jmdn. Grausen empfinden lassen:* es grauste ihm/(auch:) ihn bei dem Anblick; vor diesem Menschen graust [es] mir; mir graust [es], wenn ich an die Prüfung denke; bei diesem Gedanken, vor diesem Augenblick hatte ihr/(auch:) sie oft gegraust; **b)** ⟨g. + sich⟩ *Grausen empfinden:* sie graust sich vor Spinnen; ich grause mich vor dem Zahnarzt.

Grau|sen, das; -s: *Schauder u. Entsetzen; Grauen* (1): jmdn. befällt ein G., kommt ein G. [vor jmdm., etw.] an; sich mit G. abwenden; da kann man das große G. kriegen! (ugs.; *das ist abstoßend, entsetzlich, empörend!*); *** jmdn. packt/jmdm. kommt das kalte G.** *(jmd. ist entsetzt, entrüstet über etw. Bestimmtes):* wenn man die Zustände in diesem Pflegeheim sieht, dann packt einen das kalte G.

grau|sig ⟨Adj.⟩ [zu ↑grausen]: **1.** *Grausen hervorrufend; grauenvoll, entsetzlich, fürchterlich:* ein -es Verbrechen; eine -e Bluttat; ein -er Anblick; eine -e Entdeckung, einen -en Fund machen; die Leiche war g. verstümmelt. **2.** (ugs.) **a)** *in besonders starkem Maße wie eine Art Pein empfunden; sich kaum ertragen lassend; sehr schlimm:* eine -e Kälte; ich habe -en Hunger; der Motor streikte immer wieder, es war g.; **b)** ⟨intensivierend bei Verben u. Adj.⟩ *in kaum erträglicher Weise; sehr, überaus:* der Vortrag war g. langweilig; g. lügen; ich habe mich g. erkältet.

Grau|sig|keit, die; -, -en [spätmhd. grausichkait]: **1.** ⟨o. Pl.⟩ *das Grausigsein.* **2.** *grausige Handlung, grausiges Geschehnis.*

graus|lich ⟨Adj.⟩ [mhd. grūslich, griuslich, zu ↑Graus] (bes. bayr., österr. ugs.): *leichtes Schaudern hervorrufend; abscheulich, grässlich; hässlich:* ein Mensch von -er Hässlichkeit; das klingt ja g.!

Grau|specht, der: *Buntspecht mit einem schmalen schwarzen Haarbüschel am Schnabel, grauem Hals u. Kopf sowie (beim Männchen) leuchtend rotem Scheitel.*

grau|sträh|nig ⟨Adj.⟩: *graue Strähnen aufweisend.*

Grau|tier, das (ugs. scherzh.): **a)** *Esel;* **b)** *Maultier.*

Grau|ton, der: *grauer Farbton.*

Grau|wal, der: *[schwarz]grauer, weißlich gefleckter Bartenwal im nördlichen Pazifischen Ozean.*

grau|weiß ⟨Adj.⟩: *weiß mit grauem Einschlag.*

Grau|wert, der: *Helligkeitswert, Abstufung von Grau.*

Grau|zo|ne, die [wohl nach engl. gray area]: *Übergangszone; Grenzbereich* (2 b); *zwielichtiger od. zweifelhafter Bereich, bes. zwischen Legalität u. Illegalität:* eine juristische G.; in den -n zwischen Wissenschaft und Scharlatanerie.

gra|ve ⟨Adv.⟩ [ital. grave < lat. gravis, ↑gravierend] (Musik): *langsam, schwer u. feierlich, ernst.*

Gra|ve, das; -s, -s: *Musikstück mit der Tempobezeichnung »grave«.*

Gra|ven|stei|ner, der; -s, - [nach dem dt. Namen des dän. Ortes Gråsten]: *Apfel mit glatter, duftender, hellgrüner bis gelber, leuchtend geflammter Schale u. süß-säuerlichem Geschmack.*

Gra|veur [graˈvøːɐ̯], der; -s, -e [frz. graveur, zu: graver, ↑gravieren]: *Metall-, Steinschneider; Stecher* (Berufsbez.).

Gra|veur|ar|beit, die: *Gravierarbeit.*

Gra|veu|rin [...ˈvøːrɪn], die; -, -nen: w. Form zu ↑Graveur.

Gra|vier|ar|beit, die: **1.** *das Gravieren* (1); *Gravierung* (1). **2. a)** *Gravierung* (2); **b)** *mit Gravierungen verzierter Gegenstand.*

gra|vie|ren ⟨sw. V.; hat⟩ [frz. graver, urspr. = eine Furche, einen Scheitel ziehen < mniederl., mniederd. graven = graben]: **1.** *(eine Verzierung, Schrift o. Ä.) in hartes Material verschiedener Art [ein]schneiden, ritzen, stechen:* etw. in etw. g.; der Name war in den Gewehrlauf graviert. **2.** *mit einer Gravierung versehen:* Ringe, eine silberne Uhr g. lassen; die Bestecke waren graviert.

gra|vie|rend ⟨Adj.⟩ [1. Part. von mhd. gravieren = jmdm. etw. zur Last legen < lat. gravare = schwer machen, zu: gravis = schwer, gewichtig; drückend] (bildungsspr.): *schwer ins Gewicht fallend, schwerwiegend u. sich möglicherweise nachteilig auswirkend:* ein -er Unterschied, Fehler, Rückgang; -e Mängel; der Verlust, der Vorwurf war [ziemlich] g.; die Folgen ihres Leichtsinns sind g.; etw. als g. ansehen.

Gra|vier|kunst, die ⟨o. Pl.⟩: *Kunst des Gravierens.*

Gra|vier|ma|schi|ne, die: *Maschine, mit der Gravierungen verschiedener Art mechanisch ausgeführt werden können.*

Gra|vie|rung, die; -, -en: **1.** *das Gravieren.* **2.** *eingravierte Schrift, Verzierung:* die G. auf der Rückseite der Uhr.

Gra|vier|werk|zeug, das: *zum Gravieren verwendetes Werkzeug.*

Gra|vis, der; -, - [zu lat. gravis, ↑gravierend] (Sprachw.): *[Betonungs]zeichen, Akzent (`) für den fallenden Ton (z. B. à).*

Gra|vi|tät, die; - [lat. gravitas, zu: gravis, ↑gravierend] (bildungsspr.): *[steife] Würde; Gemessenheit im Gehaben.*

Gra|vi|ta|ti|on, die; - [zu lat. gravis, ↑gravierend] (Physik, Astron.): *Anziehungskraft zwischen Massen, bes. die in Richtung auf den Erdmittelpunkt wirkende Anziehungskraft der Erde; Schwerkraft* (a): die G. der Erde, des Mondes, der Planeten; der G. unterliegen.

Gra|vi|ta|ti|ons|feld, das (Physik, Astron.): *Bereich in der Umgebung eines Körpers, in dem er auf andere Körper eine Anziehungskraft ausübt.*

Gra|vi|ta|ti|ons|ge|setz, das ⟨o. Pl.⟩: *(von Newton formuliertes) Naturgesetz der Gravitation.*

Gra|vi|ta|ti|ons|kraft, die (Physik, Astron.): *Gravitation.*

Gra|vi|ta|ti|ons|zen|trum, das: *Schwerpunkt, zentraler Bezugs- od. Anziehungspunkt.*

gra|vi|tä|tisch ⟨Adj.⟩ [zu ↑Gravität]: *mit [steifer] Würde; würdevoll; ernst u. gemessen:* mit -er Miene; in -em Ernst; g. schreiten; der Hahn spaziert g. im Hühnerhof umher.

Gra|vur, die; -, -en [zu ↑gravieren]: *eingravierte Verzierung, Schrift o. Ä.:* die Taschenuhr mit einer G. versehen.

Gray [grei], das; -[e]s, - [nach dem brit. Physiker Louis Harold Gray (1905–1965)]: *Maßeinheit der Energiedosis* (Zeichen: Gy).

Graz: Landeshauptstadt der Steiermark.

¹Gra|zer, der; -s, -: Ew.

²Gra|zer ⟨indekl. Adj.⟩ zahllose Touristen bevölkerten die G. Innenstadt.

Gra|ze|rin, die; -, -nen: w. Form zu ↑¹Grazer.

¹Gra|zie, die; - [lat. gratia = Anmut, Lieblichkeit]: *Anmut, Liebreiz:* G. haben; sich mit [natürlicher, tänzerischer, lässiger] G. bewegen; **Ü** sich mit G. (scherzh.; *Geschick*) aus der Affäre ziehen.

²Gra|zie, die; -, -n ⟨meist Pl.⟩ (röm. Myth.): *eine der drei Göttinnen der Anmut:* die drei -n; **R** die -n haben nicht an seiner, ihrer Wiege gestanden (scherzh. verhüll.: *er, sie ist nicht hübsch*); **Ü** da kommen die drei -n (scherzh. od. iron.; *drei zusammengehörende weibliche Personen*).

gra|zil ⟨Adj.⟩ [unter Einfluss von frz. gracile < lat. gracilis = schlank, schmal]: *fein gebildet, zartgliedrig, zierlich:* ein -es Mädchen; eine -e Figur haben; sie ist klein und g.

Gra|zi|li|tät, die; - [frz. gracilité < lat. gracilitas]: *grazile Beschaffenheit, Gestalt, Form.*

gra|zi|ös ⟨Adj.⟩ [frz. gracieux < lat. gratiosus, zu: gratia, ↑¹Grazie]: *mit, voll Grazie; anmutig:* eine -e Bewegung; g. sein; sich g. bewegen; **Ü** -e Möbel.

gra|zi|o|so ⟨Adv.⟩ [ital. grazioso < lat. gratiosus, ↑graziös] (Musik): *anmutig, mit Grazie.*

Gra|zi|o|so, das; -s, -s u. ...si (Musik): *Satz von anmutigem Charakter.*

Grä|zis|mus, der; -, ...men: *altgriechische Spracheigentümlichkeit in einer anderen Sprache, bes. im Lateinischen.*

Grä|zist, der; -en, -en: *jmd., der sich wissenschaftlich mit dem Altgriechischen u. der altgriechischen Kultur befasst.*

Grä|zis|tik, die; -: *Wissenschaft von der altgriechischen Sprache u. Kultur.*

Grä|zis|tin, die; -, -nen: w. Form zu ↑Gräzist.

Green|back [ˈgriːnbɛk], der; -[s], -s [engl. greenback, aus: green = grün u. back = Rücken, Rückseite]: **a)** (Bankw.): *amerikanische Schatzanweisung mit dem Aussehen von Banknoten mit grünem Aufdruck auf der Rückseite;* **b)** (Jargon) *Dollar:* der Kurs des -s.

Green|card [ˈgriːnkaːd] die; -, -s [engl. green card = grüne Karte, nach dem amerikanischen Vorbild]: *Dokument, das Menschen aus Ländern außerhalb der Europäischen Union berechtigt, für eine begrenzte Zeit in Deutschland zu leben u. zu arbeiten.*

Green|horn [ˈgriːnhɔːn], das; -s, -s [engl. greenhorn, eigtl. = Tier mit grünem (= noch nicht ausgewachsenem) Geweih]: *Anfänger, Neuling:* ein G. will mich belehren!

Green|peace [ˈgriːnpiːs; engl. = grüner Frieden]: internationale Organisation von Umweltschützern.

Green|wich [ˈgrɪnɪdʒ, ...ɪtʃ]: Stadtteil von London.

Green|wi|cher [ˈgrɪnɪdʒɐ, ...ɪtʃɐ] ⟨indekl. Adj.⟩: G. Zeit *(westeuropäische Zeit, bezogen auf den Nullmeridian, der durch Greenwich geht).*

Gre|go|ri|a|nik, die; - [nach Papst Gregor I. (um 540–604)]: **1.** *Kunstform des gregorianischen Gesangs.* **2.** *den gregorianischen Gesang betreffende Forschung.*

gre|go|ri|a|nisch: ↑Gesang (2); ↑Kalender (2).

Greif, der; -[e]s u. -en, -e[n] [1: mhd. grīf(e) < ahd. grīf(a) < spätlat. gryphus < lat. grypus, gryps < griech. grýps, zu: grypós = gekrümmt (wie eine Habichtsnase), krummnasig]: **1.** *(früher häufig* *als Wappentier verwendetes) geflügeltes Fabeltier mit dem Kopf [u. den Krallen] eines Adlers u. dem Körper eines Löwen.* **2.** *Greifvogel.*

Greif|arm, der (Technik): *Geräte- od. Maschinenteil, mit dem etw. automatisch gegriffen o. Ä. wird.*

Greif|bag|ger, der: *Bagger mit einem sich zangenartig schließenden Greifer.*

greif|bar ⟨Adj.⟩: **1.** *sich in der nächsten Umgebung befindend, sich ohne besondere Mühe u. ohne größeren Zeitaufwand ergreifen lassend:* die Unterlagen g. haben; alles, was g. war, nahm sie mit; Ü das Ziel ist in -e Nähe *(ganz nahe)* gerückt; die Berge sind g. *(ganz)* nahe. **2.** *verfügbar:* alle -en Veröffentlichungen des Forschers; das Geld ist erst im nächsten Jahr g.; die Ware ist im Moment nicht g. *(nicht auf Lager);* der Chef war nicht g. (ugs.; *erreichbar, zu finden).* **3. a)** *konkret:* -e Ergebnisse; ⟨subst.:⟩ ich habe nichts Greifbares gegen sie in der Hand; **b)** *deutlich erkennbar; offenkundig:* -e Vorteile.

grei|fen ⟨st. V.; hat⟩ [mhd. grīfen, ahd. grīfan, gemeingerm. Verb]: **1.** *ergreifen, [in die Hand] nehmen, packen:* einen Stein g.; etw. mit der Zange g.; ich griff *(nahm)* mir noch ein Stück Kuchen; *** zum Greifen nah[e]** *(nicht mehr in weiter Ferne, sondern ganz nah):* die Berge waren am Abend zum G. nah; der Erfolg schien zum G. nah[e]. **2.** *fangen, fassen; gefangen nehmen:* einen Dieb g.; den werde ich mir mal g. (ugs.; *stellen, um ihn zu rügen).* **3.** (geh.) *in bestimmter Absicht, zu einem bestimmten Tun ergreifen:* die Sekretärin griff zum Block; zur Zigarette g. *(rauchen);* abends greift sie gern zu einem Buch *(liest sie gern);* zur Feder g. *(zu schreiben anfangen, schriftstellerisch tätig werden);* Ü zu einer fragwürdigen Methode, zu schärferen Mitteln, zum Äußersten g. *(Zuflucht nehmen);* zur Selbsthilfe g. **4. a)** *die Hand nach jmdm., etw. ausstrecken [um ihn, es zu ergreifen]:* nach dem Glas, nach seinem Hut g.; das Kind greift Hilfe suchend nach der Hand der Mutter; sie wollte sich festhalten, aber ihre Hand griff ins Leere *(sie fand keinen Halt);* der Betrunkene hatte ihr ins Steuer gegriffen und damit den Unfall verursacht; Ü nach der Macht, Krone g. *(die Macht, Königsherrschaft anstreben);* *** hinter sich g. müssen** (Ballspiele Jargon; *als Torwart ein Tor hinnehmen müssen*); **um sich g.** *(sich ausbreiten):* das Feuer, eine Unsitte greift um sich; die Epidemie griff rasch um sich; **b)** *die Hand nach etw. ausstrecken, um es zu berühren:* an seine Mütze g.; sie griff sich an die Stirn, an den Kopf; er griff ihr an den Busen, unter den Rock; Ü diese traurige Geschichte greift ihr ans Herz (geh.; *geht ihr nahe, rührt sie).* **5.** *(durch Bewegungen der Hand auf einem Musikinstrument) zum Erklingen bringen:* einen Akkord [auf der Gitarre, auf dem Klavier] g.; ihre Hand ist gerade groß genug, um eine Oktave zu g. *(zu umspannen).* **6.** (bes. Technik) *fest aufliegen, einrasten o. Ä., sodass ein bestimmter Vorgang richtig vonstatten geht; genügend Reibungswiderstand haben:* auf der vereisten Fahrbahn griffen die Räder nicht; das Zahnrad greift nicht mehr richtig; Ü diese Methoden greifen nicht mehr *(wirken nicht mehr).* **7.** ⟨nur im 2. Part.⟩ *schätzen, veranschlagen:* diese Zahl ist sehr hoch, zu niedrig gegriffen.

Grei|fer, der; -s, -: **1.** (Technik) *aus zwei schaufelartigen, in einem Gelenk beweglichen Schalen bestehende Vorrichtung an Kränen u. Baggern, mit der Sand, Steine, Kohle o. Ä. aufgenommen u. an eine andere Stelle gebracht werden können.* **2.** (salopp abwertend) *Polizist:* er ist den -n entkommen.

Greif|hö|he: in der Fügung: **in G.** *(in einer Höhe angebracht o. Ä., die mit ausgestrecktem Arm zu erreichen ist):* das Messer hängt in G.

Greif|re|flex, der: *reflexbedingtes Schließen der Hände bei Berührung der Handflächen, bes. bei Säuglingen.*

Greif|trupp, der (ugs.): *für die Verhaftung bestimmter Personengruppen zusammengestellte Gruppe von Polizisten o. Ä.*

Greif|vo|gel, der: *Vogel mit kräftigen Beinen, deren Zehen stark gekrümmte, spitze Krallen aufweisen, die dem Greifen u. Töten der Beute dienen.*

Greif|zan|ge, die: *zangenähnliches Gerät zum Ergreifen von etw., was nicht mit den Händen ergriffen werden kann od. nicht angefasst werden soll.*

grei|nen ⟨sw. V.; hat⟩ [mhd. grīnen, ahd. grīnan = lachend od. weinend den Mund verziehen] (ugs. abwertend): **1.** *[schmerzlich den Mund verziehend] leise u. kläglich vor sich hin weinen:* das Kind greint. **2.** *weinerlich klagen, jammern:* die Stimme einer Frau greinte; Ü mögen die Kritiker doch g.!

greis ⟨Adj.⟩ [mhd. grīs < mniederd. grīs, eigtl. = grau] (geh.): *alt, betagt (mit ergrautem, weißem Haar u. erkennbaren Zeichen des Alters, der Gebrechlichkeit):* sein -er Vater; -es *(von Alter ergrautes, weißes)* Haar; -e *(alte)* Augen.

Greis, der; -es, -e [mhd. grīse, Substantivierung von: grīs, ↑greis]: *alter od. alt wirkender [körperlich hinfälliger] Mann:* ein rüstiger, würdiger G.; Kinder, Frauen und -e.

Grei|sen|al|ter, das: *Altersstufe des alten, betagten Menschen:* an der Schwelle des -s; im hohen G.

grei|sen|haft ⟨Adj.⟩: *wie ein Greis, eine Greisin geartet; in der Art eines [altersschwachen] Greises:* sein -es Äußeres; Kinder mit -en Gesichtern.

Grei|sen|haf|tig|keit, die; -: *greisenhaftes Äußeres, Verhalten; Senilität.*

Grei|sin, die; -, -nen: w. Form zu ↑Greis.

grell ⟨Adj.⟩ [mhd. grel = zornig, heftig, zu: grelen = laut schreien, lautm.]: **1. a)** *in unangenehmer Weise hell; blendend hell:* die -e Sonne; -es Licht; -e Scheinwerfer; eine g. beleuchtete Unfallstelle; **b)** *(von Farben) in auffallender, dem Auge oft unangenehmer Weise hervorstechend; stark kontrastreich:* ein -es Rot; die Farbe ist mir zu g.; ein g. geschminkter Mund; Ü eine Begebenheit in -en Farben schildern. **2.** *schrill, durchdringend laut:* -e Schreie, Pfiffe; eine -e Stimme.

grell be|leuch|tet: s. grell (1 a).

grell|bunt ⟨Adj.⟩: *von greller Buntheit:* ein -es Kleid.

Grel|le, die; -: **1. a)** *blendende, gleißende, als unangenehm empfundene Helligkeit von Licht:* die G. des Neonlichts; **b)** *besonders starke Leuchtkraft einer Farbe; oft als unangenehm empfundene leuchtende Buntheit:* die G. des Rots stach hervor. **2.** *durchdringende, schrille Schärfe von Tönen:* die G. der Pfiffe.

grel|len ⟨sw. V; hat⟩: **1.** *grelles Licht verbreiten:* die Sonne grellt erbarmungslos. **2.** *grell klingen, ertönen:* das Martinshorn grellte.

grell|far|ben, grell|far|big ⟨Adj.⟩: *von einer grellen Farbe:* -e Plakate.

grell|gelb ⟨Adj.⟩: *von einem grellen Gelb.*

Grell|heit, die; -: *Grelle.*

grell|rot ⟨Adj.⟩: *in, von grellem Rot.*

grell|weiß ⟨Adj.⟩: *von einem grellen, blendenden Weiß.*

Gre|mi|al|vor|ste|her, der (österr.): *Vorsitzender eines Gremiums.*

Gre|mi|al|vor|ste|he|rin, die: w. Form zu ↑Gremialvorsteher.

Gre|mi|en|ar|beit, die: *[Mit]arbeit in Gremien.*

Gre|mi|um, das; -s, ...ien [spätlat. gremium = ein Arm voll, Bündel (eigtl. = das, was man im Schoß fassen kann) < lat. gremium = Schoß]: *zur Erfüllung einer bestimmten Aufgabe gebildete Gruppe von Experten; beschlussfassende Körperschaft; Ausschuss:* ein internationales G. von Fachleuten; ein G. bilden; einem G. angehören; in einem G. mitarbeiten.

Gre|na|da; -s: Inselstaat im Karibischen Meer.

Gre|na|dier, der; -s, -e [frz. grenadier = Handgranatenwerfer, zu: grenade = Granate, eigtl. = Granatapfel; vgl. Granate]: *Infanterist.*

Gre|na|dil|le, Granadille, die; -, -n [frz. grenadille = Passionsblume < span. granadilla = Blüte der Passionsblume, eigtl. Vkl. von: granada = Granatapfel]: *essbare Frucht verschiedener Arten von Passionsblumen.*

[1]Gre|na|di|ne, die; - [frz. grenadine, zu: grenade, ↑Grenadier]: *Saft, Sirup aus Granatäpfeln.*

[2]Gre|na|di|ne, die; - [frz. grenadine, eigtl. = genarbte Seide]: *leichtes, durchbrochenes Gewebe aus Naturseide.*

Grenz|ab|fer|ti|gung, die (Zollw.): *Abfertigung durch den Zoll an der Grenze.*

Grenz|ab|schnitt, der (bes. Milit.): *Abschnitt einer Grenze* (1 a).

Grenz|aus|gleich, der: **1.** (veraltend) *(innerhalb der EG) an den Grenzen erhobene Abgabe auf landwirtschaftliche Produkte, durch die inländische Produkte gegenüber der Konkurrenz billigerer Importe geschützt werden sollen.* **2.** *Währungsausgleich* (2).

Grenz|bahn|hof, der: *an einer Grenze liegender Bahnhof.*

Grenz|baum, der: **1.** *Baum, der eine Grenze markiert:* Grenzbäume pflanzen. **2.** *Schlagbaum.*

Grenz|be|am|te, der: *Beamter, der an einer Grenze Dienst tut.*

Grenz|be|am|tin, die: w. Form zu ↑Grenzbeamte.

Grenz|be|fes|ti|gung, die ⟨meist Pl.⟩: *Verteidigungsanlage zum Schutz einer Grenze.*

Grenz|be|ge|hung, die: *offizieller Gang entlang einer Grenze* (1 a, b) *zum Zweck der Überprüfung o. Ä.*

Grenz|be|reich, der: **1.** *Umkreis der Grenze.* **2. a)** *Bereich, in dem keine Steigerungen mehr möglich sind; äußerste Grenze für etw.:* die Geschwindigkeit von 180 km/h liegt bei diesem Wagen bereits im G.; **b)** *Bereich, in dem sich zwei Fachgebiete o. Ä. berühren, aneinander angrenzen:* im G. zwischen Entwicklung und Produktion.

Grenz|be|woh|ner, der: *jmd., der an einer Grenze, in einem Grenzbezirk wohnt.*

Grenz|be|woh|ne|rin, die: w. Form zu ↑Grenzbewohner.

Grenz|be|zirk, der: **a)** vgl. Grenzgebiet (1); **b)** *Zollgrenzbezirk.*

Gren|ze, die; -, -n [mhd. greniz(e), aus dem Westslaw., vgl. poln. granica, russ. granica, zu russ. gran' = Ecke; Grenze]: **1. a)** *(durch entsprechende Markierungen gekennzeichneter) Gelän destreifen, der politische Gebilde (Länder, Staa ten) voneinander trennt:* die G. zwischen Spanien und Frankreich; die G. war gesperrt, war dicht *(konnte nicht passiert werden);* die G. verläuft quer durch den Harz; die G. sichern, bewachen, überschreiten, verletzen; die deutsch-französische G. passieren; der Fluss bildet die G. zu Polen; jenseits, diesseits der G.; an der G. nach Bayern; sie wohnen an der G. *(im Grenzgebiet);* jmdn. über die G. abschieben; einen Flüchtling über die G. bringen; er ist über die grüne G. gegangen (ugs.; *hat illegal, an einem unkontrollierten Abschnitt das Land verlassen);* **b)** *Trennungslinie zwischen Gebieten, die im Besitz verschiedener Eigentümer sind od. sich durch natürliche Eigenschaften voneinander abgrenzen:* die -n der Prärie; die G. zwischen Geest und Marsch; hier verläuft die G. des Grundstücks; eine G. ziehen, berichtigen; dieser Fluss, das Gebirge bildet eine natürliche G.; **c)** *nur gedachte Trennungslinie unterschiedlicher, gegensätzlicher Bereiche u. Erscheinungen o. Ä.:* die G. zwischen Stadt und Dorf, Hell und Dunkel, Kindheit und Jugend; die -n zwischen Kunst und Kitsch sind fließend *(es gibt keine eindeutige Trennung);* das rührt schon an die -n des Lächerlichen *(das ist schon fast lächerlich).* **2.** ⟨meist Pl.⟩ *Begrenzung, Abschluss[linie], Schranke:* eine zeitliche G.; die -n des Fortschritts, des Wachstums; jmdm., einer Entwicklung sind [enge] -n gesetzt; der Fantasie sind keine -n gesetzt; die -n des Erlaubten, Möglichen, der Belastbarkeit überschreiten; die -n wahren, beachten *(nicht über ein bestimmtes Maß hinausgehen; Maß halten);* ihr Ehrgeiz kannte keine -n *(war grenzenlos, maßlos);* sie kennt ihre -n *(weiß, wie weit sie gehen kann, was sie leisten kann);* er ist an der [äußersten] G. des Machbaren angelangt; deine Bemerkung war hart an der G. zur Beleidigung *(war fast schon eine Beleidigung);* die Entwicklung stößt an technische, wissenschaftliche, verfassungsmäßige -n; etw. ist in -n *(in einem bestimmten Maß)* erlaubt; jmdn. in seine -n verweisen; ihr Stolz war ohne -n *(war grenzenlos, sehr groß);* *** sich in -n halten** *(nicht übermäßig groß, gut, nicht überragend sein):* meine Überraschung, ihre Begeisterung hielt sich in -n.

gren|zen ⟨sw. V.; hat; unpers.⟩ [mhd. grenizen = abgrenzen]: **1.** *eine gemeinsame Grenze mit etw. haben; benachbart sein:* die Felder grenzen an die Autobahn; Deutschland grenzt an Österreich. **2.** *einer Sache nahe kommen, ihr sehr ähnlich, verwandt sein:* ihre Theorien grenzen an Verfolgungwahn; das grenzt an Zauberei!; eine an Geiz grenzende Sparsamkeit.

gren|zen|los ⟨Adj.⟩: **1.** *unendlich; unüberschaubar ausgedehnt:* die -e Weite des Himmels; ⟨subst.:⟩ sich im Grenzenlosen verlieren. **2.** *uneingeschränkt, bedingungslos:* mit -em Gottvertrauen; ihre Liebe war g. **3. a)** *sehr groß, maßlos:* ein Gefühl -er Einsamkeit, Angst; das war eine -e Unverschämtheit!; ihre Verachtung für ihn war g.; **b)** ⟨intensivierend bei Adj. u. Verben⟩ *sehr, überaus:* g. allein sein.

Gren|zen|lo|sig|keit, die; -: **1.** *grenzenlose Weite; Unendlichkeit.* **2.** *Uneingeschränktheit.*

Gren|zer, der; -s, - (ugs.): **1.** *Grenzbewohner.* **2.** *Angehöriger einer Einheit, die zur Überwachung der Grenze* (1 a) *eingesetzt ist; Grenzposten.*

Gren|ze|rin, die; -, -nen: w. Form zu ↑Grenzer.

Grenz|fall, der: **1.** *Fall, der zwischen zwei [od. mehreren] Möglichkeiten liegt u. sich daher nicht eindeutig bestimmen lässt:* ein G. zwischen Unterschlagung und Betrug. **2.** *Sonderfall:* wir können nur in Grenzfällen helfen.

Grenz|fluss, der: *Fluss, der eine Grenze bildet.*

Grenz|for|ma|li|tät, die ⟨meist Pl.⟩: *beim Grenzübertritt zu erledigende Formalität wie Pass- u. Zollkontrolle u. a.*

Grenz|gän|ger, der; -s, -: *jmd., der regelmäßig eine Grenze passiert, um in dem Gebiet jenseits der Grenze zu arbeiten, in die Schule zu gehen o. Ä.:* Ü ein G. zwischen den verschiedenen Medien.

Grenz|gän|ge|rin, die; -, -nen: w. Form zu ↑Grenzgänger.

Grenz|ge|biet, das: **1.** *direkt an einer Grenze liegendes Gebiet:* die Kontrolle in den -en wurde verstärkt. **2.** *Sachgebiet, das zu mehreren benachbarten Disziplinen o. Ä. gerechnet werden kann.*

Grenz|kon|flikt, der: *[bewaffnete militärische] Auseinandersetzung zwischen zwei Staaten wegen des Verlaufs einer gemeinsamen Grenze.*

Grenz|kon|trol|le, die: **1.** *amtliche Kontrolle von Personen od. Sachen, die eine Grenze passieren.* **2.** *die Grenzkontrolle* (1) *ausübende Person od. Gruppe.*

Grenz|krieg, der: *(meist auf das Grenzgebiet beschränkter) Krieg wegen des strittigen Verlaufs der Grenze zwischen zwei Staaten.*

Grenz|land, das ⟨Pl. ...länder selten⟩: *Grenzgebiet* (1).

Grenz|li|nie, die: *Linie, die eine Grenze darstellt.*

grenz|nah ⟨Adj.⟩: *in der Nähe einer Grenze gelegen:* -e Gebiete.

Grenz|ort, der ⟨Pl. -e⟩: *in der Nähe einer Grenze gelegener Ort.*

Grenz|po|li|zei, die: *Polizei mit der Aufgabe des Grenzschutzes.*

Grenz|po|li|zist, der: *Angehöriger der Grenzpolizei.*

Grenz|po|li|zis|tin, die: w. Form zu ↑Grenzpolizist.

Grenz|pos|ten, der: *Wachtposten an der Grenze.*

Grenz|pro|blem, das: **1.** *Problem im Zusammenhang mit dem Verlauf einer Grenze:* das G. wird im Friedensvertrag geregelt. **2.** *Problem, das einen Grenzbereich* (b) *berührt.*

Grenz|punkt, der: *Punkt, der eine Grenze bezeichnet; äußerster Punkt; Grenze* (2): an einem G. angelangt sein *(nicht weiterkommen).*

Grenz|re|ge|lung, die: *Regelung eine gemeinsame Grenze betreffend:* eine für beide Staaten annehmbare G.

Grenz|schutz, der: **1.** *Sicherung der Landesgrenze.* **2.** (ugs.) *Bundesgrenzschutz.*

Grenz|schüt|zer, der ⟨meist Pl.⟩ (ugs.): *Angehöriger des Bundesgrenzschutzes.*

Grenz|schüt|ze|rin, die: w. Form zu ↑Grenzschützer.

Grenz|si|che|rung, die: *Grenzschutz* (1).

Grenz|si|tu|a|ti|on, die: *ungewöhnliche Situation, in der nicht die üblichen Mittel, Maßnahmen zu ihrer Bewältigung Anwendung finden können:* die -en menschlicher Existenz.

Grenz|sol|dat, der: *Soldat des Grenzschutzes* (2).

Grenz|sol|da|tin, die: w. Form zu ↑Grenzsoldat.

Grenz|stadt, die: vgl. Grenzort.

Grenz|sta|ti|on, die: *Grenzbahnhof.*

Grenz|stein, der: *Stein, der eine Grenze markiert:* umgefallene, römische -e.

Grenz|strei|tig|keit, die ⟨meist Pl.⟩: *Streitigkeit, die eine gemeinsame Grenze der Streitenden betrifft.*

Grenz|trup|pe, die ⟨meist Pl.⟩ (DDR Milit.): *Teil der Nationalen Volksarmee, dessen Aufgabe die Grenzsicherung sowie die Gewährleistung von Sicherheit u. Ordnung im Grenzgebiet ist.*

Grenz|über|gang, der: **1.** *das Überschreiten, Passieren einer Grenze.* **2.** *mit bestimmten Anlagen versehene bewachte Stelle, an der eine Grenze offiziell überschritten werden kann.*

grenz|über|schrei|tend ⟨Adj.⟩: *über [Staats]grenzen hinausgehend:* -er Handel, Verkehr; -e Umweltprobleme; g. zusammenarbeiten, kooperieren.

Grenz|über|schrei|tung, die: **1.** *Überschreitung einer [Staats]grenze.* **2.** *Missachtung, Überschreitung von Grenzen* (1 c, 2).

Grenz|über|tritt, der: *Grenzübergang* (1).

Grenz|ver|kehr, der: *Verkehr über die Grenzen eines Staates hinweg:* kleiner G. *(erleichterter Grenzübergang für Grenzgänger od. für kurzfristige Grenzübertritte).*

Grenz|ver|lauf, der: *Verlauf einer Grenze:* den G. korrigieren.

Grenz|ver|let|zung, die: *das Verletzen einer Grenze* (1 a) *durch [bewaffneten] illegalen Grenzübertritt:* sich der wiederholten G. schuldig machen.

Grenz|ver|trag, der: *Vertrag über eine Grenzregelung.*

Grenz|wacht, die (schweiz.): *militärisch organisierte Polizei für die Überwachung der Grenze.*

Grenz|wäch|ter, der (bes. schweiz.): *Angehöriger der Grenzwacht.*

Grenz|wäch|te|rin, die: w. Form zu ↑Grenzwächter.

Grenz|wall, der: *dem Schutz einer Grenze dienender ^{2}Wall.*

Grenz|wert, der: **1.** *äußerster Wert, der nicht überschritten werden darf:* -e festlegen, festsetzen; ein G. von 35 Mikrogramm Blei; die Herabsetzung der -e für Abgase. **2.** (Math.) *Zahlenwert, nach dem eine Folge reeller Zahlen hinstrebt; Limes.*

Grenz|wis|sen|schaft, die: **1.** *Wissenschaft, die sowohl zu dem einen als auch zu dem anderen von zwei benachbarten Wissenschaftsbereichen gehören kann.* **2.** ⟨meist Pl.⟩ *wissenschaftliche Beschäftigung mit Phänomenen (aus dem Bereich der Parapsychologie u. a.), die dem rationalen Denken nicht zugänglich sind; Esoterik* (3).

Grenz|zei|chen, das: *Zeichen (z. B. Stein od. Pfahl), mit dem eine Grenze markiert wird.*

Grenz|zie|hung, die ⟨o. Pl.⟩: *das Ziehen einer Grenze:* eine vorläufige, endgültige G.

Grenz|zwi|schen|fall, der: *politischer od. militärischer Zwischenfall an einer Landesgrenze.*

Gret|chen|fra|ge, die [nach der von Gretchen an Faust gerichteten Frage »Nun sag, wie hast dus mit der Religion?«, Goethe, Faust I, 3415]: *unangenehme, oft peinliche u. zugleich für eine bestimmte Entscheidung wesentliche Frage [die in einer schwierigen Situation gestellt wird].*

Greu|be, die; -, -n [mhd. griube, ahd. griubo, Nebenformen zu ↑Griebe] (schweiz.): *Griebe.*

Greu|ben|wurst, die (schweiz.): *Griebenwurst.*

Greu|el usw.: frühere Schreibung für ↑Gräuel usw.

greu|lich: frühere Schreibung für ↑^{2}gräulich.

Grey|er|zer, der; -s, -, **Grey|er|zer Kä|se,** der; --s, --: *dem Emmentaler ähnlicher Schweizer Hartkäse aus dem Greyerzer Land;* vgl. Gruyère.

Grey|hound [ˈgreɪhaʊnd], der; -[s], -s [engl. greyhound < aengl. grīghund, 1. Bestandteil H. u.]: **1.** *in England bes. für Rennen gezüchteter Windhund.* **2.** Kurzf. von ↑Greyhoundbus.

Grey|hound|bus, der [engl.-amerik. Greyhound (bus), nach dem Firmensymbol der Greyhound Corp., einem Windhund (= engl. greyhound, ↑Greyhound), u. wohl auch mit Bezug auf die graue Farbe der Busse (engl. grey = grau)]: *Omnibus einer (amerikanischen) Busliniengesellschaft im Überlandverkehr.*

Grie|be, die; -, -n [mhd. griebe, ahd. griobo, eigtl. = Grobes, wohl verw. mit ↑Griebs, ↑grob] ⟨meist Pl.⟩: **a)** *Rückstand von ausgelassenem Speck;* **b)** *würfelförmiges Stückchen Speck.*

Grie|ben|fett, das: *Fett mit Grieben* (a).

Grie|ben|schmalz, das: vgl. Griebenfett.

Grie|ben|wurst, die: *Wurst mit Grieben* (b); *Blutwurst.*

Griebs, der; -es, -e [spätmhd. grubs, grobis, H. u., viell. verw. mit ↑Griebe] (landsch.): *Kerngehäuse von Apfel od. Birne.*

Grie|che, der; -n, -n: Ew.: er ist G.

Grie|chen|land; -s: Staat im Süden der Balkanhalbinsel.

Grie|chen|tum, das; -s: **1.** *griechisches Wesen; griechische Eigenart.* **2.** *Hellenismus.*

Grie|chin, die; -, -nen: w. Form zu ↑Grieche.

grie|chisch ⟨Adj.⟩ [mhd. kriechisch, ahd. chriehhisc < lat. Graecus < griech. Graikós]: **a)** *Griechenland, die Griechen betreffend:* die -e Geschichte, Kultur, Sprache; das -e Alphabet; ein -er Tempel; die -e Tragödie; die -e Antike; **b)** *in der Sprache der Griechen [verfasst]:* ein -er Text; eine -e Übersetzung.

Grie|chisch, das; -[s]: **a)** *die griechische Sprache;* **b)** *die altgriechische Sprache u. Literatur als Lehrfach:* sie unterrichtet G.; in G. eine Zwei haben.

Grie|chi|sche, das; -n ⟨nur mit best. Art.⟩: *die griechische Sprache im Allgemeinen.*

grie|chisch-ka|tho|lisch ⟨Adj.⟩: *einer mit Rom vereinigten, in Lehre u. Verfassung den Papst anerkennenden orthodoxen Nationalkirche angehörend:* -e Kirche *(mit Rom unierte, bei eigenen Gottesdienstformen in Lehre u. Verfassung den Papst anerkennende orthodoxe Nationalkirche).*

grie|chisch-or|tho|dox ⟨Adj.⟩: *der von Rom getrennten Ostkirche od. einer ihrer unabhängigen Nationalkirchen angehörend:* die Bevölkerung ist g.; die -e Kirche *(die unabhängige Nationalkirche Griechenlands).*

grie|chisch-rö|misch ⟨Adj.⟩: **1.** (Ringen) *nur Griffe oberhalb der Gürtellinie gestattend:* Ringen im -en Stil. **2.** *griechisch-katholisch.*

grie|chisch-uniert ⟨Adj.⟩: *griechisch-katholisch.*

grie|nen ⟨sw. V.; hat⟩ [niederd. Form von ↑greinen] (nordd.): *grinsen:* sie griente verlegen, dreckig.

Gries|gram, der; -[e]s, -e [älter nhd. = mürrische Stimmung, Missmut < mhd. grisgram = Zähneknirschen, rückgeb. aus: grisgramen, ahd. grisgramōn = mit den Zähnen knirschen; murren, brummen] (abwertend): *griesgrämiger Mensch.*

gries|grä|mig, (selten:) **gries|grä|misch, gries|gräm|lich** ⟨Adj.⟩ [im 15. Jh. grisgramig]: *ohne ersichtlichen Grund schlecht gelaunt, unfreundlich, mürrisch u. dadurch eine Atmosphäre der Freudlosigkeit u. Unlust um sich verbreitend;*

verdrossen: ein -er Mensch; g. sein, dreinschauen.

Grieß, der; -es, (Sorten:) -e [mhd. griez, ahd. grioz = Sand, Kies; grob gemahlenes Mehl, eigtl. = Zerriebenes, Zerbröckeltes, verw. mit ↑groß]: **1.** *körnig gemahlenes geschältes Getreide (bes. Weizen), das zum Kochen verwendet wird:* ein Brei aus G. **2.** (Med.) *körniges Konkrement:* Ablagerungen in den Nieren in Form von G.

Grieß|brei, der: *Brei aus Grieß* (1).

Grieß|klöß|chen, das: *Klößchen aus Grießbrei als Suppeneinlage.*

Grieß|pud|ding, der: *Pudding aus Grieß* (1).

Grieß|schmar|ren, der (österr.): *Süßspeise aus geröstetem Grieß* (1).

Grieß|sup|pe, die: *unter Verwendung von Grieß* (1) *hergestellte Suppe.*

griff: ↑greifen.

Griff, der; -[e]s, -e [mhd., ahd. grif, zu ↑greifen]: **1. a)** *das Greifen; Zugriff:* ein rascher, derber, eiserner, kräftiger G.; ein G. an die Heizung, in die Kiste, nach einer Zigarette; sich jmds. -en entwinden; * **der G. zu etw.** (verhüll.; *Hinwendung in einer Art Sucht zu einem Genussmittel, einer Droge*): der G. zur Tablette, Zigarette, Flasche; **mit jmdm., etw. einen guten/glücklichen G. getan haben** *(mit jmdm., etw. eine gute Wahl getroffen haben);* **einen G. in die Kasse tun** (verhüll.; *Geld stehlen*); **b)** *Handgriff, Handhabung:* ein geübter, falscher G.; bei ihr sitzt jeder G. *(sie ist sehr geschickt);* die Soldaten übten ihre -e am Gewehr; sie beherrscht spielend selbst die schwierigsten -e *(Fingerstellungen, mit denen jeweils bestimmte Töne auf einem Musikinstrument erzeugt werden können);* der Ringer wendete einige verbotene -e *(mit Hand od. Arm ausgeführte greifende Bewegungen)* an; mit wenigen -en etw. rasch erledigen; das mache ich mit einem G., das ist mit einem G. *([mühelos] im Nu)* getan; * **-e kloppen/**(seltener:) **klopfen** (Soldatenspr.; *Griffe am Gewehr üben*); **etw. im G. haben** (1. *etw., was mit den Händen getan wird, routinemäßig beherrschen.* 2. *jmdn., etw. unter Kontrolle haben:* die Lehrerin hat ihre Klasse fest im G.); **etw. in den G. bekommen/**(ugs.:) **kriegen** *(in der Lage sein, etw. Schwieriges o. Ä. zu bewältigen, damit fertig zu werden):* eine Seuche, die wirtschaftlichen Probleme in den G. bekommen/kriegen. **2.** *Teil einer Sache in Form einer Klinke, eines Knaufs, eines Henkels, Bügels o. Ä., der ein Zupacken der Hand, ein In-die-Hand-Nehmen ermöglicht:* der G. ist lose, ist abgebrochen; der G. des Spazierstocks ist aus Holz, Bambus; den Koffer am G. packen. **3.** (Weberei) *durch Anfühlen feststellbare Beschaffenheit eines Gewebes:* dieser Seidenstoff hat einen besonders weichen G. **4.** (Fachspr.) [1]*Haftung.*

griff|be|reit ⟨Adj.⟩: *zum raschen Greifen, zum raschen In-die-Hand-Nehmen aufbewahrt, bereitgelegt:* Hut und Mantel sind g.; etw. g. haben; er legte den Revolver g. unter das Kissen.

Griff|brett, das: *am Hals von Saiteninstrumenten festgeleimtes schmales Brett, auf das die darüber gespannten Saiten beim Greifen der Töne niedergedrückt werden.*

Grif|fel, der; -s, - [1: mhd. griffel, ahd. griffil, unter Einfluss von: grīfan (↑greifen) zu: graf < lat. graphium < griech. grapheĩon = Schreibgerät]: **1.** *Schreibstift für Schiefertafeln.* **2.** (Bot.) *stielartiger Fortsatz eines Fruchtknotens, der die Narbe trägt.* **3.** ⟨meist Pl.⟩ (salopp) *Finger:* G. weg von den Keksen!

grif|fel|för|mig ⟨Adj.⟩: *der Form eines Griffels* (1) *ähnlich.*

Grif|fel|kas|ten, der (früher): *kleiner Behälter zum Aufbewahren der Griffel* (1).

grif|fig ⟨Adj.⟩ [mhd. griffec]: **1.** *leicht, gut zu ergreifen, zu umfassen, zu handhaben; handlich:* ein -es Lenkrad; diese Bohrmaschine ist sehr g. **2. a)** *gut greifend* (6): die Reifen haben ein sehr -es Profil; **b)** *so beschaffen, dass etw. darauf gut greifen kann:* eine -e Fahrbahn. **3.** *(von Textilien) fest gewebt:* ein -es Kammgarngewebe; schwerer, -er Seidenstoff. **4.** (bes. österr.) *(von Mehl) grobkörnig, locker:* -es Mehl. **5.** (Jargon) *wirkungsvoll; treffend; prägnant:* eine -e Formulierung.

Grif|fig|keit, die; -: *das Griffigsein.*

Griff|loch, das: *Öffnung in der Wandung des Rohrs von Blasinstrumenten, die mit den Fingerkuppen geschlossen wird, um die Tonhöhe zu verändern.*

griff|los ⟨Adj.⟩: *keinen Griff* (2) *habend, ohne Griff.*

Griff|nä|he, die: *greifbare Nähe:* etw. in G. unterbringen.

Griff|re|gis|ter, das (Fachspr.): *mit Ausbuchtungen versehenes Register* (1 b); *Daumenregister.*

Griff|ta|bel|le, die: *Vorlage, die die möglichen Fingergriffe auf einem Musikinstrument in Form eines Schemas erfasst.*

Griff|tech|nik, die: *Technik des Greifens, z. B. beim Spielen eines Musikinstruments.*

Griff|wei|te, die: vgl. Griffnähe: etw. liegt in G., außer G.; Ü sie hatte den Sieg in G.

Grill, der; -s, -s [engl. grill < frz. gril (neben: grille) < lat. craticulum (neben: craticula) = Flechtwerk, kleiner Rost]: **1. a)** *Gerät zum Rösten von Fleisch, Geflügel, Fisch o. Ä. auf einem* [1]*Rost* (a); **b)** *[zum Grillgerät gehörender] Bratrost:* die Steaks auf den G. legen; Fisch vom G. *(gegrillter Fisch).* **2.** kurz für ↑Kühlergrill.

Gril|la|de [gri'ja:də], die; -, -n [frz. grillade, zu: griller = grillen, rösten, zu: gril, ↑Grill]: *gegrilltes Stück Fleisch, Fisch, Geflügel o. Ä.; Rostbratenstück.*

Gril|le, die; -, -n [mhd. grille, ahd. grillo < lat. grillus, lautm.]: **1.** *den Heuschrecken ähnliches, bes. in der Nacht aktives Insekt, bei dem die männlichen Tiere einen zirpenden Laut hervorbringen:* abends zirpten die -n. **2. a)** *sehr sonderbarer, schrulliger Gedanke, Einfall:* sie hat nichts als -n im Kopf; **b)** *unbegründet trübsinniger Gedanke:* meine Furcht können Sie nicht als bloße G. abtun.

gril|len ⟨sw. V.; hat⟩ [engl. to grill < frz. griller, zu: gril, ↑Grill]: *auf dem Grill rösten:* Hähnchen g.; ⟨häufig im 2. Part.:⟩ gegrillte Steaks; Ü sich in der Sonne g.; sich [von der Sonne] g. lassen.

gril|len|haft ⟨Adj.⟩: *launenhaft, sonderbar, wunderlich.*

Gril|len|haf|tig|keit, die; -: *das Grillenhaft-, Wunderlichsein:* seine G. nimmt immer mehr zu.

Grill|let|te [gri'lɛt(ə)], die; -, -n (regional): *gegrilltes Hacksteak.*

Grill|fest, das: vgl. Grillparty.

Grill|ge|rät, das: *Grill* (1 a).

Grill|ge|richt, das: *Gericht vom Grill* (1 a).

Grill|hach|se, (südd.:) Grillhaxe, die: *gegrillte Hachse* (a).

Grill|hähn|chen, das: vgl. Grillhachse.

Grill|ha|xe: ↑Grillhachse.

Grill|hüt|te, die: *Hütte* (1 b), *in der gegrillt wird, in der Grillpartys veranstaltet werden.*

gril|lie|ren [grɪ'li:rən, auch: gri'ji:rən] (schweiz.): *grillen.*

Grill|par|ty, die: *Party, bei der gegrillt wird.*

Grill|platz, der: *im Freien eingerichteter Platz mit einer od. mehreren Feuerstellen zum Grillen.*

Grill|res|tau|rant, das: *Restaurant, in dem hauptsächlich Grillgerichte serviert werden.*

Grill|room [...ru:m], der; -s, -s [engl. grill-room, zu ↑Grill u. room = Raum, Zimmer]: *Restaurant od. Speiseraum in einem Hotel, in dem hauptsächlich Grillgerichte serviert werden.*

Grill|rost, der: *Grill* (1 b).

Grill|steak, das: vgl. Grillhachse.

Gri|mas|se, die; -, -n [frz. grimace, H. u., viell. aus dem Germ.]: *[bewusst] verzerrtes Gesicht, das etw. Bestimmtes, eine momentane Haltung o. Ä. zum Ausdruck bringt:* eine verächtliche G.; -n schneiden, machen, ziehen; sie verzog ihr Gesicht zu einer scheußlichen G., zu einer G. des Ekels.

Gri|mas|sen|schnei|der, der: *jmd., der gern Grimassen schneidet.*

Gri|mas|sen|schnei|de|rin, die: w. Form zu ↑Grimassenschneider.

gri|mas|sie|ren ⟨sw. V.; hat⟩ [frz. grimacer]: *Fratzen, Grimassen schneiden:* vor Anstrengung g.

grimm ⟨Adj.⟩ [mhd. grim(me), ahd. grimm, eigtl. = grollend, brummig, lautm.] (veraltet): *grimmig.*

Grimm, der; -[e]s [subst. Adj. aus der mhd. Fügung grimmer muot = zorniger Sinn] (geh. veraltend): *heftiger Zorn; verbissene Wut:* dumpfer, wilder G.; voller G. sein.

Grimm|darm, der [da hier der Sitz des »Bauchgrimmens« vermutet wurde, zu ↑[2]grimmen]: *zwischen Blinddarm u. Mastdarm verlaufender größter Teil des Dickdarms.*

[1]**grim|men** ⟨sw. V.; hat⟩ [mhd. grimmen = toben] (veraltet): *ärgern, mit Grimm erfüllen:* die Niederlage grimmte ihn.

[2]**grim|men** ⟨sw. V.; hat; meist unpers.⟩ [in Anlehnung an ↑[1]grimmen zu mhd. krimmen = zwicken, kneifen, verw. mit ↑krumm] (veraltet): *kolikartige Schmerzen haben:* es grimmt mir/mich im Bauch; ⟨subst.:⟩ ich verspürte ein heftiges Grimmen *(Bauchweh, Leibschmerzen).*

grim|mig ⟨Adj.⟩ [mhd. grimmec, ahd. grimmig, zu ↑grimm]: **1.** *voller Grimm; sehr zornig, wütend:* ein -es Gesicht, Lachen; ein -er Blick; der Mann lachte g.; g. dreinblicken, aussehen. **2.** *sehr groß, heftig; übermäßig:* eine -e Kälte; mit -em Hunger.

Grim|mig|keit, die; -: *Grimm:* er blickte voller G.

Grind, der; -[e]s, -e [mhd., ahd. grint = Schorf, eigtl. = Zerriebenes, zu ↑Grund; 2: mhd. grint, verächtlich für: Kopf, der Kopfgrind war früher eine weit verbreitete Krankheit]: **1. a)** *Hautausschlag, der sich zu einer Kruste verhärtet:* juckender G.; die Knie waren mit G. bedeckt; **b)** *Wundschorf:* auf der Wunde hatte sich G. gebildet. **2.** (schweiz. derb) *Kopf.*

grin|dig ⟨Adj.⟩ [mhd. grintec]: *[schmutzig u.] mit Grind* (1 a) *bedeckt:* ein Bettler mit -em Kopf.

Grind|wal, der; -[e]s, -e [aus dem Skandinavischen]: *schwarzer Delphin mit [weißer Kehle u.] kugelförmig vorgewölbter Stirn.*

Grin|go, der; -s, -s [span. gringo, zu: griego = Grieche, nach der Wendung: hablar en griego = unverständlich reden, eigtl. = griechisch reden] (abwertend): *(in Südamerika) männliche Person, die nicht romanischer Herkunft ist.*

grin|sen ⟨sw. V.; hat⟩ [Intensivbildung zu veraltetem u. mhd. grinnen = weinerlich das Gesicht verziehen, weinen; vgl. greinen]: *böse, spöttisch od. auch dümmlich lächeln:* verächtlich, breit, unverschämt g.; bei dieser Vorstellung musste ich g.; ⟨subst.:⟩ ein schadenfrohes Grinsen; sie begrüßte ihn mit spöttischem, breitem G.; * **sich** ⟨Dativ⟩ **eins g.** (ugs.; *sich böse, spöttisch lächelnd lustig machen; sich in schadenfroher Weise amüsieren*).

grip|pal ⟨Adj.⟩ (Med.): *die Grippe betreffend; von einer Grippe herrührend:* ein -er Infekt.

Grip|pe, die; -, -n [frz. grippe, eigtl. = Grille, Laune, zu: gripper = nach etwas haschen, greifen (aus dem Germ., verw. mit ↑greifen), nach der Vorstellung, dass diese Krankheit einen plötzlich u. launenhaft befällt]: **a)** (volkst.) *[mit Kopfschmerzen u. Fieber verbundene] Erkältungskrankheit:* die G. haben; sich eine G. einfangen; seine G. nehmen (ugs.; *wegen einer angeblichen od. vorgeschobenen Grippeerkrankung der Arbeit fernbleiben*); mit G. im Bett liegen; **b)** (Med.) *Virusgrippe:* asiatische G.; an einer G. erkrankt sein; **c)** *Grippeepidemie:* die G. wütet derzeit im Land.

grip|pe|ar|tig ⟨Adj.⟩: *einer Grippe ähnlich:* -e Erkrankungen, Symptome.

Grip|pe|epi|de|mie, die: *Epidemie, bei der unzählige Menschen an Grippe erkranken.*

Grip|pe|er|kran|kung, die: *Grippe* (a, b).

Grip|pe|imp|fung, die: *Schutzimpfung gegen Grippe* (b).

Grip|pe|kran|ke, der u. die: *an Grippe erkrankte Person.*

Grip|pe|vi|rus, das, (außerhalb der Fachspr. auch:) der: *Grippe (b) verursachendes Virus.*

Grip|pe|wel|le, die: *Welle (2 a) von Grippeerkrankungen.*

Grip|pe|wet|ter, das (ugs.): *nasskaltes Wetter, das leicht zu Erkältungen führt.*

Grips, der; -es, -e ⟨Pl. selten⟩ [eigtl. = Griff, Fassen, Subst. zu mundartl. gripsen = schnell fassen, raffen] (ugs.): *Verstand, Auffassungsgabe:* genügend G. für etw. haben; keinen G. im Kopf haben; streng mal deinen G. an!; jemand mit G.

Gris|li|bär: ↑ Grizzlybär.

Grizz|ly|bär [ˈgrɪsli...], (auch:) Grislibär, der; -en, -en [engl. grizzly (bear), eigtl. = Graubär, zu: grizzle, grizzly = grau < afrz. grisel, zu: gris = grau]: *großer nordamerikanischer Braunbär mit braungelbem bis schwarzem Fell.*

gr.-kath. = griechisch-katholisch.

grob ⟨Adj.; gröber, gröbste⟩ [mhd. grop, ahd. g(e)rob, wahrsch. verw. mit ↑ groß in dessen urspr. Bed. »grobkörnig«]: **1. a)** *in seiner Beschaffenheit derb, stark:* -es Leinen, Papier; -er Draht; g. *(zu einem groben Faden)* gesponnenes Garn; **b)** *nicht sehr, nicht so fein [zerkleinert o. Ä.]:* -er Sand, Kies; ein -es *(weitmaschiges)* Sieb; der Kaffee ist g. gemahlen; g. gestreifte *(mit breiten Streifen versehene)* Markisen; **c)** *(in Bezug auf Form, Aussehen) derb wirkend, ohne Feinheit:* -e Gesichtszüge, Hände; -e *(mit Schmutz verbundene)* Arbeit. **2.** *nur auf das Allerwichtigste beschränkt, nicht ins Einzelne gehend; ungefähr; unscharf:* etwas in -en Umrissen, Zügen wiedergeben; das kostet uns im -en Durchschnitt zweihundert Mark pro Jahr; das entspricht nur ganz g. unseren Vorstellungen; es waren, g. gerechnet, g. geschätzt 200 Leute anwesend; g. gesagt, gesprochen. **3. a)** *schwerwiegend u. offensichtlich:* ein -er Fehler, Irrtum; -e Lügen; eine -e Irreführung; (Rechtsspr.:) -er Unfug *(ungebührliches Verhalten, das geeignet ist, die Allgemeinheit zu belästigen, u. das damit die öffentliche Ordnung stört);* g. fahrlässig handeln; sie hat die Vorschriften g. missachtet; ⟨subst.:⟩ das Gröbste haben wir wohl überstanden; *** jmd. fürs Grobe [sein]** (ugs.; *jmd. [sein], der die weniger angenehme o. ä. Arbeit übertragen bekommt*): Charlie ist der Mann fürs G.; **aus dem Gröbsten heraus sein** (ugs.; *das Schlimmste, die schwierigste Zeit [in einem bestimmten Ablauf] überstanden haben*): ihre Kinder sind inzwischen aus dem G. heraus; **b)** *heftig, stark:* -e Windstöße; -e See (Seemannsspr.; *Meer mit starkem Wellengang*). **4.** (abwertend) **a)** *im Umgangston mit anderen Menschen ohne Feingefühl, barsch u. unhöflich:* ein -er Mensch; -e Worte, Späße; eine -e Antwort; sie wurde g. [zu ihm]; jmdn. g. anfahren; jmdm. g. kommen (ugs.; *in unhöflicher, zurechtweisender Weise etw. zu jmdm. sagen*); **b)** *nicht sanft, sondern derb:* jmdn. g. anfassen; sei doch nicht so g., du tust mir ja weh!

Grob|ein|stel|lung, die: *erste, ungefähre Einstellung eines Geräts.*

grö|ber: ↑ grob.

grob|fa|se|rig, grob|fas|rig ⟨Adj.⟩: *aus groben Fasern bestehend:* -es Holz, Fleisch.

grob ge|mah|len: s. grob (1 b).

grob ge|spon|nen: s. grob (1 a).

grob ge|streift: s. grob (1 b).

Grob|heit, die; -, -en [mhd. gropheit]: **1.** ⟨o. Pl.⟩ *ungeschliffene, grobe Wesensart; Gefühllosigkeit:* er ist bekannt für seine G. **2.** *unhöfliche, grobe Äußerung od. Handlung:* jmdm. -en [ins Gesicht] sagen, an den Kopf werfen. **3.** (selten) *derbe, grobe Beschaffenheit:* die G. des Stoffes.

Gro|bi|an, der; -[e]s, -e [scherzh. Bildung aus ↑ grob u. der lat. Namensendung -ian wie in Cassian, Damian] (abwertend): *ungehobelter, rücksichtsloser Mann:* dieser G. hat mir fast den Arm gebrochen.

grob|klot|zig ⟨Adj.⟩: *ohne Feingefühl, barsch u. unhöflich:* -es Benehmen; ein -er Kerl.

grob|kno|chig ⟨Adj.⟩: *von starkem, kräftigem Knochenbau:* eine -e Gestalt; -e Frauen.

grob|kör|nig ⟨Adj.⟩: **1.** *aus groben Körnern (4 b) bestehend; mit körniger Struktur:* -er Sand; -es Mehl. **2.** (Fot.) *(von Filmen) mit einer Schicht [verhältnismäßig] grober, unterschiedlich verteilter Körner (4 a) versehen.*

Grob|kör|nig|keit, die: *das Grobkörnigsein.*

gröb|lich ⟨Adj.⟩ (geh.): *in grober Weise [vorgenommen], auf schlimme Art:* ein -er Verstoß; eine -e *(schwere, schlimme)* Missachtung der Vorschriften; jmdn. g. beleidigen; etw. g. *(sehr)* vernachlässigen.

grob|ma|schig ⟨Adj.⟩: *mit weiten Maschen versehen:* ein -es Gitter; der Pulli ist sehr g. gestrickt.

Grob|ma|schig|keit, die; -: *das Grobmaschigsein.*

grob|nar|big ⟨Adj.⟩: *(von Leder) mit groben Narben bedeckt:* -es Leder.

grob|po|rig ⟨Adj.⟩: *grobe Poren aufweisend:* -es Leder, Gestein.

Grob|rei|ni|gung, die: *erstes, grobes [Vor]reinigen.*

grob|schläch|tig ⟨Adj.⟩ (abwertend): *von großer, kräftiger, aber derber, plumper Gestalt:* ein -er Mann.

Grob|schläch|tig|keit, die; - (abwertend): *Plumpheit, Derbheit:* er ist für seine G. bekannt.

Grob|schnitt, der: *grob geschnittener Rauchtabak.*

gröbs|te: ↑ grob.

grob|stol|lig ⟨Adj.⟩ [zu ↑ Stollen (3)]: *(von Gummireifen) mit grobem Profil versehen.*

Grob|struk|tur, die: **1.** *oft mit bloßem Auge erkennbarer geometrischer Aufbau von festen Stoffen.* **2.** *Größe, Anordnung u. Eigenschaften der Kristalle, aus denen sich ein kristalliner Körper zusammensetzt.*

Grog, der; -s, -s [engl. grog, wahrscheinlich nach dem Spitznamen des engl. Admirals Vernon (1684–1757), Old Grog, den dieser wegen seines Überrocks aus grobem Stoff (engl. grogram) erhalten hatte. Vernon hatte befohlen, seinen Matrosen nur mit Wasser verdünnten Rum auszugeben]: *heißes Getränk aus Rum o. Ä. mit Zucker u. Wasser.*

grog|gy [ˈgrɔgi] ⟨Adj.⟩ [engl. groggy, eigtl. = vom Grog betrunken]: **1.** (Boxen) *schwer angeschlagen, nicht mehr kampf- und verteidigungsfähig:* der Boxer hing g. in den Seilen. **2.** (ugs.) *körperlich sehr erschöpft:* völlig g. sein, ins Bett fallen.

grö|len ⟨sw. V.; hat⟩ [aus dem Niederd. < mniederd. grälen = laut sein, lärmen, zu ↑ Gral, eigtl. = lärmendes Turnierfest im späteren MA. in niederd. Städten] (ugs. abwertend): **a)** *(bes. von Betrunkenen) laut u. misstönend singen od. schreien:* die Betrunkenen grölten vor dem Wirtshaus; die Zuschauer grölten vor Begeisterung; ⟨häufig im 1. Part.:⟩ eine grölende Menge; **b)** *laut in nicht sehr schöner Weise singend [od. schreiend] von sich geben:* die Menge grölte alte Trinklieder.

Grö|le|rei, die; -, -en (abwertend): *anhaltendes Grölen.*

Groll, der; -[e]s [mhd. grolle = Zorn, ablautende Bildung zu mhd. grel, ↑ grell] (geh.): *heimliche, eingewurzelte Feindschaft od. verborgener Hass, zurückgestauter Unwille, der durch innere od. äußere Widerstände daran gehindert ist, sich nach außen zu entladen, u. Verbitterung hervorruft:* heimlicher, tiefer G.; ihr G. richtete sich gegen die Freundin; einen leisen G. in sich aufsteigen fühlen; einen G. auf jmdn. haben, gegen jmdn. hegen; sie sagte das alles ohne G.

grol|len ⟨sw. V.; hat⟩ [mhd. grollen = zürnen; höhnen, spotten] (geh.): **1.** *Groll haben [u. ihn äußern]; zürnen; ärgerlich, verstimmt sein:* sie grollt seit Tagen; er grollt [mit] seinem Vater [wegen dieser Entscheidung]; Ü mit dem Schicksal, über eine Entwicklung g. **2.** *dumpf rollend dröhnen, donnern:* der Donner grollt; ⟨subst.:⟩ das Grollen der Geschütze.

Grön|land; -s: (geographisch zum arktischen Nordamerika, verwaltungsmäßig zu Dänemark gehörende) große Insel im Nordatlantik.

Grön|län|der, der; -s, -: Ew.

Grön|län|de|rin, die; -, -nen: w. Form zu ↑ Grönländer.

grön|län|disch ⟨Adj.⟩: *Grönland, die Grönländer betreffend; von den Grönländern stammend, zu ihnen gehörend.*

Grön|land|wal, der: *im nördlichen Eismeer lebender großer Wal.*

Groove [gru:v], der; -s [engl. groove = Rinne, Furche, übertr.: Routine, eingefahrenes Gleis, eigtl. = Grube] (Musik Jargon): *(in der modernen Unterhaltungsmusik) ständig wiederkehrendes, mitreißendes rhythmisch-melodisches Element:* das Stück ist geprägt von einem treibenden G.

Grop|pe, die; -, -n [mhd. groppe, grope < ahd. groppo, wohl < mlat. corabus, eigtl. = Karpfen]: *räuberischer Süßwasserfisch von keulenförmiger Gestalt mit breitem Kopf, schuppenlosem Körper u. stacheligen Flossen.*

¹Gros [gro:], das; - [gro:(s)], - [gro:s] [frz. gros, zu: gros = groß, dick < lat. grossus]: *überwiegender Teil einer Gruppe od. Anzahl:* das G. der Truppen begann zu meutern; vom G. der Käufer wird wenigstens freundlicher Service erwartet; das G. *(der überwiegende Teil der Leute)* war dagegen.

²Gros, das; -ses, -se ⟨aber: 2 Gros⟩ [niederl. gros < frz. grosse (douzaine) = groß(es Dutzend)]: *12 Dutzend:* ein G. Schreibfedern lag/lagen auf dem Tisch.

Gro|schen, der; -s, - [älter: grosch(e), mhd. grosse < mlat. (denarius) grossus = Dickpfennig, zu lat. grossus = dick]: **1.** *Untereinheit der Währungseinheit von Österreich (100 Groschen = 1 Schilling; Abk.: g).* **2.** (ugs.) **a)** *Zehnpfennigstück:* fünf G. in einen Automaten einwerfen; Ü die Vorstellung war keinen G. wert (ugs.; *war miserabel*); er hat nicht für'n G. *(nicht den geringsten)* Verstand; *** der G. fällt [bei jmdm.]** (ugs.; *jmd. versteht, begreift endlich etw.*; bei einem Warenautomaten wird durch Herabfallen der eingeworfenen Münze der Mechanismus ausgelöst, der die Ware freigibt): jetzt ist auch bei ihr der G. gefallen!; **der G. fällt bei jmdm. pfennigweise** (ugs.; *jmd. ist ziemlich begriffsstutzig, begreift nur langsam*); **nicht [ganz/(mehr) recht] bei G. sein** (salopp; *nicht recht bei Verstand sein*); **b)** ⟨Pl.⟩ (scherzh.) *wenig Geld (als Besitz, Einnahme):* ich habe nicht einen einzigen G. *(kein Geld)* mit; seine [paar] G. zusammenhalten. **3.** (hist.) *alte europäische Silbermünze.*

Gro|schen|blatt, das (abwertend): *hauptsächlich über [vermeintliche] Sensationen berichtende, anspruchslose, billige Zeitung.*

Gro|schen|grab, das (scherzh.): **a)** *Münzautomat, bes. Spielautomat, Parkuhr:* er steckte eine Münze in das G.; **b)** *etw., wofür [ständig] viel Geld vergeudet wird:* der Gebrauchtwagen, den er als vermeintliches Schnäppchen gekauft hatte, erwies sich bald als G.

Gro|schen|heft, das (abwertend): *billige, geistig anspruchslose Lektüre o. Ä. in Heftform; Heftchen (2).*

Gro|schen|ro|man, der (abwertend): *Roman in der Form u. von dem Niveau eines Groschenhefts.*

groß ⟨Adj.; größer, größte⟩ [mhd., ahd. grōʒ, urspr. = grobkörnig]: **1. a)** *in Ausdehnung [nach irgendeiner Richtung] od. Umfang den Durchschnitt od. einen Vergleichswert übertreffend:* ein -es Format, Fenster, Auto; eine -e Stadt; ein -er Maßstab; mittlere bis -e Kleidergrößen; -e Hände, Augen; -e Eier, Kartoffeln; die Wohnung ist nicht g. genug; -e *(ausgedehnte)* Waldgebiete; auf -er Flamme *(mit starker Hitze)* kochen; der -e Zeiger *(Minutenzeiger);* sie ist sehr g. *(hoch gewachsen)* für ihr Alter; das Wort steht g. *(in großen Buchstaben)* an der Tafel; jmdn. g. *(mit großen Augen, verwundert)* ansehen; ein g. gewachsener Mann *(ein Mann von hohem Wuchs);* ein g. gemusterter Kleiderstoff *(ein Stoff mit einem großen Muster);* ein g. karierter Stoff *(ein Stoff mit großem Karomuster);* g. machen (fam.; *Kot ausscheiden*); *** g. und breit** *(in aller Ausführlichkeit):* das habe ich dir doch schon g.

und breit erzählt!; **g. geschrieben werden** (ugs.; *eine wichtige Rolle spielen, einen wichtigen Platz einnehmen; für wichtig erachtet werden*): Sicherheit wird bei ihnen g. geschrieben; **b)** *eine bestimmte Länge, Höhe aufweisend, sich über einen bestimmten Bereich erstreckend:* ein 4 ha -es Grundstück; er ist mindestens 2 Meter g.; diese Bluse ist mir zwei Nummern zu g. **2. a)** *eine höhere Anzahl von Lebensjahren habend, älter:* sein -er Bruder; wenn du größer bist, darfst du länger aufbleiben; ⟨subst.:⟩ unsere Große *(ältere Tochter);* **b)** *erwachsen:* [schon] -e Kinder haben; in diesem Haus, mit diesen Grundsätzen bin ich g. geworden *(aufgewachsen);* ⟨subst.:⟩ während die Kinder spielten, unterhielten sich die Großen; *** Groß und Klein** *(jedermann):* Groß und Klein hatte sich eingefunden. **3.** *verhältnismäßig viel Zeit beanspruchend, von verhältnismäßig langer Dauer:* ein -er Zeitraum; nach einer größeren Verzögerung; (Schulw., Theater:) die -e Pause; die -en Ferien *(Sommerferien).* **4.** *von verhältnismäßig beträchtlicher Menge, Anzahl; sich aus [vielen] einzelnen Bestandteilen od. Werten zusammensetzend:* eine -e Zuhörerschaft, Kundschaft haben; wir sind eine -e Familie, die -e Mehrheit; -e Zahlen, Summen, Kosten; eine -e Auswahl an Schuhen; der größere Teil des gestohlenen Geldes wurde gefunden; nur -es Geld *(nur [größere] Scheine, kein Kleingeld)* bei sich haben; das -e *(viel)* Geld verdienen; eine -e Koalition (Politik; *Koalition der [beiden] zahlenmäßig stärksten Parteien im Parlament*); ⟨subst.:⟩ im Großen *(en gros)* verkaufen, handeln. **5.** *in hohem Grade, von starker Intensität:* -er Lärm, Beifall; unter -em Hunger, -er Hitze leiden; -e Angst, -e Sorgen haben; mit -er Kraft, Geduld; mit dem größten Vergnügen; einen -en Fehler machen; -e Fortschritte machen; -e Schwierigkeiten; die Nachricht erregte -es Aufsehen; -en Wert auf etw. legen; in -er Eile sein; er ist ein -er Feigling, Esel; das ist -e Klasse; ihre Freude war g.; der Leistungsdruck wird immer größer; kein -er Esser sein *(nicht viel zu essen pflegen);* ein -er *(begeisterter, leidenschaftlicher)* Bastler; er war ihre -e Liebe *(der Mann, den sie am meisten geliebt hat);* g. im Geschäft sein. **6. a)** *eine besondere Bedeutung habend; [ge]wichtig, maßgeblich:* -e Worte, Gesten, Gefühle; die -en Öl fördernden Länder; die -e Welt des Sports; Ereignisse aus der -en Politik; ein -er Augenblick ist gekommen; der größte Tag, die größte Chance ihres Lebens; er hat eine -e Rede gehalten; das spielt [k]eine -e Rolle; die -en *(weit verbreiteten, überregionalen)* Tageszeitungen; **b)** *mit überdurchschnittlichem Aufwand, überdurchschnittlicher Wirkung verbunden; großartig, glanzvoll:* ein -es Fest; in -er Aufmachung erscheinen; die -e (iron.; *vornehme, feine*) Dame spielen; er spielt den -en Herrn (iron.; *spielt sich auf, protzt*); **c)** (ugs.) *in besonderer Weise, mit viel Aufwand verbunden:* eine Veranstaltung in -em Rahmen, Stil; g. ausgehen; das Jubiläum wurde g. gefeiert; der Artikel soll g. aufgemacht werden; ein g. angelegtes Forschungsprogramm; **d)** *von besonderer Fähigkeit, Qualität; bedeutend; berühmt:* der -e Goethe; eine -e Künstlerin; einen -en Namen, eine -e Vergangenheit haben; er ist der größte Sohn unserer Stadt; Katharina die Große (Abk.: d. Gr.); ⟨subst.:⟩ er war einer der ganz Großen seines Fachs. **7.** *wesentlich, hauptsächlich, Haupt-:* der -e Durchschnitt, die -e Masse der Bevölkerung; die -e Linie verfolgen; den -en Zusammenhang erkennen; etw. in -en Umrissen, Zügen berichten; *** im Großen und Ganzen** *(im Allgemeinen, alles in allem, aufs Ganze gesehen):* sie war im Großen und Ganzen zufrieden. **8.** (geh.) *großmütig, edel, selbstlos:* ein -es Herz haben; sie ist eine -e Seele; g. denkend. **9.** (ugs.) **a)** *großartig, bewundernswert:* das finde ich, das ist ganz g.!; g. im Sprücheklopfen sein; er steht jetzt ganz g. da; **b)** *großspurig:* -e Reden schwingen; er redet immer so g. daher. **10.** (ugs.) *in hohem Grade, besonders, sehr:* wir haben nicht g. darauf geachtet; niemand freute sich g.; ich habe zugestimmt ohne g. zu überlegen; soll ich mich g. darüber auslassen?; was ist das schon g.?

Groß|ab|neh|mer, der: *jmd., der [als Zwischenhändler] eine Ware in größeren Mengen kauft.*

Groß|ab|neh|me|rin, die: w. Form zu ↑Großabnehmer.

Groß|ak|ti|on, die: *groß angelegte Aktion:* eine G. starten.

Groß|ak|ti|o|när, der (Wirtsch.): *Aktionär, dem ein maßgeblicher Teil des Grundkapitals einer Aktiengesellschaft gehört.*

Groß|ak|ti|o|nä|rin, die: w. Form zu ↑Großaktionär.

Groß|alarm, der: *umfassender Alarm:* G. geben, auslösen.

Groß|an|drang, der (schweiz.): *Massenandrang.*

groß an|ge|legt: s. groß (6c).

Groß|an|griff, der (Milit.): *mit großem militärischem Aufwand ausgeführter Angriff:* einen G. starten; Ü diese Musik bedeutet einen G. auf die Trommelfelle.

Groß|an|lass, der (schweiz.): *Großveranstaltung.*

groß|ar|tig ⟨Adj.⟩: **1. a)** *durch seine ungewöhnliche, bedeutende Art beeindruckend:* ein -es Bauwerk, Buch; eine -e Leistung, Erfindung; **b)** (ugs.) *sehr gut, ausgezeichnet:* eine -e Idee; g. hast du das gemacht; sich g. fühlen; **c)** (ugs.) *groß* (10): die Sache braucht keine -e Erklärung; ich will hier nicht g. diskutieren. **2.** (ugs. abwertend) *großspurig:* g. winken; er tritt immer so g. auf.

Groß|ar|tig|keit, die: *großartige Art, Beschaffenheit.*

Groß|auf|ge|bot, das: *(zur Erledigung einer Aufgabe) aufgebotene große Anzahl:* ein G. an Polizisten.

Groß|auf|marsch, der (schweiz.): *Aufmarsch einer großen Anzahl von Menschen.*

Groß|auf|nah|me, die: **a)** (Fot.) *Nahaufnahme;* **b)** (Film) *Einstellung, in der ein Objekt so gefilmt wird, dass es das ganze Bild beherrscht:* jmdn., etw. in G. zeigen.

Groß|auf|trag, der (Wirtsch.): *großer, bedeutender geschäftlicher Auftrag.*

groß|äu|gig ⟨Adj.⟩: *mit großen Augen:* jmdn. g. ansehen.

Groß|bank, die ⟨Pl. ...banken⟩ (Bankw.): *große Bank mit weit verzweigtem Filialnetz.*

Groß|bau|er, der: *Bauer, der viel Land [u. viel Vieh] besitzt.*

Groß|bäu|e|rin, die: w. Form zu ↑Großbauer.

Groß|bau|stel|le, die: *große Baustelle.*

Groß|be|trieb, der: **a)** *großer Gewerbe- od. Industriebetrieb;* **b)** *großer landwirtschaftlicher Betrieb.*

Groß|be|zü|ger, der (schweiz.): *Großabnehmer.*

Groß|be|zü|ge|rin, die: w. Form zu ↑Großbezüger.

Groß|bour|geoi|sie, die (bes. marx.): *einflussreichster Teil der Bourgeoisie, der im Besitz von wichtigen Produktionsmitteln, Monopolen u. Großbanken ist.*

Groß|brand, der: *Brand, der große Ausmaße hat.*

Groß|bri|tan|ni|en; -s: Gesamtheit der nicht irischen Teile des Vereinigten Königreichs: G. und Nordirland.

groß|bri|tan|nisch ⟨Adj.⟩: *Großbritannien betreffend.*

Groß|buch|sta|be, der: *Buchstabe aus der Reihe der großen Buchstaben eines Alphabets:* etw. in -n schreiben.

Groß|bür|ger, der: *Bürger des oberen Mittelstandes.*

Groß|bür|ge|rin, die: w. Form zu ↑Großbürger.

groß|bür|ger|lich ⟨Adj.⟩: *das Großbürgertum betreffend, zu ihm gehörend:* eine -e Wohnung; -e Verhältnisse.

Groß|bür|ger|tum, das: *Gesamtheit der Großbürger.*

Groß|che|mie, die: *Gesamtheit der großen Unternehmen der chemischen Industrie.*

Groß|com|pu|ter, der: *Großrechner.*

Groß|con|tai|ner, der: *großer Container bes. für Frachten.*

Groß|de|mons|tra|ti|on, die: *spektakuläre Demonstration* (1) *mit einem großen Aufgebot von Teilnehmern.*

groß den|kend: s. groß (8).

groß|deutsch ⟨Adj.⟩: **a)** *im 19. Jh. ein deutsches Reich durch den Zusammenschluss der deutschen Staaten u. Österreichs anstrebend;* **b)** (bes. nationalsoz.) *den staatlichen Zusammenschluss möglichst aller geschlossen siedelnden Deutschen in Mitteleuropa unter Vorherrschaft des Deutschen Reiches anstrebend:* ein -es Reich.

Groß|deutsch|land; -[s] (nationalsoz.): **a)** *(in der expansionistischen Vorstellung der Nationalsozialisten) durch den Zusammenschluss aller geschlossen siedelnden Deutschen zu schaffendes Deutschland;* **b)** *Deutschland nach dem Anschluss Österreichs (im Jahre 1938).*

Groß|druck, der ⟨Pl. -drucke⟩ (Buchw.): *großer, gut lesbarer Druck:* Taschenbücher in G.

Grö|ße, die; -, -n [mhd. grœȥe, ahd. grōȥī]: **1. a)** ⟨Pl. selten⟩ *[Maß der] räumliche[n] Ausdehnung, Dimension; Umfang eines Körpers:* die G. des Grundstücks beträgt 600 m²; Tische unterschiedlicher G.; Knöpfe in allen -n; etwas in natürlicher G. abbilden; **b)** ⟨Pl. selten⟩ *zahlen-, mengenmäßiger Umfang:* die G. eines Volkes, einer Schulklasse; **c)** ⟨Pl. selten⟩ *[Maß der] Erstreckung eines Körpers in Länge od. Höhe; Körpergröße:* die G. eines Kindes; ein Mann von mittlerer G.; sich nach der G. aufstellen; er richtete sich zu seiner vollen G. auf; **d)** *nach der Größe des menschlichen Körpers od. eines Körperteils genormtes Maß für Bekleidungsstücke:* kleine -n; eine Unterhose G. 7; sie braucht Kleider, Schuhe in G. 38, 40; der Anzug ist in allen -n erhältlich. **2.** (Physik) *quantitative u. qualitative Eigenschaft od. Merkmal einer physikalischen Erscheinung, das sich in einem zahlenmäßigen Wert ausdrücken lässt:* eine gegebene, unbekannte G. **3.** ⟨Pl. selten⟩ **a)** *besondere Bedeutsamkeit, Tragweite:* die G. des Augenblicks; die geschichtliche G. dieser Herrscherin; **b)** *besonderer, jmdm. od. einer Sache innewohnender Wert; Großartigkeit:* die wahre, innere, menschliche, wirkliche G. **4.** *bedeutende, berühmte Persönlichkeit, Kapazität:* die geistigen -n einer Epoche; die -n der Wissenschaft; eine G. auf dem Gebiet der Medizin.

Groß|ein|kauf, der: *über das normale Maß hinausgehender, großer Einkauf.*

Groß|ein|satz, der: *Einsatz vieler Menschen, Maschinen o. Ä.:* ein G. der Feuerwehr.

groß|el|ter|lich ⟨Adj.⟩: *die Großeltern betreffend, zu ihnen gehörend:* die -e Wohnung.

Groß|el|tern ⟨Pl.⟩: *Eltern des Vaters, der Mutter; Großvater u. Großmutter:* die G. besuchen.

Groß|el|tern|teil, der: *einer der beiden Großeltern.*

Groß|en|kel, der: *Urenkel* (a).

Groß|en|ke|lin, die: *Urenkelin.*

Grö|ßen|ord|nung, die: **1.** *[Zahlen]bereich, in dem die Höhe, der Umfang, das Ausmaß von etw. anzusiedeln ist; Dimension:* kosmische -en; ein Unternehmen dieser G. *(Größe);* Baukosten in der G. von 8 bis 9 Millionen DM. **2.** (Physik, Math.) *meist durch aufeinander folgende Zehnerpotenzen begrenzter Zahlbereich, in dem die Messzahl einer Größe* (2), *einer Anzahl o. Ä. liegt.*

gro|ßen|teils ⟨Adv.⟩: *zum großen Teil:* die Ferien g. zu Hause verbringen; die g. zerstörte Stadt.

Grö|ßen|un|ter|schied, der: *Unterschied in der Größe* (1): ein geringer, auffälliger G. zwischen beiden.

Grö|ßen|ver|hält|nis, das: **1.** *Verhältnis in Bezug auf die Größe zwischen gleichartigen, aber verschieden großen Personen od. Gegenständen:* ein Modell im G. 1 zu 100; Ü das sind amerikanische -se *(Maßstäbe, Kriterien, Richtlinien).* **2.** *Verhältnis in Bezug auf die Größe zwischen den einzelnen Teilen eines Gegenstandes; Pro-*

portion: das Bild entspricht nicht den tatsächlichen -sen.

Grö|ßen|wahn, der: *[krankhaft] übersteigerter Geltungsdrang.*

Grö|ßen|wahn|sinn, der (ugs. abwertend): *Größenwahn.*

grö|ßen|wahn|sin|nig ⟨Adj.⟩ **a)** (Med., Psychol. veraltet) *an Größenwahn leidend;* **b)** (ugs. abwertend) *von Größenwahnsinn geprägt:* ein -er Despot; du bist ja g.!

grö|ßer: ↑groß.

Groß|er|eig|nis, das: *Veranstaltung einer bestimmten Größenordnung, Ereignis von bestimmtem Rang:* ein sportliches, musikalisches G.

grö|ße|ren|teils, grö|ßern|teils ⟨Adv.⟩: *zum größeren Teil; vorwiegend:* das Publikum besteht g. aus Abonnenten.

Groß|fahn|dung, die: *mit großem Polizeieinsatz durchgeführte Fahndung:* G. der Polizei [nach Schleusern]; eine G. einleiten.

Groß|fa|mi|lie, die (Soziol.): *großer Familienverband [der aus Vertretern von drei od. mehr Generationen besteht]:* die bäuerliche G.; die Auflösung der traditionellen G.

groß|flä|chig ⟨Adj.⟩: *sich über eine große Fläche erstreckend:* -e Waldschäden; -e Fenster; ein -es Gesicht *(Gesicht, das durch hohe Backenknochen o. Ä. ziemlich flach wirkt).*

Groß|flug|ha|fen, der: *Flughafen mit sehr großer Kapazität.*

Groß|for|mat, das: *großes Format* (1): Fotos, Anzeigen, Kalender in/im G.

groß|for|ma|tig ⟨Adj.⟩: *von großem Format* (1): -e Bücher, Bilder, Anzeigen.

Groß|fürst, der (hist.): **1.** ⟨o. Pl.⟩ *russischer Ehren- u. Herrschertitel.* **2.** ⟨o. Pl.⟩ *Herrschertitel in Finnland, Litauen, Polen, Siebenbürgen.* **3.** *Träger des Titels Großfürst* (1, 2).

Groß|fürs|tin, die: w. Form zu ↑Großfürst.

Groß|ga|ra|ge, die: *Garage für eine große Zahl von Autos.*

Groß|ge|mein|de, die: *durch Eingemeindungen entstandene größere Kommune.*

groß ge|mus|tert: s. groß (1a).

groß ge|wach|sen: s. groß (1a).

Groß|glock|ner, der; -s: höchster Berg Österreichs.

Groß|grund|be|sitz, der: **a)** *Grundbesitz von großer Ausdehnung;* **b)** ⟨o. Pl.⟩ *Gesamtheit der Großgrundbesitzer.*

Groß|grund|be|sit|zer, der: *Eigentümer von Großgrundbesitz.*

Groß|grund|be|sit|ze|rin, die: w. Form zu ↑Großgrundbesitzer.

Groß|han|del, der: *Wirtschaftszweig, der mit Waren in großen Mengen handelt.*

Groß|han|dels|kauf|frau, die: vgl. Großhandelskaufmann.

Groß|han|dels|kauf|mann, der: *Kaufmann im Großhandel.*

Groß|han|dels|un|ter|neh|men, das: *Unternehmen* (2) *des Großhandels.*

Groß|händ|ler, der: *Kaufmann im Bereich des Großhandels.*

Groß|händ|le|rin, die: w. Form zu ↑Großhändler.

Groß|hand|lung, die: *Geschäft, Unternehmen des Großhandels.*

groß|her|zig ⟨Adj.⟩ (geh.): *von selbstloser, nicht kleinlicher Gesinnung [zeugend]; tolerant:* eine -e Tat; ein -er Mensch; jmdm. g. verzeihen.

Groß|her|zig|keit, die; - (geh.): *selbstlose Gesinnung; Toleranz.*

Groß|her|zog, der [LÜ von ital. granduca, urspr. Bez. für den Herrscher von Florenz]: **a)** ⟨o. Pl.⟩ *Fürstentitel im Rang zwischen König u. Herzog;* **b)** *Träger des Titels Großherzog* (a).

Groß|her|zo|gin, die: w. Form zu ↑Großherzog.

Groß|her|zog|tum, das: *Herrschaftsbereich eines Großherzogs.*

Groß|hirn, das (Anat.): *aus zwei Hälften bestehender vorderster Teil des Gehirns, der den größten Teil der Schädelhöhle ausfüllt.*

Groß|hirn|rin|de, die: *mit zahlreichen Nervenzellen ausgestattete Partie an der Oberfläche des Großhirns.*

Groß|in|dus|trie, die: **a)** *in besonders großem Umfang produzierender Industriezweig:* die Autoindustrie gehört zu den -n; **b)** ⟨o. Pl.⟩ *Gesamtheit der Großindustrien* (a): die europäische G.

groß|in|dus|tri|ell ⟨Adj.⟩: *die Großindustrie betreffend, zu ihr gehörend:* die -e Massenproduktion.

Groß|in|dus|tri|el|le, der u. die: *jmd., der einen od. mehrere große Industriebetriebe besitzt od. leitet.*

Groß|in|qui|si|tor, der: *oberster Richter der spanischen Inquisition.*

Groß|in|ves|ti|ti|on, die: *Investition* (1) *in großem Umfang.*

Gros|sist, der; -en, -en [zu frz. gros, ↑[1]Gros] (Kaufmannsspr.): *Großhändler.*

Gros|sis|tin, die; -, -nen: w. Form zu ↑Grossist.

groß|jäh|rig ⟨Adj.⟩ (veraltend): *volljährig, mündig.*

Groß|jäh|rig|keit, die; - (veraltend): *Volljährigkeit, Mündigkeit.*

Groß|ka|li|ber, das: *großes Kaliber:* Ü er ist ein G. innerhalb der Justiz.

groß|ka|li|be|rig, groß|ka|li|brig [zu ↑Kaliber] ⟨Adj.⟩: *(von Geschützrohren od. Geschossen) einen großen Durchmesser habend:* eine -e Waffe; ein -es Geschütz.

Groß|kampf|tag, der (Milit.): *Tag, an dem große Kämpfe stattfinden:* Vorbereitungen für den G.; Ü (ugs.:) heute hatte ich einen G. *(besonders harten Arbeitstag);* Glatteis – ein G. für den Streudienst.

Groß|ka|pi|tal, das (Jargon): **a)** *Gesamtheit der Großunternehmen;* **b)** *Gesamtheit der Großunternehmer und Großunternehmerinnen.*

Groß|ka|pi|ta|lis|mus, der: *Wirtschaftssystem, in dem das Großkapital bestimmend ist.*

Groß|ka|pi|ta|list, der: *Vertreter des Großkapitals* (b): Ü du bist ja ein G. (scherzh.; *hast ja viel Geld).*

Groß|ka|pi|ta|lis|tin, die: w. Form zu ↑Großkapitalist.

groß|ka|pi|ta|lis|tisch ⟨Adj.⟩: *den Großkapitalismus betreffend, zu ihm gehörend, von ihm ausgehend:* die -en Interessen.

groß ka|riert: s. groß (1a).

Groß|kat|ze, die (Zool.): *großes katzenartiges Raubtier* (z. B. Tiger, Löwe).

Groß|kauf|frau, die: vgl. Großkaufmann.

Groß|kauf|mann, der: **1.** *Grossist.* **2.** *Kaufmann, der Geschäfte in großem Stil betreibt:* die Hamburger Großkaufleute.

Groß|kind, das (schweiz.): *Enkelkind.*

Groß|ki|no, das: *modernes Kino, das mehrere Säle umfasst.*

Groß|kir|che, die: *Kirche* (3) *mit vielen Mitgliedern.*

Groß|kli|ma, das (Met.): *Klima größerer Gebiete, z. B. eines Landes, eines Kontinents; Makroklima.*

Groß|klub, der (Sport, bes. Fußball): *Klub, der aufgrund seiner Mitgliederzahl u. bes. seiner Finanzkraft u. seines Renommees eine herausgehobene Stellung hat.*

Groß|ko|a|li|ti|o|när, der: *Koalitionspartei, -partner in einer großen Koalition.*

Groß|kon|zern, der: *großer, wichtiger Konzern:* die Macht der -e.

Groß|kop|fer|te (bes. bayr., österr.), **Groß|kop|fe|te,** der u. die; -n, -n [zu ↑Kopf] (ugs.): **a)** *einflussreiche, gesellschaftlich hoch gestellte Person;* **b)** *Intellektuelle[r].*

groß|köp|fig ⟨Adj.⟩: *mit großem Kopf versehen.*

Groß|kotz, der; -, -e [jidd. großkozen = schwerreicher Mann, auch: Wichtigtuer; viell. zu hebr. qạzîn = Vorsteher, Anführer, volksetym. an ↑kotzen angeschlossen] (salopp abwertend): *Angeber.*

groß|kot|zig ⟨Adj.⟩ (salopp abwertend): *widerlich aufschneidend, protzig:* ein -er Mensch; g. daherreden.

Groß|kot|zig|keit, die; - (salopp abwertend): *das Großkotzigsein.*

Groß|kraft|werk, das: *Kraftwerk von großer Kapazität.*

Groß|kre|dit, der: *Kredit, der einen bestimmten Prozentsatz vom Eigenkapital des Kreditinstituts übersteigt.*

Groß|kreis, der (Geom.): *Kreis auf einer Kugeloberfläche, dessen Mittelpunkt mit dem Mittelpunkt der Kugel zusammenfällt.*

Groß|kreuz, das: *Exemplar der höchsten Klasse bei den meisten Orden:* das G. des Eisernen Kreuzes.

Groß|kü|che, die: **1.** *große Küche (eines Hotels, einer Kantine o. Ä.), in der Essen für eine große Zahl von Personen gekocht wird.* **2.** *Unternehmen, das für Großabnehmer Essen zubereitet u. liefert.*

Groß|kun|de, der: *(in wirtschaftlicher, strategischer o. ä. Hinsicht) besonders wichtiger Kunde:* Verbilligungen für -n.

Groß|kund|ge|bung, die: *Kundgebung, an der eine große Menschenmenge teilnimmt.*

Groß|kun|din, die: w. Form zu ↑Großkunde.

Groß|la|ge, die: *größeres Anbaugebiet für Wein, das aus der Zusammenfassung einzelner kleinerer Weinlagen entstanden ist.*

Groß|lo|ge, die: *Verband, in dem mehrere Freimaurerlogen zusammengeschlossen sind.*

groß|ma|chen, sich ⟨sw. V.; hat⟩ (ugs.): *sich rühmen; prahlen; sich wichtig machen:* er will sich nur g.

Groß|macht, die: *Staat, der so viel Macht besitzt, dass er einzeln od. im Bündnis mit anderen Staaten einen erheblichen Einfluss auf die internationale Politik ausübt:* zur G. aufsteigen, werden.

Groß|macht|po|li|tik, die: *von einer Großmacht, von den Großmächten betriebene Politik.*

Groß|macht|stel|lung, die: *Stellung, Bedeutung einer Großmacht:* das Land hat seine G. verloren.

Groß|ma|ma, die (fam.): *Großmutter.*

Groß|manns|sucht, die ⟨o. Pl.⟩ (abwertend): *übersteigerter Geltungsdrang.*

groß|manns|süch|tig ⟨Adj.⟩ (abwertend): *von übersteigertem Geltungsdrang.*

Groß|markt, der: **1.** (Wirtsch.) *Markt, auf dem vorzugsweise Wiederverkäufer ihren Bedarf decken.* **2.** (ugs.) *großes Geschäft, in dem Lebensmittel, Bekleidung usw. meist günstig gekauft werden können.*

Groß|markt|hal|le, die: *Markthalle.*

groß|ma|schig ⟨Adj.⟩: *mit weiten Maschen versehen:* ein -es Netz.

Groß|mast, der (Seemannsspr.): *zweiter Mast von vorn bei einem mehrmastigen Segelschiff.*

Groß|maul, das (ugs. abwertend): *jmd., der prahlt; Angeber:* er ist ein schreckliches G.

groß|mäu|lig ⟨Adj.⟩ (ugs. abwertend): *prahlerisch, angeberisch:* die Ankündigung war zu g. gewesen.

Groß|mäu|lig|keit, die; -, -en (ugs. abwertend): **1.** ⟨o. Pl.⟩ *das Großmäuligsein.* **2.** *großmäulige Rede, Verhaltensweise.*

groß|mehr|heit|lich ⟨Adj.⟩ (schweiz.): *mit großer Mehrheit erfolgt:* ein -er Beschluss; dem Antrag g. zustimmen.

Groß|meis|ter, der [1: mhd. grōȥmeister]: **1.** *Oberer eines Ritterordens.* **2.** *in der Freimaurerei Vorsitzender einer Großloge.* **3.** *internationaler Meister im Schachspiel.* **4.** (Jargon) *jmd., der in einem Fach, in seinem Beruf o. Ä. Großes leistet, ein Könner ist:* Erich Kästner, der G. dieses Genres.

Groß|meis|te|rin, die: w. Form zu ↑Großmeister (4).

Groß|mo|gul, der (früher): **a)** *Titel nordindischer Herrscher;* **b)** *Träger des Titels Großmogul* (a).

Groß|muf|ti, der: *übergeordneter Mufti in den Hauptstädten der Provinzen des Osmanischen Reiches.*

Groß|mut, die; -: *edle Gesinnung; Großzügigkeit:*

G. gegen den Besiegten zeigen; jmds. G. missbrauchen.

groß|mü|tig ⟨Adj.⟩ [mhd. grōȝmüetec = voll Selbstvertrauen]: *Großmut besitzend, zeigend:* eine -e Tat; gegen jmdn. g. sein, handeln; über etw. g. hinwegsehen.

Groß|mü|tig|keit, die; - [mhd. grōȝmuotecheit]: *das Großmütigsein.*

Groß|mut|ter, die [mhd. grōȝmuoter, LÜ von frz. grand-mère]: **1.** *Mutter des Vaters od. der Mutter:* meine G. väterlicherseits; Hausmittel aus -s Zeiten *(von früher);* sie ist zum dritten Mal G. geworden *(sie hat ein drittes Enkelkind bekommen);* R das kannst du deiner G. erzählen! (ugs.; *das glaube ich dir nicht!*). **2.** (ugs.) *alte Frau.*

groß|müt|ter|lich ⟨Adj.⟩: **a)** *die Großmutter betreffend, zu ihr gehörend:* das -e Erbe; auf -er Seite; **b)** *für eine Großmutter charakteristisch:* sie verzog ihn mit -er Nachsicht.

Groß|nef|fe, der: *Enkel des Bruders od. der Schwester.*

Groß|nich|te, die: *Enkelin des Bruders od. der Schwester.*

Groß|of|fen|si|ve, die (Milit.): *militärische Offensive von großen Ausmaßen:* eine G. starten.

Groß|on|kel, der: **1.** *Bruder eines Großelternteils.* **2.** *Ehemann einer Großtante.*

Groß|pa|ckung, die: *große Packung einer bestimmten Ware:* eine G. Waschmittel.

Groß|pa|pa, der (fam.): *Großvater.*

Groß|par|tei, die: *Partei* (1 a) *mit vielen Mitgliedern.*

groß|po|rig ⟨Adj.⟩: *große Poren aufweisend:* -e Haut.

Groß|pro|duk|ti|on, die: *Produktion in großem Stil.*

Groß|pro|jekt, das: *Projekt von großen Ausmaßen:* ein G. zur Erforschung des Weltraums.

Groß|putz, der (landsch.): *Hausputz:* G. machen.

Groß|rat, der (schweiz.): *Mitglied eines schweizerischen Kantonsparlaments.*

Groß|rä|tin, die: w. Form zu ↑Großrat.

groß|rät|lich ⟨Adj.⟩ (schweiz.): *den Großen Rat (das Kantonsparlament) betreffend, von ihm ausgehend.*

Groß|rats|prä|si|dent, der (schweiz.): *Präsident des schweizerischen Kantonsrats.*

Groß|rats|prä|si|den|tin, die: w. Form zu ↑Großratspräsident.

Groß|raum, der: **1.** *Raum* (6), *der von größeren Gebieten gebildet wird:* ein wirtschaftlicher G.; im G. Stuttgart *(in Stuttgart u. seiner Umgebung).* **2.** *großer Raum.*

Groß|raum|bü|ro, das: *Büro, das aus mehreren in einem Raum zusammengefassten Büros besteht:* in einem G. arbeiten.

Groß|raum|flug|zeug, das: *Flugzeug mit besonders großem Laderaum zum Transport von Personen od. Fracht.*

groß|räu|mig ⟨Adj.⟩: **1.** *sich über einen größeren, großen Raum erstreckend; große Gebiete betreffend:* eine -e Umfahrung der Unfallstelle; der Verkehr wird g. umgeleitet. **2.** *viel Raum bietend od. beanspruchend:* eine -e Wohnung.

Groß|räu|mig|keit, die; -: *das Großräumigsein.*

Groß|raum|jet, der: vgl. Großraumflugzeug.

Groß|raum|wa|gen, der: **1.** *Straßenbahnwagen, der aus zwei od. drei durch Gelenke miteinander verbundenen Wagen besteht.* **2. a)** *Wagen eines Reisezugs, bei dem die Sitze rechts u. links eines Mittelgangs angeordnet sind;* **b)** *gedeckter Güterwagen mit großer Ladefläche od. mit besonderer Tragfähigkeit.*

Groß|raz|zia, die: *mit großem Polizeiaufgebot verbundene Razzia.*

Groß|re|chen|an|la|ge, die, **Groß|rech|ner,** der: *Rechner* (2), *der über eine große Leistung u. Speicherkapazität verfügt.*

Groß|reich, das (hist.): *Reich von großer räumlicher Ausdehnung.*

Groß|rei|ne|ma|chen, (seltener:) **Groß|rein|machen,** das; -s (ugs.): *gründlicher Hausputz:* ein G. veranstalten.

Groß|schan|ze, die: *Sprungschanze für große Weiten.*

groß|schnau|zig, groß|schnäu|zig ⟨Adj.⟩ (salopp): *großsprecherisch.*

groß|schrei|ben ⟨st. V.; hat⟩: *mit großem Anfangsbuchstaben schreiben:* Eigennamen werden großgeschrieben.

groß schrei|ben: s. groß (1 a).

Groß|schrei|bung, die: *das Schreiben mit großen Anfangsbuchstaben.*

Groß|se|gel, das (Seemannsspr.): **a)** *am Großmast befestigtes Segel;* **b)** *Segel eines Bootes ohne Beisegel.*

Groß|spre|cher, der (abwertend): *jmd., der gerne, häufig prahlt; Angeber, Aufschneider.*

Groß|spre|che|rei, die; -, -en (abwertend): **1.** ⟨o. Pl.⟩ *Prahlerei, Angeberei, Aufschneiderei:* was er da sagt, ist ja alles nur G. **2.** *großsprecherische Äußerung:* ihre -en gehen mir auf die Nerven.

Groß|spre|che|rin, die: w. Form zu ↑Großsprecher.

groß|spre|che|risch ⟨Adj.⟩ (abwertend): *in der Weise eines Großsprechers; prahlerisch, angeberisch:* -e Worte.

groß|spu|rig ⟨Adj.⟩: **1.** (selten) *mit großer Spurweite:* -e Geländewagen. **2.** (abwertend) **a)** *im Auftreten u. Benehmen großtuerisch u. eingebildet, sich in dieser Weise aufspielend; anmaßend, überheblich, arrogant:* ein -er Mensch; -e Reden; ihr Auftreten wirkte g.; etw. g. versprechen; **b)** *hochtrabend:* -e Pläne, Fremdwörter.

Groß|spu|rig|keit, die; - (abwertend): *anmaßende, überhebliche, arrogante Art.*

Groß|stadt, die: *große Stadt (mit einer Einwohnerzahl von mindestens 100 000):* durch die Eingemeindung einiger kleinerer Orte ist Neuburg jetzt G.; in der G. *(in großstädtischer Umgebung)* leben, aufgewachsen sein.

Groß|städ|ter, der: *jmd., der in der Großstadt lebt u. von ihr geprägt ist.*

Groß|städ|te|rin, die: w. Form zu ↑Großstädter.

groß|städ|tisch ⟨Adj.⟩: *zu einer Großstadt gehörend; einer Großstadt, dem Leben in einer Großstadt entsprechend:* -er Verkehr; -es Kulturangebot.

Groß|stadt|kind, das: **1.** *in einer Großstadt aufwachsendes Kind.* **2.** *jmd., der in einer Großstadt aufgewachsen u. vom Leben in der Großstadt geprägt ist:* als G. fühlt sie sich unwohl auf dem Land.

Groß|stadt|lärm, der: *Lärm, bes. Verkehrslärm, der Großstadt.*

Groß|stadt|le|ben, das: *Leben* (2 b) *in der Großstadt; großstädtische Lebensweise.*

Groß|stadt|mensch, der: *jmd., der [in einer Großstadt aufgewachsen u.] vom Leben in der Großstadt geprägt ist.*

Groß|stadt|ver|kehr, der: *Straßenverkehr, wie er in einer Großstadt herrscht.*

größt...: ↑groß.

Groß|tan|te, die: vgl. Großonkel.

Groß|tat, die: *bedeutende, hervorragende, oft mit persönlichen Risiken verbundene Leistung:* kulturelle, wissenschaftliche -en.

Groß|tech|nik, die: *Technik, die durch den Einsatz von großen Geräten charakterisiert ist.*

Groß|tech|no|lo|gie, die: *zur Realisierung von Großprojekten nötige Technologie* (2).

Groß|teil, der: **a)** *größerer Teil, Hauptteil:* ein G. der Geschenke; er hat den G. seines Lebens in Berlin verbracht; das Schloss zum G. renovieren lassen; **b)** *nicht unerheblicher Teil:* ein G. des Publikums buhte.

groß|teils ⟨Adv.⟩: *zum großen Teil:* die Straßen sind g. mit Schnee bedeckt.

größ|ten|teils ⟨Adv.⟩: *zum größten Teil, fast ausnahmslos, in der Hauptsache:* die Bilder stammen g. aus Privatbesitz.

größt|mög|lich ⟨Adj.⟩: *so groß wie möglich:* -e Sicherheit, Vollständigkeit.

groß|tö|nend ⟨Adj.⟩ (geh. abwertend): *bedeutungsvoll [klingend]; hochtrabend:* -e Worte; er verkündete g., dass das für ihn kein Problem sei.

Groß|tu|er, der; -s, - (abwertend): *jmd., der sich wichtig macht, der ständig prahlt; Angeber, Wichtigtuer.*

Groß|tu|e|rei, die (abwertend): **1.** ⟨o. Pl.⟩ *das [Sich]großtun.* **2.** *großtuerische Rede, Handlung.*

Groß|tu|e|rin, die; -, -nen: w. Form zu ↑Großtuer.

groß|tu|e|risch ⟨Adj.⟩ (abwertend): *prahlerisch, angeberisch, wichtigtuerisch.*

groß|tun ⟨unr. V.; hat⟩ (abwertend): *sich einer Sache rühmen; prahlen, sich wichtig tun:* vor seinen Freunden mit etw. g.; ⟨auch g. + sich:⟩ sie tut sich groß mit ihren Reisen.

Groß|un|ter|neh|men, das (Wirtsch.): *sehr großes Unternehmen.*

Groß|un|ter|neh|mer, der: *jmd., der ein Großunternehmen leitet.*

Groß|un|ter|neh|me|rin, die: w. Form zu ↑Großunternehmer.

Groß|va|ter, der [mhd. grōȝvater, LÜ von frz. grand-père]: **1.** *Vater des Vaters od. der Mutter:* ihr G. mütterlicherseits. **2.** (ugs.) *alter Mann.*

groß|vä|ter|lich ⟨Adj.⟩: **a)** *den Großvater betreffend, von ihm ausgehend:* der -e Sessel; der -e Rat; **b)** *in der Art u. Weise eines Großvaters; für einen Großvater charakteristisch:* -e Gewohnheiten.

Groß|va|ter|ses|sel, der (ugs.): *bequemer Sessel mit hoher Lehne; Ohrensessel.*

Groß|ver|an|stal|tung, die: *Veranstaltung mit einer großen Zahl von Teilnehmenden.*

Groß|ver|band, der (Milit.): *Zusammenfassung mehrerer Truppenteile verschiedener Truppengattungen.*

Groß|ver|brau|cher, der: *Stelle, Institution o. Ä., die Waren in größeren Mengen benötigt u. bezieht* (z. B. ein Unternehmen): Rabatte für G.

Groß|ver|brau|che|rin, die: w. Form zu ↑Großverbraucher.

Groß|ver|die|ner, der: *jmd., der viel Geld verdient, der ein großes Einkommen hat.*

Groß|ver|die|ne|rin, die: w. Form zu ↑Großverdiener.

Groß|ver|such, der: *groß angelegter Versuch* (3): einen G. starten; in einem G. werden Kläranlagen mit alternativen Energien betrieben.

Groß|ver|tei|ler, der (schweiz.): *Großhandelsunternehmen.*

Groß|vieh, das: *Gesamtheit der großen Nutztiere wie Rinder u. Pferde, Schweine u. Schafe.*

groß|vo|lu|mig ⟨Adj.⟩: *von großem Volumen:* -e Container, Lautsprecherboxen; -e Motoren *(Motoren mit großem Hubraum).*

Groß|we|sir, der: *oberster, nur dem Sultan unterstellter Amtsträger des Osmanischen Reiches, der die Regierungsgeschäfte führt.*

Groß|wet|ter|la|ge, die (Met.): *Wetterlage über einem größeren Gebiet während des Zeitraums von mehreren Tagen:* Ü die politische G.

Groß|wild, das: *großes Wild* (1), *bes. Raubwild der Tropen.*

Groß|wild|jagd, die: *Jagd auf Großwild.*

Groß|wild|jä|ger, der: *jmd., der Großwild jagt.*

Groß|wild|jä|ge|rin, die: w. Form zu ↑Großwildjäger.

groß|wüch|sig ⟨Adj.⟩: *von großem Wuchs.*

groß|zie|hen ⟨unr. V.; hat⟩: *(ein Kind od. ein junges Tier) so lange ernähren u. umsorgen, bis es groß, selbstständig geworden ist:* sie hat fünf Kinder großgezogen; Jungtiere [mit der Flasche] g.

groß|zü|gig ⟨Adj.⟩ [eigtl. = einen Zug ins Große habend]: **1.** *sich über als unwichtig Empfundenes hinwegsetzend; Gesinnungen, Handlungen anderer gelten lassend; nicht kleinlich [denkend]; tolerant:* g. sah sie über den Fehler hinweg. **2. a)** *in Geldangelegenheiten, im Geben und Schenken nicht kleinlich; spendabel:* in -er Weise eine Sache finanziell unterstützen; sie war wenigstens so g., mir das Essen zu bezahlen; Ü sie ging mit ihrer Zeit, mit dem Platz zu g. *(verschwenderisch)* um; **b)** *von einer großzügigen* (2 a) *Haltung zeugend:* ein -es Trinkgeld. **3.** *große Ausmaße habend, weit[räumig], in gro-*

ßem Stil: -e Gartenanlagen; eine -e Raumaufteilung.

Groß|zü|gig|keit, die; -: *großzügiges Wesen; großzügige Art.*

Grosz [grɔʃ], der; -, -e ['grɔʃɛ], Gen. Plur. -y ['grɔʃi; poln. grosz < tschech. groš < spätmhd. grosche, ↑Groschen]: *Untereinheit der Währung in Polen* (100 Grosze = 1 Zloty).

gro|tesk ⟨Adj.⟩ [frz. grotesque < ital. grottesco, urspr. in Fügungen wie grottesca pittura Bez. für die seltsam und fantastisch anmutenden antiken Malereien in Grotten, Kavernen o. Ä., zu: grotta, ↑Grotte]: *durch eine starke Übersteigerung od. Verzerrung absonderlich übertrieben, lächerlich wirkend:* -e Verrenkungen; etw. nimmt immer -ere Formen an; eine -e Situation; ihre Behauptung ist einfach g.; die Aufmachung wirkte g.

Gro|tes|ke, die; -, -n: **1.** (Kunstwiss.) *fantastisch gestaltete Darstellung von Tier- u. Pflanzenmotiven in der Ornamentik der Renaissance u. der Antike.* **2.** (Kunstwiss., Literaturwiss.) *Darstellung einer verzerrten Wirklichkeit, die auf paradox erscheinende Weise Grauenvolles, Missgestaltetes mit komischen Zügen verbindet:* eine G. schreiben; Ü der ganze Vorgang war eine G.

gro|tes|ker|wei|se ⟨Adv.⟩: *durch einen grotesken Umstand; in einer grotesken Weise.*

Grot|te, die; -, -n [ital. grotta < vlat. crupta < lat. crypta, ↑Krypta]: *natürliche od. oft [in Renaissance- u. Barockgärten] künstlich angelegte Felsenhöhle von geringer Tiefe:* eine G. aus grauem Gestein.

grot|ten|doof ⟨Adj.⟩ [1. Bestandteil wohl aus südd. krotten- (zu mundartl. Krotte = Kröte) mit ähnl. Bed. wie ↑hunde-, Hunde-] (salopp): *äußerst dumm:* ein -er Text.

grot|ten|falsch ⟨Adj.⟩ (salopp): *vollkommen falsch:* etw. g. beurteilen.

grot|ten|häss|lich ⟨Adj.⟩ (salopp): *äußerst hässlich.*

Grot|ten|olm, der [zu ↑Grotte]: *lang gestreckter, blinder Schwanzlurch mit kleinen u. sehr dünnen Gliedmaßen.*

grot|ten|schlecht ⟨Adj.⟩ [vgl. grottendoof] (salopp): *äußerst schlecht.*

Ground|hos|tess ['graunt...], die; -, -en [engl. ground hostess, zu: ground = Boden u. ↑Hostess]: *Angestellte einer Fluggesellschaft, der die Betreuung der Fluggäste auf dem Flughafen obliegt.*

Grou|pie ['gru:pi], das; -s, -s [engl. groupie, zu: group = (Musik)gruppe] (Jargon): *weiblicher Fan, der immer wieder versucht, in möglichst engen Kontakt mit der von ihm bewunderten Person od. Gruppe zu kommen.*

Gro|wi|an, der; -[e]s, -e (auch:) die; -, -en: = große Windenergieanlage zur Erzeugung von Elektrizität.

grub: ↑graben.

Grub|ber, der; -s, - [engl. grubber, zu: to grub = graben]: *landwirtschaftliches Gerät mit in zwei od. mehr Reihen versetzt angeordneten starken Zinken zur Bearbeitung, bes. zur Lockerung, des Ackerbodens.*

Grüb|chen, das; -s, - [Vkl. von ↑Grube, eigtl. = kleine Grube]: *kleine Vertiefung im Kinn u. (beim Lachen entstehend od. sich vertiefend) in den Wangen.*

Gru|be, die; -, -n [mhd. gruobe, ahd. gruoba, zu ↑graben]: **1.** *[gegrabene, ausgebaggerte, künstlich angelegte] Vertiefung in der Erde:* eine tiefe G. ausheben; eine G. als Falle mit Zweigen abdecken; den Müll in die G. *(Abfallgrube)* werfen; **Spr** wer andern eine G. gräbt, fällt selbst hinein *(wer anderen schaden will, schadet sich dadurch oft nur selbst).* **2.** (veraltend) *[noch offenes] Grab:* den Sarg in die G. hinabsenken; *** in die/zur G. fahren** (geh. veraltet, auch noch salopp, iron.; *sterben*). **3.** (Bergbau) **a)** *technische Anlage bes. unter der Erde zum Abbau, zur Gewinnung, Förderung von mineralischen Rohstoffen, Bodenschätzen; Bergwerk, Zeche:* eine G. stilllegen; in die G. einfahren; er arbeitet in der G. *(ist Bergarbeiter);* **b)** *Gesamtheit der in einer Grube (3 a) beschäftigten Bergarbeiter.* **4.** (seltener) *[kleine] rundliche Vertiefung, Mulde:* die -n zwischen den Sehnen am Hals.

grü|be: ↑graben.

Grü|be|lei, die; -, -en: *dauerndes, oft als quälend empfundenes Grübeln:* sie verfiel in unnütze -en.

grü|beln ⟨sw. V.; hat⟩ [mhd. grübelen, ahd. grubilōn = (wiederholt) graben, Intensivbildung zu ↑graben]: *seinen meist einem schwierig erscheinenden Problem geltenden, oft quälenden, unnützen od. fruchtlosen Gedanken nachhängen; über eine Sache nachsinnen, um zu einer Lösung od. Klärung zu kommen:* sie hat tagelang ergebnislos über dieses/über diesem Problem gegrübelt; ⟨subst.:⟩ ins Grübeln kommen.

Gru|ben|bau, der ⟨Pl. -e⟩ (Bergbau): *planmäßig hergestellter, je nach Zweck verschieden gestalteter Hohlraum (wie Schacht, Stollen, Strecke u. a.) in einem Bergwerk.*

Gru|ben|gas, das: *in Steinkohlenbergwerken häufig sich entwickelndes farb- u. geruchloses, ungiftiges, aber leicht brennbares, explosives Gas.*

Gru|ben|lam|pe, die: *im Bergbau verwendete, tragbare Lampe; Sicherheitslampe des Bergmanns.*

Gru|ben|licht, das ⟨Pl. -er⟩ (Bergbau): *Grubenlampe.*

Gru|ben|un|glück, das: *in einem Bergwerk sich ereignendes Unglück.*

Gru|ben|was|ser, das: *Wasser, das sich in einem Grubenbau sammelt.*

Grüb|ler, der; -s, -: *jmd., der zum Grübeln neigt; grüblerischer Mensch.*

Grüb|le|rin, die; -, -nen: w. Form zu ↑Grübler.

grüb|le|risch ⟨Adj.⟩: *zum Grübeln neigend; [häufig] in Grübeleien versunken:* ein -er Geist.

grü|e|zi [gek. aus: (Gott) gruezi-i = (Gott) grüße Euch]: schweiz. Grußformel.

Gruft, die; -, Grüfte [mhd., ahd. gruft, kruft, unter Einfluss von vlat. crupta (↑Grotte) zu ahd. girophti = Graben] (geh.): **a)** *Gewölbe, bes. als Grabstätte; Krypta:* die Grüfte der Könige; in die G. *(Krypta)* des Domes hinabsteigen; **b)** *[offenes] Grab:* den Sarg in die G. hinablassen.

Gruf|ti, der; -s, -s (Jugendspr.): **1. a)** *Erwachsener, der in den Augen Jugendlicher bereits als alt angesehen wird:* für die Schüler sind selbst Junglehrer -s; **b)** *alter Mensch:* diese munteren Rentner wollen keine -s sein. **2.** *Jugendlicher, der schwarz gekleidet, mit schwarz gefärbtem Haar u. weiß geschminktem Gesicht auftritt u. (zusammen mit Gleichgesinnten) bes. Friedhöfe als Versammlungsort wählt.*

grum|meln ⟨sw. V.; hat⟩ [zu veraltet grummen, ablautende Bildung zu ↑[1]grimmen] (landsch.): **1.** *ein rollendes, leise polterndes Geräusch verursachen:* den Donner g. hören. **2.** *leise u. undeutlich [vor sich hin] sprechen; murmeln, brummeln:* unverständliche Worte g.

Grum|met, das; -s, (auch:) Grumt, das; -[e]s [mhd. gruo(n)māt, zu: grüejen, ahd. gruoen = sprießen, grünen u. ↑[1]Mahd]: *durch den zweiten (od. dritten) Schnitt innerhalb eines Jahres gewonnenes Heu:* das G. mähen, machen, wenden, einfahren.

grün ⟨Adj.⟩ [mhd. grüene, ahd. gruoni, zu mhd. grüejen, ahd. gruoen = wachsen, grünen, urspr. entw. = wachsend, sprießend od. = grasfarben, verw. mit ↑Gras]: **1.** *von der Farbe frischen Grases, Laubes:* -e Wiesen, Wälder; -e Farbe; -er Salat *(Blattsalat);* -e Weihnachten *(Weihnachten ohne Schnee);* ihre Augen sind g.; die Ampel ist g. (ugs.; *zeigt Grün*); die Bäume werden wieder g. *(beginnen auszuschlagen);* etw. g. färben, streichen; ein g. gestreiftes, g. kariertes Handtuch; g. belaubte Bäume; *** jmdn. g. und blau/g. und gelb schlagen** (ugs.; *jmdn. heftig verprügeln*); **sich g. und blau/g. und gelb ärgern** (ugs.; *sich sehr ärgern*); **jmdm. wird es g. und blau/g. und gelb vor den Augen** (ugs.; *jmdm. wird übel*). **2. a)** *noch nicht ausgereift; unreif:* -e Äpfel, Tomaten; die Birnen sind noch zu g.; die Bananen werden g. geerntet; **b)** *frisch u. saftreich; noch nicht trocken, gedörrt:* -e Ware *(frisches Gemüse);* das Holz brennt schlecht, weil es noch zu g. ist; **c)** *frisch, roh, nicht durch Räuchern, Salzen, Trocknen o. Ä. konserviert:* -er Speck; -e *(ungesalzene)* Heringe. **3.** (oft abwertend) *noch wenig Erfahrung u. geistige Reife besitzend:* ein -er Junge. **4. a)** (Politik) *zu einer Partei gehörend, sie betreffend, zu deren hauptsächlichen Anliegen die Ökologie gehört:* -e Abgeordnete; eine -e Partei; -e Politik machen; g. wählen; **b)** *dem Umweltschutz verpflichtet, ihn fördernd:* -es Denken; -e Produkte kaufen. **5. * jmdm. nicht g. sein** (ugs.; *jmdm. nicht wohlgesinnt sein; jmdn. nicht leiden können;* grün verbindet sich hier über die urspr. Bed. »wachsend, sprossend, blühend« mit der Vorstellung des Gedeihlichen, Angenehmen, Günstigen): die beiden sind sich nicht g.

Grün, das; -s, -, ugs.: -s: **1.** *grüne Farbe; grünes Aussehen:* ein helles, kräftiges G.; das satte G. der Wiese; die Ampel zeigt G. *(grünes Licht),* steht auf G.; ganz in G. *(in grüner Farbe);* *** [das ist] dasselbe in G.** (ugs.; *[das ist] so gut wie dasselbe, im Grunde nichts anderes*). **2.** ⟨o. Pl.⟩ *grünende Pflanzen[teile] (junge Triebe, frisches Laub o. Ä.):* das erste zarte G. des Frühlings; das Ufer ist mit üppigem G. bedeckt. **3.** (Golf) *mit kurz geschnittenem Rasen bedeckter letzter Abschnitt jeder Spielbahn (eines Golfplatzes):* den Ball aufs dritte G. schlagen. **4.** (Kartenspiel) *Farbe in der deutschen Spielkarte (die dem Pik der französischen Spielkarte entspricht):* G. sticht; G. ausspielen.

Grün|al|ge, die ⟨meist Pl.⟩: *(in zahlreichen Arten vorkommende) Alge von grüner Farbe, die vor allem im Plankton des Süßwassers vorkommt.*

Grün|an|la|ge, die ⟨meist Pl.⟩: *parkähnliche Anlage, bes. innerhalb einer Ortschaft.*

grün|äu|gig ⟨Adj.⟩: *grüne Augen habend.*

grün be|laubt: s. grün (1).

grün|be|wach|sen ⟨Adj.⟩: *mit Grün (2) bewachsen:* -e Hügel.

grün|blau ⟨Adj.⟩: *einen blauen Farbton besitzend, der ins Grüne spielt.*

grün|blind ⟨Adj.⟩: *nicht die Fähigkeit besitzend, grüne Farbtöne zu unterscheiden.*

Grün|blind|heit, die: *das Grünblindsein.*

Grund, der; -[e]s, Gründe [mhd., ahd. grunt, eigtl. = Zerriebenes, Gemahlenes]: **1. a)** ⟨o. Pl.⟩ *Erdboden als Untergrund; Erdoberfläche, Boden:* sumpfiger, fester G.; das Haus wurde bis auf den G. *(bis aufs Fundament)* abgerissen; ein Loch in den felsigen G. bohren; *** den G. zu etw. legen** *(die Grundlage, Voraussetzung für etw. schaffen u. damit beginnen):* sie hat den G. zu dieser Wissenschaft, Politik gelegt; **in G. und Boden** *(zutiefst, sehr; völlig):* sich in G. und Boden schämen; **jmdn. in G. und Boden reden** (1. *so lange u. heftig auf jmdn. einreden, dass es dieser schließlich aufgibt, Gegenargumente vorzubringen.* 2. *jmdn. nicht zu Wort kommen lassen*); **etw. in G. und Boden wirtschaften** *(etw. wirtschaftlich völlig ruinieren);* **von G. auf/aus** *(völlig, gänzlich, ganz u. gar):* etw. von G. auf erneuern, ändern; **b)** ⟨o. Pl.⟩ (veraltend, noch landsch.) *Erdreich; [Acker]krume:* lehmiger, sandiger G.; der G. ist zu schwer für die Pflanzen; **c)** (bes. österr.) *Grundbesitz; Grundstück:* sie wohnen, wirtschaften auf eigenem G.; *** G. und Boden** *(Land-, Grundbesitz;* seit dem frühen 15. Jh. bezeugter Ausdruck der Rechtsspr.): sie sitzt auf eigenem G. und Boden; der Wert meines G. und Bodens. **2.** (geh. veraltend) *kleines Tal, [Boden]senke:* ein waldiger, kühler, felsiger G.; die Gründe und Schluchten des Gebirges. **3.** ⟨o. Pl.⟩ **a)** *Boden eines Gewässers:* der moorige G. eines Tümpels; die Schwimmerin suchte G., fand keinen G., hatte endlich wieder G. unter den Füßen; bis auf den G. des Sees blicken können; auf dem tiefsten G. des Meeres; auf G. laufen, geraten *(sich festfahren);* Ü im -e seines Herzens (geh.; *im Innersten*) verabscheute er diese Tat; * **einer Sache auf den G. gehen** *(einen Sachverhalt zu klären suchen);* **einer Sache auf den G. kommen** *(die wahren Ursachen, Motive für etw. herausfinden);* **im -e [genommen]** *(bei genauer Betrachtung; genau genommen; eigentlich):* im -e [genommen] hat er Recht; **b)** (geh.) *unterste Fläche, Boden eines Gefäßes, Behälters:* auf dem G. des Fasses hat sich Zucker abgesetzt; die Sachen fanden sich schließlich auf dem G. des Koffers *(zuunterst im Koffer);* ein Glas bis auf den G. *(vollständig)* leeren. **4.** ⟨o. Pl.⟩ *einheitlich gestaltete od. wirkende Fläche, die den Hintergrund, den Untergrund für etw. bildet:* der G. der Tapete, des Stoffes ist gelb; weiße Ringe auf blauem G.; von dem dunklen G. hebt sich das Muster nicht ab. **5.** *Umstand, Tatbestand o. Ä., durch den sich jmd. bewogen fühlt, etw. Bestimmtes zu tun, od. der ein aus ihm folgendes Ereignis od. einen aus ihm folgenden anderen Tatbestand erklärt; Motiv, Beweggrund:* ein einleuchtender, hinreichender, schwerwiegender, triftiger, vernünftiger G.; der wahre G. für sein Handeln war sein schechtes Gewissen; taktische, berufliche, politische Gründe sprachen dagegen; was hat er als G. angegeben?; Gründe für etw. vorbringen; die Gründe des andern achten; es besteht kein, gibt keinen G. zur Aufregung; ich habe G., misstrauisch zu sein; dafür habe ich meine Gründe; keinen G. zum Klagen haben; aus praktischen Gründen; sie haben aus unerfindlichen, aus verständlichen Gründen abgesagt; aus Gründen, die wir nicht zu vertreten haben; aus gutem G.; sie tat es aus dem einfachen G. (ugs.; *einfach deshalb*), weil sie ihn nicht kränken wollte; ohne ersichtlichen G.; * **auf G.** (↑ aufgrund); **aus diesem kühlen -e** (ugs. scherzh.; *ganz einfach aus diesem Grund; deshalb*).

grund- (emotional verstärkend): drückt in Bildungen mit Adjektiven eine Verstärkung aus/ *von Grund auf, durch und durch ...:* grundbrav, -gesund, -schlecht.

Grund-: bezeichnet in Bildungen mit Substantiven etw. als grundlegend, fundamental, die Grundlage darstellend: Grundbestandteil, -betrag, -lehrgang.

Grund|ak|kord, der (Musik): *auf dem Grundton (der ersten Stufe) einer diatonischen Tonleiter, auch auf der Quarte od. der Quinte aufgebauter Akkord:* die Wirkung des einfachen -s.

Grund|an|nah|me, die: *grundlegende Annahme (3), Ansicht, Vermutung.*

Grund|an|schau|ung, die: *grundlegende Anschauung; grundsätzliche, entscheidende Meinung.*

grund|an|stän|dig ⟨Adj.⟩: *(in seinem Denken u. Handeln) ganz u. gar, absolut anständig:* ein -er Mensch.

Grund|an|strich, der: *meist bes. haltbarer, vor Korrosion schützender erster Anstrich, auf den weitere Farben aufgetragen werden.*

Grund|aus|bil|dung, die ⟨Pl. selten⟩ (Milit.): *erster, etwa drei Monate dauernder Abschnitt der Ausbildung eines Soldaten:* die militärische G. absolvieren.

Grund|aus|stat|tung, die: *Ausstattung mit den in einem bestimmten Zusammenhang unbedingt notwendigen Dingen:* eine G. mit Wäsche.

Grund|bau, der (Bauw.): **1.** ⟨o. Pl.⟩ *Gesamtheit aller Techniken u. Arbeiten, die bei einem Bauwerk die in den Boden eingelassenen od. ihm unmittelbar aufsitzenden Bauteile betreffen.* **2.** ⟨Pl. -ten⟩ *Teil eines Bauwerks, der in den Boden eingelassen ist od. ihm unmittelbar aufsitzt.*

Grund|bau|stein, der: **1.** *Wichtiger, grundlegender Baustein (3), aus dem etw. besteht:* die -e des Lebens. **2.** *Elementarteilchen.*

Grund|be|deu|tung, die: **1.** *grundlegende, wesentlichste Bedeutung, Aussage:* die G. einer These erkennen. **2.** (Sprachw.) *einem Wort zugrunde liegende Bedeutung; ursprünglicher Wortsinn:* die G. des Wortes ist untergegangen.

Grund|be|din|gung, die: *wesentlichste Bedingung; unerlässliche Voraussetzung.*

Grund|be|dürf|nis, das: *einfaches, auch bei geringen Ansprüchen zum Leben notwendiges Bedürfnis.*

Grund|be|griff, der: **1.** *grundsätzlicher Begriff (1); grundlegender, fundamentaler Sinngehalt.* **2.** ⟨meist Pl.⟩ *einfachste, wesentliche Vorstellung, Auffassung von etw., auf der weiter aufgebaut werden kann; elementare Voraussetzung:* die -e *(Anfangsgründe)* der lateinischen Sprache.

Grund|be|sitz, der: **a)** *Eigentum an Land, Boden;* **b)** *Land, das jmds. Eigentum darstellt; Boden, den jmd. besitzt;* **c)** (selten) *Gesamtheit von Grundbesitzern.*

Grund|be|sit|zer, der: *jmd., der Grundbesitz hat.*

Grund|be|sit|ze|rin, die: w. Form zu ↑ Grundbesitzer.

Grund|be|stand|teil, der: *grundlegender, wesentlicher Bestandteil von etw.*

Grund|be|trag, der (Rentenvers.): *Teil der Rente, der als Mindestleistung gewährt wird, unabhängig davon, wie viel der Versicherte selbst bezahlt hat.*

Grund|bin|dung, die (Weberei): *Bindung (3 a) mit selbstständigem u. unverwechselbarem Charakter, die als Grundlage für andere, variierte Bindungen dient.*

Grund|blatt, das (Bot.): *Blatt einer Pflanze, das sich in der Nähe des Bodens befindet u. mit mehreren zusammen eine Rosette bildet.*

Grund|buch, das [mhd. gruntbuoch] (Amts-, Rechtsspr.): *von dem zuständigen Amt geführtes öffentliches Verzeichnis der Grundstücke eines Bezirks mit den Angaben über die jeweiligen rechtlichen Verhältnisse.*

Grund|buch|amt, das: *Abteilung eines Amtsgerichts (auch einer Gemeindebehörde), die das Grundbuch führt.*

grund|ehr|lich ⟨Adj.⟩: *absolut ehrlich:* ein -er Mensch.

Grund|ei|gen|tum, das: vgl. Grundbesitz (a).

Grund|ei|gen|tü|mer, der: vgl. Grundbesitzer.

Grund|ei|gen|tü|me|rin, die: w. Form zu ↑ Grundeigentümer.

Grund|ein|heit, die: **1.** (Physik) *einem physikalischen (der quantitativen Messung von Größen dienenden) Maßsystem zugrunde gelegte Einheit:* Sekunde, Meter, Kilogramm sind -en. **2.** *Grundorganisation.*

Grund|ein|stel|lung, die: vgl. Grundanschauung.

Grund|eis, das: *Eis, das sich am Boden von Binnengewässern bildet.*

Grun|del, Grün|del, die; -, -n, auch: der; -s, - [mhd. grundel, ahd. grundila, zu ↑ Grund]: *in vielen Arten vorkommender, meist kleiner, schlanker Fisch mit bunt gezeichnetem Körper, der gewöhnlich am Grund eines Gewässers lebt.*

grün|deln ⟨sw. V.; hat⟩: *(von bestimmten Wasservögeln) am Grund von flachen Gewässern nach Nahrung suchen u. dabei Kopf u. Vorderkörper ins Wasser tauchen:* Enten, Gänse gründelten auf dem See.

grün|den ⟨sw. V.; hat⟩ [mhd. gründen, ahd. grunden]: **1. a)** *ins Leben rufen, schaffen:* eine Partei, einen Orden, einen Verein, ein Unternehmen g.; eine Familie g. *(heiraten);* die Siedlung, die Stadt wurde um 1500 gegründet; **b)** (ugs.) ⟨g. + sich⟩ *sich formieren (2 a):* die Gruppe hat sich im vergangenen Jahr gegründet. **2. a)** *für etw. eine andere Sache als Grundlage, Voraussetzung, Stütze benutzen; auf etw. aufbauen, mit etw. untermauern:* er gründete seine Hoffnung auf ihre Aussage; die Ideen sind auf diese/(auch:) dieser Überzeugung gegründet; **b)** *in etw. seine Grundlage, seinen Grund, seine Stütze haben:* ihre Sicherheit gründet auf Erfahrung; **c)** ⟨g. + sich⟩ *sich auf etw. stützen; auf etw. beruhen, aufbauen, fußen:* die Sache gründet sich auf den Verdacht, dass er Bescheid gewusst habe.

Grün|der, der; -s, -: *jmd., der die Grundlage für das Entstehen von etw. schafft, etw. ins Leben ruft, gründet:* der G. eines Verlags, einer Stadt.

Grund|er|fah|rung, die: *wesentliche, für etw., für jmdn. entscheidende Erfahrung.*

Grün|de|rin, die; -, -nen: w. Form zu ↑ Gründer.

Grün|der|jah|re ⟨Pl.⟩: *Zeit im letzten Drittel des 19. Jahrhunderts, in der während eines starken wirtschaftlichen Aufschwungs viele [industrielle] Unternehmen gegründet wurden u. eine rege Bautätigkeit (mit einer vergangene Baustile imitierenden Bauweise) einsetzte:* ein Haus im Stil der G.

grund|er|neu|ern ⟨sw. V.; nur im Inf. u. im 2. Part. gebr.⟩: *von Grund auf erneuern:* das Gebäude wurde grunderneuert.

Grün|der|va|ter, der ⟨meist Pl.⟩: *an der Gründung von etwas entscheidend Beteiligter:* er war einer der Gründerväter der Universität.

Grund|er|werb, der (Rechtsspr.): *Erwerb von Grund und Boden.*

Grund|er|werbs|steu|er, (Steuerw.:) **Grund|erwerb|steu|er,** die: *auf den Erwerb von Grundstücken erhobene Steuer.*

Grün|der|zeit, die ⟨o. Pl.⟩: *Gründerjahre.*

grund|falsch ⟨Adj.⟩: *ganz u. gar, völlig falsch:* das Verhalten, die Einstellung ist g.

Grund|far|be, die: **1.** (Malerei, Druckw.) *eine der drei Farben, aus denen andere Farben durch Mischung hergestellt werden können:* Rot, Blau und Gelb sind die -n. **2.** *Farbe, die der Untergrund von etw. hat od. die als erste Farbe aufgetragen wird u. auf die andere Farben aufgetragen werden.*

Grund|feh|ler, der: *hauptsächlicher Fehler:* hier liegt der G. bei ihrer Einschätzung der Lage.

Grund|fes|ten ⟨Pl.⟩ [mhd. gruntveste, ahd. gruntfestī = Unterbau, Fundament]: in festen Wendungen wie **an den G. von etw. rütteln** *(bei etw. eine grundsätzliche, entscheidende Änderung herbeiführen wollen);* **etw. in seinen G./bis in seine G. erschüttern** *(etw. in seiner Gesamtheit infrage stellen, in Gefahr, ins Wanken bringen).*

Grund|flä|che, die: *untere, ebene Fläche eines Körpers, eines Raumes o. Ä.:* die runde G. eines Kegels; die G. eines Raumes ausmessen.

Grund|form, die: **1. a)** *Form, die etw. kennzeichnet, typisch für etw. ist; Hauptform:* die G. der Sonate; **b)** *ursprüngliche, elementare Form; Form, die anderen variierten, oft komplizierteren Formen zugrunde liegt:* alle diese Tänze haben sich aus drei -en entwickelt. **2.** (Sprachw.) *einfachster Bauplan eines Satzes, der als vorgegebenes Muster in einer Sprache den einzelnen in der Rede gebildeten Sätzen zugrunde liegt.* **3.** (Sprachw.) *Infinitiv.*

Grund|fra|ge, die: *grundsätzliche, für etw. entscheidende Frage; grundlegendes, wesentliches Problem:* soziale, politische -n.

Grund|frei|be|trag, der (Steuerw.): *Teil des Einkommens, der nicht der Steuer unterliegt.*

Grund|frei|hei|ten ⟨Pl.⟩: *politische Freiheiten, auf die jeder Mensch aufgrund der Menschenrechte Anspruch hat.*

Grund|funk|ti|on, die: *grundlegende, hauptsächliche Funktion.*

Grund|ge|bühr, die: *für das Recht der Inanspruchnahme bestimmter [öffentlicher] Einrichtungen als feststehender Mindestbetrag zu zahlende Gebühr:* eine monatliche G. für Strom u. Gas.

Grund|ge|dan|ke, der: *grundlegender Gedanke; einer Sache zugrunde liegende, sie bestimmende, für sie als Prinzip wirkende Idee.*

[1]Grund|ge|halt, der: *wesentlicher [1]Gehalt:* der G. seiner Ausführungen.

[2]Grund|ge|halt, das: *festes monatliches [2]Gehalt ohne die für bestimmte Leistungen gezahlten Zuschläge, Prämien o. Ä.*

grund|ge|scheit ⟨Adj.⟩: *sehr klug:* -er Mensch.

Grund|ge|setz, das: **1.** *einer Sache zugrunde liegende, für sie entscheidende, sie bestimmende Gesetzmäßigkeit:* ein philosophisches, biologisches G.; ein G. der modernen Wirtschaft, der Natur. **2. a)** (früher) *verfassungsrechtlich bes. bedeutsames, für die Entwicklung einer Verfassung ausschlaggebendes Gesetz;* **b)** *für die Bun-*

desrepublik Deutschland geltende Verfassung: das G. wurde verkündet, trat in Kraft, sollte geändert werden; etw. verstößt gegen den Sinn des -es; etw. ist im G. geregelt, verankert (Abk.: GG).

grund|ge|setz|wid|rig ⟨Adj.⟩: *dem Grundgesetz zuwiderlaufend.*

Grund|grö|ße, die (Math., Physik): *mathematische, physikalische Größe, die allen andern Größen in einem bestimmten Bereich zugrunde gelegt wird.*

grund|gü|tig ⟨Adj.⟩: *sehr gütig, von Herzen gut:* sie ist eine -e Frau.

Grund|hal|tung, die: **1.** *zuerst eingenommene Haltung, Stellung, Lage, aus der heraus andere Haltungen, Stellungen, Bewegungsabläufe entwickelt werden:* zwischen den einzelnen Übungsteilen immer wieder in die G. zurückkehren. **2.** *grundsätzliche innere Haltung, Einstellung:* jmds. geistige, seelische G.

Grund|herr, der [mhd. gruntherre]: *mit den durch die mittelalterliche Organisationsform der Grundherrschaft gegebenen Rechten u. Befugnissen ausgestatteter Grundbesitzer.*

Grund|herr|schaft, die: *(vom Mittelalter bis ins 19. Jh. geltende) Form der Herrschaft des Adels u. der Kirche über Land u. abhängige Bauern, die den Landbesitz bewirtschaften.*

grund|herr|schaft|lich ⟨Adj.⟩: *die Grundherrschaft betreffend:* -e Rechte.

Grund|idee, die: vgl. Grundgedanke.

grun|die|ren ⟨sw. V.; hat⟩: *auf etw. den ersten Anstrich, die erste Farb- od. Lackschicht als Untergrund auftragen:* die Wand muss man zuerst g.

Grun|die|rung, die; -, -en: **1.** *das Grundieren.* **2.** *erster Anstrich; unterste Farb- od. Lackschicht, mit der etw. versehen wird, ist:* die G. ist noch nicht getrocknet.

Grund|ka|pi|tal, das (Wirtsch.): *in Aktien angelegtes Kapital, das die finanzielle Grundlage einer Aktiengesellschaft bildet.*

Grund|kennt|nis, die ⟨meist Pl.⟩: *elementares Wissen als grundlegende Voraussetzung für die weiteren Kenntnisse auf einem bestimmten Gebiet:* -se in einem Fach besitzen; G. der Grammatik; sich mathematische -se aneignen.

Grund|kon|zep|ti|on, die: *ursprüngliche, grundlegende, für die weitere Gestaltung, den Aufbau von etw. wesentliche Konzeption.*

Grund|kurs, der: **a)** (Schulw.) *Grundkenntnisse vermittelnder Unterricht in einem bestimmten Fach, an dem im Gegensatz zum jeweils angebotenen Leistungskurs jeder Schüler teilnimmt;* **b)** *Kurs* (3 a), *der Grundkenntnisse in etw. vermittelt:* ein G. in Maschinenschreiben.

Grund|la|ge, die: *etw., auf dem jmd. aufbauen, auf das sich jmd. stützen kann, das Ausgangspunkt, Basis für etw. ist:* die geistigen, theoretischen, gesellschaftlichen, gesetzlichen -n; die -n für etw. schaffen, erwerben, legen; die Behauptungen entbehren jeder G. *(sind frei erfunden; unwahr);* etw. zur G. seiner Arbeit machen; Ü iss etwas, damit du eine G. hast (ugs.; *damit du den Alkohol verträgst*).

Grund|la|gen|for|schung, die: *zweckfreie, nicht auf unmittelbare praktische Anwendung hin betriebene Forschung, die sich mit den Grundlagen einer Wissenschaft o. Ä. beschäftigt:* medizinische G.; G. betreiben.

Grund|last, die: **1.** ⟨Pl.⟩ *alle auf einem Grundstück ruhenden Lasten, die der Grundeigentümer zu tragen hat.* **2.** ⟨Pl.⟩ (hist.) *alle (zur Zeit der Grundherrschaft) dem Grundherrn zustehenden, von den abhängigen Bauern zu leistenden Abgaben u. Dienste.* **3.** (Fachspr.) *in einem Netz der Stromversorgung ständig zur Verfügung stehende Energiemenge.*

grund|le|gend ⟨Adj.⟩: **a)** *die Grundlage, die Voraussetzung für etw. bildend; wesentlich:* ein -er Unterschied; eine -e *(wichtige)* Arbeit zu einem Thema; sie hat sich zu diesem Problem g. geäußert *(hat dazu einen wesentlichen Beitrag geliefert);* **b)** ⟨intensivierend bei Adj. u. Verben⟩ *sehr; ganz und gar; von Grund auf:* g. wichtige Erfahrungen; die Verhältnisse haben sich inzwischen g. geändert.

Grund|le|gung, die: *Schaffung einer Grundlage für etw.; Gründung:* die G. einer demokratischen Ordnung.

gründ|lich ⟨Adj.⟩ [mhd. grüntlich, ahd. gruntlihho (Adv.), eigtl. = auf den Grund gehend]: **a)** *sehr genau u. sorgfältig; gewissenhaft:* -e Arbeit leisten; sie ist ein sehr -er Mensch; -e *(umfassende, solide)* Kenntnisse; er ist, arbeitet sehr g.; etw. g. sauber machen, putzen; **b)** (ugs.) ⟨intensivierend bei Verben⟩ *sehr:* da hast du dich aber g. getäuscht, blamiert.

Gründ|lich|keit, die; -: *das Gründlichsein; Gewissenhaftigkeit, Sorgfalt:* diese Tätigkeit verlangt G.

Gründ|ling, der; -s, -e [mhd. grundelinc]: *in vielen Arten vorkommender kleiner Fisch, der gewöhnlich in Schwärmen am Grund von Gewässern lebt.*

Grund|li|nie, die: **1.** (Math.) *unterste Linie, Gerade einer zweidimensionalen geometrischen Figur:* die G. angeben; von der G. ausgehen. **2.** (Sport, bes. Tennis, Volleyball) *die hintere Begrenzung des Spielfeldes markierende Linie:* den Ball an die G. spielen. **3.** *Grundzug.*

Grund|li|ni|en|spiel, das ⟨o. Pl.⟩ (Tennis): *Spiel von der Grundlinie.*

Grund|lohn, der: vgl. [2]Grundgehalt.

grund|los ⟨Adj.⟩ [1: mhd. gruntlōs]: **1.** (selten) *keinen festen Untergrund, Boden besitzend:* über -e *(aufgeweichte, schlammige)* Wege fahren. **2.** *keine Ursache habend, ohne Grund; unbegründet:* -e Vorwürfe; dein Misstrauen war ganz g.

Grund|lo|sig|keit, die; -: *Unbegründetheit:* die G. eines Verdachtes.

Grund|mau|er, die: *unter der Erde liegender Teil der Mauer eines Bauwerks; Fundament:* das Haus ist bis auf die -n *(völlig)* abgebrannt.

Grund|mit|tel ⟨Pl.⟩ [LÜ von russ. osnovnye sredstva] (DDR Wirtsch.): *Anlagevermögen.*

Grund|mus|ter, das: *Schema, das einer Sache, einem Verhalten o. Ä. zugrunde liegt:* das gleiche G. haben.

Grund|nah|rungs|mit|tel, das: *die Grundlage der lebensnotwendigen Ernährung bildendes Nahrungsmittel:* Brot, Kartoffeln, Reis als G.; die Preise für die G. sind gestiegen.

Grund|netz, das (Fischereiw.): *Fangnetz, das (mit Stahlkugeln beschwert) über den Grund eines Gewässers gezogen wird:* in diesen Gewässern wird häufig mit -en gefischt.

Grün|don|ners|tag, der [mhd. grüene donerstac; H. u., wohl nach dem weit verbreiteten Brauch, an diesem Tag grünes Gemüse zu essen]: *Donnerstag vor Ostern (als Tag des letzten Abendmahls Christi begangen).*

Grund|ord|nung, die: *einer Sache zugrunde liegende, sie bestimmende, für sie als Prinzip wirkende Ordnung:* die politische G. eines Staates; sich zur freiheitlich-demokratischen G. bekennen.

Grund|or|ga|ni|sa|ti|on, die: *kleinste organisierte Einheit bei [kommunistischen] Parteien u. größeren Organisationen.*

Grund|pfand|recht, das (Rechtsspr., Bankw.): *in der Belastung eines Grundstücks (in Form von Hypothek, Grundschuld o. Ä.) bestehendes Recht.*

Grund|pfei|ler, der: *tragender Pfeiler:* der G. eines Gebäudes, einer Brücke; Ü die G. *(die wichtigsten, wesentlichen Elemente, Stützen)* eines Staatswesens.

Grund|preis, der: *Preis* (1), *zu dem in der Regel noch bestimmte Aufschläge hinzukommen.*

Grund|prin|zip, das: *entscheidendes, eine Sache grundsätzlich bestimmendes Prinzip:* das G. einer Politik.

Grund|re|chen|art, Grund|rech|nungs|art, die: *mit Zahlen vorgenommene Rechenart (Zusammenzählen, Abziehen, Malnehmen, Teilen).*

Grund|recht, das ⟨meist Pl.⟩ [mhd. gruntreht = Abgabe an den Grundherrn, Grundzins]: *verfassungsmäßig gewährleistetes, unantastbares Recht eines Bürgers gegenüber dem Staat:* ein G. auf Arbeit; die Wahrung der -e; -e garantieren, außer Kraft setzen.

grund|recht|lich ⟨Adj.⟩: *die Grundrechte betreffend, auf ihnen beruhend:* -e Garantien.

Grund|re|gel, die: *grundsätzlich geltende, wichtigste Regel; als unerlässliche Voraussetzung einer Sache zugrunde liegende Regel:* die -n eines Spiels lernen, beachten; sich etw. als G. einprägen.

Grund|ren|te, die: **1.** *aus dem Eigentum an Land, Boden bezogenes Einkommen.* **2.** *Mindestrente, auf die Bezieher von Kriegsopferrenten einen Anspruch haben.*

Grund|riss, der: **1.** (Math.) *senkrechte Projektion eines Gegenstandes auf einer waagerechten Ebene.* **2.** (Bauw.) *maßstabgerechte Zeichnung, Darstellung des waagerechten Schnittes eines Bauwerks:* der G. eines antiken Tempels. **3. a)** *vereinfachtes, nur die Grundzüge von etw. darstellendes Schema:* eine Literaturgeschichte im G.; **b)** *kurz gefasstes Lehrbuch; Leitfaden:* ein G. der deutschen Grammatik.

Grund|satz, der: **a)** *feste Regel, die jmd. zur Richtschnur seines Handelns macht:* strenge, moralische Grundsätze; seine Grundsätze aufgeben; an seinen Grundsätzen festhalten; das geht gegen seine Grundsätze; sie ist eine Frau mit/von Grundsätzen; **b)** *allgemein gültiges Prinzip, das einer Sache zugrunde liegt, nach dem sie ausgerichtet ist, das sie kennzeichnet; Grundprinzip:* demokratische, rechtsstaatliche Grundsätze.

Grund|satz|de|bat|te, die: *Debatte, in der Grundsätzliches diskutiert, geklärt wird:* eine G. führen.

Grund|satz|ent|schei|dung, die: *Entscheidung, durch die etw. grundsätzlich, über den Einzelfall hinaus festgelegt wird:* eine G. treffen.

Grund|satz|er|klä|rung, die: vgl. Grundsatzentscheidung.

grund|sätz|lich ⟨Adj.⟩: **1.** *einen Grundsatz* (b) *betreffend [u. daher gewichtig]:* -e Fragen; ein -er Unterschied; Bedenken -er Art; er hat sich dazu g. geäußert. **2. a)** *einem Grundsatz* (a) *folgend, entsprechend; aus Prinzip, ohne Ausnahme:* etw. g. ablehnen; **b)** *eigentlich, im Grunde, im Prinzip, mit dem Vorbehalt bestimmter Ausnahmen; im Allgemeinen, in der Regel:* er erklärte seine -e Bereitschaft; g. bin ich dafür, aber nicht bei dieser Konstellation.

Grund|satz|pa|pier, das: *Papier* (2), *in dem bestimmte Grundsätze (z. B. einer Partei) niedergelegt sind:* ein G. vorlegen, erarbeiten.

Grund|satz|pro|gramm, das: *Plan, Programm, in dem Grundsätzliches festgelegt wird.*

Grund|satz|re|de, die: *Rede, in der Grundsätzliches vorgetragen wird:* eine G. halten.

Grund|satz|ur|teil, das (Rechtsspr.): *höchstrichterliche Entscheidung [über ein vorher noch nicht grundsätzlich geklärtes u. daher häufig umstrittenes juristisches Problem].*

Grund|säu|le, die: *tragende Säule:* die -n eines Hauses, eines Tempels; Ü die -n einer effektiven Wirtschaftspolitik.

Grund|schnel|lig|keit, die (Sport): *Fähigkeit, [kurze] Strecken ohne Temposchwankungen sehr schnell laufen zu können:* sie verfügt über eine enorme G.

Grund|schuld, die (Rechtsspr., Bankw.): *finanzielle Belastung eines Grundstücks, die meist als Sicherheit für eine Forderung besteht.*

Grund|schu|le, die: *die vier ersten Klassen umfassende, von allen schulpflichtigen Kindern zu besuchende Schule.*

Grund|schü|ler, der: *Schüler einer Grundschule.*

Grund|schü|le|rin, die: w. Form zu ↑Grundschüler.

Grund|schul|leh|rer, der: *Lehrer an einer Grundschule.*

Grund|schul|leh|re|rin, die: w. Form zu ↑Grundschullehrer.

Grund|see, die (Seemannsspr.): *hohe, oft sich überschlagende Welle, die durch Auftreffen einer aus tiefem Wasser kommenden Welle auf Untiefen u. vor flachen Küsten entsteht.*

grund|so|lid, grund|so|li|de ⟨Adj.⟩: *absolut solide.*

Grund|spra|che, die (Sprachw.): *tatsächlich bezeugte od. auch nur erschlossene Sprache, aus der mehrere verwandte Sprachen hervorgegangen sind, zu denen sie die gemeinsame Vorstufe darstellt:* Latein ist die G. der romanischen Sprachen.

grund|stän|dig ⟨Adj.⟩ (Bot.): *(von Blättern, die oft dicht gedrängt u. in einer Rosette angeordnet stehen) unmittelbar über dem Boden, am Grund eines Pflanzensprosses wachsend:* -e Blätter.

Grund|stein, der: *Stein, der in einer feierlichen Zeremonie symbolisch als erster Stein der Grundmauer eines Gebäudes gesetzt wird:* den G. einmauern; * **der G. zu etw. sein** *(der entscheidende Anfang von etw. sein):* ihr erstes Konzert war der G. zu einer großen Karriere; **den G. zu etw. legen** (1. *mit der Grundsteinlegung symbolisch den Bau eines Gebäudes beginnen.* 2. *die Grundlage für die Entwicklung von etw. schaffen, die Entwicklung von etw. einleiten*).

Grund|stein|le|gung, die: *Feier zu Beginn der Bauarbeiten, bei der der Grundstein symbolisch als erster Stein gesetzt wird.*

Grund|stel|lung, die: 1. (bes. Turnen) *aufrechte Ausgangsstellung für eine Übung mit parallel nebeneinander stehenden Füßen:* nach dem Sprung wieder in die G. zurückkehren. 2. (Musik) *Lage eines Akkordes mit dem untersten Ton als Grundton.* 3. (Schach) *Stellung der Figuren beim Beginn einer Schachpartie vor dem ersten Zug.*

Grund|steu|er, die (Steuerw.): *auf Grundbesitz von den Gemeinden erhobene Steuer.*

Grund|stim|me, die (Musik): *Bass als Grundlage einer Komposition.*

Grund|stim|mung, die: *vorherrschende, etw. entscheidend beeinflussende, prägende Stimmung:* es herrschte eine fröhliche, optimistische G.

Grund|stock, der [zu ↑[1]Stock = ausschlagender Wurzelstock, Haupttrieb einer Pflanze]: *anfänglicher Bestand, der erweitert, auf dem aufgebaut werden kann:* diese Bücher waren der G., bildeten den G. für ihre Bibliothek.

Grund|stoff, der: 1. (Chemie, selten) *Element* (5). 2. *Rohstoff, Rohmaterial (als Ausgangsmaterial bes. für die weiterverarbeitende Industrie):* die -e Kohle und Erz; -e verarbeiten.

Grund|stoff|in|dus|trie, die: *Industrie, durch die Grundstoffe gewonnen u. umgewandelt werden für die weiterverarbeitende Industrie.*

Grund|stück, das: *abgegrenztes Stück Land, das jmds. Eigentum ist:* ein G. erben, bebauen; mit -en spekulieren.

Grund|stücks|ei|gen|tü|mer, der: *Eigentümer eines Grundstücks.*

Grund|stücks|ei|gen|tü|me|rin, die: w. Form zu ↑Grundstückseigentümer.

Grund|stücks|mak|ler, der: *Makler, der Grundstücke vermittelt.*

Grund|stücks|mak|le|rin, die: w. Form zu ↑Grundstücksmakler.

Grund|stücks|nach|bar, der: *jmd., dessen Grundstück an jmds. Grundstück grenzt.*

Grund|stücks|nach|ba|rin, die: w. Form zu ↑Grundstücksnachbar.

Grund|stücks|spe|ku|la|ti|on, die: *Bodenspekulation.*

Grund|stücks|ver|zeich|nis, das: *Verzeichnis über Grundstücke.*

Grund|stu|di|um, das: *(in bestimmten Fachgebieten) erster, in sich abgeschlossener Teil eines Studiums:* sie befindet sich noch im G.

Grund|stu|fe, die: 1. (Päd.) *auf der Eingangsstufe aufbauende, dem dritten u. vierten Schuljahr entsprechende zweite Stufe der Grundschule.* 2. [1]*Positiv.*

Grund|sub|stanz, die: *Substanz, aus der durch Weiterverarbeitung andere Substanzen hergestellt werden:* Moschus, Zibet und Ambra sind -en für die Parfümherstellung.

Grund|ten|denz, die: *wesentliche, eine Sache im Ganzen bestimmende Tendenz.*

Grund|ton, der: 1. (Musik) a) *Ton, auf dem ein aus Terzen bestehender Akkord aufgebaut ist;* b) *erster Ton einer Tonleiter (nach dem diese benannt wird).* 2. (Akustik) *tiefster Ton eines einen Klang bildenden Gemisches von Tönen.* 3. *Farbton, den der Untergrund von etw. hat:* der dunkle, grünliche G. einer Tapete. 4. vgl. Grundstimmung: es herrschte ein optimistischer G. in der Versammlung.

Grund|tu|gend, die: *Kardinaltugend.*

Grund|übel, das: *Übel, das meist die Ursache anderer Übel, Missstände o. Ä. ist.*

Grund|um|satz, der (Med.): *Energiemenge, die der Körper bei völliger Ruhe für die Aufrechterhaltung seiner Lebensvorgänge benötigt.*

Grün|dung, die; -, -en: 1. *das Gründen* (1); *das Gegründetwerden; Neuschaffung:* die G. einer Familie, einer Partei, eines Staates; die G. des Staates Israel. 2. (Bauw.) *Grundbau.*

Grün|dungs|fei|er, die: *Feier anlässlich der Gründung eines Unternehmens, eines Vereins o. Ä.*

Grün|dungs|jahr, das: *Jahr der Gründung.*

Grün|dungs|ka|pi|tal, das (Wirtsch.): *zur Gründung eines Unternehmens notwendiges Kapital.*

Grün|dungs|mit|glied, das: *Mitglied, das an der Gründung* (1) *von etw. mitgewirkt hat.*

Grün|dungs|tag, der: *Tag der Gründung* (1) *von etw.*

Grün|dün|gung, die (Landw.): *(Art der) Düngung durch Unterpflügen von eigens zu diesem Zweck auf dem entsprechenden Boden angebauten Pflanzen.*

grund|ver|kehrt ⟨Adj.⟩: *völlig falsch:* es ist g., so zu handeln.

Grund|ver|mö|gen, das: *aus Grund u. Boden, Gebäuden, Wohnungseigentum o. Ä. bestehendes unbewegliches Vermögen.*

grund|ver|schie|den ⟨Adj.⟩: *ganz u. gar verschieden:* -e Dinge; die Geschwister sind g.

Grund|ver|sor|gung, die: *Versorgung mit dem Notwendigsten:* die medizinische G.; die G. sicherstellen.

Grund|vo|raus|set|zung, die: *sehr wichtige, entscheidende Voraussetzung.*

Grund|was|ser, das ⟨o. Pl.⟩: *Ansammlung von Wasser im Boden, das durch Versickern der Niederschläge od. aus Seen u. Flüssen in den Erdboden gelangt:* das G. steigt, sinkt ab; eine Verunreinigung des -s befürchten, verursachen.

Grund|was|ser|ab|sen|kung, die (Tiefbau): *das Absenken* (2) *des Grundwasserspiegels.*

Grund|was|ser|spie|gel, der: *Stand, Höhe des Grundwassers:* der G. sinkt, steigt.

Grund|wehr|dienst, der: *erster Wehrdienst, der von einem Wehrpflichtigen (nach Musterung u. Einberufung) geleistet werden muss:* den G. leisten; er ist Soldat im G.

Grund|wehr|dienst|leis|ten|de, der: *jmd., der den Grundwehrdienst leistet.*

Grund|wert, der ⟨meist Pl.⟩: *(im Bereich der Ethik) unveräußerlicher Wert* (3).

Grund|wis|sen, das: *Wissen als Grundlage für eine weitere Ausbildung.*

Grund|wis|sen|schaft, die: *Wissenschaft, die Grundlage einer anderen Wissenschaft ist.*

Grund|wort, das ⟨Pl. ...wörter⟩ (Sprachw.): *letzter Bestandteil einer Zusammensetzung, der durch das Bestimmungswort näher bestimmt wird.*

Grund|wort|schatz, der (Sprachw.): *für die Verständigung notwendiger geringster Bestand an Wörtern in einer bestimmten Sprache.*

Grund|zahl, die: 1. *Kardinalzahl.* 2. *Basis* (3 c).

Grund|zins, der [mhd. gruntzins] (früher): *an den Grundherrn zu entrichtende Abgabe für die Nutzung eines Stück Bodens.*

Grund|zug, der: *wesentliches, bestimmendes Merkmal; hauptsächlicher, grundlegender Zug:* ein G. ihres Wesens ist Bescheidenheit.

Grund|zu|stand, der (Physik): *energieärmster Zustand eines atomaren Systems.*

[1]**Grü|ne,** das; -n ⟨Dekl. ↑[2]Junge, das⟩: 1. *grüne Farbe, Färbung:* die Farbe des Mantels spielt ins G. 2. ⟨meist o. Art.⟩ (ugs.) a) *grüne Pflanzen [als Schmuck]:* -s zu den Blumen binden; b) *Salat u. Gemüse (als Rohkost):* du musst mehr -s essen; c) *Kräuter zum Würzen;* d) *Grünfutter, bes. für Kleinvieh.* 3. * **im -n, ins G.** *(in der freien Natur, in die freie Natur):* im -n wohnen.

[2]**Grü|ne,** der; -n, -n ⟨Dekl. ↑Abgeordnete⟩ [1: nach der grünen Uniform; 2: nach der Farbe des Scheins]: 1. (ugs.) *Polizist.* 2. (salopp) *Zwanzigmarkschein.*

[3]**Grü|ne,** die; - [mhd. grüene, ahd. gruonī] (selten): *grüne Farbe, das Grün* (1): die G. der Wälder.

[4]**Grü|ne,** der u. die; -n, -n ⟨meist Pl.; Dekl. ↑Abgeordnete⟩: *Angehörige[r] einer Partei, die bes. für ökologische Belange eintritt:* sie ist eine G. *(gehört der Partei der Grünen an);* die -n sind in den Landtag eingezogen; die Partei der -n; ein Abgeordneter der -n.

grü|nen ⟨sw. V.; hat⟩ [mhd. grüenen, ahd. gruonēn] (geh.): *grün werden, sein; sprießen:* grünende Felder, Wiesen; Ü die Liebe, Hoffnung begann wieder zu g. (dichter.; *zu erwachen, aufzuleben, lebendig zu werden*).

Grü|nen|ab|ge|ord|ne|te, der u. die: *Abgeordnete[r] der Partei der Grünen.*

Grün|fär|bung, die: *grüne Färbung von etw.:* die G. der Wälder im Frühling.

Grün|fil|ter, der, Fachspr. meist: das (Fot.): *beim Schwarz-Weiß-Fotografieren verwendetes grün gefärbtes Filter zur Dämpfung roter Farbtöne.*

Grün|fink, der: *zu den Finkenvögeln gehörender, olivgrüner, an Flügeln u. Schwanz gelb gezeichneter Singvogel, der vorwiegend in Gärten, Parkanlagen u. lichten Wäldern lebt.*

Grün|flä|che, die: a) *innerhalb einer Ortschaft angelegte, größere, mit Rasen [u. Zierpflanzen] bedeckte Fläche [als Teil einer Grünanlage]:* die -n des Parks sind mit Blumenbeeten gesäumt; b) ⟨oft. Pl.⟩ *Gesamtheit der Erholungs- u. oft auch Sportmöglichkeiten bietenden Grünanlagen, Parks, Wälder o. Ä., die zu einer Ortschaft gehören:* viele -n machen die Stadt reizvoll.

Grün|flä|chen|amt, das: *mit dem Anlegen u. der Unterhaltung öffentlicher Grünflächen betraute kommunale Behörde.*

Grün|fut|ter, das (Landw.): *in frischem Zustand als Futter verwendete Pflanzen:* im Sommer G. verfüttern; Ü bei uns gibt es viel G. (ugs. scherzh.; *gibt es viel Salat od. grünes Gemüse zu essen*).

Grunge [grandʒ], der; - [engl. grunge, zu engl.-amerik. grungy = schmutzig; unansehnlich; mies]: 1. a) *Stil der Rockmusik, für den harte Gitarrenklänge u. eine lässige Vortragsweise typisch sind;* b) *Rockmusik im Stil des Grunge* (1 a). 2. a) *Moderichtung* (1 a), *die bewusst unansehnlich, schmuddelig aussieht;* b) *Kleidung im Stil des Grunge* (2 a).

grün|gelb ⟨Adj.⟩: vgl. grünblau.

grün ge|streift: s. grün (1).

grün|grau ⟨Adj.⟩: vgl. grünblau.

Grün|gür|tel, der: *ein Stadtgebiet umgebende Grünflächen* (b): der G. der Stadt.

grün ka|riert: s. grün (1).

Grün|kern, der ⟨o. Pl.⟩: *unreif geernteter, gedörrter u. gemahlener Dinkel, der für Suppen verwendet wird.*

Grün|kohl, der: *Gemüsekohl mit stark gekräuselten Blättern, der erst im Winter geerntet wird.*

Grün|land, das ⟨o. Pl.⟩ (Landw.): *als Wiese, Weide o. Ä. genutzte landwirtschaftliche Bodenfläche.*

grün|lich ⟨Adj.⟩: *sich im Farbton dem Grün nähernd; ins Grüne spielend:* -es Licht; -e Farbtöne; g. schimmern; g. gelbe Farbtupfer.

Grün|li|lie, die: *Liliengewächs mit langen, schmalen, oft weiß gestreiften Blättern u. kleinen, weißen Blüten.*

Grün|ling, der; -s, -e [1, 2, 3: zu ↑grün (1); 4: zu ↑grün (3)]: 1. *Pilz mit gelblich weißem Fleisch, schwefelgelben Blättern u. einem gebuckelten, wellig gerandeten, olivgrünen Hut.* 2. *Grünfink.*

3. *luftgetrockneter, noch ungebrannter Mauerziegel.* 4. (ugs.) *unerfahrener, unreifer Mensch.*

Grün|pflan|ze, die: *Pflanze, die wegen ihres schönen Blattwerks [als Zimmerpflanze] gehalten wird.*

Grün|rock, der (scherzh.): **a)** *Förster;* **b)** *Jäger.*

Grün|rot|blind|heit, die: vgl. Rotgrünblindheit.

Grün|schna|bel, der [zu ↑grün (3)] (oft abwertend): *junger, unerfahrener, aber oft vorlauter Mensch; Neuling, Anfänger.*

Grün|span, der; -[e]s [mhd. grüenspān, LÜ von mlat. viride Hispanum = spanisches Grün (ein im MA. aus Spanien eingeführter künstlicher Farbstoff)]: *auf Kupfer u. Messing unter Einwirkung von Essigsäure u. Luft entstehender, giftiger, blaugrüner Überzug:* G. ansetzen; mit G. überzogen sein; Ü diese Geschichte hat ein wenig G. angesetzt.

Grün|specht, der [mhd. grüenspeht, ahd. gruonspeht]: *an der Oberseite grau- bis dunkelgrüner, ziemlich großer Specht mit rotem Kopf u. Nacken.*

Grün|stich, der: *grünliche Verfärbung bes. eines Farbfotos:* die Fotos haben einen G.

grün|sti|chig ⟨Adj.⟩: *einen Grünstich aufweisend:* -e Farbtöne.

Grün|strei|fen, der: *schmale, mit Rasen [Sträuchern u. Bäumen] bepflanzte Fläche vorwiegend zwischen zwei Fahrbahnen od. am Rand einer Fahrbahn:* er ist mit seinem Fahrzeug auf den G. geraten.

grun|zen ⟨sw. V.; hat⟩ [mhd. grunzen, ahd. grunnizōn, lautm.]: **1.** *(von bestimmten Tieren, bes. Schweinen) dunkle, raue, kehlige Laute ausstoßen:* die Schweine grunzten und quiekten. **2.** (ugs.) *undeutlich, mit tiefem, kehligem Laut äußern, sagen:* er grunzte irgendetwas und verschwand. **3.** (ugs.) *einen tiefen, kehligen Laut als Ausdruck des Behagens von sich geben.*

Grün|zeug, das ⟨o. Pl.⟩ (ugs.): **1. a)** *Kräuter zum Würzen von Salaten, Suppen u. a.:* G. an den Salat tun; **b)** *Salate u. Gemüse [als Rohkost]:* an manchen Tagen isst sie nur G. **2.** *junge, unerfahrene Menschen, Jugendliche, denen noch die geistige Reife fehlt:* das G. will auch schon mitreden.

Grupp, der; -s, -s [frz. group < ital. gruppo = Block, Satz, eigtl. = Gruppe] (Bankw.): *Paket aus Geldrollen.*

Grüpp|chen, das; -s, -: Vkl. zu ↑[1]Gruppe (1 a, 2).

[1]Grup|pe, die; -, -n [frz. groupe < ital. gruppo, H. u.]: **1. a)** *kleinere Anzahl von [zufällig] zusammengekommenen, dicht beieinander stehenden od. nebeneinander gehenden Personen [die als eine geordnete Einheit erscheinen]:* eine kleine, größere G. Jugendlicher, Halbstarker, Erwachsener; überall standen noch -n herum; eine G. diskutierender/(seltener:) diskutierende Studenten; eine G. von Arbeitern, Touristen/(seltener:) eine G. Arbeiter, Touristen; eine G. von Bäumen; eine G. Kinder, Reisender stieg aus/(auch:) stiegen aus; **b)** *nach gemeinsamen Merkmalen vorgenommene Unterteilung, Klassifizierung:* die G. der starken Verben. **2.** *Gemeinschaft, Kreis von Menschen, die aufgrund bestimmter Gemeinsamkeiten zusammengehören, sich aufgrund gemeinsamer Interessen, Ziele zusammengeschlossen haben:* konservative, soziale, politische, therapeutische -n; an dem Werk hat eine ganze G. *(ein Team)* gearbeitet; er gehört einer G. literarisch interessierter Menschen an; die Arbeit in der G. macht ihm Spaß. **3.** (Sport) *bestimmte Anzahl von Mannschaften od. Spielern, die zur Ermittlung eines Siegers od. einer Meisterschaft Qualifikationsspiele gegeneinander austragen.* **4.** (Milit.) *kleinste Einheit aller Truppengattungen:* mehrere -n bilden einen Zug. **5.** (Geol.) *Zusammenfassung mehrerer die Altersfolge der Schichtgesteine betreffender Systeme.*

[2]Grup|pe, Grüp|pe, die; -, -n [aus dem Niederd. < mniederd. grüppe = kleiner Graben] (landsch.): **1.** *schmaler, der Entwässerung dienender Graben zwischen einzelnen Feldern:* die -n in der Marschweide reinigen. **2.** *(im Viehstall) am Boden verlaufende Rinne.*

grüp|peln, grup|pen ⟨sw. V.; hat⟩ [mniederd. gruppen]: *Abzugsgräben ausheben.*

Grup|pen|ak|kord, der (Wirtsch.): *Akkordarbeit, die von einer zusammenarbeitenden Gruppe von Arbeitern u. Arbeiterinnen geleistet wird.*

Grup|pen|ar|beit, die ⟨o. Pl.⟩: **1.** *Arbeit, die in, von einer Gruppe verrichtet wird.* **2.** (Päd.) *Form des Unterrichts, bei der die Schülerinnen u. Schüler zur Förderung von Selbstständigkeit, Sozialverhalten u. Ä. in [kleinen] Gruppen zusammenarbeiten.*

Grup|pen|auf|nah|me, die: *fotografische Aufnahme einer Gruppe von Personen.*

grup|pen|be|wusst ⟨Adj.⟩ (Sozialpsych.): *ein Gruppenbewusstsein habend; das Gruppenbewusstsein betreffend, auf ihm beruhend, von ihm zeugend.*

Grup|pen|be|wusst|sein, das (Sozialpsych.): *Bewusstsein einer bestimmten [sozialen] Gruppe, einem Kreis von Menschen anzugehören, denen man aufgrund bestimmter Gemeinsamkeiten verbunden ist, denen gegenüber man Rechte u. Pflichten, Verantwortung hat; Sinn für die Gemeinschaft, in der man lebt.*

Grup|pen|bild, das: vgl. Gruppenaufnahme: sich zum G. aufstellen.

Grup|pen|bil|dung, die: *Bildung, Entstehung einzelner Gruppen innerhalb einer größeren Gemeinschaft von Menschen od. Tieren:* eine G. unter Jugendlichen, in der Gesellschaft.

Grup|pen|den|ken, das; -s: *Denkweise einer bestimmten* [1]*Gruppe* (2) *[der sich das individuelle Denken des einzelnen Gruppenmitgliedes unterordnet].*

Grup|pen|dy|na|mik, die; -, -en [engl. group dynamics] (Sozialpsych.): **a)** *Zusammenwirken, wechselseitige Beeinflussung der Mitglieder einer* [1]*Gruppe* (2); *Verhalten des Einzelnen zur Gruppe bzw. Zusammenhänge zwischen mehreren Gruppen;* **b)** *Wissenschaft von der Gruppendynamik* (a).

grup|pen|dy|na|misch ⟨Adj.⟩ (Sozialpsych.): *die Gruppendynamik* (a, b) *betreffend:* -e Prozesse; ein -es Phänomen, Training.

Grup|pen|fo|to, das: vgl. Gruppenaufnahme.

Grup|pen|füh|rer, der: **a)** (Milit.) *Führer einer* [1]*Gruppe* (4); **b)** (Wirtsch.) *Leiter einer Arbeitsgruppe in einer Abteilung.*

Grup|pen|füh|re|rin, die: w. Form zu ↑Gruppenführer (b).

Grup|pen|in|te|res|se, das ⟨meist Pl.⟩: *Interesse einer bestimmten [sozialen] Gruppe:* -n berücksichtigen.

Grup|pen|le|ben, das ⟨o. Pl.⟩: *das Zusammenleben, die gemeinsame Arbeit, Freizeitgestaltung o. Ä. in einer Gruppe.*

Grup|pen|lei|ter, der: *Leiter einer* [1]*Gruppe* (2).

Grup|pen|lei|te|rin, die: w. Form zu ↑Gruppenleiter.

Grup|pen|mit|glied, das: *Mitglied einer Gruppe.*

Grup|pen|pä|da|go|gik, die: *spezielle Form der modernen Pädagogik, die bes. im Bereich der sozialen Arbeit mit Jugendlichen auf der Grundlage der Gruppenarbeit* (2) *praktiziert wird u. die ihre Aufgabe darin sieht, zur Gemeinschaft zu erziehen.*

Grup|pen|rat, der (DDR): *aus mehreren Mitgliedern bestehende Leitung verschiedenster Organisationen.*

Grup|pen|rei|se, die (Touristik): *Reise, bei der für eine Gruppe von Personen ein Reisebüro die Organisation, die Reservierung von Flugkarten, Hotel o. Ä. übernimmt.*

Grup|pen|sex, der [amerik. group sex]: *sexuelle Beziehungen, Geschlechtsverkehr zwischen mehreren Personen [mit wechselnden Partnern].*

Grup|pen|sieg, der (Sport): *Sieg, erster Platz innerhalb einer* [1]*Gruppe* (3).

Grup|pen|sie|ger, der (Sport): *Mannschaft od. Sportler, die bzw. der einen Gruppensieg errungen hat.*

Grup|pen|sie|ge|rin, die: w. Form zu ↑Gruppensieger.

grup|pen|spe|zi|fisch ⟨Adj.⟩: *für eine* [1]*Gruppe* (2) *kennzeichnend:* ein -es Verhalten.

Grup|pen|spiel, das (Sport): *innerhalb einer* [1]*Gruppe* (3) *ausgetragenes Spiel.*

Grup|pen|spra|che, die (Sprachw.): *Sondersprache einer bestimmten Gruppe innerhalb einer Sprachgemeinschaft* (z. B. Berufssprache, Jugendsprache).

grup|pen|the|ra|peu|tisch ⟨Adj.⟩: *in der Weise der Gruppentherapie; auf der Gruppentherapie beruhend:* eine -e Behandlung; -e Sitzungen.

Grup|pen|the|ra|pie, die: **1.** (Med.) *gleichzeitige Behandlung mehrerer Patientinnen u. Patienten in einer Gruppe.* **2.** (Psych.) *psychotherapeutische Behandlung von mehreren in einer Gruppe zusammengefassten Patientinnen u. Patienten, die sich gegenseitig dabei unterstützen, ihre [meist ähnlichen] Schwierigkeiten zu analysieren u. zu überwinden.*

Grup|pen|trai|ning, das (Sport): *Training mit Gruppen von Sportlerinnen u. Sportlern, die ihrer Leistung nach etwa gleich stark sind.*

Grup|pen|un|ter|richt, der: **1.** *Unterricht, den eine Gruppe von Schülerinnen u. Schülern gemeinsam erhält.* **2.** (Päd.) *Unterricht, bei dem eine Schulklasse od. ein Kursus in verschiedene Arbeitsgruppen aufgeteilt wird.*

Grup|pen|ver|band, der: [1]*Gruppe* (2).

grup|pen|wei|se ⟨Adv.⟩: *in Gruppen:* die Schüler verließen g. das Gebäude; ⟨mit Verbalsubstantiven auch attr.:⟩ das -e Antreten.

Grup|pen|zwang, der: *durch eine Gruppe auf die Einzelnen ausgeübter Zwang:* Gruppenzwängen ausgesetzt sein; sich dem G. nicht entziehen können.

grup|pie|ren ⟨sw. V.; hat⟩ [zu ↑[1]Gruppe, vgl. frz. grouper]: **a)** *als Gruppe in eine bestimmte Ordnung bringen; in einer bestimmten Ordnung aufstellen; nach bestimmten Gesichtspunkten als Gruppe anordnen, zusammenstellen:* Kinder in einem Halbkreis g.; sie gruppierte Stühle um den Tisch; **b)** ⟨g. + sich⟩ *sich in bestimmter Weise formieren; sich in einer bestimmten Ordnung als Gruppe aufstellen, hinsetzen, lagern:* sich zu einem Kreis g.; die Kinder mussten sich immer wieder neu g.; sie gruppierten sich um den Tisch.

Grup|pie|rung, die; -, -en: **1. a)** *das Gruppieren* (a), *Anordnen, Zusammenstellen;* **b)** *das Gruppiertsein; Anordnung.* **2.** *Gruppe von Personen, die sich zur Verfolgung bestimmter politischer, gesellschaftlicher o. ä. Ziele zusammengeschlossen hat, die [innerhalb einer größeren Organisation] eine bestimmte Linie vertritt.*

Grus, der; -es, (Arten:) -e [aus dem Niederd. < mniederd. grūs = in kleine Stücke Zerbrochenes < mniederl. gruus = grob Gemahlenes]: **1.** (Geol.) *[durch Verwitterung] zerbröckeltes, körniges Gestein; Gesteinsschutt.* **2.** *fein zerbröckelte Kohle, grobkörniger Kohlenstaub.*

Grüsch, das; -[s] [mhd. grüsch, H. u.] (schweiz.): *Kleie.*

Gru|sel, der; -s (selten): *Empfindung des Gruselns; Angst.*

Gru|sel|ef|fekt, der: *die Empfindung des Gruselns, des Schauderns hervorrufende Wirkung:* in dem Film wird mit vielen -en gearbeitet.

Gru|sel|film, der: *Film, der vom Thema u. von der Gestaltung her darauf abzielt, beim Zuschauer Gruseln hervorzurufen.*

Gru|sel|ge|schich|te, die: *Geschichte, Erzählung o. Ä. mit gruseligem Inhalt; Schauergeschichte:* sie lesen gern -n; eine G. über Vampire; Ü das sind doch alles -n (abwertend; *Übertreibungen, Entstellungen).*

gru|se|lig, (auch:) gruslig ⟨Adj.⟩: *Gruseln hervorrufend; schaurig, unheimlich:* eine -e Geschichte; die Sache war g., hörte sich g. an.

Gru|sel|ka|bi|nett, das: *Kabinett* (1 b), *in dem Gegenstände o. Ä. ausgestellt sind, die ein Gruseln hervorrufen sollen:* Ü die neue Parteiführung ist doch ein echtes G.

G

Gru|sel|mär|chen, das: vgl. Gruselgeschichte.

gru|seln ⟨sw. V.; hat⟩ [älter: grüseln, mhd. griuseln, Intensivbildung zu: griusen, grusen, ↑grausen]: **a)** ⟨unpers.⟩ *Grausen, Furcht empfinden; ängstlich schaudern; unheimlich zumute sein; erschauern:* in der Dunkelheit gruselte [es] ihr/(auch:) sie; es hat mir/(auch:) mich vor diesem Anblick gegruselt; **b)** ⟨g. + sich⟩ *sich vor etw. Unheimlichem, Makabrem o. Ä. fürchten; Grausen, Furcht empfinden:* ich gruselte mich ein wenig [vor der Dunkelheit]; er gruselt sich allein im dunklen Haus; ⟨subst.:⟩ bei dem Anblick kann man das Gruseln lernen.

Gru|si|ni|en: russischer Name von Georgien.

grus|lig: ↑gruselig.

Gruß, der; -es, Grüße [mhd. gruoʒ, rückgeb. aus ↑grüßen]: **1.** *Worte (häufig als formelhafte Wortverbindung), Gebärden als Höflichkeits- od. Ehrerbietungsbezeigung zwischen Personen beim Zusammentreffen, Sichbegegnen, bei einer Verabschiedung:* ein freundlicher, höflicher, förmlicher, ehrerbietiger, kurzer, stummer G.; mit militärischem G. *(Anlegen der Hand an die Kopfbedeckung);* ihr G. war sehr kühl; Grüße wechseln; einen G. entbieten; jmds. G. erwidern; auf jmds. G. nicht danken; ohne G. weggehen; er reichte ihr die Hand zum G. *(zur Begrüßung);* *** deutscher G.** (nationalsoz.; *das Grüßen mit Erheben des rechten Arms [u. den Worten »Heil Hitler!«]*); **Englischer G.** (*katholisches Mariengebet, Ave-Maria;* zu ↑[2]englisch). **2.** *etw., was als Zeichen der Verbundenheit, des Gedenkens o. Ä. jmdm. übermittelt wird:* jmdm. herzliche, freundliche, beste, liebe Grüße senden; jmdm. Grüße ausrichten, bestellen, schicken, überbringen, übermitteln; einen G. an jmdn. mitgeben, unter einen Brief setzen, anfügen; sagen Sie ihr herzliche Grüße von mir; [einen] schönen G. von deiner Mutter (fam.; *deine Mutter lässt dir ausrichten*), du sollst nach Hause kommen; in Grußformeln am Briefschluss: viele, herzliche, liebe Grüße euer Markus; freundliche Grüße Ihre Anja; als letzter/letzten G. *(auf Kranzschleifen gedruckt);* mit freundlichem G. [verbleibe ich] Ihr Albert Klein; **R** [schönen] G. vom Getriebe [der Gang ist drin] (scherzh.; *Äußerung, mit der jmd. die beim Autofahren durch schlechtes Schalten verursachten Geräusche kommentiert*); G. und Kuss, dein Julius! (scherzh.; *Floskel, mit der jmd. jmds. Äußerung, Forderung, Behauptung o. Ä. begleitet od. beendet*).

Gruß|ad|res|se, die: *an bei einer Veranstaltung o. Ä. versammelte Personen gerichtetes offizielles Schreiben als Gruß, als Zeichen der Verbundenheit o. Ä.:* eine G. an einen Kongress richten.

Gruß|an|spra|che, die: *kurze Ansprache, mit der die Gäste einer Veranstaltung begrüßt werden; Grußwort* (b).

grü|ßen ⟨sw. V.; hat⟩ [mhd. grüeʒen, auch: anreden; herausfordern, ahd. gruoʒen = anreden; herausfordern, urspr. = zum Reden bringen, sprechen machen, wahrsch. lautm.]: **1.** *mit einem Gruß auf jmdn. zugehen, an jmdm. vorübergehen; jmdm. seinen Gruß entbieten:* freundlich, höflich g.; sie pflegt kaum, nur flüchtig zu g.; jmdn. kurz, schweigend, zackig, mit einem Nicken, Lächeln, im Vorübergehen, von ferne g.; sie grüßen sich/(geh.:) einander nicht mehr; wir kennen uns zwar nicht näher, aber wir grüßen uns; sei [mir] gegrüßt [in meinem Haus] (geh.; *ich begrüße dich, heiße dich willkommen*); ⟨g. + sich:⟩ grüßt du dich mit ihm? (ugs.; *kennst du ihn näher, so gut, dass ihr euch grüßt?*); *** grüß dich!** (ugs.; *Grußformel*). **2.** *jmdm. einen Gruß* (2) *zusenden; Grüße übermitteln:* grüße deine Eltern herzlich, vielmals [von mir]; grüß mir deinen Vater; ich soll auch von meiner Mutter g.; **Ü** grüß mir die Heimat, die Berge (Äußerung, mit der jmd. seine Verbundenheit mit der Heimat, den Bergen o. Ä. ausdrückt); die Glocken der Stadt grüßten ihn schon von ferne (geh.; *waren schon von weitem zu hören*); *** g. lassen** (ugs.; *so ähnlich sein wie etw. Bestimmtes anderes bzw. wie die Eigenarten einer bestimmten Person o. Ä., auf die es zurückgeht u. an die es erinnert; sich in Erinnerung rufen*): ein echter Thriller: Hitchcock lässt g.

Gruß|form, die: *Form des Grußes.*

Gruß|for|mel, die: *beim Gruß verwendete formelhafte Wortverbindung.*

Gruß|kar|te, die: *Karte* (2), *mit der jmd. jmdm. einen Gruß schickt.*

gruß|los ⟨Adj.⟩: *ohne zu grüßen:* sie ging g. weg, an ihnen vorbei.

Gruß|te|le|gramm, das: vgl. Grußadresse.

Gruß|wort, das ⟨Pl. -e⟩: **a)** vgl. Grußadresse; **b)** *kurze, zur Begrüßung der Teilnehmer einer Veranstaltung gehaltene Ansprache:* ein G. an die Teilnehmerinnen des Kongresses richten.

Grüt|ze, die; -, (Sorten:) -n [1: mhd. grütze, ahd. gruzzi; zu ↑Grieß; 2: entweder zu 1 im Ggs. zur Spreu od. umgebildet aus frühnhd. Kritz = Witz, Scharfsinn]: **1.** ⟨Pl. selten⟩ **a)** *geschälte, grob bis fein gemahlene Getreidekörner (bes. Hafer, Gerste, Buchweizen) zur Herstellung von Suppen, Brei, Grützwurst;* **b)** *Brei aus Grütze* (1 a): süße, dicke G.; *** rote G.** *(mit rotem Fruchtsaft [und roten Früchten wie Johannisbeeren, Erdbeeren u. Ä.] hergestellte Süßspeise).* **2.** ⟨o. Pl.⟩ (ugs.) *Verstand:* dazu braucht man nicht viel G.

Grütz|wurst, die (landsch.): *Wurst, die zum großen Teil aus Grütze* (1 a) *besteht.*

Gru|yère [gryˈjɛːr], der; -s [nach der Schweizer Landschaft Gruyère = Greyerz]: ↑Greyerzer [Käse].

G-Sai|te, die; -, -n: *auf den Ton g, G* (2) *gestimmte Saite eines Saiteninstruments.*

Gschaftl|hu|ber, der; -s, - [aus südd., österr. mundartl. Gschaftl = Geschäft u. dem Familienn. Huber] (bes. südd., österr. abwertend): *jmd., der fast unangenehm betriebsam ist u. immer entsprechende Betätigungen sucht, die er dann besonders wichtig nimmt; Wichtigtuer.*

Gschaftl|hu|be|rin, die; -, -nen: w. Form zu ↑Gschaftlhuber.

G-Schlüs|sel, der; -s, - [nach dem Tonbuchstaben G, aus dem sich die Form des Zeichens entwickelt hat]: *Violinschlüssel.*

Gschnas|fest, das; -es, -e (österr.): *(bes. in Wien üblicher) [Künstler]maskenball.*

G-7-Staat [geːˈziːbən…], der ⟨meist Pl.⟩ [G 7 = Abk. für: die Großen 7 (engl. The Great 7)]: *Staat der Siebenergruppe* (Vereinigung der sieben wichtigsten westlichen Wirtschaftsnationen, das sind Deutschland, Frankreich, Großbritannien, Italien, Japan, Kanada u. die USA).

Gspaß, der; -, - [zu ↑Spaß] (bayr., österr. ugs.): *Spaß, Vergnügen:* das war ein G.!

gspa|ßig (bayr., österr. ugs.): *spaßig, komisch.*

Gspu|si, das; -s, -s [zu ital. sposa, sposo = Braut, Bräutigam < lat. sponsa, sponsus, ↑[1]Gespons] (südd., österr. ugs.): **1.** *Liebesverhältnis, Liebschaft.* **2.** *Liebste(r), Schatz:* ihr G. wohnt in der Stadt; er trifft sich abends mit seinem G.

Gstaad: schweizerischer Wintersport- und Kurort in den Berner Alpen.

Gstät|ten, Gste|tten, die; -, - [H. u.] (österr.): *verwahrloster Platz.*

G-String [ˈdʒiːstrɪŋ], die; -, -s u. der; -s, -s [engl. G-string, eigtl. = G-Saite, die um die Hüfte gehende Schnur wird scherzh. mit der Dicke einer G-Saite verglichen]: *als Slip getragenes Kleidungsstück, das aus einem nur die Geschlechtsteile bedeckenden Stoffstreifen besteht, der an einer um die Hüften geschlungenen Schnur befestigt ist.*

GT-Ren|nen, das; -s, -: kurz für ↑Grand-Tourisme-Rennen.

GT-Wa|gen, der; -s, -: kurz für ↑Grand-Tourisme-Wagen.

Gu|a|ja|va|baum, der; -[e]s, …bäume [span. guayaba, aus einer mittelamerik. Indianerspr.]: *(in den Tropen u. Subtropen heimischer) Baum od. Strauch mit langen, flaumig behaarten Blättern, weißen Blüten u. Guajaven als Früchten.*

Gu|a|ja|ve, die; -, -n: *birnen- od. apfelförmige, rote od. gelbe Frucht des Guajavabaums mit rosa, weißem od. gelbem Fruchtfleisch.*

Gu|a|na|ko, das; älter: der; -s, -s [span. guanaco < Ketschua (südamerik. Indianerspr.) huanaco]: *dem Lama ähnliches, im westlichen u. südlichen Südamerika lebendes Tier mit langem, dichtem, fahl rotbraunem Fell.*

Gu|a|no, der; -s [span. guano < indian. (Ketschua) huanu]: *aus Exkrementen von Seevögeln bestehender organischer Dünger.*

Gu|ar|dia ci|vil [- siˈvil], die; - - [span., aus: guardia (< got. wardja, verw. mit ↑Garde) u. civil < lat. civilis, ↑zivil]: *spanische Gendarmerie.*

Gu|asch: ↑Gouache.

Gu|a|te|ma|la; -s: Staat in Mittelamerika.

Gu|a|te|ma|la-Stadt: Hauptstadt von Guatemala.

Gu|a|te|mal|te|ke, der; -n, -n: Ew.

Gu|a|te|mal|te|kin, die; -, -nen: w. Form zu ↑Guatemalteke.

gu|a|te|mal|te|kisch ⟨Adj.⟩: *Guatemala, die Guatemalteken betreffend; von den Guatemalteken stammend, zu ihnen gehörend.*

Gu|a|ve, die; -, -n: *Guajave.*

Gu|a|ya|na; -s: Landschaft im nördlichen Südamerika; vgl. Guyana.

gu|cken ⟨sw. V.; hat⟩ [mhd. gucken, H. u.] (ugs.): **a)** *seine Blicke auf ein bestimmtes Ziel richten; sehen* (2 a): guck mal!; lass mich mal g.!; auf die Uhr, aus dem Fenster, durchs Schlüsselloch, in den Spiegel, jmdm. über die Schulter g.; **Ü** die Illustrierte guckt *(ragt sichtbar)* aus der Tasche; **b)** *seine Umwelt, andere mit bestimmtem, die seelische Verfassung spiegelndem Gesichts-, Augenausdruck ansehen:* freundlich, finster g.; da hat sie dumm geguckt *(war sie betroffen, verblüfft, ratlos);* **c)** *etw. betrachten, ansehen* (2): Bilder, Zeitschriften g.; einen Krimi im Fernsehen, ein Video g.; ⟨auch ohne Akk.-Obj.:⟩ sie haben bis zwölf Uhr geguckt *(das Fernsehprogramm verfolgt).*

Gu|cker, der; -s, - (ugs.): **a)** *kleines Fernglas, Vergrößerungsgerät; Operngucker;* **b)** *jmd., der aufdringlich od. neugierig jmdn. od. etw. betrachtet;* **c)** ⟨Pl.⟩ *Augen.*

Gu|cke|rin, die; -, -nen: w. Form zu ↑Gucker (b).

Guck|fens|ter, das: *kleines [in einer Tür befindliches] Fenster, durch das jmd. [unauffällig] beobachten kann, was draußen vorgeht.*

Guck|in|die|luft, der; - (ugs.): *jmd., der beim Gehen nicht auf den Weg achtet:* Hans G.

Guck|in|die|welt, der; - (ugs.): *munteres, aufgewecktes Kind.*

Guck|kas|ten, der: **a)** (früher) *Vorrichtung zum Betrachten von Bildern, bei der das Bild durch Verwendung von Linsen u. Spiegeln unter vergrößertem Gesichtswinkel (in scheinbar natürlicher Entfernung) erscheint;* **b)** (ugs. scherzh.) *Fernseher.*

Guck|kas|ten|büh|ne, die: *vom Zuschauerraum durch einen Vorhang abtrennbare Bühne mit seitlichen Kulissen u. rückwärtigem Prospekt* (2).

Guck|loch, das: *Loch [in einer Tür od. Wand], durch das jmd. hindurchgucken, jmdn., etw. beobachten kann, ohne selbst gesehen zu werden:* die Tür hat ein G. (*einen Spion* 2 a).

Gü|del|mon|tag, Gü|dis|mon|tag, der; -s, -e [wohl zu: Güdel = fetter, mit Speisen voll gestopfter Bauch] (schweiz.): *Rosenmontag.*

[1]Gue|ril|la [geˈrɪl(j)a], die; -, -s [frz. guérilla < span. guerrilla, Vkl. zu: guerra = Krieg, aus dem Germ.]: **a)** *Guerillakrieg;* **b)** *einen Guerillakrieg führende Einheit.*

[2]Gue|ril|la, der; -[s], -s ⟨meist Pl.⟩ (veraltend): *Angehöriger einer [1]Guerilla* (b); *Partisan:* die -s haben mehrere ausländische Diplomaten entführt.

Gue|ril|la|füh|rer, der: *Führer einer [1]Guerilla* (b).

Gue|ril|la|füh|re|rin, die: w. Form zu ↑Guerillaführer.

Gue|ril|la|krieg, der: *aus dem Hinterhalt geführter Kampf von Freischärlern* (b) *(gegen Besatzungsmächte od. auch gegen die eigene Regierung).*

Gue|ril|le|ra [...ˈje:ra], die; -, -s: w. Form zu ↑Guerillero.

Gue|ril|le|ro [...ˈje:ro], der; -s, -s [frz. guérillero < span. guerrillero]: ²*Guerilla [in Lateinamerika].*

Gu̱|gel, die; -, -n [mhd. gugel, ahd. chugela, cucula < mlat. cuculla]: *(in der Zeit der Gotik) Kopfbedeckung für Männer in Form einer eng anliegenden [Zipfel]kapuze mit kragenartigem Schulterstück.*

Gu̱|gel|hopf (schweiz.), **Gu̱|gel|hupf** (südd., österr., seltener schweiz.), der; -[e]s, -e [2. Bestandteil wohl zu ↑hüpfen, wegen der sich nach oben hebenden Oberfläche]: *Napfkuchen.*

Guide [frz.: gid, engl.: gaɪd], der; -s, -s [frz., engl. guide < mfrz. guide, zu: guider = führen < afrz. guier, aus dem Germ.]: **1.** *Reisebegleiter, der Touristen führt.* **2.** *Reiseführer o. Ä. als Handbuch.*

Guil|loche [giˈjɔʃ, gɪlˈjɔʃ], die; -, -n [...ʃn; frz. guilloche = Grabstichel, zu: guillocher = mit verschlungenen Windungen verzieren]: **1.** *Zeichnung verschlungener Linien auf Wertpapieren od. zur Verzierung auf Metall, Elfenbein u. Holz.* **2.** *Werkzeug zum Anbringen verschlungener [Verzierungs]linien.*

Guil|lo|cheur [...ˈʃø:ɐ̯], der; -s, -e [frz. guillocheur]: *jmd., der Guillochen herstellt* (Berufsbez.).

Guil|lo|cheu|rin, die: w. Form zu ↑Guillocheur.

guil|lo|chie|ren [...ˈʃi:rən] ⟨sw. V.; hat⟩ [frz. guillocher]: *auf etw. Guillochen herstellen:* Banknoten g.

Guil|lo|ti̱|ne [gijo..., gɪljo...], die; -, -n [nach dem frz. Arzt Guillotin (1738–1814), der vorschlug, Hinrichtungen aus humanitären Gründen maschinell zu vollziehen]: *(während der Französischen Revolution) zur Vollstreckung der Todesstrafe eingeführte Vorrichtung, durch die mittels eines schnell herabfallenden Beils (Fallbeils) der Kopf vom Rumpf getrennt wird:* unter der G. sterben.

guil|lo|ti|nie|ren [...tiˈni:rən] ⟨sw. V.; hat⟩ [frz. guillotiner]: *mit der Guillotine hinrichten.*

¹Gui|nea [gi...]; -s: Staat in Westafrika.

²Gui|nea [ˈgɪnɪ], die; -, -s [engl. guinea, frz. Guinée, da die Münze zuerst aus Gold geprägt wurde, das aus Guinea stammte]: **a)** *frühere englische Goldmünze;* **b)** *frühere englische Rechnungseinheit von 21 Schilling.*

Gui|ne̱a-Bis|sa̱u [gi...]; -s: Staat in Westafrika.

Gui|nee [giˈne:(ə)], die; -, -n [...e:ən]: ↑²Guinea.

Gui|ne|er [gi...], der; -s, -: Ew. zu ↑¹Guinea.

Gui|ne|e|rin, die; -, -nen: w. Form zu ↑Guineer.

gui|ne|isch [gi...] ⟨Adj.⟩: zu ↑¹Guinea.

Gu̱|lag [Kurzwort aus russ. Glavnoe Upravlenije Lagerej], der; -[s], -s: **1.** ⟨o. Pl.⟩ *Hauptverwaltung des Straflagersystems in der UdSSR (1930–1955).* **2.** *Straf- und Arbeitslager (in der UdSSR).*

Gu|lasch [ˈgʊlaʃ, ˈgu:laʃ], das, auch: der; -[e]s, -e u. -s, österr. nur: das; -[e]s, -e [ung. gulyás hús = Pfefferfleischgericht, wie es von Rinderhirten im Kessel gekocht wird, zu: gulyás = Rinderhirt u. hús = Fleisch(gericht)]: *[scharf gewürztes] Gericht aus klein geschnittenem Rind-, auch Schweine- od. Kalbfleisch, das angebraten u. dann gedünstet wird:* ungarisches G.; ein saftiges G.; * **aus jmdm. G. machen** (ugs.; oft als [scherzhafte] Drohung; *jmdn. verprügeln; jmdm. gehörig die Meinung sagen, ihm in irgendeiner Weise einen Denkzettel verpassen).*

Gu|lasch|ka|no|ne, die (Soldatenspr. scherzh.): *fahrbare Feldküche:* Erbsensuppe aus der G.

Gu|lasch|sup|pe, die (Kochk.): *scharf gewürzte sämige Suppe mit gewürfeltem Fleisch, Tomaten, Paprika u. a.*

gül|den ⟨Adj.⟩ (dichter., sonst meist iron.): *golden.*

Gu̱l|den, der; -s, - [mhd. guldin, gek. aus: guldīn pfenni(n)c = goldene Münze]: **1.** *vom 14. bis 19. Jh. bes. in Deutschland verbreitete Goldmünze (später auch Silbermünze).* **2.** *Währungseinheit in den Niederlanden* (1 Gulden = 100 Cents); Abk.: hfl = Hollands Florijn; vgl. Florin.

Gül|le, die; - [mhd. gülle = Pfütze]: **1. a)** *flüssiger Stalldünger, der sich aus Jauche, Kot, eventuell Wasser sowie Resten von Einstreu u. Futter zusammensetzt;* **b)** (südwestd., schweiz.) *Jauche.* **2.** (südwestd. ugs. abwertend) *etw., was als schlecht, ärgerlich o. ä. empfunden, angesehen wird.*

Gül|le|fass: ↑Güllenfass.

gül|len ⟨sw. V.; hat⟩ (südwestd., schweiz.): *jauchen.*

Gül|len|fass, Güllefass, das (südwestd., schweiz.): *Jauchefass.*

Gul|ly, der, auch: das; -s, -s [engl. gully, eigtl. = Rinne, wohl zu: gullet = Schlund < afrz. goulet, Vkl. von: goule < lat. gula = Kehle]: *in die Straßendecke eingelassener Sinkkasten, durch den die Straßenabwässer in die Kanalisation abgeführt werden:* der G. ist verstopft, läuft über; etw. in den G. werfen.

Gul|ly|plat|te, die: *Platte, mit der ein Gully abgedeckt ist.*

Gült, die; -, -en: *Gülte.*

Gült|brief, der (schweiz.): *Schuldschein.*

Gül|te, die; -, -n [mhd. gülte = Einkommen, Zins, zu ↑gelten]: **1.** (veraltet) **a)** *Grundstückszinsen in Geld od. Naturalien;* **b)** *Gült* (a) *bezahlendes Gut* (2). **2.** (schweiz.) *bestimmte Art des Grundpfandrechts.*

gül|tig ⟨Adj.⟩ [mhd. gültic = teuer; zu zahlen verpflichtet, zu: gülte, ↑Gülte]: **a)** *rechtlich, gesetzlich o. ä. anerkannt u. entsprechend wirksam; Geltung habend:* ein -er Ausweis, Fahrschein; der Fahrplan ist ab 1. Oktober g.; diese Münze ist nicht mehr g.; einen Vertrag als g. anerkennen; **b)** *(als Verhaltensgrundsatz o. Ä.) allgemein anerkannt u. verbindlich; von bleibender Aussagekraft:* eine -e Maxime, Losung.

Gül|tig|keit, die; -: **a)** *das Gültigsein* (a): dieser Vertrag hat keine G.; das Gesetz hat G. erlangt; **b)** *das Gültigsein* (b): ihre Prinzipien können allgemeine G. beanspruchen; etw. behält seine G.

Gül|tig|keits|dau|er, die: *Zeit, während deren etw. Gültigkeit (a) besitzt.*

Gül|tig|keits|er|klä|rung, die: *die Gültigkeit* (a) *von etw. bestätigende, rechtskräftige Erklärung.*

Gu|lyás [ˈgʊlaʃ], das, -, - (österr.): *Gulasch.*

¹Gu̱m|mi [mhd. gummi < (m)lat. gummi(s), cummi(s) < griech. kómmi, aus dem Ägypt.]: **1.** der u. das; -s, (Arten:) -[s]: *durch Vulkanisation aus natürlichem od. synthetischem Kautschuk hergestelltes Produkt von hoher Elastizität:* Stiefel, Reifen aus G. **2.** ⟨o. Pl.⟩ kurz für ↑Gummiarabikum.

²Gu̱m|mi, der; -s, -s: **1.** kurz für ↑Radiergummi. **2.** (salopp) kurz für ↑Gummischutz.

³Gu̱m|mi, das; -s, -s (ugs.): kurz für ↑Gummiband.

Gum|mi|ara̱|bi|kum, das; -s [zu lat. Arabicus = arabisch, wegen der Herkunft aus Ägypten]: *aus der Rinde verschiedener Akazienarten gewonnener, wasserlöslicher Milchsaft, der als Klebstoff u. Bindemittel verwendet wird.*

gu̱m|mi|ar|tig ⟨Adj.⟩: *dem Gummi (1) ähnliche Eigenschaften aufweisend; wie Gummi:* ein -es Material.

Gu̱m|mi|ball, der: *Ball aus Gummi:* der G. hat eine Delle bekommen.

Gu̱m|mi|band, das ⟨Pl. ...bänder⟩: *dehnbares, meist schmales Band mit eingewebten Fäden aus Gummi o. Ä.:* ein ausgeleiertes G.; ein neues G. in etw. einziehen.

Gu̱m|mi|bär|chen, das: *Süßigkeit aus gummiartiger Masse in Form eines Bärchens.*

Gu̱m|mi|baum, der: **1.** *Kautschukbaum.* **2.** *(in Ostindien u. im Malaiischen Archipel heimischer, als Zimmerpflanze kultivierter) Baum mit dicken, glänzend dunkelgrünen, großen Blättern.*

Gu̱m|mi|bein: in der Wendung **-e haben/bekommen** (ugs.; 1. *nicht die Kraft haben, stehen zu können.* 2. *große Angst haben).*

Gu̱m|mi|be|lag, der: *Belag* (2) *aus Gummi.*

gu̱m|mi|be|reift ⟨Adj.⟩: *mit Gummireifen ausgestattet:* -e Räder.

Gu̱m|mi|be|rei|fung, die: *Bereifung mit Gummireifen.*

Gu̱m|mi|bon|bon, der od. das: *Bonbon aus gummiartiger Masse.*

Gu̱m|mi|druck, der ⟨o. Pl.⟩: *Flexodruck.*

Gum|mi|ela̱s|ti|kum, das; -s [↑elastisch]: *Kautschuk.*

gum|mie̱|ren ⟨sw. V.; hat⟩: **a)** *eine Klebstoffschicht auf etw. auftragen:* Briefmarken g.; gummierte Briefumschläge, Klebstreifen; **b)** (Textilind.) *Latex od. Kunststoff auf ein Gewebe auftragen, um es wasserdicht zu machen:* Stoffe g.

Gum|mie̱|rung, die; -, -en: **1.** *das Gummieren.* **2.** *gummierte Fläche.*

Gu̱m|mi|hand|schuh, der: *(bei bestimmten Arbeiten getragener) Handschuh aus Gummi:* im Haushalt mit -en arbeiten.

Gu̱m|mi|harz, das: *Harz von verschiedenen Gewächsen, das als Klebstoff, als Verdichtungsmittel sowie für Emulsionen verwendet wird.*

Gu̱m|mi|hös|chen, das: *Windelhöschen.*

Gu̱m|mi|kis|sen, das: *mit Luft gefülltes, aufblasbares Kissen aus Gummi.*

Gu̱m|mi|knüp|pel, der: *[von der Polizei verwendeter] Schlagstock aus Hartgummi:* mit -n auf die Menge einschlagen, gegen die Demonstranten vorgehen.

Gu̱m|mi|lack, der: *Schellack.*

Gu̱m|mi|lin|se, die (ugs.): *Objektiv mit veränderlicher Brennweite; Zoomobjektiv.*

Gu̱m|mi|lö|sung, die: *in Lösungsmitteln aufgelöster Kautschuk od. anderer Pflanzengummi zum Kleben von Gummi od. anderem Material.*

Gu̱m|mi|man|tel, der: *Regenmantel aus Wasser abstoßendem Material.*

Gu̱m|mi|pa|ra|graph, der (ugs.): *Paragraph, der so allgemein od. unbestimmt formuliert ist, dass er die verschiedensten Auslegungen zulässt:* dieser G. ermöglicht den Behörden in jedem Fall ein Eingreifen.

Gu̱m|mi|pup|pe, die: *Puppe aus Gummi:* eine kleine, weiche G.

Gu̱m|mi|rei|fen, der: *Reifen aus Gummi, mit dem das Rad eines Fahrzeugs ausgestattet ist.*

Gu̱m|mi|ring, der: **a)** *dünner Ring aus Gummi, der etw. [Eingewi̱ckeltes] zusammenhalten soll;* **b)** *Ring aus Gummi für Wurfspiele im Freien;* **c)** *flacher, schmaler Ring zum Abdichten von Weckgläsern;* **d)** *Gummidichtung in Form eines Ringes.*

Gu̱m|mi|sau|ger, der: *auf die Milchflasche des Säuglings aufgesetzter Sauger.*

Gu̱m|mi|schlauch, der: *Schlauch aus Gummi.*

Gu̱m|mi|schutz, der: *Präservativ.*

Gu̱m|mi|soh|le, die: *Schuhsohle aus Gummi.*

Gu̱m|mi|stie|fel, der: *Stiefel aus Gummi.*

Gu̱m|mi|strumpf, der: *fester Strumpf aus elastischem Material mit eingewebten Gummifäden.*

Gu̱m|mi|tuch, das: *als Unterlage dienendes Tuch aus Gummi.*

Gu̱m|mi|twist, der od. das: [die Sprünge ähneln den beim ²Twist (1) ausgeführten Tanzbewegungen]: *Kinderspiel, bei dem zwischen u. über einem Gummiband, das zwischen zwei Mitspielenden aufgespannt ist, von einem, einer dritten Mitspielenden bestimmte Sprünge zu absolvieren sind.*

Gu̱m|mi|über|zug, der: *Präservativ.*

Gu̱m|mi|zel|le, die: *mit Gummi ausgekleidete Zelle für Tobsüchtige in einer Heilanstalt:* er wurde vorsorglich in einer G. untergebracht.

Gu̱m|mi|zug, der: **a)** *durch eingewebte Fäden aus Gummi dehnbar gemachtes Stück Stoff als Einsatz in einem Kleidungsstück, in Stiefeln o. Ä.:* ausgeleierte Gummizüge; **b)** *in ein Kleidungsstück eingezogenes Gummiband.*

Gün|sel, der; -s, - [spätmhd. gunsel, mhd. cunsele < (m)lat. consolida, zu: consolidare = festigen, wohl wegen der heilenden u. Wunden schließenden Wirkung]: *(zu den Lippenblütlern gehörende) krautige Pflanze mit rötlichen, blauen od. gelben, in den Blattachseln sitzenden Blüten.*

Gunst, die; - [mhd. gunst, zu ↑gönnen (zur Bildung vgl. Kunst – können)]: **a)** *wohlwollende, freundlich entgegenkommende Haltung, Geneigtheit:* die G. der Wähler, des Publikums; jmds. G. erlangen, genießen, verlieren; jmdm. seine G. schenken; (geh.:) ich erfreute mich ihrer

G

G.; in jmds. G., bei jmdm. in G. stehen *(von jmdm. sehr geschätzt u. begünstigt werden);* nach G./(landsch.:) nach G. und Gabe[n] *(parteilich, nicht objektiv)* urteilen; sich um jmds. G. bemühen; **Ü** die G. des Schicksals, der Stunde; **b)** *bestimmte Auszeichnung, die jmdm. als Zeichen od. Ausdruck der Gunst* (a) *gewährt wird:* jmdm. eine G. zuteil werden lassen, gewähren; (geh.:) einer G. teilhaftig werden; ***zu jmds. -en** *(zu jmds. Vorteil, Nutzen;* seit dem 15. Jh. in dieser Wendung umlautloser Dativ Pl. zu dem mhd. starken Pl. günste): sich zu jmds., seinen eigenen -en verrechnen; etw. zu seinen -en wenden.

Gụnst|be|weis, der, **Gụnst|be|zei|gung,** die: *etw., was jmds. Gunst* (a) *deutlich zum Ausdruck bringt.*

gụ̈ns|tig ⟨Adj.⟩ [mhd. günstic = wohlwollend]: **a)** *durch seine Art od. [zufällige] Beschaffenheit geeignet, jmdm. einen Vorteil od. Gewinn zu verschaffen, die Vorzüge einer Person od. Sache zur Geltung zu bringen, ein Vorhaben od. das Gedeihen einer Sache zu fördern:* eine -e Gelegenheit; ein -es Urteil, Vorzeichen; -e Bedingungen, Umstände; etw. in -em Licht darstellen *(durch seine Darstellung vorteilhaft erscheinen lassen);* das Licht ist, fällt nicht sehr g.; der Moment, das Wetter war g.; dieser Preis ist wirklich g.; etw. g. beurteilen; etw. zu -en Bedingungen *(billig im Hinblick auf den Wert der Ware)* kaufen; diese Änderung wirkte sich g. aus; das trifft sich g.; **b)** (veraltet) *wohlwollend, wohlgesinnt:* der -e Leser möge diese Mängel entschuldigen; die Nachricht wurde g. aufgenommen.

-gün̦s|tig: drückt in Bildungen mit Substantiven aus, dass die beschriebene Sache bes. geeignet für etw., sehr günstig im Hinblick auf etw. ist: beitrags-, steuer-, tarifgünstig.

gụ̈ns|ti|gen|falls, gụ̈ns|tigs|ten|falls ⟨Adv.⟩: *im günstig[st]en Fall, bestenfalls; höchstens, allenfalls noch:* sie wird g. noch mithilfe eines Stocks gehen können.

Gụ̈nst|ling, der; -s, -e [LÜ von frz. favori, ↑Favorit] (abwertend): *jmd., der die Gunst bes. eines einflussreichen Menschen [meist aus fragwürdigen Gründen] genießt u. von ihm bevorzugt wird:* fürstliche -e; er galt als G. der Pompadour.

Gụ̈nst|lings|wirt|schaft, die ⟨o. Pl.⟩ (abwertend): *Besetzung von Stellen mit begünstigten statt mit befähigten Personen:* die G. war weit verbreitet.

Gup|py [...pi], der; -s, -s [nach R. J. L. Guppy, der von Trinidad aus ein Exemplar an das Britische Museum sandte]: *zu den Zahnkarpfen gehörender kleiner, schlanker Fisch (der als Aquarienfisch gehalten wird).*

Gur, die; - [zu ↑gären] (Geol.): *breiige, erdige, aus Gestein hervortretende Flüssigkeit.*

Gur|gel, die; -, -n [mhd. gurgel(e), ahd. gurgula < lat. gurgulio]: **a)** *vorderer Teil des Halses; Kehle:* jmdm. die G. zudrücken, abschnüren; einem Tier die G. durchschneiden; ***jmdm. die G. zuschnüren/zudrücken/abdrehen/zudrehen** (salopp; *jmdn. zugrunde richten, wirtschaftlich ruinieren*); **jmdm. an die G. springen/fahren/gehen** (1. *jmdn. heftig attackieren.* 2. *tätlich angreifen*); **b)** ⟨Pl. selten⟩ *Schlund (bes. in Bezug auf das Trinken);* ***sich** ⟨Dativ⟩ **die G. schmieren/ölen** (salopp scherzh.; *Alkohol trinken*); **etw. durch die G. jagen** (ugs.; *etw. vertrinken*): er hat sein ganzes Vermögen durch die G. gejagt.

Gụr|gel|mit|tel, das: *Mittel, das bei Halsentzündungen o. Ä. zum Gurgeln verwendet wird.*

gụr|geln ⟨sw. V.; hat⟩ [mhd. gurgeln]: **1.** *den Rachen spülen u. dabei ein gluckerndes Geräusch verursachen:* mit Kamille g.; sie musste dreimal täglich g.; ***einen g.** (ugs.; *Alkohol trinken*). **2. a)** *(von in Bewegung befindlichem Wasser) ein dunkles, dem Gluckern od. Murmeln ähnliches Geräusch hervorbringen:* die Priele, Bäche gurgeln; **b)** *mit gurgelnder* (2 a) *Stimme sprechen, etw. von sich geben:* zusammenhanglose Worte, Unverständliches g.

Gụr|gel|was|ser, das; -s, ...wässer: **a)** *Gurgelmittel;* **b)** *Mundwasser.*

Gụ̈rk|chen, das; -s, -: Vkl. zu ↑Gurke.

Gụr|ke, die; -, -n [aus dem Westslaw.; vgl. poln. ogórek, tschech. okurka < mgriech. ágouros = Gurke, zu griech. áōros = unreif; die Gurke wird grün (»unreif«) geerntet]: **1. a)** *als Gemüse- u. Salatpflanze angebautes, dicht am Boden entlangwachsendes Gewächs mit großen, rauen Blättern u. fleischigen, länglichen, grünen od. gründgelblichen Früchten:* -n anbauen, im Treibhaus ziehen; -n legen *(Gurkensamen einsäen);* **b)** *Frucht der Gurke* (1 a): sauersüße, eingelegte -n; -n ernten, schälen, einmachen, schmoren; Salat aus -n. **2. a)** (salopp scherzh.) *[hässliche, große] Nase:* eine geschwollene G.; **b)** (derb) *Penis.* **3.** (salopp abwertend) **a)** *etw., was nichts [mehr] taugt:* der fährt eine ganz müde G. *(ein altes, langsames Auto);* **b)** *jmd. (bes. Sportler), der nicht die gewünschte Leistung bringt:* euer Mittelstürmer war eine G. **4.** (salopp scherzh.) *seltsamer Mensch:* das ist vielleicht eine G.

gụr|ken ⟨sw. V.; hat/ist⟩ (salopp): **1.** *irgendwohin gehen, fahren:* zum Bahnhof, nach Hause g.; wollen wir noch ein Stück über die Autobahn g.? **2.** *jmdn. mit dem Auto, Motorrad irgendwohin bringen.*

gụr|ken|ähn|lich ⟨Adj.⟩: *in der Form einer Gurke ähnlich:* eine -e Form.

gụr|ken|ar|tig ⟨Adj.⟩: *in der Art einer Gurke ähnlich:* ein -er Geschmack.

gụr|ken|för|mig ⟨Adj.⟩: *wie eine Gurke geformt.*

Gụr|ken|ge|würz, das: *Gewürz zum Einmachen von Gurken.*

Gụr|ken|glas, das ⟨Pl. ...gläser⟩: *Weckglas für Gurken.*

Gụr|ken|kraut, das ⟨o. Pl.⟩: **1.** *Borretsch.* **2.** *Dill.*

Gụr|ken|sa|lat, der: *Salat aus Salatgurken, die in Scheiben geschnitten u. in einer Marinade o. Ä. zubereitet werden.*

Gụr|ken|trup|pe, die: (Sport Jargon abwertend) *Mannschaft, deren Spieler nicht die gewünschte Leistung bringen.*

Gụr|kha, der; -[s], -[s] [engl. (angloind.) Gurkha, nach einem ostindischen Volk in Nepal]: *Soldat einer nepalesischen Elitetruppe in der indischen bzw. britischen Armee.*

gụr|ren ⟨sw. V.; hat⟩ [mhd. gurren, lautm.]: **1.** *(von der Taube) kehlige, dumpfe, weich rollende, lang gezogene Töne in bestimmten Abständen von sich geben:* auf dem Hof gurrten die Tauben. **2.** *mit gurrender Stimme sprechen, etw. von sich geben.*

Gụrt, der; -[e]s, -e, (landsch., Fachspr. auch:) -en [mhd. gurt, zu ↑gürten]: **1. a)** *[umgeschnalltes] starkes, breites Band zum Halten, Tragen o. Ä.:* die -e eines Fallschirms; einen G. anlegen, lockern, arretieren, festmachen; sich im Auto, im Flugzeug mit einem G. anschnallen; **b)** *breiter Gürtel [einer Uniform]:* den G. um-, ablegen; **c)** kurz für ↑Patronengurt. **2.** (Archit.) *durchgehender oberer od. unterer Stab eines Fachwerkträgers:* die Hausfront war durch -e gegliedert. **3.** (Technik) *waagerechter Teil an der Ober- od. Unterseite des Steges bei geformtem Stahl, Trägern, Holmen.*

Gụrt|band, das ⟨Pl. ...bänder⟩: **1.** *Band, aus dem ein Gurt* (1 a) *besteht:* ein G. von bestimmter Breite, Länge. **2.** *fest gewebtes Band für den Bund eines Rocks od. einer Hose.*

Gụr|te, die; -, -n (schweiz.): *Gurt.*

Gụ̈r|tel, der; -s, - [mhd. gürtel, ahd. gurtil, zu dem ↑gürten zugrunde liegenden Verb]: **1.** *festes Band [aus Leder], das – vorn mit einer Schnalle geschlossen – um Taille od. Hüfte getragen wird:* ein schmaler, breiter, lederner, geflochtener G.; den G. weiter, enger schnallen; das Kleid wird durch einen G. zusammengehalten; ***den G. enger schnallen** (ugs.; *sich in seinen Bedürfnissen einschränken*): die Bevölkerung musste den G. enger schnallen. **2.** *[geographische] Zone, die etw. wie ein schmales Band umgibt:* ein G. von Gärten und Parks zieht sich rings um die Stadt. **3.** *fast undehnbare, verstärkende Einlage zwischen Lauffläche u. Unterbau eines Fahrzeugreifens zur Stabilisierung der Lauffläche.*

gụ̈r|tel|ar|tig ⟨Adj.⟩: *in seiner Art, Form einem Gürtel ähnlich.*

Gụ̈r|tel|flech|te, die: *Gürtelrose.*

gụ̈r|tel|för|mig ⟨Adj.⟩: *die Form eines Gürtels* (1, 2) *aufweisend.*

Gụ̈r|tel|li|nie, die: **a)** *Taille:* bei diesem Kleid ist die G. betont; (Boxen:) Schläge unter die G. sind verboten; ***ein Schlag unter die G.** (ugs.; *unfaires, unerlaubtes Verhalten*): seine Äußerungen waren ein Schlag unter die G.; **b)** (Jargon) *Linie, über der die Fenster eines Autos beginnen:* das Modell hat eine niedrige G.

gụ̈r|tel|los ⟨Adj.⟩: *ohne Gürtel* (1); *keinen Gürtel habend:* ein -es Kleid.

Gụ̈r|tel|rei|fen, der: *Fahrzeugreifen mit Gürtel* (3): ein Satz G.

Gụ̈r|tel|ro|se, die ⟨o. Pl.⟩ [nach der gürtelartigen Ausbreitung; 2. Bestandteil nach den hellroten Knötchen]: *(durch ein Virus verursachte) schmerzhafte Krankheit, bei der sich meist am Rumpf gürtelartig hellrote Knötchen ausbilden, die sich in Bläschen umwandeln; Herpes Zoster.*

Gụ̈r|tel|schnal|le, die: *Schnalle am Gürtel:* die G. enger, weiter stellen.

Gụ̈r|tel|ta|sche, die: *[kleine] Tasche, die am Gürtel* (1) *getragen werden kann.*

Gụ̈r|tel|tier, das: *Säugetier mit einem lederartigen od. verknöcherten, mit Hornplatten versehenen Rückenpanzer, der sich am Rumpf aus gürtelartigen, gegeneinander beweglichen Ringen zusammensetzt.*

gụr|ten ⟨sw. V.; hat⟩: **1.** *auf einen Gurt* (1 c) *stecken.* **2. a)** *den Pferdesattel mit einem Gurt befestigen:* du musst den Sattel besser g.; **b)** *sich [im Auto] mit einem Gurt anschnallen:* erst g., dann starten!

gụ̈r|ten ⟨sw. V.; hat⟩ [mhd. gürten, ahd. gurten, eigtl. = umzäunen, einhegen, (um-, ein)fassen] (geh., selten): **1.** *mit einem Gürtel versehen; etw. als einen Gürtel um jmdn., sich, etw. legen:* sich mit einer Schärpe g.; der Mantel war sportlich gegürtet. **2.** *einem Reittier den Sattel auflegen.*

Gụ̈rt|ler, der; -s, - [mhd. gürtelære, zu ↑Gürtel]: *jmd., der aus Metall, Glas, Holz o. Ä. Beschläge (für Gürtel), Modeschmuck, kunstgewerbliche Gegenstände formt* (Berufsbez.).

Gụ̈rt|le|rin, die; -, -nen: w. Form zu ↑Gürtler.

Gụrt|muf|fel, der (ugs.): *jmd., der beim Autofahren keinen Gurt anlegt.*

Gụrt|pflicht, die: *Anschnallpflicht.*

Gu|ru, der; -s, -s [Hindi guru < sanskr. guru, eigtl. = gewichtig, ehrwürdig]: *[als Verkörperung eines göttlichen Wesens verehrter] religiöser Lehrer im Hinduismus:* einem G. folgen; **Ü** der G. *(geistige Führer)* der Hippies.

GUS [auch: ge|u:ˈɛs], die; -: = Gemeinschaft Unabhängiger Staaten (Verbindung von elf souveränen Staaten, die früher Teil der UdSSR waren).

Gụss, der; -es, Güsse [mhd., ahd. guʒ, zu ↑gießen]: **1. a)** *das Gießen von Metall o. Ä. in eine Form:* der G. einer Plastik; ***[wie] aus einem G.** *(in sich geschlossen, einheitlich, vollkommen in Bezug auf die Gestaltung):* das Werk, die Inszenierung ist [wie] aus einem G.; **b)** *gegossenes Erzeugnis des Gießverfahrens:* der G. ist zersprungen. **2. a)** *mit Schwung geschüttete, gegossene Flüssigkeitsmenge:* den Blumen einen G. Wasser geben; **b)** *(als Anwendung [innerhalb einer Kneippkur]) das Begießen des Körpers bzw. eines Körperteils mit Wasser:* kalte Güsse verabreichen, bekommen; **c)** (ugs.) kurz für ↑Regenguss: sie wurden von einem heftigen G. überrascht. **3.** kurz für ↑Schokoladen-, ↑Zuckerguss.

Gụss|be|ton, der: *breiig fließender Beton, der in die Verschalung gegossen wird [u. sich dort verteilt].*

Gụss|ei|sen, das: *graues, sprödes, nicht schmiedbares Roheisen von geringer Elastizität u. hoher Druckfestigkeit.*

gụss|ei|sern ⟨Adj.⟩: *aus Gusseisen hergestellt:* -e Pfannen, Töpfe; -e Straßenlaternen; ein -er Herd.

Gụss|form, die: *Form, in die ein Metall o. Ä. zum Erstarren gegossen wird.*

Guss|naht, die (Gießerei): *Naht, die an der Oberfläche von Gussstücken durch die Trennwände der Gussformen hervorgerufen wird.*

Guss|re|gen, der: *heftiger, kurzer Regen.*

Guss|stahl, der: *in Tiegeln geschmolzener, schmiedbarer Stahl, der bes. zur Herstellung von Werkzeugen verwendet wird.*

Guss|stück, das (Gießerei): *gegossenes Werkstück:* fehlerhafte -e.

GUS-Staat, der ⟨meist Pl.⟩: *Staat der GUS.*

Güs|ter, der; -s, - [H. u.]: *(in Seen u. größeren Flüssen heimischer) Karpfenfisch mit hohem, graugrünem Rücken, hellen, silberglänzenden Seiten, stumpfem Maul u. großen Augen.*

gus|tie|ren ⟨sw. V.; hat⟩ [ital. gustare]: **1.** *goutieren.* **2.** (österr.) *kosten, probieren; genießen.*

gus|ti|ös ⟨Adj.⟩ [zu ↑Gusto] (österr.): *appetitlich, appetitanregend.*

Gus|to, der; -s, -s ⟨Pl. selten⟩ [ital. gusto; vgl. Gout] (bes. südd., österr.): **1.** *Neigung, Lust:* ich schrieb mit G.; das kannst du ganz nach G. machen. **2.** *Appetit:* einen G. auf Sahnetorte haben.

Gus|to|stü|ckerl, das; -s, -[n] (österr.): *besonders gutes Stück:* ein G. vom Essen hat er sich bis zum Schluss aufgehoben.

gut ⟨Adj.; besser, best...⟩ [mhd., ahd. guot, urspr. = (in ein Gefüge) passend, verw. mit ↑Gatter, ↑Gitter]: **1. a)** *den Ansprüchen genügend; von zufrieden stellender Qualität, ohne nachteilige Eigenschaften od. Mängel:* -e Qualität, Ware, Nahrung; ein -er Wein, Apfel, Stoff, Film, Witz; ein -es Werkzeug, Buch; eine -e Leistung, Arbeit; das ist kein -es Deutsch; bei bester Gesundheit sein; sie hat eine -e Drei *(eine Drei, die fast schon eine Zwei ist)* in Deutsch; ein -es Gedächtnis, Gehör haben; einen -en Geschmack haben; -e Augen, Ohren haben *(gut sehen, hören können);* aus -em Grund *(mit voller Berechtigung)* ist das so; -e *(richtige, echte)* Butter; dein Vorschlag ist sehr g.; ihr ist nichts g. genug *(sie hat an allem etwas auszusetzen);* eine g. fundierte Ausbildung; g. informierte, unterrichtete Kreise; (häufig in Formeln der Bekräftigung od. des Einverstandenseins:) also g.; nun g.; schon gut *(es bedarf keiner weiteren Worte);* g.! *(jawohl!);* das ist ja alles g. und schön *(zwar in Ordnung),* aber trotzdem will ich nicht; etw. für g. befinden; sein Aufsatz wurde mit [der Note] »gut« bewertet; seine Sache g. machen; g. lesen, schwimmen können; sie spielt besser Klavier als die andern; das kann er am besten; das Kostüm sitzt g.; ein g. sitzender Anzug; eine g. angezogene Frau; das Kind lernt g. *(leicht, ohne Schwierigkeiten);* ⟨subst.:⟩ etwas Gutes kochen; daraus kann nichts Gutes werden; *** es mit etw. g. sein lassen** (ugs.; *etw. mit etw. erledigt sein lassen*); **b)** *gute Leistungen erbringend, seine Aufgabe zur Zufriedenheit erfüllend:* ein -er Schüler, eine -e Arbeiterin; eine -e Regierung; er ist in der Schule sehr g.; ⟨subst.:⟩ die Besten ihres Faches; **c)** *wirksam, nützlich:* das ist das beste Mittel gegen Migräne; der Tee ist g. gegen/ (auch:) für Husten; der Tee wird dir, deinem Magen g. tun *(eine gute Wirkung bei dir, deinem Magen haben);* seine Worte taten mir gut; **Ü** wer weiß, wozu das g. ist; **d)** *für etw. günstig, passend, geeignet:* eine -e Gelegenheit; unsere Aussichten sind g.; die Äpfel sind g. zum Kochen; der Augenblick war g. gewählt; es trifft sich g., dass du kommst; das hast du g. *(treffend)* gesagt; *** es g. getroffen haben** *(mit/bei etw. Glück haben):* er hat es in seinem Urlaub [mit der Unterkunft] g. getroffen; **für etw. g. sein** (ugs.; *etw. herbeiführen, bewirken können*): sie ist immer für eine Überraschung, für ein Tor g.; **g. daran tun, etw. zu tun** *(richtig handeln, indem man etw. tut):* du tätest, tust g. daran, dich nicht zu beteiligen. **2.** *angenehm, erfreulich; sich positiv auswirkend:* eine -e Nachricht; sie hatten -es Wetter, eine -e Fahrt; etw. zu einem -en Ende führen; [wir wünschen Ihnen ein] -es *(nur Erfreuliches u. Angenehmes enthaltendes)* neues Jahr!; er hat heute einen -en Tag *(einen Tag, an dem ihm alles gelingt);* mein erster Eindruck von der Sache war nicht besonders g.; mir ist nicht g. *(ich fühle mich momentan körperlich nicht wohl, leide unter Schwächegefühl od. Brechreiz);* hier ist g. sein, leben (geh.; *ist, lebt man gern*); ein g. gepflegtes Auto; eine g. gekleidete Frau; g. gelaunt sein *(gute Laune habend, zeigend);* die Mutter lachte g. gelaunt; hier lässt sichs g. leben; die Bücher gehen g. *(lassen sich schnell verkaufen);* das Lokal, Geschäft geht g. *(bringt hohe Gewinne);* eine g. gehende Immobilienfirma; es geht mir [wieder] g. *(ich befinde mich wieder in einem guten Gesundheitszustand);* es ist ihm längere Zeit nicht g. gegangen *(er war längere Zeit krank);* die Sache ist noch einmal g. gegangen *(hat einen guten Verlauf genommen);* wenn das nur g. geht!; du bist g. dran (ugs.; *du kannst dich in Bezug auf etw. glücklich schätzen*); ein g. aussehender Mann; der Braten riecht g.; die Kakteen können Sonne g. vertragen; ⟨subst.:⟩ jmdm. alles Gute wünschen; sie ahnte nichts Gutes; was bringst du Gutes?; es hat alles sein Gutes *(seine positive Seite);* das ist denn doch des Guten zu viel (iron.; *geht denn doch zu weit*)!; *** bei jmdm. g. angeschrieben sein** (ugs.; *weil man sich irgendwie hervorgetan hat, von jmdm. so geschätzt werden, dass man auf Nachsicht od. Erfüllung seiner Wünsche rechnen kann;* vgl. 2. Mos. 32, 32; Luk. 10, 20; Offenb. 3, 5 u. a., nach dem Buch des Lebens, in das die Gerechten eingeschrieben werden). **3. a)** *groß, reichlich:* eine -e Ernte; ein -es *(ertragreiches)* Jahr; g. betuchte (ugs.; *recht wohlhabende*) Leute; eine g. bezahlte Arbeit; eine g. dotierte Position; g. situierte *(in guten wirtschaftlichen Verhältnissen lebende)* Leute; eine g. verdienende Managerin; mit -em *(großem)* Appetit essen; er hat einen -en Zug (ugs.; *trinkt viel auf einmal*); das kostet mich ein -es Stück *(viel)* Geld; ein gut[er] Teil [der] Schuld lag bei ihm; das hat noch -e Weile *(eilt nicht);* **b)** *reichlich bemessen:* eine -e Stunde; ein -er Liter Flüssigkeit; der Sack wiegt g. *(etwas über)* zwei Zentner; er hat g. gewogen *(hat etwas mehr als die genannte Menge abgewogen);* *** g. und gern[e]** (ugs.; *bestimmt [so viel], wenn nicht mehr*): bis dahin sind es noch g. und gern zehn Kilometer; **so g. wie** (ugs.; *fast; praktisch* II): das ist so g. wie sicher, wie gar nichts; die Arbeit ist so g. wie erledigt. **4. a)** *tadellos, anständig:* ein -es Benehmen; ein Kind aus -em Hause; in der Klasse herrscht ein -er Geist; die Ärztin hat einen -en Ruf; sich g. benehmen, aufführen; der Schüler hat auch im Internat nicht g. getan (landsch.; *hat Schwierigkeiten gemacht, keinen guten Einfluss ausgeübt*); **b)** *sittlich einwandfrei, wertvoll:* ein -er Mensch, Christ; eine -e Tat; für eine -e Sache kämpfen; ein -es Herz haben *(gutartig u. hilfsbereit sein);* sie ist eine -e Seele (ugs.; *ein gutmütiger Mensch*); er ist ein -er Kerl (ugs.; *ist gutmütig, tut keinem etwas zuleide*); damit tust du ein -es Werk *(etw. Nützliches);* (verblasst:) -e Frau, wo denken Sie hin; ich hatte ein, dabei kein -es Gewissen *(war [dabei nicht] von der Richtigkeit meines Handelns überzeugt);* sie war immer g. zu den Kindern/ (selten:) gegen die Kinder; dafür bin ich mir zu g. *(ich halte das für schlecht, zu gering u. tue so etwas nicht);* ein g. gemeinter *(aus einer guten Absicht heraus vorgebrachter)* Rat, Vorschlag; ein ihr g. gesinnter *(wohlgesinnter)* Freund und Förderer; ein g. gesinnter Mensch *(ein Mensch von guter, edler Gesinnung);* du bist g., wie soll ich denn das in der kurzen Zeit schaffen? (iron.; *ich muss mich doch sehr wundern, dass du von mir verlangst, das in der kurzen Zeit zu schaffen*); jenseits von g. und böse sein (iron.: **1.** *weltfremd sein.* **2.** *aufgrund höheren Alters sexuell nicht mehr aktiv sein*); ⟨subst.:⟩ Gutes mit Bösem vergelten (nach 1. Mose 44, 4); an das Gute im Menschen glauben; sie hat in ihrem Leben viel Gutes getan; *** im Guten wie im Bösen** *(mit Güte wie mit Strenge).* **5.** *jmdm. in engerer Beziehung zugetan u. sich ihm gegenüber entsprechend verhaltend; freundlich gesinnt:* ein -er Freund, Kamerad; es waren -e Bekannte von ihm; auf -e Nachbarschaft!; bei etwas -em Willen *(innerer Bereitschaft)* wäre es gegangen; (fam.:) jmdm. g. sein; die beiden sind wieder g. miteinander/einander wieder g. (fam.; *sind wieder versöhnt*); seien Sie bitte so g. *(nett, freundlich),* und nehmen Sie das Paket mit!; sei so gut, mir das Ergebnis mitzuteilen; jmdm. g. zureden *(jmdn. in freundschaftlicher Art ermuntern);* mit jmdm. g. stehen, auskommen; er meint es g. mit dir *(ist dir wohlgesinnt u. will auch hiermit nur dein Bestes);* *** ⟨subst.:⟩ im Guten** *(friedlich, ohne Streit):* etw. im Guten sagen; sich im Guten einigen. **6.** *nicht für den alltäglichen Gebrauch bestimmt, besonderen, feierlichen Anlässen vorbehalten:* seinen -en Anzug anziehen; dieses Kleid lasse ich mir für g. (ugs.; *für besondere Gelegenheiten*). **7.** *leicht, mühelos geschehend, sich machen lassend:* das Buch liest sich g.; hinterher hat, kann man g. reden; du hast g. lachen *(bist nicht in meiner unangenehmen Lage);* es kann g. sein *(ist ohne weiteres möglich),* dass sie noch kommt; ich kann ihn nicht g. darum bitten *(es geht eigentlich nicht, dass ich ihn darum bitte).*

G

Gut, das; -[e]s, Güter [mhd., ahd. guot = Gutes; Güte; Vermögen, Besitz; Landgut]: **1.** *Besitz, der einen materiellen od. geistigen Wert darstellt:* ererbtes, gestohlenes, herrenloses, fremdes G.; lebenswichtige, geistige, irdische, ewige Güter; liegende, unbewegliche Güter *(Immobilien, Liegenschaften);* bewegliche, (veraltet:) fahrende Güter *(transportabler Besitz wie Möbel o. Ä.);* er hat all sein G. verschleudert; **R** Gesundheit ist das höchste G.; **Spr** unrecht G. gedeihet nicht/ tut selten gut. **2.** *landwirtschaftlicher [Groß]grundbesitz mit den dazugehörenden Gebäuden; Landgut:* ein großes, kleines G. pachten, erwerben; das väterliche G. übernehmen, bewirtschaften; sie hat sich auf ihre Güter *(ihren Landbesitz)* zurückgezogen. **3.** *Stück, Ware für den Transport; Frachtgut, Stückgut:* gefährliche Güter (Amtsspr.; *Gefahrgüter*); sperriges, leicht verderbliches G.; mehr Güter mit der Bahn verschicken; Güter aufgeben, abfertigen, versenden, verzollen, mit dem Flugzeug befördern, zu Schiff verfrachten. **4. a)** (fachspr.) *Stoff, Material (bes. im Hinblick auf seine Bearbeitung, Verarbeitung od. dgl.):* das zu mahlende G.; **b)** (Seemannsspr.) *Gesamtheit der Taue u. Seile in der Takelage eines Schiffes:* stehendes G. *(feste, zum Abspannen von Masten dienende Taue);* laufendes G. *(bewegliche, zum Bewegen von Segeln, Ladebäumen u. a. dienende Taue).*

gut|ach|ten ⟨sw. V.; nur im Inf. u. im 1. Part. gebr.⟩: *ein Gutachten abgeben:* ein gutachtender Experte.

Gut|ach|ten, das; -s, -: *in bestimmter Weise auszuwertende [schriftliche] Aussage eines Sachverständigen in einem Prozess, bei einem bestimmten Vorhaben o. Ä.:* ein ärztliches, medizinisches G.; ein G. anfordern, ausstellen, abgeben, vorlegen, über etw. anfertigen.

Gut|ach|ter, der; -s, -: *Sachverständiger, der ein Gutachten abgibt:* einen G. bestellen, hinzuziehen; als G. fungieren.

Gut|ach|te|rin, die; -, -nen: w. Form zu ↑Gutachter.

gut|ach|ter|lich ⟨Adj.⟩: *von einem Gutachter herrührend, seitens eines Gutachters, durch einen Gutachter:* eine -e Stellungnahme, Beurteilung.

gut|acht|lich ⟨Adj.⟩: *in der Form eines Gutachtens, in einem Gutachten:* eine -e Stellungnahme; g. erhärtete Beweise; etw. g. bestätigen.

gut|ar|tig ⟨Adj.⟩: **1.** *von gutem, anständigem Wesen:* ein -es Kind; das Tier ist g. *(nicht widerspenstig od. gefährlich).* **2.** *keine Metastasen bildend u. das Leben des Patienten nicht gefährdend:* eine -e Geschwulst; der Tumor hat sich als g. erwiesen.

Gut|ar|tig|keit, die ⟨o. Pl.⟩: **1.** *gutartiges (1) Wesen.* **2.** ⟨Pl. selten⟩ *Ungefährlichkeit eines Tumors.*

gut aus|se|hend: s. gut (2).
gut be|tucht, gut be|zahlt: s. gut (3a).
gut|bür|ger|lich ⟨Adj.⟩: *von einer Qualität, Lebensart od. in einer Weise, wie sie dem Bürgertum entspricht; solide:* eine -e Küche *(Küche, die einfache, nicht verfeinerte Gerichte in reichlichen Portionen bietet);* eine -e Familie; das Ambiente ist g.
Güt|chen, das; -s, -: Vkl. zu ↑Gut (2).
gut do|tiert: s. gut (3a).
Gut|dün|ken, das; -s [mhd. guotdunken]: *Befinden, Urteil über jmdn., etw. nach dem, was jmdn. persönlich gut dünkt:* nach [eigenem, seinem] G. mit jmdm., etw. verfahren.
Gü|te, die; - [mhd. güete, ahd. guotī]: **1.** *freundlich-nachsichtige Einstellung gegenüber jmdm.; das Gütigsein:* jmds. große, unendliche G.; die G. Gottes; sie war die G. selbst; seine G. gegen uns/uns gegenüber kannte keine Grenzen; hätten Sie die G. (geh.; *wären Sie so freundlich*), mir zu helfen?; sich mit jmdm. in G. *(ohne Streit)* einigen; er machte [ihr] einen Vorschlag zur G. *(zur gütlichen Einigung);* jmdn. voller G. ansehen; * [in der folgenden Wendung steht »Güte« verhüll. für: Gott] **[ach] du meine/liebe G.!** (ugs.; Ausruf des Erschreckens, der Verwunderung, der Überraschung): meine G., reich wären wir doch alle gerne! **2.** *[Grad der guten] Beschaffenheit eines Erzeugnisses, einer Leistung o. Ä.; [gute] Qualität:* die bekannte G. einer Ware; ein Erzeugnis allererster G.
Gut|edel, der; -s: *Rebsorte mit runden, hellgrünen od. zartbraunen Beeren, die liebliche, leichte Weine liefert.*
Gü|te|klas|se, die: *Klasse, der eine Ware aufgrund ihrer Güte* (2) *zugeordnet ist:* Eier der höchsten, obersten G.
Gü|te|kon|trol|le, die: *Prüfung der Qualität von Produkten.*
Gu|te|nacht|kuss, der: *Kuss beim Gutenachtsagen [in der Familie o. Ä.]:* krieg ich noch einen G.?
Gü|ter|ab|fer|ti|gung, die: **a)** *Annahme u. Ausgabe von Waren u. Frachten, die per Bahn befördert werden:* die G. nahm viel Zeit in Anspruch; **b)** *zum Güterbahnhof gehörende Stelle für die Annahme u. Ausgabe von Waren u. Frachten:* etw. von der G. abholen.
Gü|ter|aus|tausch, der: *Austausch von Waren u. Frachten mit dem Ausland.*
Gü|ter|bahn|hof, der: *Bahnhof für den Güterumschlag von Straßen- auf Schienenfahrzeuge.*
Gü|ter|fern|ver|kehr, der: *Beförderung von Gütern mit Kraftfahrzeugen über die Grenzen des Güternahverkehrs hinaus.*
Gü|ter|ge|mein|schaft, die: *vermögensrechtlicher Zustand, in dem das Vermögen der Eheleute gemeinschaftlicher Besitz ist.*
Gü|ter|nah|ver|kehr, der: *Beförderung von Gütern mit Kraftfahrzeugen in einem Umkreis von 50 km vom Sitz des Transportunternehmens aus.*
Gü|ter|recht, das ⟨o. Pl.⟩ (Rechtsspr.): *vermögensrechtliche Beziehungen von Eheleuten.*
gü|ter|recht|lich ⟨Adj.⟩: *das Güterrecht betreffend, ihm entsprechend.*
Gü|ter|stand, der (Rechtsspr.): *Ordnung der vermögensrechtlichen Beziehungen von Ehegatten untereinander:* gesetzlicher, vertraglicher G.
Gü|ter|trans|port, der: *Transport von Gütern.*
Gü|ter|tren|nung, die: *vermögensrechtlicher Zustand, in dem jeder Ehegatte sein eigenes Vermögen behält u. frei verwaltet:* in G. leben; eine Heirat mit G.
Gü|ter|um|schlag, der: *das Umladen von Gütern aus einem Transportmittel in ein anderes.*
Gü|ter|ver|kehr, der: *Beförderung von Gütern durch Verkehrsmittel wie Bahn, Kraftfahrzeug, Schiff, Flugzeug o. Ä.*
Gü|ter|wa|gen, der: *Eisenbahnwagen, Waggon für den Gütertransport.*
Gü|ter|zug, der: *aus Güterwagen bestehender Eisenbahnzug.*
Gü|te|sie|gel, das: *Gütezeichen.*
Gü|te|ver|fah|ren, das (Rechtsspr.): *Verfahren im arbeitsgerichtlichen od. zivilrechtlichen Prozess mit dem Zweck, eine gütliche Einigung der Parteien herbeizuführen.*
Gü|te|zei|chen, das: *auf einer Ware angebrachtes Zeichen, durch das die Überprüfung der Güte* (2) *bestätigt wird:* ein G. tragen, erhalten.
Gut|fin|den, das; -s (schweiz.): *Gutdünken.*
gut fun|diert: s. gut (1a).
gut ge|hen: s. gut (2).
gut ge|hend, gut ge|klei|det, gut ge|launt: s. gut (2).
gut ge|meint: s. gut (4b).
gut ge|pflegt: s. gut (2).
gut ge|sinnt: s. gut (4b).
gut|gläu|big ⟨Adj.⟩: *die eigene Aufrichtigkeit u. gute Absichten auch bei anderen voraussetzend u. ihnen [unvorsichtigerweise] Glauben schenkend:* ein -er Kunde; in der -en Annahme, dass er das Buch zurückbekommen werde; du bist viel zu g.
Gut|gläu|big|keit, die; -: *das Gutgläubigsein.*
gut|ha|ben ⟨unr. V.; hat⟩: *(bes. eine Geldsumme) von jmdm. fordern können:* du hast bei mir noch zwanzig Mark, eine Flasche Sekt, was gut.
Gut|ha|ben, das; -s, -: **a)** *zur Verfügung stehendes, gespartes Geld [bei einer Bank]; Geldsumme, die man von jmdm. fordern kann:* er hat noch ein großes, kleines G. auf der Bank, bei der Sparkasse, bei mir; der Kontoauszug weist ein G. von 450 Mark auf; **b)** (Buchf.) *positiver Saldo.*
gut|hei|ßen ⟨st. V.; hat⟩: *für gut, für angebracht befinden; billigen:* stillschweigend alles g.; er konnte eine solche Tat, diese skrupellosen Methoden niemals g.; und so etwas heißt du auch noch gut?
Gut|heit, die; -: *das Gutsein.*
gut|her|zig ⟨Adj.⟩: *von weicher Gemütsart u. anderen gegenüber wohlwollend, freundlich u. hilfsbereit:* ein -er Mensch; sie ist g.
Gut|her|zig|keit, die; -: *das Gutherzigsein.*
gü|tig ⟨Adj.⟩ [mhd. güetec = freundlich]: *anderen mit Freundlichkeit u. Nachsicht begegnend, ihnen wohlwollend zugetan od. diese Haltung erkennen lassend:* ein -er Mensch; zu g.! (iron.; *dass Sie mir etwas so Geringes anzubieten wagen!*); sich g. gegen jmdn. zeigen; g. lächeln.
güt|lich ⟨Adj.⟩ [mhd. güetlich, ahd. guotlīh = gütig, freundlich]: *in freundlichem Einvernehmen der Partner zustande kommend; ohne dass es zu einer [weiteren] feindlichen Auseinandersetzung, zu einem Gerichtsurteil o. Ä. kommt:* eine -e Einigung, Verständigung; einen Streit g. beilegen, schlichten; * **sich an etw. g. tun** *(genießerisch u. behaglich etw. verzehren):* ich habe mich an der Suppe g. getan.
gut|ma|chen ⟨sw. V.; hat⟩: **1. a)** *ein Unrecht, einen Fehler wieder so gut wie möglich in Ordnung bringen:* ein Versäumnis, einen Schaden, eine Unhöflichkeit g.; er hat viel an ihr gutzumachen *(hat ihr großes Unrecht getan);* **b)** *sich für etw. erkenntlich zeigen, revanchieren:* Sie haben mir so oft geholfen, ich weiß gar nicht, wie ich das wieder g. soll. **2.** *für sich einen Überschuss erzielen:* er hat bei dem Geschäft 50 Mark gutgemacht.
gut|mü|tig ⟨Adj.⟩: *seinem Wesen nach freundlich, hilfsbereit, geduldig, friedfertig, [in naiver, argloser Weise] nicht auf den eigenen Vorteil bedacht od. ein solches Wesen erkennen lassend:* ein -er Mensch, Charakter; sie ist g. [veranlagt]; g. dreinblicken, nachgeben.
Gut|mü|tig|keit, die; -: *das Gutmütigsein; gutmütiges Wesen.*
gut|nach|bar|lich ⟨Adj.⟩: *von, in einer Art, wie sie unter guten Nachbarn üblich ist:* -e Beziehungen; ein -es Verhältnis pflegen.
gut|sa|gen ⟨sw. V.; hat⟩: *bürgen, sich verbürgen:* für jmdn., für jmds. Zuverlässigkeit g.
Guts|be|sit|zer, der: *Besitzer eines Gutes* (2).
Guts|be|sit|ze|rin, die: w. Form zu ↑Gutsbesitzer.
Gut|schein, der: *Schein, der den Anspruch auf eine bestimmte Sache, auf Waren mit einem bestimmten Gegenwert bestätigt:* ein G. auf/für eine Warenprobe; -e ausgeben; einen G. einlösen; jmdm. [zu Weihnachten] einen G. [im Wert von 100 DM] schenken.
gut|schrei|ben ⟨st. V.; hat⟩: *als Guthaben eintragen, anrechnen:* der überschüssige Betrag wird Ihrem Konto, Ihnen gutgeschrieben.
Gut|schrift, die: **a)** *Buchung auf der Habenseite eines Kontos;* **b)** *Mitteilung an den Kontoinhaber über eine Buchung auf der Habenseite;* **c)** *Betrag, der einem Konto gutgeschrieben wird.*
Gut|sel, das; -s, - [Vkl. zu gleichbed. Guts, eigtl. = Gutes] (landsch.): *Bonbon.*
Guts|haus, das: *zu einem Gut* (2) *gehörendes Wohnhaus.*
Guts|herr, der: *Gutsbesitzer als Vorgesetzter der auf seinem Gut Arbeitenden.*
Guts|her|ren|art, die: in der Fügung **nach G.** (1. *[von Speisen] mit kräftigen Gewürzen, Speck u. a. zubereitet, wie es in der gehobenen ländlichen Küche üblich ist.* 2. iron.; *in selbstherrlicher Manier [betrieben]:* nach G. verfahren, entscheiden; eine Politik nach G. betreiben).
Guts|her|rin, die: w. Form zu ↑Gutsherr.
Guts|hof, der: *Gut* (2) *[im Hinblick auf die dazugehörenden Gebäude].*
gut si|tu|iert: s. gut (3a).
gut sit|zend: s. gut (1a).
Guts|le, das; -s, - (südd.): **a)** *[Weihnachts]plätzchen;* **b)** *Bonbon.*
Guts|ver|wal|ter, der: *Verwalter eines Gutes* (2).
Guts|ver|wal|te|rin, die: w. Form zu ↑Gutsverwalter.
Gut|ta|per|cha, die; - od. das; -[s] [zu malai. getah = Gummi u. percha = Baum, der Guttapercha absondert]: *kautschukähnliches Produkt aus dem Milchsaft einiger Bäume Südostasiens, das vor allem als Isoliermittel u. zur Herstellung von wasserdichten Verbänden* (1) *verwendet wird.*
Gut|temp|ler, der; -s, - [engl. Good Templar, aus: good = gut u. Templar = Templer]: **a)** *Mitglied des Guttemplerordens;* **b)** *Antialkoholiker.*
Gut|temp|ler|or|den, der; -s: *in Amerika 1852 gegründeter, international verbreiteter Bund, dessen Mitglieder sich zur Abstinenz gegenüber Alkohol verpflichten.*
gut tun: s. gut (1c, 4a).
gut|tu|ral ⟨Adj.⟩ [zu lat. guttur = Kehle]: **a)** *kehlig klingend:* eine -e Sprache; seine Aussprache ist sehr g.; **b)** (Sprachw. veraltend) *im Bereich der Kehle gebildet:* ein -er Laut.
Gut|tu|ral, der; -s, -e (Sprachw. veraltend): *mithilfe von Zunge u. Gaumen gebildeter Konsonant; Gaumenlaut:* ein palataler, velarer G.
Gut|tu|ral|laut, der: *Guttural.*
gut un|ter|rich|tet: s. gut (1a).
gut ver|die|nend: s. gut (3a).
gut|wil|lig ⟨Adj.⟩ [mhd. guotwillic, ahd. guotwillīg]: **1.** *bei etw. guten Willen zeigend; geneigt u. bereit, sich dem Willen od. Wunsch anderer zu fügen; freiwillig, ohne andern Schwierigkeiten zu machen:* ein -er Schüler, ein -es Mädchen; etw. g. herausgeben. **2.** *keine bösen Absichten gegen jmdn. verfolgend; wohlgesinnt.*
Gut|wil|lig|keit, die; -: *das Gutwilligsein.*
Gu|ya|na; -s: Staat im Norden Südamerikas; vgl. Guayana.
Gu|ya|ner, der; -s, -: Ew.
Gu|ya|ne|rin, die; -, -nen: w. Form zu ↑Guyaner.
gu|ya|nisch ⟨Adj.⟩: *Guyana, die Guyaner betreffend; von den Guyanern stammend, zu ihnen gehörend.*
Gy = Gray.
Gym|naes|tra|da [...nɛ...], die; -, -s [zu ↑Gymnastik u. span. estrada = Straße]: *alle vier Jahre in einem andern Land stattfindendes internationales Turnfest (ohne Wettkämpfe) mit gymnastischen u. turnerischen Vorführungen.*
gym|na|si|al ⟨Adj.⟩: *das Gymnasium betreffend, zum Gymnasium gehörend:* der -e Deutschunterricht; die -e Oberstufe.
Gym|na|si|al|bil|dung, die ⟨o. Pl.⟩: *durch das Gymnasium vermittelte Schulbildung.*
Gym|na|si|al|leh|rer, der: *Lehrer an einem Gymnasium.*
Gym|na|si|al|leh|re|rin, die: w. Form zu ↑Gymnasiallehrer.

ym|na|si|ast, der; -en, -en: *Schüler eines Gymnasiums* (1).

ym|na|si|as|tin, die; -, -nen: w. Form zu ↑Gymnasiast.

ym|na|si|um, das; -s, ...ien [lat. gymnasium < griech. gymnásion, Sportstätte, wo mit nacktem Körper geturnt wird, zu: gymnázesthai = mit nacktem Körper Leibesübungen machen, zu: gymnós = nackt; dann auch = Versammlungsstätte der Philosophen u. Sophisten]: **a)** *zur Hochschulreife führende höhere Schule:* ein humanistisches, altsprachliches, neusprachliches, mathematisch-naturwissenschaftliches, musisches G.; das G. besuchen; zum, aufs G. gehen; **b)** *Gebäude, in dem sich ein Gymnasium (1 a) befindet.*

ym|nast, der; -en, -en: *Krankengymnast.*

ym|nas|tik, die; - [griech. gymnastikḗ (téchnē), zu: gymnázesthai, ↑Gymnasium]: *[rhythmische] Bewegungsübungen zu sportlichen Zwecken od. zur Heilung bestimmter Körperschäden:* morgendliche, rhythmische, künstlerische G.; G. treiben, machen.

ym|nas|ti|ker, der; -s, -: *jmd., der Gymnastik treibt.*

ym|nas|ti|ke|rin, die; -, -nen: w. Form zu ↑Gymnastiker.

ym|nas|tik|leh|rer, der: *jmd., der Gymnastikunterricht gibt.*

ym|nas|tik|leh|re|rin, die: w. Form zu ↑Gymnastiklehrer.

ym|nas|tik|un|ter|richt, der: *Unterricht in Gymnastik.*

ym|nas|tin, die; -, -nen: *Krankengymnastin.*

ym|nas|tisch ⟨Adj.⟩: *die Gymnastik betreffend, zu ihr gehörend; durch Gymnastik den Körper trainierend:* -e Übungen, Bewegungen; sich g. ertüchtigen.

Gy|nä|ko|lo|ge, der; -n, -n [↑-loge]: *Facharzt, Wissenschaftler auf dem Gebiet der Gynäkologie; Frauenarzt.*

Gy|nä|ko|lo|gie, die; - [zu griech. gynḗ (Gen.: gynaikós) = Frau u. ↑-logie]: *Fachrichtung der Medizin, die sich mit Frauenkrankheiten u. Geburtshilfe befasst; Frauenheilkunde.*

Gy|nä|ko|lo|gin, die; -, -nen: w. Form zu ↑Gynäkologe.

gy|nä|ko|lo|gisch ⟨Adj.⟩: *die Gynäkologie betreffend, zur Gynäkologie gehörend:* eine -e Untersuchung, Operation; jmdn. g. untersuchen.

Gy|ros, das; -, - [ngriech. gýros, eigtl. = Umdrehung, Kreis; vgl. Giro]: *an einem senkrecht stehenden Drehspieß gebratenes Fleisch, von dem immer wieder die jeweils durchgegarte u. gebräunte äußerste Schicht in kleinen flachen Stücken abgeschnitten u. serviert wird (griechische Spezialität).*

Gy|ro|skop, das; -s, -e [zu griech. skopeĩn = betrachten, beschauen]: *Messgerät für den Nachweis der Achsendrehung der Erde.*

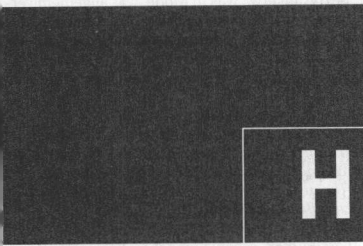

h, H [ha:], das; - (ugs.: -s), - (ugs.: -s) [mhd., ahd. h]: **1.** *achter Buchstabe des Alphabets, ein Konsonant:* ein kleines h, ein großes H schreiben. **2.** (Musik) *siebenter Ton der Grund-(C-Dur-)Tonleiter:* auf dem Klavier ein h anschlagen.

h = Hekto...; hora (Stunde); 8 h = 8 Stunden, 8 Uhr; hochgestellt: 8^h = 8 Uhr; h-Moll.

h = Zeichen für das plancksche Wirkungsquantum.

[1]**H** = H-Dur; Henry; Hydrogenium.

[2]**H** [eɪtʃ] (Drogenjargon): *Heroin.*

ha = Hektar[e].

ha [ha(:)] ⟨Interj.⟩: **1.** Ausruf der [freudigen] Überraschung: ha, da kommt sie ja schon!; ha no (schwäb.; *nun, was soll das heißen?*). **2.** Ausruf des Triumphes, der Überlegenheit: ha, der wird staunen.

hä [hɛ(:)] ⟨Interj.⟩ (salopp): *he* (3).

h. a. = huius anni, hoc anno.

Haag, Den: Residenzstadt u. Regierungssitz der Niederlande.

Haag, der; -s: ↑Den Haag: im, in H.; vgl. 's-Gravenhage.

[1]**Haa|ger,** der; -s, -: Ew.

[2]**Haa|ger** ⟨indekl. Adj.⟩: H. Tribunal.

Haa|ge|rin, die; -, -nen: w. Form zu ↑[1]Haager.

Haar, das; -[e]s, -e [mhd., ahd. hār, eigtl. = Raues, Struppiges, Starres]: **1.** *beim Menschen u. bei den meisten Säugetieren auf der Haut [dicht] wachsendes, feines, fadenförmiges Gebilde aus Hornsubstanz:* graue, (geh.:) silberne, weiße -e an der Schläfe; die -e wachsen, fallen ins Gesicht, hängen in die Stirn, fallen [ihm] aus; [sich] ein graues H. auszupfen, ausreißen; [sich] die -e schneiden lassen; [sich] die -e waschen, trocknen, föhnen, färben, tönen; die -e kämmen, bürsten, toupieren; **Spr** krause -e, krauser Sinn *(wer krause Haare hat, ist eigenwillig);* ***jmdm. stehen die -e zu Berge/sträuben sich die -e** (ugs.; *jmd. ist in höchstem Maße erschrocken, entsetzt*); **ein H. in der Suppe/in etw. finden** (ugs.; *an einer sonst guten Sache etw. entdecken, was einem nicht passt*); **kein gutes H. an jmdm., etw. lassen** (ugs.; *nur Schlechtes über jmdn., etw. sagen; alles, was jmd. tut, schlecht finden, kritisieren*); **jmdm. die -e vom Kopf fressen** (ugs. scherzh.; 1. *auf jmds. Kosten sehr viel essen.* 2. *kaum satt zu bekommen sein*); **-e auf den Zähnen haben** *(von schroffer, herrschsüchtiger, streitbar-aggressiver, rechthaberischer Wesensart sein [u. sich auf diese Weise behaupten];* meist auf Frauen bezogen; vermutl. hergeleitet von starker Behaarung als Zeichen von Männlichkeit, die sich sogar auf den Zähnen [älter: auf der Zunge] zeige); **-e lassen [müssen]** (ugs.; *nur mit gewissen Einbußen etw. durchführen, ein gestecktes Ziel erreichen können;* bezogen auf die Haare, die einem bei einer Schlägerei ausgerissen werden); **sich** ⟨Dativ⟩ **über, wegen,** (seltener:) **um etw. keine grauen -e wachsen lassen** (ugs.; *sich wegen etw. keine unnötigen Sorgen machen, sich über etw. nicht im Voraus aufregen, grämen*); **sich** ⟨Dativ⟩ **die -e raufen** *(vor Ratlosigkeit, Verzweiflung nicht wissen, was man tun soll);* **jmdm. kein H./niemandem ein H. krümmen [können]** (ugs.; *niemandem etw. zuleide tun [können]*); **an einem H. hängen** (ugs.; *sehr unsicher sein; in Bezug auf das Gelingen von einer bloßen Kleinigkeit abhängen*); **etw. an/bei den -en herbeiziehen** (ugs.; *etw. anführen, was nicht od. nur sehr entfernt zur Sache gehört; Begründungen von sehr weit herholen*); **sich an den eigenen -en aus dem Sumpf ziehen** (↑Sumpf); **auf ein H./aufs H.** (ugs.; *ganz genau, exakt*); **sich in die -e fahren/geraten/kriegen** (ugs.; *Streit miteinander anfangen, bekommen*); **sich in den -en liegen** (ugs.; *sich heftig streiten*); **um ein H.** (ugs.: 1. *es hätte nicht viel gefehlt, und...; beinahe, fast:* um ein H. wäre es schief gegangen; 2. *ganz wenig, eine winzige Kleinigkeit:* er ist nur um ein H. größer als seine Schwester); **nicht [um] ein H., [um] kein H.** (ugs.; *nicht, um nichts*): er hat sich [um] kein H. geändert; **ums H.** (↑um ein Haar 1). **2.** ⟨o. Pl.⟩ **a)** *die Gesamtheit der Haare auf dem Kopf des Menschen; das Kopfhaar:* sie hat schönes, blondes, rotes, braunes, schwarzes, helles, dunkles, lockiges, krauses, glattes, volles H.; das H. lang, kurz, offen, [in der Mitte] gescheitelt tragen; **b)** *(bei den meisten Säugetieren) Behaarung; Fell:* das weiche, seidige H. des Hundes. **3.** ⟨meist Pl.⟩ (Bot.) *haarähnliches Gebilde, das in großer Zahl bes. Blätter u. Stängel bestimmter Pflanzen bedeckt:* die Unterseite der Blätter ist mit -en bedeckt.

haar|ähn|lich ⟨Adj.⟩: *dem, einem Haar* (1) *ähnlich.*

Haar|an|satz, der: **1.** *Stelle, an der der Haarwuchs rund um den Kopf u. im Nacken beginnt, bes. an der Stirn.* **2.** *der nur wenige Millimeter lange Teil des Haares unmittelbar über der Kopfhaut:* den H. nachtönen.

haar|ar|tig ⟨Adj.⟩: vgl. haarähnlich.

Haar|aus|fall, der: *über das normale Maß des Haarwechsels hinausgehender Ausfall der Kopfhaare (beim Menschen) od. der Körperhaare (beim Tier):* H. haben; den H. stoppen; ein Mittel gegen H.

Haar|balg, der ⟨Pl. ...bälge⟩: *Teil des Haares, der die Haarwurzel umschließt.*

Haar|band, das ⟨Pl. ...bänder⟩: *Band, das im Haar getragen wird, um es zu ordnen, zusammenzuhalten od. zum Schmuck:* ein H. tragen.

haar|breit ⟨Adv.⟩: *sehr dicht, ganz nahe:* er stand h. vor einer Bestrafung.

Haar|breit: in der Fügung **nicht [um] ein/[um] kein H.** (*ganz u. gar nicht, überhaupt nicht;* in Bezug auf einen Standpunkt, den jmd. nicht aufgeben will): er ließ nicht [um] ein H. von seiner Meinung ab.

Haar|bürs|te, die: *Bürste für die Kopfhaare.*

Haar|bü|schel, das: *Büschel von Haaren.*

haa|ren [sich] ⟨sw. V.; hat⟩: *Haare verlieren:* der Hund haart [sich]; der Teppich, das Fell haart.

Haar|er|satz, der (Fachspr.): *Perücke, Toupet.*

Haa|res|brei|te: in der Wendung **um H.** (1. *um eine winzige Kleinigkeit [in Bezug auf eine unangenehme od. gefährliche Situation]:* um H. wäre es zu einer Katastrophe gekommen. 2. *ein ganz klein wenig; nur ein wenig [in Bezug auf jmds. Standpunkt o. Ä.]:* nicht um H. von seiner Meinung abweichen).

Haar|far|be, die: *Farbton des Kopfhaars.*

Haar|fär|be|mit|tel, das: *Präparat, Mittel zum Färben der Haare:* Henna als H. verwenden.

haar|fein ⟨Adj.⟩: *sehr dünn, sehr fein, zart; so fein wie ein Haar.*

Haar|fes|ti|ger, der: *wässrige chemische Lösung, die nach dem Waschen in das feuchte Haar gerieben wird, damit die Frisur ihre Form behält.*

Haar|filz, der: **1.** *Filzart, bei der als Rohstoff Tierhaar verwendet wird.* **2.** *verfilztes Haar.*

Haar|garn, das (Textilind.): *grobes, hartes Garn aus Tierhaar.*

Haar|garn|tep|pich, der (Textilind.): *Teppich aus Haargarn.*

Haar|ge|fäß, das ⟨meist Pl.⟩ (Med.): *Kapillare* (1).

haar|ge|nau ⟨Adj.⟩ (ugs.): *sehr genau, ganz genau (in Bezug auf die Übereinstimmung mit etw.):* er gab eine -e Schilderung des Vorganges; etw. h. *(bis in alle Einzelheiten)* erzählen.

haa|rig ⟨Adj.⟩ [spätmhd. haarig]: **1.** *[stark, dicht] behaart:* -e Beine. **2.** (selten) *aus Haar bestehend.* **3.** *Schwierigkeiten, Unwägbarkeiten od. gewisse Gefahren in sich bergend; nicht einfach zu lösen:* eine -e Sache, Angelegenheit.

Haar|klam|mer, die: *kleiner, einer Klammer ähnlicher Gegenstand aus Metall, mit dem das Haar od. etw. im Haar befestigt werden kann.*

Haar|kleid, das (geh.): *Fell* (a).

haar|klein ⟨Adj.⟩: *bis ins kleinste Detail; sehr, ganz genau [darlegend, schildernd]:* etw. h. beschreiben; jmdm. etw. h. mitteilen, erzählen.

Haar|kno|ten, der: *Knoten* (1 b).

Haar|krank|heit, die: *Erkrankung der Haare.*

Haar|kranz, der: **a)** *(bei Männern) verbliebener Kranz von Haaren bei einem auf dem Oberkopf kahl gewordenen Schädel;* **b)** *rund um den Kopf gelegter, festgesteckter Zopf.*

Haar|lack, der: *Flüssigkeit zum Aufsprühen, die der fertigen Frisur Halt u. Glanz gibt.*

Haar|lem [...lɛm]: Stadt in den Niederlanden.

[1]**Haar|le|mer,** der; -s, -: Ew.

[2]**Haar|le|mer** ⟨indekl. Adj.⟩.

Haar|le|me|rin, die; -, -nen: w. Form zu ↑[1]Haarlemer.

Haar|ling, der; -s, -e: *(zu den Läusen gehörendes) kleines, flügelloses Insekt, das im Federkleid der Vögel od. im Fell von Säugetieren lebt.*

Haar|lo|cke, die: *Locke* (a): jmdm. eine H. schenken.

haar|los ⟨Adj.⟩: *ohne jeden Haarwuchs; keine Haare habend.*

Haar|lo|sig|keit, die; -: *das Haarlossein.*

Haar|na|del, die: **a)** *U-förmig gebogener Draht, mit dem Knoten u. Hochfrisuren festgesteckt werden;* **b)** *Ziernadel aus Edelmetall od. Horn, die im Haar getragen wird.*

Haar|na|del|kur|ve, die: *[durch das Gelände bedingte] sehr enge Kurve, die in der Form einer Haarnadel* (a) *gleicht.*

Haar|netz, das: *[feines] Netz, das über das Haar gezogen wird, um es zusammenzuhalten od. als Schmuck.*

Haar|pfle|ge, die: *Pflege des Kopfhaares.*

Haar|pfle|ge|mit|tel, das: *Mittel für die Haarpflege.*

Haar|pin|sel, der: *feiner Pinsel aus Tierhaar.*

Haar|pracht, die (scherzh.): *schönes, volles, meist langes Haar.*

Haar|raub|wild, das (Jägerspr.): *zu den Säugetieren gehörendes Raubwild.*

Haar|reif, der: *bes. als Schmuck im Haar getragener offener Reif:* einen H. tragen.

Haar|riss, der: *feinster, für das bloße Auge oft unsichtbarer [Oberflächen]riss bei [sprödem] Material verschiedenster Art:* der Lack, die Glasur weist zahlreiche Haarrisse auf.

Haar|röhr|chen, das (Physik): *Kapillare* (2).

haar|scharf ⟨Adj.⟩: **1.** *sehr nah; so dicht, dass es beinahe zu einer [gefährlichen] Berührung gekommen wäre:* der Stein flog h. an ihr vorbei; Ü das ging h. an einer Niederlage vorbei. **2.** *sehr genau, sehr exakt:* etw. h. beobachten.

Haar|schlei|fe, die: *zur Schleife gebundenes Band, das (bes. von Mädchen) im Haar getragen wird.*

Haar|schnei|der, der (veraltend, noch volkst.): *Herrenfriseur.*

Haar|schnitt, der: *Schnitt, durch den das Haar eine bestimmte Form bekommt; durch Schneiden des Haars hervorgebrachte Frisur:* ein guter, modischer, kurzer H.; jmdm. einen H. machen.

Haar|schopf, der: **a)** *dichtes, kräftiges, kürzeres, wuscheliges Kopfhaar;* **b)** (selten) *Haarsträhne.*

Haar|spal|te|rei, die (abwertend): *Spitzfindigkeit, Wortklauberei:* das sind alles -en.

haar|spal|te|risch ⟨Adj.⟩ (abwertend): *(bes. bei der Beurteilung von etw.) übertrieben kleinlich u. spitzfindig.*

Haar|span|ge, die: *[als Schmuck] im Haar getragene Spange, die Strähnen zusammenhalten soll.*

Haar|spit|ze, die: *Ende eines einzelnen Haars:* die -n spalten sich, brechen ab.

Haar|spray, der od. das: *Spray, der auf das frisierte Haar aufgesprüht wird, um der Frisur Halt u. Glanz zu geben.*

Haar|stern, der: *(zu den Stachelhäutern gehörendes) Meerestier mit kelchförmigem Körper u. gefiederten* (2), *meist verzweigten Armen, das am Untergrund festgewachsen ist.*

Haar|stop|pel, die ⟨meist Pl.⟩ (ugs.): *kurzes, erst wenig aus der Haut hervorgewachsenes Bart- od. Kopfhaar.*

Haar|sträh|ne, die: *Strähne* (1).

Haar|strang, der: **1.** *stärkere Strähne langen Haares.* **2.** *zu den Doldenblütlern gehörende Pflanze mit gefiederten Blättern u. kleinen, weißen, gelblichen od. rötlichen Blüten.*

haar|sträu|bend ⟨Adj.⟩: **a)** *Entsetzen hervorrufend; grauenhaft:* ein -es Abenteuer; **b)** *Empörung, Ablehnung, Ärger hervorrufend; unglaublich:* was der für Witze erzählt hat – h.!

Haar|teil, das: *dem eigenen Haar ähnlicher, an einem Ende lose zusammengefasster Haarstrang, der zur Ergänzung der Frisur in das eigene Haar eingekämmt wird.*

Haar|tol|le, die (ugs.): **a)** *über einen Kamm gewickeltes u. mit diesem auf dem Kopf befestigtes Deckhaar, Hahnenkamm* (3); **b)** *in die Stirn fallende Haarsträhne, Locke.*

Haar|tracht, die (veraltend): *(in einer bestimmten Zeit, bei einer bestimmten sozialen Schicht o. Ä.) übliche Art, das Haar zu tragen; Frisur.*

Haar|trock|ner, der: *Warmluftgerät zum Trocknen nasser Haare.*

Haar|wä|sche, die: *das Waschen der Kopfhaare.*

Haar|wasch|mit|tel, das: *Shampoo.*

Haar|was|ser, das ⟨Pl. ...wässer⟩: *Flüssigkeit zur Pflege der Haare.*

Haar|wech|sel, der: *(vor allem bei Säugetieren) kontinuierlich od. periodisch auftretender Wechsel der Behaarung.*

Haar|wild, das (Jägerspr.): *alles Wild, das ein Fell hat.*

Haar|wir|bel, der: *Stelle, an der das Haar in kreisförmiger Anordnung aus der [Kopf]haut wächst.*

Haar|wuchs, der: **1.** *das Wachsen, Wachstum der Haare:* den H. förderndes Mittel. **2.** *Bestand an Haaren:* dichter, spärlicher H.

Haar|wuchs|mit|tel, das: *Mittel, das das Wachstum der Haare fördern soll.*

Haar|wur|zel, die: *in der [Kopf]haut befindlicher Teil des Haares.*

Hab: in der Fügung **H. und Gut** (geh.; *alles, was jmd. besitzt*): sein ganzes H. und Gut verschenken.

Hab-Acht-Stel|lung: ↑Habt-Acht-Stellung: eine H. einnehmen.

Ha|ba|ne|ra, die; -, -s [span. (danza) habanera, eigtl. = (Tanz) aus ↑[1]Havanna (span. = La Habana)]: *kubanischer Tanz in ruhigem $^{2}/_{4}$-Takt (auch in Spanien heimisch).*

Ha|be, die; - [mhd. habe, ahd. haba, zu ↑haben] (geh.): *jmds. Besitz; die Gesamtheit dessen, was jmdm. gehört:* alle bewegliche H.; unsere ganze H.; seine einzige H. verlieren; *** fahrende H.** (Rechtsspr. veraltet; noch scherzh.; *beweglicher Besitz;* bezog sich urspr. wohl auf den Viehbestand); **liegende H.** (Rechtsspr. veraltet; *Grundbesitz*).

Ha|be|as|kor|pus|ak|te, die; - [lat. habeas corpus = (dass) du habest den Körper (vor Gericht) = Anfangsworte mittelalterlicher Erlasse, die anordneten, den Verhafteten dem Gericht vorzuführen]: *1679 vom englischen Oberhaus erlassenes Gesetz zum Schutze der persönlichen Freiheit, nach dem niemand verhaftet od. in Haft gehalten werden darf, ohne dass ein Gerichtsbeschluss darüber vorliegt.*

ha|be|mus Pa|pam [lat. = wir haben einen Papst]: Ausruf von der Außenloggia der Peterskirche nach vollzogener Papstwahl.

ha|ben ⟨unr. V.; hat⟩ [mhd. haben, ahd. habēn, urspr. = fassen, packen, verw. mit ↑heben]: **I. 1. a)** *(als Eigentum o. Ä.) besitzen, sein Eigen nennen:* ein Haus, ein Auto, viele Bücher h.; einen großen Besitz, viel Geld, Eigentum, Vermögen h.; ich möchte, will das h.; sie hat nichts (ugs.; *hat keinerlei Besitz, ist arm*); wir habens ja! (scherzh. od. iron.; *wir haben genug Geld, um uns das leisten zu können*); **R** man hats oder man hats nicht (ugs.; *Begabung o. Ä. muss man mitbringen, kann man nicht erwerben od. erlernen*); (scherzh. od. iron.:) wer hat, der hat; was man hat, das hat man *(es ist besser, sicherer, etw. Bestimmtes [wenn auch nicht völlig Befriedigendes] zu haben als gar nichts);* (in Bezug auf Personen:) Kinder, viele Freunde h.; er hat eine nette Frau; sie hat Familie; jmdn. zum Freund, zur Frau h.; **b)** *über etw. verfügen:* Zeit, Muße h.; er hat gute Beziehungen; ihr habt Erfahrung auf diesem Gebiet; **c)** *(als Eigenschaft o. Ä.) besitzen, aufweisen; jmdm., einer Sache als Eigenschaft o. Ä. zukommen:* blaue Augen, lange Beine, schlechte Zähne h.; ein gutes Gedächtnis h.; gute Manieren h.; sie hat Geduld, Mut, Ausdauer; die Sachen haben wenig Wert; das hat keine Bedeutung; **d)** *[vorübergehend] von etw. ergriffen, befallen sein; etw. [heftig] empfinden, verspüren:* Hunger, Durst h.; er hatte Angst, Sorgen, Zweifel; den Wunsch h., jmdm. zu helfen; die Hoffnung h., etwas zu erreichen; was hast du denn? *(was bedrückt dich?);* Husten, Fieber h.; ich habe kalt (landsch.; *mir ist kalt*); *** dich hats wohl!** (ugs.; *du bist wohl nicht ganz bei Verstand!*). **2.** verblasst **a)** in Verbindung mit Abstrakta, drückt das Vorhandensein von etw. bei jmdm. aus: das Recht, die Pflicht, die Idee, den Einfall, den Gedanken h., etw. zu tun; er hat Schuld an dem Unfall; **b)** in Verbindung mit einem Adj. + »es«, charakterisiert die Umstände, den Zustand o. Ä., worin sich jmd. befindet: es gut, schwer, schön h.; sie hat es eilig (ugs.; *ist in Eile*); ihr habt es warm hier *(es ist warm in eurer Wohnung o. Ä.);* **c)** in Verbindung mit »zu« u. einem Inf., drückt aus, dass das im Verb Genannte in einem bestimmten Maß für jmdn. vorhanden, da ist: nichts zu essen h.; viel zu tun h.; **d)** in Verbindung mit einem Inf. u. einer Raumangabe; drückt aus, dass jmdm. etw. an einem bestimmten Ort u. in bestimmter Weise zur Verfügung steht: seine Kleider im Schrank hängen h.; (landsch., bes. berlin. mit Inf. mit »zu«:) 5 000 Mark auf der Bank zu liegen h. **3.** in Verbindung mit »zu« u. einem Inf. **a)** *etw. Bestimmtes tun müssen:* viel zu erledigen h.; noch eine Stunde zu fahren h.; du hast zu gehorchen; **b)** (verneint) *etw. Bestimmtes tun dürfen, sollen; zu etw. Bestimmtem berechtigt sein:* er hat hier nichts zu befehlen. **4.** drückt aus, dass etw., ein bestimmter Sachverhalt o. Ä. [für jmdn.] besteht, existiert; *sein:* heute habe ich keine Schule *(heute ist keine Schule);* ich hatte im Urlaub schönes Wetter; wir haben Sonntag, den 1. Juni; in Südamerika haben sie jetzt Sommer; draußen haben wir 30° im Schatten. **5.** *aus einer bestimmten Menge, Anzahl bestehen, sich zusammensetzen o. Ä.:* ein Kilo hat 1 000 Gramm; das Mietshaus hat 20 Wohnungen. **6.** *bekommen, erhalten, jmdm. zuteil werden o. Ä.:* kann ich mal das Handtuch h.?; als Dankesformel: hab Dank! (geh.; *ich danke dir*); **R** wie hätten Sie es/Sies [denn] gern? *(wie möchten Sie bedient, behandelt o. Ä. werden?);* da/jetzt hast du's!; da/jetzt haben wir's, habt ihr's! (ugs.; *nun ist das, was ich befürchtet habe, eingetreten*); *** zu h. sein** *(zu kaufen, erhältlich sein):* das Buch ist im Laden nicht mehr zu h.; **[noch/wieder] zu h. sein** (ugs.; *noch nicht od. nicht mehr verheiratet sein u. darum als möglicher Partner, als mögliche Partnerin infrage kommen;* aus der Kaufmannsspr., eigtl. = zu kaufen sein, erhältlich sein); **für etw. zu h. sein** (1. *sich für etw. gewinnen lassen* [häufig verneint]: für solche heiklen Unternehmungen ist er nicht zu h. 2. *etw. sehr gerne mögen, sich zu etw. nicht lange bitten lassen:* für ein gutes Glas Wein ist er immer zu h.). **7.** (ugs.) *(als Unterrichtsfach in der Schule) lernen:* wir haben im Gymnasium Latein und Griechisch. **8.** (ugs.; in Bezug auf etw., was in Mode, was allgemein verbreitet ist o. Ä.) *verwenden, gebrauchen, tragen o. Ä.:* man hat wieder längere Röcke; das, diesen Brauch hat man heute nicht mehr. **9.** (ugs.) *gefangen, gefasst, gefunden u. Ä. haben:* die Polizei hat den Ausbrecher; ich habs!, jetzt hab ich's (ugs.; *habe es geraten, gefunden o. Ä.*). **10.** (salopp) *mit einer Frau, mit einem Mann schlafen:* er hat sie gehabt; gestern Nacht hat sie ihn endlich gehabt; *** [nicht] leicht zu h. sein** *([keinerlei] Bereitschaft zu sexuellem Kontakt, zum Beischlaf zeigen).* **11.** ⟨unpers.⟩ (landsch., bes. südd., österr.) *existieren, vorhanden sein, vorkommen, geben:* hier hat es, hats viele alte Häuser; heute hats draußen 30° im Schatten. **12.** ⟨h. + sich⟩ **a)** (ugs. abwertend) *sich übermäßig aufregen über etw., viel Aufhebens machen um etw.:* hab dich nicht so! *(stell dich nicht so an!);* **b)** (ugs.) *sich streiten:* die haben sich vielleicht wieder gehabt! **13.** ⟨h. + sich; unpers.⟩ (salopp) *erledigt, abgetan sein:* gib mir 50 Mark dafür, und damit hat sichs/und die Sache hat sich; **R** hat sich was (1. ugs.; *das kommt gar nicht infrage:* hat sich was mit Spielengehen.

Zuerst werden die Schularbeiten gemacht! 2. *das trifft nicht zu:* Ich dachte, ich könnte mich auf ihn verlassen, aber hat sich was!). **14.** verblasst, in Verbindung mit verschiedenen Präp.: er wird schon merken, was er **an** ihr gehabt hat *(wie nützlich u. hilfreich sie für ihn gewesen ist);* er hat einen sehr spöttischen Ton an sich *(ist sehr spöttisch);* das hat er so an sich (ugs.; *das ist eine Angewohnheit von ihm*); das hat nichts **auf** sich *(die Sache hat keine Bedeutung);* was hat es damit auf sich? *(was bedeutet das, was steckt dahinter?);* sie hatten ihren Sohn **bei** sich *(ihr Sohn war in ihrer Begleitung);* sie haben ihre Mutter bei sich *(ihre Mutter lebt bei ihnen);* ich habe kein Geld bei mir *(habe kein Geld mitgenommen);* die Sache, der Plan hat einiges **für** sich *(ist von Vorteil);* etw. **gegen** jmdn., etw. h. *(gegen jmdn., etw. eingestellt, eingenommen sein);* was hast du eigentlich gegen mich?; er hatte alle gegen sich *(alle waren gegen ihn eingenommen);* sie hatte nichts dagegen, wenn er Freunde mitbrachte *(hatte nichts dagegen einzuwenden);* er hat die Prüfung **hinter** sich *(hat sie überstanden);* in dieser Sache hat sie die ganze Partei hinter sich *(die ganze Partei unterstützt sie darin);* etw. hat es **in** sich (ugs.; *etw. hat eine Eigenschaft, die man ihm von außen nicht ansieht*); er hat etwas **mit** der Frau (ugs.; *hat ein Verhältnis mit ihr*); er hats mit dem Fotografieren (ugs.; *fotografiert mit Begeisterung*); der Besuch war nur zwei Tage bei uns, sodass wir nur wenig **von** ihm, voneinander hatten *(wenig Zeit zu längerem Beieinandersein, Austausch o. Ä. hatten);* er hat viel von seiner Mutter *(ist seiner Mutter im Wesen od. in bestimmten Zügen sehr ähnlich);* von dem Vortrag hatte ich nur wenig *(hatte wenig Nutzen davon);* er hat eine schwere Prüfung **vor** sich *(sie steht ihm bevor);* Sie wissen wohl nicht, wen Sie vor sich h. *(wer die vor Ihnen stehende, Respekt, Achtung o. Ä. erwartende Person ist).* **II.** dient als Hilfsverb in der Verbindung mit dem 2. Part. der Perfektumschreibung: ich habe gegessen; hat er sich das selbst ausgedacht?

Ha|ben, das; -s [gek. aus »er soll haben«] (Kaufmannsspr., Bankw.): **1.** *alles, was jmd. hat od. einnimmt, Guthaben:* ihr H. ist klein; Soll und H. *(Ausgaben u. Einnahmen).* **2.** *Habenseite.*

Ha|be|nichts, der; -[es], -e [mhd. habeniht] (abwertend): *jmd., der keinen [nennenswerten] Besitz, kein Vermögen hat; jmd., der mittellos, arm ist.*

Ha|ben|sei|te, die (Kaufmannsspr., Bankw.): *rechte Seite eines Kontos, auf der Erträge, Vermögensabnahmen u. Schuldenzunahmen verbucht werden:* auf der H. stehen; Ü diesen Erfolg kannst du auf der H. verbuchen *(er fällt ins Gewicht).*

Ha|ben|zin|sen ⟨Pl.⟩ (Bankw.): *Zinsen, die von Geldinstituten auf die Guthaben der Kunden gezahlt werden.*

Ha|ber, der; -s [mhd. habere, ahd. habaro, ↑Hafer] (südd., österr., schweiz. mundartl.): *Hafer.*

Ha|ber|geiß, die; -, -en [zu: Haber, wahrsch. = (Ziegen)bock (vgl. aengl. hæfer) u. Geiß = Ziege, als verdeutlichender Zusatz wegen der Gleichlautung mit Haber = Hafer; 1: nach dem meckernden Laut beim Balzflug; 2: nach der angeblichen Ähnlichkeit mit einer Ziege; 3: nach dem häufig als Ziegenkopf gestalteten Puppenkopf]: **1.** (landsch. veraltet) *Bekassine.* **2.** (südd.) *Brauchtumsgestalt, Nachtgespenst.* **3.** (südd.) *Strohpuppe, die demjenigen Bauern aufs Dach gesetzt wird, der als Letzter das Einfahren des Getreides beendet.* **4.** (alemann.) *Brummkreisel.*

Hab|gier, die; - (abwertend): *von anderen als unangenehm u. abstoßend empfundenes, rücksichtsloses Streben nach Besitz od. Vermehrung des Besitzes:* seine H. kennt keine Grenzen.

hab|gie|rig ⟨Adj.⟩ (abwertend): *voller Habgier, von Habgier geprägt.*

hab|haft ⟨Adj.⟩ [mhd. habhaft = Besitz habend]: **1.** *** **jmds., einer Sache h. werden** (1. geh.; *jmdn., den man gesucht hat, finden, ausfindig machen [u. festnehmen]; jmdn. in seine Gewalt bekommen:* die Polizei konnte des Täters h. werden. 2. *etw. in seinen Besitz bekommen, etw. erlangen, sich etw. aneignen:* er nahm alles an sich, dessen er h. werden konnte). **2.** (landsch.) *sehr sättigend, schwer.*

Ha|bicht, der; -s, -e [mhd. habech, ahd. habuch, viell. verw. mit ↑heben in dessen urspr. Bed. »fassen, packen« u. eigtl. = Fänger, Räuber]: **1.** *(in vielen Arten vorkommender) größerer Greifvogel mit braunem Gefieder, langen, kräftigen Krallen, starkem, gebogenem Schnabel u. meist kurzen, runden Flügeln.* **2.** *Hühnerhabicht.*

Ha|bichts|kraut, das [lat. hieracium < griech. hierákion, zu: hiérax = Habicht, Motiv der Benennung nicht geklärt]: *(in vielen Arten vorkommendes) Kraut mit langen, blattlosen Stängeln mit meist gelben, orangefarbenen od. roten zungenförmigen Blüten.*

Ha|bichts|na|se, die: *[meist starke] hakenförmig nach unten gebogene Nase, die an den Schnabel eines Habichts erinnert.*

ha|bil ⟨Adj.⟩ [lat. habilis, zu: habere, ↑Habitus] (bildungsspr. veraltet): *geschickt, fähig; gewandt, geübt.*

ha|bil.: ↑habilitatus: sie ist Dr. phil. habil.

Ha|bi|li|tand, der; -en, -en [mlat. habilitandus, Gerundivum von habilitare = geschickt, fähig machen, zu lat. habilis]: *jmd., der zur Habilitation zugelassen ist.*

Ha|bi|li|tan|din, die; -, -nen: w. Form zu ↑Habilitand.

Ha|bi|li|ta|ti|on, die; -, -en [mlat. habilitatio]: *Verfahren zum Erwerb der Venia Legendi an Hochschulen u. Universitäten durch Anfertigung einer schriftlichen Arbeit od. mehrerer kleiner Schriften.*

Ha|bi|li|ta|ti|ons|schrift, die: *umfangreichere wissenschaftliche Arbeit, die zur Habilitation vorgelegt wird.*

ha|bi|li|ta|tus ⟨Adj.⟩ [mlat. habilitatus, adj. 2. Part. von: habilitare, ↑habilitieren]: *habilitiert* (Abk.: habil.).

ha|bi|li|tie|ren ⟨sw. V.; hat⟩ [mlat. habilitare, ↑Habilitand]: **a)** *die Venia Legendi an einer Hochschule od. Universität erwerben:* in Heidelberg, bei Professor N. N. h.; sich für Kunstgeschichte h.; **b)** *jmdm. die Venia Legendi erteilen:* sie wurde 1998 habilitiert.

[1]Ha|bit [auch: ha'bɪt, 'habɪt], der, auch: das; -s, -e [frz. habit, ↑Habitus]: **a)** *Amtskleidung, Ordenstracht:* der H. der Karmeliter; **b)** (bildungsspr. abwertend) *Aufzug; Kleidung [für eine bestimmte Gelegenheit, einen bestimmten Zweck]:* er erschien in einem seltsamen H.

[2]Ha|bit ['hæbɪt], das, auch: der; -s, -s [engl. habit, ↑Habitus] (Psych.): *Gewohnheit, Erlerntes; Anerzogenes; Erworbenes.*

Ha|bi|tat, das; -s, -e [1: lat. habitatio = das Wohnen, die Wohnung; 2: engl. habitat]: **1. a)** (Biol.) *Standort einer bestimmten Tier- od. Pflanzenart;* **b)** *Wohnplatz von Ur- u. Frühmenschen;* **c)** (seltener) *Aufenthaltsort, Wohnstätte.* **2.** *kapselförmige Unterwasserstation, in der Aquanauten wohnen können.*

ha|bi|tu|a|li|sie|ren ⟨sw. V.; hat⟩ (Psych., Soziol.): **1.** *zur Gewohnheit werden.* **2.** *zur Gewohnheit machen.*

Ha|bi|tu|a|ti|on, die; -, -en [engl. habituation]: **a)** (Psych.) *Gewöhnung;* **b)** (bildungsspr.) *physische u. psychische Gewöhnung an Drogen.*

ha|bi|tu|ell ⟨Adj.⟩ [frz. habituel]: **1.** (bildungsspr.) *gewohnheitsmäßig; ständig:* -e Kritik. **2.** (Psych.): *verhaltenseigen; zur Gewohnheit geworden, zum Charakter gehörend:* eine -e Reaktionsweise.

Ha|bi|tus [auch: 'ha:...], der; - [lat. habitus = Gehabe; äußere Erscheinung; Haltung; Verhalten, persönliche Eigenschaft; zu: habere = haben, an sich tragen]: **1. a)** *Gesamterscheinungsbild einer Person nach Aussehen u. Verhalten:* seinem H. nach war er ein Künstler; **b)** *auf einer bestimmten Grundeinstellung aufgebautes, erworbenes Auftreten; Haltung;* **c)** *Benehmen, Gebaren.* **2.** (Med.) *Besonderheiten im Erscheinungsbild eines Menschen [aus denen auf bestimmte Krankheiten geschlossen werden kann].* **3.** (Biol.) *Körperbeschaffenheit, äußere Gestalt von Tieren, Pflanzen od. Kristallen.*

hab|lich ⟨Adj.⟩ [mhd. habelich]: **1.** (veraltet) **a)** *die Habe betreffend;* **b)** *geschickt, tüchtig.* **2.** (schweiz.) *wohlhabend:* ein -er Bauer; das Dorf ist sehr h.; ein -er *(stattlicher)* Bau.

Hab|se|lig|keit, die; -, -en ⟨meist Pl.⟩: *[dürftiger, kümmerlicher] Besitz, der aus meist wenigen [wertlosen] Dingen besteht:* auf der Flucht konnten sie nur ein paar -en mitnehmen.

Hab|sucht, die; - (abwertend): *charakterliche Veranlagung, aufgrund deren der Drang besteht, ständig sein Vermögen zu mehren u. seinen Besitz zu erweitern.*

hab|süch|tig ⟨Adj.⟩ (abwertend): *voller Habsucht, von Habsucht geprägt.*

Habt-Acht-Stel|lung, die; -, -en [nach dem milit. Kommando »habt Acht!« = stillgestanden!] (österr.): *stramme [militärische] Haltung.*

Há|ček ['ha:tʃɛk], das; -s, -s [tschech. háček, eigtl. = Häkchen]: *(bes. in slawischen Sprachen verwendetes) diakritisches Zeichen in Form eines Häkchens, das einen Zischlaut od. einen stimmhaften Reibelaut angibt* (z. B. tschech. č [tʃ], ž [ʒ]).

H

hach ⟨Interj.⟩: Ausruf der freudigen Überraschung, einer gewissen Begeisterung, des spöttischen Triumphes: h., ist das schön!

Hach|se, (südd.:) Haxe, die; -, -n [mhd. hahse = Kniekehle des Hinterbeines, bes. vom Pferd, ahd. hāhsina = Achillessehne; Ferse]: **a)** *unterer Teil des Beines von Kalb u. Schwein;* **b)** (ugs. scherzh.) *Bein:* zieh deine [langen] -n ein!; sich die -n brechen.

Ha|ci|en|da [a'si̯ɛnda] usw.: ↑Hazienda usw.

[1]Hack [hɛk, engl.: hæk], der; -[s], -s [Kurzf. von engl. hackney = Kutschpferd]: *keiner bestimmten Rasse angehörendes Reitpferd.*

[2]Hack, das; -s [zu ↑hacken] (ugs., bes. nordd.): *Hackfleisch.*

Hack|bank, die ⟨Pl. ...bänke⟩: *Holzklotz o. Ä., auf dem der Fleischer Knochen durchhackt.*

Hack|beil, das: *kleines Beil, das der Fleischer zum Zerhacken von Knochen verwendet.*

Hack|block, der ⟨Pl. ...blöcke⟩: *Hackklotz.*

Hack|bra|ten, der (Kochk.): *in der Form eines länglichen Brotlaibs gebratenes Hackfleisch; falscher Hase.*

Hack|brett, das: **1.** *kleines Brett, das in der Küche zum Schneiden u. Hacken von Fleisch, Gemüse u. Kräutern verwendet wird.* **2.** (Musik) *der Zither ähnliches Saiteninstrument mit trapezförmigem Schallkasten, das mit Klöppeln geschlagen wird; Tympanon* (2).

[1]Ha|cke, die; -, -n [mhd. hacke, zu ↑hacken]: **1.** *Gerät zur Bearbeitung des Bodens, das aus einem [langen] Holzstiel u. einem aufgesetzten, mit einer Spitze od. Schneide versehenen Blatt aus Stahl besteht:* eine spitze, stumpfe, breite H.; mit einer H. den Boden bearbeiten. **2.** (Landw.) *das Hacken* (1): bestimmte Knollenfrüchte erfordern während des Wachstums mehrere -n. **3.** (österr.) *Beil, Axt.*

[2]Ha|cke, die; -, -n, (seltener auch:) Hacken, der; -s, - [aus dem Niederd. < mniederd. hakke, wohl verw. mit ↑Haken] (landsch.): **a)** *Ferse:* wund gelaufene Hacken; eine Blase an der Hacke, am Hacken haben; er tritt mir auf die Hacken; jmdm. [fast] die Hacken abtreten *(ganz dicht hinter jmdm. hergehen [u. ihm gelegentlich auf die Hacken treten]);* *** **sich an jmds. Hacken/sich jmdm. an die Hacken hängen, heften** *(jmdn. hartnäckig verfolgen);* **jmdm. [dicht] auf den Hacken sein/bleiben/sitzen** (1. *hinter jmdm. her sein, jmdn. verfolgen u. dabei dicht, unmittelbar hinter ihm sein, bleiben:* die Polizei blieb dem Täter dicht auf den Hacken. 2. *jmdn. in Bezug auf Leistung bald erreicht, eingeholt haben:* nach der dritten Runde war die Kandidatin ihrem Gegner dicht auf den Hacken);

jmdm. nicht von den Hacken gehen *(jmdn. dauernd mit einer Sache behelligen, verfolgen, bedrängen);* **b)** *Absatz des Schuhs:* abgetretene, schiefe Hacken; Schuhe mit hohen Hacken tragen; die Hacken zusammenschlagen, zusammennehmen (Soldatenspr. veraltend; *als Untergebener beim Einnehmen einer militärischen Haltung die Absätze hörbar gegeneinander schlagen);* *** sich** ⟨Dativ⟩ **die Hacken [nach etw.] ablaufen/abrennen** *(einen weiten Weg, [oft] viele Wege wegen etw. machen; sich eifrig um etw. bemühen);* **die Hacken voll haben; einen im Hacken haben** (nordd.; *betrunken sein);* **sich auf der Hacke umdrehen, umwenden; auf der Hacke kehrtmachen** (↑Absatz); **c)** *Fersenteil des Strumpfes od. der Socke:* ein Loch in der Hacke, im Hacken haben.

hạ|cken ⟨sw. V.; hat⟩ [mhd. hacken, ahd. hacchōn, viell. eigtl. = mit einem hakenförmigen Gerät bearbeiten u. verw. mit ↑Haken; 6: engl. to hack, eigtl. = (auf der Computertastatur) hacken]: **1. a)** *mit der* [1]*Hacke arbeiten:* gestern habe ich drei Stunden im Garten gehackt; Ü auf dem Klavier h. *(einzelne Töne hart u. laut anschlagen, ohne zusammenhängend zu spielen);* **b)** *(Erde, Boden) mit der* [1]*Hacke bearbeiten, auflockern:* das Beet, den Weinberg, den Kartoffelacker h. **2. a)** *mit der Axt, mit dem Beil zerkleinern, in Stücke schlagen:* Holz h.; die Kiste in Stücke h.; den alten Stuhl zu Brennholz h.; **b)** *mit einer Hacke, mit der Spitze, Kante von etw. wiederholt auf eine Fläche schlagen u. dadurch eine Vertiefung, einen Durchbruch o. Ä. entstehen lassen:* mit dem Absatz ein Loch ins Eis h.; eine Grube h.; **c)** *jmdn., sich mit einer* [1]*Hacke* (1), *einem Beil o. Ä. an einer bestimmten Körperstelle verletzen:* ich habe mir/mich, ihr/sie ins Bein gehackt. **3.** *durch kurze, schnelle Schläge mit einem scharfen Messer zerkleinern:* Zwiebeln, Petersilie h.; gehackter Spinat. **4.** *(meist von Vögeln) mit dem Schnabel heftig schlagen, picken:* der Papagei hackt nach ihm, hackt ihr/sie in die Hand. **5.** (Sport Jargon) *grob, unfair, rücksichtslos spielen:* schon in den ersten Minuten begann der Gegner zu h. **6.** *durch geschicktes Ausprobieren u. Anwenden verschiedener Computerprogramme mithilfe eines Personalcomputers unberechtigt in andere Computersysteme eindringen.*

Hạ|cken: ↑[2]Hacke.

Hạ|cken|trick, der (Fußball): *Trick, bei dem der Ball mit der* [2]*Hacke* (a) *gespielt wird, um den Gegner auszuspielen od. zu umspielen.*

Hạ|cke|pe|ter, der; -s [2. Bestandteil der als Gattungsname gebrauchte Vorname »Peter«] (nordd.): **a)** *Hackfleisch;* **b)** (Kochk.) *(mit verschiedenen Zutaten angemachtes) rohes, mageres Hackfleisch vom Rind; Tatarbeefsteak.*

Hạ|cker, der; -s, - [3: engl. hacker]: **1.** (landsch.) *Arbeiter im Weinberg, der den Boden lockert.* **2.** (Sport Jargon) *grober, unfairer, rücksichtsloser Spieler.* **3.** [auch: 'hɛkɐ] *jmd., der hackt* (6).

Hạ|cke|rin, die; -, -nen: w. Form zu ↑Hacker.

Hạ̈|cker|le, das; -s (Kochk.): *(als Brotaufstrich od. zu Pellkartoffeln gegessene) fein gewiegte, mit Speck od. Fleisch u. Zwiebeln vermischte Salzheringe.*

Hạck|fleisch, das: *rohes, durch den Fleischwolf getriebenes Fleisch von Schwein od. Rind:* *** aus jmdm. H. machen** (ugs.; oft als [scherzhafte] Drohung; 1. *jmdn. verprügeln.* 2. *jmdm. gehörig die Meinung sagen, ihm in irgendeiner Weise einen Denkzettel verpassen).*

Hạck|frucht, die ⟨meist Pl.⟩ (Landw.): *auf dem Feld angebaute Pflanze, bei der während des Wachstums der Boden wiederholt durch Hacken gelockert werden muss* (z. B. Rüben, Kartoffeln, Kohl).

Hạck|klotz, der: *Holzklotz, auf dem z. B. Holz gehackt od. Fleisch zerhackt wird.*

Hạck|ma|schi|ne, die: **1.** (Landw.) *Maschine zur Lockerung u. Krümelung der Bodenoberfläche u. zur Vernichtung von Wildkräutern.* **2.** *bei der Herstellung von Holzfaserplatten u. Zellstoff eingesetzte Maschine zum Zerkleinern von Holz.*

Hạck|mes|ser, das: **a)** *Blatt von Werkzeugen, die zum Hacken u. Spalten dienen;* **b)** *Buschmesser.*

Hạck|ord|nung, die (Verhaltensf.): *Form der Rangordnung im Zusammenleben von Vögeln, bes. Hühnern, bei der der Ranghöhere den Rangniederen vom Futterplatz weghackt:* Ü die H. innerhalb der akademischen Hierarchie.

Hạck|pflug, der: vgl. Hackmaschine (1).

Hạ̈ck|sel, der, auch: das; -s: *klein gehacktes Grünfutter, Heu od. Stroh, das als Viehfutter verwendet wird.*

Hạ̈ck|sel|ma|schi|ne, die: *Maschine, die Heu, Stroh od. Grünfutter zerkleinert.*

hạ̈ck|seln ⟨sw. V.; hat⟩: *Heu, Stroh od. Grünfutter zerkleinern.*

Hạ̈cks|ler, der; -s, -: *Häckselmaschine.*

Hạck|steak, das: *zu einer flachen Scheibe geformtes, zu bratendes od. gebratenes Hackfleisch.*

Hạddsch: ↑Hadsch.

Hạd|dschi: ↑Hadschi.

[1]Ha̲|der, der; -s [mhd. hader = Streit, Zank; Injurienprozess, urspr. = (Zwei)kampf] (geh.): **a)** *[über lange Zeit] schwelender, mit Erbitterung ausgetragener Streit, Zwist:* unsinniger H.; der ständige H. war zermürbend; der alte H. flammte wieder auf; mit jmdm. in H. leben, liegen; **b)** *Unzufriedenheit, Aufbegehren.*

[2]Ha̲|der [mhd. hader, ahd. hadara, viell. zu einem Wort mit der Bed. »(Ziegen)junges« u. urspr. = Kleidungsstück aus Ziegenfell; Kleidung aus (Ziegen)fell galt als weniger wertvoll als diejenige aus Tuch]: **a)** der; -s, -n (österr., südd.): *Stoffreste, -abfälle; Lumpen;* **b)** der; -s, - (ostmd.): *Scheuer-, Putzlappen.*

Ha̲|de|rer, (auch:) Hadrer, der; -s, - [zu ↑[1]Hader; eigtl. = Streiter, Kämpfer] (Jägerspr.): *aus dem Oberkiefer seitlich der Schnauze hervortretender Eckzahn des Keilers.*

Ha̲|der|lump, der [zu ↑[2]Hader; wohl wegen oftmals abgerissener Kleidung] (österr. abwertend): *liederlicher Mensch, verkommenes Subjekt.*

ha̲|dern ⟨sw. V.; hat⟩ [mhd. hadern = streiten, necken, zu ↑[1]Hader] (geh.): **a)** *(mit jmdm. um etw.) rechten, streiten:* sie arbeitete unermüdlich, ohne zu h.; **b)** *unzufrieden sein u. [sich] deshalb [be]klagen od. aufbegehren:* mit sich und der Welt, mit dem Schicksal h.

ha̲|dern|hal|tig ⟨Adj.⟩ [zu ↑[2]Hader] (Fachspr.): *(von Papier) in der Herstellungssubstanz Stoffreste od. Lumpen enthaltend:* -es Papier.

Ha̲|dern|pa|pier, das (Fachspr.): *holzfreies Papier, zu dessen Herstellung ausschließlich* [2]*Hadern verarbeitet werden.*

Ha̲|des, der; - [griech. Hádēs, nach dem griech. Gott der Unterwelt] (griech. Myth.): Unterwelt, Totenreich: *** jmdn. in den H. schicken** (dichter. veraltet; *jmdn. töten).*

Ha|di̲th, der, auch: das; -, -e [arab. ḥadīt = Mitteilung, Erzählung]: *einer der gesammelten Aussprüche, die dem Propheten Mohammed zugeschrieben werden u. die neben dem Koran die wichtigste Quelle für die religiösen Vorschriften im Islam sind.*

Ha̲d|rer: ↑Haderer.

Hạdsch, (auch:) Hạddsch, der; -, -e u. Hịdschad [arab. ḥağğ]: *Wallfahrt nach Mekka zur Kaaba, der zentralen Kultstätte des Islam, die jeder Moslem wenigstens einmal in seinem Leben unternehmen soll.*

Hạd|schi, (auch:) Hạdd|schi, der; -s, -s u. Hụdschadsch [arab. ḥāğğī]: **1.** *Ehrentitel für jmdn., der einen Hadsch unternommen hat.* **2.** *christlicher Jerusalempilger im Orient.*

Hae|moc|cult-Test® [hɛ...], der [zu griech. haíma = Blut u. lat. occultus = verborgen] (Med.): *zur Früherkennung von Darmkrebs angewendetes Verfahren, bei dem Stuhlproben mithilfe einer Lösung auf das Vorhandensein von Blut im Stuhl untersucht werden.*

[1]Ha̲|fen, der; -s, Häfen [aus dem Niederd. < mniederd. havene, urspr. = Umfassung; Ort, wo man etw. bewahrt od. birgt, verw. mit ↑heben in dessen urspr. Bed. »fassen«]: *natürlicher od. künstlich angelegter Anker- u. Liegeplatz für Schiffe, der mit Einrichtungen zum Abfertigen von Passagieren u. Frachtgut ausgestattet ist:* ein eisfreier H.; der Hamburger H.; der H. von, in Hamburg; ein Schiff läuft den H. an, aus dem H. aus, in den H. ein, liegt, ankert im H.; *** den H. der Ehe ansteuern** (scherzh.; *heiraten wollen);* **in den H. der Ehe einlaufen; im H. der Ehe landen** (scherzh.; *[nach längerer, eventuell bewegter Junggesellenzeit] heiraten [meist von Männern]).*

[2]Ha̲|fen, der; -s, Häfen [mhd. haven, ahd. havan, urspr. = Gefäß, Behältnis, verw. mit ↑heben in dessen urspr. Bed. »fassen«]: **a)** (südd., schweiz. österr.) *großes [irdenes] Gefäß; Schüssel, Topf:* ein H. aus Steingut, aus Gusseisen; **b)** (nordd.) *großes, hohes Glasgefäß;* **c)** (Technik) *zum Schmelzen von Glas verwendetes Gefäß aus feuerfester Keramik.*

Hä̲|fen: Pl. von ↑[1,2]Hafen.

Ha̲|fen|amt, das: *Behörde, die den Verkehr im Hafen beaufsichtigt u. regelt.*

Ha̲|fen|an|la|gen ⟨Pl.⟩: **1.** *Gesamtheit aller zu einem Hafen gehörenden Einrichtungen.* **2.** *Gebiet einer [Binnen]stadt, das zum Hafen ausgebaut wurde.*

Ha̲|fen|ar|bei|ter, der: *jmd., der gegen Lohn im Hafen bei Schiffsreparaturen, beim Ein- u. Ausladen von Schiffen u. Ä. beschäftigt ist.*

Ha̲|fen|ar|bei|te|rin, die: w. Form zu ↑Hafenarbeiter.

Ha̲|fen|auf|sicht, die: *mit der Kontrolle u. Überwachung des Hafens betraute Behörde.*

Ha̲|fen|bau, der: **1.** ⟨o. Pl.⟩ *das Bauen von Häfen.* **2.** ⟨Pl. -ten⟩ *zu den Hafenanlagen gehörendes Gebäude.*

Ha̲|fen|be|cken, das: *Wasserbecken eines Hafens.*

Ha̲|fen|be|hör|de, die: *Hafenamt.*

Ha̲|fen|ein|fahrt, die: *Fahrrinne, in der die Schiffe in den Hafen einlaufen.*

Ha̲|fen|ge|bühr, die: *Gebühr, die pro Schiff für die Benutzung des Hafens u. der Hafenanlagen bezahlt werden muss.*

Ha̲|fen|meis|ter, der: *jmd., dem die Verwaltung eines Hafens untersteht.*

Ha̲|fen|meis|te|rin, die: w. Form zu ↑Hafenmeister.

Ha̲|fen|mo|le, die: *Damm, der Hafeneinfahrt u. Hafen gegen Brandung, Strömung u. Versandung schützen soll.*

Ha̲|fen|po|li|zei, die: *Abteilung der Polizei, die für öffentliche Ordnung u. Sicherheit im Hafen zuständig ist.*

Ha̲|fen|rund|fahrt, die: *Rundfahrt in einem Hafen (mit einem Kutter od. Motorboot).*

Ha̲|fen|stadt, die: *Stadt, die einen Hafen hat.*

Ha̲|fen|zoll, der: **1.** *Gebühr, die für ausländische Erzeugnisse, die über einen Hafen eingeführt werden, zu entrichten ist.* **2.** ⟨o. Pl.⟩ *Behörde, die den Hafenzoll* (1) *erhebt.*

Ha̲|fer, der; -s, (Fachspr.:) - [(spät)mhd. haber, aus dem Mittel- u. Niederd. < mniederd. haver(e) < asächs. hafero, viell. zu dem germ. Wort für »(Ziegen)bock« (vgl. Habergeiß) u. eigtl. = Futter für den Ziegenbock]: **a)** *Getreideart mit locker ausgebreiteten od. nach der Seite ausgerichteten Rispen:* H. anbauen, säen, ernten; der H. steht gut, ist reif; **b)** *Frucht der Haferpflanze:* H. schroten, mahlen, zu Haferflocken verarbeiten; *** jmdn. sticht der H.** (ugs.; *jmd. ist [zu] übermütig:* urspr. von Pferden, die durch zu reichliche Fütterung von Hafer übermütig werden): was machst du denn da, dich sticht wohl der H.!

Ha̲|fer|brei, der: *dickflüssiger Brei, der aus Haferflocken u. Milch od. Wasser zubereitet wird.*

Ha̲|fer|flo|cken ⟨Pl.⟩: *von den Spelzen befreite, in Form von Flocken gepresste Haferkörner, die als Nahrungsmittel dienen.*

Ha̲|fer|grüt|ze, die: **a)** *Grütze aus Haferkörnern;* **b)** *Brei, Gericht aus Hafergrütze* (a).

Ha̲|fer|korn, das ⟨Pl. ...körner⟩: *Frucht des Hafers.*

Ha̲|ferl, Hä̲|ferl, das; -s, -n [zu ↑[2]Hafen] (österr. ugs.): **a)** *Tasse;* **b)** *Nachttopf.*

Ha̲|ferl|schuh, der [nach dem scherzhaften Vergleich mit einem Haferl] (österr.): *fester Halbschuh, dessen Verschnürung von einer in Fransen auslaufenden Lasche überdeckt wird.*

Ha̲|fer|mehl, das: *Mehl aus Hafer* (b).

Ha̲|fer|pflau|me, die [viell., weil die Früchte mit dem Hafer zusammen im August reifen]: **a)** *(als Baum od. Strauch wachsende) Pflaume mit kugeligen, gelblich grünen od. blauschwarzen süßen Früchten; Spilling;* **b)** *Frucht der Haferpflaume* (a).

Ha̲|fer|sack, der: *Futtersack, der eingespannten Pferden zum Fressen um den Hals gehängt wird.*

Ha̲|fer|schleim, der: *(bes. als Krankenkost gereichter) sämiger Brei aus mit Wasser gekochten Haferflocken.*

Ha̲|fer|schrot, der od. das: *geschrotete Haferkörner.*

Hạff, das; -[e]s, -s, selten: -e [aus dem Niederd. < mniederd. haf = Meer]: *durch eine Nehrung od. Inseln vom offenen Meer abgetrenntes Gewässer an einer Flachküste:* das Kurische H.

Ha̲|fis, der; - [arab. ḥāfiẓ]: *(in den islamischen Ländern) Ehrentitel eines Mannes, der den Koran auswendig kennt.*

Hạf|lin|ger, der; -s, - [nach dem Südtiroler Dorf Hafling (ital. Avelengo) bei Meran]: *kleines, gedrungenes Pferd mit meist braunem Fell, heller Mähne u. hellem Schweif, das besonders als Zug- u. Tragtier eingesetzt wird.*

Hạf|lin|ger|ge|stüt, das: *Gestüt, in dem Haflinger gezüchtet werden.*

Ha̲f|ner (österr., schweiz. nur so), (auch:) **Hä̲f|ner,** der; -s, - [zu ↑[2]Hafen] (südd.): *Töpfer, [Kachel]ofensetzer* (Berufsbez.).

Haf|ne|rei, die; -, -en (südd., österr., schweiz.): *Töpferei, Ofensetzerwerkstatt.*

Ha̲f|ne|rin, Hä̲f|ne|rin, die; -, -nen: w. Form zu ↑Hafner, Häfner.

Hạf|ni|um [auch: 'ha:...], das; -s [nach dem nlat. Namen Hafnia für Kopenhagen, dem Wohnsitz des dän. Physikers N. Bohr (1885–1962), der das mit Röntgenstrahlen entdeckte Element theoretisch vorhersagte]: *glänzendes, leicht walz- u. ziehbares Metall (chemisches Element;* Zeichen: Hf).

[1]Hạft, die; - [mhd. haft = Fesselung, Gefangenschaft; Beschlagnahme, ahd. hafta = Verbindung, Verknüpfung, verw. mit ↑heben in dessen urspr. Bed. »fassen, packen«]: **1.** *Gewahrsam; Gefängnis:* aus der H. entfliehen; jmdn. aus der H. entlassen, in H. halten, behalten; sich in H. befinden; ***jmdn. in H. nehmen** *(jmdn. inhaftieren).* **2.** *Haftstrafe; [leichte] Freiheitsstrafe:* darauf stehen fünf Tage H.; seine H. verbüßen; er wurde zu lebenslänglicher H. verurteilt.

[2]Hạft, der; -[e]s, -e[n] (veraltet): *Haken; Spange; etw., was etw. anderes zusammenhält.*

-haft [mhd., ahd. -haft, eigtl. = (mit etw.) behaftet, urspr. = gefangen; von etw. eingenommen u. adj. Part. zu dem ↑heben zugrunde liegenden Verb mit der Bed. »fassen, packen«]: drückt in Bildungen mit Substantiven aus, dass die beschriebene Person oder Sache vergleichbar mit jmdm., etw. oder so geartet wie jmd., etw. ist: baby-, novellen-, rattenfängerhaft.

Hạft|an|stalt, die: *Gefängnis.*

Hạft|aus|set|zung, die (Rechtsspr.): *vorübergehende Unterbrechung der Haft.*

hạft|bar ⟨Adj.⟩: in den Verbindungen **jmdn. für etw. h. machen** (bes. Rechtsspr.; *jmdn. für etw. verantwortlich machen, zur Rechenschaft ziehen [u. Schadenersatz verlangen]*): er kann für den Unfall nicht h. gemacht werden; **für etw. h. sein** (bes. Rechtsspr.; *für etw. bürgen, haften, einstehen müssen*): für den Schaden, für die Schulden, persönlich [nicht] h. sein.

Hạft|bar|keit, die; -: *Ersatzpflicht.*

Hạft|be|din|gun|gen ⟨Pl.⟩: *Bedingungen, unter denen jmd. eine Freiheitsstrafe verbüßen muss:* verschärfte, unmenschliche H.; sie forderten eine Erleichterung der H.

Hạft|be|fehl, der (Rechtsspr.): *schriftliche richterliche Anordnung zur Verhaftung einer Person:* einen H. gegen jmdn. ausstellen.

Hạft|be|schwer|de, die (Rechtsspr.): *Beschwerde eines, einer Beschuldigten gegen einen Haftbefehl.*

Hạf|tel, der od. das (österr. nur das); -s, - [zu ↑[2]Haft] (südd., österr.): *Häkchen od. Öse zum Zusammenhalten eines Kleidungsstückes:* ein H. annähen.

häf|teln, hefteln ⟨sw. V.; hat⟩ (landsch.): *durch ein Haftel schließen; mit einem Haftel befestigen.*

[1]hạf|ten ⟨sw. V.; hat⟩ [mhd. haften, ahd. haftēn, wahrsch. zu dem unter ↑-haft genannten adj. Part.]: **a)** *aufgrund seiner Haftfähigkeit [in bestimmter Weise] an, auf etw. festkleben:* das Klebeband, das Etikett haftet gut, schlecht; das Pflaster haftete nicht auf der feuchten Haut; **b)** *sich [hartnäckig] an, auf der Oberfläche von etw., in einem Material festgesetzt haben:* Staub, Schmutz, Farbe haftet an den Schuhen, war an den Schuhen h. geblieben; das Parfüm haftet lange auf der Haut; **Ü** ein Makel haftet an ihm *(er ist mit einem Makel behaftet, trägt einen Makel an sich);* haftende Eindrücke; von den Vorlesungen und Vorträgen ist nicht viel h. geblieben; **c)** *(in Bezug auf die Reifen eines Autos) Bodenhaftung haben:* auf der regennassen Straße haften die Reifen schlecht.

[2]hạf|ten ⟨sw. V.; hat⟩ [mhd. (Rechtsspr.) haften = bürgen, identisch mit ↑[1]haften, Bedeutungsentwicklung wohl in Anlehnung an ↑[1]Haft]: **a)** *für jmdn., jmds. Handlungen, für etw. die [2]Haftung tragen, im Falle eines eintretenden Schadens o. Ä. Ersatz leisten müssen:* Eltern haften für ihre Kinder; wir haften nicht für Ihre Garderobe; die Transportfirma haftet für Beschädigungen; für jmds. Schulden h. (Rechtsspr.; *bürgen, Sicherheit leisten*); **b)** (Rechtsspr.; Wirtsch.) *als Gesellschafter eines Unternehmens, als Unternehmen in bestimmter Weise mit seinem Vermögen eintreten müssen:* beschränkt, unbeschränkt, einzeln, gesamtschuldnerisch, mit seinem Vermögen h.; ein persönlich haftender Gesellschafter; auf Schadenersatz h. (Rechtsspr.; *im Hinblick auf Schadenersatz die Haftung tragen*); **c)** *für jmdn., etw. einem anderen gegenüber verantwortlich sein, einstehen müssen:* er haftet [mir] dafür, dass niemandem etw. zustößt.

hạf|ten blei|ben: s. [1]haften (b).

Hạft|ent|las|sung, die: *Entlassung aus der Haft.*

Hạft|ent|schä|di|gung, die (Rechtsspr.): *finanzielle Entschädigung, die jmdm. für eine nicht gerechtfertigte Haft von staatlicher Seite zuteil wird.*

Hạft|er|leich|te|rung, die (Rechtsspr.): *Erleichterung der Haft durch bestimmte Maßnahmen (wie Urlaub o. Ä.).*

[1]hạft|fä|hig ⟨Adj.⟩ (Rechtsspr.): *[1]Haftfähigkeit habend.*

[2]hạft|fä|hig ⟨Adj.⟩: *fähig, imstande, an etw. zu [1]haften (a, c).*

[1]Hạft|fä|hig|keit, die ⟨o. Pl.⟩ (Rechtsspr.): *körperlicher u. geistiger Zustand eines, einer Gefangenen, der die Durchführung der Haft gestattet.*

[2]Hạft|fä|hig|keit, die ⟨o. Pl.⟩: *das [2]Haftfähigsein.*

Hạft|frist, die: *Frist, während deren jmd. für etw. [2]haften muss.*

Hä̲ft|ling, der; -s, -e: *Person, die sich in Haft befindet:* entlassene, entsprungene -e; eine Anstalt für weibliche -e.

Hạft|or|gan, das ⟨meist Pl.⟩: *Organ, mit dessen Hilfe manche Pflanzen od. Tiere an [glatten] Flächen Halt finden.*

Hạft|pflicht, die: *vom Gesetz vorgeschriebene Verpflichtung zum Ersetzen eines Schadens, der einem anderen zugefügt wurde.*

hạft|pflich|tig ⟨Adj.⟩: *verpflichtet zu haften.*

hạft|pflicht|ver|si|chert ⟨Adj.⟩: *gegen im Rahmen der Haftpflicht zu ersetzende Schäden versichert:* h. sein.

Hạft|pflicht|ver|si|che|rung, die: *Versicherung, die für den Versicherungsnehmer anfallende Schadensersatzpflichten übernimmt.*

Hạft|psy|cho|se, die (bes. Psych.): *Psychose, mit der ein Häftling auf die Erfahrung des Inhaftiertseins u. Isoliertseins reagiert.*

Hạft|rei|bung, die (Physik): *Reibung zweier fester Körper, die in dem Augenblick wirksam wird, in dem sie sich in Bewegung setzen.*

Hạft|rei|fen, der: *(bes. für winterliche Straßenverhältnisse geeigneter) Autoreifen mit besonders guter Bodenhaftung.*

Hạft|rich|ter, der: *Richter beim Amtsgericht, der nach der Verhaftung eines Verdächtigen den Haftbefehl erlässt u. prüft, ob dieser aufrechtzuerhalten ist:* er wurde dem H. vorgeführt.

Hạft|rich|te|rin, die: w. Form zu ↑Haftrichter.

Hạft|scha|le, die: *Kontaktlinse.*

Hạft|schicht, die: *Klebstoffschicht:* die neuen Zettelchen mit H. werden immer beliebter.

Hạft|stra|fe, die (Rechtsspr. früher): *von einem Gericht verhängte Freiheitsstrafe.*

hạft|un|fä|hig ⟨Adj.⟩ (Rechtsspr.): *nicht [1]haftfähig.*

Hạft|un|fä|hig|keit, die (Rechtsspr.): *Zustand, in dem jmd. nicht [1]haftfähig ist.*

[1]Hạf|tung, die; -: *das [1]Haften; Verbindung, Kontakt:* die Reifen hatten keine H. mehr.

[2]Hạf|tung, die; -, -en ⟨Pl. selten⟩: **1.** *das [2]Haften* (a); *Verantwortung für den Schaden eines anderen:* der Besitzer trägt die H. **2.** *das [2]Haften* (b): Gesellschaft mit beschränkter H.

Hạf|tungs|be|schrän|kung, die (Steuerw., Rechtsspr.): *Beschränkung der [2]Haftung.*

Hạft|un|ter|bre|chung, die (Rechtsspr.): *Haftaussetzung.*

Hạft|ur|laub, der (Rechtsspr.): *kürzere Unterbrechung der Haft, die aus bestimmten (z. B. familiären) Gründen gewährt wird.*

Hạft|ver|schär|fung, die (Rechtsspr.): *Verschärfung der Verordnungen im Strafvollzug.*

Hạft|ver|scho|nung, die (Rechtsspr.): *Aussetzung des Vollzugs eines Haftbefehls, wenn weniger einschneidende Maßnahmen (z. B. regelmäßiges Melden bei einer Behörde) auszureichen scheinen.*

Hạft|wir|kung, die: *Wirkung, Stärke des [1]Haftens, Klebens.*

Hag, der; -[e]s, -e, schweiz.: Häge [mhd. hac = Dorngesträuch, Gebüsch; Gehege, Einfriedung, ahd. hag = Einhegung; (von einem Wall umgebene) Stadt, urspr. = Flechtwerk, Zaun] (dichter. veraltend, noch schweiz.): **a)** *Hecke; Einfriedung aus Gebüsch o. Ä.;* **b)** *[umfriedeter] Wald.*

Ha̲|ge|bu|che, die: *Hainbuche.*

Ha̲|ge|but|te, die; -, -n [spätmhd. hage(n)butte, zu mhd. hagen = Dornbusch u. butte = Frucht der Heckenrose]: **a)** *kleine, orangefarbene bis rote Frucht der Heckenrose;* **b)** (ugs.) *Heckenrose.*

Ha̲|ge|but|ten|tee, der: *aus getrockneten Hagebutten (a) hergestellter Tee.*

Ha̲|ge|dorn, der ⟨Pl. -e⟩: *Weißdorn.*

Ha̲|gel, der; -s, - ⟨Pl. selten⟩ [mhd. hagel, ahd. hagal, urspr. wohl = kleiner, runder Stein]: **1.** *Niederschlag in Form von meist erbsengroßen, körnigen Eisstückchen:* der H. trommelt gegen die Scheiben; der H. vernichtet die Apfelblüte. **2.** *wie ein Hagelschauer niedergehende große Menge von etw.:* ein H. von Steinen. **3.** (Jägerspr.) *grober Schrot.*

Ha̲|gel|korn, das: **1.** *einzelnes Eisstückchen des Hagels* (1). **2.** (Med.) *hagelkorngroße Geschwulst unter der Haut des Augenlides.*

ha̲|geln ⟨sw. V.⟩ [mhd. hagelen]: **1.** ⟨unpers.⟩ *(von Niederschlag) als Hagel zur Erde fallen* ⟨hat⟩: gestern hat es gehagelt; es hagelt Taubeneier (ugs.; *es fallen Hagelkörner so groß wie Taubeneier*). **2.** *in dichter Menge niederprasseln, über jmdn., etw. hereinbrechen* ⟨ist⟩: Geschosse hagelten auf die Stellungen; ⟨auch unpers.; hat:⟩ nach den Einschlägen hagelte es Steine und Erdbrocken; **Ü** es hagelt Vorwürfe, Fragen, Proteste; in der Physikarbeit hagelte es Fünfen.

Ha|gel|scha|den, der: *Schaden, der durch Hagelschlag verursacht wird.*

Ha|gel|schau|er, der: *plötzlicher, nur kurze Zeit niedergehender Hagel.*

Ha|gel|schlag, der: *heftig niedergehender, Schäden anrichtender Hagel [mit großen Körnern]:* fast die gesamte Ernte wurde durch H. vernichtet.

Ha|gel|schlo|ße, die (landsch.): *Hagelkorn.*

Ha|gel|ver|si|che|rung, die: *Schadenversicherung, bei der der Versicherer für den Schaden haftet, der bes. an Getreide durch Hagelschlag entsteht.*

ha|ger ⟨Adj.⟩ [spätmhd. hager, H. u.]: *(auf den menschlichen Körper od. einzelne Körperteile bezogen) mager u. sehnig od. knochig, ohne Rundungen [dazu häufig groß, hoch aufgeschossen]:* ein -er Alter; -e Arme, Finger; ein -es Gesicht, eine -e Gestalt, Statur haben.

Ha|ger|keit, die; -: *das Hagersein:* sehnige H.

Ha|ge|stolz, der; -es, -e [mhd. hagestolz, volksetym. umgedeutet aus älterem hagestalt < ahd. haga-, hagustalt; 2. Bestandteil zu einem germ. Verb mit der Bed. »besitzen«, also eigtl. = Hagbesitzer, Besitzer eines (umfriedeten) Nebengutes, dessen Kleinheit einen Hausstand nicht erlaubte] (veraltet): *älterer, eingefleischter, etwas kauziger Junggeselle.*

H

Ha|gi|o|graph, (auch:) Hagiograf, der; -en, -en [zu griech. hágios = heilig u. gráphein = schreiben] (bildungsspr.): *Verfasser von Heiligenleben.*

Ha|gi|o|gra|phie, (auch:) Hagiografie, die; -, -n (bildungsspr.): *Erforschung u. Beschreibung von Heiligenleben.*

Ha|gi|o|gra|phin, (auch:) Hagiografin, die; -, -nen: w. Form zu ↑Hagiograph.

ha|gi|o|gra|phisch (auch:) hagiografisch ⟨Adj.⟩ (bildungsspr.): *die Hagiographie betreffend.*

Ha|gi|o|la|trie, die; -, -n [zu griech. latreía, ↑Latrie] (bildungsspr.): *Verehrung der Heiligen.*

ha|gi|o|lo|gisch ⟨Adj.⟩ (bildungsspr.): *hagiographisch.*

Ha|gi|o|nym, das; -s, -e [zu griech. ónyma = Name] (bildungsspr.): *Deckname, der aus dem Namen eines Heiligen od. einer kirchlichen Persönlichkeit besteht.*

ha|ha [haˈha(ː)], **ha|ha|ha** [hahaˈha(ː)] ⟨Interj.⟩: das Lachen wiedergebender Ausruf.

Hä|her, der; -s, - [mhd. heher, ahd. hehara, lautm.]: *(in verschiedenen Arten vorkommender) größerer, in Wäldern lebender Vogel mit buntem Gefieder, der helle, krächzende Warnrufe ausstößt* (z. B. Eichelhäher).

Hahn, der; -[e]s, Hähne, Fachspr. landsch. auch: -en [1: mhd. hane, ahd. hano, eigtl. = Sänger (wegen seines charakteristischen Rufs bes. am Morgen); 3: nach der Ähnlichkeit mit dem Kopf eines Hahns]: **1. a)** ⟨Pl. Hähne⟩ *männliches Haushuhn:* die Hähne krähen; er stolziert umher wie ein H. [auf dem Mist]; Hähnchen *(junge Hähne)* mästen, braten, grillen; **R** wenn der H. Eier legt (scherzh.; *niemals*); **Spr** wenn der H. kräht auf dem Mist, ändert sich das Wetter, oder es bleibt, wie es ist; *** der gallische/welsche H.** *(Sinnbild Frankreichs);* **H. im Korb sein** (ugs.; 1. *als Mann in einem überwiegend aus Frauen bestehenden Kreis im Mittelpunkt stehen.* 2. [seltener] *besondere Beachtung finden, bevorzugt behandelt werden:* die drei jungen Eisbären waren der H. im Korb); **nach jmdm., etw. kräht kein H.** (ugs.; *niemand kümmert sich um jmdn., etw., fragt nach jmdm., etw.*); **von etw. so viel verstehen wie der H. vom Eierlegen** (ugs.; *von etw. nicht die mindeste Ahnung haben*); **jmdm. den roten H. aufs Dach setzen** (veraltet; *jmds. Haus anzünden;* viell. nach der Ähnlichkeit des Hahnenkamms mit der auflodernden Flamme); **b)** ⟨Pl. Hähne u. -en⟩ (Jägerspr.) *männliches Tier von Hühnervögeln, Trappen u. a.* **2.** ⟨Pl. Hähne⟩ *Wetterfahne [auf Kirchtürmen], deren Form der Gestalt eines Hahnes nachgebildet ist.* **3.** ⟨Pl. Hähne, landsch., Fachspr.: -en⟩ *Vorrichtung zum Öffnen u. Schließen von Rohrleitungen:* ein undichter H.; der H. tropft; alle Hähne aufdrehen, ab-, zudrehen. **4.** ⟨Pl. Hähne⟩ *Vorrichtung an Schusswaffen zum Auslösen des Schusses:* den H. spannen.

Hähn|chen, das; -s, -: **1.** Vkl. zu ↑Hahn (1). **2.** *Brathähnchen.*

Hah|nen|bal|ken, der [auf diesen Balken setzte sich nachts der Haushahn]: **1.** (Bauw.) *die Dachsparren verbindender Querbalken im Dachgerüst eines Hauses.* **2.** (veraltend) *Galerie* (4 b).

Hah|nen|fe|der, die: *farbige Schwanzfeder eines Hahns* (1 a).

Hah|nen|fuß, der: *(in vielen Arten vorkommende) Pflanze mit kleinen gelben od. seltener weißen Blüten u. hahnenfußähnlich geformten Blättern.*

Hah|nen|fuß|ge|wächs, das ⟨meist Pl.⟩ (Bot.): *Pflanze mit einzeln od. in Dolden od. Trauben stehenden, strahligen Blüten.*

Hah|nen|kamm, der [2: nach dem hahnenkammartig verflachten Blütenstand des Fuchsschwanzes bzw. den im Jugendstadium fleischroten Endästen des Traubenziegenbartes]: **1.** *fleischiger, roter, gezackter Hautlappen auf dem Kopf des Hahnes* (1 a). **2.** (ugs.) Bez. für verschiedene Pflanzen (z. B. Fuchsschwanz 2 a). **3.** (ugs.) *Haartolle* (a).

Hah|nen|kampf, der: **1.** *(in Südostasien, Lateinamerika u. vereinzelt in Südeuropa veranstalteter) Wettkampf zwischen zwei abgerichteten [u. mit eisernen Sporen versehenen] Hähnen* (1 a). **2.** (Gymnastik) *Übung, bei der jeweils zwei Teilnehmende mit auf der Brust verschränkten Armen, auf einem Bein hüpfend, versuchen, einander zu rempeln, bis einer das Gleichgewicht verliert u. das angezogene Bein auf den Boden setzen muss.*

Hah|nen|schrei, der: *das morgendliche Krähen des Hahnes* (1 a) *kurz vor od. bei Sonnenaufgang:* beim, mit dem ersten H. aufstehen.

Hah|nen|schwanz, der: *Gesamtheit der Schwanzfedern des Hahnes.*

Hah|nen|tritt, der: **1.** *kleine, weißliche Keimscheibe auf dem Eidotter.* **2.** ⟨o. Pl.⟩ kurz für ↑Hahnentrittmuster. **3.** *(beim Pferd) fehlerhafter Gang mit ruckartigem Hochheben eines od. beider Hinterbeine.*

Hah|nen|tritt|mus|ter, das (Textilind.): *zweifarbiges Muster aus kleinen Karos mit geradlinigen Verlängerungen an den Ecken, die an den Fußabdruck eines Hahnes erinnern.*

Hah|ne|pot, der, auch: das; -s, -en, selten: die; -, -en [niederd. = Hahnenpfote, nach der Ähnlichkeit mit dem Fuß eines Hahnes] (Seemannsspr.): *Tau mit zwei od. mehreren auseinander laufenden Enden, die an verschiedenen Stellen einer hochzuhebenden Last o. Ä. angebracht werden.*

Hai, der; -[e]s, -e [niederl. haai < isländ. hai < anord. hār, eigtl. = Dolle, urspr. wohl = Haken, viell. nach der hakenförmigen Schwanzflosse]: *(im Meer lebender) großer Raubfisch mit großer Schwanzflosse u. mit an der Unterseite weit zurückliegendem Maul, in dem mehrere Reihen spitzer Zähne stehen:* der schlechte Ruf des -s als Meeresräuber; angriffslustige -e.

-hai, der; -[e]s, -e (ugs. abwertend): kennzeichnet in Bildungen mit Substantiven eine Person, die sich rücksichtslos und skrupellos durch etw. oder auf einem bestimmten Gebiet bereichert: Börsen-, Finanz-, Kredit-, Miethai.

Hai|fisch, der: *Hai.*

Hai|fisch|flos|se, die: *Flosse eines Hais.*

Hain, der; -[e]s, -e [mhd. (md.) hain < mhd. hagen, ahd. hagan = Dorngesträuch = eingefriedeter Platz, zu ↑Hag] (dichter.): *kleiner [lichter] Wald:* ein sonniger H.; ein heiliger H. *(unantastbarer Zufluchtsort im Kult verschiedener Religionen).*

Hain|bu|che, die [nach der häufigen Verwendung zu Einfriedungen (↑Hain, Hag) u. wegen der Ähnlichkeit des Stammes u. der Blätter mit der Buche]: *Laubbaum mit glattem, grauem, seilartig gedrehtem Stamm, gesägten Blättern u. hängenden, kätzchenähnlichen Blütenständen; Weißbuche.*

Hair-Sty|list (auch:) **Hair|sty|list** [ˈhɛːɐ̯stailɪst], der; -en, -en [aus engl. hair = Haar u. ↑Stylist]: *Friseur mit künstlerischem Anspruch.*

Hair-Sty|lis|tin, (auch:) **Hair|sty|lis|tin,** die: w. Form zu ↑Hair-Stylist.

Ha|iti; -s: Staat in Mittelamerika im Bereich der Westindischen Inseln.

Ha|iti|a|ner, der; -s, -: Ew.

Ha|iti|a|ne|rin, die; -, -nen: w. Form zu ↑Haitianer

ha|iti|a|nisch ⟨Adj.⟩: *Haiti, die Haitianer betreffend; von den Haitianern stammend, zu ihnen gehörend.*

Häk|chen, das; -s, -: **a)** Vkl. zu ↑Haken (1): **Spr** was ein H. werden will, krümmt sich beizeiten *(wenn man etw. werden will, muss man sich schon als junger Mensch darum bemühen);* **b)** (ugs.) *diakritisches Zeichen* (z. B. Háček, Cedille).

Hä|kel|ar|beit, die: **a)** *mit einer Häkelnadel auszuführende Handarbeit;* **b)** *etw. Gehäkeltes:* diese Tischdecke ist eine schöne H.

Ha|ke|lei, die; -, -en (Sport Jargon): *das Hakeln* (2).

Hä|ke|lei, die; -, -en: **1.** *Häkelarbeit* (a). **2.** (ugs.) *kleiner, harmloser Streit.* **3.** (Sport Jargon) ↑Hakelei.

Hä|kel|garn, das: *zum Häkeln geeignetes Garn.*

ha|keln ⟨sw. V.; hat⟩ [zu ↑haken]: **1.** (landsch.) *Fingerhakeln machen.* **2.** (Sport) **a)** (Fußball, Eishockey) ↑haken (4); **b)** (Rugby) *den Ball mit der Ferse stoßen;* **c)** (Ringen) *ein gewinkeltes Bein od. einen Fuß um den Fuß od. das Bein des Gegners schließen u. ihn, es blockieren.* **3.** (Jägerspr.) *(von Gämsen) mit den Hörnern den Feind angreifen, mit dem artgleichen Rivalen kämpfen.* **4.** (ugs.) *haken* (3).

hä|keln ⟨sw. V.; hat⟩ [zu mhd. hækel, Vkl. von: häke(n), ↑Haken; urspr. = (wie) mit Häkchen fassen]: **1. a)** *(eine Handarbeit) mit einer Häkelnadel herstellen, anfertigen:* ein Kinderjäckchen h.; **b)** *eine Häkelarbeit machen:* sie häkelt [viel, gerne]; sie häkelt an einer Decke *(ist mit dem Häkeln einer Decke beschäftigt);* **Ü** er häkelt (scherzh.; *arbeitet, schreibt*) schon lange an seiner Diplomarbeit. **2.** (landsch.) *sich [in harmloser, lustiger Weise] streiten; necken, frotzeln:* die beiden häkeln sich ständig; ich häk[e]le mich mit ihr. **3.** (Fußball, Eishockey, bes. südd.) ↑haken (4).

Hä|kel|na|del, die: *rundes Stäbchen aus Metall, Kunststoff o. Ä., das an einem Ende einen Haken hat, mit dem beim Häkeln das Garn aufgenommen u. durch eine Schlinge od. bereits gearbeitete Masche gezogen wird:* eine H. der Stärke 1.

ha|ken ⟨sw. V.; hat⟩ [spätmhd. haken]: **1.** *mit einem Haken an etw. hängen, befestigen:* die Feldflasche an das Koppel h. **2.** *hakenförmig um etw. legen, in etw. hängen:* den Daumen in die Westentasche h. **3.** *hängen bleiben, klemmen:* der Schlüssel hakt im Schloss; **Ü** es hakt (ugs.; *es geht nicht weiter; die Sache geht nicht voran*). **4.** (Sport) **a)** (Eishockey, Hockey, Polo) *mit der Krümmung des Stocks, dem abgewinkelten unteren Ende des Schlägers behindern, zurückhalten:* den durchbrechenden Stürmer h.; **b)** (Fußball) *den Gegner von hinten beim Spielen des Balles, am Weiterlaufen hindern, indem man ihm mit angewinkeltem Fuß ein Bein od. beide Beine wegzuziehen versucht.*

Ha|ken, der; -s, - [mhd. häke(n), ahd. häko, urspr. wohl auch = Spitze, Pflock]: **1. a)** *winkelig od. rund gebogenes Stück Metall, Holz od. Kunststoff zum Anhaken, Festhaken von etw.:* ein eiserner H.; einen H. in die Wand schlagen; kein Fisch geht an den H. *(Angelhaken);* den Mantel an, auf einen H. *(Kleiderhaken)* hängen; das Bild vom H. *(Bilderhaken)* nehmen; *** einen H. schlagen** *([von einem Hasen] im Laufen plötzlich die Richtung ändern, um Verfolger zu täuschen u. dadurch Vorsprung zu gewinnen);* **etw. auf den H. nehmen** (*etw. abschleppen* 1 a); **mit H. und Ösen** (ugs., auch: Sport Jargon; mit allen erdenklichen, fairen wie unfairen Mitteln): es war ein Spiel mit H. und Ösen; **b)** *hakenförmiges* grafisches Zeichen: die Lehrerin machte einen H. hinter seinen Namen. **2.** (ugs.) *verborgene Schwierigkeit; etw. [zunächst nicht Erkanntes], was eine Sache, die Lösung eines Problems o. Ä. erschwert, behindert:* da liegt, sitzt der H.; es gibt einen H. [dabei]; das Angebot hat [irgend]einen H. **3.** (Boxen) *mit angewinkeltem Arm von unten nach oben geführter Schlag:* er wurde von einem linken H. getroffen. **4.** (Jägerspr.) **a)** *Eckzahn im Oberkiefer des Rotwildes;* **b)** ⟨Pl.⟩ *Eckzähne des weiblichen Wildschweins in Ober- u. Unterkiefer.*

ha|ken|för|mig ⟨Adj.⟩: *krumm, gebogen wie ein Haken.*

Ha|ken|kreuz, das: **a)** *gleichschenkliges Kreuz mit vier in die gleiche Richtung weisenden, rechtwinklig geknickten, spitzwinkligen od. abgerundeten Armen;* **b)** *Hakenkreuz (a) als Symbol der Nationalsozialistischen Deutschen Arbeiterpartei:* -e an eine Wand schmieren.

Ha|ken|kreuz|fah|ne, die: *Fahne mit dem Hakenkreuz (b).*

Ha|ken|lei|ter, die: *kleine, tragbare Feuerwehrleiter, die am oberen Ende mit Haken zum Einhängen an Gebäudevorsprüngen o. Ä. versehen ist.*

Ha|ken|na|se, die: *stark abwärts gebogene große Nase.*

Ha|ken|schla|gen, das; -s (Jägerspr.): *(von Hasen) abruptes Abbiegen, Ändern der Richtung während des schnellen Laufs mit der Absicht, Verfolger zu täuschen.*

Ha|ken|schna|bel, der: *(von Vögeln) hakenförmig gebogener Schnabel.*

Ha|ken|ver|schluss, der: *Verschluss mit Haken und Ösen.*

ha|kig ⟨Adj.⟩: *hakenförmig, wie ein Haken.*

Ha|kim, der; -s, -s [arab. ḥakīm] (im Orient): **1.** *Arzt.* **2.** *Gelehrter, Weiser.* **3.** *Herrscher; Gouverneur; Richter.*

Häk|lein, das; -s, -: Vkl. zu ↑Haken.

Ha|la|li, das; -s, -[s] [frz. hallali, H. u.] (Jägerspr.): **a)** *Jagdruf (auch Jagdhornsignal), wenn das gehetzte Wild auf einer Parforcejagd gestellt ist:* das H. erschallt; **b)** *Signal, das das Ende einer Jagd anzeigt:* das H. blasen; **c)** *Ende der Jagd:* zum H. blasen.

halb ⟨Adj. u. Bruchz.⟩ (als Ziffer: $\frac{1}{2}$) [mhd. halp, ahd. halb; urspr. = (durch)geschnitten, gespalten]: **1.** *die Hälfte von etw. umfassend; zur Hälfte:* eine -e Stunde; das -e Hundert *(50);* ein -es Dutzend; ein -er Meter; eine -e Note (Musik; *Note, die die Hälfte des Zeitwerts einer ganzen Note hat*); eine -e Umdrehung; er hat die -e Strecke zurückgelegt; sich auf -em Wege *(in der Mitte)* treffen; das Lied einen -en Ton tiefer anstimmen; ⟨indekl. bei geographischen Namen o. Art.:⟩ h. Europa war besetzt; alle -e[n] Stunden/alle -e Stunde; es ist h. eins; es hat h. [eins] geschlagen; drei Minuten bis, nach, vor h. [eins]; die Flasche war h. leer; ein h. leerer Zuschauerraum; die Wanne ist nicht einmal h. voll; durch die h. offene Tür gehen; eine h. offene *(zur Hälfte erblühte)* Rose; er hat den Apfel h. aufgegessen; sie hat sich h. umgedreht, erhoben; ***h. …, h.** *(teils …, teils; das eine wie das andere; je zur Hälfte):* h. Kunst, h. Wissenschaft; h. lachend, h. weinend; eine h. amtliche, h. persönliche Bemerkung; die Plätzchen waren h. dunkel, h. hell; die Figuren waren h. rund, h. eckig; ein h. wollenes, halb leinenes Material; **[mit jmdm.] h. und h./halbe-halbe machen** (ugs.; *Gewinn od. Verlust genau miteinander teilen).* **2. a)** *unvollständig, unvollkommen; teilweise* (häufig in Verbindung mit »nur« o. Ä.): er hat nur -e Arbeit/die Arbeit nur h. getan; h. feste Nahrung; h. gare Kartoffeln; das Fleisch ist erst h. gar, ist noch h. roh; ein h. aufgegessenes Essen; die Birnen h. reif abnehmen; ein h. vollendeter Roman; ein [erst] h. fertiges Haus; eine h. feste Wortverbindung; nur h. zuhören; wir saßen h. angezogen am Frühstückstisch; in meinem h. wachen Zustand bekam ich kaum etwas von der Unterhaltung mit; (bes. Fußball:) h. links, rechts spielen; aus h. linker, rechter Position spielen; h. reife Früchte; ***nichts Halbes und nichts Ganzes [sein]** *(zu unzureichend [sein], als dass man etw. damit anfangen könnte);* **b)** *vermindert, abgeschwächt, mit geringerer Stärke:* mit -er Kraft; bei -em Licht arbeiten; mit -er *(gedämpfter)* Stimme sprechen; einen -en *(flüchtigen)* Blick auf etw. werfen; die Sonne ist h. aus dem Nebel hervorgekommen; das ist h. so schlimm. **3.** *fast [ganz], beinahe, so gut wie:* sie ist -e Medizinerin; das sind ja noch -e Kinder!; (ugs. übertreibend:) das dauert ja eine -e Ewigkeit *(sehr lange);* das -e Dorf *(sehr viele Dorfbewohner)* war zusammengekommen; ein h. nackter Mann; der Alte ist h. blind; h. blind vor Tränen lief er durch die Straßen; ein h. blinder Spiegel; er hat schon h. zugestimmt; h. verhungertes Vieh; sie wurde h. erfroren gefunden; er wurde h. totgeschlagen; sie schlugen ihn zusammen und ließen ihn h. tot liegen; ein h. totes *(völlig erschöpftes)* Tier; sich h. totlachen; ***h. und h.** (ugs.; *beinahe, fast ganz*): du gehörst schon h. und h. dazu.

Halb|af|fe, der: *(zu den Affen gehörendes) meist als Baumbewohner lebendes, nachtaktives Säugetier mit sehr großen Augen u. zum Greifen ausgebildeter Großzehe u. Daumen.*

halb|amt|lich ⟨Adj.⟩ (Politik, Nachrichtenw.): *von amtlichen Stellen nahe stehenden, gut unterrichteten Kreisen kommend; nicht ganz amtlich; nicht ganz sicher verbürgt; offiziös:* eine -e Nachricht, Zeitung.

Halb|au|to|mat, der: *Automat (1 b), bei dem einzelne Arbeitsvorgänge (z. B. das Einlegen von Werkstücken) noch von Hand erledigt werden müssen.*

Halb|au|to|ma|tik, die: *halbautomatische Vorrichtung.*

halb|au|to|ma|tisch ⟨Adj.⟩: *selbsttätig funktionierend mit einigen von Hand auszuführenden Griffen:* ein -es Getriebe.

Halb|bil|dung, die ⟨o. Pl.⟩ (abwertend): *lückenhafte, oberflächliche Bildung* (1).

halb|bit|ter ⟨Adj.⟩: *(von Schokolade) eine bestimmte Geschmacksrichtung aufweisend, die zwischen süß u. bitter liegt.*

halb|blind ⟨Adj.⟩: **1.** *fast, beinahe blind:* ein alter, -er Mann. **2.** *ziemlich blind (3), trübe, angelaufen:* ein -er Spiegel.

Halb|blut, das [LÜ von engl. half-blood]: **1.** *Tier, bes. Pferd, dessen Eltern verschiedenen Rassen entstammen.* **2.** *Person, deren Elternteile verschiedenen Menschentypen angehören* (wird gelegentlich als abwertend empfunden).

Halb|bru|der, der: *Stiefbruder (a).*

halb|bür|tig ⟨Adj.⟩ (Genealogie): *(von Geschwistern) nur einen Elternteil gemeinsam habend.*

halb|dun|kel ⟨Adj.⟩: *zwischen hell u. dunkel, noch nicht ganz lichtlos:* im halbdunklen Flur.

Halb|dun|kel, das: *dämmrige Beleuchtung:* der Raum lag im H.

Hal|be, der, die u. das; -n, -n ⟨Dekl. ↑Abgeordnete⟩ (ugs.): *(bei Bier u. anderen alkoholischen Getränken) halber Liter:* Herr Ober, noch einen -n; zwei H. bitte!; er hat sich noch ein -s genehmigt.

Halb|edel|stein, der (fachsprachl. veraltet): *Schmuckstein.*

hal|be-hal|be: ↑halb (1).

-hal|ben [erstarrte Kasusform (Dativ Pl. u. Gen. Sg.) von mhd. halbe, ahd. halba = Hälfte, Seite, eigtl. = von … Seite(n) u. im übertragenen Sinne = wegen]: in Zus., z. B. allenthalben, meinethalben.

[1]**hal|ber** ⟨Adv.⟩ [erstarrte Flexionsform von ↑halb] (landsch.): ↑halb: es ist h. zwölf.

[2]**hal|ber** ⟨Präp. m. Gen. (nachgestellt)⟩ [erstarrte Flexionsform von mhd. halbe, ahd. halba = Hälfte, Seite, also eigtl. = von der Seite des … (od. der …) aus] (geh.): *wegen, um … willen:* der guten Ordnung h.; dringender Geschäfte h. verreisen.

-hal|ber: 1. drückt in Bildungen mit Substantiven aus, dass einer Sache Genüge getan, entsprochen wird: *um … willen:* gerechtigkeits-, pflichthalber. **2.** kennzeichnet in Bildungen mit Substantiven etw. als Grund, als Ursache: *aufgrund von …:* ferien-, krankheitshalber.

halb er|fro|ren: s. halb (3).

halb|er|wach|sen ⟨Adj.⟩: *fast, noch nicht ganz erwachsen:* eine Witwe mit drei -en Töchtern.

Halb|esel, der: *(in Asien heimisches, zur Familie der Pferde gehörendes) Tier mit gelbem bis rotbaunem Fell, langen Ohren u. langem, in einer Quaste endendem Schwanz.*

Halb|fa|bri|kat, das (Wirtsch.): *halbfertiges Erzeugnis; Ware zwischen Rohstoff u. Fertigfabrikat, die schon verschiedene Fertigungsstufen hinter sich hat, aber noch weitere durchlaufen muss.*

halb|fer|tig ⟨Adj.⟩: *fast, noch nicht ganz fertig:* ein -es Haus.

halb|fest ⟨Adj.⟩: **a)** (Physik) *in einem zwischen fest u. flüssig liegenden Aggregatzustand; gallertig;* **b)** *[noch] nicht ganz fest zusammenhaltend od. zusammengehörend, leicht lösbar:* eine -e Wortverbindung.

halb|fett ⟨Adj.⟩: **a)** (Druckw.) *in einer Schriftart, deren Strichdicke zwischen mager u. fett liegt:* ein Wort h. setzen; **b)** *(von Nahrungsmitteln, bes. Milchprodukten, Margarine u. Ä.) einen reduzierten Fettanteil in der Trockenmasse enthaltend.*

Halb|fi|gur, die (Kunstwiss.): *dargestellte menschliche Figur mit Kopf, Oberkörper u. Oberarmen.*

Halb|fi|nal, der (schweiz.), **Halb|fi|na|le,** das (Sport): *Spielrunde bei einem Wettbewerb, für die sich vier Spielende od. Mannschaften qualifiziert haben u. aus der die Teilnehmenden am Finale ermittelt werden:* das H. erreichen.

Halb|flie|gen|ge|wicht, das (Schwerathletik): **a)** ⟨o. Pl.⟩ *niedrige Gewichtsklasse;* **b)** *Sportler der Gewichtsklasse Halbfliegengewicht (a).*

halb|gar ⟨Adj.⟩ (Kochk.): *nicht ganz weich gekocht od. durchgebraten:* -es Fleisch.

halb|ge|bil|det ⟨Adj⟩ (abwertend): *Halbbildung habend.*

Halb|ge|fro|re|ne, das ⟨Dekl. ↑[2]Junge, das⟩: *in Formen eingefrorenes, cremeartiges Speiseeis.*

Halb|ge|schoss, das (Archit.): *niedriges Zwischengeschoss.*

Halb|ge|schwis|ter ⟨Pl.⟩: *Stiefgeschwister (a).*

Halb|ge|viert, das (Druckw.): *einzelne Type des Ausschlusses (2 a) von der halben Größe eines Gevierts (2).*

Halb|gott, der [spätmhd., ahd. halbgot, LÜ von lat. semideus]: **1.** (Myth.) *Gestalt, die aus der Verbindung eines göttlichen Wesens mit einem menschlichen stammt; Heros.* **2.** (iron.) *mächtige, einflussreiche [u. gefürchtete] Person;* ***Halbgötter in Weiß** (ugs. iron.; *die [Krankenhauschef]ärzte*).

Halb|heit, die; -, -en (abwertend): *halbe, unfertige Sache, Handlung; unvollkommene Lösung:* die H. *(Unentschlossenheit)* des Wollens; das sind doch nur -en!; sich nicht mit -en abspeisen lassen; mit -en gebe ich mich nicht ab.

halb|her|zig ⟨Adj.⟩: *nur mit halbem Herzen [getan], ohne rechte innere Beteiligung [geschehend]:* eine -e Antwort; nur h. zustimmen.

Halb|her|zig|keit, die; -: *das Halbherzigsein.*

halb|hoch ⟨Adj.⟩: *auf halber Höhe, bis zur halben Höhe [reichend]* (bes. Sport): eine halbhohe Vorlage; er gab den Ball h. weiter.

hal|bie|ren ⟨sw. V.; hat⟩ [mhd. halbieren]: **1.** *in zwei Hälften, zwei gleiche Teile teilen:* eine Apfelsine h.; einen Winkel, eine Strecke h. **2. a)** *um die Hälfte verringern:* die Öleinfuhr h.; **b)** ⟨h. + sich⟩ *sich um die Hälfte verringern:* das Wirtschaftswachstum hat sich halbiert.

Hal|bie|rung, die; -, -en: *das Halbieren.*

Halb|in|sel, die [LÜ von lat. paeninsula, eigtl. = Fastinsel]: *Gebiet, das von drei Seiten von Wasser umschlossen ist, Insel mit nur einer [schmalen] Landverbindung zum Festland.*

Halb|jahr, das: **a)** *Zeitspanne von einem halben Kalenderjahr:* im ersten H. 2000; **b)** *beliebiger,*

H

aber in sich eine Einheit bildender Zeitraum von rund 6 Monaten; Semester.

Hạlb|jah|res|zeug|nis, Halbjahrszeugnis, das: *Zeugnis nach Ablauf der ersten Hälfte eines Schuljahres.*

hạlb|jäh|rig ⟨Adj.⟩: **1.** *ein halbes Jahr alt:* ihr -er Sohn. **2.** *ein halbes Jahr dauernd:* eine -e Ausbildung.

hạlb|jähr|lich ⟨Adj.⟩: *alle halbe Jahre wiederkehrend, jeweils nach einem Halbjahr stattfindend:* -e Bezahlung; h. durchgeführte Kontrollen.

Hạlb|jahrs|zeug|nis: ↑Halbjahreszeugnis.

Hạlb|ju|de, der: **a)** (nationalsoz.): *(in der rassistischen Ideologie des Nationalsozialismus) Person mit zwei jüdischen Großelternteilen;* **b)** *Person mit einem jüdischen Elternteil* (wird gelegentlich als abwertend empfunden).

Hạlb|jü|din, die: w. Form zu ↑Halbjude.

hạlb|jü|disch ⟨Adj.⟩: *von nur einem jüdischen Elternteil abstammend (wird gelegentlich als abwertend empfunden).*

Hạlb|kan|ton, der: *eine eigene Verwaltungseinheit bildende Kantonshälfte mit eigenem Namen* (z. B. Basel-Stadt, Basel-Land[schaft]).

Hạlb|kon|so|nant, der: vgl. Halbvokal.

Hạlb|kreis, der: *Hälfte eines Kreises; eine halbe Drehung umschreibender Kreisbogen:* sie umstanden den Sprecher im H., mussten einen H. bilden.

hạlb|kreis|för|mig ⟨Adj.⟩: *die Form eines Halbkreises aufweisend:* ein Ornament mit -en Elementen.

Hạlb|ku|gel, die: *(über einer kreisförmigen Grundfläche liegende) halbe Kugel:* die nördliche, südliche H. der Erde.

hạlb|ku|gel|för|mig ⟨Adj.⟩: *die Form einer Halbkugel aufweisend.*

hạlb|ku|ge|lig ⟨Adj.⟩: *halbkugelförmig.*

Hạlb|kup|pel, die (Archit.): *halbe (längs od. quer durchschnittene) Kuppel.*

hạlb|lang ⟨Adj.⟩: *etwa die Mitte zwischen lang u. kurz bildend, in halber Länge:* ein -es Kleid; die Haare h. tragen; **R** [nun] mach [aber, mal] h.! (ugs.; *spiel dich nicht so auf, übertreib nicht so!*).

hạlb|laut ⟨Adj.⟩: *in halber Lautstärke, mit gedämpfter Stimme [gesprochen]:* eine -e Unterhaltung.

Hạlb|le|der, das ⟨meist o. Art.⟩ (Buchw.): *fester Einband mit Lederrücken [u. -ecken].*

Hạlb|le|der|band, der: *in Halbleder gebundenes Buch.*

hạlb leer: s. halb (1).

hạlb|lei|nen ⟨Adj.⟩: *aus Halbleinen:* -e Bettwäsche.

Hạlb|lei|nen, das: **1.** *Mischgewebe, das zur Hälfte Leinen, zur Hälfte eine andere Faser (Baumwolle, Wolle o. Ä.) enthält:* eine Tischdecke, Geschirrtücher aus grobem H. **2.** ⟨meist o. Art.⟩ (Buchw.) *fester Einband mit Rücken [u. Ecken] aus Leinen od. einem anderen Gewebe.*

Hạlb|lei|nen|band, der: *in Halbleinen (2) gebundenes Buch.*

Hạlb|lei|ter, der (Elektrot.): *kristalliner Stoff, der bei Zimmertemperatur den Strom leitet, bei tiefen Temperaturen aber isoliert.*

Hạlb|lei|ter|ma|te|ri|al, das: *Stoff, Material, aus dem ein Halbleiter besteht.*

halb|link... ⟨Adj.⟩ (bes. Fußball): *zwischen (gedachter) Längsachse u. linker Außenlinie befindlich:* er schoss aus halblinker Position.

Halb|lin|ke, der u. die (bes. Fußball): *zwischen Linksaußen u. Mittelstürmer[in] eingesetzte[r] Spieler[in]:* als -r spielen.

halb|links ⟨Adv.⟩ (bes. Fußball): *in halblinker Position:* h. spielen.

hạlb|mast ⟨Adv.⟩ [LÜ von engl. half-mast]: *(von Fahnen) nur bis zur halben Höhe des Mastes hinaufgezogen (als Zeichen offizieller Trauer):* h. flaggen; die Fahnen auf h. setzen.

hạlb|matt ⟨Adj.⟩: *nicht ganz matt, noch leicht glänzend:* -es Papier; eine -e Oberfläche.

Hạlb|mes|ser, der; -s, - (Math.): *halber Durchmesser; Radius.*

Hạlb|me|tall, das (Chemie): *chemisches Element, das teils metallische, teils nicht metallische Eigenschaften besitzt* (z. B. Antimon, Arsen, Bor).

hạlb|me|ter|dick ⟨Adj.⟩: *in einer Dicke, Breite von einem halben Meter:* eine -e Mauer; der Schutt lag h.

Halb|mo|nats|schrift, die: *zweimal monatlich erscheinende Zeitschrift.*

Hạlb|mond, der: **1.** ⟨o. Pl.⟩ *Mond, der zur Hälfte, als ab- od. zunehmende Sichel, sichtbar ist.* **2.** *Gegenstand, Figur, Gebilde in der Form des Halbmondes* (1): der türkische H. *(Wahrzeichen des Islams).*

hạlb|mond|för|mig ⟨Adj.⟩: *in Form eines Halbmondes, einer Mondsichel:* -e Kekse.

hạlb nackt: s. halb (3).

hạlb|of|fen ⟨Adj.⟩ (Amtsspr.): **a)** *(von Anstalten, Gefängnissen u. Ä.) den Insassen bedingt freien Ausgang gewährend:* Strafvollzug in einem -en Gefängnis; **b)** *eine nicht ganztägige Versorgung, Betreuung umfassend:* -e Fürsorge.

hạlb|part ⟨Adv.⟩ [zu ↑Part]: meist in der Verbindung **[mit jmdm.] h. machen** (ugs.; *etw. [gemeinsam Erworbenes od. durch ein Verbrechen Erbeutetes] mit dem andern zur Hälfte teilen*).

Hạlb|pen|si|on, die ⟨meist o. Art.; o. Pl.⟩: *Unterkunft (in einem Hotel, einer Pension o. Ä.) mit Frühstück u. nur einer (mittags od. abends einzunehmenden) warmen Mahlzeit:* wir nehmen nur H.

halb|rẹcht... ⟨Adj.⟩ (bes. Fußball): vgl. halblink...

Halb|rẹch|te, der u. die (bes. Fußball): vgl. Halblinke.

halb|rẹchts ⟨Adv.⟩ (bes. Fußball): vgl. halblinks.

hạlb|reif ⟨Adj.⟩: *noch nicht ganz reif:* -e Früchte; die Tomaten werden h. geerntet.

hạlb|rund ⟨Adj.⟩: *in der Form eines Halbkreises od. einer Halbkugel:* die -e Apsis; -e Vertiefungen.

Hạlb|rund, das: *Halbkreis:* ein H. bilden; im H.

Hạlb|satz, der: *Teil eines Satzes.*

Hạlb|schat|ten, der: **a)** (Optik, Astron.) *Bereich, in dem (von einem bestimmten Punkt aus gesehen) von einem dazwischentretenden Körper nur ein Teil einer Lichtquelle verdeckt wird* (z. B. bei Mondfinsternissen); **b)** *hellerer Schatten, der durch ein nicht völlig lichtundurchlässiges Medium entsteht:* sich in den H. setzen.

Hạlb|schlaf, der: *Dämmerzustand zwischen Schlafen u. Wachen:* im H. liegen.

Hạlb|schran|ke, die (Eisenb.): *einteilige Bahnschranke, die nur jeweils die rechte Hälfte der Straße sperrt.*

Hạlb|schuh, der: *nur bis zu den Knöcheln reichender, leichterer Schuh.*

Hạlb|schür|ze, die: *Schürze ohne Latz.*

Hạlb|schwer|ge|wicht, das (Schwerathletik): **1.** ⟨o. Pl.⟩ *Gewichtsklasse zwischen Mittelgewicht u. Schwergewicht:* einen Wettkampf im H. austragen. **2.** *Sportler[in] der Gewichtsklasse Halbschwergewicht* (1).

Hạlb|schwes|ter, die: *Stiefschwester.*

Hạlb|sei|de, die: *seidig glänzendes Gewebe aus Seide u. Baumwolle.*

hạlb|sei|den ⟨Adj.⟩: **1.** *aus Halbseide:* eine -e Bluse. **2.** (ugs. abwertend) **a)** (veraltend) *homosexuell;* **b)** *[in aufdringlicher, geschmackloser Weise schick, teuer aufgemacht u. dabei] unseriös; anrüchig, zwielichtig:* eine -e Type; ein -es Milieu, Hotel; reichlich -e *(unseriöse)* Methoden.

Hạlb|sei|den|ge|we|be, das: *Gewebe aus Halbseide.*

hạlb|sei|tig ⟨Adj.⟩: **a)** (Med.) *nur auf einer Seite [des Körpers]:* -e Kopfschmerzen sind ein typisches Migränesymptom; er ist h. gelähmt; **b)** *über eine halbe [Buch]seite, ein halbes Blatt gehend:* eine -e Anzeige.

hạlb|staat|lich ⟨Adj.⟩ (DDR): *unter Beteiligung des Staates betrieben:* eine -e Nachrichtenagentur; -e Betriebe.

hạlb|stark ⟨Adj.⟩ (ugs. abwertend): *zu den Halbstarken gehörend, wie ein Halbstarker:* -e Motorradfans.

Hạlb|star|ke, der; -n, -n ⟨Dekl. ↑Abgeordnete⟩ (ugs. abwertend): *Jugendlicher, der, meist in Gesellschaft von Gleichgesinnten, sich laut produzierend in der Öffentlichkeit auftritt (u. auf diese Weise seinem inneren Protest gegen die Welt der Erwachsenen Ausdruck gibt):* eine Gruppe von -n auf Motorrädern.

Hạlb|stie|fel, der: *Stiefel mit kurzem, nur eben über die Knöchel reichendem Schaft.*

Hạlb|strauch, der (Bot.): *Pflanze, die eine Zwischenform zwischen Strauch u. Staude darstellt.*

hạlb|stün|dig ⟨Adj.⟩: *eine halbe Stunde dauernd:* ein -es Referat.

hạlb|stünd|lich ⟨Adj.⟩: *jede halbe Stunde, alle halbe Stunde [stattfindend]:* -e Abfahrten.

Hạlb|stür|mer, der (bes. Fußball veraltend): *Stürmer in der Verbindung zwischen Abwehr u. Angriff; Mittelfeldspieler.*

Hạlb|stür|me|rin, die: w. Form zu ↑Halbstürmer.

hạlb|tä|gig ⟨Adj.⟩: *einen halben Tag dauernd:* ein -er Ausflug.

hạlb|täg|lich ⟨Adj.⟩: *alle halbe Tage [stattfindend]:* im -en Wechsel.

hạlb|tags ⟨Adv.⟩: *den halben Tag über:* nur h. arbeiten.

Hạlb|tags|ar|beit, die: *auf die Hälfte der normalen Arbeitszeit zugeschnittene Arbeit* (1 d): eine H. suchen.

Hạlb|tags|kraft, die: *einem Betrieb halbtags zur Verfügung stehende Arbeitskraft* (2): er arbeitet als H. in einem Verlag.

Hạlb|teil, das, auch: der: *Hälfte.*

Hạlb|ton, der ⟨Pl. ...töne⟩: **1.** (Musik) *kleinstes Intervall des diatonischen Systems; kleine Sekunde.* **2.** (Malerei) *Tönung im Übergang zwischen Licht u. Schatten:* viele Halbtöne verwenden.

hạlb tot: s. halb (3).

hạlb|tro|cken ⟨Adj.⟩: *(bes. von Weinen) im Geschmack zwischen trocken u. lieblich liegend.*

hạlb ver|hun|gert: s. halb (3).

Hạlb|vo|kal, der (Sprachw.): *unsilbischer, wie ein Konsonant ausgesprochener Vokal* (z. B. das *i* in Nation [als *j* gesprochen, daher auch als Halbkonsonant bezeichnet] od. das *u* im Diphthong *au*).

hạlb voll: s. halb (1).

hạlb voll|en|det, hạlb wach: s. halb (2 a).

Hạlb|wahr|heit, die ⟨häufiger Pl.⟩: *Aussage o. Ä., die zwar nicht falsch ist, aber auch nicht vollständig den Tatsachen entspricht, einen Sachverhalt nicht vollständig offen legt:* das sind lauter -en; der Brief enthält nur -en.

Hạlb|wai|se, die: *Minderjährige[r] mit nur noch einem Elternteil:* sie ist schon sehr früh durch einen Unfall H. geworden.

hạlb|wegs ⟨Adv.⟩: **1.** (veraltend) *auf halbem Wege:* jmdm. h. *(den halben Weg)* entgegenkommen. **2.** *einigermaßen, leidlich, in mäßigem Grade:* h. überzeugt sein; das ist mir h. klar; sich wie ein h. zivilisierter Mensch benehmen.

Hạlb|welt, die ⟨o. Pl.⟩ [LÜ von frz. demi-monde] (leicht abwertend): *elegant auftretende, aber zwielichtige, anrüchige Gesellschaftsschicht:* der H. angehören.

Hạlb|wel|ter|ge|wicht, das (Boxen): **a)** *Gewichtsklasse, etwas leichter als das Weltergewicht;* **b)** *Sportler[in] der Gewichtsklasse Halbweltergewicht* (a).

Hạlb|werts|zeit, die (Physik): *(bei radioaktiven Stoffen) Zeitspanne, innerhalb deren die Hälfte der Atome zerfällt:* Elemente mit langer H.

hạlb|wild ⟨Adj.⟩: *weder ganz gezähmt, domestiziert, noch ganz wild.*

Hạlb|wis|sen, das (abwertend): vgl. Halbbildung.

Hạlb|wol|le, die: *Faser od. Gewebe mit mindestens 50 % Wollanteil.*

hạlb|wol|len ⟨Adj.⟩: *aus Halbwolle.*

hạlb|wüch|sig ⟨Adj.⟩: *noch nicht [ganz] erwachsen:* er hinterließ drei -e Kinder.

Hạlb|wüch|si|ge, der u. die; -n, -n ⟨Dekl. ↑Abgeordnete⟩: *Jugendliche[r], noch nicht Erwachsene[r].*

Hạlb|zeit, die [LÜ von engl. half-time] (Sport):

1. *Hälfte der Spielzeit:* in der zweiten H. drehte die Mannschaft auf. 2. *Pause nach der ersten Spielhälfte:* bei H. stand es unentschieden.
Halb|zeit|pfiff, der (Sport): *Pfiff des Schiedsrichters, der das Ende der ersten Spielhälfte ankündigt.*
Hal|de, die; -, -n [mhd. halde, ahd. halda = Abhang, Substantivbildung zu einem germ. Adj. mit der Bed. »geneigt, schief, schräg« u. eigtl. = die Schiefe]: 1. (geh.) *[sanft] abfallende Seite eines Berges od. Hügels, Bergabhang:* eine lichte H. 2. a) (Bergbau) *künstliche Aufschüttung von Schlacke od. tauben Gesteinsmassen:* alte -n begrünen; b) *Aufschüttung von [zurzeit] nicht verkäuflichen [Kohle]vorräten:* die -n zum Verkauf in revierferne Gebiete verlagern; Ü -n *(große Lager)* unverkaufter Ware; * **auf H.** *(auf Lager, in Vorrat):* eine große Zahl von auf H. befindlichen Wagen.
half: ↑helfen.
Hal|fa|gras: ↑Alfagras.
Half|court [ˈha:fkɔ:t], der; -s, -s [zu engl. court = Hof, Feld, Abteilung] (Tennis): *zum Netz hin gelegener Teil des Spielfeldes:* der Spieler zeigte große Sicherheit im H. *(beim Spielen dicht am Netz).*
Half|pipe [ˈha:fpaip], die; -, -s [engl. halfpipe, eigtl. = Halbrohr, aus: half = halb u. pipe = Rohr]: *untere Hälfte einer waagerechten Röhre aus Holz, Beton o. Ä., in der Kunststücke mit dem Skateboard od. (bei Ausstattung mit einer Schneeoberfläche) mit dem Snowboard ausgeführt werden können.*
Hälf|te, die; -, -n [aus dem Niederd. < mniederd. helfte, zu: half = halb]: a) *einer der zwei gleich großen Teile eines Ganzen:* die obere, untere H.; eine H. ist fertig, die andere folgt; die H. der Schülerinnen und Schüler ist krank; [die] Kinder zahlen die H.; einen Apfel in zwei -n zerschneiden; in der ersten H. des vorigen Jahrhunderts; die meisten Szenen spielten sich in der gegnerischen H. (Sport; *auf der Spielfeldhälfte des Gegners*) ab; die Kosten werden je zur H. vom Bund und von den Ländern getragen; [gut] die H. *(sehr viel davon)* ist gelogen; ich habe die H. *(viel)* vergessen; * **meine bessere H.** (ugs. scherzh.; *meine Ehefrau,* [seltener:] *mein Ehemann*); **meine schönere H.** (ugs. scherzh.; *meine Ehefrau*); **die H. abstreichen [müssen, können]** (ugs.; *nicht alles glauben [können]*); b) (ugs.) *einer von zwei verschiedenen Teilen eines Ganzen:* ich kriege immer die kleinere H.!
hälf|ten ⟨sw. V.; hat⟩ (selten): *halbieren:* einen Gewinn h.
¹Half|ter, der od. das; -s, -, veraltet auch: die; -, -n [mhd. halfter, ahd. halftra, eigtl. = Handhabe]: *Zaum ohne Gebiss u. Trense für Pferde u. Rinder mit Riemen zum Führen od. Anbinden des Tieres.*
²Half|ter, das; -s, -, auch: die; -, -n [älter nhd. Hulfter, Holfter, mhd. hulfter = Köcher, zu mhd. hulft, ahd. hul(u)ft = Hülle]: *[ursprünglich am Sattel getragene] Tasche für Pistolen:* eine Pistole in einem H. am Gürtel tragen.
half|tern ⟨sw. V.; hat⟩ [zu ¹Halfter]: *anhalftern.*
hälf|tig ⟨Adj.⟩: *aus zwei Hälften bestehend; in Hälften geteilt; je zur Hälfte:* ein -er Anteil; Aufsichtsrat mit -er *(je zur Hälfte aus Arbeitgeber- u. Arbeitnehmervertretern bestehender)* Besetzung; sie haben den Gewinn h. geteilt.
Ha|lit [auch: ...ˈlɪt], der; -s, -e: a) *Steinsalz;* b) *Salzgestein* (z. B. Kalisalz, Gips).
Hall, der; -[e]s, -e ⟨Pl. selten⟩ [mhd. hal, zu mhd. hellen, ahd. hellan = schallen, ertönen, verw. mit ↑hell]: a) (geh.) *Schall (bes. hinsichtlich der allmählich schwindenden, schwächer werdenden hörbaren Schwingungen):* der H. der Schritte in der Nacht; der dumpfe H. der fernen Granateinschläge; b) *Nachhall, Widerhall, Echo:* ohne H.
Hal|le, die; -, -n [mhd. halle, ahd. halla, eigtl. = die Bergende]: 1. *größeres Gebäude, das [vorwiegend] aus einem einzigen hohen Raum besteht:* die H. *(Fabrikhalle)* dröhnte vom Lärm der Maschinen; das Werk baut eine neue H.; unseren Messestand finden Sie in H. 3; Springreiten in der H. *(Reithalle);* der Zug verlässt die H. *(Bahnhofshalle).* 2. *größerer, oft repräsentativen Zwecken, als Entree, Empfangshalle, allgemeiner Aufenthaltsraum o. Ä. dienender Raum in einem [öffentlichen] Gebäude:* eine geräumige H. mit modernen Sesseln; in der H. des Hotels, des Postamts.
Hall|ef|fekt, der; -[e]s, -e: *(bei elektronischer Musik) durch Hall, Nachhall hervorgerufener klanglicher Effekt.*
hal|le|lu|ja ⟨Interj.⟩ [aus kirchenlat. halleluia, alleluia < hebr. hạllĕlû-yạh = preiset Jahwe!]: (aus den Psalmen übernommener gottesdienstlicher Freudenruf) *lobet den Herrn:* Christ ist erstanden, h.!; h. amen; Ü endlich bin ich fertig, h.! (scherzh. Ausruf der Erleichterung und Freude).
Hal|le|lu|ja, das; -s, -s: *liturgischer Freudengesang:* das H. singen; ein H. anstimmen.
hal|len ⟨sw. V.; hat⟩ [spätmhd. hallen, zu ↑Hall]: a) *(von einem [lauten] Geräusch o. Ä.) sich in einem bestimmten Bereich – einen Hall* (a) *erzeugend – weithin fortpflanzen, schallen:* seine Stimme hallte durch das leere Haus; ein Schuss hallt durch die Nacht; b) *(in einem geschlossenen od. weiten Raum) nachhallen, widerhallen:* seine Schritte hallten im Dom; das hallende Echo der Stimmen; (auch unpers.:) sie klatschte in die Hände, dass es hallte; c) *von einem Hall (a) erfüllt sein:* der ganze Hof hallte [von seinen Schritten].
hal|len|ar|tig ⟨Adj.⟩: *in der Art einer Halle* (1) *gebaut, wirkend:* ein -er Raum.
Hal|len|bad, das: *Schwimmbad in einer Halle* (1).
Hal|len|fuß|ball, der: *Fußball in der Halle.*
Hal|len|hand|ball, der: *Handball in der Halle.*
Hal|len|ho|ckey, das: *in einer Halle* (1) *gespieltes Hockey.*
Hal|len|schwimm|bad, das: *Hallenbad.*
Hal|len|ser, der; -s, -: Ew. zu ↑Halle (Saale).
Hal|len|se|rin, die; -, -nen: w. Form zu ↑Hallenser.
Hal|len|tur|nier, das: *Turnier (z. B. Tennis, Springreiten) in einer Halle* (1).
Hal|ler, der; -s, -: Ew. zu ↑Halle (Westf.).
Hal|le|rin, die; -, -nen: w. Form zu ↑Haller.
Hal|le (Saa|le): Stadt an der mittleren Saale.
hal|lesch ⟨Adj.⟩ zu ↑Halle (Saale).
Hal|le (Westf.): Stadt am Teutoburger Wald.
Hal|lig, die; -, -en [aus dem Niederd. < nordfries. halig, H. u.]: *kleinere, bei Sturmflut überflutete Insel (an der Westküste Schleswig-Holsteins):* die H. Hooge; die -en melden Land unter.
Hal|lig|leu|te ⟨Pl.⟩: *Bewohnerinnen und Bewohner der Halligen.*
Hal|li|masch, der; -[e]s, -e [H. u.]: *meist in Büscheln (an Baumstümpfen) wachsender brauner Pilz mit weißen Lamellen u. bräunlichen Schuppen auf dem Hut.*
hal|lisch ⟨Adj.⟩ zu ↑Halle (Saale).
hal|lo [urspr. wohl Zuruf an den Fährmann am anderen Ufer; 3: nach engl. hallo]: 1. [meist: ˈhalo] Ruf, mit dem man jmds. Aufmerksamkeit auf sich lenkt; Zuruf: h., ist da jemand?; h., Sie haben etwas verloren!; h.! (Meldung am Telefon, bes. wenn eine Verbindung unterbrochen ist). 2. [meist: haˈlo:] Ausdruck freudiger Überraschung: h., da seid ihr ja!; h., wie haben wir's denn?; h., einfach stark!; (subst.:) den Gästen ein Hallo zuwinken. 3. [meist: ˈhalo] (ugs.) Grußformel: h., Leute!; sag deiner Tante noch schnell Hallo/(auch:) hallo.
Hal|lo, das; -s, -s: *lautes [freudiges] Rufen; allgemeine freudige Aufregung, Geschrei:* lautes H. empfing ihn; jmdn. mit großem H. verabschieden.
Hal|lo|dri, der; -s, -[s] [wohl zu ↑Allotria] (bayr., österr. ugs.): *meist jüngerer, unbeschwerter, oft leichtfertiger u. etw. unzuverlässiger Mann.*
Hal|lo|ween [hæləʊˈi:n], das; -[s], -s [engl., zu: hallow (veraltet) = Heiliger (< aengl. hālga, zu: hālig = heilig) u. eve = Vorabend < aengl. æfen, ↑Sonnabend]: *(bes. in den USA gefeierter) Tag vor Allerheiligen.*
Hall|statt|kul|tur, die; - [nach einem bei Hallstatt in Oberösterreich gefundenen Gräberfeld] (Archäol.): *mitteleuropäische Kultur der Hallstattzeit.*
Hall|statt|zeit, die; - (Archäol.): *Kulturperiode am Anfang der älteren Eisenzeit (etwa 700 bis 450 v. Chr.).*
Hal|lu|zi|na|ti|on, die; -, -en [lat. (h)al(l)ucinatio = Träumerei]: *vermeintliche, eingebildete, durch Sinnestäuschung hervorgerufene Wahrnehmung; Sinnestäuschung:* optische, akustische -en; das war eine H.; -en haben; an -en leiden.
hal|lu|zi|no|gen ⟨Adj.⟩ [zu griech. -genḗs = hervorrufend] (Med.): *Halluzinationen hervorrufend:* -e Drogen; Ecstasy wirkt h.
Hal|lu|zi|no|gen, das; -s, -e (Med.): *halluzinogene Droge.*
Halm, der; -[e]s, -e [mhd. halm, ahd. hal(a)m, verw. z. B. mit lat. culmus = Halm]: *schlanker, durch knotenartige Verdickungen gegliederter, biegsamer Stängel von Gräsern:* die -e biegen sich im Wind; das Getreide auf dem H. *(vor der Ernte)* verkaufen; die Felder stehen hoch im H. *(das Getreide ist gut gewachsen u. fast reif).*
Hal|ma, das; -s [griech. hálma = Sprung]: *Brettspiel für 2–4 Personen, bei dem jeder Spieler seine Steine möglichst schnell auf die gegenüberliegende Seite des Spielfeldes zu bringen versucht.*
Hälm|chen, das; -s, -: Vkl. zu ↑Halm.
Ha|lo, der; -[s], -s u. Halonen [lat. halo (Akk. von: halos) = Hof um Sonne od. Mond < griech. hálōs]: 1. (Physik) *(durch Reflexion, Beugung u. Brechung der Lichtstrahlen an kleinsten Teilchen hervorgerufener) Hof um eine Lichtquelle:* ein H. um die Sonne. 2. (Med.) *[dunkler] Ring um die Augen.*
Ha|lo|ef|fekt [auch: ˈheɪloʊ...], der (Psych.): *Beeinflussung bei der Beurteilung bestimmter Einzelzüge einer Person durch den ersten Gesamteindruck od. die bereits vorhandene Kenntnis von anderen Eigenschaften.*
ha|lo|gen ⟨Adj.⟩ [zu griech. háls (Gen.: halós) = Salz u. -genḗs = verursachend] (Chemie): *Salz bildend.*
Ha|lo|gen, das; -s, -e (Chemie): *chemisches Element, das ohne Beteiligung von Sauerstoff mit Metallen Salze bildet* (z. B. Brom, Chlor).
Ha|lo|ge|nid, das; -[e]s, -e [zu griech. -eidḗs = -gestaltig] (Chemie): *aus der Verbindung eines Halogens mit einem (meist metallischen) Element entstandenes Salz* (z. B. Kochsalz).
Ha|lo|gen|lam|pe, die: *sehr helle Glühlampe mit einer Füllung aus Edelgas, der eine geringe Menge von Halogen beigemischt ist.*
Ha|lo|gen|schein|wer|fer, der (Kfz-T.): *Scheinwerfer mit Halogenlampen.*
Ha|lo|nen: Pl. von ↑Halo.
Ha|lo|phyt, der; -en, -en [zu griech. phytón = Pflanze] (Bot.): *auf salzreichem Boden (vor allem an Meeresküsten) wachsende Pflanze; Salzpflanze.*
¹Hals, der; -es, Hälse [mhd., ahd. hals, eigtl. = Dreher (des Kopfes)]: 1. *(beim Menschen u. bestimmten Wirbeltieren) Körperteil, der Rumpf u. Kopf miteinander verbindet u. bes. die Bewegung des Kopfes ermöglicht:* ein schlanker, kurzer, gedrungener, ungewaschener H.; sie reckten die Hälse, um etwas sehen zu können; sich den H. brechen; einem Tier den H. umdrehen *(es töten);* bis an den H./bis zum H. im Wasser stehen; jmdm. um den H. fallen *(ihn in einem plötzlichen, heftigen Gefühl von Zuneigung, Freude od. Kummer umarmen);* * **H. über Kopf** (ugs.; *überstürzt, sehr eilig u. ohne vorherige Planung;* urspr. »über H. und Kopf«, »über H. über Kopf« mit der Vorstellung des Sichüberschlagens): H. über Kopf das Land verlassen; sie hat sich H. über Kopf in ihn verliebt; **einen [dicken] H. haben** (ugs.; *wütend sein*); **seinen H. riskieren** (↑Kopf 1); **sich ⟨Dativ⟩ nach jmdm., etw. den H. verrenken** (ugs.; *erwartungsvoll od. neugierig nach jmdm., etw. Aus-*

H

schau halten); **einen langen H. machen** (ugs.; *sich recken, um [über andere hinweg] etw. sehen zu können*); **jmdm. den H. abschneiden/umdrehen/brechen** (ugs.; *jmdn. [wirtschaftlich] zugrunde richten, ruinieren*); **jmdn./jmdm. den H. kosten, jmdm. den H. brechen** (ugs.; *jmds. Verderben sein, jmdn. ruinieren;* urspr. bezogen auf das Gehängtwerden); **sich** ⟨Dativ⟩ **die Schwindsucht, die Pest** o. Ä. **an den H. ärgern** (ugs.; *sich über längere Zeit so sehr über jmdn., etw. ärgern, dass man schließlich dadurch krank wird*); **jmdn., etw. am/auf dem H. haben** (ugs.; *mit jmdm., etw. belastet sein; viel Mühe od. Ärger mit jmdm., etw. haben*): sie hat immer ziemlich viel am H.; **sich jmdm. an den H. werfen** (ugs.; *sich jmdm. aufdrängen*); **jmdm. jmdn. auf den H. schicken/hetzen** (ugs.; *jmdn., der unerwünscht ist, zu jmdm. schicken*); **sich** ⟨Dativ⟩ **jmdn., etw. auf den H. laden** (ugs.; *sich mit jmdm., etw. belasten u. dadurch viel Arbeit u. Verantwortung auf sich nehmen*); **bis zum/über den H.** (ugs.; *völlig, total*): ich stecke bis über den H. in Arbeit, in Schulden; **sich um den/um seinen H. reden** (ugs.; *sich durch unvorsichtige Äußerungen um seine Position, seine Existenz bringen*); **jmdm. mit etw. vom Hals[e] bleiben** (ugs.; *jmdn. mit etw. nicht belästigen*); **sich** ⟨Dativ⟩ **jmdn., etw. vom Hals[e] halten** (ugs.; *sich mit jmdm., auf etw. nicht einlassen*); **sich** ⟨Dativ⟩ **jmdn., etw. vom Hals[e] schaffen** (ugs.; *sich von jmdm., etw. befreien; jmdn., der, etw., was einem lästig ist, abschütteln*). **2.** *der Rachenraum mit Kehlkopf, Luft- u. Speiseröhre als Sitz der Atem- u. Stimmwege; Schlund, Kehle:* ein rauer, entzündeter, trockener H.; mein H. tut weh; das Bier rann ihm eiskalt den H. hinunter; jmdm. den H. zudrücken (ugs.; *jmdn. erwürgen*); aus dem H. riechen; eine Gräte war ihm im H. stecken geblieben; er hat es im H. (ugs.; *hat Halsschmerzen*); Ü sein Geld durch den H. jagen *(es vertrinken)*; * **den H. nicht voll [genug] kriegen [können]** (ugs.; *nie genug bekommen [können]*); **aus vollem Hals[e]** *(sehr laut)*: sie lachten aus vollem H.; **etw. in den falschen H. bekommen** (ugs.; *etwas gründlich missverstehen [u. deshalb übel nehmen];* geht von der Vorstellung aus, dass etwas in die Luftröhre statt in die Speiseröhre gerät u. dabei einen heftigen Hustenreiz hervorruft); **etw. hängt/wächst jmdm. zum Hals[e] heraus** (ugs.; *jmd. ist einer Sache überdrüssig;* geht von der Tatsache aus, dass Tieren, die sich überfressen haben, das letzte Stück zum Halse heraushängen kann): dein ewiges Gejammere hängt mir zum H. heraus. **3. a)** *der [sich verjüngende] obere Teil einer Flasche od. Ampulle:* eine Flasche mit langem H.; **b)** *langer, schmaler Teil zwischen Körper u. Wirbeln des Saiteninstrumentes, auf dem das Griffbrett liegt u. über den die Saiten gespannt sind:* der H. einer Geige, Gitarre, Laute; **c)** (Med.) *sich verjüngender Teil eines Knochens od. Hohlorgans, der meist das Verbindungsstück zu einem anderen Teil od. Organ bildet:* der H. des Oberschenkelknochens, der Gebärmutter; **d)** (Archit.) *(bei der griechischen Säule) Teil des Säulenschaftes unmittelbar unter dem Kapitell:* der H. einer Säule.

²Hals, der; -es, -en [a: ¹Hals (3) als Bez. für den sich verjüngenden Teil eines Gegenstandes] (Seemannsspr.): **a)** *untere, vordere Ecke eines Segels;* **b)** *Tau, mit dem die untere Ecke eines Segels nach vorn gezogen wird.*

Hals|ab|schnei|der, der (ugs. abwertend): *jmd., der einen anderen auf skrupellose Weise übervorteilt; Wucherer.*

Hals|ab|schnei|de|rin, die: w. Form zu ↑Halsabschneider.

Hals|an|satz, der: *Ansatz (4) des Halses.*

Hals|aus|schnitt, der: *Ausschnitt (2b) eines Kleidungsstücks am Hals:* ein tiefer, spitzer H.

Hals|band, das ⟨Pl. ...bänder⟩: **a)** *[Leder]riemen um den Hals eines Hundes od. anderen Haustieres:* dem Hund ein H. anlegen, ihn am H. führen; **b)** (veraltend) *[wertvolle] breite Halskette;* **c)** *fest um den Hals getragenes [Samt]band [mit Anhänger].*

Hals|bin|de, die: **a)** (früher) *unter dem Kragen des Uniformrocks getragenes Band zum Schonen des Stoffs;* **b)** (veraltend) *Krawatte.*

hals|bre|che|risch ⟨Adj.⟩: *sehr gewagt, tollkühn, lebensgefährlich (sodass man sich den Hals dabei brechen kann):* eine -e Fahrt, Klettertour; ein -es *(gefährliches)* Unternehmen.

Hals|bünd|chen, das: vgl. Bündchen.

Häls|chen, das; -s, -: Vkl. zu ↑¹Hals.

Hal|se, die; -, -n [zu ↑¹Hals in der urspr. Bed. »Dreher«] (Seemannsspr.): *das ²Halsen:* eine H. machen.

Hals|ei|sen, das [mhd. halsîsen]: *(im MA. [als Folterwerkzeug benutztes]) breites Eisenband, das Gefangenen eng um den Hals gelegt wird.*

¹hal|sen ⟨sw. V.; hat⟩ (selten): *umarmen, (jmdm.) liebevoll um den Hals fallen.*

²hal|sen ⟨sw. V.; hat⟩ (Seemannsspr.): *den Kurs eines Segelschiffes ändern, indem man es mit dem Heck durch die Richtung dreht, aus der der Wind weht.*

Hals|ent|zün|dung, die: *mit Halsschmerzen, Schluckbeschwerden [u. Fieber] einhergehende entzündliche Erkrankung der Rachenschleimhaut.*

hals|fern ⟨Adj.⟩ (Mode): *(von einem Kragen) nicht eng am Hals anliegend:* ein Pullover mit -em Kragen.

-hal|sig in Zusb., z. B. kurzhalsig (mit kurzem ¹Hals).

Hals|ket|te, die: *Kette, die als Schmuck um den Hals getragen wird.*

Hals|kra|gen, der: **a)** *den Hals umschließender Kragen:* ein enger, runder, gesteifter H.; **b)** *breites, steifes, abstehendes Gestell, das einem verletzten Tier um den Hals gelegt wird, um es daran zu hindern, seine Wunden zu lecken.*

Hals|krau|se, die: **a)** *gefältelter Kragen (bei einigen Trachten u. bestimmten Formen des Talars);* **b)** *stark ausgebildetes Federkleid am Hals (bei den Männchen verschiedener Vögel, bes. der Hühnervögel).*

Hals|län|ge, die (Pferdesport): *Länge eines Pferdehalses (als Maß für den Abstand zwischen den Pferden):* in der Zielgeraden lag er um zwei -n zurück; den Konkurrenten um eine H. schlagen.

Hals|mus|kel, der: *den Hals bewegender Muskel.*

hals|nah ⟨Adj.⟩ (Mode): *eng am Hals anliegend, hochgeschlossen:* ein -er Kragen.

Hals-Na|sen-Oh|ren-Arzt, der: *Facharzt für Erkrankungen im Bereich von Ohren, Nase, Nebenhöhlen u. Rachenraum;* Kurzf.: HNO-Arzt.

Hals-Na|sen-Oh|ren-Ärz|tin, die: w. Form zu ↑Hals-Nasen-Ohren-Arzt; Kurzf.: HNO-Ärztin.

Hals|schlag|ader, die: *Schlagader am Hals.*

Hals|schmerz, der ⟨meist Pl.⟩: **1.** *durch eine Entzündung im Bereich des ¹Halses (2) verursachter Schmerz:* sie hat starke -en. **2.** (salopp) *(bes. im Zweiten Weltkrieg) Gier nach einem [am Hals zu tragenden] Orden.*

Hals|schmuck, der: vgl. Halskette.

hals|star|rig ⟨Adj.⟩ (abwertend): *[gegen bessere Einsicht] auf seinem Willen, seiner Meinung beharrend; starrköpfig:* ein -er Mensch; »Ich will aber nicht«, sagte er h.

Hals|star|rig|keit, die; - (abwertend): *halsstarrige Haltung, Dickköpfigkeit.*

Hals|tuch, das ⟨Pl. ...tücher⟩: *(als Schutz gegen Kälte od. als schmückendes Accessoir) um den Hals getragenes Tuch:* ein seidenes H. umbinden.

Hals- und Bein|bruch: ↑Beinbruch.

Hals|weh, das ⟨o. Pl.⟩ (ugs.): *Halsschmerzen.*

Hals|wei|te, die; -, -n: *Umfang des Halses (als Maß für Kragenweite u. Halsausschnitt).*

Hals|wi|ckel, der (Med.): *zur Linderung od. Heilung (z. B. bei Angina) um den Hals gelegter feuchter Umschlag.*

Hals|wir|bel, der (Anat.): *zum Hals gehörender Wirbel.*

¹halt ⟨Partikel⟩ [mhd., ahd. halt = mehr, vielmehr Komp. zu ahd. halto = sehr, urspr. viell. = geneigt u. verw. mit unter ↑Halde genanntem germ. Adj.] (bes. südd., österr., schweiz.): **1.** *²eben* (II 1): das ist h. so. **2.** *²eben* (II 2): ich meine h., da müssten wir unbedingt helfen; du musst dich h. wehren.

²halt ⟨Interj.⟩ [Imperativ von ↑halten]: *nicht weiter!; anhalten!; aufhören!; stopp!:* h.! Wer da? (Milit.; Anruf der Wache); Abteilung h. (militärisches Kommando); h. (ugs.; *bleibt hier, bleibt stehen*), ihr dürft hier nicht herein!; du gießt jetzt so lange, bis ich h. sage.

Halt, der; -[e]s, -e u. -s [spätmhd. halt = das Halten, Aufenthalt, Ort; Bestand]: **1.** ⟨o. Pl.⟩ *etw., woran man sich festhalten kann, woran etw. befestigt wird; Stütze; das Gehalten-, Gestütztwerden, das Befestigtsein:* einen H., nach einem festen H. suchen; nach einem H. greifen; sie verlor den H.; das Regal hat keinen richtigen H.; Ü inneren H. *(Festigkeit, Sicherheit)* haben; jeden H. verlieren; an jmdm., etw. [einen] festen H. *(Rückhalt, moralische Unterstützung)* haben. **2.** *[kurzes] Anhalten; [kurze] Unterbrechung [einer Fahrt]:* ein plötzlicher H.; ohne H. ans Ziel fahren; * **H. machen** *([an]halten; stehen bleiben; stoppen):* H. machen, um auszuruhen; **vor jmdm., etw. nicht H. machen** *(jmdn., etw. nicht ausnehmen, nicht verschonen);* **vor nichts [u. niemandem] H. machen** *(vor keiner Tat zurückschrecken; skrupellos sein);* **jmdm., einer Sache H. gebieten** (geh.; ↑Einhalt). **3.** (schweiz. veraltend) *Gehalt, [Flächen]inhalt.*

halt|bar ⟨Adj.⟩: **1. a)** *(bes. von Lebensmitteln) nicht leicht verderbend; über längere Zeit genießbar bleibend:* lange -e Lebensmittel; die Salbe ist höchstens ein Jahr h.; etw. durch Zusätze h. machen *(konservieren);* **b)** *nicht leicht verschleißend, nicht leicht entzweigehend; von fester, dauerhafter Beschaffenheit; strapazierfähig:* -e Stoffe, Tuche; die schweren Nagelschuhe sind sehr h.; Ü die Verbindung, der Friede erwies sich als sehr h. **2. a)** *sich aufrechterhalten lassend* (meist verneint): diese Theorie ist bestimmt nicht h.; **b)** (selten) *sich halten (6 a), erfolgreich verteidigen lassend* (meist verneint): unter diesen Umständen ist die Stadt, die Festung nicht h.; **c)** *sich beibehalten lassend:* sein erster Platz in diesem Wettkampf ist wohl kaum h.; **d)** (Ballspiele) *(von einem Ball, einem Schuss) so geworfen, geschossen, dass er gehalten (3 a), gefangen, abgewehrt werden kann:* dieser Ball war h.

Halt|bar|keit, die; -: *haltbare Beschaffenheit.*

Halt|bar|keits|da|tum, das: *Datum, bis zu dem etw. garantiert haltbar (1 a) ist.*

Hal|te|bo|gen, der (Musik): *bogenförmiges grafisches Zeichen, durch das die Zeitwerte zweier Noten mit gleicher Tonhöhe addiert werden.*

Hal|te|bucht, die (Verkehrsw.): *Ausbuchtung der Fahrbahn am Straßenrand zum Anhalten.*

Hal|te|griff, der: **1.** *(in Autos, öffentlichen Verkehrsmitteln u. Ä. angebrachter) Griff zum Sichfesthalten.* **2.** (Budo) *Griff, mit dem versucht wird, den Gegner auf der Matte unter Kontrolle zu halten.*

Hal|te|lei|ne, die: *Leine, mit der jmd., etw. festgehalten wird.*

Hal|te|li|nie, die (Verkehrsw.): *Linie quer zur Fahrspur, an der [vor Ampeln] angehalten werden muss.*

hal|ten ⟨st. V.; hat⟩ [mhd. halten, ahd. haltan, urspr. = Vieh halten, hüten]: **1. a)** *ergriffen, gefasst haben u. nicht loslassen; festhalten:* eine Stange, die Tasse am Henkel, das Seil an einem Ende h.; das Steuerrad nicht mehr h. können; würden Sie bitte einen Augenblick meinen Schirm, das Kind h.?; haltet ihn, haltet den Dieb! *(lasst ihn nicht entkommen!);* ich halte Ihnen die Tasche; er hielt ihr *(half ihr in)* den Mantel; er hielt *(stützte)* die Leiter; jmds. Hand, ein Kind an, bei der Hand h.; die Mutter hält das Baby im Arm, in den Armen; er hielt den Draht mit den Fingern, mit einer Zange; etw. unterm Arm h.; * **sich nicht h. lassen; nicht zu h. sein** *(sich nicht aufrechterhalten lassen):* diese These, Theorie lässt sich nicht h., ist nicht zu h.; **an sich h.** *(sich zusammennehmen, beherrschen):* ich musste an mich h., als ich das sah; er konnte nicht mehr länger an sich h. und brach in lautes Gelächter aus; **b)** *bewirken, dass etw. in seiner Lage, seiner Stellung o. Ä. bleibt, Halt hat; Befestigung, Halt, Stütze o. Ä. für etw. sein:* nur ein paar Stützbalken halten das baufällige Gemäuer; zwei Schleifen halten den Vorhang [an der Seite]; ihre Haare wurden von einem Band [nach hinten] gehalten; das Regal wird von zwei Haken gehalten *(ist mit zwei Haken befestigt);* die Schraube hat nicht viel zu h. *(wird kaum belastet).* **2. a)** *an eine bestimmte Stelle bewegen u. dort in einer bestimmten Lage, Haltung, Stellung lassen:* den Arm ausgestreckt, den Kopf gesenkt h.; die Hand an, gegen den Ofen h.; ein Dia gegen das Licht h.; das Kind über das Taufbecken h.; du brauchst dir gar nicht die Zeitung vors Gesicht zu halten; **b)** ⟨h. + sich⟩ *eine bestimmte Körperhaltung einnehmen, haben:* sie hält sich sehr aufrecht; er hält sich schlecht, nicht gut; **c)** ⟨h. + sich⟩ *an einer bestimmten Stelle, in einer bestimmten Lage, Stellung verharren, bleiben:* er hielt sich nur ein paar Sekunden auf dem wilden Pferd; (meist in Verbindung mit »können«:) sie konnte sich an der abschüssigen Stelle nicht mehr h. und rutschte ab. **3.** (Ballspiele) **a)** *(einen aufs Tor zukommenden Ball) abfangen, abwehren, am Passieren der Torlinie hindern:* einen Ball, einen Strafstoß h.; **b)** *die aufs Tor zukommenden Bälle in einer bestimmten Weise halten* (3 a): der junge Torhüter hielt großartig. **4.** *zum Bleiben bewegen; zurückhalten, nicht weggehen lassen:* du kannst gehen, es hält dich niemand; was hält uns hier, bei dieser Firma, in dieser Stadt eigentlich noch?; die Firma versuchte alles, um den Facharbeiter zu h.; es hält ihn [hier] nichts mehr; sie ließ sich nicht h. **5.** *bei sich, in sich behalten; nicht ausfließen, herauslaufen, ausströmen lassen; zurückhalten:* der Teich, das Fass hält das Wasser; der Reifen hält die Luft nicht; den Urin, das Wasser h.; (meist verneint in Verbindung mit »können«:) er konnte das Wasser kaum noch, nicht mehr h. **6. a)** (Milit.) *erfolgreich verteidigen:* die Soldaten hielten die Festung; die Stadt, das Gebiet war nicht [länger] zu h.; **b)** *nicht aufgeben, nicht weggeben müssen; sich nicht wegnehmen lassen:* er wird seine Gaststätte, seinen Laden nicht mehr lange h. können; **c)** *(eine erworbene Stellung in einer Rangskala o. Ä.) erfolgreich verteidigen, nicht abgeben, nicht verlieren:* der Läufer konnte seinen Vorsprung bis ins Ziel h.; einen Rekord h. *(innehaben).* **7.** ⟨h. + sich⟩ **a)** *sich mit Erfolg behaupten; erfolgreich bestehen; Bestand haben:* das Geschäft, das Unternehmen, die Kneipe hält sich [wider Erwarten]; er hat sich [als Kanzler] lange gehalten; Ü das Stück konnte sich lange h. *(blieb lange auf dem Spielplan);* **b)** *sich in bestimmter Weise durchsetzen; in bestimmter Weise eine Situation meistern, den Anforderungen genügen:* du hast dich in der Prüfung gut, hervorragend gehalten; wenn er sich weiterhin so [gut] hält, wird er siegen. **8. a)** *in gleicher Weise weiterführen, beibehalten:* den Kurs, die Richtung h.; es fiel ihm schwer, das hohe [Anfangs]tempo zu h.; den Ton, die Melodie, den Takt h.; Diät h.; sie wollen Verbindung miteinander h.; **b)** *(einen bestimmten [inneren] Zustand) bewahren, nicht aufgeben:* Ordnung, Disziplin h.; Frieden, Freundschaft [mit jmdm.] h.; ihr müsst jetzt Ruhe h. (ugs.; *euch ruhig verhalten*); **c)** *einer einmal eingegangenen Verpflichtung nachkommen, sie einhalten, erfüllen, nicht davon abgehen; (ein Versprechen o. Ä.) nicht brechen:* sein Wort, einen Eid, einen Schwur, einen Vertrag h.; er hat sein Versprechen, die Gebote nicht gehalten; was sie verspricht, hält sie auch; Ü der Film hielt nicht, was er, was die Reklame versprach *(er hat die Erwartungen nicht erfüllt, hat enttäuscht);* **d)** ⟨h. + sich⟩ *einer Vorschrift, Vorlage, Verpflichtung o. Ä. entsprechend handeln:* du musst dich an dein Versprechen, an unsere Abmachungen h.; sich an die Gesetze, an einen Vertrag h.; **e)** ⟨h. + sich⟩ *sich nach etw. richten, an etw. orientieren:* du solltest dich mehr an die Tatsachen h.; ich halte mich lieber an das, was ich selbst gehört, gesehen habe; er hat sich bei der Verfilmung [eng] an die literarische Vorlage gehalten. **9.** ⟨h. + sich⟩ **a)** *sich (mit etw., seinen Ansprüchen, Anforderungen, Anliegen o. Ä.) an jmdn. wenden:* wenn du in diesem Punkt etwas erreichen willst, musst du dich an den Direktor h.; Sie müssen sich an Ihre Versicherung h. und nicht an uns; **b)** *jmds. Nähe, Gesellschaft suchen u. bestrebt sein, mit ihm in Kontakt zu bleiben:* ich halte mich lieber an ihn, auf ihn kann man sich wenigstens verlassen. **10.** *auf etw. besonderen Wert legen; auf etw. besonders achten; um etw. bemüht sein:* sehr, streng auf Ordnung, Anstand, Sitte h.; er hielt sehr genau darauf, dass alles seinen geregelten Gang ging; er ist jemand, der [etwas] auf Sauberkeit hält; * **auf sich h.** *(auf sein Ansehen, seinen Ruf, sein Image bedacht sein):* wer [ein bisschen] auf sich hält, kann sich in so einer Kaschemme nicht sehen lassen. **11. a)** *auf jmds. Seite sein u. ihm beistehen, zu ihm stehen; jmds. Partei ergreifen, hinter ihm stehen:* treu zu jmdm. h.; die meisten haben doch zu dir gehalten; auch in der größten Bedrängnis hat er zu mir gehalten; **b)** ⟨in Verbindung mit »es«⟩ *Sympathie für jmdn., etw. haben; [gefühlsmäßig] für jmdn., etw. sein:* er hält es mehr mit seiner Mutter *(ist mehr seiner Mutter zugetan);* er hält es stets mit der Bequemlichkeit *(ist sehr bequem);* man erzählt sich, dass sie es mit ihrem Chef hält (verhüll.; *dass sie mit ihm ein Liebesverhältnis hat*); **c)** ⟨in Verbindung mit »es«⟩ *nach jmds. Vorbild handeln, es jmdm. gleichtun:* ich halte es da mit meiner Mutter, die immer sagte: »Morgenstund hat Gold im Mund«; sie hält es mit ihrem Vater, der Ratenkäufe aus Prinzip ablehnt. **12. a)** ⟨h. + sich⟩ *eine bestimmte räumliche Position, Stelle, einen bestimmten Platz einnehmen u. beibehalten:* er hielt sich immer an ihrer Seite, dicht hinter ihr; das Flugzeug hielt sich auf einer Höhe von 8 000 m; **b)** ⟨h. + sich⟩ *eine bestimmte Richtung einschlagen u. beibehalten, verfolgen:* wenn du an dem Punkt angekommen bist, hältst du dich am besten immer [nach] links; wir müssen uns ostwärts, nach Norden, Richtung Stadt h.; **c)** (Seemannsspr.) *auf etw. Kurs, Richtung nehmen, zusteuern:* der Dampfer hielt auf die Küste; wir mussten nach Süden, südwärts h. **13.** *mit einer Schusswaffe [auf etw.] zielen; eine Schusswaffe auf etw. richten:* auf eine Zielscheibe, auf einen Hasen h.; du musst [genau] in die Mitte, mehr nach rechts h. **14. a)** *zu seiner Verfügung, zu seinem Nutzen, Vergnügen haben u. unterhalten:* Haustiere, Kühe, Hühner h.; willst du dir wirklich ein Pferd, einen Hund h.?; Ü sie können sich kein Auto h. *(leisten);* sich einen Chauffeur h. *(einen Chauffeur beschäftigen);* **b)** *(eine Zeitung, Zeitschrift o. Ä.) abonniert haben:* er hält mehrere Zeitungen. **15.** *für jmdn., etw. in bestimmter Weise sorgen, mit jmdm., etw. in bestimmter Weise umgehen:* seine Kinder streng h.; die Gefangenen wurden straff gehalten; er hält seine Bücher, sein Auto sehr gut. **16. a)** *der Meinung, Auffassung sein, dass sich jmd. in bestimmter Weise verhält, etw. in einer bestimmten Weise beschaffen ist; jmdn., etw. als jmdn., etw. betrachten, auffassen:* jmdn. für ehrlich, aufrecht, gerissen, falsch h.; er wurde für tot gehalten; du hältst dich wohl für besonders klug?; etw. für gesichert, wahrscheinlich h.; ich halte das nicht für gut, halte es für das Beste, wenn er jetzt geht; sie hat es nicht für möglich gehalten; ich habe dich immer für meinen Freund gehalten; er hält sich für etwas Besonderes; ich hielt sie für ihre Zwillingsschwester; **b)** *über jmdn., etw. in bestimmter Weise denken, ein bestimmtes Urteil haben:* von jmdm. nicht viel h. *(eine geringe Meinung von ihm haben, ihn nicht besonders schätzen);* von einer Sache viel, eine ganze Menge, wenig, nichts h.; was hältst du davon? *(wie denkst du darüber?);* **c)** ⟨in Verbindung mit »es«⟩ *in bestimmter Weise verfahren, vorgehen:* er ging nicht gleich nach Hause, wie er es sonst immer gehalten hatte; wie hältst du es mit der Religion? *(was denkst du über die Religion, was hast du für ein Verhältnis zu ihr?);* damit kannst du es/das kannst du h., wie du willst. **17.** *stattfinden lassen, veranstalten; durchführen, abhalten:* einen Gottesdienst h.; eine Vorlesung, eine Ansprache h.; er hält einen guten Unterricht; wann wollt ihr Hochzeit h.?; (häufig verblasst:) er hielt Selbstgespräche; der Hamster hält seinen Winterschlaf; Rat h. (geh.; *sich beraten*); Wache h. *(auf Wache stehen, aufpassen).* **18. a)** *in seinem augenblicklichen [guten] Zustand bleiben; in der gleichen Weise, Form bestehen bleiben:* die Rosen halten sicher noch zwei Tage; ob das Wetter wohl h. wird?; ⟨h. + sich:⟩ wenn sich das Wetter hält, fahren wir morgen; diese Waren halten sich [lange] *(verderben nicht so leicht, sind haltbar);* sie hat sich gut gehalten (ugs.; *sie sieht jünger aus, als sie ist*); **b)** *trotz Beanspruchung ganz bleiben, in unversehrtem Zustand erhalten bleiben, nicht entzweigehen, nicht defekt werden:* die Schuhe halten lange, haben lange gehalten; die Brücke hielt; das muss gelötet werden, sonst hält es nicht richtig; ob die Farbe wohl h. wird?; die Schraube, der Nagel hält *(sitzt fest, löst sich nicht [heraus]);* das Seil hat nicht gehalten *(ist gerissen);* das Eis hält *(bricht nicht, trägt);* die Frisur hat nicht lange gehalten *(hat sich nach kurzer Zeit wieder aufgelöst);* Ü ihre Freundschaft hielt nicht lange *(ging nach kurzer Zeit in die Brüche, hatte keinen Bestand).* **19.** in verblasster Bed. **a)** *veranlassen, bewirken, dass ein bestimmter Zustand, eine bestimmte Verfassung, Situation, Lage erhalten bleibt; in einem bestimmten Zustand lassen, bewahren:* die Tür verschlossen h.; ein Land besetzt h.; sie wird dir das Essen warm h.; die Speisen kühl, frisch h.; die Temperatur in diesem Raum wird immer konstant, auf 30° Celsius gehalten; etw. versteckt h.; er hält sich immer abseits; die Augen geschlossen h.; Bewegung hält jung, fit; sich fit h.; jmdn. bei [guter] Laune h.; sich im Gleichgewicht h.; jmdn. in Bewegung, in Spannung h.; die Maschine in Gang halten; die Akten unter Verschluss h.; er muss sich stets zur Verfügung h.; **b)** *in bestimmter Weise, in einer bestimmten Art gestalten, anlegen, fertigen:* den einen der beiden Räume wollen wir ganz in Dunkel, in Grün h.; ⟨meist im 2. Part.:⟩ das Zimmer war in Weiß und Gold gehalten; seine Ansprache war sehr allgemein gehalten. **20.** *in seiner Vorwärtsbewegung innehalten, zum Stillstand kommen; Halt machen, stehen bleiben, anhalten, stoppen; sich nicht weiter fortbewegen:* das Auto, die Straßenbahn hielt, musste h.; wir hielten genau vor der Tür; der Schnellzug hält hier nicht, hält nur zwei Minuten *(hat hier keinen, nur zwei Minuten Aufenthalt);* ⟨subst.:⟩ er konnte den Wagen nicht mehr zum Halten bringen; Ü (in formelhafter Verwendung; vgl. auch [2]halt!:) halt, haltet, halten Sie [mal] (ugs.; *einen Augenblick bitte, einen Moment mal*), wie war das noch?

Hal|te|punkt, der: *[Bedarfs]haltestelle, bes. an einer Bahnlinie.*

Hal|ter, der; -s, - [mhd. haltære = Hirt; Bewahrer; Inhaber, ahd. haltāri = Erlöser; Empfänger]: **1. a)** *Vorrichtung, an der etw. befestigt werden kann, die etw. (an einer bestimmten Stelle) hält:* eine neue Rolle Toilettenpapier an den H. hängen; **b)** *Teil eines Gegenstands, an dem etw. gehalten wird; Griff:* der Bohrer hat einen H. aus Plastik; **c)** (ugs.) kurz für ↑[Füll]federhalter: mit

H

dem neuen H. kann er viel besser schreiben; **d)** (ugs.) kurz für ↑Strumpfhalter, ↑Sockenhalter: die Strümpfe, Socken am H. befestigen; **e)** (ugs.) kurz für ↑Büstenhalter: mein H. ist zu eng. **2. a)** kurz für ↑Fahrzeughalter: der H. des verunglückten Fahrzeugs; **b)** kurz für ↑Tierhalter: H. von Hunden haben eine Steuer zu entrichten. **3.** (österr.) *Viehhüter.*

Häl|ter, der; -s, - (Fachspr.): **a)** *im fließenden Wasser befindlicher transportabler Behälter, in dem lebende Fische vorübergehend untergebracht werden können;* **b)** *kleiner, frostsicherer Teich.*

Hal|te|re, die; -, -n ‹meist Pl.› [2: lat. halteres < griech. haltēres]: **1.** (Zool.) *kolbenförmiges (entwicklungsgeschichtlich einen umgebildeten Flügel darstellendes) paariges Organ mancher Insekten, das während des Flugs im Gleichtakt mit den anderen Flügeln, jedoch deren Bewegung entgegengesetzt, mitschwingt.* **2.** *(im alten Griechenland) beim Weitsprung zur Steigerung des Schwunges benutztes hantelartiges Stein- od. Metallgewicht.*

Hal|te|rin, die; -, -nen: w. Form zu ↑Halter (2).

hal|ter|los ‹Adj.›: *ohne Halter* (1 d) *[zu tragen]:* -e Strümpfe.

hal|tern ‹sw. V.; hat›: *(in einer Halterung, mithilfe einer Halterung) festklemmen, befestigen.*

häl|tern ‹sw. V.; hat› (Fachspr.): *im Hälter aufbewahren, transportieren:* die Jungfische wurden ohne Verluste gehältert.

Hal|te|rung, die; -, -en: *Haltevorrichtung, durch die etw. an einer bestimmten Stelle so befestigt od. gehalten wird, dass es jederzeit zum Zwecke des Gebrauchs wieder abnehmbar ist:* die Gurte aus der H. nehmen; den Schlauch, den Feuerlöscher in die H. hängen.

Hal|te|schwung, der (Skisport): *Abschwingen* (2), *das zum Halten führt.*

Hal|te|si|gnal, das: *Signal, das ein Anhalten gebietet.*

Hal|te|stel|le, die: *Stelle, an der öffentliche Verkehrsmittel anhalten, um Fahrgäste aus- od. einsteigen zu lassen:* wo ist die nächste H.?; Sie müssen noch drei -n weiter fahren, an der nächsten H. aussteigen; wie weit ist es bis zur nächsten H.?

Hal|te|stel|len|in|sel, die: *Verkehrsinsel, an der sich eine od. mehrere Haltestellen befinden.*

Hal|te|tau, das: vgl. Halteleine.

Hal|te|ver|bot, das: **1.** (Verkehrsw.) **a)** *Verbot, (als Lenker eines [Kraft]fahrzeugs) innerhalb eines bestimmten Bereichs zu halten:* auf Autobahnen besteht ein allgemeines H.; das Zeichen bedeutet [absolutes, eingeschränktes] H.; **b)** *Bereich, in dem Halteverbot* (1 a) *besteht:* er parkte im [absoluten, eingeschränkten] H. **2.** *Verbot, ein bestimmtes Tier zu halten:* ein allgemeines H. für Hunde, Greifvögel verhängen.

Hal|te|ver|bots|schild, das (Verkehrsw.): *Verkehrsschild, das ein Halteverbot anzeigt.*

Hal|te|vor|rich|tung, die: *Vorrichtung, durch die etw. gehalten* (1) *wird.*

Hal|te|zei|chen, das: **1.** *Haltesignal.* **2.** (Musik) *Fermate.*

hal|tig ‹Adv.› (Bergmannsspr.): *Erz enthaltend:* -es Gestein.

-hal|tig, (österr.:) **-häl|tig:** drückt in Bildungen mit Substantiven aus, dass die beschriebene Sache etw. enthält: dioxin-, proteinhaltig.

halt|los ‹Adj.›: **1.** *ohne inneren, seelischen, moralischen Halt, labil, ohne innere Festigkeit:* ein -er Mensch; diese junge Frau ist völlig h. **2.** *unbegründet, einer kritischen Prüfung, einer sachlichen Beurteilung nicht standhaltend; aus der Luft gegriffen:* -e Behauptungen, Anschuldigungen.

Halt|lo|sig|keit, die; -: **1.** *haltloses* (1) *Wesen:* seine H. ließ ihn immer wieder zur Flasche greifen. **2.** *Beschaffenheit, Zustand, der haltlos* (2), *unbegründet ist:* bald musste er die H. seiner Beschuldigungen einsehen.

Halt|schild, das (früher): *Stoppschild.*

Hal|tung, die; -, -en [mhd. haltunge]: **1.** ‹Pl. selten› *Art u. Weise, bes. beim Stehen, Gehen od. Sitzen, den Körper, bes. das Rückgrat, zu halten; Körperhaltung:* eine gute, gebückte, gerade, aufrechte, [nach]lässige H.; eine amtliche, dienstliche H. einnehmen; die Demonstranten nahmen gegenüber den Ordnungskräften eine drohende H. ein; die H. durch gymnastische Übungen korrigieren; in [un]bequemer, verkrampfter H. dasitzen; dem Turner, dem Skispringer wurden wegen schlechter H. Punkte abgezogen; H. annehmen, (selten:) einnehmen (Milit.; *strammstehen*); in strammer H. grüßen. **2. a)** ‹Pl. selten› *innere [Grund]einstellung, die jmds. Denken u. Handeln prägt:* eine sittliche, religiöse, liberale, progressive, konservative H.; eine fortschrittliche, ablehnende, zögernde, klare, zwiespältige, undurchsichtige H. in, zu einer Frage einnehmen; wir wussten nicht, welche H. er zu dieser Frage einnehmen würde; **b)** ‹Pl. selten› *Verhalten, Auftreten, das durch eine bestimmte innere Einstellung, Verfassung hervorgerufen wird:* eine mutige, entschlossene H. zeigen; eine vornehme, ruhige, selbstbewusste H. zeichnete ihn aus; die Uniform schreibt ihrem Träger eine bestimmte äußere H. vor; jmdn. aus seiner reservierten H. locken; sie war beispielhaft, vorbildlich in ihrer H.; **c)** ‹o. Pl.› *Beherrschtheit; innere Fassung:* feste H. zeigen, bewahren; die H. verlieren, wiedergewinnen; etw. in, mit H. aufnehmen, hinnehmen, geschehen lassen, tun; um H. kämpfen, ringen. **3.** ‹o. Pl.› *Tierhaltung:* die H. von Zuchtvieh; dieser Bauer hatte sich auf die H. von Milchkühen spezialisiert; Eier aus natürlicher H.

Hal|tungs|feh|ler, der: **1.** (Med.) *[angeborene] fehlerhafte Körperhaltung.* **2.** (Sport) *Abweichung von der für eine Übung vorgeschriebenen Körperhaltung.*

Hal|tungs|no|te, die (Sport): *Note, mit der die Körperhaltung bei einer Übung bewertet wird.*

Hal|tungs|scha|den, der (Med.): *Haltungsfehler, der auf eine krankhafte Veränderung des Knochengerüsts zurückzuführen ist.*

Halt|ver|bot, das (amtl.): *Halteverbot* (1).

Ha|lun|ke, der; -n, -n [zu tschech. holomek = Halunke, urspr. = bewaffneter Amtsdiener; Henkersknecht, älter = armer Junge vornehmer Herkunft, der bei einem Adligen als Diener arbeitet, eigtl. = Junggeselle, zu: holý = bartlos; nackt, also eigtl. = Bartloser]: **a)** (abwertend) *jmd., der Böses tut, andere gemein od. hinterhältig schädigt; schlechter Mensch:* das sind doch alles Gauner und -n; **b)** (scherzh.) *Schlingel, Lausbub:* na, ihr [kleinen] -n?; verschwindet bloß, ihr -n!

Ha|lun|ken|streich, der: *gemeine Tat eines Halunken.*

Hal|wa, das; -[s] [arab. ḥalwā]: *Süßspeise aus geröstetem Sesam* (1 b), *Honig od. Sirup u. Zucker.*

Häm, das; -s [zu griech. haĩma = Blut] (Biol., Med.): *Bestandteil des Hämoglobins, der diesem seine Farbe gibt.*

häm-, Häm-: ↑hämo-, Hämo-.

Ha|ma|da: ↑Hammada.

Ha|ma|dan [pers.: hæmæˈdɑːn], der; -[s], -s [nach der gleichnamigen Stadt im Iran]: *handgeknüpfter Teppich mit Rhomben im Mittelfeld u. stilisierten Blüten in den Haupt- u. Nebenborten.*

Ha|mam, der; -[s], -s [türk. hamam < arab. ḥammām, ↑Hammam]: *türkisches Bad.*

Ham and Eggs [ˈhæm ənd ˈɛgz] ‹Pl.› [engl. ham and eggs = Schinken und Eier]: engl. Bez. für *Spiegeleier mit Schinken[speck].*

Häm|an|gi|om, das; -s, -e [zu griech. haĩma = Blut u. aggeĩon = Gefäß] (Med.): *gutartige Geschwulst der Blutgefäße.*

hä|ma|t-, Hä|ma|t-: ↑hämato-, Hämato-.

Hä|ma|tin, das; -s [zu griech. haĩma = Blut] (Med.): *Derivat des Hämoglobins.*

Hä|ma|ti|non, das; -s [zu griech. haimátinos = blutig (rot)] (Kunst): *(in der Antike häufig verwendete) kupferhaltige rote Glasmasse.*

Hä|ma|tit [auch: ...ˈtɪt], der; -s, -e [lat. haematites < griech. haimatítēs (líthos), eigtl. = blutiger Stein (wegen der roten Färbung)] (Geol.): *aus Eisenoxid bestehendes stahlgraues bis schwarzes Mineral, das als Eisenerz abgebaut wird.*

hä|ma|to-, Hä|ma|to-, (vor Vokalen:) hämat-, Hämat- [zu griech. haĩma (Gen.: haímatos) = Blut] ‹Best. von Zus. mit der Bed.›: *Blut* (z. B. hämatogen, Hämaturie).

hä|ma|to|gen ‹Adj.› [↑-gen] (Med.): **1.** *aus dem Blut stammend:* -e *(durch das Blut verschleppte)* Bakterien. **2.** *Blut bildend.*

Hä|ma|to|lo|ge, der; -n, -n [↑-loge] (Med.): *auf die Hämatologie spezialisierter Mediziner.*

Hä|ma|to|lo|gie, die; - [↑-logie] (Med.): *Lehre vom Blut u. seinen Krankheiten.*

Hä|ma|to|lo|gin, die; -, -nen (Med.): w. Form zu ↑Hämatologe.

hä|ma|to|lo|gisch ‹Adj.› (Med.): *die Hämatologie betreffend.*

Hä|ma|tom, das; -s, -e (Med.): *Ansammlung von Blut außerhalb der Blutbahn in den Weichteilen; Bluterguss.*

Hä|ma|to|pha|ge, der; -n, -n ‹meist Pl.› [zu griech. phageĩn = essen, fressen] (Med., Biol.): *Blut saugender Parasit.*

Hä|ma|to|xy|lin, das; -s [zu griech. xýlon = Holz]: *pflanzlicher Farbstoff, der aus dem Holz des südamerikanischen Blutholzbaumes durch Extraktion mit Äther hergestellt wird.*

Hä|ma|to|zo|on, das; -s, ...zoen ‹meist Pl.› [zu griech. zõon = Lebewesen; Tier]: *tierischer Parasit, der im Blut anderer Tiere od. des Menschen lebt.*

Hä|ma|to|zyt, der; -en, -en ‹meist Pl.› [zu griech. kýtos = Höhlung, Wölbung] (Med.): *Hämozyt.*

Hä|ma|tu|rie, die; -, -n [zu griech. oũron = Harn] (Med.): *Ausscheidung nicht zerfallener roter Blutkörperchen mit dem Urin; Harnblutung.*

Ham|burg: Stadt u. deutsches Bundesland.

[1]Ham|bur|ger, der; -s, -: Ew.

[2]Ham|bur|ger [engl.: ˈhæmbəːgə], der; -s, - u. (bei engl. Ausspr.) -s [kurz für: Hamburger Steak]: *zwischen den getoasteten Hälften eines Brötchens servierte heiße Frikadelle aus Rinderhackfleisch:* einen H. essen.

[3]Ham|bur|ger ‹indekl. Adj.›: der H. Hafen.

Ham|bur|ge|rin, die; -, -nen: w. Form zu ↑[1]Hamburger.

ham|bur|gern ‹sw. V.; hat›: *Hamburger Mundart sprechen.*

ham|bur|gisch ‹Adj.›: Altona ist seit 1937 h.

Hä|me, die; - [zu ↑hämisch]: *hämische Haltung, hämische Freude:* er ertrug die H. seiner Mitschüler nicht.

[1]Ha|me|ler, der; -s, - (selten): Ew. zu ↑Hameln.

[2]Ha|me|ler ‹indekl. Adj.› (selten): zu ↑Hameln.

Ha|me|le|rin, die; -, -nen (selten): w. Form zu ↑[1]Hameler.

Ha|meln: Stadt an der Weser.

[1]Ha|mel|ner, der; -s, -: Ew.

[2]Ha|mel|ner ‹indekl. Adj.›.

Ha|mel|ne|rin, die; -, -nen: w. Form zu ↑[1]Hamelner.

ha|melnsch ‹Adj.›: ↑[2]*Hamelner.*

Ha|men, der; -s, - [1: mhd. hame, ahd. hamo, viell. identisch mit mhd. hame, ahd. hamo, ↑hämisch; 2: mhd. ham(e), ahd. hamo, eigtl. = Sichbiegendes, viell. zu: hamal (↑Hammel) od. < lat. hamus = (Angel)haken; 3: H. u.]: **1.** (Fachspr.) **a)** *großes [beutelförmiges] Fangnetz;* **b)** *[kleines, mit einem Stiel, Griff versehenes] Handnetz zum Fischen.* **2.** (selten) *Angelhaken [aus Zinn od. Messing in Form eines Fisches].* **3.** (landsch.) *Kummet.*

hä|misch ‹Adj.› [mhd. hem[i]sch, zu: hem = danach trachtend zu schaden, wahrsch. im Sinne von »verhüllt« zu mhd. ham(e), ahd. hamo, ↑Leichnam]: *auf eine hinterhältige Weise boshaft; heimlich Freude, Triumph empfindend über etw., was für einen anderen unangenehm, peinlich ist; in boshafter Weise schadenfroh:* -e Blicke, Bemerkungen; -e Schadenfreude; seine Bemerkungen waren ziemlich h.; h. grinsen.

Ha|mit, der; -en, -en, **Ha|mi|te,** der; -n, -n: Angehöriger einer Völkergruppe in Afrika.

ha|mi|tisch ⟨Adj.⟩: *zu den Hamiten gehörend, von ihnen stammend, sie betreffend:* -e Sprachen.

ha|mi|to|se|mi|tisch ⟨Adj.⟩ (Sprachw.): *die Sprachen in Nord-, Nordost- u. Zentralafrika betreffend, die semitisch od. mit dem Semitischen verwandt sind:* -e Sprachen.

Ham|ma|da, Hamada, die; -, -s [arab. ḥammāda[h] = die Unfruchtbare] (Geogr.): *Stein- u. Felswüste.*

Ham|mal, der; -s, -s [arab. ḥammāl]: *Lastträger im Vorderen Orient.*

Ham|mam, der; -[s], -s [arab. ḥammām]: *Badehaus im Vorderen Orient.*

Ham|mel, der; -s, -, seltener: Hämmel [mhd. hamel, spätahd. hamal, zu ahd. hamal = verstümmelt, urspr. = gekrümmt]: **1. a)** *verschnittener Schafbock:* einen H. mästen, schlachten; sich wie die H. (ugs.: *geduldig, ohne sich dagegen zu wehren od. aufzulehnen*) abtransportieren lassen; **b)** ⟨o. Pl.⟩ kurz für ↑Hammelfleisch, -braten: sie mag keinen H., mag H. nicht; nach H. riechen, schmecken. **2.** (derbes Schimpfwort) *dummer, einfältiger, grober Mensch:* so ein H.

Ham|mel|bein, das (selten): *Bein eines Hammels:* ***jmdm. die -e lang ziehen** (ugs.; *jmdn. zurechtweisen, scharf tadeln;* vermutlich darauf bezogen, dass der Fleischer dem geschlachteten Hammel die Beine lang zieht, um ihn zu enthäuten); **jmdn. bei den -en nehmen/kriegen** (ugs.; *1. bei den Füßen fassen. 2. jmdn. zur Verantwortung ziehen*).

Ham|mel|bra|ten, der: *Braten aus Hammelfleisch.*

Ham|mel|fleisch, das: *Fleisch vom Hammel* (1 a).

Ham|mel|her|de, die: *Herde von Hammeln:* eine große H.; wie eine H. (salopp abwertend; *undiszipliniert, konfus, ungeordnet*) durcheinander laufen; Ü diese H. (salopp abwertend; *dieser ungeordnete Haufen*)!

Ham|mel|keu|le, die: *Keule des Hammels* (1 a).

Ham|mel|sprung, der [weil die Abgeordneten wie Hammel hinter ihren Vorsitzenden, den »Leithammeln«, den Saal betreten] (Parl.): *Verfahren der Abstimmung, bei dem alle Abgeordneten den Saal verlassen u. durch drei verschiedene Türen, von denen eine Zustimmung, eine Ablehnung u. eine Stimmenthaltung bedeutet, wieder betreten (wobei die Stimmen gezählt werden).*

Ham|mer, der; -s, Hämmer [mhd. hamer, ahd. hamar, eigtl. = (Werkzeug aus) Stein]: **1.** *Werkzeug zum Schlagen od. Klopfen aus einem je nach Verwendungszweck eckigen [u. nach vorn spitz zulaufenden] od. abgerundeten [Metall]klotz u. einem darin eingepassten Stiel:* ein kleiner, schwerer H.; er hatte drei verschiedene Hämmer; mit einem stumpfen H. den Putz von der Wand klopfen; H. und Zirkel im Ährenkranz *(Symbol der Solidarität von Arbeitern, Intelligenz u. Bauern in der DDR);* H. und Sichel *(kommunistisches Symbol der Solidarität von Arbeitern u. Bauern);* ***wissen, wo der H. hängt** (ugs.; *Bescheid wissen, sich genau auskennen; sich in einer bestimmten Situation zurechtfinden*); **jmdm. zeigen, wo der H. hängt** (ugs.; *jmdm. gehörig die Meinung sagen, ihn zurechtweisen*); **unter den H. kommen** (*öffentlich versteigert werden;* weil das Höchstgebot bei der Versteigerung durch einen Hammerschlag des Auktionators bestätigt wird): das Haus kommt unter den H.; **etw. unter den H. bringen** *(etw. versteigern lassen).* **2.** (Technik) **a)** *Werkzeugmaschine zum Umformen von Werkstücken;* **b)** (veraltet) kurz für ↑Hammerwerk. **3.** (Musik) *mit Filz bezogener Klöppel, mit dem die Saiten des Klaviers angeschlagen werden.* **4.** (Anat.) *eines der drei Gehörknöchelchen im menschlichen Ohr, das in der Form einem Hammer ähnelt.* **5.** (Leichtathletik) *an einem starken Draht befestigte Kugel aus Metall, die geschleudert wird.* **6. a)** ⟨o. Pl.⟩ (Fußball Jargon) *große Schusskraft:* dieser bullige Stürmer besitzt, hat einen unwahrscheinlichen H. [im Bein]; **b)** (Ballspiele Jargon) *besonders wuchtiger Schuss:* mit einem tollen H. erzielte er den Ausgleich. **7.** (ugs.) **a)** *grober, schwerer, schwerwiegender Fehler:* da hast du dir aber einen H. geleistet!; in seinem Diktat waren einige dicke Hämmer [drin]; ***einen H. haben** (ugs.; *leicht verrückt sein*): du hast wohl 'n H.!; **b)** *Unverschämtheit, Ungeheuerlichkeit; Übel, harter Schlag* (5): die Mieterhöhung war ein dicker H.; **c)** *großartige Sache, tolle Angelegenheit; riesiger Erfolg:* die Platte ist ein H.; das ist der H. *(einfach toll)*! **8.** (derb) *Penis.*

Häm|mer|chen, das; -s, -: Vkl. zu ↑Hammer.

ham|mer|för|mig ⟨Adj.⟩: *die Form eines Hammers* (1) *besitzend.*

Ham|mer|hai, der: *(in tropischen u. subtropischen Meeren lebender) Hai mit schlankem Körper u. einer Verbreiterung am Kopfende, die der Form eines Hammers* (1) *ähnelt.*

Ham|mer|kla|vier, das (veraltet): *Klavier.*

Ham|mer|kopf, der: **a)** *Teil des Hammers* (1), *mit dem man schlägt;* **b)** (Leichtathletik) *Metallkugel des Hammers* (5).

Häm|mer|lein, das; -s, -: **1.** Vkl. zu ↑Hammer. **2.** (veraltet) *Kobold, böser Geist; Teufel:* Meister H. (*1. Teufel. 2. Scharfrichter*).

Häm|mer|ling, der; -s, -e (veraltet): *Hämmerlein* (2).

häm|mern ⟨sw. V.; hat⟩ [mhd. hemeren]: **1. a)** *mit dem Hammer* (1) *arbeiten, schlagen, klopfen:* wir hörten ihn im Keller h.; die Handwerker hämmerten den ganzen Tag; ⟨auch unpers.:⟩ es hämmerte im ganzen Haus; **b)** *mit dem Hammer* (1) *bearbeiten:* Blech, Zinn, Silber h.; **c)** *[durch Bearbeitung] mit einem Hammer* (1), *hämmernd herstellen:* Kupfergefäße h.; eine gehämmerte Schale, gehämmerter Schmuck. **2.** *in kurzen [rhythmischen] Abständen heftig an, auf, gegen etw. schlagen, klopfen:* [mit den Fäusten] an die Wand h.; sie hämmerte verzweifelt gegen die verschlossene Tür; er hämmert (Boxen Jargon; *schlägt sehr schnell und immer wieder*) in die Körperpartien des Gegners; man hört einen Specht h. *(an der Baumrinde klopfen);* ⟨subst.:⟩ ein lautes Hämmern; Ü Hagelkörner hämmerten an die Fensterscheiben, auf das Dach; der Klöppel hämmert gegen die Glocke; Absätze, Schritte hämmern über das Parkett. **3.** *(in Bezug auf Herz u. Puls) heftig, rasch schlagen, klopfen:* der Puls der Sprinterin hämmert; sein Herz hämmerte bis in den Hals [hinein]; in seinen Schläfen hämmerte *(pulsierte)* das Blut; Ü der Schmerz hämmert in der Wunde. **4.** (ugs.) *ein Geräusch, das dem von Hammerschlägen ähnlich ist, hervorbringen; mit einem anhaltenden, einem Stakkato ähnlichen Geräusch in Tätigkeit sein:* eine Schreibmaschine, ein Klavier hämmerte im Nebenraum. **5.** (ugs.) **a)** *laut, abgehackt, kunstlos spielen:* der Pianist hämmerte einen Rag; **b)** *(mit der Schreibmaschine) langsam, ungeschickt, unangenehm laut schreiben:* nebenan hämmert jemand auf einer Schreibmaschine; er hämmerte den Bericht in die Maschine. **6.** (ugs.) *(durch häufiges, wiederholtes Hinweisen, Erinnern od. dgl.) jmdm. etw. fest, nachdrücklich einprägen:* man muss ihm das immer wieder ins Bewusstsein, in den Schädel h. **7.** (Fußball Jargon) *[den Ball] mit Wucht [in eine bestimmte Richtung] schießen:* aus vollem Lauf aufs Tor h.; den Ball ins Tor h.

Ham|mer|schlag, der: **1. a)** *Schlag mit dem Hammer* (1); **b)** (Technik) *beim Schmieden von glühendem Stahl entstehender oxidischer Überzug, der in Form kleiner Schuppen abspringt.* **2.** (Textilind.) *Seidenstoff, der in seinem Aussehen einem gehämmerten Blech ähnelt.* **3.** (Sport) **a)** (Boxen) *(nach den Regeln nicht erlaubter) Schlag mit der Faust auf den Kopf od. in das Genick des Gegners;* **b)** (Faustball) *Schlag, der mit der schmalen Außenseite der Faust durchgeführt wird.*

Ham|mer|schmied, der (veraltet): *Schmied in einem Hammerwerk.*

Ham|mer|schmie|de, die: *Hammerwerk.*

Ham|mer|stiel, der: *Stiel eines Hammers* (1).

Ham|mer|wer|fen, das; -s (Leichtathletik): *Disziplin, bei der der Hammer* (5) *möglichst weit geworfen werden muss.*

Ham|mer|wer|fer, der (Leichtathletik): *jmd., der das Hammerwerfen betreibt.*

Ham|mer|werk, das: *Schmiede, in der große Hämmer* (2 a) *durch Wasser- od. Dampfkraft betrieben werden.*

Ham|mer|wurf, der (Leichtathletik): **a)** ⟨o. Pl.⟩ *Hammerwerfen;* **b)** *Wurf im Hammerwerfen:* ein H. von 79,90 m bedeutete den Sieg.

Ham|mer|ze|he, die (Med.): *im mittleren Gelenk nach unten abgeknickte deformierte Zehe [die sich über eine benachbarte Zehe schiebt].*

Ham|mond|or|gel ['hæmənd...], die; -, -n [nach dem amerik. Erfinder L. Hammond (1895–1973)]: *elektroakustisches Tasteninstrument mit variierbarer Klangfarbe, das bes. in der Unterhaltungsmusik verwendet wird.*

hä|mo-, Hä|mo-, (vor Vokalen:) häm-, Häm- [griech. haĩma = Blut]: (Best. von Zus. mit der Bed.:) *Blut* (z. B. hämolytisch, Hämoglobin, Hämangiom).

Hä|mo|di|a|ly|se, die; -, -n (Med.): *Blutwäsche.*

Hä|mo|glo|bin, das; -s (Med.): *Farbstoff der roten Blutkörperchen* (Zeichen: Hb).

Hä|mo|glo|bi|nu|rie, die; -, -n [zu griech. oũron = Harn] (Med.): *Auftreten von gelöstem, reinem Blutfarbstoff im Urin infolge plötzlichen Blutzerfalls.*

Hä|mo|lym|phe, die; -, -n (Biol.): *die alle Zellen, Gewebe u. Organe umgebende Körperflüssigkeit wirbelloser Tiere ohne geschlossenen Blutkreislauf.*

Hä|mo|ly|se, die; -, -n ⟨meist Pl.⟩ [↑Lyse] (Med.): *Auflösung der roten Blutkörperchen durch Austritt des roten Blutfarbstoffs infolge Einwirkung von Blutgiften.*

Hä|mo|ly|sin, das; -s, -e (Med.): *Antikörper, der durch Oberflächenveränderung roter Blutkörperchen deren Zerfall bewirkt.*

hä|mo|ly|tisch ⟨Adj.⟩ (Med.): *Hämolyse bewirkend; mit Hämolyse verbunden.*

Hä|mo|phi|lie, die; -, -n [zu griech. philía = (Vor)liebe; Neigung] (Med.): *Bluterkrankheit.*

Hä|mor|rha|gie, die; -, -n [griech. haimorragía = Blutfluss, Blutsturz] (Med.): *starke Blutung; vermehrtes Ausströmen von Blut.*

hä|mor|rha|gisch ⟨Adj.⟩ (Med.): *zu Blutungen führend; mit Blutungen zusammenhängend.*

hä|mor|rho|i|dal ⟨Adj.⟩ (Med.): *die Hämorrhoiden betreffend, durch sie hervorgerufen.*

Hä|mor|rho|i|dal|lei|den, das: *im Auftreten von Hämorrhoiden bestehendes Leiden.*

Hä|mor|rho|i|de, Hä|mor|ri|de, die; -, -n ⟨meist Pl.⟩ [lat. haemorrhoides (Pl.) < griech. haimorrhoídes (Pl.), eigtl. = Blutfluss] (Med.): *knotenförmig hervortretende Erweiterung der Mastdarmvenen um den After herum:* -n können sehr schmerzhaft sein.

Hä|mo|sit, der; -en, -en ⟨meist Pl.⟩ [zu griech. sĩtos = Speise] (Biol., Zool., Med.): *tierischer, pflanzlicher od. bakterieller Blutparasit.*

Hä|mo|spo|ri|di|um, das; -s, ...ien u. ...ia ⟨meist Pl.⟩ [zu griech. spóros = Saat, Samen] (Biol., Med.): *einzelliger Blutparasit (z. B. der Erreger der Malaria).*

Hä|mos|ta|se, die; -, -n [zu griech. stásis = Stehen, Stillstand] (Med.): **1.** *Stillstand der Blutzirkulation, Blutstockung (z. B. in Entzündungsgebieten).* **2.** *Blutstillung.*

Hä|mo|sta|ti|kum, das; -s, ...ka (Med.): *Hämostyptikum.*

Hä|mos|typ|ti|kum, das; -s, ...ka [zu griech. styptikós = zusammenziehend] (Med.): *blutstillendes Mittel.*

Hä|mo|the|ra|pie, die; -, -n: *Eigenblutbehandlung.*

Hä|mo|to|xin, das; -s, -e ⟨meist Pl.⟩ (Med.): *die roten Blutkörperchen schädigendes bakterielles od. chemisches Blutgift.*

Hä|mo|zyt, der; -en, -en ⟨meist Pl.⟩ [zu griech. kýtos = Höhlung, Wölbung] (Med.): *Blutkörperchen.*

Ham|pe|lei, die; -, -en (ugs., meist abwertend):

H

dauerndes Hampeln: diese H. musst du dir abgewöhnen.

Ham|pel|mann, der; -[e]s, ...männer [zu ↑hampeln]: **1. a)** *aus Holz, Pappe od. dgl. hergestelltes, an die Wand zu hängendes Kinderspielzeug in Gestalt eines Mannes (bes. eines Kaspers, einer Märchenfigur od. dgl.), der, wenn man an einem daran befestigten Faden zieht, Arme u. Beine waagerecht vom Körper abspreizt u. Unterschenkel u. Unterarme nach unten baumeln lässt:* ein bunter, hölzerner H.; **Ü** in seiner Klasse spielte er den H.; **b)** (ugs. abwertend) *schwacher, willenloser Mensch, der leicht zu lenken u. zu beeinflussen ist:* dieser H. plappert nur nach, was der Chef sagt; * **jmdn. zu einem, seinem H. machen; einen H. aus jmdm. machen** *(jmdn. ganz von sich abhängig machen, zu einem willenlosen, gefügigen Werkzeug machen):* lass dich doch nicht zu seinem H. machen! **2. a)** (Handball) *Abwehraktion des Torwarts, bei der er im Sprung die Arme seitlich nach oben streckt u. die Beine abspreizt:* der H. ist immer noch eine der besten Möglichkeiten der Abwehr im Hallenhandballtor; **b)** (Gymnastik) *Übung, bei der man aus der Grundstellung in eine leichte Grätsche springt, gleichzeitig beide Arme seitlich hochschwingt, über dem Kopf in die Hände klatscht u. anschließend wieder die Ausgangsposition einnimmt.*

ham|peln ⟨sw. V.; hat⟩ [aus dem Niederd., H. u.] (ugs.): **a)** *sich [von einem Bein auf das andere hüpfend] unruhig hin u. her bewegen:* hör auf [bei Tisch] zu h.!; **b)** *sich hampelnd* (a) *irgendwohin bewegen* ⟨ist⟩: durch die Gegend, über die Tanzfläche, über die Bühne h.

Hams|ter, der; -s, - [mhd. hamastra, ahd. hamustro, aus dem Slaw.]: *(in mehreren Arten vorkommendes) kleines Nagetier mit gedrungenem Körper, meist stummelartigem Schwanz u. großen Backentaschen, mit deren Hilfe es Nahrungsvorräte für den Winterschlaf in einem unterirdischen Bau zusammenträgt:* er hält sich Vorräte wie ein H.; **R** ich glaub, mein H. bohnert (ugs.; *ich bin aufs Höchste erstaunt, überrascht, empört, entrüstet*).

Hams|ter|ba|cke, die ⟨meist Pl.⟩ (fam.): *volle, runde, dicke Backe.*

Hams|te|rer, der; -s, - (ugs.): *jmd., der hamstert.*

Hams|ter|fahrt, die: *Fahrt [aufs Land] zum Zwecke des Hamsterns.*

Hams|te|rin, die; -, -nen (ugs.): w. Form zu ↑Hamsterer.

Hams|ter|kauf, der: *(bei drohender od. befürchteter Verknappung od. Verteuerung bestimmter Waren des täglichen Bedarfs, bes. von Lebensmitteln, vorgenommener) Einkauf von [weit] über den unmittelbaren Bedarf hinausgehenden Mengen solcher Waren zur Schaffung eines Vorrats.*

hams|tern ⟨sw. V.; hat⟩: **1. a)** *Hamsterkäufe vornehmen:* als bekannt wurde, dass Tabak und Alkoholika teurer werden sollten, fingen die Menschen an zu h.; **b)** *(angesichts einer drohenden Knappheit) horten:* Lebensmittel, Zigaretten, Benzin h. **2. a)** *(in Notzeiten, in denen Lebensmittel knapp sind) [mit geeigneten Tauschobjekten] aufs Land fahren, um bei Bauern [auf dem Tauschweg] Lebensmittel zu bekommen:* nach dem Krieg kamen viele Städter aufs Land und hamsterten; **b)** *hamsternd* (2 a) *erwerben:* Kartoffeln, Speck, Getreide h. **3.** (ugs.) *einheimsen:* sie hamsterte viele Titel.

Hams|ter|wa|re, die: *durch Hamstern erworbene Ware.*

Hand, die; -, Hände u. (bei Maßangaben:) - [mhd., ahd. hant, wahrsch. eigtl. = Greiferin, Fasserin]: **1.** *von Handwurzel, Mittelhand u. fünf Fingern gebildeter unterster Teil des Armes bei Menschen u. Affen, der die Funktionen des Haltens, Greifens usw. hat:* die rechte, linke H.; schmale, klobige, feingliedrige, schöne Hände; feuchte, kalte Hände haben; seine Hände zitterten; der Saum ist eine H. breit; der zwei H./Hände breite Saum; sie hat bei der Arbeit eine ruhige, sichere H., sie arbeitet mit ruhiger, sicherer H. *(ihre Handbewegungen bei der Arbeit sind ruhig, sicher);* keine H. frei haben; jmdm. die H. geben, reichen, drücken, schütteln, küssen; küss die H.! (in Wien noch übliche, sonst veraltete, an weibliche, seltener auch an hoch gestellte männliche Personen gerichtete Grußformel); Hände hoch [oder ich schieße]! (Aufforderung, die Hände zu erheben); sich die Hände waschen, abwischen; es war so dunkel, dass man die H. nicht vor den Augen sehen konnte; jmdm. die H. darauf geben *(versichern, fest versprechen),* dass ...; H. drauf! *(versprich es mir/ich verspreche es dir!);* sie hatte die Hände voll Kirschen; eine H. voll schwarze[r] Kirschen; ein paar H./Hände voll Reis; eine H. voll *(einige wenige)* Demonstranten; nicht einmal eine H. voll *(nicht einmal fünf)* Leute sind zu dem Forum gekommen; jmdm. die H. zur Versöhnung bieten, reichen (geh.; *seine Bereitschaft zur Versöhnung kundtun*); sie nahm das Kind an die H.; nimm dem Kind das Messer aus der H., aus den Händen!; die letzten Extrablätter wurden ihm förmlich aus der H. gerissen; die Tiere fraßen [uns] aus der H.; sie legte ihre Arbeit aus der H. *(legte sie vorübergehend beiseite, hörte vorübergehend damit auf);* sie aßen [ihr Picknick] aus der H. *(ohne Zuhilfenahme von Bestecken, Tellern);* eine Zigeunerin las ihm [seine Zukunft] aus der H. *(aus den Handlinien);* jmdn. bei der H. nehmen *(ihn führen);* etw. in der H., in [den] Händen haben, halten, tragen; das Messer in die H. nehmen; er hat schon lange kein Buch mehr in die H. genommen *(kein Buch mehr gelesen);* sie klatschten in die Hände; die Kinder gingen H. in H. *(hielten sich an den Händen);* jmdm. etw. in die H. drücken *(jmdm. [beiläufig od. verstohlen] etw. geben);* mit sanfter H. über etw. streichen; sich mit der H. durchs Haar fahren; sich mit Händen und Füßen (scherzh.; *durch viele Gesten, gestikulierend*) verständlich machen; der Brief ist mit der H. geschrieben; das Kleid ist von H. genäht; eine Sonate für vier Hände/zu vier Händen (Musik; *vierhändig zu spielen*); er nahm einen Bleistift zur H. *(in die Hand);* **R** H. aufs Herz! (Aufforderung, seine Meinung, Überzeugung ehrlich zu sagen; urspr. eine Gebärde beim Ablegen eines Eides); nicht in die hohle H.! (ugs.; *nicht eimal geschenkt, auf keinen Fall*); besser als in die hohle H. geschissen (derb; *besser als gar nichts*); **Spr** eine H. wäscht die andere *(ein Dienst zieht einen Gegendienst nach sich);* * **die öffentliche H., die öffentlichen Hände** *(der Staat als Verwalter des öffentlichen Vermögens);* **die Tote H.** (Rechtsspr.; *öffentlichrechtliche Körperschaft o. Ä., die ihr Eigentum nicht veräußern od. vererben kann*); **jmds. rechte H.** *(jmd., der in einer einem anderen untergeordneten Position diesem wichtige Arbeiten abnimmt, ihn bei seiner Arbeit unterstützt):* als seine rechte H. ist sie ihm unentbehrlich; **jmdm. rutscht die H. aus** (ugs.; *jmd. schlägt einen anderen im Affekt*); **jmdm. sind die Hände/Hände u. Füße gebunden** *(jmd. kann nicht so handeln od. entscheiden, wie er möchte, weil seine Handlungs-, Entscheidungsfreiheit durch bestimmte äußere Umstände entscheidend eingeengt ist);* **eine lockere H. haben** (ugs.; ↑Handgelenk); **freie H. haben** *(tun können, was man will):* bei seinen Entscheidungen hat er freie H.; **H. und Fuß haben** *(gut durchdacht sein;* urspr. bezogen auf jmdn., der unversehrt, nicht verstümmelt ist, sodass man sich voll auf seine körperliche Leistungsfähigkeit verlassen kann): der Plan muss aber H. und Fuß haben; **[bei etw. selbst mit] H. anlegen** *(bei einer Arbeit [aus freiem Antrieb] mithelfen):* der Chef muss selbst mit H. anlegen; **die/seine/die hohle H. aufhalten/hinhalten** (ugs.; *für Trinkgelder, finanzielle Zuwendungen o. Ä. sehr empfänglich sein*); **keine H. rühren** (ugs.; *jmdm. nicht helfen, nicht beispringen, obwohl man sieht, dass er sich sehr abmühen muss*); **H. an sich legen** (geh.; *sich mit einer Waffe töten, Selbstmord begehen*); **H. an jmdn. legen** (geh.; *jmdn. tätlich angreifen [u. töten]*); **[die] letzte H. an etw. legen** *(die letzten abschließenden Arbeiten an etw. ausführen);* **jmdm. die H. [zum Bund] fürs Leben reichen** (geh.; *jmdn. heiraten*); **sich/(geh.:) einander die H. reichen können** *(im Hinblick auf ein bestimmtes, meist negativ beurteiltes Verhalten gleich sein):* ihr beide könnt euch die H. reichen, von euch ist einer so unzuverlässig wie der andere; **jmdm. die Hände schmieren/versilbern** (ugs.; *jmdn. bestechen*); **alle/beide Hände voll zu tun haben** (ugs.; *sehr beschäftigt sein; viel zu tun, viel Arbeit haben; mit etw. große Mühe haben*): ich habe im Augenblick beide Hände voll zu tun, kannst du nicht ein anderes Mal kommen?; **sich** ⟨Dativ⟩ **die H. für jmdn., etw. abhacken/abschlagen lassen** (ugs.; *sich vorbehaltlos u. uneingeschränkt für jmdn., etw. verbürgen*); **jmdm. auf etw. die H. geben** *(von etw. fest überzeugt sein u. dies jmdm. versichern):* das wird so kommen, darauf geb ich dir die H.; **die Hände in den Schoß legen, in die Taschen stecken** (1. *sich ausruhen, einmal nichts tun.* 2. *sich untätig verhalten, wo man eigentlich helfend eingreifen müsste*); **die/seine H. auf etw. halten** (ugs.; *dafür sorgen, dass etw. nicht verschwenderisch ausgegeben od. verbraucht wird*); **die H. auf der Tasche halten** (ugs.; *nicht leicht Geld ausgeben, geizig sein*); **die/seine H. auf etw. legen** (geh.; *von etw. Besitz ergreifen*); **bei etw. die/seine H., seine Hände [mit] im Spiel haben** *(bei etw. heimlich beteiligt sein):* da hatte der BND seine H. im Spiel; **überall seine H./seine Hände im Spiel haben** *(überall mitreden u. seinen Einfluss geltend machen);* **seine Hände in Unschuld waschen** (geh.; *beteuern, dass man an einer Sache nicht beteiligt war u. darum nicht zur Verantwortung gezogen werden kann, dass man mit bestimmten Vorgängen nichts zu tun hat;* nach Matth. 27, 24 u. Ps. 26, 6; Pilatus wusch sich vor der Verurteilung Jesu die Hände zum Zeichen, dass er an seinem Tode unschuldig sei); **für jmdn., etw. die/seine H. ins Feuer legen** (*sich vorbehaltlos u. uneingeschränkt für jmdn., etw. verbürgen;* bezogen auf die ma. Feuerurteile, bei denen der Angeklagte, um seine Unschuld zu beweisen, seine Hand ins Feuer halten musste u. als unschuldig galt, wenn er keine Verbrennungen erlitt); **die H. in anderer, fremder Leute Taschen haben** *(auf Kosten anderer leben);* **die Hände überm Kopf zusammenschlagen** (ugs.; *sehr verwundert od. entsetzt sein;* eigtl. eine Gebärde, durch die man in der Gefahr den Kopf zu schützen sucht); **die/seine H. über jmdn. halten** (geh.; *jmdm. Schutz, Beistand gewähren;* nach einem alten Rechtsbrauch, nach dem jmd., dem das Begnadigungsrecht zustand, die Hand über einen Angeklagten od. Verurteilten halten konnte, wodurch dieser außer Verfolgung gesetzt wurde); **jmdm. die Hände unter die Füße breiten** (ugs.; *jmdm. alles so leicht machen wie nur möglich, ihm alle Schwierigkeiten aus dem Weg räumen*); **die/seine H. von jmdm. abziehen** (geh.; *jmdm. seinen Schutz, seine Hilfe od. Zuwendung entziehen;* nach 4. Mos. 14, 34); **zwei linke Hände haben** (ugs.; *für manuelle Arbeiten sehr ungeeignet sein*); **eine lockere/lose H. haben** *(dazu neigen, jmdm. schnell eine Ohrfeige zu geben);* **eine milde/offene H. haben** *(gern geben; freigebig sein);* **eine glückliche H. [bei etw.] haben, zeigen, beweisen** *(bei etw. besonderes Geschick haben, zeigen, intuitiv richtig handeln, vorgehen):* bei der Auswahl der Bewerber hatte er keine glückliche H.; **eine grüne H. haben** (ugs.; *bei der Pflege von Pflanzen in Bezug auf das Gedeihen guten Erfolg haben*); **klebrige Hände haben** (ugs.; *zum Stehlen neigen*); **schmutzige Hände haben** (geh.; *in eine ungesetzliche Angelegenheit verwickelt, an etw. [mit]schuldig sein*); **linker H., rechter H.** *(links/rechts):* linker H. liegt der See; **an H.** ↑anhand; **jmdm. etw. an die H. geben** *(jmdm.*

etw. geben, überlassen, zur Verfügung stellen, was dieser für einen bestimmten Zweck braucht): der Beauftragte des Unternehmens hat ihm alles Material an die H. gegeben, das er für seine Arbeit braucht; **jmdm. [bei etw.] an die H. gehen** *(jmdm. bei einer Arbeit durch Handreichungen o. Ä. helfen, ihn bei der Arbeit unterstützen):* sie klagte darüber, dass ihr bei der Hausarbeit nie jemand an die H. ginge; **jmdn. an der H. haben** (ugs.; *jmdn. kennen, zu jmdm. Verbindung haben, den man gegebenenfalls für bestimmte Dienste in Anspruch nehmen kann*): er hat einen guten Rechtsanwalt an der H.; **sich** ⟨Dativ⟩ **etw. an beiden Händen abzählen/abfingern können** (ugs.; *sich etw. leicht denken, etw. leicht vorhersehen können*); **[klar] auf der H. liegen** (ugs.; *ganz offenkundig, klar erkennbar, eindeutig sein*): die Folgen der Dürre lagen auf der H.; **[bar] auf die [flache] H.** (ugs.; *sofort in bar [und ohne weitere Abzüge]*): sie wollte keinen Scheck, sondern alles bar auf die flache H.; **auf die H. bekommen** *(als Bargeld erhalten):* er gibt immer alles aus, was er auf die H. bekommt; **jmdn. auf Händen tragen** *(jmdn., dem man zugetan ist, sehr verwöhnen, alles für ihn tun;* nach Ps. 91, 11, 12); **aus der H.** *(ohne Unterlagen, ohne genauere Prüfung):* so aus der H. kann ich es nicht genau sagen; **aus erster H.** (1. *vom ersten Besitzer:* Gebrauchtwagen aus erster H.; er hat das Auto aus erster H. gekauft. 2. *[in Bezug auf Informationen, Nachrichten] aus sicherer Quelle:* die Nachricht ist, stammt aus erster H.); **aus zweiter H.** (1. *gebraucht, nicht neu:* etw. aus zweiter H. kaufen. 2. *vom zweiten Besitzer:* er hat sein Auto aus zweiter H. 3. *von einem Mittelsmann:* Informationen aus zweiter H.); **aus, von privater H.** *(von einer Privatperson):* etw. von privater H. kaufen; **jmdm. aus der H. fressen** (ugs.; *jmdm. so ergeben sein od. von jmdm. innerlich so abhängig sein, dass man alles tut, was er von einem erwartet od. verlangt*); **etw. aus der H. geben** (1. *etw. weggeben, [vorübergehend] einem anderen überlassen, anvertrauen:* ein wertvolles Buch nicht aus der H. geben. 2. *ein Amt od. dgl. nicht länger innehaben wollen, auf seine Weiterführung verzichten:* der Senior hat die Leitung des Unternehmens aus der H. gegeben); **[aus der] H. spielen** (Skat; *ohne den Skat aufzuheben spielen*): einen Grand aus der H. spielen; ich spiele Pik H.; **jmdm. etw. aus der H. nehmen** *(jmdm. etw. entziehen, wegnehmen):* man hat vergeblich versucht, ihm die Entscheidungsgewalt wieder aus der H. zu nehmen; **etw. bei der H. haben** (1. *etw. greifbar haben:* hast du einen Bleistift bei der H.? 2. *um etw. nicht verlegen sein, etw. parat haben:* natürlich haben die beiden Ausreden bei der H.); **[mit etw.] schnell/rasch bei der H. sein** (ugs.; *sehr schnell, voreilig, unbedacht urteilen, sich äußern, reagieren* usw.): er ist [allzu] schnell bei der H., einen anderen zu verurteilen; **durch jmds. H./Hände gehen** *(im Laufe der Zeit, einer gewissen Zeit von jmdm. bearbeitet, behandelt, gebraucht werden):* wie viele Patienten sind in all den Jahren durch seine Hände gegangen?; **[schon/bereits] durch viele Hände gegangen sein** *(schon häufig den Besitzer gewechselt haben);* **hinter vorgehaltener H.** *(im Geheimen, inoffiziell):* etw. hinter vorgehaltener H. sagen; **[mit jmdm.] H. in H. arbeiten** *(so [mit jmdm.] zusammenarbeiten, dass man sich gegenseitig ergänzt, sodass im Arbeitsablauf Stockungen vermieden werden);* **mit etw. H. in H. gehen** (*mit etw. einhergehen* 2): mit einer Rezession geht meist ein Ansteigen der Arbeitslosigkeit H. in H.; **in die Hände spucken** (ugs.; *ohne Zögern u. mit Schwung an die Arbeit gehen*); **jmdm., einer Sache in die H./in die Hände arbeiten** *(etw. tun, womit man unbeabsichtigt jmdm. hilft, einer Sache Vorschub leistet):* durch sein Verhalten hat er den Gangstern in die Hände gearbeitet; **jmdn., etw. in die H./in die Hände bekommen/kriegen** *([durch Zufall] einer Person od. Sache habhaft werden):* die Dokumente darf er niemals in die H. bekommen; wenn sie ihn in die Hände bekommen, ist er verloren; **jmdm. in die H./in die Hände fallen, kommen** *(durch Zufall von jmdm. gefunden werden):* diese Lampe ist mir beim Stöbern auf einem Trödelmarkt in die Hände gefallen; **jmdm. in die Hände fallen** (1. *in jmds. Besitz kommen:* die Dokumente sind einem ausländischen Geheimdienst in die Hände gefallen. 2. *in jmds. Gewalt geraten:* der Spähtrupp ist dem Feind in die Hände gefallen); **jmdn., etw. in jmds. H. geben** (geh.; *jmdn., etw. jmdm. überantworten*); **etw. in der H. haben** (1. *etw. [worauf man sich stützen kann, was einem eine Handhabe bietet] haben:* er hat Dokumente in der H., mit denen er sie erpressen kann. 2. *Entscheidungsgewalt über etw. besitzen:* er hatte es in der H., den Dieb anzuzeigen); **jmdn. in der H. haben** *(jmdn. in seiner Gewalt haben, ihn lenken können; jmds. völlig sicher sein):* er wusste, dass sie ihn wegen der Falschaussage in der H. hatte; **sich in der H. haben** *(sich in der Gewalt, unter Kontrolle haben, sich beherrschen können):* nach dem Unfall hatte er sich noch nicht wieder in der H.; **etw. in Händen halten** *(über etw. verfügen);* **etw. in jmds. H./Hände legen** (geh.; *jmdn. mit etw. betrauen*): er legte die Leitung des Kongresses in die Hände seines Stellvertreters; **in jmds. H. liegen/stehen** (geh.; *in jmds. Macht, Verantwortung gegeben sein*); **etw. in die H. nehmen** *(sich einer Sache annehmen, sich um etw. kümmern);* **in jmds. H. sein** *(in jmds. Gewalt sein);* **in festen Händen sein** (ugs.; *einen festen Freund, eine feste Freundin haben, nicht mehr frei sein für eine Bindung*); **in guten, sicheren** usw. **Händen sein** *(in guter, sicherer* usw. *Obhut, Betreuung sein);* **jmdm. etw. in die H./in die Hände spielen** *(jmdm. etw. zuspielen):* der Geheimdienst spielte dem Generaldirektor das brisante Dossier in die Hände; **jmdm. etw. in die H. versprechen** *(jmdm. etw. fest versprechen);* **in jmds. H./Hände übergehen** *(in jmds. Besitz übergehen):* mit der gesamten Erbschaft ging auch die Firma in die Hände der Nichte über; **mit Händen zu greifen sein** *(offenkundig, für jedermann erkennbar, wahrnehmbar sein):* die Spannung im Raum war mit Händen zu greifen; **sich mit Händen und Füßen [gegen jmdn., etw.] sträuben/wehren** (ugs.: *sich auf das Heftigste [gegen jmdn., etw.] wehren, sträuben:* als man sie festnehmen wollte, wehrte sie sich mit Händen und Füßen; **mit leeren Händen** (1. *ohne eine Gabe mitzubringen:* zu der Party war keiner mit leeren Händen gekommen. 2. *ohne in einer bestimmten Sache etw. erreicht zu haben, ohne greifbares positives Ergebnis:* auf keinen Fall wollte sie von ihrer Mission mit leeren Händen zurückkommen); **mit leichter H.** *(ohne Anstrengung od. krampfhafte Bemühung);* **mit der linken H.** (ugs.; *ohne jede Anstrengung, ganz mühelos*): seine Schularbeiten macht er mit der linken H.; **mit sanfter H.** *(auf sanfte* 4 b *Art);* **mit starker/fester H.** *(tatkräftig, streng):* der Monarch regierte sein Volk mit fester H.; **mit vollen Händen** *(in verschwenderisch großer Menge):* sein, das Geld mit vollen Händen ausgeben, verschenken, zum Fenster hinauswerfen; **um jmds. H. anhalten/bitten** (geh. veraltend; *jmdm. einen Heiratsantrag machen*); **jmdn. um jmds. H. bitten** (geh. veraltend; *jmdn. [dessen Tochter man heiraten möchte] um die Einwilligung bitten, jmdn. zu heiraten*); **unter der H.** *(im Stillen, heimlich u. unter Missachtung geltender Regeln):* etw. unter der H. regeln, verkaufen; etw. unter der H. erfahren; Informationen unter der H. weitergeben; einen Posten unter der H. vergeben; unter der H. *(über inoffizielle Kanäle)* erfuhren sie von dem geplanten Attentat; **etw. unter den Händen haben** *(etw. in Arbeit haben);* **jmdm. unter den Händen zerrinnen** *([bes. in Bezug auf Geld, Vermögen] sich schnell verringern, aufzehren);* **von jmds. H.** (geh.; *durch jmdn., jmds. Tat*): sie war von des Liebsten Hand gestorben; **jmdm. [gut, flott** usw. **] von der H. gehen** *([in Bezug auf eine Arbeit, Tätigkeit] von jmdm. rasch, ohne Schwierigkeiten erledigt, geschafft werden);* **etw. von langer H. vorbereiten, planen** usw. *(etw. lange u. sorgfältig vorbereiten, planen* usw.; vgl. spätlat. longa manu = langsam [eigtl. = mit langer Hand]): der Überfall war von langer H. geplant; **etw. von der H. weisen** *(etw. [als unzutreffend, unzumutbar, abwegig] zurückweisen):* ich würde das nicht ohne weiteres von der H. weisen; **sich nicht von der H. weisen lassen/nicht von der H. zu weisen sein** (*offenkundig sein, nicht zu verkennen sein, sich nicht ausschließen lassen;* wohl mit Bezug darauf, dass etwas, was sich auf der Hand befindet, deutlich sichtbar ist): diese Möglichkeit ist nicht [ganz] von der H. zu weisen; **von der H. in den Mund leben** *(seine Einnahmen sofort für seine Lebensbedürfnisse wieder ausgeben [müssen]; ohne finanziellen Rückhalt leben);* **von H. zu H. gehen** *(häufig den Besitzer wechseln);* **zur linken H., zur rechten H.** *(links, rechts);* **zu treuen Händen** (geh., oft scherzh.; *[in Bezug auf etw., was man einem anderen zur vorübergehenden Benutzung, zur Aufbewahrung od. dgl. anvertraut] zur guten, sorgsamen Behandlung, Verwahrung od. dgl.):* vor seiner Abreise hatte er das Haus und die Schlüssel seinem Freund zu treuen Händen übergeben; **etw. zur H. haben** *(etw. greifbar, verfügbar, bereithaben);* **zur H. sein** *(greifbar, verfügbar, bereit sein):* eine Schere war gerade nicht zur H.; **mit etw. zur H. sein** *(etw. bereit-, verfügbar haben, mit etw. zur Stelle sein):* mit guten Angeboten ist er stets zur H.; **jmdm. zur H. gehen** *(jmdm. bei einer Arbeit durch Handreichungen helfen):* das Mädchen ging der Mutter beim Backen zur H.; **zu Händen** ([bei Briefanschriften an eine übergeordnete Stelle in Verbindung mit dem Namen der Person, in deren Hände die Postsendung gelangen soll] *zu übergeben an*): zu Händen [von] Herrn Müller, (selten:) des Herrn Müller; Abk.: z. H., z. Hd., z. Hdn. **2.** ⟨o. Pl.⟩ (veraltend) kurz für [Hand]schrift: eine saubere, leserliche, ausgeschriebene H. **3.** ⟨o. Pl., ugs. gelegtl.: Hände; meist ohne Art.⟩ (Fußball) *Handspiel:* absichtliche H.; angeschossene H. *(unabsichtliches Handspiel, bei dem sich Hand od. Arm nicht zum Ball bewegen);* der Schiedsrichter pfiff H., entschied auf H.; Hand! (Ruf, wenn ein Spieler den Ball mit der Hand berührt). **4.** (Boxen Jargon) *Schlag, Treffer:* er brachte im Nahkampf immer einige Hände mehr unter als sein Gegner; nach einer schweren rechten H. *(Schlag mit der rechten Faust)* musste er auf die Bretter. **5.** ⟨o. Pl.⟩ (Reiten) **a)** kurz für ↑Vorhand (3); **b)** kurz für ↑Mittelhand (2); **c)** kurz für ↑Hinterhand (2).

Hand|ab|wehr, die: **1.** (Ballspiele) *Abwehr des auf das Tor zukommenden Balls mit der Hand.* **2.** (Boxen) *Abwehr eines gegnerischen Schlags mit der geöffneten Hand.*

Hand|ab|zug, der: **1.** (Druckerspr.) *mit der Handpresse hergestellter Abzug eines Bleisatzes.* **2.** (Fot.) *von Hand angefertigter Abzug von einem Negativ od. Diapositiv.*

Hand|än|de|rung, die (schweiz.): *Übergang von Eigentum (bes. Grundbesitz, Wertpapieren) von einer Person auf eine andere:* nach der H. wurde das Gebäude von Grund auf renoviert.

Hand|ap|pa|rat, der: **1.** (Fernspr.) *Teil des Telefonapparates, der Hör- u. Sprechmuschel enthält; Hörer.* **2.** *für einen bestimmten Zweck, z. B. als Hilfsmittel für eine wissenschaftliche Arbeit, am Arbeitsplatz bereitgestellte Anzahl von häufig gebrauchten Büchern:* sich einen H. zusammenstellen.

Hand|ar|beit, die: **1.** ⟨o. Pl.⟩ **a)** *körperliche, mit der Hand, mit Muskelkraft verrichtete, ausgeführte Arbeit:* dieser Beruf erfordert sowohl Kopf- als auch H.; er verrichtet überwiegend H.; **b)** *mit der Hand geleistete, nicht von Maschinen übernommene Arbeit, bes. zur Herstellung von etw.:*

H

die Möbel werden hier noch in H. gefertigt, hergestellt. **2.** *in Handarbeit* (1 b) *hergestellter Gegenstand:* der Schmuck ist eine wundervolle H. **3.** *in einer bestimmten Technik (z. B. Sticken, Stricken, Nähen) mit der Hand hergestellte Arbeit aus textilen Werkstoffen:* sie macht gerne -en; sie sitzt an einer H. **4.** ⟨o. Pl.⟩ (ugs.) kurz für Handarbeitsunterricht.

hand|ar|bei|ten ⟨sw. V.; hat⟩: *eine Handarbeit* (3) *ausführen:* sie handarbeitet gerne, hat immer gerne gehandarbeitet.

Hand|ar|bei|ter, der: *jmd., der Handarbeit* (1 a) *verrichtet.*

Hand|ar|bei|te|rin, die: w. Form zu ↑Handarbeiter.

Hand|ar|beits|garn, das: *[farbiges] Garn verschiedener Art für Stick- u. Häkelarbeiten.*

Hand|ar|beits|ge|schäft, das: *Einzelhandelsgeschäft, das die für Handarbeiten* (3) *benötigten Materialien führt.*

Hand|ar|beits|korb, der: *Korb, in dem in Arbeit befindliche Handarbeiten* (3) *aufbewahrt werden.*

Hand|ar|beits|un|ter|richt, der: *Unterricht, in dem das Anfertigen von Handarbeiten* (3) *gelehrt wird:* der H. fiel aus.

Hand|at|las, der: *kleiner, handlicher Atlas.*

Hand|auf|he|ben, das; -s: *das Erheben der Hand bei in die Höhe gestrecktem Arm (bei einer nicht geheimen Abstimmung):* eine Abstimmung durch H.

Hand|auf|le|gen, das; -s, **Hand|auf|le|gung,** die (bes. Rel.): *Geste des Auflegens der Hand od. beider Hände auf das Haupt eines Menschen (od. auf einen Gegenstand) zum Zwecke der Segnung od. auch der Heilung von Krankheiten.*

Hand|ball, der: **1.** ⟨o. Pl.⟩ *zwischen zwei Mannschaften ausgetragenes Ballspiel, bei dem der Ball nach bestimmten Regeln mit der Hand in das gegnerische Tor zu werfen ist.* **2.** *im Handball* (1) *verwendeter Ball.*

Hand|bal|len, der: *Muskelpolster an der Innenseite der Handfläche, bes. an der Handwurzel:* der H. schmerzte vom Sturz.

Hand|bal|ler, der; -s, - (ugs.): *Handballspieler.*

Hand|bal|le|rin, die; -, -nen: w. Form zu ↑Handballer.

Hand|ball|mann|schaft, die: *aus 12 Spielern bestehende Mannschaft beim Handball* (1).

Hand|ball|spiel, das: *Handball* (1).

Hand|ball|spie|ler, der: *jmd., der Handball* (1) *spielt.*

Hand|ball|spie|le|rin, die: w. Form zu ↑Handballspieler.

hand|be|dient ⟨Adj.⟩: *von Hand, manuell bedient:* -e Schleusen.

Hand|be|sen, der: *kleiner Besen, bei dem der kurze Stiel an einer Schmalseite der Bürste angebracht ist, sodass der Besen mit einer Hand geführt werden kann.*

Hand|be|trieb, der ⟨o. Pl.⟩: *von Hand erfolgender, manueller Betrieb* (2 a): der Polizist schaltete die Ampelanlage auf H.

hand|be|trie|ben ⟨Adj.⟩: *mit der Hand betrieben:* eine -e Pumpe, Bohrmaschine, Mühle.

Hand|be|we|gung, die: **1.** *mit der Hand ausgeführte Bewegung:* eine schwungvolle H. **2.** *als Geste ausgeführte Bewegung der Hand:* eine wegwerfende, abwinkende, verächtliche, abschließende, einladende H. machen; sie forderte ihn mit einer H. auf, das Zimmer zu verlassen.

Hand|bi|bli|o|thek, die: **1.** *größerer Handapparat* (2). **2.** *im Lesesaal einer öffentlichen Bibliothek aufgestellte, für die Besucher frei zugängliche größere Anzahl bes. von Nachschlagewerken, die nur innerhalb des Lesesaals benutzt werden dürfen.*

Hand|boh|rer, der: *handbetriebener Bohrer* (1).

Hand|brau|se, die: *mit einem Schlauch verbundene Brause, die zum Zweck des Duschens in die Hand genommen u. bewegt werden kann.*

hand|breit ⟨Adj.⟩: *eine Hand* (1) *breit:* ein -er Spalt; das Band, der Streifen ist etwa h.; die Tür stand h. (ugs.; *einen handbreiten Spalt weit*) offen.

Hand|breit, die; -, -: *Breite einer Hand* (1) *als Maßeinheit:* der Rock muss eine/zwei H. länger sein; die Tür stand eine H. offen.

Hand|brei|te, die: *Breite einer Hand* (1): die Kugel verfehlte ihr Ziel um H.

Hand|brem|se, die: *Bremse, die mit der Hand betätigt wird:* die H. [an]ziehen, lösen; den Wagen mit angezogener H. und eingelegtem Gang stehen lassen.

Hand|buch, das [LÜ von lat. manuale]: *Buch in handlichem Format, das den Stoff eines bestimmten Wissensgebietes od. dgl. in systematischer, lexikalischer Form behandelt:* das Werk heißt »H. der Kernenergie«; ohne das H. hätte ich den PC nicht bedienen können.

Hand|bürs|te, die: vgl. Nagelbürste.

Händ|chen, das; -s, -: Vkl. zu ↑Hand (1): gib mir dein H.!; * **[mit jmdm.] H. halten** (ugs.; *sich [mit jmdm.] zärtlich bei den Händen halten*): sie hielten H. und küssten sich; ein H. haltendes Pärchen; H. haltend schlenderten sie durch den Park; **jmdm. das H. halten** *(jmdm. unterstützend, tröstend beistehen):* soll ich mitkommen und dir im Wartezimmer das H. halten oder schaffst du es alleine?; **für etw. ein [feines] H. haben** (ugs.; *für etw. Geschick haben*).

Händ|chen|hal|ten, das; -s (ugs.): *zärtliches Sich-bei-den-Händen-Halten:* nach dem Streit war es mit dem H. vorbei.

Hand|chi|rur|gie, die: *Teilgebiet der Chirurgie, das sich mit der chirurgischen Versorgung bei Verletzungen der Hände beschäftigt.*

Hand|creme, die: *Creme für die Pflege der Hände.*

Hand|druck, der: **1.** ⟨Pl. ...drucke⟩ *mithilfe einer Handpresse vom Künstler selbst hergestellter Abdruck von einer grafischen Originalplatte.* **2.** ⟨Pl. ...drucks⟩ *mit der Hand bedruckter Stoff.*

Hän|de: Pl. von ↑Hand.

Hän|de|druck, der ⟨Pl. ...drücke⟩: **a)** *(bei der Begrüßung od. Verabschiedung od. als Geste, die ein bestimmtes Gefühl ausdrücken soll, vorgenommenes) Drücken der Hand eines Gegenübers:* ein fester, freundschaftlicher H.; jmdn. mit H. begrüßen; Ü für seine Bemühungen bekam er nur einen warmen H. *(allenfalls ein Wort des Dankes, aber keinerlei Gegenleistung);* * **goldener H.** (*Zahlung einer hohen Abfindung an einen Angestellten, die dieser als Gegenleistung dafür erhält, dass er seiner Entlassung zustimmt;* LÜ von engl. golden handshake): einen goldenen H. bekommen; **b)** *Art, jmdm. die Hand zu geben:* er hat einen laschen, festen H.

Hän|de|klat|schen, das; -s: *das In-die-Hände-Klatschen:* die Gäste wurden mit freundlichem H. begrüßt.

[1]Han|del, der; -s [spätmhd. handel = Handel(sgeschäft); Rechtsstreit, rückgeb. aus ↑handeln]: **1.** *Teilbereich der Wirtschaft, der sich dem Kauf u. Verkauf von Waren, Wirtschaftsgütern widmet; Gesamtheit der Handelsunternehmen; Geschäftswelt* (1): der H. hält eine Preiserhöhung für unvermeidlich; die Verbände von H. und Industrie, H. und Gewerbe. **2. a)** *das Kaufen u. Verkaufen, Handeln* (1 a) *mit Waren, Wirtschaftsgütern:* ein blühender, lebhafter H.; der H. mit Waffen wurde untersagt; **b)** *Warenaustausch; Geschäftsverkehr:* der internationale, überseeische H.; eine Ausweitung des -s anstreben; den H. mit dem Ausland unterbinden; wir [be]treiben mit diesen Ländern H.; H. treibende Völker; das Medikament wurde aus dem H. gezogen *(wird nicht mehr verkauft);* das Buch ist [nicht mehr] im H. *(ist [nicht mehr] lieferbar);* ein neues Produkt in den H. bringen *(zum Kauf anbieten);* * **H. und Wandel** (veraltend; *das gesamte geschäftliche u. gesellschaftliche Leben u. Treiben in einem Gemeinwesen*); **c)** *[Laden]geschäft, kleineres Unternehmen:* er hat, betreibt in der Vorstadt einen kleinen H. mit Gebrauchtwagen; sie haben einen H. in Obst u. Gemüse aufgemacht. **3.** *[geschäftliche] Abmachung, Vereinbarung, bei der etw. ausgehandelt wird; Geschäft* (1 a): ein vorteilhafter, günstiger H.; der H. ist nicht zustande gekommen; einen H. mit jmdm. [ab]schließen, machen, eingehen; sich auf, in einen H. einlassen; * **mit jmdm. in den H. kommen** *(mit jmdm. ins Geschäft kommen, in etw. übereinkommen).*

[2]Han|del, der; -s, Händel ⟨meist Pl.⟩ [↑[1]Handel]: (geh.) *Streit, handgreifliche Auseinandersetzung:* die beiden haben einen H. auszutragen; Händel suchen, stiften, anfangen; Händel mit jmdm. haben.

Hand|elf|me|ter, der (Fußball): *wegen eines Handspiels im Strafraum verhängter Strafstoß.*

[1]han|deln ⟨sw. V.; hat⟩ [mhd. handeln = mit den Händen fassen, bearbeiten; tun, ahd. hantalōn = berühren; bearbeiten, zu ↑Hand]: **1. a)** *mit etw. einen* [1]*Handel* (2 c), *ein Geschäft betreiben* (Kaufmannsspr.): die Firma handelt [en gros, en détail] in Getreide; ich hand[e]le mit Gebrauchtwagen, mit Südfrüchten; **b)** *mit jmdm. im Geschäftsverkehr stehen,* [1]*Handel* (2 b) *treiben:* mit ausländischen Firmen, mit vielen Ländern h.; die Einheimischen handelten mit den Touristen. **2.** *etw. verkaufen, vertreiben; zum Kauf anbieten:* dieses Papier wird nicht an der Börse gehandelt; Spargel wird heute für 12,50 DM das Kilo gehandelt; Ü er wird als zukünftiger Leiter der Niederlassung gehandelt *(ist als solcher im Gespräch).* **3.** *über den Preis einer zum Kauf angebotenen Ware verhandeln:* sie versucht [beim Einkaufen, in Modeboutiquen] immer zu h.; er lässt nicht mit sich h. *(lässt sich von seinen [Preis]vorstellungen, Absichten nicht abbringen);* ⟨subst.:⟩ auf dem Basar gehört das H. zum Kaufen dazu. **4. a)** *aufgrund eines Entschlusses tätig werden, bewusst etwas tun:* schnell, unverzüglich h.; wir müssen h., ehe es zu spät ist; nicht reden, h.!; auf Befehl, aus innerer Überzeugung, Verantwortung h.; im Affekt, in Notwehr, nach Vorschrift h.; das handelnde Subjekt; ⟨subst.:⟩ rasches Handeln ist jetzt notwendig; **b)** *sich in einer bestimmten Weise verhalten* (1 b): eigenmächtig, richtig, fahrlässig, verantwortungslos, edelmütig h.; er hat sehr selbstsüchtig, wie ein Ehrenmann gehandelt; ⟨subst.:⟩ vorbildliches Handeln; **c)** *sich in bestimmter Weise einem anderen gegenüber verhalten, benehmen:* gut, schlecht, treulos, als Freund an jmdm., gegen jmdn. h. **5. a)** (geh.) *ausführlich über etw. sprechen, etw. besprechen:* über ein Thema, einen Gegenstand h.; **b)** *zum Thema haben, behandeln:* das Buch handelt von der/über die Entdeckung Amerikas. **6.** ⟨h. + sich; unpers.⟩ **a)** *jmd., etw. Bestimmtes sein:* bei dem Fremden handelte es sich um einen Bruder seiner Frau; es kann sich nur noch um Sekunden h. *(es kann nur noch wenige Sekunden dauern);* **b)** *um etw. gehen, auf etw. ankommen:* es handelt sich darum, möglichst wirksam zu helfen; es kann sich jetzt nicht darum h., ob sich das Ganze lohnt oder nicht.

[2]han|deln ['hɛndl̩n] ⟨sw. V.; hat⟩ [engl. to handle] (Jargon): *handhaben, gebrauchen:* mir ist egal, wie du das handelst.

Han|dels|ab|kom|men, das: *Abkommen über Handelsbeziehungen zwischen verschiedenen Staaten.*

Han|dels|aka|de|mie, die (österr.): *höhere Handelsschule.*

Han|dels|aka|de|mi|ker, der (österr. ugs.): *Absolvent einer Handelsakademie.*

Han|dels|aka|de|mi|ke|rin, die (österr. ugs.): w. Form zu ↑Handelsakademiker.

Han|dels|ar|ti|kel, der: vgl. Handelsware.

Han|dels|at|ta|ché, der: *Attaché, der einer Botschaft als Berater in Fragen des Handels zugeteilt ist.*

Han|dels|aus|tausch, der: *Austausch, Geschäftsverkehr bes. zwischen verschiedenen Ländern im Bereich des Handels.*

Han|dels|bank, die ⟨Pl. -en⟩: *Bank, die sich mit der Finanzierung u. Abwicklung von Geschäften bes. im Bereich des Außenhandels befasst.*

Hạn|dels|be|schrän|kung, die: *Beschränkung des Handelsaustauschs mit anderen Ländern durch erschwerende Maßnahmen (z. B. Zölle, Bewirtschaftung der Devisen).*

Hạn|dels|be|trieb, der: *Unternehmen, das Handel treibt.*

Hạn|dels|be|zie|hun|gen ⟨Pl.⟩: *den Handelsaustausch betreffende Beziehungen [zwischen Staaten].*

Hạn|dels|bi|lanz, die: **1.** *Bilanz eines Handelsunternehmens:* der Wirtschaftsprüfer legte die H. vor. **2.** *Gegenüberstellung der zusammengefassten Werte der Warenimporte u. -exporte einer Volkswirtschaft für eine bestimmte Periode:* die deutsche, deutsch-japanische H.; ein Defizit, Plus, Überschuss in der H.; aktive H. *(Bilanz, bei der der Wert der Ausfuhren den der Einfuhren übersteigt);* passive H. *(Bilanz, bei der der Wert der Einfuhren den der Ausfuhren übersteigt).*

Hạn|dels|blo|cka|de, die: *gegen den Handel eines Landes gerichtete Blockade* (1): gegen Serbien wurde eine H. verhängt.

Hạn|dels|boy|kott, der: *Ausschluss eines Landes, eines Unternehmens vom Handelsaustausch:* die USA drohten mit H.

Hạn|dels|brauch, der: *eingebürgerter Brauch unter Geschäftsleuten, der eine gewisse rechtliche Verbindlichkeit hat; Usance.*

Hạn|dels|de|le|ga|ti|on, die: *Vertretung von Personen, die in offizieller Mission im Ausland die Handelsbeziehungen eines Landes knüpft, pflegt.*

Hạn|dels|dün|ger, der: *industriell hergestelltes anorganisches Düngemittel im Gegensatz zum natürlichen Dünger.*

hạn|dels|ei|nig, handelseins: in den Verbindungen **[mit jmdm.] h. werden/sein** *(nach einigem Hin u. Her in Bezug auf einen Geschäftsabschluss [mit jmdm.] einig werden/sein):* die beiden wurden bald h.

Hạn|dels|ein|rich|tung, die (DDR): *Laden* (1); *Geschäft* (2 b) *einer Handelsorganisation* (2): in dem Dorf gab es nur eine H. für Waren des täglichen Bedarfs.

hạn|dels|eins: ↑handelseinig.

Hạn|dels|em|bar|go, das: *Verbot des Handelsaustauschs mit einem bestimmten Land; den Handel betreffendes Embargo.*

hạn|dels|fä|hig ⟨Adj.⟩: *geeignet, gehandelt, verkauft zu werden:* -e Güter.

Hạn|dels|fir|ma, die: *Firma, die Handel treibt.*

Hạn|dels|flag|ge, die: *Flagge eines Handelsschiffs, durch die es seine Nationalität zu erkennen gibt.*

Hạn|dels|flot|te, die: *Gesamtheit der unter der Flagge eines Landes fahrenden Handelsschiffe.*

Hạn|dels|frei|heit, die ⟨o. Pl.⟩: **1.** *Möglichkeit, Recht zu uneingeschränktem Handel* (2 b). **2.** (selten) *Handlungsfreiheit.*

hạn|dels|gän|gig ⟨Adj.⟩: vgl. handelsfähig.

Hạn|dels|ge|hil|fe, der: *Handlungsgehilfe.*

Hạn|dels|ge|hil|fin, die: w. Form zu ↑Handelsgehilfe.

Hạn|dels|ge|richt, das: *Gericht, das für die Entscheidung handelsrechtlicher Streitigkeiten zuständig ist.*

hạn|dels|ge|richt|lich ⟨Adj.⟩: *das Handelsgericht betreffend:* eine -e *(von einem Handelsgericht gefällte)* Entscheidung.

Hạn|dels|ge|schäft, das: **1.** *kaufmännisches Unternehmen (Einzel- od. Großhandelsunternehmen).* **2.** *Rechtsgeschäft, Rechtshandlung eines Kaufmanns in seiner Eigenschaft als Unternehmer.*

Hạn|dels|ge|sell|schaft, die: *Gesellschaft* (4 b), *die ein Handelsunternehmen unter gemeinsamer Firma betreibt:* eine H. gründen; offene H. *(Personengesellschaft, die auf den Betrieb eines Handelsgewerbes gerichtet ist, mit unbeschränkter persönlicher Haftung der Gesellschafter;* Abk.: OHG).

Hạn|dels|ge|setz, das: *Gesetz, das den Handel betrifft.*

Hạn|dels|ge|setz|buch, das ⟨o. Pl.⟩: *Gesetzbuch, das den Bereich des geschäftlichen Handels betrifft* (Abk.: HGB).

Hạn|dels|ge|wer|be, das: *Gewerbe, das sich dem Handel in Form von Kauf u. Verkauf von Gütern widmet; kaufmännisches Gewerbe.*

Hạn|dels|ge|wicht, das (Kaufmannsspr.): *Trockengewicht einer Ware unter Berücksichtigung einer bestimmten Norm für den Feuchtigkeitsgehalt.*

Hạn|dels|ge|wohn|heit, die: *Handelsbrauch.*

Hạn|dels|grö|ße, die (Kaufmannsspr.): *genormte, handelsübliche Größe einer Ware.*

Hạn|dels|gut, das ⟨meist Pl.⟩: *Ware, die gehandelt wird.*

Hạn|dels|ha|fen, der: *Hafen, der dem Umschlag von Handelsgütern dient.*

Hạn|dels|haus, das (veraltend): *größeres [traditionsreiches] kaufmännisches Unternehmen:* ein namhaftes H.

Hạn|dels|hemm|nis, das (Wirtsch.): *staatliche Maßnahme, die den freien internationalen Austausch von Gütern behindert (z. B. Zölle, Devisenbewirtschaftung u. a.).*

Hạn|dels|herr, der (veraltet): *Kaufmann, der einem Handelshaus vorsteht.*

Hạn|dels|hoch|schu|le, die (früher): *Wirtschaftshochschule.*

Hạn|dels|kam|mer, die: ↑Industrie- und Handelskammer.

Hạn|dels|kauf, der (Kaufmannsspr.): *Kauf, Geschäft über Waren od. Wertpapiere, bei dem wenigstens einer der Partner Kaufmann ist:* ein einseitiger, zweiseitiger H. *(Handelskauf, bei dem einer bzw. beide Beteiligte Kaufleute sind).*

Hạn|dels|ket|te, die (Kaufmannsspr.): **1.** *Weg, den eine Ware vom Erzeuger des Rohprodukts bis zum Käufer durchläuft.* **2.** *Zusammenschluss von Groß- u. Einzelhändlern zum Zweck eines preisgünstigeren Ein- u. Verkaufs.*

Hạn|dels|klas|se, die (Kaufmannsspr.): *Güteklasse für landwirtschaftliche Produkte u. Fisch:* Äpfel der H. I.

Hạn|dels|klau|sel, die (Wirtsch.): *Klausel* (1) *in Kaufverträgen, die bes. die Liefer- u. Zahlungsbedingungen regelt.*

Hạn|dels|kor|res|pon|denz, die: *kaufmännische Korrespondenz.*

Hạn|dels|leh|rer, der: *Lehrer, der bes. an Handelsschulen kaufmännische u. allgemeine Fächer unterrichtet.*

Hạn|dels|leh|re|rin, die: w. Form zu ↑Handelslehrer.

Hạn|dels|macht, die: *Staat, der durch seinen Handel eine entscheidende Machtposition hat.*

Hạn|dels|mak|ler, (Rechtsspr.:) **Hạn|dels|mäk|ler,** der: *selbstständiger Kaufmann, der gewerbsmäßig Verträge über Gegenstände des Handelsverkehrs, bes. Waren u. Wertpapiere, vermittelt.*

Hạn|dels|mak|le|rin, (Rechtsspr.:) **Hạn|dels|mäk|le|rin,** die: w. Formen zu ↑Handelsmakler, Handelsmäkler.

Hạn|dels|mann, der ⟨Pl. ...leute, selten: ...männer⟩ (veraltet): *Handeltreibender, Kaufmann.*

Hạn|dels|ma|ri|ne, die: vgl. Handelsflotte.

Hạn|dels|mar|ke, die (Kaufmannsspr.): *vom Handel geschaffene Marke, unter der bestimmte Waren vertrieben werden:* eine eingetragene H.; die Firma lässt im Ausland massenhaft billige -n *(unter Handelsmarken vertriebene Artikel)* herstellen.

Hạn|dels|ma|tu|ra, die (österr., schweiz.): *Reifeprüfung an einer Handelsschule.*

Hạn|dels|mes|se, die: *[2]Messe* (1), *auf der Handelsfirmen ausstellen, vertreten sind.*

Hạn|dels|me|tro|po|le, die: *Stadt, die im Hinblick auf den [1]Handel* (1) *große Bedeutung hat:* die Stadt entwickelte sich zu einer H.

Hạn|dels|mis|si|on, die: *konsularische Vertretung in einem anderen Land, die bes. die Handelsbeziehungen mit diesem fördern soll.*

Hạn|dels|mo|no|pol, das: *Monopol in einem bestimmten Bereich des [1]Handels* (1).

Hạn|dels|na|me, der: *Firma* (1 b).

Hạn|dels|na|ti|on, die: vgl. Handelsmacht.

Hạn|dels|netz, das: *Netz von Handelsbetrieben gleicher od. ähnlicher Art, die über eine Region verteilt sind:* ein genossenschaftliches H.

Hạn|dels|nie|der|las|sung, die: *Niederlassung eines Handelsunternehmens in einer Stadt, an einem Ort.*

Hạn|dels|or|ga|ni|sa|ti|on, die: **1.** *Organisation, die dem [1]Handel* (2 a) *dient:* eine internationale H. **2.** ⟨o. Pl.⟩ (DDR) *staatliches Handelsunternehmen, das Warenhäuser, Gaststätten u. a. betreibt;* Abk.: HO.

Hạn|dels|pa|ckung, die (Kaufmannsspr.): vgl. Handelsgröße.

Hạn|dels|part|ner, der: *Land, seltener auch Unternehmen, mit dem ein anderes Land od. Unternehmen Handel treibt.*

Hạn|dels|part|ne|rin, die: w. Form zu ↑Handelspartner.

Hạn|dels|platz, der: vgl. Handelsstadt.

Hạn|dels|po|li|tik, die: *Teilbereich der Wirtschaftspolitik, die dem Außenhandel gewidmet ist.*

hạn|dels|po|li|tisch ⟨Adj.⟩: *die Handelspolitik betreffend.*

Hạn|dels|pri|vi|leg, das ⟨meist Pl.⟩ (früher): *(bestimmten Einzelpersonen, Handelsgesellschaften, Städten verliehenes) den Handel betreffendes Privileg (z. B. das Recht, Zölle zu erheben).*

Hạn|dels|recht, das: vgl. Handelsgesetz.

hạn|dels|recht|lich ⟨Adj.⟩: *das Handelsrecht betreffend.*

Hạn|dels|re|gis|ter, das: *vom Amtsgericht geführtes öffentliches Verzeichnis, in dem die Namen der Inhaber und Inhaberinnen von Gewerbebetrieben eingetragen werden:* eine Firma im H. löschen, ins H. eintragen.

Hạn|dels|rei|sen|de, der u. die: *Handelsvertreter, Handelsvertreterin.*

Hạn|dels|schiff, das: *zur Handelsflotte gehörendes Schiff.*

Hạn|dels|schiff|fahrt, die: *dem Transport von Handelsgütern dienende Schifffahrt.*

Hạn|dels|schran|ke, die ⟨meist Pl.⟩: *gegen die Freizügigkeit des Handelsverkehrs gerichtete staatliche Schranke:* -n aufrichten, abbauen.

Hạn|dels|schu|le, die: *auf einen kaufmännischen Beruf vorbereitende Fachschule:* eine höhere H.

Hạn|dels|schü|ler, der: vgl. Handelslehrer.

Hạn|dels|schü|le|rin, die: w. Form zu ↑Handelsschüler.

Hạn|dels|span|ne, die (Kaufmannsspr.): *Differenz zwischen Einkaufs- u. Verkaufspreis einer Ware:* eine hohe, niedrige H.

Hạn|dels|sper|re, die: *Handelsembargo.*

Hạn|dels|stadt, die: *Stadt, die ausgedehnten Handel treibt.*

Hạn|dels|stra|ße, die (hist.): *bes. dem Transport von Handelswaren dienende Straße.*

hạn|dels|üb|lich ⟨Adj.⟩: *im [1]Handel* (2 a) *üblich, gebräuchlich:* eine -e Verpackung, Größe.

Hạ̈n|del|sucht, die (geh. veraltend): *Streitsucht.*

hạ̈n|del|süch|tig ⟨Adj.⟩ (geh. veraltend): *streitsüchtig.*

Hạ̈n|del|süch|tig|keit, die (geh. veraltend): *Streitsüchtigkeit.*

Hạn|dels|un|ter|neh|men, das: vgl. Handelsfirma.

Hạn|dels|ver|bin|dung, die ⟨meist Pl.⟩: *Handelsbeziehung:* das Unternehmen hat vielfältige -en nach Übersee.

Hạn|dels|ver|kehr, der ⟨o. Pl.⟩: vgl. Geschäftsverkehr (1).

Hạn|dels|ver|trag, der: *Vertrag, durch den längerfristige Handelsbeziehungen zwischen Einzelunternehmen od. Staaten festgelegt werden.*

Hạn|dels|ver|tre|ter, der: *jmd., der berufsmäßig für ein od. mehrere Unternehmen ständig die Vermittlung od. den Abschluss von Geschäften betreibt.*

Hạn|dels|ver|tre|te|rin, die: w. Form zu ↑Handelsvertreter.

Hạn|dels|ver|tre|tung, die: **1.** *Handelsmission.* **2.** *von einem Land mit staatlichem Außenhan-*

delsmonopol eingerichtete, mit konsularischen Befugnissen ausgestattete Vertretung in einem Land, mit dem Handelsbeziehungen unterhalten werden.

Hạn|dels|vo|lu|men, das (Wirtsch.): *Volumen des Außenhandels in einem bestimmten Zeitraum.*

Hạn|dels|wa|re, die: *Ware, die gehandelt wird; Handelsartikel.*

Hạn|dels|weg, der: **1.** *Verkehrsweg, auf dem der Transport von Handelsgütern stattfindet:* der Rhein ist ein bedeutender H. **2.** *über den Handel führender Weg einer Ware vom Hersteller zum Verbraucher:* der normale H. führt über den Großhandel.

Hạn|dels|wert, der (Kaufmannsspr.): *der im Geschäftsverkehr bei einem Verkauf zu erzielende Durchschnittspreis.*

Hạn|dels|zen|trum das: vgl. Handelsmetropole.

Hạn|dels|zweig, der: *Branche des Handels.*

Hạn|del|trei|ben|de, der u. die; -n, -n ⟨Dekl. ↑Abgeordnete⟩: *jmd., der berufsmäßig Handel treibt.*

Hạ̈n|de|rin|gen, das: *das Die-Hände-Ringen.*

hạ̈n|de|rin|gend ⟨Adj.⟩: **a)** *die Hände ringend:* weinende und -e Frauen; **b)** *verzweifelt, flehentlich:* h. bitten; Ü wir suchen h. (ugs.; *dringend*) eine Aushilfskraft.

Hạ̈n|de|schüt|teln, das; -s: *das Sich-die-Hände-Schütteln:* bei der Abreise nahm das H. kein Ende.

Hạ̈n|de|trock|ner, der: *Gerät zum Trocknen der Hände mit Heißluft.*

Hạnd|eu|le, die (nordd.): *Handbesen.*

Hạ̈n|de|wa|schen, das; -s: *das Sich-die-Hände-Waschen:* das H. nicht vergessen; zum H. geht bitte ins Bad.

Hạnd|exem|plar, das (Bibliotheksw.): *Buch zum persönlichen Gebrauch, zum Handgebrauch.*

Hạnd|fe|ger, der: *Handbesen:* * **rumlaufen, rumrennen usw. wie ein wild gewordener H.** (landsch. salopp; 1. *zerzaust, unfrisiert o. ä. umherlaufen.* 2. *unruhig, aufgeregt umherlaufen*).

Hạnd|fei|le, die: *kleine, handliche Feile.*

Hạnd|fer|tig|keit, die: *Fertigkeit, Geschicklichkeit der Hände, bes. für handwerkliche Arbeiten.*

Hạnd|fes|sel, die ⟨meist Pl.⟩: *[1]Fessel zum Fesseln einer Hand:* jmdm. -n anlegen, die -n abnehmen; der Ermordete trug -n aus Klebeband; ich durchschnitt seine -n.

hạnd|fest ⟨Adj.⟩ [mhd. handveste = in feste Hand genommen; mit den Händen tüchtig arbeitend, kräftig]: **1.** *(in Bezug auf die Erscheinung eines Menschen) kräftig gebaut, derb, robust wirkend:* -e Burschen; die Kellnerin war eine -e Person; sie ist ganz h. **2.** *deftig, nahrhaft:* eine -e Mahlzeit; ⟨subst.:⟩ etw. Handfestes essen. **3.** *handgreiflich* (1), *konkret* (2), *sich nicht übersehen, ignorieren, leugnen lassend:* -e Vorschläge, Beweise, Informationen; das war eine -e *(große)* Überraschung; ein -er *(großer)* Krach, Skandal; eine *(heftige)* -e Prügelei; jmdn. h. *(schwer)* betrügen.

Hạnd|fes|te, die; -, -n [mhd. hantveste = Handhabe, schriftliche Versicherung mit eigenhändiger Unterschrift]: *(im MA.) [ein bestimmtes Privileg verleihende] feierliche Urkunde.*

Hạnd|feu|er|lö|scher, der: *mit der Hand zu bedienender Feuerlöscher.*

Hạnd|feu|er|waf|fe, die: *Feuerwaffe, die von einer Person getragen u. mit der Hand betätigt werden kann.*

Hạnd|flä|che, die: *Innenfläche der Hand* (1).

hạnd|för|mig ⟨Adj.⟩: *die Form einer Hand aufweisend:* -e Blätter.

Hạnd|ga|lopp, der (Reiten): *kurzer, ruhiger Galopp.*

Hạnd|gas, das (Kfz-T.): *mit der Hand zu betätigender Gashebel:* der Wagen, die Maschine hat H.

hạnd|ge|ar|bei|tet ⟨Adj.⟩: *in Handarbeit* (1 b) *hergestellt:* -er Schmuck; das Möbelstück ist h.

Hạnd|ge|brauch, der ⟨o. Pl.⟩: *täglicher Gebrauch, ständige Benutzung:* Geschirr für den, zum H.

hạnd|ge|bun|den ⟨Adj.⟩: *von Hand gebunden:* ein -es Buch.

hạnd|ge|fer|tigt ⟨Adj.⟩: vgl. handgearbeitet.

hạnd|ge|knüpft ⟨Adj.⟩: *mit der Hand geknüpft:* ein -er Teppich.

Hạnd|geld, das [urspr. Geld, das jmdm. bei der Anwerbung in die gelobende Hand gezahlt wird]: **1.** (früher) *symbolische Anzahlung einer kleinen Geldsumme beim mündlichen Abschluss eines Vertrages.* **2.** *beim Abschluss bestimmter Arbeitsverträge gezahlte Geldsumme an die sich verdingende Person:* das H. war dem Fußballspieler nicht hoch genug.

Hạnd|ge|lenk, das: *Gelenk zwischen Hand* (1) *u. Unterarm:* ich habe mir das H. verstaucht; mit einem Schlag aus dem H. *(durch Bewegung der Hand u. ohne große Armbewegung)* brachte er den Ball übers Netz; * **ein lockeres/loses H. haben** (ugs.; *leicht zum Schlagen geneigt sein*): sein Vater hat ein lockeres H.; **aus dem H. [heraus]** (ugs.; 1. *aus dem Stegreif, ohne nachzudenken:* er wusste alle Zahlen aus dem H. 2. *[in Bezug auf eine Tätigkeit, die jmd. verrichtet] ohne Mühe, mit Leichtigkeit:* sie machte diese Arbeiten aus dem H.); **etw. aus dem H. schütteln** (ugs.; *etw. mühelos, mit großer Leichtigkeit tun, zustande bringen*): er hat schon in der Schule alles aus dem H. geschüttelt.

hạnd|ge|macht ⟨Adj.⟩: vgl. handgearbeitet: -e Spätzle, Brezeln, Knödel.

hạnd|ge|malt ⟨Adj.⟩: *mit der Hand gemalt:* ein Service mit -em Dekor.

hạnd|ge|mein: nur in der Verbindung **[mit jmdm.] h. werden** (*[gegen jmdn.] handgreiflich werden;* eigtl. = mit den Händen zusammen seiend, zu veraltet gemein = gemeinsam).

Hạnd|ge|men|ge, das: **1.** *tumultartige Situation, bei der es zu Tätlichkeiten, Schlägereien unter den Anwesenden kommt:* zwischen den Demonstranten und der Polizei kam es zu einem H. **2.** (Milit.) *Nahkampf.*

hạnd|ge|näht ⟨Adj.⟩: *mit der Hand genäht:* ein -er Saum.

Hạnd|ge|päck, das: *Gepäck, das man als Fahrgast od. Fluggast mit an seinen Platz nimmt.*

Hạnd|ge|rät, das: **1.** *handliche, leichte Ausführung eines Gerätes.* **2.** (bes. Gymnastik) *kleineres Gerät, mit dem bestimmte Übungen ausgeführt werden u. das in der Regel in der Hand gehalten wird:* zu den -en gehören unter anderem Keule, Stab u. Reifen.

hạnd|ge|recht ⟨Adj.⟩: **1.** (veraltend) *sich beim Anfassen gut in die Hand fügend:* eine -e Form. **2.** *bequem mit der Hand zu erreichen, zu greifen:* etw. h. hinlegen, aufstellen.

hạnd|ge|schlif|fen ⟨Adj.⟩: *mit der Hand geschliffen.*

hạnd|ge|schmie|det ⟨Adj.⟩: *mit der Hand geschmiedet.*

hạnd|ge|schöpft ⟨Adj.⟩: *(in Zusammenhang mit der Papierherstellung) durch Mit-der-Hand-Schöpfen des Papierbreis aus der Bütte gewonnen:* -es Papier.

hạnd|ge|schrie|ben ⟨Adj.⟩: *mit der Hand geschrieben:* ein -er Brief.

hạnd|ge|spon|nen ⟨Adj.⟩: *mit der Hand gesponnen.*

hạnd|ge|steu|ert ⟨Adj.⟩: *(von technischen Anlagen u. dgl.) von Hand gesteuert:* eine -e Signalanlage.

hạnd|ge|stickt ⟨Adj.⟩: *mit der Hand gestickt.*

hạnd|ge|strickt ⟨Adj.⟩: *mit der Hand gestrickt:* -e Strümpfe; Ü (oft abwertend:) -e *(unprofessionelle, nicht ganz zeitgemäße, etwas naiv, hausbacken wirkende)* Methoden.

hạnd|ge|webt ⟨Adj.⟩: *mit der Hand gewebt.*

Hạnd|glo|cke, die: *kleine, mit einem Griff od. Stiel versehene Glocke, die mit der Hand betätigt wird:* auf dem Präsidententisch steht eine H.

Hạnd|gra|na|te, die: *mit Sprengstoff gefüllter Hohlkörper [an einem Stiel], der im Nahkampf mit der Hand auf ein Ziel geschleudert wird.*

hạnd|greif|lich ⟨Adj.⟩: **1.** *unübersehbar, sichtbar vor Augen liegend; konkret fassbar:* ein -er Erfolg, Beweis; jmdm. etw. h. vor Augen führen *(so, dass es unmittelbar einleuchtet).* **2.** *in der Weise, dass man jmdn. tätlich angreift od. von jmdm. angegriffen wird:* eine -e Auseinandersetzung; es gibt Situationen, in denen er leicht gegen andere h. wird *(andere tätlich angreift);* sie haben sich h. auseinander gesetzt.

Hạnd|greif|lich|keit, die: **1.** *konkrete Fassbarkeit, Sichtbarkeit, Erkennbarkeit:* die H. der Missstände. **2.** ⟨meist Pl.⟩ *Tätlichkeit:* es kam zu -en.

Hạnd|griff, der: **1.** *zur Verrichtung einer Arbeit, zu einer Tätigkeit gehörende greifende Handbewegung:* ein falscher, stereotyper H.; bei dieser heiklen Arbeit muss jeder H. sitzen; die notwendigen -e lernen, üben; der Schaden war mit einem H., mit ein paar -en *(mit minimalem Arbeitsaufwand)* behoben; das Sofa lässt sich mit wenigen -en in ein Bett verwandeln; er fand sich nicht bereit, ab und zu einen H. für sie zu tun *(ihr ein wenig zu helfen, mit anzufassen).* **2.** *Griff* (2): sich am H. festhalten.

hạnd|groß ⟨Adj.⟩: *etwa von, in der Größe einer Hand* (1): ein -er Fleck.

hạnd|hab|bar ⟨Adj.⟩: *sich handhaben* (1) *lassend:* ein leicht, schwer -er Apparat.

Hạnd|hab|bar|keit, die; -: *das Handhabbarsein.*

Hạnd|ha|be, die; -, -n [mhd. hanthabe, ahd. hanthaba = Griff, Henkel]: **1.** *etw., was ein auf ein bestimmtes Ziel gerichtetes Vorgehen ermöglicht, erlaubt:* [k]eine rechtliche, gesetzliche, juristische H. [gegen jmdn., etw.] haben; jmdm. eine H. für ein Einschreiten geben. **2.** (selten) *Handgriff.*

hạnd|ha|ben ⟨sw. V.; hat⟩ [mhd. hanthaben = fest fassen, halten]: **1.** *(ein Werkzeug, Instrument, etw., was man bei seinem Gebrauch in der Hand hält, mit der Hand führt) führen, bedienen, gebrauchen:* etw. geschickt h.; dieses Gerät ist leicht, einfach zu h.; er konnte die Gitarre gut h. *(spielen).* **2.** *etw. [bei dessen Auslegung, Ausführung od. Anwendung ein gewisser Spielraum gegeben ist] in bestimmter Weise aus-, durchführen, praktizieren:* die Vorschriften werden hier sehr lax gehandhabt; so haben wir es immer gehandhabt.

Hạnd|ha|bung, die; -, -en: *das Handhaben:* das Gerät zeichnet sich durch seine einfache H. aus.

Hạnd|har|mo|ni|ka, die: *Harmonika, bei der auf Druck u. Zug des Balges verschiedene Töne erklingen u. die Tasten diatonisch angeordnet sind.*

hạnd|hoch ⟨Adj.⟩: *etwa so hoch, wie eine Hand lang* (1) *ist:* handhohes Gras; der Schnee liegt h.

Han|di|cap, Handikap ['hɛndikɛp], das; -s, -s [engl. handicap, H. u.]: **1.** *etw., was für jmdn., etw. eine Behinderung od. einen Nachteil bedeutet:* etw. ist für jmdn. ein schweres H.; die Verschuldung des Vereins ist jetzt das größte H. für die Spieler. **2.** (bes. Badminton, Golf, Polo, Pferderennen) *durch eine Vorgabe für den leistungsschwächeren Spieler, für das weniger leistungsfähige Pferd entstehender Ausgleich gegenüber dem Stärkeren:* ein H. festsetzen.

han|di|ca|pen, handikapen ['hɛndikɛpn̩] ⟨sw. V.; hat⟩ [engl. to handicap]: *eine Behinderung, einen Nachteil für jmdn., etw. darstellen; jmdm. ein Handicap auferlegen:* die schlechten Wetterverhältnisse handicapten uns sehr; der Verein war durch das Ausfallen einiger Spieler gehandicapt *(benachteiligt);* ⟨subst.:⟩ die Gehandicapten *(Benachteiligten)* waren wir!

han|di|ca|pie̱|ren [handika...] ⟨sw. V.; hat⟩ (schweiz.): *handicapen.*

Han|di|cap|per, Handikapper ['hɛndikɛpɐ], der; -s, - [engl. handicapper] (Segeln, Pferderennen): *jmd., der bei Rennen mit der Festsetzung der Handicaps* (2) *beauftragt ist.*

Han|di|cap|pe|rin, Handikapperin ['hɛndikɛpərɪn], die; -, -nen: w. Formen zu ↑Handicapper, Handikapper.

-hän|dig [zu ↑Hand (1)]: in Zus., z. B. eigenhändig *(mit eigener Hand),* vierhändig *(mit vier Händen).*

Han|di|kap: ↑Handicap.

han|di|ka|pen: ↑handicapen.
Han|di|kap|per: ↑Handicapper.
Han|di|kap|pe|rin: ↑Handicapperin.
hän|disch ⟨Adj.⟩ (südd., österr. ugs.): *mit der Hand; manuell:* eine Arbeit h. ausführen; (EDV Jargon:) eine Korrektur h. ausführen.
Hand|kan|te, die: *äußere Schmalseite der Hand (mit der, bes. im Karate, ein bestimmter Schlag ausgeführt wird):* er schlug mit der H. hart zu.
Hand|kan|ten|schlag, der: *Schlag mit der Handkante.*
Hand|kar|re, die (bes. md., nordd.), **Hand|kar|ren,** der (bes. südd., österr.): *Handwagen.*
Hand|kä|se, der (landsch.): *aus Quark mit Kümmel u. Salz hergestellter, mit der Hand geformter, kleiner Käse von flacher, kreisrunder Form:* * **Handkäs mit Musik** (landsch.; *Handkäse, der mit einer Marinade aus Essig, Öl, Zwiebeln u. Pfeffer übergossen gegessen wird*).
hand|kehr|um ⟨Adv.⟩ (schweiz.): **1.** *plötzlich, unversehens.* **2.** *andererseits, gleichzeitig auch.*
Hand|kehr|um: nur in der Fügung **im H.** (schweiz.; *im Handumdrehen*).
Hand|kof|fer, der: *kleinerer Koffer, der sich gut tragen lässt.*
hand|ko|lo|riert ⟨Adj.⟩: *mit der Hand koloriert* (1): ein -er Druck, Kupferstich.
Hand|kom|mu|ni|on, die (kath. Kirche): *Form des Empfangs der Kommunion* (1), *bei der die Hostie in die Hand des Kommunizierenden gelegt wird.*
Hand|korb, der: *kleinerer, handlicher Korb mit Henkel.*
Hand|krau|se, die: *gekrauster od. gefältelter Stoffstreifen als Abschluss am unteren Rand eines langen Ärmels.*
Hand|kro|ne, die (Jägerspr.): *Hirschgeweih, bei dem die Spitzen des obersten Geweihteils ähnlich den Fingern einer Hand in einer Reihe stehen.*
Hand|kur|bel, die: *mit der Hand zu betätigende Kurbel.*
Hand|kuss, der: **a)** *(von einem Herrn gegenüber einer Dame) bei der Begrüßung zum Zeichen der Verehrung angedeuteter Kuss auf den Handrücken:* einen H. andeuten; jmdn. mit H. begrüßen; * **mit H. etw. tun** *(auf das Angebot, etw. zu tun, gern, ohne Zögern eingehen):* sie haben die abgelegten Kindersachen mit H. [an]genommen; **zum H. kommen** (österr.; *bei etw. draufzahlen, Schaden erleiden*): diejenigen, die an der Armutsgrenze stehen, kommen wieder zum H.; **b)** *(gegenüber einem geistlichen Würdenträger, bes. Papst od. Bischof) Kuss auf den an der Hand getragenen Ring als Zeichen der Ehrerbietung vonseiten des Gläubigen.*
Hand|lam|pe, die: *in der Hand zu haltende elektrische Lampe [mit langer Schnur], die bei bestimmten Arbeiten zum Ausleuchten verwendet wird.*
Hand|lan|ger, der; -s, - [mhd. hantlanger]: **1. a)** *ungelernter Arbeiter, Hilfsarbeiter im Baugewerbe:* er arbeitet als H. auf dem Bau; **b)** (abwertend) *jmd., der nur untergeordnete Arbeit für andere verrichtet:* er betrachtet ihn als seinen H. **2.** (abwertend) *jmd., der sich ohne Skrupel zum Zuarbeiter od. Helfer bei einem verwerflichen Tun gebrauchen lässt; Büttel* (3): ein H. der Unterdrücker; er ließ sich nicht zum H. des Regimes machen.
Hand|lan|ger|ar|beit, die ⟨meist Pl.⟩ (abwertend): *untergeordnete Arbeit, Hilfsarbeit.*
Hand|lan|ger|dienst, der ⟨meist Pl.⟩ (oft abwertend): **1.** *Hilfsdienst:* jmdm. -e leisten; -e für jmdn. tun; zu -en war er nicht bereit. **2.** *Beihilfe zu etw. Verwerflichem:* -e für jmdn. tun; er gab zu Protokoll, bei dem Überfall nur -e geleistet zu haben.
Hand|lan|ge|rin, die; -, -nen: w. Form zu ↑Handlanger (1 b, 2).
hand|lan|gern ⟨sw. V.; hat⟩ (ugs. scherzh.): *sich als Handlanger* (1) *betätigen.*
Hand|lauf, der: *den oberen Abschluss des Treppengeländers bildender Teil (in Form eines Rohrs, einer Stange od. dgl.), an dem man sich mit der Hand festhalten kann.*
Händ|ler, der; -s, - [spätmhd. hand[e]ler = jmd., der etw. tut, vollbringt, verrichtet; Unterhändler, zu ↑handeln]: *jmd., der als Kaufmann einen* [1]*Handel* (2 b) *betreibt:* der H. verdient an dem Auto rund 1 500 Mark; ein ambulanter, fliegender H. *(Händler, der seine Waren nicht in einem Ladengeschäft anbietet, sondern [umherziehend] an einem Stand, Karren);* er war H. in Obst und Gemüse.
Händ|le|rin, die; -, -nen: w. Form zu ↑Händler.
Händ|ler|netz, das (Kaufmannsspr.): *Netz* (2 d) *von [Vertrags]händlern.*
Händ|ler|vier|tel, das: vgl. Geschäftsviertel.
Händ|ler|volk, das: **1.** *Handel treibendes Volk.* **2.** *die Händler als Berufsstand, in ihrer Gesamtheit.*
Hand|le|se|kunst, die: *Chiromantie.*
Hand|le|ser, der (selten): *Chiromant.*
Hand|le|se|rin, die; -, -nen (selten): *Chiromantin.*
Hand|le|xi|kon, das: *kleineres, handliches Lexikon.*
hand|lich ⟨Adj.⟩ [mhd. hantlich = mit der Hand verrichtet]: **1.** *(bes. von Gebrauchsgegenständen) sich gut in der Hand halten lassend, sich (dank bestimmter Eigenschaften) leicht, bequem handhaben lassend:* ein -er Staubsauger; das Buch hat ein -es Format; das Gerät ist nicht sehr h.; (Jargon:) ein -es *(wendiges, nicht zu großes, leicht zu fahrendes)* Auto. **2.** (schweiz.) **a)** *behände;* **b)** *tüchtig, kräftig, fest zufassend;* **c)** *mit der Hand:* etw. h. anfassen.
Hand|lich|keit, die; -: *das Handlichsein.*
Hand|ling [ˈhɛndlɪŋ], das; -s [engl. handling, zu: to handle = handhaben]: *Handhabung, Gebrauch:* Fahrzeuge mit gutem, sicherem H.
Hand|li|nie, die: *über bestimmte Grundformen hinaus individuell ausgeprägte Linie in der Innenfläche der Hand beim Menschen u. bei einigen Säugetieren, bes. Affen:* etw. aus jmds. -n lesen.
Hand|lon|ge, die (Kunstkraftsport; Turnen): *an einer Leine, die von zwei Hilfestellung gebenden Personen gehalten wird, befestigter Sicherheitsgürtel, der bei schwierigen Übungen einen Sturz verhindern soll.*
Hand|lung, die; -, -en [mhd. handelunge]: **1.** *das Handeln* (4 b), *[bewusst ausgeführte] Tat:* eine [un]überlegte, vorsätzliche, strafbare, unverantwortliche H.; eine kultische, feierliche H. *(Zeremonie);* eine symbolische H.; kriegerische -en; für seine -en einstehen müssen, bestraft werden; sich zu einer unbedachten H. hinreißen lassen. **2.** *Abfolge von zusammenhängenden, miteinander verketteten Ereignissen, Vorgängen, die das dramatische Gerüst einer Dichtung, eines Films od. dgl. bildet; Fabel, Plot:* eine verwickelte, fesselnde, spannende H.; die H. des Stückes, Films, Buches; die Einheit der H. im Drama; der Roman hat sehr wenig H.; Ü Ort der H. *(Ort des Geschehens, Tatort)* war ein Steinbruch in der Nähe des Städtchens. **3.** (veraltend) *Handelsunternehmen, Laden, Geschäft* (fast nur noch in Zus.): eine zoologische H.; er betreibt eine kleine H.
Hand|lungs|ab|lauf, der: *Ablauf einer Handlung* (2).
hand|lungs|arm ⟨Adj.⟩: *arm an Handlung* (2): ein -er Film.
Hand|lungs|art, die (Sprachw.): *Aktionsart.*
Hand|lungs|be|darf, der: *Notwendigkeit, [politisch] zu handeln:* es besteht derzeit [kein] H.
Hand|lungs|be|voll|mäch|tig|te, der u. die: *jmd., der mit einer Handlungsvollmacht ausgestattet ist.*
hand|lungs|fä|hig ⟨Adj.⟩: **1.** *aufgrund gegebener Voraussetzungen fähig, in der Lage zu handeln, tätig zu werden:* eine -e Regierung, Mehrheit; ein -es Parlament; der Magistrat ist nicht mehr h. **2.** (Rechtsspr.) *aufgrund gegebener persönlicher Voraussetzungen in der Lage, bestimmte Rechtshandlungen verantwortlich zu tätigen:* die alte Frau war nicht mehr h.
Hand|lungs|fä|hig|keit, die ⟨o. Pl.⟩: *das Handlungsfähigsein.*
Hand|lungs|frei|heit, die ⟨o. Pl.⟩: *Freiheit, unabhängig, nach eigenem Wunsch od. Ermessen zu handeln:* er verlangte volle H.; jmds. H. einschränken.
Hand|lungs|ge|hil|fe, der (Rechtsspr.): *kaufmännischer Angestellter.*
Hand|lungs|ge|hil|fin, die (Rechtsspr.): w. Form zu ↑Handlungsgehilfe.
Hand|lungs|mus|ter, das: *Muster* (2), *für das Handeln:* in vielen Filmen wird Gewalt als ein erfolgreiches H. dargestellt.
hand|lungs|reich ⟨Adj.⟩: *reich an Handlung* (2): eine -e Erzählung.
Hand|lungs|rei|sen|de, der u. die (Kaufmannsspr.): **a)** *jmd., der als Handlungsgehilfe außerhalb des Betriebes, dem er angehört, Geschäfte im Namen u. für Rechnung des Unternehmens abschließt;* **b)** *Handelsvertreter.*
Hand|lungs|spiel|raum, der: *Spielraum, der jmdm. für sein Handeln zur Verfügung steht:* für den Verteidiger bestand noch H.
Hand|lungs|strang, der: *Strang einer [komplexen, aus mehreren Strängen bestehenden] Handlung* (2): in seinem Roman hat er die Handlungsstränge nur lose miteinander verknüpft.
hand|lungs|un|fä|hig ⟨Adj.⟩: *unfähig zu handeln:* eine -e Regierung.
Hand|lungs|un|fä|hig|keit, die: *Unfähigkeit zu handeln.*
Hand|lungs|verb, das (Sprachw.): *Verb, das eine Tätigkeit benennt, die auf ein Objekt gerichtet ist (z. B. lieben, danken, gedenken, spotten).*
Hand|lungs|ver|lauf, der: vgl. Handlungsablauf.
Hand|lungs|voll|macht, die: *Vollmacht, die dazu berechtigt, im Namen eines Handelsunternehmens Rechtshandlungen vorzunehmen.*
Hand|lungs|wei|se, die: *Art u. Weise, in der jmd. (in einer bestimmten Situation) handelt, gehandelt hat:* eine korrekte, unverantwortliche H.; deine H. ist zutiefst verletzend.
Hand|ma|le|rei, die: **1.** ⟨o. Pl.⟩ *das Malen mit der Hand.* **2.** *mit der Hand ausgeführte Malerei:* Porzellanteller mit H.
Hand|mehr, das; -s (schweiz.): *durch Handaufheben festgestellte Mehrheit bei einer Abstimmung.*
Hand|mi|xer, der: *kleines, mit der Hand zu führendes elektrisches Gerät zum Rühren, Mixen, Quirlen u. dgl.; Handrührer; Handrührgerät.*
Hand|müh|le, die: *kleine, mit der Hand zu betätigende Mühle zum Zerkleinern, Schroten u. a. im Haushalt.*
Hand|or|gel, die (schweiz., sonst veraltet): **1.** *Drehorgel.* **2.** *Ziehharmonika.*
hand|or|geln ⟨sw. V.; hat⟩ (schweiz., sonst veraltet): *Handorgel spielen.*
Hand|out, Hand-out [ˈhɛndaʊt], das; -s, -s [engl. handout, zu: to hand out = aus-, verteilen]: *an Teilnehmer einer Tagung, eines Seminars od. dgl. ausgegebenes Informationsmaterial.*
Hand|pferd, das: *im Gespann rechts von der Deichsel eingespanntes Pferd.*
Hand|pfle|ge, die ⟨o. Pl.⟩: *das Pflegen der Hände u. der Fingernägel; Maniküre* (1): H. betreiben; eine Creme für die H.
Hand|pflü|cke, die (landsch.): *das Pflücken, Ernten von Obst, Gemüse mit der Hand.*
Hand|pres|se, die: *im Buch- u. Steindruck verwendete, von Hand betriebene Presse zur Herstellung von Probeabzügen, Liebhaberdrucken u. Grafiken.*
Hand|pup|pe, die: *im Puppenspiel verwendete Puppe, bei der der Kopf aus einem festen Material geformt u. mit einer Höhlung für den Zeigefinger versehen ist, während der Körper nur aus einer Stoffhülle besteht, die der Puppenspieler mit der Hand u. dem unteren Teil des Arms ausfüllt, wodurch er die Puppe führen u. Bewegungen ermöglichen kann.*
Hand|pup|pen|the|a|ter, das: vgl. Puppentheater.
Hand|rei|chung, die: **1. a)** *Hilfeleistung, die darin besteht, dass jemand einem anderen bei einer*

Arbeit, bes. einer manuellen Tätigkeit, zur Hand geht: er ist zu bequem zur kleinsten H.; [jmdm.] eine H. machen; -en tun, leisten; **b)** *Dienstleistung:* Pflegedienste bieten Kranken -en an. **2. a)** *Empfehlung, Richtlinie (für ein Verhalten, für den Umgang mit etw. Bestimmtem, für den Gebrauch von etw. Bestimmtem od. dgl.):* diese Unterlagen sind als H. für die Ausarbeitung des Planes von Nutzen; **b)** *Handreichungen* (2 a) *enthaltende Schrift.* **3.** *Handout.*

Hand|rü|cken, der: *Oberseite der Hand* (1) *ohne die Finger.*

Hand|rüh|rer, der; -s, -, **Hand|rühr|ge|rät,** das: *Handmixer.*

Hands [hɛnts, auch: hændz], das; -, - [zu engl. hand = Hand] (Fußball österr., schweiz.): *Handspiel, Hand* (4).

Hand|sä|ge, die: *mit der Hand geführte Säge, bei der das Sägeblatt in einen Rahmen aus Holz eingespannt ist.*

hand|sam ⟨Adj.⟩ (landsch.): **1. a)** *leicht, bequem handhabbar; handlich:* ein -es Mixgerät; **b)** *leicht auszuführen, zu bewerkstelligen.* **2.** *anstellig, geschickt.* **3.** *umgänglich, verträglich:* ein -er Mensch; die Demonstranten verhielten sich recht h.

Hand|satz, der: **1.** ⟨o. Pl.⟩ *von Hand durchgeführter Satz* (3 a). **2.** *von Hand hergestellter Satz* (3 b).

Hand|schau|fel, die: *Schaufel mit kurzem Stiel, die zusammen mit dem Handbesen bes. zum Aufnehmen von Kehricht gebraucht wird.*

Hand|schel|le, die ⟨meist Pl.⟩: *mit einem Schloss versehene, aus einem aufklappbaren stabilen Metallring bestehende Handfessel, die durch eine kurze Kette mit einer zweiten gleichartigen verbunden ist:* -n tragen; jmdm. -n anlegen; den Gefangenen in -n abführen.

hand|scheu ⟨Adj.⟩ (Jägerspr.): *(von Hunden) aus Angst vor Schlägen der Aufforderung herbeizukommen nicht od. nur zögernd Folge leistend.*

Hand|schlag, der: **1.** (selten) *mit der Hand ausgeführter Schlag:* jmdm. einen H. versetzen. **2.** ⟨Pl. selten⟩ *das Hinreichen bzw. Ergreifen der entgegengestreckten Hand des Gegenübers zum Händedruck bei der Begrüßung od. Verabschiedung, auch als symbolische Geste der Bekräftigung bei Abschluss eines Vertrages od. bei einer Abmachung:* jmdn., sich/(geh.:) einander durch/per/mit H. begrüßen; einen Vertrag durch H. besiegeln. **3.** in der Wendung **keinen H. tun** (ugs.; *[zum Ärger für andere] nichts arbeiten*): der Faulpelz hat heute noch keinen H. getan.

Hand|schrei|ben, das: **a)** *persönlicher [handgeschriebener] Brief:* der Ministerpräsident gratulierte dem Hundertjährigen mit einem, per H.; **b)** (veraltend) *Empfehlungsschreiben.*

Hand|schrift, die [mhd. hantschrift, auch = eigenhändige Unterschrift]: **1.** *die einem Menschen eigene, für ihn charakteristische Schrift, die er, mit der Hand schreibend, hervorbringt:* eine gestochene, steile, [un]leserliche, ausgeschriebene H. haben; seine H. ist schwer zu entziffern; *** eine gute, kräftige H. haben/schreiben** (ugs.; *beim Austeilen von Schlägen hart zuschlagen*): der Junge hatte Angst vor den Schlägen, denn sein Vater schrieb eine kräftige H. **2.** *charakteristisches Gepräge, das jmd. seinen [künstlerischen] Hervorbringungen, seinen Taten aufgrund seiner persönlichen Eigenart verleiht:* das Werk trägt die H. des Künstlers; die Laubeneinbrüche trugen alle ein und dieselbe H. **3.** *handgeschriebener Text aus der Zeit vor der Erfindung des Buchdrucks, bes. aus der Zeit des Mittelalters:* eine wertvolle alte H.; eine H. aus dem 14. Jahrhundert; Abk.: Hs. (Pl.: Hss.).

Hand|schrif|ten|deu|ter, der (selten): *Graphologe.*

Hand|schrif|ten|deu|te|rin, die: w. Form zu ↑Handschriftendeuter.

Hand|schrif|ten|deu|tung, die: *Graphologie.*

Hand|schrif|ten|kun|de, die ⟨o. Pl.⟩: *Wissenschaft, die sich mit der Erforschung von alten Handschriften* (3) *befasst; Paläographie.*

Hand|schrif|ten|kun|di|ge, der u. die; -n, -n ⟨Dekl. ↑Abgeordnete⟩: *jmd., der sich in der Handschriftenkunde auskennt.*

Hand|schrif|ten|pro|be, die: *Probe von jmds. Handschrift* (1).

Hand|schrift|le|ser, der (EDV): *Lesegerät, das in der Lage ist, handschriftliche Texte zu lesen.*

hand|schrift|lich ⟨Adj.⟩: **1.** *mit der Hand geschrieben; in Handschrift* (1): eine -e Bewerbung, Mitteilung. **2.** *in einer Handschrift* (3) *überliefert:* -e Texte, Quellen.

Hand|schuh, der [mhd. hantschuoch, ahd. hantscuoh]: *die Hand [u. die Finger einzeln] umschließendes Kleidungsstück:* wollene, schweinslederne, gestrickte, gefütterte, dicke, warme -e; ein Paar -e; -e tragen, anziehen; seine -e überstreifen; etw. mit -en anfassen; *** jmdm. den H. hinwerfen/vor die Füße werfen/ins Gesicht schleudern, werfen** (↑Fehdehandschuh); **den H. aufnehmen/aufheben** (↑Fehdehandschuh); **jmdn. mit -en anfassen** (↑Glacéhandschuh).

Hand|schuh|fach, das: *Fach im Armaturenbrett eines Autos, in dem kleinere Gegenstände abgelegt werden können.*

Hand|schuh|grö|ße, die: vgl. Schuhgröße.

Hand|schuh|ma|cher, der: *Handwerker, der Handschuhe herstellt* (Berufsbez.).

Hand|schuh|ma|che|rin, die: w. Form zu ↑Handschuhmacher.

Hand|schuh|num|mer, die: vgl. Handschuhgröße: *** etw. ist [nicht] jmds. H.** (ugs.; *etw. entspricht, gefällt jmdm. [nicht]*).

Hand|schutz, der ⟨Pl. -e⟩: **1.** ⟨o. Pl.⟩ *Schutz der Hand od. der Hände bei bestimmten Arbeiten u. Sportarten:* Asbesthandschuhe zum wirksamen H. **2.** *etw., was dem Handschutz* (1) *dient:* der korbförmige H. des Degens; die Maschine läuft nicht an, solange der H. nicht runtergeklappt ist; du solltest als H. Asbesthandschuhe tragen; ich skate nie ohne H.

Hand|se|gel, das (Eissegeln): *mit der Hand gehaltenes Segel, mit dem der Eissegler manövriert.*

Hand|set|zer, der (Druckw.): *Setzer, der Handsatz* (2) *herstellt.*

Hand|set|ze|rin, die (Druckw.): w. Form zu ↑Handsetzer.

hand|si|gniert ⟨Adj.⟩: *(vom Künstler, vom Verfasser) mit einem handschriftlichen Namenszug versehen:* ein -es Exemplar; die Grafik ist vom Künstler h.

Hand|spie|gel, der: *mit einem Stiel versehener, kleiner, runder od. ovaler Spiegel, den man mit der Hand halten kann.*

Hand|spiel, das (Fußball): *regelwidriges Berühren u. Spielen des Balles mit der Hand.*

Hand|stand, der (Turnen): *Übung, bei der der Körper mit dem Kopf nach unten, bei ausgestreckten Armen auf die Hände gestützt, im Gleichgewicht gehalten wird:* einen H. machen; Rolle rückwärts in den H.

Hand|stand|über|schlag, der (Turnen): *Übung, bei der man in den Handstand springt, sich dann mit den Händen kräftig abdrückt u. einen Überschlag ausführt.*

Hand|stäu|ber, der; -s, - (landsch.): *Handfeger.*

Hand|stein, der (landsch. veraltend): *Ausguss* (1 a).

Hand|steu|e|rung, die: **a)** ⟨o. Pl.⟩ *mit der Hand vorgenommene Steuerung einer technischen Apparatur;* **b)** *Einrichtung, die eine Steuerung mit der Hand ermöglicht.*

Hand|sti|cke|rei, die: *mit der Hand ausgeführte Stickerei.*

Hand|stock, der (nordd.): *Spazierstock.*

hand|stop|pen ⟨sw. V.; hat; nur im Inf. u. im 2. Part. gebr.⟩: **1.** (Leichtathletik) *[etw.] mit der Stoppuhr stoppen:* ich muss die Läufe h.; der Lauf wurde handgestoppt. **2.** (Hockey) *den Ball mit der Hand abfangen:* ⟨subst.:⟩ Handstoppen ist im Hockey erlaubt.

Hand|streich, der [spätmhd. handstreich, urspr. = Schlag mit der Hand; später LÜ von frz. coup de main = Überrumpelung, plötzlicher Überfall] (bes. Milit.): *Aktion, bei der ein Gegner in einem blitzartigen Überfall überrumpelt wird:* der Diktator wurde durch einen H. entmachtet; die Festung war in einem/im H. besetzt worden Ü mit dieser Liebeserklärung eroberte er das Herz seiner Angebeteten im H. *(in kürzester Frist).*

Hand|ta|sche, die: *(bes. von Frauen verwendete) in der Hand od. mittels Henkel[n] am Arm od. über der Schulter zu tragende kleinere Tasche zum Mitführen bestimmter Utensilien:* eine lederne, geräumige H.; eine H. für den Abend; ihr waren sämtliche Papiere aus der H. gestohlen worden.

Hand|ta|schen|raub, der: *das Rauben* (1 a) *einer Handtasche auf offener Straße.*

Hand|ta|schen|räu|ber, der: *jmd., der einen Handtaschenraub begeht.*

Hand|ta|schen|räu|be|rin, die: w. Form zu ↑Handtaschenräuber.

Hand|tel|ler, der: *Innenfläche der Hand* (1) *vom Handgelenk bis zum Ansatz der Finger.*

hand|tel|ler|groß ⟨Adj.⟩: *etwa von, in der Größe eines Handtellers:* eine -e Wunde.

Hand|trom|mel, die: *kleine, mit der Hand geschlagene Trommel.*

Hand|tuch, das ⟨Pl. ...tücher⟩ [mhd. hanttuoch, ahd. hantuh]: **1.** *aus einem Baumwollstoff, bes. aus Frottee od. aus Halbleinen hergestelltes [schmales, längliches] Tuch von unterschiedlicher Größe zum Abtrocknen:* ein frisches, gebrauchtes, weiches H.; das blaue H. ist für die Hände; die Handtücher wechseln; *** schmales H.** (ugs. scherzh.; *sehr schmaler, schlankwüchsiger Mensch*); **das H. werfen/schmeißen** (1. Boxen; *[als Sekundant] die Aufgabe eines Kampfes signalisieren, indem man das Handtuch od. den Schwamm in den Ring wirft.* 2. ugs.; *resignierend aufgeben:* weil die Mannschaft nicht geschlossen hinter ihm stand, warf der Trainer das H.). **2.** (ugs.) **a)** *Raum, der im Verhältnis zu seiner Länge sehr schmal ist:* dieses H. eignet sich nicht als Kinderzimmer; **b)** *Fläche, die im Verhältnis zu ihrer Länge sehr schmal ist:* auf diesem H. können wir kein Haus bauen.

Hand|tuch|au|to|mat, der: *(bes. auf öffentlich zugänglichen Toiletten verwendeter) Automat, der eine Handtuchrolle enthält, von der der Benutzer sich zum Gebrauch jeweils ein sauberes Stück herausziehen kann.*

Hand|tuch|hal|ter, der: *bes. im Bad an der Wand angebrachte Stange[n] zum Darüberhängen der in Gebrauch befindlichen Handtücher.*

Hand|tuch|rol|le, die: *zu einer dicken Rolle aufgerolltes Handtuch.*

hand|tuch|schmal ⟨Adj.⟩: *im Verhältnis zur Länge sehr schmal:* in dem -en Zuschauerraum brach Panik aus.

Hand|um|dre|hen: nur in der Fügung **im H.** (*[überraschend] schnell [u. mühelos]*): die Arbeit war im H. erledigt; mit der Reparatur klappte es im H.

Hand|ver|kauf, der ⟨o. Pl.⟩: **1.** *(in Apotheken erfolgender) Verkauf von nicht rezeptpflichtigen Arzneimitteln.* **2.** *Verkauf von Waren auf der Straße, in Lokalen, auf Messen od. dgl.*

hand|ver|le|sen ⟨Adj.⟩: **1.** *von Hand verlesen:* -e Oliven, Früchte; diese Nüsse sind teurer, weil sie h. sind. **2.** *nach bestimmten [nicht offen gelegten, nicht akzeptablen] Kriterien sorgfältig ausgewählt:* ein paar -e Experten, Studiogäste; eine -e Mannschaft, Delegation; der Diktator wurde von einer Schar -er Journalisten begleitet; die Gäste waren h.: die Spitzen aus Politik und Wirtschaft.

Hand|ver|mitt|lung, die (Fernspr.): *manuelle, nicht durch Direktwahl erfolgende Herstellung von Telefonverbindungen.*

Hand voll: s. Hand (1).

Hand|wa|gen, der: *mit der Hand zu ziehender od. zu schiebender kleiner [Leiter]wagen.*

hand|warm ⟨Adj.⟩: *(bes. in Bezug auf Wasser, Waschlauge) nur mäßig warm; so warm, dass die Temperatur beim Prüfen mit der Hand als angenehm empfunden wird:* -es Wasser; das

Waschwasser soll nicht mehr als h. sein; etw. h. waschen.

Hand|wasch|be|cken, das: *[kleineres] Waschbecken zum Waschen der Hände.*

Hand|wä|sche, die: **1.** *das Waschen von Wäsche, die nicht gekocht zu werden braucht, mit der Hand:* das Waschmittel eignet sich für H. bis 40°. **2.** ⟨o. Pl.⟩ *Wäsche, die man mit der Hand wäscht od. die nur für das Waschen mit der Hand geeignet ist:* die H. ist trocken.

Hand|we|ber, der: *Weber, der nicht maschinell, sondern auf dem Webstuhl webt.*

Hand|we|be|rei, die: vgl. Weberei.

Hand|we|be|rin, die: w. Form zu ↑Handweber.

Hand|web|stuhl, der: *Webstuhl.*

Hand|wech|sel, der (veraltend): *Besitzerwechsel (bes. bei Immobilien).*

Hand|werk, das; -s, -e [mhd. hantwerc = Werk der Hände, Kunstwerk; Gewerbe, Zunft, ahd. hantwerc(h)]: **1. a)** *[selbstständige] berufsmäßig ausgeübte Tätigkeit, die in einem durch Tradition geprägten Ausbildungsgang erlernt wird u. die in einer manuellen, mit Handwerkszeug ausgeführten produzierenden od. reparierenden Arbeit besteht:* ein bodenständiges, Holz verarbeitendes, künstlerisches H.; das H. des Schneiders, Töpfers; ein H. ausüben, [be]treiben, [er]lernen; **Spr** H. hat goldenen Boden *(ein Handwerksberuf bietet die Gewähr für ein gesichertes Auskommen);* Klappern gehört zum H. *(wer als Gewerbetreibender Erfolg haben will, kann auf Werbung nicht verzichten);* **b)** *jmds. Beruf, Tätigkeit; Arbeit [mit der sich jmd. ernährt]:* das Umgraben ist ein mühsames H.; sein H. beherrschen, kennen, verstehen *(in seinem Beruf tüchtig sein);* * **jmdm. das H. legen** *(jmds. üblem Treiben ein Ende setzen;* urspr. bezogen auf einen Handwerker, der sich gegen Vorschriften der Innung verging u. der dafür mit einem Verbot, sein Handwerk weiter auszuüben, bestraft wurde): dem Einbrechertrio konnte endlich das H. gelegt werden; **jmdm. ins H. pfuschen** *(sich in einem Bereich betätigen, für den ein anderer zuständig ist;* urspr. bezogen auf jmdn., der ein Handwerk ausübte, ohne der Zunft anzugehören). **2.** ⟨o. Pl.⟩ *Berufsstand der Handwerker:* Handel, Industrie und H.

Hand|wer|ke|lei, die; -, -en (ugs. abwertend): *unsachgemäßes handwerkliches Arbeiten:* bei seiner H. kommt nie was Richtiges zustande.

hand|wer|keln ⟨sw. V.; hat⟩ (scherzh.): *laienhaft handwerklich arbeiten, sich mit handwerklicher Arbeit beschäftigen:* er handwerkelt gerne.

Hand|wer|ker, der; -s, - [mhd. hantwerker]: *jmd., der berufsmäßig ein Handwerk ausübt:* er ist selbstständiger H.; für eine Reparatur einen H. kommen lassen; wir haben die H. im Haus; **Ü** er ist ein guter H. *(er beherrscht die Techniken, die er für seine Arbeit braucht, gut),* aber es fehlt ihm die schöpferische Gabe.

Hand|wer|ker|ge|nos|sen|schaft, die: *Genossenschaft selbstständiger Handwerker u. Handwerkerinnen.*

Hand|wer|ke|rin, die; -, -nen: w. Form zu ↑Handwerker.

Hand|wer|ker|schaft, die; -: *Gesamtheit der Handwerker:* die H. ist in Innungen vereinigt.

Hand|wer|ker|stand, der ⟨o. Pl.⟩: *Berufsstand der Handwerker.*

Hand|wer|ker|zunft, die: vgl. Zunft.

hand|werk|lich ⟨Adj.⟩: *zum Handwerk* (1 a) *gehörend; ein Handwerk* (1 a) *betreffend:* ein -er Beruf; ein großes -es Können; mit viel -em Geschick reparierte er alte Uhren; die Möbel sind h. hervorragend gearbeitet; **Ü** ein h. hervorragend gemachter Film.

Hand|werks|be|ruf, der: *handwerklicher Beruf.*

Hand|werks|be|trieb, der: *Betrieb eines selbstständigen Handwerkers.*

Hand|werks|bur|sche, der (früher): *Handwerksgeselle [auf Wanderschaft].*

Hand|werks|ge|sel|le, der: *Handwerker, der die Gesellenprüfung gemacht hat.*

Hand|werks|ge|sel|lin, die: w. Form zu ↑Handwerksgeselle.

Hand|werks|in|nung, die: vgl. Innung.

Hand|werks|kam|mer, die: *Interessenvertretung des Handwerks* (2) *in Form einer Körperschaft des öffentlichen Rechts.*

Hand|werks|kunst, die ⟨o. Pl.⟩: *auf einem Handwerk* (1 a) *basierende Kunst.*

Hand|werks|mann, der ⟨Pl. ...leute⟩ (veraltet): *Handwerker.*

Hand|werks|meis|ter, der: *Meister in einem Handwerksberuf.*

Hand|werks|meis|te|rin, die: w. Form zu ↑Handwerksmeister.

Hand|werks|rol|le, die: *von einer Handwerkskammer geführtes Verzeichnis, in das die selbstständigen Handwerker mit dem von ihnen betriebenen Handwerk eingetragen werden.*

Hand|werks|zeug, das ⟨o. Pl.⟩: *bei handwerklichen Arbeiten, bei der Ausübung eines Handwerks benötigtes Werkzeug:* er trägt sein H. in einer Tasche bei sich; **Ü** Bücher sind das H. des Philologen.

Hand|werks|zunft, die: vgl. Zunft.

Hand|werks|zweig, der: *Zweig* (2 b) *des Handwerks:* das Aufkommen neuer -e.

Hand|wi|scher, der (schweiz.): *Handbesen.*

Hand|wör|ter|buch, das: vgl. Handlexikon.

Hand|wur|zel, die: *Teil des Skeletts der Hand zwischen Mittelhand u. Unterarm.*

Hand|wur|zel|kno|chen, der ⟨meist Pl.⟩: *zur Handwurzel gehörender Knochen.*

Han|dy ['hɛndi], das; -s, -s [zu engl. handy = griffbereit, greifbar; praktisch, zu: hand = Hand]: *Mobiltelefon:* eine Geschäftsreise ohne H. konnte er sich nicht mehr vorstellen.

Han|dy|man ['hɛndimæn], der; -, ...men [...mən; scherzh. Umdeutung von engl. handyman = Bastler, Heimwerker (engl. handy = geschickt; praktisch) zu »Mann mit Handy«] (scherzh.): *Benutzer eines Handys.*

Han|dy|num|mer, die: *Nummer, unter der eine Verbindung* (4 b) *mit einem Handy hergestellt werden kann.*

hand|zahm ⟨Adj.⟩: *in höchstem Maße zahm* (1 a), *zahm genug, um selbst menschliche Berührungen nicht zu scheuen:* ein -er Uhu, Alligator, Delphin; am besten lassen sich junge Tiere h. machen; **Ü** der sonst so wilde Junge wurde h., wenn Großmutter Märchen erzählte.

Hand|zei|chen, das: **1. a)** *mit der Hand gegebenes Zeichen:* jmdm. ein H. geben; sich durch H. verständigen; ein Polizist regelte den Verkehr durch H.; Radfahrer müssen ihre Absicht abzubiegen durch H. signalisieren; **b)** *(bei einer Abstimmung) Erheben der Hand zum Zeichen der Zustimmung od. Ablehnung:* die Abstimmung erfolgt durch/per H.; um H. wird gebeten. **2.** *(von jmdm., der nicht schreiben kann) mit der Hand ausgeführtes Zeichen anstelle des Namenszugs:* ein H. unter den Vertrag setzen. **3.** (Musik) *Darstellung eines Tones durch eine bestimmte Stellung der Hand.*

Hand|zeich|nung, die: **1.** *eigenhändige Zeichnung eines Künstlers:* eine H. von Dürer. **2.** *skizzenhafte [technische] Darstellung ohne Zuhilfenahme von Zeichengerät.*

Hand|zeit|nah|me, die (Leichtathletik): *Zeitnahme, bei der mit der Stoppuhr gestoppt wird.*

Hand|zet|tel, der: *bedrucktes Blatt Papier, das zum Zweck der Information verteilt wird:* H. drucken lassen, verteilen.

ha|ne|bü|chen ⟨Adj.⟩ [älter: hagebüchen = grob, derb, klotzig < mhd. hagenbüechīn = aus Hagebuchenholz bestehend (↑Hainbuche), nach dem sehr knorrigen Holz] (abwertend): *empörend, unerhört* (2), *skandalös:* ein -er Unsinn; -e Frechheiten, Lügen, Behauptungen, Unterstellungen, Beschuldigungen; er log mit -er Unverfrorenheit; das Urteil war h.

Hanf, der; -[e]s [mhd. han(e)f, ahd. hanaf, aus einer ost- od. südosteuropäischen Spr.]: **1.** *hoch wachsende, krautige Pflanze, deren Stängel Fasern enthalten, aus denen Seile u. a. hergestellt werden, deren Samen ölhaltig sind u. aus deren Blättern, Blüten, Blütenständen Haschisch und Marihuana gewonnen wird:* H. anbauen, ernten, hecheln, rösten, schwingen, darren; * **[wie der Vogel] im H. sitzen** (veraltend; *es gut haben;* weil es im Hanffeld viel Futter für den Vogel gibt). **2.** *aus den Stängeln der Hanfpflanze gewonnene Faser:* H. ist eine sehr vielseitig verwendbare Naturfaser; H. spinnen; Seil, Netz aus H. **3.** *Samen der Hanfpflanze:* die Vögel mit H. füttern.

Hanf|an|bau, der ⟨o. Pl.⟩: *Anbau* (2) *von Hanf* (1).

Hanf|bre|che, die: vgl. Breche.

Hanf|dar|re, die: **1.** ⟨o. Pl.⟩ *das Darren von Hanf* (1). **2.** *Darre* (1 a) *zum Trocknen von Hanf* (1).

han|fen, hän|fen ⟨Adj.⟩: *aus Hanf* (2): ein -es Seil.

Hanf|fa|ser, die: *Hanf* (2).

Hanf|feld, das: *mit Hanf* (1) *bebautes Feld.*

Hanf|garn, das: vgl. Hanfseil.

Hanf|korn, das: *Hanfsamen.*

Hänf|ling, der; -s, -e [mhd. henfelinc, zu ↑Hanf, weil der Vogel vorwiegend Hanfsamen frisst]: **1.** *(zu den Finken gehörender) kleiner bräunlicher od. grauer Singvogel, bei dem das Männchen während der Brutzeit an Stirn u. Brust rot gefärbt ist.* **2.** (leicht abwertend) *Mensch von dünner, schwächlicher Statur:* er sah zwar wie ein H. aus, hatte aber sehr viel Kraft.

Hanf|pflan|ze, die: *Hanf* (1).

Hanf|sa|men, der: *Samen des Hanfs* (1).

Hanf|schwin|ge, die: *Gerät zum Schwingen* (8) *des Hanfs* (1).

Hanf|seil, das: *hanfenes Seil.*

Hanf|stän|gel, der: *Stängel der Hanfpflanze.*

Hanf|strick, der: vgl. Hanfseil.

Hang, der; -[e]s, Hänge [spätmhd. hanc = Neigung, zu ↑[1]hängen]: **1.** *schräg abfallende Seite eines Bergs; Abhang:* ein steiler, bewaldeter H.; die nördlichen Hänge der Voralpen; den H. hinaufklettern; quer zum H. laufen. **2.** ⟨o. Pl.⟩ *Neigung zu einer bestimmten [negativ bewerteten] Verhaltensweise, besondere Vorliebe für etw. Bestimmtes:* ein krankhafter, gefährlicher, ausgeprägter H. [zu etw.]; den H. haben, etw. zu tun; ein H. zum Nichtstun, zum bedingungslosen Gehorsam, zur Bequemlichkeit, zur Übertreibung; sie hat einen H. zu extravagantem Schmuck. **3.** (Turnen) *Haltung, bei der man an den Händen od. Beinen am Gerät hängt od. mit einem anderen Körperteil so darauf aufliegt, dass der Körper den Boden nicht berührt:* in den H. gehen; aus dem H. abspringen.

Hang|ab|fahrt, die (Ski): *Abfahrt an einem Hang.*

hang|ab|wärts ⟨Adv.⟩: *den Hang hinab.*

Han|gar [auch: -'-], der; -s, -s [frz. hangar, eigtl. = Schuppen, Schirmdach, aus dem Germ., urspr. = Gehege um das Haus]: *große Halle zur Unterbringung, Wartung u. Reparatur von Flugzeugen u. Luftschiffen.*

Hang|brü|cke, die: *an einen Hang gebautes brückenähnliches Bauwerk zur Führung eines Verkehrsweges.*

Hän|ge|arsch, der (derb): *Gesäß, bei dem die Gesäßbacken schlaff nach unten hängen.*

Hän|ge|ba|cke, die ⟨meist Pl.⟩: *schlaffe, nach unten hängende Backe:* seit wann hat er solche -n?

Hän|ge|bahn, die: *Schwebebahn:* die H. wurde generalüberholt.

Hän|ge|bank, die ⟨Pl. ...bänke⟩ (Bergbau): *Mündung eines Förderschachts an der Erdoberfläche, wo die Förderung aus der vertikalen Richtung in die horizontale übergeht.*

Hän|ge|bauch, der: **a)** *dicker, stark nach unten hängender Bauch:* sein H. ist kein schöner Anblick; **b)** *(von [Haus]tieren) stark vergrößerter, durchhängender Bauch.*

Hän|ge|bauch|schwein, das: *(in Vietnam gezüchtetes) kleines, meist schwarzes Schwein mit kleinen Stehohren u. ausgeprägtem Hängebauch.*

Hän|ge|bir|ke, die: *Birke mit langen, dünnen herabhängenden Zweigen.*

Hän|ge|bo|den, der: **a)** *an der Decke eines Raums aufgehängte Bretterkonstruktion als Zwischen-*

H

decke: einen H. einziehen; **b)** *Raum zwischen Zimmerdecke u. Hängeboden* (a).

Hạn|ge|brü|cke, die: *mit Ketten, Seilen od. Kabeln an Pfeilern aufgehängte Brücke.*

Hạn|ge|brust, die: *schlaff nach unten hängende Brust* (2).

Hạn|ge|bu|sen, der: *Hängebrust.*

Hạn|ge|dach, das: *durchhängendes, in der Mitte nicht abgestütztes Dach.*

Hạn|ge|glei|ten, das; -s: *Drachenfliegen.*

Hạn|ge|glei|ter, der: *Gleitflugzeug ohne Sitz, bei dem sich der Pilot mit einem Gurt einhängt und den H. allein durch Verlagerung seines Körperschwerpunktes steuert.*

Hạn|ge|gurt, der: *an einem Balken od. an der Decke befestigter Bauchgurt zum Stützen verletzter großer Haustiere.*

Hạn|ge|kom|mis|si|on, die: *Kommission, die über Auswahl u. Anordnung der Bilder einer Ausstellung entscheidet.*

Hạn|ge|lam|pe, die: *von der Decke herabhängende Lampe.*

Hạn|ge|lip|pe, die: *große, nach unten hängende Unterlippe.*

hạn|geln ⟨sw. V.; ist/hat⟩: *sich im Hang* (3) *fortbewegen, wobei die Hände abwechselnd weitergreifen:* am Reck h.; ⟨h. + sich; hat:⟩ er hat sich an einem über den Bach gespannten Seil ans andere Ufer gehangelt.

H

Hạn|ge|mat|te, die [niederl. hangmat (älter: hangmak), volksetym. umgedeutet aus: hangen = hängen u. mat = Matte < frz. hamac < span. hamaca < arawakisch (Indianerspr. der Antillen) (h)amaca]: *aus einem länglichen Stück Segeltuch od. einem aus kräftigen Schnüren geknüpften Netz bestehende (mittels an den beiden kurzen Seiten befestigten Schnüren) über dem Boden aufzuspannende Unterlage zum Ausruhen od., bes. auf Schiffen, zum Schlafen:* in einer H. ruhen, schaukeln.

Hạn|ge|mö|bel, das: *an der Wand befestigtes, hängendes Möbelstück.*

hạn|gen ⟨st. V.; hat⟩ [↑[1]hängen] (schweiz., landsch., sonst veraltet): ↑[1]hängen: *** **mit Hangen und Bangen** (geh.; *mit großer Angst, voller Sorge, Sehnsucht*): sie hat die Klausur mit Hangen und Bangen geschafft.

[1]**hän|gen** ⟨st. V.; hat; südd., österr., schweiz. auch: ist⟩ [Vermischung der starken Formen von mhd. hāhen, ahd. hāhan = aufhängen mit den schwachen Formen von mhd., ahd. hengen = hängen machen u. mhd. hangen, ahd. hangēn = [1]hängen]: **1. a)** *[mit dem oberen Ende] an einer bestimmten Stelle [beweglich] befestigt sein:* das Bild hängt an der Wand, über dem Sofa; an dem Baum hingen Äpfel; die Wäsche hängt auf der Leine, auf dem Trockenboden; er hat seinen Hut, Mantel in der Garderobe h. lassen, (selten:) gelassen; Fahnen hingen aus den Fenstern; der Anzug hing über einem Bügel im Schrank; in ihren Wimpern hingen Tränen; der Blumenkasten hat nach dem Sturm nur noch an einem einzigen Haken gehangen; die Gardinen hängen *(sind angebracht);* der Mörder soll h. *(soll durch Erhängen getötet werden);* das Bild hängt schief; ⟨mit Vertauschung des Subjekts:⟩ der Schrank hängt voller Kleider *(im Schrank hängen viele Kleider);* der Baum hing voller Früchte *(war mit Früchten beladen);* Ü an der gesamten Umzugsstrecke hingen die Leute aus ihren Fenstern *(lehnten sie sich weit hinaus),* damit sie den Festumzug sehen konnten; über dem Meer hing der Mond; **b)** *sich an etw. festhalten u. von unten keinen Halt mehr haben, frei schweben:* der Bergsteiger hing an einem Felsen; **c)** *sich an jmdm. festhalten [u. schwer nach unten ziehen]:* jmdm. am Hals h.; **d)** *an einem Fahrzeug befestigt sein [u. gezogen werden]:* das Boot, der Wohnwagen hängt am Auto; Ü der Laster hängt dicht *(fährt ständig ganz dicht)* hinter uns; **e)** *angeschlossen sein:* der PC hängt am Netz; der Fernseher hängt am Kabel, an der Dachantenne; das Haus hängt an der Fernheizung. **2. a)** *vom Eigengewicht nach unten gezogen werden, schwer u. schlaff nach unten fallen, ohne festen Halt herabhängen:* die Zweige der Birke hängen [bis auf die Erde]; Blumen mit hängenden Köpfen; Telefonkabel hingen auf die Schienen; die Haare hingen ihm ins Gesicht; der Anzug hing ihm am Leib *(war ihm zu groß);* fürchterlich, wie sein Bauch hängt; mit hängenden Schultern; im Sessel h. *(unordentlich u. nur zum Teil auf dem Sessel sitzen);* der Boxer hängt in den Seilen; *** **sich h. lassen** *(sich gehen lassen, keine Energie mehr für etw. aufbringen, sich willenlos der Inaktivität überlassen):* lass dich nicht so h. und komm mit spazieren; **b)** *sich zur Seite neigen:* der Wagen hängt nach rechts. **3.** (geh.) *[unbeweglich] in der Luft schweben:* feuchte Nebel hingen über der Stadt; abgestandener Rauch hängt im Zimmer. **4. a)** *sich festgesetzt haben, haften:* an den Schuhen hängt Schmutz; der Dreck bleibt an, in den Sohlen h.; die Kletten bleiben an der Kleidung h.; Ü ihre Blicke hingen an ihm; **b)** *festhängen:* mit dem Ärmel an einem Rosenstrauch h.; [mit dem Ärmel] an einem Nagel h. bleiben; der Mechanismus der Spieluhr hängt irgendwo; viele Fahrzeuge, die sich nicht auf winterliche Straßenverhältnisse eingestellt hatten, blieben h.; das Programm, das System, der Computer hängt (EDV; *reagiert nicht auf Benutzereingaben*); Ü die Angriffe blieben im Mittelfeld h. (Sport; *konnten die gegnerische Abwehr nicht passieren*); er ist in der Schule zweimal h. geblieben (ugs.; *musste zweimal eine Klasse wiederholen*); *** **jmdn. h. lassen** (ugs.; *bei jmdm. eine versprochene [Hilfe]leistung nicht ausführen, jmdn. im Stich lassen*): die Lieferanten haben ihn h. lassen; **c)** (ugs.) *nicht vorwärts kommen; stocken:* der Prozess hängt; **d)** (ugs.) *zurück sein, nicht mitkommen:* in Mathematik h.; **e)** (ugs.) *lange irgendwo bleiben [u. nicht weggehen]:* wir sind gestern Abend in der Kneipe h. geblieben; nach dem Krieg sind viele in dieser Gegend h. geblieben; sie h. an der Theke und betrinken sich; wo hängt denn der Bursche bloß?; er hängt den ganzen Tag am Telefon *(telefoniert ständig);* Ü bei jeder Einzelheit h. bleiben; **f)** *** **bei jmdm. h.** (landsch.; 1. *bei jmdm. nichts gelten, nicht [mehr] angesehen sein.* 2. *bei jmdm. Schulden haben*). **5.** *von jmdm., etw. abhängig sein:* der weitere Verlauf der Verhandlungen hängt an ihm, an seiner Geschicklichkeit; wo[ran] hängt (ugs.; *fehlt*) es denn? **6.** *sich von jmdm., etw. nicht trennen mögen, auf jmdn., etw. nicht verzichten mögen, jmdn., etw. nicht verlieren wollen:* am Geld, am Leben, an der Heimat h.; er hängt sehr an seiner Mutter.

[2]**hän|gen** ⟨sw. V.; hat⟩ [↑[1]hängen]: **1. a)** *jmdn., etw. mit dem oberen Ende an einer bestimmten Stelle frei beweglich befestigen:* das Bild an die Wand h.; die Wäsche an, auf die Leine h.; den Anzug in den Schrank h.; eine Fahne aus dem Fenster h.; ich hängte mir den Fotoapparat über die Schulter; du hängst dir alles Geld auf den Leib (ugs.; *gibst alles Geld für Kleidung aus*); ein Bild niedriger h.; Ü die Leute hängten sich, die Köpfe aus den Fenstern *(lehnten sich weit hinaus);* **b)** ⟨h. + sich⟩ *sich so an etwas festhalten, dass man daran zu hängen kommt:* sich an einen Ast, an eine Sprosse h.; Ü die Kleine weinte und hängte sich an ihre Mutter; sich ans Telefon, an die Strippe h. (ugs.; *zu einem bestimmten Zweck telefonieren*); **c)** ⟨h. + sich⟩ *jmdn., etw. ergreifen u. festhalten u. mit seinem Gewicht nach unten ziehen:* sich jmdm. an den Hals, an den Arm h.; **d)** *etw. an einem Fahrzeug befestigen [um es zu ziehen]:* das Boot, den Wohnwagen ans Auto h.; **e)** *anschließen:* den Akku ans Ladegerät h.; den Computer ans Netz h.; die Spülmaschine an eine Warmwasserleitung h. **2.** *hängen lassen, schwer u. schlaff nach unten bewegen, fallen lassen:* den Arm aus dem Wagenfenster, die Beine ins Wasser h.; er hängte den Kopf *(war betrübt);* die Blumen hängten die Köpfe *(begannen zu welken).* **3.** ⟨h. + sich⟩ **a)** *sich festsetzen, festkleben:* der Lehm hängte sich an die Schuhe; Ü sich an jmdn. h. *(sich jmdm. aufdringlich anschließen; jmdm. lästig fallen);* sie konnte nicht verstehen, dass sich ihre Tochter an solch einen Taugenichts gehängt hatte; **b)** *dicht folgen, verfolgen:* der Detektiv hängte sich an den Dieb; er hängte sich ans Hinterrad des Spitzenreiters; **c)** (ugs.) *sich unaufgefordert einmischen:* häng dich nicht in meine Angelegenheiten! **4.** ⟨h. + sich⟩ *sich jmdm., einer Sache zuwenden, sich an jmdn., etw. gefühlsmäßig binden u. sich nicht mehr davon trennen wollen:* sich ans Leben, ans Geld h. **5. a)** *mit einem um den Hals gelegten Strick an etw. aufhängen u. dadurch töten:* jmdn. [an den Galgen] h.; ⟨subst.:⟩ jmdn. zum Tod durch Hängen verurteilen; R ich will mich h. lassen, wenn ... (ugs.; *ich bin mir meiner Sache ganz sicher* [Beteuerungsformel]); *** **mit Hängen und Würgen** *(mit großer Mühe; gerade noch):* er bestand die Prüfung mit Hängen und Würgen; **b)** ⟨h. + sich⟩ *sich erhängen.*

Hạn|gen|de, das; -n ⟨Dekl. ↑[2]Junge, das⟩ (Bergmannsspr.): *Gesteinsschicht über einer Lagerstätte.*

Hạn|ge|nel|ke, die: *Nelke einer Art, bei der Blüten u. Blattwerk nach unten hängen.*

Hạn|ge|ohr, das ⟨meist Pl.⟩: *großes, herabhängendes Ohr:* ein Hund mit -en.

Hạn|ge|par|tie, die (Schach): *vorläufig abgebrochene, später fortzusetzende Schachpartie:* der Großmeister entschied die H. zu seinen Gunsten; Ü mit seiner Entscheidung, den Chefposten anzunehmen, hat er eine H. *(eine Zeit der Ungewissheit, der ungeklärten Verhältnisse, des Hinhaltens)* beendet.

Hạn|ger, der; -s, -: **1. a)** *weit geschnittener, lose fallender Damenmantel;* **b)** *lose fallendes, gürtelloses [(bes. für Kinder) mit einer Passe gearbeitetes] Kleid.* **2.** (ugs.) *Anhänger* (2): ein Lastwagen mit H. **3.** (Jargon) *ungewolltes Steckenbleiben beim Sprechen, Vortragen, bes. bei Schauspielern, Sängern:* bei ihrem ersten Auftritt hatte sie nicht einen einzigen H.

Hạn|gerl, das; -s, -n (österr.): **1.** *Lätzchen.* **2.** *Wischtuch [des Kellners].*

Hạn|ge|schloss, das: *Vorhängeschloss.*

Hạn|ge|schrank, der: *an die Wand zu hängender Schrank.*

Hạn|ge|schul|ter, die ⟨meist Pl.⟩: *nach vorn gezogene Schulter (bei schlechter Körperhaltung).*

Hạn|ge|stel|lung, die (Schach): vgl. Hängepartie.

Hạn|ge|tit|te, die ⟨meist Pl.⟩ (derb): *Hängebrust.*

Hạn|ge|wei|de, die: vgl. Hängebirke.

Hạn|ge|zeug, das: **1.** (Bergbau) *Messgerät, das zur Bestimmung von räumlichen Koordinaten an einer Kette aufgehängt wird.* **2.** *Hängegurt.*

Hang|fahrt, die (Ski): *Hangabfahrt.*

hän|gig ⟨Adj.⟩ [spätmhd. hängig = (herab)hängend; 3: zu [1]hängen (4 d)]: **1.** (schweiz.) *anhängig, noch nicht entschieden, vor einer Entscheidung stehend:* ein -es Verfahren; der Prozess ist h. **2.** (Fachspr.) *an einem Hang* (1) *gelegen; abschüssig.* **3.** (landsch.) *(von Kindern) noch nicht ganz wach, munter; unausgeschlafen, lustlos, unlustig.*

Hang|keh|re, die (Turnen): *Übung, bei der man im Hang* (3) *mit od. ohne Schwingen eine halbe Drehung ausführt.*

Hang|la|ge, die: **1.** *Lage (eines Grundstücks, Hauses usw.) am Hang:* die H. erschwerte die Bauarbeiten; ein Haus in [leichter, bester] H. **2.** ⟨meist Pl.⟩ *Fläche im Bereich eines Hangs:* steile, schwer zu bewirtschaftende, erosionsgefährdete, lawinengefährdete -n.

Hän|go|lin, das; -s [aus der Soldatenspr.; nach dem Muster anderer Namen von Präparaten zu ↑[1]hängen gebildet, weil es bewirkt, dass der Penis hängt, d. h. nicht erigiert] (salopp): *Mittel zur Dämpfung der sexuellen Erregbarkeit von Männern.*

Hang-over [ˈhæŋˈoʊvɐ], der; -s [engl. hangover, zu: to hang over = überhängen, übrig bleiben] (ugs.): [2]*Kater.*

Hang|se|geln, das (Sport): *Segelflug an Hängen* (1).

Hang|stand, der (Turnen): *Haltung, bei der man mit Armen od. Händen am Gerät hängt u. gleichzeitig mit den Füßen auf dem Boden od. dem Gerät steht.*

Hang|start, der (Segelfliegen): *Start eines Segelflugzeugs am Hang* (1) *mit einem Gummiseil.*

Hang|tä|ter, der [zu ↑Hang (2)] (Rechtsspr.): *Täter, der aufgrund eines Hangs zu strafbaren Handlungen straffällig geworden ist u. dazu neigt, immer wieder Straftaten zu begehen:* ein unverbesserlicher H.

Hang|tä|te|rin, die (Rechtsspr.): w. Form zu ↑Hangtäter.

Hang|waa|ge, die (Turnen): *Übung, bei der man den Körper im Hang* (3) *in der Waagrechten hält.*

Hang|wind, der: *Wind an einem Hang* (1).

Han|ke, die; -, -n [H. u.] (Reiten): *den Oberschenkel u. Hüft- u. Kniegelenk umfassende Körperpartie des Pferdes.*

Han|ne|mann: in der Redensart **H., geh du voran!** (Aufforderung, [bei etw. Unangenehmem] voranzugehen, den Anfang zu machen; aus dem Schwank von den Sieben Schwaben; landsch. Kosef. des m. Vorn. Johannes).

Han|ni|bal ad (fälschlich meist: ante) **por|tas!** [lat. = Hannibal an (vor) den Toren; Schreckensruf der Römer im 2. Punischen Krieg; nach T. Livius, Ab urbe condita 23, 6] (bildungsspr. scherzh.): *Gefahr ist im Anzug, Gefahr droht.*

Han|no|ver [...fɐ]: Landeshauptstadt von Niedersachsen.

[1]Han|no|ve|ra|ner [...və...], der; -s, -: **1.** Ew. **2.** *starkes, großes, meist braunes Warmblutpferd.*

[2]Han|no|ve|ra|ner ⟨indekl. Adj.⟩.

Han|no|ve|ra|ne|rin, die: w. Form zu ↑[1]Hannoveraner (1).

Ha|noi: Hauptstadt von Vietnam.

Hans, der; -, Hänse [nach dem Vornamen Hans, Kurzf. des m. Vorn. Johannes] (volkst.): *männliche Person,* in Bezeichnungen wie: H. Guckindieluft *(Guckindieluft);* H. Hasenfuß *(Hasenfuß);* H. Huckebein (*Rabe;* nach einer Gestalt von Wilhelm Busch); H. im Glück (*jmd., der bei allen Unternehmungen Glück hat; Glückspilz;* nach einer Märchengestalt); H. Langohr *(Esel);* H. Liederlich *(unzuverlässiger Mensch);* H. Taps (*Taps* 1); **R** ich will H. heißen, wenn ... (*ich bin mir meiner Sache ganz sicher* [Beteuerungsformel]); **Spr** jeder H. findet seine Grete (*jeder Mann findet eine zu ihm passende Frau);* *** der Blanke H.** (dichter.; *die Nordsee bei Sturm;* wohl nach der weiß schimmernden Gischt).

Han|sa|plast®, das; -[e]s [2. Bestandteil zu mlat. (em)plastrum, ↑Pflaster]: *Verbandpflaster, Wundschnellverband.*

Häns|chen, das; -s, -: Vkl. zu ↑Hans: **Spr** was H. nicht lernt, lernt Hans nimmermehr *(was man in jungen Jahren nicht lernt, lernt man als Erwachsener erst recht nicht).*

Hans|dampf [auch: ˈ- -], der; -[e]s, -e (ugs.): *jmd., der sich überall auskennt, über alles Mögliche [oberflächlich] Bescheid weiß, sich geschäftig um viele Dinge kümmert:* er ist ein richtiger H.; *** H. in allen Gassen** *(Hansdampf).*

Han|se, die; - [mhd. hanse = Kaufmannsgilde, Genossenschaft, ahd. hansa = Kriegerschar, Gefolge, H. u.] (hist.): *zur Vertretung gemeinsamer, vor allem wirtschaftlicher Interessen gebildeter Zusammenschluss von Handelsstädten im MA.*

Han|se|at, der; -en, -en: **1.** (hist.) *der Hanse angehörender Kaufmann.* **2.** *Bewohner einer der sieben Hansestädte* (b), *bes. aus der vornehmen Bürgerschicht.*

Han|se|a|tin, die; -, -nen: w. Form zu ↑Hanseat (2).

han|se|a|tisch ⟨Adj.⟩: **1.** *die Hanse betreffend, zur Hanse gehörend.* **2. a)** *die Hanseaten* (2) *betreffend; zur vornehmen Bürgerschicht der Hansestädte* (b) *gehörend;* **b)** *kühle, unaufdringliche Vornehmheit wie die der Hanseaten* (2) *zeigend:* -e Zurückhaltung.

Han|se|bund, der: *Hanse.*

Han|se|kog|ge, die: *zur Flotte der Hanse gehörende Kogge, Kogge eines Hanseaten* (1).

Han|sel, der; -s, -[n] [Koseform von ↑Hans] (landsch. abwertend): *unbedeutende, nicht weiter zu beachtende [männliche] Person:* der arme H. tat mir Leid; mit den paar -n *(mit den viel zu wenigen Leuten)* können wir den Wettbewerb nicht gewinnen; *** den H. machen** (ugs.; *sich für die undankbarste Rolle zur Verfügung stellen).*

Han|sel|bank, die ⟨Pl. ...bänke⟩ (österr.): *Heinzelbank.*

Hän|se|lei, die; -, -en: *das Hänseln:* hört auf mit der H.!

hän|seln ⟨sw. V.; hat⟩ [mhd. hansen = unter gewissen (scherzhaften) Zeremonien in eine Kaufmannsgilde aufnehmen, zu ↑Hanse]: *sich über jmdn. ohne Rücksicht auf dessen Gefühle lustig machen, indem man ihn immer wieder verspottet, ohne dass er sich wehren kann:* die Mitschüler hänselten ihn dauernd wegen seiner abstehenden Ohren; gutmütig ließ er sich h.

Han|se|stadt, die: **a)** (hist.) *der Hanse angehörende Stadt;* **b)** *eine der sieben norddeutschen Städte Bremen, Hamburg, Lübeck, Wismar, Rostock, Stralsund u. Greifswald.*

Han|se|städ|ter, der: *Einwohner einer Hansestadt.*

Han|se|städ|te|rin, die: w. Form zu ↑Hansestädter.

han|se|städ|tisch ⟨Adj.⟩: *zu einer Hansestadt gehörend.*

han|sisch ⟨Adj.⟩: **a)** (hist.) *zur Hanse gehörend:* das -e Kontor von Nowgorod; **b)** *hansestädtisch.*

Hans|narr [auch: ˈ- -], der: *Narr, einfältiger Mensch.*

Hans|wurst, der; -[e]s, -e, scherzh. auch: ...würste: **1.** *derbkomische Figur des deutschen Theaters des 18. Jh.s.* **2.** *dummer Mensch, den man nicht ernst nimmt, der sich lächerlich macht:* dieser armselige H.!

Hans|wurs|te|rei, die; -, -en: *Hanswurstiade.*

Hans|wurs|ti|a|de, die; -, -n: **1.** *Possenspiel des 18. Jh.s, in dem Hanswurst* (1) *die Hauptrolle spielt.* **2.** *Scherz, Spaß[macherei].*

Han|tel, die; -, -n [niederd. hantel = Handhabe, zu ↑Hand]: **1.** (Turnen) *Gerät zur Gymnastik od. zum Konditionstraining, bestehend aus zwei durch einen Griff verbundenen Kugeln od. Scheiben:* mit der H. turnen. **2.** (Gewichtheben) *Eisenstange, an deren Enden Gewichte in Form von Scheiben angebracht sind.*

han|tel|för|mig ⟨Adj.⟩: *die Form einer Hantel aufweisend.*

Han|tel|gym|nas|tik, die: *mit Hanteln* (1) *durchgeführte Gymnastik.*

han|teln ⟨sw. V.; hat⟩: *mit der Hantel turnen, trainieren.*

han|tie|ren ⟨sw. V.; hat⟩ [spätmhd. hantieren, mniederd. hantēren = Kaufhandel treiben; handeln, verrichten, tun < mniederl. hantēren, hantieren = mit jmdm. umgehen, Handel treiben < afrz. hanter = mit jmdm. umgehen, jmdn. häufig besuchen, H. u.]: **a)** *geschäftig [mit den Händen] arbeiten, tätig sein, wirtschaften:* der Koch hantierte am Herd, in der Küche; geschäftig, emsig h.; **b)** *etw. handhaben, mit etw. umgehen, etw. benutzen:* mit einem Schraubenschlüssel am Auto h.; ⟨auch mit Akk.-Obj.:⟩ ihre Gitarre, die sie sehr gern hantierte, nahm sie überall mit hin.

Han|tie|rung, die; -, -en: *das Hantieren.*

han|tig ⟨Adj.⟩ [mhd. handec = bitter, scharf, ahd. handeg, hantag = schwer; bitter; hart, streng, wohl zu einem Verb mit der Bed. »stacheln, stechen«] (österr., bayr.): **a)** *bitter, herb:* ein -er Kaffee; -es Bier; es schmeckt h.; **b)** *unfreundlich, barsch:* der Alte antwortete h.

Ha|o|ri, der; -[s], -s [jap.]: *über dem Kimono getragener knielanger Überwurf mit angeschnittenen Ärmeln.*

Ha|pax|le|go|me|non [auch: ...ˈgɔ...], das; -s, ...mena [griech. hápax legómenon = einmal Gesagtes] (Literaturw.): *nur einmal belegtes, in seiner Bedeutung oft nicht genau zu bestimmendes Wort einer [nicht mehr gesprochenen] Sprache.*

ha|pe|rig, haprig ⟨Adj.⟩ (nordd. veraltend): *stockend:* es geht h.

ha|pern ⟨sw. V.; hat; unpers.⟩ [aus dem Niederd. < mniederl. hāperen = stottern, H. u.]: **a)** *[vorübergehend] nicht zur Verfügung stehen, fehlen:* es hapert an Nachwuchskräften; am Geld haperte es; **b)** *nicht klappen, um etw. schlecht bestellt sein:* es hapert mit der Versorgung; in Latein hapert es bei ihm *(ist er schwach).*

ha|plo|dont ⟨Adj.⟩ [zu griech. háploos = einfach u. odoús (Gen.: odóntos) = Zahn] (Biol.): *(von den Zähnen niederer Wirbeltiere) wurzellos u. kegelförmig.*

Ha|plo|gra|phie, (auch:) Haplografie, die; -, -n [↑-graphie] (Fachspr.): *fehlerhafte Auslassung eines von zwei gleichen od. ähnlichen Lauten od. Silben in geschriebenen od. gedruckten Texten.*

ha|plo|id ⟨Adj.⟩ [griech. haploeidḗs = einfach] (Biol.): *(von Zellkernen) nur einen einfachen Chromosomensatz enthaltend.*

Ha|plo|lo|gie, die; -, -n [↑-logie] (Sprachw.): *Verschmelzung zweier gleicher od. ähnlicher Silben* (z. B. »Zauberin« statt »Zaubererin«, »Adaption« statt »Adaptation«).

Häpp|chen, das; -s, -: **1.** Vkl. zu ↑Happen: von so einem H. kann niemand satt werden. **2.** *Appetithappen:* ihrer Einladung folgt jeder gern, weil es bei ihr immer sehr leckere H. gibt.

häpp|chen|wei|se ⟨Adv.⟩: **1.** *in kleinen Happen:* sein Frühstücksbrot h. essen. **2.** *in kleinen, [zögernd] aufeinander folgenden Teilen; nach u. nach:* das Geheimnis gab sie nur h. preis.

hap|pen ⟨sw. V.; hat⟩ [zu ↑Happen] (niederd. veraltend): *zubeißen, abbeißen, zuschnappen.*

Hap|pen, der; -s, - [aus dem Niederd., wohl urspr. Kinderspr.] (ugs.): *kleines Stück, kleine Menge eines [festen] Nahrungsmittels; Bissen:* ein guter, tüchtiger H.; sie war schon nach ein paar H. satt; er hat noch keinen H. *(nichts)* gegessen; ich möchte vorher gern noch einen H. (ugs.; *eine Kleinigkeit)* essen; **Ü** das ist ein fetter H. *(ein großer Gewinn, ein einträgliches Geschäft);* diesen [fetten] H. *(dieses einträgliche Geschäft)* will er sich nicht entgehen lassen.

Hap|pe|ning [ˈhɛpənɪŋ], das; -s, -s [engl. happening, eigtl. = Ereignis]: *[öffentliche] Veranstaltung von Künstlern, die – unter Einbeziehung des Publikums – ein künstlerisches Erlebnis [mit überraschender od. schockierender Wirkung] vermitteln will:* ein H. veranstalten.

Hap|pe|nist [hɛpəˈnɪst], der; -en, -en: *Künstler, der Happenings veranstaltet.*

Hap|pe|nis|tin, die; -, -nen: w. Form zu ↑Happenist.

hap|pig ⟨Adj.⟩ [zu ↑happen]: **1.** (nordd. veraltend) *gierig:* h. nach etw. sein. **2.** (ugs.) *unzumutbar hoch, überhöht, überzogen:* -e Mieten, Nebenkosten; er stellt ganz schön -e Ansprüche, Forderungen; es war ein bisschen h. *(zu viel),* dass sie nach der langen Krankheit gleich voll arbeitete; etwas h. *(übertrieben),* die kleine Ausstellung als ein großes Ereignis anzukündigen.

hap|py [ˈhɛpi] ⟨indekl. Adj.⟩ [engl. happy, zu älter: hap = Glück; Zufall, Geschick < anord. happ] (ugs.): *glücklich, sehr zufrieden, gut gelaunt:* er war ganz h., dass sie ihn besuchte; trotz vieler Missverständnisse am Anfang endete ihre Geschichte h. *(hatte einen glücklichen Ausgang).*

Hap|py|end [ˈhɛpiˈlɛnt], das; -[s], -s, (auch:) **Happy End,** das; - -[s], - -s [zu engl. happy ending = glückliches Ende]: *[unerwarteter] glücklicher Ausgang eines Konflikts, einer Liebesgeschichte:* ein unerwartetes H.; der Film endete mit einem H.

hap|py|en|den [hɛpi...] ⟨sw. V.; hat; meist im Präs. od. Inf.⟩ (ugs.): *[doch noch] einen glücklichen*

Ausgang nehmen; ein Happyend finden: nicht alle Märchen h.

Hap|py few ['hɛpɪ 'fju:] ⟨Pl.⟩ [engl. (the) happy few, zu: few = wenige; den Ausdruck bezieht Heinrich V. in Shakespeares gleichnamigem Drama auf die kleine Schar seiner Kampfgefährten (IV, 3)] (bildungsspr.): *kleine Schar von Auserwählten, erlesener Kreis* (3 b).

hap|rig: ↑haperig.

Hap|ten, das; -s, -e ⟨meist Pl.⟩ [zu griech. háptein = heften, berühren, angreifen] (Med.): *eiweißfreie organische Verbindung, die die Bildung von Antikörpern im Körper verhindert.*

Hap|tik, die; - [zu griech. háptein, ↑Hapten] (Psych.): *Lehre vom Tastsinn.*

hap|tisch ⟨Adj.⟩ (Psych.): *den Tastsinn, das Tasten betreffend, auf dem Tastsinn beruhend, mithilfe des Tastsinns [erfolgend].*

Hap|to|tro|pis|mus, der; -, ...men [zu griech. trópos = Wendung] (Bot.): *durch Berührungsreize ausgelöste Wachstumsbewegung pflanzlicher Organe* (z. B. das Festklammern bei rankenden Pflanzen).

har ⟨Interj.⟩ (landsch.): Zuruf an ein Pferd: *nach links!*

Ha|ra|ki|ri, das; -[s], -s [jap. harakiri, zu: hara = Bauch u. kiru = schneiden]: *(in Japan) [ritueller] Selbstmord durch Bauchaufschlitzen; Seppuku:* H. machen, begehen; Ü gesellschaftliches, politisches, wirtschaftliches H. begehen *(sich gesellschaftlich, politisch, wirtschaftlich zugrunde richten).*

Ha|ram, der; -s, -s [arab. ḥaram, eigtl. = (das, was) verboten (ist); heilig (u. für Ungläubige verboten)]: *geweihter Bezirk im islamischen Orient (z. B. die Gebiete von Mekka u. Medina).*

ha|ran|gie|ren ⟨sw. V.; hat⟩ [frz. haranguer, zu: harangue = feierliche Ansprache < mlat. harenga, H. u.] (veraltet): **1. a)** *eine langweilige, überflüssige Rede halten;* **b)** *jmdn. mit einer Rede, mit einer Unterhaltung langweilen.* **2.** *anreden, ansprechen.*

Ha|ra|re: Hauptstadt von Simbabwe.

Ha|rass, der; -es, -e [frz. harasse, H. u.] (Fachspr.): *Lattenkiste, Korb zum Verpacken zerbrechlicher Waren wie Glas, Porzellan.*

harb ⟨Adj.⟩ [mhd. harw, ↑herb] (bayr., österr. mundartl.): **1.** *böse, verärgert, beleidigt:* jetzt ist er h.; *** jmdm. h. sein** *(ärgerlich, böse auf jmdn. sein).* **2.** *schön, ins Gemüt gehend:* ein -es Wiener Lied.

Här|chen: Vkl. zu ↑Haar.

Hard|bop ['ha:d...], der; -[s], -s [engl. hardbop, geb. nach ↑Bebop, zu: hard = hart]: *(zu Beginn der 1950er-Jahre entstandener Jazzstil, der stilistisch eine Fortsetzung, gleichzeitig jedoch eine Glättung u. z. T. Vereinfachung des Bebop darstellt.*

Hard|co|py ['ha:dkɔpɪ], die; -, -s, (auch:) **Hard Copy,** die; - -, - -s [engl., eigtl. = feste (im Sinne von »gegenständliche«) Kopie] (EDV): [2]*Ausdruck* (1 b) *von im Computer gespeicherten Daten od. Texten über einen Drucker* (2) *od. Plotter (im Unterschied zur Softcopy).*

Hard|core ['ha:dkɔ:], der; -s, -s [1: engl. hard core = harter Kern] **1.** (Physik) *[vermuteter] harter innerer Kern von Elementarteilchen.* **2.** kurz für ↑Hardcorefilm, -porno.

Hard|core|film, der: *Hardcoreporno.*

Hard|core|por|no, der: *pornographischer Film, in dem geschlechtliche Vorgänge z. T. in Großaufnahme u. mit genauen physischen Details gezeigt werden.*

Hard|co|ver ['ha:d'kʌvə], das; -s, -s, (auch:) **Hard Co|ver,** das; - -s, - -s [engl., aus hard = hart, fest u. ↑Cover] (Buchw.): *Buch mit festem Einbanddeckel.*

Hard|co|ver|ein|band, (auch:) **Hard-Co|ver-Ein|band,** der (Buchw.): *fester Einbanddeckel bei Büchern.*

Hard|disk ['ha:d...], die; -, -s, (auch:) **Hard Disk,** die; - -, - -s [engl.] (EDV): engl. Bez. für *Festplatte.*

Hard|drink ['ha:d'drɪŋk], der; -s, -s, (auch:) **Hard Drink,** der; - -s, - -s [engl. aus: hard = stark (wirkend) u. ↑Drink]: *hochprozentiges alkoholisches Getränk.*

Hard|drug ['ha:d'drʌg], die; -, -s, (auch:) **Hard Drug,** die; - -, - -s [engl., eigtl. = harte Droge] (Jargon): *Rauschgift, das süchtig macht* (z. B. Heroin).

Har|de, die; -, -n [aus dem Niederd. < mniederd. harde, herde] (früher): *Verwaltungsbezirk, der mehrere Dörfer od. Höfe in Schleswig-Holstein umfasst.*

Hard|edge ['ha:d'ɛdʒ], die; -, (auch:) **Hard Edge,** die; - -, **Hard-Edge-Ma|le|rei,** die, **Hard-Edge-Pain|ting** [...'peɪntɪŋ], das; - [engl. hard-edge (painting), aus: hard edge = harte Kante (u. painting = Malerei)]: *Richtung in der modernen Malerei, die klare geometrische Formen u. kontrastreiche Farben verwendet.*

Har|des|vogt, der; -[e]s, ...vögte [zu ↑Harde] (früher): *Amtsvorsteher einer Harde.*

Hard|li|ner ['ha:d'laɪnə], der; -s, - [engl. hard-liner, zu: hard = hart u. line = Linie (8)]: *Vertreter eines harten [politischen] Kurses:* die wenigen H. wurden überstimmt.

Hard|rock ['ha:d'rɔk], der; -[s], (auch:) **Hard Rock,** der; - -[s] [engl., eigtl. = harter [2]Rock]: *Stilrichtung der Rockmusik, für die sehr einfache harmonische und rhythmische Struktur sowie extreme Lautstärke typisch sind.*

Hard|sel|ling ['ha:d'sɛlɪŋ], das; -, (auch:) **Hard Sel|ling,** das; - - [engl. hard selling, eigtl. = hartes Verkaufen] (Wirtsch.): *Anwendung aggressiver Verkaufsmethoden.*

Hard|stuff ['ha:d'stʌf], der; -s, -s, (auch:) **Hard Stuff,** der; - -s, - -s [engl. hard stuff, eigtl. = harter Stoff] (Jargon): *starkes Rauschgift* (z. B. Heroin, LSD).

Hard|top ['ha:dtɔp], das od. der; -s, -s [engl. hard-top, aus: hard = fest u. top = Verdeck]: **1.** *abnehmbares Dach von Sportwagen.* **2.** *Sportwagen mit einem abnehmbaren Dach.*

Hard|ware ['ha:dwɛə], die; -, -s [engl. hardware, eigtl. = harte Ware]: *(im Unterschied zur Software) Gesamtheit der technisch-physikalischen Teile einer Datenverarbeitungsanlage.*

Ha|rem, der; -s, -s [türk. harem < arab. ḥarīm, zu: ḥaram, ↑Haram]: **1.** *(in den Ländern des Islams) abgetrennte Frauenabteilung der Wohnhäuser, zu der kein fremder Mann Zutritt hat.* **2. a)** *größere Anzahl von Frauen eines reichen orientalischen Mannes;* **b)** *Gesamtheit der im Harem* (1) *wohnenden Frauen:* Ü er macht mit seinem ganzen H. (scherzh.; *seiner Frau u. seinen Töchtern*) einen Ausflug.

Ha|rems|da|me, die: *in einem Harem lebende Frau.*

Ha|rems|frau, die: *Haremsdame.*

Ha|rems|wäch|ter, der: *kastrierter Mann, der einen Harem bewacht.*

hä|ren ⟨Adj.⟩ [mhd. hærīn, zu ↑Haar] (geh.): *aus [Ziegen]haar, [Ziegen]fell gefertigt:* ein -es Gewand.

Hä|re|sie, die; -, -n [(kirchen)lat. haeresis < griech. haíresis, eigtl. = das Nehmen; Wahl]: **1.** (kath. Kirche) *von der offiziellen Kirchenmeinung abweichende Lehre.* **2.** (bildungsspr.) *Ketzerei* (2), *verdammenswerte Meinung.*

Hä|re|ti|ker, der; -s, - [(kirchen)lat. haereticus]: **1.** (kath. Kirche) *jmd., der von der offiziellen Kirchenlehre abweicht.* **2.** (bildungsspr.) *Ketzer* (2).

Hä|re|ti|ke|rin, die; -, -nen: w. Form zu ↑Häretiker.

hä|re|tisch ⟨Adj.⟩ [kirchenlat. haereticus < griech. hairetikós]: **1.** (kath. Kirche) *von der offiziellen Kirchenlehre abweichend.* **2.** (bildungsspr.) *ketzerisch* (2), *verdammenswert.*

Har|fe, die; -, -n [1: mhd. har(p)fe, ahd. har(p)fa, wahrsch. zu einem Verb mit der Bed. »(sich) drehen, (sich) krümmen«, entw. mit Bezug darauf, dass das Instrument mit gekrümmten Fingern gezupft wird, od. bezogen auf die gekrümmte Form; 2: nach der harfenähnlichen Form]: **1.** *großes, etwa dreieckiges Saiteninstrument mit senkrecht gespannten Saiten, die mit beiden Händen gezupft werden:* H. spielen; die H. zupfen; auf der H. spielen. **2.** (landsch.) *großes Gestell zum Trocknen von Heu od. Getreide.*

har|fen ⟨sw. V.; hat⟩ [mhd. harpfen] (geh.): *Harfe spielen.*

Har|fe|nist, der; -en, -en: *jmd., der [berufsmäßig] Harfe spielt.*

Har|fe|nis|tin, die; -, -nen: w. Form zu ↑Harfenist.

Har|fen|klang, der: *Klang einer Harfe.*

Har|fen|spiel, das: *Spiel auf der Harfe.*

Harf|ner, der; -s, - (veraltet): *Harfenist.*

Harf|ne|rin, die; -, -nen (veraltet): w. Form zu ↑Harfner.

Har|ke, die; -, -n [aus dem Niederd. < mniederd. harke, urspr. lautm. (nach dem scharrenden, kratzenden Geräusch, das das Gerät beim Harken verursacht)] (bes. nordd.): *Gerät zur Garten- u. Feldarbeit mit langem Stiel u. quer angeordneten Zinken, das zum Glätten der Erde od. zum Zusammenholen von Laub o. Ä. dient; Rechen:* das Beet mit der H. glätten; *** jmdm. zeigen, was eine H. ist** (salopp; *jmdm. nachdrücklich u. unmissverständlich die Meinung sagen; jmdn. deutlich belehren, ihm zeigen, wie etwas viel besser, richtig gemacht wird;* viell. nach der Erzählung vom Bauernsohn, der aus der Stadt zurückkehrt u. vorgibt, nicht mehr zu wissen, was eine H. ist, u. es erst wieder weiß, als er auf die Zinken tritt u. ihm der Stiel an den Kopf schlägt).

har|ken ⟨sw. V.; hat⟩ [mniederd. harken] (bes. nordd.): **a)** *(ein Beet o. Ä.) mit der Harke eben machen, glätten:* nach dem Umgraben muss man das Beet h.; **b)** *mit der Harke von Laub o. Ä. befreien [u. glätten]; mit der Harke säubern u. glätten:* den Rasen h.; **c)** *mit der Harke von etw. entfernen:* Laub, geschnittenes Gras vom Rasen h.; **d)** *mit der Harke zusammenholen u. aufhäufen:* Laub, Heu h.

Har|le|kin [...ki:n], der; -s, -e [frz. arlequin < ital. arlecchino, zu afrz. maisnie Hellequin = Hexenjagd; wilde, lustige Teufelsschar, H. u.]: *(der Figur des Narren in der Commedia dell'Arte entsprechende) in Theater, Zirkus o. Ä. in bunter Kleidung, oft mit Schellen u. Narrenkappe auftretende lustige Figur:* Ü er ist ein richtiger H. *(alberner Spaßmacher, Possenreißer).*

Har|le|ki|na|de, die; -, -n [frz. arlequinade]: *Hanswurstiade.*

har|le|ki|nisch ⟨Adj.⟩: *in der Art des Harlekins.*

Harm, der; -[e]s [mhd. harm, ahd. haram, urspr. wahrsch. = Qual, Schmach, Schande] (geh.): *zehrender, großer innerlicher Schmerz, Kummer; Gram:* H. sprach aus ihren Zügen.

Har|ma|ge|don: ↑Armageddon.

Har|mat|tan, der; -s [aus einer nordwestafrik. Spr.] (Geogr.): *trockener, von der Sahara zur atlantischen Küste Afrikas wehender Nordostwind.*

här|men ⟨sw. V.; hat⟩ [mhd. hermen = plagen, quälen, ahd. harmen, zu ↑Harm]: **a)** ⟨h. + sich⟩ (geh.) *sich grämen, sich sehr sorgen:* sie härmt sich um ihr Kind; sich zu Tode h.; **b)** (veraltend) *bekümmern; tief bedrücken:* der Verlust härmte ihn.

harm|los ⟨Adj.⟩ [urspr. = frei von Schaden; ohne Leid, Bedeutung später entlehnt aus engl. harmless = unschädlich, ungefährlich]: **1.** *keine [unsichtbaren, versteckten] Gefahren in sich bergend; ungefährlich:* eine -e Verletzung; ein -er Eingriff; ein -es Tier; dieses Schlafmittel ist ganz h.; ein h. aussehender Insektenstich; die Krankheit verläuft h. *(ohne Komplikationen);* es fing alles ganz h. an *(ohne dass man Schlimmes vermutet hätte).* **2. a)** *ohne verborgene Falschheit; ohne böse Hintergedanken; arglos:* ein -er Mensch; eine -e Frage; ein -er *(nicht anstößiger)* Witz; sie ist ein -es *(naives, einfältiges)* Geschöpf; h. fragen, lachen; **b)** *ohne größeren Anspruch:* ein -es Vergnügen.

Harm|lo|sig|keit, die; -, -en: **1.** ⟨o. Pl.⟩ *das Harmlossein; Ungefährlichkeit; Unschädlichkeit.*

2. *harmloses* (2) *Wesen, Verhalten:* er fragte ihn in aller H.; mit gespielter H.

Har|mo|nie, die; -, -n [lat. harmonia < griech. harmonía, eigtl. = Fügung]: **1. a)** (Musik) *wohltönender Zusammenklang mehrerer Töne od. Akkorde:* die H. eines Dreiklangs; **b)** *ausgewogenes, ausgeglichenes Verhältnis von Teilen zueinander; Ausgewogenheit, Ebenmaß:* die H. der Farben, Formen. **2.** *innere und äußere Übereinstimmung; Einklang, Eintracht:* die körperliche, seelische, geistige H. zwischen zwei Menschen; die H. ist gestört; früher lebten die Menschen mehr in H. mit der Natur.

Har|mo|nie|be|dürf|nis, das: *Bedürfnis nach Harmonie* (2).

har|mo|nie|be|dürf|tig ⟨Adj.⟩: *durch ständiges Bemühtsein um Harmonisierung, um ein gutes Einvernehmen gekennzeichnet, geprägt.*

Har|mo|nie|leh|re, die: **a)** ⟨o. Pl.⟩ *Teilgebiet der Musikwissenschaft, das sich mit den harmonischen Verbindungen von Tönen u. Akkorden im musikalischen Satz befasst;* **b)** *von einem Musikwissenschaftler od. Komponisten aufgestellte Theorie, die sich mit den harmonischen Verbindungen von Tönen u. Akkorden befasst.*

har|mo|nie|ren ⟨sw. V.; hat⟩: **1. a)** *(von Tönen, Akkorden o. Ä.) angenehm zusammenklingen;* **b)** *gut zusammenpassen, ein als angenehm empfundenes Ganzes bilden:* Hut und Mantel harmonieren [farblich] nicht miteinander; das Lachsfilet harmoniert gut mit diesem Weißwein. **2.** *gut miteinander auskommen, in gutem Einvernehmen stehen:* die Eheleute harmonieren gut miteinander; die Hausbewohner harmonieren so gut, dass sie mehrmals im Jahr zusammen feiern.

Har|mo|nik, die; - [lat. harmonice < griech. harmonikḗ] (Musik): *Lehre von der Harmonie* (1 a).

Har|mo|ni|ka, die; -, -s u. ...ken [engl. harmonica (gepr. von dem amerik. Naturwissenschaftler B. Franklin, 1706–1790, für die 1762 von ihm entwickelte Glasharmonika), nach lat. harmonicus (↑harmonisch), wegen der Eigenart des Instruments, nur harmonische Akkorde ertönen zu lassen]: *Musikinstrument, bei dem Zungen* (3) *durch Luftzufuhr (durch den Mund bzw. einen Balg) in Schwingung versetzt werden* (z. B. Mund-, Zieh- od. Handharmonika).

Har|mo|ni|ka|tür, die: *Falttür.*

har|mo|nisch ⟨Adj.⟩ [lat. harmonicus < griech. harmonikós, zu: harmonía, ↑Harmonie]: **1. a)** (Musik) *den Gesetzen der Harmonielehre entsprechend; Wohlklänge enthaltend, wohlklingend:* ein -er Akkord; eine Melodie klingt h.; **b)** *in Farbe, Form, Geschmack, Geruch o. Ä. gut zusammenpassend; ein ausgewogenes Ganzes bildend:* ein -er Wein; h. aufeinander abgestimmte Farben, Formen. **2.** *im Einklang mit sich, mit anderen; in Übereinstimmung, im guten Einvernehmen [stehend]:* ein -es Zusammenwirken, Betriebsklima; eine -e Ehe führen; die Sitzung verlief sehr h.

har|mo|ni|sie|ren ⟨sw. V.; hat⟩ [frz. harmoniser]: **1.** (Musik) *eine Melodie mit passenden Akkorden od. Figuren begleiten od. versehen.* **2.** *in Übereinstimmung, in Einklang bringen; harmonisch gestalten:* verschiedene Vorschläge, Baumaßnahmen h.; die Eheberaterin versuchte, die zerrüttete Beziehung zwischen den beiden Ehepartnern wieder zu h.

Har|mo|ni|sie|rung, die; -, -en: **1.** *das Harmonisieren* (1, 2). **2.** (Wirtsch.) *wirtschaftspolitische Abstimmung einzelner Maßnahmen verschiedener Staaten aufeinander:* die H. der Getreidepreise in Europa.

Har|mo|ni|um, das; -s, ...ien u. -s [frz. harmonium, gepr. von dem frz. Orgelbauer A. F. Febain (1809–1877) zu griech. harmonía, ↑Harmonie]: *Tasteninstrument, bei dem durch einen Tretbalg Zungen* (3) *zum Tönen gebracht werden.*

Har|mo|no|gramm, das; -s, -e [zu ↑Harmonie u. ↑-gramm] (Wirtsch.): *grafische Darstellung von zwei od. mehr voneinander abhängenden Arbeitsabläufen (als Hilfe zur Koordination).*

Harn, der; -[e]s, -e [mhd. harn, ahd. har(a)n, eigtl. = das Ausgeschiedene] (Physiol., Med.): *in den Nieren gebildete, klare gelbliche Flüssigkeit, mit der ein Teil der Stoffwechselschlacken aus dem Körper ausgeschieden wird; Urin:* er hatte Blut im H.

Harn|bla|se, die: *im Becken gelegenes stark dehnbares Hohlorgan zur Aufnahme des Harns.*

Harn|blu|tung, die (Med.): *Hämaturie.*

Harn|drang, der: *[starkes] Bedürfnis, Harn zu lassen:* er konnte den H. nicht unterdrücken.

har|nen ⟨sw. V.; hat⟩ [spätmhd. harnen] (selten): *die Harnblase entleeren, urinieren.*

Harn|ent|lee|rung, die: *Entleerung, Ausscheidung des Harns.*

Harn|fla|sche, die: *flaschenförmiges Gefäß, das bettlägerigen Männern zur Harnentleerung dient.*

Harn|grieß, der: *Harnsand.*

Har|nisch, der; -s, -e [mhd. harnasch = Harnisch, kriegerische Ausrüstung < afrz. harnais, H. u.]: *Ritterrüstung:* den H. anlegen; *** **in H. sein** *(zornig sein;* eigtl. = die Rüstung anhaben u. daher zum Kampf bereit sein); **jmdn. in H. bringen** *(jmdn. so reizen, dass er zornig, wütend wird);* **in H. geraten**/(seltener:) **kommen** *(im Verlauf eines Ereignisses wütend, zornig werden).*

Harn|lei|ter, der (Anat., Med.): *dünner Kanal zwischen Niere u. Harnblase.*

Harn|or|gan, das ⟨meist Pl.⟩ (Anat., Med.): *Organ, das der Bildung u. Ausscheidung von Harn dient.*

Harn|röh|re, die (Anat., Med.): *Ausführungsgang aus der Harnblase.*

Harn|ruhr, die (Med.): *krankhaft vermehrte Ausscheidung von Harn.*

Harn|sand, der ⟨o. Pl.⟩ (Med.): *kleine u. kleinste feste Bestandteile des Harns.*

Harn|säu|re, die: *im Harn gelöste, weiße, geruchlose Kristalle bildende chemische Verbindung als ein Endprodukt des Eiweißstoffwechsels.*

Harn|stoff, der ⟨o. Pl.⟩ (Med., Chemie): *Stickstoffverbindung im Harn von Säugetieren als wichtigstes Endprodukt des Eiweißstoffwechsels.*

harn|trei|bend ⟨Adj.⟩: *die Ausscheidung von Harn fördernd:* -e Mittel; Kaffee wirkt h.

Harn|ver|gif|tung, die (Med.): *Vergiftung des Organismus mit nicht ausgeschiedenen Schlackenstoffen im Harn.*

Harn|ver|hal|tung, die: *Unfähigkeit, Harn zu lassen.*

Harn|we|ge ⟨Pl.⟩ (Med.): *Gesamtheit von Nierenbecken, Harnleiter, -blase u. -röhre.*

Harn|wegs|in|fek|ti|on, die (Med.): *entzündliche Erkrankung der Harnwege.*

Harn|zwang, der ⟨o. Pl.⟩ (Med.): *schmerzhafter, häufiger Harndrang.*

Har|pu|ne, die; -, -n [niederl. harpoen < frz. harpon, eigtl. = Eisenklammer, zu: harpe = Klaue, Kralle, aus dem Germ.]: *zum Fang von Wassertieren benutzter Wurfspeer od. pfeilartiges Geschoss aus Eisen mit Widerhaken u. Halteleine.*

Har|pu|nen|ge|schütz, das: *Geschütz, mit dem Harpunen abgeschossen werden.*

Har|pu|nier, der; -s, -e [niederl. harpoenier]: *jmd., der eine Harpune wirft oder abschießt.*

har|pu|nie|ren ⟨sw. V.; hat⟩ [niederl. harpoeneren]: *mit der Harpune treffen, arbeiten:* einen Wal h.

Har|pu|nie|rer, der; -s, -: ↑Harpunier.

Har|py|ie [...jə], die; -, -n [lat. Harpyia < griech. Hárpyia, eigtl. = Räuberin]: **1.** (griech. Myth.) *Sturmdämon in Gestalt eines Mädchens mit Vogelflügeln.* **2.** *in Süd- u. Mittelamerika heimischer, dem Adler ähnlicher, großer Greifvogel.*

har|ren ⟨sw. V.; hat⟩ [mhd. harren, H. u.] (geh.): *mit bestimmter innerer Erwartung über eine gewisse Zeit hin auf ein Ereignis od. eine Person warten:* wir harrten seiner; man harrte auf Nachzügler; sie harrte vergeblich; **Ü** neue Aufgaben harren seiner; diese Angelegenheit harrt der Erledigung *(sollte, müsste noch erledigt werden);* es harren noch einige schwierige Probleme der Lösung *(sollten gelöst werden).*

harsch ⟨Adj.⟩ [aus dem Niederd. < mniederd. harsk = rau, hart, zu einem Verb mit der Bed. »kratzen, reiben«]: **1. a)** (selten) *rau, eisig:* ein -er Wind; **b)** *(von Schnee) vereist, mit einer Eiskruste überzogen:* eine -e Skipiste. **2.** (geh.) *unfreundlich, barsch:* -e Kritik; mit -en Worten wies sie den Vorschlag zurück; sich h. über etw. äußern.

Harsch, der; -[e]s: *hart gefrorener, eisverkrusteter Schnee.*

har|schen ⟨sw. V.; hat⟩: *hart gefroren, krustig sein:* der Schnee harscht.

har|schig ⟨Adj.⟩: *(vom Schnee) hart gefroren, vereist, krustig.*

Harsch|schnee, der: *Harsch.*

Harst, der; -[e]s, -e [spätmhd. harst, Nebenf. von mhd. harsch = Haufen, Schar] (schweiz.): **1.** (hist.) *Vorhut des altschweizerischen Heeres.* **2.** *Schar, Haufen, Menge:* einige blieben in der Stadt, der große H. zog zum See.

hart [mhd. (md.) hart, hert(e), ahd. herti] ⟨Adj.; härter, härteste⟩: **1. a)** *nicht weich od. elastisch, sondern fest u. widerstandsfähig; kaum nachgebend:* ein -er Stein; -es Brot, Holz; -e Knochen; eine -e *(nur wenig federnde)* Matratze; -e *(hart gekochte)* Eier; ein -er Bleistift *(Bleistift mit harter Mine);* eine -e Zahnbürste *(Zahnbürste mit nicht sehr elastischen Borsten);* -es *(nicht sehr geschmeidiges)* Leder; die Kartoffeln sind noch h. *(noch nicht gar);* h. wie Stahl; h. gefrorener Boden; h. gekochte/(landsch.:) gesottene Eier; der Bauch ist h. geschwollen; **b)** *(in Bezug auf Geld) stabil, sicher:* eine -e Währung; -e Devisen; in -er D-Mark bezahlen; **c)** *(in Bezug auf Wasser) kalkhaltig:* Leitungswasser ist härter als Quellwasser; **d)** *abgehärtet, robust u. widerstandsfähig:* Cowboys sind -e Burschen; selbst die härtesten Burschen blieben von der Virusgrippe nicht verschont; **R** gelobt sei, was h. macht (F. Nietzsche, Zarathustra, 3. Teil, Der Wanderer); *** **h. im Nehmen sein** *(durch Misserfolg, Kritik o. Ä. nicht aus dem seelischen Gleichgewicht gebracht werden, damit fertig werden).* **2.** *mühevoll, schwer [erträglich]:* -e Arbeit; eine -e Jugend, -e Jahre hinter sich haben; der Tod seiner Frau war ein -er Schlag für ihn; es ist h., im Exil leben zu müssen; das Geld war h. erarbeitet; es kommt mich h. an *(es fällt mir schwer),* dir das zu sagen. **3. a)** *ohne Mitgefühl; unbarmherzig, streng:* ein -er Friedensvertrag; -e Gesetze; ein -es Urteil; ein -es *(nicht zu erweichendes)* Herz haben; -e Augen; ein -er politischer Kurs; das sind -e Worte; eine -e Lehre, Schule; er ist einer der härtesten *(strengsten, unnachgiebigsten, rücksichtslosesten)* Trainer; die Leiden hatten sie h. gemacht; jmdn. h. anfassen *(sehr streng behandeln);* sie griff h. durch; **b)** *(von jmds. Äußerem) nicht mild, empfindsam, weich, sondern scharf u. streng:* -e Züge; ein -es Gesicht; ihr Mund wirkte h. und energisch; **c)** *durch scharfe Konturen u. Kontraste, durch Spitzen, Kanten, Ecken gekennzeichnet:* -e Linien, Figuren, Umrisse; -e *(grelle, kontrastreiche)* Farben. **4. a)** *von großer [als unangenehm empfundener] Stärke, Intensität:* ein -er Winter; ein -er *(stimmloser)* Konsonant; ein -es *(scharf akzentuiertes, unmelodisches)* Französisch sprechen; er sollte -e *(hochprozentige)* Drinks meiden; -e Drogen *(starkes, abhängig machendes Rauschgift wie Heroin, LSD);* Eltern sollten darauf achten, dass sich ihre Kinder keine -en Pornos *(Hardcorepornos)* ansehen; **b)** *heftig, wuchtig:* ein -er Aufprall, Ruck; eine -e Auseinandersetzung; h. aneinander geraten *(sich heftig streiten);* der h. *(heftig, stark)* bedrängte Gegner wehrte sich verbissen; eine h. *(heftig, stark)* umkämpfte Festung; der Verteidiger stieg sehr h. ein (Sport; *spielte mit vollem körperlichem Einsatz*); *** **es geht, kommt h. auf h.** *(es geht schonungslos ums Ganze).* **5.** ⟨in Verbindung mit Präp.⟩ *ganz dicht, nahe:* das Haus liegt h. an der Straße; er fuhr h. am

H

Abgrund vorbei; h. an der Grenze des Erlaubten; der Stürmer blieb h. am Ball; h. am Wind segeln (Seemannsspr.; *bei schräg von vorn kommendem Wind segeln*); h. (Seemannsspr.; *geradewegs, direkt*) auf etw. zuhalten.

hart be|drängt: s. hart (4b).

Hart|be|ton, der: *aus Zementmörtel mit besonderen Zuschlägen (4) hergestellter Beton für Fußboden- u. Treppenbeläge.*

Har|te, der; -n, -n ⟨Dekl. ↑Abgeordnete⟩ (ugs.): *[ein Glas] Schnaps:* einen -n kippen.

Här|te, die; -, -n [mhd. herte, ahd. hartī]: **1. a)** *das Hartsein; Widerstand, Festigkeit:* die H. des Stahls, des Holzes; dieses Material gibt es in verschiedenen -n; **b)** (in Bezug auf Geld) *Stabilität:* die H. der deutschen Mark, des Dollars; **c)** *Gehalt (des Wassers) an Kalk; Wasserhärte:* ein Versuch, dem Wasser seine H. zu nehmen; **d)** *das Abgehärtetsein; Robustheit u. Widerstandsfähigkeit:* den Spielern fehlt noch die nötige H. **2.** *harte* (2) *Bedingung, schwere Belastung:* die H. des Schicksals ertragen; soziale -n *(Benachteiligungen, Ungerechtigkeiten)* vermeiden; **R** das ist die H.! (Jugendspr.; *das ist eine Zumutung, eine Unverschämtheit!; das ist ungeheuerlich, unzumutbar!*). **3.** *Strenge, Unerbittlichkeit, Unbarmherzigkeit:* die H. des Gesetzes zu spüren bekommen; etw. mit rücksichtsloser H. durchsetzen. **4. a)** *harte* (4a) *Beschaffenheit; [als unangenehm empfundene] Intensität, Stärke:* die H. der Töne; **b)** *Heftigkeit, Wucht, Schärfe:* die H. des Aufpralls; der Gegner brachte eine unnötige H. ins Spiel, spielte mit gesunder H. (Fußball Jargon; *mit einem bis an die Grenze des Erlaubten gehenden körperlichen Einsatz*); eine Debatte in aller H. austragen.

Här|te|aus|gleich, der: *finanzieller Ausgleich beim Auftreten sozialer Härten.*

Här|te|fall, der: **a)** *(bei strenger Einhaltung od. Anwendung von Vorschriften eintretender) Fall von sozialer Belastung od. Ungerechtigkeit:* in Härtefällen sollte schnell geholfen werden; **b)** (ugs.) *jmd., dessen Situation einen Härtefall* (a) *darstellt:* diese Wohnungen konnten nur noch an Härtefälle vermietet werden.

Här|te|fonds, der: *Geldfonds, dessen Mittel für Menschen, die sich in einer Notlage befinden, bestimmt sind.*

Här|te|grad, der: *Grad der Härte* (1a).

Här|te|klau|sel, die (Rechtsspr.): vgl. Härteparagraph.

Här|te|mit|tel, das: *chemischer Stoff, der Metallen zur Erreichung größerer Härte* (1a) *zugesetzt wird.*

här|ten ⟨sw. V.; hat⟩ [mhd., ahd. herten]: **a)** *hart* (1a) *machen:* Stahl h.; gehärtetes Fett; **b)** *hart* (1a) *werden:* Beton härtet innerhalb weniger Tage; ⟨auch h. + sich:⟩ nach dem Schlüpfen des Schmetterlings härteten sich dessen Flügel in kurzer Zeit; **c)** ⟨h. + sich⟩ (selten) *sich hart, widerstandsfähig machen:* sich durch Sport h.

Här|te|pa|ra|graph, der (Rechtsspr.): *Paragraph, der Härtefälle* (a) *vermeiden od. ausgleichen soll.*

Här|te|prü|fung, die: **a)** (bes. Metallurgie, Mineralogie) *Prüfung, der ein Werkstoff zum Feststellen der Härte* (1a) *unterzogen wird;* **b)** *Härtetest.*

här|ter: ↑hart.

Här|ter, der; -s, -: *chemisches Mittel, das Kunstharzen, Stahl o. Ä. zum Härten zugesetzt wird.*

Här|te|rei, die; -, -en: *Abteilung in Metallbetrieben, in der die Metalle gehärtet werden.*

Här|te|ska|la, die: *in 10 Stufen eingeteilte Skala, nach der die Härte* (1a) *von Edelsteinen u. Mineralien eingeteilt wird.*

här|tes|te: ↑hart.

Här|te|stu|fe, die: *Stufe auf der Härteskala.*

Här|te|test, der: *Test auf Belastbarkeit, Widerstandsfähigkeit o. Ä.:* Autoreifen im H.; Ü Politiker im H.

Här|te|ver|fah|ren, das: *Verfahren zum Härten von Metall.*

Hart|fa|ser, die: *steife, harte Faser aus verschiedenen Tropenpflanzen* (z. B. Sisal- od. Kokosfaser).

Hart|fa|ser|plat|te, die: *unter hohem Druck gepresste Holzfaserplatte:* ein Schrank aus -n.

Hart|fett, das: *gehärtetes tierisches od. pflanzliches Fett.*

hart ge|brannt, hart ge|fro|ren, hart ge|kocht: s. hart (1a).

Hart|geld, das ⟨o. Pl.⟩: *Münzen im Unterschied zu Geldscheinen.*

hart|ge|sot|ten ⟨Adj.⟩: **a)** *(aufgrund seiner Erlebnisse) nicht mehr zu beeindrucken, für Gefühle nicht empfänglich; berechnend, kalt:* ein -er Manager, Unterhändler; **b)** *unbelehrbar, unzugänglich, verstockt:* ein -er Sünder.

hart ge|sot|ten: s. hart (1a).

Hart|ge|stein, das: *besonders harter Naturstein* (z. B. Granit).

Hart|gum|mi, der u. das: *durch Vulkanisation gewonnenes Produkt aus Natur- od. Kunstkautschuk.*

hart|her|zig ⟨Adj.⟩: *ohne Mitgefühl; vom Leid, Schicksal anderer nicht berührt; unbarmherzig:* ein -er Mensch; seinen Mitmenschen gegenüber h. sein.

Hart|her|zig|keit, die; -, -en **1.** ⟨o. Pl.⟩ *hartherziges Wesen, Verhalten.* **2.** (seltener) *hartherzige Handlung.*

Hart|heu, das [mhd. harthöuwe]: *Johanniskraut.*

Hart|holz, das: *sehr festes u. schweres Holz* (z. B. Buchsbaum, Ebenholz).

hart|hö|rig ⟨Adj.⟩: **1.** (veraltet) *schwerhörig.* **2.** *mit Absicht etw. überhörend; auf eine Aufforderung o. Ä. nicht reagierend.*

Hart|hö|rig|keit, die; -: *das Harthörigsein.*

Hart|kä|se, der: *Käse von fester, trockener Beschaffenheit im Unterschied zum Weichkäse.*

hart|köp|fig ⟨Adj.⟩ (landsch.): **a)** *starrsinnig, eigensinnig, dickköpfig:* ein -es Kind; sich h. weigern; **b)** *von beschränkter Auffassungsgabe:* ein -er Schüler.

Hart|köp|fig|keit, die; - (landsch.): *das Hartköpfigsein.*

Hart|laub|ge|wächs, das: *(bes. in den Mittelmeerländern heimische) immergrüne Pflanze mit ledrigen Blättern* (z. B. Oleander, Lorbeer, Ölbaum, Rosmarin, Korkeiche).

hart|lei|big ⟨Adj.⟩: **1.** (veraltend) *an Verstopfung leidend; verstopft.* **2.** *(Aufforderungen, Wünschen gegenüber) hartnäckig, unnachgiebig, unzugänglich, stur:* -e Leute zu überreden versuchen.

Hart|lei|big|keit, die; -: **1.** (veraltend) *Verdauungsstörung, Verstopfung.* **2.** *das Hartleibigsein.*

Härt|ling, der; -s, -e [2: zu landsch. veraltet hart = von beißendem, scharfem Geschmack]: **1.** (Geol.) *Erhebung in einem Gelände, die infolge ihres widerstandsfähigeren Gesteins weniger abgetragen wurde u. deshalb über ihre Umgebung hinausragt.* **2.** (veraltet) *spät gewachsene Weintraube, die die nötige Reife nicht mehr erreicht.*

hart|lö|ten ⟨sw. V.; hat; meist nur im Inf. u. 2. Part.⟩: *bei einem Schmelzpunkt von über 450 °C löten.*

hart|mäu|lig ⟨Adj.⟩: *(von Pferden) am Maul unempfindlich u. daher die Zügel nicht spürend u. schwer zu lenken:* ein -er Gaul; Ü manchmal ist er h. *(dickköpfig, eigensinnig)* wie ein Esel.

hart|mel|kig ⟨Adj.⟩: *sich schwer melken lassend:* eine -e Kuh, Ziege.

Hart|me|tall, das: *Metall von besonderer Härte u. Widerstandsfähigkeit.*

Hart|mo|nat, Hart|mond, der [mhd. hertemānōt, ahd. hertimānōd, zu ↑hart in der Bed. »hart gefroren«] (veraltet): *Januar* (auch: *November, Dezember*).

hart|nä|ckig ⟨Adj.⟩ [15. Jh., eigtl. = einen harten (= unbeugsamen) Nacken habend]: **a)** *eigensinnig an etw. festhaltend, auf seiner Meinung beharrend, unnachgiebig:* ein -er Bursche; h. schweigen; sich h. weigern; **b)** *beharrlich ausdauernd; nicht bereit, auf- od. nachzugeben:* -en Widerstand leisten; ein -er Lügner; der Antragsteller war sehr h.; h. fragen, suchen; **c)** *schwer zu vertreiben; langwierig:* ein -er Schnupfen; die Erkältung ist sehr h.

Hart|nä|ckig|keit, die; -: *das Hartnäckigsein, hartnäckiges Wesen.*

Hart|pa|ckung, die: *Zigarettenschachtel aus festem Karton.*

Hart|pa|pier, das (Technik): *Schichtpressstoff aus Papier u. Harz (der bes. als Isolierstoff in der Elektrotechnik verwendet wird).*

Hart|pap|pe, die: *besonders steife u. feste Pappe zur Herstellung von Koffern u. Ä.*

Hart|platz, der (Sport): *Sportplatz, bes. Tennisplatz, mit einer festen [wasserundurchlässigen] Oberfläche.*

Hart|por|zel|lan, das: *bei hoher Temperatur gebranntes Porzellan, das besonders fest u. widerstandsfähig ist.*

Hart|rie|gel, der [mhd. hartrügele, ahd. hart(t)rugil; der Name bezieht sich auf das harte Holz]: *als Strauch wachsende Pflanze mit doldenartigen Blüten u. weißen, roten, blauen od. schwarzen Steinfrüchten.*

hart|rin|dig ⟨Adj.⟩: *eine harte Rinde besitzend.*

Hart|säu|fer, der (salopp): *Trinker, der meist nur Schnaps trinkt.*

Hart|säu|fe|rin, die (salopp): w. Form zu ↑Hartsäufer.

Hart|schä|del, der (ugs.): *Dickschädel.*

hart|schä|de|lig, hart|schäd|lig ⟨Adj.⟩ (ugs.): *dickschädelig.*

hart|scha|lig ⟨Adj.⟩: *eine harte Schale* (1) *besitzend:* eine -e Frucht.

Hart|schier, der; -s, -e [ital. arciere = Bogenschütze, zu: arco = Bogen < lat. arcus] (hist.): *Angehöriger der Leibgarde des bayrischen Königs.*

Hart|spi|ri|tus, der: *durch bestimmte Zusätze in feste Form gebrachter Brennspiritus:* H. für einen Spirituskocher.

hart um|kämpft: s. hart (4b).

Har|tung [vgl. ↑Hartmonat], der; -s, -e (veraltet): *Januar.*

Här|tung, die; -, -en: *das Härten.*

Hart|wei|zen, der: *klebereicher Weizen, der für die Herstellung von Teigwaren verwendet wird; Durumweizen.*

Hart|wei|zen|grieß, der: *Grieß aus Hartweizen:* Nudeln aus H.

Hart|wurst, die: *sehr feste Dauerwurst; Salami.*

Ha|rus|pex, der; -, -e u. Haruspizes [...tse:s; lat. haruspex]: *(bei den Etruskern u. Römern) Person, die aus den Eingeweiden von Opfertieren wahrsagt.*

[1]Harz, das; -es, -e [mhd. harz, ahd. harz(uh), H. u.]: *bes. aus dem Holz von Nadelbäumen austretende, zähflüssig-klebrige Absonderung von starkem Duft u. weißlicher bis gelbbrauner Färbung:* H. durch Einritzen der Rinde gewinnen; es riecht nach H.; die Tannenzweige sind klebrig von H.

[2]Harz, der; -es: deutsches Mittelgebirge.

harz|ar|tig ⟨Adj.⟩: *dem Harz ähnlich:* eine -e Masse.

Harz|bil|dung, die: *das Sichbilden, Austreten von Harz.*

har|zen ⟨sw. V.; hat⟩ [mhd. herzen = mit Pech ausstreichen, zu ↑Harz]: **1.** *Harz absondern:* der Baum, das Holz harzt. **2.** (Forstw.) *einen Baum anritzen, um Harz zu gewinnen:* Kiefern h.; ⟨subst.:⟩ wir haben beim Harzen der Birken geholfen. **3.** *mit Harz bestreichen.* **4.** (schweiz., auch landsch.) *schwer, schleppend vonstatten gehen:* die Verhandlungen harzen; es harzt mit dem Bau der Autobahn.

Har|zer, der; -s, -, **Har|zer Kä|se,** der; - -s, - - [nach dem ↑[2]Harz]: *Magermilchkäse aus Sauermilch:* H. mit Kümmel, mit Weißschimmel.

Har|zer Rol|ler, der; - -s, - - [1: nach dem rollenden Schlag des Vogels]: **1.** *gelb gefiederter, besonders schön singender Kanarienvogel.* **2.** *zu einer Rolle abgepackter Harzer Käse.*

Harz|ge|ruch, der: *Geruch nach Harz.*

har|zig ⟨Adj.⟩ [spätmhd. harzig, zu ↑[1]Harz]:

1. *reich an Harz; Harz enthaltend:* -es Holz; -e *(vom Harz klebrige)* Hände; es riecht h. 2. (schweiz., sonst landsch.) **a)** *schwierig, langwierig:* h. verlaufende Verhandlungen; **b)** *zähflüssig, schleppend:* -er Rückreiseverkehr.

Harz|säu|re, die: *im Harz enthaltene Säure.*

Ha|sard, das; -s [frz. (jeu de) hasard = Glück(sspiel) < afrz. hasart = Würfelspiel, zu arab. yasara = würfeln]: *Hasardspiel:* das Ganze artete zu einem H. aus; *** H. spielen** *(leichtsinnig sein, leichtfertig sein, sein Glück aufs Spiel setzen).*

Ha|sar|deur [...'døːɐ̯], der; -s, -e [frz. hasardeur] (oft abwertend): *jmd., der verantwortungslos handelt u. alles aufs Spiel setzt.*

Ha|sar|deu|rin, die; -, -n (oft abwertend): w. Form zu ↑Hasardeur.

ha|sar|die|ren ⟨sw. V.; hat⟩ [frz. hasarder] (bildungsspr.): *alles aufs Spiel setzen, wagen:* er hat als Politiker fortgesetzt hasardiert.

Ha|sạrd|spiel, das; -[e]s, -e: **a)** *Glücksspiel:* verbotene -e; **b)** *Unternehmung, bei der jmd. ohne Rücksicht auf andere u. auf sich selbst alles aufs Spiel setzt:* das H. der Generäle.

Ha|sạrd|spie|ler, der: *Hasardeur.*

Ha|sạrd|spie|le|rin, die: w. Form zu ↑Hasardspieler.

Hasch, das; -s (ugs.): kurz für ↑Haschisch: der Hund spürte das H. auf.

Ha|schee, das; -s, -s [frz. (viande) hachée = gehacktes (Fleisch), zu: hacher = (zer)hacken] (Kochk.): *Gericht aus Hackfleisch od. in kleine Würfel geschnittenem, mit einer Soße pikant abgeschmecktem Fleisch.*

[1]hạ|schen ⟨sw. V.; hat⟩ [mhd. (md.) (er)haschen, eigtl. = fassen, packen] (veraltend): **1.** *schnell [mit den Händen] ergreifen, fangen:* Schwalben haschen die Insekten im Flug; sich [gegenseitig]/(geh.:) einander h.; **R** hasch mich, ich bin der Frühling! (scherzh., spött.; dient der Charakterisierung einer älteren, bes. einer weiblichen Person, die zu jugendlich zurechtgemacht ist). **2.** *[mit den Händen] schnell nach jmdm. od. etw. greifen:* nach jmds. Hand, nach einer Fliege h.; **Ü** nach Ruhm, Beifall h.

[2]hạ|schen ⟨sw. V.; hat⟩ [zu ↑Hasch] (ugs.): *Haschisch rauchen od. in anderer Form zu sich nehmen:* auf der Fete wurde gehascht; er konnte es nicht lassen, immer mal zu h.

Hạ|schen, das; -s [↑[1]haschen] (landsch.): *Fangen:* wir spielten mit den Nachbarskindern H.

Häs|chen, das; -s, -: **1.** Vkl. zu ↑Hase (1 a). **2.** Vkl. zu ↑Hase (3 b): komm mal zu mir, mein H., ich helfe dir.

[1]Hạ|scher, der; -s, - [vgl. mhd. hæchen, hëchen = schluchzen, jammern] (österr. ugs.): *armer, bedauernswerter Mensch.*

[2]Ha|scher, der; -s, - [zu ↑Hasch] (ugs.): *jmd., der Haschisch raucht:* ein Treffpunkt für H.

Hä|scher, der; -s, - [zu ↑[1]haschen] (geh. veraltet): *Person, die in bestimmtem Auftrag jmdn. verfolgt, hetzt u. zu ergreifen versucht:* die H. sind hinter ihm her.

Hạ|sche|rin, die; -, -nen (ugs.): w. Form zu ↑[2]Hascher.

Hạ|scherl, das; -s, -n (südd., österr. ugs.): *armes, bedauernswertes Wesen, Kind.*

ha|schie|ren ⟨sw. V.; hat⟩ [frz. hacher, ↑Haschee] (Kochk.): *(Fleisch) fein hacken, zu Haschee verarbeiten.*

Hạ|schisch, das, auch: der; -[s] [arab. ḥašīš, eigtl. = Gras, Heu]: *aus dem Blütenharz einer indischen Hanfsorte gewonnenes Rauschgift:* H. rauchen, schmuggeln; bei der Razzia wurde nur eine kleine Menge H. gefunden.

Hạ|schisch|rau|cher, der: *jmd., der [regelmäßig] Haschisch raucht.*

Hạ|schisch|rau|che|rin, die: w. Form zu ↑Haschischraucher.

Hạ|schisch|zi|ga|ret|te, die: *selbst gedrehte Zigarette, deren Tabak mit Haschisch vermischt ist.*

Hạsch|mich, der [vgl. [1]haschen (1)]: in der Wendung **einen H. haben** (salopp; *nicht recht bei Verstand sein*).

Ha|se, der; -n, -n [mhd. hase, ahd. haso, eigtl. = der Graue, wahrsch. altes Tabuwort]: **1. a)** *wild lebendes Nagetier mit langen Ohren, einem dichten, weichen, bräunlichen Fell u. langen Hinterbeinen:* er ist furchtsam wie ein H.; der H. macht Männchen, hoppelt, schlägt Haken; einen -n hetzen, schießen, abziehen, braten; **R** da liegt der H. im Pfeffer (ugs.; *das ist der entscheidende Punkt, die eigentliche Ursache;* mit Bezug auf den fertig zubereiteten Hasenbraten in einer scharf gewürzten Soße, womit angedeutet wird, dass jmd. aus einer bestimmten Lage nicht mehr herauskommt); *** ein alter H.** (ugs.; *jmd., der sehr viel Erfahrung [in einer bestimmten Sache] hat*); **heuriger H.** (ugs.; *Neuling;* der ältere Hase hat Erfahrung darin, dem Jäger zu entkommen, im Gegensatz zu einem erst einjährigen Hasen): es macht ihm Spaß, die heurigen -n herumzukommandieren; **falscher H.** *(Hackbraten);* **sehen, wissen, erkennen, begreifen, wie der H. läuft** (ugs.; *erkennen, vorhersagen können, wie eine Sache weitergeht;* nach der Vorstellung, dass ein erfahrener Jäger nach kurzer Zeit beobachtenden Abwartens erkennen kann, in welche Richtung ein Hase flieht, auch wenn er viele Haken schlägt); **b)** *männlicher Hase* (1 a); **c)** *Hasenbraten, -gericht:* es gibt heute H.; **d)** (landsch.) *Kaninchen.* **2.** (Sport Jargon) *Schrittmacher* (3). **3. a)** (salopp) *Mädchen, Frau:* kennst du die -n im Klub?; **b)** Kosewort, bes. für Kinder.

[1]Ha|sel, der; -s, - [mhd. hasel, ahd. hasala, H. u.]: *dem [1]Döbel ähnlicher Fisch mit stark gabelter Schwanzflosse.*

[2]Ha|sel, die; -, -n [mhd. hasel, ahd. hasal, H. u.]: *als Strauch wachsende Pflanze mit Kätzchen* (4) *als Blüten, die vor der Belaubung erscheinen, u. Nüssen als Früchten.*

Ha|se|lant, der; -en, -en [zu ↑haselieren] (veraltet): *Spaßmacher, Possenreißer.*

Ha|sel|busch, der: *Hasel[nuss]strauch.*

Ha|sel|huhn, das: *kleines Waldhuhn mit rostbraunem bis grauem, dunkel u. weißlich gezeichnetem Gefieder.*

ha|se|lie|ren ⟨sw. V.; hat⟩ [mhd. haselieren, wohl < afrz. harceler = necken] (veraltet): *derbe Späße machen, treiben; lärmen, toben.*

Ha|sel|kätz|chen, das [zu ↑[2]Hasel]: *lange, herabhängende männliche Blüte des Haselnussstrauches.*

Ha|sel|maus, die: *braunes Nagetier mit langem Schwanz, das sich bes. von Haselnüssen ernährt.*

Ha|sel|nuss, die [mhd. haselnuz, ahd. hasalnuz]: **1.** *Haselnussstrauch.* **2.** *Frucht des Haselnussstrauches in Form einer kleinen, hartschaligen Nuss mit rundem, ölhaltigem, wohlschmeckendem Kern.*

ha|sel|nuss|groß ⟨Adj.⟩: *von der Größe einer Haselnuss:* ein -es Loch; die Hagelkörner waren fast h.

Ha|sel|nuss|kern, der: *Kern der Haselnuss:* zu dem Backrezept braucht man 200 g geriebene -e.

Ha|sel|nuss|kranz, der: *Kranzkuchen mit Haselnüssen.*

Ha|sel|nuss|strauch, der: *als Strauch wachsende Pflanze mit gesägten Blättern, Kätzchenblüten u. Haselnüssen als Früchten.*

Ha|sel|ru|te, die: *von einer [2]Hasel geschnittene Rute.*

Ha|sel|strauch, der: *Haselnussstrauch.*

Ha|sel|wurz, die: *kriechende Pflanze mit nierenförmigen, dunkelgrünen Blättern u. glockenförmiger, außen bräunlicher u. innen roter Blüte.*

ha|sen|ar|tig ⟨Adj.⟩: *ähnlich wie ein Hase, in der Art von Hasen.*

Ha|sen|bra|ten, der: *Braten aus dem Fleisch des Hasen.*

Ha|sen|brot, das [weil man es zurückbringt mit der scherzh. Erklärung, man habe es einem Hasen abgenommen, dem man zuvor den Schwanz mit Salz bestreut habe] (ugs. scherzh. veraltend): *für die Reise od. die Arbeit als Proviant mitgenommenes, aber nicht verzehrtes u. trocken gewordenes Brot.*

Ha|sen|fell, das: *Fell des Hasen.*

Ha|sen|fuß, der [mhd. hasenvuoz; die Fähigkeit des Hasen, sehr schnell zu entfliehen, wird als Furchtsamkeit gedeutet] (ugs., spött. abwertend): *überängstlicher, schnell zurückweichender, Entscheidungen lieber aus dem Weg gehender Mensch:* sei kein H.!

ha|sen|fü|ßig ⟨Adj.⟩: *überängstlich, furchtsam:* das -e Kind wich nicht von der Hand der Mutter.

Ha|sen|ha|cke, die [aus dem Niederd.; viell. nach der Ähnlichkeit des geschwollenen Laufs mit dem Hinterlauf eines Hasen] (Tiermed.): *(bei Pferd od. Rind) geschwulstartige Anschwellung am hinteren Sprunggelenk.*

Ha|sen|herz, das: *Hasenfuß.*

ha|sen|her|zig ⟨Adj.⟩: *hasenfüßig.*

Ha|sen|jagd, die: *Jagd auf Hasen.*

Ha|sen|jun|ge, das; -n (österr.): *Hasenklein.*

Ha|sen|klein, das; -s: **1.** *Innereien (wie Herz, Leber, Lunge, Magen) eines Hasen mit Hals, unteren Rippen u. Läufen.* **2.** *Gericht aus Hasenklein* (1).

Ha|sen|pa|nier [der Schwanz des Hasen, heute weidm. »Blume« genannt, hieß früher »Panier« (= Banner)]: in der Wendung **das H. ergreifen** *(eilig weglaufen, fliehen;* weil der Schwanz des Hasen bei der Flucht in die Höhe steht).

Ha|sen|pest, die (Med.): *Seuche bei wild lebenden Nagetieren, die auch auf Menschen übertragen werden kann.*

Ha|sen|pfef|fer, der (Kochk.): *mit vielerlei Gewürzen eingelegtes, geschmortes u. mit einer pikanten Soße aus der Marinade abgeschmecktes Hasenklein.*

ha|sen|rein ⟨Adj.⟩: *(von einem Jagdhund) so abgerichtet, dass er Hasen aufstöbert, aber ohne Befehl nicht verfolgt:* *** nicht ganz h.** (ugs.; *verdächtig; nicht ganz einwandfrei*).

Ha|sen|schar|te, die [nach den beweglichen Nasenlöchern des Hasen, die seine Lippe gespalten erscheinen lassen] (ugs.): *Lippenspalte.*

ha|sen|schar|tig ⟨Adj.⟩: *eine Hasenscharte aufweisend:* ein -es Gesicht.

Hä|sin, die; -, -nen: w. Form zu ↑Hase (1 b, 2).

Has|lin|ger, der; -s, - [zu ↑[2]Hasel] (österr. ugs.): *Stock aus Haselholz; Prügelstock.*

Hạs|pe, die; -, -n [mhd. haspe = Türhaken, Garnwinde, ahd. haspa = Knäuel Garn, H. u.]: *einfache hakenähnliche Vorrichtung zum Einhängen von Türen u. Fenstern.*

Hạs|pel, die; -, -n, seltener: der; -s, - [mhd. haspel = Seil-, Garnwinde, ahd. haspil = Garnwinde, u. mhd. haspe, ahd. haspa, ↑Haspe] (Technik): **a)** *zylinderförmige Vorrichtung zum Auf- od. Abwickeln von Fäden, Drähten, Bändern o. Ä.;* **b)** (Textilind.) *Textilmaschine, mit der Garn von der Spule abgewickelt u. strangförmig aufgewickelt wird;* **c)** (bes. Bergbau) *Seilwinde zum Heben u. Senken von Lasten;* **d)** (Gerberei) *Bottich, dessen Inhalt durch ein Schaufelrad in Bewegung gehalten wird;* **e)** *Vorrichtung, die das Getreide den Schneidwerkzeugen beim Mähdrescher o. Ä. zuführt.*

Has|pe|lei, die; -, -en (ugs. abwertend): *schnelles, überhastetes Reden, Handeln, Arbeiten.*

Has|pel|kreuz, das: *aus kreuz- od. sternförmig angebrachten Balken bestehende, nur in einer Richtung drehbare Sperre als Durchlass für Fußgänger.*

hạs|peln ⟨sw. V.; hat⟩ [spätmhd. haspelen = Garn wickeln]: **1.** *auf eine od. von einer Haspel winden; spulen, ab-, aufwickeln:* Garn h.; den Faden auf die Spule, von der Spule h. **2.** (ugs.) **a)** *hastig, überstürzt sprechen:* in ihrer Aufregung haspelt sie; **b)** *hastig, überstürzt arbeiten.*

hasp|lig ⟨Adj.⟩ (ugs.) *haspelnd* (2): das Kind ist, wirkt h.; h. sprechen, arbeiten.

Hạss, der; -es [mhd., ahd. haz, eigtl. = Leid, Kummer, Groll]: *heftige Abneigung; starkes Gefühl der Ablehnung u. Feindschaft gegenüber einer Person, Gruppe od. Einrichtung:* wilder, blinder, tödlicher H.; kalter H. schlug ihm entgegen; der

H. frisst an ihr; H. bei jmdm. [im Herzen] nähren; H. auf/gegen jmdn. empfinden, entwickeln; sich den H. der Kollegen zuziehen; er tat es aus H.; ihre Liebe schlug in H. um; jmdn. mit seinem H. verfolgen; von H. erfüllt sein; * **[einen] H. auf jmdn., etw. haben, kriegen** (ugs.; *auf jmdn. wütend, über etw. zornig sein, werden*): sie hatte H. auf den Burschen, der ihr die Vorfahrt genommen hatte.

Hass|aus|bruch, der: *plötzlich ausbrechender, heftiger Hass auf jmdn., etw.*

has|sen ⟨sw. V.; hat⟩ [mhd. haʒʒen, ahd. haʒʒēn, haʒʒōn, urspr. auch = verfolgen]: **1. a)** *Hass gegen jmdn. empfinden; eine feindliche Einstellung jmdm. gegenüber haben:* seine Feinde h.; jmdn. im Stillen, heimlich, glühend, erbittert h.; die beiden haben sich/(geh.:) einander zutiefst gehasst; ⟨subst.:⟩ jmdn. das Hassen lehren; **b)** *einen Widerwillen, eine deutliche Abneigung gegen etw. empfinden, es nicht mögen, als unangenehm empfinden:* das hasse ich auf den Tod, wie die Pest; sie hasste es, laut zu sprechen. **2.** (Jägerspr.) *(bes. von Greifvögeln) im Angriff herabstoßen:* der Bussard hasste auf die Maus.

has|sens|wert ⟨Adj.⟩: *Hass rechtfertigend, verdienend:* ein -es Benehmen; ihre Art war, schien ihm h.

Has|ser, der; -s, - [mhd. haʒʒer, haʒʒære] (seltener): *jmd., der hasst, zu Hassausbrüchen neigt.*

hass|er|füllt ⟨Adj.⟩: *Hass empfindend, zeigend; voller Hass:* ein -er Blick; jmdn. h. ansehen.

Has|se|rin, die; -, -nen: w. Form zu ↑Hasser.

Hass|ge|fühl, das: *Gefühl, Empfindung des Hasses auf jmdn., etw.*

Hass|ge|sang, der (abwertend): **a)** *[gefühlsbetonte, ständige] Äußerung des Hasses (bes. gegen eine Gruppe, ein Volk, eine Einrichtung):* diesem H. muss ein Ende bereitet werden; **b)** *Gesang, mit dem in meist primitiver Weise demonstrativ der Hass, die Abneigung gegen jmd. ausgedrückt wird:* von der Straße her schallten die Hassgesänge der randalierenden Rowdys.

häs|sig ⟨Adj.⟩ [mhd. haʒʒec = voll Haß] (schweiz. mundartl.): *mürrisch, verdrießlich:* -e Verkäuferinnen.

Has|si|um, das; -s [nach Hassia = nlat. Name für Hessen]: *radioaktives metallisches Transuran (chemisches Element;* Zeichen: Hs).

häss|lich ⟨Adj.⟩ [mhd. heʒ[ʒe]lich, haʒlich, ahd. haʒlīh, urspr. = feindselig, voller Hass]: **1.** *von unschönem Aussehen, das ästhetische Empfinden verletzend; abstoßend:* ein -es Gesicht, Mädchen; ein -er Mensch, Mann; -e Farben, Vorstadtstraßen; er sah erschreckend h. aus; R Ärger macht h. **2. a)** *eine menschlich unerfreuliche Haltung erkennen lassend; gemein:* -e Redensarten; das war sehr h. von dir; sei doch nicht so h. [zu deiner Schwester]!; h. von jmdm. sprechen; **b)** *unangenehm, unerfreulich:* ein -er Vorfall; -es Wetter; ein -er Husten plagte ihn.

Häss|lich|keit, die; -, -en [spätmhd. heßligkeyt]: **1.** ⟨o. Pl.⟩ **a)** *hässliches Aussehen:* ein Anblick von erschreckender, faszinierender H.; **b)** *hässliche Gesinnung (als eine sich auf die Mitmenschen übel auswirkende Eigenschaft).* **2.** (seltener) *menschlich unerfreuliche Handlung, gemeine Worte:* das war eine H. von ihm; man hat uns nur -en gesagt.

Hass|lie|be, die: *starke Gefühlsbindung, die aufgrund von Disharmonie od. Nichtübereinstimmung zwischen Hass u. Liebe wechselt:* H. verbindet die beiden; mit einer Art H. an jmdm. hängen.

Hass|ti|ra|de, die (abwertend): *unsachlicher, nur von Hass diktierter Wortschwall:* in seiner Wut ließ er sich zu -n hinreißen.

hass|ver|zerrt ⟨Adj.⟩: *(in Bezug auf den Blick o. Ä.) von Hass verzerrt:* mit -em Gesicht.

hass|voll ⟨Adj.⟩ (seltener): *voller Hass, hasserfüllt.*

hast: ↑haben.

Hast, die; - [aus dem Niederd. < mniederd. ha(e)st < niederl. haast < afrz. haste = Hast, Eile, aus dem Germ.]: *große, überstürzte Eile; (oft von innerer Unruhe od. der Angst, nicht rechtzeitig fertig zu werden, verursachtes) planloses, aufgeregtes Handeln:* in großer H.; mit rasender H.; ohne H., voller H. fortgehen.

has|te [zusgez. aus »hast du«]: in den Verbindungen **[was] h., was kannste** (ugs.; *äußerst schnell [um etw. zu schaffen, einer Gefahr o. Ä. zu entgehen]*): sie sahen den Stier kommen und rannten h., was kannste davon; **h. was, biste was** (ugs.; *wer vermögend od. reich ist, ist auch angesehen*).

has|ten ⟨sw. V.; ist⟩ [aus dem Niederd. < mniederd. hasten < mniederl. haesten, zu ↑Hast] (geh.): *sehr eilig, von innerer Unruhe getrieben gehen:* sie hasteten zum Bahnhof; sie hastet von Vorstellung zu Vorstellung.

has|tig ⟨Adj.⟩ [aus dem Niederd. < mniederd. hastich < mniederl. haestich]: *aus Aufgeregtheit u. innerer Unruhe heraus schnell [u. mit entsprechenden Bewegungen] ausgeführt:* -e Schritte, Atemzüge; seine Bewegungen wurden immer -er; h. sprechen; h. essen, trinken; h. rauchen.

Has|tig|keit, die; -: *nervöse Hast, Überstürzung.*

hat: ↑haben.

Hat|schek: ↑Háček.

Hät|sche|lei, die; -, -en (abwertend): *[dauerndes] Hätscheln.*

Hät|schel|kind, das; -[e]s, -er: **1.** (oft abwertend) *[allzu] zärtlich behandeltes, verwöhntes, bevorzugtes Kind:* die Kleine ist das H. der ganzen Familie. **2.** *von jmdm. verwöhnte, vor anderen bevorzugte Person:* viele Künstler sind -er der Partei gewesen.

hät|scheln ⟨sw. V.; hat⟩ [wahrsch. zu ↑hatschen] (oft abwertend): **1.** *[übertrieben] zärtlich liebkosen:* sie hätschelte ihr Kind, den kleinen Hund. **2.** *jmdn. verwöhnen u. vor andern bevorzugen:* der junge Autor wurde anfangs von der Presse gehätschelt. **3.** *an einer Sache innerlich hängen, sich ihr liebevoll, hingebungsvoll widmen:* sie hätschelte ihren alten Plan.

hat|schen ⟨sw. V.; ist⟩ [urspr. = gleiten, rutschen, streicheln, wohl laut- od. bewegungsnachahmend] (bayr., österr. ugs.): **a)** *lässig, schleppend gehen; schlendern;* **b)** *hinken:* nach dem Unfall hatschte er mit dem linken Bein; **c)** (salopp) *gehen, laufen:* wegen dieser Sache bin ich durch die halbe Stadt gehatscht.

Hat|scher, der; -s, - (österr. ugs.): **1.** *alter, ausgetretener Schuh.* **2.** *langer, mühseliger Marsch.*

hat|schert ⟨Adj.⟩ (österr. ugs.): *schwerfällig, hinkend:* er hat einen -en Gang.

hat|schi, hatzi ⟨Interj.⟩ [lautm.] (ugs.): das Niesen nachahmender Ausruf.

hat|te, hät|te: ↑haben.

Hat|trick [ˈhætrɪk], der; -s, -s [engl. hat trick, eigtl. = Huttrick; nach einem früher beim Kricket geübten Brauch, den Vollbringer dieser Leistung mit einem Hut zu beschenken]: **a)** (bes. Fußball, Handball) *drei in unmittelbarer Folge vom gleichen Spieler im gleichen Spielabschnitt erzielte Tore:* die Zuschauer jubelten über den H. ihres Lieblingsspielers; **b)** (Sport) *dreimaliger Erfolg (in einer Meisterschaft o. Ä.):* der Eisschnellläuferin gelang der H.

Hatz, die; -, -en [südd. Form von ↑Hetze]: **1. a)** (Jägerspr.) *Hetzjagd mit Hunden (bes. auf Wildschweine):* eine H. veranstalten; **b)** *Verfolgung, Einkreisung eines Flüchtenden:* die H. auf einen entflohenen Häftling. **2.** (ugs., bes. bayr.) *eiliges, angestrengtes Sichbemühen um etw.; das Hetzen:* wozu diese H.?

Hatz|hund, der (Jägerspr.): *für die Hatz* (1 a) *in besonderer Weise abgerichteter Hund.*

hat|zi: ↑hatschi.

Hatz|rü|de, der: vgl. Hatzhund.

Hau, der; -[e]s, -e [mhd. hou = Hieb, Holzhieb, Schlagstelle im Wald, zu ↑hauen]: **1.** (Forstw. veraltet) *Stelle im Wald, an der Holz geschlagen wird.* **2.** (salopp) *Schlag, Hieb:* * **einen H. [mit der Wichsbürste] haben** (*nicht recht bei Verstand sein;* aus der Vorstellung, jmd. habe einen Schlag auf den Kopf bekommen).

Hau|bank ⟨Pl. ...bänke⟩ (landsch.): **1.** (Dachdeckerei) *Werkbank zum Zurichten von Schieferplatten.* **2.** *Hackklotz.*

hau|bar ⟨Adj.⟩ (Forstw.): *zum Fällen geeignet:* die -en Bäume markieren.

Hau|barg, (auch:) Hauberg, der; -[e]s, -e [eigtl. = Ort, wo man das Heu birgt (= verwahrt), zu ↑Heu u. ↑bergen]: *großes [auf einer Warft errichtetes] Bauernhaus in Nordfriesland mit hohem Reetdach, unter dem in der Mitte das Heu gestapelt wird.*

Hau|bar|keits|al|ter, das (Forstw.): *Alter, in dem bestimmte Bäume eines Waldbestandes am günstigsten für die wirtschaftliche Nutzung gefällt werden.*

Häub|chen, das; -s, -: Vkl. zu ↑Haube.

Hau|be, die; -, -n [mhd. hūbe, ahd. hūba, zu ↑hoch in dessen urspr. Bed. »gewölbt, (nach oben) gebogen«, eigtl. = die Gebogene]: **1. a)** *aus weichem od. gestärktem, oft gefälteltem Stoff gefertigte, dem Kopf angepasste [die Ohren bedeckende] Kopfbedeckung für eine weibliche Person:* die -n der Krankenschwestern, einer Volkstracht; eine H. tragen; Ü die Berge haben weiße -n aufgesetzt *(auf den Berggipfeln ist Schnee gefallen);* * [die folgenden Wendungen beziehen sich auf die Haube als früher zur Tracht gehörende Kopfbedeckung verheirateter Frauen] **unter die H. kommen** (ugs. scherzh.; *von jmdm. geheiratet werden*): die jüngste Tochter ist nun auch unter die H. gekommen; **unter der H. sein** (ugs. scherzh.; *verheiratet sein*); **jmdn. unter die H. bringen** (ugs. scherzh.; *jmdn. mit jmdm. verheiraten*); **b)** (südd., österr.) *[Woll]mütze:* dem Kind eine H. aufsetzen; **c)** (hist.) *Kopfbedeckung eines Kriegers; Sturm-, Pickelhaube.* **2. a)** (Kfz-W.) kurz für ↑Motorhaube: die H. schließt nicht; viel Kraft unter der H. haben *([von einem Auto] einen starken Motor haben);* **b)** kurz für ↑Trockenhaube: sie musste [beim Friseur] vierzig Minuten unter der H. sitzen; **c)** (Zool.) *Büschel von schmückenden Kopffedern bei einigen Vögeln;* **d)** *schützende od. schmückende Bedeckung über etw.:* den Kaffee unter der H. *(dem Kaffeewärmer)* warm halten.

Hau|ben|ler|che, die: **1.** *Lerche mit hoher, spitzer Haube* (2 c) *u. gelbbraunen Schwanzseiten.* **2.** (scherzh.) *Nonne, Ordensschwester.*

Hau|ben|mei|se, die: *Meise mit hoher, spitzer, schwarz-weiß gesprenkelter Haube* (2 c).

Hau|ben|tau|cher, der: *großer, graubrauner, von Fischen lebender Wasservogel mit langem Hals u. schwarzer Haube* (2 c).

Hau|berg: ↑Haubarg.

Hau|bit|ze, die; -, -n [spätmhd. hauf(e)niz < tschech. houfnice = Steinschleuder] (Milit.): *Geschütz mittleren od. schweren Kalibers mit kurzem Rohr:* eine schwere H. in Stellung bringen; * **voll wie eine H. sein** (↑Strandhaubitze).

Hauch, der; -[e]s, -e [rückgeb. aus ↑hauchen] (geh.): **1. a)** *sichtbarer od. fühlbarer Atem:* der letzte H. *(Atemzug)* eines Sterbenden; den H. eines andern in seinem Gesicht spüren; man sah den H. vor dem Mund; Ü der göttliche H.; **b)** *leichter Luftzug:* der kühle H. des Abendwindes; die Sonne brannte heiß, kein H. war zu spüren; **c)** *kaum wahrnehmbarer Geruch, leichter Duft:* ein H. von Weihrauch. **2.** *sehr dünne, schleierartige o. ä. Schicht:* Raureif lag als zarter H. auf den Ästen; einen H. Rouge auftragen. **3. a)** *besondere Atmosphäre; entstehender, sich ausbreitender Eindruck; Flair:* ein H. des Orients; ein H. von Hollywood; **b)** *zaghafte Regung von etw., Anflug, leise Spur:* ein H. von Melancholie; der H. eines Lächelns; **c)** *geringstes Anzeichen, Andeutung, Schimmer:* sie hatte nicht den H. einer (ugs.; *nicht die geringste*) Chance.

hauch|dünn ⟨Adj.⟩: **1.** *ganz besonders dünn:* -er Stoff; den Schinken in -e Scheiben schneiden; die Creme h. auftragen. **2.** *äußerst knapp, gerade noch ausreichend:* eine -e Mehrheit; ein -er Vorsprung, Sieg.

hau|chen ⟨sw. V.; hat⟩ [mhd. (md.) hūchen, wohl lautm.]: **1. a)** *aus [weit] geöffnetem Mund* *warme Atemluft auf etw. gerichtet ausstoßen:* auf seine Brille, gegen die Fensterscheiben, in die klammen Finger h.; **b)** *durch Hauchen* (1 a) *irgendwo entstehen lassen:* ein Guckloch in eine vereiste Scheibe h.; Ü jmdm. einen Kuss auf die Stirn h. (geh.; *einen leichten Kuss fast ohne Berührung geben*). **2.** *[etw. Geheimes, Intimes] fast ohne Ton aussprechen:* das Jawort h.; jmdm. etw. ins Ohr h.

hauch|fein ⟨Adj.⟩: *ganz besonders fein:* eine -e Zeichnung; h. geschnittener Schinken.

Hauch|laut, der (Sprachw.): *in der Stimmritze gebildeter Reibelaut* (z. B. ein h).

hauch|zart ⟨Adj.⟩: *ganz besonders zart:* -e Stoffe; ein -es Negligé.

Hau|de|gen, der [urspr. = Hiebwaffe, zweischneidiger Degen, dann übertr. auf den Mann, der ihn führt; zu ↑hauen]: *[älterer] im Kampf erfahrener, draufgängerischer Soldat, Kämpfer:* der alte H. sprach über seine Kriegserlebnisse; Ü er war als H. *(Draufgänger)* bekannt.

Haue, die; -, -n [1: mhd. houwe, ahd. howa = Hacke; 2: Pl. von mhd. hou, ↑Hau]: **1.** (südd., österr.) *Hacke.* **2.** ⟨o. Pl.⟩ (fam.) *Schläge, [leichte] Prügel:* wenn du jetzt nicht endlich artig bist, kriegst du H.; gleich gibt es H.!

hau|en ⟨unr. V.; haute/hieb, gehauen/(landsch.:) gehaut⟩ [mhd. houwen, ahd. houwan u. mhd. houwen, ahd. houwōn (sw. V.)]: **1.** ⟨hat; haute/(selten auch:) hieb⟩ (ugs.) **a)** *(bes. ein Kind) schlagen, prügeln; Schläge austeilen:* jmdn. windelweich, grün und blau h.; er hat den Jungen immer wieder gehauen; wenn er zornig wurde, haute er gleich; ⟨h. + sich:⟩ musst du dich dauernd mit den anderen, müsst ihr euch dauernd h.!; * **jmdm. eine h.** *(jmdm. eine Ohrfeige geben);* **b)** *[mit der Hand, einem Stock o. Ä.] auf einen Körperteil schlagen:* jmdm. freundschaftlich, anerkennend auf die Schulter h.; er hat ihm/(seltener:) ihn auf den Mund gehauen; ich haute ihm/(seltener:) ihn ins Gesicht; der Maskierte hieb mit der Faust ins Gesicht des Opfers; **c)** *jmdm. etw. auf einen Körperteil schlagen:* einem Schüler das Heft um die Ohren h. **2.** *(mit einer Waffe) kämpfend schlagen, angreifen* ⟨hat; hieb/(ugs.:) haute⟩: mit dem Schwert h.; er hieb mit dem Degen auf den Angreifer; beim Reiterspiel hatten sie einander vom Pferd gehauen *(im Kampf vom Pferd gestoßen);* R das ist gehauen wie gestochen (ugs.; *das ist ein u. dasselbe; es ist gleichgültig, ob man es so od. so macht;* nach der Wendung der Fechtersprache »das ist weder gehauen noch gestochen«, die Waffe wird so ungeschickt geführt, dass nicht erkennbar ist, ob es ein Hieb od. ein Stich ist). **3.** (ugs.) *durch Schlagen in zerstörerischer Absicht in einen entsprechenden Zustand bringen* ⟨hat; haute⟩: er hat alles in Scherben, in tausend Stücke gehauen; er hat ihn blutig, mit einem Schlag k. o. gehauen. **4.** ⟨hat; haute⟩ **a)** (ugs.) *(mit einem Werkzeug) etw. in etw. [hinein]schlagen:* einen Nagel in die Wand, einen Pflock in die Erde h.; die Schwester hatte ihm die Spritze in den Oberschenkel gehauen *(ohne besondere Sorgfalt injiziert);* **b)** *durch Schlagen auf jmdn., etw. od. in etw. entstehen lassen, herstellen:* Stufen in den Fels h.; er hatte ihm ein Loch in den Kopf gehauen; eine aus, in Stein gehauene Figur. **5.** (ugs.) **a)** *auf, gegen etw. schlagen* ⟨hat; haute/(auch:) hieb⟩: ärgerlich haute sie [mit dem Stock] an die Wand; er haute mit der Faust auf den Tisch, gegen die Tür; der Pianist hieb in die Tasten *(spielte kraft-, schwungvoll);* **b)** (selten) *auf, gegen etw. stoßen* ⟨ist; haute⟩: sie ist mit dem Kopf an die Schrankecke, [mit der großen Zehe] gegen einen Stein gehauen; **c)** *auf etw. fallen, auftreffen* ⟨ist; haute⟩: das Flugzeug haute in den Acker. **6.** ⟨hat; haute⟩ (salopp) **a)** *unachtsam, ungeduldig werfen, schleudern:* er haut die Schuhe in die Ecke, die Mappe auf den Tisch; der Stürmer haute den Ball ins Netz *(schoss den Ball mit Wucht ins Tor);* **b)** ⟨h. + sich⟩ *sich [unvermittelt, eilig, ungestüm] hinlegen, fallen lassen:* übermüdet haute ich mich aufs Bett. **7.** (landsch.) *fällen* ⟨hat; haute⟩: diese Bäume können gehauen werden. **8.** (landsch.) *mit einem Beil zerkleinern, hacken* ⟨hat; haute⟩: Holz h.; (veraltend:) Fleisch h. **9.** (landsch.) *mähen* ⟨hat; haute⟩: eine Wiese h. **10.** (Bergbau) *losschlagen* ⟨hat; haute⟩: Erz h.

Hau|er, der; -s, - [1, 2: mhd. houwer]: **1.** (Bergmannsspr. früher) *im Bergwerk an der Abbaustelle arbeitender Bergmann mit abgeschlossener Ausbildung* (Berufsbez.). **2.** (Jägerspr.) *aus dem Unterkiefer seitlich der Schnauze hervorstehender Eckzahn des Keilers:* ein Keiler mit starken -n; Ü seine Eckzähne ähneln -n. **3.** (südd., österr.) *Weinbauer, Winzer.*

Häu|er, der; -s, - (bes. österr.): *Hauer* (1).

Hau|er|chen, das; -s, - ⟨meist Pl.⟩ (fam.): *Zahn eines Kleinkindes:* putz dir schön deine H.!

Hau|e|rei, die; -, -en (ugs. abwertend): *Prügelei, Schlägerei:* in der Kneipe gab es dauernd -en.

Hau|er|wein, der [zu ↑Hauer (3)] (österr.): *unmittelbar vom Winzer gelieferter Wein:* in diesem Landgasthof gibt es H.

Häuf|chen, das; -s, -: Vkl. zu ↑Haufen (1, 3 a): nur ein H. Asche blieb zurück; * **[dastehen, aussehen] wie ein H. Unglück/Elend** (ugs.; *sehr niedergeschlagen, betrübt [dastehen, aussehen]*); **nur noch ein H. Unglück/Elend sein** (ugs.; *vor Alter, Krankheit völlig zusammengefallen sein*).

Hau|fe, der; -ns, -n (veraltend selten): *Haufen.*

häu|feln ⟨sw. V.; hat⟩ [15. Jh., eigtl. = Häufchen machen]: **1.** (Gartenbau, Landw.) *mit der Hacke o. Ä. die lose Erde um Hackfrüchte in Reihen wallartig aufhäufen:* Kartoffeln h. **2.** *zu meist kleineren Haufen aufschichten:* Erde, Schnee, das Heu h.

häu|fen ⟨sw. V.; hat⟩ [mhd. hūfen, ahd. hufōn, houfōn]: **1. a)** *an einer Stelle übereinander schichten, setzen, legen, zu einem Haufen, Häufchen anwachsen lassen:* Holz h.; das Essen auf den Teller h. *(reichlich auffüllen);* Ü Ehre, Liebe auf jmdn. h.; **b)** *in größerer Menge sammeln:* für den Notfall Vorräte h. **2.** ⟨h. + sich⟩ *bedeutend zunehmen; zahlreicher, mehr werden:* die Abfälle, die Geschenke häufen sich; die Beweise häufen sich.

Hau|fen, der; -s, - [mhd. hūfe, ahd. hūfo = Haufe, Menge, Schar]: **1.** *Menge übereinander liegender Dinge; Anhäufung; hügelartig Aufgehäuftes:* ein großer H. Kartoffeln, Sand; ein H. trockenes Stroh; ein H. faulender/(seltener:) faulende Orangen lag/lagen auf dem Tisch; H. von Abfällen beseitigen; sie kehrte, legte, warf alles auf einen H.; Brennholz in/zu H. stapeln; einen [großen, kleinen] H. machen (ugs. verhüll.; *seinen Darm entleeren*); * **etw. über den H. werfen/schmeißen** (ugs.; *etw., bes. etw. Geplantes, umstoßen, zunichte machen, vereiteln;* mit Bezug auf das in einem Haufen regellos Übereinandergeworfene): sollte ich seinetwegen alle Pläne über den H. werfen?; **über den H. rennen, fahren, reiten** (ugs.; *unvorsichtig od. mutwillig umrennen, überfahren, umreiten;* vgl. über den Haufen werfen); **über den H. schießen/knallen** (ugs.; *rücksichtslos niederschießen;* vgl. über den Haufen werfen). **2.** (ugs.) *große Anzahl, Menge; sehr viel:* das ist ein H. Arbeit; einen H. Kleider besitzen; das kostet einen H. Geld. **3. a)** *Schar, Menge; [zufällige] Ansammlung (von Menschen od. Tieren):* ein H. Neugieriger/(selten:) Neugierige stand/standen umher; dichte H. von Flüchtlingen; wir hatten noch nie so viele Krokodile auf einem H. *(beieinander, beisammen)* gesehen; * **in hellen H.** *(in großer Zahl; zu sehr vielen;* zu niederd. de hele hoop = der ganze Haufen [niederd. he(e)l = ganz], urspr. von der Bed. des Haufens als [Haupt]truppe herkommend); **b)** *Gemeinschaft; durch Zufall zusammengekommene, aber doch als Einheit auftretende od. gedachte Gruppe:* die Schulklasse war ein verschworener H.; in einen üblen H. *(eine Bande)* hineingeraten; zum großen H. *(zur Masse, zum Durchschnitt)* gehören; **c)** (Soldatenspr.) *kleinerer Verband von Soldaten; Trupp:* ein verlorener H. *(ein [Vor]trupp, der allmählich aufgerieben wird);* zu seinem H. zurückkehren; zu welchem H. gehört ihr?; * **zum alten H. fahren** (veraltet verhüll.; *sterben*).

Hau|fen|dorf, das: *unregelmäßig zusammengewachsenes, nicht an einem Straßenzug entlang aufgebautes Dorf.*

hau|fen|wei|se ⟨Adv.⟩ (ugs.): *in beträchtlicher Anzahl, großen Mengen; sehr viel:* er hat h. Geld; sie kann sich nicht konzentrieren und macht h. *(sehr häufig, im Übermaß)* Fehler.

Hau|fen|wol|ke, die: *Kumulus.*

häu|fig ⟨Adj.⟩ [urspr. = in Haufen vorhanden]: *in großer Zahl vorkommend, sich wiederholt ereignend:* -e Besuche; ein -er Fehler; menschliches Versagen ist die -ste *(am meisten auftretende)* Ursache; du wirst noch h. *(oft)* enttäuscht werden; immer -er *(öfter, in immer größerer Zahl)* gehen Allergiker zur Akupunktur.

Häu|fig|keit, die; -, -en ⟨Pl. selten⟩: *häufiges Vorkommen:* die H. einer Pflanze, eines Phänomens.

Häuf|lein, das; -s, -: *Häufchen.*

Häu|fung, die; -, -en: **1.** *Lagerung in großen Mengen:* H. von Vorräten. **2.** *Ansammlung, häufiges Vorkommen (von Erscheinungen, Ereignissen):* eine H. von Konflikten, von Korruptionsfällen.

Hauf|werk, das; -s (Bergmannsspr.): *durch Losschlagen gewonnene [aufgehäufte] Mineralmasse.*

Hau|he|chel, die; -, -n [1. Bestandteil zu ↑Heu, 2. Bestandteil ↑Hechel, mit der die Pflanze wegen ihrer Dornen verglichen wird]: *(zu den Schmetterlingsblütlern gehörende) oft dornige Pflanze mit behaarten Blättern u. rosa, gelben od. weißlichen [traubig angeordneten] Blüten.*

Hau|klotz, der: *Hackklotz:* Holz auf dem H. hacken; Ü er ist ein H. *(unempfindlicher, nicht feinbesaiteter Mensch).*

Hau|mes|ser, das: *Buschmesser.*

Häu|nel: ↑Heindl.

häu|neln ⟨sw. V.; hat⟩ (österr. mundartl.): *mit einer kleinen Hacke, einem Häunel bearbeiten (um den Boden zu lockern u. Unkraut zu beseitigen):* den Garten, die Kartoffeln h.

Haupt, das; -[e]s, Häupter [mhd. houbet, ahd. houbit, eigtl. = Gefäß, Schale; zur Bedeutungsentwicklung vgl. Kopf]: **1.** (geh.) *Kopf:* sein H. neigen, aufstützen; sein H. [vor Scham, Schmerz] verhüllen; er schüttelte sein weises, graues, greises H. (ugs. oft scherzh.; *gab seiner Ablehnung od. Verwunderung Ausdruck;* nach dem Anfang der ersten Strophe von A. von Chamissos Gedicht »Das Schloss Boncourt«: Ich träum als Kind mich zurücke/und schüttle mein greises Haupt); bloßen, entblößten -es/mit bloßem, entblößtem H. *(ohne Kopfbedeckung);* erhobenen -es/mit erhobenem H. vor jmdm. stehen; R vor einem grauen -e *(einem alten Menschen)* sollst du aufstehen; er zählt die Häupter seiner Lieben (scherzh.; *sieht nach, ob alle da sind;* nach Schillers Gedicht »Die Glocke«); Ü die schneebedeckten Häupter *(Gipfel)* der Berge; * **bemoostes H.** (scherzh. veraltend; *Student, der schon viele Semester studiert hat*); **gekröntes H.** (geh.; *regierender Fürst, regierende Fürstin; Herrscher, Herrscherin*); **an H. und Gliedern** (bildungsspr.; *völlig, ganz u. gar; in jeder Hinsicht;* nach mlat. tam in capite quam in membris; aus einer kirchlichen Reformschrift des 14. Jh.s): den Staat an H. und Gliedern reformieren; **jmdn. aufs H. schlagen** (geh.; *völlig besiegen, vernichten*); **zu Häupten** (geh.; *oben, in Höhe des Kopfes, am Kopfende*). **2.** (geh.) *wichtigste Person; [An]führer:* das H. einer Familie; er war das H. der Verschwörung; die führenden Häupter aus Politik und Wirtschaft.

Haupt-: kennzeichnet in Bildungen mit Substantiven jmdn. als maßgebliche, wichtigste Person od. etw. als wesentliche, bedeutungsvollste Sache: Hauptakteur, -attraktion, -sorge.

Haupt|ab|neh|mer, der: *wichtigster Käufer [für einen bestimmten Artikel].*

Haupt|ab|neh|me|rin, die: w. Form zu ↑Hauptabnehmer.

Haupt|ab|schnitt, der: *wichtigster Abschnitt (z. B. eines Buches).*

Haupt|ach|se, die: *wichtigste Achse* (1, 3 a, 4).

Haupt|ak|ti|on: ↑Haupt- und Staatsaktion.

Haupt|ak|zent, der (Sprachw.): *stärkste Betonung:* diese Silbe trägt den H.; Ü auf etw. den H. legen *(etw. als das Wichtigste betrachten).*

Haupt|al|tar, der: *im Chor der Kirche stehender Altar.*

haupt|amt|lich ⟨Adj.⟩: *in einem als Beruf ausgeübten Amt tätig od. durch eine solche Tätigkeit gekennzeichnet:* ein -er Bürgermeister, Parteisekretär; die Stellung ist nicht h.; er ist nicht h. tätig.

Haupt|an|ge|klag|te, der u. die (Rechtsspr.): *angeklagte Person, gegen die sich die meisten Anklagepunkte richten.*

Haupt|an|lie|gen, das: *wichtigstes Anliegen.*

Haupt|an|schluss, der: *Fernsprechanschluss, der unmittelbar an das Fernsprechnetz angeschlossen ist.*

Haupt|an|stren|gung, die: vgl. Hauptarbeit.

Haupt|ar|beit, die: *der hauptsächliche, größte Teil einer Arbeit.*

Haupt|ar|gu|ment, das: *wichtigstes Argument.*

Haupt|at|trak|ti|on, die: *größte, beeindruckendste Attraktion* (2): die Seiltänzer galten als die H. des Zirkus.

Haupt|auf|ga|be, die: *wichtigste Aufgabe* (2).

Haupt|au|gen|merk, das: *besondere, einer bestimmten Person od. Sache hauptsächlich geltende Aufmerksamkeit:* sein H. auf etw. richten.

Haupt|aus|schuss, der: *wichtigster Ausschuss* (2).

Haupt|bahn, die: *wichtige, gut ausgebaute Eisenbahnstrecke.*

Haupt|bahn|hof, der: *größter, bes. für den Personenverkehr wichtigster Bahnhof einer Stadt* (Abk.: Hbf.).

Haupt|be|deu|tung, die (Sprachw.): *wichtigste, bekannteste Bedeutung eines Wortes.*

Haupt|be|din|gung, die: *wichtigste, unbedingt zu erfüllende Bedingung* (1).

Haupt|be|griff, der: *grundlegender, wichtigster Begriff* (1): Freiheit gehört zu den -en seines Denkens.

Haupt|be|las|tungs|zeu|ge, der (Rechtsspr.): *Belastungszeuge, der die wesentlichsten, entscheidenden Aussagen machen kann; wichtigster Belastungszeuge.*

Haupt|be|las|tungs|zeu|gin, die: w. Form zu ↑Hauptbelastungszeuge.

Haupt|be|ruf, der: *hauptsächlich ausgeübter Beruf:* im H. ist er Maurer.

haupt|be|ruf|lich ⟨Adj.⟩: *den Hauptberuf betreffend, darauf bezogen:* eine -e Tätigkeit; h. *(im Hauptberuf)* ist er Lehrer.

Haupt|be|schäf|ti|gung, die: *hauptsächlich ausgeübte Tätigkeit.*

Haupt|be|stand|teil, der: *wichtigster Bestandteil.*

Haupt|buch, das (Kaufmannsspr.): *Buch, in dem alle geschäftlichen Vorgänge verzeichnet u. sämtliche Konten systematisch geführt werden.*

Haupt|buch|hal|ter, der: *leitender Buchhalter in einem Betrieb.*

Haupt|buch|hal|te|rin, die: w. Form zu ↑Hauptbuchhalter.

Haupt|dar|stel|ler, der (Theater, Film): *Schauspieler, der für die Hauptrolle od. eine der Hauptrollen in einem Stück od. Film eingesetzt ist:* der H. des Stücks ist erkrankt.

Haupt|dar|stel|le|rin, die: w. Form zu ↑Hauptdarsteller.

Haupt|deck, das: *oberstes durchlaufendes Deck eines Schiffes.*

Haupt|ei|gen|schaft, die: *hervorstechende Eigenschaft, wichtigstes Merkmal.*

Haupt|ein|gang, der: *eigentlicher [größerer], meist an der Vorderseite gelegener Eingang zu einem Gebäude, Saal, Park o. Ä.*

Haupt|ein|nah|me|quel|le, die: *wichtigste, entscheidendste Einnahmequelle.*

Haupt|ein|wand, der: *wichtigster Einwand.*

Häup|tel, das; -s, -[n] (südd., österr.): *Kopf einer Gemüsepflanze:* ein H. Salat, Kraut.

Häup|tel|sa|lat, der (südd., österr.): *Kopfsalat.*

Haupt|er|be, der: *²Erbe, der den größten Teil einer Hinterlassenschaft erhält.*

Haupt|er|bin, die: w. Form zu ↑Haupterbe.

Haupt|er|geb|nis, das: *wichtigstes, entscheidendes Ergebnis:* das H. der Verhandlungen.

Haupt|er|zeug|nis, das: *wichtigstes Erzeugnis (einer Firma, eines Gebietes o. Ä.).*

Haup|tes|län|ge: in der Fügung **um H.** (geh.; *um die Länge eines Kopfes*): jmdn. um H. überragen.

Haupt|etap|pe, die: *wichtigste, entscheidende Etappe:* die H. einer Entwicklung; die Ausbildung soll in drei -n durchgeführt werden.

Haupt|fach, das: **1.** *Studienfach, in dem jmd. ein volles Studium absolviert:* im H. Romanistik studieren. **2.** *wichtiges Schulfach:* sie mochte besonders die Hauptfächer Deutsch und Mathematik.

Haupt|fak|tor, der: *wichtigster Faktor* (1).

Haupt|feind, der: *größter, gefährlichster Feind.*

Haupt|fein|din, die: w. Form zu ↑Hauptfeind.

Haupt|feld, das (Sport): **1.** *größtes Feld* (8), *größte noch geschlossene Gruppe von Teilnehmenden an einem Lauf, einem Rennen:* nach der dritten Runde liefen die drei deutschen Läufer alle noch im H. **2.** *Gruppe der gesetzten Teilnehmer in einem Feld* (9) *der Teilnehmer, die sich nicht mehr in Ausscheidungswettkämpfen qualifizieren müssen.*

Haupt|feld|we|bel, der (Milit.): **a)** *(bei der Bundeswehr) Dienstgrad in der Gruppe der Unteroffiziere mit Portepee;* **b)** *Träger des Dienstgrades eines Hauptfeldwebels* (a); **c)** (früher) *Kompaniefeldwebel.*

Haupt|fi|gur, die: *wichtige Figur* (5 c), *zentrale Gestalt bei einem Geschehen, in einer Dichtung od. ihrer künstlerischen Wiedergabe:* die H. bekam den meisten Applaus.

Haupt|film, der: *eigentlicher, angekündigter Film einer Filmvorführung, der meist nach einem Beiprogramm gezeigt wird:* vor dem H. wurde Reklame gezeigt.

Haupt|for|de|rung, die: *wichtigste Forderung* (1 a): die Geiselnehmer gingen von ihren -en nicht ab.

Haupt|fra|ge, die: *entscheidende, das wichtigste Anliegen enthaltende Frage.*

Haupt|funk|ti|on, die: *wichtigste Funktion* (1).

Haupt|gang, der: **1.** *zentraler Gang, Flur in einem großen [öffentlichen] Gebäude, von dem Seitengänge abgehen.* **2.** *Hauptgericht.*

Haupt|ge|bäu|de, das: *größtes, wichtigstes Haus von zusammengehörenden Gebäuden:* die Aula befindet sich im H. der Universität.

Haupt|ge|dan|ke, der: vgl. Hauptfrage.

Haupt|ge|frei|te, der u. die (Milit.): **a)** *höchster Dienstgrad in der Gruppe der Mannschaften;* **b)** *Träger, Trägerin des Dienstgrades eines Hauptgefreiten* (a).

Haupt|ge|gen|stand, der: *wichtigster Gegenstand* (2).

Haupt|ge|richt, das: *am meisten sättigendes [Fleisch]gericht einer aus mehreren Gängen bestehenden Mahlzeit.*

Haupt|ge|schäft, das: *zentrales Geschäft eines Unternehmens mit mehreren Filialen.*

Haupt|ge|schäfts|stra|ße, die: *zentral gelegene [verkehrsreiche] Straße mit großen Läden u. Kaufhäusern in einer Stadt.*

Haupt|ge|schäfts|zeit, die: *(im Allgemeinen am Nachmittag nach Büroschluss einsetzender) Zeitraum eines Tages, in dem in einer Stadt der Einkaufsbetrieb am lebhaftesten ist.*

Haupt|ge|sprächs|the|ma, das: *wichtigstes, am meisten interessierendes Gesprächsthema.*

Haupt|ge|wicht, das: *stärkster Nachdruck, wichtigster Punkt, der zu berücksichtigen ist:* das H. auf den Aspekt des Umweltschutzes legen.

Haupt|ge|winn, der: *größter Gewinn (bei Lotterien, Preisausschreiben o. Ä.):* der H. entfiel auf die Losnummer 131214; Ü dass er die Aufnahmeprüfung bestanden hat, ist fast ein H. (ugs.; *ein großer Erfolg*).

Haupt|ge|win|ner, der: *Gewinner eines Hauptgewinns.*

Haupt|ge|win|ne|rin, die: w. Form zu ↑Hauptgewinner.

Haupt|gleis, das (Eisenb.): *dem schnellen [Durchgangs]verkehr, nicht dem Rangieren vorbehaltenes Gleis.*

Haupt|got|tes|dienst, der: *am frühen Vormittag stattfindender [Sonntags]gottesdienst.*

Haupt|grund, der: *eigentlicher Grund für ein Verhalten, Geschehen o. Ä.*

Haupt|haar, das ⟨o. Pl.⟩ (geh.): *gesamtes Haar auf dem Kopf eines Menschen.*

Haupt|hahn, der: **1.** *zentraler Absperrhahn an einer Rohrleitung, der die Versorgung mit Wasser, Gas, Öl o. Ä. für ein Haus od. ein ganzes Gebiet regelt.* **2. a)** (veraltend) *stärkster Hahn im Hühnerhof;* **b)** (Verbindungsw.) *starker Mann, Anführer.*

Haupt|harst, der (schweiz.): *größte Schar, Gruppe.*

Haupt|haus, das: *Hauptgebäude.*

Haupt|hin|der|nis, das: *größtes Hindernis.*

Haupt|in|halt, der: *wesentlicher, hauptsächlicher Inhalt.*

Haupt|in|te|res|se, das: *stärkstes Interesse:* ihr H. gilt der Literatur.

Haupt|kampf, der (Boxen): *wichtigster Kampf einer Boxveranstaltung.*

Haupt|ka|pi|tel, das: *wichtigstes Kapitel (z. B. eines Buches).*

Haupt|kas|se, die: *zentrale Zahlstelle.*

Haupt|ka|ta|log, der: *zentraler Katalog einer Bibliothek.*

Haupt|kenn|zei|chen, das: *Hauptmerkmal.*

Haupt|last, die: *schwerste, größte Last:* die H. der Arbeit tragen.

Haupt|leh|rer, der (früher): *Leiter einer kleinen Volks- od. Sonderschule od. erster Lehrer an einer Grundschule.*

Haupt|leh|re|rin, die: w. Form zu ↑Hauptlehrer.

Haupt|lei|tung, die: *zentrale [Rohr]leitung (für Wasser, Gas, Strom od. Telefon), von der kleinere Leitungen abgehen.*

Haupt|leu|te: Pl. von ↑Hauptmann.

Häupt|ling, der; -s, -e [urspr. = (Familien)oberhaupt, Anführer, seit dem Erscheinen von Coopers Indianererzählungen in der 1. Hälfte des 19. Jh.s speziell für das Oberhaupt eines Stammes bei Naturvölkern (als Übers. von engl. chief)]: **1.** *Stammesführer, Vorsteher eines Dorfes bei Naturvölkern:* der weise H. beschwichtigte seine Krieger. **2.** (iron. abwertend) *Anführer [einer Bande], leitende Persönlichkeit:* in seiner Gruppe avancierte er rasch zum H.

häupt|lings ⟨Adv.⟩ (veraltet): **a)** *kopfüber; mit dem Kopf zuerst:* h. die Treppe hinunterstürzen; **b)** *zu Häupten; am Kopfende.*

Haupt|mahl|zeit, die: *am meisten sättigende, meist warme Mahlzeit am Tage.*

Haupt|man|gel, der: *schwerwiegendster Mangel.*

Haupt|mann, der ⟨Pl. ...leute⟩ [mhd. houbetman, ahd. houpitman = Oberster, Anführer]: **1. a)** *Offiziersdienstgrad der dritten Stufe (zwischen Oberleutnant u. Major):* er wurde zum H. befördert; **b)** *Träger des Dienstgrades eines Hauptmanns* (1 a), *Führer einer Kompanie od. Batterie.* **2.** (veraltet) *Führer einer [Söldner]truppe, Bande.*

Haupt|merk|mal, das: *wichtiges, hauptsächliches Kennzeichen.*

Haupt|mie|te, die (österr.): **a)** ⟨o. Pl.⟩ *das Mieten einer Wohnung als Hauptmieter;* **b)** *zur Hauptmiete* (a) *gemietete Wohnung.*

Haupt|mie|ter, der: *jmd., der eine Wohnung direkt vom Hausbesitzer gemietet hat [von der er einzelne Räume an Untermieter weitervermieten kann].*

Haupt|mie|te|rin, die: w. Form zu ↑Hauptmieter.

Haupt|mo|tiv, das: **1.** *wichtigstes formales Element, wichtigster Gegenstand eines Kunstwerks:* der Mensch als H. der Fotografie. **2.** *wich-*

tigster, hauptsächlicher Beweggrund: Eifersucht war das H. seiner Tat.

Haupt|nah|rung, die: *wichtigste, hauptsächliche Nahrung:* die H. dieser Tiere besteht aus Insekten.

Haupt|nen|ner, der (Math.): *kleinstes gemeinsames Vielfaches für die Nenner mehrerer ungleichnamiger Brüche, auf das jeder dieser Brüche erweitert werden kann (um Addition u. Subtraktion zu ermöglichen).*

Haupt|per|son, die: *wichtigste reale od. erdichtete, erfundene Person:* die -en des Dramas; er fühlte sich immer als H.

Haupt|por|tal, das: vgl. Haupteingang.

Haupt|post, die, **Haupt|post|amt,** das: *wichtigstes [größtes] Postamt einer Stadt.*

Haupt|preis, der: *größter Preis bei einem Preisausschreiben o. Ä.*

Haupt|pro|be, die: **a)** *Generalprobe;* **b)** *letzte wichtige Probe vor der [öffentlichen] Generalprobe.*

Haupt|pro|blem, das: *hauptsächliches Problem.*

Haupt|pro|gramm, das: vgl. Hauptfilm.

Haupt|punkt, der: *wichtigster Punkt einer gedanklichen Abfolge:* einen Vortrag in seinen -en wiedergeben.

Haupt|quar|tier, das (Milit.): *Sitz der Führung einer Armee, eines Heeres:* große Lagebesprechung im H.; Ü für das Unternehmen wird ein neues H. gebaut.

Haupt|raum, der: vgl. Hauptgebäude.

Haupt|red|ner, der: *jmd., der (bei einer Veranstaltung) das Hauptreferat hält.*

Haupt|red|ne|rin, die: w. Form zu ↑Hauptredner.

Haupt|re|fe|rat, das: *wichtigstes Referat (bei einer Veranstaltung).*

Haupt|re|fe|rent, der: *Hauptredner.*

Haupt|re|fe|ren|tin, die: w. Form zu ↑Hauptreferent.

Haupt|re|gel, die: *wichtigste [Grund]regel.*

Haupt|rei|se|zeit, die: *Zeit, in der die meisten Urlaubsreisenden unterwegs sind.*

Haupt|rol|le, die: *wichtigste Rolle in einem Bühnenstück od. Film:* beide Schauspieler waren schon in -n zu sehen; Ü die H. [in, bei etw.] spielen *([in, bei etw.] die wichtigste Person sein);* die, eine H. spielen *(von größter Bedeutung sein).*

Haupt|run|de, die (Fußball): *in einem Pokalwettbewerb auf die Vorrunde folgende Spielrunde.*

Haupt|sa|che, die [frühnhd.; spätmhd. houbetsache = Rechtsstreit, Prozess]: *das Wichtigste; etw., was in erster Linie berücksichtigt werden muss:* Geld war für ihn die H.; (ugs.:) H., du bist gesund; *** **in der/**(seltener:) **zur H.** *(als Wichtigstes, in erster Linie, hauptsächlich):* es wurden in der H. folgende Bücher benutzt: ...; Gurken enthalten in der H. Wasser.

haupt|säch|lich: I. ⟨Adv.⟩ *in erster Linie, vor allem:* das ist h. deine Schuld; h. im Norden herrschte Trockenheit; seine Tätigkeit beschränkt sich h. auf praktische Dinge. II. ⟨Adj.⟩ *die Hauptsache ausmachend:* das -e Anliegen; die -ste (ugs.; *wichtigste*) Frage.

Haupt|sai|son, die: *Zeit des stärksten Betriebes u. Andrangs in den Erholungsorten; Hauptreisezeit:* in der H. war kein Zimmer mehr frei.

Haupt|satz, der: 1. (Sprachw.) *(allein od. als übergeordneter Satz in einem Satzgefüge stehender) selbstständiger Satz.* 2. *grundlegender Satz einer Wissenschaft.* 3. (Musik) *das Hauptthema in der Grundtonart vorführender erster Teil der Exposition* (3 a).

Haupt|schiff, das (Archit.): *zentraler Raum in einer Kirche; Mittelschiff.*

Haupt|schiff|fahrts|stra|ße, die: *besonders wichtige Schifffahrtsstraße.*

Haupt|schlag|ader, die: *aus der linken Herzkammer kommende größte Arterie, von der sämtliche anderen Schlagadern ausgehen; Aorta:* das Geschoss hatte die H. getroffen; Ü die Stadtautobahn, die H. der Stadt, war durch den Unfall blockiert.

Haupt|schlüs|sel, der: *Schlüssel, der zu mehreren od. allen Schlössern eines Hauses o. Ä. passt.*

Haupt|schrift|lei|ter, der (veraltend): *Chefredakteur.*

Haupt|schrift|lei|te|rin, die: w. Form zu ↑Hauptschriftleiter.

Haupt|schul|ab|schluss, der: *an einer Hauptschule erworbener Schulabschluss.*

Haupt|schuld, die ⟨o. Pl.⟩: *größte Schuld, das meiste Verschulden:* ihn trifft die H.

Haupt|schul|di|ge, der u. die: *jmd., der die Hauptschuld an etw. hat.*

Haupt|schuld|ner, der: **a)** *jmd., der einem Gläubiger die größte Summe schuldet;* **b)** (Rechtsspr.) *bei einer Bürgschaft eigentlicher, ursprünglicher Schuldner (für den der Bürge einstehen muss).*

Haupt|schuld|ne|rin, die: w. Form zu ↑Hauptschuldner.

Haupt|schu|le, die: *auf der Grundschule aufbauende, im Allgemeinen das 5. bis 9. Schuljahr umfassende weiterführende Schule.*

Haupt|schü|ler, der: *Schüler einer Hauptschule.*

Haupt|schü|le|rin, die: w. Form zu ↑Hauptschüler.

Haupt|schul|leh|rer, der: *Lehrer an einer Hauptschule.*

Haupt|schul|leh|re|rin, die: w. Form zu ↑Hauptschullehrer.

Haupt|schwie|rig|keit, die: *größte Schwierigkeit.*

Haupt|se|gel, das (Seemannsspr.): *großes Segel, das zur normalen Besegelung gehört (im Unterschied zum Beisegel).*

Haupt|se|mi|nar, das (Hochschulw.): *(auf Proseminaren aufbauendes) Seminar für fortgeschrittene Semester.*

Haupt|si|che|rung, die (Elektrot.): *Sicherung* (2 a) *für einen größeren Stromkreis, z. B. den eines Hauses od. einer Wohnung.*

Haupt|spei|cher, der (EDV): *Arbeitsspeicher.*

Haupt|stadt, die [mhd. houbetstat]: *[größte] Stadt eines Landes, in der sich der Regierungssitz befindet.*

Haupt|städ|ter, der: *Bewohner einer Hauptstadt.*

Haupt|städ|te|rin, die; -, -nen: w. Form zu ↑Hauptstädter.

haupt|städ|tisch ⟨Adj.⟩: *zu einer Hauptstadt gehörend, von einer Hauptstadt geprägt:* -e Repräsentationsbauten.

Haupt|stra|fe, die (Rechtsspr.): *für eine Tat verhängte eigentliche Strafe, neben der noch Nebenstrafen verhängt werden können.*

Haupt|strang, der (Technik): *wichtigster Strang einer Leitung.*

Haupt|stra|ße, die: 1. **a)** *wichtigste [Geschäfts]straße eines Ortes;* **b)** *verkehrsreiche [Durchgangs]straße.* 2. (schweiz.) *Vorfahrtsstraße.*

Haupt|stre|cke, die: *wichtigste Eisenbahnstrecke.*

Haupt|stu|di|um, das: *Studium nach dem Grundstudium (bis zum Studienabschluss).*

Haupt|sturm|füh|rer, der (nationalsoz.): *mittlerer Rang in der SA u. SS.*

Haupt|stüt|ze, die: *stärkste, wichtigste Stütze.*

Haupt|sün|de, die (kath. Rel.): *Todsünde.*

Haupt|tä|tig|keit, die: *wichtigste Tätigkeit.*

Haupt|teil, der: *wesentlicher Teil.*

Haupt|te|nor, der: *hauptsächlicher* [2] *Tenor, Inhalt:* der H. eines Gespräches.

Haupt|the|ma, das: *wichtigstes Thema (eines Gespräches, eines Musikwerkes o. Ä.).*

Haupt|ti|tel, der: 1. *eigentlicher Titel einer Abhandlung, eines Buches o. Ä. (dem oft noch ein erläuternder Untertitel beigegeben ist).* 2. (Druckw.) *eigentliche, alle wesentlichen Urheber- u. Titelangaben enthaltende Titelseite eines Buches.*

Haupt|ton, der: 1. ⟨Pl. ...töne⟩ (Musik) *Ton, der mit einem Doppelschlag, Triller o. Ä. versehen ist.* 2. ⟨o. Pl.⟩ *Hauptakzent.*

Haupt|tor, das: vgl. Haupteingang.

Haupt|tref|fer, der: *Hauptgewinn.*

Haupt|trep|pe, die: *größte von mehreren Treppen, die zu einem Gebäude, Gelände gehören.*

Haupt|übel, das: *größtes, tiefstgreifendes Übel:* etw. ist das H. einer Zeit.

Haupt- und Staats|ak|ti|on: in der Wendung **eine Haupt- und Staatsaktion aus etw. machen** (1. *etw. Unbedeutendes, bes. ein Vergehen, einen Fehler, aufbauschend, übertreibend darstellen, bewerten.* 2. *etw. mit zu großem Aufwand betreiben, in Szene setzen;* nach den Stücken der deutschen Wanderbühnen des 17. u. frühen 18. Jahrhunderts mit ernsten »Hauptaktionen« u. derbkomischen »Staatsaktionen«).

Haupt|un|ter|schied, der: *wichtigster, deutlichster Unterschied.*

Haupt|ur|sa|che, die: *wichtigste, wesentlichste Ursache:* H. für Lungenkrebs ist das Rauchen.

Haupt|ver|ant|wort|li|che, der u. die: vgl. Hauptschuldige.

Haupt|ver|ant|wor|tung, die ⟨o. Pl.⟩: *größte Verantwortung:* die H. [für etw.] tragen.

Haupt|ver|band[s]|platz, der (Milit.): *großer, zentraler Verbandplatz, bes. für die Verwundeten, die von den Truppenverbandplätzen kommen.*

Haupt|ver|die|ner, der: *Person, die das meiste Geld für den Unterhalt der Familie verdient.*

Haupt|ver|die|ne|rin, die: w. Form zu ↑Hauptverdiener.

Haupt|ver|fah|ren, das (Rechtsspr.): *sich an das Eröffnungsverfahren anschließendes eigentliches Gerichtsverfahren im Strafprozess.*

Haupt|ver|hand|lung, die (Rechtsspr.): *umfassende mündliche Verhandlung* (b) *als wichtigster Teil des Hauptverfahrens:* die H. musste wegen Krankheit des vorsitzenden Richters verschoben werden.

Haupt|ver|kehr, der: *größter Teil des Verkehrs:* über diese Brücke fließt der H.

Haupt|ver|kehrs|ader, die: *wichtigste Verkehrsader.*

Haupt|ver|kehrs|stra|ße, die: *für den Verkehr bes. wichtige Straße in einer Ortschaft.*

Haupt|ver|kehrs|zeit, die: *Zeit des starken Berufsverkehrs; Rushhour.*

Haupt|ver|le|sen, das; -s [zu: verlesen = genau untersuchen, ausforschen] (Milit. schweiz.): *Appell vor Ausgang od. Urlaub:* beim H. fehlen.

Haupt|ver|samm|lung, die (Wirtsch.): **a)** *mindestens einmal im Jahr stattfindende Zusammenkunft der Aktionäre einer Aktiengesellschaft;* **b)** *Gesamtheit der zur Hauptversammlung* (a) *zusammengekommenen Aktionäre.*

Haupt|ver|wal|tung, die: *oberste Verwaltung.*

Haupt|vor|stand, der: *Vorstand, der eine Vereinigung, Organisation zentral, überregional leitet.*

Haupt|wa|che, die: *zentrale Polizeidienststelle eines Ortes.*

Haupt|wacht|meis|ter, der: **a)** kurz für ↑Polizeihauptwachtmeister; **b)** (früher) *bei der Artillerie dem Hauptfeldwebel* (b) *entsprechender Dienstgrad.*

Haupt|wacht|meis|te|rin, die: w. Form zu ↑Hauptwachtmeister (a).

Haupt|weg, der: *breiter Weg (z. B. durch einen Park, Friedhof o. Ä.), von dem kleinere Seitenwege abzweigen.*

Haupt|werk, das: 1. *wichtigstes Werk eines Künstlers.* 2. (Musik) *Gesamtheit der wichtigsten, den klanglichen Grundstock einer Orgel bildenden Register.* 3. *zentrales Werk einer großen Firma mit mehreren Teilbetrieben.*

Haupt|wert, der: *größter, wichtigster Wert* (3, 4).

Haupt|wohn|sitz, der: *Ort, an dem jmd. seinen ersten Wohnsitz hat.*

Haupt|wort, das ⟨Pl. ...wörter⟩ [im 17. Jh. in die grammatische Terminologie eingeführt] (Sprachw.): *Substantiv.*

Haupt|wör|te|rei, die (abwertend): *übermäßiger Gebrauch von Substantivierungen; übertriebener Nominalstil.*

haupt|wört|lich ⟨Adj.⟩: *substantivisch.*

Haupt|zeu|ge, der (Rechtsspr.): *wichtigster Zeuge [der Anklage od. der Verteidigung].*

Haupt|zeu|gin, die: w. Form zu ↑Hauptzeuge.

Haupt|ziel, das: *wichtigstes Ziel.*

Haupt|zug, der: 1. *eigentlicher, fahrplanmäßiger Fernzug im Unterschied zum Entlastungszug.* 2. *wichtigstes Charakteristikum:* die Hauptzüge seines Charakters; etwas in den Hauptzügen *(in groben Umrissen)* darstellen.

H

Haupt|zweck, der: *eigentlicher, wichtigster Zweck.*

hau ruck ⟨Interj.⟩: [im Rhythmus sich wiederholender] Ruf, der gleichzeitige Bewegungen beim Heben od. Schieben einer schweren Last bewirken soll.

Hau|ruck, das; -s: *Ausruf »hau ruck!«:* ein Rad war verklemmt, und erst nach dreimaligem H. konnten sie den Wagen zur Seite schieben; Ü mit H. *(überstürzt u. gewaltsam)* wollte er das verbogene Rad wieder in Ordnung bringen.

Haus, das; -es, Häuser [mhd., ahd. hūs, eigtl. = das Bedeckende, Umhüllende]: **1. a)** *Gebäude, das Menschen zum Wohnen dient:* ein großes, kleines, altes, mehrstöckiges, verwinkeltes H.; armselige, einfache, verkommene, baufällige, moderne Häuser; das väterliche H.; das H. seiner Eltern; die Häuser sind hier sehr hellhörig; das H. ist auf ihn, in andere Hände übergegangen; ein H. bauen, einrichten, beziehen, bewohnen; ein H. [ver]mieten, [ver]kaufen; ein H. renovieren, umbauen; ein eigenes H. haben, besitzen; H. an H. *(nebeneinander)* wohnen; jmdn. aus dem Haus[e] jagen; sie führte ihre Gäste durch das ganze H.; im elterlichen Haus[e] wohnen; Ü das irdische Haus (geh.; *der Leib, Körper des Menschen*); das letzte H. (geh.; *der Sarg*); ein enges, stilles H. (dichter.; *das Grab*); * **H. und Hof** *(der gesamte Besitz):* er hat H. und Hof verspielt, vertrunken; **Häuser auf jmdn. bauen** *(jmdm. im Überschwang unerschütterlich vertrauen);* **[jmdm.] ins H. stehen** (ugs.; *[jmdm.] bevorstehen*): eine Neuerung steht [ihm] ins H.; **b)** *Gebäude, das zu einem bestimmten Zweck errichtet wurde:* das große *(bes. für Aufführungen von Opern, großen Schauspielen o. Ä. bestimmte)*, kleine *(bes. für kleinere Bühnenstücke bestimmte)* H. des Theaters war bis auf den letzten Platz ausverkauft; das weltberühmte Orchester hat auf seinen Tourneen volle Häuser *(seine Konzerte sind ausverkauft)*; H. *(Hotel, Pension)* Meeresblick; das H. des Herrn (geh.; *Gotteshaus*); das Weiße H. in Washington *(der Amtssitz des Präsidenten der USA)*; ein öffentliches H. (verhüll.; *Bordell*); das erste H. *(Hotel)* am Platz[e]; der Chef ist zurzeit nicht im Haus[e] *(im Gebäude der Firma)*; Ü das gemeinsame europäische H.; * **H. der offenen Tür** *(Gelegenheit, bei der Betriebe, Verwaltungsstellen usw. von allen Bürgern besichtigt werden können)*; **c)** *Wohnung, Heim, in dem jmd. ständig lebt:* jmdm. das/sein H. verbieten, öffnen; die Lieferung erfolgt frei H. (Kaufmannsspr.; *ohne zusätzliche Transportkosten bis zum Bestimmungsort*); das ganze H. auf den Kopf stellen (ugs.; *so sehr nach etw. suchen, dass alles in Unordnung gerät*); bei dieser Kälte gehe ich nicht aus dem Haus[e]; außer Haus[e] *(nicht im Haus, auswärts)* sein, essen; er kommt mir nicht ins H.; nach Haus[e] gehen, fahren, kommen; jmdn. nach Haus[e] begleiten, bringen; der Bettler ging von H. zu H.; einige Zeit von -e (ugs.; *von zu Hause*) fortbleiben; an diesem Abend blieb, war, saß er zu Haus[e]; sie fühlt sich schon ganz [wie] zu Haus[e] *(fühlt sich in einer neuen Umgebung nicht mehr fremd)*; von zu -e abhauen, fort sein; R mein H., meine Welt; komm du nur nach Haus[e]! (Drohung als Ankündigung von Strafe, Schelte o. Ä.); Ü aus dem H. sein *(nicht mehr bei den Eltern wohnen)*; ein Paket, einen Brief nach Haus[e] *(an die Angehörigen)* schicken; der Reichstag wurde nach Haus[e] geschickt (ugs.; *wurde aufgelöst*); sie ist, wohnt noch zu Haus[e] *(bei den Eltern)*; er war in Berlin zu -e *(wohnte in Berlin)*; der Brauch des Osterreitens ist in der Lausitz zu Haus[e] *(wird dort gepflegt; ist dort üblich; kommt von dort)*; er war überall zu -e *(kannte sich überall bestens aus)*; ich bin für niemanden/für dich bin ich immer zu Haus[e] *(zu sprechen)*; der Verein spielt, tritt am Samstag zu Haus[e] (Sport Jargon; *auf dem eigenen Platz; vor einheimischem Publikum*) [zum Wettkampf] an; * **das H. hüten** *(aus irgendeinem Grund nicht mit andern nach draußen gehen [können], zu Hause bleiben [müssen])*; **jmdm. das H. einrennen/einlaufen** (ugs.; *jmdn. ständig wegen einer Sache zu Hause aufsuchen u. bedrängen*); **jmdm. ins H. schneien/geschneit kommen** (ugs.; *überraschend, unerwartet jmdn. besuchen, bei jmdm. auftauchen*); **auf einem bestimmten Gebiet/in etw. zu -e sein** (ugs.; *sich mit, in etw. genau auskennen; mit, in etw. gut Bescheid wissen*); **mit etw. zu -e bleiben** (ugs.; *etw. für sich behalten; jmdn. mit der Mitteilung einer Belanglosigkeit verschonen*): bleib du mit deinen Weisheiten lieber zu -e! **2. a)** (ugs.) *Gesamtheit der Hausbewohner:* das H. war vollzählig versammelt; das ganze H. lief zusammen; **b)** *Gesamtheit von Personen, die sich in einer bestimmten Funktion in einem bestimmten Haus* (1 b) *aufhalten, dort tätig sind:* das hohe H. *(das Parlament)*; die beiden Häuser *(Kammern)* des Parlaments; er hatte alle Geschäftsfreunde seines -es *(seiner Firma)* geladen; das ganze H. *(gesamte Theaterpublikum)* klatschte begeistert Beifall; **c)** (geh.) *Familie:* ein gastliches, bürgerliches, angesehenes H.; ich wünsche Ihnen und Ihrem Haus[e] alles Gute; sie kommt aus bestem -e; er ist nicht mehr Herr im eigenen H. *(hat in der Familie nichts mehr zu sagen)*; er verkehrt in den ersten Häusern *(angesehensten Familien)* der Stadt; (in Grußformeln am Briefschluss:) herzliche Grüße, mit den besten Grüßen von H. zu H.; * **von Haus[e] aus** (1. *von der Familie her:* von H. aus ist er sehr begütert. 2. *seit jeher, von Natur aus:* von H. aus ist er schüchtern. 3. *ursprünglich, eigentlich:* von H. aus heißt er Waldemar, wird aber immer Klaus gerufen); **d)** *Haushalt, Wirtschaft, Hauswesen einer Familie:* jmdm. das H. besorgen; ein großes H. führen *(häufig Gäste haben u. sie aufwendig bewirten)*; jmdn. ins H. nehmen; * **H. und Herd** *(eigener Hausstand)*; **[mit etw.] H. halten** *([mit etw.] sparsam wirtschaften; mit etw. sparsam, haushälterisch umgehen;* mhd. hūs halten = das Haus bewahren): mit dem Wirtschaftsgeld, den Vorräten H. halten müssen; er hielt mit seinen Kräften nicht H. *(teilte sie sich nicht ein)*; **sein/das H. bestellen** (geh.; *vor einer längeren Abwesenheit, vor dem Tode seinen Besitz, seine Angelegenheiten ordnen; ein Testament machen;* nach Jesaja 38, 1). **3.** *Dynastie, [Herrscher]geschlecht:* das H. Davids; ein Angehöriger des -es Habsburg; das H. Rothschild; aus fürstlichem -e; sie stammt vom kaiserlichen -e ab. **4.** (ugs. scherzh.) *Person, Mensch:* er ist ein fideles, gemütliches, gelehrtes H.; wie gehts, altes H. *(alter Freund)*?; er ist schon ein tolles H. *(ein verrückter, überspannter Kerl)*. **5.** (Astrol.) **a)** *Tierkreiszeichen in seiner Zuordnung zu einem Planeten;* **b)** *einer der zwölf Abschnitte, in die der Tierkreis eingeteilt ist:* die Sonne steht im elften H.

[1,2]Hau|sa: ↑[1,2]Haussa.

Haus|al|tar, der: *kleiner Altar an einer bestimmten Stelle des Wohnzimmers od. im Andachtsraum eines Hauses.*

Haus|an|ge|stell|te, die: *weibliche Person, die in einem Haushalt für die Hausarbeit angestellt ist.*

Haus|an|schluss, der: **1.** *Anschluss einer Versorgungsleitung im Haus.* **2.** *Fernsprechanschluss in einer Nebenstellenanlage.*

Haus|an|zug, der: *bequemer, aus Hose u. Jacke bestehender Anzug, der zu Hause getragen wird.*

Haus|apo|the|ke, die: *kleiner Schrank o. Ä. mit einer Zusammenstellung von Medikamenten, mit Verbandszeug u. Ä. für den häuslichen Bedarf, die häusliche Krankenpflege.*

Haus|ar|beit, die: **1.** *im Haushalt anfallende Arbeit (wie Putzen, Waschen, Kochen).* **2.** *[umfassende] schriftliche Arbeit, die von einem Schüler zu Hause angefertigt wird.*

Haus|ar|beits|tag, der (früher): *arbeitsfreier [bezahlter] Tag für berufstätige Frauen mit eigenem Haushalt:* alles, was in letzter Zeit im Haushalt liegen geblieben war, erledigte sie an ihrem H.

Haus|ar|rest, der: *Strafe, bei der dem Bestraften verboten ist, das Haus zu verlassen:* jmdn. unter H. stellen; er steht unter H.

Haus|arzt, der: *[langjähriger] Arzt [einer Familie], der bei auftretenden Krankheiten als Erster in Anspruch genommen wird u. auch Hausbesuche macht.*

Haus|ärz|tin, die: w. Form zu ↑Hausarzt.

Haus|auf|ga|be, die: *vom Lehrer aufgegebene Arbeit, die der Schüler zu Hause erledigen muss:* die Kinder müssen zuerst noch ihre -n machen, erledigen; er sitzt schon stundenlang an seinen, über seinen -n; Ü die Kommission hat ihre -n nicht gemacht (ugs.; *hat die notwendigen Arbeiten nicht erledigt, hat die nötige Vorarbeit nicht geleistet, ist ihren Pflichten nicht nachgekommen*).

Haus|auf|ga|ben|be|treu|ung, die: *das Betreuen, Beaufsichtigen der Hausaufgaben.*

Haus|auf|satz, der: vgl. Hausaufgabe.

haus|ba|cken ⟨Adj.⟩ [backen = 2. Part. von [1]backen, das in Zus. ohne ge- steht, vgl. altbacken]: **1.** (veraltet) *selbst gebacken:* -e Brötchen. **2.** *bieder, langweilig u. ohne Reiz:* eine langweilige, -e Person; in diesem Kleid sieht sie h. aus.

Haus|ball, der: *häusliche Tanzveranstaltung in festlichem Rahmen.*

Haus|bank, die ⟨Pl. -en⟩: *Bank, mit der ein Kunde seine regelmäßigen Geschäfte abwickelt.*

Haus|bar, die: **a)** *spezielles Möbelstück od. Fach eines [Wohnzimmer]schrankes zum Aufbewahren von Spirituosen:* die kleine H. in der Schrankwand war gut gefüllt; **b)** *kleinere Ausführung einer* [1]*Bar* (2) *zu Hause;* **c)** *[in einer Hausbar* a, b *aufbewahrte] Auswahl verschiedener Spirituosen für den privaten Bedarf.*

Haus|bau, der ⟨Pl. -ten⟩: **1.** ⟨o. Pl.⟩ *das Bauen, Errichten eines Hauses, Gebäudes:* jmdm. beim H. helfen. **2.** (seltener) *zu errichtendes od. fertig errichtetes Haus, Gebäude.*

Haus|be|darf, der: *Hausgebrauch:* ein kleiner Gemüsegarten für den H.

Haus|berg, der: **a)** (ugs.) *in der Nähe einer Stadt gelegener u. von deren Bewohnern zahlreich u. oft besuchter Berg:* der Feldberg ist der H. der Freiburger; **b)** (Sport Jargon) *Berg, auf dessen Abfahrtsstrecken ein Skiläufer ständig trainiert, sodass er sie besonders gut kennt:* bei Wettbewerben auf ihrem H. war sie nicht zu schlagen.

Haus|be|set|zer, der: *jmd., der eine Hausbesetzung vornimmt:* die H. wurden aufgefordert, die Häuser zu räumen.

Haus|be|set|ze|rin, die; -, -nen: w. Form zu ↑Hausbesetzer.

Haus|be|set|zung, die: *widerrechtlicher gemeinschaftlicher Einzug in ein leer stehendes, zum Abbruch bestimmtes Haus.*

Haus|be|sit|zer, der: *jmd., der ein od. mehrere Häuser besitzt.*

Haus|be|sit|ze|rin, die: w. Form zu ↑Hausbesitzer.

Haus|be|sor|ger, der (österr.): *Hausmeister:* der H. hatte ihr schon manchen Gefallen getan.

Haus|be|sor|ge|rin, die; -, -nen: w. Form zu ↑Hausbesorger.

Haus|be|sor|ger|pos|ten, der (österr.): *Posten* (2 a) *eines Hausbesorgers.*

Haus|be|such, der: *Besuch, den ein Arzt od. jmd. als Vertreter einer amtlichen Stelle jmdm. zu Hause abstattet.*

Haus|be|woh|ner, der: *Bewohner eines Hauses, in einem Haus Wohnender.*

Haus|be|woh|ne|rin, die: w. Form zu ↑Hausbewohner.

Haus|bi|bli|o|thek, die: *Bibliothek eines Heims, einer Anstalt o. Ä.*

Haus|bock, der [2. Bestandteil als Bez. für Käfer mit großen, dem Gehörn eines Bockes ähnlichen Fühlern]: *kleiner, schwarzer Käfer mit länglichem Körper, der in Häusern im Holz der Balken, Dachsparren u. Ä. Schäden anrichtet:* die Dachbalken sind vom H. befallen.

Haus|boot, das: *Boot, das als Wohnung dient u. entsprechend eingerichtet ist.*
Haus|brand, der ⟨o. Pl.⟩: *Brennmaterial zum Heizen von Wohnräumen:* der H. hatte sich verteuert.
Haus|brand|koh|le, die: *zum Heizen von Wohnräumen verwendete Kohle.*
Haus|brand|ver|sor|gung, die: *Versorgung mit Hausbrand.*
Haus|brief|kas|ten, der: *Briefkasten* (b).
Haus|brun|nen, der: *Brunnen, der zum Haus gehört.*
Haus|buch, das: **1.** *Buch zum häufigen häuslichen Gebrauch:* die Bibel, das H. der christlichen Familie. **2.** (veraltet) *Haushaltsbuch.*
Haus|bur|sche, der: *jüngerer Angestellter eines Hotels, dessen Aufgabenbereich sich auf Dienstleistungen wie Koffertragen, Schuheputzen o. Ä. erstreckt.*
Häus|chen, das; -s, -: **1.** Vkl. zu ↑Haus (1 a): das H. mit den Gartengeräten ist abgebrannt; * **[ganz/rein] aus dem H. geraten/fahren** (ugs.; *[in freudiger Erregung] außer sich geraten*); **[ganz/rein] aus dem H. sein** (ugs.; *[in freudiger Erregung] außer sich sein;* ahmt wohl frz. »Les Petites-maisons« [= Name einer Heilanstalt in Paris] nach); **jmdn. aus dem H. bringen** (ugs.; *jmdn. in [freudige] Erregung versetzen*). **2.** (fam.) *primitiv gebaute Toilette außerhalb des Hauses:* aufs H. gehen.
Haus|da|me, die: *weibliche Person, die [in einer besonderen Vertrauensstellung] einem größeren Haushalt vorsteht od. zur Betreuung eines [allein stehenden älteren] Menschen angestellt ist.*
Haus|de|tek|tiv, der: *von einem Kaufhaus o. Ä. angestellter Detektiv, der Warendiebstähle verhindern od. aufklären soll.*
Haus|de|tek|ti|vin, die: w. Form zu ↑Hausdetektiv.
Haus|die|ner, der: *Hausbursche.*
Haus|die|ne|rin, die: w. Form zu ↑Hausdiener.
Haus|dra|chen, der (ugs. abwertend): *zänkische, herrschsüchtige Ehefrau od. Hausangestellte:* die früher so nette Frau war zum H. geworden.
Haus|durch|su|chung, die (bes. österr., schweiz.): *Haussuchung.*
Haus|ecke, die: *durch zwei senkrecht aufeinander stoßende Hausmauern gebildete Ecke.*
haus|ei|gen ⟨Adj.⟩: *zu einem Haus, Hotel, einer Firma gehörend; dem Besitzer eines Hauses, Hotels, einer Firma gehörend, ihm unterstehend:* Hotel mit -em Skilift.
Haus|ei|gen|tü|mer, der: vgl. Hausbesitzer.
Haus|ei|gen|tü|me|rin, die: w. Form zu ↑Hauseigentümer.
Haus|ein|fahrt, die: **a)** *zu einem Haus gehörende Einfahrt* (2 a); **b)** (österr.) *Hauseingang, Hausflur.*
Haus|ein|gang, der: *Eingang* (1 a), *der in ein Haus führt:* im H. stehen.
hau|sen ⟨sw. V.; hat⟩ [mhd. hūsen, ahd. hūsōn = wohnen, sich aufhalten; sich wüst aufführen]: **1. a)** (ugs. abwertend) *unter schlechten Wohnverhältnissen leben:* in einer Baracke, einer Hütte h.; **b)** (abwertend) *abgesondert, einsam wohnen, sodass niemand Einblick in die Lebensweise bekommt:* auf abgelegenen Burgen hausten Raubritter; **c)** (ugs., oft scherzh.) *wohnen:* wir hausen jetzt in einer gemütlichen, kleinen Dachwohnung. **2.** (ugs. abwertend) *wüten; Verwüstungen anrichten:* der Sturm, das Unwetter hat in verschiedenen Gegenden schlimm gehaust; wie die Vandalen h. **3.** (veraltet) *gut haushalten; sparen.*
Hau|sen, der; -s, - [mhd. hūsen, ahd. hūso, H. u.]: *großer Stör mit kurzer Schnauze, großer, halbmondförmiger Mundöffnung u. abgeplatteten Barteln, der vor allem wegen seines als Kaviar zubereiteten Rogens wertvoll ist.*
Hau|sen|bla|se, die: *aufbereitete Innenhaut der Schwimmblase des Hausens u. anderer Störe, die zum Klären von Wein, als Appreturmittel u. als Klebstoff verwendet wird.*
Haus|ent|bin|dung, die: *Hausgeburt.*
Hau|ser, der; -s, - [zu veraltet hausen = wirtschaften] (bayr., westösterr.): *Haushälter, Wirtschaftsführer.*
Häu|ser: Pl. von ↑Haus.
Häu|ser|block, der ⟨Pl. -s, selten: ...blöcke⟩: *mehrere aneinander gebaute Häuser [die von vier Straßen umrahmt sind]; Block* (3) *von Wohnhäusern:* er wohnt nur wenige -s von ihr entfernt.
Häu|ser|chen ⟨Pl.⟩: Vkl. zu ↑Häuser.
Häu|ser|flucht, die: vgl. Häuserreihe.
Häu|ser|front, die: *Front einer Häuserreihe.*
Hau|se|rin, Häu|se|rin, die; -, -nen (bayr., westösterr.): w. Form zu ↑Hauser.
Häu|ser|kampf, der (Milit.): *Kampf um Häuser eines Ortes.*
Häu|ser|mak|ler, der: *Makler, der Häuser zum Kaufen od. Mieten vermittelt* (Berufsbez.).
Häu|ser|mak|le|rin, die: w. Form zu ↑Häusermakler.
Häu|ser|meer, das: *aus einer gewissen Entfernung, bei einem gewissen Überblick gesehene große Zahl dicht beieinander stehender Häuser:* vor uns breitete sich ein H. aus.
Häu|ser|rei|he, die: *Reihe nebeneinander stehender od. aneinander gebauter Häuser.*
Häu|ser|schlucht, die (oft abwertend): *Straße mit hohen Häuserfronten zu beiden Seiten:* trostlose -en.
Häu|ser|vier|tel, das: *[kleinerer] Teil einer Stadt, der dicht mit Wohnhäusern bebaut ist.*
Häu|ser|zei|le, die: *Häuserreihe.*
Haus|fas|sa|de, die: *vordere, gewöhnlich der Straße zugekehrte Außenseite eines Hauses.*
Haus|flur, der: *Treppenhaus u.* [1]*Flur* (a) *innerhalb eines Hauses, an dessen Seiten sich die Türen zu den angrenzenden Wohnungen befinden.*
Haus|frau, die [a: mhd. hūsvrou(we)]: **a)** *einen Haushalt führende [Ehe]frau:* Beruf: H.; **b)** (südd., österr.) *Vermieterin bes. eines möblierten Zimmers.*
Haus|frau|en|art: in der Wendung **nach/auf H.** (*[von Speisen] so zubereitet, wie es eine Hausfrau a macht):* marinierte Heringe nach H.
Haus|frau|en|pflicht, die: *Pflicht, die sich aus den Aufgaben einer Hausfrau ergibt:* die tägliche Arbeit im Büro und ihre -en überforderten sie.
haus|frau|lich ⟨Adj.⟩: *einer Hausfrau entsprechend, zu ihr gehörend:* -e Pflichten, Fähigkeiten.
Haus|frau|lich|keit, die; -: *hausfrauliche Art.*
Haus|freund, der: **1.** *langjähriger, vertrauter Freund des Hauses, der Familie.* **2.** (scherzh. verhüll.) *Liebhaber der Ehefrau:* sie hat, hält sich einen H.
Haus|freun|din, die: w. Form zu ↑Hausfreund (1).
Haus|frie|de[n], der: *gutes Einvernehmen der Hausbewohner, Familienmitglieder untereinander.*
Haus|frie|dens|bruch, der (Rechtsspr.): *Verletzung des Hausrechts durch widerrechtliches Eindringen od. unbefugtes Verweilen in dem Besitztum, in Räumlichkeiten o. Ä. eines anderen:* das ist H.; H. begehen.
Haus|front, die: vgl. Hausfassade.
Haus|gang, der (südd., österr., schweiz.): *Hausflur.*
Haus|gans, die: *(als Zuchtform aus der Graugans hervorgegangene) Gans* (1 a).
Haus|gar|ten, der: *Garten bei einem Haus.*
Haus|gast, der (Gastr.): *zahlender Gast, der in einem Hotel, einer Pension o. Ä. wohnt:* ein Parkplatz, Strand für Hausgäste.
Haus|ge|brauch: in der Fügung **für den H.** (*für den Bedarf im privaten Haushalt, im Hauswesen, für den eigenen Bedarf):* ein Nutzgarten für den H.; Ü ihre Kenntnisse reichen für den H. (*für die durchschnittlichen Ansprüche des Alltags).*
Haus|ge|burt, die: *Geburt, bei der die Frau nicht im Krankenhaus, sondern zu Hause entbindet:* früher war eine H. eine Selbstverständlichkeit.
Haus|ge|hil|fin, die: *Haushaltshilfe.*
Haus|geist, der: **1.** *zu einem Haus gehörender* [2]*Geist* (3). **2.** (scherzh.) *bes. emsige u. daher geschätzte Hausangestellte.*
haus|ge|macht ⟨Adj.⟩: *nicht in einem Geschäft gekauft, sondern im eigenen Haus hergestellt, selbst gemacht:* -e Wurst, Nudeln; Ü eine -e *(selbst verschuldete, nicht von außen hereingetragene)* Inflation.
Haus|ge|mein|schaft, die: **1.** *Gemeinschaft, in der jmd. mit anderen in einem Haus[halt] lebt.* **2.** *alle Bewohner eines Hauses unter dem Aspekt gemeinschaftlichen gesellschaftlichen Handelns.*
Haus|ge|nos|se, der [mhd. hūsgenōʒ]: *jmd., der mit anderen zusammen in einem Haushalt lebt.*
Haus|ge|nos|sin, die: w. Form zu ↑Hausgenosse.
Haus|ge|rät, das ⟨Pl. selten⟩ [mhd. hūsgeræte] (veraltend): *Gesamtheit der zu einem Haushalt gehörenden Möbel, Gegenstände:* auf dem Boden steht nicht mehr gebrauchtes H.
Haus|ge|sin|de, das [mhd. hūsgesinde] (veraltet): *Hauspersonal.*
Haus|glo|cke, die: **1.** *Glocke am Eingang eines Hauses, die jmd. betätigt, der eingelassen werden will.* **2.** (landsch.) *Klingel an der Haustür.*
Haus|gott, der ⟨meist Pl.⟩ (Rel.): *heidnischer Gott, der Haus u. Familie beschützt u. der durch Opfer im Haus verehrt wird.*
Haus|gril|le, die: *Heimchen.*
Haus|halt, der; -[e]s, -e [zu ↑haushalten]: **1.** *Wirtschaftsführung mehrerer [in einer Familie] zusammenlebender Personen od. einer einzelnen Person:* ein H. mit fünf Personen; der H. kostet viel Geld; einen mustergültigen H. führen; den H. machen; jmdm. den H. besorgen; einen H. auflösen, gründen; Anschaffungen für den H. machen; im H. helfen; Ü der hormonelle, seelische H. eines Menschen. **2.** *zu einem Haushalt* (1) *gehörende Personengruppe; Familie:* die meisten -e beziehen eine Tageszeitung; die Stadtwerke versorgen auch die privaten -e mit Gas und Strom; etw. an alle -e verschicken. **3.** (Wirtsch.) *Einnahmen u. Ausgaben einer Stadt, eines Staates, einer öffentlichen Einrichtung o. Ä.; Etat:* der öffentliche H.; die -e des Bundes und der Länder sind nicht ausgeglichen; den H. für das kommende Jahr aufstellen.
Haus|halt|ar|ti|kel usw: ↑Haushaltsartikel usw.
haus|hal|ten ⟨st. V.; hat; meist nur im Infinitiv gebr.⟩ [mhd. hūs halten = das Haus bewahren]: **1.** *sparsam wirtschaften; mit etw. sparsam, haushälterisch umgehen:* mit dem Wirtschaftsgeld, den Vorräten h.; er kann nicht h.; Ü mit seinen Kräften h. **2.** (veraltet) *einen Haushalt* (1) *führen.*
Haus|hal|ter, Haus|häl|ter, der; -s, - (veraltet): **1. a)** *jmd., der jmdm. den Haushalt* (1) *führt;* **b)** *Familienvorstand, Hausvater.* **2.** *jmd., der haushalten kann.*
Haus|häl|te|rin, die: *weibl. Person, die berufsmäßig bes. für allein stehende Personen den Haushalt* (1) *besorgt.*
haus|häl|te|risch ⟨Adj.⟩: *geschickt in Haushaltsfragen; sparsam, wirtschaftlich:* eine -e Familie; etw. h. nutzen; mit etw. h. umgehen.
Haus|halts|ar|ti|kel, der: *Gegenstand, der in einem Haushalt* (1) *benötigt wird.*
Haus|halts|auf|lö|sung, die: *das Auflösen eines Haushalts* (1).
Haus|halts|aus|gleich, der (Verwaltungsspr.): *Deckung der öffentlichen Ausgaben durch öffentliche Einnahmen.*
Haus|halts|aus|schuss, der (Verwaltungsspr.): *Ausschuss, der für den Haushalt* (3) *verantwortlich ist.*
Haus|halts|buch, das: *kleines Buch, Heft, in das die Ausgaben für den Haushalt eingetragen werden.*
Haus|halts|bud|get, das: *Budget für einen Haushalt* (1, 3).
Haus|halts|de|bat|te, die (Verwaltungsspr.): *Debatte über den geplanten Haushalt* (3).
Haus|halts|de|fi|zit, das (Verwaltungsspr.): *Defizit im Haushalt* (3).

Haus|halts|fra|ge, die: *Frage, die die Führung eines Haushalts* (1, 3) *betrifft; Frage zum Haushalt.*
Haus|halts|füh|rung, die: *Führung des Haushalts* (1).
Haus|halts|geld, das: *bestimmte Geldumme, die für die Führung eines Haushalts* (1) *vorgesehen ist, zur Verfügung steht:* sein H. mit einem kleinen Nebenverdienst aufbessern; mit dem H. nicht auskommen.
Haus|halts|ge|rät, das: *Gerät, das im Haushalt* (1) *verwendet wird.*
Haus|halts|ge|setz, das (Verwaltungsspr.): *gesetzliche Festlegung des Haushaltsplanes.*
Haus|halts|hil|fe, die: *meist weibliche Person, die stundenweise die Hausfrau bei der Hausarbeit unterstützt:* die sechsköpfige Familie sucht eine H.
Haus|halts|jahr, das: **1.** (Verwaltungsspr.) *Rechnungsjahr, für das ein Haushaltsplan festgelegt wird.* **2.** *Jahr, das ein Mädchen in einer fremden Familie verbringt, um die Führung eines Haushalts* (1) *zu erlernen.*
Haus|halts|kas|se, die: **a)** (o. Pl.) *Geldmittel, die für den Haushalt* (1) *bestimmt sind:* die H. ist leer; **b)** *Behältnis, in dem das Haushaltsgeld verwahrt wird.*
Haus|halts|ma|schi|ne, die: vgl. Haushaltsgerät.
haus|halts|mä|ßig (Adj.) (seltener): *etatmäßig.*
Haus|halts|mit|tel (Pl.) (Verwaltungsspr.): *Geld, das für den Haushalt* (3) *zur Verfügung steht.*
Haus|halts|pa|ckung, die: *Packung einer Ware, die größer ist als die übliche u. dadurch preiswert an den Verbraucher abgegeben werden kann.*
Haus|halts|plan, der (Verwaltungsspr.): *Plan, der der Feststellung u. Deckung des Bedarfs an finanziellen Mitteln dient, der zur Erfüllung der staatlichen Aufgaben im Bewilligungszeitraum* (1) *voraussichtlich notwendig ist.*
Haus|halts|pla|nung, die: *Erstellung eines Haushaltsplans.*
Haus|halts|po|li|tik, die (Verwaltungsspr.): vgl. Finanzpolitik.
haus|halts|po|li|tisch (Adj.) (Verwaltungsspr.): *die Haushaltspolitik betreffend, auf ihr beruhend, zu ihr gehörend:* -e Entscheidungen, Fragen.
Haus|halts|por|ti|on, die: vgl. Haushaltspackung.
Haus|halts|pos|ten, der: *einzelner Posten des Haushalts* (3): jeder einzelne H. muss nochmals geprüft werden.
Haus|halts|recht, das (Verwaltungsspr.): *Gesamtheit der Rechtsnormen, die die Planung u. Aufstellung, Verwaltung u. Kontrolle der Haushalte* (3) *regeln.*
haus|halts|recht|lich (Adj.) (Verwaltungsspr.): *das Haushaltsrecht betreffend; auf dem Haushaltsrecht basierend.*
Haus|halts|rei|ni|ger, der: *Reinigungsmittel, das im Haushalt* (1) *verwendet wird.*
Haus|halts|schu|le, die: *Haushaltungsschule.*
Haus|halts|sum|me, die: *einzelner Betrag, der im Haushalt* (1, 3) *verbraucht wird.*
Haus|halts|tag, der (früher): *Hausarbeitstag.*
haus|halts|üb|lich (Adj.): *einem Haushalt* (1) *angemessen, für ihn passend:* Abgabe der Sonderangebote nur in -en Mengen.
Haus|halts|vo|lu|men, das: *Umfang eines Haushalts* (3).
Haus|halts|waa|ge, die: *Waage* (1) *zum Abwiegen kleinerer Mengen, wie sie in einem Haushalt* (1) *benötigt werden.*
Haus|halts|wa|ren (Pl.): *Haushaltsartikel:* ein Geschäft für H.
Haus|halts|we|sen, das (o. Pl.) (Verwaltungsspr.): *Gesamtheit dessen, was mit einem Staatshaushalt zusammenhängt.*
Haus|hal|tung, die: **1.** *Haushalt* (1, 2). **2.** *Haushaltsführung; Wirtschaftsführung.*
Haus|hal|tungs|kos|ten (Pl.): *Kosten, die durch einen Haushalt* (1) *entstehen.*
Haus|hal|tungs|schu|le, die: *hauswirtschaftliche Berufsfachschule.*
Haus|hal|tungs|vor|stand, der: *jmd., der in einem Haushalt* (1) *Entscheidungen trifft; Familienoberhaupt.*
Haus-Haus-Ver|kehr, der (Verkehrsw.): *Beförderung von Gütern vom Haus des Versenders zum Haus des Empfängers:* wir sind mit dem H. zufrieden.
Haus|herr, der [1: mhd. hûsherre]: **1.** *Familienoberhaupt [als Gastgeber]; Haushaltungsvorstand.* **2.** (Rechtsspr.) *jmd., der berechtigt ist, über ein Haus od. eine Wohnung als Eigentümer od. als Mieter zu verfügen.* **3.** (südd., österr.) *Hausbesitzer, Vermieter.* **4.** (Pl.) (Sport Jargon) *Mannschaft, die den Gegner auf ihrem eigenen Platz, vor ihrem eigenen Publikum empfängt:* das Publikum hatte von den -en eine bessere Leistung erwartet.
Haus|her|rin, die: w. Form zu ↑Hausherr (1, 2, 3).
haus|hoch (Adj.) (emotional): *sehr hoch:* haushohe Flammen; **Ü** ein haushoher *(eindeutiger, überlegener)* Sieg; den Gegner h. schlagen (Sport; *ihm eine schwere Niederlage beibringen*); jmdm. h. *(beträchtlich)* überlegen sein; jmdn. h. *(sehr überlegen)* besiegen.
Haus|hof|meis|ter, der [mhd. hûshovemeister] (früher): *Verwalter eines großen Haushalts [auf einem Landgut], der die Aufsicht über das Personal führte.*
Haus|huhn, das: *(zu den Hühnervögeln gehörender, in vielen Rassen gezüchteter, bes. seiner Eier wegen gehaltener) größerer, flugunfähiger Vogel von schlanker bis gedrungener Gestalt u. unterschiedlicher Färbung des Gefieders mit einem roten Kamm* (2 a) *auf dem Kopf u. zwei roten, herabhängenden Hautlappen unterm Schnabel.*
Haus|hund, der: *Hund* (1 a).
hau|sie|ren (sw. V.; hat) [spätmhd. hausieren]: *von Haus zu Haus gehen u. Waren zum Kauf anbieten, damit handeln:* mit bunten Tüchern h. [gehen]; (subst.:) Betteln und Hausieren verboten!; **Ü** mit etw., einer Geschichte, einer Idee h. [gehen] (ugs. abwertend; *überall aufdringlich von etw. sprechen; etw. allen Leuten erzählen*).
Hau|sie|rer, der; -s, -: *jmd., der hausiert:* der H. verkaufte Bestecke.
Hau|sie|re|rin, die; -, -nen: w. Form zu ↑Hausierer.
Haus|in|schrift, die: *über dem Hauseingang angebrachte Inschrift.*
haus|in|tern (Adj.): *(innerhalb eines Hauses, einer Firma, eines Hotels o. Ä.) nur die jeweiligen eigenen Verhältnisse betreffend:* -e Angelegenheiten unterliegen der Geheimhaltung; die Mitteilung war h.
Haus|in|woh|ner, der (bes. südd.): *Hausbewohner.*
Haus|in|woh|ne|rin, die: w. Form zu ↑Hausinwohner.
Haus|ja|cke, die: *bequeme, leichte Jacke für zu Hause.*
Haus|ju|rist, der: **1.** *von einer Firma, Bank o. Ä. angestellter Jurist, der sich ausschließlich mit den rechtlichen Belangen befasst.* **2.** *Jurist, der einen Betrieb o. Ä. in rechtlichen Angelegenheiten berät u. an den sich der Betrieb in Rechtsfragen immer wendet.*
Haus|ju|ris|tin, die: w. Form zu ↑Hausjurist.
Haus|ka|nin|chen, das: *aus dem Wildkaninchen gezüchtetes, als Haustier gehaltenes Kaninchen.*
[1]Haus|ka|pel|le, die: *in den Gebäudekomplex eines Schlosses, Krankenhauses o. Ä. integrierte* [1]*Kapelle.*
[2]Haus|ka|pel|le, die: **a)** *kleinere Gruppe von Musikern, die in einer Bar, einem Café o. Ä. ein ständiges Engagement haben;* **b)** (früher) *kleineres Orchester im Dienst eines Fürsten.*
Haus|kat|ze, die: *(von der Wildkatze abstammendes, zu den Säugetieren zählendes) als Haustier gehaltenes, kleineres Tier mit schlankem Körper, kleinem rundem Kopf, einem langen Schwanz u. weichem Fell, das bevorzugt Mäuse jagt.*
Haus|kleid, das: vgl. Hausanzug.
Haus|knecht, der [spätmhd. hûskneht] (veraltet): *Hausbursche.*
Haus|kon|zert, das: *im häuslichen Kreise veranstaltetes Konzert.*
Haus|kor|rek|tor, der (Buchw.): *Korrektor, der in einer Druckerei arbeitet u. dort die Hauskorrekturen durchführt.*
Haus|kor|rek|to|rin, die (Buchw.): w. Form zu ↑Hauskorrektor.
Haus|kor|rek|tur, die (Buchw.): *Korrektur, die noch in der Druckerei, unmittelbar nach der Fertigstellung des Satzes vorgenommen wird, um möglichst alle Satzfehler verbessern zu können.*
Haus|kran|ken|pfle|ge, die: *Pflege eines Kranken nicht im Krankenhaus, sondern zu Hause.*
Häus|le|bau|er, der [1. Bestandteil schwäb. Vkl. von ↑Haus] (ugs., oft spöttisch): *jmd., der als Bauherr ein Haus baut [u. dabei viele Arbeiten in Eigenleistung ausführt]:* mancher H. ist hoch verschuldet.
Haus|leh|rer, der: *Lehrer, der bei einer Familie fest angestellt ist, um die Kinder im Hause der Eltern zu unterrichten.*
Haus|leh|re|rin, die: w. Form zu ↑Hauslehrer.
Häus|ler, der; -s, - (früher): **1.** *Dorfbewohner, der ein kleines Haus ohne Land besitzt.* **2.** *Dorfbewohner, der bei einem anderen zur Miete wohnt; Einlieger* (a).
Häus|le|rin, die; -, -nen: w. Form zu ↑Häusler.
Haus|leu|te (Pl.) [2: mhd. hûsliute]: **1.** (landsch.) *[Ehe]paar, das Hausbesitzer ist u. das ganze Haus od. Wohnungen darin vermietet.* **2.** (schweiz., sonst veraltend) *Mieter eines Hauses.* **3.** *Hausmeister u. dessen Frau.* **4.** (selten) *Mitbewohner eines Hauses.*
haus|lich (Adj.) (schweiz.): *sparsam.*
häus|lich (Adj.) [mhd. hûslîche = ein Hauswesen besitzend; ansässig]: **1. a)** *die Familie, das Zuhause betreffend, dazu gehörend, damit zusammenhängend:* -e Arbeiten, Sorgen, Pflichten, Angelegenheiten; -es Glück; wie sind deine -en Verhältnisse?; **b)** *zu Hause befindlich, stattfindend:* durch -e Pflege wurde er rasch gesund. **2. a)** *das Zuhause u. das Familienleben liebend:* er, sie ist [nicht] sehr h.; * **sich [bei jmdm., irgendwo] h. niederlassen, einrichten** (ugs.; *Anstalten machen, längere Zeit [bei jmdm., irgendwo] wohnen zu bleiben*): er richtete sich bei seiner Freundin h. ein; **b)** *in Sachen, die den Haushalt betreffen, tüchtig, erfahren:* ein -er junger Mann.
Häus|lich|keit, die; -: **1.** *das bereitwillige Zu-Hause-Sein während des Feierabends, während der Freizeit:* die H. lieben. **2.** *hauswirtschaftliche Tüchtigkeit.*
Haus|ma|cher|art: in der Wendung **nach H.** *(wie hausgemacht):* eingelegte Heringe nach H.
Haus|ma|cher|wurst, die: *Leberwurst, Blutwurst o. Ä. in der Art, wie sie bei Hausschlachtung auf dem Land hergestellt wird:* die H. schmeckt vorzüglich.
Haus|macht, die (o. Pl.): **1.** (früher) *Territorien, die sich im erblichen Besitz des [regierenden] Fürstengeschlechts befinden.* **2.** *(innerhalb einer Institution) auf Personen basierende Macht, über die jmd. fest verfügt u. mit der er politische, wirtschaftliche Ziele durchzusetzen vermag:* eine solide H. half dem Politiker ins Ministeramt.
Haus|mäd|chen, das: *Hausangestellte, Hausgehilfin.*
Haus|magd, die (veraltet): *weibliche Person, die im Haus die groben Arbeiten verrichtet.*
Haus|mann, der [1: mhd. hûsman = Hausherr; Hausbewohner; Burgwart; 2. Analogiebildung zu ↑Hausfrau]: **1.** (veraltend) *Hausmeister* (1). **2.** *einen Haushalt führender [nicht berufstätiger Ehe]mann:* als H. sah er, was seine Frau immer alles hatte leisten müssen.
Haus|man|nit [auch: ...'nɪt], der; -s [nach dem dt. Mineralogen J. F. L. Hausmann (1782–1859)] (Geol.): *bräunlich schwarzes, metallisch glänzendes Mineral, das in körnigen od. gröberen Formen mit anderen Manganerzen vorkommt.*
Haus|manns|kost, die: *einfaches, kräftiges Essen;*

trotz seiner Vorliebe für Delikatessen lässt er nichts auf H. kommen; Ü die Zuschauer bekamen nur H. *(durchschnittliche Qualität)* geboten.

Haus|man|tel, der: *bequemes, einem Mantel ähnliches Kleidungsstück, das im Haus getragen wird.*

Haus|mär|chen, das: *Märchen, das im häuslichen Kreis erzählt wird:* die H. der Brüder Grimm.

Haus|mar|ke, die: **1. a)** *Zeichen einer Familie od. Institution zur Kennzeichnung des Eigentums;* **b)** *besonderes Markenfabrikat einer Einzelhandelsfirma.* **2.** (ugs.) **a)** *von jmdm. bevorzugtes Genussmittel:* dieser Obstler ist meine H.; **b)** *in Weinkellereien u. Gaststätten angebotener, meist unetikettierter, offener u. sehr preisgünstiger Wein.*

Haus|mau|er, die: *Mauer eines Gebäudes.*

Haus|mei|er, der [LÜ von spätlat. major domus, ↑Majordomus] (hist.): *Inhaber des wichtigsten fränkischen Hofamtes u. Anführer der Gefolgsleute.*

Haus|meis|ter, der [mhd. hūsmeister = Hausherr]: **1.** *jmd., der vom Hausbesitzer angestellt ist, um in einem größeren Gebäude für die Instandhaltung, die Reinigung, Einhaltung der Ordnung u. Ä. zu sorgen.* **2.** (schweiz. veraltend) *Hausbesitzer.*

Haus|meis|te|rin, die: w. Form zu ↑Hausmeister.

Haus|metzg, die (schweiz.): *Hausschlachtung.*

Haus|metz|ge|te, die (schweiz.): **1.** *Schlachtfest.* **2.** *(in Gasthäusern mit eigener Metzgerei) Schlachtplatte.*

Haus|mit|tei|lung, die: **1.** *Mitteilung einer Person od. Abteilung an eine andere Person od. Abteilung innerhalb einer Firma o. Ä.* **2.** (Wirtsch.) *für den Kunden bestimmte periodische Druckschrift eines Unternehmens.*

Haus|mit|tel, das: *in der Familie, im privaten Gebrauch lange erprobtes u. bewährtes Mittel gegen Krankheiten.*

Haus|müll, der: *(im Unterschied zum Industriemüll) bes. in Haushalten anfallender Müll.*

Haus|mu|sik, die ⟨o. Pl.⟩: *häusliche Musikpflege im Familien- od. Freundeskreis.*

Haus|mut|ter, die [3: vermutlich nach der Fruchtbarkeit des Falters u. weil er sich, angelockt durch das Licht, gern in Häusern aufhält]: **1.** (veraltet) *Hausfrau u. Mutter einer Familie.* **2.** *Vorsteherin einer [Jugend]herberge, eines Heims o. Ä.* **3.** (Zool.) *großer Falter mit braunen Vorderflügeln u. gelben, schwarz gerandeten Hinterflügeln, dessen Raupe nachts an Gemüsepflanzen u. Gräsern frisst.*

Haus|müt|ter|chen, das (ugs. scherzh., auch abwertend): *junges Mädchen od. junge Frau, die sich mit besonderer Hingabe der Hausarbeit widmet [u. kaum andere Interessen hat].*

Haus|num|mer, die: *Nummer, mit der die einzelnen Häuser einer Straße bezeichnet sind;* * **jmds. H. sein** (salopp; *ganz nach jmds. Geschmack sein*).

Haus|ord|nung, die: *vom Vermieter eines [Wohn]hauses, von der Leitung eines Heims o. Ä. erlassene Vorschriften für das Verhalten der Bewohner, Insassen o. Ä. u. hinsichtlich der Benutzung bestimmter, zum Haus gehörender Einrichtungen.*

Haus|par|tei, die (österr.): *Mietpartei.*

Haus|per|so|nal, das: *zu einem Haushalt gehörendes Personal.*

Haus|pfle|ge, die: **1.** (Amtsspr.) *Hilfe zur Weiterführung eines Haushalts, in dem keiner der Angehörigen fähig ist, den Haushalt zu führen.* **2.** *Pflege eines Kranken in seiner Wohnung durch ausgebildetes Pflegepersonal.*

Haus|pfle|ge|rin, die: vgl. Raumpflegerin.

Haus|platz, der: **1.** (landsch.) *[kleiner] Platz im Treppenhaus vor der Wohnungstür.* **2.** (Sport Jargon) *Platz, auf dem jmd. immer trainiert u. den er genau kennt.*

Haus|pos|til|le, die (früher): *Sammlung religiöser u. erbaulicher Sprüche u. Erzählungen, die in der Familie gelesen werden.*

Haus|putz, der: *gründliche Reinigung der zu einem Haushalt gehörenden Räume.*

Haus|rat, der; -[e]s [mhd. hūsrāt = das für einen Haushalt erforderliche Gerät, vgl. Rat]: *Gesamtheit der zu einem Haushalt gehörenden Sachen (wie Möbel, Küchengeräte).*

Haus|rat|ver|si|che|rung, die (Versicherungsw.): *Versicherung des Hausrates gegen Feuer, Wasser u. Einbruch.*

Haus|recht, das (Rechtsspr.): *Recht des Besitzers od. Benutzers einer Wohnung od. eines Hauses, jmdm. zu verbieten, die Wohnung od. das Haus zu betreten od. sich darin aufzuhalten:* von seinem H. Gebrauch machen.

Haus|rind, das: *vom Auerochsen abstammendes, als Haustier gehaltenes Rind.*

[1]Haus|sa, [1]Hausa, der; -[s], -[s]: Angehöriger eines negriden Volkes in Nordafrika.

[2]Haus|sa, [2]Hausa, das; -: *Sprache der Haussa.*

Haus|schaf, das: *vom Wildschaf abstammendes, als Haustier gehaltenes Schaf.*

Haus|schan|ze, die (Sport Jargon): *Schanze, auf der ein Skispringer ständig trainieren kann u. die er deshalb besonders gut kennt.*

[1]haus|schlach|ten ⟨sw. V.; hat; nur im Inf. u. 2. Part. gebr.⟩: *auf dem eigenen Hof, Anwesen selbst schlachten.*

[2]haus|schlach|ten ⟨Adj.⟩ (selten): *hausgemacht; selbst hergestellt:* -e Wurst.

Haus|schlach|tung, die: *das Schlachten auf dem eigenen Hof, Anwesen.*

Haus|schlüs|sel, der: *Schlüssel für die Haustür.*

Haus|schuh, der: *bequemer, leichter Schuh, der nur im Haus getragen wird.*

Haus|schwamm, der: *Pilz, der das beim Bau eines Hauses verwendete Holz zerstört.*

Haus|schwein, das: *aus dem europäischen Wildschwein gezüchtetes, als Nutztier gehaltenes Schwein.*

Hausse ['ho:s(ə), o:s], die; -, -n [...sn̩; frz. hausse, eigtl. = Erhöhung, zu: hausser = erhöhen, über das Vlat. zu lat. altus = hoch]: **1.** (Wirtsch.) *allgemeiner Aufschwung.* **2.** (Börsenw.) *Steigen der Börsenkurse.*

Haus|se|gen, der (früher): *Segensspruch über der Tür eines Hauses, an der Wand eines Zimmers:* * **bei jmdm. hängt der H. schief** (ugs. scherzh.; *in jmds. Familie, Ehe hat es Streit gegeben, u. es herrscht noch eine gereizte Stimmung*).

Haus|si|er [(h)o'si̯e:], der; -s, -s [frz. haussier] (Börsenw.): *jmd., der auf Hausse spekuliert.*

haus|sie|ren [(h)o'si:rən] ⟨sw. V.; ist⟩ [frz. hausser] (Börsenw.): *im Kurswert steigen.*

Haus|stand, der ⟨o. Pl.⟩ (geh.): *Ehe u. Familie mit dazugehörigem Haushalt* (1): [mit jmdm.] einen H. gründen.

Haus|stre|cke, die (Sport Jargon): *Strecke, auf der ein Sportler ständig trainieren kann u. die er deshalb besonders gut kennt.*

Haus|su|chung, die: *polizeiliche Durchsuchung einer Wohnung, eines Hauses nach tatverdächtigen Personen od. zwecks Beschlagnahme bestimmter Gegenstände.*

Haus|tau|be, die: *gezüchtete, als Haustier gehaltene* [1]*Taube* (1 a).

Haus|tau|fe, die: *zu Hause, in einer Wohnung o. Ä., nicht in der Kirche vorgenommene Taufe.*

Haus|te|le|fon, das: *Telefon, das [nicht an das Fernsprechnetz angeschlossen ist, sondern nur] innerhalb eines großen Hauses zwischen einzelnen Räumen Verbindungen herstellt.*

Haus|tenn, das (schweiz.): *Tenne eines Hauses.*

Haus|tier, das: **1.** *vom Menschen gezüchtetes, an Menschen gewöhntes, nicht frei lebendes Tier, das aus wirtschaftlichen Gründen gehalten wird* (z. B. Pferd, Kuh, Schaf, Ziege, Huhn, Gans). **2.** *Heimtier.*

Haus|toch|ter, die: *junges Mädchen, das für eine bestimmte Zeit in einer fremden Familie lebt, um dort die Führung eines Haushalts zu erlernen.*

Haus|tür, die: *Tür am Eingang eines Hauses:* vor der H. stehen.

Haus|ur|ne, die: *vorgeschichtliches Behältnis für Feuerbestattung, das die Form eines kleinen Hauses hat.*

Haus|va|ter, der: **1.** (veraltet) *Familienvater; Familienoberhaupt.* **2.** *Leiter einer Anstalt, eines Heims o. Ä.*

Haus|ver|bot, das: *Anordnung, die jmdm. das Betreten einer Räumlichkeit, eines Gebäudes verbietet.*

Haus|ver|wal|ter, der: *jmd., der vom Hausbesitzer mit der Verwaltung eines Hauses beauftragt ist.*

Haus|ver|wal|te|rin, die: w. Form zu ↑Hausverwalter.

Haus|ver|wal|tung, die: **a)** *Erledigung aller mit einem Haus zusammenhängenden Angelegenheiten;* **b)** *Institution, Person, Personengruppe, die für die Hausverwaltung* (a) *zuständig ist.*

Haus|wand, die: *Mauer, Außenwand eines Gebäudes.*

Haus|wart, der (schweiz.): *Hausmeister.*

Haus|war|tin, die: w. Form zu ↑Hauswart.

Haus|war|tung, die ⟨o. Pl.⟩ (schweiz.): *Wartung eines [Miets]hauses, wie sie zum Tätigkeitsbereich eines Hausmeisters gehört.*

Haus|we|sen, das ⟨o. Pl.⟩ (veraltend): *Gesamtheit dessen, was mit der Führung u. Organisation eines Haushalts, der Hauswirtschaft* (1) *zusammenhängt.*

Haus|wirt, der [mhd. huswirt]: **1.** *Hausbesitzer, von dem jmd. eine Wohnung gemietet hat.* **2.** (veraltet) *Familienoberhaupt.*

Haus|wir|tin, die: w. Form zu ↑Hauswirt (1).

Haus|wirt|schaft, die: **1.** ⟨o. Pl.⟩ *selbstständige Wirtschaftsführung, Bewirtschaftung eines privaten Haushalts.* **2.** (Wirtsch.) *Wirtschaftsform (als erste Stufe der wirtschaftlichen Entwicklung), bei der ausschließlich für den Eigenbedarf produziert wird.* **3.** (DDR) *persönliches Eigentum der Genossenschaftsbauern an landwirtschaftlichen Nutzflächen, Viehbeständen, Wirtschafts- u. Wohngebäuden u. an Wirtschaftsgeräten.*

Haus|wirt|schaf|te|rin, die: *Hauswirtschaftsgehilfin in einem ländlichen Haushalt* (Berufsbez.).

haus|wirt|schaft|lich ⟨Adj.⟩: *die Hauswirtschaft* (1) *betreffend.*

Haus|wirt|schafts|ge|hil|fin, die: *in einem Haushalt angestellte, helfende weibliche Person* (Berufsbez.).

Haus|wirt|schafts|leh|re|rin, die: *Lehrerin, die Hauswirtschaft* (1) *unterrichtet.*

Haus|wirt|schafts|meis|te|rin, die: *Hausfrau, die mehrere Jahre einen [eigenen] Haushalt geführt hat u. nach einer Prüfung hauswirtschaftliche Lehrlinge ausbilden darf* (Berufsbez.).

Haus|wirt|schafts|pfle|ge|rin, die (regional): *Sozialarbeiterin, die bestimmte der Fürsorge bedürfende Personen betreut, indem sie sie pflegt, ihnen im Haushalt hilft, für sie kocht, die Wäsche besorgt usw.*

Haus|wirt|schafts|schu|le, die: *Schule für Hauswirtschaft.*

Haus|wurz, die [mhd., ahd. hūswurz]: *(zu den Dickblattgewächsen gehörende) Pflanze mit fleischigen, rosettenartig angeordneten Blättern, deren Blütenstände auf einem langen, aus der Rosette herauswachsenden Stängel sitzen.*

Haus|zelt, das: *kleineres Zelt von der Form eines Giebeldaches.*

Haus|zie|ge, die: *als Haustier gehaltene Ziege.*

Haus|zins, der (südd., schweiz.): *Miete.*

Haut, die; -, Häute [mhd., ahd. hūt, eigtl. = die Umhüllende]: **1. a)** *aus mehreren Schichten bestehendes, den gesamten Körper von Menschen u. Tieren gleichmäßig umgebendes äußeres Gewebe, das dem Schutz der darunter liegenden Gewebe u. Organe, der Atmung, der Wärmeregulierung u. a. dient:* eine zarte, rosige, weiche, trockene, runzlige, unreine H.; die abgeworfene H. einer Schlange; seine H. ist rau geworden; die H. hat sich gerötet; die H. in der Sonne bräunen; die Damen zeigten viel H. (ugs. scherzh.; *waren sehr leicht, spärlich bekleidet,*

H

tief dekolletiert); die Farbe der H.; wir waren alle durchnässt bis auf die H. *(völlig durchnässt);* *** nur/bloß noch H. und Knochen sein; nur/bloß noch aus H. und Knochen bestehen** (ugs.; *völlig abgemagert sein*); **seine H. retten** (ugs.; *sich retten*); **die H. versaufen** (salopp; ↑Fell 1 a); **jmdm. die H. gerben** (salopp; ↑Fell 1 a); **seine H. zu Markte tragen** (1. ugs.; *sich voll für jmdn., etw. einsetzen u. sich dabei selbst gefährden*; nach der Vorstellung von der Haut als dem allerletzten Eigentum, das man einsetzt. 2. ugs. scherzh.; *als Prostituierte, Callgirl, Stripteasetänzerin o. Ä. arbeiten*); **seine H. [möglichst] teuer/so teuer wie möglich verkaufen** (ugs.; *sich mit allen Kräften wehren, verteidigen; es einem Gegner so schwer wie möglich machen*); **sich seiner H. wehren** (ugs.; *sich energisch wehren, verteidigen*); **aus der H. fahren** (ugs.; *sehr ärgerlich, voller Ungeduld sein; wütend, zornig werden;* nach dem Bild einer sich häutenden Schlange): es ist, um aus der H. zu fahren; **nicht aus seiner H. [heraus]können** (ugs.; *nicht anders handeln, sich verhalten können, als es der eigenen Veranlagung, Anschauung entspricht; sich nicht ändern können*); **sich ⟨Dativ⟩ etw. nicht aus der H. schneiden können** (ugs.; ↑Rippe 1); **sich in seiner H. wohl fühlen** (ugs.; *zufrieden sein mit seiner Lage, Situation, mit den Gegebenheiten, Lebensumständen*); **jmdm. ist wohl in seiner H.** (ugs.; *jmd. ist zufrieden mit seiner Lage, seinen Lebensumständen; jmd. fühlt sich sehr behaglich*); **nicht in jmds. H. stecken mögen** (ugs.; *nicht an jmds. Stelle, nicht in jmds. übler Lage sein mögen*); **in keiner guten/gesunden H. stecken** (ugs.; *oft krank werden, kränkeln*); **mit heiler H. davonkommen** (ugs.; *etw. ungestraft, unverletzt überstehen*); **mit H. und Haar[en]** (ugs.; *völlig, ganz u. gar, restlos*): er hat den ganzen Rest mit H. und Haar[en] aufgegessen, verschlungen; er hat sich dieser Arbeit mit H. und Haar[en] verschrieben; **[jmdm.] unter die H. gehen/dringen** (ugs.; *jmdn. sehr erregen, ihn unmittelbar, im Innersten berühren; bei jmdm. starke Empfindungen auslösen;* nach engl. to get under someone's skin): der Film geht unter die H.; **b)** *Fell, Haut* (1 a) *bestimmter größerer Tiere als haltbar gemachtes, aber noch nicht gegerbtes Rohmaterial für Leder; Tierhaut:* die H. wird abgezogen und gegerbt; *** auf der faulen H. liegen** (ugs.; *faulenzen, nichts tun*); **sich auf die faule H. legen** (ugs.; *zu faulenzen anfangen, sich dem Nichtstun hingeben*). **2. a)** *hautähnliche Schicht, Hülle, Schale:* die Zwiebel hat sieben Häute; der Pfirsich hat eine feste H.; von Mandeln die H. abziehen; die Wurst mit der H. essen; der Samen in der Hülse ist von einer feinen, durchsichtigen H. bedeckt; **b)** *dünne Schicht, die auf der Oberfläche einer Flüssigkeit steht, sich darauf gebildet hat:* er verabscheut die H. auf der heißen Milch. **3.** ⟨o. Pl.⟩ *etw. wie eine Haut* (1 a) *umgebende, glatte äußere Schicht als Abdeckung, Verkleidung, Bespannung o. Ä.:* ein Flugzeug mit einer silbern glänzenden H. *(Außenhaut).* **4.** (in Verbindung mit bestimmten, meist positiv charakterisierenden attributiven Adj.; ugs.) *Mensch, Person:* er ist eine ehrliche H.

Haut|ab|schür|fung, die: *oberflächliche Verletzung der Haut.*

haut|ar|tig ⟨Adj.⟩: *der Haut ähnlich, wie Haut wirkend, beschaffen:* -es Gewebe.

Haut|arzt, der: *Facharzt für Haut- u. oft auch Geschlechtskrankheiten; Dermatologe.*

Haut|ärz|tin, die; -, -nen: w. Form zu ↑Hautarzt.

Haut|at|mung, die (Med., Zool.): *Atmung (Austausch von Sauerstoff u. Kohlendioxid) durch die Haut.*

Haut|aus|schlag, der: *Ausschlag* (1).

Haut|bräu|ne, die: *Bräune* (1).

Häut|chen, das; -s, -: **a)** Vkl. zu ↑Haut (2); **b)** *kleines, dünnes, feines häutiges od. hautartiges Gebilde.*

Haut|creme, die: *der Pflege der Haut dienende Creme.*

Haute Coif|fure [(h)o:tkoa'fy:ɐ̯], die; - - [frz., geb. nach ↑Haute Couture, zu: haut = hoch u. ↑Coiffure]: *für die Mode (bes. in Paris u. Rom) tonangebende Kunst des Frisierens:* ein Meister der H. C.

Haute Cou|ture [(h)o:tku'ty:ɐ̯], die; - - [frz., zu: haut = hoch u. couture = das Nähen, Schneidern]: *für die Mode (bes. in Paris) tonangebende Schneiderkunst; tonangebendes schöpferisches Modeschaffen:* sie trägt vorwiegend Modelle der H. C.

Haute Cou|tu|ri|er [(h)o:tkuty'ri̯e:], der; - -s, - -s [zu ↑Haute Couture; frz. couturier = (Damen)schneider]: *Modeschöpfer der Haute Couture.*

Haute|lisse [(h)o:t'lɪs], die; -, -n [...sn̩; frz. haute lice = Schaft mit senkrecht aufgezogener Kette, zu: haut = hoch u. lice < lat. licium, ↑Litze]: *gewirkter Wand-, Bildteppich mit senkrecht geführter Kette.*

häu|ten ⟨sw. V.; hat⟩ [mhd. (ent-, uʒ)hiuten]: **1. a)** *einem Tier die Haut, das Fell abziehen:* Rinder h.; einen Hasen mit einem Messer h.; **b)** *von etw. die Haut* (2 a) *abziehen, entfernen:* Tomaten, Pfirsiche h. **2.** ⟨h. + sich⟩ *die Haut von sich abstreifen, abwerfen; die äußeren Schichten der den Körper umgebenden Decke abstoßen u. erneuern:* Schlangen häuten sich.

haut|eng ⟨Adj.⟩: *sehr eng, sich dem Körper anschmiegend, eng anliegend:* ein -es Kleid; -e Jeans.

Haut|ent|zün|dung, die: *entzündliche Reaktion der Haut, die mit Rötung, Schwellung, Bläschen-, Schuppenbildung, Juckreiz o. Ä. einhergeht.*

Haut|er|kran|kung, die: *Hautkrankheit.*

Haute|vo|lee [(h)o:tvo'le:], die; - [frz. (des gens) de haute volée = (Leute) von hohem Rang, zu: haut = hoch (< lat. altus) u. volée = Rang, Stand; (Auf)flug, zu: voler = fliegen < lat. volare] (oft spött. abwertend): *vornehme Gesellschaftsschicht; bessere, feine Gesellschaft.*

Haut|fal|te, die: *Falte* (2).

Haut|far|be, die: *Farbton der menschlichen Haut (der bes. ein Merkmal der Menschentypen darstellt):* eine dunkle, helle, gesunde H.; sie wurden wegen ihrer [schwarzen] H. diskriminiert.

Haut|flech|te, die: *Flechte* (3).

Haut|flüg|ler, der; -s, - (Zool.): *Insekt mit zwei häutigen, durchsichtigen Flügelpaaren* (z. B. Wespe, Biene, Ameise).

haut|freund|lich ⟨Adj.⟩: *angenehm, schonend für die Haut, ihr nicht schadend, sie nicht angreifend:* ein -es Gewebe, Reinigungsmittel; die Seife ist besonders h.

Haut|ge|we|be, das: *Gewebe, aus dem die Haut besteht.*

Haut|gout [o'gu:], der; -s [frz. haut-goût, zu: haut = hoch, stark (< lat. altus) u. goût, ↑Gout]: *eigentümlich scharfer, würziger Geschmack u. Geruch, den das Fleisch [von Wild] nach dem Abhängen annimmt:* der leichte H. des Hirschbratens; Ü ihn umgibt der H. der Halbwelt.

Haut|grieß, der: *von Oberhaut bedeckte, sehr kleine weißliche Knötchen in der Haut.*

hau|tig ⟨Adj.⟩ [zu ↑Haut]: **1.** (seltener) *von einer faltigen Haut* (1 a) *[lose] umgeben.* **2.** (landsch.) *mit Haut, Sehnen o. Ä. durchsetzt, durchwachsen:* der Gulasch war ihm zu h.

häu|tig ⟨Adj.⟩ [mhd. (wīʒ)hiutec = (weiß)häutig]: **1.** *wie Haut* (1 a) *beschaffen; aus zarter Haut, feinem, hautartigem Gewebe:* die -en Flügel von Bienen, Ameisen. **2.** *hautig* (2).

Haut|ju|cken, das; -s: *Juckreiz der Haut.*

Haut|kli|nik, die: *Krankenhausabteilung, Klinik zur Behandlung von Hautkrankheiten.*

Haut|kon|takt, der: *Kontakt mit der menschlichen Haut (bes. eines Neugeborenen mit der Haut der Mutter):* der wichtige erste H. eines Babys mit der Mutter; jeglicher H. mit diesem Mittel ist zu vermeiden.

Haut|krank|heit, die: *krankhafte Veränderung der Haut mit bestimmten Symptomen.*

Haut|krebs, der: *bösartige Wucherung der Haut.*

Haut|lap|pen, der: *Lappen* (3 a): die H. am Kopf mancher Vögel.

Haut|ma|le|rei, die (Völkerk.): *bei bestimmten Naturvölkern übliche Bemalung der Haut.*

haut|nah ⟨Adj.⟩: **1.** *unmittelbar unter der Haut gelegen:* -es Gewebe; -e Muskulatur. **2.** (ugs.) **a)** *sehr nahe* (1), *in unmittelbarer Nähe [erfolgend], keinen Spielraum lassend:* etw. h. [mit]erleben; (Sport Jargon:) der Torjäger wurde h. gedeckt; **b)** *unmittelbar, sehr nahe* (3 a): -e Beziehungen zur Polizei.

haut|näh|rend ⟨Adj.⟩: *nährende, pflegende Stoffe für die Haut enthaltend:* eine -e Creme.

Haut|pfle|ge, die: *Pflege der Haut.*

Haut|pilz, der: *in der Haut wachsender Pilz, der Entzündungen der Haut u. bestimmte Hautkrankheiten verursacht.*

Haut|plas|tik, die: *Dermatoplastik.*

Haut|re|ak|ti|on, die: *auf einen bestimmten Reiz o. Ä. erfolgende Reaktion, Veränderung der Haut* (z. B. Rötung).

Haut|re|flex, der (Med.): **1.** *über die Haut auslösbarer Muskelreflex.* **2.** *reflektorische Veränderung der Haut* (z. B. Gänsehaut).

Haut|reiz, der: *Reiz* (1), *der auf die Haut ausgeübt wird.*

Haut|reiz|mit|tel, das (Med.): *zu erhöhter Durchblutung u. Rötung der Haut führendes Mittel.*

Haut|rei|zung, die: **1.** *das Reizen der Haut.* **2.** *durch Reizen der Haut hervorgerufene Veränderung (wie Rötung, Entzündung) der Haut.*

Haut|rö|tung, die: vgl. Hautreizung (2).

Haut|sack, der: *ausgeprägte Hautfalte; Ausstülpung der Haut.*

Haut-Sau|ternes [oso'tɛrn], der; - [nach der südwestfrz. Stadt Sauternes]: *weißer Bordeauxwein.*

Haut|schicht, die: *Schicht der Haut.*

Haut|schup|pe, die: *[abgeschilferte] Schuppe der Haut.*

Haut|se|hen, das; -s (Parapsych.): *Fähigkeit mancher Menschen, mit der Haut Farben u. a. zu unterscheiden.*

Haut|sin|nes|or|gan, das: *in der Haut liegendes Sinnesorgan, das die Empfindung äußerlich einwirkender Reize (wie Druck- u. Berührungsreize, Temperatur-, Schmerzreize u. a.) ermöglicht.*

Haut|stel|le, die: *Stelle auf der Oberfläche der Haut.*

Haut|trans|plan|ta|ti|on, die (Med.): *Überpflanzung von Haut zum Schließen großer Hautwunden od. bei starken Verbrennungen.*

Haut|tu|ber|ku|lo|se, die: *durch Tuberkelbazillen hervorgerufene, oft chronische Hautkrankheit.*

Haut|typ, der: *durch Ausprägung bestimmter Merkmale (Farbe, Empfindlichkeit o. Ä.) gekennzeichnete Beschaffenheit der Haut eines Menschen:* ein heller, dunkler, empfindlicher H.; Make-up nach dem H. aussuchen.

Häu|tung, die; -, -en: **a)** *das Häuten, Abstreifen der Haut;* **b)** *das Sichhäuten:* die H. einer Schlange.

Haut|un|rein|heit, die: *durch Verstopfung der Talgdrüsen u. der Haarbalgdrüsen entstandener Pickel.*

haut|ver|jün|gend ⟨Adj.⟩: *die Haut pflegend, straffend, glättend u. dadurch jünger, frischer erscheinen lassend:* eine -e Creme.

Haut|ver|let|zung, die: vgl. Hautwunde.

Haut|ver|pflan|zung, die: *Hauttransplantation.*

Haut|wolf, der: *Wundsein, Entzündung in Bereichen der Haut, die sich flächenhaft berühren (z. B. an den Oberschenkeln) u. sich bei Bewegung häufig aneinander reiben.*

Haut|wun|de, die: *Wunde an der Oberfläche, bei der vorwiegend die Haut verletzt ist.*

Hau|werk, das [zu ↑hauen] (Bergmannsspr.): *Haufwerk.*

[1]Ha|va|na: Hauptstadt von Kuba.

[2]Ha|va|na, die; -, -s: *Zigarre aus feinen kubanischen Tabaken mit vollem, aromatischem Geschmack.*

[3]**Ha|vạn|na,** der; -: *Zigarrentabak, der hauptsächlich als Deckblatt (2) gebraucht wird.*
Ha|vạn|na|zi|gar|re, die: [2]*Havanna.*
Ha|va|rie, die; -, -n [niederl. averij, frz. avarie < ital. avaria < arab. ʿawār = Fehler, Schaden; 2: wohl nach russ. avarija]: **1.** (Seew., Flugw.) **a)** *Unfall von Schiffen u. Flugzeugen:* es kam zu einer H.; **b)** *durch einen Unfall verursachten Schaden an Schiffen od. ihrer Ladung u. an Flugzeugen:* das Schiff lag mit schwerer H. im Hafen. **2.** *Beschädigung, Schaden an größeren Maschinen, technischen Anlagen:* die Behebung einer H. in einem Kraftwerk. **3.** (bes. österr.) **a)** *Unfall eines Kraftfahrzeugs:* der Fahrer des Wagens hat sich bei der H. nicht verletzt; **b)** *durch einen Unfall entstandener Schaden an einem Kraftfahrzeug:* das Auto wurde mit schwerer H. abgeschleppt.
ha|va|rie|ren ⟨sw. V.; hat⟩: **1.** (Seew., Flugw.) *einen Unfall haben u. dabei beschädigt werden:* zwei Flugzeuge havarierten über einem Wohngebiet; ⟨oft im 2. Part.:⟩ ein havariertes Boot, Schiff. **2.** (bes. österr.) *einen Autounfall haben:* ein Lastwagen havarierte auf der Landstraße.
Ha|va|rịst, der; -en, -en (Seew.): **1.** *havariertes Schiff.* **2.** *Eigentümer eines havarierten Schiffes.*
Ha|va|rịs|tin, die; -, -nen: w. Form zu ↑Havarist (2).
Ha̲|vel [...fl], die: rechter Nebenfluss der Elbe.
Ha|ve|lock [ˈhaːvəlɔk], der; -s, -s [nach dem engl. General Sir Henry Havelock (1795–1857)] (veraltet): *langer Herrenmantel mit pelerinenartigem Umhang, der die Ärmel ersetzt.*
ha̲|ve, pi̲|a a̲|ni|ma [lat.]: *sei gegrüßt, fromme Seele!* (Inschrift auf Grabsteinen o. Ä.).
Ha|wa̲i̲i; -s: **1.** Hauptinsel der Hawaii-Inseln. **2.** Bundesstaat der USA auf den Hawaii-Inseln.
Ha|wai|i|a̲|ner, der; -s, -: Ew.
Ha|wai|i|a̲|ne|rin, die; -, -nen: w. Form zu ↑Hawaiianer.
Ha|wa̲i̲i|hemd, das: *buntes, mit Motiven, die für Hawaii als typisch gelten (z. B. Palmen), bedrucktes Herrenhemd mit halbem Arm, das meist über der Hose getragen wird.*
Ha|wa̲i̲i-In|seln ⟨Pl.⟩: Inselgruppe im mittleren Nordpazifik.
ha|wa̲i̲|isch ⟨Adj.⟩.
Ha̲|xe, die; -, -n (südd.): *Hachse.*
Ha|zi|ẹn|da, die; -, -s, auch: ...den [span. hacienda]: *Landgut, Farm bes. in Süd- u. Mittelamerika.*
Hb = Hämoglobin.
Hbf. = Hauptbahnhof.
H-Bom|be, die; -, -n [nach dem chem. Zeichen H für Wasserstoff]: *Wasserstoffbombe.*
h. c. = honoris causa.
HD-Dis|ket|te [haːˈdeː...], die [Abk. für engl. high density = hohe Dichte] (EDV): *Diskette mit großer Speicherkapazität.*
H-Dur [ˈhaː..., auch: ˈ-ˈ-], das; -: *auf dem Grundton H beruhende Durtonart;* Zeichen: H (↑h, H 2).
H-Dur-Ton|lei|ter, die: *auf dem Grundton H beruhende Durtonleiter.*
he̲ [mhd. hē] (ugs.): **1.** Zuruf, mit dem jmds. Aufmerksamkeit erregt werden soll: he [du], hörst du nicht?; he, komm mal her!; he, was macht ihr denn da? **2.** Ausruf, der Erstaunen, Empörung, Abwehr ausdrückt: he, was soll denn das!; he, lass das gefälligst! **3.** Ausruf, der einer Frage zur Verstärkung nachgestellt wird: wo kommt ihr denn jetzt her, he?
He = Helium.
Head|hun|ter [ˈhɛd...], der; -s, - [engl. headhunter, eigtl. = Kopfjäger, aus: head = Kopf u. ↑Hunter]: *jmd., der Führungskräfte abwirbt.*
Head|hun|te|rin [ˈhɛdhʌntərɪn], die; -, -nen: w. Form zu ↑Headhunter.
Head|line [ˈhɛdlaɪn], die; -, -s [engl. headline, zu: head = Kopf, Überschrift u. line = Linie, Zeile] (Zeitungsw., Werbespr.): *hervorgehobene [bes. auffallende] Überschrift in einer Zeitung, Anzeige o. Ä.; Schlagzeile.*
Head|li|ner [ˈhɛdlaɪnɐ], der; -s, - [engl.-amerik. headliner]: *Person, Sache, die immer wieder in den Schlagzeilen der Zeitungen, auf Plakaten o. Ä. auftaucht.*
Hea|ring [ˈhɪərɪŋ], das; -[s], -s [engl. hearing, zu: to hear = (an)hören] (bes. Politik): *[öffentliches] Befragen u. Anhören von Sachverständigen, Zeugen zu einem bestimmten Fall durch das Parlament, durch Ausschüsse o. Ä.; Anhörung.*
Hea|vi|side|schicht [ˈhɛvɪsaɪd...], die; - [nach dem brit. Physiker O. Heaviside (1850–1925)] (Physik): *elektrisch leitende Schicht in der Atmosphäre, die mittellange u. kurze elektrische Wellen reflektiert.*
hea|vy [ˈhɛvɪ] ⟨indekl. Adj.⟩ [engl. heavy < aengl. hefig, zu: hebban = (er)heben, verw. mit ↑heben] (Jugendspr.): *schwer, schwierig:* die Sache ist h.
Hea|vy|me|tal [ˈhɛvɪˈmɛtl], das; -[s], (auch:) **Heavy Me|tal,** das; - -[s] [engl., eigtl. = Schwermetall], **Hea|vy|rọck** [ˈhɛvɪ-], der; -[s], (auch:) **Heavy Rock,** der; - -[s] [engl.]: *aggressivere Variante des Hardrock.*
Heb|am|me [ˈheːp|amə, auch: ˈheːbamə], die; -, -n [mhd. heb(e)amme, eigtl. = Hebe-Amme, volksetym. umgedeutet aus ahd. hev(i)anna, eigtl. = Großmutter, die das Neugeborene (vom Boden) aufhebt, zu: hevan = heben u. ana = Ahnin, Großmutter]: *an einer speziellen Lehranstalt ausgebildete, staatlich geprüfte Geburtshelferin* (Berufsbez.).
[1]**He̲|be** (griech. Myth.): Göttin der Jugend.
[2]**He̲|be,** die; -, -n [nach ↑[1]Hebe, die den Göttern den Nektar einschenkt] (bildungsspr., oft scherzh.): *Kellnerin, die Getränke serviert, ausschenkt.*
He̲|be|baum, der [mhd. hebeboum]: *Stange aus Eisen od. hartem Holz, mit der unter Ausnutzung der Hebelwirkung Lasten angehoben werden.*
He̲|be|büh|ne, die (Technik): *Vorrichtung mit einer [hydraulisch bewegten] Plattform, Schienen o. Ä., mit der etw. (z. B. Kraftfahrzeuge, Lasten) od. Personen zur Verrichtung von Arbeiten hochgehoben werden können.*
He̲|be|fi|gur, die (Eiskunstlauf, Rollkunstlauf): *Figur, bei der der Partner beim Weitergleiten u. Sichdrehen die Partnerin ein- od. beidarmig über den Kopf hebt.*
He̲|be|griff, der (Ringen): *Griff, mit dem der Gegner emporgehoben wird.*
He̲|be|kran, der: *bes. zum Heben von Lasten verwendeter Kran.*
He̲|bel, der; -s, - [spätmhd. hebel, zu ↑heben]: **1. a)** (Physik) *um eine Achse od. einen Punkt drehbarer, starrer [stabförmiger] Körper, mit dessen Hilfe Kräfte übertragen werden:* ein einarmiger, zweiarmiger H.; Lastarm und Kraftarm eines -s; **b)** *einfaches Werkzeug in Form einer Stange o. Ä., mit dem unter Ausnutzung der Hebelkraft schwere Lasten, Gegenstände gehoben u. von der Stelle bewegt werden können:* mit einem H. konnte der Felsbrocken schließlich angehoben und fortbewegt werden; ***ökonomischer H.** (DDR; *Maßnahme zur möglichst planmäßigen Entwicklung, Förderung der Wirtschaft;* LÜ aus dem Russ.); **[irgendwo] den H. ansetzen** (ugs.; *eine Sache in bestimmter Weise in Angriff nehmen, anpacken, mit ihr beginnen*); **am H. sitzen** *(an der Macht sein, eine entscheidende Machtposition innehaben);* **am längeren H. sitzen** *(mächtiger, einflussreicher als der Gegner sein, die günstigere Position innehaben).* **2.** *Griff an einer Maschine, einem Apparat, Gerät zum Ein- u. Ausschalten, Einstellen, Steuern o. Ä.:* einen H. bedienen, betätigen, [her]umlegen; du musst auf den richtigen H. drücken; ***alle H. in Bewegung setzen** (ugs.; *alle denkbaren, nur möglichen Maßnahmen ergreifen, alles aufbieten*). **3.** (Judo) *Hebelgriff* (2).
He̲|bel|arm, der (Physik): *Teil eines Hebels* (1) *zwischen dem Drehpunkt u. dem Punkt, an dem die Kraft wirkt:* der kurze und der lange H.; die beiden -e eines Hebels; ***am längeren H. sitzen** (↑Hebel).
He̲|bel|ge|setz, das ⟨o. Pl.⟩ (Physik): *Gesetz, nach dem bei einem Hebel* (1) *Gleichgewicht herrscht, wenn das Produkt aus Last u. Lastarm u. das Produkt aus Kraft u. Kraftarm gleich sind.*
He̲|bel|griff, der: **1.** (Ringen) *Griff, bei dem der Angreifer seine Arme od. seinen Oberkörper als Hebel* (1) *ansetzt.* **2.** (Judo) *Griff, bei dem es das Ziel ist, den Gegner durch Verdrehen od. Überdehnen der Armgelenke zur Aufgabe zu zwingen.*
He̲|bel|kraft, die: *durch einen Hebel* (1) *bewirkte Kraft.*
he̲|beln ⟨sw. V.; hat⟩: *mit einem Hebelgriff hochheben, fortbewegen.*
He̲|be|mit|tel, das: *Hebezeug.*
he̲|ben ⟨st. V.; hat⟩ [mhd. heben, ahd. hevan, heffan; urspr. = fassen, packen, ergreifen, nehmen]: **1. a)** *nach oben, in die Höhe bewegen, bringen; hochheben, emporheben:* eine Last, ein Gewicht mühelos, mit einer Hand h.; der Bahnhofsvorsteher hebt die Kelle; der Dirigent hob den Taktstock; er hob sein Glas *(erhob es, nahm es vom Tisch auf)* und trank auf ihr Wohl; die Dünung hob das Schiff [in die Höhe]; er hob den Arm *(erhob ihn, streckte ihn hoch),* um sich bemerkbar zu machen; er hob die Hand gegen seinen Bruder (geh.; *holte zum Schlag gegen ihn aus*); gleichmütig die Schultern, Achseln h. *(hochziehen);* sie hob die Augen (geh.; *blickte hoch*); er hob den Blick zu ihr (geh.; *sah zu ihr auf*); das Gewicht konnte auch dieser Gewichtheber nicht mehr h. (Gewichtheben; *nicht gestreckt über dem Kopf halten*); er hat einen neuen Rekord gehoben *(beim Gewichtheben aufgestellt);* Ü er hob seine Stimme (geh.; *sprach lauter [u. höher]*); ***einen h.** (ugs.; *etw. Alkoholisches trinken*): komm, wir heben noch einen; wir gehen noch einen h.; **jmdn. hebt es** (ugs.; *jmd. muss sich [beinahe] übergeben, bekommt einen Brechreiz*): wenn ich das nur rieche, hebt es mich; **b)** *hochnehmen, in die Höhe bewegen u. in eine bestimmte andere Lage, an eine andere Stelle bringen:* jmdn. auf eine Bahre h.; sie hoben den Sieger auf die Schultern; sie hob das Kind aus dem Wagen; eine Tür aus den Angeln h.; ich hob den Geldschein in die Höhe; er hob den Ball über den Torwart ins Tor (Fußball; *schoss ihn mit steiler Flugbahn, schlug ihn von unten hoch in einem Bogen*); **c)** ⟨h. + sich⟩ *sich durch Heben* (1 a, b) *von schweren Lasten zuziehen:* du hast dir einen Bruch gehoben. **2.** ⟨h. + sich⟩ **a)** (geh.) *sich in eine andere, erhöhte Lage, Stellung bringen, bewegen;* **b)** *in die Höhe gehen, nach oben bewegt werden; hochgehen:* die Schranke hebt sich langsam; der Vorhang hob sich immer wieder unter dem tosenden Beifall; **c)** *(irgendwo) in die Höhe, nach oben steigen; auf-, hochsteigen:* das Flugzeug hob sich in die Luft, in den grauen Himmel; der Nebel hebt sich allmählich; **d)** (geh.) *(irgendwo) in die Höhe ragen, auf-, emporragen:* der Vordersteven hob sich aus dem Wasser. **3.** *aus der Tiefe heraufholen, bergen; von unten zutage fördern:* ein gesunkenes Schiff h.; er machte sich auf, um einen [verborgenen, vergrabenen] Schatz zu h. *(auszugraben).* **4. a)** *in seiner Wirkung, Entfaltung fördern, begünstigen; steigern, verbessern:* den Lebensstandard, den Wohlstand eines Landes h.; das hat sein Selbstbewusstsein gehoben; diese Werbung hebt den Umsatz; der dunkle Hintergrund hebt die Farben *(lässt sie besser hervortreten, steigert ihre Wirkung);* **b)** ⟨h. + sich⟩ *in seiner Wirkung, Entfaltung gefördert, begünstigt werden; sich steigern, verbessern:* der Handel hat sich in letzter Zeit sehr gehoben; seine Stimmung hob sich zusehends. **5.** (landsch.) **a)** *halten* (1 a): kannst du mal einen Moment die Tasche h.?; **b)** ⟨h. + sich⟩ *festhalten* (3): du kannst dich an mir h. **6.** (landsch.) *halten* (1 b). **7.** (landsch.) *einziehen* (8 a): Steuern, Gebühren h. **8.** ⟨h. + sich⟩ (veraltend) *sich (beim Kürzen von Bruchzahlen) aufheben, ausgleichen:* drei gegen drei [das] hebt sich. **9.** ⟨h. +

sich⟩ (dichter.) *beginnen, aufkommen; sich erheben:* draußen hob sich der Sturm.

He|be|prahm, der: *Prahm zum Heben von Schiffen.*

He|ber, der; -s, -: **1.** (Fachspr., bes. Chemie) *Vorrichtung, Gerät in Gestalt einer Röhre zur Entnahme von Flüssigkeiten aus offenen Gefäßen mithilfe von Luftdruck.* **2.** kurz für ↑Gewichtheber.

He|be|rin, die; -, -nen: w. Form zu ↑Heber (2).

He|be|satz, der (Steuerw.): *von den Gemeinden für ein Rechnungsjahr zu bestimmender Prozentsatz bei Gewerbe- u. Grundsteuer, durch den in gewissem Umfang das jeweilige Steueraufkommen beeinflusst wird.*

He|be|schiff, das: *Schiff mit Spezialausrüstung zum Heben* (3) *gesunkener Schiffe.*

He|be|schmaus, der [zu veraltet heben = richten]: *Bewirtung der Bauarbeiter durch den Bauherrn beim Richtfest; Richtschmaus.*

He|be|werk, das: kurz für ↑Schiffshebewerk.

He|be|zeug, das (Technik): *Vorrichtung zum Heben [u. Senken] von Lasten u. Personen.*

-he|big: drückt in Bildungen mit Kardinalzahlen aus, dass die beschriebene Sache eine bestimmte Anzahl von Hebungen (4) aufweist: sechshebig (z. B. sechshebige Verse).

H

He|brä|er, der; -s, -: (bes. im A. T.) Angehöriger des israelitischen Volkes.

He|brä|er|brief, der; -[e]s: *in Briefform abgefasste Schrift des Neuen Testaments.*

He|bra|i|cum, das; -s [spätlat. Hebraicus = hebräisch < griech. Hebraikós]: *bestimmte Kenntnisse der hebräischen Sprache, die bes. für das Theologiestudium durch ein amtliches [Prüfungs]zeugnis nachweisbar sind:* das H. haben; das H. *(die Prüfung für das Hebraicum)* machen.

he|brä|isch ⟨Adj.⟩: *die Hebräer betreffend, zu ihnen gehörend.*

He|brä|isch, das; -[s]: **a)** *das Hebräische;* **b)** *hebräische Sprache u. Literatur als Lehrfach.*

He|brä|i|sche, das; -n ⟨nur mit best. Art.⟩: *die hebräische Sprache.*

He|bra|is|mus, der; -s, ...men: *charakteristische sprachliche Erscheinung des Hebräischen in einer anderen Sprache, bes. im Griechischen des Neuen Testaments.*

He|bra|ist, der; -en, -en: *Wissenschaftler auf dem Gebiet der Hebraistik.*

He|bra|is|tik, die; -: *Wissenschaft von der hebräischen Sprache u. Kultur (bes. des Alten Testaments).*

He|bra|is|tin, die; -, -nen: w. Form zu ↑Hebraist.

he|bra|is|tisch ⟨Adj.⟩: *die Hebraistik betreffend, zum Gebiet der Hebraistik gehörend.*

He|bri|den ⟨Pl.⟩: schottische Inselgruppe.

He|bung, die; -, -en: **1.** *das Heben* (3): es gab Probleme bei der H. des Wracks. **2.** ⟨o. Pl.⟩ *das Heben* (4), *Steigern, Verbessern; Förderung:* das trug nicht gerade zur H. der allgemeinen Stimmung bei. **3.** (Geol.) *das Sichheben von Teilen der Erdkruste, z. B. bei vulkanischer Aktivität.* **4.** (Verslehre) *betonte Silbe eines Wortes im Vers.*

He|chel, die; -, -n [mhd. hechel, ahd. hachele, urspr. = Haken, Spitze, zu ↑Haken] (Landw.): *kammartiges Gerät, an dessen spitzen Metallstiften Flachs- u. Hanffasern gereinigt, geglättet u. voneinander getrennt werden;* ***jmdn., etw. durch die H. ziehen** (veraltend; *jmdn., etw. durchhecheln* 2).

He|che|lei, die; -, -en (ugs. abwertend): *spöttisches, boshaftes Gerede über andere; Klatsch:* die -en der Nachbarinnen sind unerträglich.

He|chel|ma|schi|ne, die; -, -n: *nach dem Prinzip einer Hechel arbeitende Maschine.*

¹he|cheln ⟨sw. V.; hat⟩ [mhd. hecheln, hacheln]: **1.** *mit der Hechel od. in der Hechelmaschine bearbeiten:* Flachs, Hanf, Jute h.; ⟨subst.:⟩ beim Hecheln den Werg, die Kurzfasern auskämmen. **2.** (ugs. abwertend) **a)** *spöttische, boshafte Reden über andere führen; über jmdn., etw. herziehen, klatschen:* man hechelte viel über ihn; **b)** (veraltend) *durchhecheln, schlecht machen.*

²he|cheln ⟨sw. V.; hat⟩ [zu veraltet hechen = keuchen, lautm.]: **a)** *(bes. von Hunden) mit offenem Maul u. heraushängender Zunge rasch u. hörbar atmen:* der Schäferhund kam hechelnd angelaufen; **b)** (bes. Med.) *rasch u. oberflächlich atmen (bes. als bewusst eingesetzte Atemtechnik).*

Hech|se: ↑Hachse.

Hecht, der; -[e]s, -e [1: mhd. hech(e)t, ahd. hechit, hachit, zu ↑Haken, viell. nach den scharfen Zähnen des Fisches; 4: wohl nach der hechtgrauen Färbung]: **1.** *(zu den Knochenfischen gehörender) räuberisch lebender Fisch mit lang gestrecktem, auf dem Rücken dunkel olivgrün bis graugrün, auf der Bauchseite weißlich gefärbtem Körper, schnabelartig abgeflachtem Maul u. starken Zähnen:* einen H. fangen, angeln; *** der H. im Karpfenteich sein** (ugs.; *durch seine Anwesenheit, bes. in einer langweiligen, nicht sehr aktiven Umgebung, Unruhe schaffen;* gepr. von dem dt. Historiker H. Leo [1799–1878], der den frz. Kaiser Napoleon III. in einem Aufsatz so nannte). **2.** (ugs.) *männliche Person, von der meist mit einer gewissen Bewunderung, Anerkennung gesprochen wird:* er ist noch ein ganz junger H. **3.** (ugs.) kurz für ↑Hechtsprung. **4.** (salopp) *dichter Tabaksqualm, sehr verbrauchte Luft in einem Raum:* hier drinnen ist wieder ein H., dass man kaum atmen kann!

hecht|blau ⟨Adj.⟩: *von der Farbe eines Hechtes; blaugrau.*

hech|ten ⟨sw. V.; ist⟩ [zu ↑Hecht, nach der Ähnlichkeit der Bewegung mit der eines schnellenden Hechtes]: **a)** (Turnen, Schwimmen) *einen Hechtsprung ausführen, machen:* er hechtet besonders elegant [ins Wasser, vom Kasten]; **b)** *sich mit einem Hechtsprung irgendwohin bewegen:* der Torwart hechtete in die bedrohte Ecke, nach dem Ball.

hecht|grau ⟨Adj.⟩: *hechtblau.*

Hecht|rol|le, die (Turnen): *Rolle vorwärts mit gehechtetem Ansprung.*

Hecht|sprung, der: **1.** (bes. Turnen) *Sprung [über ein Gerät] mit gestrecktem Körper:* ein H. mit ganzer Drehung am Langpferd. **2.** (Schwimmen) *flach angesetzter Kopfsprung ins Wasser mit völlig gestrecktem Körper.*

Hecht|sup|pe, die: nur in der Wendung **es zieht wie H.** (ugs.; *es zieht sehr, es herrscht starker Luftzug;* H. u.).

¹Heck, das; -[e]s, -e u. -s [aus dem Niederd. < mniederd. heck = Umzäunung (vgl. ²Heck); der Platz des Steuermanns auf dem hinteren Oberteil des Schiffes war früher zum Schutz gegen überkommende Wellen mit einem Gitter umgeben]: *hinterster Teil eines Schiffes, Flugzeugs, Autos:* am H. der Jacht wehte eine Flagge; über das H. absacken; das Höhenruder des Flugzeugs befindet sich am H.; der Motor sitzt im H.

²Heck, das; -[e]s, -e [zu ↑¹Hecke] (nordd.): **1.** *eingezäuntes Stück Land; Weide, Koppel.* **2.** *Gattertür einer Koppel.*

Heck|an|trieb, der (Kfz-T.): *auf die Hinterräder wirkender Antrieb; Hinterradantrieb.*

¹He|cke, die; -, -n [mhd. hecke, ahd. hegga, verw. mit ↑Hag]: **a)** *Anzahl dicht beieinander stehender Sträucher, Büsche mit vielen Zweigen; Gesträuch:* im hinteren Teil des Gartens wuchert eine riesige H.; **b)** *als Umzäunung, Begrenzung angepflanzte, dichte, in sich geschlossene, ineinander verwachsene u. meist in eine bestimmte Form geschnittene Reihe von Büschen, Sträuchern:* eine gestutzte, niedrig gehaltene H.; eine H. um das Grundstück anpflanzen.

²He|cke, die; -, -n [rückgeb. aus ↑hecken] (veraltet): **1. a)** *Zeit der Paarung u. des Brütens; Brutzeit;* **b)** *Ort der Paarung u. des Brütens:* die Vögel haben ihre H. verlassen. **2.** *Brut von Vögeln od. Wurf von kleineren Säugetieren:* eine ganze H. von Mäusen.

he|cken ⟨sw. V.; hat⟩ [mhd. hecken = sich begatten (von Vögeln), wahrsch. Nebenf. von ↑hacken] (veraltet, noch landsch.): *(von Vögeln u. kleineren, sich rasch vermehrenden Säugetieren) mehrere Junge auf einmal ausbrüten, werfen.*

He|cken|ro|se, die: *als Strauch wachsende wilde Rose mit kräftigen, gekrümmten Stacheln, schwach behaarten Blättern, rosa bis weißen Blüten u. Hagebutten als Früchten.*

He|cken|schüt|ze, der [für frz. franc-tireur, ↑Franktireur; nach ähnlichen veralteten Zus. mit »Hecke«, die heimliches, verbotenes Tun bezeichnen] (abwertend): *jmd., der aus dem Hinterhalt auf eine Person schießt.*

He|cken|schüt|zin, die (abwertend): w. Form zu ↑Heckenschütze.

Heck|fän|ger, der (Seemannsspr.): *Fangschiff, bei dem das Schleppnetz nicht seitwärts, sondern über das Heck ausgeworfen u. eingeholt wird.*

Heck|fens|ter, das: *Fenster im Heck eines Autos.*

Heck|flag|ge, die (Seemannsspr.): *Flagge am Heck eines Schiffes, Bootes.*

Heck|flos|se, die: *flossenähnliche Verzierung der Karosserie am Heck mancher Autos.*

Heck|klap|pe, die: *größere Klappe, die den Koffer-, Laderaum bes. von Personenwagen mit Fließheck verschließt.*

heck|las|tig ⟨Adj.⟩: *mit dem Heck zu tief nach unten sinkend:* ein -es Auto; das Boot ist h.

Heck|meck, der; -s [H. u.; wohl affektive Doppelung (mit Anschluss an meckern)] (ugs. abwertend): *unnötige Umstände; Getue, Aufhebens; überflüssiges, nichts sagendes Gerede:* mach nicht so viel H. und komm jetzt!

Heck|mo|tor, der: *im Heck eingebauter Motor.*

Heck|pfen|nig, der; -s, -e [zu ↑hecken] (scherzh.): *Münze, die man nicht ausgeben soll, weil sie nach dem Volksglauben immer wieder neue Münzen erzeugt, immer für einen Geldvorrat sorgt.*

Heck|schei|be, die: *Scheibe des Heckfensters:* heizbare H.

Heck|tür, die: **1.** *Tür am Heck von Kombi- od. Lieferwagen, die den Laderaum verschließt.* **2.** (selten) *Heckklappe.*

he|da (veraltend): *hallo* (1).

He|de, die; -, -n [aus dem Niederd. < mniederd. hēde, eigtl. = Gehecheltes] (nordd.): *Abfall von Hanf od. Flachs; Werg.*

he|den ⟨Adj.⟩ (nordd.): *aus Hede bestehend, hergestellt.*

He|de|rich, der; -s, -e ⟨Pl. selten⟩ [mhd. hederich, ahd. hederīh, wahrsch. zu lat. hederaceus = efeuähnlich]: *(zu den Kreuzblütlern gehörende) Pflanze mit weißen od. gelben, hellviolett geäderten Blüten u. Schotenfrüchten.*

Hedge|ge|schäft [ˈhɛdʒ-], das; -[e]s, -e [zu engl. hedge = zur Abdeckung eines Risikos abgeschlossenes Geschäft, eigtl. = Hecke; Schutz, verw. mit ↑¹Hecke] (Wirtsch.): *besondere Art eines Warentermingeschäfts (z. B. Rohstoffeinkauf), das zur Absicherung gegen Preisschwankungen mit einem anderen, auf den gleichen Zeitpunkt terminierten Geschäft (z. B. Produktverkauf) gekoppelt wird.*

He|do|ni|ker, der; -s, -: *Hedonist.*

He|do|ni|ke|rin, die; -, -nen: w. Form zu ↑Hedoniker.

He|do|nis|mus, der; - (Philos.): *in der Antike begründete philosophische Lehre, Anschauung, nach der das höchste ethische Prinzip das Streben nach Sinnenlust u. -genuss ist, das private Glück in der dauerhaften Erfüllung individueller physischer u. psychischer Lust gesehen wird.*

He|do|nist, der; -en, -en: **1.** (Philos.) *Anhänger, Vertreter der Lehre des Hedonismus.* **2.** (bildungsspr.) *jmd., dessen Verhalten vorwiegend von der Suche nach Lustgewinn, Sinnengenuss bestimmt ist.*

He|do|nis|tin, die; -, -nen: w. Form zu ↑Hedonist.

he|do|nis|tisch ⟨Adj.⟩: **1.** (Philos.) *den Hedonismus betreffend, auf ihm beruhend, zu ihm gehörend.* **2.** (bildungsspr.) *den Hedonisten* (2) *betreffend; in der Art eines Hedonisten; nach Lustgewinn, Sinnengenuss strebend.*

He|dschra, die; - [arab. hiǧra^h = Auswanderung]: *Auswanderung Mohammeds im Jahre 622 von Mekka nach Medina, Beginn der islamischen Zeitrechnung.*

Heer, das; -[e]s, -e [mhd. her(e), ahd. heri, urspr. subst. Adj. u. eigtl. = das zum Krieg Gehörige]: **1. a)** *Gesamtheit der Streitkräfte, gesamte Streitmacht eines Staates, Landes; Armee:* das siegreiche, geschlagene H. eines Landes; das feindliche H. ist in Bereitschaft; das stehende H. (Milit.; *der auch im Frieden in ständiger Bereitschaft stehende Teil eines Heeres*); **b)** *für den Landkrieg bestimmter Teil der Streitkräfte eines Staates, Landes.* **2.** *sehr große Anzahl, große Menge:* ein H. von Urlaubern bevölkerte den Strand; ein H. [von] Ameisen krabbelte/krabbelten über den Weg.

Heer|bann, der [mhd. herban, ahd. heriban = Aufgebot der waffenfähigen Freien zum Kriegsdienst] (hist.): **a)** *(im frühen deutschen MA.) vom König od. Herzog erlassener Aufruf, militärisches Aufgebot* (5 a) *zum Kriegsdienst:* dem H. folgen; **b)** *durch den Heerbann* (a) *aufgebotenes Kriegsheer:* ein mächtiger, starker H.; **c)** *zu zahlende Strafe bei Vernachlässigung des Heerbanns* (a).

Hee|res|be|richt, der (Milit.): *Bericht, Nachrichten der Heeresleitung über die neuesten Ereignisse auf einem Kriegsschauplatz.*

Hee|res|be|stand, der ⟨meist Pl.⟩: *Bestand, vorhandener Vorrat an Dingen, die zur Ausrüstung, Versorgung, Verwaltung o. Ä. eines Heeres* (1) *benötigt werden:* Fahrzeuge, Nahrungsmittel, Wolldecken aus Heeresbeständen.

Hee|res|dienst, der ⟨o. Pl.⟩: *militärischer Dienst im Heer* (1 b).

Hee|res|flie|ger, der (Milit.): **1.** *Soldat der Truppengattung Heeresflieger* (2). **2.** ⟨Pl.⟩ *zu den Kampfunterstützungstruppen gehörende Truppe des Heeres, deren Aufgaben der Transport von Truppen, Material usw., die Panzerabwehr sowie Verbindungs- u. Aufklärungsflüge sind.*

Hee|res|grup|pe, die (Milit.): *mehrere Armeen umfassender Teil des Heeres* (1 b).

Hee|res|lei|tung, die (Milit.): *oberste Behörde eines Heeres* (1 b).

Hee|res|säu|le: ↑Heersäule.

Heer|fahrt, die [mhd. hervart, ahd. herfart]: *(im MA.) Kriegszug [der Lehnsleute].*

Heer|füh|rer, der [spätmhd. herfuerer]: *[oberster] Befehlshaber eines Heeres im Krieg.*

Heer|hau|fe[n], der (veraltet): *Teil eines Feldheeres, [ungeordnete] größere Anzahl Bewaffneter, Soldaten:* feindliche Heerhaufen marschierten auf die Stadt zu.

Heer|la|ger, das: *Feldlager.*

Heer|säu|le, (seltener:) Heeressäule, die (geh.): *Feldheer in Marschordnung, in langer Kolonne.*

Heer|schar, die ⟨meist Pl.⟩ [mhd. herschar] (veraltet): *Teil eines Feldheeres; Truppe:* germanische -en; Ü auf die Anzeige hin meldeten sich ganze -en (ugs.; *eine große Menge*) von Bewerbern; die himmlischen -en (bibl.; *die Engel*).

Heer|stra|ße, die [mhd. herstrāʒe, ahd. heristrāʒa] (veraltet): *breite Straße, die bes. für den Durchzug von Truppen geeignet ist.*

Heer|we|sen, das ⟨o. Pl.⟩: *alles, was mit dem Heer* (1) *zusammenhängt einschließlich Funktion, Organisation u. Verwaltung.*

Heer|zug, (seltener:) Heereszug, der: **1.** *in einem langen Zug, in langer Kolonne sich bewegendes Feldheer:* der H. näherte sich der befestigten Stadt. **2.** *Feldzug* (1).

He|fe, die; -, (Arten:) -n [mhd. heve, ahd. hevo, zu ↑heben, eigtl. = Hebemittel]: **1.** *aus Hefepilzen bestehende Substanzen, die als Gärungs- u. Treibmittel bei der Herstellung bestimmter alkoholischer Getränke u. zum Treiben von Teig für bestimmte Backwaren verwendet werden:* in Brauereien werden verschiedene -n verwendet; H. zum Backen kaufen, ansetzen; Kuchen mit H. backen; Ü die kleine Partei ist die H. (geh.; *treibende Kraft*) bei der Verwirklichung der Reformen. **2.** (geh. abwertend) *übler, verkommener Teil einer Bevölkerungsschicht.*

He|fe|brot, das: *aus Hefeteig hergestelltes Brot.*

He|fe|ge|bäck, das: *aus Hefeteig hergestelltes Gebäck.*

He|fe|kloß, der: *aus Hefeteig hergestellter, in Salzwasser gekochter od. in Dampf gegarter Kloß:* die Hefeklöße müssen noch aufgehen; * **aufgehen wie ein H.** (ugs. scherzh.; *[ziemlich schnell] sehr dick werden*): sie ist in letzter Zeit aufgegangen wie ein H.

He|fe|kranz, der: *aus Hefeteig hergestellter Kranzkuchen.*

He|fe|ku|chen, der: *aus Hefeteig hergestellter Kuchen.*

He|fe|kur, die: *naturheilkundliche Kur, durch die mithilfe künstlich gezüchteter, Vitamin-B-haltiger Hefepilze die Darmflora günstig beeinflusst wird.*

He|fen|brot usw. (veraltet, aber noch landsch.): ↑Hefebrot usw.

He|fe|pilz, der: *(zahlreiche Vitamine, bes. Vitamin B enthaltender) einzelliger, mikroskopisch kleiner Schlauchpilz, der sich durch Sprossung vermehrt u. Gärung bewirkt.*

He|fe|stück, das: **1.** *Vorteig.* **2.** (selten) *Hefestückchen.*

He|fe|stück|chen, das: *kleines, aus Hefeteig hergestelltes Gebäckstück [mit Füllung u. Glasur].*

He|fe|teig, der: *Kuchen- od. auch Brotteig, bei dem Hefe als Treibmittel verwendet wird.*

He|fe|wei|zen, das: *Weizenbier, das durch eine Mischgärung von Hefen u. Milchsäurebakterien gewonnen wird u. von Natur trüb ist.*

he|fig ⟨Adj.⟩: *Hefe enthaltend; nach Hefe schmeckend:* ein -er Bodensatz; der Teig schmeckt etwas h.

[1]Heft, das; -[e]s, -e [mhd. hefte, ahd. hefti, eigtl. = das Fassende, Packende, verw. mit ↑heben] (geh.): *Griff einer Stichwaffe, seltener auch eines Werkzeugs:* das H. des Messers, der Sichel; * **das H. ergreifen/in die Hand nehmen** (geh.; *die Leitung von etw., die Macht übernehmen*); **das H. in der Hand haben/behalten** (geh.; *die Macht innehaben; Herr der Lage sein, bleiben*); **das H. aus der Hand geben** (geh.; *die Leitung von etw. abgeben, die Macht aus der Hand geben*); **jmdm. das H. aus der Hand nehmen/winden** (geh.; *jmdm. die Leitung von etw. wegnehmen, die Macht entreißen*).

[2]Heft, das; -[e]s, -e [rückgeb. aus ↑heften (3 b)]: **a)** *bestimmte Anzahl von Blättern, die durch einen Einband zusammengehalten werden:* ein leeres H.; der Lehrer lässt die -e einsammeln; etw. in ein H. eintragen; **b)** *Nummer einer Zeitschrift:* der Beitrag erscheint in H. 5; das Werk erscheint in einzelnen -en (*Lieferungen*); **c)** *kleineres, nicht gebundenes Druckerzeugnis; dünnes, broschiertes Buch; Druckschrift:* ein H. Gedichte.

Heft|chen, das; -s, -: **1.** *kleines, dünnes* [2]*Heft* (a, c). **2.** (oft abwertend) *dünne, nicht gebundene Druckschrift, die Comics, Kriminal- u. Groschenromane, Pornos o. Ä. zum Inhalt hat.* **3.** *Block in Form eines Heftchens* (1), *der Fahrscheine, Briefmarken o. Ä. enthält.*

Hef|tel, das; -s, - (omd.): ↑Haftel.

hef|ten ⟨sw. V.; hat⟩ [mhd., ahd. heften = haftend machen, befestigen, zu dem ↑-haft zugrunde liegenden Adj.]: **1.** *mit einer Klammer, Nadel, Reißzwecke o. Ä. oft nur provisorisch, vorläufig an etw. befestigen, anbringen:* einen Zettel an die Tür h.; Ü den Sieg an seine Fahnen h. (geh.; *siegen*). **2.** (geh.) **a)** *(die Augen, den Blick) unverwandt, starr auf jmdn., etw. richten, gerichtet halten u. nicht davon abwenden:* er heftete seine Augen fest auf den Boden; **b)** ⟨h. + sich⟩ *(von Augen, Blicken) sich unverwandt, starr auf jmdn., etw. richten u. sich nicht davon abwenden:* sein Blick heftete sich auf ihn. **3. a)** (Schneiderei) *mit Nadeln od. mit locker u. in weiten Abständen durch das Gewebe geführten Stichen vorläufig zusammenhalten:* die zugeschnittenen Stoffteile zuerst h.; **b)** (Buchbinderei) *mit Fäden od. Klammern aus dünnem Draht zu einem Heft, Buchblock zusammenfügen, verbinden:* die Broschüre ist nur geheftet.

Hef|ter, der; -s, -: **1.** *Mappe, in der Schriftstücke mittels einer Klammer, eines Bügels o. Ä. abgeheftet werden; Schnellhefter.* **2.** *kleinere Heftmaschine zum Zusammenheften einzelner Blätter.*

Heft|garn, das: *lose gedrehter Zwirn von geringer Festigkeit, der bes. zum Heften in der Schneiderei verwendet wird.*

hef|tig ⟨Adj.⟩ [mhd. heftec = haftend; beharrlich, zu dem ↑-haft zugrunde liegenden Adj.; die heutige Bed. wohl unter Einfluss von mhd. heifte = ungestüm]: **1.** *von starkem Ausmaß, großer Intensität; sich mit großer Stärke, Wucht, großem Schwung, Ungestüm auswirkend; in hohem Maße, stark, gewaltig:* ein -er Regen; ein -er Aufprall, Schlag; einen -en Schmerz verspüren; eine -e Leidenschaft; eine -e *(leidenschaftlich geführte)* Auseinandersetzung; -e *(erbitterte)* Kämpfe; die Schmerzen waren h., wurden immer -er; es schneit h.; er warf die Tür h. ins Schloss; h. atmen, zittern; sich h. *(leidenschaftlich)* verlieben; sie haben sich h. *(leidenschaftlich, erbittert, sehr)* gestritten, gewehrt; das Gerücht wurde vom Regierungssprecher h. *(sehr nachdrücklich)* dementiert. **2.** *leicht erregbar, aufbrausend, nicht gelassen; ungezügelt, unbeherrscht:* er ist ein sehr -er Mensch; er antwortete in -em *(scharfem)* Ton; er antwortete viel zu h., noch -er als sie.

Hef|tig|keit, die; -, -en: **1.** ⟨o. Pl.⟩ *das Heftigsein; große Stärke, Intensität, Wucht; starkes Ausmaß:* der Sturm, die Kämpfe nahmen an H. zu. **2. a)** ⟨o. Pl.⟩ *heftige* (2) *Art; das Aufbrausen, Erregtsein; Ungezügeltheit, Unbeherrschtheit:* seine H. war ihr nicht neu; die H. *(Schärfe)* seines Tones war verletzend; **b)** *heftige* (2) *Äußerung, Handlung.*

Heft|klam|mer, die: **1.** *kleine Klammer aus Draht, mit der Papier- od. Druckbogen maschinell zusammengeheftet werden.* **2.** *Büroklammer.*

Heft|ma|schi|ne, die: *Maschine zum Zusammenheften von Druckbogen, gefalzten Papierbogen (für Broschüren od. Bücher) mittels Klammern aus Draht od. Fäden.*

Heft|pflas|ter, das: *mit einem Klebstoff [u. einer Auflage aus Mull] versehener Gewebe- od. Plastikstreifen zum Bedecken von Wunden, Befestigen von Verbänden o. Ä.:* ein H. auf die Wunde kleben.

Heft|stich, der (Schneiderei): *locker u. in weiten Abständen durch ein Gewebe geführter Stich, mit dem zwei Stoffteile vorläufig aneinander geheftet werden.*

He|ge, die; - [mhd. hege, ahd. hegī = Umzäunung, zu ↑hegen] (Forstw., Jagdw.): *Gesamtheit der Maßnahmen zur Pflege u. zum Schutz von Pflanzen u. Tieren (bes. Wild u. Fischen):* diese Baumart bedarf besonders der H.

He|ge|li|a|ner, der; -s, - [nach dem dt. Philosophen G. W. F. Hegel (1770–1831)]: *Anhänger, Vertreter der Philosophie Hegels od. einer der philosophischen Richtungen, die sich an Hegel anschließen.*

He|ge|li|a|ne|rin, die; -, -nen: w. Form zu ↑Hegelianer.

he|ge|li|a|nisch ⟨Adj.⟩: *die Philosophie in der Nachfolge Hegels, den Hegelianismus betreffend, darauf beruhend, dazu gehörend; dem Hegelianismus entsprechend, gemäß:* -e Schriften; h. argumentieren.

He|ge|li|a|nis|mus, der; -: *Gesamtheit der philosophischen Richtungen im Anschluss an Hegel.*

he|gelsch ⟨Adj.⟩: *die Philosophie Hegels betreffend, ihr entsprechend; in der Art Hegels:* einen -en, (auch:) Hegel'schen Standpunkt vertreten; -es, (auch:) Hegel'sches Gedankengut.

he|ge|mo|ni|al ⟨Adj.⟩: *die Hegemonie betreffend, auf ihr beruhend, sie erstrebend:* -e Bestrebungen.

He|ge|mo|ni|al|an|spruch, der: *Anspruch eines*

H

Staates auf Vorherrschaft, auf eine Vormachtstellung.

He|ge|mo|ni|al|staat, der: *Staat, der die Vorherrschaft, eine Vormachtstellung innehat, auszubauen trachtet.*

He|ge|mo|nie, die; -, -n [griech. hēgemonía, eigtl. = das Anführen]: **1.** *Vorherrschaft, Vormachtstellung, die ein Staat gegenüber einem od. mehreren anderen Staaten besitzt.* **2.** *faktische Überlegenheit politischer, wirtschaftlicher o. ä. Art:* kulturelle, politische, militärische H.; die wirtschaftliche H. einer Gesellschaftsschicht.

he|ge|mo|nisch ⟨Adj.⟩ [griech. hēgemonikós = zum Anführer gehörend, ihm eigen]: *die Hegemonie betreffend, auf ihr beruhend.*

he|gen ⟨sw. V.; hat⟩ [mhd. hegen = umzäunen, umschließen; abgrenzen, schonen, pflegen, bewahren, ahd. heg(g)an = mit einem Zaun, einer Hecke umgeben, zu ↑Hag]: **1. a)** (bes. Forstw., Jagdw.) *(Tiere u. Pflanzen) mit entsprechenden Maßnahmen pflegen u. schützen:* der Förster hegt den Wald, das Wild; neu angelegte Baumkulturen h.; **b)** *jmdm., einer Sache sorgfältige Pflege angedeihen lassen; sorgsam über jmdn., etw. wachen:* sie verbringt ihre Tage fast nur noch damit, ihre Antiquitäten zu h.; ***h. und pflegen** (1. *mit liebevoller Fürsorge umgeben:* als er krank war, hat sie ihn gehegt und gepflegt [wie eine Mutter ihr Kind]. 2. *sich in besonderer Weise bemühen, etw. aufrechtzuerhalten:* seinen Ruf h. und pflegen). **2.** (geh.) *als Empfindung, als Vorhaben o. Ä. in sich tragen, bewahren; nähren:* eine Abneigung, ein Misstrauen gegen jmdn. h.; Achtung für jmdn. h.; Zweifel h. *(zweifeln);* bestimmte Erwartungen h. *(etw. Bestimmtes erwarten).*

He|ger, der; -s, -: kurz für ↑Wildheger.

He|ge|rin, die; -, -nen: w. Form zu ↑Heger.

He|ge|zeit, die (Jägerspr.): *Schonzeit.*

He|gu|me|nos, der; -, ...oi [spätgriech. hēgoúmenos = Vorsteher, subst. 1. Part. von: hēgeĩsthai = führen, anführen]: *Vorsteher eines orthodoxen Klosters.*

Hehl, das, auch: der; -[e]s [mhd. hæle = Verheimlichung, ahd. hāla = das Verbergen, zu ↑hehlen]: in der Wendung **ein/(auch:) einen H. aus etw. machen** (üblicherweise verneint; *etw. verheimlichen, verbergen*): er machte aus seiner Abneigung kein[en] H.

heh|len ⟨sw. V.; hat⟩ [mhd. heln, ahd. helan = bedecken, verbergen, verstecken, ablautend verw. mit ↑hüllen, ↑Halle]: **1.** (veraltet) *verbergen, verheimlichen, verhehlen.* **2.** (selten) *eine Straftat, bes. einen Diebstahl od. einen Raub, verbergen helfen.*

Heh|ler, der; -s, - [mhd. helære]: *jmd., der Hehlerei begeht.*

Heh|le|rei, die; -, -en (Rechtsspr.): *Straftat, die darin besteht, dass jmd. wegen eines Vorteils eine strafbare Handlung einer anderen Person, durch die sich diese fremde Dinge angeeignet hat, verheimlicht, sich von diesen Dingen selbst aneignet, sie ankauft, weiterverkauft, an ihrem Absatz mitwirkt o. Ä.*

Heh|le|rin, die; -, -nen: w. Form zu ↑Hehler.

hehr ⟨Adj.⟩ [mhd., ahd. hēr = erhaben, vornehm; herrlich; heilig; hochmütig, urspr. = grau(haarig), ehrwürdig] (geh.): *durch seine Großartigkeit, Erhabenheit beeindruckend; erhaben, Ehrfurcht gebietend:* ein -er Anblick, Augenblick; -e Ideale haben.

Heh|re, Hehr|heit, die; - (geh. veraltet): *das Hehrsein; Erhabenheit.*

hei ⟨Interj.⟩ [mhd. hei]: Ausruf ausgelassener Freude, Munterkeit, Lustigkeit: h., war das eine Fahrt!; h., ist das ein Vergnügen!

heia: in der Wendung **h. machen** (Kinderspr.; *schlafen;* meist in Aufforderungen): du musst jetzt erst mal h. machen.

Heia, die; -, -[s] ⟨Pl. selten⟩ (Kinderspr.): *Bett:* jetzt aber ab in die H.! *(jetzt ist es Zeit, schlafen zu gehen!).*

heia|po|peia ⟨Interj.⟩ (Kinderspr.): ↑eiapopeia.

hei|da [auch: 'haida] ⟨Interj.⟩: *hei.*

[1]Hei|de, der; -n, -n [mhd. heiden, ahd. heidano = Heide, wohl über das Got. (vgl. got. haiþno = Heidin) zu gleichbed. spätgriech. (tà) éthnē, eigtl. = die Völker, Pl. von griech. éthnos = Volk u. volksetym. angelehnt an ↑[2]Heide] (Rel., sonst veraltend): *jmd., der nicht der christlichen, jüdischen od. muslimischen Religion angehört; jmd., der nicht an Gott glaubt [u. noch bekehrt werden muss]:* H. sein; den -n das Evangelium verkünden.

[2]Hei|de, die; -, -n [mhd. heide, ahd. heida, eigtl. = unbebautes, wild grünendes Land, Waldgegend; Heidekraut]: **1.** *weite, meist sandige u. überwiegend baumlose Ebene, die bes. mit Heidekrautgewächsen u. Wacholder bewachsen ist:* eine blühende H.; die grüne H.; durch die H. wandern; ***... dass die H. wackelt** (salopp; *sehr heftig;* oft als Drohung): wenn du wieder nicht hörst, bekommst du Prügel, dass die H. wackelt. **2.** ⟨o. Pl.⟩ *Heidekraut:* H. pflücken. **3.** (nordd., ostmd.) *kleinerer [Nadel]wald [auf Sandboden].*

Hei|de|ge|biet, das: *aus [2]Heide (1) bestehendes Gebiet.*

Hei|de|kraut, das ⟨o. Pl.⟩: *(auf Sand- u. Moorboden) in Zwergsträuchern wachsende Pflanze mit kleinen, nadelähnlichen Blättern u. sehr kleinen, meist lilaroten Blüten, die in Trauben am oberen Teil der Stängel sitzen.*

Hei|de|kraut|ge|wächs, das ⟨meist Pl.⟩: *in vielen verschiedenen Arten vorkommende, in [Zwerg]sträuchern wachsende Pflanze mit zuweilen nadelförmigen Blättern u. meist glockenförmigen Blüten.*

Hei|de|land, das ⟨o. Pl.⟩: *aus [2]Heide (1) bestehende Nutzungsfläche.*

Hei|del|bee|re, die; -, -n [mhd. heidelber, zu älter mhd. heitber, ahd. heitperi = auf der [2]Heide wachsende Beere]: **1.** *(zu den Heidekrautgewächsen gehörender, in Wäldern u. Heiden wachsender) Zwergstrauch mit kleinen, eiförmigen, fein gesägten Blättern u. blauschwarzen Beeren, die zu Saft, Kompott, Marmelade o. Ä. verarbeitet werden.* **2.** *Frucht der Heidelbeere (1):* -n pflücken.

Hei|del|beer|kraut, das ⟨o. Pl.⟩: *Sträucher der Heidelbeere.*

Hei|del|berg: Stadt am unteren Neckar.

Hei|de|ler|che, die: *in baumarmen, trockenen Landschaften u. Heidegebieten lebende Lerche.*

Hei|den- [in der Vorstellung der Christen waren die Heiden etw. Schreckliches, Furchterregendes] (ugs. emotional verstärkend): drückt in Bildungen mit Substantiven einen besonders hohen Grad von etw. aus: Heidenarbeit, -schreck, -spaß.

Hei|den|angst, die ⟨o. Pl.⟩ (ugs. emotional verstärkend): *sehr große Angst vor jmdm., etw.:* vor einer Prüfung, Entdeckung eine H. haben; die Kinder hatten eine H. vor ihm.

Hei|den|ar|beit, die ⟨o. Pl.⟩ (ugs. emotional verstärkend): *mit sehr viel Mühe, großem Zeitaufwand verbundene Arbeit:* das ist eine H.

Hei|den|christ, der: *(im Ur- und Frühchristentum im Unterschied zum Judenchristen) Christ nicht jüdischer Herkunft.*

Hei|den|chris|ten|tum, das: *(in ur- u. frühchristlicher Zeit) durch die Mission des Apostels Paulus unter den nicht jüdischen Völkern begründetes Christentum.*

Hei|den|chris|tin, die: w. Form zu ↑Heidenchrist.

Hei|den|geld, das ⟨o. Pl.⟩ (ugs. emotional verstärkend): *sehr große Geldsumme:* die neue Stadtbahn hat ein H. gekostet.

Hei|den|lärm, der (ugs. emotional verstärkend): *sehr großer, als äußerst störend empfundener Lärm.*

hei|den|mä|ßig ⟨Adj.⟩ (ugs. emotional verstärkend): *äußerst groß, unmäßig, sehr viel:* eine -e Anstrengung; sie haben daran h. Geld verdient.

Hei|den|res|pekt, der (ugs. emotional verstärkend): *aus bestimmtem Grund bestehender großer Respekt vor jmdm., etw.:* die Klasse hat vor diesem Lehrer einen H.

Hei|den|rös|chen: ↑Heideröschen.

Hei|den|spaß, der ⟨o. Pl.⟩ (ugs. emotional verstärkend): *sehr großer Spaß.*

Hei|den|tum, das; -s [mhd. heidentuom, ahd. heidantuom]: **a)** *Zustand des Nicht-zum-Christentum-bekehrt-Seins; Religionen u. religiöse Vorstellungen der [1]Heiden:* im antiken H.; **b)** *Gesamtheit der [1]Heiden, heidnische Welt.*

Hei|de|rös|chen, Heidenröschen, das; -s, -: *kleine krautige Pflanze mit schmalen Blättern, holzigem Stängel u. zitronen- bis goldgelben, selten weißen Blüten.*

Hei|de|ro|se, die: *Heideröschen.*

hei|di ⟨Interj.⟩ [Verstärkung von ↑hei]: Ausruf zur Kennzeichnung einer schnellen Fortbewegung, eines raschen Fortgangs von etw.: sie setzten sich auf den Schlitten, und [ab] h. gings den Berg hinunter; ***h. gehen** (ugs.; ↑hopsgehen 2); **h. sein** (ugs.; ↑hops 1).

Hei|din, die; -, -nen: w. Form zu ↑[1]Heide.

heid|nisch ⟨Adj.⟩ [mhd. heidenisch, ahd. heidanisc]: *die [1]Heiden u. ihren Kult betreffend, dazu gehörend, von dorther stammend; für die [1]Heiden charakteristisch, ihrer Art entsprechend:* eine -e Kultstätte; ein -er Brauch; -e Kunst; in -er *(vorchristlicher)* Zeit; h. denken.

Heid|schnu|cke, die; -, -n [1. Bestandteil zu ↑[2]Heide, 2. Bestandteil H. u., viell. zu (m)niederd. snukken = einen Laut ausstoßen, lautm.]: *(in der Lüneburger Heide gezüchtetes) kleines, genügsames Schaf mit grauem bzw. weißem Fell u. kurzem Schwanz.*

hei|kel ⟨Adj.; heikler, -ste⟩ [16. Jh., H. u.]: **1.** *schwierig, gefährlich (sodass man nicht recht weiß, wie man sich verhalten soll):* eine heikle Sache; ein heikles Thema; eine heikle Frage berühren; die Sache ist äußerst h.; ihre Lage wurde immer heikler. **2.** (landsch.) *wählerisch [im Essen], schwer zufrieden zu stellen:* er ist in diesem Punkt sehr h.

heil ⟨Adj.⟩ [mhd., ahd. heil = gesund; unversehrt, gerettet, urspr. wohl Wort des kultischen Bereichs]: **a)** *unversehrt, (bei etw.) unverletzt:* -e Glieder haben; h. am Ziel ankommen; er hat den Unfall h. überstanden; **b)** *wieder gesund; geheilt:* das Knie, die Wunde ist inzwischen h.; **c)** (bes. nordd.) *nicht entzwei od. [teilweise] zerstört, sondern ganz, intakt:* eine -e *(nicht zerrissene od. reparaturbedürftige)* Hose; die Stadt war im Krieg h. geblieben; das Glas war noch h. *(nicht zerbrochen, hatte noch keinen Sprung);* eine Puppe h. machen (Kinderspr., fam.; *ausbessern, reparieren).*

Heil, das; -[e]s [mhd. heil = Glück; (glücklicher) Zufall; Gesundheit; Heilung, Rettung, Beistand, ahd. heil = Glück, Verwandtschaft mit ↑heil nicht sicher geklärt]: **a)** *etw., was jmdm. das ersehnte Gute bringt; jmds. Wohlergehen, Glück:* sein H. in der Entsagung, Vergangenheit suchen; sein H. nur im Alkohol sehen; bei jmdm. [mit etw.] sein H. versuchen *(Erfolg zu haben versuchen);* (als Gruß- od. Wunschformel:) H. den Siegern!; ***sein H. in der Flucht suchen** *(fliehen, davonlaufen);* **b)** (Rel.) *Erlösung von Sünden u. ewige Seligkeit:* das ewige H.; das H. seiner Seele.

Hei|land, der; -[e]s, -e [mhd., ahd. heilant, subst. 1. Part. von mhd., ahd. heilen (↑heilen), LÜ von kirchenlat. salvator, LÜ von griech. sōtēr]: **1.** ⟨o. Pl.⟩ (christl. Rel.) *Jesus Christus als Erlöser der Menschen:* der gekreuzigte H.; unser Herr und H. [Jesus Christus]. **2.** (geh.) *Erlöser, Retter, Helfer:* jmds. H. sein.

Heil|an|stalt, die (veraltend): **a)** *Anstalt für Kranke od. Süchtige, die einer längeren, in Krankenhäusern nicht durchführbaren Behandlung bedürfen:* eine H. für Alkoholiker; **b)** *psychiatrische Krankenanstalt.*

Heil|an|zei|ge, die (Med.): *bei einer bestimmten Krankheit angezeigte Anwendung bestimmter Heilmittel od. Heilverfahren; Indikation.*

Heil|bad, das: **1.** *Kurort mit Heilquellen.* **2.** *medizinisches Bad zu therapeutischen Zwecken.*

heil|bar ⟨Adj.⟩ [mhd. heilbære = Glück bringend]: *sich aufgrund bestimmter Voraussetzungen hei-*

len lassend; die Voraussetzung zu einer Heilung bietend: eine -e Krankheit.
Heil|be|hand|lung, die: *zu Heilzwecken angewandte Behandlung.*
Heil|be|helf, der (österr.): *Heilmittel.*
Heil|be|ruf, der: *Beruf (des Arztes, Zahnarztes, Heilpraktikers), der die Ausübung der Heilkunde zum Gegenstand hat.*
heil|brin|gend ⟨Adj.⟩: **1.** *göttliches Heil* (b) *bringend:* die -e Botschaft. **2.** *Heilung bringend:* eine -e Wirkung.
Heil|brin|ger: ↑Heilsbringer.
Heil|brin|ge|rin, die; -, -nen: w. Form zu ↑Heilbringer.
Heil|butt, der [nd. hille-, hilligbutt = Butt, der an Heiligentagen (= Festtagen) gegessen wird]: *(in nördlichen Meeren lebender) großer, zu den Raubfischen gehörender Fisch mit graubrauner bis schwärzlicher Oberseite u. auf der rechten Seite des Kopfes sitzendem Augenpaar.*
hei|len ⟨sw. V.⟩ [1: mhd. heilen, ahd. heilen; 2: mhd. heilen, ahd. heilēn]: **1.** ⟨hat⟩ **a)** *gesund machen:* jmdn. von seiner Krankheit/mit einem neuen Medikament h.; er ist als geheilt [aus dem Krankenhaus] entlassen worden; **b)** *durch entsprechende ärztliche, medikamentöse o. ä. Behandlung beheben, beseitigen:* eine Krankheit, den Krebs h.; eine Entzündung durch/mit Penizillin h.; heilende Maßnahmen; Ü der Schaden wird geheilt (ugs.; *behoben*); **c)** *von einem falschen Glauben, einem Laster o. Ä. befreien:* jmdn. von seiner Angst, einer fixen Idee h.; davon bin ich für immer geheilt (ugs.; *[in Bezug auf etw. Bestimmtes] ich bin durch schlechte Erfahrungen klug geworden, lasse mich auf so etwas nicht mehr ein*). **2.** *gesund werden* ⟨ist⟩: die Wunde heilt [schnell, komplikationslos, ohne Narbenbildung]; der Muskelriss ist geheilt.
Hei|ler, der; -s, - (geh.): *jmd., der andere heilt.*
Heil|er|de, die: *pulverisierte Moorerde o. Ä. mit hohem Gehalt an Kieselsäure, Mineralstoffen u. Spurenelementen, die äußerlich als Packung bei Hauterkrankungen od. innerlich bei Krankheiten des Magen-Darm-Traktes angewendet wird.*
Heil|er|folg, der: *durch die Heilbehandlung erzielter Erfolg.*
Hei|le|rin, die; -, -nen (geh.): w. Form zu ↑Heiler.
Heil|er|zie|hung, die: *Erziehung von gestörten od. behinderten Kindern u. Jugendlichen.*
heil|froh ⟨Adj.⟩ (ugs.): *erleichtert, dass etw. gerade noch gelungen ist, sich in bestimmter Weise entwickelt hat od. dass man einer unangenehmen Situation gerade noch entgehen konnte:* h. über etw. sein; er war h., dass man ihn verschonte.
Heil|ge|hil|fe, der (veraltend): *jmd., der im medizinischen Bereich technische Hilfe leistet.*
Heil|ge|hil|fin, die (veraltend): w. Form zu ↑Heilgehilfe.
Heil|haut, die ⟨o. Pl.⟩: *jmds. Haut im Hinblick auf die Vernarbung von Wunden.*
hei|lig [mhd. heilec, ahd. heilag, entw. zu einem germ. Subst. mit der Bed. »Zauber; günstiges Vorzeichen, Glück« (verw. mit ↑Heil) od. zu ↑heil]: **I.** ⟨Adj.⟩ **1. a)** *im Unterschied zu allem Irdischen göttlich vollkommen u. daher verehrungswürdig:* der -e Gott; die Heilige Dreifaltigkeit; die -e Kirche; der -e (*von der katholischen Kirche heilig gesprochene;* Abk.: hl.) Augustinus; Heilige Drei Könige (*Dreikönige* [6. Januar]); die Heilige Familie (kath. Kirche; *die häusliche Gemeinschaft des Kindes u. Jünglings Jesus mit Maria u. Joseph*); der Heilige Stuhl (↑Stuhl 3); Gott allein ist h.; *** jmdn. h. sprechen** (kath. Kirche; *jmdn. durch eine feierliche päpstliche Erklärung unter die Heiligen aufnehmen*); **b)** *von göttlichem Geist erfüllt; göttliches Heil spendend:* die -e Taufe, Messe; das -e Abendmahl; die -en Sakramente; -e Gesänge; **c)** (veraltend) *von sittlicher Reinheit zeugend, sehr fromm:* er war ein -er Mann; **d)** *durch einen göttlichen Bezug eine besondere Weihe besitzend:* ein -er Hain; zwölf ist eine -e Zahl; die -e Woche (*Karwoche*). **2.** (geh.) *durch seinen Ernst Ehrfurcht einflößend; unantastbar:* ein -er Zorn, Eifer; eine -e Stille, Pflicht; das -ste der Güter; jmds. -ste Gefühle verletzen; das ist mein -er Ernst (*es ist mir in tiefster Seele ernst damit*); er schwor bei allem, was ihm h. war; ihnen ist nichts h. (*sie haben vor nichts Achtung*); die Gebote, den Sonntag h. halten (*in Ehren halten, respektieren*). **3.** (ugs.) (*von etw. Unangenehmem*) *groß, entsetzlich:* mit jmdm. seine -e Not haben; davor habe ich einen -en Respekt (*das tue ich äußerst ungern*). **II.** ⟨Adv.⟩ (landsch.) *wahrhaftig:* ich habe h. nichts damit zu tun.
Hei|lig|abend, der; -s, -e: *Heiliger Abend* (↑Abend 1).
Hei|li|ge, der u. die; -n, -n ⟨Dekl. ↑Abgeordnete⟩: **a)** (kath. Kirche) *jmd., der sein Leben für den Glauben hingegeben od. die christlichen Tugenden heroisch gelebt hat u. deshalb von den Gläubigen verehrt u. um Fürbitte bei Gott angerufen werden darf:* Augustinus ist ein -r; die -n anrufen; die Gemeinschaft der -n (*der geheiligten Christenheit, der getauften Christen, der Gläubigen*); **b)** (ugs.) *sehr frommer, tugendhafter Mensch:* das ist ein sonderbarer, komischer -r (ugs. iron.; *seltsamer Mensch*).
Hei|li|ge|drei|kö|nigs|tag: ↑Dreikönigstag: ein kalter Heilige[r]dreikönigstag; die Heilige[n]dreikönigstage 1995 und 1996; am Vorabend des Heilige[n]dreikönigstages; am Heilige[n]dreikönigstag.
hei|li|gen ⟨sw. V.; hat⟩ [mhd. heiligen, ahd. heilagōn]: **1.** (geh.) **a)** *durch völlige Hingabe an Gott sittlich vollkommen machen;* **b)** *[einem] Gott od. religiösen Zwecken widmen; weihen:* eine geheiligte Kirche. **2.** *heilig halten:* den Feiertag, Sonntag h.; das ist ein geheiligtes Recht; (iron.:) er betrat die geheiligten Räume des Direktors. **3.** *als gerechtfertigt u. moralisch unantastbar erscheinen lassen, hinstellen.*
Hei|li|gen|bild, das: *bildliche Darstellung eines, einer Heiligen.*
Hei|li|gen|fest, das: *Festtag eines, einer Heiligen.*
Hei|li|gen|fi|gur, die: *Plastik eines, einer Heiligen.*
Hei|li|gen|le|ben, das [LÜ von lat. vita sanctorum]: *Lebensbeschreibung eines, einer Heiligen.*
Hei|li|gen|le|gen|de, die: *Legende um das Leben od. legendarische Lebensbeschreibung eines, einer Heiligen.*
Hei|li|gen|schein, der: *in der bildlichen Darstellung Lichtschein od. Strahlenkranz um das Haupt einer der göttlichen Personen od. eines, einer Heiligen:* Ü seinen H. einbüßen (*seinen Nimbus u. seine Anziehungskraft verlieren*).
Hei|li|gen|schrein, der: *Schrein zur Aufbewahrung von Reliquien.*
Hei|li|gen|ver|eh|rung, die: *Verehrung von Heiligen in der katholischen Kirche.*
hei|lig hal|ten: s. heilig (I 2).
Hei|lig|keit, die; - [mhd. heilecheit, ahd. heiligheit]: **1. a)** *heiliges* (1 a) *Wesen:* die H. Gottes; **b)** *das Heiligsein* (1 b, d): die H. der Ehe; **c)** (veraltend) *heiliges* (1 c), *sehr frommes Wesen, Leben.* **2.** (geh.) *heiliger* (2) *Charakter; Unantastbarkeit:* die H. seines Zorns.
hei|lig|mä|ßig ⟨Adj.⟩: *in der Art eines Heiligen, einem Heiligen vergleichbar.*
hei|lig spre|chen: s. heilig (I 1 a).
Hei|lig|spre|chung, die; -, -en (kath. Kirche): *das Heiligsprechen, Heiliggesprochenwerden.*
Hei|lig|tum, das; -s, ...tümer [mhd. heilectuom, ahd. heiligtuom]: **a)** *heilige* (1 d) *Stätte zur Verehrung [eines] Gottes:* antike, römische, christliche Heiligtümer; ein H. des Dionysos; ein H. schänden; **b)** *heiliger* (1 d), *der Verehrung würdiger Gegenstand:* die Bundeslade ist ein H.; Ü diese Bücher sind sein/für ihn ein H. (*sind ihm besonders wertvoll, teuer*).
Hei|li|gung, die; -, -en ⟨Pl. selten⟩ [mhd. heiligunge, ahd. heiligunga] (geh.): *das Heiligen* (1, 2).
Heil|kli|ma, das: *therapeutisch wirksames Klima.*
heil|kli|ma|tisch ⟨Adj.⟩: *ein Heilklima betreffend, aufweisend:* ein -er Kurort.
Heil|kraft, die: *Heilung bewirkende od. fördernde Kraft in etw.:* die Heilkräfte der Natur; die H. einer Quelle nutzen.
heil|kräf|tig ⟨Adj.⟩: *Heilkraft besitzend:* -e Quellen.
Heil|kraut, das: vgl. Heilpflanze.
Heil|kun|de, die ⟨o. Pl.⟩: *Wissenschaft u. praktische Ausübung der Medizin.*
heil|kun|dig ⟨Adj.⟩: *Erfahrungen auf dem Gebiet der Heilkunde besitzend.*
Heil|kun|di|ge, der u. die; -n, -n ⟨Dekl. ↑Abgeordnete⟩: *jmd., der heilkundig ist.*
heil|kund|lich ⟨Adj.⟩: *die Heilkunde betreffend, zu ihr gehörend.*
Heil|kunst, die ⟨Pl. selten⟩: *ärztliche Kunst; die Medizin unter dem Gesichtspunkt der erfolgreichen Bekämpfung von Krankheiten.*
heil|los ⟨Adj.⟩ [frühnhd. = ohne gute Gesundheit]: **1.** *(meist in Bezug auf üble Dinge) in hohem Grade [vorhanden]; sehr schlimm, ungeheuer:* ein -es Durcheinander; er bekam einen -en Schreck; sie waren h. verschuldet. **2.** (veraltend) *gottlos, nichtswürdig, abscheulich:* ein -er Mensch.
Heil|me|tho|de, die: *bei einer Heilbehandlung angewandte Methode.*
Heil|mit|tel, das: *zu Heilzwecken angewandtes [Arznei]mittel, durchgeführte Maßnahme:* natürliche H.; die Entwicklung neuer H.; Ü das magische H. Liebe.
Heil|pä|da|go|ge, der: *in [Erziehungs]heimen o. Ä. tätiger, speziell für schwer erziehbare Kinder ausgebildeter Erzieher* (Berufsbez.).
Heil|pä|da|go|gik, die: *Teilgebiet der Pädagogik, das sich mit der Heilerziehung befasst.*
Heil|pä|da|go|gin, die: w. Form zu ↑Heilpädagoge.
heil|pä|da|go|gisch ⟨Adj.⟩: *die Heilpädagogik betreffend, zu ihr gehörend, ihr entsprechend.*
Heil|pflan|ze, die: *Pflanze, die wegen ihres Gehalts an Wirkstoffen zu Heilzwecken verwendet wird.*
Heil|prak|ti|ker, der: *mit behördlicher Erlaubnis praktizierender Heilkundiger ohne [abgeschlossene] ärztliche Ausbildung* (Berufsbez.).
Heil|prak|ti|ke|rin, die: w. Form zu ↑Heilpraktiker.
Heil|quel|le, die: *Quelle mit heilkräftigem Wasser.*
Heil|sal|be, die: *Salbe, die die Heilung fördert.*
heil|sam ⟨Adj.⟩ [mhd. heilsam, ahd. heilesam = heilbringend]: **1.** *nutzbringend, förderlich:* eine -e Ermahnung, Ernüchterung; -e Worte; der Schock war für ihn h. **2.** (veraltend) *heilkräftig.*
Heils|ar|mee, die ⟨o. Pl.⟩ [LÜ von engl. Salvation Army]: *internationale, militärisch organisierte christliche Organisation, die (mit Auftritten auf Straßen u. Plätzen) gegen das Laster kämpft u. sich vor allem der Armen u. Verwahrlosten annimmt.*
Heils|bot|schaft, die ⟨o. Pl.⟩: *(von der christlichen Kirche verkündete) Botschaft von der Erlösung der Welt durch Jesus Christus; Evangelium* (1 a).
Heils|brin|ger, Heilbringer, der (Rel.): *Gott, göttliche Person, die den Gläubigen das ihnen in der Religion zugesprochene Heil* (b) *zuteil werden lässt:* Ü die Industrie als H.
Heils|brin|ge|rin, die; -, -nen (Rel.): w. Form zu ↑Heilsbringer.
Heil|schlaf, der (Med.): *künstlich herbeigeführter, über längere Zeit andauernder Schlaf, bei dem die Regenerationsvorgänge zur Selbstheilung u. zum Wiedererlangen der Kräfte genutzt werden; Schlafkur.*
Heil|schlamm, der: *zu Heilzwecken verwendeter Schlamm.*
Heil|se|rum, das (Med.): *zur Immunisierung bei Infektionen o. Ä. verwendetes Blutserum, das große Mengen Antikörper enthält.*
Heils|ge|schich|te, die ⟨o. Pl.⟩ (Theol.): *Geschichte als fortgesetztes göttliches Handeln an, für u. mit Menschen.*
Heils|leh|re, die ⟨o. Pl.⟩: vgl. Heilsbotschaft.
Heils|not|wen|dig|keit, die (kath. Kirche): *Notwendigkeit, bestimmte Dinge zu tun, bzw. notwendiges Vorhandensein bestimmter Dinge, um*

das Heil (b) zu erreichen (z. B. der Glaube, Zugehörigkeit zur Kirchengemeinschaft).

Heils|ord|nung, die ⟨o. Pl.⟩: *die Ordnung der Welt in Bezug auf den göttlichen Heilsplan.*

Heils|plan, der ⟨o. Pl.⟩: *sich in der Heilsgeschichte offenbarender Plan Gottes mit der Welt.*

Heil|stät|te, die: *Spezialklinik zur Behandlung chronischer Infektionskrankheiten (z. B. Tuberkulose).*

Hei|lung, die; -, -en ⟨Pl. selten⟩ [mhd. heilunge]: **1.** *das Heilen* (1 a, b): die H. der Kranken; von einer wirklichen H. ist keine Rede. **2.** *das Heilen* (2), *Gesundwerden:* die H. der Wunde zog sich hin. **3.** *das Heilen* (1 c), *seelische Befreiung von etw.*

Hei|lungs|pro|zess, der: *Prozess der Heilung* (2).

Heil|ver|fah|ren, das: **a)** *alle vom Arzt in einem Krankheitsfall angeordneten Maßnahmen zur Wiederherstellung der Gesundheit;* **b)** *im Rahmen der gesetzlichen Rentenversicherung medizinische Maßnahmen, Behandlung in Spezialanstalten, Kur- u. Badeorten zur Erhaltung od. Wiederherstellung der Erwerbsfähigkeit.*

Heil|was|ser, das: *heilkräftiges Wasser einer Heilquelle.*

H

Heil|wir|kung, die: *Wirkung von etwas auf den Heilungsprozess.*

Heil|zweck: meist in der Fügung **zu -en** *(zum Zwecke der Heilung).*

heim ⟨Adv.; elliptisch od. verselbstständigt aus unfesten Zusammensetzungen wie heimkommen, heimholen o. Ä.⟩ [mhd., ahd. heim = nach Hause, adv. erstarrter Akk. von ↑Heim]: *wieder nach Hause, in die Heimat zurück.*

Heim, das; -[e]s, -e [mhd., ahd. heim, urspr. = Ort, wo man sich niederlässt, Lager]: **1.** ⟨Pl. selten⟩ *jmds. Wohnung, Zuhause (unter dem Aspekt von Geborgenheit, angenehmer Häuslichkeit):* ein behagliches, stilles H.; das H. schmücken; in ein neues H. einziehen. **2. a)** *öffentliche Einrichtung, die der Unterbringung eines bestimmten Personenkreises (z. B. Alte, Kranke, schwer erziehbare Jugendliche) dient:* das H. wurde aufgelöst; aus einem H. entlassen werden; im H. leben; sie ist in drei -en gewesen; **b)** *öffentliche Einrichtung, die der Unterbringung von Erholungsuchenden dient:* die -e des Müttergenesungswerks; **c)** *Gebäude, in dem ein Heim* (2 a, b) *untergebracht ist:* das H. ist abgebrannt; **d)** *Haus für Veranstaltungen, Zusammenkünfte eines Klubs od. Vereins:* ein neues H. bauen.

Heim|ar|beit, die: **a)** *gewerbliche Arbeit, die nicht in den Betriebsräumen des Arbeitgebers, sondern für diesen in der eigenen Wohnung ausgeführt wird:* eine H. bekommen; etw. in H. herstellen; **b)** *in Heimarbeit* (a) *hergestelltes Erzeugnis.*

Hei|mat [...a:t], die; -, -en ⟨Pl. selten⟩ [mhd. heim(u)ot(e), ahd. heimuoti, heimōti, aus ↑Heim u. dem Suffix -ōti]: **a)** *Land, Landesteil od. Ort, in dem man [geboren u.] aufgewachsen ist od. sich durch ständigen Aufenthalt zu Hause fühlt (oft als gefühlsbetonter Ausdruck enger Verbundenheit gegenüber einer bestimmten Gegend):* München ist seine H.; Wien ist meine zweite H. *(ich fühle mich jetzt in Wien zu Hause, obwohl ich nicht dort geboren bin);* seine alte H. wiedersehen; die H. verlieren, verlassen; die Heimat lieben, verteidigen; er hat keine H. mehr; er hat in Deutschland eine neue H. gefunden; jmdm. zur H. werden; Ü jmds. geistige H.; **b)** *Ursprungs-, Herkunftsland eines Tiers, einer Pflanze, eines Erzeugnisses, einer Technik o. Ä.:* die H. dieser Fichte ist Amerika; Deutschland gilt als die H. des Buchdrucks.

hei|mat|be|rech|tigt ⟨Adj.⟩: **a)** *wohnberechtigt;* **b)** (schweiz.) *an einem bestimmten Ort Bürgerrecht besitzend.*

Hei|mat|dich|ter, der: *Dichter, Schriftsteller, dessen Werk in der heimatlichen Landschaft mit ihrem Volkstum wurzelt.*

Hei|mat|dich|te|rin, die: w. Form zu ↑Heimatdichter.

Hei|mat|dich|tung, die: *Dichtung, die vom Erlebnis der heimatlichen, bes. ländlichen Landschaft u. ihrer Menschen geprägt ist.*

Hei|mat|er|de, die ⟨o. Pl.⟩: *heimatliche Erde als Ausdruck der Verbundenheit mit der Heimat.*

Hei|mat|for|scher, der: *jmd., der sich mit der Heimatforschung beschäftigt.*

Hei|mat|for|sche|rin, die: w. Form zu ↑Heimatforscher.

Hei|mat|for|schung, die: *Erforschung von Natur u. Geschichte der heimatlichen Landschaft.*

Hei|mat|ge|mein|de, die: **1.** vgl. Heimatort. **2.** (schweiz.) *Gemeinde, in der jmd. das Bürgerrecht besitzt.*

hei|mat|ge|nös|sig ⟨Adj.⟩ (schweiz.): *heimatberechtigt* (b).

Hei|mat|ge|schich|te, die: **a)** *Teil der Geschichtswissenschaft, der sich mit der Geschichte eines [kleineren] Landesteils befasst;* **b)** *Darstellung, die die Heimatgeschichte* (a) *zum Thema hat.*

Hei|mat|ha|fen, der: *Hafen, in dem ein Schiff in das Schiffsregister eingetragen ist.*

Hei|mat|kun|de, die ⟨o. Pl.⟩ (früher): *Geschichte, Geographie u. Biologie einer engeren Heimat (als Unterrichtsfach).*

Hei|mat|kund|ler, der; -s, -: *Heimatforscher.*

Hei|mat|kund|le|rin, die; -, -nen: w. Form zu ↑Heimatkundler.

hei|mat|kund|lich ⟨Adj.⟩: *die Heimatkunde betreffend, zu ihr gehörend:* -er Unterricht; ein -es Thema.

Hei|mat|land, das ⟨Pl. ...länder⟩ [2: LÜ von engl. homeland]: **1.** *Land, aus dem jmd. stammt u. in dem er seine Heimat hat:* * **[o du mein] H.!** *(Ausruf ungeduldiger Entrüstung;* wohl verhüllend für [o du mein] Heiland). **2.** *Homeland.*

hei|mat|lich ⟨Adj.⟩: **a)** *in der Heimat befindlich, zu ihr gehörend:* die -en Berge; **b)** *die Heimat in Erinnerung bringend, so ähnlich wie in der Heimat:* alles mutet mich hier h. an.

hei|mat|los ⟨Adj.⟩: *keine Heimat mehr besitzend:* -e Emigranten.

Hei|mat|mu|se|um, das: *Museum mit naturkundlichen u. kulturgeschichtlichen Sammlungen der engeren Heimat.*

Hei|mat|ort, der ⟨Pl. -e⟩: **a)** *Ort, in dem jmd. [geboren u.] aufgewachsen ist, seine Heimat hat;* **b)** *Heimathafen.*

Hei|mat|prin|zip, das ⟨o. Pl.⟩ (schweiz.): *Grundsatz des Strafrechts, nach dem eigene Staatsangehörige, die im Ausland straffällig geworden sind, nicht ausgeliefert, sondern im eigenen Land abgeurteilt werden.*

Hei|mat|recht, das ⟨Pl. selten⟩: *Recht, in einem Ort, Land weiterhin leben zu dürfen:* eine Art H. erwerben.

Hei|mat|staat, der: *Staat, aus dem man stammt, dessen Staatsangehörigkeit man besitzt.*

Hei|mat|stadt, die: vgl. Heimatort (a).

Hei|mat|tref|fen, das: *Treffen der Heimatvertriebenen zum Gedenken an die verlorene Heimat.*

Hei|mat|ver|tei|di|gung, die ⟨o. Pl.⟩: *Verteidigung des Heimatstaates.*

hei|mat|ver|trie|ben ⟨Adj.⟩: *aus der Heimat vertrieben:* ein -er Deutscher *(jmd., der nach 1945 die Ostgebiete des Deutschen Reiches bzw. die deutschen Siedlungsgebiete außerhalb der Reichsgrenzen von 1937 verlassen musste).*

Hei|mat|ver|trie|be|ne, der u. die: *jmd., der heimatvertrieben ist.*

heim|be|ge|ben, sich ⟨st. V.; hat⟩: *sich nach Hause begeben.*

heim|be|glei|ten ⟨sw. V.; hat⟩: *nach Hause begleiten.*

heim|brin|gen ⟨unr. V.; hat⟩: **a)** *heimbegleiten;* **b)** *nach Hause schaffen, tragen, befördern:* das Heu trocken h.

Heim|chen, das; -s, - [wahrsch. Vkl. zu mhd. heime, ahd. heimo = Hausgrille od. verdunkelte Zus., vgl. mhd. heimamuch, umgestellt aus: mücheime, ahd. mühheimo (1. Bestandteil wohl zu got. mūka- »sanft«)]: **1.** *gelblich braune Grille, die sich im Dunkeln in warmen Räumen od. auch im Freien durch lautes Zirpen bemerkbar macht.* **2.** (ugs. abwertend) *unscheinbare, unauffällige, unbedeutende Frau:* * **H. am Herd[e]** *(eine naive, nicht emanzipierte Frau, die sich mit ihrer Rolle als Hausfrau und Ehefrau zufrieden gibt;* nach dem Titel der Erzählung von Ch. Dickens (1812–1870) »Cricket on the hearth«).

Heim|com|pu|ter, der: *kleinerer, aber relativ leistungsfähiger Computer für den privaten Anwendungsbereich, bes. für Spiel u. Hobby.*

heim|dür|fen ⟨unr. V.; hat⟩ (ugs.): *sich heimbegeben dürfen, nach Hause dürfen.*

Heim|ein|wei|sung, die: *Einweisung in ein Heim* (2 a).

hei|me|lig ⟨Adj.⟩: *eine behagliche, gemütliche, wohlige Atmosphäre verbreitend.*

Hei|men, das; -s, - [mhd. heim, unter Einfluss des Adv. heimen, ahd. heimina = vom Hause] (schweiz.): *Heimet.*

Heim|er|zie|her, der: *Erzieher in einem Kinder- od. Jugendheim* (Berufsbez.).

Heim|er|zie|he|rin, die: w. Form zu ↑Heimerzieher.

Heim|er|zie|hung, die: *Erziehung von Waisen, körperlich u. seelisch gefährdeten, schwer erziehbaren, behinderten Kindern od. Jugendlichen in einem besonderen Heim* (2 a).

Hei|met, das; -s, - [mundartl. Nebenf. von ↑Heimat] (schweiz.): *kleines bäuerliches Anwesen.*

heim|fah|ren ⟨st. V.⟩: **a)** *nach Hause, in seinen Heimatort fahren* ⟨ist⟩: sie will übers Wochenende h.; **b)** *mit einem Fahrzeug nach Hause befördern, bringen* ⟨hat⟩: jmdn. h.

Heim|fahrt, die: *Fahrt nach Hause, in den Heimatort:* die H. antreten.

Heim|fall, der ⟨o. Pl.⟩: *(im Lehns-, Erbbau- od. alten Erbrecht) das Zurückfallen* (5) *eines Eigentums an die ursprünglich Berechtigten od. den Staat (z. B. beim Tod des letzten Eigentümers, wenn keine Erben vorhanden sind).*

heim|fal|len ⟨st. V.; ist⟩: *(im Lehns-, Erbbau- od. alten Erbrecht) als Eigentum an die ursprünglich Berechtigten od. den Staat zurückfallen.*

heim|fin|den ⟨st. V.; hat⟩: *den Weg zurück, nach Hause, in die Heimat finden.*

heim|flie|gen ⟨st. V.; ist⟩: *an seinen Heimatort, in die Heimat fliegen.*

heim|füh|ren ⟨sw. V.; hat⟩: **1. a)** *(jmdn., der der Betreuung bedarf) nach Hause führen, geleiten:* einen Blinden, h.; **b)** (geh. veraltet) *(eine weibliche Person) heiraten:* ein Mädchen, eine Braut h.; er führte sie als seine Gattin heim. **2.** (geh.) *zur Heimkehr veranlassen:* die Sorge um seine Familie führte ihn wieder heim.

Heim|gang, der ⟨Pl. selten⟩ (geh. verhüll.): *(als Ausdruck christlicher Einstellung) Tod:* der H. der Mutter.

heim|ge|gan|gen: ↑heimgehen.

Heim|ge|gan|ge|ne, Heim|ge|gang|ne, der u. die; -n, -n ⟨Dekl. ↑Abgeordnete⟩ (geh. verhüll.): *(als Ausdruck christlicher Einstellung) Verstorbene, Verstorbener.*

heim|ge|hen ⟨unr. V.; ist⟩: **a)** *nach Hause gehen:* wir müssen jetzt endlich h.; **b)** (geh. verhüll.) *[im Glauben an ein Jenseits als eigentliche Heimat des Menschen] sterben:* er ist gestern [in Frieden] heimgegangen; **c)** ⟨unpers.⟩ *sich zu Fuß od. in einem Fahrzeug nach Hause begeben:* jetzt gehts heim *(wollen wir nach Hause gehen, fahren o. Ä.).*

heim|ge|schä|digt ⟨Adj.⟩: *(von Kindern, Jugendlichen) durch den Aufenthalt, das Aufwachsen in einem Heim* (2 a) *seelisch geschädigt.*

heim|ho|len ⟨sw. V.; hat⟩: *nach Hause, in seinen Heimatort, in die Heimat holen:* jmdn. aus dem Krankenhaus [zu sich] h.; Ü Gott hat ihn heimgeholt (geh. verhüll.; *er ist gestorben).*

Heim|in|dus|trie, die: *in Heimarbeit betriebene Industrie.*

hei|misch ⟨Adj.⟩ [mhd. heimisch, ahd. heimisc = zum Heim, zur Heimat gehörend, einheimisch; zahm; nicht wild wachsend]: **a)** *das eigene Land betreffend, dazu gehörend; in einer bestimmten Heimat vorhanden, von dort stammend; einheimisch:* die -e Bevölkerung, Wirtschaft, Industrie; -e Pflanzen; diese Tiere sind in Asien h.; **b)** *zum eigenen Heim, zur vertrauten häuslichen, heimatlichen Umgebung gehörend;* **c)** *wie zu Hause, vertraut:* er war in Berlin h.; in einer fremden Stadt schnell h. werden *(sich schnell einleben);* Ü in einem Fach h. (selten; *bewandert, beschlagen*) sein.

Heim|kehr, die; -: *das Heimkehren:* die H. der Kriegsgefangenen, der Emigranten; die H. aus dem Krieg.

heim|keh|ren ⟨sw. V.; ist⟩: *nach Hause, an seinen Heimatort, in die Heimat zurückkehren:* mit leeren Händen h.; nach längerer Abwesenheit h.; von einer Expedition h.

Heim|keh|rer, der; -s, -: *jmd., der [aus dem Krieg] heimkehrt.*

Heim|keh|re|rin, die; -, -nen: w. Form zu ↑Heimkehrer.

Heim|kind, das: *Kind, das in einem Heim* (2 a) *aufwächst.*

Heim|ki|no, das: **a)** (oft scherzh.) *Filmvorführung zu Hause mit einem Schmalfilmprojektor;* **b)** (ugs. scherzh.) *Fernsehen* (1).

heim|kom|men ⟨st. V.; ist⟩: *nach Hause kommen; an seinen Heimatort, in die Heimat zurückkommen:* müde, niedergeschlagen h.; von der Arbeit h.; er wird bald h.

heim|kön|nen ⟨unr. V.; hat⟩ (ugs.): *sich heimbegeben können, nach Hause können.*

heim|lau|fen ⟨st. V.; ist⟩: *nach Hause gehen, laufen.*

Heim|lei|ter, der: *Leiter eines Heims* (2 a).

Heim|lei|te|rin, die: w. Form zu ↑Heimleiter.

heim|leuch|ten ⟨sw. V.; hat⟩: **1.** (veraltend) *jmdn. mit einer Lampe, Fackel nach Hause geleiten.* **2.** (salopp) *jmdn. tadelnd zurückweisen, jmdm. eine Abfuhr erteilen:* dem hab ich aber heimgeleuchtet!

heim|lich ⟨Adj.⟩ [mhd. heim(e)lich = vertraut; einheimisch; vertraulich, geheim; verborgen, ahd. heimilīh = zum Hause gehörend, vertraut, zu ↑Heim]: **1.** *(aus Scheu vor Bloßstellung od. weil man ein Verbot umgehen will) vor andern verborgen; so unauffällig, dass andere nicht merken, was geschieht:* -es Misstrauen; -e Tränen; ein -er Liebhaber; mit -em Behagen; er war von dem -en Ehrgeiz beseelt, Künstler zu werden; die Verhandlungen sind h.; h. auf die Uhr sehen; jmdm. h. zürnen; jmdm. h. etw. zuflüstern; sich h. mit jmdm. treffen; ***h., still und leise** (ugs.; *lautlos, ohne Geräusch, unbemerkt*); **h. tun** (abwertend; *sich geheimniskrämerisch verhalten*): sie tat immer sehr h. [mit ihren Verabredungen]. **2.** (österr., sonst veraltet) *heimelig.*

heim|lich|feiß ⟨Adj.⟩ [2. Bestandteil alemann. feiß = fett, feist] (schweiz.): *seinen Besitz, ein Können verheimlichend; heuchlerisch.*

Heim|lich|keit, die; -, -en [mhd. heim(e)līchkeit]: **1.** ⟨meist Pl.⟩ *etw., was geheim, verborgen bleibt:* verbotene -en; mit jmdm. -en haben. **2.** *Verborgenheit, in der nichts bemerkt werden kann:* in aller H. *(heimlich)* ausziehen.

Heim|lich|tu|er, der; -s, - (abwertend): *jmd., der heimlich tut.*

Heim|lich|tu|e|rei, die; -, -en (abwertend): *das Heimlichtun.*

Heim|lich|tu|e|rin, die; -, -nen (abwertend): w. Form zu ↑Heimlichtuer.

heim|lich tun: s. heimlich (1).

Heim|mann|schaft, die (Sport): *auf eigenem Platz, in eigener Halle o. Ä. antretende Mannschaft.*

heim|müs|sen ⟨unr. V.; hat⟩ (ugs.): *sich heimbegeben müssen, nach Hause müssen.*

Heim|mut|ter, die: *Leiterin eines Heims* (2 a) *mit familiärer Struktur, familiärem Charakter.*

Heim|nie|der|la|ge, die (Sport): *auf eigenem Platz, in eigener Halle o. Ä. erlittene Niederlage.*

Heim|nie|re, die: *künstliche Niere, mit der ein Patient zu Hause eine Entgiftung des Blutes durchführen kann.*

Heim|nim|bus, der (Sport): *Nimbus, den eine Mannschaft dadurch gewonnen hat, dass sie seit längerer Zeit auf eigenem Platz, in eigener Halle o. Ä. unbesiegt geblieben ist.*

Heim|punkt, der (Sport): *auf eigenem Platz, in eigener Halle o. Ä. errungener Punkt.*

Heim|recht, das ⟨o. Pl.⟩ (Sport): *Recht, Berechtigung, ein Spiel, einen Wettkampf auf eigenem Platz, in eigener Halle o. Ä. auszutragen:* Borussia hat in der ersten Begegnung H.

heim|rei|sen ⟨sw. V.; ist⟩: *in den Heimatort, in die Heimat [zurück]reisen.*

Heim|sau|na®, die: *kleine Sauna für die private Nutzung.*

heim|schi|cken ⟨sw. V.; hat⟩: *nach Hause schicken.*

heim|schwach ⟨Adj.⟩ (Sport): *auf eigenem Platz, in eigener Halle o. Ä. oft eine schwache Leistung bietend und wenig erfolgreich:* eine -e Elf.

Heim|schwä|che, die ⟨o. Pl.⟩ (Sport): *häufige, auffällige Schwäche, Erfolglosigkeit bei auf eigenem Platz, in eigener Halle o. Ä. ausgetragenen Wettkämpfen, Spielen.*

Heim|sieg, der (Sport): *auf eigenem Platz, in eigener Halle o. Ä. errungener Sieg.*

Heim|son|ne, die: *Höhensonne für die private Nutzung.*

Heim|spiel, das (Sport): *auf eigenem Platz, in eigener Halle o. Ä. ausgetragenes Spiel.*

heim|stark ⟨Adj.⟩ (Sport): *bei Wettkämpfen, Spielen auf eigenem Platz, in eigener Halle o. Ä. meist besonders gut u. erfolgreich:* die schottischen Klubs sind als h. gefürchtet.

Heim|stär|ke, die ⟨o. Pl.⟩ (Sport): *Stärke, [häufiges] erfolgreiches Auftreten bei auf eigenem Platz, in eigener Halle o. Ä. ausgetragenen Wettkämpfen, Spielen.*

Heim|statt, die (geh.): *Stätte, wo jmd., etw. heimisch werden kann, seinen festen Aufenthaltsort findet.*

Heim|stät|te, die: **1.** ⟨Pl. selten⟩ *Heimstatt:* eine neue H. finden; jmdm. eine H. bieten. **2.** *von Bund, Land, Gemeinde[verband] od. gemeinnütziger Siedlungsgesellschaft bevorzugt an Vertriebene, Heimkehrer, Kriegsgeschädigte ausgegebenes, unter bestimmten Bedingungen vererbbares Grundstück mit Einfamilienhaus, Nutzgarten od. landwirtschaftlichem bzw. gärtnerischem Anwesen.*

heim|su|chen ⟨sw. V.; hat⟩ [mhd. heime suochen = in freundlicher od. feindlicher Absicht zu Hause aufsuchen, überfallen]: **1.** *als etw. Unerwünschtes, Unheilvolles o. Ä. über jmdn., etw. kommen; befallen:* ein Krieg, eine Dürre suchte das Land heim; er wurde von einer schweren Krankheit heimgesucht. **2.** *bei jmdm. in einer ihn schädigenden od. für ihn unangenehmen, lästigen Weise eindringen:* Einbrecher suchten das Lager heim; sie wurden am Wochenende von der Verwandtschaft heimgesucht.

Heim|su|chung, die; -, -en [1, 3: mhd. heimsuochunge = Hausfriedensbruch; 2: frühnhd. = Besuch]: **1.** *Schicksalsschlag, der als Prüfung od. Strafe von Gott empfunden wird:* sie hatten viele -en zu ertragen. **2.** (christl. Rel.) *Begegnung der mit Jesus u. Johannes dem Täufer schwangeren Frauen Maria u. Elisabeth im Hause Elisabeths:* das Fest der H. Mariä (kath. Rel.; *des Besuchs von Maria bei Elisabeth;* urspr. am 2. Juli, dann am 31. Mai); auf dem Altarbild ist eine H. dargestellt. **3.** (südd.) *Haussuchung.*

Heim|tex|ti|li|en ⟨Pl.⟩: *Textilien für die Innendekoration.*

Heim|tier, das: *Tier, das in einem Haushalt gehalten werden kann* (z. B. Hund, Katze, Meerschweinchen, Hamster, Papagei, Terrarientier).

Heim|trai|ner, der: **1.** *Hometrainer.* **2.** *jmd., der einen Sportler in seinem heimatlichen Verein trainiert.*

Heim|trai|ne|rin, die: w. Form zu ↑Heimtrainer (2).

heim|trau|en, sich ⟨sw. V.; hat⟩: *sich trauen, nach Hause zu seiner Familie zu gehen* ⟨meist verneint⟩: er traute sich mit seinem schlechten Zeugnis nicht heim.

Heim|tü|cke, die; - [Zus. aus haimliche (= heimliche) Dück od. hemische (= hämische) Dück]: *hinterlistige Bösartigkeit, heimtückisches Wesen:* jmds. H. fürchten.

Heim|tü|cker, der; -s, - (ugs.): *heimtückischer Mensch.*

heim|tü|ckisch ⟨Adj.⟩: *bei völliger Verborgenheit nach außen hin in gefährlicher Weise bösartig od. davon zeugend:* eine -e Art; ein -er Überfall; jmd. h. ermorden; Ü eine -e Krankheit.

Heim|vor|teil, der ⟨o. Pl.⟩ (Sport): *Vorteil, der einer Mannschaft daraus erwächst, dass sie auf eigenem Platz, in eigener Halle o. Ä. antritt.*

heim|wärts ⟨Adv.⟩ [mhd. heimwert, ahd. heimwartes]: *nach Hause; in Richtung Heimat:* h. segeln.

Heim|weg, der: *Weg* (2) *nach Hause, zum Heimatort.*

Heim|weh, das ⟨o. Pl.⟩ [urspr. med. Fachausdruck in der Schweiz]: *große Sehnsucht nach der fernen Heimat od. einem dort wohnenden geliebten Menschen, bei dem man sich geborgen fühlte:* heftiges H. befiel ihn; an/unter H. leiden; er ist krank vor H.

heim|weh|krank ⟨Adj.⟩: *an Heimweh leidend:* ein -es Kind; h. sein.

heim|wer|ken ⟨sw. V.; meist nur im Inf. u. 1. Part. gebr.⟩: *als Heimwerker arbeiten:* wir wollen h.; ⟨subst.:⟩ viel Geld sparen durch Heimwerken.

Heim|wer|ker, der: *jmd., der zu Hause handwerkliche Arbeiten ausführt.*

Heim|wer|ke|rin, die; -, -nen: w. Form zu ↑Heimwerker.

Heim|we|sen, das [mhd. heimwesen = Hauswesen] (schweiz.): *Anwesen; ländlicher Besitz.*

heim|wol|len ⟨unr. V.; hat⟩: *sich heimbegeben wollen, nach Hause wollen.*

heim|zah|len ⟨sw. V.; hat⟩: **a)** *etw. Böses, von dem man sich persönlich betroffen fühlt, bei günstiger Gelegenheit mit etw. Bösem erwidern:* jmdm. etw. tüchtig h.; **b)** (veraltend) *[dankbar] vergelten.*

heim|zu ⟨Adv.⟩ (landsch.): *auf dem Weg nach Hause; heimwärts:* h. ging die Fahrt rascher.

Hein: ↑Freund (1).

Hei|ni, der; -s, -s [eigtl. Kosef. Heini des m. Vorn. Heinrich] (ugs. Schimpfwort): *dumme, einfältige männliche Person; jmd., über den man sich geärgert hat od. den man nicht leiden mag:* so ein doofer H.!

-hei|ni, der; -s, -s (ugs. abwertend): kennzeichnet in Bildungen mit Substantiven – selten mit Verben (Verbstämmen) – eine männliche Person, die sehr allgemein durch etw. charakterisiert ist: Pomaden-, Kaugummi-, Reklame-, Versicherungsheini.

Hein|rich: in den Wendungen **den flotten H. haben** (salopp; *Durchfall haben*); **den müden H. spielen/auf müden H. machen** (ugs.; *langsam sein beim Arbeiten, sich nicht anstrengen*); **der grüne H.** (österr.; *die grüne Minna;* ↑Minna).

Heinz, der; -en, -en, **[1]Hein|ze,** der; -n, -n [nach dem m. Vorn. Heinz (= Heinrich), da das Gestell einer menschlichen Gestalt ähnlich sieht] (südd.): **1.** *Holzgestell zum Trocknen von Klee u. Heu.* **2.** *Stiefelknecht.*

[2]Hein|ze, die; -, -n (schweiz.): *Heinz* (1).

Hein|zel|bank, die ⟨Pl. …bänke⟩ (österr.): *Werkbank mit einer Klemmvorrichtung zur Bearbeitung von Holz.*

Hein|zel|männ|chen, das ⟨meist Pl.⟩ [Heinzel = Kosef. des m. Vorn. Heinz, nach dem Volksglauben, durch derartige Namensgebungen die Hausgeister günstig stimmen zu können]: *(im Volksglauben) hilfreicher Geist in Zwergengestalt, der in Abwesenheit der Menschen deren Arbeit verrichtet.*

hei|o|po|peio ⟨Interj.⟩: *eiapopeia.*

Hei|rat […a:t], die; -, -en [mhd., ahd. hīrāt, urspr. = Hausbesorgung, dann: Ehestand, 1. Bestandteil verw. mit ↑Heim, zum 2. Bestandteil vgl. Rat]: *das Eingehen, Schließen einer Ehe; eheliche Verbindung:* eine späte, reiche H.; ihre H. steht bevor; eine H. [mit jmdm.] eingehen; eine H. vermitteln, hintertreiben; eine H. aus Liebe;

mit, nach ihrer H. war sie aus dem Berufsleben ausgeschieden; vor seiner H. hat er ein unstetes Leben geführt.

hei|ra|ten (sw. V.; hat) [mhd. hīrāten]: **a)** *eine, die Ehe eingehen, schließen:* zum zweiten Mal h.; er hat nicht geheiratet *(er ist ledig geblieben);* sie mussten h. (ugs. verhüll.: *sie heirateten, weil sie ein Kind erwarteten*); (subst.:) mit dem Heiraten warten; **b)** *mit jmdm. eine Ehe eingehen, schließen:* die Tochter des Nachbarn h.; die beiden haben sich geheiratet; er hat Geld (ugs.; *ein reiches Mädchen*) geheiratet; **c)** *durch Heirat an einen bestimmten Ort kommen u. dort leben:* ins Ausland, nach Amerika h.

Hei|rats|ab|sicht, die (meist Pl.): *Absicht zu heiraten:* jmds. -en durchkreuzen.

Hei|rats|an|non|ce, die: *Annonce in einer Zeitung o. Ä., in der man einen geeigneten Partner für die Ehe sucht.*

Hei|rats|an|trag, der: *von einem Mann einer Frau unterbreiteter Vorschlag, miteinander die Ehe einzugehen:* er machte ihr einen H.; einen H. ablehnen.

Hei|rats|an|zei|ge, die: **1. a)** *die Namen u. das Hochzeitsdatum u. a. enthaltende Briefkarte, mit der ein Hochzeitspaar seine Heirat Verwandten, Freunden u. Bekannten mitteilt:* -n verschicken; **b)** *Anzeige in einer Zeitung, durch die ein Hochzeitspaar seine Heirat offiziell bekannt gibt:* seine H. in die Zeitung setzen. **2.** *Heiratsannonce.*

Hei|rats|er|laub|nis, die: *(z. B. für Minderjährige) Erlaubnis zu heiraten.*

hei|rats|fä|hig (Adj.): *das Alter [erreicht] habend, in dem eine Heirat [nach dem geltenden Recht] möglich ist:* [noch nicht] h. sein; im -en Alter sein *(alt genug sein, um heiraten zu können).*

Hei|rats|in|sti|tut, das: *Eheanbahnungsinstitut.*

Hei|rats|kan|di|dat, der (scherzh.): *Ehekandidat.*

Hei|rats|kan|di|da|tin, die (scherzh.): w. Form zu ↑Heiratskandidat.

hei|rats|lus|tig (Adj.) (scherzh.): *gewillt, gesonnen zu heiraten.*

Hei|rats|markt, der (scherzh.): **a)** (o. Pl.) *Rubrik in einer Zeitung, Zeitschrift, unter der Heiratsannoncen abgedruckt sind;* **b)** *Veranstaltung o. Ä., bei der viele Leute im heiratsfähigen Alter zusammentreffen, bei der sich die Gelegenheit zum Kennenlernen eines möglichen Ehepartners ergibt.*

Hei|rats|schwin|del, der: *das Vorspiegeln von Heiratsabsichten zu dem Zweck, von dem Partner Geld od. andere Werte zu erlangen.*

Hei|rats|schwind|ler, der: *jmd., der Heiratsschwindel betreibt.*

Hei|rats|schwind|le|rin, die: w. Form zu ↑Heiratsschwindler.

Hei|rats|ur|kun|de, die: *standesamtliche Urkunde, die die Eheschließung bescheinigt.*

Hei|rats|ur|laub, der: *Urlaub, den ein Soldat, ein Häftling zum Zweck der Eheschließung erhält.*

Hei|rats|ver|mitt|ler, der: *jmd., der gewerbsmäßig Ehen vermittelt* (Berufsbez.).

Hei|rats|ver|mitt|le|rin, die: w. Form zu ↑Heiratsvermittler.

Hei|rats|ver|mitt|lung, die: **1.** *gewerbsmäßige Vermittlung von Ehen.* **2.** *Eheanbahnungsinstitut.*

hei|rats|wil|lig (Adj.): *gewillt zu heiraten.*

hei|sa ['haiza, 'haisa], heißa, heißassa (Interj.) [aus ↑hei u. sa! = Lockruf für einen Jagdhund < mhd. za < (a)frz. çà! = hierher!] (veraltet): Ausruf der Freude od. der Ermunterung: h., jetzt gehts los!

hei|schen (sw. V.; hat) [mhd. (h)eischen, ahd. (h)eiscon = fordern, fragen, urspr. = suchen, trachten nach]: **a)** (geh.) *(in Bezug auf eine Handlung, einen Vorgang o. Ä.) gebieterisch, mit Nachdruck fordern, verlangen:* etw. heischt Zustimmung; ein Respekt heischender Blick; **b)** (geh. veraltend) *um etw. bitten:* Hilfe, Mitleid h.

hei|ser (Adj.) [mhd. heis(er), ahd. heis(i), urspr. = rau]: *(von der menschlichen Stimme) durch Erkältung od. durch vieles Reden, Singen, Schreien u. Ä. rau u. fast tonlos [u. flüsternd]:* ein -es Lachen; eine -e Stimme haben; ich bin heute ganz h.; h. sprechen; sich h. schreien; sie sprach h.

Hei|ser|keit, die; -, -en (Pl. selten) [mhd. heiserheit]: *das Heisersein:* sie leidet an nervöser H.

heiß (Adj.) [mhd., ahd. heiʒ, urspr. = brennend (heiß)]: **1.** *sehr warm, von [relativ] hoher Temperatur:* -es Wasser; -er Tee; die -en Länder *(Länder mit hohen Durchschnittstemperaturen, tropische Länder);* eine -e Gegend; -e Hände haben; -e Quellen; ein -es Bad nehmen; -e *(in heißem Wasser gebrühte)* Würstchen; Vorsicht, das Bügeleisen ist h.!; der Tag war drückend h.; das Kind ist ganz h. (fam.; *es fiebert*); die Achse war h. gelaufen; (subst.:) ein Paar Heiße (ugs.; *heiße Würstchen*); **R** dich haben sie wohl [als Kind] zu h. gebadet! (salopp; *du hast wohl den Verstand verloren!*); **Ü** h.! (scherzh. bei bestimmten Spielen; *du bist nahe an der gesuchten Sache*); *** es überläuft jmdn. h. und kalt; es läuft jmdm. h. und kalt den Rücken hinunter** *(jmdn. schaudert, jmd. ist betroffen);* **nicht h. und nicht kalt/weder h. noch kalt sein** *(in unbefriedigender Weise unentschieden, unzureichend sein).* **2. a)** *heftig, erbittert, hitzig:* ein -er Kampf; eine -e Debatte; eine h. umstrittene Frage; die Stadt war h. *(erbittert)* umkämpft; sich h. reden *(sich beim Reden über etw. Bestimmtes erhitzen, in Schwung kommen);* **b)** *mit großer Intensität empfunden; leidenschaftlich* (3): -e Liebe; ihr -ester Wunsch ist eine Puppe; etw. h. ersehnen; h. begehrt, erfleht, ersehnt, geliebt; -en (ugs. verstärkend; *besten*) Dank; das Kind liebt seinen Teddybär h. und innig *(sehr, von Herzen);* *** h. auf jmdn., etw. sein** (ugs.; ↑wild): wir waren ganz h. darauf, endlich wieder Fußball zu spielen. **3.** *erregend, aufreizend:* -e Musik; -e Rhythmen. **4. a)** (ugs.) *gefährlich, heikel, mit Konflikten geladen:* ein -es Thema; die Radikalen kündigten einen -en Sommer an; eine -e Gegend; die Grenze gilt immer noch als h.; vgl. Draht, Ware; **b)** (Kernphysik) *(von Räumen, Teilen von Anlagen od. Stoffen) stark radioaktiv:* -e Substanzen, Teilchen; eine -e Zelle *(abgeschlossener Teil einer Kernkraftanlage, in der, von außen gesteuert, extrem radioaktive Stoffe bearbeitet werden);* -e Chemie *(Gebiet der Kernchemie, das sich mit durch Bestrahlung sehr radioaktiv gewordenen Stoffen befasst).* **5.** (ugs.) *viel versprechend:* ein -er Tipp; (Sport:) eine -e *(hohe)* Favoritin. **6.** (ugs.) *(von sportlichen Fahrzeugen) sehr schnell u. spritzig.* **7. a)** (ugs.) *(von Hunden u. Katzen) paarungsbereit, brünstig:* die Hündin ist h.; **b)** (salopp) *(von Menschen) geschlechtlich erregt.* **8.** (Jugendspr.) *in begeisternder Weise schön, gut; großartig, stark* (8): ein -es Buch; eine -e Bluse; der Junge ist h., aus dem wird mal was!; etw. h. finden.

hei|ßa, hei|ßas|sa: ↑heisa.

heiß be|gehrt: s. heiß (2 b).

Heiß|be|hand|lung, die (Med.): *Behandlung mit Heißluft od. heißem Dampf zu Heilzwecken.*

heiß|blü|tig (Adj.): *von leicht erregbarem Temperament; impulsiv, leidenschaftlich reagierend:* ein -er Südländer; h. sein.

[1]hei|ßen (st. V.; hat) [mhd. heiʒen, ahd. heiʒʒan = auffordern, befehlen; sagen; nennen, wohl eigtl. = antreiben, zu etw. drängen; 1: aus dem passivischen Gebrauch der alten Bed. »nennen«]: **1.** *den Namen haben, sich nennen, genannt werden:* der Junge heißt Peter Müller; wie heißt du [mit Vor-, Nachnamen]?; früher hat sie anders geheißen (landsch. ugs: geheißen); wie heißt die Straße?; er heißt nach seinem Großvater *(er trägt den gleichen Vornamen wie sein Großvater);* **R** (ugs. Ausdruck der Bekräftigung eines vorher genannten Sachverhalts) wenn es sich so verhält, heiße ich Hans, Emil, Meier/will ich Hans, Emil, Meier h. (ugs.; *so verhält es sich ganz gewiss nicht*). **2. a)** (veraltend) *nennen* (1 a): sie haben das Kind [nach seinem Vater] Wilhelm geheißen; **b)** (geh.) *nennen* (1 b): jmdn. seinen Freund h.; jmdn. launisch h.; das muss man eine großartige Leistung h.; das heiße ich pünktlich [sein]. **3.** (in Verbindung mit einem Inf. + Akk.) (geh.) *das Verlangen äußern, dass etw. Bestimmtes geschehe; zu etw. auffordern:* er hieß mich stehen bleiben; wer hat dich kommen heißen/(seltener:) geheißen?; er hieß ihn ein ehrlicher Mensch werden. **4.** *einer Äußerung o. Ä. in einem anderen Zusammenhang, einem Wort in einer anderen Sprache o. Ä. entsprechen; das Gleiche bedeuten, aussagen, ausdrücken:* »guten Abend« heißt auf Französisch »bon soir«; er weiß, was es heißt *(bedeutet),* Verantwortung zu tragen; das will schon etwas h.; das soll nun etwas h.! (ugs. abwertend; *soll Eindruck machen!*); (in einer Verärgerung ausdrückenden Antwort, die eine vorangegangene Äußerung aufgreift:) was heißt hier: morgen? Das wird sofort gemacht; (als Erläuterung od. Einschränkung von etw. vorher Gesagtem; Abk.: d. h.:) ich komme morgen, das heißt, nur wenn es nicht regnet. **5.** *den Wortlaut haben, lauten:* der Titel des Romans heißt »Krieg und Frieden«; der Werbespruch, sein Motto heißt: ... **6.** (geh. veraltend) (unpers.) **a)** *(als Vermutung, Behauptung o. Ä.) gesagt werden:* es heißt, er sei ins Ausland gegangen; **b)** *(an einer bestimmten Stelle) zu lesen sein, geschrieben stehen:* bei Hegel heißt es, ...; in dem Abkommen heißt es ausdrücklich, dass ...; in seinem Brief hatte es geheißen, er wolle zurückkommen. **7.** (unpers.) (geh.) *nötig, geboten sein:* noch heißt es abwarten; da heißt es aufgepasst/aufpassen! *(gilt es aufzupassen!).*

[2]hei|ßen (sw. V.; hat) [mit Übernahme der Ausspr. von gleichbed. niederl. hijsen]: *hissen:* er heißte die Fahne.

heiß er|fleht: s. heiß (2 b).

heiß er|sehnt: s. heiß (2 b).

heiß ge|liebt: s. heiß (2 b).

Heiß|hun|ger, der: *[plötzlich auftretender] besonders großer Hunger* (1 b) *auf etw. Bestimmtes:* mit wahrem H. fiel er über den Erbseneintopf her.

heiß|hung|rig (Adj.): *mit Heißhunger:* h. verschlang er sein Essen.

heiß|lau|fen (st. V.; ist) (Technik): *(von Maschinenteilen aufgrund von unzureichender Schmierung od. mangelnder Kühlung) durch Reibung heiß werden:* der Motor läuft heiß, ist heißgelaufen; (auch h. + sich:) die Achsen haben sich heißgelaufen; **Ü** noch während der Sendung liefen die Drähte, die Telefone heiß *(gab es eine Vielzahl von Anrufen).*

Heiß|lei|ter, der (Elektrot.): *Stoff, dessen Fähigkeit, den Strom zu leiten, bei zunehmender Temperatur immer größer wird.*

Heiß|luft, die: *künstlich erhitzte Luft:* eine Behandlung mit H.; die Hände mit H. trocknen.

Heiß|luft|bad, das: *Schwitzbad in trockener Heißluft; irisch-römisches Bad; türkisches Bad.*

Heiß|luft|bal|lon, der: *Freiballon, bei dem der Auftrieb durch periodisches Aufheizen der in der Ballonhülle enthaltenen Luft mit einem mitgeführten Propangasbrenner erzeugt wird.*

Heiß|luft|du|sche, die: *(als Haartrockner, in der Medizin u. in der Technik verwendeter) elektrisch betriebener Ventilator, dessen Luftstrom erwärmt werden kann.*

Heiß|luft|ge|blä|se, das: *Gebläse* (1 a), *mit dem Heißluft erzeugt wird.*

Heiß|luft|ge|rät, das: *Gerät, mit dem Heißluft erzeugt wird.*

Heiß|luft|herd, der: *Elektroherd, dessen Backofen mit einem Gebläse für Heißluft ausgestattet ist (um durch die intensive Luftumwälzung ein gleichmäßiges Bräunen von Gebäck, Braten o. Ä. zu ermöglichen).*

Heiß|man|gel, die: *beheizte Mangel zum Glätten von Wäsche, die feucht durchläuft.*

Heiß|sporn, der (Pl. -e) [nach engl. hotspur]: *hitziger, draufgängerischer Mensch:* nur mit Mühe konnte man die -e besänftigen.

heiß um|kämpft: s. heiß (2 a).
heiß um|strit|ten: s. heiß (2 a).
Heiß|was|ser|be|rei|ter, der; -s, -: *elektrisch od. mit Gas beheiztes Gerät zur Bereitung [u. Speicherung] von heißem Wasser.*
Heiß|was|ser|spei|cher, der: *Wasserbehälter, in dem heißes Wasser erzeugt u. gespeichert wird.*
Heis|ter, der; -s, - [mhd. heister = junger Buchenstamm, mniederd. he(i)ster, 1. Bestandteil viell. zu einem Verb mit der Bed. »(ab)schlagen«, zum 2. Bestandteil -ter (-der) vgl. Teer]: **1.** (Gartenbau) *junger Laubbaum (aus einer Baumschule).* **2.** (landsch.) *Buche.*
-heit, die; -, -en [mhd., ahd. -heit, zum Suffix erstarrtes Subst. ahd. heit = Person, Persönlichkeit; Gestalt, urspr. = Leuchtendes, Scheinendes, verw. mit ↑heiter]: **1.** bildet mit Adjektiven und zweiten Partizipien – seltener mit Adverbien oder Zahlwörtern – die entsprechenden Substantive, die dann einen Zustand, eine Beschaffenheit, Eigenschaft ausdrücken: Durchdachtheit, Kultiviertheit. **2. a)** bezeichnet in Bildungen mit Substantiven eine Personengruppe: Christenheit; **b)** bezeichnet in Bildungen mit Substantiven eine Eigenschaft oder Handlung von jmdm.: Narrheit.
hei|ter ⟨Adj.⟩ [mhd. heiter, ahd. heitar, eigtl. = leuchtend]: **1.** *durch Unbeschwertheit, Frohsinn u. innere Ausgeglichenheit gekennzeichnet; fröhlich:* ein -es Gemüt, Gesicht; ein -es Lachen; er ist ein -er Mensch; sie nahm alles mit -er Gelassenheit; er war immer h. [und zufrieden/vergnügt]; die Gesellschaft war vom reichlichen Alkoholgenuss schon sehr h. *(ausgelassen, laut u. fröhlich)* geworden; -e Musik; ein heller, -er *(freundlicher, heller)* Raum; die Sache hat auch eine -e *(erheiternde)* Seite; **R** das ist ja h., kann ja h. werden! (ugs. iron.; *da steht uns noch einiges bevor, das kann noch unangenehm werden!*). **2.** *(in Bezug auf die Witterung o. Ä.) nicht trüb, wolkenlos u. hell, sonnig:* -es Wetter; ein -er Tag; h. bis wolkig.
Hei|ter|keit, die; - [mhd. heiterkeit = Klarheit]: **1. a)** *das Heitersein* (1), *heitere Gemütsverfassung:* eine beglückende innere H.; die H. des Gemüts; H. erfüllt jmdn.; **b)** *durch Lachen o. Ä. nach außen hin sichtbar werdende fröhliche, aufgelockerte Stimmung; [lautes] Gelächter:* eine laute H.; etw. trägt zur allgemeinen H. bei. **2.** *heitere* (2) *Beschaffenheit:* Wetter von beständiger H.
Hei|ter|keits|aus|bruch, der: *Ausbrechen in fröhliches, lautes Gelächter:* seine Bemerkung hatte einen großen H. zur Folge.
Hei|ter|keits|er|folg, der: *große Heiterkeit* (1 b), *die jmd., meist unbeabsichtigt, durch ein ungeschicktes Verhalten, eine Äußerung von unfreiwilliger Komik o. Ä. erntet:* mit etw. einen [großen] H. haben.
Hei|ti, das; -[s], -s [anord. heiti = Name, Benennung, verw. mit ↑[1]heißen] (Literaturw.): *(in der altnordischen Dichtung) bildliche Umschreibung eines Begriffes durch eine einfache eingliedrige Benennung* (z. B. »Renner« statt »Ross«). Vgl. Kenning.
Heiz|an|la|ge, die: *Anlage zum Beheizen eines Gebäudes.*
heiz|bar ⟨Adj.⟩: *mit einer Möglichkeit zum Heizen* (1 b) *versehen; sich heizen lassend:* -e Räume; eine -e *(beheizbare)* Heckscheibe.
Heiz|de|cke, die: *elektrisch erwärmbare Decke.*
Heiz|ele|ment, das (Elektrot.): *Teil einer elektrischen Heizvorrichtung, in dem die elektrische Energie in Wärme umgewandelt wird.*
hei|zen ⟨sw. V.; hat⟩ [mhd., ahd. heizen (heiȥen), urspr. = heiß machen, zu ↑heiß]: **1. a)** *einen Ofen anzünden, die Heizung o. Ä. in Betrieb nehmen (um einen Raum, ein Gebäude o. Ä. zu erwärmen):* ab Oktober wird geheizt; in der Küche ist nicht geheizt; **b)** *(einen Raum, ein Gebäude o. Ä.) erwärmen, warm machen:* ein Zimmer, das Haus h.; der Saal lässt sich nicht h.; die Wohnung war gut geheizt; **c)** *(einen Ofen, bestimmte technische Anlagen) mit Heizmaterial beschicken, anheizen:* den Backofen, Dampfkessel [mit Holz] h. **2. a)** *als Brennstoff verwenden:* Holz, Kohle h.; **b)** *(in bestimmter Weise, mit einem bestimmten Brennstoff) Wärme erzeugen:* elektrisch, mit Öl, mit Kohle h. **3.** ⟨h. + sich⟩ *(von Räumen) sich in bestimmter Weise erwärmen lassen:* das Zimmer, das Haus heizt sich schlecht. **4.** (ugs.) *(mit einem Kraftfahrzeug) sehr schnell fahren.*
Heiz|ener|gie, die: **a)** *zum Heizen* (1) *verwendeter Energieträger;* **b)** *zum Heizen* (1) *benötigte Energie* (2): H. sparen.
Hei|zer, der; -s, - [mhd. heiȥer]: *jmd., der Heizungs- u. Kesselanlagen bedient* (Berufsbez.).
Hei|ze|rin, die; -, -nen: w. Form zu ↑Heizer.
Heiz|flä|che, die: *Wärme ausstrahlender Teil der Oberfläche eines Heizkörpers.*
Heiz|gas, das: *brennbares Gas zum Heizen.*
Heiz|ge|rät, das: *kleineres Gerät zum (zusätzlichen) Heizen von Räumen.*
Heiz|kes|sel, der: *Kessel einer Heizungsanlage, in dem die Wärme erzeugt wird.*
Heiz|kis|sen, das: *elektrisch erwärmbares, flaches Kissen, dessen Temperatur stufenweise reguliert werden kann u. das zur örtlichen Wärmebehandlung o. Ä. dient:* das H. ein-, ausschalten.
Heiz|kör|per, der: **a)** *in den zu beheizenden Räumen aufgestellter, aus zusammenhängenden Rohren, Platten, Lamellen o. Ä. bestehender Hohlkörper (als Wärme abstrahlender Teil einer Heizungsanlage):* in dem Neubau wurden die H. montiert; **b)** *Heizelement.*
Heiz|kos|ten ⟨Pl.⟩: *durch Heizen entstehende Kosten.*
Heiz|kos|ten|pau|scha|le, die: *pauschaler Betrag, den der Mieter für die Heizkosten zahlt u. der jährlich mit den tatsächlichen Kosten verrechnet wird.*
Heiz|kraft|werk, das: *Kraftwerk, aus dessen Abdampf die Wärme zur Deckung des industriellen od. privaten Wärmebedarfs gewonnen wird.*
Heiz|lüf|ter, der: *elektrisch betriebenes Heizgerät, dessen Wärme durch einen Ventilator in den Raum geblasen wird.*
Heiz|ma|te|ri|al, das: *zum Heizen verwendetes Material* (z. B. Kohle, Koks, Holz, Öl).
Heiz|ofen, der: *transportabler, elektrisch od. mit Gas beheizter Ofen.*
Heiz|öl, das: *bei der Aufbereitung von Erdöl anfallender flüssiger Brennstoff, der als Heizmaterial dient.*
Heiz|pe|ri|o|de, die: *Periode des Jahres, während deren geheizt werden muss.*
Heiz|plat|te, die: **1.** *elektrisch beheizte Kochplatte.* **2.** *elektrisch beheizte Platte zum Warmhalten von Speisen.*
Heiz|rohr, das: *Rohr einer Heizungsanlage, durch das das erwärmte Wasser, der Dampf o. Ä. geleitet wird.*
Heiz|son|ne, die: *transportables elektrisches Heizgerät, in dem die von glühenden Drähten erzeugte Wärme über einen reflektierenden Schirm in eine bestimmte Richtung ausgestrahlt wird.*
Heiz|spi|ra|le, die: *durch elektrischen Strom zum Glühen gebrachte Spirale in einem Heizgerät.*
Heiz|strah|ler, der: *elektrisches Heizgerät, bei dem die von glühenden Drähten erzeugte Wärme in den Raum reflektiert wird.*
Hei|zung, die; -, -en: **1. a)** *Einrichtung, Anlage zum Beheizen von Räumen, Gebäuden o. Ä.; Zentralheizung:* eine elektrische H.; die H. ein-, abschalten; die H. warten; **b)** (ugs.) *Heizkörper:* Waschlappen zum Trocknen auf die H. legen. **2.** ⟨o. Pl.⟩ *das Heizen:* Miete mit H.
Hei|zungs|an|la|ge, die: *Heizanlage.*
Hei|zungs|kel|ler, der: *Kellerraum, in dem sich die Heizanlage befindet.*
Hei|zungs|mon|teur, der: *jmd., der Heizungsanlagen installiert u. wartet* (Berufsbez.).
Hei|zungs|mon|teu|rin, die: w. Form zu ↑Heizungsmonteur.
Hei|zungs|rohr, das: *Heizrohr:* -e verlegen.
Hei|zungs|tank, der: *Tank für die Aufnahme von flüssigen od. gasförmigen Brennstoffen.*
Hei|zungs|tech|nik, die: *Teilgebiet der Technik, das sich mit dem Bau von Heizungsanlagen beschäftigt.*
Heiz|vor|rich|tung, die: *Vorrichtung zum Heizen.*
Heiz|werk, das: *Fernheizwerk.*
Heiz|wert, der: *Wärmemenge, die bei der Verbrennung eines Brennstoffes frei wird.*
He|ka|te (griech. Myth.): Göttin der Nacht u. der Unterwelt.
He|ka|tom|be, die; -, -n [lat. hecatombe < griech. hekatómbē = kultisches Opfer von 100 Stieren, zu: hekatón = hundert u. boũs = Stier] (bildungsspr.): *einem unheilvollen Ereignis o. Ä. zum Opfer gefallene, erschütternd große Zahl von Menschen:* dem Erdbeben fielen -n von Menschen zum Opfer.
hekt-, Hekt-: ↑hekto-, Hekto-.
Hek|tar, das, auch, schweiz. nur: der; -s, -e ⟨aber: 10 -⟩ [frz. hectare = 100 Ar, aus ↑Hekt- u. ↑[1]Ar]: *Flächenmaß (bes. landwirtschaftlich genutzter Bodenflächen) von 100 Ar:* 6 H. Ackerboden (Zeichen: ha).
Hek|ta|re, die; -, -n (schweiz.): *Hektar.*
Hek|tar|er|trag, der ⟨meist Pl.⟩ (Landw.): *Ertrag pro Hektar.*
Hek|tik, die; - [zu ↑hektisch]: *übersteigerte Betriebsamkeit, fieberhafte Eile, Hast, mit der jmd. etw. tut, mit der etw. geschieht, abläuft:* die H. des Großstadtverkehrs; in der H. *(vor lauter Eile)* etw. vergessen; nur keine H.!
Hek|ti|ker, der; -s, - (ugs.): *jmd., der hektisch* (1) *ist:* der H. macht mich ganz krank.
Hek|ti|ke|rin, die; -, -nen: w. Form zu ↑Hektiker.
hek|tisch ⟨Adj.⟩ [2: mlat. hecticus = an chronischer Brustkrankheit leidend, schwindsüchtig < griech. hektikós = den Zustand, die Körperbeschaffenheit betreffend; chronisch (bes. von Fieber)]: **1.** *von Unruhe, Nervosität u. Hast gekennzeichnet; von einer übersteigerten Betriebsamkeit erfüllt; fieberhaft, aufgeregt:* eine -e Atmosphäre; eine -e Jagd nach dem Geld; -es Getriebe; der Tag war h. gewesen; h. hin und her laufen. **2.** (Med. veraltend) *in Begleitung der Lungentuberkulose auftretend:* -es Fieber; eine -e Röte *(fleckig-blaurote Gesichtsfarbe bei schwerer Lungentuberkulose).*
hek|to-, Hek|to-, (vor Vokalen:) hekt-, Hekt- [frz. hect(o)-, zu griech. hekatón = hundert] ⟨Best. in Zus. mit der Bed.⟩: *hundertfach, vielfach* (z. B. Hektoliter, Hektar).
Hek|to|graf usw.: ↑Hektograph usw.
Hek|to|gramm, das; -[e]s, -e ⟨aber: 5 -⟩ [frz. hectogramme, aus: hecto- (↑hekto-, Hekto-) u. gramme, ↑Gramm]: *Maßeinheit von 100 Gramm* (Zeichen: hg).
Hek|to|graph, (auch:) Hektograf, der; -en, -en [eigtl. = Hundertschreiber, zu griech. gráphein = schreiben] (veraltend): *Apparat zum Vervielfältigen von Schriftstücken u. Zeichnungen, bei dem das mit Anilintinte beschriebene Original auf eine mit Gelatine beschichtete Druckplatte übertragen wird, von der eine größere Anzahl von Abzügen abgenommen werden kann.*
Hek|to|gra|phie, (auch:) Hektografie, die; -, -n: **1.** ⟨o. Pl.⟩ (veraltend) *Verfahren, mithilfe des Hektographen Vervielfältigungen herzustellen.* **2.** *mithilfe eines Hektographen hergestellte Vervielfältigung.*
hek|to|gra|phie|ren, (auch:) hektografieren ⟨sw. V.; hat⟩: *[mithilfe eines Hektographen] vervielfältigen:* Flugblätter h.
Hek|to|li|ter, der (schweiz. nur so) od. das; -s, - [frz. hectolitre]: *Maßeinheit von 100 Litern* (Zeichen: hl).
Hek|to|me|ter, der (schweiz. nur so) od. das; -s, - [frz. hectomètre]: *Maßeinheit von 100 Metern* (Zeichen: hm).
Hek|to|pas|cal, das; -s, -: *Maßeinheit von 100 Pascal* (Zeichen: hPa).
Hek|tor: **1.** (griech. Myth.) trojanischer Held. **2.** * **rangehen wie H. an die Buletten** (landsch.

salopp: *ein Vorhaben tatkräftig anpacken, zielstrebig durchführen;* nach dem häufig gebrauchten Hundenamen Hektor).

Hek|to|stẹr, der; -s, -e u. -s ⟨aber: 3 -⟩ [frz. hectostère, zu: hecto- (↑hekt-, Hekt-) u. stère, ↑Ster]: *(bes. für Holz gebrauchtes) Hohlmaß, Raummaß von 100 Kubikmetern* (Zeichen: hs).

Hek|to|wạtt, das; -s, -: *Maßeinheit von 100 Watt.*

He|ku|ba: in der Wendung **jmdm. H. sein, werden** (bildungsspr. selten; *gleichgültig sein, werden; jmdn. nicht [mehr] interessieren;* nach Shakespeares »Hamlet«, in dem auf die Stelle bei Homer angespielt wird, wo Hektor zu seiner Gattin Andromache sagt, ihn bekümmere das Leid seiner Mutter Hekuba weniger als das ihre).

Hel, die; - ⟨meist o. Art.⟩ [wahrsch. »die Bergende«, verw. mit ↑hehlen] (germ. Myth.): **1.** Totenreich, in dem alle auf dem Land Gestorbenen ihre Wohnstätte haben. **2.** Göttin der Hel (1).

he|lau ⟨Interj.⟩ (Karnevalsruf, bes. in Mainz): *hoch!, hurra!:* h. rufen; ⟨subst.:⟩ die fröhlichen »Helaus« der Karnevalisten waren überall in den Straßen zu hören.

Hẹld, der; -en, -en [1: mhd. helt, H. u.; 3: wohl nach engl. hero (< lat. heros, ↑Heros)]: **1. a)** (Myth.) *durch große u. kühne Taten bes. in Kampf u. Krieg sich auszeichnender Mann edler Abkunft (um den Mythen u. Sagen entstanden sind):* die -en des klassischen Altertums, der germanischen Sage; **b)** *jmd., der sich mit Unerschrockenheit u. Mut einer schweren Aufgabe stellt, eine ungewöhnliche Tat vollbringt, die ihm Bewunderung einträgt:* die von den schweren Rettungsarbeiten Heimkehrenden wurden als -en gefeiert; **c)** *jmd., der sich durch außergewöhnliche Tapferkeit im Krieg auszeichnet u. durch sein Verhalten zum Vorbild [gemacht] wird:* ein tapferer H.; namenlose -en des Weltkriegs; unsere gefallenen -en (in pathetischer Redeweise; *die gefallenen Soldaten*); aus den Gefallenen machten sie -en; (abwertend:) er spielt sich gern als H./(veraltet:) als -en auf; du bist mir [ja] ein [rechter/netter/schöner] H.! (scherzh. od. iron.; *was du da gemacht, was du dir da geleistet hast, ist nicht besonders rühmlich*); ihr seid mir zwei [traurige] -en!; (scherzh. od. spött.:) na, ihr -en, was habt ihr denn da angestellt?; spiel doch nicht immer den -en! *(tu doch nicht so, als könnte dich nichts verletzen!);* R die -en sind müde [geworden] (*scherzhafte od. spöttische Feststellung in Bezug auf eine Gruppe od. einen Einzelnen, der bei seiner Tätigkeit an einem Punkt angelangt ist, an dem sein Elan nachlässt, er zurücksteckt, an dem Resignation in ihm Platz greift o. Ä.;* nach dem ins Deutsche übertragenen Titel des französischen Films »Les héros sont fatigués«, 1955); * **kein H. in etw. sein** (ugs. scherzh. od. spött.; *[bes. in Bezug auf die Begabung eines Schülers für ein bestimmtes Fach] nicht bes. gut sein*): in Mathematik ist er kein H.; **der H. des Tages, des Abends sein** *(aufgrund einer besonderen Tat o. Ä. vorübergehend im Mittelpunkt des Interesses stehen).* **2.** (DDR) *jmd., der auf seinem Gebiet Hervorragendes, gesellschaftlich Bedeutendes leistet:* * **H. der Arbeit** (DDR; 1. *für hervorragende, der Gesamtheit dienende Leistungen von vorbildlichem Charakter verliehener Ehrentitel. 2. Träger[in] des Ehrentitels;* LÜ von russ. Geroj Truda). **3.** ⟨Pl. selten⟩ *männliche Hauptperson eines literarischen o. ä. Werks:* der tragische H.; das Stück hat einen negativen -en (Literaturw.; *eine Hauptperson, die keine heldischen Eigenschaften besitzt, die dem Geschehen passiv gegenübersteht*); dieser Schauspieler spielt heute den jugendlichen -en (veraltet; *die jugendliche Hauptperson* [Rollenfach im Theater]).

Hẹl|den|brust, die (scherzh. od. iron.): *Brust eines Mannes:* komm an meine H.!

Hẹl|den|dar|stel|ler, der (Theater): *Darsteller im Rollenfach des Helden* (3).

Hẹl|den|dich|tung, die ⟨o. Pl.⟩ (Literaturw.): *Dichtung, die alte Heldensagen zum Gegenstand hat.*

Hẹl|den|epos, das (Literaturw.): *epische Dichtung des Mittelalters, die Stoffe u. Gestalten der Heldenlieder aufgreift u. durch breite Schilderung, Einschiebung von Episoden u. Ä. erweitert.*

Hẹl|den|fried|hof, der: *Soldatenfriedhof.*

Hẹl|den|ge|denk|tag, der (nationalsoz.): *Gedenktag für die Toten des Ersten u. des Zweiten Weltkriegs.*

hẹl|den|haft ⟨Adj.⟩: *besonderen Mut, besondere Tapferkeit, Unerschrockenheit, innere Kraft beweisend, zeigend:* ein -er Kampf; ein -er Entschluss; (spött.:) den -en Entschluss fassen, nicht mehr zu rauchen.

Hẹl|den|lied, das (Literaturw.): *strophische, im Stabreim abgefasste, episch-balladeske Dichtung (der germanischen Völker des 5. bis 8. Jahrhunderts), deren Stoff der germanischen Heldensage entnommen ist.*

Hẹl|den|mut, der: *besonderer Mut, besondere Tapferkeit, Unerschrockenheit.*

hẹl|den|mü|tig ⟨Adj.⟩: *Heldenmut besitzend, beweisend; heldenhaft:* ein -er Einsatz; h. kämpfen.

Hẹl|den|sa|ge, die (Literaturw.): *in den Bereich der Sage gehörende mündliche od. schriftliche Überlieferung aus der heldischen Frühzeit eines Volkes.*

Hẹl|den|stück, das (meist iron.): *Heldentat:* da hast du dir ja ein H. geleistet *(es war alles andere als rühmlich, was du da gemacht hast).*

Hẹl|den|tat, die: *heldenhafte Tat:* bei der Bergung der Opfer haben die Helfer wahre -en vollbracht; was du dir da geleistet hast, war keine H. (spött.; *war nicht sehr rühmlich*).

Hẹl|den|te|nor, der: **1.** [1]*Tenor* (1), *der für die Rollen von Helden geeignet ist:* jugendlicher H. *(geringere Höhe, dafür aber umso stärkere Durchschlagskraft erfordernder Tenor);* schwerer H. *(Sonorität u. ein Höchstmaß an Klangentfaltung erfordernder Tenor).* **2.** *Sänger mit der Stimmlage des Heldentenors* (1).

Hẹl|den|tod, der (geh.): *Tod (eines Soldaten) auf dem Schlachtfeld:* ihr Sohn hat in Russland den H. gefunden *(er ist dort gefallen).*

Hẹl|den|tum, das; -s [geb. von Chr. M. Wieland (1733–1813) für Heroismus]: *heldenhafte Denk- u. Handlungsweise, Haltung:* stilles, wahres H.

Hẹl|der, der od. das; -s, - [aus dem Niederd., wohl zu (m)niederd. helden = neigen, schräg abhängen, da das Deichvorland sich vom Deichfuß bis zur offenen See hin abflacht; verw. mit ↑Halde]: *uneingedeichtes Marschland.*

Hẹl|din, die; -, -nen: **1. a)** (geh.) *bes. tapfere, opfermütige Frau, die sich für andere einsetzt, eingesetzt hat:* man musste sie als H. bezeichnen; **b)** weibl. Form zu ↑Held (1 b). **2.** *weibliche Hauptperson eines literarischen Werks:* die H. des Liebesromans.

hẹl|disch ⟨Adj.⟩ (geh.): **1.** *den od. die Helden* (1 a) *betreffend:* die -e Frühzeit eines Volkes. **2.** *heldenhaft.*

hẹl|fen ⟨st. V.; hat⟩ [mhd. helfen, ahd. helfan; H. u.]: **1.** *jmdm. durch tatkräftiges Eingreifen, durch Handreichungen od. körperliche Hilfestellung, durch irgendwelche Mittel od. den Einsatz seiner Persönlichkeit ermöglichen, [schneller u. leichter] ein bestimmtes Ziel zu erreichen; jmdm. bei etw. behilflich sein, Hilfe leisten:* [jmdm.] bereitwillig h.; kann ich dir h.?; jmdm. finanziell h. *(jmdn. finanziell unterstützen);* [jmdm.] auf dem Feld, bei/(schweiz.:) an der Arbeit, im Haushalt h.; sie hat mir in einer schwierigen Situation mit ihrem Rat geholfen *(beigestanden);* er hilft ihm aufräumen; sie half ihm, das Gepäck zu verstauen; sie hat ihm suchen h./geholfen; sie hat ihm beim Suchen geholfen; er tat, als hülfe (veraltend)/(selten:) hälfe er ihr gern; den Armen h. *(sie unterstützen, ihre Not lindern);* dieser Arzt hat mir geholfen (ugs.; *hat mir zur Wiederherstellung meiner Gesundheit, zur nachhaltigen Besserung meines Leidens verholfen*); jmdm. ist nicht zu h. *(bei jmdm. ist alle Hilfe, sind alle guten Ratschläge zwecklos, vergebens);* jmdm. ist nicht mehr zu h. *(jmd. ist aufgrund seiner schweren Krankheit, seiner schweren Verletzungen nicht mehr zu retten);* ich wusste mir nicht [mehr] zu h. *(sah, fand keinen Ausweg [mehr] aus der für mich schwierigen Situation);* er weiß sich immer zu h.; R ich kann mir nicht h., [aber] ... *(ich kann nicht anders [als in der folgenden Weise denken, urteilen, empfinden]);* ich werde, will dir h./dir werde, will ich h.! (ugs. als Drohung in Bezug auf ein bestimmtes unerwünschtes Tun bes. von Kindern; *wehe, du tust das [noch einmal]!*). **2.** *im Hinblick auf die Erreichung eines angestrebten Zieles förderlich sein, die Durchführung einer bestimmten Absicht o. Ä. erleichtern; nützen:* die Zeit wird dir h., den Schmerz, den Verlust zu überwinden; da hilft kein Jammern und kein Klagen; mit dieser Feststellung ist uns wenig geholfen; die Kur hat ihr geholfen; das Mittel hilft bei/gegen Kopfschmerzen *(bewirkt eine Linderung, Beseitigung der Kopfschmerzen);* ⟨unpers.:⟩ es hat uns viel, kaum geholfen, dass ...; was hilft es dir, wenn ...; was hilfts, wir können ja doch nichts daran ändern.

Hẹl|fer, der; -s, - [mhd. helfære, ahd. helfāri]: *jmd., der einem anderen bei etw. hilft, ihn bei etw. unterstützt:* ein freiwilliger, tüchtiger H.; er war für uns ein H. in der Not; sie hat an ihm einen verlässlichen H. *(Mitarbeiter, eine Stütze bei der Arbeit);* er ist H. in Steuersachen (veraltet; *Steuerbevollmächtigter*); Ü die Waschmaschine ist ein unentbehrlicher H. im Haushalt.

Hẹl|fe|rin, die; -, -nen [mhd. helfærinne]: w. Form zu ↑Helfer.

Hẹl|fers|hel|fer, der [spätmhd. helffershelffer, urspr. = Mithelfer im Streit, Kampfgenosse] (abwertend): *jmd., der einem andern bei der Ausführung einer unrechten Tat hilft; Mittäter, Komplize; Spießgeselle:* Täter und ihre H. werden gesucht.

Hẹl|fers|hel|fe|rin, die: w. Form zu ↑Helfershelfer.

hẹlf|gott ⟨Interj.⟩ (südd., österr. veraltend): Ausruf, Wunsch, wenn jmd. geniest hat.

Hẹl|ge, die; -, -n, **Hẹl|gen,** der; -s, - [aus dem Niederd. < mniederd. helgen, Nebenf. von: hellinge, ↑Helling]: *Helling.*

Hẹl|go|land; -s: Felseninsel in der Deutschen Bucht.

[1]**Hẹl|go|län|der,** der; -s, -: Ew.

[2]**Hẹl|go|län|der** ⟨indekl. Adj.⟩.

Hẹl|go|län|de|rin, die; -, -nen: w. Form zu ↑[1]Helgoländer.

hẹl|go|län|disch ⟨Adj.⟩: *Helgoland, die Helgoländer betreffend.*

He|li|an|the|mum, das; -s, ...themen [zu griech. hḗlios = Sonne u. ánthemon = Blume] (Bot.): *Sonnenröschen.*

He|li|an|thus, der; -, ...then [zu lat. helianthes < griech. hēlianthés = Pflanzenname, zu: hḗlios = Sonne u. ánthos = Blume] (Bot.): *Sonnenblume.*

[1]**Hẹ|li|kon,** das; -s, -s [zu griech. hélix, ↑Helix]: *runde Basstuba (bes. in der Militärmusik verwendet).*

[2]**Hẹ|li|kon,** der; -[s]: Gebirge in Böotien.

He|li|kọp|ter, der; -s, - [engl. helicopter < frz. hélicoptère, zu griech. hélix (↑Helix) u. pterón = Flügel]: *Hubschrauber.*

he|lio-, He|lio- [zu griech. hḗlios = Sonne] ⟨Best. von Zus. mit der Bed.⟩: *sonnen-, Sonnen-* (z. B. heliozentrisch, Heliogravüre).

He|lio|graf usw.: ↑Heliograph usw.

He|lio|graph, (auch:) Heliograf, der; -en, -en [↑-graph]: **1.** (Astron.) *astronomisches Fernrohr mit fotografischem Gerät für Aufnahmen von der Sonne.* **2.** (Nachrichtent.) *Gerät für die Nachrichtenübermittlung durch Blinkzeichen mithilfe des Sonnenlichts.*

He|lio|gra|vü|re, die; -, -n (Druckw.): **1.** ⟨o. Pl.⟩ *älteres Verfahren zur Herstellung von Ätzungen auf Kupferplatten für den Tiefdruck mithilfe der Fotografie.* **2.** *mit dem Verfahren der Heliogravüre hergestellter Druck.*

He|li|os (griech. Myth.): Sonnengott.

He|lio|skop, das; -s, -e [zu griech. skopeĩn = beschauen] (Astron.): *die Intensität der Strahlen abschwächendes Gerät zur direkten Beobachtung der Sonne.*
He|lio|stat, der; -[e]s u. -en, -en [zu griech. statós = gestellt, stehend] (Astron.): *Instrument zur Beobachtung der Sonne, das dem Sonnenlicht stets die gleiche Richtung gibt.*
He|lio|the|ra|pie, die; - (Med.): *Heilbehandlung mit Sonnenlicht u. -wärme.*
he|lio|trop ⟨Adj.⟩ [zu ↑[1]Heliotrop]: *von der Farbe der Blüten des [1]Heliotrops* (1).
[1]He|lio|trop, das; -s, -e [1: lat. heliotropium < griech. hēliotrópion, eigtl. = was sich zur Sonne hinwendet]: **1.** *(in zahlreichen Arten vorkommende) krautige od. als Halbstrauch wachsende Pflanze mit kleinen, bläulich violetten, nach Vanille duftenden Blüten; Sonnenwende.* **2.** ⟨o. Pl.⟩ *blauviolette Farbe (nach den Blüten des [1]Heliotrops* 1). **3.** (früher) *mit zwei Spiegeln versehenes Gerät zum Sichtbarmachen von Geländepunkten bei der Erdvermessung.*
[2]He|lio|trop, der; -s, -e [zu ↑[1]Heliotrop, weil er nach alter Vorstellung das Sonnenlicht blutrot zurückwirft]: *dunkelgrüner Edelstein mit blutroten Einsprengseln von Jaspis.*
he|lio|tro|pisch ⟨Adj.⟩ (Bot. veraltet): *phototropisch.*
he|lio|zen|trisch ⟨Adj.⟩ (Astron.): *auf die Sonne als Mittelpunkt der Welt bezogen:* -es Weltsystem *(von Kopernikus entdecktes u. aufgestelltes Planetensystem mit der Sonne als Weltmittelpunkt).*
He|li|port, der; -s, -s [engl. heliport, Kurzwort aus helicopter (↑Helikopter) u. airport (↑Airport)]: *Landeplatz für Hubschrauber.*
He|li|ski|ing [...ski:ɪŋ], das; -[s] [Kurzwort aus engl. helicopter (↑Helikopter) u. skiing = Skilaufen]: *das Abfahren von einem Berggipfel, zu dem der Skiläufer mit einem Hubschrauber gebracht worden ist.*
He|li|um, das; -s [engl. helium, gelehrte Bildung des 19. Jh.s der brit. Wissenschaftler J. N. Lockyer (1836–1920) u. E. Frankland (1825–1899); zu griech. hḗlios = Sonne]: *bes. zum Füllen von Ballons, Thermometern u. Lampen verwendetes, farbloses Edelgas mit großer Wärmeleitfähigkeit (chemisches Element;* Zeichen: He).
He|lix, die; -, Helices [...tse:s; griech. hélix = Windung, Spirale]: **1.** (Anat.) *äußerer Rand der Ohrmuschel beim Menschen.* **2.** (Chemie) *wendelförmige Anordnung der Bausteine von Makromolekülen.*
hell ⟨Adj.⟩ [mhd. hel = glänzend; tönend, ahd. -hel (in Zus.) = tönend, verw. mit ↑Hall, urspr. nur auf akustische Sinneseindrücke bezogen]: **1. a)** *von Tageslicht od. künstlichem Licht erfüllt; mit viel Helligkeit:* ein -es Zimmer; die Flure sind h. und freundlich; in dem Raum war es nicht sehr h. *(der Raum war nur schwach erleuchtet);* die hohen Fenster machen das Zimmer sehr h. *(geben ihm viel Licht);* draußen wird es schon h. *(der Morgen dämmert);* im Sommer bleibt es länger h. *(die Nacht bricht später an);* die Fenster waren h. erleuchtet; ein h. erleuchteter Saal; **b)** *(in Bezug auf bestimmte atmosphärische Verhältnisse) klar, nicht trüb; von Helligkeit, Sonnenschein erfüllt:* ein -er Tag; -e Mondnächte; -es, klares Wetter; nach dem Gewitter wurde der Himmel wieder h. *(klar, wolkenlos);* die Tat geschah am -en Tag[e] (ugs.; *mitten am Tage; vor aller Augen*); **Ü** eine -ere Zukunft; **c)** *viel Licht ausstrahlend, verbreitend, spendend o. Ä.:* eine -e Glühbirne; -es Licht; ein -er Schein; die Lampe ist mir zu h.; der Mond scheint h.; h. glänzend, h. scheinend, h. lodernd; ein h. leuchtender, h. strahlender Stern. **2.** *(von Farben) nicht sehr kräftig, von nicht sehr intensiver Färbung, mit Weiß untermischt:* -e Tapeten; sie hat sehr -e Augen; ein -es Blau; -e *(blonde)* Haare; -es Bier *(Bier von gelblicher Farbe).* **3.** *(von einer Gehörempfindung) hoch klingend, klar, nicht dumpf:* ein -er Vokal; ein -es Lachen; das -e Geläute der Glocken; eine -e Stimme; h. tönen; ein h. klingender Ton. **4. a)** *klug, intelligent; von leichter, rascher Auffassungsgabe:* er ist ein -er Kopf; sie ist sehr h., -er als die anderen; **b)** *geistig klar, bei vollem Bewusstsein, davon zeugend:* Geistesgestörte haben zwischendurch oft -e Augenblicke. **5. a)** *in uneingeschränktem Maße vorhanden, sich äußernd; sehr groß; absolut:* das ist ja der -e Wahnsinn!; er geriet in -e Aufregung, Begeisterung; an etw., jmdm. seine -e Freude haben; daran wirst du deine -e Freude haben! (iron.; *das wird dir schlecht bekommen, damit wirst du Ärger haben!*); **b)** ⟨intensivierend bei Verben u. Adjektiven⟩ *sehr, hellauf:* über diesen Unsinn musste sie h. lachen; h. begeistert sein.
Hel|las, Hellas' (bildungsspr.): Griechenland.
hell|auf ⟨Adv.⟩: (in Bezug auf die emotionell-spontane Äußerung einer bestimmten, meist positiven Einstellung zu etw.) *sehr, überaus:* sie war von der Idee h. begeistert; er lachte h., als er davon hörte.
hell|äu|gig ⟨Adj.⟩: *mit hellen Augen versehen.*
hell|blau ⟨Adj.⟩: *von hellem Blau; ein helles Blau aufweisend;* vgl. blau.
hell|blond ⟨Adj.⟩: **a)** *von hellem Blond; ein helles Blond aufweisend:* -e Haare; **b)** *mit hellblondem Haar versehen:* ein -es Mädchen.
hell|braun ⟨Adj.⟩: *von hellem Braun; ein helles Braun aufweisend; vgl. blau.*
hell|dun|kel ⟨Adj.⟩ (Malerei, selten): *zwischen Licht u. Schatten spielend; hell mit dunklen Farben wechselnd.*
Hell|dun|kel, das [LÜ von frz. clair-obscur, LÜ von ital. chiaroscuro]: **a)** (Malerei) kurz für ↑Helldunkelmalerei; *Clair-obscur;* **b)** *(bes. in der Malerei) das Zusammenspiel von Licht u. Schatten, von hellen u. dunklen Farben.*
Hell-Dun|kel-Adap|ta|ti|on, Hell-Dun|kel-Adap|ti|on, die (Physiol.): *Anpassung der Lichtempfindlichkeit des Auges an die jeweiligen Lichtverhältnisse.*
Hell|dun|kel|ma|le|rei, die ⟨o. Pl.⟩: *Gestaltungsweise der Malerei, bei der eine Lichtquelle die Farben verschieden hell u. dunkel erscheinen lässt.*
hel|le ⟨Adj.⟩ (landsch., bes. berlin.): *aufgeweckt, gescheit:* nicht sehr h. sein; **R** Mensch, sei h., bleib Junggeselle!
[1]Hel|le, die; - [mhd. helle] (geh.): *(bes. auf Atmosphärisches bezogen) Helligkeit, helles Licht:* blendende, gleißende H.
[2]Hel|le, das; -n, -n (aber: 2 -; Dekl. ↑[2]Junge, das) [↑hell]: *[ein Glas] helles Bier:* ein -s, zwei H. bitte!; ein kleines -s trinken.
Hel|le|bar|de, die; -, -n [älter: helle[n]barte < mhd. helmbarte, aus: helm (↑[2]Helm) u. barte, ↑[1]Barte]: *(im späten MA.) Stoß- u. Hiebwaffe, die aus einem langen Stiel mit axtförmiger Klinge u. scharfer Spitze besteht.*
Hel|le|bar|dier, der; -s, -e, **Hel|le|bar|dist**, der; -en, -en: *mit einer Hellebarde bewaffneter Landsknecht.*
Hel|le|gat, Hel|le|gatt, das; -s, -en u. -s [aus dem Niederd., eigtl. = Höllenloch, zu mniederd. hell = Hölle u. gatt, ↑Gatt]: *(auf Schiffen) kleiner, winkliger Raum zur Aufbewahrung von Vorräten, Schiffszubehör u. Ä.*
hel|len, sich ⟨sw. V.; hat⟩ [mhd. hellen = aufleuchten, zu ↑hell] (dichter.): *sich erhellen, aufhellen.*
Hel|le|ne, der; -n, -n: *Grieche.*
Hel|le|nen|tum, das; -s: *Wesen, Kultur der Hellenen.*
Hel|le|nin, die; -, -nen: w. Form zu ↑Hellene.
hel|le|nisch ⟨Adj.⟩ [zu griech. Hellás = Griechenland]: *das antike Griechenland betreffend.*
hel|le|ni|sie|ren ⟨sw. V.; hat⟩ [griech. hellēnízein]: *nach griechischem Vorbild gestalten; griechische Sprache u. Kultur nachahmen.*
Hel|le|nis|mus, der; - [1 b: gepr. von dem dt. Historiker J. G. Droysen (1808–1884)]: **1. a)** *Griechentum;* **b)** *nachklassische Kulturepoche von Alexander dem Großen bis zur römischen Kaiserzeit, die durch die wechselseitige Durchdringung griechischer u. orientalischer Kulturelemente gekennzeichnet ist.* **2.** *nachklassische griechische Sprache des Hellenismus* (1 b).
Hel|le|nist, der; -en, -en: **1.** *jmd., der sich wissenschaftlich mit dem nachklassischen Griechentum befasst.* **2.** *(im N. T.) Griechisch sprechender, zur hellenistischen Kultur neigender Jude der Spätantike.*
Hel|le|nis|tik, die; -: *Wissenschaft, die sich mit der altgriechischen Sprache u. Kultur befasst.*
Hel|le|nis|tin, die; -, -nen: w. Form zu ↑Hellenist (1).
hel|le|nis|tisch ⟨Adj.⟩: *den Hellenismus betreffend, dazu gehörend, darauf beruhend:* -e Kunst; in der -en Zeit.
Hel|le|no|phi|lie, die; - [zu griech. philía = Liebe, Zuneigung]: *Liebe zum Hellenismus; Vorliebe für die hellenistische Kultur.*
Hel|ler, der; -s, - [mhd. heller, haller, gek. aus Haller pfenninc, nach der Reichsstadt Schwäbisch Hall, der ersten Prägestätte]: *(heute nicht mehr gültige) kleine Münze aus Kupfer od. Silber:* ***keinen/nicht einen [roten/lumpigen/blutigen] H. wert sein** (ugs.; *nicht das Geringste, gar nichts wert sein*); **keinen [roten/lumpigen] H. [mehr] haben/besitzen** (ugs.; *kein Geld [mehr] haben; völlig mittellos dastehen*); **keinen [roten] H. für jmdn., etw. geben** (ugs.; *für jmdn., etw. keine Chance sehen; für jmdn., etw. das Schlimmste befürchten*); **bis auf den letzten H./auf H. und Pfennig** (ugs.; *[von Geld] vollständig, bis auf den letzten Rest*): er hat das Geld, seine Schulden bis auf den letzten H. zurückgezahlt.
hell er|leuch|tet: s. hell (1 a).
hel|ler|licht ⟨Adj.⟩ (berlin.): *helllicht.*
Hel|les|pont, der; -[e]s: in der Antike u. im MA. Name der ↑Dardanellen.
hell|far|ben, hell|far|big ⟨Adj.⟩: *von heller Farbe, in hellen Farben gehalten.*
Hell|gat, Hell|gatt: ↑Hellegat, Hellegatt.
hell|gelb ⟨Adj.⟩: *von hellem Gelb; ein helles Gelb aufweisend.*
hell glän|zend: s. hell (1 c).
hell|grau ⟨Adj.⟩: *von hellem Grau; ein helles Grau aufweisend.*
hell|grün ⟨Adj.⟩: *von hellem Grün; ein helles Grün aufweisend.*
hell|grun|dig ⟨Adj.⟩: *eine helle Grundfarbe, einen hellen Grund aufweisend.*
hell|haa|rig ⟨Adj.⟩: *mit hellen Haaren.*
hell|häu|tig ⟨Adj.⟩: *von heller Hautfarbe.*
hell|hö|rig ⟨Adj.⟩: **1.** (veraltet) *mit außerordentlich gutem Gehör ausgestattet:* er ist sehr h.; ***h. werden** *(stutzig werden und daraufhin weitere Entwicklungen aufmerksam verfolgen);* **jmdn. h. machen** *(jmdn. stutzig machen und dessen Aufmerksamkeit schärfen):* die Vorgänge hatten ihn h. gemacht. **2.** *(bes. von Räumen, Gebäuden o. Ä.) den Schall leicht durchlassend:* eine -e Wohnung.
Hell|hö|rig|keit, die: *hellhörige* (2) *Beschaffenheit.*
hellicht: frühere Schreibung für: ↑helllicht
Hel|li|gen: Pl. von ↑Helling.
Hel|lig|keit, die; -, -en [zu ↑hell]: **1.** ⟨o. Pl.⟩ *Zustand des Hellseins* (1): die H. des Tages; die künstliche H. eines elektrisch beleuchteten Raumes; ihre Augen gewöhnten sich langsam an die H. **2. a)** ⟨o. Pl.⟩ *Licht-, Beleuchtungsstärke:* die H. einer Glühbirne; **b)** (Astron.) *Leuchtkraft eines Himmelskörpers:* -en bestimmen; ein Stern mit der H. 2,1.
Hel|lig|keits|grad, der: *Grad, bestimmte Abstufung der Helligkeit.*
Hel|lig|keits|reg|ler, der (Elektrot.): *Vorrichtung zur stufenlosen Steuerung der Helligkeit* (2 a) *von Glüh- u. anderen Lampen; Dimmer.*
Hel|lig|keits|stu|fe, die: *Stufe, Grad der Helligkeit.*
Hel|ling, die; -, -en u. Helligen, auch: der; -s, -e [aus dem Niederd. < mniederd. hellinge, heldinge = Schräge, Abhang, zu: hellen, helden = abschüssig sein, verw. mit ↑Halde] (Schiffbau):

Bauplatz für den Bau von Schiffen mit einer od. mehreren zum Wasser geneigten Ebenen für den Stapellauf.
hell klin|gend: s. hell (3).
hell leuch|tend: s. hell (1 c).
hell|licht ⟨Adj.⟩: a) (selten) *hell u. licht:* ein -er Raum; b) nur in bestimmten Fügungen: **es ist -er Tag** *(es ist mitten am Tag);* **am/**(selten:) **beim -en Tag** *([in Bezug auf ein Geschehen, eine Handlung] unerwartet mitten am Tag):* das Verbrechen geschah am -en Tag.
hell|li|la ⟨Adj.⟩: *von hellem Lila; ein helles Lila aufweisend.*
hell lo|dernd: s. hell (1 c).
hell|rot ⟨Adj.⟩: *von hellem Rot; ein helles Rot aufweisend.*
hell|se|hen ⟨nur im Inf. gebr.⟩: *(angeblich) entfernt stattfindende od. zukünftige Ereignisse wahrnehmen, die außerhalb jeder normalen Sinneswahrnehmung liegen:* man sagt, er könne h.; wie soll ich das wissen, ich kann doch nicht h.! (ugs.; *es ist doch unmöglich, das zu wissen!*).
Hell|se|her, der [LÜ von frz. clairvoyant]: *jmd., der hellsehen kann.*
Hell|se|he|rei, die; - (abwertend): *das Hellsehen.*
Hell|se|he|rin, die: w. Form zu ↑Hellseher.
hell|se|he|risch ⟨Adj.⟩: *in der Art eines Hellsehers; wie ein Hellseher.*
Hell|sicht, die (geh.): *Hellsichtigkeit.*
hell|sich|tig ⟨Adj.⟩: *scharfsichtig, vorausschend.*
Hell|sich|tig|keit, die; -: *das Hellsichtigsein.*
hell strah|lend: s. hell (1 c).
Hell|strom, der (Elektrot.): *Strom, der in der Photozelle u. a. bei Beleuchtung fließt.*
hell|wach ⟨Adj.⟩: a) *ganz, völlig wach* (1); b) *sehr wach* (2).
Hell|wer|den, das; -s: *Anbrechen des Tages; Morgendämmerung.*
¹Helm, der; -[e]s, -e [mhd., ahd. helm, eigtl. = der Verhüllende, Schützende, zu ↑hehlen]: **1.** *zum Schutz im Kampf u. zugleich als Schmuck getragene, den ganzen Kopf bedeckende Haube aus getriebenem Metall als Teil der Rüstung eines Kriegers.* **2. a)** kurz für ↑Stahlhelm; **b)** kurz für ↑Schutzhelm: einen H. tragen; **c)** kurz für ↑Sturzhelm. **3.** (Archit.) *das kegel-, zelt- od. pyramidenförmige Dach eines Turmes.* **4.** (Technik) *als Abzug dienender Aufsatz (z. B. bei einem Schornstein).*
²Helm, der; -[e]s, -e [mhd. helm, halm[e] = Axtstiel, verw. mit ↑¹Holm]: **1.** *Stiel von Werkzeugen zum Hämmern u. Hacken (z. B. von Axt, Hammer).* **2.** (selten) *Pinne* (1).
Helm|busch, der: *Federbusch auf der Spitze des ¹Helms* (1).
Helm|dach, das (Archit.): *¹Helm* (3).
helm|för|mig ⟨Adj.⟩: *in der Form eines ¹Helms* (1).
Helm|git|ter, das: *das Gesicht schützender, gitterartiger Teil des mittelalterlichen ¹Helmes* (1); *Visier.*
Hel|min|the, die; -, -n ⟨meist Pl.⟩ [griech. hélmi(n)s (Gen.: hélminthos) = (Eingeweide)wurm] (Med.): *Eingeweidewurm.*
Hel|min|thi|a|sis, die; -, ...thiasen (Med.): *Wurmkrankheit.*
Helm|kro|ne, die (Heraldik): *(in die Wappen des Adels aufgenommene) Laubkrone, die ursprünglich den ¹Helm* (1) *des Königs schmückte.*
Helm|schmuck, der: *Schmuck des ¹Helms* (1) (z. B. Federbusch, Flügel).
Helm|zier, die ⟨Pl. -den⟩: *(in das jeweilige Wappen aufgenommene) Verzierung des ¹Helms* (1) *in Form von Büffelhörnern, Flügeln o. Ä.*
He|lo|dea: ↑Elodea.
He|lot, der; -en, -en, (seltener:) **He|lo|te,** der; -n, -n [griech. heilṓtēs, H. u.]: *Staatssklave im alten Sparta.*
He|lo|ten|tum, das; -s: *Staatssklaverei im alten Sparta.*
Hel|sin|ki: Hauptstadt von Finnland.
Hel|ve|ti|en; -s [nlat. Helvetia] (bildungsspr.): Name für ↑Schweiz.
Hel|ve|ti|er, der; -s, -: Angehöriger eines keltischen, in das Gebiet der Schweiz eingewanderten Stammes.
Hel|ve|ti|e|rin, die; -, -nen: w. Fom zu ↑Helvetier.
Hel|ve|ti|ka ⟨Pl.⟩ [zu lat. Helveticus = helvetisch, nlat. = schweizerisch] (Buchw.): *Werke über die Schweiz.*
hel|ve|tisch ⟨Adj.⟩: *schweizerisch.*
Hel|ve|tis|mus, der; -, ...men [zu lat. Helvetius = helvetisch, nlat. = schweizerisch] (Sprachw.): *schweizerische Spracheigentümlichkeit.*
hem [həm; hm̩]: ↑hm.
He|man [ˈhi:mɛn], der; -[s], Hemen [...mɛn; engl. he-man, aus: he = männlich; männliches Wesen u. man = Mann]: *besonders männlich u. potent wirkender Mann.*
Hemd, das; -[e]s, -en [mhd. hem(e)de, ahd. hemidi, eigtl. = das Verhüllende, Bedeckende]: **1. a)** *von männlichen Personen als Oberbekleidung getragenes, den Oberkörper bedeckendes Kleidungsstück aus leichtem Stoff, das mit Ärmeln u. einem Kragen versehen ist u. vorne meist durchgeknöpft wird; Oberhemd:* ein weißes H. anziehen; das H. in die Hose stecken; er trug sein H. über der Brust geöffnet; das H. wechseln; R das H. ist/liegt mir näher als der Rock (*der eigene Vorteil ist mir wichtiger als der eines anderen;* nach dem Ausspruch »tunica propior pallio est« in der Komödie »Trinummus« [V, 2, 30] des röm. Dichters Plautus, um 250–184 v. Chr.); **b)** *als Unterwäsche getragenes, über die Hüften reichendes, schmal geschnittenes, meist ärmelloses u. mit Trägern versehenes Kleidungsstück; Unterhemd:* nass bis aufs H. *(völlig durchnässt)* sein; R mach dir nicht ins H. (salopp; *stell dich nicht so an*)!; das zieht einem [ja] das H. aus! (ugs.; als Ausdruck unangenehmen Erstaunens; *das ist ja unmöglich, unerträglich!*); ein Schlag, und du stehst im H. [da]! (ugs.; als Drohung); * **halbes H.** (salopp; 1. *jugendlicher Gernegroß.* 2. *schmächtiger Mann*); **kein [ganzes] H. [mehr] auf dem/am Leib haben/tragen** (ugs.; *völlig heruntergekommen u. mittellos sein*); **das letzte/sein letztes H. hergeben; sich** ⟨Dativ⟩ **das letzte/sein letztes H. vom Leib reißen; sich** ⟨Dativ⟩ **bis aufs [letzte] H. ausziehen** (ugs.; *alles, was man besitzt, opfern, hergeben*); **jmdm. das H. über den Kopf ziehen** (ugs.; *jmdm. alles, was er hat, wegnehmen*); **sich** ⟨Dativ⟩ **das H. ausziehen lassen** (ugs.; *sich ausnutzen lassen*); **jmdn. bis aufs H. ausziehen/ausplündern** (ugs.; *jmdm. so gut wie alles wegnehmen, ihn völlig ausplündern;* ursprünglich von Räubern gesagt, die ihren Opfern nur das Hemd auf dem Leib ließen); **alles bis aufs H. verlieren** (ugs.; *nur das Nötigste retten können*); **jmdm. [eine Delle] ins H. treten** (salopp, als Drohung: 1. *jmdn. nachdrücklich zurechtweisen.* 2. *an jmdm., auf den man sehr wütend ist, seine Wut auslassen*). **2.** *(bes. früher) über den Kopf gezogenes, weit geschnittenes, langes Kleidungsstück mit Ärmeln.*
Hemd|är|mel (österr.): ↑Hemdsärmel.
hemd|är|me|lig (österr.): ↑hemdsärmelig.
Hemd|blu|se, die: *Damenbluse, die im Schnitt dem Oberhemd ähnlich ist.*
Hemd|brust, die: *gestärkter Einsatz im Vorderteil eines Frackhemdes.*
Hemd|chen, das; -s, -: **1.** *Hemd* (1 b) *für Kinder.* **2.** *Hemd* (1 b) *aus zartem Gewebe für Damen.*
Hem|den|knopf, der: *Knopf für ein Hemd* (1 a).
Hem|den|kra|gen, der: *Kragen eines Hemdes* (1 b).
Hem|den|matz, der (fam. scherzh.): *kleines Kind, das nur ein Hemdchen anhat.*
Hem|den|stoff, der: *Stoff (aus Baumwolle od. Chemiefaser) für Herrenoberhemden.*
Hemd|ho|se, die (veraltend): *Wäschestück für Frauen u. Kinder, bei dem Hemd u. Hose durchgehend aneinander gearbeitet sind.*
Hemd|knopf: ↑Hemdenknopf.
Hemd|kra|gen: ↑Hemdenkragen.
Hemds|är|mel, der ⟨meist Pl.⟩: *Ärmel eines Oberhemdes:* die H. aufkrempeln; * **in -n** (ugs.; *ohne Jackett od. Pullover, nur mit Oberhemd bekleidet*).
hemds|är|me|lig ⟨Adj.⟩: **1.** *in Hemdsärmeln:* an der Theke standen -e Männer. **2.** (ugs.) *betont salopp:* eine -e Art; er ist mir etwas zu h.
Hemds|är|me|lig|keit, die; -: *betont saloppe Art.*
he|mi-, He|mi- [griech. hēmi-] ⟨Best. in Zus. mit der Bed.⟩: *halb-, Hälfte* (z. B. hemisphärisch, Hemistichion).
He|mi|ano|pie, He|mi|anop|sie, die; -, -n [zu griech. a(n)- = nicht, un- u. ōps (Gen.: ōpós) = Auge] (Med.): *Ausfall einer Hälfte des Gesichtsfeldes.*
He|mi|epes, der; -, - [spätgriech. hēmiepés] (Verslehre): *[unvollständiger] halber Hexameter.*
He|mi|ple|gie, die; -, -n [zu griech. plēgḗ = Schlag] (Med.): *halbseitige Lähmung.*
He|mi|sphä|re, die; -, -n [lat. hemisphaerium < griech. hēmisphaírion = Halbkugel, zu: sphaĩra, ↑Sphäre]: **1.** (bildungsspr.) *eine der beiden bei einem gedachten Schnitt durch den Erdmittelpunkt entstehenden Hälften der Erde; Erdhälfte, Erdhalbkugel:* die nördliche H. *(Nordhalbkugel);* die südliche H. *(Südhalbkugel);* die östliche und die westliche H. *(die Alte u. die Neue Welt).* **2.** *Himmelshalbkugel.* **3.** (Med.) *(rechte bzw. linke) Hälfte des Groß- u. Kleinhirns.*
he|mi|sphä|risch ⟨Adj.⟩: *die Hemisphäre betreffend.*
He|mi|sti|chi|on [griech. hēmistíchion, zu: stíchion = kleiner Vers], **He|mi|sti|chi|um** [lat. hemistichium < griech. hēmistíchion], das; -s, ...ien (Verslehre): *in der altgriechischen Metrik halber Vers* (1) *(eines durch Zäsur geteilten Verses).*
Hem|lock|tan|ne, die; -, -n [engl. hemlock = Schierling, H. u.]: *(in Asien u. Nordamerika heimische) Kiefer mit je zwei silbrigen Streifen auf der Unterseite der Nadeln u. kleinen, meist kugelförmigen Zapfen; Tsuga.*
hem|men ⟨sw. V.; hat⟩ [mhd. hemmen, hamen = aufhalten, hindern, eigtl. = mit einem Zaun umgeben, einpferchen]: **a)** *dem Lauf, der Bewegung von etw. Widerstand entgegensetzen u. sie dadurch [bis zum Stillstand] verlangsamen, bremsen:* die rasche Fahrt des Wagens h.; den Lauf des Flusses durch eine Staumauer h.; Ü nichts kann den Lauf des Schicksals h.; **b)** *einen Vorgang, ein Tun in seinem Ablauf durch Widerstand, bestimmte Maßnahmen o. Ä. aufhalten; für jmdn., etw. in bestimmter Hinsicht ein Hemmnis sein:* den Fortschritt h.; jmdn. in seiner Entwicklung h.; einen hemmenden Einfluss auf etw. ausüben.
Hemm|nis, das; -ses, -se: *etw., was sich hemmend, erschwerend auswirkt; Hindernis:* ein großes H. für den Ablauf der Verhandlungen; -se überwinden; auf -se stoßen.
Hemm|schuh, der: *keilförmige Vorrichtung, mit der ein Fahrzeug abgebremst od. gegen Wegrollen gesichert wird:* Ü jmdm. einen H. *(ein Hindernis)* in den Weg legen.
Hemm|schwel|le, die (bes. Psych.): *sittliche Norm o. Ä., die jmdn. hindert, etw. Bestimmtes zu tun:* eine H. durchbrechen.
Hemm|stoff, der (Chemie): *Substanz, die chemische od. elektrochemische Vorgänge einschränkt od. verhindert.*
Hem|mung, die; -, -en: **1.** *das Hemmen* (b); *das Gehemmtwerden:* eine H. der Entwicklung. **2. a)** *etw., was jmdn. in seinem Inneren [aufgrund einer bestimmten sittlichen Norm] daran hindert, etw. Bestimmtes zu tun:* eine moralische H.; er hat keine -en *(keine Bedenken),* so zu handeln; **b)** ⟨Pl.⟩ *(jmdn. in der Entfaltung seiner Persönlichkeit sehr behindernde, beeinträchtigende) innere Unsicherheit, die sich bes. in Verkrampftheit u. Unsicherheit im Auftreten äußert; Gehemmtheit:* schwere seelische -en haben; unter -en leiden; er ist ein Mensch voller -en. **3.** *(bei Uhren) Vorrichtung, die das Gehwerk kurzzeitig unterbricht u. dadurch nur in bestimmten Abständen weiterlaufen lässt.*
hem|mungs|los ⟨Adj.⟩: *ohne Hemmungen* (2 a);

leidenschaftlich, zügellos: ein -er Mensch; -e Leidenschaft; in seinen Genüssen völlig h. sein; sich h. seiner Leidenschaft hingeben; h. fluchen.

Hẹm|mungs|lo|sig|keit, die; -, -en: *hemmungsloses Verhalten, hemmungslose Art.*

Hẹmm|werk, das (Technik): **1.** *Sperrgetriebe, das die gegenseitige Beweglichkeit zweier miteinander verbundener Glieder hemmt.* **2.** *Hemmung* (3).

Hen|de|ka|go̱n, das; -s, -e [zu griech. héndeka = elf u. gōnía = Ecke, Winkel]: *Elfeck.*

Hen|de|ka|sy̱l|la|bus, der; -, ...syllaben u. ...syllabi [griech. hendekasýllabos = elfsilbig] (Verslehre): *elfsilbiger Vers.*

Hen|di|a|dy|o̱in, das; -s, -, (seltener:) **Hen|di|a|dys,** das; -, - [mlat. hendiadyoin, hendiadys < griech. hèn dià dyoîn = eins durch zwei] (Rhet.): **1.** *die Ausdruckskraft stärkende Verbindung zweier synonymer Substantive od. Verben* (z. B. bitten und flehen). **2.** *besonders in der Antike beliebtes Ersetzen eines Attributs durch eine reihende Verbindung mit »und«* (z. B. die Masse und die hohen Berge statt: die Masse der hohen Berge).

Hẹndl, das; -s, -n [Vkl. zu ↑Henne] (bayr., österr.): **a)** *[junges] Huhn;* **b)** *Brathuhn, -hähnchen.*

Hẹngst, der; -[e]s, -e [15. Jh.; mhd. heng[e]st, ahd. hengist = Wallach, H. u.]: **a)** *männliches Pferd;* **b)** *(von Eseln, Kamelen, Zebras) männliches Tier.*

Hẹngst|foh|len, das: *neugeborenes bzw. junges männliches Pferd.*

Hẹn|kel, der; -s, - [zu ↑henken in der alten Bed. »hängen machen«]: **a)** *meist schlaufenförmig gebogener, seitlich od. über der Öffnung angebrachter Teil eines Behältnisses, der dazu dient, dass der Behältnis aufzuhängen od. bequem anzufassen:* der H. der Tasse ist abgebrochen; den Krug, die Kanne am H. fassen; ein Korb mit zwei -n; **b)** (landsch.) *Aufhänger* (1).

Hẹn|kel|glas, das: *Glas mit Henkel.*

hẹn|kel|los ⟨Adj.⟩: *ohne Henkel; keinen Henkel aufweisend.*

Hẹn|kel|tas|se, die: *größere Tasse:* * **große H.** (ugs. scherzh.; *Nachttopf*).

hẹn|ken ⟨sw. V.; hat⟩ [mhd., ahd. henken = hängen machen; (auf)hängen; ↑¹hängen] (veraltend): *am Galgen aufhängen, durch den Strang hinrichten:* der Mörder wurde verurteilt und gehenkt.

Hẹn|ker, der; -s, - [mhd. henker = Scharfrichter]: *jmd., der die Todesstrafe vollstreckt; Scharfrichter:* jmdn. dem H. *(der Justiz zur Vollstreckung der Todesstrafe)* überantworten, ausliefern; * **sich den H. um etw. scheren/den H. nach etw. fragen** (salopp; *sich nicht im Geringsten um etw. kümmern, auf etw. keinerlei Rücksicht nehmen*); **zum H. gehen/sich zum H. scheren** (salopp; *verschwinden*); (Flüche:) **hols der H.!; hol mich der H.!; weiß der H.!; beim, zum H.!**

Hẹn|kers|beil, das: *Beil des Henkers, mit dem er den zum Tode Verurteilten enthauptet.*

Hẹn|kers|hand: in der Verbindung **durch/von H.** (geh.; *durch Hinrichtung*): der Tod durch H.; von H. sterben.

Hẹn|kers|knecht, der: *Gehilfe des Henkers bei der Hinrichtung.*

Hẹn|kers|mahl, das (geh.), **Hẹn|kers|mahl|zeit,** die: **1.** (früher) *letztes Essen vor der Hinrichtung, das der Verurteilte selbst wählen darf.* **2.** (scherzh.) *letzte [gemeinsame] Mahlzeit vor einer [längeren] Trennung, vor einem Ereignis, dessen Ausgang einem ungewiss erscheint, einer Entscheidung, die etw. Unwiderrufliches hat, o. Ä.*

Hẹn|na, die; - od. das; -[s] [arab. ḥinnā']: **1.** *Hennastrauch.* **2.** *rotgelber Farbstoff, der aus den zerriebenen Blättern u. Stängeln des Hennastrauches gewonnen wird u. der u. a. zum Färben der Haare verwendet wird.*

Hẹn|na|strauch, der: *(in Asien u. Afrika heimischer) dem Liguster ähnlicher Strauch mit gelben bis ziegelroten, in Rippen angeordneten Blüten, der Henna (2) liefert.*

Hẹn|ne, die; -, -n [mhd. henne, ahd. henna, zu ↑Hahn]: **a)** *weibliches Haushuhn;* **b)** *weibliches Tier der Hühnervögel (einschließlich Fasanen), der Straußen- u. Trappenvögel.*

Hen|ri|qua|tre [ãri'katr], der; -[s] [...tr], -s [...tr] [nach Henri IV. (= Heinrich IV.; frz. quatre = vier; der Vierte), König von Frankreich (1553–1610)]: *Spitzbart mit beidseitig nach oben gezwirbeltem Schnurrbart.*

Hen|ry ['hɛnri], das; -, - [nach dem amerik. Physiker J. Henry (1797–1878)] (Physik): *Maßeinheit für die Selbstinduktion* (1 Voltsekunde/1 Ampere; Zeichen: H).

He̱|par, das; -s, Hepata [lat. hepar < griech. hē̃par (Gen.: hē̃patos)] (Med.): *Leber.*

He|pa|ri̱n, das; -s (Med.): *aus der Leber gewonnene, die Blutgerinnung hemmende Substanz.*

he|pat-, He|pat-: ↑hepato-, Hepato-.

He̱|pa|ta: Pl. von ↑Hepar.

He|pa|ti̱|tis, die; -, ...titi̱den (Med.): *Leberentzündung.*

he|pa|to-, He|pa|to̱-, (vor Vokalen:) hepat-, Hepat- [griech. hē̃par (Gen.: hē̃patos)] ⟨Best. in Zus. mit der Bed.⟩: *Leber-* (z. B. hepatogen, Hepatopathie).

He|pa|to|lo̱|ge, der; -n, -n [↑-loge] (Med.): *Facharzt mit speziellen Kenntnissen auf dem Gebiet der Hepatologie.*

He|pa|to|lo|gi̱e, die; - [↑-logie] (Med.): *Lehre von der Leber (einschließlich der Gallenwege), ihren Funktionen u. Krankheiten.*

He|pa|to|lo̱|gin, die; -, -nen: w. Form zu ↑Hepatologe.

He|pa|to̱m, das; -s, -e (Med.): *Bildung einer Geschwulst in der Leber.*

He|pa|to|pa|thi̱e, die; -, -n [↑-pathie] (Med.): *Leberleiden.*

He|phai̱s|tos, He|phä̱st, He|phä̱s|tus (griech. Myth.): Gott des Feuers u. der Schmiedekunst.

Hep|ta|cho̱rd, der od. das; -[e]s, -e [lat. heptachordus = siebensaitig < griech. heptáchordos, zu: chordḗ = Saite] (Musik): *Folge von sieben diatonischen Tonstufen; große Septime.*

Hep|ta|go̱n, das; -s, -e [griech. heptágōnos = siebeneckig, zu: gōnía = Ecke, Winkel]: *Siebeneck.*

Hep|ta̱|me|ter, der; -s, - [spätlat. heptameter, zu griech. heptá = sieben, geb. nach ↑Hexameter] (Verslehre): *siebenfüßiger Vers.*

Hep|ta̱n, das; -s [zu griech. heptá = sieben] (Chemie): *Kohlenwasserstoff mit sieben Kohlenstoffatomen (der wichtiger Bestandteil des Erdöls u. Benzins ist).*

Hep|ta|teu̱ch, der; -s [spätlat. heptateuchus < griech. heptáteuchos = siebenbändiges Buch, zu: teũchos = Buch]: *die ersten sieben Bücher des Alten Testaments.*

Hep|ta|to̱|nik, die; - [griech. heptátonos = siebentönig, zu tónos, ↑²Ton] (Musik): *diatonische Tonleiter mit sieben Stufen.*

he̱r ⟨Adv.⟩ [mhd. her, ahd. hera, zu einem idg. Pronominalstamm mit der Bed. »dieser«]: **1.** *zum Standort, in die Richtung des Sprechers [als Aufforderung, sich in Richtung auf den Sprecher zu bewegen od. ihm etw. zuteil werden zu lassen]; hierher:* h. zu mir!; Bier h.!; h. mit dem Geld, Schmuck!; h. damit!; Ü wo ist er h. *(geboren)*?; * **mit jmdm., etw. ist es nicht weit h.** (ugs.; *jmd., jmds. Leistung o. Ä. lässt eine gewisse Unzulänglichkeit erkennen*); **hinter jmdm. h. sein** (ugs.; 1. *nach jmdm. fahnden:* die Polizei ist schon lange hinter dieser Bande h. 2. *sich um jmdn. in erotisch-sexueller Hinsicht intensiv bemühen:* sie war hinter einem Jungen aus der Oberstufe her); **hinter etw. h. sein** (ugs.; *etw. unbedingt haben wollen*): hinter diesem Buch ist sie schon lange h. **2.** *vom gegenwärtigen Zeitpunkt aus eine bestimmte Zeit zurückliegend, vergangen:* das ist schon einen Monat, lange [Zeit], noch gar nicht so lange h.; das dürfte schon Jahre h. sein; lang, lang ists h. **3.** ⟨als Verstärkung der Präp. »von«:⟩ von – h. **a)** *von einem entfernten Punkt aus [in Richtung Sprecher]:* sie grüßte vom Nachbartisch h.; vom Fenster h. winkte jemand; **b)** *von einem zurückliegenden Zeitpunkt aus [bis zur Gegenwart des Sprechenden]:* von früher h.; das bin ich von meiner Kindheit, meiner frühesten Jugend h. gewöhnt; **c)** *von jmdm. od. etw. [als Voraussetzung] aus gesehen; von etw. aus seine Wirkung entfaltend:* vom Aussehen h. ist sie ganz die Mutter; allein von der Besetzung h. ist dieser Film sehenswert.

he|ra̱b ⟨Adv.⟩ [mhd. her abe, aus ↑her u. ↑ab] (geh.): *herunter* (1) (in gehobener Sprache in Zus. für herunter...).

he|ra̱b|bli|cken ⟨sw. V.; hat⟩ (geh.): **1.** *heruntersehen* (1). **2.** *jmdn., etw. abschätzig u. mit dem Gefühl der Überlegenheit ansehen:* [mitleidig, voller Verachtung] auf jmdn. h.

he|ra̱b|fal|len ⟨st. V., ist⟩ (geh.): **a)** *herunterfallen* (a): Tropfen fallen herab; vor Staunen fiel ihr Kinn herab *(klappte es nach unten);* mit Einsetzen des Beifalls fiel der Vorhang herab *(senkte sich der Vorhang vor der Bühne);* sie wurde durch herabfallende Trümmer, Gesteinsbrocken verletzt; **b)** *herunterfallen* (b): die Sonnenstrahlen fielen auf ihr helles Haar herab; Ü Finsternis, Nacht fällt auf die Stadt herab (dichter.; *es wird plötzlich dunkel*).

he|ra̱b|flie|ßen ⟨st. V.; ist⟩: *herunterfließen.*

he|ra̱b|glei|ten ⟨st. V.; ist⟩: *heruntergleiten:* lautlos gleitet die Schlange den Baumstamm herab.

he|ra̱b|ha|geln ⟨sw. V.; ist⟩: *wie ein Hagelschauer auf jmdn. herunterprasseln:* Beschimpfungen, Schläge hagelten auf ihn herab.

he|ra̱b|hän|gen ⟨st. V.; hat⟩: *herunterhängen.*

he|ra̱b|kom|men ⟨st. V.; ist⟩ (geh.): *herunterkommen* (1).

he|ra̱b|las|sen ⟨st. V.; hat⟩: **1.** (geh.) *herunterlassen* (1): das Gitter, den Rollladen, den Vorhang h.; einen Korb an einem Seil h.; der Gefangene hat sich mit einem Strick an der Mauer herabgelassen. **2.** ⟨h. + sich⟩ **a)** (veraltend) *sich als in einer bestimmten Ordnung höher Stehender einem niedriger Stehenden zuwenden:* der Fürst ließ sich zu seinen Leuten herab; **b)** (iron.) *sich schließlich zu etw. bereit finden, was man eigentlich als unter seiner Würde betrachtet:* wirst du dich noch h., meine Frage zu beantworten?; **c)** (selten) *in geistiger Hinsicht von einer höheren Stufe sich jmdm. zuwenden.*

he|ra̱b|las|send ⟨Adj.⟩: *jmdn. mit einer hochmütigen u. gönnerhaften Freundlichkeit behandelnd u. einen [eingebildeten] Rangunterschied deutlich fühlen lassend:* eine -e Bemerkung; er war sehr h. zu uns; sie grüßte uns h. und verschwand.

He|ra̱b|las|sung, die; -: *herablassendes Benehmen.*

he|ra̱b|min|dern ⟨sw. V.; hat⟩: **a)** *der Intensität nach abschwächen; reduzieren:* die Geschwindigkeit h.; Ü auch das schlechte Wetter konnte seine Vorfreude nicht h.; **b)** *im Wert herabsetzen:* ihre Fähigkeiten, Leistungen wurden herabgemindert; die Gefahr h. *(bagatellisieren).*

He|ra̱b|min|de|rung, die: *das Herabmindern; das Herabgemindertwerden.*

he|ra̱b|reg|nen ⟨sw. V.; ist⟩: *von dort oben hierher nach unten auf jmdn., etw. wie Regen niederfallen:* auf jmdn. Konfetti h. lassen; dicke Tropfen regneten herab; Ü eine Flut von Schimpfwörtern regnet auf sie herab.

he|ra̱b|rie|seln ⟨sw. V.; ist⟩ (geh.): *von dort oben hierher nach unten auf jmdn., etw. rieseln:* der Schnee rieselte auf uns herab.

he|ra̱b|rin|nen ⟨st. V.; ist⟩ (geh.): vgl. herabfließen.

he|ra̱b|schla|gen ⟨st. V.⟩: **1.** (geh.) *abschlagen u. nach unten fallen lassen* ⟨hat⟩: die Eiszapfen von der Dachrinne h. **2.** (geh.) *herunterfallen* ⟨ist⟩: Zeitungen berichten über vom Himmel herabschlagende Eisbrocken.

he|ra̱b|schwe|ben ⟨sw. V.; ist⟩ (geh.): *von dort oben hierher nach unten schweben:* eine Feder schwebte leise auf den Fußboden herab.

he|ra̱b|se|hen ⟨st. V.; hat⟩: *herabblicken.*

he|ra̱b|sen|ken, sich ⟨sw. V.; hat⟩: **1.** *von dort oben hierher nach unten sinken* (3 b): die Zweige senken sich herab; Ü Dunkelheit, die Nacht senkt

H

sich [über die Stadt] herab (dichter.; *es beginnt dunkel, Nacht zu werden*). **2.** (geh.) *mit geringem Gefälle stetig in eine Richtung schräg nach unten verlaufen:* die Straße senkt sich in sanften Windungen ins Tal herab.

he|rab|set|zen ⟨sw. V.; hat⟩: **1.** *niedriger, geringer werden lassen; reduzieren, senken:* den Preis, die Kosten h.; die Waren wurden [im Preis] stark herabgesetzt *(wurden zu stark herabgesetzten Preisen verkauft);* mit herabgesetzter Geschwindigkeit fahren. **2.** *über eine Person od. Sache abschätzig reden u. dadurch ihren Wert, ihre Bedeutung ungerechtfertigt schmälern:* jmds. Verdienste, Leistungen, Fähigkeiten h.; jmdn. in den Augen der anderen h.; herabsetzende Worte sagen.

He|rab|set|zung, die; -, -en: *das Herabsetzen* (1, 2).

he|rab|sin|ken ⟨st. V.; ist⟩: **1.** (geh.) *heruntersinken:* der Ballon sinkt herab; Ü die Nacht sinkt herab (dichter.; *es wird Nacht*). **2.** *auf ein bestimmtes, gesellschaftlich, moralisch, künstlerisch als niedrig erachtetes Niveau absinken:* diese Bühne ist zu einem [richtigen] Provinztheater herabgesunken.

he|rab|sto|ßen ⟨st. V.⟩ (geh.): **1.** *herunterstoßen* ⟨hat⟩: der Mörder hat sie vom Kliff herabgestoßen. **2.** *sich stoßartig nach unten bewegen* ⟨ist⟩: der Raubvogel stieß plötzlich auf das Feld herab.

he|rab|strö|men ⟨sw. V.; ist⟩: *in Strömen herabfließen.*

he|rab|stu|fen ⟨sw. V.; hat⟩: *auf eine niedrigere Stufe setzen, stellen; herunterstufen.*

he|rab|stür|zen ⟨sw. V.⟩: **1.** *von dort oben hierher nach unten stürzen* ⟨ist⟩: Felsbrocken stürzten herab. **2.** ⟨h. + sich⟩ *sich von dort oben hierher nach unten fallen lassen* ⟨hat⟩: er stürzte sich von den Klippen ins Meer herab.

he|rab|trop|fen ⟨sw. V.; ist⟩: *heruntertropfen.*

he|rab|wür|di|gen ⟨sw. V.; hat⟩: **a)** *auf verletzende Weise nicht mit dem nötigen Respekt, nicht seiner Würde, seinem Wert entsprechend behandeln:* jmdn. in aller Öffentlichkeit, jmds. Namen, Verdienste h.; **b)** ⟨h. + sich⟩ *sich erniedrigen.*

He|rab|wür|di|gung, die; -, -en: *das [Sich]herabwürdigen; das Herabgewürdigtwerden.*

he|rab|zie|hen ⟨unr. V.; hat/ist⟩ (geh.): *herunterziehen.*

He|ra|kles (griech. Myth.): Halbgott u. Held.

He|ra|kli|de, der; -n, -n: *Nachkomme des Herakles.*

He|ral|dik, die; - [aus frz. (science) héraldique eigtl. = Heroldskunst, zu: héraut = Herold; nach der dem Herold zukommenden Aufgabe, bei Ritterturnieren, die nur dem Adel offen standen, die Wappen der einzelnen Kämpfer zu prüfen]: *(von den Herolden 1 entwickelte) Wappenkunde; Heroldskunst.*

He|ral|di|ker, der; -s, -: *jmd., der sich mit Wappenkunde beschäftigt; Wappenforscher.*

He|ral|di|ke|rin, die; -, -nen: w. Form zu ↑Heraldiker.

he|ral|disch ⟨Adj.⟩: *die Heraldik betreffend.*

he|ran ⟨Adv.⟩ [aus ↑her u. ↑an]: *von dort hierher, in die Nähe des Sprechenden od. einer Sache:* nur h., ihr zwei!; rechts h. *(an die rechte Seite);* sie sind bis auf einen halben Meter h. (ugs.; *ein halber Meter fehlt noch, bis sie ihr Ziel erreicht haben*); ⟨als Verstärkung der Präp. »an«:⟩ bis an das Wasser h. standen Häuser.

he|ran|ar|bei|ten, sich ⟨sw. V.; hat⟩: *sich mit Mühe, Anstrengung einem bestimmten Ziel nähern:* sich durch das Geröll an die Unglücksstelle, an die Verunglückten h.

he|ran|bil|den ⟨sw. V.; hat⟩: **1.** *in einer besonderen Weise auf ein bestimmtes Ziel hin ausbilden:* die Firma bildet Fachkräfte selbst heran; er soll zum Gruppenleiter herangebildet werden. **2.** ⟨h. + sich⟩ *im Verlauf einer erfolgreichen Ausbildung entstehen, sich entwickeln:* ein Talent bildet sich heran.

He|ran|bil|dung, die; -, -en: *das Heranbilden* (1); *das Herangebildetwerden.*

he|ran|blü|hen ⟨sw. V.; ist⟩ (schweiz.): *heranwachsen:* die Schar der heranblühenden Enkelkinder.

he|ran|bre|chen ⟨st. V.; ist⟩: **1.** *branden.* **2.** (schweiz.) *anbrechen* (3): ein Zeitalter der Schlagworte droht heranzubrechen.

he|ran|brin|gen ⟨unr. V.; hat⟩: **1.** *in die Nähe des Sprechenden od. einer anderen Person, einer Sache bringen:* er war vollauf damit beschäftigt, die Verpflegung heranzubringen; Ü die anderen Fahrer des Feldes an den Spitzenreiter h. *(heranführen).* **2.** *mit einer Sache vertraut machen:* man sollte die jungen Menschen vorsichtig an diese Probleme h.

he|ran|drän|gen ⟨sw. V.; hat⟩: *in die Nähe des Sprechenden drängen.*

he|ran|dür|fen ⟨unr. V.; hat⟩ (ugs.): *herankommen, -fahren, -gehen o. Ä. dürfen.*

he|ran|ei|len ⟨sw. V.; ist⟩: *in die Nähe des Sprechenden, einer Sache eilen.*

he|ran|fah|ren ⟨st. V.; ist⟩: *in die Nähe, an den Ort des Sprechenden, nahe an eine bestimmte Stelle fahren:* an einen Fußgängerüberweg nur mit mäßiger Geschwindigkeit h.

he|ran|füh|ren ⟨sw. V.; hat⟩: **1. a)** *jmdn. in die Nähe, an den Ort des Sprechenden führen* (1 a); **b)** *etw. in die Nähe einer bestimmten Stelle führen* (6): die Lupe an die Augen h.; **c)** *in die Nähe einer bestimmten Stelle führen* (7 b): der Weg führt nahe an die Bucht heran; **d)** *eine Gruppe o. Ä. anführend, zu jmdm. aufschließen:* der britische Läufer führte die Verfolgergruppe an den Führenden heran. **2.** *jmdm. etw. näher bringen u. sein Interesse dafür wecken:* jmdn. an eine neue Aufgabe, ein Problem h.

he|ran|ge|hen ⟨unr. V.; ist⟩: **1.** *sich jmdm., einer Sache nähern:* dicht, bis auf zwei Meter an den Zaun h. **2.** *mit etw. beginnen; etw. in Angriff nehmen, anpacken:* mutig an eine Sache, an eine schwierige Aufgabe h.

he|ran|ho|len ⟨sw. V.; hat⟩: *in die Nähe des Sprechenden od. einer anderen Person, einer Sache holen.*

he|ran|kämp|fen, sich ⟨sw. V.; hat⟩: *sich zu einem bestimmten Ort durchkämpfen.*

he|ran|kar|ren ⟨sw. V.; hat⟩ (ugs.): *(mit einer Karre, einem Karren od. karrenähnlichen Fahrzeug) heranschaffen:* er hatte Bier und Bratwürste herangekarrt; in Omnibussen herangekarrte Touristen bevölkern die Altstadt.

he|ran|kom|men ⟨st. V.; ist⟩: **1. a)** *sich jmdm., einer Sache nähern; näher kommen:* sie kam langsam heran; die Tiere kamen dicht, bis auf wenige Meter an die Einzäunung heran; Ü etw. an sich h. lassen (ugs.; *nicht voreilig aktiv werden, sondern abwarten, wie sich etw. gestaltet, wenn es akut wird*); **b)** *in zeitliche Nähe rücken:* endlich kamen die Ferien, der Urlaub und Weihnachten heran. **2. a)** *heranreichen* (1): ich komme an das oberste Regal ohne Trittleiter nicht heran; sie kam mit der Hand nicht an den Hebel heran; Ü an seine Leistung kommst du nicht heran; **b)** *die Möglichkeit haben, sich etw. zu beschaffen; sich Zugang zu etw. verschaffen:* wie bist du an die verbotenen Bücher herangekommen?; er kommt an sein Geld nicht heran *(es liegt auf einem Konto fest);* für Journalisten ist es sehr schwer, an Fakten heranzukommen *(sie in Erfahrung zu bringen);* Ü an sie ist nicht heranzukommen (1. *sie ist aufgrund ihrer Stellung nur schwer zu erreichen.* 2. *sie ist unzugänglich, verschlossen*); an die Täter kommt man nicht heran *(man kann sie nicht zur Rechenschaft ziehen);* ***nichts an sich h. lassen** (ugs.; *sich innerlich gegen alle Dinge, die einen seelisch aus dem Gleichgewicht bringen könnten, abschirmen*); **c)** *in den Grenzbereich von etw. kommen:* das kommt schon nahe heran an Korruption.

he|ran|kön|nen ⟨unr. V.; hat⟩ (ugs.): vgl. herandürfen.

he|ran|las|sen ⟨st. V.; hat⟩: **1.** *hierher, in die Nähe von sich, jmdm. od. etw. kommen lassen:* lass die Kinder nicht so dicht [an dich] heran, sie stecken sich noch an; an seine Schallplatten lässt er niemanden heran *(er erlaubt niemandem, sie zu berühren, näher zu betrachten, sie abzuspielen);* an diesen Fall lässt sie niemanden heran *(sie erlaubt niemand anderem, diesen Fall zu bearbeiten);* ***jmdn. nicht/niemanden/keinen an sich h.** *(jmdm. keine Möglichkeit geben/niemandem, keinem die Möglichkeit geben, sich einem zu nähern* 1 c, *einen persönlicheren Kontakt aufzunehmen).* **2.** (selten) *ranlassen* (2).

he|ran|lo|cken ⟨sw. V.; hat⟩: *in die Nähe von jmdm., etw. locken.*

he|ran|ma|chen, sich ⟨sw. V.; hat⟩ (ugs.): **1.** *mit etw. tatkräftig beginnen; etw. in Angriff nehmen:* sich an die Arbeit h. **2.** *sich jmdm. in bestimmter Absicht auf wenig feine Art nähern:* sich an ein Mädchen h.

he|ran|müs|sen ⟨unr. V.; hat⟩: **1.** vgl. herandürfen. **2.** (ugs.) *eine Arbeit, Aufgabe übernehmen müssen:* schon als Kind musste ich im Haushalt heran *(mithelfen).*

he|ran|na|hen ⟨sw. V.; ist⟩ (geh.): **1.** *sich nähern:* ich sah die Bewaffneten h. **2.** *herankommen* (1 b): die Ferien nahten heran; der herannahende Winter.

he|ran|neh|men ⟨st. V.; hat⟩: *(bei einer bestimmten Arbeit, mit bestimmten Anforderungen) stark beanspruchen.*

he|ran|pir|schen, sich ⟨sw. V.; hat⟩: *heranschleichen* (b): im Schutz der Dunkelheit pirschte er sich heran.

he|ran|rei|chen ⟨sw. V.; hat⟩: **1.** *etw. erreichen* (1): das Kind kann noch nicht an das Regal h. **2.** *jmdm., einer Sache qualitätsmäßig gleichkommen:* an ihre Leistung reicht so schnell keine h. **3.** (landsch.) *für etw. reichen, lang genug sein:* diese Schnur reicht nicht heran.

he|ran|rei|fen ⟨sw. V.; ist⟩: **a)** *allmählich den Zustand der Reife erreichen:* Früchte reifen heran; Ü einen Entschluss h. lassen; **b)** *langsam [durch Vervollkommnung] zu etw. Bestimmtem werden:* der Jugendliche ist zum Erwachsenen herangereift; sie reifte zur großen Künstlerin heran.

he|ran|rol|len ⟨sw. V.⟩: **a)** *etw. in die Nähe des Sprechenden, an eine bestimmte Stelle rollen* ⟨hat⟩: er hatte die Fässer über eine Rampe herangerollt; **b)** *in die Nähe, an den Ort des Sprechenden rollen* ⟨ist⟩: bevor sie noch reagieren konnte, war das Auto herangerollt.

he|ran|rü|cken ⟨sw. V.⟩: **a)** *etw. in die Nähe des Sprechenden, nahe an eine bestimmte Stelle rücken* ⟨hat⟩: den Stuhl an den Tisch h.; **b)** *in die Nähe des Sprechenden, nahe an eine bestimmte Stelle rücken* ⟨ist⟩: dicht an jmdn., an den Ofen h.; **c)** *herankommen* (1 b) ⟨ist⟩: der Geburtstag rückte heran und ich hatte noch immer keine Geschenkidee.

he|ran|schaf|fen ⟨sw. V.; hat⟩: *an den Ort des Sprechenden, zum Sprechenden, an eine bestimmte Stelle schaffen* (5).

he|ran|schlei|chen ⟨st. V.⟩: **a)** *in die Nähe von jmdm., etw., an den Ort des Sprechenden schleichen* ⟨ist⟩: die Mutter schlich an die Tür heran; **b)** ⟨h. + sich⟩ *sich in die Nähe von jmdm., etw., an den Ort des Sprechenden schleichen* ⟨hat⟩: sie hatte sich lautlos an ihn herangeschlichen.

he|ran|schlep|pen ⟨sw. V.; hat⟩: **a)** *schleppend heranbringen:* die Kinder schleppten Wäscheberge heran; **b)** ⟨h. + sich⟩ *sich in die Nähe, an den Ort des Sprechenden, an eine bestimmte Stelle schleppen* (6 a).

he|ran sein: s. heran.

he|ran|sol|len ⟨unr. V.; hat⟩ (ugs.): vgl. herandürfen.

he|ran|spren|gen ⟨sw. V.; ist⟩: *im schnellen Galopp herankommen* (1 a).

he|ran|ste|hen ⟨st. V.; ist⟩ (österr.): *fällig sein:* trotz aller Maßnahmen steht die gleiche Situation wieder heran *(steht ... bevor).*

he|ran|tas|ten, sich ⟨sw. V.; hat⟩: **1.** *sich in die Nähe von jmdm., etw., an den Ort des Sprechenden tasten:* ich tastete mich in der Dunkelheit an den Schalter heran. **2.** *sehr vorsichtig an eine Sache herangehen* (2): sich an ein Problem h.

he|ran|tra|gen ⟨st. V.; hat⟩: **1.** *in die Nähe, an den Ort des Sprechenden, an eine bestimmte Stelle tragen:* er trug Holz für den Kamin heran. **2.** *(ein Anliegen o. Ä.) jmdm. gegenüber vorbringen:* an die Regierung herangetragene Wünsche.

he|ran|trau|en, sich ⟨sw. V.; hat⟩ (ugs.): *sich in die Nähe von jmdm., etw. trauen:* er traute sich nicht an den bärenstarken Kerl heran; Ü sich nicht an eine Sache h. *(sich nicht trauen, sie in Angriff zu nehmen).*

he|ran|tre|ten ⟨st. V.; ist⟩: **1. a)** *in die Nähe, an den Ort des Sprechenden, an eine bestimmte Stelle treten:* der Arzt trat näher an das Bett der Kranken heran; **b)** *entstehen u. dadurch jmdn. zwingen, sich mit der Sache auseinander zu setzen:* Probleme, Fragen, Versuchungen, Anfechtungen treten an jmdn. heran. **2. a)** *sich mit etw. an jmdn. wenden:* mit Bitten, Vorschlägen, Resolutionen an das Komitee h.; mit dieser Frage bin ich direkt an den Minister herangetreten; **b)** *an etw. herangehen* (2), *sich mit etw. auseinander setzen:* zuerst war ich an den Plan mit Zweifeln herangetreten.

he|ran|wach|sen ⟨st. V.; ist⟩: *allmählich ein bestimmtes Stadium der Reife erreichen:* das Mädchen ist zur Frau herangewachsen; die heranwachsende Generation; er ist in einem Kinderdorf herangewachsen *(aufgewachsen).*

He|ran|wach|sen|de, der u. die; -n, -n ⟨Dekl. ↑ Abgeordnete⟩: **a)** *jmd., der heranwächst:* der H. litt besonders unter dem jähzornigen Vater; **b)** (Rechtsspr.) *jmd., der das achtzehnte, aber noch nicht das einundzwanzigste Lebensjahr vollendet hat:* der Täter war ein H. aus der Nachbarschaft.

he|ran|wa|gen, sich ⟨sw. V.; hat⟩: *wagen, sich jmdm., einem Tier, Gegenstand zu nähern:* das Kind wagte sich nicht an den knurrenden Hund heran; Ü sie hat sich an dieses heikle Problem, an diese schwierige Frage noch nicht herangewagt *(hat noch nicht gewagt, sich damit auseinander zu setzen).*

he|ran|wol|len ⟨unr. V.; hat⟩ (ugs.): vgl. herandürfen.

he|ran|zie|hen ⟨unr. V.⟩: **1. a)** vgl. heranrücken (a) ⟨hat⟩: sie zog einen Stuhl heran; **b)** *sich [langsam] stetig [dem Ort des Sprechenden] nähern* ⟨ist⟩: eine Gruppe junger Leute zog lärmend und lachend heran; Ü das Gewitter ist von Westen herangezogen. **2.** ⟨hat⟩ **a)** *aufziehen, zum Gedeihen bringen:* Pflanzen, junge Tiere [sorgsam] h.; **b)** *systematisch auf ein bestimmtes Ziel hin, zu einem bestimmten Zweck ausbilden:* du musst dir rechtzeitig einen Nachfolger h. **3.** ⟨hat⟩ **a)** *jmdn. beauftragen, eine bestimmte Sache zu überprüfen u. seine Meinung, sein Urteil abzugeben:* zur Klärung dieser Frage wurden Sachverständige herangezogen; **b)** *[bei etw.] zu einem bestimmten Zweck einsetzen:* ausländische Arbeitskräfte h.; für diesen Zweck sollen die Spenden herangezogen werden. **4.** *für etw. in Betracht ziehen, verwenden; bei etw. berücksichtigen* ⟨hat⟩: einen Paragraphen, sämtliche Quellen h.; etw. zum Vergleich h.

He|ran|zie|hung, die: *das Heranziehen.*

he|rauf ⟨Adv.⟩ [mhd. her ūf, ahd. hera ūf, aus ↑ her u. ↑ auf]: **1.** *von dort unten hierher nach oben:* h. geht die Fahrt langsamer als herunter; ⟨als Verstärkung der Präp. »von«:⟩ vom Tal h. **2.** (ugs.) *von Süden nach Norden (vom Norden aus betrachtet):* sie hat von Bayern h. nach Norddeutschland geheiratet.

he|rauf|ar|bei|ten, sich ⟨sw. V.; hat⟩: **1.** *von einer [unterhalb des Sprechenden gelegenen] Stelle nach oben arbeiten* (3b): die Hügel zeigen, wo sich der Maulwurf heraufgearbeitet hat. **2.** *sich hocharbeiten:* sich vom Lehrling zum Filialleiter h.; er hat sich in die Spitze des Unternehmens heraufgearbeitet.

he|rauf|be|mü|hen ⟨sw. V.; hat⟩: **1.** *bitten, freundlicherweise heraufzukommen:* darf ich Sie noch einmal auf die Bühne h.? **2.** ⟨h. + sich⟩ *freundlicherweise heraufkommen:* würden Sie sich bitte zum Mikrophon h.?

he|rauf|be|schwö|ren ⟨st. V.; hat⟩: **1.** *durch bestimmte [unüberlegte, unbedachte] Handlungen eine missliche Situation o. Ä. verursachen:* eine Gefahr, einen Streit, Unheil h. **2.** *an etw. Vergangenes erinnern u. es [zur Mahnung] eindringlich darstellen:* die Vergangenheit, die Schrecken des Krieges, das Erlebnis der Flucht h.

he|rauf|bit|ten ⟨st. V.; hat⟩: *(jmdn.) bitten heraufzukommen.*

he|rauf|brin|gen ⟨unr. V.; hat⟩: **a)** *von dort unten hierher nach oben bringen* (1, 2): bringst du bitte die Wäsche herauf?; **b)** *als Gast mit herauf in die Wohnung bringen:* sie durfte ihren Freund nicht mit h.

he|rauf|däm|mern ⟨sw. V.; ist⟩ (geh.): *(vom ersten Tageslicht) sich allmählich vom Horizont her über den Himmel verbreiten:* der Morgen dämmert herauf; Ü eine neue Zeit dämmert herauf *(bricht an).*

he|rauf|drin|gen ⟨st. V.; ist⟩: *von dort unten hierher nach oben dringen:* Lärm, Lachen drang zu mir herauf.

he|rauf|dür|fen ⟨unr. V.; hat⟩ (ugs.): **1.** *heraufkommen, -gehen, -fahren o. Ä. dürfen.* **2.** *heraufgebracht* (2) *werden dürfen.*

he|rauf|ho|len ⟨sw. V.; hat⟩: *von dort unten hierher nach oben holen* (1 a, b).

he|rauf|klet|tern ⟨sw. V.; ist⟩: *von dort unten hierher nach oben klettern.*

he|rauf|kom|men ⟨st. V.; ist⟩: **1.** *von dort unten hierher nach oben kommen:* meine Mutter kam die Treppe herauf. **2. a)** *am Horizont erscheinen u. am Himmel aufwärts steigen:* der Mond, die Sonne kommt herauf; **b)** *nahen, unmittelbar bevorstehen u. sich ankündigen:* ein Unwetter kommt herauf; **c)** *von unten nach oben getragen werden:* vom Tal kommt das Geläute der Glocken, grauer Nebel herauf.

he|rauf|kön|nen ⟨unr. V.; hat⟩ (ugs.): vgl. heraufdürfen.

he|rauf|las|sen ⟨st. V.; hat⟩ (ugs.): *heraufkommen* (1) *lassen.*

he|rauf|lau|fen ⟨st. V.; ist⟩: *von dort unten hierher nach oben laufen.*

he|rauf|müs|sen ⟨unr. V.; hat⟩ (ugs.): vgl. heraufdürfen (1).

he|rauf|neh|men ⟨st. V.; hat⟩: *heraufholen.*

he|rauf|rei|chen ⟨sw. V.; hat⟩: **1.** *von dort unten hierher nach oben reichen, geben:* er reichte den Eimer aus dem Graben herauf. **2.** (ugs.) *von dort unten hierher nach oben reichen* (3): die Leiter reicht bis zum Dach herauf.

he|rauf|ru|fen ⟨st. V.; hat⟩: **1.** *von einer [unterhalb des Sprechenden gelegenen] Stelle nach oben rufen.* **2.** *etw. Vergangenes, Vergessenes wieder bewusst werden lassen:* dieses Gespräch rief die Erinnerung an damals herauf.

he|rauf|schal|len ⟨sw. V.; hat⟩: *von dort unten hierher nach oben schallen.*

he|rauf|se|hen ⟨st. V.; hat⟩: *von dort unten hierher nach oben sehen.*

he|rauf|set|zen ⟨sw. V.; hat⟩: *erhöhen, anheben:* die Preise, Mieten h.; das Mindestalter für Bewerber h.

He|rauf|set|zung, die; -, -en: *das Heraufsetzen; das Heraufgesetztwerden.*

he|rauf|sol|len ⟨unr. V.; hat⟩ (ugs.): vgl. heraufdürfen (1).

he|rauf|stei|gen ⟨st. V.; ist⟩: **1.** *von dort unten hierher nach oben steigen:* sie werden heute nicht mehr [den Berg] bis zu mir h. können; steig bitte [die Treppe] herauf und hilf mir! **2.** (geh.) **a)** *aufsteigen* (5): Erinnerungen stiegen in ihr herauf; **b)** *(von einem Zeitabschnitt) anbrechen, beginnen:* die Dämmerung steigt herauf; das heraufsteigende Zeitalter der Moderne.

he|rauf|tra|gen ⟨st. V.; hat⟩: *nach oben tragen.*

he|rauf|wol|len ⟨unr. V.; hat⟩: vgl. heraufdürfen (1).

he|rauf|zie|hen ⟨unr. V.⟩: **1.** *von dort unten hierher nach oben ziehen* (1, 2 a, b, 5 a) ⟨hat⟩ **2.** *vom Horizont her sichtbar werden u. näher kommen* ⟨ist⟩: ein Unwetter, ein Gewitter zieht herauf; Ü ein heraufziehendes Unheil; eine heraufziehende Katastrophe. **3.** ⟨ist⟩ **a)** *von dort unten hierher nach oben ziehen* (7): [vom Erdgeschoss] in den dritten Stock h.; wir sind von München heraufgezogen *(in diesen in Norddeutschland gelegenen Ort gezogen);* **b)** *von dort unten hierher nach oben ziehen* (8).

he|raus ⟨Adv.⟩ [mhd. her ūȝ, ahd. hera ūȝ, aus ↑ her und ↑ aus]: *von dort drinnen hierher nach draußen:* h. mit euch [an die frische Luft]!; h. aus dem Bett, den Federn (ugs.; *aufstehen*)!; h. mit dem Geld (ugs.; *geben Sie/gib das Geld her*)!; die ersten Schneeglöckchen sind schon h. (ugs.; *haben schon zu blühen begonnen*); mein Bruder ist aus dem Knast h. (ugs.; *entlassen*); mein Blinddarm ist schon lange h. (ugs.; *operativ entfernt*); der Splitter ist h. (ugs.; *entfernt*); aus dem Trubel der Stadt h. sein (ugs.; *sich davon entfernt haben*); Ü aus diesem Alter bin ich langsam h. (ugs.; *ich bin nicht mehr in diesem Alter*); aus einer schwierigen Situation, einem Dilemma h. sein (ugs.; *eine schwierige Situation, ein Dilemma überstanden haben*); der Termin ist noch nicht h. (ugs.; *steht noch nicht fest*); es ist noch nicht h. (ugs.; *entschieden*), wann sie abreist; das neue Modell, der neue Film ist h. (ugs.; *ist auf dem Markt, ist öffentlich zugänglich*); endlich ist sie mit ihrem Anliegen h. (ugs.; *hat sie ihr Anliegen zur Sprache gebracht*); die ganze Geschichte, Wahrheit, der ganze Schwindel ist h. (ugs.; *öffentlich bekannt geworden*); wer der Täter war, ist noch nicht h. (ugs.; *bekannt*); ⟨als Verstärkung der Präp. »aus«:⟩ aus - h. (↑ aus I 2).

he|raus|ar|bei|ten ⟨sw. V.; hat⟩: **1. a)** *Teile innerhalb eines Ganzen so bearbeiten, gestalten, dass sie sich plastisch abheben;* **b)** *innerhalb eines größeren Zusammenhangs das, worauf es ankommt, deutlich machen, hervorheben:* Unterschiede, verschiedene Standpunkte h. **2.** ⟨h. + sich⟩ *sich unter Anstrengung aus etw. befreien:* sich aus dem Gestrüpp, Schlamm h. **3.** (ugs.) *(Arbeitszeit) vor- od. nacharbeiten:* freigenommene Arbeitsstunden h.

He|raus|ar|bei|tung, die; -, -en: *das Herausarbeiten* (1).

he|raus|be|kom|men ⟨st. V.; hat⟩: **1.** *aus etw. lösen, entfernen können:* den Nagel [aus dem Brett], den Fleck [aus dem Kleid] nicht h. **2. a)** (ugs.) *die Lösung von etw. finden:* die Mathematikaufgabe h.; **b)** *etw., was verborgen od. unklar ist u. worüber man gern Bescheid wüsste, durch geschicktes Vorgehen ermitteln:* ein Geheimnis h.; es war nichts/kein Wort aus ihr herauszubekommen *(es gelang uns nicht, ihr etw. [über das, was wir gern gewusst hätten] zu entlocken).* **3.** *eine bestimmte Summe als Wechselgeld zurückgezahlt bekommen:* ich habe viel Kleingeld herausbekommen.

he|raus|beu|gen, sich ⟨sw. V.; hat⟩: *sich von dort drinnen hierher nach draußen beugen:* sie beugte sich weit aus dem Fenster heraus.

he|raus|bil|den ⟨sw. V.; hat⟩: **a)** ⟨h. + sich⟩ *allmählich aus etw. entstehen, sich aus etw. entwickeln:* aus der jahrelangen geschäftlichen Partnerschaft hat sich ein Vertrauensverhältnis herausgebildet; **b)** (selten) *hervorbringen, entwickeln.*

He|raus|bil|dung, die; -, -en: *das [Sich]herausbilden.*

he|raus|bli|cken ⟨sw. V.; hat⟩ (geh.): *heraussehen.*

he|raus|boh|ren ⟨sw. V.; hat⟩: *durch Bohren entfernen.*

he|raus|bo|xen ⟨sw. V.; hat⟩: **1.** (Fußball, Handball) *herausfausten.* **2.** (ugs.) *sich für jmdn. einsetzen u. ihn aus einer schwierigen Situation befreien.*

he|raus|bre|chen ⟨st. V.⟩: **1. a)** *brechend aus einem Ganzen lösen* ⟨hat⟩: ein paar Fliesen aus der Wand h.; Ü der Streik wird nur dann erfolgreich sein, wenn sich keiner aus der Front der Streikenden h. lässt; **b)** *sich durch starken Druck o. Ä. [brechend] aus einem Ganzen lösen* ⟨ist⟩: große Stücke brachen aus der Felswand heraus. **2.** *(von Gefühlsäußerungen) plötzlich u. unver-*

mittelt zum Ausbruch kommen ⟨ist⟩: Zorn, Hass brach aus ihm heraus. **3.** (selten) *herausschlagen* (2): das Feuer brach aus dem Dachstuhl heraus. **4.** (ugs.) *erbrechen* (2 a) ⟨hat⟩: das ganze Essen wieder h.

he|raus|brin|gen ⟨unr. V.; hat⟩: **1.** *von dort drinnen hierher nach draußen bringen:* bitte, bring uns doch noch einen Liegestuhl [auf die Terrasse] heraus! **2.** (ugs.) *herausbekommen* (1): die Rotweinflecken habe ich nicht mehr herausgebracht. **3. a)** *ein Werk, einen Autor veröffentlichen:* das Gesamtwerk Goethes als Taschenbuchreihe h.; das Theater hat ein neues Stück herausgebracht *(aufgeführt);* **b)** *in den Handel, auf den Markt bringen:* eine neue Serie, ein neues Automodell h.; er hatte ihr gesagt, er wolle sie [ganz] groß h. (ugs.; *mit aufwendiger Werbung der Öffentlichkeit bekannt machen, vorstellen).* **4.** (ugs.) *herausbekommen* (2): hast du herausgebracht, wie er das gemacht hat? **5.** *(von Lauten, Tönen o. Ä.) von sich geben; hervorbringen:* vor Aufregung konnte sie kein Wort h.

he|raus|brül|len ⟨sw. V.; hat⟩: *die Beherrschung verlierend plötzlich brüllend äußern:* seinen ganzen Ärger h.

H

he|raus|des|til|lie|ren ⟨sw. V.; hat⟩: **1.** (Chemie) *einen bestimmten Anteil durch Destillation aus einem Gemisch gewinnen.* **2.** *klar herausarbeiten* (1 b): die Grundidee aus dem Text h.

he|raus|dre|hen ⟨sw. V.; hat⟩: *durch Drehen entfernen:* die Birne [aus der Fassung] h.; Ü ihr ist es wieder gelungen, sich herauszudrehen *(sich mit Gewandtheit aus einer unangenehmen Situation zu befreien).*

he|raus|drin|gen ⟨st. V.; ist⟩: *von dort drinnen hierher nach draußen dringen.*

he|raus|drü|cken ⟨sw. V.; hat⟩: **1.** *von dort drinnen hierher nach draußen drücken:* Zahnpasta aus der Tube h. **2.** *einen Körperteil (bes. Brust, Bauch, Hüfte) durch eine bestimmte Haltung vorwölben:* er zog den Bauch ein und drückte die Brust heraus.

he|raus|dür|fen ⟨unr. V.; hat⟩: *herauskommen, -gehen, -fahren o. Ä. dürfen.*

he|raus|ei|tern ⟨sw. V.; ist⟩: *mit Eiter aus einer Wunde abgesondert werden.*

he|raus|fah|ren ⟨st. V.⟩: **1.** ⟨ist⟩ **a)** *von dort drinnen hierher nach draußen fahren* (1 a): der Zug fährt aus dem Bahnhof heraus; **b)** *von dort drinnen hierher nach draußen fahren* (2 a): sie ist/kam mit dem Wagen aus der Garage, Einfahrt herausgefahren; **c)** *zu einem außerhalb gelegenen Ort fahren* (2 a), *um hier jmdn. zu besuchen o. Ä.* ⟨meist 2. Part. + kommen⟩: er ist regelmäßig zu seinem Großvater herausgefahren. **2.** *von dort drinnen hierher nach draußen fahren* (2 b, 7) ⟨hat⟩. **3.** ⟨ist⟩ (ugs.) **a)** *nach draußen fahren* (9 a): erschrocken aus dem Bett h.; **b)** *entschlüpfen* (2): gerade dieses Wort musste ihr h.! **4.** (Sport) *durch schnelles, geschicktes Fahren erzielen* ⟨hat⟩: eine gute Zeit, einen Vorsprung, einen Rekord, einen Sieg h. **5.** (Jägerspr.) *ausfahren* (14) ⟨ist⟩. **6.** (Jägerspr.) *ausfahren* (15) ⟨hat⟩.

he|raus|fal|len ⟨st. V.; ist⟩: **1. a)** *von dort drinnen hierher nach draußen fallen* (1 a): die Äpfel sind aus dem Korb, das Kind ist aus dem Bett herausgefallen; **b)** *von dort drinnen hierher nach draußen fallen* (7 b): aus dem Kellerfenster fiel ein Lichtschein heraus. **2.** *in auffallender Weise anders sein als üblich u. sich deshalb außerhalb einer bestimmten Ordnung bewegen:* Vorgänge, die aus aller Konvention herausfallen; sie fällt [mit ihrer Meinung] aus dem Kreis der Befragten heraus.

he|raus|faus|ten ⟨sw. V.; hat⟩ (Handball, Fußball): *(vom Torwart) den Ball mit der Faust, den Fäusten wegstoßen u. so abwehren.*

he|raus|feu|ern ⟨sw. V.; hat⟩: *[fristlos] entlassen.*

he|raus|fil|tern ⟨sw. V.; hat⟩: **1. a)** *(meist etw. Unreines od. nicht Verwendungsfähiges) durch einen Filter* (1) *von etw. trennen, absondern:* Trübstoffe [aus Fruchtsäften] h.; **b)** *(bestimmte Frequenzen) durch einen Filter* (4) *aussondern:* einen Frequenzbereich h. **2.** *aus einer Menge [als infrage kommend, brauchbar, geeignet] heraussuchen, aussondern:* aus einer Vielzahl von Schriften das Original h.

he|raus|fin|den ⟨st. V.; hat⟩: **1.** *den Weg von dort drinnen hierher nach draußen finden, den Ausgang finden:* sie fand aus dem Labyrinth des Parks nur schwer heraus; nur schwer aus dem Bett h. *(ungern aufstehen);* ⟨auch h. + sich:⟩ ich habe mich aus dem Hochhaus kaum herausgefunden; Ü wir werden uns aus dem Schlamassel schon h. **2. a)** *eine Person od. Sache als die gesuchte in einer Menge finden:* die gewünschten Gegenstände schnell aus einem großen Haufen h.; **b)** *durch Nachforschungen entdecken:* sie haben die Ursache des Unglücks herausgefunden; wir finden den Fehler bestimmt heraus; es ist nicht herauszufinden, wo das Geld geblieben ist.

he|raus|fi|schen ⟨sw. V.; hat⟩ (ugs.): *jmdn., etw. aus etw. fischen* (2).

he|raus|flie|gen ⟨st. V.⟩: **1.** ⟨ist⟩ **a)** *von dort drinnen hierher nach draußen fliegen* (1, 2, 4, 11); **b)** (ugs.) *herausfallen* (1). **2.** *ausfliegen* (2 c) ⟨hat⟩: man hat Frauen und Kinder aus der Stadt herausgeflogen.

he|raus|flie|ßen ⟨st. V.; ist⟩: *von dort drinnen hierher nach draußen fließen.*

He|raus|for|de|rer, der; -s, -: **a)** *jmd., der einen anderen zum Kampf herausfordert;* **b)** (Sport) *jmd., der einen Titelinhaber herausfordert* (1 b).

He|raus|for|de|rin, die; -, -nen: w. Form zu ↑Herausforderer.

he|raus|for|dern ⟨sw. V.; hat⟩: **1. a)** *jmdn. auffordern, sich zum Kampf zu stellen:* er forderte seinen Nebenbuhler [zum Duell] heraus; **b)** (Sport) *einen Titelinhaber zu einem Kampf um seinen Titel auffordern.* **2.** *heraufbeschwören; jmdn. bewusst reizen, um eine Reaktion zu erreichen; provozieren:* eine Gefahr, das Schicksal leichtfertig, tollkühn h.; Protest, Kritik h.; ihre Schriften fordern zum Widerspruch heraus.

he|raus|for|dernd ⟨Adj.⟩: *durch unverhohlen aufreizende, anmaßende Art eine Reaktion verlangend:* ein -es Benehmen; er sah sie h. an.

He|raus|for|de|rung, die; -, -en: **1.** *das Herausfordern* (1 a, 2). **2.** (Sport) **a)** *das Herausfordern* (1 b): sein Recht auf H. wurde bestätigt; **b)** *Kampf, bei dem ein Herausforderer* (b) *mit einem Sportler um einen Titel kämpft:* er hat sich auf die H. gut vorbereitet. **3.** *Anlass, tätig zu werden; Aufgabe, die einen fordert* (3): eine künstlerische, berufliche H.; die -en des 21. Jahrhunderts; eine neue H. suchen.

he|raus|füh|len ⟨sw. V.; hat⟩: *durch starkes Einfühlungsvermögen bemerken.*

he|raus|füh|ren ⟨sw. V.; hat⟩: **1. a)** *von dort drinnen hierher nach draußen führen* (1): sie wurde zu uns herausgeführt; **b)** *durch seine Führung, Beratung o. Ä. bewirken, dass jmd., etw. aus einer unangenehmen Situation, Lage herauskommt:* jmdn. aus einer Krise h. **2.** *von [dort] drinnen [hierher] nach draußen führen* (7 b): dieser Weg führt aus dem Wald heraus. **3.** *nach draußen führen* (7 c): sein Weg führte ihn zu uns heraus.

he|raus|füt|tern ⟨sw. V.; hat⟩ (ugs.): [1]*auffüttern* (b).

He|raus|ga|be, die; -: *das Herausgeben* (2, 4).

he|raus|ge|ben ⟨st. V.; hat⟩: **1.** *von dort drinnen hierher nach draußen geben* (1 a), *reichen:* er gab den Koffer durchs Fenster heraus. **2.** *jmdn. od. etw., in dessen Besitz man sich gebracht hat od. dessen Besitz einem zustand, freigeben, jmdm. auf Verlangen [wieder] aushändigen, dem eigentlichen Besitzer [wieder] überlassen:* etw. ungern, widerwillig h.; die Beute, den Gefangenen h.; sie wollte die Schlüssel nicht h. **3. a)** *beim Bezahlen Wechselgeld zurückgeben:* [jmdm.] zu wenig, zu viel, falsch h.; sie gab [mir] auf 20 Mark heraus; können Sie h.? *(haben Sie passendes Kleingeld?);* **b)** (landsch.) *jmdm. auf eine Äußerung eine gebührende Antwort erteilen:* ich habe [ihm] ganz schön herausgegeben. **4. a)** *für die Veröffentlichung eines Druckwerks die Verantwortung tragen:* eine Zeitschrift, ein Buch h.; seine Aufsätze wurden in Buchform von einem bekannten Verlag herausgegeben *(veröffentlicht);* Goethes Werke, herausgegeben (Abk.: hrsg., hg.) von ...; **b)** *[als etw. Neues] herausbringen* (3 b): die Post gibt wieder einen Satz Wohlfahrtsmarken heraus; Gedenkmünzen h.; **c)** *[als Gesetz o. Ä.] erlassen, zur Kenntnis bringen:* eine Anweisung, einen Erlass h. **5.** (selten) *zu sich Genommenes wieder von sich geben; erbrechen:* sie versuchte zu essen, musste aber alles wieder h.

He|raus|ge|ber, der; -s, -: *jmd., der ein Druckwerk herausgibt* (4 a); Abk.: Hrsg., Hg.

He|raus|ge|be|rin, die; -, -nen: w. Form zu ↑Herausgeber.

he|raus|ge|hen ⟨unr. V.; ist⟩: **1.** *von dort drinnen hierher nach draußen gehen:* man sah sie aus dem Haus h.; * **aus sich** ⟨Dativ⟩ **h.** *(allmählich seine Schüchternheit, seine Hemmungen überwinden, lebhaft werden u. sich frei u. unbefangen äußern):* ich sollte lernen, mehr aus mir herauszugehen. **2.** *sich aus etw. lösen, entfernen lassen:* der Fleck, der Schmutz geht nicht [mehr aus der Tischdecke, dem Kleid] heraus; der Korken geht leicht heraus.

He|raus|geld, das ⟨Pl. selten⟩ (schweiz.): *Wechselgeld* (a).

he|raus|grei|fen ⟨st. V.; hat⟩: *aus einer größeren Anzahl auswählen:* ein paar Leute h.; Ü um nur ein Beispiel herauszugreifen: die Sicherheit auf den Autobahnen.

he|raus|gu|cken ⟨sw. V.; hat⟩ (ugs.): **a)** *heraussehen;* **b)** *[länger als das darüber liegende Bedeckende sein u. deshalb] zu sehen sein:* dein Hemd guckt aus der Hose heraus; dein Unterrock guckt heraus.

he|raus|ha|ben ⟨unr. V.; hat⟩ (ugs.): **1.** *aus etw. entfernt haben:* den Schmutz aus der Wäsche, den Nagel aus der Latte h.; sie wollte die Mieter aus der Wohnung h. *(entfernt wissen, sehen).* **2. a)** *etw. begriffen, verstanden haben u. es beherrschen:* den Trick, Dreh h.; er hatte schnell heraus, wie das gemacht wird; **b)** *die Lösung von etw. gefunden haben:* das Rätsel h.; **c)** *durch Ermittlungen festgestellt haben:* die Polizei hatte bald heraus, wer der Dieb war. **3.** *wiederhaben, zurückbekommen:* das Geld, den vollen Preis wieder h.

he|raus|hal|ten ⟨st. V.; hat⟩: **1.** *von dort drinnen hierher nach draußen halten:* die Kinder hielten bunte Fähnchen aus den Zugfenstern heraus. **2.** (ugs.) **a)** *dafür sorgen, dass jmd., ein Tier außerhalb eines bestimmten Bereichs, Gebiets o. Ä. bleibt:* die Hühner aus dem Garten, Privatpersonen aus dem militärischen Sperrgebiet h.; **b)** *aus einem bestimmten Interesse von etw. fern halten u. nicht in etw. verwickeln lassen:* bitte, halte du dich aus dieser Sache heraus!

[1]he|raus|hän|gen ⟨st. V.; hat⟩: *aus etw. nach draußen* [1]*hängen* (1 a): Fahnen hingen [aus den Fenstern] heraus; ihm hängt das Hemd aus der Hose heraus; Ü die Zunge hängt ihr schon heraus (ugs.; *sie ist schon total erschöpft*) von der dauernden Rennerei.

[2]he|raus|hän|gen ⟨sw. V.; hat⟩: **1.** *nach draußen* [2]*hängen* (1 a): die Wäsche zum Trocknen h. **2.** (ugs.) *in einer als unangenehm empfundenen Weise herauskehren, hervorkehren:* den Direktor, die Fachfrau h.; es macht ihm Spaß, den Flegel herauszuhängen *(sich wie ein Flegel zu benehmen);* für meinen Geschmack hängt er sein Geld zu sehr heraus *(protzt er zu sehr mit seinem Geld).*

he|raus|hau|en ⟨unr. V.; haute heraus, hat herausgehauen⟩: **1. a)** *durch Schlagen, Hauen* (7) *aus einem größeren Ganzen entfernen:* kranke Bäume aus dem Forst h.; einen Stein aus der Mauer h.; **b)** *durch Hauen* (5 a) *aus etw. hervortreten, entstehen lassen:* ein Relief aus dem Marmor h. **2.** (ugs.) *durch persönlichen körperlichen Einsatz aus einer schwierigen, gefährlichen Situation im Kampf, bei einer Schlägerei* *befreien:* er hat ihn bei der Schlägerei herausgehauen; Ü durch seine Aussage hat er ihn vor Gericht herausgehauen. 3. (ugs.) *herausholen; herausschlagen:* im Gespräch mit meinem Chef konnte ich eine Gehaltserhöhung h.

he|raus|he|ben ⟨st. V.; hat⟩: **1.** *von dort drinnen hierher nach draußen heben:* das Kind aus dem Gitterbett, der Wanne h. **2. a)** *hervorheben, von seiner Umgebung abheben* (3 b): diesen Aspekt hob sie in ihrer Rede besonders heraus; **b)** ⟨h. + sich⟩ *sich von seiner Umgebung abheben* (3 a): das Muster hebt sich [aus dem dunklen Untergrund] gut, kaum heraus.

he|raus|hel|fen ⟨st. V.; hat⟩: **a)** *helfen, aus etw. herauszukommen* (1 a): jmdm. aus dem Wagen h.; **b)** *helfen, aus einer unangenehmen Situation, Lage herauszukommen* (2 b): jmdm. aus Schwierigkeiten h.

he|raus|ho|len ⟨sw. V.; hat⟩: **1. a)** *von dort drinnen hierher nach draußen holen:* den Koffer aus dem Gepäckraum h.; **b)** *aus einer Zwangs-, Notlage befreien:* die eingeschlossenen Bergleute h. **2.** (ugs.) **a)** *eine bestimmte Leistung abgewinnen:* in diesem Lauf habe ich das Letzte aus mir herausgeholt; mehr ist aus diesem Motor nicht herauszuholen; **b)** *durch besondere Fähigkeiten, besonderes Geschick als Vorteil erreichen, als Gewinn o. Ä. erzielen:* sie hat bei dem Handel, den Verhandlungen viel herausgeholt; die Unterhändler konnten mehr h., als erwartet worden war; aus jmdm. Geld h. *(es an ihm verdienen);* **c)** (bes. Sport) *durch Leistung, besondere Fähigkeiten o. Ä. erreichen, erzielen, zustande bringen:* die Sportlerin holte einen beachtlichen Erfolg, einen Sieg heraus; sie konnten einen sicheren Vorsprung h. **3.** (ugs.) *durch [geschickte] Fragen von jmdm. erfahren:* die Polizei konnte aus dem Tatverdächtigen nicht viel h. **4.** (ugs.) *herausarbeiten* (1 b) *u. deutlich sichtbar darstellen:* bei dieser Aufführung wurde die Tragik des Werkes nicht genügend herausgeholt.

he|raus|hö|ren ⟨sw. V.; hat⟩: **a)** *(aus einem Gemisch von Tönen, Stimmen, Worten, Geräuschen) mit dem Gehör wahrnehmen:* ihre Stimme würde ich überall h.; **b)** *an jmds. Worten etw. nicht direkt Ausgesprochenes erkennen:* aus jmds. Äußerung, Reden seine Enttäuschung h.

he|raus|ixen ⟨sw. V.; hat⟩ [wohl nach dem math. Zeichen x für unbekannte Größen] (ugs.): *durch intensives Nachdenken, Überlegen herausfinden.*

he|raus|ka|ta|pul|tie|ren ⟨sw. V.; hat⟩: *aus etw. katapultieren:* der Pilot konnte sich mithilfe des Schleudersitzes aus der Maschine h.; Ü der Minister wurde aus seinem Amt herauskatapultiert.

he|raus|keh|ren ⟨sw. V.; hat⟩: *eine Stellung, eine Eigenschaft sehr betonen u. durch sein Verhalten auf deren Wichtigkeit hinweisen:* den Vorgesetzten, den Chef h.

he|raus|ken|nen ⟨unr. V.; hat⟩: *aus einer Menge o. Ä. heraus eine bestimmte Person od. Sache erkennen.*

he|raus|kit|zeln ⟨sw. V.; hat⟩ (ugs.): *dort, wo man an bestimmte Grenzen stößt, noch etw. erreichen; abnötigen, abringen:* obwohl sie versprochen hatte, nichts zu verraten, hat er das Geheimnis doch aus ihr herausgekitzelt.

he|raus|kla|mü|sern ⟨sw. V.; hat⟩ (ugs.): *ausklamüsern.*

he|raus|klau|ben ⟨sw. V.; hat⟩ (landsch.): *etw. einzeln aus einer Fülle klauben.*

he|raus|klet|tern ⟨sw. V.; ist⟩: *von dort drinnen hierher nach draußen klettern.*

he|raus|klin|geln ⟨sw. V.; hat⟩: *jmdn. durch Betätigen der Türglocke od. des Telefons veranlassen, an die Tür od. ans Telefon zu gehen:* um drei Uhr morgens klingelte er sie heraus.

he|raus|klin|gen ⟨st. V.; hat⟩: **1.** *von dort drinnen hierher nach draußen klingen:* aus der Bar klang laute Musik heraus. **2.** *in etw. andeutungsweise zum Ausdruck kommen:* aus ihren Worten klang Lob heraus.

he|raus|klop|fen ⟨sw. V.; hat⟩: **1.** *durch Klopfen aus etw. entfernen:* den Staub aus der Kleidung h. **2.** *jmdn. durch Klopfen veranlassen, an die Tür od. an das Fenster zu gehen:* wir mussten sie mitten in der Nacht h.

he|raus|kom|men ⟨st. V.; ist⟩: **1. a)** *von dort drinnen hierher nach draußen kommen:* aus dem Zimmer h.; ich habe sie [aus dem Haus] h. sehen; **b)** *durch etw. hindurch ins Freie dringen:* aus dem Schornstein kommt schwarzer Qualm heraus; die ersten Frühlingsblumen kommen heraus *(beginnen zu blühen).* **2. a)** *einen Raum, Bereich o. Ä. verlassen [können]:* sie ist nie aus ihrer Heimatstadt herausgekommen; aus der Haft, einer Anstalt h.; du kommst viel zu wenig heraus *(gehst zu selten an die frische Luft);* wir kommen in letzter Zeit zu wenig heraus *(unternehmen zu selten etwas);* Ü aus dem Staunen nicht h. *([über etw.] nicht genug staunen können);* **b)** (ugs.) *einen Ausweg aus etw. finden:* wir müssen sehen, dass wir aus dieser peinlichen Situation heil h. **3. a)** *auf den Markt kommen:* ein neues Modell, Fabrikat kommt heraus; **b)** *etw. in den Handel bringen:* der Verlag ist im Herbst mit einem neuen Taschenlexikon herausgekommen; **c)** *(von einem Druckwerk o. Ä.) veröffentlicht werden, erscheinen:* sein Roman kommt demnächst als Taschenbuch heraus; im nächsten Monat wird das Theaterstück auch in Mannheim h. *(Premiere haben);* **d)** (ugs.) *öffentlichen Erfolg haben, populär werden:* diese Sängerin, Schriftstellerin ist ganz groß herausgekommen. **4.** *gut u. deutlich wahrgenommen, erkannt werden [können]:* leider kamen die Zusammenhänge, die komischen Züge des Stückes [bei dieser Aufführung] nur unklar heraus; die Bässe kommen nicht genügend heraus. **5.** (ugs.) **a)** *in einer bestimmten Weise zum Ausdruck kommen, formuliert werden:* der Vorwurf kam etwas zu scharf heraus; **b)** *etw. erst nach einigem Zögern äußern, zur Sprache bringen:* mit einem Wunsch, einem Anliegen h. **6. a)** (ugs.) *sich als [positives] Ergebnis, Resultat, als Lösung zeigen; sich ergeben:* bei der Addition kommt eine hohe Summe heraus; was ist eigentlich noch dabei herausgekommen *(ist man noch zu einem Ergebnis gekommen)*?; bei den Verhandlungen, bei der Arbeit ist nicht viel herausgekommen; etw. kommt auf eins, auf dasselbe, aufs Gleiche heraus *(bleibt sich gleich);* **b)** (schweiz.) *ausgehen, sich in einer bestimmten Weise gestalten:* wie wäre es wohl herausgekommen, wenn ich dich nicht geweckt hätte?; in solchen Fällen kommt es nie gut heraus; **c)** (ugs.) *[öffentlich] bekannt werden:* wenn der Schwindel herauskommt, gibt es einen Skandal; die Sache kam heraus und er wurde entlassen; es wird wohl nie h., wer der Täter war. **7.** (ugs.) **a)** *aus dem Takt, aus dem Rhythmus einer ablaufenden Folge kommen:* ich komme beim Tanzen immer so leicht heraus; ich muss noch einmal von vorn lesen, ich bin herausgekommen; **b)** *infolge einer längeren Pause bestimmte musische, sportliche o. ä. Fähigkeiten mit der Zeit verlieren:* wenn man nicht jeden Tag übt, kommt man allmählich ganz heraus. **8.** (ugs.) *beim Kartenspiel beginnen; als Erster die erste Karte ausspielen:* wer kommt heraus? **9.** (ugs.) *bei einer Lotterie o. Ä. gezogen werden, gewinnen:* die Nummer meines Loses ist wieder nicht herausgekommen; ich bin im ersten Rang herausgekommen.

he|raus|kön|nen ⟨unr. V.; hat⟩ (ugs.): vgl. herausdürfen.

he|raus|krab|beln ⟨sw. V.; ist⟩ (ugs.): *von dort drinnen hierher nach draußen krabbeln.*

he|raus|krat|zen ⟨sw. V.; hat⟩: *aus etw. durch Kratzen herausholen.*

he|raus|krie|chen ⟨st. V.; ist⟩: vgl. herauskrabbeln.

he|raus|krie|gen ⟨sw. V.; hat⟩ (ugs.): **1.** *herausbekommen* (1–3). **2.** *herausbringen* (5).

he|raus|kris|tal|li|sie|ren ⟨sw. V.; hat⟩: **1. a)** *[bei chemischen Prozessen] in Form von Kristallen gewinnen:* aus einer Lösung Salze h.; **b)** ⟨h. + sich⟩ *sich bei chemischen Prozessen in Form von Kristallen absondern:* diese Kristalle haben sich bei der Destillation der Lösung herauskristallisiert. **2. a)** *klar herausarbeiten:* die wesentlichen Punkte aus einem Referat h.; **b)** ⟨h. + sich⟩ *sich klar herausbilden:* im Laufe des Gesprächs kristallisierten sich zwei verschiedene Meinungen heraus.

he|raus|la|chen ⟨sw. V.; hat⟩: *plötzlich anfangen, laut zu lachen, ohne sich Zurückhaltung aufzuerlegen:* als sie sein Gesicht sah, lachte sie heraus.

he|raus|las|sen ⟨st. V.; hat⟩ (ugs.): **1.** *herauskommen, -gehen lassen:* das Kind, den Hund [nicht] aus dem Haus h.; Rauch durch die Nase h. *(entweichen lassen);* Ü kurz bevor er ging, ließ er die große Neuigkeit heraus *(teilte er die lange zurückgehaltene Neuigkeit mit).* **2.** (ugs.) *fortlassen* (2): weil ich keine Zeit mehr hatte, musste ich einige Aufgaben h.

he|raus|lau|fen ⟨st. V.⟩: **1.** *von dort drinnen hierher nach draußen laufen* ⟨ist⟩: aus dem Haus h.; der Torwart lief heraus *(lief aus dem Tor heraus)* und fing die Flanke ab; ⟨subst.:⟩ durch sein Herauslaufen verschuldete der Torwart ein Tor. **2.** *herausfließen* ⟨ist⟩. **3.** *in einem Laufwettbewerb durch schnelles Laufen erzielen* ⟨hat⟩: einen guten, beachtlichen Platz h.; vor dem letzten Wechsel hatte die Staffel einen Vorsprung von vier Metern herausgelaufen.

he|raus|legen ⟨sw. V.; hat⟩: *von dort drinnen hierher nach draußen [für jmdn. bereit]legen:* den Kindern frische Kleider h.

he|raus|le|sen ⟨st. V.; hat⟩: **1.** *lesend [u. interpretierend] einem Text entnehmen, daraus ersehen:* man hat Dinge aus dem Roman herausgelesen, die der Autor gar nicht beabsichtigt hatte; aus seinem Brief habe ich herausgelesen, dass er Kummer hat; Ü aus seinen Augen konnte sie die Trauer h. **2.** (ugs.) *durch Auslesen aus einer größeren Menge entfernen:* sie sollte die fauligen Kartoffeln h.

he|raus|lo|cken ⟨sw. V.; hat⟩: **1.** *von dort drinnen hierher nach draußen locken:* das Kaninchen aus dem Bau h.; Ü jmdn. aus seiner Reserve h. *(ihn dazu bringen, seine Zurückhaltung aufzugeben, aus sich herauszugehen, sich zu äußern).* **2.** *durch geschicktes Vorgehen etw. Gewünschtes von jmdm. (aus dessen materiellem od. geistigem Besitz) erhalten:* sie brachte es fertig, eine größere Summe, das Geheimnis aus ihm herauszulocken.

he|raus|lö|sen ⟨sw. V.; hat⟩: **1.** *durch Auflösen aus etw. entfernen:* Fette können durch eine Behandlung mit Alkohol herausgelöst werden. **2.** *aus einem Ganzen, aus einem zusammengehörenden Verband entfernen; herausfiltern* (2): Wörter aus dem Textzusammenhang h.

he|raus|lü|gen ⟨st. V.; hat⟩: *durch Lügen aus einer misslichen Lage, von einem Verdacht befreien:* wie er sich wohl aus dieser Lage herauslügt?

he|raus|ma|chen ⟨sw. V.; hat⟩ (ugs.): **1.** *aus etw. entfernen:* die Flecken aus dem Kleid h.; die Kerne aus den Kirschen h. **2.** ⟨h. + sich⟩ **a)** *sich [erholen u.] körperlich gut entwickeln:* das Kind hat sich [nach der Krankheit] gut herausgemacht; **b)** *sich in wirtschaftlicher, gesellschaftlicher Hinsicht gut entwickeln:* der Handwerker hat sich herausgemacht, er ist heute Bauunternehmer.

he|raus|müs|sen ⟨unr. V.; hat⟩ (ugs.): **1.** vgl. herausdürfen. **2.** *(nach dem Schlaf) aufstehen müssen:* in der Woche muss ich jeden Morgen früh heraus. **3.** *gesagt, ausgesprochen werden müssen:* das musste mal heraus.

He|raus|nah|me, die; -, -n [zum 2. Bestandteil vgl. Abnahme]: *das Herausnehmen; das Herausgenommenwerden.*

he|raus|nehm|bar ⟨Adj.⟩: *sich herausnehmen* (1) *lassend.*

he|raus|neh|men ⟨st. V.; hat⟩: **1. a)** *aus dem Inneren eines Behälters o. Ä. nehmen, entfernen:*

Geld aus dem Portemonnaie h.; sie schloss die Schublade, ohne die Papiere herauszunehmen; **b)** *(ein Organ) operativ entfernen:* [jmdm.] die Polypen, den Blinddarm h. **2.** *jmdn. nicht länger in seiner gewohnten Umgebung lassen:* sie hat das Kind aus der Schule herausgenommen; in der 70. Minute nahm der Trainer den enttäuschenden Spieler heraus (bes. Ballspiele; *ließ ihn nicht länger spielen, sondern ersetzte ihn durch einen anderen*). **3.** ⟨h. + sich⟩ (ugs.) *sich dreisterweise erlauben; sich anmaßen:* sich allerhand h.; er nahm sich Freiheiten heraus, die ihm nicht zustanden; er hat sich ihr gegenüber zu viel herausgenommen.

he|raus|ope|rie|ren ⟨sw. V.; hat⟩: *aus etw. durch eine Operation entfernen.*

he|raus|pau|ken ⟨sw. V.; hat⟩ [zu Studentenspr. pauken = fechten] (ugs.): *jmdn. aus einer misslichen, gefährlichen Situation befreien.*

he|raus|pi|cken ⟨sw. V.; hat⟩ (ugs.): *aus einer größeren Menge durch Picken herausholen:* die Vögel haben die Sonnenblumenkerne herausgepickt; Ü er hat sich die interessantesten Bücher herausgepickt.

he|raus|plat|zen ⟨sw. V.; ist⟩ (ugs.): **1.** *plötzlich in lautes, sich nicht länger zurückhalten lassendes Lachen ausbrechen:* bei dem komischen Anblick platzte sie heraus. **2.** *etw. spontan u. unvermittelt äußern:* mit einer Frage, Bemerkung h.; sie platzte sofort mit dieser Neuigkeit heraus.

he|raus|pres|sen ⟨sw. V.; hat⟩: **1.** *aus etw. pressen:* die letzten Tropfen Flüssigkeit h. **2.** *von jmdm. unter Ausübung von Druck, Anwendung von Gewalt erlangen:* aus jmdm. eine größere Summe, ein Geständnis h.

he|raus|prü|geln ⟨sw. V.; hat⟩ (ugs.): **1.** *jmdn. durch Prügel dazu bringen, etw. mitzuteilen:* die Wahrheit aus jmdm. h. **2.** *durch Prügeln befreien:* sie mussten ihren Freund h. **3.** *durch Prügel herausbringen, entfernen:* diese Allüren werde ich ihm h.

he|raus|prus|ten ⟨sw. V.; hat⟩ (ugs.): *prustend herauslachen.*

he|raus|pum|pen ⟨sw. V.; hat⟩: *durch Pumpen aus etw. entfernen.*

he|raus|put|zen ⟨sw. V.; hat⟩: *so schmücken, putzen, dass es ins Auge fällt:* sie putzt sich immer sehr heraus; die Kinder [festlich] h.; die Wagen für den Festumzug [prächtig] h.; Ü für den hohen Besuch hat sich die Kleinstadt herausgeputzt.

he|raus|quel|len ⟨st. V.; ist⟩: **1.** *quellend herausdringen:* aus der Vertiefung quoll Wasser heraus; Ü eine Menschenmenge quoll aus dem Kino heraus. **2.** *unnatürlich geschwollen hervortreten* (2 b): durch die Anstrengung quollen die Augen heraus.

he|raus|ra|gen ⟨sw. V.; hat⟩: **1.** *aus etw. [in die Höhe] ragen:* dort, wo die Brücke gewesen war, ragten nur noch die Pfeiler heraus. **2.** *durch seine Bedeutung hervortreten, sich von seiner Umgebung abheben:* ihre Leistung ragte weit über den Durchschnitt heraus; ⟨häufig im 1. Part.:⟩ ein herausragender *(ausgezeichneter, bedeutender)* Forscher; Ereignisse von herausragender *(besonderer, überdurchschnittlicher)* Bedeutung.

he|raus|re|cken ⟨sw. V.; hat⟩ (ugs.): *einen Körperteil reckend vorstrecken:* den Arm h.

he|raus|re|den ⟨sw. V.; hat⟩: **1.** ⟨h. + sich⟩ (ugs.) **a)** *sich durch Ausreden von einem Verdacht o. Ä. befreien:* sie versuchte sich damit herauszureden, dass sie nichts davon gewusst hätte; **b)** *sich als Ausrede auf etw. berufen:* sie redete sich auf das schlechte Wetter heraus. **2.** (selten) *etw., was geheim bleiben sollte, preisgeben, ohne es zu wollen; ausplaudern.*

he|raus|rei|chen ⟨sw. V.; hat⟩: **1.** *von dort drinnen hierher nach draußen reichen:* kannst du mir bitte den Koffer h.? **2.** (ugs.) *lang genug sein u. deshalb von dort drinnen bis zu einer Stelle hierher nach draußen reichen* (3): das Kabel reicht nicht aufs Dach heraus.

he|raus|rei|ßen ⟨st. V.; hat⟩: **1.** *aus etw. reißen* (5 a): eine Seite [aus dem Heft] h.; den Fußboden, die Türen h. lassen; ich musste mir einen Zahn h. (ugs.; *ziehen*) lassen; er riss das Unkraut mit der Wurzel aus der Erde heraus; Ü jmdn. aus seiner vertrauten Umgebung, aus der Arbeit, aus seiner Traurigkeit, Lethargie, aus einem Gespräch h. **2.** (ugs.) **a)** *jmdm. aus einer bedrängten Lage helfen, jmdn. aus Schwierigkeiten befreien:* seine Freunde h.; ihre Aussage hat ihn herausgerissen; **b)** *Fehler, Mängel einer Sache wieder aufwiegen, ausgleichen:* die Eins im Aufsatz reißt die Drei im Diktat heraus; ich habe etwas zugenommen, aber das Kleid reißt alles heraus.

he|raus|rei|ten ⟨st. V.⟩: **1.** *von dort drinnen hierher nach draußen reiten* ⟨ist⟩. **2.** (ugs.) *durch geschicktes o. ä. Reiten erzielen* ⟨hat⟩: die deutsche Mannschaft konnte einen Sieg h.

he|raus|ren|nen ⟨unr. V.; ist⟩: *von dort drinnen hierher nach draußen rennen.*

he|raus|rü|cken ⟨sw. V.⟩: **1. a)** *aus einem Raum, einer Reihe hierher nach draußen rücken* (1 a) ⟨hat⟩: die Stühle auf die Veranda h.; **b)** *aus einem Raum, einer Reihe hierher nach draußen rücken* (2) ⟨ist⟩: kannst du noch ein Stück zu mir h.? **2.** (ugs.) **a)** *sich nach anfänglichem Weigern von etw. [was man besitzt] trennen; herausgeben* (2) ⟨hat⟩: ungern etw. h.; endlich hat sie das Geld herausgerückt; sie mussten ihre Beute wieder h.; er rückt keinen Pfennig heraus; Ü sie rückte das Passwort doch noch heraus; **b)** *nach längerem Zögern aussprechen* ⟨ist⟩: mit einem Anliegen, einer Absicht, einer Bemerkung, einem Geheimnis h.

he|raus|ru|fen ⟨st. V.; hat⟩: **1.** *von dort drinnen hierher nach draußen rufen:* etw. zum Fenster h.; sie rief etwas zu uns heraus. **2.** *durch Rufen auffordern, veranlassen herauszukommen* (1 a): jmdn. aus einer Sitzung h.; das begeisterte Publikum rief den Schauspieler [noch dreimal] heraus *(forderte ihn durch starken Applaus auf, vor den Vorhang zu kommen).*

he|raus|rut|schen ⟨sw. V.; ist⟩: **1.** *von dort drinnen hierher nach draußen rutschen:* der Geldbeutel rutschte ihm [aus der Tasche] heraus; das Hemd war ihm aus der Hose herausgerutscht. **2.** (ugs.) *von jmdm. unüberlegt, übereilt ausgesprochen werden; jmdm. ungewollt entschlüpfen:* die Bemerkung war ihr einfach so herausgerutscht.

he|raus|sau|gen ⟨sw., geh. auch: st. V.; hat⟩: *von dort drinnen hierher nach draußen saugen.*

he|raus|schaf|fen ⟨sw. V.; hat⟩ (ugs.): **1.** *von dort drinnen hierher nach draußen schaffen* (5). **2.** ⟨h. + sich⟩ (landsch.) *durch eigene Kraft, durch eigenen Antrieb aus bestimmten Schwierigkeiten herauskommen:* sie hat sich mühsam aus ihrer Misere herausgeschafft.

he|raus|schä|len ⟨sw. V.; hat⟩: **1. a)** *durch Entfernen der Schale herauslösen:* die Nuss h.; Ü sie schälte sich langsam aus ihrer Jacke heraus; **b)** *durch Schälen entfernen:* die schwarzen Flecke aus der Kartoffel h. **2. a)** *aus einem größeren Zusammenhang lösen u. gesondert betrachten:* die religiösen Elemente dieses Romans h.; **b)** ⟨h. + sich⟩ *allmählich deutlich, erkennbar werden:* langsam schälte sich das wahre Tatmotiv heraus; **c)** ⟨h. + sich⟩ *sich im Verlauf von etw. deutlich als jmd., etw. erweisen:* dieses Problem schälte sich in der Diskussion als dringlichstes heraus.

he|raus|schau|en ⟨sw. V.; hat⟩ (landsch.): **1. a)** *heraussehen:* zum Fenster h.; **b)** *herausgucken* (b): dein Unterrock hat herausgeschaut. **2.** (ugs.) **a)** *als Gewinn zu erwarten sein:* bei diesem Geschäft schaut nicht viel heraus; **b)** *als [positives] Ergebnis zu erwarten sein:* eine persönliche Bestleistung schaut heraus.

he|raus|schi|cken ⟨sw. V.; hat⟩: *von dort drinnen hierher nach draußen* [1]*schicken* (2 a).

he|raus|schie|ßen ⟨st. V.⟩: **1.** ⟨hat⟩ **a)** *von dort drinnen hierher nach draußen schießen:* die Entführer haben aus dem Auto herausgeschossen; **b)** *durch Schießen entfernen:* auf dem Jahrmarkt an der Schießbude eine Rose h. **2.** ⟨ist⟩ **a)** *sich äußerst heftig u. schnell nach außen bewegen:* er war mit seinem Rennwagen aus der Kurve herausgeschossen; **b)** (ugs.) *mit großer Eile u. Heftigkeit herauslaufen:* sie kam plötzlich aus dem Haus herausgeschossen. **3.** (Fußball) *durch das Schießen mehrerer Tore ein bestimmtes Ergebnis erzielen* ⟨hat⟩: die Italiener schossen eine 2 : 0-Führung heraus.

he|raus|schin|den ⟨st. V.; hat⟩ (ugs.): *herausschlagen* (3): Geld h.; auf der Fahrt hat sie wichtige Minuten herausgeschunden.

he|raus|schla|gen ⟨st. V.⟩ [3: urspr. = durch Prägeschlag viele Münzen aus einem Stück Metall anfertigen]: **1.** ⟨hat⟩ **a)** *durch Schlagen aus etw. entfernen:* eine Zwischenwand h.; **b)** *durch Schlagen entstehen lassen:* Funken aus einem Stein h. **2.** *aus etw. hierher nach draußen schlagen, dringen* ⟨ist⟩: Feuer schlug aus dem Dachstuhl heraus. **3.** (ugs.) *mit Geschick, Schlauheit aus, bei einer Sache für sich gewinnen* ⟨hat⟩: eine Menge Geld, einen Vorteil h.

he|raus|schlei|chen ⟨st. V.⟩: **a)** *von dort drinnen hierher nach draußen schleichen* ⟨ist⟩: vorsichtig aus dem Zimmer h.; **b)** ⟨h. + sich⟩ *sich von dort drinnen hierher nach draußen schleichen* ⟨hat⟩: sie hat sich leise aus dem Haus herausgeschlichen.

he|raus|schlep|pen ⟨sw. V.; hat⟩: **1.** *von dort drinnen hierher nach draußen schleppen:* er schleppte die Koffer heraus. **2.** ⟨h. + sich⟩ *sich von dort drinnen hierher nach draußen schleppen:* trotz Schmerzen konnte er sich aus dem brennenden Haus h.

he|raus|schleu|dern ⟨sw. V.; hat⟩: *von dort drinnen hierher nach draußen schleudern:* der Vulkan schleudert Fontänen von Asche und Steinen heraus; sie wurde bei dem Zusammenprall aus dem Auto herausgeschleudert; Ü Worte, Anklagen h.

he|raus|schme|cken ⟨sw. V.; hat⟩: **a)** *mit dem Geschmackssinn aus einem Gemisch wahrnehmen:* Gewürze h.; **b)** *durch sein besonders kräftiges, charakteristisches Aroma geschmacklich hervortreten:* Oregano und Salbei schmecken stark heraus.

he|raus|schmei|ßen ⟨st. V.; hat⟩ (ugs.): *herauswerfen.*

he|raus|schmug|geln ⟨sw. V.; hat⟩: *aus einem Land, einem Gebäude o. Ä. schmuggeln* (1, 2).

he|raus|schnei|den ⟨unr. V.; hat⟩: *aus einem Ganzen durch Schneiden entfernen:* ein großes Stück Torte h.

he|raus|schöp|fen ⟨sw. V.; hat⟩: *von dort drinnen durch Schöpfen entnehmen.*

he|raus|schrau|ben ⟨sw. V.; hat⟩: *durch Schrauben aus etw. entfernen:* die Birne aus der Fassung h.

he|raus|schrei|ben ⟨st. V.; hat⟩: *einen Teil eines Textes für einen bestimmten Zweck abschreiben:* ich habe mir die wichtigsten Stellen der Rede herausgeschrieben.

he|raus|schrei|en ⟨st. V.; hat⟩: *aus einer Emotion heraus schreiend äußern, laut verkünden:* seinen Schmerz, seinen Hass h.

he|raus|se|hen ⟨st. V.; hat⟩: *von dort drinnen hierher nach draußen sehen.*

he|raus sein: s. heraus.

he|rau|ßen ⟨Adv.⟩ (südd., österr.): *hier draußen:* die Kinder spielen h. im Hof.

he|raus|sol|len ⟨unr. V.; hat⟩ (ugs.): vgl. herausdürfen.

he|raus|spie|len ⟨sw. V.; hat⟩ (bes. Ballspiele): *durch gutes, planmäßiges Spielen erzielen:* die Mannschaft spielte einen ungefährdeten Sieg heraus.

he|raus|sprin|gen ⟨st. V.; ist⟩: **1.** *von dort drinnen hierher nach draußen springen* (1 b): aus dem Fenster h. **2. a)** *sich durch einen Sprung (in Glas, Porzellan o. Ä.) aus etw. lösen:* aus der Fensterscheibe ist ein Eckchen herausgesprungen; **b)** *aus einem Gefüge o. Ä. springen* (3): die Sicherung ist herausgesprungen. **3.** *hervorspringen* (2). **4.** *sich als Gewinn, Vorteil o. Ä. (für jmdn.) aus etw. ergeben:* bei der Sache springt nichts, eine Menge, viel Geld [für sie] heraus; ich mache meine Entscheidung davon abhängig, was für mich dabei finanziell herausspringt.

he|raus|spru|deln ⟨sw. V.⟩: 1. *aus dem Inneren von etw. nach außen sprudeln* ⟨ist⟩. 2. *hastig, überstürzt, ungestüm [u. dadurch undeutlich artikuliert] vorbringen* ⟨hat⟩: Fragen h.; sie sprudelte diese Sätze [nur so] heraus.

he|raus|staf|fie|ren ⟨sw. V.; hat⟩ (ugs. scherzh.): *herausputzen:* die hat ihr Kind vielleicht herausstaffiert!; in eine vollkommen herausstaffierte Wohnung einziehen.

he|raus|ste|chen ⟨st. V.; hat⟩: 1. *sich deutlich, klar, scharf von seiner Umgebung abheben:* die Fichten stachen in dunklem Grün heraus. 2. (Eishockey) *ausstechen* (4).

he|raus|ste|cken ⟨steckte/stak heraus, hat herausgesteckt⟩: 1. ⟨steckte heraus⟩ *von dort drinnen hierher nach draußen stecken:* eine Fahne [aus dem Fenster] h.; den Kopf [zur Tür] h. *(herausstrecken).* 2. ⟨steckte heraus⟩ (ugs.) *herauskehren.* 3. ⟨stak heraus⟩ *herausragen:* Pricken staken aus dem Boden des Watts heraus.

he|raus|ste|hen ⟨unr. V.; hat; südd., österr., schweiz. auch: ist⟩: *hervor-, herausragen:* im Schuh stehen ein paar Nägel heraus.

he|raus|stel|len ⟨sw. V.; hat⟩: 1. *von dort drinnen hierher nach draußen stellen:* die Gartenmöbel auf die Veranda h.; einen Spieler h. *(nicht mehr mitspielen lassen).* 2. *in den Mittelpunkt rücken; hervorheben:* Ansprüche, Aufgaben, Grundsätze, Ergebnisse klar, scharf h.; Merkmale, eine Persönlichkeit h.; die Kritik stellte diesen jungen Künstler besonders heraus. 3. ⟨h. + sich⟩ *sich [als etw. Bestimmtes] erweisen:* in den Verhandlungen hat sich ihre Unschuld herausgestellt; ihre Angaben stellten sich als falsch heraus; es wird sich h., ob du Recht hast.

he|raus|sto|ßen ⟨st. V.; hat⟩: 1. *von dort drinnen hierher nach draußen stoßen.* 2. *heftig und gepresst von sich geben, sagen:* Worte, Fragen hastig, undeutlich h.

he|raus|stre|cken ⟨sw. V.; hat⟩: *von dort drinnen hierher nach draußen strecken:* die Maus streckte vorsichtig den Kopf zum Loch heraus; du sollst den Arm nicht aus dem Zugfenster h.; jmdm. die Zunge h. *(jmdm. die Zunge zeigen u. damit Triumph od. Verachtung ausdrücken).*

he|raus|strei|chen ⟨st. V.; hat⟩: 1. *aus einem Text streichen:* einige Sätze aus dem Manuskript h. 2. *(durch übermäßig starke Betonung od. lobende Erwähnung) auf jmdn., sich, etw. besonders aufmerksam machen:* sich, seine Frau, seine Verdienste h.; er strich seinen eigene Leistung heraus.

he|raus|strö|men ⟨sw. V.; ist⟩: 1. *von dort drinnen hierher nach draußen strömen:* Unmengen von Wasser strömten durch die Bruchstelle heraus. 2. *in großer Anzahl aus etw. herauskommen:* die Besucher strömten durch die Tore heraus.

he|raus|stür|zen ⟨sw. V.; ist⟩: *von dort drinnen hierher nach draußen stürzen* (1 a, 2 a).

he|raus|su|chen ⟨sw. V.; hat⟩: *kritisch prüfend aus einer Anzahl [gleichartiger] Dinge od. Personen auswählen u. von den übrigen trennen:* alle schlechten Äpfel aus den Horden h.; er sucht sich seine Leute schon gut heraus.

he|raus|tra|gen ⟨st. V.; hat⟩: *von dort drinnen hierher nach draußen tragen.*

he|raus|trei|ben ⟨st. V.; hat⟩: *von dort drinnen hierher nach draußen treiben:* die Pferde aus der Koppel h.; Ü so versuchte er, die schlechten Gedanken aus seinem Kopf herauszutreiben.

he|raus|tren|nen ⟨sw. V.; hat⟩: *von einem Stück abtrennen u. herausnehmen.*

he|raus|tre|ten ⟨st. V.⟩: 1. *aus einem Raum, einer Reihe hierher nach draußen treten* ⟨ist⟩: er sah sie aus dem Haus h.; jeder Zweite [aus dem Glied, der Reihe] h.! 2. *hervortreten, zum Vorschein kommen* ⟨ist⟩: das Wasser ist schon so weit abgeflossen, dass der Untergrund heraustritt; sie wurde so wütend, dass ihre Halsschlagader heraustrat *(sie zeichnete sich deutlich ab);* Ü damit ist er endlich aus dem Schatten seines Vaters herausgetreten. 3. (Jägerspr.) **a)** *austreten* (3) ⟨ist⟩; **b)** *(Niederwild) absichtlich heraustreiben* ⟨hat⟩.

he|raus|tun ⟨unr. V.; hat⟩ (ugs.): *[aus dem Inneren] nach außen legen, setzen, stellen.*

he|raus|wach|sen ⟨st. V.; ist⟩: 1. *aus etw. nach draußen wachsen, wachsend aus etw. herauskommen* (1 b): die Pflanze wächst schon unten aus dem Topf heraus; die gefärbten Haare h. lassen *(die Haare so lange wachsen lassen, bis der gefärbte Anteil ohne Schwierigkeit durch Schneiden entfernt werden kann).* 2. *für ein Kleidungsstück, einen Gebrauchsgegenstand o. Ä. zu groß werden:* das Kind ist aus dem Mantel, den Schuhen herausgewachsen.

he|raus|wa|gen, sich ⟨sw. V.; hat⟩: *wagen herauszukommen* (1 a): sie wagte sich nicht aus ihrer Höhle heraus.

he|raus|wa|schen ⟨st. V.; hat⟩: **a)** *durch Waschen aus etw. entfernen:* die Flecken aus der Tischdecke h.; **b)** (landsch.) *(ein Wäschestück o. Ä.) kurz mit der Hand waschen; durchwaschen:* ich muss noch schnell den Pulli h.

he|raus|wer|fen ⟨st. V.; hat⟩: 1. *von dort drinnen hierher nach draußen werfen:* bitte wirf mir das Portemonnaie aus dem Fenster heraus; Ü das ist doch herausgeworfenes *(unnütz ausgegebenes)* Geld. 2. (ugs.) *hinauswerfen* (2).

he|raus|win|den, sich ⟨st. V.; hat⟩: *sich durch besonderes Geschick aus einer unangenehmen, heiklen Lage befreien:* sie wusste nicht, wie sie sich h. sollte.

he|raus|win|ken ⟨sw. V.; hat⟩: **a)** *durch Winken auffordern, veranlassen herauszukommen* (1 a): sie wurden am Kontrollpunkt herausgewinkt; **b)** *durch Zeichen gebendes Winken beim Herausfahren* (1 b) *dirigieren:* sie hat mich aus der Parklücke herausgewinkt.

he|raus|wirt|schaf|ten ⟨sw. V.; hat⟩: *durch geschicktes Wirtschaften als Gewinn erzielen:* aus dem Betrieb war nicht mehr herauszuwirtschaften.

he|raus|wol|len ⟨unr. V.; hat⟩ (ugs.): vgl. herausdürfen.

he|raus|wür|gen ⟨sw. V.; hat⟩: 1. *durch Würgen [wieder] hervorbringen:* das Fleisch wieder h. 2. *mühsam u. undeutlich sprechen.*

he|raus|zer|ren ⟨sw. V.; hat⟩: *von dort drinnen hierher nach draußen zerren.*

he|raus|zie|hen ⟨unr. V.⟩: 1. ⟨hat⟩ **a)** *von dort drinnen hierher nach draußen ziehen:* die Schublade h.; einen Zettel h.; jmdn. aus dem Teich h.; Ü ich werde jede Einzelheit aus ihm h. (ugs.; *auch gegen seinen Widerstand von ihm in Erfahrung bringen*); **b)** *aus einem Bereich, einer Gruppe o. Ä. zu einem bestimmten Zweck aussondern, herausnehmen:* einzelne Mitarbeiter werden herausgezogen, um den Messestand zu betreuen. 2. *aus einem Gebiet, Ort wegziehen* ⟨ist⟩: er ist aus Berlin herausgezogen. 3. *als Auszug, Exzerpt herausschreiben* ⟨hat⟩: Merksätze aus dem Text h.

herb ⟨Adj.⟩ [mhd. har(e), flektiert: har(e)wer, H. u., viell. eigtl. = schneidend; rau]: 1. *(in Bezug auf den Geschmack, Geruch von etw.) keine gefällige Süße besitzend, sondern ein wenig scharf, leicht bitter od. säuerlich:* -er Wein; der -e Duft des Herbstlaubs; dieses Parfüm ist mir zu h. 2. *Kummer verursachend, schwer zu ertragen; schmerzlich, bitter:* ein -er Verlust, Rückschlag; eine -e Niederlage hinnehmen müssen; sie wurde h. enttäuscht. 3. **a)** *nicht lieblich, sondern von strengem, verschlossen wirkendem Wesen:* ein -es Gesicht; ein -er Zug um den Mund; eine -e Schönheit; **b)** *(in Bezug auf eine Äußerung, Handlungsweise) hart, unfreundlich; besonders streng u. scharf:* -e Worte; -e Kritik.

Her|ba|list, der; -en, -en [zu lat. herba = Pflanze, Gras]: *Heilkundiger, der auf Kräuterheilkunde spezialisiert ist.*

Her|ba|lis|tin, die; -, -nen: w. Form zu ↑Herbalist.

her|bei ⟨Adv.⟩ [aus ↑her u. ↑bei]: *von einer entfernt liegenden Stelle an den Ort des Sprechenden, auf den Sprechenden zu:* alles h.!; alle Mann h.!; h. zu mir!

her|bei|brin|gen ⟨unr. V.; hat⟩: 1. *von einer entfernt liegenden Stelle zum Sprechenden bringen.* 2. *jmdm. verschaffen, an die Hand geben:* Indizien, Beweise h.

her|bei|ei|len ⟨sw. V.; ist⟩: *schnellstens herbeikommen.*

her|bei|fah|ren ⟨st. V.; ist⟩: vgl. heranfahren.

her|bei|flie|gen ⟨st. V.; ist⟩: *von einer entfernt liegenden Stelle zum Sprechenden fliegen:* die Brieftaube ist herbeigeflogen.

her|bei|füh|ren ⟨sw. V.; hat⟩: 1. (selten) *der Grund, der Anlass dafür sein, dass jmd. von einer entfernt liegenden Stelle an einen bestimmten Ort zum Sprechenden kommt:* die Neugier führt sie herbei. 2. *bewirken, dass etw. geschieht, dass es zu etw. kommt:* eine Entscheidung, den Untergang, das Ende h.; eine Aussprache zwischen den Partnern h.; ihr Eingreifen führte eine Wende herbei; es war der Schock, durch den der Tod herbeigeführt worden war.

her|bei|ho|len ⟨sw. V.; hat⟩: *von einer entfernt liegenden Stelle an einen bestimmten Ort, zum Sprechenden holen.*

her|bei|kom|men ⟨st. V.; ist⟩: *von einer entfernt liegenden Stelle an einen bestimmten Ort, zum Sprechenden kommen.*

her|bei|las|sen, sich ⟨st. V.; hat⟩ (häufig iron.): *sich nach längerem Zögern endlich zu etw. bequemen, bereit finden:* sich zur Mithilfe h.; würdest du dich nun endlich h., mir den Fall zu erklären?

her|bei|lau|fen ⟨st. V.; ist⟩: *von einer entfernt liegenden Stelle an einen bestimmten Ort, zum Sprechenden laufen.*

her|bei|lo|cken ⟨sw. V.; hat⟩: *von einer entfernt liegenden Stelle an einen bestimmten Ort, zum Sprechenden locken:* der Köder lockt die Tiere herbei; Ü sie wollte für die Nacht die Träume h.

her|bei|re|den ⟨sw. V.; hat⟩: *durch fortwährendes Reden Wirklichkeit werden lassen:* ein Unglück, einen Missstand h.; das Glück kann man nicht h.

her|bei|ru|fen ⟨st. V.; hat⟩: *von einer entfernt liegenden Stelle an einen bestimmten Ort, zum Sprechenden rufen:* Hilfe h.; er ruft seinen Hund mit einem Pfiff herbei.

her|bei|schaf|fen ⟨sw. V.; hat⟩: *von einer entfernt liegenden Stelle an einen bestimmten Ort, zum Sprechenden schaffen:* er forderte ihn auf, das Zeug unter allen Umständen herbeizuschaffen; jmdn. tot oder lebendig h.

her|bei|seh|nen ⟨sw. V.; hat⟩: *sehnlichst wünschen, dass jmd., etw. Bestimmtes da sei, dass jmd. Bestimmtes komme, etw. Bestimmtes eintreffe:* einen bestimmten Tag, ein bestimmtes Ereignis, einen geliebten Menschen h.

her|bei|strö|men ⟨sw. V.; ist⟩: *in großer Anzahl herbeikommen:* die Besucher, die Neugierigen strömten herbei.

her|bei|win|ken ⟨sw. V.; hat⟩: *durch Winken auffordern herbeizukommen:* ein Taxi, den Ober h.

her|bei|wün|schen ⟨sw. V.; hat⟩: vgl. herbeisehnen.

her|bei|zau|bern ⟨sw. V.; hat⟩: *durch Zaubern herbeibringen:* ich wünschte, ich könnte ihn/könnte dir das Geld gleich h.

her|bei|zi|tie|ren ⟨sw. V.; hat⟩: *zu sich zitieren* (2): sie zitierte ihren Stellvertreter herbei; der sofort herbeizitierte Mitarbeiter stritt alles ab.

her|be|kom|men ⟨st. V.; hat⟩: **a)** *etw., was man braucht, auf irgendeine Art u. Weise beschaffen, ausfindig machen:* wo soll ich das denn h.?; **b)** *jmdn. an den Ort des Sprechenden bringen:* ich will mal sehen, ob ich ihn h. kann.

her|be|mü|hen ⟨sw. V.; hat⟩ (geh.): 1. *jmdn. an den Ort des Sprechenden bemühen:* darf ich Sie einmal h.? 2. ⟨h. + sich⟩ *sich an den Ort des Sprechenden bemühen:* ich danke Ihnen, dass Sie sich herbemüht haben.

her|be|or|dern ⟨sw. V.; hat⟩: *an den Ort des Sprechenden beordern:* sie hatten mich aus Berlin herbeordert.

Her|ber|ge, die; -, -n [mhd. herberge, ahd. heriberga, zu: heri (↑Heer), eigtl. = ein das Heer bergender Ort]: **1. a)** *einfaches Gasthaus o. Ä., in dem jmd. [für die Nacht] Unterkunft findet:* sie waren auf dem Weg zu ihrer H.; **b)** kurz für ↑Jugendherberge. **2.** ⟨Pl. selten⟩ (veraltet) *gastliche Aufnahme:* um H. bitten.

her|ber|gen ⟨sw. V.; hat⟩ [mhd. herbergen, ahd. heribergōn] (veraltet): **1.** *in einer Herberge wohnen.* **2.** *jmdm. Aufnahme gewähren, Unterkunft bieten; beherbergen:* niemand wollte sie h.

Her|bergs|mut|ter, die ⟨Pl. ...mütter⟩: vgl. Herbergsvater.

Her|bergs|va|ter, der: *Leiter, Verwalter einer Jugendherberge.*

her|be|stel|len ⟨sw. V.; hat⟩: *an den Ort des Sprechenden, zu sich bestellen:* ein Taxi, einen Patienten [für 9 Uhr] h.

her|be|ten ⟨sw. V.; hat⟩: *routinemäßig, ohne Ausdruck u. innere Beteiligung o. Ä. hersagen:* sie konnte die Lateinvokabeln h.

Herb|heit, die; -: *das Herbsein.*

her|bit|ten ⟨st. V.; hat⟩: *an den Ort des Sprechenden, zu sich bitten:* sie hatte ihn heute hergebeten.

Her|bi|vo|re, der; -n, -n: *Tier, das sich überwiegend od. ausschließlich von krautigen od. grasartigen Pflanzen ernährt.*

Her|bi|zid, das; -[e]s, -e: *chemisches Mittel zur Unkrautvernichtung:* ein hochgiftiges H.; gegen -e resistente Kulturpflanzen.

Herb|ling, der; -s, -e [↑herb]: *unreife Frucht aus später Blüte.*

her|brin|gen ⟨unr. V.; hat⟩: *an den Ort des Sprechenden bringen.*

Herbst, der; -[e]s, -e [mhd. herbest, ahd. herbist, eigtl. = (am besten) zum Pflücken geeignet(e Zeit), Ernte]: **1.** *Jahreszeit zwischen Sommer u. Winter als Zeit der Ernte u. der bunten Färbung der Blätter von Laubbäumen:* ein früher, später, regnerischer, kalter, milder, schöner, sonniger, goldener H.; der Deutsche H. (Jargon; *Herbst des Jahres 1977, als in Deutschland durch bestimmte gesetzgeberische u. administrative Maßnahmen die innere Sicherheit, die durch bestimmte Ereignisse gefährdet schien, gefestigt werden sollte*); es wird H.; ihnen steht ein heißer H. *(eine gefährliche, durch Konflikte gekennzeichnete Zeit nach den ereignislosen Sommermonaten)* bevor; [im] vergangenen H., [im] H. 89 waren sie in Meran; im/zum H. eingeschult werden; vor H. nächsten, dieses Jahres, vor dem H. ist nicht an die Fertigstellung zu denken; Ü der H. des Lebens (dichter.; *die Zeit des Alterns*); H. (geh.; *Spätzeit*) des Mittelalters (Titel eines Buches v. J. Huizinga). **2.** (landsch.) *Weinlese; Obsternte:* der H. hat begonnen, ist eingebracht; in den H. gehen *(zur Weinlese, Ernte in den Weinberg, Obstgarten gehen).*

Herbst|an|fang, der: *Anfang, Beginn des Herbstes* (zwischen 20. u. 23. September).

Herbst|as|ter, die: *im Spätsommer u. Herbst blühende, in Stauden wachsende Aster mit rötlichen, blauen od. weißen Blüten.*

herbs|teln ⟨sw. V.; hat; unpers.⟩ (südd., österr.): *herbsten* (1).

herbs|ten ⟨sw. V.; hat⟩: **1.** ⟨unpers.⟩ *allmählich Herbst werden:* der Sommer ist vorbei, es herbstet schon. **2.** (landsch.) *Trauben ernten; die Weinlese abhalten.*

Herbs|tes|an|fang (dichter.): ↑Herbstanfang.

Herbst|fä|den ⟨Pl.⟩: *Altweibersommer* (2).

Herbst|fär|bung, die: *rote, gelbe, braune Färbung der Blätter von Laubbäumen im Herbst.*

Herbst|fe|ri|en ⟨Pl.⟩: *Schulferien im Herbst.*

Herbst|him|mel, der: *Himmel, wie er für den Herbst charakteristisch ist:* die klaren Farben des -s.

Herbst|kol|lek|ti|on, die: *Kollektion der Herbstmode:* auf der Modenschau wurde die neue H. gezeigt.

Herbst|laub, das: *bunt gefärbtes Laub der Bäume im Herbst.*

herbst|lich ⟨Adj.⟩: *zum Herbst gehörend; dem Herbst entsprechend, wie im Herbst:* ein -er Duft; -e Stürme; das Wetter ist schon richtig h.; das Laub färbt sich h.; die Bäume wurden bereits im August h. gelb.

herbst|lich gelb: s. herbstlich.

Herbst|ling, der; -s, -e (landsch.): **1.** *im Herbst reifende Frucht.* **2.** *im Herbst, zu spät geborenes Kalb.* **3.** *Reizker.*

Herbst|meis|ter, der (bes. Fußball): *Mannschaft, die nach der im Herbst beendeten ersten Hälfte der zur Meisterschaft zählenden Spiele den ersten Platz einnimmt.*

Herbst|mo|de, die: *Mode für den Herbst:* in der neuen H. geben die Farben Rot und Grau den Ton an.

Herbst|mo|nat, der: **a)** ⟨o. Pl.⟩ (veraltet) *September;* **b)** *in den Herbst fallender Monat (bes. September, Oktober, November).*

Herbst|mond, der ⟨o. Pl.⟩ (dichter. veraltet): *Herbstmonat* (a).

Herbst|re|gen, der: *Regen, wie er im Herbst fällt.*

Herbst|son|ne, die ⟨o. Pl.⟩: *schwächer werdende Sonne im Herbst.*

Herbst|sturm, der: *Sturm im Herbst.*

Herbst|tag, der: *Tag im Herbst:* milde, kühle, regnerische, neblige -e.

Herbst-Tag|und|nacht|glei|che, die: *Äquinoktium im Herbst.*

Herbst|wind, der: *Wind, wie er im Herbst weht.*

Herbst|zeit|lo|se, die; -, -n [zu mhd. zītelōse, ahd. zītelōsa = früh blühende Frühlingsblumen, also eigtl. = nicht zur richtigen Zeit blühende Blumen; frühnhd. auf spät im Herbst blühende Blumen übertragen]: *(zu den Liliengewächsen gehörende) Pflanze, deren lanzettförmige Blätter im Frühling u. deren blassviolette, krokusähnliche Blüten im Herbst erscheinen.*

herb|süß ⟨Adj.⟩: *den Geschmack von herber Süße habend.*

Her|cu|la|ne|um: römische Ruinenstadt am Vesuv.

her|cu|la|nisch ⟨Adj.⟩: *Herculaneum betreffend; aus Herculaneum stammend.*

Her|cu|la|num: ↑Herculaneum.

Herd, der; -[e]s, -e [mhd. hert, ahd. herd, eigtl. = der Brennende, Glühende]: **1.** *Vorrichtung zum Kochen, Backen u. Braten, bei der die Töpfe auf runden, elektrisch beheizten Platten, auf Kochfeldern, auf Gasbrennern od. auf einer über einem Holz- od. Kohlefeuer angebrachten großen Herdplatte* (b) *erwärmt werden u. in die meist auch ein Backofen eingebaut ist:* ein elektrischer, offener H.; ein H. mit vier [Koch]platten, Flammen; den H. anzünden, anmachen; sie steht den ganzen Morgen am H. (ugs.; *sie ist den ganzen Morgen mit Kochen beschäftigt*); ich habe gerade das Essen auf dem H. (ugs.; *ich bin gerade dabei, das Essen zu kochen*); den Wasserkessel auf den H. stellen, vom H. nehmen; das Feuer im H. anzünden, schüren; **Spr** eigener H. ist Goldes wert *(ein eigener Hausstand, Haushalt ist etwas sehr Erstrebenswertes);* * **am heimischen/häuslichen H.** *(zu Hause, in der Geborgenheit des eigenen Heims).* **2. a)** *Stelle, von der aus sich etw. Übles weiterverbreitet:* ein H. der Unruhe, des Aufruhrs; **b)** (Med.) *im Körper genau lokalisierter Ausgangspunkt für eine Krankheit;* **c)** (Geol.) *Ausgangspunkt von Erdbeben od. vulkanischen Schmelzen.* **3.** (Technik) *Teil des Hochofens, der das einzuschmelzende Gut aufnimmt.*

Herd|ap|fel, der ⟨meist Pl.⟩ [volksetym. angelehnt an Herd; eigtl. Erdapfel] (alemann.): *Kartoffel.*

Herd|buch, das [zu ↑Herde] (Landw.): *Zuchtbuch für Zuchttiere.*

Herd|buch|vieh, das (Landw.): *Vieh, das in das Herdbuch eingetragen ist.*

Herd|buch|zucht, die (Landw.): *von einem Zuchtverband od. einer Behörde durch das Herdbuch kontrollierte Zucht von Nutztieren.*

Her|de, die; -, -n [mhd. hert, ahd. herta, viell. urspr. = Haufen, Reihe, Rudel]: **1.** *größere Anzahl von zusammengehörenden zahmen od. wilden Tieren der gleichen Art [unter der Führung eines Hirten od. eines Leittiers]:* eine große, stattliche H.; eine H. Rinder, Elefanten; wie eine H. ängstlicher Schafe; die H. ist versprengt; eine H. hüten. **2. a)** (abwertend) *große Anzahl unselbstständig denkender, handelnder Menschen, die sich willenlos führen od. treiben lässt:* * **mit der H. laufen; der H. folgen** *(sich in seinem Tun u. Denken der Masse anschließen);* **b)** (geh.) *Anzahl Schutzbefohlener; kirchliche Gemeinde.*

Her|den|mensch, der (abwertend): *Herdentier* (2): er war kein H., sondern eher ein Einzelgänger.

Her|den|tier, das: **1.** *in einer Herde* (1) *lebendes, zu einer Herde gehörendes Tier.* **2.** (abwertend) *unselbstständiger Mensch, der sich einer größeren Gruppe anschließt, ohne sich in irgendeiner Form abzuheben.*

Her|den|trieb, der ⟨o. Pl.⟩: **1.** *(bei bestimmten Tierarten) Trieb, Instinkt, in Herden* (1) *zusammenzuleben.* **2.** (abwertend) *Neigung, sich sozialen Gruppen [u. deren Führern] anzuschließen u. deren Verhalten nachzuahmen.*

her|den|wei|se ⟨Adv.⟩: *in Herden* (1); *scharenweise.*

Herd|feu|er, das: *Feuer in einem mit Kohle o. Ä. geheizten Herd:* das H. verbreitete eine wohlige Wärme.

Herd|plat|te, die: **a)** *Kochplatte eines Elektroherdes;* **b)** *mit meist mehreren, durch einen Satz Herdringe zu verschließenden Öffnungen versehene Eisenplatte, die einen Kohleherd bedeckt.*

Herd|ring, der: *Eisenring, mit dem Öffnungen der Herdplatte* (b) *vergrößert od. verkleinert werden.*

Herd|stel|le, die: *bestimmte, meist mit Herdringen versehene Stelle einer Herdplatte* (b), *auf die Töpfe gestellt werden.*

Herd|steu|er, die (schweiz.): *Personalsteuer, die an die Führung eines eigenen Haushaltes gebunden ist.*

her|dür|fen ⟨unr. V.; hat⟩ (ugs.): **1.** *herkommen, -fahren, -gehen o. Ä. dürfen.* **2.** *hergebracht werden dürfen.*

he|re|di|tär ⟨Adj.⟩ [frz. héréditaire < lat. hereditarius]: **1.** *die Erbschaft, das Erbe, die Erbfolge betreffend.* **2.** (Biol., Med.) *erblich, die Vererbung betreffend.*

He|re|di|tät, die; -, -en [lat. hereditas] (veraltet): **1.** *Erbschaft.* **2.** *Erbfolge.*

her|ei|len ⟨sw. V.; ist⟩: *heraneilen.*

he|rein ⟨Adv.⟩ [mhd. her īn, aus ↑her u. ↑[2]ein]: *von dort draußen hierher nach drinnen:* immer weiter h. in den Keller drang das Wasser; [nur/immer] h.! *(komm[en Sie] bitte herein!; bitte eintreten!);* ⟨subst.:⟩ er wartete das Herein nicht ab und trat sofort ein.

he|rein|be|kom|men ⟨st. V.; hat⟩ (ugs.): *mit etw., was man wieder verkaufen will, beliefert werden:* neue Ware h.

he|rein|be|mü|hen ⟨sw. V.; hat⟩ (geh.): **1.** *bitten, freundlicherweise hereinzukommen:* darf ich Sie h.? **2.** ⟨h. + sich⟩ *sich die Mühe machen, so freundlich sein hereinzukommen:* ich danke Ihnen, dass Sie sich hereinbemüht haben.

he|rein|bit|ten ⟨st. V.; hat⟩: *bitten hereinzukommen.*

he|rein|bre|chen ⟨st. V.; ist⟩: **1. a)** *[ab]brechen u. nach innen stürzen, fallen:* hereinbrechende Gesteinsbrocken; **b)** *(von großen Wassermassen) sich mit großer Gewalt über etw. ergießen:* hereinbrechende Wassermassen, Fluten; Ü eine Flut von Beschimpfungen brach über den Redner herein. **2.** (geh.) **a)** *jmdn. plötzlich, unerwartet u. hart treffen:* eine Katastrophe, ein Unheil, ein Unglück brach [über das Land, über die Familie] herein; **b)** *plötzlich beginnen, anbrechen:* der Abend, die Nacht, der Winter bricht herein; bei hereinbrechender Dunkelheit.

he|rein|brin|gen ⟨unr. V.; hat⟩: **1.** *von dort draußen hierher nach drinnen bringen:* sie brachte die bestellten Waren herein. **2.** (ugs.) *Investitionen, Verluste o. Ä. ausgleichen, wettmachen:* Produktions-, Geld-, Zeitverluste, Unkosten wieder h.

he|rein|drän|gen ⟨sw. V.; hat⟩: *von dort draußen hierher nach drinnen drängen:* das Publikum drängte herein.

he|rein|drin|gen ⟨st. V.; ist⟩: *von dort draußen hierher nach drinnen dringen* (1): Kälte drang herein.

he|rein|dür|fen ⟨unr. V.; hat⟩ (ugs.): **1.** *hereinkommen, -gehen, -fahren o. Ä. dürfen.* **2.** *hereingebracht werden dürfen.*

he|rein|fah|ren ⟨st. V.⟩: **1.** *von dort draußen hierher nach drinnen fahren* (1 a, 2 a) ⟨ist⟩. **2.** *von dort draußen hierher nach drinnen fahren* (4 b, 7) ⟨hat⟩.

he|rein|fal|len ⟨st. V.; ist⟩: **1.** *von dort draußen hierher nach drinnen fallen* (1, 7 b). **2.** (ugs.) **a)** *von jmdm. getäuscht, betrogen werden u. dadurch Schaden, Nachteile haben:* bei einem Kauf arg, sehr, furchtbar h.; mit der neuen Angestellten sind wir ganz schön hereingefallen; **b)** *aus Gutgläubigkeit od. Dummheit auf jmdn., etw. eingehen u. dadurch einer Täuschung zum Opfer fallen:* auf einen Trick h.

he|rein|flie|gen ⟨st. V.; ist⟩: **1.** *von dort draußen hierher nach drinnen fliegen:* ein Schmetterling ist hereingeflogen. **2.** (salopp) *hereinfallen* (2).

he|rein|füh|ren ⟨sw. V.; hat⟩: *von dort draußen hierher nach drinnen führen:* führen Sie den Gast bitte herein.

He|rein|ga|be, die (Ballspiele): *von außen nach innen gespielter Ball, gespielte Vorlage:* ein Flankenlauf des Rechtsaußen mit einer präzisen H. brachte den Ausgleich.

he|rein|ge|ben ⟨st. V.; hat⟩: **1.** *hereinreichen.* **2.** (Ballspiele) *den Ball nach innen [vors Tor] spielen:* der Rechtsaußen gab den Ball gefühlvoll in die Mitte herein.

He|rein|ge|schmeck|te, der u. die; -n, -n ⟨Dekl. ↑Abgeordnete⟩ [zu ↑hereinschmecken] (bes. schwäb.): *jmd., der zugezogen ist; Zugezogene[r].*

he|rein|ho|len ⟨sw. V.; hat⟩: **1.** *von dort draußen hierher nach drinnen holen.* **2.** (ugs.) **a)** *(Gewinne, Werte o. Ä.) auf eine bestimmte Weise erarbeiten, einbringen:* die Firma holt zurzeit viel Kapital herein; sie hat es geschafft, einen großen Auftrag hereinzuholen; **b)** *hereinbringen* (2): Zeitverluste wieder h.

he|rein|klet|tern ⟨sw. V.; ist⟩: *von dort draußen hierher nach drinnen klettern.*

he|rein|kom|men ⟨st. V.; ist⟩: **1.** *von dort draußen hierher nach drinnen kommen, in einen Raum o. Ä. eintreten.* **2.** (ugs.) **a)** *(von Waren) dem Geschäft, Händler o. Ä. geliefert werden:* die Sommerkollektion kommt bereits im März herein; **b)** *eingenommen werden, sodass Geld zur Verfügung steht;* **c)** *sich als Investition o. Ä. lohnen, bezahlt machen:* die Investitionskosten müssen h.

he|rein|kön|nen ⟨unr. V.; hat⟩ (ugs.): vgl. hereindürfen (1).

he|rein|krie|chen ⟨st. V.; ist⟩ (ugs.): *von dort draußen hierher nach drinnen kriechen.*

he|rein|krie|gen ⟨sw. V.; hat⟩ (ugs.): *hereinbekommen.*

he|rein|las|sen ⟨st. V.; hat⟩ (ugs.): *hereinkommen* (1) *lassen:* wollen wir ihn h.?; Ü du musst etwas frische Luft h.

he|rein|lau|fen ⟨st. V.; ist⟩: **1.** *von dort draußen hierher nach drinnen laufen.* **2.** *(von Wasser o. Ä.) von dort draußen hierher nach drinnen fließen:* das Wasser lief unter der Kellertür herein.

he|rein|le|gen ⟨sw. V.; hat⟩: **1.** *von dort draußen hierher nach drinnen legen.* **2.** (ugs.) *durch geschicktes Vorgehen zu etw. veranlassen u. dabei Schaden zufügen:* der Vertreter hatte sie beim Kauf des Staubsaugers hereingelegt.

he|rein|lo|cken ⟨sw. V.; hat⟩: *von dort draußen hierher nach drinnen locken.*

he|rein|müs|sen ⟨unr. V.; hat⟩ (ugs.): vgl. hereindürfen (1).

he|rein|neh|men ⟨st. V.; hat⟩: **1.** *[nehmen u.] mit hereinbringen:* die Stühle vom Balkon h.; nimm den Hund [nicht] mit herein! **2.** *in eine Gruppe, Liste o. Ä. dazunehmen, aufnehmen:* die Kursleiterin nahm einige Anfänger herein.

he|rein|plat|zen ⟨sw. V.; ist⟩ (ugs.): *plötzlich, unerwartet u. ungebeten bei andern, in einem Kreis von Personen erscheinen:* er platzte in die Geburtstagsfeier herein.

he|rein|ras|seln ⟨sw. V.; ist⟩ (salopp): **1.** *hereinfallen* (2 a). **2.** *durch eigenes Versagen, eigene Schuld in eine schwierige, aussichtslose Situation geraten.*

he|rein|reg|nen ⟨sw. V.; hat⟩: *in einen Raum regnen.*

he|rein|rei|chen ⟨sw. V.; hat⟩: *von dort draußen hierher nach drinnen reichen* (1 a, 3).

he|rein|rei|ßen ⟨st. V.; hat⟩: **1.** *von außen nach innen reißen, gewaltsam ziehen, zerren.* **2.** *hineinreiten:* du wirst doch deinen Freund nicht h.!

he|rein|ru|fen ⟨st. V.; hat⟩: **1.** *von dort draußen hierher nach drinnen rufen; von draußen jmdm., der sich drinnen befindet, zurufen:* sie rief durch das geöffnete Fenster »Guten Morgen!« herein. **2.** *durch [Auf]rufen auffordern hereinzukommen:* die Kinder [zum Essen] h.

he|rein|schau|en ⟨sw. V.; hat⟩: **1.** (landsch.) *hereinsehen.* **2.** (ugs.) *[unangemeldet] einen kurzen Besuch machen; vorbeischauen:* sie wollte nur h. und sehen, ob der Kranke versorgt war.

he|rein|schei|nen ⟨st. V.; hat⟩: *(von Licht) von dort draußen hierher nach drinnen scheinen.*

he|rein|schi|cken ⟨sw. V.; hat⟩: *von dort draußen hierher nach drinnen schicken* (2 a): schicken Sie ihn herein!

he|rein|schlei|chen ⟨st. V.⟩: **a)** *schleichend hereinkommen* ⟨ist⟩; **b)** ⟨h. + sich⟩ *sich von dort draußen hierher nach drinnen schleichen* ⟨hat⟩: das Kätzchen hat sich hereingeschlichen.

he|rein|schlep|pen ⟨sw. V.; hat⟩: **a)** *von dort draußen hierher nach drinnen schleppen;* **b)** ⟨h. + sich⟩ *sich von dort draußen hierher nach drinnen schleppen:* mit letzter Kraft schleppte sie sich herein.

he|rein|schlüp|fen ⟨sw. V.; ist⟩: *von dort draußen hierher nach drinnen schlüpfen.*

he|rein|schme|cken ⟨sw. V.; hat⟩ [zu landsch. schmecken = riechen] (bes. schwäb.): *erst seit kurzer Zeit irgendwo wohnen.*

he|rein|schmug|geln ⟨sw. V.; hat⟩: *in ein Land, in ein Gebäude o. Ä. schmuggeln* (1, 2).

he|rein|schnei|en ⟨sw. V.⟩: **1.** vgl. hereinregnen ⟨hat⟩. **2.** (ugs.) *unangemeldet, überraschend zu jmdm. kommen* ⟨ist⟩: er entschuldigte sich nicht einmal, dass er so spät hereinschneite.

he|rein|se|hen ⟨st. V.; hat⟩: **1.** *in etw. sehen, von dort draußen hierher nach drinnen sehen:* durch die dichten Gardinen kann man hier nicht h. **2.** *hereinschauen* (2).

he|rein|sol|len ⟨unr. V.; hat⟩ (ugs.): vgl. hereindürfen (1).

he|rein|spa|zie|ren ⟨sw. V.; ist⟩ (ugs.): *unbefangen, zwanglos in einen Raum o. Ä. hereinkommen:* [immer nur] hereinspaziert [meine Herrschaften]!

he|rein|ste|cken ⟨sw. V.; hat⟩: *von dort draußen hierher nach drinnen stecken:* den Kopf zur Tür h.

he|rein|steh|len, sich ⟨st. V.; hat⟩: *sich von dort draußen hierher nach drinnen stehlen.*

he|rein|stel|len ⟨sw. V.; hat⟩: *von dort draußen hierher nach drinnen stellen.*

he|rein|strö|men ⟨sw. V.; ist⟩: *von dort draußen hierher nach drinnen strömen* (b, c).

he|rein|stür|men ⟨sw. V.; ist⟩: *von dort draußen hierher nach drinnen stürmen:* er stürmte als Erster zur Tür herein.

he|rein|stür|zen ⟨sw. V.; ist⟩: *von dort draußen hierher nach drinnen stürzen* (1 a, 2 a, b).

he|rein|tra|gen ⟨st. V.; hat⟩: *von dort draußen hierher nach drinnen tragen.*

he|rein|wa|gen, sich ⟨sw. V.; hat⟩: *wagen hereinzukommen.*

he|rein|we|hen ⟨sw. V.⟩: **1.** ⟨hat⟩ **a)** *(vom Wind o. Ä.) von dort draußen hierher nach drinnen wehen:* der Wind hat hereingeweht; **b)** *etw. von dort draußen hierher nach drinnen wehen:* der Wind hat die Blätter hereingeweht. **2.** *vom Wind o. Ä. von dort draußen hierher nach drinnen geweht werden* ⟨ist⟩: Blätter sind hereingeweht.

he|rein|wer|fen ⟨st. V.; hat⟩: *von dort draußen hierher nach drinnen werfen:* sie hat Steine hereingeworfen.

he|rein|win|ken ⟨sw. V.; hat⟩: **1.** *von dort draußen hierher nach drinnen winken:* sie hat im Vorbeigehen hereingewinkt. **2.** *jmdn. durch Winken veranlassen hereinzukommen:* vom Balkon aus wurden wir hereingewinkt.

he|rein|wol|len ⟨unr. V.; hat⟩ (ugs.): vgl. hereindürfen (1).

he|rein|zie|hen ⟨unr. V.⟩: **1.** *von dort draußen hierher nach drinnen ziehen* ⟨hat⟩: den Karren in den Hof h.; schnell zog er sie ins Haus herein. **2.** *die Innenseite der Fahrbahn ansteuern, indem man das Lenkrad einschlägt* ⟨hat⟩. **3.** *einziehen* (5) ⟨ist⟩: sie zogen singend ins Stadion herein. **4.** (selten) *hierher einziehen* (7) ⟨ist⟩. **5.** ⟨unpers.⟩ *(als Zugluft) von dort draußen hierher nach drinnen ziehen* ⟨hat⟩: es zieht durch die Fensterritzen herein.

He|re|ro, der; -[s], -[s] u. die; -, -[s]: Angehörige[r] eines südwestafrikanischen Bantustammes.

H

her|fah|ren ⟨st. V.⟩: **1.** *an den Ort des Sprechenden fahren* (1 a, 2 a) ⟨ist⟩. **2.** *an den Ort des Sprechenden fahren* (4 b, 7) ⟨hat⟩.

Her|fahrt, die; -, -en: *Fahrt von einem Ort hierher.*

her|fal|len ⟨st. V.; ist⟩: **1.** *jmdn., ein Land o. Ä. unerwartet hart angreifen; sich auf jmdn. stürzen:* brutal über jmdn. h.; er zerrte sie ins Gebüsch und fiel über sie her *(vergewaltigte sie);* Ü mit Fragen über jmdn. h. *(ihn mit Fragen bestürmen);* mit Vorwürfen über jmdn. herfallen *(ihm heftige Vorwürfe machen);* die Zeitungen sind über die Politikerin hergefallen *(haben sie heftig kritisiert).* **2.** *hastig, gierig u. in großen Mengen von etw. zu essen, fressen beginnen:* über das Brot h.

her|fin|den ⟨st. V.; hat⟩: *den Weg hierher, zum Ort des Sprechenden finden.*

her|füh|ren ⟨sw. V.; hat⟩: **1.** *an den Ort des Sprechenden führen* (1 a, 7 c). **2.** *in Richtung auf den Sprechenden verlaufen:* der Weg führt direkt her.

her|für ⟨Adv.⟩ [mhd. her für] (veraltet): *hervor.*

Her|gang, der; -[e]s, ...gänge ⟨Pl. selten⟩: *Verlauf eines Geschehens (im Hinblick auf seine Wiedergabe, Schilderung, Rekonstruktion):* den H. von etw. schildern, rekonstruieren; sich an den H. der Ereignisse genau erinnern.

her|ge|ben ⟨st. V.; hat⟩: **1. a)** *auf den weiteren Besitz von etw. verzichten u. es für einen bestimmten Zweck, für andere zur Verfügung stellen:* etw. ungern, freiwillig h.; sein Geld, seine Ersparnisse für etw. h.; viele Mütter mussten im Krieg ihre Söhne h. (verhüll.; *haben ... ihre Söhne verloren);* sie gibt alles, ihr Letztes her *(sie ist sehr altruistisch, opferfreudig);* **b)** *dem Sprechenden reichen:* gib mir bitte mal das Buch, den Kuli, das Weinglas her! **2.** *sich in den Dienst einer zweifelhaften Sache stellen:* wie konntest du dich dafür/dazu h.?; dazu gebe ich meinen Namen nicht her *(dazu ist mir mein Name zu gut, bin ich mir zu schade).* **3.** *aus sich heraus Leistungen vollbringen:* eine Frau muss im Beruf einiges h.; sie lief, was ihre Beine hergaben *(so schnell sie konnte).* **4.** *liefern, erbringen:* das Thema gibt viel, nichts her.

her|ge|bracht: 1. ↑herbringen. **2.** ⟨Adj.⟩ *in früheren Zeiten in dieser Form eingeführt u. beibehalten; dem Brauch entsprechend:* -e Verhaltensweisen; nach -em Rezept backen.

her|ge|brach|ter|ma|ßen ⟨Adv.⟩: *wie man es [von alters her] gewohnt ist, wie es Brauch ist.*

her|ge|hen ⟨unr. V.; ist⟩: **1.** *mit jmdm. gehen, jmdn. begleiten u. dabei hinter, vor od. neben ihm gehen:* vor, neben jmdm. h.; hintereinander h. **2.** (südd., österr.) *herkommen* (1): geh her [zu mir]! **3.** * **h. und etw. tun** (ugs.; *ohne lange zu überlegen, ohne Umstände etw. tun, was bei anderen Befremden o. Ä. auslöst):* sie tut immer so freundlich, und dann geht sie her und zeigt mich an. 4. ⟨unpers.⟩ (ugs.) *in bestimmter Weise zugehen* (5): es ging laut, lustig, toll her; auf der Party ging es hoch her *(war man ausgelassen, hat man ausgiebig gefeiert);* bei der Diskussion wird es heiß h. *(man wird heftig diskutieren);* *** es geht über jmdn. her** (ugs.; *es wird schlecht über jmdn. geredet; jmd. wird heftig kritisiert*); **es geht über etw. her** (ugs.; *es wird sehr viel von etw. verbraucht*): über unseren Wein ist es sehr/ganz schön hergegangen.

her|ge|hö|ren ⟨sw. V.; hat⟩: *zu dem hier erwähnten Thema, Aufgabenbereich gehören; hierher gehören:* das gehört jetzt nicht her.

her|ge|lau|fen: 1. ↑herlaufen. 2. ⟨Adj.⟩ (abwertend) *von zweifelhafter Herkunft; aus ungeordneten, undurchsichtigen Verhältnissen kommend u. nichts geltend:* ein -er Habenichts.

Her|ge|lau|fe|ne, der u. die; -n, -n ⟨Dekl. ↑Abgeordnete⟩ (abwertend): *hergelaufene* (2) *Person:* die -n *(Zugezogenen)* haben es schwer, Arbeit zu finden.

her|ha|ben ⟨unr. V.; hat⟩ (ugs.): *von jmdm., irgendwoher haben:* keiner weiß genau, wo dieser Kerl das viele Geld herhat; wo hast du diese Nachricht her?; wenn ich nur wüsste, wo der Junge dieses Schimpfwort herhat *(von wem er es in seinen Sprachgebrauch übernommen hat);* wo hat das Kind die Begabung, Eigenschaft her *(von wem hat es sie geerbt)?*

her|hal|ten ⟨st. V.; hat⟩: 1. *etw. in Richtung auf den Sprechenden halten, sodass er es erreichen kann:* kannst du bitte deinen Teller h.? 2. meist in Verbindung mit »müssen«: *[anstelle eines anderen, von etw. anderem] zu, für, als etw. benutzt werden:* sie muss für die anderen h.; etw. muss als Vorwand h.; sie musste wieder [als Zielscheibe des Spottes] h.

her|ho|len ⟨sw. V.; hat⟩: *an den Ort des Sprechenden holen:* den Arzt, ein Taxi h.; *** weit hergeholt** *(allzu gesucht u. daher nur bedingt als Argument zulässig):* diese Argumente scheinen weit hergeholt.

her|hö|ren ⟨sw. V.; hat⟩: *aufmerksam auf die Worte des hier Sprechenden hören:* alle mal h.!

He|ring, der; -s, -e [mhd. hærinc, ahd. hārinc, H. u.; 3: wohl nach dem Vergleich mit der schlanken Form des Fisches]: 1. *(in großen Schwärmen bes. in den nördlichen Meeren auftretender) Fisch mit grünlich blauem Rücken u. silberglänzenden, leicht gewölbten Körperseiten, der als Speisefisch verwendet wird:* grüne, gesalzene, geräucherte, marinierte -e; die -e laichen; -e wässern, fangen; er ist dünn wie ein H. (ugs. scherzh.; *sehr dünn*); sie saßen, standen in der Straßenbahn wie die -e (ugs. scherzh.; *dicht gedrängt*). 2. (ugs. scherzh.) *dünner, schmaler Mann:* so ein H.! 3. *schmaler Holz- od. Metallpflock, der mit einer Nase od. Kerbe zum Einhängen der Zeltschnüre versehen ist u. der beim Aufbau eines Zeltes am Zeltrand in den Boden geschlagen wird; Zeltpflock.*

He|rings|brü|he, die (südd.): *Heringslake.*

He|rings|fang, der ⟨o. Pl.⟩: *gewerbsmäßig betriebener Fang von Heringen:* auf H. gehen.

He|rings|fän|ger, der: *speziell für den Heringsfang ausgerüstetes Fangschiff.*

He|rings|fass, das: *Fass aus Holz, in dem [Salz]heringe gelagert werden.*

He|rings|fi|let, das: *Filet vom Hering.*

He|rings|fi|scher, der: *Fischer, der den Heringsfang als Broterwerb betreibt* (Berufsbez.).

He|rings|la|ke, die: *Salzlösung, in der Heringe eingelegt sind od. eingelegt waren.*

He|rings|log|ger, der: *Logger zum Heringsfang mit Treibnetzen.*

He|rings|milch, die ⟨o. Pl.⟩: *Milch* (3) *des männlichen Herings.*

He|rings|ro|gen, der: *Rogen des Herings.*

He|rings|sa|lat, der: *Salat aus klein geschnittenen, gesalzenen od. sauren Heringsfilets mit Mayonnaise, Gewürzgurken, Zwiebeln u. anderen Zutaten.*

He|rings|schwarm, der: *große Anzahl zusammen schwimmender Heringe.*

He|rings|stipp, der: *in Mayonnaise mit [zerriebener Heringsmilch u.] weiteren Zutaten zubereitete Heringsfiletstücke.*

he|rin|nen ⟨Adv.⟩ (südd., österr.): *hier drinnen.*

He|ris, der; -, - [nach dem iran. Ort Heris]: *rot- od. elfenbeingrundiger persischer Teppich, meist mit einem rhombenartig gestalteten Medaillon mit Arabesken u. geometrischen Ornamenten im Grund.*

her|ja|gen ⟨sw. V.⟩: 1. ⟨hat⟩ a) *jmdn. in die Richtung des Sprechenden, zum Sprechenden jagen:* er hat den Hund, die Hühner hergejagt; b) *jmdn. vor sich hertreiben; jmdn. jagen u. dabei dicht hinter ihm sein:* ich habe ihn vor mir hergejagt. 2. *jmdm. schnell nachlaufen, um ihn einzuholen* ⟨ist⟩: sie ist hinter mir hergejagt.

her|kom|men ⟨st. V.; ist⟩: 1. *an den Ort des Sprechenden, zum Sprechenden kommen:* komm bitte mal her! 2. *jmdn., etw. als Grundlage, Ursprung haben; von jmdm., etw. stammen:* wo kommen Sie her *(wo sind Sie geboren, aufgewachsen; aus welchem Ort o. Ä. stammen Sie)?*; vom Jugendstil herkommend *(in der Tradition des Jugendstils stehend).* 3. *irgendwo hergenommen werden können:* wo soll denn das Geld auch h.?

Her|kom|men, das; -s: 1. *Brauch, Sitte, Überlieferung:* das H. einhalten. 2. *jmds. gesellschaftliche Herkunft als Glied in der Reihe eines Geschlechtes:* Leute von hohem, bürgerlichem H.

her|kömm|lich ⟨Adj.⟩: *der überkommenen Art, dem Herkommen* (1) *gemäß, entsprechend:* -e Verfahrensweisen; sich -er *(althergebrachter)* Mittel bedienen.

her|kömm|li|cher|wei|se ⟨Adv.⟩: *wie seit langem üblich, gewohnt.*

her|kön|nen ⟨unr. V.; hat⟩ (ugs.): vgl. herdürfen.

her|krie|gen ⟨sw. V.; hat⟩: 1. (ugs.) *herbekommen.* 2. (nordd.) *hervorholen:* kriegt eure Hefte her, wir schreiben ein Diktat!

Her|ku|les, der; -, -se: 1. lat. Form von ↑Herakles. 2. *Mensch mit großer Körperkraft:* ein H. sein. 3. (schweiz.) *Lukas.* 4. ⟨o. Pl.⟩ Sternbild am nördlichen Sternenhimmel.

Her|ku|les|ar|beit, die [nach den zwölf Arbeiten od. Kämpfen des Herkules (Herakles), die dieser auf Weisung des Delphischen Orakels zu vollbringen hatte]: *ungeheuer schwere, großen Kräfteaufwand erfordernde Arbeit.*

Her|ku|les|keu|le, die [verschiedene Darstellungen zeigen den Sagenhelden mit einer Keule]: 1. *Flaschenkürbis mit langen, keulenförmigen Früchten.* 2. *(bes. in Laubwäldern vorkommender) Ständerpilz mit keulenförmiger, runzliger Oberfläche.*

her|ku|lisch ⟨Adj.⟩ (bildungsspr.): *besonders stark [wie Herkules]:* über -e Kräfte verfügen.

Her|kunft, die; -, ...künfte [zum 2. Bestandteil vgl. Abkunft]: 1. ⟨Pl. selten⟩ *soziale Abstammung; bestimmter sozialer, nationaler, kultureller Bereich, aus dem jmd. herkommt:* einfacher, bäuerlicher, niederer H. sein; er ist nach seiner H. Franzose. 2. ⟨Pl. selten⟩ *Ursprung einer Sache:* die H. des Wortes ist unklar; diese Waren sind englischer H.

Her|kunfts|an|ga|be, die: 1. *Herkunftsbezeichnung.* 2. (Sprachw.) *Angabe der Herkunft eines Wortes, etymologische Angabe.*

Her|kunfts|be|zeich|nung, die: *Bezeichnung des Herkunftslandes einer Ware; Herkunftsangabe* (1).

Her|kunfts|land, das ⟨Pl. ...länder⟩: *Land, aus dem ein Importartikel o. Ä. kommt.*

Her|kunfts|ort, der ⟨Pl. -e⟩: vgl. Herkunftsland.

Her|kunfts|spra|che, die (Sprachw.): *Gebersprache.*

her|lau|fen ⟨st. V.; ist⟩: 1. *in Richtung auf den Sprechenden, zum Sprechenden laufen.* 2. *mit jmdm. laufen; jmdn. begleiten u. dabei hinter, vor od. neben ihm laufen:* neben der Präsidentin h.

her|le|gen ⟨sw. V.; hat⟩ (ugs.): *in die Nähe des Sprechenden, zum Sprechenden legen.*

her|lei|hen ⟨st. V.; hat⟩ (ugs.): *leihweise hergeben* (1 a); *ausleihen:* sie wollte die Platten nicht gern h.

her|lei|ten ⟨sw. V.; hat⟩: a) *aus etw. entwickeln, folgern; ableiten* (2 a): eine Formel h.; Ansprüche, Rechte aus seiner Stellung h.; b) *in der Abstammung auf jmdn., etw. zurückführen:* ein Wort aus dem Arabischen h.; sie leitet ihren Namen, ihr Geschlecht von den Hugenotten her; c) ⟨h. + sich⟩ *aus etw. stammen, einer Sache entstammen; von jmdm. abstammen:* sich aus altem Adel h.; dieses Wort leitet sich vom Lateinischen her.

Her|lei|tung, die; -, -en: *das [Sich]herleiten, Hergeleitetwerden.*

Her|lit|ze [auch: -'--], die; -, -n [mhd. nicht belegt, ahd. harlezboum, erlizboum, H. u.]: *Kornelkirsche.*

her|lo|cken ⟨sw. V.; hat⟩: *an den Ort des Sprechenden locken.*

her|ma|chen ⟨sw. V.; hat⟩ (ugs.): 1. ⟨h. + sich⟩ a) *etw. energisch in Angriff nehmen; sofort mit der Arbeit an etw., Beschäftigung mit etw. beginnen:* sich über die Arbeit h.; er machte sich sofort über das Buch her; die Kinder machten sich über das Obst her *(begannen, gierig davon zu essen);* b) *über jmdn. herfallen* (1): sie haben sich zu mehreren über ihn hergemacht und ihn übel zugerichtet; Ü sich über den Redner h. *(ihn heftig kritisieren).* 2. a) *aufgrund seiner rein äußeren Beschaffenheit einen bestimmten Eindruck machen, ansprechend sein:* das Geschenk macht viel, wenig, nicht genug her; sie macht zu wenig her mit ihrem bescheidenen Auftreten; b) *viel Wesens um jmdn., etw. machen; jmdn., etw. wichtig nehmen u. viel über ihn, darüber reden:* von einer Errungenschaft, einem Erfolg viel h.; er macht gar nichts von sich her *(er ist sehr bescheiden).*

Her|ma|phro|dis|mus, der; - (Biol., Med.): ↑*Hermaphroditismus.*

Her|ma|phro|dit, der; -en, -en [lat. hermaphroditus < griech. hermaphróditos, nach Hermaphróditos, dem zum Zwitter gewordenen Sohn des Hermes u. der Aphrodite] (Biol., Med.): *Zwitter; Individuum (Mensch, Tier od. Pflanze) mit Geschlechtsmerkmalen von beiden Geschlechtern.*

her|ma|phro|di|tisch ⟨Adj.⟩ (Biol., Med.): *zweigeschlechtig; zwittrig.*

Her|ma|phro|di|tis|mus, der; - (Biol., Med.): *Zweigeschlechtigkeit; Zwittrigkeit.*

Her|me, die; -, -n [lat. Herma, Hermes < griech. Hermēs, eigtl. = (Statue des) Hermes]: *Pfeiler od. Säule, die mit einer Büste (ursprünglich des Gottes Hermes) gekrönt ist.*

[1]Her|me|lin, das; -s, -e [mhd. hermelīn, ahd. harmilī(n) = Vkl. von: harmo = Wiesel, H. u.]: 1. *großes Wiesel mit im Winter weißem, im Sommer braunem Fell u. weißer bis gelblicher Bauchseite.* 2. *Hermelinkaninchen.*

[2]Her|me|lin, der; -s, -e [mhd. hermilīn]: 1. *Pelz aus dem weißen Winterfell des [1]Hermelins* (1): ein Mantel aus H. 2. (Heraldik) *(heute meist aufgemaltes stilisiertes) weißes Fell mit regelmäßig versetzten Schwanzspitzen des [1]Hermelins* (1), *mit dem Wappen od. Schilde bespannt werden.*

Her|me|lin|ka|nin|chen, das: *kleines, weißes Hauskaninchen mit auffallend kurzen Ohren u. kurzhaarigem Fell.*

Her|me|lin|kra|gen, der: *Kragen aus [2]Hermelin* (1).

Her|me|neu|tik, die; - [griech. hermēneutikḗ (téchnē), zu: hermēneutikós = auf die Erklärung, Interpretation bezüglich, zu: hermēneúein = deuten, auslegen]: 1. *wissenschaftliches Verfahren der Auslegung u. Erklärung eines Textes (bes. der Bibel) od. eines Kunst- od. Musikwerks.* 2. *das Verstehen von Sinnzusammenhängen in Lebensäußerungen aller Art aus sich selbst heraus (z. B. in Kunstwerken, Handlungen, geschichtlichen Ereignissen).*

her|me|neu|tisch ⟨Adj.⟩: **1.** *einen Text o. Ä. erklärend, auslegend:* -e Vorgehensweise. **2.** *die Hermeneutik* (2) *betreffend:* -er Zirkel *(Zirkelschluss, der darin besteht, dass jede Erkenntnis, die jmd. zu gewinnen sucht, auf bereits vorhandener, aus eigener Erfahrung gewonnener Erkenntnis beruht).*

Her|mes (griech. Myth.): Götterbote, u. a. Gott des Handels, Begleiter der Toten in den Hades.

Her|mes|bürg|schaft, die [nach der Hermes Kreditversicherungs-AG, die die Ausfuhrgarantien im Namen des Bundes gewährt] (Wirtsch.): *von der deutschen Bundesregierung geleistete Garantie für Exportgeschäfte:* Waren durch -en absichern.

Her|me|tik, die; -, -en [1: zu ↑hermetisch; 2: nach engl. hermetic = luftdicht]: **1.** ⟨o. Pl.⟩ (veraltend) *Alchemie u. Magie.* **2.** *luftdichte Apparatur.*

her|me|tisch ⟨Adj.⟩ [1: nlat. hermetice, eigtl. = mit geheimnisvollem Siegel versehen, nach dem sagenhaften altägypt. Weisen Hermes Trismegistos, der die Kunst erfunden haben soll, eine Glasröhre mit einem geheimnisvollen Siegel luftdicht zu verschließen; 2: nach dem Schrifttum einer spätantiken religiösen Offenbarungs-u. Geheimlehre, als deren Verfasser Hermes Trismegistos angesehen wird]: **1. a)** *so dicht, verschlossen, dass nichts eindringen od. austreten kann:* h. verschlossene Ampullen; **b)** *durch eine Maßnahme o. Ä. so beschaffen, dass niemand eindringen od. hinausgelangen kann:* ein Gebäude, militärisches Gelände h. abriegeln. **2.** (bildungsspr.) *vieldeutig, dunkel (in Bezug auf das Verständnis); eine geheimnisvolle Ausdrucksweise bevorzugend.*

her|me|ti|sie|ren ⟨sw. V.; hat⟩: *dicht verschließen, luft- u. wasserdicht machen.*

Her|mi|ta|ge [ɛrmiˈta:ʒ], der; - [frz. (h)ermitage]: *französischer Wein (vorwiegend Rotwein) aus dem Anbaugebiet um die Gemeinde Tain-l'Hermitage im Rhonetal.*

her|müs|sen ⟨unr. V.; hat⟩ (ugs.): **a)** *aus dringlichen Gründen herkommen* (1) *müssen:* es muss sofort ein Arzt her; **b)** *herbei-, angeschafft werden müssen:* Geld, ein neuer Kühlschrank muss her!

her|nach ⟨Adv.⟩ [mhd. her nāch, ahd. hera nāh = nach dieser Zeit, aus ↑her u. ↑nach] (landsch.): **a)** *unmittelbar nach einem bestimmten Geschehen, das in der Vergangenheit od. Zukunft liegt; danach:* einen Tag h.; erst hatte er sich den Arm gebrochen, h. auch noch den Unterschenkel; **b)** *in näherer, nicht genau bestimmter Zukunft; nachher:* ich komme h. noch bei dir vorbei.

her|neh|men ⟨st. V.; hat⟩: **1. a)** *etw., was man braucht, irgendwoher beschaffen, sich zu Eigen machen; herbekommen:* wo soll ich das h.?; wo nimmt sie nur die Kraft, Geduld her?; **R** wo h. und nicht stehlen?; **b)** (landsch.) *an sich, zu sich, zur Hand nehmen.* **2.** (landsch.) *jmdm. physisch od. psychisch sehr zusetzen, ihn stark beanspruchen:* jmdn. bei einer militärischen Übung h.; die Arbeit, Krankheit, die schlechte Nachricht hat sie sehr hergenommen. **3.** (landsch.) **a)** *sich vornehmen:* ich muss [mir] das Kind mal h., es ist so ungezogen; **b)** *verprügeln:* er hat das Kind so hergenommen, dass es kaum noch laufen konnte.

Her|nie, die; -, -n [lat. hernia (Gen.: herniae) = Bruch, urspr. = Eingeweide]: **1.** (Med.) *Eingeweidebruch.* **2.** (Biol.) *durch Pilze erzeugte, krankhafte Wucherung an Kohlpflanzen.*

her|nie|der ⟨Adv.⟩ [mhd. her nider, ahd. hera nider, aus ↑her u. ↑nieder] (geh.): *von dort oben hierher nach unten; herab, herunter.*

her|nie|der|fal|len ⟨st. V.; ist⟩ (geh.): *von dort oben hierher nach unten fallen:* warmer Regen fällt in schweren Tropfen auf uns hernieder.

her|nie|der|ge|hen ⟨unr. V.; ist⟩ (geh.): *niedergehen* (2 a): ein Wolkenbruch ging h.

her|nie|der|pras|seln ⟨sw. V.; ist⟩ (geh.): *von dort oben hierher nach unten prasselnd fallen.*

her|nie|der|schwe|ben ⟨sw. V.; ist⟩ (geh.): *herabschweben.*

her|nie|der|sen|ken, sich ⟨sw. V.; hat⟩ (geh.): *herabsenken.*

her|nie|der|sin|ken ⟨st. V.; ist⟩ (geh.): *herabsinken.*

Her|ni|o|to|mie, die; -, -n [zu ↑Hernie u. griech. tomē = das Schneiden, der Schnitt] (Med.): *Operation einer Hernie* (1).

He|roa: Pl. von ↑Heroon.

he|ro|ben ⟨Adv.⟩ (südd., österr.): *hier oben.*

He|roe, der; -n, -n [geb. nach dem lat. Akk. Sg. heroem, ↑Heros] (bildungsspr.): **1.** *Heros* (1). **2.** *heldenhafter Mann, Held:* die -n des Altertums.

He|ro|en|kult, He|ro|en|kul|tus, der ⟨Pl. selten⟩ (bildungsspr.): *kultische Verehrung eines Heros* (1), *von Heroen:* Ü (abwertend:) mit jmdm. einen H. treiben.

He|ro|en|tum, das; -s (bildungsspr.): *Heldentum.*

He|ro|ik, die; - (bildungsspr.): *Heldenhaftigkeit.*

[1]He|ro|in, das; -s [gelehrte Bildung zu griech. hḗrōs = Held; heroisch bedeutete im MA. »stark, kräftig«]: *(früher auch als Medikament verwendetes) aus einem weißen, pulverförmigen Morphinderivat bestehendes, sehr starkes, süchtig machendes Rauschgift.*

[2]He|ro|in, die; -, -nen [lat. heroine < griech. hērōínē]: **1.** (bildungsspr.) *Heldin.* **2.** (Theater) *Heroine.*

he|ro|in|ab|hän|gig ⟨Adj.⟩: vgl. drogenabhängig.

He|ro|in|ab|hän|gi|ge, der u. die; -n, -n ⟨Dekl. ↑Abgeordnete⟩: *jmd., der heroinabhängig ist.*

He|ro|i|ne, die; -, -n [↑[2]Heroin]: **1.** (Theater) *Darstellerin einer Heldin auf der Bühne.* **2.** *Heldin.*

He|ro|i|nis|mus, der; - [zu ↑[1]Heroin] (Med.): *Heroinsucht.*

He|ro|in|sucht, die: *durch Missbrauch von [1]Heroin entstandene Sucht.*

he|ro|in|süch|tig ⟨Adj.⟩: *süchtig nach [1]Heroin.*

He|ro|in|süch|ti|ge, der u. die: *jmd., der heroinsüchtig ist.*

he|ro|isch ⟨Adj.⟩ [lat. heroicus < griech. hērōïkós] (bildungsspr.): **1.** *heldenhaft:* ein -er Entschluss; h. kämpfen; (spött.:) er fasste den -en Plan, sich von ihr zu trennen. **2.** *von erhabener Wirkung:* -e Landschaft (Kunstwiss.; 1. *Darstellung einer idealen Landschaft mit Gestalten der antiken Mythologie.* 2. *Darstellung einer dramatisch bewegten, monumentalen idealen Landschaft*); -er Vers (Literaturw.; *Vers des [englischen] Epos*).

he|ro|i|sie|ren ⟨sw. V.; hat⟩ (bildungsspr.): *als Helden verherrlichen, zum Helden erheben:* einen Guerillaführer h.

He|ro|is|mus, der; - (bildungsspr.): *Heldentum, Heldenmut.*

He|rold, der; -[e]s, -e [spätmhd. heralt < afrz. heralt, aus dem Germ., eigtl. = Heeresbeamter, 1. Bestandteil zu ↑Heer, 2. Bestandteil zu ↑walten]: **1.** (früher) *wappenkundiger Hofbeamter.* **2. a)** (früher) *Ausrufer u. Bote eines Fürsten:* -e aussenden; **b)** (geh.) *jmd., der eine wichtige Nachricht verkündet:* die Stimme des -s tönte über den Markt.

He|rolds|amt, das (früher): *aus den Funktionen des Herolds entstandene, für Rang-, Titel- u. Wappenfragen zuständige Behörde.*

He|rolds|kunst, die ⟨o. Pl.⟩ (veraltet): *Heraldik.*

He|rolds|stab, der (früher): *Stab eines Herolds als Zeichen seiner Würde.*

He|rons|ball, der; -[e]s, ...bälle [nach dem altgriech. Mathematiker Heron (2. Hälfte des 1. Jh.s n. Chr.)]: *Gefäß mit fast bodenlanger Röhre, aus der mithilfe des Druckes zusammengepresster Luft hochgetragenes Wasser ausgespritzt wird* (als Prinzip z. B. beim Parfümzerstäuber).

He|ro|on, das; -s, ...roa [griech. hērō̃on]: *Grabmal u. Tempel eines Heros* (1).

He|ros, der; -, ...oen [lat. heros < griech. hḗrōs, wahrsch. eigtl. = Beschützer]: **1.** (griech. Myth.) *zwischen Göttern u. Menschen stehender Held, Halbgott, der im Leben große Taten vollbracht hat u. nach seinem Tod die Fähigkeit erlangt, den Menschen aus eigener Macht Hilfe zu leisten.* **2.** (bildungsspr.) *heldenhafter Mann, Held:* die Heroen unserer Zeit.

He|ros|trat, der; -en, -en [nach dem Griechen Herostratos, der 356 v. Chr. den Artemistempel zu Ephesus in Brand steckte, um berühmt zu werden] (bildungsspr.): *Verbrecher aus Ruhmsucht.*

He|ros|tra|ten|tum, das; -s (bildungsspr.): *durch Ruhmsucht motiviertes Verbrechertum.*

he|ros|tra|tisch ⟨Adj.⟩ (bildungsspr.): *aus Ruhmsucht Verbrechen begehend.*

Her|pes, der; -, ...etes ⟨Pl. selten⟩ [lat. herpes < griech. hérpēs (Gen.: hérpētos) = schleichender Schaden] (Med.): **a)** *mit seröser Flüssigkeit gefülltes Hautbläschen, das verkrustend eintrocknet; Ausschlag am Mund; Griebe;* **b)** *(virusbedingte) entzündliche Haut- u. Schleimhauterkrankung mit Ausbildung zahlreicher, sich meist gruppenförmig zusammenschließender seröser Bläschen an den Übergängen zwischen Haut u. Schleimhaut (im Bereich der Nase, der Lippen u. der äußeren Geschlechtsteile).*

Her|pes Zos|ter, der; - - [griech. zōstḗr = Gürtel] (Med.): *Gürtelrose.*

her|pe|tisch ⟨Adj.⟩ (Med.): *den Herpes betreffend, die für einen Herpes charakteristischen Bläschen aufweisend.*

Her|pe|to|lo|gie, die; - [zu griech. herpetón = kriechendes Tier u. ↑-logie] (Zool.): *Teilgebiet der Zoologie, das sich mit der Erforschung der Lurche u. Kriechtiere befasst.*

her|plap|pern ⟨sw. V.; hat⟩: *gedankenlos, naiv plappern.*

Herr, der; -n (selten: -en), -en [mhd. hēr(re), ahd. herro, zu dem Komp. hēriro = älter, ehrwürdiger, erhabener, zu: hēr, ↑hehr; wahrsch. LÜ von mlat. senior = Herr, eigtl. = Komp. von lat. senex = alt]: **1. a)** *Mann (auch als übliche höfliche Bezeichnung für eine männliche Person im gesellschaftlichen Verkehr):* ein junger, älterer, freundlicher, vornehmer, feiner H.; ein H. im Smoking, mit Brille; die -en forderten zum Tanz auf; ein H. möchte Sie sprechen; die Geschäftsleitung besteht aus drei -en; hier gibt es alles für den -n!; ein besserer H.; ein feiner, sauberer H. (iron.; *ein Mensch mit fragwürdigen Charaktereigenschaften*); der geistliche H. (landsch.; *Pfarrer*); bei den -en (Sport; *der Mannschaft der Herren*) siegte die deutsche Staffel; *** Alter H.** (1. ugs. scherzh.; *Vater.* 2. Verbindungsw.; *ehemaliges aktives Mitglied einer Verbindung*); **Alte -en** (Sport; *[Altersklasse der] Spieler über 32 Jahre; Mannschaft dieser Altersklasse*): die Alten -en der Borussia sicherten sich den Turniersieg; **möblierter H.** (ugs. veraltend, noch scherzh.; *Mann, der in einem möblierten Zimmer zur Miete wohnt*); **die -en der Schöpfung** (ugs. scherzh.; *die Männer*); **b)** *gebildeter, kultivierter, gepflegter Mann:* er spielt gern den großen -en *(benimmt sich, als ob er vornehm u. reich wäre).* **2. a)** titelähnliche, auch als Anrede verwendete Bezeichnung für eine erwachsene Person männlichen Geschlechts: H. Minister/Direktor/Doktor; lieber H. Müller; nur mit -n [Professor] Müllers Einverständnis; ich erwarte den Besuch des -n [Ministers] Müller; die Rede des -n Abgeordneten Müller; H. Ober, bitte eine Tasse Kaffee; ich habe -n Maier getroffen; was wünschen Sie, mein H.?; was wünscht der H.?; aber meine -en, wozu diese Aufregung?; *** meine -en!** (salopp; Ausruf des Unverständnisses, einer leichten Entrüstung); **b)** (geh.) als Zusatz bei Verwandtschaftsbezeichnungen: Ihr H. Vater, Bruder, Gemahl; (spöttisch in der Unterhaltung über eine nicht anwesende Person:) der H. Sohn hat es wohl nicht nötig, pünktlich zu erscheinen. **3.** *jmd., der über andere od. über etw. herrscht; Gebieter; Besitzer:* ein gütiger, gnädiger, gerechter, strenger H.; Jesus Christus, der H.; der H. Jesus; der H. des Hauses; sind Sie der H. dieses Hundes?; Gott der H.; der H. der Welt *(Gott);* der H. über Leben und Tod *(Gott);* er ist H. über einen großen Besitz *(er hat einen großen Besitz);* der Eroberer machte sich zum -n über das Land; der junge H. (veraltend; *Sohn des Besitzers, des Hausherrn*); mein H. und Meister/Gebieter (scherzh.; *mein Mann*); die gestrengen -en (landsch.; *die Eisheiligen*); er duldet keinen -n über sich *(ordnet sich niemandem unter)*; Maria, die Mutter des -n *(Jesu)*; R wie der H., so 's Gescherr (die negativen Eigenschaften eines Vorgesetzten, der Eltern o. Ä. lassen sich auch an den Untergebenen, den Kindern o. Ä. feststellen; wohl nach dem Zitat aus den »Satirae« des röm. Satirikers C. Petronius Arbiter [gestorben 66 n. Chr.]: Qualis dominus, talis et servus); niemand kann zwei -en dienen (nach Matth. 6, 24; vgl. auch Luk. 16, 13); *** sein eigener H. sein** *(von niemandem abhängig, an niemandes Weisungen gebunden sein; sich nach niemandem richten müssen)*; **H. der Lage, der Situation sein/bleiben** *(in einer kritischen Situation die Übersicht, die Kontrolle haben/behalten)*; **einer Sache** ⟨Gen.⟩ **H. werden** *(eine Schwierigkeit überwinden; etw. bewältigen)*: sie wurden des Feuers nicht H.; **nicht mehr H. seiner Sinne sein** *(nicht wissen, was man tut; die Selbstbeherrschung verlieren)*; **über jmdn., etw. H. werden** *(etw. bewältigen; sich durchsetzen; die Oberhand behalten)*; **über jmdn., sich, etw. H. sein** *(jmdn., sich, etw. in der Gewalt haben)*: er ist nicht mehr H. über sich selbst; er war plötzlich nicht mehr H. über das Auto; **aus aller -en Länder[n]** (geh.; *von überall her*). **4.** (christl. Rel.) *Gott* (1) ⟨mit bestimmtem Art. außer in der Anrede⟩: den -n anrufen; dem -n danken; liebe Brüder u. Schwestern im -n (Anrede eines Geistlichen an die Gemeinde od. Ordensbrüder u. -schwestern); H., hilf uns!; er ist ein großer Jäger vor dem -n (scherzh.; *begeisterter, passionierter Jäger*; nach 1. Mose 10, 9).

Hẹrr|chen, das; -s, -: **1.** Vkl. zu ↑Herr (1 a). **2.** *Herr* (3) *des Hundes*: der Hund wurde von seinem H. belohnt. **3.** (ugs. scherzh.) *[sehr] junger Mann.*

Hẹr|rei|se, die; -, -n: vgl. Herfahrt.

Hẹr|ren|abend, der: *Gesellschaft nur für Herren* (1 a).

Hẹr|ren|an|zug, der (selten): *Anzug* (1).

Hẹr|ren|ar|ti|kel, der ⟨meist Pl.⟩: *zur Kleidung des Herrn gehörender, für seinen Bedarf hergestellter Artikel (z. B. Strümpfe, Handschuhe, Schal, Oberhemd).*

Hẹr|ren|aus|stat|ter, der: *Fachgeschäft mit Kleidung für den anspruchsvolleren Herrn.*

Hẹr|ren|be|glei|tung, die ⟨o. Pl.⟩: *Begleitung durch einen Herrn* (1): sie war in H., wurde oft in H. gesehen.

Hẹr|ren|be|kannt|schaft, die: *Bekannter, Freund einer Frau:* woher soll ich all ihre -en kennen?; *** eine H. machen** (ugs.; *einen Mann, Herrn 1 kennen lernen*).

Hẹr|ren|be|klei|dung, die: *Bekleidung für Herren* (1 a).

Hẹr|ren|be|such, der: *Besuch eines Herrn* (1), *eines Mannes bei einer Frau:* die Vermieterin duldet keine -e.

Hẹr|ren|brot, das (veraltet): **1.** *im Gegensatz zum Brot für das Gesinde feines, weißes Brot.* **2.** *Beköstigung, die der Herr* (3) *seinem Gesinde zukommen lässt:* H. essen *(bei einem Herrn dienen)* müssen.

Hẹr|ren|dop|pel, das ([Tisch]tennis, Badminton): *Spiel von je zwei Herren* (1 a) *gegeneinander.*

Hẹr|ren|ein|zel, das ([Tisch]tennis, Badminton): *Spiel von zwei Herren* (1 a) *gegeneinander.*

Hẹr|ren|fah|rer, der [1: geb. nach Herrenreiter; 2: vgl. Herrenreiter]: **1.** (Autorennen) *Rennfahrer, der im eigenen Wagen fährt, nicht Werksfahrer ist.* **2.** (Trabrennen) *Fahrer, der das Fahren nicht berufsmäßig betreibt u. als Amateur an einem Trabrennen teilnimmt.* **3.** (iron.) *Fahrer eines größeren Autos, der so fährt, als ob ihm allein die Straße gehörte.*

Hẹr|ren|fahr|rad, das: *Fahrrad für Herren* (1 a).

Hẹr|ren|fin|ken, der (schweiz. mundartl.): *warmer Hausschuh für Herren* (1 a).

Hẹr|ren|fri|seur, der: *Friseur für Herren* (1 a).

Hẹr|ren|ge|deck, das: *Gedeck* (2 b) *speziell für Herren* (1 a): er bestellte für jeden ein H.

Hẹr|ren|ge|sell|schaft, die: **1.** *Zusammensein, Gesellschaft von Herren* (1). **2.** ⟨o. Pl.⟩ *Begleitung von Herren* (1): sie war in H.

Hẹr|ren|haus, das: **1.** *herrschaftliches Wohnhaus auf einem Gut od. großen Besitztum:* das H. war völlig mit Efeu bewachsen. **2.** (früher) *erste Kammer des preußischen Landtags u. des österreichischen Reichsrats.*

Hẹr|ren|hemd, das: *Oberhemd.*

Hẹr|ren|hof, der: *Fronhof.*

Hẹr|ren|ho|se, die: *Männerhose.*

Hẹr|ren|hut, der: *Hut für Herren* (1 a).

Hẹr|ren|jah|re: in dem Sprichwort: Spr Lehrjahre sind keine H. (↑Lehrjahr).

Hẹr|ren|kleid, das (schweiz.): *Anzug* (1).

Hẹr|ren|klei|dung, die: *Kleidung für Herren* (1 a).

Hẹr|ren|kon|fek|ti|on, die: *Konfektion für Herren* (1 a).

Hẹr|ren|le|ben, das: *bequemes, sorgloses Leben ohne Arbeit.*

hẹr|ren|los ⟨Adj.⟩: **a)** *keinen Herrn* (3) *habend:* ein -er Hund; **b)** *[anscheinend] niemandem gehörend; [anscheinend] keinen Besitzer habend:* -es Gepäck.

Hẹr|ren|ma|ga|zin, das: *Magazin, das bes. auf den Geschmack männlicher Leser zugeschnitten ist.*

Hẹr|ren|mann|schaft, die: *Sportmannschaft, die aus Herren* (1 a) *besteht.*

Hẹr|ren|man|tel, der: *Mantel für Herren* (1 a).

Hẹr|ren|mensch, der: *jmd., der sich anderen überlegen fühlt u. sich ihnen gegenüber auch entsprechend verhält:* den -en herauskehren.

Hẹr|ren|mo|de, die: *Mode für Herren* (1 a).

Hẹr|ren|ober|be|klei|dung, die: *Oberbekleidung für Herren* (1 a).

Hẹr|ren|par|tie, die: **1.** *Ausflug, an dem nur Herren* (1) *teilnehmen.* **2.** *Herrengesellschaft* (1).

Hẹr|ren|pilz, der [eigtl. = der »Herr« unter den Pilzen; der Pilz gilt als vorzüglichster Pilz unter den Speisepilzen] (landsch.): *Steinpilz.*

Hẹr|ren|rad, das: *Herrenfahrrad.*

Hẹr|ren|ras|se, die: *Gruppe von Menschen gleicher Herkunft, die weiße Hautfarbe haben u. sich anderen überlegen fühlen:* die Weißen fühlten sich in Afrika als H.

Hẹr|ren|rei|ter, der [LÜ von engl. gentleman rider] (Reiten): *Reiter, der sein eigenes Pferd reitet.*

Hẹr|ren|sa|lon, der: *Friseursalon für Herren* (1 a).

Hẹr|ren|sat|tel, der: *Reitsattel für Herren* (1 a), *der den Spreizsitz erfordert.*

Hẹr|ren|schirm, der: *Regenschirm für Herren* (1 a).

Hẹr|ren|schnei|der, der: *Schneider, der Herrenoberbekleidung* (1) *anfertigt* (Berufsbez.).

Hẹr|ren|schnei|de|rin, die: w. Form zu ↑Herrenschneider.

Hẹr|ren|schnitt, der: *von Frauen getragene Frisur, die den kurzen Haarschnitt der Männer nachahmt.*

Hẹr|ren|schuh, der: *Schuh für Herren* (1 a).

Hẹr|ren|sitz, der: **1.** ⟨o. Pl.⟩ *Reitsitz im Herrensattel:* sie ritt immer im H. **2.** vgl. Herrenhaus.

Hẹr|ren|so|cke, die, (schweiz., sonst landsch.:) **Hẹr|ren|so|cken,** der: *Socke für Herren* (1 a).

Hẹr|ren|tier, das ⟨meist Pl.⟩ (veraltend): [2]*Primat.*

Hẹr|ren|toi|let|te, die: *Toilette* (2 a) *für Herren* (1 a).

Hẹr|ren|tor|te, die: *nicht sehr süße Torte mit einem leichten Alkoholgeschmack.*

Hẹr|ren|trai|ner, der: **1.** *Trainer, der eine Mannschaft od. eine Gruppe männlicher Sportler trainiert.* **2.** (schweiz.) *Trainingsanzug für Herren* (1 a).

Hẹr|ren|uhr, die: *Uhr für Herren* (1 a).

Hẹr|ren|un|ter|wä|sche, die: *Unterwäsche für Herren* (1 a).

Hẹr|ren|ve|lo, das (schweiz.): *Herrenfahrrad.*

Hẹr|ren|welt, die ⟨o. Pl.⟩ (scherzh.): *Gesamtheit der Herren* (1).

Hẹr|ren|win|ker, der (ugs. scherzh.): *seitlich von den Schläfen bogenförmig abstehende Haarlocke bei einer weiblichen Person.*

Hẹr|ren|witz, der: *derber, frivoler Witz, der üblicherweise erzählt wird, wenn Männer unter sich sind.*

Hẹr|ren|zim|mer, das: *Zimmer, in dem der Hausherr seine [männlichen] Gäste empfängt [u. in dem geraucht wird].*

Hẹrr|gott, der; -s [mhd. herregot; zusger. aus der Anrede herre got]: **1.** (fam.) *Gott:* unser H.; der liebe H. im Himmel; zu seinem H. beten; R unser H. hat einen großen Tiergarten (ugs. scherzh.; *es gibt viele seltsame Mitmenschen*); *** H. noch mal!** (derber Ausruf ungeduldiger Entrüstung). **2.** (südd., österr.) *Kruzifix.*

hẹrr|gött|lich ⟨Adj.⟩ (schweiz.): *wie ein Gott.*

Hẹrr|gotts|frü|he: nur in der Wendung **in aller H.** *(schon bei Anbruch des Tages, in der Morgendämmerung, im Morgengrauen;* zum Ausdruck der Verstärkung): in aller H. aufstehen.

Hẹrr|gotts|kä|fer, der [nach altem Volksglauben werden bestimmte Käfer, die weit verbreitet u. beliebt sind, mit göttlichen, heiligen od. himmlischen Wesen in Verbindung gebracht u. oft als Mittler zu Gottheiten und himmlischen Mächten angesehen] (landsch.): *Marienkäfer.*

Hẹrr|gotts|schnit|zer, der (südd., österr.): *Holzbildhauer, der vorwiegend religiöse Figuren, bes. Kruzifixe, schnitzt.*

Hẹrr|gotts|schnit|ze|rin, die: w. Form zu ↑Herrgottsschnitzer.

Hẹrr|gotts|tag, der (schweiz.): *Fronleichnamstag.*

Hẹrr|gotts|win|kel, der (südd., österr.): *(in katholischen Bauernstuben) Ecke, die mit dem Kruzifix geschmückt ist [u. in der auch andere Andachtsgegenstände verwahrt werden].*

hẹr|rich|ten ⟨sw. V.; hat⟩: **1. a)** *etw. durch vorbereitende Maßnahmen in einen solchen Zustand bringen, dass es benutzt werden kann:* ein Zimmer für den Gast h.; **b)** *etw. durch Reparaturen o. Ä. in einen gebrauchsfertigen Zustand bringen:* er hat das Dach wieder hergerichtet; **c)** (landsch., bes. südd., österr.) *hinlegen, bereitlegen, zurechtlegen:* sie richtete ihm das Frühstück her. **2.** ⟨h. + sich⟩ (landsch., bes. südd., österr.) *sich zu einem bestimmten Anlass zurechtmachen* (2): sich für den Theaterbesuch h.; wie hast du dich denn hergerichtet *(in was für einem merkwürdigen Aufzug erscheinst du denn)*?

Hẹr|rich|tung, die; -, -en: *das Herrichten.*

Hẹr|rin, die; -, -nen: **1.** w. Form zu ↑Herr (3). **2.** (früher) *Anrede für die Herrin* (1).

hẹr|risch ⟨Adj.⟩ [mhd. her[i]sch = erhaben, herrlich; nach Art eines Herrn sich benehmend]: *immer herrschen wollend; gebieterisch, mit hochmütigem Stolz befehlend:* ein -es Wesen, Auftreten; eine -e Person, Frau; sie ist sehr h.; er forderte h. sein Recht.

hẹrr|je, hẹrr|je|mi|ne ⟨Interj.⟩ [zusgez. aus Herr Jesu (Domine)] (ugs.): Ausruf des Erstaunens od. Entsetzens.

Hẹrr|lein, das; -s; - ⟨Pl. selten⟩ [mhd. herrelīn, Vkl. zu ↑Herr] (veraltet): *junger Herr.*

hẹrr|lich ⟨Adj.⟩ [mhd., ahd. hērlich, zu: hēr, ↑hehr]: *in einem so hohen Maße gut, schön, dass es sich nicht besser, schöner denken lässt:* ein -er Tag, Abend; eine -e Aussicht; -e Stoffe, Kleider; sie war eine -e Frau; das Wetter, der Urlaub war h.; der Kuchen schmeckt einfach h.; sie lebten h. und in Freuden *(es ging ihnen sehr gut)*; -stes Winterwetter; ⟨subst.:⟩ bei dieser Hitze war das kühle Wasser etwas Herrliches.

Hẹrr|lich|keit, die; -, -en: **1. a)** ⟨o. Pl.⟩ *das Herrlichsein; in höchstem Maße empfundene u. erfreuende Schönheit, Großartigkeit:* die H. der Natur, der Welt; die H. *(Erhabenheit, Vollkommenheit, Größe)* Gottes; ist das die ganze H.? (iron.; *ist das alles?*); es ist schon vorbei mit der weißen H. *(mit dem Schnee)*; **b)** ⟨meist Pl.⟩ *etw. Herrliches:* die -en der antiken Kunst, des Lebens; auf all diese -en musste sie nun verzichten. **2.** ⟨o. Art.⟩ (hist.) Anrede für eine hohe Persönlichkeit.

Herrn|hu|ter, der; -s, - [nach der Stadt Herrnhut (Sachsen)]: *Angehöriger der Herrnhuter Brüdergemeine (einer aus dem Pietismus hervorgegangenen Freikirche).*

Herr|schaft, die; -, -en [mhd. hērschaft = Hoheit, Herrlichkeit, Würde; Hochmut; Recht u. Besitztum eines Herrn; Obrigkeit; oberherrliches Amt u. Gebiet; Herrscherfamilie; Herr u. Herrin, ahd. herscaf(t) = Herrschaft (1); Würde; ehrenvolles Amt, zu: hēr, ↑hehr; schon früh beeinflusst von ↑Herr]: **1.** ⟨o. Pl.⟩ *Recht u. Macht, über jmdn. zu herrschen:* eine absolute, unumschränkte, autoritäre, demokratische H.; die H. des Staates, der Parteien, des Systems; der Diktator bemächtigte sich der H. über das Land; die H. [über jmdn., etw.] innehaben, ausüben, an sich reißen, antreten; seine H. über die ganze Welt ausweiten wollen; unter der H. *(Regierungs-, Befehlsgewalt)* des Kaisers, des Proletariats; sie waren unter die H. *(Regierung)* der Spanier gekommen; zur H. gelangen, kommen *(die Regierungsnachfolge antreten);* Ü der Fahrer verlor die H. über das Auto *(konnte das Auto nicht mehr steuern).* **2. a)** ⟨Pl.⟩ *Damen u. Herren [in Gesellschaft]:* ältere, vornehme -en; fremde -en sind angekommen; die -en werden gebeten, ihre Plätze einzunehmen; meine sehr verehrten -en!; * **Alte -en** (ugs. scherzh.; *Eltern*); **b)** (veraltend) *Dienstherr von Hausangestellten u. seine Angehörigen:* die -en sind ausgegangen; seiner H. treu ergeben sein; bei einer feinen, gütigen H. dienen; **c)** *Person, die über jmdn. herrscht, bzw. Personen, die über jmdn. herrschen:* die allerhöchsten -en (veraltend; *der Kaiser u. die Kaiserin*); sie wurden von der H. drangsaliert. **3.** (hist.) *Besitztum, Landgut eines Freiherrn od. Standesherrn.* **4.** * **H. [noch mal]!** (ugs.; Ausruf des Unwillens; verhüll. für ↑Herrgott 1).

herr|schaft|lich ⟨Adj.⟩: **a)** *zu einer Herrschaft* (2 b) *gehörend, bei einer Herrschaft angestellt:* ein -er Diener; **b)** *einer Herrschaft* (2 b) *gemäß u. entsprechend vornehm u. großzügig in seiner Anlage, Ausstattung o. Ä.:* ein -es Haus; h. wohnen.

Herr|schafts|an|spruch, der: *Anspruch auf Herrschaft* (1) *über ein Gebiet.*

Herr|schafts|ap|pa|rat, der: *der Aufrechterhaltung der Herrschaft* (1) *dienende Mittel u. Menschen:* den H. ausbauen.

Herr|schafts|be|reich, der: *Bereich, auf den sich jmds. Herrschaft* (1) *erstreckt.*

Herr|schafts|form, die: *Form der Ausübung von Herrschaft* (1).

Herr|schafts|ge|biet, das: *Gebiet, auf das sich jmds. Herrschaft* (1) *erstreckt.*

Herr|schafts|ge|walt, die: *Gewalt, über jmdn. zu herrschen:* staatliche H.

herr|schafts|los ⟨Adj.⟩: *ohne Herrscher u. Herrschaft* (1): eine -e Gesellschaft.

Herr|schafts|lo|sig|keit, die; -: *herrschaftsloser Zustand.*

Herr|schafts|ord|nung, die (bes. Soziol.): *durch bestimmte Verhältnisse zwischen Herrscher u. Beherrschtem geprägte Gesellschaftsordnung.*

Herr|schafts|struk|tur, die ⟨meist Pl.⟩: *Struktur der institutionalisierten Ausübung von Macht.*

Herr|schafts|sys|tem, das: vgl. Herrschaftsform: totalitäre, monopolistische, feudale, politische -e.

Herr|schafts|ver|hält|nis|se ⟨Pl.⟩: *Gegebenheiten, Zustände, die die Ausübung der Macht betreffen:* alte H. ändern.

Herr|schafts|wis|sen, das (bes. Soziol.): *[der Ausübung von Herrschaft 1 über andere dienendes] Wissen, das sich jmd. aufgrund seiner Stellung, seiner dienstlichen Aufgaben angeeignet hat und das anderen nicht zugänglich ist.*

Herrsch|be|gier|de, die (selten): *Begierde, über jmdn., etw. zu herrschen.*

herrsch|be|gie|rig ⟨Adj.⟩ (selten): *begierig, über jmdn., etw. zu herrschen.*

herr|schen ⟨sw. V.; hat⟩ [mhd. hērschen, hērsen, ahd. hērisōn = Herr sein, [be]herrschen, zu: hēr, ↑hehr]: **1.** *Herrschaft* (1) *ausüben; regieren u. über Land u. Leute Befehlsgewalt haben:* allein, unumschränkt, seit Generationen h.; ein König herrscht in diesem Land, über das Volk; der Diktator herrscht durch Terror; die herrschende Partei, Klasse; das herrschende Haus; ⟨subst.:⟩ die Herrschenden werden immer reicher; Ü überall herrscht das Kapital. **2.** *in einer bestimmten, auffallenden Weise [allgemein] verbreitet, [fortdauernd] vorhanden, deutlich fühlbar sein:* überall herrschte Freude, Trauer, große Aufregung; hier herrscht reges Leben; seit Tagen herrscht in diesem Gebiet Nebel; draußen herrschen/(ugs. auch:) herrscht 30° Wärme; im ganzen Land herrschte eine drückende Hitze; im Obdachlosenasyl herrscht Mangel an Decken; es herrscht Schweigen, Einigkeit; es herrschte eine furchtbare Kälte in diesem Winter; die herrschende Meinung; die herrschenden Ansichten. **3.** (selten) *in herrischem Ton sagen; jmdn. anherrschen.*

Herr|scher, der; -s, - [mhd. herscher, ahd. hērisāri]: *jmd., der herrscht* (1), *der die Macht innehat; Machthaber, Monarch, Fürst, Regent:* ein grausamer, gerechter, absoluter, gnädiger H.; der H. des Landes; H. über ein Land, ein Volk sein; als H. einem Volk gebieten, über ein Land eingesetzt werden; er spielt sich gerne als H. auf *(ist herrschsüchtig);* zum H. gekrönt werden.

Herr|scher|ge|schlecht, das: *Geschlecht, das eine Reihe von Herrschern hervorgebracht hat.*

Herr|scher|haus, das: *Herrschergeschlecht.*

Herr|sche|rin, die; -, -nen [mhd. herscherin]: w. Form zu ↑Herrscher.

Herr|scher|kult, der: *sakrale Verehrung eines Herrschers.*

Herr|scher|na|tur, die: **a)** *Mensch mit charakteristischer Herrschernatur* (b): sie, er ist eine H.; **b)** ⟨o. Pl.⟩ *Wesensart, die deutlich zeigt, dass jmd. befähigt ist zu herrschen* (1): seine H. geht manchmal mit ihm durch.

Herr|scher|paar, das: *Ehepaar, dessen einer Teil Herrscher od. Herrscherin ist:* das H. traf zu einem Staatsbesuch in der Hauptstadt ein.

Herr|scher|tum, das; -s (geh.): *das Herrschersein.*

Herrsch|sucht, die ⟨o. Pl.⟩: *übersteigertes Verlangen, andere zu beherrschen.*

herrsch|süch|tig ⟨Adj.⟩: *von Herrschsucht zeugend, voller Herrschsucht:* seine Chefin war alles andere als h.

her|rü|cken ⟨sw. V.; ist⟩: *in die Nähe des Sprechenden rücken.*

her|ru|fen ⟨st. V.; hat⟩: *zum Sprechenden rufen.*

her|rüh|ren ⟨sw. V.; hat⟩: *in etw.,* (selten:) *jmdm. seine Ursache, seinen Ursprung haben:* die Narben rühren von einer Kriegsverletzung her; das rührt von ihrem Leichtsinn her.

her|sa|gen ⟨sw. V.; hat⟩: **1.** *auswendig sprechen, aufsagen:* einen Text, ein Gedicht h. **2.** *hinsagen.*

her|schaf|fen ⟨sw. V.; hat⟩: *an den Ort des Sprechenden schaffen.*

her|schau|en ⟨sw. V.; hat⟩ (südd., österr.): *hersehen:* * **[da] schau her!** *(wer hätte das gedacht!; sieh an!).*

her|schi|cken ⟨sw. V.; hat⟩: *jmdn., etw. zum Sprechenden schicken.*

her|schie|ben ⟨st. V.; hat⟩: **a)** *zum Sprechenden schieben;* **b)** *sich hinter jmdm. od. einem Gegenstand befinden u. ihn schieben:* sie schob das Kind, den Kinderwagen vor sich her; Ü ich habe die Entscheidung lange vor mir hergeschoben.

her|schlei|chen ⟨st. V.⟩: **a)** *zum Sprechenden schleichen* ⟨ist⟩: sie ist vorsichtig hergeschlichen; **b)** ⟨h. + sich⟩ *sich zum Sprechenden schleichen* ⟨hat⟩: der Junge hatte sich heimlich hergeschlichen; **c)** *schleichend jmdm. folgen; furchtsam, gedrückt hinter jmdm. hergehen* ⟨ist⟩: wie ein geprügelter Hund schlich er hinter ihr her.

her|schlep|pen ⟨sw. V.; hat⟩: *zum Sprechenden schleppen.*

her|schrei|ben ⟨st. V.; hat⟩: **1.** *etw. an diese Stelle hier hinschreiben.* **2.** ⟨h. + sich⟩ (geh.) *in etw. seinen Ursprung haben; von etw. kommen:* dein Name schreibt sich von einer alten Siedlung her.

her|se|hen ⟨st. V.; hat⟩: *in Richtung auf den Sprechenden sehen:* kannst du mal h.?

her sein: s. her (1, 2).

her|set|zen ⟨sw. V.; hat⟩: **1.** *an den Ort, in die Nähe des Sprechenden setzen* (2 a): setz ihm ein Glas Wasser hin! **2.** ⟨h. + sich⟩ *sich zum Sprechenden setzen:* setz dich h. [zu mir]! **3.** * **hinter jmdm. h.** *(jmdm. nachsetzen):* der Hund setzte hinter dem Flüchtenden her.

her|sol|len ⟨unr. V.; hat⟩ (ugs.): vgl. hermüssen.

her|stam|men ⟨sw. V.; hat⟩: **1.** *abstammen:* sie stammt von deutschen Einwanderern her. **2.** *herkommen* (2): wo sein Vermögen herstammt, interessiert mich nicht; ich weiß nicht, wo sie herstammt *(in welchem Ort o. Ä. sie geboren wurde).*

her|stel|len ⟨sw. V.; hat⟩: **1.** *gewerbsmäßig in laufender Produktion anfertigen:* etw. maschinell, von Hand, synthetisch, billig h.; Autos serienmäßig h.; etw. in Heimarbeit h.; im Ausland hergestellte Produkte. **2. a)** *durch bestimmte Anstrengungen zustande bringen, schaffen:* [telefonisch] eine Verbindung, einen Kontakt h.; eine Verbindung zwischen der Insel und dem Festland h.; die Schule wird immer bemüht sein, ein gutes Verhältnis zum Elternhaus herzustellen; endlich waren Ruhe und Ordnung hergestellt; **b)** ⟨h. + sich⟩ *hergestellt* (2 a), *erreicht werden:* ein so gutes Verhältnis wie früher stellte sich nicht mehr her. **3.** *in den ursprünglichen guten Zustand zurückversetzen:* die Kranke war so weit hergestellt *(genesen),* dass sie aufstehen konnte. **4.** *an den Ort, in die Nähe des Sprechenden stellen:* wenn du willst, kannst du den Koffer h.

Her|stel|ler, der; -s, -: **1.** *jmd., der etw. industriemäßig herstellt* (1); *Produzent einer Ware.* **2.** (Buchw.) *Angestellter eines Verlags, der in der Herstellung* (4) *tätig ist* (Berufsbez.).

Her|stel|ler|be|trieb, der: *Betrieb, in dem ein Produkt, Produkte hergestellt werden.*

Her|stel|ler|fir|ma, die: *Firma, in der ein Produkt, Produkte hergestellt werden.*

Her|stel|le|rin, die: w. Form zu ↑Hersteller.

Her|stel|lung, die; -, -en: **1.** ⟨o. Pl.⟩ *das Herstellen* (1): serienmäßige, maschinelle H. von Gütern, Waren. **2.** ⟨o. Pl.⟩ *das Herstellen* (2 a): die H. diplomatischer Beziehungen. **3.** ⟨o. Pl.⟩ *das Herstellen* (3): die Arbeiten zur H. des Altbaus. **4.** ⟨Pl. selten⟩ *Abteilung eines Verlags, die für die satztechnische Herstellung* (1) *von Verlagswerken, die Kalkulation u. Überwachung der Druck- u. Bindearbeiten zuständig ist.*

Her|stel|lungs|art, die: *Art der Herstellung.*

Her|stel|lungs|kos|ten ⟨Pl.⟩: *Kosten für die Herstellung eines Produkts; Fertigungskosten.*

Her|stel|lungs|land, das: *Land, in dem ein Produkt hergestellt* (1) *wird; Herkunftsland.*

Her|stel|lungs|preis, der: *Herstellungskosten.*

Her|stel|lungs|pro|zess, der: *Ablauf der Herstellung* (1).

Her|stel|lungs|ver|fah|ren, das: *zur Herstellung eines Produktes angewandtes Verfahren.*

her|stür|zen ⟨sw. V.; ist⟩: **1.** *abrupt, hastig u. erregt laufen:* hinter jmdm. h. **2.** *in äußerster Eile aufgeregt zum Sprechenden laufen:* auf diese Nachricht hin ist sie sofort hergestürzt.

her|tra|gen ⟨st. V.; hat⟩: **1.** *etw. in die Richtung des Sprechenden, zum Sprechenden tragen.* **2.** *jmdn., etw. tragen u. dabei hinter, vor od. neben jmdm. gehen:* etw. hinter, neben, vor jmdm. h.

her|trei|ben ⟨st. V.; hat⟩: **1.** *jmdn., etw. in Richtung auf den Sprechenden, zum Sprechenden treiben.* **2.** *sich dicht hinter jmdm. vorwärts bewegen u. ihn antreiben:* der Junge trieb die Gänse vor sich her.

her|trot|ten ⟨sw. V.; ist⟩: vgl. herlaufen (2): die Kinder trotteten hinter der Mutter her.

Hertz, das; -, - [nach dem dt. Physiker H. Hertz, 1857–1894] (Phys.): *Maßeinheit der Frequenz* (Zeichen: Hz).

he|rü|ben ⟨Adv.⟩ [aus ↑her u. üben; vgl. hüben] (südd.; österr.): *hier auf dieser Seite; diesseits:* h. gefiel es mir besser als jenseits des Sees.

H

he|rü|ber ⟨Adv.⟩ [mhd. her über, (spät)ahd. hara(hera) ubere, zu ↑her u. ↑über]: *von dort drüben hierher.*

he|rü|ber|be|mü|hen ⟨sw. V.; hat⟩ (geh.): **1.** *jmdn. von dort drüben hierher [zum Sprechenden] bemühen* (3). **2.** ⟨h. + sich⟩ *sich von dort drüben hierher [zum Sprechenden] bemühen* (2).

he|rü|ber|bit|ten ⟨st. V.; hat⟩: *bitten, herüberzukommen* (a, b).

he|rü|ber|bli|cken ⟨sw. V.; hat⟩: *von dort drüben hierher [zum Sprechenden] blicken.*

he|rü|ber|brin|gen ⟨unr. V.; hat⟩: *von dort drüben, aus einem anderen Raum o. Ä. hierher [zum Sprechenden] bringen.*

he|rü|ber|dür|fen ⟨unr. V.; hat⟩ (ugs.): **1.** *herüberkommen, -gehen, -fahren o. Ä. dürfen.* **2.** *herübergebracht werden dürfen.*

he|rü|ber|fah|ren ⟨st. V.⟩: **1.** *von dort drüben hierher [zum Sprechenden] fahren* (1 a, 2 a) ⟨ist⟩. **2.** *von dort drüben hierher [zum Sprechenden] fahren* (3 b, 6) ⟨hat⟩.

he|rü|ber|ge|ben ⟨st. V.; hat⟩: *von dort drüben hierher [in die Hand des Sprechenden] geben:* würden Sie mir bitte die Speisekarte h.?

he|rü|ber|ge|hen ⟨unr. V.; ist⟩: *von dort drüben, von einem anderen Raum, Ort o. Ä. hierher [zum Sprechenden] gehen.*

he|rü|ber|grü|ßen ⟨sw. V.; hat⟩: *von dort drüben hierher [zum Sprechenden] grüßen:* sie grüßte von der Theke zu uns/ihnen herüber; Ü Burgen grüßten auf der Fahrt zu uns herüber.

[1]he|rü|ber|hän|gen ⟨st. V.; hat⟩: *von dort drüben bis auf diese Seite* [1]*hängen* (1 a): die Zweige hängen [über den Zaun] in unseren Garten herüber.

[2]he|rü|ber|hän|gen ⟨sw. V.; hat⟩: *von dort drüben hierher [zum Sprechenden]* [2]*hängen* (1 a): kannst du das Bild nicht an diese Wand h.?

he|rü|ber|hel|fen ⟨st. V.; hat⟩: *helfen herüberzukommen* (a): komm, ich helfe dir [über den Zaun, Bach] zu mir herüber!

he|rü|ber|ho|len ⟨sw. V.; hat⟩: **a)** *von dort drüben, aus einem anderen Raum o. Ä. hierher [zum Sprechenden] holen;* **b)** *aus einem anderen Land o. Ä. hierher [in das Land o. Ä. des Sprechenden] holen:* sie hat ihre Eltern aus Polen herübergeholt.

he|rü|ber|klet|tern ⟨sw. V.; ist⟩: *von dort drüben über ein Hindernis hinweg hierher [zum Sprechenden] klettern.*

he|rü|ber|kom|men ⟨st. V.; ist⟩: **a)** *von dort drüben, von einem anderen Raum o. Ä. hierher [zum Sprechenden] kommen:* sie kam an unseren Tisch herüber; **b)** *hierher [zum Sprechenden] kommen, um einen nachbarlichen Besuch zu machen:* komm doch nachher [auf ein Glas Wein] zu uns herüber!; **c)** vgl. herüberholen (b): sie sind in den Sechzigerjahren [aus Italien] herübergekommen.

he|rü|ber|kön|nen ⟨unr. V.; hat⟩: vgl. herüberdürfen.

he|rü|ber|lan|gen ⟨sw. V.; hat⟩ (landsch.): *herüberreichen.*

he|rü|ber|las|sen ⟨st. V.; hat⟩: *herüberkommen* (a) *lassen.*

he|rü|ber|lau|fen ⟨st. V.; ist⟩: *von dort drüben, von einem anderen Raum, Ort o. Ä. hierher [zum Sprechenden] laufen.*

he|rü|ber|müs|sen ⟨unr. V.; hat⟩ (ugs.): vgl. herüberdürfen (1).

he|rü|ber|rei|chen ⟨sw. V.; hat⟩: **1.** *von dort drüben hierher [zum Sprechenden] reichen* (1 a): würdest du mir bitte das Salz, den Aschenbecher h.? **2.** *von dort drüben bis hierher [zum Sprechenden] reichen* (3): das Kabel reicht nicht [bis zu mir] herüber.

he|rü|ber|ret|ten ⟨sw. V.; hat⟩: vgl. hinüberretten.

he|rü|ber|rü|cken ⟨sw. V.⟩: **1.** *von dort drüben hierher [zum Sprechenden] rücken* ⟨hat⟩: den Stuhl h. **2.** *durch Rücken seinen Platz von dort drüben hierher [zum Sprechenden] verlegen* ⟨ist⟩: sie ist zu mir herübergerückt.

he|rü|ber|ru|fen ⟨st. V.; hat⟩: *von dort drüben [über etw. Trennendes hinweg] hierher [zum Sprechenden] rufen.*

he|rü|ber|schal|len ⟨sw. u. st. V.; ist/hat⟩: *von dort drüben [über etw. Trennendes hinweg] hierher [zum Sprechenden] schallen.*

he|rü|ber|schau|en ⟨sw. V.; hat⟩: **1.** (landsch.) *herübersehen* (1). **2.** (ugs.) *herübersehen* (2).

he|rü|ber|schi|cken ⟨sw. V.; hat⟩: *von dort drüben, von einem anderen Raum, Ort o. Ä. hierher [zum Sprechenden] schicken.*

he|rü|ber|schwim|men ⟨st. V.; ist⟩: *von der gegenüberliegenden Seite hierher [zum Sprechenden] schwimmen.*

he|rü|ber|se|hen ⟨st. V.; hat⟩: **1.** *von dort drüben hierher [zum Sprechenden] sehen.* **2.** *herübergehen, -kommen* (a) *u. nach jmdm., etw. sehen* (9 a).

he|rü|ber|sol|len ⟨unr. V.; hat⟩ (ugs.): vgl. herüberdürfen (1).

he|rü|ber|sprin|gen ⟨st. V.; ist⟩: **1.** vgl. herüberklettern. **2.** (ugs.) *schnell, eilig herüberlaufen:* sie ist kurz zu mir herübergesprungen.

he|rü|ber|stei|gen ⟨st. V.; ist⟩: vgl. herüberklettern.

he|rü|ber|stel|len ⟨sw. V.; hat⟩: *von dort drüben, von einem anderen Raum hierher [zum Sprechenden] stellen.*

he|rü|ber|tra|gen ⟨st. V.; hat⟩: *von dort drüben [über etw. Trennendes hinweg] hierher [zum Sprechenden] tragen:* Ü der Wind trägt den Lärm, den Gestank herüber.

he|rü|ber|wach|sen ⟨st. V.; ist⟩: *von dort drüben [über etw. hinweg] hierher wachsen:* die Äste wachsen immer weiter in unseren Garten herüber; Ü lass mal eine Zigarette h.! (ugs. scherzh.; *gib mir mal bitte eine Zigarette!*).

he|rü|ber|wech|seln ⟨sw. V.; ist, (auch:) hat⟩: *von der gegenüberliegenden auf diese Seite wechseln.*

he|rü|ber|we|hen ⟨sw. V.⟩: **1.** ⟨hat⟩ **a)** *von dort drüben hierher [zum Sprechenden] wehen:* der Wind weht von den Bergen herüber; **b)** *etw. von dort drüben hierher [zum Sprechenden] wehen:* der Sturm hat die Blätter herübergeweht. **2.** *von dort drüben hierher [zum Sprechenden] gebracht u. dabei akustisch wahrnehmbar werden* ⟨ist⟩: der Glockenklang wehte mit dem Wind vom See herüber.

he|rü|ber|wer|fen ⟨st. V.; hat⟩: *von dort drüben hierher [zum Sprechenden] werfen.*

he|rü|ber|wol|len ⟨unr. V.; hat⟩: vgl. herüberdürfen (1).

he|rü|ber|zie|hen ⟨unr. V.⟩: **1.** *von dort drüben hierher [zum Sprechenden] ziehen* ⟨hat⟩: jmdn., den Stuhl h.; Ü jmdn. zu sich h. *(jmdn. für sich, seinen Standpunkt, seine Absichten, Pläne o. Ä. gewinnen).* **2.** *von dort drüben hierher [zum Sprechenden] ziehen* (7, 8) ⟨ist⟩.

he|rum ⟨Adv.⟩ [mhd. her umb(e), aus ↑her u. ↑um]: **1.** *in kreis- od. bogenförmiger Richtung od. Bewegung:* im Kreis h.; das Buch steht verkehrt h. *(mit dem Rücken zur Wand od. auf dem Kopf)* im Regal; Ü die Story wird gleich h. *(durch Weitererzählen bekannt)* sein. **2.** ⟨als Verstärkung der Präp. »um«⟩ **a)** *in [ungefähr] kreisförmiger Anordnung um etw.; rund, rings um einen Ort o. Ä.:* um den Platz h. stehen alte Linden; die Gegend um die Hauptstadt h. ist dicht besiedelt; **b)** *in jmds. Nähe, engerer Umgebung:* sie registriert nicht einmal mehr, was um sie h. geschieht; das Muttertier ist ständig um das Junge h. **3.** ⟨in Verbindung mit der Präp. »um«⟩ (ugs.) *(in Bezug auf Raum-, Zeit-, Mengenangaben o. Ä.) etwa, ungefähr:* es kostet so um 100 Mark h.; um Weihnachten h.; wir treffen uns um fünf h.; sie ist um [die] 60 h. *(etwa 60 Jahre alt).* **4.** *vergangen, verstrichen, vorüber, vorbei:* die Ferien sind, die Woche ist schon fast wieder h.

he|rum|al|bern ⟨sw. V.; hat⟩: *anhaltend albern.*

he|rum|är|gern, sich ⟨sw. V.; hat⟩ (ugs.): *sich im Verlauf von etw. immer wieder über jmdn., etw. ärgern müssen [ohne eine Änderung zu erzielen].*

he|rum|bal|gen, sich ⟨sw. V.; hat⟩ (ugs.): *sich anhaltend, dauernd mit jmdm. balgen:* er balgte sich gern mit anderen Kindern herum.

he|rum|bal|lern ⟨sw. V.; hat⟩ (ugs.): *herumschießen* (1).

he|rum|bas|teln ⟨sw. V.; hat⟩ (ugs.): *über längere Zeit hin [ohne sichtbaren Erfolg] an etw. basteln* (2): sie bastelten an der Elektrik herum.; Ü er bastelt an seinem Aufsatz herum.

he|rum|be|kom|men ⟨st. V.; hat⟩ (ugs.): *herumkriegen.*

he|rum|bes|sern ⟨sw. V.; hat⟩ (ugs.): *über längere Zeit immer wieder [ohne Erfolg] Verbesserungen an etw. anbringen.*

he|rum|bin|den ⟨st. V.; hat⟩: *um etw. binden, durch Binden um etw. befestigen.*

he|rum|blät|tern ⟨sw. V.; hat⟩: *über längere Zeit flüchtig, wahllos in etw. blättern* (1).

he|rum|blö|deln ⟨sw. V.; hat⟩: *anhaltend blödeln:* er ist selten ernst und blödelt viel herum.

he|rum|bos|seln ⟨sw. V.; hat⟩ (ugs.): *über längere Zeit an etw. bosseln* (1 a): jeden Tag bosselt er an seinem Motorrad herum.

he|rum|brin|gen ⟨unr. V.; hat⟩ (ugs.): **1.** *herumkriegen* (2): die Wartezeit brachte er mit Würfeln herum. **2.** *durch Erzählen überall bekannt machen:* eine Sache h. **3.** *herumkriegen* (1).

he|rum|brül|len ⟨sw. V.; hat⟩ (ugs.): vgl. herumschreien: der Betrunkene brüllte herum.

he|rum|bum|meln ⟨sw. V.⟩ (ugs.): **1.** *über längere Zeit bummeln* (1) ⟨ist⟩. **2.** (abwertend) *bei einer Tätigkeit anhaltend bummeln* (2) ⟨hat⟩.

he|rum|deu|teln ⟨sw. V.; hat⟩ (ugs.): *an etw. deuteln.*

he|rum|dok|tern ⟨sw. V.; hat⟩ [zu ↑Doktor 2] (ugs.): **1.** *auf dilettantische Weise zu heilen versuchen:* er doktert schon lange an seinem offenen Bein herum. **2.** *alles versuchen, um etw. wieder in Gang, in Ordnung zu bringen:* er hat lange am Motor herumgedoktert.

he|rum|dö|sen ⟨sw. V.; hat⟩: *über längere Zeit dösen.*

he|rum|dre|hen ⟨sw. V.; hat⟩: **1.** *um eine Drehachse drehen:* sich im Kreis, den Schlüssel im Schloss h. **2.** (ugs.) *auf die andere Seite drehen; umdrehen, [um]wenden:* sich schnell, langsam, ängstlich h.; die Matratze, die Tischdecke h. **3.** (ugs.) *(bei jmdm.) eine Änderung ins Gegenteil vornehmen (z. B. in Bezug auf bestimmte Ziele); ins Gegenteil umändern:* jmdn. h. **4.** (ugs.) *über eine längere Zeit an etw. drehen [ohne dadurch etw. zu erreichen]:* an den Schaltern, den Knöpfen des Radios h.; er dreht dauernd am Radio herum *(betätigt ... die Knöpfe des Radios).*

he|rum|drü|cken ⟨sw. V.; hat⟩: **1.** *von der einen Seite auf die andere drücken* (1 d): den Hebel h. **2.** ⟨h. + sich⟩ (ugs.) *sich vor etw. drücken* (5): man hatte sich um eine Entscheidung herumgedrückt. **3.** ⟨h. + sich⟩ (ugs.) *sich längere Zeit irgendwo, in jmds. Nähe aufhalten, ohne etw. [Nützliches] zu tun;* sich in Lokalen, auf der Straße h. **4.** (selten) *herumdrucksen.*

he|rum|druck|sen ⟨sw. V.; hat⟩ (ugs.): *immer wieder zögernd u. nicht direkt etw. aussprechen, sich zu etw. äußern:* erst druckste er herum, dann kam er mit der Sprache heraus.

he|rum|er|zäh|len ⟨sw. V.; hat⟩: *herumtragen* (2): überall hat er herumerzählt, dass er bald heiraten wird.

he|rum|ex|pe|ri|men|tie|ren ⟨sw. V.; hat⟩ (ugs.): *ohne festen Plan immer aufs Neue [erfolglos] an etw. experimentieren:* sie experimentierte an einem neuen Modell herum.

he|rum|fah|ren ⟨st. V.⟩: **1.** *rund um etw. fahren* (1 a, 2 a) ⟨ist⟩: um den Platz h. **2.** (ugs.) **a)** *planlos, ziellos in der Gegend umherfahren; spazieren fahren* ⟨ist⟩: im Auto h.; **b)** *jmdn. an verschiedene Orte einer bestimmten Gegend fahren* (7) ⟨hat⟩: ich habe ihn in der Stadt herumgefahren. **3. a)** *sich mit einer heftigen, plötzlichen Bewegung umwenden, herumdrehen* (2) ⟨ist⟩: bei dem Knall fuhr sie erschrocken herum; **b)** (ugs.) *mit einer ziellosen schnellen Bewegung über etw. streichen, wischen* ⟨hat/ist⟩: mit der Hand im

Gesicht h.; **c)** (ugs.) *etw. heftig gestikulierend hin u. her bewegen* ⟨ist⟩: sie fuhr aufgeregt mit den Armen in der Luft herum.

he|rụm|fin|gern ⟨sw. V.; hat⟩ (ugs.): **1.** *längere Zeit ständig fingern* (1 a), *etw. befingern:* an einem Knoten h., um das Paket zu öffnen; in der Jacke, Tasche, Packung nach Zigaretten h.; sie fingerte nervös an ihrem Auweis herum *(hielt ihn unruhig in den Fingern).* **2.** *(in sexueller Absicht) längere Zeit eine Körperstelle mit den Fingern berühren, betasten.*

he|rụm|fla|nie|ren ⟨sw. V.; ist⟩: *flanieren.*

he|rụm|flat|tern ⟨sw. V.; ist⟩ (ugs.): **1.** *ohne eine bestimmte Richtung irgendwohin flattern* (1 a, 2). **2.** *um jmdn., etw. flattern* (3 a).

he|rụm|fle|geln, sich ⟨sw. V.; hat⟩ (ugs. abwertend): *irgendwo in betont nachlässiger Haltung herumsitzen.*

he|rụm|flie|gen ⟨st. V.⟩ (ugs.): **a)** *ohne bestimmtes Ziel, festgesetzte Richtung fliegen* (1, 2, 4 a) ⟨ist⟩; **b)** *jmdn., etw. an verschiedene Orte einer Gegend fliegen* (7) ⟨hat⟩: jmdn. [mit dem Hubschrauber] h.; sich in der Gegend h. lassen.

he|rụm|fra|gen ⟨sw. V.; hat⟩ (ugs.): *verschiedene Leute fragen:* im Betrieb, im Bekanntenkreis, in der Nachbarschaft, unter den Kollegen h.

he|rụm|fuch|teln ⟨sw. V.; hat⟩ (ugs.): *(mit etw.) fuchtelnde Bewegungen ausführen:* er fuchtelt ständig mit den Händen herum; der Einbrecher fuchtelte mit der Pistole herum.

he|rụm|füh|ren ⟨sw. V.; hat⟩: **1. a)** *nacheinander an verschiedene Orte führen* (1), *um etw. zu zeigen:* einen Besucher [im Haus, im Museum, in der Stadt, im Betrieb] h.; **b)** *(um etw.) führen* (1): jmdn. um den Platz h. **2. a)** *(um etw.) führen* (7 a): die Bahntrasse wird um das Naturschutzgebiet herumgeführt; **b)** *(um etw.) führen* (7 b): die Straße geht nicht durchs Dorf, sondern sie führt [darum] herum; die Autobahn führt [in weitem Bogen] um die Stadt herum.

he|rụm|fuhr|wer|ken ⟨sw. V.; hat⟩ (ugs. abwertend): *[unkontrolliert u. planlos] hantieren:* sie fuhrwerkt mit dem Besen herum.

he|rụm|fum|meln ⟨sw. V.; hat⟩ (ugs.): **1. a)** *(an etw.) fummeln* (1 a): er fummelt an der Waschmaschine herum; **b)** *sich [in unsachgemäßer, ungeschickter, schädlicher Weise] (an etw.) zu schaffen machen:* zerfahren fummelte er an dem Revolver herum. **2.** *(an jmdm.) fummeln* (1 d): kaum sind sie zusammen, fummelt er an ihr herum.

he|rụm|gam|meln ⟨sw. V.; hat⟩ (ugs.) *rumgammeln:* er hat den ganzen Tag herumgegammelt.

he|rụm|ge|ben ⟨st. V.; hat⟩: *(in einer Runde, einem Kreis von Menschen) von Hand zu Hand geben:* ein Buch, Informationsblatt h.

he|rụm|ge|hen ⟨unr. V.; ist⟩: **1.** (ugs.) *[ziellos] von einer Stelle zur andern gehen:* im Haus, im Garten, in der Stadt, im Zimmer h. **2. a)** *in einer Runde, Gesellschaft von einem zum andern gehen:* sie ist herumgegangen und hat mit jedem gesprochen; **b)** (ugs.) *in einer Runde, Gesellschaft von einem zum anderen gereicht werden:* das Foto, der Pokal ging [im Kreis der Versammelten] herum; eine Sammelbüchse, den Klingelbeutel h. lassen; **c)** (ugs.) *durch Weitererzählen verbreitet werden:* die Neuigkeit ging in der ganzen Stadt herum. **3. a)** *im Kreis, im Bogen (um etw.) gehen:* ums Haus, um den Tisch, um eine Pfütze h.; sollen wir da durchwaten oder lieber h.?; **b)** *jmdm., einer unangenehmen Sache ausweichen:* die beiden gehen immer umeinander herum. **4.** (ugs.) *vergehen, verstreichen:* der Urlaub, die schöne Zeit ist viel zu schnell herumgegangen; die Zeit, das Jahr wollte und wollte nicht h.

he|rụm|geis|tern ⟨sw. V.; ist⟩ (ugs.): *[wider Erwarten] irgendwo allein herumgehen* (1), *sich zu schaffen machen:* was geisterst du denn noch, schon wieder hier herum?; Ü diese revolutionären Ideen geistern schon lange im Volk herum.

he|rụm|gon|deln ⟨sw. V.; ist⟩ (ugs.): *gemächlich herumfahren* (2 a): er ist mit dem Rad in der Stadt herumgegondelt.

he|rụm|grei|fen ⟨st. V.; hat⟩: **1.** *greifend die Finger einer Hand (um etw.) herumlegen:* er kann bequem um ihr Handgelenk h. **2.** *eine greifende Hand (um etw.) herumführen:* sie griff um den Torpfosten herum und tastete nach der Klinke.

he|rụm|gu|cken ⟨sw. V.; hat⟩ (ugs.): *sich umsehen* (1): sie guckt in der Stadt herum.

he|rụm|ha|ben ⟨unr. V.; hat⟩ (ugs.): *rumhaben* (2): was machst du, wenn du deinen Ersatzdienst herumhast?

he|rụm|ha|cken ⟨sw. V.; hat⟩ (ugs.): **1.** *sich hackend* (1 a) *betätigen:* wie lange wollen die da eigentlich noch h.?; Ü er hackte auf der Schreibmaschine, auf seinem Laptop herum. **2.** *(an jmdm., etw.) dauernd etw. auszusetzen, zu kritisieren haben:* der Trainer hackt dauernd auf ihr herum.

he|rụm|häm|mern ⟨sw. V.; hat⟩ (ugs.): *sich hämmernd betätigen, zu schaffen machen:* müsst ihr da die ganze Zeit so laut h.?; auf einem Stück Blech, an einem Werkstück h.; Ü er hämmerte auf dem Klavier, auf der Schreibmaschine herum.

he|rụm|ham|peln ⟨sw. V.; hat⟩ (ugs.): *rumhampeln:* musst du die ganze Zeit so h.?

he|rụm|hän|gen ⟨st. V.; hat⟩ (ugs.): **1.** *[unordentlich, störend] hängen, aufgehängt sein:* etw. h. lassen; was hängt da eigentlich seit Tagen für ein Mantel herum?; bei Regen hängt die Wäsche immer in der Wohnung herum. **2.** *rumhängen* (1): er hängt ständig in der Kneipe herum.

he|rụm|han|tie|ren ⟨sw. V.; hat⟩ (ugs.): *damit beschäftigt sein, (an, mit etw.) zu hantieren* (a, b): an etw. h.; ich hörte sie in der Küche h.

he|rụm|ho|cken ⟨sw. V.; hat; südd., österr., schweiz.: ist⟩: **1.** (ugs.) *herumsitzen* (1): sie hockten untätig herum. **2. a)** *im Bogen, im Kreis (um etw.) hocken* (1 a): wir hockten um ein Feuer herum; **b)** (ugs., bes. südd.) *herumsitzen* (2): sie hockten um ihn herum und lauschten seiner Erzählung. **3.** ⟨h. + sich⟩ **a)** *sich im Kreis, im Bogen (um jmdn., etw.) hocken:* wir hockten uns um die Feuerstelle; **b)** (ugs., bes. südd.) *sich (um jmdn., etw.) herumsetzen:* hockt euch doch um den Tisch herum.

he|rụm|hor|chen ⟨sw. V.; hat⟩ (ugs., bes. südd., österr.): *sich umhören, herumfragen:* bei Kollegen, im Bekanntenkreis h.; horch doch mal herum, was die andern dazu meinen.

he|rụm|hüp|fen ⟨sw. V.; ist⟩ (ugs.): **1.** *sich hüpfend [hin und her] bewegen:* [auf einem Bein] im Zimmer h. **2.** *sich hüpfend (um jmdn., etw. herum) bewegen:* um einen Busch h.

he|rụm|hu|ren ⟨sw. V.; hat⟩ (salopp abwertend): *mit wechselnden Partnern geschlechtlich verkehren.*

he|rụm|ir|ren ⟨sw. V.; ist⟩ (ugs.): *durch die Gegend irren; umherirren:* im Wald h.

he|rụm|ja|gen ⟨sw. V.⟩ (ugs.): **1.** *von einem Ort zum anderen jagen* (3 a), *schicken* ⟨hat⟩: jmdn. in der Gegend h. **2.** *[ziel- u. planlos] wie gehetzt von einer Stelle zur andern eilen* ⟨ist⟩: er jagte wie wild in der Gegend herum.

he|rụm|kau|en ⟨sw. V.; hat⟩ (abwertend): *anhaltend (an etw., auf etw.) kauen:* er kaute auf einer Speckschwarte herum; musst du ständig an deinem Bleistift h.?

he|rụm|klet|tern ⟨sw. V.; ist⟩: *sich kletternd von einem Ort zum andern bewegen:* die Kinder klettern den ganzen Tag in den Felsen herum.

he|rụm|klim|pern ⟨sw. V.; hat⟩ (ugs. abwertend): *klimpern* (2 a): musst du die ganze Zeit auf dem Klavier h.?

he|rụm|kno|beln ⟨sw. V.; hat⟩ (ugs.): *(an etw.) knobeln* (2): wie lange willst du eigentlich noch an dem blöden Rätsel h.?

he|rụm|knut|schen ⟨sw. V.; hat⟩ (salopp abwertend): *knutschen:* sie saßen auf der Parkbank und knutschten herum.

he|rụm|kom|man|die|ren ⟨sw. V.; hat⟩ (ugs.): *(jmdn.) ständig kommandieren* (2): sie lässt sich von ihm nicht h.

he|rụm|kom|men ⟨st. V.; ist⟩ (ugs.): **1. a)** *beim Versuch, sich (um jmdn., etw.) herumzubewegen, Erfolg haben:* er kam mit dem Laster nicht um die enge Biegung herum; **b)** *(um etw.) herumgefahren, herumgelaufen kommen:* sie kam gerade um die Ecke herum; **c)** *etw. umschließen, umfassen können:* der Stamm ist so dick, dass ich mit den Armen nicht herumkomme. **2.** *etw. Unangenehmes umgehen, vermeiden können:* um eine Erhöhung der Steuern werden wir nicht h. **3.** *reisend an verschiedene Orte kommen:* wenig, [nicht] viel, weit h.; der Reporter ist viel in der Welt herumgekommen. **4.** *mit etw. der Reihe nach fertig werden, etw. schaffen, bewältigen können:* mit den Festvorbereitungen [einfach nicht] h. **5.** *durch Gerede von einem zum anderen getragen werden:* das Gerücht kam schnell in der Stadt herum.

he|rụm|krab|beln ⟨sw. V.; ist⟩ (ugs.): vgl. herumkriechen: überall krabbelten Ameisen herum.

he|rụm|kra|kee|len ⟨sw. V.; hat⟩ (ugs. abwertend): *krakeelen:* musst du so h.?

he|rụm|kra|men ⟨sw. V.; hat⟩ (ugs.): *kramen* (1 a): in der Tasche h.

he|rụm|kreb|sen ⟨sw. V.; hat⟩ (ugs.): **a)** *mit dem, was man tut, viel Mühe u. wenig Erfolg haben:* mit dem Geschäft krebst er am Rande des Ruins herum; **b)** *schwach u. kränklich sein u. nicht zu Kräften kommen:* seit seiner Krankheit im letzten Jahr krebst er nur noch herum.

he|rụm|krie|chen ⟨st. V.; ist⟩ (ugs.): **1.** *[ziellos durch die Gegend] kriechen:* in dem Terrarium krochen nur ein paar Schildkröten herum. **2.** *sich kriechend (um etw.) herumbewegen:* um etw. h.

he|rụm|krie|gen ⟨sw. V.; hat⟩: **1.** (salopp) *durch beharrliches Reden, geschicktes Vorgehen zu einem bestimmten, ursprünglich abgelehnten Verhalten bewegen:* jmdn. zu etw. h.; schließlich hat er uns doch herumgekriegt. **2.** (ugs.) *(eine bestimmte Zeit) hinter sich bringen:* ich weiß nicht, wie ich die Woche ohne sie h. soll.

he|rụm|kri|ti|sie|ren ⟨sw. V.; hat⟩ (ugs.): *andauernd kritisieren* (2): ständig an jmdm. h.

he|rụm|krit|teln ⟨sw. V.; hat⟩ (ugs. abwertend): *(an jmdm, etw.) kritteln:* statt immmer nur [an allem] herumzukritteln, sollte sie selbst mit anpacken.

he|rụm|krit|zeln ⟨sw. V.; hat⟩ (ugs.): *wahllos u. ohne Überlegung kritzeln:* du sollst nicht immer in deinen Büchern h.

he|rụm|kur|ven ⟨sw. V.; ist⟩ (ugs.): *herumfahren* (1, 2 a): sie kurvten in der Stadt herum.

he|rụm|kut|schie|ren ⟨sw. V.⟩ (ugs.) **1.** *herumfahren* (2 a) ⟨ist⟩: sie kutschiert gern in der Gegend herum. **2.** *herumfahren* (2 b) ⟨hat⟩: er hat sie stundenlang in der Stadt herumkutschiert.

he|rụm|la|bo|rie|ren ⟨sw. V.; hat⟩ (ugs.): *an einer Krankheit leiden u. sie ohne rechten Erfolg zu überwinden versuchen:* er laboriert schon seit Monaten an einer Erkältung, an seinem Knie herum.

he|rụm|lan|gen ⟨sw. V.; hat⟩ (ugs.): **1.** *herumreichen* (1): einen Joint h. **2.** *herumreichen* (2): die Schnur langt nicht ganz [um das Paket] herum. **3.** *herumgreifen:* er versuchte, von links um den Motor herumzulangen, um die Schraube zu erreichen.

he|rụm|lau|fen ⟨st. V.; ist⟩: **1.** vgl. herumgehen (1): im Wald, auf der Straße h.; ich bin stundenlang in der Stadt herumgelaufen. **2.** vgl. herumgehen (3 a). **3.** *herumführen* (2 b): um das Gelände läuft ein Zaun herum. **4.** (ugs.) *sich, in einer bestimmten Art gekleidet, in einer bestimmten Aufmachung im Freien aufhalten, in der Öffentlichkeit zeigen:* dort kann man das ganze Jahr mit kurzen Hosen h.; wie ein Hippie, Landstreicher h.; so kannst du doch nicht h.!

he|rụm|le|gen ⟨sw. V.; hat⟩ (ugs.): **1.** *von der einen Seite auf die andere legen:* sie legten den Verletzten vorsichtig herum. **2.** *(um etw.) legen:* eine Bandage [um etw.] h. **3.** ⟨h. + sich⟩ *sich (um etw.) legen:* die Hüllblätter legen sich schützend um die Knospe herum.

he|rụm|lie|gen ⟨st. V.; hat; südd., österr., schweiz. auch: ist⟩: **1.** *rings um etw. liegen:* die um das

H

Zentrum herumliegenden Bezirke. 2. (ugs. abwertend) a) *die Zeit damit verbringen zu liegen:* den ganzen Tag faul h.; b) vgl. herumstehen (3): das Spielzeug lag in der Küche herum; statt die Sachen wieder an ihren Platz zu räumen lässt er immer alles h.

he|rum|lüm|meln ⟨sw. V.; hat⟩ (ugs.): 1. *in betont nachlässiger, unmanierlicher Weise herumliegen, -sitzen:* er lümmelt auf dem Sofa herum; ⟨auch h. + sich:⟩ sie lümmeln sich den ganzen Tag im Bett herum. 2. *herumlungern:* er lümmelt auf der Straße herum.

he|rum|lun|gern ⟨sw. V.; hat/ist⟩ (salopp): *nichts zu tun wissen u. sich irgendwo untätig aufhalten:* hier lungern viele Jugendliche herum.

he|rum|ma|chen ⟨sw. V.; hat⟩ (ugs.): 1. *rummachen* (1): eine Schnur [um etw.] h. 2. *rummachen* (2): wieso machst du schon wieder an dem Moped herum?; nicht lange h. *(keine Umstände machen, nicht lange zögern).* 3. (salopp) *rummachen* (3): mach doch nicht mit diesem Flittchen herum!

he|rum|mä|keln ⟨sw. V.; hat⟩ (ugs.): *fortwährend mäkeln:* sie mäkelt an allem herum.

he|rum|ma|ni|pu|lie|ren ⟨sw. V.; hat⟩: *sich manipulierend (an etw.) zu schaffen machen:* an der Bremse hatte jemand herummanipuliert.

he|rum|mau|len ⟨sw. V.; hat⟩ (salopp): *fortwährend maulen:* maul nicht so herum!

he|rum|me|ckern ⟨sw. V.; hat⟩ (ugs.): *fortwährend meckern:* sie meckerte an seinem Anzug herum.

he|rum|mot|zen ⟨sw. V.; hat⟩ (salopp): *fortwährend motzen:* statt nur herumzumotzen sollte er lieber mal einen konstruktiven Vorschlag machen; sie motzt an allem herum.

he|rum|murk|sen ⟨sw. V.; hat⟩ (salopp): *(an etw.) murksen* (1): wie lange willst du noch an dem Motorrad h.?

he|rum|nör|geln ⟨sw. V.; hat⟩ (ugs.): *(an jmdm., etw.) nörgeln:* er nörgelt an allem herum.

he|rum|pfu|schen ⟨sw. V.; hat⟩ (ugs.): *herummurksen:* er pfuscht schon zwei Stunden an dem Rad herum.

he|rum|pla|gen, sich ⟨sw. V.; hat⟩ (ugs.): *sich (mit jmdm., etw.) fortwährend [erfolglos] plagen:* sie plagt sich mit der Hausarbeit herum.

he|rum|prie|men ⟨sw. V.; hat⟩ (landsch.): vgl. herumbosseln.

he|rum|pro|bie|ren ⟨sw. V.; hat⟩ (ugs.): *nacheinander Verschiedenes ausprobieren:* ein bisschen h.; er hat so lange [an dem Zahlenschloss] herumprobiert, bis er es aufhatte.

he|rum|pus|seln ⟨sw. V.; hat⟩ (ugs.): *mit Geduld u. übertriebener Sorgfalt an etw. arbeiten:* er pusselt an seinem Motorrad herum.

he|rum|quä|len, sich ⟨sw. V.; hat⟩ (ugs.): vgl. herumplagen: sie quält sich mit Migräne herum.

he|rum|ra|ten ⟨st. V.; hat⟩ (ugs.): *lange versuchen, etw. zu erraten:* sie rieten lange herum, was es sein könnte.

he|rum|rät|seln ⟨sw. V.; hat⟩ (ugs.): *lange rätseln:* lange an etw. h.

he|rum|re|den ⟨sw. V.; hat⟩ (ugs.): *um nicht über das eigentliche Thema sprechen zu müssen, über anderes reden:* um etw. h.

he|rum|rei|chen ⟨sw. V.; hat⟩: 1. *[in einer Runde] von einem zum anderen reichen:* ein Tablett, eine Flasche, ein Foto h.; Ü die Künstlerin wurde in der Stadt überall herumgereicht (ugs.; *allen möglichen Personen vorgestellt*). 2. (ugs.) *(um etw.) reichen* (3): der Riemen reicht nicht ganz [um den Koffer] herum.

he|rum|rei|sen ⟨sw. V.; ist⟩ (ugs.): *von einem Ort zum andern reisen, auf Reisen sein:* sie reist viel herum.

he|rum|rei|ßen ⟨st. V.; hat⟩: 1. a) *mit einem heftigen Ruck in eine andere Richtung reißen:* das Steuer [des Autos], den Wagen h.; Ü die Gäste rissen das Spiel in letzter Minute herum; b) (ugs.) *(an jmdm., etw.) wiederholt reißen:* jmdm. an den Haaren h.; reiß doch nicht so an der Hundeleine herum! 2. ⟨h. + sich⟩ (landsch. ugs.) *sich herumschlagen* (2b).

he|rum|rei|ten ⟨st. V.; ist⟩: 1. a) (ugs.) *[ziellos] durch die Gegend reiten:* in der Gegend h.; er ist den ganzen Tag herumgeritten; b) *im Bogen, im Kreis (um jmdn., etw.) reiten:* um ein Waldstück h. 2. (salopp) a) *fortwährend über ein u. dasselbe [unerfreuliche] Thema sprechen, ohne sich davon abbringen zu lassen:* auf der dummen Geschichte ist er jetzt lange genug herumgeritten; b) *jmdn. fortwährend wegen derselben Sache kritisieren, ihm mit derselben unangenehmen Sache lästig fallen:* nun reite doch nicht dauernd auf mir, ihm herum!

he|rum|re|keln, sich ⟨sw. V.; hat⟩ (ugs. abwertend): *sich rekeln:* du sollst dich hier nicht so h.

he|rum|ren|nen ⟨unr. V.; ist⟩: 1. (ugs.) *herumlaufen* (1): [hektisch, wie wild] in der Gegend h. 2. (ugs.) *im Bogen, im Kreis (um etw.) rennen:* um ein Hindernis h. 3. *herumlaufen* (4): sie rennt immer in demselben Kleid herum.

he|rum|rüh|ren ⟨sw. V.; hat⟩ (ugs.): *fortwährend (in etw.) rühren:* er saß da und rührte in seiner Tasse herum; Ü warum musst du immer wieder in der alten Geschichte h. *(immer wieder darauf zurückkommen, dich damit beschäftigen).*

he|rum|rut|schen ⟨sw. V.; ist⟩ (ugs.): *fortwährend hin u. her rutschen:* auf den Knien h.

he|rum|schar|wen|zeln ⟨sw. V.; ist⟩ (ugs. abwertend): a) *scharwenzeln* (1): vor jmdm., in jmds. Nähe h.; b) *sich scharwenzelnd* (2) *(um jmdn.) herumbewegen:* er scharwenzelt um die Chefin herum.

he|rum|schi|cken ⟨sw. V.; hat⟩: *von einem Ort zum andern, von einem zum andern schicken:* ein Rundschreiben, einen Boten h.

he|rum|schie|ßen ⟨st. V.⟩ (ugs.): 1. *ziellos durch die Gegend schießen* ⟨hat⟩: in der Gegend h. 2. *sich blitzschnell umwenden* ⟨ist⟩: sie schoss herum und gab ihm eine Ohrfeige.

he|rum|schla|gen ⟨st. V.; hat⟩: 1. vgl. herumwickeln: Packpapier um den Korb h. 2. ⟨h. + sich⟩ a) (ugs.) *sich fortwährend mit jmdm. schlagen:* mit wem hast du dich denn wieder herumgeschlagen?; b) (ugs.) *sich gezwungenermaßen fortwährend mit jmdm., etw. abmühen, angestrengt auseinander setzen:* sich mit Problemen, Zweifeln h.

he|rum|schlei|chen ⟨st. V.; ist⟩ (ugs.): 1. *schleichend herumgehen:* die Katze schleicht in der Scheune herum. 2. *im Kreis, im Bogen um jmdn., etw. schleichen:* sie schlichen in großem Bogen um den Wachtturm herum.

he|rum|schlei|fen ⟨sw. V.; hat⟩: 1. *hierhin u. dorthin schleifen:* das Kind schleift die Puppe im Zimmer herum. 2. (landsch.) willst du den Koffer etwa die ganze Zeit [mit dir] h.?

he|rum|schlen|dern ⟨sw. V.; ist⟩ (ugs.): *ohne festes Ziel u. ohne bestimmte Richtung hierhin u. dorthin schlendern:* auf der Promenade, in einem Supermarkt h.

he|rum|schlep|pen ⟨sw. V.; hat⟩ (ugs.): 1. *herumtragen* (1a): eine schwere Aktentasche [mit sich] h.; jetzt schleppe ich den Brief schon drei Tage mit mir herum und vergesse immer, ihn einzuwerfen; Ü eine Krankheit, eine Erkältung, ein Virus mit sich h.; ein Problem mit sich h. *(es nicht lösen können u. als ständige Belastung empfinden).* 2. *von einem Ort zum andern schleppen* (4b): schwere Kisten h.; Ü sie hat mich in der ganzen Stadt herumgeschleppt *([gegen meinen Willen] von einem Ort zum anderen geführt).*

he|rum|schlie|ßen ⟨st. V.; hat⟩ (ugs.): *den Schlüssel im Schloss herumdrehen.*

he|rum|schlin|gen ⟨st. V.; hat⟩: *(um etw.) schlingen.*

he|rum|schmei|ßen ⟨st. V.; hat⟩ (ugs.): 1. *herumwerfen* (1): müsst ihr eure Klamotten hier überall h.?; Ü mit Fremdwörtern h. 2. *herumwerfen* (2): er schmiss den Hebel herum.

he|rum|schnel|len ⟨sw. V.; ist⟩ (ugs.): *aus einer Richtung in eine andere schnellen:* plötzlich schnellt der Kopf herum.

he|rum|schnüf|feln ⟨sw. V.; hat⟩ (ugs. abwertend): *(in etw., an einem bestimmten Ort) schnüffeln* (4): irgendjemand hat in meinen Sachen herumgeschnüffelt.

he|rum|schnup|pern ⟨sw. V.; hat⟩ (ugs.): *suchend hier u. dort schnuppern:* der Hund schnuppert auf der Erde herum.

he|rum|schrau|ben ⟨sw. V.; hat⟩ (ugs.): 1. *[unfachmännisch] (an etw.) schrauben:* an der Skibindung sollte man als Laie nicht selbst h. 2. a) *sich mit Schraubenschlüsseln u. anderem Werkzeug an etw. zu schaffen machen, um eine Reparatur od. eine ähnliche Arbeit auszuführen:* an seinem Motorrad h.; b) *sich damit beschäftigen, an etw. zu schrauben* (2a): er hat den ganzen Tag in der Garage herumgeschraubt.

he|rum|schrei|en ⟨st. V.; hat⟩ (ugs. abwertend): 1. *anhaltend u. unbeherrscht laut schimpfen, schelten:* warum schreist du so herum? 2. *fortwährend schreien:* das Kind schrie den ganzen Tag herum.

he|rum|schub|sen ⟨sw. V.; hat⟩ (ugs.): 1. *hierhin u. dorthin schubsen:* in dem Gedränge wurde ich herumgeschubst. 2. *herumstoßen:* in seinem Leben wurde er viel herumgeschubst.

he|rum|schwa|dro|nie|ren ⟨sw. V.; hat⟩ (abwertend): *schwadronieren* (1).

he|rum|schwän|zeln ⟨sw. V.; ist⟩ (ugs. abwertend): a) *herumscharwenzeln* (a): vor jmdm., in jmds. Nähe h.; was schwänzelt der Kerl denn schon wieder hier herum?; b) *herumscharwenzeln* (b): er schwänzelte um seine Vorgesetzte herum.

he|rum|schwen|ken ⟨sw. V.⟩ (ugs.): 1. ⟨hat⟩ a) *hin u. her schwenken:* eine Fahne h.; b) *in eine andere Richtung schwenken* (4): etw. mit einem Kran h. 2. *in eine andere Richtung schwenken* (3) ⟨ist⟩: der Kran schwenkte herum; links h.

he|rum|schwim|men ⟨st. V.; ist⟩: 1. a) *(in etw.) schwimmen* (1a): er schwimmt im Pool herum; b) (ugs.) *(in etw.) schwimmen* (4a): was schwimmt denn da in der Suppe herum?; 2. *im Bogen, im Kreis (um jmdn., etw.) schwimmen* (1a): im Kreis h.; um ein Hindernis h.

he|rum|schwir|ren ⟨sw. V.; ist⟩ (ugs.): 1. *[schwirrend] herumfliegen:* in der Luft schwirrten Tausende von Insekten herum; ⟨oft im 1. Part.:⟩ ihn hatten herumschwirrende Granatsplitter getroffen. 2. *schwirrend (um jmdn., etw.) herumfliegen:* um jede Laterne schwirrten Hunderte von Faltern herum; Ü Kauflustige schwirrten auf dem Markt herum.

he|rum sein: s. herum (1, 2b, 4).

he|rum|set|zen ⟨sw. V.; hat⟩: a) ⟨h. + sich⟩ *sich zu mehreren im [Halb]kreis (um jmdn., etw.) setzen:* sie setzten sich im Halbkreis um das Feuer herum; b) *im [Halb]kreis um etw. setzen* (2a): die Kinder wurden um einen runden Tisch herumgesetzt.

he|rum|sit|zen ⟨unr. V.; hat; südd., österr., schweiz. auch: ist⟩: 1. (ugs.) *müßig dasitzen:* ich kann nicht tatenlos h. 2. *im [Halb]kreis (um etw.) sitzen:* um den Tisch, um den Ofen h.

he|rum|spa|zie|ren ⟨sw. V.; ist⟩ (ugs.): a) *hierhin u. dorthin spazieren:* wir sind im Park herumspaziert; b) *im Kreis, im Bogen (um etw.) spazieren:* um den Berg h.

he|rum|spie|len ⟨sw. V.; hat⟩ (ugs.): 1. *(an, mit etw.) spielen* (1b): spiel nicht mit dem Messer herum! 2. *auf einem Musikinstrument dieses u. jenes spielen [um etwas auszuprobieren]:* sie spielte auf dem Klavier herum.

he|rum|spi|o|nie|ren ⟨sw. V.; hat⟩ (ugs.): vgl. herumschnüffeln: spionierst du schon wieder herum?

he|rum|spre|chen, sich ⟨st. V.; hat⟩: *von einem dem anderen erzählt werden u. dadurch allgemein bekannt werden:* die Neuigkeit hat sich schnell herumgesprochen.

he|rum|sprin|gen ⟨st. V.; ist⟩ (ugs.): *springend herumlaufen:* die Ziege sprang auf der Wiese herum; die Kinder springen im Garten herum *(tollen spielend herum).*

he|rum|sprit|zen ⟨sw. V.⟩ (ugs.): 1. *hierhin u. dahin spritzen* ⟨hat⟩: er hat mit Farbe herumgespritzt; ⟨subst.:⟩ lass das Herumspritzen! 2. *hierhin u.*

dahin spritzen ⟨ist⟩: wenn sie Steaks brät, spritzt das Fett in der ganzen Küche herum.
he|rụm|spu|ken ⟨sw. V.; hat/ist⟩ (ugs.): *herumgeistern:* in dem Haus spukt nachts ein Geist herum; Ü ihm spuken immer neue Ideen im Kopf herum.
he|rụm|stän|kern ⟨sw. V.; hat⟩ (ugs. abwertend): *[dauernd, bei jeder Gelegenheit] stänkern* (1): hör endlich auf, hier herumzustänkern!
he|rụm|ste|hen ⟨unr. V.; hat; südd., österr., schweiz. auch: ist⟩: **1.** (ugs.) vgl. herumsitzen (1): wir standen wartend herum. **2.** vgl. herumsitzen (2): sie standen um einen Tisch herum. **3.** (ugs.) *ungeordnet, nutzlos stehen* (1 d) *[u. deshalb im Weg sein]:* in der Küche standen leere Flaschen herum; du kannst die Bücher haben, bei mir stehen sie doch nur herum *(stehen sie doch nur ungelesen im Regal).*
he|rụm|stel|len ⟨sw. V.; hat⟩: **a)** ⟨h. + sich⟩ vgl. herumsetzen (a): sich um jmdn., etw. h.; **b)** vgl. herumsetzen (b): etw. um etw. h.
he|rụm|stie|ren ⟨sw. V.; hat⟩ (österr. ugs.): **1.** *herumstöbern.* **2.** *herumstochern.*
he|rụm|stö|bern ⟨sw. V.; hat⟩ (ugs.): *(in etw., an einem bestimmten Ort) stöbern* (1): sie stöberte auf dem Dachboden herum.
he|rụm|sto|chern ⟨sw. V.; hat⟩ (ugs.): *(in etw.) stochern:* mit einem Stock in der Mülltonne h.; im Essen h.; Ü in jmds. Vergangenheit, Privatleben h.
he|rụm|stol|zie|ren ⟨sw. V.; ist⟩ (ugs.): *hierhin u. dorthin stolzieren:* er stolziert wie ein Gockel herum.
he|rụm|sto|ßen ⟨st. V.; hat⟩ (ugs.): *(jmdn., bes. ein Kind) immer wieder verstoßen, abschieben u. so daran hindern, in irgendeiner Gemeinschaft seinen festen Platz zu finden:* er ist als Kind nur herumgestoßen worden.
he|rụm|strei|chen ⟨st. V.; ist⟩: **1.** *durch die Gegend streichen* (4 a). **2.** *in bestimmter Absicht um jmdn., etw. schleichen, sich in der Nähe einer Person od. Sache aufhalten u. sie beobachten:* die Katze streicht um die Scheune herum.
he|rụm|strei|fen ⟨sw. V.; ist⟩ (ugs.): *durch die Gegend streifen* (4 a).
he|rụm|strei|ten, sich ⟨st. V.; hat⟩ (ugs. abwertend): *sich [überflüssigerweise] streiten:* streitet euch nicht lange herum, sondern fangt endlich an zu arbeiten; ich hab doch keine Lust, mich mit dem Kerl herumzustreiten.
he|rụm|streu|nen ⟨sw. V.; ist⟩ (abwertend): *durch die Gegend streunen:* er lässt den Hund einfach den ganzen Tag [in der Gegend, in der Stadt] h.; ⟨oft im 1. Part.:⟩ herumstreunende Katzen.
he|rụm|strol|chen ⟨sw. V.; ist⟩ (ugs. abwertend): *durch die Gegend strolchen:* stundenlang sind wir in der Stadt herumgestrolcht.
he|rụm|stro|mern ⟨sw. V.; ist⟩ (salopp abwertend): *durch die Gegend stromern:* sie stromerten im Ort herum.
he|rụm|su|chen ⟨sw. V.; hat⟩ (ugs.): *sich damit beschäftigen, nach etw. Bestimmtem zu suchen:* damit ich später nicht lange h. muss, trage ich die Adresse gleich in mein Adressenverzeichnis ein.
he|rụm|sump|fen ⟨sw. V.; hat⟩ (salopp abwertend): *sich sumpfend* (2) *die Zeit vertreiben:* er hat schon wieder herumgesumpft.
he|rụm|tän|zeln ⟨sw. V.; ist⟩: **1.** *tänzelnd herumgehen:* das Pferd tänzelte nervös herum. **2.** *im Bogen, im Kreis (um jmdn., etw.) tänzeln:* sie tänzelte um die Gruppe herum.
he|rụm|tan|zen ⟨sw. V.; ist⟩: **1.** (ugs.) *sich ausgelassen wie im Tanz bewegen:* sie tanzten auf der Bühne herum. **2.** *im [Halb]kreis (um jmdn., etw.) tanzen:* alle tanzten um den Maibaum herum; er tanzte dauernd um sie herum *(war dauernd in unruhiger Bewegung, einmal von der, einmal von jener Seite sich ihr nähernd).*
he|rụm|tap|pen ⟨sw. V.; ist⟩ (ugs.): *tappend herumlaufen:* orientierungslos h.
he|rụm|tat|schen ⟨sw. V.; hat⟩ (salopp): *sich tatschend (an jmdn., etw.) zu schaffen machen:* an jmdm., etw. h.
he|rụm|te|le|fo|nie|ren ⟨sw. V.; hat⟩ (ugs.): *verschiedene Leute anrufen u. mit ihnen telefonieren:* um das herauszukriegen musste ich stundenlang h.
he|rụm|ti|gern ⟨sw. V.; ist⟩ (salopp): *durch die Gegend, von einem Ort zum andern tigern:* willst du im Regen h.?
he|rụm|to|ben ⟨sw. V.⟩ (ugs.): **1.** *herumtollen* ⟨hat/ist⟩: da können die Kinder nach Herzenslust h. **2.** *sich wild, wie wahnsinnig gebärden, toben, rasen* ⟨hat⟩: hör sofort auf, hier so herumzutoben!
he|rụm|tol|len ⟨sw. V.; ist⟩: *ausgelassen u. mit einer lauten Fröhlichkeit herumlaufen:* die Kinder tollen auf der Wiese herum.
he|rụm|tra|gen ⟨st. V.; hat⟩ (ugs.): **1. a)** *überallhin mit sich tragen:* seinen Aktenkoffer mit sich h.; Ü ein Problem mit sich h. *(es nicht lösen können u. als ständige Belastung empfinden);* **b)** *hierhin u. dorthin tragen:* ein Kind [auf dem Arm] h. **2.** (abwertend) *allen möglichen Leuten weitererzählen:* ich möchte auf keinen Fall, dass das im Betrieb herumgetragen wird.
he|rụm|tram|peln ⟨sw. V.⟩ (salopp abwertend): **1.** *(auf etw., an einer bestimmten Stelle) trampelnd* (3) *herumlaufen* ⟨ist⟩: im Blumenbeet, auf dem frisch eingesäten Rasen h. **2.** *(auf jmdm., etw.) trampeln* (1) ⟨hat/ist⟩: sie schlugen ihn nieder und trampelten auf ihm herum; Ü auf jmdm. h. *(jmdn. äußerst rücksichtslos behandeln);* auf jmds. Nerven h. *(jmdn. durch rücksichtsloses Verhalten sehr aufregen);* auf jmds. Gefühlen h. *(jmdn. durch rücksichtsloses Verhalten kränken).*
he|rụm|trei|ben ⟨st. V.; hat⟩: **1.** *[ohne bestimmtes Ziel] durch die Gegend treiben* (1): wir trieben die Pferde auf der Koppel herum. **2.** ⟨h. + sich⟩ (ugs. abwertend) *sich bald hier, bald dort aufhalten; müßig herumlaufen:* sie schwänzen die Schule und treiben sich [in der Stadt] herum; er hat seinen Arbeitsplatz gekündigt und treibt sich jetzt nur noch herum; sich in Bars h.; wo hast du dich wieder den ganzen Tag herumgetrieben?; (scherzh.:) wo treibst du dich eigentlich herum? *(wo bist du eigentlich?);* er treibt sich viel in der Welt herum *(ist viel auf Reisen).*
He|rụm|trei|ber, der; -s, - (ugs. abwertend): **1.** *jmd., der sich in der Gegend herumtreibt:* der kleine H. wurde bald gefasst. **2.** *jmd., der einen liederlichen, unsteten Lebenswandel führt u. nichts Sinnvolles tut:* Faulenzer und H.
He|rụm|trei|be|rei, die (ugs. abwertend): *das Sichherumtreiben:* sie begann bereits als 12-Jährige mit der H.
He|rụm|trei|be|rin, die; -, -nen (ugs.): **1.** w. Form zu ↑Herumtreiber (1). **2.** w. Form zu ↑Herumtreiber (2).
he|rụm|trö|deln ⟨sw. V.; hat⟩ (ugs.): *fortwährend trödeln:* die Kinder trödeln beim Essen lange herum.
he|rụm|tum|meln, sich ⟨sw. V.; hat⟩ (ugs.): *sich [nur zum Vergnügen] (an einem bestimmten Ort) aufhalten:* sie tummelten sich dauernd auf dem Tennisplatz herum.
he|rụm|tun ⟨unr. V.; hat⟩ (südd. ugs.): *sich viel u. umständlich unnötige Mühe u. Arbeit machen:* tu nicht so lange herum!
he|rụm|tur|nen ⟨sw. V.⟩ (ugs.): **1.** *sich damit beschäftigen zu turnen* ⟨hat⟩: die Kinder können solange am Reck h. **2.** *sich [ohne dazu berechtigt zu sein] (an einem bestimmten Ort) kletternd, krabbelnd, springend od. laufend hierhin und dorthin bewegen* ⟨ist⟩: auf dem Dach h.
he|rụm|va|ga|bun|die|ren ⟨sw. V.; ist⟩ (abwertend): **1.** *nicht sesshaft sein u. ohne feste Bleibe im Land umherziehen:* im ganzen Land h. **2.** *herumstreifen, herumreisen, ständig den Aufenthaltsort wechseln:* er wollte einige Zeit h.
he|rụm|wäl|zen ⟨sw. V.; hat⟩ (ugs.): **1. a)** *auf die andere Seite wälzen* (1 a): sie wälzten den Stein, den Toten herum; **b)** *sich auf die andere Seite wälzen* (1 b): ächzend wälzte er sich herum. **2.** *sich wälzen* (2 a): sich im Dreck h.; sich schlaflos im Bett h.
he|rụm|wan|dern ⟨sw. V.; ist⟩: **1. a)** (ugs.) *durch die Gegend wandern:* in den Ferien wollen wir ein bisschen im Harz h.; **b)** (ugs.) *herumlaufen:* unruhig im Zimmer h. **2.** *im Bogen, im Kreis (um etw.) wandern:* um den See, den Berg h.
he|rụm|wen|den ⟨unr. V.; wendete/wandte herum, hat herumgewendet/herumgewandt⟩: **1.** *umwenden* (1): **2.** ⟨h. + sich⟩ *sich umwenden* (2): er schrak zusammen und wandte sich zu mir herum.
he|rụm|wer|fen ⟨st. V.; hat⟩: **1.** (ugs.) *[unachtsam] dahin u. dorthin werfen:* die Kinder warfen ihr Spielzeug im Zimmer herum. **2.** *heftig u. mit Schwung in eine andere Richtung, auf die andere Seite drehen, werfen* (2 d): einen Hebel, das Steuer [des Bootes] h.; den Kopf h.; ⟨h. + sich:⟩ sie warf sich schlaflos [im Bett] herum *(drehte sich heftig von einer Seite auf die andere).*
he|rụm|wer|keln ⟨sw. V.; hat⟩: *sich damit beschäftigen zu werkeln:* er werkelt stundenlang an seinem Auto herum.
he|rụm|wer|wei|ßen ⟨sw. V.; hat⟩ (schweiz. ugs.): *herumrätseln.*
he|rụm|wi|ckeln ⟨sw. V.; hat⟩: *(um etw.) wickeln:* er wickelte eine Schnur, eine Plane [um die Kiste] herum; ⟨h. + sich:⟩ bei dem Aufprall hat sich der Wagen regelrecht um den Baum herumgewickelt.
he|rụm|wir|beln ⟨sw. V.⟩: **1.** *im Kreise, aus der einen in die andere Richtung wirbeln* (3) ⟨hat⟩: er wirbelt sie beim Tanzen herum. **2.** *sich wirbelnd [um die eigene Achse] drehen, sich wild im Kreise drehen* ⟨ist⟩: ausgelassen wirbelt sie im Zimmer herum.
he|rụm|wirt|schaf|ten ⟨sw. V.; hat⟩ (ugs.): *sich zu schaffen machen, herumhantieren:* in der Küche h.
he|rụm|wüh|len ⟨sw. V.; hat⟩ (ugs.): **a)** *sich damit beschäftigen, (in etw.) zu wühlen* (1 a): im Dreck h.; der Hund hat wieder im Blumenbeet herumgewühlt; **b)** *sich damit beschäftigen, (in etw.) zu wühlen* (1 b): im Müll, in einem Papierkorb h.; was wühlst du da in meinen Sachen, in meinem Schreibtisch herum?; Ü in alten Geschichten h.
he|rụm|wursch|teln, he|rụm|wurs|teln ⟨sw. V.; hat⟩ (salopp abwertend): *wursteln:* er wurstelt im Keller herum.
he|rụm|wu|seln ⟨sw. V.; ist⟩ (ugs.): **1.** *unruhig u. mit flinken geschickten Bewegungen herumlaufen:* überall wuselten Kinder herum; ⟨oft im 1. Part.:⟩ herumwuselnde Kameraleute. **2.** *wuselnd* (a) *(um jmdn., etw.) herumlaufen:* die Aushilfen wuselten um den Koch herum.
he|rụm|zan|ken, sich ⟨sw. V.; hat⟩ (ugs. abwertend): *sich [überflüssigerweise] zanken.*
he|rụm|zei|gen ⟨sw. V.; hat⟩ (ugs.): *verschiedenen, allen möglichen Leuten zeigen:* zeig den Brief, die Fotos bitte nicht überall herum.
he|rụm|zer|ren ⟨sw. V.; hat⟩ (ugs.): **1.** *hierhin u. dorthin zerren.* **2.** *damit beschäftigt sein, (an jmdm., etw.) zu zerren:* musst du denn immer so an der Leine h.?
he|rụm|zie|hen ⟨unr. V.⟩: **1.** ⟨ist⟩ **a)** (ugs.) *unstet von einem Ort zum anderen ziehen* (8): mit dem Zirkus, im Wohnwagen [in der Welt] h.; früher sind sie viel zusammen herumgezogen *(haben sie viel zusammen unternommen);* **b)** *im Kreis, Bogen (um etw.) ziehen* (8): der Festzug zog um das Rathaus herum. **2.** (ugs.) *hierhin u. dorthin ziehen; überall, wohin man geht, mit sich ziehen* (1, 2 a) ⟨hat⟩: er zieht einen Handwagen mit sich herum. **3.** ⟨hat⟩ **a)** ⟨h. + sich⟩ *sich in einem Bogen, in einem Kreis (um etw.) ziehen* (9): um das Grundstück zieht sich eine Hecke herum; **b)** *(um etw.) ziehen* (17 b): wir werden einen Zaun um das Gelände h.; **c)** *(um jmdn., etw.) ziehen* (5 b): eine Folie um etw. h.; sie zog die Wolldecke fest um sich herum. **4.** (landsch.) *hinhalten* (2 a): jmdn. mit leeren Versprechungen h.
he|rụm|zi|geu|nern ⟨sw. V.; ist⟩ (salopp abwertend): *herumziehen, ohne festen Wohnsitz [u. richtigen Beruf] sein u. ein ungeordnetes, unstetes Leben führen.*

he|rụn|ten ⟨Adv.⟩ (südd., österr.): *hier unten.*
he|rụn|ter ⟨Adv.⟩ [mhd. her under, aus ↑her u. ↑unter]: **1.** *von dort oben hierher nach unten:* h. mit euch!; ⟨als Verstärkung der Präp. »von«:⟩ von den Bergen h. wehte ein kalter Wind; Ü auf der Fahrt von Hamburg h. *(von dem im Norden gelegenen Hamburg in Richtung Süden);* ***h. sein** (ugs.: **1.** *am Ende seiner Kräfte sein:* völlig mit den Nerven h. sein. **2.** *heruntergewirtschaftet sein).* **2.** *von einer bestimmten Stelle, Fläche fort:* h. [damit] vom Tisch!
he|rụn|ter|bam|meln ⟨sw. V.; hat⟩ (salopp): *herunterbaumeln.*
he|rụn|ter|bau|meln ⟨sw. V.; hat⟩ (ugs.): *von dort oben hierher nach unten baumeln* (1).
he|rụn|ter|be|kom|men ⟨st. V.; hat⟩ (ugs.): **1.** *von dort oben hierher nach unten tragen, schaffen können:* wie willst du die schwere Kiste in den Keller h.? **2.** *von etw. lösen, entfernen können:* den Deckel [vom Glas], den Schmutz, Lack [von etw.] nicht h. **3.** *hinunterschlucken können:* ich bekomme keinen Bissen mehr herunter.
he|rụn|ter|be|mü|hen ⟨sw. V.; hat⟩: **1.** *jmdn. zu sich nach unten bemühen.* **2.** ⟨h. + sich⟩ *sich zu jmdm. nach unten bemühen.*

he|rụn|ter|be|ten ⟨sw. V.; hat⟩ (salopp): **a)** *routinemäßig u. ohne innere Beteiligung beten:* das Vaterunser h.; **b)** *schlecht, eintönig u. ohne Interesse vortragen:* er betete das Gedicht herunter.
he|rụn|ter|beu|gen, sich ⟨sw. V.; hat⟩: *sich von dort oben hierher nach unten [zum Sprechenden] beugen:* die Mutter beugt sich zu ihrem Kind herunter.
he|rụn|ter|bie|gen ⟨st. V.; hat⟩: vgl. herunterdrücken (1).
he|rụn|ter|bit|ten ⟨sw. V.; hat⟩: *jmdn. bitten herunterzukommen.*
he|rụn|ter|bli|cken ⟨sw. V.; hat⟩: *heruntersehen.*
he|rụn|ter|bre|chen ⟨st. V.; ist⟩: **1.** *[ab]brechen u. nach unten fallen:* ein Teil des Daches ist heruntergebrochen. **2.** *etw. auf bestimmte Verhältnisse übertragen* (4), *anwenden* (2): das lässt sich nicht auf die dortigen Verhältnisse h.
he|rụn|ter|bren|nen ⟨unr. V.⟩: **1.** *(von der Sonne) eine starke, sengende Hitze nach unten strahlen* ⟨hat⟩: die Sonne brennt auf die Steppe herunter. **2.** *vollkommen abbrennen; sich durch Brennen verzehren* ⟨ist⟩: das Haus ist bis auf die Grundmauern heruntergebrannt.
he|rụn|ter|bret|tern ⟨sw. V.; ist⟩ (ugs.): *mit großer Geschwindigkeit herunterfahren* (1).
he|rụn|ter|brin|gen ⟨unr. V.; hat⟩: **1. a)** *von dort oben hierher nach unten bringen;* **b)** *nach unten [zum Sprechenden] bringen, begleiten.* **2.** (ugs.) *herunterbekommen* (3): keinen Bissen h. **3.** (ugs.) *herunterbekommen* (2): die alte Tapete haben wir kaum heruntergebracht. **4.** (ugs.) *in einen sehr schlechten Zustand bringen; ernstlich schädigen, ruinieren:* eine Firma h.; diese Krankheit hat ihn sehr heruntergebracht.
he|rụn|ter|brö|ckeln ⟨sw. V.; ist⟩: *abbröckeln* (1 a).
he|rụn|ter|drü|cken ⟨sw. V.; hat⟩: **1.** *nach unten drücken:* die Klinke h. **2.** (ugs.) *durch Einflussnahme verringern, auf ein niedrigeres Niveau bringen, senken:* Löhne, Preise h.
he|rụn|ter|dür|fen ⟨unr. V.; hat⟩ (ugs.): **1.** *herunterkommen, -gehen, -fahren o. Ä. dürfen.* **2.** *heruntergebracht* (1 a) *werden dürfen.*
he|rụn|ter|fah|ren ⟨st. V.⟩: **1.** *von dort oben hierher nach unten fahren* (1 a, 2 a) ⟨ist⟩. **2.** *von dort oben hierher nach unten fahren* (4 b, 7) ⟨hat⟩. **3.** *stetig herabmindern* (a) ⟨hat⟩: die Produktion h.; Ü die Leistungen der Versicherung h. **4.** (EDV) *nach einem bestimmten Verfahren beenden [wobei Anwendungen geschlossen, Programme gestoppt u. Daten gespeichert werden]:* das Betriebssystem, das Programm, den Computer h.
he|rụn|ter|fal|len ⟨st. V.; ist⟩: **a)** *von dort oben hierher nach unten fallen:* von der Leiter, vom Stuhl h.; er ist die Treppe heruntergefallen; mir ist etw. heruntergefallen; ihr fielen die Kinnladen herunter *(klappten ... nach unten);* **b)** *von dort oben hierher nach unten geworfen werden, nach unten dringen:* ein Lichtstrahl fiel auf den Boden herunter.
he|rụn|ter|flie|gen ⟨st. V.; ist⟩: **1.** *von dort oben hierher nach unten fliegen.* **2.** (ugs.) *herunterfallen, herunterstürzen* (1 a).
he|rụn|ter|flie|ßen ⟨st. V.; ist⟩: *von dort oben hierher nach unten fließen.*
he|rụn|ter|ge|ben ⟨st. V.; hat⟩: *von dort oben hierher nach unten geben, reichen:* geben Sie mir bitte die Vase vom Schrank herunter.
he|rụn|ter|ge|hen ⟨unr. V.; ist⟩: **1.** *von dort oben hierher nach unten gehen* (1): sie gingen vorsichtig den Berg herunter. **2.** (ugs.) **a)** *sich (auf der Straße) in eine Richtung entfernen:* er ging die Straße herunter; **b)** *eine Stelle räumen:* geh doch endlich vom Hocker herunter!; sie bat ihn, mit seinen Sachen vom Tisch herunterzugehen *(seine Sachen herunterzunehmen).* **3.** (ugs.) **a)** *die Höhe von etw. um ein bestimmtes Maß senken:* auf eine Flughöhe von 100 Metern h.; mit den Preisen h.; **b)** *in der Stärke, im Wert o. Ä. abnehmen, sinken:* mein Fieber ist heruntergegangen; **c)** *sich mit etw. der Erde nähern; etw. nach unten neigen, senken:* sie geht mit dem Kopf herunter und schweigt.
he|rụn|ter|ge|kom|men: **1.** ↑herunterkommen. **2.** ⟨Adj.⟩ **a)** *in einem gesundheitlich, moralisch, wirtschaftlich o. ä. schlechten Zustand:* eine -e Firma; die Familie war h.; **b)** *in äußerlich schlechtem Zustand; verwahrlost:* einen -en Eindruck machen; er sieht sehr h. aus.
he|rụn|ter|gie|ßen ⟨st. V.; hat⟩: **1.** *von dort oben hierher nach unten gießen:* einen Eimer Wasser auf die nächtlichen Ruhestörer h. **2.** ⟨unpers.⟩ (ugs.) *stark regnen:* wenn es so heruntergießt, geht man am besten nicht aus dem Haus.
he|rụn|ter|glei|ten ⟨st. V.; ist⟩: *von einer [oberhalb des Sprechenden gelegenen] Stelle nach unten gleiten* (1 b): geschmeidig glitt sie vom Barhocker herunter.
he|rụn|ter|han|deln ⟨sw. V.; hat⟩ (ugs.): *durch Handeln* (3) *den Preis von etw. senken:* wir haben den Preis um ein Viertel heruntergehandelt.
he|rụn|ter|hän|gen ⟨st. V.; hat⟩: *nach unten* [1]*hängen* (1 a, 2 a).
he|rụn|ter|has|peln ⟨sw. V.; hat⟩ (ugs.): *abhaspeln* (1, 2).
he|rụn|ter|hau|en ⟨unr. V.; hat⟩: **1.** ***jmdm. eine/ein paar h.** (salopp; ↑runterhauen 1). **2.** (ugs. abwertend) *runterhauen* (2): sie haut das Manuskript schnell herunter.
he|rụn|ter|he|ben ⟨st. V.; hat⟩: *hebend* (1 a) *von etw. herunternehmen* (1), *herunterholen* (1): den Koffer [aus dem Gepäcknetz], das kleine Kind vom Stuhl h.
he|rụn|ter|hel|fen ⟨st. V.; hat⟩ (ugs.): *jmdm. nach unten helfen.*
he|rụn|ter|ho|len ⟨sw. V.; hat⟩: **1.** *von dort oben hierher nach unten holen* (1 a, b). **2.** (ugs.) *(ein Flugzeug o. Ä.) abschießen.*
he|rụn|ter|kan|zeln ⟨sw. V.; hat⟩ (ugs.): *abkanzeln.*
he|rụn|ter|klap|pen ⟨sw. V.⟩: **a)** *von oben nach unten klappen* (1) ⟨hat⟩: einen Sitz, den Deckel des Klaviers, den Mantelkragen h.; **b)** *nach unten klappen, sich ruckartig nach unten bewegen* ⟨ist⟩: sein Unterkiefer klappte herunter; **c)** *nach unten wenden, nach unten schlagen* ⟨hat⟩: den Kragen h.
he|rụn|ter|klet|tern ⟨sw. V.; ist⟩: *von dort oben hierher nach unten klettern.*
he|rụn|ter|kom|men ⟨st. V.; ist⟩: **1.** *von dort oben hierher nach unten kommen:* die Treppe h.; eine Straße h. *(sich auf der Straße nähern).* **2.** (ugs.) **a)** *durch bestimmte Einflüsse einen Abstieg erfahren, herabsinken, verkommen:* nach dem Tode ihres Vaters ist sie arg heruntergekommen; der Spielplatz ist zum Fixertreffpunkt heruntergekommen; **b)** *(von einem Betrieb o. Ä.) aufgrund schlechter Führung o. Ä. nur noch wenig od. keinen Gewinn bringen:* die Spinnerei kam unter seiner Leitung total herunter; **c)** *durch Krankheit o. Ä. in einen sehr schlechten körperlichen Zustand geraten:* er ist durch sein Trinken sehr heruntergekommen. **3.** (ugs.) *von einem schlechten Leistungsniveau auf ein besseres kommen:* von einer schlechten Note h. **4.** (Jargon): *die Abhängigkeit von einer Droge o. Ä. überwinden:* wie bist du von den harten Drogen wieder heruntergekommen?
he|rụn|ter|kön|nen ⟨unr. V.; hat⟩ (ugs.): vgl. herunterdürfen (1).
he|rụn|ter|krat|zen ⟨sw. V.; hat⟩: *abkratzen* (1 a).
he|rụn|ter|krem|peln ⟨sw. V.; hat⟩: *den aufgekrempelten Teil eines Kleidungsstückes wieder in die ursprüngliche Lage bringen.*
he|rụn|ter|krie|gen ⟨sw. V.; hat⟩ (ugs.): *herunterbekommen.*
he|rụn|ter|küh|len ⟨sw. V.; hat⟩ (Jargon): *durch Kühlen die Temperatur [einer Sache] verringern:* die Milch auf vier Grad h.
he|rụn|ter|kur|beln ⟨sw. V.; hat⟩: *durch Kurbeln auf eine niedrigere Höhe bringen:* das Seitenfenster h.
he|rụn|ter|la|den ⟨st. V.⟩ (EDV): *von einem [meist größeren] Computer auf einen Arbeitsplatzcomputer übertragen:* sich ein Programm vom Internet [auf den eigenen PC] h.
he|rụn|ter|lan|gen ⟨sw. V.; hat⟩ (landsch. ugs.): **1.** *herunterreichen.* **2.** *runterhauen* (1).
he|rụn|ter|las|sen ⟨st. V.; hat⟩: **1.** *von dort oben hierher nach unten sinken, gleiten lassen:* die Rollläden h.; sich, einen Korb/Eimer an einem Seil h. **2.** *herunterkommen* (1) *lassen.*
he|rụn|ter|lau|fen ⟨st. V.; ist⟩: **1.** *von dort oben hierher nach unten laufen:* den Hügel, die Treppe h. **2.** *an, über etw. nach unten fließen:* Tränen liefen die Wangen herunter.
he|rụn|ter|lei|ern ⟨sw. V.; hat⟩ (salopp): **1.** (abwertend) *einen [auswendig gelernten] Text schlecht, eintönig u. ohne Interesse vortragen:* ein Gedicht h. **2.** *herunterkurbeln:* ein Fenster h.
he|rụn|ter|le|sen ⟨st. V.; hat⟩: **1.** (abwertend) *ohne Ausdruck, innere Beteiligung ablesen:* einen Text, eine Rede h. **2.** *ohne Schwierigkeiten rasch u. flüssig [vor]lesen:* einen fremdsprachigen Text glatt h.
he|rụn|ter|ma|chen ⟨sw. V.; hat⟩ (salopp): **a)** *in seiner Qualität schonungslos herabsetzen, an jmdm., etw. nichts Gutes lassen:* der Rezensent hat den Film, den Schauspieler heruntergemacht; **b)** *in erniedrigender Weise zurechtweisen:* jmdn. vor versammelter Mannschaft h.
he|rụn|ter|müs|sen ⟨unr. V.; hat⟩ (ugs.): vgl. herunterdürfen (1).
he|rụn|ter|neh|men ⟨st. V.; hat⟩: **1.** *von dort oben hierher nach unten nehmen* (5). **2.** *nehmen u. entfernen; wegnehmen:* kannst du bitte deine Sachen vom Tisch h.?
he|rụn|ter|pras|seln ⟨sw. V.; ist⟩: *prasselnd nach unten fallen.*
he|rụn|ter|put|zen ⟨sw. V.; hat⟩ (salopp): *in erniedrigender Weise zurechtweisen:* sie hat ihn vor allen heruntergeputzt.
he|rụn|ter|ras|seln ⟨sw. V.⟩ (ugs.): **1.** *rasselnd nach unten gleiten* ⟨ist⟩: die Jalousien h. lassen. **2.** *fehlerfrei, aber ohne innere Beteiligung hastig u. monoton aufsagen* ⟨hat⟩: ein Gedicht h.
he|rụn|ter|rei|chen ⟨sw. V.; hat⟩: **1.** *heruntergeben.* **2.** (ugs.) *von einer weiter oben gelegenen Stelle bis nach unten reichen* (3): die Zweige des Baums reichen bis zu mir herunter.
he|rụn|ter|rei|ßen ⟨st. V.; hat⟩: **1. a)** *etw. von dort oben hierher nach unten reißen:* die brennende Gardine h.; **b)** *etw. von jmdm., sich, etw. durch Reißen entfernen:* ein Pflaster, einen Verband h.; ein Plakat, die Tapete h. **2.** (landsch.) *abreißen* (4). **3. a)** (salopp) *abreißen* (5): seinen Militärdienst h.; **b)** (ugs.) *allzu schnell vortragen:* ein Musikstück h. **4.** (salopp) *heruntermachen* (a). **5.** (südd., österr.) in der Fügung **wie heruntergerissen** *(zum Verwechseln ähnlich;* zu: reißen = zeichnerisch entwerfen, also eigtl. = wie abgezeichnet, abgemalt).
He|rụn|ter|rei|ßer, der; -s, - (Ringen): *Griff, durch den der Gegner zu Boden gerissen wird.*
he|rụn|ter|ren|nen ⟨unr. V.; ist⟩: *von dort oben hierher nach unten rennen.*

he|run|ter|rin|nen ⟨st. V.; ist⟩: *von dort oben hierher nach unten rinnen:* ihm rann der Schweiß von der Stirn herunter.

he|run|ter|rol|len ⟨sw. V.⟩: **1.** ⟨ist⟩ **a)** *von dort oben hierher nach unten rollen;* **b)** *in einer rollenden Bewegung nach unten fallen:* der Ball ist die Treppe heruntergerollt. **2.** (ugs.) *etw. nach unten rollen* ⟨hat⟩: das Fass die Treppe h.; die Ärmel h. *(herunterkrempeln).*

he|run|ter|ru|fen ⟨st. V.; hat⟩: **1.** *jmdn. zu sich nach unten rufen.* **2.** *von dort oben hierher nach unten rufen.*

he|run|ter|rut|schen ⟨sw. V.; ist⟩: *von oben nach unten [zum Sprechenden] rutschen:* er ist das Geländer heruntergerutscht.

he|run|ter|sa|gen ⟨sw. V.; hat⟩ (ugs. abwertend): *einen [auswendig gelernten] Text schlecht, eintönig u. ohne Interesse vortragen.*

he|run|ter|schaf|fen ⟨sw. V.; hat⟩: *von dort oben hierher nach unten schaffen:* er hat die Kisten vom Dachboden heruntergeschafft.

he|run|ter|schal|ten ⟨sw. V.; hat⟩ (ugs.): *(bei Motorfahrzeugen) in einen niedrigeren Gang schalten.*

he|run|ter|schau|en ⟨sw. V.; hat⟩ (landsch.): *herunterblicken* (1, 2).

he|run|ter|schi|cken ⟨sw. V.; hat⟩: *jmdn., etw. von oben nach unten [zum Sprechenden] schicken.*

he|run|ter|schie|ßen ⟨st. V.⟩: **1.** ⟨hat⟩ **a)** *von dort oben hierher nach unten schießen:* der Gangster schoss vom Dach herunter; **b)** *etw., was sich auf etw. befindet, durch Schießen entfernen:* die Spatzen vom Dach h. **2.** ⟨ist⟩ **a)** *sich äußerst heftig u. schnell nach unten bewegen:* der Schlitten schoss den Hang herunter; **b)** (ugs.) *mit großer Eile u. Heftigkeit nach unten laufen.*

he|run|ter|schla|gen ⟨st. V.⟩: **1.** *durch Schlagen gewaltsam nach unten holen* ⟨hat⟩: Kastanien vom Baum h. **2.** *nach unten wenden* ⟨hat⟩: die Hutkrempe h. **3.** (landsch.) *(von Personen) herunterfallen* (a) ⟨ist⟩.

he|run|ter|schlei|chen ⟨st. V.⟩ (ugs.): **a)** *von dort oben hierher nach unten schleichen* ⟨ist⟩; **b)** ⟨h. + sich⟩ *sich von dort oben hierher nach unten schleichen* ⟨hat⟩.

he|run|ter|schlu|cken ⟨sw. V.; hat⟩ (ugs.): *hinunterschlucken.*

he|run|ter|schmei|ßen ⟨st. V.; hat⟩ (ugs.): *herunterwerfen.*

he|run|ter|schnur|ren ⟨sw. V.; hat⟩ (salopp): *einen [auswendig gelernten] Text hastig u. ohne Betonung vortragen.*

he|run|ter|schrau|ben ⟨sw. V.; hat⟩: **1.** *durch Schrauben die Höhe von etw. verringern:* den Docht der Petroleumlampe h.; Ü seine Ansprüche h. *(in seinen Ansprüchen bescheiden[er] werden);* seine Erwartungen h. *(reduzieren).* **2.** ⟨h. + sich⟩ *(von einem Flugzeug o. Ä.) sich auf eine niedrigere Höhe, nach unten schrauben* (5).

he|run|ter|schüt|teln ⟨sw. V.; hat⟩: *von etw. durch Schütteln nach unten befördern:* die Pflaumen [vom Baum] h.

he|run|ter|se|hen ⟨st. V.; hat⟩: **1.** *von dort oben hierher nach unten sehen:* er sah vom Balkon zu uns herunter; an der Wand, Fassade h. *(von oben bis unten seinen Blick darüber gleiten lassen);* an jmdm. h. *(jmdn. von Kopf bis Fuß mustern).* **2.** *herabblicken* (2).

he|run|ter sein: s. herunter (1).

he|run|ter|set|zen ⟨sw. V.; hat⟩: *herabsetzen.*

he|run|ter|sin|ken ⟨st. V.; ist⟩ (selten): **1.** *von dort oben hierher nach unten [zum Sprechenden] sinken:* der Ballon sinkt herunter. **2.** *herabsinken* (2): der Greis ist auf das geistige Niveau eines Kindes heruntergesunken.

he|run|ter|sol|len ⟨unr. V.; hat⟩ (ugs.): vgl. herunterdürfen (1).

he|run|ter|spie|len ⟨sw. V.; hat⟩ (ugs.): **1.** *(ein Musikstück) völlig ausdruckslos spielen.* **2.** *bewusst als unbedeutende, geringfügige Angelegenheit darstellen:* eine Affäre h.

he|run|ter|sprin|gen ⟨st. V.; ist⟩: **1.** *von dort oben hierher nach unten [zum Sprechenden] springen* (1 b): vom Podium h. **2.** (ugs.) *nach unten eilen, schnell, eilig herunterlaufen.*

he|run|ter|stei|gen ⟨st. V.; ist⟩: *von oben nach unten [zum Sprechenden] steigen:* vom Berg h.

he|run|ter|sto|ßen ⟨st. V.; hat⟩: *jmdn., etw. von oben nach unten [zum Sprechenden] stoßen:* jmdn. die Treppe h.

he|run|ter|strei|fen ⟨sw. V.; hat⟩: *von etw. nach unten streifen* (3 a): den Ring vom Finger h.

he|run|ter|stu|fen ⟨sw. V.; hat⟩: *niedriger einstufen:* jmdn. tariflich h. *(in eine niedrigere Lohn-, Gehaltsgruppe einstufen).*

he|run|ter|stür|zen ⟨sw. V.⟩: **1. a)** *von dort oben hierher nach unten [zum Sprechenden] stürzen* (1 a) ⟨ist⟩; **b)** ⟨h. + sich⟩ *sich von dort oben hierher nach unten [zum Sprechenden] stürzen* (4) ⟨hat⟩. **2.** (ugs.) *gehetzt nach unten eilen* ⟨ist⟩. **3.** (ugs.) *hinuntergießen* (2) ⟨hat⟩.

he|run|ter|tra|gen ⟨st. V.; hat⟩: *von dort oben hierher nach unten [zum Sprechenden] tragen.*

he|run|ter|trans|for|mie|ren ⟨sw. V.; hat⟩ (Elektrot.): *(elektrischen Strom) durch Transformieren auf eine geringere Spannung bringen.*

he|run|ter|trop|fen ⟨sw. V.; ist⟩: *in Tropfen nach unten fallen:* immer stärker tropfte das Wasser herunter.

he|run|ter|wer|fen ⟨st. V.; hat⟩: **1.** *von dort oben hierher nach unten [zum Sprechenden] werfen:* wirfst du mir bitte den Schlüssel herunter? **2.** (ugs.) *(unabsichtlich) herunterfallen lassen.*

he|run|ter|wirt|schaf|ten ⟨sw. V.; hat⟩ (ugs.): *abwirtschaften* (b): einen Betrieb h.

he|run|ter|wol|len ⟨unr. V.; hat⟩ (ugs.): vgl. herunterdürfen (1).

he|run|ter|wür|gen ⟨sw. V.; hat⟩ (ugs.): *hinunterwürgen:* er würgte das trockene Brot herunter.

he|run|ter|zie|hen ⟨unr. V.⟩: **1.** ⟨hat⟩ **a)** *von dort oben hierher nach unten ziehen* (1, 2 a, b, 5 a); **b)** *nach unten ziehen* (12): die Mundwinkel h.; **c)** *ziehend von etw. entfernen:* das Pflaster h. **2.** ⟨ist⟩ **a)** *von dort oben hierher nach unten ziehen* (7): [vom dritten Stock] ins Erdgeschoss h.; wir sind von Hamburg hier *(nach Süddeutschland)* heruntergezogen; **b)** *von dort oben hierher nach unten ziehen* (8): die Musikkapelle zog die Straße herunter. **3.** *jmdn. durch seinen Einfluss auf eine geistig, moralisch od. sozial niedrigere Ebene ziehen* ⟨hat⟩: ihr Freund zog sie in diese schlechte Gesellschaft herunter. **4.** ⟨h. + sich⟩ *von einer [oberhalb des Sprechenden gelegenen] Stelle nach unten verlaufen* ⟨hat⟩: der Weg zieht sich bis zum See herunter.

her|vor ⟨Adv.⟩ [für mhd. her vür, aus ↑her u. ↑für] (geh.): **1.** *von dort hinten hierher nach vorn.* **2.** *aus, zwischen, unter etw. heraus:* h. mit euch!; ⟨als Verstärkung der Präp. »aus«:⟩ sie beobachteten ihn aus dem Versteck h.

her|vor|an|geln ⟨sw. V.; hat⟩ (ugs.): *hervorholen:* aus der Tasche angelte er den Ausweis hervor.

her|vor|bli|cken ⟨sw. V.; hat⟩: *hinter, aus, unter, zwischen etw. herausblicken.*

her|vor|bre|chen ⟨st. V.; ist⟩ (geh.): *durch etw. durchbrechend* (3) *plötzlich zum Vorschein kommen:* die Reiter brachen aus dem Gebüsch hervor; die ersten Schneeglöckchen brechen hervor; Ü Zorn, Hass brach aus ihm hervor.

her|vor|brin|gen ⟨unr. V.; hat⟩: **1.** *aus, unter, zwischen etw. herausholen, zum Vorschein bringen.* **2. a)** *aus sich herauswachsen u. sich entwickeln lassen:* viele Blüten h.; der Baum bringt unzählige Früchte hervor; Ü die Stadt hat große Musiker hervorgebracht; **b)** *aus eigener schöpferischer Leistung entstehen lassen:* der Dichter brachte bedeutende Werke hervor. **3. a)** *herausbringen* (5): vor Schreck brachte sie kein Wort hervor; **b)** *ertönen, erklingen lassen:* Töne, eine Melodie [auf einem Instrument] h.

Her|vor|brin|gung, die; -, -en: *das Hervorgebrachte* (2 b).

her|vor|drin|gen ⟨st. V.; ist⟩ (geh.): *etw. Bedeckendes durchdringen; aus dem Inneren von etw. nach außen dringen.*

her|vor|ge|hen ⟨unr. V.; ist⟩ (geh.): **1.** *in etw. seinen Ursprung haben:* aus der Ehe gingen drei Kinder hervor; mehrere bedeutende Künstler und Politiker gingen aus dieser Stadt hervor. **2.** *sich am Ende von etw. in einer bestimmten, positiv zu wertenden Lage, Beschaffenheit befinden:* aus einem [Wett]kampf siegreich, als Sieger h. **3.** *sich als Folgerung aus etw. ergeben; sich aus etw. entnehmen lassen:* aus dem Brief, aus der Antwort geht hervor, dass ...; wie aus dem Zusammenhang hervorgeht, ... **4.** *sich allmählich stufenweise unter bestimmten Bedingungen, durch bestimmte Einwirkungen entwickeln:* aus der Raupe ging ein Schmetterling hervor.

her|vor|gu|cken ⟨sw. V.; hat⟩ (ugs.): **1.** *hervorblicken.* **2.** *aus, hinter, unter, zwischen etw. herausgucken* (b): das Kleid guckt unter dem Mantel hervor.

her|vor|he|ben ⟨st. V.; hat⟩: *Gewicht, Nachdruck auf etw. legen; etw. nachdrücklich betonen, unterstreichen:* jmds. Verdienste h.

Her|vor|he|bung, die: *das Hervorheben.*

her|vor|ho|len ⟨sw. V.; hat⟩: *aus, unter, zwischen etw. herausholen* (1 a): sie holte ein Foto hervor.

her|vor|keh|ren ⟨sw. V.; hat⟩ (geh.): *herauskehren:* er kehrt nie den Chef hervor.

her|vor|klau|ben ⟨sw. V.; hat⟩ (landsch.): *unter, zwischen etw. herausklauben.*

her|vor|kom|men ⟨st. V.; ist⟩: *hinter, unter, zwischen, aus etw. herauskommen* (1 a).

her|vor|kra|men ⟨sw. V.; hat⟩ (ugs.): *durch Kramen finden u. herausholen* (1 a): sie kramte einen vergilbten Brief hervor.

her|vor|leuch|ten ⟨sw. V.; hat⟩: *hinter, unter, zwischen etw. leuchtend sichtbar sein.*

her|vor|lo|cken ⟨sw. V.; hat⟩: **1.** *hinter, unter, aus etw. herauslocken* (1). **2.** *herauslocken* (2).

her|vor|lu|gen ⟨sw. V.; hat⟩ (landsch., sonst dichter.): *hervorgucken.*

her|vor|quel|len ⟨st. V.; ist⟩: **1.** *unter, zwischen etw. herausquellen* (1): unter dem Hut quoll ihr Haar hervor. **2.** *herausquellen* (2).

her|vor|ra|gen ⟨sw. V.; hat⟩: **1.** *unter, zwischen, aus etw. herausragen* (1): aus dem Stausee ragen Bäume heraus. **2.** *herausragen* (2): seine Leistung ragt weit über den Durchschnitt hervor.

her|vor|ra|gend ⟨Adj.⟩: *durch Begabung, Können od. Qualität hervorstechend; sehr gut:* ein -er Redner; einer der -sten Wissenschaftler auf diesem Gebiet; eine -e Qualität, Leistung; einen -en Eindruck machen; der Wein ist h.; der Apparat arbeitet, funktioniert h.; ⟨subst.:⟩ er hat Hervorragendes geleistet.

Her|vor|ruf, der; -[e]s, -e: *starker Beifall, mit dem ein Künstler, Redner o. Ä. aufgefordert wird, noch einmal vor den Vorhang, aufs Podium zu kommen:* auch nach der letzten Zugabe gab es noch zahlreiche -e.

her|vor|ru|fen ⟨st. V.; hat⟩: **1.** *durch Rufen auffordern, veranlassen hervorzukommen:* das Kind aus seinem Versteck h.; einen Schauspieler, Pianisten [immer wieder] h. *(durch starken Applaus auffordern, vor den Vorhang, auf das Podium zu kommen).* **2.** *bewirken, zur Folge haben:* [bei jmdm.] Aufregung, Erstaunen, Empörung, Begeisterung, Verwunderung, Unbehagen, Unwillen h.; seine Bemerkung rief allgemeines Gelächter, große Heiterkeit hervor; sie rief durch ihre Äußerung großes Missfallen hervor; diese Krankheit wird durch ein Virus hervorgerufen.

her|vor|schau|en ⟨sw. V.; hat⟩ (landsch.): *hervorgucken.*

her|vor|schei|nen ⟨st. V.; hat⟩: vgl. hervorleuchten.

her|vor|schie|ßen ⟨st. V.⟩: vgl. hervorschnellen.

her|vor|schim|mern ⟨sw. V.; hat⟩: *hinter, unter, zwischen etw. schimmernd sichtbar sein:* unter der Haut schimmern die Adern hervor.

her|vor|schnel|len ⟨sw. V.; ist⟩: *hinter, unter, zwischen, aus etw. hervor nach draußen schnellen, von dort hinten hierher nach vorn schnellen:* Fische schnellten aus dem See hervor.

her|vor|se|hen ⟨st. V.; hat⟩: *[ein Stück] unter etw., bes. einer Bekleidung, zu sehen sein:* der Rock sieht unter dem Mantel hervor.

H

her|vor|sprin|gen ⟨st. V.; ist⟩: **1.** *springend* (1 b) *hervorkommen:* hinter der Tür h. **2.** *auffallend stark hervortreten* (2 b): seine lange Nase springt aus dem Gesicht hervor; ⟨oft im 1. Part.:⟩ ein hervorspringender Fels; ein hervorspringendes Kinn.

her|vor|spru|deln ⟨sw. V.⟩: **1.** *sprudelnd hervorkommen; heraussprudeln* (1) ⟨ist⟩. **2.** *heraussprudeln* (2) ⟨hat⟩: sie sprudelte den Bericht nur so hervor.

her|vor|ste|chen ⟨st. V.; hat⟩: **1.** *spitz aus etw. herausstehen:* die Armschiene stach aus dem Ärmel hervor. **2.** *sich deutlich, scharf von seiner Umgebung abheben:* leuchtende Farben, die aus dem Dunkel hervorstechen; hervorstechende Merkmale, Eigenschaften.

her|vor|ste|hen ⟨unr. V.; hat; südd., österr., schweiz. auch: ist⟩: *auffallend vorstehen* (1): seine Zähne stehen etwas hervor.

her|vor|sto|ßen ⟨st. V.⟩: **1.** *hervortreten* (2 b) ⟨ist⟩. **2.** *herausstoßen* (2) ⟨hat⟩.

her|vor|stre|cken ⟨sw. V.; hat⟩: *hinter, unter, zwischen etw. herausstrecken.*

her|vor|stür|zen ⟨sw. V.; ist⟩: *hinter, unter, zwischen etw. heraus nach vorn stürzen.*

H

her|vor|su|chen ⟨sw. V.; hat⟩: *etw. unter anderen Dingen suchen u. zum Vorschein bringen.*

her|vor|trau|en, sich ⟨sw. V.; hat⟩: *sich trauen hervorzukommen.*

her|vor|tre|ten ⟨st. V.; ist⟩: **1.** *hinter, aus, unter, zwischen etw. heraus nach vorn treten:* hinter dem Vorhang, aus dem Dunkel h.; **Ü** (geh.:) die Sonne trat aus den Wolken hervor. **2. a)** *deutlich sichtbar, erkennbar werden:* seine Begabung trat schon früh hervor; **b)** *auf etw. Ebenem, einer Fläche o. Ä. als Erhebung o. Ä. in Erscheinung treten, als Erhebung o. Ä. daraus hervorkommen:* die Umrisse der Kirche traten deutlich hervor; an den Schläfen hervortretende Adern. **3. a)** *mit etw. an die Öffentlichkeit treten:* der junge Autor ist jetzt mit einem Roman hervorgetreten; **b)** *in einer bestimmten Eigenschaft in der Öffentlichkeit auftreten* (3 b) *u. sich hervortun:* Erika Pluhar ist auch als Chansonsängerin hervorgetreten.

her|vor|tun ⟨unr. V.; hat⟩: **1.** (selten) *heraustun.* **2.** ⟨h. + sich⟩ **a)** *etw. Besonderes leisten, sodass es Vergleichbares übertrifft:* sich sehr, nicht sonderlich h.; er hat sich als brillanter Mathematiker hervorgetan; **b)** *bewusst auf die eigenen Fähigkeiten aufmerksam machen, sie zeigen, damit wichtig tun:* überall tut er sich mit seinem Wissen hervor.

her|vor|wach|sen ⟨st. V.; ist⟩: *herauswachsen* (1): aus dem Gestein, dem Sand h.

her|vor|wa|gen, sich ⟨sw. V.; hat⟩: *sich wagen hervorzukommen.*

her|vor|zau|bern ⟨sw. V.; hat⟩: *wie durch Zauberei hervorbringen* (1): er zauberte bunte Tücher aus dem Ärmel hervor.

her|vor|zer|ren ⟨sw. V.; hat⟩: *hinter, unter, zwischen etw. herauszerren.*

her|vor|zie|hen ⟨unr. V.; hat⟩: *hinter, unter, zwischen, aus etw. herausziehen* (1 a): ein Päckchen Zigaretten, ein paar Geldscheine h.

her|wärts ⟨Adv.⟩ [mhd. herwert; ↑-wärts]: *auf dem Weg von dort hierher [zum Sprechenden], auf dem Herweg.*

Her|weg, der: *Weg* (2, 3 a) *hierher [zum Ort des Sprechenden]:* auf dem H.

her|wer|fen ⟨st. V.; hat⟩: *hierher in Richtung auf den Sprechenden, zum Sprechenden werfen.*

her|win|ken ⟨sw. V.; hat⟩: **1.** *hierher zum Sprechenden winken* (1 a): kennst du sie? Sie hat eben hergewinkt. **2.** *durch Winken auffordern herzukommen; herbeiwinken.*

her|wol|len ⟨unr. V.; hat⟩: vgl. herdürfen (1): ich habe nicht hergewollt, aber sie hat mich gezwungen.

Herz, das; -ens (med. auch stark gebeugt: des Herzes, dem Herz), -en [mhd. herz(e), ahd. herza, altes idg. Wort]: **1. a)** *Organ, das den Blutkreislauf durch regelmäßige Zusammenziehung u. Dehnung antreibt u. in Gang hält:* ein gesundes, kräftiges, gutes, schwaches H.; das H. schlägt [regelmäßig], klopft, pocht, hämmert, flattert; sein H. hat versagt, arbeitet nicht mehr; ihr H. ist angegriffen, nicht ganz in Ordnung; das H. wollte ihm vor Freude zerspringen (geh.; *er war freudig erregt*); ihm stockte das H. vor Schreck (geh.; *er erschrak heftig*); vor Angst schlug ihr das H. bis zum Hals [hinauf]; sein H. krampfte sich bei dem Anblick zusammen; der Arzt hat das H. untersucht, abgehorcht; ein H. verpflanzen; eine Operation am offenen -en *(am Herzen bei geöffnetem Brustkorb);* sie hat es schon seit Jahren am Herz[en], mit dem Herz[en] (ugs.; *ist herzkrank*); jmdn. ans, an sein H. drücken (geh.; *an sich, an die Brust drücken, umarmen*); **Ü** er hat schon viele -en gebrochen *(oft Erfolg bei Frauen gehabt);* *** jmdm. dreht sich das H. im Leib[e] herum** *(jmd. ist über etw. sehr bekümmert, von etw. schmerzlich berührt);* **jmdm. blutet das H.** *(jmd. ist von etw. schmerzlich berührt u. voller Mitleid):* beim Anblick der hungernden Kinder blutete ihm das H.; **jmdm. lacht das H. im Leib[e]** *(jmd. ist über etw. sehr erfreut, von etw. freudig angetan);* **das, jmds. H. schlägt höher** *(jmd. ist erwartungsvoll, voller freudiger Erregung):* der Anblick ließ sein H., ließ die -en höher schlagen; **jmdm. das H. brechen** (geh.; *jmdm. unerträglich großen Kummer bereiten [sodass es ihm die Lebenskraft raubt]*): der tragische Tod des einzigen Kindes brach ihr das H.; **jmdm. das H. abdrücken** (geh.; *jmdn. sehr bedrücken*); **das H. auf dem rechten Fleck haben** *(eine vernünftige, richtige Einstellung haben; ein tüchtiger, hilfsbereiter, uneigennütziger Mensch sein);* **jmdn., etw. auf H. und Nieren prüfen** (ugs.; *jmdn., etw. gründlich, eingehend prüfen;* nach Psalm 7, 10); **jmdn.** (ein Kind) **unter dem -en tragen** (dichter.; *ein Kind erwarten; schwanger sein*); **b)** *als Speise dienendes Herz* (1 a) *bestimmter Schlachttiere:* ein Pfund H. kaufen; es gab [gedünstetes] H. in Burgundersoße. **2.** (meist geh.) *in der Vorstellung dem Herzen* (1 a) *zugeordnetes, in ihm lokalisiert gedachtes Zentrum der Empfindungen, des Gefühls, auch des Mutes u. der Entschlossenheit:* ein gütiges, gutes, treues, fröhliches, mutiges, tapferes, warmes, goldenes, edles, weiches, kaltes, hartes H.; einsames H. *(Person, die sich einsam fühlt)* sucht Partnerin zum Verwöhnen; sein Schicksal rührte, bewegte, ergriff die -en der Menschen; er wollte nicht sagen, was ihm das H. bedrückte; diese Frau hat kein H./ein H. aus Stein *(ist herz-, mitleid-, gefühllos);* er hat das H. eines Löwen *(er ist sehr mutig, tapfer);* er steht ihrem -en sehr nahe *(sie empfindet sehr viel für ihn);* er nahm traurigen -ens *(traurig)* Abschied; kannst du das reinen/(veraltend:) reines -ens *(mit gutem Gewissen)* behaupten?; im Grunde seines -ens *(im Innersten)* hatte er das schon immer verabscheut; die junge Sportlerin hatte sich in die -en des Publikums geturnt *(hatte mit ihrer Leistung die Sympathien des Publikums gewonnen);* seine Worte kamen von -en *(waren aufrichtig, ehrlich gemeint);* zu -en gehende *(herzbewegende)* Worte; **R** man kann einem Menschen nicht ins H. sehen *(es lässt sich nie genau ergründen, was ein anderer denkt, fühlt);* **Spr** wes das H. voll ist, des geht der Mund über *(wenn jmd. von etw. sehr angetan, berührt, begeistert ist, dann muss er es auch zum Ausdruck bringen;* nach der Lutherschen Übers. von Matth. 12, 34); *** ein H. und eine Seele sein** *(unzertrennlich, sehr einig miteinander sein;* nach Apg. 4, 32); **jmds. H. hängt an etw.** *(jmd. möchte etw. sehr gern haben, behalten);* **jmds. H. gehört einer Sache** (geh.; *jmds. Interesse ist ganz auf etw. gerichtet; jmd. betreibt etw. mit Leidenschaft, lebt für etw.*): sein H. gehört der Musik, dem Fußball; **jmdm. ist, wird das H. schwer/jmdm. ist, wird [es] schwer ums H.** *(jmd. ist, wird sehr traurig, hat großen Kummer);* **jmdm. rutscht, fällt das H. in die Hose[n]** (ugs., oft scherzh.; *jmd. bekommt plötzlich Angst;* volkst. scherzh. Bezug auf das Sinken des Muts, wobei wohl die Vorstellung mitspielt, dass Angst auf die Eingeweide schlägt u. zur unfreiwilligen Entleerung des Darms führen kann); **alles, was das H. begehrt** *(alles, was man sich wünscht, was man nur haben möchte, wozu man Lust hat);* **das H. in die Hand/in beide Hände nehmen** *(seinen ganzen Mut zusammennehmen);* **nicht das H. haben, etw. zu tun** *(es nicht über sich bringen, nicht den Mut haben, etw. zu tun):* er hatte nicht das H., ihr die Nachricht zu überbringen; (auch ohne Verneinung:) komm nur her, wenn du das H. [dazu] hast!; **sich** ⟨Dativ⟩ **ein H. fassen** *(all seinen Mut zusammennehmen, sich überwinden [um etw. Unangenehmes zu tun, in Angriff zu nehmen]);* **sein H. an jmdn., etw. hängen** (geh.; *jmdm., einer Sache seine ganze Aufmerksamkeit, Liebe zuwenden*); **sein H. [an jmdn.] verlieren** (geh.; *sich in jmdn. verlieben*); **jmdm. sein H. schenken** (dichter.; *jmdn. sehr lieben, jmdm. seine ganze Liebe zuwenden*); **sein H. für jmdn., etw. entdecken** (geh.; *unvermutet Interesse für jmdn., etw. zeigen; sich [plötzlich] für jmdn., etw. begeistern;* nach dem Lustspiel »Sie hat ihr Herz entdeckt« von Wolfgang Müller von Königswinter, 1865): erst in späteren Jahren entdeckte er sein H. für die Kunst; **ein H. für jmdn., etw. haben** *(jmdm. gegenüber mitfühlend, hilfsbereit sein):* er hat ein H. für Kinder, für die Welt des Theaters; **jmdm. sein H. ausschütten** *(sich jmdm. anvertrauen; jmdm. seine Not od. seine Sorgen schildern;* nach 1. Sam. 1, 15); **jmdm. das H. schwer machen** *(jmdn. sehr traurig machen);* **das H. auf der Zunge haben/tragen** (geh.; *alles aussprechen, was einen bewegt; offenherzig, zu gesprächig sein*); **jmds. H./alle -en im Sturm erobern** (geh.; *jmds. Sympathie/alle Sympathien schnell gewinnen, schnell bei allen beliebt sein*); **jmdm. das H. zerreißen** (geh.; *jmdn. tief schmerzen*); **seinem -en einen Stoß geben** *(den inneren Widerstand überwinden u. sich rasch zu etw. entschließen);* **seinem -en Luft machen** (ugs.; *sich vom Ärger befreien; das, was einen ärgert u. bedrückt, aussprechen*); **leichten -ens** *(leicht; ohne dass es einem schwer fällt):* da konnte er leichten -ens zustimmen; **schweren/blutenden -ens** *(nur sehr ungern; tief bekümmert):* sie ließ das Kind nur schweren -ens allein weggehen; **jmdm. am -en liegen** *(für jmdn. ganz persönlich von großer Wichtigkeit sein):* die Kinder und ihre Erziehung liegen ihm besonders am -en; **jmdm. jmdn., etw. ans H. legen** *(jmdn. bitten, sich um jmdn. od. etw. besonders zu kümmern):* vor der Abreise legte sie ihm noch einmal die Blumen, die Pflege der Blumen ans H.; **jmdm. ans H. gewachsen sein** *(jmdm. besonders lieb geworden sein);* **etw. auf dem -en haben** *(ein persönliches Anliegen haben):* na, was hast du denn auf dem -en?; **jmdm. aus dem -en gesprochen sein** *(jmds. Meinung, Ansicht genau entsprechen):* was du da sagst, ist mir [ganz] aus dem -en gesprochen; **aus seinem -en keine Mördergrube machen** (*offen aussprechen, was man denkt u. fühlt;* frei nach der lutherschen Übers. von Matth. 21, 13); **aus tiefstem -en** (geh.; *sehr, aufrichtig*): etw. aus tiefstem -en bedauern, verabscheuen; **sich in die -en [der Menschen] stehlen** (geh.; *die Sympathie, Zuneigung vieler gewinnen*); **jmdn. ins/in sein H. schließen** *(jmdn. lieb gewinnen, sehr gern haben);* **jmdn. ins H. treffen** (ugs.; *jmdn. zutiefst verletzen, sehr kränken*): dieser Vorwurf traf ihn ins H.; **mit H. und Hand** (veraltet; *sowohl mit herzlicher Zuneigung wie mit entsprechenden Handlungen; voll u. ganz;* aus dem Gedicht »Mein Vaterland« von Hoffmann von Fallersleben, 1839); **mit halbem -en** (geh.; *ohne rechte innere Beteiligung, mit wenig Interesse*); **es nicht übers H. bringen, etw. zu tun** *(zu etw. nicht fähig sein);* **sich** ⟨Dativ⟩ **etw. vom -en reden** (geh.; *über etw., was einen bedrückt, mit einem anderen sprechen*): er musste sich einmal seinen Kummer vom -en reden; **von -en gern** *(sehr* *gern*); **von [ganzem] -en** (1. *sehr herzlich, aufrichtig:* jmdm. von [ganzem] -en danken, alles Gute wünschen. 2. *aus voller Überzeugung:* dazu kann ich von ganzem -en Ja sagen; nach Matth. 22, 37); **sich** ⟨Dativ⟩ **etw. zu -en nehmen** (1. *etw. beherzigen:* er nahm sich ihre Worte, Ermahnungen zu -en. 2. *etw. schwer nehmen:* nimm dir die Sache doch nicht so zu -en; nach 2. Sam. 13, 20). **3.** *geliebte Person, Liebling* (meist in der Anrede). **4. a)** *zentraler innerster Teil von höheren Pflanzen:* das H. des Salats hat die zartesten Blätter; **b)** *innerster Bereich von etw.; Zentrum* (1), *Mittelpunkt:* im -en eines Landes, von Europa liegen, gelegen sein; **c)** *Zentrum* (2), *Herz-, Kernstück:* die Cafeteria bildet das H. der Grünanlage. **5.** *Figur, Gegenstand in Herzform:* schokoladene -en; ein H. aus Marzipan; an einer Kette trug sie ein kleines H. aus Gold; ein H. zeichnen, malen; den Teig ausrollen und -en ausstechen; ***Tränendes H.** *(Pflanze mit hellgrünen, fiederteiligen Blättern u. meist rosa u. weiß gefärbten, herzförmigen Blüten in hängenden Trauben; Herzblume).* **6. a)** ⟨meist o. Art.; o. Pl.⟩ *[dritthöchste] Farbe im Kartenspiel; Cœur:* H. sticht, ist Trumpf; nach diesem Stich hätte er H. ziehen, spielen müssen; **b)** ⟨Pl. Herz⟩ *Spiel mit Karten, bei dem Herz* (6 a) *Trumpf ist:* er hat [ein] H. ohne zwei gespielt; dieses H. wirst du verlieren; **c)** ⟨Pl. Herz⟩ *Spielkarte mit Herz* (6 a) *als Farbe:* er hat sein einziges H. abgeworfen; er hat noch mindestens drei H. auf der Hand.

herz|al|ler|liebst ⟨Adj.⟩ (veraltend): *sehr lieb, ganz allerliebst:* ein -es Kind.

Herz|al|ler|liebs|te, der u. die; -n, -n ⟨Dekl. ↑Abgeordnete⟩ (veraltend): *Liebste[r], Geliebte[r].*

Herz|an|fall, der: *mit Beklemmung, Angstgefühlen, Atemnot, Schmerzen einhergehende, plötzlich einsetzende Unregelmäßigkeit der Herztätigkeit:* einen H. bekommen, erleiden; einem H. erliegen.

Herz|angst, die ⟨o. Pl.⟩ (volkst.): *Angina Pectoris.*

Herz|ano|ma|lie, die (Med.): *Anomalie* (b) *des Herzens* (1 a).

Herz|ass [auch: -'-], das: [2]*Ass* (1) *der Farbe Herz* (6 a).

Herz|asth|ma, das: *bei Herzkranken auftretendes Asthma.*

Herz|at|ta|cke, die: *Herzanfall:* eine H. bekommen, erleiden.

her|zau|bern ⟨sw. V.; hat⟩: *herbeizaubern.*

Herz|bad, das: *speziell für Herzkranke geeigneter Badeort (vor allem mit kohlendioxidhaltiger Heilquelle).*

herz|be|klem|mend ⟨Adj.⟩: *in beängstigender Weise beklemmend, bedrückend, beengend:* es herrschte eine -e Atmosphäre.

Herz|be|klem|mung, die: *vom Herzen ausgehende, sich am Herzen bemerkbar machende Beklemmung; Angina Pectoris.*

Herz|be|schwer|den ⟨Pl.⟩: *durch Unregelmäßigkeit der Herztätigkeit o. Ä. verursachte Beschwerden.*

Herz|beu|tel, der (Anat.): *(bei Mensch, Wirbeltieren u. verschiedenen anderen Tierarten) mit einer Flüssigkeit gefüllte äußere Hülle des Herzens; Perikard.*

Herz|beu|tel|ent|zün|dung, die (Med.): *Entzündung des Herzbeutels; Perikarditis.*

herz|be|we|gend ⟨Adj.⟩: *Rührung hervorrufend; ergreifend:* eine -e Geschichte; ein -er Brief; etwas h. erzählen, vortragen.

Herz|bin|kerl, das; -s, -n [2. Bestandteil Vkl. von ↑Binkel (1)] (bayr., österr. ugs.): *Herzblatt* (2).

Herz|blatt, das: 1. (Gartenbau) *inneres, junges, noch nicht voll entwickeltes Blatt einer Pflanze.* **2.** *geliebte Person; bes. Kind, das man von Herzen lieb hat; Liebling* (meist in der Anrede): jmds. H. sein; was willst du denn noch haben, mein H.?

Herz|blätt|chen, das; -s, -: Vkl. zu ↑Herzblatt.

herz|blätt|rig ⟨Adj.⟩ (Bot.): *mit herzförmigen Blättern:* ein -es Kleeblatt.

Herz|block, der ⟨Pl. ...blöcke; selten⟩ (Med.): *Störung der Herztätigkeit, wobei in bestimmten Fällen Vorhöfe u. Kammern des Herzens völlig unabhängig voneinander in einem eigenen Rhythmus schlagen.*

Herz|blu|me, die: *Tränendes Herz.*

Herz|blut, das [mhd. herzebluot]: bes. in den Wendungen **sein H. für jmdn., etw. hingeben** (geh.; *sich ganz für jmdn., etw. einsetzen, aufopfern*); **etw. mit seinem H. schreiben** (geh.; *etw. mit großem innerem Engagement schreiben*): sie hat das Buch, diesen Brief mit ihrem H. geschrieben.

Herz|bräu|ne, die (volkst.): *Angina Pectoris.*

herz|bre|chend ⟨Adj.⟩ (geh.): *herzbewegend.*

Herz|bu|be [auch: -'--], der: *Bube* (2) *der Farbe Herz* (6 a).

Herz|chen, das; -s, -: 1. Vkl. zu ↑Herz (3, 5). 2. (abwertend) *naive, ahnungslose Person; allzu gutgläubiger Mensch:* du bist mir vielleicht ein H.; ⟨oft in der Anrede:⟩ komm her, mein H.

Herz|chi|rurg, der: *Chirurg, der sich auf die Herzchirurgie spezialisiert hat.*

Herz|chi|rur|gie, die: *spezielles Gebiet der Chirurgie, das sich mit den operativen Eingriffen am Herzen befasst.*

Herz|chi|rur|gin, die: w. Form zu ↑Herzchirurg.

Herz|da|me [auch: -'--], die: *Dame* (2 b) *der Farbe Herz* (6 a): Ü er brachte seiner H. *(der Dame seines Herzens)* wunderschöne Wiesenblumen.

Herz|drü|cken: in der Wendung **nicht an H. sterben** (ugs.; *frei über alles, bes. auch Unangenehmes, reden; seine Meinung ohne Hemmungen äußern*).

Her|ze, das; -ns, -n (dichter., veraltet): ↑Herz (2).

Her|ze|go|wi|na [auch: ...'vi:na], die; -: südlicher Teil von Bosnien und Herzegowina.

her|zei|gen ⟨sw. V.; hat⟩ (ugs.): **1.** *jmdn. sehen lassen, jmdm. vorzeigen:* zeig doch mal das Foto her!; jmdn. h. können *(sich mit jmdm. sehen lassen können).* **2.** *zum Sprechenden, in Richtung auf den Sprechenden deuten, weisen.*

Her|ze|leid, das; -[e]s (geh.): *großer seelischer Schmerz, Kummer; tiefes Leid:* Kummer und H. hatten ihre Spuren in seinem Gesicht hinterlassen.

her|zen ⟨sw. V.; hat⟩ [mhd. herzen = mit einem Herzen versehen] (geh.): *liebevoll umarmen; liebkosend an sich, ans Herz drücken:* sie herzte ihre Kinder; sie herzten und küssten sich.

Her|zens|an|ge|le|gen|heit, die: *etw., was für jmdn. ganz persönlich von großer Wichtigkeit ist, was jmdm. besonders am Herzen liegt:* die Trauerrede für den Verstorbenen selbst zu halten war ihm eine H.; sie hat eine besondere Vorliebe für die -en *(Liebesdinge, -angelegenheiten)* anderer Leute.

Her|zens|angst, die (geh.): *große Angst, Furcht:* in all ihrer H. wusste sie nicht, wohin sie sich wenden sollte.

Her|zens|be|dürf|nis, das: in der Verbindung **jmdm. [ein] H. sein** (geh.: *für jmdn. ganz persönlich von großer Wichtigkeit sein; jmdm. ein inneres Bedürfnis sein*): die Reise zu ihrer Mutter war ihr ein H.

Her|zens|bil|dung, die ⟨o. Pl.⟩ (geh.): *feines Gefühl, Befähigtsein für den verständnisvollen, taktvollen Umgang mit Menschen:* er war gefühlskalt und hatte keinerlei H.

Her|zens|bre|cher, der; -s, -: *Mann, der viel Erfolg bei Frauen hat.*

Her|zens|bre|che|rin, die; -, -nen: w. Form zu ↑Herzensbrecher.

Her|zens|bru|der, der (veraltet): **1.** *Bruder, an dem man besonders hängt.* **2.** *Freund, zu dem man eine besonders enge Beziehung hat.*

Her|zens|er|gie|ßung, die, **Her|zens|er|guss,** der (geh. veraltend): *sehr persönliches, meist wortreiches, überschwänglich formuliertes Bekenntnis.*

Her|zens|freu|de, die: *große, tief empfundene Freude.*

Her|zens|freund, der (veraltend): *sehr vertrauter Freund; Freund, zu dem man eine besonders enge Beziehung hat.*

Her|zens|freun|din, die (veraltend): w. Form zu ↑Herzensfreund.

Her|zens|grund, der: in der Fügung **aus H.** *(aus voller Überzeugung; aus tiefstem Herzen):* jmdn., etw. aus H. lieben, verachten, hassen; sie seufzte aus H.

her|zens|gut ⟨Adj.⟩ [mhd. herzeguot]: *von uneingeschränkt herzlicher, gütiger Art; sehr gutmütig u. dabei oft etw. unkritisch:* ein -er Mensch; sie ist h.

Her|zens|gü|te, die (geh.): *große, von Herzlichkeit geprägte Güte.*

Her|zens|jun|ge, der: vgl. Herzenskind.

Her|zens|kind, das: *Kind, das man von Herzen lieb hat; Liebling* (meist in der Anrede).

Her|zens|lust, die: in der Fügung **nach H.** *(ganz so, wie man es sich wünscht, wie man gerade Lust dazu hat):* nach H. essen und trinken.

Her|zens|not, die (geh.): *große innere Bedrängnis, Notlage, Zwangslage:* er hatte sie in ihrer H. allein gelassen.

Her|zens|sa|che, die: *Herzensangelegenheit.*

Her|zens|trost, der (geh.): *Trost für ein unglückliches Herz.*

Her|zens|wär|me, die ⟨o. Pl.⟩ (geh.): *Herzlichkeit* (a), *Warmherzigkeit.*

Her|zens|wunsch, der: *sehnlichster, innigst gehegter Wunsch:* eine solche Reise zu machen war schon immer sein H., ein H. von ihm.

Herz|ent|zün|dung, die: *Karditis.*

herz|er|freu|end ⟨Adj.⟩: *innerlich froh stimmend, sehr erfreuend.*

herz|er|fri|schend ⟨Adj.⟩: *sehr angenehm, natürlich u. dabei anregend wirkend; erfreulich ungekünstelt u. belebend:* sie hat eine -e Art, Natürlichkeit; das war ein -er Spaß; das Gespräch mit ihm war h.; sie lachte h.

herz|er|grei|fend ⟨Adj.⟩: *sehr ergreifend, nahe gehend; im Innersten anrührend:* eine -e Geschichte, Szene; sie hat [ganz] h. geweint.

herz|er|qui|ckend ⟨Adj.⟩: *herzerfrischend.*

herz|er|schüt|ternd ⟨Adj.⟩ (geh.): *herzergreifend.*

herz|er|wei|chend ⟨Adj.⟩: *herzergreifend.*

Herz|er|wei|te|rung, die: *Erweiterung, Vergrößerung des Herzens (vor allem als Folge ungewöhnlicher körperlicher Belastung z. B. beim Hochleistungssport).*

Herz|feh|ler, der: *Abweichung vom normalen Bau des Herzens, die zu Störungen der Herztätigkeit führt:* einen H. haben, operieren.

Herz|flim|mern, das; -s (Med.): *vom Eigenrhythmus des Herzens abweichende Bewegungen zahlreicher Fasern od. Fasergruppen des Herzmuskels mit unregelmäßiger Herzschlagfolge u. Ausfall der Pumpleistung des betroffenen Herzabschnitts od. des ganzen Herzens.*

Herz|form, die: *Form (eines Gegenstands), die mit zwei symmetrisch in einer Spitze auslaufenden Rundungen der Form des Herzens* (1 a) *ähnlich ist:* ein Lebkuchen in H.

herz|för|mig ⟨Adj.⟩: *Herzform aufweisend:* ein -es Blatt.

Herz|fre|quenz, die (Med.): *Anzahl der Herzschläge in der Minute.*

Herz|funk|ti|on, die (Med.): *Funktion des Herzens* (1 a); *Herztätigkeit:* die H. prüfen.

Herz|ge|gend, die ⟨o. Pl.⟩: *Umgebung des Herzens:* Schmerzen, Stiche in der H. haben.

herz|ge|liebt ⟨Adj.⟩ (geh): *sehr, innig geliebt:* -es Brüderchen.

Herz|ge|räusch, das ⟨oft Pl.⟩ (Med.): *neben den normalen Herztönen auftretende Geräusche der Herztätigkeit, die auf eine krankhafte Veränderung hindeuten.*

herz|ge|win|nend ⟨Adj.⟩ (geh.): *Sympathie, Zuneigung erweckend; sehr gewinnend, liebenswert, sympathisch:* ein -es Wesen; von -er Fröhlichkeit sein; h. lachen.

Herz|gru|be, die: *Magengrube.*

herz|haft ⟨Adj.⟩ [mhd. herzehaft = mutig; besonnen, verständig]: **1. a)** (veraltend) *beherzt, mutig, unerschrocken, entschlossen:* ein -er Entschluss; er sah dem Gegner h. ins Auge; **b)** *von beträchtlicher Heftigkeit, Festigkeit, Größe, Stärke o. Ä., von gehörigem Ausmaß; ordentlich, kräftig:* ein -er Händedruck, Kuss; ein -es Lachen; einen -en Schluck nehmen; sie packten alle h. zu; h. gähnen. **2.** *nahrhaft, gehaltvoll; von kräftigem, würzigem Geschmack:* ein -es Frühstück, Essen; der Eintopf war, schmeckte sehr h.; ⟨subst.:⟩ er isst gern etwas Herzhaftes.

her|zie|hen ⟨unr. V.⟩: **1.** ⟨hat⟩ **a)** (ugs.) *durch Ziehen an den Ort des Sprechenden bewegen:* sich den Stuhl, Tisch h.; jmdn. zu sich h.; **b)** *ziehend* (1 a, b) *mit sich führen:* einen Handwagen, Karren, Schlitten, ein Kind hinter sich h.; einen Hund an der Leine hinter sich h.; Ü das Flugzeug zieht einen weißen Kondensstreifen hinter sich her. **2.** *vor, hinter od. neben jmdm., einem Fahrzeug o. Ä. hergehen* (1), *herlaufen* (2) ⟨ist⟩: vor den Fackelträgern zog eine Musikkapelle her; die Kinder zogen hinter dem Zirkuswagen, neben der Musikkapelle her. **3.** *an den Ort des Sprechenden umziehen* ⟨ist⟩: sie sind vor ein paar Jahren, erst kürzlich hergezogen. **4.** (ugs.) *über einen Abwesenden schlecht, gehässig reden, indem man besonders dessen [angebliche] Fehler u. Schwächen hervorhebt u. schonungslos beredet* ⟨ist/hat⟩: die Nachbarn zogen in übler Weise über das Mädchen her.

her|zig ⟨Adj.⟩: *durch besondere Anmut, Niedlichkeit o. Ä. Gefallen erregend; reizend, wonnig:* ein -es Kind, Kleidchen; ist die Kleine nicht h.?; sie lacht, plappert so h.

Herz|in|farkt, der: *Zerstörung von Gewebe des Herzmuskels durch Verstopfung der Herzkranzgefäße u. dadurch unterbrochener Versorgung mit Blut; Myokardinfarkt:* einen H. bekommen, haben; an einem H. sterben.

Herz|in|nen|haut, die: *Endokard.*

Herz|in|nen|haut|ent|zün|dung, die: *Endokarditis.*

herz|in|nig ⟨Adj.⟩ (veraltend): *sehr innig, sehr herzlich, tief empfunden:* das war ihr -ster Wunsch; sich h. umarmen, verabschieden.

herz|in|nig|lich ⟨Adj.⟩ [mhd. herzeinneclich] (veraltend): *herzinnig.*

Herz|in|suf|fi|zi|enz, die (Med.): *Funktionsschwäche des Herzens* (1 a).

Herz-Je|su-Ver|eh|rung, die ⟨o. Pl.⟩ (kath. Kirche): *mystische Verehrung des Herzens Jesu, die dieses als Symbol des ganzen Menschen Jesus Christus, vor allem seiner aufopfernden Liebe, versteht.*

Herz|kam|mer, die: *in je einer der beiden voneinander getrennten Hälften des Herzens gelegener, von starken Muskeln gebildeter Hohlraum:* die rechte, linke H.

Herz|kas|per, der (ugs.): *Herzanfall, Herzjagen.*

Herz|ka|the|ter, der (Med.): *der Untersuchung des Herzens dienender, dünner, biegsamer Katheter, der, mit einer physiologischen Kochsalzlösung gefüllt, durch ein entfernt vom Herzen gelegenes Blutgefäß (meist eine Vene) eingeführt u. bis ins Herz vorgeschoben wird.*

Herz|kir|sche, die [nach der herzförmigen Rundung]: *Süßkirsche mit meist dunkelrotem, saftigem Fruchtfleisch.*

Herz|klap|pe, die: *klappenartige, wie ein Ventil den Blutstrom steuernde Gewebsbildung im Herzen.*

Herz|klap|pen|feh|ler, der (Med.): *(angeborener od. durch entzündliche Herzerkrankungen entstandener) Defekt der Herzklappen.*

Herz|klop|fen, das; -s: *verstärktes, beschleunigtes Schlagen des Herzens:* starkes, heftiges H. haben, bekommen; sie sah den entscheidenden Stunden mit H. *(mit einiger Aufregung)* entgegen.

Herz|knacks, der (ugs.): *Herzfehler.*

Herz|kohl, der (landsch.): *Wirsing.*

Herz|kol|laps, der: *Herzversagen.*

Herz|kö|nig [auch: –'– –], der: *König* (2 b) *der Farbe Herz* (6 a): den H. ausspielen.

Herz|krampf, der: *krampfartige Erscheinung am Herzen (bes. bei Angina Pectoris).*

herz|krank ⟨Adj.⟩: *an einer Herzkrankheit leidend:* -e Patienten; er ist seit Jahren h.

Herz|krank|heit, die: *Erkrankung des Herzens.*

Herz|kranz|ge|fäß, das ⟨meist Pl.⟩: *Blutgefäß des Herzens, das die Muskulatur des Herzens mit Blut versorgt; Koronargefäß.*

Herz-Kreis|lauf-Er|kran|kung, die (Med.): *krankhafte Veränderung des Herzens u. der Schlagader, bes. der Herzkranzgefäße.*

Herz|kur|ve, die: *Kardioide.*

Herz|lei|den, das: *Herzkrankheit.*

herz|lei|dend ⟨Adj.⟩: *herzkrank.*

herz|lich ⟨Adj.⟩ [mhd. herze(n)lich]: **1. a)** *Warmherzigkeit, eine von innen kommende Freundlichkeit besitzend, ausstrahlend, zeigend; voller Gefühlswärme u. liebevoll entgegenkommend:* -e Worte, Blicke; ein -es Lächeln; er war sehr h. zu mir; sie waren, standen sehr h. miteinander; wir wurden h. empfangen; **b)** *dem innersten Gefühl entsprechend; aufrichtig, ehrlich gemeint; von Herzen kommend:* -en Anteil an jmds. Schicksal nehmen; nun habe ich noch eine -e *(dringende, mir am Herzen liegende)* Bitte; sein Gruß war, klang nicht gerade h.; sich h. bei jmdm. bedanken; häufig in Gruß-, Dank-, Wunschformeln: -e Grüße; -en Dank, Glückwunsch; -es Beileid; als Briefschluss: h. dein ...; -st euer ... **2.** ⟨verstärkend bei Adj. u. Verben⟩ *sehr; recht, ziemlich, überaus:* der Vortrag war h. langweilig, schlecht; das ist h. wenig; h. gern!; als er das hörte, musste er h. lachen.

Herz|lich|keit, die; -, -en: **1.** ⟨o. Pl.⟩ **a)** *von innen kommende Freundlichkeit; herzliches* (1 a) *Wesen, Entgegenkommen:* mit großer H.; einen Besuch voller H. empfangen; **b)** *Aufrichtigkeit, Echtheit, Ehrlichkeit; herzliche* (1 b) *Art:* er zweifelte an der H. ihrer Anteilnahme. **2.** *herzliche Verhaltensweise, Äußerung:* sich für eine H. bedanken.

herz|los ⟨Adj.⟩ [mhd. herzelōs]: *kein Mitleid zeigend; ohne Mitgefühl; gefühllos, hart:* ein -er Mensch; eine -e Tat; das war sehr h. von ihm; h. handeln.

Herz|lo|sig|keit, die; -, -en: **a)** ⟨o. Pl.⟩ *das Herzlossein, herzlose Haltung, herzloses Verhalten:* seine Handlungsweise zeugt von großer H.; **b)** *herzlose Bemerkung, Handlung:* solche -en war er allmählich von ihr gewöhnt.

Herz-Lun|gen-Ma|schi|ne, die: *medizinisches Gerät, das als künstlicher Ersatz für den natürlichen Körperkreislauf des Blutes für kürzere Zeit die Funktion des Herzens u. der Lunge übernehmen kann.*

Herz|mas|sa|ge, die: *rhythmisches Zusammendrücken, Pressen des Herzens, um die Herztätigkeit aufrechtzuerhalten od. wieder in Gang zu bringen (bes. als Maßnahme der ersten Hilfe).*

Herz|mit|tel, das (ugs.): *Arzneimittel zur Unterstützung u. Verbesserung der Herztätigkeit.*

Herz|mus|kel, der: *zwischen der Innenhaut u. dem Herzbeutel gelegene Muskelschicht, Muskelgewebe des Herzens; Myokard.*

Herz|mus|kel|ent|zün|dung, die (Med.): *Myokarditis.*

Herz|mus|kel|schwä|che, die (Med.): *Kontraktionsschwäche des Herzmuskels.*

Herz|mus|ku|la|tur, die (Anat.): vgl. Beinmuskulatur.

herz|nah ⟨Adj.⟩: *in unmittelbarer Nähe des Herzens gelegen:* -e Gefäße.

Her|zog [...tso:k], der; -s, Herzöge, seltener: -e [mhd. herzoge, ahd. herizogo, wohl aus dem Got., urspr. = Heerführer, 1. Bestandteil zu ↑Heer, 2. Bestandteil zu ↑ziehen]: **1. a)** *(in germanischer Zeit) für die Dauer eines Kriegszugs gewählter od. durch Los bestimmter Heerführer;* **b)** *(von der Merowingerzeit an) über mehrere Grafen gesetzter königlicher Amtsträger mit zunächst vorwiegend militärischen Aufgaben, später zum Teil stammesherrschaftlichen Befugnissen [u. Unabhängigkeit vom König].* **2. a)** ⟨o. Pl.⟩ *Adelstitel eines Angehörigen des hohen Adels im Rang zwischen König u. Fürst* (als Bestandteil des Familiennamens hinter dem Vornamen stehend): der Besitz H. Meiningens, des -s [von] Meiningen; Anschrift: Herrn Friedrich H. [von] Meiningen; Briefanrede: sehr geehrter Herr H. [von] Meiningen; **b)** *Angehöriger des hohen Adels im Rang zwischen König u. Fürst; Träger des Adelstitels Herzog* (2 a): der H. kommt; die deutschen Herzöge; sie traf mit mehreren Herzögen Europas zusammen.

Her|zo|gin, die; -, -nen [mhd. herzoginne]: **1.** w. Form zu ↑Herzog. **2.** *Frau eines Herzogs.*

Her|zo|gin|mut|ter, die ⟨Pl. ...mütter⟩: *Mutter eines regierenden Herzogs.*

her|zog|lich ⟨Adj.⟩: *einen Herzog, den Titel od. Stand eines Herzogs betreffend, zu ihm gehörend, ihm zustehend:* die -e Familie; -er Besitz; das -e Wappen.

Her|zogs|hut, der; -[e]s, ...hüte: *ähnlich der Königskrone bei bestimmten Zeremonien getragene Kopfbedeckung eines Herzogs in Gestalt einer Purpurkappe.*

Her|zogs|wür|de, die; -: *mit dem Titel, den Ehren, den Befugnissen eines Herzogs verbundener Rang.*

Her|zog|tum, das; -s, ...tümer [mhd., spätahd. herzog(en)tuom]: *Territorium mit einem Herzog als Oberhaupt; Besitz, Herrschaftsbereich eines Herzogs.*

Herz|ope|ra|ti|on, die: *operativer Eingriff am Herzen.*

Herz|pa|ti|ent, der: *an einer Herzkrankheit leidender od. am Herzen operierter Patient.*

Herz|pa|ti|en|tin, die: w. Form zu ↑Herzpatient.

Herz|rhyth|mus, der (Med.): *Schlagrhythmus des Herzens; Zusammenziehung, Kontraktion u. Erweiterung, Erschlaffung des Herzmuskels in ihrer exakten zeitlichen Abfolge* (Systole u. Diastole).

Herz|rhyth|mus|stö|rung, die (Med.): *Störung des normalen Herzrhythmus.*

Herz|schei|de|wand, die (Med.): *Scheidewand zwischen linker u. rechter Herzkammer.*

Herz|schlag, der: **1. a)** *durch Zusammenziehung, Kontraktion der Herzmuskulatur entstehender Schlag des Herzens:* sie spürte ihren H.; er hatte einen H. lang (geh.; *für einen Augenblick*) das Gefühl, dies alles schon einmal erlebt zu haben; **b)** ⟨o. Pl.⟩ *rhythmische Abfolge der Herzschläge* (1 a): sein H. stockte, setzte für einen Moment aus; einen langsamen, beschleunigten H. haben; Ü der H. (geh.; *das pulsierende Leben*) einer Großstadt. **2.** *zum Tod führender plötzlicher Ausfall der Herztätigkeit:* einen H. erleiden; einem H. erliegen.

Herz|schlag|fol|ge, die: *Abfolge der Herzschläge* (1 a).

Herz|schmerz, der ⟨meist Pl.⟩: *vom Herzen ausgehender Schmerz; Schmerz in der Herzgegend:* heftige, starke -en haben.

Herz|schritt|ma|cher, der: **1.** (Anat.) *Teil des Herzens, von dem die elektrische Erregung für jeden Herzschlag* (1 a) *ausgeht.* **2.** (Med.) *[in den Körper implantiertes] durch Batterien betriebenes Gerät, das bei schweren Störungen der Herztätigkeit die elektrischen Impulse zur periodischen Reizung der Herzmuskulatur liefert.*

Herz|schwä|che, die: *Herzinsuffizienz.*

Herz|spen|der, der: *Verstorbener, dessen Herz einem Herzkranken transplantiert wird.*

Herz|spen|de|rin, die: w. Form zu ↑Herzspender.

Herz|spe|zi|a|list, der: *Kardiologe.*

Herz|spe|zi|a|lis|tin, die: w. Form zu ↑Herzspezialist.

herz|stär|kend ⟨Adj.⟩: *das Herz* (1 a) *stärkend, die Herztätigkeit unterstützend:* ein -es Mittel.

Herz|stich, der ⟨meist Pl.⟩: *kurz anhaltender, stechender Schmerz in der Herzgegend.*

Herz|still|stand, der (Med.): *Aufhören der Herztätigkeit.*

Herz|stol|pern, das; -s: *unregelmäßige Herztätigkeit, bei der die Empfindung entsteht, das Herz würde kurz aufhören zu schlagen u. danach rasch seine Tätigkeit wieder aufnehmen.*

Herz|stück, das (geh.): *wesentlicher, wichtigster*

Teil; etw., Teilstück, auf das es ankommt; Kernstück: dieses Gemälde ist das H. der Ausstellung.
Herz|tä|tig|keit, die: *Arbeit, Tätigkeit des Herzens, durch die das Blut in die Arterien gepumpt wird.*
Herz|tod, der: *innerhalb kürzester Zeit durch den plötzlichen Ausfall der Herztätigkeit herbeigeführter Tod.*
Herz|ton, der ⟨Pl. ...töne; meist Pl.⟩ (Med.): *durch die Herztätigkeit entstehender, regelmäßig sich wiederholender Ton:* die Herztöne des Patienten wurden immer schwächer.
Herz|trans|plan|ta|ti|on, die: *Transplantation des Herzens eines Verstorbenen in den Körper eines lebenden Menschen, dessen erkranktes Herz operativ entfernt wird.*
Herz|trop|fen ⟨Pl.⟩: *herzstärkende, herzwirksame Tropfen* (2).
her|zu ⟨Adv.⟩ [mhd. her zuo, ahd. hera (hara) zuo, aus ↑her u. ↑zu] (geh.): *von dort hierher, auf den Sprechenden zu; herbei.*
her|zu|ei|len ⟨sw. V.; ist⟩ (geh.): *eilends herzukommen; herbeieilen.*
her|zu|kom|men ⟨st. V.; ist⟩ (geh.): *von dort auf den Sprechenden zukommen; herbeikommen.*
her|zu|tre|ten ⟨st. V.; ist⟩: *von einer entfernt liegenden Stelle auf den Sprechenden zutreten.*
Herz|ver|pflan|zung, die: *Herztransplantation.*
Herz|ver|sa|gen, das; -s: *Aufhören, Unterbrechung od. starke Verminderung der Herztätigkeit:* an H. sterben.
Herz|weh, das ⟨o. Pl.⟩ [2: mhd. herzewē]: **1.** (veraltet) *Herzschmerzen.* **2.** (geh.) *großer Kummer, Schmerz; tiefes Leid.*
herz|wirk|sam ⟨Adj.⟩: *bei bestimmten Herzkrankheiten günstig auf das Herz, die Herztätigkeit einwirkend:* das Mittel ist nicht speziell h.
herz|zer|rei|ßend ⟨Adj.⟩: *tiefstes Mitgefühl, Mitleid erweckend; jammervoll, erschütternd:* eine -e Abschiedsszene; sie weinte [ganz] h.
Hes|pe|ri|de, die; -, -n ⟨meist Pl.⟩ [griech. Hesperídes, eigtl. = Töchter des Westens] (griech. Myth.): eine der Hüterinnen der goldenen Äpfel im Garten der Götter.
Hes|pe|ri|en ⟨Pl.⟩ [lat. Hesperia < griech. hespéria = Westen, zu: hespérios = abendlich, westlich] (im Altertum dichter.): *Land gegen Westen (bes. Italien u. Spanien).*
hes|pe|risch ⟨Adj.⟩ [zu griech. hésperos = abendlich, westlich; Abend; Abendstern] (bildungsspr.): *abendländisch, weltlich.*
Hes|pe|ros, Hes|pe|rus, der; - [lat. Hesperus, Hesperos < griech. hésperos] (griech. Myth.): der Abendstern.
Hes|se, der; -n, -n: Ew.
Hes|sen; -s: deutsches Bundesland.
Hes|sen|land, das: vgl. Hessen.
Hes|sen-Nas|sau; -s: ehemalige preußische Provinz.
Hes|sin, die; -, -nen: w. Form zu ↑Hesse.
hes|sisch ⟨Adj.⟩: *Hessen, die Hessen betreffend; aus Hessen stammend.*
Hes|tia (griech. Myth.): Göttin des Herdes.
He|tä|re, die; -, -n [griech. hetaíra, eigtl. = Gefährtin]: **1.** *(in der Antike) meist hochgebildete, oft politisch einflussreiche Freundin, Geliebte bedeutender Männer.* **2.** (bildungsspr.) *Prostituierte.*
He|tä|rie, die; -, -n [griech. hetaireía]: *[alt]griechische (meist geheime) politische Verbindung.*
he|ter-, He|ter-: ↑hetero-, Hetero-.
he|te|ro ⟨indekl. Adj.⟩ (ugs.): kurz für ↑heterosexuell.
He|te|ro, der; -s, -s (ugs.): kurz für ↑Heterosexuelle(r).
he|te|ro-, He|te|ro-, (vor Vokalen auch:) heter-, Heter- [griech. héteros] ⟨Best. in Zus. mit der Bed.⟩: *anders, fremd, ungleich, verschieden:* heterodont, heterogen; Heterosexualität.
He|te|ro|chro|mo|som, das; -s, -en (Med., Biol.): *Geschlechtschromosom.*
he|te|ro|cy|clisch: ↑heterozyklisch.
he|te|ro|dont ⟨Adj.⟩ [zu griech. odoús (Gen.: odóntos) = Zahn] (Biol.): *(vom Gebiss fast aller Säugetiere) mit verschiedenartigen Zähnen (wie Schneide-, Eck-, Backenzähnen) ausgestattet.*
he|te|ro|dox ⟨Adj.⟩ [griech. heteródoxos = von anderer Meinung, zu: dóxa = Meinung; Lehre]: **1.** (Rel.) *von der herrschenden Kirchenlehre abweichend; andersgläubig.* **2.** (Schach) *Schachprobleme betreffend, die nicht den normalen Spielbedingungen entsprechen, dem Fairychess angehören.*
He|te|ro|do|xie, die; -, -n [griech. heterodoxía = verschiedene, irrige Meinung] (Rel.): *Lehre, die von der offiziellen Kirchenlehre abweicht; Irrlehre.*
He|te|ro|ga|mie, die; - [zu griech. gámos = Ehe] (Soziol.): *Ungleichheit der Partner bei der Wahl des Gatten, bes. hinsichtlich sozialer Herkunft u. kultureller Prägung, des Alters, der Konfession o. Ä.*
he|te|ro|gen ⟨Adj.⟩ [griech. heterogenḗs, ↑-gen] (bildungsspr.): *nicht gleichartig im inneren Aufbau; uneinheitlich, aus Ungleichartigem zusammengesetzt; ungleichmäßig aufgebaut, ungleichartig, nicht homogen:* eine -e Masse, Gruppe, Schicht; h. zusammengesetzt sein.
He|te|ro|ge|ni|tät, die; -: *Verschiedenartigkeit, Ungleichartigkeit, Uneinheitlichkeit im Aufbau, in der Zusammensetzung.*
He|te|ro|go|nie, die; - [zu griech. gonḗ = das Entstehen, Erzeugung]: **1.** (Biol.) *besondere Form des Generationswechsels bei Tieren (z. B. bei Wasserflöhen), wobei auf eine sich geschlechtlich fortpflanzende Generation eine andere folgt, die sich aus unbefruchteten Eiern entwickelt.* **2.** (bes. Philos.) *Entstehung von Neuem, Nichtangelegtem.*
he|te|ro|grad ⟨Adj.⟩ [↑Grad] (Statistik): *auf quantitative Unterschiede gerichtet:* -e Methoden anwenden.
He|te|ro|gra|phie, (auch:) Heterografie, die; - [↑-graphie] (Sprachw.): **1.** *Verwendung gleicher Schriftzeichen für unterschiedliche Laute* (z. B. *ch* im Deutschen für den Achlaut und den Ichlaut). **2.** *unterschiedliche Schreibung von Wörtern mit gleicher Aussprache* (z. B. Kaffee – Café, viel – fiel).
He|te|ro|kli|sie, die; - [zu griech. klísis = Deklination, Konjugation] (Sprachw.): *Flexion eines Nomens, bei der verschiedene Stammformen zu einem Paradigma vereinigt sind* (z. B. griech. hē̃par, Gen.: hḗpatos).
He|te|ro|kli|ton, das; -s, ...ta [griech. heteróklitos = von verschiedener Deklination] (Sprachw.): *Nomen, das eine, mehrere od. alle Kasusformen nach mindestens zwei verschiedenen Deklinationstypen bildet od. bei dem sich verschiedene Stammformen zu einem Paradigma ergänzen* (z. B. der Staat, des Staates [stark] – die Staaten [schwach]).
he|te|ro|log ⟨Adj.⟩ [zu griech. lógos = Rede, Wort, wissenschaftliche Untersuchung; Suffix mit der Bed. »entsprechend«] (bes. Med.): *abweichend, nicht übereinstimmend, artfremd:* -e Insemination *(künstliche Befruchtung mit nicht vom Ehemann stammendem Samen).*
he|te|ro|nom ⟨Adj.⟩ [zu griech. nómos = Gesetz]: **1.** (bildungsspr.) *[verwaltungsmäßig] unselbstständig, abhängig; von fremden Gesetzen abhängend:* ein -er Staat. **2.** (Zool.) *(von bestimmten Tieren, z. B. Insekten) ungleichwertig hinsichtlich der einzelnen Körperabschnitte.*
He|te|ro|no|mie, die; -: **1.** (bildungsspr.) *[Verwaltungsmäßige] Abhängigkeit, Unselbstständigkeit; von außen her bezogene Gesetzgebung.* **2.** (Philos.) *Abhängigkeit von anderer als der eigenen sittlichen Gesetzlichkeit.* **3.** (Zool.) *heteronome Gliederung, Ungleichartigkeit, Ungleichwertigkeit der Abschnitte eines Tierkörpers.*
he|te|ro|nym ⟨Adj.⟩ (Sprachw.): *die Heteronymie betreffend.*
He|te|ro|nym, das; -s, -e [zu griech. ónyma = Name] (Sprachw.): **1.** *Wort, das von einer anderen Wurzel od. einem anderen Stamm gebildet ist als ein Wort, mit dem es sachlich eng zusammengehört* (z. B. Schwester – Bruder). **2.** *Wort, das in einer anderen Sprache, Mundart od. einem anderen Sprachsystem dasselbe bedeutet* (z. B. dt. Bruder – frz. frère; Samstag – Sonnabend; Orange – Apfelsine).
He|te|ro|ny|mie, die; - (Sprachw.): **1.** *Bildung sachlich zusammengehörender Wörter von verschiedenen Wurzeln (Stämmen).* **2.** *das Vorhandensein mehrerer Wörter aus verschiedenen Sprachen, Mundarten od. Sprachsystemen bei gleich bleibender Bedeutung.*
he|te|ro|phag ⟨Adj.⟩ [zu griech. phageĩn = essen, fressen] (Biol.): **1.** *(von Tieren) sowohl pflanzliche als auch tierische Nahrung fressend.* **2.** *(von Parasiten) auf verschiedenen Wirtstieren od. -pflanzen schmarotzend.*
he|te|ro|phil ⟨Adj.⟩ [zu griech. phileĩn = lieben] (bildungsspr.): *eine Liebesbeziehung, erotische Kontakte zwischen verschiedengeschlechtlichen Partnern ausdrückend, aufweisend.*
he|te|ro|phob ⟨Adj.⟩ [zu griech. phobeĩn = fürchten] (bildungsspr., Fachspr.): *eine starke [krankhafte] Abneigung gegen das andere Geschlecht habend.*
He|te|ro|phyl|lie, die; - [zu griech. phýllon = Blatt] (Bot.): *verschiedenartige Ausprägung, unterschiedliche Gestaltung der Laubblätter einer einzelnen Pflanze.*
He|te|ro|plas|tik, die; -, -en (Med.): *Verpflanzung von Organen, Gewebeteilen auf ein Lebewesen einer anderen Art* (z. B. vom Tier auf den Menschen).
He|te|ro|se|mie, die; -, -n [zu griech. sēmeĩon = Zeichen] (Sprachw.): *unterschiedliche Bedeutung des gleichen Wortes in verschiedenen Sprachsystemen* (z. B. *schnuddelig* = obersächs. *unsauber,* berlin. *lecker*).
He|te|ro|se|xu|a|li|tät, die; - (Sexualk.): *sich auf das andere Geschlecht richtendes sexuelles Empfinden u. Verhalten.*
he|te|ro|se|xu|ell ⟨Adj.⟩: *die Heterosexualität betreffend, auf ihr beruhend, für sie charakteristisch; in seinem sexuellen Empfinden u. Verhalten zum anderen Geschlecht hinneigend:* -e Männer, Frauen; h. veranlagt sein.
He|te|ro|se|xu|el|le, der u. die; -n, -n ⟨Dekl. ↑Abgeordnete⟩: *heterosexuell veranlagte männliche bzw. weibliche Person:* der H. verhält sich in solchen Fällen genauso wie der Homosexuelle.
He|te|ro|som, das; -s, -en [zu griech. sõma = Körper] (Biol.): *Heterochromosom.*
He|te|ro|sphä|re, die; - (Met.): *der obere Bereich der Atmosphäre (etwa ab 100 km Höhe).*
He|te|ro|ste|reo|typ, das ⟨meist Pl.⟩ (Soziol.): *(verhältnismäßig fest gefügtes) Bild, das eine Person od. Personengruppe von einer anderen Person od. Personengruppe hat; Fremdbild.*
he|te|ro|therm ⟨Adj.⟩ [zu griech. thermós = warm] (Zool.): *(von Kriechtieren) die eigene Körpertemperatur der Temperatur der Umgebung angleichend, wechselwarm.*
He|te|ro|trans|plan|ta|ti|on, die (Med.): *Transplantation von Organen, Gewebeteilen auf ein Lebewesen einer anderen Art* (z. B. vom Tier auf den Menschen).
he|te|ro|troph ⟨Adj.⟩ [zu griech. trophḗ = Nahrung] (Biol.): *in der Ernährung auf Körpersubstanz od. Stoffwechselprodukte anderer Organismen angewiesen:* -e Pflanzen.
He|te|ro|tro|phie, die; - (Biol.): *Ernährungsweise heterotropher Organismen; Ernährung durch Aufnahme organischer Nahrung.*
he|te|ro|zön ⟨Adj.⟩ [zu griech. koinós = gemeinsam] (Zool.): *(von Tieren) eine Entwicklung in verschiedenen Lebensräumen durchlaufend* (z. B. Frösche, die nur als Larven im Wasser leben).
he|te|ro|zy|got ⟨Adj.⟩ [↑Zygote] (Biol.): *mit ungleichartigen mütterlichen u. väterlichen Erbanlagen versehen; mischerbig.*
he|te|ro|zy|klisch [auch: ...ˈtsyk...], (auch:) he|te|ro|cy|clisch ⟨Adj.⟩: **1.** (Bot.) *(von Blüten, deren*

H

Blattkreise unterschiedlich viele Blätter enthalten) verschiedene Quirle (3) *aufweisend.* **2.** (Chemie) *im Kohlenstoffring auch andere Atome enthaltend.*

He|thi|ter, (ökum.:) Hetiter, der; -s, -: Angehöriger eines indogermanischen Kulturvolkes in Kleinasien.

He|thi|te|rin, (ökum.:) Hetiterin, die; -, -nen: w. Form zu ↑Hethiter.

he|thi|tisch, (ökum.:) hetitisch ⟨Adj.⟩: **a)** *die Hethiter betreffend;* **b)** *in der Sprache der Hethiter.*

He|thi|tisch, das; -[s] u. ⟨nur mit best. Art.:⟩ **He|thi|ti|sche,** das, -n; *die Sprache der Hethiter.*

He|thi|to|lo|gie, die; - [↑-logie]: *Wissenschaft von den Hethitern u. den Sprachen u. Kulturen des alten Kleinasiens.*

He|ti|ter: ↑Hethiter.

He|ti|te|rin: ↑Hethiterin.

he|ti|tisch usw.: ↑hethitisch usw.

Het|man, der; -s, -e, auch: -s [poln. hetman < spätmhd. (ostmd.) häuptmann = Hauptmann]: **1.** *vom König eingesetzter Oberbefehlshaber des Heeres in Polen u. Litauen.* **2.** *frei gewählter Führer der Kosaken mit militärischer u. ziviler Befehlsgewalt.*

Het|sche|petsch, die; -, - [H. u.; vgl. tschech. šipek = Heckenrose, Hagebutte] (bayr., österr. ugs.): *Hagebutte.*

Het|scherl, das; -s, -n (österr. ugs.): *Hagebutte.*

Hetz, die; -, -en ⟨Pl. selten⟩ [urspr. = Hetzjagd auf Tiere] (österr. ugs.): *Spaß, Vergnügen, Belustigung:* das war eine H.!

Hetz|ar|ti|kel, der (abwertend): *Zeitungsartikel, in dem gegen jmdn., etw. gehetzt* (3), *bes. politische Hetze* (2) *betrieben wird.*

Hetz|blatt, das (abwertend): *Zeitung, Zeitschrift o. Ä., die politische Hetze* (2) *betreibt.*

Het|ze, die; -, -n ⟨Pl. selten⟩ [rückgeb. aus ↑hetzen]: **1.** *übertriebene Eile, große Hast; das Getriebensein:* das war wieder eine große, schreckliche, furchtbare H. heute; die H. des Alltags hat sie krank gemacht; in fürchterlicher H. mussten wir die Koffer packen. **2.** ⟨o. Pl.⟩ (abwertend) *unsachliche, gehässige, verleumderische, verunglimpfende Äußerungen u. Handlungen, die Hassgefühle, feindselige Stimmungen u. Emotionen gegen jmdn., etw. erzeugen:* eine wilde, böse, infame, maßlose, massive H. gegen jmdn., ein Land entfesseln, entfachen, betreiben; sie wurde durch planvolle H. ruiniert. **3.** (Jägerspr.) *Hetzjagd.*

het|zen ⟨sw. V.⟩ [mhd., ahd. hetzen; eigtl. = hassen machen, zum Verfolgen bringen, Kausativ zu ↑hassen]: **1.** ⟨hat⟩ **a)** *vor sich hertreiben, -jagen; scharf verfolgen:* Wild mit Hunden [zu Tode] h.; der Hund hetzt den Hasen; die Polizei hetzte den Verbrecher [durch die Straßen]; man hetzte *(jagte)* sie mit Hunden vom Hof; sich gehetzt fühlen; **Ü** ständig hetzte er seine Mitarbeiter *(trieb zur Eile, zu beschleunigter Arbeit o. Ä. an);* ein gehetzter *(rastloser, gejagter)* Mensch; **b)** *(ein Tier, bes. einen abgerichteten Hund) dazu veranlassen, dazu bringen, auf jmdn. loszugehen, jmdn. zu verfolgen:* die Hunde auf jmdn. h.; **Ü** (abwertend:) die Polizei auf jmdn. h. **2. a)** *in großer Eile sein; etw. mit Hast erledigen; hastig arbeiten; sich bei etw. sehr beeilen, abhetzen* ⟨hat⟩: bei dieser Arbeit braucht niemand zu h., wir haben genügend Zeit; sie hetzt den ganzen Tag ohne auszuruhen; ⟨häufiger h. + sich:⟩ hetz dich nicht so, du hast Zeit!; **b)** *sich in großer Eile, Hast fortbewegen, irgendwohin begeben; rennen, hasten, jagen* ⟨ist⟩: wir mussten sehr h., sind sehr gehetzt, um noch rechtzeitig am Bahnhof zu sein; über den Zebrastreifen h.; sie hetzt von einem Termin zum andern; er hetzte zur Post. **3.** ⟨hat⟩ (abwertend) **a)** *Hetze* (2) *gegen jmdn., etw. betreiben; Hass entfachen, schüren; Schmähreden führen, lästern:* er hetzt ständig; gegen seine Kollegen, gegen die Regierung, gegen die gleitende Arbeitszeit h.; **b)** *jmdn. durch Hetze* (2) *zu etw. veranlassen, aufstacheln:* zum Krieg h.

Het|zer, der; -s, -: *jmd., der hetzt, Hetze* (2) *betreibt.*

Het|ze|rei, die; -, -en: **1.** ⟨o. Pl.⟩ *fortwährendes Hetzen* (2), *übertriebene, als lästig empfundene Eile, Hast:* jeden Morgen diese H. zum Zug. **2.** (ugs. abwertend) **a)** ⟨o. Pl.⟩ *fortwährendes, wiederholtes Hetzen* (3), *Aufstacheln, Aufwiegeln, Lästern;* **b)** *hetzerische Äußerung, Handlung.*

Het|ze|rin, die; -, -nen: w. Form zu ↑Hetzer.

het|ze|risch ⟨Adj.⟩: *Hetze* (2) *betreibend, verbreitend; der Hetze* (2), *Hetzerei* (2) *dienend:* -e Schriften, Bücher; -e Reden führen; Flugblätter mit -em Inhalt.

hetz|hal|ber ⟨Adj.⟩ (österr. ugs.): *zum Spaß:* ich habe es ja nur h. gesagt.

Hetz|hund, der: *für die Hetzjagd od. zur Verfolgung von Menschen abgerichteter Hund.*

Hetz|jagd, die: **1.** (Jagdw.) *Jagd jeder Art, bei der Wild, bes. Schwarzwild, mit Hunden gehetzt* (1 a) *wird:* eine H. veranstalten; **Ü** durch alle Räume des Hauses ging die H. *(das Rennen, Sichjagen, -verfolgen)* der Kinder. **2.** *Hetze* (1), *große Eile, Hast:* ich möchte mal einen Tag ohne H. verbringen.

Hetz|kam|pa|gne, die (abwertend): *Kampagne, Aktion, mit der massiv gegen jmdn., etw. gehetzt* (3), *bes. politische Hetze* (2) *betrieben wird.*

Hetz|or|gan, das (abwertend): *Hetzblatt.*

Hetz|pa|ro|le, die ⟨meist Pl.⟩ (abwertend): *schlagwortartig formulierte hetzende* (3) *Äußerung.*

Hetz|pro|pa|gan|da, die (abwertend): vgl. Hetzkampagne.

Hetz|re|de, die (abwertend): *zu etw. aufhetzende* (b) *Rede.*

Hetz|schrift, die (abwertend): vgl. Hetzartikel.

Hetz|ti|ra|de, die ⟨meist Pl.⟩ (abwertend): *zu etw. aufhetzendes Gerede o. Ä.:* die von -n strotzende Rede des Chefideologen.

Heu, das, -[e]s [mhd. höu[we], ahd. houwi; verw. mit ↑hauen, eigtl. = das zu Hauende od. das Gehauene]: **1.** *getrocknetes Gras, das als Viehfutter verwendet wird:* duftendes H.; eine Fuhre H.; H. machen *(Gras mähen u. dann trocknen lassen; auch: Heu wenden, ernten, einfahren u. a.);* sie sind dabei, das H. zu wenden, aufzuladen, einzufahren; er [ver]füttert fast nur H.; im H. schlafen, übernachten; die Bauern gehen, fahren schon ins H. (ugs.; *gehen schon zum Heumachen*); *** mit jmdm. ins H. gehen** (ugs.; *mit jmdm. sexuell verkehren;* in ländlichen Gegenden waren Heuschober u. Heuböden bes. für Mägde u. Knechte bevorzugte Plätze für ein ungestörtes Zusammensein); **sein H. im Trockenen haben** (↑Schäfchen 1). **2.** (ugs.) *[viel] Geld:* der hat vielleicht H.! **3.** (Jargon verhüll.) *Marihuana.*

Heu|baum, der: *Stange, die der Länge nach über dem Heuwagen liegt u. der Befestigung des Heufuders dient; Wiesbaum.*

Heu|blu|me, die ⟨meist Pl.⟩: *aus dem Heu gewonnenes Gemisch aus Blüten, Samen u. Pflanzenteilen verschiedener Gräser u. Blumen, das in der Heilkunde verwendet wird.*

Heu|bo|den, der: **1.** *Boden[raum] über den Stallungen o. Ä. zum Speichern des Heus.* **2.** (salopp scherzh.) *oberster Rang im Theater.*

Heu|büh|ne, die (schweiz.): *Heuboden.*

Heu|che|lei, die; -, -en (abwertend): **a)** ⟨o. Pl.⟩ *[fortwährendes] Heucheln; Verstellung; Vortäuschung nicht vorhandener Gefühle, Eigenschaften o. Ä.:* es war alles nur, nichts als H.; in seinem Tun lag keine H.; **b)** *heuchlerische Äußerung, Handlung:* mit solchen -en kommst du bei mir nicht weit.

heu|cheln ⟨sw. V.; hat⟩ [älter = schmeicheln, vgl. mhd. hūchen = sich ducken, kauern (verw. mit ↑hocken)]: **1.** *nicht seine wirklichen Gedanken äußern; etw. anderes sagen, als man denkt; sich anders geben, als man ist; sich verstellen:* du heuchelst doch nur, wenn du ihm immer Recht gibst; so ahnungslos kann sie nicht sein, sie heuchelt nur. **2.** *(nicht vorhandene Gefühle, Gemütszustände, Eigenschaften) als vorhanden erscheinen lassen, vortäuschen, vorgeben:* Mitgefühl, Ergebenheit, Reue, Freude h.; sie heuchelte Erstaunen, Interesse, Verwunderung; er antwortete mit geheuchelter Ruhe, Liebenswürdigkeit.

Heuch|ler, der; -s, -: *jmd., der [fortwährend] heuchelt:* du bist ein H.!

Heuch|le|rin, die; -, -nen: w. Form zu ↑Heuchler.

heuch|le|risch ⟨Adj.⟩: **a)** *einem Heuchler entsprechend, in der Art eines Heuchlers; von Heuchelei bestimmt; unaufrichtig, voller Verstellung:* ein -er Mensch, Freund; sie hat ein -es Wesen; h. reden; **b)** *von Heuchelei zeugend, Heuchelei enthaltend; geheuchelt:* -e Worte, Gesten, Tränen; er begegnete ihr auf der Beerdigung mit -er Teilnahme.

Heuch|ler|mie|ne, die: *heuchlerische, scheinbar freundliche Miene.*

Heu|die|le, die (schweiz.): *Heuboden.*

heu|en ⟨sw. V.; hat⟩ [mhd. höuwen; zu ↑Heu] (landsch.): *Heu machen, Heu ernten.*

heu|er ⟨Adv.⟩ [mhd. hiure, ahd. hiuru, zusgez. aus: hiu jāru = in diesem Jahr] (südd., österr., schweiz.): **a)** *dieses Jahr, in diesem Jahr[e]:* h. haben wir ein zeitiges Frühjahr; **b)** *dieser Tage, in diesen Tagen, heute:* sein Geburtstag jährt sich h.

[1]Heu|er, der; -s, - [mhd. höuwer] (landsch.): *Heumacher.*

[2]Heu|er, die; -, -n [mniederd. hūre, zu ↑heuern] (Seemannsspr.): **1.** *Lohn eines Seemannes:* die H. ausbezahlen, nicht bekommen. **2.** *Anstellung eines Seemanns auf einem Schiff:* eine H. suchen.

Heu|er|baas, der: *Vermittler von Stellungen für Seeleute auf Schiffen.*

Heu|er|bü|ro, das: *Stellenvermittlungsbüro für Seeleute.*

heu|ern ⟨sw. V.; hat⟩ [mhd. hūren = mieten, H. u.] (Seemannsspr.): **1.** (seltener) *anheuern:* die Besatzung für ein Schiff h.; er ließ sich bei der Hochseefischerei h. **2.** (veraltend) *(ein Schiff) mieten, chartern.*

Heu|ern|te, die: **1.** *das Ernten, Einbringen des Heus:* mit der H. beginnen. **2.** *Gesamtheit des geernteten od. zu erntenden Heus:* eine gute H.

Heu|ert, [1]Heuet, der; -s, -e ⟨Pl. selten⟩: *Heumonat.*

Heu|er|ver|trag, der [zu ↑[2]Heuer]: *Arbeitsvertrag eines Seemanns.*

[1]Heu|et: ↑Heuert.

[2]Heu|et, der; -s (südd. auch:) die; - (südd., schweiz.): *Heuernte.*

Heu|feim, der, **Heu|fei|me,** die, **Heu|fei|men,** der (nordd., md.): vgl. Heuschober.

Heu|for|ke, die (nordd.): *Heugabel.*

Heu|fu|der, das: *Ladung eines Heuwagens.*

Heu|fuh|re, die: *Fuhre von Heu.*

Heu|ga|bel, die: *landwirtschaftliches Gerät mit langem Stiel u. drei od. vier Zinken zum Aufheben o. Ä. des Heus:* mit der H. das Heu aufladen, aufstecken.

Heu|har|ke, die (nordd.): *Heurechen.*

Heu|hau|fen, der: *zu einem Haufen zusammengerechtes Heu.*

Heu|hüp|fer, der (ugs.): *Heuschrecke.*

Heu|hüt|te, die (landsch.): *Gestell zum Trocknen von Heu.*

Heul|bo|je, die: **1.** (Seew.) *Boje mit eingebauter Sirene, die durch Wind u. Seegang zum Tönen gebracht wird.* **2.** (ugs. abwertend) *laut, schlecht singender [Pop]sänger.*

heu|len ⟨sw. V.; hat⟩ [mhd. hiulen, hiuweln, zu mhd. hiuwel, ahd. hūwila = Eule, also eigtl. = wie eine Eule schreien]: **1. a)** *(von bestimmten Tieren) klagende, lang gezogene, meist durchdringende, hohe Laute ausstoßen:* die Hunde, Schakale, Wölfe heulten; **Ü** der Sturm heulte [ums Haus]; **b)** *(von bestimmten Apparaten, Geräten) einen lang gezogenen, durchdringenden, meist hohen [an- u. abschwellenden] Ton von sich geben, hervorbringen:* die Sirenen, Motoren heulten. **2.** (ugs.) *[laut klagend, mit lang gezogenen, hohen Tönen heftig] weinen:* laut, erbärmlich, bitterlich h.; warum sollen Jungen nicht h. dürfen?; sie heulte um ihre Puppe; er heulte vor Freude, vor Rührung, vor Wut; deswegen brauchst du doch nicht zu h.; ***Heulen und Zähneklappern/Zähneknirschen** (oft scherzh.; *große Furcht, großes Entsetzen;* nach Matth. 8, 12): jetzt wird gebummelt, und kurz vor der Prüfung herrscht dann wieder Heulen und Zähneknirschen; **zum Heulen sein** (ugs.; *sehr traurig, deprimierend sein*).

Heu|ler, der; -s, - [4: nach dem klagenden Ruf, den die Jungtiere von sich geben]: 1. (ugs.) *einzelner Heulton.* 2. *kleinerer Feuerwerkskörper, der einen Heul- od. Pfeifton von sich gibt:* die Kinder kauften H., Kracher und Knallfrösche. 3. (salopp) *ausgezeichnete, tolle, erfolgreiche Sache:* das ist ja ein H.!; ***der letzte H. sein** (salopp; 1. *etw. besonders Tolles, Großartiges, Anerkennungswertes sein:* die neue Platte von den Stones ist der letzte H.! 2. *etw. besonders Schlechtes, Enttäuschendes, Ärgerliches sein:* das Buch kannste vergessen – der letzte H., sag ich dir!). 4. *junger Seehund.*

Heu|le|rei, die; -, -en ⟨Pl. selten⟩ (abwertend): *lang anhaltendes, häufiges Heulen* (2), *Weinen:* deine H. geht allen auf die Nerven.

Heul|laut, der: vgl. Heulton.

Heul|lie|se, die, **Heul|pe|ter,** der, **Heul|su|se,** die [2. Bestandteil die als Gattungsnamen gebrauchten Vornamen Liese, Peter, Suse] (ugs. abwertend): *weibliche, seltener männliche Person, die leicht zu weinen beginnt, häufig weint:* du H.!

Heul|ton, der: *durchdringender lang gezogener od. aufheulender, meist hoher Ton:* der H. einer Sirene.

Heu|ma|cher, der: *jmd., der Heu macht, erntet.*

Heu|ma|che|rin, die: w. Form zu ↑Heumacher.

Heu|mahd, die: *das Mähen von Gras, das zu Heu getrocknet wird.*

Heu|mo|nat, Heu|mond, der ⟨Pl. selten⟩ [mhd. höumānōt, ahd. hewimānōth] (veraltet): *Juli.*

Heu|och|se, der [eigtl. = Heu fressender Ochse] (Schimpfwort): *nicht begreifender, bornierter Mensch.*

Heu|pferd, das: *Heuschrecke.*

Heu|re|chen, der (bes. md., südd.): *hölzerner Rechen zum Heuwenden.*

Heu|rei|ter, der (österr.): *Gestell zum Trocknen von Heu.*

heu|re|ka! ⟨Interj.⟩ [griech. heúrēka = ich habe (es) gefunden; angeblicher Ausruf des griech. Mathematikers Archimedes (um 285–212 v. Chr.) bei der Entdeckung des hydrostatischen Grundgesetzes] (bildungsspr.): freudiger Ausruf, bes. bei der Lösung eines schwierigen Problems.

Heu|reu|ter, der (südd.): *Heureiter.*

heu|rig ⟨Adj.⟩ [mhd. hiurec, zu ↑heuer] (südd., österr., schweiz.): *diesjährig:* im -en Januar, Frühjahr.

Heu|ri|ge, der; -n, -n ⟨Dekl. ↑Abgeordnete⟩ (bes. österr.): 1. a) *junger Wein im ersten Jahr, Wein der letzten Lese:* -n trinken; beim -n sitzen; b) *Lokal, in dem neuer Wein aus den eigenen Weinbergen ausgeschenkt wird (bes. in der Umgebung Wiens).* 2. ⟨meist Pl.⟩ *erste Frühkartoffel.*

Heu|ri|gen|abend, der: *geselliger Abend in einem Heurigenlokal.*

Heu|ri|gen|lo|kal, das: *Heurige* (1 b).

Heu|ri|gen|schen|ke, die: *Heurige* (1 b).

Heu|ris|tik, die; - [zu griech. heurískein = finden, entdecken]: *Lehre, Wissenschaft von den Verfahren, Probleme zu lösen; methodische Anleitung, Anweisung zur Gewinnung neuer Erkenntnisse.*

heu|ris|tisch ⟨Adj.⟩: *die Heuristik betreffend, auf ihr beruhend, mit ihren Mitteln arbeitend, zu ihr gehörend:* -e Methoden; ein -es Prinzip *(Arbeitshypothese, vorläufige Annahme als Hilfsmittel der Forschung, Untersuchung, Erklärung).*

Heu|schnup|fen, der: *Nasen- u. Bindehautkatarrh, der durch Überempfindlichkeit gegenüber Blütenstaub hervorgerufen wird.*

Heu|scho|ber, der (südd., österr.): *im Freien aufgeschichteter [hoher] Heuhaufen.*

Heu|schreck, der; -[e]s, -e (österr.): *Heuschrecke.*

Heu|schre|cke, die [mhd. höuschrecke, ahd. houscrecho, 2. Bestandteil zu ↑schrecken in der älteren Bed. »(auf)springen«]: *Pflanzen fressendes Insekt mit häutigen Flügeln u. meist zu kräftigen Sprungbeinen ausgebildeten Hinterbeinen, dessen Männchen zirpende Laute hervorbringt.*

Heu|schre|cken|pla|ge, die: *massenhaftes Auftreten bes. von Wanderheuschrecken.*

Heu|sprin|ger, der (ugs.): *Heuschrecke.*

Heu|sta|del, der (südd., österr., schweiz.): *Scheune zum Aufbewahren von Heu.*

Heu|stock, der ⟨Pl. ...stöcke⟩ (österr., schweiz.): *Vorrat an Heu [auf dem Heuboden].*

heut (ugs.), **heu|te** ⟨Adv.⟩ [mhd. hiute, ahd. hiut(u), zusgez. aus: hiu tagu = an diesem Tage]: 1. *an diesem Tage, am gegenwärtigen Tag; an dem Tag, der gerade abläuft:* welches Datum haben wir h.?; h. ist Montag, der 10. Januar; h. gehen wir ins Theater; ich werde dies noch h. erledigen; h. früh/(auch:) Früh; h. Morgen; h. Mittag; h. Abend; h. in einer, über eine Woche; h. in acht Tagen; h. vor vierzehn Tagen; seit h., von h. an läuft ein neuer Film; für h. genug; dies ist die Zeitung von h.; ab h. ist das Geschäft durchgehend geöffnet; das geschieht nicht h. und nicht morgen *(das dauert noch eine Weile);* ***h. oder morgen** (ugs.; *in allernächster Zeit*): das ändert sich h. oder morgen; **lieber h. als morgen** (ugs.; *[aus dem Wunsch heraus, eine unangenehme Situation zu ändern] am liebsten sofort, möglichst gleich*); **h. und hier** (seltener für: hier und h.; ↑hier 1 a); **von h. auf morgen** *(sehr schnell, innerhalb kürzester Zeit; [in Bezug auf eine Veränderung] sehr überraschend [eingetreten], ohne dass man damit gerechnet hat, darauf vorbereitet war).* 2. *in der gegenwärtigen Zeit; heutzutage:* niemand kann heute *(gegenwärtig, zu diesem Zeitpunkt)* sagen, wann der Vulkan das nächste Mal ausbricht; vieles ist h. anders als früher; h. gibt es mehr Möglichkeiten der Heilung; die Jugend von h.; der Mann, die Frau von h.; ⟨subst.:⟩ das Heute *(die gegenwärtige Zeit, die Gegenwart).*

heu|tig ⟨Adj.⟩ [mhd. hiutec, ahd. hiutīg]: 1. *heute* (1) *stattfindend, von diesem Tag:* die -e Veranstaltung; die -e Zeitung; bis auf den, bis zum -en Tag *(bis zu diesem Tag, bis jetzt).* 2. *in der jetzigen, der gegenwärtigen Zeit vorhanden, lebend; derzeitig, gegenwärtig:* der -e Stand der Forschung; ⟨subst.:⟩ die Heutigen *(die heute lebenden Menschen)* wissen nichts mehr davon.

heu|ti|gen|tags [auch: ˈ- - - -] ⟨Adv.⟩ (veraltend): *in der gegenwärtigen Zeit, Epoche; in der jetzigen Zeit, in der man als Zeitgenosse lebt:* das Mittel wird h. nicht mehr verwendet; das Kloster existiert noch h. *(bis zum heutigen Tag, bis heute, bis jetzt).*

heut|zu|ta|ge ⟨Adv.⟩: *in der gegenwärtigen Zeit, wie sie dem Zeitgenossen [gegenüber einer früheren] erscheint:* so etwas ist h. kein Problem mehr.

Heu|wa|gen, der: *mit Heu beladener Wagen.*

Heu|wen|der, der (Landw.): *fahrbares Gerät zum Heuwenden.*

hex-, Hex-: ↑hexa-, Hexa-.

he|xa-, He|xa-, (vor Selbstlauten oft auch:) **hex-, Hex-** [griech. héx = sechs] ⟨Best. in Zus. mit der Bed.⟩: *sechs* (z. B. hexagonal, Hexagramm, hexangulär).

He|xa|chord, der od. das; -[e]s, -e [griech. hexáchordos = sechssaitig, -stimmig, zu: chordḗ = Saite]: *(in der mittelalterlichen Musiktheorie) Aufeinanderfolge von sechs Tönen in der diatonischen Tonleiter.*

He|xa|de|zi|mal|sys|tem, das ⟨o. Pl.⟩ (Math., EDV): *Zahlensystem mit der Grundzahl 16.*

He|xa|e|der, das; -s, - [griech. hexáedron, zu: hédra = Fläche] (Math.): *Sechsflächner, Würfel.*

he|xa|e|drisch ⟨Adj.⟩ (Math.): *sechsflächig.*

He|xa|eme|ron, das; -s [lat. hexaemeron < griech. hexaḗmeron, zu: hēméra = Tag] (christl. Rel.): *die (in 1. Mos. 1 ff. geschilderte) innerhalb von sechs Tagen vollzogene Erschaffung der Erde durch Gott.*

He|xa|gon, das; -s, -e [lat. hexagonum < spätgriech. hexágōnon, zu: gōnía = Winkel, Ecke] (Math.): *Sechseck.*

he|xa|go|nal ⟨Adj.⟩: *von der Form eines Hexagons; sechseckig.*

He|xa|gramm, das; -s, -e [↑-gramm]: *sechsstrahliger Stern aus zwei gleichseitigen ineinander geschobenen Dreiecken.*

He|xa|me|ter, der; -s, - [lat. hexameter, zu griech. hexámetros = aus sechs Versfüßen bestehend] (Verslehre): *aus sechs Versfüßen (meist Daktylen) bestehender epischer Vers (dessen letzter Versfuß um eine Silbe gekürzt ist).*

he|xa|me|trisch ⟨Adj.⟩: *den Hexameter betreffend; in Hexametern verfasst:* -e Verse.

He|xan, das; -s, -e [zu griech. héx = sechs, wegen des Anteils von sechs Kohlenstoffatomen] (Chemie): *sich leicht verflüchtigender Kohlenwasserstoff, eine farblose, leicht entzündliche Flüssigkeit, die wesentlicher Bestandteil des Benzins u. des Petroleums ist.*

he|xan|gu|lär ⟨Adj.⟩ [zu ↑hexa-, Hexa- u. lat. angularis = winklig, eckig] (Math.): *sechswinklig.*

H

He|xa|po|da ⟨Pl.⟩, **He|xa|po|den** ⟨Pl.⟩ [zu griech. hexápodos = sechsfüßig, zu: póus (Gen.: podós) = Fuß] (Zool.): *Insekten.*

He|xa|teuch, der; -s [zu griech. teũchos = Buch] christl., bes. kath. Rel.: *die das Buch Josua u. die fünf Bücher Mose umfassenden ersten sechs Bücher des Alten Testaments.*

He|xe, die; -, -n [mhd. hecse, hesse, ahd. hagzissa, hag(a)zus(sa); 1. Bestandteil wahrsch. verw. mit ↑Hag, also wohl eigtl. = auf Zäunen od. in Hecken sich aufhaltendes dämonisches Wesen, 2. Bestandteil wohl verw. mit norw. mdal. tysja = Elfe]: 1. *im Volksglauben, bes. in Märchen u. Sage auftretendes weibliches dämonisches Wesen, meist in Gestalt einer hässlichen, buckligen alten Frau mit langer, krummer Nase, die mit ihren Zauberkräften den Menschen Schaden zufügt u. oft mit dem Teufel im Bunde steht:* eine böse, alte H.; die Kinder wurden von einer H. verzaubert, in Vögel verwandelt. 2. *als mit dem Teufel im Bunde stehend betrachtete, über angebliche Zauberkräfte verfügende Person:* sie wurde als H. verfolgt und schließlich verbrannt. 3. (abwertend) *[hässliche] bösartige, zänkische, unangenehme weibliche Person* (oft als Schimpfwort): alte H.!; (mit dem Unterton widerstrebender Anerkennung bestimmter Eigenschaften wie Durchtriebenheit, Raffiniertheit od. Temperament:) diese kleine H.!

he|xen ⟨sw. V.; hat⟩: a) *mit außergewöhnlicher Schnelligkeit, Geschicklichkeit [wie mithilfe übernatürlicher magischer Mittel] Dinge vollbringen, ausführen:* wie hast du das so schnell geschafft? Du kannst wirklich h.; ich kann doch nicht h. (ugs.; *so schnell geht es nicht, so schnell kann ich das nicht schaffen, erledigen*); bei ihr geht alles wie gehext (ugs.; *sehr schnell*); b) *mit magischen Kräften bewerkstelligen, herbeischaffen o. Ä.; herbeizaubern:* Regen, ein Gewitter h.

he|xen|ar|tig ⟨Adj.⟩: *im Aussehen, Wesen einer Hexe* (1) *ähnlich.*

He|xen|be|sen, der (Bot.): *Missbildung an Laub- u. Nadelbäumen in Gestalt von besenähnlich nach allen Richtungen wachsenden Zweigen.*

He|xen|ei, das: 1. *Hühnerei, bei dem der Dotter fehlt.* 2. *Pilz (bes. Stinkmorchel) während des frühen Stadiums, in dem sein Fruchtkörper einem Ei ähnelt.*

He|xen|ein|mal|eins, das: *Wort- u. Zahlenrätsel mit mehrfachem Sinn; magisches Quadrat.*

he|xen|haft ⟨Adj.⟩: *hexenartig:* ein -es Benehmen, Aussehen.

He|xen|haus, das [nach dem Haus der Hexe in dem Märchen »Hänsel und Gretel«]: *kleines, verwunschenes Haus [einer Hexe].*

He|xen|häus|chen, das: 1. *Hexenhaus.* 2. *mit*

Süßigkeiten verziertes Häuschen aus Lebkuchen; Knusperhäuschen, Lebkuchen-, Pfefferkuchenhäuschen.

Hẹ|xen|jagd, die [2: LÜ von engl. witch-hunt]: 1. vgl. Hexenverfolgung. 2. (abwertend) *unbarmherzige, meist unrechtmäßige Verfolgung u. Verurteilung von Menschen:* eine H. auf Andersdenkende; die Presse veranstaltete eine H. auf den Politiker.

Hẹ|xen|kes|sel, der [nach dem Kessel, in dem eine Hexe (1) ihren Zaubertrank kocht]: *Ort, an dem ein große Bedrängnis verursachendes, Gefahr bergendes, unüberschaubares u. unentwirrbares, laut lärmendes Durcheinander herrscht:* das Stadion glich einem H.; die Innenstadt war während der Demonstration ein gefährlicher H.

Hẹ|xen|kü|che, die: *Ort, an dem sich etwas in wildem Aufruhr befindet, an dem ein Naturschauspiel mit Heftigkeit abläuft o. Ä.:* die raue See glich einer H.; die H. eines Feuer speienden Berges.

Hẹ|xen|kunst, die: vgl. Hexerei.

Hẹ|xen|meis|ter, der: *(nach dem Volksglauben) männliche Person mit den dämonischen Fähigkeiten einer weiblichen Hexe; Zauberer:* du bist ein wahrer H.! *(hast die Sache schnell u. exakt erledigt!);* ich bin doch kein H.! *(so schnell kann ich das nicht schaffen!).*

Hẹ|xen|pro|zess, der: *(im Mittelalter u. in der frühen Neuzeit) Prozess gegen eine Person, der man vorwirft eine Hexe zu sein.*

Hẹ|xen|ring, der: 1. *in ringförmiger Anordnung wachsende Pilze bestimmter Pilzarten.* 2. (Jägerspr.) *durch Rehwild während der Brunft kreisförmig niedergetrampelte Stelle in Getreidefeldern od. Wiesen.*

Hẹ|xen|sab|bat, der: 1. *(im Volksglauben) an vielen Orten (z. B. auf Bergeshöhen, Hügeln) stattfindende ausschweifende Zusammenkunft der Hexen, bes. während der Walpurgisnacht.* 2. (bildungsspr.) *großer, heilloser Wirrwarr; Durcheinander, wüstes, lärmendes, hemmungsloses Treiben:* die Versammlung, die Zusammenkunft war ein wahrer H.

Hẹ|xen|sal|be, die: *(im Volksglauben) aus bestimmten narkotischen Pflanzen hergestelltes Mittel, mit dem sich die Hexen vor ihrer Ausfahrt einreiben.*

Hẹ|xen|schuss, der [nach altem Volksglauben beruht die Krankheit auf dem Schuss einer Hexe] (volkst.): *plötzlich auftretende, heftige, von der Wirbelsäule ausstrahlende Kreuzschmerzen; Lumbago:* einen H. haben.

Hẹ|xen|stich, der [nach dem Volksglauben hebt die Hexe beim Schwur auf den Teufel die linke Hand] (Handarb.): *beim Sticken verwendeter, von links nach rechts mit schrägen, gekreuzten Einzelstichen verlaufender Zierstich.*

Hẹ|xen|tanz, der: vgl. Hexensabbat (2).

Hẹ|xen|tanz|platz, der: *(im Volksglauben) Versammlungsplatz der Hexen.*

Hẹ|xen|ver|bren|nung, die: *Verbrennung einer als Hexe (2) verdächtigten Person:* im Mittelalter gab es zahllose -en.

Hẹ|xen|ver|fol|gung, die: *grausame Verfolgung von als Hexen (2) verdächtigten Personen.*

Hẹ|xen|wahn, der: *[zu grausamen Handlungen verleitender] Irrglaube, nach dem bestimmte Personen Hexen (2) seien.*

Hẹ|xer, der; -s, - (seltener): *männliche Hexe (2).*

He|xe|rei, die; -, -en ⟨Pl. selten⟩: *das Hexen; Zauberei:* das ist, das klingt ja wie H.

He|xo|de, die; -, -n [zu griech. héx = sechs u. hodós = Weg] (Elektrot.): *Elektronenröhre mit sechs Elektroden.*

He|xo|gen, das; -s [nach dem sechsgliedrigen Ring seines Moleküls]: *hochexplosiver Sprengstoff.*

He|xo|se, die; -, -n [zu griech. héx = sechs] (Chemie): *einfacher Zucker mit sechs Kohlenstoffatomen im Molekül.*

hey [hei] ⟨Interj.⟩ [engl. hey] (bes. Jugendspr.): 1. Zuruf, mit dem man jmds. Aufmerksamkeit zu erregen sucht: h., wo gehst du hin? 2. Ausruf, der Erstaunen, Empörung, Abwehr o. Ä. ausdrückt: h., was soll das? 3. Grußformel: h., wie gehts?

Hf = Hafnium.

hfl = holländischer Gulden.

hg = Hektogramm.

Hg = Hydrargyrum.

hg., hrsg. = herausgegeben.

Hg., Hrsg. = Herausgeber/-in; Herausgeber/-innen.

HGB = Handelsgesetzbuch.

Hi|at, der; -s, -e, **Hi|a|tus,** der; -, - [...tu:s; lat. hiatus, eigtl. = Kluft]: 1. (Med.) *Öffnung, Spalt im Muskel od. im Knochen.* 2. (Sprachw.) *das Aufeinanderstoßen zweier verschiedenen Wörtern od. Silben angehörender Vokale* (z. B. sagte er od. Kooperation). 3. (Geol.) *Zeitraum, in dem in einem bestimmten Gebiet im Unterschied zu einem benachbarten keine Ablagerung stattfindet.* 4. (Prähist.) *Zeitraum ohne Funde (der auf eine Unterbrechung der Besiedlung eines bestimmten Gebietes schließen lässt).*

hịb|be|lig, hippelig ⟨Adj.⟩ [zu ↑hibbeln] (nordd. ugs.): *hastig in den Bewegungen; unruhig, nervös; zappelig.*

hịb|beln, hippeln ⟨sw. V.; hat⟩ [Nebenf. von niederd., ostmd. hippeln, wohl ablautende Bildung zu ↑hoppen] (nordd. ugs.): *kleine [unregelmäßige] Sprünge machen, sich hüpfend hin u. her bewegen.*

Hi|ber|na|kel, das; -s, -[n] ⟨meist Pl.⟩ [lat. hibernaculum = Winterquartier, zu: hibernare = überwintern, zu: hibernus = winterlich, zu: hiems = Winter] (Bot.): *auf dem Grund des Gewässers überwinternde Knospe von Wasserpflanzen.*

Hi|ber|na|ti|on, die; -, -en [lat. hibernatio = das Überwintern] (Med.): *künstlich herbeigeführter, lang dauernder Schlafzustand nach Herabsetzung der Körpertemperatur (als Ergänzung zur Narkose od. als Heilschlaf).*

Hi|ber|ni|en; -s: Irland zur Zeit der Römer.

Hi|bis|kus, der; -, ...ken [lat. (h)ibiscus, ↑Eibisch]: *Eibisch.*

hịc et nụnc [lat.] (bildungsspr.): *hier und jetzt; sofort, auf der Stelle:* es gilt, die Sache h. et n. zu entscheiden.

hick ⟨Interj.⟩ (ugs.): lautm. für den Schluckauf.

hị|ckeln ⟨sw. V.; hat⟩ [mhd. hickeln = springen, hüpfen] (md., südd.): 1. *hinken, humpeln.* 2. *auf einem Bein hüpfen.*

Hị|cker, der; -s, -, **Hị|cker|chen,** das; -s, - [zu ↑hick] (fam.): *Schluckauf.*

Hịck|hack, das, auch: der; -s, -s [wohl verdoppelnde Bildung mit Ablaut zu ↑hacken, in Anlehnung an Formen wie Zickzack u. a.] (ugs.): *nutzlose Streiterei; törichtes, zermürbendes Hin-und-her-Gerede:* das innerparteiliche H. um die Verteilung der Finanzen.

[1]**Hi|cko|ry** [ˈhɪkori, auch: ˈhɪkərɪ], der; -s, -s, auch: die; -, -s [engl. hickory, kurz für: pohickery < Algonkin (nordamerik. Indianerspr.) pawcohiccora = Brei aus zerstampften Nüssen des Hickorybaums]: *(im östlichen Nordamerika u. in China heimischer) Baum mit gefiederten Blättern u. glattschaligen, essbaren Nüssen als Früchten.*

[2]**Hi|cko|ry,** das; -s: *Holz des Hickorybaums.*

Hi|cko|ry|baum, der: [1]*Hickory* (1).

hick|sen ⟨sw. V.; hat⟩ [zu ↑hick] (landsch.): *Schluckauf haben.*

hịc Rho|dus, hịc sal|ta! [lat. = hier (ist) Rhodos, hier springe!; nach der lat. Übers. einer Fabel Äsops] (bildungsspr.): *hier gilt es; hier zeige, was du kannst!; hier musst du handeln, dich entscheiden.*

Hi|dal|go, der; -s, -s [span. hidalgo, Zus. aus: hijo = Sohn u. algo = etwas, also eigtl. = Sohn von etwas, Sohn des Vermögens]: 1. *Angehöriger des niederen spanischen Adels.* 2. ⟨-[s], -[s]⟩ *frühere mexikanische Goldmünze.*

Hịd|den|see: Insel in der Ostsee.

[1]**Hịd|den|se|er,** der; -s, -: Ew.

[2]**Hịd|den|se|er** ⟨indekl. Adj.⟩: H. Goldschmuck.

Hịd|den|se|e|rin, die; -, -nen: w. Form zu ↑[1]Hiddenseer.

Hi|dro|a ⟨Pl.⟩ [zu griech. hidrṓs = Schweiß] (Med.): *Bläschen auf der Haut als Folge abnormer Schweißabsonderung.*

Hi|dro|se, Hi|dro|sis, die; - [1: griech. hídrōsis] (Med.): 1. *Schweißbildung und -ausscheidung.* 2. *Erkrankung der Haut infolge krankhafter Schweißabsonderung.*

hi|dro|tisch ⟨Adj.⟩ (Med.): *schweißtreibend:* ein -es Mittel.

Hid|schad: Pl. von ↑Hadsch.

Hi|dschra: ↑Hedschra.

hie ⟨Adv.⟩ [mhd. hie, ahd. hiar = hier]: nur in den Wendungen **h. und da** (1. *an manchen Stellen, stellenweise:* h. und da blühen schon Märzenbecher. 2. *von Zeit zu Zeit, manchmal:* h. und da besuchte er sie); **h. … h./h. …da** *(auf der einen Seite dieser, dieses, auf der andern jener, jenes als Gegner bzw. gegnerische Positionen [zwischen denen sich jmd. entscheiden muss]):* h. Theoretiker, h. Praktiker; h. Tradition, da Fortschritt.

hie- ⟨vor Präpositionen, die mit Konsonant beginnen⟩ (südd., österr., sonst veraltet): *hier-* (z. B. hiebei, hiedurch).

hieb: ↑hauen.

Hieb, der; -[e]s, -e: 1. a) *(heftiger) Schlag* (1a): der H. hat gesessen; einen H. abwehren; jmdm. einen H. über den Kopf geben; (Fechten:) auf H. fechten; **Spr** auf den ersten H. fällt kein Baum *(ein größeres Unternehmen nimmt längere Zeit in Anspruch u. verlangt deshalb Geduld);* **Ü** einen H. *(eine bloßstellende Bemerkung, einen Tadel)* einstecken; *** einen H. haben** (salopp; *nicht recht bei Verstand sein*); **auf einen H.** (ugs.; *mit einem Mal*); b) ⟨Pl.⟩ (ugs.) *Prügel* (2): -e bekommen; gleich setzt es -e. 2. *durch einen Hieb* (1 a) *verursachte Wunde od. Narbe.* 3. (landsch. veraltend) a) *Schluck (Alkohol);* b) *leichter Alkoholrausch.* 4. ⟨o. Pl.⟩ (Forstw.) *das Fällen von Bäumen zum Zweck der Verjüngung.* 5. (Technik) *unter einem bestimmten Winkel eingeschlagene od. eingefräste Vertiefung mit stehen bleibender Schneidkante an Feilen.*

hie|bei [auch: ˈ– –; ↑hie-] (südd., österr., sonst veraltet): ↑hierbei.

hieb|fest ⟨Adj.⟩: nur in der Fügung **hieb- und stichfest** *(durch mögliche Einwände od. Angriffe in seiner Gültigkeit nicht zu erschüttern, unwiderlegbar, fundiert;* nach einer Zauberhandlung, die jmdn. unverwundbar machen sollte): hieb- und stichfeste Argumente.

Hieb|waf|fe, die: *mit einer [doppelten] Schneide versehene Waffe, mit der geschlagen wird* (z. B. Schwert, Säbel).

Hieb|wun|de, die: *durch einen Hieb* (1a) *verursachte Verletzung.*

hie|durch [auch: ˈ– –; ↑hie-] (südd., österr., sonst veraltet): ↑hierdurch.

hie|für [auch: ˈ– –; ↑hie-] (südd., österr., sonst veraltet): ↑hierfür.

hie|ge|gen [auch: ˈ– – –; ↑hie-] (südd., österr., sonst veraltet): ↑hiergegen.

hie|her ⟨Adv.⟩ [auch: ˈ– –; ↑hie-] (südd., österr., sonst veraltet): ↑hierher.

hielt: ↑halten.

hie|nie|den [auch: ˈ– – –; ↑hie-] ⟨Adv.⟩ [aus ↑hie u. veraltet nieden = in der Tiefe, unten, mhd. niden(e), ahd. nidana, verw. mit ↑nieder] (veraltet, noch dichter.): *auf dieser Erde, im Diesseits.*

hier ⟨Adv.⟩ [mhd. hie(r), ahd. hiar, zu dem unter ↑her genannten idg. Pronominalstamm]: 1. a) (räumlich; hinweisend) *an dieser Stelle, an diesem Ort, an dem der Sprecher sich befindet od. auf den er hindeutet:* h. in Europa; der Laden ist h. gegenüber; h. oben, vorn, hinten, drin[nen], draußen; von h. aus, von h. bis zum Waldrand sind es noch 5 Minuten; h. steht es geschrieben; h. hat er gewohnt; wir müssen ihn gleich h. behalten; du kannst gleich h. bleiben; er ist gestern noch h. gewesen; h. sein (auch für *zugegen sein*); wann soll der Zug h. sein *(ankom-*

men)?; du kannst das Buch h. lassen; wo ist h. *(in dieser Stadt, diesem Stadtteil)* die Post?; du h.? (ugs.; *du bist auch anwesend?*); h. *(an diesem Telefonanschluss)* [spricht] Franz Mayer; (als Antwort beim Namenaufrufen:) Schulze! – H.! *(zur Stelle, anwesend!)*; er ist nicht von h. *(kein Einheimischer)*; Ü er ist ein bisschen h. (salopp abwertend; *er ist geistig ein wenig beschränkt*; mit entsprechender Geste); du bist wohl h., nicht von h. (salopp; *du bist wohl nicht recht bei Verstand*); * **h. und da/dort** (1. *an manchen Stellen, an einigen Orten.* 2. *von Zeit zu Zeit, manchmal, bisweilen*); **h. und jetzt/heute** (geh.; *jetzt, in diesem Augenblick, ohne Verzug*): du musst dich h. und jetzt entscheiden; **das Hier und Heute** (geh.; *die Gegenwart, die gegenwärtige Zeit*): er versteht das Hier und Heute *(die Gegenwart)* nicht mehr; **b)** ⟨nachgestellt⟩ bezieht sich auf jmdn., etw. in unmittelbarer Nähe, auf den bzw. worauf der Sprecher ausdrücklich hinweist: unser Freund h.; wer hat das h. angerichtet?; **c)** zur Verdeutlichung einer Geste, mit der der Sprecher dem Angeredeten etwas überreicht, erteilt: h., nimm das Buch!; **d)** *in dem vorliegenden Zusammenhang, Fall, Punkt:* auf dieses Problem wollen wir h. nicht weiter eingehen; h. irrst du; h. geht es um Leben und Tod. **2.** *zu diesem [genannten] Zeitpunkt, in diesem Augenblick:* spätestens h. hättest du die Wahrheit sagen müssen; * **von h. an** *(von diesem Zeitpunkt an)*: von h. an hat sich vieles verändert.

hier-, Hier-: ↑hiero-, Hiero-.

hier|amts [auch: -ˈ-] ⟨Adv.⟩ (österr. Amtsspr.): *hier bei dieser Behörde, auf diesem Amt* (Abk.: h. a.).

hie|ran [auch: ˈ- -] ⟨Adv.⟩: **1. a)** *an dieser Stelle, diesem Ort, diesem Gegenstand o. Ä. hier; an der soeben erwähnten Stelle, dem soeben erwähnten Ort, Gegenstand o. Ä.:* h. sind wir schon einmal vorbeigekommen; der Schiffbrüchige hat sich h. festgehalten; **b)** *an diese Stelle, diesen Ort, diesen Gegenstand o. Ä. hier; an die soeben erwähnte Stelle, den soeben erwähnten Ort, Gegenstand o. Ä.:* h. schließt sich ein weiteres Zimmer an; er suchte einen starken Ast, h. lehnte er dann die Leiter und stieg hinauf. **2. a)** *an der soeben erwähnten Sache, Angelegenheit o. Ä.:* h. wird deutlich, kann man erkennen, dass die Sache noch nicht ausgestanden ist; **b)** *an die soeben erwähnte Sache, Angelegenheit o. Ä.:* das war seine einzige Chance, h. klammerte er sich bis zuletzt; im Anschluss h.

Hie|rar|chie [hje..., hi...], die; -, -n [griech. hierarchía = Priesteramt, zu: hierós = heilig; gottgeweiht u. árchein = der Erste sein, Führer sein]: **a)** *[pyramidenförmige] Rangfolge, Rangordnung:* eine strenge, staatliche, militärische H.; die H. der Beamten, der katholischen Kirche; Ü eine H. der Werte; **b)** *Gesamtheit der in einer Rangfolge Stehenden.*

hie|rar|chisch ⟨Adj.⟩: *der Hierarchie entsprechend, in der Art einer Hierarchie streng gegliedert:* eine -e Ordnung; -e Strukturen abbauen.

hie|rar|chi|sie|ren ⟨sw. V.; hat⟩ (bildungsspr.): *in einer Hierarchie* (a) *anordnen, abstufen.*

hie|ra|tisch ⟨Adj.⟩ [lat. hieraticus < griech. hieratikós, zu: hierós = heilig]: **1.** *priesterlich; heilige Gebräuche od. Heiligtümer betreffend:* -e Schrift *(von Priestern vereinfachte Hieroglyphenschrift)*. **2.** (bild. Kunst) *(bes. in der archaischen griechischen od. in der byzantinischen Kunst) streng, starr:* in -er Haltung.

hie|rauf [auch: ˈ- -] ⟨Adv.⟩ [aus ↑hier u. ↑auf]: **1. a)** *auf dieser Stelle, dieser Unterlage, diesem Gegenstand o. Ä. hier; auf der soeben erwähnten Stelle, Unterlage, dem soeben erwähnten Gegenstand o. Ä.:* in der Ecke stand ein Tischchen, h. lag eine Decke aus Spitze; **b)** *auf diese Stelle, diese Unterlage, diesen Gegenstand o. Ä. hier; auf die soeben erwähnte Stelle, Unterlage, den soeben erwähnten Gegenstand o. Ä.:* in der Ecke stand ein Tischchen, h. legte sie eine Decke aus Spitze. **2. a)** *auf der soeben erwähnten Sache, Angelegenheit o. Ä.:* er hatte einen Plan vorgelegt, h. fußten dann alle weiteren Überlegungen; **b)** *auf die soeben erwähnte Sache, Angelegenheit o. Ä.:* der vorgelegte Plan ist gut, wir werden h. noch zu sprechen kommen. **3. a)** *nach dem soeben erwähnten Vorgang, Ereignis o. Ä.; danach, [so]dann:* er blickte zur Turmuhr, h. verglich er die Zeit mit seiner Taschenuhr; **b)** *auf den soeben erwähnten Umstand, das soeben erwähnte Ereignis hin; infolgedessen:* er schwankte, h. stützte man ihn.

hie|rauf|hin [auch: ˈ- - -] ⟨Adv.⟩: *hierauf* (3 b): er fehlte zu häufig; h. hat man ihm gekündigt.

hie|raus [auch: ˈ- -] ⟨Adv.⟩ [aus ↑hier u. ↑aus]: **1.** *aus diesem Raum, Gefäß, Behältnis o. Ä. hier; aus dem soeben erwähnten Raum, Gefäß, Behältnis o. Ä.:* sie fanden einen Brunnen; h. schöpften sie Wasser. **2. a)** *aus der soeben erwähnten Sache, Angelegenheit, aus dem soeben erwähnten Vorgang o. Ä.:* er hat ein Schreiben hinterlassen, h. kann man ersehen, dass er alles vorbereitet hatte; **b)** *aus diesem Stoff, dieser Materie o. Ä. hier; aus dem soeben erwähnten Stoff, der soeben erwähnten Materie o. Ä.:* sie haben Erdbeeren gepfückt und wollen h. Marmelade kochen; **c)** *aus dieser Quelle, Unterlage, aus diesem Werk hier; aus der soeben genannten Quelle, Unterlage, dem soeben genannten Werk:* seine Briefe sind erhalten; h. stammen die Zitate.

hier be|hal|ten: s. hier (1 a).

hier|bei [auch: -ˈ-] ⟨Adv.⟩ [aus ↑hier u. ↑bei]: **1.** *nahe bei dieser Stelle, diesem Ort, diesem Gegenstand o. Ä. hier; nahe bei der soeben erwähnten Stelle, dem soeben erwähnten Ort, Gegenstand:* auf dem Tisch lagen Zeitungen, h. lag der Brief. **2.** *im Verlauf des soeben Erwähnten, bei dieser Gelegenheit, währenddessen:* das Rad dreht sich sehr schnell, h. kann man sich verletzen. **3.** *bei der soeben erwähnten Sache, Angelegenheit o. Ä., hinsichtlich des soeben Erwähnten:* h. handelt es sich um ein schwieriges Problem.

hier blei|ben: s. hier (1 a).

hier|durch [auch: -ˈ-] ⟨Adv.⟩ [aus ↑hier u. ↑durch]: **1.** *hier hindurch:* wir müssen h. gehen. **2.** *aufgrund, infolge des soeben erwähnten Geschehens, Verhaltens, Umstandes o. Ä.:* einer der Bäume musste gefällt werden, h. war eine Lücke entstanden. **3.** *hiermit* (3): h. teilen wir Ihnen mit, dass die Sache erledigt ist.

hie|rein [auch: -ˈ-, mit bes. Nachdruck: ˈ- -] ⟨Adv.⟩ [aus ↑hier u. ↑[2]ein]: **1.** *in diesen Raum, dieses Behältnis, Gefäß o. Ä. hier hinein; in den soeben erwähnten Raum, das soeben erwähnte Behältnis, Gefäß o. Ä. hinein:* der Schrank hat eine Schublade, h. habe ich den Zettel gelegt. **2.** *in die soeben erwähnte Angelegenheit, Situation o. Ä.:* der Plan ist undurchdacht, er ist nicht bereit, h. einzuwilligen.

hier|für [auch: -ˈ-, mit bes. Nachdruck: ˈ- -] ⟨Adv.⟩ [aus ↑hier u. ↑für]: **1.** *für den soeben genannten Zweck, das soeben genannte Ziel:* er besitzt alle h. erforderlichen Voraussetzungen. **2.** *hinsichtlich der soeben genannten Sache, im Hinblick darauf:* h. habe ich kein Interesse. **3.** *als Gegenleistung, Entschädigung für dieses hier, für das soeben Erwähnte:* was gibst du mir h.?

hier|ge|gen [auch: -ˈ- -, mit bes. Nachdruck: ˈ- - -] ⟨Adv.⟩ [aus ↑hier u. ↑gegen]: **1.** *gegen, an, auf, in Richtung auf diese Stelle, diesen Gegenstand hier; gegen, an, auf, in Richtung auf die soeben erwähnte Stelle, den soeben erwähnten Gegenstand:* h. ist er gefahren. **2.** *(als Angriff, Abwehr, Ablehnung) gegen die soeben erwähnte Sache, Angelegenheit o. Ä.:* sich h. verwahren. **3.** *im Vergleich, im Gegensatz zu dem hier Gezeigten, Dargestellten:* h. ist sein Spiel stümperhaft.

hier|her [auch: -ˈ-, mit bes. Nachdruck: ˈ- -] ⟨Adv.⟩ [aus ↑hier u. ↑her]: *an diese Stelle, diesen Ort hier:* auf dem Wege h. ist er verunglückt; h. fahren, kommen, laufen, ziehen; ich glaube nicht, dass dieser Stuhl h. gehört; alle blickten, schauten h.; sich h. bemühen, wagen; jmdn. h. bemühen, bitten, bringen; h. eilen, fliegen, führen, gelangen, holen; sie wurde h. geschickt; ich weiß nicht, wie ich die Sachen h. kriegen soll; h. legen, locken; wir wollen das Kind mit h. nehmen *(an diesen Ort hier mitnehmen)*; h. reisen; h. rufen; h. schaffen, schleppen, setzen, stellen, tragen, treiben; wir sind vor einem Jahr h. gezogen; Ü h. *(in den hier gestellten Zusammenhang)* gehörige Fragen; die h. *(zu der soeben, zuletzt genannten Gruppe, Kategorie)* gehörigen Tiere; du weißt doch, dass du h. gehörst *(in unsere Familie, unsere Gemeinschaft gehörst)*; h. *(zu dieser Gruppe)* gehört die Mehrzahl dieser Tiere; was du sagst, gehört nicht h. *(ist hierfür nicht wichtig, relevant)*; die Angst hat mich h. getrieben; R bis h. und nicht weiter (*das ist die äußerste Grenze, mehr ist nicht möglich od. zulässig;* nach Hiob 38, 11).

hier|he|rauf [auch: - -ˈ-, mit bes. Nachdruck: ˈ- - -] ⟨Adv.⟩: **1.** *an diese Stelle, diesen Ort hier nach oben:* [bis] h. kommen. **2.** *an dieser Stelle, auf diesem Weg, in dieser Richtung hier nach oben:* h. führt ein besserer Weg.

hier|her be|mü|hen, hier|her bit|ten, hier|her bli|cken usw.: s. hierher.

hier|her ge|hö|rig: s. hierher.

hier|her ge|lan|gen, hier|her ho|len, hier|her kom|men usw.: s. hierher.

hier|he|rum [auch: - -ˈ-, mit bes. Nachdruck: ˈ- - -] ⟨Adv.⟩: **1.** *an dieser Stelle, auf diesem Weg, in dieser Richtung hier herum:* wir gehen besser h. **2.** (ugs.) *hier irgendwo:* er muss h. sein Büro haben.

hier|her wa|gen, hier|her zie|hen: s. hierher.

hier|hin [auch: -ˈ-, mit bes. Nachdruck: ˈ- -] ⟨Adv.⟩ [aus ↑hier u. ↑hin]: *an diese Stelle, diesen Ort hin; an die soeben erwähnte Stelle, den soeben erwähnten Ort hin:* etw. h. legen, setzen, stellen; setzen wir uns doch h.; in seiner Aufregung lief er h. und dorthin *(lief er ziellos umher)*; sie schaute bald h., bald dorthin *(sie schaute unablässig in alle Richtungen)*; die Flut kommt bis h.; bis h. stimme ich dir bei.

hier|hi|nab [auch: - -ˈ-, mit bes. Nachdruck: ˈ- - -] ⟨Adv.⟩: *an dieser Stelle, auf dieser Seite, in dieser Richtung hier hinab:* ins Dorf geht es h.

hier|hi|nauf [auch: - -ˈ-, mit bes. Nachdruck: ˈ- - -] ⟨Adv.⟩: *an dieser Stelle, auf dieser Seite, in dieser Richtung hier hinauf:* zur Burg geht es h.

hier|hi|naus [auch: - -ˈ-, mit bes. Nachdruck: ˈ- - -] ⟨Adv.⟩: **1.** *an dieser Stelle, auf diesem Weg, in dieser Richtung hier hinaus.* **2.** *aus diesem Raum, Behältnis, Gefäß o. Ä. hier hinaus; aus dem soeben erwähnten Raum, Behältnis, Gefäß o. Ä. hinaus.*

hier|hi|nein [auch: - -ˈ-, mit bes. Nachdruck: ˈ- - -] ⟨Adv.⟩: **1.** *an dieser Stelle, auf diesem Weg, in diese Richtung hier hinein.* **2.** *in diesen Raum, dieses Behältnis, Gefäß o. Ä. hier hinein; in den soeben erwähnten Raum, das soeben erwähnte Behältnis, Gefäß o. Ä. hinein.*

hier|hin le|gen, hier|hin set|zen, hier|hin stel|len: s. hierhin (1).

hier|hin|ter [auch: -ˈ- -, mit bes. Nachdruck: ˈ- - -] ⟨Adv.⟩: **1.** *hinter diesem Gegenstand, Raum, Gebäude o. Ä. hier; hinter dem soeben erwähnten Gegenstand, Raum, Gebäude o. Ä.* **2.** *hinter diesen Gegenstand, Raum, dieses Gebäude o. Ä. hier; hinter den soeben genannten Gegenstand, Raum, das soeben genannte Gebäude o. Ä.*

hier|hi|nü|ber [auch: - -ˈ- -, mit bes. Nachdruck: ˈ- - - -] ⟨Adv.⟩: *über diesen Ort, Gegenstand o. Ä. hier hinüber, über den soeben erwähnten Ort, Gegenstand hinüber.*

hier|hi|nun|ter [auch: - -ˈ- -, mit bes. Nachdruck: ˈ- - - -] ⟨Adv.⟩: **1.** *unter diesen Gegenstand o. Ä. hier hinunter; unter den soeben erwähnten Gegenstand o. Ä. hinunter.* **2.** *an dieser Stelle, auf dieser Seite, in dieser Richtung hier hinunter.*

hie|rin [auch: -ˈ-, mit bes. Nachdruck: ˈ- -] ⟨Adv.⟩ [aus ↑hier u. ↑[1]in]: **1.** *in diesem Raum, Gefäß,*

Gegenstand o. Ä. hier, in dem soeben genannten Raum, Gefäß, Gegenstand o. Ä.: im Garten war ein kleiner Teich; h. schwammen Goldfische. **2.** *in dieser Beziehung; hinsichtlich dieser [Tat]sache, Angelegenheit:* h. gebe ich dir Recht.

hier las|sen: s. hier (1 a).

hier|mit [auch: -ˈ-, mit bes. Nachdruck: ˈ- -] ⟨Adv.⟩ [aus ↑hier u. ↑mit]: **1. a)** *mit diesem Gegenstand hier, dessen sich jmd. bedient; mit dem soeben genannten Gegenstand;* **b)** *mit dem soeben erwähnten Mittel; durch diese Art des Vorgehens o. Ä.* **2.** *mit der soeben erwähnten Sache, Angelegenheit o. Ä., mit der sich jmd. beschäftigt:* h. kann ich nichts anfangen; du musst h. vorliebnehmen. **3.** *[gleichzeitig] mit diesem Geschehen, Vorgang, Zustand:* h. *(mit diesen Worten)* erkläre ich die Ausstellung für eröffnet; h. (Amtsspr.; *durch diese Bescheinigung, dieses Schreiben o. Ä.*) wird bestätigt, erkläre ich, dass der Fall erledigt ist.

hier|nach [auch: -ˈ-, mit bes. Nachdruck: ˈ- -] ⟨Adv.⟩ [aus ↑hier u. ↑nach]: **1.** *der soeben erwähnten Sache, Angelegenheit o. Ä. entsprechend:* h. kann man sich richten. **2.** *der soeben erwähnten Sache, Angelegenheit o. Ä. zufolge; demnach:* ich habe den Untersuchungsbericht gelesen; h. wäre der Angeklagte schuldig. **3.** *nach der soeben erwähnten Sache, dem soeben erwähnten Vorgang o. Ä.; im Anschluss an das soeben Erwähnte; hierauf.*

hier|ne|ben [auch: -ˈ- -, mit bes. Nachdruck: ˈ- - -] ⟨Adv.⟩ [aus ↑hier u. ↑neben]: **a)** *neben diesem Gegenstand, neben dieser Sache o. Ä. hier; neben dem soeben erwähnten Gegenstand, neben der soeben erwähnten Sache:* ein Bücherregal, h. ein bequemer Sessel; **b)** *neben diesen Gegenstand, neben diese Sache o. Ä. hier; neben den soeben erwähnten Gegenstand, neben die soeben erwähnte Sache:* h. passt kein Schrank mehr.

[1]Hi|e|ro|du|le [hie..., hi...], der; -n, -n [lat. hierodulus < griech. hieródoulos, zu: hierós = heilig u. doûlos = Sklave]: *Tempelsklave des griechischen Altertums.*

[2]Hi|e|ro|du|le, die; -, -n [griech. hieródoulos]: *Tempelsklavin des Altertums, die der Gottheit gehört u. deren Dienst u. a. in sakraler Prostitution besteht.*

Hie|ro|gly|phe, die; -, -n [zu griech. hieroglyphiká (grámmata) = heilige Schriftzeichen (der altägyptischen Bilderschrift)]: **1.** *Schriftzeichen einer Bilderschrift.* **2.** ⟨Pl.⟩ (scherzh.) *schwer od. nicht lesbare Schriftzeichen einer Handschrift:* deine -n kann ja niemand entziffern.

Hie|ro|gly|phen|schrift, die; -, -en: *Schrift in Hieroglyphen* (1).

Hie|ro|gly|phik, die; -: *Wissenschaft von den Hieroglyphen* (1).

hie|ro|gly|phisch ⟨Adj.⟩: **1.** *die Hieroglyphen betreffend, den Hieroglyphen zuzuordnen:* -e Schrift. **2.** *in der Art von Hieroglyphen, rätselhaft verschlungen:* -e Zeichen, Figuren.

Hi|e|ro|kra|tie, die; -, -n [zu griech. krateîn = herrschen]: *Priesterherrschaft, Regierung eines Staates durch Priester.*

Hi|e|ro|mant, der; -en, -en [griech. hieromántis, zu: mántis = Seher]: *jmd., der aus Opfern (bes. geopferten Tieren) weissagt.*

Hi|e|ro|man|tie, die; -: *Kunst der Weissagung aus [Tier]opfern.*

Hi|e|ro|phant, der; -en, -en [lat. hierophantes < griech. hierophántēs, zu: phaínein = erklären, zeigen]: *Oberpriester u. Lehrer der heiligen Bräuche im Griechenland der Antike.*

hier|orts [auch: -ˈ-, mit bes. Nachdruck: ˈ- -] ⟨Adv.⟩: *an diesem Ort, in dieser Stadt, Gegend, Umgebung hier:* h. kennt ihn niemand.

Hier|sein, das: *das Anwesendsein, Vorhandensein:* der Grund seines -s.

hier sein: s. hier (1 a)

hie|rü|ber [auch: -ˈ- -, mit bes. Nachdruck: ˈ- - -] ⟨Adv.⟩ [aus ↑hier u. ↑über]: **1. a)** *über dieser Stelle, diesem Gegenstand o. Ä. hier; über der soeben erwähnten Stelle, dem soeben erwähnten Gegenstand o. Ä.;* **b)** *über diese Stelle, diesen Gegenstand o. Ä. hier; über die soeben erwähnte Stelle, den soeben erwähnten Gegenstand.* **2. a)** (geh.) *währenddessen:* er hatte sich ein Fernsehstück angesehen und war h. eingeschlafen; **b)** *über die soeben erwähnte Sache, Angelegenheit; was die soeben erwähnte Sache, Angelegenheit betrifft:* bist du dir h. im Klaren?

hie|rum [auch: -ˈ-, mit bes. Nachdruck: ˈ- -] ⟨Adv.⟩ [aus ↑hier u. ↑um]: **1.** *um diesen Ort, Gegenstand o. Ä. hier herum; um den soeben erwähnten Ort, Gegenstand o. Ä. herum:* das Haus hat einen kleinen Vorgarten; h. soll eine Hecke gepflanzt werden. **2.** *um die soeben erwähnte Sache, Angelegenheit:* h. geht es nicht; du musst dich einmal h. kümmern.

hie|run|ter [auch: -ˈ- -, mit bes. Nachdruck: ˈ- - -] ⟨Adv.⟩ [aus ↑hier u. ↑unter]: **1. a)** *unter dieser Stelle, diesem Gegenstand hier; unter der soeben erwähnten Stelle, dem soeben erwähnten Gegenstand:* h. *(unter der Fußmatte)* ist der Schlüssel; **b)** *unter diese Stelle, diesen Gegenstand o. Ä. hier; unter die soeben erwähnte Stelle, den soeben erwähnten Gegenstand o. Ä.:* h. *(unter den Schrank)* war der Ball gerollt. **2.** *unter der soeben erwähnten Sache, Angelegenheit o. Ä.:* er ist früher einmal straffällig geworden, h. hat er jetzt schwer zu leiden. **3. a)** *unter der soeben erwähnten Gruppe, Kategorie o. Ä.:* die Gefangenen wurden befreit, h. befanden sich auch einige Deutsche; **b)** *unter die soeben erwähnte Gruppe, Kategorie o. Ä.:* in der heutigen Zeit nehmen Stoffwechselkrankheiten immer mehr zu, h. fallen z. B. Diabetes und Gicht.

hier|von [auch: -ˈ-, mit bes. Nachdruck: ˈ- -] ⟨Adv.⟩ [aus ↑hier u. ↑von]: **1.** *von dieser Stelle, diesem Gegenstand hier [entfernt]; von der soeben genannten Stelle, dem soeben genannten Gegenstand [entfernt]:* einige Meter h. entfernt. **2. a)** *von diesem Gegenstand o. Ä. hier; von dem soeben erwähnten Gegenstand, der soeben erwähnten Sache o. Ä. [als Ausgangspunkt]:* machen Sie bitte h. eine Kopie; **b)** *von der soeben erwähnten Sache, Angelegenheit; hinsichtlich der soeben erwähnten Sache, Angelegenheit:* h. höre ich heute zum ersten Mal. **3.** *als Folge des soeben erwähnten Vorgangs, Zustands o. Ä.; durch die soeben erwähnte Sache, Angelegenheit [verursacht]:* h. kam es, dass alle erkrankten. **4.** *von der soeben erwähnten Menge als [An]teil:* es waren sechzig Tote, h. zwei Deutsche. **5.** *von dieser Sache hier als Grundlage, aus diesem Material hier:* kannst du mir h. eine Bluse nähen?

hier|vor [auch: -ˈ-, mit bes. Nachdruck: ˈ- -] ⟨Adv.⟩ [aus ↑hier u. ↑vor]: **1. a)** *vor dieser Stelle, vor diesem Gegenstand o. Ä. hier; vor der soeben erwähnten Stelle, dem soeben genannten Gegenstand o. Ä.;* **b)** *vor diese Stelle, vor diesen Gegenstand o. Ä. hier; vor die soeben genannte Stelle, den soeben erwähnten Gegenstand o. Ä.* **2.** *vor der soeben erwähnten Sache, Angelegenheit, im Hinblick darauf:* h. hat er großen Respekt.

hier|zu [auch: -ˈ-, mit bes. Nachdruck: ˈ- -] ⟨Adv.⟩ [aus ↑hier u. ↑zu]: **1. a)** *zu dieser Sache, diesem Gegenstand hier [hinzu], zu der soeben erwähnten Sache, dem soeben erwähnten Gegenstand o. Ä. [hinzu]; mit der erwähnten Sache zusammen:* das Kleid ist schwarz; h. trägt sie eine rote Kette; h. *(zu diesem Essen)* gehört ein Bier; **b)** *zu der soeben erwähnten Gruppe, Kategorie o. Ä.:* h. gehören eine Reihe von Personen. **2.** *zu dem soeben genannten Zweck, Ziel; für den soeben genannten Zweck:* h. raten, Glück wünschen. **3.** *hinsichtlich der soeben erwähnten Sache, Angelegenheit o. Ä.:* h. möchte ich nichts mehr sagen.

hier|zu|lan|de, (auch: hier zu Lande) ⟨Adv.⟩ [aus ↑hier u. ↑zulande]: *in diesem Lande, dieser Gegend, dieser Gesellschaft, unter diesen Leuten hier:* h. ist es so Brauch.

hier|zwi|schen [auch: -ˈ- -, mit bes. Nachdruck: ˈ- - -] ⟨Adv.⟩ [aus ↑hier u. ↑zwischen]: **a)** *zwischen diesen Personen, Gegenständen, Sachen o. Ä. hier; zwischen den soeben erwähnten Personen, Gegenständen, Sachen o. Ä.:* auf dem Tisch lag ein Stoß Zeitungen und h. war der Brief geraten; **b)** *zwischen diese Personen, Gegenstände, Sachen o. Ä. hier; zwischen die soeben erwähnten Personen, Gegenstände, Sachen o. Ä.:* stelle dich doch h., von hier aus siehst du alles.

hie|sig ⟨Adj.⟩ [wahrsch. aus hie (↑hier) u. mhd. -wēsec (z. B. in: abewēsec; vgl. Wesen), also eigtl. = hierseiend]: *hier befindlich; hier einheimisch, ansässig; von hier stammend:* -e Gebräuche; die -e Bevölkerung; (veraltend:) -en Ort[e]s; sie ist h.; (subst.:) er ist kein Hiesiger *(Einheimischer).*

hieß: ↑[1]heißen.

Hie|ve, die; -, -n [zu ↑hieven] (Fachspr.): *Last, die beim Laden od. Löschen auf einmal an den Ladehaken gehängt wird.*

hie|ven ⟨sw. V.; hat⟩ [engl. to heave = (hoch-, empor)heben, verw. mit ↑heben] (bes. Seemannsspr.; sonst ugs.): *(eine Last) heraufziehen, hochwinden, heben:* eine Last an Deck h.; (ugs.:) die Koffer ins Auto h.; (ugs.:) jmdn. aufs Pferd h.

hie|von ⟨Adv.⟩ [auch: ˈ- -; ↑hie-] (südd., österr., sonst veraltet): ↑hiervon.

hie|vor ⟨Adv.⟩ [auch: ˈ- -; ↑hie-] (südd., österr., sonst veraltet): ↑hiervor.

hie|zu ⟨Adv.⟩ [auch: ˈ- -; hie-] (südd., österr., sonst veraltet): ↑hierzu.

Hi-Fi [ˈhaifi, auch: ˈhaɪfaɪ]: = High Fidelity.

Hi-Fi-An|la|ge, die: *Anlage, die eine originalgetreue Wiedergabe von Tonaufnahmen ermöglichen soll.*

Hi-Fi-Turm, der: vgl. Stereoturm.

Hift|horn, das ⟨Pl. ...hörner⟩ [frühnhd. hift = Jagdruf mit dem Jagdhorn, wohl zu ahd. hiūfan = klagen] (Jägerspr.): *einfaches, aus einem ausgehöhlten Stierhorn angefertigtes Jagdhorn.*

high [haɪ] ⟨Adj.⟩ [engl. high, eigtl. = hoch] (Jargon verhüll.): *in euphorieähnlichem Zustand nach dem Genuss von Rauschgift:* er hatte einen Joint geraucht und war h.; Ü wir waren alle echt h. (ugs.; *in euphorischer Stimmung).*

High|ball [ˈhaibɔːl], der; -s, -s [engl.-amerik. highball, H. u.]: *Longdrink auf der Basis von Whisky mit zerkleinerten Eisstücken, Zitronenschale u. anderen Zusätzen.*

High Church [ˈhaiˈtʃəːtʃ], die; - - [engl. High Church, aus: high (↑high) u. church = Kirche]: *Richtung der englischen Staatskirche, die eine Vertiefung der liturgischen Formen anstrebt.*

High End [ˈhaiˈlɛnt], das; - -s, (auch:) **Highend,** das; -s [zu engl. high (↑high) u. end = Ende] (bes. EDV, Elektrot.): *höchste Preis- u. Qualitätsstufe, bes. hinsichtlich der technischen Leistungsfähigkeit* [meist in Zus., z. B. High-End-Gerät, (auch:) Highendgerät, High-End-Lautsprecher, (auch:) Highendlautsprecher, High-End-Server, (auch:) Highendserver].

High Fi|de|li|ty [ˈhai fiˈdɛlɪtɪ], die; - -, (auch:) **High|fi|de|li|ty,** die; - [zu engl. high (↑high) u. fidelity = Treue, genaue Wiedergabe] (Rundfunkt.): **1.** *originalgetreue Wiedergabe (z. B. bei Qualitätsschallplatten).* **2.** *Lautsprechersystem, das eine originalgetreue Wiedergabe ermöglichen soll.*

High|im|pact [ˈhaɪmpɛkt], der; -s, -s, (auch:) **High Im|pact,** der; - -s, - -s [engl., aus ↑high u. Impact] (Sport): *hoher Grad, große Belastung, starke Wirkung.*

High|ja|cker, (auch:) **High Ja|cker,** der: ↑Hijacker.

High|life [ˈhaɪlaɪf; auch: ˈ-ˈ-], das; -[s], (auch:) **High Life,** das; - -[s] [engl. high life = das Leben der Oberschicht, aus: high (↑high) u. life = Leben]: *exklusives Leben neureicher Gesellschaftskreise:* Ü bei uns ist heute H. (ugs.; *wir feiern heute).*

High|light [ˈhailaɪt], das; -[s], -s, (auch:) **High Light,** das; - -[s], - -s [engl. highlight, aus: high (↑high) u. light = Licht] (Jargon): *Höhepunkt, Glanzpunkt eines [kulturellen] Ereignisses:* auf dem Filmfestival gab es nur wenige -s.

high|ligh|ten ['hailaitn̩] (EDV): *auf einem Bildschirm optisch (z. B. durch Unterlegung einer Kontrastfarbe) hervorheben:* alle Textsegmente können mit Mausklick gehighlightet werden.
High|ri|ser ['hairaɪzə], der; -[s], -, (auch:) **High Riser,** der; - -[s], - - [engl. high-riser, aus: high (↑high) u. riser = (die Höhe vergrößerndes) Zwischenstück]: *Fahrrad od. Moped mit hohem, geteiltem Lenker u. Sattel mit Rückenlehne.*
High|school ['haisku:l], die; -, -s, (auch:) **High School,** die; - -, - -s [engl. high school, aus: high (↑high) u. school = Schule]: amerik. Bez. für *höhere Schule.*
High Sno|bi|e|ty ['hai snɔ'baɪətɪ], die; - -, (auch:) **High|sno|bi|e|ty,** die; - [scherzh. geb. zu engl. high (↑high), ↑Snob u. engl. society = Gesellschaft]: *Gruppe der Gesellschaft, die durch entsprechende snobistische Lebensführung Anspruch auf Zugehörigkeit zur High Society erhebt.*
High So|ci|e|ty ['hai sə'saɪətɪ], die; - -, (auch:) **High|so|ci|e|ty,** die; - [engl. high society, aus: high (↑high) u. society = Gesellschaft]: *gesellschaftliche Oberschicht, vornehmste Kreise der Gesellschaft.*
[1]**High|tech** ['haɪ'tɛk], der; -[s] [Kunstwort aus engl. high style = hoher (= hochwertiger, gehobener) Stil und technology = Technologie]: *durch die Verwendung industrieller Materialien u. Einrichtungsgegenstände gekennzeichneter Stil der Innenarchitektur.*
[2]**High|tech,** das; -[s], auch die; - [engl. high tech, gekürzt aus high technology = Hochtechnologie]: *Hochtechnologie.*
High|tech|in|dus|trie, die: *Industrie, die Produkte der Hochtechnologie herstellt.*
High|way ['haiweɪ], der; -s, -s [engl. highway]: a) engl. Bez. für *Haupt-, Landstraße;* b) amerik. Bez. für *Fernstraße.*
hi|hi, hi|hi|hi ⟨Interj.⟩: Ausruf, der Schadenfreude, hämisches, kicherndes Lachen ausdrückt.
Hi|ja|cker ['haidʒɛkɐ], der; -s, - [engl. hijacker, eigtl. = Straßenräuber]: *Luftpirat:* nach langen Verhandlungen ergaben sich die H.
Hi|ja|cke|rin, die; -, -nen: w. Form zu ↑Hijacker.
Hi|ja|cking ['haidʒɛkɪŋ], das; -[s], -s: *Flugzeugentführung.*
Hi|la: Pl. von ↑Hilum.
hilb ⟨Adj.⟩ [viell. verw. mit mhd. heln, ↑hehlen] (schweiz.): *windgeschützt:* wir suchten uns eine -e Stelle.
Hil|fe, die; -, -n [mhd. hilfe, ahd. hilfa, zu ↑helfen]: 1. a) *das Helfen; das Tätigwerden zu jmds. Unterstützung:* nachbarliche, ärztliche, finanzielle H.; er hat es geschafft ohne fremde H.; H. für/(bes. schweiz.:) an behinderte Kinder; die Töchter sind mir eine große H. *(ersparen mir viel eigene Arbeit)* im Haushalt; diese Merksätze sind kleine -n *(dienen als Stütze)* für das Gedächtnis; jmdm. H. *(Beistand)* leisten; telefonisch H. herbeirufen *(jmdn. zu Hilfe rufen);* eine H. bringende Maßnahme; sich H. suchend umschauen; jmdm. beim Turnen -n *(Hilfestellungen)* geben; jmdn. um H. bitten, angehen; um H. rufen; jmdn. zu H. rufen; niemand kam dem Verunglückten zu H.; [zu] H.! (Ruf, mit dem jmd. zu verstehen gibt, dass er od. jmd. anders sich in einer Notlage befindet, aus der er bzw. dieser sich nicht allein befreien kann); er nimmt beim Essen die Hände zu H.; jmds. Gedächtnis zu H. kommen *(nachhelfen);* * **erste H.** *(Maßnahmen, die ein Laie sogleich an der Unfallstelle noch vor der ärztlichen Behandlung an dem Verunglückten durchführt):* erste H. leisten; ein Kurs in erster H.; **mit H.** (↑mithilfe); b) *finanzielle Unterstützung:* -n bereitstellen; mit staatlicher H.; den von dem Erdbeben Betroffenen wurde unbürokratische H. *(von der öffentlichen Hand gewährte finanzielle Unterstützung, die um der Dringlichkeit willen nicht den üblichen Behördengang durchläuft)* zuteil; c) ⟨meist Pl.⟩ (Reiten) *Übermittlung der Anweisungen des Reiters an das Pferd durch Schenkeldruck, Gewichtsverlagerung, Sporen, Zügel o. Ä.:* das Pferd reagierte auf die -n seines Reiters. 2. *Hilfsmittel:* das Wörterbuch war mir eine gute H. 3. *Person, die [im Haushalt] bei der Arbeit hilft; Hilfskraft:* eine H. suchen.
hil|fe|be|dürf|tig ⟨Adj.⟩: *der Hilfe (1) bedürftig.*
Hil|fe brin|gend: s. Hilfe (1 a).
Hil|fe|er|su|chen, das: *Ersuchen um Hilfe, Beistand.*
hil|fe|fle|hend ⟨Adj.⟩: *Hilfe, Beistand erflehend.*
Hil|fe|leis|tung, die: *Hilfe (1), die jmdm. in bestimmter Form geleistet wird od. unter gewissen Umständen auch geleistet werden muss:* materielle, medizinische H.
Hil|fe|ruf, der: *Ruf, Signal, mit dem jmd. um Hilfe in einer schlimmen Lage bittet:* die verzweifelten -e einer Ertrinkenden; der H. eines Schiffes in Seenot; -e auffangen, aussenden.
hil|fe|ru|fend ⟨Adj.⟩: *um Hilfe rufend.*
Hil|fe|schrei, der: vgl. Hilferuf.
Hil|fe|stel|lung, die: 1. (Turnen) a) ⟨o. Pl.⟩ *sachgerechte, fachkundige Beobachtung u. Unterstützung bei einer Turnübung:* [jmdm.] H. geben; b) *jmd., der Hilfestellung* (1) *leistet.* 2. *Hilfe, Unterstützung, die jmdm. zuteil wird:* praktische, telefonische, technische H.
Hil|fe su|chend: s. Hilfe (1 a).
hilf|los ⟨Adj.⟩ [mhd., ahd. helf(e)lōs]: a) *auf Hilfe angewiesen [ohne sie zu erhalten]:* ein -er Greis; sie musste h. *(ohne etwas unternehmen zu können)* zusehen, wie der Dieb ihre Wohnung ausräumte; h. und verlassen sein; h. *(ratlos, unschlüssig)* mit den Achseln zucken; b) *unbeholfen, ungeschickt:* ein -er Blick; eine -e Geste; h. ein paar Worte stammeln.
Hilf|lo|sig|keit, die; -: a) *das Hilflossein;* b) *Unbeholfenheit, Ungeschicklichkeit.*
hilf|reich ⟨Adj.⟩ [mhd. helferîche] (geh.): 1. *andern mit seiner Hilfe in einem entsprechenden Fall zur Verfügung stehend; hilfsbereit, helfend:* ein -er Mensch; jmdm. h. zur Seite stehen. 2. *in einer bestimmten [schwierigen] Situation nützlich:* das bloße Kritisieren ist jetzt wenig h.
Hilfs|ak|ti|on, die: *Aktion, durch die Notleidenden geholfen werden soll:* eine H. für die Flüchtlinge durchführen, in Gang setzen.
Hilfs|ar|bei|ter, der: *ungelernter, nicht qualifizierter Arbeiter:* er hat es nicht weiter gebracht als bis zum H.
Hilfs|ar|bei|te|rin, die: w. Form zu ↑Hilfsarbeiter.
Hilfs|as|sis|tent, der: *studentische Hilfskraft an einer Hochschule, die bei der Durchführung von Lehrveranstaltungen eingesetzt wird:* er arbeitet als H. in der Bibliothek.
Hilfs|as|sis|ten|tin, die: w. Form zu ↑Hilfsassistent.
hilfs|be|dürf|tig ⟨Adj.⟩: a) *schwach u. auf Hilfe angewiesen:* er ist alt und h. geworden; b) *auf materielle Hilfe angewiesen, Not leidend:* -e Familien; ⟨subst.:⟩ den Hilfsbedürftigen Unterstützung gewähren.
Hilfs|be|dürf|tig|keit, die: *das Hilfsbedürftigsein.*
hilfs|be|reit ⟨Adv.⟩: *[immer] bereit, anderen zu helfen, behilflich zu sein:* ein -er Mensch; er ist [nicht] sehr h.
Hilfs|be|reit|schaft, die: *[ständige] Bereitschaft, anderen zu helfen, behilflich zu sein:* an jmds. H. appellieren; auf jmds. H. angewiesen sein.
Hilfs|dienst, der: 1. *Dienst für Hilfszwecke.* 2. a) *Organisation, die eingerichtet wird, um in einer Notsituation od. einem Katastrophenfall zu helfen;* b) *ständige Einrichtung, Organisation für Hilfeleistungen in bestimmten [Not]fällen.*
Hilfs|fonds, der: *Fonds zur finanziellen Unterstützung Hilfsbedürftiger.*
Hilfs|geist|li|che, der u. die (ev. u. kath. Kirche): *in der Seelsorge tätige[r], dem Pfarrer unterstellte[r] Geistliche[r].*
Hilfs|gel|der ⟨Pl.⟩: *als Beihilfe verwendete Geldbeträge.*
Hilfs|gut, das ⟨meist Pl.⟩: *Lebensmittel, Kleidungsstücke, Medikamente u. Ä., die Not leidenden Menschen in Kriegs-, Notstands- u. Katastrophengebieten zuteil werden:* der Transport von Hilfsgütern.
Hilfs|ko|mi|tee, das: *Komitee, das mit der Leitung einer Hilfsaktion betraut ist.*
Hilfs|kon|struk|ti|on, die: 1. (Geom.) *vorübergehend benutzte Nebenkonstruktion, die zur Lösung einer Aufgabe führt:* eine H. zeichnen. 2. *Idee, Überlegung, mit der sich jmd. einer Sache, einem Problem anzunähern sucht:* eine gedankliche H.; diese Überlegung ist eine reine H.
Hilfs|kraft, die: *zur Mithilfe, Unterstützung bei bestimmten Arbeiten angestellte [Arbeits]kraft:* technische, wissenschaftliche Hilfskräfte.
Hilfs|leh|rer, der: *Lehrer ohne Planstelle, der aushilfsweise unterrichtet.*
Hilfs|leh|re|rin, die: w. Form zu Hilfslehrer.
Hilfs|li|nie, die (Geom.): vgl. Hilfskonstruktion.
Hilfs|maß|nah|me, die ⟨oft Pl.⟩: *Maßnahme, durch die jmdm. geholfen, jmd. unterstützt wird:* -n ergreifen.
Hilfs|mit|tel, das: a) *Mittel zur Arbeitserleichterung od. zur Erreichung eines bestimmten Zweckes:* technische H.; es fehlt an geeigneten -n; unerlaubte H. benutzen; b) ⟨Pl.⟩ *finanzielle od. materielle Mittel, die jmdm. eine Notlage überwinden helfen sollen:* H. für die Opfer bereitstellen; c) *zum Ausgleich eines bestehenden körperlichen Defektes dienender Gegenstand:* Prothese als orthopädische H.
Hilfs|mo|tor, der: *an einem Fahrrad, in einem Segelflugzeug od. Boot befindlicher [nachträglich eingebauter] Motor für den Bedarfsfall:* ein Fahrrad mit H.
Hilfs|or|ga|ni|sa|ti|on, die: *Organisation, die in Notsituationen, Katastrophenfällen u. kriegerischen Auseinandersetzungen Hilfe leistet.*
Hilfs|po|li|zist, der (ugs.): *jmd., der, ohne als Polizist ausgebildet zu sein, aushilfsweise bei der Polizei beschäftigt ist.*
Hilfs|po|li|zis|tin, die (ugs.): w. Form zu ↑Hilfspolizist.
Hilfs|pre|di|ger, der: *Hilfsgeistlicher.*
Hilfs|pre|di|ge|rin, die: w. Form zu ↑Hilfsprediger.
Hilfs|pro|gramm, das: *Programm einer Hilfsaktion.*
Hilfs|quel|le, die ⟨meist Pl.⟩: a) *Material (bes. Literatur), das bei einer wissenschaftlichen Untersuchung benutzt wird;* b) *Quelle, die ein Land ausbeutet u. für seine Wirtschaft nutzbar macht; Ressource;* c) *Hilfsmittel* (b).
Hilfs|ru|der, das (Flugw.): *zusätzliches Steuer, das bestimmten Aufgaben dient.*
Hilfs|satz, der (Math., Logik): *Teilaussage eines mathematischen Satzes, die eigenständig bewiesen wird.*
Hilfs|schiff, das (Milit.): *als Kriegsschiff benutztes Handelsschiff.*
Hilfs|schu|le, die (veraltet): *Sonderschule für lernbehinderte Kinder.*
Hilfs|schü|ler, der (veraltet): *Schüler, der eine Sonderschule besucht.*
Hilfs|schü|le|rin, die (veraltet): w. Form zu ↑Hilfsschüler.
Hilfs|schwes|ter, die: *Krankenschwester ohne fachliche Ausbildung.*
Hilfs|she|riff, der: *Hilfskraft eines Sheriffs* (2).
Hilfs|spra|che, die: *Welthilfssprache.*
Hilfs|tä|tig|keit, die: *Tätigkeit, mit der jmd. bei einer beruflichen Arbeit aushilft.*
Hilfs|trupp, der: *Trupp von Helfern.*
Hilfs|trup|pe, die ⟨meist Pl.⟩ (Milit.): *Reservetruppe (als Verstärkung).*
Hilfs|verb, das (Sprachw.): *Verb, das zur Bildung der zusammengesetzten Formen eines Verbs dient; Hilfszeitwort* (im Deutschen: haben, sein, werden).
hilfs|wei|se ⟨Adv.⟩: *ersatzweise od. als zusätzliche Hilfe.*
Hilfs|werk, das: *Institution zur Unterstützung bedürftiger Personen:* das Evangelische H.
hilfs|wil|lig ⟨Adj.⟩: *bereit, jmdm. in einer bestimmten Angelegenheit o. Ä. zu helfen.*
Hilfs|wil|li|ge, der u. die; -n, -n ⟨Dekl. ↑Abgeordnete⟩: 1. *jmd., der hilfswillig ist:* es meldeten sich viele H. 2. ⟨nur: der⟩ *(im Zweiten Weltkrieg)*

Angehöriger eines von der deutschen Wehrmacht besetzten Landes, der [freiwillig] in der Wehrmacht nicht militärischen Dienst tat; Hiwi.

Hilfs|wis|sen|schaft, die: *Wissenschaft, die [hauptsächlich] Methoden u. Kenntnisse für andere Wissenschaften bereitstellt:* die Statistik ist eine H. für die empirische Sozialforschung.

Hilfs|zeit|wort, das: *Hilfsverb.*

Hilfs|zug, der: *bei Unfällen eingesetzter Sonderzug mit Sanitätseinrichtung u. anderen Hilfsmitteln.*

Hi|li: Pl. von ↑Hilus.

Hill|bil|ly, der; -s, -s [...bılız, auch: ...lıs; engl.-amerik. hillbilly, aus: hill = Hügel u. Billy = Kosef. von William = Wilhelm]: **1.** (abwertend) *Hinterwäldler [aus den Südstaaten der USA].* **2.** *Hillbillymusic.*

Hill|bil|ly|mu|sic [...'mju:zık], (auch:) **Hill|bil|li|mu|sik,** die; - [engl. hillbilly music]: **1.** *ländliche Musik der Südstaaten der USA.* **2.** *kommerzialisierte volkstümliche Musik der Cowboys.*

Hi|lum, das; -s, ...la [lat. hilum = kleines Ding] (Bot.): *Stelle, an der der Same angewachsen war.*

H

Hi|lus, der; -, ...li [zu ↑Hilum] (Anat.): *kleine Einbuchtung od. Vertiefung an einem Organ als Austrittsstelle für Gefäße u. Nerven.*

Hi|ma|la|ja, (auch:) **Hi|ma|la|ya** [auch: hima'la:ja], der; -[s]: Gebirge in Asien.

Hi|ma|ti|on, das; -[s], ...ien [griech. himátion]: *aus einem rechteckigen Stück Tuch bestehender mantelartiger Überwurf für Männer u. Frauen im antiken Griechenland.*

Him|bee|re, die; -, -n [mhd. hintber, ahd. hintperi, zu: hinta = Hinde, Hirschkuh u. ↑Beere; viell. = Gesträuch, in dem sich die Hirschkuh mit ihren Jungen verbirgt, od. Beere, die sie gern frisst]: **a)** *(zu den Rosengewächsen gehörende) als stachliger Strauch wachsende Pflanze mit hellgrünen, gefiederten Blättern, kleinen, weißen Blüten u. roten, aus vielen kleinen Früchtchen zusammengesetzten, essbaren Beeren;* **b)** *Frucht der Himbeere* (a).

Him|beer|eis, das: *Speiseeis mit Himbeergeschmack.*

him|beer|far|ben, him|beer|far|big ⟨Adj.⟩: *von der Farbe reifer Himbeeren.*

Him|beer|geist, der ⟨Pl. -e⟩: *Branntwein aus Himbeeren.*

Him|beer|ge|schmack, der ⟨o. Pl.⟩: *Geschmack von Himbeeren.*

Him|beer|li|mo|na|de, die: *Limonade mit Himbeergeschmack.*

Him|beer|mar|me|la|de, die: *Marmelade aus Himbeeren.*

him|beer|rot ⟨Adj.⟩: *rot wie reife Himbeeren.*

Him|beer|saft, der: *Saft* (2b) *von Himbeeren.*

Him|beer|si|rup, der: *Sirup aus eingekochtem Himbeersaft.*

Him|beer|strauch, der: *Strauch der Himbeere* (a).

Him|beer|zun|ge, die: *himbeerfarben gerötete Zunge[nspitze] (bes. bei Scharlach).*

Him|mel, der; -s, - ⟨Pl. dichter.⟩ [mhd. himel, ahd. himil, viell. urspr. = Decke, Hülle (dann verw. mit ↑Hemd) od. urspr. = Stein (nach der alten Vorstellung des Himmels als Steingewölbe, dann verw. mit ↑Hammer]: **1.** *scheinbar über dem Horizont liegendes, halbkugelähnliches Gewölbe (an dem die Gestirne erscheinen):* ein blauer, wolkenloser, bewölkter H.; der H. ist bedeckt, verhangen; der H. klärt sich auf, bezieht sich; eher stürzt der H. ein, als dass er kommt (ugs.; *es ist vollkommen ausgeschlossen, dass er kommt*); so weit der H. reicht (*so weit man sehen kann, überall);* die Sonne steht hoch am H.; ein Flugzeug vom H. holen (salopp; *abschießen*); den Blick gen H. (geh.; *zum Himmel*) richten; in den H. ragen; unter [Gottes] freiem H. *(im Freien)* übernachten; zwischen H. und Erde *(frei in der Luft)* schweben; Ü der H. grollt (dichter.; *es donnert*); der H. hat seine Schleusen geöffnet, (auch:) die Schleusen des -s haben sich geöffnet (dichter.; *es regnet in Strömen*); unter griechischem H., unter dem H. Griechenlands (dichter.; *in Griechenland*), unter südlichem H. *(im Süden)* leben; * **H. und Erde** *(Gericht aus Kartoffel- u. Apfelpüree mit gebratener Blut- u. Leberwurst;* nach den Kartoffeln in der »Erde« u. den Äpfeln im »Himmel«); **aus heiterem H.** (ugs. *[in Bezug auf unerfreuliche, plötzliche, nicht vorauszusehende Veränderungen] ganz wider Erwarten*); **jmdn., etw. in den H. heben** (ugs.: *jmdn., etw. übermäßig loben*); **nicht [einfach] vom H. fallen** *(seine Vorbedingungen haben; etwas tun müssen für das Zustandekommen von etw.):* Fortschritte fallen nicht einfach vom H. **2. a)** *der Hölle od. der Erde als dem Diesseits gegenübergestellter Aufenthalt Gottes (der Engel u. der Seligen):* sie gelobte sich dem H. an (geh.; *wurde Nonne*); in den H. kommen (bes. christl. Rel.; *nach dem Tode nicht verdammt werden, sondern die Seligkeit erlangen*); im H. sein (verhüll., bes. im Gespräch mit Kindern; *tot sein*); * **H. und Hölle** (1. *Kinderspiel, bei dem jeder Teilnehmer auf einem Bein durch eine am Boden aufgezeichnete Figur aus Vierecken [u. darüber gezeichnetem Halbkreis] hüpfen muss [von der zwei Felder oft als »Himmel« u. als »Hölle« bezeichnet werden].* 2. *Faltspiel für Kinder mit einem Stück Papier, das so gefaltet wird, dass die gefaltete Figur nach zwei Seiten geöffnet werden kann u. dem Ratenden je nach seiner Entscheidung Himmel od. Hölle zeigt*); **jmdm./für jmdn. hängt der H. voller Geigen** (geh.; *jmd. ist schwärmerisch glücklich u. blickt froh in die Zukunft;* wahrsch. nach Gemälden der späten Gotik od. der Frührenaissance, auf denen der Himmel mit musizierenden Engeln belebt dargestellt ist); **H. und Hölle/Erde in Bewegung setzen** *(alles versuchen [andere zu aktivieren], um etw. zu ermöglichen);* **den H. auf Erden haben** (geh.; *es sehr gut haben*); **jmdm. den H. [auf Erden] versprechen** (emotional; *jmdm. das angenehmste Leben versprechen*); **aus allen -n fallen, stürzen, gerissen werden** (*tief enttäuscht, ernüchtert, desillusioniert werden;* nach Jes. 14, 12); **im sieb[en]ten H. sein, schweben; sich [wie] im sieb[en]ten H. fühlen** (ugs.; *voll Überschwang, über die Maßen glücklich sein;* nach der aus jüd. Tradition stammenden Vorstellung, dass der siebte u. oberste Himmel der Sitz Gottes sei); **zum H. schreien** (*[durch sein Ausmaß] ein empörendes Unrecht sein;* nach 1. Mos. 4, 10); **zum H. stinken** (salopp; *[durch sein Übermaß] Abscheu erregend, skandalös sein*); **b)** (verhüll.) *Gott, Schicksal, Vorsehung:* der H. bewahre, behüte uns davor!; dem H. sei Dank [dafür]!; etw. als ein Zeichen, eine Fügung des -s betrachten; * **gerechter/gütiger/[ach] du lieber H.!** (ugs.; Ausruf der Verwunderung, Bestürzung, des Bedauerns o. Ä.); **weiß der H.!** (ugs.; Ausruf der Bestätigung, Bekräftigung); **[das] weiß der [liebe] H., mag der [liebe] H. wissen** (ugs.; *da bin ich ratlos, wer soll das wissen; das ist vollkommen unbekannt, unklar*); **um [des] -s willen!** (1. Ausruf des Erschreckens, der Abwehr. 2. Ausdruck einer inständigen Bitte); (Flüche:) **H. noch ein!; H. noch [ein]mal!; H., Herrgott, Sakrament!;** (derb:) **H., Arsch und Zwirn/Wolkenbruch!;** (salopp:) **H., Sack [Zement]!;** (salopp:) **H., Kreuz, Donnerwetter!** [zur Verstärkung der nachfolgenden Begriffe]. **3.** *[fest angebrachte] zum Teil hinten u. an den Seiten heruntergezogene Überdachung aus Stoff, Leder o. Ä.; Baldachin:* ein Thron mit einem kostbaren H. **4.** (Kfz-T.) *innere Bespannung des Verdecks im Auto.*

him|mel|an [auch: – –'–] ⟨Adv.⟩ (dichter.): *zum Himmel empor.*

him|mel|angst ⟨Adj.⟩: nur in der Fügung **jmdm. ist/wird h.** (emotional; *jmd. hat/bekommt große Angst angesichts einer Gefahr od. kaum zu bewältigender Schwierigkeiten).*

Him|mel|bett, das: *Bett mit einem Himmel* (3).

him|mel|blau ⟨Adj.⟩: *blau wie der wolkenlose Himmel; hell-, azurblau:* -e Augen.

Him|mel|don|ner|wet|ter ⟨Interj.⟩: meist in der Fügung **H. noch [ein]mal!** (salopp; Fluch).

Him|mel|fahrt, die ⟨o. Pl.⟩ [mhd. himelvart, ahd. himilfart]: **1.** *Auffahrt Christi, Mariens, von Heiligen u. Propheten in den Himmel:* Christi, Mariä H. **2.** ⟨o. Art.⟩ *kirchlicher Feiertag zum Gedenken an die Himmelfahrt* (1) *Christi am 40. Tag nach Ostern:* (bes. nordd.:) zu/(bes. südd.:) an H. **3.** (ugs.) *lebensgefährliche, riskante Unternehmung.*

Him|mel|fahrts|kom|man|do, das: **1.** *Auftrag, Unternehmen (bes. im Krieg), das mit großer Lebensgefahr verbunden ist.* **2.** *Personen, die an einem Himmelfahrtskommando* (1) *teilnehmen.*

Him|mel|fahrts|na|se, die (ugs. scherzh.): *nach oben gebogene Nase.*

Him|mel|fahrts|tag, der: *Himmelfahrt* (2).

Him|mel|herr|gott ⟨Interj.⟩: meist in der Fügung **H. noch [ein]mal!** (salopp; Fluch).

Him|mel|herr|gott|sa|kra ⟨Interj.⟩ (österr., auch südd. salopp; Fluch).

him|mel|hoch ⟨Adj.⟩ (emotional): *unendlich hoch, sehr hoch:* himmelhohe Felsen; Ü den anderen h. überlegen sein; R h. jauchzend, zu[m] Tode betrübt (*zwischen äußerster Hochgestimmtheit u. extremer Niedergeschlagenheit krass wechselnd;* nach Goethe, Egmont III, 2).

Him|mel|hund, der (ugs.): *gewissenloser Mensch, Schuft:* dieser elende H.!; (mit dem Unterton widerstrebender Anerkennung:) der H. *(Teufelskerl)* hat es doch geschafft.

him|meln ⟨sw. V.; hat⟩ [mhd. himelen = in den Himmel aufnehmen; 2: nach der veralteten Bed. »in den Himmel kommen«]: **1.** (ugs.) *verzückt zum Himmel blicken, schwärmerisch blicken.* **2.** (landsch. salopp) *sterben.*

Him|mel|reich, das ⟨o. Pl.⟩ [mhd. himelrîche, ahd. himilrîhhi] (christl. Rel.): *Ort der ewigen Seligkeit; Paradies, Himmel* (2 a): ins H. kommen; R des Menschen Wille ist sein H.; * **schlesisches H.** (Kochk.; *Kartoffel- od. Hefeklöße mit einer Soße aus Dörrobst u. Rauchfleisch).*

Him|mels|ach|se, die ⟨o. Pl.⟩ (Astron.): *auf beiden Seiten ins Unendliche verlängerte Erdachse.*

Him|mels|äqua|tor, der (Astron.): *Kreis an der Himmelskugel, der senkrecht auf der Himmelsachse steht u. die Himmelskugel in eine nördliche u. eine südliche Halbkugel teilt.*

Him|mels|bahn, die (dichter.): *von einem Gestirn am Himmel beschriebene Bahn.*

Him|mels|blau, das [mhd. himelblâ] (dichter.): *Blau des Himmels.*

Him|mels|bo|gen, der ⟨o. Pl.⟩ (dichter.): *Himmel[sgewölbe].*

Him|mels|bo|te, der [mhd. himelbote] (dichter.): *Engel.*

Him|mels|braut, die (dichter.): *Nonne.*

Him|mels|brot, das ⟨o. Pl.⟩ [mhd. himelbrot, ahd. himilbrot] (bibl.): *Manna.*

Him|mel|schlüs|sel, Himmelsschlüssel, der, auch: das [mhd. himelslüzzel, ahd. himilsluzzil], **Him|mel|schlüs|sel|chen,** Himmelsschlüsselchen, das; -s, -: *Schlüsselblume* (1).

him|mel|schrei|end ⟨Adj.⟩: *durch sein Übermaß, seine schlechte Qualität o. Ä. empörend:* ein -es Unrecht; die hygienischen Verhältnisse waren h.

Him|mels|er|schei|nung, die: *beobachtbare astronomische od. meteorologische Erscheinung am Himmel* (z. B. Sonnenfinsternis).

Him|mels|fes|te, die ⟨o. Pl.⟩ [mhd. himelveste] (dichter.): *Himmel[sgewölbe], Firmament.*

Him|mels|fürst, der ⟨o. Pl.⟩ [mhd. himelvürste] (christl. Rel.): *Gott (als Herrscher im Himmel).*

Him|mels|ga|be, die (geh.): *vom Himmel verliehene Gabe.*

Him|mels|ge|gend, die: *Himmelsrichtung.*

Him|mels|ge|wöl|be, das ⟨o. Pl.⟩: *Himmel* (1), *Firmament:* die Schnittpunkte der Himmelsachse mit dem H.

Him|mels|glo|bus, der (Astron.): *Globus, auf dem der Sternenhimmel als Kugel dargestellt ist.*

Him|mels|gu|cker, der (ugs. scherzh.): *Astronom.*

Him|mels|kar|te, die (Astron.): *Sternkarte.*

Him|mels|kö|ni|gin, die ⟨o. Pl.⟩ [mhd. himelküne-ginne] (kath. Rel.): *Jungfrau Maria.*

Him|mels|kör|per, der (Astron.): *kosmischer Körper (als Gegenstand der Astronomie); Gestirn.*

Him|mels|ku|gel, die: **1.** ⟨o. Pl.⟩ *Kugel, die der Himmel scheinbar um die Erde herum bildet.* **2.** (Astron. veraltet) *Himmelsglobus.*

Him|mels|kun|de, die ⟨o. Pl.⟩: *Astronomie, Sternkunde.*

Him|mels|kund|ler, der; -s, -: *Astronom.*

Him|mels|kund|le|rin, die; -, -nen: w. Form zu ↑Himmelskundler.

Him|mels|kup|pel, die ⟨o. Pl.⟩: *Himmelsgewölbe.*

Him|mels|lei|ter, die [mhd. himelleiter] ⟨o. Pl.⟩: **1.** *(im A. T.) von Jakob im Traum gesehene Leiter mit auf- u. niedersteigenden Engeln.* **2.** (Bot.) *Staude mit fiederteiligen Blättern u. blauen, violetten od. weißen Blüten.*

Him|mels|macht, die (dichter.): *himmlische, überirdische Macht:* die H. der Liebe.

Him|mels|me|cha|nik, die (Astron.): *Teilgebiet der Astronomie, das sich mit der Bewegung der Himmelskörper im freien Raum befasst.*

Him|mels|pfor|te, die [mhd. himelporte] (dichter.): *Himmelstür.*

Him|mels|pol, der (Astron.): *Schnittpunkt der Himmelsachse mit dem Himmelsgewölbe; Pol* (1 b).

Him|mels|rich|tung, die: *(bes. in Bezug auf die Hauptrichtungen Osten, Süden, Westen, Norden) Gegend am Horizont:* aus allen -en *(überallher).*

Him|mels|rund, das (dichter.): *Himmelsgewölbe.*

Him|mels|schlüs|sel: ↑Himmelschlüssel.

Him|mels|schlüs|sel|chen: ↑Himmelschlüsselchen.

Him|mels|schrei|ber, der (ugs.): *Flugzeug, das mit Nebelpulver Werbesprüche an den Himmel schreibt.*

Him|mels|schrift, die (ugs.): *durch einen Himmelsschreiber an den Himmel geschriebene Reklameworte.*

Him|mels|spi|on, der (ugs.): *Flugkörper, der [bei militärischen Operationen] Fernsehbilder übermitteln kann; Nachrichtensatellit.*

Him|mels|strah|lung, die (Astron., Met.): *durch Streuung des von Sonne, Mond u. Sternen ausgehenden Lichts in der Erdatmosphäre verursachte Strahlung.*

Him|mels|strich, der (geh.): *Gegend, Zone:* unter diesem H.

Him|mels|stür|mer, Himmelstürmer, der (geh.): *jmd., der sich etwas zum Ziel gesetzt hat, was sich allem Anschein nach nicht verwirklichen lässt, für den aber entgegenstehende reale Gegebenheiten u. Schwierigkeiten kein Hindernis bedeuten.*

Him|mels|stür|me|rin, Himmelstürmerin, die (geh.): w. Form zu ↑Himmelsstürmer.

Him|mels|tor, das, **Him|mels|tür,** die [mhd. himeltür] (dichter.): *Eingang zum Himmel.*

him|mel|stür|mend ⟨Adj.⟩ (geh.): *alle Grenzen überschreitend, kein Maß kennend:* -e Begeisterung; -e *(hochfliegende)* Pläne.

Him|mel|stür|mer usw.: ↑Himmelsstürmer usw.

Him|mels|wa|gen, der ⟨o. Pl.⟩: *Großer Wagen, Großer* [1]*Bär.*

Him|mels|zei|chen, das [mhd. himelzeichen]: *Tierkreiszeichen.*

Him|mels|zelt, das ⟨o. Pl.⟩ (dichter.): *Himmelsgewölbe.*

Him|mels|zie|ge, die [nach einem dem Meckern einer Ziege ähnlichen Geräusch, das beim Sturzflug des Vogels durch Luftreibung an den Flügelspitzen od. den Schwanzfedern entsteht]: **1.** *Bekassine.* **2.** (ugs. abwertend) *frömmelnde ältliche weibliche Person.*

him|mel|wärts ⟨Adv.⟩ [↑-wärts] (geh.): *zum Himmel empor.*

him|mel|weit ⟨Adj.⟩ (ugs.): *einen großen Gegensatz zu jmdm., etw. darstellend:* ein -er Unterschied; h. verschieden.

himm|lisch ⟨Adj.⟩ [mhd. himelisch, ahd. himilisc]: **1. a)** *den Himmel* (2 a) *betreffend, zu ihm gehörend, dort befindlich:* der -e Vater *(der christliche Gott);* die -en Heerscharen *(die Engel);* die -en Mächte; ⟨subst.:⟩ die Himmlischen *(die Götter; die Engel);* **b)** *von Gott ausgehend, gewirkt; göttlich:* eine -e Fügung. **2.** *jmds. Entzücken, höchstes Wohlbehagen hervorrufend:* sie ist ein -es Wesen; (ugs.:) das Wetter war [einfach] h. **3.** (ugs.) ⟨intensivierend bei Adj.⟩ *sehr, überaus:* die Schuhe sind h. bequem. **4.** (veraltet) *den Himmel* (1) *betreffend.*

hin ⟨Adv.⟩ [mhd. hin(e), ahd. hina, zu dem unter ↑her genannten idg. Pronominalstamm]: **I.** ⟨in Korrelation mit Präpositionen od. im Zusammenhang mit präpositionalen Verbindungen⟩ **1.** (drückt die Richtung auf einen Zielpunkt aus) **a)** (räumlich) *in Richtung auf; nach:* die Fenster [liegen] zur Straße h.; auf Frankfurt h. (landsch.; *zu*); bis zu dieser Stelle h.; (nachdrücklich:) h. zu jmdm. gehen (statt: zu jmdm. hingehen); (ugs.:) zu jmdm. h. sein *(zu jmdm. gegangen, gefahren o. Ä. sein);* **b)** (zeitlich) *auf ... zu:* gegen Mittag h.; zum Winter h. **2.** (drückt die Erstreckung aus) **a)** (räumlich): über die ganze Welt h.; an der Mauer h. *(entlang);* vor sich h. *(ohne die Umwelt zu beachten, für sich)* murmeln, reden, gehen; **b)** (zeitlich): durch viele Jahre h. *(viele Jahre hindurch);* bis zu diesem Tag dürfte es noch lange h. sein *(dauern).* **3. a)** (ugs.) *verloren, weg:* das Geld, der gute Ruf ist h.; R [was] h. [ist,] ist h.; futsch ist futsch, und h. ist h. *(das ist verloren, weg, für immer verschwunden);* **b)** (ugs.) *durch starke Beschädigung od. Abnutzung nicht mehr brauchbar:* die Tasche ist h.; **c)** (ugs.) *völlig erschöpft:* ich verstehe nicht, warum ich so h. bin; **d)** (ugs.) *zugrunde gerichtet:* die Firma ist h.; **e)** (salopp) *gestorben, tot:* der Hund ist h.; ein Schlag, und du bist h.! (als Drohung); **f)** (ugs.) *hingerissen, von Begeisterung, Leidenschaft ergriffen:* von etw. ganz h. sein. **4.** * **auf ... hin** (1. *mit der Ziel-, Zweckrichtung auf:* etw. auf die Zukunft h. planen; auf etw. h. angelegt sein. 2. *in Hinsicht, im Hinblick auf:* jmdn., etw. auf etw. h. untersuchen. 3. *aufgrund einer Sache u. im Anschluss daran:* auf einen Verdacht h.). **II.** ⟨als abgetrennter Teil von Adverbien wie »wohin, dahin« in trennbarer Zus. mit einem Verb⟩ (bes. ugs.): wo gehst du h.? (statt: wohin gehst du?); (ugs.:) da will er nicht h. **III.** ⟨meist elliptisch⟩ (ugs.) *dahin:* [nichts wie] h. [zu ihm]!; ist es weit bis h.? **IV.** ⟨als Glied eines Wortpaars⟩ **1. a)** h. und zurück; bitte einmal Köln h. und zurück *(eine Fahrkarte für Hin- und Rückfahrt)!;* **b)** h. und her; er ist h. und her *(zurück)* mit dem Auto gefahren. **2.** * **nicht h. und nicht her langen, reichen** (ugs.; *überhaupt nicht ausreichen*); **das ist h. wie her** (ugs.; *das bleibt sich gleich*); **... hin, ... her, ...** (ugs.; *es bleibt sich gleich, ob ..., ob nicht ..., [trotzdem] ...*): Regen h., Regen her, die Arbeit muss [trotzdem] getan werden; **h. und her** *(ohne bestimmtes Ziel ständig die Richtung wechselnd, kreuz u. quer, auf u. ab):* h. und her gehen; h. und her überlegen; **das Hin und Her** (1. *die ständige Bewegung in wechselnden Richtungen, das dauernde Kommen u. Gehen:* das Hin und Her der vielen Besucher machte sie nervös. 2. *der vielfältige Wechsel der Meinungen, Meinungsäußerungen, Tendenzen, Entwicklungsrichtungen o. Ä.:* das ewige Hin und Her bei der Diskussion führte zu keinem Ergebnis); **h. und wieder** *(manchmal, zuweilen).*

hi|nab ⟨Adv.⟩ [mhd. hin abe, aus ↑hin u. ↑ab]: *hinunter* (in gehobener Sprache in Zus. für hinunter...).

hi|nan ⟨Adv.⟩ [aus ↑hin u. ↑an] (geh.): *hinauf:* den Hügel h.; zur Sonne h.

hi|nan|ar|bei|ten, sich usw. (geh.): ↑hinaufarbeiten, sich usw.

hin|ar|bei|ten ⟨sw. V.; hat⟩: *Anstrengungen unternehmen, sich einsetzen, um etw. zu erreichen, zu verwirklichen:* darauf h., dass bald etw. geschieht.

hi|nauf ⟨Adv.⟩ [mhd. hin ūf, ahd. hina ūf, aus ↑hin u. ↑auf]: **1. a)** *[von hier unten] nach [dort] oben:* los, Jungs, h.!; den Fluss [weiter] h. [bis zur Quelle] begegnete ihnen niemand; h. an die Ostsee (ugs.; *nach Norden;* orientiert an der aufgehängten Landkarte); h. sein (ugs.; *nach oben gegangen, gefahren o. Ä. sein*); ⟨als Verstärkung u. Differenzierung von Präpositionen:⟩ am Hang h.; zum Gipfel h.; jmdn. bis h. begleiten; **b)** *(im Grad, Rang auf einer Stufenleiter) [bis] nach oben [steigend]:* vom einfachen Soldaten bis h. zum höchsten Offizier. **2.** ⟨als abgetrennter Teil von Adverbien wie »wohinauf, dahinauf« in trennbarer Zus. mit einem Verb⟩ (bes. ugs.): wo willst du h.?

hi|nauf|ar|bei|ten, sich ⟨sw. V.; hat⟩: **1.** *sich unter Anspannung der Kräfte, durch angestrengte Tätigkeit hinaufbewegen:* sich die Wand, sich an der Wand h.; Ü das Raupenfahrzeug arbeitete sich den, am Hang hinauf. **2.** *hocharbeiten:* sich zum Abteilungsleiter h.

hi|nauf|be|för|dern ⟨sw. V.; hat⟩: *nach [dort] oben befördern.*

hi|nauf|be|glei|ten ⟨sw. V.; hat⟩: *jmdn. nach [dort] oben begleiten:* jmdn. die Treppe h.

hi|nauf|be|we|gen ⟨sw. V.; hat⟩: **1.** *nach [dort] oben bewegen:* den Speiseaufzug langsam h. **2.** ⟨h. + sich⟩ *sich nach [dort] oben bewegen:* sich die Treppe, am Hang h.

hi|nauf|bit|ten ⟨st. V.; hat⟩: *bitten hinaufzukommen, -zugehen:* jmdn. zu sich h.; der Herr Direktor lässt Sie h.

hi|nauf|bli|cken ⟨sw. V.; hat⟩: *nach [dort] oben blicken:* an jmdm., zu jmdm. h.

hi|nauf|brin|gen ⟨unr. V.; hat⟩: **1. a)** *nach [dort] oben bringen, schaffen;* **b)** *nach [dort] oben bringen, begleiten:* jmdn. h. **2.** ⟨h. + sich⟩ (österr.) *sich in eine höhere Stellung, in eine bessere, besser bewertete Stellung, soziale Lage bringen.*

hi|nauf|dür|fen ⟨unr. V.; hat⟩ (ugs.): **1.** *hinaufgehen, -kommen, -fahren usw. dürfen:* darf ich hinauf? **2.** *hinaufgebracht* (1), *-gesetzt, -gestellt usw. werden dürfen:* darf der Koffer hinauf?

hi|nauf|ei|len ⟨sw. V.; ist⟩: *nach oben eilen:* die Treppe, zur Wohnung h.

hi|nauf|fah|ren ⟨st. V.⟩: **1.** *nach [dort] oben fahren* ⟨ist⟩: mit dem Lift h.; den Berg, zur Burg h.; den Fluss h.; Ü nach Hamburg h. (ugs.; *in Richtung Norden nach Hamburg fahren*). **2.** *nach [dort] oben fahren* ⟨hat⟩: jmdn., den Wagen h.

hi|nauf|fal|len ⟨st. V.; ist⟩: in der Wendung **die Treppe h.** (↑Treppe).

hi|nauf|fin|den ⟨st. V.; hat⟩ (geh.): *nach [dort] oben finden:* sie hat nicht zu uns hinaufgefunden; ⟨auch h. + sich⟩ er hat sich im Dunkeln nicht hinaufgefunden.

hi|nauf|füh|ren ⟨sw. V.; hat⟩: **1.** *nach [dort] oben führen* (1 b), *geleiten:* ich werde Sie h. **2.** *nach [dort] oben führen* (7 b): diese Treppe führt zum Turm hinauf.

hi|nauf|ge|hen ⟨unr. V.; ist⟩: **1.** *nach [dort] oben gehen:* die Treppe h.; zur Wohnung, auf das Podium h. **2.** *steigen, sich nach oben bewegen:* auf 1 000 Meter Flughöhe h. **3.** *nach [dort] oben führen, verlaufen, sich nach [dort] oben erstrecken:* die Straße geht den Berg hinauf, [bis] zum Gipfel hinauf; ⟨unpers.:⟩ hinter der Biegung geht es *(geht der Weg, die Straße)* steil hinauf. **4.** (ugs.) **a)** *steigen, sich erhöhen:* die Mieten gehen hinauf; **b)** *(die Forderung, Leistung, den Grad [der Leistung]) steigern, erhöhen; mit etw. (auf einer Skala) nach oben gehen:* mit dem Preis h.; in den dritten Gang h.

hi|nauf|ge|lan|gen ⟨sw. V.; ist⟩: *nach [dort] oben gelangen.*

hi|nauf|hel|fen ⟨st. V.; hat⟩: *nach [dort] oben helfen:* jmdm. die Treppe h.; jmdm. [auf etw.] h.

hi|nauf|ja|gen ⟨sw. V.⟩: **1.** *nach [dort] oben jagen* ⟨hat⟩: die Kinder in die Wohnung h. **2.** *in großem Tempo laufen, fahren* ⟨ist⟩: er jagte mit dem Rad den Berg hinauf.

hi|nauf|klet|tern ⟨sw. V.; ist⟩: **1.** *nach [dort] oben, in die Höhe klettern:* [auf] den Baum h. **2.** (ugs.) *steigen, sich erhöhen:* die Preise klettern [in schwindelnde Höhen] hinauf.

H

hi|nauf|kom|men ⟨st. V.; ist⟩: **1. a)** *nach [dort] oben kommen:* soll ich zu euch [in eure Wohnung] h.?; willst du noch auf einen Kaffee mit h.?; die Treppe h.; **b)** *hinaufgelangen:* wie soll ich [auf den Baum] h.? **2.** *in eine höhere Stellung, in eine bessere, besser bewertete Stellung, soziale Lage kommen.*

hi|nauf|kön|nen ⟨unr. V.; hat⟩ (ugs.): vgl. hinaufdürfen.

hi|nauf|las|sen ⟨st. V.; hat⟩: *hinaufgehen, -kommen, -fahren usw. lassen:* jmdn. [zu jmdm.] h.

hi|nauf|lau|fen ⟨st. V.; ist⟩: *nach [dort] oben laufen, sich fortbewegen:* die Treppe h.; Käfer laufen an der Wand hinauf.

hi|nauf|le|gen ⟨sw. V.; hat⟩: *nach [dort] oben legen:* den Koffer auf den Schrank h.

hi|nauf|müs|sen ⟨unr. V.; hat⟩ (ugs.): vgl. hinaufdürfen.

hi|nauf|rei|chen ⟨sw. V.; hat⟩: **1.** *nach [dort] oben reichen, geben:* jmdm. etw. h. **2.** *[lang genug sein u. deshalb] bis nach [dort] oben reichen:* die Leiter reicht bis zum Balkon hinauf.

hi|nauf|ru|fen ⟨st. V.; hat⟩: *nach [dort] oben rufen:* zum Fenster h.

hi|nauf|schal|ten ⟨sw. V.; hat⟩ (Jargon): *(bei Motorfahrzeugen) in einen höheren Gang schalten.*

hi|nauf|schau|en ⟨sw. V.; hat⟩ (landsch.): *nach [dort] oben schauen:* zu jmdm., zum Himmel h.

hi|nauf|schi|cken ⟨sw. V.; hat⟩: *nach [dort] oben schicken:* das Kind zur Mutter h.

hi|nauf|schie|ben ⟨st. V.; hat⟩: **1.** *nach [dort] oben schieben.* **2.** ⟨h. + sich⟩ *sich nach [dort] oben schieben:* der Ärmel hat sich hinaufgeschoben.

hi|nauf|schie|ßen ⟨st. V.⟩: **1.** ⟨hat⟩ **a)** *nach [dort] oben schießen;* **b)** (ugs.) *durch Raketenantrieb hinaufbefördern:* eine Rakete, jmdn. mit einer Rakete zum Mond h. **2.** ⟨ist⟩ **a)** *sich äußerst heftig u. schnell hinaufbewegen:* das U-Boot schoss [zur Oberfläche] hinauf; **b)** (ugs.) *mit großer Heftigkeit u. Eile hinauflaufen:* [wie der Blitz] die Treppe h.; zu jmdm. hinaufgeschossen kommen.

hi|nauf|schnel|len ⟨sw. V.; ist⟩: *sprunghaft steigen, sich sprunghaft erhöhen:* Stückzahlen um ein Vielfaches h. lassen.

hi|nauf|schrau|ben ⟨sw. V.; hat⟩: **1.** *[im Verlauf einer stetigen Entwicklung] erhöhen, steigern:* die Preise, die Produktion [um 10 Prozent] h. **2.** ⟨h. + sich⟩ *sich nach [dort] oben schrauben, in Windungen aufsteigen:* der Bussard schraubte sich langsam hinauf.

hi|nauf|se|hen ⟨st. V.; hat⟩: *nach [dort] oben sehen:* zu jmdm., zu einem Fenster h.

hi|nauf sein: s. hinauf (1 a).

hi|nauf|set|zen ⟨sw. V.; hat⟩: **1.** *nach [dort] oben setzen.* **2.** *(bes. Preise o. Ä.) erhöhen, heraufsetzen:* die Preise, Mieten h.; eine Ware im Preis h. *(ihren Preis erhöhen).*

hi|nauf|sol|len ⟨unr. V.; hat⟩ (ugs.): vgl. hinaufdürfen.

hi|nauf|sprin|gen ⟨st. V.; ist⟩: **1.** *nach [dort] oben springen, in die Höhe springen:* auf etw. h. **2.** (ugs.) *hinaufeilen:* in die Wohnung im dritten Stock h.; die Treppe h.

hi|nauf|stei|gen ⟨st. V.; ist⟩: **1.** *nach [dort] oben steigen, gehen od. klettern.* **2.** *sich [schwebend] nach [dort] oben bewegen, aufsteigen:* Leuchtkugeln steigen zum Himmel hinauf.

hi|nauf|stol|pern ⟨sw. V.; ist⟩: *sich stolpernd nach [dort] oben bewegen.*

hi|nauf|stür|zen ⟨sw. V.; ist⟩: *nach [dort] oben stürzen, gehetzt hinaufeilen:* die Treppen h.; zur Wohnung h.

hi|nauf|tra|gen ⟨st. V.; hat⟩: *nach [dort] oben tragen:* [jmdm.] das Gepäck in die Wohnung h.

hi|nauf|trans|for|mie|ren ⟨sw. V.; hat⟩ (Elektrot.): *(elektrischen Strom) durch Transformieren auf eine höhere Spannung bringen.*

hi|nauf|trei|ben ⟨st. V.; hat⟩: **1.** *nach [dort] oben treiben:* Vieh auf die Alm, den steilen Pfad h. **2.** *in die Höhe treiben; erhöhen:* die Preise h.

hi|nauf|tun ⟨unr. V.; hat⟩ (ugs.): *hinauflegen, -stellen o. Ä.:* den Aktenordner wieder h.

hi|nauf|wa|gen, sich ⟨sw. V.; hat⟩: *sich nach [dort] oben wagen.*

hi|nauf|wei|sen ⟨st. V.; hat⟩: *nach [dort] oben weisen.*

hi|nauf|win|den ⟨st. V.; hat⟩: **1.** (veraltet) *mit einer Winde nach [dort] oben ziehen, befördern:* den Eimer [auf das Baugerüst] h. **2.** ⟨h. + sich⟩ **a)** *sich in Drehungen, Windungen nach oben bewegen:* die Pflanze windet sich am Stamm hinauf; **b)** *in Windungen nach [dort] oben [ver]laufen:* der Pfad windet sich am Hang, den Hang hinauf, [bis] zum Gipfel hinauf.

hi|nauf|wol|len ⟨unr. V.; hat⟩ (ugs.): vgl. hinaufdürfen.

hi|nauf|zei|gen ⟨sw. V.; hat⟩: *nach [dort] oben zeigen:* der Pfeil zeigt [zum Gipfel] hinauf.

hi|nauf|zie|hen ⟨unr. V.⟩: **1.** ⟨hat⟩ **a)** *nach [dort] oben ziehen, ziehend hinaufbewegen, -bringen, -befördern;* **b)** *jmdn. bewegen, nach [dort] oben zu ziehen, zu gehen usw.:* das Heimweh zog ihn in die Berge hinauf; ⟨unpers.:⟩ es zog ihn nach Norden hinauf. **2.** ⟨ist⟩ **a)** *nach oben, in ein höheres Stockwerk [um]ziehen;* **b)** *nach [dort] oben ziehen, wandern, fahren, sich bewegen.* **3.** ⟨h. + sich; hat⟩ **a)** *sich bis [dort] oben hinziehen, erstrecken, nach [dort] oben verlaufen;* **b)** *sich nach [dort] oben hinziehen, allmählich ausdehnen, verlagern:* der Wald zieht sich fast bis zum Gipfel hinauf.

hi|naus ⟨Adv.⟩ [mhd. hin ūȝ, ahd. hina ūȝ, aus ↑hin u. ↑aus]: **1.** *aus diesem [engeren] Bereich in einen anderen [weiteren] Bereich [hinein], bes. [von drinnen] nach draußen:* h. mit dir an die frische Luft!; h. aus dem Hafen; h. in die Ferne; h. aufs Meer; den Weg h. [aus der Höhle] suchen; oben, unten, zur Seite h.; **Ü** die Ausbildung aus der Theorie h. in die Praxis verlagern; ⟨als Verstärkung od. Differenzierung von Präpositionen:⟩ auf ... h. *(für die lange Dauer von ...):* auf Monate h. planen, versorgt sein; durch ... h. *(durch etw. hindurch nach draußen):* durch die Tür h. entkommen, verschwinden; nach vorn, nach hinten, nach der Straße h. *(zu ... hin, auf der nach ... gelegenen Seite)* wohnen; über die Grenze h. *(weiter als über die Grenze)* war kein Vordringen mehr möglich; sie wird damit über Mittag h. *(später als bis zum Mittag)* beschäftigt sein; über die achtzig h. sein *(die achtzig überschritten haben);* sie gab ihm 50 Mark über sein Gehalt h. *(zusätzlich zu seinem Gehalt);* er hat darüber h. *(zusätzlich zu dem bereits Gesagten)* nicht viel Neues zu sagen; über etw. h. sein *(etw. überwunden, abgelegt haben):* über die Enttäuschung h. sein; zu ... hinaus *(aus, durch ... hinaus):* zur Tür, zur Stadt h. **2.** ⟨als abgetrennter Teil von Adverbien wie »wohinaus, dahinaus« in trennbarer Zus. mit einem Verb⟩ (bes. ugs.): worauf läuft das hinaus?

hi|naus|be|för|dern ⟨sw. V.; hat⟩: *nach draußen befördern:* die Verletzten aus dem Gefahrengebiet h.; den Abfall, Schmutz h.; **Ü** jmdn. unsanft, mit einem Fußtritt h.

hi|naus|be|ge|ben, sich ⟨st. V.; hat⟩: *sich nach draußen begeben.*

hi|naus|be|glei|ten ⟨sw. V.; hat⟩: *nach draußen begleiten:* den Besucher h.

hi|naus|be|mü|hen ⟨sw. V.; hat⟩: **1.** *nach draußen bemühen.* **2.** ⟨h. + sich⟩ *sich nach draußen bemühen, begeben.*

hi|naus|beu|gen ⟨sw. V.; hat⟩: **1.** *hinaus aus etw., nach draußen beugen:* er hat den Kopf [weit, zum Fenster] hinausgebeugt. **2.** ⟨h. + sich⟩ *sich nach draußen beugen:* sie hat sich weit hinausgebeugt.

hi|naus|be|we|gen ⟨sw. V.; hat⟩: **1. a)** *nach draußen bewegen;* **b)** *weiter bewegen als:* etw. über eine Grenze h. **2.** ⟨h. + sich⟩ *sich nach draußen bewegen, begeben.*

hi|naus|bit|ten ⟨st. V.; hat⟩: *bitten hinauszukommen:* jmdn. h.

hi|naus|bli|cken ⟨sw. V.; hat⟩: *nach draußen blicken:* zum Fenster/aus dem Fenster h.; auf den Hof h.

hi|naus|brin|gen ⟨unr. V.; hat⟩: **1.** *nach draußen bringen, tragen, befördern.* **2.** *nach draußen begleiten.* **3.** *es weiterbringen als etw.:* er hat es nie über den niedersten Dienstgrad hinausgebracht.

hi|naus|bug|sie|ren ⟨sw. V.; hat⟩ (Seemannsspr.): *nach draußen bugsieren* (1): ein Schiff [aus dem Hafen] h.; **Ü** (ugs.) sie hat den lästigen Vertreter hinausbugsiert.

hi|naus|drän|gen ⟨sw. V.; hat⟩: **1. a)** *nach draußen drängen;* **b)** ⟨h. + sich⟩ *sich nach draußen drängen.* **2. a)** *jmdn. aus etw. drängen;* **b)** *aus einer Gemeinschaft, Stellung usw. drängen:* jmdn. aus seinem Amt, seiner Stellung h.

hi|naus|drin|gen ⟨st. V.; ist⟩: *aus einem Bereich nach außen dringen:* von den Geschehnissen ist niemals etwas hinausgedrungen.

hi|naus|dür|fen ⟨unr. V.; hat⟩: **1.** *hinausgehen, -kommen, -fahren usw. dürfen:* ich darf heute Nachmittag nicht hinaus. **2.** (ugs.) *hinausgebracht, -gesetzt, -gestellt usw. werden dürfen:* der Sessel darf auf die Terrasse hinaus. **3.** (ugs.) **a)** *weiter gehen, kommen, fahren usw. dürfen als etw.:* über eine Markierung nicht h.; **b)** *(z. B. im Grad, Stadium) weiter gehen, kommen, gelangen dürfen als etw.:* der Gruppenleiter darf über die Zusagen des Vorstands nicht hinaus.

hi|naus|ekeln ⟨sw. V.; hat⟩ (ugs.): *durch unfreundliches Verhalten, schlechte Behandlung o. Ä. aus etw. vertreiben:* man versuchte auf jede Weise, den Angestellten hinauszuekeln.

hi|naus|ex|pe|die|ren ⟨sw. V.; hat⟩ (ugs.): *hinausschaffen:* sie hat allen Besuch aus dem Krankenzimmer hinausexpediert.

hi|naus|fah|ren ⟨st. V.⟩: **1.** ⟨ist⟩ **a)** *aus etw., nach draußen fahren* (1 a, 2 a): aus der Garage h.; zum Tor h.; **b)** *aus einem Bereich fahren, um [in der Ferne] ein Ziel zu erreichen:* zum Flugplatz h.; im Urlaub aufs Land, zu den Großeltern h. **2.** ⟨hat⟩ **a)** *(ein Fahrzeug) nach draußen fahren:* sie hat das Auto aus der Garage hinausgefahren; **b)** *jmdn., etw. nach draußen fahren, durch Fahren nach draußen befördern:* Sand h. **3.** *nach draußen fahren* (9 a) ⟨ist⟩: der Hund fuhr aus der, zur Hütte hinaus. **4.** *weiter fahren als etw.* ⟨ist⟩: über die Markierung h.

hi|naus|fal|len ⟨st. V.; ist⟩: *nach draußen fallen* (1, 7 b).

hi|naus|feu|ern ⟨sw. V.; hat⟩ (ugs.): **1.** *nach draußen feuern* (3): sie hat die herumliegenden Sachen aus dem Zimmer hinausgefeuert. **2.** *feuern* (4): er ist von seinem Betrieb hinausgefeuert worden.

hi|naus|fin|den ⟨st. V.; hat⟩: *den Weg aus etw. finden* (1), *den Ausgang finden* (1): aus einer Höhle h.; danke, ich finde hinaus *(ich kenne den Ausgang, ich brauche nicht begleitet zu werden).*

hi|naus|flie|gen ⟨st. V.⟩: **1.** ⟨ist⟩ **a)** *nach draußen fliegen* (1, 2, 4, 11); **b)** (ugs.) *hinausfallen, -stürzen.* **2.** (ugs.) *hinausgeworfen* (2) *werden* ⟨ist⟩: in hohem Bogen h.; aus der neuen Stellung h. **3.** *ausfliegen* (2 c) ⟨hat⟩. **4.** *weiter fliegen* (1, 2, 4, 11) *als etw.* ⟨ist⟩: über ein Ziel h.

hi|naus|füh|ren ⟨sw. V.; hat⟩: **1. a)** *nach draußen führen* (1 a): jmdn. [aus einem Raum, aus dem Haus] h.; **b)** *aus etw. führen* (3 b), *herausführen, -bringen:* das Unternehmen aus der Krise h. **2.** * **etw. gut, schlecht h.** (veraltet; *zu einem guten, schlechten Ende führen*). **3. a)** *nach draußen führen, [ver]laufen:* der Weg führt aus dem Wald hinaus; **b)** *(als Durchlass) nach draußen führen, gerichtet sein:* diese Tür führt in den Garten, auf die Straße hinaus. **4. a)** *weiter führen, [ver]laufen als etw.:* die Bremsspur führt über die Markierung hinaus; **b)** *weiter führen* (7 c) *als etw.:* ihr Weg, ihre Reise führte sie weit über dieses Gebiet hinaus; **c)** *in seinem Verlauf, Ergebnis od. in seinen Folgen überschreiten, weiter gehen als etw.:* dieser Vorschlag führt weit über unsere ursprünglichen Absichten hinaus.

hi|naus|ge|hen ⟨unr. V.; ist⟩: **1. a)** *nach draußen gehen:* aus dem Zimmer in den Garten h.; als er uns sah, ging er sofort wieder hinaus *(verließ er den Raum);* **b)** *nach draußen, nach außerhalb* gesendet, gerichtet werden: Telegramme gingen in alle Welt hinaus; c) ⟨unpers.⟩ der richtige, vorgeschriebene Weg nach draußen, irgendwohin sein: hier, durch diese Tür geht es hinaus. 2. nach draußen verlaufen: die Straße geht zum Hafen hinaus. 3. nach etw. gelegen, gerichtet sein und Durchlass od. Durchblick haben, gewähren: das Zimmer, das Fenster geht auf den, nach dem Garten, nach Westen hinaus. 4. überschreiten, weiter gehen als: dies geht über meine Kräfte, meine Befugnisse hinaus; sie geht mit dieser Forderung noch über ihre Vorrednerin hinaus; weit über das übliche Maß h.

hi|naus|ge|lan|gen ⟨sw. V.; ist⟩: 1. a) aus etw., nach draußen gelangen; b) aus bestimmten Verhältnissen, Umständen usw. gelangen. 2. weiter gelangen als: über die bisherigen Erkenntnisse nicht h.

hi|naus|ge|lei|ten ⟨sw. V.; hat⟩ (geh.): aus etw., nach draußen geleiten: den Besuch, den Patienten aus dem Zimmer h.

hi|naus|grau|len ⟨sw. V.; hat⟩ (ugs.): aus einem Raum, Bereich, einer Gemeinschaft usw. vertreiben: jetzt hast du ihn endgültig hinausgegrault.

hi|naus|grei|fen ⟨st. V.; hat⟩: einen weiteren Bereich erfassen u. beanspruchen als etw.; hinausreichen: ihre Pläne greifen über das bisher Vorgesehene weit hinaus.

hi|naus|gu|cken ⟨sw. V.; hat⟩ (ugs.): hinausblicken: zum Fenster, auf die Straße h.

hi|naus|hal|ten ⟨st. V.; hat⟩: nach draußen halten: halte einmal deine Nase zum Fenster hinaus!

[1]hi|naus|hän|gen ⟨st. V.; hat⟩: aus etw. [nach draußen] [1]hängen (1 a): die Gardinen hingen zum Fenster hinaus.

[2]hi|naus|hän|gen ⟨sw. V.; hat⟩: nach draußen [2]hängen (1 a): sie wollen Fahnen h.

hi|naus|he|ben ⟨st. V.; hat⟩: 1. nach draußen heben: den Koffer zum Abteilfenster h. 2. (geh.) a) einen höheren Rang geben, über jmdn., über etw. erheben: ihre Begabung hebt sie über den Durchschnitt weit hinaus; b) ⟨h. + sich⟩ sich in bestimmten Eigenschaften über jmdn., etw. erheben.

hi|naus|ja|gen ⟨sw. V.⟩: 1. ⟨hat⟩ a) nach draußen jagen: ein Tier h.; b) eilig hinausschicken: eine Botschaft [in den Äther] h.; c) eilig hinausschießen, abfeuern: mehr als 60 Schuss h. 2. nach draußen jagen, eilen ⟨ist⟩: in den Ferien jagten sie nachts hinaus in den Wald und suchten Abenteuer.

hi|naus|ka|ta|pul|tie|ren ⟨sw. V.; hat⟩: 1. nach draußen katapultieren. 2. (Jargon) jmdn. zwingen, eine Gemeinschaft o. Ä. schleunigst zu verlassen: man hat ihn endgültig hinauskatapultiert.

hi|naus|kom|men ⟨st. V.; ist⟩: 1. nach draußen kommen: auf die Straße h.; zur Tür, aus dem Haus h. 2. einen Raum, Bereich o. Ä. verlassen [können]: sie ist nie aus ihrer Heimatstadt hinausgekommen; mach, dass du hinauskommst! (nachdrückliche Aufforderung, einen Raum o. Ä. zu verlassen). 3. a) (räumlich) weiter kommen, gelangen als etw.: der Erste, der über den 89. Breitengrad hinauskam; b) (z. B. im Grad, Stadium) weiter kommen als etw.; nicht bei etw. stehen bleiben ⟨meist verneint⟩: über die Anfänge ist er nie hinausgekommen; über die Anfangsschwierigkeiten h. müssen; über einen Punkt, Grad nicht h. 4. (ugs.) auf etw. hinauslaufen (2): alle Bestrebungen kommen auf eine Veränderung der bestehenden Verhältnisse hinaus; was sie antwortete, kam auf eine Absage hinaus; etw. kommt auf eins, auf dasselbe hinaus (es bleibt sich gleich).

hi|naus|kom|pli|men|tie|ren ⟨sw. V.; hat⟩: 1. jmdn. bewegen, [sich zu verabschieden u.] den Raum zu verlassen, zu gehen: einen lästigen Besucher h. 2. mit höflichen Worten u. Gesten verabschieden u. hinauslassen: einen Gast h.

hi|naus|kön|nen ⟨unr. V.; hat⟩ (ugs.): vgl. hinausdürfen.

hi|naus|lan|gen ⟨st. V.; hat⟩ (ugs.): 1. nach draußen reichen; hinausreichen: [jmdm.] etw. h. 2. nach draußen greifen, fassen: zum Fenster h.

hi|naus|las|sen ⟨st. V.; hat⟩: 1. hinausgehen, -fahren usw. lassen. 2. jmdm. den Ausgang, die Tür, das Tor öffnen u. ihn hinauslassen (1).

hi|naus|lau|fen ⟨st. V.; ist⟩: 1. nach draußen laufen: auf die Straße, in den Garten, zur Tür h. 2. (im Verlauf einer Entwicklung) als Endpunkt erreichen, auf ein bestimmtes Ende zustreben: der Plan läuft auf eine Stilllegung des Zweigwerkes hinaus; das läuft alles auf eins, auf dasselbe, auf das Gleiche, aufs Gleiche hinaus (bleibt sich gleich).

hi|naus|leh|nen, sich ⟨sw. V.; hat⟩: nach draußen lehnen: sich, den Kopf [weit] zum Fenster h.; Nicht h.! (Aufschrift an [Abteil]fenstern).

hi|naus|ma|chen, sich ⟨sw. V.; hat⟩ (ugs.): einen Raum verlassen; zusehen, möglichst schnell hinauszukommen: mach dich hinaus!

hi|naus|ma|nö|vrie|ren ⟨sw. V.; hat⟩: nach draußen manövrieren: ein Schiff aus dem Verband h.; Ü sich, ein Unternehmen aus Schwierigkeiten h. (durch geschicktes Vorgehen aus einer schwierigen Lage herausführen).

hi|naus|müs|sen ⟨unr. V.; hat⟩ (ugs.): vgl. hinausdürfen.

hi|naus|neh|men ⟨st. V.; hat⟩: nach draußen [mit]nehmen (meist in Verbindung mit »mit«): den Hund mit in den Garten h.

hi|naus|pfef|fern ⟨sw. V.; hat⟩ (ugs.): hinauswerfen (3).

hi|naus|po|sau|nen ⟨sw. V.; hat⟩ (ugs., oft abwertend): ausposaunen.

hi|naus|ra|gen ⟨sw. V.; hat⟩: 1. nach draußen ragen, überstehen: die Ladung darf nicht über das Fahrzeug h. 2. sich über jmdn., etw. (in Bezug auf Wert, Bedeutung, Rang) erheben: der Torwart zeigte eine über die letzten Spiele hinausragende Leistung.

hi|naus|re|den, sich ⟨sw. V.; hat⟩: 1. (südd., österr., schweiz.) Ausreden, Ausflüchte gebrauchen. 2. jmdn., etw. anführen, um eine Ausrede für etw. zu haben: sich auf eine Krankheit h. [wollen].

hi|naus|rei|chen ⟨sw. V.; hat⟩: 1. nach draußen reichen, geben: jmdm. den Koffer h. 2. [lang genug sein u. deshalb] [bis] nach draußen reichen: die Schnur reicht bis zum Gartenzaun hinaus. 3. weiter reichen, sich weiter erstrecken als: seine Vorstellungen reichten über das Gewohnte hinaus.

hi|naus|ren|nen ⟨unr. V.; ist⟩: aus etw., nach draußen rennen.

hi|naus|rü|cken ⟨sw. V.⟩: 1. ⟨hat⟩ a) nach draußen rücken: den Tisch auf den Flur h.; b) in zeitliche Ferne rücken, längere Zeit verschieben: die Erfüllung ihrer Pläne wurde dadurch um zwei Jahre hinausgerückt. 2. ⟨ist⟩ a) nach draußen rücken: er rückte mit seinem Stuhl auf den Gang hinaus; b) nach draußen rücken, hinausziehen: die Soldaten rückten zur Stadt hinaus; c) in zeitliche Ferne rücken, längere Zeit verschoben werden: die Aussicht auf erste Erfolge ist dadurch um zwei Jahre hinausgerückt.

hi|naus|schaf|fen ⟨sw. V.; hat⟩: nach draußen schaffen, hinausbringen: den Müll [in den Container] h.

hi|naus|schau|en ⟨sw. V.; hat⟩: 1. (landsch.) hinausblicken. 2. (geh.) weiter sehen u. denken als: über die Gegenwart h.

hi|naus|sche|ren, sich ⟨sw. V.; hat; meist in Aufforderungssätzen o. Ä.⟩ (ugs.): sich nach draußen [4]scheren.

hi|naus|schi|cken ⟨sw. V.; hat⟩: 1. auffordern, einen Raum zu verlassen, nach draußen zu gehen: die Kinder [auf die Straße] h. 2. [zu einem fernen Ziel] schicken, senden: Funksprüche h.

hi|naus|schie|ben ⟨st. V.; hat⟩: 1. a) nach draußen schieben; b) ⟨h. + sich⟩ sich nach draußen schieben, bewegen: sich zur Tür h. 2. a) auf später verschieben; aufschieben: er hatte die längst fällige Entscheidung immer weiter hinausgeschoben; b) ⟨h. + sich⟩ sich verschieben; sich hinauszögern.

hi|naus|schie|ßen ⟨st. V.⟩: 1. nach draußen schießen ⟨hat⟩: zum Fenster h. 2. ⟨ist⟩ a) sich äußerst [heftig u.] schnell hinausbewegen; b) (ugs.) mit großer Eile u. Heftigkeit hinauslaufen: [wie der Blitz] zur Tür h. 3. sich über etw. hinausbewegen ⟨ist⟩: das Auto ist über den Straßenrand hinausgeschossen.

hi|naus|schlei|chen ⟨st. V.⟩: 1. nach draußen schleichen ⟨ist⟩: die Kinder schlichen aus ihrem Zimmer. 2. ⟨h. + sich⟩ sich nach draußen schleichen ⟨hat⟩: sie hat sich unbemerkt hinausgeschlichen.

hi|naus|schmei|ßen ⟨st. V.; hat⟩ (ugs.): hinauswerfen (1 a, 2).

Hi|naus|schmiss, der (ugs.): Hinauswurf.

hi|naus|schmug|geln ⟨sw. V.; hat⟩: etw., jmdn., sich aus etw. (einem Land, einem Gebäude o. Ä.) nach draußen schmuggeln.

hi|naus|schrei|en ⟨st. V.; hat⟩: 1. nach draußen schreien: zum Fenster h. 2. (geh.) herausschreien: seinen Schmerz h.

hi|naus|schwim|men ⟨st. V.; ist⟩: sich schwimmend vom Ufer entfernen.

hi|naus|se|hen ⟨st. V.; hat⟩: hinausblicken.

hi|naus sein: s. hinaus (1).

hi|naus|set|zen ⟨sw. V.; hat⟩: 1. a) nach draußen setzen; b) ⟨h. + sich⟩ sich nach draußen setzen. 2. (ugs.) hinauswerfen (2).

hi|naus|sol|len ⟨unr. V.; hat⟩ (ugs.): vgl. hinausdürfen.

hi|naus|sprin|gen ⟨st. V.; ist⟩: 1. nach draußen springen: zum Fenster h. 2. (ugs.) nach draußen eilen; schnell, eilig hinauslaufen (1): in den Garten h.

hi|naus|ste|hen ⟨unr. V.; hat; südd., österr., schweiz. auch: ist⟩: hervorstehen, hinausragen.

hi|naus|steh|len, sich ⟨st. V.; hat⟩: sich leise, heimlich aus einem Raum o. Ä. entfernen.

hi|naus|stei|gen ⟨st. V.; ist⟩: nach draußen steigen: zum Fenster h. (durch das Fenster einen Raum verlassen, sich entfernen).

hi|naus|stel|len ⟨sw. V.; hat⟩: 1. a) nach draußen stellen; b) ⟨h. + sich⟩ sich nach draußen stellen. 2. (Sport) (einen Spieler) [für eine bestimmte Zeit] des Spielfelds verweisen, vom Platz stellen.

Hi|naus|stel|lung, die; -, -en (Sport): das Hinausstellen (2).

hi|naus|stre|cken ⟨sw. V.; hat⟩: nach draußen strecken: den Kopf zum Fenster h.

hi|naus|strö|men ⟨sw. V.; ist⟩: aus etw., nach draußen strömen.

hi|naus|stür|men ⟨sw. V.; ist⟩: hinausrennen.

hi|naus|stür|zen ⟨sw. V.⟩: 1. nach draußen stürzen, fallen; hinausfallen ⟨ist⟩: er ist aus der Gondel hinausgestürzt. 2. ⟨h. + sich⟩ sich nach draußen stürzen ⟨hat⟩: er stürzte sich zum Fenster hinaus. 3. nach draußen stürzen, gehetzt hinausrennen ⟨ist⟩: auf die Straße, aus dem Haus h.

hi|naus|tra|gen ⟨st. V.; hat⟩: 1. nach draußen tragen: das Geschirr aus dem Esszimmer h. 2. in die Ferne, Weite tragen, bringen, vermitteln [u. verbreiten]: eine Botschaft in die Welt h. 3. weiter tragen, treiben, befördern als etw.: der Schwung trug sie weit über das Ziel hinaus.

hi|naus|trau|en, sich ⟨sw. V.; hat⟩: sich hinauswagen; nicht den Mut haben, die Wohnung, das Haus zu verlassen.

hi|naus|trei|ben ⟨st. V.⟩: 1. ⟨hat⟩ a) nach draußen treiben: das Vieh auf die Weide h.; b) zwingen hinauszugehen, etw. zu verlassen: jmdn. aus dem Haus h. 2. vom Ufer wegtreiben, getrieben werden ⟨ist⟩.

hi|naus|tre|ten ⟨st. V.⟩: 1. nach draußen treten ⟨ist⟩: aus dem Haus, auf die Straße h.; Ü ins Leben h. 2. nach draußen treten, durch einen Tritt hinausbefördern ⟨hat⟩: den Ball aus dem Strafraum h.

hi|naus|trom|pe|ten ⟨sw. V.; hat⟩ (ugs., oft abwertend): [etw., was nicht bekannt werden sollte] überall erzählen.

hi|naus|wach|sen ⟨st. V.; ist⟩: 1. sich durch Wachsen über etw. hinaus erstrecken, sich über etw. erheben; größer werden als etw.: der Baum ist

H

übers Dach hinausgewachsen. **2.** *durch Wachsen u. Älter-, Reiferwerden überwinden, über etw. hinauskommen:* über das Alter des Spielens sind die Kinder hinausgewachsen. **3.** *durch Reiferwerden, durch Fortschritte, durch [unerwartete] Steigerung der bisherigen eigenen Leistung übertreffen, über jmdn., etw. hinauskommen:* sie ist über sich selbst hinausgewachsen.

hi|naus|wa|gen, sich ⟨sw. V.; hat⟩: **1.** *sich nach draußen wagen:* sich aufs Meer h.; Ü sich ins Leben h. **2.** *sich weiter wagen als etw.:* sich über eine Abgrenzung h.

hi|naus|wei|sen ⟨st. V.; hat⟩: **1.** *aus etw. [ver]weisen, fortweisen:* er wurde aus der Stadt hinausgewiesen. **2.** *auf etw. [ver]weisen, hinweisen, was jenseits von etw. liegt:* das Symbol weist über sich selbst hinaus.

hi|naus|wer|fen ⟨st. V.; hat⟩: **1. a)** *nach draußen werfen:* Abfälle zum Fenster h.; **b)** *(Licht o. Ä.) nach draußen richten, fallen lassen:* einen Blick h. **2.** (ugs.) **a)** *(bes. etw., was [an dieser Stelle] nicht [mehr] gebraucht werden kann) kurzerhand aus etw. entfernen, weg-, hinausschaffen:* die alten Möbel h.; **b)** *kurzerhand (bes. mit Heftigkeit, energischer Entschiedenheit) nach draußen weisen, hinausweisen:* sie warf ihn aus der Wohnung hinaus; **c)** *durch Kündigung, Entlassung, Ausschluss o. Ä. kurzerhand aus etw. entfernen, zwingen, aus etw. wegzugehen, zwingen, etw. zu verlassen:* jmdn. aus der Firma h.

hi|naus|wol|len ⟨unr. V.; hat⟩ (ugs.): **1.** vgl. hinausdürfen: ***hoch h.** (ugs.; *nach hohem [gesellschaftlichem] Rang streben*): er hat schon immer hoch hinausgewollt. **2.** *letztlich beabsichtigen, letztlich zum Ziel haben, erstreben:* auf einen Kompromiss h.

Hi|naus|wurf, der (ugs.): *das Hinauswerfen* (2): mit seinem Verhalten riskiert er einen H.

hi|naus|zie|hen ⟨unr. V.⟩: **1.** ⟨hat⟩ **a)** *nach draußen ziehen, schleppen:* jmdn. am Arm h.; **b)** *jmdn. bewegen, nach draußen bzw. in die Ferne zu ziehen, hinaustreiben:* das Fernweh zog sie hinaus nach Australien; ⟨unpers.:⟩ es zog ihn zu ihr in den Garten hinaus. **2.** ⟨ist⟩ **a)** *nach draußen, nach auswärts [um]ziehen:* in die Vorstadt h.; **b)** *nach draußen, in die Ferne ziehen, wandern, fahren, sich bewegen:* die Truppen zogen zur, aus der Stadt hinaus. **3.** *nach draußen ziehen, dringen* ⟨ist⟩: den Rauch h. lassen. **4.** ⟨h. + sich⟩ *sich bis nach draußen hinziehen, erstrecken; nach draußen verlaufen* ⟨hat⟩: die Promenade zieht sich aus der Stadt bis nach Holzdorf hinaus. **5.** ⟨hat⟩ **a)** *in die Länge ziehen, hinziehen* (4 a): die Verhandlungen h.; **b)** ⟨h. + sich⟩ *sich in die Länge ziehen, sich hinziehen* (4 b): der Prozess zieht sich hinaus. **6.** ⟨hat⟩ **a)** *hinauszögern, verzögern, hinziehen* (6 a): die Abreise h.; **b)** ⟨h. + sich⟩ *sich verzögern, sich hinziehen* (6 b): der Abflug zieht sich hinaus.

hi|naus|zö|gern ⟨sw. V.; hat⟩: **1.** *durch Verzögerung hinausschieben:* eine Entscheidung, das Ende h. **2.** ⟨h. + sich⟩ *sich durch Verzögerung verschieben, hinausschieben:* der Abflug der Maschine zögerte sich hinaus.

Hi|na|ya|na, Hinajana, das; - [sanskr. hīnayāna = kleines Fahrzeug (der Erlösung)]: *strenge, nur mönchische Richtung des Buddhismus.*

hin|be|ge|ben, sich ⟨st. V.; hat⟩: *sich an einen bestimmten Ort begeben.*

hin|be|kom|men ⟨st. V.; hat⟩ (ugs.): vgl. hinkriegen.

hin|be|mü|hen ⟨sw. V.; hat⟩ (geh.): **1.** *jmdn. an einen bestimmten Ort bemühen.* **2.** ⟨h. + sich⟩ *sich an einen bestimmten Ort bemühen.*

hin|be|or|dern ⟨sw. V.; hat⟩: *zu einer bestimmten Person od. Stelle beordern:* jmdn. zu sich h.

hin|be|stel|len ⟨sw. V.; hat⟩: *an einen bestimmten Ort bestellen.*

hin|be|we|gen ⟨sw. V.; hat⟩: **a)** *zu einem bestimmten Ziel bewegen;* **b)** ⟨h. + sich⟩ *sich zu einem bestimmten Ziel bewegen, in eine bestimmte Richtung begeben;* **c)** *in einer bestimmten Richtung bewegen:* den Bogen über die Saiten h.

hin|bie|gen ⟨st. V.; hat⟩ (ugs.): **1.** *mit Geschick [wieder] in Ordnung bringen, [oberflächlich] bereinigen:* er hat es so hingebogen, dass der Verdacht auf einen anderen fiel; wie hat sie das bloß hingebogen *(zustande gebracht)*? **2.** *jmdn. so erziehen, so in seiner Entwicklung beeinflussen, dass er sich so verhält, so ist, wie es von ihm erwartet wird:* den biegen wir uns noch hin.

hin|bie|ten ⟨st. V.; hat⟩ (schweiz.): *hinhalten, reichen:* er bot ihm die Papiere hin.

hin|blät|tern ⟨sw. V.; hat⟩ (ugs.): *(eine beträchtliche Summe) [be]zahlen:* für etw. drei Tausender h. [müssen].

Hin|blick, der: in der Fügung **im/(seltener:) in H. auf** (1. *mit Rücksicht auf, in Anbetracht, angesichts, wegen:* im H. auf seine Verdienste hat man ihm das Amt des Vorsitzenden übertragen. 2. *hinsichtlich, in Bezug auf:* im H. auf die kommende Legislaturperiode äußerte der Redner gewisse Bedenken).

hin|bli|cken ⟨sw. V.; hat⟩: *auf eine bestimmte Stelle blicken, seinen Blick irgendwohin richten.*

hin|brin|gen ⟨unr. V.; hat⟩: **1. a)** *an einen bestimmten Ort bringen:* etw. [zu jmdm.] h.; soll ich dich h.?; **b)** (ugs.) *fertig bringen:* er bringt die Arbeit einfach nicht hin. **2.** *(Zeit) zubringen, verbringen:* die Tage, Jahre mit Arbeit h.

hin|däm|mern ⟨sw. V.; ist⟩: *dahindämmern.*

Hin|de, die; -, -n [mhd. hinde(n), ahd. hinta, eigtl. = die Geweihlose] (veraltet, dichter.): *Hirschkuh.*

hin|deich|seln ⟨sw. V.; hat⟩: *hinbiegen* (1), *deichseln:* keine Sorge, das deichseln wir schon wieder hin.

hin|der|lich ⟨Adj.⟩: **1.** *in der Bewegung hindernd; die Bewegungsfähigkeit beeinträchtigend:* ein -er Verband. **2.** *sich als ein Hindernis* (1) *erweisend:* dieser Vorfall war seiner Karriere, für seine Karriere sehr h.; sich h. auswirken.

hin|dern ⟨sw. V.; hat⟩ [mhd. hindern, ahd. hintarōn, eigtl. = zurückdrängen, zurückhalten, zu ↑hinter]: **1. a)** *jmdn. in die Lage bringen, dass er etw. Beabsichtigtes nicht tun kann, jmdm. etw. unmöglich machen; jmdn. von etw. abhalten:* der Knebel hinderte ihn am Sprechen; der Nebel hinderte ihn nicht, noch schneller zu fahren; **b)** *bei etw. stören, behindern:* der Verband hindert [mich] sehr bei der Arbeit. **2.** (veraltet) *verhindern:* den Krieg h.

Hin|der|nis, das; -ses, -se [mhd. hindernis(se)]: **1.** *hindernder Umstand, Sachverhalt; Hemmnis, Schwierigkeit:* ein H. aus dem Weg räumen, überwinden; ***jmdm., einer Sache -se in den Weg legen** *(Schwierigkeiten machen; etw. erschweren).* **2.** *etw., was das direkte Erreichen eines Ziels, das Weiterkommen be- od. verhindert:* ein H. errichten, beseitigen, wegräumen. **3. a)** (Leichtathletik) *auf einer Strecke aufgebaute Vorrichtung (z. B. Hürde) od. Anlage (z. B. Wassergraben), die bei Hindernisläufen übersprungen werden muss:* ein H. nehmen; **b)** (Pferdesport) *auf dem Parcours od. auf einer Geländestrecke aufgebaute Vorrichtung (z. B. Oxer) od. Anlage (z. B. Graben), die übersprungen werden muss.*

Hin|der|nis|feu|er, das: *rotes Dauerleuchtfeuer od. Blinklicht zur Markierung von Hindernissen der Luftfahrt (wie Schornsteinen, Türmen o. Ä.).*

Hin|der|nis|lauf, der (Leichtathletik): *Laufwettbewerb, bei dem in bestimmten Abständen Hindernisse* (3 a) *zu überwinden sind.*

Hin|der|nis|läu|fer, der: *jmd., der an einem Hindernislauf teilnimmt.*

Hin|der|nis|läu|fe|rin, die: w. Form zu ↑Hindernisläufer.

Hin|der|nis|ren|nen, das: **1.** (Pferdesport) *Galopprennen über Hürden od. über andere Hindernisse; Hürdenrennen od. Jagdrennen.* **2.** (Leichtathletik) *Hindernislauf.*

Hin|de|rung, die; -, -en: **1.** *das Hindern, Gehindertwerden:* ohne H. **2.** (veraltend) *das Verhindern, Verhindertwerden.*

Hin|de|rungs|grund, der: *Grund, der an etw. hindert:* das ist für mich kein H.

hin|deu|ten ⟨sw. V.; hat⟩: **1.** *auf jmdn., etw., in eine bestimmte Richtung deuten:* [mit der Hand] auf jmdn. h. **2.** *hinweisen* (2): im Gespräch deutete er auf das Problem hin. **3.** *etw. anzeigen, auf etw. schließen lassen:* alle Anzeichen deuten auf eine Infektion hin.

Hin|di, das; -: *Amtssprache in Indien.*

Hin|din, die; -, -nen [zu ↑Hinde] (dichter.): *Hirschkuh.*

hin|don|nern ⟨sw. V.⟩: **1.** *sich mit donnerähnlichem Geräusch schnell [da]hinbewegen* ⟨ist⟩: der Zug ist über die Schienen hingedonnert. **2.** (ugs.) *mit Wucht aufprallend hinfallen* ⟨ist⟩. **3.** (ugs.) *mit Wucht hinwerfen* ⟨hat⟩.

hin|drän|gen ⟨sw. V.; hat⟩: **1. a)** *an einen bestimmten Ort, an eine bestimmte Stelle drängen:* alles drängte zum, nach dem Eingang hin; **b)** *einen Drang zu jmdm., zu einer Sache zeigen:* alles in ihm drängte zum Priesterberuf hin. **2.** ⟨h. + sich⟩ *sich an einen bestimmten Ort, an eine bestimmte Stelle drängen:* er drängte sich zum Schanktisch hin.

hin|dre|hen ⟨sw. V.; hat⟩ (ugs.): *hinbiegen* (2 a).

hin|drü|cken ⟨sw. V.; hat⟩: **1.** *an, auf eine bestimmte Stelle drücken:* die Stelle ist angekreuzt, Sie brauchen nur Ihren Stempel hinzudrücken. **2.** (landsch.) *jmdm. etw., was ihm unangenehm ist, deutlich machen od. ins Gedächtnis rufen:* sie drückte ihm immer wieder seinen Seitensprung hin.

[1]Hin|du, der; -[s], -[s] [pers. Hindū, zu: Hind = Indien]: *Anhänger des Hinduismus.*

[2]Hin|du, die; -, -[s] (selten), **Hin|du|frau,** die: *Anhängerin des Hinduismus.*

Hin|du|is|mus, der; -: *indische Volksreligion.*

hin|du|is|tisch ⟨Adj.⟩: *den Hinduismus betreffend, ihm zugehörend, eigentümlich.*

Hin|du|kusch, der; -[s]: zentralasiatisches Hochgebirge.

hin|durch ⟨Adv.⟩ [mhd. hin durch, aus ↑hin u. ↑durch]: **1.** *durch* (I 3); *über einen bestimmten Zeitraum hinweg:* den Winter h. **2.** ⟨als Verstärkung der Präp. »durch«⟩ durch ... h. **a)** *durch:* (I 1) durch den Wald h.; **b)** *fortwährend, [be]ständig [in der langen Zeitdauer, der Vielfalt von]:* durch all die Jahre h. **3.** ⟨als abgetrennter Teil von Adverbien wie »wohindurch, dahindurch« in trennbarer Zus. mit einem Verb⟩ wo willst du h.?

hin|durch|dür|fen ⟨unr. V.; hat⟩ (ugs.): *hindurchgehen, -kommen, -fahren usw. dürfen.*

hin|durch|flie|ßen ⟨st. V.; ist⟩: vgl. hindurchgehen (1 a, 2 b).

hin|durch|ge|hen ⟨unr. V.; ist⟩: **1. a)** *durch etw., zwischen etw. gehen, durchgehen:* unter der Brücke h.; **b)** *hinter sich bringen, durchleben, durchstehen:* durch eine harte Schule h. **2. a)** *durch etw. dringen:* die Kugel ging durch den Körper hindurch; sein Blick ging durch sie hindurch *(er blickte sie an, ohne sie richtig wahrzunehmen, als würde er seinen Blick auf etw. dahinter Liegendes richten);* **b)** *(aufgrund seiner Form, Größe) durch eine enge Stelle o. Ä. bewegt, gebracht werden können:* der Schrank ist nicht [durch die Tür] hindurchgegangen. **3. a)** *durch etw. verlaufen:* der Weg geht durch einen Buchenwald hindurch; **b)** *sich durch einen Bereich, ein [Sach]gebiet usw. hindurch erstrecken.*

hin|durch|kön|nen ⟨unr. V.; hat⟩ (ugs.): vgl. hindurchdürfen.

hin|durch|krie|chen ⟨st. V.; ist⟩: *durch, zwischen, unter etw. kriechen:* unter der Absperrung h.

hin|durch|müs|sen ⟨unr. V.; hat⟩ (ugs.): vgl. hindurchdürfen: sie mussten durch den Sumpf hindurch; Ü durch diese Situation musst du hindurch.

hin|durch|schau|en ⟨sw. V.; hat⟩: vgl. hindurchsehen.

hin|durch|schim|mern ⟨sw. V.; hat⟩: **1.** *durch etw. schimmern; schimmernd durch etw. hindurch scheinen:* durch die Wolken schimmerten vereinzelte Sterne hindurch. **2.** *sich durch etw. hindurch andeutungsweise zeigen:* durch die neue

Formulierung schimmern die alten Vorurteile hindurch.
hin|durch|se|hen ⟨st. V.; hat⟩: *durch etw. sehen, schauen.*
hin|durch|sol|len ⟨unr. V.; hat⟩ (ugs.): vgl. hindurchdürfen.
hin|durch|zie|hen ⟨unr. V.⟩: **1.** *etw. durch etw. ziehen* ⟨hat⟩: den Faden durch das Nadelöhr h. **2.** *durch einen Ort, ein Gebiet ziehen* ⟨ist⟩: hindurchziehende Truppen. **3.** ⟨h. + sich⟩ *(als ein u. dasselbe) bis zum Ende in etw. enthalten sein, sich durchgängig zeigen, hindurchgehen* (3b) ⟨hat⟩: dieses Motiv zieht sich durch das ganze Werk hindurch.
hin|durch|zwän|gen ⟨sw. V.; hat⟩: *durch etw. zwängen:* etw., sich durch den Zaun h.
hin|dür|fen ⟨unr. V.; hat⟩ (ugs.): **1.** *hingehen, hinkommen, hinfahren usw. dürfen.* **2.** *hingebracht* (1a), *-gesetzt, -gestellt usw. werden dürfen.*
hin|ei|len ⟨sw. V.; ist⟩: **1.** *an einen bestimmten Ort eilen.* **2.** *sich eilend [da]hinbewegen; dahineilen* (1): sie sah ihn h. **3.** (geh.) **a)** *eilends weggehen; forteilen:* da eilt er hin; **b)** *rasch vergehen, vorbeigehen; dahineilen* (2).
hi|nein ⟨Adv.⟩ [mhd. hin īn, ahd. hina īn, aus ↑hin u. ↑²ein]: **1.** *aus einem [weiteren] Bereich in diesen anderen [engeren] Bereich, bes. [von draußen] nach [dort] drinnen:* h. [mit euch]!; den Weg h. [in die Höhle] suchen; zur Tür h.; Ü bis [tief] in die Nacht h. arbeiten; etw. bis in die Einzelheiten h. *(ausführlich)* schildern; bis ins Innerste h. *(sehr, zutiefst)* erschrecken. **2.** ⟨als abgetrennter Teil von Adverbien wie »wohinein, dahinein« in trennbarer Zus. mit einem Verb⟩ (bes. ugs.): da musst du h.
hi|nein|be|för|dern ⟨sw. V.; hat⟩: *in etw. befördern:* das Gepäck ins Zugabteil h.
hi|nein|be|ge|ben, sich ⟨st. V.; hat⟩: *sich in etw. begeben:* sich in die Höhle h.
hi|nein|bei|ßen ⟨st. V.; hat⟩: *in etw. beißen:* in den Apfel h.
hi|nein|be|kom|men ⟨st. V.; hat⟩ (ugs.): *hineinstecken, -schieben, -packen usw. können, weil die äußeren Verhältnisse, bes. der verfügbare Raum, od. die eigene Fähigkeit es zulassen:* den Schlüssel nicht ins Schloss h.
hi|nein|be|mü|hen ⟨sw. V.; hat⟩: **1.** *in etw., nach drinnen bemühen:* darf ich Sie h.? **2.** ⟨h. + sich⟩ *sich in etw., sich nach drinnen bemühen, begeben:* wollen Sie sich bitte mit mir [ins Haus] h.?
hi|nein|be|we|gen ⟨sw. V.; hat⟩: *in etw. bewegen, mühsam hineinbringen:* den Schrank ins Zimmer h.
hi|nein|bit|ten ⟨st. V.; hat⟩: *bitten, [mit] hineinzukommen.*
hi|nein|bla|sen ⟨st. V.; hat⟩: **1.** *ins Innere blasen.* **2.** *in ein Blasinstrument blasen.* **3.** *kräftig nach [dort] drinnen, ins Innere wehen:* der Wind blies durch die Ritzen in die Scheune h.
hi|nein|boh|ren ⟨sw. V.; hat⟩: **1.** *in etw. bohren:* Löcher in die Wand h. **2.** ⟨h. + sich⟩ *sich in etw. bohren; bohrend eindringen:* das Flugzeug hatte sich in den Acker hineingebohrt.
hi|nein|brin|gen ⟨unr. V.; hat⟩: **1.** *hineinschaffen:* das Essen h. **2.** *durch entsprechende Maßnahme o. Ä. machen, dass etw. in einen bestimmten Zustand gebracht wird, kommt:* Ordnung, Sinn in etw. h. **3.** (ugs.) *hineinbekommen:* den Schlüssel nicht ins Schloss h.
hi|nein|but|tern ⟨sw. V.; hat⟩ (ugs.): *buttern* (3): er hat viel Geld in das Projekt hineingebuttert.
hi|nein|den|ken, sich ⟨unr. V.; hat⟩: *sich [nach]denkend od. [nach]empfindend hineinversetzen, vertraut machen:* sich in jmdn., sich in die Probleme h.
hi|nein|deu|ten ⟨sw. V.; hat⟩: *etw. aufgrund eigener Deutung od. Vermutung in etw. zu erkennen glauben, was in Wirklichkeit nicht darin enthalten ist.*
hi|nein|don|nern ⟨sw. V.; hat⟩ (ugs.): *in etw. donnern* (4a): den Ball [ins Tor] h.
hi|nein|drän|gen ⟨sw. V.; hat⟩: **1.** *sich nach [dort] drinnen, ins Innere drängen, bewegen:* alles drängte [in den Raum] hinein; ⟨auch h. + sich:⟩ er hat sich als Letzter in den Wagen hineingedrängt; Ü sie hat sich in unsere Freundschaft hineingedrängt. **2. a)** *nach dort drinnen, ins Innere drängen:* jmdn. [in einen Raum] h.; **b)** *in einen Bereich, Zustand usw. drängen:* jmdn. in eine Rolle h.
hi|nein|drin|gen ⟨st. V.; ist⟩: *in etw. dringen:* durch das Leck ist sehr schnell Wasser in das Schiff hineingedrungen; Ü von außen dringen keine Nachrichten in das Camp hinein.
hi|nein|drü|cken ⟨sw. V.; hat⟩: **1.** *in etw. drücken:* das Siegel in das Wachs h. **2.** *drückend, pressend hineinstecken, -schieben, -packen usw.:* die Kleider in den Koffer h. **3.** ⟨h. + sich⟩ *sich in etw. drücken, drängen, drückend hineinbewegen; sich hineindrängen:* sich in die überfüllte Straßenbahn h.
hi|nein|dür|fen ⟨unr. V.; hat⟩: **1.** *hineingehen, -kommen, -fahren usw. dürfen:* Hunde dürfen hier nicht hinein. **2.** *hineingebracht, -gesetzt, -gestellt usw. werden dürfen:* Lebensmittel dürfen in diesen Schrank nicht hinein.
hi|nein|fah|ren ⟨st. V.⟩: **1. a)** *in etw., nach drinnen fahren* (1a, 2a, 4a) ⟨ist⟩: der Zug fährt in den Bahnhof hinein; **b)** *in etw., nach drinnen fahren* (4b) ⟨hat⟩; **c)** (ugs.) *(ein Fahrzeug, jmds. Fahrzeug) durch Heranfahren u. An-, Aufprallen beschädigen* ⟨ist⟩: jmdm. [hinten] h. **2.** *mit einer schnellen Bewegung in etw. fahren* (9a) ⟨ist⟩: schnell fuhr er in seine Jacke hinein und rannte aus dem Zimmer.
hi|nein|fal|len ⟨st. V.; ist⟩: **1.** *in etw. fallen* (1a–c). **2.** *(von Licht o. Ä.) in einen Raum fallen* (7b), *geworfen werden.* **3.** (selten) *hereinfallen* (2b).
hi|nein|fin|den ⟨st. V.; hat⟩: **1.** *den Weg in etw. finden.* **2.** ⟨h. + sich⟩ **a)** *in etw. eindringen u. sich damit vertraut machen:* sich in eine Arbeit h.; **b)** *sich in etw. [hin]einleben u. damit abfinden:* sich in sein Schicksal h.
hi|nein|flie|gen ⟨st. V.⟩: **1.** ⟨ist⟩ **a)** *in etw. fliegen* (1): der Vogel flog wieder in den Käfig hinein; **b)** *in etw. fliegen* (2, 4): das Flugzeug flog in die Gewitterzone hinein; **c)** *in etw. fliegen* (11): der Stein flog ins Zimmer hinein. **2.** *in etw. fliegen, einfliegen* (2c) ⟨hat⟩. **3.** (selten) *hereinfallen* (2) ⟨ist⟩: mit dem Kauf ist sie hineingeflogen.
hi|nein|flie|ßen ⟨st. V.; ist⟩: *in etw. fließen:* das Wasser fließt in den Eimer hinein.
hi|nein|fres|sen ⟨st. V.; hat⟩: **1.** ⟨h. + sich⟩ *sich in etw. fressen* (2d). **2.** ***in sich h.** (1. *[von Tieren] gierig fressen, hineinschlingen.* 2. derb, meist abwertend: *[von Menschen] gierig essen, hineinschlingen.* 3. *in sich fressen* 1b: Ärger, Kummer in sich h.).
hi|nein|füh|ren ⟨sw. V.; hat⟩: *in etw. führen.*
hi|nein|fun|ken ⟨sw. V.; hat⟩ (ugs.): vgl. dazwischenfunken.
hi|nein|ge|ben ⟨st. V.; hat⟩: *in etw. geben* (3a): [in die Suppe] eine Prise Salz h.
hi|nein|ge|bo|ren ⟨Adj.⟩ [2. Part. zu ungebr. hineingebären]: *durch Zeit u. Ort der Geburt in eine bestimmte gesellschaftliche, geschichtliche Umgebung bzw. Situation hineingestellt.*
hi|nein|ge|heim|nis|sen ⟨sw. V.; hat⟩: *fälschlich die Meinung haben od. äußern, dass etw. auf geheimnisvolle, verborgene Weise in etw. enthalten sei:* in jmds. Äußerung bestimmte Absichten h.
hi|nein|ge|hen ⟨unr. V.; ist⟩: **1.** *ins Innere gehen:* wollen wir ins Haus h.?; Ü er ist mit klaren Vorstellungen in die Verhandlung hineingegangen. **2. a)** (Ballspiele) *den Gegenspieler im Zweikampf mit körperlichem Einsatz angreifen:* der Verteidiger ist überhart in den Stürmer hineingegangen; **b)** (Boxen) *gegen jmdn. zum Nahkampf übergehen:* in den Gegner h. **3.** *Platz, Raum finden; hineinpassen:* in den Koffer geht nichts mehr hinein.
hi|nein|ge|lan|gen ⟨sw. V.; ist⟩: *in etw. gelangen:* durch den Keller waren die Diebe ins Haus hineingelangt.
hi|nein|ge|ra|ten ⟨st. V.; ist⟩: *in etw.* ¹*geraten* (1a, b): in ein Unwetter, in einen Stau h.
hi|nein|gie|ßen ⟨st. V.; hat⟩: *in etw. gießen:* den Wein in sich h. *(hastig in großen Zügen trinken).*
hi|nein|grät|schen ⟨sw. V.; ist⟩ (bes. Fußball): **a)** *(in den ballführenden Gegner) mit einer Grätsche hineingehen* (2a): er grätschte korrekt in den Stürmer hinein; **b)** *mit einer Grätsche hineinspringen [u. den Ball spielen]:* in die Flanke h.
hi|nein|grei|fen ⟨st. V.; hat⟩: *in etw. greifen.*
hi|nein|gu|cken ⟨sw. V.; hat⟩ (ugs.): *in etw. gucken.*
hi|nein|hal|ten ⟨st. V.; hat⟩: **1.** *in etw. halten:* die Hand [ins Wasser] h. **2.** *mit etw. (einem Wasserschlauch, Maschinengewehr o. Ä.) mitten in eine Menge zielen u. treffen:* mit der Maschinenpistole [in eine Menschenmenge] h.
hi|nein|hor|chen ⟨sw. V.; hat⟩: **1.** *in etw. horchen:* ins Dunkel h. **2.** (geh.) *sich einfühlsam bemühen, den tieferen Gehalt, den eigentlichen Inhalt in etw. zu erfassen:* in den Text h.; in sich h.
hi|nein|hö|ren ⟨sw. V.; hat⟩: **1.** ⟨h. + sich⟩ *sich hörend mit etw. vertraut machen:* man muss sich in diese Musik langsam h. **2.** *kurz bei etw. zuhören, ein kurzes Stück von etw. anhören:* in einen Vortrag, eine Vorlesung h.
hi|nein|in|ter|pre|tie|ren ⟨sw. V.; hat⟩ (bildungsspr.): vgl. hineindeuten: in ihre Äußerungen wurde zu viel hineininterpretiert.
hi|nein|klet|tern ⟨sw. V.; ist⟩: *in etw., ins Innere klettern.*
hi|nein|knien, sich ⟨sw. V.; hat⟩ (ugs.): *sich ausgiebig mit etw. beschäftigen, befassen:* sich in eine Arbeit, Aufgabe h.
hi|nein|kom|men ⟨st. V.; ist⟩: **1.** *nach [dort] drinnen, ins Innere kommen:* kommen Sie [mit] hinein? **2. a)** *nach [dort] drinnen, ins Innere gelangen [können]:* wir kamen nicht [in das Zimmer] hinein, weil abgeschlossen war; **b)** *in eine Position o. Ä. hineingelangen [können]:* er versuchte, wieder in seinen alten Beruf hineinzukommen; **c)** *sich hineinfinden* (2a): in die neue Arbeit h. **3.** (ugs.) *hineingebracht, -gelegt, -gesetzt usw. werden [sollen]:* in den Teig kommen 200 Gramm Butter hinein. **4.** *hineingeraten.*
hi|nein|kom|pli|men|tie|ren ⟨sw. V.; hat⟩: *mit höflichen Worten u. Gesten hineinbitten [u. -geleiten].*
hi|nein|kön|nen ⟨unr. V.; hat⟩: vgl. hineindürfen.
hi|nein|krie|chen ⟨st. V.; ist⟩: *ins Innere kriechen:* ins Innere der Höhle h.; Ü an solchen Tagen kroch sie in sich hinein und war für niemanden zu sprechen; ***jmdm. hinten h.** (derb; *sich in würdeloser Form unterwürfig-schmeichlerisch einem anderen gegenüber zeigen*).
hi|nein|la|chen ⟨sw. V.; hat⟩: in der Verbindung: **in sich h.** *(innerlich, nach außen hin kaum merklich lachen).*
hi|nein|lan|gen ⟨sw. V.; hat⟩ (ugs.): **1.** *hineinreichen:* er langte [ihr] die Post durchs Fenster h. **2.** *hineingreifen:* in seinen Geldbeutel h.
hi|nein|las|sen ⟨st. V.; hat⟩: *hineingehen, -fahren usw. lassen:* einen Besucher h. *(ihm den Eingang, die Tür, das Tor öffnen u. ihn einlassen).*
hi|nein|lau|fen ⟨st. V.; ist⟩: **1. a)** *ins Innere laufen, sich bewegen:* Ü in sein Verderben h. *(es durch eigenes Handeln herbeiführen);* **b)** *[aus Unachtsamkeit] in ein fahrendes Fahrzeug laufen u. davon erfasst werden:* in ein Auto h. **2.** *ins Innere fließen:* das Regenwasser ist in die Keller hineingelaufen; Ü das Bier in sich h. lassen.
hi|nein|le|gen ⟨sw. V.; hat⟩: **1. a)** *ins Innere legen:* etw. in einen Koffer, in einen Schrank h.; **b)** ⟨h. + sich⟩ *sich ins Innere legen:* ohne sich auszukleiden, legte er sich ins Bett hinein. **2. a)** *sein Gefühl o. Ä. bei etw. beteiligt sein lassen:* sein ganzes Gefühl in das Spiel, in den Vortrag h.; **b)** *hineindeuten:* in jmds. Worte etw., einen bestimmten Sinn h. **3.** (ugs.) *hereinlegen* (2).
hi|nein|le|sen ⟨st. V.; hat⟩: **1.** ⟨h. + sich⟩ *sich einlesen.* **2.** *hineindeuten.*
hi|nein|löf|feln ⟨sw. V.; hat⟩ (ugs.): *löffelnd zu sich nehmen:* die Suppe in sich h.
hi|nein|lot|sen ⟨sw. V.; hat⟩: **1.** *nach dort drinnen, ins Innere lotsen.* **2.** (ugs.) *dazu bewegen, [mit] hineinzugehen, -zufahren usw.:* er ließ sich von den Mädchen h. **3.** *hineinmanövrieren* (2).

H

hi|nein|ma|chen, sich ⟨sw. V.; hat⟩ (ugs.): *eilig bestrebt sein, nach drinnen zu gelangen; zusehen, irgendwo hineinzukommen:* mach dich hinein!

hi|nein|ma|nö|vrie|ren ⟨sw. V.; hat⟩: **1.** *in etw. manövrieren:* das Schiff in die Lücke h. **2.** *durch Manövrieren, mehr od. weniger geschicktes Vorgehen in etw. [hinein]bringen:* jmdn. in eine [ausweglose] Situation h.

hi|nein|men|gen ⟨sw. V.; hat⟩: **1.** *hineinmischen* (1, 2). **2.** ⟨h. + sich⟩ (ugs.) *sich hineinmischen* (2): du solltest dich nicht in diesen Streit h.

hi|nein|mi|schen ⟨sw. V.; hat⟩: **1. a)** *in etw. mischen;* **b)** ⟨h. + sich⟩ *sich einmischen* (1): in seine Gedanken mischte sich Trauer hinein. **2.** ⟨h. + sich⟩ *sich einmischen* (2): sich überall h.

hi|nein|müs|sen ⟨unr. V.; hat⟩: vgl. hineindürfen.

hi|nein|neh|men ⟨st. V.; hat⟩: **1.** *ins Innere nehmen, verlagern o. Ä.:* den Hund mit [ins Haus] h. **2.** *in etw. aufnehmen:* jmdn. in eine Gruppe [mit] h.

hi|nein|pa|cken ⟨sw. V.; hat⟩: *in etw. packen:* die Sachen für die Reise in den Koffer h.; Ü zu viele Gedanken in einen Aufsatz h.

hi|nein|pas|sen ⟨sw. V.; hat⟩: **1. a)** *in etw. Platz haben:* in den Koffer passt nichts mehr hinein; **b)** *die entsprechende Größe haben, sodass es in etw. gefügt, gesteckt usw. werden kann:* das Buch passt in die Tasche nicht hinein; **c)** *in eine Gesamtheit, Umgebung usw. passen u. damit zusammenstimmen:* sie passte gut in die Mannschaft hinein. **2.** *etw. in etw. [ein]passen.*

hi|nein|pfer|chen ⟨sw. V.; hat⟩: *in einen Raum o. Ä. pferchen:* die Tiere in einen zu kleinen Stall h.

hi|nein|pfu|schen ⟨sw. V.; hat⟩: *in etw. pfuschen:* sich von niemandem in seine Arbeit h. lassen.

hi|nein|plat|zen ⟨sw. V.; ist⟩ (ugs.): *plötzlich, unversehens [u. zu unpassender Zeit] hineinkommen, sich in etw. einstellen:* sie platzte mit dieser Nachricht in die Versammlung hinein.

hi|nein|pres|sen ⟨sw. V.; hat⟩: **1. a)** *in etw. pressen;* **b)** *durch Pressen in etw. erzeugen:* ein Muster [in das Leder] h. **2.** *gewaltsam in etw. hineinbringen; hineinzwängen:* etw. in ein Schema h.

hi|nein|pro|ji|zie|ren ⟨sw. V.; hat⟩ (bildungsspr.): *(Gedanken, Vorstellungen usw.) auf jmdn., etw. übertragen, in jmdn., etw. hineinsehen.*

hi|nein|pum|pen ⟨sw. V.; hat⟩: **1.** *in etw. pumpen.* **2.** (ugs., meist abwertend) *in Fülle, [allzu] großer Menge hineinbringen:* Millionen in ein Unternehmen h.

hi|nein|ra|gen ⟨sw. V.; hat⟩: **1.** *in etw. ragen.* **2.** *hinübergreifen, sich in etw. erstrecken.*

hi|nein|re|den ⟨sw. V.; hat⟩: **1.** *in etw. reden:* ins Dunkel h.; ins Leere h. *(reden, ohne einen Zuhörer zu erreichen).* **2.** *sich redend ins Gespräch einmischen, dazwischenreden:* er sollte nicht [in die Ausführungen des anderen] h. **3.** (abwertend) *sich (redend u. Einfluss nehmend) einmischen:* jmdm. [in eine Angelegenheit] h. **4.** (landsch.) *auf jmdn. einreden:* in jmdn. h. **5.** ⟨h. + sich⟩ *durch Reden in einen bestimmten Zustand kommen:* sich in Wut h.

hi|nein|re|gie|ren ⟨sw. V.; hat⟩: *von außen her in unerwünschter Weise Einfluss ausüben, mitzubestimmen suchen.*

hi|nein|reg|nen ⟨sw. V.; hat⟩: *in etw., ins Innere regnen.*

hi|nein|rei|chen ⟨sw. V.; hat⟩: **1.** *nach [dort] drinnen reichen, geben.* **2.** *in etw. reichen, sich erstrecken.*

hi|nein|rei|ßen ⟨st. V.; hat⟩: *in etw. reißen, gewaltsam ziehen, zerren:* er wurde in den Strudel hineingerissen; Ü jmdn. ins Verderben h.

hi|nein|rei|ten ⟨st. V.⟩: **1.** *in etw., ins Innere reiten* ⟨ist⟩. **2.** (ugs.) *durch ein bestimmtes Handeln in eine schwierige, unangenehme Lage bringen* ⟨hat⟩: jmdn. [in eine schwierige Lage] h.; sie hat sich [selbst] hineingeritten.

hi|nein|ret|ten ⟨sw. V.; hat⟩: **1.** ⟨h. + sich⟩ **a)** *sich in etw., ins Innere retten;* **b)** (Sport) *etw., was eine Niederlage verhindert, mühsam erreichen:* sich ins Ziel h. **2.** vgl. hinüberretten (2).

hi|nein|rie|chen ⟨st. V.; hat⟩ (ugs.): vgl. reinriechen.

hi|nein|ru|fen ⟨st. V.; hat⟩: *nach drinnen, ins Innere rufen.*

hi|nein|rut|schen ⟨sw. V.; ist⟩: **1.** *in etw., ins Innere rutschen.* **2.** (ugs.) *hineinschlittern* (2): er ist da in eine unangenehme Situation hineingerutscht.

hi|nein|sau|gen ⟨st., seltener: sw. V.; hat⟩: *einsaugen.*

hi|nein|schaf|fen ⟨sw. V.; hat⟩: *in etw. schaffen, bringen.*

hi|nein|schau|en ⟨sw. V.; hat⟩: **1.** (landsch.) *hineinsehen:* zur Tür h.; in jmdn. h. *(seine Motive erkennen).* **2.** vgl. hereinschauen (2).

hi|nein|schie|ben ⟨st. V.; hat⟩: **1.** *in etw., ins Innere schieben.* **2.** ⟨h. + sich⟩ *sich in etw., ins Innere schieben.*

hi|nein|schie|ßen ⟨st. V.⟩: **1.** *in etw. schießen* (1 a) ⟨hat⟩: in die Menge h. **2.** ⟨ist⟩ **a)** *in etw. schießen* (3 b), *sich äußerst [heftig u.] schnell hineinbewegen:* das reißende Wasser schoss ins Tal hinein; **b)** (ugs.) *mit großer Eile u. Heftigkeit hineinlaufen.*

hi|nein|schla|gen ⟨st. V.; hat⟩: **1. a)** *in etw. schlagen, durch Schlagen hineintreiben:* einen Nagel in das Holz h.; **b)** *(Eier o. Ä.) aufschlagen u. einlaufen lassen.* **2.** *durch Schlagen in etw. erzeugen.*

hi|nein|schlei|chen ⟨st. V.⟩: **1.** *in etw., ins Innere schleichen* ⟨ist⟩. **2.** ⟨h. + sich⟩ *sich in etw., ins Innere schleichen* ⟨hat⟩.

hi|nein|schlin|gen ⟨st. V.; hat⟩: *gierig od. hastig essen, verschlingen.*

hi|nein|schlit|tern ⟨sw. V.; ist⟩: **1.** *schlitternd in etw. gleiten, hineinrutschen.* **2.** (ugs.) *ohne sich von vornherein darüber klar zu sein, [nach u. nach] in eine Situation, Lage o. Ä. hineingeraten.*

hi|nein|schlüp|fen ⟨sw. V.; ist⟩: **1.** *nach [dort] drinnen schlüpfen:* zur Tür h. **2.** *in etw. schlüpfen:* in den Mantel h.; Ü schnell in eine neue Rolle h.

hi|nein|schmug|geln ⟨sw. V.; hat⟩: **1.** *in etw., ins Innere schmuggeln:* Waffen [in ein Flugzeug] h. **2.** ⟨h. + sich⟩ *sich in etw., sich ins Innere schmuggeln:* sie schmuggelte sich in den Festsaal hinein.

hi|nein|schnei|den ⟨unr. V.; hat⟩: **1.** *einen Schnitt in etw. machen:* mit der Schere in den Stoff h. **2.** *etw. in etw. schneiden:* ein Loch in etw. h. **3.** *in Stücke schneiden u. in etw. hineingeben:* Fleisch in die Suppe h. **4.** (seltener) **a)** *in etw. schneiden, scharf trennend eindringen:* die Wagenräder schneiden in den Lehmboden hinein; **b)** *sich hineinragend, scharf abgrenzend [dazwischen]schieben:* der Fjord schneidet tief in das Festland hinein.

hi|nein|schnei|en ⟨sw. V.⟩: **1.** *in etw., ins Innere schneien* ⟨unpers.; hat⟩. **2.** (ugs.) *hereinschneien* (2) ⟨ist⟩.

hi|nein|schüt|ten ⟨sw. V.; hat⟩: *in etw., ins Innere schütten.*

hi|nein|se|hen ⟨st. V.; hat⟩: **1.** *ins Innere sehen, in etw. sehen:* zum Fenster h.; Ü in die Zeitung h. *(kurz in der Zeitung lesen).* **2.** (ugs.) *zu jmdm., in etw. mit bestimmter Absicht kurz hineingehen, -kommen:* [kurz] in seine Stammkneipe h.

hi|nein|set|zen ⟨sw. V.; hat⟩: **1.** *in etw. setzen:* die Katze ins Körbchen h. **2.** ⟨h. + sich⟩ **a)** *sich ins Innere setzen:* sich in die Wohnung h.; **b)** *sich in etw. setzen; eindringen u. sich ablagern:* Falten und Rillen, in die sich der Staub hineingesetzt hatte. **3.** (ugs.) *durch [amtliche] Anordnung jmdm. in etw. einen Wohn-, Arbeitsplatz, eine Stellung zuweisen:* wer hat uns den Spitzel [in die Abteilung] hineingesetzt?

hi|nein|sol|len ⟨unr. V.; hat⟩: vgl. hineindürfen.

hi|nein|spie|len ⟨sw. V.; hat⟩: **1.** *in etw. durch Bedeutsamkeit u. Einfluss in gewissem Grade zur Geltung kommen, sich bemerkbar machen; für etw. in gewissem Grade bedeutsam sein u. in es hineinwirken:* hier spielen verschiedene Gesichtspunkte hinein. **2.** (Sport) *den Ball von außen nach innen spielen:* der Stürmer spielte den Ball in den Strafraum hinein. **3.** ⟨h. + sich⟩ *durch gutes Spielen in etw. gelangen, die Zugehörigkeit zu etw. erlangen:* sich in die Endrunde h.

hi|nein|spre|chen ⟨st. V.; hat⟩: *in etw. sprechen:* ins Mikrofon h.

hi|nein|sprin|gen ⟨st. V.; ist⟩: **1.** *nach drinnen springen.* **2.** (ugs.) *nach drinnen eilen; schnell, eilig hineinlaufen:* ich springe mal kurz [ins Haus] hinein, um das Geld zu holen.

hi|nein|ste|chen ⟨st. V.; hat⟩: *in etw. stechen.*

hi|nein|ste|cken ⟨sw. V.; hat⟩: **1.** *in etw. stecken:* den Schlüssel [ins Schloss] h.; den Kopf zur Tür h. (ugs.; *sich zur Tür hineinbeugen, um hineinzusehen).* **2.** (ugs.) **a)** *hineinlegen, -setzen, -stellen;* **b)** *in etw. [zwangsweise] unterbringen, hineinbringen:* sechs Personen [in ein Zimmer] h. **3.** (ugs.) *für etw. aufwenden, auf etw. verwenden, um es in seinem Bestand, Wert od. Erfolg, Gelingen zu fördern:* viel Geld, Arbeit, Zeit in ein Projekt h.

hi|nein|stei|gen ⟨st. V.; ist⟩: **1.** *in etw. einsteigen:* wieder [ins Auto] h. **2.** *in etw. steigen:* in den Schornstein h. **3.** (ugs.) *stehend die Füße in etw. hineinstecken, um es anzuziehen:* in die Hose h.

hi|nein|stei|gern, sich ⟨sw. V.; hat⟩: **1.** *sich in einen Gemüts- u. Bewusstseinszustand immer mehr steigern:* sich in große Erregung h. **2.** *sich immer intensiver mit etw. beschäftigen u. nicht mehr davon loskommen:* sich in ein Problem h.

hi|nein|stel|len ⟨sw. V.; hat⟩: **1.** *in etw. stellen:* die Flasche in den Schrank h. **2.** *in etw. (eine Situation, einen Zusammenhang o. Ä.) stellen, setzen, hineinbringen:* eine Behauptung in eine Diskussion h.

hi|nein|stol|pern ⟨sw. V.; ist⟩: *stolpernd u. [fast] zu Fall kommend in etw. gehen, laufen, geraten.*

hi|nein|stop|fen ⟨sw. V.; hat⟩: **1.** *in etw., ins Innere stopfen.* **2.** (ugs.) *hineinstecken* (2). **3.** (ugs.) *in [über]großer Menge zu sich nehmen, essen:* Süßigkeiten in sich h.

hi|nein|sto|ßen ⟨st. V.⟩: **1.** *in etw. stoßen* ⟨hat⟩: die Spitze [ins Fleisch] h. **2.** *durch einen Stoß od. durch wiederholte Stöße hineinbefördern, hineinbringen* ⟨hat⟩: jmdn. ins Wasser h.; Ü er hat sie ins Elend hineingestoßen. **3.** (veraltend) *in eine Trompete, ein Horn o. Ä. stoßen* ⟨hat⟩: das Horn nehmen und h. **4.** ⟨ist⟩ **a)** *mit bestimmter Zielrichtung in etw. vordringen, hineindringen:* die Armee stieß von Westen her in das Gebiet hinein; **b)** *[mit einem Ruck] hineinfahren, -steuern:* in eine Lücke h., um zu parken; **c)** *plötzlich hineinfahren, dazwischenfahren:* der Habicht stieß in den Taubenschwarm hinein.

hi|nein|strö|men ⟨sw. V.; ist⟩: *in etw., ins Innere strömen.*

hi|nein|stür|men ⟨sw. V.; ist⟩: *ins Innere stürmen.*

hi|nein|stür|zen ⟨sw. V.⟩: **1.** *in etw. stürzen* ⟨ist⟩. **2.** *jmdn. in etw. stürzen, mit einem Stoß hineinbefördern* ⟨hat⟩: sie stürzten ihn ins Meer hinein; Ü jmdn. in Verwicklungen h. **3.** ⟨h. + sich⟩ *sich in etw. stürzen* ⟨hat⟩: sich mutig [ins Wasser] h.; Ü er stürzte sich [in den Kampf, in die Arbeit] hinein. **4.** *ins Innere stürzen* ⟨ist⟩: [ins Haus] h.

hi|nein|tap|pen ⟨sw. V.; ist⟩ (ugs.): **a)** *nach drinnen, ins Innere tappen:* in ein dunkles Zimmer h.; **b)** *unvorsichtig gehend hineingeraten:* in eine Pfütze h.; Ü in einen Hinterhalt h.

hi|nein|tra|gen ⟨st. V.; hat⟩: **1.** *ins Innere tragen:* Pakete [ins Haus] h.; Ü den Ball ins Tor h. (Ballspiele Jargon; *durch Kombinieren, Dribbeln o. Ä. ins Tor bringen).* **2.** *hineinbringen u. sich auswirken lassen, verbreiten:* Unruhe in die Betriebe h.

hi|nein|trei|ben ⟨st. V.⟩: **1.** ⟨hat⟩ **a)** *ins Innere, in etw. treiben:* das Vieh [in den Stall] h.; **b)** *in etw. treiben, treibend hineinbewegen:* die Strömung treibt das Boot in die Bucht hinein; **c)** *jmdn. bewegen, nach drinnen, ins Innere zu gehen:* die Unruhe trieb ihn wieder hinein; **d)** *in etw. hineindrängen, verwickeln:* jmdn. in einen Konflikt h. **2.** ⟨hat⟩ **a)** *in etw. treiben, schlagen:* einen

Keil [in den Holzklotz] h.; **b)** *in etw. treiben, bohren [u. dadurch herstellen]:* einen Stollen in den Berg h. **3.** *in etw. getrieben, hineinbewegt werden* ⟨ist⟩: das Boot treibt in die Bucht hinein.

hi|nein|tre|ten ⟨st. V.⟩: **1.** *hineingehen* ⟨ist⟩. **2.** *ins Innere, in etw. treten* ⟨ist/hat⟩: in eine Pfütze h.; Ü ins Leben h.

hi|nein|tun ⟨unr. V.; hat⟩: **1.** (ugs.) *in etw. tun, hineinbringen, -legen, -setzen, -stellen usw.:* die Bücher wieder in den Schrank h. **2.** *eine entsprechende Bewegung o. Ä. in etw. vollführen:* Schritte in einen Raum h.

hi|nein|ver|set|zen ⟨sw. V.; hat⟩: **1.** *in etw. versetzen:* sich ins Mittelalter hineinversetzt fühlen. **2.** ⟨h. + sich⟩ *sich versetzen, hineindenken:* sich in jmdn., in jmds. Lage h.

hi|nein|wach|sen ⟨st. V.; ist⟩: **1.** *in etw. wachsen, sich durch Wachstum in etw. hinein ausdehnen:* der Nagel ist in das Fleisch hineingewachsen; Ü die Berge wachsen in den Himmel hinein. **2.** *durch Älterwerden, im Laufe der Zeit, der Entwicklung in etw. (in einen neuen Zustand o. Ä.) hineinkommen:* ins Mannesalter h. **3.** (ugs.) *wachsen u. schließlich hineinpassen:* in eine Hose h. **4.** *sich in etw. einleben, einarbeiten u. damit völlig vertraut werden:* in eine Aufgabe, Rolle h.

hi|nein|wäh|len ⟨sw. V.; hat⟩: *in etw. wählen; jmdn. durch Abstimmen im Rahmen einer Wahl in etw. hineinbringen:* jmdn. in eine Kommission h.

hi|nein|wer|fen ⟨st. V.; hat⟩: **1.** *ins Innere werfen.* **2.** ⟨h. + sich⟩ *sich in etw. werfen, hineinfallen lassen:* sich ins Bett h. **3. a)** (geh.) *gewaltsam hineinbringen u. einsperren:* das Gefängnis, in das man ihn hineingeworfen hatte; **b)** *eilig in einen Bereich hineinbringen, -schicken:* Truppen in das Kampfgebiet h. **4.** *(Licht o. Ä.) in etw. werfen, fallen lassen:* einen Blick [in etw.] h.

hi|nein|wir|ken ⟨sw. V.; hat⟩: *eine Wirkung zeigen, die sich in etw. hinein erstreckt.*

hi|nein|wol|len ⟨unr. V.; hat⟩: vgl. hineindürfen.

hi|nein|wür|gen ⟨sw. V.; hat⟩: **1.** *mit Hast od. Mühe, Widerwillen zu sich nehmen:* das Essen [in sich] h. **2.** ***jmdm. eine/eins h.** (↑reinwürgen).

hi|nein|zer|ren ⟨sw. V.; hat⟩: **1.** *ins Innere zerren.* **2.** *in etw. zerren:* jmdn. in einen Skandal h.

hi|nein|zie|hen ⟨unr. V.⟩: **1.** *nach drinnen ziehen, schleppen* ⟨hat⟩. **2.** ⟨ist⟩ **a)** *in ein Haus, eine Wohnung o. Ä. ziehen;* **b)** *nach drinnen wandern, fahren, sich bewegen:* singend durch, in die Stadt h. **3.** *nach drinnen ziehen, dringen* ⟨ist⟩: durch das offene Fenster ziehen Küchengerüche hinein. **4.** *(bei hoher Geschwindigkeit) das Lenkrad allmählich einschlagend in etw. hineinsteuern* ⟨hat⟩: den Wagen in die Kurve h. **5.** *in etw. ziehen, verwickeln* ⟨hat⟩: jmdn. in einen Streit [mit] h.

hi|nein|zwän|gen ⟨sw. V.; hat⟩: **1.** *in etw. zwängen:* die Pullover in den Koffer h. **2.** ⟨h. + sich⟩ *sich in etw. zwängend hineinbewegen:* er zwängte sich in die volle Bahn hinein; sich in eine Hose h.

hi|nein|zwin|gen ⟨st. V.; hat⟩: **1.** *ins Innere zwingen.* **2.** *in etw. (einen Zustand usw.) zwingen:* jmdn. in eine Lebensform h.

hin|fah|ren ⟨st. V.⟩: **1. a)** *an einen bestimmten Ort fahren* ⟨ist⟩: mit dem Auto, Zug h.; **b)** *jmdn., etw. an einen bestimmten Ort fahren* ⟨hat⟩: wir können alles mit dem Wagen h. **2.** *sich fahrend [da]hinbewegen* ⟨ist⟩: Züge fuhren über die Ebene hin. **3.** ⟨ist⟩ **a)** *sich fahrend entfernen; wegfahren:* da fährt sie hin!; **b)** (veraltet verhüll.) *sterben.* **4.** ⟨ist⟩ **a)** *über etw. fahren, streichen, wischen; entlangfahren, -streichen, -wischen;* **b)** *in einer bestimmten Richtung, nach einer bestimmten Stelle hin eine rasche Bewegung machen:* er fuhr mit der Hand nach der Tasche hin.

Hin|fahrt, die; -, -en: *Fahrt hin zu einem bestimmten Ziel:* auf der H., bei der H. war genügend Platz im Zug.

Hin|fall, der; -[e]s, ...fälle (schweiz.): **1.** *Eintreten der Hinfälligkeit.* **2.** *Wegfall; Entfallen.*

hin|fal|len ⟨st. V.; ist⟩: **1. a)** *zu Boden fallen, stürzen; hinstürzen:* lang, der Länge nach h.; **b)** (geh.) *sich jmdm. zu Füßen werfen; niederfallen:* vor jmdm. h. und ihn anflehen. **2.** *auf den Boden fallen; herunterfallen:* das Buch ist [ihm] hingefallen. **3.** (selten) *hinfällig* (2) *werden; wegfallen, entfallen.*

hin|fäl|lig ⟨Adj.⟩ [spätmhd. hinfellig = vergänglich; gehaltlos, mhd. hinvellic = hinfallend, sterbend]: **1.** *durch die mannigfachen Beschwerden des Alters geschwächt; gebrechlich, [alters]schwach, schwächlich:* ein -er Greis; h. werden. **2.** *gegenstandslos, ungültig:* die Pläne sind nunmehr h.

Hin|fäl|lig|keit, die; -: *das Hinfälligsein.*

hin|fin|den ⟨st. V.; hat⟩: *zu jmdm., zu einem bestimmten Ort hin den Weg finden:* sie hat [zu uns, zu unserem Haus] hingefunden; ⟨auch h. + sich:⟩ ich habe mich doch noch hingefunden; Ü zu Gott h.

hin|flä|zen, sich ⟨sw. V.; hat⟩ (ugs. abwertend): *sich hinflegeln.*

hin|fle|geln, sich ⟨sw. V.; hat⟩ (ugs. abwertend): *sich in [betont] nachlässiger Haltung hinsetzen, halb hinsetzen, halb hinlegen.*

hin|flie|gen ⟨st. V.⟩: **1.** *an einen bestimmten Ort fliegen* (1, 2, 4) ⟨ist⟩. **2.** *sich fliegend über, an etw. hinbewegen* ⟨ist⟩: der Ballon flog über das Meer hin. **3.** *mit einem Luft-, Raumfahrzeug hinbringen* ⟨hat⟩: Medikamente und Zelte h. **4.** *(geschleudert, geworfen) sich rasch dahinbewegen* ⟨ist⟩: der Ball flog über die Köpfe hin. **5.** *sich rasch dahinbewegen* ⟨ist⟩: das Pferd flog über die Steppe hin. **6.** (ugs.) *[mit Schwung] hinfallen* ⟨ist⟩: er rutschte aus und flog hin.

hin|flie|ßen ⟨st. V.; ist⟩: **1.** *sich fließend nach einem bestimmten Ort hinbewegen, auf etw. zubewegen:* der Lech fließt zur Donau hin. **2.** *sich fließend dahinbewegen.*

Hin|flug, der; -[e]s, ...flüge: *Flug hin zu einem bestimmten Ziel.*

hin|fort ⟨Adv.⟩ [mhd. hinnen vort] (geh.): *von nun an, künftig.*

hin|füh|ren ⟨sw. V.; hat⟩: **1. a)** *jmdn. an einen bestimmten Ort führen:* soll ich Sie [zu Ihrem Zimmer] h.?; Ü jmdn. zu Gott h. (Rel.; *jmdm. den Zugang zu Gott, zum Glauben vermitteln*); **b)** *(bes. durch Erziehung, Bildung, Anleitung o. Ä.) zu etw. führen, bringen:* die Studenten durch gründliche Anleitung zu tieferem Verständnis h. **2.** *bis zu einem bestimmten Ort führen, verlaufen:* alle Straßen, die zur Stadt hinführen, werden gesperrt; wo soll das h.? (ugs.; *wohin soll das führen, wo soll das enden, was soll daraus werden?*). **3.** *über etw. hin, an etw. entlang verlaufen.*

hin|für, hin|für|der ⟨Adv.⟩ [spätmhd. hinfur = ferner; spätmhd. hynfurder; vgl. fürder] (veraltet): *hinfort.*

hing: ↑[1]hängen.

Hin|ga|be, die, -: **1. a)** *rückhaltloses Sichhingeben für/an jmdn., etw.:* bedingungslose H. an Gott, an die Arbeit; **b)** *große innere Beteiligung, hingebungsvoller Eifer; Leidenschaft:* einen Kranken voller H. pflegen; sich einer Sache, Arbeit mit H. widmen. **2.** (geh. verhüll.) *sexuelles Sichhingeben der Frau.* **3. a)** (selten) *das [Hin]geben;* **b)** (geh.) *das Hingeben, Opfern:* H. des Vermögens.

hin|gam|meln ⟨sw. V.; hat⟩ (ugs., oft abwertend): *ohne Initiative, träge u. gedankenlos dahinleben.*

hin|ge|ben ⟨st. V.; hat⟩: **1.** (geh.) *opfern:* sein Vermögen, sein Leben, seine Söhne h. **2.** ⟨h. + sich⟩ **a)** *sich eifrig widmen od. völlig überlassen:* sich dem Vergnügen, einem Wahn h.; darüber gebe ich mich keinen Illusionen hin; ganz der Aufgabe/an die Aufgabe hingegeben forschen; **b)** (verhüll.) *mit einem Mann intime Beziehungen aufnehmen, haben:* sie gab sich ihm hin. **3.** *[hin]reichen, hinüberreichen:* jmdm. einen Bleistift h.

hin|ge|bend ⟨Adj.⟩: *Hingabe* (1) *zeigend, beweisend:* ein zuverlässiger, -er Freund; -e *(aufopfernde)* Pflege; -e *(eifrige)* Sammlertätigkeit.

Hin|ge|bung, die; -: *Hingabe* (1).

hin|ge|bungs|voll ⟨Adj.⟩: *voll Hingebung, Hingabe* (1): -es Klavierspiel; sich h. mit etw. beschäftigen.

hin|ge|ge|ben ⟨Adj.⟩: *sich hingebend; mit Hingabe* (1), *hingebungsvoll:* jmdm. h. zuhören.

hin|ge|gen ⟨Konj.⟩ [↑hin u. ↑gegen]: *dagegen, im Gegensatz dazu:* seine Frau h./(seltener:) h. seine Frau stimmte dafür; ⟨auch Adv.:⟩ h. fiel ihm ein, dass er doch gehen wollte.

hin|ge|gos|sen: **1.** ↑hingießen. **2.** ⟨Adj.⟩ [2. Part. zu ↑hingießen] (ugs. scherzh.): *in zwangloser, gelöster Haltung (liegend, sitzend).*

hin|ge|haucht: ↑hinhauchen.

hin|ge|hen ⟨unr. V.; ist⟩: **1.** *zu jmdm., etw. gehen, jmdn., etw. aufsuchen, besuchen:* ungern zu jmdm. h.; gehst du hin?; vgl. hin (II): wo gehst du hin?; ⟨auch unpers.:⟩ wo gehts denn im Urlaub hin? **2. a)** *weggehen:* da geht er hin!; **b)** (geh.) *sterben;* **c)** *vergehen, verstreichen:* die Zeit, der Sommer ging hin; über diesen Arbeiten ging eine ganze Woche hin. **3.** *sich gleitend, schweifend [da]hinbewegen, hingleiten:* sein Blick ging über die weite Landschaft hin. **4.** *(noch) unbeanstandet durchgehen:* dieser Aufsatz, diese Arbeit mag h., geht gerade noch hin *(geht noch an, ist gerade noch tragbar);* diese Bemerkungen mögen noch [eben] h. *(können [eben] noch hingenommen werden);* [jmdm.] etw. h. lassen *(gelten, durchgehen lassen; tolerieren).*

hin|ge|hö|ren ⟨sw. V.; hat⟩ (ugs.): *an einen bestimmten Ort gehören:* er hat keinen Ort, an den er so richtig hingehört; vgl. hin (II): wo gehört das hin?

hin|ge|lan|gen ⟨sw. V.; ist⟩: *an einen bestimmten Ort, zu einem bestimmten Ziel gelangen.*

hin|ge|ra|ten ⟨st. V.; ist⟩: *an eine bestimmte Stelle, an einen bestimmten Ort geraten.*

hin|ge|ris|sen: ↑hinreißen.

Hin|ge|schie|de|ne, der u. die; -n, -n ⟨Dekl. ↑Abgeordnete⟩ (geh. verhüll.): *Verstorbene[r].*

hin|ge|zo|gen: ↑hinziehen.

hin|gie|ßen ⟨st. V.; hat⟩: *auf eine bestimmte Stelle [aus]gießen; gießend hinschütten.*

hin|glei|ten ⟨st. V.; ist⟩: **1.** *sich gleitend hinbewegen:* über das Eis h.; die Hand über etw. h. lassen; mit der Hand über etw. h.; Ü den Blick über etw. h. lassen. **2.** (geh.) *vergehen:* die Zeit gleitet hin. **3.** (veraltend, geh.) *ausgleitend hinfallen:* auf der nassen Straße h.

hin|gu|cken ⟨sw. V.; hat⟩ (ugs.): *hinsehen.*

Hin|gu|cker, der; -s, -: *Sache od. Person, die aus dem Üblichen heraussticht u. damit große Aufmerksamkeit erregt.*

hin|ha|ben ⟨unr. V.; hat⟩ (ugs.): vgl. hin (II): wo willst du das Bild h.?

hin|hal|ten ⟨st. V.; hat⟩: **1.** *entgegenstrecken, reichen:* jmdm. das Glas, die Hand h. **2. a)** *durch irreführendes Vertrösten [immer weiter] auf etw. warten lassen:* jmdn. lange, immer wieder h.; **b)** (bes. Milit.) *aufhalten, um Zeit zu gewinnen:* den Gegner h., bis Verstärkung eintrifft; hinhaltender Widerstand. **3.** (selten) *in seinem Zustand aufrechterhalten.*

Hin|hal|te|tak|tik, die: *Taktik, mit der man jmdn. hinhält* (2).

[1]hin|hän|gen ⟨sw. V.; hat⟩ (ugs.): *an eine bestimmte Stelle hängen.*

[2]hin|hän|gen ⟨st. V.; hat⟩ (ugs.): *durch dauerndes Verschieben unerledigt bleiben:* eine Sache lange h. lassen.

hin|hau|chen ⟨sw. V.; hat⟩: **1.** *kaum vernehmbar flüstern:* ein paar Worte h. **2.** *[gleichsam] hauchend an einer bestimmten Stelle hervorbringen, auf eine bestimmte Stelle bringen:* ein zartes Grün, [wie] auf die Wiesen hingehaucht; ein [auf die Wange] hingehauchter Kuss.

hin|hau|en ⟨unr. V.; haute hin, hat/ist hingehauen⟩: **1.** (ugs.) *auf eine bestimmte Stelle hauen, schlagen* ⟨hat⟩. **2.** ⟨hat⟩ (salopp) **a)** *mit Wucht an eine bestimmte Stelle werfen, stoßen, mit Wucht hinwerfen:* seine Tasche h.; **b)** *voller Unlust plötzlich aufgeben:* seine Arbeit, den

Kram h. 3. ⟨h. + sich; hat⟩ (salopp) **a)** *sich zum Ausruhen, Schlafen hinlegen:* sich zeitig h.; **b)** *sich hinwerfen, sich zu Boden werfen.* 4. ⟨hat⟩ (salopp) **a)** *niederwerfen, zu Boden werfen:* den Gegner h.; ⟨unpers.:⟩ im unteren Steilhang hat es mich hingehauen; **b)** *treffen, verblüffen u. erschüttern od. aus der Fassung bringen:* das hat mich hingehauen. 5. *heftig hinfallen, -stürzen u. hart aufprallen* ⟨ist⟩: der Länge nach h. 6. ⟨hat⟩ (salopp) **a)** (abwertend) *flüchtig anfertigen, nachlässig u. schnell machen:* einen Aufsatz in einer halben Stunde h.; **b)** *kurz einwerfen, bemerken:* eine bissige Bemerkung h. 7. (landsch. salopp) *sich beeilen* ⟨hat⟩: er hat ganz schön hingehauen. 8. ⟨hat⟩ (salopp) **a)** *gut gehen, gelingen:* es wird schon h.; **b)** *gut, richtig, in Ordnung sein u. den Zweck treffen:* das haut so nicht hin!; 5 Liter hauen hin *(sind genug);* **c)** *einschlagen* (11 b), *wirken, Effekt machen:* dieser Vorschlag hat ganz schön h.

hịn|ho|cken ⟨sw. V.⟩: **1.** ⟨h. + sich; hat⟩ **a)** *sich an eine bestimmte Stelle hocken* (1 b); **b)** (ugs.) *sich hinsetzen.* **2.** (südd. fam.) *dasitzen* ⟨ist⟩.

hịn|hö|ren ⟨sw. V.; hat⟩: *genau auf etw. hören, [genau] zuhören:* genau, nicht richtig h.

hịn|kau|ern, sich ⟨sw. V.; hat⟩: *sich an eine bestimmte Stelle kauern.*

Hịn|kel, das; -s, - [mhd. (md.) hinkel, hünkel, zu: huoniclīn = Vkl. von: huon, ↑Huhn] ([west]md.): *Huhn.*

Hịn|kel|stein, der [viell. volksetym. Umdeutung von Hünenstein zu »Hühnerstein«]: *unbehauener [vorgeschichtlich kultischer] Stein im Gelände, der durch seine ungewöhnliche [gedrungene] Gestalt auffällt.*

hịn|ken ⟨sw. V.⟩ [mhd. hinken, ahd. hinkan, eigtl. = schief gehen]: **1.** ⟨hat⟩ **a)** *[infolge eines Gebrechens od. einer Verletzung an Bein od. Hüfte in der Fortbewegung behindert sein u. daher] in der Hüfte einknickend od. ein Bein nachziehend gehen:* seit dem Unfall hinkt sie; mit dem, auf dem rechten Bein h.; ein hinkender Gang; **b)** *(von Versen) rhythmisch schlecht, holperig sein:* hinkende Verse; **c)** *(von Vergleichen o. Ä.) nicht [ganz] zutreffen, passen:* der Vergleich hinkt. **2.** *hinkend* (1) *irgendwohin gehen, laufen* ⟨ist⟩: über die Straße h.

Hịn|ken|de, der u. die; -n, -n ⟨Dekl. ↑Abgeordnete⟩: *jmd., der hinkt.*

hịn|knien ⟨sw. V.⟩: **1.** *sich an eine bestimmte Stelle knien; niederknien* ⟨ist⟩. **2.** ⟨h. + sich; hat⟩ *hinknien* (1).

hịn|kom|men ⟨st. V.; ist⟩: **1.** *an einen bestimmten Ort kommen:* nach Rom h.; kommst du auch [zu der Versammlung] hin?; zu jmdm. h. **2.** (ugs.) vgl. hin (II): wo kommen die Bücher hin *(wohin sollen sie gestellt, gebracht usw. werden)*?; wo ist meine Uhr bloß hingekommen *(hingeraten, wohin ist sie verschwunden)*?; **R** wo kommen/kämen wir hin, wenn ...? *(was soll[te] denn werden, wenn ...?):* wo kämen wir hin, wenn das so bliebe?; wo kämen wir ohne Gesetze hin *(was würde [aus uns] ohne Gesetze werden)*? **3.** (ugs.) *mit etw., was für eine bestimmte Zeit od. für die Herstellung von etw. reichen soll, auch auskommen:* die Vorräte sind knapp, aber wir kommen hin. **4.** (ugs.) *in Ordnung kommen:* es wird schon alles irgendwie h., wieder h. **5.** (ugs.) *stimmen; richtig, ausreichend sein, das Richtige, das richtige [Aus]maß treffen, aufweisen:* das Gewicht kommt ungefähr hin.

hịn|kön|nen ⟨unr. V.; hat⟩ (ugs.): vgl. hindürfen.

hịn|krie|gen ⟨sw. V.; hat⟩ (ugs.): **1.** *[mit Geschick] zustande bringen, fertig bringen:* das Projekt ist fertig, das haben wir gut hingekriegt; ich kriege keine gerade Naht hin *(kann sie nicht nähen).* **2.** *in Ordnung bringen:* das kriegen wir wieder hin; **Ü** jmdn. wieder h. *(ärztlich heilen; gesund pflegen).*

Hịn|kunft, die [zum 2. Bestandteil vgl. Abkunft]: in der Fügung **in H.** (österr.; *in Zukunft*): in H. werden wir auch darüber sprechen müssen.

hịn|künf|tig ⟨Adj.⟩ (österr.): *[zu]künftig.*

hịn|lan|gen ⟨sw. V.; hat⟩: **1.** (ugs.) *an eine bestimmte Stelle langen, nach einer bestimmten Sache greifen, fassen.* **2.** (salopp) *zupacken, zuschlagen:* derb h.; die gegnerische Mannschaft langte ganz schön hin (Sport Jargon; *spielte hart, rücksichtslos [u. unfair]*). **3.** (salopp) *sich ungeniert bedienen, von etw. nehmen:* ausgiebig h. **4.** (ugs.) **a)** *ausreichen, hinreichen:* die Butter langt [nicht] hin; **b)** *auskommen, hinreichen:* mit dem Geld [nicht] h.

hịn|läng|lich ⟨Adj.⟩: *genügend, aus-, hinreichend:* für -en Ersatz sorgen; diese Tatsache ist mir h. *(zur Genüge)* bekannt.

hịn|lau|fen ⟨st. V.; ist⟩: **1. a)** *an einen bestimmten Ort laufen:* zur Unfallstelle h.; **b)** (landsch., ugs.) *zu Fuß an einen bestimmten Ort gehen:* wir sind hingelaufen, nicht hingefahren; **c)** (ugs. abwertend) *sofort bzw. unablässig zu jmdm., etw. gehen:* der läuft ständig zum Chef hin, um sich zu beschweren; **d)** *nach einer bestimmten Stelle hin, auf eine bestimmte Stelle zu [ver]laufen:* die Straßen laufen nach/zu einem Platz hin. **2. a)** *dahinlaufen, -rennen:* über die Wiesen h.; **b)** *dahinfließen, -strömen;* **c)** *über, an, zwischen usw. etw. hin verlaufen:* über die Ebene hinlaufende Straßen.

hịn|le|gen ⟨sw. V.; hat⟩: **1. a)** *etw. an eine bestimmte Stelle legen:* jemand hatte [ihr] einen anderen Schlüssel hingelegt; **b)** (ugs.) *(eine beträchtliche Summe) bezahlen:* dafür musste er 1 000 Mark h.; **c)** *aus der Hand legen, weglegen:* leg das Messer sofort hin!; den Hörer h. *(auflegen);* **d)** *jmdn. an eine bestimmte Stelle legen, betten; auf ein Lager legen, zur Ruhe legen:* sie trugen den Verletzten an den Straßenrand und legten ihn hin; ein Kind h. *(schlafen legen);* **e)** (ugs.) *zu Fall bringen:* **R** es hätte mich beinah hingelegt *(ich war völlig überrascht).* **2.** ⟨h. + sich⟩ **a)** *sich an eine bestimmte Stelle legen:* sich flach auf den Erdboden h.; (militär. Befehl:) h.!; **b)** *sich schlafen legen; sich auf ein Lager, zur Ruhe legen:* sich zeitig h.; sich zum Sterben h. (geh.; *krank werden u. sterben*); **c)** (ugs.) *hinfallen* (1 a), *hinstürzen* (1): sich lang, der Länge nach h.; **R** da legst du dich [lang] hin (ugs.; *da bin ich bzw. ist man völlig überrascht*)!; **d)** (salopp) *zum Geschlechtsverkehr bereit sein:* für Geld legt sie sich für jeden hin. **3.** (salopp) *mustergültig, gekonnt ausführen, darbieten:* ein perfektes Gitarrensolo h.; eine großartige Leistung h.

hịn|len|ken ⟨sw. V.; hat⟩: **1.** *hinsteuern* (1). **2.** *etw. auf ein bestimmtes Ziel hin, in einer bestimmten Richtung lenken, leiten, bewegen:* seine Schritte zum Bahnhof h.; **Ü** jmds. Blick, Aufmerksamkeit auf etw. h.

hịn|lüm|meln, sich ⟨sw. V.; hat⟩ (ugs. abwertend): *sich in betont nachlässiger od. unmanierlicher Weise halb hinsetzen, halb hinlegen.*

hịn|ma|chen ⟨sw. V.⟩ (salopp): **1.** *an einer bestimmten Stelle befestigen, anbringen* ⟨hat⟩: man hatte die Tür entfernt und einen Vorhang hingemacht. **2.** *an einer bestimmten Stelle seine Notdurft verrichten* ⟨hat⟩: da hat ein Hund hingemacht. **3.** (landsch.) *sich beeilen* (bes. in Aufforderungen) ⟨hat⟩: mach hin, wir müssen weg! **4.** ⟨hat⟩ **a)** (derb) *umbringen;* **b)** *zerstören, dem Erdboden gleichmachen;* **c)** *zugrunde richten, ruinieren;* **d)** ⟨h. + sich⟩ *sich körperlich ruinieren.* **5.** (ugs.) *sich (zu einem bestimmten anderen Aufenthalts-, Wohnort) hinbegeben* ⟨ist⟩: er lebt in der Türkei, da ist er schon vor 3 Jahren hingemacht.

hịn|ma|len ⟨sw. V.; hat⟩: *an eine bestimmte Stelle malen.*

hịn|met|zeln ⟨sw. V.; hat⟩: *niedermetzeln:* viele Menschen waren einfach hingemetzelt worden.

hịn|mor|den ⟨sw. V.; hat⟩: *(wehrlose Menschen) sinnlos, auf grausame Weise töten.*

hịn|müs|sen ⟨unr. V.; hat⟩ (ugs.): vgl. hindürfen.

Hịn|nah|me, die; -: *das Hinnehmen, das duldende An-, Aufnehmen.*

hịn|nehm|bar ⟨Adj.⟩: *sich hinnehmen* (1) *lassend* (meist verneint): es ist nicht länger h., dass er immer früher geht.

hịn|neh|men ⟨st. V.; hat⟩: **1.** *ohne eine Gefühlsregung o. Ä. auf-, annehmen, obgleich man eine entsprechende Reaktion erwarten könnte:* eine Beleidigung einfach h.; eine Niederlage h. müssen *(nichts dagegen tun können);* etw. als Tatsache, als unabänderlich h.; etw. nicht länger h. **2.** (selten) *in Anspruch nehmen, fesseln:* von den Ereignissen völlig hingenommen sein; hingenommen *(gebannt)* lauschen. **3.** (ugs.) *an einen bestimmten Ort mitnehmen:* den Hund [zu jmdm.] mit h.

hịn|nei|gen ⟨sw. V.; hat⟩: **1. a)** *in eine bestimmte Richtung neigen:* den Kopf zu jmdm., zu etw. h.; **b)** ⟨h. + sich⟩ *sich in eine bestimmte Richtung neigen:* sich zu jmdm., zu etw. h. **2.** *einer Sache zuneigen; zu etw. neigen, tendieren:* zu der Auffassung h., dass sie nicht die Richtige ist.

Hịn|nei|gung, die; -, -en ⟨Pl. selten⟩: *das Hinneigen* (2).

hịn|nen [mhd. hinnen, ahd. hin(n)an(a); Weiterbildung von ↑hin]: in der Verbindung **von h.** (veraltet, geh.; *von hier weg*): von h. gehen, fahren.

hịn|op|fern ⟨sw. V.; hat⟩: *opfernd hingeben, bes. sinnlos opfern:* am Ende des Krieges wurden die Soldaten sinnlos hingeopfert.

hịn|pas|sen ⟨sw. V.; hat⟩ (ugs.): **a)** *seiner Form nach räumlich an eine bestimmte Stelle passen:* das Puzzleteil passt genau hin; **b)** *seiner Eigenart nach in eine bestimmte Umgebung passen:* ich fühle mich dort nicht wohl, ich passe dort nicht hin.

hịn|pfef|fern ⟨sw. V.; hat⟩ (ugs.): **1.** *(bes. mit dem Ausdruck der Erregung bzw. Geringschätzung) heftig hinwerfen, hinschleudern:* die Schultasche h. **2.** *in scharfer, heftiger Form zu Papier bringen, äußern:* [jmdm.] eine Antwort h.; ein paar hingepfefferte Sätze.

hịn|pflan|zen ⟨sw. V.; hat⟩: **1.** *an eine bestimmte Stelle pflanzen.* **2.** (ugs.) **a)** *nachdrücklich, unübersehbar an eine bestimmte Stelle stellen;* **b)** ⟨h. + sich⟩ *sich unübersehbar od. provokativ an eine bestimmte Stelle stellen:* sich vor jmdn. h.

hịn|plump|sen ⟨sw. V.; ist⟩ (ugs.): *auf träge, schwerfällige Weise [mit dumpf klatschendem Geräusch] hinfallen* (1 a, 2): sich, etw. h. lassen.

hịn|rei|ben ⟨st. V.; hat⟩ (südd.): *deutlich, hämisch zu verstehen geben:* jmdm. etw. h.

hịn|rei|chen ⟨sw. V.; hat⟩: **1.** *reichend anbieten, reichen, hinüberreichen.* **2.** *sich bis zu einer bestimmten Stelle erstrecken:* bis zu einem Punkt h. **3. a)** *ausreichen* (1), *genügen:* das Geld reicht nicht hin; seine Kenntnisse reichen [dazu] nicht hin; **b)** (ugs.) *ausreichen* (2): mit dem Geld h.

hịn|rei|chend ⟨Adj.⟩: *[nicht zu viel u.] nicht zu wenig für einen bestimmten Zweck, ein bestimmtes Erfordernis; ausreichend, genügend:* ein -es Einkommen; die Fakten sind h. bekannt.

Hịn|rei|se, die; -, -n: *Reise hin zu einem bestimmten Ziel.*

hịn|rei|sen ⟨sw. V.; ist⟩: *an einen bestimmten Ort, zu einem bestimmten Ziel reisen.*

hịn|rei|ßen ⟨st. V.; hat⟩: **1.** *in eine bestimmte Richtung, an eine bestimmte Stelle reißen:* jmdn. zu sich h. **2.** *begeistern, bezaubern [u. dadurch eine entsprechende Emotion auslösen]:* die Musik riss die Zuschauer hin; das Publikum zu Beifallsstürmen h.; ⟨1. Part.:⟩ ein hinreißender Redner; sie ist hinreißend [schön]; ⟨2. Part.:⟩ von etw. ganz, völlig hingerissen *(überwältigt)* sein; hin- und hergerissen sein (ugs.; 1. *sich nicht entscheiden können.* 2. *von etw. begeistert sein*); hingerissen lauschen. **3.** *gefühlsmäßig überwältigen u. zu etw. verleiten:* sich [im Zorn] zu einer unüberlegten Handlung h. lassen; sich [von seiner Wut] h. lassen.

hịn|rich|ten ⟨sw. V.; hat⟩ [urspr. auch: zugrunde richten, verderben]: **a)** *an jmdm. das Todesurteil vollstrecken:* jmdn. durch den Strang, auf dem/durch den elektrischen Stuhl h.; **b)** *(von kriminellen Organisationen) in einem Racheakt* *töten, aus dem Weg räumen:* die Mafia hat wieder einen Reporter hingerichtet.

Hịn|rich|tung, die; -, -en: *das Hinrichten:* eine H. vollziehen.

Hịn|rich|tungs|kom|man|do, das: *Exekutionskommando.*

Hịn|rich|tungs|stät|te, die: *Stätte, Platz für die Hinrichtung.*

hịn|rü|cken ⟨sw. V.⟩: **1.** *an eine bestimmte Stelle rücken, schieben* ⟨hat⟩: den Stuhl [ans Fenster] h. **2.** *an eine bestimmte Stelle rücken, sich [ruckweise] an eine bestimmte Stelle schieben* ⟨ist⟩: er rückte zu ihr hin.

Hịn|run|de, die; -, -n (Sport): vgl. Hinspiel.

hịn|sa|gen ⟨sw. V.; hat⟩: *dahinsagen:* das war nur so hingesagt; das sagt man/sagt sich so [leicht] hin (ugs.; *das sagt man zwar leichtfertig/das sagt sich zwar leicht, aber in Wirklichkeit ist es nicht so einfach*).

hịn|sau|sen ⟨sw. V.; ist⟩: **1.** (ugs.) **a)** *sich schnell an einen bestimmten Ort bewegen;* **b)** *sich schnell [da]hinbewegen.* **2.** (ugs.) *heftig, mit Schwung hinfallen* (1 a, 2).

hịn|schau|en ⟨sw. V.; hat⟩ (landsch.): *hinsehen.*

hịn|schau|keln ⟨sw. V.; hat⟩ (salopp): *geschickt zustande bringen, fertig bringen, meistern; einer Sache geschickt zum Erfolg verhelfen:* das werden wir schon h.

hịn|schei|den ⟨st. V.; ist⟩ (geh. verhüll.): *sterben.*

Hịn|schei|den, das; -s (geh. verhüll.): *Sterben, Ableben, Tod.*

hịn|schi|cken ⟨sw. V.; hat⟩: *an einen bestimmten Ort schicken:* jmdn. [zu jmdm.] h.; jmdm. etw. h. (ugs.; *zuschicken*).

hịn|schie|ben ⟨st. V.; hat⟩: **1.** *an eine bestimmte Stelle schieben:* jmdm. den Teller h. *(zuschieben).* **2.** ⟨h. + sich⟩ *sich schiebend hinbewegen:* sich zu jmdm. h.

Hịn|schied, der; -[e]s, -e [zu ↑hinscheiden] (schweiz.): *Ableben, Tod.*

hịn|schie|len ⟨sw. V.; hat⟩: *zu jmdm., etw. schielen, auf eine bestimmte Stelle schielen:* verstohlen [zu/nach jmdm., nach etw.] h.

hịn|schie|ßen ⟨st. V.; ist⟩: *sich sehr schnell [da]hinbewegen:* das Boot schoss über den See hin.

hịn|schlach|ten ⟨sw. V.; hat⟩: *grausam hinmorden.*

hịn|schla|gen ⟨st. V.⟩: **1.** *auf eine bestimmte Stelle schlagen* ⟨hat⟩. **2.** (ugs.) *der Länge nach hinfallen, hinstürzen u. hart aufprallen* ⟨ist⟩: lang/der Länge nach/längelang h.; **R** da schlag einer lang hin [und steh kurz wieder auf] *(das ist überraschend, erstaunlich, unglaublich)*!

hịn|schlep|pen ⟨sw. V.; hat⟩: **1.** *an einen bestimmten Ort schleppen.* **2. a)** ⟨h. + sich⟩ *sich mit großer Mühe [da]hinbewegen, an eine bestimmte Stelle schleppen* (z. B. vor Müdigkeit, Schwäche): sie schleppte sich zur Tür hin; **b)** ⟨h. + sich⟩ *unter ständigen Verzögerungen verlaufen; sich hinziehen:* der Prozess schleppte sich über/durch Jahre hin; **c)** *immer weiter verzögernd behandeln; verschleppen:* eine Angelegenheit h.

hịn|schleu|dern ⟨sw. V.; hat⟩: *mit Vehemenz hinwerfen.*

hịn|schlu|dern ⟨sw. V.; hat⟩ (ugs.): *oberflächlich, nachlässig zu Papier, auf die Leinwand o. Ä. bringen:* ein hingeschluderter Aufsatz.

hịn|schmei|ßen ⟨st. V.; hat⟩ (salopp): *hinwerfen:* die Klamotten h.; **Ü** eine Arbeit h. (*einer Arbeit überdrüssig sein u. sie deshalb aufgeben* 7 d).

hịn|schmel|zen ⟨st. V.; ist⟩: **1.** *zusammenschmelzen, schmelzend vergehen.* **2.** (ugs. iron.) *vor Rührung o. Ä. vergehen:* vor Glück, Rührung, Liebe fast h.

hịn|schmie|ren ⟨sw. V.⟩: **1.** (ugs.) *schmierend (bes. flüchtig, nachlässig) hinschreiben, hinmalen o. Ä.* ⟨hat⟩. **2.** (landsch. salopp) *heftig hinfallen, hinstürzen* ⟨ist⟩.

hịn|schrei|ben ⟨st. V.; hat⟩: **1. a)** *an eine bestimmte Stelle schreiben:* seinen Namen h.; **b)** *flüchtig, nachlässig, gedankenlos [nieder]schreiben:* das ist nicht einfach [so] hingeschrieben. **2.** (ugs.) *an eine bestimmte Stelle, Firma, Behörde usw. schreiben:* er hat schon zweimal hingeschrieben, aber keine Antwort bekommen.

hịn|schüt|ten ⟨sw. V.; hat⟩: *auf eine bestimmte Stelle [aus]schütten.*

hịn|se|geln ⟨sw. V.; ist⟩: **1.** *an einen bestimmten Ort, zu einem bestimmten Ziel segeln.* **2.** *über, an usw. etw. segeln, schwebend gleiten.* **3.** (ugs.) *mit Schwung hinfallen, hinstürzen [u. über den Boden rutschen]:* er segelte auf dem Parkett hin.

hịn|se|hen ⟨st. V.; hat⟩: *auf eine bestimmte Stelle sehen, den Blick auf etw. Bestimmtes richten od. gerichtet halten:* er kann nicht h., wenn jemand blutet; nach/zu jmdm. h.; **Ü** sie hätte ihm niemals glauben sollen, aber sie hatte nicht h. wollen; ⟨subst.:⟩ bei genauerem Hinsehen bemerkt man den Unterschied; ihm wird schon vom bloßen Hinsehen übel.

hịn sein: s. hin (I 1 a, 2 b, 3).

hịn|set|zen ⟨sw. V.; hat⟩: **1. a)** *an, auf eine bestimmte Stelle, einen bestimmten Platz setzen, stellen:* das Kind h.; ein Haus h. *(bauen);* **b)** *nieder-, absetzen:* den Koffer h.; **R** es hätte mich beinah hingesetzt (ugs.; *ich war sehr überrascht*). **2.** ⟨h. + sich⟩ **a)** *sich an, auf eine bestimmte Stelle, auf einen bestimmten Platz, bes. auf einen Sitzplatz, setzen:* setz dich gerade hin!; sich h. und [Spanisch] lernen *(sich daranmachen [Spanisch] zu lernen);* **b)** (ugs.) *hinfallen u. dabei mit dem Gesäß auftreffen, aufs Gesäß fallen:* auf dem gebohnerten Parkett hat sich schon mancher hingesetzt; **R** ich hätte mich bald hingesetzt (ugs.; *ich war sehr überrascht*), als ich das hörte; **c)** (salopp) *sehr überrascht sein:* ich setz mich hin!; der wird sich h.!

Hịn|sicht, die; -, -en ⟨Pl. selten⟩ (selten): *Blickwinkel, Gesichtspunkt;* häufig in der Fügung **in ... H.** *(in ... Beziehung):* in dieser, gewisser, verschiedener H.; in vieler H. hatte er Recht; in wirtschaftlicher, in finanzieller H.; in H. auf ... *(hinsichtlich).*

hịn|sicht|lich ⟨Präp. mit Gen.⟩ (Papierdt.): *in Bezug auf, bezüglich:* h. des Preises, der Bedingungen wurde eine Einigung erzielt.

hịn|sie|chen ⟨sw. V.; ist⟩ (geh.): *dahinsiechen.*

hịn|sit|zen ⟨unr. V.; ist⟩ (schweiz., österr.): *sich hinsetzen.*

hịn|sol|len ⟨unr. V.; hat⟩ (ugs.): vgl. hindürfen.

Hịn|spiel, das; -[e]s, -e (Sport): *erstes von zwei festgesetzten, vereinbarten Spielen zwischen zwei Mannschaften:* Hin- und Rückspiel.

hịn|spre|chen ⟨st. V.; hat⟩: *nur so nebenbei, unverbindlich sprechen.*

hịn|spu|cken ⟨sw. V.; hat⟩: *an eine bestimmte Stelle spucken;* **Ü** wo man hinspuckt (salopp; *überall [in dieser Gegend, Umgebung]*); da kann man h. (ugs.; *diese Stelle, dieser Ort liegt sehr nahe*).

hịn|star|ren ⟨sw. V.; hat⟩: **1.** *auf eine bestimmte Stelle starren:* zu jmdm. h. **2.** *starrsinnig, hartnäckig auf, nach etw., jmdm. hinsehen.*

hịn|ste|hen ⟨unr. V.; ist⟩ (südd., schweiz., österr.): *sich hinstellen.*

hịn|steh|len, sich ⟨st. V.; hat⟩: *sich an eine bestimmte Stelle heimlich hinbegeben.*

hịn|stel|len ⟨sw. V.; hat⟩: **1. a)** *an eine bestimmte Stelle od. in einen bestimmten Zusammenhang stellen:* *** etwas h. können** (ugs.; *sich etwas Beachtliches, bes. finanziell, leisten können*); **b)** ⟨h. + sich⟩ *sich an eine bestimmte Stelle stellen:* sich aufrecht h. **2.** *abstellen, absetzen:* den Koffer h. **3. a)** *bezeichnen, charakterisieren:* jmdn. als großen Dummkopf h.; jmdn. [jmdm.] als Vorbild h.; **b)** ⟨h. + sich⟩ *sich bezeichnen, charakterisieren:* sich als unschuldig h.; sich als guter Christ/(seltener:) als guten Christen h.

hịn|steu|ern ⟨sw. V.⟩: **1.** *jmdn., etw. zu einem bestimmten Ziel, in Richtung auf ein bestimmtes Ziel steuern* ⟨hat⟩. **2.** ⟨ist⟩ **a)** *auf ein bestimmtes Ziel zusteuern:* wir steuerten [mit unserem Schiff] zum Ufer hin; **Ü** wir steuerten zum Speisesaal hin; **b)** *eine bestimmte Absicht verfolgen, einer bestimmten Tendenz folgen:* auf ein Ziel h.

hịn|stre|ben ⟨sw. V.; hat⟩: *nach etw. streben, etw. erstreben:* auf, nach etw. h.

hịn|stre|cken ⟨sw. V.; hat⟩: **1.** *entgegenstrecken, hinhalten:* jmdm. zur Versöhnung die Hand h. **2.** (geh. veraltet) *im Kampf töten, tot zu Boden strecken:* einen Gegner h. **3.** ⟨h. + sich⟩ *sich ausgestreckt hinlegen:* sich auf dem/den Boden h. **4.** ⟨h. + sich⟩ *sich räumlich erstrecken:* sich am Fluss h.

hịn|strei|chen ⟨st. V.⟩: **1.** *hinfahren* (4 a) ⟨hat⟩. **2.** *sich ganz nah über, an usw. etw., jmdm. hinbewegen* ⟨ist⟩: der Vogel streicht am Waldrand hin.

hịn|streu|en ⟨sw. V.; hat⟩: *an eine bestimmte Stelle streuen:* den Vögeln Körner h.

hịn|strö|men ⟨sw. V.; ist⟩: **a)** *an eine bestimmte Stelle, zu etw. strömen;* **b)** *sich in großer Zahl hinbewegen.*

hịn|stür|zen ⟨sw. V.; ist⟩: **1.** *zu Boden fallen, stürzen; hinfallen* (1 a). **2.** *zu einer bestimmten Stelle stürzen, eilen:* zum Ausgang h.

hint|ạn-, (auch:) hintenan- [älter: hindan(n) = von hier weg, mhd. hin dan (↑hin, ↑dannen), schon früh als Zus. aus älter hint = hinten u. ↑an empfunden] (geh.): ⟨in Zus. mit Verben:⟩ *zurück-, an letzte[r], unbedeutende[r] Stelle.*

hint|ạn|blei|ben ⟨st. V.; ist⟩: *zurückbleiben* (4 a).

hint|ạn|set|zen ⟨sw. V.; hat⟩ (geh.): *zurücksetzen, vernachlässigen; unbeachtet, unberücksichtigt lassen.*

Hint|ạn|set|zung, die; - (geh.): *das Hintansetzen:* unter H. der eigenen Interessen.

hint|ạn|ste|hen ⟨unr. V.; hat⟩ (geh.): *zurückstehen.*

hint|ạn|stel|len ⟨sw. V.; hat⟩ (geh.): *zurückstellen:* private Interessen h.

Hint|ạn|stel|lung, die; - (geh.): *das Hintanstellen.*

hịn|ten ⟨Adv.⟩ [mhd. hinden(e), ahd. hintana, H. u.]: *auf der abgewandten od. zurückliegenden Seite, Rückseite; auf der entfernteren Seite, im zurückliegenden, entfernteren Teil, Abschnitt:* die Öffnung ist h.; jeder Wagen muss vorn und h. ein Kraftfahrzeugkennzeichen haben; h. bleiben *(zurückbleiben);* h. im Auto; im Schubfach ganz [weit] h.; h. (verhüll.; *am Gesäß*) ein Geschwür haben; die anderen sind noch h. (ugs.; *in ziemlich weitem Abstand [von hier]*); ganz weit h.; da h., dort h.; h. *(weit weg)* im Wald; h. im Buch *(in dem Teil, der zuletzt kommt);* das wird weiter h. *(unten)* erklärt; ein Buch von vorn[e] bis h. *(ganz, gründlich)* lesen; nach h. *(nach dem Hintergrund der Bühne hin)* abgehen; (ugs.:) nach h. wohnen; der Wind kommt von h. [her]; jmdn. von h. überfallen; etw. von vorn und h. *(von allen Seiten)* betrachten; von h. *(vom Ende her)* anfangen; von h. (ugs.; *[Coitus] a Tergo; [beim Geschlechtsverkehr] den Rücken dem Mann zuwendend*); (zur spött. Kennzeichnung übertriebener Aufmerksamkeit gegenüber jmdm.:) wenn er da ist, heißt es gleich Herr Meier h., Herr Meier vorn; *** h. und vorn[e]** (ugs.; *in jeder Weise, Beziehung, in allen Dingen; bei jeder Gelegenheit*): ihr Gehalt reicht h. und vorn[e] nicht; **weder h. noch vorn[e]** (ugs.; *in keiner Weise, Beziehung, nirgends*); **nicht [mehr] wissen, wo h. und vorn[e] ist** (ugs.; *sich überhaupt nicht mehr auskennen, zurechtfinden u. völlig verwirrt sein*); **es jmdm. vorn[e] und h. reinstecken** (salopp abwertend; *jmdn. übermäßig mit Geschenken, Zuwendungen bedenken*); **jmdm. h. hineinkriechen** (↑hineinkriechen); **h. nicht mehr hochkönnen** (ugs.; 1. *in einer schwierigen Lage, in Bedrängnis sein.* 2. *[alt u.] körperlich am Ende sein*); **h. Augen haben** (ugs.; *alles sehen, schnell bemerken, sehr aufmerksam, wachsam sein*); **h. keine Augen haben** (ugs.; *nicht sehen können, was hinter einem vor sich geht;* meist als ärgerliche Erwiderung auf einen Vorwurf); **h. bleiben** (ugs.; *zurückbleiben, in der Rang-, Reihenfolge an unbedeutender Stelle bleiben*); **h. sein** *(geistig, in der Entwicklung usw. zurückgeblieben sein);* **von h. durch die Brust [ins Auge]** (salopp scherzh.; 1. *nicht direkt, umständlich.* 2. *heimlich, durch die Hintertür*); **jmdn. am liebsten von h. sehen** (ugs.; *jmdn. sehr ungern bei sich sehen, jmds. Anwesenheit [durchweg] als lästig,* *störend empfinden u. sich freuen, wenn er bald wieder geht);* **jmdn. von h. ansehen** (salopp; *jmdm. den Rücken zukehren, ihm Nichtachtung, Verachtung zeigen).*

hin|ten|an-: vgl. hintan-

hin|ten|an|ste|hen ⟨unr. V.; hat, südd., österr., schweiz.: ist⟩: *zurückstehen.*

hin|ten|dran ⟨Adv.⟩ (ugs.): *an die hintere Stelle, hinten daran (an eine[r] Sache).*

hin|ten|drauf ⟨Adv.⟩ (ugs.): *hinten darauf (auf eine[r] Sache);* * **jmdm. eins, ein paar h. geben** (ugs.; *jmdm. einen Schlag, ein paar Schläge aufs Gesäß geben).*

hin|ten|he|raus ⟨Adv.⟩: *(bes. von Gebäudeteilen, Räumen) nach hinten [zu]:* h. gelegen sein, liegen.

hin|ten|he|rum ⟨Adv.⟩ (ugs.): **1. a)** *hinten um etw. herum, um die hintere Seite herum:* der Gast kam h. *(durch den Hintereingang);* **b)** (verhüll.) *um das Gesäß herum, in der Gegend des Gesäßes:* sie ist h. fülliger geworden. **2.** *heimlich [u. illegal], auf versteckte Weise, auf Umwegen:* etw. h. bekommen.

hin|ten|hin ⟨Adv.⟩: *nach hinten, zur Rückseite hin.*

hin|ten|nach ⟨Adv.⟩ (landsch., bes. südd., österr.): *hinterher* (2).

hin|ten|raus ⟨Adv.⟩ (ugs.): *hintenheraus.*

hin|ten|rum ⟨Adv.⟩: *hintenherum.*

hin|ten|über ⟨Adv.⟩: *nach hinten, rückwärts hinter sich.*

hin|ten|über|fal|len ⟨st. V.; ist⟩: *nach hinten überkippend fallen.*

hin|ten|über|kip|pen ⟨sw. V.; ist⟩: *nach hinten überkippen.*

hin|ten|über|stür|zen ⟨sw. V.; ist⟩: *nach hinten überkippend [hin]stürzen.*

hin|ten|über|wer|fen ⟨st. V.; hat⟩: *über sich nach hinten werfen.*

hin|ten|vor ⟨Adv.⟩: in Wendungen wie **jmdm. eins, etwas, ein paar h. geben** (landsch., bes. nordd.; ↑hintendrauf).

hin|ter [Präp.: mhd. hinder, ahd. hintar, urspr. Komp., H. u.]: **I.** ⟨Präp.⟩ **1. a)** ⟨mit Dativ⟩ *auf der Rückseite von, auf der abgewandten Seite von:* h. dem Haus; im Kino h. jmdm. sitzen; h. dem/(ugs.:) hinterm Ladentisch stehen; h. dem Lenkrad sitzen *(am Steuer sitzen u. fahren);* die Sonne verbirgt sich h. den Wolken; einer h. dem anderen *(hintereinander)* gehen; die Tür h. sich schließen; die anderen Läufer h. sich lassen *(hinter sich zurücklassen);* h. diesem Satz *(am Ende dieses Satzes)* steht ein Fragezeichen; drei Kilometer h. der Grenze verläuft eine Straße; drei Kilometer h. Köln *(als Köln drei Kilometer hinter uns lag)* streikte der Motor; eine große Strecke h. sich *(zurückgelegt)* haben; h. der Säule hervortreten; Ü geschlossen h. jmdm., h. einer Resolution stehen *(ihn, sie geschlossen unterstützen);* h. diesen Aktionen steht eine durchdachte Methode *(sie beruhen darauf);* * **h. ... her** *(hinter jmdm., hinter etw. in derselben [Bewegungs]richtung):* h. jmdm. her zum Ufer gehen; ⟨meist in trennbarer Zus. mit einem Verb:⟩ h. jmdm. herlaufen, her sein; **b)** ⟨mit Akk.⟩ *auf die Rückseite von, auf die abgewandte Seite von:* das Buch ist h. das/(ugs.:) hinters Regal gefallen; h. den Nebensatz ein Komma setzen; Ü sich geschlossen h. jmdn., h. etw. stellen. **2. a)** ⟨mit Dativ⟩ in Bezug auf Rang-, Reihenfolge an späterer, unbedeutenderer Stelle: h. jmdm. zurückstehen; h. den Anforderungen zurückbleiben; jmdn., etw. [weit] h. sich lassen *(übertreffen, überflügeln);* **b)** ⟨mit Akk.⟩ in Bezug auf Rang-, Reihenfolge an spätere, unbedeutendere Stelle: er ist in seinen Leistungen h. seine Vorgänger zurückgefallen. **3.** in Bezug auf eine erlebte, durchlebte, überstandene, durchlaufene Zeit: **a)** ⟨mit Dativ⟩ etw. h. sich *(etw. erlebt, durchlebt, überstanden, durchlaufen)* haben; etw. liegt [weit] h. jmdm. *(jmd. hat etw. [lange] hinter sich);* **b)** ⟨mit Akk.⟩ diese Zustände reichen h. den *(in die Zeit vor dem)* Ersten Weltkrieg zurück. **4.** ⟨mit Dativ⟩ *folgend auf; nach:* h. jmdm. an die Reihe kommen; der Zug ist zehn Minuten h. der Zeit (landsch.; *hat zehn Minuten Verspätung).* **II.** ⟨als abgetrennter Teil von Adverbien wie »wohinter, dahinter«⟩ (ugs.): da sieht keiner h. **III.** ⟨Adv.⟩ (ostmd., südd., österr.) *nach hinten:* h. in den Garten gehen.

hin|ter... ⟨Adj.⟩ [mhd. hinder, ahd. hintaro]: *hinten befindlich:* die hintere Tür; in der hintersten *(letzten)* Reihe sitzen; bei einem Wettlauf einen der hinteren *(schlechten)* Plätze belegen; ⟨subst.:⟩ die Hinter[st]en konnten kaum etwas sehen; * **das Hinterste zuvorderst kehren** (ugs.; *alles auf den Kopf stellen;* ↑Kopf 1).

Hin|ter|ab|sicht, die: *unausgesprochene, versteckte Absicht.*

Hin|ter|achs|an|trieb, der: *Heckantrieb.*

Hin|ter|ach|se, die: *hintere Achse eines Fahrzeugs.*

Hin|ter|an|sicht, die: *hintere Ansicht* (3).

Hin|ter|aus|gang, der: *hinterer, an der Rückseite gelegener Ausgang.*

Hin|ter|ba|cke, die (ugs.): *[2]Backe, Gesäßhälfte.*

Hin|ter|bank, die ⟨Pl. ...bänke⟩: **a)** *hintere Bank im Auto:* auf der H. sitzen; **b)** *hintere Bank eines Gestühls in einem Saal o. Ä.*

Hin|ter|bänk|ler, der; -s, - [wohl nach der (unzutreffenden) Vorstellung, dass die unbedeutenderen Abgeordneten im Parlament weiter hinten sitzen; vgl. engl. backbencher = unbedeutender Abgeordneter (der nicht zur Regierung od. zum Schattenkabinett der Opposition gehört)]: **a)** *jmd., der auf der Hinterbank* (a) *sitzt;* **b)** (Parl. Jargon abwertend): *Abgeordneter, der im Parlament nicht hervortritt.*

Hin|ter|bänk|le|rin, die; -, -nen: w. Form zu ↑Hinterbänkler.

Hin|ter|bein, das: *eins der beiden hinteren Beine (bei Tieren):* der Hund hebt an jedem Baum das H.; * **sich auf die -e stellen/setzen** (1. ugs.; *sich wehren, sich widersetzen, sich sträuben, Widerstand leisten.* 2. *sich Mühe geben, sich anstrengen:* wenn er versetzt werden will, muss er sich auf die -e setzen; übertragen von der Verteidigungs- bzw. Angriffsstellung vierbeiniger Tiere wie z. B. des Pferdes od. des Bären).

Hin|ter|blie|be|ne, der u. die; -n, -n ⟨Dekl. ↑Abgeordnete⟩: *(bes. als nächster Angehöriger eines Verstorbenen, als Leidtragender) Zurückgebliebener.*

Hin|ter|blie|be|nen|für|sor|ge, die: *(bes. im Rahmen der Sozialversicherung gewährte) staatliche Fürsorge für Hinterbliebene (bes. Witwen u. Waisen).*

Hin|ter|blie|be|nen|ren|te, die: *staatliche Rente für Hinterbliebene (bes. Witwen u. Waisen), die im Rahmen der Sozialversicherung gewährt wird.*

Hin|ter|blie|be|nen|ver|sor|gung, die ⟨o. Pl.⟩: *(staatliche) Versorgung für die Hinterbliebenen eines Beamten od. Soldaten (bes. für Witwen u. Waisen).*

[1]hin|ter|brin|gen ⟨unr. V.; hat⟩: *jmdn. heimlich u. unauffällig über etw., was ihm eigentlich nicht bekannt werden sollte, in Kenntnis setzen; zutragen:* jmdm. etw. h.

[2]hin|ter|brin|gen ⟨unr. V.; hat⟩: **1.** (ostmd., südd., österr. ugs.) *nach hinten bringen.* **2.** (ostmd.) *es fertig bringen, etw. hinunterzuschlucken, zu essen od. zu trinken:* keinen Bissen h.

Hin|ter|deck, das (Seew.): *hinteres Deck.*

hin|te|re, [1]Hin|te|re: ↑hinter...

[2]Hin|te|re, der; -n, -n ⟨Dekl. ↑Abgeordnete⟩ [mhd. hinder] (ugs., selten): *Gesäß.*

hin|ter|ei|nan|der ⟨Adv.⟩: **1.** *einer, eines hinter dem anderen:* sich h. aufstellen; h. hinaufklettern; h. hergehen; h. gehen, laufen, fahren; h. legen, stehen, stellen; Ziffern h. schreiben; Glühbirnen, Widerstände h. schalten; h. liegen. **2.** *unmittelbar aufeinander folgend; nacheinander:* an drei Tagen h.; zweimal h.; acht Stunden h. arbeiten; die Vorträge finden direkt h. statt.

hin|ter|ei|nan|der fah|ren, hin|ter|ei|nan|der ge|hen: s. hintereinander (1).

hin|ter|ei|nan|der|her ⟨Adv.⟩: *einer, eines hinter dem anderen her.*

hin|ter|ei|nan|der lau|fen, hin|ter|ei|nan|der legen usw.: s. hintereinander (1).

Hin|ter|ei|nan|der|schal|tung, die; -, -en (Technik): *das Hintereinanderschalten; Reihenschaltung.*

hin|ter|ei|nan|der schrei|ben, hin|ter|ei|nan|der ste|hen, hin|ter|ei|nan|der stel|len usw.: s. hintereinander (1).

hin|ter|ei|nan|der|weg ⟨Adv.⟩ (ugs.): *ohne Pause, ohne abzusetzen, nacheinander:* etw. h. verzehren, erledigen.

Hin|ter|ein|gang, der: *hinterer, an der Rückseite gelegener Eingang.*

hin|ter|es|sen ⟨unr. V.; hat⟩ (ostmd.): *aufessen, restlos hinunterschlucken.*

Hin|ter|feld, das (Tennis): *hinteres Feld (zwischen Aufschlaglinie u. Grundlinie).*

Hin|ter|fes|sel, die: *[2]Fessel* (1) *des Hinterbeins.*

Hin|ter|flü|gel, der (Insektenkunde): *hinterer Flügel (bei einem Insekt).*

hin|ter|fot|zig ⟨Adj.⟩ [H. u.] (derb): *hinterhältig, hinterlistig, unaufrichtig.*

Hin|ter|fot|zig|keit, die; -, -en (derb): **1.** ⟨o. Pl.⟩ *heimtückische, hinterhältige Art.* **2.** *heimtückische, hinterhältige Äußerung, Handlung.*

hin|ter|fra|gen ⟨sw. V.; hat⟩: *nach den Hintergründen, Voraussetzungen, Grundlagen von etw. fragen:* Voraussetzungen h.; etw. kritisch h.

Hin|ter|front, die: **1.** *hintere Seite eines Gebäudes, hintere Front.* **2.** (salopp) *Rücken.*

hin|ter|fül|len ⟨sw. V.; hat⟩ (Bauw.): *den Hohlraum hinter, unter etw. mit stabilisierendem Material ausfüllen.*

Hin|ter|fül|lung, die: **1.** *das Hinterfüllen.* **2.** *Material, mit dem etw. hinterfüllt ist.*

Hin|ter|fuß, der: *Fuß des Hinterbeins.*

Hin|ter|gau|men, der (Med., Phon.): *hinterer, weicherer Gaumen (mit dem Zäpfchen).*

Hin|ter|gau|men|laut, der: *Velar.*

Hin|ter|ge|dan|ke, der: *unausgesprochene, versteckte Absicht, die einer Äußerung, Handlung zugrunde liegt:* er tat es mit dem -n, dadurch einen Vorteil zu erlangen; etw. ohne -n tun, sagen.

[1]hin|ter|ge|hen ⟨unr. V.; hat⟩ [mhd. hindergān, urspr. = einen Feind umgehen u. von hinten anfallen]: **1.** *durch unaufrichtiges Verhalten täuschen, betrügen:* jmdn. h.; er hat seine Frau [mit einer Kollegin] hintergangen *(er hat [mit einer Kollegin] Ehebruch begangen);* sich von jmdm. hintergangen fühlen. **2.** (selten) *listig, schlau umgehen:* jmds. Anweisung h. **3.** (selten) *auf die Hintergründe von etw. zurückgehen:* ein Prinzip h.

[2]hin|ter|ge|hen ⟨unr. V.; ist⟩ (ostmd., südd., österr. ugs.): *nach hinten gehen.*

Hin|ter|ge|hung, die; -, -en ⟨Pl. selten⟩: *das [1]Hintergehen.*

Hin|ter|ge|stell, das (ugs. scherzh.): *Gesäß.*

[1]hin|ter|gie|ßen ⟨st. V.; hat⟩ (Druckw.): *(Galvanos, Matern o. Ä.) mithilfe des Bleigusses unterlegen.*

[2]hin|ter|gie|ßen ⟨st. V.; hat⟩ (ostmd.): *hinuntergießen* (2).

Hin|ter|glas|bild, das: *Hinterglasmalerei* (2).

Hin|ter|glas|ma|le|rei, die: **1.** ⟨o. Pl.⟩ *Kunst der Herstellung von Hinterglasmalereien* (2). **2.** *mit deckenden Farben auf die Rückseite einer durchsichtigen Glasfläche gemaltes Bild.*

Hin|ter|glied, das (Math.): *hinteres Glied* (z. B. eines Verhältnisses).

Hin|ter|glied|ma|ße, die ⟨meist Pl.⟩: *hintere Gliedmaße.*

Hin|ter|grund, der: **1. a)** *hinterer, abschließender Teil des Blickfeldes bzw. des im Blickfeld liegenden Raums, Bereichs (von dem sich die Gegenstände abheben):* ein heller, dunkler H.; der H. des Gemäldes; eine Stimme aus dem H.; im H. sitzen; * **jmdn., etw. in den H. drängen** *(in seiner Bedeutung stark zurückdrängen, der Beachtung, des Einflusses berauben);* **jmdn. in den H. spielen** *(jmdn. in den Hintergrund drängen);* **in den H. treten/rücken/geraten** *(stark an Bedeu-*

tung, Beachtung verlieren); **sich im H. halten** *(sich zurückhalten, nicht [öffentlich] in Erscheinung treten [wollen]);* **im H. bleiben** *(nicht [öffentlich] in Erscheinung treten, nicht die Aufmerksamkeit auf sich ziehen [wollen]);* **im H. stehen** *(wenig beachtet werden);* **b)** *begleitender Teil od. Randbereich des Wahrgenommenen, des Erlebten:* der akustische H. **2. a)** ⟨Pl. selten⟩ *die wenig hervortretenden [vorgegebenen] Umstände, Bedingungen im Zusammenhang mit einer Situation od. einem Geschehen:* der gesellschaftliche H.; die Handlung des Theaterstücks hat einen geschichtlichen H. *(beruht auf geschichtlichen Fakten),* spielt auf, vor dem H. der Französischen Revolution; im H. steht der Gedanke, dass sie das schon einmal gesagt hatte; *** im H. haben** (ugs.; *[als Überraschung] in Reserve haben*); **b)** *verborgene Zusammenhänge im Hintergrund* (2 a), *die eine Erklärung für etw. enthalten.* **3.** ⟨Pl. selten⟩ *Background* (2).

Hịn|ter|grund|ge|spräch, das: *Gespräch, in dem die Hintergründe* (2) *von etw. besprochen werden.*

hịn|ter|grün|dig ⟨Adj.⟩: *schwer durchschaubar, aber eine tiefere Bedeutung enthaltend, rätselhaft u. bedeutsam:* ein -es Lächeln; -er Humor; h. fragen.

Hịn|ter|grün|dig|keit, die; -, -en: **1.** ⟨o. Pl.⟩ *hintergründige Art.* **2.** *hintergründige Äußerung.*

Hịn|ter|grund|in|for|ma|ti|on, die: *Information, die den Hintergrund* (2 a) *von etw. erhellt:* -en liefern.

Hịn|ter|grund|mu|sik, die: *als akustischer Hintergrund* (1 b) *gedachte untermalende od. einstimmende Musik (bes. in Filmen od. in Räumlichkeiten wie Kaufhäusern, Restaurants usw.).*

hịn|ter|ha|ken ⟨sw. V.; hat⟩ (ugs.): *auf den Grund gehen, genauer nachforschen u. gegebenenfalls eingreifen.*

Hịn|ter|halt, der; -[e]s, -e [mhd. hinderhalt]: **1.** *Ort, an dem man in feindlicher Absicht auf jmdn. lauert:* im H. liegen; jmdn. in einen H. locken; in einen H. geraten; jmdn. aus dem H. überfallen; Schüsse aus dem H.; Ü aus dem, im H. (Sport; *aus, in nur scheinbar ungefährlicher Position, aus der heraus eine überraschende Aktion erfolgt*); *** im H. haben** (ugs.; *in Reserve haben*). **2.** ⟨o. Pl.⟩ (veraltet) **a)** *Zurückhaltung;* **b)** *Rückhalt.*

hịn|ter|häl|tig ⟨Adj.⟩: *Harmlosigkeit vortäuschend, aber Böses bezweckend:* ein -er Mensch; ein -es Lächeln; ein -er Mord.

Hịn|ter|häl|tig|keit, die; -, -en: **1.** ⟨o. Pl.⟩ *das Hinterhältigsein, hinterhältiges Wesen.* **2.** *hinterhältige Handlung.*

Hịn|ter|hand, die: **1. a)** *** in der H. sein/sitzen** (1. Kartenspiel; *als Letzter ausspielen.* 2. *in der Lage sein, als Letzter u. in Kenntnis des Vorausgegangenen zu handeln bzw. sich zu äußern*); **in der H. haben** *(in Reserve haben);* **b)** (Kartenspiel) *Spieler, der in der Hinterhand sitzt.* **2.** *die Hinterbeine mit den Hinterbacken von größeren Säugetieren, bes. Pferden.*

Hịn|ter|haupt, das (bes. Anat., sonst geh.): *Hinterkopf.*

Hịn|ter|haupt|bein, Hinterhauptsbein, das: *den hintersten Abschnitt des Schädels bildender Knochen.*

Hịn|ter|haupt|la|ge, Hinterhauptslage, die (Med.): *Lage des Kindes bei der Geburt, bei der das Hinterhaupt zuerst austritt.*

Hịn|ter|haupts|bein: ↑Hinterhauptbein.

Hịn|ter|haupts|la|ge: ↑Hinterhauptlage.

Hịn|ter|haus, das: **a)** *Haus im Hinterhof eines an die Straße grenzenden Hauses:* sie wohnten in der Fasanenstraße im dritten H.; **b)** *hinterer Teil eines größeren an der Straße gelegenen Hauses.*

Hịn|ter|haus|woh|nung, die: *Wohnung im Hinterhaus.*

hin|ter|hẹr ⟨Adv.⟩ [aus ↑hinter u. ↑her]: **1.** *hinter jmdm., hinter etw. her; hinter jmdm., etw. in derselben [Bewegungs]richtung:* er voran, die andern h.; die Polizei war ihm h. (ugs.; *verfolgte ihn*); Ü in/mit seinen Leistungen h. sein (ugs.; *zurückgeblieben sein*); scharf h. sein (ugs.; *sich eifrig darum bemühen, sehr darauf bedacht sein*), dass kein Fehler unterläuft. **2.** [auch: '- - -] *nachher, danach:* h. ist man meistens klüger.

hin|ter|hẹr|bli|cken ⟨sw. V.; hat⟩: *jmdm., einer Sache nachblicken.*

hin|ter|hẹr|fah|ren ⟨st. V.; ist⟩: *hinter jmdm., hinter etw. herfahren:* er ist [ihm] hinterhergefahren.

hin|ter|hẹr|ge|hen ⟨unr. V.; ist⟩: *hinter jmdm., hinter etw. hergehen:* sie ist [den Kindern] hinterhergegangen.

hin|ter|hẹr|hin|ken ⟨sw. V.; ist⟩: **1.** *hinter jmdm., hinter etw. hinkend hergehen; hinkend folgen.* **2.** *(zeitlich, in einer Entwicklung, Tätigkeit usw.) zurückbleiben:* der Entwicklung h.

hin|ter|hẹr|kle|ckern ⟨sw. V.; ist⟩ (ugs. abwertend): **1.** *zurückbleiben und hinterherkommen:* bei einem Ausflug h. **2.** *sich mit etw. verspäten, mit etw. zu spät kommen:* mit der Erledigung von Aufträgen h.

hin|ter|hẹr|kom|men ⟨st. V.; ist⟩: **1.** *dahinter gegangen, gefahren, geflogen usw. kommen:* an der Spitze fuhren drei Motorräder, die anderen Fahrzeuge kamen hinterher. **2.** *danach kommen, erscheinen, sich zeigen.*

hin|ter|hẹr|lau|fen ⟨st. V.; ist⟩: **1.** vgl. hinterherfahren (1): sie muss dauernd dem Kind h. **2.** *hinterhergehen, -wandern usw.* **3.** (ugs.) *sich in unangemessener Abhängigkeit von seinen Zwecken, Zielen überall eifrig bemühen, jmdn., etw. für sich zu gewinnen:* einem Auftrag h.; er muss seinen Schuldnern h.

hin|ter|hẹr|ren|nen ⟨unr. V.; ist⟩: *hinterherlaufen* (1, 3).

hin|ter|hẹr|ru|fen ⟨st. V.; hat⟩: *hinter jmdm., hinter etw. herrufen.*

hin|ter|hẹr|schi|cken ⟨sw. V.; hat⟩: *hinter jmdm., hinter etw. herschicken:* jmdm. einen Boten h.

hin|ter|hẹr|schrei|en ⟨st. V.; hat⟩: *hinter jmdm., hinter etw. herschreien.*

hin|ter|hẹr sein: s. hinterher (1).

hin|ter|hẹr|spi|o|nie|ren ⟨sw. V.; hat⟩: *jmdn. beobachten, um etw. über ihn herauszubekommen.*

hin|ter|hẹr|tra|gen ⟨st. V.; hat⟩: *hinter jmdm., hinter etw. hertragen.*

hin|ter|hẹr|wer|fen ⟨st. V.; hat⟩: *nachwerfen* (1, 2).

Hịn|ter|hof, der: *von Hinterhäusern eingeschlossener engerer Hof [mit wenig Sonne u. wenig Grün].*

Hịn|ter|huf, der: *Huf des Hinterbeins.*

Hịn|ter|in|di|en; -s: südöstliche Halbinsel Asiens.

Hịn|ter|kan|te, die: *hintere Kante von etw.*

Hịn|ter|keu|le, die (Kochk.): *Keule vom Hinterbein.*

Hịn|ter|kopf, der: *hinterer Teil des Kopfes:* auf den H. fallen; keinen (ugs.; *einen flachen*) H. haben; *** etw. im H. haben/behalten** *(als Wissen, [wichtige] Erinnerung, unausgesprochene Voraussetzung im Bewusstsein haben, behalten).*

Hịn|ter|la|der, der: **1.** (Waffent.) *Feuerwaffe, die vom hinteren Ende des Laufs od. Rohres her geladen wird.* **2.** (veraltet:) *Kinderhose mit aufknöpfbarer hinterer Klappe.*

Hịn|ter|la|ge, die; -, -n [zu ↑hinterlegen 1] (schweiz.): *Faustpfand.*

Hịn|ter|land, das ⟨o. Pl.⟩: *um einen zentralen Ort herum od. hinter einer wichtigen Grenzlinie liegendes Land (bes. in seiner geographischen, verkehrsmäßigen, wirtschaftlichen, kulturellen, politischen od. militärischen Abhängigkeitsbeziehung zu diesem Ort, zu dieser Linie):* das H. einer Stadt; Nachschub aus dem H. an die Front bringen.

[1]hin|ter|lạs|sen ⟨st. V.; hat⟩: **1. a)** *nach dem Tode zurücklassen:* eine Frau und vier Kinder h.; viele Schulden h.; hinterlassene *(nachgelassene)* Schriften; **b)** *nach dem Tode als Vermächtnis, Erbe überlassen:* dem Sohn ein Grundstück h. **2. a)** *beim Verlassen eines Ortes zurücklassen:* ein Zimmer in großer Unordnung h.; **b)** *beim Verlassen eines Ortes zur Kenntnisnahme zurücklassen:* [jmdm., für jmdn.] eine Nachricht h.; er hinterließ [auf einem Zettel], dass er bald wiederkomme. **3.** *durch vorausgehende Anwesenheit, Einwirkung verursachen, hervorrufen; als Wirkung zurücklassen:* im Sand Spuren h.; [bei jmdm.] einen guten Eindruck h.

[2]hịn|ter|las|sen ⟨st. V.; hat⟩ (ostmd., südd., österr. ugs.): *nach hinten gehen, kommen, fahren usw. lassen:* lass mich mal hinter!

Hin|ter|lạs|se|ne, der u. die; -n, -n ⟨Dekl. ↑Abgeordnete⟩ (schweiz.): *Hinterbliebene[r].*

Hin|ter|lạs|sen|schaft, die; -, -en: **1.** *von einem Verstorbenen (z. B. als Vermächtnis, Erbe) Hinterlassenes:* *** jmds. H. antreten** (1. *jmds. Erbschaft antreten.* 2. ugs. scherzh.; *die von jmdm. verlassene Stelle, zurückgelassene unvollendete Arbeit o. Ä. übernehmen*). **2.** (geh.) *beim Verlassen eines Ortes Zurückgelassenes; Hinterlassenes.*

Hin|ter|lạs|sung, die; - (Papierdt.): *das Hinterlassen:* unter H. von Schulden.

hịn|ter|las|tig ⟨Adj.⟩: *(von Schiffen, Flugzeugen) hinten stärker belastet als vorne.*

Hịn|ter|lauf, der (Jägerspr.): *(beim Haarwild, bei Haushund u. Hauskatze) Hinterbein.*

[1]hin|ter|le̱|gen ⟨sw. V.; hat⟩: **1.** *in [amtliche] Verwahrung geben, gesichert aufbewahren lassen:* etw. als Pfand h.; eine Kaution h.; den Schlüssel beim Hausmeister h. **2.** (selten) *unterlegen.*

[2]hịn|ter|le|gen ⟨sw. V.; hat⟩ (ostmd., südd., österr., ugs.): *nach hinten legen.*

Hin|ter|le̱|ger, der; -s, - (Rechtsspr.): *jmd., der etw. hinterlegt.*

Hin|ter|le̱|ge|rin, die; -, -nen (Rechtsspr.): w. Form zu ↑Hinterleger.

Hin|ter|le̱|gung, die; -, -en: *das Hinterlegen.*

Hin|ter|le̱|gungs|schein, der: *Schein, Quittung zur Bestätigung einer Hinterlegung.*

Hin|ter|le̱|gungs|stel|le, die: *[gerichtliche, amtliche] Stelle, bei der etw. hinterlegt werden kann.*

Hin|ter|le̱|gungs|sum|me, die (Rechtsspr.): *hinterlegte Summe.*

Hịn|ter|leib, der: *(bes. bei Insekten) hinterer Teil (dritter Hauptabschnitt) des Leibes.*

hịn|ter|letzt... ⟨Adj.⟩ (salopp): *äußerst schlecht, hässlich, geschmacklos.*

Hịn|ter|list, die ⟨Pl. selten⟩ [mhd. hinderlist = Nachstellung]: *Wesen, Verhalten, das von dem Streben bestimmt ist, jmdm. heimlich, auf versteckte Weise, auf Umwegen zu schaden:* voller H. sein; etw. für eine H. *(hinterlistige Handlung, Äußerung)* halten.

hịn|ter|lis|tig ⟨Adj.⟩ [mhd. hinderlistec = nachstellend]: *voller Hinterlist:* ein -er Mensch; jmdn. h. betrügen.

Hịn|ter|lis|tig|keit, die: **1.** ⟨o. Pl.⟩ *das Hinterlistigsein, hinterlistiges Wesen.* **2.** *hinterlistige Handlung.*

hịn|term ⟨Präp. + Art.⟩ (in festen Verbindungen o. Ä.; sonst ugs.): *hinter dem.*

Hịn|ter|mann, der ⟨Pl. ...männer⟩: **1. a)** *(in einer Reihe, [An]ordnung) jmd. (auch Schiff, Wagen usw.), der hinter jmdm. sitzt bzw. steht, fährt usw.:* dein H.; H.! (Ballspiele; *Vorsicht, hinter dir, hinter diesem Spieler steht ein gegnerischer Spieler!*); **b)** ⟨Pl.⟩ *(bei einigen Ballspielen) Abwehrspieler.* **2.** *heimlicher Gewährsmann.* **3.** ⟨meist Pl.⟩ *jmd., der eine fragwürdige od. verwerfliche Aktion aus dem Hintergrund lenkt:* die Hintermänner des Putsches. **4.** (Finanzw.) *späterer Wechselinhaber.*

Hịn|ter|mann|schaft, die (Ballspiele): *der Teil der Mannschaft, der hauptsächlich Abwehraufgaben zu erledigen hat.*

hin|ter|mau|ern ⟨sw. V.; hat⟩ (Bauw.): *durch Mauerung auf der Rückseite befestigen, verstärken:* eine Wand h.

hịn|tern ⟨Präp. + Art.⟩ (in festen Verbindungen o. Ä.; sonst ugs.): *hinter den.*

Hịn|tern, der; -s, - [mhd. hinder(e), zu ↑[2]Hintere; das -n stammt aus den gebeugten Fällen] (ugs.): *Gesäß:* ein dicker H.; den H. zusammenkneifen; sich den H. wischen; einem Kind den H. [aus]putzen; jmdm. den H. verhauen; den H. voll [gehauen] bekommen; jmdm. ein paar *(ein paar*

Schläge) auf den H. geben; sich auf seinen H. setzen (salopp verstärkend; *sich hinsetzen*) [und lernen]; auf den H. fallen; jmdm./jmdn. in den H. treten; mit dem H. wackeln; * **sich in den H. beißen [können]** (salopp; ↑ Arsch); **sich mit etw. den H. [ab]wischen können** (derb; *etw., bes. Papiere o. Ä., besitzen, was sich als völlig wertlos herausgestellt hat*): mit diesen Aktien kannst du dir den H. wischen; **den H. betrügen** (salopp scherzh.; *sich erbrechen*); **alles an den H. hängen** (salopp; *sein ganzes Geld für Kleidung ausgeben*); **jmdm. an den H. wollen** (salopp; *jmdm. etw. Schlimmes antun, zufügen wollen, jmdn. zu etw. Unangenehmem, Schlimmem heranziehen wollen*); **sich auf den H. setzen** (salopp; 1. *fleißig lernen, arbeiten o. Ä.:* du musst dich eben auf den H. setzen, wenn du die Prüfung schaffen willst. 2. *aufs Gesäß fallen.* 3. *völlig überrascht sein*); **jmdm. in den H. kriechen**/(seltener:) **jmdm. den H. lecken** (derb; ↑ Arsch); **jmdm./jmdn. in den H. treten** (salopp; *jmdn. grob, rücksichtslos behandeln, z. B. um ihn an etw. zu erinnern, in Schwung zu bringen bzw. zu etw. zu veranlassen*); **jmdm. mit dem [nackten] H. ins Gesicht springen** (derb; *jmdm. ins Gesicht springen;* ↑ Gesicht 1).

H

Hịn|ter|par|tie, die (ugs.): *hintere Körperpartie (Gesäß [u. Rücken]).*

Hịn|ter|pfo|te, die: *Pfote des Hinterbeins.*

Hịn|ter|rad, das: *hinteres Rad, Rad an der Hinterachse eines Fahrzeugs.*

Hịn|ter|rad|an|trieb, der: *Heckantrieb.*

Hịn|ter|rad|fah|rer, der (Radsport): *Fahrer, der sich dicht am Hinterrad eines vor ihm Fahrenden u. damit in dessen Windschatten hält.*

Hịn|ter|rad|ga|bel, die: *Gabel* (3 c) *des Hinterrades.*

Hịn|ter|rei|fen, der: *Reifen des Hinterrads.*

hịn|ter|rücks ⟨Adv.⟩ [spätmhd. hinterrucks (2. Bestandteil = alter Gen. von ↑ Rücken)] (abwertend): **1.** *überraschend, heimtückisch von hinten:* jmdn. h. überfallen. **2.** (veraltend) *ohne Wissen, hinter dem Rücken des Betroffenen:* jmdn. h. verleumden.

hịn|ters ⟨Präp. hinter + Art. das⟩ (in festen Verbindungen o. Ä.; sonst ugs.): *hinter das.*

Hịn|ter|sass, der; -en, -en, (schweiz.:) **Hịn|ter|säss, Hịn|ter|sas|se,** der [mhd. hindersæȝe, ↑ [1]Sasse] (hist.): **a)** *von einem Grundherrn abhängiger u. rechtlich vertretener Bauer:* die Hintersassen eines Feudalherrn; **b)** (schweiz.) *[zugezogener] Einwohner ohne Bürgerrecht.*

Hịn|ter|schiff, das: *hinterer Teil des Schiffs.*

Hịn|ter|schin|ken, der: vgl. Schinken (1).

hịn|ter|schlin|gen ⟨st. V.; hat⟩ (landsch.): *hinunterschlingen.*

hịn|ter|schlu|cken ⟨sw. V.; hat⟩ (landsch.): *hinunterschlucken.*

Hịn|ter|sei|te, die: **1.** *hintere Seite, Rückseite:* auf der H. **2.** (ugs.) *Gesäß.*

Hịn|ter|sinn, der: **1.** *hintergründiger Sinn, tiefere Bedeutung.* **2.** *geheimer bzw. unausgesprochener Nebensinn, Doppelsinn:* etw. ohne H. sagen.

hịn|ter|sin|nig ⟨Adj.⟩ [1: zu Hintersinn; 2: zu veraltet alemann. hintersinnen = wahnsinnig werden, eigtl. = nachdenken, grübeln]: **1. a)** *mit Hintersinn, voller Hintersinn* (1): eine -e Erzählung; **b)** *einen Hintersinn* (2) *enthaltend, ausdrückend:* eine -e Bemerkung. **2.** (veraltend) *schwermütig, wahnsinnig.*

Hịn|ter|sin|nig|keit, die; -, -en: **1.** *(o. Pl.) hintersinnige Art.* **2.** *hintersinnige Äußerung.*

Hịn|ter|sitz, der: *Rücksitz.*

hịn|terst...: ↑ hinter...

Hịn|ters|te, der; -n, -n ⟨Dekl. ↑ Abgeordnete⟩ (ugs., seltener): *Gesäß.*

Hịn|ter|ste|ven, der: **1.** (Seemannsspr.) *hinterer Steven.* **2.** (landsch. scherzh.) *Gesäß.*

Hịn|ter|stu|be, die: vgl. Hinterzimmer.

Hịn|ter|teil, das: **1.** (ugs.) *Gesäß; hinterer Körperteil:* aufs H., auf sein H. fallen. **2.** ⟨veraltet auch: der⟩ (selten) *hinterer Teil.*

Hịn|ter|tref|fen, das [eigtl. der beim Kampf (Treffen) hinten stehende Teil des Heeres ohne Anteil an den Vergünstigungen im Falle eines Sieges] (ugs.): in den Wendungen **ins H. geraten/kommen** *(im Vergleich, im Wettbewerb o. Ä. in eine ungünstige Lage geraten, kommen);* **im H. sein/sich im H. befinden** *(im Vergleich, im Wettbewerb o. Ä. in einer ungünstigen Lage sein; im Nachteil sein);* **jmdn., etw. ins H. bringen** *(bewirken, dass jmd., etw. im Vergleich, im Wettbewerb in eine ungünstige Lage gerät).*

hin|ter|trei|ben ⟨st. V.; hat⟩: *es heimlich u. mit zweifelhaften od. unlauteren Mitteln darauf anlegen, dass etw. nicht zur Ausführung gelangt:* einen Plan, eine Einigung der Partner, jmds. Maßnahmen h.

Hịn|ter|trep|pe, die: *Treppe, die zum Hintereingang hinauf-, hinabführt:* die H. benutzen; heimlich über die H. kommen; Ü (abwertend:) die Politik, Weltgeschichte von der H. aus betrachten, beurteilen; sich jmdm. überlegen fühlen, der solche -n *(Umwege, Schleichwege)* braucht.

Hịn|ter|trep|pen|ge|flüs|ter, das (abwertend): *[heimliches] Gerede im Treppenhaus bzw. unter Hausbewohnern.*

Hịn|ter|trep|pen|po|li|tik, die (abwertend): *ränkevolle Politik ohne Weitblick.*

Hịn|ter|trep|pen|ro|man, der [viell. weil Romane dieser Art früher von den Dienstboten eines Hauses heimlich an der Hintertreppe, am Dienstboteneingang gekauft wurden] (abwertend): *für ein anspruchsloses Publikum bestimmter Unterhaltungsroman von literarisch geringer Qualität; Schundroman.*

hịn|ter|tü|ckisch ⟨Adj.⟩ (landsch.): *hinterlistig u. tückisch.*

Hin|ter|tup|fin|gen ⟨erfundener Ortsn.⟩ (ugs. spött.): *[irgendein] kleiner, abgelegener Ort.*

Hịn|ter|tür, die: **1.** *hintere [Eingangs]tür (bes. eines Hauses, Gebäudes):* Ü durch die H. wieder hereinkommen *(nach einer Abweisung hartnäckig bleiben u. auf unüblichen od. versteckten Wegen od. Umwegen [immer wieder] [auf etw.] zurückkommen).* **2.** *versteckte Möglichkeit, etw. auf nicht [ganz] einwandfreien Wegen u. Umwegen zu erreichen, sich einer Sache zu entziehen:* die -en der Buchführung; * **durch die/durch eine H.** *(auf versteckten, nicht [ganz] einwandfreien Wegen u. Umwegen; auf Schleichwegen);* **sich ⟨Dat.⟩ eine H. offen halten, offen lassen** *(sich eine versteckte od. nicht [ganz] einwandfreie Möglichkeit des Rückzugs, eine Ausflucht offen halten).*

Hịn|ter|tür|chen, das: Vkl. zu ↑ Hintertür (2).

Hịn|ter|vier|tel, das: **1.** (ugs.) *Gesäß.* **2.** *das Hinterteil u. die Schenkel (bes. beim Schlachtvieh).*

Hịn|ter|wäld|ler, der; -s, - [LÜ von engl. backwoodsman, eigtl. Bezeichnung für die Ansiedler im Osten Nordamerikas jenseits des Allegheny-gebirges] (spött.): *weltfremder, rückständiger [u. bäurischer] Mensch.*

Hịn|ter|wäld|le|rin, die; -, -nen (spött.): w. Form zu ↑ Hinterwäldler.

hịn|ter|wäld|le|risch ⟨Adj.⟩ (spött.): *in der Art eines Hinterwäldlers.*

[1]hin|ter|zie|hen ⟨unr. V.; hat⟩: *(bes. amtliche Abgaben) nicht zahlen bzw. nicht abliefern u. unterschlagen:* Steuern h.

[2]hịn|ter|zie|hen ⟨unr. V.⟩ (ostmd., südd., österr. ugs.): **1.** *nach hinten ziehen* ⟨hat⟩. **2.** *(von vorn) nach hinten umziehen* ⟨ist⟩.

Hin|ter|zie|hung, die; -, -en: *das [1]Hinterziehen:* er wurde angeklagt wegen H. von Steuern.

Hịn|ter|zim|mer, das: **1.** *nach hinten [hinaus] liegendes Zimmer.* **2.** *separates [hinteres] Gastzimmer, in das man durch ein anderes Gastzimmer gelangt.* **3.** *privates Nebenzimmer, hinteres Zimmer (bes. hinter dem Ladenraum, hinter der Gaststube o. Ä.).*

hịn|tra|gen ⟨st. V.; hat⟩: vgl. hinbringen (1 a): etw. zu jmdm. h.

hịn|trei|ben ⟨st. V.⟩: **1.** ⟨hat⟩ **a)** *zu einer bestimmten Stelle treiben;* **b)** *jmdn. bewegen, veranlassen, irgendwohin zu gehen, sich mit jmdm. od. etw. Bestimmtem näher zu befassen o. Ä.:* die Sehnsucht trieb ihn zu ihr hin; ⟨unpers.:⟩ es trieb ihn immer wieder hin. **2.** *treibend [da]hinbewegen (über, an usw.)* ⟨hat⟩. **3.** *sich treibend hinbewegen* ⟨ist⟩.

hịn|tre|ten ⟨st. V.⟩: **1.** *[in bestimmter Erwartung, mit bestimmter Absicht] an eine Stelle bzw. vor jmdn./zu jmdm. treten* ⟨ist⟩: näher [zum Ufer] h.; [mit einer Frage] vor jmdn. h. **2.** *gegen etw. Bestimmtes treten; zutreten* ⟨hat⟩: fest h.

hint|über ⟨Adv.⟩: ↑ hintenüber.

hint|über-: ↑ hintenüber-.

hịn|tun ⟨unr. V.; hat⟩ (ugs.): *an eine bestimmte Stelle legen, stellen usw.;* vgl. hin (II): wo soll ich das Buch h.?; Ü wo soll ich ihn bloß h. *(woher kenne ich ihn bloß)?*

hịn|tup|fen ⟨sw. V.; hat⟩: *tupfend an einer bestimmten Stelle erzeugen, bes. tupfend hinmalen.*

hi|nụ|ber ⟨Adv.⟩ [aus ↑ hin u. ↑ über]: **1.** *[von dieser Seite, Stelle] [über jmdn., etw.] nach [dort] drüben:* h. auf die andere Seite!; sich nach rechts h. erstrecken; h. und herüber; der Lärm schallte bis h. [ans andere, zum anderen Ufer]; sie ist gerade h. (ugs.; *nach drüben gegangen, gefahren*) zu ihm; Ü ein Problem, das [bis] h. in die Philosophie reicht. **2.** (ugs.) **a)** *gestorben, tot:* der Hund ist h.; **b)** *zugrunde gerichtet:* die Firma ist endgültig h.; **c)** *durch starke Beschädigung od. Abnutzung nicht mehr brauchbar:* die Vase ist h.; **d)** *verdorben:* die Wurst ist h.; **e)** *eingeschlafen od. ohne Bewusstsein:* sie war h. und schnarchte selig; **f)** *schwer betrunken:* nach dem zehnten Glas war er völlig h.; **g)** *von Leidenschaft, Begeisterung ergriffen:* wir waren von der Musik völlig h.

hi|nụ|ber|be|för|dern ⟨sw. V.; hat⟩: vgl. hinüberbringen.

hi|nụ|ber|be|ge|ben, sich ⟨st. V.; hat⟩: *sich nach drüben begeben.*

hi|nụ|ber|be|mü|hen ⟨sw. V.; hat⟩: **1.** *nach drüben bemühen.* **2.** ⟨h. + sich⟩ *sich nach drüben bemühen.*

hi|nụ|ber|beu|gen ⟨sw. V.; hat⟩: *über jmdn., etw. nach drüben beugen:* sich [zu, nach jmdm.] h.

hi|nụ|ber|bli|cken ⟨sw. V.; hat⟩: *nach drüben blicken.*

hi|nụ|ber|brin|gen ⟨unr. V.; hat⟩: *[über etw. hinüber] nach drüben bringen.*

hi|nụ|ber|däm|mern ⟨sw. V.; ist⟩: **1.** *im Dämmerzustand langsam einschlafen.* **2.** (geh.) *im Dämmerzustand langsam sterben:* still h.

hi|nụ|ber|dür|fen ⟨unr. V.; hat⟩ (ugs.): **1.** *hinübergehen, -kommen, -fahren usw. dürfen.* **2.** *hinübergebracht, -gesetzt, -gestellt usw. werden dürfen.*

hi|nụ|ber|fah|ren ⟨st. V.⟩: **1.** *nach drüben fahren* ⟨ist⟩: [über die Grenze] nach Frankreich h. **2.** *[über etw. hinüber] nach drüben fahren* ⟨hat⟩: den Wagen [auf die andere Seite] h.

hi|nụ|ber|flie|gen ⟨st. V.⟩: **1.** *nach drüben fliegen* (1, 2, 4, 11) ⟨ist⟩. **2.** *nach drüben fliegen* (7), *mit einem Luftfahrzeug befördern, transportieren* ⟨hat⟩.

hi|nụ|ber|füh|ren ⟨sw. V.; hat⟩: **1.** *nach drüben führen* (1 a): jmdn. ins Nebenzimmer h. **2.** *nach drüben führen, verlaufen.* **3.** *nach drüben führen* (7 c): unsere Reise führte uns ins Bergische Land hinüber.

hi|nụ|ber|ge|hen ⟨unr. V.; ist⟩: **1.** *nach drüben gehen:* sie ging zu ihm hinüber. **2.** (geh. verhüll.) *sterben.*

hi|nụ|ber|ge|lan|gen ⟨sw. V.; ist⟩: *nach drüben gelangen.*

hi|nụ|ber|glei|ten ⟨st. V.; ist⟩: *nach drüben gleiten* (1 b); Ü in den Schlaf h.

hi|nụ|ber|grei|fen ⟨st. V.; hat⟩: *nach drüben greifen;* Ü die Frage greift in die Philosophie hinüber.

[1]hi|nụ|ber|hän|gen ⟨st. V.; hat⟩: *[bis] nach drüben [1]hängen.*

[2]hi|nụ|ber|hän|gen ⟨sw. V.; hat⟩: *nach drüben [2]hängen.*

hi|nụ|ber|hel|fen ⟨st. V.; hat⟩: *nach drüben helfen:* jmdm. [über ein Hindernis] h.; Ü jmdm. über

Schwierigkeiten h. *(hinweghelfen; helfen, sie zu überwinden);* jmdm. [ins Jenseits] h. (bes. iron.; 1. *jmdm. zu einem leichten Tod verhelfen.* 2. *jmdn. töten).*

hi|nü|ber|kom|men ⟨st. V.; ist⟩: 1. *nach drüben kommen.* 2. (ugs.) *jmdn., der nicht weit entfernt wohnt, besuchen.*

hi|nü|ber|las|sen ⟨st. V.; hat⟩: *hinübergehen, -fahren usw. lassen.*

hi|nü|ber|lau|fen ⟨st. V.; ist⟩: *nach drüben laufen.*

hi|nü|ber|leh|nen, sich ⟨sw. V.; hat⟩: *sich über etw. lehnen.*

hi|nü|ber|lot|sen ⟨sw. V.; hat⟩ (ugs.): *nach drüben lotsen.*

hi|nü|ber|neh|men ⟨st. V.; hat⟩: *nach drüben [mit]nehmen.*

hi|nü|ber|rei|chen ⟨sw. V.; hat⟩: 1. *nach drüben reichen:* er reichte die Soße hinüber. 2. a) *sich [bis] nach drüben erstrecken, [bis] nach drüben reichen:* das Anbaugebiet reicht bis nach Franken hinüber; b) *lang genug sein u. deshalb bis nach drüben reichen.*

hi|nü|ber|ret|ten ⟨sw. V.; hat⟩: 1. *nach drüben retten, in Sicherheit bringen:* seine Habe [ins Ausland] h.; (oft h. + sich:) sie konnte sich [über die Grenze] h. 2. a) *vor dem Untergang bewahren u. in eine Zeit, in einen Bereich übernehmen:* altes Kulturgut in die Gegenwart h.; b) ⟨h. + sich⟩ *sich durch glückliche Umstände erhalten, bewahren u. in einen Bereich übernommen werden, in einer anderen Zeit weiter bestehen.*

hi|nü|ber|ru|fen ⟨st. V.; hat⟩: *nach drüben rufen.*

hi|nü|ber|schaf|fen ⟨sw. V.; hat⟩: *nach drüben schaffen.*

hi|nü|ber|schal|len ⟨sw. u. st. V.; ist/hat⟩: *nach drüben schallen.*

hi|nü|ber|schau|en ⟨sw. V.; hat⟩: 1. (landsch.) *nach drüben schauen.* 2. (ugs.) *hinübergehen, -fahren u. sich um jmdn., etw. kümmern.*

hi|nü|ber|schie|ßen ⟨st. V.⟩: 1. *nach drüben schießen* ⟨hat⟩. 2. *sich äußerst heftig u. schnell nach drüben bewegen* ⟨ist⟩.

hi|nü|ber|schlei|chen ⟨st. V.; ist⟩: 1. *nach drüben schleichen.* 2. ⟨h. + sich⟩ *sich nach drüben schleichen* ⟨hat⟩.

hi|nü|ber|schlep|pen ⟨sw. V.; hat⟩: 1. *nach drüben schleppen.* 2. ⟨h. + sich⟩ *sich schleppend nach drüben bewegen.*

hi|nü|ber|schleu|dern ⟨sw. V.⟩: 1. *nach drüben schleudern* ⟨hat⟩. 2. *mit heftigem Schwung aus der Spur rutschen u. sich nach drüben bewegen* ⟨ist⟩.

hi|nü|ber|schwin|gen, sich ⟨st. V.⟩: 1. *sich [über etw. hinüber] nach drüben schwingen* ⟨hat⟩: sich [über das Geländer] h. 2. *nach drüben schwingen* ⟨ist⟩: die Schaukel schwang [über den Zaun] hinüber.

hi|nü|ber sein: s. hinüber (2).

hi|nü|ber|set|zen ⟨sw. V.⟩: 1. *nach drüben setzen* ⟨hat⟩. 2. *nach drüben setzen; hinüberspringen* ⟨ist⟩.

hi|nü|ber|spie|len ⟨sw. V.; hat⟩: 1. (Sport) *nach drüben spielen:* den Ball [zu jmdm.] h. 2. *in etw. übergehen:* das Blau spielt ins Grünliche hinüber.

hi|nü|ber|sprin|gen ⟨st. V.; ist⟩: 1. *nach drüben springen.* 2. (landsch.) *schnell, eilig nach drüben laufen:* zum Bäcker h.

hi|nü|ber|stei|gen ⟨st. V.; ist⟩: 1. *nach drüben steigen.* 2. (derb) *mit einer Frau Geschlechtsverkehr haben.*

hi|nü|ber|trei|ben ⟨st. V.⟩: 1. *nach drüben treiben* ⟨hat⟩. 2. a) *treibend nach drüben bewegen* ⟨hat⟩: b) *nach drüben treiben, getrieben werden* ⟨ist⟩: der Kahn ist über den See [zum anderen/ans andere Ufer] hinübergetrieben.

hi|nü|ber|wech|seln ⟨sw. V.; ist, (auch:) hat⟩: a) *[über etw. hinüber] nach drüben wechseln:* auf die andere Straßenseite h.; Ü in einen anderen Beruf h.; zu einer anderen Partei h.; b) (Jägerspr.) *nach drüben (in ein anderes Revier) wechseln.*

hi|nü|ber|wer|fen ⟨st. V.; hat⟩: *nach drüben werfen:* einen Stein h.; Ü er warf einen Blick zu ihr hinüber.

hi|nü|ber|win|ken ⟨sw. V.; hat⟩: *nach drüben winken.*

hi|nü|ber|zie|hen ⟨unr. V.⟩: 1. *nach drüben ziehen, ziehend nach drüben bewegen, bringen, befördern* ⟨hat⟩. 2. ⟨ist⟩ a) *nach drüben [um]ziehen;* b) *nach drüben ziehen, wandern, fahren, sich bewegen;* c) *nach drüben ziehen, dringen:* der Rauch zog über den Fluss hinüber. 3. ⟨h. + sich; hat⟩ a) *sich bis drüben, nach drüben hinziehen, erstrecken; nach drüben verlaufen:* die Wiese zieht sich bis zum Waldrand hinüber; b) *sich nach drüben hinziehen, sich allmählich nach drüben ausdehnen, verlagern:* der Schmerz zog sich in die rechte Schulter hinüber.

hin und her: ↑hin (IV, 2).

hin- und her|be|we|gen ⟨sw. V.; hat⟩: *hin- u. zurückbewegen.*

hin- und her|ei|len ⟨sw. V.; ist⟩: *hin- und zurückeilen.*

Hin-und-Her-Fah|ren, das; -s: *das Fahren in planlos wechselnden Richtungen od. mit dauernd wechselnden Zielen.*

hin- und her|fah|ren ⟨st. V.⟩: 1. *hin- und zurückfahren* ⟨ist⟩: zwischen Wohnung und Arbeitsplatz hin- und herfahren. 2. *jmdn., etw. hin- u. zurückfahren* ⟨hat⟩.

hin- und her|flie|gen ⟨st. V.⟩: 1. *hin- u. zurückfliegen* ⟨ist⟩. 2. *jmdn., etw. hin- u. zurückfliegen* ⟨hat⟩.

Hin-und-her-Ge|re|de, das; -s (meist abwertend): *Gerede in Form planlos wechselnder Meinungs- bzw. Gesprächsäußerungen.*

Hin-und-her-Ge|zer|re, das; - (abwertend): *das Hin-und-her-Zerren.*

hin- und her|pen|deln ⟨sw. V.; ist⟩: *hin- u. zurückpendeln:* Busse, die zwischen den beiden Stationen hin- und herpendeln.

Hin-und-her-Schwan|ken, das; -s: *anhaltendes Schwanken in verschiedene Richtungen:* das H. des Schiffes; Ü sein dauerndes H. ließ ihn nicht zu einer Entscheidung kommen.

hi|nun|ter ⟨Adv.⟩ [aus ↑hin u. ↑unter]: 1. a) *[von hier oben] nach [dort] unten:* h. ins Tal; den Fluss h. [bis zur Mündung]; die Straße h. *(die Straße entlang)* begegnete ihnen niemand; h. an den Bodensee fahren (ugs.; *nach Süden;* orientiert an der aufgehängten Landkarte); am Hang h.; zur Talstation h. sind es drei Stunden; jmdn. bis h. begleiten; b) *(im Grad, Rang, auf einer Stufenleiter) [bis] nach unten [absteigend]:* vom General bis h. zum einfachen Soldaten. 2. ⟨als abgetrennter Teil von Adverbien wie »wohinunter, dahinunter«⟩ (bes. ugs.): wo willst du h.?

hi|nun|ter|be|för|dern ⟨sw. V.; hat⟩: *nach [dort] unten befördern.*

hi|nun|ter|be|glei|ten ⟨sw. V.; hat⟩: *nach [dort] unten begleiten:* jmdn. zur Haustür h.

hi|nun|ter|beu|gen ⟨sw. V.; hat⟩: *nach [dort] unten beugen:* sich zu jmdm. h.

hi|nun|ter|be|we|gen ⟨sw. V.; hat⟩: 1. *nach [dort] unten bewegen.* 2. ⟨h. + sich⟩ *sich nach [dort] unten bewegen, begeben.*

hi|nun|ter|bli|cken ⟨sw. V.; hat⟩: 1. *nach [dort] unten blicken:* in die Schlucht h.; sie blickte an sich hinunter. 2. *herabblicken* (2).

hi|nun|ter|brin|gen ⟨unr. V.; hat⟩: 1. a) *nach [dort] unten bringen, schaffen:* die Koffer in die Hotelhalle h.; b) *nach [dort] unten bringen, begleiten:* den Besuch h. 2. (ugs.) *es fertig bringen, etw. hinunterzuschlucken, zu essen od. zu trinken.*

hi|nun|ter|drü|cken ⟨sw. V.; hat⟩: *nach [dort] unten drücken:* jmdn., etw. h.

hi|nun|ter|dür|fen ⟨unr. V.; hat⟩ (ugs.): 1. *hinuntergehen, -kommen, -fahren usw. dürfen.* 2. *hinuntergebracht, -gesetzt, -gestellt usw. werden dürfen.*

hi|nun|ter|ei|len ⟨sw. V.; ist⟩: *nach [dort] unten stürzen, nach [dort] unten eilen:* die Treppe h.; zum Eingang h.

hi|nun|ter|fah|ren ⟨st. V.⟩: 1. *nach [dort] unten fahren, sich dorthin in Bewegung setzen* ⟨ist⟩: zur Talstation h.; Ü nach Bayern, nach Sizilien h. (ugs.; *in Richtung Süden nach Bayern, nach Sizilien fahren).* 2. *nach [dort] unten fahren* ⟨hat⟩: den Wagen [in die Tiefgarage] h.

hi|nun|ter|fal|len ⟨st. V.; ist⟩: *nach [dort] unten fallen:* die Treppe h.

hi|nun|ter|flie|gen ⟨st. V.; ist⟩: 1. *nach [dort] unten fliegen* (1, 2 a, 4). 2. *nach [dort] unten geschleudert, geworfen werden.* 3. (ugs.) vgl. hinunterfallen: sie fiel [die Treppe] hinunter.

hi|nun|ter|flie|ßen ⟨st. V.; ist⟩: *nach [dort] unten fließen.*

hi|nun|ter|füh|ren ⟨sw. V.; hat⟩: *nach [dort] unten führen* (1, 6, 7).

hi|nun|ter|ge|hen ⟨unr. V.; ist⟩: 1. *nach [dort] unten gehen:* die Treppe h.; in den Keller h. 2. *sich hinunterbewegen, heruntergehen* (3 b): h. und landen. 3. *nach [dort] unten führen, verlaufen; sich nach [dort] unten erstrecken.*

hi|nun|ter|ge|lan|gen ⟨sw. V.; ist⟩: *nach [dort] unten gelangen.*

hi|nun|ter|gie|ßen ⟨st. V.; hat⟩: 1. *nach [dort] unten gießen.* 2. (ugs.) *hastig, in wenigen Zügen [aus]trinken.*

hi|nun|ter|ja|gen ⟨sw. V.⟩: 1. ⟨hat⟩ a) *nach [dort] unten jagen:* den Hund h.; b) *heftig nach [dort] unten bewegen, treiben:* der Anblick jagte ihr kalte Schauer den Rücken hinunter; c) vgl. hinunterwerfen. 2. *nach [dort] unten jagen, eilen* ⟨ist⟩: der Reiter jagte die Straße hinunter.

hi|nun|ter|kip|pen ⟨sw. V.⟩: 1. ⟨hat⟩ a) *nach [dort] unten kippen:* Müll [in die Grube] h.; b) (ugs.) *hastig, mit einem Zug trinken:* einen Schnaps h. 2. (ugs.) *nach [dort] unten kippen* ⟨ist⟩.

hi|nun|ter|las|sen ⟨st. V.; hat⟩: *hinuntergehen, -kommen, -fahren usw. lassen.*

hi|nun|ter|lau|fen ⟨st. V.; ist⟩: 1. *nach [dort] unten laufen, sich fortbewegen.* 2. *nach [dort] unten fließen, rinnen.* 3. *nach unten laufen, sich rasch nach unten ausbreiten:* ein Schauder lief ihm den Rücken hinunter; ⟨unpers.:⟩ es lief ihr eiskalt den Rücken hinunter.

hi|nun|ter|rei|chen ⟨sw. V.; hat⟩: 1. *nach [dort] unten reichen.* 2. a) *sich bis hinunter erstrecken, bis nach [dort] unten reichen:* bis zum, bis auf den Boden h.; b) *lang genug sein u. deshalb bis nach [dort] unten reichen.* 3. *hinunter bis zu einer bestimmten Stufe reichen.*

hi|nun|ter|rei|ßen ⟨st. V.; hat⟩: *nach [dort] unten reißen:* jmdn. mit h.

hi|nun|ter|rie|seln ⟨sw. V.; ist⟩: 1. *nach [dort] unten rieseln.* 2. vgl. hinunterlaufen (2).

hi|nun|ter|rol|len ⟨sw. V.⟩: 1. *nach [dort] unten rollen* ⟨ist⟩. 2. *jmdn., etw. nach [dort] unten rollend bewegen* ⟨hat⟩.

hi|nun|ter|rut|schen ⟨sw. V.; ist⟩: *nach [dort] unten rutschen.*

hi|nun|ter|schau|en ⟨sw. V.; hat⟩: 1. (landsch.) vgl. hinunterblicken (1). 2. (geh.) *herabblicken* (2).

hi|nun|ter|schi|cken ⟨sw. V.; hat⟩: *nach [dort] unten schicken.*

hi|nun|ter|schie|ßen ⟨st. V.⟩: 1. *nach [dort] unten schießen* ⟨hat⟩. 2. ⟨ist⟩ a) *sich äußerst heftig u. schnell hinunterbewegen;* b) (ugs.) *mit großer Heftigkeit u. Eile hinunterlaufen.*

hi|nun|ter|schlin|gen ⟨st. V.; hat⟩: *gierig od. hastig essen, verschlingen.*

hi|nun|ter|schlu|cken ⟨sw. V.; hat⟩: 1. *etw. in den Mund Aufgenommenes [ver]schlucken:* die Tabletten h. 2. (ugs.) a) *(Kritik, Vorwürfe o. Ä.) widerspruchslos hinnehmen u. eine Gefühlsäußerung unterdrücken:* Beleidigungen h.; b) *eine heftige Gefühlsäußerung unterdrücken:* seinen Ärger h.

hi|nun|ter|schüt|ten ⟨sw. V.; hat⟩: 1. *nach [dort] unten schütten.* 2. (ugs.) *hastig, in wenigen Zügen trinken.*

hi|nun|ter|schwin|gen ⟨st. V.⟩: 1. ⟨h. + sich⟩ *sich nach [dort] unten schwingen* ⟨hat⟩. 2. (Ski) *in Schwüngen abwärts fahren* ⟨ist⟩: am Hang h.

hi|nun|ter sein: s. hinunter (1 a).

hi|nun|ter|sprin|gen ⟨st. V.; ist⟩: 1. *nach [dort] unten springen.* 2. (landsch.) *hinuntereilen; schnell, eilig hinunterlaufen:* zum Bäcker h.; die Treppe h.

H

hi|nụn|ter|spü|len ⟨sw. V.⟩: **1.** *nach [dort] unten spülen, schwemmen* ⟨hat⟩: etw. den Ausguss h. **2.** (ugs.) *hastig, in wenigen Zügen trinken* ⟨hat⟩. **3.** (ugs.) *mithilfe eines Getränks hinunterschlucken* ⟨hat⟩: Ü seinen Ärger, seinen Kummer mit einem Schnaps h.

hi|nụn|ter|stei|gen ⟨st. V.; ist⟩: *nach [dort] unten steigen.*

hi|nụn|ter|sto|ßen ⟨st. V.⟩: **1.** *nach [dort] unten stoßen* ⟨hat⟩: jmdn. die Treppe h. **2.** *(von Raubvögeln) sich nach unten stürzen* ⟨ist⟩.

hi|nụn|ter|stür|zen ⟨sw. V.⟩: **1. a)** *nach [dort] unten stürzen, fallen; hinunterfallen* ⟨ist⟩: in den Abgrund h.; **b)** ⟨h. + sich⟩ *sich nach [dort] unten stürzen* ⟨hat⟩: sich von der Aussichtsplattform h. **2.** (ugs.) *nach [dort] unten stürzen, eilen, rennen* ⟨ist⟩: zum Eingang h. **3.** ⟨hat⟩ **a)** *nach [dort] unten stürzen, stoßen, fallen machen:* jmdn. [in den Abgrund] h.; **b)** *hastig, in wenigen Zügen trinken.*

hi|nụn|ter|tau|chen ⟨sw. V.⟩: **1.** *nach [dort] unten tauchen* ⟨ist⟩. **2.** *nach [dort] unten tauchen, tauchend hinuntersenken* ⟨hat⟩.

hi|nụn|ter|tra|gen ⟨st. V.; hat⟩: *nach [dort] unten tragen.*

hi|nụn|ter|trei|ben ⟨st. V.⟩: **1.** *nach [dort] unten treiben; treibend hinunterbringen* ⟨hat⟩. **2.** *nach [dort] unten treiben, getrieben werden* ⟨ist⟩: den Fluss h.

hi|nụn|ter|trin|ken ⟨st. V.; hat⟩ (ugs.): *hastig, in wenigen Zügen trinken.*

hi|nụn|ter|wer|fen ⟨st. V.; hat⟩: *nach [dort] unten werfen;* Ü einen Blick h. *(einen Blick nach [dort] unten [auf, in etw.] werfen, richten).*

hi|nụn|ter|wol|len ⟨unr. V.; hat⟩ (ugs.): vgl. hinunterdürfen.

hi|nụn|ter|wür|gen ⟨sw. V.; hat⟩: *etw., meist Festes, mit Mühe schlucken, essen:* das trockene Brot h.

hi|nụn|ter|zie|hen ⟨unr. V.⟩: **1.** *nach [dort] unten ziehen; ziehend hinunterbewegen, -bringen, -befördern* ⟨hat⟩. **2.** ⟨ist⟩ **a)** *nach unten, in ein niedrigeres Stockwerk [um]ziehen;* **b)** *nach [dort] unten ziehen, sich stetig fortbewegen:* die Bewohner zogen zum Fluss hinunter. **3.** ⟨h. + sich⟩ *sich bis [dort] unten hinziehen, erstrecken, nach [dort] unten verlaufen* ⟨hat⟩.

hịn|wa|gen, sich ⟨sw. V.; hat⟩: *es wagen hinzugehen, -zukommen, -zufahren usw.*

hịn|wan|dern ⟨sw. V.; ist⟩: **1.** *an einen bestimmten Ort, zu einem bestimmten Ziel wandern:* Ü die Lachse wandern zu ihren Laichplätzen hin. **2.** *sich wandernd [da]hinbewegen:* über die Felder h.

hịn|wärts ⟨Adv.⟩ [mhd. hin(e)wert, ↑-wärts]: *von hier nach dort, bes. auf dem Hinweg.*

hin|wẹg ⟨Adv.⟩ [mhd. (md.) hinwec, aus ↑hin u. mhd. wec (artikelloser adv. Akk.), ↑Weg] (geh.): **1.** *weg, fort [von hier]:* von dort h. **2. a)** (in Verbindung mit »über«:) *über ... hinüber [u. weiter]:* jmdn. über die Zeitung h. beobachten; Ü über alle Hindernisse h. zueinander finden; über etw. h. (ugs.; *hinweggekommen*) sein; **b)** *über, für eine bestimmte Zeit:* über Jahre h.

Hịn|weg, der: *Weg hin zu einem Ziel.*

hin|wẹg|be|ge|ben, sich ⟨st. V.; hat⟩ (geh.): *sich wegbegeben.*

hin|wẹg|be|we|gen, sich ⟨sw. V.; hat⟩: *sich über jmdn., etw. hinüberbewegen u. ihn, es hinter sich lassen.*

hin|wẹg|bli|cken ⟨sw. V.; hat⟩: **1.** vgl. hinwegsehen (1). **2.** (geh.) vgl. hinwegsehen (3).

hin|wẹg|brau|sen ⟨sw. V.; ist⟩: *sich brausend, geräuschvoll hinwegbewegen:* Ü über dieses Land ist der Krieg hinweggebraust.

hin|wẹg|brin|gen ⟨unr. V.; hat⟩: *bewirken, dass jmd. od. etw. über etw. hinwegkommt:* jmdn. über Schwierigkeiten h.

hin|wẹg|fe|gen ⟨sw. V.⟩: **1.** *sich geräuschvoll hinwegbewegen* ⟨ist⟩. **2.** (geh.) *mit Macht, Heftigkeit, Schwung entfernen* ⟨hat⟩: die Revolution fegte die Regierung hinweg.

hin|wẹg|ge|hen ⟨unr. V.; ist⟩: **1.** *(etw. in den Situations- od. Gedankenzusammenhang Gehörendes) [ausdrücklich] unbeachtet, unbewertet lassen u. weitergehen, in seinem Reden u. Tun fortfahren:* über eine Anspielung taktvoll h. **2.** *sich über jmdn., über etw. bewegen u. ihn, es hinter sich lassen:* ein Sturm ist über das Land hinweggegangen; Ü zwei Weltkriege sind über Europa hinweggegangen.

hin|wẹg|hel|fen ⟨st. V.; hat⟩: *helfen, hinweg, hinüber über etw. zu gelangen:* jmdm. über ein Hindernis h.; Ü das Ersparte sollte ihr über Notzeiten h.

hin|wẹg|hö|ren ⟨sw. V.; hat⟩: *Geäußertes beim Hören unbeachtet lassen u. in seinem Hören, Reden u. Tun fortfahren:* über einen Einwurf h.

hin|wẹg|kom|men ⟨st. V.; ist⟩: **a)** *überstehen:* über Notzeiten h.; **b)** *überwinden, verwinden:* sie ist über den Verlust nicht hinweggekommen; **c)** *es fertig bringen, sich über etw. hinwegzusetzen.*

hin|wẹg|le|sen ⟨st. V.; hat⟩: *etw. aus dem Zusammenhang des Gelesenen beim Lesen unbeachtet lassen u. weiterlesen.*

hin|wẹg|raf|fen ⟨sw. V.; hat⟩ (geh.): *dahinraffen.*

hin|wẹg|re|den ⟨sw. V.; hat⟩: **1.** *(Wichtiges) beim Reden unbeachtet lassen, beiseite lassen; vorbeireden:* über die Tatsachen h. **2.** (geh.) *durch Reden auslöschen, ungeschehen machen:* die Tatsachen lassen sich nicht h.

hin|wẹg|ret|ten ⟨sw. V.; hat⟩: *über eine Gefährdung o. Ä. hinweg erhalten, bewahren.*

hin|wẹg|schrei|ten ⟨st. V.; ist⟩ (geh.): *sich schreitend hinwegbewegen.*

hin|wẹg|se|hen ⟨st. V.; hat⟩: **1.** *über jmdn., etw. sehen, seinen Blick gehen lassen:* über die Köpfe der Zuschauer h. können. **2.** *jmdn., etw. anscheinend nicht sehen.* **3.** *etw. in den Situations- od. Gedankenzusammenhang Gehörendes [ausdrücklich] unbeachtet u. unbewertet lassen:* über kleinere Mängel lächelnd h.

hin|wẹg sein: s. hinweg (2 a).

hin|wẹg|set|zen ⟨sw. V.⟩: **1.** *über etw. setzen, springen* ⟨hat/ist⟩. **2.** ⟨h. + sich⟩ *etw., was Beachtung, Berücksichtigung verlangt od. nahe legt, bewusst unbeachtet lassen* ⟨hat⟩: sich über das Gerede der Leute h.

hin|wẹg|täu|schen ⟨sw. V.; hat⟩: *jmdn. über einen Sachverhalt täuschen, im Unklaren lassen u. bewirken, dass er ihn nicht zur Kenntnis nimmt, darüber hinweggeht* (1): jmdn. über die wirkliche Lage h.

hin|wẹg|trös|ten ⟨sw. V.; hat⟩: *jmdn. über etw. trösten [u. über die Zeit, die es dauert], hinwegbringen:* sich über etw. h.

hin|wẹg|zie|hen ⟨unr. V.; ist⟩: vgl. hinweggehen (2).

Hịn|weis, der: **1.** *Rat, Tipp, Wink; Bemerkung od. Mitteilung, die in eine bestimmte Richtung zielt u. jmdm. etw. (bes. eine Kenntnisnahme od. ein Handeln) nahe legt:* ein aufschlussreicher H.; das war ein deutlicher H.; jmdm. einen H. zur/für die Benutzung geben; sie gab mir einen nützlichen H., wie ich vorgehen sollte; einen H. beachten; einem H. folgen. **2.** *Andeutung, hinweisende [An]zeichen für etw.:* es gibt nicht den geringsten H. dafür, dass ein Verbrechen vorliegen könnte.

hịn|wei|sen ⟨st. V.; hat⟩: **1.** *in eine bestimmte Richtung, auf etw. zeigen:* sie wies [mit der Hand] auf das Gelände hin; hinweisendes Fürwort (Sprachw.; *Demonstrativpronomen*). **2.** *jmds. Aufmerksamkeit auf etw. lenken, jmdn. (bes. durch eine Äußerung) auf etw. aufmerksam machen:* sie wies uns höflich auf die Schwierigkeiten hin; auf eine Gefahr h. **3.** *etw. anzeigen, auf etw. schließen lassen u. [jmdn.] darauf aufmerksam machen:* alle Anzeichen weisen darauf hin, dass die Wetterlage sich bald ändern wird.

Hịn|weis|schild, das (Pl. -er): *Schild als Hinweis bzw. mit Hinweis[en].*

Hịn|weis|ta|fel, die: *Tafel mit Hinweis[en].*

Hịn|wei|sung, die: *das Hinweisen* (2).

Hịn|weis|zei|chen, das: *Zeichen, das einen Hinweis gibt.*

hịn|wen|den ⟨unr. V.; hat⟩: **1.** *in eine bestimmte Richtung wenden:* den Blick [zu/nach jmdm., einer Sache] h. **2.** ⟨h. + sich⟩ **a)** *sich in eine bestimmte Richtung wenden:* sich nach jmdm. h.; Ü wo muss ich mich h.? *(an wen, an welche Stelle muss ich mich wenden, um Näheres zu erfahren?);* **b)** *sich wenden u. eine bestimmte Richtung einschlagen:* sich zum Ausgang h.

Hịn|wen|dung, die; -, -en: *das Hinwenden, Sichhinwenden.*

hịn|wer|fen ⟨st. V.; hat⟩: **1.** *an eine bestimmte Stelle werfen:* jmdm. etw. h.; Ü einen Blick h. *(auf eine bestimmte Stelle einen Blick werfen; kurz hinblicken).* **2.** ⟨h. + sich⟩ *sich zu Boden o. Ä. werfen, fallen lassen:* er warf sich lang hin. **3. a)** *(achtlos, verächtlich usw.) irgendwohin (bes. auf den Boden, von sich) werfen;* **b)** (ugs.) *aus einem Gefühl starker Unlust, Erregung o. Ä. heraus unvermittelt aufgeben:* alles h.; sein Leben h. (geh. verhüll.; *sich aus Verzweiflung das Leben nehmen);* **c)** *flüchtig entwerfen, konzipieren, insbesondere flüchtig zu Papier bringen:* ein paar Zeilen h.; **d)** *beiläufig äußern, kurz bemerken:* eine Bemerkung h. **4.** (ugs.) *(unabsichtlich) fallen lassen.*

hin|wie̲|der, hin|wie̲|de|rum [mhd. hin wider(e), aus ↑hin u. ↑wider, wieder] ⟨Adv.⟩ (veraltend): *wiederum, hingegen.*

hịn|wir|ken ⟨sw. V.; hat⟩: *Anstrengungen unternehmen, sich einsetzen, um etw. zu veranlassen:* auf die Beseitigung von Mängeln h.

Hịnz: in den Verbindungen **H. und Kunz** (ugs. abwertend; *alle möglichen Leute, jedermann;* schon mhd., im Hinblick auf die Häufigkeit der m. Vorn. Hinz [niederd. Kurzf. von Heinrich] und Kunz [Kurzf. von Konrad]): bald wusste es H. und Kunz; **von H. zu Kunz** (ugs. abwertend; *zu allen möglichen Leuten, überallhin*): von H. zu Kunz laufen, um etw. zu bekommen.

hịn|zäh|len ⟨sw. V.; hat⟩: *einzeln zählend vorlegen, auf den Tisch zählen, vorzählen:* jmdm. Geldstücke h.; die [Spiel]karten h.

hịn|zau|bern ⟨sw. V.; hat⟩ (ugs.): *(etw. erstaunlich Gutes) mit wenig Mitteln bzw. in kurzer Zeit machen, herstellen:* [jmdm.] ein Essen h.

hịn|zeich|nen ⟨sw. V.; hat⟩: **1.** *an eine bestimmte Stelle zeichnen.* **2.** *flüchtig, [nach]lässig irgendwohin zeichnen.*

hịn|zie|hen ⟨unr. V.⟩: **1.** ⟨hat⟩ **a)** *zu jmdm., zu etw. Bestimmtem [heran]ziehen;* **b)** *durch Anziehung, Interessantheit o. Ä. hindrängen, hintreiben:* sich stark zu jmdm., zu etw. hingezogen fühlen; ⟨unpers.:⟩ es zog ihn immer wieder zu ihr hin; **c)** *auf eine bestimmte Stelle lenken; veranlassen sich auf eine bestimmte Stelle zu richten:* die Blicke zu sich h. **2.** ⟨ist⟩ **a)** *an einen bestimmten Ort ziehen, seinen Wohnsitz verlegen;* **b)** *an einen bestimmten Ort, in eine bestimmte Richtung ziehen, wandern, fahren usw.:* die Vögel ziehen nach Süden hin. **3.** *sich ziehend, wandernd, fahrend usw. über, an usw. [da]hinbewegen* ⟨ist⟩: Wolken zogen am Himmel hin. **4.** ⟨hat⟩ **a)** *in die Länge ziehen:* einen Prozess h.; **b)** ⟨h. + sich⟩ *sich über [unerfreulich od. unerwartet] lange Zeit erstrecken bzw. den [unangenehmen] Eindruck langer Dauer vermitteln:* der Abend zog sich endlos hin; **c)** ⟨h. + sich⟩ *sich weit erstrecken.* **5.** ⟨hat⟩ **a)** *hinauszögern, verzögern:* die Abreise [bis zum Abend] hinzuziehen versuchen; **b)** ⟨h. + sich⟩ *sich verzögern:* die Abreise zog sich [bis zum Abend] hin.

hịn|zie|len ⟨sw. V.; hat⟩: *auf etw. (als Ziel der Handlung od. [Rede]absicht) zielen.*

hin|zu̲ ⟨Adv.; meist in trennbarer Zus. mit einem Verb⟩ [mhd. hin zū, aus ↑hin u. ↑zu (md. zū)] (selten): *(noch) dazu:* dazu noch das Doppelte h.

hin|zu̲|ad|die|ren ⟨sw. V.; hat⟩ (geh.): *zu diesem addieren.*

hin|zu̲|be|kom|men ⟨st. V.; hat⟩ (selten): *[zu diesem] zusätzlich bekommen, noch dazubekommen.*

hin|zu̲|den|ken, sich ⟨unr. V.; hat⟩: *in Gedanken*

hinzufügen: den Garten musst du dir [zu dem Haus] h.
hin|zu|dich|ten ⟨sw. V.; hat⟩: **1.** *dichtend hinzufügen.* **2.** *erdichtend hinzufügen:* Einzelheiten [zu einem Sachverhalt] h.
hin|zu|ei|len ⟨sw. V.; ist⟩ (geh.): *hineilen, um dabei zu sein, [mit] anwesend zu sein.*
hin|zu|er|fin|den ⟨st. V.; hat⟩: *erfindend* (2) *hinzufügen.*
hin|zu|er|wer|ben ⟨st. V.; hat⟩: *[zu diesem] noch zusätzlich erwerben* (1, 2 a).
hin|zu|fü|gen ⟨sw. V.; hat⟩: **1.** *als Zusatz, Ergänzung, Erweiterung usw. zu etw. fügen, bes. in etw. hineinbringen od. -geben:* der Suppe etwas Salz h. *([zusätzlich] beimischen);* dem Buch einen Anhang h. *(zusätzlich beigeben);* dem Brief einen Zettel h. *(beifügen).* **2.** *zusätzlich, ergänzend äußern:* haben Sie [dem] noch etwas hinzuzufügen?; »Aber es gibt Ausnahmen«, fügte sie hinzu.
Hin|zu|fü|gung, die: **1.** ⟨Pl. selten⟩ *das Hinzufügen:* unter H. von etw. **2. a)** (selten) *Zusatz, Beimischung* (2); **b)** *Zusatz, Ergänzung, Hinzugefügtes (insbesondere hinzugefügte Äußerung, hinzugefügte einzelne Hervorbringung, Gestaltung).*
hin|zu|ge|ben ⟨st. V.; hat⟩ (geh.): **1.** *dazugeben.* **2.** *hineingeben, -mischen:* Salz h.
hin|zu|ge|sel|len, sich ⟨sw. V.; hat⟩: *sich dazugesellen:* sich bald [jmdm./zu jmdm.] h.
hin|zu|ge|win|nen ⟨st. V.; hat⟩ (geh.): *[zu diesem] zusätzlich gewinnen.*
hin|zu|kau|fen ⟨sw. V.; hat⟩: *[zu diesem] zusätzlich kaufen:* etw. zu etw. h.
hin|zu|kom|men ⟨st. V.; ist⟩: **1.** *[hin]kommen u. dabei sein, anwesend sein, Zeuge von etw. werden.* **2. a)** *[hin]kommen, um dabei zu sein, ebenfalls anwesend zu sein:* dort warteten Hunderte, und immer mehr Menschen kamen hinzu; **b)** *sich anschließen, hinzugesellen, auch noch beteiligen.* **3.** *als etw. Zusätzliches, Weiteres dazukommen:* kommt [zu Ihrer Bestellung] noch etwas hinzu?; dieser Umstand kommt [noch] erschwerend hinzu; hinzu kommt [der Umstand], dass wir vollkommen unvorbereitet waren.
hin|zu|lau|fen ⟨st. V.; ist⟩ (geh.): *hinlaufen, um dabei zu sein, [mit] anwesend zu sein.*
hin|zu|ler|nen ⟨sw. V.; hat⟩ (geh.): *dazulernen.*
hin|zu|neh|men ⟨st. V.; hat⟩ (geh.): *[zu diesem] zusätzlich nehmen u. mit jmdm., etw. Bestimmtem verbinden, vereinigen.*
hin|zu|rech|nen ⟨sw. V.; hat⟩ (selten): *dazurechnen.*
hin|zu|set|zen ⟨sw. V.; hat⟩ (geh.): **1.** *dazusetzen:* sich [zu jmdm.] h. **2.** *hinzufügen* (2).
hin|zu|sto|ßen ⟨st. V.; ist⟩ (geh.): *zu jmdm. stoßen, [hin]gelangen u. sich anschließen.*
hin|zu|tre|ten ⟨st. V.; ist⟩: **1.** *hintreten, um dabei zu sein, [mit] anwesend zu sein [u. etw. zu tun]:* zu den anderen h. **2.** *hinzukommen.*
hin|zu|tun ⟨unr. V.; hat⟩ (selten): *dazutun, hinzufügen* (1): etw. [zu etw.] h.
Hin|zu|tun, das (selten): *Dazutun.*
hin|zu|ver|die|nen ⟨sw. V.; hat⟩: *für sich dazuverdienen:* ich habe mir etwas hinzuverdient.
hin|zu|zie|hen ⟨unr. V.; hat⟩: *zu Rate ziehen; in einem anstehenden Fall um sachverständige Äußerung, Behandlung od. klärende Bearbeitung bitten:* in schwierigen Fällen einen Sachverständigen h.
Hi|obs|bot|schaft, die [nach der Gestalt des Hiob im A. T., der Schweres zu erdulden hatte; Hiob 1, 14–19]: *Unglücksbotschaft, Schreckensnachricht.*
Hi|obs|nach|richt, die (selten): *Hiobsbotschaft.*
hip ⟨Adj.; hipper, hip[p]ste⟩ (Jargon) [engl. hip, hep, H. u.]: **a)** *informiert, [in modischer Hinsicht] auf dem Laufenden; zeitgemäß;* **b)** *modern; dem Modetrend entsprechend.*
Hip-Hop, der; -s [engl.-amerik. hip-hop, wohl verdoppelnde Bildung mit Ablaut zu: hop = Hüpfer, Hopser, to hop = hüpfen]: *auf dem Rap basierender Musikstil, der durch elektronisch erzeugte, stark rhythmisierte u. melodienarme Musik [u. Texte, die vor allem das Leben der unteren sozialen Schichten in amerikanischen Großstädten widerspiegeln] gekennzeichnet ist.*
hipp-, Hipp-: ↑hippo-, Hippo-.
Hip|parch, der; -en, -en [griech. hípparchos, zu: híppos (↑hippo-, Hippo-) u. árchein = Führer sein]: *Befehlshaber der Reiterei im antiken Griechenland.*
[1]Hip|pe, die; -, -n [aus dem Ostmd., mhd. (md.) heppe, ahd. heppa, wohl verw. mit ↑schaben]: **1.** *[Klapp]messer mit geschwungener Klinge, das im Garten- u. Weinbau verwendet wird.* **2.** *(in allegorischen bildlichen Darstellungen) Sense als Attribut des Todes.*
[2]Hip|pe, die; -, -n [spätmhd. hipe, urspr. viell. = dünnes Gebäck, das Dünne, vgl. mundartl. hippig = dürr, mager] (landsch.): *rundes, flaches od. in warmem Zustand über ein Nudelholz gerolltes Plätzchen.*
[3]Hip|pe, die; -, -n [md., viell. Kosef. zu: Haber = Ziegenbock, vgl. Habergeiß]: **1.** *Ziege.* **2.** (abwertend) *hässliche, streitsüchtige Frau.*
hip|pe|lig usw.: ↑hibbelig usw.
hipp, hipp, hur|ra! ⟨Interj.⟩ [zu engl. hip, gebraucht zur Einleitung von Hochrufen u. Trinksprüchen, H. u., u. ↑hurra]: Ruf, mit dem man jmdn., etw. feiert, jmdn. hochleben lässt.
Hipp|hipp|hur|ra, das; -s, -s: Hochruf: ein dreifaches, kräftiges H.
Hip|pi|a|trie, die; - [griech. hippiatr(e)ía, zu: híppos (↑hippo-, Hippo-) u. iātreia = ärztliche Behandlung], **Hip|pi|a|trik,** die; - [zu griech. hippiatrikós = die Pferdeheilkunde betreffend]: *Pferdeheilkunde.*
Hip|pie [...pi], der; -s, -s [engl. hippie, zu: hip, ↑hip]: *jmd. (meist jüngerer Mensch), der sich zu einer in den USA in der zweiten Hälfte der 1960er-Jahre ausgebildeten, betont antibürgerlichen u. pazifistischen Lebensform bekennt u. dies in Kleidung u. Auftreten zum Ausdruck bringt:* ein langhaariger, blumengeschmückter H.
Hip|pie|look, der ⟨o. Pl.⟩: *Modestil in Anlehnung an Aussehen u. Kleidung der Hippies, der durch lange Haare bei Männern u. Frauen, lange, wallende, bunte Kleidung mit Blumen[ornamenten] u. Ä. gekennzeichnet ist.*
hip|po-, Hip|po-, (vor Vokalen:) hipp-, Hipp- [griech. híppos] ⟨Best. in Zus. mit der Bed.⟩: *Pferd-, Pferde-* (z. B. hippologisch, Hippopotamus, Hippiatrik).
Hip|po|cam|pus, der; -, ...pi [2: lat. hippocampus < griech. hippókampos, zu: kámpos = (indisches) Meerungeheuer, H. u.]: **1.** *Ammonshorn* (1). **2.** (Zool.) *Seepferdchen.*
Hip|po|drom, der od., österr. nur, das; -s, -e [lat. hippodromos < griech. hippódromos, zu: drómos = Rennbahn]: **1.** *Pferde- u. Wagenrennbahn im antiken Griechenland.* **2.** *Reitbahn auf Jahrmärkten o. Ä.*
Hip|po|gryph, der; -s u. -en, -e[n] [frz. hippogrife < ital. ippogrifo, zu griech. híppos = Pferd u. gryps, ↑Greif, erstmals gepr. von den italienischen Renaissancedichtern L. Ariosto (1474–1533) u. M. M. Boiardo (um 1440–1494)]: *geflügeltes Fabeltier mit Pferdeleib u. Greifenkopf;* (bei neueren Dichtern:) *Pegasus.*
Hip|po|kra|ti|ker, der; -s, -: *Anhänger des altgriechischen Arztes Hippokrates (um 460 bis um 370) u. seiner Schule.*
hip|po|kra|tisch ⟨Adj.⟩: *auf den altgriechischen Arzt Hippokrates bezüglich, seiner Lehre gemäß:* die -e Medizin; vgl. Eid, Gesicht (2).
Hip|po|lo|ge, der; -n, -n [↑-loge]: *Wissenschaftler auf dem Gebiet der Hippologie.*
Hip|po|lo|gie, die; - [↑-logie]: *wissenschaftliche Pferdekunde.*
Hip|po|lo|gin, die; -, -nen: w. Form zu ↑Hippologe.
hip|po|lo|gisch ⟨Adj.⟩: *die Hippologie betreffend.*
Hip|po|po|ta|mus, der; -, - [lat. hippopotamus < griech. hippopótamos, zu: híppos (↑hippo-, Hippo-) u. potamós = Fluss] (Zool.): *Fluss-, Nilpferd.*
hip|po|the|ra|peu|tisch ⟨Adj.⟩: *die Hippotherapie betreffend, darauf beruhend; mithilfe der Hippotherapie.*
Hip|po|the|ra|pie, die (Med.): *Therapie, bei der bestimmte körperliche Schäden, Behinderungen durch therapeutisches Reiten behandelt werden.*
Hip|pu|rit [auch: ...ˈrɪt], der; -en, -en [griech. hippouris = mit einem Pferdeschwanz versehen, wohl wegen der länglichen Form der Muschelschale]: *ausgestorbene Muschel der Kreidezeit.*
Hips|ter, der; -[s], - [engl.-amerik. hipster, zu: hip, ↑hip]: **1.** *(im Jargon der Jazzszene) Jazzmusiker; Jazzfan.* **2.** (Jargon) *jmd., der über alles, was modern ist, Bescheid weiß, in alles Moderne eingeweiht ist.*
Hi|ra|ga|na, das; -[s] od. die; - [jap. hiragana, zu: hira = glatt, eben u. kana = Silbenschrift]: *aus chinesischen Schriftzeichen durch Vereinfachung hervorgegangene, gerundete japanische Silbenschrift.*
Hirn, das; -[e]s, -e [mhd. hirn(e), ahd. hirni, eigtl. = Horn; Kopf; Spitze; gehörntes od. geweihtragendes Tier, verw. mit ↑Horn]: **1. a)** (seltener) *Gehirn* (1): das menschliche H.; **b)** *als Speise verwendetes, zubereitetes Gehirn eines Schlachttieres:* morgen gibt es H. **2.** (ugs.) *Verstand; Kopf (als Sitz der Denkfähigkeit, des Verstandes):* ein geschultes H.; sein H. anstrengen; sich das H. zermartern *(angestrengt über etw. nachdenken, ohne zu einem Ergebnis zu kommen, ohne eine Lösung zu finden o. Ä.).*
Hirn|an|hang, der, **Hirn|an|hangs|drü|se,** die: *Hypophyse.*
Hirn|blu|tung, die (Med.): *Gehirnblutung.*
hir|nen ⟨sw. V.; hat⟩ (schweiz.): *nachdenken.*
Hirn|er|schüt|te|rung, die (schweiz.): *Gehirnerschütterung.*
hirn|ge|schä|digt ⟨Adj.⟩ (Med.): *einen Schaden am Hirn aufweisend.*
Hirn|ge|spinst, das (abwertend): *Produkt einer fehlgeleiteten od. überhitzten Einbildungskraft; fantastische, abwegige, absurde Idee.*
Hirn|haut, die (Med.): *das Hirn (1 a) umgebende Bindegewebshülle.*
Hirn|haut|ent|zün|dung, die (Med.): *Entzündung der Hirn- und Rückenmarkshäute; Meningitis.*
Hirn|holz, das (Fachspr.): *quer zur Faser geschnittenes Holz.*
Hir|ni, der; -s, -s [↑-i (2)] (ugs. abwertend): *hirnloser Mensch.*
hirn|los ⟨Adj.⟩ (abwertend): *in einer ärgerlichen Weise dumm, töricht, ohne Verstand:* -er *(vollkommener)* Blödsinn.
Hirn|lo|sig|keit, die; -, -en (abwertend): **a)** ⟨o. Pl.⟩ *das Hirnlossein;* **b)** *hirnloses Verhalten.*
Hirn|mas|se, die (Med.): *Gehirnsubstanz.*
Hirn|nerv, der (Med.): *direkt im Gehirn entspringender Hauptnerv:* die zwölf -en.
Hirn|rin|de, die (Med.): *graue Substanz an der Peripherie von Groß- u. Kleinhirn.*
hirn|ris|sig ⟨Adj.⟩ [viell. nach der Vorstellung, dass der Urheber einer solchen Idee einen »Riss« im Hirn (in der Hirnschale) haben müsse od. dass jmdm. beim Zuhören das Hirn aus dem Kopfe gerissen wird] (ugs.): *in einer ärgerlichen Weise töricht, unsinnig:* ein -er Vorschlag.
Hirn|sau|sen: in der Verbindung **H. haben** (bayr. abwertend; *leicht verrückt sein, närrische Einfälle haben*): du hast wohl H.
Hirn|schä|del, der (Anat.): *aus Schädelbasis u. Schädeldach bestehender Teil des Schädels.*
Hirn|scha|le, die (Med.): *knochige Schale, die das Gehirn umschließt.*
Hirn|schlag, der (Med.): *Gehirnschlag.*
Hirn|stamm, der (Med.): *Gehirnstamm.*
Hirn|strom|bild, das (Med.): *Elektroenzephalogramm.*
Hirn|tod, der (Med.): *endgültiges u. vollständiges Erloschensein der lebensnotwendigen Gehirnfunktionen nach schweren Gehirnschädigungen.*
Hirn|tu|mor, der (Med.): *Tumor im Gehirn.*
hirn|ver|brannt ⟨Adj.⟩ [LÜ von frz. cerveau

brûlé = verbranntes Hirn] (abwertend): *in einer ärgerlichen Weise unsinnig, töricht:* eine -e Idee.
hirn|ver|letzt ⟨Adj.⟩: *Verletzungen am Gehirn aufweisend.*
Hirn|ver|let|zung, die: *Verletzung des Gehirns.*
Hirn|win|dung, die (Med.): *gewundene, wulstige Erhebung der Hirnrinde.*
Hirn|zel|le, die (Med.): *Gehirnzelle.*
Hirsch, der; -[e]s, -e [1: mhd. hirʒ, ahd. hir(u)ʒ, eigtl. = gehörntes od. geweihtragendes Tier, verw. mit ↑Hirn; 4: nach der Wendung »jmdm. Hörner aufsetzen« (vgl. Horn 1)]: **1. a)** *(meist in Wäldern lebendes) wiederkäuendes Säugetier mit glattem, braunem Fell, kurzem Schwanz u. einem Geweih (beim männlichen Tier);* **b)** kurz für ↑Rothirsch: ein Rudel -e äst auf der Wiese; **c)** *männlicher Rothirsch:* der H. röhrt. **2.** (berlin. ugs.) *Könner:* dein Freund ist wirklich ein H. **3.** (oft scherzh.) Schimpfwort für eine männliche Person: mach, dass du wegkommst, du H.! **4.** (scherzh.) *betrogener Ehemann.* **5.** (scherzh.) *Fahrrad, Motorrad, Moped.*
Hirsch|an|ti|lo|pe, die: *(in Afrika heimische) Antilope mit braunem, am Hinterteil weißem Fell u. (beim männlichen Tier) langen, geringelten Hörnern.*
Hirsch|art, die: *bestimmte Art von Hirschen.*
Hirsch|fän|ger, der [zu ↑Fang (3)] (Jägerspr.): *langes, schmales, an der Spitze zweischneidiges Jagdmesser mit fest stehender Klinge, mit dem angeschossenes Wild getötet wird.*
Hirsch|ge|weih, das: *Geweih eines Hirsches.*
Hirsch|horn, das ⟨o. Pl.⟩ [mhd. hirʒhorn = Geweih des Hirsches]: *Geweih von Hirschen als Werkstoff (für Knöpfe, Griffe von Messern o. Ä.).*
Hirsch|horn|knopf, der: *Knopf aus Hirschhorn.*
Hirsch|horn|salz, das: *früher aus [Hirsch]horn gewonnenes, beim Backen von Lebkuchen o. Ä. verwendetes Treibmittel.*
Hirsch|kä|fer, der: *(in Eichenwäldern lebender) großer, schwarzer Käfer, dessen Männchen einen zu geweihartigen Zangen vergrößerten Oberkiefer aufweist.*
Hirsch|kalb, das: *junger männlicher Hirsch.*
Hirsch|kol|ben|su|mach, der: *(im östlichen Nordamerika heimischer) Baum mit samtig behaarten Zweigen, gefiederten Blättern u. grünlichen Blüten in langen Rispen.*
Hirsch|kuh, die: *weiblicher Hirsch.*
Hirsch|le|der, das: *weiches Leder aus dem Fell von Hirschen:* eine Jacke aus H.
hirsch|le|dern ⟨Adj.⟩: *aus Hirschleder.*
Hirsch|rü|cken, der (Kochk.): *Gericht aus dem Rückenstück des Hirsches:* gespickter H.
Hirsch|talg, der: *Talg vom Hirsch (bes. als Salbengrundlage u. Fußpflegemittel verwendet).*
Hirsch|zun|ge, die [nach dem zungenförmigen Umriss der Wedel]: *Farn mit langen, zungenförmigen Blättern.*
Hir|se, die; -, (Arten:) -n [mhd. hirs(e), ahd. hirsi, viell. eigtl. = Nährendes, Nahrung]: **a)** *Getreideart mit ährenähnlicher Rispe u. kleinen, runden Körnern:* H. anpflanzen; **b)** *Früchte der Hirse* (a): H. kochen.
Hir|se|brei, der: *Brei aus Hirse* (b).
Hir|se|korn, das ⟨Pl. …körner⟩: *einzelnes Korn der Hirse* (b).
Hirt, der; -en, -en, (auch:) **Hir|te,** der; -n, -n [mhd. hirt(e), ahd. hirti, zu ↑Herde]: **1.** *jmd., der eine Herde* (1) *hütet:* der H. weidet die Schafe; Ü der H. der Gemeinde (geh.; *der Geistliche als Betreuer seiner Gemeinde*); *** der Gute Hirte** (bibl.; Benennung Christi im Neuen Testament; nach Joh. 10, 11). **2.** (landsch. ugs. abwertend) *abschätzig beurteilte männliche Person:* das ist vielleicht ein H.
hir|ten ⟨sw. V.; hat⟩ [vgl. mhd. behirten = behüten, bewachen] (schweiz.): *Vieh hüten:* Kühe h.
Hir|ten|amt, das (kath. Kirche): *Amt des Priesters, Seelsorgers.*
Hir|ten|brief, der (kath. Kirche): *(von der Kanzel verlesener) Rundbrief des Bischofs an die Gläubigen, der wichtige religiöse Fragen betrifft.*
Hir|ten|dich|tung, die (Literaturw.): *Dichtung, die das beschauliche Dasein bedürfnisloser, friedlicher Hirten u. Schäfer in einer idyllischen Landschaft darstellt; Bukolik.*
Hir|ten|flö|te, die: *einfache Flöte der Hirten.*
Hir|ten|ge|dicht, das: vgl. Hirtendichtung.
Hir|ten|gott, der (Myth.): *von den Hirten verehrter Gott:* der H. Pan.
Hir|ten|hund, der: *(bes. als Wach- u. Schutzhund gehaltener) großer Hund mit lebhaftem Temperament.*
Hir|ten|jun|ge, der: *Junge, der Haustiere* (1) *hütet.*
Hir|ten|kna|be, der (dichter.): *Hirtenjunge.*
Hir|ten|kul|tur, die (Anthrop.): *Kulturform, deren Wirtschaft ausschließlich auf der Zucht von wandernden Herdentieren aufgebaut ist.*
Hir|ten|lied, das: *von Hirten gesungenes Lied.*
Hir|ten|mäd|chen, das: vgl. Hirtenjunge.
Hir|ten|spiel, das (Literaturw.): **1.** *Form des Weihnachtsspiels, bei dem die Verkündigung bei den Hirten auf dem Felde im Vordergrund der Handlung steht.* **2.** [1]*Pastorale* (2).
Hir|ten|stab, der: **1.** (geh.) *Stab des Hirten.* **2.** (kath. Kirche) *Krummstab als Symbol der bischöflichen Würde.*
Hir|ten|ta|sche, die: *gewebte, rechteckige, flache Umhängetasche (ursprünglich bes. der griechischen Hirten).*
Hir|ten|tä|schel, das; -s, **Hir|ten|tä|schel|kraut,** das ⟨o. Pl.⟩ [nach den dreieckigen, sich herzförmig verbreiternden Früchten]: *(zu den Kreuzblütlern gehörende) Pflanze mit kleinen weißen Blüten u. herzförmigen Früchten.*
Hir|ten|volk, das: *Nomadenvolk, das hauptsächlich von der Viehzucht lebt.*
Hir|tin, die; -, -nen: w. Form zu ↑Hirt, Hirte.
his, His, das; -, - (Musik): *um einen halben Ton erhöhtes h, H* (2).
[1]**His|bol|lah,** die; - [pers. ḥezbollah, aus: arab. Ḥizbᵘ Āllāh = Partei Gottes, aus: ḥizb = Schar, Rotte; Partei, zu: ḥazaba = befallen, zustoßen, erw.: [ta]ḥazzaba = eine Partei bilden u. allāh = Allah]: *(bes. im Libanon aktive) Gruppe extremistischer schiitischer Muslime.*
[2]**His|bol|lah,** der; -s, -s: *Anhänger der* [1]*Hisbollah.*
His|pa|na, die; -, -s [span. hispana]: w. Form zu ↑Hispano.
His|pa|ni|en, -s (hist.): Pyrenäenhalbinsel.
his|pa|nisch ⟨Adj.⟩: **1.** zu ↑Hispanien. **2.** *hispanoamerikanisch:* die -e Bevölkerung.
his|pa|ni|sie|ren ⟨sw. V.; hat⟩: *an die Sprache, die Sitten, die Lebensweise der Spanier angleichen.*
His|pa|nis|mus, der; -, …men (Sprachw.): *für die spanische Sprache charakteristische Eigentümlichkeit in einer nicht spanischen Sprache.*
His|pa|nist, der; -en, -en: *Vertreter der Hispanistik.*
His|pa|nis|tik, die; -: *Wissenschaft von der spanischen Sprache u. Literatur (Teilgebiet der Romanistik).*
His|pa|nis|tin, die; -, -nen: w. Form zu ↑Hispanist.
His|pa|ni|tät, die; - [span. hispanidad]: *Zusammengehörigkeitsgefühl aller Spanisch sprechenden Völker im Hinblick auf ihre gemeinsame Kultur.*
His|pa|no, der; -s, -s [span. hispano, eigtl. = Spanier; spanisch]: *in den USA lebender Einwanderer aus den Spanisch sprechenden Ländern Lateinamerikas.*
His|pa|no|ame|ri|ka|ner, der: *Hispano.*
His|pa|no|ame|ri|ka|ne|rin, die: w. Form zu ↑Hispanoamerikaner.
his|pa|no|ame|ri|ka|nisch ⟨Adj.⟩: *die Hispanoamerikaner, Hispanoamerikanerinnen betreffend.*
His|pa|no|ame|ri|ka|nis|mus, der; -, …men [span. hispanoamericanismo] (Sprachw.): *sprachliche Besonderheit des in Lateinamerika gesprochenen Spanisch.*
his|sen ⟨sw. V.; hat⟩ [aus dem Niederd.; lautm.]: *(eine Fahne, ein Segel o. Ä.) am Mast, an der Fahnenstange hochziehen* (1 a): die Flagge h.
His|ta|min, das; -s, -e [Kurzwort aus ↑Histidin u. ↑Amin] (Med.): *Gewebshormon, das im Körper aus Histidin gebildet wird u. gefäßerweiternd wirkt.*
His|ti|din, das; -s [zu griech. histíon = Gewebe, zu: histós, ↑histo-, Histo-] (Med.): *als Baustein vieler Proteine vorkommende essenzielle Aminosäure.*
his|to-, His|to- [griech. histós = Gewebe, auch = Webstuhl, Webebaum; Mastbaum] ⟨Best. in Zus. mit der Bed.⟩: *gewebe-, Gewebe-* (z. B. histologisch, Histologe).
His|to|gramm, das; -s, -e [zu griech. histós = Mastbaum u. ↑-gramm] (Statistik): *grafische Darstellung einer Häufigkeitsverteilung in Form von Säulen, die den Häufigkeiten der Messwerte entsprechen.*
His|to|lo|ge, der; -n, -n [zu ↑histo-, Histo- u. ↑-loge] (Med.): *Forscher u. Lehrer auf dem Gebiet der Histologie.*
His|to|lo|gie, die; - [↑-logie] (Med.): *Wissenschaft von den Geweben des menschlichen Körpers.*
His|to|lo|gin, die; -, -nen: w. Form zu ↑Histologe.
his|to|lo|gisch ⟨Adj.⟩ (Med.): *die Histologie betreffend, dazu gehörend.*
His|to|mat [hɪstoˈma(ː)t], der; -: Kurzwort für historischer Materialismus (↑Materialismus 2).
His|tör|chen, das; -s, - [Vkl. von ↑Historie]: *anekdotenhafte, kurze Geschichte.*
His|to|rie, die; -, -n [mhd. histōrje < lat. historia < griech. historía, eigtl. = Wissen]: **1.** ⟨o. Pl.⟩ (bildungsspr.): *[Welt]geschichte.* **2.** ⟨o. Pl.⟩ (veraltet) *Geschichtswissenschaft.* **3.** (veraltet) *[abenteuerliche, erdichtete] Erzählung.*
His|to|ri|en|bi|bel, die: *volkstümliche Darstellung der erzählenden Teile der Bibel.*
His|to|ri|en|bild, das: *Gemälde, auf dem ein historisches Ereignis o. Ä. dargestellt ist.*
His|to|ri|en|ma|ler, der: *Maler von Historienbildern.*
His|to|ri|en|ma|le|rei, die ⟨o. Pl.⟩: *Richtung der Malerei, die historische Ereignisse zum Bildgegenstand hat.*
His|to|rik, die; -: **a)** *Geschichtswissenschaft;* **b)** *Lehre von der historischen Methode der Geschichtswissenschaft.*
His|to|ri|ker, der; -s, - [lat. historicus < griech. historikós]: *Wissenschaftler, Forscher, Kenner auf dem Gebiet der Geschichte* (1).
His|to|ri|ke|rin, die; -, -nen: w. Form zu ↑Historiker.
His|to|ri|ker|streit, der ⟨o. Pl.⟩: *(Mitte der 1980er-Jahre aufgekommene) Kontroverse unter Historikern über die Einordnung u. Bewertung des Nationalsozialismus u. insbesondere der Judenverfolgung.*
His|to|ri|o|graf usw.: ↑Historiograph usw.
His|to|ri|o|graph, (auch:) Historiograf, der; -en, -en [lat. historiographus < griech. historiográphos] (bildungsspr.): *Geschichtsschreiber.*
His|to|ri|o|gra|phie, (auch:) Historiografie, die; - (bildungsspr.): *Geschichtsschreibung.*
His|to|ri|o|gra|phin, (auch:) Historiografin, die; -, -nen: w. Form zu ↑Historiograph.
his|to|risch ⟨Adj.⟩: **a)** *die Geschichte, vergangenes Geschehen betreffend, geschichtlich* (a): die -e Sprachwissenschaft; **b)** *geschichtlich* (b); **c)** *bedeutungsvoll, wichtig für die Geschichte;* das war ein -er Augenblick; **d)** *alt* (6 a), *einer früheren Zeit, Epoche angehörend:* -e Bauten.
his|to|ri|sie|ren ⟨sw. V.; hat⟩ (bildungsspr.): *das Historische an einem Stoff, an einem Gegenstand der Betrachtung bzw. Untersuchung in einer künstlerischen Darstellung o. Ä. [allzu] stark hervorheben:* sie fächert in ihrem Buch die Erdgeschichte auf, ohne je trocken zu h.; ⟨häufig im 1. Part.:⟩ die historisierende Malerei des 19. Jahrhunderts.
His|to|ri|sie|rung, die; -, -en: *das Historisieren; das Historisiertwerden.*
His|to|ris|mus, der; -, …men: **1.** ⟨o. Pl.⟩ *Geschichtsbetrachtung, die alle Erscheinungen aus ihren geschichtlichen Bedingungen heraus zu erklären u. zu verstehen sucht.* **2.** (bildungsspr.) *Überbewertung des Geschichtlichen.* **3.** *Eklektizismus* (2).

his|to|ris|tisch ⟨Adj.⟩: *den Historismus betreffend, in der Haltung des Historismus.*
His|to|ri|zis|mus, der; -, ...men: *Historismus* (2).
His|to|ri|zi|tät, die; - (bildungsspr.): **a)** *historische Betrachtungsweise; das Eingehen auf die Geschichte:* der Verzicht auf H.; **b)** *das Historischsein* (b); **c)** *das Historischsein* (c).
Hit, der; -[s], -s [engl. hit, eigtl. = Schlag, Treffer, Stoß]: **1.** (ugs.) *besonders erfolgreiches Musikstück, häufig gespielter Titel moderner Musik:* der Schlager wurde ein H. **2.** (ugs.) *etw., was (für eine bestimmte Zeit) besonders erfolgreich, beliebt ist, von vielen gekauft wird:* der H. der Saison. **3.** (Jargon) *Portion Rauschgift zum Injizieren.* **4.** (EDV Jargon) *Resultat einer Suche im Internet:* die Abfrage erbrachte rund 200 -s.
hitch|hi|ken [ˈhɪtʃhaikn̩] ⟨sw. V.; hat⟩ [engl. to hitch-hike, aus: hitch = das An-, Festhalten u. to hike = wandern, reisen] (selten): *trampen.*
Hitch|hi|ker [ˈhɪtʃhaikɐ], der; -s, - [engl. hitch-hiker] (selten): *Tramper.*
Hitch|hi|ke|rin, die; -, -nen: w. Form zu ↑Hitchhiker.
Hit|ler|fa|schis|mus, der (DDR): *Faschismus in nationalsozialistischer Ausprägung.*
Hit|ler|geg|ner, der: *Gegner Adolf Hitlers in der Hitlerzeit.*
Hit|ler|geg|ne|rin, die: w. Form zu ↑Hitlergegner.
Hit|ler|gruß, der: *nationalsozialistischer Gruß* (1), *bei dem der rechte Arm mit flacher Hand schräg nach oben gestreckt wird.*
Hit|ler|ju|gend, die: *nationalsozialistische Jugendorganisation.*
Hit|ler|jun|ge, der: *Angehöriger der Hitlerjugend.*
Hit|ler|zeit, die ⟨o. Pl.⟩: *Zeit der Herrschaft des Nationalsozialismus in Deutschland.*
Hit|lis|te, die [zu ↑Hit (1)]: *Verzeichnis der (innerhalb eines bestimmten Zeitraums) beliebtesten od. am meisten verkauften Schlager.*
Hit|pa|ra|de, die; -, -n: **1.** *Hitliste.* **2.** *Radio-, Fernsehsendung o. Ä., in der Hits* (1) *vorgestellt werden.*
Hit|sche: ↑²Hutsche.
Hit|sin|gle, die (ugs.): *besonders erfolgreiche ²Single.*
hit|ver|däch|tig ⟨Adj.⟩: *einen Hit erwarten lassend:* ein -er Song.
Hit|ze, die; -, (Fachspr.:) -n [mhd. hitze, ahd. hizz(e)a, zu ↑heiß]: **1.** *sehr starke, als unangenehm empfundene Wärme; hohe Lufttemperatur:* eine sengende, brütende, feuchte H.; H. abweisende Asbestanzüge; bei der H. kann man nicht arbeiten; in dieser H. ist es nicht auszuhalten; den Kuchen bei mäßiger, mittlerer H. (Kochk.; *mäßiger, mittlerer Backofentemperatur*) backen; nach der großen H. *(der Hitzeperiode, Hitzewelle).* **2.** *durch Erregung, Fieber o. Ä. hervorgerufener, mit Blutandrang verbundener Zustand; Empfindung von starker Wärme im Körper od. in einer Körperpartie:* eine aufsteigende H.; * **fliegende H.** (Med.; *plötzliche Hitzewallung[en] im Körper, bes. während des Klimakteriums*): sie leidet unter fliegender H. **3.** *heftige Erregung; Zornesaufwallung:* jmdn. in H. bringen; * **in der H. des Gefechts** (↑Eifer). **4.** *Zeit der Läufigkeit, Paarungsbereitschaft bei weiblichen Hunden u. Katzen.*
hit|ze|ab|wei|send ⟨Adj.⟩: *Hitze nicht einwirken lassend:* äußerst -es Material.
hit|ze|be|stän|dig ⟨Adj.⟩: *unempfindlich gegenüber der Einwirkung von [großer] Hitze:* -es Glas.
Hit|ze|bläs|chen, das (Med.): *Friesel.*
Hit|ze|ein|wir|kung, die: *Einwirkung von [großer] Hitze.*
hit|ze|emp|find|lich ⟨Adj.⟩: *nicht sehr widerstandsfähig gegen Hitze:* ein -er Kunststoff.
Hit|ze|ent|wick|lung, die ⟨o. Pl.⟩: vgl. Wärmeentwicklung.
hit|ze|frei ⟨Adj.⟩: *schul-, arbeitsfrei wegen großer Hitze:* heute ist h.; h. haben, bekommen.
Hit|ze|frei, das; - ⟨meist o. Art.⟩: *schul-, arbeitsfreie Zeit wegen großer Hitze:* H. erteilen; [kein] H. bekommen, haben.
Hit|ze|pe|ri|o|de, die: **1.** *längerer Zeitraum mit sehr heißem Wetter.* **2.** *Periode des Läufigseins bei weiblichen Hunden u. Katzen.*
Hit|ze|schild, der [LÜ von engl. heat shield]: *Schutzschild an Raumfahrzeugen, durch den die hohen Temperaturen, die beim Wiedereintritt in die Erdatmosphäre entstehen, abgemildert werden.*
Hit|ze|wal|lung, die: *plötzliches, kurz anhaltendes Gefühl von Hitze* (2) *im Körper.*
Hit|ze|wel|le, die: vgl. Kältewelle.
hit|zig ⟨Adj.⟩ [1–3: mhd. hitzec]: **1. a)** *von leicht erregbarem Temperament u. dabei heftig, jähzornig in seinen Reaktionen:* ein -er Mensch; sie wird sehr leicht h.; **b)** *[in ungezügelter Weise] leidenschaftlich:* ein -es Temperament; -es Blut *(ein leidenschaftliches Temperament)* haben; **c)** *erregt, mit Leidenschaft [geführt]:* eine -e Debatte; h. seinen Standpunkt verteidigen. **2.** (veraltet) *heiß, fiebrig:* mit -em Kopf. **3.** *(von weiblichen Hunden u. Katzen) läufig, brünstig.* **4.** (Landw.) *(vom Boden) gut durchlüftet u. dadurch Humus u. Nährstoffe rasch abbauend:* -e Böden.
Hitz|kopf, der: *Mensch, der leicht in Erregung gerät u. sich dann unbeherrscht, unbesonnen verhält.*
hitz|köp|fig ⟨Adj.⟩: *sich wie ein Hitzkopf verhaltend; einen Hitzkopf kennzeichnend.*
Hitz|po|cke die ⟨meist Pl.⟩: *Friesel.*
Hitz|schlag, der: *Kollaps mit Übelkeit, Schweißausbrüchen o. Ä. als Folge eines Wärmestaus im Körper bei großer Hitze.*
HIV [haːliːˈfau], das; -[s], -[s] ⟨Pl. selten⟩ [Abk. von engl. human immunodeficiency virus]: *maßgeblicher Erreger von Aids.*
HIV-ne|ga|tiv ⟨Adj.⟩: *serologisch nachweislich nicht von HIV befallen.*
HIV-po|si|tiv ⟨Adj.⟩: *serologisch nachweislich von HIV befallen.*
Hi|wi, der; -s, -s [kurz für: Hilfswilliger] (ugs.): **1.** *Hilfswilliger.* **2.** (Jargon) *wissenschaftliche Hilfskraft an einer Universität:* sie hat einen Job als H. **3.** (ugs. abwertend) *jmd., der an untergeordneter Stelle Hilfsdienste leistet.*
HJ [haːˈjɔt], die; - (nationalsoz.): *Hitlerjugend.*
HK = Hefnerkerze.
hl = Hektoliter.
hl. = heilig.
hll. = heilige ⟨Pl.⟩.
hm = Hektometer.
hm!: I. ⟨Interj.⟩ Laut des Räusperns, Hüstelns. II. ⟨Gesprächspartikel⟩ **1.** drückt [zögernde] Zustimmung aus: »Kommst du mit?« – »Hm!« **2.** drückt Nachdenklichkeit od. Bedenken, auch Verlegenheit aus: hm, das ist eine schwierige Frage. **3.** drückt fragende Verwunderung aus: »Ich habe im Lotto gewonnen.« – »Hm?« **4.** drückt Kritik, Missbilligung aus: hm, hm, das ist bedenklich.
h. m. = huius mensis (dieses Monats).
H-Milch [ˈhaː...], die ⟨o. Pl.⟩ [kurz für: haltbare Milch]: *durch besonders hohes Erhitzen haltbar gemachte Milch.*
h-Moll [ˈhaːmɔl, auch: ˈ-ˈ-], das; -: *auf dem Grundton h beruhende Molltonart;* Zeichen: h (↑h, H 2).
h-Moll-Ton|lei|ter, die: *auf dem Grundton h beruhende Molltonleiter.*
HNO-Arzt [haːlɛnˈoː...], der: kurz für ↑Hals-Nasen-Ohren-Arzt.
HNO-Ärz|tin, die: w. Form zu ↑HNO-Arzt.
HNO-ärzt|lich ⟨Adj.⟩: *den HNO-Arzt betreffend, von ihm ausgehend:* ein -es Gutachten.
HNO-Sta|ti|on, die: *Station in einem Krankenhaus, auf der Patienten mit Erkrankungen im Bereich von Hals, Nase u. Ohren behandelt werden.*
ho ⟨Interj.⟩: Ausruf des Staunens od. der Abwehr: ho, was machst du denn da!
HO [haːˈoː], die; - (DDR): *Handelsorganisation* (2): in der HO einkaufen.
hob: ↑heben.
Hob|by [ˈhɔbi], das; -s, -s [engl. hobby; H. u.]: *als Ausgleich zur täglichen Arbeit gewählte Beschäftigung, mit der jmd. seine Freizeit ausfüllt u. die er mit einem gewissen Eifer betreibt:* ihre -s sind Reiten und Lesen; ein H. haben; etw. nur als H. betrachten.
Hob|by-: drückt in Bildungen mit Substantiven aus, dass jmd. eine bestimmte Tätigkeit nur als Hobby, aus Spaß an der Sache selbst ausübt: Hobbyfilmer, -funker, -taucher, -winzer.
Hob|by|ist, der; -en, -en: *jmd., der ein Hobby betreibt.*
Hob|by|is|tin, die; -, -nen: w. Form zu ↑Hobbyist.
Hob|by|koch, der: *jmd., dessen Hobby das Kochen ist.*
Hob|by|kö|chin, die: w. Form zu ↑Hobbykoch.
hob|by|mä|ßig ⟨Adj.⟩: *in der Weise eines Hobbys betrieben:* etw. h. betreiben.
Hob|by|raum, der: *Raum, in dem jmd. seinem Hobby nachgeht.*
Ho|bel, der; -s, - [mhd. hobel, hovel, rückgeb. aus ↑hobeln]: **1.** *[Tischler]werkzeug zum Glätten von [Holz]flächen durch Abheben von Spänen mithilfe einer Stahlklinge, die schräg aus einem mit einem Griff versehenen Holzkörper herausragt:* den H. ansetzen, führen; Bretter mit dem H. bearbeiten. **2.** *Küchengerät zum Hobeln* (2) *von bestimmtem Gemüse* (z. B. Gurken, Kohl o. Ä.). **3.** (Bergbau) *Gerät, das am Flöz entlanggezogen wird u. mit Meißeln Kohle herausschneidet.*
Ho|bel|bank, die ⟨Pl. ...bänke⟩: *großer Arbeitstisch, auf dem hölzerne Werkstücke beim Bearbeiten (bes. beim Hobeln) eingespannt werden.*
Ho|bel|ma|schi|ne, die: *Maschine zum Hobeln* (1 b) *von Holz od. Metall.*
Ho|bel|mes|ser, das: *geschliffene Stahlklinge im Hobel* (1).
ho|beln ⟨sw. V.; hat⟩ [mhd. hobeln, hoveln, (md.) hübeln, wohl zu Hübel = Unebenheit, also eigtl. = Unebenheiten beseitigen]: **1. a)** *mit dem Hobel arbeiten:* der Tischler hobelt und sägt; er hobelte an einem Balken; **b)** *mit dem Hobel bearbeiten, glätten:* Bretter h.; **c)** *durch Hobeln* (a) *hervorbringen, entstehen lassen:* Riefen und Dellen h. **2.** *mit einem Hobel* (2) *klein od. in dünne Scheiben od. Streifen schneiden:* Gurken h. **3.** (derb) *koitieren.*
Ho|bel|span, der ⟨meist Pl.⟩: *beim Hobeln von Holz, seltener von Metall entstehender Span:* die Hobelspäne zusammenkehren.
Ho|boe usw. (veraltet): ↑Oboe usw.
hoc an|no [lat.] (Kaufmannsspr. veraltet): *in diesem Jahr;* Abk.: h. a.
hoch [mhd. hō(ch), ahd. hōh, eigtl. = gewölbt; nach oben gebogen]: I. ⟨Adj.; höher, höchste⟩ **1. a)** *von beträchtlicher Höhe, Ausdehnung in vertikaler Richtung:* ein hoher Berg; etw. ist h., ragt h. auf; sie trägt hohe Absätze, hohe Schuhe (1. *Schuhe, die bis über die Knöchel reichen.* 2. südd.; *Schuhe mit hohen Absätzen*); Ü als Erster h. sein (ugs.; *aufgestanden sein*); **b)** *in beträchtlicher Entfernung vom Erdboden [sich befindend o. Ä.]; in großer Höhe:* hohe Wolken; h. oben [am Himmel]; die Schwalbe fliegt h.; die Sonne steht h.; ein h. gelegener, noch höher gelegener Ort; * **etw. [nicht so] h., höher hängen** (ugs.; *etw. [nicht so] wichtig, wichtiger nehmen*); **jmdm./für jmdn. zu h. sein** (ugs.; *von jmdm. nicht begriffen werden*): was sie da über den Existenzialismus geschrieben hat, ist mir zu h.; **c)** *an Höhe, Ausdehnung nach oben über den Durchschnitt od. einen Vergleichswert hinausgehend; besonders od. ungewöhnlich weit nach oben ausgedehnt:* ein hoher Raum; eine hohe Stirn; ein Mann von hohem Wuchs, hoher Gestalt (geh.; *ein großer Mann*); h. bepackte Lastträger; **d)** *in relativ große[r] Höhe; [weit] nach oben; bis [weit] nach oben:* sie hob die Arme h. über den Kopf; die Blasen steigen immer höher; ein h. aufgeschossener *(schnell gewachsener großer u. dünner)* junger Mann; ein h. gewachsenes junges Mädchen; h. *(relativ weit oben im Gesicht)* liegende Wangenknochen; Ü nach Hamburg h. (ugs.; *nach Norden;*

orientiert an der aufgehängten Landkarte); e) ⟨in Verbindung mit Maßangaben nachgestellt⟩ *eine bestimmte Höhe aufweisend; sich in einer bestimmten Höhe befindend:* ein 1 800 Meter hoher Berg; der Turm ist [zehn Meter] höher als das Haus; der Schnee liegt einen Meter h.; Ü sie kamen sechs Mann h. (ugs.; *zu sechst*). **2. a)** *eine große Summe, Menge beinhaltend:* eine hohe Summe; hohe Mieten; es herrscht hohe *(große)* Arbeitslosigkeit; die Preise sind sehr h.; der Gewinn ist nicht höher als im letzten Jahr; h. verlieren *(mit großer Punktzahl verlieren)*; h. versichert *(auf eine hohe Summe versichert)* sein; die Preise höher schrauben *(kontinuierlich erhöhen)*; ein h. besteuertes *(mit hohen Steuern belegtes)* Einkommen; mit einem höher besteuerten Zuschlag; h. *(sehr gut)* bezahlte Mitarbeiter; ein h. *(sehr gut)* bezahlter, h. dotierter Posten; h. dosierte Penizillingaben; sie hat eine höher bezahlte Stellung, einen höher dotierten Posten angenommen; ein h. verschuldetes *(mit hohen Schulden belastetes)* Unternehmen; * **zu h. gegriffen sein** *(zahlenmäßig, mengenmäßig zu hoch geschätzt, überschätzt sein)*: die Zahl der Beteiligten ist sicher zu h. gegriffen; **wenn es/wenns h. kommt** (ugs.; *höchstens*); **b)** *einen Wert im oberen Bereich einer [gedachten] Skala kennzeichnend:* hohes Fieber; der Blutdruck ist zu h. **3. a)** *zeitlich in der Mitte, auf dem Höhepunkt stehend:* im hohen Mittelalter; es ist hoher Sommer; **b)** *zeitlich weit vorgeschritten:* ein hohes Alter erreichen; bis h. ins 18. Jahrhundert; sie war h. in den achtzig *(weit über 80 Jahre alt)*; es ist höchste Zeit, wenn wir den Zug noch erreichen wollen. **4.** *in einer Rangordnung, in einer [gesellschaftlichen] Hierarchie oben stehend:* ein hoher Offizier; ein hoher Feiertag; eine Sache auf höchster Ebene beraten; sich an höchster Stelle *(bei der obersten zuständigen Stelle)* beschweren; eine Mitarbeiterin höher gruppieren *(einer höheren Lohngruppe zuordnen)*, höher stufen *(auf eine höhere Stufe stellen)*; ein h. dekorierter *(mit zahlreichen Orden ausgezeichneter)* Offizier; h. stehende *(einen hohen Entwicklungsstand aufweisende)* Tiere; h. gestellte Persönlichkeiten; eine geistig h. stehende *(sehr gebildete)* Dame; höher stehende, höher gestellte Persönlichkeiten; * **etw. h. und heilig versprechen, versichern** *(etw. ganz fest, feierlich versprechen, versichern;* »hoch« bezieht sich hier auf das In-die-Höhe-Heben der Schwurhand): sie hatte uns h. und heilig versprochen, am nächsten Tag zu kommen. **5. a)** *in qualitativer Hinsicht von beträchtlicher Höhe, sehr groß:* hohe Ansprüche stellen; auf eine höhere Schule gehen; h. gespannte Erwartungen; h. gesteckte Ziele; qualitativ h. stehende Erzeugnisse; ⟨subst.:⟩ nach Höherem streben; **b)** ⟨intensivierend bei Adj. u. Verben⟩ *sehr:* jmdm. etw. h. anrechnen; jmdn. h. achten, schätzen, verehren; h. geschätzte, h. verehrte Anwesende; h. gebildet, h. begabt, höher begabt sein; ein h. angesehener, h. geachteter, h. geehrter Künstler; h. *(in hohem Maße)* beanspruchte Maschinenteile; ein h. *(in hohem Maße)* differenziertes System von Zeichen; h. empfindliche Instrumente; h. *(in hohem Maße)* entwickelte, h. industrialisierte, h. technisierte, h. zivilisierte Länder; die höher entwickelten Städte des Mittelalters; die h. *(in hohem Maße)* favorisierte Sportlerin; eine h. konzentrierte Säure; h. motivierte Teilnehmer; h. *(in hohem Maße)* qualifizierte, h. spezialisierte Fachkräfte; h. *(in hohem Maße)* verdichtet sein. **6.** *(in Bezug auf Töne, Klänge) durch eine große Zahl von Schwingungen hell klingend:* eine hohe Stimme. **7.** (Math.) Bezeichnung der mathematischen Potenz: zwei h. drei (2^3). **II.** ⟨Adv.⟩ (häufig imperativisch od. elliptisch) *nach oben, aufwärts, in die Höhe:* h., steh auf!

Hoch, das; -s, -s: **1.** *Hochruf:* auf den Jubilar wurde ein dreifaches H. ausgebracht. **2.** (Met.) *Hochdruckgebiet:* ein H. liegt über Mitteleuropa; Ü sie erlebt gerade ein seelisches H.

hoch-: 1. (verstärkend) drückt in Bildungen mit Adjektiven eine Verstärkung aus/*sehr:* hochakut, -zufrieden. **2.** drückt in Bildungen mit Verben aus, dass eine Person oder Sache durch etw. (ein Tun) hinaufgelangt, nach oben, in die Höhe gelangt: sich hocharbeiten, hochbinden.

Hoch-: kennzeichnet in Bildungen mit Substantiven den Höhepunkt, den höchsten Entwicklungsstand von etw.: Hochbarock, -kapitalismus.

hoch|acht|bar ⟨Adj.⟩ (geh.): *hoch zu schätzend.*

hoch ach|ten: s. hoch (I 5 b).

hoch|ach|tend ⟨Adv.⟩ (veraltet): *hochachtungsvoll.*

Hoch|ach|tung, die; -: *besonders große Achtung:* größte H. vor jmdm. haben; ich gebe meiner H. Ausdruck; in Grußformeln am Briefschluss: mit vorzüglicher H.

hoch|ach|tungs|voll ⟨Adv.⟩ (meist in Grußformeln am Briefschluss in förmlichen, nicht persönlichen Schreiben): *mit Hochachtung:* ... und verbleiben h. ...; Hochachtungsvoll Hans Meyer.

Hoch|adel, der: *Gesamtheit der Angehörigen der höchsten Rangstufen des Adels:* sie entstammt dem europäischen H.

hoch|ade|lig, hoch|ad|lig ⟨Adj.⟩: *dem Hochadel angehörend:* eine -e Gesellschaft.

hoch|ak|tu|ell ⟨Adj.⟩: *sehr, besonders aktuell.*

Hoch|alm, die: *Alm, die über der Voralpe gelegen ist u. auf der das Vieh im Sommer weidet.*

hoch|al|pin ⟨Adj.⟩: **1.** *die obere Region der Alpen, das Hochgebirge betreffend:* eine -e Landschaft. **2.** *in den oberen Regionen der Alpen, des Hochgebirges vorkommend:* die -e Fauna. **3.** *den Alpinismus in hohen Regionen betreffend:* -e [Ski]touren.

Hoch|al|tar, der: *erhöhter Hauptaltar in od. vor der Apsis einer katholischen od. früher katholischen Kirche.*

Hoch|amt, das (kath. Kirche): *feierliche* [1]*Messe* (1), *bei der bestimmte liturgische Texte gesungen werden.*

hoch an|ge|se|hen: s. hoch (I 5 b).

hoch|an|stän|dig ⟨Adj.⟩: *(in Bezug auf eine Person u. ihr Verhalten in einem bestimmten Zusammenhang) in besonders anzuerkennender, nicht als selbstverständlich anzusehender Weise anständig* (1): ein -er Mensch.

Hoch|an|ten|ne, die: *auf dem Dach eines Hauses angebrachte Antenne.*

hoch|ar|bei|ten, sich ⟨sw. V.; hat⟩: *durch Zielstrebigkeit, Fleiß u. Ausdauer eine höhere [berufliche] Stellung erlangen:* er hatte sich mit stetem Fleiß hochgearbeitet.

Hoch|aris|to|kra|tie, die: *Hochadel.*

hoch|auf|lö|send ⟨Adj.⟩ (Optik, Fot.): *große Fähigkeit zum Auflösen* (6) *besitzend u. damit einen hohen Grad von Bildschärfe bewirkend:* -e optische Systeme.

Hoch|bahn, die: *(innerhalb einer Stadt) auf einer brückenähnlichen Konstruktion oberhalb des Straßennetzes verkehrende Bahn.*

Hoch|bar|ren, der (Sport): *Stufenbarren mit (auf internationale Wettkampfhöhe) hochgestellten Holmen.*

Hoch|bau, der; ⟨Pl. -ten⟩: **1.** ⟨o. Pl.⟩ *Teilbereich des Bauwesens, der das Planen u. Errichten von Bauten umfasst, die im Wesentlichen über dem Erdboden liegen:* er ist Ingenieur für H. **2.** (Fachspr.) *Bau, dessen Hauptteile über dem Erdboden liegen:* -ten aus Stahlbeton.

hoch be|an|sprucht: s. hoch (I 5 b).

Hoch|beet, das (Gartenbau): *erhöht angelegtes Beet.*

hoch|be|gabt ⟨Adj.⟩: *sehr, über das durchschnittliche Maß, über die durchschnittliche Erwartung begabt:* ein -er junger Musiker.

hoch|be|glückt ⟨Adj.⟩: *sehr beglückt, sehr froh über etw.*

hoch|bei|nig ⟨Adj.⟩: **a)** *(von Menschen u. bestimmten Tieren) mit sehr langen Beinen (die in der Proportion des Körpers besonders ins Auge fallen, für sie charakteristisch sind):* eine -e Frau; ein -er Hund; Pferde einer -en Rasse; **b)** *(von bestimmten Möbelstücken, deren Beine im Verhältnis zum Ganzen sehr hoch sind) mit hohen Beinen* (2): ein -es Tischchen; **c)** (Jargon) *(von bestimmten Fahrzeugen) mit großer Bodenfreiheit:* -e Geländewagen.

hoch|be|jahrt ⟨Adj.⟩ (geh.): *alt.*

hoch be|la|den, hoch be|packt: s. hoch (I 1 c).

hoch|be|rühmt ⟨Adj.⟩: *sehr berühmt.*

hoch be|steu|ert: s. hoch (I 2 a).

hoch|be|tagt ⟨Adj.⟩: *in hohem Lebensalter stehend, sehr alt:* h. sterben.

Hoch|be|trieb, der ⟨o. Pl.⟩ (ugs.): *mit viel Trubel, Gedränge, Geschäftigkeit o. Ä. verbundener Andrang, Ansturm an einem bestimmten Ort:* wir haben heute H. *(haben viel zu tun).*

hoch be|zahlt: s. hoch (I 2 a).

hoch|bie|gen ⟨st. V.; hat⟩ (ugs.): **1.** *nach oben biegen:* das Drahtende h. **2.** ⟨h. + sich⟩ *sich nach oben verbiegend verformen:* der Rand des Pfannkuchens hat sich beim Braten hochgebogen.

Hoch|bild, das: *Relief.*

hoch|bin|den ⟨st. V.; hat⟩: *in die Höhe binden.*

Hoch|blatt, das (Bot.): *um- od. zurückgebildetes Blatt bei einer krautigen Pflanze, das die Blütenknospe verhüllt od. Teil einer Scheinblüte ist:* die roten Blätter des Weihnachtssterns sind Hochblätter.

hoch|bli|cken ⟨sw. V.; hat⟩: **a)** *in die Höhe blicken; aufblicken* (1); **b)** *aufblicken* (2): bewundernd zu jmdm. h.

Hoch|blü|te, die ⟨o. Pl.⟩: *Zeit größter wirtschaftlicher, kultureller o. ä. Entwicklung:* eine wirtschaftliche H. erleben.

hoch|bo|cken ⟨sw. V.; hat⟩ (Technik): *aufbocken:* das Auto h.

hoch|brin|gen ⟨unr. V.; hat⟩: **1. a)** *nach oben bringen:* die Koffer h.; **b)** (ugs.) *mit in die Wohnung bringen:* sie durfte keinen Jungen mit h. **2. a)** *aufziehen, großziehen;* **b)** *jmdn. gesund machen:* den Kranken [wieder] h.; Ü das Geschäft wieder h. **3.** (ugs.) *in Wut versetzen; ärgern; aufbringen:* solche Äußerungen bringen ihn hoch. **4.** (ugs.) *hochkriegen.*

Hoch|burg, die [urspr. = über einer Stadt gelegene Befestigung, die als Zuflucht für die Stadtbewohner diente]: *Ort, der als Zentrum einer geistigen Bewegung gilt:* Münster ist eine H. des Katholizismus.

hoch|bu|sig ⟨Adj.⟩: *mit hoch angesetztem Busen.*

hoch de|ko|riert: s. hoch (I 4).

hoch|deutsch ⟨Adj.⟩: **a)** *deutsch, wie es nicht den Mundarten od. der Umgangssprache, sondern der allgemein verbindlichen deutschen Sprache entspricht (bes. in Bezug auf die dialektfreie Aussprache):* die -e Aussprache; h. sprechen; **b)** *ober- u. mitteldeutsch.*

Hoch|deutsch, das: vgl. Deutsch.

Hoch|deut|sche, das ⟨nur mit best. Art.⟩: vgl. [2]Deutsche.

hoch|die|nen, sich ⟨sw. V.; hat⟩: *sich langsam hart arbeitend von einer untergeordneten Position zu einer gewichtigeren hocharbeiten.*

hoch dif|fe|ren|ziert: s. hoch (I 5 b).

hoch do|siert, hoch do|tiert: s. hoch (I 2 a).

hoch|dre|hen ⟨sw. V.; hat⟩: **a)** *mithilfe einer Drehvorrichtung in die Höhe drehen:* die Seitenfenster des Autos, die Schranke h.; **b)** (Technik) *einen Motor auf hohe Drehzahlen bringen;* **c)** (Technik) *(vom Motor) auf eine höhere Drehzahl kommen.*

[1]**Hoch|druck,** der ⟨o. Pl.⟩: **1.** (Physik) *hoher* [1]*Druck* (1) *in Flüssigkeiten od. Gasen.* **2.** (Med.) kurz für ↑ Bluthochdruck. **3.** (Met.) *hoher Luftdruck:* heute herrscht H. *(Hochdruckwetter).* **4.** (ugs.) *intensive Geschäftigkeit, Betriebsamkeit; Eile:* zurzeit herrscht H.; * **mit/unter H.** (ugs.; *intensiv u. mit großer Eile*): unter H. arbeiten.

[2]**Hoch|druck,** der ⟨Pl. -e⟩: **1.** ⟨o. Pl.⟩ *Druckverfahren, bei dem die druckenden Teile der Druckform höher liegen als die nicht druckenden* (z. B. Buchdruck). **2.** *im Hochdruckverfahren hergestelltes Erzeugnis.*

Hoch|druck|ge|biet, das (Met.): *Gebiet mit hohem Luftdruck; Hoch* (2).
Hoch|druck|ver|fah|ren, das: [2]*Hochdruck* (1).
Hoch|ebe|ne, die: *in größerer Höhe über dem Meeresspiegel liegende Ebene.*
hoch|ele|gant ⟨Adj.⟩: *sehr, ungewöhnlich elegant.*
hoch emp|find|lich, hoch ent|wi|ckelt: s. hoch (I 5 b).
hoch|er|freut ⟨Adj.⟩: *sehr erfreut.*
hoch|er|ho|ben ⟨Adj.⟩: *weit nach oben gestreckt:* mit -en Armen.
hoch|ex|plo|siv ⟨Adj.⟩: **a)** *in hohem Maße explosiv* (1 a); **b)** *in hohem Maße explosiv* (1 b): ein -er Mensch.
hoch|fah|ren ⟨st. V.⟩: **1.** (ugs.) **a)** *nach oben fahren, hinauffahren* ⟨ist⟩: mit dem Fahrstuhl in den vierten Stock h.; **b)** *mit einem Fahrzeug an einen höher gelegenen Ort bringen* ⟨hat⟩: das Gepäck zur Skihütte h. **2.** (ugs.) **a)** *an einen nördlich gelegenen Ort fahren* ⟨ist⟩: ich fahre heute nach Hamburg hoch; **b)** *mit einem Fahrzeug an einen nördlich gelegenen Ort bringen* ⟨hat⟩: ich muss meine Mutter nach Hamburg h.; **c)** *ein Fahrzeug o. Ä. an einen nördlich gelegenen Ort bringen* ⟨hat⟩: das Auto wieder nach Hamburg h. **3.** ⟨ist⟩ **a)** *(durch etw. überrascht, erschreckt werden u. deshalb) auffahren, sich plötzlich erheben:* bei dem Knall ist sie aus dem Schlaf, aus dem Bett hochgefahren; **b)** *plötzlich wütend werden, aufbrausen:* bei dieser Bemerkung fuhr er wütend hoch. **4. a)** (Technik) *erhöhen* ⟨hat⟩: der Ofen wird auf 2 000 Grad hochgefahren *(die Temperatur im Ofen wird auf 2 000 Grad erhöht);* **b)** (EDV) *booten:* den Computer, Rechner h.
hoch|fah|rend ⟨Adj.⟩: *andere geringschätzig behandelnd u. arrogant, überheblich:* ein -es Wesen, Benehmen.
hoch|fein ⟨Adj.⟩ (bes. Kaufmannsspr.): *(in Bezug auf Qualität, Güte o. Ä.) sehr fein, erstklassig.*
Hoch|fi|nanz, die ⟨o. Pl.⟩: *Gesamtheit der einflussreichen Bankiers u. Finanziers, die über erhebliche wirtschaftliche u. politische Macht verfügt.*
Hoch|flä|che, die: vgl. Hochebene.
hoch|flie|gen ⟨st. V.; ist⟩: **a)** *in die Höhe, nach oben fliegen;* **b)** *in die Luft geschleudert werden.*
hoch|flie|gend ⟨Adj.⟩: *als Ziel o. Ä. [allzu] hoch über dem Realisierbaren liegend:* -e Pläne.
hoch|flo|rig ⟨Adj.⟩ (Textilind.): *mit hohem* [2]*Flor* (2): -er Samt, Teppichboden.
Hoch|flut, die: **1.** *höchster Stand der Flut.* **2.** *[plötzliches] Überangebot; zu große Menge:* eine H. von Büchern zu diesem Thema.
Hoch|form, die ⟨o. Pl.⟩: *(bes. in Bezug auf Sportler) besonders gute, hervorragende Form* (2): die Spieler waren in H.
Hoch|for|mat, das: **a)** *Format (von Bildern, Schriftstücken, Fotos o. Ä.), bei dem die Höhe größer ist als die Breite;* **b)** *Bild, Schriftstück, Foto o. Ä. im Hochformat* (a).
hoch|fre|quent ⟨Adj.⟩ (Physik): *mit sehr hoher Schwingungszahl.*
Hoch|fre|quenz, die (Physik): *elektromagnetische Schwingung mit relativ hoher Frequenz.*
Hoch|fre|quenz|strom, der (Elektrot.): *Strom mit hoher Frequenz.*
Hoch|fre|quenz|tech|nik, die (Elektrot.): *Erzeugung u. Anwendung von hochfrequenten Strömen u. Schwingungen als Bereich der Elektrotechnik.*
Hoch|fri|sur, die: *Frisur mit hochgekämmten u. oben auf dem Kopf befestigten [langen] Haaren.*
Hoch|ga|ra|ge, die: *über eine Rampe erreichbare, nicht zu ebener Erde liegende Garage.*
hoch ge|ach|tet: s. hoch (I 5 b).
Hoch|ge|bet, das (kath. Kirche): *Kanon* (5).
hoch|ge|bil|det ⟨Adj.⟩: *äußerst gebildet; mit einer umfassenden Bildung* (1 b).
Hoch|ge|bir|ge, das: *steile, schroffe Formen aufweisendes, hohes Gebirge.*
hoch ge|ehrt: s. hoch (I 5 b).
hoch|ge|fähr|lich ⟨Adj.⟩: *äußerst gefährlich.*
hoch|ge|hen ⟨unr. V.; ist⟩: **1. a)** *sich nach oben, in die Höhe bewegen:* die Schranke geht hoch; Ü die Preise gehen hoch *(steigen);* **b)** (ugs.) *nach oben, aufwärts gehen; hinaufgehen:* die Straße h.; **c)** (ugs.) *explodieren:* die Sprengladung ging hoch. **2.** (ugs.) *in Wut, in Zorn geraten:* als niemand seine Anordnungen befolgte, ging er hoch. **3.** (ugs.) *(von illegalen Vereinigungen, Unternehmungen o. Ä.) von der Polizei o. Ä. aufgedeckt werden:* die Bande ist hochgegangen.
hoch|geis|tig ⟨Adj.⟩: *geistig auf einer sehr hohen Stufe stehend.*
hoch ge|le|gen: s. hoch (I 1 b).
hoch|ge|lehrt ⟨Adj.⟩: *sehr gelehrt; sehr gebildet:* -e Leute.
hoch|ge|mut ⟨Adj.⟩ [mhd. hōchgemuot = edel gesinnt; froh gestimmt, zu: gemuot = gesinnt, gestimmt, zu ↑Mut in der alten Bed. »Empfinden, Gemüt, Stimmung«] (geh.): *froh u. zuversichtlich gestimmt:* ein -er Mensch.
Hoch|ge|nuss, der: *ganz besonderer Genuss* (2).
Hoch|ge|richt, das: **1.** *(im MA.) Gericht für sehr schwere Verbrechen.* **2.** *Hinrichtungsstätte.*
hoch ge|schätzt: s. hoch (I 5 b).
hoch|ge|schlos|sen ⟨Adj.⟩: *(von bestimmten Kleidungsstücken) bis zum Hals geschlossen:* eine -e Bluse.
hoch|ge|schraubt ⟨Adj.⟩: *(von Erwartungen, Ansprüchen o. Ä.) sehr hoch.*
Hoch|ge|schwin|dig|keits|netz, das (Eisenb.): *Streckennetz von Hochgeschwindigkeitszügen.*
Hoch|ge|schwin|dig|keits|zug, der: *mit einer Geschwindigkeit von mindestens 250 Stundenkilometern fahrender Zug.*
hoch|ge|sinnt ⟨Adj.⟩: *von edler, vornehmer Gesinnung.*
hoch|ge|spannt ⟨Adj.⟩: **1.** (Elektrot.) *Hochspannung aufweisend:* -e Ströme. **2.** (Technik) *unter hohem Druck stehend:* -e Dämpfe.
hoch ge|steckt: s. hoch (I 5 a).
hoch|ge|stellt ⟨Adj.⟩: *gegenüber der normalen Zeilenhöhe eines Textes [ein wenig] nach oben verschoben:* -e Indizes; -e (Math.; *als Hochzahl verwendete*) Zahlen.
hoch|ge|stimmt ⟨Adj.⟩ (geh.): *von einer freudigen, erwartungsvollen od. erhabenen Stimmung erfüllt, getragen:* eine -e Deklaration.
hoch|ge|sto|chen ⟨Adj.⟩ (ugs. abwertend): **a)** *geistig sehr, allzu anspruchsvoll u. schwer verständlich; geschraubt:* -e Reden; sie schreibt ziemlich h.; **b)** *die eigene Überlegenheit zur Schau stellend:* -e Intellektuelle.
hoch|ge|wach|sen ⟨Adj.⟩: *von hohem Wuchs; groß:* ein -es junges Mädchen.
hoch|gif|tig ⟨Adj.⟩: *sehr giftig:* -es Blei.
Hoch|glanz: in der Wendung **etw. auf H. bringen/polieren** *(etw. gründlich sauber machen):* die Wohnung auf H. bringen.
hoch|glän|zend ⟨Adj.⟩: *stark glänzend:* -e Seide.
Hoch|glanz|pa|pier, das: *hochglänzendes Fotopapier.*
hoch|gra|dig ⟨Adj.⟩: *in hohem Grade, Maße [ausgeprägt]:* ich war h. erregt.
hoch|ha|ckig ⟨Adj.⟩: *(von Schuhen) mit hohen Absätzen versehen:* -e Stiefel.
hoch|hal|ten ⟨st. V.; hat⟩: **1.** *in die Höhe halten:* die Arme h. **2.** *in Ehren halten; aus Achtung weiterhin bewahren:* alte Traditionen h.
Hoch|haus, das: *großes Gebäude mit vielen Stockwerken.*
hoch|he|ben ⟨st. V.; hat⟩: *nach oben, in die Höhe heben; emporheben:* die Hand h.
hoch|hei|lig ⟨Adj.⟩ (geh.): *sehr, in hohem Maße heilig.*
hoch|herr|schaft|lich ⟨Adj.⟩: *sehr vornehm:* ein -es Haus.
hoch|her|zig ⟨Adj.⟩ (geh.): *großmütig, edel.*
Hoch|her|zig|keit, die; -: *hochherzige Art.*
hoch|hie|ven ⟨sw. V.; hat⟩: *nach oben, in die Höhe hieven:* ein Wrack mit einem Kran h.
hoch|hüp|fen ⟨sw. V.; ist⟩: *in die Höhe hüpfen.*
Ho-Chi-Minh-Stadt [hotʃiˈmɪn...]: Stadt in Vietnam (früher: Saigon).
hoch in|dus|tri|a|li|siert: s. hoch (I 5 b).
hoch|in|tel|li|gent ⟨Adj.⟩: *überdurchschnittlich intelligent:* ein -er Mensch; sie ist h.
hoch|in|te|res|sant ⟨Adj.⟩: *sehr interessant:* ein -es Buch; das Gespräch war h.
hoch|ja|gen ⟨sw. V.; hat⟩: **1.** *(ein Tier) aufscheuchen, aufjagen:* Rebhühner h.; Ü jmdn. aus dem Schlaf h. **2.** (Jargon) *(einen Motor) plötzlich auf sehr hohe Drehzahlen bringen.*
hoch|ju|beln ⟨sw. V.; hat⟩ (ugs.): **1.** *mit übertriebenem od. ungerechtfertigtem Lob bedenken u. dadurch bekannt machen:* etw. in der Zeitung h. **2.** *hochjagen* (2).
hoch|käm|men ⟨sw. V.; hat⟩: *([langes] Haar) nach oben kämmen [u. feststecken].*
hoch|kant ⟨Adv.⟩: **1.** *auf die, auf der Schmalseite:* die Bücher h. [ins Regal] stellen. **2.** ***jmdn. h. hinauswerfen/rausschmeißen** (salopp; *jmdn. grob, unnachsichtig hinauswerfen* 2).
hoch|kan|tig ⟨Adj.⟩: *hochkant* (2).
hoch|ka|rä|tig ⟨Adj.⟩: **1. a)** *(von Edelsteinen) von hohem Karat:* ein -er Diamant; **b)** *(von einer Goldlegierung) einen hohen Anteil an Edelmetall aufweisend.* **2.** (ugs.) *von hoher Qualität, Qualifikation, besonderer Prominenz o. Ä.:* -e Wissenschaftler.
hoch|klapp|bar ⟨Adj.⟩: *sich hochklappen lassend.*
hoch|klap|pen ⟨sw. V.⟩: **1.** *nach oben klappen* ⟨hat⟩: den Deckel der Kiste h.; **2.** vgl. hochschnellen ⟨ist⟩: der Sitz war plötzlich hochgeklappt.
hoch|klas|sig ⟨Adj.⟩ (bes. Sport): *erstklassig* (a), *hervorragend.*
hoch|klet|tern ⟨sw. V.; ist⟩ (ugs.): *in die Höhe, nach oben klettern; hinaufklettern.*
hoch|kom|men ⟨st. V.; ist⟩ (ugs.): **1. a)** *heraufkommen:* die Kinder sollen zum Essen h.; **b)** *aufstehen, sich erheben:* bis der so hochkommt!; **c)** *an die Wasseroberfläche kommen.* **2.** *gesund werden* **3.** *beruflich, gesellschaftlich vorwärts kommen:* sie war in seiner Firma hochgekommen. **4. a)** *(verursacht durch einen Brechreiz) aus dem Magen wieder nach oben kommen:* das Essen kam ihr hoch; **b)** *ins Bewusstsein aufsteigen; zum Bewusstsein kommen:* eine Erinnerung kam in ihr hoch.
Hoch|kon|junk|tur, die (Wirtsch.): *Phase im Ablauf der Konjunktur mit einer hohen Auslastung der wirtschaftlichen Kapazitäten, mit raschem Wachstum.*
hoch|kön|nen ⟨unr. V.; hat⟩ (ugs.): **1.** vgl. hinaufkönnen (1). **2.** *hochkommen können:* aus diesem Sessel kann ich nicht hoch; ***hinten nicht mehr h.** (ugs.; 1. *in einer schwierigen wirtschaftlichen o. ä. Lage sein.* 2. *[alt u.] körperlich am Ende sein*).
hoch|kon|zen|triert ⟨Adj.⟩: *sehr konzentriert* (2): -e Zuhörer.
hoch|kra|xeln ⟨sw. V.; ist⟩ (ugs.): *hochklettern.*
hoch|krem|peln ⟨sw. V.; hat⟩: *aufkrempeln.*
hoch|krie|chen ⟨st. V.; ist⟩ (ugs.): *nach oben, in die Höhe kriechen:* den Hang h.; Ü in ihm kroch die Kälte hoch.
hoch|krie|gen ⟨sw. V.; hat⟩ (ugs.): *erreichen, dass etw. nach oben kommt; etw. hochheben können:* ich krieg den schweren Koffer nicht hoch; ***keinen [mehr]/einen h.** (ugs. verhüll.; *[k]eine Erektion [mehr] bekommen*).
hoch|kul|ti|viert ⟨Adj.⟩: *von vornehmer Art; Lebensart habend.*
Hoch|kul|tur, die: *Stufe der Kultur mit hoch entwickelten Produktionsmethoden, sozialen Strukturen u. ausgebildetem Herrschaftssystem.*
hoch|kur|beln ⟨sw. V.; hat⟩ (ugs.): *kurbelnd nach oben drehen:* das Autofenster h.
Hoch|land, das ⟨Pl. ...länder, auch: ...lande⟩: *in großer Höhe über dem Meeresspiegel liegende, ausgedehnte Landfläche.*
hoch|lan|gen ⟨sw. V.; hat⟩ (landsch.): *nach oben greifen.*
hoch|lau|fen ⟨st. V.; ist⟩ (ugs.): *nach oben laufen; hinauflaufen.*
Hoch|lau|tung, die (Sprachw.): *normierte Aussprache des Hochdeutschen.*
hoch|le|ben: in Verbindungen wie **jmd., etw. lebe hoch** (Hochruf, den jmd. auf jmdn., etw. ausbringt): der Sieger lebe hoch!; **jmdn., etw. h. las-**

sen *(einen Hochruf auf jmdn., etw. ausbringen):* sie ließen den Jubilar h.

hoch|le|gen ⟨sw. V.; hat⟩: **a)** *(von Körperteilen) in erhöhter Position lagern:* die Beine h.; **b)** (ugs.) *nach oben legen; hinauflegen:* ein Buch h.

hoch|leh|nig ⟨Adj.⟩: *mit hoher Lehne:* -e Stühle.

Hoch|leis|tung, die: *sehr große Leistung.*

Hoch|leis|tungs|sport, der: *Sport, der mit dem Ziel betrieben wird, bei Wettkämpfen Hochleistungen zu erzielen.*

Hoch|leis|tungs|trai|ning, das (Sport): *systematisches Training, das zu Hochleistungen befähigen soll.*

hoch lie|gend: s. hoch (I 1 d).

hoch|löb|lich ⟨Adj.⟩ (veraltet, noch spöttisch): *sehr ehrenwert.*

Hoch|mit|tel|al|ter, das: *Blütezeit des Mittelalters.*

hoch|mo|dern ⟨Adj.⟩: *sehr modern:* -e Technik.

hoch|mo|disch ⟨Adj.⟩: *sehr modisch:* -e Kleidung.

hoch|mo|le|ku|lar ⟨Adj.⟩ (Chemie): *aus Makromolekülen bestehend.*

Hoch|moor, das (Geogr.): *über dem Grundwasserspiegel liegendes, durch Niederschlag entstandenes Moor.*

hoch mo|ti|viert: s. hoch (I 5 b).

hoch|müs|sen ⟨unr. V.; hat⟩ (ugs.): **1.** vgl. hinaufmüssen (1). **2.** *[aus dem Bett] aufstehen müssen.*

Hoch|mut, der [mhd. hōchmuot, urspr. = gehobene Stimmung, edle Gesinnung; vgl. hochgemut]: *auf Überheblichkeit beruhender Stolz u. entsprechende Missachtung gegenüber anderen od. Gott:* sie sollte ihren H. ablegen; voll H. auf jmdn. herabsehen; **Spr** H. kommt vor dem Fall *(überheblichen, zu stolzen Menschen droht Erniedrigung;* als warnender Hinweis; Buch der Sprüche Salomonis 16, 18).

hoch|mü|tig ⟨Adj.⟩: *durch Hochmut gekennzeichnet; Hochmut ausdrückend:* ein -es Gesicht, Wesen; sie ist h.

Hoch|mü|tig|keit, die; -: *hochmütige Art.*

hoch|nä|sig ⟨Adj.⟩ (ugs. abwertend): *eingebildet u. töricht u. deshalb andere unfreundlich u. geringschätzig behandelnd:* ein -es junges Ding.

Hoch|nä|sig|keit, die; - (ugs. abwertend): *hochnäsige Art.*

Hoch|ne|bel, der: *in relativ großer Höhe auftretender Nebel.*

hoch|neh|men ⟨st. V.; hat⟩: **1. a)** *in die Höhe halten:* die Schleppe h.; **b)** *vom Boden aufnehmen:* sie nahm das Kind hoch *(auf den Arm);* **c)** (landsch.) *mit nach oben nehmen:* kannst du meinen Koffer mit h.? **2.** (ugs.) **a)** *jmdn. auf gutmütige, lustige Weise verspotten:* mit dieser Geschichte wollten sie mich h.; **b)** *jmdm. für etw. zu viel Geld abnehmen:* in diesem Hotel haben sie uns ganz schön hochgenommen. **3.** (Jargon) *einen Verbrecher o. Ä. fassen u. verhaften:* die Polizei fand Hinweise genug, um die Bande hochzunehmen.

hoch|not|pein|lich ⟨Adj.⟩ [Verstärkung von veraltet hochpeinlich = unter Anwendung verschärfter Foltermethoden] (altertümelnd scherzh.): *sehr streng:* eine -e Untersuchung.

Hoch|ofen, der (Technik): *großer Schmelzofen zur Gewinnung von Roheisen.*

hoch|of|fi|zi|ell ⟨Adj.⟩: *in einem sehr förmlichen, feierlichen, offiziellen Rahmen stattfindend:* die Sache ist h.

hoch|oh|mig ⟨Adj.⟩ [zu ↑[2]Ohm] (Elektrot.): *von hohem elektrischem Widerstand:* -e Messgeräte.

hoch|päp|peln ⟨sw. V.; hat⟩ (ugs.): *jmdn. [unter großen Mühen] durch sorgfältige Ernährung, Pflege großziehen, wieder zu Kräften kommen lassen:* einen Rekonvaleszenten wieder h.

Hoch|par|ter|re, das: *eine halbe Treppe hoch liegendes Geschoss in einem Wohnhaus.*

hoch|peit|schen ⟨sw. V.; hat⟩: *in die Höhe peitschen:* der Sturm peitschte die Wellen hoch.

hoch|po|li|tisch ⟨Adj.⟩: *von sehr großer politischer Bedeutung:* eine -e Frage.

hoch|prei|sig ⟨Adj.; höherpreisig, höchstpreisig⟩: *zu einer hohen Preisklasse gehörend:* ein -es Buch; die Wohnung war ziemlich h. eingerichtet.

hoch|pro|zen|tig ⟨Adj.; höherprozentig, höchstprozentig⟩: *einen hohen Prozentsatz von etw. enthaltend:* eine -e Lösung; (subst.:) etw. Hochprozentiges *(einen Schnaps)* trinken.

hoch qua|li|fi|ziert: s. hoch (I 5 b).

Hoch|rad, das: *ältere Form des Fahrrads mit sehr großem Vorderrad u. kleinem Hinterrad.*

hoch|rä|de|rig: ↑hochrädrig.

hoch|räd|rig, hochräderig ⟨Adj.⟩: *mit großen Rädern:* ein -er Karren.

hoch|raf|fen ⟨sw. V.; hat⟩: **1.** *in die Höhe raffen:* die Röcke h. **2.** ⟨h. + sich⟩ *sich aufraffen.*

hoch|ra|gen ⟨sw. V.; hat⟩: *nach oben, in die Höhe ragen.*

hoch|ran|gig ⟨Adj.; höherrangig, höchstrangig⟩: *einen hohen Rang einnehmend.*

hoch|ran|ken ⟨sw. V.⟩: **a)** ⟨h. + sich⟩ *sich in die Höhe ranken* ⟨hat⟩: der Wein rankt sich an der Mauer hoch; **Ü** er rankt sich an kleinen Erfolgen hoch *(sein Selbstbewusstsein wird durch sie gestärkt);* **b)** *hochranken* (a) ⟨ist⟩: an einigen Baumstämmen war Efeu hochgerankt.

hoch|rech|nen ⟨sw. V.; hat⟩ (Statistik): *eine Hochrechnung durchführen:* das Wahlergebnis h.

Hoch|rech|nung, die (Statistik): *von einzelnen bekannten Teilergebnissen ausgehende Berechnung des wahrscheinlichen Endergebnisses.*

hoch|re|cken ⟨sw. V.; hat⟩: *aufrecken.*

hoch|rei|chen ⟨sw. V.; hat⟩: *nach oben reichen.*

hoch|rei|ßen ⟨st. V.; hat⟩: *mit einer ruckartigen Bewegung nach oben reißen:* die Arme h.

Hoch|re|li|ef, das (bild. Kunst): *stark aus der Fläche heraustretendes Relief.*

hoch|rot ⟨Adj.⟩: *(in Bezug auf eine bestimmte Körperregion) sehr stark gerötet.*

Hoch|ruf, der: *Ruf, mit dem jmd. gefeiert wird.*

hoch|rüs|ten ⟨sw. V.; hat⟩: **1.** *technisch verbessern.* **2.** *die Rüstung* (2) *vermehren; Rüstung intensiv betreiben.*

hoch|rut|schen ⟨sw. V.; ist⟩ (ugs.): *nach oben rutschen.*

Hoch|sai|son, die: **a)** *Hauptsaison;* **b)** *Zeit des stärksten Betriebes, Andrangs, der stärksten Nachfrage o. Ä.:* in der Weihnachtszeit haben die Geschäfte H.

hoch|schal|ten ⟨sw. V.; hat⟩: *(bei Motorfahrzeugen) in einen höheren Gang schalten.*

hoch schät|zen: s. hoch (I 5 b).

hoch|schau|en ⟨sw. V.; hat⟩ (landsch., bes. südd., österr., schweiz.): *nach oben schauen; aufschauen* (1).

hoch|schau|keln ⟨sw. V.; hat⟩ (ugs.): **1.** *einer Sache durch übertriebene od. emotionale Behandlung [unangemessene] Wichtigkeit verleihen.* **2.** ⟨h. + sich⟩ *sich [gegenseitig] in immer größere emotionale Erregung versetzen:* die beiden Kontrahenten schaukelten sich gegenseitig hoch.

Hoch|schein: in der Wendung **keinen H. haben** (schweiz.; *keine Ahnung haben).*

hoch|schi|cken ⟨sw. V.; hat⟩ (ugs.): *nach oben schicken.*

hoch|schie|ben ⟨st. V.; hat⟩: *nach oben, in die Höhe schieben.*

hoch|schie|ßen ⟨st. V.; ist⟩: **1.** *aufschießen* (1). **2.** *aufschießen* (2). **3.** (ugs.) *sich rasch nach oben bewegen:* sie schoss die Treppe hoch.

hoch|schla|gen ⟨st. V.⟩: **1.** *nach oben schlagen, klappen* ⟨hat⟩: den Mantelkragen h. **2.** ⟨ist⟩ **a)** *aufbranden;* **b)** *in die Höhe schlagen; auflodern:* die Flammen schlugen hoch.

hoch|schlei|chen ⟨st. V.⟩: **1.** *nach oben schleichen* ⟨ist⟩. **2.** ⟨h. + sich⟩ *sich nach oben schleichen* ⟨hat⟩.

hoch|schleu|dern ⟨sw. V.; hat⟩: *aufschleudern:* die Räder schleudern Erdklumpen hoch.

hoch|schnel|len ⟨sw. V.; ist⟩: *in die Höhe schnellen; aufschnellen* (a), *aufspringen* (1): sie schnellte von ihrem Stuhl hoch.

hoch|schrau|ben ⟨sw. V.; hat⟩: **1.** *in die Höhe schrauben* (3): den Klavierschemel h. **2. a)** *[künstlich] in die Höhe treiben:* die Preise h.; **b)** *auf eine hohe Stufe stellen, auf ein hohes Niveau bringen:* hochgeschraubte Erwartungen. **3.** ⟨h. + sich⟩ *in schraubenförmiger Bewegung aufsteigen:* das Flugzeug schraubt sich hoch.

[1]**hoch|schre|cken** ⟨sw. V.; hat⟩: [1]*aufschrecken:* das Wild h.

[2]**hoch|schre|cken** ⟨st. u. sw. V.; schreckt/(veraltend:) schrickt hoch, schreckte/schrak hoch, ist hochgeschreckt⟩: [2]*aufschrecken:* sie schrak aus dem Schlaf hoch.

Hoch|schul|ab|gän|ger, der (Amtsspr.): *Student, Hochschüler, der nach dem abschließenden Examen die Hochschule verlässt.*

Hoch|schul|ab|gän|ge|rin, die; -, -nen: w. Form zu ↑Hochschulabgänger.

Hoch|schul|ab|schluss, der: *an einer Hochschule erworbenes Abschlusszeugnis.*

Hoch|schul|ab|sol|vent, der: *Absolvent einer Hochschule.*

Hoch|schul|ab|sol|ven|tin, die: w. Form zu ↑Hochschulabsolvent.

Hoch|schul|bil|dung, die: *an einer Hochschule erworbene Bildung* (1 a).

Hoch|schul|di|dak|tik, die: *Didaktik im Bereich der Hochschule.*

Hoch|schu|le, die: *wissenschaftliche Lehr- [u. Forschungs]anstalt* (z. B. Universität, Fachhochschule, Musikhochschule o. Ä.): an einer H. studieren.

Hoch|schü|ler, der: *jmd., der an einer Hochschule studiert.*

Hoch|schü|le|rin, die: w. Form zu ↑Hochschüler.

Hoch|schul|ge|setz, das: *Gesetz, das Stellung, Rechte u. Aufgaben einer Hochschule regelt.*

Hoch|schul|leh|rer, der: *jmd., der an einer Hochschule unterrichtet.*

Hoch|schul|leh|re|rin, die: w. Form zu ↑Hochschullehrer.

Hoch|schul|re|form, die: *Reform der Organisation u. Verwaltung der Hochschule, der Studiengänge u. Ä.*

Hoch|schul|rei|fe, die: *durch das Abitur erworbene Berechtigung, an einer Hochschule zu studieren.*

Hoch|schul|stu|di|um, das: *Studium an einer Hochschule:* Bewerber mit abgeschlossenem H. werden bevorzugt.

hoch|schul|te|rig, hoch|schult|rig ⟨Adj.⟩: *hohe Schultern aufweisend.*

Hoch|schul|we|sen, das: vgl. Schulwesen.

hoch|schwan|ger ⟨Adj.⟩: *sich im letzten Stadium der Schwangerschaft befindend:* eine -e Frau; sie ist h.

hoch|schwin|gen ⟨st. V.; hat⟩: **a)** *nach oben schwingen; schwingend, mit Schwung nach oben bewegen;* **b)** ⟨h. + sich⟩ *sich mit Schwung nach oben bringen:* ich schwang mich auf das Pferd hoch.

Hoch|see, die ⟨o. Pl.⟩: *offenes Meer außerhalb der Küstengewässer; hohe See.*

Hoch|see|an|geln, das; -s: *Angelfischerei auf der Hochsee.*

Hoch|see|fi|scher, der: *jmd., der als Fischer u. Seemann auf einem Hochseeschiff arbeitet* (Berufsbez.).

Hoch|see|fi|sche|rei, die: *Fischerei auf der Hochsee.*

Hoch|see|jacht, die: *hochseetüchtige Jacht.*

Hoch|see|schiff, das: *Schiff, das zur Fahrt auf der Hochsee geeignet ist.*

hoch|see|tüch|tig ⟨Adj.⟩: *(von Schiffen) geeignet, auf hoher See zu fahren.*

hoch|se|hen ⟨st. V.; hat⟩ (ugs.): *nach oben sehen; aufsehen* (1).

Hoch|seil, das: *in großer Höhe gespanntes Seil des Seiltänzers.*

Hoch|seil|akt, der: *Balanceakt auf dem Hochseil.*

Hoch|seil|ar|tist, der: *Artist, der auf dem Hochseil arbeitet.*

Hoch|seil|ar|tis|tin, die: w. Form zu ↑Hochseilartist.

hoch sein: s. hoch (I 1 a).

hoch|se|lig ⟨Adj.⟩ (veraltet): *verstorben, selig* (1 b) *(bei der Nennung verstorbener, hoch stehender od. hoch geachteter Personen):* der -e Herr Pfar-

rer; ⟨subst.:⟩ der Hochselige (veraltet; *der Verstorbene*).
Hoch|si|cher|heits|trakt, der: *besonders ausbruchssicherer Trakt bestimmter Strafvollzugsanstalten.*
hoch|sin|nig ⟨Adj.⟩ (selten): *edelmütig.*
Hoch|sitz, der (Jagdw.): *in gewisser Höhe auf Pfählen gebauter od. auf einem Baum angebrachter Beobachtungsstand des Jägers; Kanzel* (6).
Hoch|som|mer, der: *Mitte des Sommers, heißeste Zeit des Jahres.*
hoch|som|mer|lich ⟨Adj.⟩: *wie im Hochsommer üblich:* -e Temperaturen.
Hoch|span|nung, die: **1.** (Elektrot.) *hohe elektrische Spannung (von mehr als 1 000 Volt).* **2.** ⟨o. Pl.⟩ **a)** *sehr gespannte Stimmung, Erwartung:* jmdn. in H. versetzen; **b)** *sehr gespannte, kritische Lage; zum Zerreißen gespannte Atmosphäre:* in der Hauptstadt herrschte politische H.
Hoch|span|nungs|lei|tung, die: *elektrische Leitung, die Hochspannung führt.*
Hoch|span|nungs|mast, der: *Mast für Hochspannungsleitungen.*
hoch spe|zi|a|li|siert: s. hoch (I 5 b).
hoch|spie|len ⟨sw. V.; hat⟩: *stärker als gerechtfertigt ins Licht der Öffentlichkeit rücken; einer Sache eine ihr unangemessene Bedeutung verleihen.*
Hoch|spra|che, die (Sprachw.): *Standardsprache.*
hoch|sprach|lich ⟨Adj.⟩ (Sprachw.): *die Hochsprache betreffend, zur Hochsprache gehörend.*
hoch|sprin|gen ⟨st. V.; ist⟩: **1. a)** *sich schnell, mit einem Sprung von seinem Platz erheben; aufspringen* (1): sie sprang vor Freude vom Stuhl hoch; **b)** *an jmdm., etw. in die Höhe springen:* der Hund sprang an mir hoch; **c)** *springend auf eine höher gelegene Stelle gelangen.* **2.** (Sport) *Hochsprung als sportliche Disziplin betreiben* ⟨nur im Inf. u. Part.⟩: wir wollen heute h.
Hoch|sprin|ger, der (Sport): *jmd., der Hochsprung als sportliche Disziplin betreibt.*
Hoch|sprin|ge|rin, die: w. Form zu ↑Hochspringer.
Hoch|sprung, der (Sport): **a)** ⟨o. Pl.⟩ *zur Leichtathletik gehörende sportliche Disziplin, bei der jmd. über eine möglichst hoch angebrachte Latte springen muss:* sie ist sehr gut im H.; **b)** *einzelner Sprung im Hochsprung* (a): ein H. über zwei Meter.
hoch|spü|len ⟨sw. V.; hat⟩: *an die Oberfläche spülen:* Sand und Steine wurden hochgespült.
höchst [høːçst] ⟨Adv.⟩: *sehr, überaus, äußerst:* es war h. leichtsinnig von ihr.
höchst...: Sup. von ↑hoch (I 1 a, b, 2 a, b, 3 b, 4, 5 a).
Höchst|al|ter, das: *in einem bestimmten Zusammenhang höchstes [mögliches] Alter:* das H. für den Eintritt in diese Firma ist 45 Jahre.
Hoch|stamm, der (Gartenbau): *Zuchtform von Gehölzen mit relativ hohem Stamm.*
hoch|stäm|mig ⟨Adj.⟩: *einen hohen Stamm aufweisend:* -e Rosen.
Hoch|sta|pe|lei, die; -, -en [zu ↑hochstapeln]: *das Hochstapeln.*
hoch|sta|peln ⟨sw. V.; hat⟩ [zu ↑Hochstapler]: *in betrügerischer Absicht [u. mit falschem Namen] eine hohe gesellschaftliche Stellung o. Ä. vortäuschen u. das Vertrauen der Getäuschten durch massive Betrügereien missbrauchen:* du stapelst hoch, hast hochgestapelt.
Hoch|stap|ler, der [aus der Gaunerspr., zu: hoch = vornehm u. sta(p)peln = betteln, tippeln]: *jmd., der hochstapelt:* er war ein berüchtigter H.
Hoch|stap|le|rin, die; -, -nen: w. Form zu ↑Hochstapler.
Höchst|be|las|tung, die: *größte [mögliche] Belastung.*
Höchst|be|trag, der: *größter [möglicher] Betrag.*
Höchst|bie|ten|de, der u. die; -n, -n ⟨Dekl. ↑Abgeordnete⟩: *Meistbietende.*
hoch|ste|cken ⟨sw. V.; hat⟩: *([lange] Haare) zu einer Hochfrisur aufstecken.*
hoch|ste|hen ⟨unr. V.; hat; südd., österr., schweiz. auch: ist⟩: *nach oben, in die Höhe stehen:* seine Haare standen hoch.
hoch ste|hend: s. hoch (I 4, 5 a).
hoch|stei|gen ⟨st. V.; ist⟩: **1.** *nach oben steigen, hinaufsteigen:* die Leiter h. **2.** *sich [senkrecht] nach oben bewegen:* Raketen stiegen hoch. **3.** *(von Emotionen) langsam in jmdm. aufkommen, sich in jmdm. regen:* Wut steigt in jmdm. hoch; Tränen stiegen in ihr hoch.
höchst|ei|gen ⟨Adj.⟩ (veraltend, noch scherzh.): *ganz u. gar eigen:* da betrat er in -er Person, h. *(selbst, in eigener Person)* den Raum.
hoch|stel|len ⟨sw. V.; hat⟩: **1.** *an einen höher gelegenen Ort stellen:* die Stühle h. **2.** *senkrecht stellen; hochklappen:* den Mantelkragen h.
hoch|stem|men ⟨sw. V.; hat⟩: **1.** *(in Bezug auf etw. von großem Gewicht) in die Höhe stemmen:* einen schweren Deckel h. **2.** *sich aufstützen u. langsam erheben:* seinen Oberkörper h.; ich stemme mich mühsam hoch.
höchs|tens ⟨Adv.⟩: **a)** *im äußersten Fall; nicht mehr als:* die Behauptung trifft h. in drei/in h. drei Fällen zu; **b)** *außer; es sei denn:* sie geht nicht aus, h. gelegentlich ins Kino.
höchst|ent|wi|ckelt ⟨Adj.⟩: *die höchste Entwicklungsstufe aufweisend.*
Höchst|fall: in der Fügung **im H.** *(im günstigsten Fall; höchstens):* dafür bekommst du im H. 100 Euro.
Höchst|form, die ⟨o. Pl.⟩ (bes. Sport): *beste [sportliche] Verfassung:* in H. sein.
Höchst|ge|bot, das: *höchstes Angebot bei einer Versteigerung.*
Höchst|ge|schwin|dig|keit, die: *höchste [mögliche, zulässige] Geschwindigkeit.*
Höchst|ge|wicht, das: vgl. Höchstgeschwindigkeit.
Höchst|gren|ze, die: *oberste Grenze.*
Hoch|sti|cke|rei, die: **a)** ⟨o. Pl.⟩ *Technik der Weißstickerei, bei der sich das gestickte Muster reliefartig von der Unterlage abhebt;* **b)** *etw. in der Technik der Hochstickerei* (a) *Hergestelltes:* eine sehr schöne H.
Hoch|stift, das (früher): *[Erz]bistum; Zentralverwaltung eines [Erz]bistums.*
hoch|sti|li|sie|ren ⟨sw. V.; hat⟩: *einer Sache durch übertriebenes Lob, unverdiente Hervorhebung o. Ä. unangemessene Wichtigkeit od. übermäßigen Wert verleihen od. zu etw. Besserem machen, als sie in Wirklichkeit ist.*
Hoch|stim|mung, die ⟨o. Pl.⟩: *sehr frohe, festlich gehobene Stimmung:* in H. sein.
Höchst|leis|tung, die: *höchste [mögliche] Leistung.*
Höchst|maß, das: *sehr hoher Grad; Maximum:* diese Arbeit fordert ein H. an Akribie.
Höchst|men|ge, die: *höchste [zulässige] Menge.*
Höchst|men|gen|ver|ord|nung, die: *Rechtsverordnung, in der Höchstmengen bestimmter toxischer Stoffe u. Zusatzstoffe in Lebensmitteln festgelegt sind.*
höchst|mög|lich ⟨Adj.⟩: *so hoch wie möglich:* der -e Gewinn.
höchst|per|sön|lich ⟨Adj.⟩: *[unerwartetermaßen] persönlich, in eigener Person:* die Ministerin überreichte h. die Urkunde.
Höchst|preis, der: *höchster zu erwartender Preis:* -e zahlen.
Hoch|stra|ße, die: *über Pfeiler geführte Straße [oberhalb anderer Straßen].*
hoch|stre|ben ⟨sw. V.; ist⟩ (geh.): *aufstreben.*
höchst|rich|ter|lich ⟨Adj.⟩: *vom (jeweils) höchsten Gericht ausgesprochen:* eine -e Entscheidung.
Höchst|satz, der: *höchster Betrag, Tarif:* bei der Versicherung den H. zahlen müssen.
höchst|selbst ⟨indekl. Pron.⟩ (veraltend, noch scherzh.): *höchstpersönlich:* er kam h.
Höchst|stand, der: *höchster Stand, höchster Entwicklungsstand von etw.*
Höchst|stra|fe, die: *höchste [mögliche] Strafe:* der Staatsanwalt forderte die H.
Höchst|stu|fe, die (Sprachw.): *Superlativ.*
Höchst|tem|pe|ra|tur, die: *höchste [mögliche] Temperatur.*
höchst|wahr|schein|lich ⟨Adv.⟩: *sehr wahrscheinlich:* h. hat sie es getan.
Höchst|wert, der: *höchster [möglicher] Wert.*
Höchst|zahl, die: *höchste Zahl.*
Höchst|zahl|ver|fah|ren, das ⟨o. Pl.⟩: *d'hondtsches System.*
höchst|zu|läs|sig ⟨Adj.⟩: *als Höchstes zulässig:* das -e Gesamtgewicht.
Hoch|tal, das: *hoch gelegenes Tal.*
hoch tech|ni|siert: s. hoch (I 5 b).
Hoch|tech|no|lo|gie, die [LÜ von engl. high technology]: *Technologie, in der neueste Forschungsergebnisse u. Verfahren bes. aus dem Bereich der Mikroelektronik verwendet werden.*
Hoch|ton, der ⟨Pl. ...töne⟩ (Sprachw.): *Ton mit hoher Tonhöhe.*
hoch|tö|nend ⟨Adj.⟩ (abwertend): *hochtrabend.*
hoch|to|nig ⟨Adj.⟩ (Sprachw.): *[den] Hochton tragend.*
Hoch|tour, die: **1.** *Bergtour im Hochgebirge.* **2.** * **auf -en laufen/arbeiten** (**1.** *mit der größten Leistungsfähigkeit laufen/arbeiten:* der Motor lief auf -en. **2.** *unter großer Hektik u. unter Aufbringung aller Kraftreserven vonstatten gehen:* die Fahndung lief auf -en); **auf -en bringen** (**1.** *zur größten Leistungsfähigkeit bringen:* die Maschine auf -en bringen. **2.** *zu größter Arbeitsleistung anstacheln:* jmdn. auf -en bringen).
hoch|tou|rig ⟨Adj.⟩ (Technik): *mit hoher Drehzahl laufend:* h. fahren.
Hoch|tou|rist, der: *Tourist, der Hochtouren* (1) *macht.*
Hoch|tou|ris|tik, die: *Touristik im Hochgebirge; Alpinistik.*
Hoch|tou|ris|tin, die: w. Form zu ↑Hochtourist.
hoch|tra|bend ⟨Adj.⟩ [mhd. hochtrabende; urspr. vom Pferd, das den Reiter beim Traben allzu hoch wirft u. deshalb schwer zu reiten ist] (abwertend): *(von schriftlichen od. mündlichen Äußerungen) mit einem hohlen Pathos; übertrieben u. gespreizt in Ausdruck u. Inhalt:* -e Worte.
hoch|tra|gen ⟨st. V.; hat⟩ (ugs.): *nach oben tragen; hinauftragen:* die Koffer h.
hoch|trei|ben ⟨st. V.; hat⟩: **1.** (ugs.) *nach oben treiben, hinauftreiben:* die Kühe [auf die Alm] h. **2.** *[bewusst u. forciert] eine Erhöhung bei etw. bewirken:* die Preise h.
Hoch|ufer, das (Geogr.): *(durch Erosion entstandenes) erhöhtes, steiles Ufer.*
hoch ver|dich|tet: s. hoch (I 5 b).
hoch|ver|dient ⟨Adj.⟩: **1.** *mit vielen Verdiensten; sehr verdient:* ein -er Mann, Wissenschaftler. **2.** (Sport Jargon) *sehr verdient* (2): ein -es Remis.
hoch|ver|ehrt ⟨Adj.; o. Komp., Sup. in der veralteten Anrede: hochverehrtest⟩: *sehr verehrt:* mein -er alter Lehrer.
Hoch|ver|rat, der [LÜ von frz. haute trahison] (Rechtsspr.): *Verbrechen gegen den inneren Bestand od. die verfassungsmäßige Ordnung eines Staates:* H. begehen; des -s, wegen H./-s angeklagt sein.
Hoch|ver|rä|ter, der: *jmd., der Hochverrat begeht.*
Hoch|ver|rä|te|rin, die: w. Form zu ↑Hochverräter.
hoch|ver|rä|te|risch ⟨Adj.⟩: *den Hochverrat betreffend; Hochverrat darstellend, bedeutend.*
hoch ver|schul|det: s. hoch (I 2 a).
hoch|ver|zins|lich ⟨Adj.⟩ (Bankw.): *hohe Zinserträge abwerfend:* -e Wertpapiere.
hoch|vor|nehm ⟨Adj.⟩: *sehr vornehm:* eine -e Gesellschaft.
hoch|wach|sen ⟨st. V.; ist⟩: *in die Höhe wachsen.*
Hoch|wald, der: **1.** *Wald mit sehr hohen, alten Bäumen u. wenig Unterholz.* **2.** (Forstw.) *forstwirtschaftlich gepflegter u. genutzter Wald, bei dem der Baumbestand durch Saat od. Anpflanzen vermehrt wird u. bei dem man die Bäume sehr alt werden lässt.*
Hoch|was|ser, das ⟨Pl. ...wasser⟩: **1.** *höchster Wasserstand der Flut:* um 14 Uhr ist H. **2.** *sehr hoher, bedrohlicher Wasserstand eines Flusses, auch*

eines Sees od. des Meeres: das H. *(die Überschwemmung)* hat großen Schaden verursacht; der Fluss führt H.; *** H. haben** (ugs. scherzh.; *zu kurze Hosen tragen*).

Hoch|was|ser|ge|fahr, die: *Gefahr von Hochwasser:* es besteht H.

Hoch|wei|de, die: *Alm.*

hoch|wer|fen ⟨st. V.; hat⟩: *in die Höhe, in die Luft werfen:* den Ball h.; Ü die Arme h.

hoch|wer|tig ⟨Adj.⟩: *eine hohe Qualität aufweisend:* -e Erzeugnisse; -es Eiweiß *(Eiweiß von hohem Nährwert).*

Hoch|wild, das [vgl. hohe ↑Jagd] (Jägerspr.): *Wild, das zur hohen Jagd gehört* (z. B. Elch, Rot- u. Damhirsch).

hoch|will|kom|men ⟨Adj.⟩: *sehr willkommen:* -e Gäste.

hoch|win|den ⟨st. V.; hat⟩: **1.** *mit einer Winde nach oben ziehen:* den Anker h. **2.** ⟨h. + sich⟩ *sich mit einer Drehbewegung aufwärts bewegen, in die Höhe bewegen:* die Kletterpflanze windet sich am Gestell hoch.

hoch|wirk|sam ⟨Adj.⟩: *sehr wirksam:* eine -e Medizin.

hoch|wohl|ge|bo|ren ⟨Adj.⟩ (veraltet): vgl. hochgeboren; ⟨als Titel:⟩ Hochwohlgeboren; ⟨in der Anrede:⟩ Eure, Euer Hochwohlgeboren; ⟨bei Anschriften:⟩ Seiner, Ihrer Hochwohlgeboren.

hoch|wohl|löb|lich ⟨Adj.⟩ (veraltend, noch spöttisch): *hochlöblich:* das -e Gremium.

hoch|wöl|ben ⟨sw. V.; hat⟩: **a)** *nach oben, nach außen wölben:* der Druck hat das Blech hochgewölbt; **b)** ⟨h. + sich⟩ *sich aufwölben:* der Deckel der Konservendose hat sich hochgewölbt.

hoch|wol|len ⟨unr. V.; hat⟩ (ugs.): **1.** vgl. hinaufwollen (1). **2.** *aufstehen, sich erheben wollen; nach oben, in die Höhe gelangen wollen.*

hoch|wüch|sig ⟨Adj.⟩: *(von Pflanzen, Bäumen) schlank u. in die Höhe wachsend:* -e Tannen.

hoch|wuch|ten ⟨sw. V.; hat⟩ (ugs.): *unter großer Kraftanstrengung hochheben:* eine schwere Kiste h.

Hoch|wür|den ⟨o. Art.⟩: -[s]: veraltende Anrede u. Bezeichnung für katholische u. höhere evangelische Geistliche: Euer, Eure H.!

hoch|wür|dig ⟨Adj.⟩ (veraltend; in ehrenden Anreden für katholische u. höhere evangelische Geistliche): *sehr würdig.*

Hoch|wurf, der (Sport): **1. a)** *Schiedsrichterball;* **b)** (Basketball) *das Hochwerfen des Balles zwischen den beiden Spielern beim Sprungball.* **2.** (Schlagball) *das Hochwerfen des Balles durch den Fänger, wenn der Läufer die Grenze überschreitet.*

Hoch|zahl, die (Math.): *Exponent* (2 a).

[1]Hoch|zeit, die; -, -en [mhd. hōch(ge)zīt = hohes kirchliches od. weltliches Fest; Vermählungsfeier]: **1.** *mit der Eheschließung verbundenes Fest, verbundene Feier:* eine große H.; die H. findet im Mai statt; die H. ausrichten; jmdn. zur H. einladen; *** grüne H.** *(Tag der Heirat);* **papierene** H. (landsch.; *1. Jahrestag der Heirat*); **kupferne** H. (landsch.; *7. Jahrestag der Heirat*); **hölzerne** H. (landsch.; *10. Jahrestag der Heirat*); **silberne** H. *(25. Jahrestag der Heirat);* **goldene** H. *(50. Jahrestag der Heirat);* **diamantene** H. *(60. Jahrestag der Heirat);* **eiserne** H. *(65. Jahrestag der Heirat);* **nicht auf zwei -en tanzen können** (ugs.; *nicht an zwei Veranstaltungen, Unternehmungen o. Ä. gleichzeitig teilnehmen können*); **auf allen/auf zwei -en tanzen** (ugs.; *überall dabei sein [wollen]*); **auf der falschen H. tanzen** (ugs.; *eine falsche Entscheidung getroffen haben*); **auf einer fremden H. tanzen** (ugs.; *sich in Dinge einmischen, die einen nichts angehen*). **2.** (Druckerspr.) *doppelt gesetztes Wort od. Zeile.*

[2]Hoch|zeit, die (geh.): *glänzender Höhepunkt, Höchststand einer Entwicklung, eines Zeitabschnitts; Blütezeit.*

hoch|zei|ten ⟨sw. V.; hat⟩ [mhd. hōchzīten] (selten): *Hochzeit halten, feiern; heiraten:* die beiden jungen Leute wollen h.

Hoch|zei|ter, der; -s, - (landsch.): **1.** *Bräutigam.* **2.** ⟨Pl.⟩ *Hochzeitspaar:* die H. sind auf Hochzeitsreise.

Hoch|zei|te|rin, die; -, -nen: w. Form zu ↑Hochzeiter (1).

hoch|zeit|lich ⟨Adj.⟩ [mhd. hōchzīt(ec)lich = festlich]: *die [1]Hochzeit betreffend; festlich, feierlich in Bezug auf eine [1]Hochzeit.*

Hoch|zeits|bild, das: *bei einer [1]Hochzeit aufgenommenes Bild; Fotografie mit dem Brautpaar [u. der übrigen Hochzeitsgesellschaft].*

Hoch|zeits|bit|ter, der (veraltet, noch landsch.): *jmd., der nach ländlichem Brauch die Gäste zu einer [1]Hochzeit bittet.*

Hoch|zeits|brauch, der: *Brauch im Zusammenhang mit einer [1]Hochzeit.*

Hoch|zeits|fei|er, die, **Hoch|zeits|fest,** das: *anlässlich der [1]Hochzeit gefeiertes Fest.*

Hoch|zeits|flug, der (Zool.): *Flug, bei dem bei bestimmten Staaten bildenden Insekten (Bienen, Ameisen, Termiten) die Königin begattet wird.*

Hoch|zeits|gast, der: *zu einer [1]Hochzeit geladener Gast.*

Hoch|zeits|ge|dicht, das: *Gedicht, das anlässlich einer [1]Hochzeit zu Ehren des Brautpaars verfasst wird.*

Hoch|zeits|ge|schenk, das: *Geschenk, das das Brautpaar zur [1]Hochzeit bekommt.*

Hoch|zeits|ge|sell|schaft, die: *Gesellschaft* (2 c) *der [1]Hochzeit Feiernden.*

Hoch|zeits|haus, das: *Haus, Wohnung, Familie, wo [1]Hochzeit gefeiert wird u. das Brautpaar für Glückwünsche zu erreichen ist:* die Glückwunschkarte war an das H. [Schmidt] adressiert; Blumen ins H. schicken.

Hoch|zeits|kleid, das: **1.** *[weißes] Kleid, das die Braut zur [1]Hochzeit trägt.* **2.** (Zool.) *farbiger Federschmuck, auffällige Färbung bestimmter Hautpartien (bei manchen männlichen Tieren in der Paarungszeit).*

Hoch|zeits|kut|sche, die: *bestimmte Kutsche, in der das Brautpaar zur Trauung fährt.*

Hoch|zeits|mahl, das (geh.): *festliches Mahl als Mittelpunkt der [1]Hochzeit.*

Hoch|zeits|nacht, die: *auf die [1]Hochzeit folgende Nacht, die das Brautpaar zusammen verbringt.*

Hoch|zeits|paar, das: *Brautpaar am Hochzeitstag.*

Hoch|zeits|rei|se, die: *Reise, die das Brautpaar [nach der [1]Hochzeit] unternimmt:* sich auf der H. befinden.

Hoch|zeits|strauß, der: *Blumengebinde, das die Braut [vom Bräutigam bekommt u.] während der Zeremonie der Trauung in der Hand trägt; Brautbukett.*

Hoch|zeits|ta|fel, die: *festlich gedeckte Tafel bei der [1]Hochzeit.*

Hoch|zeits|tag, der: **a)** *Tag, an dem die [1]Hochzeit stattfindet:* am H. war herrliches Wetter; **b)** *Jahrestag der [1]Hochzeit:* seinen H. vergessen.

Hoch|zeits|zug, der: *Hochzeitsgesellschaft auf dem Weg zur Kirche.*

hoch|zie|hen ⟨unr. V.⟩: **1.** ⟨hat⟩ **a)** *[mithilfe einer Zugvorrichtung] nach oben, in die Höhe ziehen:* den Rollladen h.; er zog die Hose hoch; ich zog mich am Geländer hoch *(ich zog unter Zuhilfenahme des Geländers den eigenen Körper nach oben);* Ü es gibt Journalisten, die sich an Skandalen hochziehen (ugs.; *die daran ihr Vergnügen finden*); **b)** *nach oben bewegen, heben* (1 a): die Brauen, die Schultern h.; die Nase h. *(Nasenschleim geräuschvoll nach oben ziehen);* **c)** (Jargon) *(von Flugzeugen) rasch an Höhe gewinnen lassen:* der Pilot zog das Flugzeug hoch *(ließ es steil aufsteigen);* **d)** (Jargon) *(in die Höhe) bauen, mauern:* in aller Eile ein neues Viertel h. **2.** *aufkommen; näher kommen; aufziehen* ⟨ist⟩: ein Gewitter zieht hoch.

Hoch|zins|po|li|tik, die (Wirtsch., Bankw.): *Geldpolitik, die durch hohe Kreditzinsen die Geldmenge knapp halten will, um so bes. die Inflation zu bekämpfen.*

hoch zi|vi|li|siert: s. hoch (I 5 b).

Hoch|zucht, die ⟨o. Pl.⟩ (Landw.): *Zucht* (1 a) *leistungsfähiger Haustiere od. ertragreicher Nutzpflanzen.*

hoch|züch|ten ⟨sw. V.; hat⟩: **1.** (Landw.) *Hochzucht betreiben:* eine mäßige Weizensorte zu einer ertragreicheren h.; Ü ein hochgezüchteter *(sehr leistungsfähiger, aber auch sehr empfindlicher)* Motor. **2.** *in übertriebener [schädlicher] Weise entwickeln:* unliebsame Eigenschaften h.

[1]Ho|cke, die; -, -n [zu ↑hoch] (nordd.): **1.** *zum Trocknen auf dem Feld im Kreis gegeneinander aufgestellte Getreidegarben.* **2.** *Hucke* (2).

[2]Ho|cke, die; -, -n [zu ↑hocken]: **1.** *Körperhaltung in tiefer Kniebeuge [mit aufrechtem Oberkörper], bei der das Gewicht des Körpers auf den Fußspitzen ruht:* in die H. gehen. **2.** (Turnen) *Übung, die darin besteht, mit angewinkelten Beinen über ein Gerät zu springen:* eine H. über den Kasten machen.

ho|cken ⟨sw. V.⟩ [aus dem Niederd. < mniederd. hucken = kauern]: **1. a)** *in der [2]Hocke* (1) *sitzen* ⟨hat/(südd.:) ist⟩: eine Arbeit in hockender Stellung ausführen; **b)** ⟨h. + sich⟩ *sich in hockender Stellung an einen bestimmten Platz setzen* ⟨hat⟩: sie hockten sich ums Feuer; **c)** (ugs.) *in zusammengekauerter Haltung, zusammengeduckt sitzen; auf einer niedrigen Sitzgelegenheit, mit angezogenen Beinen sitzen* ⟨hat/(südd.:) ist⟩: die Hühner hocken auf der Stange. **2.** (südd.) **a)** *sitzen* ⟨ist⟩: auf seinem Stuhl h. [bleiben]; Ü auf seinem Geld h. [bleiben]; bei deiner Faulheit wirst du noch h. bleiben *(nicht versetzt werden);* **b)** ⟨h. + sich⟩ *sich setzen* ⟨hat⟩: komm, hock dich zu mir! **3.** (ugs.) *sich längere Zeit [untätig] an einem Ort aufhalten* ⟨hat/(südd.:) ist⟩: den ganzen Abend in der Kneipe h.; immer zu Hause h. **4.** (Turnen) *mit angewinkelten Beinen über ein Gerät springen od. von einem Gerät herunterspringen* ⟨ist⟩: über das Pferd h.; vom Barren h.

ho|cken blei|ben: s. hocken (2 a).

Ho|cker, der; -s, -: **1.** *[stuhlhohes] Sitzmöbel ohne Lehne für eine Person;* *** jmdn. vom H. reißen/hauen** (↑Stuhl 1); **locker vom H.** (ugs.; *locker, unverkrampft; mit leichter Hand*). **2.** (landsch. ugs.) *jmd., der sich allzu lange an einem bestimmten Ort aufhält, herumsitzend verweilt:* er sitzt jede Nacht im Wirtshaus, er ist ein richtiger H. **3.** (Archäol.) *Skelett mit angezogenen Beinen in einem Grab.*

Hö|cker, der; -s, - [mhd. hocker, hoger, wahrsch. verw. mit ↑hoch]: **1.** *aus Fettpolstern bestehender großer Wulst auf dem Rücken von Kamelen:* das Trampeltier hat zwei H. **2. a)** (ugs.) *durch eine Verwachsung der Wirbelsäule entstandener Buckel (beim Menschen):* sie hat einen H. zwischen den Schultern; **b)** *erhöhte Stelle, kleine Wölbung:* eine Nase mit einem H.; **c)** *kleine Erhebung im Gelände; Hügel:* eine Kammlinie mit zwei -n.

hö|cker|ar|tig ⟨Adj.⟩: *in der Art eines Höckers; wie ein Höcker geformt.*

Ho|cker|grab, das [↑Hocker (3)] (Archäol.): *(in vorgeschichtlicher Zeit) Grab, in dem der Tote mit angezogenen Beinen bestattet wird.*

hö|cke|rig ⟨Adj.⟩ [vgl. mhd. hockereht]: *(in Bezug auf eine Fläche) mit kleinen Erhebungen; bucklig, uneben:* -es Gelände.

Hö|cker|schwan, der: *Schwan mit einem schwarzen Höcker auf dem Schnabel.*

Ho|ckey [ˈhɔke, auch: ˈhɔki], das; -s [engl. hockey, H. u.]: *zwischen zwei Mannschaften ausgetragenes Ballspiel, bei dem ein kleiner Ball nach bestimmten Regeln mit gekrümmten Schlägern in das gegnerische Tor zu spielen ist:* H. spielen.

Ho|ckey|schlä|ger, der: *Stock aus Holz, der am unteren Ende gekrümmt ist u. in einen keulenförmigen Teil ausläuft, der auf einer Seite abgeflacht, auf der anderen Seite gewölbt ist.*

Ho|ckey|spiel, das: *einzelnes Spiel im Hockey.*

Ho|ckey|spie|ler, der: *jmd., der Hockey spielt.*

Ho|ckey|spie|le|rin, die: w. Form zu ↑Hockeyspieler.

Hock|sitz, der (Turnen): *Sitz in geschlossener Kniebeuge, bei dem sich die Hände neben den*

Füßen auf den Boden stützen u. die Knie vor der Brust sind.

Hock|stand, der (Turnen): *Stand in geschlossener Kniebeuge, bei dem die Knie vor der Brust sind u. die Füße [mit ganzer Sohle] auf dem Boden aufsetzen.*

Hock|stel|lung, die: ²*Hocke* (1).

Hock|stütz, der (Gymnastik): *Übung, die darin besteht, sich in geschlossener Kniebeuge mit beiden Händen auf den Boden zu stützen.*

Ho|de, der; -n, -n od. die; -, -n: seltener für ↑Hoden.

Ho|den, der; -s, - [mhd. hode, ahd. hodo, urspr. = der Bedeckende, Umhüllende]: *eine der beiden meist rundlichen Drüsen (im Hodensack), in denen der männliche Samen gebildet wird;* ¹*Orchis.*

Ho|den|bruch, der: *Leistenbruch, bei dem der Inhalt des Bruchs in den Hodensack absinkt.*

Ho|den|sack, der: *sackartige Hauthülle, die die Hoden umgibt.*

Hödr, Hödur (germ. Myth.): blinder Sohn Wodans.

Ho|dscha, der; -[s], -s [türk. hoca = Meister, Lehrer]: *geistlicher Lehrer in der osmanischen Türkei.*

Hö|dur: ↑Hödr.

Hof, der; -[e]s, Höfe [1: mhd., ahd. hof, H. u., viell. verw. mit ↑hoch u. dann eigtl. = Erhebung, Anhöhe od. urspr. = eingehegter Raum; 3: unter dem Einfluss von frz. cour]: **1.** *zu einem Gebäude[komplex] gehörender, von Mauern, Zaun o. Ä. umschlossener Platz:* ein großer H.; die Kinder spielen auf dem/im H.; das Fahrrad im H. abstellen. **2.** *landwirtschaftlicher Betrieb (mit allen Gebäuden u. dem zugehörigen Grundbesitz); Bauernhof, kleines Gut:* ein stattlicher H.; einen H. verpachten; in einen H. einheiraten *(den Hofbesitzer, die Hofbesitzerin heiraten);* sie wurden von ihren Höfen vertrieben. **3. a)** *Sitz eines regierenden Fürsten, Herrschers:* der kaiserliche H.; der H. Ludwigs XIV.; am H. verkehren; bei -e eingeführt werden; der König hat im Sommer auf dem Land H. gehalten *(mit seinem ganzen Hofstaat gelebt, residiert);* **b)** ⟨o. Pl.⟩ *Gesamtheit der zur Umgebung, zum Gefolge eines Fürsten gehörenden Personen:* der ganze H. war versammelt; **c)** * **jmdm.** (bes. einer Frau) **den H. machen** (*bes. eine Frau in galanter Weise umwerben, sich um ihre Gunst bemühen;* nach frz. faire la cour à quelqu'un, urspr. auf das diensteifrige Gebaren der Höflinge gegenüber ihrem Herrn bezogen). **4. a)** *Aureole* (2): der Mond hat heute einen H.; **b)** *Ring, Kreis, der etw. [andersfarbig] umgibt:* die Höfe der Brustwarzen.

Hof|adel, der: *am Hof* (3 a) *verkehrender, zum Hof* (3 b) *gehörender Adel.*

Hof|amt, das: *[erbliches] Amt an Fürstenhöfen* (z. B. Hofmarschall).

Hof|be|sit|zer, der: *Besitzer eines Hofes* (2).

Hof|be|sit|ze|rin, die: w. Form zu ↑Hofbesitzer.

Höf|chen, das; -s, -: Vkl. zu ↑Hof (1, 2).

Hof|da|me, die: *adlige, einem Hof* (3 a) *angehörende Dame.*

Hof|dich|ter, der (früher): *für einen Hof* (3 a) *schreibender Dichter.*

Hof|dienst, der: *Dienst an einem Hof* (3 a).

hö|feln ⟨sw. V.; hat⟩ (schweiz.): *jmdm. schöntun, schmeicheln, den Hof machen.*

Hof|er|be, der: *Erbe eines Hofes* (2).

Hof|er|bin, die: w. Form zu ↑Hoferbe.

hof|fä|hig ⟨Adj.⟩: *vornehm genug, um bei Hofe* (3 a) *zu erscheinen; salon-, gesellschaftsfähig.*

Hof|fart, die; - [mhd. (selten) hoffart, assimiliert aus: hōchvart = Art, vornehm zu leben; edler Stolz, Übermut, aus ↑hoch u. ↑Fahrt in der alten allgemeinen Bed. »Verlauf, Umstand«] (geh. abwertend): *Dünkel, verletzend überhebliches Betragen, anmaßender Stolz.*

hof|fär|tig ⟨Adj.⟩ [spätmhd. hoffertig für mhd. hōchvertec = stolz, prachtvoll] (geh. abwertend): *dünkelhaft, verletzend überheblich, anmaßend stolz:* ein -es Wesen zur Schau tragen.

Hof|fär|tig|keit, die; -, -en (geh. abwertend): **a)** ⟨o. Pl.⟩ *hoffärtiges Benehmen;* **b)** *hoffärtige Handlung, Ansicht.*

hof|fen ⟨sw. V.; hat⟩ [mhd. hoffen, viell. verw. mit ↑hüpfen u. dann urspr. wohl = (vor Erwartung) aufgeregt umherhüpfen]: **a)** *zuversichtlich erwarten; wünschen u. damit rechnen, dass etw. eintreten od. der Wirklichkeit entsprechen wird:* ich hoffe, dass du bald kommst; sie hofften, dort eine Nachricht zu finden; wir hoffen, Ihnen damit gedient zu haben, und verbleiben ...; ich hoffe, es stimmt; wer hätte das zu h. gewagt!; ich will nicht h., dass du etwas davon wegnimmst (häufig in leicht drohendem Ton; *lass dir nicht einfallen, etwas davon wegzunehmen*); wir wollen h. *(wir wünschen sehr),* dass sich die Lage bald bessert; da ist/da gibt es nichts mehr zu h. *(es ist hoffnungslos u. unabänderlich);* **R** hoffen wir das Beste [(ugs. scherzh.:), lieber Leser]!; **b)** *auf jmdn., etw. seine Hoffnung, sein Vertrauen setzen:* auf Gott h.; sie hoffte auf baldige Genesung; sie hofften auf ein Wunder; **c)** *Zuversicht, positive Erwartungen, Vertrauen in die Zukunft, in sein Geschick haben; von Hoffnung erfüllt sein; Hoffnung haben:* man kann immer h.; ⟨subst.:⟩ zwischen Hoffen und Bangen schweben; **Spr** man hofft, solange man lebt; was man hofft, glaubt man gern; Hoffen und Harren macht manchen zum Narren.

Hof|fens|ter, das: *Fenster, durch das man auf einen Hof* (1) *sieht.*

hof|fent|lich ⟨Adv.⟩ [mhd. Adj. hof(f)entlich = erhoffend, Hoffnung erweckend, zu ↑hoffen]: *wie ich sehr hoffe; was zu hoffen ist:* h. hast du Recht; »Kannst du das?« – »Hoffentlich!« (als Antwort auf eine Frage mit dem Ausdruck leichter Skepsis; *ich hoffe es!*).

-höf|fig: in Zusb., z. B. erdölhöffig, erzhöffig (Bergmannsspr.; *reiches Vorkommen an Erdöl, Erz versprechend*).

Hoff|manns|trop|fen ⟨Pl.⟩ [nach dem dt. Chemiker u. Arzt F. Hoffmann (1660 bis 1742)]: *als Hausmittel gebrauchtes, aus Alkohol u. Äther bestehendes Anregungsmittel.*

Hoff|nung, die; -, -en [mhd. hoffenunge]: **1. a)** ⟨o. Pl.⟩ *das Hoffen; Vertrauen in die Zukunft; Zuversicht, Optimismus in Bezug auf das, was [jmdm.] die Zukunft bringen wird:* eine trügerische H.; seine H. schwindet; [keine, ein Fünkchen] H. haben; die H. [nicht] aufgeben; seine H. auf jmdn., etw. setzen; ohne H. auf Rettung; ohne H., voller H. sein; **b)** *positive Erwartung, die jmd. in jmdn., etw. setzt:* übertriebene -en; ihre -en haben sich erfüllt; viele -en ruhen auf ihr; -en nähren; -en an jmdn., etw. knüpfen; jmdm. -en machen *(in jmdm. eine bestimmte Erwartung wecken);* seiner H. Ausdruck verleihen; sich der H. hingeben, dass sie es sich überlegt; in seinen -en enttäuscht werden; sie tat es in der [stillen] H., dass sie davon profitieren könne; der junge Künstler berechtigt zu den größten -en *(ist so begabt, dass man für die Zukunft viel von ihm erwarten kann);* * **guter H./in [der] H. sein** (geh. veraltend verhüll.; *schwanger sein*); **in die H. kommen** (veraltet verhüll.; *schwanger werden*). **2.** *jmd., in den große, ungewöhnliche Erwartungen gesetzt werden.*

hoff|nungs|froh ⟨Adj.⟩ (geh.): *in froher Erwartung, voller Hoffnung; von Optimismus erfüllt.*

Hoff|nungs|lauf, der (Sport): *(bei Wettkämpfen) zusätzlicher Lauf der bei den Zwischenläufen knapp unterlegenen Teilnehmer, bei dem ein Sieger ermittelt wird, der noch mit in den Endlauf kommt.*

hoff|nungs|los ⟨Adj.⟩: **1. a)** *ohne Hoffnung* (1 a); **b)** *ohne Aussicht auf eine positive Entwicklung, auf Besserung o. Ä.; ohne erkennbaren Ausweg:* eine -e Lage; ein -er Fall. **2.** ⟨intensivierend bei Adj. u. Verben⟩ *sehr, völlig:* h. altmodisch, romantisch; die Hotels werden einfach h. überbucht.

Hoff|nungs|lo|sig|keit, die; -: *das Hoffnungslossein.*

Hoff|nungs|run|de, die (Mannschaftssport): *Spielrunde, die Mannschaften, die sich bisher noch nicht qualifizieren konnten, die letzte Möglichkeit zur Qualifikation bietet.*

Hoff|nungs|schim|mer, Hoff|nungs|strahl, der (geh.): *schwache Hoffnung.*

Hoff|nungs|trä|ger, der: *Person od. (selten) Sache, an die jmd. in einem bestimmten Bereich Hoffnungen knüpft.*

Hoff|nungs|trä|ge|rin, die: w. Form zu ↑Hoffnungsträger.

hoff|nungs|voll ⟨Adj.⟩: **a)** *voller Hoffnung, zuversichtlich:* wir sind ganz h.; **b)** *aussichtsreich, Erfolg versprechend:* ein -er Anfang.

Hof|gang, der: *in Haftanstalten o. Ä. angeordneter u. kontrollierter Spaziergang der Gefangenen im Hof.*

Hof|ge|bäu|de, das: *Gebäude, das nicht von der Straße her, sondern nur über den Hof* (1) *zu erreichen ist; Hinterhaus.*

Hof|ge|sell|schaft, die: *Hof* (3 b).

Hof hal|ten: s. Hof (3 a).

Hof|hal|tung, die; -: *das Hofhalten.*

Hof|hund, der: *Wachhund, der zur Bewachung des Hauses im Freien (angekettet) gehalten wird.*

ho|fie|ren ⟨sw. V.; hat⟩ [mhd. hovieren = dienen, den Hof machen, zu ↑Hof (3)]: *sich [mit dem Ziel, etw. Bestimmtes zu erreichen] mit besonderer [unterwürfiger] Höflichkeit u. Dienstbarkeit um jmds. Gunst bemühen:* einen Künstler h.

hö|fisch ⟨Adj.⟩ [mhd. hövesch = hofgemäß, fein, gesittet u. gebildet, unterhaltend; LÜ von afrz. corteis, mit romanisierender Endung zu ↑Hof (3 a)]: **a)** *dem Leben, den Sitten an einem Fürstenhof entsprechend:* -e Manieren; sich h. benehmen; **b)** (Literaturw.) *von Geist u. Kultur der ritterlichen Gesellschaft des hohen Mittelalters geprägt, hervorgebracht:* -e Dichtung.

Hof|kir|che, die: *zu einem Hof* (3 a) *gehörende Kirche.*

Hof|knicks, der: *tiefer, nach genauem Zeremoniell ausgeführter Knicks vor Mitgliedern eines Hofes* (3 a).

Hof|le|ben, das ⟨o. Pl.⟩: *das Leben an einem Hof* (3 a).

Hof|leu|te ⟨Pl.⟩ (veraltend): **1.** *alle auf einem Hof* (2) *Beschäftigten mit ihren Familien.* **2.** Pl. von ↑Hofmann.

höf|lich ⟨Adj.⟩ [mhd. hoflich, hovelich = hofgemäß, fein, gesittet u. gebildet]: *(in seinem Verhalten anderen Menschen gegenüber) aufmerksam u. rücksichtsvoll, so, wie es die Umgangsformen gebieten:* ein -er junger Mann; immer h. bleiben!

Höf|lich|keit, die; -, -en [spätmhd. hoflichkeit]: **1.** ⟨o. Pl.⟩ *höfliches, gesittetes Benehmen; Zuvorkommenheit:* steife H.; etw. [nur] aus H. tun; jmdn. mit ausgesuchter H. behandeln; **R** darüber schweigt des Sängers H. *(darüber schweigt man als höflicher Mensch;* eigtl.: das verschweigt des Sängers Höflichkeit, Kehrreim eines um 1800 in Berlin erschienenen Liedes eines unbekannten Verfassers). **2.** ⟨meist Pl.⟩ *in höfliche, jmdm. schmeichelnde Worte gekleidete, freundlich-unverbindliche Liebenswürdigkeit, die jmd. einem anderen sagt:* -en austauschen.

Höf|lich|keits|be|such, der: *offizieller, den gesellschaftlichen od. diplomatischen Umgangsformen genügender Besuch, den jmd. einem anderen abstattet:* jmdm. einen H. abstatten.

Höf|lich|keits|flos|kel, die: *Floskel, die jmd. anbringt, um den Regeln des Anstands, den geltenden Umgangsformen Genüge zu tun.*

Höf|lich|keits|for|mel, die: *Höflichkeitsfloskel.*

höf|lich|keits|hal|ber ⟨Adv.⟩: *aus Höflichkeit, um der Höflichkeit Genüge zu tun:* h. bat sie den Besucher zum Essen.

Hof|lie|fe|rant, der (bes. früher): *Kaufmann o. Ä., der einen Hof* (3 a) *mit Waren beliefert.*

Höf|ling, der; -s, -e ⟨meist Pl.⟩ [mhd. hovelinc]:

a) *Mitglied eines Hofes* (3 b), *eines Hofstaates; Person, die zu den persönlichen Beratern u. Vertrauten eines Fürsten gehört;* **b)** (abwertend) *Hofschranze.*

Hof|mann, der ⟨Pl. ...leute⟩ (veraltet): *Höfling* (a).

hof|män|nisch ⟨Adj.⟩ (veraltet): *wie ein Hofmann; höfisch.*

Hof|mar|schall, der: *Inhaber des die gesamte fürstliche Hofhaltung umfassenden Hofamtes.*

Hof|meis|ter, der [mhd. hovemeister = Aufseher über die Hofhaltung eines Fürsten od. eines Klosters] (veraltet): **a)** *Erzieher u. Zeremonienmeister an Höfen* (3 a); **b)** *Hauslehrer in adligen u. großbürgerlichen Familien.*

hof|meis|ter|lich ⟨Adj.⟩ (veraltet): *den Hofmeister betreffend, vom Hofmeister [kommend]:* eine -e Rüge.

Hof|narr, der: *(bes. vom 16. bis 18. Jh.) Spaßmacher u. Unterhalter an einem Hof* (3 a).

Hof|po|et, der: *Hofdichter.*

Hof|pre|di|ger, der: *von einem Fürsten angestellter protestantischer Geistlicher [an einer Hofkirche].*

Hof|rat, der: **1.** (veraltend, noch österr.) **a)** ⟨o. Pl.⟩ *einem verdienten Beamten verliehener Ehrentitel;* **b)** *Träger des Titels Hofrat* (1 a). **2.** (ugs. abwertend) *langsamer, umständlicher, bürokratischer Mensch.*

Hof|rei|te, die; -, -n [mhd. hovereite; 2. Bestandteil H. u.] (südd., schweiz. veraltend): *umfriedetes bäuerliches Anwesen mit Haus, Hof u. Wirtschaftsgebäuden.*

Hof|sän|ger, der: **1.** (früher) *Sänger, Dichter an einem Hof* (3 a). **2.** (ugs. scherzh.) *bettelnder Sänger auf Hinterhöfen.*

Hof|schau|spie|ler, der (veraltet): **a)** ⟨o. Pl.⟩ *Ehrentitel für einen Schauspieler an einem Hoftheater;* **b)** *Schauspieler an einem Hoftheater.*

Hof|schran|ze, die, seltener: der ⟨meist Pl.⟩: *schmeichlerischer Höfling.*

Hof|staat, der ⟨o. Pl.⟩: *Hof* (3 b).

Hof|statt, die; -, -en, auch: ...stätten (schweiz.): *[Bauernhaus mit Hof und] Hauswiese, Obstgarten.*

Hof|stel|le, die: *kleiner Hof* (2): er bewirtschaftete nebenbei eine H.

Höft, das; -[e]s, -e [mniederd. hövet, hovet, asächs. hōvid = Haupt, Kopf] (nordd., Fachspr.): **a)** *natürlicher Ufervorsprung;* **b)** *vorspringende Ecke von Kaimauern in einem Hafen;* **c)** *kurze Buhne.*

Hof|the|a|ter, das: **a)** *(von einem Fürsten für sich u. die Hofgesellschaft unterhaltenes) Theater an einem Hof* (3 a); **b)** *(von der Hofgesellschaft besuchtes) Theater einer Residenz.*

Hof|tor, das: *Tor zu einem Hof* (1, 2).

Hof|trau|er, die: *offiziell angeordnete Trauer[zeit] für den gesamten Hofstaat nach einem Todesfall im Fürstenhaus:* ***H. haben** (ugs. scherzh.; *schmutzige Fingernägel haben*).

Hof|tür, die: *in einen Hof* (1) *führende Tür.*

Hof|ze|re|mo|ni|ell, das: *an einem Hof* (3 a) *herrschendes Zeremoniell.*

Hof|zwerg, der: *(bes. vom 16. bis 18. Jh.) zwergenhafter Hofnarr.*

hö|gen ⟨sw. V.; hat⟩ [mniederd. hogen = erfreuen, asächs. huggian = denken] (nordd. fam.): **1.** ⟨h. + sich⟩ *sich voller Genugtuung über etw. freuen:* sie hörten die Stimme aus dem Telefon und högten sich. **2.** *jmdn. mit Freude u. Genugtuung erfüllen; freuen* (2).

HO-Ge|schäft [ha:ˈo:...], das; -[e]s, -e [↑HO] (DDR): *Ladengeschäft, Verkaufsstelle der Handelsorganisation* (2).

ho|he...: ↑hoch.

Hö|he, die; -, -n [mhd. hœhe, ahd. hōhī, zu ↑hoch]: **1. a)** *[Maß der] Ausdehnung in vertikaler Richtung:* die H. des Tisches; der Turm hat eine H. von 100 Metern; die H. eines Zimmers; die lichte H. einer Brücke *(der senkrechte Freiraum vom Wasserspiegel od. von der Straßendecke bis zur Unterkante des Spannbogens);* **R** das ist ja die H.! (ugs.; *das ist unglaublich, kaum zu überbieten, unerhört [frech];* urspr. = die rechte Höhe, d. h. das richtige Maß, in das etw. eingepasst werden soll; ironisch gesagt, wenn diese »rechte Höhe« verfehlt worden ist); **b)** *bestimmte Entfernung über der Erdoberfläche od. dem Meeresspiegel:* die Baumgrenze liegt etwa bei 2 000 m H.; in großen -n ist die Luft dünner; **c)** ⟨in Verbindung mit der Präp. »in« drückt eine Richtung nach oben aus: etw. in die H. heben *(hochheben);* sich in die H. recken *(hochrecken);* ***in die H. gehen** (ugs.; *aufbrausen, wütend werden*). **2. a)** *kleinerer Berg; Anhöhe, Hügel:* eine H. ersteigen; auf den umliegenden -n ist schon Schnee gefallen; **Ü** die -n und Tiefen des Lebens; **b)** *Höhe-, Gipfelpunkt:* auf der H. ihres Erfolgs; er ist auf der H. seiner Jahre *(im besten Mannesalter);* ***[nicht] auf der H. sein** (ugs.; *[nicht] gesund, leistungsfähig sein; sich [nicht] wohl fühlen*); **auf der H. [der Zeit] sein/bleiben** *(über die neuesten Erkenntnisse u. Forschungen in einem bestimmten Fachgebiet Bescheid wissen u. sich auf dem Laufenden halten).* **3. a)** *in Zahlen ausdrückbare Größe, messbare Stärke o. Ä. von etw.:* die H. des Einkommens; die H. des Preises festsetzen; eine Grundrente in H. von 1000 Euro; **b)** *hoher Grad, beträchtliches Niveau:* der Nutzen entspricht nicht der H. des Aufwands. **4. a)** (Math.) *senkrechter Abstand eines äußersten Punktes von einer Grundlinie od. -fläche:* die H. berechnen; ein gleichseitiges Dreieck hat drei gleiche -n; **b)** (Astron.) *in Winkelgraden ausgedrückter Abstand eines Gestirns vom Horizont:* der Mond stand zu diesem Zeitpunkt in 18° 20′ H.; **c)** ⟨meist in Verbindung mit der Präp. »auf«⟩ (Fachspr.) *Linie einer geographischen Breite* (2 a) *od. gedachte, die Bewegungsrichtung rechtwinklig schneidende Linie:* sie fuhren auf gleicher H.

Ho|heit, die; -, -en [mhd. hōch(h)eit]: **1.** ⟨o. Pl.⟩ *oberste Staatsgewalt, Souveränität (eines Staates):* die Staaten versuchen ihre H. über die Küstengewässer hinaus weiter ins Meer auszudehnen; unter der H. eines Staates stehen. **2. a)** *fürstliche Persönlichkeit, Angehörige od. Angehöriger einer regierenden Familie:* die -en weilen zu einem Besuch im Nachbarland; Seine H. lässt bitten!; **b)** *Anrede an eine fürstliche Persönlichkeit:* Eure [Königliche] H. **3.** ⟨o. Pl.⟩ (geh.) *Würde, Erhabenheit, die von einer Persönlichkeit ausgeht:* die H. seiner Erscheinung.

ho|heit|lich ⟨Adj.⟩: **1.** *von der Staatsgewalt ausgehend; die Befugnisse der Verwaltung betreffend:* ein -er Akt. **2.** (selten) *dem Fürstenstand entsprechend; vornehm, würdevoll:* sein -es Auftreten.

Ho|heits|akt, der: *hoheitliche* (1) *Handlung auf höchster staatlicher Ebene.*

Ho|heits|be|reich, der: **1.** *Hoheitsgebiet.* **2.** *Zuständigkeitsbereich, innerhalb dessen ein Staat seine Hoheitsrechte ausüben darf.*

Ho|heits|ge|biet, das: *Gebiet, das der Hoheit* (1) *eines Staates untersteht; Staatsgebiet einschließlich der Hoheitsgewässer.*

Ho|heits|ge|walt, die: *durch die Hoheitsrechte einer Verfassung bestimmte Gewalt, Macht:* die H. ausüben.

Ho|heits|ge|wäs|ser, das ⟨meist Pl.⟩: *der Hoheit* (1) *eines Staates unterstehendes Binnengewässer od. Meeresgebiet in einer festgesetzten Breite entlang der Küste des Landes.*

Ho|heits|recht, das ⟨meist Pl.⟩: *einem Staat nach der Verfassung zur Ausübung der Staatsgewalt zustehendes Recht* (z. B. Gerichtsbarkeit, Finanzgewalt, Münzhoheit).

ho|heits|voll ⟨Adj.⟩ (geh.): *voll Hoheit* (3): eine -e Erscheinung.

Ho|heits|zei|chen, das: **a)** *die Hoheit* (1) *symbolisierendes Zeichen* (z. B. Flagge, Standarte, Siegel, Grenzzeichen); **b)** *Symbol, Wappenzeichen in einer Flagge, einem Abzeichen o. Ä.* (z. B. Adler).

Ho|he|lied, das [1: die der Überlieferung nach von Salomo stammende Sammlung enthält Liebes- und Hochzeitslieder]: **1.** frühere Schreibung für Hohe Lied (↑Lied 2 b). **2.** (geh.) *Haltung od. Tat, die ein Ideal verherrlicht:* ein H. der Treue; sein Einsatz glich einem H. der Freundschaft.

hö|hen ⟨sw. V.; hat⟩ (Malerei): *(bes. bei Zeichnungen u. Holzschnitten auf getöntem Grund) mit Deckweiß bestimmte Stellen hervorheben:* ein Porträt in schwarzer Kreide, weiß gehöht.

Hö|hen|an|ga|be, die: *Angabe der Höhe* (1 b).

Hö|hen|angst, die ⟨o. Pl.⟩ (Med., Psych.): *Hypsiphobie.*

Hö|hen|flug, der (Flugw.): *Flug in großer Höhe:* **Ü** der H. des Dollars.

hö|hen|gleich ⟨Adj.⟩ (Verkehrsw.): *auf gleicher Höhe* (1 b), *gleichem Niveau liegend, sich treffend:* -e Kreuzungen.

Hö|hen|kli|ma, das: *Klima in höheren Gebirgslagen.*

Hö|hen|krank|heit, die (Med.): *durch eine geringere Sättigung des Blutes mit Sauerstoff in der dünnen Luft großer Höhen* (1 b) *hervorgerufenes Unwohlsein.*

Hö|hen|kur|ort, der: *hoch gelegener Kurort (mit besonders reiner Luft).*

Hö|hen|la|ge, die: *Höhe* (1 b) *über dem Meeresspiegel:* mit Radar die H. eines Flugzeugs ermitteln; ein Ort in H. *(in größerer Höhe über dem Meeresspiegel).*

Hö|hen|leit|werk, das (Flugw.): *Leitwerk zur Regulierung der Flughöhe eines Flugzeugs.*

Hö|hen|li|nie, die (Geogr.): *(im Kartenbild eingezeichnete) Verbindungslinie für alle Punkte, die in gleicher Höhe über dem Meeresspiegel liegen.*

Hö|hen|luft, die ⟨o. Pl.⟩: *sauerstoffarme Luft in größerer od. großer Höhe über dem Meeresspiegel.*

Hö|hen|mar|ke, die: *in das Mauerwerk eines Gebäudes od. in einen besonderen Pfeiler eingelassener Bolzen, der eine bestimmte, genau vermessene Höhe markiert u. als Orientierungspunkt für weitere Vermessungen dient.*

Hö|hen|mes|ser, der: *Messgerät [in einem Luftfahrzeug], das die jeweilige Höhe* (1 b) *des Standorts anzeigt.*

Hö|hen|mes|sung, die: *das Messen des Höhenunterschiedes von Punkten [auf der Erdoberfläche].*

Hö|hen|re|kord, der: *Rekord in Bezug auf die höchste [von einem bestimmten Flugzeugtyp] erreichte Höhe* (1 b).

Hö|hen|rü|cken, der (Geogr.): *lang gestreckter Bergrücken, Kamm einer Höhe* (2 a).

Hö|hen|ru|der, das (Flugw.): *beweglicher Teil des Höhenleitwerks.*

Hö|hen|son|ne, die: **1.** ⟨o. Pl.⟩ (Met.) *intensive Sonneneinstrahlung in großen Höhen.* **2.** (Med.) **a)** *spezielle Lampe, die ultraviolettes Licht ausstrahlt; UV-Lampe;* **b)** ⟨o. Pl.⟩ *(zu Heilzwecken angewendete) Bestrahlung mit einer Höhensonne* (2 a): H. bekommen.

Hö|hen|steu|er, das (Flugw.): *Steuer, mit dem das Höhenruder bewegt wird.*

Hö|hen|strah|lung, die (Physik): *aus dem Weltraum kommende, von der Erdatmosphäre größtenteils umgewandelte od. absorbierte, sehr energiereiche Strahlung; Ultrastrahlung, UV-Strahlung.*

Hö|hen|trai|ning, das (Sport): *im Höhenklima durchgeführtes Training.*

Hö|hen|un|ter|schied, der: *Unterschied in der Höhenlage zwischen zwei verschiedenen Punkten.*

hö|hen|ver|stell|bar ⟨Adj.⟩: *in der Höhe* (1 a) *verstellbar:* ein -er Autositz; das Lenkrad ist h.

Hö|hen|weg, der: *[markierter] Weg auf dem Gebirgskamm od. an einem Höhenzug entlang.*

Hö|hen|win|kel, der (Math.): *von einer Horizontale und einem [schräg] aufwärts laufenden Strahl gebildeter Winkel.*

Hö|hen|zug, der (Geogr.): *Gruppe untereinander verbundener u. in einer Hauptrichtung verlaufender Höhen* (2 a); *Bergkette.*

Ho|he|pries|ter, der: **1.** frühere Schreibung für Hohe Priester (↑Priester 1). **2.** (geh.) *jmd., der etw. nachdrücklich vertritt u. sich mit Vehe-*

menz dafür einsetzt: die H. des Staatskapitalismus.
Ho|he|pries|te|rin, die: w. Form zu ↑Hohepriester (2).
ho|he|pries|ter|lich ⟨Adj.⟩: *einen Hohen Priester betreffend o. Ä.:* das -e Amt.
Hö|he|punkt, der: **a)** *wichtigster, bedeutendster [und schönster] Teil einer Entwicklung, eines Ablaufs:* ein musikalischer H.; die Stimmung erreichte ihren H.; die Künstlerin steht jetzt auf dem H. ihrer Laufbahn; **b)** *Orgasmus.*
hö|her: Komp. von ↑hoch (I1a, b, d; 2a, b; 3b; 4; 5a).
hö|her be|gabt: s. hoch (I5b).
hö|her be|steu|ert, hö|her be|zahlt: s. hoch (I2a).
hö|her de|ko|riert: s. hoch (I4).
hö|her do|tiert: s. hoch (I2a).
hö|her ent|wi|ckelt: s. hoch (I5b).
Hö|her|ent|wick|lung, die: *Entwicklung zu etw. Höherem, Besserem; Fortschritt.*
hö|he|rer|seits ⟨Adv.⟩: *von höherer Seite; von einer vorgesetzten Behörde:* das wurde h. so angeordnet.
hö|her ge|le|gen: s. hoch (I1b).
hö|her ge|stellt: s. hoch (I4).
hö|her grup|pie|ren: s. hoch (I4).
Hö|her|grup|pie|rung, die; -, -en: *Höherstufung.*
hö|her|ran|gig: Komp. von ↑hochrangig.
hö|her schrau|ben: s. hoch (I2a).
hö|her ste|hend: s. hoch (I4, 5a).
hö|her stu|fen: s. hoch (I4).
Hö|her|stu|fung, die; -, -en: *das Höherstufen; das Höher-gestuft-Werden.*
hohl ⟨Adj.⟩ [mhd., ahd. hol, H. u.]: **1.** *im Innern ausgehöhlt, leer, ohne Inhalt:* ein -er Zahn; der Baum ist innen h.; die Nuss ist h. *(hat keinen Kern).* **2.** *nach innen gebogen; eine konkave Öffnung, Mulde bildend:* Wasser mit der -en Hand schöpfen; -e *(eingefallene)* Wangen. **3.** *dumpf u. tief klingend, als käme der Ton aus einem verborgenen Hohlraum:* eine -e Stimme; -es Stöhnen; der Klang war h.; sie hustete h. **4.** (abwertend) *geistlos, leer, ohne Inhalt, ohne geistige Substanz:* -e Phrasen; er ist ein -er Schwätzer; Mensch, ist der h. (ugs.; *dumm).*
Höh|le, die; -, -n [mhd. hüle, ahd. huli, zu ↑hohl]: **1. a)** *größerer hohler Raum, Hohlraum bes. im Gestein od. in der Erde:* eine finstere H.; unterirdische -n; **b)** *Behausung von Säugetieren in der Erde; Bau (5a):* der Dachs schläft in seiner H.; *** sich in die H. des Löwen begeben/wagen; in die H. des Löwen gehen** (scherzh.; *jmdn., der gefürchtet wird, von dem nichts Gutes erwartet wird, beherzt mit einem Anliegen o. Ä. aufsuchen;* nach einer Fabel des Äsop, in der ein Fuchs die List eines alten Löwen, der sich krank stellt u. die Tiere bittet, ihn in seiner Höhle zu besuchen, durchschaut u. nicht hineingeht, weil er nur Spuren sieht, die hineinführen, aber keine, die hinausführen). **2. a)** (abwertend) *düstere, feuchte, ärmliche Wohnung:* die Familie haust in einer muffigen H. im Keller; **b)** (ugs.) *eigenes Zimmer, das Geborgenheit, Vertrautheit ausstrahlt:* er zog sich in seine H. zurück.
Höh|len|be|woh|ner, der: **a)** *in einer [Felsen]höhle hausender Mensch der Frühzeit;* **b)** *in einer [Erd]höhle lebendes Tier.*
Höh|len|brü|ter, der: *Vogel, der in einer Erd- od. Baumhöhle nistet u. dort seine Jungen aufzieht.*
Höh|len|for|scher, der: *Geologe od. Prähistoriker, der das Innere von Felsenhöhlen untersucht.*
Höh|len|for|sche|rin, die: w. Form zu ↑Höhlenforscher.
Höh|len|for|schung, die: *Forschung, die sich mit der Entstehung u. dem Aufbau natürlicher Höhlen befasst.*
Höh|len|kun|de, die: *Lehre von der Entstehung u. dem Aufbau natürlicher Höhlen; Speläologie.*
Höh|len|ma|le|rei, die: **1.** *(in frühen Kulturen) das Malen auf Felswänden von Höhlen.* **2.** *einzelnes Werk der Höhlenmalerei* (1).
Höh|len|zeich|nung, die: *Felsbild.*
Hohl|form, die (Gießerei): *Gussform, deren Hohlräume von dem zu gießenden Material ausgefüllt werden sollen.*
Hohl|fuß, der (Med.): *überstarke Wölbung des Fußes.*
Hohl|heit, die; -: **a)** *das Hohl-, Ausgehöhltsein;* **b)** (abwertend) *innere Leere, Geistlosigkeit, Oberflächlichkeit:* die H. seiner Reden war erschütternd.
Hohl|keh|le, die: **1.** (Archit., Tischlerei) *leicht konkave, rinnenförmige Vertiefung, die der Gliederung u. Verzierung einer Fläche (an Wänden, Gesimsen, Fenstern, Möbelstücken) dient.* **2.** (Geol.) *durch Wasser, Wind o. Ä. entstandene rinnenartige Auswaschung im Fels.*
Hohl|kopf, der (abwertend): *dummer Mensch.*
Hohl|kör|per, der: *innen hohler, ausgehöhlter Gegenstand.*
Hohl|kreuz, das (Med.): *Wirbelsäule, die bes. im Bereich der Lendenwirbel stark nach vorn gekrümmt ist:* ein H. haben.
Hohl|ku|gel, die: *hohle Kugel.*
Hohl|lei|ter, der (Elektrot.): *Leiter für hochfrequente elektromagnetische Wellen, der die Form eines Rohres hat.*
Hohl|maß, das: **a)** *Maß[einheit] zum Bestimmen der Größe eines Raumes, des Rauminhalts od. Fassungsvermögens eines [Hohl]körpers:* Liter und Kubikmeter sind -e; **b)** *geeichtes [mit einer Skala versehenes] Gefäß zum Abmessen von Flüssigkeiten u. Ä.*
Hohl|mei|ßel, der: *Meißel mit gekrümmter Schneide zum Aushauen von Vertiefungen.*
Hohl|na|del, die (Med.): *hohle Nadel für Einspritzungen od. zur Entnahme von Körperflüssigkeit; Kanüle.*
Hohl|or|gan, das (Med.): *inwendig hohles Körperorgan.*
Hohl|raum, der: *leerer od. mit etw. angefüllter, umschlossener hohler Raum im Innern von etw., innerhalb einer dichten od. porösen Substanz:* Hohlräume im Gestein.
Hohl|raum|kon|ser|vie|rung (regional), **Hohl|raum|ver|sie|ge|lung,** (seltener:) **Hohl|raum|ver|sieg|lung,** die (Kfz-T.): *Versiegelung der inneren Hohlräume einer Fahrzeugkarosserie mit einem Rostschutzmittel.*
Hohl|saum, der (Handarb.): *Verzierung in einem Gewebe mit Leinenbindung durch Ausziehen mehrerer gleichlaufender Fäden u. bündelweises Zusammenfassen der stehen gebliebenen Querfäden mit einem Zierstich.*
Hohl|spie|gel, der (Optik): *Spiegel mit konkaver, nach innen gewölbter Oberfläche, der das Spiegelbild vergrößert wiedergibt.*
Hohl|tier, das ⟨meist Pl.⟩ [nach dem der Vorverdauung dienenden Hohlraum der Tiere]: *im Wasser lebender, sehr einfacher, symmetrisch gebauter Vielzeller.*
Höh|lung, die; -, -en: **1.** ⟨o. Pl.⟩ *das Höhlen, Aushöhlen.* **2.** *ausgehöhlte Stelle, Vertiefung, Einbuchtung; gut zugängliche, offene Höhle* (1a): eine H. im Baum.
hohl|wan|gig ⟨Adj.⟩: *(aufgrund eines schlechten Gesundheits- od. Ernährungszustandes) eingefallene Wangen habend.*
Hohl|weg, der: *zwischen steilen [Fels]abhängen tief eingeschnittener Weg.*
Hohn, der; -[e]s, [mhd. (md.) hōn, ahd. hōna, zu einem germ. Adj. mit der Bed. »niedrig, verachtet« (vgl. got. hauns = niedrig; demütig)]: *mit verletzendem, beißendem Spott verbundene, unverhohlene Verachtung:* bitterer H.; er erntete nur Spott und H.; H. lachen *(höhnisch, schadenfroh lachen);* ich lache H., habe H. gelacht; Ü jeder Vernunft H. lachen *(zuwiderlaufen, spotten);* *** der reine/reinste/blanke H. sein** *(völlig widersinnig, absurd sein);* **einer Sache H. sprechen** *(zu etw. in krassem Widerspruch stehen, etw. widerlegen).*
höh|nen ⟨sw. V.; hat⟩ [mhd. hœnen, ahd. hōnen] (geh.): **1.** *höhnisch, spottend reden; laut seinem Hohn, seiner Verachtung Ausdruck geben:* »Feigling!«, höhnte er. **2.** *verspotten, verhöhnen; mit Hohn u. Spott behandeln:* seine Gegner h.
Hohn|ge|läch|ter, das: *höhnisches Gelächter:* das H. der Gegner.
höh|nisch ⟨Adj.⟩ [mhd. hœnisch]: *voll höhnender Verachtung, spöttisch; mit beißendem Spott:* ein -es Grinsen; -e Bemerkungen machen.
hohn|lä|cheln ⟨sw. V.; hat⟩: *höhnisch lächeln* ⟨meist im 1. Part. u. subst.⟩: er hohnlächelte/lächelte hohn; hohnlächelnd wandte sie sich ab; ⟨subst.:⟩ mit einem Hohnlächeln.
hohn|la|chen ⟨sw. V.; hat⟩: **1.** *höhnisch, überlegen, schadenfroh lachen* ⟨meist im 1. Part. u. subst.⟩: er hohnlachte; er antwortete hohnlachend; ⟨subst.:⟩ das Hohnlachen der Gegner. **2.** (geh.) *zuwiderlaufen, spotten:* dieser Vorschlag hohnlacht jeglicher Vernunft.
hohn|spre|chen ⟨st. V.; hat⟩: *widerlegen; in krassem Widerspruch (zu etw.) stehen:* dieses Tun spricht allem Anstand hohn.
ho|ho ⟨Interj.⟩: ugs. Ausruf des Staunens od. [überlegener] Ablehnung: h., das wollen wir doch mal sehen!
Hö|hung, die; -, -en (Malerei): **a)** ⟨o. Pl.⟩ *das Höhen;* **b)** *gehöhte Stelle.*
hoi ⟨Interj.⟩: Ausruf: **a)** des [freudigen] Erstaunens: h., das schmeckt aber gut!; **b)** der ärgerlichen Feststellung: h., kannst du nicht aufpassen!
Ho|kus|po|kus, der; - [wahrsch. verstümmelt aus einer pseudolat. Zauberformel »hax, pax, max, deus adimax«]: **1.** ⟨o. Art.⟩ Zauberwort, Beschwörungsformel (durch die ganz schnell etwas zum Verschwinden od. Hervorkommen gebracht wird): H., weg ist der Dreck!; und H. *(ganz schnell, im Handumdrehen)* war er fertig; *** H. Fidibus [dreimal schwarzer Kater]** (scherzhafte Zauberformel); **2.** *Gaukelei, [fauler] Zauber, Trick:* diesen H. habe ich schon lange durchschaut. **3. a)** (abwertend) *unnützer Zierrat, überflüssiges Drum u. Dran:* ein Kleid mit viel H.; **b)** *[kindlicher] Unfug:* allerlei H. treiben.
hol-, Hol-: ↑holo-, Holo-.
Hol|ark|tis, die; - [zu griech. hólos (↑holo-, Holo-) u. ↑Arktis] (Geogr.): *pflanzen- u. tiergeographisches Gebiet, das die ganze nördliche gemäßigte u. kalte Zone bis zum nördlichen Wendekreis umfasst.*
hol|ark|tisch ⟨Adj.⟩: *die Holarktis betreffend, zu ihr gehörend.*
hold ⟨Adj.⟩ [mhd. holt, ahd. hold = günstig, gnädig; treu]: **1.** (dichter. veraltend) *anmutig, lieblich, von zarter Schönheit:* ein -es Gesicht; o -er Frühling!; die -e Weiblichkeit (iron.; *die Damen)* im Saal begrüßen; h. lächeln; ⟨subst.:⟩ er holt seine Holde (iron.; *seine Freundin)* vom Zug ab. **2.** *** jmdm., einer Sache h. sein** (geh.; *jmdm. geneigt, jmdm., einer Sache gewogen sein; jmdn., etw. gern haben):* bist du mir noch h.?; das Glück war ihm [nicht] h. *(er hatte [kein] Glück).*
Hol|der, der; -s, - (südd.): *Holunder.*
Hol|der|baum usw.: ↑Holunderbaum usw.
Hol|ding ['hoʊldɪŋ], die; -, -s: Kurzf. von ↑Holdinggesellschaft.
Hol|ding|ge|sell|schaft, die [engl. holding company; zu: holding = (Aktien)besitz u. company = Gesellschaft] (Wirtsch.): *Gesellschaft, die nicht selbst produziert, die aber Aktien anderer Gesellschaften besitzt u. diese dadurch beeinflusst od. beherrscht; Beteiligungsgesellschaft.*
hol|drio [auch: hɔldriˈoː] ⟨Interj.⟩: veraltender Ausruf der Freude.
[1]Hol|drio [auch: hɔldriˈoː], das; -s, -s: *Freudenruf [in den Bergen]; Jodler.*
[2]Hol|drio, der; -[s], -[s] (veraltet): *leichtlebiger Mensch, der nur genießt u. fröhlich in den Tag hinein lebt.*
hold|se|lig ⟨Adj.⟩ (dichter. veraltend): *anmutig, liebreizend, von engelhaft zarter Schönheit:* ein -es Lächeln.
Hole [hoʊl], das; -s, -s [engl. hole] (Golf): *Loch* (5).
ho|len ⟨sw. V.; hat⟩ [mhd. hol(e)n, ahd. holōn, eigtl. = (herbei)rufen, verw. mit ↑hell]: **1. a)** *von einem Ort, einer Stelle, an der sich etw. befindet,*

H

her[bei]bringen, herbeischaffen: Kartoffeln [aus dem Keller] h.; Brot [vom Bäcker] h. *(einkaufen);* ein Kleid aus dem Schrank h. *(herausholen, herausnehmen);* jmdm./für jmdn. einen Stuhl h.; * **bei jmdm./da ist nicht viel/nichts [mehr] zu h.** *(jmd. besitzt nicht viel/nichts [mehr] an materiellen Gütern, man kann ihm daher nicht viel/nichts [mehr] wegnehmen [wenn er Schulden hat o. Ä.]);* **b)** *jmdn. [schnell] herbeirufen, an einen bestimmten Ort bitten, wo er gebraucht, gewünscht wird:* die Polizei h.; den Arzt zu dem Kranken h.; **c)** *von einem bestimmten Ort abholen [u. wegschaffen]:* morgen wird Sperrmüll geholt; Ü der Tod hat sie geholt (verhüll.; *sie ist gestorben*). **2.** ⟨h. + sich⟩ *sich etw. geben lassen, verschaffen, von jmdm. erbitten:* du solltest dir bei einem Fachmann Rat h. **3.** (ugs.) *gewinnen, erlangen, erwerben:* [in einem Wettbewerb, beim Sport] einen Preis, eine Medaille h.; ⟨auch h. + sich:⟩ morgen musst du dir den Meistertitel h. **4.** ⟨h. + sich⟩ (ugs.) *sich etw. (Krankmachendes, Unangenehmes, Schlimmes) zuziehen:* sich die Grippe h.; dabei kannst du dir ja den Tod holen *(auf den Tod krank werden)*! **5.** (Seemannsspr.) *herab-, heranziehen:* die Segel straff h.; das Boot längsseits h. **6.** (landsch.) *kaufen:* ich muss mir einen neuen Mantel h.

Ho|li|days [ˈhɔlɪdeɪs] ⟨Pl.⟩ [engl. holidays, Pl. von: holiday = (arbeits)freier Tag; Feiertag]: engl. Bez. für *Ferien, Urlaub.*

Ho|lis|mus, der; - [zu griech. hólos = ganz] (Philos.): *Lehre, die alle Erscheinungen des Lebens aus einem ganzheitlichen Prinzip ableitet.*

Holk: ↑Hulk.

hol|la ⟨Interj.⟩ [urspr. Zuruf an den Fährmann zum Überholen]: Ausruf der Überraschung, Verwunderung.

Hol|land; -s: **1.** Westteil der Niederlande. **2.** (volkst.) *Niederlande.*

[1]Hol|län|der, der; -s, - [3: H. u.; 4: nach dem Ursprungsland; 5: die Maschine wurde im 17. Jh. in den Niederlanden erfunden]: **1.** Ew. **2.** ⟨o. Pl.⟩ kurz für Holländer Käse. **3.** *ein vierrädriges Kinderfahrzeug, das durch Hin- u. Herbewegen einer Deichsel angetrieben wird.* **4.** *Hauskaninchen mit weißem, schwarz, braun od. gelb gescheckem Fell.* **5.** (Technik) *Maschine zum Mahlen u. Mischen von Fasern bei der Papierherstellung; Holländermühle.*

[2]Hol|län|der ⟨indekl. Adj.⟩: H. Käse.

Hol|län|de|rin, die; -, -nen: w. Form zu ↑[1]Holländer (1).

Hol|län|der|müh|le, die: [1]*Holländer* (5).

hol|län|disch ⟨Adj.⟩: **a)** *Holland, die Holländer betreffend; aus Holland stammend;* **b)** *in der Sprache der Holländer.*

Hol|län|disch, das; -[s]: vgl. Deutsch.

Hol|län|di|sche, das; -n: vgl. [2]Deutsche.

Höl|le, die; -, -n ⟨Pl. selten⟩ [1: mhd. helle, ahd. hell[i]a, wahrsch. urspr. = die Bergende, verw. mit ↑hehlen; 2: eigtl. = Raum, in dem man etw. »bergen« kann]: **1. a)** ⟨o. Pl.⟩ (Rel.) *Ort der ewigen Verdammnis für die Sünder; Reich des Teufels:* die Schrecken der H.; in die H. kommen, zur H. fahren *(verdammt werden);* * **jmdn. zur H. wünschen** (geh.; *jmdn., über den man sich ärgert, aus der Welt wünschen*); **zur H. mit jmdm., etw.** (als heftige Verwünschung in Bezug auf jmdn., etw. [Negatives], von dem man wünscht, dass er, es nicht [mehr] da wäre, nicht mehr existierte): zur H. mit den Verrätern!; **b)** *Ort, Zustand großer Qualen; etwas Schreckliches, Furchteinflößendes, Unerträgliches:* sie hat bei ihm die H.; * **die grüne H.** *(der Urwald);* **die H. ist los** (ugs.: *es herrscht [irgendwo] große Aufregung, wildes Durcheinander, unerträglicher Lärm; es geht turbulent zu*); **jmdm. das Leben zur H. machen** *(jmdm. das Leben unerträglich machen);* **jmdm. die H. heiß machen** (ugs.: *jmdm. [durch Drohungen, mit einem Anliegen o. Ä.] heftig zusetzen;* urspr. von den Schilderungen der Qualen u. dem Feuer in der Hölle 1 a ausgehend; vgl. das mhd. Adj. helleheiz = heiß wie die Hölle). **2.** (landsch.) *in alten [Bauern]häusern (mit einer Sitzbank versehener) enger Raum zwischen Kachelofen u. Wand.*

Höl|len- (ugs. emotional verstärkend): drückt in Bildungen mit Substantiven einen besonders hohen Grad, eine besonders große Intensität von etw. aus: Höllenkrach, -wut.

Höl|len|angst, die (ugs. emotional verstärkend): *überaus große Angst.*

Höl|len|brand, der (ugs. emotional verstärkend): *sehr großer Durst.*

Höl|len|bra|ten, der (veraltetes derbes Schimpfwort): *böser Mensch; Person, die man verachtet u. als Ausgeburt der Hölle ansieht.*

Höl|len|brut, die ⟨o. Pl.⟩ (veraltendes Schimpfwort): *übles Gesindel.*

Höl|len|fahrt, die (griech.-röm. Myth.; christl. Rel.): *Vorstellung vom Hinabsteigen eines Menschen od. Gottes ins Reich der Toten.*

Höl|len|fürst, der ⟨o. Pl.⟩: *Teufel, Luzifer.*

Höl|len|hund, der (Myth.): *Wachhund am Eingang zur Unterwelt; Zerberus.*

Höl|len|lärm, der (ugs. emotional verstärkend): *sehr großer Lärm.*

Höl|len|ma|schi|ne, die: **a)** (veraltend) *(für verbrecherische Zwecke benutzter) Sprengkörper mit Zeitzünder;* **b)** (ugs.) *Maschine o. Ä., die viel Lärm macht od. ein unbestimmtes Gefühl der Angst hervorruft.*

Höl|len|qual, die (ugs. emotional verstärkend): *große Qual:* -en ausstehen.

Höl|len|stein, der [LÜ von lat. lapis infernalis, wegen der schmerzhaft ätzenden Wirkung]: ⟨o. Pl.⟩ *aus Silbernitrat bestehendes Ätzmittel, das zum Blutstillen u. zur Verätzung von wucherndem Gewebe verwendet wird.*

Höl|len|stra|fe, die (Rel.): *Strafe der ewigen Verdammnis.*

Hol|ler, der; -s, - (südd., österr.): *Holunder.*

Hol|ler|baum usw.: ↑Holunderbaum usw.

hol|le|ri|thie|ren ⟨sw. V.; hat⟩ [nach dem amerik. Ingenieur H. Hollerith (1860 bis 1929)] (EDV): *auf Lochkarten bringen:* Daten h.

Hol|le|rith|ma|schi|ne, die (EDV): *Lochkartenmaschine, in der Daten (für kaufmännische, statistische, wissenschaftliche Zwecke) sortiert u. gespeichert werden können.*

höl|lisch ⟨Adj.⟩ [mhd. hellisch]: **1. a)** *zur Hölle gehörend, aus der Hölle stammend:* das -e Feuer; -e Geister; **b)** *der Hölle u. ihren Qualen u. Schrecken vergleichbar; quälend, schrecklich; teuflisch:* ein -er Krieg; -e Qualen. **2.** (ugs.) **a)** *sehr groß, stark, mächtig:* -en Respekt vor jmdm. haben; es machte ihnen -en Spaß; **b)** ⟨verstärkend bei Adj. u. Verben:⟩ *in starkem Maße, überaus, sehr:* es ist h. kalt; h. schmerzen; h. aufpassen.

Hol|ly|wood [ˈhɔlɪwʊd]: Stadtteil von Los Angeles (Zentrum der Filmindustrie der USA).

Hol|ly|wood|schau|kel, die [beliebtes Requisit in Hollywoodfilmen der 50er-Jahre]: *Gartenmöbel in Form einer breiten, gepolsterten [u. überdachten] Bank, die frei aufgehängt ist u. wie eine Schaukel hin- u. herschwingen kann.*

[1]Holm, der; -[e]s, -e [mniederd. holm = Querbalken, verw. mit ↑[2]Helm]: **1. a)** (Turnen) *eine der beiden Stangen am Barren;* **b)** *eine der Längsleisten einer Leiter;* **c)** *Handlauf eines [Treppen]geländers.* **2. a)** (Flugw., Kfz-T.) *tragende Leiste eines Tragflügels, eines Fahrzeugbodens;* **b)** (Bauw.) *mit den Pfosten verzapfter Querbalken.* **3. a)** (Rudern) *Teil des Riemens, Ruders;* **b)** [2]*Helm* (1).

[2]Holm, der; -[e]s, -e [mniederd. holm; eigtl. = Ragendes, Erhebung] (nordd.): **1.** *kleine Insel.* **2.** (selten) *Schiffswerft, Schwimmdock.*

ho|lo-, Ho|lo-, (vor Vokalen auch:) hol-, Hol- [zu griech. hólos] ⟨Best. in Zus. mit der Bed.⟩: *ganz, völlig, vollständig* (z. B. Holarktis, holographisch, Hologramm).

Ho|lo|caust [engl. ˈhɔləkɔːst], der; -[s], -s [engl. holocaust = Inferno; Zerstörung, eigtl. = Brandopfer < spätlat. holocaustum < griech. holókauston, zu: holókaustos = völlig verbrannt, zu: hólos (↑holo-, Holo-) u. kaustós = verbrannt]: **a)** *(zur Zeit der nationalsozialistischen Herrschaft) Verfolgung, Gettoisierung u. insbesondere Massenvernichtung der Juden in Deutschland u. Europa;* **b)** *Massenvernichtung menschlichen Lebens:* ein atomarer H.

Ho|lo|gra|fie usw.: ↑Holographie usw.

Ho|lo|gramm, das; -s, -e [engl. hologram, geb. von dem brit. Physiker ung. Herkunft D. Gábor (1900–1979) zu griech. hólos (↑holo-, Holo-) u. -gram < griech. grámma, ↑-gramm] (Physik): *dreidimensionale Aufnahme eines Gegenstandes, die bei der Holographie entsteht.*

Ho|lo|gra|phie, (auch:) Holografie, die; - [engl. holography, geb. zu: hologram (↑Hologramm) u. -graphy < griech. -graphía, ↑-graphie] (Physik): *Technik zur Speicherung u. Wiedergabe von dreidimensionalen Bildern, die (in zwei zeitlich voneinander getrennten Schritten) durch das kohärente Licht von Laserstrahlen erzeugt sind.*

ho|lo|gra|phisch, (auch:) holografisch ⟨Adj.⟩ [1: zu mgriech. hológraphos = eigenhändig geschrieben, zu griech. hólos (↑holo-, Holo-) u. gráphein = schreiben]: **1.** (Bibliotheksw., Rechtsspr.) *[vollständig] eigenhändig geschrieben:* ein -es Testament. **2.** (Physik) *die Holographie betreffend, mit der Technik der Holographie hergestellt, sie anwendend:* eine -e Aufnahme.

ho|lo|kris|tal|lin ⟨Adj.⟩: *(von Gesteinen) völlig kristallin; nur aus kristallinen Teilen bestehend.*

Ho|lo|zän, das; -s [frz. holocène, zu griech. hólos = ganz, völlig u. kainós = neu, eigtl. = die ganz neue Abteilung (gegenüber dem Pleistozän)] (Geol.): *jüngere Abteilung des Quartärs.*

hol|pe|rig usw.: ↑holprig usw.

hol|pern ⟨sw. V.⟩ [frühnhd., H. u., viell. lautm.]: **1. a)** *auf unebenem, steinigem o. ä. Untergrund mit rüttelnden Bewegungen fahren, sich fortbewegen* ⟨ist⟩: der Karren ist durch die Straßen geholpert; **b)** *infolge ungleichmäßiger Bewegung auf unebenem, steinigem o. ä. Untergrund schüttern, wackeln* ⟨hat⟩: der Wagen hat sehr geholpert; **c)** (selten) *ungleichmäßig, stolpernd [u. strauchelnd] gehen, sich fortbewegen* ⟨ist⟩: sie holperten und stolperten. **2.** *(in Bezug auf die Art des Lesens, Sprechens) stockend, nicht fließend lesen, sprechen* ⟨hat⟩: er holpert [beim Lesen] noch ein wenig.

holp|rig, holperig ⟨Adj.⟩: **1.** *höckerig, uneben u. dadurch schlecht zu befahren od. zu begehen:* eine -e Fahrbahn; das Pflaster ist sehr h. **2.** *stockend, nicht fließend, nicht in gleichmäßigem Rhythmus [vorgebracht]:* in -em Englisch.

Hol|schuld, die (Rechtsspr.): *Geldforderung, Schuld, die am Wohnort des Schuldners geholt werden muss.*

Hol|stein; -s: Landesteil von Schleswig-Holstein.

[1]Hol|stei|ner, der; -s, -: **1.** Ew. **2.** *braunes, kräftiges Warmblutpferd, das als hervorragendes Reitpferd gilt.*

[2]Hol|stei|ner ⟨indekl. Adj.⟩.

Hol|stei|ne|rin, die; -, -nen: w. Form zu ↑[1]Holsteiner (1).

hol|stei|nisch ⟨Adj.⟩: *Holstein, die* [1]*Holsteiner betreffend; aus Holstein stammend.*

Hols|ter, das; -s, - [engl. holster < niederl. holster < mniederl. holfter, mniederd. hulfte = Köcher für Pfeil u. Bogen, Nebenf. von mhd. hulft, ↑[2]Halfter]: **1.** *offene (am Gürtel, um den Oberschenkel od. an der Schulter befestigte) Ledertasche für eine griffbereit getragene Handfeuerwaffe.* **2.** (Jägerspr.) *Jagdtasche.*

hol|ter|die|pol|ter ⟨Adv.⟩ [lautm. für ein polterndes Geräusch] (ugs.): *überstürzt, Hals über Kopf.*

hol|über ⟨Interj.⟩: Zuruf an den Fährmann, mit dem der Rufer vom jenseitigen Ufer aus darum bittet, übergesetzt zu werden.

Ho|lun|der, der; -s, - [mhd. holunder, ahd. holuntar; 1. Bestandteil wohl verw. mit gleichbed. dän. hyld, zum 2. Bestandteil -ter vgl. Teer]: **1.** *Strauch mit dunkelgrünen, gefiederten Blättern, gelblich weißen, in großen Dolden wachsenden Blüten u. glänzenden, schwarzen Früch-*

ten. 2. ⟨o. Pl.⟩ *als heilkräftig geltende Blüten- od. Fruchtstände des Holunders* (1): wir pflückten H.

Ho|lun|der|baum, der: *Holunder* (1).

Ho|lun|der|bee|re, die: *Beere des Holunders* (1).

Ho|lun|der|blü|te, die ⟨meist Pl.⟩: vgl. Holunder (2).

Ho|lun|der|saft, der: *Saft aus Holunderbeeren.*

Ho|lun|der|strauch, der: *Holunder* (1).

Holz, das; -es, Hölzer u. - [mhd., ahd. holz, eigtl. = Abgehauenes]: 1. ⟨o. Pl.⟩ *feste, harte Substanz des Stammes, der Äste u. Zweige von Bäumen u. Sträuchern (die als Baustoff, Brennmaterial usw. verwendet wird):* hartes H.; ein Stück H.; H. lebt; das H. arbeitet; dieses H. lässt sich gut bearbeiten, hat eine schöne Maserung; H. sammeln, hacken, sägen, beizen; die H. verarbeitende Industrie; H. *(Brennholz)* im Ofen nachlegen; auf H. klopfen (um etw. nicht zu [1]berufen 4; nach alter Vorstellung von der magischen Kraft des Holzes); Möbel aus massivem H.; Einlegearbeiten in H.; es knackt im H.; die Wände mit H. verkleiden; der Baum steht noch gut im H. *(ist noch gesund);* * **dastehen wie ein Stück H.** *(steif u. stumm dastehen);* **viel H.** (ugs.; *eine große Menge von etw.,* z. B. Geld): 50 Mark für das Buch ist viel H.; **H. sägen** (ugs.; *laut schnarchen*); **nicht aus H. sein** (als Feststellung in einer Situation, in einem Zusammenhang, wo man sich falsch eingeschätzt fühlt; 1. *genau wie andere Menschen auch für sinnliche Reize empfänglich sein.* 2. *nicht so gefühllos, unverletzbar o. Ä. sein, wie andere denken*). 2. ⟨Pl. Hölzer⟩ *Holzsorte:* edle, tropische Hölzer; * **aus dem gleichen/aus anderem H. [geschnitzt] sein** *(die gleiche/eine andere Wesensart, den gleichen/einen anderen Charakter haben);* **aus hartem/härterem/feinem/feinerem/gröberem/geringerem H. [geschnitzt] sein** *(in Bezug auf Charakter, Fähigkeiten, körperlich-geistige Beschaffenheit u. Ä. mehr od. minder stark sein).* 3. a) ⟨Pl. Hölzer⟩ *nicht näher bezeichneter bestimmter Gegenstand aus Holz* (1); *hölzerner Teil eines bestimmten Gegenstands:* Hölzer in die Erde rammen; der Stürmer traf zweimal H. (Fußball u. Ä.; *den hölzernen Pfosten od. die Querleiste des Tores*); b) ⟨Pl. -⟩ (Kegeln) *einzelner Kegel:* zwei H. stehen noch; * **gut H.!** (Gruß der Kegler); c) ⟨o. Pl.⟩ (Musik) *Gesamtheit der Holzblasinstrumente:* das H. muss etwas mehr hervortreten. 4. ⟨o. Pl.⟩ (veraltend, noch landsch. u. Jägerspr.) *Wald:* das H. steht gut; ins H. fahren.

Holz|ab|fuhr, die: *Transport des geschlagenen Holzes.*

Holz|ap|fel, der [mhd. holzapfel = im Holz (4) wachsender, wilder Apfel]: a) *kleiner, herb schmeckender Apfel (Frucht des Holzapfelbaums);* b) kurz für ↑Holzapfelbaum.

Holz|ap|fel|baum, der: *in lichten Wäldern vorkommender wilder Apfelbaum.*

Holz|art, die: *Sorte, Art* (4 a) *von Holz.*

Holz|au|ge, das: in der Wendung **H., sei wachsam!** (scherzh.; *pass auf, sieh dich vor!;* meist von jmdm. an sich selbst gerichtete Ermahnung zu erhöhter Wachsamkeit, um nicht übervorteilt od. hintergangen zu werden, H. u.).

Holz|bank, die ⟨Pl. ...bänke⟩: *hölzerne [Sitz]bank.*

Holz|bau, der: 1. ⟨o. Pl.⟩ *das Bauen in Holz.* 2. ⟨Pl. -ten⟩ *Bauwerk aus Holz.*

Holz|be|ar|bei|tung, die: *Bearbeitung von Holz.*

Holz|bein, das: *Beinprothese aus Holz.*

Holz|bie|ne, die: *(nicht Staaten bildende) meist blauschwarze Biene mit violetten Flügeln, deren Weibchen zur Eiablage lange Gänge in morsches Holz bohrt.*

Holz|bild|hau|er, der: *in Holz arbeitender Bildhauer, Bildschnitzer.*

Holz|bild|hau|e|rei, die: 1. ⟨o. Pl.⟩ *Bildschnitzerkunst, -tätigkeit.* 2. *Bildschnitzerwerkstatt.* 3. *Erzeugnis des Bildschnitzers.*

Holz|bild|hau|e|rin, die: w. Form zu: ↑Holzbildhauer.

Holz|blä|ser, der (Musik): *Spieler eines Holzblasinstruments.*

Holz|blä|se|rin, die: w. Form zu ↑Holzbläser.

Holz|blas|in|stru|ment, das (Musik): *Blasinstrument, bei dem die tonerzeugenden Teile aus Holz gefertigt sind:* (z. B. Blockflöte, Klarinette, Querflöte, Saxophon).

Holz|block, der ⟨Pl. ...blöcke⟩: *Block* (1), *Klotz aus Holz.*

Holz|bock, der [3: zum 2. Bestandteil vgl. Hausbock]: 1. [1]*Bock* (3) *aus Holz.* 2. *Blut saugende Zecke, die bes. Hunde, aber auch Menschen befällt.* 3. *großer, gelb behaarter Bockkäfer, dessen Larven besonders an jungen Pappeln u. Weiden Schäden verursachen.*

Holz|boh|le, die: *Bohle.*

Holz|boh|rer, der: 1. *zum Bearbeiten von Holz geeigneter Bohrer.* 2. *Nachtfalter, dessen Raupen sich im Inneren von Baumstämmen entwickeln u. großen Schaden verursachen können.* 3. *Borkenkäfer.*

Holz|bot|tich, der: *Bottich.*

Holz|brand|tech|nik, die: *Technik der Brandmalerei.*

Holz|brett, das: *[als Bauholz verwendetes] Brett aus Holz.*

Holz|brett|chen, das: *als Teil des Gedecks* (1) *verwendetes kleines Brett aus Holz.*

Holz|brü|cke, die: *Brücke aus Holz.*

Holz|bün|del, das: *zu einem Bündel zusammengeschnürte Holzstücke.*

Hölz|chen, das; -s, -: 1. Vkl. zu ↑Holz (1, 3 a). 2. *einzelnes Streichholz.*

Holz|de|cke, die: *Decke* (3) *aus Holz.*

Holz|des|til|la|ti|on, die (Fachspr.): *trockenes Erhitzen von Holz unter Luftabschluss zur Gewinnung von Holzkohle, Holzteer u. Holzessig.*

Holz|dü|bel, der: *Dübel* (1 a, 2) *aus Holz.*

hol|zen ⟨sw. V.⟩ [1: mhd. holzen, hülzen]: 1. (veraltend) *Bäume fällen [u. zu Brennholz zerschlagen]* ⟨hat⟩: sie hatten den ganzen Tag geholzt. 2. ⟨hat⟩ a) (bes. Fußball Jargon) *unfair, übertrieben hart u. roh spielen:* nicht spielen, nur h. können; der Verteidiger holzte fürchterlich; b) (veraltend) *[sich] prügeln.* 3. (Jägerspr.) *aufbaumen* ⟨hat/ist⟩.

Hol|zer, der; -s, - [1: mhd. holzer; 2: zu ↑holzen (2 a)]: 1. (südd., österr., schweiz. veraltend) *Holzhacker, Waldarbeiter.* 2. (bes. Fußball Jargon) *hart, unfair spielender Spieler.*

Hol|ze|rei, die; -, -en: a) (bes. Fußball Jargon) *hartes, unfaires, wenig sportliches Spiel;* b) *Prügelei.*

Hol|ze|rin, die; -, -nen: w. Form zu ↑Holzer.

höl|zern ⟨Adj.⟩ [mhd. hulzerīn]: 1. *aus Holz:* -es Spielzeug. 2. *(meist in Bezug auf jmds. Haltung, Bewegungen o. Ä.) steif u. ungeschickt, linkisch:* ein -er Bursche; eine -e Ausdrucksweise; seine Bewegungen sind h.

Holz|es|sig, der: *bei der Holzdestillation anfallendes Produkt mit hohem Gehalt an Essigsäure.*

Holz|fäl|ler, der; -s, -: *für das Fällen von Bäumen eingesetzter Waldarbeiter.*

Holz|fa|ser, die: *längliche, abgestorbene Pflanzenfaser mit verholzten Wänden.*

Holz|fa|ser|plat|te, die: *aus fein zerfasertem Holz u. Bindemitteln gepresste, als Bauelement dienende Platte.*

Holz|fäu|le, die: *Zersetzung des Holzes durch Pilze.*

Holz|fei|le, die: *Feile zur Holzbearbeitung.*

Holz|fi|gur, die: *aus Holz gearbeitete Figur.*

Holz|floß, das: a) *Floß* (1 b); b) *Floß* (1 a) *aus zusammengebundenen Hölzern.*

Holz|flö|ße|rei, die: *das Flößen von Holz.*

holz|frei ⟨Adj.⟩: *(von Papier) aus reinem Zellstoff, ohne Holzschliff hergestellt.*

Holz|fur|nier, das: *Furnier aus echtem Holz.*

Holz|fuß|bo|den, der: *Fußboden aus Holz.*

Holz|gas, das: *bei der Holzdestillation entstehendes Gasgemisch, das auch als Treibstoff Verwendung findet.*

Holz|ge|rech|tig|keit, die (früher): *das Recht zur Nutzung des Holzes in einem bestimmten Waldgebiet.*

Holz|ge|rüst, das: *Gerüst aus Holz.*

holz|ge|schnitzt ⟨Adj.⟩: *aus Holz geschnitzt.*

Holz|ge|stell, das: *hölzernes Gestell, Holzbock* (1).

holz|ge|tä|felt ⟨Adj.⟩: *mit Holztäfelung versehen.*

Holz|ge|wächs, das (Bot.): *ausdauernde Pflanze, deren Stamm u. Äste verholzen* (z. B. Baum, Strauch, Halbstrauch).

Holz|ha|cker, der: 1. (bes. österr.): *Holzfäller.* 2. (Fußball Jargon) *harter, unfairer Spieler.*

holz|hal|tig ⟨Adj.⟩: *(von Papier) Holzschliff enthaltend.*

Holz|ham|mer, der: *hölzerner Hammer mit zylindrischem Kopf:* * **eins mit dem H. abgekriegt haben** (salopp abwertend; *beschränkt, nicht recht bei Verstand sein*).

Holz|ham|mer|me|tho|de, die: *sehr grobe, plumpe Methode, jmdm. etw. beizubringen, jmdn. zu beeinflussen.*

Holz|han|del, der ⟨o. Pl.⟩: *Handel mit Holz.*

Holz|hau|er, der (landsch.): *Holzfäller.*

Holz|hau|fen, der: *zu einem Haufen aufgeschüttetes zerkleinertes Holz.*

Holz|haus, das: *[ganz] aus Holz gebautes Haus.*

hol|zig ⟨Adj.⟩: *(in Bezug auf Pflanzen[teile], Früchte o. Ä.) mit festen, verholzten Fasern durchsetzt:* -er Spargel.

Holz|in|dus|trie, die: *Zweig der Industrie, in dem Holz be- od. verarbeitet wird.*

Holz|kas|ten, der: *Kasten aus Holz.*

Holz|kir|che, die: vgl. Holzhaus.

Holz|kis|te, die: *Kiste aus Holz.*

Holz|kitt, der: *zum Ausfüllen von Ritzen im Holz verwendeter Kitt.*

Holz|klas|se, die: 1. (früher) *billigste (3. bzw. 4.) Klasse in der Eisenbahn mit ungepolsterten Holzbänken.* 2. (Fachspr.) *Güteklasse für Holz.*

Holz|klotz, der: *Klotz* (1) *aus Holz.*

Holz|koh|le, die: *schwarze, poröse, sehr leichte Kohle, die bei der Verkohlung von Holz (z. B. im Meiler) gewonnen u. als Brennstoff, Zeichenkohle u. a. verwendet wird.*

Holz|koh|len|grill, der: *mit Holzkohle betriebener Grill.*

Holz|kon|struk|ti|on, die: *Konstruktion aus Holz.*

Holz|kopf, der: 1. *aus Holz gedrechselter oder geschnitzter Kopf:* eine Puppe mit einem H. 2. (salopp abwertend) *langsam, schwer begreifender Mensch.*

Holz|kreuz, das: *Kreuz aus Holz:* ein schlichtes H. auf dem Grab.

Holz|leim, der: *stärkehaltiger Klebstoff für Holz.*

Holz|leis|te, die: *Leiste aus Holz.*

Holz|löf|fel, der: *Löffel aus Holz.*

Holz|ma|se|rung, die: *Maserung im Holz.*

Holz|maß, das: *Maßeinheit, Raummaß für Holz.*

Holz|mehl, das: *(durch Holzschädlinge hervorgerufener od. beim Sägen entstandener) pulverfeiner Abfall von Holz; Sägemehl.*

Holz|mess|an|wei|sung, die: *bindende amtliche Vorschrift über das Vermessen u. Sortieren von Rohholz.*

Holz|na|gel, der: *hölzerner Nagel, Holzstift.*

Holz|pan|tof|fel, der: *Pantine.*

Holz|per|le, die: *Perle aus Holz.*

Holz|pflock, der: *Pflock aus Holz.*

Holz|plas|tik, die: a) *Schnitzwerk, geschnitzte Figur aus Holz;* b) ⟨o. Pl.⟩ *Holzschnitzkunst.*

Holz|plat|te, die: *Platte* (1) *aus Holz.*

Holz|platz, der: *Platz zum Lagern, Stapeln von Holz.*

Holz|pup|pe, die: *Spielzeugpuppe aus Holz.*

Holz|rah|men, der: *[Bilder]rahmen aus Holz.*

Holz|rei|fen, der: *Reifen aus Holz.*

Holz|rie|se, die (südd., österr.): *Holzrutsche.*

Holz|rost, der: [1]*Rost aus Brettern.*

Holz|rut|sche, die: *Rutsche zum Herablassen von geschlagenem Holz, Baumstämmen im Gebirge.*

Holz|san|da|le, die: *Sandale mit einer Holzsohle.*

Holz|schäd|ling, der: *in Holz eindringender pflanzlicher od. tierischer Schädling.*

Holz|scheit, das: *gespaltenes Stück [Brenn]holz.*

Holz|schlag, der: 1. ⟨o. Pl.⟩ *das Schlagen von Holz:*

H

nächste Woche kann mit dem H. begonnen werden. **2.** *zum Abholzen bestimmtes Waldstück.*
Holz|schliff, der (Fachspr.): *durch Abschleifen von Holz an rotierenden Schleifsteinen unter Zusatz von Wasser gewonnene Masse, die ein wichtiger Grundstoff in der Papierindustrie ist.*
holz|schliff|frei: *holzfrei.*
Holz|schnei|de|kunst, die ⟨o. Pl.⟩: *Kunst des Holzschnitts.*
Holz|schnei|der, der: *Künstler, der Holzschnitte herstellt.*
Holz|schnei|de|rin, die: w. Form zu ↑Holzschneider.
Holz|schnitt, der: **1.** ⟨o. Pl.⟩ *grafische Technik, bei der die Darstellung [mit Feder od. Stift vorgezeichnet u.] mit scharfem Messer aus einer später als Druckstock dienenden Holzplatte herausgeschnitten wird.* **2.** *in der Technik des Holzschnitts* (1) *hergestelltes Blatt.*
Holz|schnit|zer, der: *Künstler, der Gegenstände u. Figuren aus Holz schnitzt.*
Holz|schnit|ze|rei, die: **1.** ⟨o. Pl.⟩ *das Schnitzen, Technik des Schnitzens in Holz.* **2.** *in Holz geschnitzte Figur od. Verzierung.*
Holz|schnit|ze|rin, die: w. Form zu ↑Holzschnitzer.
Holz|schopf, der (schweiz.): *Holzschuppen.*
Holz|schrau|be, die: *spitze Schraube mit scharfkantigem Gewinde, die sich in Holz festdrehen lässt.*
Holz|schuh, der ⟨meist Pl.⟩: **a)** *ganz aus Holz hergestellter Schuh;* **b)** *Schuh mit dicker Holzsohle.*
Holz|schup|pen, der: **a)** *aus Holz errichteter Schuppen;* **b)** *Schuppen zum Aufbewahren von Brennholz.*
Holz|schutz|mit|tel, das: *Mittel zur Konservierung von Holz gegen Schädlinge, Witterungseinflüsse, Feuchtigkeit usw.*
Holz|ski, der: *Ski aus Holz od. mehrfach verleimten Holzschichten.*
Holz|soh|le, die: *Schuhsohle aus Holz.*
Holz|span, der: **a)** *kleines, dünnes Holzstäbchen;* **b)** ⟨meist Pl.⟩ *beim Hobeln von Holz entstehender Span.*
Holz|spiel|zeug, das: *Kinderspielzeug aus Holz.*
Holz|split|ter, der: *Splitter aus Holz.*
Holz|stab, der: *Stab aus Holz.*
Holz|stan|ge, die: *Stange aus Holz.*
Holz|stich, der: **1.** ⟨o. Pl.⟩ *Technik des Holzschnitts mit einem Stichel (auf besonders hartem, quer zur Faser geschnittenem Holz).* **2.** *in der Technik des Holzstichs* (1) *hergestellter Abzug.*
Holz|stiel, der: *Stiel aus Holz.*
Holz|stift, der: *Holznagel.*
Holz|stoß, der: *[für ein Feuer] aufgeschichtetes Holz.*
Holz|stück, das: *Stück Holz.*
Holz|stuhl, der: *Stuhl aus Holz.*
Holz|tä|fe|lung, die: *Täfelung* (2) *aus Holz.*
Holz|ta|pe|te, die: *aus dünnem Furnier bestehende Tapete.*
Holz|teer, der: *ölige Substanz, die bei der Verkohlung von Holz (z. B. im Meiler) gewonnen wird und u. a. als Holzschutz- u. Imprägniermittel Verwendung findet.*
Holz|tisch, der: *Tisch aus Holz.*
Holz|trep|pe, die: *Treppe aus Holz.*
Holz|tro|cken|an|la|ge, die: *Holzdarre.*
Holz|trog, der: *Trog aus Holz.*
Holz|tür, die: *Tür aus Holz.*
Hol|zung, die; -, -en (veraltend): **1.** *das Holzen* (1). **2.** *Baumbestand, Gehölz.*
Holz ver|ar|bei|tend: s. Holz (1).
Holz|ver|ar|bei|tung, die: *Verarbeitung von Holz.*
Holz|ver|ede|lung, Holz|ver|ed|lung, Holz|ver|gü|tung, die ⟨o. Pl.⟩ (Fachspr.): *(in der Holz verarbeitenden Industrie) Gesamtheit der Maßnahmen, die den Gebrauchswert u. die Haltbarkeit von Holz erhöhen.*
holz|ver|klei|det ⟨Adj.⟩: *mit einer Holzverkleidung versehen.*
Holz|ver|klei|dung, die: *Verkleidung aus Holz.*
Holz|ver|scha|lung, die: *Verschalung aus Holz.*
Holz|ver|schlag, der: vgl. Holzschuppen (a, b).
Holz|weg, der [mhd. holzwec = (Wald)weg, auf dem Holz abgefahren wird]: in der Wendung **auf dem H. sein/sich auf dem H. befinden** *(mit einer Vorstellung, Meinung o. Ä. von etw. sehr irren;* ein Holzweg endet vielfach im Wald, er ist keine Landstraße, die zu einem bestimmten Ziel führt).
Holz|wirt|schaft, die: *Wirtschaftszweig, der Forstwirtschaft u. Holzverarbeitung umfasst.*
Holz|wol|le, die ⟨o. Pl.⟩: *schmale, gekräuselte Holzspäne, die als Verpackungsmaterial, Füllung von Polstern u. a. verwendet werden.*
Holz|wurm, der: **1.** (volkst.) *(im Holz bes. von Balkenwerk, Möbeln u. Ä. lebende) Larve verschiedener Käferarten, die Gänge ins Holz frisst u. an der Oberfläche des Holzes kleine Löcher hervorbringt, aus denen Holzmehl herausrinnt.* **2.** (ugs. scherzh.) *Tischler, Zimmermann.*
Holz|zaun, der: *Zaun aus Holz.*
Holz|zün|der, der (Fachspr.): *Streichholz.*
hom-, Hom-: ↑homo-, Homo-.
Ho|ma|tro|pin, das; -s [zu griech. homós (↑homo-, Homo-) u. ↑Atropin] (Med.): *dem Atropin chemisch sehr ähnliche, jedoch weniger giftige Substanz, deren Salze in der Augenheilkunde zur kurzfristigen Pupillenerweiterung verwendet werden.*
Hom|burg, der; -s, -s [nach dem vom späteren brit. König Eduard VII. bei einem Besuch in Bad Homburg getragenen Hut]: *bei offiziellen Gelegenheiten getragener, eleganter steifer Herrenhut aus Filz mit hohem Kopf u. leicht aufwärts gerundeter Krempe.*
Home|ban|king [ˈhoʊmbæŋkɪŋ], (auch:) **Home-Ban|king,** das; -[s] [engl. home banking, aus: home = Heim u. banking = Bankwesen, Bankgewerbe]: *Abwicklung von Bankgeschäften mithilfe einer EDV-Einrichtung von der Wohnung aus.*
Home|com|pu|ter [ˈhoʊm...], (auch:) **Home-Com|pu|ter,** der; -s, - [engl. home computer, aus: home = Heim u. ↑Computer]: *Heimcomputer.*
Home|figh|ter [ˈhoʊmfaɪtɐ], (auch:) **Home-Figh|ter,** der; -s, - [aus engl. home = Heim u. ↑Fighter] (Boxen): **a)** *im heimischen Boxring, vor heimischem Publikum besonders starker u. erfolgreicher Boxer, der in anderen Ringen schwächer boxt;* **b)** *im heimischen Ring, vor heimischem Publikum kämpfender Boxer.*
Home|land [ˈhoʊmlænd], das; -[s], -s ⟨meist Pl.⟩ [engl. homeland]: *(im Rahmen der in der Republik Südafrika 1948 bis 1993 angewandten Doktrin der Apartheid) bestimmten Teilen der schwarzen Bevölkerung zugewiesenes Siedlungsgebiet.*
Home|lear|ning [ˈhoʊmləːnɪŋ], (auch:) **Home-Lear|ning,** das; -[s] [aus engl. home = Heim u. learning = das Lernen]: *Form des Lernens mithilfe der Telekommunikation von der Wohnung aus.*
Home|page [ˈhoʊmpeɪdʒ], (auch:) **Home-Page,** die; -, -s [...dʒɪz; engl. home page, aus: home = Heim u. page = Seite] (EDV): **a)** *über das World Wide Web als grafische Darstellung abrufbare Datei, die als Ausgangspunkt zu den angebotenen Informationen einer Person, Firma od. Institution dient; Leitseite, Startseite:* eine H. einrichten; **b)** *Gesamtheit der Dateien einer Person, Firma od. Institution, die von der Homepage* (a) *erreichbar sind.*
Ho|me|ri|de, der; -n, -n [nach dem altgriech. Dichter Homer]: *(in der griechischen Antike) jmd., der in der Art Homers dichtet od. die homerischen Gesänge vorträgt.*
ho|me|risch ⟨Adj.⟩: *typisch für den Dichter Homer, in seinen Werken [häufig] anzutreffen:* ***-es Gelächter** (↑Gelächter 1).
Home|rule, (auch:) **Home-Rule** [ˈhoʊmruːl], die; - [engl. home rule = Selbstregierung]: *politisches Schlagwort für das von der irischen Nationalpartei angestrebte (1922 außer in Ulster verwirklichte) Ziel, die Selbstständigkeit Irlands auf parlamentarischem Wege zu erreichen.*
Home|trai|ner [ˈhoʊm...], der; -s, - [aus engl. home = Heim u. ↑Trainer]: *Übungsgerät (z. B. stationäres Fahrrad, Rudergerät) für den Hausgebrauch zum Konditions- u. Ausgleichssport od. zu heilgymnastischen Zwecken; Heimtrainer* (1).
Ho|mi|let, der; -en, -en [mlat. homileta = Prediger < griech. homilētḗs = Gesellschafter]: **a)** *Fachmann auf dem Gebiet der Homiletik;* **b)** *Prediger, Kanzelredner.*
Ho|mi|le|tik, die; - [zu griech. homilētikḗ (téchnē) = die Rede(kunst) betreffend]: *Geschichte u. Theorie der christlichen Predigt.*
Ho|mi|lie, die; -, -n [kirchenlat. homilia = Predigt, eigtl. = Rede zum Volk < griech. homilía = Unterricht]: *Predigt in der Form der Auslegung eines Bibeltextes, die eine praktische Anwendung auf das Leben des Christen enthält [u. deren integrierender Bestandteil die Verkündigung ist].*
Ho|mi|nes: Pl. von ↑[1]Homo.
Ho|mi|nid, der; -en, -en, (häufiger:) **Ho|mi|ni|de,** der; -n, -n [zu lat. homo, ↑[1]Homo u. griech. -eidḗs = -gestaltig] (Biol.): *Vertreter einer Familie von Lebewesen, die aus dem heutigen Menschen u. seinen Vorläufern sowie den Menschenaffen besteht.*
Ho|mi|ni|sa|ti|on, die; - [zu lat. homo (Gen.: hominis) = Mensch] (Biol.): *körperlich-geistiger Entwicklungsgang vom äffischen Vorfahren bis zum heutigen Menschen; Menschwerdung* (1).
Hom|mage [ɔˈmaːʒ], die; -, -n [...ʒn; frz. hommage, zu: homme <lat. homo, ↑[1]Homo] (bildungsspr.): *Veranstaltung, Werk, Darbietung als Huldigung für einen Menschen, bes. einen Künstler:* eine H. auf Nobelpreisträger Günter Grass.
Homme de Lett|res [ɔmdəˈlɛtr], der; - - -, -s - - [ɔmdəˈlɛtr; frz., zu: lettres (Pl.) = Literatur < lat. lit(t)erae, Pl. von: lit(t)era = Buchstabe] (bildungsspr.): *Literat.*
ho|mo ⟨indekl. Adj.⟩ (Jargon): kurz für ↑homosexuell: er ist h.
[1]Ho|mo, der; -, ...mines [...mineːs; lat. homo = Mann, Mensch] (Biol.): *Vertreter einer Gattung der Hominiden mit den Arten Homo habilis, Homo erectus u. Homo sapiens.*
[2]Ho|mo [auch: ˈhɔ...], der; -s, -s (ugs.): *Homosexueller.*
ho|mo-, Ho|mo-, (vor Vokalen gelegtl.:) hom-, Hom- [griech. homós] ⟨Best. in Zus. mit der Bed.:⟩ *gleich, gleichartig, entsprechend:* homogen; Homoerotik, Homonym.
ho|mö-, Ho|mö-: ↑homöo-, Homöo-.
Ho|mo|emo|ti|o|na|li|tät, die; - (bildungsspr.): *das emotionale Sich-hingezogen-Fühlen zum gleichen Geschlecht.*
Ho|mo erec|tus, der; - - [aus ↑[1]Homo u. lat. erectus = aufgerichtet, eigtl. aufgerichteter Mensch] (Anthrop.): *ausgestorbene Art der Gattung Homo, die als Merkmal einen aufrechten Gang aufweist.*
Ho|mo|ero|tik, die; - [zu griech. homós (↑homo-, Homo-) u. ↑Erotik] (bildungsspr.): *erotische [u. sexuelle] Beziehungen zwischen gleichgeschlechtlichen Partnern.*
ho|mo|ero|tisch ⟨Adj.⟩ (bildungsspr.): *ein erotisches Empfinden für das eigene Geschlecht habend.*
Ho|mo Fa|ber, der; - - [aus ↑[1]Homo u. lat. faber = Verfertiger, Handwerker, Künstler] (bildungsspr.): *der Mensch mit seiner Fähigkeit, für sich Werkzeuge u. technische Hilfsmittel zur Bewältigung u. zum Kultivieren der Natur herzustellen.*
ho|mo|fon usw.: ↑homophon usw.
ho|mo|gen ⟨Adj.⟩ [griech. homogenḗs = von gleichem Geschlecht, zu: homós (↑homo-, Homo-) u. génos = Geschlecht] (bildungsspr.): *gleichmäßig aufgebaut; einheitlich, aus Gleichartigem zusammengesetzt:* eine -e Gruppe, Schicht.
ho|mo|ge|ni|sie|ren ⟨sw. V.; hat⟩: **1.** (Chemie) *sich nicht mischende Flüssigkeiten (z. B. Fett u. Wasser) durch Zerkleinerung der Bestandteile mischen.* **2.** (Metallbearb.) *Metall glühen, um*

ein gleichmäßiges Gefüge zu erhalten. 3. (bildungsspr.) *homogen machen.*

Ho|mo|ge|ni|sie|rung, die; -, -en: *das Homogenisieren* (1, 2, 3).

ho|mo|grad ⟨Adj.⟩ [zu ↑Grad] (Statistik): *auf qualitative Unterschiede gerichtet:* -e Methoden anwenden.

Ho|mo|graf: ↑Homograph.

Ho|mo|gramm, (häufiger:) **Ho|mo|graph,** (auch:) Homograf, das; -s, -e [zu griech. homós (↑homo-, Homo-) u. ↑-gramm, ↑-graph] (Sprachw.): *Wort, das sich in der Aussprache von einem anderen, gleich geschriebenen unterscheidet* (z. B. Tenor = Haltung neben Tenor = hohe Männerstimme).

Ho|mo ha|bi|lis, der; - - [aus ↑[1]Homo u. lat. habilis = geschickt, eigtl. geschickter Mensch] (Anthrop.): *Hominid, ausgestorbener Vorläufer des heutigen Menschen.*

ho|mo ho|mi|ni lu|pus [lat. = der Mensch (ist) dem Menschen ein Wolf; Grundprämisse der Staatstheorie des engl. Philosophen Th. Hobbes (1588 bis 1679) im »Leviathan«]: *der Mensch ist der gefährlichste Feind des Menschen.*

ho|mo|log ⟨Adj.⟩ [griech. homólogos = übereinstimmend, eigtl. = gleich, Gleiches redend, zu: homologeīn = übereinstimmend reden, zu homós (↑homo-, Homo-) u. légein, ↑Logos]: 1. (Biol.) *stammesgeschichtlich übereinstimmend, von entwicklungsgeschichtlich gleicher Herkunft:* bei den Blütenpflanzen sind Laubblatt und Blütenblatt h. 2. (bes. Math.) *gleich liegend, entsprechend:* -e Stücke *(einander entsprechende Punkte, Seiten od. Winkel in kongruenten od. ähnlichen geometrischen Figuren).* 3. (Chemie) *gesetzmäßig aufeinander folgend:* eine -e Reihe *(Gruppe chemisch nahe verwandter Verbindungen).*

Ho|mo|lo|gie, die; -, -n [griech. homología = Übereinstimmung]: 1. *das Homologsein.* 2. (Philos.) *Übereinstimmung des Handelns mit der Vernunft u. damit mit der Natur (in der stoischen Lehre).*

ho|mo|lo|gie|ren ⟨sw. V.; hat⟩: 1. (Motorsport) *(von Serienwagen od. deren Einzelteilen) in die internationale Zulassungsliste zur Klasseneinteilung für Rennwettbewerbe aufnehmen.* 2. (Ski) *(von Skirennstrecken) nach den Normen des Internationalen Skiverbandes anlegen.*

Ho|mo lu|dens, der; - - [aus ↑[1]Homo u. lat. ludens = spielend] (bildungsspr.): *der spielende u. dadurch schöpferische Mensch.*

Ho|mo|mor|phis|mus, der; -, ...men [zu ↑homo-, Homo- u. griech morphḗ = Gestalt] (Math.): *Abbildung einer algebraischen Struktur auf eine andere mit eindeutig einander zugeordneten, zweistelligen inneren Verknüpfungen.*

ho|mo|nym ⟨Adj.⟩ [lat. homonymus < griech. homṓnymos = gleichnamig, zu: homós (↑homo-, Homo-) u. ónoma (ónyma) = Name] (Sprachw.): *gleich lautend, in der Lautung übereinstimmend, den gleichen Wortkörper habend (aber in der Bedeutung verschieden):* kosten »schmecken« und kosten »wert sein« sind h.

Ho|mo|nym, das; -s, -e: 1. (Sprachw.): *Wort, das mit einem andern gleich lautet, den gleichen Wortkörper hat (aber in der Bedeutung [u. Herkunft] verschieden ist).* 2. (Literaturw.) *Deckname, der aus einem klassischen Namen besteht* (z. B. Cassandra = William Neil Connor).

ho|mö|o-, Ho|mö|o-, (vor Vokalen auch:) homö-, Homö- [latinisiert aus griech. homoĩos = gleich(artig), ähnlich, zu: homós, ↑homo-, Homo-] ⟨Best. in Zus. mit der Bed.:⟩ *ähnlich, gleichartig:* homöopathisch; Homöonym.

Ho|mo oeco|no|mi|cus [- øko...], der; - - [aus ↑[1]Homo u. lat. oeconomicus, ↑ökonomisch] (bildungsspr.): *der ausschließlich von Erwägungen der wirtschaftlichen Zweckmäßigkeit geleitete Mensch.*

ho|mö|o|morph ⟨Adj.⟩ [griech. homoiómorphos, zu: morphḗ = Gestalt, Form] (Med., Chemie): *gleichgestaltig, von gleicher Form u. Struktur:* -e Organe; diese Kristalle sind h.

Ho|mö|o|nym, das; -s, -e [zu ↑homöo-, Homöo- u. griech. ónoma (ónyma) = Name] (Sprachw.): 1. *ähnlich lautendes Wort od. ähnlich lautender Name* (z. B. Schmied – Schmidt). 2. *partielles Synonymwort, das die gleiche Sache wie ein anderes bezeichnet, im Gefühlswert aber verschieden ist* (z. B. Haupt – Kopf).

Ho|mö|o|path, der; -en, -en: *die Homöopathie anwendender Arzt.*

Ho|mö|o|pa|thie, die; - [zu griech. homoiopathḗs = in ähnlichem Zustand, ähnlich empfindend, zu: páthos, ↑Pathos]: *Heilverfahren, das bei der Behandlung von Krankheiten nicht gegen die Krankheitssymptome gerichtete Substanzen einsetzt, sondern bei dem Substanzen verwendet werden, die hoch dosiert bei gesunden Personen ähnliche Krankheitssymptome hervorrufen wie die Krankheiten, gegen die sie angewandt werden.*

Ho|mö|o|pa|thin, die; -, -nen: w. Form zu ↑Homöopath.

ho|mö|o|pa|thisch ⟨Adj.⟩: *die Homöopathie betreffend, anwendend; der Homöopathie entsprechend:* -e Mittel; ein -er Arzt; ein Medikament in -en *(sehr geringen)* Dosen einnehmen.

Ho|mö|o|plas|tik: ↑Homoplastik.

ho|mö|o|po|lar ⟨Adj.⟩ [↑polar] (Physik): *gleichartig elektrisch geladen:* -e Bindung *(Zusammenhalt von Atomen in Molekülen, der nicht auf der Anziehung entgegengesetzter Ladung beruht).*

Ho|mö|os|tat, der; -en, -en [zu griech. statós = fest stehend] (Kybernetik): *[technisches] System, das sich der Umwelt gegenüber in einem stabilen Zustand halten kann.*

ho|mö|o|therm ⟨Adj.⟩ [zu griech. thermós = warm] (Zool.): *warmblütig; bei Schwanken der Umwelttemperatur gleich bleibend warm:* Vögel, Säugetiere sind h.

ho|mo|phil ⟨Adj.⟩ [zu griech. homós (↑homo-, Homo-) u. phileĩn = lieben] (bildungsspr.): *eine Liebesbeziehung, erotische Kontakte zwischen gleichgeschlechtlichen Partnern ausdrückend, aufweisend.*

Ho|mo|phi|lie, die; - [zu griech. philía = Liebe, Zuneigung] (bildungsspr.): *Liebesbeziehung, erotische Kontakte zwischen gleichgeschlechtlichen Partnern.*

ho|mo|phob ⟨Adj.⟩ [zu griech. phobeĩn = fürchten] (bildungsspr.): *eine starke [krankhafte] Abneigung gegen Homosexualität habend, zeigend.*

Ho|mo|pho|bie, die ⟨o. Pl.⟩ (bildungsspr.): *homophobes Wesen, Verhalten.*

ho|mo|phon ⟨Adj.⟩ [griech. homóphōnos = gleich klingend, übereinstimmend]: 1. (Musik) *in der Kompositionsart der Homophonie, wobei die Melodiestimme durch Akkorde gestützt wird u. die Stimmen weitgehend im gleichen Rhythmus verlaufen:* eine Komposition in -em Satz, -er Schreibweise. 2. (Sprachw.) *(von Wörtern od. Wortsilben) gleich lautend.*

Ho|mo|phon, das; -s, -e (Sprachw.): *Wort, das mit einem anderen gleich lautet, aber verschieden geschrieben wird* (z. B. Lehre – Leere); vgl. Homonym.

Ho|mo|pho|nie, die; - [griech. homophōnía = Gleichklang] (Musik): *Satztechnik, bei der die Melodiestimme hervortritt u. alle anderen Stimmen begleitend zurücktreten.*

Ho|mo|plas|tik, Homöoplastik, die; -, -en [↑[1]Plastik] (Med.): *Übertragung von Gewebe, Organen auf ein Lebewesen der gleichen Art* (z. B. von Menschen auf den Menschen).

Ho|mo sa|pi|ens, der; - - [aus ↑[1]Homo u. lat. sapiens = vernunftbegabt, eigtl. der vernunftbegabte Mensch] (Anthrop.): *einzige rezente Art der Gattung* [1]*Homo; Mensch* (a).

Ho|mo|se|xu|a|li|tät, die; -: *sich auf das eigene Geschlecht richtendes sexuelles Empfinden u. Verhalten:* eine echte, latente H.; die H. des Mannes, der Frau.

ho|mo|se|xu|ell ⟨Adj.⟩: 1. *in seinem sexuellen Empfinden u. Verhalten zum eigenen Geschlecht hinneigend od. von einem solchen Empfinden u. Verhalten zeugend:* -e Männer, Frauen, Beziehungen; er, sie ist h. [veranlagt]. 2. *von Homosexuellen besucht:* eine -e Bar.

Ho|mo|se|xu|el|le, der u. die; -n, -n ⟨Dekl. ↑Abgeordnete⟩: *homosexuell veranlagte männliche bzw. weibliche Person.*

Ho|mo|ske|das|ti|zi|tät, die; -, -en [zu griech. skedastikós = zum Zerstreuen gehörend] (Statistik): *Gleichheit bzw. nicht signifikante Ungleichheit in der Streuung* (1) *der Ergebnisse von Stichproben in Bezug auf die der Erhebung zugrunde liegende statistische Gesamtheit* (1).

ho|mo|zen|trisch ⟨Adj.⟩ (Math.): *(von Strahlenbündeln) von einem Punkt ausgehend od. in einem Punkt zusammenlaufend.*

ho|mo|zy|got ⟨Adj.⟩ [zu ↑Zygote] (Biol.): *mit gleichen mütterlichen u. väterlichen Erbanlagen versehen, reinerbig.*

Ho|mun|ku|lus, der; -, -se u. ...li [lat. homunculus = Menschlein, Vkl. von: homo, ↑[1]Homo]: *(nach alchemistischer Vorstellung) künstlich erzeugter Mensch.*

Hon|du|ra|ner, der; -s, -: Ew.

Hon|du|ra|ne|rin, die; -, -nen: w. Form zu ↑Honduraner.

hon|du|ra|nisch ⟨Adj.⟩.

Hon|du|ras; Honduras': mittelamerikanischer Staat.

ho|nen ⟨sw. V.; hat⟩ [engl. to hone, zu: hone = Schleif-, Wetzstein]: *(Metallflächen) mithilfe entsprechender Werkzeuge bzw. Maschinen fein bearbeiten u. glätten, um eine hohe Maßgenauigkeit bei Bohrungen zu erzielen.*

ho|nett ⟨Adj.⟩ [frz. honnête < afrz. honeste < lat. honestus] (geh.): *auf eine eher biedere Art rechtschaffen, ehrenhaft u. anständig u. so jmdm. wohlgefällige Achtung abnötigend:* ein -er Kollege.

Ho|ney [ˈhʌnɪ], der; -[s], -s [engl. honey, eigtl. = Honig] (Kosew.): *Schätzchen, Liebling, Süße[r].*

Ho|ney|moon [ˈ...muːn], der; -s, -s [engl. honeymoon, eigtl. = Honigmond] (scherzh.): *Flitterwochen.*

Hong|kong: Hafenstadt an der südchinesischen Küste (frühere britische Kronkolonie).

ho|ni (auch: honni, honny) **soit qui mal y pense** [ˈɔnisoakimaliˈpãːs; frz. = verachtet sei, wer Arges dabei denkt; Wahlspruch des Hosenbandordens, des höchsten britischen Ordens, der seine Stiftung durch Eduard III. angeblich einem galanten Zwischenfall verdankt, bei dem der König das einer Gräfin entfallene Strumpfband aufhob]: *nur ein Mensch, der etw. Übles denkt, wird hierbei etwas Anstößiges finden.*

Ho|nig, der; -s, -e [mhd. honec, ahd. hona(n)g, eigtl. = der Goldfarbene]: *als Nahrungs- u. Heilmittel verwendete dickflüssige bis feste, hellgelbe bis grünschwarze, sehr süße Masse, die von Bienen aus Blüten- u. anderen süßen Pflanzensäften od. Sekreten bestimmter Insekten gewonnen, verarbeitet u. in Waben gespeichert wird:* flüssiger, fester H.; H. schleudern *(den Honig aus den Waben schleudern);* die Bienen sammeln H.; heiße Milch mit H. trinken; * **türkischer H.** *(Süßigkeit aus Honig, Zucker, Gelatine, Eischnee, Mandeln u. Nüssen);* **jmdm. H. um den Mund/ums Maul/um den Bart schmieren** (ugs.; *jmdm. schmeicheln, um ihn günstig für sich zu stimmen).*

Ho|nig|bie|ne, die: *Biene, die Honig liefert.*

Ho|nig|brot, das: *mit Honig bestrichene Scheibe Brot.*

ho|nig|far|ben ⟨Adj.⟩: *[bräunlich] gelb wie Honig:* -er Wein.

ho|nig|gelb ⟨Adj.⟩: *[bräunlich] gelb wie Honig.*

Ho|nig|ku|chen, der: *unter Verwendung von Honig u. Gewürzen gebackener, an der Oberfläche braun glänzender Kuchen:* der H. war mit Mandeln belegt.

Ho|nig|ku|chen|pferd, das: in der Wendung **lachen/grinsen/strahlen wie ein H.** (ugs. scherzh.: *sich sehr freuen u. über das ganze Gesicht lachen;* nach der glänzenden Oberfläche

H

eines in Pferdeform gebackenen Honigkuchens).
Ho|nig|le|cken, das: in der Wendung **kein H. sein** (ugs.; *[auch] Unannehmlichkeiten, Mühen mit sich bringen*).
Ho|nig|me|lo|ne, die: *kleinere gelbe Melone mit süß schmeckendem Fruchtfleisch.*
Ho|nig|mond, der [LÜ von frz. lune de miel, seinerseits LÜ von engl. honeymoon; ↑Mond (3)] (scherzh.): *Flitterwochen.*
Ho|nig|schle|cken, das: vgl. Honiglecken.
Ho|nig|schleu|der, die: *Zentrifuge zum Herausschleudern des Honigs aus den Waben.*
Ho|nig|seim, der (veraltet): *ungeläuterter Honig, wie er aus den Waben abfließt:* seine Worte, Reden waren süß wie H. (geh.; *klangen sehr schmeichlerisch, angenehm*).
ho|nig|süß ⟨Adj.⟩: *sehr, überaus süß; zuckersüß:* -e Weintrauben; Ü h. (iron.; *übertrieben, auf eine falsche Art freundlich*) lächeln.
Ho|nig|tau, der: *durchscheinender, klebrig-süßer Saft auf Pflanzen.*
Ho|nig|wa|be, die: *mit Honig gefüllte Bienenwabe.*
Ho|nig|wein, der: *Met.*
Hon|neur [(h)ɔˈnøːɐ̯], der; -s, -s [frz. honneur = Ehre < lat. honor]: **1.** ⟨meist Pl.⟩ **a)** (veraltet) *Ehrenbezeigung, Ehre:* jmdm. H. erweisen; **b)** * **die -s machen** (bildungsspr. veraltend; *bei einem Empfang o. Ä. die Gäste, einen Gast begrüßen u. vorstellen*). **2.** ⟨nur Pl.⟩ (Kartenspiel) *höchste Karten bei Whist u. Bridge.* **3.** ⟨nur Pl.⟩ (Kegeln) *das Umwerfen der mittleren Kegelreihe.*
Ho|no|lu|lu: Hauptstadt von Hawaii.
Ho|no|rar, das; -s, -e [lat. honorarium = Ehrensold]: **1.** *Bezahlung, die Angehörige der freien Berufe (z. B. Ärzte, Rechtsanwälte, Schriftsteller) für einzelne Leistungen erhalten:* ein bestimmtes H. vereinbaren; gegen H. arbeiten. **2.** *Vergütung, die jmd. für eine Tätigkeit, die er nebenberuflich (z. B. aufgrund eines Werkvertrags) od. als freier Mitarbeiter ausübt, erhält:* bei Erfüllung des Werkvertrags erhält der Mitarbeiter ein H. von 15 000 DM.
Ho|no|rar|pro|fes|sor, der: *nebenamtlicher Hochschulprofessor, der sich vor der Berufung bereits in seinem eigentlichen Beruf profiliert hat u. dessen Lehrtätigkeit mit einem Honorar (2) vergütet wird* (Amtsbez.); Abk.: Hon.-Prof.
Ho|no|rar|pro|fes|so|rin, die: w. Form zu ↑Honorarprofessor.
Ho|no|ra|ti|or, der; ...oren, ..oren ⟨meist Pl.⟩ [zu lat. honoratior, Komp. von: honoratus = geehrt]: *(bes. in kleineren Orten) aufgrund seines sozialen Status besonderes Ansehen genießender Bürger [der unentgeltlich in gemeinnützigen Organisationen tätig ist].*
Ho|no|ra|ti|o|ren|par|tei, die: *(im 19. Jh. in Deutschland) politische Partei, deren Mitglieder od. maßgebliche Führungsgruppen vorwiegend dem Besitz- bzw. Bildungsbürgertum entstammten.*
ho|no|rie|ren ⟨sw. V.; hat⟩ [frz. honorer < lat. honorare = ehren, belohnen, zu: honor, ↑Honneur]: **1. a)** *ein Honorar o. Ä. für eine Leistung zahlen:* eine Arbeitsleistung [mit einem angemessenen Lohn] h.; sich etw. h. lassen; **b)** *jmdm. für eine Leistung ein Honorar o. Ä. zahlen:* jmdn. für seine Dienste h. **2. a)** *anerkennen, würdigen, belohnen, durch Gegenleistungen abgelten:* eine [künstlerische] Leistung mit einer Auszeichnung h.; Offenheit wird nicht honoriert; **b)** *jmdm. Anerkennung zollen:* die Zuschauer honorierten den Turniergewinner. **3.** (Bankw.) *(einen Wechsel) annehmen, bezahlen.*
Ho|no|rie|rung, die; -, -en: *das Honorieren; das Honoriertwerden.*
ho|no|rig ⟨Adj.⟩ [zu lat. honor = Ehre] (veraltend): **1.** *ehrenhaft u. durch sein Wesen vertrauenswürdig, Respekt verdienend; von einer solchen Art zeugend:* ein -er Mann, Herr. **2.** *freigebig, großzügig od. von Freigebigkeit, Großzügigkeit zeugend:* eine -e Stiftung.
ho|no|ris cau|sa [lat., zu: honor (Gen.: honoris) = Ehre u. causa (Ablativ von: causa = Grund, Ursache) = halber]: *ehrenhalber:* der Doktortitel wurde ihm honoris causa verliehen; Abk.: h. c.; meist nachgestellt in Verbindung mit akademischen Titeln: Doktor honoris causa (Abk.: Dr. h. c.).
¹Hon|ved, Hon|véd [ˈhonveːd], der; -s, -s [ung. honvéd = Vaterlandsverteidiger]: **a)** *ungarischer Freiwilliger der ²Honved* (a); **b)** *Soldat der ²Honved* (b).
²Hon|ved, Hon|véd, die; -: **a)** *ungarisches Freiwilligenheer (gegen Österreich 1848–67);* **b)** *ungarische Landwehr (1867–1918);* **c)** *ungarische Armee (1919–45).*
hooked [hʊkd] ⟨Adj.⟩ [engl. hooked, eigtl. = festgehakt, 2. Part. von: to hook = festhaken] (Jargon): *von einer harten Droge abhängig.*
Hoo|li|gan [ˈhuːlɪgṇ], der; -s, -s [engl. hooligan = Rowdy; viell. nach einer gleichnamigen irischen Familie, deren Mitglieder notorische Raufbolde gewesen sein sollen]: *meist im Gruppenverband auftretender Jugendlicher, dessen Verhalten von Randale und gewalttätigen Übergriffen bei öffentlichen Veranstaltungen (z. B. Fußballspielen) gekennzeichnet ist:* -s demolierten mehrere Autos.
Hoo|te|nan|ny [ˈhuːtənænɪ], die; -, -s, auch: der od. das; -[s], -s [engl. hootenanny, H. u.]: *[improvisiertes] gemeinsames Volksliedersingen.*
¹Hop, der; -s, -s [engl. hop] (Leichtathletik): *erster Sprung beim Dreisprung.*
²Hop, das; -[s], -s [engl.-amerik. hop, eigtl. = Hopfen] (Jargon): *Dosis Morphium od. Heroin.*
hop|fen ⟨sw. V.; hat⟩ (Fachspr.): *(Bier) mit Hopfen versetzen:* stark gehopftes Bier.
Hop|fen, der; -s, - [mhd. hopfe, ahd. hopfo, H. u.]: *rankende Pflanze mit gebuchteten Blättern u. zapfenartigen Fruchtständen, deren Schuppen für die Bierherstellung verwendet werden:* H. anbauen, pflücken; * **bei/(seltener:) an jmdm. ist H. und Malz verloren** (ugs.; *bei jmdm. ist alle Mühe umsonst, jmd. ist nicht zu bessern;* wenn ein Bier nicht vorschriftsmäßig gebraut ist, sind alle Zusätze von Hopfen u. Malz verloren).
Hop|fen|an|bau, der: *Anbau von Hopfen.*
Hop|fen|dol|de, die: *mit drüsigen Schuppen besetzter Fruchtzapfen des Hopfens.*
Hop|fen|stan|ge, die: *Stange, an der Hopfen in die Höhe ranken kann:* Ü sie ist eine [richtige] H. (ugs.; *sehr groß u. dünn*).
Ho|pi, der; -[s], -[s]: Angehöriger eines nordamerikanischen Indianerstammes.
Ho|plit, der; -en, -en [lat. hoplites < griech. hoplítēs, eigtl. = Schildträger]: *schwer bewaffneter Fußsoldat im alten Griechenland.*
hopp ⟨Partikel⟩: Ausruf als Aufforderung zu springen, rasch aufzustehen, schnell etw. zu tun: los, h.!; h. [h.], ein Glas Bier!; ⟨auch als Adv.:⟩ bei ihr muss alles h. gehen *(sie macht alles zu schnell u. daher nicht sorgfältig).*
hop|peln ⟨sw. V.; ist⟩ [Iterativbildung zu landsch. hoppen = hüpfen]: *(bes. vom Hasen) sich in unregelmäßigen kleinen Sätzen springend fortbewegen:* der Hase hoppelt über das Feld.
Hop|pel|pop|pel, das; -s, - [zu ↑hoppeln u. landsch. bobbeln = sprudeln, Bez. für etw. Vermischtes] (landsch.): **1.** *Bauernfrühstück.* **2.** *Getränk aus Rum, Eidotter u. Zucker mit heißem Tee.*
Hopp|hei [auch: ˈ-ˈ-], der, auch: das; -s (nordd. ugs.): **1.** *Angelegenheit voller Hast u. Aufregung:* das war ein H. heute Morgen. **2.** *lautes Fest.*
hopp|hopp ⟨Interj.⟩: Ausruf als Intensivierung von »hopp!«; ⟨auch als Adv.:⟩ so h. *(ganz so schnell)* ging es dann doch nicht.
hopp|la ⟨Interj.⟩ [durch -a verstärkter Imperativ von ↑hoppeln]: Ausruf, mit dem man innehaltend auf etw. aufmerksam machen möchte (z. B., wenn man selbst od. ein anderer stolpert; wenn man sich auf unhöfliche Art entschuldigt, nachdem man jmdn. angestoßen hat): h., da ist eine Stufe!; h., beinah wäre ich gefallen.
hopp|neh|men ⟨st. V.; hat⟩ (salopp): **1.** *verhaften, festnehmen.* **2.** *ausbeuten.*
hops ⟨Interj.⟩ [eigtl. Imperativ von ↑hopsen]: Ausruf, mit dem man jmdn. zu springen auffordert; ⟨auch als Adv.:⟩ die Brötchen waren h. (ugs.; *im Nu*) verkauft; * **h. sein** (salopp; 1. *verloren gegangen sein.* 2. *entzweigegangen sein.* 3. *bei etw. umgekommen sein*).
Hops, der; -es, -e (ugs.): *kleiner, hopsender Sprung.*
hop|sa, hop|sa|la, hop|sa|sa [verstärkte Imperativform von ↑hopsen] (Kinderspr.): Ausruf, mit dem man jmdn. zu springen auffordert od. den man gebraucht, wenn man ein Kind mit einem Schwung hochnimmt.
hop|sen ⟨sw. V.; ist⟩ [Iterativbildung zu hoppen, ↑hoppeln] (ugs.): *kleine [unregelmäßige] Sprünge machen, hüpfen; sich hüpfend fortbewegen:* die Kinder hopsten vor Freude durch das Zimmer; * **das ist gehopst wie gesprungen** (ugs.; ↑hupfen).
Hop|ser, der; -s, -: **1. a)** (ugs.) *kleiner Sprung:* [vor Freude] einen H. machen; **b)** (Leichtathletik) *kleiner, flacher Sprung, bei dem das Schwungbein leicht angehoben wird u. das Sprungbein als Erstes auf dem Boden aufsetzt.* **2.** (ugs.) *schneller Tanz im Zweivierteltakt.*
Hop|se|rei, die; -, -en (ugs. abwertend): *das Herumhopsen.*
hops|ge|hen ⟨st. V.; ist⟩ (salopp): **1.** *bei etw. umkommen.* **2. a)** *verloren gehen;* **b)** *entzweigehen.* **3.** *auf frischer Tat ertappt u. rasch festgenommen werden.*
hops|neh|men ⟨st. V.; hat⟩ (salopp): *auf frischer Tat ertappen u. rasch festnehmen.*
Ho|ra, die; -, Horen ⟨meist Pl.⟩ [lat. hora = Zeit, Stunde < griech. hṓra]: **a)** *Gebetsstunde, bes. eine der acht Zeiten des Stundengebets in der katholischen Kirche;* **b)** *kirchliches Gebet zu verschiedenen Tageszeiten.*
Hör|ap|pa|rat, der: *(mit einer Batterie betriebenes) elektroakustisches Hörgerät mit Mikrofon, Verstärker u. Hörer.*
Ho|ra|ri|um, das; -s, ...ien [spätlat. horarium = Uhr, zu lat. hora, ↑Hora]: *(bes. im Mittelalter) Gebetbuch für Laien.*
hör|bar ⟨Adj.⟩: *mit dem Gehör wahrzunehmen:* nicht mehr -e Schwingungen; Schritte wurden h.
hör|be|hin|dert ⟨Adj.⟩: *an einer Behinderung, Schwäche des Hörvermögens leidend.*
Hör|be|reich, der: *Frequenzbereich der Schallwellen, die als akustische Empfindung wahrgenommen werden.*
Hör|bild, das: *als Kombination aus Bericht u. dramatischer Handlung gestaltete Wortsendung des Rundfunks.*
Hör|bril|le, die: *Brille mit Hörgerät, das in einen od. beide Bügel eingebaut ist.*
Hör|buch, das: *Kassette (3), CD mit darauf gesprochenen Texten wie Romanen, Hörspielen, Sprachlehrgängen o. Ä.; Audiobook.*
hor|chen ⟨sw. V.; hat⟩ [mhd. hōrchen, spätahd. hōrechen, zu ↑hören]: **1. a)** *mit großer Aufmerksamkeit versuchen, etw. [heimlich] zu hören:* angespannt, an der Tür h.; horch, ein Geräusch!; er wird h. *(zu erfahren versuchen),* was es Neues gibt; Ü in sein Inneres h.; **b)** *eine [plötzliche] akustische Wahrnehmung aufmerksam verfolgen:* auf jmds. Atemzüge h. **2.** *mit Aufmerksamkeit hören; zuhören; lauschen* (b): sie horcht dem Vogelgesang. **3.** (landsch.) *hören* (3 b): auf ihn musst du nicht h.
Hor|cher, der; -s, -: *jmd., der einen andern [in feindlicher Absicht] belauscht:* **Spr** der H. an der Wand hört seine eigne Schand!
Hor|che|rin, die; -, -nen: w. Form zu ↑Horcher.
Horch|pos|ten, der: **1.** (Milit.) *(bes. nachts od. bei schlechter Sicht eingesetzter) Posten, der auf verdächtige Geräusche des Gegners lauschen soll.* **2.** (scherzh.) *Platz, von dem aus man etw. belauscht.*
¹Hor|de, die; -, -n [mundartl. Nebenf. von

↑Hürde]: **a)** *mit anderen übereinander zu stellende, flache, oben offene Kiste aus Latten mit luftdurchlässigen Zwischenräumen, Lattenrost für die Lagerung von Obst u. Gemüse;* **b)** *höheres Lattengestell, Verschlag für die Lagerung von Kartoffeln.*

[2]**Hor|de,** die; -, -n [wohl über poln. horda, russ. orda < türk. ordu = Heer < tat. urdu = Lager; urspr. = umherziehender Tatarenstamm]: **1.** (häufig abwertend) *[in bestimmter Absicht umherziehende] ungeordnete [wilde] Menge, Schar, deren man sich [in gewisser Weise] zu erwehren hat:* bewaffnete -n; eine H. von Jugendlichen; eine H. plündernder Landsknechte zog/plündernde Landsknechte zogen durch das Land. **2.** (Völkerk.) *ohne feste soziale Ordnung lebende Gruppe verwandter Familien mit gemeinsamem Lagerplatz.*

Ho|re, die; -, -n: ↑Hora.

hö|ren ⟨sw. V.; hat⟩ [mhd. hœren, ahd. hōran, urspr. = auf etw. achten, (be)merken]: **1. a)** *aufgrund der Beschaffenheit seines Gehörs in bestimmter Weise registrieren, akustisch wahrnehmen:* schwer h.; nicht h. können; * **jmdm. vergeht Hören und Sehen** (ugs.; *jmd. erlebt etw. [Unangenehmes] so intensiv, dass er nicht mehr weiß, was mit ihm geschieht*); **b)** *etw. mit dem Gehör registrieren, akustisch wahrnehmen:* Schritte h.; jmdn. schon von weitem h.; ich hörte, wie sie weinte; er hört sich gerne reden *(er redet viel, weil er glaubt, klangvoll und gut zu reden)*; ich habe ihn eben sprechen gehört; ich habe ihn kommen h./gehört; ich habe sagen h. *(zufällig gehört)*, dass ...; R man höre und staune *(was ich jetzt sage, ist kaum zu glauben)*; * **hör mal; hören Sie mal** (ugs.; 1. Formel, mit der man sich an jmdn. wendet, um ihn [energisch] um etw. zu bitten. 2. Formel, mit der man seinen Protest ausdrückt;); **hört, hört!** (Zwischenruf in Versammlungen, mit dem jmd. [ironisch] darauf hinweist, dass das Geäußerte bemerkenswert ist, einen erstaunlichen Sachverhalt wiedergibt; *interessant!; soso!; seht mal an!*). **2. a)** *(eine Darbietung o. Ä.) durch das Gehör in sich aufnehmen u. geistig verarbeiten:* einen Vortrag h.; bei jmdm. [Vorlesungen] h.; Musik h.; er ließ sich vor einem größeren Publikum h. *(sang, spielte vor einem größeren Publikum)*; Radio h. *(eine Sendung im Rundfunk eingeschaltet haben u. verfolgen)*; * **sich h. lassen** *(als positiv, erfreulich empfunden werden)*; **b)** *jmdn. sich zu etw. äußern lassen, um sich ein Urteil zu bilden:* man muss [zu diesem Problem] beide Parteien h. **3. a)** *eine [plötzliche] akustische Wahrnehmung aufmerksam verfolgen:* er hörte auf die Glockenschläge; **b)** *sich nach jmds. Worten richten, sie befolgen:* auf jmds. Rat h.; der Hund hört auf den Namen *(heißt)* Bello, hört aufs Wort *(gehorcht auf der Stelle)*; **c)** (ugs.) *einer bestimmten Aufforderung von Erwachsenen als Kind nachkommen* (meist verneint): der Junge will absolut nicht h.; **Spr** wer nicht h. will, muss fühlen *(wird hinterher bestraft, bekommt später die Folgen zu spüren)*. **4.** *im Gespräch mit anderen [zufällig, überraschend] von etw. Kenntnis erhalten:* etwas Neues h.; lange nichts von jmdm. gehört haben; wie ich höre, ist er verreist; (iron.:) was man von dem alles [für Sachen] hört!; er wollte nichts davon gehört haben *(gab vor, nichts davon zu wissen)*; * **[etwas, nichts] von sich h. lassen** *(jmdm. [keine] Nachricht, [k]ein Lebenszeichen von sich geben)*; **[noch] von jmdm. h.** (1. *[noch] von jmdm. Nachricht erhalten.* 2. *die Folgen seines Handelns noch von jmdm. zu spüren bekommen:* glauben Sie nicht, dass ich mir das gefallen lasse, Sie werden noch von mir h.!). **5.** *mit dem Gehör an etw. feststellen, erkennen:* am Schritt hörte er, dass sein Freund kam.

[1]**Ho|ren** ⟨Pl.⟩ [lat. Horae < griech. Hōrai, personifizierter Pl. von: hōra, ↑Hora] (griech. Myth.): Göttinnen der Jahreszeiten u. der sittlichen Ordnung.

[2]**Ho|ren:** Pl. von ↑Hora.

Hö|ren|sa|gen, das; -s [mhd. hœrsagen]: *die Erzählungen anderer als einzige Wissensquelle:* meist in der Verbindung **vom H.** *(aus den Erzählungen anderer, nicht aus eigener Erfahrung)*: etw. nur vom H. kennen, wissen.

hö|rens|wert ⟨Adj.⟩: *das Anhören lohnend:* eine -e Musik.

Hö|rer, der; -s, - [1: mhd. hœrer, hœrære]: **1. a)** *Zuhörer (z. B. bei einem Gespräch);* **b)** *Zuhörer bei Rundfunksendungen;* **c)** *jmd., der eine od. mehrere Vorlesungen besucht:* er ließ sich an der Universität als H. einschreiben. **2.** *Teil des Telefons, der die Hör- u. Sprechmuschel enthält:* den H. abnehmen, auflegen.

Hö|rer|brief, der: *Zuschrift eines Hörers an den Rundfunk.*

Hö|re|rin, die; -, -nen: w. Form zu ↑Hörer (1 a, b).

Hö|rer|kreis, der: *[fester] Kreis von Zuhörern [bei Rundfunksendungen].*

Hö|rer|schaft, die; -, -en ⟨Pl. selten⟩: *Gesamtheit der Hörer* (1).

Hö|rer|wunsch, der: *Programmwunsch eines Rundfunkhörers.*

Hör|feh|ler, der: **1.** *Fehler beim Hören, [aus dem ein Missverständnis entsteht]:* das war sicher ein H. **2.** (ugs. verhüll.) *Schwerhörigkeit:* einen H. haben *(schwerhörig sein)*.

Hör|fol|ge, die: *Rundfunksendung in Fortsetzungen.*

Hör|funk, der: *Rundfunk (im Unterschied zum Fernsehen).*

Hör|ge|rät, das: *Hilfsgerät für Schwerhörige zur Verbesserung des Hörens.*

Hör|ge|rä|te|akus|ti|ker, der: *Techniker, der Hörgeräte anfertigt, wartet u. repariert* (Berufsbez.).

Hör|ge|rä|te|akus|ti|ke|rin, die: w. Form zu ↑Hörgeräteakustiker.

hör|ge|schä|digt ⟨Adj.⟩: *einen Gehörschaden habend, in seinem Hörvermögen beeinträchtigt.*

Hör|gren|ze, die: *obere od. untere Grenze des Hörbereichs.*

hö|rig ⟨Adj.⟩ [mhd. hœrec = hörend auf jmdn., folgsam; leibeigen]: **1.** *an jmdn. od. etw. [triebhaft, sexuell] stark gebunden, von ihm völlig, bis zur willenlosen Unterwerfung abhängig:* eine dem Mann -e Frau; er ist ihr [sexuell] h. **2.** (hist.) *an das von Grund- od. Gutsherren verliehene Land gebunden, zu bestimmten Diensten u. Abgaben verpflichtet:* -e Bauern.

-hö|rig: drückt in Bildungen mit Substantiven aus, dass die beschriebene Person von jmdm., etw. völlig abhängig, jmdm., etw. bedingungslos ergeben ist: macht-, moskau-, systemhörig.

Hö|ri|ge, der; -n, -n ⟨Dekl. ↑Abgeordnete⟩ (hist.): *jmd., der einem Grund- od. Gutsherrn hörig (2) ist.*

Hö|rig|keit, die; -, -en ⟨Pl. selten⟩: *das Hörigsein* (1, 2).

Ho|ri|zont, der; -[e]s, -e [lat. horizon (Gen.: horizontis) < griech. horízōn (kýklos) = begrenzend(er Kreis, Gesichtskreis), zu: horízein = begrenzen, zu: hóros = Grenze, Grenzstein, Ziel]: **1.** *[sichtbare] Linie in der Ferne, an der sich Himmel u. Erde bzw. Meer scheinbar berühren:* die Sonne verschwindet am H., hinter dem H.; natürlicher H. (1. *sichtbare Grenzlinie zwischen Himmel u. Erde.* 2. *Kimm* 1); Ü neue -e *(Bereiche)* taten sich vor ihr auf; Wolken am politischen H. *(eine Verschlechterung der politischen Lage)*. **2.** *geistiger Bereich, den jmd. überblickt u. in dem er ein Urteilsvermögen besitzt:* einen engen H. haben; das geht über seinen H. *(übersteigt seine intellektuelle Kraft, sein Verständnis)*. **3.** (Geol.) *kleinste Einheit innerhalb einer Formation* (4).

ho|ri|zon|tal ⟨Adj.⟩: *waagerecht:* eine -e Lage; Ü -er Zusammenschluss von Betrieben *(Zusammenschluss von gleichartigen Betrieben der gleichen Produktionsstufe)*; -es Gewerbe (salopp; *Prostitution*).

Ho|ri|zon|ta|le, die; -, -n ⟨aber: zwei -[n]⟩: **1.** *waagerechte Gerade, Ebene; waagerechte Lage:* sich in die H. begeben (scherzh.; *sich niederlegen, sich schlafen legen*). **2.** (salopp scherzh.) *Prostituierte.*

Ho|ri|zon|tal|fre|quenz, die (Fernsehtechnik): *Anzahl der in einer Sekunde übertragenen Zeilen.*

Ho|ri|zon|tal|pen|del, das: *als Seismometer u. zur Messung geringer Neigungen des Erdbodens verwendetes Pendel, das um eine nahezu vertikale Drehachse in einer nahezu horizontalen Ebene schwingt.*

Ho|ri|zon|tal|ver|schie|bung, die (Geol.): *(gegenüber der ursprünglichen Gesteinslagerung) waagerecht verlaufende Verwerfung.*

ho|ri|zon|tie|ren ⟨sw. V.; hat⟩: **1.** (Geol.) **a)** *die Höhe eines Horizonts* (3) *einmessen;* **b)** *einen Horizont* (3) *mittels Leitfossilien u. a. zeitlich einstufen.* **2.** (Geodäsie) *die Achsen von geodätischen Messinstrumenten in waagerechte u. senkrechte Lage bringen.* **3.** (Milit.) **a)** *ein Geschütz bzw. Mess- od. Zielgerät in die Waagerechte ausrichten;* **b)** *ein Geschütz od. Zielgerät auf einem bewegten Waffenträger andauernd waagerecht halten.*

Hör|mess|ge|rät, das: *spezielles Gerät zur Prüfung des Gehörs; Audiometer.*

Hor|mon, das; -s, -e [zu griech. hormān = in Bewegung setzen, antreiben]: *körpereigener, von den Drüsen mit innerer Sekretion gebildeter u. ins Blut abgegebener Wirkstoff, der biochemisch-physiologische Abläufe steuert u. koordiniert.*

hor|mo|nal ⟨Adj.⟩: *die Hormone betreffend, auf ihnen beruhend:* das -e Gleichgewicht; h. gesteuerte Vorgänge.

Hor|mon|be|hand|lung, die: *Behandlung mit Hormonpräparaten.*

Hor|mon|drü|se, die: *Drüse mit innerer Sekretion, die ein bestimmtes Hormon bildet.*

hor|mo|nell: *hormonal.*

Hor|mon|haus|halt, der: *das Zusammenwirken der gesamten Hormone im Körper.*

Hor|mon|prä|pa|rat, das: *aus Drüsen od. Drüsenextrakten o. Ä. gewonnenes Arzneimittel, das z. B. bei fehlender od. unzureichender Produktion von Hormonen als Ersatz verwendet wird.*

Hor|mon|spie|gel, der: *Gehalt des Blutes an Hormonen.*

Hör|mu|schel, die: *oberer Teil des Telefonhörers, den man ans Ohr hält.*

Horn, das; -[e]s, Hörner u. -e [mhd., ahd. horn, eigtl. = Spitze, Oberstes, verw. mit ↑Hirn]: **1.** ⟨Pl. Hörner⟩ *[gebogener] spitzer, harter Auswuchs am Kopf bestimmter Tiere:* gebogene Hörner; der Stier nahm den Torero auf die Hörner; Ü das H. (ugs.; *die geschwollene Stelle, die Beule*) an der Stirn; * **jmdm. Hörner aufsetzen** (ugs.; *den Ehemann betrügen;* dem verschnittenen Hahn setzte man zur Kennzeichnung die abgeschnittenen Sporen in den Kamm, wo sie fortwuchsen u. eine Art von Hörnern bildeten); **sich** ⟨Dativ⟩ **die Hörner ablaufen/abstoßen** (ugs.; *durch Erfahrungen besonnener werden, bes. sein Ungestüm in der Liebe ablegen;* nach einer alten studentischen Aufnahmefeier, bei der der als Bock verkleidete Neuling sich die Hörner an einer Tür od. Säule abstoßen musste, um dadurch symbolisch seine tierische Vorstufe hinter sich zu lassen). **2.** ⟨Pl. -e⟩ *von Tieren bes. an den Hörnern u. Hufen gebildete harte Substanz:* Knöpfe aus H. **3.** ⟨Pl. Hörner⟩ **a)** *gewundenes Blechblasinstrument mit engem Schallrohr, weitem Schallbecher, trichterförmigem Mundstück u. Ventilen:* H. blasen; * **ins gleiche H. stoßen/tuten/blasen** (ugs.; *jmdn. in seiner Meinung unterstützen*); **b)** *Waldhorn;* **c)** *akustisches Signalgerät [an Kraftfahrzeugen]:* das H. ertönen lassen.

horn|ar|tig ⟨Adj.⟩: *wie Horn (2) aussehend.*

Horn|ber|ger: in der Wendung **ausgehen wie das H. Schießen** *(ergebnislos enden;* nach der Sage, dass die Bürger von Hornberg zur Begrüßung eines Fürsten so oft Salutschüsse übten, dass bei seiner Ankunft keine Munition mehr vorhanden war).

Horn|bril|le, die: *Brille mit einem Gestell aus Horn* (2).

Hörn|chen, das; -s, -: **1.** Vkl. zu ↑Horn (1). **2.** *(wie ein Horn) gebogenes Gebäckstück aus Blätter- od. Hefeteig.* **3.** *(in vielen Arten vorkommendes) Pflanzen fressendes Nagetier unterschiedlicher Größe.*

Horndl|bau|er, der [Horndl: mundartl. Vkl. von ↑Horn] (österr.): *Bauer, der vorwiegend Hornviehzucht betreibt.*

horn|dumm ⟨Adj.⟩ [eigtl. = dumm wie Hornvieh] (salopp): *äußerst dumm.*

hör|nen ⟨sw. V.; hat⟩ (ugs. scherzh.): *(den Ehemann) betrügen.*

hör|nern ⟨Adj.⟩ [mhd. hurnīn, hornen, ahd. hurnīn]: *aus Horn bestehend:* -e Knöpfe; die Sage vom -en *(mit einer hornartigen Schicht aus erkaltetem Drachenblut überzogenen u. daher unverletzlichen)* Siegfried.

Hör|ner|schall, der: *Schall von Hörnern* (3 a, b).

Hör|ner|schlit|ten, der: *Schlitten mit vorn hochgezogenen, wie Hörner geformten Kufen.*

Hör|nerv, der: *Gehörnerv.*

horn|för|mig ⟨Adj.⟩: *die Form eines Hornes habend.*

Horn|haut, die [2: wohl deshalb, weil die Hornhaut kurz nach dem Tode einem dünnen, hornartigen Plättchen gleicht]: **1.** *durch Druck od. Reibung verhärtete äußerste Schicht der Haut, die aus abgestorbenen Zellen besteht:* H. an den Füßen. **2.** *uhrglasartig gewölbte, durchsichtige Vorderfläche des Augapfels.*

Horn|haut|ent|zün|dung, die: *Entzündung der Hornhaut* (2); *Keratitis.*

Horn|haut|ver|let|zung, die: *Verletzung der Hornhaut* (2).

hor|nig ⟨Adj.⟩: *mit einer Hornhaut überzogen, eine Hornhaut aufweisend:* ein -er Huf.

Hor|nis|se [bes. schweiz. auch: 'hɔr...], die; -, -n [mhd. horniȥ, ahd. hornaȥ, eigtl. = gehörntes Tier, wegen der gebogenen Fühler]: *(großes, zu den Wespen gehörendes) Insekt mit schwarzem Vorderkörper u. gelb geringeltem Hinterleib.*

Hor|nis|sen|nest, das: vgl. Wespennest.

Hor|nist, der; -en, -en: *jmd., der [berufsmäßig] Horn* (3 a, b) *spielt.*

Hor|nis|tin, die; -, -nen: w. Form zu ↑Hornist.

Horn|kamm, der: *Kamm aus Horn* (2).

Horn|klee, der [nach den hornförmig gekrümmten Früchten (Hülsen)]: *Klee mit meist doldenförmigen Blütenständen u. gelben od. roten Blüten.*

Horn|ochs, Horn|och|se, der (derb, oft als Schimpfwort): *dummer, unverständiger Mensch.*

Horn|pipe ['hɔ:npaɪp], die; -, -s [engl. hornpipe, eigtl. = Hornpfeife]: **1.** *bes. aus Wales bekanntes Blasinstrument, dessen beide Enden (Schallbecher u. Windbehälter) aus Horn* (2) *bestehen.* **2.** *alter englischer (in die Kunstmusik übernommener) Tanz im $^3/_2$- od. $^4/_4$-Takt.*

Horn|schicht, die: *Hornhaut* (1).

Horn|si|gnal, das: *mit dem Horn* (3 a, c) *gegebenes Signal.*

Horn|tier, das: *Hörner tragendes Tier.*

Hor|nung, der; -s, -e [mhd., ahd. hornunc, zu einem germ. Wort mit der Bed. »Horn; Spitze; Ecke« (verw. mit ↑Horn) u. eigtl. = der im Winkel, in der Ecke, nicht im Ehebett Gezeugte (vgl. afries. horning = Bastard); wohl in Anspielung auf die verkürzte Anzahl von Tagen dieses Monats, dann zu verstehen im Sinne von »der (in der Anzahl der Tage) zu kurz Gekommene«] (veraltet): *Februar.*

Hor|nuß [...u:s], der; -es, -e[n] [gleichlautend mit dem schweiz. Wort für Hornisse, wegen des summenden Tones, den die Scheibe beim Flug erzeugt] (schweiz.): *einem Puck ähnliche Scheibe aus Hartgummi, die beim Hornußen verwendet wird:* ***** **den H. [sicher] treffen** *(den Nagel auf den Kopf treffen).*

hor|nu|ßen ⟨sw. V.; hat⟩ (schweiz.): *mit dem Hornuß eine Art Schlagball spielen.*

Horn|vieh, das: **1.** ⟨o. Pl.⟩ *Hörner tragende Tiere.* **2.** ⟨Pl. Hornviecher⟩ (derb, oft als Schimpfwort) *Hornochs.*

Hör|or|gan, das: *Gehörorgan.*

Ho|ro|skop, das; -s, -e [spätlat. horoscopium = Instrument zur Ermittlung der Planetenkonstellation bei der Geburt eines Menschen < griech. hōroskopeĩon, eigtl. = Stundenseher, zu: hṓra = Stunde u. skopeĩn = betrachten] (Astrol.): **a)** *schematische Darstellung der Planetenkonstellation zu den Tierkreiszeichen zu einem bestimmten Zeitpunkt, bes. bei der Geburt eines Menschen, als Grundlage zur Schicksalsdeutung:* jmdm. das H. stellen *(für eine Schicksalsdeutung erstellen);* **b)** *Voraussage über kommende Ereignisse aufgrund von Sternkonstellationen:* hast du dein H. gelesen?

hor|rend ⟨Adj.⟩ [lat. horrendus, zu: horrere = schaudern; sich entsetzen, eigtl. = erstarren, starr sein]: **1.** (emotional) *jedes normale Maß überschreitend, sodass es ablehnende Kritik hervorruft:* -e Preise; zwanzig Mark? Das ist ja h.! **2.** (veraltet) *durch seinen geistigen Gehalt Entsetzen erregend:* -e politische Ansichten.

hor|ri|bi|le dic|tu [lat.] (bildungsspr.): *es ist furchtbar, dies sagen zu müssen* (kommentierender Einschub des Sprechers).

hor|ri|do ⟨Interj.⟩ [nach dem anfeuernden Ruf des Rüdenführers: ho, Rüd, ho]: **a)** (Jägerspr.) von Jägern anstelle des Hochs gebrauchter Ausruf; **b)** (scherzh.) ermunternder Zuruf od. Ausruf triumphierender Freude.

Hor|ri|do, das; -s, -s: Hochruf.

Hör|rohr, das: **1.** *schallleitendes Holzrohr bzw. Gummischlauch [mit Membran], mit dem der Arzt Körpergeräusche [in Herz u. Lunge] abhört.* **2.** (früher) *Hörgerät in der Art eines Schalltrichters.*

Hor|ror, der; -s [a: lat. horror; b: engl. horror < afrz. (h)orrour < lat. horror, zu: horrere, ↑horrend]: **a)** *auf Erfahrung beruhender, schreckerfüllter Schauder, Abscheu, Widerwille [sich mit etw. zu befassen]:* einen H. vor etw., vor bestimmten Leuten haben; **b)** (ugs. emotional verstärkend) *schreckerfüllter Zustand, in den jmd. durch etw. gerät:* die Mückenplage war ein H.

Hor|ror- (ugs. emotional verstärkend): drückt in Bildungen mit Substantiven aus, dass etw. als schlimm, als beängstigend empfunden wird: Horrormeldung, -story, -vorstellung, -zahl.

Hor|ror|film, der: *Film, der vom Thema u. von der Gestaltung her darauf abzielt, beim Zuschauer Grauen und Entsetzen zu erregen.*

Hor|ror|ge|schich|te, die: *Geschichte* (2), *die darauf abzielt, Grauen u. Entsetzen zu erregen.*

Hor|ror|li|te|ra|tur, die: *literarische Werke aller Gattungen, die Unheimliches, Gräueltaten u. Ä. darstellen.*

Hor|ror|trip, der: **1.** (Jargon) *durch den Genuss von LSD, Heroin o. Ä. hervorgerufener Drogenrausch mit Angst- u. Panikgefühlen.* **2.** (ugs.) **a)** *Reise voller Schrecken;* **b)** *schlimmes, schreckliches Erlebnis.*

Hör|saal, der: **1.** *größerer Raum [mit ansteigenden Sitzreihen] in einer Hochschule, in dem Vorlesungen gehalten werden.* **2.** ⟨o. Pl.⟩ *Zuhörerschaft in einem Hörsaal* (1).

Hör|schwel|le, die (Physiol., Med.): *derjenige Schalldruck, der gerade noch vom menschlichen Gehörorgan wahrgenommen wird.*

hors con|cours [ɔrkõ'ku:r; frz., aus: hors (↑Horsd'œuvre) u. concours = Wettkampf, Wettbewerb] (bildungsspr.): *außer Wettbewerb:* h. c. spielen.

Hors|d'œu|vre [ɔr'dœ:vr(ə)], das; -[s], -s [...vr(ə)] [frz. hors-d'œuvre, eigtl. = Beiwerk, zu: hors < afrz. (de)hors = außer(halb), nebenbei < spätlat. deforis = von außen u. œuvre, ↑Œuvre]: *appetitanregendes Vor- od. Beigericht.*

Horse [hɔ:s], das; - [engl. horse, eigtl. = Pferd, Tabuwort] (Jargon): *Heroin.*

Horse|pow|er ['hɔ:spaʊə], die; -, - [engl. horsepower, eigtl. = Pferdekraft]: *in Großbritannien u. den USA verwendete Einheit der Leistung* (= 745,7 Watt; Abk.: h. p., früher: HP).

Hör|spiel, das: **a)** ⟨o. Pl.⟩ *an die technischen Möglichkeiten des Rundfunks gebundene, auf das Akustische ausgerichtete dramatische Gattung;* **b)** *Spiel dieser Gattung.*

Horst, der; -[e]s, -e [mhd., ahd. hurst = Gesträuch, Hecke, Dickicht, eigtl. = Flechtwerk, verw. mit ↑Hürde]: **1.** *meist auf Felsen, in schwer erreichbarer Höhe gebautes großes Nest großer Vögel (bes. Greif- u. Stelzvögel):* der Adler fliegt auf seinen H. **2.** *Fliegerhorst.* **3.** (Forstw.) *Strauch od. Gebüschgruppe [die sich durch Holzart, Alter u. Wuchs von ihrer Umgebung unterscheidet].* **4.** (Bot.) *Büschel dicht nebeneinander stehender, gleich stark u. unverzweigt von unten herauswachsender Triebe einer Pflanze (z. B. bei Gräsern, Narzissen).* **5.** (Geol.) *gehobener od. infolge Absinkens der Umgebung stehen gebliebener Teil der Erdkruste* (z. B. der Harz).

hors|ten ⟨sw. V.; hat⟩: *(bes. von Greif- u. Stelzvögeln) nisten.*

Hör|stö|rung, die: *Störung des Hörvermögens.*

Hör|sturz, der (Med.): *plötzlich auftretender [vorübergehender] Verlust des Gehörs.*

Hort, der; -[e]s, -e [1: mhd., ahd. hort, eigtl. = Bedecktes, Verborgenes]: **1.** (dichter.) *Goldschatz:* der H. der Nibelungen. **2.** (geh.) **a)** *Ort, Institution, Person, die einem Bedürftigen, Schwachen od. einem geistigen Gut o. Ä. einen besonderen Schutz gewährt:* die Kirche sollte ein H. der Bedrängten und Verfolgten sein; **b)** *Stätte, an der etw. in besonderem Maße praktiziert wird:* ein H. des Lasters. **3.** *Kinderhort.*

Hor|ta|tiv [auch: 'hɔr...], der; -s, -e [spätlat. (modus) hortativus]: *Adhortativ.*

hor|ten ⟨sw. V.; hat⟩ [zu ↑Hort]: **a)** *[wegen seiner Kostbarkeit, Knappheit] als Vorrat sammeln:* Geld h.; in Notzeiten werden Lebensmittel gehortet; **b)** *für einen bestimmten Zweck sammeln:* einzelne Bestellungen für eine Sammelbestellung h.

Hor|ten|sie, die; -, -n [die Pflanze wurde von dem frz. Botaniker Ph. Commerson (1727–1773) nach der Astronomin Hortense Lepaute, der Frau seines Freundes, benannt]: *(in Asien, Amerika u. Europa verbreitete) Pflanze mit kleinen weißen, grünlichen, roten od. blauen Blüten in Rispen od. kugeligen, doldenähnlichen Blütenständen.*

Hör|test, der: *Test der Hörschärfe.*

Hort|kind, das: *Kind, das in einem Kinderhort untergebracht ist.*

Hort|ner, der; -s, -: *Erzieher in einem Kinderhort* (Berufsbez.).

Hort|ne|rin, die; -, -nen: w. Form zu ↑Hortner.

Hort|platz, der: *Platz* (4) *in einem Kinderhort.*

ho ruck: ↑hau ruck.

Hör|ver|mö|gen, das ⟨o. Pl.⟩: *Fähigkeit zu hören.*

Hör|wei|te, die: *Entfernung, aus der, bzw. Bereich, in dem jmd., etw. zu hören ist:* außer H. sein; in H. bleiben.

ho|san|na: ↑hosianna.

Hös|chen, das; -s, -: **1.** Vkl. zu ↑Hose (1): ***** **heiße H.** (ugs. scherzh.; *Hotpants*). **2.** *Slip für Damen.* **3.** (Zool.) *(bei Bienen u. Hummeln) die an den Hinterbeinen angesammelten Pollenklümpchen.*

Ho|se, die; -, -n [mhd. hose, ahd. hosa = Bekleidung der (Unter)schenkel samt den Füßen, in germ. Zeit wahrsch. Bez. für die mit Riemen um die Unterschenkel geschnürten Tuch- oder Lederlappen; eigentlich = Hülle, Bedeckendes]: **1. a)** ⟨häufig auch im Pl. mit singularischer Bed.⟩ *Kleidungsstück, das den Körper von der Taille an abwärts u. jedes der Beine ganz od. teilweise bedeckt:* eine enge H.; ein Paar neue -n; sie trägt -n; die H. *(die Hosenbeine)* hochkrempeln; das Kind hat die, seine H. voll gemacht, hat in die H., -n gemacht; in die -n schlüpfen; **R** -n runter! (Skat; beim Null ouvert an den Spieler gerichtete Aufforderung, die Karten aufzudecken); ***** **jmdm. geht die H. mit Grundeis** (↑Arsch); **tote H.** (bes. Jugendspr.; *Ereignislosigkeit, Schwunglosigkeit*): in unserem Dorf ist echt tote H.; nach der Halbzeit herrschte tote H.; **jmds. -n sind voll** (salopp; *jmd. hat große Angst*); **[zu**

Hause, daheim] die -n anhaben (ugs.; *als Frau im Haus bestimmend sein, herrschen*); **die -n runterlassen** (salopp; *etwas bisher Verschwiegenes preisgeben, die Wahrheit bekennen*); **die H., -n [gestrichen] voll haben** (salopp; *große Angst haben*); **jmdm. die -n strammziehen** (fam.; *jmdm. Schläge aufs Gesäß geben*); **sich auf die -n setzen** (fam.; [meist als Aufforderung an ein Schulkind] *ernsthaft anfangen zu lernen*); **in die H./-n gehen** (salopp; *sich nicht realisieren lassen; misslingen*); **sich [vor Angst] in die H./-n machen** (salopp; *große Angst haben*); **mit jmdm. in die -n müssen** (schweiz.; *sich mit jmdm. im Kampf messen müssen;* nach der besonderen Kleidung, die beim Schwingen üblich ist); **b)** *Schlüpfer, Unterhose.* **2.** ⟨Pl.⟩ (Zool.) *in verschiedener Weise ausgebildete Muskelpartie am Schenkel der Hinterhand bes. beim Pferd:* das Pferd hat gute -n. **3.** (Zool.) *starke Befiederung der Beine bei bestimmten Greifvögeln (z. B. Adlern, Falken).*

Ho|sen|an|zug, der: *aus langer Hose u. dazugehörendem Jackett bestehendes Kleidungsstück für Frauen.*

Ho|sen|band, das ⟨Pl. …bänder⟩: *unterer Abschluss an den Beinen der Kniehose.*

Ho|sen|band|or|den, der [vgl. honi soit qui mal y pense]: *höchster britischer Orden* (2).

Ho|sen|bein, das: *der das Bein bedeckende Teil der Hose* (1 a).

Ho|sen|bo|den, der: *Teil der Hose* (1 a), *der das Gesäß bedeckt:* *** den H. voll kriegen** (fam.; *[in Bezug auf ein Kind] Schläge aufs Gesäß bekommen*); **jmdm. den H. strammziehen** (fam.; *jmdm. Schläge aufs Gesäß geben*); **sich auf den H. setzen** (fam.; [meist als Aufforderung an ein Schulkind] *ernsthaft anfangen zu lernen*).

Ho|sen|bü|gel, der: vgl. Hosenspanner.

Ho|sen|bund, der: [1]*Bund* (2) *als oberer Abschluss einer Hose* (1 a).

Ho|sen|ka|cker, der (derb): **1.** *Feigling, ängstlicher Mensch.* **2.** (Schimpfwort) *älterer Mann.*

Ho|sen|klam|mer, die: *Klammer, mit der ein Radfahrer eines od. beide Hosenbeine so zusammenklammert, dass sie beim Fahren nicht behindern.*

Ho|sen|knopf, der: *Knopf an einer Hose od. für eine Hose.*

Ho|sen|latz, der: **1.** *Latz an einer [Kinder-, Trachten]hose.* **2.** (landsch.) *Hosenschlitz.*

Ho|sen|lupf, der; -[e]s, -e (schweiz.): *eine bestimmte Art des Ringkampfs; Schwingen.*

Ho|sen|matz, der (fam. scherzh.): *[mit einer Hose bekleidetes] kleines Kind.*

Ho|sen|naht, die: *am äußeren Hosenbein verlaufende Naht:* die Hände an die H. legen (*eine militärische Haltung annehmen, bei der die Hände an die Hosennaht geführt werden*).

Ho|sen|rock, der: *Kleidungsstück für Frauen von einer Form, die aus Hose u. Rock kombiniert ist.*

Ho|sen|rol|le, die (Theater): **a)** *Männerrolle, die von einer Frau gespielt wird;* **b)** *weibliche Rolle in Männerkleidung.*

Ho|sen|sack, der (landsch.) Hosentasche.

Ho|sen|schei|ßer, der (derb): vgl. Hosenkacker.

Ho|sen|schlitz, der: *vordere schlitzförmige Öffnung der Männerhose.*

Ho|sen|schnal|le, die: *Schnalle zum Regulieren der Weite am Bund bes. von Männerhosen.*

Ho|sen|span|ner, der: *Bügel zum Spannen der Hosenbeine u. Aufhängen von Hosen.*

Ho|sen|stall, der (ugs. scherzh.): *Hosenschlitz.*

Ho|sen|ta|sche, die: *Tasche an, in einer Hose* (1 a): die Hände in den -n haben, in die -n stecken; *** etw. wie seine H. kennen** (ugs.; ↑Westentasche).

Ho|sen|trä|ger, der ⟨meist Pl.⟩: *über beide Schultern geführter Träger aus Gummiband od. (bei Trachtenhosen) aus Leder zum Halten der Hose.*

Ho|sen|um|schlag, der: *Hosenaufschlag.*

ho|si|an|na, hosanna ⟨Interj.⟩ [spätlat. hosanna < griech. hōsanná < hebr. hôšîạhnā = hilf doch!] (christl. Rel.): Ruf der Freude, des Jubels, Gebetsruf [als Teil der Liturgie]: h. singen.

Ho|si|an|na, das; -s, -s (christl. Rel.): *Ruf der Freude, des Jubels [als Teil der Liturgie].*

Hos|pi|tal, das; -s, -e u. …täler [mhd. hospitāl < spätlat. hospitale = Gastzimmer, zu lat. hospitalis = gastlich, gastfreundlich, zu: hospes (Gen.: hospitis) = Fremder, Gast]: **1.** *[kleineres] Krankenhaus.* **2.** (veraltet) *Pflegeheim, Altenheim.*

hos|pi|ta|li|sie|ren ⟨sw. V.; hat⟩ (Amtsspr.): *[unter bestimmten Umständen zwangsweise] in ein Krankenhaus od. Pflegeheim einweisen.*

Hos|pi|ta|lis|mus, der; -: **1.** (Psych., Med., Päd.) *das Auftreten von psychischen od. physischen Schädigungen bes. bei Kindern, die durch die Besonderheiten (z. B. mangelnde Zuwendung) eines längeren Heimaufenthalts o. Ä. bedingt sind.* **2.** (Med.) *Infektion von Krankenhauspatienten od. -personal durch im Krankenhaus resistent gewordene Keime.*

Hos|pi|tant, der; -en, -en: **1.** (bildungsspr.) *jmd., der als Gast an einer Unterrichtsstunde teilnimmt; Gasthörer an einer Hochschule od. Universität.* **2.** (Parl.) *fraktionsloser Abgeordneter, der sich der Fraktion einer ihm nahe stehenden Partei als Gast anschließt.*

Hos|pi|tan|tin, die; -, -nen: w. Form zu ↑Hospitant.

Hos|pi|ta|ti|on, die; - (bildungsspr.): *das Hospitieren.*

hos|pi|tie|ren ⟨sw. V.; hat⟩ [lat. hospitari = zu Gast sein]: *Hospitant sein:* in einer Unterrichtsstunde h.

Hos|piz, -es, -e [eindeutschend für älteres Hospitium < lat. hospitium = Herberge]: **1.** *bei einem Kloster befindliches Haus, in dem bes. Pilger übernachten können.* **2.** *Hotel od. Pension* (2), *die in christlichem Geist geführt wird.* **3.** *Einrichtung zur Pflege u. Betreuung Sterbender.*

Hos|piz|ar|beit, die: *helfende Tätigkeit, Arbeit, bei der schwerstkranke, sterbende Menschen gepflegt u. betreut sowie deren Familienangehörige psychologisch unterstützt werden.*

Hos|piz|hel|fer, der: *in der Hospizarbeit engagierter Helfer:* Ausbildung zum H.

Hos|piz|hel|fe|rin, die: w. Form zu Hospizhelfer.

Host [ˈhoʊst], der; -[s], -s [engl. host (↑Hostess)] (EDV): *(in einem System von Computern od. Terminals) Zentralrechner mit permanenter Zugriffsmöglichkeit.*

Hos|tess [auch: ˈ– –], die; -, -en [engl. hostess, eigtl. = Gastgeberin < afrz. (h)ostesse, w. Form zu: (h)oste < lat. hospes (Gen.: hospitis), ↑Hospital]: **1.** *junge weibliche Person, die auf Messen, bei Reisebüros, in Hotels o. Ä. zur Betreuung, Begleitung od. Beratung der Gäste, Besucher, Reisegruppen o. Ä. angestellt ist.* **2.** *Angestellte einer Fluggesellschaft, die im Flugzeug od. auf dem Flughafen die Reisenden betreut.* **3.** (verhüll.) *Prostituierte (bes. in Anzeigen).*

Hos|tie, die; -, -n [lat. hostia = Opfertier; Opfer, Sühnopfer, H. u.] (bes. kath. Kirche): *Oblate* (1); *Abendmahlsbrot.*

Hos|ti|en|be|häl|ter, der: *Behälter, Gefäß zur Aufbewahrung der Hostie[n].*

Hos|ti|en|schrein, der: *Tabernakel* (1).

Host|rech|ner [ˈhoʊst-], der (EDV): *Host.*

Hot, der; -s: kurz für ↑Hot Jazz.

Hot|dog, das, auch: der; -s, -s, (auch:) **Hot Dog,** das, auch: der; - -s, - -s [engl.-amerik. hot dog, eigtl. = heißer Hund, H. u.]: *in ein aufgeschnittenes Brötchen gelegtes heißes Würstchen mit Ketchup od. Senf.*

Ho|tel, das; -s, -s [frz. hôtel < afrz. ostel < spätlat. hospitale, ↑Hospital]: *(als Gewerbebetrieb geführtes) Haus mit bestimmtem Komfort, in dem Gäste übernachten bzw. für eine bestimmte Zeit [des Urlaubs] wohnen können u. verpflegt werden:* ein erstklassiges H.; H. Adler; in einem H. übernachten; ein schwimmendes H. (*Luxusschiff für größere Reisen auf Flüssen u. bes. auf See*).

Ho|tel|an|ge|stell|te, der u. die: *Angestellte[r] in einem Hotel.*

Ho|tel|bar, die: [1]*Bar eines Hotels.*

Ho|tel|be|trieb, der: **1.** *Hotel:* er steht einem großen H. vor. **2.** ⟨o. Pl.⟩ *das In-Betrieb-Sein eines Hotels:* der H. ruht im Winter.

Ho|tel|bett, das: **a)** *Bett in einem Hotel;* **b)** *Übernachtungsmöglichkeit in einem Hotel:* in diesem Ort gibt es wenig -en.

Ho|tel|di|rek|tor, der: *Direktor, Leiter eines Hotels.*

Ho|tel|di|rek|to|rin, die: w. Form zu ↑Hoteldirektor.

ho|tel|ei|gen ⟨Adj.⟩: *zu einem Hotel gehörend:* ein -er Strand.

Ho|tel|fach, das ⟨o. Pl.⟩: *Fachbereich des Hotelgewerbes.*

Ho|tel|fach|frau, die: vgl. Hotelfachmann.

Ho|tel|fach|mann, der: *jmd., der die Befähigung zur Führung eines Hotels erworben hat* (Berufsbez.).

Ho|tel|fach|schu|le, die: *Fachschule für das Hotelgewerbe.*

Ho|tel|füh|rer, der: vgl. Hotelverzeichnis.

Ho|tel gar|ni, das; - -, - -s [hoˈtɛl garˈni:; frz. hôtel garni, zu: garni = möbliert, eigtl. = ausgestattet, adj. 2. Part. von: garnir, ↑garnieren]: *Hotel, in dem man nur Frühstück, aber keine warmen Mahlzeiten erhalten kann.*

Ho|tel|gast, der: *Gast in einem Hotel.*

Ho|tel|ge|wer|be, das: *Gesamtheit der Hotelbetriebe als Erwerbszweig.*

Ho|tel|hal|le, die: *Foyer eines Hotels.*

Ho|te|li|er [hotəˈli̯e:], der; -s, -s [frz. hôtelier]: *Eigentümer od. Pächter eines Hotels.*

Ho|tel|ket|te, die: vgl. Ladenkette.

Ho|tel|koch, der: *Koch in einem Hotel.*

Ho|tel|kü|che, die: **a)** *Küche eines Hotels;* **b)** ⟨o. Pl.⟩ *Essen, wie es im Hotel gekocht wird:* er ist die H. leid.

Ho|tel|le|rie, die; - [frz. hôtellerie = Gasthaus]: *Gesamtheit der Hotels; Hotelgewerbe.*

Ho|tel|per|so|nal, das: *Personal eines Hotels.*

Ho|tel|rech|nung, die: *Rechnung für in einem Hotel in Anspruch genommene Leistungen.*

Ho|tel|schiff, das: **a)** *Luxusschiff für größere Reisen auf Flüssen u. bes. auf See; schwimmendes Hotel;* **b)** *fest verankertes, als Hotel genutztes Schiff.*

Ho|tel|ver|zeich|nis, das: *Verzeichnis, das die Namen u. nähere Angaben über die Hotels eines Ortes enthält.*

Ho|tel|zim|mer, das: *Zimmer für Gäste in einem Hotel.*

Hot Jazz [ˈhɔt ˈdʒæz], der; - -, (auch:) **Hot|jazz,** der; - [engl. hot jazz, aus: hot = heiß u. ↑Jazz, eigtl. = »heißer« Jazz] (Musik): *scharf akzentuierter, oft synkopischer Stil im Jazz.*

Hot|line […laɪn], die; -, -s [engl. hotline, eigtl. = heißer Draht (vgl. Draht 2 b)]: *von Firmen, Institutionen o. Ä. eingerichtete, direkte telefonische Verbindung [für rasche Serviceleistungen].*

Hot|pants […pɛnts], (auch:) **Hot Pants** ⟨Pl.⟩ [engl. hot pants, eigtl. = heiße Hosen]: *von Frauen getragene kurze, eng anliegende, im Zuschnitt Shorts ähnliche Hose.*

hott ⟨Interj.⟩ [mhd. hotte, H. u.]: Zuruf an ein Zugtier: **a)** *vorwärts!;* **b)** *nach rechts!;* *** einmal h. und einmal har sagen** (ugs.; *seine Meinung, Ansichten ständig ändern*).

Hot|te|gaul, der, **Hot|te|hü,** das; -s, -s [zu ↑hott] (Kinderspr.): *Pferd.*

hot|ten ⟨sw. V.; hat⟩ [zu ↑Hot] (ugs.): *zu Jazzmusik mit stark rhythmisch akzentuierten Bewegungen tanzen.*

Hot|ten|tot|te, der; -n, -n: Angehöriger eines Mischvolkes in Südwestafrika.

Hot|ten|tot|tin, die: w. Form zu ↑Hottentotte.

hot|ten|tot|tisch ⟨Adj.⟩.

Hot|te|pferd|chen, das [zu ↑hott] (Kinderspr.): *Pferd.*

Hot|to, das; -s, -s [zu ↑hott] (Kinderspr.): *Pferd.*

House [haʊs], der; - ⟨meist o. Art.⟩ [engl. house (music), gek. aus: (The) Warehouse = Name eines Klubs in Chicago, dessen Diskjockeys diese Musik 1985 kreierten]: *einfach strukturierte Variante des Dancefloor* (2), *die bei den dazu Tanzenden ein Trancegefühl erzeugen soll.*

Ho|va|wart [ˈho:favart], der; -s, -e [mhd. hovewart

H

= Hofwächter, Hofhund]: *(als Wachhund gezüchteter) großer Hund von gedrungenem Körperbau mit breitem Kopf, Hängeohren, einem langen Schwanz u. welligem, an den Beinen braunem Fell.*

Ho|ver|craft ['hɔvəkrɑ:ft], das; -s, -s [engl. hovercraft, Hovercraft®, aus: to hover = schweben u. craft = Wasserfahrzeug, eigtl. = Schwebeboot]: *Luftkissenfahrzeug.*

h. p., (früher:) **HP** = horsepower (↑Horsepower).

hPa = Hektopascal.

Hptst. = Hauptstadt.

HR, der; -: Hessischer Rundfunk.

Hr. = Herr.

Hrn. = Herrn (Dat. u. Akk.).

hrsg., hg. = herausgegeben.

Hrsg., Hg. = Herausgeber/-in; Herausgeber/-innen.

hs = Hektoster.

Hs = Hassium.

Hs. = Handschrift.

Hss. = Handschriften.

HTL = höhere technische Lehranstalt (Technikum, Ingenieurschule in der Schweiz u. in Österreich).

HTML [ha:te:ɛm'ɛl] ⟨meist o. Art.⟩ [Abk. für engl. Hypertext Markup Language, aus hypertext (Hypertext), mark-up = Markierung u. language = Sprache] (EDV): *Beschreibungssprache, die Hypertextdokumente [im World Wide Web] mithilfe von Tags codiert.*

hu ⟨Interj.⟩ [mhd. hū]: **1.** als Ausdruck des Sichfürchtens, Gruselns: hu, ist das dunkel! **2.** als Ausdruck des Abscheus, Ekels: hu, eine Schlange! **3.** als Ausdruck einer plötzlichen Kälteempfindung: hu, ist es hier kalt! **4.** Ausruf, mit dem man jmdn. erschrecken will: er machte hu, als wir in die Höhle traten.

hü ⟨Interj.⟩: Zuruf an ein Zugtier: **a)** *vorwärts!;* **b)** *halt!:* *** einmal hü und einmal hott sagen** (ugs.; *nicht wissen, was man eigentlich will; seine Meinung ständig ändern*).

Hub, der; -[e]s, Hübe [zu ↑heben] (Technik): **1.** *das Heben:* der H. von Lasten. **2.** *Weg, den der Kolben im Zylinder von Kolbenmaschinen bei einem Hin- u. Hergang zurücklegt.*

Hub|brü|cke, die: *Brücke, bei der der Überbau angehoben werden kann, um die Durchfahrt für Schiffe zu ermöglichen.*

Hu|be, die; -, -n (landsch.): *Hufe.*

hü|ben ⟨Adv.; nur in Opposition zu »drüben« gebraucht⟩ [zusgez. aus ↑hie u. landsch. üben = drüben]: *auf dieser Seite;* *** h. und/wie drüben** *(auf der einen wie auf der anderen Seite).*

Hu|ber, der; -s, - (landsch.): *Hufner.*

-hu|ber, der; -s, - [nach dem häufigen Familienn. Huber] (ugs. abwertend): kennzeichnet in Bildungen mit Substantiven – seltener mit Adjektiven – eine männliche Person, die sehr allgemein durch etw. charakterisiert ist: Fakten-, Geil-, Stoffhuber.

-hu|be|rei, die; -, -en (ugs. abwertend): drückt in Bildungen mit Substantiven aus, dass eine Tätigkeit o. Ä. übertrieben oder engstirnig auf etw. gerichtet ist, auf etw. abzielt: Angst-, Fakten-, Parteihuberei.

Hu|ber|tus|jagd, die; -, -en [nach dem hl. Hubertus, dem Schutzheiligen der Jäger] (Jagdw.): *traditionell am Hubertustag stattfindende Jagd.*

Hu|ber|tus|man|tel, der; -s, ...mäntel (österr.): *gerade geschnittener, hochgeschlossener Mantel aus grünem Loden.*

Hu|ber|tus|tag, der (Jagdw.): *dem Schutzheiligen der Jäger geweihter Tag (3. November).*

Hub|kar|ren, der: *Hubstapler.*

Hüb|ner, der; -s, - (landsch.): *Hüfner.*

Hub|raum, der (Technik): *Volumen des Teils des Zylinders einer Kolbenmaschine, in dem sich der Kolben hin- u. herbewegt (bzw., bei Motoren mit mehreren Zylindern, entsprechende Summe):* wie viel H. hat der Motor, das Auto?; der Motor hat 2 600 cm^3 H., holt 74 kW aus 1,8 l H.; Motoren mit großen Hubräumen, mit Hubräumen zwischen zwei und vier Litern.

Hub|raum|steu|er, die: *nach dem Hubraum bemessene Kraftfahrzeugsteuer.*

hübsch ⟨Adj.⟩ [mhd. hüb[e]sch, hüvesch, hövesch (zu ↑Hof 3 a), eigtl. = sich so gesittet benehmend, wie es bei Hofe üblich ist]: **1. a)** *von angenehmem, gefälligem Äußeren; von einer Erscheinung, Gestalt, mit Gesichtszügen, die Wohlgefallen erregen:* ein -es Kind; ein -es Gesicht; sie ist auffallend h.; sich h. anziehen; h. aussehen; ⟨subst.:⟩ (ugs.) na, ihr zwei Hübschen?; **b)** *jmds. Gefallen, Zustimmung findend, jmds. Geschmack treffend:* eine -e Wohnung; die Gegend ist sehr h.; **c)** *angenehm klingend:* eine -e Melodie; sie singt sehr h. **2.** (ugs.) **a)** *ziemlich groß, beträchtlich:* ein -es Sümmchen; **b)** ⟨intensivierend bei Adj. u. Verben⟩ *sehr, ziemlich:* es war ganz h. kalt. **3.** (ugs.) *sehr angenehm, so wie man es sich wünscht; so, wie es erwartet wird:* sei h. brav; sie spielt ganz h. *(gut)* Klavier. **4.** (ugs. iron.) *unangenehm, wenig erfreulich:* das ist ja eine -e Geschichte; ⟨subst.:⟩ da hast du dir ja was Hübsches eingebrockt.

Hub|schrau|ber, der; -s, -: *senkrecht startendes Drehflügelflugzeug (das auf kürzeren Strecken zur Beförderung von Personen u. Lasten eingesetzt wird).*

Hub|stap|ler, der: *[elektrisch betriebener] Karren, dessen Ladefläche sich mechanisch heben u. senken lässt.*

Hub|vo|lu|men, das (Technik): *Hubraum.*

huch ⟨Interj.⟩: **1.** Ausruf des [gespielten] Erschreckens, Abscheus u. Ä.: h., eine Schlange! **2.** Ausruf, der eine unangenehme Körperempfindung ausdrückt: h., wie kalt ist es hier!

Hu|cke, die; -, -n [Nebenf. von ↑[1]Hocke] (landsch.): **1.** *[1]Hocke (1).* **2.** *auf dem Rücken getragene od. zu tragende Last:* (scherzh. verhüll. in den folgenden Wendungen statt des Rückens selbst:) *** jmdm. die H. voll hauen** (ugs.; *jmdn. verprügeln*); **jmdm. die H. voll lügen** (ugs.; *jmdn. sehr belügen, anlügen*); **die H. voll kriegen** (ugs.; *verprügelt werden*); **sich** ⟨Dativ⟩ **die H. voll saufen** (salopp; *sich betrinken*).

hu|cken ⟨sw. V.; hat⟩ [eigtl. = in gebückter Stellung eine Last zum Tragen aufnehmen, zu ↑Hucke] (landsch.): **a)** *eine Traglast auf den Rücken nehmen; aufhucken;* **b)** *eine Traglast auf dem Rücken tragen.*

hu|cke|pack ⟨Adv.⟩ [niederd. huckeback, zu: hucken = eine Last auf den Rücken nehmen u. back = Rücken, ↑Backbord]: in den Wendungen **jmdn., etw. h. tragen** (ugs.; *auf dem Rücken tragen*): das Kind h. tragen; **jmdn., etw. h. nehmen** (ugs.; *jmdn., etw. zum Tragen auf den Rücken nehmen*); **[mit jmdm.] h. machen** (ugs.; *jmdn. auf den Rücken nehmen u. so tragen*): mit einem Kind h. machen.

Hu|cke|pack|ver|kehr, der ⟨o. Pl.⟩ (Eisenb.): *Beförderung von Straßenfahrzeugen auf speziell hierfür eingerichteten Güterwagen der Eisenbahn.*

Hu|de, die; -, -n [mhd. (md.) hüte, höde, eigtl. = Ort, wo man etw. bewacht, zu ↑hüten] (landsch.): *Viehweide.*

Hu|del, der; -, -[n] [spätmhd. hudel] (landsch. ugs., sonst veraltet): **1.** *Lappen, Lumpen, Stofffetzen.* **2.** *liederlicher Mensch.*

Hu|de|lei, die; -, -en (landsch. ugs.): **1.** ⟨o. Pl.⟩ *dauerndes Hudeln (1).* **2.** *zu schnell u. nachlässig, ohne Sorgfalt ausgeführte Arbeit.* **3.** *Schererei, Plage:* mit etw. viel H. haben.

hu|deln ⟨sw. V.; hat⟩ [zu ↑Hudel (1), eigtl. wohl = zerfetzen] (landsch. ugs.): **1.** *bei einer bestimmten Arbeit zu schnell u. dadurch unsorgfältig sein:* die Handwerker haben gehudelt; R nur nicht h.! *(nur langsam, nichts überstürzen!).* **2.** *schlecht behandeln, zurechtweisen:* jmdn. h.

hu|dern ⟨sw. V.; hat⟩ [H. u.] (landsch., Fachspr.): **a)** *(von der Glucke) die Küken unter die Flügel nehmen, um sie zu wärmen od. zu schützen;* **b)** *(von Vögeln) im Sand baden:* der Vogel hudert; ⟨auch s. + sich:⟩ der Vogel hudert sich.

Hud|schadsch: Pl. von ↑Hadschi.

huf, hüf ⟨Interj.⟩ (landsch.): Zuruf, mit dem der Fuhrmann sein[e] Zugtier[e] antreibt: *zurück!*

Huf, der; -[e]s, -e [mhd., ahd. huof, H. u.]: *dicke Hornschicht an den Zehenenden der Huftiere:* dem Pferd die -e beschlagen.

Hu|fe, die; -, -n [in md.-niederd. Lautung hochspr. geworden; mhd. huobe, ahd. huoba, wohl urspr. = eingezäuntes Land]: *(im MA.) an den Bedürfnissen einer durchschnittlichen bäuerlichen Familie gemessene Menge Land* (altes, 7 bis 15 Hektar umfassendes Feldmaß).

Huf|ei|sen, das: *flaches, in der Form dem äußeren Rand des Pferdehufs angepasstes geschmiedetes Eisenstück, das als Schutz auf die Unterseite des Hufes aufgenagelt wird:* das Pferd hat ein H. verloren; Ü das Schloss bildet mit seinen beiden Seitenflügeln ein H. *(hat einen hufeisenförmigen Grundriss).*

huf|ei|sen|för|mig ⟨Adj.⟩: *wie ein Hufeisen geformt, angeordnet o. ä.*

hu|fen, (auch:) **hü|fen** ⟨sw. V.; hat⟩ [zu ↑huf, hüf!] (landsch.): *(von einem Zugtier, auf das Kommando des Fuhrmanns hin) rückwärts gehen.*

Hu|fen|dorf, das [zu ↑Hufe]: *dörfliche Siedlungsform, bei der die Höfe auf einer od. auf beiden Seiten einer durchgehenden Straße aufgereiht sind u. das zugehörige Ackerland sich unmittelbar an die Häuser anschließt.*

Huf|lat|tich, der [nach den hufeisenförmigen Blättern]: *auf Äckern u. Schutthalden wachsende Pflanze mit leuchtend gelben Blüten auf schuppig beblätterten Stängeln, aus der ein Heilmittel gegen Husten u. Bronchialkatarrh gewonnen wird.*

Huf|na|gel, der: *Nagel, der zur Befestigung des Hufeisens verwendet wird.*

Huf|ner, Hüf|ner, der; -s, - [mhd. huob(e)ner, zu ↑Hufe] (veraltet): *Besitzer einer Hufe.*

Huf|schlag, der: **1.** *das Aufschlagen der Hufe beim Gang des Pferdes.* **2.** *Schlag mit dem Huf:* er wurde durch einen H. verletzt. **3.** (Reiten) *Weg, auf dem das Pferd in der Reitbahn geht.*

Huf|schmied, der: *Schmied, der Hufeisen herstellt u. Pferde beschlägt.*

Hüft|bein, das (Anat.): *aus Darm-, Sitz- u. Schambein verschmolzener Knochen des Beckens* (2 c).

Hüf|te, die; -, -n [zu mhd., ahd. huf, eigtl. = Biegung am Körper, gebogener Körperteil]: **1.** *seitliche Körperpartie unterhalb der Taille:* die Arme in die -n stemmen; sich beim Gehen in den -n wiegen; er fasste sie um die H.; mit den -n kreisen; *** aus der H. geschossen/gefeuert** (ugs.; *ohne gründliche Vorbereitung*). **2.** ⟨o. Pl.⟩ (Kochk.) *Fleischstück aus der Hüfte eines Schlachttieres, bes. des Rindes.*

hüft|eng ⟨Adj.⟩: *(von Kleidungsstücken) über der Hüfte eng anliegend.*

Hüf|ten|gür|tel, der (schweiz.): *Hüftgürtel.*

Hüf|ten|hal|ter, der (schweiz.): *Hüfthalter.*

Hüft|ge|lenk, das (Anat.): *Kugelgelenk, durch das der Oberschenkel mit dem Hüftbein verbunden ist.*

Hüft|ge|lenk|ent|zün|dung, die (Med.): *Entzündung des Hüftgelenks.*

Hüft|ge|lenk|lu|xa|ti|on, die (Med.): *Fehlbildung, die auf einer mangelhaften Ausbildung der Hüftgelenkpfanne od. einer Unterentwicklung des Oberschenkelkopfes beruht.*

Hüft|ge|lenk|pfan|ne, die (Anat.): *Gelenkpfanne des Hüftgelenks.*

Hüft|gür|tel, der: *von Frauen getragener schmaler Hüfthalter, der bes. dem Zweck dient, die Strümpfe zu befestigen.*

Hüft|hal|ter, der: *von Frauen getragenes Wäschestück, das dazu dient, die Strümpfe zu befestigen u. die Figur zu formen.*

hüft|hoch ⟨Adj.⟩: *(vom Boden) bis zur Hüfte reichend:* hüfthohes Gras.

Hüft|horn, das: *Hifthorn.*

Hüft|ho|se, die: *enge Hose (1 a), deren oberer Abschluss nur bis zur Hüfte reicht, die fest auf der Hüfte sitzt.*

Huf|tier, das (Zool.): *Säugetier, dessen unterste Zehenglieder als Hufe od. Klauen ausgebildet sind.*

Hüft|kno|chen, der: *Hüftbein.*

hüft|lang ⟨Adj.⟩: *(von Kleidungsstücken) bis zur Hüfte hinunterreichend:* eine -e Jacke.
Hüft|lei|den, das: *Leiden, das durch eine krankhafte Veränderung am Hüftgelenk hervorgerufen wird.*
Hüft|schmerz, der ⟨meist Pl.⟩: *Schmerz im Hüftgelenk.*
Hüft|schwung, der: **1.** (Turnen) *am Reck ausgeführtes Vor- u. Rückschwingen der Beine aus dem Streckhang.* **2.** (Ringen) *Griff, bei dem der Angreifer einen Arm des Gegners blockiert, seinen Nacken umfasst u. ihn durch schnelles seitliches Beugen des Oberkörpers mit einem Schwung über die Hüfte zieht.* **3.** ⟨o. Pl.⟩ *Rundung der weiblichen Hüfte.*
Hüft|um|fang, der: *Hüftweite.*
Hüft|ver|ren|kung, die: *Verrenkung des Hüftgelenks.*
Hüft|wei|te, die (Schneiderei): *um die Hüften gemessener Umfang einer Person.*
Hü|gel, der; -s, - [aus dem Md., ablautende Vkl. zu gleichbed. mhd. houc, ahd. houg, zu ↑hoch; durch Luthers Bibelübersetzung gemeinsprachlich geworden]: **1.** *kleinere, sanft ansteigende Bodenerhebung, kleiner Berg.* **2.** (dichter.) kurz für ↑Grabhügel. **3.** *Haufen* (1).
Hü|gel|grab, das (Archäol.): *Grab aus vor- od. frühgeschichtlicher Zeit unter einer Aufschüttung aus Erde, Steinen o. Ä., meist von ungefähr kreisförmigem Grundriss.*
Hü|gel|grä|ber|kul|tur, die (Archäol.): *nach der vorherrschenden Bestattungsform (in Hügelgräbern) benannter Abschnitt der Bronzezeit in Mitteleuropa.*
hü|ge|lig, hüglig ⟨Adj.⟩: *(von einer Landschaft) Hügel aufweisend.*
Hü|gel|ket|te, die: *Reihe von Hügeln als zusammenhängende Landschaftsform.*
Hü|gel|land, das ⟨Pl. ...länder⟩: *hügeliges Land.*
hü|gel|reich ⟨Adj.⟩: *reich an Hügeln:* der -e Westen der Insel; eine -e Landschaft.
Hu|ge|not|te, der; -n, -n [frz. Huguenot, entstellt aus ↑Eidgenosse]: **1.** *Anhänger des Calvinismus in Frankreich.* **2.** *Nachkomme eines zur Zeit der Verfolgung aus Frankreich geflohenen Calvinisten.*
hu|ge|not|tisch ⟨Adj.⟩: *die Hugenotten (1, 2) betreffend, zu ihnen gehörend.*
Hughes|ap|pa|rat ['hju:z-], der; -[e]s, -e, **Hughes|te|le|graf,** der; -en, -en [nach dem engl. Physiker D. E. Hughes (1831–1900)]: *Telegraf, der am Empfänger direkt Buchstaben ausdruckt.*
hüg|lig: ↑hügelig.
Hu|go, der; -s, -s [H. u.]: **1.** (ugs.) [1]*Kippe.* **2.** * **das walte H.** (ugs.; drückt aus, dass etw. geschehen möge).
huh: ↑hu!
hüh: ↑hü!
Huhn, das; -[e]s, Hühner [mhd., ahd. huon, ablautende Bildung zu ↑Hahn]: **1. a)** *Haushuhn:* Hühner halten; sie saßen da wie die Hühner auf der Stange (scherzh.; *dicht nebeneinander aufgereiht*); R da lachen [ja] die Hühner (ugs.; *[in Bezug auf eine Behauptung, Äußerung] das ist ganz unsinnig, lächerlich*); Spr ein blindes H. findet auch einmal ein Korn (*auch dem Unfähigsten gelingt einmal etwas* [auch scherzh. von der eigenen Person gebraucht]); * **nach jmdm., etw. kräht kein H. und kein Hahn** (ugs.; ↑Hahn 1 a); **aussehen, als hätten einem die Hühner das Brot weggefressen** (ugs.; *verwundert, ratlos dreinsehen*); **mit den Hühnern aufstehen, zu Bett gehen, schlafen gehen** (scherzh.; *gewohnheitsmäßig sehr früh aufstehen, zu Bett gehen*); **b)** *Henne:* die Hühner brüten; (Kochk.:) gebratenes H.; H. *(Hühnerfleisch)* mit Reis; * **das H., das goldene Eier legt, schlachten** (*törichter- od. unvorsichtigerweise sich selbst die Grundlage seines Wohlstandes entziehen;* nach der Fabel von J. de La Fontaine, 1621–1695). **2.** (Jägerspr.) kurz für ↑Rebhuhn: Hühner fallen ein. **3.** (ugs.) *Mensch, Person* (in Verbindung mit bestimmten Attributen; häufig als Schimpfwort): er ist ein fideles H.; blödes H.!
Hühn|chen, das; -s, -: Vkl. zu ↑Huhn (1 a): * **mit jmdm. [noch] ein H. zu rupfen haben** (ugs.; *mit jmdm. noch etw. zu bereinigen, einen schon länger zurückliegenden Streit auszutragen haben*).
hüh|ner|ar|tig ⟨Adj.⟩: *den Hühnern ähnlich, verwandt:* -e Vögel.
Hüh|ner|au|ge, das [wahrsch. LÜ von mlat. oculus pullinus]: *gewöhnlich durch Druck von beengenden Schuhen hervorgerufene [schmerzende] kegelförmige Verdickung der Hornhaut an den Füßen, bes. auf der Oberseite der Zehen;* * **jmdm. auf die -n treten** (ugs.; 1. *jmdn. mit einer Äußerung, einem bestimmten Verhalten an einer empfindlichen Stelle treffen.* 2. *jmdn. nachdrücklich an etw. erinnern, was er noch zu erledigen hat*).
Hüh|ner|au|gen|pflas|ter, das: *zur Entfernung von Hühneraugen verwendetes Salizylpflaster.*
Hüh|ner|bein, das: *Bein eines [geschlachteten] Huhns.*
Hüh|ner|brü|he, die: *beim Kochen eines Suppenhuhns gewonnene Fleischbrühe.*
Hüh|ner|brust, die: **1.** (Med.) *meist rachitisch bedingte Verformung des Brustkorbs mit keilartigem Vorspringen des Brustbeins u. seitlicher Eindellung im Bereich der Rippen.* **2.** (ugs.) *(bes. von männlichen Personen) schmaler, flacher Brustkorb eines schmalwüchsigen Menschen.*
Hüh|ner|ei, das: *Ei des Haushuhns.*
Hüh|ner|fleisch, das: *Fleisch vom Huhn.*
Hüh|ner|fri|kas|see, das: *mit Hühnerfleisch zubereitetes Frikassee.*
Hüh|ner|ha|bicht, der: *großer Habicht, dessen Gefieder auf der Oberseite eine dunkle graubraune Färbung, auf der Unterseite braune u. weiße Streifen aufweist.*
Hüh|ner|haut, die (landsch.; österr., schweiz.): *Gänsehaut.*
Hüh|ner|hof, der: *größerer Auslauf für Hühner.*
Hüh|ner|hund, der: *Vorstehhund.*
Hüh|ner|klein, das: vgl. Gänseklein.
Hüh|ner|le|ber, die: *Leber von geschlachteten Hühnern, die zu bestimmten Gerichten verarbeitet wird.*
Hüh|ner|lei|ter, die: **1.** *kleine Leiter an der Außenseite des Hühnerstalls, über die die Hühner den Einschlupf in bestimmter Höhe über dem Boden erreichen:* R das Leben ist (wie) eine H., kurz und beschissen (scherzhafte Bemerkung zur existenziellen Befindlichkeit des Menschen). **2.** (scherzh.) *schmale, steile Treppe [in einem engen Treppenhaus].*
Hüh|ner|pest, die (Tiermed.): *bei Hühnern auftretende, meist zum Tod führende Viruskrankheit.*
Hüh|ner|schle|gel, der: *[abgetrenntes] Bein eines geschlachteten Huhns.*
Hüh|ner|stall, der: *Stall für Hühner.*
Hüh|ner|vo|gel, der ⟨meist Pl.⟩ (Zool.): *größerer, auf dem Boden lebender Vogel mit kurzen Flügeln, stark entwickelten, zum Scharren geeigneten Füßen u. kurzem, kräftigem Schnabel.*
Hüh|ner|volk, das: *Gruppe von Hühnern auf dem Hühnerhof.*
hu|hu ⟨Interj.⟩: **1.** ['hu:hu] (ugs.) Zuruf an jmdn., der von dem Rufenden abgewandt ist od. sich in einiger Entfernung von ihm befindet u. den er auf sich aufmerksam machen möchte; *hallo:* h., hier sind wir;. **2.** [hu'hu:] **a)** Ausruf, durch den man jmdn. zu erschrecken sucht od. durch den man scherzhaft eigene Furcht zum Ausdruck bringt: h., hier spukts!; **b)** Ausruf zum Ausdruck einer plötzlichen Kälteempfindung: h., wie kalt!
hui ⟨Interj.⟩: **a)** lautm. für ein Sausen, Brausen, für eine schnelle Bewegung o. Ä., die ein Sausen, Brausen erzeugt: h., wie das stürmt!; und h., war der Wagen vorbei; Ü bei ihm muss immer alles h. (ugs.; *schnell, ohne Überlegung*) gehen; R außen h. und innen pfui (↑außen 1); oben h. und unten pfui (↑oben); * **im Hui/in einem Hui** (ugs.; *sehr schnell [u. dadurch unsorgfältig]*): im H. war er fertig; **b)** *hoi:* h., das hast du fein gemacht.
hu|ius an|ni [lat.] (Amtsspr., Kaufmannsspr. veraltet): *dieses Jahres* (Abk.: h. a.): am 1. November h. a.
hu|ius men|sis [lat.] (Amtsspr., Kaufmannsspr. veraltet): *dieses Monats* (Abk.: h. m.): am 1. h. m.
Hu|ka, die; -, -s [arab. ḥuqqa[h]]: *indische Wasserpfeife.*
Huk|boot, das [niederl. hoekboot]: *Beiboot eines Hukers, Leichter.*
Hu|ker, der; -s, - [niederl. hoeker, eigtl. = Schiff, das mit Schleppnetzen fischt, die mit Haken (= niederl. hoek) versehen sind]: *breites, flaches Segelschiff, das in der Hochseefischerei eingesetzt wurde.*
Huk|ka: ↑Huka.
Hu|la, die, -, -s, auch: der; -s, -s [hawaiisch hula(-hula)]: *[kultischer] Tanz der Eingeborenen auf Hawaii.*
Hu|la-Hoop [-'hu:p], (ugs.:) **Hu|la-Hopp,** der od. das; -s, -s [engl. hula hoop, aus ↑Hula u. hoop = Reifen; 2. Form unter Anlehnung an ↑hopp]: **a)** *größerer Reifen aus leichtem Material, den man durch kreisende Bewegungen des Körpers im Bereich der Hüften kreisen lässt;* **b)** ⟨o. Pl.⟩ *gymnastische Übung, die mit dem Hula-Hoop (a) ausgeführt wird.*
Hu|la-Hoop-Rei|fen, der: *Hula-Hoop* (a).
Huld, die; - [mhd. hulde, ahd. huldī = Gunst, Wohlwollen, zu ↑hold] (geh. veraltend, noch iron.): *Freundlichkeit, Wohlwollen, Gunstbeweis, den jmd. einem ihm gesellschaftlich Untergeordneten [mit einer gewissen Herablassung] zuteil werden lässt.*
hul|di|gen ⟨sw. V.; hat⟩ [für mhd. hulden, zu Huld]: **1.** (früher) *sich einem Herrscher durch ein Treuegelöbnis unterwerfen:* dem König, dem Landesfürsten h. **2.** (geh. veraltend) *jmdm. durch eine bestimmte Handlung, durch sein Verhalten seine Verehrung zu erkennen geben:* das Publikum huldigte dem greisen Künstler mit nicht enden wollendem Beifall. **3.** (geh., öfter leicht iron.) *einer Sache mit Überzeugung anhängen, etw. mit [übertriebenem] Eifer vertreten:* einer Mode h.; er huldigt dem Alkohol *(er trinkt gerne Alkohol).*
Hul|di|gung, die; -, -en: **1.** (früher) *Treuegelöbnis eines Untertanen gegenüber einem Landesherrn.* **2.** *das Huldigen* (2); *Ehrung; Zeichen der Ehrerbietung:* -en entgegennehmen.
huld|reich ⟨Adj.⟩ (geh. veraltend, heute meist iron.): *jmdm. seine Huld zuteil werden lassend, sie in einer bestimmten Handlung erkennen lassend:* ein -er Blick wurde ihm zuteil.
huld|voll ⟨Adj.⟩ (geh. veraltend, heute oft iron.): ein -es Lächeln.
hül|fe: ↑helfen.
Hulk, Holk, die; -, -e[n] od. der; -[e]s, -e[n] [mhd. holche, ahd. holcho < mlat. holcas < (m)griech. holkás = Lastkahn]: **1.** (Seew.) *abgetakeltes, ausrangiertes Schiff, das vor Anker liegend als Unterkunft für Mannschaften od. als Magazin, Werkstatt o. Ä. verwendet wird.* **2.** (hist.) **a)** *(in der Zeit der Hanse) einer Kogge ähnliches, kleineres einmastiges Frachtschiff;* **b)** *(im 15. Jahrhundert) größere, dreimastige Kogge.*
Hüll|blatt, das ⟨meist Pl.⟩ (Bot.): *Blatt, das zusammen mit anderen die Fortpflanzungsorgane bei Moosen und Blütenpflanzen umschließt od. die Knospen schützt.*
Hül|le, die; -, -n [mhd. hülle = Umhüllung; Mantel; Kopftuch, ahd. hulla = Kopftuch, zu ↑hüllen]: **1. a)** *etw., worin etw. (zum Schutz o. Ä.) verpackt, womit etw. bedeckt, verhüllt ist; Umhüllung:* die H. von etw. abstreifen; **b)** *etw., was für die Aufbewahrung o. Ä. von Gegenständen vorgesehen ist u. in der Form diesen angepasst ist, sie fest umschließt:* eine H. für einen Ausweis; die H. einer Schallplatte; Ü die fleischliche, leibliche, irdische H. (dichter.; *der Körper des Menschen [im Gegensatz zu der nicht materiellen Seele]*); * **die sterbliche H.** (geh. verhüll.; *der Leichnam eines Menschen*). **2. a)** (ugs. scherzh.) *Kleidungsstück [das jmd. anhat]:* eine neue H.; sich aus seinen -n schälen *(sich entkleiden);* **b)** * **in H. und Fülle,** (geh.:) **die H. und Fülle** (in großer Menge, im Überfluss; urspr.: Kleidung [= Hülle] u. Nahrung [= Füllung des Magens],

bezogen auf das Allernotwendigste zum Lebensunterhalt; »Fülle« später umgedeutet zu »Überfluss«). **3.** (Bot.) *Hüllkelch.*

hül|len ⟨sw. V.; hat⟩ [mhd. hüllen, ahd. hullan, verw. mit ↑hehlen] (geh.): **a)** *jmdn., sich, etw. zum Schutz gegen äußere Einflüsse, gegen Kälte o. Ä. in etw. [ein]wickeln, mit einer Umhüllung versehen, mit etw. ganz bedecken:* sich in eine Decke h.; Blumen in Zellophan h.; **Ü** der Hergang des Unglücks blieb für alle Zeit in Dunkel gehüllt *(blieb verborgen, klärte sich nicht auf);* **b)** *schützend, wärmend o. ä. um jmdn., sich, etw. herumlegen:* eine Zeltplane war um das Denkmal gehüllt.

hül|len|los ⟨Adj.⟩: **1.** *unverhüllt, unverdeckt; in seinem ganzen Ausmaß erkennbar:* die Fehler u. Schwächen traten in dieser Beleuchtung h. zutage. **2.** (scherzh.) *ohne jegliche Bekleidung; nackt:* h. stand er vor ihr.

Hüll|kelch, der (Bot.): *rosettenartig angeordnete Blätter, die die Knospe eines Korbblütlers umschließen.*

Hüll|wort, das ⟨Pl. ...wörter⟩ (Sprachw.): *Euphemismus.*

Hul|ly-Gul|ly ['hali'gali], der; -[s], -s [engl. hully gully, H. u.]: **1.** *(in den Sechzigerjahren) Reihentanz mit unterschiedlichen Schrittkombinationen.* **2.** ⟨o. Art.; o. Pl.⟩ (ugs.) *fröhliches, lärmendes Treiben; ausgelassene Stimmung.*

Hül|se, die; -, -n [mhd. hülse, ahd. hulsa, eigtl. = die Verbergende, verw. mit ↑hehlen]: **1.** *röhrenförmige, längliche feste Hülle, in die man etw. hineinstecken kann, die etw. fest umschließt, die Teil von etw. ist:* eine H. für den Bleistift. **2.** (Bot.) *längliche Frucht der Schmetterlingsblütler, in der mehrere runde od. längliche Samen nebeneinander aufgereiht sind, die in reifem Zustand leicht herausgelöst werden können:* Lupinen haben -n.

hül|sen ⟨sw. V.; hat⟩ (selten): *enthülsen.*

Hül|sen|frucht, die ⟨meist Pl.⟩: **1.** *eiweißreicher Same bestimmter Schmetterlingsblütler (bes. Erbse, Bohne, Linse) als wichtiger Bestandteil der menschlichen Nahrung.* **2.** *Hülsenfrüchtler.*

Hül|sen|früch|ter, (häufiger:) **Hül|sen|frücht|ler,** der; -s, - (Bot.): *eiweißhaltige Gemüse- u. Futterpflanze, die mehrere Samen enthaltende Früchte in Form von Hülsen ausbildet.*

hu|man ⟨Adj.⟩ [lat. humanus; eigtl. = irdisch, verw. mit: humus, ↑Humus]: **1.** (bildungsspr.) **a)** *die Würde des Menschen achtend, menschenwürdig:* die Gefangenen h. behandeln; **b)** *ohne Härte, nachsichtig.* **2.** (bes. Med.) *zum Menschen gehörend, dem Menschen eigentümlich, beim Menschen vorkommend:* im -en Bereich vorkommende Viren.

Hu|man|bio|lo|gie, die: *Teilgebiet der naturwissenschaftlichen Anthropologie, das sich bes. mit der Evolution und den biologischen Eigenschaften des Menschen befasst.*

Hu|man Coun|ter ['hju:mən 'kaʊntə], der; -s, -[s] [engl. human counter, zu: human = menschlich u. counter = Zählmaschine] (Fachspr.): *der Strahlenschutzüberwachung dienendes, in einem von Strahlen abgeschirmten Raum aufgestelltes Messgerät zur Bestimmung der vom menschlichen Körper aufgenommenen u. wieder ausgehenden Strahlung.*

Hu|man En|gi|nee|ring ['hju:mən ɛndʒɪ'nɪərɪŋ], das; - - [engl. human engineering, aus: human = menschlich u. engineering = Bedienung von Maschinen]: *Teilgebiet der Wirtschafts- u. Industriepsychologie, das sich mit der Anpassung der Arbeitsplatzbedingungen an die Eigenarten des menschlichen Organismus befasst.*

Hu|man|ge|ne|tik, die: *Teilgebiet der Genetik, das sich bes. mit der Erblichkeit der körperlichen Merkmale u. der geistig-seelischen Eigenschaften des Menschen befasst.*

Hu|man|ge|ne|ti|ker, der: *Wissenschaftler auf dem Gebiet der Humangenetik.*

Hu|man|ge|ne|ti|ke|rin, die: w. Form zu ↑Humangenetiker.

hu|ma|ni|sie|ren ⟨sw. V.; hat⟩: *(bes. in Bezug auf die Lebens- u. Arbeitsbedingungen der Menschen) menschenwürdiger gestalten:* die Arbeit h.

Hu|ma|nis|mus, der; - [zu: ↑Humanist]: **1.** (bildungsspr.) *(auf das Bildungsideal der griechisch-römischen Antike gegründetes) Denken u. Handeln im Bewusstsein der Würde des Menschen; Streben nach Menschlichkeit:* in seinen Schriften offenbart sich ein echter H. **2.** *(von Italien ausgehende, über West- u. Mitteleuropa verbreitete) Bewegung des 14.–16. Jahrhunderts, die durch literarische, philologische u. wissenschaftliche Neuentdeckung u. Wiedererweckung der antiken Kultur, ihrer Sprachen, ihrer Kunst u. Geisteshaltung gekennzeichnet ist.*

Hu|ma|nist, der; -en, -en [ital. umanista, zu: umano = menschlich < lat. humanus, ↑human]: **1.** *jmd., der die Ideale des Humanismus* (1) *vertritt, in seinem Denken u. Handeln zu verwirklichen sucht:* ein wahrer H. **2.** *Vertreter des Humanismus* (2): Reuchlin ist ein bedeutender deutscher H. **3.** (veraltend) *jmd., der über eine humanistische [Schul]bildung verfügt; Kenner der alten Sprachen.*

Hu|ma|nis|tin, die; -, -nen: w. Form zu ↑Humanist.

hu|ma|nis|tisch ⟨Adj.⟩: **1.** *im Sinne des Humanismus* (1) *[denkend u. handelnd]:* seine Bücher sind von -em Geist erfüllt. **2.** *dem Humanismus* (2) *zugehörend:* -e Schriften. **3.** *die klassischen Sprachen betreffend:* -e Studien; ein -es *(altsprachliches)* Gymnasium.

hu|ma|ni|tär ⟨Adj.⟩ [frz. humanitaire, zu: humanité = Menschlichkeit, Menschheit < lat. humanitas]: *auf die Linderung menschlicher Not bedacht, ausgerichtet:* -e Aufgaben.

Hu|ma|ni|tas, die; - [lat. humanitas] (bildungsspr.): *Menschlichkeit, Menschenliebe (als Grundlage des Denkens u. Handelns).*

Hu|ma|ni|tät, die; - [lat. humanitas] (bildungsspr.): *vom Geist der Humanitas durchdrungene Haltung, Gesinnung; Menschlichkeit:* wahre H.

Hu|ma|ni|täts|den|ken, das; -s: *auf Humanität gegründetes Denken.*

Hu|ma|ni|täts|du|se|lei, die; -, -en [zu duseln = halb schlafen, vgl. ↑Dusel] (abwertend): *mit der Wirklichkeit nicht in Einklang zu bringende, übersteigerte Forderungen im Hinblick auf Humanität.*

Hu|ma|ni|täts|ide|al, das: *die Humanität betreffende Idealvorstellung.*

Hu|man|me|di|zin, die ⟨o. Pl.⟩: *Medizin* (1) *(im Gegensatz zur Tiermedizin).*

Hu|man|me|di|zi|ner, der: *Mediziner (im Gegensatz zum Tiermediziner).*

Hu|man|me|di|zi|ne|rin, die: w. Form zu ↑Humanmediziner.

Hu|man|ver|such, der (Med.): *Erprobung einer (noch nicht gesicherten) Heilmethode o. Ä. am Menschen.*

Hu|man|wis|sen|schaft, die: *in den Bereich der Geisteswissenschaften gehörende Wissenschaft, die sich mit dem Menschen befasst (z. B. Anthropologie, Soziologie, Psychologie).*

Hum|boldt|strom, der; -[e]s [nach dem dt. Naturforscher A. v. Humboldt (1769–1859)]: *kalte, nordwärts gerichtete Meeresströmung vor der Westküste Südamerikas, die in Küstennähe kühleres Wasser aufsteigen lässt u. von großem Einfluss auf das Klima der Küstengebiete des nördlichen Chile u. Perus ist.*

Hum|bug, der; -s [engl. humbug, H. u.] (ugs. abwertend): **a)** *etw., was sich bedeutsam gibt, aber nur Schwindel ist;* **b)** *unsinnige, törichte Äußerung od. Handlung:* er redet lauter H.

Hu|me|ra|le, das; -s, ...lien u. ...lia [mlat. humerale < spätlat. (h)umerale = Schulterumhang, zu lat. umerus = Schulter]: *[reich verziertes] unter der Albe getragenes Schultertuch des katholischen Geistlichen.*

hu|mid, hu|mi|de ⟨Adj.; humider, humideste⟩ [frz. humide < lat. (h)umidus] (Geogr.): *reich an Niederschlag, feucht:* ein humides Klima; humide Gebiete.

Hu|mi|di|tät, die; - [frz. humidité] (Geogr.): *Feuchtigkeit (in Bezug auf das Klima).*

Hu|mi|fi|ka|ti|on, die; - [zu ↑Humus u. lat. -ficatio = Suffix mit der Bed. »das Machen«, zu: facere = machen] (Biol.): *(meist im Boden stattfindende) Umwandlung organischer (pflanzlicher u. tierischer) Stoffe in Humus; das Vermodern.*

hu|mi|fi|zie|ren ⟨sw. V.; hat⟩ (Biol.): *(von organischen Stoffen) vermodern lassen, in Humus umwandeln.*

Hu|min|säu|re, die; -, -n [zu ↑Humus]: *in Mutterboden, Torf u. Braunkohle vorkommende, aus abgestorbenem pflanzlichem Material entstandene Säure, die als Nährstoffträger des Bodens von großer Bedeutung ist.*

[1]Hum|mel, die; -, -n [mhd. hummel, humbel, ahd. humbal, wohl lautm. u. eigtl. = die Summende]: *größeres Insekt mit rundlichem, plumpem u. dicht, häufig bunt behaartem Körper;* *** eine wilde H.** (scherzh.; *ein lebhaftes, temperamentvolles [kleines] Mädchen*); **-n im Hintern haben** (salopp; **1.** *nicht still sitzen, sich nicht ruhig verhalten können.* **2.** *von ruheloser Aktivität erfüllt sein*).

[2]Hum|mel: in dem Begrüßungsruf **H., H.!** (Ruf, mit dem sich früher Hamburger untereinander in der Fremde begrüßten; als Erwiderung darauf gilt: Mors, Mors! [niederd. mors = Arsch]; nach einem Hamburger Original namens Hummel u. dessen Antwort auf den hänselnden Anruf mit seinem Namen).

Hum|mer, der; -s, - [aus dem Niederd., wohl eigtl. = gewölbtes od. (mit einer Schale) bedecktes Tier]: *(im Meer lebender) sehr großer Zehnfußkrebs von brauner bis dunkelblauer Färbung, dessen Fleisch als Delikatesse gilt.*

Hum|mer|cock|tail, der (Kochk.): *Cocktail* (3) *aus gewürfeltem Hummerfleisch.*

Hum|mer|fleisch, das: *Fleisch vom Hummer.*

Hum|mer|ma|yon|nai|se, die (Kochk.): *Mayonnaise mit Hummerfleisch.*

Hum|mer|sa|lat, der (Kochk.): *mit Hummerfleisch zubereiteter Salat.*

[1]Hu|mor, der; -s, -e ⟨Pl. selten⟩ [älter engl. humour = literarische Stilgattung des Komischen, eigtl. = Stimmung, Laune < afrz. humour < lat. (h)umores = (Temperament u. Charakter bestimmende) Körpersäfte, zu: (h)umor = Feuchtigkeit, Flüssigkeit]: **1.** ⟨o. Pl.⟩ *Fähigkeit u. Bereitschaft, der Unzulänglichkeit der Welt u. der Menschen, den Schwierigkeiten u. Missgeschicken des Alltags mit heiterer Gelassenheit zu begegnen:* er hat, besitzt einen goldenen H.; etw. mit H. tragen; ein Mensch ohne H.; er hat keinen H. *(reagiert sehr leicht verärgert, ist nicht in der Lage, etw. gelassen auf-, hinzunehmen);* er hat keinen Sinn für H. *(ihm fehlt der Humor, er ist humorlos);* **R** du hast [ja vielleicht] H.! *(was denkst du dir eigentlich!);* **Spr** H. ist, wenn man trotzdem lacht. **2.** *sprachliche, künstlerische o. ä. Äußerung einer von Humor* (1) *bestimmten Geisteshaltung, Wesensart:* der rheinische, der Kölner H.; gezeichneter H. *(Humor in der Kunstform der Karikatur o. Ä.);* schwarzer *(das Grauen, Grauenhafte einbeziehender)* H. **3.** ⟨o. Pl.⟩ *gute Laune, fröhliche Stimmung:* den H. [nicht] verlieren.

[2]Hu|mor, der; -s, -es [hu'mo:re:s; lat. (h)umor, ↑[1]Humor] (Med. selten): *Körpersaft.*

hu|mo|ral ⟨Adj.⟩ (Med.): *die Körpersäfte betreffend, auf ihnen beruhend.*

Hu|mo|ral|pa|tho|lo|gie, die ⟨o. Pl.⟩: *(in der Antike ausgebildete) Lehre von den Körpersäften, deren richtige Mischung Gesundheit, deren Ungleichgewicht dagegen Krankheit bedeute.*

Hu|mo|res|ke, die; -, -n [aus ↑[1]Humor u. der romanisierenden Endung -eske analog zu ↑Burleske u. a. geb.]: **1.** (Literaturw.) *kleine humoristische Erzählung.* **2.** (Musik) *Musikstück von heiterem, humorigem Charakter.*

hu|mo|rig ⟨Adj.⟩: *von jmds.* [1]*Humor* (1), *jmds. Freude an Scherz u. Spaß zeugend; launig:* eine -e Rede.

Hu|mo|rig|keit, die; -: *humorige Art.*

Hu|mo|rist, der; -en, -en [engl. humorist]: 1. *Künstler, dessen Werke sich durch eine humoristische Behandlungsweise des Stoffes auszeichnen:* der Schriftsteller ist ein H. **2.** *Vortragskünstler, der witzige Sketches o. Ä. darbietet; Komiker, Spaßmacher.*
Hu|mo|ris|tin, die; -, -nen: w. Form zu ↑Humorist.
hu|mo|ris|tisch ⟨Adj.⟩: *sich durch* [1]*Humor auszeichnend:* eine -e Darbietung; der Autor schreibt sehr h.
hu|mor|los ⟨Adj.⟩: *ohne* [1]*Humor* (1), *von verbissener, pedantischer Ernsthaftigkeit; ohne die Fähigkeit [auch über sich selbst] zu lachen:* ein -er Mensch; er ist gänzlich h.
Hu|mor|lo|sig|keit, die; -: *das Humorlossein.*
hu|mor|voll ⟨Adj.⟩: [1]*Humor* (1) *erkennen lassend; voll* [1]*Humor* (1): eine -e Art.
hu|mos ⟨Adj.⟩ [zu ↑Humus] (Bodenk.): **a)** *aus Humus bestehend:* -e Stoffe; **b)** *reich an Humus:* -e Böden.
Hum|pel, der; -s, - [mniederd. humpel; vgl. engl. hump, ↑Humpen] (nordd.): *Haufen, [übereinander getürmte, aufgeschüttete] Menge von etw.:* ein H. Steine.
Hum|pe|lei, die; - (ugs.): *anhaltendes, lästiges Humpeln.*
hum|pe|lig, humplig ⟨Adj.⟩ (landsch.): **1.** *humpelnd:* h. gehen. **2.** *holprig, uneben.*
hum|peln ⟨sw. V.⟩ [aus dem Niederd.; viell. lautm.]: **a)** *(aufgrund einer [schmerzhaften] Verletzung o. Ä.) mit einem Fuß nicht fest auftreten können u. daher mühsam u. ungleichmäßig gehen* ⟨hat/ist⟩; **b)** *sich humpelnd* (a) *fortbewegen, irgendwohin bewegen* ⟨ist⟩: vom Spielfeld h.; **c)** (landsch.) *holpernd fahren* ⟨ist⟩: die Kutsche humpelte über das Kopfsteinpflaster.
Hum|pen, der; -s, - [16. Jh.; vermutlich aus der Spr. der Leipziger Studenten, zu niederd. hump(e) = Klumpen, Buckel, vgl. engl. hump = Buckel, Höcker; Hügel, viell. verw. mit ↑hoch]: *größeres zylindrisches od. leicht bauchiges u. mit aufklappbarem Deckel versehenes Trinkgefäß mit Henkel:* Bier aus H. trinken.
hump|lig: ↑humpelig.
Hu|mus, der; - [lat. humus = Erde, Erdboden]: *Bestandteil des Bodens von dunkelbrauner Färbung, der durch mikrobiologische u. biochemische Zersetzung abgestorbener tierischer u. pflanzlicher Substanz in einem ständigen Prozess entsteht.*
Hu|mus|bil|dung, die ⟨o. Pl.⟩: *Bildung von Humus.*
Hu|mus|bo|den, der: *humusreicher Boden.*
hu|mus|reich ⟨Adj.⟩: *reich an Humus.*
Hund, der; -[e]s, -e [mhd., ahd. hunt, alter idg. Tiername; 3: viell., weil das Geräusch der knarrenden Räder mit Hundegebell verglichen wurde]: **1. a)** *(in vielen Rassen gezüchtetes) kleines bis mittelgroßes Säugetier, das bes. wegen seiner Wachsamkeit u. Anhänglichkeit als Haustier gehalten wird, einen gut ausgebildeten Gehör- u. Geruchssinn besitzt u. beißen u. bellen kann:* ein scharfer, gefährlicher, streunender, tollwütiger H.; Vorsicht, bissiger H.!; der H. bellt, jault, kläfft, schlägt an; der H. beißt nicht; [sich] einen H. halten; den H. ausführen, an der Leine führen, anleinen; -e dressieren, züchten; von einem H. angefallen werden; sieh dich vor, die -e sind los; Ü weiße -e (geh.; *Schaumkronen auf den Wellen des Meeres*); R da liegt der H. begraben (ugs.; *das ist der Punkt, auf den es ankommt, die Ursache der Schwierigkeiten;* H. u., viell. nach der Volkssage, nach der Hunde als Schatzhüter unter der Erde hausen); da wird der H. in der Pfanne verrückt! (salopp; *das ist ja nicht zu fassen!*); von dem nimmt kein H. ein Stück/einen Bissen Brot [mehr] (ugs.; *er hat die Achtung aller verloren, wird von allen verachtet*); das/es kann/muss [sogar] einen H. jammern/dauern (ugs.; *das ist zutiefst mitleiderregend, jammervoll*); es ist, um junge -e zu kriegen (ugs.; *es ist zum Verzweifeln*); das ist unter dem/allem H. (ugs.; *das ist sehr schlecht, minderwertig, unter aller Kritik*); die -e bellen, aber die Karawane zieht weiter (↑Karawane 1); Spr -e, die [viel] bellen, beißen nicht *(jmd., der sich besonders lautstark kämpferisch, gefährlich gibt, macht seine Drohungen o. Ä. doch nicht wahr);* viele -e sind des Hasen Tod *(gegen eine Übermacht kann der Einzelne nichts ausrichten);* den Letzten beißen die -e *(der Letzte ist aufgrund seines Platzes besonders benachteiligt);* kommt man über den H., kommt man auch über den Schwanz *(hat man erst einmal das Schwierigste geschafft, ist der Rest auch noch zu bewältigen);* * **ein dicker H.!** (ugs.; 1. *eine Ungeheuerlichkeit, Unverschämtheit, Frechheit.* 2. *ein grober Fehler*); **kalter H.** (ugs.; *aus Schichten von Keks u. einer Kakaomasse bestehende kuchenähnliche Süßspeise*); **fliegender H.** (veraltend; *Flughund*); **der Große H., der Kleine H.** (*Sternbilder in der Zone des Himmelsäquators;* nach lat. Canis Major u. Canis Minor; der Große Hund ist der Hund des Orion, eines riesigen Jägers der griech. Mythologie); **bekannt sein wie ein bunter/scheckiger H.** (ugs.; *überall bekannt sein*); **wie ein H. leben** (ugs.; *sehr ärmlich, elend leben*); **müde sein wie ein H.** (ugs.; *sehr müde, erschöpft sein*); **frieren wie ein junger H.** (ugs.; *sehr frieren;* nach dem auffallenden Zittern neugeborener Hunde); **wie H. und Katze leben** (ugs.; *sich nicht vertragen u. in ständigem Streit miteinander leben*); **einen dicken H. haben** (Skat Jargon; *ein gutes Spiel in der Hand haben*); **schlafende -e wecken** *(unvorsichtigerweise auf etw. aufmerksam machen u. dadurch eine unerwünschte Entwicklung in Gang setzen);* **mit etw. keinen H. hinter dem Ofen hervorlocken [können]** (ugs.; *mit etw. niemandes Interesse wecken [können], niemandem einen Anreiz bieten [können]*); **jmdn. wie einen H. behandeln** (ugs.; *jmdn. sehr schlecht, menschenunwürdig behandeln*); **auf den H. kommen** (ugs.; *in schlechte Verhältnisse geraten, sehr herunterkommen;* viell. nach der untersten Stufe in der Tierrangfolge bei Pferde-, Esel- u. Hundefuhrwerk); **jmdn. auf den H. bringen** (ugs.; *jmdn. ruinieren, vernichten, ins Verderben stürzen*); **[ganz] auf dem H. sein** (ugs.; *ruiniert, vernichtet, zugrunde gerichtet sein*); **mit allen -en gehetzt sein** (ugs.; *schlau u. gewitzt sein u. sich in einer heiklen Situation entsprechend geschickt verhalten;* aus der Jägerspr. u. bezogen auf ein Tier, dem es immer wieder gelingt, den auf seine Fährte gesetzten Hunden zu entkommen); **vor die -e gehen** (ugs.; *zugrunde gehen;* viell. nach dem kranken u. schwachen Wild, das den Jagdhunden leicht zum Opfer fällt); **etw. vor die -e werfen** (ugs.; *etw. achtlos verkommen lassen, vergeuden*); **b)** *männlicher Hund* (1 a) (im Gegensatz zur Hündin): ist das ein H. oder eine Hündin? **2.** (salopp) **a)** *Mensch, Mann:* du bist vielleicht ein sturer H.!; -e, wollt ihr ewig leben? (nach den anekdotenhaft überlieferten Worten Friedrichs des Großen »[Ihr verfluchten] Kerls, wollt ihr das ewige Leben haben?«, die er bei Kolin einer vor der Übermacht der Österreicher zurückweichenden Kompanie zurief; auch Filmtitel); damals war ich noch ein junger H.; ein feiner H. (1. *gut gekleideter Mann.* 2. *jmd., auf den man sich verlassen kann; ein feiner Kerl*); der neue Trainer gilt als harter H. (ugs.; *als Anhänger harter Trainingsmethoden*); er ist ein krummer H. *(zwielichtiger, verdächtiger Bursche);* als ich in Not war, kam mir kein H. *(niemand)* zu Hilfe; **b)** (abwertend) *gemeiner Mann, Lump, Schurke:* du [verfluchter, gottverdammter] H.! **3.** (Bergmannsspr.) *kleiner kastenförmiger Förderwagen:* den H. mit Erz beladen.
Hünd|chen, das (landsch.), **Hünd|chen,** das; -s, -: Vkl. zu ↑Hund (1 a).
hun|de-, Hun|de- (ugs., meist abwertend): 1. drückt in Bildungen mit Adjektiven eine Verstärkung aus/*sehr:* hundemager, -schlecht, -übel. 2. drückt in Bildungen mit Substantiven aus, dass etw. als schlecht, miserabel angesehen wird: Hundelohn, -wetter. 3. drückt in Bildungen mit Substantiven einen besonders hohen Grad von etw. aus: Hundeangst, -hitze.
Hun|de|ar|ti|ge ⟨Pl.; Dekl. ↑Abgeordnete⟩ (Zool.): *Familie der Raubtiere, zu der vor allem die Hunde, Wölfe, Schakale u. Füchse gehören.*
Hun|de|band|wurm, der: *Bandwurm, der bes. im Darm von Hunden vorkommt.*
Hun|de|blu|me, die [zum 1. Bestandteil vgl. Hundskamille]: volkst. für *Löwenzahn.*
Hun|de|deck|chen, das: **1.** *kleine Decke, die einem Hund als Schutz gegen Kälte um den Leib gebunden wird.* **2.** (scherzh. veraltend) *bis zum Knöchel reichende Gamasche.*
hun|de|elend ⟨Adj.⟩ (ugs.): *(in Bezug auf jmds. Befinden) sehr elend, schlecht:* sich h. fühlen.
Hun|de|floh, der: *Floh, der hauptsächlich im Fell von Hunden vorkommt.*
Hun|de|freund, der: *jmd., der Hunde mag.*
Hun|de|freun|din, die: w. Form zu ↑Hundefreund.
Hun|de|fut|ter, das: *Futter für einen Hund, für Hunde.*
Hun|de|ge|bell, das: *Gebell eines od. mehrerer Hunde.*
Hun|de|hal|ter, der (Amtsspr.): *jmd., der einen Hund hält.*
Hun|de|hal|te|rin, die: w. Form zu ↑Hundehalter.
Hun|de|hüt|te, die: *kleine [Holz]hütte für den Hofhund.*
hun|de|kalt ⟨Adj.⟩ (ugs.): *sehr, unangenehm kalt:* draußen ist es h.
Hun|de|klo, das (ugs.), **Hun|de|klo|sett,** das: *spezielle Anlage bes. in Städten, die die Hunde dazu benutzen sollen, dort ihre Notdurft zu verrichten.*
Hun|de|kot, der: *Kot von Hunden.*
Hun|de|le|ben, das ⟨o. Pl.⟩ (ugs. abwertend): *elendes, erbärmliches Leben, Dasein:* ein H. führen.
Hun|de|lei|ne, die: *Leine, an der man einen Hund führt.*
Hun|de|mar|ke, die: **1.** *als Nachweis für die gezahlte Hundesteuer dienende Blechmarke.* **2.** (salopp scherzh.) **a)** *Erkennungsmarke des Soldaten;* **b)** *Erkennungsmarke, mit der sich ein Polizeibeamter in Zivil ausweist.*
Hun|de|meu|te, die: *Meute von Hunden.*
hun|de|mü|de ⟨Adj.⟩ (ugs.): *sehr müde, erschöpft:* h. sein.
Hun|de|ras|se, die: *Rasse von Hunden.*
Hun|de|ren|nen, das: *Schnelligkeitsprüfung für Windhunde (bes. in England, in Italien u. in der Schweiz).*
hun|dert [mhd. hundert < asächs. hunderod = Hundertzahl, zu: hund = hundert, urspr. = Zehnheit von Zehnern]: **a)** ⟨Kardinalz.⟩ (in Ziffern: 100) von eins bis h. zählen; vier von h. Befragten; ich wette mit dir h. zu eins (ugs.; *ich bin ganz sicher*), dass er nicht kommen wird; * **auf h. kommen/sein** (ugs.; *sehr ärgerlich werden, erbost sein; in Wut geraten/sein;* nach der Fahrgeschwindigkeit eines Kraftfahrzeugs); **jmdn. auf h. bringen** (ugs.; *jmdn. in Wut, Zorn versetzen*); **b)** (ugs.) *sehr viele:* sie wusste h. Neuigkeiten zu berichten.
[1]**Hun|dert,** das; -s, -e u. (nach unbest. Zahlwörtern:) -: **1.** ⟨Pl. -⟩ *Einheit von hundert Stück, Dingen, Lebewesen o. Ä.:* ein halbes H.; mehrere H. Pioniere; das H. voll machen; vom H. (*Prozent;* Abk.: v. H.; Zeichen: %). **2.** ⟨Pl. -e⟩ *eine unbestimmte, unübersehbare Anzahl in der Größenordnung von einigen Hundert:* viele Hunderte/(auch:) hunderte drängten sich herbei; das Brüllen Hunderter/(auch:) hunderter von verdurstenden Rindern/Hunderter/(auch:) hunderter verdurstender Rinder/von Hunderten/(auch:) hunderten [von] verdurstenden Rindern; das kann von Hunderten/(auch:) hunderten nur einer.
[2]**Hun|dert,** die; -, -en: *Zahl 100.*
hun|dert|ein ⟨Zahladj.⟩: ein Betrag von -er Mark.
hun|dert|eins ⟨Kardinalz.⟩ (in Ziffern: 101): vgl. hundertundeins.
Hun|der|ter, der; -s, -: **1.** (ugs.) *Geldschein im Wert von hundert Mark o. Ä.:* das kostet mich einige H. *(einige hundert Mark o. Ä.).* **2.** (Math.) *100 als Bestandteil einer analytisch betrachteten Zahl mit mehr als zwei Stellen:* die H.

zusammenzählen; 453 besteht aus 4 -n, 5 Zehnern und 3 Einern.

hun|der|ter|lei ⟨best. Gattungsz.; indekl.⟩ [↑-lei] (ugs.): **a)** *von vielfach verschiedener Art:* auf h. Weise; **b)** *sehr viele verschiedene Dinge:* ich habe h. zu tun, zu besorgen.

Hun|der|ter|stel|le, die (Math.): *Stelle der Hunderter (2) in einer Zahl mit mehr als zwei Stellen:* die H. ist die dritte Stelle vor dem Komma.

Hun|dert|eu|ro|schein, der (in Ziffern: 100-Euro-Schein): vgl Fünfeuroschein.

hun|dert|fach ⟨Vervielfältigungsz.⟩ (in Ziffern: 100fach): vgl. achtfach: die -e Menge.

Hun|dert|fa|che, das; -n (Dekl. ↑[2]Junge, das): (in Ziffern: 100fache): vgl. Achtfache.

hun|dert|fünf|zig|pro|zen|tig ⟨Adj.⟩ [Verstärkung zu ↑hundertprozentig] (ugs.): *stark ausgeprägt, übertrieben, fanatisch:* ein -er Nationalist; ⟨subst.:⟩ er ist ein Hundertfünfzigprozentiger (abwertend; *jmd., der etw. fanatisch betreibt*).

Hun|dert|jahr|fei|er, die (in Ziffern: 100-Jahr-Feier): *Feier zum hundertjährigen Bestehen.*

hun|dert|jäh|rig ⟨Adj.⟩ (in Ziffern: 100-jährig): **a)** *hundert Jahre alt:* eine -e Eiche; ⟨subst.:⟩ in unserem Dorf gibt es zwei Hundertjährige; **b)** *hundert Jahre dauernd:* das -e Bestehen von etw. feiern.

Hun|dert|ki|lo|me|ter|tem|po, das (in Ziffern: 100-km-Tempo) (ugs.): *Geschwindigkeit von 100 Kilometern pro Stunde:* im H. fahren.

hun|dert|mal ⟨Wiederholungsz., Adv.⟩ (in Ziffern: 100-mal): **a)** vgl. achtmal; **b)** (ugs.) *sehr viel, sehr oft:* er versteht h. mehr davon als du; ich habe es dir schon h. gesagt; **c)** (ugs.) *noch so sehr:* an dem Trödler fahre ich jetzt aber vorbei, da kann h. Überholverbot sein.

hun|dert|ma|lig ⟨Adj.⟩ (in Ziffern: 100-malig): *hundert Male stattfindend.*

Hun|dert|mark|schein, der (in Ziffern: 100-Mark-Schein): vgl. Fünfmarkschein.

Hun|dert|me|ter|hür|den|lauf, der (in Ziffern: 100-m-Hürdenlauf) (Leichtathletik): *Hürdenlauf (der Frauen) über 100 Meter.*

Hun|dert|me|ter|lauf, der (in Ziffern: 100-m-Lauf) (Leichtathletik): *Lauf über 100 Meter.*

hun|dert|pro|zen|tig ⟨Adj.⟩: **1.** (in Ziffern: 100-prozentig, 100%ig) *hundert Prozent umfassend, von hundert Prozent:* ein -er Gewinn; -er *(reiner)* Alkohol. **2.** (ugs.) **a)** *völlig; ganz u. gar:* mit -er Sicherheit; du kannst dich h. darauf verlassen; **b)** *ganz sicher, zuverlässig:* das ist eine -e Sache; er galt in der Partei als h. *(besonders linientreu);* **c)** *genauso, wie man ihn, sie sich vorstellt: echt, unverwechselbar, typisch:* er ist ein -er Schwabe.

Hun|dert|schaft, die; -, -en: *aus 100 Mann bestehende [militärische, polizeiliche] Einheit:* eine H. Soldaten.

hun|dertst... ⟨Ordinalz. zu ↑hundert⟩ (in Ziffern: 100.): vgl. acht...: der -e Besucher der Ausstellung; das weiß kaum der Hundertste *(fast keiner);* * **vom Hundertsten ins Tausendste kommen** *(vom eigentlichen Thema immer mehr abschweifen):* bei unserem Gespräch kamen wir vom -n ins Tausendste.

hun|derts|tel ⟨Bruchz.⟩ (in Ziffern: $\frac{1}{100}$): auf ein h. Millimeter genau.

[1]**Hun|derts|tel,** das, schweiz. meist: der; -s, - [gek. aus: hundertste Teil]: *der hundertste Teil einer Menge, Strecke o. Ä.:* ein H. der Summe.

[2]**Hun|derts|tel,** die; -, - (ugs.): kurz für ↑Hundertstelsekunde: mit einer H. fotografieren.

Hun|derts|tel|se|kun|de, die: *der hundertste Teil einer Sekunde.*

hun|derts|tens ⟨Adv.⟩ (in Ziffern: 100.): *als hundertster Punkt, an hundertster Stelle.*

hun|dert|tau|send: a) ⟨Kardinalzahl⟩ (in Ziffern: 100 000): vgl. tausend; **b)** von einer unbestimmten Anzahl in der Größenordnung von etwa hunderttausend (a): viele h. Soldaten; ⟨subst.:⟩ Hunderttausende Anhänger/von Anhängern dieses Präsidentschaftskandidaten.

hun|dert|und|ein ⟨Zahladj.⟩, **hun|dert|und|eins** ⟨Kardinalz.⟩ (in Ziffern: 101); vgl. acht, hunderteins.

hun|dert|zehn ⟨Kardinalz.⟩ (in Ziffern: 110): * **auf h. sein** (ugs.; *sehr ärgerlich, wütend sein*).

Hun|dert|zehn|me|ter|hür|den|lauf, der (in Ziffern: 110-m-Hürdenlauf) (Leichtathletik): *Hürdenlauf (der Männer) über 110 m.*

Hun|de|sa|lon, der: *Geschäft, in dem Hunde geschoren werden u. Ä.*

Hun|de|schlit|ten, der: *von Hunden gezogener Schlitten.*

Hun|de|schnau|ze, die: *Schnauze eines Hundes:* eine feuchte H.; * **kalt wie eine H. sein** (ugs.; *gefühllos, hart sein*).

Hun|de|sper|re, die: *Verbot, bes. bei Tollwutgefahr, Hunde frei u. ohne Maulkorb herumlaufen zu lassen.*

Hun|de|stau|pe, die: *Staupe.*

Hun|de|steu|er, die: *von den Gemeinden erhobene Steuer, mit der das Halten von Hunden belegt ist.*

Hun|de|vieh, das (ugs. abwertend): *Hund (über den man sich ärgert od. vor dem man Angst hat).*

Hun|de|wa|che, die [nach der Vorstellung, dass zur gleichen Zeit an Land der Hund Haus u. Hof bewacht] (Seemannsspr.): *zweite Nachtwache (von Mitternacht bis 4 Uhr morgens).*

Hun|de|wet|ter, das ⟨o. Pl.⟩ (ugs. abwertend): *sehr schlechtes Wetter.*

Hun|de|züch|ter, der: *jmd., der [berufsmäßig] Hunde züchtet.*

Hun|de|züch|te|rin, die: w. Form zu ↑Hundezüchter.

Hun|de|zwin|ger, der: *eingezäunter Platz, Gehege für Hunde.*

Hün|din, die; -, -nen [mhd. hundinne]: *weiblicher Hund* (1).

hün|disch ⟨Adj.⟩ (abwertend): **1.** *sich würdelos erniedrigend; unterwürfig:* jmdm. h. ergeben sein; **2.** *gemein, niederträchtig:* das ist eine -e Gemeinheit.

Hun|dred|weight ['hʌndrədweɪt], das; -s, -s [engl. hundredweight, eigtl. = Hundertgewicht]: *englisches Handelsgewicht von etwa 51 kg;* Abk.: cwt, cwt. (centweight).

hunds|er|bärm|lich ⟨Adj.⟩ (ugs.): **1. a)** *sehr elend; äußerst erbärmlich* (1 a): sich h. fühlen; **b)** *in seiner Qualität äußerst erbärmlich* (1 b); *unerträglich schlecht;* **c)** (abwertend) *moralisch verabscheuungswürdig:* ein -er Feigling. **2. a)** *sehr groß, stark:* eine -e Kälte; **b)** ⟨intensivierend bei Adj. u. Verben⟩ *sehr:* h. frieren.

hunds|ge|mein ⟨Adj.⟩ (ugs.): **1.** (abwertend) *überaus niederträchtig, gemein:* ein -er Lügner. **2.** (abwertend) *in Benehmen u. Ausdrucksweise sehr roh u. primitiv; eine sehr niedrige Denkweise verratend, höchst unfein, vulgär.* **3.** *sehr [groß]; unangenehm stark:* gestern war es h. schwül.

Hunds|ka|mil|le, die [1. Bestandteil zur Bez. der Minderwertigkeit dieser Pflanze gegenüber der echten Kamille]: *(zu den Korbblütlern gehörende) der Kamille ähnliche Pflanze.*

Hunds|ro|se, die [zum 1. Bestandteil vgl. Hundskamille]: *(zu den Rosengewächsen gehörender) wild in Hecken wachsender Strauch mit hängenden Zweigen, dicken Stacheln u. rosa bis weißen Blüten.*

Hunds|stern, der; -[e]s: hellster Stern im Sternbild Großer Hund (↑Hund 1 a); Sirius.

Hunds|ta|ge ⟨Pl.⟩ [mhd. hundetac, huntlich tage, LÜ von spätlat. dies caniculares, so benannt, weil die Sonne in dieser Zeit beim Hundsstern im Sternbild des Großen Hundes steht]: *heißeste Zeit im Hochsommer in Europa* (24. Juli–23. August).

Hunds|veil|chen, das [zum 1. Bestandteil vgl. Hundskamille]: *wildes Veilchen mit duftloser Blüte u. [gelblich] weißem Sporn.*

Hü|ne, der; -n, -n [aus dem Niederd. < mniederd. hüne, eigtl. = Hunne; Ungar, nach dem Namen des im 4. Jh. n. Chr. nach Europa einfallenden asiatischen Reitervolkes]: *sehr großer, breitschultriger Mann:* er war ein H. [an Gestalt]; ein H. von Mann.

Hü|nen|ge|stalt, die: *hünenhafte Gestalt:* mit seiner H. überragte er alle anderen.

Hü|nen|grab, das: **a)** *Megalithgrab;* **b)** *Hügelgrab.*

hü|nen|haft ⟨Adj.⟩: *groß u. von einer breiten, kräftigen Statur, die den Eindruck von besonderer Stärke erweckt.*

Hun|ga|ri|ka ⟨Pl.⟩ [nlat. Hungarica, zu: Hungaria = Ungarn] (Buchw.): *Werke über Ungarn.*

Hun|ga|ro|lo|gie, die; -: *Wissenschaft von der ungarischen Sprache u. Literatur.*

Hun|ger, der; -s [mhd. hunger, ahd. hungar, eigtl. = brennendes Gefühl (von Hunger, Durst)]: **1. a)** *[unangenehmes] Gefühl in der Magengegend, das durch das Bedürfnis nach Nahrung hervorgerufen wird; Verlangen, etw. zu essen:* großer H.; ihn plagt der H.; H. haben; er hatte H. wie ein Wolf; **Spr** H. ist der beste Koch *(dem Hungrigen schmeckt auch weniger gutes Essen);* * **guten H.!** (ugs.; vgl. Appetit); **b)** (ugs.) *[große] Lust, etw. Bestimmtes zu essen; Appetit:* plötzlich verspürte er H. auf ein gebratenes Hühnchen. **2.** *Mangel an Nahrungsmitteln; Hungersnot:* in den Nachkriegsjahren herrschte großer H. **3.** (geh.) *heftiges, leidenschaftliches Verlangen, Begierde:* H. nach Gerechtigkeit.

Hun|ger|blüm|chen, das, **Hun|ger|blu|me,** die [nach dem alten Volksglauben, dass das zahlreiche Auftreten dieser Blümchen im Frühjahr ein schlechtes Jahr od. eine Missernte vorhersage; er erklärt sich daraus, dass die Pflanze mit Vorliebe auf sandigen (nährstoffarmen) Äckern wächst]: *bes. im Gebirge, an Felsen u. Mauern od. auf sandigem Boden vorkommende Pflanze mit grundständigen, in einer Rosette angeordneten Blättern u. kleinen weißen od. gelben Blüten.*

Hun|ger|ge|fühl, das: *Hunger* (1 a).

Hun|ger|jahr, das: *Jahr, in dem man hungern muss.*

Hun|ger|künst|ler, der: *jmd., der (z. B. als Schausteller) außergewöhnlich lange hungern kann:* ich bin doch kein H.! *(so lange kann ich nicht aushalten, ohne zu essen).*

Hun|ger|künst|le|rin, die: w. Form zu ↑Hungerkünstler.

Hun|ger|le|ben, das: *Leben mit viel Entbehrungen.*

Hun|ger|lei|der, der; -s, - (ugs. abwertend): *jmd., der nicht viel zum Leben hat, in ärmlichen Verhältnissen lebt.*

Hun|ger|lohn, der (abwertend): *sehr geringer Lohn:* für einen H. arbeiten müssen.

hun|gern ⟨sw. V.; hat⟩ [mhd. hungern, ahd. hungiren]: **1. a)** *Hunger leiden, ertragen:* viele Jahre hindurch h. müssen; **b)** ⟨h. + sich⟩ *sich durch [teilweisen] Verzicht auf Nahrung in einen bestimmten Zustand bringen:* sich schlank h. **2.** ⟨unpers.⟩ (dichter.) *nach Nahrung verlangen:* mich hungert/es hungert mich seit langem. **3.** (geh.) *heftiges Verlangen nach etw. haben:* nach Liebe h.; ⟨auch unpers.:⟩ ihn hungerte/es hungerte ihn nach Anerkennung.

Hun|ger|quel|le, die [die plötzliche Wasserführung einer solchen Quelle wurde als Vorbote für eine verregnete Ernte angesehen]: *Quelle, die nur in Zeiten ausreichender Niederschläge fließt.*

Hun|gers|not, die [mhd. hungernōt]: *großer, allgemeiner Mangel an den nötigsten Nahrungsmitteln:* eine drohende H.

Hun|ger|streik, der: *Verweigerung der Nahrungsaufnahme als Mittel zur Durchsetzung bestimmter [politischer o. ä.] Forderungen:* in den H. treten.

Hun|ger|tod, der ⟨o. Pl.⟩: *Tod aufgrund von Unterernährung.*

Hun|ger|tuch, das ⟨Pl. ...tücher⟩: *mit Passionsszenen o. Ä. bemaltes od. besticktes Tuch, das (vor allem im 15. und 16. Jh.) in der Fastenzeit vor dem Chor aufgehängt wurde od. den Altar verhüllte;* * **am H. nagen** (ugs. scherzh.; *sich sehr einschränken müssen, Not leiden;* nach dem

H

Hungertuch als Symbol des Fastens u. der Buße, aus der Wendung »am H. nähen« hervorgegangen).

Hun|ger|turm, der: **a)** (früher) *[in einem Turm gelegenes] Verlies, in das man jmdn. wirft, um ihn verhungern zu lassen:* jmdn. in den H. werfen, stecken; **b)** (ugs. scherzh.) *hagerer, hoch aufgeschossener Mensch.*

hung|rig ⟨Adj.⟩ [mhd. hungerec, ahd. hung(a)rag]: **1. a)** *ein Hungergefühl verspürend, Hunger habend:* -e Kinder; wir setzten uns h. an den Tisch; **b)** *Lust verspürend, etwas Bestimmtes zu essen:* sie war h. nach Schokolade. **2.** (geh.) *verlangend, [be]gierig:* nach Abenteuern h. sein.

-hung|rig: drückt in Bildungen mit Substantiven – seltener mit Verben (Verbstämmen) – aus, dass die beschriebene Person ein heftiges Verlangen nach etw. hat, begierig auf etw. ist: bildungs-, lese-, sensations-, sexhungrig.

Hun|ne, der; -n, -n: **1.** Angehöriger eines ostasiatischen Nomadenvolks. **2.** (selten; abwertend) *roher, zerstörungswütiger Mensch.*

hun|nisch ⟨Adj.⟩: *die Hunnen betreffend, zu ihnen gehörend.*

Huns|rück, der; -s: Teil des westlichen Rheinischen Schiefergebirges.

Huns|rü|cker ⟨indekl. Adj.⟩.

Hunt: ↑Hund (3).

Hun|ter [ˈhʌntə], der; -s, - [engl. hunter, eigtl. = Jäger]: **1.** (Reitsport) *ursprünglich in England u. Irland gezüchtetes, robustes, muskulöses Jagdpferd.* **2.** *englischer Jagdhund.*

Hu|pe, die; -, -n [im 19. Jh. aus den Mundarten (vgl. mundartl. Huppe = kleine, schlecht klingende Pfeife) in die Fachspr. übernommen; urspr. lautm.]: *Vorrichtung an Fahrzeugen, mit der akustische Signale gegeben werden können.*

hu|pen ⟨sw. V.; hat⟩: *die Hupe ertönen lassen; mit der Hupe ein Signal geben.*

Hu|pe|rei, die; -: *[andauerndes] als lästig empfundenes Hupen, Gehupe.*

hup|fen ⟨sw. V.; ist⟩ [mhd. hupfen] (südd., österr., sonst veraltet): ↑hüpfen: *** **das ist gehupft wie gesprungen** (ugs.; *das ist völlig gleich, einerlei*).

hüp|fen, (südd., österr., sonst veraltet:) hupfen ⟨sw. V.; ist⟩ [mhd. hüpfen, eigtl. = sich (im Tanze) biegen, drehen, verw. mit ↑hoch in dessen urspr. Bed. »gebogen«]: **a)** *kleine Sprünge machen:* der Vogel hüpft; ⟨subst.:⟩ die Kinder spielen Hüpfen *(Himmel u. Hölle);* **Ü** das Herz hüpfte mir vor Freude [im Leibe]; *** **das ist gehüpft wie gesprungen** (↑hupfen); **b)** *sich in kleinen Sprüngen fortbewegen:* die Kinder hüpfen [auf einem Bein] über den Rasen.

Hüp|fer, (bes. südd., österr.:) **Hup|fer,** der; -s, -: **1.** *kleiner Sprung in die Höhe.* **2.** (ugs.) *jmd., der hüpft:* **Ü** ein junger Hüpfer (1. ugs.; *junger, unerfahrener Mensch.* 2. Soldatenspr.; *erst kurze Zeit dienender Soldat*). **3.** *Grashüpfer.*

Hup|kon|zert, das (ugs. scherzh.): *anhaltendes Hupen mehrerer Kraftfahrer:* wegen eines Staus ein H. veranstalten.

Hup|si|gnal, das: *durch Hupen gegebenes Signal.*

Hup|ver|bot, das: *auf bestimmten Strecken (z. B. in Kurorten) erlassenes Verbot zu hupen.*

Hür|chen, das; -s, - [Vkl. zu ↑Hure] (abwertend): *junge Hure* (b).

Hur|de, die; -, -n [vgl. Hürde]: **1.** *geflochtene Wand zum Bekleiden von Böschungen.* **2.** (südwestd., schweiz.) [1]*Horde.*

Hür|de, die; -, -n [urspr. wohl Pl. zu mhd. hurt, ahd. hurd = Flechtwerk aus Reisern od. Weiden, Hürde]: **1.** (Leichtathletik, Reitsport) *Hindernis in einer bestimmten Höhe, das die Läufer bei einem Hürdenlauf, die Pferde bei einem Hürdenrennen überspringen müssen:* eine H. überspringen; *** **eine H. nehmen** *(eine Schwierigkeit überwinden):* mit dieser Prüfung hat er die letzte H. genommen. **2. a)** *tragbare [geflochtene] Einzäunung für Vieh, bes. für Schafe;* **b)** *von Hürden (2 a) eingeschlossener Platz auf einem Feld.* **3.** [1]*Horde* (a).

Hür|den|lauf, der (Leichtathletik): *Laufwettbewerb, bei dem in bestimmten Abständen aufgestellte Hürden während des Laufes zu überspringen sind.*

Hür|den|ren|nen, das (Reitsport): *Hindernisrennen über Reisighürden od. Hecken.*

Hür|den|sprint, der (Leichtathletik): *Hürdenlauf (über 100, 110 od. 200 Meter).*

Hu|re, die; -, -n [mhd. huore, ahd. huora, zu: huor = Ehebruch, urspr. wohl = Liebhaberin u. Substantivierung eines Adj. mit der Bed. »lieb; begehrlich«]: **1)** (auch Selbstbezeichnung) *Prostituierte.* **2)** (abwertend, oft Schimpfwort) *Frau, die als moralisch leichtfertig angesehen wird, weil sie außerehelich od. wahllos mit Männern geschlechtlich verkehrt.*

hu|ren ⟨sw. V.; hat⟩ [mhd. huoren, ahd. huorōn] (abwertend): *außerehelichen Geschlechtsverkehr haben; mit häufig wechselnden Partnern [ausschweifenden] Geschlechtsverkehr haben:* die Soldaten soffen und hurten.

Hu|ren|bock, der (Schimpfwort): *Mann, der mit wechselnden Partnerinnen häufig [u. ausschweifend] Geschlechtsverkehr hat.*

Hu|ren|kind, das [die Zeile dürfte nicht an dieser Stelle stehen u. hebt sich so von der normalen Zeilenordnung ab, ähnlich wie ein »Hurenkind« früher ausgestoßen, isoliert u. verachtet war u. sich so deutlich von den ehelichen Kindern unterschied] (Druckerspr.): *[einen Absatz abschließende] Einzelzeile am Anfang einer neuen Seite od. Spalte (die drucktechnisch vermieden werden soll).*

Hu|ren|wei|bel, der: *Aufseher über den Tross (mit Frauen u. Kindern) im Landsknechtsheer.*

Hu|re|rei, die; -, -en (abwertend): *[wiederholter] außerehelicher Geschlechtsverkehr.*

Hu|ri ⟨Pl.⟩ [pers. ḥūrī < arab. ḥūr]: *schöne, ewig jungfräuliche Mädchen im Paradies des Islam.*

Hu|ro|ne, der; -n, -n: Angehöriger eines nordamerikanischen Indianerstammes.

hu|ro|nisch ⟨Adj.⟩: *die Huronen betreffend, zu ihnen gehörend.*

hur|ra [auch: ˈhʊra] ⟨Interj.⟩ [18. Jh.; wohl zurückgehend auf mhd. hurrā, eigtl. = Imperativ von: hurren = sich schnell bewegen]: Ausruf der Begeisterung, des Beifalls: h. schreien.

Hur|ra, das; -s, -s: *der Ruf »hurra!«.*

Hur|ra|pa|tri|o|tis|mus, der (ugs. abwertend): *übertrieben begeisterter Patriotismus.*

Hur|ri|kan [ˈhʌrɪkən, ˈhʊrikan], der; -s, -e u. (bei engl. Ausspr.:) -s [engl. hurricane < span. huracán < Taino (westindische Indianerspr.) hurakán]: *(im Bereich des Karibischen Meers, der Westindischen Inseln u. des Golfs von Mexiko auftretender) verheerender tropischer Wirbelsturm.*

hur|tig ⟨Adj.⟩ [mhd. hurtec, zu: hurt[e] = Stoß, Anprall < afrz. hurt, zu: hurter = stoßen] (veraltend, noch landsch.): *schnell, flink u. mit einer gewissen Behändigkeit tätig, sich [auf ein Ziel] bewegend:* etwas h.!/h., h.! *(Aufforderung, sich zu beeilen).*

Hu|sar, der; -en, -en [ung. huszár < älter serb. husar, gusar = (See)räuber < ital. corsaro, ↑Korsar] (früher): *Angehöriger der leichten Reiterei in ungarischer Nationaltracht.*

Hu|sa|ren|ritt, der: *draufgängerische, waghalsige Einzelaktion.*

Hu|sa|ren|stück, Hu|sa|ren|stück|chen, das [nach der für die Husaren typischen Kampfweise, die oft den Charakter eines Handstreichs hatte]: *tollkühner Handstreich, mit größten Risiken verbundene, aber erfolgreich durchgeführte Unternehmung.*

husch ⟨Partikel⟩ [mhd. hutsch]: (lautm.) zur Kennzeichnung einer schnellen, fast geräuschlosen Bewegung: h., war die Eidechse verschwunden; ⟨auch als Adv.:⟩ das geht nicht so h., h. *(schnell);* h., an die Arbeit!

Husch, der; -[e]s, -e ⟨Pl. selten⟩ (ugs.): *das Huschen;* *** **im/in einem H.** (ugs.; *in großer Eile, im Nu*): sie hat alles im H. fertig gemacht; **auf einen H.** (ugs.; *für eine kurze Zeit*).

Hu|sche, die; -, -n [zu ↑husch] (ostmd. ugs.): *kurzer Regen- od. Schneeschauer.*

Hu|sche|lei, die; -, -en (landsch. ugs.): *huschelige Ausführung.*

hu|sche|lig, huschlig ⟨Adj.⟩ (landsch. ugs.): *(eine Arbeit o. Ä.) schnell u. nur so obenhin ausführend:* h. arbeiten.

Hu|sche|lig|keit, Huschligkeit, die; -, -en (landsch. ugs.): **1.** ⟨o. Pl.⟩ *das Huscheligsein.* **2.** *etw. Huscheliges, huschelig Ausgeführtes.*

hu|scheln ⟨sw. V.; hat⟩ [Intensivbildung zu ↑huschen] (landsch. ugs.): **1.** *huschen* (a). **2.** (abwertend) *oberflächlich arbeiten.* **3.** ⟨h. + sich⟩ *sich warm einhüllen; sich kuscheln:* ich huschelte mich in meinen Mantel.

hu|schen ⟨sw. V.; ist⟩ [zu ↑husch]: **a)** *sich schnell [u. lautlos] über eine kurze Entfernung fortbewegen:* eine Eidechse huscht über den Weg; **b)** *sich lautlos u. schnell [über etw. hin] bewegen:* er sah einen Schatten über die Wand h.

husch|lig: ↑huschelig.

Husch|lig|keit: ↑Huscheligkeit.

Hus|ky [ˈhaski], der; -s, -s [engl. husky, viell. entstellt aus ↑[1]Eskimo]: *Eskimohund.*

hus|sa, hus|sa|sa ⟨Interj.⟩: Ruf zum Antreiben z. B. eines Pferdes od. eines Hundes, bes. bei der Jagd: h. rufen; ⟨subst.:⟩ mit Hussa und Geschrei.

hus|sen ⟨sw. V.; hat⟩ [zu ↑hussa] (österr.): *[ver]hetzen; aufwiegeln.*

Hus|sit, der; -en, -en [nach dem tschech. Reformator J. Hus (um 1370–1415)]: *Anhänger der religiös-sozialen Aufstandsbewegung im 15. u. 16. Jh. in Böhmen, die durch die Verbrennung des Reformators Hus auf dem Konzil zu Konstanz (1415) hervorgerufen wurde.*

hüst ⟨Interj.⟩ (landsch.): Zuruf an ein Zugtier: *nach links!*

hüs|teln ⟨sw. V.; hat⟩ [zu ↑husten]: *[mehrmals hintereinander] schwach husten:* ärgerlich, verlegen, vornehm; diskret h. *(durch Hüsteln jmdm. ein Zeichen geben, etw. zu tun, zu beachten o. Ä.);* ⟨subst.:⟩ mit einem Hüsteln machte er seine Frau auf den Fauxpas aufmerksam.

hus|ten ⟨sw. V.; hat⟩ [mhd. huosten, ahd. huostōn; vgl. Husten]: **1. a)** *Luft, gewöhnlich infolge einer Reizung der Atemwege, stoßweise, heftig u. mehr od. weniger laut aus der Lunge durch den Mund herauspressen:* die ganze Nacht h.; jmdm. ins Gesicht h.; diskret h. *(durch absichtliches Husten jmdm. ein Zeichen geben, etw. zu tun, zu beachten o. Ä.);* **b)** *Husten haben:* er hustet schon seit Tagen. **2.** *beim Husten herausbefördern, auswerfen:* Blut h.; *** **jmdm. [et]was/eins h.** (salopp spött.; *keineswegs geneigt sein, jmds. Wunsch o. Ä. zu erfüllen, seiner Aufforderung nachzukommen*). **3.** (salopp) *pfeifen* (12).

Hus|ten, der; -s, - ⟨Pl. selten⟩ [mhd. huoste, ahd. huosto, Substantivierung eines das Hustengeräusch nachahmenden lautm. Wortes]: *[Erkältungs]krankheit, bei der man oft u. stark husten muss:* ein trockener H.

Hus|ten|an|fall, der: *anfallartiges Husten.*

Hus|ten|bon|bon, der od. das: *den Husten lindernder Bonbon mit schleimlösenden Substanzen.*

Hus|ten|mit|tel, das: *gegen Husten wirksames Arzneimittel.*

Hus|ten|reiz, der: *ein Husten auslösender Reiz.*

Hus|ten|saft, der: *flüssiges Hustenmittel.*

Hus|ten|tee, der: *gegen Husten wirksamer, schleimlösender Tee aus Heilkräutern; Bronchialtee.*

Hus|ten|trop|fen ⟨Pl.⟩: *Hustenmittel in Form von Tropfen.*

Hustle [hʌsl], der; -[s], -s [engl. hustle = Gedränge, Gewühl]: **a)** *Modetanz der 1970er-Jahre, bei dem die Tänzer in Reihen stehen u. bestimmte Schrittkombinationen ausführen;* **b)** *Diskofox.*

Hu|sum: Stadt in Schleswig-Holstein.

[1]**Hut,** der; -[e]s, Hüte [mhd., ahd. huot, eigtl. = der Schützende, Bedeckende, zu ↑[2]Hut]: **1.** *aus einem geformten Kopfteil bestehende, meist mit Krempe versehene Kopfbedeckung:* ein eleganter H.; ein H. mit breiter Krempe; sich eine Feder an den H. stecken; [für jmdn., etw.] den H. herumgehen lassen *([für jmdn., etw.] in einer*

Versammlung o. Ä. Geld sammeln, indem man einen Hut herumgehen lässt, in den jeder das von ihm gespendete Geld legt); er war schon in H. und Mantel *(bereit zum Ausgehen);* R da geht einem der H. hoch (ugs.; *das macht einen wütend, rasend*); H. ab! (ugs.; *alle Achtung, allen Respekt!*); Spr mit dem -e in der Hand kommt man durch das ganze Land *(wer höflich ist [u. stets den Hut zum Gruße zieht], erreicht viel);* * **ein alter H.** (ugs.; *etwas Altbekanntes, längst nicht mehr Neues*); **den/seinen H. nehmen [müssen]** (ugs.; *aus dem Amt scheiden, zurücktreten [müssen]*); **den H. in den Ring werfen** *(seine Kandidatur anmelden;* LÜ von engl. to throw one's hat in the ring); **vor jmdm., etw. den H. ziehen** *(vor jmdm., etw. alle Achtung haben, jmdm., einer Sache seinen Respekt nicht versagen können);* **sich** ⟨Dat.⟩ **etw. an den H. stecken können** (ugs.; *etw. behalten können [weil der Sprecher es nicht haben will, es verächtlich zurückweist o. Ä.];* H. u., viell. ist gemeint, dass man etwas als so wertlos ansieht wie eine Feder, eine Blume oder dergleichen, die man sich als Schmuck an den Hut steckt): sein Geld kann er sich an den H. stecken, das interessiert mich überhaupt nicht; **mit jmdm., etw. nichts am H. haben** (ugs.; vgl. Sinn 3 a); **jmdm. eins auf den H. geben** (ugs.; *jmdm. einen Verweis, eine Rüge erteilen*); **eins auf den H. kriegen, bekommen** (ugs.; *einen Verweis, eine Rüge erhalten*); **etw. aus dem H. machen** (ugs.; *etw. unvorbereitet machen, improvisieren;* wahrsch. in Anspielung auf Zauberkünstler, die aus ihrem Hut Tiere o. Ä. hervorzaubern); **unter einen H. bringen** (ugs.; *einigen; in Einklang, Übereinstimmung bringen*): es ist schwer, so viele Interessen unter einen H. zu bringen; **unter einen H. kommen** (ugs.; *einig werden, übereinkommen*). **2.** (Bot.) *hut- od. schirmförmiger oberer Teil der Hutpilze.*

[2]Hut, die; - [mhd. huote, ahd. huota = Bewachung, Behütung, Obhut, urspr. = Schutz, Bedeckung] (geh.): *Schutz, schützende Aufsicht, Obhut:* das Kind ist bei ihr in bester H.; * **[vor jmdm., etw.] auf der H. sein** *([vor jmdm., etw.] vorsichtig sein, sich in Acht nehmen;* Soldatenspr., eigentl. = auf Wache im Felde außerhalb des Heerlagers stehen).

Hut|ab|la|ge, die: *Ablage für Hüte (hinten im Auto, als Teil einer Garderobe o. Ä.).*

Hut|ab|tei|lung, die: *Abteilung eines Kaufhauses, in der Hüte verkauft werden.*

Hut|band, das ⟨Pl. ...bänder⟩: *als Schmuck dienendes Band, das die Stelle zwischen Kopfteil u. Krempe eines Huts überdeckt.*

Hüt|chen, das; -s, -: Vkl. zu ↑[1]Hut.

Hüt|chen|spiel, das: *Glücksspiel, bei dem zu erraten ist, unter welchem von drei verwirrend schnell hin u. her geschobenen Fingerhüten o. Ä. sich eine Stanniolkugel o. Ä. befindet.*

Hü|te|hund, der: *Schäferhund* (2).

hü|ten ⟨sw. V.; hat⟩ [mhd. hüeten, ahd. huotan]: **1.** *auf jmdn., etw. aufpassen, dass ihm bzw. der Sache kein Schaden zugefügt wird od. dass er bzw. es keinen Schaden anrichtet:* jmd. muss die Kinder h.; einen Gegenstand sorgsam h. *(aufbewahren);* Ü ein Geheimnis h. *(sorgfältig bewahren).* **2.** *auf die auf der Weide befindlichen Tiere achten, sie beaufsichtigen:* die Schafe h. **3.** ⟨h. + sich⟩ *sich in Acht nehmen; sich vorsehen:* sich vor falschen Schritten h.; hüte dich vor ihm!; »Kommst du mit?« – »Ich werde mich h.!« (ugs.; *keinesfalls*).

Hü|ter, der; -s, - [mhd. huetære, ahd. huoteri]: **1.** (geh.) *jmd., der jmdn., etw. hütet* (1), *schützend bewacht; Wächter, Schützer, Bewahrer:* ein H. der Rechtsordnung; die H. des Gesetzes (scherzh.; *die Polizisten*). **2.** (Sport) kurz für ↑Torhüter.

Hü|te|rin, die; -, -nen [mhd. hüeterin]: w. Form zu ↑Hüter.

Hut|form, die: **1.** *Form eines Hutes:* eine sportliche H. **2.** *rundes [hölzernes] Modell zum Formen von Hüten.*

hut|för|mig ⟨Adj.⟩: *die Form eines Hutes habend.*

Hut|krem|pe, die: *Rand an einem Hut; Krempe.*

hut|los ⟨Adj.⟩: *ohne Hut; keinen Hut tragend.*

Hut|ma|cher, der: *jmd., der Hüte u. Mützen anfertigt* (Berufsbez.).

Hut|ma|che|rin, die; -, -nen: w. Form zu ↑Hutmacher.

Hut|mo|de, die: *die Hüte betreffende Mode* (1 a).

Hut|na|del, die: *Schmucknadel, mit der man Damenhüte im Haar befestigt.*

Hut|pilz, der: *Pilz mit hutförmigem Fruchtkörper.*

Hut|rand, der: *Hutkrempe.*

Hut|schach|tel, die: *großer, runder Behälter zum Transportieren u. Aufbewahren von Hüten.*

[1]Hut|sche, die; -, -n [zu ↑[1]hutschen] (südd., österr. ugs.): *Schaukel.*

[2]Hut|sche, Hüt|sche, die; -, -n [zu ↑[2]hutschen] (landsch. ugs.): **1.** *Fußbank; niedriger Schemel.* **2.** *kleiner Schlitten.*

[1]hut|schen ⟨sw. V.; hat⟩ [zu ↑husch] (südd., österr. ugs.): **1.** *schaukeln.* **2.** ⟨h. + sich⟩ *weggehen, sich entfernen.*

[2]hut|schen ⟨sw. V.; hat⟩ [niederd., ostmd.; spätmhd. (md.) hutschen = rutschen, schieben] (landsch. ugs.): **a)** *am Boden rutschen, kriechen;* **b)** *hin- u. herrücken.*

Hut|schnur, die: vgl. Hutband; * **[jmdm.] über die H. gehen** (ugs.; *[jmdm.] zu weit gehen;* wahrsch. scherzh. Steigerung von »jmdm. bis an den Hals gehen« [= jmdm. zu viel sein, zu arg sein]; fraglich ist, ob sich die Wendung urspr. auf Vorschriften für die Nutzung von Wasserleitungen bezog, wonach der Strahl bei der Wasserentnahme nicht dicker als eine Hutschnur sein durfte): das, diese Unverschämtheit geht [mir] denn doch über die H.!

Hutsch|pferd, das [zu ↑[1]hutschen] (südd., österr. ugs.): *Schaukelpferd:* das Kind klettert auf das H.; * **grinsen wie ein [frisch lackiertes] H.** (scherzh.; *breit grinsen*).

Hütt|chen, das; -s, -: Vkl. zu ↑Hütte (1).

Hüt|te, die; -, -n [1: mhd. hütte, ahd. hutta; eigtl. = Bedeckende, Umhüllende; 3: mhd. hütte, urspr. der Schuppen, in dem Erze gelagert wurden]: **1. a)** *kleines, primitives Haus, das meist aus nur einem Raum besteht [u. das nur für einen vorübergehenden Aufenthalt bestimmt ist]:* eine armselige H.; die -n der Eingeborenen; eine H. aus Holz; R hier lasst uns -n bauen (ugs.; *hier wollen wir bleiben, uns niederlassen, von hier wollen wir nicht wieder weggehen;* nach Matth. 17, 4); **b)** kurz für Skihütte, Wanderhütte, Berghütte u. Ä.: Weihnachten auf einer H. verbringen. **2.** (Seemannsspr.): *sich auf dem hinteren Deck quer über das ganze Schiff erstreckender Aufbau, dessen Inneres meist als Kajüte eingerichtet ist.* **3.** *industrielle Anlage, in der aus Erzen Metall gewonnen od. keramische Produkte hergestellt werden; Hüttenwerk.*

Hüt|ten|abend, der: *geselliges abendliches Beisammensein in einer Berghütte o. Ä.*

Hüt|ten|ar|bei|ter, der: *Arbeiter in einer Hütte* (3).

Hüt|ten|ar|bei|te|rin, die: w. Form zu ↑Hüttenarbeiter.

Hüt|ten|be|trieb, der: vgl. Hüttenwerk.

Hüt|ten|in|dus|trie, die: *Industrie, die sich mit der Verhüttung von Erzen befasst.*

Hüt|ten|in|ge|ni|eur, der: *Ingenieur, der mit der technischen Leitung von Hüttenbetrieben u. Walzwerken betraut ist* (Berufsbez.).

Hüt|ten|in|ge|ni|eu|rin, die: w. Form zu ↑Hütteningenieur.

Hüt|ten|koks, der: *fester Koks in großen Stücken, der in Hüttenbetrieben verwendet wird.*

Hüt|ten|kom|bi|nat, das (DDR): *Kombinat, das verschiedene Betriebe der Hüttenindustrie zusammenfasst.*

Hüt|ten|kun|de, die: *Wissenschaft, die sich mit der Metallgewinnung durch Verhüttung von Erzen befasst; Metallurgie.*

Hüt|ten|rauch, der [spätmhd. hüttrouch]: *weißer Rauch, der beim Rösten von arsenikhaltigen Erzen entsteht.*

Hüt|ten|schuh, der ⟨meist Pl.⟩: *aus farbiger Wolle gestrickter, auf der Sohle mit weichem Leder benähter Hausschuh.*

Hüt|ten|werk, das: *Hütte* (3).

Hüt|ten|we|sen, das ⟨o. Pl.⟩: *technischer u. wirtschaftlicher Bereich des Verhüttens von Erzen.*

Hu|tung, die; -, -en [zu ↑hüten] (Landw.): *Weide geringer Qualität [für Schafe od. Ziegen].*

Hut|wei|de, die (Landw.): *gemeindeeigene Weide, auf die das Vieh täglich getrieben wird.*

Hut|zel, die; -, -n [1: mhd. hutzel, hützel = getrocknete Birne, Dörrobst, H. u.; 3: viell. nach (1)] (landsch.): **1.** *gedörrte Frucht, bes. Birne.* **2.** (salopp) *alte Frau mit runzliger, faltiger Haut.* **3.** *Tannenzapfen.*

hut|ze|lig, hutzlig ⟨Adj.⟩ (ugs.): *[vor Alter] viele Runzeln, Falten habend; dürr, welk:* ein -es altes Weib; -es Obst.

Hut|zel|männ|chen, das: *Heinzelmännchen.*

hut|zeln ⟨sw. V.⟩ [vgl. mhd. verhützeln = zusammenschrumpfen] (landsch.): **1.** *dürr, trocken machen; dörren* (1) ⟨hat⟩: Obst h. **2.** *dürr, trocken werden; einschrumpfen, dörren* (2) ⟨ist⟩.

hutz|lig: ↑hutzelig.

Hut|zu|cker, der: *Zucker von einem Zuckerhut.*

Hu|xel|re|be, die; -, -n [nach dem Wormser Winzer F. Huxel]: **a)** ⟨o. Pl.⟩ *früh reifende Rebsorte;* **b)** *aus der Huxelrebe (a) hergestellter blumiger Weißwein mit leicht muskatähnlichem Bukett.*

HwG-Mäd|chen, das [(Person mit) häufig wechselndem Geschlechtsverkehr] (Amtsspr.): *Prostituierte.*

Hy|a|den ⟨Pl.⟩: **1.** (griech. Myth.) Töchter des Atlas od. des Okeanos, die in ein Sternbild verwandelt werden. **2.** Sternhaufen im Sternbild Stier.

hy|a|lin ⟨Adj.⟩ [spätlat. hyalinus = gläsern < griech. hyálinos, zu: hýalos = Glas] (Med., Geol.): *glasig, glasartig.*

Hy|a|lit, Hy|a|lith [auch: ...ˈlɪt], der; -s, -e [↑-lith]: *wasserheller, wie Glas glänzender Opal, der oft als krustenartiger Überzug auf vulkanischen Gesteinen vorkommt.*

Hy|a|lith|glas, das ⟨o. Pl.⟩: *(bes. im 19. Jh. im südlichen Böhmen hergestelltes) dunkelrotes, seltener tiefschwarzes Glas.*

Hy|ä|ne, die; -, -n [mhd. hientier, hienna, ahd. ijēna < lat. hyaena < griech. hýaina, zu: hŷs = Schwein, wohl nach dem borstigen Rücken]: *(in Afrika u. Asien heimisches) einem Hund ähnliches Raubtier mit borstiger Rückenmähne u. buschigem Schwanz, das sich vorwiegend von Aas ernährt u. bes. nachts auf Beute ausgeht.*

[1]Hy|a|zinth, der; -[e]s, -e [lat. hyacinthus < griech. hyákinthos = Amethyst, nach der blauen Farbe, vgl. Hyazinthe]: *durchsichtiges, gelbrotes Mineral (Abart des Zirkons), das häufig als Schmuckstein verwendet wird.*

[2]Hy|a|zinth (griech. Myth.): schöner Jüngling, ein Liebling Apollos.

Hy|a|zin|the, die; -, -n [lat. hyacinthus < griech. hyákinthos = Name einer Blume, die aus dem Blut des durch einen unglücklichen Diskuswurf getöteten [2]Hyazinth entsprossen sein soll; H. u.]: *(aus einer Zwiebel hervorwachsende) Pflanze mit riemenförmigen Blättern u. einer großen, aufrecht stehenden, aus vielen duftenden Einzelblüten bestehenden Blütentraube.*

Hy|a|zin|then|glas, das ⟨Pl. ...gläser⟩: *Glas, in dem die Zwiebel einer Hyazinthe im Winter zum Austreiben u. Blühen gebracht wird.*

[1]hy|brid ⟨Adj.⟩ [zu ↑Hybride] (bes. Fachspr.): *aus Verschiedenartigem zusammengesetzt, von zweierlei Herkunft; gemischt; zwitterhaft:* -e Bildungen, Komposita (Sprachw.; *Bildungen, Komposita, deren Teile verschiedenen Sprachen angehören, z. B.* Auto-mobil [griech.; lat.]); -e Züchtung (Biol.; *Hybridzüchtung*).

[2]hy|brid ⟨Adj.⟩ [zu ↑Hybris] (bildungsspr.): *hochmütig, überheblich, vermessen.*

Hy|brid|an|trieb, der (Technik): *Kombination aus verschiedenen Arten des Antriebs bes. bei Kraftfahrzeugen (z. B. Kombination aus Verbrennungsmotor, Generator u. Elektromotor bei Bussen des öffentlichen Nahverkehrs).*

Hy|bri|de, die; -, -n, auch: der; -n, -n [lat. hybrida = Mischling, Bastard, H. u.] (Biol.): *aus Kreuzung verschiedener Arten hervorgegangene Pflanze; aus Kreuzung verschiedener Rassen hervorgegangenes Tier.*
Hy|brid|fahr|zeug, das: *Fahrzeug, das wahlweise durch einen Verbrennungsmotor od. einen Elektromotor angetrieben werden kann.*
Hy|bri|di|sa|ti|on, die; -, -en: *Hybridisierung.*
hy|bri|di|sie|ren ⟨sw. V.; hat⟩ (Biol.): *bastardieren.*
Hy|bri|di|sie|rung, die; -, -en (Biol.): **1.** *Bastardierung.* **2.** *Hybridzüchtung* (2).
Hy|brid|mo|tor, der: *Motor, der sowohl den Kraftstoff des Ottomotors als auch den des Dieselmotors verbrennen kann.*
Hy|brid|rech|ner, der (EDV): *elektronische Rechenanlage, die Informationen sowohl in analoger als auch in digitaler Form verarbeiten kann.*
Hy|brid|züch|tung, die (Biol.): **1.** *Tier- od. Pflanzenzüchtung, bei der durch Bastardierung besonders marktgerechte, ertragreiche o. ä. Ergebnisse erzielt werden.* **2.** *Tier od. Pflanze als Ergebnis einer Hybridzüchtung* (1).
Hy|bris, die; - [griech. hýbris, H. u.] (bildungsspr.): *Hochmut; Überheblichkeit; Vermessenheit.*
hyd-, Hyd-, hydato-, Hydato-, (vor Vokalen auch:) hydat-, Hydat- [zu griech. hýdōr (Gen.: hýdatos) = Wasser] ⟨Best. in Zus. mit der Bed.⟩: *Wasser* (z. B. Hydarthrose; hydatogen).
hy|dat-, Hy|dat-: ↑hyd-, Hyd-.
hy|da|to-, Hy|da|to-: ↑hyd-, Hyd-.
hy|da|to|py|ro|gen ⟨Adj.⟩ [zu griech. pỹr = Feuer u. ↑-gen] (Geol.): *(von Gesteinen) aus einer mit Wasserdampf gesättigten Schmelze entstanden; hydatogen.*
hydr-, Hydr-: ↑hydro-, Hydro-.
[1]**Hy|dra,** die; - **1.** (griech. Myth.): einer Schlange ähnliches Ungeheuer mit neun Köpfen. **2.** das Sternbild Wasserschlange (2).
[2]**Hy|dra,** die; -, Hydren [lat. hydra < griech. hýdra = Wassertier, -schlange, zu: hýdōr = Wasser]: *Süßwasserpolyp.*
Hy|drant, der; -en, -en [engl. hydrant]: *Zapfstelle zur Entnahme von Wasser, meist auf der Straße (bes. für Feuerwehr u. Straßenreinigung).*
Hy|drar|gy|rum, das; -s [zu lat. hydrargyrus < griech. hydrárgyros, eigtl. = Wassersilber]: lat. Bez. für ↑Quecksilber; Zeichen: Hg.
Hy|drat, das; -[e]s, -e (Chemie): *[an]organische Verbindung, in der Wasser chemisch gebunden enthalten ist.*
Hy|dra|ta|ti|on, Hy|dra|ti|on, die; - (Chemie): *Bildung von Hydraten durch Anlagerung, Bindung von Wasser an bestimmte [an]organische Substanzen.*
hy|dra|ti|sie|ren ⟨sw. V.; hat⟩ (Chemie): *Hydrate bilden; in Hydrate umwandeln.*
Hy|dra|ti|sie|rung, die; -, -en (Chemie): *das Hydratisieren, Hydratisiertwerden.*
Hy|drau|lik, die; -, -en [zu ↑hydraulisch] (Technik): **1.** ⟨o. Pl.⟩ *Theorie, Lehre von den Strömungen der Flüssigkeiten (die bes. im Grund- u. Wasserbau Anwendung findet).* **2.** *Gesamtheit der Steuer-, Regel-, Antriebs- u. Bremsvorrichtungen von Fahrzeugen, Flugzeugen od. Geräten, deren Kräfte mithilfe des Drucks einer Flüssigkeit erzeugt od. übertragen werden.*
hy|drau|lisch ⟨Adj.⟩ [lat. hydraulicus < griech. hydraulikós = zur Wasserorgel gehörend, zu: hýdraulis = Wasserorgel] (Technik): *mit dem Druck von Wasser od. anderen Flüssigkeiten arbeitend; unter Mitwirkung von Wasser od. anderen Flüssigkeiten betrieben, erfolgend:* der -e Antrieb, ein -es Getriebe; eine -e Bremse; die Türen öffnen und schließen sich h.
Hy|dra|zi|de ⟨Pl.⟩ (Chemie): *Salze des Hydrazins.*
Hy|dra|zin, das; -s [geb. aus ↑Hydrogen u. frz. azote = Stickstoff] (Chemie): *chemische Verbindung von Stickstoff mit Wasserstoff, die bei der Entwicklung von Raketentreibstoffen, bei der Herstellung von Medikamenten, Klebstoffen u. a. verwendet wird.*
Hy|dria, die; -, ...ien [griech. hydría]: *bauchiger altgriechischer Wasserkrug mit zwei waagrecht angesetzten Henkeln am bauchigen Teil u. einem senkrecht angesetzten Henkel am Hals.*
Hy|drid, das; -[e]s, -e (Chemie): *Verbindung des Wasserstoffs mit einem od. mehreren chemischen Elementen metallischen od. nicht metallischen Charakters.*
hy|drie|ren ⟨sw. V.; hat⟩ (Chemie): *mithilfe von Katalysatoren Wasserstoff an (ungesättigte) chemische Verbindungen anlagern.*
Hy|drie|rung, die; - (Chemie): *das Hydrieren, Hydriertwerden.*
Hy|drier|ver|fah|ren, das: *Verfahren zur Hydrierung chemischer Stoffe.*
hy|dro-, Hy|dro-, (vor Vokalen auch:) hydr-, Hydr- [zu griech. hýdor = Wasser] ⟨Best. in Zus. mit der Bed.⟩: *Wasser* (z. B. hydrodynamisch, Hydrometer, Hydrämie).
Hy|dro|bio|lo|ge, der; -n, -n: *Wissenschaftler auf dem Gebiet der Hydrobiologie.*
Hy|dro|bio|lo|gie, die; -: *(als Teilgebiet der Biologie) die Wissenschaft von den im Wasser lebenden pflanzlichen u. tierischen Organismen.*
Hy|dro|bio|lo|gin, die; -, -nen: w. Form zu ↑Hydrobiologe.
Hy|dro|chi|non, das; -s [2. Bestandteil zu ↑Chinin] (Chemie): *organische Verbindung, die als starkes Reduktionsmittel in der Farbstoffindustrie eine Rolle spielt, bes. aber als fotografischer Entwickler u. auch als Desinfektionsmittel verwendet wird.*
Hy|dro|cop|ter, der; -s, - [analog zu ↑Helikopter]: *Fahrzeug, das mit Propeller angetrieben wird u. sowohl im Wasser als auch auf dem Eis eingesetzt werden kann.*
Hy|dro|dy|na|mik, die; - (Physik): *(als Teilgebiet der Strömungslehre) die Wissenschaft, Lehre von den Bewegungen der Flüssigkeiten u. den dabei wirksamen Kräften.*
hy|dro|dy|na|misch ⟨Adj.⟩ (Physik): *die Hydrodynamik betreffend, auf ihren Gesetzen beruhend.*
hy|dro|elek|trisch ⟨Adj.⟩: **1.** (Physik, Technik) *elektrische Energie mit Wasserkraft erzeugend; mithilfe von Energie, die durch Wasserkraft gewonnen wird.* **2.** (Med.) *unter Anwendung von Wasser u. bestimmten elektrischen Strömen:* -e Behandlungen.
hy|dro|ener|ge|tisch ⟨Adj.⟩: (Physik, Technik): *vom Wasser, von der Wasserkraft [an]getrieben; die Wasserkraft nutzend.*
Hy|dro|foil ['haidrəfɔil], das; -s, -s [engl. hydrofoil, geb. nach aerofoil = Tragfläche, -flügel]: engl. Bez. für *Tragflächen-, Tragflügelboot.*
hy|dro|gam ⟨Adj.⟩ [zu griech. gámos = Ehe] (Bot.): *(von Pflanzen) die Pollen durch Wasser übertragend.*
Hy|dro|ga|mie, die; - (Bot.): *Bestäubung von Blüten unter Wasser bzw. Übertragung des Pollens durch Wasser.*
Hy|dro|gen: ↑Hydrogenium.
Hy|dro|ge|ni|um, Hydrogen, das; -s [frz. hydrogène, eigtl. = Wasserbildner, zu griech. -genés, ↑-gen] (Chemie): *Wasserstoff* (Zeichen: H).
Hy|dro|geo|lo|ge, der; -n, -n: *Wissenschaftler auf dem Gebiet der Hydrogeologie.*
Hy|dro|geo|lo|gie, die; -: *(als Teilgebiet der Hydrologie) die Wissenschaft, Lehre von den Erscheinungen des Wassers in der Erdkruste.*
Hy|dro|geo|lo|gin, die; -, -nen: w. Form zu ↑Hydrogeologe.
hy|dro|geo|lo|gisch ⟨Adj.⟩: *die Hydrogeologie betreffend; mithilfe der Hydrogeologie.*
Hy|dro|graph, (auch:) Hydrograf, der; -en, -en: *Wissenschaftler, Fachmann auf dem Gebiet der Hydrographie.*
Hy|dro|gra|phie, (auch:) Hydrografie, die; - [↑-graphie]: *Gewässerkunde.*
Hy|dro|gra|phin, (auch:) Hydrografin, die; -, -nen: w. Form zu Hydrograph.
hy|dro|gra|phisch, (auch:) hydrografisch ⟨Adj.⟩: *die Hydrographie betreffend; mithilfe der Hydrographie.*
Hy|dro|kor|ti|son, das; -s (Med.): *Hormon der Nebennierenrinde mit entzündungshemmender Wirkung.*
Hy|dro|kul|tur, die; - (Gartenbau): *das Kultivieren von Nutz- u. Zierpflanzen in Behältern mit Nährlösungen anstelle des natürlichen Bodens als Träger der Nährstoffe.*
Hy|dro|lo|ge, der; -n, -n [↑-loge]: *Wissenschaftler, Forscher, Fachmann auf dem Gebiet der Hydrologie.*
Hy|dro|lo|gie, die; - [↑-logie]: *Wissenschaft, Lehre vom Wasser, seinen Arten, Eigenschaften u. seinen Erscheinungsformen über, auf u. unter der Erdoberfläche u. ihren natürlichen Zusammenhängen.*
Hy|dro|lo|gin, die; -, -nen: w. Form zu ↑Hydrologe.
hy|dro|lo|gisch ⟨Adj.⟩: *die Hydrologie betreffend; mithilfe der Hydrologie.*
Hy|dro|ly|se, die; -, -n [zu griech. lýsis = (Auf)lösung] (Chemie): *Spaltung chemischer Verbindungen durch Wasser, meist unter Mitwirkung eines Katalysators od. Enzyms.*
hy|dro|ly|tisch ⟨Adj.⟩ (Chemie): *die Hydrolyse betreffend; mithilfe der Hydrolyse.*
Hy|dro|me|cha|nik, die; -: *(als Teilbereich der Mechanik) die Wissenschaft, Lehre von den Gesetzmäßigkeiten ruhender u. bewegter, vor allem strömender Flüssigkeiten.*
hy|dro|me|cha|nisch ⟨Adj.⟩: *die Hydromechanik betreffend; mithilfe der Hydromechanik.*
Hy|dro|me|te|o|ro|lo|gie, die; -: *(als Teilgebiet der Meteorologie) die Lehre von den Erscheinungen des Wassers in der Lufthülle in ihren Wechselwirkungen mit der Erdkruste.*
Hy|dro|me|ter, das; -s, -: *Gerät zur Messung der Geschwindigkeit fließenden Wassers, der Menge des durch ein Rohr strömenden Wassers, des spezifischen Gewichts von Wasser o. Ä.*
Hy|dro|me|trie, die; - [↑-metrie]: **a)** *Lehre von den Verfahren u. Einrichtungen zur Messung der Gewässer;* **b)** *Messung an Gewässern mithilfe des Hydrometers.*
hy|dro|me|trisch ⟨Adj.⟩: *die Hydrometrie betreffend; mithilfe der Hydrometrie, eines Hydrometers.*
Hy|dro|path, der; -en, -en [↑-path]: *jmd., der Patienten mit Mitteln der Hydrotherapie* (2) *behandelt.*
Hy|dro|pa|thie, die; - [↑-pathie] (Med.): *(als Teilbereich der Medizin) die Lehre von der Heilbehandlung durch Anwendung von Wasser.*
hy|dro|pa|thisch ⟨Adj.⟩ (Med.): *die Hydropathie betreffend, auf ihr beruhend, zu ihr gehörend.*
hy|dro|phil ⟨Adj.⟩ [zu griech. phileīn = lieben]: **1.** (Biol.) *(von Tieren u. Pflanzen) im od. am Wasser lebend.* **2.** (Chemie, Technik) *Wasser, Feuchtigkeit anziehend, aufnehmend.*
Hy|dro|phi|lie, die; - [zu griech. philía = Liebe, Zuneigung] (Chemie, Technik): *(von bestimmten Stoffen) Eigenschaft, Wasser anzuziehen; Bestreben, Wasser aufzunehmen.*
hy|dro|phob ⟨Adj.⟩ [lat. hydrophobus < griech. hydrophóbos]: **1.** (Biol.) *(von Tieren u. Pflanzen) in feuchten Lebensräumen in der Regel nicht vorkommend.* **2.** (Chemie, Technik) *Wasser, Feuchtigkeit abstoßend; nicht in Wasser löslich.*
Hy|dro|pho|bie, die; - [griech. hydrophobía, ↑Phobie]: **1.** (Biol.) *Bestreben bestimmter Tiere u. Pflanzen, das Wasser zu meiden.* **2.** (Med.) *krankhafte Wasserscheu bei Menschen u. Tieren, bes. als Begleiterscheinung bei Tollwut.*
hy|dro|pisch ⟨Adj.⟩ (Med.): *die Hydropsie betreffend; an Hydropsie leidend; wassersüchtig.*
hy|dro|pneu|ma|tisch ⟨Adj.⟩ (Technik): *mit einem gasförmigen Stoff u. einer Flüssigkeit gleichzeitig betrieben:* eine -e Federung.
Hy|dro|po|nik, die; - [zu griech. pónos = Arbeit] (Gartenbau): *Hydrokultur.*
hy|dro|po|nisch ⟨Adj.⟩ (Gartenbau): *die Hydroponik betreffend; mithilfe der Hydroponik.*
Hy|drops, der; - u. **Hy|drop|sie,** die; - [griech. hýdrōps, zu ōps = Aussehen] (Med.): *(durch verschiedene Krankheiten, z. B. Herzinsuffizienz verursachte) Ansammlung seröser Flüssigkeit im Gewebe, in Gelenken od. in Körperhöhlen; Wassersucht.*

H

Hy|dro|sphä|re, die; - (Geol.): *aus den Meeren, den Binnengewässern, dem Grundwasser, dem im Eis gebundenen u. in der Atmosphäre vorhandenen Wasser bestehende Wasserhülle der Erde.*

Hy|dro|sta|tik, die; - (Physik): *Wissenschaft, Lehre vom Gleichgewicht der in ruhenden Flüssigkeiten u. auf ruhende Flüssigkeiten wirkenden Kräfte.*

hy|dro|sta|tisch ⟨Adj.⟩ (Physik): *auf den Gesetzen der Hydrostatik beruhend:* -er Druck *(im Inneren einer ruhenden Flüssigkeit herrschender Druck, der in jeder Richtung gleich groß ist);* -es Paradoxon *(Erscheinung, dass der Druck, den eine Flüssigkeit auf den Boden eines Gefäßes ausübt, nicht von der Form des Gefäßes, von der Menge der Flüssigkeit, sondern von der Höhe der über dem Boden des Gefäßes stehenden Flüssigkeit abhängt);* -e Waage *(Waage zu Bestimmung der Dichte fester Körper anhand des Auftriebs, den ein fester Körper in einer Flüssigkeit erfährt).*

Hy|dro|tech|nik, die; -: *Technik des Wasserbaus.*

hy|dro|tech|nisch ⟨Adj.⟩: *die Hydrotechnik betreffend; mit den Mitteln der Hydrotechnik.*

hy|dro|the|ra|peu|tisch ⟨Adj.⟩ (Med.): *die Hydrotherapie betreffend; mithilfe der Hydrotherapie.*

Hy|dro|the|ra|pie, die; -, -n (Med.): 1. ⟨o. Pl.⟩ *Hydropathie.* 2. *Heilbehandlung durch Anwendung von Wasser in Form von Bädern, Waschungen, Güssen, Dämpfen o. Ä.*

Hy|dro|xid, (auch:) **Hy|dro|xyd,** das; -[e]s, -e [zu ↑Hydrogen u. ↑Oxid] (Chemie): *anorganische Verbindung mit einer od. mehreren funktionellen (1 a) Hydroxylgruppen.*

hy|dro|xi|disch, (auch:) **hy|dro|xy|disch** ⟨Adj.⟩ (Chemie): *(von chemischen Verbindungen) Hydroxide enthaltend.*

Hy|dro|xyl|grup|pe, die; -, -n [gek. aus ↑Hydrogen, ↑Oxygen u. griech. hýlē, ↑Hyle] (Chemie): *in chemischen Verbindungen häufig auftretende, aus einem Atom Wasserstoff u. einem Atom Sauerstoff bestehende Gruppe; OH-Gruppe.*

Hy|dro|ze|pha|lus, der; -, ...alen [zu griech. kephalḗ = Kopf] (Med.): *abnorme Vergrößerung des Schädels infolge übermäßiger Ansammlung von Flüssigkeit; Wasserkopf.*

Hy|dro|zo|on, das; -s, ...zoen ⟨meist Pl.⟩ [zu griech. zōon = Lebewesen, Tier]: *zu den Nesseltieren gehörendes, im Wasser lebendes Tier, das meist in Kolonien entweder am Grund festsitzt od. im Wasser umherschwimmt.*

Hy|e|to|graph, der; -en, -en [zu griech. hyetós = Regen u. ↑-graph] (Met. veraltend): *Gerät zur fortlaufenden Registrierung von Niederschlagsmengen.*

Hy|e|to|gra|phie, die; - [↑-graphie] (Met.): *Messung der Niederschläge u. Beschreibung ihrer Verteilung.*

Hy|gi|eia (griech. Myth.): Göttin der Gesundheit.

Hy|gi|e|ne, die; - [griech. hygieinḗ (téchnē) = der Gesundheit zuträglich(e Kunst, Wissenschaft), zu: hygieinós = gesund, heilsam]: 1. (Med.) *Bereich der Medizin, der sich mit der Erhaltung u. Förderung der Gesundheit u. ihren natürlichen u. sozialen Vorbedingungen befasst; Gesundheitslehre.* 2. *Gesamtheit der Maßnahmen in den verschiedensten Bereichen zur Erhaltung u. Hebung des Gesundheitsstandes u. zur Verhütung u. Bekämpfung von Krankheiten; Gesundheitspflege.* 3. *Sauberkeit, Reinlichkeit; Maßnahmen zur Sauberhaltung:* die H. des Körpers.

Hy|gi|e|ne|ar|ti|kel, der: *der Hygiene* (3), *der Körperpflege dienender Artikel.*

Hy|gi|e|ni|ker, der; -s, -: 1. *Mediziner, der sich auf Hygiene* (1) *spezialisiert hat.* 2. *Fachmann für einen Bereich der Hygiene* (2).

Hy|gi|e|ni|ke|rin, die; -, -nen: w. Form zu ↑Hygieniker.

hy|gi|e|nisch ⟨Adj.⟩: 1. *die Hygiene* (1, 2) *betreffend, ihr gemäß:* eine -e Maßnahme; etw. ist nicht h. 2. *hinsichtlich der Sauberkeit, Reinlichkeit einwandfrei, den Vorschriften über Sauberkeit entsprechend:* h. verpackte Speisen.

hy|gro-, Hy|gro- [zu griech. hygrós = nass, feucht] ⟨Best. in Zus. mit der Bed.⟩: *feucht, Feuchtigkeit* (z. B. hygroskopisch, Hygrometer).

Hy|gro|graph, der; -en, -en [↑-graph] (Met.): *Gerät zur Aufzeichnung, Registrierung der Luftfeuchtigkeit.*

Hy|gro|me|ter, das; -s, - (Met.): *Gerät zur Messung der Luftfeuchtigkeit.*

Hy|gro|me|trie, die; - [↑-metrie] (Met.): *Messung der Luftfeuchtigkeit.*

hy|gro|me|trisch ⟨Adj.⟩ (Met.): *die Hygrometrie betreffend; mithilfe eines Hygrometers.*

hy|gro|phil ⟨Adj.⟩ [zu griech. phileĩn = lieben] (Bot.): *(von bestimmten Pflanzen) Feuchtigkeit, feuchte Standorte bevorzugend.*

hy|gro|sko|pisch ⟨Adj.⟩ (Chemie): *(von bestimmten Stoffen) die Luftfeuchtigkeit, Wasser anziehend, bindend.*

Hy|gro|sko|pi|zi|tät, die; - (Chemie): *Eigenschaft, Fähigkeit bestimmter Stoffe, Luftfeuchtigkeit aufzunehmen, Wasser an sich zu binden.*

Hy|gro|stat, der; -[e]s u. -en, -e[n] [zu griech. statós = feststehend]: *Gerät zur Aufrechterhaltung der Luftfeuchtigkeit.*

Hy|läa, die; - [zu griech. hýlē = Wald; gepr. von dem dt. Naturforscher u. Geographen A. v. Humboldt (1769–1859)]: *tropischer Regenwald [im Amazonastiefland].*

Hy|le, die; - [griech. hýlē = Stoff, Materie, eigtl. = Gehölz, Wald] (Philos.): *Stoff, Materie; (nach Aristoteles) formbarer Urstoff.*

Hy|le|mor|phis|mus, der; - [zu ↑Hyle u. griech. morphḗ = Gestalt, Form] (Philos.): *(von der Scholastik nach Aristoteles entwickelte) Lehre, wonach die materiellen Dinge aus Form u. Stoff bestehen, eine Einheit von Form u. Materie darstellen.*

hy|lisch ⟨Adj.⟩ [spätgriech. hylikós] (Philos.): *stofflich, materiell, körperlich.*

Hy|lis|mus, der; - (Philos.): *philosophische Lehre, nach der der Stoff die einzige Substanz der Welt ist.*

Hy|lo|zo|is|mus, der; - [zu griech. zōḗ = Leben] (Philos.): *Lehre der ionischen Naturphilosophen von einem belebten Urstoff (Hyle) als der Substanz aller Dinge.*

¹Hy|men, Hymenaios, Hymenäus (griech. Myth.): Hochzeitsgott.

²Hy|men, das, auch: der; -s, - [spätlat. hymen < griech. hymḗn] (Med.): *dünnes Häutchen am Scheideneingang bei der Frau, das im Allgemeinen beim ersten Geschlechtsverkehr (unter leichter Blutung) zerreißt; Jungfernhäutchen.*

³Hy|men, der; -s, -, **Hy|me|nae|us,** Hymenäus, der; -, ...aei [lat. hymenaeus < griech. hyménaios]: *altgriechisches, der Braut von einem [Mädchen]chor gesungenes Hochzeitslied.*

Hy|me|nai|os: ↑¹Hymen.

Hy|me|nä|us: ↑¹Hymen, Hymenaeus.

Hym|ne, die; -, -n [lat. hymnus < griech. hýmnos, viell. eigtl. = Gefüge (von Tönen)]: 1. *feierliches Preislied, bes. der Antike, zum Lob von Gottheiten, Heroen.* 2. *geistliches, kirchliches, liturgisches Gesangs-, auch Instrumentalwerk von betont feierlichem Ausdruck; religiöser Lob- u. Preisgesang.* 3. *(der Ode sehr ähnliches) feierliches Gedicht:* eine H. auf die Freundschaft; Ü seine Tat wurde in wahren -n *(mit übertriebenem Lob, in Lobeshymnen)* gepriesen. 4. kurz für ↑Nationalhymne: alle sangen stehend die H. mit.

Hym|nen|dich|ter, der: *Dichter, der [vorwiegend] Hymnen schreibt.*

Hym|nen|dich|te|rin, die: w. Form zu ↑Hymnendichter.

Hym|nik, die; - [zu griech. hymnikós = zu einer Hymne gehörend]: *[Kunst]form der Hymne; hymnische Gestaltung, Art.*

hym|nisch ⟨Adj.⟩: *in der Art einer Hymne [abgefasst]:* -e Verse.

Hym|nus, der; -, ...nen (geh.): *Hymne.*

hyp-, Hyp-: ↑hypo-, Hypo-.

Hyp|aku|sis, die; - [zu griech. ákousis = das Hören] (Med.): *[nervös bedingte] Schwerhörigkeit.*

Hyp|al|la|ge [auch: hyˈpalage], die; - [spätlat. hypalage < griech. hypallagḗ = Vertauschung] (Sprachw.): 1. *Vertauschung eines attributiven Genitivs mit einem attributiven Adjektiv u. umgekehrt (z. B. jagdliche Ausdrücke statt Ausdrücke der Jagd).* 2. *Enallage.* 3. *Metonymie.*

Hyp|äthral|tem|pel, der [zu griech. hýpaithros, zu: hypó (↑hypo-, Hypo-) u. aĩthros = frische Luft]: *antiker Tempel mit nicht od. nur teilweise überdachtem Innenraum.*

Hype [haip], der; -s, -s [engl.]: a) *besonders spektakuläre, mitreißende Werbung (die eine euphorische Begeisterung für ein Produkt bewirkt);* b) *aus Gründen der Publicity inszenierte Täuschung.*

hy|per-, Hy|per- [griech. hypér]: 1. (Med., Biol.): drückt in Bildungen mit Adjektiven od. Substantiven bes. die übermäßige Größe, Funktion eines Organs u. Ä. aus/*über, übermäßig, über ... hinaus:* hyperplastisch; Hypertrophie. 2. drückt in Bildungen mit Adjektiven eine Verstärkung aus/*über, übermäßig, übertrieben:* hyperempfindlich, -nervös, -modern. 3. kennzeichnet in Bildungen mit Substantiven etw. als übertrieben [groß], als übermäßig stark ausgeprägt: Hyperformat, -korrektheit, -realist.

Hy|per|aku|sie, die; - [zu griech. ákousis = das Hören] (Med.): *krankhafte Überempfindlichkeit des Gehörs (infolge nervöser Störungen).*

Hy|per|al|ge|sie, die; -, -n [zu griech. álgēsis = Schmerz] (Med.): *gesteigerte Schmerzempfindlichkeit (bei bestimmten Nervenkrankheiten).*

hy|per|al|ge|tisch ⟨Adj.⟩ (Med.): *Hyperalgesie aufweisend, von Hyperalgesie zeugend.*

Hy|per|ämie, die; -, -n [zu griech. haĩma = Blut] (Med.): *vermehrte Ansammlung von Blut, Blutfülle in bestimmten Organen od. Körperabschnitten.*

hy|per|ämisch ⟨Adj.⟩ (Med.): *vermehrt durchblutet:* ein -es Organ.

hy|per|ämi|sie|ren ⟨sw. V.; hat⟩ (Med.): *erhöhte Durchblutung bewirken.*

Hy|per|äs|the|sie, die; -, -n [zu griech. aísthēsis = Sinneswahrnehmung] (Med.): *Überempfindlichkeit, gesteigerte Erregbarkeit der Gefühls- u. Sinnesnerven, bes. gesteigerte Empfindlichkeit der Haut gegen Berührung.*

hy|per|äs|the|tisch ⟨Adj.⟩ (Med.): *überempfindlich; von Hyperästhesie zeugend.*

Hy|per|ba|sis, die; -, ...basen [griech. hypérbasis], **Hy|per|ba|ton,** das; -s, ...ta [lat. hyperbaton < griech. hypérbaton] (Rhet.): *Trennung syntaktisch zusammengehörender Wörter durch eingeschobene Satzteile (z. B.: Wenn er ins Getümmel mich von Löwenkriegen reißt [Goethe]).*

Hy|per|bel, die; -, -n [lat. hyperbole < griech. hyperbolḗ, zu: hyperbállein = über ein Ziel hinauswerfen, übertreffen, übersteigen]: 1. (Math.) *(zu den Kegelschnitten gehörende) unendliche ebene Kurve aus zwei getrennten Ästen, die der geometrische Ort aller Punkte ist, die von zwei festen Punkten, den Brennpunkten, gleich bleibende Differenz der Abstände haben.* 2. (Sprachw., Rhet.) *in einer Übertreibung bestehende rhetorische Figur (z. B. himmelhoch; wie Sand am Meer).*

Hy|per|bel|funk|ti|on, die (Math.): *aus Summe od. Differenz zweier Exponentialfunktionen entwickelte Größe.*

Hy|per|bo|li|ker, der; -s, - [zu spätlat. hyperbolicus = übertrieben < griech. hyperbolikós] (bildungsspr.): *jmd., der zu Übertreibungen im Ausdruck neigt.*

hy|per|bo|lisch ⟨Adj.⟩: 1. (Math.) *in der Art, Form einer Hyperbel.* 2. (bes. Rhet.) *im Ausdruck übertreibend:* eine -e Figur.

Hy|per|bo|lo|id, das; -[e]s, -e [zu ↑Hyperbel u. griech. -oeidḗs = ähnlich] (Math.): *Körper, der durch Drehung einer Hyperbel* (1) *um ihre Achse entsteht.*

Hy|per|bo|re|er, der; -s, - [griech. Hyperbóreos, eigtl. = der weit hinter dem Nordwind (↑Boreas) Wohnende]: Angehöriger eines sagenhaften Volkes im hohen Norden.

hy|per|bo|re|isch ⟨Adj.⟩ (veraltet): *im hohen Norden lebend, ansässig, gelegen.*

Hy|per|cha|rak|te|ri|sie|rung, die; -, -en (Sprachw.): *grammatische od. semantische Überbestimmung eines sprachlichen Ausdrucks durch mehrfache Kennzeichnung (z. B. Pfuscherer statt Pfuscher).*

Hy|per|dak|ty|lie, die; -, -n [zu griech. dáktylos = Finger] (Med.): *angeborene Fehlbildung der Hand od. des Fußes mit einer Überzahl an Fingern od. Zehen.*

Hy|per|du|lie, die; - [griech. hyperdouleía = besondere Verehrung] (kath. Kirche): *Verehrung Marias als Gottesmutter (im Unterschied zur Anbetung, die nur Gott zukommt).*

Hy|per|eme|sis, die; - [zu griech. émesis = Erbrechen] (Med.): *übermäßig starkes Erbrechen, bes. während der Schwangerschaft.*

Hy|per|frag|ment, das; -[e]s, -e (Kernphysik): *Atomkern, bei dem eines der normalerweise in ihm enthaltenen Neutronen durch ein Hyperon ersetzt ist.*

Hy|per|funk|ti|on, die; -, -en (Med.): *gesteigerte Tätigkeit, Überfunktion eines Organs.*

Hy|per|ga|lak|tie, die; -, -n [zu griech. gála (Gen.: gálaktos) = Milch] (Med.): *übermäßige Absonderung von Milch bei stillenden Frauen.*

hy|per|ge|nau ⟨Adj.⟩ (verstärkend): *übertrieben genau.*

Hy|per|ge|ni|ta|lis|mus, der; - [↑Genitale] (Med.): *übermäßige, auch verfrühte Entwicklung der Geschlechtsorgane, auch der sekundären Geschlechtsmerkmale.*

hy|per|gol, hy|per|go|lisch ⟨Adj.⟩ [Kunstwort aus griech. hypér = über, érgon = Werk, Arbeit u. lat. oleum = Öl] (Chemie): *(von zwei chemischen Substanzen) spontan u. unter Flammenbildung miteinander reagierend.*

Hy|per|he|do|nie, die; - [zu griech. hēdonḗ = Freude, Vergnügen] (Psych.): *extreme Steigerung der Wollustempfindung.*

Hy|pe|ri|on [auch: hypeˈriːɔn]: Titan; Sohn des Uranos u. der Gäa.

Hy|per|ka|ta|le|xe, die; -, -n (Verslehre): *Verlängerung des Verses um eine od. mehrere Silben.*

Hy|per|ki|ne|se, die; -, -n [zu griech. kínēsis = Bewegung] (Med.): *übermäßige Aktivität, Unruhe in den Bewegungen mit Muskelzuckungen u. unwillkürlichen Bewegungen des Körpers u. der Gliedmaßen.*

hy|per|ki|ne|tisch ⟨Adj.⟩ (Med.): *die Hyperkinese betreffend, auf ihr beruhend; mit Muskelzuckungen, unwillkürlichen Bewegungen einhergehend.*

hy|per|kor|rekt ⟨Adj.⟩: *übertrieben korrekt:* ein -es Verhalten; -e Formen, Bildungen (Sprachw.; *irrtümlich nach dem Muster anderer hochsprachlich korrekter Formen gebildete Ausdrücke, die ein Mundartsprecher gebraucht, wenn er Hochsprache sprechen muss*).

hy|per|kri|tisch ⟨Adj.⟩ (verstärkend): *übertrieben kritisch.*

Hy|per|link [ˈhaipə...], der; -s, -s [engl. hyperlink, aus: hyper- < griech. hypér = über ... hinaus u. link, ↑Link] (EDV): **a)** *durch das Anklicken einer Stelle auf dem Bildschirm ausgelöstes Aufrufen weiterer Informationen;* **b)** *Stelle auf dem Bildschirm, an der durch Anklicken mit der Maus ein Hyperlink (a) ausgelöst wird.*

Hy|per|li|pi|dä|mie, die; -, -n [zu ↑Lipid u. griech. haîma = Blut] (Med.): *erhöhter Gehalt des Blutes an Fetten, Cholesterin.*

Hy|per|mas|tie, die; -, -n [zu griech. mastós = Brust(warze)] (Med.): *abnorm starke Entwicklung der weiblichen Brust.*

Hy|per|me|nor|rhö, die; -, -en (Med.): *verstärkte Monatsblutung.*

Hy|per|me|ter, der; -s, - [zu griech. hypérmetros = über das Versmaß hinausgehend] (Verslehre): *Vers, dessen letzte, überzählige Silbe auf einen Vokal ausgeht, der aber ausgestoßen wird, da die Anfangssilbe des folgenden Verses mit einem Vokal beginnt.*

hy|per|me|trisch ⟨Adj.⟩ (Verslehre): *einen Hypermeter aufweisend; in Hypermetern verfasst.*

hy|per|mo|dern ⟨Adj.⟩ (verstärkend): *übertrieben modern.*

hy|per|ner|vös ⟨Adj.⟩: *überaus nervös.*

Hy|pe|ron, das; -s, ...onen [engl. hyperon, zu griech. hypér= über] (Kernphysik): *Elementarteilchen, dessen Masse größer ist als die eines Nukleons.*

Hy|pe|ro|nym, das; -s, -e [zu griech. ónyma = Name] (Sprachw.): *übergeordneter Begriff, Oberbegriff* (z. B. Tier gegenüber Vogel, Hund, Ameise).

Hy|per|pla|sie, die; -, -n [zu griech. plásis = Bildung, Form] (Med.): *Vergrößerung eines Organs od. Gewebes durch abnorme Vermehrung der Zellen.*

hy|per|plas|tisch ⟨Adj.⟩ (Med.): *die Hyperplasie betreffend, auf ihr beruhend.*

Hy|per|schall, der; -[e]s (Physik): *elastische Schwingungen von Materie[teilchen], deren Frequenzen sehr hoch liegen (oberhalb einer Milliarde Hertz).*

Hy|per|schall|be|reich, der ⟨o. Pl.⟩ (Physik): *Bereich der Geschwindigkeit über der fünffachen Schallgeschwindigkeit.*

hy|per|sen|si|bel ⟨Adj.⟩ (verstärkend): *überaus sensibel, empfindsam.*

hy|per|sen|si|bi|li|sie|ren ⟨sw. V.; hat⟩: **1.** *die Sensibilität, Empfindlichkeit stark erhöhen.* **2.** (Fot.) *die Empfindlichkeit von fotografischem Material durch bestimmte Maßnahmen vor der Belichtung erhöhen.*

Hy|per|so|nik|be|reich, der; -[e]s [zu engl. hypersonic, ↑hypersonisch] (Physik): *Hyperschallbereich.*

hy|per|so|nisch ⟨Adj.⟩ [engl. hypersonic] (Physik): *den Hyperschallbereich betreffend; mit mehr als fünffacher Schallgeschwindigkeit.*

Hy|per|sper|mie, die; -, -n [zu ↑Sperma] (Med.): *vermehrte Samenbildung.*

Hy|per|ten|si|on, die [zu lat. tensio = (An)spannung] (Med.): *Hypertonie* (1, 2).

Hy|per|text [ˈhaipə...], der; -s, -e [engl. hypertext, geb. nach: hyperlink, ↑Hyperlink] (EDV): *über Hyperlinks (a) verbundenes Netz aus Text-, Bild- u. Dateneinheiten, in dem sich die Nutzer je nach Interesse bewegen können.*

Hy|per|thy|re|o|i|dis|mus, der; -, **Hy|per|thy|re|o|se,** die; - [zu nlat. thyreoidea = Schilddrüse, zu griech. thyreós = Schild] (Med.): *Überfunktion der Schilddrüse.*

Hy|per|to|nie, die; -, -n [zu ↑Tonus] (Med.): **1.** *Bluthochdruck.* **2.** *erhöhte Spannung von Muskeln.* **3.** *erhöhter Innendruck, erhöhte Spannung im Augapfel.*

Hy|per|to|ni|ker, der; -s, - (Med.): *jmd., der an zu hohem Blutdruck leidet.*

Hy|per|to|ni|ke|rin, die; -, -nen: w. Form zu ↑Hypertoniker.

hy|per|to|nisch ⟨Adj.⟩ (Med.): *die Hypertonie (1) betreffend, zu ihr gehörend.*

hy|per|troph ⟨Adj.⟩: **1.** (Med.) *(von Geweben u. Organen) Hypertrophie zeigend:* -e Muskeln. **2.** (bildungsspr.) *ein Übermaß aufweisend; übersteigert, überzogen, übermäßig.*

Hy|per|tro|phie, die; -, -n [zu griech. trophḗ = Nahrung, Ernährung]: **1.** (Med., Biol.) *übermäßige Vergrößerung von Geweben u. Organen durch Vergrößerung (nicht Vermehrung) der Zellen, bes. infolge erhöhter Beanspruchung:* eine H. des Herzmuskels. **2.** (bildungsspr.) *Übermaß, Übersteigertsein, Überzogenheit:* eine H. des Selbstbewusstseins.

hy|per|tro|phiert ⟨Adj.⟩ (bildungsspr.): *hypertroph.*

Hy|per|ur|ba|nis|mus, der; -, ...men [engl. hyperurbanism, zu lat. urbanus = vornehm, städtisch] (Sprachw.): *hyperkorrekte Bildung.*

Hy|per|vi|ta|mi|no|se, die; -, -n (Med.): *Schädigung des Körpers durch länger andauernde Zufuhr überhöhter Mengen an fettlöslichen Vitaminen.*

Hy|phä|re|se, die; -, -n [zu griech. hyphaíresis = das Entwenden, Entziehen, zu: hyphaireîn = entwenden, eigtl. = darunter wegziehen, zu: hypó (↑hypo-, Hypo-) u. haireîn = nehmen] (Sprachw.): *Ausstoßung eines kurzen Vokals vor einem anderen Vokal.*

Hy|phe, die; -, -n [griech. hyphḗ = das Weben, das Gewebte] (Biol.): *gegliederter Pilzfaden.*

hypn-, Hypn-: ↑hypno-, Hypno-.

hyp|na|gog, hyp|na|go|gisch ⟨Adj.⟩ [engl. hypnagogic, zu griech. hýpnos (↑hypno-, Hypno-) u. ágein = (herbei)führen] (Fachspr.): **a)** *zum Schlaf führend, einschläfernd;* **b)** *den Schlaf, das Schlafen betreffend.*

hyp|no-, Hyp|no-, (vor Vokalen auch:) hypn-, Hypn- [zu griech. hýpnos] ⟨Best. in Zus. mit der Bed.⟩: *Schlaf* (z. B. Hypnonarkose, Hypnalgie, hypnoid).

hyp|no|id ⟨Adj.⟩ [zu griech. -oeidḗs = ähnlich] (Med., Psych.): *(von Bewusstseinszuständen) dem Schlaf bzw. der Hypnose ähnlich.*

Hyp|no|pä|die, die; - [zu griech. paideía = Lehre, (Aus)bildung]: *Schlaflernmethode.*

hyp|no|pä|disch ⟨Adj.⟩: *mit der Methode der Hypnopädie.*

Hyp|nos (griech. Myth.): Gott des Schlafes.

Hyp|no|se, die; -, -n [im 19. Jh. geb. zu griech. hypnṓssein = schläfrig sein, schlafen]: *schlafähnlicher Bewusstseinszustand, der vom Hypnotiseur durch Suggestion herbeigeführt werden kann u. in dem die Willens- u. teilweise auch die körperlichen Funktionen leicht zu beeinflussen sind:* aus der H. erwachen.

Hyp|no|the|ra|peut, der; -en, -en: *jmd., der Patienten mit Mitteln der Hypnotherapie behandelt.*

Hyp|no|the|ra|peu|tin, die; -, -nen: w. Form zu ↑Hypnotherapeut.

Hyp|no|the|ra|pie, die; -, -n: *Psychotherapie mithilfe von Hypnose.*

Hyp|no|tik, die; -: *Wissenschaft von der Hypnose.*

Hyp|no|ti|kum, das; -s, ...ka (Med.): *Schlafmittel.*

hyp|no|tisch ⟨Adj.⟩ [spätlat. hypnoticus < griech. hypnōtikós = einschläfernd, zu: hypnoûn = schlafen]: **1. a)** *die Hypnose betreffend, auf ihr beruhend; durch Hypnose bewirkt:* -er Schlaf; eine -e Heilung; **b)** *eine Hypnose bewirkend, zur Hypnose führend:* die -e Wirkung seines Blicks. **2.** *wie durch Hypnose bewirkt, bannend; widerstandslos, willenlos machend.*

Hyp|no|ti|seur [...ˈzøːɐ̯], der; -s, -e [frz. hypnotiseur]: *jmd., bes. ein Arzt, der mit dem Mittel der Hypnose arbeitet.*

Hyp|no|ti|seu|rin, die; -, -nen, **Hyp|no|ti|seu|se** [...ˈzøːzə], die; -, -n: w. Form zu ↑Hypnotiseur.

hyp|no|ti|sie|ren ⟨sw. V.; hat⟩ [frz. hypnotiser < engl. to hypnotize, zu spätlat. hypnoticus, ↑hypnotisch]: **1.** *in Hypnose versetzen:* einen Kranken h. **2.** *ganz gefangen nehmen, in seinen Bann schlagen; willenlos, widerstandslos machen.*

Hyp|no|tis|mus, der; - [engl. hypnotism]: **1.** *Wissenschaft von der Hypnose.* **2.** (selten) *starke Beeinflussung.*

hy|po-, Hy|po-, (vor Vokalen auch:) hyp-, Hyp- [griech. hypó] ⟨Best. in Zus. mit der Bed.⟩: **1.** *unter, darunter:* hypotaktisch, Hypozentrum, Hypothalamus. **2.** (Med., Biol.) bezeichnet in Bildungen mit Substantiven die Unterentwicklung, Unterfunktion eines Organs o. Ä.: Hypomenorrhö, Hypotrophie.

Hy|po|chlo|rit, das [auch: ...ˈrɪt, zu griech. hypó = (dar)unter u. ↑¹Chlorit] (Chemie): *Salz der unterchlorigen Säure.*

Hy|po|chon|der [...ˈxɔndɐ], der; -s, - [frz. hypocondre]: *jmd., der an Hypochondrie leidet, sich hypochondrisch gebärdet; eingebildeter Kranker.*

Hy|po|chon|drie, die; -, -n ⟨Pl. selten⟩ (Med.): *übertriebene Neigung, seinen eigenen Gesundheitszustand zu beobachten, zwanghafte Angst vor Erkrankungen, Einbildung des Erkranktseins [begleitet von Trübsinn od. Schwermut].*

hy|po|chon|drisch ⟨Adj.⟩ [griech. hypochondriakós = am Unterleib u. an den Eingeweiden (wo nach antiker Vorstellung die Gemütskrankheiten lokalisiert sind) leidend]: *an Hypochondrie leidend; auf Hypochondrie beruhend, zu ihr gehörend:* ein -er Mensch; sein Verhalten hat -e Züge.

Hy|po|dak|ty|lie, die; -, -n [zu griech. dáktylos = Finger] (Med.): *angeborene Fehlbildung der Hand od. des Fußes mit Fehlen von Fingern od. Zehen.*

Hy|po|derm, das; -s, -e [zu griech. dérma = Haut] (Biol.): 1. *unter der Oberhaut gelegene Zellschicht bei Sprossen, Wurzeln u. Blättern vieler Pflanzen.* 2. *äußere einschichtige Haut bei Wirbellosen (z. B. Gliederfüßern), die den Chitinpanzer ausscheidet.* 3. (veraltet) *Lederhaut der Wirbeltiere.*

Hy|po|funk|ti|on, die; -, -en (Med.): *verminderte Tätigkeit, Unterfunktion eines Organs.*

Hy|po|ga|lak|tie, die; -, -n [zu griech. gála (Gen.: gálaktos) = Milch] (Med.): *zu geringe od. völlig versagende Absonderung von Milch bei Frauen in der Stillzeit.*

Hy|po|ga|mie, die; - [zu griech. gamós = Hochzeit, Ehe] (Soziol.): *Heirat einer Frau aus einer höheren Schicht od. Kaste mit einem Mann aus einer niederen.*

H

Hy|po|gä|um, das; -s, ...gäen [lat. hypogeum < griech. hypógeion, zu: hypógeios = unterirdisch, zu gē = Erde]: *unterirdisches Gewölbe, Grabraum, oft innerhalb von Katakomben.*

Hy|po|ge|ni|ta|lis|mus, der; - [zu ↑Genitale] (Med.): *Unterentwicklung der Geschlechtsorgane, auch der sekundären Geschlechtsmerkmale.*

hy|po|kaus|tisch ⟨Adj.⟩: *das Hypokaustum betreffend, mithilfe des Hypokaustums [geheizt].*

Hy|po|kaus|tum, das; -s, ...sten [lat. hypocaustum < griech. hypókauston]: *Heizanlage im antiken Rom, bei der Heißluft durch Röhren o. Ä. in Böden od. Wände zu beheizender Räume geführt wurde.*

Hy|po|ki|ne|se, die; -, -n [zu griech. kínēsis = Bewegung] (Med.): *verminderte Bewegungsfähigkeit bei bestimmten Krankheiten.*

Hy|po|ko|ris|mus, der; -, ...men [zu spätlat. hypocorisma < griech. hypokórisma] (Sprachw.): *Veränderung eines Namens in eine Kurz- od. Koseform.*

Hy|po|ko|ris|ti|kum, das; -s, ...ka [zu griech. hypokoristikón = Kurz-, Koseform] (Sprachw.): *vertraute Kurzform eines Namens, Kosename* (z. B. Fritz statt Friedrich).

hy|po|ko|ris|tisch ⟨Adj.⟩ (Sprachw.): *den Hypokorismus betreffend.*

Hy|po|kre|nal, das; -s [zu griech. krēnē = Quelle]: 1. (Geogr.) *unmittelbar unterhalb der Quelle liegender Abschnitt eines fließenden Gewässers.* 2. (Biol.) *Lebensraum im unmittelbar unterhalb der Quelle gelegenen Abschnitt eines fließenden Gewässers.*

Hy|po|kri|sie, die; -, -n [frz. hypocrisie < lat. hypocrisis < griech. hypókrisis, eigtl. = (vom Schauspieler, der eine Rolle spielt) Verstellung] (bildungsspr.): *Heuchelei, Scheinheiligkeit, Verstellung.*

Hy|po|ma|nie, die; -, -n (Med.): *leichte Art der Manie in Form von gehobener, heiterer Stimmungslage, Lebhaftigkeit, unter Umständen im Wechsel mit leicht depressiven Stimmungen.*

Hy|po|me|nor|rhö, die; -, -en (Med.): *zu schwache Monatsblutung.*

Hy|po|nym, das; -s, -e [zu griech. ónyma = Name] (Sprachw.): *untergeordneter Begriff, Unterbegriff* (z. B. Vogel, Hund, Ameise gegenüber Tier).

Hy|po|ny|mie, die; -, -n (Sprachw.): *Erscheinung der semantischen Inklusion (Bedeutungseinschließung).*

Hy|po|phy|se, die; -, -n [griech. hypóphysis = Sprössling] (Anat.): *bei den Wirbeltieren im Bereich des Zwischenhirns gelegene, beim Menschen etwa kirschkerngroße, ein Hormon bildende innersekretorische Drüse, die bes. die Funktion der übrigen Hormondrüsen des Körpers reguliert; Hirnanhangsdrüse.*

Hy|po|sper|mie, die; -, -n [zu ↑Sperma] (Med.): *verminderter Gehalt der Samenflüssigkeit an funktionstüchtigen Spermien.*

Hy|pos|ta|se, die; -, -n [lat. hypostasis < griech. hypóstasis = Grundlage, Ablagerung]: 1. (bes. Philos.) *Vergegenständlichung, Verdinglichung einer Eigenschaft, eines Begriffs, eines bloßen Gedankens.* 2. (Myth., Rel.) **a)** *Personifizierung göttlicher Eigenschaften od. religiöser Vorstellungen zu einem eigenständigen göttlichen Wesen* (z. B. in der christl. Theologie die drei Personen der Trinität); **b)** *Wesensmerkmal einer personifizierten göttlichen Gestalt.* 3. (Sprachw.) *Verselbstständigung eines Wortes als Folge einer Veränderung der syntaktischen Funktion* (z. B. der Übergang eines Substantivs im Genitiv zum Adverb wie »des Mittags« zu »mittags«). 4. (Med.) *vermehrte Ansammlung von Blut in den tiefer liegenden Körperteilen* (z. B. bei Bettlägerigen in den hinteren unteren Lungenpartien). 5. (Genetik) *Unterdrückung, Überdeckung der Wirkung eines Gens durch ein anderes, das nicht zum gleichen Paar von Erbanlagen gehört.*

hy|pos|ta|sie|ren ⟨sw. V.; hat⟩ (bildungsspr.): *vergegenständlichen, als gegenständlich betrachten, auffassen; verselbstständigen; personifizieren.*

hy|pos|ta|tisch ⟨Adj.⟩ [griech. hypostatikós] (bildungsspr.): 1. *die Hypostase (1) betreffend; vergegenständlichend, gegenständlich, verdinglicht, wesentlich.* 2. (Med.) *die Hypostase (4) betreffend, dadurch hervorgerufen.* 3. (Genetik) *die Hypostase (5) betreffend; in seiner Wirkung überdeckt.*

Hy|pos|ty|lon, das; -s, ...la, **Hy|pos|ty|los,** der; -, ...loi [griech. hypóstylon, zu: hypóstylos = auf Säulen ruhend; zu griech. stȳlos = Säule]: *(im Griechenland der Antike) Saal, Halle mit einer von Säulen getragenen Decke; gedeckter Säulengang; Säulenhalle; Tempel mit Säulengang.*

hy|po|tak|tisch ⟨Adj.⟩ [griech. hypotaktikós = unterordnend] (Sprachw.): *auf Hypotaxe beruhend, der Hypotaxe unterliegend; unterordnend.*

Hy|po|ta|xe, die; -, -n [griech. hypótaxis = Unterordnung; zu griech. táxis = Ordnung]: 1. (Sprachw.) *Unterordnung von Sätzen od. Satzgliedern.* 2. (Med.) *Zustand herabgesetzter Willens- u. Handlungskontrolle, mittlerer Grad der Hypnose.*

Hy|po|ta|xis, die; -, ...xen (Sprachw.): *Hypotaxe* (1).

Hy|po|ten|si|on, die; -, -en [zu lat. tensio = Spannung] (Med.): *Hypotonie* (1, 2).

Hy|po|te|nu|se, die; -, -n [zu spätlat. hypotenusa < griech. hypoteínousa (pleurá), eigtl. = (unter dem rechten Winkel) sich erstreckend(e Seite)]: *im rechtwinkligen Dreieck die dem rechten Winkel gegenüberliegende längste Seite.*

Hy|po|tha|la|mus, der; - [zu ↑Thalamus] (Anat.): *unterhalb des Thalamus liegender Teil des Zwischenhirns.*

Hy|po|thek, die; -, -en [lat. hypotheca < griech. hypothḗkē, eigtl. = Unterlage, zu: hypotíthénai, ↑Hypothese]: 1. **a)** (Rechtsspr., Bankw.) *(zu den Grundpfandrechten gehörendes) Recht an einem Grundstück, einem Wohnungseigentum o. Ä. zur Sicherung einer Geldforderung, das (im Gegensatz zur Grundschuld) mit dieser Forderung rechtlich verknüpft ist:* erste, zweite *(an erster, zweiter Stelle eingetragene)* H.; **b)** *durch eine Hypothek (1 a) entstandene finanzielle Belastung eines Grundstücks, eines Wohnungseigentums o. Ä.:* eine H. auf seinem Haus haben; **c)** *durch eine Hypothek (1 a) gesicherte Geldmittel, die jmdm. zur Verfügung gestellt werden:* eine H. aufnehmen, tilgen; er hat sich mit dieser H. ein Haus gebaut. 2. *belastender, negativer Umstand; große, ständige Belastung, Bürde:* etw. ist eine schwere H. für jmdn., für jmds. Fortkommen.

Hy|po|the|kar, der; -s, -e: *Hypothekengläubiger.*

Hy|po|the|ka|rin, die; -, -nen: w. Form zu ↑Hypothekar.

hy|po|the|ka|risch ⟨Adj.⟩ [(spät)lat. hypothecarius]: *durch eine Hypothek [gesichert]:* eine Forderung h. sichern.

Hy|po|the|kar|kre|dit, der (Bankw.): *durch Eintragung einer Hypothek (1 a) gesicherter Kredit.*

Hy|po|the|ken|bank, die ⟨Pl. ...banken⟩: *Bank, deren geschäftlicher Betrieb vor allem darauf gerichtet ist, Hypotheken zu erwerben u. aufgrund dieser Hypotheken Pfandbriefe auszugeben.*

Hy|po|the|ken|brief, der: *vom Grundbuchamt ausgestellte Urkunde über die Rechte aus einer Hypothek.*

Hy|po|the|ken|gläu|bi|ger, der: *Gläubiger, dessen Schuldforderung durch eine Hypothek gesichert ist.*

Hy|po|the|ken|gläu|bi|ge|rin, die: w. Form zu ↑Hypothekengläubiger.

Hy|po|the|ken|pfand|brief, der: *festverzinsliche, durch eine Hypothek gesicherte Schuldverschreibung, die von einer Hypothekenbank zur Beschaffung des Kapitals für die Vergabe anderer Kredite ausgegeben wird.*

Hy|po|the|ken|schuld|ner, der: *Schuldner, der aufgrund einer Hypothek Zahlungen zu leisten hat.*

Hy|po|the|ken|schuld|ne|rin, die: w. Form zu ↑Hypothekenschuldner.

Hy|po|the|ken|zins, der ⟨meist Pl.⟩: *Zins, der für eine Hypothek zu zahlen ist.*

Hy|po|ther|mie, die; -, -n [zu griech. thérmē = Wärme] (Med.): 1. ⟨o. Pl.⟩ *abnorm niedrige Körpertemperatur (z. B. bei großer körperlicher Erschöpfung).* 2. *künstliche Unterkühlung des Körpers zur Reduktion der Stoffwechsel- u. Lebensvorgänge im Organismus.*

Hy|po|the|se, die; -, -n [spätlat. hypothesis < griech. hypóthesis, zu: hypotithénai = (dar)unterstellen, -legen]: 1. (bildungsspr.) *unbewiesene Annahme, Unterstellung:* eine abenteuerliche H.; eine H. aufstellen, widerlegen. 2. (Wissensch.) *von Widersprüchen freie, aber zunächst unbewiesene Aussage, Annahme (von Gesetzlichkeiten od. Tatsachen) als Hilfsmittel für wissenschaftliche Erkenntnisse:* mit einer H. arbeiten.

hy|po|the|tisch ⟨Adj.⟩ [spätlat. hypotheticus < griech. hypothetikós]: 1. (bildungsspr.) *auf einer Hypothese (1) beruhend; fraglich, zweifelhaft:* -e Aussagen über etw. machen. 2. (Wissensch.) *die Hypothese (2) betreffend, auf ihr beruhend, mit ihrer Hilfe.*

Hy|po|thy|re|o|i|dis|mus, der; -, **Hy|po|thy|re|o|se,** die; - [vgl. Hyperthyreose] (Med.): *Unterfunktion der Schilddrüse.*

Hy|po|to|nie, die; -, -n [zu ↑Tonus] (Med.): 1. *chronisch zu niedriger Blutdruck.* 2. *herabgesetzte Spannung von Muskeln.* 3. *krankhafte Verminderung des Innendrucks, der Spannung im Augapfel.*

Hy|po|to|ni|ker, der; -s, - (Med.): *jmd., der an zu niedrigem Blutdruck leidet.*

Hy|po|to|ni|ke|rin, die; -, -nen: w. Form zu ↑Hypotoniker.

hy|po|to|nisch ⟨Adj.⟩ (Med.): *die Hypotonie (1) betreffend, zu ihr gehörend; mit Hypotonie zusammenhängend.*

Hy|po|tra|che|li|on, das; -s, ...ien [lat. hypotrachelium < griech. hypotrachḗlion]: *Teil der Säule unterhalb des Kapitells.*

Hy|po|tro|phie, die; -, -n [zu griech. trophḗ = Nahrung, Ernährung]: 1. (Med., Biol.) *mangelhaftes, unterdurchschnittliches Größenwachstum, Schwund von Geweben u. Organen.* 2. (Med.) *Unterernährung.*

Hy|po|vi|ta|mi|no|se, die; -, -n (Med.): *Schädigung des Körpers durch fehlende Vitaminzufuhr.*

Hy|po|zen|trum, das; -s, ...tren (Geol.): *Stelle im Erdinnern, von der ein Erdbeben ausgeht; Erdbebenherd.*

Hyp|si|pho|bie, die; -, -n [zu griech. hýpsos = hoch u. ↑Phobie] (Med.): *Auftreten von Angst- u. Schwindelgefühlen beim Blick aus großen Höhen in die Tiefe.*

Hyp|so|me|ter, das; -s, - (Technik, Met.): *Gerät, das der Bestimmung des Luftdrucks bzw. der Höhenmessung dient.*

Hys|te|ral|gie, die; -, -n [zu griech. hystéra = Gebärmutter u. álgos = Schmerz] (Med.): *Schmerzen im Bereich der Gebärmutter.*

Hys|te|rek|to|mie, die; -, -n [↑Ektomie] (Med.): *operative Entfernung der Gebärmutter.*

Hys|te|re|se, Hys|te|re|sis, die; - [spätgriech. hystérēsis = das Zu-kurz-Kommen, zu griech. hýsteron = später; geringer] (Physik): *das Zurückbleiben einer Wirkung hinter der sie verursachenden veränderlichen Kraft.*

Hys|te|rie, die; -, -n [zu ↑hysterisch]: **1.** (Med.) *abnorme Verhaltensweise mit vielfachen physischen u. psychischen Symptomen ohne klar umschriebenes Krankheitsbild.* **2.** *[allgemeine] nervöse Aufgeregtheit, Erregtheit, Erregung, Überspanntheit.*

Hys|te|ri|ker, der; -s, - (Med.): *jmd., der im Charakter od. im Verhalten Symptome der Hysterie (1) zeigt.*

Hys|te|ri|ke|rin, die; -, -nen: w. Form zu ↑Hysteriker.

hys|te|risch ⟨Adj.⟩ [spätlat. hystericus < griech. hysterikós, eigtl. = an der Gebärmutter leidend, zu: hystéra = Gebärmutter; nach antiker Vorstellung hatte die Hysterie ihre Ursache in krankhaften Vorgängen in der Gebärmutter]: **1.** (Med.) *die Hysterie (1) betreffend, auf ihr beruhend; an Hysterie leidend:* eine -e Frau; -e Anfälle. **2.** *zu nervöser Aufgeregtheit, zur Hysterie (2) neigend; übertrieben erregt, nervös; überspannt:* h. sein.

Hys|te|ro|gramm, das; -s, -e [↑-gramm] (Med.): *Röntgenbild der Gebärmutter.*

Hys|te|ro|gra|phie, die; -, -n [↑-graphie] (Med.): *röntgenologische Untersuchung u. Darstellung der Gebärmutter mithilfe von Kontrastmitteln.*

Hys|te|ron-Pro|te|ron, das; -s, Hystera-Protera [griech. hýsteron próteron = das Spätere (ist) das Frühere]: **1.** (Philos., Logik) *Beweis aus einem Satz, der selbst erst zu beweisen ist.* **2.** (Rhet.) *Redefigur, bei der das nach Logik od. Zeitfolge Spätere zuerst steht* (z. B. bei Vergil: moriamus et in media arma ruamus = lasst uns sterben und uns mitten in die Feinde stürzen).

Hys|te|ro|skop, das; -s, -e [zu griech. skopeĩn = betrachten, beschauen] (Med.): *Gebärmutterspiegel.*

Hys|te|ro|sko|pie, die; -, -n (Med.): *Untersuchung der Gebärmutter mit einem Hysteroskop.*

Hys|te|ro|to|mie, die; - [zu griech. tomḗ = Schnitt] (Med.): *operative Öffnung der Gebärmutter von der Scheide od. von der Bauchhöhle aus.*

Hz = Hertz.

I

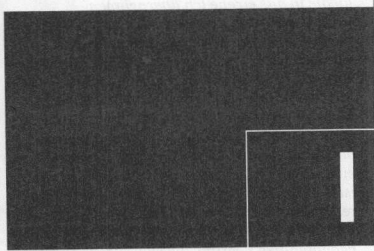

i, I [iː], das; - (ugs.: -s), - (ugs.: -s) [mhd., ahd. i]: *neunter Buchstabe des Alphabets:* das kleine i wird mit Punkt, das große I ohne Punkt geschrieben.

i = Zeichen für die imaginäre Einheit in der Mathematik.

i ⟨Interj.⟩ [mhd. ī]: Ausruf der Ablehnung, Zurückweisung voller Ekel, Abscheu: i, ist das glitschig, schmierig!; i, schmeckt das scheußlich!; i bewahre!, i wo! (ugs.; *daran ist doch gar nicht zu denken!; nicht im Geringsten!;* als verstärkte verneinende Antwort).

I = Iod (↑Jod).

I = römisches Zahlzeichen für 1

ι, I: ↑¹Jota.

i. = in, im (bei Ortsnamen, z. B. Immenstadt i. Allgäu).

-i, der; -s, -s und die; -, -s: **1.** (ugs.) wird zum Abkürzen od. Erweitern von Substantiven (meist Namen) verwendet und kennzeichnet die Koseform: Kati, Klausi, Schatzi, Schimmi. **2.** (Jargon) **a)** wird zum Abkürzen od. Erweitern von Wörtern unterschiedlicher Wortart verwendet und drückt eine gewisse wohlwollende Einstellung gegenüber der Person (od. Sache) aus: Alki, Brummi, Drogi, Schlappi; **b)** wird zum Abkürzen von Substantiven verwendet und bezeichnet eine Person, die sehr allgemein durch etw. charakterisiert ist: Fundi, Sympi, Wessi; **c)** kennzeichnet eine substantivische Abkürzung, die durch Weglassen der auf -i folgenden Buchstaben entstanden ist: Assi, Multi, Promi, Zivi.

Ia = eins a (↑¹eins I).

i. A. = im Auftrag (nach einem abgeschlossenen Text allein vor einer Unterschrift: I. A.).

-i|a|de, die; -, -n: **1.** bezeichnet in Bildungen mit Substantiven (meist Namen) eine Handlung, eine Tätigkeit o. Ä., die in der bestimmten Art von jmdm. ausgeführt wird: Boccacciade, Kneippiade. **2.** bezeichnet in Bildungen mit Substantiven (häufig Namen) eine Veranstaltung, einen Wettbewerb, der sehr allgemein in Beziehung zu jmdm., etw. zu sehen ist: Schubertiade, Universiade.

i|ah [ˈiːˈaː, iˈaː] ⟨Interj.⟩: lautm. für den Schrei des Esels.

i|a|hen [ˈiːaːən, iˈaːən] ⟨sw. V.; hat⟩: *(vom Esel) die Stimme ertönen lassen.*

i. Allg. = im Allgemeinen.

Iam|be: usw. ↑Jambe usw.

Ia|trik, die; - [griech. iatrikḗ (téchnē), zu: iatrikós, ↑iatrisch] (Med.): *Lehre von der ärztlichen Heilkunst.*

ia|trisch ⟨Adj.⟩ [zu griech. iatrikós = den Arzt betreffend, zu: iatrós = Arzt] (Med.): *die ärztliche Lehre, Heilkunst betreffend.*

Ia|tro|lo|gie, die; - [griech. iatrología] (Med.): *ärztliche Lehre; Lehre von der ärztlichen Heilkunst.*

ib., ibd. = ibidem.

Ibe|rer, der; -s, -: Angehöriger der vorindogermanischen Bevölkerung der Iberischen Halbinsel.

Ibe|re|rin, die; -, -nen: w. Form zu ↑Iberer.

Ibe|ri|en; -s: im Altertum Bez. für Spanien u. Portugal.

ibe|risch ⟨Adj.⟩: zu ↑Iberien: die Iberische Halbinsel.

Ibe|ro|ame|ri|ka; -s: Lateinamerika.

ibe|ro|ame|ri|ka|nisch ⟨Adj.⟩: **1.** *lateinamerikanisch.* **2.** *zwischen Spanien, Portugal u. Lateinamerika bestehend.*

ibi|dem [iˈbiːdɛm, ˈiːbidɛm; ˈɪb...; lat. ibidem]: *ebenda, ebendort* (Hinweiswort in wissenschaftlichen Werken zur Ersparung der wiederholten vollständigen Anführung eines bereits zitierten Buches); Abk.: ib., ibd.

Ibis, der; -ses, -se [lat. ibis < griech. ĩbis < ägypt. hīb]: *(in den wärmeren [sumpfigen] Gebieten der Erde verbreiteter) dem Storch ähnlicher Vogel mit langen Beinen, langem Hals u. sichel- od. löffelartig geformtem Schnabel.*

Ibi|za; -s: Insel der Balearen.

Ibi|zen|ker, der; -s, -: Ew.

Ibi|zen|ke|rin, die; -, -nen: w. Form zu ↑Ibizenker.

ibi|zen|kisch ⟨Adj.⟩: *Ibiza, die Ibizenker betreffend; aus Ibiza stammend.*

Ibn [arab.]: Sohn (Teil von arabischen Personennamen).

IC® = Intercityzug.

-i|cal [-ɪkl], das; -s, -s [engl. -ical] (meist spöttisch): kennzeichnet in Bildungen mit Substantiven oder Adjektiven ein Stück o. Ä., das durch etw. charakterisiert ist od. mit etw. in Beziehung steht, als eine Art Show, als effektvolles, auf Emotionen abzielendes Werk: Biblical, Morbidical, Suizidical.

ICE® = Intercity-Expresszug.

ich ⟨Personalpron.; 1. Pers. Sg. Nom.⟩ [mhd. ich, ahd. ih, gemeingerm. Personalpron., verw. mit lat. ego (↑Egoismus) u. griech. egṓ(n)]: Person, in der man von sich selbst spricht; Bezeichnung für die eigene Person: ich an deiner Stelle hätte mich anders entschieden; ich [bin doch ein] Esel!; ich, der sich immer um Ausgleich bemüht/ich, der ich mich immer um Ausgleich bemühe; er und ich[, wir] haben uns sehr gefreut; ⟨Gen.:⟩ meiner, (veraltet:) mein: erbarm dich mein[er]!; er kam statt meiner; ⟨Dativ:⟩ mir: schreib mir bald!; er schlug mir auf die Schulter; grüß mir (weglassbarer Dativus ethicus, der die innere Beteiligung des Sprechers ausdrückt, häufig ugs.) die Eltern!; von mir aus *(meinetwegen)* tu, was du willst!; ⟨Akk.:⟩ mich: lass mich in Ruhe!; er hat mich nicht gesehen.

Ich, das; -[s], -s, selten -: **a)** *das Selbst, dessen man sich bewusst ist u. mit dem man sich von der Umwelt unterscheidet:* das eigene, liebe Ich; sein besseres *(der bessere Teil seines)* Ich; **b)** (Psych.) *zwischen dem triebhaften Es u. dem moralischen Über-Ich agierende Instanz.*

Ich|be|wusst|sein, das: *Bewusstsein des eigenen Ich.*

ich|be|zo|gen ⟨Adj.⟩ [eindeutschend für ↑egozentrisch]: *sich selbst in den Mittelpunkt stellend; alles Geschehen in Bezug auf die eigene Person wertend:* eine -e Denkweise.

Ich|be|zo|gen|heit, die: *das Ichbezogensein.*

Ich|er|zäh|ler, der: *in einem literarischen Werk als Erzähler auftretendes Ich (das aber mit der Person des Autors nicht identisch ist).*

Ich|er|zäh|le|rin, die: w. Form zu ↑Icherzähler.

Ich|er|zäh|lung, die: *Erzählung in der Ichform.*

Ich|form, die ⟨o. Pl.⟩: *literarische Darstellungsform mit einem als Erzähler auftretenden Ich.*

Ich|laut, der: *Laut, wie er im Deutschen nach e und i gesprochen wird* (z. B. Echo, ich).

Ich|mensch, der: *ichbezogener, egoistischer Mensch.*

Ich|neu|mon, der od. das; -s, -e u. -s [lat. ichneumon < griech. ichneúmōn, eigtl. = Spürer]: *(bes. in Spanien u. Afrika verbreitete) große, langhaarige, grünlich graue Schleichkatze mit langem Schwanz u. sehr kurzen Beinen.*

Ich|ro|man, der: vgl. Icherzählung.

Ich|sucht, die ⟨o. Pl.⟩ (geh.): *Haltung, bei der man nur das eigene Ich im Auge hat; Selbstsucht.*

ich|süch|tig ⟨Adj.⟩ (geh.): *selbstsüchtig:* ein -er Mensch.

ich|thyo-, Ich|thyo-, (vor Vokalen meist:) icthy-, Ichthy- [zu griech. ichthýs, Gen.: ichthýos = Fisch] ⟨Best. in Zus. mit der Bed.⟩: *Fisch* (z. B. ichthyologisch, Ichthyosaurus).

Ich|thyo|lith [auch: ...ˈlɪt], der; -s u. -en, -e[n] [↑-lith]: *versteinerter Fisch.*

Ich|thyo|lo|gie, die; - [↑-logie]: *Wissenschaft von den Fischen.*

Ich|thyo|sau|ri|er, der, **Ich|thyo|sau|rus,** der; -, ...rier: (Paläont.) *sehr großes, lebend gebärendes Kriechtier in den Meeren der Trias u. Kreidezeit; Fischechse.*

Icing [ˈaɪsɪŋ], das; -s, -s ⟨Pl. selten⟩ [amerik. icing, zu: to ice = in Sicherheit bringen] (Eishockey): *Befreiungsschlag, unerlaubter Weitschuss.*

Icon, das; -s, -s [engl. icon < griech. eik´ōn, ↑Ikone] (EDV): *grafisches Sinnbild für Anwendungsprogramme, Dateien u. a. auf dem Bildschirm.*

Ic|te|rus: ↑Ikterus.

Ic|tus: ↑Iktus.

Id, das; -[s], - [arab. ʿīd = Fest(tag), kurz für ʿīd al-aḍḥā = Fest der Opferung]: *höchstes islamisches Fest, das am Ende der alljährlichen Pilgerfahrt nach Mekka gefeiert wird und sich auf Abrahams Opferung Issaks bezieht.*

id. = ¹idem; ²idem.

i. d. = in der (bei Ortsnamen, z. B. Neumarkt i. d. Oberpfalz).

-id: ↑-oid.

Ida, der; -: (im Altertum) Gebirge in Kleinasien u. auf Kreta.

Ida|feld, das ⟨o. Pl.⟩ (germ. Myth.): Wohnort der Asen.

Ida|ho [ˈaɪdəhoʊ]; -s: Bundesstaat der USA.

ide. = indoeuropäisch.

ide|al ⟨Adj.⟩ [1: gekürzt aus ↑idealisch; 2, 3: spätlat. idealis, zu lat. idea, ↑Idee]: **1.** *den höchsten Vorstellungen entsprechend; von der Art, wie etw. (für bestimmte Zwecke) nicht besser vorstellbar, auszudenken ist:* ein -er Partner; ein -er Urlaubsort; er war der -e Darsteller für diese Rolle; die Bedingungen sind nahezu i.; das Haus liegt geradezu i. *(hat eine äußerst günstige, schöne Lage).* **2.** *nur in der Vorstellung so vorhanden; einer bestimmten Idee entsprechend:* ein -es Prinzip; der -e Staat; die -e antike Aktfigur. **3.** *ideell, geistig; vom Ideellen, Geistigen bestimmt:* -e und materielle Gesichtspunkte, Zwecke.

Ide|al, das; -s, -e [nach frz. idéal]: **1.** *Idealbild; Inbegriff der Vollkommenheit:* das I. einer Frau; ein I. an Schönheit; in jmdm. sein I. sehen; jmdn., etw. zu seinem I. machen, erheben. **2.** *als ein höchster Wert erkanntes Ziel; Idee, nach deren Verwirklichung man strebt:* ein künstlerisches, unerreichbares I.; das humanistische I.; das I. der Freiheit, der Rechtsstaatlichkeit; -e hegen; sein I. verwirklichen; seinen -en treu bleiben; die Jugend war ohne -e, voller -e.

Ide|al|be|set|zung, die: *denkbar beste Besetzung* (2 b).

Ide|al|bild, das: *Person od. Sache, die etw. Bestimmtes vollkommen repräsentiert; Ideal* (1): sie ist das I. einer Vorgesetzten.

ide|a|ler|wei|se ⟨Adv.⟩: *im Idealfall, unter idealen Umständen.*

Ide|al|fall, der: *Fall, bei dem die günstigsten Voraussetzungen gegeben sind.*

Ide|al|fi|gur, die: **1.** *Idealgestalt:* jmdn. zu einer I. verklären. **2.** *ideale Figur* (1): sie hat eine I.

Ide|al|ge|stalt, die: *durch die Vorstellung überhöhte, vollkommene [vorbildhafte] Gestalt.*

Ide|al|ge|wicht, das: *etwas unter dem Normalgewicht einer Person liegendes, für ideal gehaltenes Körpergewicht.*

ide|a|lisch ⟨Adj.⟩ (geh. veraltend): *einem Ideal* (1) *angenähert:* ein -es Bild von jmdm., einer Sache entwerfen.

ide|a|li|sie|ren ⟨sw. V.; hat⟩: *einem Ideal* (1) *annähern, jmdn. od. etw. vollkommener sehen, als er od. es ist:* seine Eltern, seine Kindheit i.; ein idealisierendes Bild der Antike.

Ide|a|li|sie|rung, die; -, -en: *das Idealisieren:* eine falsche I. der Realität.

Ide|a|lis|mus, der; -: **1.** *[mit Selbstaufopferung verbundenes] Streben nach Verwirklichung von Idealen; durch Ideale bestimmte Weltanschauung, Lebensführung:* das ist reiner I. bei ihm; den nötigen I. für etw. [nicht mehr] aufbringen; aus blindem, falschem I. handeln; voller I. sein; von I. erfüllt sein. **2.** *philosophische Anschauung, die die Welt u. das Sein als Idee, Geist, Vernunft, Bewusstsein bestimmt u. die Materie als deren Erscheinungsform versteht:* der deutsche I. *(von Kant ausgehende, durch Fichte, Schelling u. Hegel ausformulierte u. mit Schopenhauer endende philosophische Richtung in Deutschland).*

Ide|a|list, der; -en, -en: **1.** *jmd., der selbstlos, dabei aber auch die Wirklichkeit etwas außer Acht lassend, nach der Verwirklichung bestimmter Ideale strebt:* ein leidenschaftlicher, glühender I.; du bist ein I. *(Optimist; glaubst an das Gute im Menschen).* **2.** *Vertreter des Idealismus* (2).

Ide|a|lis|tin, die; -, -nen: w. Form zu ↑Idealist (1).

ide|a|lis|tisch ⟨Adj.⟩: **1.** *nach der Verwirklichung von Idealen strebend, dabei aber die Wirklichkeit etwas außer Acht lassend; von einer solchen Auffassung zeugend:* ein -er Mensch; -e Visionen; i. gesinnt sein. **2.** *den Idealismus* (2) *betreffend, zu ihm gehörend:* die -e Philosophie.

Ide|a|li|tät, die; -: *ideale* (2) *Seinsweise.*

ide|a|li|ter ⟨Adv.⟩ [geb. mit der lat. Adverbendung -iter zu ↑ideal] (bildungsspr.): *im Idealfall.*

Ide|al|li|nie, die (Laufen, Ski, Motorsport): *bei einem Wettbewerb bester Wegverlauf zwischen Start u. Ziel.*

Ide|al|lö|sung, die: *ideale* (1) *Lösung [für etw.]:* etw. stellt keine, eine I. dar; die I. für ein Problem gefunden haben.

Ide|al|maß, das: *ideales* (1) *Maß.*

Ide|al|typ, der: **a)** *jmd., der als Individuum etw. Bestimmtes in idealer Weise verkörpert:* er ist der I. eines Tennisspielers; **b)** *Idealtypus* (a).

ide|al|ty|pisch ⟨Adj.⟩: *einem Idealtyp[us] entsprechend.*

Ide|al|ty|pus, der: **a)** (Soziol.) *Idealbild, das durch gedanklich einseitige Steigerung bestimmter Elemente der Wirklichkeit gewonnen wird:* der I. eines parlamentarischen Regierungssystems; **b)** *Idealtyp* (a).

Ide|al|vor|stel|lung, die: *ideale* (1), *nicht an der Realität orientierte Vorstellung, die man sich von jmdm., etw. macht.*

Ide|al|zu|stand, der: vgl. Idealfall.

Idee, die; -, Ideen [z. T. unter Einfluss von frz. idée < lat. idea < griech. idéa, urspr. = Erscheinung, Gestalt, Form; bei Platon = Urbild, zu: ideĩn = sehen, erkennen]: **1.** (Philos.) **a)** *(in der Philosophie Platos) den Erscheinungen zugrunde liegender reiner Begriff der Dinge:* die I. des Guten; Platons Reich der -n; **b)** *Vorstellung, Begriff von etw. auf einer hohen Stufe der Abstraktion.* **2.** *Leitbild, das jmdn. in seinem Denken, Handeln bestimmt:* philosophische, politische, marxistische -n; die I. der Freiheit bei Schiller; sich für eine I. opfern; für eine I. eintreten, kämpfen; er bekannte sich zur europäischen I. **3.** *[schöpferischer] Gedanke, Vorstellung, guter Einfall:* eine neue, glänzende, brauchbare, nette, originelle, revolutionäre I.; das ist eine [gute] I.!; [das ist] keine schlechte I., aber ob sie sich ausführen lässt?; ihn überfiel plötzlich die I., es könnte etwas passiert sein; eine I. aufgreifen, entwickeln, in die Tat umsetzen, verfechten, vertreten; ich habe eine I. *(weiß, was wir tun können);* (iron.:) du hast [vielleicht] -n!; sich an eine I. klammern; auf jmds. -n nicht eingehen; er hat mich erst auf diese I. gebracht; sie kam plötzlich auf die I. zu verreisen; sich in eine I. verrennen; von einer I. nicht loskommen; er zeigte sich von unserer I. begeistert; uns kam die I. zu einem Fest; der Autor hatte bereits die I. *(den gedanklichen Entwurf)* zu einem neuen Stück; ***fixe I.** *(eine unrealistische Vorstellung od. Meinung, die jmdn. beherrscht u. von der er nicht abzubringen ist);* **eine I.** *(ein bisschen, ein wenig in Bezug auf etw.):* kannst du eine I. lauter sprechen?; der Rock ist vorn [um] eine I. zu kurz; **keine/nicht die leiseste, geringste I. von etw. haben** (ugs.; *etw. nicht im Geringsten wissen).*

Idée fixe [ideˈfiks], die; - -, -s -s [ideˈfiks; b: frz. idée fixe, zu: fixe = fest; unveränderlich < lat. fixus, ↑fix]: **a)** *fixe Idee;* **b)** *Grundgedanke od. Kernthema, das sich leitmotivisch durch ein mehrteiliges musikalisches Werk zieht.*

ide|ell ⟨Adj.⟩: *die Idee betreffend, auf ihr beruhend, von ihr bestimmt; geistig:* -e Gesichtspunkte, Werte, Ziele, Bedürfnisse; der Nutzen ist materiell und i.; jmdn., etw. i. unterstützen.

ide|en|arm ⟨Adj.⟩: *durch einen Mangel an künstlerischer, intellektueller o. ä. Erfindungsgabe gekennzeichnet:* ein -es Buch; er ist wirklich i.

Ide|en|ar|mut, die: *Mangel an Ideen* (3).

Ide|en|aus|tausch, der: *gedanklicher Austausch.*

Ide|en|flug, der: *Gedankenflug.*

Ide|en|fül|le, die: *großer Reichtum an Ideen* (3).

Ide|en|ge|halt, der: *Gehalt an Ideen* (2): der I. eines Dramas.

Ide|en|ge|schich|te, die ⟨o. Pl.⟩: *Geschichte der im realen Geschichtsablauf wirksamen ideellen Motive u. Triebkräfte.*

ide|en|ge|schicht|lich ⟨Adj.⟩: *die Ideengeschichte betreffend, dazu gehörend.*

Ide|en|gut, das ⟨o. Pl.⟩: *Gedankengut.*

Ide|en|leh|re, die ⟨o. Pl.⟩ (Philos.): **1.** *Lehre von den Ideen, Urbildern.* **2.** *geschichtsphilosophisches Konzept von den Ideen als zentralen Wirkkräften der Geschichte.*

ide|en|los ⟨Adj.⟩: *keine Ideen hervorbringend, die von geistiger Aktivität zeugen; ohne eigene Ideen, gestalterische Einfälle o. Ä.:* eine anonyme, -e Masse; das Programm wirkt i.

Ide|en|lo|sig|keit, die; -: *Einfallslosigkeit; das Fehlen von Ideen* (3).

ide|en|reich ⟨Adj.⟩: *reich an künstlerischer, intellektueller o. ä. Erfindungsgabe:* ein -er Designer.

Ide|en|reich|tum, der ⟨o. Pl.⟩: *Reichtum an Ideen* (3); *Erfindungsgabe.*

Ide|en|welt, die: *Gesamtheit der Ideen* (2), *Vorstellungen u. Gedanken (eines einzelnen od. einer Zeit).*

Ide|en|wett|be|werb, der: *Wettbewerb, bei dem für ein bestimmtes Projekt, zu einem bestimmten Themenkreis o. Ä. Ideen* (3) *vorgebracht werden, von denen eine od. mehrere prämiert werden.*

[1]**idem** [lat.]: *derselbe* (zur Ersparung der erneuten vollständigen Nennung des Verfassers bei bibliographischen Angaben); Abk.: id.

[2]**idem** [lat.]: *dasselbe;* Abk.: id.

Iden, Idus ⟨Pl.⟩ [lat. idus, H. u.]: *13. od. 15. Monatstag des altrömischen Kalenders:* die I. des März *(15. März, Tag der Ermordung Cäsars 44 v. Chr.).*

Iden|ti|fi|ka|ti|on, die; -, -en: **1.** *Identifizierung.* **2.** (Psych.) *emotionales Sichgleichsetzen mit einer anderen Person od. Gruppe u. Übernahme ihrer Motive u. Ideale für die eigene Person.*

Iden|ti|fi|ka|ti|ons|fi|gur, die: *jmd. (in seinem Auftreten u. der damit verbundenen Wirkung auf andere), mit dem man sich identifiziert* (2 c).

iden|ti|fi|zier|bar ⟨Adj.⟩: *sich identifizieren* (1) *lassend:* eine kaum -e Handschrift.

Iden|ti|fi|zier|bar|keit, die; -: *das Identifizierbarsein.*

iden|ti|fi|zie|ren ⟨sw. V.; hat⟩ [zu ↑identisch u. lat. -ficare (in Zus.) = machen]: **1.** *genau wiedererkennen; die Identität, Echtheit einer Person od. Sache feststellen:* eine Leiche i.; jmdn. anhand seiner Fingerabdrücke i.; er wurde als der gesuchte Axel M. identifiziert. **2. a)** *mit jmdm., etw., miteinander gleichsetzen:* man kann nicht die öffentliche Meinung mit der Meinung des Bürgertums i.; **b)** ⟨i. + sich⟩ *jmds. Anliegen, etw. zu seiner eigenen Sache machen; aus innerlicher Überzeugung voll mit jmdm., etw. übereinstimmen:* sich mit seinem Staat, seiner Aufgabe, mit den geistigen Strömungen seiner Zeit i.; mit dem, was bei unseren Bemühungen herausgekommen ist, kann ich mich nicht i.; **c)** ⟨i. + sich⟩ (Psych.) *sich mit einer anderen Person od. Gruppe emotional gleichsetzen u. ihre Motive u. Ideale in das eigene Ich übernehmen.*

Iden|ti|fi|zie|rung, die; -, -en: *das Identifizieren; das Sichidentifizieren; Identifikation.*

iden|tisch ⟨Adj.⟩ [zu ↑Identität]: **a)** *völlig übereinstimmend; vollkommen gleich:* Sätze mit -en Strukturen; ein -er Reim *(Reim mit gleichem Reimwort, rührender Reim,* z. B. freien/freien); eine -e Gleichung (Math.; *Gleichung, die nur bekannte Größen enthält od. für alle Werte einer in ihr enthaltenen Veränderlichen erfüllt ist);* -e (Fachspr.; *eineiige)* Zwillinge; ihre Interessen sind nicht i.; er ist i. mit dem Gesuchten *(ist der Gesuchte);* **b)** *dasselbe wie jmd., etw. bedeutend:* -e Begriffe; die Definitionen sind absolut i.; **c)** *innerlich übereinstimmend, wesensgleich:* sich mit jmdm., etw. i. fühlen.

Iden|ti|tät, die; - [spätlat. identitas, zu lat. idem = derselbe]: **1. a)** *Echtheit einer Person od. Sache; völlige Übereinstimmung mit dem, was sie ist od. als was sie bezeichnet wird:* jmds. I. feststellen, klären, bestreiten, bestätigen; seine I. hinter einem Pseudonym verbergen; für jmds. I. bürgen; **b)** (Psych.) *als Selbst erlebte innere Einheit der Person:* seine I. finden, suchen. **2.** *völlige Übereinstimmung mit jmdm., etw. in Bezug auf etw.; Gleichheit:* die I. des Verhafteten mit dem Entführer; die chemische I. des Theins und des Koffeins.

Iden|ti|tä̱ts|aus|weis, der (österr.): *während der Besatzungszeit 1945–1955 gültiger Personalausweis.*

Iden|ti|tä̱ts|fin|dung, die: *das Finden einer Identität* (1 b).

Iden|ti|tä̱ts|kar|te, die (österr. veraltet; schweiz.): *Personalausweis.*

Iden|ti|tä̱ts|kri|se, die: *Krise im Erlebnis der Identität* (1 b).

Iden|ti|tä̱ts|nach|weis, der: a) *Nachweis der Identität* (1 a); b) (Zollw.) *Nachweis, dass eine nicht mehr in den Händen der Zollbehörde befindliche, noch unverzollte Ware unverändert wieder vorgeführt wird.*

Iden|ti|tä̱ts|pa|pie|re ⟨Pl.⟩ (Rechtsspr.): *Schriftstücke, die jmdn. als bestimmte Person od. als einen in einer bestimmten Angelegenheit Berechtigten ausweisen.*

Iden|ti|tä̱ts|ver|lust, der: *Verlust der Identität* (1 b).

ideo-, Ideo- [zu griech. idéa, ↑Idee] ⟨Best. in Zus. mit der Bed.:⟩ *Begriff, Idee, Vorstellung* (z. B. ideographisch, Ideogramm).

Ide|o|gra̱mm, das; -s, -e [↑-gramm] (Sprachw.): *Schriftzeichen, das nicht eine bestimmte Lautung, sondern einen ganzen Begriff vertritt* (z. B. bei Hieroglyphen).

Ide|o|gra|phie̱, die; -, -n ⟨Pl. selten⟩ [↑-graphie] (Sprachw.): *aus Ideogrammen gebildete Schrift.*

ide|o|gra̱|phisch ⟨Adj.⟩: *die Ideographie betreffend, auf ihr beruhend.*

Ide|o|lo̱|ge, der; -n, -n [frz. idéologue, zu: idéologie, ↑Ideologie]: 1. *[exponierter] Vertreter einer [politischen] Ideologie.* 2. *weltfremder Theoretiker.*

Ide|o|lo|gie̱, die; -, -n [frz. idéologie, eigtl. = Ideenlehre, gepr. von dem frz. Philosophen A. L. C. Destutt de Tracy (1754–1836), zu griech. idéa (↑Idee) u. ↑-logie]: **a)** *an eine soziale Gruppe, eine Kultur o. Ä. gebundenes System von Weltanschauungen, Grundeinstellungen u. Wertungen:* eine bürgerliche, demokratische I.; die I. der herrschenden Schicht; die -n einer Zeit; eine I. vertreten; jmdm. seine I. aufzuzwingen versuchen; **b)** *politische Theorie, in der Ideen* (2) *der Erreichung politischer u. wirtschaftlicher Ziele dienen (bes. in totalitären Systemen):* eine faschistische, kommunistische I.; politische -n; **c)** *weltfremde Theorie.*

ide|o|lo|gie̱|frei ⟨Adj.⟩: *frei von Ideologie.*

ide|o|lo|gie̱|ge|bun|den ⟨Adj.⟩: *an eine Ideologie gebunden.*

Ide|o|lo|gie̱|kri|tik, die: **a)** (Soziol.) *das Aufzeigen der materiellen Bedingtheit einer Ideologie;* **b)** (Sprachw.) *Kritik der gesellschaftlichen Prämissen bei der Textinterpretation.*

ide|o|lo|gie̱|kri|tisch ⟨Adj.⟩: *Ideologiekritik übend, beinhaltend; die Ideologiekritik betreffend.*

Ide|o|lo̱|gin, die; -, -nen: w. Form zu ↑Ideologe.

ide|o|lo̱|gisch ⟨Adj.⟩: **a)** *eine Ideologie betreffend, ihr entsprechend:* -e Vorurteile, Schranken; i. *(in Bezug auf eine bestimmte Ideologie)* geschult, gefestigt sein; **b)** (selten; abwertend) *schwärmerisch weltfremden Theorien anhängend.*

ide|o|lo|gi|sie̱|ren ⟨sw. V.; hat⟩: *mit einer Ideologie befrachten, durchdringen; jmdn. ideologisch ausrichten, beeinflussen, indoktrinieren:* jmdn. i.; eine ideologisierte Menge, Sprache.

Ide|o|lo|gi|sie̱|rung, die; -, -en: *das Ideologisieren, Ideologisiertwerden.*

id e̱st [lat.]: das ist, das heißt; Abk.: i. e.

idg. = indogermanisch.

idio-, Idio- [zu griech. ídios] ⟨Best. in Zus. mit der Bed.:⟩ *eigen, selbst, eigentümlich, besonders* (z. B. idiographisch, Idiolekt).

Idi|o|bla̱st, der; -en, -en ⟨meist Pl.⟩ [zu griech. blástos = Keim, Spross] (Biol.): *in einen größeren andersartigen Verband von Zellen eingelagerte einzelne pflanzliche Zelle od. Gruppe von Zellen von spezifischer Gestalt u. mit besonderer Funktion.*

Idi|o|kra|sie̱, die; -, -n [griech. idiokrasía] (Med.; Psych.): *Idiosynkrasie.*

Idi|o|la|trie̱, die; - [zu griech. latreía, ↑Latrie]: *Vergötterung der eigenen Person.*

Idi|o|le̱kt, der; -[e]s, -e [engl. idiolect, geb. nach: dialect = Dialekt] (Sprachw.): *Sprachbesitz u. Sprachverhalten, Wortschatz u. Ausdrucksweise eines Individuums.*

idi|o|lek|ta̱l ⟨Adj.⟩ (Sprachw.): *den Idiolekt betreffend, kennzeichnend, ihm entsprechend, zu ihm gehörend:* -e Abweichungen vom allgemeinen Sprachgebrauch.

Idi|o̱m, das; -s, -e [griech. idíōma = Eigentümlichkeit, Besonderheit] (Sprachw.): **1.** *eigentümliche Sprache, Sprechweise einer regional od. sozial abgegrenzten Gruppe:* ein unverständliches I.; exotische, orientalische -e. **2.** *eigentümliche Wortprägung, Wortverbindung od. syntaktische Fügung, deren Gesamtbedeutung sich nicht aus den lexikalischen Einzelbedeutungen ableiten lässt* (z. B. Angsthase = sehr ängstlicher Mensch).

Idi|o|ma|tik, die; - (Sprachw.): **1.** *Teilgebiet der Lexikologie, das sich mit Idiomen befasst.* **2. a)** *Darstellung od. Sammlung von Idiomen* (2); **b)** *Gesamtbestand der Idiome* (2) *einer Sprache.*

idi|o|ma|tisch ⟨Adj.⟩ [griech. idiōmatikós = eigentümlich] (Sprachw.): **1. a)** *zu einem Idiom* (1) *gehörend;* **b)** *von, in der Art eines Idioms* (2): eine -e Wendung *(Redewendung, deren Gesamtbedeutung nicht aus der Bedeutung der Einzelwörter erschlossen werden kann);* ein -er Ausdruck. **2.** *die Idiomatik betreffend, in ihren Bereich gehörend.*

idi|o|ma|ti|sie̱rt ⟨Adj.⟩ (Sprachw.): *zu einem Idiom* (2) *geworden u. damit ohne semantisch-morphologische Durchsichtigkeit:* eine idiomatisierte Wendung, Fügung.

Idi|o|ma|ti|sie̱|rung, die; -, -en (Sprachw.): *[teilweiser] Verlust der semantisch-morphologischen Durchsichtigkeit eines Wortes od. einer Wortverbindung.*

Idi|o|pho̱n, (auch:) Idiofon, das; -s, -e [zu griech. phōnḗ = Stimme, Laut]: *selbstklingendes Musikinstrument* (Becken, Triangel, Gong, Glocken).

Idi|o|pla̱s|ma, das; -s (Biol.): *Keimplasma, das Träger des Erbgutes ist.*

Idi|o|syn|kra|sie̱, die; -, -n [griech. idiosygkrasía = eigentümliche Mischung der Säfte im Körper u. die daraus hervorgehende Beschaffenheit des Leibes, zu: sýgkrasis = Vermischung, zu: krãsis = das Mischen, Mischung]: **a)** (Med.) *[angeborene] Überempfindlichkeit gegen bestimmte Stoffe (z. B. Nahrungsmittel) u. Reize;* **b)** (Psych.) *besonders starke Abneigung od. Widerwillen gegenüber bestimmten Menschen, Tieren, Speisen, Dingen o. Ä.:* eine I. gegen jedes Spießertum.

Idi|o̱t, der; -en, -en [lat. idiota, idiotes < griech. idiṓtēs = gewöhnlicher, einfacher Mensch; Laie; Stümper, zu: ídios = eigen, eigentümlich]: **1.** *an Idiotie leidender, hochgradig schwachsinniger Mensch:* das Lallen, Grinsen eines -en. **2.** (ugs. abwertend) *jmds. Ärger od. Unverständnis hervorrufender törichter Mensch; Dummkopf:* das sind alles -en!; ich bin ein I., dass ich nicht mitfahre; warum habe ich I. noch mal damit angefangen?; jmdn. einen -en nennen.

idi|o̱|ten|haft ⟨Adj.⟩: *in der Weise eines Idioten* (1).

Idi|o̱|ten|hang, der (ugs. scherzh.): vgl. Idiotenhügel.

Idi|o̱|ten|hü|gel, der (ugs. scherzh.): *Hügel für Anfänger im Skifahren.*

idi|o̱|ten|si|cher ⟨Adj.⟩ (ugs. scherzh.): *so beschaffen, dass bei der Handhabung o. Ä. kaum etw. falsch gemacht werden kann:* eine -e Methode; die Vorrichtung funktioniert, ist i.

Idi|o|tie̱, die; -, -n: **1.** (Med.) *angeborener od. im frühen Kindesalter erworbener schwerster Grad des Schwachsinns:* klinische I.; an schwerer, angeborener I. leiden. **2.** (ugs. abwertend) *große Dummheit; widersinniges, törichtes Verhalten:* pure I.; so eine I.!

Idi|o̱|ti|kon, das; -s, ...ken od. ...ka [zu griech. idiōtikós, ↑idiotisch]: *Mundartwörterbuch; auf eine Sprachlandschaft begrenztes Wörterbuch.*

Idi|o̱|tin, die; -, -nen: w. Form zu ↑Idiot.

idi|o̱|tisch ⟨Adj.⟩ [lat. idioticus < griech. idiōtikós = eigentümlich; gewöhnlich; ungebildet]: **1.** *hochgradig schwachsinnig; von Idiotie* (1) *zeugend:* ein -es Kind. **2.** (ugs. abwertend) *völlig unsinnig; widersinnig:* eine -e Arbeit; das ist doch i.!; einfach i. *(ärgerlich),* dass ich das vergessen habe; sich, etw. i. finden; -er konnte man es wirklich nicht anfangen.

Idi|o|ti̱s|mus, der; -, ...men [2: lat. idiotismos < griech. idiōtismós = Sprechweise eines Mannes]: **1. a)** *Idiotie* (1); **b)** *Äußerung des Idiotismus* (1 a). **2.** (Sprachw.) *kennzeichnender, eigentümlicher Ausdruck eines Idioms; Spracheigenheit.*

I̱do, das; -s [zu griech. -ídēs = die Abstammung kennzeichnende Nachsilbe]: *aus dem Esperanto weiterentwickelte Welthilfssprache.*

Ido|kra̱s, der; -, -e [zu griech. idéa = Gestalt (↑Idee) u. krãsis = Mischung, also eigtl. = Mischgestalt]: *Kristalle bildendes olivgrünes od. bräunliches Mineral.*

Ido̱l, das; -s, -e [lat. idolum < griech. eídōlon = Gestalt, (Götzen)bild, zu: ideĩn, ↑Idee]: **1.** *jmd., etw. als Gegenstand schwärmerischer Verehrung, meist als Wunschbild von Jugendlichen:* ein I. der Leinwand; die Jugend sah, fand in ihm ihr I.; seinem I. nacheifern; zum I. [einer Generation, der Nachwelt] werden. **2.** (bild. Kunst) *Gottes-, Götzenbild [in Menschengestalt].*

Ido|la|trie̱, die; -, -n [lat. ido(lo)latria < griech. eidōlolatreía, zu: latreía, ↑Latrie] (bildungsspr.): *Bilderverehrung, -anbetung, Götzendienst.*

ido|li|sie̱|ren ⟨sw. V.; hat⟩: *zum Idol* (1) *machen:* einen Politiker, die Technik i.

Ido|lo|la|trie̱: ↑Idolatrie.

i-Dotz, der; -es, i-Dötze, **i-Dötz|chen,** das; -s, - [eigtl. = i-Pünktchen, wohl nach dem i der deutschen Schreibschrift, das die Schulanfänger zuerst schreiben lernten] (rhein.): *Schulanfänger, Abc-Schütze.*

I̱dun, Idu̱na (germ. Myth.): Göttin der ewigen Jugend.

Idus [ˈiduːs]: ↑Iden.

Idy̱ll, das; -s, -e [lat. idyllium < griech. eidýllion = Hirtengedicht, Vkl. von: eĩdos = Bild, Gestalt, eigtl. = Bildchen, dann = bildhaft ansprechende Darstellung von Szenen aus dem ländlichen Leben (bes. in der Hirtendichtung), zu ideĩn, ↑Idee]: *Bild, Zustand friedlichen, einfachen Lebens, meist in ländlicher Abgeschiedenheit:* ein dörfliches, häusliches I.

Idy̱l|le, die; -, -n: **1.** (Literaturw.) *Schilderung eines Idylls, bes. von Hirten- u. Schäferszenen, in lyrischer u. epischer Dichtung u. in der Malerei:* die -n Theokrits, des Rokokos. **2.** *Idyll:* eine bürgerliche I.

Idy̱l|lik, die; - (bildungsspr.): *idyllischer Charakter; idyllische Atmosphäre, Art.*

idy̱l|lisch ⟨Adj.⟩: **a)** *wie in einem Idyll, den Eindruck eines Idylls erweckend:* eine -e Landschaft, Gegend; der Ort war i. [gelegen]; **b)** (Literaturw.) *zur Idylle* (1) *gehörend, für eine Idylle* (1) *charakteristisch:* eine -e Landschaft.

i. e. = id est.

I. E., IE = Internationale Einheit.

-ier [-i̯eː], der; -s, -s [nach frz. m. Subst. auf -ier, z. B. hôtelier, ↑Hotelier] ⟨Bildungen oft spöttisch⟩: **1.** bezeichnet in Bildungen mit Substantiven eine männliche Person, die etw. hat, für etw. zuständig ist: Bankier, Kantinier, Kioskier. **2.** bezeichnet in Bildungen mit Substantiven eine männliche Person, die durch etw. auffällt, durch etw. sehr allgemein charakterisiert ist: Grimmassier, Kitschier, Pleitier.

-ie̱|ren: drückt in Bildungen mit Adjektiven – seltener mit Substantiven – aus, dass eine Person oder Sache in einen bestimmten Zustand gebracht, zu etw. gemacht wird: negativieren, tabuieren; ⟨in Verbindung mit ver-:⟩ verabsolutieren.

-ie̱|rung, die; -, -en: bezeichnet in Bildungen mit

Verben (Verbstämmen) etw. (eine Handlung, eine Tätigkeit): Isolierung, Konfrontierung, Resozialisierung.

Ifor, die; - [engl. Kurzwort für Implementation Force]: von der NATO aufgestellte Einsatztruppe für Bosnien und Herzegowina.

I-för|mig ⟨Adj.⟩: *in Form eines großen I.*

IG = Industriegewerkschaft; Interessengemeinschaft.

-ig: 1. drückt in Bildungen mit Substantiven oder Verben aus, dass die beschriebene Person oder Sache vergleichbar mit jmdm., etw. oder jmdm., etw. ähnlich ist/ *in der Art von jmdm., etw.:* freakig, jazzig, kicherig. **2.** drückt in Bildungen mit Substantiven (Zeitangaben) und einer näheren Bestimmung eine Dauer aus: halbjährig, zehnminütig. **3.** drückt in Bildungen mit Substantiven und einer näheren Bestimmung oder mit zusammengesetzten Substantiven aus, dass die beschriebene Person oder Sache etw. hat: bravgesichtig, mehrgeschossig, vorschulaltrig.

Igel, der; -s, - [mhd. igel, ahd. igil, zum idg. Wort für »Schlange« (vgl. griech. échis = Viper) u. eigtl. = Schlangenfresser]: **1.** *braunes, Stacheln tragendes, kurzbeiniges Säugetier, das sich bei Gefahr zu einer stacheligen Kugel zusammenrollt:* ein stacheliger I.; der I. stellt die Stacheln auf, rollt sich zusammen; die I. halten Winterschlaf; das Märchen vom Hasen und dem I.; Ü er ist ein richtiger I. *(aus einer gewissen Schüchternheit heraus kratzbürstiger, sich abkapselnder Mensch).* **2.** (Landw.) *einseitiger Hackpflug mit Messern u. Zinken zur Bodenlockerung.* **3.** *mit Mandelstiften bestecktes Gebäck in Igelform.* **4.** (ugs. scherzh.) kurz für ↑Igelschnitt.

Igel|fisch, der: *(in tropischen Meeren vorkommender) Fisch mit schuppenloser Haut u. Stacheln, die bei Gefahr aufgerichtet werden.*

Igel|fri|sur, die (ugs. scherzh.): *Igelschnitt.*

Igel|gins|ter, der: *dorniger, auch als Topfpflanze kultivierter Ginster des westlichen Mittelmeergebietes mit blauvioletten Blüten.*

Igel|kak|tus, der: *kugeliger, großer Kaktus mit kräftigen Dornen an den Längsrippen u. gelben Blüten an der Spitze.*

Igel|kopf, der (ugs. scherzh.): *Kopf mit Igelschnitt.*

Igel|schnitt, der (ugs. scherzh.): *Bürstenschnitt.*

Igel|stel|lung, die [nach dem Bild des bei Gefahr sich zusammenrollenden Igels] (Milit.): *(bes. von eingeschlossenen Truppen) Stellung zur Verteidigung nach allen Seiten.*

igitt, igit|ti|gitt ⟨Interj.⟩ [wohl verhüll. für: o Gott, ogottogott] (landsch.): oft als Übertreibung empfundener Ausruf der Ablehnung, Zurückweisung voller Ekel, Abscheu.

-ig|keit, die; -, -en: bildet mit bestimmten Adjektiven die entsprechenden Substantive, die dann einen Zustand, eine Beschaffenheit, Eigenschaft ausdrücken: Engigkeit, Laienhaftigkeit, Schwunglosigkeit.

Iglu, der od. das; -s, -s [eskim. ig(dl)lu = Haus]: *aus Schneeblöcken errichtete, kuppelförmige [Winter]hütte der Eskimos.*

igno|rant ⟨Adj.⟩ [zu lat. ignorans (Gen.: ignorantis), 1. Part. von: ignorare, ↑ignorieren] (bildungsspr. abwertend): *von (tadelnswerter) Unwissenheit zeugend:* eine -e Bemerkung.

Igno|rant, der; -en, -en (bildungsspr. abwertend): *tadelnswert unwissender Mensch:* ein literarischer I.; so ein I.

Igno|ran|ten|tum, das; -s (bildungsspr. abwertend): *Äußerung der Ignoranz* (a) *in einem entsprechenden Verhalten.*

Igno|ran|tin, die; -, -nen: w. Form zu ↑Ignorant.

Igno|ranz, die; - [lat. ignorantia] (bildungsspr. abwertend): **a)** *tadelnswerte Unwissenheit, Kenntnislosigkeit in Bezug auf jmdn., etw.:* politische I.; seine Antwort zeugt von ziemlicher I.; **b)** (selten) *das Ignorieren.*

igno|rie|ren ⟨sw. V.; hat⟩ [lat. ignorare = nicht wissen (wollen), zu: ignarus = unerfahren, unwissend, zu: gnarus = kundig, zu: noscere, ↑Notiz]: *absichtlich übersehen, übergehen, nicht beachten:* jmdn., jmds. Anwesenheit, einen Vorfall i.; ignorieren wir *(vergessen wir dabei)* doch nicht, dass ….

i. H. = im Haus[e].

IHK = Industrie- u. Handelskammer.

Ih|le, der; -n, -n [wohl zu niederl. (landsch.) iel = schwach, dünn]: *Hering, der schon gelaicht hat, deshalb mager u. minderwertig ist.*

ihm [mhd. im(e), ahd. imu, imo] ⟨Dativ Sg. der Personalpron. ↑er, ↑[1]es (1 a) ⟩: wie geht es ihm (= dem Patienten, dem Kind)?

ihn [mhd. in(en), ahd. inan] ⟨Akk. Sg. des Personalpron. ↑er⟩: hast du ihn (= den Vater) gesehen?

ih|nen [mhd. in(en), ahd. in(en), im] ⟨Dativ Pl. des Personalpron. ↑sie (2) ⟩: das kommt ihnen (= den Arbeitgebern) sicher sehr gelegen.

Ih|nen ⟨Dativ Sg. u. Pl. von ↑sie (2 b) in der Anrede⟩: darin stimme ich mit Ihnen (= eine od. mehrere Personen) überein.

[1]ihr [mhd. ir, ahd. ira, iro, iru] ⟨Dativ Sg. des Personalpron. ↑sie (1 a)⟩: ich habe ihr (= der Tochter) ein Kleid gekauft.

[2]ihr ⟨Personalpron.; 2. Pers. Pl. Nom.⟩ [mhd., ahd. ir]: **a)** Anrede an verwandte od. vertraute Personen [die man als einzelne duzt], an Kinder, göttliche Wesenheiten, Untergebene, (in dichter. Sprache) personifizierend an Dinge u. Abstrakta: ihr könnt euch glücklich schätzen; ihr und ich[, wir] haben uns damals mit einer Entscheidung gleichermaßen schwer getan; ihr Freunde; ihr geliebten Berge!; ihr Lieben (Anrede im Brief); ⟨Gen.:⟩ das ist sicher in euer aller Sinne; ⟨Dativ:⟩ wir werden euch beistehen; ⟨Akk.:⟩ wir besuchen euch bald wieder; freut euch!; **b)** (veraltet) Anrede an eine einzelne Person: habt Ihr einen Augenblick Zeit?

[3]ihr ⟨Possessivpron.⟩ [mhd. ir (w. iriu, s. irȝ), subst.: daȝ ir(e)]: **1.** bezeichnet die Zugehörigkeit od. Herkunft eines Wesens od. Dinges, einer Handlung od. Eigenschaft in Bezug auf eine in der 3. Pers. Sg. genannte weibliche Person: **a)** ⟨vor einem Subst. in Bezug auf eine in der 3. Pers. Sg. genannte Person od. Sache mit weiblichem Geschlecht⟩ ihr Kleid; -e Enkelkinder; -e Einstellung; (geh.:) im Auftrag Ihrer Majestät [der Kaiserin]; ihr Flugzeug *(das Flugzeug, mit dem sie fliegen wollte);* ich lese in -em Buch (1. *dem Buch, das ihr gehört.* 2. *dem Buch, das ich von ihr geschenkt bekommen habe.* 3. *dem Buch, das sie geschrieben, herausgegeben hat*); als Ausdruck einer Gewohnheit, gewohnheitsmäßiger Zugehörigkeit, Regel o. Ä.: sie hat -en Bus verpasst; sie mit -em [ewigen] Genörgel; **b)** ⟨o. Subst.:⟩ das ist nicht mein Buch, sondern -s, (geh.:) -es; **c)** ⟨subst.:⟩ (geh.:) das ist nicht meine Angelegenheit, sondern die -e; der Ihre *(ihr Mann);* die Ihren *(ihre Angehörigen);* das Ihre (1. *das ihr Zustehende.* 2. *das ihr Zukommende*). **2.** bezeichnet die Zugehörigkeit od. Herkunft eines Wesens od. Dinges, einer Handlung od. Eigenschaft in Bezug auf mehrere in der 3. Pers. Pl. genannte Personen: **a)** ⟨vor einem Subst. in Bezug auf mehrere in der 3. Pers. Sg. genannte Personen od. Sachen⟩ Eltern mit -en Kindern; die Kinder spielten mit -em Hund; als Ausdruck einer Gewohnheit, gewohnheitsmäßigen Zugehörigkeit, Regel o. Ä.: die Kinder brauchen -e geregelten Mahlzeiten; **b)** ⟨o. Subst.:⟩ es waren nicht mehr unsere Gebiete, sondern -e; **c)** ⟨subst.:⟩ (geh.:) wir brachten unsere Änderungswünsche vor, warum andere nicht die -en?; sie waren Weihnachten zu den Ihren *(ihren Angehörigen)* gefahren; Hektik, Aufregungen und schlechte Ernährung taten das Ihre *(trugen dazu bei),* seine Gesundheit zu schwächen; sie haben das Ihre *(ihnen Zustehende)* bekommen; sie haben alle das Ihre *(ihnen Zukommende)* getan. **3.** bezeichnet die Zugehörigkeit od. Herkunft eines Wesens od. Dinges, einer Handlung od. Eigenschaft in Bezug auf eine od. mehrere mit »Sie« angeredete Personen: **a)** ⟨vor einem Subst.⟩ vergessen Sie Ihren Schirm nicht!; wir freuen uns über Ihr zahlreiches Erscheinen; mit freundlichen Grüßen Ihre XY (Briefschluss); als Ausdruck einer Gewohnheit, gewohnheitsmäßigen Zugehörigkeit, Regel o. Ä.: lassen Sie heute Ihren Spaziergang ausfallen?; **b)** ⟨o. Subst.:⟩ ich habe meinen Antrag eingereicht, Sie Ihren auch?; **c)** ⟨subst.:⟩ (geh.:) das ist seine Angelegenheit und nicht die Ihre; meine besten Empfehlungen an die Ihren *(Ihre Angehörigen);* kümmern Sie sich nur um das Ihre! (1. *Ihnen Zustehende.* 2. *Ihnen Zukommende*).

[4]ihr ⟨veralteter Gen. Pl. des Personalpron. ↑sie (2 a)⟩: ihr aller Leben war in Gefahr.

ih|rer ⟨Gen. des Personalpron. ↑sie (1, 2)⟩: (geh.:) man gedachte ihrer (= der Mutter); (geh.:) man gedachte ihrer (= der Vorfahren).

ih|rer|seits ⟨Adv.⟩ [↑-seits]: **1.** *(gegenüber einem andern) von ihrer* (↑sie 1 a) *Seite aus [nun auch]:* sie reagierte i. etwas zurückhaltend auf unseren nicht präzise formulierten Vorschlag. **2.** *(gegenüber einem andern) von ihrer* (↑sie 2 a) *Seite aus [nun auch]:* wir werden uns auf ihre Bedingungen nur einlassen, wenn sie i. zu gewissen Zugeständnissen bereit sind. **3.** *(gegenüber einem andern) von Ihrer* (↑sie 2 b) *Seite aus [nun auch]:* ich hoffe, dass Sie die Angelegenheit Ihrerseits noch einmal überdenken.

ih|res|glei|chen ⟨indekl. Pron.⟩: **1.** *jmd. wie sie* (1); *jmdn., der ihr gleich ist:* sie pflegt nur Kontakte mit i. *(Personen ihres Standes, ihrer Kreise).* **2.** *jmd. wie sie* (2); *jmd., der ihnen gleich ist:* Leuten wie i. ist nicht zu trauen. **3.** *jmd. wie Sie; jmd., der Ihnen gleich ist:* für Ihresgleichen dürfte das eine Kleinigkeit sein.

ih|ret|hal|ben ⟨Adv.⟩ [mhd. von iret halben, ↑-halben] (veraltend): *ihretwegen.*

ih|ret|we|gen ⟨Adv.⟩: **1.** *aus Gründen, die sie* (1) *betreffen; ihr zuliebe:* i., weil sie müde war, sind wir früher nach Hause gegangen. **2.** *aus Gründen, die sie* (2) *betreffen; ihnen zuliebe:* wenn sie nicht ernsthaft interessiert sind, werden wir uns i. nicht weiter bemühen. **3.** *aus Gründen, die Sie betreffen:* Ihretwegen habe ich mich für Ihren Sohn eingesetzt.

ih|ret|wil|len ⟨Adv.⟩: nur in der Fügung **um i.** (1. *mit Rücksicht auf sie* (1). 2. *mit Rücksicht auf sie* (2). 3. *mit Rücksicht auf Sie:* um Ihretwillen werde ich es tun).

ih|ri|ge, der, die, das; -n, -n ⟨Possessivpron.; immer mit Art.⟩ (geh. veraltend): *der, die das [3]ihre* (1 c, 2 c, 3 c); *vgl. meinige.*

Ih|ro ⟨indekl. Pron.⟩ [geb. nach ↑dero]: *Ihre* (in veralteter Anrede od. bei Erwähnung hochgestellter [adliger] Persönlichkeiten): I. Gnaden, Majestät.

ihr|zen ⟨sw. V.; hat⟩ [mhd. irzen]: *mit Ihr* ([2]ihr b) *anreden.*

IHS = IH(ΣΟΥ)Σ = Jesus.

i. J. = im Jahre.

-ik, die; -, -en: **1.** bildet mit Adjektiven (auf -isch) die entsprechenden Substantive, die dann eine Beschaffenheit, Eigenschaft, ein Verhalten o. Ä. ausdrücken: Chaotik, Lakonik. **2.** bezeichnet in Bildungen mit Substantiven – seltener mit Adjektiven – den Gesamtbereich von etw.: Hygienik, Obligatorik.

Ika|rus (griech. Myth.): Sohn des Dädalus, mit dem er aus dem kretischen Labyrinth mithilfe künstlicher Flügel flieht, wobei Ikarus der Sonne zu nahe kommt, sodass das Wachs seiner Flügel schmilzt u. er ins Meer stürzt.

Ike|ba|na, das; -[s] [jap. ikebana = lebendige Blumen]: *japanische Kunst des Blumensteckens, des künstlerischen, symbolischen Blumenarrangements.*

-i|ker, der; -s, -: kennzeichnet in Bildungen mit Substantiven bzw. Adjektiven (auf -isch) eine Person, die sehr allgemein durch etw. charakterisiert ist: Hektiker, Ironiker, Rhythmiker.

Ikon, das; -s, -e (seltener), **Iko|ne,** die; -, -n [russ. ikona < mgriech. eikóna, zu griech. eikṓn = Bild]: *Kultbild der orthodoxen Kirche mit der Darstellung heiliger Personen od. ihrer Geschichte:* russische, byzantinische Ikonen; eine Ikone aus dem 12. Jh.

Iko|no|gra|phie, (auch:) Ikonografie, die; - [lat. iconographia < griech. eikonographía = Abbildung]: 1. a) *Beschreibung, Form- u. Inhaltsdeutung von [alten] Bildwerken:* er ist ein Meister der I.; b) *Ikonologie.* 2. *wissenschaftliche Bestimmung von Bildnissen des griechischen u. römischen Altertums.*

Iko|no|klas|mus, der; -, ...men: *Bildersturm; Abschaffung u. Zerstörung von Heiligenbildern (bes. im Bilderstreit der byzantinischen Kirche des 8. u. 9. Jh.s).*

Iko|no|lo|gie, die; - [griech. eikonología = das Sprechen in Bildern, zu lógos, ↑Logos]: *(auf der Ikonographie aufbauende) Wissenschaft vom Sinn- u. Symbolgehalt von [alten] Kunstwerken, Symbolkunde.*

Iko|nos|tas, der; -, -e, **Iko|nos|ta|se,** die; -, -n, **Iko|nos|ta|sis** [auch: ...'sta...], die; -, ...asen [russ. ikonostas < mgriech. eikonostási(on)]: *dreitürige Bilderwand zwischen Gemeinde- u. Altarraum in orthodoxen Kirchen.*

Iko|sa|e|der, das; -s, - [lat. icosahedrum < griech. eikosáedron, zu: eikosi(n) = zwanzig u. hédra = Fläche] (Math.): *von zwanzig [gleichseitigen] Dreiecken begrenzter Vielflächner.*

ikr = isländische Krone.

IKRK = Internationales Komitee vom Roten Kreuz.

Ik|te|rus, der; - [lat. icterus < griech. íkteros, H. u.] (Med.): *Gelbsucht.*

Ik|tus, der; -, - [...u:s] u. Ikten [lat. ictus = Stoß, Takt(schlag), zu: icere (2. Part.: ictum) = treffen, eigtl. = mit einem Stoß, Schlag erreichen]: 1. (Metrik) *[nachdrückliche] Betonung der Hebung im Vers, Versakzent.* 2. (Med.) *unerwartet u. plötzlich auftretendes Krankheitssymptom.* 3. (Med.) *Stoß.*

il- [↑in-]: verneint in Bildungen mit Adjektiven, die mit l anlauten, deren Bedeutung: *nicht:* illegal, illegitim, illoyal.

Ilang-Ilang-Baum usw.: ↑Ylang-Ylang-Baum usw.

Ile|en, Ilei: Pl. von ↑Ileus.

Ile|us, der; -, Ileen ['i:leən] u. Ilei ['i:lei; lat. ileus < griech. eileós, urspr. wohl = Windung] (Med.): *Darmverschluss.*

Ilex, die, auch: der; -, - [lat. ilex = Steineiche]: *Stechpalme.*

ill. = illustriert.

il|le|gal ⟨Adj.⟩ [mlat. illegalis, zu lat. in- = un-, nicht u. legalis, ↑legal]: *gesetzwidrig, ungesetzlich; ohne behördliche Genehmigung:* eine -e Aktion, Organisation, Partei; i. arbeiten, einwandern.

Il|le|ga|li|tät [auch: '- - - - -], die; -, -en: 1. ⟨o. Pl.⟩ a) *Ungesetzlichkeit, Gesetzwidrigkeit:* die I. einer politischen Arbeit; b) *illegale Tätigkeit, Lebensweise; illegaler Zustand:* in der I. leben. 2. *einzelne illegale Handlung o. Ä.:* streng gegen -en vorgehen.

il|le|gi|tim ⟨Adj.⟩ [lat. illegitimus, zu: in- = un-, nicht u. legitimus, ↑legitim] (bildungsspr.): 1. a) *unrechtmäßig, im Widerspruch zur Rechtsordnung stehend, nicht im Rahmen bestimmter Vorschriften erfolgend:* eine -e Thronfolge; b) *außerehelich; nichtehelich:* ein -es Kind. 2. *nicht legitim (2), nicht vertretbar, nicht berechtigt:* eine -e Forderung; auf -e Art.

Il|le|gi|ti|mi|tät [auch: '- - - - - -], die; - (bildungsspr.): *illegitime (1, 2) Art, Beschaffenheit einer Person od. Sache.*

il|li|be|ral ⟨Adj.⟩ [lat. illiberalis, eigtl. = gemein, zu: in- = nicht, un- u. liberalis, ↑liberal] (bildungsspr.): *nicht liberal; engherzig, unduldsam:* ein -er Wesenszug; ein -es Verhalten.

Il|li|be|ra|li|tät [auch: '- - - - - -], die; -: *illiberales Wesen, Denken.*

Il|li|nois [ɪlɪ'nɔɪ(z)]; Illinois': Bundesstaat der USA.

il|li|quid ⟨Adj.⟩ [zu lat. in- = un-, nicht- u. ↑liquid] (Wirtsch.): *[vorübergehend] zahlungsunfähig.*

Il|li|qui|di|tät [auch: '- - - - -], die; -: *[vorübergehende] Zahlungsunfähigkeit.*

il|li|te|rat ⟨Adj.⟩ [lat. illiteratus, zu: in- = un-, nicht u. litteratus = gebildet, zu: litterae = Wissenschaft(en)] (bildungsspr.): *ungelehrt, nicht wissenschaftlich gebildet.*

Il|li|te|rat [auch: - - -'-], der; -en, -en (bildungsspr.): *Ungelehrter, nicht wissenschaftlich Gebildeter.*

Il|lo|ku|ti|on, die; -, -en [zu lat. locutio = das Sprechen, Sprache] (Sprachw.): *Sprechakt im Hinblick auf die kommunikative Funktion.*

il|lo|ku|ti|o|när ⟨Adj.⟩: meist in der Fügung -er Akt (Sprachw.; *Illokution*).

il|lo|ku|tiv ⟨Adj.⟩: meist in der Fügung -er Akt (Sprachw.; *Illokution*).

il|lo|yal ⟨Adj.⟩ [zu lat. in- = un-, nicht u. ↑loyal] (bildungsspr.): a) *den Staat, eine Instanz nicht respektierend:* eine -e Einstellung gegenüber der Regierung; b) *vertragsbrüchig, eingegangene Verpflichtungen nicht haltend, gegen Treu u. Glauben:* ein -er Vertragspartner; c) *die Interessen der Gegenseite nicht achtend, den Gegner nicht respektierend:* sich seinen politischen Gegnern gegenüber i. verhalten.

Il|lo|ya|li|tät [auch: '- - - - -], die; - (bildungsspr.): *illoyale Gesinnung, Verhaltensweise.*

Il|lu|mi|nat, der; -en, -en ⟨meist Pl.⟩ [zu lat. illuminatus = erleuchtet]: *Angehöriger einer geheimen Verbindung, bes. des Illuminatenordens.*

Il|lu|mi|na|ten|or|den, der ⟨o. Pl.⟩: *(im 18. Jh.) aufklärerisch-freimaurerische geheime Gesellschaft.*

Il|lu|mi|na|ti|on, die; -, -en [frz. illumination < lat. illuminatio = Erleuchtung, Beleuchtung]: 1. a) *[farbige] Beleuchtung* (1 b) *vor allem im Freien:* die I. von Gebäuden; b) *[farbiges] Licht, das etw. bes. im Freien beleuchtet:* eine weihnachtliche I. auf Straßen und Plätzen. 2. (Theol.) *göttliche Erleuchtung des menschlichen Geistes (nach der theologischen Lehre Augustins).* 3. (Kunstwiss.) *Buchmalerei.*

Il|lu|mi|na|tor, der; -s, ...oren [mlat. illuminator]: *Künstler (bes. des Mittelalters), der Handschriften u. Bücher illuminiert* (2).

il|lu|mi|nie|ren ⟨sw. V.; hat⟩ [frz. illuminer < lat. illuminare = erleuchten, zu: lumen (Gen.: luminis) = Licht]: 1. *[festlich] erleuchten:* eine Stadt, ein Schloss i.; der Park war illuminiert; Ü eine illuminierende (bildungsspr.; *erhellende*) Feststellung; er war von den Schnäpsen ziemlich illuminiert (scherzh. veraltend; *alkoholisiert*). 2. (Kunstwiss.) *(mittelalterliche Handschriften) ausmalen, mit Buchmalerei versehen:* illuminierte Handschriften des 11. und 12. Jh.s.

Il|lu|mi|nie|rung, die; -, -en: *das Illuminieren.*

Il|lu|si|on, die; -, -en [frz. illusion < lat. illusio = Täuschung, irrige Vorstellung, zu: illudere = sein Spiel treiben, täuschen]: 1. *beschönigende, dem Wunschdenken entsprechende Selbsttäuschung über einen in Wirklichkeit weniger positiven Sachverhalt:* wertlose, jugendliche -en; -en haben, zerstören; jmdm. seine -en lassen, rauben; du brauchst dir keine -en zu machen; einer I. nachjagen; darüber darf man sich keinen -en hingeben; sich in -en wiegen; wieder um eine I. ärmer sein. 2. (Psych.) *falsche Deutung von tatsächlichen Sinneswahrnehmungen (im Unterschied zur Halluzination).* 3. *Täuschung durch die Wirkung eines Kunstwerks, das Darstellung als Wirklichkeit erleben lässt.*

il|lu|si|o|när ⟨Adj.⟩: 1. (bildungsspr.) *auf Illusionen beruhend, Illusionen enthaltend:* -e Vorstellungen; der -e Charakter einer politischen Unternehmung. 2. (Kunstwiss.) *illusionistisch* (1).

il|lu|si|o|nie|ren ⟨sw. V.; hat⟩ (bildungsspr.): *in jmdm. eine Illusion erwecken; jmdm. etw. vorgaukeln; täuschen:* sich nicht i. lassen.

Il|lu|si|o|nis|mus, der; -: 1. (Philos.) *die Objektivität der realen Welt, der Wahrheit, Schönheit, Sittlichkeit als Schein erklärende philosophische Anschauung:* der I. Schopenhauers. 2. (Kunstwiss.) *illusionistische [Bild]wirkung.*

Il|lu|si|o|nist, der; -en, -en: 1. (bildungsspr.) *jmd., der Illusionen hegt, sich Illusionen macht:* er ist ein großer I. 2. *Zauberkünstler.*

Il|lu|si|o|nis|tin, die; -, -nen: w. Form zu ↑Illusionist.

il|lu|si|o|nis|tisch ⟨Adj.⟩: 1. (Kunstwiss.) *durch die künstlerische Darstellung Scheinwirkungen (bes. Raumtiefe u. Körperlichkeit) erzeugend.* 2. (bildungsspr.) *illusionär* (1): ein -er Wesenszug.

il|lu|si|ons|los ⟨Adj.⟩: *frei von Illusionen:* eine -e Einschätzung der Lage.

Il|lu|si|ons|lo|sig|keit, die; -: *das Illusionslossein; illusionslose Haltung.*

il|lu|so|risch ⟨Adj.⟩ [(frz. illusoire <) lat. illusorius = täuschend, verspottend]: a) *nur in der Illusion bestehend, trügerisch:* eine -e Einschätzung der Sachlage; b) *in Anbetracht von etw. zwecklos, sich erübrigend:* eine erneute Besprechung ist damit i. geworden.

il|lus|ter ⟨Adj.⟩ [frz. illustre < lat. illustris = strahlend; berühmt, zu: lustrare = hell machen] (bildungsspr.): *Respekt heischend glanzvoll, Bewunderung hervorrufend, erlaucht:* ein illustrer Gast, Kreis.

Il|lus|tra|ti|on, die; -, -en [lat. illustratio = Erhellung, anschauliche Darstellung]: 1. *veranschaulichende Bildbeigabe zu einem Text:* farbige, schwarz-weiße -en zu einem Märchen. 2. *Veranschaulichung, Erläuterung:* eine akustische I.; Beispiele zur I. eines Vorgangs anführen.

il|lus|tra|tiv ⟨Adj.⟩: 1. *als Illustration* (1) *dienend; mittels Illustration:* -e Zeichnungen. 2. *veranschaulichend, erläuternd:* die Biografie enthält viele -e Notenbeispiele.

Il|lus|tra|tor, der; -s, ...oren [spätlat. illustrator = Ausschmücker]: *Künstler, der einen Text mit Illustrationen* (1) *ausgestaltet.*

Il|lus|tra|to|rin, die; -, -nen: w. Form zu ↑Illustrator.

il|lus|trie|ren ⟨sw. V.; hat⟩ [frz. illustrer < lat. illustrare = erleuchten; erläutern]: 1. *mit Illustrationen* (1) *ausgestalten; bebildern:* ein Buch, eine Novelle, Witze i.; der Katalog war ausgezeichnet illustriert; illustrierte Zeitschriften, Zeitungen. 2. *veranschaulichen, verdeutlichen:* eine These i.; etw. mit einem Beispiel, durch statistisches Material i. 3. (Kochk.) *garnieren.*

Il|lus|trier|te, die; -n, -n ⟨zwei Illustrierte, auch: -n⟩: *periodisch erscheinende Zeitschrift, die überwiegend Bildberichte u. Reportagen aus dem Zeitgeschehen, Fortsetzungsromane u. a. veröffentlicht:* der Fall ist durch die -n gegangen.

Il|lus|trie|rung, die; -, -en: *das Illustrieren.*

Il|ly|rer, der; -s, -: *Angehöriger indogermanischer Stämme in Illyrien.*

Il|ly|re|rin, die; -, -nen: w. Form zu ↑Illyrer.

Il|ly|ri|en; -s: in der Antike Gebiet des heutigen Dalmatien u. Albanien.

Il|ly|ri|er, der; -s, -: ↑Illyrer.

Il|ly|ri|e|rin, die; -, -nen: w. Form zu ↑Illyrier.

il|ly|risch ⟨Adj.⟩: a) *Illyrien, die Illyrer betreffend; aus Illyrien stammend;* b) *in der Sprache der Illyrer.*

Il|ly|risch, das; -[s] u. ⟨nur mit best. Art.:⟩ **Il|ly|ri|sche,** das; -n: *Sprache der Illyrer.*

Il|ly|ris|tik, die; -: *Wissenschaft, die sich mit den Resten des Illyrischen in den europäischen Personen- u. geographischen Namen befasst.*

Il|me|nit [auch: ...'nɪt], der; -s, -e [nach den Ilmenischen Bergen im südlichen Ural]: *schwarzes bis schwarzbraunes, metallisch glänzendes Titanerz.*

Il|tis, der; -ses, -se [mhd. iltis, ahd. illi(n)tiso, H. u.]: 1. *(zur Familie der Marder gehörendes) kleines Raubtier von schwarzbrauner Färbung mit gedrungenem Körper u. langem Schwanz.* 2. a) *Fell des Iltis* (1): eine Pelzjacke aus I.; b) *aus dem Fell des Iltis* (1) *gearbeiteter Pelz:* sie trägt einen I.

im ⟨Präp. + Art.⟩ [mhd. im(e), imme]: 1. *in dem:* im Haus; im Beruf; (nicht auflösbar bei geographischen Namen u. bestimmten Zeitangaben:) Freiburg im Breisgau; im Oktober; (nicht auflösbar in festen Verbindungen:) im Grunde; im Gegenteil; im Bau sein. 2. (nicht auflösbar; bildet mit dem subst. Inf. [u. »sein«] die Verlaufsform) *während eines bestimmten Vorgangs;*

dabei seiend, etw. zu tun: dieser Schauspieler ist im Kommen; der Junge ist noch im Wachsen.

IM [iˈɛm] der; -[s], -[s]: inoffizieller Mitarbeiter (beim Staatssicherheitsdienst der DDR).

im- [↑in-]: verneint in Bildungen mit Adjektiven, die mit m und p anlauten, deren Bedeutung: *nicht:* immateriell, immobil, implausibel.

Image [ˈɪmɪtʃ, engl.: ˈɪmɪdʒ], das; -[s], -s [ˈɪmɪtʃ(s), engl.: ˈɪmɪdʒɪz; engl. image < frz. image < lat. imago, ↑Imago]: *Vorstellung, Bild, das ein Einzelner od. eine Gruppe von einer anderen Einzelperson, Gruppe od. Sache hat; [idealisiertes] Bild von jmdm., etw. in der öffentlichen Meinung:* das I. der berufstätigen Frau; sein I. ist angeschlagen; ein gutes I. haben; das I. eines Produktes pflegen.

Image|kam|pa|gne, die (bes. Werbespr.): *auf die Imagepflege ausgerichtete Kampagne* (1).

Image|pfle|ge, die ‹o. Pl.›: *das Bemühen um ein günstiges Bild von jmdm., etw. in der Öffentlichkeit:* I. treiben.

Image|wer|bung, die (bes. Werbespr.): *auf die Imagepflege ausgerichtete Werbung* (1).

ima|gi|na|bel [imagi...] ‹Adj.; ...bler, -ste› [engl. imaginable < frz. imaginable < lat. imaginabilis = in der Einbildung bestehend] (selten): *vorstellbar, denkbar, erdenklich:* imaginable Veränderungen.

Ima|gi|nal|sta|di|um, das ‹o. Pl.› (Zool.): *Endstadium der Metamorphose* (2) *von Insekten.*

ima|gi|när ‹Adj.› [frz. imaginaire < lat. imaginarius = bildhaft, nur in der Einbildung bestehend] (bildungsspr.): *nur in der Vorstellung vorhanden, nicht wirklich, nicht real:* ein -er Himmel; -e Einheit (Math.; *durch eine positive od. negative Zahl nicht darstellbare Wurzel aus −1;* Zeichen: i); -e Zahlen (Math.; *Vielfache der Wurzel aus −1*).

Ima|gi|na|ti|on, die; -, -en [frz. imagination < lat. imaginatio] (bildungsspr.): *Fantasie, Einbildungskraft, bildhaftes Denken:* das erfordert I.

ima|gi|na|tiv ‹Adj.› (bildungsspr.): *auf Imagination beruhend; vorgestellt:* das -e Element im Jazz.

ima|gi|nie|ren ‹sw. V.; hat› [frz. imaginer < lat. imaginari] (bildungsspr.): *sich vorstellen, einbilden:* den früheren Zustand i.

Ima|go, die; -, ...gines [...gine:s; lat. imago = Bild, verw. mit: imitari, ↑imitieren]: **1.** (Psych.) *im Unterbewusstsein vorhandenes [Ideal]bild einer anderen Person der sozialen Umwelt.* **2.** (Zool.) *fertig ausgebildetes, geschlechtsreifes Insekt nach der letzten Häutung.* **3.** *(im Atrium altrömischer Häuser aufgestellte) wächserne Totenmaske von Vorfahren.*

Imam, der; -s, -s u. -e [arab. imām, eigtl. = Vorsteher]: **1. a)** *Vorbeter in der Moschee;* **b)** ‹o. Pl.› *Titel für verdiente Gelehrte des Islams.* **2.** *Prophet u. religiöses Oberhaupt der Schiiten.*

Ima|mit, der; -en, -en: *Angehöriger der am weitesten verbreiteten Gruppe der Schiiten.*

Ima|mi|tin, die; -, -nen: w. Form zu ↑Imamit.

Iman, das; -s [arab. īmān]: *Glaube (im Islam).*

im|be|zil, im|be|zill ‹Adj.› [frz. imbécile < lat. imbecillus = (geistig) schwach] (Med. veraltend): *in mittlerem Grade geistig behindert.*

Im|be|zil|li|tät, die; - [frz. imbécillité < lat. imbecillitas] (Med. veraltend): *geistige Behinderung mittleren Grades.*

Im|biss, der; -es, -e [mhd., ahd. in-, imbiȥ, zu mhd. enbîȥen, ahd. enbîȥan = essend od. trinkend genießen, zu ↑in u. ↑beißen]: **1.** *kleine, meist kalte Mahlzeit:* einen I. [ein]nehmen, reichen. **2.** *Imbisshalle, -stand:* beim nächsten I. essen wir etwas.

Im|biss|bar, die: *kleineres Lokal, in dem ein Imbiss eingenommen werden kann.*

Im|biss|bu|de, die: *Verkaufsstand, Kiosk, an dem ein kleiner Imbiss eingenommen werden kann.*

Im|biss|hal|le, die: *Imbissbar; Imbissbude.*

Im|biss|stand, der: *Imbissbude.*

Im|biss|stu|be, die: *Imbissbar.*

Im|bro|glio [ɪmˈbrɔljo], das; -s, ...gli [...lji] u. -s [ital. imbroglio = Verwirrung, zu: imbrogliare = verwickeln, verwirren, zu: brogliare = intrigieren, verw. mit frz. brouiller, eigtl. trüben, verwischen, viell. zu afrz. brou = Schaum, Sprudelndes] (Musik): *rhythmische Verwirrung durch gleichzeitiges Erklingen verschiedener Taktarten in mehreren Stimmen.*

Imi|tat, das; -[e]s, -e: *Imitation* (1 b).

Imi|ta|ti|on, die; -, -en [lat. imitatio = Nachahmung]: **1. a)** (bildungsspr.) *das Nachahmen, Nachahmung:* die I. von Vogelstimmen; durch I. lernen; **b)** *[minderwertige] Nachahmung eines wertvolleren Materials od. Gegenstandes:* diese Brillanten sind I. **2.** (Musik) *Wiederholung eines Themas durch eine andere Stimme in der gleichen od. einer anderen Tonlage (bei Kanon, Fuge u. a.).*

imi|ta|tiv ‹Adj.› (bildungsspr.): *auf Imitation beruhend, nachahmend:* -es Erlernen einer Fremdsprache.

Imi|ta|tiv, das; -s, -e (Sprachw.): *Verb des Nachahmens* (z. B. büffeln = arbeiten wie ein Büffel).

Imi|ta|tor, der; -s, ...oren [lat. imitator]: *jmd., der jmdn., etw. (z. B. Vogelstimmen, Instrumente o. Ä.) nachahmt:* als I. auftreten; der I. war fast besser als der Sänger, den er nachahmte.

Imi|ta|to|rin, die; -, -nen: w. Form zu ↑Imitator.

imi|ta|to|risch ‹Adj.› (bildungsspr.): *die Imitation* (1 a) *betreffend, auf ihr beruhend; nachahmend:* nur begrenzte -e Fähigkeiten besitzen.

imi|tie|ren ‹sw. V.; hat› [lat. imitari, verw. mit: imago (↑Imago) u. wie dieses zu: aemulus = wetteifernd]: **1.** *nachahmen, nachmachen; nachbilden:* Vogelstimmen, den Gang eines anderen i.; er hat seinen Lehrer imitiert; imitiertes *(künstliches)* Leder; imitierter *(unechter)* Schmuck. **2.** (Musik) *(ein Thema in einer anderen Stimme) wiederholen.*

Im|ker, der; -s, - [aus dem Niederd. < niederl. imker, eigtl. Zus. aus ↑Imme u. mniederd. kar = Korb, Gefäß]: *jmd., der Bienen (zur Gewinnung von Honig) hält, sie fachmännisch züchtet u. betreut* (Berufsbez.).

Im|ke|rei, die; -, -en: **1.** ‹o. Pl.› *das Züchten und Halten von Honigbienen; Bienenzucht:* die I. ist sein Hobby. **2.** *Betrieb der Bienenhaltung u. Honigbereitung:* eine I. in der Heide.

Im|ke|rin, die; -, -nen: w. Form zu ↑Imker.

im|kern ‹sw. V.; hat›: *Imkerei* (1) *betreiben.*

im|ma|nent ‹Adj.› [zu lat. immanens (Gen.: immanentis); 1. Part. von: immanere = bei etw. bleiben, anhaften, zu: manere = bleiben, verharren]: **a)** (bildungsspr.) *innewohnend, in etw. enthalten:* die -e Rechtfertigung; -e Gegensätzlichkeiten; solche Prinzipien sind dieser Lehre i. *(gehören wesensmäßig dazu);* **b)** (Philos.) *die Grenzen möglicher Erfahrung nicht übersteigend, innerhalb dieser Grenzen liegend, bleibend.*

Im|ma|nenz, die; -: **1.** (bildungsspr.) *das Innewohnen, Enthaltensein:* der Pantheismus spricht von einer I. Gottes in allen Dingen. **2.** (Philos.) *das Verbleiben in einem vorgegebenen Bereich (ohne Überschreitung der Grenzen).*

Im|ma|nu|el, der; -s ‹meist o. Art.› [hebr. = Gott (ist) mit uns] (jüd. u. christl. Rel.): *Gottesknecht* (2).

Im|ma|te|ri|a|li|tät [auch: ˈ- - - - - - - -], die; - [frz. immatérialité] (bildungsspr.): *unkörperliche Beschaffenheit.*

im|ma|te|ri|ell [auch: ˈ- - - - -] ‹Adj.› [frz. immatériel < mlat. immaterialis, aus lat. im- (↑in-) u. spätlat. materialis, ↑materiell] (bildungsspr.): *unstofflich, unkörperlich; geistig:* -e Bedürfnisse; ein -er Schaden (Rechtsspr.; *Schaden, der jmdm. an seiner Gesundheit, Ehre, Freiheit o. Ä. zugefügt wird*).

Im|ma|tri|ku|la|ti|on, die; -, -en [zu ↑immatrikulieren]: **1.** *Einschreibung an einer Hochschule, Eintragung in die Matrikel:* die I. vornehmen. **2.** (schweiz.) *amtliche Zulassung eines Kraftfahrzeugs, eines Flugzeugs, eines Bootes.*

im|ma|tri|ku|lie|ren ‹sw. V.; hat› [mlat. immatriculare; zu lat. in = hinein u. matricula, ↑Matrikel]: **1. a)** *in die Matrikel einer Hochschule aufnehmen:* die Universität immatrikuliert dreihundert neue Studenten; **b)** ‹i. + sich› *seine Anmeldung im Sekretariat einer Universität abgeben:* ich habe mich gestern immatrikuliert. **2.** (schweiz.) *(ein Kraftfahrzeug, Flugzeug, Boot) amtlich zulassen, anmelden:* dieses Fahrzeug ist im Kanton Uri immatrikuliert.

Im|ma|tri|ku|lie|rung, die; -, -en: *das Immatrikulieren, Immatrikuliertwerden.*

Im|me, die; -, -n [mhd. imme, imbe, ahd. imbi = Bienenschwarm, H. u.; die Bed. »Biene« hat sich erst in spätmhd. Zeit aus dem kollektiven Sinn entwickelt] (dichter.): *Biene.*

im|me|di|at ‹Adj.› [mlat. immediatus, zu lat. im- (↑in-) u. medius, ↑[1]Medium] (veraltend): *unmittelbar, ohne Zwischenschaltung einer anderen Instanz [dem Staatsoberhaupt unterstehend]:* eine -e Behörde; etwas i. beim Präsidenten vortragen.

Im|me|di|at|ein|ga|be, die, **Im|me|di|at|ge|such,** das (Amtsspr.): *unmittelbar an die höchste Behörde, an das Staatsoberhaupt gerichtetes Schriftstück, Gesuch.*

im|me|di|a|ti|sie|ren ‹sw. V.; hat› [zu ↑immediat] (hist.): *reichsunmittelbar machen:* eine immediatisierte Herrschaft.

im|mens ‹Adj.› [lat. immensus, zu: im- (↑in-) u. metiri (2. Part.: mensum) = messen]: *in Staunen, Bewunderung erregender Weise groß o. ä.; unermesslich, unendlich:* eine -e Leistung; -e Kosten; (oft übertreibend:) er hat -es Glück gehabt.

Im|men|si|tät, die; - (veraltet): *Unermesslichkeit, Unendlichkeit.*

Im|men|stock, der ‹Pl. ...stöcke› (selten): *Bienenstock.*

im|mer [mhd. immer, iemer, ahd. iomēr, aus ↑je u. ↑mehr]: **I.** ‹Adv.› **1. a)** *sich häufig wiederholend, sehr oft; gleich bleibend, andauernd, ständig, stets:* das Wetter war i. schön; sie blieb i. freundlich; i. neue Zugeständnisse machen; es ist i. dasselbe; i. und überall; i. und i.; mach es wie i.!; so war es schon i. *(von jeher);* ich habe es schon i. gewusst *(mir war das nicht neu, unbekannt);* das ist für i. *(in alle Zukunft)* vorbei; sie ist nicht i. *(manchmal nicht)* anzutreffen; sie ist i. nicht *([fast] nie)* anzutreffen; i. währende *(dauernde, fortwährende)* Dunkelheit; der i. währende *(ständig gültige, für alle Jahre ablesbare)* Kalender; lebe wohl auf i. (veraltet; *für alle Zeit*); i. der Deine! (veraltete Grußformel in Briefen); **b)** *jedes Mal:* i. wenn wir ausgehen wollen, regnet es; er musste i. wieder von vorn anfangen; i. ich! (ugs.; *jedes Mal soll ich schuld sein, bin ich dran, muss ich die Arbeit machen*). **2.** ‹i. + Komp.› *nach u. nach, in ständiger Steigerung:* es wird i. dunkler draußen; i. mehr Besucher kamen; herrliche Stücke, eins i. schöner als das andere!; die Reichen werden i. reicher u. die Armen i. ärmer. **3.** (ugs.) *jeweils:* sie lagen i. zu dritt in einem Zimmer; i. zwei und zwei nebeneinander aufstellen!; er nahm i. zwei Stufen auf einmal. **4.** ‹Interrogativ- od. Relativpronomen bzw. -adverbien + i. [+ auch]› wirkt verallgemeinernd; *auch:* wir werden helfen, wo i. es *(wo es auch)* nötig ist; was i. er *(was er auch)* gesagt haben mag, es war gewiss nicht böse gemeint. **II.** ‹Partikel› **1.** ‹betont; in Verbindung mit »noch«› wirkt verstärkend in Aussage- und Fragesätzen: das Kleid ist noch i./i. noch modern; hast du noch i./i. noch nicht genug?; er ist i. noch *(schließlich, immerhin)* dein Vater. **2.** ‹unbetont› **a)** wirkt verstärkend in Modalsätzen; *nur:* er lief, so schnell er i. konnte; du kannst essen, so viel du i. magst; **b)** (ugs.) wirkt verstärkend in Aufforderungs- und Fragesätzen: lass ihn nur i. kommen!; i. langsam voran! *(nur nicht so schnell!);* lasst uns i. aufbrechen, er wird uns schon einholen!; was treibst du denn i. *(eigentlich, überhaupt)?*

im|mer|dar ‹Adv.› (geh.): *immer, künftig, jederzeit:* jetzt und i.

im|mer|fort ‹Adv.›: *ständig, fortdauernd; immer wieder:* jmdn. i. anstarren.

im|mer|grün ⟨Adj.⟩: *(von Pflanzen) das ganze Jahr über grüne, funktionsfähige Blätter, Nadeln tragend:* -er Regenwald; Ü -e *(nie in Vergessenheit geratene, stets beliebte)* Melodien.

Im|mer|grün, das: *in mehreren Arten vorkommende, als Kraut od. Halbstrauch wachsende Pflanze mit gegenständigen, lederartigen Blättern u. einzelnen blauen, roten od. weißen Blüten.*

im|mer|hin ⟨Adv.⟩: **a)** einschränkend; drückt eine gewisse Anerkennung aus; *wenigstens, zumindest jedenfalls:* er hat sich i. Mühe gegeben; das ist i. beachtlich; i. hat er es versucht; **b)** einräumend; *freilich, ungeachtet dessen, allerdings, trotz allem:* versuchen wir es i.!; er hat Bedenken gehabt, aber i. zugestimmt; i., es geht auch so!; **c)** auf einen zu beachtenden [Neben]umstand hinweisend; *schließlich, jedenfalls:* er ist i. dein Vater; der Marsch ging i. über dreißig Kilometer; **d)** ⟨i. + mögen⟩ (geh.) *[wenn] auch:* mag es i. spät werden, ich komme auf alle Fälle.

Im|mer|si|on, die; -, -en [spätlat. immersio = Eintauchung, zu lat. immergere (2. Part. immersum) = ein-, untertauchen]: **1.** (Physik) *Einbetten eines Objekts in eine Flüssigkeit mit besonderen lichtbrechenden Eigenschaften (zur Untersuchung von Kristallformen u. in der Mikroskopie).* **2.** (Astron.) *Eintritt eines Himmelskörpers in den Schatten eines anderen.*

im|mer wäh|rend: s. immer (I 1 a).

im|mer|zu ⟨Adv.⟩ (ugs.): *immerfort, dauernd, ständig [sich wiederholend]:* die Leitung ist i. besetzt.

Im|mi|grant, der; -en, -en [zu lat. immigrans (Gen.: immigrantis), 1. Part. von: immigrare, ↑immigrieren]: *Einwanderer:* drei Prozent der Bevölkerung sind -en.

Im|mi|gran|tin, die; -, -nen: w. Form zu ↑Immigrant.

Im|mi|gra|ti|on, die; -, -en: *Einwanderung.*

im|mi|grie|ren ⟨sw. V.; ist⟩ [lat. immigrare = hineingehen, zu: migrare, ↑Migration]: *einwandern.*

im|mi|nent ⟨Adj.⟩ [frz. imminent < lat. imminens (Gen.: imminentis), 1. Part. von: imminere = nahe bevorstehen, drohen] (bes. Med.): *drohend, nahe bevorstehend:* eine -e Gefahr, Fehlgeburt.

Im|mis|si|on, die; -, -en [lat. immissio = das Hineinlassen, zu: immittere (2. Part.: immissum) = hineingehen lassen]: **1.** (Fachspr.) *das Einwirken von Verunreinigungen, Lärm, Strahlen o. Ä. auf Menschen, Tiere, Pflanzen, Gebäude o. Ä.:* die Bevölkerung muss vor -en geschützt werden. **2.** (veraltet) *Einsetzung in ein Amt.*

Im|mis|si|ons|grenz|wert, der: *Immissionswert.*

Im|mis|si|ons|schutz, der: *[gesetzlich festgelegter] Schutz vor Immissionen; Umweltschutz.*

Im|mis|si|ons|wert, der: *die Immission (1) betreffender Messwert.*

im|mo|bil [auch: - - ˈ-] ⟨Adj.⟩ [lat. immobilis, aus: im- (↑in-) u. mobilis, ↑mobil]: **1.** (bildungsspr.) *unbeweglich (1 a), nicht mobil (1 a):* ohne Auto ist man heute zu i. **2.** *(von Truppen) nicht für den Krieg bestimmt od. ausgerüstet, nicht kriegsbereit.*

Im|mo|bi|lie, die; -, -n [nach lat. immobilia (bona) = unbewegliches (Gut)] (Wirtsch.): *unbeweglicher Besitz* (z. B. Grundstück, Gebäude): sein Geld in -n anlegen.

Im|mo|bi|li|en|han|del, der: *Handel mit Immobilien.*

Im|mo|bi|li|en|händ|ler, der: *jmd., der berufsmäßig Immobilienhandel betreibt.*

Im|mo|bi|li|en|händ|le|rin, die: w. Form zu ↑Immobilienhändler.

Im|mo|bi|li|en|mak|ler, der: *Immobilienhändler.*

Im|mo|bi|li|en|mak|le|rin, die: w. Form zu ↑Immobilienmakler.

Im|mo|bi|li|en|markt, der: *Markt* (3 a) *für Immobilien.*

im|mo|bi|li|sie|ren ⟨sw. V.; hat⟩ (Med.): *(ein Glied od. Gelenk) ruhig stellen:* das Bein mit einer Schiene i.

Im|mo|bi|lis|mus, der; - (bildungsspr.): *Unbeweglichkeit als geistige Haltung.*

Im|mo|bi|li|tät, die; - [frz. immobilité < lat. immobilitas]: *Zustand der Unbeweglichkeit, bes. bei Truppen.*

im|mo|ra|lisch [auch: - - ˈ- -] ⟨Adj.⟩ [zu lat. in- = un-, nicht u. ↑moralisch] (bildungsspr.): *unmoralisch:* i. handeln.

Im|mo|ra|lis|mus, der; - (bildungsspr.): *Haltung der bewussten Ablehnung überlieferter moralischer Grundsätze.*

Im|mo|ra|list, der; -en, -en (bildungsspr.): *Vertreter des Immoralismus.*

Im|mo|ra|lis|tin, die; -, -nen: w. Form zu ↑Immoralist.

Im|mo|ra|li|tät, die; - (bildungsspr.): **a)** *Unmoral, Unsittlichkeit;* **b)** *Gleichgültigkeit gegenüber moralischen Grundsätzen.*

Im|mor|ta|li|tät, die; - [lat. immortalitas, zu: immortalis = unsterblich, aus: im- (↑in-) u. mortalis = sterblich] (bildungsspr.): *Unsterblichkeit.*

Im|mor|tel|le, die; -, -n [frz. immortelle, eigtl. = Unsterbliche, zu: immortel = unsterblich < lat. immortalis, ↑Immortalität]: *(zu den Korbblütlern gehörende) Pflanze verschiedener Arten u. unterschiedlicher Gattungen mit strohartig trockenen, sehr lange haltbaren u. oft auffällig bunten Blüten* (z. B. Strohblumen).

im|mun ⟨Adj.⟩ [lat. immunis = frei (von Leistungen, Abgaben); unberührt, rein, zu: munus = Leistung; Amt; munia = Leistungen, Pflichten]: **1.** (bes. Med., Biol.) *für bestimmte Krankheiten unempfänglich, gegen Ansteckung, Schädigung o. Ä. gefeit:* wer einmal Masern gehabt hat, ist zeitlebens dagegen i.; Ü gegen solche Versuchungen ist er i. **2.** (Rechtsspr.) *vor Strafverfolgung geschützt (als Angehöriger des diplomatischen Korps od. als Parlamentarier):* der Abgeordnete ist i.

Im|mun|ant|wort, die (Med.): *Reaktion des Organismus auf ein Antigen, die entweder zur Bildung von Antikörpern od. zur Bildung von Lymphozyten führt, die mit dem Antigen spezifisch reagieren; Immunreaktion.*

Im|mun|bio|lo|gie, die: *Teilgebiet der Immunologie, das sich mit den Fragen ererbter od. erworbener Immunität, mit Abwehrreaktionen bei Organtransplantationen u. Ä. beschäftigt.*

Im|mun|de|fekt, der (Med.): *angeborene od. erworbene Störung der Immunität* (1).

Im|mun|glo|bu|lin, das (Med.): *Protein, das die Eigenschaften eines Antikörpers aufweist.*

im|mu|ni|sie|ren ⟨sw. V.; hat⟩: *(gegen Bakterien u. Ä.) unempfindlich machen:* den Körper mit einem Impfstoff i.

Im|mu|ni|sie|rung, die; -, -en: *das Immunisieren, Immunisiertwerden.*

Im|mu|ni|tät, die; -, -en ⟨Pl. selten⟩: **1.** *(angeborene od. durch Impfung erworbene) Unempfänglichkeit für Krankheitserreger od. deren Gifte:* eine einmal überstandene Krankheit verleiht oft langjährige I. gegen neue Ansteckung. **2. a)** *verfassungsrechtlich garantierter Schutz vor Strafverfolgung (für Bundes- u. Landtagsabgeordnete):* den Schutz der I. genießen; **b)** *völkerrechtlich garantierter Schutz von Diplomaten vor den Behörden des Gastlandes.*

Im|mu|ni|täts|for|schung, die: *Immunologie.*

Im|mun|kör|per, der: *Antikörper.*

Im|mun|krank|heit, die (Med.): *Gesamtheit der durch Immunantworten verursachten Krankheitserscheinungen.*

Im|mu|no|lo|ge, der; -n, -n: *Wissenschaftler auf dem Gebiet der Immunologie.*

Im|mu|no|lo|gie, die; - [zu ↑immun u. ↑-logie]: *Wissenschaft, die sich mit der Reaktion des Organismus auf das Eindringen körperfremder Substanzen befasst.*

Im|mu|no|lo|gin, die; -, -nen: w. Form zu ↑Immunologe.

im|mu|no|lo|gisch ⟨Adj.⟩: **a)** *die Immunologie betreffend;* **b)** *die Immunität* (1) *betreffend.*

Im|mun|re|ak|ti|on, die (Med.): *Immunantwort.*

Im|mun|schwä|che, die (Med.): *Zustand krankhaft verminderter Abwehrkraft des Immunsystems.*

Im|mun|se|rum, das (Med.): *Antikörper enthaltender Impfstoff.*

Im|mun|sys|tem, das (Med.): *für die Immunität (1) verantwortliches System der Abwehr von Krankheitserregern od. deren Giften.*

Imp, der; -s, - [mhd. imp, ↑Imme] (bayr., österr. mundartl.): *Biene.*

Im|pact [...pɛkt], der; -s, -s [engl. impact = Wirkung, Wucht]: **1.** (Werbespr.) *Stärke der von einer Werbemaßnahme ausgehenden Wirkung.* **2.** (Golf) *Moment, in dem der Schläger den Ball trifft.*

im|pair [ɛ̃ˈpɛːɐ̯] ⟨Adj.⟩ [frz. impair < mfrz. impar < lat. impar, aus: im- (↑in-) u. par, ↑Paar]: *(von den Zahlen beim Roulette) ungerade.*

Im|pa|la, die; -, -s [aus einer südafrik. Spr.]: *(in den Steppen Afrikas heimische) kleine Antilope mit braunem Rücken, weißer Unterseite u. schwarzer Zeichnung auf den Fersen.*

Im|pa|ri|tät, die; - [frz. imparité, zu: impair, ↑impair] (bildungsspr.): *Ungleichheit.*

im|pas|tie|ren ⟨sw. V.; hat⟩ [ital. impastare, zu: pasta, ↑Paste] (Malerei): *Farbe [mit dem Spachtel] dick auftragen.*

Im|pas|to, das; -s, -s u. ...sti [ital. impasto] (Malerei): *dick aufgetragene Farbe auf einem Gemälde.*

Im|pa|ti|ens, die; - [lat. impatiens = ungeduldig, empfindlich; wegen der bei der geringsten Berührung auf- od. wegspringenden Früchte]: *Springkraut.*

Im|peach|ment [ɪmˈpiːtʃmənt], das; -[s], -s [engl. impeachment, zu: to impeach = anklagen < frz. empêcher = (ver)hindern < spätlat. impedicare = fangen]: *(in den USA vom Repräsentantenhaus veranlasstes) gegen einen hohen Staatsbeamten gerichtetes Verfahren, das eine Anklage wegen Missbrauchs des Amtes mit dem Antrag auf Amtsenthebung ermöglichen soll.*

Im|pe|danz, die; -, -en [zu lat. impedire = verstricken, hemmen] (Elektrot.): **a)** *Wechselstromwiderstand;* **b)** *Scheinwiderstand.*

im|pe|ra|tiv ⟨Adj.⟩ [spätlat. imperativus, zu lat. imperare = befehlen] (bildungsspr.): *befehlend, zwingend, bindend:* -es *(an Weisungen gebundenes)* Mandat; etw. i. fordern.

Im|pe|ra|tiv [auch: - - - ˈ-], der; -s, -e: **1.** (Sprachw.) **a)** *Modus* (2), *mit dem ein Befehl, eine Aufforderung, eine Bitte o. Ä. ausgedrückt wird; Befehlsform;* **b)** *Verb im Imperativ* (1 a). **2.** *sittliches Gebot, moralische Forderung:* * **kategorischer I.** (Philos.; *unbedingt gültiges sittliches Gebot;* nach dem dt. Philosophen I. Kant [1724–1804]).

im|pe|ra|ti|visch [auch: ˈ- - - - -] ⟨Adj.⟩: **1.** (Sprachw.) *in der Befehlsform:* ein i. gebrauchtes Verb. **2.** (bildungsspr.) *befehlend, fordernd:* -e Anordnungen.

Im|pe|ra|tiv|satz, der (Sprachw.): *Befehlssatz.*

Im|pe|ra|tor, der; -s, ...oren [lat. imperator] (hist.): **1. a)** ⟨o. Pl.⟩ *bei den Römern Titel für den Oberfeldherrn;* **b)** *Träger dieses Titels.* **2.** *von Kaisern gebrauchter Titel zur Bezeichnung ihrer Würde:* * **I. Rex** *(Kaiser u. König;* Herrschertitel z. B. für Wilhelm II.).

im|pe|ra|to|risch ⟨Adj.⟩: **a)** *den Imperator betreffend, vom Imperator ausgehend;* **b)** *gebieterisch, keinen Widerspruch duldend:* etw. i. befehlen.

Im|pe|ra|trix, die; -, ...trices [...ˈtriːtseːs; lat. imperatrix]: w. Form zu ↑Imperator.

Im|per|fekt, das; -s, -e [zu lat. imperfectus = unvollendet, aus: im- (↑in-) u. perfectus, ↑perfekt] (Sprachw.): *Präteritum.*

im|per|fek|tisch [auch: - - ˈ- -] ⟨Adj.⟩ (Sprachw.): *das Imperfekt betreffend, im Imperfekt [gebraucht]:* eine -e Erzählung.

im|per|fek|tiv [auch: - - - ˈ-] ⟨Adj.⟩ (Sprachw.):

I

1. *imperfektisch.* 2. *unvollendet:* -e Aktionsart *(durative Aktionsart).*

im|pe|ri|al ⟨Adj.⟩ [spätlat. imperialis, zu lat. imperium, ↑Imperium] (bildungsspr.): *das Imperium betreffend, zu ihm gehörend, für ein Imperium charakteristisch; herrschaftlich:* -e Architektur.

Im|pe|ri|a|lis|mus, der; -, ...men ⟨Pl. selten⟩ [frz. impérialisme, zu spätlat. imperialis, ↑imperial]: **1. a)** ⟨o. Pl.⟩ *Bestreben einer Großmacht, ihren politischen, militärischen u. wirtschaftlichen Macht- u. Einflussbereich immer weiter auszudehnen:* der koloniale I.; **b)** *imperialistische Aktivität, einzelnes imperialistisches Unternehmen.* **2.** ⟨o. Pl.⟩ (marx. Wirtschaftstheorie) *zwangsläufig eintretende Endstufe des Kapitalismus mit konzentrierten Industrie- u. Bankmonopolen.*

Im|pe|ri|a|list, der; -en, -en: *Vertreter, Anhänger des Imperialismus:* das Machtstreben der -en.

Im|pe|ri|a|lis|tin, die; -, -nen: w. Form zu ↑Imperialist.

im|pe|ri|a|lis|tisch ⟨Adj.⟩: *den Imperialismus betreffend, ihm zugehörend, vom Machtstreben des Imperialismus geprägt:* -e Politik; i. vorgehen.

Im|pe|ri|um, das; -s, ...ien [1: lat. imperium; zu: imperare, ↑imperativ]: **1.** (hist.) *Weltreich; Kaiserreich.* **2.** (bildungsspr.) *riesiger Macht-, Herrschaftsbereich:* die kolonialen Imperien der Neuzeit; Ü das I. eines Verlegers; ein I. von Hotels.

-im|pe|ri|um, das; -s, -imperien: kennzeichnet in Bildungen mit Substantiven (häufig Namen) eine Unternehmensgruppe, ein Unternehmen als groß, weit ausgebaut und mächtig: Ford-, Öl-, Verlagsimperium.

im|per|me|a|bel [auch: '- - - - -] ⟨Adj.⟩ [mlat. impermeabilis, aus lat. im- (↑in-) u. spätlat. permeabilis, ↑permeabel] (Med.): *undurchlässig, undurchdringlich:* eine impermeable Membran.

Im|per|me|a|bi|li|tät, die; - (Med.): *Undurchlässigkeit.*

Im|per|so|na|le, das; -s, ...lia u. ...lien [spätlat. (verbum) impersonale, zu: impersonalis = unpersönlich, aus lat. im- (↑in-) u. spätlat. personalis, ↑personal] (Sprachw.): *unpersönliches* (2b) *Verb* (z. B. »es schneit«).

im|per|ti|nent ⟨Adj.⟩ [spätlat. impertinens (Gen.: impertinentis) = nicht zur Sache gehörend, zu lat. im- (↑in-) u. pertinere = zu etw., jmdm. gehören] (bildungsspr.): *in herausfordernder Weise ungehörig; frech, unverschämt:* eine -e Person; ein Kerl mit einer -en Visage; i. grinsen, lachen.

Im|per|ti|nenz, die; -, en (bildungsspr.): **1.** ⟨o. Pl.⟩ *dreiste Ungehörigkeit; Frechheit:* sie hatte die I., mich auch noch anzulügen. **2.** (seltener) *impertinente Äußerung od. Handlung:* sich jmds. -en verbitten.

Im|pe|ti|go, die; -, ...gines [lat. impetigo] (Med.): *entzündliche [ansteckende] Hautkrankheit, bei der sich eitrige Pusteln u. Borken bilden; Eiterflechte.*

im|pe|tu|o|so ⟨Adv.⟩ [ital. impetuoso < lat. impetuosus] (Musik): *stürmisch, ungestüm, heftig.*

Im|pe|tus, der; - [lat. impetus = das Vorwärtsdrängen] (bildungsspr.): **a)** *[innerer] Antrieb, Anstoß, Impuls:* mir fehlt jeder I.; von dieser Richtung ging ein neuer I. aus; **b)** *Schwungkraft, Ungestüm:* ein jugendlicher, revolutionärer I.

Impf|ak|ti|on, die: *Maßnahme zur Impfung eines größeren Personenkreises.*

Impf|arzt, der: *Arzt, der Impfungen durchführt.*

Impf|ärz|tin, die: w. Form zu ↑Impfarzt.

Impf|aus|weis, der: *Bescheinigung über eine ausgeführte Impfung.*

imp|fen ⟨sw. V.; hat⟩ [mhd. impfen, ahd. impfōn, impitōn < (m)lat. imputare, LÜ von griech. emphyteúein = [1]pfropfen, veredeln; die heutige Bed. seit dem 18. Jh.]: **1.** *jmdm. einen Impfstoff verabreichen, einspritzen od. in die Haut einritzen:* Kinder gegen Pocken, Masern, Diphtherie i.; sich vor einer Reise i. lassen; Ü den muss ich noch i. (ugs.; *ihm einschärfen, was er zu tun od. zu sagen hat*); er ist geimpft *(indoktriniert)* worden. **2.** (Landw.) *dem Boden Bakterien od. bakterienhaltige Substanzen zuführen:* den Boden i. **3.** (Biol.) *Mikroorganismen in einen festen od. flüssigen Nährstoff einbringen, um sie zu züchten.*

Impf|en|ze|pha|li|tis, die: *Enzephalitis nach einer [Pocken]schutzimpfung.*

Impf|ka|len|der, der: *Aufstellung über die altersmäßig günstigsten Termine für die verschiedenen empfehlenswerten Impfungen.*

Impf|ling, der; -s, -e: *zu impfende od. gerade geimpfte Person.*

Impf|lis|te, die: *vom Impfarzt, Gesundheitsamt o. Ä. geführte Liste der zu impfenden Personen u. der durchgeführten Impfungen.*

Impf|mü|dig|keit, die: *Unwillen, sich od. seine Kinder impfen zu lassen.*

Impf|nar|be, die: *von der Pockenimpfung nach Abheilen der Impfpustel zurückgebliebene Narbe.*

Impf|pass, der: *[international einheitlich gestalteter u. anerkannter] Ausweis, in dem dem Inhaber Impfungen, die er erhalten hat, bescheinigt werden.*

Impf|pflicht, die: *Verpflichtung, sich impfen zu lassen.*

Impf|pis|to|le, die: *Gerät für Massenimpfungen, mit dem der Impfstoff unter hohem Druck eingeschossen werden kann.*

Impf|pus|tel, die: *an der Impfstelle sich entwickelnde Pustel als Reaktion auf die [Pocken]impfung.*

Impf|reis, das (Gärtnerei): *eingesetztes Edelreis; Pfropfreis.*

Impf|scha|den, der: *durch eine Impfung hervorgerufener gesundheitlicher Schaden.*

Impf|schein, der: *Impfausweis.*

Impf|schutz, der (Med.): *durch Impfung erreichter Schutz vor einer [bestimmten] Krankheit:* nur ein Drittel der Erwachsenen hat einen ausreichenden I. gegen die Kinderlähmung.

Impf|stel|le, die: *Stelle des Körpers, an der geimpft wurde.*

Impf|stoff, der: *zum Impfen bestimmte Flüssigkeit, Lymphe.*

Imp|fung, die; -, -en: *das Impfen:* -en vornehmen.

Impf|zwang, der ⟨o. Pl.⟩: *Impfpflicht.*

Im|plan|tat, das; -[e]s, -e [zu lat. in- = hinein u. plantare = pflanzen] (Med.): *dem Körper eingepflanztes Gewebe, Organteil od. anderes Material, auch mikroelektronisches Gerät, das im Körper bestimmte Funktionen übernimmt.*

Im|plan|ta|ti|on, die; -, -en (Med.): *Einpflanzung von Implantaten in den Körper.*

im|plan|tie|ren ⟨sw. V.; hat⟩ (Med.): *einpflanzen* (2): einen Herzschrittmacher i.

Im|ple|men|ta|ti|on, die; -, -en [engl. implementation] (EDV): *Implementierung.*

im|ple|men|tie|ren ⟨sw. V.; hat⟩ [zu engl. to implement, eigtl. = aus-, durchführen, zu: implement = Werkzeug, Gerät, im Sinne von »das, was dazu dient, etw. mit etw. anzufüllen« < spätlat. implementum, eigtl. = das Angefülltsein, zu lat. implere = anfüllen; erfüllen] (EDV): *(Software, Hardware o. Ä.) in ein bestehendes Computersystem einsetzen, einbauen u. so ein funktionsfähiges Programm* (4) *erstellen:* eine neue Software i.

Im|ple|men|tie|rung, die; -, -en (EDV): *das Implementieren; das Implementiertwerden:* die I. neuer EDV-Systeme.

Im|pli|kat, das; -[e]s, -e [zu lat. implicatum, 2. Part. von: implicare, ↑implizieren] (bildungsspr.): *etw., was in etw. anderes einbezogen ist.*

Im|pli|ka|ti|on, die; -, -en [lat. implicatio = Verflechtung]: **1.** (bildungsspr.) *das Implizieren; Bedeutung; Einbeziehung einer Sache in eine andere.* **2.** (Philos., Sprachw.) *auf der Folgerung »wenn ..., dann ...« beruhende logische Beziehung.*

Im|pli|ka|tur, die; -, -en (bildungsspr.): *Implikat.*

im|pli|zie|ren ⟨sw. V.; hat⟩ [lat. implicare = umfassen] (bildungsspr.): *einbeziehen, gleichzeitig beinhalten, bedeuten; mit enthalten:* diese Äußerung impliziert eine ungewöhnliche Haltung.

im|pli|zit ⟨Adj.⟩ [zu lat. implicitum, 2. Part. von: implicare, ↑implizieren] (bildungsspr.): **1.** *mit enthalten, mit gemeint, aber nicht ausdrücklich gesagt:* -e Drohungen, Forderungen; -e Ableitungen (Sprachw.; *Ableitungen ohne Suffix*). **2.** *nicht aus sich selbst zu verstehen, sondern logisch zu erschließen:* Partizipialkonstruktionen sind i.

im|pli|zi|te ⟨Adv.⟩ [lat. implicite] (bildungsspr.): *[unausgesprochen] mit inbegriffen, eingeschlossen:* i. hat er zugestimmt.

im|plo|die|ren ⟨sw. V.; ist⟩ [Analogiebildung mit lat. im- (↑in-) zu ↑explodieren] (Fachspr.): *durch Implosion zerstört werden:* die Bildröhre des Fernsehers ist implodiert.

Im|plo|si|on, die; -, -en [Analogiebildung mit lat. im- (↑in-) zu ↑Explosion] (Fachspr.): *schlagartige Zertrümmerung eines Hohlkörpers durch äußeren Überdruck:* das Feuer war durch eine I. im Fernseher entstanden.

Im|plo|siv, der; -s, -e, **Im|plo|siv|laut,** der (Sprachw.): *Verschlusslaut, bei dessen Artikulation der von innen nach außen drängende Luftstrom nicht unterbrochen wird* (z. B. das b in »abputzen«).

Im|plu|vi|um, das; -s, ...ien [lat. impluvium, zu: impluere = hineinregnen]: *(im altrömischen Haus) Sammelbecken für Regenwasser im Atrium.*

im|pon|de|ra|bel ⟨Adj.; ...bler, -ste⟩ [zu lat. im- (↑in-) u. ponderabilis = wägbar] (bildungsspr. veraltet): *unwägbar, unberechenbar.*

Im|pon|de|ra|bi|li|en ⟨Pl.⟩ (bildungsspr.): *bei etw. vorhandene, nicht vorherzusehende Faktoren; Unwägbarkeiten:* viele I. spielen hier mit.

Im|pon|de|ra|bi|li|tät, die; - (bildungsspr.): *Unwägbarkeit, Unberechenbarkeit.*

im|po|nie|ren ⟨sw. V.; hat⟩ [unter Einfluss der Bed. von frz. imposer (↑imposant) zu lat. imponere = hineinlegen; auferlegen]: **a)** *großen Eindruck [auf jmdn.] machen; Bewunderung [bei jmdm.] hervorrufen:* jmdm. durch sein Wissen, durch seine Kenntnisse i.; am meisten imponiert an ihm sein hervorragendes Gedächtnis; **b)** (veraltend) *sich geltend machen, sich zeigen.*

im|po|nie|rend ⟨Adj.⟩: *durch seine Art beeindruckend, allgemeine Achtung u. Bewunderung hervorrufend:* eine -e Leistung; eine -e Frau; die Kulisse war i.; er hat sich i. geschlagen.

Im|po|nier|ge|ha|be[n], das (Verhaltensf.): *von [männlichen] Tieren vor der Paarung od. einem Rivalen gegenüber gezeigtes kraftvolles Auftreten (mit gesträubten Federn, hochgestelltem Schwanz o. Ä.), das der Werbung od. der Drohung dient; Imponierverhalten:* ein Rad schlagender Pfau zeigt I.; Ü sein grimmiges Auftreten ist reines I.

Im|po|nier|stel|lung, die (Verhaltensf.): *Stellung [vor dem Gegner od. Partner], die Imponiergehabe ausdrückt:* in I. gehen.

Im|po|nier|ver|hal|ten, das (Verhaltensf.): *Imponiergehabe[n].*

Im|port, der; -[e]s, -e [engl. import, zu: to import < frz. importer < lat. importare, ↑importieren]: **1.** ⟨o. Pl.⟩ *Einfuhr* (1): den I. [von Rohstoffen] steigern, einschränken; eine Firma für I. und Export. **2.** *etw. Eingeführtes, Einfuhr* (2): zollpflichtige -e; die -e sollen versteuert werden; Ü die Schlagersängerin ist ein I. aus Dänemark.

im|port|ab|hän|gig ⟨Adj.⟩: *vom Import wirtschaftlich abhängig:* ein -es Land.

Im|port|ab|hän|gig|keit, die: *wirtschaftliche Abhängigkeit eines Landes von Importen.*

Im|port|an|teil, der: vgl. Exportanteil.

Im|por|tanz, die; - [frz. importance < ital. importanza, zu: importare = verursachen < lat. importare, ↑importieren] (bildungsspr.): *Wichtigkeit, Bedeutsamkeit.*

Im|port|ar|ti|kel, der: *Artikel, der importiert wird.*

I

Im|pọrt|be|schrän|kung, die: *Beschränkung der Importe.*
Im|pọr|te, die; -, -n: 1. ⟨Pl.⟩ *Importwaren.* 2. (veraltend) *im Ausland hergestellte Zigarre.*
Im|pọrt|er|laub|nis, die: *Einfuhrerlaubnis.*
Im|por|teur [...'tø:ɐ̯], der; -s, -e [französisierende Bildung zu ↑importieren]: *Person, Firma, die etw. importiert.*
Im|por|teu|rin [...'tø:rɪn], die; -, -nen: w. Form zu ↑Importeur.
Im|pọrt|ge|schäft, das: vgl. Exportgeschäft.
Im|pọrt|gut, das: *Importwaren; Importartikel.*
Im|pọrt|han|del, der: *Handel, bei dem Waren aus dem Ausland importiert werden.*
Im|pọrt|händ|ler, der: vgl. Importkaufmann.
Im|pọrt|händ|le|rin, die: w. Form zu ↑Importhändler.
im|por|tie|ren ⟨sw. V.; hat⟩ [lat. importare, eigtl. = hineintragen, -bringen; übertr. auch: dahin bringen, verursachen]: *einführen* (2): Rohstoffe, Öl i.; aus Japan importierte Waren; Ü eine importierte *(vom Ausland übergreifende)* Inflation.
Im|pọrt|kauf|frau, die: vgl. Importkaufmann.
Im|pọrt|kauf|mann, der: *Kaufmann, der Importhandel betreibt.*
Im|pọrt|über|schuss, der: *Überschuss des Imports im Vergleich zum Export.*
im|por|tun ⟨Adj.⟩ [lat. importunus, zu: im- (↑in-) u. portus = Hafen, Gegenbildung zu: opportunus (↑opportun) u. eigtl. = nicht günstig zu befahren, ungünstig gelegen] (bildungsspr.): *ungeeignet, ungelegen.*
Im|pọrt|ver|bot, das: vgl. Einfuhrsperre.
Im|pọrt|wa|re, die: vgl. Importartikel.
Im|pọrt|zoll, der: *Zoll auf eingeführte Waren.*
im|po|sạnt ⟨Adj.⟩ [frz. imposant, zu: imposer = eine Bürde auferlegen, Respekt einflößen, zu lat. imponere, ↑imponieren]: *durch Größe, Bedeutsamkeit od. Ungewöhnlichkeit ins Auge fallend, einen bedeutenden Eindruck hinterlassend:* eine -e Erscheinung; i. sein, wirken.
im|po|tent ⟨Adj.⟩ [lat. impotens (Gen.: impotentis) = schwach, aus: im- (↑in-) u. potens, ↑potent]: 1. *(vom Mann) zum Geschlechtsverkehr od. zur Zeugung nicht fähig:* seit seinem Unfall ist er i. 2. (seltener) *unfähig, nicht schöpferisch:* ein -er Journalist; er schrieb nicht mehr, war geistig völlig i.
Ịm|po|tenz, die; - [lat. impotentia = Unvermögen]: 1. *Zeugungsunfähigkeit, Unfähigkeit (eines Mannes) zum Geschlechtsverkehr:* eine psychisch bedingte I. 2. (seltener) *Unvermögen, [künstlerische] Unfähigkeit:* ein Beweis dichterischer I.
Im|prä|gna|ti|on, die; -, -en [spätlat. impraegnatio = Schwängerung]: 1. (Geol.) *feine Verteilung von Erz od. Erdöl in Spalten od. Poren eines Gesteins.* 2. (Biol.) *Eindringen von Samenfäden in das reife Ei.* 3. *das Imprägnieren.*
im|prä|gnie|ren ⟨sw. V.; hat⟩ [spätlat. impraegnare = schwängern, zu lat. praegnans, ↑prägnant]: *(einen festen, aber porösen Stoff) mit einer bestimmten Flüssigkeit durchtränken (die ihn vor Wasser, Zerfall u. a. schützen soll):* ein Gewebe i. *(wasserdicht machen);* feuerfest imprägnierte Wände.
Im|prä|gnie|rung, die; -, -en: a) *das Imprägnieren, Imprägnation* (3): ein Mittel zur I. von Mänteln; b) *durch Imprägnieren erreichter Zustand:* die I. hält einige Jahre vor.
Im|pre|sa|rio, der; -s, -s u. ...ri, auch: ...rien [ital. impresario, zu: impresa = Unternehmen, zu: imprendere (2. Part.: impreso) = unternehmen] (veraltend): *Agent* (2 b), *der für einen Künstler die Verträge abschließt u. die Geschäfte führt.*
Im|prẹs|sen: Pl. von ↑Impressum.
Im|pres|si|on, die; -, -en [frz. impression < lat. impressio = Eindruck, zu: imprimere, ↑imprimieren]: 1. a) *Sinneseindruck, Empfindung, Wahrnehmung:* die -en einer Reise; -en wiedergeben, schildern; b) (Psych.) *auf einen Betrachter wirkender, nicht zergliederter, ganzheitlicher Eindruck.* 2. a) (Anat.) *Einbuchtung od. Vertiefung an Organen od. anderen Körperteilen;* b) (Med.) *durch Druckeinwirkung od. Fehlbildung verursachte pathologische Eindellung eines Körperteils.*
Im|pres|si|o|nịs|mus, der; - [frz. impressionisme; nach einem »Impression, soleil levant« genannten Bild von Monet]: *(Ende des 19. Jh.s entstandene) Stilrichtung der bildenden Kunst, der Literatur u. der Musik, deren Vertreter persönliche Umwelteindrücke u. Stimmungen besonders in kleineren künstlerischen Formen (Skizzen, Einaktern, Tonmalereien) wiedergeben.*
Im|pres|si|o|nịst, der; -en, -en [frz. impressioniste]: *Vertreter des Impressionismus.*
Im|pres|si|o|nịs|tin, die; -, -nen: w. Form zu ↑Impressionist.
im|pres|si|o|nịs|tisch ⟨Adj.⟩: *den Impressionismus betreffend, von ihm bestimmt, geprägt:* -e Malerei; ein -es Gedicht.
Im|prẹs|sum, das; -s, ...ssen [zu lat. impressum, 2. Part. von: imprimere, ↑imprimieren] (Buchw.): *Vermerk über Verleger, Drucker, auch Redaktionen u. a. in Büchern, Zeitungen u. Zeitschriften.*
Im|pri|mé [ɛ̃pri'me:], der; -[s], -s [frz. imprimé, eigtl. = 2. Part. von: imprimer = aufdrücken, drucken < lat. imprimere, ↑imprimieren]: 1. *bedrucktes Seidengewebe mit [ausdrucksvollem] Muster.* 2. (Postw.) internationale Bez. für *Drucksache.*
im|pri|mie|ren ⟨sw. V.; hat⟩ [lat. imprimere = hinein-, aufdrücken] (Buchw.): *die Druckerlaubnis erteilen:* die korrigierten Seiten i.
Im|prịnt, das; -s, -s [engl. imprint = Verlagsname] (Verlagswesen): *nicht mehr als eigenständiges Unternehmen existierender Verlag, unter dessen Namen ein anderer Verlag weiterhin Bücher publiziert.*
Im|pro|vi|sa|teur [...'tø:ɐ̯], der; -s, -e [frz. improvisateur]: *jmd., der am Klavier [zur Unterhaltung] improvisiert.*
Im|pro|vi|sa|teu|rin [...'tø:rɪn], die; -, -nen: w. Form zu ↑Improvisateur.
Im|pro|vi|sa|ti|on, die; -, -en [zu ↑improvisieren]: 1. *das Improvisieren, Kunst des Improvisierens:* I. ist seine Stärke. 2. *ohne Vorbereitung, aus dem Stegreif Dargebotenes; Stegreifschöpfung, [musikalische] Stegreiferfindung u. -darbietung:* seine Rede war eine geschickte I.; -en auf dem Klavier spielen.
Im|pro|vi|sa|ti|ons|ta|lent, das: a) *Talent zum Improvisieren* (1); b) *jmd., der Improvisationstalent* (a) *besitzt.*
Im|pro|vi|sa|tor, der; -s, ...oren [ital. improvvisatore]: a) *jmd., der zu improvisieren versteht:* als geschickter I. weiß er sich immer zu helfen; b) *jmd., der etwas aus dem Stegreif darbietet:* als I. auftreten.
Im|pro|vi|sa|to|rin, die; -, -nen: w. Form zu ↑Improvisator.
im|pro|vi|sa|to|risch ⟨Adj.⟩: *die Improvisation betreffend, improvisierend:* die -en Züge einer Darbietung.
im|pro|vi|sie|ren ⟨sw. V.; hat⟩ [ital. improvvisare, zu: improvviso = unvorhergesehen, unerwartet < lat. improvisus, zu: in- = hinein u. providere = vorhersehen]: 1. *etw. ohne Vorbereitung, aus dem Stegreif tun:* eine Mahlzeit für unerwartete Gäste i.; Vorgänge, bei denen man i. muss. 2. a) *Improvisationen* (2) *spielen:* sie improvisierte über zwei Weihnachtslieder; b) (Theater) *frei Erfundenes von der Bühne sprechen, seinem Rollentext hinzufügen.*
Im|pụls, der; -es, -e [lat. impulsus, zu: impellere = (2. Part.: impulsum) anstoßen, zu: pellere, ↑Puls]: 1. a) *Anstoß, Anregung:* kräftige, entscheidende, künstlerische -e gehen davon aus; seine Worte geben dem Gespräch einen neuen I.; b) *Antrieb, innere Regung:* einen I. [zu etw.] haben; er tat es in einem plötzlichen I. 2. a) (Elektrot.) *Strom- od. Spannungsstoß von relativ kurzer Dauer;* b) (Med.) *Anstoß, Erregung, die von den Nerven auf entsprechende Zellen, Muskeln o. Ä. übertragen wird:* nervöse -e. 3. (Physik) a) *Produkt aus Kraft u. Dauer eines Stoßes;* b) *Produkt aus Masse u. Geschwindigkeit eines Körpers.*
Im|pụls|ge|ne|ra|tor, der (Elektrot.): *Gerät zur Erzeugung elektrischer Impulse in gleichmäßiger Folge.*
im|pul|siv ⟨Adj.⟩ [zu ↑Impuls]: *aus einem plötzlichen, augenblicklichen Impuls heraus handelnd, einer Eingebung sogleich folgend:* ein -er, i. handelnder Mensch; seine Reaktionen sind immer i.
Im|pul|si|vi|tät, die; -: *impulsives Wesen, Verhalten.*
Im|pụls|satz, der: *grundlegender physikalischer Satz von der Erhaltung des Impulses.*
Im|pụls|tech|nik, die: *Teilgebiet der Elektrotechnik, das sich mit der Erzeugung, Verbreitung u. Anwendung elektrischer Impulse befasst.*
im|stạn|de, (auch:) **im Stạn|de,** (landsch.:) imstạnd, (auch:) im Stand ⟨in Verbindung mit bestimmten Verben⟩: *fähig, in der Lage, die Kraft besitzend (etw. Bestimmtes zu tun, zu leisten):* sie ist durchaus i., mit der Aufgabe fertig zu werden; fühlst du dich i. zu helfen?; nach dieser Anstrengung war er zu nichts mehr i.; er ist i. (iron.; *ist so töricht, naiv o. ä.*) und plaudert alles aus.
[1]in [mhd., ahd. in, verw. mit lat. in, griech. en = in] ⟨Präp. mit Dativ u. Akk.⟩: 1. (räumlich) a) ⟨mit Dativ⟩ kennzeichnet den Ort eines Geschehens, eines Zustands, eines Vorkommens usw. als im Innern, innerhalb von etw. Bestimmtem gelegen: er ist, wohnt, lebt in Berlin; der Schlüssel ist in der Tasche; Ü er ist [Mitglied] in einer Partei; b) ⟨mit Akk.⟩ kennzeichnet das Ziel einer Bewegung, eines Gerichtetseins usw. als im Innern, innerhalb von etw. Bestimmtem gelegen: in die Stadt fahren; das Kleid in den Schrank hängen; jmdm. in den Mund sehen; in den Keller rufen; Ü in eine Partei eintreten. 2. (zeitlich) a) ⟨mit Dativ⟩ zur Angabe eines Zeitraums, innerhalb dessen etw. geschieht, der Fall ist usw.: in diesem Sommer hat es viel geregnet; (nicht standardspr.; nach engl. Vorbild:) in 1999; b) ⟨mit Akk.; häufig mit vorangehendem »bis«⟩ zur Angabe einer zeitlichen Erstreckung: seine Erinnerungen reichen [bis] in die früheste Kindheit zurück; sie feierten bis in den frühen Morgen; c) ⟨mit Dativ⟩ zur Angabe einer Zeitspanne, nach deren Ablauf etw. Bestimmtes eintritt, sich ereignet usw.: in einem Jahr macht er Examen; in zwei Tagen ist er fertig; frühestens, spätestens in einer halben Stunde. 3. (modal) ⟨mit Dativ⟩ zur Angabe der Art u. Weise, in der etw. geschieht, vorhanden ist: er geht in Stiefeln; in vielen Farben; er war in Schwierigkeiten; diese Tätigkeit kann in Voll- oder Teilzeitbeschäftigung ausgeübt werden; in Wirklichkeit *(tatsächlich, eigentlich)* war alles ganz anders. 4. (unabhängig von räumlichen, zeitlichen od. modalen Vorstellungen) a) ⟨mit Dativ od. Akk.⟩ stellt eine Beziehung zu einem Objekt her: er ist tüchtig in seinem Beruf; er war nicht besonders gut in Mathematik; sie weiß in allem Bescheid; ich konnte mich nur schwer in ihn, in seine Lage versetzen; sie hat sich in ihn verliebt; b) ⟨mit Dativ⟩ (Kaufmannsspr.) *mit:* er handelt in Gebrauchtwagen; er ist Reisender in Elektrogeräten *(ist Reisender und handelt mit Elektrogeräten).*
[2]in [engl. in = mit dabei, in Mode, eigtl. = [1]in]: in der Verbindung **in sein** (ugs.; 1. *im Brennpunkt des Interesses stehen, gefragt sein:* dieser Schlagersänger ist zurzeit in. 2. *sehr in Mode sein, von vielen begehrt sein, betrieben werden:* Snowboarden ist in).
In = Indium.
in- [lat. in- (vor Konsonanten angeglichen zu il-, im-, ir-) = nicht, un-; ohne, verw. mit ↑un-]: verneint in Bildungen mit Adjektiven deren Bedeutung/ *nicht:* inaktiv, inakzeptabel, inhomogen.
-in, die; -, -nen: 1. kennzeichnet in Bildungen mit Substantiven, die männliche Lebewesen bezeichnen, die weibliche Form: Arbeiterin, Bewundrerin, Delinquentin, Langstrecklerin,

Pilotin, Rudrerin, Sozialistin; ⟨mit gleichzeitigem Umlaut:⟩ Ärztin, Hündin; ⟨unter Verlust des -e:⟩ Kollegin, Kundin, Türkin; ⟨mit Umlaut und Verlust des -e:⟩ Äffin, Französin; ⟨unter Verlust des -er⟩: Bewunderin, Ruderin, Zimmerin. 2. (ugs.) kennzeichnet in Bildungen mit Familiennamen ein weibliches Mitglied: Müllerin.

in ab|sen|tia [lat., zu: absentia ↑Absenz] (bes. Rechtsspr.): *in jmds. Abwesenheit:* jmdn. in a. verurteilen.

in ab|strac|to [lat., zu: abstractus, ↑abstrakt] (bildungsspr.): *rein begrifflich, nur in der Vorstellung:* etw. existiert nur in a.

in|ad|äquat [auch: - - -'-] ⟨Adj.⟩ [aus lat. in- = un-, nicht u. ↑adäquat] (bildungsspr.): *(in einem bestimmten vorliegenden Zusammenhang) nicht angemessen, nicht im richtigen Verhältnis zu etw. anderem stehend, sich nicht entsprechend:* eine -e Darstellung.

In|ad|äquat|heit, die; -, -en (bildungsspr.): a) ⟨o. Pl.⟩ *das Unangemessensein:* die I. der Form; b) *etw. Inadäquates, Unangemessenes:* -en in der Darstellung.

in|ak|ku|rat [auch: - - -'-] ⟨Adj.⟩ [aus lat. in- = un-, nicht u. ↑akkurat] (bildungsspr.): *nicht akkurat, unsorgfältig:* eine -e Arbeit.

in|ak|tiv [auch: - -'-] ⟨Adj.⟩ [aus lat. in- = un-, nicht u. ↑aktiv]: 1. *sich untätig, passiv verhaltend, ohne [innere] Aktivität:* ein -er Mensch; politisch i. *(ohne Interesse od. Teilnahme am politischen Leben)* sein. 2. *als Mitglied einer Vereinigung von der Teilnahme an den offiziellen Veranstaltungen u. Verpflichtungen weitgehend befreit:* ein -es Mitglied. 3. (Chemie, Med.) *chemisch od. therapeutisch durch besondere Einflüsse unwirksam:* -e Substanzen, Toxine. 4. (Med.) *ruhend; vorübergehend keine Symptome zeigend, hervorbringend:* eine -e Tuberkulose.

I

in|ak|ti|vie|ren ⟨sw. V.; hat⟩: 1. (selten) *in den Ruhestand versetzen; von seinen [Amts]pflichten entbinden.* 2. (Chemie, Med.) *einem Mikroorganismus, einem Serum o. Ä. durch bestimmte chemische od. physikalische Verfahren seine Wirksamkeit nehmen:* Krankheitserreger i.

In|ak|ti|vie|rung, die; -, -en (Chemie, Med.): *das Inaktivieren.*

In|ak|ti|vi|tät [auch: - - - -'-], die; -: 1. (bildungsspr.) *Untätigkeit, Passivität; das Fehlen von Unternehmungsgeist:* in völlige I. verfallen. 2. (Chemie, Med.) *(in Bezug auf chemische Substanzen, Toxine o. Ä.) durch bestimmte Einflüsse hervorgerufene chemische od. therapeutische Unwirksamkeit.* 3. (Med.) *das Ruhen eines krankhaften Prozesses:* die zeitweilige I. einer Tuberkulose.

in|ak|tu|ell [auch: - - -'-] ⟨Adj.⟩ [aus lat. in- = un-, nicht u. ↑aktuell] (bildungsspr.): *nicht für die unmittelbare Gegenwart bedeutsam, nicht zeitnah, nicht zeitgemäß.*

in|ak|zep|ta|bel [auch: - - -'- -] ⟨Adj.⟩ [aus lat. in- = un-, nicht u. ↑akzeptabel] (bildungsspr.): *unannehmbar:* eine inakzeptable Forderung.

In|an|griff|nah|me, die; -, -n (Papierdt.): *das In-Angriff-Nehmen:* die I. eines Projekts.

In|an|spruch|nah|me, die; -, -n: 1. (Papierdt.) *das In-Anspruch-Nehmen (von etw., was zu nutzen einem freisteht, man ein Recht hat):* die I. eines Kredits, seiner Rechte, aller Vorteile. 2. a) *das In-Anspruch-Nehmen der Arbeitskraft, der Zeit (von Menschen):* die starke I. der Beschäftigten während der Hauptsaison führte zu Ausfällen; b) *durch den Gebrauch bedingte (Abnutzung, Verschleiß bewirkende) Beanspruchung (von Dingen):* die starke I. erhöht den Verschleiß des Materials.

In|ap|pe|tenz [auch: - - -'-], die; - [aus lat. in- = un-, nicht u. ↑Appetenz] (Med.): *fehlendes Verlangen (z. B. nach Nahrung).*

in|ar|ti|ku|liert [auch: - - - -'-] ⟨Adj.⟩ [zu lat. in- = un-, nicht u. ↑artikulieren] (bildungsspr.): 1. *schlecht artikuliert, nicht klar u. deutlich gesprochen:* er spricht allzu i. 2. *unklar ausgedrückt:* das, was er eigentlich sagen wollte, blieb in seinem Vortrag i.

In|au|gen|schein|nah|me, die; -, -n (Papierdt.): *das In-Augenschein-Nehmen:* nach I. mehrerer Wohnungen.

In|au|gu|ral|dis|ser|ta|ti|on, die: nur im Untertitel einer Doktorarbeit verwendete Bez. für *Dissertation.*

In|au|gu|ra|ti|on, die; -, -en [lat. inauguratio = Anfang] (bildungsspr.): *feierliche Einsetzung in ein hohes [politisches, akademisches] Amt, eine Würde:* die I. des neuen Präsidenten.

in|au|gu|rie|ren ⟨sw. V.; hat⟩ [lat. inaugurare = den Vogelflug befragen; einführen, einweihen (vgl. Augur)] (bildungsspr.): 1. *in ein hohes [politisches, akademisches] Amt, eine Würde einsetzen:* den neuen Präsidenten i. 2. *(etw. Neues) [feierlich] einführen, ins Leben rufen, schaffen:* eine neue Methode i. 3. (österr.) *einweihen:* ein Gebäude i.

In|au|gu|rie|rung, die; -, -en: *das Inaugurieren; das Inauguriertwerden.*

In|be|griff, der; -[e]s, -e: 1. *vollkommene, reinste, absolute Verkörperung von etw. [Begrifflichem]; in einer Person verkörperte, vollkommene Ausprägung eines Typs o. Ä.:* er ist der I. des Gelehrten, der I. von einem Spießer; die Atombombe wurde zum I. des Schreckens. 2. (bes. Philos.) *höchster, reinster Begriff von etw.; Wesen.*

in|be|grif|fen ⟨Adj.⟩ [erstarrte Nebenf. zum 2. Part. von ↑einbegreifen]: *[im Preis] einbegriffen, mit enthalten:* die im Preis -e Benutzung der Sauna; die Miete beträgt 1200 DM, die Nebenkosten i.

In|be|sitz|nah|me, die; -, -n (Papierdt.): *das In-Besitz-Nehmen:* die I. des Landes durch die Einwanderer.

In|be|trieb|nah|me, die; -, -n (Papierdt.): a) *das In-Betrieb-Nehmen (einer größeren Anlage):* die I. des neuen Schwimmbads; b) *das In-Betrieb-Nehmen (einer Maschine o. Ä.):* bei, vor I. der Maschine.

In|be|trieb|set|zung, die; -, -en (Papierdt.): a) *das In-Betrieb-Setzen (einer Maschine o. Ä):* die I. der Turbine; b) (selten) *Inbetriebnahme* (a).

In|bild, das; -[e]s, -er (geh.): *vollkommene Verkörperung von etw.; Ideal.*

In|brunst, die; - [spätmhd. inbrunst = innere Glut; vgl. Brunst] (geh.): *starkes, leidenschaftliches, hingebendes Gefühl, mit dem jmd. etw. tut, sich zu jmdm., einer Sache hinwendet:* die I. seiner Liebe, seines Glaubens.

in|brüns|tig ⟨Adj.⟩ [spätmhd. inbrünstec = heiß verlangend] (geh.): *mit, von einem leidenschaftlichen Gefühl, Verlangen:* ein -es Gebet; i. auf etw. hoffen.

In|bus|schlüs|sel, der [Inbus®, geb. aus: Innensechskantschlüssel der Firma Bauer und Schaurte] (Technik): *meist sechskantiges, hakenähnlich gebogenes, längliches Werkzeug zum Anziehen od. Lockern von Inbusschrauben.*

In|bus|schrau|be, die (Technik): *Schraube mit meist sechskantiger Aussparung im Kopf.*

Inc. = incorporated.

In|cen|tive [ɪnˈsentɪv], das; -s, -s [engl. incentive = Anreiz, zu spätlat. incentivus = anregend, reizend]: a) ⟨Pl.⟩ *durch wirtschaftspolitische (meist steuerliche) Maßnahmen ausgelöste Anreizeffekte zu ökonomischer* (1) *Leistungssteigerung;* b) *von einem Unternehmen seinen Mitarbeitern angebotene Gratifikation (z. B. in Form von Geld, Sachleistungen od. Incentivereisen), die zur Leistungssteigerung anreizen soll;* c) *Inzentiv.*

In|cen|tive|rei|se, die: *Reise, die ein Unternehmen bestimmten Mitarbeitern als Anreiz zur Leistungssteigerung, als Prämie o. Ä. stiftet.*

Inch [ɪntʃ], der; -, -es [...tʃɪs] ⟨aber: 4 Inch[es]⟩ [engl. inch, aengl. ynce < lat. uncia, ↑¹Unze]: *Längeneinheit in Großbritannien u. den USA* (= 2,54 cm); (Abk.: in; Zeichen: ").

in|cho|a|tiv ⟨Adj.⟩ [lat. inchoativus] (Sprachw.): *(von Verben) einen Beginn ausdrückend:* »erwachen« ist ein -es Verb; Verben mit -er Aktionsart.

In|cho|a|tiv [auch: '- - - -], das; -s, -e (Sprachw.): *Verb mit inchoativer Aktionsart.*

in|chro|mie|ren ⟨sw. V.; hat⟩ [zu lat. in- = hinein u. ↑Chrom] (Technik): *Stahl durch Behandeln mit Chromverbindungen mit einer Schutzschicht versehen.*

In|co|ming [ˈɪnkamɪŋ] das; -s [engl. incoming, eigtl. = das Ankommen, Ankunft] (Touristik): *(in Zusammenarbeit mit Reiseveranstaltern im Ausland organisierte) Betreuung ausländischer Touristen an ihrem Urlaubsort mit Angeboten von Dienstleistungen u. Veranstaltungen unterschiedlicher Art.*

in con|cert [ɪn ˈkɔnsət; engl.] (bes. Werbespr.): a) *in einem öffentlichen Konzert [auftretend]:* Udo Lindenberg in c.; b) *in einem Mitschnitt eines öffentlichen Konzerts* (z. B. als Angabe auf einer Schallplatte).

in con|cre|to [lat., zu: concretus, ↑konkret] (bildungsspr.): *auf den vorliegenden Fall bezogen, im Einzelfall; tatsächlich, in Wirklichkeit.*

in con|tu|ma|ci|am [lat. = wegen Unbotmäßigkeit, zu: contumacia, ↑Kontumaz] (Rechtsspr.): *in Abwesenheit des Angeklagten:* jmdn. in c. verurteilen.

in|cor|po|ra|ted [ɪnˈkɔːpəreɪtɪd; engl. incorporated, zu: to incorporate = als Körperschaft (amtlich) eintragen]: engl. Bez. für *[als Aktiengesellschaft, im Handelsregister] eingetragen;* Abk.: Inc.

in cor|po|re [lat., zu: corpus, ↑Corpus] (bildungsspr.): *gemeinsam, alle zusammen.*

In|co|terms ⟨Pl.⟩ [Kurzwort für engl. international commercial terms] (Wirtsch.): *Gesamtheit der im internationalen Handel üblichen Bedingungen für Lieferung, Beförderung, Abnahme u. Ä. von Waren.*

In|cu|bus: ↑Inkubus.

Ind. = Indikativ.

ind|an|thren ⟨Adj.⟩: *(in Bezug auf gefärbte Textilien) licht- u. farbecht:* der Stoff ist i.

Ind|an|thren®, das; -s, -e [Kurzwort aus ↑Indigo u. ↑Anthrazen] (Textilind.): *licht- u. waschechter synthetischer Farbstoff für Textilien.*

Ind|an|thren|far|be, die, **Ind|an|thren|farb|stoff,** der: *Indanthren.*

in|de|fi|nit [auch: '- - - -] ⟨Adj.⟩ [lat. indefinitus] (bes. Sprachw.): *unbestimmt:* ein -es Pronomen *(Indefinitpronomen).*

In|de|fi|nit|pro|no|men, das (Sprachw.): *unbestimmtes Pronomen (z. B. jemand, kein).*

in|de|kli|na|bel [auch: - - -'- -] ⟨Adj.⟩ [spätlat. indeclinabilis, aus lat. in- = un-, nicht u. declinabilis, ↑deklinabel] (Sprachw.): *(von Wörtern bestimmter Wortarten) nicht beugbar:* ein indeklinables Adjektiv.

In|de|kli|na|bi|le, das; -, ...bilia [spätlat. (nomen) indeclinabile] (Sprachw.): *indeklinables Wort.*

in|de|li|kat [auch: - - -'-] ⟨Adj.⟩ [aus lat. in- = un-, nicht u. ↑delikat] (bildungsspr. selten): *nicht behutsam, nicht feinfühlig, ohne Takt:* eine Sache i. behandeln.

in|dem: I. ⟨Konj.⟩ 1. (zeitlich) leitet einen Gliedsatz ein, der eine Gleichzeitigkeit ausdrückt; *während:* i. er sprach, öffnete sich die Tür. 2. (instrumental) leitet einen Gliedsatz ein, der das Mittel, den Begleitumstand von etw. angibt; *dadurch, dass; damit, dass:* er hat viel Geld sparen können, i. er einen Teil der Arbeit selbst gemacht hat. II. ⟨Adv.⟩ (veraltend) *indessen, unterdessen:* zieht euch an, ich werde i. das Frühstück vorbereiten.

In|dem|ni|tät, die; - [spätlat. indemnitas = Schadloshaltung] (Politik): 1. *nachträgliche Billigung einer Maßnahme der Regierung, die das Parlament zuvor abgelehnt hatte.* 2. *Straffreiheit des Abgeordneten in Bezug auf Äußerungen im Parlament.*

In|dent|ge|schäft, das [zu engl. indent = Auslandsgeschäft] (Kaufmannsspr.): *Exportgeschäft, das der Minderung des Risikos für den Exporteur dient.*

In|de|pen|dence Day [ɪndɪˈpɛndəns ˈdeɪ], der; -- [engl., aus: independence = Unabhängigkeit (wohl unter Einfluss von gleichbed. frz. indépendance aus: in- = un-, nicht [< lat. in-] u. dependence [< frz. dépendance, ↑Dependance]) u. day = Tag]: *Unabhängigkeitstag der Vereinigten Staaten von Amerika* (4. Juli).

In|de|pen|denz, die; - [wohl nach frz. indépendance] (bildungsspr.): *Unabhängigkeit.*

In|der, der; -s, -: Ew. zu ↑Indien.

In|de|rin, die; -, -nen: w. Form zu ↑Inder.

in|des (seltener), **in|des|sen:** **I.** ⟨Konj.⟩ (geh.) **1.** (temporal) drückt eine Gleichzeitigkeit aus; *während:* i. er seine Arbeit fertig machte, gingen die anderen spazieren. **2.** (modal) drückt einen Gegensatz aus; *wohingegen:* die einen gingen spazieren, i. die anderen es vorzogen zu lesen. **II.** ⟨Adv.⟩ **1.** drückt die Gleichzeitigkeit aus; *unterdessen, inzwischen:* du kannst i. anfangen. **2.** drückt einen Gegensatz aus; *jedoch, aber:* man machte ihm ein verlockendes Angebot, er lehnte i. alles ab.

in|de|ter|mi|na|bel [auch: ˈ- - - - - -] ⟨Adj.⟩ [spätlat. indeterminabilis, zu lat. in- = un-, nicht u. determinare, ↑determinieren] (Philos.): *unbestimmbar:* ein indeterminabler Begriff.

In|de|ter|mi|na|ti|on [auch: ˈ- - - - - -], die; - [spätlat. indeterminatio]: **1.** (Philos.) *Unbestimmtheit.* **2.** (bildungsspr.) *Unentschlossenheit.*

In|dex, der; -[es], -e u. ...dizes [...diʦe:s; lat. index = Anzeiger, Register, Verzeichnis, zu: indicare, ↑indizieren]: **1.** *alphabetisches Namen-, Stichwort-, Sachverzeichnis; Register:* das Buch wäre mit einem ausführlichen I. leichter zu benutzen. **2.** ⟨Pl. Indexe⟩ (kath. Kirche früher) *Liste von Büchern, die nach päpstlichem Entscheid von den Gläubigen nicht gelesen werden dürfen:* seine Werke wurden auf den I. gesetzt; **Ü** die Bücher des Regimekritikers stehen auf dem I. *(dürfen nicht erscheinen, nicht gelesen werden).* **3.** ⟨Pl. Indizes⟩ (Wirtsch.) *statistischer Messwert, durch den eine Veränderung bestimmter wirtschaftlicher Tatbestände ausgedrückt wird:* der I. der Lebenshaltungskosten ist leicht gefallen, gesunken. **4.** ⟨Pl. Indizes⟩ **a)** (Math., Physik) *an gleichartige, in Buchstaben od. Zahlen ausgedrückte Größen (meist tiefer stehend) angehängtes Kennzeichen in Form eines Buchstabens od. einer Zahl* (z. B. x_1, x_2); **b)** (Lexikographie) *hochgestellte Zahl, die Homographen o. Ä. zum Zwecke der Unterscheidung vorangestellt wird* (z. B. [1]Bauer, der; [2]Bauer, das). **5.** (Med.) *Zeigefinger.* **6.** (EDV) *als separate Datei gespeichertes Verzeichnis von Adressen* (3).

in|de|xie|ren ⟨sw. V.; hat⟩ [zu ↑Index 1]: **1.** (Fachspr.) *einen Index* (1), *eine Liste von Gegenständen od. Hinweisen anlegen.* **2.** (Wirtsch.) *an eine Indexklausel knüpfen.*

In|dex|klau|sel, die (Wirtsch.): *Wertsicherungsklausel, nach der die Höhe eines in Form einer wiederkehrenden Zahlung geschuldeten Betrages vom Preisindex der Lebenshaltung abhängig gemacht wird.*

In|dex|re|gis|ter, das (EDV): *Teil in Computeranlagen, in dem unabhängig vom Rechenwerk mit Zahlen gerechnet werden kann, die in der Position eines Adressen* (3) *enthaltenden Teils stehen.*

In|dex|zahl, In|dex|zif|fer, die: *Index* (3, 4).

in|de|zent [auch: - - ˈ-] ⟨Adj.⟩ [frz. indécent < lat. indecens, aus: in = un-, nicht u. decens, ↑dezent] (bildungsspr.): *nicht taktvoll, nicht feinfühlig:* eine -e Frage.

In|de|zenz [auch: - - ˈ-], die; - [frz. indécence < spätlat. indecentia] (bildungsspr.): *Mangel an Takt, an Feinfühligkeit.*

[1]In|di|a|ca®, die; -, -s: *birnenförmiges, an der spitz zulaufenden Seite mit drei bunt gefärbten Federn bestecktes Sportgerät für das* [2]*Indiaca.*

[2]In|di|a|ca, das; -: *dem Volleyball verwandtes Mannschaftsspiel, bei dem anstatt des Balles eine* [1]*Indiaca verwendet wird.*

In|di|an, der; -s, -e [kurz für: indianischer Hahn, engl. Indian cock] (bes. österr.): *Truthahn.*

In|di|a|na; -s: Bundesstaat der USA.

In|di|a|na|po|lis-Start, der [nach der Rennstrecke in Indianapolis, der Hauptstadt von Indiana] (Motorsport): *Form des Starts bei Autorennen, bei der die Fahrzeuge zuerst eine Runde fahren, bevor sie im fliegenden Start über die Startlinie fahren.*

In|di|a|ner, der; -s, - [nach lat. Indianus, eigtl. = indisch; 1: Ureinwohner Amerikas; so benannt aufgrund des Missverständnisses von Kolumbus, der glaubte, in Indien gelandet zu sein]: **1.** *Angehöriger der in zahlreiche Stämme verzweigten Ureinwohner Amerikas mit glänzend schwarzem Haar u. rötlich brauner bis gelblicher Hautfarbe:* die I. Nordamerikas, des Amazonasbeckens; er ist I.; **R** ein I. kennt keinen Schmerz (scherzh.; *man muss tapfer, darf nicht wehleidig sein*). **2.** (österr.) kurz für ↑Indianerkrapfen. **3.** (Jargon) *Späher, Kundschafter in geheimdienstlichem Auftrag.*

In|di|a|ner|buch, das: *Reisebericht, Erzählung, Roman u. Ä., worin Leben u. Gebräuche der Indianer* (1) *dargestellt sind.*

In|di|a|ner|frau, die: *Squaw.*

In|di|a|ner|ge|schich|te, die: vgl. Indianerbuch.

In|di|a|ner|häupt|ling, der: *Häuptling eines Indianerstammes.*

In|di|a|ne|rin, die; -, -nen: w. Form zu ↑Indianer (1).

In|di|a|ner|kos|tüm, das: *Karnevalskostüm, das der Kleidung von Indianern nachempfunden ist.*

In|di|a|ner|krap|fen, der [wohl wegen des rötlich braunen Überzuges] (österr.): *kugelförmiges Gebäckstück aus Biskuitteig, das mit Schokolade überzogen u. mit Sahne gefüllt ist.*

In|di|a|ner|re|ser|vat, das, **In|di|a|ner|re|ser|va|ti|on,** die: *(in Nordamerika) für Indianer eingerichtetes Reservat* (2).

In|di|a|ner|som|mer, der [engl. Indian summer]: *in Nordamerika mit großer Regelmäßigkeit Ende September u. Anfang Oktober auftretende Periode schönen Wetters.*

In|di|a|ner|spiel, das: *Spiel, bei dem Kinder [als Indianer verkleidet] Kampf u. Gebräuche der Indianer nachahmen.*

In|di|a|ner|spra|che, die: *indianische, von einer indianischen Sprachgemeinschaft gesprochene Sprache.*

In|di|a|ner|stamm, der: *indianischer Volksstamm.*

In|di|a|ner|zelt, das: *kleines Stangenzelt, das Kinder beim Indianerspiel aufbauen.*

in|di|a|nisch ⟨Adj.⟩: *die Indianer* (1) *betreffend, zu ihnen gehörend:* die -e Kultur; -e Sprachen.

In|di|a|nis|tik, die; -: *Wissenschaft, die sich mit der Erforschung der indianischen Sprachen u. Kulturen beschäftigt.*

In|die, das; -s, -s [engl. indie, Abk. von independent = unabhängig; Unabhängige(r); zuerst in den 1940er-Jahren in den USA als Bez. für unabhängige Filmproduzenten verwendet] (Jargon): *kleine, oft nur von einer Person betriebene Firma, die unabhängig vom allgemeinen Zeitgeschmack bes. Musik, auch Filme o. Ä. produziert u. dabei meist neue, eigenwillige künstlerische Wege beschreitet.*

In|di|en; -s: Staat in Südasien.

In|dienst|nah|me, die; -, -n (Papierdt.): *das In-Dienst-Nehmen.*

In|dienst|stel|lung, die; -, -en (Papierdt.): *das In-Dienst-Stellen.*

in|dif|fe|rent [auch: - - - ˈ-] ⟨Adj.⟩ [lat. indifferens, eigtl. = keinen Unterschied habend, aus: in- = un-, nicht u. differens, ↑different]: **1.** (bildungsspr.) *gleichgültig, ohne Teilnahme, ohne Interesse:* ein völlig -es Verhalten; -es Gleichgewicht (Physik; *Gleichgewicht, das bei Veränderung der Lage erhalten bleibt*); er war politisch i. *(war ohne politisches Interesse, hatte in Bezug auf politische Ereignisse keine Meinung).* **2.** (Chemie, Med.) *(von chemischen Stoffen [in Arzneimitteln]) neutral, ohne spezifische Wirkung.*

In|dif|fe|renz [auch: - - - ˈ-], die; -, -en [lat. indifferentia = Gleichheit]: **1.** ⟨o. Pl.⟩ (bildungsspr.) *Gleichgültigkeit, Uninteressiertheit:* politische I.; ein Zustand von I. **2.** (Chemie, Med.) *(von chemischen Stoffen [in Arzneimitteln]) Neutralität.*

in|di|gen ⟨Adj.⟩ [zu spätlat. indigenus, aus alat. indu (häufig in Zus.) = in u. lat. gignere = (er)zeugen, gebären] (Fachspr.): *eingeboren, einheimisch:* -e Sprachen.

In|di|ges|ti|on [auch: ˈ- - - -], die; -, -en [spätlat. indigestio = Mangel an Verdauung] (Med.): *Verdauungsstörung; fehlende od. mangelhafte Verdauungstätigkeit.*

In|di|gna|ti|on, die; - [lat. indignatio] (bildungsspr.): *Unwillen, Entrüstung, Abscheu.*

in|di|gnie|ren ⟨sw. V.; hat⟩ [lat. indignari = etw. für unwürdig halten, entrüstet sein od. werden] (veraltet): *Unwillen, Entrüstung hervorrufen.*

in|di|gniert ⟨Adj.⟩ (bildungsspr.): *von etw. unangenehm, peinlich berührt; über etw. erzürnt, entrüstet:* ein -er Blick; sich i. abwenden.

In|di|go, der od. das; -s, (Arten:) -s [span. índigo < lat. Indicum < griech. Indikón, eigtl. = das Indische, nach seiner ostindischen Heimat]: *(ältester pflanzlicher, heute synthetisch hergestellter) tief dunkelblauer Farbstoff.*

in|di|go|blau ⟨Adj.⟩: *von der Farbe des Indigos; tiefblau:* Glas von -er Färbung.

In|di|go|blau, das: *indigoblaue Farbe, Färbung:* das I. des sich verdüsternden Himmels.

In|di|go|farb|stoff, der: *dem Indigo ähnlicher, synthetischer Farbstoff.*

In|di|go|lith [auch: ...ˈlɪt], der; -s u. -en, -e[n] [zu griech. líthos = Stein]: *seltener, indigoblauer Turmalin.*

In|di|go|pflan|ze, die: *(in den Tropen u. Subtropen vorkommende) Pflanze, die den als Indigo bezeichneten Farbstoff enthält.*

In|dik, der; -s: Indischer Ozean.

In|di|ka|ti|on, die; -, -en [lat. indicatio = Anzeige (des Preises), zu: indicare, ↑indizieren]: **1.** (Med.) *Heilanzeige.* **2.** (bes. Rechtsspr.) *(aus bestimmten medizinischen, eugenischen, ethischen od. sozialen Erwägungen anzunehmendes) Angezeigtsein eines Schwangerschaftsabbruchs:* ein Schwangerschaftsabbruch ist nur bei medizinischer, eugenischer, ethischer oder sozialer I. zulässig.

In|di|ka|ti|o|nen|mo|dell, Indikationsmodell, das (bes. Rechtsspr.): *Modell zur Freigabe des Schwangerschaftsabbruchs unter bestimmten Voraussetzungen.*

In|di|ka|ti|ons|lö|sung, die (bes. Rechtsspr.): vgl. Indikationsmodell.

In|di|ka|ti|ons|mo|dell: ↑Indikationenmodell.

[1]In|di|ka|tiv, der; -s, -e [a: spätlat. (modus) indicativus, eigtl. = zur Aussage, zur Anzeige geeignet(er Modus), zu lat. indicare, ↑indizieren] (Sprachw.): **a)** *Modus* (2), *mit dem etw. als tatsächlich, als gegeben dargestellt od. angenommen wird; Wirklichkeitsform* (z. B. ich gehe); **b)** *Verb im* [1]*Indikativ* (a); Abk.: Ind.

[2]In|di|ka|tiv, das; -s, -s: *bestimmtes, immer wiederkehrendes Radio- od. Fernsehsendungen einleitendes Musikstück.*

in|di|ka|ti|visch [auch: - - - ˈ- -] ⟨Adj.⟩ (Sprachw.): *im* [1]*Indikativ (a) [stehend]:* eine -e Verbform.

In|di|ka|tor, der; -s, ...oren [zu lat. indicare, ↑indizieren]: **1.** (Fachspr.) *etw. (Umstand, Merkmal), was als (statistisch verwertbares) Anzeichen für eine bestimmte Entwicklung, einen eingetretenen Zustand o. Ä. dient:* die Umsatzzahlen können als I. für den Aufschwung der Konjunktur gelten. **2.** (Chemie, Technik) *chemische Substanz, auch Apparatur, die es ermöglicht, eine chemische Reaktion o. Ä. in ihrem Ablauf zu verfolgen.* **3.** (Technik) *Instrument zum Messen veränderlichen Drucks von Dampf u. a. in Zylindern.*

In|di|ka|tor|pflan|ze, die (Biol.): *Pflanze, aus deren Auftreten auf eine bestimmte Bodenart* *geschlossen werden kann (z. B. Heidelbeeren auf stickstoffhaltigem Boden).*

In|dio, der; -s, -s [span. indio, eigtl. = Inder]: süd- od. mittelamerikanischer Indianer.

in|di|rekt [auch: - - ˈ-] ⟨Adj.⟩ [mlat. indirectus]: **1.** *nicht durch eine unmittelbare Äußerung, Einflussnahme, Einwirkung o. Ä.; über einen Umweg:* -e Beleidigungen, Vorwürfe; jmdm. etw. i. vorwerfen. **2.** *(in Bezug auf räumliche Beziehungen) nicht unmittelbar, nicht auf einem direkten Weg:* einen Raum i. beheizen.

in|disch ⟨Adj.⟩: zu ↑Indien.

In|di|sche Oze|an, der; -n -s: von Afrika, Antarktika, Australien, den indonesischen Inseln u. dem indischen Subkontinent begrenzter Ozean.

In|disch Lamm, das; - -[e]s: *dem Persianer ähnlicher Pelz.*

in|disch|rot [auch: ˈ- - -], das: *braun- bis rosenrote Malerfarbe.*

in|dis|kret [auch: - - ˈ-] ⟨Adj.⟩ [aus lat. in- = un-, nicht u. ↑diskret]: *ohne den gebotenen Takt od. die gebotene Zurückhaltung in Bezug auf die Privatsphäre eines anderen:* eine -e Frage; sei nicht so i.!

In|dis|kret|heit [auch: - - ˈ- -], die; -, -en: **1.** ⟨o. Pl.⟩ *das Indiskretsein; indiskretes Verhalten.* **2.** *indiskrete Handlung.*

In|dis|kre|ti|on [auch: ˈ- - - - -], die; -, -en [frz. indiscrétion < spätlat. indiscretio, eigtl. = Rücksichtslosigkeit]: **1.** *Mangel an Verschwiegenheit; das Weitergeben einer geheimen, vertraulichen Nachricht:* eine bewusste, gezielte I. **2.** (selten) *Taktlosigkeit.*

in|dis|ku|ta|bel [auch: - - ˈ- - -] ⟨Adj.; ...bler, -ste⟩ [aus lat. in- = un-, nicht u. ↑diskutabel] (bildungsspr. abwertend): *von vornherein nicht infrage kommend u. daher nicht der Erörterung wert:* eine indiskutable Forderung.

in|dis|po|ni|bel [auch: - - - ˈ- -] ⟨Adj.⟩ [aus lat. in- = un-, nicht u. ↑disponibel] (bildungsspr.): **1.** *nicht verfügbar, festgelegt:* indisponibles Kapital. **2.** (selten) *unveräußerlich.*

in|dis|po|niert [auch: - - - ˈ-] ⟨Adj.⟩ [aus lat. in- = un-, nicht u. ↑disponiert] (bildungsspr.): *nicht disponiert* (a): der Künstler, Sänger war i.

In|dis|po|niert|heit [auch: - - - ˈ- -], die; - (bildungsspr.): *Zustand des Indisponiertseins.*

in|dis|zi|pli|niert [auch: - - - - ˈ-] ⟨Adj.⟩ (selten): *nicht diszipliniert.*

In|di|um, das; -s [zu lat. indicum = Indigo, nach den indigoblauen Linien im Spektrum]: *silberweißes, stark glänzendes Metall (chemisches Element;* Zeichen: In).

In|di|vi|du|al|be|reich, der (Fachspr.): *persönlicher, privater Bereich; Privatsphäre einer Person.*

In|di|vi|du|al|di|a|gno|se, die (Psych.): *Methode zur Erfassung der Persönlichkeit u. a. mithilfe von Tests.*

In|di|vi|du|a|li|sa|ti|on, die; -, -en [frz. individualisation] (Wissensch., bes. Kunstwiss.): *individualisierte Darstellung.*

in|di|vi|du|a|li|sie|ren ⟨sw. V.; hat⟩ [frz. individualiser]: **a)** *bei der Darstellung, Charakterisierung eines Gegenstandes, einer Person das Individuelle hervorheben, herausarbeiten:* die Kunst dieser Zeit zeigt noch keine individualisierten Gesichter; **b)** *auf das Individuum, den Einzelfall beziehen, zuschneiden o. Ä.:* das Bildungsangebot, die Reisevorschläge stärker i.; eine individualisierende Anwendung des Rechts.

In|di|vi|du|a|li|sie|rung, die; -, -en: **a)** *das Individualisieren;* **b)** *individualisierte* (a) *Darstellung.*

In|di|vi|du|a|lis|mus, der; - [frz. individualisme]: **1.** (Philos.) *Anschauung, die dem Individuum, seinen Bedürfnissen den Vorrang vor der Gemeinschaft einräumt.* **2.** (bildungsspr.) *individualistische, bes. auf die Entfaltung der eigenen Persönlichkeit ausgerichtete Haltung, die dem Gefühl der Zugehörigkeit zu einer Gemeinschaft wenig Raum lässt.*

In|di|vi|du|a|list, der; -en, -en [frz. individualiste]: **1.** *Vertreter des Individualismus* (1). **2.** (bildungsspr.) *jmd., der einen persönlichen Lebensstil entwickelt hat u. sich dadurch von anderen abhebt:* er wollte immer gerne als I. gelten; die Mannschaft besteht aus lauter -en *(Mitgliedern von ausgeprägter Eigenart, die ihre Fähigkeiten nur schwer zugunsten der Gemeinschaft entfalten können).*

In|di|vi|du|a|lis|tin, die; -, -nen: w. Form zu ↑Individualist.

in|di|vi|du|a|lis|tisch ⟨Adj.⟩: **1.** *dem Individualismus* (1) *entsprechend.* **2.** (bildungsspr.) *der Haltung, Eigenart eines Individualisten* (2) *entsprechend:* ein -er Arbeitsstil.

In|di|vi|du|a|li|tät, die; -, -en [frz. individualité] (bildungsspr.): **1.** ⟨o. Pl.⟩ *Summe der Eigenschaften, Merkmale, die die Besonderheit eines Menschen ausmachen:* seine I. entfalten. **2.** *[ausgeprägte] Persönlichkeit in ihrer Unverwechselbarkeit:* er ist eine ausgeprägte I.

In|di|vi|du|al|psy|cho|lo|gie, die: *psychologische Forschungsrichtung, die sich mit dem Einzelwesen befasst.*

in|di|vi|du|al|psy|cho|lo|gisch ⟨Adj.⟩: *die Individualpsychologie betreffend, auf ihr beruhend, zu ihr gehörend.*

In|di|vi|du|al|recht, das: *persönliches Recht.*

In|di|vi|du|al|sphä|re, die: vgl. Individualbereich.

In|di|vi|du|al|tou|ris|mus, der: *Tourismus individuell reisender Urlauber.*

In|di|vi|du|al|ver|kehr, der (Amtsspr.): *mit Privatfahrzeugen abgewickelter Verkehr im Unterschied zum Verkehr mit öffentlichen Verkehrsmitteln.*

In|di|vi|du|a|ti|on, die; -, -en (Psych.): *(nach dem schweiz. Psychiater C. G. Jung [1875–1961]) Prozess der Selbstwerdung des Menschen, in dessen Verlauf sich das Bewusstsein der eigenen Individualität zunehmend verfestigt.*

in|di|vi|du|ell ⟨Adj.⟩ [frz. individuel, zu: individu (unter Einfluss von mlat. individualis = das Einzelwesen betreffend, Einzel...) < (m)lat. individuum, ↑Individuum]: **1. a)** *auf das Individuum, auf einzelne Personen od. Sachen, ihre speziellen Verhältnisse o. Ä. zugeschnitten, ihnen entsprechend:* eine -e Lösung des Falles; in diesem Haus werden die Gäste i. betreut; die Kinder werden i. erzogen; **b)** *durch die Eigenart, Besonderheit u. Ä. der Einzelpersönlichkeit geprägt; je nach persönlicher Eigenart [verschieden]:* -e Probleme, Bedürfnisse; ein -er Geschmack, Stil; der Raum hat eine -e Note; die Reaktion ist i. verschieden. **2.** *[als persönliches Eigentum] einem Einzelnen gehörend, nicht gemeinschaftlich, öffentlich genutzt:* -es Eigentum. **3.** *als Individuum, als Persönlichkeit zu respektieren; als Einzelpersönlichkeit hervortretend, handelnd:* eine Stadt mit -en Künstlern.

In|di|vi|du|en: Pl. von ↑Individuum.

In|di|vi|du|um, das; -s, ...duen [mlat. individuum < lat. individuum = das Unteilbare, zu: in- = un-, nicht u. dividere = (zer)teilen, LÜ von griech. átomos, ↑Atom]: **1.** (bildungsspr.) *Mensch als Einzelwesen [in seiner jeweiligen Besonderheit]:* das I. und die Gesellschaft. **2.** (oft abwertend) *Mensch von zweifelhaftem Charakter; in irgendeiner Hinsicht negativ eingeschätzte Person:* ein fragwürdiges, verdächtiges I. **3.** (Biol.) *einzelnes pflanzliches od. tierisches Lebewesen [als Vertreter seiner Spezies].* **4.** (Chemie) *kleinstes chemisches Teilchen jeglicher Art:* Atome und Moleküle sind chemische Individuen.

In|diz, das; -es, -ien [lat. indicium = Anzeige, Anzeichen]: **1.** ⟨häufig Pl.⟩ (Rechtsspr.) *Umstand, der mit Wahrscheinlichkeit auf einen bestimmten Sachverhalt, vor allem auf die Täterschaft einer bestimmten Person schließen lässt; be- od. entlastender Umstand:* ein ausreichendes I.; das Urteil stützt sich auf -ien. **2.** (bildungsspr.) *Anzeichen für etw.; symptomatisches Merkmal, an dem sich ein Zustand, eine Entwicklung ablesen, erkennen lässt:* die Art der Wolkenbildung ist ein sicheres I. für einen bevorstehenden Wetterumschwung.

In|di|zes: Pl. von ↑Index.

In|di|zi|en|be|weis, der: *Beweis, der sich nur auf Indizien stützt.*

In|di|zi|en|ket|te, die: *Beweiskette, die sich aus einzelnen Indizien zusammensetzt.*

In|di|zi|en|pro|zess, der: *Prozess, der sich in seiner Beweisführung auf Indizien stützt.*

in|di|zie|ren ⟨sw. V.; hat⟩ [lat. indicare = anzeigen]: **1.** (bildungsspr.) *etw. erkennen lassen, auf etw. hinweisen; Indiz* (2) *für etw. sein:* der Erfolg indiziert die Richtigkeit seines Vorgehens. **2.** (bes. Med.) *etw., bes. eine bestimmte Behandlung, Heilmethode o. Ä., als angezeigt erscheinen lassen* ⟨meist im 2. Part.⟩: eine Operation ist [nicht] indiziert. **3. a)** (kath. Kirche früher) *(ein Druckwerk) auf den Index* (2) *setzen:* die Bücher dieses Autors wurden von der Kirche indiziert; **b)** *(ein Druckwerk) in eine Liste von Schriften aufnehmen, deren Verbreitung an Jugendliche untersagt ist, weil sie als jugendgefährdend gelten:* das Buch wurde von der Bundesprüfstelle für jugendgefährdende Schriften indiziert.

In|di|zie|rung, die; -, -en: *das Indizieren* (1, 3); *das Indiziertwerden.*

in|do|arisch ⟨Adj.⟩: *die von den Ariern* (1) *hergeleiteten Völker Vorderasiens betreffend:* -e Sprachen.

In|do|chi|na; -s: (die heutigen Staaten Vietnam, Laos u. Kambodscha umfassendes) ehemaliges französisches Kolonialgebiet in Südostasien.

In|do|eu|ro|pä|er, der: *Indogermane.*

in|do|eu|ro|pä|isch ⟨Adj.⟩: *indogermanisch.*

In|do|eu|ro|pä|is|tik, die; -: *Indogermanistik.*

In|do|ger|ma|ne, der: *Angehöriger eines der Völker, die das Indogermanische als Grundsprache haben.*

in|do|ger|ma|nisch ⟨Adj.⟩ [1823 gepr. von dem dt. Orientalisten H. J. Klapproth (1783–1835)]: *die Indogermanen, das Indogermanische betreffend;* Abk.: idg.

In|do|ger|ma|ni|sche, das [benannt nach den Indern im Südosten u. den Germanen im Nordwesten]: *erschlossene Grundsprache der Indogermanen.*

In|do|ger|ma|nis|tik, die: *Wissenschaft, die die einzelnen Sprachzweige des Indogermanischen u. die Kultur der Indogermanen erforscht.*

in|do|ira|nisch ⟨Adj.⟩ (Sprachw.): *arisch* (1).

In|dok|tri|na|ti|on, die; -, -en [zu lat. in- = hinein u. doctrina = Belehrung] (bes. Politik abwertend): *[massive] psychologische Mittel nutzende Beeinflussung von Einzelnen od. ganzen Gruppen der Gesellschaft im Hinblick auf die Bildung einer bestimmten Meinung od. Einstellung:* politische, ideologische I.; I. betreiben.

in|dok|tri|na|tiv ⟨Adj.⟩ (bildungsspr. abwertend): *indoktrinierend, auf indoktrinierende Weise:* eine -e Verhaltensweise.

in|dok|tri|nie|ren ⟨sw. V.; hat⟩ (bes. Politik abwertend): *durch Indoktrination beeinflussen, in eine bestimmte Richtung drängen:* jmdn. ideologisch, politisch i.

In|dok|tri|nie|rung, die; -, -en: *das Indoktrinieren, Indoktriniertwerden.*

in|do|lent [auch: - - ˈ-] ⟨Adj.⟩ [2 a: spätlat. indolens (Gen.: indolentis), zu lat. in- = un-, nicht u. dolere = (Schmerz) empfinden]: **1.** (bildungsspr.) *geistig träge u. gleichgültig; keine Gemütsbewegung erkennen lassend:* ein völlig -er Mensch. **2.** (Med.) **a)** *schmerzunempfindlich; gleichgültig gegenüber Schmerzen;* **b)** *(vom Organismus od. von einzelnen Körperteilen) schmerzfrei;* **c)** *(von krankhaften Prozessen) keine Schmerzen verursachend.*

In|do|lenz [auch: - - ˈ-], die; - [lat. indolentia]: *das Indolentsein.*

In|do|lo|gie, die; - [zu griech. Índos = indisch u. ↑-logie]: *Wissenschaft von der indischen Kunstgeschichte, Kultur, Philologie und Religion.*

In|do|ne|si|en; -s: Inselstaat in Südostasien.

In|do|ne|si|er, der; -s, -: Ew.

In|do|ne|si|e|rin, die; -, -nen: w. Form zu ↑Indonesier.

in|do|ne|sisch ⟨Adj.⟩: *Indonesien, die Indonesier betreffend; aus Indonesien stammend.*

in|do|pa|zi|fisch ⟨Adj.⟩: *den Indischen u. den Pazifischen Ozean betreffend; um den Indischen u. Pazifischen Ozean gelegen.*
In|dos|sa|ment, das; -[e]s, -e [frz. endossement, zu ↑indossieren] (Bankw.): *Giro* (2).
In|dos|sant, der; -en, -en (Bankw.): *Girant.*
In|dos|san|tin, die; -, -en: w. Form zu ↑Indossant.
In|dos|sat, der; -en, -en, **In|dos|sa|tar,** der; -s, -e (Bankw.): *Girat, Giratar.*
In|dos|sent, der; -en, -en (Bankw.): *Indossant.*
In|dos|sen|tin, die; -, -nen: w. Form zu ↑Indossent.
in|dos|sie|ren ⟨sw. V.; hat⟩ [ital. indossare, eigtl. = auf dem Rücken tragen, zu: dosso = Rücken < vlat. dossum] (Bankw.): *girieren.*
In|dos|so, das; -s, -s u. ...ssi [ital. in dosso = auf dem Rücken] (Bankw.): *Indossament.*
In|dra: indischer Gott.
in du|bio [lat., zu: dubium = Zweifel] (bildungsspr.): *im Zweifelsfalle.*
in du|bio pro reo [lat. = im Zweifel für den Angeklagten] (Rechtsspr.): *lassen sich Zweifel an der Schuld des Angeklagten nicht beheben, so ist er freizusprechen* (Grundsatz des Strafverfahrens).
In|duk|ti|on, die; -, -en [lat. inductio = das Hineinführen, zu: inducere, ↑induzieren]: **1.** (bildungsspr.) *wissenschaftliche Methode, vom besonderen Einzelfall auf das Allgemeine, Gesetzmäßige zu schließen:* vollständige I. (Math.; *Beweisverfahren zum Nachweis der Allgemeingültigkeit eines Satzes, der nach seiner Form schon bekannt u. an eine unbestimmte Zahl n gebunden ist*). **2.** (Elektrot.) *Erzeugung elektrischer Ströme u. Spannungen in elektrischen Leitern durch bewegte Magnetfelder.* **3.** (Biol.) *von einem bestimmten Keimteil ausgehende Wirkung, die einen anderen Teil des Keims zu bestimmten Entwicklungsvorgängen zwingt.*
In|duk|ti|ons|be|weis, der: *wissenschaftlicher Beweis mithilfe der Induktion* (1).
In|duk|ti|ons|strom, der (Elektrot.): *durch Induktion* (2) *erzeugter Strom.*
in|duk|tiv [auch: ˈ- - -] ⟨Adj.⟩ [lat. inductivus = zur Annahme, als Voraussetzung geeignet]: **1.** (bildungsspr.) *in der Art der Induktion* (1) *vom Einzelnen zum Allgemeinen hinführend:* die -e Methode. **2.** (Elektrot.) *durch Induktion* (2) *wirkend od. entstehend:* -er Widerstand *(durch die Wirkung der Selbstinduktion bedingter Widerstand im Wechselstromkreis).*
in dul|ci ju|bi|lo [lat. = in süßem Jubel; Anfang eines Weihnachtsliedes] (ugs.): *herrlich u. in Freuden:* in d. j. leben.
in|dul|gent ⟨Adj.⟩ [lat. indulgens (Gen.: indulgentis), adj. 1. Part. von: indulgere = nachsichtig sein] (bildungsspr.): *Schonung gewährend, nachsichtig, mild.*
In|dul|genz, die; -, -en [lat. indulgentia] (bildungsspr.): *Schonung, Nachsicht, Milde; Straferlass.*
In|du|lin, das; -s, -e ⟨meist Pl.⟩ [Kunstwort zu ↑Indigo; nach der Färbung] (Chemie): *grauer bis blauschwarzer od. violetter Farbstoff.*
In|dult, der od. das; -[e]s, -e [spätlat. indultum, zu lat. indulgere, ↑indulgent]: **1.** (bildungsspr.) *Frist, Vergünstigung, die in bestimmten Fällen gewährt wird.* **2.** (kath. Kirche) *vorübergehende Befreiung von einer kirchengesetzlichen Verpflichtung.* **3.** (Wirtsch.) *Einräumung einer Frist, wenn der Schuldner in Verzug ist.*
In|dus, der; -: Fluss in Vorderindien.
In|dus|tri|al De|sign [ɪnˈdʌstrɪəl dɪˈzaɪn], das; - -s, (auch:) **In|dus|tri|al|de|sign,** das; -s [engl. industrial design, aus: industrial = industriell u. design, ↑Design] (Fachspr.): *Formgebung, bewusste Gestaltung von Gebrauchsgegenständen.*
In|dus|tri|al En|gi|nee|ring [- ɛndʒɪˈnɪərɪŋ], das; - -s, (auch:) **In|dus|tri|al|en|gi|nee|ring,** das; -s [engl. industrial engineering; ↑Engineering]: *Wissenschaft u. Technik der Rationalisierung von Arbeitsprozessen in der Industrie (bes. in den USA).*
in|dus|tri|a|li|sie|ren ⟨sw. V.; hat⟩ [frz. industrialiser]: **a)** *mit Industrie versehen, in einem Gebiet Industrie ansiedeln:* die Entwicklungsländer i.; **b)** *industrielle Herstellungsmethoden in einem Produktionsbereich, einem Betrieb o. Ä. einführen:* die Wirtschaft eines Landes i.
In|dus|tri|a|li|sie|rung, die; -: *das Industrialisieren; das Industrialisiertwerden.*
In|dus|tri|a|lis|mus, der; -: *das Vorherrschen der Industrie in einer Volkswirtschaft mit seinen Auswirkungen.*
In|dus|trie, die; -, -n [frz. industrie < lat. industria = Fleiß, Betriebsamkeit; seit der Mitte des 18. Jh.s im Sinne von »Gewerbe; Gewerbefleiß«, dann in der heutigen Bed.]: **a)** ⟨Pl. selten⟩ *Wirtschaftszweig, der die Gesamtheit aller mit der Massenherstellung von Konsum- u. Produktionsgütern beschäftigten Fabrikationsbetriebe eines Gebietes umfasst:* die japanische, deutsche I.; die I. blüht, stagniert; eine moderne I. aufbauen; die Verstaatlichung der I.; er wird später einmal in die I. gehen (ugs.; *in einem Industriebetrieb tätig sein*); **b)** *Gesamtheit der Fabrikationsbetriebe einer bestimmten Branche in einem Gebiet:* die chemische, Eisen verarbeitende I.; die verschiedenen -n eines Landes.
In|dus|trie|ab|gas, das: *durch die industrielle Produktion entstehendes Abgas.*
In|dus|trie|ab|was|ser, das: vgl. Industrieabgas.
In|dus|trie|an|la|ge, die: *Gesamtheit von Gebäuden u. Einrichtungen samt dem Gelände eines Industriebetriebs.*
In|dus|trie|ar|bei|ter, der: *Arbeiter in einem Industriebetrieb.*
In|dus|trie|ar|bei|te|rin, die: w. Form zu ↑Industriearbeiter.
In|dus|trie|ar|bei|ter|schaft, die: *Gesamtheit der Industriearbeiter.*
In|dus|trie|ar|chä|o|lo|gie, die: *(Bemühungen zur) Erhaltung, Restaurierung, Erforschung von Objekten der Industrie (wie z. B. Bauwerke, Maschinen) mit den Methoden von Archäologie u. Denkmalschutz; industrielle Archäologie.*
In|dus|trie|aus|stel|lung, die: *Ausstellung, auf der Maschinen u. Erzeugnisse der Industrie gezeigt werden.*
In|dus|trie|bahn, die: *von einem Industriebetrieb unterhaltene Bahn mit Anschluss an das Eisenbahnnetz.*
In|dus|trie|bau, der: **a)** ⟨Pl. -ten⟩ *zu einem Industriebetrieb gehörendes Bauwerk:* -ten aus dem vergangenen Jahrhundert; **b)** ⟨o. Pl.⟩ *das Errichten von Industriebauten* (a): Entwicklungen im I.
In|dus|trie|be|ra|ter, der: *jmd., der beratende Aufgaben in einem industriellen Unternehmen wahrnimmt* (Berufsbez.).
In|dus|trie|be|ra|te|rin, die: w. Form zu ↑Industrieberater.
In|dus|trie|be|trieb, der: *industrieller Betrieb, in dem in großer Menge Waren produziert od. Stoffe gewonnen werden.*
In|dus|trie|boss, der (ugs.): *mit Macht ausgestatteter Mann an der Spitze eines großen Industrieunternehmens.*
In|dus|trie|bra|che, die: *durch stillgelegte Industriebetriebe, nicht mehr genutzte Industrieanlagen gekennzeichnetes Gebiet.*
In|dus|trie|denk|mal, das: *besonders imposantes Objekt der Industrie (z. B. Bauwerk, Maschine o. Ä.), das als erhaltenswert gilt u. deshalb unter besonderen Schutz gestellt ist.*
In|dus|trie|de|sign, das: *Industrial Design.*
In|dus|trie|di|a|mant, der: *wegen seiner fehlenden Klarheit als Schmuckstein nicht geeigneter Diamant (der z. B. als Bohrkopf od. als Schneidevorrichtung in einem Glasschneider verwendet wird).*
In|dus|trie|er|zeug|nis, das: *Erzeugnis der Industrie.*
In|dus|trie|for|schung, die ⟨o. Pl.⟩: *Forschung, die auf dem Gebiet der industriellen Entwicklung betrieben wird.*
In|dus|trie|ge|biet, das: **1.** *Gebiet mit vielen Industrieanlagen [der Schwerindustrie]:* das I. an der Ruhr; in einem I. leben. **2.** *für die Ansiedlung kleiner u. mittlerer Betriebe bestimmtes Gebiet:* das I. im Norden der Stadt soll erweitert werden.
In|dus|trie|ge|sell|schaft, die (Soziol.): *Gesellschaft, die durch die Industriewirtschaft geprägt ist:* die moderne I.; in einer I. leben.
In|dus|trie|ge|werk|schaft, die: *Gewerkschaftsverband eines Industriezweiges;* Abk.: IG.
In|dus|trie|gi|gant, der (ugs.): *Industriebetrieb von sehr großen Ausmaßen.*
In|dus|trie|gleis, das: *Gleis einer Industriebahn.*
In|dus|trie|ha|fen, der: *Hafen, in dem bes. industrielle Güter umgeschlagen werden.*
In|dus|trie|ka|pi|tän, der (ugs.): *Leiter eines großen Industriebetriebs.*
In|dus|trie|kauf|frau, die: vgl. Industriekaufmann.
In|dus|trie|kauf|mann, der: *jmd., der über eine kaufmännische Ausbildung verfügt u. in einem Industrieunternehmen als Buchhalter, im Verkauf, in der Personalabteilung o. Ä. tätig ist* (Berufsbez.).
In|dus|trie|kom|bi|nat, das (DDR): *Kombinat von Industriebetrieben.*
In|dus|trie|kon|zern, der: *Konzern, in dem mehrere Industriebetriebe zusammengeschlossen sind.*
In|dus|trie|land, das: *Industriestaat.*
In|dus|trie|land|schaft, die: *Gebiet, das durch Industrieanlagen der Schwerindustrie geprägt ist.*
in|dus|tri|ell ⟨Adj.⟩ [frz. industriel]: **a)** *die Industrie betreffend, zu ihr gehörend, durch sie geprägt:* -e Anlagen, Verfahren; -es Wachstum; (marx.:) das -e Proletariat; **b)** *in der Industrie [erfolgend, hergestellt]:* die -e Produktion; -e Erzeugnisse; Rohstoffe i. verarbeiten.
In|dus|tri|el|le, der u. die; -n, -n ⟨Dekl. ↑Abgeordnete⟩: *Eigentümer[in] eines Industriebetriebs, Unternehmer[in]:* ein reicher -r; die Villa eines -n.
In|dus|trie|ma|gnat, der: *Eigentümer großer, in Industriebetrieben investierter Kapitalien.*
In|dus|trie|meis|ter, der: *Meister* (1) *in einem Beruf der Industrie.*
In|dus|trie|meis|te|rin, die: w. Form zu ↑Industriemeister.
In|dus|trie|mes|se, die: vgl. Industrieausstellung.
In|dus|trie|müll, der: *bei der industriellen Produktion anfallender Müll.*
In|dus|trie|na|ti|on, die: *Industriestaat.*
In|dus|trie|ofen, der: *in der Industrie verwendeter Ofen* (1), *in dem Roh- u. Werkstoffe wie Erze, Metalle, Glas od. Kunststoffe einer Wärmebehandlung unterzogen werden (z. B. Hochofen, Brennofen).*
In|dus|trie|park, der: *räumlich zusammengefasste Ansiedlung kleiner od. mittlerer Industriebetriebe, die in der Regel mit öffentlichen Mitteln geplant, angelegt u. verwaltet wird.*
In|dus|trie|pflan|ze, die ⟨meist Pl.⟩: *Pflanze, die vorwiegend als Rohstofflieferant für die Industrie angebaut wird (z. B. Flachs, Tabak).*
In|dus|trie|po|li|tik, die: *die Industrie, Industrialisierung eines Landes betreffende Politik einer Regierung.*
In|dus|trie|pro|dukt, das: *Industrieerzeugnis.*
In|dus|trie|pro|duk|ti|on, die: *industrielle Produktion.*
In|dus|trie|pro|le|ta|ri|at, das (marx.): *durch die Industrialisierung entstandenes, geprägtes, in der Industrie beschäftigtes Proletariat* (1).
In|dus|trie|re|vier, das: vgl. Industriegebiet.
In|dus|trie|ro|bo|ter, der: *bei der industriellen Produktion eingesetzter computergesteuerter, frei programmierbarer Automat, der mit Greifern u. Werkzeugen verschiedenster Art ausgerüstet werden kann und in der Lage ist, vielfältige Arbeitsgänge durchzuführen.*
In|dus|trie|schau, die: vgl. Industrieausstellung.
In|dus|trie|spi|o|na|ge, die: *Spionage in einem*

[Industrie]betrieb eines anderen Landes, in einem Konkurrenzbetrieb.

In|dus|trie|staat, der: *Staat, dessen Wirtschaftskraft hauptsächlich auf der industriellen Produktion beruht:* die westlichen -en.

In|dus|trie|stadt, die: *durch die Industrialisierung, die Industrie geprägte Stadt.*

In|dus|trie- und Han|dels|kam|mer, die; -, -n: *öffentlich-rechtliche Vertretung der Industrie u. des Handels auf regionaler Basis;* Abk.: IHK.

In|dus|trie|un|ter|neh|men, das: vgl. Industriebetrieb.

In|dus|trie|ver|band, der: **1.** *Unternehmerverband der Industrie.* **2.** (selten) *Industriegewerkschaft.*

In|dus|trie|vier|tel, das: *Stadtteil, in dem sich viele Industriebetriebe befinden:* in einem I. wohnen.

In|dus|trie|wirt|schaft, die: *auf industrieller Produktion basierende Wirtschaft.*

In|dus|trie|zeit|al|ter, das: *um die Wende des 18. Jh.s zum 19. Jh. beginnende Periode der neusten Geschichte.*

In|dus|trie|zu|cker, der: *raffinierter Zucker, Zuckerraffinade.*

In|dus|trie|zweig, der: *Gesamtheit der Industrieunternehmen, die mit bestimmten Stoffen arbeiten u. daraus bestimmte Produkte herstellen (z. B. die Metall verarbeitende Industrie).*

in|du|zie|ren ⟨sw. V.; hat⟩ [lat. inducere = hineinführen]: **1.** (bes. Philos.) *vom besonderen Einzelfall auf das Allgemeine, Gesetzmäßige schließen.* **2.** (Elektrot.) *Ströme u. Spannungen in elektrischen Leitern durch bewegte Magnetfelder erzeugen.* **3.** (Fachspr.) *bewirken, hervorrufen, auslösen:* eine Krankheit i.

in ef|fec|tu [lat., zu: effectus, ↑Effekt] (bildungsspr.): *in der Tat; wirklich.*

in|ef|fek|tiv [auch: - - -'-] ⟨Adj.⟩ [aus lat. in- = un- u. ↑effektiv]: *keinen Erfolg bringend, wenig wirksam, fruchtlos:* ein -es Vorgehen.

in ef|fi|gie [lat.] (bildungsspr.): *bildlich:* jmdn. in e. hinrichten (hist.; *eine Hinrichtung symbolisch an einer bildlichen Darstellung des entflohenen Verbrechers vollziehen).*

in|ef|fi|zi|ent [auch: - - -'-] ⟨Adj.⟩ [aus lat. in- = un-, nicht u. ↑effizient] (Fachspr., bildungsspr.): *unwirksam, nicht leistungsfähig; unwirtschaftlich:* eine -e Bürokratie.

In|ef|fi|zi|enz [auch: - - -'-], die; -, -en (Fachspr., bildungsspr.): *Unwirksamkeit, Wirkungslosigkeit; Unwirtschaftlichkeit.*

in|egal [auch: - -'-] ⟨Adj.⟩ [frz. inégal, aus: in- (<lat. in- = un-, nicht) u. égal, ↑egal] (selten): *ungleich.*

in|ei|nan|der ⟨Adv.⟩: **1.** *einer in den andern:* i. verliebt sein; i. fließende Linien; die Farben sind i. geflossen, gelaufen; die Teile i. fügen; die Teile fügen sich i.; die Zahnräder greifen i.; die Hände i. legen, schlingen; die Steckbausteine passen genau i.; die Bauelemente i. passen, schieben; i. geschachtelte Sätze; die Röhren schoben sich i.; die Töpfe i. setzen; die Rohrenden werden i. gesteckt; die beiden Wollknäuel waren i. verwickelt. **2.** *einer im anderen:* sie gingen ganz i. auf.

in|ei|nan|der flie|ßen, in|ei|nan|der fü|gen, in|ei|nan|der ge|schach|telt usw.: s. ineinander (1).

In|eins|set|zung, die; -, -en (geh.): *Gleichsetzung.*

in|ert ⟨Adj⟩ [lat. iners (Gen.: inertis), zu: in- = un-, nicht u. ars = Kunst, Können]: **1.** (veraltet) *untätig, träge; unbeteiligt.* **2.** (Chemie) *sich an bestimmten chemischen Vorgängen nicht beteiligend:* -e Stoffe; die -en Edelgase.

in|es|sen|ti|ell [auch: - - -'-] ⟨Adj.⟩ [aus lat. in- = un-, nicht u. ↑essentiell] (bildungsspr.): *unwesentlich.*

In|es|siv, der; -s, -e [zu lat. inesse = darin sein] (Sprachw.): **1.** *Kasus in den finnougrischen Sprachen, der die Lage in etwas angibt.* **2.** *Wort im Inessiv* (1).

in|exakt [auch: - -'-] ⟨Adj.⟩ [aus lat. in- = un-, nicht u. ↑exakt] (bildungsspr.): *ungenau:* -e Angaben.

in|exis|tent [auch: - - -'-] ⟨Adj.⟩ [spätlat. inex(s)istens (Gen.: inex[s]istentis), aus lat. in- = un-, nicht u. ex(s)istens, ↑existent] (bildungsspr.): *nicht vorhanden, nicht bestehend.*

in ex|ten|so [lat., zu: extensum, ↑Extensität] (bildungsspr.): *in aller Ausführlichkeit, vollständig:* etw. in e. beschreiben, behandeln.

in fac|to [lat., zu: factum, ↑[1]Faktum] (bildungsspr.): *in der Tat, in Wirklichkeit, wirklich.*

in|fal|li|bel ⟨Adj.⟩ [mlat. infallibilis, aus lat. in- = un-, nicht u. lat. fallibilis, ↑fallibel] (kath. Kirche): *(vom Papst) in Dingen der Glaubenslehre unfehlbar.*

in|fam ⟨Adj.⟩ [lat. infamis = berüchtigt, verrufen, zu: in- = un-, nicht u. fama, ↑Fama] (abwertend): **1.** *bösartig u. jmdm. auf durchtriebene, schändliche Weise schadend:* eine -e Verleumdung, Lüge; ein -er Mensch. **2.** (ugs.) **a)** *in beeinträchtigender, schädigender Weise stark:* -e Schmerzen; **b)** ⟨intensivierend bei Adj. u. Verben⟩ *in beeinträchtigend, schädigend hohem Maß; sehr:* es ist i. heiß draußen; er hat i. übertrieben.

In|fa|mie, die; -, -n [frz. infamie < lat. infamia] (abwertend): **1. a)** ⟨o. Pl.⟩ *infame Art; Niedertracht:* die I. seiner Worte; **b)** *infame Äußerung, Handlung o. Ä.; Unverschämtheit:* jmds. -n ausgesetzt sein. **2.** (kath. Kirchenrecht) *Verlust der kirchlichen Ehrenhaftigkeit.*

In|fant, der; -en, -en [span. infante, eigtl. = Kind, (Edel)knabe < lat. infans (Gen.: infantis) = kleines Kind]: **1.** ⟨o. Pl.⟩ *Titel spanischer u. portugiesischer Prinzen.* **2.** *Träger dieses Titels.*

In|fan|te|rie ['ɪnfant(ə)ri:, auch: ...tə'ri:, ...'tri:], die; -, -n [unter Einfluss von frz. infanterie zu älter ital. infanteria, zu: infante = Fußsoldat; (Edel)knabe < lat. infans, ↑Infant] (Milit.): **1.** *Gesamtheit der auf den Nahkampf spezialisierten Kampftruppen des Heeres (wie Jäger, Gebirgs-, Fallschirm-, Panzerjäger, Panzergrenadiere):* er ist bei der I. **2.** ⟨o. Pl.⟩ *Soldaten der Infanterie* (1): feindliche I. liegt im Nachbardorf.

In|fan|te|rie|ba|tail|lon, das (Milit.): *Bataillon der Infanterie* (1).

In|fan|te|rie|re|gi|ment, das: *Regiment der Infanterie* (1).

In|fan|te|rie|schu|le, die: *(in der Bundeswehr) Schule, an der bes. Führer u. Unterführer der Infanterie ausgebildet werden.*

In|fan|te|rist ['ɪnfant(ə)rɪst, auch: ...tə'rɪst, ...'trɪst], der; -en, -en (Milit.): *Soldat der Infanterie; Fußsoldat.*

in|fan|te|ris|tisch [auch: - - (-)'- -] ⟨Adj.⟩: *die Infanterie betreffend, zur Infanterie gehörend, von ihr ausgehend.*

in|fan|til ⟨Adj.⟩ [zu (spät)lat. infantilis = kindlich]: **a)** *auf kindlicher Entwicklungsstufe stehen geblieben, geistig od. körperlich unterentwickelt:* ein völlig -es Geschöpf; **b)** (Fachspr.) *der kindlichen Entwicklungsstufe entsprechend, einem Kind angemessen, kindlich:* -e Anpassungsdefekte; **c)** (abwertend) *kindisch, unreif:* er hat sich wieder einmal sehr i. aufgeführt.

in|fan|ti|li|sie|ren ⟨sw. V.; hat⟩ (Fachspr., bildungsspr.): *geistig unselbstständig machen; bevormunden.*

In|fan|ti|li|sie|rung, die; - (Fachspr., bildungsspr.): **a)** *das Infantilisieren;* **b)** *das Infantilwerden.*

In|fan|ti|lis|mus, der; -, ...men (Psych., Med.): **1.** ⟨o. Pl.⟩ das *Stehenbleiben auf kindlicher Entwicklungsstufe in körperlicher od. geistiger Hinsicht.* **2.** *Äußerung, Merkmal des Infantilismus* (1).

In|fan|ti|li|tät, die; - [mlat. infantilitas] (bildungsspr.): **a)** *kindisches Wesen, Unreife;* **b)** *kindliches Wesen, Kindlichkeit.*

In|fan|tin, die; -, -nen: w. Form zu ↑Infant.

In|farkt, der; -[e]s, -e [zu lat. infarctum, 2. Part. von: infarcire = hineinstopfen, zu: farcire, ↑Farce] (Med.): *das Absterben eines Gewebestücks od. Organteils nach Unterbrechung der Blutzufuhr:* ein I. in der Lunge, in der Vorderwand des Herzens; einen [tödlichen] I. erleiden; Ü die massive Kapitalflucht brachte das Bankensystem dem I. *(dem Zusammenbruch)* nahe.

In|farkt|per|sön|lich|keit, die (Med.): *jmd., der aufgrund seiner körperlich-psychischen Voraussetzungen zum Infarkt disponiert ist.*

in|far|zie|ren ⟨sw. V.; hat⟩ (Med.): *einen Infarkt hervorrufen.*

in|faust ⟨Adj.⟩ [lat. infaustus, aus: in- = un-, nicht u. faustus = günstig] (Med.): *(vom angenommenen Verlauf einer Krankheit) ungünstig, unglücklich.*

In|fekt, der; -[e]s, -e [zu lat. infectum, 2. Part. von: inficere, ↑infizieren] (Med.): **1.** *Infektionskrankheit:* ein grippaler I.; -e im Bereich der oberen Luftwege. **2.** ↑*Infektion* 1).

In|fek|ti|on, die; -, -en [spätlat. infectio] (Med.): **1.** *Ansteckung durch eingedrungene Krankheitserreger, die eine lokale od. allgemeine Störung des Organismus zur Folge hat:* eine gefährliche, latente I.; eine I. des Darms; diese I. wurde von Fliegen übertragen. **2.** (ugs.) *Entzündung:* eine I. am Finger, am Zahnfleisch haben. **3.** (Med. Jargon) *Infektionsabteilung.*

In|fek|ti|ons|ab|tei|lung, die: *Abteilung einer Klinik o. Ä. für Patienten mit infektiösen Erkrankungen.*

In|fek|ti|ons|ge|fahr, die: *Gefahr, dass sich jmd. infiziert; Ansteckungsgefahr:* es besteht erhöhte I.

In|fek|ti|ons|herd, der: *Ausgangsstelle einer Infektion[skrankheit]:* den I. beseitigen.

In|fek|ti|ons|krank|heit, die: *durch Infektion hervorgerufene Krankheit:* lebensgefährliche, tropische -en; an einer I. sterben.

In|fek|ti|ons|quel|le, die: *Ausgangspunkt einer Infektionskrankheit:* nach der I. der Typhuserkrankungen wird noch gesucht.

in|fek|ti|ös ⟨Adj.⟩ [frz. infectieux, zu lat. inficere, ↑infizieren] (Med.): **a)** *mit Krankheitserregern behaftet, verseucht und daher ansteckend:* dieser Abfall ist sehr i.; **b)** *auf Ansteckung beruhend, durch Infektion hervorgerufen:* eine -e Hirnhautentzündung.

in|fe|ri|or ⟨Adj.⟩ [mlat. infernalis < spätlat. inferior = niedriger, geringer, Komp. von: infer(us) = der untere] (bildungsspr.): **1.** *untergeordnet:* eine -e Stellung. **2. a)** *jmdm. unterlegen:* sich i. fühlen; **b)** (österr.) *[im Vergleich mit einem anderen] äußerst mittelmäßig, sehr schlecht.* **3.** *minderwertig, gering.*

in|fer|nal ⟨Adj.⟩ (seltener): *infernalisch.*

in|fer|na|lisch ⟨Adj.⟩ [mlat. infernalis < spätlat. infernalis = unterirdisch, zu lat. infernus = der unten Befindliche, zu: infer(us), ↑inferior] (bildungsspr.): **1.** *höllisch, teuflisch:* -e Praktiken; das Gelächter war, klang i. **2. a)** *von großer Scheußlichkeit, unerträglich:* ein -es Fanfarengeheul; **b)** ⟨intensivierend bei Adj. u. Verben⟩ *von unerträglich hohem Maß; sehr:* i. stinken.

In|fer|na|li|tät, die; - (veraltet): *teuflische Verruchtheit:* die I. seines Vorgehens.

In|fer|no, das; -s [1: ital. inferno < spätlat. infernum] (bildungsspr.): **1.** *Hölle, Unterwelt:* das dantesche I. **2. a)** *Ort eines unheilvollen, entsetzlichen Geschehens, von dem oft eine größere Menschenmenge gleichzeitig u. unmittelbar betroffen wird:* während des Bombenangriffs war die Stadt ein einziges, schreckliches I.; **b)** *unheilvolles, entsetzliches Geschehen, von dem oft eine größere Menschenmenge gleichzeitig u. unmittelbar betroffen wird:* er hat das I. der Erdbebenkatastrophe überlebt; **c)** *Zustand entsetzlicher Qualen von unvorstellbarem Ausmaß:* ein I. der Gefühle; ein I. durchmachen.

in|fer|til ⟨Adj.⟩ [spätlat. infertilis = unfruchtbar, aus lat. in- = un-, nicht u. fertilis, ↑fertil] (Med.): *unfähig, eine Schwangerschaft auszutragen.*

In|fer|ti|li|tät, die; - [spätlat. infertilitas] (Med.): *das Infertilsein.*

In|fi|bu|la|ti|on, die; -, -en [zu lat. fibula = Klammer] (Völkerk.): *(aus rituellen Gründen) bei Männern das Fixieren der Vorhaut durch Draht od. Einziehen eines Ringes bzw. bei Frauen das Vernähen od. Verklammern der Vulva, um so das Vollziehen des Geschlechtsverkehrs [bis zur Hochzeit] zu verhindern.*

In|fight ['ɪnfait], der; -[s], -s, **In|figh|ting,** das; -[s], -s [engl. infighting] (Boxen): *Nahkampf.*

In|fil|trant, der; -en, -en [zu ↑infiltrieren] (bildungsspr.): *jmd., der sich zum Zweck der Infiltration (2) in einem Land aufhält.*

In|fil|tran|tin, die; -, -nen: w. Form zu ↑Infiltrant.

In|fil|tra|ti|on, die; -, -en: **1.** (Fachspr.) *das Eindringen, Einsickern, Einströmen (z. B. von Flüssigkeiten).* **2.** *[ideologische] Unterwanderung:* kommunistische, rechtsradikale I. **3.** (Med.) *das Eindringen fremdartiger, insbesondere krankheitserregender Substanzen in Zellen u. Gewebe.*

In|fil|tra|ti|ons|an|äs|the|sie, die (Med.): *örtliche Betäubung durch Einspritzungen.*

in|fil|trie|ren ⟨sw. V.; hat⟩ [frz. infiltrer, zu: filtre < mlat. filtrum, ↑Filter]: **1.** (Fachspr.) **a)** *in etw. eindringen, einsickern;* **b)** *einflößen:* einem Kranken flüssige Nahrung i. **2.** *in fremdes [Staats]gebiet, in eine Organisation eindringen [lassen] u. ideologisch unterwandern:* Agitatoren der Revolutionsstreitkräfte haben das Land infiltriert. **3.** (Med.) *als fremdartige, insbesondere krankheitserregende Substanz in normales Gewebe eindringen.*

In|fil|trie|rung, die; -, -en: *das Infiltrieren, Infiltriertwerden.*

in|fi|nit [auch: '– – –] ⟨Adj.⟩ [lat. infinitus, aus: in- = un-, nicht u. lat finire, ↑Finish] (Sprachw.): *unbestimmt:* -e Form *(Form des Verbs, die keine Person od. Zahl bezeichnet).*

in|fi|ni|te|si|mal ⟨Adj.⟩ [zu lat. infinitus, vgl. infinit] (Math.): *zum Grenzwert hin unendlich klein werdend.*

In|fi|ni|te|si|mal|rech|nung, die (Math.): *Differenzial- u. Integralrechnung.*

In|fi|ni|tiv [auch: – – –'–], der; -s, -e [spätlat. (modus) infinitivus = nicht näher bestimmt(e Zeitwortform)] (Sprachw.): *Grundform des Verbs, die nicht durch Person, Numerus, Zeit u. Modus näher bestimmt ist; Nennform:* erweiterter I. *(Infinitiv, zu dem noch weitere Satzteile hinzutreten).*

In|fi|ni|tiv|kon|junk|ti|on, die (Sprachw.): *Konjunktion, mit der der Infinitiv an Satzglieder angeschlossen werden kann* (z. B. er arbeitet, *ohne zu* ermüden; die Fähigkeit *zu* überleben).

In|fi|ni|tiv|satz, der (Sprachw.): *syntaktisch einem Nebensatz gleichwertiger Infinitiv.*

In|fir|mi|tät, die; - [zu lat. infirmitas = Schwäche] (Med.): *geistige od. körperliche Schwäche; Gebrechlichkeit.*

in|fi|zie|ren ⟨sw. V.; hat⟩ [lat. inficere, eigtl. = hineintun] (Med.): **a)** *eine Krankheit, Krankheitserreger übertragen; anstecken:* jmdn. mit einem Bazillus i.; von Typhuserregern infiziertes Wasser; Ü er ist mit gefährlichen Gedanken infiziert worden; **b)** ⟨i. + sich⟩ *sich anstecken:* ich habe mich im Schwimmbad [mit einem Hautpilz] infiziert.

In|fi|zie|rung, die; -, -en: *das Infizieren; das Infiziertwerden.*

in fla|gran|ti [lat. in (crimine) flagranti, eigtl. = solange das Verbrechen noch brennt (= warm ist), zu: crimen (↑kriminal) u. flagrans, ↑flagrant] (bildungsspr.): *auf frischer Tat:* er hat seine Frau mit ihrem Liebhaber in f. ertappt.

in|flam|ma|bel ⟨Adj.⟩ [frz. inflammable, zu lat. inflammare = anzünden, zu: flamma, ↑Flamme] (Fachspr.): *entzündbar:* inflammable Stoffe.

In|fla|ti|on, die; -, -en [lat. inflatio = das Aufschwellen, zu: inflare = hinein-, aufblasen, zu: flare = blasen, verw. mit ↑[1]Ball]: **1. a)** (Wirtsch.) *mit Geldentwertung u. Preissteigerungen verbundene, beträchtliche Erhöhung des Geldumlaufs im Verhältnis zur Produktion:* eine galoppierende, schleichende I.; die I. stoppen; **b)** *Zeit, in der eine Inflation* (1 a) *stattfindet:* sie hatten in der, während der I. ihr Vermögen verloren. **2.** *das Auftreten in sehr, allzu großer Menge; übermäßige Ausweitung:* eine immer rascher fortschreitende I., sowohl im Gebrauch und in der Verbreitung als auch in der Vielseitigkeit der Anwendung des Schlagworts.

in|fla|ti|o|när ⟨Adj.⟩: **a)** *die Geldentwertung vorantreibend:* eine -e Preisentwicklung; **b)** *auf eine Inflation* (1 a) *hindeutend:* -e Tendenzen.

in|fla|ti|o|nie|ren ⟨sw. V.; hat⟩: **1.** *die Geldentwertung vorantreiben:* inflationierende Länder. **2.** *durch eine Inflation* (1 a) *entwerten:* die stark inflationierten westlichen Währungen.

In|fla|ti|o|nie|rung, die; -, -en: *das Inflationieren.*

In|fla|ti|ons|aus|gleich, der: *den durch die Inflation* (1 a) *bewirkten Anstieg der Lebenshaltungskosten ausgleichender Teuerungszuschlag.*

In|fla|ti|ons|ge|fahr, die: *Gefahr einer Inflation* (1 a).

In|fla|ti|ons|geld, das: *in einer Inflation* (1 b) *gedrucktes, wenig Wert besitzendes Geld.*

In|fla|ti|ons|po|li|tik, die: *Wirtschaftspolitik, die eine Inflation* (1 a) *bewirkt.*

In|fla|ti|ons|ra|te, die: *Prozentsatz, der die Entwertung einer Währung durch Inflation* (1 a) *angibt:* eine steigende, sinkende I.; eine I. von 5,4 %.

in|fla|to|risch ⟨Adj.⟩: **1.** *inflationär.* **2.** *eine Inflation* (2) *darstellend:* eine -e Flut von Gedrucktem.

in|fle|xi|bel [auch: – – '– –] ⟨Adj.⟩ [lat. inflexibilis = unbeugsam, aus: in- = un-, nicht u. flexibilis, ↑flexibel]: **1.** (selten) *nicht biegsam, nicht elastisch:* inflexible Materialien. **2.** (bildungsspr.) *nicht anpassungsfähig, starr in Bezug auf zu treffende Entscheidungen.* **3.** (Sprachw.) *sich nicht beugen lassend, unflektierbar.*

In|fle|xi|bi|li|tät, die; - (bildungsspr.): **1.** *inflexible* (1) *Beschaffenheit.* **2.** *Unfähigkeit zu einem flexiblen, anpassungsfähigen Verhalten; starre Geisteshaltung.*

In|flo|res|zenz, die; -, -en [zu spätlat. inflorescere = zu blühen beginnen, zu lat. florescere, ↑Floreszenz] (Bot.): *Blütenstand.*

In|flu|en|za, die; - [ital. influenza, eigtl. = Einfluss (der Sterne) < mlat. influentia = Einfluss, zu lat. influere = hineinfließen] (veraltend): *Grippe.*

[1]In|fo, das; -s, -s (ugs.): Kurzf. von ↑Informationsblatt.

[2]In|fo, die; -, -s (ugs.): Kurzf. von ↑ Information (1, 2, 4).

In|fo|brief, der: **1.** *(regelmäßig erstellter) Brief mit Informationen für einen bestimmten Adressatenkreis.* **2.** (Postw.) *gedruckter od. maschinell geschriebener, in mindestens 50 Exemplaren versandter Brief, für den niedrigeres Porto zu zahlen ist.*

in|fol|ge: **I.** ⟨Präp. mit Gen.⟩: *als Folge (eines Geschehens); aufgrund von:* i. Hochwassers; es ereigneten sich zahlreiche Unfälle i. dichten Nebels. **II.** ⟨Adv. in Verbindung mit »von«⟩: *als Folge (eines Geschehens); aufgrund von:* i. von Massenerkrankungen ist der Betrieb nicht voll arbeitsfähig.

in|fol|ge|des|sen ⟨Adv.⟩: *als Folge dieses Umstandes:* er ist erst kurz hier; i. hat er/er hat i. wenig Erfahrung.

In|fo|line [...laɪn], die; -, -s [engl. infoline, aus: info, Kurzf. von information = Information u. line = (Telefon)leitung]: *telefonisch zu erreichende Auskunftsstelle:* eine I. einrichten, anwählen; sich über eine I. die nötigen Informationen verschaffen.

in|for|mal ⟨Adj.⟩ [engl. informal = zwanglos, aus: in- (< lat. in- = un-, nicht) u. formal = formell, förmlich < lat. formalis, ↑formal] (bes. Soziol.): *nicht auf vorgegebenen Regeln, Richtlinien beruhend, sondern spontan [sich ergebend].*

In|for|mand, der; -en, -en [↑-and]: **a)** *jmd., der [im Rahmen einer praktischen Ausbildung] mit den Grundfragen eines bestimmten Tätigkeitsbereichs vertraut gemacht werden soll;* **b)** *Ingenieur, der sich in den verschiedenen Abteilungen [über deren jeweilige Aufgaben u. Arbeitsweisen] informieren soll.*

In|for|man|din, die; -, -nen: w. Form zu ↑Informand.

In|for|mant, der; -en, -en [↑-ant]: **1.** *jmd., der [geheime] Informationen liefert:* ein zuverlässiger, geheimer I.; mithilfe seiner -en deckte er alles auf. **2.** (Sprachw.) *jmd., der als Muttersprachler einem Linguisten Auskunft über sprachliche Äußerungen u. deren Akzeptabilität gibt.*

In|for|man|tin, die; -, -nen: w. Form zu ↑Informant.

In|for|ma|tik, die; -: *Wissenschaft von den elektronischen Datenverarbeitungsanlagen u. den Grundlagen ihrer Anwendung.*

In|for|ma|ti|ker, der; -s, -: *Wissenschaftler auf dem Gebiet der Informatik.*

In|for|ma|ti|ke|rin, die; -, -nen: w. Form zu ↑Informatiker.

In|for|ma|ti|on, die; -, -en [lat. informatio = Bildung, Belehrung, zu: informare, ↑informieren]: **1.** ⟨o. Pl.⟩ *das Informieren; Unterrichtung über eine bestimmte Sache:* eine umfassende I. der Öffentlichkeit; zu Ihrer I. teilen wir Ihnen dies mit. **2. a)** *[auf Anfrage erteilte] über alles Wissenswerte in Kenntnis setzende, offizielle, detaillierte Mitteilung über jmdn., etw.:* -en einholen, liefern; nähere -en erhalten Sie bei uns; unsere Aufgabe ist es, sachliche, objektive -en zu geben; **b)** ⟨meist Pl.⟩ *Äußerung od. Hinweis, mit dem jmd. von einer [wichtigen, politischen] Sache in Kenntnis gesetzt wird:* vertrauliche, zuverlässige, spärliche -en; -en sickern durch; -en austauschen, zurückhalten; absolut zuverlässige -en haben; nach neuesten -en … **3.** (Kybernetik) *Gehalt einer Nachricht, die aus Zeichen eines Kodes zusammengesetzt ist:* -en übertragen, speichern, verarbeiten. **4.** *Auskunft* (2): erkundigen Sie sich bei der I.!

In|for|ma|ti|ons|aus|tausch, der: *Austausch von Informationen:* der Minister flog zu einem kurzen I. nach New York.

In|for|ma|ti|ons|be|such, der (bes. Politik): *Besuch, der dem gegenseitigen Informationsaustausch dient:* der Wirtschaftsminister befindet sich zu einem zweitägigen I. in Moskau.

In|for|ma|ti|ons|blatt, das: *Blatt, Handzettel mit Informationen über bestimmte Fragen, Ereignisse o. Ä.*

In|for|ma|ti|ons|bü|ro, das: *[zu einer Organisation, einem Betrieb o. Ä. gehörendes] Büro, in dem bestimmte Auskünfte erteilt werden.*

In|for|ma|ti|ons|dienst, der: **a)** *Stelle, Einrichtung, die Informationen, Nachrichten, Mitteilungen über bestimmte Gebiete (in verschiedenen Medien) veröffentlicht, weitergibt:* einen I. aufbauen; **b)** *regelmäßig, periodisch erscheinende, meist für einen bestimmten Personenkreis bestimmte Veröffentlichung eines Informationsdienstes* (a).

In|for|ma|ti|ons|flut, die: *kaum od. nicht zu verarbeitende Informationsfülle.*

In|for|ma|ti|ons|fül|le, die: *Fülle von Informationen.*

In|for|ma|ti|ons|ge|halt, der: *informativer Gehalt (einer Äußerung, Mitteilung o. Ä.).*

In|for|ma|ti|ons|ge|sell|schaft, die (Soziol.): *Gesellschaft, die durch die Fülle der Informationsmöglichkeiten mithilfe der modernen Medien geprägt ist.*

In|for|ma|ti|ons|ge|spräch, das: *Gespräch, das dazu dient, sich bestimmte Informationen zu verschaffen, sie auszutauschen.*

in|for|ma|ti|ons|hung|rig ⟨Adj.⟩: *begierig nach Information[en]:* die -e Presse.

In|for|ma|ti|ons|lü|cke, die: *ungenügendes Unterrichtetsein in einem bestimmten Punkt:* -n haben, schließen.

In|for|ma|ti|ons|ma|te|ri|al, das: *Material, das Informationen zu einem bestimmten Fragenkomplex, Sachverhalt o. Ä. beinhaltet:* I. zugeschickt bekommen.

In|for|ma|ti|ons|quel|le, die: *Person, Institution o. Ä., von der Informationen zu bekommen sind:* eine gute I. haben.

In|for|ma|ti|ons|sper|re, die: *Nachrichtensperre.*

In|for|ma|ti|ons|stand, der: **1.** *Stand* (3 a), *an dem*

I

anhand von Informationsmaterial über etw. informiert wird: einen I. auf dem Marktplatz errichten. **2.** ⟨o. Pl.⟩ *Zustand, Ausmaß des Informiertseins:* der I. der Abgeordneten war niedrig.

In|for|ma|ti|ons|sys|tem, das (EDV): *in der Regel aus einer Datenverarbeitungsanlage, einer od. mehreren Datenbanken u. Programmen (4) bestehendes System zur Speicherung, Wiedergewinnung u. Verarbeitung von Informationen.*

In|for|ma|ti|ons|tech|nik, die: vgl. Nachrichtentechnik.

In|for|ma|ti|ons|tech|no|lo|gie, die: *Technologie* (3) *der Gewinnung, Speicherung u. Verarbeitung von Informationen* (Abk.: IT).

In|for|ma|ti|ons|trä|ger, der: *Datenträger.*

In|for|ma|ti|ons|ver|an|stal|tung, die: *Veranstaltung* (2), *die der Information dient.*

In|for|ma|ti|ons|ver|ar|bei|tung, die (bes. EDV): *Auswertung von Informationen mit dem Ziel, neue Informationen zu gewinnen.*

In|for|ma|ti|ons|vor|sprung, der: *Wissensvorsprung.*

In|for|ma|ti|ons|wert, der: *Wert, den eine Äußerung, Mitteilung o. Ä. aufgrund ihres informativen Charakters hat:* der I. einer Überschrift.

in|for|ma|tiv ⟨Adj.⟩ (bildungsspr.): *Einblicke bietend; Aufschlüsse gebend:* ein -es Gespräch; der Vortrag war wirklich i.

In|for|mel [ɛ̃fɔrˈmɛl], das; - [frz. (art) informel, eigtl. = formlos(e Kunst)]: *(in den fünfziger Jahren des 20. Jh.s) Richtung der Malerei, die frei von allen Regeln unter Verwendung von Stofffetzen, Holz, Abfall o. Ä. zu kühnen u. fantastischen Bildern gelangt; informelle Malerei.*

[1]in|for|mell ⟨Adj.⟩ [zu: informieren] (bildungsspr. seltener): *dem Zweck der [ersten] Information dienend:* es war ein recht -es Gespräch.

[2]in|for|mell [auch: - -ˈ-] ⟨Adj.⟩ [frz. informel = formlos, aus: in- (< lat. in- = un-, nicht) u. formel < lat. formalis, ↑formal] (bildungsspr.): **a)** *ohne [formalen] Auftrag:* etw. i. ausüben; **b)** *ohne Formalitäten, nicht offiziell:* ein kurzer, -er Empfang; -e Malerei *(Informel).*

in|for|mie|ren ⟨sw. V.; hat⟩ [15. Jh.; < lat. informare = (durch Unterweisung) bilden, unterrichten, eigtl. = eine Gestalt geben, formen, bilden, zu: forma, ↑Form]: **a)** *von etw. in Kenntnis setzen, über etw. unterrichten; jmdm. eine Nachricht od. Auskunft über etw. geben:* jmdn. über etw. rechtzeitig, eingehend i.; informieren Sie mich doch bitte kurz über den Stand der Dinge; aus gut informierten Kreisen war zu hören, dass ...; er ist immer bestens informiert; **b)** ⟨i. + sich⟩ *sich über einen Sachverhalt Kenntnis verschaffen:* sich in der Zeitung, aus der Presse, anhand von Berichten [über etwas] i.

In|for|miert|heit, die; -: *das Informiertsein; Informationsstand (2).*

In|fo|stand, der (ugs.): kurz für ↑Informationsstand (1).

In|fo|tain|ment [...ˈteɪnmənt], das; -s [aus ↑Information u. ↑Entertainment] (Rundf., Ferns., Werbespr.): *durch Showeffekte, unterhaltsame Elemente aufgelockerte Präsentation von Fakten, Nachrichten o. Ä. (z. B. bei Informationsveranstaltungen, im Fernsehen, in Nachschlagewerken).*

In|fo|thek, die; -, -en [zu ↑Info(rmation), geb. nach ↑Bibliothek u. Ä.]: *Informationsstand, an dem gespeicherte Informationen auf akustischem od. optischem Weg abgerufen werden können:* der Straßenzustandsbericht kann über eine I. in der Autobahnraststätte abgerufen werden.

in|fra-, In|fra- [lat. infra, urspr. erstarrter Ablativ von: inferus, ↑inferior] ⟨produktives festes Präfix mit der Bed.⟩: *unterhalb* (z. B. infrarot, Infraschall).

in|fra|ge, (auch:) in Fra|ge in den Wendungen **i. kommen** *(in Betracht gezogen werden):* von den Bewerbern kommen nur zwei i.; das kommt gar nicht i.; **jmdn., etw. i. stellen** *(an jmdm., etw. zweifeln):* er hat das ganze Projekt i. gestellt; **etw. i. stellen** *(etw. gefährden, ungewiss unsicher machen; etw. anzweifeln):* wegen der Erkrankung ist die ganze Aufführung i. gestellt; die Anerkennung ihrer Leistungen wird keinesfalls i. gestellt.

In|fra|ge|stel|lung, die; -, -en (Papierdt.): *das Infragestellen, Gefährden, Ungewissmachen:* die I. des Projektes war für alle Beteiligten eine böse Überraschung.

In|frak|ti|on, die; -, -en [zu lat. in- = un-, nicht u. fractio, ↑Fraktion] (Med.): *unvollständiger Knochenbruch, bei dem der Knochen nur angebrochen ist.*

in|fra|rot ⟨Adj.⟩ [zu ↑infra-, Infra-] (Physik): *zum Bereich des Infrarots gehörend; ultrarot:* etw. i. bestrahlen.

In|fra|rot, das (Physik): *unsichtbare Wärmestrahlen, die im Lichtspektrum unterhalb des Bereichs der noch sichtbaren roten Strahlen liegen; Ultrarot.*

In|fra|rot|be|strah|lung [auch: - - ˈ- - - -], die (Med.): *Anwendung von Infrarotstrahlen zu Heilzwecken.*

In|fra|rot|film [auch: - -ˈ- -], der: *für infrarote Strahlen empfindlicher Film.*

In|fra|rot|grill [auch: - -ˈ- -], der: *Grill, der mit Infrarotstrahlen arbeitet.*

In|fra|rot|hei|zung [auch: - -ˈ- - -], die: *Heizung, die mit Infrarotstrahlen arbeitet.*

In|fra|rot|lam|pe [auch: - -ˈ- - -], die (Technik): *Infrarotstrahler in der Form einer Glühlampe.*

In|fra|rot|strahl [auch: - -ˈ- -], der ⟨meist Pl.⟩ (Physik): *Strahl im Bereich des Infrarots.*

In|fra|rot|strah|ler [auch: - -ˈ- - -], der: *als Heizgerät od. für medizinische Zwecke verwendetes Elektrogerät, das infrarote Wärmestrahlen aussendet.*

In|fra|rot|strah|lung [auch: - -ˈ- - -], die: *Strahlung im Bereich des Infrarots.*

In|fra|schall, der ⟨o. Pl.⟩ (Physik): *Schall, dessen Frequenz unterhalb der menschlichen Hörgrenze liegt.*

In|fra|struk|tur, die: **1.** *notwendiger wirtschaftlicher u. organisatorischer Unterbau als Voraussetzung für die Versorgung u. die Nutzung eines bestimmten Gebiets, für die gesamte Wirtschaft eines Landes.* **2.** *Gesamtheit militärischer Anlagen.*

in|fra|struk|tu|rell [auch: - - - -ˈ-] ⟨Adj.⟩: *die Infrastruktur betreffend, zu ihr gehörend, auf ihr beruhend.*

in|fun|die|ren ⟨sw. V.; hat⟩ [zu lat. infundere, ↑Infus] (Med.): *auf dem Wege der Infusion in den Organismus einführen.*

In|fus, das; -es, -e [zu lat. infusum, 2. Part. von: infundere = auf-, eingießen] (Med.): *Aufguss aus zerkleinerten, mit kochendem Wasser übergossenen u. anschließend aufgekochten Pflanzenteilen.*

In|fu|si|on, die; -, -en [lat. infusio = das Hineingießen] (Med.): *Einführung größerer Flüssigkeitsmengen in den Organismus, bes. in eine Blutader, unter die Haut od. durch den After:* -en bekommen; bei einem Patienten eine I. *(die Vorrichtung zu einer Infusion)* anlegen.

Ing. = Ingenieur.

In|gang|hal|tung, die; - (Papierdt.): *das In-Gang-Halten.*

In|gang|set|zung, die; - (Papierdt.): *das In-Gang-Setzen.*

In|ge|brauch|nah|me, die; - (Papierdt.): *das In-Gebrauch-Nehmen.*

In|ge|ni|eur [ɪnʒeˈni̯øːɐ̯], der; -s, -e [älter nur in der Bed. »Kriegsbaumeister«, frz. ingénieur, zu lat. ingenium, ↑Ingenium]: *auf einer Hoch- od. Fachschule ausgebildeter Techniker* (Berufsbez.): er ist I. der [Fachrichtung] Elektrotechnik, I. für Tiefbau; die Antwort I. Meyers, des Herrn -s Meyer, des -s Meyer; Abk.: Ing.

In|ge|ni|eur|aka|de|mie, die: *Ingenieurschule.*

In|ge|ni|eur|bau, der: **1.** ⟨o. Pl.⟩ *Fachrichtung im Bauwesen, die sich mit der Planung u. Erstellung von Ingenieurbauten (2) befasst.* **2.** ⟨Pl. -ten⟩ (Technik) *von Ingenieuren entworfenes Bauwerk (wie Brücke, Hochhaus), zu dessen Errichtung besondere technisch-konstruktive u. statische Berechnungen erforderlich sind.*

In|ge|ni|eur|bio|lo|gie, die: *Wissenschaft von den biologischen Auswirkungen baulicher Veränderungen in der Landschaft sowie von der Nutzung biologischer Erkenntnisse bei notwendigen technischen Eingriffen in die Landschaft.*

In|ge|ni|eur|bü|ro, das: *Unternehmen, in dem Ingenieure als Planer u. Berater tätig sind.*

In|ge|ni|eur|geo|lo|gie, die: *Teilgebiet der angewandten Geologie, das die geologische Vorarbeit u. Beratung im Aufgabenbereich des Bauingenieurs umfasst.*

In|ge|ni|eu|rin, die; -, -nen: w. Form zu ↑Ingenieur.

In|ge|ni|eur|schu|le, die: *technische Lehranstalt im Rang einer Fachhochschule zur Ausbildung von Ingenieuren.*

In|ge|ni|eur|wis|sen|schaft, die ⟨meist Pl.⟩: *Wissenschaft, die sich mit der theoretischen Bearbeitung technischer Probleme, mit der Technik (in Disziplinen wie Bauwesen, Maschinenbau, Elektrotechnik u. a.) befasst.*

in|ge|ni|ös ⟨Adj.⟩ [frz. ingénieux < lat. ingeniosus, zu: ingenium, ↑Ingenium] (bildungsspr.): **a)** *erfinderisch, schöpferisch:* eine -e Begabung; ein -er Kopf; **b)** *kunstvoll, geistreich:* eine -e Aufführung, Inszenierung.

In|ge|ni|o|si|tät, die; - [lat. ingeniositas]: **a)** *Erfindungsgabe;* **b)** *Geist, Scharfsinn.*

In|ge|ni|um, das; -s, ...ien [lat. ingenium, zu: gignere, ↑Genus] (bildungsspr.): **1.** *[schöpferische] Begabung; Erfindungsgabe.* **2.** *Mensch mit besonderen geistigen, schöpferischen Fähigkeiten.*

In|ge|nu|i|tät, die; - [lat. ingenuitas]: **1.** (veraltet) *Freimut, Offenheit; Natürlichkeit im Benehmen.* **2.** *(in der röm. Antike u. im MA.) Stand eines Freigeborenen, Freiheit.*

In|ger|man|land, das; -[e]s: Landschaft am Finnischen Meerbusen.

In|ges|ti|on, die; -, -en [lat. ingestio = das Einführen] (Med.): *Nahrungsaufnahme.*

in|ge|züch|tet ⟨Adj.⟩ [zu ↑Inzucht]: *durch Inzucht entstanden.*

Ing. (grad.) = graduierter Ingenieur.

in|glei|chen ⟨Adv.⟩ [zu ↑gleich] (veraltet): *ebenso, desgleichen.*

in glo|bo [lat., zu: globus, ↑Globus] (bildungsspr.): *im Ganzen; insgesamt.*

In|got [ˈɪŋɡɔt], der; -s, -s [engl. ingot, H. u.] (Metallurgie): **1.** *Form, in die Metall gegossen wird.* **2.** *Barren (Gold, Silber); [Stahl]block.*

In|grain|pa|pier [ɪnˈɡreɪn...], das [zu engl. ingrain = in der Wolle gefärbt, aus: in grain = in der Faser, zu: grain = Faser; [1]Korn< lat. granum = Korn]: *Zeichenpapier von rauer Oberfläche mit farbigen od. schwarzen Wollfasern.*

In|gre|di|ens, das; -, ...enzien ⟨meist Pl.⟩ [lat. ingrediens (Gen.: ingredientis), 1. Part. von: ingredi = hineingehen], **In|gre|di|enz,** die; -, -en ⟨meist Pl.⟩ [lat. ingredientia = das Hineinkommende]: **a)** *Zutat;* **b)** *Bestandteil einer Arznei o. Ä.:* die Ingredienzien sind auf dem Beipackzettel genau angegeben.

In|gress, der; -es, -e [lat. ingressum = Eingang, zu: ingressum, 2. Part. von: ingredi, ↑Ingrediens] (veraltet): *Eingang, Zutritt.*

in|gres|siv [auch: - -ˈ-] ⟨Adj.⟩ (Sprachw.): **1.** *(von Verben) einen Beginn ausdrückend* (z. B. entzünden, erblassen). **2.** *den Luftstrom bei der Artikulation eines [Schnalz]lautes von außen nach innen richtend.*

In|grimm, der; -[e]s (geh. veraltet): *Zorn.*

in|grim|mig ⟨Adj.⟩ (geh. veraltet): *grimmig* (1).

In|group [ˈɪŋɡruːp], die; -, -s [engl. in-group, aus: in (↑[2]in) u. group = Gruppe] (Soziol.): *[soziale] Gruppe, zu der jmd. gehört u. der er sich innerlich stark verbunden fühlt.*

Ing|wä|o|nen ⟨Pl.⟩: Kultgemeinschaft westgermanischer Stämme.

Ing|wer, der; -s, - [mhd. ingwer, ingeber < lat. gingiber, zingiber < griech. ziggíberis < sanskr. śṛṅgavera, eigtl. = der Hornförmige; nach der

Form der Wurzel]: **1.** ⟨o. Pl.⟩ *(in Tropen u. Subtropen kultivierte) schilfartige Pflanze, deren Wurzelstock ätherische Öle enthält u. ein scharf schmeckendes Gewürz liefert.* **2. a)** *essbarer, aromatischer, brennend scharf schmeckender Teil des Wurzelstocks des Ingwers* (1); **b)** ⟨o. Pl.⟩ *aus dem Wurzelstock des Ingwers* (1) *gewonnenes, aromatisches, brennend scharfes Gewürz.* **3.** *mit Ingweröl gewürzter Likör.*

Ing|wer|bier, das: *leicht alkoholisches, moussierendes Getränk aus einem Extrakt der Ingwerwurzel u. Sirup.*

Ing|wer|ge|wächs, das: *(in vielen Arten in den Tropen u. Subtropen vorkommende) als Kraut od. Staude wachsende, ätherische Öle enthaltende Pflanze.*

Ing|wer|öl, das: *aus dem Wurzelstock des Ingwers* (1) *gewonnenes, dickflüssiges, ätherisches Öl von dunkelbrauner Farbe.*

In|ha|ber, der; -s, - [mhd. inhaber]: *jmd., der etw. innehat, besitzt, der über ein bestimmtes Recht o. Ä. verfügt:* der I. des Kinos, eines Amtes (Abk.: Inh.).

In|ha|be|rin, die; -, -nen: w. Form zu ↑Inhaber.

in|haf|tie|ren ⟨sw. V.; hat⟩ [zu ↑[1]Haft]: *jmdn. festnehmen u. in Haft halten:* er wurde von der Polizei inhaftiert.

In|haf|tie|rung, die; -, -en: *das Inhaftieren, Inhaftiertwerden.*

In|haft|nah|me, die; -, -n (Papierdt.): *das In-Haft-Nehmen.*

In|ha|la|ti|on, die; -, -en [spätlat. inhalatio = das Anhauchen, zu ↑inhalieren] (Med.): *(bes. bei Erkrankungen der Atemwege empfohlene) Einatmung von Heilmitteln in Form von Dämpfen u. fein zerstäubten Flüssigkeiten.*

In|ha|la|ti|ons|ap|pa|rat, der (Med.): *Gerät zum Inhalieren* (1 a).

in|ha|lie|ren ⟨sw. V.; hat⟩ [spätlat. inhalare = anhauchen]: **1. a)** *Dämpfe o. Ä. zu Heilzwecken einatmen:* Kamillendämpfe i.; **b)** *Tabak o. Ä. über die Lunge rauchen; einen Lungenzug machen:* [den Zigarettenrauch] tief i. **2.** (ugs. scherzh.) *etw. essen od. trinken.*

In|halt, der; -[e]s, -e ⟨Pl. selten⟩ [spätmhd. innehalt, zu: inne halten = enthalten]: **1. a)** *das in einem Gefäß, Behältnis o. Ä. Enthaltene:* der I. einer Schachtel; er legte den I. seiner Hosentasche auf den Tisch; **b)** (bes. Math.) *Größe eines zwei- od. dreidimensionalen geometrischen Gebildes:* dieses Glas hat einen I. von 0,5 l; den I. eines Dreiecks berechnen. **2. a)** *etwas, was in etw. ausgedrückt, dargestellt wird:* der I. eines Gesprächs, eines Traums; der I. *(die Bedeutung)* eines Wortes; Form und I. eines Gesetzes; jmdm. den I. eines Films erzählen; eine Abhandlung gelehrten -s; das Drama hat die Geschichte einer Familie zum I.; **b)** *etwas, was etw. geistig ausfüllt; Sinn gebender geistiger Gehalt:* seinem Leben mit etwas einen I. geben, verleihen; eine Sache ihres -s berauben.

in|halt|leer: ↑inhaltsleer.

in|halt|lich ⟨Adj.⟩: *den Inhalt* (2 a) *betreffend, dem Inhalt nach:* die -e Struktur des Dramas; i. ist der Aufsatz sehr gut.

in|halt|los: ↑inhaltslos.

in|halt|reich: ↑inhaltsreich.

In|halts|an|ga|be, die: *gedrängte Darstellung, Zusammenfassung des Inhalts* (2 a): das Programmheft enthält eine kurze I.

in|halt|schwer: ↑inhaltsschwer.

In|halts|er|klä|rung, die: *[auf einem Formular abgegebene] Erklärung über den Inhalt einer Warensendung.*

in|halts|leer, (seltener:) inhaltleer ⟨Adj.⟩: *inhaltslos.*

in|halts|los, (seltener:) inhaltlos ⟨Adj.⟩: *ohne Inhalt* (2): ein -es Leben führen; seine Rede war i.

in|halts|reich, (seltener:) inhaltreich ⟨Adj.⟩: *von einem Inhalt* (2) *erfüllt:* ein -es Gespräch.

in|halts|schwer, (seltener:) inhaltschwer ⟨Adj.⟩: *von großer Aussagekraft u. Wichtigkeit:* -e Worte.

In|halts|stoff, der: *in etw. enthaltener Stoff* (2 a); *Ingredienz.*

In|halts|ver|zeich|nis, das: **a)** *meist am Anfang od. Ende eines Buches od. eines mehrseitigen Schriftstücks stehende tabellarische Gliederung des Inhalts mit Angabe der Seitenzahlen:* im I. nachschlagen; **b)** *Verzeichnis der in etw. enthaltenen Gegenstände:* dem Paket legte sie ein I. bei.

in|hä|rent ⟨Adj.⟩ [zu lat. inhaerens (Gen.: inhaerentis), 1. Part. von: inhaerere = an etw. kleben] (Philos.; bildungsspr.): *einer Sache innewohnend:* die Unwissenschaftlichkeit ist dieser Methode i.

in|ho|mo|gen [auch: - - -'-] ⟨Adj.⟩ [aus lat. in- = un-, nicht u. ↑homogen]: (bildungsspr.): *nicht gleichmäßig aufgebaut; in sich verschieden:* das Theaterstück ist i.

In|ho|mo|ge|ni|tät [auch: '- - - - - -], die; - (bildungsspr.): *Ungleichartigkeit.*

in|hu|man [auch: - -'-] ⟨Adj.⟩ [lat. inhumanus, aus: in- = un-, nicht u. humanus, ↑human] (bildungsspr.): *die Würde des Menschen nicht achtend; menschenunwürdig:* eine -e Leistungsgesellschaft; die Gefangenen wurden i. behandelt.

In|hu|ma|ni|tät [auch: '- - - - -], die; -, -en [lat. inhumanitas] (bildungsspr.): **1.** ⟨o. Pl.⟩ *inhumanes Wesen; inhumaner Charakter.* **2.** *inhumane Handlung.*

ini|ti|al ⟨Adj.⟩ [lat. initialis, zu: initium = Anfang, zu: inire = anfangen, eigtl. = hineingehen] (bildungsspr.): *anfänglich, beginnend:* die -e Phase.

Ini|ti|al: ↑Initiale.

Ini|ti|al|buch|sta|be, der: *Initiale.*

Ini|ti|a|le, die; -, -n (österr. nur so), (seltener:) Initial, das; -s, -e: *vergrößerter, meist verzierter Anfangsbuchstabe [bei Kapitelanfängen in Handschriften, älteren Drucken o. Ä.]:* verschnörkelte -n; die -n eines Namens eingravieren.

Ini|ti|al|spreng|stoff, der ⟨meist Pl.⟩: *leicht entzündlicher Sprengstoff, der einen schwer entzündlichen Sprengstoff zur Explosion bringt.*

Ini|ti|al|wort, das ⟨Pl. ...wörter⟩ (Sprachw.): *Akronym.*

Ini|ti|al|zün|der, der: *Initialsprengstoff.*

Ini|ti|al|zün|dung, die: *Zündung eines schwer entzündlichen Sprengstoffs durch einen leicht entzündlichen:* bei diesem Sprengstoff ist eine I. nicht nötig; **Ü** die I. zu diesem Unternehmen *(die Idee, die das Unternehmen ins Rollen, in Gang brachte)* kam von seinem Freund.

Ini|ti|and, der; -en, -en [zu ↑initiieren u. ↑-and] (Fachspr.; bildungsspr.): *jmd., der in etw. eingeweiht werden soll; Anwärter für eine Initiation.*

Ini|ti|an|din, die; -, -nen: w. Form zu ↑Initiand.

Ini|ti|ant, der; -en, -en [zu ↑initiieren u. ↑-ant]: **1.** (bildungsspr.) *jmd., der die Initiative ergreift, etw. anregt, ins Leben ruft, gründet o. Ä.* **2.** (schweiz.) **a)** *jmd., der das Initiativrecht hat;* **b)** *jmd., der das Initiativrecht ausübt.*

Ini|ti|an|tin, die; -, -nen: w. Form zu ↑Initiant.

Ini|ti|a|ti|on, die; -, -en [zu ↑initiieren] (Soziol.; Völkerk.): *[durch bestimmte Bräuche geregelte] Aufnahme eines Neulings in eine Standes- od. Altersgemeinschaft, einen Geheimbund o. Ä., bes. die Einführung der Jugendlichen in den Kreis der Erwachsenen bei den Naturvölkern.*

Ini|ti|a|ti|ons|ri|tus, der ⟨meist Pl.⟩ (Soziol.; Völkerk.): *Brauch bei der Einführung der Jugendlichen in den Kreis der Erwachsenen bei Naturvölkern* (z. B. Beschneidung).

ini|ti|a|tiv ⟨Adj.⟩ [zu ↑Initiative] (bildungsspr.): *Initiative besitzend, ergreifend:* junger, -er Redakteur sucht neuen Wirkungskreis; in einer Sache i. werden.

Ini|ti|a|tiv|an|trag, der (Parl.): *Antrag, der die parlamentarische Diskussion eines bestimmten Problems, z. B. einer Gesetzesvorlage, einleitet.*

Ini|ti|a|tiv|be|geh|ren, das (Parl. schweiz.): *Antrag, der einen Entscheid über die Ingangsetzung einer Initiative* (4) *herausfordert.*

Ini|ti|a|ti|ve, die; -, -n [frz. initiative, zu: initier < lat. initiare, ↑initiieren]: **1. a)** *erster tätiger Anstoß zu einer Handlung; erster Schritt bei einem bestimmten Handeln:* politische -n; die entscheidende I. in dieser Angelegenheit ging von ihr aus; [in einer Sache] die I. ergreifen *(den ersten Schritt tun, etw. in die Wege leiten);* er hat mir die I. überlassen; das geht auf private I. zurück; etwas aus eigener I. tun; **b)** ⟨o. Pl.⟩ *Entschlusskraft; Unternehmungsgeist:* I. entfalten; dies ist seiner I. zu verdanken; **c)** *Fähigkeit, aus eigenem Antrieb zu handeln:* er hat, besitzt I. **2.** kurz für ↑Bürgerinitiative: gegen den geplanten Bau des Atomkraftwerks haben sich mehrere -n gebildet. **3.** (Parl.) *[Recht auf] das Einbringen von Gesetzesvorlagen.* **4.** (schweiz.) *Begehren nach Erlass, Änderung od. Aufhebung eines Gesetzes od. Verfassungsartikels.*

Ini|ti|a|tiv|grup|pe, die: *Gruppe von Personen, die sich zusammengeschlossen haben, um sich aktiv u. kämpferisch für ein gemeinsames Ziel einzusetzen.*

Ini|ti|a|tiv|recht, das (Parl.): *Recht, Gesetzesentwürfe einzubringen.*

Ini|ti|a|tor, der; -s, ...oren [lat. initiator = Beginner]: **1.** (bildungsspr.) *jmd., der etw. veranlasst u. dafür verantwortlich ist:* die -en der Diskussion, der Veranstaltung, des Aufstands. **2.** (Chemie) *Stoff* (2 a), *der bereits in geringer Konzentration eine chemische Reaktion einleitet.*

Ini|ti|a|to|rin, die; -, -nen: w. Form zu ↑Initiator (1).

Ini|ti|en ⟨Pl.⟩ [lat. initia, Pl. von: initium = Anfang] (bildungsspr.): *Anfänge, Anfangsgründe.*

ini|ti|ie|ren ⟨sw. V.; hat⟩ [lat. initiare = anfangen, einführen; einweihen, zu: initium, ↑initial] (bildungsspr.): **1.** *den Anstoß zu etw. geben; in die Wege leiten:* ein Projekt, eine Aktion i. **2.** *[mit einem Ritual] in einen Kreis einführen, in eine Gemeinschaft aufnehmen; einweihen:* sich i. lassen; er gehört nicht zu dem initiierten Personenkreis.

Ini|ti|ie|rung, die; -, -en: *das Initiieren.*

In|jek|ti|on, die; -, -en [lat. iniectio, eigtl. = das Hineinwerfen, zu: inicere, ↑injizieren]: **1.** (Med.) *das Injizieren; Spritze:* eine intravenöse, intramuskuläre I.; jmdm. eine I. geben, verabreichen; eine I. machen, vornehmen. **2.** (Med.) *starke Füllung u. damit Sichtbarwerden kleinster Blutgefäße im Auge bei Entzündungen.* **3.** (Bauw.) *Einspritzung von Verfestigungsmitteln, z. B. Zement, in unfesten Bauuntergrund.* **4.** (Geol.) *das Eindringen magmatischer Schmelze in Fugen u. Spalten eines Gesteins.* **5.** (Physik) *das Einbringen von [Elementar]teilchen in einen Halbleiterbereich von bestimmter elektrischer Leitfähigkeit bzw. in der Hochenergie- u. Kernphysik in einen Teilchenbeschleuniger.*

In|jek|ti|ons|lö|sung, die: *für eine Injektion* (1) *verwendete Lösung* (4 b).

In|jek|ti|ons|na|del, die: *Kanüle* (1).

In|jek|ti|ons|sprit|ze, die: *mit einer feinen Kanüle versehene Spritze für Injektionen* (1): die -n auskochen.

in|ji|zie|ren ⟨sw. V.; hat⟩ [lat. inicere = hineinwerfen, einflößen] (Med.): *eine Flüssigkeit, bes. ein flüssiges Heilmittel, in den Körper einspritzen:* Kalzium in den Arm i.; Diabetiker injizieren sich das Insulin selbst.

In|ju|rie, die; -, -n [lat. iniuria, zu: iniurius = ungerecht, zu: in- = un-, nicht u. ius (Gen.: iuris) = Recht] (Rechtsspr.; bildungsspr.): *Beleidigung durch Worte, Schläge o. Ä.*

In|ka, der; -[s], -[s]: Angehöriger der ehemaligen indianischen Herrscher- u. Adelsschicht in Peru.

In|ka|bein, das, **In|ka|kno|chen,** der [diese Erscheinung wurde meist bei den Inka beobachtet] (Anat.): *besondere, durch eine Schädelnaht abgegrenzte Ausprägung des Hinterhauptbeins.*

in|kar|nat ⟨Adj.⟩ [frz. incarnat] (Kunstwiss.; sonst veraltet): *fleischfarben.*

In|kar|nat, das; -[e]s (Kunstwiss.): *fleischfarbener Ton [auf Gemälden].*

In|kar|na|ti|on, die; -, -en [kirchenlat. incarnatio < ital. incarnato, zu: carne = Fleisch < lat. caro

(Gen.: carnis), zu: incarnari = zu Fleisch werden, Passiv von: incarnare = zu Fleisch machen]: 1. (Rel.) *Fleischwerdung, Menschwerdung eines göttlichen Wesens.* 2. (bildungsspr.) *Verkörperung:* in jmdm. die I. des Bösen sehen.

In|kar|nat|rot, das: *Inkarnat.*

in|kar|niert ⟨Adj.⟩: 1. (bes. Rel.) *Fleisch geworden.* 2. (bildungsspr.) *verkörpert.*

In|kas|sant, der; -en, -en [zu ↑Inkasso] (österr.): *jmd., der Geld kassiert; Kassierer.*

In|kas|san|tin, die; -, -nen (österr.): w. Form zu ↑Inkassant.

In|kas|so, das; -s, -s u. (österr. nur) ...si [ital. incasso, zu: incassare = Geld einziehen < mlat. incassare, incapsare = in einen Heiligenschrein aufnehmen, zu lat. capsa, ↑Kassa] (Bankw.): *Eintreibung, Einziehung fälliger Forderungen.*

in|kas|so|be|voll|mäch|tigt ⟨Adj.⟩: *bevollmächtigt, Geldforderungen einzuziehen.*

In|kas|so|bü|ro, das: *Unternehmen, das sich mit der Einziehung fälliger Forderungen befasst.*

In|kas|so|ver|fah|ren, das: *Verfahren, Geldforderungen einzuziehen.*

In|kauf|nah|me, die; - (Papierdt.): *das In-Kauf-Nehmen.*

inkl. = inklusive.

In|kli|na|ti|on, die; -, -en [lat. inclinatio = Neigung, Biegung; Zuneigung]: 1. (bildungsspr.) *Neigung, Hang zu jmdm., etw.; Vorliebe für jmdn., etw.:* er hat eine deutliche I. zum pathetischen Stil. 2. (Geogr.) *Neigung einer frei aufgehängten Magnetnadel zur Waagrechten.* 3. (Math.) *Neigung zweier Ebenen od. einer Linie u. einer Ebene gegeneinander.* 4. (Astron.) *Winkel, den eine Planeten- od. Kometenbahn mit der Ebene der Ekliptik bildet.*

in|klu|die|ren ⟨sw. V.; hat⟩ [lat. includere = einschließen, zu: claudere, ↑Klause] (bildungsspr., Fachspr.): *einschließen, mit beinhalten.*

In|klu|si|on, die; -, -en [lat. inclusio] (Fachspr.): *Einschließung, Einschluss; das Enthaltensein in etw.*

in|klu|si|ve [mlat. inclusive, Adv. von: inclusivus, zu lat. includere = einschließen]: I. ⟨Präp.; zum folgenden Kasus vgl. einschließlich (I)⟩ (bes. Kaufmannsspr.) *einschließlich* (I); Abk.: inkl. II. ⟨Adv.⟩ *einschließlich* (II).

In|klu|siv|preis, der: *Preis, der zusätzliche Sonderleistungen (z. B. über die übliche Ausstattung von etw. hinausgehende Zubehörteile) mit einschließt.*

in|ko|gni|to ⟨Adv.⟩ [ital. incognito < lat. incognitus = unerkannt] (bildungsspr.): *mit fremdem Namen (auftretend, lebend):* i. reisen, bleiben.

In|ko|gni|to, das; -s, -s ⟨Pl. selten⟩ (bildungsspr.): *das Auftreten, Leben mit fremdem Namen:* sein I. wahren, preisgeben.

in|ko|hä|rent [auch: - - -'-] ⟨Adj.⟩ [aus lat. in- = un-, nicht u. ↑kohärent] (bildungsspr.): *unzusammenhängend; auf mangelnden Zusammenhang hindeutend:* sein Werk hat -e Züge.

in|kom|men|su|ra|bel ⟨Adj.⟩ [spätlat. incommensurabilis, aus lat. in- = un-, nicht u. spätlat. commensurabilis, ↑kommensurabel] (bildungsspr.): *nicht messbar, nicht vergleichbar; unwägbar:* inkommensurable Verhältnisse; inkommensurable Größen (Math.; *Größen, deren Verhältnis irrational ist*); ihre Leistungen sind i.

in|kom|pa|ra|bel [auch: - - -'- -] ⟨Adj.⟩ [lat. incomparabilis, aus: in- = un-, nicht u. comparabilis, ↑komparabel]: a) (bildungsspr.) *nicht vergleichbar:* die beiden Sachen sind i.; b) (Sprachw. selten) *(von Adjektiven) nicht steigerungsfähig.*

in|kom|pa|ti|bel [auch: - - -'- -] ⟨Adj.⟩ [aus lat. in- = un-, nicht u. ↑kompatibel] (bes. Fachspr.): *nicht kompatibel.*

In|kom|pa|ti|bi|li|tät, die; -, -en (bes. Fachspr.): *das Inkompatibelsein.*

in|kom|pe|tent [auch: - - -'-] ⟨Adj.⟩ [aus lat. in- = un-, nicht u. ↑kompetent]: 1. a) *nicht kompetent* (1 a), *nicht sachverständig; unfähig:* ein -er Gutachter; b) (bes. Rechtsspr.) *nicht kompetent* (1 b), *nicht zuständig, nicht befugt:* ein für diese Fälle -es Gericht. 2. (Geol.) *nicht kompetent* (2).

In|kom|pe|tenz [auch: - - -'-], die; -, -en: *das Inkompetentsein* (1), *fehlende Kompetenz* (1).

in|kon|gru|ent [auch: - - -'-] ⟨Adj.⟩ [lat. incongruens (Gen.: incongruentis), aus: in- = un-, nicht u. congruens, ↑kongruent]: 1. (bildungsspr.) *nicht übereinstimmend, nicht passend.* 2. (Math.) *nicht kongruent* (2).

In|kon|gru|enz [auch: - - -'-], die; -, -en [spätlat. incongruentia]: 1. (bildungsspr.) *mangelnde Übereinstimmung.* 2. (Math.) *das Inkongruentsein* (2); *Fehlen der Kongruenz* (2).

in|kon|se|quent [auch: - - -'-] ⟨Adj.⟩ [spätlat. inconsequens (Gen.: inconsequentis), aus lat. in- = un-, nicht u. consequens, ↑konsequent] (bildungsspr.): *(in Bezug auf jmds. Vorgehen o. Ä.) nicht folgerichtig; widersprüchlich, nicht konsequent* (1): ein -es Verhalten; er ist i. in seiner Argumentation; i. handeln, leben.

In|kon|se|quenz [auch: - - -'-], die; -, -en [lat. inconsequentia] (bildungsspr.): *das Inkonsequentsein; mangelnde Folgerichtigkeit; Widersprüchlichkeit:* die I. seines Handelns.

in|kon|sis|tent [auch: - - -'-] ⟨Adj.⟩ [aus lat. in- = un- u. ↑konsistent] (bildungsspr.): 1. *keinen Bestand habend, ohne Dauer, nicht konsistent* (1 b): -e Lebensformen; -es Verhalten. 2. (bes. Logik) *widersprüchlich; in sich nicht konsistent* (2): -es Denken.

In|kon|ti|nenz [auch: - - -'-], die; -, -en (Med.): *Unvermögen, Harn od. Stuhl zurückzuhalten.*

in|kon|ver|ti|bel [auch: - - -'- -] ⟨Adj.⟩ [1: aus lat. in- = un-, nicht u. ↑konvertibel; 2: spätlat. inconvertibilis = unveränderlich; unbekehrbar, aus lat. in- = un-, nicht u. spätlat. convertibilis = veränderlich]: 1. (Wirtsch.) *nicht konvertibel:* -e Währungen. 2. (bildungsspr. veraltet) *unbekehrbar; unwandelbar.*

in|kon|zi|li|ant [auch: - - -'-] ⟨Adj.⟩ [aus lat. in- = un-, nicht u. ↑konziliant] (bildungsspr.): *nicht konziliant:* sein -es Wesen, Verhalten.

in|kor|po|ral ⟨Adj.⟩ [zu lat. in = innerhalb u. corpus = Körper] (Med.): *im Körper [befindlich].*

In|kor|po|ra|ti|on, die; -, -en [spätlat. incorporatio]: 1. (Med.) *Einverleibung, Einführung eines Stoffes, bes. eines Heilmittels, in den Körper* (z. B. Einführung von Radium in den Körper zur Behandlung bei Krebs 4 a). 2. (Rechtsspr.) a) *Eingemeindung;* b) *rechtliche Einverleibung eines Staates durch einen anderen Staat.* 3. *Aufnahme in eine Körperschaft od. studentische Verbindung.* 4. (kath. Kirchenrecht) *Eingliederung eines Benefiziums in eine kirchliche juristische Person:* die I. einer Pfarrei in ein Kloster.

in|kor|po|rie|ren ⟨sw. V.; hat⟩ [spätlat. incorporare = verkörpern, einverleiben]: 1. (bes. Med.) *in den Körper eindringen lassen:* radioaktive Strahlen i.; Ü inkorporierende (Sprachw.; *polysynthetische*) Sprachen. 2. (Rechtsspr.) a) *eingemeinden;* b) *in einen anderen Staat eingliedern.* 3. *in eine Körperschaft od. studentische Verbindung aufnehmen:* ein inkorporierter Geistlicher. 4. *angliedern, eine Inkorporation* (4) *durchführen.*

in|kor|rekt [auch: - -'-] ⟨Adj.⟩ [lat. incorrectus = unverbessert, aus: in- = un-, nicht u. correctus, ↑korrekt]: a) *durch Ungenauigkeit unrichtig; fehlerhaft; nicht korrekt* (a): eine -e Wiedergabe des Vorfalls; seine Aussprache ist i.; b) *einer bestimmten Vorschrift o. Ä. nicht genügend; unangemessen, nicht korrekt* (b): ihr Benehmen ist i.; sich i. verhalten; i. gekleidet sein.

In|kor|rekt|heit [auch: - -'- -], die; -, -en: 1. ⟨o. Pl.⟩ a) *inkorrekte* (a) *Art; Fehlerhaftigkeit;* b) *inkorrekte* (b) *Art; Unangemessenheit.* 2. a) *Fehler, einzelne Unrichtigkeit in einer Äußerung o. Ä.;* b) *einzelner Fall inkorrekten Verhaltens.*

In|kraft|set|zung, die; -, -en (Papierdt.): *das Gültig-, Verbindlichmachen:* die I. eines Gesetzes.

In-Kraft-Tre|ten, das; -s: *das Gültig-, Verbindlichwerden:* das I. eines Vertrags.

in|kri|mi|nie|ren ⟨sw. V.; hat⟩ [spätlat. incriminare, zu lat. crimen = Beschuldigung, Vergehen] (bes. Rechtsspr.): *[eines Verbrechens, Vergehens, Verstoßes] beschuldigen, anschuldigen.*

In|krus|ta|ti|on, die; -, -en [spätlat. incrustatio = das Überziehen mit Marmor]: 1. (Kunstwiss.) *(meist Stein in Stein gearbeitete) farbige Verzierung von Flächen durch Einlagen.* 2. (Geol.) *Krustenbildung durch chemische Ausscheidung.* 3. (Schneiderei) *zur Verzierung eingesetzter Teil* (z. B. eine Blende). 4. (Bot.) *nachträgliche Einlagerung von Stoffen in das Zellulosegerüst pflanzlicher Zellwände.*

In|ku|ba|ti|on, die; -, -en [lat. incubatio = das Brüten, zu: incubare = in od. auf etw. liegen; (brütend) auf etw. sitzen; sich zu rituellem Schlaf niederlegen]: 1. (Med.) kurz für ↑Inkubationszeit. 2. (Med.) *das Aufziehen von Frühgeborenen in einem Inkubator* (1). 3. (Bakteriol.) *Bebrütung einer Bakterienkultur im Inkubator* (2). 4. (Zool.) *das Bebrüten von Vogeleiern.* 5. *(in der Antike) ritueller Schlaf im Tempel, um Heilung od. Belehrung durch eine Gottheit zu erfahren.*

In|ku|ba|ti|ons|zeit, die (Med.): *Zeit zwischen der Ansteckung u. dem Ausbrechen einer Infektionskrankheit.*

In|ku|ba|tor, der; -s, ...oren. 1. (Med.) *Brutkasten.* 2. (Bakteriol.) *Brutschrank.* 3. (Wirtsch.) *Unternehmen, das andere neu gegründete Unternehmen unterstützt und betreut.*

In|ku|bus, der; -, ...kuben [lat. incubus]: 1. a) *(im römischen Volksglauben) nächtlicher Dämon; Alb;* b) *(im Volksglauben des Mittelalters) Teufel, der mit einer Hexe geschlechtlich verkehrt.* 2. ⟨o. Pl.⟩ (Med.) *Albdrücken.*

in|ku|lant [auch: - -'-] ⟨Adj.⟩ [aus lat. in- = un-, nicht u. ↑kulant] (Kaufmannsspr.): *kein Entgegenkommen im Geschäftsverkehr zeigend; die Gewährung von Zahlungs- od. Lieferungserleichterungen ablehnend; nicht kulant:* ein -er Geschäftspartner.

In|ku|lanz [auch: - -'-], die; -, -en ⟨Pl. selten⟩ (Kaufmannsspr.): *inkulantes Verhalten:* wegen seiner I. haben wir die Geschäftsbeziehungen mit ihm abgebrochen.

In|ku|na|bel, die; -, -n ⟨meist Pl.⟩ [lat. incunabula = Windeln, Wiege, weil der Buchdruck zu jener Zeit sozusagen noch in den Windeln lag] (Buchw., Literaturw.): *Druckerzeugnis aus der Frühzeit des Buchdrucks (vor 1500); Wiegendruck, Frühdruck.*

in|ku|ra|bel [auch: - -'- -] ⟨Adj.⟩ [spätlat. incurabilis, aus lat. in- = un-, nicht u. spätlat. curabilis, ↑kurabel] (Med.): *unheilbar.*

In|laid, der; -s, -e [engl. inlaid, eigtl. = 2. Part. von to inlay = einlegen]: *in verschiedenen Farben gemustertes Linoleum.*

In|land, das, -[e]s [rückgeb. aus ↑Inländer, inländisch; mhd. inlende = Heimat, Vaterland]: 1. a) *Gebiet innerhalb der Grenzen eines Staates; zum Hoheitsbereich eines Staates gehörendes Territorium:* die Waren sind nur für das I. bestimmt; b) *das eigene Land im Hinblick auf seine Regierung, seine Bewohner:* die Reaktionen des In- u. Auslandes. 2. *das Innere eines Landes im Gegensatz zum Küstengebiet, zur Küste; Binnenland:* das Klima ist im I. meist milder.

In|land|eis, das: *in sich geschlossene, weite Gebiete bedeckende Eismasse in den Polarländern.*

In|län|der, der; -s, -: *Angehöriger, Bewohner des Inlands* (1 a); *einheimischer Staatsangehöriger:* diese Einrichtung ist für In- u. Ausländer gedacht.

In|län|de|rin, die; -, -nen: w. Form zu ↑Inländer.

In|land|flug: ↑Inlandsflug.

in|län|disch ⟨Adj.⟩: *das Inland* (1) *betreffend, ihm angehörend; aus dem Inland kommend, stammend; einheimisch:* -e Produkte, Waren; die in- und ausländische Presse; der -e Markt; -e Zwischenhändler, Großhändler.

In|lands|brief, der: *Brief an einen Adressaten im Inland* (1).

In|lands|flug, (auch:) Inlandflug, der: *Flug (2) innerhalb des Inlands* (1 a).

In|lands|ge|schäft, das: *Geschäft, das im Inland abgewickelt wird; geschäftliche Beziehungen im Inland* (1).

In|lands|ge|spräch, das: *Telefongespräch mit einem Teilnehmer im Inland* (1).

In|lands|markt, der (Wirtsch.): *inländischer Markt* (3 a).

In|lands|nach|fra|ge, die (Wirtsch.): *Nachfrage (2) nach Gütern innerhalb des Inlands* (1).

In|lands|por|to, das: *Porto für Postsendungen an einen Adressaten im Inland* (1).

In|lands|preis, der: *Preis für Waren, die im Inland (1) verkauft werden (bes. im Gegensatz zum Exportpreis).*

In|laut, der; -[e]s, -e (Sprachw.): *Laut im Inneren eines Wortes, einer Silbe.*

In|lay ['ɪnleɪ], das; -s, -s [engl. inlay, zu: to inlay, ↑Inlaid]: *Zahnfüllung, die aus Metall od. Porzellan gegossen u. dann in den Zahn eingepasst wird.*

In|lett, das; -[e]s, -e, auch: -s [niederd. īnlāt, zu: īnlāten = einlassen, also eigtl. = Einlass]: *Stoff[hülle] aus festem Baumwollgewebe für die Federn von Federbett u. -kissen:* an der schadhaften Stelle quollen die Federn aus dem I.

in|lie|gend ⟨Adj.⟩ (Papierdt., bes. österr.): *einliegend.*

In|li|ner [ɪnlaɪnɐ], der; -s, - [engl. inliner]: **1.** *Inlineskater* (1). **2.** *Inlineskater* (2).

In|li|ne|rin, die; -, -nen: w. Form zu ↑Inliner (2).

In|line|skate ['ɪnlaɪnskeɪt], der od. das; -s, -s ⟨meist Pl.⟩ [engl. inline-skate, zu: in-line = in einer Reihe angeordnet u. (roller)skate = Rollschuh]: *Inlineskater* (1).

in|line|ska|ten ['ɪnlaɪnskeɪtn̩] ⟨sw. V.; hat⟩ [engl. to inline-skate, zu: inline-skate, ↑Inlineskate]: *auf Inlineskatern (1) laufen.*

In|line|ska|ter ['ɪnlaɪnskeɪtɐ], der; -s, - [1: engl. inline-skater, zu: to inline-skate, ↑inlineskaten; 2: zu ↑inlineskaten]: **1.** *Rollschuh mit schmalen, in einer Reihe hintereinander angeordneten Rollen.* **2.** *jmd., der auf Inlineskatern (1) läuft.*

In|line|ska|te|rin, die; -, -nen: w. Form zu ↑Inlineskater (2).

in me|di|as res [lat. = mitten in die Dinge hinein]: in den Wendungen **in m. r. gehen, kommen** (bildungsspr.; *unmittelbar u. ohne Umschweife zur Sache kommen;* nach Horaz' »Ars poetica«): wir wollen uns nicht lange mit der Vorrede aufhalten und gehen gleich in m. r.

in me|mo|ri|am [lat., zu: memoria, ↑Memoiren] (bildungsspr.): *zum Gedächtnis, Andenken an ..., zur Erinnerung, im Gedenken an ...:* in m. des großen Staatsmannes.

in|mit|ten [mhd. enmitten, in mitten, ahd. in mittamen = in der Mitte]: **I.** ⟨Präp. mit Gen.⟩ (geh.) *mitten in, mitten unter; in der Mitte von:* sie saßen i. der Kinder, i. der Kisten und Kästen. **II.** ⟨Adv. in Verbindung mit »von«⟩ *mitten in, mitten unter, umgeben:* das Haus lag i. von Parkanlagen.

Inn, der; -[s]: größter Zufluss der Donau aus den Alpen.

in na|tu|ra [lat., zu: natura, ↑Natur]: **1.** *in Wirklichkeit; in seiner wirklichen, natürlichen Gestalt:* er, das Haus wirkt in n. ganz anders als auf dem Foto. **2.** (ugs.) *in Form von Naturalien, in Waren:* Vergütung in n.

in|ne: in der Wendung **einer Sache** (Gen.) **i. sein** (geh.; *etw. im Bewusstsein haben, erkennen; sich einer Sache bewusst sein, darüber im Klaren sein*): er wird des Verlustes bald i. sein; sie ist der damit verbundenen Verantwortung durchaus i.

in|ne|ha|ben ⟨unr. V.; hat⟩ [mhd. inne, ahd. inne, inni, wahrsch. alter Lokativ von ↑[1]in, heute nur noch in Verbindung mit best. Verben]: **1.** *(eine bestimmte Position, Stellung o. Ä.) einnehmen, besitzen; bekleiden* (2): einen Posten, einen Rang, ein Amt i.; sie hat hier den Lehrstuhl für Psychologie innegehabt. **2.** (geh.) *besitzen, über etw. verfügen:* 200 Morgen Land i.

in|ne|hal|ten ⟨st. V.; hat⟩: **1.** *mit einem Tun für kürzere Zeit aufhören [u. verharren]; etw. unterbrechen:* in/(seltener auch:) mit seiner Arbeit i.; im Lesen, im Laufen, mitten in einer Bewegung i. **2.** (selten) *einhalten* (3 a): die Formen, die nötige Distanz i.; die Wartezeit i.

in|nen ⟨Adv.⟩ [mhd. innen, ahd. innan(a), zu ↑[1]in]: **1.** *an der, auf der Innenseite; im Inneren:* der Becher ist nur i. vergoldet; der Apfel, die Nuss war i. faul; das Haus wurde i. neu hergerichtet; i. (Sport; *auf der Innenbahn, inneren Bahn*) laufen; die Tür geht nach i. *(zum Inneren hin)* auf; die i. liegenden Räume werden durch eine besondere Anlage mit Luft versorgt; sie setzt die Füße beim Gehen nach i. *(einwärts);* sie haben den Dom auch von i. besichtigt; man kann die Tür nur von i. *(vom Inneren her, von der Innenseite aus)* schließen. **2.** (österr.) **a)** *(hier) drinnen;* **b)** (veraltend) (von draußen gesehen:) *drinnen.*

In|nen|ar|bei|ten ⟨Pl.⟩: *Arbeiten an einem Bau, die innen ausgeführt werden.*

In|nen|ar|chi|tekt, der: *Architekt, der sich mit der Gestaltung von Innenräumen befasst.*

In|nen|ar|chi|tek|tin, die; -, -nen: w. Form zu ↑Innenarchitekt.

In|nen|auf|nah|me, die (Film, Fot.): *Aufnahme, die in einem Raum, im Atelier aufgenommen, gedreht wird.*

In|nen|aus|stat|tung, die: *Ausstattung, Gestaltung eines Innenraums:* eine kostbare I.

In|nen|bahn, die: **a)** (Leichtathletik, Eisschnelllauf) *an der inneren Krümmung des Stadions, des Platzes o. Ä. gelegene Bahn für die Laufenden;* **b)** (Schwimmen) *eine der inneren, in der Mitte des Schwimmbeckens gelegenen Bahnen für die Schwimmenden.*

In|nen|be|leuch|tung, die: *Beleuchtung in einem Gebäude, einem Wagen, Waggon o. Ä.*

In|nen|be|zirk, der: *Bezirk im Inneren einer Stadt, im Stadtkern.*

In|nen|dienst, der ⟨o. Pl.⟩: *Dienst, Arbeit innerhalb der eigentlichen Dienststelle im Gegensatz zum Außendienst.*

In|nen|druck, der ⟨Pl. ...drücke, seltener: ...drucke⟩: *von innen her wirkender, im Inneren eines geschlossenen Raumes, eines Körpers, eines Organs o. Ä. vorhandener* [1]*Druck* (1).

In|nen|durch|mes|ser, der: *von Innenseite zu Innenseite gemessener Durchmesser.*

In|nen|ein|rich|tung, die: *Einrichtung eines Innenraums.*

In|nen|flä|che, die: vgl. Innenseite.

In|nen|hand, die ⟨o. Pl.⟩ (Boxen): *Innenseite der Faust.*

In|nen|hof, der: *von einem Gebäude umschlossener, innerhalb eines Gebäudekomplexes liegender Hof.*

In|nen|kan|te, die: *innere, an der Innenseite befindliche Kante:* die I. des Skis.

In|nen|le|ben, das ⟨Pl. selten⟩: **1.** *Gesamtheit der Gedanken, Gefühle, der seelischen Regungen u. Motivationen [eines Menschen]:* ein reiches I. haben. **2.** (ugs., oft scherzh.) *nur beim Öffnen eines Geräts o. Ä. sichtbarer Funktionsmechanismus.*

in|nen lie|gend: s. innen (1).

In|nen|mi|nis|ter, der: *Minister für innere Angelegenheiten.*

In|nen|mi|nis|te|rin, die; -, -nen: w. Form zu ↑Innenminister.

In|nen|mi|nis|te|ri|um, das: *Ministerium für innere Angelegenheiten.*

In|nen|ohr, das (Anat.): *am weitesten im Inneren des Kopfes gelegener Teil des [menschlichen] Ohrs.*

In|nen|po|li|tik, die: *Teil der Politik eines Staates, der sich mit der Regelung der inneren Angelegenheiten u. Verhältnisse befasst.*

in|nen|po|li|tisch ⟨Adj.⟩: *die Innenpolitik betreffend, zu ihr gehörend, auf ihr beruhend:* -e Fragen, Probleme, Ereignisse.

In|nen|raum, der: *ringsum [von Wänden] umschlossener, im Inneren von etw. liegender, das Innere von etw. bildender Raum.*

In|nen|sei|te, die: *innere Seite; der Mitte, der Achse eines Körpers, Gefäßes, Raumes zugewandte Seite:* die I. eines Gefäßes, eines Bucheinbandes, eines Kleidungsstücks.

In|nen|spie|gel, der: *Rückspiegel, der im Inneren eines Kraftfahrzeugs in der Mitte über der Windschutzscheibe angebracht ist.*

In|nen|stadt, die: *innerer Teil des Stadtgebietes größerer Städte, durch den meist die Hauptgeschäftsstraßen führen; City, Zentrum.*

In|nen|stür|mer, der (Ballspiele): *vorwiegend in der Mitte spielender Stürmer* (1).

In|nen|stür|me|rin, die: w. Form zu ↑Innenstürmer.

In|nen|tem|pe|ra|tur, die: *in einem Raum, einem Körper o. Ä. herrschende Temperatur.*

In|nen|tür, die: *Tür in einem Gebäude, die nicht ins Freie führt.*

In|nen|wand, die: *Wand in einem Gebäude, die nicht eine Außenseite begrenzt.*

in|ner... ⟨Adj.⟩ [mhd. inner, ahd. innaro = inwendig, zu ↑[1]in]: **1. a)** *sich an, auf der Innenseite, im Innenraum, im Inneren von etw. befindend; innen befindlich, liegend:* die innere Seite eines Bucheinbands; die innere Jackentasche; der innere Rand; die innere Bahn; die inneren Organe (Med.; *die im Körper liegenden Organe wie Eingeweide, Atmungs-, Verdauungsorgane, Drüsen u. a.*); **b)** (Med.) *die inneren Organe betreffend, durch sie bewirkt; die Behandlung der inneren Organe betreffend, ihr dienend:* innere Krankheiten, Verletzungen; die innere Sekretion *(Sekretion von Drüsen unmittelbar in die Blutbahn);* eine innere Blutung *(Blutung im Inneren des Körpers, eines inneren Organs);* die innere Medizin *(Fachgebiet der Medizin, das sich mit der Entstehung, Erkennung u. Behandlung innerer Krankheiten befasst);* die innere Abteilung, Station eines Krankenhauses *(Abteilung, Station zur Behandlung innerer Krankheiten);* ⟨subst.:⟩ der Patient kommt in die Innere (Med. Jargon; *innere Abteilung, Station*). **2. a)** *im geistig-seelischen Bereich vorhanden, wirksam, begründet; im Inneren eines Menschen angesiedelt, von dort ausgehend:* innere Ruhe, Erregung, Ungeduld; innere Spannungen; innere Anteilnahme; das innere Bedürfnis, den inneren Drang verspüren, etw. zu tun; **b)** *einer Sache innewohnend, in ihr als Eigentümlichkeit, Besonderheit, als etw. Charakteristisches enthalten:* der innere Aufbau, die innere Gesetzmäßigkeit eines Ablaufs; die innere Ordnung, Geschlossenheit der Partei muss gewährleistet sein. **3.** *das Inland (1 b) betreffend; inländisch:* die inneren Probleme, Fragen dieses Landes; die Ministerin für innere Angelegenheiten; ⟨subst.:⟩ der Minister, das Ministerium des Inner[e]n.

in|ner-: drückt in Bildungen mit Adjektiven aus, dass die bezeichnete Sache innerhalb von etw. liegt: innermenschlich, -schulisch, -universitär.

in|ner|be|trieb|lich ⟨Adj.⟩: *nur den Betrieb, die Angehörigen eines Betriebes betreffend; innerhalb eines Betriebes:* -e Angelegenheiten; etw. i. diskutieren, regeln.

in|ner|deutsch ⟨Adj.⟩: **a)** *Deutschland, die inneren Fragen, Angelegenheiten Deutschlands betreffend; sich innerhalb Deutschlands befindend, abspielend:* -es Territorium; -e Probleme; **b)** *die beiden bis 1990 voneinander getrennten deutschen Staaten, die Beziehungen zwischen ihnen betreffend:* der -e Handel.

in|ner|dienst|lich ⟨Adj.⟩: *nur den dienstlichen Bereich betreffend, für ihn geltend, für ihn u. nicht für die Öffentlichkeit, Allgemeinheit bestimmt:* -e Angelegenheiten; ein -es Gespräch, Schreiben; etw. i. regeln.

In|ne|re, das; ...r[e]n (Dekl. ↑[2]Junge, das): **1.** *etw., was von etw. umgeben, gegen außen abgegrenzt ist, sich innerhalb von etw. Umschließendem, innen, in der Mitte befindet:* das I. eines Hauses, eines Schiffes; aus dem Inner[e]n der Höhle drangen seltsame Laute; sie drangen ins I. des

Landes, der Insel vor. **2. a)** *geistig-seelischer Bereich eines Menschen, Gesamtheit seiner Gedanken, Gefühle, seiner seelischen Regungen:* sein ganzes -s; mit völlig aufgewühltem -m/(seltener:) -n; die Vorstellungen beschäftigen ihr -s; sie war im -n, in ihrem tiefsten -n von seiner Unschuld überzeugt; **b)** *eigentliches, tiefstes Wesen, Kern einer Sache:* das I. seiner Gedankenwelt hatte sie nie kennen gelernt; ins I. einer Wissenschaft, der Kunst eindringen.

In|ne|rei|en ⟨Pl.⟩: *verwertbare innere Teile von Schlachttieren wie Leber, Magen, Herz, Nieren, Gedärme.*

in|ner|halb [mhd. innerhalp, innerhalbe(n)]: I. ⟨Präp. mit Gen.⟩ **a)** *in einem bestimmten umgrenzten Raum; im Inneren, im Bereich:* i. des Hauses, der Stadt, der Landesgrenzen; i. Berlins; ⟨mit Dativ, wenn einem stark deklinierten Substantiv im Singular, das von »innerhalb« abhängt, ein anderes stark dekliniertes Substantiv im Genitiv Singular vorangeht:⟩ i. Klaras neuem Hause; Ü i. der Familie, der Gemeinschaft; **b)** *in einem bestimmten Zeitraum, im Verlauf von, während, binnen:* i. der Ferien; i. einer Woche; ⟨mit Dativ, wenn der Genitiv formal nicht zu erkennen ist:⟩ i. fünf Monaten. II. ⟨Adv. in Verbindung mit »von«⟩ **a)** *im Inneren, im Bereich:* i. von Berlin, Bayern; **b)** *im Verlauf von, während, binnen:* i. von drei Jahren.

in|ner|kirch|lich ⟨Adj.⟩: vgl. innerbetrieblich.

in|ner|lich ⟨Adj.⟩ [mhd. innerlich]: **1.** (seltener) *im Inneren* (1), *innen* (1), *inner...* (1 a): ein Medikament zur -en Anwendung; die Arznei muss i. wirken; der Baum war i. ganz und gar morsch. **2. a)** *den geistig-seelischen Bereich [eines Menschen] betreffend, aus ihm erwachsend, in ihm vorhanden, verwurzelt, zu ihm gehörend; im Inneren* (2 a): -e Hemmungen haben, etw. zu tun; die -e Verbundenheit mit einem anderen Menschen; er war i. ganz ruhig, völlig unbeteiligt; sie musste i. *(insgeheim, für sich)* lachen; **b)** (geh.) *nach innen gewandt; ein tiefes Innenleben besitzend; nicht oberflächlich veranlagt, nicht äußerlich* (3); *besinnlich, verinnerlicht, nachdenklich:* ein sehr -er Mensch.

In|ner|lich|keit, die; -: *das Nach-innen-Gewandtsein; Verinnerlichung; Tiefe des Gemüts, des Innenlebens:* seine Dichtung zeugt von einer starken I.

in|ner|ört|lich ⟨Adj.⟩: *innerhalb eines Ortes, einer Ortschaft vorhanden, verlaufend, geltend:* die Heraufsetzung der -en Geschwindigkeitsbegrenzung.

in|ner|orts ⟨Adv.⟩ (bes. schweiz., österr.): *innerhalb des Ortes, der Ortschaft.*

in|ner|par|tei|lich ⟨Adj.⟩: vgl. innerbetrieblich: eine -e Auseinandersetzung.

in|ner|se|kre|to|risch ⟨Adj.⟩ (Med.): *die innere Sekretion betreffend, sie bewirkend, auf ihr beruhend:* -e Drüsen; das -e System.

in|nerst... ⟨Adj.⟩ **1.** *sich am weitesten innen, in der Mitte von etw. befindend:* der innerste Stadtbezirk; der innerste Teil des Landes, der Insel; der innerste von mehreren Kreisen. **2.** *ganz im Inneren, im eigentlichen, tiefsten Wesen eines Menschen vorhanden, begründet, angesiedelt, von dort ausgehend:* sein innerstes Wesen; die innersten Regungen seiner Seele, seines Herzens; sie handelte ihrer innersten Überzeugung entsprechend.

in|ner|staat|lich ⟨Adj.⟩: vgl. innerbetrieblich.

In|ner|stadt, die (schweiz.): *Innenstadt.*

in|ner|städ|tisch ⟨Adj.⟩: vgl. innerörtlich.

In|ners|te, das; -n ⟨Dekl. [2]Junge, das⟩: *das tiefste Innere, das eigentliche Wesen eines Menschen; nur dem eigenen Ich zugehörender geistiger u. seelischer Bereich:* sein -s war ihr stets verborgen geblieben; etw. rührt, bewegt jmdn. im -n; im -n getroffen, gekränkt sein.

in|nert ⟨Präp. mit Gen. od. Dativ⟩ (schweiz., österr.): *binnen, innerhalb* (I b), *im Verlauf von:* i. eines Jahres/einem Jahr.

in|ne sein: s. inne.

in|ne|wer|den ⟨unr. V.; ist⟩: *sich einer Sache bewusst werden, sie in ihrer Bedeutung erkennen, sie gewahr werden, begreifen:* erst jetzt wurde er seiner Schuld inne; zu spät wurde sie inne, dass sie ihn gekränkt hatte.

in|ne|woh|nen ⟨sw. V.; hat⟩ (geh.): *als Eigentümlichkeit, Besonderheit, als etw. Charakteristisches in etw. mit enthalten sein, zu jmdm., etw. gehören:* diesen Kräutern wohnen heilende Kräfte inne; die dem Menschen innewohnenden Fähigkeiten.

in|nig ⟨Adj.⟩ [mhd. innec = andächtig, inbrünstig, zu ↑[1]in]: **1.** *im Innersten empfunden, tief gefühlt:* eine -e Liebe, Zuneigung; jmdm. -en Dank sagen; mit -er Anteilnahme; ein -es *(großes)* Vergnügen bei etw. empfinden; ihr Verhältnis war sehr i.; jmdm. i. verbunden sein; unsere i. geliebte Mutter. **2.** *sehr eng; unauflöslich verbunden, verknüpft:* eine -e Verflechtung verschiedener Verhaltensweisen; (oft Fachspr.:) diese chemischen Stoffe gehen eine -e Verbindung ein.

In|nig|keit, die; - [mhd. innecheit]: *das Innigsein, tiefe Empfindung; Herzlichkeit:* die I. ihrer teilnehmenden Worte, ihres Blicks.

in|nig|lich ⟨Adj.⟩ [mhd. inneclich, ahd. inniglīh] (geh.): *innig:* -e Zuneigung.

In|no|va|ti|on, die; -, -en [spätlat. innovatio = Erneuerung, Veränderung, zu: innovare = erneuern, verändern, zu lat. novus = neu]: **1. a)** (Soziol.) *geplante u. kontrollierte Veränderung, Neuerung in einem sozialen System durch Anwendung neuer Ideen u. Techniken:* politische I.; das Wachstum durch I. fördern; **b)** (bildungsspr.) *Einführung von etw. Neuem; Neuerung; Reform.* **2.** (Wirtsch.) *Realisierung einer neuartigen, fortschrittlichen Lösung für ein bestimmtes Problem, bes. die Einführung eines neuen Produkts od. die Anwendung eines neuen Verfahrens:* technische -en. **3.** (Bot.) *(bei ausdauernden Pflanzen) jährliche Erneuerung eines Teiles des Sprosssystems.*

in|no|va|ti|ons|feind|lich ⟨Adj.⟩: *Innovationen* (1, 2) *gegenüber skeptisch, ablehnend eingestellt.*

in|no|va|ti|ons|freu|dig ⟨Adj.⟩: *gerne bereit, Innovationen* (1, 2) *zu schaffen, durch Innovationen Umgestaltungen, Verbesserungen herbeizuführen:* ein -er Chef, Intendant.

In|no|va|ti|ons|schub, der: *größere Anzahl innovativer Maßnahmen; Bündel von Neuerungen, die gleichzeitig od. innerhalb eines kurzen Zeitraums durchgeführt werden.*

In|no|va|ti|ons|spross, der (Bot.): *der Innovation* (3) *dienender Spross.*

in|no|va|tiv ⟨Adj.⟩ (bes. Fachspr.): **a)** *Innovationen* (1, 2) *betreffend, beinhaltend:* ein -er Prozess; -e Maßnahmen; **b)** *Innovationen* (1, 2) *schaffend; innovationsfreudig:* ein -er Chef.

in|no|va|to|risch ⟨Adj.⟩ (bes. Fachspr.): *Innovationen zum Ziel habend, anstrebend.*

in|no|vie|ren ⟨sw. V.; hat⟩ (bes. Fachspr.): *eine Innovation, Innovationen vornehmen.*

Inns|bruck: Landeshauptstadt von Tirol.

In|nung, die; -, -en [mhd. innunge, zu mhd. innen, ahd. innōn = in einen Verband aufnehmen, zu ↑[1]in]: *durch freiwilligen Zusammenschluss von selbstständigen Handwerkern [des gleichen Handwerks in einem bestimmten Bezirk] entstandener Verband:* die I. der Bäckerinnen und Bäcker; * **die ganze I. blamieren** (ugs. scherzh.; *durch sein Verhalten den Kreis von Menschen, dem man angehört, die Familie, Gruppe o. Ä. blamieren, bloßstellen, in Verlegenheit bringen*).

In|nungs|kran|ken|kas|se, die: *von einer od. mehreren Innungen gemeinsam errichtete gesetzliche Krankenkasse.*

In|nungs|meis|ter, der: *Vorsteher einer Innung.*

In|nungs|meis|te|rin, die: w. Form zu ↑Innungsmeister.

In|nungs|ver|samm|lung, die: *Versammlung einer Innung.*

Inn|vier|tel, das; -s: Landschaft des österreichischen Alpenvorlandes.

in|of|fen|siv [auch: - - - ˈ-] ⟨Adj.⟩ [aus lat. in- = un-, nicht u. ↑offensiv]: *nicht offensiv, nicht angreifend, nicht angriffslustig.*

in|of|fi|zi|ell [auch: - - - - ˈ-] ⟨Adj.⟩ [aus lat. in- = un-, nicht u. ↑offiziell]: **1. a)** *nicht in amtlichem, offiziellem Auftrag; nicht amtlich; außerdienstlich:* die -e Reise eines Ministers; die Verhandlungen wurden i. geführt; **b)** *einer amtlichen, offiziellen Stelle nicht bekannt, nicht von ihr bestätigt, anerkannt, nicht von ihr ausgehend:* eine -e Mitteilung; jmdm. etw. i. *(vertraulich)* sagen. **2.** *nicht förmlich, nicht feierlich; nicht in offiziellem Rahmen:* es war eine kleine -e Feier.

in|of|fi|zi|ös [auch: - - - - ˈ-] ⟨Adj.⟩ [aus lat. in- = un-, nicht u. ↑offiziös] (bildungsspr.): *von einer [halb]amtlichen Stelle nicht veranlasst, beeinflusst, bestätigt; nicht offiziös:* -e Pressemeldungen.

In|oku|la|ti|on, die; -, -en [lat. inoculatio = das Okulieren, zu: inoculare, ↑inokulieren] (Med.): **1. a)** *das Einbringen von Krankheitserregern, Gewebe, Zellmaterial in einen Organismus od. in einen Nährboden;* **b)** *Impfung (als vorbeugende od. therapeutische Maßnahme).* **2.** *unbeabsichtigte Übertragung von Krankheitserregern bei Blutentnahmen, Injektionen, Impfungen.*

in|oku|lie|ren ⟨sw. V.; hat⟩ [lat. inoculare = einpflanzen, zu: oculus = Auge, Knospe, Reis, eigtl. = mit einem Reis versehen] (Med.): **1.** *eine Inokulation* (1) *vornehmen.* **2.** *Krankheitserreger (im Sinne einer Inokulation 2) übertragen.*

in|ope|ra|bel [auch: - - - ˈ- -] ⟨Adj.⟩ [aus lat. in- = un-, nicht u. ↑operabel] (Med.): *(ohne das Leben der od. des Kranken zu gefährden) nicht operierbar; durch Operation nicht mehr heilbar:* eine inoperable Geschwulst; ein inoperabler Krebskranker.

in|op|por|tun [auch: - - - ˈ-] ⟨Adj.⟩ [spätlat. inopportunus, aus lat. in- = un-, nicht u. opportunus, ↑opportun] (bildungsspr.): *nicht angebracht, nicht zweckmäßig; unpassend.*

In|op|por|tu|ni|tät [auch: ˈ- - - - - - -], die; -, -en [spätlat. inoppertunitas] (bildungsspr.): *das Unangebrachtsein; Unzweckmäßigkeit, Ungünstigkeit.*

Ino|sit [auch: ...ˈzɪt], der; -s, -e ⟨Pl. selten⟩ [zu griech. ís (Gen.: inós) = Muskel, Sehne, Gewebefaser] (Chemie, Med.): *(in vielen tierischen Organen u. in der Muskulatur vorkommender) kristalliner, leicht süßlich schmeckender, in Wasser löslicher Stoff, dessen wichtigster Vertreter zur Gruppe der B-Vitamine gehört.*

in pet|to [ital. (avere) in petto = im Herzen, im Sinn (haben)]: in der Wendung **etw. in p. haben** (ugs.; *etw. für einen bestimmten Zweck in Bereitschaft haben, es aber noch zurückhalten, um es zu gegebener Zeit überraschend anzubringen [u. damit einen Trumpf auszuspielen]*): man müsste zuerst in Erfahrung bringen, was er in p. hat.

in punc|to [lat., zu: punctum, ↑Punkt]: *in Bezug auf; hinsichtlich; was ... betrifft:* in p. Sauberkeit, Sicherheit, Ordnung verstehen sie keinen Spaß; ⟨mit Gen., wenn der Fall durch ein Begleitwort des abhängigen Substantivs erkennbar wird:⟩ in p. seines Betragens wäre noch einiges zu sagen; * **in p. puncti** (scherzh. veraltend; *hinsichtlich der Keuschheit;* kurz für: in p. puncti sexti = hinsichtlich des sechsten Gebots [der Zehn Gebote]).

In|put, der, auch: das; -s, -s [engl. input, eigtl. = Zugeführtes]: **1.** (Wirtsch.) *in einem Produktionsbetrieb eingesetzte, aus anderen Teilbereichen der Wirtschaft bezogene Produktionsmittel, Rohstoffe, Produkte.* **2.** (EDV) *Eingabe* (3).

In|put-Out|put-Ana|ly|se, die (Wirtsch.): *wirtschaftswissenschaftliche Theorie, die die Beziehungen zwischen Input* (1 b) *u. Output* (1 b) *untersucht u. Aussagen darüber zu machen versucht, wie sich eine Änderung der Nachfrage auf die Produktion der einzelnen Wirtschaftszweige u. auf andere volkswirtschaftliche Größen auswirkt.*

In|qui|lin, der; -en, -en ⟨meist Pl.⟩ [zu lat. inquilinus = Bewohner eines fremden Besitzes] (Zool.): *Tier, bes. Insekt, das in Behausungen od. Körperhohlräumen anderer Lebewesen lebt, ohne diese zu schädigen od. von ihnen verfolgt zu werden.*

In|qui|si|ti|on, die; -, -en [lat. inquisitio = (gerichtliche) Untersuchung]: 1. ⟨o. Pl.⟩ *(vom 12. bis 18. Jh., bes. während der Gegenreformation) als Einrichtung der katholischen Kirche wirkendes, mit großer Härte u. grausamen Untersuchungsmethoden gegen Abtrünnige, Ketzer vorgehendes* [1]*Gericht* (1 a): jahrhundertelang hat die I. Ketzer verfolgt, verurteilt, verbrannt. 2. *Untersuchung der Inquisition* (1): die grausamen -en in Spanien; Ü sich einer I. *(einem strengen Verhör)* unterwerfen müssen.

In|qui|si|ti|ons|ge|richt, das: *eine Inquisition* (2) *durchführendes* [1]*Gericht* (1 b).

In|qui|si|tor, der; -s, ...oren [lat. inquisitor = Untersucher]: *Richter der Inquisition* (1).

in|qui|si|to|risch ⟨Adj.⟩ (bildungsspr.): *in der Art eines Inquisitors, eines strengen Untersuchungsrichters; Strenge, Unerbittlichkeit verratend, demonstrierend:* -e Fragen, Blicke.

I.N.R.I. = Jesus Nazarenus Rex Judaeorum.

ins ⟨Präp. + Art.⟩: *in das:* ins Haus, ins Bett gehen; das reicht bis ins vorige Jahrhundert; (nicht auflösbar in festen Verbindungen:) bis ins Einzelne; ins Gerede kommen; etw. ins Leben rufen; (nicht auflösbar in Verbindung mit einem subst. Inf.:) ins Schwärmen geraten.

In|sas|se, der; -n, -n [mhd. insæʒe = Einwohner, Mietwohner, zu ↑sitzen]: **a)** *jmd., der sich in einem Fahrzeug befindet, bes. jmd., der sich als Fahrgast in einem Verkehrsmittel aufhält:* die -n der Straßenbahn, des Autos kamen bei dem Unfall nicht zu Schaden; **b)** *jmd., der in einem Heim o. Ä. wohnt, der in einem Gefängnis, einem Lager o. Ä. festgehalten wird:* die -n eines Heims, einer Heilanstalt, des Gefängnisses.

In|sas|sen|ver|si|che|rung, die: *Unfallversicherung für die Insassen eines Fahrzeugs.*

In|sas|sin, die; -, -nen: w. Form zu ↑Insasse.

ins|be|son|de|re, ins|be|sond|re ⟨Adv.⟩: *besonders* (2 a), *vor allem, im Besonderen:* sie mag Blumen sehr gern, i. Rosen; das gilt i. dann, wenn man es versprochen hat.

in|schal|lah [arab. in šā'allāh]: (Redensart der Muslime, bezogen auf ein zukünftiges Ereignis) *wenn Allah will.*

In|schrift, die; -, -en [mhd. (md.) inscrift, LÜ von lat. inscriptio]: *auf Stein, Metall, Holz o. Ä. durch erhabene Herausarbeitung, durch Einritzen, Eingraben od. Ziselieren angebrachte Schrift:* alte, lateinische, altindische -en; die verwitterte, goldene I. auf einem Grabstein, einem Denkmal; die I. in einer Höhle, über dem Eingang entziffern.

In|schrif|ten|kun|de, die ⟨o. Pl.⟩: *wissenschaftliche Disziplin der Altertumskunde, die sich mit der Erforschung alter Inschriften befasst; Epigraphik.*

In|schrif|ten|samm|lung, die: *Sammlung von Inschriften.*

in|schrift|lich ⟨Adj.⟩: *eine alte Inschrift betreffend, auf ihr beruhend; durch eine Inschrift, mit ihrer Hilfe [überliefert]:* er hat -es Material; dieser Tatbestand ist i. belegt, überliefert.

In|sekt, das; -s, -en [lat. insectum, eigtl. = eingeschnitten(es Tier), subst. 2. Part. von: insecare = einschneiden]: *zu den Gliederfüßern gehörendes Tier mit einem den Körper umschließenden, starren Skelett, das in drei meist deutlich voneinander abgesetzte Körperabschnitte (Kopf, Brust u. Hinterleib) geteilt ist, an deren mittlerem drei Beinpaare u. meist zwei Flügelpaare sitzen; Kerbtier:* giftige, Blut saugende, Aas fressende, schädliche, harmlose, nützliche -en; Bienen und Ameisen gehören zu den Staaten bildenden -en; -en fressende Pflanzen *(Pflanzen, die auf verschiedene Weise kleine Insekten anlocken, fangen u. verdauen).*

In|sek|ten|be|kämp|fung, die ⟨o. Pl.⟩: *meist mithilfe chemischer Mittel durchgeführte Bekämpfung schädlicher, lästiger Insekten.*

In|sek|ten|be|kämp|fungs|mit|tel, das: *chemisches Mittel zur Insektenbekämpfung.*

In|sek|ten|for|scher, der: *Entomologe.*

In|sek|ten|for|sche|rin, die: w. Form zu ↑Insektenforscher.

In|sek|ten fres|send: s. Insekt.

In|sek|ten|fres|ser, der (Biol.): **a)** *Insekten fressende Pflanze;* **b)** *Insekten fressendes Tier verschiedener Art mit zahlreichen spitzen Zähnen u. meist sehr gut ausgebildetem Geruchs- u. Gehörsinn:* Meisen und Fledermäuse sind I.

In|sek|ten|gift, das: 1. *zur Insektenbekämpfung eingesetztes Gift.* 2. *(bei bestimmten Insekten) Absonderung aus der Giftdrüse.*

In|sek|ten|kun|de, die: *Entomologie.*

In|sek|ten|lar|ve, die: *Larve* (1) *eines Insekts.*

In|sek|ten|staat, der: *bei bestimmten Insekten übliches gemeinschaftliches Zusammenleben in einem selbst gefertigten Nest, Bau o. Ä., bei dem Einzeltiere in sinnvollem Zusammenwirken u. in Arbeitsteilung die Aufgaben der Nahrungsbeschaffung, der Aufzucht der Larven, der Verteidigung des Nestes u. a. durchführen.*

In|sek|ten|stich, der: *durch ein Insekt (bes. eine Biene, Wespe, Stechmücke) verursachter Stich* (2 a).

In|sek|ten|ver|til|gungs|mit|tel, das: vgl. Insektenbekämpfungsmittel.

in|sek|ti|zid ⟨Adj.⟩ (Fachspr.): *(von chemischen Mitteln) Insekten vernichtend:* -e Substanzen.

In|sek|ti|zid, das; -s, -e [zu lat. -cidere = töten] (Fachspr.): *Insektenbekämpfungsmittel.*

In|sek|to|lo|ge, der; -n, -n [↑-loge]: *Entomologe.*

In|sek|to|lo|gin, die; -, -nen: w. Form zu ↑Insektologe.

In|sel, die; -, -n [mhd. insel(e) < lat. insula, eigtl. = die im (Salz)meer Gelegene]: *ringsum vom Wasser eines Meeres, Sees, Flusses umgebenes Stück Land:* eine einsame, bewaldete, felsige I.; kontinentale, ozeanische -n; die I. Helgoland; die der ostfriesischen Küste vorgelagerten -n; die Schiffbrüchigen konnten sich auf eine I. retten; Ü die kleine Stadt war eine I. des Friedens; eine deutschsprachige I. *(deutsche Sprachinsel)* im englischen Sprachraum; * **reif für die I. sein** (ugs.; *einen Urlaub dringend nötig haben*).

In|sel|berg, der (Geogr.): *Berg, der sich meist steil u. übergangslos, oft mit deutlich abgesetztem Fuß aus einer Ebene erhebt.*

In|sel|be|völ|ke|rung, die: *Bevölkerung einer Insel.*

In|sel|be|woh|ner, der: *Bewohner einer Insel.*

In|sel|be|woh|ne|rin, die: w. Form zu ↑Inselbewohner.

In|sel|fau|na, die: *auf einer Insel vorkommende, für eine Insel charakteristische Fauna* (1).

In|sel|flo|ra, die: vgl. Inselfauna.

in|sel|för|mig ⟨Adj.⟩: *in der Form, Beschaffenheit wie eine Insel wirkend:* -e Bereiche.

In|sel|grup|pe, die: *Gruppe beieinander liegender Inseln.*

In|sel|hop|ping, das; -s, -s [nach engl. island-hopping, eigtl. = Inselhüpfen, aus: island = Insel u. to hop = springen, hüpfen]: *Reise, bei der mehrere Inseln einer Inselgruppe nacheinander besucht werden.*

In|sel|ket|te, die: *mehrere in einer Reihe relativ nahe beieinander liegende Inseln.*

In|sel|kli|ma, das: *auf einer Insel herrschendes, für eine Insel charakteristisches Klima.*

In|sel|la|ge, die: *Eigenschaft z. B. eines Staates, Insel zu sein:* seine I. machte Großbritannien praktisch uneinnehmbar für fremde Eroberer; Ü die frühere I. Westberlins.

In|sel|land, das ⟨Pl. ...länder⟩: vgl. Inselstaat.

In|sel|or|gan, das: *Gesamtheit der in der Bauchspeicheldrüse eingelagerten, Insulin produzierenden Gruppen von Zellen.*

In|sel|reich, das: vgl. Inselstaat.

In|sel|re|pu|blik, die: vgl. Inselstaat.

In|sel|staat, der: *aus einer od. mehreren Inseln bestehender Staat.*

In|sel|volk, das: *auf einer Insel lebendes Volk.*

In|sel|welt, die: *Vielzahl von geographisch zusammengehörigen Inseln od. Inselgruppen.*

In|se|mi|na|ti|on, die; -, -en [zu ↑inseminieren] (Med., Zool.): 1. *das Eindringen der Samenfäden in das reife Ei bei der Befruchtung.* 2. *künstliche Besamung, Befruchtung.*

In|se|mi|na|tor, der; -s, ...oren (Landw.): *jmd., der (als Fachmann auf einer Besamungsstation) Methoden für die künstliche Befruchtung von Tieren entwickelt u. künstliche Besamungen bei Tieren vornimmt.*

In|se|mi|na|to|rin, die; -, -nen: w. Form zu ↑Inseminator.

in|se|mi|nie|ren ⟨sw. V.; hat⟩ [lat. inseminare = einsäen, befruchten, zu semen = Samen] (Med., Zool., Landw.): *eine Insemination* (2) *durchführen; besamen.*

in|sen|si|bel [auch: - -'- -] ⟨Adj.⟩ [aus lat. in- = un-, nicht u. ↑sensibel] (Med.): *unempfindlich gegenüber Schmerzen u. Reizen von außen; schmerzunempfindlich, gefühllos:* insensible Körperpartien.

In|sen|si|bi|li|tät [auch: '- - - - - - -], die; - (Med.): *Reiz-, Schmerzunempfindlichkeit.*

In|se|pa|rables [ɛ̃sepa'rabl] ⟨Pl.⟩ [frz. inséparables, zu: inséparable = unzertrennlich]: *kleine, als Käfigvögel gehaltene Papageien, die meist aneinander geschmiegt sitzen.*

In|se|rat, das; -[e]s, -e [zu lat. inserat = er soll einfügen od. inseratur = es soll (noch) eingefügt werden, zu: inserere, ↑inserieren]: *Anzeige* (2 b), *Annonce:* ein I. aufgeben.

In|se|ra|ten|blatt, das: *Anzeigenblatt.*

In|se|ra|ten|teil, der: *Anzeigenteil.*

In|se|rent, der; -en, -en: *jmd., der ein Inserat aufgibt, etw. inseriert.*

In|se|ren|tin, die; -, -nen: w. Form zu ↑Inserent.

in|se|rie|ren ⟨sw. V.; hat⟩ [lat. inserere = einfügen]: **a)** *ein Inserat aufgeben, in eine Zeitung, Zeitschrift setzen lassen:* sie inserierte in mehreren Tageszeitungen wegen ihrer Wohnung; der Kurierdienst inseriert regelmäßig in der Lokalpresse; **b)** *durch ein Inserat in einer Zeitung, Zeitschrift anbieten, suchen, vermitteln:* er hat sein Auto, Grundstück [zum Verkauf] inseriert.

In|sert [auch: 'ɪnsə:t], das; -s, -s [engl. insert, eigtl. = Beilage]: 1. *Inserat (bes. in einer Zeitschrift) in Verbindung mit einer beigehefteten Karte zum Anfordern weiterer Informationen od. zum Bestellen der angebotenen Ware.* 2. (Film, Ferns.) *grafische Darstellung, Tafel mit Zwischentext, Schautafel mit informierendem Charakter für die Zuschauer, die als Einschub [zwischen zwei Programmbestandteile] eingeblendet wird:* der Bildschirm zeigte minutenlang das I. »Störung«.

In|ser|ti|on, die -, -en [engl. insertion < lat. insertio = Einfügung]: 1. *Aufgabe, Veröffentlichung eines Inserats.* 2. (Med.) **a)** *Ansatzstelle eines Muskels, einer Sehne am Knochen;* **b)** *Ansatzstelle der Nabelschnur am Mutterkuchen.* 3. (Bot.) *Ansatzstelle eines Pflanzenteils am andern, bes. eines Blattes am Spross.*

In|ser|ti|ons|kos|ten ⟨Pl.⟩: vgl. Insertionspreis.

In|ser|ti|ons|preis, der: *Preis für eine Insertion* (1).

ins|ge|heim [österr., schweiz.: '- - -] ⟨Adv.⟩: *im Geheimen* (2), *im Stillen:* i. bewunderte er sie, machte sie sich über ihn lustig.

ins|ge|mein [österr., schweiz.: '- - -] ⟨Adv.⟩ (veraltet): *insgesamt.*

ins|ge|samt [österr., schweiz.: '- - -] ⟨Adv.⟩: *im Ganzen, alles in allem, alles zusammen[genommen], zusammen:* es waren i. fünfzig; ein i. positiver Eindruck; trotz einiger Rückschläge sind wir i. ein gutes Stück weitergekommen.

In|si|der ['ɪnsaɪdɐ], der; -s, - [engl. insider]: 1. *jmd., der bestimmte Dinge, Verhältnisse als Eingeweihter genau kennt:* als I. hat er davon schon wesentlich früher gewusst als andere; diese Information kann er nur von einem I.

haben. 2. *Mitglied einer [Wirtschafts]gemeinschaft.*

In|si|der|ge|schäft, das (Börsenw.): *Börsengeschäft, das jmd. tätigt, der aufgrund seiner beruflichen Stellung (z. B. als Vorstands- oder Aufsichtsratsmitglied) für die Entwicklung der Kurse (4) relevante Nachrichten (z. B. Änderung der Dividende, Gewinnentwicklung o. Ä.) vor deren Veröffentlichung erhält u. diesen Informationsvorsprung zum Nachteil der nicht informierten Kapitalanleger ausnutzt.*

In|si|de|rin, die; -, -nen: w. Form zu ↑Insider.

In|si|der|in|for|ma|ti|on, die: vgl. Insiderwissen.

In|si|der|tipp, der: *Geheimtipp* (2): das Restaurant, die Band war bis vor kurzem noch ein I.; noch ist die Insel ein absoluter I.

In|si|der|wis|sen, das: *Wissen, Kenntnisse, die sich nur ein Insider erwerben kann, nur ein Insider hat:* er hat sein I. für illegale Börsengeschäfte genutzt.

In|si|gne, das; -s, ...nien ⟨meist Pl.⟩ [lat. insigne, eigtl. = Abzeichen, Kennzeichen]: *Kennzeichen staatlicher od. ständischer Macht u. Würde (z. B. Krone, Zepter, Rittersporen):* die Insignien der kaiserlichen Macht, der Königswürde, des Rittertums; Ü sie trägt die Insignien einer Punkerin.

in|si|gni|fi|kant [auch: - - - - '-] ⟨Adj.⟩ [aus lat. in- = un-, nicht u. ↑signifikant] (bildungsspr.): *bedeutungslos, nicht signifikant.*

In|si|nu|a|ti|on, die; -, -en [lat. insinuatio = Eingang; Einschmeichelung] (veraltet): *Unterstellung, Verdächtigung.*

in|si|nu|ie|ren ⟨sw. V.; hat⟩ [lat. insinuare = einflüstern; eindringen lassen] (bildungsspr.): *als Unterstellung, Verdächtigung äußern; unterstellen, durchblicken lassen:* ein Verschulden, einen Zusammenhang i.; was hier insinuiert wird, dürfte kaum zu beweisen sein; ich wollte damit nicht i., dass es sich um eine Fälschung handelt.

in|sis|tent ⟨Adj.⟩ [zu ↑insistieren] (bildungsspr.): *auf etw. bestehend, beharrlich, hartnäckig:* dieser -e Nörgler geht mir allmählich auf die Nerven; -es Nachfragen.

In|sis|tenz, die; - (bildungsspr.): *Beharrlichkeit, Hartnäckigkeit:* ein Ziel mit [großer] I. verfolgen.

in|sis|tie|ren ⟨sw. V.; hat⟩ [lat. insistere, eigtl. = sich auf etw. stellen] (bildungsspr.): *auf etw. bestehen, beharren, dringen:* ich muss leider [darauf] i.; sie insistierte auf der Einhaltung des Termins; »Er muss sich dafür entschuldigen«, insistierte sie.

-ins|ki, der; -s, -s [nach der Endung -inski in slaw. Familiennamen] (ugs. abwertend): kennzeichnet in Bildungen mit Adjektiven – seltener mit Substantiven – eine männliche Person, die durch etw. charakterisiert ist: Brutalinski, Randalinski.

in|skri|bie|ren ⟨sw. V.; hat⟩ [lat. inscribere = in od. auf etw. schreiben] (österr.): **a)** *immatrikulieren* (1 b): an welcher Universität hat er inskribiert?; **b)** *sich für ein bestimmtes Studienfach einschreiben; (ein Studienfach, eine Vorlesung, Übung o. Ä.) belegen:* sie hat Jura, ein Seminar bei Professor X inskribiert.

In|skrip|ti|on, die; -, -en [lat. inscriptio = Beschriftung, Inschrift] (österr.): **a)** *Immatrikulation* (1); **b)** *Anmeldung zur Teilnahme an einer Vorlesung, Übung o. Ä.*

ins|künf|tig ⟨Adv.⟩ [vgl. mhd. (md.) in daȥ kumftige] (schweiz., sonst veraltet): *künftig, in Zukunft, fortan:* auf so etwas werde ich mich i. nicht mehr einlassen.

in|so|fern: **I.** [auch: ...'fɛrn od. österr., schweiz. nur: '- - -] ⟨Adv.⟩ *in dieser Hinsicht, was dies betrifft; insoweit* (I): i. hat sie sicher Recht; er war zur fraglichen Zeit verreist und kommt i. *(deshalb)* als Täter nicht in Betracht; ⟨als Korrelat zu »als« in Vergleichssätzen:⟩ diese Fragen sollen nur i. berührt werden, als sie in Zusammenhang mit dem Thema stehen; seine Meinung ist i. entscheidend, als er die Sache genehmigen muss. **II.** [ɪnzo'fɛrn, österr.: '- - -] ⟨Konj.⟩ *für den Fall, vorausgesetzt, dass; falls, wenn, sofern:* i. sie in der Lage ist, will sie dir helfen; ⟨auch als konjunktionale Einheit in Verbindung mit »als«:⟩ der Vorschlag ist gut, i. als *(weil)* er keinem schadet.

In|so|la|ti|on, die; -, -en [zu lat. insolare = der Sonne aussetzen, zu: sol = Sonne] (Met.): *[Dauer der] Strahlung der Sonne auf die Erde; Sonneneinstrahlung.*

in|so|lent [auch: - - '-] ⟨Adj.⟩ [lat. insolens (Gen.: insolentis), zu: in- = un-, nicht u. solere = gewöhnt sein] (bildungsspr.): *anmaßend, unverschämt, frech:* -e Bemerkungen; sein -es Benehmen schockierte sie.

In|so|lenz [auch: - - '-], die; -, -en [lat. insolentia] (bildungsspr.): *Anmaßung, Unverschämtheit, Frechheit.*

in|so|lu|bel [auch: - - '- -] ⟨Adj.⟩ [lat. insolubilis = unauflösbar, aus: in- = un-, nicht u. solubilis, ↑solubel] (Chemie): *nicht solubel:* insoluble Substanzen.

in|sol|vent [auch: - - '-] ⟨Adj.⟩ [aus lat. in- = un-, nicht u. ↑solvent] (bes. Wirtsch.): *zahlungsunfähig:* -e Unternehmen; der Staat ist i., droht i. zu werden.

In|sol|venz [auch: - - '-], die; -, -en (bes. Wirtsch.): *Zahlungsunfähigkeit:* er wurde aufgrund seiner I. nicht mehr beliefert; die Zahl der -en war im letzten Jahr leicht rückläufig.

In|som|nie, die; - [lat. insomnia, zu: insomnis = schlaflos, zu: in- = un-, nicht u. somnus = Schlaf] (Med.): *Schlaflosigkeit.*

in|so|weit: **I.** [ɪn'zo:vait, österr.: '- - -] ⟨Adv.⟩ *in dieser Hinsicht, was dies betrifft; insofern* (I): i. muss man ihm sicher zustimmen; ⟨als Korrelat zu »als« in Vergleichssätzen:⟩ ein späterer Urlaubstermin wäre nur i. günstiger, als dann die Hochsaison vorbei wäre. **II.** [ɪnzo'vait, österr.: '- - -] ⟨Konj.⟩ *in dem Maße, wie; wenn, sofern:* i. das zutrifft, werden wir intervenieren; ⟨auch als konjunktionale Einheit in Verbindung mit »als«:⟩ er kann unabhängig entscheiden, i. als er im Rahmen der allgemeinen Bestimmungen bleibt.

in spe [ɪn 'spe:; lat., zu: spes = Hoffnung, Aussicht auf etw.]: *(in Bezug auf eine bestimmte verwandtschaftliche od. berufliche Stellung, die jmd. in absehbarer Zeit einnehmen wird) zukünftig, künftig* (immer nachgestellt): unsere Schwiegertochter in spe; der Bürgermeister in spe.

In|spek|teur [...'tø:ɐ̯], der; -s, -e [frz. inspecteur < lat. inspector, ↑Inspektor]: **1.** *Leiter einer Inspektion.* **2.** *ranghöchster Aufsicht führender Offizier einer Teilstreitkraft der Bundeswehr:* der I. der Marine, des Heeres.

In|spek|teu|rin, die; -, -nen: w. Form zu ↑Inspekteur (1).

In|spek|ti|on, die; -, -en [lat. inspectio = das Hineinsehen, Besichtigung, Untersuchung, zu: inspicere, ↑inspizieren]: **1. a)** *das Inspizieren:* eine eingehende, gründliche I.; die I. einer Fabrik, der sanitären Anlagen; die I. der Truppen durch den General; die I. einer Schule durch die Schulrätin; eine I. ansetzen, vornehmen, durchführen; **b)** *(regelmäßig vorgenommene) Überprüfung u. Wartung eines Kraftfahrzeugs:* wann ist die nächste I. fällig?; sein Auto von der I. abholen, zur I. bringen; der Wagen muss zur I.; **c)** *prüfende Besichtigung durch einen Inspekteur* (2) *der Bundeswehr.* **2.** *Behörde, Dienststelle, der die Prüfung, Aufsicht über etw. obliegt.*

In|spek|ti|ons|be|such, der: vgl. Inspektionsgang.

In|spek|ti|ons|fahrt, die: vgl. Inspektionsreise.

In|spek|ti|ons|gang, der: *Rundgang durch ein Gebäude, eine Anlage o. Ä., bei dem eine Inspektion vorgenommen wird.*

In|spek|ti|ons|rei|se, die: *zum Zwecke einer Inspektion* (1 a) *unternommene Reise.*

In|spek|ti|ons|vi|si|te, die: vgl. Inspektionsgang.

In|spek|tor, der; -s, ...oren [lat. inspector = Besichtiger, Untersucher, zu: inspicere, ↑inspizieren]: **1.** *Beamter des öffentlichen Dienstes zu Beginn der gehobenen Laufbahn:* er ist I. beim Zoll; das Gutachten des [Herrn] -s Müller; I. Müllers Gutachten. **2.** *jmd., der etw. inspiziert, dessen Amt es ist, Inspektionen* (1 a) *durchzuführen* (z. B. in der Landwirtschaft, im Versicherungswesen).

In|spek|to|rat, das; - [e]s, -e (österr., schweiz.): *Inspektion* (2).

In|spek|to|rin, die; -, -nen: w. Form zu ↑Inspektor.

In|spi|ra|ti|on, die; -, -en [lat. inspiratio, eigtl. = Einhauchung]: **1.** (bildungsspr.) *schöpferischer Einfall, Gedanke; plötzliche Erkenntnis; erhellende Idee, die jmdn., bes. bei einer geistigen Tätigkeit, weiterführt; Erleuchtung, Eingebung:* künstlerische, dichterische, musikalische -en; die I. eines Erfinders, eines Dichters; der Pianist spielt technisch perfekt, aber ohne jede I. **2.** (o. Pl.) (bes. Med.) *das Einatmen.*

In|spi|ra|tor, der; -s, ...oren [spätlat. inspirator = Einhaucher, Einflößer] (bildungsspr.): *jmd., der jmdn. inspiriert, der zu etw. inspiriert:* er wurde zum I. einer ganz neuen Stilrichtung.

In|spi|ra|to|rin, die; -, -nen: w. Form zu ↑Inspirator.

in|spi|rie|ren ⟨sw. V.; hat⟩ [lat. inspirare, eigtl. = (hin)einhauchen] (bildungsspr.): *zu etw. anregen; jmdm., einer Sache Impulse verleihen:* jmdn. künstlerisch, musikalisch i.; jmdn. zu einem Werk, einem Buch, einem Gemälde, einem Gedicht i.; ihre Erzählung hat ihn zu dieser Komposition inspiriert; der Modeschöpfer hat sich bei diesem Modell offensichtlich von einem Kollegen i. lassen; er ist kein besonders inspirierter *(ideenreicher)* Komponist.

In|spi|riert|heit, die; - (bildungsspr.): *das Inspiriertsein, Beflügeltsein, Animiertsein:* die Lebendigkeit und I. seines Spiels lässt einen über kleine technische Mängel hinwegsehen.

In|spi|zi|ent, der; -en, -en [zu lat. inspiciens (Gen.: inspicientis), 1. Part. von: inspicere, ↑inspizieren]: **1.** (Theater, Ferns., Rundf.) *jmd., der für den reibungslosen Ablauf von Proben, Theateraufführungen od. Fernseh- u. Rundfunksendungen verantwortlich ist* (Berufsbez.). **2.** (selten) *Aufsicht führende Person.*

In|spi|zi|en|tin, die; -, -nen: w. Form zu ↑Inspizient.

in|spi|zie|ren ⟨sw. V.; hat⟩ [lat. inspicere, eigtl. = hineinsehen]: *genau, in allen Einzelheiten prüfend, kontrollierend besichtigen:* ein Werk, Gebäude, Gelände [gründlich, genau] i.; eine Truppe i.

in|sta|bil [auch: - - '-] ⟨Adj.⟩ [lat. instabilis, aus: in- = un-, nicht u. stabilis, ↑stabil]: **1.** (bes. Physik, Technik) *nicht im Gleichgewicht bleibend; in sich nicht fest, nicht gleich[mäßig], nicht konstant bleibend:* ein -es Gerüst; eine -e Konstruktion; ein -es Atom *(Atom, dessen Kern durch radioaktiven Prozess von selbst zerfällt).* **2.** *veränderlich, schwankend; nicht beständig, nicht dauerhaft:* der -e politische Zustand des Landes; eine sehr -e wirtschaftliche Lage; mit Rücksicht auf seine -en Gesundheitszustand; (Met.:) eine -e Temperaturschichtung der Atmosphäre.

In|sta|bi|li|tät [auch: '- - - - -], die; -, -en ⟨Pl. selten⟩ [lat. instabilitas]: *instabile Beschaffenheit.*

In|stal|la|teur [...'tø:ɐ̯], der; -s, -e [französierende Bildung zu ↑installieren]: *Handwerker, der die technischen Anlagen eines Hauses, wie Rohre, Gas-, Elektroleitungen o. Ä., verlegt, anschließt, repariert* (Berufsbez.).

In|stal|la|teu|rin [...'tø:rɪn], die; -, -nen: w. Form zu ↑Installateur.

In|stal|la|ti|on, die; -, -en: **1. a)** *das Installieren* (1): die I. der elektrischen Leitungen, der Heizungsanlage, der Lüftung, der sanitären Anlagen; die I. eines Computerprogramms, eines Monitors, eines Modems, einer Satellitenantenne; die I. [sach-, vorschriftsgemäß] ausführen; **b)** *installierte technische Anlage (in ihrer Gesamtheit):* die I. ist nicht in Ordnung; die I. überprüfen; veraltete -en erneuern, ausbessern. **2.** (schweiz., sonst veraltet) *Amtseinführung,* bes. Einsetzung in ein geistliches Amt. 3. (Kunstwiss.) *von einem Künstler, einer Künstlerin im Raum eines Museums o. Ä. hergestelltes Arrangement mit verschiedenartigen Objekten, wie Schriften, Malereien, Plastiken, Fundstücken u. a., die so angeordnet werden, dass eine ganz spezielle Gestaltung des Raums entsteht.*

In|stal|la|ti|ons|be|trieb, der: *Betrieb, der Installationen* (1 a) *vornimmt.*

In|stal|la|ti|ons|künst|ler, der: *Künstler, der Installationen* (3) *gestaltet.*

In|stal|la|ti|ons|künst|le|rin, die: w. Form zu ↑Installationskünstler.

in|stal|lie|ren ⟨sw. V.; hat⟩ [2: mlat. installare = in eine Stelle, in ein (kirchliches) Amt einsetzen, zu: stallus = (Chor)stuhl (als Zeichen der Amtswürde), verw. mit ↑Stall in dessen urspr. Bed. »Standort, Stelle«]: **1.** *(eine technische Vorrichtung, Anlage o. Ä.) anschließen, einbauen, einrichten:* eine elektrische Leitung, eine Heizung, ein Modem i.; Software, ein Computerprogramm i.; einen Service im firmeneigenen Intranet i. **2.** (geh.) *in ein Amt, eine Stellung einführen, einsetzen:* in einem Land ein Marionettenregime i. **3. a)** *irgendwo einrichten, in etw. unterbringen:* er hat seinen kleinen Laden in einem Keller installiert; **b)** ⟨i. + sich⟩ *sich irgendwo [häuslich] niederlassen, sich irgendwo, in einem Raum, in einer Stellung o. Ä. einrichten:* es dauerte eine Weile, bis sie sich in den neuen Räumen installiert hatten.

In|stal|lie|rung, die; -, -en: *das Installieren* (1, 3).

in|stand ⟨Adv.; in Verbindung mit bestimmten Verben⟩: *in gutem, ordnungsgemäßem, gebrauchsfähigem Zustand; in Ordnung:* das Anwesen ist sehr gut i.; das Haus, den Maschinenpark i. halten; er hat den Wagen wieder i. gesetzt, (schweiz. auch:) gestellt *(repariert u. dadurch gebrauchsfähig gemacht);* leer stehende Altbauten in Sanierungsgebieten wurden von Jugendlichen i. besetzt (Jargon; *widerrechtlich bezogen u. wieder bewohnbar gemacht);* ***jmdn. i. setzen, etw. zu tun** *(jmdm. die Möglichkeit geben, jmdn. in die Lage versetzen, etw. zu tun):* erst durch diese Information wurden wir ja i. gesetzt, Gegenmaßnahmen zu ergreifen.

in|stand be|set|zen: s. instand.

In|stand|be|set|zer, der; -s, - (bes. Jargon): *jmd., der ein leer stehendes Haus, bes. ein zum Abbruch bestimmtes Mietshaus, instand besetzt.*

In|stand|be|set|ze|rin, die; -, -nen: w. Form zu ↑Instandbesetzer.

In|stand|be|set|zung, die; -, -en (bes. Jargon): *das Instandbesetzen.*

In|stand|hal|tung, die; -, -en (Papierdt.): *das Instandhalten:* für die I. des Hauses müssen jährlich mehrere tausend Mark aufgewendet werden.

In|stand|hal|tungs|kos|ten ⟨Pl.⟩ (bes. Wirtsch.): *Kosten, die bei der Instandhaltung von Gebäuden, größeren technischen Anlagen, Maschinen o. Ä. entstehen.*

in|stän|dig ⟨Adj.⟩ [LÜ von lat. instans = bestürmend, dringend, eigtl. = gegenwärtig, adj. 1. Part. von: instare = drängen, dringen, eigtl. = bevorstehen, zu: stare = stehen]: *sehr eindringlich u. nachdrücklich; sehr dringlich:* eine -e Bitte; i. um etw. bitten, auf etw. hoffen.

In|stän|dig|keit, die; -: *inständige Art, Beschaffenheit.*

In|stand|set|zung, die; -, -en (Papierdt.): *Wiederherstellung, Ausbesserung:* eine I. der Anlage wäre nicht rentabel.

In|stand|set|zungs|trup|pe, die (Milit.): *Logistiktruppe (der Bundeswehr) mit der Aufgabe der Instandsetzung u. Wartung des von der Truppe benötigten u. benutzten Geräts.*

In|stand|stel|lung, die; -, -en (schweiz.): *Instandsetzung.*

in|stant [auch: 'ɪnstənt] ⟨indekl. Adj.; immer nachgestellt⟩ [engl. instant = unmittelbar, sofort < lat. instans, ↑inständig]: *(von bestimmten, meist zu einem pulverförmigen Extrakt verarbeiteten Lebensmitteln) sofort löslich, ohne Vorbereitung, nur durch Hinzufügen einer Flüssigkeit in kürzester Zeit zum Genuss bereit:* Kaffee i.; eine Kartoffelsuppe i.

In|stant|ge|tränk, das: *Getränk in Form eines pulverisierten Extrakts, das durch Hinzufügen einer [heißen] Flüssigkeit in kürzester Zeit zum Genuss bereit ist.*

in|stan|ti|sie|ren ⟨sw. V.; hat⟩ [zu ↑instant] (Fachspr.): *von bestimmten geeigneten Lebensmitteln in bestimmten Trocknungsverfahren einen meist pulverförmigen Extrakt herstellen, der sofort löslich ist (u. aus dem durch Hinzufügen einer Flüssigkeit in kürzester Zeit eine zum Genuss bereite Speise, ein Getränk hergestellt werden kann).*

In|stant|kaf|fee, der: vgl. Instantgetränk.

In|stant|so|ße, die: vgl. Instantgetränk.

In|stant|sup|pe, die: vgl. Instantgetränk.

In|stant|tee, der: vgl. Instantgetränk.

In|stanz, die; -, -en [mhd. (md.) instancie < mlat. instantia < spätlat. instantia = inständiges Drängen; lat.= unmittelbare Gegenwart, zu: instare, ↑inständig]: **1.** *für einen Fall, eine Entscheidung zuständige Stelle (bes. einer Behörde o. Ä.):* staatliche, politische, juristische, gesetzgebende, Recht sprechende -en; eine höhere, übergeordnete I.; sich an eine höhere I. wenden; der Antrag muss erst durch alle -en gehen; Ü das Gewissen ist die oberste I. unserer Entscheidungen. **2.** (Rechtsspr.) *(im Hinblick auf die Reihenfolge der zur Entscheidung einer Rechtssache zuständigen Instanzen 1) bestimmte Stufe eines gerichtlichen Verfahrens:* in der dritten I. wurde wie in der ersten entschieden; sie hat den Prozess in der zweiten I. gewonnen; der Fall geht jetzt in die letzte I.

In|stan|zen|weg, der ⟨Pl. selten⟩: *für die Abwicklung behördlicher, gerichtlicher, parlamentarischer o. ä. Angelegenheiten vorgeschriebene Reihenfolge von Instanzen; Behördenweg:* ein langer I.; den I. nehmen, durchlaufen.

in sta|tu nas|cen|di [- 'st... -; lat. = im Zustand des Geborenwerdens, des Entstehens] (bildungsspr.): *im Entstehen, im Werden begriffen:* da ich mit dem Maler befreundet bin, kannte ich das Bild schon in s. n.

in sta|tu quo [lat. = in dem Zustand, in dem (sich eine Sache befindet)]: *im gegenwärtigen Zustand.*

in sta|tu quo an|te [lat. = in dem Zustand, in dem vorher (eine Sache sich befunden hat)] (bildungsspr.): *im früheren Zustand.*

in|sti|gie|ren ⟨sw. V.; hat⟩ [lat. instigare] (bildungsspr.): *anregen, anstiften, anstacheln:* jmdn. zu einem Verbrechen i.

In|stinkt, der; -[e]s, -e [LÜ von mlat. instinctus (naturae) = Anreizung der Natur, zu lat. instinguere = anstacheln, antreiben]: **1.** *unbewusst gesteuerter, natürlicher Antrieb zu bestimmten Verhaltensweisen; ererbte Befähigung bes. der Tiere, in bestimmten Situationen in bestimmter, nicht bewusst gelenkter Weise zu reagieren, ein bestimmtes (bes. lebens- u. arterhaltendes) Verhalten zu zeigen:* der tierische I. der Brutpflege, der Fortpflanzung; der mütterliche I.; die niederen, dunklen -e *(Triebe)* des Menschen; der I. ist bei den Tieren stärker ausgeprägt als beim Menschen; das Tier lässt sich von seinem I. leiten. **2.** *sicheres Gefühl eines Menschen für etw.:* ihr feiner, untrüglicher I. hat sie nicht getrogen; ein sicherer I. sagte ihm, dass sie ihn belog; politischen I. beweisen; seinem I. vertrauen; sich auf seinen I. verlassen.

in|stinkt|ge|steu|ert ⟨Adj.⟩: *instinktiv* (1): -es Verhalten.

in|stinkt|haft ⟨Adj.⟩: *einem Instinkt* (1) *gleich, wie ein Instinkt:* -e Handlungen.

In|stinkt|hand|lung, die: *durch einen Instinkt* (1) *ausgelöste Verhaltensweise.*

in|stink|tiv ⟨Adj.⟩ [frz. instinctif]: **1.** *vom Instinkt* (1) *gesteuert, durch ihn geleitet, auf ihm beruhend:* ein -es Verhalten; ein Tier reagiert i. **2.** *von einem [sicheren] Gefühl geleitet; gefühlsmäßig; unwillkürlich:* eine rein -e Abneigung gegen jmdn., etw. haben; sie tat i. das einzig Richtige.

in|stinkt|los ⟨Adj.⟩: *keinen Instinkt* (2) *besitzend; ohne Feingefühl; ohne Gefühl für das richtige Verhalten in bestimmten Situationen:* ein -er, unsensibler Mensch; politisch i. handeln.

In|stinkt|lo|sig|keit, die; -, -en: **a)** ⟨o. Pl.⟩ *instinktloses Wesen, Verhalten;* **b)** *instinktlose Handlung, Äußerung.*

in|stinkt|mä|ßig ⟨Adj.⟩: *dem Instinkt gemäß.*

in|stinkt|si|cher ⟨Adj.⟩: *einen ausgeprägten Instinkt* (2) *besitzend; mit sicherem Gefühl für das richtige Verhalten in bestimmten Situationen:* ein -er Mensch, Politiker; eine Entwicklung i. vorausahnen.

In|stinkt|si|cher|heit, die ⟨o. Pl.⟩: *instinktsichere Art, Haltung, instinktsicheres Wesen, Verhalten.*

In|stinkt|ver|hal|ten, das: *Instinkthandlung.*

in|sti|tu|ie|ren ⟨sw. V.; hat⟩ [lat. instituere, eigtl. = hinstellen, hineinstellen, zu: statuere, ↑Statue] (bildungsspr.): *als Institution* (1), *Einrichtung gründen, einsetzen, etablieren; einrichten, errichten:* einen Ausschuss i.; einen Jour fixe i.

In|sti|tut, das; -[e]s, -e [lat. institutum = Einrichtung]: **1. a)** *Einrichtung, Anstalt, die, oft als Teil einer Hochschule, wissenschaftlicher Arbeit, der Forschung, der Erziehung o. Ä. dient:* ein pädagogisches, kunsthistorisches I.; ein I. für Demoskopie; ein I. gründen, leiten; das psychologische I. der Universität; **b)** *Gebäude, in dem ein Institut* (1 a) *untergebracht ist.* **2.** (Rechtsspr.) *durch gesetzlich verankertes Recht geschaffene Einrichtung:* das I. des Eigentums.

In|sti|tu|ti|on, die; -, -en [lat. institutio = Einrichtung]: **1.** *einem bestimmten Bereich zugeordnete gesellschaftliche, staatliche, kirchliche Einrichtung, die dem Wohl od. Nutzen des Einzelnen od. der Allgemeinheit dient:* eine wissenschaftliche, gesellschaftliche, internationale I.; das Parlament ist eine I. des Staates; Ü dieses Café war in den Sechzigerjahren eine Berliner I. **2.** (bes. Soziol., Anthrop.) *bestimmten stabilen Mustern folgende Form menschlichen Zusammenlebens:* die I. der Ehe, der Familie.

in|sti|tu|ti|o|na|li|sie|ren ⟨sw. V.; hat⟩ (bildungsspr.): **a)** *in eine [gesellschaftlich anerkannte] feste Form bringen; zu einer Institution* (2) *machen:* die beiden Staaten wollen ihre Zusammenarbeit [noch stärker] i.; **b)** ⟨i. + sich⟩ *eine [gesellschaftlich anerkannte] feste Form annehmen; zu einer Institution* (2) *werden:* der Widerstand begann sich zu i.

In|sti|tu|ti|o|na|li|sie|rung, die; -, -en (bildungsspr.): *das Institutionalisieren:* die I. der Volksherrschaft.

in|sti|tu|ti|o|nell ⟨Adj.⟩ (bildungsspr.): **a)** *eine Institution* (1) *betreffend, zu ihr gehörend; durch eine Institution* (1) *gesichert; mithilfe einer Institution* (1): die -e Erziehungsberatung durch eigens eingerichtete Erziehungsberatungsstellen; die Unabhängigkeit der Zentralbank muss institutionell abgesichert sein; **b)** *eine Institution* (2) *betreffend, zu ihr gehörend; als Institution* (2) *geltend, wirksam:* Ehe und Familie sind -e Formen menschlichen Zusammenlebens.

In|sti|tuts|bi|bli|o|thek, die: *Bibliothek eines Instituts* (1 a).

In|sti|tuts|bü|che|rei, die: *Institutsbibliothek.*

In|sti|tuts|di|rek|tor, der: *Direktor eines Instituts* (1 a).

In|sti|tuts|di|rek|to|rin, die: w. Form zu ↑Institutsdirektor.

In|sti|tuts|lei|ter, der: *Leiter eines Instituts* (1 a).

In|sti|tuts|lei|te|rin, die: w. Form zu ↑Institutsleiter.

in|stru|ie|ren ⟨sw. V.; hat⟩ [lat. instruere, eigtl. = herrichten, ausrüsten]: **a)** *von etw. in Kenntnis setzen, über etw. unterrichten:* wir sind über seine weiteren Schritte instruiert worden; er muss dich doch instruiert haben, wie du ihn erreichen kannst; **b)** *jmdm. Verhaltensmaßregeln, Anweisungen geben:* er war instruiert worden, den Brief nur persönlich zu übergeben; er hatte seine Leute genau instruiert, wie sie gegebenenfalls reagieren sollten.

In|struk|teur [...'tø:ɐ̯], der; -s, -e [frz. instructeur]: *jmd., der andere anleitet, unterweist, ihnen Instruktionen* (a) *erteilt.*

In|struk|teu|rin [...'tø:rɪn], die; -, -nen: w. Form zu ↑Instrukteur.

In|struk|ti|on, die; -, -en [lat. instructio]: **a)** *erläuternde, unterweisende Anleitung für den Gebrauch, die Auslegung, die Ausführung von etw.; Unterweisung:* er gab ihnen noch einige nützliche -en mit auf den Weg; **b)** *von übergeordneter Stelle gegebene Weisungen, Verhaltensmaßregel; Direktive, [Dienst]anweisung:* -en erteilen, geben, erhalten, entgegennehmen; an bestimmte -en gebunden sein.

in|struk|tiv ⟨Adj.⟩ [frz. instructif]: *aufschlussreiche, wissenswerte Informationen vermittelnd; lehrreich:* -e Erläuterungen, Beispiele; das Buch, das Bildmaterial ist sehr i.; etw. i. darstellen, vortragen, erläutern.

In|struk|tor, der; -s, ...oren [lat. instructor = Einrichter, Erbauer]: **1.** (veraltet) *Lehrer, Erzieher, bes. von [hoch stehenden] Einzelpersonen.* **2.** (österr., schweiz.) *Instrukteur.*

In|struk|to|rin, die; -, -nen: w. Form zu ↑Instruktor.

In|stru|ment, das; -[e]s, -e [lat. instrumentum, eigtl. = Ausrüstung, Gerätschaft, zu: instruere, ↑instruieren; 4: mhd. instrument < mlat. instrumentum]: **1.** *meist fein gearbeitetes, oft kompliziert gebautes Gerät, Werkzeug für wissenschaftliche, technische Arbeiten:* medizinische, optische, nautische -e; ein I. zur Messung der Luftfeuchtigkeit, der Temperatur; die -e arbeiten genau, zeigen die Werte an. **2.** *jmd., etw. als Mittel, dessen man sich (wie eines Werkzeugs) zur Ausführung von etw. bedient:* die Kirche, die Armee als I. des Staates; er hat den König zum [willenlosen] I. seiner ehrgeizigen Pläne gemacht. **3.** kurz für ↑Musikinstrument: ein schwieriges, wertvolles, altes I.; sie spielt, beherrscht mehrere -e; ein I. stimmen, einspielen.

in|stru|men|tal ⟨Adj.⟩ [frz. instrumental < mlat. instrumentalis, urspr. = nach Art eines Instruments 1]: **1.** (Musik) *ausschließlich mit Musikinstrumenten, nicht unter Mitwirkung von Singstimmen ausgeführt; von Musikinstrumenten hervorgebracht:* -e Musik; eine -e Begleitung; i. musizieren; einen Sänger i. begleiten. **2.** (bildungsspr.) *als Mittel od. Werkzeug dienend:* das Geld hat für ihn rein -en Charakter; eine -e (Sprachw.; *das Mittel, durch das ein Sachverhalt eintritt, angebende*) Konjunktion.

[1]In|stru|men|tal, der; -s, -e (Sprachw.): **a)** *(bes. in slawischen Sprachen auftretender) Kasus, der das Mittel od. Werkzeug bezeichnet* (z. B. russ. toporom = mit dem Beil); **b)** *Wort, das im [1]Instrumental* (a) *steht.*

[2]In|stru|men|tal [...təl], das; -s, -s [engl. instrumental] (Musik): *Instrumentalstück.*

In|stru|men|tal|be|glei|tung, die: *instrumental* (1) *ausgeführte Begleitung* (2).

In|stru|men|ta|lis, der; -, ...les [...le:s] (Sprachw.): ↑[1]Instrumental.

in|stru|men|ta|li|sie|ren ⟨sw. V.; hat⟩: *als Instrument* (2) *benutzen, missbrauchen:* eine Minorität für machtpolitische Zwecke i.; wir dürfen uns von niemandem i. lassen.

In|stru|men|ta|li|sie|rung, die; -, -en: *das Instrumentalisieren.*

In|stru|men|ta|list, der; -en, -en: *jmd., der [berufsmäßig] bes. in einem Ensemble ein Musikinstrument spielt.*

In|stru|men|ta|lis|tin, die; -, -nen: w. Form zu ↑Instrumentalist.

In|stru|men|tal|kon|zert, das: vgl. Instrumentalmusik.

In|stru|men|tal|mu|sik, die: *instrumentale* (1) *Musik.*

In|stru|men|tal|satz, der: **1.** (Sprachw.) *Gliedsatz, der das Mittel nennt, durch das der im Hauptsatz genannte Sachverhalt eintritt.* **2.** (Musik) *Satz einer instrumentalen* (1) *Komposition.*

In|stru|men|tal|so|list, der: *(innerhalb eines Orchesters, Ensembles o. Ä. spielender) Solist auf einem Musikinstrument.*

In|stru|men|tal|so|lis|tin, die: w. Form zu ↑Instrumentalsolist.

In|stru|men|tal|stück, das: *ausschließlich mit Musikinstrumenten aufgeführtes Stück;* [2]*Instrumental.*

In|stru|men|tal|ver|si|on, die (Musik): *[in der Unterhaltungsmusik] instrumentale Version eines Gesangsstückes.*

In|stru|men|ta|ri|um, das; -s, ...ien [mlat. instrumentarium = Gesamtheit benutzter Werkzeuge]: **1.** (Fachspr.) *Gesamtheit der als Ausrüstung für etw., bes. für eine wissenschaftliche Tätigkeit, vorgesehenen, zur Verfügung stehenden Instrumente* (1): das I. einer Ärztin, eines Observatoriums. **2.** (Musik) *Gesamtheit der in den Kompositionen einer Epoche, eines Komponisten verwendeten od. der für eine musikalische Aufführung vorgesehenen Musikinstrumente:* die romantische Oper verlangt ein umfangreiches I. **3.** (bildungsspr.) *Gesamtheit der für eine bestimmte Aufgabe, Tätigkeit, für die Erreichung eines bestimmten Ziels zur Verfügung stehenden Mittel, Möglichkeiten, Einrichtungen:* ein wirtschaftspolitisches I.; das I. des Gesetzgebers.

In|stru|men|ta|ti|on, die; -, -en (Musik): **a)** *das Instrumentieren* (1); *Art, in der etw. instrumentiert* (1) *worden ist:* die Interpretation bestichtdurch die sparsame I.; **b)** *Einrichtung einer (ursprünglich nicht für [verschiedene] Instrumente, für ein Orchester geschriebenen) Komposition für mehrere Instrumente, für Orchester:* die I. einer Klaviersonate, eines Chorwerks.

in|stru|men|tell ⟨Adj.⟩ [nach frz. instrumental] (bildungsspr.): **1.** *ein Instrument* (1), *Instrumente betreffend; unter Zuhilfenahme von Instrumenten:* die -e Ausrüstung des Krankenhauses; etw. i. untersuchen. **2.** *instrumental* (2).

In|stru|men|ten|bau, der ⟨o. Pl.⟩: **1.** *das Bauen, Herstellen von Musikinstrumenten.* **2.** *Handwerkszweig, industrieller Wirtschaftszweig, der die Herstellung von Musikinstrumenten betreibt:* der Ort ist ein Zentrum des -s.

In|stru|men|ten|bau|er, der; -s, -: *Instrumentenmacher.*

In|stru|men|ten|bau|e|rin, die; -, -nen: w. Form zu ↑Instrumentenbauer.

In|stru|men|ten|brett, das: *Armaturenbrett.*

In|stru|men|ten|flug, der (Flugw.): *Flug, der ohne Bodensicht u. nur unter Verwendung der notwendigen Instrumente* (1) *des Flugzeugs durchgeführt wird.*

In|stru|men|ten|kas|ten, der: *Kasten, in dem Instrumente* (1) *aufbewahrt, transportiert werden:* der I. eines Arztes.

In|stru|men|ten|kun|de, die: *(als Zweig der Musikwissenschaft) Lehre von den Musikinstrumenten.*

In|stru|men|ten|ma|cher, der: *jmd., der Musikinstrumente baut, im Instrumentenbau tätig ist* (Berufsbez.).

In|stru|men|ten|ma|che|rin, die: w. Form zu ↑Instrumentenmacher.

In|stru|men|ten|schrank, der: vgl. Instrumentenkasten.

In|stru|men|ten|ta|fel, die: *[großes] Instrumentenbrett.*

In|stru|men|ten|ta|sche, die: vgl. Instrumentenkasten.

in|stru|men|tie|ren ⟨sw. V.; hat⟩: **1.** (Musik) **a)** *(eine mehrstimmige Komposition) für die einzelnen Instrumente eines Orchesters ausarbeiten, mit den einzelnen Orchesterinstrumenten besetzen u. dabei bestimmte Klangvorstellungen realisieren:* die Skizzen einer Symphonie i.; **b)** *(eine ursprünglich nicht für [verschiedene] Instrumente, für Orchester vorgesehene Komposition) für mehrere Instrumente, für Orchester umschreiben:* eine Solosonate i. **2.** (Fachspr.) *mit Instrumenten* (1), *mit einem Instrumentarium* (1) *ausstatten:* ein Fahrzeug, eine Anlage i. **3.** (Med.) *einem operierenden Arzt die chirurgischen Instrumente zureichen:* allein, mit Assistenz, bei einem Professor i.

In|stru|men|tie|rung, die; -, -en (Musik): *das Instrumentieren* (1); *Instrumentation.*

In|sub|or|di|na|ti|on [auch: '- - - - - - - -], die; -, -en [aus lat. in- = un- u. ↑Subordination] (bildungsspr.): *Ungehorsam, Verweigerung des Gehorsams gegenüber [militärischen] Vorgesetzten; mangelnde Unterordnung.*

in|suf|fi|zi|ent [auch: - - - -'-] ⟨Adj.⟩ [lat. insufficiens (Gen.: insufficientis), aus: in- = un-, nicht u. sufficiens, ↑suffizient]: **1.** (bildungsspr.) *unzulänglich, unzureichend, mangelhaft:* die Maßnahmen erwiesen sich als i.; die Verantwortlichen haben sich nicht oder nur i. um Abhilfe bemüht. **2.** (Med.) *(von der Funktion, Leistungsfähigkeit eines Organs) ungenügend, unzureichend, geschwächt:* eine -e Herztätigkeit.

In|suf|fi|zi|enz [auch: - - - -'-], die; -, -en [(spät)lat. insufficientia]: **1.** (bildungsspr.) *Unzulänglichkeit, Unvermögen:* die ständige Kritik vermittelt dem Kind schließlich ein Gefühl der I. **2.** (Med.) *Funktionsschwäche, ungenügende Leistungsfähigkeit eines Organs:* eine plötzliche I. des Herzens. **3.** (Rechtsspr.) *Vermögenslage eines Schuldners, die dazu führt, dass er den Forderungen von Gläubigern nicht [ausreichend] nachkommen kann.*

In|su|la|ner, der; -s, - ⟨meist Pl.⟩ [lat. insulanus, zu: insula, ↑Insel]: *Bewohner einer Insel:* viele I. waren noch nie auf dem Festland.

in|su|lar ⟨Adj.⟩ [spätlat. insularis]: *eine Insel, Inseln betreffend; zu einer Insel gehörend, für eine Insel charakteristisch, typisch:* -es Klima; -e Vegetation.

In|su|lin, das; -s [zu lat. insula (↑Insel), mit Bezug auf die ↑Langerhans-Inseln]: **1.** *Hormon der Bauchspeicheldrüse, das den Blutzuckerspiegel reguliert.* **2.** *Insulin* (1) *enthaltendes Arzneimittel für Zuckerkranke.*

In|su|lin|de, die; - ⟨meist o. Art.⟩ [niederl. Insulinde, geprägt von dem niederl. Schriftsteller Multatuli (1820–1887), zu lat. insula = Insel u. India = Indien]: Name für die Inselwelt des Malaiischen Archipels.

In|su|lin|man|gel, der ⟨o. Pl.⟩ (Med.): *(den Blutzuckerspiegel erhöhender) Mangel an Insulin.*

In|su|lin|schock, der (Med.): *(bei Diabetikern infolge von Diätfehlern auftretender) durch vermehrtes Insulin* (1) *ausgelöster Schock.*

In|sult, der; -[e]s, -e [mlat. insultus = Angriff, zu lat. insultare = verspotten, verhöhnen, eigtl. = in, auf etw. springen] (bildungsspr.): *[schwere] Beleidigung, Beschimpfung:* er hat sich für den I. entschuldigt.

in|sul|tie|ren ⟨sw. V.; hat⟩ [lat. insultare, eigtl. = anspringen] (bes. österr.): *[schwer] beleidigen, beschimpfen, verhöhnen.*

In|sul|tie|rung, die; -, -en (österr., sonst seltener): *Beleidigung, Beschimpfung, Verhöhnung:* er wurde wegen I. des Schiedsrichters vom Platz gestellt.

in sum|ma [lat., zu: summa, ↑Summa]: (bildungsspr. veraltend): *im Ganzen, insgesamt, alles zusammengenommen.*

In|sur|gent, der; -en, -en [zu lat. insurgens (Gen.: insurgentis), 1. Part. von: insurgere = sich erheben] (bildungsspr. veraltend): *Aufständischer, Aufrührer.*

In|sur|gen|tin, die; -, -nen: w. Form zu ↑Insurgent.

In|sur|rek|ti|on, die; -, -en [spätlat. insurrectio] (bildungsspr.): *Aufstand, Volkserhebung.*

in|sze|na|to|risch ⟨Adj.⟩: *eine Inszenierung, das Inszenieren betreffend, zur Inszenierung gehörend:* -es Können; eine -e Meisterleistung; ein i. begabter Künstler.

in|sze|nie|ren ⟨sw. V.; hat⟩ [zu lat. in = hinein u. ↑Szene]: **1.** *(ein Stück beim Theater, beim Fernsehen, einen Film) technisch u. künstlerisch vorbereiten, gestalten u. leiten:* eine Oper, ein Drama, einen Spielfilm, den »Faust« i. **2.** (oft abwertend) *geschickt ins Werk setzen, organisieren, einfädeln:* einen Skandal i.

In|sze|nie|rung, die; -, -en: **1. a)** *das Inszenieren* (1): die I. der Komödie besorgte eine begnadete Regisseurin; **b)** *in bestimmter Weise, von einem bestimmten Regisseur inszenierte Aufführung eines Theaterstücks, eines Fernsehspiels:* das Fernsehspiel ist die I. eines jungen Regisseurs. **2.** (oft abwertend) *das Inszenieren* (2): die I. eines Skandals, einer Kampagne.

in|takt ⟨Adj.⟩ [lat. intactus, eigtl. = unberührt, aus: in- = un-, nicht u. tactum, ↑Takt]: **a)** *unversehrt, unbeschädigt:* eine -e Maschine; eine einigermaßen -e Naturlandschaft; die Telefonverbindungen sind trotz des Sturms i. geblieben; **b)** *[voll] funktionsfähig; ohne Störungen funktionierend:* ein -er Organismus; eine -e Darmflora; -e Familien, Beziehungen, Ehen; seine Augen sind noch i.; das Ökosystem ist weitgehend i.; unsere Wirtschaft ist völlig i.

In|takt|heit, die; -: *intakte Beschaffenheit.*

In|tar|sia, Intarsie, die; -, ...ien ⟨meist Pl.⟩ [ital. intarsio, zu gleichbed. tarsia < arab. tarṣī' = das Auslegen, Besetzen (mit Edelsteinen, Gold o. Ä.)]: *Einlegearbeit in Holz aus andersfarbigem Holz, Elfenbein, Metall o. Ä.:* ein mit Intarsien verzierter Tisch.

In|tar|sie: ↑Intarsia.

in|tar|sie|ren ⟨sw. V.; hat⟩: *Intarsien herstellen; mit Intarsien verzieren.*

in|te|ger ⟨Adj.; ...grer, -ste⟩ [lat. integer = unberührt, unversehrt, zu: in- = un-, nicht u. tangere, ↑tangieren]: *unbescholten, moralisch einwandfrei; unbestechlich:* ein integrer Mann, Politiker; er hatte bis dahin als absolut i. gegolten.

in|te|gral ⟨Adj.⟩ [mlat. integralis, zu lat. integrare = wiederherstellen, ergänzen, zu: integer, ↑integer]: *zu einem Ganzen dazugehörend u. es erst zu dem machend, was es ist:* Vertrauensbildung ist ein -er Bestandteil unserer Friedenspolitik.

In|te|gral, das; -s, -e (Math.): **1.** *Rechensymbol der Integralrechnung* (Zeichen: ∫). **2.** *mathematischer Summenausdruck über die Differenziale eines endlichen od. unendlichen Bereichs.*

In|te|gral|glei|chung, die (Math.): *mathematische Gleichung, in der die Unbekannte in irgendeiner Form unter dem Integralzeichen auftritt.*

In|te|gral|helm, der: *mit einem herunterklappbaren Visier* (1 b) *aus durchsichtigem Kunststoff versehener, Kopf u. Hals bedeckender Schutzhelm bes. für Motorradfahrer.*

In|te|gral|rech|nung, die: **1.** ⟨o. Pl.⟩ *das Rechnen mit Integralen.* **2.** *Rechnung aus dem Gebiet der Integralrechnung* (1).

In|te|gral|zei|chen, das: *Integral* (1).

In|te|gra|ti|on, die; -, -en [lat. integratio = Wiederherstellung eines Ganzen]: **1.** *[Wieder]herstellung einer Einheit [aus Differenziertem]; Vervollständigung:* die politische I. Europas. **2.** *Einbeziehung, Eingliederung in ein größeres Ganzes:* die fortschreitende I. von Fremdwörtern in die Umgangssprache; die I. der hier lebenden Ausländer ist nach wie vor ein dringendes Problem. **3.** (Soziol.) *Verbindung einer Vielheit von einzelnen Personen od. Gruppen zu einer gesellschaftlichen u. kulturellen Einheit.* **4.** (Math.) *Berechnung eines Integrals* (2).

In|te|gra|ti|ons|fi|gur, die: *jmd., der die Fähigkeit hat, unterschiedliche politische Richtungen, gesellschaftliche Gruppierungen o. Ä. zu integrieren, zu einem übergeordneten Ganzen zusammenzuschließen, zu vereinheitlichen:* der Partei fehlt zur Zeit eine I.

In|te|gra|ti|ons|pro|zess, der: *Prozess* (2) *der Integration* (1, 2, 3).

in|te|gra|tiv ⟨Adj.⟩: *eine Integration* (1–3) *darstellend; eine Integration herbeiführend:* -e Kräfte, Konzepte.

in|te|grier|bar ⟨Adj.⟩: *sich integrieren lassend.*

in|te|grie|ren ⟨sw. V.; hat⟩ [lat. integrare = wiederherstellen, erneuern]: **1.** *zu einem übergeordneten Ganzen zusammenschließen; in ein übergeordnetes Ganzes aufnehmen; vereinheitlichen:* Forschungsvorhaben auf europäischer Basis i.; ⟨häufig im 2. Part.:⟩ die integrierte Gesamtschule; eine integrierte Schaltung. **2.** *in ein größeres Ganzes eingliedern, einbeziehen, einfügen:* die Bundesrepublik in den Westen i.; das universitäre Leben in die Stadt i.; Minderheiten in die Gesellschaft i.; ⟨häufig im 2. Part.:⟩ der Wagen hat integrierte Nebelscheinwerfer; sie ist in der Gruppe, der Klasse völlig integriert und fühlt sich sehr wohl; ⟨auch i. + sich:⟩ sich in eine Gemeinschaft i. **3.** (Math.) *ein Integral berechnen.*

in|te|grie|rend ⟨Adj.⟩ [frz. intégrant]: *integral:* ein -er Bestandteil.

In|te|grie|rung, die; -, -en: *das Integrieren; das Integriertwerden.*

In|te|gri|tät, die; - [lat. integritas]: **a)** *Makellosigkeit, Unbescholtenheit, Unbestechlichkeit:* die I. dieses Mannes ist unbestreitbar; **b)** (Politik, Rechtsspr.) *Unverletzlichkeit [eines Staatsgebietes]:* die territoriale I. eines Staates anerkennen, garantieren.

In|tel|lekt, der; -[e]s [lat. intellectus, zu: intellegere, ↑intelligent]: *Fähigkeit, Vermögen, unter Einsatz des Denkens Erkenntnisse, Einsichten zu gewinnen; Denk-, Erkenntnisvermögen; Verstand:* einen feinen, scharfen, geschulten I. haben; seinen I. einsetzen, anwenden.

In|tel|lek|tu|a|li|tät, die; - [spätlat. intellectualitas = Fähigkeit, etwas zu begreifen] (bildungsspr.): *Verstandesmäßigkeit.*

in|tel|lek|tu|ell ⟨Adj.⟩ [frz. intellectuel < spätlat. intellectualis]: **a)** *den Intellekt betreffend; verstandesmäßig, geistig:* die -e Entwicklung eines Kindes; er nutzt seine -en Fähigkeiten; **b)** *einseitig, betont verstandesmäßig, auf den Intellekt ausgerichtet:* eine -e Konversation; ein -er Mensch; der Roman ist mir zu i.; **c)** *die Intellektuellen betreffend, zu ihnen gehörend:* -e Kreise.

In|tel|lek|tu|el|le, der u. die; -n, -n ⟨Dekl. ↑Abgeordnete⟩: **a)** *jmd., der wissenschaftlich [od. künstlerisch] gebildet ist u. geistig arbeitet:* der Anteil der -n unter den Stammwählern der Partei ist relativ hoch; **b)** *übermäßig vom Verstand bestimmter Mensch.*

in|tel|li|gent ⟨Adj.⟩ [lat. intelligens, intellegens (Gen.: intellegentis), adj. 1. Part. von: intellegere = erkennen, verstehen, eigtl. = zwischen etw. wählen]: *Intelligenz* (1) *besitzend, zeigend; klug, gescheit, begabt:* ein -er Mensch; wir brauchen -e Lösungen, ein -es Produktmanagement; sie ist sehr i.; er ist dabei nicht besonders i. zu Werke gegangen; Ü -e (EDV; *mit künstlicher Intelligenz arbeitende*) Roboter.

In|tel|li|genz, die; -, -en [lat. intelligentia, intellegentia]: **1.** ⟨o. Pl.⟩ *Fähigkeit [des Menschen], abstrakt u. vernünftig zu denken u. daraus zweckvolles Handeln abzuleiten:* ein Mensch von großer, überragender I.; er hat technische, politische I.; jmds. I. testen; das ist keine Frage der I., sondern der Motivation; Ü emotionale I. *(Fähigkeit des Menschen, Gefühle zu erkennen und mit dem Verstand zu kontrollieren);* künstliche I. (EDV; *Fähigkeit bestimmter Computerprogramme, menschliche Intelligenz nachzuahmen*). **2.** ⟨o. Pl.⟩ *Gesamtheit der Intellektuellen, Schicht der wissenschaftlich Gebildeten:* er gehört der I. an; die deutsche I. **3.** ⟨meist Pl.⟩ (veraltend) *vernunftbegabtes Wesen; intelligentes Lebewesen:* außerirdische -en.

In|tel|li|genz|al|ter, das (Psych.): *durch Intelligenztest ermittelter Grad der Intelligenz, bezogen auf die durchschnittliche Intelligenz der entsprechenden Altersstufe.*

In|tel|li|genz|bes|tie, die (ugs., oft scherzh. od. abwertend): *ungewöhnlich intelligenter Mensch:* er, sie ist eine I.

In|tel|li|genz|grad, der: *durch Intelligenztests messbarer Grad der Intelligenz.*

In|tel|li|genz|leis|tung, die: *mithilfe von Intelligenz erbrachte Leistung; geistige Leistung.*

In|tel|li|genz|ler, der; -s, - (häufig abwertend): *Angehöriger der Intelligenz* (2).

In|tel|li|genz|le|rin, die; -, -nen: w. Form zu ↑Intelligenzler.

In|tel|li|genz|quo|ti|ent, der [1912 von dem dt. Psychologen u. Philosophen W. Stern (1871–1938) eingeführt]: *Maß für die allgemeine intellektuelle Leistungsfähigkeit, das sich aus dem Verhältnis des Intelligenzalters zum Lebensalter (od. auch anderen vergleichbaren Größen) ergibt* (Abk.: IQ).

In|tel|li|genz|test, der: *psychologischer Test zur Messung der Intelligenz* (1).

In|ten|dant, der; -en, -en [frz. intendant = Aufseher, Verwalter, zu lat. intendens (Gen.: intendentis), 1. Part. von: intendere, ↑intendieren]: *künstlerischer u. geschäftlicher Leiter eines Theaters, einer Rundfunk- od. Fernsehanstalt:* der Brief des [Herrn] -en Meyer/I. Meyers.

In|ten|dan|tin, die; -, -nen: w. Form zu ↑Intendant.

In|ten|danz, die; -, -en: **a)** *Amt eines Intendanten;* **b)** *Büro eines Intendanten.*

in|ten|die|ren ⟨sw. V.; hat⟩ [lat. intendere = sein Streben auf etw. richten, zu: tendere, ↑Tendenz]: *auf etw. hinzielen, hinarbeiten; beabsichtigen, anstreben:* diesen Effekt hatte ich [damit] gar nicht intendiert; die intendierte Wirkung erreichen.

In|ten|si|on, die; -, -en [lat. intensio = Spannung]: **1.** *Anspannung; Eifer, Kraft.* **2.** (Logik) *Sinn, Inhalt eines Begriffs, einer Aussage.*

in|ten|si|o|nal ⟨Adj.⟩ (Logik): *die Intension* (2) *betreffend.*

In|ten|si|tät, die; -, -en ⟨Pl. selten⟩ [zu spätlat. intensus = gespannt, aufmerksam, heftig, adj. 2. Part. von lat. intendere, ↑intendieren]: *Stärke, Kraft, Wirksamkeit (von Handlungen, Abläufen o. Ä.):* große, geringe, gleich bleibende, wechselnde I.; die I. ihrer Bemühungen; die I. eines Gefühls, einer Empfindung; das hängt vor allem von der I. der UV-Strahlung ab; ein Gedicht von hoher I. *(Eindringlichkeit).*

in|ten|siv ⟨Adj.⟩ [frz. intensif]: **1.** *gründlich u. auf etw. konzentriert:* -e Forschungen betreiben; i. arbeiten, nachdenken, üben, trainieren; sich i. mit etw. beschäftigen. **2.** *(von Sinneseindrücken, physischen od. psychischen Reaktionen) stark, kräftig, durchdringend:* -e Farben; ein -er Schmerz; -e Gefühle, Erlebnisse; dieses Rot ist sehr i.; es roch i. nach Knoblauch. **3.** *eingehend, sehr genau zu erfassen, zu durchdringen suchend:* ein -es Gespräch führen; etw. i. betrachten, beobachten. **4.** (Landw.) *auf kleinen Flächen, aber mit relativ großem Aufwand betrieben:* -e Landwirtschaft, Viehhaltung; -er Anbau.

-in|ten|siv: **1.** drückt in Bildungen mit Substantiven aus, dass die beschriebene Person oder Sache etw. in starkem Maße hat, zeigt, aufweist: gefühls-, lärmintensiv. **2.** drückt in Bildungen mit Substantiven – selten mit Verben (Verbstämmen) – aus, dass die beschriebene Person oder Sache etw. in starkem Maße erfordert: bewegungs-, zeitintensiv.

In|ten|siv|an|bau, der ⟨o. Pl.⟩ (Landw.): *intensiver* (4) *Anbau.*

In|ten|siv|bil|dung, die (Sprachw.): *Intensivum.*

In|ten|siv|hal|tung, die (Landw.): *intensive* (4) *Viehhaltung.*

in|ten|si|vie|ren ⟨sw. V.; hat⟩: **a)** *intensiver gestalten, machen; verstärken, steigern:* die Bemühungen i.; den Export i.; **b)** *intensiver werden, sich verstärken:* das Gefühl hat sich sogar noch intensiviert.

In|ten|si|vie|rung, die; -, -en ⟨Pl. selten⟩: *das Intensivieren; das Intensiviertwerden.*

In|ten|siv|kur, die: *besonders intensive, konzentriert durchgeführte Kur:* trotz der I. hat er nicht viel abgenommen.

In|ten|siv|kurs, der: *Kurs, bei dem in relativ kurzer Zeit Kenntnisse durch intensiven u. konzentrierten Unterricht erworben werden:* einen I. in Englisch machen; sie hat ihr Latinum in einem achtwöchigen I. gemacht.

In|ten|siv|lehr|gang, der: vgl. Intensivkurs.

In|ten|siv|me|di|zin, die: vgl. Intensivtherapie.
In|ten|siv|pa|ti|ent, der: *auf einer Intensivstation liegender Patient.*
In|ten|siv|pa|ti|en|tin, die: w. Form zu ↑Intensivpatient.
In|ten|siv|pfle|ge|sta|ti|on, die: *Intensivstation.*
In|ten|siv|sta|ti|on, die: *Krankenhausstation zur Betreuung akut lebensgefährlich erkrankter Personen (z. B. bei Herzinfarkt, Verbrennungen) unter Anwendung bestimmter lebenserhaltender Sofortmaßnahmen u. mit ständiger ärztlicher Überwachung:* sie hat nach dem Unfall drei Tage auf der I. gelegen.
In|ten|siv|stu|di|um, das: vgl. Intensivkurs.
In|ten|siv|the|ra|pie, die: *(bes. auf Intensivstationen betriebener) Einsatz aller zur Verfügung stehenden diagnostischen u. therapeutischen Mittel bes. der apparativen* (b) *Medizin zur Behebung eines akut lebensbedrohlichen Zustandes eines Patienten unter fortlaufender Kontrolle der wichtigsten Körperfunktionen.*
In|ten|si|vum, das; -s, ...va (Sprachw.): *Verb, das den größeren od. geringeren Grad, die Intensität eines Geschehens kennzeichnet* (z. B. »schnitzen« = kräftig schneiden).
In|ten|ti|on, die; -, -en [lat. intentio, zu: intendere, ↑intendieren]: ⟨meist Pl.⟩ *Absicht, Bestreben, Vorhaben:* meine I. geht dahin, dass ...; das entspricht seinen -en.
in|ten|ti|o|nal ⟨Adj.⟩: *mit einer Intention* (1) *verknüpft; zweckbestimmt; zielgerichtet:* -es Verhalten.
in|ter-, In|ter- [lat. inter = zwischen, unter, zu: in = in, hinein]: kennzeichnet in Bildungen mit Substantiven, Adjektiven oder Verben eine Wechselbeziehung/*zwischen zwei od. mehreren ... [bestehend, sich befindend, sich vollziehend]:* Interdisziplin; interafrikanisch, -kulturell; interagieren.
in|ter|agie|ren ⟨sw. V.; hat⟩ (Psych., Soziol.): *(von Handlungspartnern) Interaktion betreiben.*
In|ter|ak|ti|on, die (Psych., Soziol.): *aufeinander bezogenes Handeln zweier od. mehrerer Personen; Wechselbeziehung zwischen Handlungspartnern:* soziale I.; sprachliche Kommunikation ist die wichtigste Form menschlicher I.
in|ter|ak|tiv ⟨Adj.⟩ **a)** (bes. Psych., Soziol.): *die Interaktion betreffend:* -es Lernen; **b)** (bes. EDV) *die Interaktivität betreffend; Interaktivität ermöglichend:* ein -es Medium; -es Fernsehen; das Fernsehen ist noch weit davon entfernt, i. zu sein.
In|ter|ak|ti|vi|tät, die; - (bes. EDV): *Dialog* (3).
In|ter|ci|ty®, der; -[s], -s: *Intercityzug.*
In|ter|ci|ty|ex|press®, der; -[es], -e, **In|ter|ci|ty|ex|press|zug,** der: *(auf bestimmten Strecken verkehrender) moderner Hochgeschwindigkeitszug mit besonderem Komfort* (Abk.: ICE®).
In|ter|ci|ty|zug, der: *im Stundentakt verkehrender, mit besonderem Komfort ausgestatteter Schnellzug, der nur an wichtigen Bahnhöfen hält* (Abk.: IC®).
in|ter|de|par|te|men|tal [auch: ...mã...] ⟨Adj.⟩ (schweiz.): *zwischen Departements* (2) *bestehend; die Departements* (2) *betreffend, ihnen gemeinsam:* eine -e Kommission; i. zusammenarbeiten.
in|ter|de|pen|dent ⟨Adj.⟩ [zu lat. dependens (Gen.: dependentis), 1. Part. von: dependere, ↑Dependance]: *voneinander abhängend, von gegenseitigen Abhängigkeiten geprägt:* wir leben in einer zunehmend -en Welt.
In|ter|de|pen|denz, die; -, -en: *gegenseitige Abhängigkeit:* die I. von Wortbedeutung und Kontext; gesellschaftliche, wirtschaftliche -en.
in|ter|dis|zi|pli|när ⟨Adj.⟩: *mehrere Disziplinen* (2) *umfassend; die Zusammenarbeit mehrerer Disziplinen betreffend:* -e Forschungen; i. arbeiten.
In|ter|dis|zi|pli|na|ri|tät, die; -: *das Interdisziplinärsein.*
in|te|res|sant [auch: ɪntrɛˈsant] ⟨Adj.⟩ [frz. intéressant, 1. Part. von: intéresser, ↑interessieren]: **1.** *Interesse* (1) *erweckend, erregend; geistig anziehend, fesselnd:* ein -es Buch, Detail; eine -e Aufgabe, Frage, Beobachtung; ein -er Mensch; der Vortrag, die Reise war sehr i.; das ist ja i. *(aufschlussreich);* er will sich i. machen (leicht abwertend; *Aufmerksamkeit auf sich lenken*); die Gründe für sein Verhalten sind hier nicht i. *(nicht wissenswert, tun nichts zur Sache);* sie kann i. erzählen. **2.** (meist Kaufmannsspr.) *Erfolg, Vorteil versprechend:* ein -es Angebot; das Haus ist zu diesem Preis nicht i.; dieses Geschäft ist für uns nicht i.
in|te|res|san|ter|wei|se ⟨Adv.⟩: *was recht aufschlussreich ist, [unerwartete] Rückschlüsse zulässt:* sie hat es mir i. erst heute erzählt.
In|te|res|sant|heit, die; -: *interessante* (1) *Beschaffenheit.*
In|te|res|se [auch: ɪnˈtrɛsə], das; -s, -n [unter Einfluss von frz. intérêt = Anteil(nahme); Nutzen, Vorteil (< lat. interest = es bringt Nutzen) zum mlat. Subst. interesse = aus einer Ersatzpflicht resultierender Schaden (aus der Sicht des Gläubigers = Nutzen, Vorteil, Gewinn), zu lat. interesse = von Wichtigkeit sein]: **1.** ⟨o. Pl.⟩ *geistige Anteilnahme, Aufmerksamkeit:* großes, lebhaftes, geringes I. an jmdm., etw. haben; für jmdn., etw./an jmdm., etw. I. zeigen, bekunden; jmds. I. wecken; im Brennpunkt des öffentlichen -s stehen; etw. mit großem I. lesen, verfolgen; diese Sache ist nicht von I. *(erregt niemandes Interesse, Aufmerksamkeit);* Informationen von großem, höchstem, allgemeinem I. **2. a)** ⟨meist Pl.⟩ *Neigung, Vorliebe:* keine geistigen -n haben; nur seinen -n leben; gemeinsame -n haben; **b)** *Neigungen zum Erwerb, Kauf:* an diesem Artikel besteht kein I.; haben Sie I., den Wagen zu kaufen? **3. a)** *das, woran jmdm. sehr gelegen ist, was für jmdn. od. etw. wichtig od. nützlich ist; Nutzen, Vorteil:* seine eigenen, gemeinsame -en verfolgen; im eigenen I. handeln; im I. des Friedens, der Allgemeinheit; dies liegt in unser aller I.; **b)** ⟨meist Pl.⟩ *Bestrebung, Belange:* die wirtschaftlichen -n eines Staates; dies läuft unseren [geschäftlichen] -n zuwider; seine -n durchsetzen; jmds. -n wahrnehmen, vertreten.
in|te|res|se|hal|ber ⟨Adv.⟩: *aus Interesse* (1): ich habe mir den Film i. angesehen.
in|te|res|se|los ⟨Adj.⟩: *ohne Interesse* (1); *an nichts interessiert; gleichgültig:* ein langweiliger, total -er Bursche.
In|te|res|se|lo|sig|keit, die; -: *interesseloses Wesen, Verhalten.*
In|te|res|sen|aus|gleich, der: *Ausgleich zwischen unterschiedlichen Interessen* (3 b), *die unterschiedlichen Interessen* (3 b) *berücksichtigende ausgleichende Maßnahme:* eine Politik des -s; einen I. suchen.
In|te|res|sen|be|reich, der, selten: das: vgl. Interessengebiet.
In|te|res|sen|ge|biet, das: *[Fach]gebiet, für das sich jmd. besonders interessiert:* ihr I. ist die moderne Literatur.
In|te|res|sen|ge|gen|satz, der: *Gegensatz von Interessen* (3 b): der I. zwischen Arbeit und Kapital.
In|te|res|sen|ge|mein|schaft, die: **1.** *Zusammenschluss mehrerer Personen, Gruppen o. Ä. zur Wahrung od. Förderung gemeinsamer Interessen:* mit jmdm. eine I. eingehen; sie leben als I. zusammen. **2.** *Zusammenschluss mehrerer selbstständig bleibender Unternehmen o. Ä. zur Wahrung wirtschaftlicher Interessen* (Abk.: IG).
In|te|res|sen|grup|pe, die: *Zusammenschluss von Personen zur Durchsetzung politischer od. gesellschaftlicher Ziele:* die Gewerkschaften üben als I. Druck auf die Regierung aus.
In|te|res|sen|kol|li|si|on, die: vgl. Interessenkonflikt.
In|te|res|sen|kon|flikt, der: *aus einem Interessengegensatz resultierender Konflikt.*
In|te|res|sen|la|ge, die: *Geartetheit der aus einer bestimmten Konstellation, Situation, aus bestimmten Umständen sich ergebenden Interessen* (3 b): die unterschiedliche I. der beiden Bevölkerungsgruppen.
In|te|res|sen|or|ga|ni|sa|ti|on, die: vgl. Interessengruppe.
In|te|res|sen|po|li|tik, die: *von Interessengruppen betriebene Politik.*
in|te|res|sen|po|li|tisch ⟨Adj.⟩: *die Interessenpolitik betreffend, darauf beruhend.*
In|te|res|sen|sphä|re, die: *Einflussbereich eines Staates.*
In|te|res|sent [auch: ɪntrɛˈsɛnt], der; -en, -en: **1.** *jmd., der an einer Sache interessiert ist, sein Interesse bekundet, an etw. teilnehmen, teilhaben möchte:* -en [an diesem Vortrag] sollen sich bis morgen anmelden; Prospektmaterial an alle -en schicken. **2.** *jmd., der etw. haben, erwerben, kaufen möchte:* ich habe noch keinen -en für mein Haus gefunden.
In|te|res|sen|ten|kreis, der: *Kreis von Interessentinnen u. Interessenten.*
In|te|res|sen|tin, die; -, -nen: w. Form zu ↑Interessent.
In|te|res|sen|ver|band, der: vgl. Interessengruppe.
In|te|res|sen|ver|tre|ter, der: *Person od. Organisation, die die Interessen Einzelner od. einer Gruppe vertritt:* die Gewerkschaft ist der I. der Arbeitnehmer.
In|te|res|sen|ver|tre|te|rin, die: w. Form zu ↑Interessenvertreter.
In|te|res|sen|ver|tre|tung, die: **a)** *das Vertreten von Interessen:* der Anwalt übernimmt die I. seiner Mandantin; **b)** *Person od. Gruppe von Personen, deren Aufgabe es ist, jmds. Interessen zu vertreten:* die I. besteht aus zwei Lehrerinnen und einem Pfarrer.
in|te|res|sie|ren [auch: ɪntrɛˈsiːrən] ⟨sw. V.; hat⟩ [frz. (s')intéresser < lat. interesse = dazwischen sein, teilnehmen, von Wichtigkeit sein]: **1.** ⟨i. + sich⟩ **a)** *Interesse* (1) *an etw., jmdm. haben, für etw., jmdn. zeigen:* ich interessiere mich für moderne Malerei; er interessiert sich nicht sehr für Fußball; der Junge interessiert sich noch nicht für Mädchen; niemand interessiert sich für ihn *(nimmt Anteil an ihm, kümmert sich um ihn);* **b)** *etw. erfahren wollen:* sich für die Teilnahmebedingungen i.; **c)** *haben, kaufen wollen:* ich interessiere mich für diesen Wagen; mehrere Firmen interessieren sich für das Patent; das Fernsehen interessiert sich für die junge Schauspielerin *(will sie engagieren).* **2. a)** *jmds. Interesse wecken, finden:* das Buch interessiert mich; der Fall begann sie zu i.; die ganze Angelegenheit interessiert mich nicht; **b)** *jmds. Interesse auf etw. lenken, jmdn. für etw. zu gewinnen suchen:* jmdn. für ein Projekt/an einem Projekt i.; er hat ihn für seine Pläne interessiert.
in|te|res|siert ⟨Adj.⟩: *[starken] Anteil nehmend; Interesse habend, zeigend; geistig aufgeschlossen, aufmerksam:* ein -er junger Mann; ein -es Gesicht machen; sie ist literarisch, politisch i.; i. zuhören; an diesem Mädchen sind viele i. *(haben viele Interesse);* sie ist an diesem Problem nicht i. *(es interessiert sie nicht);* wir sind sehr daran i., dieses Geschäft zu machen *(wir möchten es sehr gerne machen).*
In|te|res|siert|heit, die; -: **1.** *das Interessiertsein an etw.; bekundetes Interesse.* **2.** * **materielle I.** (in sozialistischen Ländern; *Interesse an der Verbesserung des eigenen Lebensstandards, die durch größere Leistungen erzielt werden kann).*
In|ter|face [ˈɪntəfeɪs], das; -, -s [...feɪsɪz; engl. interface, eigtl. = Grenzfläche] (EDV): **1.** *spezielle Schaltung zur elektronischen Anpassung zweier sonst inkompatibler Geräte od. Geräteteile.* **2.** *Schnittstelle* (2).
In|ter|fe|renz, die; -, -en [zu ↑interferieren]: **1.** (Physik) *Überlagerung beim Zusammentreffen zweier od. mehrerer Wellenzüge.* **2.** (bildungsspr.) *Überlagerung, Überschneidung.*
In|ter|fe|renz|er|schei|nung, die (Physik): *auf Interferenz* (1) *beruhende Erscheinung.*
In|ter|fe|renz|far|be, die (Physik): *bei Interferenz* (1) *bes. von weißem Licht auftretende Mischfarbe.*
in|ter|fe|rie|ren ⟨sw. V.; hat⟩ [zu lat. ferire = schla-

gen, treffen] (Physik): *(von kohärenten Wellen) sich überlagern u. gegenseitig verstärken od. abschwächen.*

In|ter|fe|ron, das; -s, -e (Biol., Med.): *bei Virusinfektionen von Körperzellen gebildeter Eiweißkörper, der nicht infizierte Zellen vor Viren schützt.*

in|ter|frak|ti|o|nell ⟨Adj.⟩: *zwischen Fraktionen bestehend; [allen] Fraktionen gemeinsam:* -e Vereinbarungen; eine -e Arbeitsgruppe; etw. i. verhandeln.

in|ter|ga|lak|tisch ⟨Adj.⟩ (Astron.): *zwischen den Galaxien bestehend, gelegen.*

in|ter|gla|zi|al ⟨Adj.⟩ (Geol.): *zwischeneiszeitlich:* -e Ablagerungen.

In|ter|gla|zi|al, das; -s, -e (Geol.): *Zwischeneiszeit.*

In|ter|gla|zi|al|zeit, die: *Interglazial.*

In|ter|ho|tel, das; -s, -s [zu ↑international u. ↑Hotel] (DDR): *(für ein internationales Publikum vorgesehenes) gut ausgestattetes Hotel.*

In|te|ri|eur [ɛ̃teˈri̯øːɐ̯], das; -s, -s u. -e [frz. intérieur < lat. interior = das Innere; inner..., zu: inter, ↑inter-, Inter-]: **1.** (bildungsspr.) **a)** *das Innere [eines Raumes]:* das I. des Raumes, der Limousine; **b)** *Innenausstattung eines Raumes:* ein neues I.; das I. war im Stil der Jahrhundertwende gehalten. **2.** (bild. Kunst) *einen Innenraum darstellendes Bild, besonders in der niederländischen Malerei des 17. Jh.s:* er sammelte alte -s.

In|te|rim, das; -s, -s [zu lat. interim = inzwischen, einstweilen] (bildungsspr.): **1.** *Zwischenzeit.* **2.** *vorläufige Regelung; Übergangsregelung:* diese Verordnung ist nur als I. gedacht.

in|te|ri|mis|tisch ⟨Adj.⟩ (bildungsspr.): *vorläufig, einstweilig:* eine -e Regelung, Regierung; er leitete die Firma i.

In|te|rims|be|scheid, der: *vorläufiger Bescheid; Zwischenbescheid.*

In|te|rims|ka|bi|nett, das: vgl. Interimsregierung.

In|te|rims|lö|sung, die: *Übergangslösung, Zwischenlösung.*

In|te|rims|re|ge|lung, die: *Interim* (2).

In|te|rims|re|gie|rung, die: *während einer Übergangszeit amtierende Regierung.*

In|te|rims|schein, der (Wirtsch.): *Bescheinigung über die Mitgliedschaft in einer Aktiengesellschaft vor Ausgabe der Aktien; Zwischenschein.*

In|ter|jek|ti|on, die; -, -en [lat. interiectio, eigtl. = das Dazwischenwerfen] (Sprachw.): *syntaktisch oft isolierte, wortähnliche Lautäußerung, mit der Empfindungen od. Aufforderungen ausgedrückt od. Laute nachgeahmt werden; Ausrufewort, Empfindungswort* (z. B. oh, pfui, pst, muh).

in|ter|kan|to|nal ⟨Adj.⟩ (schweiz.): *zwischen den Kantonen bestehend; mehrere, alle Kantone betreffend, ihnen gemeinsam:* die -e Zusammenarbeit.

in|ter|kom|mu|nal ⟨Adj.⟩ (bildungsspr.): *zwischen Städten, Kommunen bestehend:* -e Vereinbarungen.

in|ter|kon|fes|si|o|nell ⟨Adj.⟩ (bildungsspr.): *das Verhältnis verschiedener Konfessionen zueinander betreffend.*

in|ter|kon|ti|nen|tal ⟨Adj.⟩ (bildungsspr.): **a)** *sich zwischen Erdteilen, Kontinenten befindend:* -e Meere; **b)** *mehrere Kontinente betreffend, sie verbindend:* -e Flugverbindungen, Telefongespräche.

In|ter|kon|ti|nen|tal|flug, der: *interkontinentaler* (b) *Flug* (2).

In|ter|kon|ti|nen|tal|ra|ke|te, die (Milit.): *Rakete, die einen anderen Erdteil erreichen kann.*

in|ter|kul|tu|rell ⟨Adj.⟩: *die Beziehungen zwischen verschiedenen Kulturen* (1 b) *betreffend; verschiedene Kulturen umfassend, verbindend:* -e Begegnungen, Beziehungen.

In|ter|la|ken: Kurort im schweizerischen Kanton Bern.

In|ter|lin|gua, die; - [1: ital. interlingua, gek. aus: internazionale = international u. lingua = Sprache] (Sprachw.): **1.** *Welthilfssprache, die auf dem Latein u. den romanischen Sprachen fußt.* **2.** *von der International Auxiliary Language Association vorgeschlagene Welthilfssprache.*

In|ter|lock|wa|re, die [zu engl. interlock = mit verketteten Maschen gestrickt]: *feinmaschige Wirkware für Trikotagen.*

In|ter|lu|di|um, das; -s, ...ien [mlat. interludium = Zwischenspiel, zu lat. ludus = Spiel] (Musik): *(bes. in der Oper u. bei Orgelmusik) musikalisches Zwischenspiel.*

In|ter|mé|di|aire [ɛ̃tɛrmeˈdi̯ɛːɐ̯], das; -, -s [frz. intermédiaire] (Reiten): *Dressurprüfung mit mittlerem Schwierigkeitsgrad.*

in|ter|me|di|är ⟨Adj.⟩ [frz. intermédiaire = dazwischenliegend, Zwischen-, zu spätlat. intermedius, zu lat. medius, ↑[1]Medium] (Fachspr.): *in der Mitte liegend, dazwischen befindlich; ein Zwischenglied bildend:* -e Kopplung; -e Bereiche.

in|ter|mens|tru|al, in|ter|mens|tru|ell ⟨Adj.⟩ (Med.): *die Zeit zwischen zwei Menstruationen betreffend.*

In|ter|mez|zo, das; -s, -s u. ...zzi [ital. intermezzo, zu spätlat. intermedius, ↑intermediär]: **1. a)** *Zwischenspiel im Drama, in der ernsten Oper:* Ü seine Präsidentschaft war nur ein kurzes I.; **b)** *kurzes Klavier- od. Orchesterstück.* **2.** *kleine [unbedeutende] Begebenheit am Rande eines Geschehens; [lustiger] Zwischenfall.*

in|ter|mi|nis|te|ri|ell ⟨Adj.⟩ (bildungsspr.): *die Zusammenarbeit zwischen einzelnen Ministerien betreffend; von mehreren Ministerien gebildet; mehreren Ministerien gemeinsam:* ein -er Ausschuss; -e Zusammenarbeit.

in|ter|mit|tie|rend ⟨Adj.⟩ [zu lat. intermittere = aussetzen, unterbrechen] (bes. Fachspr.): *zeitweilig aussetzend, nachlassend; mit Unterbrechungen, zeitlichen Zwischenräumen erfolgend, verlaufend:* -es Fieber; auf Stufe 1 arbeitet der Scheibenwischer i.

in|ter|mo|le|ku|lar ⟨Adj.⟩ (Chemie, Physik): *zwischen den Molekülen bestehend, stattfindend.*

in|tern ⟨Adj.⟩ [lat. internus = inwendig, zu: inter, ↑inter-, Inter-]: **1.** (bildungsspr.) *[nur] den inneren, engsten Kreis einer Gruppe betreffend; im vertrauten Kreis erfolgend, nicht öffentlich:* eine -e Angelegenheit; -e Differenzen drohten die Partei zu spalten; diese Regelung ist i.; eine Sache i. regeln, klären. **2.** (seltener) *im Inneren von etw. [befindlich], inner..., inwendig:* äußere und -e Feinde. **3.** (Med.) *die inneren Organe, ihre Erkrankungen u. deren Behandlung betreffend:* die -e Medizin. **4.** *im Internat (einer bestimmten Schule) wohnend:* ein -er Schüler; ⟨subst.:⟩ die Internen fahren nur in den Ferien nach Hause.

-in|tern: drückt in Bildungen mit Substantiven aus, dass die beschriebene Sache innerhalb von etw. (einer Gruppe, Firma o. Ä.) besteht, stattfindet: fach-, gewerkschafts-, partei-, vereinsintern.

In|ter|na: Pl. von ↑Internum.

in|ter|nal ⟨Adj.⟩ [engl. internal] (Fachspr., bildungsspr.): *innerlich, verinnerlicht; internalisiert.*

In|ter|na|li|sa|ti|on, die; -, -en: *Internalisierung.*

in|ter|na|li|sie|ren ⟨sw. V.; hat⟩ (Fachspr., bildungsspr.): *(Werte, Normen, Auffassungen o. Ä.) übernehmen u. sich zu Eigen machen; verinnerlichen* (2): Verhaltensmuster, Wertvorstellungen, gesellschaftliche Vorurteile, Ansprüche i.; syntaktische Regeln i.

In|ter|na|li|sie|rung, die -, -en: *das Internalisieren.*

In|ter|nat, das; -[e]s, -e [zu ↑intern]: **1.** *an eine [höhere] Schule angeschlossenes Heim, in dem die Schülerinnen u. Schüler wohnen u. verpflegt werden:* das I. liegt am anderen Ende des Parks; von den Schülern der Schule wohnt etwa ein Drittel im I. **2.** *Internatsschule:* ihre Kinder besuchen ein I.

in|ter|na|ti|o|nal ⟨Adj.⟩ [engl. international, aus ↑inter-, Inter- u. ↑national, gepr. von dem engl. Sozialphilosophen u. Juristen J. Bentham (1748–1832) im Sinne von »zwischen den Nationen (bestehend)«]: **1.** *zwischen mehreren Staaten bestehend; zwischenstaatlich:* -e Abmachungen, Verträge; i. zusammenarbeiten. **2.** *über den Rahmen eines Staates hinausgehend, nicht national begrenzt; mehrere Staaten betreffend; überstaatlich, weltweit:* die -e Küche; ein -er Verbund, Konzern; ein -er Wettkampf, Kongress *(mit Teilnehmenden aus mehreren Staaten);* ein -es Publikum; die letzte große -e Finanzkrise; einen -en Hit landen; -e Streitkräfte in Krisengebiete entsenden; dieser Prozess hat -es Aufsehen erregt; die Krise ist i.; sie ist i. bekannt, anerkannt; i. wettbewerbsfähig sein; Geschäfte i. koordinieren.

[1]In|ter|na|ti|o|na|le, die; -, -n [1: Kurzform von: Internationale Arbeiterassoziation]: **1.** *internationaler Zusammenschluss sozialistischer Arbeiterorganisationen:* die Erste I.; die Kommunistische I.; Ü eine I. der Kriegsdienstverweigerer. **2.** ⟨o. Pl.⟩ *Kampflied der internationalen Arbeiterbewegung* (»Wacht auf, Verdammte dieser Erde«): die I. anstimmen.

[2]In|ter|na|ti|o|na|le, der u. die; -n, -n ⟨Dekl. ↑Abgeordnete⟩ (Sport): *jmd., der als Mitglied einer Nationalmannschaft internationale Wettkämpfe bestreitet.*

in|ter|na|ti|o|na|li|sie|ren ⟨sw. V.; hat⟩: **1.** (Völkerr.) *die Gebietshoheit eines Staates über ein bestimmtes Staatsgebiet zugunsten mehrerer Staaten od. der ganzen Völkerrechtsgemeinschaft beschränken:* einen Kanal i. **2.** (bildungsspr.) **a)** *international machen:* einen Konflikt i.; **b)** ⟨i. + sich⟩ *international werden:* der Konflikt droht sich zu i.

In|ter|na|ti|o|na|li|sie|rung, die; -, -en: *das Internationalisieren.*

In|ter|na|ti|o|na|lis|mus, der; -, ...men: **1.** ⟨o. Pl.⟩ (marx.) *das Streben nach zwischenstaatlichem Zusammenschluss:* proletarischer I. *(internationale Solidarität der Arbeiterbewegungen);* sozialistischer I. *(Zusammenarbeit der sozialistischen Länder untereinander).* **2.** (Sprachw.) *Wort, das in gleicher Bedeutung u. gleicher od. ähnlicher Form in verschiedenen Kultursprachen vorkommt* (z. B. »Demokratie«).

In|ter|na|ti|o|na|list, der; -en, -en (marx.): *Anhänger des Internationalismus* (1).

in|ter|na|ti|o|na|lis|tisch ⟨Adj.⟩ (marx.): *den Internationalismus* (1) *betreffend, zu ihm gehörend, für ihn charakteristisch.*

In|ter|na|ti|o|na|li|tät, die; -: *das International-sein; Überstaatlichkeit:* die I. des Festivals, der Ausstellung.

In|ter|nats|schu|le, die: *[höhere] Schule mit angeschlossenem Internat* (1).

In|ter|nats|schü|ler, der: *Schüler einer Internatsschule.*

In|ter|nats|schü|le|rin, die: w. Form zu ↑Internatsschüler.

In|ter|net, das; -s [engl. internet, zu: inter- = zwischen, unter(einander) u. network, ↑Network (2) (im Sinne von »Gruppe untereinander verbundener Netzwerke«)]: *weltweiter Verbund von Computersystemen, in dem verschiedene Dienste angeboten werden:* Anschluss ans I.; Informationen ins I. stellen; ab sofort können Sie uns im I. erreichen; etw. im I. suchen, finden, nachlesen; im I. surfen, werben, einkaufen; sich einen Konkurrenzkampf im I. liefern; Buchungsservice per I.

In|ter|net|adres|se, die: *aus dem Namen einer Person, einer Firma o. Ä. und weiteren [standardisierten] Zeichen bestehende Angabe, unter der jmd. im Internet erreichbar ist.*

In|ter|net|an|schluss, der: *Anschluss eines Computers an das Internet:* [einen] I. haben.

In|ter|net|ca|fé, das: *Café, in dem den Gästen Computer mit Internetanschluss zur Verfügung stehen.*

In|ter|net|nut|zer, der: *jmd., der das Internet nutzt.*

In|ter|net|nut|ze|rin, die: w. Form zu ↑Internetnutzer.

In|ter|net|user, der (Jargon): *Internetnutzer.*

in|ter|nie|ren ⟨sw. V.; hat⟩ [frz. interner, zu:

interne = innerlich; innen < lat. internus, ↑intern]: 1. *politische Gegner, Feinde, Angehörige eines gegnerischen Staates [während des Krieges] in staatlichen Gewahrsam nehmen, in Lagern unterbringen:* jmdn. i.; er war während des Krieges in Australien interniert. 2. (Fachspr.) *jmdn., der an einer [ansteckenden] Krankheit leidet, isolieren, auf eine geschlossene Station einweisen:* auch die Kontaktpersonen müssen interniert werden.

In|ter|nier|te, der u. die; -n, -n ⟨Dekl. ↑Abgeordnete⟩: *jmd., der interniert ist.*

In|ter|nie|rung, die; -, -en: **a)** *das Interniertsein;* **b)** *das Internieren.*

In|ter|nie|rungs|la|ger, das ⟨Pl. -⟩: *Lager, in dem Zivilpersonen interniert (1) werden:* er war im Krieg in einem I.; nach fünf Jahren I. sahen sie endlich die Heimat wieder.

In|ter|nist, der; -en, -en [zu ↑intern] (Med.): *Facharzt für innere Krankheiten.*

In|ter|nis|tin, die; -, -nen: w. Form zu ↑Internist.

in|ter|nis|tisch ⟨Adj.⟩: *die innere Medizin betreffend.*

In|ter|num, das; -s, ...na [zu lat. internus, ↑intern] (bildungsspr.): 1. *Gebiet, das einer bestimmten Person, Gruppe od. Institution vorbehalten u. Dritten gegenüber abgeschlossen ist.* 2. ⟨meist Pl.⟩ *nur die inneren Verhältnisse einer Gruppe o. Ä. betreffende Angelegenheit; interne (1) Angelegenheit:* wir wollen hier keine Interna besprechen, ausplaudern.

In|ter|pel|lant, der; -en, -en [zu lat. interpellans (Gen.: interpellantis), 1. Part. von: interpellare, ↑interpellieren] (Politik): *Parlamentarier, der eine Interpellation (1) einbringt.*

In|ter|pel|lan|tin, die; -, -nen: w. Form zu ↑Interpellant.

In|ter|pel|la|ti|on, die; -, -en [lat. interpellatio = Unterbrechung] (Politik): *von einem od. mehreren Parlamentariern an die Regierung gerichtetes Verlangen um Auskunft in einer bestimmten Sache.*

in|ter|pel|lie|ren ⟨sw. V.; hat⟩ [lat. interpellare = unterbrechen, mit Fragen angehen] (Politik): *eine Interpellation (1) einbringen.*

in|ter|pla|ne|tar, in|ter|pla|ne|ta|risch ⟨Adj.⟩ (Astron.): *zwischen den Planeten befindlich, geschehend, sie verbindend:* -e Materie; -e Raumsonden; der -e Raum.

In|ter|pol, die; - [Kurzwort aus: **Inter**nationale Kriminal**pol**izeiliche Organisation]: *zentrale Stelle (mit Sitz in Paris) zur internationalen Koordination der Ermittlungsarbeit in der Verbrechensbekämpfung.*

In|ter|po|la|ti|on, die; -, -en [lat. interpolatio = Veränderung, Umgestaltung]: 1. (Math.) *das Interpolieren (1).* 2. (Wissensch.) *spätere, von fremder Hand vorgenommene Einfügung od. Änderung in einem Text, die nicht als solche kenntlich gemacht ist.*

in|ter|po|lie|ren ⟨sw. V.; hat⟩ [2: lat. interpolare = (Schriften) entstellen, verfälschen]: 1. (Math.) *Werte zwischen bekannten Werten einer Funktion errechnen.* 2. (Wissensch.) *eine Interpolation (2) vornehmen.*

In|ter|pret, der; -en, -en [lat. interpres (Gen.: interpretis) = Ausleger, Erklärer, H. u.] (bildungsspr.): 1. *jmd., der etw. interpretiert (1 a):* darin sind sich alle -en seines dramatischen Werks einig. 2. *reproduzierender Künstler, bes. Musiker, Sänger, Dirigent, Regisseur:* ein hervorragender, virtuoser I.; die großen -en klassischer Musik.

In|ter|pre|ta|ti|on, die; -, -en [lat. interpretatio] (bildungsspr.): 1. **a)** *Erklärung, Deutung von Texten, Aussagen o. Ä.:* die I. eines Gedichtes, Romans; eine I. [eines Films, Stücks] schreiben; **b)** *Auslegung, Auffassung, Darstellung:* sein Verhalten, seine Bemerkung lässt verschiedene -en zu; auf die Erhebung folgt dann die Auswertung und die I. der Daten; das ist eine Frage der I. 2. *auf der jeweils mehr od. weniger persönlichen Deutung, Auslegung eines Musikstücks beruhende künstlerische Wiedergabe von Musik:* eine meisterhafte I. des Klavierkonzerts; diese I. des Liedes entspricht dem Geist der Romantik.

in|ter|pre|ta|ti|ons|fä|hig ⟨Adj.⟩: *Spielraum für Interpretationen (1 b) bietend:* die Regelung ist durchaus i.

in|ter|pre|ta|tiv ⟨Adj.⟩ (bildungsspr.): *auf Interpretation beruhend; erklärend, deutend, erhellend.*

in|ter|pre|ta|to|risch ⟨Adj.⟩ (bildungsspr.): *den Interpreten, die Interpretation betreffend.*

In|ter|pre|ter [engl. ɪnˈtəːprɪtə], der; -s, - [engl. interpreter = Dolmetscher; Interpret] (EDV): *Programm (4), das die Anweisungen eines in einer anderen Programmiersprache als der des verwendeten Computers geschriebenen Programms sofort ausführt, indem es sie einzeln analysiert, sodass eine Übersetzung in die systemeigene Programmiersprache nicht nötig ist.*

in|ter|pre|tier|bar ⟨Adj.⟩: *sich [in einer bestimmten Weise] interpretieren (1) lassend:* der Text ist kaum i., ist so oder so i.; das Verhandlungsergebnis ist anders gar nicht i.

in|ter|pre|tie|ren ⟨sw. V.; hat⟩ [lat. interpretari, zu: interpres, ↑Interpret] (bildungsspr.): 1. **a)** *einen Text, ein literarisches Werk, eine Aussage o. Ä. inhaltlich erklären, erläutern, deuten:* ein Gedicht, einen Roman, ein Stück, einen Film i.; einen Vertrag, einen Gesetzestext i.; **b)** *etw. als etw. verstehen, auffassen; jmds. Verhalten, Äußerungen o. Ä. in bestimmter Weise deuten, auslegen:* man kann seinen Rücktritt als Flucht i.; sie hatte seine Zurückhaltung fälschlich als Arroganz interpretiert; jmdn., etw. falsch, böswillig i. 2. *ein Musikstück auf der Basis einer jeweils mehr od. weniger persönlichen Deutung, Auslegung künstlerisch wiedergeben:* eine Sonate einfühlsam i.

In|ter|pre|tin, die; -, -nen: w. Form zu ↑Interpret.

in|ter|punk|tie|ren ⟨sw. V.; hat⟩ [zu lat. interpunctum, 2. Part. von: interpungere = (Wörter) durch Punkte abteilen] (Sprachw.): *(in einem Text) Satzzeichen setzen:* richtig i.; einen Text i.

In|ter|punk|ti|on, die; - [lat. interpunctio = Scheidung (der Wörter) durch Punkte] (Sprachw.): *Zeichensetzung:* die Regeln der I.

In|ter|punk|ti|ons|re|gel, die: *Regel für richtige Interpunktion.*

In|ter|punk|ti|ons|zei|chen, das: *Satzzeichen.*

In|ter|rail|pass® [ˈɪntəreɪl...], der; -es, ...pässe [erster Bestandteil: Kurzwort aus ↑international und engl. rail = Eisenbahn] (Eisenbahnw.): *verbilligte Fahrkarte, bes. für Jugendliche, für Fahrten in Europa.*

In|ter|re|gio®, der; -[s], -s, **In|ter|re|gio|zug,** der: *in einem bestimmten Zeittakt [gewöhnlich alle zwei Stunden] verkehrender Schnellzug* (Abk.: IR®).

In|ter|re|gnum, das, -s, ...nen u. ...na [lat. interregnum, zu: regnum = Regierung, (Königs)herrschaft] (Politik): 1. *Zwischenregierung, vorläufige Regierung:* nach einem kurzen I. der Konservativen kamen wieder die Linken an die Macht. 2. *Zeitraum ohne offizielle Regierung, in dem meist eine vorläufige Regierung die Regierungsgeschäfte wahrnimmt:* mit der Wahl Rudolfs I. im Jahre 1273 endete das neunzehnjährige I.

in|ter|ro|ga|tiv ⟨Adj.⟩ [lat. interrogativus] (Sprachw.): *eine Frage ausdrückend, fragend:* ein -es Pronomen.

In|ter|ro|ga|tiv|ad|verb, das: *Adverb, das einen Interrogativsatz einleitet* (z. B. wo?, wann?).

In|ter|ro|ga|tiv|pro|no|men, das: *Pronomen, das einen Interrogativsatz einleitet; Frage[für]wort* (z. B. wer?, welcher?).

In|ter|ro|ga|tiv|satz, der: *Satz, der eine Frage ausdrückt; Fragesatz* (z. B. Habt ihr schon gegessen?).

In|ter|ro|ga|ti|vum, das; -s, ...va (Sprachw.): *Interrogativpronomen.*

In|ter|rup|tus, der; - (ugs.): *Coitus interruptus.*

In|ter|shop, der; -s, -s [aus ↑international u. ↑Shop] (DDR): *Geschäft für den Verkauf von ausländischen Waren u. Spitzenerzeugnissen aus der Produktion der DDR (nur gegen frei konvertierbare Währung):* im I. einkaufen.

in|ter|stel|lar ⟨Adj.⟩ (Astron.): *zwischen den [Fix]sternen befindlich:* -e Wolken; der -e Raum; -e Materie.

in|ter|sub|jek|tiv ⟨Adj.⟩ (Psych.): *dem Bewusstsein mehrerer Personen gemeinsam:* -es Erleben; -e Überprüfung einer Theorie.

In|ter|sub|jek|ti|vi|tät, die; - (Psych.): *das Intersubjektivsein.*

in|ter|ur|ban ⟨Adj.⟩ (österr., sonst veraltet): *zwischen mehreren Städten [bestehend].*

In|ter|vall, das; -s, -e [lat. intervallum, eigtl. = Raum zwischen zwei Pfählen, Pfosten (eines ²Walls), zu: vallum, ↑²Wall]: 1. (bildungsspr.) *zeitlicher Zwischenraum; zwischen zwei Zeitpunkten liegender Zeitraum; Pause, Zeitspanne:* die -e zwischen den Herzschlägen, Wehen; in kurzen, regelmäßigen -en. 2. (Musik) *Abstand zweier zusammen od. nacheinander erklingender Töne:* ein großes I. 3. (Math.) *Bereich zwischen zwei Punkten auf einer Strecke od. Skala.*

in|ter|val|lisch ⟨Adj.⟩ (Musik): *auf das Intervall (2) bezogen, das Intervall (2) betreffend.*

In|ter|vall|schal|tung, die: *Schaltung (1 a), mit der der Arbeitsablauf eines Gerätes, einer Maschine, einer Vorrichtung o. Ä. zeitweilig unterbrochen werden kann, so geschaltet werden kann, dass er in bestimmten zeitlichen Abständen erfolgt:* haben die Scheibenwischer keine I.?

In|ter|vall|sprung, der (Musik): *größeres [ungewöhnliches, unerwartetes] Intervall (2) zwischen zwei aufeinander folgenden Tönen.*

In|ter|vall|trai|ning, das (Sport): *Trainingsmethode, bei der ein Trainingsprogramm stufenweise so durchgeführt wird, dass die einzelnen Übungen in einem bestimmten Rhythmus von kürzeren Entspannungspausen unterbrochen werden.*

in|ter|ve|nie|ren ⟨sw. V.; hat⟩ [frz. intervenir < lat. intervenire]: 1. (bildungsspr.) *[vermittelnd] in ein Geschehen, einen Streit o. Ä. eingreifen, sich [als Mittler] einschalten:* in einem Streit i.; bei jmdm., für jmdn., gegen etw. i. 2. (Politik) *sich protestierend in bestimmte Vorgänge einschalten; Protest gegen etw. anmelden:* der Botschafter intervenierte bei der Regierung, im Kreml. 3. (Politik) *(von einer Regierung, einem Land) sich aktiv in die Angelegenheiten eines anderen Staates einmischen:* die Amerikaner intervenierten mit Waffengewalt in Vietnam.

In|ter|ven|ti|on, die; -, -en [frz. intervention < spätlat. interventio]: 1. (bildungsspr.) *das Intervenieren (1):* ohne die entschlossene I. eines Passanten hätten sie ihn womöglich totgeschlagen. 2. (Politik) *das Intervenieren (2):* die I. des schwedischen Botschafters bei der französischen Regierung. 3. (Politik) *das Intervenieren (3):* militärische, kriegerische -en.

In|ter|ven|ti|o|nis|mus, der; - (Politik): *[unsystematisches, punktuelles] Eingreifen des Staates in die [private] Wirtschaft.*

In|ter|ven|ti|o|nist, der; -en, -en (Politik): *Anhänger des Interventionismus.*

In|ter|ven|ti|o|nis|tin, die; -, -nen: w. Form zu ↑Interventionist.

in|ter|ven|ti|o|nis|tisch ⟨Adj.⟩ (Politik): *den Interventionismus betreffend.*

In|ter|ven|ti|ons|be|stän|de ⟨Pl.⟩: *in der EU durch staatlich garantierte Abnahme von Agrarprodukten entstandene Lagerbestände:* verbilligte Butter aus -n.

In|ter|ven|ti|ons|krieg, der: *aus einer Intervention (3) folgender Krieg.*

In|ter|ven|ti|ons|recht, das: *Recht zu intervenieren (3):* ein I. beanspruchen.

In|ter|view [ɪntɐˈvjuː], das; -s, -s [engl. interview < frz. entrevue = verabredete Zusammenkunft]: 1. *von einem Berichterstatter von Presse, Rundfunk od. Fernsehen mit einer meist bekannten Persönlichkeit geführtes Gespräch, in dem diese sich zu gezielten, aktuellen [politische] Themen* *od. die eigene Person betreffenden Fragen äußert:* ein I. geben, gewähren, lesen; ein I. mit jmdm. führen, machen; sie hat dies in ihrem letzten I. noch einmal bestätigt. **2. a)** (Soziol.) *gezielte Befragung (von ausgewählten Personen) zu statistischen Zwecken;* **b)** (Psych., Med.) *zu Zwecken der Anamnese u. Diagnose durchgeführte methodische Befragung des Patienten.*

in|ter|vie|wen [...ˈvjuːən] ⟨sw. V.; hat⟩: **1.** *mit jmdm. ein Interview führen:* man hat zu diesem Thema Politiker aller Parteien interviewt. **2.** (ugs.) *jmdn. in einer bestimmten Angelegenheit befragen, ausfragen:* ich werde mal meinen Freund i., vielleicht weiß er ja mehr darüber.

In|ter|vie|wer [...ˈvjuːɐ], der; -s, -: *jmd., der jmdn. interviewt, ein Interview macht.*

In|ter|vie|we|rin, die; -, -nen: w. Form zu ↑Interviewer.

in|ter|zel|lu|lar, in|ter|zel|lu|lär ⟨Adj.⟩ (Biol., Med.): *zwischen den Zellen gelegen; sich zwischen den Zellen abspielend.*

In|ter|zes|si|on, die; -, -en [lat. intercessio = Bürgschaft; Einspruch] (Rechtsspr.): *das Eintreten für die Schuld eines anderen* (z. B. Übernahme einer Bürgschaft).

In|ter|zo|nen|han|del, der (früher): *innerdeutscher Handel zwischen den Zonen* (2 a).

In|ter|zo|nen|ver|kehr, der (früher): vgl. Interzonenhandel.

In|ter|zo|nen|zug, der (früher): *Zug für den Interzonenverkehr:* mit dem I. nach Berlin fahren.

In|thro|ni|sa|ti|on, die; -, -en [mlat. inthronizatio] (bildungsspr.): **a)** *Thronerhebung eines Monarchen:* die I. des Königs; Ü morgen ist die I. (scherzh.; *Amtseinführung*) des neuen Chefs; **b)** *feierliche Einsetzung eines neuen Abtes, Bischofs od. Papstes.*

in|thro|ni|sie|ren ⟨sw. V.; hat⟩ [mlat. inthronizare < griech. enthronízein = auf den Thron setzen, zu: thrónos, ↑Thron] (bildungsspr.): **a)** *einen Monarchen auf den Thron erheben:* der junge König wurde inthronisiert; **b)** *einen neuen Abt, Bischof od. Papst feierlich einsetzen.*

In|thro|ni|sie|rung, die; -, -en: *Inthronisation.*

In|ti|fa|da, die; - [aus arab. intifāḍa = Aufstand, Erhebung]: *palästinensische Widerstandsbewegung in den von Israel besetzten Gebieten.*

in|tim ⟨Adj.⟩ [lat. intimus = innerst, vertrautest, Sup. von: interior, ↑Interieur]: **1.** *sehr nahe u. vertraut (in Bezug auf das persönliche Verhältnis zwischen Menschen):* ein -er Freund; eine -e Freundschaft; ihr Verhältnis ist sehr i.; eine -e *(in vertrautem Kreis stattfindende)* Feier; sie hatten -e *(sehr persönliche)* Dinge zu besprechen. **2.** (verhüll.) *sexuell:* -e Beziehungen mit jmdm. haben; mit jmdm. i. sein, werden *(sexuell verkehren).* **3.** *den Bereich der Geschlechtsorgane betreffend:* -e Körperpflege, Hygiene. **4.** (bildungsspr.) *im Innern eines Menschen verborgen; tief innerlich:* die -sten Wünsche, Sehnsüchte eines Menschen; jmds. -e, -ste Gefühle verletzen. **5.** *bis ins Innerste, bis in die verborgenen Einzelheiten vordringend:* aus einer -en Kenntnis der Verhältnisse heraus urteilen; ein -er Kenner der Barockkunst. **6.** (bildungsspr.) *anheimelnd, gemütlich, privaten Charakter habend:* ein -es Restaurant; -e Beleuchtung; die Atmosphäre in dem Lokal war sehr i.

¹In|ti|ma, die; -, ...mä [zu lat. intima = w. Form von: intimus, ↑intim]: **1.** (Anat.) *innere Schicht der Wandung der Blutgefäße.* **2.** (geh., oft scherzh.) *Vertraute, enge Freundin.*

²In|ti|ma ⟨Pl.⟩ (bildungsspr.): *intime* (1) *Angelegenheiten:* familiäre I.

In|tim|be|reich, der: **1.** *Intimsphäre.* **2.** *Bereich der Geschlechtsorgane:* die Pflege des -s.

In|tim|feind, der: *Person, die jmd. gut kennt u. zu der er aufgrund einer unüberbrückbaren geistigen Gegnerschaft, Konkurrenz auf einem bestimmten Gebiet o. Ä. in einem besonders feindseligen, ablehnenden Verhältnis steht:* für ihn war es eine Gelegenheit, seinem alten I. mal wieder eins auszuwischen.

In|tim|fein|din, die: w. Form zu ↑Intimfeind.

In|tim|hy|gi|e|ne, die: *Körperpflege im Intimbereich* (2).

In|ti|mi: Pl. von ↑Intimus.

In|ti|mi|tät, die; -, -en [wohl < frz. intimité, zu: intime < lat. intimus, ↑intim] (bildungsspr.): **1.** ⟨o. Pl.⟩ **a)** *vertrautes, intimes Verhältnis; Vertrautheit:* zwischen ihnen bestand eine große I.; die I. einer Liebesbeziehung; **b)** *Vertraulichkeit; vertrauliche Angelegenheit:* wir besprachen -en. **2.** ⟨meist Pl.⟩ *sexuelle, erotische Handlung, Berührung, Äußerung:* er flüsterte ihr im Vorübergehen -en zu; sie ließ sich nicht auf -en ein. **3.** ⟨o. Pl.⟩ *anheimelnde, gemütliche, intime Atmosphäre:* das gedämpfte Licht erhöhte die I. des Raumes.

In|tim|ken|ner, der: *jmd., der einen bestimmten Sachbereich, eine Sachlage o. Ä. sehr eingehend, bis in alle Einzelheiten kennt:* er ist ein I. der New Yorker Jazzszene.

In|tim|ken|ne|rin, die: w. Form zu ↑Intimkenner.

In|tim|kennt|nis, die ⟨meist Pl.⟩: **1.** *gute, genaue, eingehende Kenntnis über intime* (1) *Sachverhalte:* der Autor vermarktet in dem Buch seine -se über das Königshaus. **2.** *hoher Sachverstand in einem bestimmten Bereich; große Vertrautheit mit einem Thema o. Ä.:* in seiner Zeit als Gastdozent hat er -se über das dortige universitäre Leben erworben.

In|tim|kon|takt, der: *sexueller Kontakt:* die Krankheit wird unter anderem durch -e übertragen.

In|tim|le|ben, das (verhüll.): *Sexualleben.*

In|tim|part|ner, der: *Sexualpartner.*

In|tim|part|ne|rin, die: w. Form zu ↑Intimpartner.

In|tim|pfle|ge, die: *Intimhygiene.*

In|tim|schmuck, der: *an den Geschlechtsteilen getragener, meist durch Piercing befestigter Schmuck* (2).

In|tim|sphä|re, die (bildungsspr.): *ganz persönlicher Lebensbereich eines Menschen:* die I. des Bürgers muss für den Staat tabu sein; jmds. I. respektieren, schützen, verletzen; Einblick in jmds. I. nehmen; in jmds. I. eindringen.

In|tim|spray, der od. das: *Deodorantspray für den Intimbereich* (2).

In|ti|mus, der; -, ...mi [lat. intimus] (geh., oft scherzh.): *engster Freund, Vertrauter.*

In|tim|ver|kehr, der (verhüll.): *Geschlechtsverkehr.*

In|tim|wä|sche, die: vgl. Intimhygiene.

In|tim|zo|ne, die: *Intimbereich* (2).

in|to|le|ra|bel ⟨Adj.; ...bler, -ste⟩ [lat. intolerabilis, aus: in- = un-, nicht u. tolerabilis, ↑tolerabel] (bildungsspr.): *nicht tolerabel:* eine intolerable Sache, Situation; so ein Verhalten ist einfach i.

in|to|le|rant ⟨Adj.⟩ [frz. intolérant < lat. intolerans (Gen.: intolerantis), aus: in- = un-, nicht u. tolerans, ↑tolerant]: **1.** *nicht tolerant:* eine -e Haltung; ein -er Mensch, Chef; er ist ihr gegenüber sehr i.; sich i. zeigen; sie ist furchtbar i. **2.** (Med.) *nicht widerstandsfähig gegen bestimmte [schädliche] Stoffe:* er ist i. gegen Alkohol.

In|to|le|ranz, die; -, -en [frz. intolérance < lat. intolerantia]: **1.** ⟨o. Pl.⟩ *das Intolerantsein* (1); *Unduldsamkeit:* I. gegenüber Andersdenkenden. **2.** (Med.) *mangelnde Widerstandskraft gegen bestimmte [schädliche] Stoffe.*

In|to|na|ti|on, die; -, -en [zu ↑intonieren]: **1.** (Musik) *(in der Gregorianik) vom Priester, Vorsänger od. Kantor gesungene Anfangsworte eines liturgischen Gesangs, der dann vom Chor od. von der Gemeinde weitergeführt wird.* **2.** (Musik) *präludierende Einleitung in größeren Tonsätzen; kurzes Orgelvorspiel.* **3.** (Musik) *Art der Erzeugung, Formung, Gestaltung eines Tones, der Klangfarbe, des Treffens, Einhaltens o. Ä. eines Tones bei Sängern u. Instrumentalisten:* eine weiche, unsaubere I. **4.** (Musik) *(im Instrumentenbau, besonders bei der Orgel) der Ausgleich der Töne u. ihrer Klangfarben.* **5.** (bes. Sprachw.) *Veränderung des Tones nach Höhe, Dauer, Stärke u. anderen Merkmalen beim Sprechen; Satzmelodie.*

in|to|na|to|risch ⟨Adj.⟩ (Sprachw.): *die Intonation* (5) *betreffend, darauf beruhend.*

in|to|nie|ren ⟨sw. V.; hat⟩ [mlat. intonare = anstimmen, laut ausrufen < lat. intonare = donnern, sich mit donnernder Stimme vernehmen lassen]: **1.** (Musik) **a)** *etw. zu singen od. zu spielen beginnen; anstimmen:* ein Weihnachtslied i.; die Kapelle intonierte die Nationalhymne; **b)** *den Ton angeben:* der Kapellmeister intonierte ein a. **2.** (Musik) *Töne auf einem Instrument od. mit der Stimme in einer bestimmten Tongebung hervorbringen:* sauber, weich i. **3.** (bes. Sprachw.) *mit einer bestimmten Intonation* (5) *sprechen:* er artikuliert und intoniert wie ein gelernter Nachrichtensprecher.

in to|to [lat., zu: totus, ↑total] (bildungsspr.): *im Ganzen; vollständig, insgesamt:* etw. in t. ablehnen, annehmen.

In|to|xi|ka|ti|on, die; -, -en [zu griech. tóxikon = Pfeilgift] (Med.): *Vergiftung.*

in|tra- [lat. intra, eigtl. erstarrter Ablativ eines von inter (↑inter-, Inter-) abgeleiteten Adj.]: drückt in Bildungen mit Adjektiven aus, dass die beschriebene Sache innerhalb von etw. liegt, besteht, stattfindet: intrakonfessionell, -kulturell.

In|tra|da, die; -, ...den, **In|tra|de,** die; -, -n [span. entrada, eigtl. = das Eintreten, zu lat. intrare = hineingehen, eintreten] (Musik): *festliches, feierliches Eröffnungs- od. Einleitungsstück.*

in|tra|mo|le|ku|lar ⟨Adj.⟩ (Chemie): *sich innerhalb der Moleküle vollziehend.*

in|tra|mus|ku|lär ⟨Adj.⟩ (Med.): **a)** *innerhalb des Muskels gelegen;* **b)** *in den Muskel hinein erfolgend:* -e Injektionen; ein Mittel i. spritzen.

In|tra|net, das; -s, -s [zu ↑intra- u. engl. net = Netz]: *Vernetzung von Computersystemen zur Übermittlung von Informationen und Daten zwischen Abteilungen, Filialen, Arbeitsstellen o. Ä. einer Firma, Institution o. Ä.:* diese Informationen findest du im I. [der Firma].

in|tran|si|tiv ⟨Adj.⟩ [spätlat. intransitivus, aus lat. in- = un-, nicht u. spätlat. transitivus, ↑transitiv] (Sprachw.): *(von bestimmten Verben) kein Akkusativobjekt nach sich ziehend u. kein persönliches Passiv bildend; nichtzielend* (z. B. »blühen«).

In|tran|si|ti|vum, das; -s, ...va (Sprachw.): *intransitives Verb.*

in|tra|ute|rin ⟨Adj.⟩ (Med.): *innerhalb der Gebärmutter [liegend, erfolgend].*

In|tra|ute|rin|pes|sar, das (Med.): *in die Gebärmutter eingelegtes Pessar, das der Empfängnisverhütung dient.*

in|tra|va|gi|nal ⟨Adj.⟩ (Med.): *innerhalb der Scheide [gelegen].*

in|tra|ve|nös ⟨Adj.⟩ (Med.): **a)** *innerhalb einer Vene [gelegen, vorkommend];* **b)** *in eine Vene hinein erfolgend:* eine Infusion i. verabreichen (Abk.: i. v.).

in|tra|zel|lu|lar, in|tra|zel|lu|lär ⟨Adj.⟩ (Biol., Med.): *innerhalb der Zellen [gelegen].*

in|tri|gant ⟨Adj.⟩ [frz. intrigant, zu: intriguer, ↑intrigieren] (bildungsspr.): *dazu neigend, Intrigen zu spinnen; ständig auf Intrigen sinnend; Ränke schmiedend, hinterhältig:* ein -er Kerl.

In|tri|gant, der; -en, -en [frz. intrigant] (bildungsspr.): *jmd., der dazu neigt zu intrigieren:* nimm dich vor diesem -en bloß in Acht!

In|tri|gan|ten|tum, das; -s: *charakteristische Haltung eines Intriganten; das Intrigantsein:* in der Partei herrschen Opportunismus und I.

In|tri|gan|tin, die; -, -nen: w. Form zu ↑Intrigant.

In|tri|ge, die; -, -n [frz. intrigue]: **a)** *hinterhältige, heimtückische Machenschaften, mit denen jmd. gegen einen anderen arbeitet, seine Pläne o. Ä. zu durchkreuzen, ihm zu schaden sucht:* eine böswillige, politische I.; -n spinnen, aufdecken, einfädeln; einer I. zum Opfer fallen; **b)** (Literaturw.) *absichtlich herbeigeführte Verwicklung, Zuspitzung eines Konflikts in einer literarischen Handlung, bes. in Tragödie u. Komödie.*

In|tri|gen|spiel, das: *Intrige.*

In|tri|gen|wirt|schaft, die ⟨o. Pl.⟩ (abwertend): *ständiges Intrigieren.*

in|tri|gie|ren ⟨sw. V.; hat⟩ [frz. intriguer < ital. intrigare = verwickeln, verwirren < lat. intricare]: *Intrigen gegen jmdn. inszenieren, anzetteln:* ständig i.; gegen jmdn. i.; er intrigierte beim Chef gegen sie; gegen einen Plan i.

in|trin|sisch ⟨Adj.⟩ [engl. intrinsic < frz. intrinsèque = innerlich < lat. intrinsecus] (Psych., Päd.): *von innen her, aus eigenem Antrieb, durch Interesse an der Sache erfolgend; durch in der Sache liegende Anreize bedingt:* eine -e Motivation.

In|tro, das; -s, -s [engl. intro < lat. intro = hinein, nach innen]: **1.** *einleitendes Musikstück, einleitender Teil eines Musikstücks:* das I. zu einem Song, zu einer Show. **2.** *Vorbemerkung, Einleitung, einleitender Artikel in einer Zeitschrift o. Ä.*

In|tro|duk|ti|on, die; -, -en [lat. introductio = das Einführen] (Musik): **a)** *freier Einleitungssatz vor dem Hauptsatz einer Sonate, Sinfonie od. eines Konzerts;* **b)** *erste Gesangsnummer einer Oper.*

In|tro|i|tus, der; -, - [...tu:s; mlat. introitus < lat. introitus = Eingang, Einzug; Vorspiel, zu: introire = hineingehen]: **a)** *Eingangsgesang [im Wechsel mit Psalmversen] in der* [1]*Messe* (1); **b)** *[im Wechsel gesungene] Eingangsworte od. Eingangslied im evangelischen Gottesdienst.*

In|tro|spek|ti|on, die; -, -en [zu lat. introspectus = das Hineinsehen] (Psych.): *nach innen, auf das eigene Bewusstsein, die seelischen Vorgänge gerichtete Beobachtung.*

in|tro|spek|tiv ⟨Adj.⟩ (Psych.): *in sich hineinschauend, hineinhörend.*

in|tro|ver|tiert ⟨Adj.⟩ [zu lat. intro = hinein, nach innen u. vertere, ↑Vers] (Psych.): *auf das eigene Seelenleben gerichtet, nach innen gekehrt; verschlossen:* ein -er Mensch; sie ist i.

In|tro|ver|tiert|heit, die; -: *das Introvertiertsein; introvertierte Art.*

In|tru|siv|ge|stein, das (Geol.): *in der Erdkruste erstarrtes Magma; Tiefengestein.*

In|tu|i|ti|on, die; -, -en [mlat. intuitio = unmittelbare Anschauung, zu lat. intueri = ansehen, betrachten]: **a)** *das unmittelbare, nicht diskursive, nicht auf Reflexion beruhende Erkennen, Erfassen eines Sachverhalts od. eines komplizierten Vorgangs:* er besitzt eine geniale I.; sich auf seine I. verlassen; **b)** *Eingebung; [plötzliches] ahnendes Erfassen:* die dichterische I.; auf eine I. warten.

in|tu|i|tiv ⟨Adj.⟩: **a)** *auf Intuition* (a) *beruhend:* -es Erfassen; etw. i. spüren; einen Zusammenhang i. erkennen; **b)** *mit Intuition* (b) *erfolgend; Intuition* (b) *besitzend:* ein -er Künstler; er hat eine -e Art zu fotografieren.

in|tus [lat. intus = innen, inwendig, zu: in = in, hinein]: nur in den Verbindungen **etw. i. haben** (ugs.: 1. *etw. begriffen, verstanden haben; sich fest eingeprägt haben:* hast du die Regel jetzt endlich i.?; 2. *etw. gegessen od. getrunken haben:* er hat schon drei Teller Eintopf, einen Liter Wein i.); **einen i. haben** (ugs.; *angetrunken, beschwipst sein*): ich hatte an diesem Abend einen i.

Inu|it: Pl. von ↑Inuk.

Inuk, der; -s, Inuit [eskim. = Mensch]: Selbstbezeichnung der Eskimos.

in|va|lid: ↑invalide.

in|va|li|de, invalid ⟨Adj.⟩ [frz. invalide < lat. invalidus = schwach, krank, aus: in- = un-, nicht u. validus, ↑valid]: *(infolge einer [Kriegs]verwundung, eines Unfalls, einer Krankheit o. Ä.) [dauernd] arbeits-, dienst-, erwerbsunfähig, nicht zu etw. tüchtig:* ein invalider Soldat; er ist seit langen Jahren i.

In|va|li|de, der u. die; -n, -n: *(infolge von Unfall, Verwundung, Krankheit o. Ä.) [dauernd] Arbeits-, Dienst-, Erwerbsunfähige[r]:* I. sein; [im Krieg] I. werden; die Versorgung der -n; zum -n werden.

In|va|li|den|ren|te, die (früher, noch schweiz.): *Rente aus der Invalidenversicherung.*

In|va|li|den|ver|si|che|rung, die (früher, noch schweiz): *staatliche Sozialversicherung gegen die Folgen der Invalidität* (Abk.: IV).

In|va|li|din, die; -, -nen: w. Form zu ↑Invalide.

in|va|li|di|sie|ren ⟨sw. V.; hat⟩: **a)** *für invalide erklären:* er ist invalidisiert; **b)** *invalide machen:* er ist bei einem Unfall invalidisiert worden.

In|va|li|di|tät, die; -: *[dauernde] erhebliche Beeinträchtigung der Arbeits-, Dienst-, Erwerbsfähigkeit.*

in|va|ri|a|bel ⟨Adj.⟩ [aus lat. in- = un-, nicht u. ↑variabel]: *sich nicht verändern lassend; Einwirkungen, Einflüssen o. Ä. gegenüber unveränderlich:* eine invariable mathematische Größe.

in|va|ri|ant ⟨Adj.⟩ [aus lat. in- = un-, nicht u. ↑variant] (bildungsspr., Fachspr.): *bei veränderten Bedingungen unverändert bleibend:* ein -er Begriff; -e Merkmale.

In|va|ri|anz, die; - (bildungsspr., Fachspr.): *Unveränderlichkeit.*

In|va|si|on, die; -, -en [frz. invasion < spätlat. invasio = das Eindringen, Angriff, zu lat. invadere (2. Part.: invasum) = einfallen, eindringen; betreten]: *feindliches Einrücken von militärischen Einheiten in fremdes Gebiet; Einfall:* die I. der Verbündeten; eine I. planen, durchführen; Ü eine I. von Touristen.

In|va|si|ons|krieg, der: *Krieg durch eine Invasion.*

in|va|siv ⟨Adj.⟩ (Med.): **a)** *(von Krebszellen) in das umgebende Bindegewebe hineinwachsend, eindringend:* eine -e Geschwulst; **b)** *(zu diagnostischen Zwecken) in ein Organ eingreifend:* -e Techniken, Untersuchungsmethoden.

In|va|sor, der; -s, ...oren ⟨meist Pl.⟩ [spätlat. invasor]: *Eroberer, eindringender Feind:* die -en konnten zurückgeschlagen werden.

In|va|so|rin, die; -, -nen: w. Form zu ↑Invasor.

In|vek|ti|ve, die; -, -n [mlat. invectiva, zu spätlat. invectivus = schmähend] (bildungsspr.): *mündliche od. schriftliche Äußerung von absichtlich beleidigendem Charakter:* sich in -n gegen jmdn. ergehen; sich gegen jmds. -n zur Wehr setzen.

In|ven|tar, das; -s, -e [lat. inventarium, zu: invenire = (er-, vor)finden; erwerben]: **a)** *Gesamtheit der zu einem Betrieb, Unternehmen, Haus, Hof o. Ä. gehörenden Einrichtungsgegenstände u. Vermögenswerte (einschließlich der Schulden):* das I. eines Geschäfts, eines Hauses; totes I. *(Gegenstände, Mobiliar o. Ä.);* lebendes I. *(Vieh);* (scherzh.:) sie gehört schon zum lebenden I. der Firma; **b)** *Verzeichnis des Besitzstandes eines Unternehmens, Betriebes, Hauses [das neben der Bilanz jährlich zu erstellen ist]:* ein I. aufstellen, erstellen; **c)** *Verzeichnis der Vermögensgegenstände u. Verbindlichkeiten aus einem Nachlass.*

In|ven|tar|auf|nah|me, die: *Bestandsaufnahme des Inventars* (a).

In|ven|ta|ri|sa|ti|on, die; -, -en: *Bestandsaufnahme des Inventars.*

in|ven|ta|ri|sie|ren ⟨sw. V.; hat⟩: *ein Inventar* (a), *den Bestand von etw. aufnehmen:* einen Betrieb, eine Sammlung, jmds. Nachlass i.

In|ven|ta|ri|sie|rung, die; -, -en: *das Inventarisieren.*

In|ven|tar|ver|zeich|nis, das: *das Inventar erfassendes Verzeichnis.*

In|ven|tur, die; -, -en [mlat. inventura]: *Bestandsaufnahme der Vermögensteile u. Schulden eines Unternehmens durch Zählen, Messen, Wiegen o. Ä. anlässlich der Erstellung einer Bilanz:* I. machen; der Laden hat heute wegen I. geschlossen.

In|ven|tur|aus|ver|kauf, der: *Räumungsverkauf zu herabgesetzten Preisen nach der Inventur.*

In|ven|tur|lis|te, die: *Inventar* (b).

In|ven|tur|ver|kauf, der: *Inventurausverkauf.*

in|vers ⟨Adj.⟩ [lat. inversus, adj. 2. Part. von: invertere = umkehren, umwenden] (Fachspr., bildungsspr.): *umgekehrt:* -e Funktion (Math.; *aus einer gegebenen Funktion durch Vertauschung der unabhängigen u. der abhängigen Variablen gewonnene Funktion*).

In|ver|si|on, die; -, -en [lat. inversio = Umkehrung, Umsetzung (der Wörter)]: **1.** (Fachspr., bildungsspr.) *Umkehrung, Umdrehung, Umwandlung.* **2.** (Sprachw.) *Umkehrung der üblichen Wortstellung Subjekt–Prädikat in die Stellung Prädikat–Subjekt* (z. B. ich reise morgen ab; morgen reise ich ab). **3.** (Chemie) *Umwandlung von Rohrzucker in ein Gemisch aus Traubenzucker u. Fruchtzucker.* **4.** (Met.) *Temperaturumkehr an einer atmosphärischen Schicht, an der die normalerweise mit der Höhe abnehmende Temperatur sprunghaft zunimmt.* **5.** (Musik) *Umkehrung der Notenfolge der Intervalle.*

In|ver|si|ons|wet|ter|la|ge, die (Met.): *durch Inversion* (4) *gekennzeichnete Wetterlage.*

In|vert|zu|cker, der: *bei der Inversion* (3) *entstehendes Gemisch aus Traubenzucker u. Fruchtzucker (z. B. im Bienenhonig).*

in|ves|tie|ren ⟨sw. V.; hat⟩ [1 a: viell. unter Einfluss von ital. investire; 2: spätmhd. investieren < mlat. investire < lat. investire = einkleiden, zu: vestis, ↑Weste]: **1. a)** *Kapital langfristig in Sachwerten anlegen:* Geld falsch, sinnvoll, nutzbringend i.; die privaten Unternehmer investieren zu zaghaft; sein Kapital in ein/einem Unternehmen, in ein Projekt, in neue Maschinen i.; die investierten Beträge müssen sich rentieren; **b)** *auf etw. [in reichem Maße] verwenden:* in etw. seine ganze Kraft, viel Zeit i.; er hat in diese Beziehung sehr viel investiert. **2.** (bildungsspr.) *mit den Zeichen der Amtswürde bekleiden, feierlich in ein [geistliches] Amt einsetzen, einführen.*

In|ves|tie|rung, die; -, -en: *das Investieren; das Investiertwerden:* die I. von Kapital.

in|ves|ti|ga|tiv ⟨Adj.⟩ [vgl. engl. investigative = Enthüllungs-, Forschungs-]: *nachforschend, ausforschend; enthüllend, aufdeckend:* -er Journalismus.

In|ves|ti|ti|on, die; -, -en [zu ↑investieren]: **1.** *langfristige Anlage von Kapital in Sachwerten:* private, staatliche, öffentliche, steigende -en; -en in Höhe von 10 Millionen Euro; -en vornehmen. **2.** *Aufwendung, Geldausgabe:* die Anschaffung des CD-Brenners war eine gute I.

In|ves|ti|ti|ons|bank, die (Wirtsch.): *Bank, die Investitionskredite gewährt.*

In|ves|ti|ti|ons|be|reit|schaft, die: *Bereitschaft (von Unternehmen) zu investieren:* eine steigende, sinkende I.

in|ves|ti|ti|ons|freu|dig ⟨Adj.⟩: *zum Investieren* (1 a) *gern bereit; daran interessiert, zu investieren:* -e Unternehmer, Unternehmen.

in|ves|ti|ti|ons|freund|lich ⟨Adj.⟩: *(wirtschaftliche) Investitionen begünstigend, zum Investieren* (1 a) *einladend:* ein -es Klima schaffen.

In|ves|ti|ti|ons|gel|der ⟨Pl.⟩ (Wirtsch.): *Gelder für Investitionen* (1).

In|ves|ti|ti|ons|gut, das ⟨meist Pl.⟩ (Wirtsch.): *Gut, das der Produktion dient* (wie Maschinen, Fahrzeuge, Werkhallen u. Ä.).

In|ves|ti|ti|ons|gü|ter|in|dus|trie, die (Wirtsch.): *Investitionsgüter produzierende Industrie.*

In|ves|ti|ti|ons|haus|halt, der (Wirtsch.): *staatliche Geldmittel für Investitionen* (1).

In|ves|ti|ti|ons|hil|fe, die (Wirtsch.): *Hilfsmaßnahme, Beitrag zur Deckung von Investitionen* (1) *in bestimmten Bereichen der Wirtschaft.*

In|ves|ti|ti|ons|ka|pi|tal, das (Wirtsch.): vgl. Investitionsgelder.

In|ves|ti|ti|ons|kli|ma, das: *allgemeine Stimmung, Einschätzung im Hinblick auf wirtschaftliche Investitionen (in einem Land o. Ä.):* das I. soll durch eine Steuerreform verbessert werden.

In|ves|ti|ti|ons|kos|ten ⟨Pl.⟩ (Wirtsch.): *Kosten für eine bestimmte Investition* (2): hohe, niedrige I.

In|ves|ti|ti|ons|kraft, die (Wirtsch.): *Möglichkeit zu investieren* (1 a): die I. der Gemeinden, der Länder.

In|ves|ti|ti|ons|kre|dit, der (Wirtsch.): *Kredit* (1 a) *zur langfristigen Finanzierung von bestimmten Investitionen* (1).

In|ves|ti|ti|ons|len|kung, die (Wirtsch.): *staatli-*

che Lenkung, Beeinflussung unternehmerischer Investitionstätigkeit: staatliche I.

In|ves|ti|ti|ons|mit|tel ⟨Pl.⟩ (Wirtsch.): vgl. Investitionsgelder.

In|ves|ti|ti|ons|pla|nung, die (Wirtsch.): *Planung von Investitionen* (1) *u. ihrer Durchführung.*

In|ves|ti|ti|ons|pro|gramm, das (Wirtsch.): *in einem Programm zusammengefasste Investitionsvorhaben:* ein mehrjähriges, staatliches I.

In|ves|ti|ti|ons|tä|tig|keit, die ⟨o. Pl.⟩ (Wirtsch.): *wirtschaftliche Aktivität durch Investitionen* (1): eine starke, minimale [private] I.

In|ves|ti|ti|ons|vor|ha|ben, das (Wirtsch.): *Vorhaben, Investitionen* (1) *vorzunehmen.*

In|ves|ti|tur, die; -, -en [mlat. investitura = Einsetzung in ein Amt, eigtl. = Einkleidung, zu: investire, ↑investieren]: **1.** *Einweisung, Einsetzung in ein [geistliches] Amt:* die I. des Pfarrers in der katholischen Kirche; die I. eines Universitätsrektors. **2.** *(im Mittelalter) feierliche Belehnung mit dem Bischofsamt durch den König.* **3.** *(in Frankreich) Bestätigung des Ministerpräsidenten durch die Nationalversammlung.*

In|ves|ti|tur|streit, der ⟨o. Pl.⟩ (hist.): *(im 11./12. Jh.) Streit der deutschen, englischen u. französischen Herrscher mit den Päpsten um die Einsetzung der Bischöfe und Äbte.*

in|ves|tiv ⟨Adj.⟩ [zu ↑investieren] (Wirtsch.): *für Investitionen* (1), *zur produktiven Verwendung bestimmt:* -e Ausgaben, Anlagen; Mittel für -e Zwecke.

In|ves|tiv|lohn, der: *Lohnanteil, der nicht dem Konsum zufließt, sondern zunächst zwangsweise investiv verwendet wird.*

In|vest|ment [...mənt], das; -s, -s [engl. investment, zu: to invest = (Kapital) anlegen]: a) (Bankw.) *Kapitalanlage in Investmentzertifikaten;* b) *Investition* (1).

In|vest|ment|bank, die ⟨Pl. ...banken⟩ (Bankw.): vgl. Investmentgesellschaft.

In|vest|ment|fonds, der (Bankw.): *Sondervermögen einer Kapitalanlagegesellschaft, das in Wertpapieren od. Grundstücken angelegt wird.*

In|vest|ment|ge|schäft, das (Bankw.): *durch Investmentgesellschaften getätigtes Geschäft* (1).

In|vest|ment|ge|sell|schaft, die (Bankw.): *Kapitalanlagegesellschaft, die die eingelegten Gelder in Wertpapieren anlegt.*

In|vest|ment|pa|pier, das (Bankw.): *Investmentzertifikat.*

In|vest|ment|spa|ren, das (Bankw.): *Geldanlage in Investmentzertifikaten.*

In|vest|ment|trust, der (Bankw.): *Investmentgesellschaft.*

In|vest|ment|zer|ti|fi|kat, das (Bankw.): *Zertifikat* (3) *über einen Anteil am Vermögen eines Investmentfonds.*

In|ves|tor, der; -s, ...oren (Wirtsch.): *Person, Firma o. Ä., die investiert, Kapital anlegt; Anleger* (2): die -en halten sich zurzeit zurück.

In|ves|to|rin, die; -, -nen: w. Form zu ↑Investor.

in vi|no ve|ri|tas [lat.] (bildungsspr.): *im Wein liegt Wahrheit.*

In-vi|tro-Be|fruch|tung, In-vi|tro-Fer|ti|li|sa|ti|on, die; -, -en [lat. in vitro = im (Reagenz)glas, zu: vitrum = Glas] (Med.): *künstlich herbeigeführte Verschmelzung einer menschlichen Eizelle mit einer Samenzelle außerhalb des Körpers der Frau.*

in|vol|vie|ren ⟨sw. V.; hat⟩ [lat. involvere (2. Part.: involutum) = hineinwälzen; einwickeln] (bildungsspr.): **1.** *einbegreifen, einschließen:* dieses Vorgehen involviert *(schließt ein, bringt mit sich),* dass man auch mit Unangenehmem rechnen muss. **2.** *an etw. beteiligen, in etw. verwickeln:* jmdn. in ein Attentat i.; der Minister ist [in die/in der Affäre] involviert.

in|wen|dig ⟨Adj.⟩ [mhd. in(ne)wendic, zu ↑wenden]: *sich auf der Innenseite, im Innern befindend; innen:* eine -e Tasche; die Frucht war i. faul; Ü der -e Mensch; -e Erlebnisse; *** etw., jmdn. in- und auswendig kennen** (ugs.; *etw., jmdn. gründlich kennen*).

in|wie|fern ⟨Interrogativadverb⟩: *auf welche Weise (zustande gekommen), in welcher Hinsicht, wieso [überhaupt]:* i. hat sich die Lage geändert?; es sollte ermittelt werden, i. sie verantwortlich sei.

in|wie|weit ⟨Interrogativadverb⟩: *bis zu welchem Grad, in welchem Maß:* i. lässt sich ihre Situation verbessern?; es steht in ihrem Belieben, i. sie diesen Empfehlungen folgen.

In|woh|ner, der; -s, - [mhd. in(ne)woner] (österr.): *Mieter.*

In|woh|ne|rin, die; -, -nen [mhd. inwonerinne]: w. Form zu ↑Inwohner.

In|zah|lung|nah|me, die; -, -n ⟨Pl. selten⟩ (Kaufmannsspr.): *das In-Zahlung-Nehmen:* bei I. eines Gebrauchtwagens gibt der Händler auf den Neuwagen keinen Rabatt.

In|zen|tiv, das; -s, -e [spätlat. incentivum = Reizmittel] (bildungsspr., Fachspr.): *Anreiz, Ansporn.*

In|zest, der; -[e]s, -e [lat. incestum, zu: incestus = unkeusch; blutschänderisch, zu: in- = un-, nicht u. castus, ↑Kaste] (bildungsspr.): *sexuelle Beziehungen zwischen engsten Blutsverwandten:* ein I. zwischen Vater und Tochter, Mutter und Sohn, Bruder und Schwester; [einen] I. begehen; das Verbot des -s.

In|zest|ta|bu, das: *Verbot sexueller Beziehungen zwischen engen Blutsverwandten.*

in|zes|tu|ös ⟨Adj.⟩ [frz. incestueux < spätlat. incestuosus]: *den Inzest betreffend:* eine -e Beziehung zu jmdm. haben.

In|zucht, die; -, -en: *Fortpflanzung unter nahe verwandten Lebewesen:* in der Tier- und Pflanzenzucht beschleunigt I. die Bildung erbmäßig reiner Stämme; die Einwohner des abgelegenen Dorfes waren durch I. degeneriert.

in|züch|tig ⟨Adj.⟩: *auf Inzucht beruhend, Inzucht fördernd.*

in|zwi|schen ⟨Adv.⟩ [mhd. enzwischen, ahd. in zwiskēn = in der Mitte von zweien]: **a)** gibt an, dass etw. in der abgelaufenen Zeit geschehen od. ein bestimmter, noch anhaltender Zustand erreicht ist; *unterdessen:* i. ist das Haus fertig geworden; vor einigen Jahren war er ein überzeugter Pazifist, i. hat er seine Haltung geändert; es geht ihm i. besser; ich kenne euch i. (ugs.; *mittlerweile weiß ich, was ich von euch zu halten habe*); **b)** gibt an, dass etw. gleichzeitig mit etw. anderem geschieht; *währenddessen:* ich muss noch arbeiten, du kannst i. essen; **c)** gibt an, dass etw. bis zu einem zukünftigen Zeitpunkt geschieht; *bis dahin:* es findet erst in zwei Jahren statt, i. bereiten sie sich aber schon darauf vor.

IOC [i:|o:ˈtse:], das; -[s] = International Olympic Committee.

Iod, Io|dat, Io|did usw.: ↑Jod, Jodat, Jodid usw.

IOK [i:|o:ˈka:], das; -[s] = Internationales Olympisches Komitee.

Ion [auch: ˈi:ɔn], das; -s, Ionen [engl. ion < griech. ión = Gehendes, Wanderndes, 1. Part. Neutr. von: iénai = gehen; also eigtl. = wanderndes Teilchen, wie es sich z. B. bei der elektrochemischen Spaltung chemischer Verbindungen zu den Elektroden hinbewegt: gepr. von dem engl. Physiker u. Chemiker M. Faraday (1791–1867)] (Physik, Chemie): *elektrisch geladenes Teilchen, das aus einem neutralen Atom od. Molekül durch Anlagerung od. Abgabe (Entzug) von Elektronen entsteht:* positive, negative -en.

-ion: ↑-ation.

Io|nen|aus|tausch, der (Physik, Chemie): *Austausch positiver od. negativer Ionen einer Elektrolytlösung gegen die entsprechende Menge gleichartiger Ionen.*

Io|nen|aus|tau|scher, der [engl. ion exchanger] (Physik, Chemie): *anorganischer od. organischer Stoff, der aus einer Elektrolytlösung positive od. negative Ionen aufnehmen u. dafür eine entsprechende Menge gleichartiger Ionen abgeben kann (z. B. bei der Wasserenthärtung).*

Io|nen|fal|le, die [LÜ von engl. ion trap] (Elektronik): *Vorrichtung in der Bildröhre eines Fernsehgeräts, die durch Auffangen von Ionen vor dem Bildschirm die Zerstörung der Leuchtsubstanz verhindert.*

Io|nen|strahl, der ⟨meist Pl.⟩ (Physik, Chemie): *aus [rasch] bewegten Ionen bestehender Teilchenstrahl.*

Io|nen|trieb|werk, das (Elektronik): *Triebwerk für Raumfahrzeuge, Satelliten o. Ä., dessen Antriebskraft durch Ionen erzeugt wird, die durch Elektronenstoß in einer Gasentladung entstehen.*

Io|ni|en; -s: Küstenlandschaft Kleinasiens.

Io|ni|er, der; -s, -: Ew.

Io|ni|e|rin, die; -, -nen: w. Form zu ↑Ionier.

Io|ni|sa|ti|on, die; -, -en [engl. ionization, zu: ionize, ↑ionisieren] (Physik, Chemie): *Versetzung von Atomen od. Molekülen in elektrisch geladenen Zustand u. damit Bildung von Ionen durch Anlagerung od. Abspaltung von Elektronen.*

[1]io|nisch ⟨Adj.⟩ [lat. Ionicus < griech. Iōnikós]: **a)** *Ionien, die Ionier betreffend;* **b)** *die Kunst der Ionier betreffend:* -e Säule *(altgriechische Säule mit unterteilter Basis, schlankem, kanneliertem Schaft u. Volutenkapitell unter flacher Deckplatte);* -e Kirchentonart *(auf dem Grundton c stehende Kirchentonart).*

[2]io|nisch ⟨Adj.⟩ [zu ↑Ion] (Chemie): *Ionen enthaltend:* -e Polymere.

io|ni|sie|ren ⟨sw. V.; hat⟩ [nach engl. ionize] (Physik, Chemie): *eine Ionisation an etw. bewirken:* die Strahlung ionisiert beim Durchgang durch Materie deren Moleküle oder Atome; ionisierende Strahlen können die Erbsubstanz schädigen.

Io|ni|sie|rung, die; -, -en: *das Ionisieren; das Ionisiertwerden.*

Io|no|sphä|re, die ⟨o. Pl.⟩ [zu ↑Ion u. ↑Sphäre]: *äußerste Hülle der Erdatmosphäre.*

Io|ta: ↑Jota.

Io|wa [ˈaɪəwə]; -s: Bundesstaat der USA.

i-Punkt, der; -[e]s, -e: *Punkt auf dem i:* du hast den i-Punkt vergessen; *** bis auf den i-Punkt** *(bis ins Letzte):* etw. bis auf den i-Punkt planen.

IQ [i:ˈku:, auch: aɪˈkju:], der; -[s], -[s]: Intelligenzquotient: sie hat einen IQ von 150.

IQ-Test, der: *Test zur Feststellung des Intelligenzquotienten.*

Ir = Iridium.

IR ® = Interregio®.

ir- [↑in-]: verneint in Bildungen mit Adjektiven, die mit r anlauten, deren Bedeutung: irrational, irregulär, irreversibel.

i. R. = im Ruhestand.

IRA [i:|ɛrˈa:], die; - = Irisch-Republikanische Armee.

Irak; -s, (auch:) der; -[s]: Staat in Vorderasien: nach I./in den I. fahren.

Ira|ker, der; -s, -: Ew.

Ira|ke|rin, die; -, -nen: w. Form zu ↑Iraker.

Ira|ki, der; -[s], -[s] u. die; -, -[s]: Ew.

ira|kisch ⟨Adj.⟩: *den Irak, die Iraker betreffend; zum Irak gehörend, aus dem Irak stammend.*

Iran; -s, (auch:) der; -[s]: Staat in Asien: die Hauptstadt von I./des -s/des I.

Ira|ner, der; -s, -: Ew.

Ira|ne|rin, die; -, -nen: w. Form zu ↑Iraner.

ira|nisch ⟨Adj.⟩: *den Iran, die Iraner betreffend; zum Iran gehörend, aus dem Iran stammend.*

ir|den ⟨Adj.⟩ [mhd., ahd. irdīn, erdīn = aus Erde bestehend; aus gebrannter Erde, aus Ton gefertigt]: *aus gebranntem Ton [gefertigt, hergestellt]:* eine -e Schüssel; ein -es Gefäß; -e Töpfe, Krüge.

Ir|den|wa|re, die: *Tonware:* eine große Auswahl an I.

ir|disch ⟨Adj.⟩ [mhd. irdesch, ahd. irdisc = irden]: **1.** *zum Dasein auf der Welt gehörend:* das -e Leben, Jammertal; -es Glück; -e Güter; -e *(diesseitige)* Freuden; i. gesinnt (geh.; *in seinem Denken auf die Welt bezogen*) sein. **2.** *auf der Erde (als Planet) befindlich; zur Erde als Planet gehörend:* worin unterscheidet sich Mondgestein von -en Gesteinen?

Ire, der; -n, -n: Ew. zu ↑Irland.

ir|gend ⟨Adv.⟩ [mhd. i(e)rgen(t) = irgend(wo), ahd. io wergin = je irgend(wo), zu ↑je, ahd. (h)wār = wo u. einer alten Indefinitpartikel]: **1.** (ugs.) zur Verstärkung der Unbestimmtheit vor »so ein, so etwas«: es ist wieder i. so ein Vertreter an der Tür; er hatte eine Erkältung oder irgend so was. **2.** zur Verstärkung, häufig in bedingenden Gliedsätzen, die durch »wenn, wo, wie, was, wer« eingeleitet werden; *unter irgendwelchen Umständen, irgendwie:* bitte komm, wenn es dir i. möglich ist; er unterstützte sie, solange er i. konnte.

ir|gend|ein ⟨Indefinitpron.⟩: **a)** *ein nicht näher bekannter, aber doch vorhandener od. notwendiger; ein nicht näher bestimmbarer:* i. sonderbares Gefühl haben; aus -em Grund; auf -e Weise; wenn Sie i. Anliegen haben; -er wird immer etwas daran auszusetzen haben; er müsste es besser wissen als i. anderer (*jeder andere*); **b)** *ein beliebiger:* man könnte genauso gut -en anderen [Mitarbeiter] damit beauftragen; sie geben sich keineswegs mit -em Angebot zufrieden; wir haben es hier nicht mit -er Frau zu tun, sondern immerhin mit der First Lady.

ir|gend|ein|mal ⟨Adv.⟩: *irgendwann einmal:* besuchen Sie mich doch i. in Hamburg.

ir|gend|et|was ⟨Indefinitpron.⟩: *eine nicht näher bestimmte Sache:* zieh dir rasch i. über!; i. war nicht in Ordnung; ⟨attr. vor einem Pron. od. subst. Adj.:⟩ können Sie mir i. anderes zeigen?; sollte i. Auffälliges geschehen, gib uns Bescheid.

ir|gend|je|mand ⟨Indefinitpron.⟩: *eine nicht näher bestimmte Person:* war inzwischen i. hier?; i. hatte im Abteil seinen Schirm vergessen; kann mir i. sagen, wo wir hier sind?; es war nicht i. (*irgendein unbekannter, unbedeutender Mensch*), sondern der König von Schweden; für i., -en; für i. anders, i. anderen; mit i., -em; zu i. Fremdem.

ir|gend|wann ⟨Adv.⟩: *zu irgendeinem Zeitpunkt:* i. habe ich es aufgegeben; sie hofft, i. [einmal] doch noch die Genehmigung zu erhalten; i. müssen wir alle sterben.

ir|gend|was ⟨Indefinitpron.⟩ (ugs.): *irgendetwas:* bei der Sache ist i. faul; den Kindern i. zum Anziehen schenken; ist i.? (ugs.; *ist etwas geschehen?; gibt es Probleme?*).

ir|gend|welch ⟨Indefinitpron.⟩: **a)** *irgendwie geartet, aber nicht näher bezeichnet:* -es dummes/dumme Zeug; die Meinung -er kluger/klugen Leute; gibt es -e Fragen, Vorschläge?; es besteht kein Anlass zu -en Befürchtungen; **b)** *beliebig, nicht von besonderer Art:* er gab sich nicht mit -en Zigaretten zufrieden, sondern rauchte eine ganz bestimmte Marke.

ir|gend|wer ⟨Indefinitpron.⟩ (ugs.): **a)** *irgendeiner, irgendjemand:* i. gab mir neulich diesen Tipp; an irgendwem musste er seine Wut auslassen; **b)** *eine beliebige unbekannte Person:* sie war schließlich nicht i.

ir|gend|wie ⟨Adv.⟩: **a)** *auf irgendeine Art, Weise (in der etw. vorhanden ist od. sich realisieren lässt):* man muss ihm i. zu helfen versuchen; i. wird es schon werden; er unterließ es, i. darauf zu reagieren; wir werden es schon i. schaffen; **b)** *in irgendeiner Hinsicht, im Rahmen irgendwelcher Überlegungen:* jmdm. i. bekannt vorkommen, Leid tun; i. möchte er doch, dass ich bleibe; ich fühlte mich i. schuldig; (oft floskelhaft verblasst:) das ist doch i. komisch.

ir|gend|wo ⟨Adv.⟩: **a)** *an irgendeinem Ort, Platz; an irgendeiner Stelle:* er muss es i. [in seinem Zimmer] versteckt haben; sie wollten i. in Italien Urlaub machen; gibt es [hier] i. ein Restaurant?; der Hund läuft nie i. anders hin; **b)** (ugs.) *irgendwie* (b): i. hat er Recht; sie kam mir i. bekannt vor; das ist doch i. alles verrückt, was er da tut.

ir|gend|wo|her ⟨Adv.⟩: **a)** *von irgendeinem Ort, irgendeiner Stelle:* i. ertönte Musik; von i. Verstärkung bekommen; **b)** *durch irgendwelche Umstände:* i. konnte er ein wenig Deutsch.

ir|gend|wo|hin ⟨Adv.⟩: *an irgendeinen Ort, irgendeine Stelle:* er war bereits i. verschwunden; wolltest du noch i. (auch verhüll.; *wolltest du noch zur Toilette*)?

Iri|den, Iri|des: Pl. von ↑Iris (2).

Iri|di|um, das; -s [engl. iridium, zu griech. îris (Gen.: íridos) = Regenbogen; nach den bunten Farben, die einige seiner Salze zeigen]: *silberglänzendes, sehr hartes Metall, das in Legierungen für Platinschmuck, Injektionsnadeln, elektrische Kontakte u. a. verwendet wird (chemisches Element;* Zeichen: Ir).

Irin, die; -, -nen: w. Form zu ↑Ire.

Iris, die; -, - u. Iriden, Irides [griech. îris (Gen.: íridos) = Regenbogen; Regenbogenhaut; Schwertlilie]: **1.** ⟨Pl. Iris⟩ *Schwertlilie.* **2.** ⟨Pl. selten: Iris, auch: Iriden, Irides [...de:s]⟩ (Med.) *Regenbogenhaut des Auges:* eine dunkle I.

irisch ⟨Adj.⟩: *Irland, die Iren betreffend; zu Irland gehörend, aus Irland stammend.*

Irisch-Re|pu|bli|ka|ni|sche Ar|mee, die; -n -: Untergrundorganisation in der Republik Irland u. in Nordirland (Abk.: IRA).

irisch-rö|misch ⟨Adj.⟩: in der Verbindung **-es Bad** (*Heißluftbad*).

Iris|di|a|gno|se, die: *Augendiagnose.*

Irish Cof|fee [ˈaɪrɪʃ ˈkɔfi], der; - -[s], - -s, (auch:) **Irish|cof|fee,** der; -[s], -s [engl., eigtl. = irischer Kaffee]: *Kaffee mit einem Schuss Whiskey u. Schlagsahne.*

Irish Stew [- ˈstju:], das; - -[s], - -s (auch:) **Irishstew,** das; -[s], -s [engl., eigtl. = irisches Eintopfgericht, zu: stew = Eintopf]: *Eintopfgericht aus Hammelfleisch, Weißkohl (auch anderem Gemüse) u. Kartoffeln.*

iri|sie|ren ⟨sw. V.; hat⟩ [frz. iriser, zu griech. îris, ↑Iris]: *in Regenbogenfarben schillern:* die Glaskugel irisiert in verschiedensten Farben; die Wasserstrahlen irisieren in der Sonne; irisierende Seifenblasen.

IRK = Internationales Rotes Kreuz.

Ir|land; -s: **1.** nordwesteuropäische Insel. **2.** Staat auf dieser Insel: die Republik I.

Ir|län|der, der; -s, - (seltener): Ew.

Ir|län|de|rin, die; -, -nen: w. Form zu ↑Irländer.

ir|län|disch ⟨Adj.⟩ (seltener): *irisch.*

Iro|ke|se, der; -n, -n: Angehöriger eines nordamerikanischen Indianerstammes.

Iro|ke|sen|schnitt, der: *Haarschnitt, bei dem der Kopf auf beiden Seiten kahl geschoren wird und in der Mitte ein Streifen bürstenartig hochgekämmter Haare stehen bleibt.*

Iro|ke|sin, die; -, -nen: w. Form zu ↑Irokese.

iro|ke|sisch ⟨Adj.⟩: *die Irokesen betreffend; zu den Irokesen gehörend, von ihnen stammend.*

Iro|nie, die; -, -n ⟨Pl. selten⟩ [lat. ironia < griech. eirōneía = geheuchelte Unwissenheit, Verstellung; Ironie]: **a)** *feiner, verdeckter Spott, mit dem jmd. etw. dadurch zu treffen sucht, dass er es unter dem augenfälligen Schein der eigenen Billigung lächerlich macht:* eine feine, zarte, bittere, verletzende I.; die I. aus jmds. Worten heraushören; etw. mit [unverhüllter] I. sagen; ihre Rede war mit I. gewürzt; ich sage das ohne jede I.; **b)** *paradoxe Konstellation, die einem als Spiel einer höheren Macht erscheint:* die I. einer Situation; I. des Lebens, der Geschichte, des Schicksals.

Iro|ni|ker, der; -s, -: *Mensch mit ironischer Geisteshaltung:* er ist einer der größten I. unter den zeitgenössischen Autoren.

Iro|ni|ke|rin, die; -, -nen: w. Form zu ↑Ironiker.

iro|nisch ⟨Adj.⟩ [lat. ironicus < griech. eirōnikós]: *Ironie enthaltend; voller Ironie:* eine -e Anspielung; mit -em Unterton; sie ist immer leicht i.; diese Bemerkung sollte i. sein; das war natürlich i. gemeint; jmdn. i. finden; i. fragen, lächeln, den Mund verziehen.

iro|ni|sie|ren ⟨sw. V.; hat⟩ [frz. ironiser, zu: ironie < lat. ironia, ↑Ironie]: *einer ironischen Betrachtung unterziehen:* jmdn., sich selbst, ein Problem, eine Schwäche, eine Institution i.

Iro|ni|sie|rung, die; -, -en: *das Ironisieren; das Ironisiertwerden.*

Iron|man [ˈaɪənmæn], der; -s (Sport): *Triathlon über extrem lange Strecken.*

irr: ↑irre (1).

ir|ra|ti|o|nal ⟨Adj.⟩ [lat. irrationalis = unvernünftig, zu lat. in- = un-, nicht u. rationalis, ↑rational] (bildungsspr.): **a)** *mit der Ratio, dem Verstand nicht fassbar; dem logischen Denken nicht zugänglich:* ein -er Glaube; eine -e Mythologie; -er Fremdenhass; -e Ängste; -e Zahlen (Math.; *Zahlen, die nur als unendliche Dezimalbrüche dargestellt werden können*); **b)** *vernunftwidrig:* -e Argumente; eine -e Reaktion; er hat sich völlig i. verhalten.

Ir|ra|ti|o|na|li|tät, die; - (bildungsspr.): *das Irrationale* (a); *irrationale Art:* die I. dieser Ängste.

ir|re ⟨Adj.⟩ [mhd. irre, ahd. irri = verirrt; verwirrt; erzürnt, urspr. = sich schnell, heftig od. ziellos bewegend]: **1. a)** *psychotisch wirkend, verstört:* ein -r Blick; ein -es Grinsen; **b)** (ugs. veraltend) *psychotisch:* ein -r Patient; jmdn. für i. halten; **c)** *in seiner Erregung völlig durcheinander gebracht, wie von Sinnen:* ein -r Schamane; sich wie i. gebärden; er war i. vor Angst, Schmerz. **2.** (salopp) **a)** *vom Üblichen abweichend u. auf unvorhergesehene Weise ausgefallen, merkwürdig:* Las Vegas war für sie eine i. Stadt; es ist schon ein -r Typ!; sie färben sich die Haare in den irrsten Farben; das ist ja i.!; **b)** *sehr groß, stark:* eine i. Angst, Hitze; ein -s Geschrei; ein -r Schmerz; **c)** (intensivierend bei Adj. u. Verben) *sehr, in höchstem Maße, außerordentlich:* es war i. heiß in der Telefonzelle; der Film war i. spannend, komisch.

[1]Ir|re, der u. die; -n, -n ⟨Dekl. ↑Abgeordnete⟩ (ugs. veraltend): *psychotischer Mensch:* ein aus der Anstalt entlaufener -r; wie ein -r lachen; wie ein -r (ugs.; *sehr schnell, sehr viel*) arbeiten; wir gelten als arme I. (salopp; *bedauernswerte, nicht ernst zu nehmende Menschen*).

[2]Ir|re [mhd. irre = Verirrung; Irrfahrt]: in den Wendungen **in die I. gehen** (geh.; 1. *sich verirren:* die Wanderer sind in die I. gegangen. 2. *sich irren:* mit dieser Ansicht gehen sie völlig in die I.); **jmdn. in die I. führen, locken** (geh.; 1. *jmdn. auf einen falschen Weg, in eine falsche Richtung führen, locken:* sie versuchten, die Soldaten in die I. zu locken. 2. *jmdn. irreführen, täuschen:* solche Redner führen das Volk nur in die I.; du darfst dich nicht durch ihre Reden in die I. führen lassen).

ir|re|al ⟨Adj.⟩ [aus lat. ir- (↑in-) = un-, nicht u. ↑real] (bildungsspr.): *unwirklich, nicht wirklich, nicht der Wirklichkeit angehörend od. mit ihr in Zusammenhang stehend:* eine -e Traumwelt; -e Vorstellungen.

Ir|re|a|lis, der; -, ...les [...le:s] (Sprachw.): *Modus des irrealen Wunsches, einer als unwirklich hingestellten Aussage* (z. B. beinahe hätte es einen Unfall gegeben; wenn ich ein Vöglein wär).

Ir|re|a|li|tät, die; - (bildungsspr.): *Nichtwirklichkeit, Unwirklichkeit.*

ir|re|füh|ren ⟨sw. V.; hat⟩: **1.** (selten) *absichtlich auf den falschen Weg bringen:* durch einen falschen Wegweiser führte er seine Verfolger irre. **2.** *[absichtlich] einen falschen Eindruck in jmdm. entstehen lassen; zu einer falschen Annahme verleiten, täuschen:* jmdn. durch falsche Angaben i.; der Gegner sollte durch diese Maßnahme irregeführt werden; eine irregeführte Öffentlichkeit; ⟨häufig im 1. Part.:⟩ eine irreführende Beschriftung, Überschrift; diese Darstellung ist irreführend.

Ir|re|füh|rung, die: *das Irreführen* (2).

ir|re|ge|hen ⟨unr. V.; ist⟩ (geh.): **1.** *in eine falsche Richtung gehen:* Sie können nicht i., wenn Sie sich an die Skizze halten. **2.** *sich irren:* du gehst nicht irre in dieser Vermutung; er ist mit seinem Verdacht irregegangen.

ir|re|gu|lär ⟨Adj.⟩ [spätlat. irregularis = nicht den kirchlichen Regeln gemäß, aus lat. ir- (↑in-) u. spätlat. regularis, ↑regulär]: **a)** *nicht regelmäßig, nicht der Regel entsprechend:* -e Erscheinungen feststellen; **b)** *nicht dem Gesetz entsprechend; ungesetzlich:* sich etw. auf -e Weise beschaffen; -e Truppen (*außerhalb des regulären Heeres* *aufgebotene Verbände wie Freikorps, Partisanen o. Ä.).*

Ir|re|gu|lä|re, der u. die; -n, -n ⟨Dekl. ↑Abgeordnete⟩: *Angehörige[r] irregulärer Truppen.*

Ir|re|gu|la|ri|tät, die; -, -en [spätlat. irregularitas = Ungehorsam, Verstoß gegen die kirchlichen Regeln] (bildungsspr.): *Regellosigkeit; mangelnde Regel-, Gesetzmäßigkeit.*

ir|re|lei|ten ⟨sw. V.; hat⟩ (geh.): **1.** *auf einen falschen Weg führen, falsch leiten:* der Dieb wollte die Polizei i.; irregeleitete Post. **2.** *zu einer falschen Annahme, Auffassung, Verhaltensweise verleiten:* die ähnlich klingende Bezeichnung hat ihn irregeleitet; man sollte sich nicht durch andere i. lassen.

ir|re|le|vant ⟨Adj.⟩ [aus lat. ir- (↑in-) = un-, nicht u. ↑relevant] (bildungsspr.): *in einem bestimmten Zusammenhang unerheblich, ohne Bedeutung:* -e Feststellungen, Merkmale; diese Unterschiede sind in diesem Zusammenhang i.; es ist völlig i., ob er davon gewusst hat oder nicht.

Ir|re|le|vanz, die; - (bildungsspr.): *Unwichtigkeit, Bedeutungslosigkeit in einem bestimmten Zusammenhang.*

ir|re|li|gi|ös ⟨Adj.⟩ [frz. irréligieux < lat. irreligiosus, aus: ir- (↑in-) u. religiosus, ↑religiös] (bildungsspr.): *nicht religiös* (2): ein -er Mensch; die Leute sind dort weitgehend i. [eingestellt].

Ir|re|li|gi|o|si|tät, die; - [kirchenlat. irreligiositas] (bildungsspr.): *irreligiöse Haltung.*

ir|re|ma|chen ⟨sw. V.; hat⟩: *in seiner Auffassung, Überzeugung unsicher machen; an etw. zweifeln lassen:* er wird mich nicht [in meiner Ansicht, in meinem Glauben] i.; lass dich [von ihm, davon] nicht i.; das darf uns nicht i.

ir|ren ⟨sw. V.⟩ [mhd. irren, ahd. irrōn, zu ↑irre]: **1.** ⟨i. + sich; hat⟩ **a)** *etw. fälschlich für wahr od. richtig halten, eine falsche Meinung von jmdm., etw. haben:* er hat sich [in diesem Punkt] gründlich geirrt; du irrst dich [gewaltig], wenn du das denkst; ⟨auch ohne »sich«:⟩ hier irrt der Verfasser; in einem Punkte allerdings irrt der Bericht *(stimmt er nicht);* er ist der neue Chef, wenn ich nicht irre; **R** es irrt der Mensch, solang er strebt (Goethe, Faust I, Vers 317); Irren, (auch:) i. ist menschlich; **b)** *eine Person od. Sache fälschlicherweise für die gesuchte, gemeinte halten, sie mit einer andern verwechseln:* sich im Datum, in der Hausnummer i.; sich in der Person, in jmds. Motiven i.; ich habe mich in dir leider geirrt *(getäuscht);* **c)** *sich um etw. verrechnen:* die Verkäuferin hat sich um 50 Pfennig geirrt; er hat sich in seinen Angaben um einen Tag geirrt. **2.** ⟨ist⟩ **a)** *rastlos umherziehen:* [ziellos] durch die Lande, die Gegend, die Straßen i.; von Ort zu Ort i.; **b)** *(bes. von den Augen) sich suchend, tastend, ziellos hin u. her bewegen:* seine Augen, sein Blick irrte über den Platz; ziellos irrende Blicke.

Ir|ren|an|stalt, die (früher, noch ugs.): *psychiatrische Klinik.*

Ir|ren|haus, das (veraltet, sonst emotional): *psychiatrische Klinik:* solche Menschen wurden früher ins I. gesteckt, gesperrt; ich bin bald reif fürs I. (ugs.; *kann diese Situation kaum noch länger durchstehen*); ein Krach wie im I. (ugs.; *ein wilder Lärm*).

ir|re|pa|ra|bel ⟨Adj.⟩ [lat. irreparabilis]: **a)** *nicht reparabel; nicht rückgängig zu machen:* irreparable Schäden, Defekte; i. geschädigt sein; **b)** *in der Funktion nicht wieder herstellbar:* die durchtrennten Nervenstränge sind i.

Ir|re|pa|ra|bi|li|tät, die; - (bildungsspr.): *Unmöglichkeit, einen Schaden, Fehler o. Ä. wieder auszugleichen.*

ir|re|re|den ⟨sw. V.; hat⟩: *irre* (1 a) *Worte reden.*

Ir|re|sein, das (Med. veraltet): *Psychose.*

ir|re|ver|si|bel ⟨Adj.⟩ [aus lat. ir- (↑in-) = un-, nicht u. ↑reversibel] (Fachspr.): *nicht umkehrbar, nicht rückgängig zu machen:* irreversible technische, chemische, biologische Prozesse; irreversible Schäden.

Ir|re|ver|si|bi|li|tät, die; - (Fachspr.): *Unumkehrbarkeit.*

ir|re|wer|den ⟨unr. V.; ist⟩: *in seiner Auffassung unsicher werden [u. das Vertrauen zu jmdm., in etw. verlieren]:* sie war an ihrem Vorbild, an ihrer Überzeugung irregeworden.

Irr|fahrt, die: *Fahrt, bei der eine Person od. Sache mehrmals in verkehrter Richtung fährt bzw. transportiert wird [ehe sie ans Ziel gelangt]:* die -en des Odysseus; nach einer zweistündigen I. waren wir endlich am Ziel.

Irr|flug, der: vgl. Irrfahrt.

Irr|gang, der: *von hohen Hecken o. Ä. gesäumter, verschlungener Weg in einem Irrgarten.*

Irr|gar|ten, der: *Labyrinth* (1 a): Ü das Programm bietet einen Wegweiser durch den I. Internet.

Irr|gast, der (Zool.): *Tier aus völlig anders geartetem Lebensraum, das zufällig in ein ihm fremdes Gebiet gerät od. dieses zufällig durchquert:* der Kranich kommt hier nur als I. vor.

Irr|glau|be, (seltener:) **Irr|glau|ben,** der: **1.** *falsche Auffassung, der jmd. anhängt; falsche Annahme, von der jmd. ausgeht:* der I., das Teuerste sei das Beste; es ist ein I., dass das Wetter dort immer schlecht sei. **2.** (veraltend) *falscher religiöser Glaube.*

irr|gläu|big ⟨Adj.⟩: *nicht rechtgläubig.*

Irr|gläu|bi|ge, der u. die: *irrgläubiger Mensch.*

ir|rig ⟨Adj.⟩ [mhd. irrec = zweifelhaft; hinderlich, zu ↑irre]: *einen Irrtum darstellend; auf einem Irrtum beruhend u. daher falsch:* eine -e Ansicht, Auffassung, Annahme; seine Auslegung war i., wurde ihm als i. nachgewiesen.

ir|ri|ger|wei|se ⟨Adv.⟩: *auf einem Irrtum beruhend, aufgrund eines Irrtums:* etw. i. annehmen; ich hielt ihn i. für deinen Bruder.

Ir|rig|keit, die; -: *das Irrigsein; irrige Art:* die I. einer Anschauung.

Ir|ri|ta|ti|on, die; -, -en [lat. irritatio] (bildungsspr.): **a)** *auf jmdn., etw. ausgeübter Reiz; Reizung:* die I. verschwand; optische -en; **b)** *das Erregtsein, Verärgerung:* es besteht kein Grund zur I.; **c)** *Verwirrung, Zustand des Verunsichertseins:* seine Äußerung hat zu -en geführt.

ir|ri|tie|ren ⟨sw. V.; hat⟩ [lat. irritare = (auf)reizen, erregen; bes. a: unter Einfluss von ↑irren]: **a)** *in seinem Verhalten, Handeln unsicher machen, verwirren:* das Kichern hinter ihrem Rücken, der Spiegel irritierte sie; eine irritierende Freundlichkeit, Ausdrucksweise, Bemerkung, Beschilderung; sie starrte ihn irritiert an; **b)** *in seinem Tun stören:* der Hund, das Gekreische irritierte mich bei der Arbeit; **c)** *ärgern, ärgerlich machen:* er war über das Verhalten des Ministers irritiert.

Ir|ri|tie|rung, die; -, -en: *Irritation.*

Irr|läu|fer, der: *etw., was [im Zuge der Beförderung] an eine falsche Stelle gelangt ist:* die Post schickt I. in der Regel an den Absender zurück.

Irr|leh|re, die: *falsche Lehre:* er hält die Homöopathie für eine I.

Irr|licht, das ⟨Pl. -er⟩ [wohl wegen der unruhigen Bewegung]: *in sumpfigem Gelände (wahrscheinlich durch Selbstentzündung von Sumpfgas entstehende) sich über dem Boden hin u. her bewegende kleine Flamme (die im Volksglauben mit der Vorstellung von Totengeistern verbunden wird, die in die Irre führen od. Unglück bringen können):* -er flackern im Moor.

irr|lich|tern ⟨sw. V.; hat⟩: *wie ein Irrlicht funkeln, sich hin u. her bewegen:* Fackeln irrlichterten durch die Nacht.

Irr|sinn, der ⟨o. Pl.⟩: **1.** *stark beeinträchtigter Geisteszustand:* Zeichen eines beginnenden -s. **2.** (oft emotional) *Unvernunft, die sich im Handeln od. Verhalten darstellt:* so ein I.!; wann hat dieser I. einmal ein Ende?; es wäre I., dieses Projekt aufzugeben.

irr|sin|nig ⟨Adj.⟩: **1. a)** *geistig so verwirrt, dass die Gedanken keinen Zusammenhang untereinander u. keine Übereinstimmung mit der Wirklichkeit haben:* ein -er Alter; er machte einen -en Eindruck; i. werden; **b)** *aufgrund einer innerlichen Belastung wie von Sinnen seiend, sich verhaltend:* vor Schmerz i. werden; sie gebärdete sich völlig i. vor Angst; er raste wie i. ins Krankenhaus; **c)** (oft emotional) *[in seinem Handeln od. Verhalten] keine Vernunft erkennen lassend; unvernünftig, ohne jeden Verstand; absurd:* ein -er Kerl; eine völlig -e Reaktion, Idee; du bist [ja] i.! **2.** (ugs.) **a)** *unvorstellbar, außerordentlich [groß]; stark:* -e Schmerzen; -es Geschrei; ein -er Preis; ein -es Tempo; **b)** ⟨intensivierend bei Adj. u. Verben⟩ *sehr, in höchstem Maße:* es war i. heiß, komisch; sie freute sich i.

Irr|sin|ni|ge, der u. die; -n, -n ⟨Dekl. ↑Abgeordnete⟩: *jmd., der irrsinnig* (1) *ist.*

Irr|sinns|hit|ze, die (ugs.): *sehr, unerträglich große Hitze:* es herrschte eine I.

Irr|tum, der; -s, ...tümer [mhd. irretuom = Irrglaube, auch schon: Zwistigkeit, Streit, Hindernis, Schaden; Versehen, ahd. irrituom = Irrglaube]: *aus Mangel an Urteilskraft, Konzentration o. Ä. fälschlich für richtig gehaltener Gedanke; falsche Vorstellung, Handlungsweise:* ein großer, kleiner, schwerer, folgenschwerer, verhängnisvoller, gefährlicher, bedauerlicher, trauriger I.; diese Annahme war ein I.; das hat sich als [ein] I. herausgestellt, erwiesen; es ist ein I. zu glauben, dass wir das durchhalten könnten; hier dürfte ein I. vorliegen; [hierbei ist ein] I. ausgeschlossen; ihr ist ein I. *(ein Fehler, ein Versehen)* unterlaufen; seinen I. erkennen, einsehen; Irrtümer *(Fehler, Versehen)* beseitigen, berichtigen; einem I. erliegen, unterliegen, verfallen, aufgesessen sein, huldigen; um einem I. vorzubeugen; seine Behauptung beruht auf einem I.; in einem I. befangen sein; jmdn. über seinen I. aufklären; hier handelt es sich um einen I.; *** im I. sein; sich im I. befinden** *(sich irren):* da bist du im I.; wenn du das glaubst, befindest du dich im I.

irr|tüm|lich ⟨Adj.⟩: *einen Irrtum darstellend, darauf beruhend:* eine -e Behauptung, Entscheidung; er hat die Rechnung i. *(versehentlich)* zweimal bezahlt.

irr|tüm|li|cher|wei|se ⟨Adv.⟩: *aufgrund eines Irrtums, fälschlicherweise:* darum geht es gar nicht, wie man oft i. meint.

Ir|rung, die; -, -en [mhd. irrunge] (dichter.): *Fall, in dem jmd. irrt; Irrtum:* nach allerlei -en und Wirrungen kommt es schließlich doch noch zu einem Happyend.

Irr|weg, der: *falsches, verkehrtes, nicht zum Ziel führendes Verfahren; falsche Methode:* einen I. einschlagen; ich halte diese Politik, diese Methode für einen I.

irr|wer|den: ↑irrewerden.

Irr|wisch, der: **1.** *Irrlicht.* **2. a)** *äußerst lebhaftes, unruhiges Kind:* sie ist immer froh, wenn der kleine I. abends im Bett liegt und schläft; **b)** *unsteter Mensch, Charakter* (2).

Irr|witz, der: *Wahnwitz:* es ist doch ein I., dafür so viel Geld auszugeben.

irr|wit|zig ⟨Adj.⟩: *wahnwitzig:* eine -e Idee.

is-, Is-: ↑iso-, Iso-.

Isar, die; -: rechter Nebenfluss der Donau.

Isar-Athen: scherzh. Bez. für: München.

ISBN [Abk. für: Internationale Standardbuchnummer]: Nummer, die seit 1973 jedes veröffentlichte Buch erhält.

-isch: kennzeichnet in Bildungen mit Substantiven (die häufig gekürzt und/od. erweitert sind) die Zugehörigkeit zu diesen: betreuerisch, merowingisch, zymotechnisch.

Is|chia [ˈɪskja]: italienische Insel.

Ischi|as [auch: ˈɪsçi̯as], der od. das, med. Fachspr.: die; - [lat. ischias < griech. ischiás (Gen.: ischiádos) = Hüftschmerz, zu: ischíon = Hüftgelenk, Hüfte]: *in Anfällen auftretende od. längere Zeit bestehende Hüftschmerzen im Bereich des Ischiasnervs:* I. haben.

Ischi|as|be|schwer|den ⟨Pl.⟩: *durch Ischias verursachte Beschwerden.*

Ischi|as|lei|den, das ⟨o. Pl.⟩: *dauernde Krankheit im Bereich des Ischiasnervs.*

Ischi|as|nerv, der: *vom Bereich des Kreuzbeins an der Hinterseite des Oberschenkels bis in die Kniegegend ziehender Nerv, der die Muskeln des*

I

Ober- und Unterschenkels sowie einen Großteil der Haut des Unterschenkels versorgt.

Ischl: ↑Bad Ischl.

ISDN [iːlɛsdeˈɛn], das; - ⟨meist o. Art.⟩ [Abk. von engl. integrated services digital network = Dienstleister integrierendes digitales (Nachrichten)netz]: *der Datenübermittlung dienendes Kommunikationsnetz, das mithilfe digitaler Übermittlungstechnik einen Fernmeldedienst anbietet, der verschiedene Arten der Kommunikation (wie Sprache, Text, Bild usw.) betrifft.*

ISDN-An|schluss, der: *Anschluss an das Kommunikationsnetz ISDN.*

ISDN-Kar|te, die (EDV): *Steckkarte, die die Verbindung eines Computers mit einem ISDN-Netz ermöglicht.*

ISDN-Netz, das: *ISDN.*

I̱se|grim, der; -s, -e [ahd. Männername Isangrīm, eigtl. = Eisenhelm]: **1.** ⟨o. Pl.⟩ *Wolf (in der Tierfabel).* **2.** (emotional, abwertend) *mürrischer Mensch.*

Is|fa|ha̱n, Ispahan, der; -[s], -s [nach der iran. Stadt Isfahan (früher: Ispahan)]: *feiner, handgeknüpfter Teppich mit Blüten-, Ranken- od. Arabeskenmusterung auf meist beigefarbenem Grund.*

-i|si̱e|ren: 1. drückt in Bildungen mit Substantiven oder Adjektiven aus, dass eine Person oder Sache in einen bestimmten Zustand gebracht wird, zu etw. gemacht wird: afrikanisieren, kapitalisieren, regionalisieren. **2.** drückt in Bildungen mit Substantiven aus, dass eine Person oder Sache mit etw. versehen wird: aromatisieren, computerisieren.

-i|si̱e|rung, die; -, -en: bildet mit Verben auf -isieren die entsprechenden Substantive: Akademisierung, Vietnamisierung.

I̱sis: altägyptische Göttin.

Is|la̱m [auch: ˈɪslam], der; -[s] [arab. islām, eigtl. = völlige Hingabe (an Allah)]: *auf die im Koran niedergelegte Verkündigung des arabischen Propheten Mohammed zurückgehende Religion:* die Welt des -s; vom I. beeinflusste Kunst im spanischen Barock; er ist zum I. übergetreten.

Is|la|ma|ba̱d: Hauptstadt von Pakistan.

is|la̱|misch ⟨Adj.⟩: *zum Islam gehörend; muslimisch:* die -e Religion, Kunst.

is|la|mi|si̱e|ren ⟨sw. V.; hat⟩: *zum Islam bekehren; dem Herrschaftsbereich des Islams einverleiben.*

Is|la|mi|si̱e|rung, die; -, -en: *das Islamisieren; das Islamisiertwerden.*

Is|la|mi̱s|mus, der; -: *dem islamischen Fundamentalismus zugrunde liegende Ideologie.*

Is|la|mi̱st, der; -en, -en: **1.** *Anhänger des Islamismus.* **2.** *jmd., der den Islam wissenschaftlich erforscht.*

Is|la|mi̱s|tin, die; -, -nen: w. Form zu ↑Islamist.

is|la|mi̱s|tisch ⟨Adj.⟩: *den Islamismus betreffend, auf ihm beruhend, von ihm geprägt.*

Is|la̱m|wis|sen|schaft|ler, der: *Islamist* (2).

Is|la̱m|wis|sen|schaft|le|rin, die: w. Form zu ↑Islamwissenschaftler.

I̱s|land; -s: Insel u. Staat im Europäischen Nordmeer.

I̱s|län|der, der; -s, -: Ew.

I̱s|län|de|rin, die; -, -nen: w. Form zu ↑Isländer.

i̱s|län|disch ⟨Adj.⟩: **a)** *Island, die Isländer betreffend; zu Island gehörend, von Island stammend;* **b)** *in der Sprache der Isländer:* sie unterhielten sich i.

I̱s|län|disch, das; -[s] u. ⟨nur mit best. Art.:⟩ **I̱s|län|di|sche,** das; -n: *die isländische Sprache.*

I̱s|land|tief das (Meteor.): *häufig über Island liegendes Tief* (1), *das Einfluss auf das Wetter West- u. Mitteleuropas hat.*

I̱s|mus, der; -, ...men [nach lat. ...ismus = Endung männlicher Substantive, insbesondere mit der Bed.: Lehrmeinung, Richtung; vgl. engl. ism] (abwertend): *bloße Theorie; (häufig vorkommende) auf -ismus endende Richtung in Wissenschaft, Kunst o. Ä., von Lehrmeinungen u. Systemen.*

-i̱s|mus, der; -, -ismen: **1.** ⟨o. Pl.⟩ kennzeichnet in Bildungen mit Substantiven (meist Namen) eine Geisteshaltung oder politische Richtung, die von jmdm. stammt, sich von jmdm. herleitet: Thatcherismus, Titoismus; ⟨mit -ian-:⟩ Freudianismus, Kantianismus. **2.** ⟨o. Pl.⟩ kennzeichnet in Bildungen mit Adjektiven die entsprechende Geisteshaltung oder kulturelle, geistige Richtung: Liberalismus, Humanismus. **3.** kennzeichnet in Bildungen mit Adjektiven die entsprechende einzelne Erscheinung, Sache, Handlung o. Ä.: Infantilismus, Provinzialismus.

I̱SO [Abk. von engl. International Standardizing Organization (älterer Name)] = International Organization for Standardization (internationale Normierungsorganisation).

iso-, Iso-, (vor Vokalen auch:) is-, Is- [griech. ísos] ⟨Best. in Zus. mit der Bed.:⟩ *gleich:* isobar, isosmotisch; Isobutan.

Iso|ba̱|re, die; -, -n (Met.): *Verbindungslinie zwischen Orten gleichen Luftdrucks.*

I̱so|glas, das; -es, ...gläser: kurz für ↑Isolierglas.

Iso|la|ti|o̱n, die; -, -en [frz. isolation, zu ↑isolieren]: **1.** *Absonderung, Getrennthaltung [von Kranken, Häftlingen o. Ä.]:* die I. von Typhuskranken. **2. a)** *Vereinzelung eines Individuums innerhalb einer Gruppe; Abkapselung einer Gruppe innerhalb eines sozialen Gefüges:* die großstädtische I.; jmdn. aus der I., in die er geraten ist, herausholen; **b)** *Abgeschnittenheit eines Gebietes (vom Verkehr, von der Kultur o. Ä.):* der totalitäre Staat gerät mehr und mehr in eine kulturelle I. **3. a)** *Abdichtung zur Verhinderung des Durchgangs von Gas, Wärme, Elektrizität, Wasser u. a.:* die I. elektrischer Leitungen, von Wasserrohren; **b)** *Isoliermaterial:* die I. war defekt.

Iso|la|ti|o|ni̱s|mus, der; - [engl. isolationism]: *politische Tendenz, sich vom Ausland abzuschließen u. staatliches Eigeninteresse zu betonen.*

Iso|la|ti|o|ni̱st, der; -en, -en [engl. isolationist]: *Verfechter des Isolationismus.*

Iso|la|ti|o|ni̱s|tin, die; -, -nen: w. Form zu ↑Isolationist.

iso|la|ti|o|ni̱s|tisch ⟨Adj.⟩: *den Isolationismus betreffend, dem Isolationismus entsprechend.*

Iso|la|ti|o̱ns|haft, die: *Haft, bei der die Kontakte des Häftlings zur Außenwelt eingeschränkt od. unterbunden werden.*

Iso|la̱|tor, der; -s, ...o̱ren: **1.** *Stoff, der Elektrizität schlecht od. gar nicht leitet:* Glas und Porzellan sind gute -en. **2. a)** *Material zum Abdichten, Isolieren:* die Hellhörigkeit der Räume wurde durch -en gedämpft; **b)** *Material als Umhüllung u. Stütze für unter Spannung stehende elektrische Leitungen:* die -en von Hochspannungsleitungen.

Iso|li̱e̱r|band, das ⟨Pl. ...bänder⟩: *selbstklebendes Band zum Isolieren elektrischer Leitungen.*

iso|li̱e̱|ren ⟨sw. V.; hat⟩ [frz. isoler < ital. isolare, eigtl. = von allem anderen abtrennen, zur Insel machen, zu: isola = Insel < lat. insula]: **1. a)** *aus bestimmten Gründen streng von anderen, von seiner Gruppe trennen, um jede Berührung, jeden Verkehr auszuschließen:* Häftlinge, an einer Seuche Erkrankte i.; den Gegner politisch zu i. verstehen; ihre Stellung isolierte sie von ihrer Umgebung; sie isolierte sich mehr und mehr [von ihrer Umgebung] *(sonderte sich ... von ihr ab, wich Kontakten aus);* isolierende Sprachen (Sprachw.; *Sprachen, die im Unterschied zu den agglutinierenden u. flektierenden Sprachen die Beziehungen der Wörter im Satz nur durch die Wortstellung ausdrücken, wie z. B. das Chinesische*); isolierte Gruppen; ein kulturell isoliertes *(von der Umwelt abgeschnittenes)* Land; isolierte *(einzelne)* Fälle; etw. isoliert *(ohne Zusammenhang mit anderem)* betrachten; **b)** *etw., was üblicherweise nur in Verbindung mit anderem vorkommt, für einen bestimmten Zweck von dem anderen trennen u. in reiner Form darstellen:* ein Bakteriengift i. **2. a)** *gegen Störungen an elektrischen Leitungen, gegen Temperatur-, Schall- od. Feuchtigkeitseinwirkungen durch entsprechendes Material schützen:* Leitungen, Rohre i.; Zimmerwände i.; **b)** *eine isolierende* (2 a) *Wirkung besitzen:* Styropor isoliert gut [gegen Wärme].

Iso|li̱e̱|rer, der; -s, -: *Facharbeiter der Bauindustrie od. Handwerker, der Rohrleitungen, Geräte, Räume o. Ä. gegen Temperatur-, Schall- od. Feuchtigkeitseinwirkungen schützt* (Berufsbez.).

Iso|li̱e̱|re|rin, die; -, -nen: w. Form zu ↑Isolierer.

Iso|li̱e̱r|glas, das ⟨Pl. ...gläser⟩: *gegen Wärme u. Kälte isolierendes Glas.*

Iso|li̱e̱r|haft, die: *Isolationshaft.*

Iso|li̱e̱r|kan|ne, die: *Kanne mit einer Isolierschicht, durch die das eingefüllte Getränk seine Temperatur über mehrere Stunden hält.*

Iso|li̱e̱r|ma|te|ri|al, das: *Material zum Abdichten, Isolieren.*

Iso|li̱e̱r|mat|te, die: *meist zum Liegen u. Schlafen auf dem Boden verwendete dünnere Unterlage aus Schaumgummi.*

Iso|li̱e̱r|schicht, die: *[für bestimmte Stoffe] undurchlässige, [gegen bestimmte Einflüsse] abschirmende Schicht aus Isoliermaterial.*

Iso|li̱e̱r|sta|ti|on, die: *Abteilung eines Krankenhauses, in der Patienten mit Infektionskrankheiten, seltener auch psychisch Kranke untergebracht werden:* jmdn. auf die I. bringen; auf der I. liegen.

Iso|li̱e̱r|stoff, der: **1.** *Material, das Wärme schlecht leitet u. gegen Kälte od. Wärme schützt:* Glaswolle dient als I. gegen Kälte und Wärme. **2.** *Isolator* (1).

Iso|li̱e̱rt|heit, die; -: *Isolation* (2).

Iso|li̱e̱|rung, die; -, -en: *Isolation (1–3).*

iso|li̱e̱r|ver|glast ⟨Adj.⟩: *mit Isolierverglasung versehen:* -e Fenster.

Iso|li̱e̱r|ver|gla|sung, die: *Verglasung aus Isolierglas.*

Iso|li̱e̱r|zel|le, die: *Gefängniszelle, in der ein Häftling von anderen isoliert ist.*

I̱so|mat|te, die; -, -n: kurz für ↑Isoliermatte.

iso|me̱r ⟨Adj.⟩ [griech. isomerḗs = aus gleichen Teilen bestehend, zu: méros = (An)teil]: **1.** (Chemie) *die Eigenschaft der Isomeren aufweisend.* **2.** (Bot.) *Isomerie* (2) *aufweisend.*

Iso|me̱r, das; -s, -e, **Iso|me̱|re,** das; -n, -n ⟨meist Pl.⟩ (Fachspr.): *chemische Verbindung, die trotz der gleichen Anzahl gleichartiger Atome im Molekül durch deren Anordnung von einer entsprechenden anderen Verbindung hinsichtlich ihrer chemischen u. physikalischen Eigenschaften unterschieden ist.*

Iso|me|ri̱e, die; -: **1.** (Chemie) *Verhaltensweise der Isomeren.* **2.** (Bot.) *gleiche Gliederung in Bezug auf die kreisförmig angeordneten Organe einer Blüte.*

Iso|me|ri|sa|ti|o̱n, Iso|me|ri|si̱e|rung, die; - (Chemie): *Umwandlung einer chemischen Verbindung in eine andere von gleicher Summenformel u. gleicher Molekülgröße.*

Iso|pre̱n, das; -s [Kunstwort]: *flüssiger, ungesättigter Kohlenwasserstoff.*

iso|to̱|nisch ⟨Adj.⟩: **a)** (Chemie) *(von Lösungen) gleichen osmotischen Druck habend:* -e Getränke; **b)** *die gleiche Spannung beibehaltend:* -e Kontraktion (Physiol.; *Muskelkontraktion, bei der die Längenausdehnung der Muskulatur bei gleich bleibender Spannung verkürzt wird*).

Iso|to̱p, das; -s, -e ⟨meist Pl.⟩ [engl. isotope, zu griech. ísos (↑iso-, Iso-) u. tópos = Platz, Stelle, Ort; 1913 gepr. von dem engl. Chemiker F. Soddy (1877–1956)]: *Atomkern, der sich von einem andern des gleichen chemischen Elements nur in seiner Anzahl von Neutronen unterscheidet.*

I̱so|ver|gla|sung, die; -, -en: kurz für ↑Isolierverglasung.

Is|pa|ha̱n: ↑Isfahan.

I̱s|ra|el; -s [lat. Israel < griech. Israḗl < hebr. Yiśra'el; Beiname des Erzvaters Jakob im A. T.]: **1.** *Volk der Juden im Alten Testament:* das Volk I.; die Kinder Israel[s] *(die Israeliten als Nachkommen des Erzvaters Jakob);* der Auszug der Kinder I. **2.** Staat in Vorderasien.

Is|ra|e̱|li, der; -[s], -[s] u. die; -, -[s]: Ew.

is|ra|e|lisch ⟨Adj.⟩: *Israel, die Israelis betreffend; von den Israelis stammend, zu ihnen gehörend.*

Is|ra|e|lit, der; -en, -en [lat. Israelites < griech. Israēlítēs]: *(im A. T.) Angehöriger des Volkes Israel.*

Is|ra|e|li|tin, die; -, -nen: w. Form zu ↑Israelit.

is|ra|e|li|tisch ⟨Adj.⟩: *die Israeliten betreffend, jüdisch:* die -e Kultusgemeinde.

iss, isst: ↑essen.

ist: ↑[1]sein.

Ist, das; -[s], -s: Kurzf. von Istbestand, Iststärke u. a.

-ist, der; -en, -en: **1.** kennzeichnet in Bildungen mit Substantiven oder Verben (Verbstämmen) eine männliche Person, die etw. berufsmäßig od. nur im Augenblick macht oder die mit etw. in irgendeiner Weise zu tun hat: Erstligist, Telefonist. **2.** kennzeichnet in Bildungen mit Namen den Anhänger von jmdm. (Bildungen z. T. ugs.): Kohlist, Reaganist. **3.** kennzeichnet in Bildungen mit Adjektiven auf -istisch bzw. mit Substantiven auf -ismus eine männliche Person, die die entsprechende Einstellung, Geisteshaltung hat: Optimist, Pazifist.

Is|tan|bul: Stadt am Bosporus.

Ist|be|stand, der; -[e]s, Istbestände: *tatsächlicher Warenvorrat, tatsächlich in der Kasse vorhandenes Geld.*

Isth|men: Pl. von ↑Isthmus.

Isth|mus, der; -, ...men [lat. isthmus < griech. isthmós]: *Landenge:* der I. von Korinth.

Is|tri|en; -s: Halbinsel im Adriatischen Meer.

Ist|stär|ke, die; -, -n (Milit.): *tatsächlich vorhandene Anzahl von Soldaten in einer Einheit od. einem Truppenverband.*

Ist|wert, der; -[e]s, -e: *unter vorgegebenen Bedingungen tatsächlich auftretender Wert einer [physikalischen] Größe im Unterschied zum Sollwert.*

Ist|zu|stand, der; -[e]s, ...stände: *zu einem gegebenen Zeitpunkt bestehender [tatsächlicher] Zustand.*

IT = Informationstechnologie.

it. = item.

Ita|ker, der; -s, - [zu ↑Italien] (ugs. abwertend): *Italiener.*

Ita|ke|rin, die; -, -nen: w. Form zu ↑Itaker.

Ita|ler, der; -s, -: Einwohner des antiken Italien.

ita|li|a|ni|sie|ren ⟨sw. V.; hat⟩ [zu lat. Italia = Italien]: *italienisch machen, gestalten.*

Ita|li|a|ni|sie|rung, die; -, -en: *das Italianisieren; das Italianisiertwerden.*

Ita|li|a|nis|mus, der; -, ...men (Sprachw.): **a)** *Übertragung einer für das Italienische charakteristischen sprachlichen Erscheinung auf eine nicht italienische Sprache;* **b)** *Entlehnung aus dem Italienischen (z. B. in der deutschen Schriftsprache in Südtirol).*

Ita|li|a|nist, der; -en, -en: *Romanist, der sich auf die italienische Sprache u. Literatur spezialisiert hat.*

Ita|li|a|nis|tin, die; -, -nen: w. Form zu ↑Italianist.

ita|li|a|nis|tisch ⟨Adj.⟩: *das Gebiet der italienischen Sprache u. Literatur betreffend.*

Ita|li|en; -s: Staat in Südeuropa.

Ita|li|e|ner, der; -s; -: Ew.

Ita|li|e|ne|rin, die; -, -nen: w. Form zu ↑Italiener.

ita|li|e|nisch ⟨Adj.⟩: **a)** *Italien, die Italiener betreffend; von den Italienern stammend, zu ihnen gehörend:* die -e Riviera; -er Salat; ein -es Restaurant; er kocht gern i. *(wie es für die italienische Küche typisch ist);* i. essen gehen; **b)** *in der Sprache der Italiener:* die Oper wurde i. gesungen.

Ita|li|e|nisch, das; -[s]: **a)** *italienische Sprache;* **b)** *italienische Sprache u. Literatur als Lehrfach.*

Ita|li|e|ni|sche, das; -n ⟨nur mit best. Art.⟩: *die italienische Sprache.*

ita|li|e|ni|sie|ren: ↑italianisieren.

Ita|li|enne [...ˈli̯ɛn], die; - [frz. italienne, eigtl. = die Italienische; nach der häufigeren Verwendung in romanischen Ländern]: *Antiqua mit fetten Querstrichen.*

Ita|li|ker: ↑Italer.

ita|lisch ⟨Adj.⟩: *die Italer betreffend, von den Italern stammend, zu ihnen gehörend.*

Ita|lo|ame|ri|ka|ner, der; -s, -: Amerikaner italienischer Abstammung.

Ita|lo|ame|ri|ka|ne|rin, die; -, -nen: w. Form zu ↑Italoamerikaner.

ita|lo|ame|ri|ka|nisch ⟨Adj.⟩: *die Italoamerikaner betreffend.*

Ita|lo|wes|tern, der; -[s], -: *Western mit besonderen, durch italienische Regisseure entwickelten Stilmerkmalen.*

ite|ra|tiv ⟨Adj.⟩ [lat. iterativus] *wiederholend:* -e Aktionsart (Sprachw.; *Aktionsart, die eine häufige Wiederholung von Vorgängen ausdrückt,* z. B. sticheln = immer wieder stechen).

Ite|ra|tiv|bildung, die; -, -en, **Ite|ra|ti|vum,** das; -s, ...va [lat. verbum iterativum] (Sprachw.): *Verb mit iterativer Aktionsart.*

Itha|ka; -s: griechische Insel.

-i|tis, die; - (oft ugs. abwertend): drückt in Bildungen mit Substantiven – seltener mit Verben (Verbstämmen) – aus, dass etw. in fast krankhafter Weise zu oft, zu viel benutzt, getan wird, dass etw. zu sehr in Anspruch genommen wird: Apostrophitis, Substantivitis, Telefonitis.

ITL = internationaler Währungscode für: italienische Lira.

i. Tr. = in der Trockenmasse.

i-Tüp|fel|chen, das: *Zutat, die einer Sache noch die letzte Abrundung gibt:* er hatte alles bis aufs i. *(bis ins kleinste Detail, sehr genau)* vorbereitet.

i-Tüp|ferl, das; -s, -n (österr.): *i-Tüpfelchen.*

i-Tüp|ferl-Rei|ter, der (österr. ugs.): *Pedant.*

IV = Invalidenversicherung (in der Schweiz).

i. v. = intravenös.

i. V., I. V. = in Vertretung; in Vollmacht.

-iv: kennzeichnet in Bildungen mit Substantiven – seltener mit Verben (Verbstämmen) auf -ieren – eine Eigenschaft, Beschaffenheit oder eine Fähigkeit zu etw.: expansiv, impulsiv, produktiv; ⟨mit -at-:⟩ manipulativ, repräsentativ.

Ivo|rer, der; -s, - [eingedeutschte Form von frz. Ivoirien (geb. zur frz. Staatsbez. Côte d'Ivoire)]: Ew. zur ↑[1]Elfenbeinküste.

Ivo|re|rin, die; -, -nen: w. Form zu ↑Ivorer.

ivo|risch ⟨Adj.⟩: *die Côte d'Ivoire, die Ivorer betreffend; zur Côte d'Ivoire gehörend, von der Côte d'Ivoire stammend.*

Iwan, der; -s, -s [nach dem russ. m. Vorn. Iwan = Johannes] (ugs. scherzh., oft abwertend): *Russe:* der I. *(die Russen).*

IWF [iːveːˈɛf], der; -[s] = Internationaler Währungsfonds.

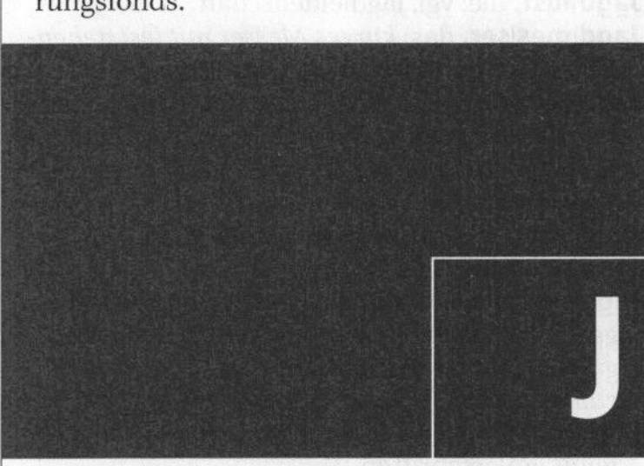

j, J [jɔt, österr.: jeː], das; - (ugs.: -s), - (ugs.: -s) [nach griech. ↑[1]Jota; erst spätmhd., bes. beim Wortanlaut, vom vokalischen I differenziert für den stimmhaften palatalen Reibelaut]: *zehnter Buchstabe des Alphabets, ein [Halb]konsonant:* ein kleines j, ein großes J schreiben.

J = Jod; Joule.

ja ⟨Partikel⟩ [mhd., ahd. jā, H. u.]: **1. a)** drückt eine zustimmende Antwort auf eine Entscheidungsfrage aus: »Kommst du?« – »Ja«; »Habt ihr schon gegessen?« – »Ja«; »Möchten Sie keinen Kaffee?« – »Doch, ja«; ***Ja, (auch:) ja zu etwas sagen** *(einer Sache zustimmen):* zu allen Plänen sagt er ja, aber ob er sie nachher durchführen kann, ist noch sehr die Frage; **b)** drückt in Verbindung mit einem Modaladverb [freudige] Bekräftigung aus: ja gewiss, ja sicher, ja gern; o ja!; aber ja doch! **2.** ⟨betont⟩ nachgestellt bei [rhetorischen] Fragen, auf die eine zustimmende Antwort erwartet wird, als Bitte, Ausdruck leisen Zweifels od. Bestätigung; *nicht wahr?:* du bleibst doch noch ein bisschen, ja?; es wird doch alles in Ordnung sein, ja? **3.** ⟨unbetont⟩ **a)** drückt im Aussagesatz eine resümierende Feststellung aus, weist auf etwas Bekanntes hin od. dient der Begründung für ein nicht explizites Geschehen od. für etw. Allgemeingültiges; *doch; bekanntlich:* ich komme ja schon; das habe ich ja gewusst; du kennst ihn ja; sie kommt ja immer zu spät; so ist das ja nun einmal; er kann sichs ja leisten; **b)** drückt im Aussage-, Ausrufesatz Erstaunen über etw. od. Ironie aus; *wirklich; tatsächlich:* es schneit ja; er hat sich ja mächtig angestrengt; er hat das Spiel ja *(doch tatsächlich)* verloren; da seid ihr ja [endlich]!; das kann ja heiter werden (ugs. iron.; *man wird mit mancherlei Schwierigkeiten o. Ä. rechnen müssen*); das ist [mir] ja eine schöne Bescherung (ugs. iron.; *ist eine höchst unangenehme Sache*)!; **c)** einschränkend, meist in Korrelation mit »aber«; *zwar:* ich möchte ja, aber ich kann nicht; der Wagen ist ja schön, aber viel zu teuer; er mag ja Recht haben. **4.** ⟨betont⟩ in Aufforderungssätzen als Ausdruck dringender Mahnung; *unbedingt, ganz bestimmt; auf jeden/keinen Fall:* lass das ja sein!; erzähl das ja nicht weiter!; zieh dich ja warm an! **5.** ⟨unbetont⟩ zur steigernden Anreihung von Sätzen od. Satzteilen; *mehr noch; sogar; um nicht zu sagen:* ich schätze [ihn], ja verehre ihn. **6.** ⟨betont od. unbetont⟩ **a)** reiht einen Satz an, in dem konzessiv Bezug auf vorangegangene Aussagen od. Gedanken genommen wird; *allerdings:* ja, das waren noch Zeiten!; ja, wenn ich das gewusst hätte!; ja, das wird leider nicht möglich sein; **b)** bestätigt die Berechtigung einer vorangegangenen Frage: Was das soll? Ja, was soll das eigentlich? **7.** ⟨allein stehend⟩ (ugs.) **a)** dient dazu, sich am Telefon zu melden: ja [bitte]? *(wer ist dort?; was wünschen Sie?; hallo!);* **b)** drückt einen Zweifel, eine Frage aus, wenn man etwas nicht verstanden hat od. nicht glauben will: ja? *(wie bitte?; was sagen Sie?; tatsächlich?).*

Ja, das; -[s], -[s]: *zustimmende Antwort auf eine Entscheidungsfrage; Zustimmung:* ein klares Ja; mit Ja stimmen.

Jacht, (seem. auch:) Yacht, die; -, -en [ältere Kurzf. von: Jachtschiff (zu ↑jagen); die Schreibung mit y beruht auf Anlehnung an engl. yacht]: *schnelles [Segel]schiff für Sport, Erholung, Kreuzfahrten u. Ä.:* eine schnittige, elegante, weiße J.

Jacht|klub, der: *Sportklub für Fahrten u. Wettkämpfe mit Segeljachten.*

Jäck|chen, das; -s, -: Vkl. zu ↑Jacke.

Ja|cke, die; -, -n [spätmhd. jacke < afrz. jacque = Waffenrock, wohl zu frz. jacque = Bauer (Spitzname, eigtl. der m. Vorn. Jacques = Jakob), da dieses Kleidungsstück hauptsächlich von Bauern getragen wurde]: *den Oberkörper bedeckender, bis an od. über die Hüfte reichender, meist langärmeliger Teil der Oberbekleidung:* eine leichte, wollene, bunte, pelzgefütterte J.; die J. anbehalten, ausziehen; ***J. wie Hose sein** (ugs.; *einerlei, unerheblich, kein Unterschied sein*); **die J. voll kriegen** (ugs.; ↑Hucke 2); **jmdm. die J. voll hauen** (ugs.; ↑Hucke 2).

Ja|cken|kleid, das: *Kleid mit Jacke aus demselben Stoff.*

Ja|cken|kra|gen, der: *Kragen einer Jacke.*

Ja|cken|ta|sche, die: *Tasche einer Jacke.*

Ja|cket|kro|ne [ˈdʒɛkɪt...], die [engl. jacket crown, aus: jacket = Jacke, Mantel, Umhüllung u. crown = (Zahn)krone] (Med.): *Mantelkrone aus Porzellan od. Kunststoff ohne Unterbau aus Metall.*

Ja|ckett [ʒaˈkɛt], das; -s, -s, seltener: -e [frz. jaquette, zu: jaque = kurzer, enger Männerrock]: *Anzug- od. ähnliche Jacke, Sakko.*

Ja|ckett|ta|sche, die: vgl. Jackentasche.

Jack|pot ['dʒækpɔt], der; -s, -s [engl. jackpot, aus: jack = Bube (im Kartenspiel) u. pot = Einsatz; Topf]: **1.** (Poker) *Einsatz, der in eine gemeinsame Kasse kommt.* **2.** (bes. Toto, Lotto) *[hohe] Gewinnquote, die dadurch entsteht, dass es im Spiel od. in den Spielen vorher keinen Gewinner gegeben hat:* den J. knacken (ugs.; *den Jackpot gewinnen*).

Jac|quard [ʒa'ka:r], der; -[s], -s [nach dem Erfinder der zur Herstellung des Gewebes verwendeten Webmaschine, dem franz. Seidenweber J.-M. Jacquard (1752–1834)]: *auf einer speziellen Webmaschine hergestelltes Gewebe mit großem Muster.*

Jac|quard|ge|we|be, das: *Jacquard.*

Jac|quard|pul|lover, der: *Pullover aus Jacquard.*

Ja|cuz|zi® [engl.: dʒə'ku:zɪ], der; -[s], -s [nach dem Namen der Firma Jacuzzi Bros. Inc., Little Rock (USA)]: *Bassin od. Wanne, in der das Badewasser durch Düsen in sprudelnde Bewegung gebracht wird.*

[1]Ja|de, der; -[s], auch: die; - [frz. jade < span. (piedra de la) ijada = (Stein für die) [1]Weiche (2); Jadestücke wurden als Heilmittel gegen Nierenkoliken angesehen]: *blassgrüner, durchscheinender Schmuckstein.*

[2]Ja|de, die; -: Zufluss der Nordsee.

Ja|de|bu|sen, der; -s: Nordseebucht bei Wilhelmshaven.

ja|de|grün ⟨Adj.⟩: *grün wie [1]Jade, blassgrün.*

Jagd, die; -, -en [mhd. jaget, jagāt, zu ↑jagen]: **1. a)** *das Aufspüren, Verfolgen, Erlegen od. Fangen von Wild:* die J. auf Hasen; auf ein Wild J. machen *(es jagen);* auf der J. sein *(zum Jagen unterwegs sein);* auf die J. *(jagen)* gehen; sie waren auf der J. nach Blauwalen; Ü Wölfe gehen meist nachts auf [die] J.; * **die hohe Jagd** (Jägerspr.; 1. *die Jagd auf Rot-, Dam-, Stein-, Muffel-, Gams-, Schwarz- u. Auerwild sowie auf Bär, Wolf u. Luchs.* 2. *Hochwild;* urspr. Bez. für das jagdbare Wild, das den Fürsten u. adligen Herren vorbehalten war, im Gegensatz zum Wild der niederen Jagd, das nach herrschaftlicher Genehmigung auch von den niederen Schichten gejagt werden durfte; nach Aufhebung der alten Jagdrechte wurden Damwild u. Fasan dem Hochwild hinzugezählt); **die niedere Jagd** (Jägerspr.; *die Jagd auf Rehwild, Hasen, Kaninchen, Murmeltiere, Füchse, Dachse, kleineres Haarraubwild, Flugwild [außer Auerwild] u. Robben*); **b)** *[gesellige] Veranstaltung, bei der eine Gruppe von Jägern auf bestimmtes Wild jagt:* die J. beginnt; jmdn. zur J. einladen. **2.** *Jagdgesellschaft:* die J. bricht auf, reitet vorüber. **3.** *[Wald]revier mit zugehörigem Wildbestand:* eine J. pachten; er ist, befindet sich auf seiner J.; zu dieser J. gehören auch einige fischreiche Gewässer. **4.** *Verfolgung, um jmdn. zu ergreifen od. etw. zu erlangen:* die J. auf einen Verbrecher; J. auf jmdn. machen *(jmdn. verfolgen);* Ü die J. nach Glück, Geld, Besitz, Erfolg.

Jagd|auf|se|her, der: *jmd., der in einem Revier für die Maßnahmen zum Schutz u. zur Hege des Wildes zuständig ist.*

Jagd|aus|flug, der: *Jagd* (1 b).

jagd|bar ⟨Adj.⟩ [mhd. jagebære]: *(nach den jagdrechtlichen Bestimmungen) zur Jagd freigegeben:* -e Tiere, Arten.

Jagd|bar|keit, die; -: *jagdbare Beschaffenheit.*

jagd|be|rech|tigt ⟨Adj.⟩: *berechtigt, in einem bestimmten Gebiet zu jagen.*

Jagd|be|rech|ti|gung, die: *das Jagdberechtigtsein; Berechtigung zur Jagd.*

Jagd|beu|te, die: *auf der Jagd erlegtes Wild.*

Jagd|bom|ber, der (Milit.): *Flugzeug, das sowohl zur Unterstützung des Feldheeres als auch als Jagdflugzeug eingesetzt werden kann.*

Jagd|fie|ber, das ⟨o. Pl.⟩: *leidenschaftlicher Eifer bei der Jagd.*

Jagd|flie|ger, der: *Pilot eines Jagdflugzeugs.*

Jagd|flin|te, die: *für die Jagd benutzte Flinte.*

Jagd|flug|zeug, das (Milit.): *ein- od. zweisitziges, schnelles, wendiges Flugzeug, das Kampfflugzeuge des Gegners angreifen u. Luftangriffe od. Truppenlandungen verhindern soll.*

Jagd|fre|vel, der: *Vergehen gegen die Jagdgesetze* (z. B. Wilddieberei).

Jagd|frev|ler, der: *jmd., der einen Jagdfrevel begeht.*

Jagd|frev|le|rin, die; -, -nen: w. Form zu ↑Jagdfrevler.

Jagd|gast, der: *jmd., der auf Einladung des Eigentümers od. Pächters einer Jagd* (3) *an einer Jagd* (1 b) *teilnimmt.*

Jagd|ge|biet, das: *größeres [mehrere Reviere umfassendes] Gebiet mit durchgehendem Wildbestand.*

Jagd|ge|nos|sen|schaft, die: *Gesamtheit der Eigentümer der Grundflächen, die zu einem gemeinschaftlichen Jagdrevier gehören.*

jagd|ge|recht ⟨Adj.⟩: *der Jagd u. dem jagdlichen Brauchtum gemäß; weidgerecht.*

Jagd|ge|schwa|der, das (Milit.): *[aus mehreren Staffeln bestehender] Verband von Jagdflugzeugen.*

Jagd|ge|sell|schaft, die: *die Teilnehmer an einer Jagd.*

Jagd|ge|setz, das: *Gesetz, das die mit dem Jagdwesen zusammenhängenden Rechtsfragen regelt.*

Jagd|ge|wehr, das: *auf der Jagd verwendetes Gewehr in Form von Flinte od. Büchse.*

Jagd|glück, das: *Erfolg bei der Jagd.*

Jagd|grund, der ⟨meist Pl.⟩: vgl. Jagdrevier: reiche Jagdgründe; * **in die ewigen Jagdgründe eingehen** (verhüll. iron.; *sterben;* nach der mythologischen Vorstellung der nordamerik. Indianer von einem als engl. happy hunting grounds = glückliche Jagdgründe bezeichneten Jenseits); **jmdn. in die ewigen Jagdgründe schicken, befördern** (ugs.; meist als [scherzh.] Drohung gebraucht; *jmdn. töten*).

Jagd|haus, das: *kleines Haus im Wald als Unterkunft bei Jagden.*

Jagd|herr, der: *Eigentümer od. Pächter eines Jagdreviers.*

Jagd|her|rin, die: w. Form zu ↑Jagdherr.

Jagd|horn, das ⟨Pl. ...hörner⟩: *Horn* (3 a), *mit dem bei Treibjagden Signale geblasen werden.*

Jagd|hund, der: *für die Jagd abgerichteter Hund.*

Jagd|hüt|te, die: *kleines Jagdhaus.*

Jagd|lei|den|schaft, die: *große, leidenschaftliche Lust zu jagen, zur Jagd:* die J. hatte ihn gepackt.

jagd|lich ⟨Adj.⟩: *die Jagd betreffend:* -e Einrichtungen, Maßnahmen; -es Schießen; ein j. geschütztes Tier.

Jagd|lied, das: *Lied, dessen Thema die Jagd ist.*

Jagd|lust, die: vgl. Jagdleidenschaft.

Jagd|mes|ser, das: *kurzes Messer mit feststehender Klinge zum Ausweiden des Wildes.*

Jagd|pan|zer, der (Milit.): *Panzerfahrzeug, das mit Geschützen od. Raketen bewaffnet u. hauptsächlich zum Einsatz gegen feindliche Panzer vorgesehen ist.*

Jagd|pech, das: *Misserfolg bei der Jagd.*

Jagd|prü|fung, die: *Jägerprüfung.*

Jagd|recht, das: **1.** *mit der Jagd zusammenhängende rechtliche Bestimmungen.* **2.** *Berechtigung, in einem bestimmten Gebiet die Jagd auszuüben.*

jagd|recht|lich ⟨Adj.⟩: *das Jagdrecht* (1) *betreffend:* -e Vorschriften.

Jagd|ren|nen, das: *Pferderennen über eine Strecke mit Hindernissen.*

Jagd|re|vier, das: *aus Wald-, Feldstücken bestehende jagdliche Einheit.*

Jagd|scha|den, der (Rechtsspr.): *bei der Ausübung der Jagd entstandener Schaden.*

Jagd|schein, der: *Ausweis, in dem die Berechtigung des Inhabers zur Ausübung der Jagd bescheinigt wird:* * **den J. haben** (ugs.; *vom Gericht für unzurechnungsfähig erklärt worden sein;* bezieht sich darauf, dass der Inhaber eines Jagdscheines in seinem Revier tun und lassen kann, was er will): der kann sich das erlauben, er hat ja den J.!

Jagd|schloss, das: vgl. Jagdhaus.

Jagd|sprin|gen, das (Reiten): *als Leistungsprüfung od. Wettbewerb veranstaltetes Springen über bestimmte in Art u. Höhe nach Klassen festgelegte Hindernisse; Springreiten.*

Jagd|staf|fel, die (Milit.): *kleiner Verband von Jagdflugzeugen.*

Jagd|sze|ne, die (Malerei): *bildliche Darstellung eines Geschehens bei der Jagd.*

Jagd|tro|phäe, die: *Geweih, Fell, Gamsbart o. Ä. als Zeichen erfolgreicher Jagd:* an den Wänden hingen zahlreiche -n.

Jagd|ver|band, der: **1.** (Milit.) *Verband von Jagdflugzeugen.* **2.** *Zusammenschluss von Jägervereinen.*

Jagd|waf|fe, die: vgl. Jagdgewehr.

Jagd|we|sen, das ⟨o. Pl.⟩: *alles, was mit der Jagd, ihren Gesetzen, Gebräuchen u. a. zusammenhängt.*

Jagd|wurst, die: *mit Senf u. Knoblauch abgeschmeckte, heiß geräucherte u. gebrühte Wurst.*

Jagd|zau|ber, der (Myth.): *Zauberformel, Ritus, durch den Jagdglück heraufbeschworen od. die Kraft des erlegten Tieres auf den Jäger übertragen werden soll.*

ja|gen ⟨sw. V.⟩ [mhd. jagen, ahd. jagōn; H. u.]: **1.** ⟨hat⟩ **a)** *Wild verfolgen, um es zu töten od. zu fangen:* einen Hirsch j.; er hat in Afrika Löwen gejagt; Wildenten dürfen vom August an gejagt werden; (Jägerspr.:) auf Rebhühner j.; Ü die Katze jagt eine Maus; nach Fischen jagende Kormorane; **b)** *auf die Jagd gehen, die Jagd ausüben:* es ist eine Freude zu j.; j. gehen; mit Pfeil und Bogen j.; * (subst.:) **jmdn. zum Jagen tragen** *(jmdn. dazu bringen, das zu tun, was man von ihm erwarten kann).* **2.** *jmdn. [sehr schnell laufend, fahrend] verfolgen u. versuchen, ihn zu ergreifen* ⟨hat⟩: einen Flüchtling, einen Verbrecher j.; Ü von Todesfurcht gejagt; ein gejagter *(gehetzter, umhergetriebener)* Mensch; ein Gedanke jagt den anderen; die Ereignisse, Katastrophen jagten sich; * **jmdn. mit etw. jagen können** (ugs.; *mit etw. jmds. Widerwillen erregen*): mit Buttermilch kannst du mich j. **3.** ⟨hat⟩ **a)** *in eine bestimmte Richtung treiben:* die Tiere in den Stall j.; Ü (Fußball Jargon:) den Ball ins Netz, in die linke Ecke j.; der Sturm jagte dicke Wolken übers Land; der Anblick jagte mir einen Schauer über den Rücken; **b)** *von irgendwo vertreiben, irgendwohin treiben:* den Hund aus der Küche j.; die Feinde aus dem Land j.; Ü einen korrupten Politiker aus dem Amt j. **4.** (ugs.) *(einen [spitzen] Gegenstand) in etw. hineinstoßen, hineintreiben* ⟨hat⟩: der Arzt hat ihm eine Spritze in den Arm gejagt; es blieb nichts übrig, als dem wütenden Tier eine Kugel in, durch den Kopf zu j. **5.** *sich sehr schnell u. mit Heftigkeit bewegen; eilen, hasten* ⟨ist⟩: sie sind im Laufschritt zum Bahnhof gejagt; er jagte mit Vollgas über die Autobahn; Ü Wolken jagen am Himmel; mit jagendem Atem. **6.** *gierig streben* ⟨hat⟩: nach Abenteuern, nach Glück, Ruhm, Geld j.

Jä|ger, der; -s, - [mhd. jeger(e), ahd. jagar(i)]: **1.** *jmd., der auf die Jagd geht:* ein passionierter J.; der J. muss zugleich Heger sein. **2.** (Milit.) **a)** ⟨Pl.⟩ *Kampftruppe des Heeres, deren [als Scharfschützen ausgebildete] Angehörige aufgrund ihrer Waffen u. Geräte meist zu Fuß für den Kampf mit größtmöglicher Anpassung an das Gelände eingesetzt werden:* er dient bei den -n; **b)** *Angehöriger der Jäger* (2 a): er ist J. im 3. Infanteriebataillon; **c)** (Soldatenspr.) *Jagdflugzeug:* feindliche J. über der Stadt.

Jä|ger|art: in der Verbindung **auf/nach J.** (Gastr.; *[von gebratenem Fleisch, Wild, Geflügel] mit würziger Soße u. Pilzen*).

Jä|ger|ba|tail|lon, das: *zur Waffengattung Infanterie gehörende Kampfeinheit von Scharfschützen.*

Jä|ge|rei, die; - [mhd. jegereie, jagerie]: **1.** *Jagd* (1 a). **2.** *Jagdwesen.* **3.** *Jägerschaft.*

jä|ger|grün ⟨Adj.⟩: *grün wie die Kleidung eines Jägers.*

Jä|ger|hut, der: *meist dunkelgrüner [mit Feder,*

J

Gamsbart o. Ä. geschmückter] Hut, wie ihn Jäger tragen.

Jä|ge|rin, die; -, -nen: w. Form zu ↑Jäger (1).

Jä|ger|la|tein, das [urspr. die Sondersprache der Jäger, die für Laien so unverständlich schien, als wäre es Latein; aus dem Unverständlichen wurde das Unglaubwürdige]: *übertreibende od. erfundene Darstellung eines [Jagd]erlebnisses.*

Jä|ger|prü|fung, die: *amtliche Prüfung als Voraussetzung für die Erteilung des ersten Jagdscheines.*

Jä|ger|schaft, die; -: *die Jäger.*

Jä|ger|schnit|zel, das (Kochk.): *unpaniertes Schnitzel mit einer würzigen Soße u. Pilzen.*

Jä|gers|mann, der ⟨Pl. ...leute⟩ (ugs. veraltend): *Jäger.*

Jä|ger|spra|che, die: *überlieferte Fach- u. Sondersprache für alles mit der Jagd u. dem jagdbaren Wild Zusammenhängende mit eigenen Ausdrücken u. Sonderbedeutungen* (z. B. »Schweiß« für »Blut«).

Ja|ger|tee, der [zu Jager, einer dialektnahen Form von Jäger] (bes. österr., schweiz.): *Tee mit Schnaps o. Ä.*

Jä|ger|zaun, der: *Zaun aus gekreuzten Holzstäben.*

Jag|hund, der (schweiz.): *Jagdhund.*

Ja|gu|ar, der; -s, -e [port. jaguar < Tupi (südamerik. Indianerspr.) jagwár(a) = Fleisch fressendes Tier]: *(in Südamerika heimisches) dem Leoparden sehr ähnliches Raubtier mit meist rötlich gelbem Fell mit schwarzen Ringelflecken [u. dunklen Tupfen darin] u. langem Schwanz.*

jäh ⟨Adj.⟩ [mhd. gæhe, ahd. gāhi, H. u.; die j-Form geht auf mundartl. Ausspr. des anlautenden g- zurück] (geh.): **1.** *plötzlich u. sich mit Heftigkeit vollziehend, ohne dass man darauf vorbereitet war:* ein -es Ende, Erwachen; ein -er Entschluss; ein -er Windstoß; er fand einen -en Tod; j. sprang er auf; das wurde uns allen j. bewusst. **2.** *steil [nach unten abfallend]:* ein -er Abgrund; dort ging es j. in die Tiefe.

Jä|he, die; - [mhd. gæhe = Eile, Ungestüm; steiler Abhang, ahd. gāhi = Eile, Ungestüm] (veraltet): **1.** *Plötzlichkeit.* **2.** *Steilheit.*

Jä|heit: frühere Schreibung für ↑Jähheit.

Jäh|heit, die; -: *Jähe.*

jäh|lings ⟨Adv.⟩ [älter: gählings]: **1.** *plötzlich, in jäher* (1) *Art:* er sprang j. auf; **2.** *steil, in jäher* (2) *Art:* das Wasser stürzt j. in die Tiefe.

Jahr, das; -[e]s, -e [mhd., ahd. jār, viell. urspr. = Gang; Lauf, Verlauf]: **1.** *Zeitraum von zwölf Monaten (in dem während 365 Tagen die Erde die Sonne einmal umläuft):* ein halbes, ganzes J.; das alte und das neue J.; die kommenden -e; das J. der Frau; ein schönes, schweres, ereignisreiches J.; soziales J. *(freiwillige pflegerische, erzieherische od. hauswirtschaftliche ganztägige Hilfstätigkeit von Personen im Alter zwischen 17 und 25 Jahren für die Dauer von 6 bis 12 Monaten bei einem Wohlfahrtsverband, der Kirche usw.);* heiliges J. (*Jubeljahr* 1,2); -e des Schreckens; ein J. voller Aufregung, Anstrengungen, Überraschungen; die -e gingen dahin, vergingen wie im Flug; [viele] -e sind seitdem vergangen; dieses, voriges, letztes, nächstes J.; einige -e im Ausland verbringen; jmdm. ein gutes, gesundes neues J. wünschen; durch den Umzug hatte sie ein J. in der Schule verloren; -e zuvor, später; im letzten, vorigen, nächsten J.; sie fahren jedes [zweite] J. in den Süden; alle halbe[n]/(landsch., bes. md. auch:) aller halben -e sollte man zum Zahnarzt gehen; lange -e [hindurch] war er krank; das ging ein J. lang gut; das ganze J. hindurch; das ist [viele] -e her; J. für/um J. *(jedes Jahr, alljährlich);* Ende des, dieses, nächsten, letzten, vorigen -es; im Laufe des -es, der -e; das Buch, der Mann des -es *(das erfolgreichste Buch, der erfolgreichste Mann des Jahres);* das ist auf -e hinaus festgelegt; in hundert -en; im -e 1000 [nach Christi Geburt]; er betrat diese Gegend sonst in -en *(jahrelang)* nicht; mit den -en *(mit der Zeit);* nach einem/(ugs.:) übers J.; seit [vielen] -en; von J. zu J. *(mit jedem Jahr mehr, weniger, in ständiger Steigerung, Abschwächung);* schon vor [vielen] -en; während des ganzen -es; zwischen den -en (landsch.; *zwischen Weihnachten u. Neujahr od. dem Dreikönigstag*); ohne J. (Buchw.; *ohne Angabe des Erscheinungsjahres;* Abk.: o. J.); *** die sieben fetten/mageren -e** (*gute/schlechte Zeiten;* nach 1. Mos. 41, wo der Traum des Pharaos entsprechend gedeutet wird); **das J. Null** (↑Stunde 2 b); **auf J. und Tag** *(in allen Einzelheiten mit genauem Datum);* **nach/vor J. und Tag** *(nach/vor langer Zeit;* eigtl. alte Rechtsformel; für Verjährungsfristen mussten immer noch einige Tage zugegeben werden, weil die Klage nur zu bestimmten Gerichtsterminen eingereicht werden konnte); **seit J. und Tag** *(seit undenklich langer Zeit; schon immer).* **2.** *Jahr* (1) *in Bezug auf den Einzelnen u. sein Alter:* ein verlorenes J.; die -e der Jugend; unsere -e schwinden dahin; er ist neunzig -e [alt]; das Kind ist kaum älter als drei -e; jung an -en; seine -e *(sein Alter)* spüren; ein Spiel für Kinder bis/über acht -e; Kindern bis zu vierzehn -en ist der Zutritt verboten; für seine achtzig -e *(dafür, dass er schon achtzig ist)* ist er noch erstaunlich rüstig; etw. schon in jungen -en *(als junger Mensch)* gelernt haben; mit den -en *(mit zunehmendem Alter)* ist sie vernünftiger geworden; er ist um -e gealtert *(ist in letzter Zeit durch ein Ereignis o. Ä. sichtlich gealtert);* *** in die -e kommen** (verhüll.; *älter, alt werden*); **in den besten -en** *(in der Blüte des Lebens).*

jahr|aus ⟨Adv.⟩: nur in dem Wortpaar jahraus, jahrein *(jedes Jahr in der gleichen Weise ohne Abwechslung).*

Jahr|buch, das: *jährlich erscheinender Band mit Beiträgen zu einem bestimmten Fachgebiet:* ein statistisches J.; das J. der Schiller-Gesellschaft.

Jähr|chen, das; -s, - (scherzh.): *Jahr:* darauf wirst du noch einige J. warten müssen.

jahr|ein: ↑jahraus.

jah|re|lang ⟨Adj.⟩: *viele Jahre [dauernd, anhaltend]:* -e Unterdrückung; nach -em Warten; er hat sich j. bemüht.

jäh|ren, sich ⟨sw. V.; hat⟩ [mhd. jæren, jāren = mündig, alt werden; alt machen; auf-, hinhalten]: *genau ein Jahr zurückliegen:* heute jährt sich der Tag unserer ersten Begegnung; der Tag seines Todes jährt sich zum fünften Male *(liegt genau fünf Jahre zurück).*

Jah|res|abon|ne|ment, das: *Abonnement für ein Jahr.*

Jah|res|ab|rech|nung, die: *Abrechnung* (2 a) *am Ende eines Geschäftsjahres.*

Jah|res|ab|schluss, der (Wirtsch., Kaufmannsspr.): *Bilanz mit Gewinn-und-Verlust-Rechnung am Ende eines Geschäftsjahres.*

Jah|res|an|fang, der: *Anfang eines Jahres.*

Jah|res|ar|beit, die: *schriftliche Arbeit größeren Umfangs, die von einem Schüler, einer Schülerin od. einem Studenten, einer Studentin im Laufe eines Jahres angefertigt wird.*

Jah|res|ar|beits|zeit, die: *gesamte Arbeitszeit* (1) *innerhalb eines Jahres.*

Jah|res|aus|gleich, der (Steuerw.): *vom Finanzamt vorgenommene Berechnung der für das ganze Jahr zu zahlenden Lohnsteuer u. Erstattung von [infolge wechselnden Monatslohns] zu viel gezahlten Beträgen od. Nachforderung von zu wenig bezahlter Lohnsteuer.*

Jah|res|be|ginn, der: *Jahresanfang.*

Jah|res|bei|trag, der: *Beitrag pro Jahr.*

Jah|res|be|richt, der: *Geschäftsbericht.*

Jah|res|be|samm|lung, die (schweiz.): *Jahresversammlung.*

Jah|res|be|zü|ge ⟨Pl.⟩: vgl. Jahreseinkommen.

Jah|res|bi|lanz, die (Wirtsch., Kaufmannsspr.): *Jahresabschluss.*

Jah|res|bot, Jah|res|bott, das (schweiz.): *jährliche Mitgliederversammlung.*

Jah|res|durch|schnitt, der: *für ein Jahr errechneter Durchschnitt* (1).

Jah|res|ein|kom|men, das: *jährliches Einkommen.*

Jah|res|ein|künf|te, Jah|res|ein|nah|men ⟨Pl.⟩: vgl. Jahreseinkommen.

Jah|res|en|de, das: vgl. Jahresanfang.

Jah|res|etat, der: *für ein Jahr vorgesehener Etat* (1).

Jah|res|frist ⟨o. Art. u. o. Pl., nur in Verbindung mit bestimmten Präpositionen⟩: *Zeitraum eines Jahres:* in/innerhalb/binnen J.; vor J., nach J.

Jah|res|ge|bühr, die: vgl. Jahresbeitrag.

Jah|res|ge|halt, das: *jährliches Gehalt.*

Jah|res|hälf|te, die: *Hälfte eines Jahres:* die erste J.; in der zweiten J.

Jah|res|haupt|ver|samm|lung, die (Wirtsch.): vgl. Hauptversammlung.

Jah|res|höchst, das; -s (Wirtsch. schweiz.): *höchster Stand des Kurses (einer Aktie, Währung o. Ä.) innerhalb eines Jahres.*

Jah|res|kar|te, die: *Eintritts- od. Fahrkarte von einjähriger Gültigkeitsdauer.*

Jah|res|kon|gress, der: *Jahrestagung.*

Jah|res|lauf: in der Fügung **im J.** *(im Verlaufe des Jahres).*

Jah|res|lohn, der: vgl. Jahresgehalt.

Jah|res|mie|te, die: *jährliche Miete.*

Jah|res|mit|tel, das: vgl. Jahresdurchschnitt.

Jah|res|plan, der: *für ein Jahr aufgestellter Plan (für die Produktion von etw., für das Theater, für Veranstaltungen o. Ä.).*

Jah|res|pro|duk|ti|on, die (Wirtsch.): *Produktion* (1) *eines Jahres.*

Jah|res|ra|te, die: *jährlich zu zahlende Rate (für die Tilgung einer Schuld).*

Jah|res|ren|te, die: *in einem Jahr gezahlte, zu zahlende Rente.*

Jah|res|ring, der ⟨meist Pl.⟩ (Bot.): *im Querschnitt des Stammes sichtbare, sich jährlich bildende ringförmige Schicht aus leichterem Früh- u. festem Spätholz bei Bäumen (in gemäßigten Zonen).*

Jah|res|rück|blick, der: *Rückblick auf das zurückliegende Jahr in seinem Ablauf.*

Jah|res|schluss, der: *Jahresende.*

Jah|res|schrift, die: *jährlich erscheinende Zeitschrift.*

Jah|res|soll, das (bes. Wirtsch.): *für ein Jahr geplante [Produktions]leistung:* das J. erreichen.

Jah|res|tag, der: *[feierlich begangener] Tag, an dem sich vor einem od. mehreren Jahren etw. [historisch] Bedeutsames ereignet hat.*

Jah|res|ta|gung, die: *einmal im Jahr stattfindende Konferenz der Mitglieder eines Fachverbandes, einer Institution, Partei o. Ä. mit Vorträgen u. Diskussionen:* die J. der Weltbank in Washington.

Jah|res|tiefst, das; -s (Wirtsch. schweiz.): *tiefster Stand des Kurses (einer Aktie, Währung o. Ä.) innerhalb eines Jahres.*

Jah|res|um|satz, der: *Umsatz einer Firma od. Branche während eines Jahres.*

Jah|res|ur|laub, der: *gesamter Urlaub, der jmdm. während eines Jahres zusteht.*

Jah|res|ver|brauch, der: *Waren- od. Energieverbrauch innerhalb eines Jahres.*

Jah|res|ver|samm|lung, die: *jährlich stattfindende [Mitglieder]versammlung.*

Jah|res|ver|trag, der: *[Arbeits]vertrag, der [vorerst] für ein Jahr gilt:* einen J. [nicht] erneuern.

Jah|res|wa|gen, der: *von einem Mitarbeiter eines Automobilwerkes mit Preisnachlass erworbener neuer Pkw, den dieser erst nach Ablauf eines Jahres veräußern darf.*

Jah|res|wech|sel, der: *Wechsel vom vergangenen zum neuen Jahr:* zum J. die besten Wünsche!

Jah|res|wen|de, die: *Wende von einem Jahr zum nächsten:* um die J. 1976/77.

Jah|res|wirt|schafts|be|richt, der: *dem Bundestag u. Bundesrat von der Bundesregierung jährlich vorgelegter Bericht über die allgemeine wirtschaftliche Entwicklung des letzten Jahres in Deutschland.*

Jah|res|zahl, die: *Zahl, mit der ein Jahr der Zeitrechnung entsprechend bezeichnet wird:* -en [für den Geschichtsunterricht] lernen.

Jah|res|zeit, die: *einer der vier Zeitabschnitte*

Frühling, Sommer, Herbst u. Winter, in die das Jahr eingeteilt ist: die warme, kalte J.; das Wetter ist für die J. zu kalt; * **die fünfte J.** (ugs. scherzh.; *die Karnevalszeit*).

jah|res|zeit|lich ⟨Adj.⟩: *der Jahreszeit entsprechend, durch die Jahreszeit bedingt:* -e Temperaturschwankungen.

Jah|res|zy|klus, der: *periodischer Ablauf, Kreislauf im Rhythmus eines Jahres.*

Jahr|fünft, das; -[e]s, -e: *Zeitraum von fünf Jahren.*

Jahr|gang, der [mhd. järganc = Jahreslauf; Ereignisse im Jahre]: **a)** *in einer Reihe mit andern in einem bestimmten Jahr geborene Personen:* der J. 1900; die reiferen Jahrgänge (verhüll.; *die älteren Menschen*); er ist mein J. *(im selben Jahr wie ich geboren);* einen J. zur Musterung bestellen; **b)** *Wein aus einem bestimmten Jahr:* der 92er Wein soll ein guter J. *(ein Wein aus einem guten Weinjahr)* werden; **c)** *in einem bestimmten Jahr erschienene Folge von Ausgaben einer Zeitung od. Zeitschrift, herausgebrachter Typ, herausgekommene Serie eines bestimmten Erzeugnisses:* von dieser Zeitschrift sind noch einige Jahrgänge lieferbar; ein Modell J. 1950; Abk.: Jg., Pl.: Jgg.

Jahr|gän|ger, der; -s, - (südd., schweiz., westösterr.): *Person eines bestimmten Jahrgangs:* die J. 1970.

Jahr|gän|ge|rin, die; -, -nen (südd., schweiz., westösterr.): w. Form zu ↑Jahrgänger.

Jahr|hun|dert, das; -s, -e: *Zeitraum von hundert Jahren, bes. als Einheit der Zeitrechnung:* das 3. J. vor, nach Christus; ein J. des Schreckens; das J. der Aufklärung; durch die -e; nach fast einem halben J.; im 20., 21. J.; in unserem J.; Abk.: Jh.

Jahr|hun|dert- (emotional verstärkend): drückt in Bildungen mit Substantiven aus, dass etw. – seltener jmd. – als einmalig (in diesem Jahrhundert) angesehen wird, als besonders herausragend und alles andere übertreffend, z. B. Jahrhundertereignis, -hochwasser, -pleite, -projekt, -sommer, -wein.

jahr|hun|der|te|alt ⟨Adj.⟩ *mehrere hundert Jahre alt:* -e Bäume.

jahr|hun|der|te|lang ⟨Adj.⟩: vgl. jahrhundertealt: -e Feindschaft.

Jahr|hun|dert|fei|er, die: *festliche Veranstaltung zum ein-, zweihundertjährigen usw. Bestehen.*

Jahr|hun|dert|hälf|te, die: *Hälfte eines Jahrhunderts:* in der ersten J.

Jahr|hun|dert|mit|te, die: *Mitte eines Jahrhunderts.*

Jahr|hun|dert|wen|de, die: *Wende von einem Jahrhundert zum nächsten:* seit der letzten J.; um die J.

-jäh|rig: in Zusb., z. B. achtjährig (mit Ziffer: 8-jährig; acht Jahre alt, dauernd).

jähr|lich ⟨Adj.⟩ [mhd. jærlich, ahd. jārlīh]: *in jedem Jahr geschehend, erfolgend, fällig:* -e Rentenanpassung; die Zahl der -en Unfälle; bei den -en Abgaskontrollen wird der Vergaser neu eingestellt; im -en Turnus; die Mittel müssen j. neu bewilligt werden; eine Wachstumsrate von j. 3 %.

-jähr|lich: in Zus., z. B. halbjährlich *(jedes halbe Jahr wiederkehrend, stattfindend).*

Jähr|ling, der; -s, -e [mhd. jærlinc = einjähriges Fohlen] (Zool., Landw.): *einjähriges Tier:* das Fohlen ist ein J.

Jahr|markt, der [mhd. järmarket, ahd. iärmarchat]: *ein- od. mehrmals im Jahr stattfindender Markt mit Verkaufsbuden, Karussells o. Ä.:* auf den J. gehen; * **J. der Eitelkeit/der Eitelkeiten** *(Ereignis, bei dem sich bestimmte Personen wichtigtuerisch zur Schau stellen, sich selbstgefällig ins rechte Licht zu rücken suchen;* LÜ von engl. vanity fair).

Jahr|markts|bu|de, die: *Verkaufsbude auf einem Jahrmarkt.*

Jahr|mil|li|o|nen ⟨Pl.⟩: *Millionen von Jahren:* in J.; seit, vor J.

Jahr|ring: ↑Jahresring.

Jahr|tau|send, das: *Zeitraum von tausend Jahren, bes. als Einheit der Zeitrechnung:* das dritte, neue, zu Ende gehende J.

jahr|tau|sen|de|alt ⟨Adj.⟩: vgl. jahrhundertealt.

jahr|tau|sen|de|lang ⟨Adj.⟩: vgl. jahrhundertelang.

Jahr|tau|send|fei|er, die: vgl. Jahrhundertfeier.

Jahr|tau|send|wen|de, die: vgl. Jahrhundertwende.

Jahr|zahl, die (schweiz.): *Jahreszahl.*

Jahr|zehnt, das: *Zeitraum von zehn Jahren, bes. als Einheit der Zeitrechnung:* es dauerte -e, bis es so weit war; in den ersten -en dieses Jahrhunderts; seit wenigen -en; von J. zu J.; während langer -e.

jahr|zehn|te|alt ⟨Adj.⟩: *mehrere, viele Jahrzehnte alt:* -e Maschinen.

jahr|zehn|te|lang ⟨Adj.⟩: *mehrere, viele Jahrzehnte dauernd, anhaltend:* -e Übung; so war es j.

Jah|ve, (ökum.:) **Jah|we** [hebr. yahwẹ, viell. eigtl. = er ist]: Name Gottes im Alten Testament; *Jehova.*

Jäh|zorn, der [spätmhd. gēchzorn, zu ↑jäh]: *plötzlich ausbrechender Zorn, der auf einer Neigung zur Heftigkeit beruht u. durch einen bestimmten Vorfall ausgelöst wird:* in wildem J. zuschlagen; von seinem J. übermannt werden.

jäh|zor|nig ⟨Adj.⟩ [spätmhd. gæchzornig]: *zu Jähzorn neigend; sich in einer Anwandlung von Jähzorn befindend:* ein -er Charakter; j. fuhr er auf.

ja|ja ⟨Gesprächspartikel⟩ (ugs.): **a)** leitet als Seufzer einen Ausspruch bedauernden Inhalts ein: j., es ist eben alles nicht mehr so wie früher; **b)** antwortet auf eine als lästig empfundene Frage, Aufforderung o. Ä.: j., ich bin gleich fertig.

Jak, (Zool. auch:) Yak, der; -s, -s [engl. yak < tib. gyak]: *wild lebendes Rind des zentralasiatischen Hochlands mit schwarzbraunem, dichtem, an den Seiten zottig herabhängendem Fell.*

Ja|kar|ta [dʒaˈkarta]: Hauptstadt von Indonesien.

Ja|kob: in den Wendungen **das ist [auch nicht] der wahre J.** (ugs.; *das ist jetzt [auch nicht gerade] das Richtige;* wahrsch. zurückgehend auf den Apostel Jakobus d. Ä., der der Legende nach in Santiago de Compostela in Spanien begraben liegt, aber von Pilgern oft anderswo an falschen Gräbern gesucht wurde); **billiger J.** (ugs.; *Händler, bei dem die Waren besonders billig sind*): auf dem Jahrmarkt war diesmal kein billiger J.; **den billigen J. abgeben** (ugs.; *als einfache, oberflächliche Begründung, Entschuldigung dienen*).

Ja|ko|bi, das; - (meist o. Art.) [lat. Iacobi, Gen. von: Iacobus]: *Jakobstag:* [an/zu] J. beginnt die Ernte.

Ja|ko|bi|ner, der; -s, - [frz. jacobin, eigtl. = Jakobinermönch, Dominikaner; nach dem Versammlungsort des Klubs, dem ehem. Dominikanerkloster Saint Jacques in Paris]: *Mitglied des radikalsten u. wichtigsten politischen Klubs während der Französischen Revolution.*

Ja|ko|bi|ner|tum, das; -s: *geistige Haltung der Jakobiner.*

ja|ko|bi|nisch ⟨Adj.⟩: *die Jakobiner betreffend.*

Ja|ko|bi|tag, der: *Jakobstag.*

Ja|kobs|lei|ter, die: **1.** ⟨o. Pl.⟩ *Himmelsleiter* (1). **2.** (Seemannsspr.) *[mit Holzsprossen versehene] Strickleiter, die außen am Schiff frei herunterhängen kann.*

Ja|kobs|mu|schel, die [nach der in Darstellungen Jakobs von Compostela (↑Jakob) abgebildeten Muschel, dann nach den von span. Pilgern im MA., die zu seinem Grabe zogen, als Trinkgefäße benutzten Muschelschalen]: *im Mittelmeer u. an der europäischen Atlantikküste vorkommende, essbare Kammmuschel:* gebratene -n.

Ja|kobs|tag, der: *Namenstag des Apostels Jakobus d. Ä. am 25. Juli, an dem nach altem Brauch die Ernte beginnt.*

Ja|ko|bus|brief, der ⟨o. Pl.⟩: angeblich vom Apostel Jakobus geschriebener Brief im Neuen Testament.

Ja|ku|te, der; -n, -n: Angehöriger eines Turkvolkes.

Ja|ku|tin, die; -, -nen: w. Form zu ↑Jakute.

ja|ku|tisch ⟨Adj.⟩: *die Jakuten betreffend, von ihnen stammend, zu ihnen gehörend.*

Ja|lou|set|te [ʒaluˈzɛtə], die; -, -n [französierende Vkl. von ↑Jalousie]: *Jalousie aus Leichtmetall- od. Kunststofflamellen.*

Ja|lou|sie, die; -, -n [frz. jalousie, eigtl. = Eifersucht; die Benennung bezieht sich darauf, dass der eifersüchtige Ehemann seiner Frau zwar gestatten wollte, auf die Straße zu sehen, sie aber nicht den Blicken anderer preisgeben wollte; die Eigenart dieser Vorrichtung ist, den Durchblick von innen nach außen, aber nicht von außen nach innen zuzulassen; wohl nach dem Vorbild der typischen Fenstergitter in orientalischen Harems]: *zum Schutz gegen [zu starke] Sonne u. zur Verdunkelung dienende Vorrichtung am Fenster, die meist aus [verstellbaren] Querleisten (aus Holz, Kunststoff, Leichtmetall o. Ä.) zusammengesetzt u. teilweise od. als Ganzes herunterzulassen ist:* die -n gehen bei Sonneneinstrahlung von selbst herunter; die J. herablassen, hochziehen; durch die Ritzen der -n nach draußen spähen.

Ja|mai|ka; -s: Insel und Staat im Karibischen Meer.

Ja|mai|ka|ner, der; -s, -: Ew.

Ja|mai|ka|ne|rin, die; -, -nen: w. Form zu ↑Jamaikaner.

ja|mai|ka|nisch ⟨Adj.⟩: *Jamaika, die Jamaikaner betreffend.*

Ja|mai|ka|rum, der ⟨o. Pl.⟩: *auf Jamaika od. einer der anderen Antilleninseln aus vergorenem Zuckerrohrsaft durch mehrmaliges Destillieren hergestellter hochprozentiger Rum.*

Ja|mai|ker, der; -s, -: Ew.

Ja|mai|ke|rin, die; -, -nen: w. Form zu ↑Jamaiker.

Jam|be: ↑Jambus.

Jam|ben|dich|tung, die: *vorwiegend Schmäh- u. Spottgedichte umfassende antike Dichtung in meist jambischen Versmaßen.*

jam|bisch ⟨Adj.⟩: *nach der Art des Jambus, in Jamben.*

Jam|bo|ree [dʒæmbəˈriː], das; -[s], -s [engl. jamboree, eigtl. = ziemlich laute (Fest)versammlung, Trinkgelage; seit 1920 Bez. für ein internationales Pfadfindertreffen, H. u.]: **1.** *internationales Pfadfindertreffen.* **2.** *Zusammenkunft zu einer Tanz- od. Unterhaltungsveranstaltung.*

Jam|bus, der; -, Jamben, (seltener:) Jambe, die; -, -n [lat. iambus < griech. íambos]: *Versfuß aus einer kurzen (unbetonten) u. einer folgenden langen (betonten) Silbe:* ein Drama in Jamben.

Jam|mer, der; -s [mhd. jāmer, ahd. jāmar = Traurigkeit, Herzeleid, schmerzliches Verlangen, Substantivierung von ahd. jāmar = traurig, betrübt, urspr. ein Schmerzensruf u. wahrsch. lautm.]: **a)** *Wehklage:* J. und Geschrei wurden laut; ihr J. um das Verlorene war groß; in wilden J. ausbrechen; **b)** *Mitleid erregender, beklagenswerter Zustand:* großer, schwerer, auswegloser J.; der J. der Kreatur; seinen J. herausschreien; das Ausmaß des -s zeigte sich erst allmählich; sie war untröstlich in ihrem J., wusste vor J. nicht aus noch ein; * **ein J. sein** (ugs.; *im Hinblick auf jmdn., etw. äußerst bedauerlich sein*): es wäre ein J., wenn du nicht mitkämst; dass ich nicht eher daran gedacht habe, ist ein J.

Jam|mer|bild, das: *Bild des Jammers* (b), *jammervoller Anblick:* die Stadt bot nach dem Erdbeben ein J.

Jam|mer|ge|schrei, das: *Geschrei aus Jammerlauten.*

Jam|mer|ge|stalt, die: **a)** *jmd., der aufgrund seiner äußeren Erscheinung den Eindruck eines bedauernswerten, elenden, armen Menschen macht:* ausgemergelte -en hockten am Straßenrand; **b)** (ugs. abwertend) *jmd., der bei etw. keine gute Figur macht, dem man keine Leistung zutraut:* mit solchen -en kann keine Partei Wahlen gewinnen.

Jam|mer|lap|pen, der [urspr. = Tuch zum Abwischen der Tränen, dann auf seinen Benutzer übertragen] (ugs. abwertend): *allzu ängstlicher, feiger Mensch, der sich alles gefallen lässt u. nicht aufzubegehren wagt:* dieser elende J. soll endlich mal den Mund aufmachen.

Jam|mer|laut, der: *Laut, Schrei des Schmerzes.*

jäm|mer|lich ⟨Adj.⟩ [mhd. jæmer-, jāmarlich, ahd. jāmarlīh]: **1. a)** *Jammer, großen Schmerz ausdrückend:* -es Weinen; **b)** *[durch fremde Schuld od. eigenes Unvermögen] elend u. beklagenswert:* ein -er Zustand; sie sind j. umgekommen; er sieht j. aus; **c)** *Mitleid erregend ärmlich, dürftig:* in einer -en Dachkammer hausen; j. angezogene Kinder; **d)** (abwertend) *verachtenswert:* ein -er Feigling; sie hat heute j. gespielt. **2. a)** *in seiner unangenehmen Wirkung sehr stark, groß:* eine -e Angst; es herrschte eine ganz -e Kälte; **b)** ⟨intensivierend bei Verben u. Adj.⟩ *sehr, überaus:* j. frieren; ich habe mich j. gelangweilt.

Jäm|mer|lich|keit, die; -, -en: **a)** ⟨o. Pl.⟩ *jämmerliche Art u. Weise, Beschaffenheit;* **b)** (selten) *jämmerliche Tat, jämmerlicher Umstand:* ein Leben voller Schwachheiten und -en.

Jäm|mer|ling, der; -s, -e (ugs. abwertend): *Schwächling; jämmerlicher Kerl.*

jam|mern ⟨sw. V.; hat⟩ [mhd. (j)āmern, ahd. āmarōn, zu ↑Jammer]: **1. a)** *laut klagen; unter Seufzen u. Stöhnen jmdm. seine Schmerzen, seinen Kummer zeigen:* das Kind jammerte viel; sie rieb sich das Knie und jammerte vor sich hin; ⟨subst.:⟩ es gab ein allgemeines Jammern und Klagen; **b)** *über jmdn., etw. laut u. wortreich klagen; seiner Unzufriedenheit über etw. Ausdruck geben:* sie jammern immer und sind mit nichts zufrieden; sie jammerten über ihr Schicksal, über die Kälte; **c)** *in klagendem Ton nach jmdm., etw. verlangen:* die Kinder jammern nach Essen, nach der Mutter; **2.** (geh.) *jmds. Mitleid erregen; jmdm. im Innersten Leid tun:* sie, ihr Elend jammert mich.

jam|mer|scha|de ⟨Adj.⟩: in den Verbindungen **j. sein** (ugs.; *im Hinblick auf jmdn., etw. äußerst bedauerlich sein;* aus der Wendung Jammer und Schade sein): es ist j., dass du das nicht gesehen hast; **um jmdn. ist es j.** (ugs.; *jmd. hätte noch wesentlich mehr erreichen können [wenn er wirklich gewollt hätte od. wenn er nicht durch widrige Umstände daran gehindert worden wäre]*).

Jam|mer|tal, das ⟨o. Pl.⟩ [mhd. jāmertal = Erde, Welt (als Tal des Jammers); Unglück; LÜ von lat. vallis lacrimarum in Ps. 84,7] (geh.): *das Leben auf dieser Welt als Stätte des Unglücks:* das irdische J.

jam|mer|voll ⟨Adj.⟩: **a)** *Jammer, großen Schmerz ausdrückend; jämmerlich* (1 a): -es Weinen, Klagen; **b)** *elend u. beklagenswert; jämmerlich* (1 b): er fand, sein Leben nahm ein -es Ende; **c)** *Mitleid erregend ärmlich, dürftig; jämmerlich* (1 c): die Kinder leben in einer -en Umgebung; in j. aussehenden Häusern.

Jam|ses|sion, (auch:) **Jam-Ses|sion** [ˈdʒæmˈsɛʃən], die; -, -s [engl. jam session, aus: to jam = frei improvisieren u. session, ↑²Session]: *zwanglose Zusammenkunft von Jazzmusikern, bei der aus dem Stegreif gespielt wird (auch als Programmteil von Jazzkonzerten).*

Jams|wur|zel, Yamswurzel, die; -, -n [engl. yam < port. inhame, eigtl. = essbar, urspr. westafrik. Wort]: **a)** *in tropischen Gebieten angebaute rankende Pflanze mit essbaren Wurzelknollen;* **b)** *der Kartoffel ähnliche, große Knolle der Jamswurzel* (a).

Jan. = Januar.

Jang: ↑Yang.

Jang|tse, Jang|tse|ki|ang, der; -[s]: Fluss in China.

Ja|nit|schar, der; -en, -en [türk. yeniçeri, eigtl. = neue Streitmacht; urspr. = Bez. der bevorrechtigten Kriegerklasse im Osman. Reich]: *Soldat einer Kerntruppe des osmanischen Sultans (14.–18. Jh.).*

Ja|nit|scha|ren|mu|sik, die: **1.** *[türkische] Militärmusik mit Trommeln, Becken, Triangel, Schellenbaum o. Ä.:* vom Rhythmus der J. inspirierte Passagen in Mozarts »Entführung aus dem Serail«. **2.** *charakteristisches Instrumentarium, Schlagzeug der Janitscharenmusik* (1).

Jan|ker, der; -s, - [viell. nasaliert aus ↑Jacke, H. u.]: (bes. bayr., österr.) *Trachtenjacke (mit farbigem Besatz u. Horn- od. Metallknöpfen).*

Jän|ner, der; -s, - ⟨Pl. selten⟩ [mhd. jen(n)er < vlat. Ienuarius] (österr., seltener südd., schweiz.): *Januar:* zwischen J. und Juni; am 6. J.

Ja|nu|ar, der; -[s], -e ⟨Pl. selten⟩ [lat. (mensis) Ianuarius, nach ↑Janus (lat. Ianus)]: *erster Monat des Jahres;* Abk.: Jan.

Ja|nus (röm. Myth.): Gott der Türen u. Tore u. des Anfangs (mit zwei in entgegengesetzter Richtung blickenden Gesichtern als Symbol für Zwiespältiges, Widersprüchliches).

Ja|nus|ge|sicht, das: *Januskopf.*

Ja|nus|kopf, der: *Kopf mit zwei Gesichtern als bildliche Darstellung des Janus.*

ja|nus|köp|fig ⟨Adj.⟩: *sich von zwei entgegengesetzten Seiten zeigend; doppelgesichtig* (b).

Ja|nus|köp|fig|keit, die; -: *das Janusköpfigsein.*

Ja|pan; -s: Inselstaat in Ostasien.

Ja|pa|ner, der; -s, -: Ew.

Ja|pa|ne|rin, die; -, -nen: w. Form zu ↑Japaner.

ja|pa|nisch ⟨Adj.⟩: *Japan, die Japaner betreffend.*

Ja|pa|nisch, das; -[s] u. ⟨nur mit best. Art.:⟩ **Ja|pa|ni|sche,** das; -n: *die japanische Sprache.*

Ja|pa|no|lo|ge, der; -n, -n [↑-loge]: *Wissenschaftler auf dem Gebiet der Japanologie.*

Ja|pa|no|lo|gie, die; - [↑-logie]: *Wissenschaft von der japanischen Sprache u. Kultur.*

Ja|pa|no|lo|gin, die; -, -nen: w. Form zu ↑Japanologe.

ja|pa|no|lo|gisch ⟨Adj.⟩: *die Japanologie betreffend.*

Ja|pan|pa|pier, das: *weiches, feines, zähes u. biegsames, handgeschöpftes Papier aus Bastfasern japanischer Pflanzen.*

Ja|pan|sei|de, die: **a)** *feines, sehr dichtes u. gleichmäßiges Seidengewebe in Taftbindung (für Blusen, Kleider, Lampenschirme);* **b)** *feiner Seidenfaden, aus dem die Japanseide* (a) *gewebt wird.*

Japs, der; -es, seltener: -en, -e, seltener: -en (ugs. abwertend): *Japaner.*

jap|sen ⟨sw. V.; hat⟩ [aus dem Niederd. < (m)niederd. gapen = den Mund aufsperren; das j beruht auf mundartl. (md.) Aussprache des g im Anlaut] (ugs.): **a)** *schwer, stoßweise atmen; mit offenem Mund mühsam Luft zu bekommen versuchen:* nach Luft j.; kaum noch j. können *(am Ende seiner Kraft sein);* **b)** *japsend* (a) *sagen, fragen:* »Ich kann nicht mehr«, japste er.

Jap|ser, der; -s, - (ugs.): *japsender Atemzug:* mit einem J. blieb er stehen.

Jar|di|ni|e|re [ʒar..., auch: ...ˈnjɛ:rə], die; -, -n [frz. jardinière, zu: jardin = Garten]: *Schale für [Blüten]pflanzen.*

Jar|gon [ʒarˈgõ:], der; -s, -s [frz. jargon, eigtl. = unverständliches Gemurmel, auch: Vogelgezwitscher; urspr. wohl lautm.]: **a)** *Sondersprache bestimmter durch Beruf, Stand, Milieu geprägter Kreise mit speziellem [umgangssprachlichem] Wortschatz:* der J. der Mediziner; der Berliner J.; **b)** (abwertend) *saloppe, ungepflegte Ausdrucksweise:* er redet im ordinärsten J.

Jarl, der; -s, -s [altnord. jarl, viell. zu jara = Streit, Kampf] (hist.): **a)** *skandinavischer Krieger;* **b)** *skandinavischer Adliger u. Heerführer; königlicher Statthalter einer skandinavischen Landschaft im MA.*

Jar|mul|ke, die; -, -s u. ...ka [jidd. jarmulke, yarmolke < poln. jarmułka]: *Samtkäppchen der Juden.*

Ja|sa|ger, der; -s, - (abwertend): *jmd., der den Plänen, Ansichten o. Ä. (eines Vorgesetzten, Stärkeren) immer sofort zustimmt.*

Ja|sa|ge|rin, die; -, -nen: w. Form zu ↑Jasager.

Jas|min, der; -s, -e [span. jazmín < arab. yāsamīn < pers. yāsaman]: **1.** *(zu den Ölbaumgewächsen gehörender) Zierstrauch mit gelben, weißen od. rosa, selten duftenden Blüten; Winterjasmin.* **2.** *(zu den Steinbrechgewächsen gehörender) Zierstrauch mit weißen, stark duftenden, traubigen Blüten; Falscher Jasmin.*

Jas|pis, der; - u. -ses, (Arten:) -se [mhd. jaspis < lat. iaspis < griech. íaspis]: *undurchsichtiges, intensiv grau, bläulich, gelb, rot od. braun gefärbtes, zum Teil gebändertes Mineral, das als Schmuckstein verwendet wird.*

Jass, der; -es [wahrsch. von schweiz. Söldnern aus den Niederlanden in die Schweiz gebracht; vgl. niederl. gleichbed. jassen]: *bes. in der Schweiz beliebtes Kartenspiel mit 36 Karten für 2–4 Personen.*

jas|sen ⟨sw. V.; hat⟩: *Jass spielen.*

Jas|ser, der; -s, -: *jmd., der Jass spielt.*

Jas|se|rin, die; -, -nen: w. Form zu ↑Jasser.

Jas|set, der, auch: das; -s, -s (schweiz.): *das Jassen.*

Jass|spie|ler, der: vgl. Skatspieler.

Jass|spie|le|rin, die: w. Form zu ↑Jassspieler.

Ja|stim|me, die; -, -n: *Stimme* (6 a) *für das zur Entscheidung Stehende.*

jä|ten ⟨sw. V.; hat⟩ [mhd. jeten, geten, ahd. jetan, getan, H. u.]: **a)** *(Unkraut) aus dem Boden ziehend entfernen:* im Garten Unkraut j.; Disteln aus dem Rasen j.; **b)** *von Unkraut befreien:* ein Beet j.

Jä|tung, die; -, -en: *das Jäten.*

Jau|che, die; -, -n [spätmhd. jūche, aus dem Westslaw., vgl. sorb. jucha = Brühe, Jauche]: **1.** *übel riechender, flüssiger Dünger aus tierischen Fäkalien, die aus den Ställen in eine dafür vorgesehene Sammelgrube ablaufen:* J. aufs Feld fahren. **2.** (ugs. abwertend) *bestimmte Flüssigkeit von äußerst schlechter Qualität:* das Bier, der Kaffee ist eine grässliche J.

Jau|che|fass, Jauchenfass, das: *Fass, in dem die Jauche aufs Feld gefahren wird.*

Jau|che|gru|be, Jauchengrube, die: *Grube, in der sich die aus Ställen ablaufende Jauche sammelt.*

Jau|che|kü|bel, Jauchenkübel, der: *Kübel* (a), *in dem die Jauche aufs Feld gefahren wird.*

jau|chen ⟨sw. V.; hat⟩ (Landw.): *mit Jauche düngen:* die Äcker j.

Jau|chen|fass: ↑Jauchefass.

Jau|chen|gru|be: ↑Jauchegrube.

Jau|chen|kü|bel: ↑Jauchekübel.

Jau|che[n]|wa|gen, der (Landw.): *Wagen zum Transport von Jauche.*

jau|chig ⟨Adj.⟩: *nach Jauche, faulig riechend.*

jauch|zen ⟨sw. V.; hat⟩ [mhd. jūchezen, eigtl. = den Freudenruf »juch!« ausstoßen]: **a)** *seiner Freude, Begeisterung durch Rufe, Schreie Ausdruck geben; laut jubeln:* vor Wonne j.; sie jauchzte über diese Nachricht; das Publikum jauchzte *(war begeistert);* **b)** (veraltend) *jmdm. jubelnd seine Freude, seinen Dank sagen:* Jauchzet dem Herrn, alle Welt (Psalm 98, 4; 100, 1).

Jauch|zer, der; -s, -: *Freudenschrei:* einen J. ausstoßen.

jau|len ⟨sw. V.; hat⟩ [aus dem Niederd., lautm.]: *(von Hunden) laut u. misstönend winseln, heulen, klagen:* der Hund jaulte vor Schmerz; Ü ⟨subst.:⟩ das Jaulen der Motoren.

Jau|se, die; -, -n [mhd. jūs < slowen. južina = Mittagessen, Vesper] (österr.): **a)** *Zwischenmahlzeit, Vesper, Nachmittagskaffee:* eine J. machen; **b)** *Jausenbrot:* eine J. dabeihaben.

jau|sen [mhd. jūsen]: seltener für ↑jausnen.

Jau|sen|brot, das (österr.): *Frühstücks-, Vesperbrot.*

Jau|sen|sta|ti|on, die (österr.): *kleine Gaststätte.*

Jau|sen|zeit, die (österr.): *Frühstückspause, Vesperzeit:* um 9 Uhr ist J.

jaus|nen ⟨sw. V.; hat⟩ (österr.): **a)** *eine Zwischenmahlzeit einnehmen; Kaffee trinken:* um 9 Uhr wird gejausnet; wollen wir im Garten j.?; **b)** *etw. zur Jause* (a) *essen, trinken:* Wurst und Käse j.

Ja|va [ˈja:va]; -s: kleinste der Großen Sundainseln.

ja|wohl ⟨Gesprächspartikel⟩ [mhd. ja wol = ja freilich; vgl. wohl] (verstärkend): *ja:* »Verstanden?« – »Jawohl, Herr Leutnant«; das gilt für alle, j., für alle.

ja|woll ⟨Gesprächspartikel⟩ (ugs., auch scherzh.

J

den militärischen Tonfall nachahmend): ↑jawohl.

Ja|wort, das; -[e]s, -e ⟨Pl. selten⟩: *(bes. von weiblichen Personen) zustimmende Äußerung zur Eheschließung:* die beiden kannten sich kaum, als sie ihr J. hauchten.

Jazz [dʒæz, auch: dʒɛs, jats], der; - [engl.-amerik. jazz; H. u.]: *aus der Volksmusik der nordamerikanischen Schwarzen entstandene Musik mit charakteristischen Rhythmusinstrumenten u. mit Bläsergruppen, die [frei improvisierend] gegengerichtete melodisch-rhythmische Akzente geben:* Elemente des J. in einer Komposition.

Jazz|band, die: *aus zwei Instrumentalgruppen (mit rhythmischer u. melodischer Funktion) bestehende* [3]*Band, die Jazz spielt.*

Jazz|be|sen, der: *Stahlbesen.*

jaz|zen [ˈdʒæzn̩, ˈdʒɛsn̩, ˈjatsn̩] ⟨sw. V.; hat⟩: *Jazz spielen:* abends jazzt eine Band.

Jaz|zer [ˈdʒæzɐ, auch: ˈdʒɛsɐ, ˈjatsɐ], der; -s, -: *Jazzmusiker.*

Jaz|ze|rin, die; -, -nen: w. Form zu ↑Jazzer.

Jazz|fan, der: *begeisterte[r] Anhänger[in] des Jazz.*

Jazz|fes|ti|val, das: *Festival* (1) *des Jazz.*

jaz|zig ⟨Adj.⟩ (ugs.): *wie Jazz wirkend, den Jazz nachahmend.*

Jazz|kel|ler, der: *Kellerraum, -lokal, in dem Jazz gespielt wird.*

Jazz|kon|zert, das: *Konzert mit Jazzmusik.*

Jazz|mu|sik, die: *Jazz.*

Jazz|mu|si|ker, der: *Musiker, der Jazz spielt.*

Jazz|mu|si|ke|rin, die: w. Form zu ↑Jazzmusiker.

Jazz|trom|pe|te, die: *für den besonderen Klangcharakter des Jazz entwickelte Trompete, die häufigen Einsatz eines Dämpfers und Vibratoblasen ermöglicht.*

[1]je [mhd. ie, ahd. io, eo; geht zurück auf eine erstarrte Kasusform eines germ. Substantivs mit der Bed. »Zeit, Lebenszeit, Zeitalter«]: I. ⟨Adv.⟩ **1.** gibt eine unbestimmte Zeit an; *irgendwann, überhaupt [einmal]; jemals:* wer hätte das je gedacht!; das ist das Schlimmste, was ich je erlebt habe; es ging besser denn/als je [zuvor]. **2. a)** *jedes Mal in einer bestimmten Anzahl:* je 10 Personen; die Kinder stellen sich je zwei und zwei auf; je ein Exemplar der verschiedenen Bücher wurde ihr zugesandt; **b)** *jede einzelne Person od. Sache für sich genommen:* die Schränke sind je einen Meter breit; die Flaschen wurden je zur Hälfte geleert. **3.** in Verbindung mit »nach«; drückt aus, dass etwas von einer bestimmten Bedingung abhängt: je nach Größe und Gewicht; je nach Geschmack. **4.** * **je und je** (geh. veraltend; *dann u. wann; von Zeit zu Zeit; gelegentlich*): je und je trafen sie sich; **seit [eh und] je,** (seltener:) **von je** *(schon immer; so lange, wie die Erinnerung zurückreicht).* II. ⟨Präp. mit Akk.⟩ *für jede einzelne Person od. Sache; pro:* die Kosten betragen 30 DM je [angebrochene] Stunde, je beschäftigte Arbeitskraft; ⟨auch wie ein Adv. gebraucht u. keine Rektion ausübend:⟩ je erwachsener Teilnehmer; je Student. III. ⟨Konj.⟩ **1.** ⟨mehrgliedrig⟩ setzt zwei Komparative zueinander in Beziehung: je früher du kommst, desto mehr Zeit haben wir; je länger er unterwegs war, umso besser gefiel ihm das Land; je länger, je lieber. **2.** in Verbindung mit »nachdem«; drückt aus, dass etwas von einem bestimmten Umstand abhängt: je nachdem, ob sie Zeit hat, kommt sie vorbei oder nicht; »Willst du mitgehen?« – »Je nachdem« (ugs.; *vielleicht; das hängt noch von Verschiedenem ab*).

[2]je [I: verhüll.; gek. aus dem Namen Jesu; II: Nebenf. von ↑ja]: **I.** ⟨Interj.⟩ in Verbindung mit einer anderen Interj.; drückt Bedauern od. Erschrecken aus: o je!; ach je, wie schade! II. ⟨Adv.⟩ (veraltend) leitet in Verbindung mit »nun« eine einschränkende Äußerung ein; *nun ja.*

Jeans [dʒiːnz] ⟨Pl., auch Sg.:⟩ die; -, - [engl. jeans, Pl. von: jean = geköperter Baumwollstoff; wohl zu frz. Gênes, dem Namen der Stadt Genua, die früher ein wichtiger Ausfuhrhafen für Baumwolle war]: **a)** *saloppe Hose [aus Baumwollstoff] im Stil der Bluejeans:* J. aus Kord; **b)** kurz für ↑Bluejeans: ein Paar echte J.; wo ist denn bloß meine alte J.?

Jeans|hemd, das: *Hemd aus Jeansstoff.*

Jeans|ja|cke, die: *Jacke aus Jeansstoff.*

Jeans|stoff, der: *derber, strapazierfähiger Baumwollstoff in verschiedenen Farben, aus dem Kleidungsstücke im Stil der Bluejeans hergestellt werden.*

jeck ⟨Adj.⟩ [mhd. (mittelfränk.) jeck < mniederd. geck, zu ↑Geck] (rhein., meist abwertend): *närrisch* (1 a): du bist wohl j.!

Jeck, der; -en, -en (rhein.): **1.** (abwertend) *Narr* (1): so ein J.! **2.** *Karnevalist:* die -en ziehen durch die Straßen.

je|de: ↑jeder.

je|den|falls ⟨Adv.⟩: knüpft an etw. zuvor Gesagtes an: **a)** *auf jeden Fall:* sie ist j. eine fähige Mitarbeiterin; Tatsache ist j., dass sie nicht kommen kann; **b)** *wenigstens, zumindest:* ich j. *(was mich betrifft)* habe keine Lust mehr.

je|der, jede, jedes ⟨Indefinitpron. u. unbest. Zahlw.⟩ [mhd. ieweder, ahd. ioweder, eohwedar, aus ahd. io, eo = immer u. [h]wedar = wer von beiden, irgendeiner von beiden]: **1.** bezeichnet alle Einzelnen einer Gesamtheit ohne Ausnahme: **a)** ⟨attr.:⟩ jedes gesunde Kind; jeder Angestellte; die Rinde jedes alten Baumes; jeder Junge und jedes Mädchen bekommt/(seltener:) bekommen einen Luftballon; jeder dritte, jeder einzelne Teilnehmer; der Zug fährt jeden Tag *(täglich);* er ist jedes Mal zu spät gekommen; am Anfang jedes/[eines] jeden Satzes; **b)** ⟨allein stehend⟩: jeder/(geh.:) ein jeder darf mitmachen; jeder, der mitmacht, ist willkommen; jede der Frauen; hier kennt jeder jeden *(alle kennen einander);* jeder von uns kann helfen; **c)** (landsch.) ⟨Neutr. Sg.; allein stehend⟩: die Schwestern haben jedes *(die Schwestern haben alle)* drei Kinder. **2.** ⟨bei Abstrakta im Sg.⟩ bezeichnet alle möglichen Arten o. Ä., je einzeln gesehen; *jeglicher, jedweder:* jede Hilfe kam zu spät; ohne jeden *(irgendeinen denkbaren)* Grund; die Sache ist bar jeden/jedes Sinnes *(ohne jeglichen Sinn).* **3.** ⟨mit Zeit- od. Maßangabe im Sg., seltener im Pl.⟩ *im Abstand von ...; alle* (3): jede Stunde fliegt ein Flugzeug nach Berlin; jede 10 Minuten kommt eine Bahn.

je|der|art ⟨unbest. Gattungsz.; indekl.⟩: *jede Art (von etw.):* er ist bereit, j. Arbeit anzunehmen.

je|der|lei ⟨unbest. Gattungsz.; indekl.; nur attr.⟩ [↑-lei] (geh.): *jede Art von, alle denkbaren Sorten o. Ä. von:* sie vergnügten sich auf j. Weise.

je|der|mann ⟨Indefinitpron. u. unbest. Zahlw.; nur allein stehend⟩ [spätmhd. jeder man] (nachdrücklich): *jeder* (1 b): j. weiß, wie schwierig das ist; das ist für j. *(für alle ohne Unterschied)* einsichtig.

Je|der|manns|freund, der ⟨Pl. selten⟩ (veraltend, abwertend): *jmd., der es mit allen halten, mit niemandem verderben will.*

je|der|zeit ⟨Adv.⟩: **a)** drückt aus, dass etw. für einen nicht eingeschränkten Zeitraum in gleicher Weise besteht; *zu jeder Zeit; wann immer jmd. möchte:* sie ist ein j. gern gesehener Gast; **b)** drückt aus, dass ständig mit etw. gerechnet werden muss; *in jedem Augenblick; schon im nächsten Moment:* sie war j. darauf gefasst.

je|der|zei|tig ⟨Adj.⟩: *zu jedem Zeitpunkt möglich, eintreffen könnend:* er muss mit einer -en Änderung der Verhältnisse rechnen.

je|des: ↑jeder.

je|des Mal: s. jeder (1 a).

je|des|ma|lig ⟨Adj.⟩ (selten): *jedes Mal stattfindend, ablaufend o. Ä.; jeweilig.*

jed|mög|lich ⟨Adj.⟩ (selten): *jeder, jede, jedes Mögliche:* jmdm. -e Hilfen gewähren.

je|doch ⟨Konj. od. Adv.⟩ [mhd. iedoch, ahd. ie doh, aus ↑je u. ↑doch]: drückt eine Einschränkung, einen Vorbehalt, eine Berichtigung, Ergänzung u. Ä. aus; *doch* (I); *aber* (I 2 a, b): er fand den Ausgang der Sache bedauerlich, entmutigen j. ließ er sich nicht/j. er ließ sich nicht entmutigen/j. ließ er sich nicht entmutigen.

jed|we|der, jedwede, jedwedes ⟨Indefinitpron. u. unbest. Zahlw.⟩ [mhd. ietweder, iegeweder = jeder von beiden, jeder von vielen] (nachdrücklich, veraltend): *jeder* (1 a, b; 2): jedwedes neue Verfahren; jedweder Angestellte; der Ausgang jedweden/jedwedes weiteren Versuchs; jedwedem ist die Teilnahme erlaubt.

Jeep® [dʒiːp], der; -s, -s [amerik.; wohl nach den engl. ausgesprochenen Anfangsbuchstaben von: general purpose = Mehrzweck-]: *(bes. als Militärfahrzeug gebrauchtes) kleineres, meist offenes, geländegängiges Fahrzeug mit starkem Motor u. Allradantrieb.*

jeg|li|cher, jegliche, jegliches ⟨Indefinitpron. u. unbest. Zahlw.⟩ [mhd. ieclich, iegelich, ahd. iogilīh, zusger. aus: io, eo = immer (↑je) u. gilīh = gleich (welcher), jeder] (nachdrücklich, veraltend): *jeder* (1 a, b; 2).

je|her ⟨Adv.⟩ [auch: ˈ-ˈ-; aus ↑[1]je (I 1) u. ↑her]: nur in der Verbindung **von j.** *(so lange, wie die Erinnerung zurückreicht):* es wurde von j. so gehandhabt.

Je|ho|va: ↑Jahve: Zeugen -s *(Religionsgemeinschaft mit auf Bibelauslegung beruhenden chiliastischen Vorstellungen).*

jein ⟨Adv.⟩ [zusgez. aus ↑ja u. ↑nein] (scherzh. od. abwertend): drückt eine Unentschiedenheit des Sprechers aus, der sich nicht zu einem Ja entschließen kann: er sagt immer j.

Jein, das; -s, -s (scherzh. od. abwertend): *zwischen einem Ja u. einem Nein stehende Antwort:* auf die Frage, ob er bereit sei, antwortete er mit [einem klaren] J.

Je|län|ger|je|lie|ber, das; -s, - [die Pflanze duftet immer lieblicher, je länger man daran riecht]: *(zu den Geißblattgewächsen gehörende) kletternde Pflanze mit gelblich weißen, in dichten Büscheln wachsenden, stark duftenden Blüten.*

je|mals ⟨Adv.⟩ [zu ↑[1]je (I 2 a) u. ↑[1]Mal]: *zu irgendeinem (in der Vergangenheit od. Zukunft liegenden) Zeitpunkt; irgendwann:* besser als j. zuvor; sie glaubte nicht, dass sie j. wieder gesund würde.

je|mand ⟨Indefinitpron.⟩ [mhd. ieman, ahd. ioman, eoman, aus: io, eo = immer u. man = Mann, Mensch]: **a)** bezeichnet eine bestimmte, dem Sprecher bekannte, aber von ihm nicht näher beschriebene Person; *eine Person, ein Mensch:* ich kenne j./-en, der schon dort gewesen ist; ich treffe mich heute mit j./-em, der das Hotel schon kennt; **b)** bezeichnet eine bestimmte, dem Sprecher nicht bekannte Person: da lag j.; ⟨attr. vor einem Pron. od. einem subst. Adj.:⟩ an der Tür stand j. anders; j. Fremdes; das habe ich von j. Unbekanntem gehört; an j. anders denken; j. Fremdes; ⟨subst.:⟩ das hat ein gewisser Jemand (scherzh.; *ein nicht Unbekannter*) gemacht, und der warst du; **c)** bezeichnet eine unbestimmte einzelne Person, die in einem bestimmten Zusammenhang gesehen wird; *irgendein Mensch; einer:* j. wird schon dafür Interesse haben; das wird kaum j. *(wird niemand)* wollen; er will nicht -[e]s Diener sein; er wollte nicht j./-em gehorchen müssen; das kann man nicht [irgend]j./-en machen lassen, der keine Ahnung hat.

Je|men; -s, (auch:) der; -[s]: Staat im Süden der Arabischen Halbinsel: die Küste des J./des -s.

Je|me|nit, der; -en, -en: Ew.

Je|me|ni|tin, die; -, -nen: w. Form zu ↑Jemenit.

je|me|ni|tisch ⟨Adj.⟩: *Jemen, die Jemeniten betreffend; aus Jemen stammend.*

je|mi|ne ⟨Interj.⟩ [entstellt aus lat. Jesu domine = o Herr Jesus!] (veraltend): Ausruf des Erstaunens od. Erschreckens: ach j.!

Jen: ↑Yen.

Je|na: Stadt an der Saale.

[1]Je|na|er, (auch:) Jenenser, der; -s, -: Ew.

[2]Je|na|er, (auch:) Jenenser ⟨indekl. Adj.⟩: Jenaer optische Geräte.

Je|na|e|rin, (auch:) Jenenserin, die; -, -nen: w. Form zu ↑[1]Jenaer.

je|na|isch ⟨Adj.⟩: *Jena, die* [1]*Jenaer betreffend; aus Jena stammend.*
Je|nen|ser: ↑[1,2]Jenaer.
Je|nen|se|rin: ↑Jenaerin.
je|ner, jene, jenes ⟨Demonstrativpron.⟩ [mhd. (j)ener, ahd. (j)enēr] (geh., bes. schriftspr.): **1.** ⟨attr. u. allein stehend⟩ bezeichnet eine vom Sprecher räumlich entferntere Person od. Sache; *der, die, das dort:* wegen jenes teuren Bildes; mit jenem schönen Mädchen; dieses Buch kostet 20 Mark, jenes ist wesentlich teurer. **2.** ⟨attr. u. allein stehend⟩ bezeichnet einen zurückliegenden Zeitpunkt, auf den Bezug genommen wird, od. eine vorher erwähnte od. als bekannt vorausgesetzte Person od. Sache; *der, die, das bekannte, bewusste…:* jene berühmte Rede, die sie schon vor Jahren gehalten hat; seit jenen Tagen; zu jenem Zeitpunkt.
je|nisch ⟨Adj.⟩ [wahrsch. geb. zu einem Wort der Zigeunerspr. mit der Bed. »wissen«, also eigtl. = wissend, klug, H. u.] (Rotwelsch): **a)** *die Landfahrer betreffend, auf ihre Art:* j. sprechen; die -e Sprache *(Gaunersprache, Rotwelsch);* **b)** *klug, gewitzt:* -e Leute.
jen|sei|tig [auch: 'jɛn…] ⟨Adj.⟩: **a)** *auf der gegenüberliegenden Seite gelegen:* am -en Seeufer; **b)** *dem Jenseits zugehörig, zugewandt; unirdisch:* die -e Welt; eine -e Einstellung; **c)** (selten) *abwesend* (2).
Jen|sei|ti|ge [auch: 'jɛn…], das; -n (geh.): *das dem Jenseits Zugehörige, Zugewandte; das Unirdische.*
Jen|sei|tig|keit [auch: 'jɛn…], die; - (selten): *das Auf-das-Jenseits-Gerichtetsein:* die J. seines Denkens.
jen|seits [auch: 'jɛn…; mhd. jensīt, jene sīte]: **I.** ⟨Präp. mit Gen.⟩ *auf der gegenüberliegenden, anderen Seite:* j. des Ozeans; Ü er ist schon j. der Vierzig *(hat das vierzigste Lebensjahr überschritten).* **II.** ⟨Adv.⟩ **1.** *auf der gegenüberliegenden, anderen Seite [gelegen]:* j. vom Rhein. **2.** (selten) *auf das Jenseits, zum Jenseits hin:* ein j. gerichtetes Denken.
Jen|seits [auch: 'jɛn…], das; -: *in der religiösen Vorstellung existierender transzendenter Bereich jenseits der sichtbaren diesseitigen Welt, in den die Verstorbenen eingehen:* der Glaube an ein Weiterleben im J.; * **jmdn. ins J. befördern** (salopp; *jmdn. ohne Skrupel umbringen).*
Jen|seits|glau|be [auch: 'jɛn…], der: *Glaube an ein Jenseits als Bestandteil einer Religion.*
Je|re|wan [auch: …'van]: ↑Eriwan.
Je|rez ['çe:rɛs, x…], der; - [nach der südspan. Stadt Jerez de la Frontera]: seltener für ↑Sherry.
Je|rez|wein, der: *Jerez.*
Je|ri|cho: Stadt im Westjordanland.
Je|ri|cho|ro|se, die [wohl geb. von Pilgern, die diese Pflanze aus Palästina mitbrachten, viell. nach Jesus Sirach 24, 18, wo die göttliche Weisheit mit den vor Jericho gepflanzten Rosen verglichen wird]: *Pflanze des Mittelmeerraums, die bei Trockenheit ihre Zweige in der Weise nach innen rollt, dass ein kugeliges Gebilde entsteht, das sich erst unter dem Einfluss von Feuchtigkeit wieder entrollt.*
[1]**Jer|sey** ['dʒœrzi], der; -[s], -s [engl. jersey, nach der gleichnamigen englischen Kanalinsel]: *feinmaschig gewirkter od. gestrickter Kleiderstoff aus Wolle, Baumwolle od. Chemiefasern.*
[2]**Jer|sey,** das; -s, -s (Sport): *eng anliegendes Hemd aus Trikot.*
je|rum ⟨Interj.⟩ [entstellt aus lat. Jesu domine, ↑jemine] (veraltend): Ausruf des Erschreckens, der Klage o. Ä.
Je|ru|sa|lem: zwischen Jordanien u. Israel geteilte Stadt; die heilige Stadt der Juden, Christen u. Muslime.
Jes|ses [Ma|ria] ⟨Interj.⟩ (ugs.): verhüll. für ↑Jesus [Maria]: J., wir sind schon viel zu spät dran!
Je|su|it, der; -en, -en [mlat. Jesuita, zu lat. Jesus = Jesus]: **1.** *Angehöriger des Jesuitenordens.* **2.** (Schimpfwort) *Mensch, der trickreich u. oft wortverdrehend [in geschliffener Rede] zu argumentieren versteht u. den man für unaufrichtig hält:* er ist ein richtiger J.
Je|su|i|ten|dich|tung, die ⟨Pl. selten⟩ (Literaturw.): *(vom 16. bis 18. Jh.) hauptsächlich in lateinischer Sprache verfasste Dichtungen (bes. Dramen u. geistliche Lieder) von Angehörigen des Jesuitenordens.*
Je|su|i|ten|mo|ral, die ⟨o. Pl.⟩ (abwertend): *moralische Haltung, die mit bestimmten Zügen der vermeintlichen jesuitischen Morallehre übereinstimmt* (z. B. geistiger Vorbehalt, Heiligung der Mittel durch den Zweck).
Je|su|i|ten|or|den, der ⟨o. Pl.⟩: *von Ignatius von Loyola 1534 gegründeter Orden, der besonders durch die Einrichtung von Schulen einen bedeutenden Einfluss gewann;* Abk.: SJ (= Societas Jesu).
Je|su|i|ten|tum, das; -s: *Geist u. Wesen des Jesuitenordens.*
je|su|i|tisch ⟨Adj.⟩: **1.** *die Jesuiten* (1) *betreffend; zu den Jesuiten* (1) *gehörend; in der Art der Jesuiten* (1): die -e Lehre, Moral. **2.** (abwertend) *in seiner Argumentationsweise o. Ä. sehr verschlagen u. durchtrieben; geneigt, andere durch Wortverdrehungen u. Spitzfindigkeiten zu übervorteilen:* er ist allzu j.
Je|sus Chris|tus, Gen.: Jesu Christi, Dativ: - - u. Jesu Christo, Akk.: - - u. Jesum Christum, Anredefall: - - u. Jesu Christe: Urheber u. zentrale Gestalt des Christentums.
Je|sus|kind, das ⟨Pl. selten⟩: **1.** *die Darstellung Jesu als Kind in der bildenden Kunst:* Maria mit dem J. auf dem Arm. **2.** *das Kind Jesus in der Dichtung.*
Je|sus|kna|be, der ⟨Pl. selten⟩: *Jesuskind.*
Je|sus|knäb|lein, das ⟨Pl. selten⟩: *Jesuskind.*
Je|sus|lat|sche, die, **Je|sus|lat|schen,** der ⟨meist Pl.⟩ [wohl nach dem einfachen Schuhwerk der Bettelordenmönche] (scherzh. od. abwertend): *flache, schmucklose Sandale.*
Je|sus [Ma|ria], Je|sus [Ma|ria und Jo|sef] ⟨Interj.⟩ (veraltend): Ausruf des Erschreckens, Erstaunens o. Ä.
Je|sus Na|za|re|nus Rex Ju|dae|o|rum: Jesus von Nazareth, König der Juden; Abk.: I.N.R.I. (lat. Inschrift am Kreuz Jesu).
Je|sus Peo|ple ['dʒi:zəs 'pi:pl] ⟨Pl.⟩ [engl., eigtl. = Jesusleute]: *Angehörige der Jesus-People-Bewegung.*
Je|sus-Peo|ple-Be|we|gung, die ⟨o. Pl.⟩: *um 1967 in Amerika unter Jugendlichen entstandene ekstatisch-religiöse Bewegung, die u. a. durch eine spontane Form gemeinschaftlichen Betens u. bes. durch die Überzeugung von einem unmittelbaren Wirken des göttlichen Geistes in den Menschen einen neuen Zugang zum Glauben findet.*
Je|sus Si|rach: Buch des Alten Testaments.
[1]**Jet** [dʒɛt], der; -[s], -s [engl. jet, gek. aus: jet (air)liner, jet plane, zu: jet = Düse, Strahl]: *Düsenflugzeug:* einen J. fliegen; mit einem J. fliegen, reisen.
[2]**Jet:** ↑Jett.
Jet-Boot, (auch:) **Jet|boot,** das: *schnelles motorisiertes Wasserfahrzeug mit Lenker und Sitz wie bei einem Motorrad, das als Sportgerät od. zur Freizeitgestaltung auf dem Wasser verwendet wird.*
Jet|lag ['dʒɛtlæg], (auch:) **Jet-Lag** der [engl. jet lag, ↑Lag]: *Störung des biologischen Rhythmus aufgrund der mit weiten Flugreisen verbundenen Zeitunterschiede.*
Jet|li|ner ['dʒɛtlaɪnɐ], (auch:) **Jet-Li|ner** der; -s, - [engl. jet liner, aus ↑[1]Jet u. liner = Linienflugzeug]: *Düsenverkehrsflugzeug.*
Je|ton [ʒə'tõ:], der; -s, -s [frz. jeton, zu: jeter = werfen; (durch Auswerfen der Rechensteine) berechnen, über das Vlat. zu lat. iactare = werfen]: **a)** *Spielgeld, Spielmarke;* **b)** *einer Münze ähnliche Marke, mit deren Hilfe ein Automat, ein Telefon, die Schranke eines Parkhauses o. Ä. betätigt werden kann.*
Jet|set, (auch:) **Jet-Set,** der; -[s], -s ⟨Pl. selten⟩ [engl. jet set, aus: jet (↑[1]Jet) u. set = Gesellschaftsschicht]: *Schicht der internationalen Gesellschaft, die über genügend Geld verfügt, um sich – unter Benutzung des [Privat]jets – häufig an exklusiven Urlaubsorten od. anderen Treffpunkten, die in Mode sind, zu vergnügen:* zum J. gehören.
Jet|stream ['dʒɛtstri:m], (auch:) **Jet-Stream** der; -[s], -s [engl. jet stream, eigtl. = Strahlstrom] (Met.): *starker Luftstrom in der Tropo- od. Stratosphäre.*
Jett, (Fachspr.:) [2]Jet [dʒɛt, auch: jɛt], der od. das; -[e]s [engl. jet < afrz. jaiet < lat. gagates]: *Pechkohle, Gagat.*
jett|ar|tig ⟨Adj.⟩: *wie Jett aussehend, beschaffen.*
jet|ten ['dʒɛtn̩] ⟨sw. V.⟩ (ugs.): **a)** *mit einem* [1]*Jet fliegen, um möglichst schnell ein entferntes Reiseziel zu erreichen* ⟨ist⟩: an die Riviera, über den Atlantik j.; rund um den Erdball j.; **b)** *mit dem* [1]*Jet an einen bestimmten Ort bringen [lassen]* ⟨hat⟩: von Deutschland jettete er 14 Journalisten nach Honolulu; **c)** *(von einem* [1]*Jet) fliegen* (2) ⟨ist⟩: die Düsenflugzeuge von heute jetten in wenigen Stunden über den großen Teich.
jet|zig ⟨Adj.⟩ [mhd. iezec]: *(vom Sprecher aus gesehen) zum augenblicklichen, gegenwärtigen Zeitpunkt existierend, bestehend o. Ä.:* der -e Stand der Forschung; die -e Leiterin der Bank; die -e Mode.
jet|zo [mhd. iezuo, ieze, iezō, zusgez. aus ie = immer u. zuo = zu] (veraltet): *jetzt* (I).
jetzt [älter: i(e)tzt, mhd. iz(i)t, iez(e), ↑jetzo]: **I.** ⟨Adv.⟩ **1.** bezeichnet einen mehr od. weniger eng begrenzten Zeitraum in der Gegenwart, in dem etw. eintritt, stattfindet o. Ä.; *in diesem Moment, in diesem Augenblick:* ich habe j. keine Zeit; ich habe bis j. *(bis zu diesem Augenblick)* gearbeitet; j. endlich ist er fertig geworden; ich gehe gleich j. mit; j. reicht es aber!; j. oder nie! (in Bezug auf etw., wofür der Augenblick zum Handeln zwingend gekommen ist); von j. auf nachher (ugs.; *von einem Augenblick auf den anderen).* **2.** bezeichnet eine in der Gegenwart liegende Zeit, sofern sie sich von einer vorhergehenden, früheren in bestimmter Hinsicht unterscheidet; *heute* (2); *heutigentags:* es gibt j. viel mehr Möglichkeiten als noch vor ein paar Jahren. **3.** bezeichnet einen in der Gegenwart liegenden Zeitpunkt, zu dem ein bestimmter Zustand o. Ä. als eingetreten konstatiert wird; *mittlerweile; inzwischen:* die Kinder gehen j. beide in die Schule. **4.** nimmt häufig Bezug auf etw. vorher Gesagtes o. Ä., bezeichnet nur ganz allgemein den in der Gegenwart liegenden Zeitpunkt; *nun:* man wird j. einwenden, dass sie ja doch nicht antworten wird; j. ist aber Schluss mit dem Geschwätz!; bist du j. fertig mit der Arbeit? **II.** ⟨Partikel; betont⟩ (ugs.) **1.** drückt in Fragesätzen eine leichte Verärgerung, auch Verwunderung des Sprechers aus: was machst du denn j. schon wieder?; wer kommt denn j. *(zu diesem ungünstigen o. ä. Zeitpunkt)* noch? **2.** wirkt verstärkend in rhetorischen [vom Sprecher an sich selbst gerichteten] Fragen: wo habe ich das j. wieder hingelegt?; von wem wird j. der Brief sein?
Jetzt, das; - (geh.): *Zeit, die nur als Gegenwart erlebt od. die im Gegensatz zu einer lange vergangenen Zeit gesehen wird:* das Einst und das J.
Jetzt|mensch, der (Anthrop.): *heute lebender Mensch.*
Jetzt|zeit, die ⟨o. Pl.⟩: *gegenwärtige Zeit, in der der Sprecher lebt.*
Jeu [ʒø:], das; -s, -s [frz. jeu < lat. iocus = Spiel, Zeitvertreib; Scherz] (veraltet): *Glücksspiel; Kartenspiel.*
jeu|en ['ʒø:ən] ⟨sw. V.; hat⟩ (selten): *das Glücksspiel betreiben.*
Jeu|nesse do|rée [ʒœnɛsdɔ're], die; - - [frz. jeunesse dorée, eigtl. = vergoldete Jugend, d. h. reiche junge Leute; nach dem Sturz Robespierres (1758–1794) als Propagandawort der Jakobiner Bez. für die männliche Jugend von Paris, die unter Führung des Politikers u. Publizisten

L. Fréron (1754–1802) zur Gegenrevolution aufrief] (bildungsspr. veraltend): *zur begüterten Oberschicht gehörende Jugendliche, deren Leben durch Luxus u. Amüsement gekennzeichnet ist.*

je|weil|len ⟨Adv.⟩ [aus ↑ ¹je (I 2 a) u. Weilen = Dat. Pl. von: Weile] (schweiz., sonst veraltet): *jeweils; dann u. wann.*

je|wei|lig ⟨Adj.⟩ [zu ↑ jeweilen]: **a)** *zu einer bestimmten Zeit gerade bestehend, herrschend, vorhanden o. Ä.:* der -en Mode entsprechend; **b)** *in einem bestimmten Einzelfall, Zusammenhang gerade bestehend, herrschend, vorhanden, vorliegend o. Ä.; speziell:* sich den -en Bedürfnissen anpassen; den -en Umständen entsprechend.

je|weils ⟨Adv.⟩: **a)** *jedes Mal; (in einem bestimmten Zusammenhang) immer:* die Zeitschrift erscheint j. am 1. des Monats; **b)** *zu dem Zeitpunkt, von dem gerade die Rede ist:* ein Spiegel der jeweils herrschenden Moralvorstellungen.

Jg. = Jahrgang.

Jgg. = Jahrgänge.

Jh. = Jahrhundert.

jid|deln ⟨sw. V.; hat⟩ [zu ↑ jiddisch]: *mit jiddischem Einschlag sprechen.*

jid|disch ⟨Adj.⟩ [gek. aus jidd. jidisch daitsch, also eigtl. = jüdisches Deutsch, Bez. für das Deutsch der Juden Osteuropas]: *das Jiddische betreffend:* die -e Sprache.

Jid|disch, das; -[s] u. ⟨nur mit best. Art.:⟩ **Jid|di|sche,** das; -n: *von den Juden in Osteuropa gesprochene u. (mit hebräischen Schriftzeichen) geschriebene Sprache, deren Wortschatz sich hauptsächlich aus mittelhochdeutschen, hebräisch-aramäischen u. slawischen Elementen zusammensetzt.*

J

Jid|dis|tik, die; -: *jiddische Sprach- u. Literaturwissenschaft.*

Jie|per: usw. ↑ Gieper usw.

Jig|ger ['dʒɪgɐ], der; -s, -[s] [engl. jigger]: **1.** (Golf) *Schläger mit schmalem, ein wenig geneigtem Blatt, der für bestimmte Schläge benutzt wird.* **2.** (Seemannsspr.) *Segel am hintersten Mast eines Viermasters.*

Jin: ↑ Yin.

Jin|gle ['dʒɪŋl], der; -[s], -[s] [engl. jingle, eigtl. = Geklingel] (Werbespr.): *kurze, einprägsame Melodie, Tonfolge* (z. B. als Bestandteil eines [gesungenen] Werbespots).

Jin|go ['dʒɪŋgo], der; -s, -s [engl. jingo, nach der Wendung: by Jingo = beim Zeus, bei Gott; wahrsch. entstellt aus: Jainko, dem Namen einer baskischen Gottheit]: engl. Bez. für *Chauvinist, Nationalist.*

Jin|go|is|mus, der; - [engl. jingoism]: engl. Bez. für *Chauvinismus, Nationalismus.*

Jit|ter|bug ['dʒɪtəbʌg], der; -, -[s] [engl. jitterbug, aus: to jitter = zappelig sein u. bug = Insekt, Käfer]: *nordamerikanischer Gesellschaftstanz nach Jazzmusik mit akrobatischen Tanzfiguren.*

Jiu-Jit|su ['dʒi:u'dʒɪtsu]: ↑ Ju-Jutsu.

Jive [dʒaɪv], der; -, -[s] [engl. jive, H. u.]: **1.** *dem Swing* (1b) *ähnliche Musik.* **2.** *gemäßigte Form des Jitterbug als Turniertanz.*

j. L. (Genealogie) = jüngere[r] Linie.

Job [dʒɔp], der; -s, -s [engl. job, H. u.]: **1.** (ugs.) **a)** *vorübergehende [einträgliche] Beschäftigung (zum Zweck des Geldverdienens):* für die Ferien sucht sie sich einen Job; **b)** *Arbeitsplatz, Stellung:* in dieser Gegend gibt es wenig attraktive -s; **c)** *berufliche Tätigkeit; Beruf:* dieser J. ist sehr anstrengend. **2.** (EDV) *bestimmte Aufgabenstellung für den Computer.*

job|ben ['dʒɔbn̩] ⟨sw. V.; hat⟩ [engl. to job] (ugs.): *zum Zweck des Geldverdienens vorübergehend eine Arbeit verrichten; sich mit einem Job* (1 a) *Geld verdienen:* in den Ferien j.; jahrelang hat sie als Sekretärin gejobbt.

Job|ber ['dʒɔbɐ], der; -s, - [engl. jobber]: **1. a)** *Händler an der Londoner Börse, der nur in eigenem Namen Geschäfte abschließen darf;* **b)** *Börsenspekulant.* **2.** (ugs. abwertend) *skrupelloser Geschäftemacher.* **3.** (ugs.) *jmd., der sich durch Jobben Geld verdient.*

Job|be|rin, die; -, -nen: w. Form zu ↑ Jobber.

job|bern ['dʒɔbɐn] ⟨sw. V.; hat⟩ (ugs. abwertend): *sich als Jobber* (2) *betätigen.*

Jo|bel|jahr, das; -[e]s, -e [zu hebr. yôvel = Widderhorn (das zu Beginn eines solchen Jahres geblasen wurde)] (jüd. Rel.): *(nach 3. Mose 25, 8 ff.) alle 50 Jahre von den Juden des Alten Testaments zu feierndes heiliges Jahr mit Schuldenerlass, Freilassung der israelitischen Sklaven u. Rückgabe von verkauftem Boden.*

Job|hop|per ['dʒɔphɔpɐ], der; -s, - (Jargon): *jmd., der häufig seine Stelle* (4) *wechselt [mit dem Ziel des Karrieremachens].*

Job|hop|pe|rin, die; -, -nen: w. Form zu ↑ Jobhopper.

Job|hop|ping ['...hɔpɪŋ], das; -s, -s [engl. job hopping, aus: job (↑ Job) u. hopping = das Hüpfen] (Jargon): *häufiger Stellenwechsel [mit dem Ziel des Karrieremachens].*

Job|kil|ler, der (Jargon): *etwas, was Arbeitsplätze überflüssig macht, beseitigt:* der Computer als J.

Job|ro|ta|tion ['...roteɪʃən], die; -, -s [engl., ↑ Rotation] (Jargon): *(von einem Mitarbeiter zum Zwecke der Vorbereitung auf eine Führungsaufgabe) das Durchlaufen der verschiedensten Arbeitsbereiche eines Unternehmens.*

Job|sha|ring ['...ʃɛərɪŋ], das; -[s] [engl., zu: to share = teilen]: *Aufteilung eines Arbeitsplatzes, der normalerweise von einem Einzelnen besetzt ist, unter zwei oder mehrere Personen.*

Job|ti|cket, das: *Fahrkarte für die tägliche Fahrt (vor allem) zur Arbeitsstätte mit öffentlichen Verkehrsmitteln, die ein kommunales Verkehrsunternehmen einem Betrieb zu einem günstigen Tarif überlässt u. für deren Erwerb die Mitarbeiter des Betriebes einen ermäßigten Preis zahlen.*

Job|ver|mitt|lung, die (ugs.): vgl. Arbeitsvermittlung.

Joch, das; -[e]s, -e [mhd. joch, ahd. joh, eigtl. = Zusammenbindendes]: **1.** *auf der Stirn bzw. dem Nacken aufliegender Teil des Geschirrs* (2) *(bei als Zugtieren eingespannten Ochsen od. Kühen):* einem Ochsen das J. auflegen, abnehmen; die Kühe ins, unters J. spannen; * **kaudinisches J.** (bildungsspr.; *schimpfliche Demütigung;* nach dem aus Speeren gebildeten Joch, durch das die 321 v. Chr. bei Caudium [zw. Capua u. Benevent in Kampanien] geschlagenen Römer schreiten mussten). **2.** ⟨Pl. selten⟩ (geh.) *etw., dem man unterworfen u. wodurch die eigene Freiheit stark eingeschränkt ist:* (scherzh.:) das J. der Ehe; ein schweres, drückendes J. zu tragen haben; jmdm. ein schweres J. auferlegen; das J. der Fremdherrschaft abschütteln; jmdn. unter ein J. zwingen. **3.** *Gespann (von 2 Ochsen od. Kühen):* 2 J. Ochsen. **4.** *altes (in Österreich noch übliches) Feldmaß von 30 bis 55 Ar, entsprechend der Größe eines Feldstücks, das mit einem Gespann Ochsen an einem Tag gepflügt werden kann:* viele tausend J. Land. **5.** kurz für ↑ Tragjoch. **6.** (Geogr.) *Einsattelung im Kamm eines Gebirges; Pass:* im Winter sind die hoch gelegenen -e nicht passierbar. **7.** (Archit.) **a)** *(in durch Pfeiler od. Säulen gegliederten Räumen) jeweils durch vier Stützen gebildete räumliche Einheit; Travée;* **b)** *durch senkrechte Gliederung einer Wand zustande gekommene, sich mehrfach wiederholende Fläche.* **8.** (Bauw.) **a)** *Abschnitt zwischen zwei Brückenpfeilern;* **b)** *Zwischenpfeiler bei Holzbrücken;* **c)** *hölzerner Rahmen zum Abstützen beim Ausbau von Schächten u. Stollen besonders im Tunnel- u. Bergbau.* **9.** (selten) *Jochbein.*

Joch|bein, das [zu ↑ Joch (8)] (Anat.): *den Oberkiefer mit dem Schläfenbein verbindender Teil des Gesichtsschädels.*

Joch|bo|gen, der: **1.** (Anat.) *Teil des Jochbeins.* **2.** (Archit.) *Gewölbebogen über einem Joch* (7 a).

jo|chen ⟨sw. V.; hat⟩ [zu ↑ Joch (1)] (landsch.): *(Ochsen, Kühe) ins Joch spannen.*

Jo|ckey, Jockei ['dʒɔke, 'dʒɔki, auch: 'dʒɔkai, 'jɔkai], der; -s, -s [engl. jockey, zu schott. Jock = Jakob, ältere Bez. für einen Stalljungen]: *berufsmäßiger Rennreiter.*

Jod, (chem. fachspr. auch:) Iod, das; -[e]s [frz. iode, zu griech. iṓdēs = veilchenfarbig, nach dem bei Erhitzen von Jod auftretenden veilchenblauen Dampf]: *schwarzbraune, glänzende kristalline Substanz, die in bestimmten Lösungen besonders in der Medizin (z. B. zur Desinfektion u. Chemotherapie) verwendet wird (chemisches Element;* Zeichen: J).

Jo|dat, (chem. fachspr. auch:) Iodat, das; -[e]s, -e: *Salz der Jodsauerstoffsäure.*

Jod|bad, das: **a)** *Badeort, der über Jodquellen verfügt;* **b)** *Bad in jodhaltigem Wasser.*

Jo|del, der; -s, - u. Jödel [zu ↑ jodeln] (mundartl.): *Jodler* (2 a).

jo|deln ⟨sw. V.; hat⟩ [in den dt. Alpenmundarten von dem Jodelruf »jo« abgeleitet; vgl. johlen]: *auf bloße Lautsilben in schnellem [kunstvollem] Wechsel von Brust- u. Kopfstimme singen.*

jod|hal|tig ⟨Adj.⟩: *Jod enthaltend:* -es Wasser.

Jo|did, (chem. fachspr. auch:) Iodid, das; -[e]s, -e: *Salz der Jodwasserstoffsäure.*

jo|die|ren, (chem. fachspr. auch:) iodieren ⟨sw. V.; hat⟩: **a)** (Chemie) *Jodate, Jodite zusetzen:* jodiertes Speisesalz; **b)** (Med. früher) *zum Zweck der Desinfektion mit Jod bestreichen:* die Wunde j.

Jod|ler, der; -s, -: **1.** *jmd., der jodelt.* **2. a)** *Lied mit gejodeltem Kehrreim;* **b)** *kurzes Jodeln.*

Jod|le|rin, die; -, -nen: w. Form zu ↑ Jodler (1).

Jod|quel|le, die: *Heilquelle, deren Wasser einen bestimmten Gehalt an Jodid aufweist.*

Jod|salz, das: *jodhaltiges Speisesalz.*

Jod|sau|er|stoff|säu|re, die (Chemie): *Verbindung von Jod mit Sauerstoff u. Wasserstoff; Jodsäure.*

Jod|säu|re, die: *Jodsauerstoffsäure.*

Jod|was|ser|stoff, der (Chemie): *Verbindung aus Jod u. Wasserstoff in Form eines farblosen, stechend riechenden Gases.*

Jod|was|ser|stoff|säu|re, die (Chemie): *stark sauer reagierende Lösung von Jodwasserstoff in Wasser.*

Jo|ga usw.: ↑ Yoga usw.

jog|gen ['dʒɔgn̩] ⟨sw. V.; hat⟩: *Jogging betreiben:* sie joggt jeden Morgen fünf Kilometer.

Jog|ger [dʒɔgɐ], der; -s, -: *jmd., der Jogging betreibt.*

Jog|ge|rin, die; -, -nen: w. Form zu ↑ Jogger.

Jog|ging ['dʒɔgɪŋ], das; -s [engl. jogging, zu: to jog = (dahin)trotten]: *Fitnesstraining, bei dem man entspannt in mäßigem Tempo läuft.*

Jog|ging|ho|se, die: vgl. Trainingshose.

Jog|ging|schuh, der: vgl. Trainingsschuh.

Jo|ghurt, (auch:) Jogurt, der od. (bes. österr.:) das; -[s], (Sorten:) -[s], (ugs. u. österr., bes. wiener.) auch: die; -, -[s] [türk. yoğurt]: *durch Zusetzen bestimmter Milchsäurebakterien gewonnene Art Sauermilch:* J. mit Früchten; der J. ist nicht mehr frisch.

Jo|gi, Jo|gin: ↑ Yogi, Yogin.

Jo|gurt usw.: ↑ Joghurt usw.

Jo|han|nes, der; -, - ⟨Pl. selten⟩ (salopp): *Penis.*

Jo|han|nes|burg: größte Stadt der Republik Südafrika.

Jo|han|nes|evan|ge|li|um, das ⟨o. Pl.⟩: Evangelium (2 b) des Evangelisten Johannes.

Jo|han|nes|pas|si|on, die ⟨o. Pl.⟩: Passion nach dem Evangelisten Johannes.

Jo|han|ni[s], das; - ⟨meist o. Art.⟩: *Johannistag.*

Jo|han|nis|bee|re, die [die Frucht reift um den Festtag des hl. Johannes (24. 6.)]: **a)** *(bes. in Gärten gezogener) Strauch mit kleinen, in Trauben wachsenden, roten, auch weißlichen od. schwarzen, angenehm säuerlich od. herb schmeckenden Beeren:* sie haben weiße und schwarze -n im Garten; **b)** ⟨meist Pl.⟩ *Beere der Johannisbeere* (a): -n pflücken; Gelee von -n.

Jo|han|nis|brot, das [nach der Legende soll sich Johannes der Täufer in der Wüste von dem süßen Mark der Früchte ernährt haben]: *dunkelbraune, leicht gebogene, längliche Frucht des*

Johannisbrotbaums, von der das zuckerhaltige Mark der Hülse u. die Kerne gegessen werden.

Jo|han|nis|brot|baum, der: *im Mittelmeerraum wachsender Baum mit gefiederten Blättern, dessen getrocknete zuckerhaltige Frucht gegessen wird.*

Jo|han|nis|fünk|chen, das, **Jo|han|nis|kä|fer,** der (landsch.): *Leuchtkäfer.*

Jo|han|nis|kraut, das: *(auf Waldlichtungen, an Feldwegen u. a. wachsende) als Heilkraut verwendete Pflanze mit kleinen Blättern u. in Dolden wachsenden gelben Blüten.*

Jo|han|nis|tag, der: *Johannes dem Täufer geweihter Tag* (24. Juni).

Jo|han|nis|trieb, der: **1.** (Bot.) **a)** *unter bestimmten Bedingungen vorkommendes zweites Austreiben von Bäumen im Juni/Juli, bei dem die eigentlich erst für das folgende Frühjahr angelegten Knospen schon vorzeitig austreiben;* **b)** *Trieb eines Baumes, der im Sommer gewachsen ist.* **2.** ⟨o. Pl.⟩ (scherzh.) *gesteigertes Bedürfnis nach sexuellen Beziehungen bei Männern in vorgerücktem Alter.*

Jo|han|nis|vö|gel|chen, Jo|han|nis|würm|chen, das (landsch.): *Leuchtkäfer.*

Jo|han|ni|ter, der; -s, - [mlat. Johannita]: *Angehöriger des Johanniterordens.*

Jo|han|ni|ter|kreuz, das: *Malteserkreuz.*

Jo|han|ni|ter|or|den, der ⟨o. Pl.⟩: *um 1100 in Jerusalem ursprünglich zur Pflege kranker Pilger gegründeter geistlicher Ritterorden.*

Jo|han|ni|ter|un|fall|hil|fe, die ⟨o. Pl.⟩: *Hilfsdienst, dessen Personal in der Unfallhilfe tätig ist.*

joh|len ⟨sw. V.; hat⟩ [mhd. jōlen = vor Freude laut singen, grölen, aus dem lautmalenden Ruf »jo« abgeleitet, also eigtl. = »jo« schreien] (abwertend): **a)** *(meist von einer zusammengerotteten Menschenmenge) anhaltendes wildes, misstönendes [Freuden-, Triumph]geschrei ausstoßen:* eine johlende Horde zog durch die Straßen; **b)** *johlend (a) hervorbringen, rufen o. Ä.:* Beifall, Pfuirufe j.

Joint [dʒɔɪnt], der; -s, -s [engl. joint, eigtl. = Verbindung; Gemeinschaft (↑Joint Venture)]: **a)** *selbst gedrehte Zigarette, deren Tabak Haschisch od. Marihuana beigemengt ist:* einen J. nehmen, kreisen lassen; **b)** (salopp, bes. Jugendspr.) *Zigarette.*

Joint Ven|ture [ˈdʒɔɪnt ˈvɛntʃə], das; --[s], --s, (auch:) **Jointventure,** das; -[s], -s [engl. joint venture = Gemeinschaftsunternehmen, aus: joint = gemeinsam, Gemeinschafts-; Gemeinschaft (< afrz. joint[e] < lat. iunctum, 2. Part. von: iungere, ↑Junktim) u. venture = Unternehmen, Unternehmung] (Wirtsch.): *Zusammenschluss von Unternehmen zum Zweck der gemeinsamen Durchführung von Projekten.*

Jo-Jo, das; -s, -s [engl. yo-yo; H. u.]: *Geschicklichkeitsspiel mit zwei miteinander verbundenen kleinen Scheiben, die mittels ruckartiger Armbewegungen an einer zwischen ihnen befestigten Schnur auf u. ab laufen.*

Jo|jo|ba, die; -, -s [mex.]: *in Mexiko u. im südlichen Nordamerika vorkommendes Buchsbaumgewächs mit pflaumengroßen Kapselfrüchten.*

Jo-Jo-Ef|fekt, der; -[e]s, -e [nach der permanenten Abwärts- u. Aufwärtsbewegung des ↑Jo-Jos]: *Gesetzmäßigkeit, der zufolge sich ein abwärts gerichteter Trend an seinem Tiefpunkt quasi automatisch in sein Gegenteil verkehrt.*

Jo|ker [ˈjoːkɐ, auch: ˈdʒoːkɐ], der; -s, - [engl. joker = Spaßmacher, zu: joke = Spaß < lat. iocus] (Kartenspiel): *zusätzliche, für jede andere Karte einsetzbare Spielkarte mit der Abbildung eines Narren:* einen, den J. [gezogen] haben.

Jo|kus, der; -, -se [lat. iocus] (ugs.): *Jux, Spaß [den sich jmd. mit einem anderen erlaubt]:* J. machen; seinen J. mit etw. haben.

Jol|le, die; -, -n [aus dem Niederd. < mniederd. jolle, H. u.]: **1.** (Seemannsspr.) *breites, flaches [Ruder]boot, das auf Schiffen als Beiboot mitgeführt wird.* **2.** *kleines, flaches, offenes Segelboot, das ein Schwert (2) anstelle eines Kiels hat [u. auf Binnengewässern gesegelt wird].*

Jom Kip|pur, der; - - [hebr. yôm kippûr = Tag der Versöhnung]: *höchster jüdischer Feiertag als letzter der 10 mit dem Neujahrstag einsetzenden Bußtage; Versöhnungsfest.*

Jon|gleur [ʒɔŋˈ(g)løːɐ̯, auch: ʒõˈgløːɐ̯], der; -s, -e [frz. jongleur < afrz. joglere < lat. ioculator = Spaßmacher, zu: iocus = Spaß]: **1.** *Artist, der Kunststücke mit Reifen, Bällen u. a. Gegenständen zeigt, indem er sie in die Luft wirft u. mit großer Geschicklichkeit wieder auffängt:* als J. in einem Zirkus auftreten. **2.** (Kunstkraftsport) *jmd., der die Sportart des Jonglierens (2) ausübt.* **3.** *(im MA.) Spielmann u. Possenreißer.*

Jon|gleu|rin, die; -, -nen: w. Form zu ↑Jongleur (1, 2).

jon|glie|ren ⟨sw. V.; hat⟩ [frz. jongler < afrz. jogler < lat. ioculari = scherzen, spaßen]: **1.** *sich mit etw. als Jongleur (1) betätigen:* Teller j.; mit Ringen, Bällen j.; **2.** (Kunstkraftsport) *mit Gewichten o. Ä. bestimmte Geschicklichkeitsübungen ausführen.* **3.** *[in verblüffender Weise] überaus geschickt mit jmdm., etw. umgehen:* mit Begriffen, Zahlen j.

Jöpp|chen, das; -s, -: Vkl. zu ↑Joppe.

Jop|pe, die; -, -n [mhd. jop(p)e < aital. giuppa < span. aljuba < arab. (al-)ǧubbah = wollenes Unterkleid]: **a)** *(anstelle eines Mantels getragene) einfache Jacke [aus Loden] für Männer;* **b)** *Hausjacke für Männer.*

Jor|dan, der; -[s]: Fluss in Israel u. Jordanien: *** über den J. gehen** (verhüll.; *sterben; sein Leben bei etw. verlieren;* in der religiösen Literatur bes. des Pietismus wurde der Übergang der Israeliten über den Fluss Jordan oft als Eintritt ins Himmelreich aufgefasst u. damit zum Symbol des Sterbens; das den Israeliten versprochene Gelobte Land wird mit dem Himmelreich verglichen).

Jor|da|ni|en; -s: Staat in Vorderasien.

Jor|da|ni|er, der; -s, -: Ew.

Jor|da|ni|e|rin, die; -, -nen: w. Form zu ↑Jordanier.

jor|da|nisch ⟨Adj.⟩: *Jordanien, die Jordanier betreffend.*

Jo|se|phi|nis|mus, der; - [nach Kaiser Joseph II. (1741–1790)]: *aufgeklärte katholische Staatskirchenpolitik im Österreich des 18. u. 19. Jh.s, die auch noch die Staatsauffassung der österreichischen Beamten u. Offiziere des 19. Jh.s bestimmte.*

Jo|sephs|ehe, die; -, -n [nach Joseph, dem (gesetzlichen) Vater Jesu]: *eheliche Verbindung, in der die Partner [aus religiösen Gründen] auf den geschlechtlichen Vollzug der Ehe verzichten.*

Jot [↑a, A], das; -, - [lat. iota, griech. iõta, aus dem Semit., vgl. hebr. yôd]: *zehnter Buchstabe des deutschen Alphabets* (↑j, J).

[1]**Jo|ta,** das; -[s], -s [got. jōta < griech. iõta (↑Jot), nach der got. Bibelübersetzung von Matth. 5, 18]: *neunter Buchstabe des griechischen Alphabets* (I, ι): *** kein/nicht ein/um kein J.** (geh.; *[in Bezug auf eine Abweichung von etw.] nicht im Allermindesten, nicht im Geringsten*); **[auch] nur ein J.** (geh.; *auch nur im Allermindesten, Allergeringsten*).

[2]**Jo|ta** [ˈxɔta], die; -, -s [span. jota, H. u.]: *schneller spanischer Tanz im 3/8- od. 3/4-Takt mit Kastagnettenbegleitung.*

Joule [von DIN u. anderen Organisationen festgelegte Ausspr. nur: dʒuːl, sonst auch: dʒaul], das; -[s], - [nach dem brit. Physiker J. P. Joule (1818–1889)] (Physik): *Maßeinheit für die Energie* (z. B. des Energieumsatzes des menschlichen Körpers; 1 cal = 4,186 Joule; Zeichen: J).

Jour [ʒuːɐ̯], der; -s, -s [frz. jour, eigtl. = Tag < spätlat. diurnum < lat. diurnum = der tägliche Bedarf an Nahrungsmitteln, zu: diurnus = täglich]: **1.** (veraltend) *[Wochen]tag, an dem regelmäßig Gäste empfangen werden:* sie haben alle vierzehn Tage J.; *** J. fixe** [ʒurˈfiks] (*[für ein regelmäßiges Treffen zu einem bestimmten gemeinsamen Tun von den Teilnehmenden] fest vereinbarter Tag;* frz. jour fixe, aus jour [↑Jour] u. fixe = festgesetzt, ↑fix I 1): die Mitglieder des Gremiums haben heute ihren J. fixe. **2.** (veraltet) *Tag, an dem jmd. Dienst hat, mit dem Dienst an der Reihe ist:* am Montag hat sie J.

Jour|nail|le [ʒʊrˈnaljə, auch: ʒʊrˈnaj], die; - [wohl unter Einfluss von frz. canaille (↑Kanaille) geb. zu ↑Journal] (veraltend, abwertend): **a)** *verantwortungslose, verleumderische Tagespresse:* dieses Gerücht füllte die Klatschspalten der J.; **b)** *Journalisten, die Hetze betreiben, nur auf die Verbreitung verleumderischer u. ä. Meldungen aus sind.*

Jour|nal, das; -s, -e [1, 2: frz. journal, eigtl. = jeden einzelnen Tag betreffend; ↑Jour; 3, 4: ital. giornale < lat. (acta) diurna = Tagesbericht, zu: diurnus, ↑Jour]: **1.** (veraltet) *[Tages]zeitung.* **2.** (geh. veraltend) *bebilderte Zeitschrift unterhaltenden od. informierenden Inhalts:* ein J. für Mode, Kunst. **3.** (veraltend) *Tagebuch* (1, 2). **4.** *Schiffstagebuch.* **5.** (Kaufmannsspr.) *in der Buchführung neben dem Hauptbuch zu führendes Tagebuch:* ein, das J. führen; etw. in das J. eintragen.

Jour|nal|be|am|te, der (österr.): *Dienst habender Beamter.*

Jour|nal|be|am|tin, die (österr.): w. Form zu ↑Journalbeamte.

Jour|nal|dienst, der (österr.): *Bereitschaftsdienst.*

Jour|na|lis|mus, der; -: **1.** *Zeitungs-, Pressewesen:* im J. tätig sein; er kommt vom J. her *(ist von Hause aus Journalist, hat vorher als Journalist gearbeitet).* **2. a)** *Tätigkeit der Journalisten:* dieses Land kennt keinen freien J.; **b)** (salopp, häufig abwertend) *journalistische Berichterstattung, Schreibweise:* ein Beispiel von billigem J.

Jour|na|list, der; -en, -en [frz. journaliste]: *jmd., der als freier Mitarbeiter, als Auslandskorrespondent od. Mitglied einer Redaktion Artikel o. Ä. für Zeitungen od. andere Medien verfasst bzw. redigiert od. der als Fotograf Bildberichte liefert:* er ist freier J., arbeitet als J. beim Funk; der Star war von einem Schwarm [von] -en umlagert.

Jour|na|lis|tik, die; -: **1.** *(neben Zeitungswissenschaft u. Publizistik) Studienfach für das Pressewesen.* **2.** (seltener) *Bericht, Arbeit aus der Feder eines Journalisten.*

Jour|na|lis|tin, die; -, -nen: w. Form zu ↑Journalist.

jour|na|lis|tisch ⟨Adj.⟩: **1.** *den Bereich des Journalismus (1) betreffend:* eine -e Tätigkeit. **2.** *in der Weise des Journalismus (2):* -er Stil; sie hat eine -e Begabung *(Begabung zum Schreiben in journalistischer Manier).*

jo|vi|al ⟨Adj.⟩ [mlat. jovialis = im Sternbild des Jupiter geboren < lat. Iovialis = zu Jupiter gehörend; nach der ma. Astrologie galt der unter dem Planeten Jupiter Geborene als fröhlich u. heiter]: *(nur in Bezug auf Männer) im Umgang mit niedriger Stehenden betont wohlwollend:* sein Vorgesetzter ist ein sehr -er Mensch; jmdm. j. auf die Schulter klopfen.

Jo|vi|a|li|tät, die; - [vgl. frz. jovialité]: *joviales Verhalten.*

Joy|stick [ˈdʒɔɪstɪk], der; -s, -s [engl. joystick = Steuerknüppel]: *[Vorrichtung mit] Steuerhebel für Computerspiele.*

JPY = internationaler Währungscode für: Yen.

jr., jun. = junior.

Ju|bel, der; -s [kirchenlat. iubilus = lang gezogener, jubelnder Ausklang eines Kirchenliedes < spätlat. iubilum = Jauchzen, Frohlocken, zu lat. iubilare, ↑jubilieren]: *laute Bekundung großer Freude durch Rufen, Jauchzen, Schreien:* J. brach los; die Menge brach in J. aus; er wurde mit großem J. empfangen; zum J. *(zur größten Freude)* der Kinder gab es Eis als Nachtisch; *** J., Trubel, Heiterkeit** (1. *angeregte Stimmung, laute Fröhlichkeit.* 2. oft abwertend; *hektisches, lautes Treiben*).

Ju|bel|braut, die [↑Jubeljahr] (scherzh.): *Frau am Tag ihrer silbernen, goldenen usw. Hochzeit.*

Ju|bel|fei|er, die, **Ju|bel|fest,** das [↑Jubeljahr]

(scherzh.): *Feier, Fest anlässlich eines bestimmten Jubiläums.*

Ju̲|bel|greis, der (ugs. scherzh.): *lebenslustiger alter Mann.*

Ju̲|bel|jahr, das [mhd. jubeljār, volksetym. aus hebr. yôvel, ↑Jobeljahr]: **1.** ↑Jobeljahr. **2.** (kath. Kirche) *für die katholische Kirche bedeutsames Jahr, das alle 25 Jahre begangen wird u. der inneren Erneuerung der Gläubigen dienen soll:* *** alle -e [(ein)mal]** (ugs. scherzh.; *[bedauerlicherweise] sehr selten*): sie besucht uns nur alle -e mal. **3.** *Jahr, in dem ein besonderes Jubiläum stattfindet:* das Land begeht 1977 das J. seines 25-jährigen Bestehens.

ju̲|beln ⟨sw. V.; hat⟩ [spätmhd. jubeln, zu ↑Jubel]: *seiner Freude über etw. laut, stürmisch Ausdruck geben; in Jubel ausbrechen:* die Kinder jubelten über die Geschenke; das Publikum jubelte beim Erscheinen des Solisten; die Sieger jubelten *(zeigten ihre unverhohlene Freude);* eine jubelnde Menschenmenge.

Ju̲|bel|paar, das: vgl. Jubelbraut.

Ju̲|bel|rohr, das (scherzh.): *Klarinette.*

Ju̲|bel|ruf, der: *Ruf des Jubels.*

Ju|bi|la̲r, der; -s, -e [unter Einfluss von ↑Jubiläum < mlat. iubilarius = jmd., der 50 Jahre lang dem gleichen (geistlichen) Stand angehört, zu: iubilaeus (annus) = Jubeljahr]: *jmd., der ein Jubiläum begeht.*

Ju|bi|la̲|rin, die; -, -nen: w. Form zu ↑Jubilar.

Ju|bi|la̲|te ⟨o. Art.; indekl.⟩ [lat. iubilate = frohlocket!; nach dem ersten Wort des Eingangsverses der Liturgie des Sonntags, Ps. 66, 1] (ev. Kirche): *dritter Sonntag nach Ostern.*

Ju|bi|lä̲|um, das; -s, ...läen [spätlat. iubilaeum = Jubelzeit, zu lat. iubilare, ↑jubilieren]: *festlich begangener Jahrestag eines bestimmten Ereignisses:* das 150-jährige J. der Firma; das J. der 25-jährigen Betriebszugehörigkeit feiern, begehen, haben.

Ju|bi|lä̲|ums|aus|ga|be, die: *zu einem bestimmten Jubiläum (eines Autors od. auch Buches) herausgebrachte Ausgabe eines Werkes.*

Ju|bi|lä̲|ums|fei|er, die: *Feier anlässlich eines Jubiläums.*

ju|bi|lie̲|ren ⟨sw. V.; hat⟩ [mhd. jubilieren (md. jubelēren) < lat. iubilare = jauchzen, lautm.]: **1.** (geh.) *seiner lebhaften Freude weniger laut als klingend Ausdruck verleihen:* seine Feinde jubilierten über ihn, seine Niederlage *(zeigten ihre unverhohlene Freude über sein Missgeschick);* die Vögel jubilierten *(sangen munter)* hoch in der Luft. **2.** (scherzh.) *ein Jubiläum begehen:* einer unserer Freunde jubiliert heute.

juch ⟨Interj.⟩ [mhd. juch] (veraltet): *juchhe.*

[1]Ju̲|chart, Ju̲|chert, der; -s, -e (südwestd.), **[2]Ju̲|chart, Ju̲|char|te,** die; -, ...ten (schweiz.) [mhd. juchart, juchert, ahd. juchart, wohl < lat. iugerum, zu: iungere (↑Junktim), iugum = Joch]: *Joch* (4).

ju̲|chen ⟨sw. V.; hat⟩ [md., (m)niederd. juchen, zu: juch, mhd. jūch = Ausruf ausgelassener Freude] (mundartl.): *jauchzen.*

Ju̲|chert: ↑[1]Juchart.

juch|he̲ ⟨Interj.⟩ [wohl aus veraltet juch (↑juchen) u. ↑hei]: Ausruf ausgelassener Freude: j., jetzt fahren wir!; ⟨subst.:⟩ ein lautes Juchhe.

[1]Juch|he̲, das; -s, -s [1: zu ↑juchhe, wohl nach den oft lautstarken Beifalls- od. Missfallensäußerungen des meist anspruchsloseren Publikums, das früher auf der Galerie saß; 2, 3: vgl. [2]Juchhe]: **1.** (landsch. scherzh.) *Galerie im Theater.* **2.** (österr.) *entfernter Platz in einem Haus o. Ä. [der von einem Beobachter nicht eingesehen werden kann].* **3.** (landsch.) *[2]Juchhe.*

[2]Ju̲ch|he, die; -, -s [mundartl. oft zur Bez. von etw. höher Gelegenem, wohl zu ↑juchhe, nach der Vorstellung, dass Menschen nach dem Ersteigen einer Höhe gern in Jubel ausbrechen] (landsch.): *oberster Bereich eines Hauses; Dachgeschoss, -kammer:* sie wohnen in der J.

juch|hei, juch|he̲i|ras|sa, juch|he̲i|ras|sas|sa, juch|he̲i|sa [...za, ...sa], **juch|he̲i|ßa** ⟨Interj.⟩ (veraltend): Ausrufe ausgelassener Freude.

ju̲ch|ten ⟨Adj.⟩ (selten): *aus Juchtenleder:* -e Stiefel.

Ju̲ch|ten, der od. das; -s [aus dem Niederd., neben älterem Juften < mniederd. juften < russ. juft', über das Turkotatar. < pers. ǧuft = Paar, weil die Häute paarweise gegerbt werden]: **1.** *Juchtenleder.* **2.** *Duftstoff, der dem Geruch von Juchtenleder ähnlich ist.*

Ju̲ch|ten|le|der, das: *als Oberleder für Schuhe verwendetes, in bestimmter Weise gegerbtes, wasserdichtes Leder.*

Ju̲ch|ten|stie|fel, der: *Stiefel aus Juchtenleder.*

ju̲ch|zen ⟨sw. V.; hat⟩ [Nebenf. von ↑jauchzen] (ugs.): *einen Juchzer ausstoßen:* die Kinder juchzten vor Freude.

Ju̲ch|zer, der; -s, - (ugs.): *Freudenschrei; Jauchzer:* einen J. ausstoßen.

ju̲|ckeln ⟨sw. V.; hat⟩ [md. Abl. von ↑jucken in der (bes. alemann.) älteren Bed. »hüpfen, springen«] (ugs.): **1.** *(bes. von Kindern) unruhig auf dem Stuhl o. Ä. hin u. her rutschen:* musst du immer j., statt ruhig am Tisch zu sitzen? **2. a)** *(in Bezug auf ein Fahrzeug) langsam, ohne Eile, holpernd, tuckernd o. ä. fahren:* ein altes Auto juckelte durch die Straßen; **b)** *langsam, zeitraubend mit einem Fahrzeug irgendwohin fahren.*

ju̲|cken ⟨sw. V.; hat⟩ [mhd. jucken, ahd. jucchen; 4: vgl. juckeln]: **1. a)** *von einem Juckreiz befallen sein:* meine Hand juckt; mir, mich juckt die Haut; ⟨auch unpers.:⟩ es juckt mir, mich auf dem Rücken; **Spr** wens juckt, der kratze sich *(wem etwas nicht passt, der soll sich wehren);* **b)** *einen Juckreiz auf der Haut verursachen:* die Wolle, der Verband juckt [ihn], juckt ihm/ihn auf der Haut; ein juckendes Ekzem; ⟨subst.:⟩ der Ausschlag verursacht ein Jucken. **2.** ⟨j. + sich⟩ (ugs.) **a)** *sich an einer juckenden Körperstelle kratzen, reiben o. Ä., um dem Juckreiz entgegenzuwirken:* sich wegen eines Mückenstichs j.; **b)** *durch Jucken* (2 a) *seine Haut in einen bestimmten Zustand versetzen:* er hat sich blutig gejuckt. **3.** (ugs.) **a)** ⟨unpers.⟩ *jmdn. reizen, etw. Bestimmtes zu tun:* es juckte ihn, zu fragen, was vorgefallen war; **b)** *jmdn. als etw. Erstrebenswertes reizen:* ihn juckt das Geld, das es bei der Sache zu verdienen gibt; das juckt *(kümmert)* mich nicht; *** lass j.!** (landsch. salopp; *mach schon!, komm schon!;* Aufforderung, etw. Bestimmtes zu tun, z. B. etw. zu erzählen).

Ju̲|cker, der; -s, - [zu alemann. jucken = springen, vgl. juckeln]: *leichtes Wagenpferd.*

Ju̲ck|pul|ver, das: *(als Scherzartikel verwendetes) Pulver, das bei jmdm., der damit in Berührung kommt, einen heftigen Juckreiz hervorruft.*

Ju̲ck|reiz, der: *prickelnder od. stechender Hautreiz, der Jucken verursacht.*

Ju|dä̲a; -s: (in der griech.-römischen Antike) [Süd]palästina.

Ju|da̲|i|ka ⟨Pl.⟩ [nlat. Iudaica, zu lat. Iudaicus < griech. Ioudaïkós = jüdisch] (Buchw.): **a)** *jüdische Schriften;* **b)** *Bücher, Sammelobjekte der jüdischen Kultur u. Religion.*

Ju|da|i̲s|mus, der; - [spätlat. Iudaismus < griech. Ioudaïsmós]: **1.** *jüdische Religion [Kultur, Geschichte]; Geist u. Wesen der jüdischen Religion; Judentum* (2). **2.** (hist.) *judenchristliche gesetzestreue Richtung im Urchristentum.*

Ju|da|i̲s|tik, die; -: *Wissenschaft von der jüdischen Religion, Kultur, Geschichte.*

Ju̲|das, der; -, -se [nach Judas Ischariot im Neuen Testament] (abwertend): *jmd., der treulos an jmdm. handelt, ihn heuchlerisch verrät.*

Ju̲|das|kuss, der ⟨Pl. selten⟩ [nach dem Kuss, den Judas Ischariot Jesus in verräterischer Absicht bei der Gefangennahme gab; vgl. Matth. 26, 48 f.]: *hinterhältige, heuchlerische Freundlichkeit.*

Ju̲|das|lohn, der ⟨o. Pl.⟩ [nach der von den Hohen Priestern an Judas Ischariot gezahlten Geldsumme für den Verrat Jesu; vgl. Matth. 26, 15]: *Bezahlung, Lohn für eine verräterische o. ä. Tat.*

Ju̲|de, der; -n, -n [mhd. jude, jüde, ahd. jud(e)o < lat. Iudaeus < griech. Ioudaîos < hebr. yehûdî]: *Angehöriger eines semitischen Volkes, einer religions- u. volksmäßig zusammengehörenden, über die ganze Erde verstreuten Gemeinschaft:* europäische, russische -n; die brutale Verfolgung der -n.

jü̲|deln ⟨sw. V.; hat⟩: *jiddeln.*

Ju̲|den|christ, der: **1.** *(im Urchristentum) Christ jüdischer Herkunft im Unterschied zum Heidenchristen.* **2.** *Jude, der zum Christentum übergetreten ist [ohne seinen jüdischen Glauben innerlich aufzugeben].*

Ju̲|den|chris|ten|tum, das: *Gesamtheit der Judenchristen.*

ju̲|den|christ|lich ⟨Adj.⟩: *die Judenchristen, das Judenchristentum betreffend.*

Ju̲|den|geg|ner, der: *Antisemit.*

Ju̲|den|geg|ne|rin, die: w. Form zu ↑Judengegner.

Ju̲|den|heit, die; -: *die Juden; Gesamtheit der Juden:* die J. des deutschen Sprachkreises.

Ju̲|den|stern, der (nationalsoz.): *aus meist gelbem Stoff gefertigter Davidsstern, den die Juden während der Herrschaft des Nationalsozialismus (in Deutschland seit 1941) als Kennzeichen auf der Kleidung tragen mussten.*

Ju̲|den|tum, das; -s: **1.** *Gesamtheit der Juden in ihrer religions- u. volksmäßigen Zusammengehörigkeit; das jüdische Volk.* **2.** *Judaismus* (1). **3. a)** *Gesamtheit der für den Juden typischen Lebensäußerungen, der durch Religion, Kultur, Geschichte geprägten jüdischen Eigenschaften, Eigenheiten; jüdisches Wesen:* sie fühlte sich dem J. entfremdet; **b)** *Zugehörigkeit, Gefühl der Zugehörigkeit zum jüdischen Volk, zur jüdischen Religion; das Judesein:* er hat sein J. nie verleugnet.

Ju̲|den|ver|fol|gung, die: *(seit dem 5. Jh. v. Chr. bezeugte, bis in die Gegenwart, bes. unter der Herrschaft der Nationalsozialisten praktizierte) religiös, sozial, wirtschaftlich motivierte antisemitische Maßnahmen, oft grausame Verfolgung von Juden.*

Ju̲|den|vier|tel, das: *jüdisches Wohnviertel.*

Ju̲|di|ka ⟨o. Art.; indekl.⟩ [lat. iudica = richte (↑judizieren), nach dem ersten Wort des Eingangsverses der Liturgie des Sonntags, Ps. 43, 1] (ev. Kirche): *fünfter Sonntag in der Passionszeit (vorletzter Sonntag vor Ostern).*

Ju|di|ka|ti|o̲n, die; -, -en [lat. iudicatio] (Rechtsspr. veraltet): *richterliche Untersuchung, Beurteilung, Aburteilung.*

Ju|di|ka|ti̲|ve, die; -, -n (Rechtsspr., Politik): *richterliche Gewalt im Staat;* vgl. Exekutive, Legislative.

ju|di|ka|to̲|risch ⟨Adj.⟩ [spätlat. iudicatorius] (Rechtsspr. veraltend): *richterlich.*

Jü̲|din, die; -, -nen [mhd. jüdin, jüdinne]: w. Form zu ↑Jude.

jü̲|disch ⟨Adj.⟩ [mhd. jüdisch, ahd. judeis < lat. Iuda(e)icus < griech. Ioudaïkós]: **a)** *die Juden, das Judentum* (1) *betreffend:* das -e Volk; ein -es Unternehmen; eine -e Familie; er ist -er Abstammung; **b)** *für die Juden charakteristisch; das Judentum* (3) *betreffend:* die -e Kultur; -er Witz; eine typisch -e Frau; **c)** *die Juden, den Judaismus* (1) *betreffend:* die -e Religion; -e Studien.

ju|di|zi|e̲ll ⟨Adj.⟩ [frz. judiciel < lat. iudicialis] (Rechtsspr., Politik): *die Rechtsprechung betreffend, richterlich.*

ju|di|zie̲|ren ⟨sw. V.; hat⟩ [lat. iudicare = Recht sprechen, richten, zu: ius = Recht u. dicere = sprechen, sagen] (Rechtsspr.): *Recht sprechen; gerichtlich urteilen, entscheiden; richten:* über eine Straftat j.

Ju|di̲|zi|um, das; -s, ...ien [lat. iudicium = Urteil; gerichtliche Untersuchung] (Rechtsspr.): *auf langjährige Gerichtspraxis gegründetes Vermögen der Rechtsfindung.*

[1]Ju̲|do [österr.: ˈdʒuːdo], das; -[s] [jap. jūdō, eigtl. = geschmeidiger Weg zur Geistesbildung]: *aus dem Ju-Jutsu entwickelter, als sportliche Disziplin betriebener Zweikampf ohne Waffen, bei dem es unter Ausschaltung aller gefährlichen Schläge gilt, den Gegner bes. durch überraschende, geschickt angewandte Griffe zu überwinden.*

[2]Ju|do, der; -s, -s: kurz für ↑Jungdemokrat.

[1]Ju|do|ka [österr.: dʒuˈdo:ka], der; -[s], -[s] [jap. jūdōka, zu ↑[1]Judo u. jap. -ka = ...ist]: *männliche Person, die Judo als Sport betreibt.*

[2]Ju|do|ka, die; -, -[s]: *weibliche Person, die Judo als Sport betreibt.*

Ju|gend, die; - [mhd. jugent, ahd. jugend, Substantivbildung zu dem ↑jung zugrunde liegenden idg. Adj.]: **1. a)** *Zeit des Jungseins; Lebensabschnitt eines jungen Menschen:* eine sorglose J. gehabt haben; seine J. genießen; sie hat in ihrer J. viel Sport getrieben; sie ist von J. an/auf *(seit ihren Jugendjahren)* daran gewöhnt; **b)** (Biol., Med.) *Entwicklungszeit, erste Wachstumsphase eines Lebewesens von der Entstehung, Geburt an bis zur vollen Entwicklung; Jugendstadium:* die Blätter sind beim Farn in der J. stark eingerollt. **2.** *Zustand des Jungseins; jugendliche Frische, Kraft:* ihn entschuldigt seine J. **3.** *Gesamtheit junger Menschen; die jungen Leute:* die studentische, heutige J.; die J. von heute; er spielt bei diesem Verein in der J. (Sport Jargon; *Jugendmannschaft*); **R** J. kennt keine Tugend (veraltend; *junge Leute sind sehr schnell bereit, sich über moralische Bedenken hinwegzusetzen*); * **die reifere J.** (oft scherzh. od. iron.; *die nicht mehr jungen, aber noch nicht alten Leute*).

Ju|gend|al|ter, das ⟨o. Pl.⟩: *Altersstufe zwischen Kindheit u. Erwachsensein, jugendliches Alter.*

Ju|gend|amt, das: *für die Angelegenheiten der öffentlichen Jugendhilfe zuständige Behörde.*

Ju|gend|ar|beit, die: **1.** ⟨o. Pl.⟩ *Erwerbstätigkeit Jugendlicher.* **2.** ⟨o. Pl.⟩ *Gesamtheit aller von Staat, Kirchen, Gewerkschaften, Parteien durchgeführten Tätigkeiten, die sich mit Bildung u. Freizeitgestaltung von Jugendlichen befassen.* **3.** *frühes, in der Jugendzeit eines Künstlers, Wissenschaftlers o. Ä. entstandenes Werk.*

Ju|gend|ar|beits|lo|sig|keit, die: *Arbeitslosigkeit, von der Jugendliche in großer Zahl betroffen sind.*

Ju|gend|ar|beits|schutz|ge|setz, das: *Gesetz, das den Arbeitsschutz für jugendliche Arbeitnehmer regelt.*

Ju|gend|ar|rest, der: *(im Rahmen des Jugendstrafrechts erfolgender) kurzer Freiheitsentzug bei leichteren u. mittleren Straftaten Jugendlicher.*

ju|gend|be|wegt ⟨Adj.⟩ (oft scherzh.): *von der Jugendbewegung beeinflusst, geprägt; sich den Zielen, Vorstellungen, Forderungen der Jugendbewegung entsprechend verhaltend.*

Ju|gend|be|we|gung, die ⟨o. Pl.⟩ [nach dem Untertitel des Buches »Wandervogel. Die Geschichte einer Jugendbewegung« von H. Blüher (1888–1955)]: *um die Jahrhundertwende im deutschsprachigen Raum entstandene Bewegung, deren Anhänger, in vielen neu gegründeten Jugendgruppen zusammengeschlossen, nach einer neuen individuellen Lebensweise in Einfachheit u. Naturverbundenheit strebten, wobei man besonders Wanderungen durchführte u. altes Volksgut in Laienspiel, Volksmusik u. Volkstanz pflegte.*

Ju|gend|bild, das: *Bild, das jmdn. als Jugendlichen zeigt.*

Ju|gend|bild|nis, das (geh.): vgl. Jugendbild.

Ju|gend|bri|ga|de, die (DDR): *Brigade* (3), *in der überwiegend junge Leute arbeiten.*

Ju|gend|buch, das: *Buch für jugendliche Leser.*

Ju|gend|er|in|ne|rung, die: *Erinnerung an die eigene Jugend.*

ju|gend|frei ⟨Adj.⟩: *für Jugendliche geeignet, zugelassen:* der Film ist nicht j.

Ju|gend|freund, der: **1.** *Freund aus der Jugendzeit od. den jmd. in seiner Jugend hatte:* er hat einen alten J. getroffen. **2.** (selten) *jmd., der sich gern mit Jugendlichen befasst, der Jugendliche gern hat.* **3.** (DDR) *Angehöriger der FDJ.*

Ju|gend|freun|din, die: w. Form zu ↑Jugendfreund.

ju|gend|frisch ⟨Adj.⟩ (geh.): *jugendlich frisch.*

Ju|gend|für|sor|ge, die (veraltend): vgl. Jugendhilfe.

ju|gend|ge|fähr|dend ⟨Adj.⟩: *Kinder u. Jugendliche sittlich gefährdend:* -e Schriften, Bücher.

Ju|gend|ge|fähr|te, der (geh.): *Gefährte aus der Jugendzeit od. den jmd. in seiner Jugend hatte.*

Ju|gend|ge|richt, das: *für die Straftaten Jugendlicher zuständiges* [1]*Gericht.*

Ju|gend|ge|richts|bar|keit, die: *dem Jugendgericht zuerteilte Gerichtsbarkeit* (1).

Ju|gend|grup|pe, die: [1]*Gruppe* (2) *von Jugendlichen [innerhalb einer größeren Institution]:* eine kirchliche J.; -n politischer Parteien.

Ju|gend|heim, das: *Heim, das der Erziehung, Freizeitgestaltung, Erholung Jugendlicher dient.*

Ju|gend|her|ber|ge, die: *meist sehr einfach ausgestattete Unterkunftsstätte besonders für Jugendliche auf Wanderungen u. Reisen.*

Ju|gend|hil|fe, die ⟨o. Pl.⟩: *behördliche Einrichtungen, die der Förderung junger Menschen, ihrer Erziehung u. Bildung dienen, Jugendliche u. Kinder bei Gefährdung u. Störung ihrer Entwicklung (z. B. in Pflegefamilien, Heimen o. Ä.) schützen u. in Fragen der Vormundschaft, Jugendgerichtsbarkeit o. Ä. zur Verfügung stehen.*

Ju|gend|jah|re ⟨Pl.⟩: *Jahre, in deren Verlauf jmd. seine Jugend verbringt:* an seine J. zurückdenken.

Ju|gend|kri|mi|na|li|tät, die: *Gesamtheit der kriminellen Handlungen, die von Jugendlichen begangen werden.*

Ju|gend|la|ger, das: *Lager, in dem Jugendliche u. Kinder ihre Ferien verbringen.*

Ju|gend|lei|ter, der: *in entsprechenden Lehrgängen ausgebildeter, meist ehrenamtlich tätiger Leiter einer Jugendgruppe.*

Ju|gend|lei|te|rin, die: **1.** *Kindergärtnerin (mit abgeschlossener Ausbildung auf einer Fachschule), die in großen Kindergärten, Heimen, in der Erziehungsberatung od. auch als Lehrkraft für die Ausbildung von Kindergärtnerinnen tätig ist* (Berufsbez.); **2.** w. Form zu ↑Jugendleiter.

ju|gend|lich ⟨Adj.⟩ [mhd. jugentlich, ahd. jugendlih]: **1.** *der Altersstufe zwischen Kindheit u. Erwachsensein angehörend; zur Jugend* (3) *gehörend:* die -en Zuschauer; ihr Sohn war in -em Alter *(als junger Mensch)* gestorben. **2. a)** *die Frische, Kraft eines jungen Menschen besitzend, erkennen lassend; für Jugendliche charakteristisch:* -er Schwung, Übermut; -e Begeisterung, Entdeckerfreude; **b)** *die Wirkung, Ausstrahlung eines jungen Menschen besitzend, anstrebend:* eine -e Erscheinung; er wirkt noch sehr j.; **c)** (bes. Werbespr.) *junges Aussehen, die Wirkung des Jungseins vermittelnd, verstärkend:* ein sehr -es Kleid; eine -e Frisur; sie kleidet sich oft ein wenig zu j.

Ju|gend|li|che, der u. die; -n, -n ⟨Dekl. ↑Abgeordnete⟩: **a)** *junger Mensch; jmd., der sich im Lebensabschnitt zwischen Kindheit u. Erwachsensein befindet:* die Veranstaltung wurde vorwiegend von -n *(von jungen Leuten)* besucht; **b)** (Rechtsspr.) *junger Mensch zwischen dem 14. u. 18. Lebensjahr:* der Film ist für J. unter 16 Jahren nicht zugelassen.

Ju|gend|lich|keit, die; -: **1.** *Zustand des Jungseins; jugendliches* (1) *Alter:* die J. des Täters muss bei der Beurteilung des Falles berücksichtigt werden. **2. a)** *jugendliche* (2 a) *Frische, Spannkraft:* der Politiker trat mit forscher J. auf; **b)** *jugendliches* (2 a) *Aussehen, jugendliche Wirkung im Äußeren:* die J. ihrer Erscheinung.

Ju|gend|lie|be, die: **1.** ⟨o. Pl.⟩ (selten) *Liebe, die jmd. in seiner Jugendzeit zu jmdm. empfunden hat, die zwei Personen in ihrer Jugend miteinander verbunden hat.* **2.** (ugs.) *jmd., den man in seiner Jugendzeit geliebt hat; Person, in die jmd. in seiner Jugendzeit verliebt war:* er hat nach vielen Jahren seine J. wieder getroffen; sie war eine seiner -n.

Ju|gend|li|te|ra|tur, die: *für die jugendlichen Leser geschaffene Literatur.*

Ju|gend|mann|schaft, die (Sport): *aus Jugendlichen (zwischen 14 u. 18 Jahren) bestehende Mannschaft.*

Ju|gend|meis|ter, der (Sport): *Gewinner einer Meisterschaft für Jugendliche (zwischen 14 u. 18 Jahren) in einer Sportart.*

Ju|gend|meis|te|rin, die: w. Form zu ↑Jugendmeister.

Ju|gend|mu|sik, die ⟨o. Pl.⟩: *von Kindern, Jugendlichen ausgeübte, für sie komponierte Musik.*

Ju|gend|mu|sik|schu|le, die: *Musikschule, schulähnliche Ausbildungsstätte, in der Kinder u. Jugendliche das Spielen von Instrumenten, das Singen, die Harmonielehre u. Ä. lernen.*

Ju|gend|or|ga|ni|sa|ti|on, die: vgl. Jugendgruppe.

Ju|gend|pfle|ge, die: vgl. Jugendhilfe.

Ju|gend|pfle|ger, der: *jmd., der in der Jugendarbeit* (2) *od. in der Jugendhilfe als Lehrer, Sozialarbeiter, Sozialpädagoge o. Ä. tätig ist* (Berufsbez.).

Ju|gend|pfle|ge|rin, die: w. Form zu ↑Jugendpfleger.

Ju|gend|recht, das ⟨o. Pl.⟩: *Gesamtheit rechtlicher Regelungen, die der Förderung u. dem Schutz der [benachteiligten, gefährdeten, in ihrer Entwicklung gestörten] Jugendlichen dienen.*

Ju|gend|rich|ter, der: *Richter, der an einem Jugendgericht tätig ist.*

Ju|gend|rich|te|rin, die: w. Form zu ↑Jugendrichter.

Ju|gend|schutz, der ⟨o. Pl.⟩: *Maßnahmen, gesetzliche Vorschriften zum Schutz von Kindern u. Jugendlichen bes. vor schädlichen Einflüssen in der Öffentlichkeit.*

Ju|gend|spra|che, die ⟨o. Pl.⟩: *Jargon* (a), *Sondersprache der Jugendlichen.*

Ju|gend|sta|di|um, das: *Jugend* (1 b).

Ju|gend|stil, der ⟨o. Pl.⟩ [nach der von 1896 an in München erschienenen illustrierten Kulturzeitschrift »Jugend«]: *um die Jahrhundertwende entstandene künstlerische Stilrichtung, die sich bes. im Kunsthandwerk, in Gestaltung u. Ausstattung des Innenraums, in der Architektur sowie in Malerei u. Grafik ausprägte u. durch dekorativ geschwungene Linien, durch flächenhaft stilisierte pflanzliche od. abstrakte Ornamente gekennzeichnet ist.*

Ju|gend|straf|an|stalt, die: *Anstalt, in der jugendliche Straftäter ihre Strafe verbüßen.*

Ju|gend|stra|fe, die: *gegen jugendliche Straftäter verhängter Freiheitsentzug.*

Ju|gend|straf|recht, das ⟨o. Pl.⟩: *für jugendliche Straftäter, in bestimmten Fällen auch für Heranwachsende geltendes Strafrecht.*

Ju|gend|sün|de, die [wohl nach Ps. 25, 7]: **a)** *unüberlegte, leichtsinnige Handlung, Tat, die jmd. in seiner Jugend begangen hat u. an die er sich später meist nur ungern erinnert:* das war eine kleine J., die man ihm längst verziehen hatte; **b)** *etw., was jmd. in jungen Jahren geschaffen hat u. womit er sich später nicht mehr identifizieren kann:* ihre alten Filme bezeichnete die Schauspielerin als -n.

Ju|gend|traum, der: *etw., nach dessen Erreichung, Verwirklichung jmd. in seiner Jugend mit großem Eifer strebte:* seine Jugendträume sind zerronnen.

Ju|gend|ver|bot, das: *Verbot, mit dem Jugendliche bis zu einer bestimmten Altersgrenze vom Besuch ungeeigneter Veranstaltungen ausgeschlossen werden:* das J. für diesen Film wurde aufgehoben.

Ju|gend|wei|he, die: **1.** *von freireligiösen Vereinigungen veranstaltete Feier für aus der Hauptschule Entlassene (anstelle einer Konfirmation).* **2.** (bes. DDR) *Festakt zur Aufnahme der vierzehnjährigen Jungen und Mädchen in die sozialistische Gesellschaft.*

Ju|gend|wohn|heim, das: *Wohnheim für berufstätige od. in Ausbildung stehende Jugendliche, die nicht zu Hause wohnen können.*

Ju|gend|zeit, die: *Jugend* (1 a).

Ju|gend|zen|trum, das: *öffentliche Einrichtung,*

die Jugendlichen unterschiedliche Möglichkeiten zur Freizeitgestaltung bietet.
Ju|go|sla|we, der; -n, -n: Ew.
Ju|go|sla|wi|en; -s: Staat in Südosteuropa.
Ju|go|sla|win, die; -, -nen: w. Form zu ↑Jugoslawe.
ju|go|sla|wisch ⟨Adj.⟩: *Jugoslawien, die Jugoslawen betreffend.*
ju|he (schweiz.): ↑juchhe.
ju|hu ⟨Interj.⟩: **1.** [ju'hu:] Ausruf der Freude, des Jubels: j., wir haben gewonnen! **2.** ['ju:'hu:] Zuruf, mit dem die Aufmerksamkeit einer Person, die sich in einiger Entfernung befindet, erregt werden soll: j., hier sind wir!
Ju-Jut|su, Jiu-Jitsu (veraltet), das; -[s] [jap. jūjutsu, eigtl. = sanfte Kunst]: *in Japan entwickelte Technik der Selbstverteidigung ohne Waffen, bei der bestimmte Hebelgriffe angewendet u. Schläge gegen empfindliche Körperstellen des Angreifers geführt werden, durch die man sich aus dessen Gewalt befreit.*
Juke|box ['dʒu:kbɔks], die; -, -es [...sɪz, auch: ...sɪs; engl.-amerik. juke-box, aus amerik. (Jargon) juke = ungebärdig, außer Rand und Band u. engl. box = Kiste, also eigtl. = Musikkiste, Rappelkiste]: *Musikautomat, der nach Einwurf entsprechender Geldmünzen (u. Betätigung von Tasten o. Ä. zur Wahl) Schallplatten mit Unterhaltungsmusik abspielt.*
Jul, das; -[s] [1: anord. jol, H. u.; 2: dän., norw., schwed. jul < anord. jol]: **1.** *germanisches Fest der Wintersonnenwende.* **2.** *(in Skandinavien) Weihnachtsfest, Weihnachten.*
Ju|lei [auch: 'ju:lai], der; -[s], -s ⟨Pl. selten⟩: aus Gründen der Deutlichkeit gesprochene Form von ↑Juli.
Jul|fei|er, die, **Jul|fest,** das: *Jul* (2).
[1]Ju|li, der; -[s], -s ⟨Pl. selten⟩ [lat. (mensis) Iulius, zu Ehren von Julius Caesar (etwa 100–44 v. Chr.) so benannt; Eindeutschung ausgehend vom Gen. Iulii]: *siebter Monat des Jahres.*
[2]Ju|li, der; -s, -s: kurz für ↑Jungliberaler.
ju|li|a|nisch: ↑Kalender (2).
Ju|li|enne [ʒy'ljɛn], die; - [frz. julienne, viell. nach den Vorn. Julien (m.), Julienne (w.), frz. Form von Julian(a) < lat. Julianus (Juliana), zu: Julius, ↑Juli] (Kochk.): *in feine Streifen geschnittenes, als Suppeneinlage u. in Soßen verwendetes Gemüse.*
Jul|klapp, der; -s [schwed. julklapp, aus: jul (↑Jul) u. klappa = klopfen, pochen; der Überbringer von Weihnachtsgeschenken klopfte nach altem Brauch an die Tür, wenn er kam]: *kleines, zum Scherz oft mehrfach verpacktes Weihnachtsgeschenk, das jmd. [im Rahmen einer Feier] von einem unbekannten Geber erhält od. das, nach skandinavischer Sitte, von einem unbekannten Geber nach lautem Klopfen, Rufen für jmdn. ins Zimmer geworfen wird.*
Jul|mo|nat, Jul|mond, der (veraltet): *Dezember.*
Jum|bo, der; -s, -s: kurz für ↑Jumbojet.
Jum|bo|jet, der; -s, -s [engl. jumbo jet, eigtl. = Düsenriese, aus: jumbo = großes Ding; riesengroß (eigtl. Elefantenname) u. jet, ↑[1]Jet]: *Großraumflugzeug.*
Ju|me|lage [ʒymə'la:ʒ], die; -, -n [...ʒn; frz. jumelage, eigtl. = Zusammenfügung, zu lat. gemellus = Zwillings-]: *Partnerschaft zwischen Verwaltungsbezirken od. Gemeinden, meist Städten, verschiedener Länder.*
Jump [dʒamp], der; -s, -s [1: engl. jump = Sprung; 2: nach dem betont sprunghaften Rhythmus]: **1.** (Leichtathletik): *dritter Sprung beim Dreisprung;* vgl. [1]Hop, Step (2). **2.** ⟨o. Pl.⟩ *Jazz einer in Harlem entwickelten Stilform.*
jun., jr. = junior.
jung ⟨Adj.; jünger, jüngste⟩ [mhd. junc, ahd. jung, gemeingerm. Weiterbildung eines gleichbed. idg. Adj.]: **1.** *(von Menschen, Tieren, Pflanzen) noch kein hohes Lebensalter habend; sich noch in der Entwicklung oder gerade am Ende der Entwicklung befindend:* ein -er Mann; ein -es Bäumchen; ein Gedicht des -en Goethe; die -en Leute von heute; einer der schönsten Momente meines -en *(noch nicht viele Jahre zählenden)* Lebens; er ist sehr j. *(als er noch sehr jung war)* gestorben; ein j. *(in jungen Jahren)* verheiratetes, vermähltes Paar; er ist auch nicht mehr der Jüngste *(ist schon älter, schon in fortgeschrittenem Alter, schon ziemlich alt);* R wir werden alle/man wird auch nicht jünger; so j. kommen wir nicht mehr zusammen (ermunternde Aufforderung, bei einem geselligen Beisammensein noch zu verweilen, noch etwas zu trinken); ***Jung und Alt** (1. *jedermann.* 2. *Junge und Alte*); **von j. auf** (↑klein 2 b). **2. a)** *(im Vergleich zu einem anderen, zu anderen) die geringere, die geringste Anzahl von Lebensjahren habend:* der jüngere Bruder (von zweien); die jüngste Tochter (von mehreren); die -e Generation; der -e [Herr] Meier (ugs.; *der Sohn des alten Herrn Meier*); **b)** (ugs. scherzh.) *ein bestimmtes, noch nicht hohes Alter habend:* die siebzehn Jahre -e Schauspielerin. **3.** *das Aussehen, Auftreten, die Wirkung, Ausstrahlung, die innere Verfassung eines noch nicht im mittleren od. höheren Lebensalter stehenden Menschen besitzend; jung* (1) *wirkend; jugendlich frisch:* sie ist j. geblieben, fühlt sich noch sehr j.; er sieht jünger aus als seine Frau; R man ist so j., wie man sich fühlt. **4. a)** *noch nicht lange, sondern erst seit kurzem vorhanden, bestehend:* ein -er Staat; eine -e Ehe; das -e *(frische)* Laub, Grün; der -e Tag (geh.; *der Morgen*); **b)** *noch nicht lange zurückliegend; eben erst vergangen:* ein Ereignis der jüngsten Vergangenheit; die Entdeckung ist jüngeren Datums *(liegt noch nicht weit zurück);* in jüngster Zeit.
Jung|aka|de|mi|ker, der: *Akademiker, der seine Hochschul- od. Universitätsausbildung gerade, erst vor kurzer Zeit abgeschlossen, beendet hat.*
Jung|aka|de|mi|ke|rin, die: w. Form zu ↑Jungakademiker.
Jung|brun|nen, der: **1.** *(in der Sage, Mythologie) Brunnen, dessen Wasser eine Verjüngung bewirkt, [ewige] Jugend verleiht:* sie tranken vom Wasser des -s, badeten im J. **2.** *etw., was jmdm. neuen Schwung, neue Kräfte verleiht:* die Natur, der Aufenthalt am Meer ist ein [wahrer] J. für ihn.
Jung|bür|ger, der (österr., schweiz.): *jmd., der das Wahlalter erreicht hat.*
Jung|bür|ger|fei|er, die (bes. österr.): *Feier für junge Menschen, die das Wahlalter erreicht haben.*
Jung|bür|ge|rin, die: w. Form zu ↑Jungbürger.
Jung|chen, das; -s, - [zu ↑[1]Junge] (landsch. fam.): *[1]Junge* (1 a, b): komm her, mein J., ich helfe dir.
Jung|de|mo|krat, der: *Mitglied der ehemaligen Jugendorganisation der F.D.P.;* Kurzwort: Judo.
Jung|de|mo|kra|tin, die: w. Form zu ↑Jungdemokrat.
Jung|deut|sche, der ⟨meist Pl.⟩: *Vertreter des Jungen Deutschland, einer (gegen Klassik u. Romantik gerichteten) deutschen literarischen Bewegung mit politisch-zeitkritischer Tendenz (etwa von 1830–1850).*
[1]Jun|ge, der; -n, -n u. ugs., bes. nordd. u. md.: Jungs, -ns [mhd. junge, ahd. jungo]: **1.** (bes. nordd.) **a)** *Kind männlichen Geschlechts; Knabe:* ein kleiner, lieber, wilder, kräftiger J.; du dummer J.; du bist doch schon ein großer J.; er treibt mit seinen drei -n *(Söhnen)* viel Sport; ***jmdn. wie einen dummen -n behandeln** *(jmdn. nicht ernst, nicht für voll nehmen u. ihm gegenüber in entsprechend unangemessener Weise auftreten);* **b)** (ugs.) *[junger] Mann:* ihr Mann ist ein netter, schlauer J.; er ist eben doch noch ein grüner J.; häufig als vertrauliche Anrede: na, [lieber, mein] J., wie geht es dir?; ***schwerer J.** (ugs.; *Gewaltverbrecher*): da sitzen die schweren -s ein; **die blauen Jungs** (ugs.; *die Matrosen;* nach der meist blauen Kleidung od. Uniform); **J., J.!** (ugs.; Ausruf des Staunens o. Ä.): J., J., da habt ihr aber Glück gehabt; **c)** veraltend kurz für ↑Lehrjunge: der Bäcker hat dem, seinem -n aufgetragen, die Brötchen auszufahren. **2.** (landsch.) *Bube* (2): er hat gleich mit dem höchsten -n eingestochen.
[2]Jun|ge, das; -n, -n [mhd. junge, ahd. jungi]: **1.** *neugeborenes, noch nicht ausgewachsenes junges Tier:* Beispiele zur Dekl.: ⟨Sg.:⟩ ein -s; die Katze ist schon als -s zu uns gekommen; das Fell des -n ist schwarz; dem -n, einem -n ist nichts geschehen; das Bild heißt Löwin mit -m, Löwin mit neugeborenem -m (auch: mit neugeborenem -n); ich fand ein geschlüpftes -s; einige J. (selten: einige -en); viele J. (selten: viele -n); beide -n (seltener: beide J.); zwei J.; alle -n (selten: alle J.); die Löwin hat J. bekommen; die Katze leckt ihre -n. **2.** ⟨o. Pl.⟩ (landsch., bes. südd., österr.) *Klein* (1).
Jün|gel|chen, das; -s, - (ugs. abwertend): *unreifer, nicht ernst zu nehmender junger Mann.*
jun|gen ⟨sw. V.; hat⟩: *(bes. von Haustieren) Junge zur Welt bringen; werfen:* die Katze wird bald j.
Jun|gen|ge|sicht, das: *Gesicht eines Jungen, wie es ein Junge hat.*
jun|gen|haft ⟨Adj.⟩: *von der Art wie bei einem Jungen; in der Art eines Jungen:* -er Charme; sein -es Lachen; er wirkt j.
Jun|gen|haf|tig|keit, die; -: *jungenhafte Art.*
Jun|gen|klas|se, die: *Klasse, die nur von Jungen besucht wird.*
Jun|gen|streich, der: *von einem od. mehreren Jungen verübter Streich.*
jün|ger ⟨Adj.⟩: **1.** ⟨absoluter Komp.⟩ *das mittlere Lebensalter noch nicht od. gerade erreicht habend:* der Abgeordnete ist noch ein -er Mann; die Direktorin war noch j. **2.** Komp. zu ↑jung (1, 2 a, 3, 4).
Jün|ger, der; -s, - [mhd. junger, ahd. jungiro = Lehrling, Schüler, subst. Komp. zu ↑jung]: **1.** *einer aus dem zunächst aus zwölf Männern bestehenden Kreis von Schülern, Anhängern Jesu, die von diesem berufen wurden u. in seinem Auftrag als Apostel das Evangelium verkündeten:* die zwölf J.; die J. Petrus und Johannes. **2.** (geh.) *überzeugter Anhänger einer Person, Sache:* ein Jünger Lenins; ein J. der Wissenschaft, der Kunst; (oft spött.:) der Professor betrat den Hörsaal, gefolgt von seinen [treuen] -n.
Jün|ge|re, der u. die; -n, -n ⟨Dekl. ↑Abgeordnete⟩: *jüngere* (↑jung 2 a) *Person:* die -n unter euch können das nicht wissen; als Ergänzung bei Eigennamen (Abk.: d. J.): Lucas Cranach d. J.
Jün|ge|rin, die; -, -nen: w. Form zu ↑Jünger (2).
Jün|ger|schaft, die; - (selten): **1.** (oft spött.) *Gesamtheit von Jüngern* (2): die ganze J. spendete dem Meister Beifall. **2.** *das Jünger-, Anhängersein.*
Jung|fer, die; -, -n [spätmhd. juncfer, jonffer, unter Abschwächung des 2. Bestandteils aus mhd. juncfrou(we), ↑Jungfrau]: **a)** (veraltet) *[junge] noch nicht verheiratete Frau:* (in Verbindung mit dem Namen:) J. Martha; J. Kruse; ***J. im Grünen** *(zu den Hahnenfußgewächsen gehörende Pflanze mit blauen od. weißen, von einem Kranz feiner Fiederblätter umgebenen Blüten;* die von den Blättern umgebene Blüte wird mit einem Mädchen, das in einem Busch o. Ä. sitzt, verglichen); **b)** (abwertend) *ältere, prüde, zimperliche, unverheiratet gebliebene Frau:* sie ist eine richtige [alte] J.
jüng|fer|lich ⟨Adj.⟩: vgl. altjüngferlich.
Jung|fern-: drückt in Bildungen mit Substantiven aus, dass etw. zum ersten Mal geschieht, stattfindet: Jungfernflug, -reise.
Jung|fern|fahrt, die: *erste planmäßige Fahrt eines Verkehrsmittels, besonders eines Schiffes.*
Jung|fern|flug, der: vgl. Jungfernfahrt: das größte Flugzeug der Welt startete zum J.
jung|fern|haft ⟨Adj.⟩: *jüngferlich.*
Jung|fern|häut|chen, das: *[2]Hymen.*
Jung|fern|kranz, der (veraltet): *Brautkranz.*
Jung|fern|re|be, die [viell. nach dem Herkunftsland Virginia (USA), zu engl. virgin < lat. virgo (Gen.: virginis) = Jungfrau]: *Pflanze mit gelappten od. gefingerten Blättern, dunkelblauen bis schwarzen Beeren, die in mehreren Arten wegen ihrer auffallend roten Verfärbung im Herbst als Zierpflanze kultiviert wird.*

Jụng|fern|re|de, die: *erste Rede eines Abgeordneten vor dem Parlament.*

Jụng|fern|schaft, die; - (veraltet): *Jungfräulichkeit* (1).

Jụng|fern|zeu|gung, die (Biol.): *Fortpflanzung, bei der aus unbefruchteten tierischen od. pflanzlichen Keimzellen Nachkommen hervorgehen* (z. B. bei der Honigbiene, bei der Nachtkerze); *Parthenogenese* (2).

Jụng|fisch, der: vgl. Jungtier.

Jụng|frau, die [mhd. juncfrou(we), ahd. juncfrouwa = junge Herrin, Edelfräulein]: **1. a)** *(bes. weibliche) Person, die noch keinen Geschlechtsverkehr gehabt hat:* sie/er ist noch J., keine J. mehr; sie wird wohl J. bleiben; er wollte nur eine J. heiraten; die Heilige J., die J. Maria (kath. Kirche; *die Mutter Jesu*); *** eiserne J.** *(mittelalterliches Folterwerkzeug in Form einer Art Panzer, der innen mit Eisenspitzen versehen war);* **zu etw. kommen wie die J. zum Kind** (ugs.; *ohne eigenes Zutun unerklärlicherweise zu etw. kommen*); **b)** (veraltet) *junges Mädchen, noch nicht verheiratete junge Frau:* eine liebliche, schöne J. **2.** (Astrol.) **a)** ⟨o. Pl.⟩ *Tierkreiszeichen für die Zeit vom 24. 8. bis 23. 9.:* im Zeichen J. bin ich geboren; **b)** *jmd., der im Zeichen Jungfrau geboren ist:* er ist [eine] J. **3.** ⟨o. Pl.⟩ Sternbild beiderseits des Himmelsäquators. **3.** (Druckerspr.) *Fahne* (3) *mit dem Abzug eines fehlerfreien Textes.*

Jụng|frau|en|ge|burt, die ⟨o. Pl.⟩: *Parthenogenese* (1).

jụng|fräu|lich ⟨Adj.⟩ (geh.): **1.** *von der Art einer Jungfrau* (1 a); *eine Jungfrau* (1 a) *kennzeichnend; sexuell unberührt:* ein [noch] -es Mädchen; ein [noch] -er Knabe; (dichter.:) ihr -er Leib; die -e Ehre. **2.** *unberührt; noch von niemandem angetastet, bearbeitet, erschlossen:* -er Schnee; eine -e Landschaft; -e Erde; (oft scherzh.:) das Papier, auf das er den Artikel schreiben wollte, war am Abend immer noch j.

Jụng|fräu|lich|keit, die; - (geh.): **1.** *das Jungfräulichsein* (1); *sexuelle Unberührtheit:* die Forderung nach J. der Frau bei der Eheschließung; **2.** *Unberührtheit, das Unangetastetsein:* die J. der Urwalderde.

Jụng|ge|sel|le, der [urspr. = junger Handwerksbursche, zu ↑ Geselle (1)]: *[noch] nicht verheirateter Mann:* ein eingefleischter J.; er wollte nicht, lieber J. bleiben.

Jụng|ge|sel|len|bu|de, die (ugs.): *[möbliertes] Zimmer eines Junggesellen.*

Jụng|ge|sel|len|da|sein, das: *Dasein eines Junggesellen.*

Jụng|ge|sel|len|wirt|schaft, die ⟨o. Pl.⟩ (ugs., oft scherzh.): *ungeordnete Haushaltsführung eines Junggesellen.*

Jụng|ge|sel|len|zeit, die: *Zeit, in der jmd. noch Junggeselle ist:* mit Wehmut dachte er an seine J. zurück.

Jụng|ge|sel|lin, die: w. Form zu ↑ Junggeselle.

Jụng|holz, das ⟨o. Pl.⟩ (Forstw.): *junger Waldbestand.*

Jụng|leh|rer, der: *Lehrer während seiner Lehrtätigkeit vor dem zweiten Staatsexamen.*

Jụng|leh|re|rin, die: w. Form zu ↑ Junglehrer.

Jụng|li|be|ra|le, der u. die: *Mitglied der Jugendorganisation der F.D.P.;* Kurzwort: Juli.

Jụ̈ng|ling, der; -s, -e [mhd. jungelinc, ahd. jungaling]: **a)** (geh.) *noch nicht ganz erwachsener junger Mann:* ein edler, schöner J.; **b)** (meist abwertend, iron.) *unreifer, unfertiger junger Mann, Heranwachsender:* ein schlaksiger J.

jụ̈ng|ling|haft: ↑ jünglingshaft.

Jụ̈ng|lings|al|ter, das ⟨o. Pl.⟩ (geh., bes. schriftspr.): *Jugendalter einer männlichen Person.*

jụ̈ng|lings|haft ⟨Adj.⟩ (geh.): *im Aussehen, Wesen, in der Art einem Jüngling* (a) *entsprechend, für ihn charakteristisch:* eine -e Gestalt; -e Träume.

Jụng|mä|del, das (nationalsoz.): *einer zur Hitlerjugend gehörenden Organisation für Mädchen im Alter von 10 bis 14 Jahren angehörendes Mädchen.*

Jụng|mann, der ⟨Pl. ...männer⟩: *junger Mann [als Mitglied einer Organisation].*

Jụng|pflan|ze, die: *junge, gezogene Pflanze, die für ein weiteres Kultivieren [in anderen Betrieben] vorgesehen ist.*

Jụng|schar, die: *kirchliche Jugendgruppe.*

Jụng|sein, das: *Zustand, Dasein als junger Mensch; Jugend.*

Jụng|so|zi|a|list, der: *Mitglied der Jugendorganisation der Sozialdemokratischen Partei;* Kurzwort: Juso.

Jụng|so|zi|a|lis|tin, die: w. Form zu ↑ Jungsozialist.

jụ̈ngst ⟨Adv.⟩ [mhd. (ze) jungest, ahd. zi jungist; Sup. zu ↑ jung (4)] (veraltend): *vor kurzem:* erst j. habe ich sie getroffen.

jụ̈ngst...: ↑ jung.

Jụ̈ngs|te, der u. die; -n, -n ⟨Dekl. ↑ Abgeordnete⟩: *jüngster Sohn, jüngste Tochter:* unsere J. kommt nächstes Jahr in die Schule.

Jụng|stein|zeit, die: *Neolithikum.*

Jụ̈ngs|ten|recht, das: *Minorat* (1).

jụ̈ngs|tens ⟨Adv.⟩ (veraltet): *jüngst.*

jụ̈ngst|hịn ⟨Adv.⟩ (veraltend): *jüngst.*

Jụng|stier, der: vgl. Jungtier.

Jụng|tier, das: *junges Tier vor der Geschlechtsreife.*

Jụng|un|ter|neh|mer, der: *[junger] Unternehmer, der noch nicht lange in seinem Beruf tätig ist.*

Jụng|un|ter|neh|me|rin, die: w. Form zu ↑ Jungunternehmer.

jụng|ver|hei|ra|tet ⟨Adj.⟩: *seit kurzem verheiratet:* ein -es Paar.

Jụng|ver|hei|ra|te|te, der u. die: *jmd., der gerade geheiratet hat.*

jụng|ver|mählt ⟨Adj.⟩: *jungverheiratet.*

Jụng|ver|mähl|te, der u. die (geh.): *Jungverheiratete.*

Jụng|vieh, das: vgl. Jungtier.

Jụng|vo|gel, der: vgl. Jungtier.

Jụng|volk, das ⟨o. Pl.⟩: **1.** (veraltend) *junge Leute.* **2.** (nationalsoz.) *zur Hitlerjugend gehörende Organisation für Jungen im Alter von 10 bis 14 Jahren.*

Jụng|wäh|ler, der: *junger Wähler im Alter von 18 bis 24 Jahren:* die J. mobilisieren.

Jụng|wäh|le|rin, die: w. Form zu ↑ Jungwähler.

Jụng|wild, das: vgl. Jungtier.

Ju̲|ni, der; -[s], -s ⟨Pl. selten⟩ [lat. (mensis) Iunius, zu Ehren der Göttin Juno so benannt; Eindeutschung ausgehend vom Gen. Iunii]: *sechster Monat des Jahres.*

Ju̲|ni|kä|fer, der: *bes. im Juni u. Juli schwärmender, dem Maikäfer ähnlicher kleinerer Käfer mit hellbraunen Flügeldecken.*

ju̲|ni|or ⟨indekl. Adj.; nur nachgestellt hinter Personennamen⟩ [lat. iunior = jünger; der Jüngere, Komp. von: iuvenis = jung]: dient der Bezeichnung des Sohnes zur Unterscheidung vom Vater, bes. bei Gleichheit von Vor- u. Zunamen: *der Jüngere:* [Hans] Krause j.; Abk.: jr., jun.

Ju̲|ni|or, der; -s, ...oren: **1. a)** ⟨Pl. selten⟩ (oft scherzh.) *Sohn (im Verhältnis zum Vater):* der J. schlägt ganz nach dem Vater; **b)** ⟨o. Pl.⟩ (Kaufmannsspr.) *jüngerer Teilhaber, bes. Sohn eines Firmeninhabers:* der J. übernimmt die Firmenleitung. **2.** (Sport) *junger Sportler im Alter von 18 (u. je nach Sportart) bis 20, 21 oder 23 Jahren.* **3.** ⟨meist Pl.⟩ *Jugendlicher, Heranwachsender [in der Werbespr. als Konsument].*

Ju|ni|o|ra̲t, das; -[e]s, -e: *Minorat.*

Ju̲|ni|or|chef, der: *(in der Firma mitarbeitender) Sohn eines Firmeninhabers.*

Ju̲|ni|or|che|fin, die: w. Form zu ↑ Juniorchef.

Ju|ni|o̲|ren|meis|ter|schaft, die: *unter den Junioren einer Sportart ausgetragene Meisterschaft.*

Ju|ni|o̲|ren|ren|nen, das: vgl. Juniorenmeisterschaft.

Ju|ni|o̲|rin, die; -, -nen: w. Form zu ↑ Junior (1 b, 2).

Ju̲|ni|or|part|ner, der: *mit weniger Rechten ausgestatteter [jüngerer] Geschäftspartner.*

Ju̲|ni|or|part|ne|rin, die: w. Form zu ↑ Juniorpartner.

Junk-Art ['dʒʌŋkla:ɐ̯t], die; - [engl. junk art, aus: junk = Plunder, Kram, wertloses Zeug; Schund u. art = Kunst]: *moderne Kunstrichtung, bei der vor allem Abfälle des Konsums in der modernen Zivilisation als Materialien für Bilder u. Plastiken verwendet werden.*

Jụn|ker, der; -s, - [mhd. juncherre = Edelknabe, Knappe; eigtl. = junger Herr]: **1.** (früher) *junger Edelmann.* **2.** (früher, oft abwertend) *adliger Besitzer eines Gutes, Großgrundbesitzer in Ostelbien.*

jụn|ker|haft, jụn|ker|lich ⟨Adj.⟩ (veraltend): *einem Junker entsprechend:* ein junkerhaftes Auftreten, Gebaren.

Junk|food ['dʒʌŋkfu:d], das; -, -[s] [engl. junk food, aus: junk (↑ Junk-Art) u. food = Essen, Nahrung]: *Nahrung von geringem Nährwert, aber von hoher Kalorienzahl (z. B. Süßigkeiten, Pommes frites).*

Jun|kie ['dʒʌŋkɪ], der; -s, -s [engl. junkie, zu: junk (↑ Junk-Art) in der ugs. Bed. »Droge«] (Jargon): *Drogenabhängiger, Rauschgiftsüchtiger.*

Jụnk|tim, das; -s, -s [subst. aus lat. iunctim = vereinigt, zu: iungere (2. Part.: iunctum) = verbinden, verknüpfen] (Dipl., Politik): *[wegen innerer Zusammengehörigkeit notwendige] Verknüpfung zweier od. mehrerer vertraglicher Abmachungen, Gesetzesvorlagen o. Ä., die nur zusammen beschlossen werden od. Gültigkeit haben können:* zwei Verträge in ein J. binden, in einem J. verknüpfen.

Jụnk|tims|vor|la|ge, die (Politik): *in einem Junktim festgelegter Gesetzesentwurf.*

Junk|tu̲r, die; -, -en [lat. iunctura = Verbindung, Gelenk]: **1.** (veraltet) *Fuge, Verbindung.* **2.** (Med.) *Verbindung zwischen benachbarten Knochen des Skeletts* (z. B. Gelenk, Knorpel). **3.** (Sprachw.) *Grenze zwischen zwei aufeinander folgenden sprachlichen Einheiten, die in Form einer Sprechpause deutlich wird* (z. B. bei ver-eisen).

[1]Ju|no̲ [auch: 'ju:no], der; -[s], -s ⟨Pl. selten⟩: aus Gründen der Deutlichkeit gesprochene Form von ↑ Juni.

[2]Ju̲|no (röm. Myth.): Göttin der Ehe; Gemahlin Jupiters.

Jun|ta ['xʊnta, auch: 'jʊnta], die; -, ...ten [span. junta = Vereinigung, Versammlung, Rat, Kommission, subst. Fem. von: junto = vereinigt, verbunden < lat. iunctus, adj. 2. Part. von: iungere, ↑ Junktim]: **a)** *(in Spanien, Portugal u. Lateinamerika) Regierungsausschuss, Staatsorgan, Verwaltungsbehörde;* **b)** kurz für ↑ Militärjunta.

Jupe [jy:p], die; -, -s, auch: der; -s, -s [frz. jupe < aital. giuppa, ↑ Joppe]: **1.** (schweiz.) *Rock* (1 a). **2.** (früher) *bis zu den Knöcheln reichender Unterrock mit Korsage.*

[1]Ju̲|pi|ter (röm. Myth.): höchster Gott.

[2]Ju̲|pi|ter, der; -s: größter, (von der Sonne aus gerechnet) fünfter Planet unseres Sonnensystems.

Ju|pon [ʒy'põ:], der; -[s], -s [frz. jupon, zu: jupe, ↑ Jupe] (früher): *eleganter, knöchellanger Unterrock aus Taft, Seide.*

[1]Ju̲|ra ⟨o. Art.⟩ [lat. iura, Pl. von: ius, ↑ [1]Jus]: *Rechtswissenschaft als Studienfach:* J. studieren.

[2]Ju̲|ra, der; -s [nach ↑ [3]Jura] (Geol.): *erdgeschichtliche Formation des Mesozoikums (die Lias, [1]Dogger u. Malm umfasst).*

[3]Ju̲|ra, der; -s: Gebirge zwischen der Rhône östlich von Lyon u. dem Hochrhein bei Schaffhausen: der Schweizer J.

[4]Ju̲|ra, der; -[s]: schweizerischer Kanton.

Ju|ra|for|ma|ti̲|on, die ⟨o. Pl.⟩: [2]*Jura.*

ju|ra̲|re in ve̲r|ba ma|gis|tri: ↑ in verba magistri.

Ju|ra̲s|si|er, der; -s, -: Ew. zu ↑ [3,4]Jura.

Ju|ra̲s|si|e|rin, die; -, -nen: w. Form zu ↑ Jurassier.

ju|ra̲s|sisch ⟨Adj.⟩: **1.** (Geol.) *den* [2]*Jura betreffend, zu ihm gehörend.* **2.** *den* [4]*Jura betreffend.*

Ju̲|ra|stu|dent, der: *jmd., der Jura studiert.*

Ju̲|ra|stu|den|tin, die: w. Form zu ↑ Jurastudent.

ju|ri̲|disch ⟨Adj.⟩ [lat. iuridicus, zu: ius (Gen.: iuris, ↑ [1]Jus) u. dicere = sprechen, sagen] (österr., sonst veraltend): *juristisch.*

ju|ri̲e|ren ⟨sw. V.; hat⟩: **a)** *in einer Jury* (1 a) *mitwirken, als deren Mitglied etw. beurteilen, eine Ent-*

scheidung fällen, ein Urteil abgeben: bei dem Wettbewerb jurieren Preisrichter aus sechs verschiedenen Ländern; **b)** *als Mitglied einer Jury* (1 b) *Werke für eine Ausstellung, für Filmfestspiele o. Ä. auswählen, zusammenstellen.*

Ju|ris|dik|ti|on, die; -, -en ⟨Pl. selten⟩ [lat. iurisdictio = Zivilgerichtsbarkeit]: **1.** (bildungsspr.) *Rechtsprechung, Gerichtsbarkeit; Gerichtshoheit.* **2.** (kath. Kirche) *Vollmacht, Recht des Klerus zur Leitung der Mitglieder der Kirche (mit den Funktionen Gesetzgebung, Rechtsprechung, Verwaltung):* die päpstliche J.

Ju|ris|pru|denz, die; - [lat. iuris prudentia, zu: ius (↑[1]Jus) u. prudentia = Einsicht, Klugheit, Wissenschaft] (bildungsspr.): *Rechtswissenschaft:* J. studieren.

Ju|rist, der; -en, -en [mlat. iurista, zu lat. ius, ↑[1]Jus]: *jmd., der Jura studiert, das Jurastudium mit dem Staatsexamen abgeschlossen hat.*

Ju|ris|ten|deutsch, das (oft abwertend): *durch komplizierte, pedantisch genaue u. oft weitschweifige Formulierungen gekennzeichnete, schwer verständliche Ausdrucksweise der Juristen.*

Ju|ris|te|rei, die; - [dt. Bildung zu ↑Jurist] (veraltet, noch scherzh.): *Rechtswissenschaft; Tätigkeit der Juristen.*

Ju|ris|tin, die; -, -nen: w. Form zu ↑Jurist.

ju|ris|tisch ⟨Adj.⟩: **a)** *die Rechtswissenschaft, die Rechtsprechung betreffend:* eine -e Abhandlung, Ausbildung; die -e Fakultät einer Universität; **b)** *den Vorschriften der Rechtswissenschaft, Rechtsprechung genau entsprechend, ihre Mittel anwendend:* -e Argumente, Finessen; j. argumentieren, denken.

Ju|ror, der; -s, ...oren ⟨meist Pl.⟩ [engl. juror]: *Mitglied einer Jury* (1).

Ju|ro|rin, die; -, -nen: w. Form zu ↑Juror.

Jur|te, die; -, -n [russ. jurta, aus dem Turkotat.]: *zerlegbares, rundes, mit Filzdecken belegtes Zelt der Nomaden in West- u. Zentralasien.*

Ju|ry [ʒy'ri:, auch: 'ʒy:ri], die; -, -s [unter Einfluss von frz. jury < engl. jury < afrz. jurée = Versammlung der Geschworenen, zu lat. iurare = schwören, zu: ius, ↑[1]Jus]: **1. a)** *Kollegium von Sachverständigen als Preisrichter bei sportlichen, künstlerischen Wettbewerben, bei Quizveranstaltungen o. Ä.:* der Preis wird von einer unabhängigen J. verliehen; **b)** *Kollegium von Fachleuten, das Werke für eine Ausstellung, für Filmfestspiele o. Ä. auswählt:* die J. bestand aus einem Gremium von 12 hervorragenden Museumsdirektoren und Kuratoren. **2.** *(in angelsächsischen Ländern) Versammlung, Kollegium der Geschworenen bei Prozessen des Schwurgerichts.*

[1]Jus, das; - ⟨meist o. Art.⟩ [lat. ius = Recht, vgl. [1]Jura] (österr., schweiz., sonst veraltend): [1]*Jura.*

[2]Jus [ʒy:], die; -, bes. südd. u. schweiz. auch: das; -, bes. schweiz.: der; - [frz. jus = Saft, Brühe < lat. ius]: **1.** *durch Kochen von Fleisch gewonnener [konzentrierter, eingedickter] Fleischsaft; Bratensaft.* **2.** (schweiz.) *Frucht-, Gemüsesaft.*

Jus di|vi|num, das; - - [lat., zu: ius (↑[1]Jus) u. divinus = göttlich] (Rel.): *göttliches Recht; auf menschliches Verhalten bezogener göttlicher Wille.*

Jus na|tu|ra|le, das; - - [lat., zu: ius (↑[1]Jus) u. naturalis, ↑Naturalien]: *Naturrecht.*

Ju|so, der; -s, -s: Kurzwort für ↑Jungsozialist.

Jus pri|mae Noc|tis [- 'pri:me -], das; - - - [lat. = Recht der ersten Nacht]: *[im MA. gelegentlich bezeugtes] Recht eines Grundherrn auf die erste Nacht mit der neu vermählten Frau eines Hörigen, Leibeigenen.*

Jus|siv, der; -s, -e [zu lat. iussus = Befehl, Geheiß] (Sprachw.): *imperativisch gebrauchter Konjunktiv* (z. B. er lebe hoch!).

Jus|stu|dent, der (österr.): *Jurastudent.*

Jus|stu|den|tin, die (österr.): w. Form zu ↑Jusstudent.

just ⟨Adv.⟩ [lat. iuste = mit Recht, gehörig; gerade, Adv. von: iustus = gerecht; richtig, zu: ius, ↑[1]Jus]: (veraltend, öfter noch scherzh.): *gerade* (III), *genau* (II), *eben* (II): j. in diesem Augenblick; das wäre j. das Richtige gewesen.

Jus|ta|ge [jʊ'sta:ʒə], die; -, -n [geb. mit dem frz. Suffix -age] (Fachspr.): *Justierung.*

jus|ta|ment ⟨Adv.⟩ [frz. justement] (veraltet): *[nun] gerade:* j. in diesem Augenblick.

jus|tie|ren ⟨sw. V.; hat⟩ [mlat. iustare = berichtigen, zu lat. iustus, ↑just]: **1.** (Technik, Physik) *(von technischen Geräten o. Ä.) [vor Gebrauch] genau einstellen, einrichten:* ein Messgerät, eine Waage j. **2.** (Druckw.) **a)** *Druckstöcke auf Schrifthöhe bringen;* **b)** *beim Umbruch allen Kolumnen eines Werkes die gleiche Höhe geben; den in Spalten gesetzten Satz auf gleiche Seitenhöhe bringen.* **3.** (Münzk.) *das gesetzlich vorgeschriebene Gewicht einer Münze kontrollieren.*

Jus|tie|rer, der; -s, -: *Fachmann, der beruflich mit dem Justieren von etw. beschäftigt ist.*

Jus|tie|re|rin, die; -, -nen: w. Form zu ↑Justierer.

Jus|tie|rung, die; -, -en: *das Justieren.*

Jus|tier|waa|ge, die: *Waage zum Justieren* (3).

Jus|ti|fi|ka|ti|on, die; -, -en [lat. iustificatio = Rechtfertigung]: **1.** (bildungsspr.) *das Justifizieren* (1); *Rechtfertigung.* **2.** (selten) *das Justifizieren* (2).

jus|ti|fi|zie|ren ⟨sw. V.; hat⟩ [spätlat. iustificare = rechtfertigen, zu lat. iustus (↑just) u. facere = machen]: **1.** (bildungsspr.) *rechtfertigen:* diese Handlungsweise lässt sich nicht j. **2.** (selten) *die Richtigkeit einer Rechnung nach erfolgter Prüfung anerkennen; nach Prüfung genehmigen.*

just in time [dʒʌst ɪn 'taɪm; engl. = gerade (noch) rechtzeitig]: *zeitlich aufeinander abgestimmt, gleichzeitig.*

Just-in-time-Pro|duk|ti|on, die: *Organisationsprinzip der Produktion u. Materialwirtschaft, bei dem mithilfe der Informationsverarbeitung Zuliefer- u. Produktionstermine genau aufeinander abgestimmt werden.*

Jus|ti|tia, die; -: **a)** (röm. Myth.) Göttin der Gerechtigkeit; **b)** (geh.) *Verkörperung, Personifizierung, Sinnbild der Gerechtigkeit; als Person gedachte Gerechtigkeit:* bei diesem Handel war J. nicht zugegen; vor dem Gerichtsgebäude stand eine J. *(eine figürliche Darstellung, eine Plastik der Justitia)* mit verbundenen Augen und einer Waage in der Hand.

jus|ti|ti|a|bel: ↑justiziabel.

Jus|ti|ti|ar usw.: ↑Justiziar usw.

Jus|tiz, die; - [zu lat. iustitia = Gerechtigkeit, Recht, zu: iustus, ↑just]: **1.** *Rechtswesen, -pflege; Rechtsprechung; Recht sprechende Gewalt in einem Staat.* **2.** *Behörde, Gesamtheit der Behörden, die für die Ausübung der Justiz* (1) *verantwortlich ist:* ein Vertreter der J.; jmdn. der J. ausliefern.

Jus|tiz|be|am|te, der: *bei einer Justizbehörde tätiger Beamter.*

Jus|tiz|be|am|tin, die; -, -nen: w. Form zu ↑Justizbeamte.

Jus|tiz|be|hör|de, die: *Behörde, die für die Ausübung der Justiz* (1) *verantwortlich ist.*

jus|ti|zi|a|bel, (auch:) justitiabel ⟨Adj.⟩ [frz. justiciable < mlat. iustitiabilis] (bildungsspr.): *richterliche Entscheidung, einer Gerichtsbarkeit zu unterwerfen:* nicht mehr justiziable Straftaten.

Jus|ti|zi|ar, (auch:) Justitiar, der; -s, -e [mlat. justitiarius = Richter]: **1.** *für alle Rechtsangelegenheiten zuständiger Mitarbeiter eines Unternehmens, einer Behörde, eines Verbandes o. Ä.* **2.** (früher) *Gerichtsherr in der Patrimonialgerichtsbarkeit.*

Jus|ti|zi|a|rin, (auch:) Justitiarin, die; -, -nen: w. Form zu ↑Justiziar (1).

Jus|tiz|irr|tum, der: *gerichtliches Fehlurteil:* Opfer eines -s werden.

Jus|tiz|mi|nis|ter, der: *für die Justiz* (1) *zuständiger Minister.*

Jus|tiz|mi|nis|te|rin, die; -, -nen: w. Form zu ↑Justizminister.

Jus|tiz|mi|nis|te|ri|um, das: *für die Justiz* (1) *zuständiges Ministerium.*

Jus|tiz|mord, der (emotional): *auf einem Justizirrtum beruhende Vollstreckung des Todesurteils an einem unschuldig Verurteilten.*

Jus|tiz|rat, der (früher): **a)** ⟨o. Pl.⟩ *an Richter, Rechtsanwälte u. Notare verliehener Titel;* **b)** *Träger des Titels Justizrat* (a).

Jus|tiz|ver|wal|tung, die: *Verwaltung der Gerichte, Staatsanwaltschaften u. bestimmter anderer Justizbehörden.*

Jus|tiz|voll|zugs|an|stalt, die (Amtsspr.): *Strafanstalt* (Abk.: JVA).

Ju|te, die; - [engl. jute < bengal. juṭo]: **1.** *(in tropischen Gebieten heimische) hoch wachsende Pflanze mit gesägten Blättern u. kleinen, gelben Blüten, deren Stängel Bast enthält.* **2.** *aus dem Stängel der Jute* (1) *gewonnene Bastfaser, die bes. zur Herstellung von Garn, Säcken o. Ä. verwendet wird.*

Ju|te|fa|ser, die: *Jute* (2).

Ju|te|pflan|ze, die: *Jute* (1).

Ju|te|sack, der: *Sack aus Jute* (2).

Ju|te|spin|ne|rei, die: *Betrieb, in dem aus Jute* (2) *Garn gesponnen wird.*

Jüt|land; -s: festländischer Teil Dänemarks zwischen Nordsee u. Ostsee.

ju|ve|na|lisch ⟨Adj.⟩ [nach dem röm. Satiriker Juvenal (etwa 58 bis 127 n. Chr.)] (bildungsspr.): *satirisch, spöttisch; von beißendem Spott.*

ju|ve|nil ⟨Adj.⟩ [frz. juvénil < lat. iuvenilis]: **1.** (bildungsspr.) *für junge Menschen, für das jugendliche Alter charakteristisch:* -e Schwärmereien. **2.** (Geol.) *direkt aus dem Erdinnern stammend, aufgestiegen:* -e Quellen; -es Magma.

[1]Ju|wel, das, auch: der; -s, -en ⟨meist Pl.⟩ [unter Einfluss von mniederl. juweel < afrz. joël, zu lat. iocus = Spaß, Scherz; also eigtl. = Kurzweiliges, Tändelei]: *wertvoller Schmuckstein; kostbares Schmuckstück:* funkelnde, blitzende -en; sie trägt viele -en.

[2]Ju|wel, das; -s, -e (emotional): *Person od. Sache, die für jmdn. besonders wertvoll ist:* ihre Großmutter ist ein J.; sie ist ein J. von einer Köchin *(ist eine sehr tüchtige Köchin);* diese Kirche ist ein J. gotischer Baukunst.

Ju|we|lier, der; -s, -e: *jmd., der [als ausgebildeter Goldschmied, Uhrmacher o. Ä.] mit Schmuckwaren u. Ä. handelt.*

Ju|we|lier|ge|schäft, das: *Geschäft eines Juweliers.*

Ju|we|lie|rin, die; -, -nen: w. Form zu ↑Juwelier.

Ju|we|lier|la|den, der: *Juweliergeschäft.*

Jux, der; -es, -e ⟨Pl. selten⟩ [studentenspr. Entstellung von lat. iocus = Scherz] (ugs.): *Spaß, Scherz, Ulk:* das war doch alles nur [ein] J.; sie hat es nur aus J. *(zum Spaß)* gesagt; ***aus [lauter] J. und Tollerei** (ugs.; *nur so zum Spaß; aus lauter Übermut*).

ju|xen ⟨sw. V.; hat⟩ (ugs.): *Spaß, Späße machen; ulken:* sie lachten und juxten.

Jux|ta, die; -, ...ten, österr.: Juxte, die; -, -n [zu lat. iuxta = daneben]: *meist an der linken Seite von kleinen Wertpapieren, Losen o. Ä. befindlicher Streifen, der zur Kontrolle abgetrennt u. zurückbehalten werden kann.*

Jux|ta|po|si|ti|on, die; -, -en: **1.** (Sprachw.) **a)** *Zusammenrückung der Glieder einer syntaktischen Fügung (als besondere Form der Wortbildung;* z. B. ein achtel Liter zu: ein Achtelliter); **b)** *bloße Nebeneinanderstellung im Unterschied zur Komposition, zur Zusammensetzung* (z. B. engl. football game = Fußballspiel). **2.** (Mineral.) *Ausbildung von zwei miteinander verwachsenen Kristallen, die eine Fläche gemeinsam haben.*

Jux|te: ↑Juxta.

JVA = Justizvollzugsanstalt.

jwd [jɔtve'de:] ⟨Adv.⟩ [aus berlin. janz weit draußen] (ugs. scherzh.): *weit außerhalb [und nicht einfach, nicht ohne großen Zeitaufwand zu erreichen]:* sie wohnen jwd; die Baustelle ist jwd.

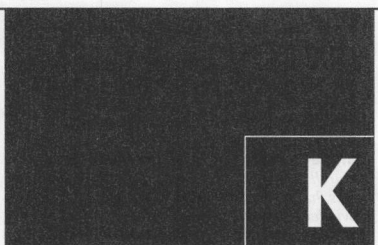

k, K [ka:], das; - (ugs.: -s), - (ugs.: -s) [mhd., ahd. k, c]: *elfter Buchstabe des Alphabets, ein Konsonant:* ein kleines k, ein großes K schreiben.

k = Kilo...

K = Kalium; Kelvin.

κ, K: ↑Kappa.

k. = kaiserlich; königlich (im ehemaligen Österreich-Ungarn).

Ka|ba̲|le, die; -, -n [frz. cabale, eigtl. = jüdische Geheimlehre < hebr. qabbalạ̄, ↑Kabbala] (veraltend): *Intrige:* zum Opfer einer K. werden.

Ka̲|ban: ↑Caban.

Ka|ba|nos|si, die; -, - [H. u.]: *[fingerdicke] stark gewürzte, grobe, geräucherte Brühwurst.*

Ka|ba|rett [kaba'ret, auch: 'ka..., ...'re:], das; -s, -s u. (bei eingedeutschter Ausspr. auch:) -e, Cabaret [...'re:, auch: 'kabare], das; -s, -s [frz. cabaret, auch = Restaurant; Satz Gläser mit Flasche < mniederl. cabret (Nebenf. von: cambret, cameret) »Gaststätte«, eigtl. = Kämmerchen, zu: camere = Raum, Kammer < lat. camera, ↑Kammer]: **1.** ⟨o. Pl.⟩ *Kleinkunst* (1) *in Form von Sketchs u. Chansons, die in parodistischer, witziger Weise politische Zustände od. aktuelle Ereignisse kritisieren:* das politische, literarische K.; K. machen. **2. a)** *Kleinkunstbühne:* ins K. *(in die Aufführung eines Kabarettensembles)* gehen; **b)** *Ensemble, das Kabarett* (1) *macht:* heute Abend gastiert ein tschechisches K. **3.** *[drehbare] mit kleinen Fächern od. Schüsselchen versehene Salat- od. Speiseplatte.*

Ka|ba|ret|tịst, der; -en, -en: *Künstler des Kabaretts* (1).

Ka|ba|ret|tịs|tin, die; -, -nen: w. Form zu ↑Kabarettist.

ka|ba|ret|tịs|tisch ⟨Adj.⟩: *in der Art des Kabaretts* (1): ein Stück mit -en Szenen.

Ka|bäus|chen, das; -s, - [zu ↑Kabuse] (landsch.): *recht kleines Zimmer od. Häuschen.*

Kạb|ba|la [auch: – –'–], die; - [hebr. qabbalạ̄ = Überlieferung]: **a)** *stark mit Buchstaben- u. Zahlendeutung arbeitende jüdische Geheimlehre u. Mystik (vor allem im MA.);* **b)** *auf der Kabbala* (a) *aufbauende esoterische u. theosophische Bewegung im Judentum.*

Kab|ba|lịs|tik, die; -: *Lehre von der Kabbala, besonders von der Magie mit Buchstaben u. Zahlen.*

kab|ba|lịs|tisch ⟨Adj.⟩: **1.** *die Kabbala betreffend:* die -e Lehre, Mystik. **2.** *[für Uneingeweihte] unverständlich.*

kạb|bel [zu ↑kabbeln]: in der Verbindung k. gehen (Seemannsspr.; *kabbelig sein*).

Kab|be|lei, die; -, -en (nordd. ugs.): *kleiner, harmloser Streit; Wortgefecht:* harmlose, ständige -en zwischen den Kindern.

kạb|be|lig ⟨Adj.⟩ (Seemannsspr.): *(von der See) durch gegeneinander laufende Wellen ungleichmäßig bewegt.*

kạb|beln ⟨sw. V.; hat⟩ [1: mniederd. kabbelen, H. u.; 2: übertr. von 1]: **1.** ⟨k. + sich⟩ (landsch., bes. nordd. ugs.) *sich – wenn auch nicht sehr heftig – streiten:* ich kabbele mich oft mit ihr. **2.** (Seemannsspr.) *kabbelig sein:* die See kabbelt.

^{1}**Ka̲|bel,** das; -s, - [mhd. kabel = Ankertau, Schiffsseil < frz. câble < mlat. capulum = Fangseil, H. u.]: **1.** *biegsame, isolierte elektrische Leitung (meist aus mehreren gegeneinander isolierten Drähten):* ein dreiadriges K.; ein K. verlegen, an ein Gerät anschließen. **2. a)** (Seemannsspr.) *dickeres Tau aus Hanf od. Draht;* **b)** *Drahtseil, Stahltrosse:* das K. der Seilbahn ist gerissen. **3.** (veraltet) *Telegramm [nach Übersee]:* ein K. schicken. **4.** ⟨o. Pl.⟩ (ugs.) kurz für ↑Kabelfernsehen: habt ihr zu Hause K.?

^{2}**Ka̲|bel,** die; -, -n [mniederd. kavele = Los, eigtl. = bearbeitetes Stück Holz zum Losen; vgl. anord. kefli = Holzstück] (nordd. veraltet): *Gewinnanteil, Losgewinn.*

Ka̲|bel|an|schluss, der: *Anschluss* (1 a) *an das Netz des Kabelfernsehens.*

Ka̲|bel|be|richt, der (veraltend): *telegrafisch übermittelter Bericht:* aus einem K. unseres Korrespondenten.

Ka̲|bel|brand, der: *Brand, der in defekten od. überlasteten* ^{1}*Kabeln* (1) *durch Überhitzung entsteht:* ein K. war die Unfallursache.

Ka̲|bel|fern|se|hen, das: *Übertragung von Fernsehprogrammen mithilfe von* ^{1}*Kabeln* (1).

Ka̲|bel|gat[t], das (Seemannsspr.): *(auf Schiffen) Raum zur Aufbewahrung von Tauwerk.*

Ka̲|bel|jau, der; -s, -e u. -s [mniederd. kabelow, kabbelouw < mniederl. cabbeliau, H. u.]: *(bes. im Nordatlantik heimischer) großer, olivgrün gefleckter Raubfisch.*

Ka̲|bel|klem|me, die (Elektrot.): *Verbindungsstück für elektrische* ^{1}*Kabel* (1).

Ka̲|bel|kran, der: *Kran, bei dem Güter mithilfe eines Seils befördert werden, das zwischen zwei Türme gespannt ist.*

Ka̲|bel|län|ge, die (Seew.): *nautisches Längenmaß von* $^1/_{10}$ *Seemeile.*

Ka̲|bel|le|ger, der: *Spezialschiff, mit dem* ^{1}*Kabel* (1) *im Meer verlegt werden.*

Ka̲|bel|man|tel, der: *isolierende Hülle um ein* ^{1}*Kabel* (1).

^{1}**ka̲|beln** ⟨sw. V.; hat⟩ [zu ↑^{1}Kabel (3)] (veraltend): *[eine offizielle Nachricht] nach Übersee telegrafieren:* die Börsenkurse nach New York k.

^{2}**ka̲|beln** ⟨sw. V.; hat⟩ [mniederd. kavelen, zu ↑^{2}Kabel] (nordd. veraltet): *verlosen, auslosen.*

Ka̲|bel|nach|richt, die (veraltet): *telegrafisch übermittelte Nachricht.*

Ka̲|bel|netz, das: *Netz* (2 a) *von* ^{1}*Kabeln* (1) *(z. B. für das Kabelfernsehen):* ein Programm in das K. einspeisen.

Ka̲|bel|rol|le, die: *[große] Rolle mit aufgerolltem* ^{1}*Kabel* (1).

Ka̲|bel|schuh, der (Elektrot.): *Metallteil, mit dem ein* ^{1}*Kabel* (1) *an ein elektrisches Gerät angeschlossen wird.*

Ka̲|bel|trom|mel, die: *trommelartige Vorrichtung zum Aufrollen von [Verlängerungs]kabeln.*

Ka̲|bel|tu|ner, der (Ferns.): *Tuner* (2) *für den Empfang von Programmen des Kabelfernsehens.*

Ka̲|bel-TV, das: *Kabelfernsehen.*

Ka̲|bel|vi|si|on, die ⟨o. Pl.⟩: *Kabelfernsehen.*

Ka|bi̲|ne, die; -, -n [frz. cabine < engl. cabin < afrz. cabane, aprovenz. cabana < spätlat. capanna = Hütte (der Weinbergshüter)]: **1. a)** *Wohn- u. Schlafraum für Passagiere auf größeren [Fahrgast]schiffen;* **b)** *Fahrgastraum eines Passagierflugzeugs:* der Pilot schaute in die K. **2. a)** *kleiner, abgeteilter Raum zum Aus- u. Ankleiden; Bade-, Umkleidekabine:* die Kleider in der K. lassen; **b)** *kleiner, abgeteilter Raum, kleines Häuschen für bestimmte Tätigkeiten, Verrichtungen [an] einer einzelnen Person:* alle -n beim Friseur sind besetzt; zum Wählen in eine K. gehen. **3.** *Gondel einer Seilbahn o. Ä.*

Ka|bi̲|nen|bahn, die: *Seilbahn, bei der die Fahrgäste in am Seil hängenden Kabinen* (3) *befördert werden.*

Ka|bi̲|nen|kof|fer, der: *großer, in Fächer unterteilter Koffer; Schrankkoffer.*

Ka|bi|nẹtt, das; -s, -e [frz. cabinet, eigtl. = kleines Gemach, Nebenzimmer, wohl zu afrz. cabine = Spielhaus, H. u.]: **1. a)** (veraltet) *abgeschlossener Beratungs- u. Arbeitsraum, bes. an Fürstenhöfen;* **b)** *kleinerer Museumsraum [für besonders wertvolle Objekte];* **c)** (österr.) *kleines, einfenstriges Zimmer.* **2. a)** *Kollegium der die Regierungsgeschäfte eines Staates führenden Minister:* ein K. bilden; der Kanzler stellt sein neues K. vor; der Vorschlag wurde vom K. gebilligt; **b)** (früher) *engster Beraterkreis eines Fürsten.* **3.** (DDR) *Lehr- u. Beratungszentrum:* ein polytechnisches K. **4.** *(nach dem deutschen Weingesetz) Wein der ersten Kategorie der Qualitätsweine mit Prädikat.*

Ka|bi|nẹtt|for|mat, das (früher): *sehr kleines Format von fotografischen Platten u. Bildern.*

Ka|bi|nẹtts|be|schluss, der: *vom Kabinett* (2 a) *gefasster Beschluss.*

Ka|bi|nẹtts|bil|dung, die: *Bildung eines Kabinetts* (2 a): die K. war die schwierige Aufgabe des Kanzlers.

Ka|bi|nẹtts|ent|schei|dung, die: *vom Kabinett* (2 a) *gefasste Entscheidung.*

Ka|bi|nẹtts|lis|te, die: *Aufstellung der in einem neuen Kabinett* (2 a) *vertretenen Minister.*

Ka|bi|nẹtts|mit|glied, das: *Mitglied eines Kabinetts* (2 a).

Ka|bi|nẹtts|sit|zung, die: *Sitzung eines Kabinetts* (2 a).

Ka|bi|nẹtt|stück, das: **1.** (veraltet) *besonders wertvoller, in seiner Art einmaliger Gegenstand; Prunkstück.* **2. a)** *besonders geschicktes, erfolgreiches Vorgehen, Handeln:* ein K. der Verhandlungskunst; **b)** (bes. Sport) *besonders geschickte, technisch brillante Leistung:* als K. bot der Nationalspieler dem Publikum kurz vor der Pause einen direkt verwandelten Eckball.

Ka|bi|nẹtts|vor|la|ge, die: *zur Beratung im Kabinett* (2 a) *eingebrachte Vorlage.*

Ka|bi|nẹtt|wein, der: *Kabinett* (4).

Ka̲|bis, der; - [mhd. kabeʒ, ahd. capuz < mlat. caputium = Weißkohl, zu lat. caput = Kopf] (südd., schweiz.): *Kohl.*

Ka̲|brio, (auch:) Cabrio, das; -s, -s: kurz für ↑Kabriolett.

Ka|bri|o|lẹtt [österr.: ...'le:], (auch:) Cabriolet [...'le:], das; -s, -s [frz. cabriolet = leichter, einspänniger Wagen, zu: cabrioler = Luftsprünge machen, zu: cabriole < ital. capriola, ↑Kapriole]: **1.** *Auto mit aufklappbarem od. versenkbarem Verdeck.* **2.** (veraltet) *leichter, zweirädriger Einspänner [mit Verdeck].*

Ka|bụff, das; -s, -s [wohl aus dem Niederd.; viell. geb. zu ↑Kabuse unter Einfluss von niederl. kombof = Notküche; Abstellraum] (landsch. ugs., oft abwertend): *kleiner, dunkler, meist fensterloser [Neben]raum, Abstellraum:* sie wohnt in einem lichtlosen K. unterm Dach.

Ka̲|bul [auch: ka'bu:l]: Hauptstadt von Afghanistan.

Ka|bu|se, Ka|bü|se, die; -, -n [mniederd. kabuse, H. u.; vgl. Kombüse] (nordd.): **a)** *kleiner, enger [dunkler] Raum;* **b)** *Kombüse.*

Kạ|chel, die; -, -n [mhd. kachel(e), ahd. chachala = irdener Topf; irdenes Gefäß, zu einer vlat. Nebenf. von lat. caccabus = Tiegel, Pfanne < griech. kákkabos = (dreibeiniger) Kessel]: **1.** *(für Kachelöfen u. Wandverkleidungen verwendete) meist viereckige, glasierte Platte aus gebranntem Ton:* Delfter -n; ein Ofen mit braunen -n. **2.** (südd.) *Schüssel, Topf aus Steingut.*

kạ|cheln ⟨sw. V.⟩ [2, 3: H. u.]: **1.** *mit Kacheln* (1) *verkleiden, auslegen* ⟨hat⟩: wir lassen das Bad k.; eine grün gekachelte Wand. **2.** (ugs.) *sich fahrend rasch fort-, irgendwohin bewegen* ⟨ist⟩: übers Wochenende nach München k.; mit 200 Sachen über die Autobahn k. **3.** (salopp) *koitieren.*

Kạ|chel|ofen, der: *aus Schamottsteinen gemauerter, mit Kacheln belegter Ofen, der sehr lange die Wärme hält:* am K. sitzen.

kạck|braun ⟨Adj.⟩ (derb): *von subjektiv als hässlich empfundener brauner Farbe.*

Kạ|cke, die; - [zu ↑kacken] (derb): **1.** *Kot.* **2.** *schlechte, minderwertige Sache; unangenehme, Unwillen hervorrufende Angelegenheit:* so eine K.!; was er gemacht hat, ist alles K.; * **die K. ist am Dampfen** (derb; *es gibt Unannehmlichkeiten, Schwierigkeiten*).

kạ|cken ⟨sw. V.; hat⟩ [spätmhd. kacken, Lallwort aus der Kindersprache, verw. z. B. mit gleichbed.

K

lat. cacare] (derb): *Kot ausscheiden, seine große Notdurft verrichten.*

Ka|da̲|ver, der; -s, - [lat. cadaver, eigtl. = gefallener (tot daliegender) Körper, zu: cadere = (hin)fallen]: **1.** *toter, in Verwesung übergehender Tierkörper:* ein aufgeschwemmter K.; einen K. verscharren; Fliegen umschwärmten den K. eines Hundes; Ü die K. *(toten menschlichen Körper; Leichen)* in den Massengräbern. **2.** (abwertend) *[verbrauchter, kraftloser] menschlicher Körper; Mensch:* man muss seinem [alten] K. täglich neue Strapazen zumuten.

Ka|da̲|ver|ge|hor|sam, der [nach der Vorschrift aus den jesuitischen Ordensregeln des Ignatius von Loyola, sich von Gott und den Vorgesetzten leiten zu lassen »perinde ac si cadaver essent« = »als seien sie ein Leichnam« (der alles mit sich geschehen lässt)] (abwertend): *blinder Gehorsam.*

Ka|da̲|ver|mehl, das: *gemahlene Knochen- od. Fleischrückstände verendeter Tiere, die als Futter od. Dünger verwendet werden.*

Ka|da̲|ver|ver|wer|tung, die: *Gewinnung von Nutzstoffen aus Kadavern* (1).

Kad|di̲sch, das; -s [hebr. qaddîš = geheiligt; nach dem Anfangswort eines Gebetes] (jüd. Rel.): *jüdisches Gebet, das bes. um das Seelenheil Verstorbener während des Trauerjahres gesprochen wird.*

Ka|de̲nz, die; -, -en [ital. cadenza, über das Vlat. zu lat. cadere = fallen]: **1.** (Musik) *Akkordfolge als Abschluss od. Gliederung eines Musikstücks.* **2.** (Musik) *improvisierte od. [vom Komponisten] ausgeschriebene solistische Ausschmückung eines Themas am Schluss [einzelner Sätze] eines Konzerts, die dem Künstler die Möglichkeit bietet, sein virtuoses Können zu zeigen.* **3.** (Sprachw.) *das Abfallen der Stimme.* **4.** (Verslehre) *metrische Form des Versschlusses.* **5.** (Waffent.) *Feuergeschwindigkeit.*

ka|den|zi̲e|ren ⟨sw. V.; hat⟩ (Musik): **1.** *durch eine Kadenz* (1) *zu einem harmonischen Abschluss leiten.* **2.** *eine Kadenz* (2) *ausführen.*

Ka̲|der, der, schweiz.: das; -s, - [1: frz. cadre < ital. quadro, eigtl. = viereckig < lat. quadrus; 2, 3: russ. kadr < frz. cadre, ↑Kader (1)]: **1. a)** *aus Offizieren u. Unteroffizieren bestehende Kerntruppe eines Heeres:* K. ausbilden, aufstellen; **b)** (Sport) *Stamm von Sportlerinnen u. Sportlern, die für ein Spiel, einen Wettkampf infrage kommen:* sie gehört zum K. der Nationalmannschaft. **2.** *Gruppe von [besonders ausgebildeten od. geschulten] Personen, die wichtige Funktionen in Partei, Wirtschaft, Staat o. Ä. haben:* der K. einer Partei. **3.** *Angehöriger, Mitglied eines Kaders* (2): die jungen K.

Ka̲|der|ab|tei|lung, die (DDR): *Abteilung eines Betriebes, einer Verwaltung o. Ä., die für Einstellung u. Betreuung des Personals zuständig ist.*

Ka̲|der|lei|ter, der (DDR): *Leiter einer Kaderabteilung.*

Ka̲|der|lei|te|rin, die (DDR): w. Form zu ↑Kaderleiter.

Ka̲|der|par|tei, die (marx.): *politische Partei, die aus Kadern* (2) *gebildet ist.*

Ka̲|der|schmie|de, die (Jargon): *Ort, an dem Kader* (2) *ausgebildet werden.*

[1]Ka|de̲tt, der; -en, -en [frz. cadet = Offiziersanwärter < gaskogn. capdet (= aprovenz. capdel) = (kleiner) Hauptmann, urspr. Bez. für Söhne gaskognischer Edelleute, die als Offiziere in den königlichen Dienst traten < lat. capitellum = Köpfchen, Vkl. von: caput = Kopf]: **1.** (früher) *Zögling einer Kadettenanstalt.* **2.** (schweiz. früher) *Mitglied einer uniformierten Jugendorganisation.* **3.** (ugs.) *Bursche* (1): ihr seid mir vielleicht -en!

[2]Ka|de̲tt, der; -s, -s [zu ↑[1]Kadett, nach der häufigen Verwendung dieses Stoffes für die (Unter)kleidung der [1]Kadetten (1)]: *blau-weiß od. schwarz-weiß gestreifter Baumwollstoff für Berufskleidung.*

Ka|de̲t|ten|an|stalt, die (früher): *internatsähnliche Einrichtung, in der die Zöglinge speziell im Hinblick auf ihren späteren Dienst als Berufsoffizier unterrichtet u. erzogen wurden.*

Ka|de̲t|ten|korps, das (früher): *Gesamtheit der Zöglinge der Kadettenanstalten eines Landes:* er trat ins K. ein.

Ka|de̲t|ten|schu|le, die (im ehemaligen Österreich-Ungarn): vgl. Kadettenanstalt.

Ka̲|di, der; -s, -s [arab. qāḍī]: **1.** *Richter in islamischen Ländern.* **2.** (ugs.) *richterliche Instanz, Gericht:* sie schleppten, brachten ihn vor den K. *(strengten einen Prozess gegen ihn an).*

kad|mi̲e|ren ⟨sw. V.; hat⟩ [zu ↑Kadmium]: *Metalle zum Schutz gegen Korrosion auf galvanischem Weg mit einer Kadmiumschicht überziehen; verkadmen.*

Ka̲d|mi|um, (fachspr.:) Cadmium, das; -s [zu lat. cadmia = Zink(erz) < griech. kadmía]: *(chemisches Element) silberweiß glänzendes, leicht schneidbares Metall* (Zeichen: Cd).

Ka̲d|mi|um|le|gie|rung, die: *Legierung mit Kadmium als hauptsächlichem Metall.*

ka|du|zi̲e|ren ⟨sw. V.; hat⟩ [zu lat. caducus = hinfällig, zu: cadere = fallen] (Rechtsspr.): *geleistete Einlagen in eine Aktiengesellschaft o. Ä. für verfallen erklären.*

Ka|fa̲r|na|um: ↑Kapernaum.

Kä̲|fer, der; -s, - [mhd. kever, ahd. chevar, wahrsch. eigtl. = Kauer, Nager]: **1.** *(in vielen Arten vorkommendes) über die ganze Erde verbreitetes, zu den Insekten gehörendes Tier:* ein bunter, schädlicher K.; K. surren, brummen, schwirren durch die Luft. **2.** (ugs.) *junges Mädchen:* ein reizender, flotter K.; * **einen K. haben** (ugs. selten; *eine fixe Idee haben*).

Kä̲|fer|samm|lung, die: *Sammlung von Käfern [in Kästen].*

[1]Ka̲ff, das; -s, -s u. -e [Gaunerspr., wohl zu zigeunerisch gaw = Dorf] (ugs. abwertend): *[abgelegene] kleine, langweilige Ortschaft; Nest:* ein elendes, ödes, trostloses K.

[2]Ka̲ff, das; -[e]s [mhd., mniederd. kaf, eigtl. = Spreu, H. u.] (nordd.): **1.** *Spreu:* K. streuen. **2.** (ugs.) *wertloses Zeug, Plunder.*

Ka̲f|fee [auch: ka'fe:], der; -s, (Sorten:) -s [frz. café, ital. caffè < türk. kahve < arab. qahwa[h], auch = Wein]: **1.** *Kaffeepflanze, -strauch:* K. anbauen, [an]pflanzen. **2. a)** *bohnenförmiger Samen des Kaffeestrauches:* brasilianischer K.; K. exportieren, rösten, brennen; **b)** *geröstete [gemahlene] Kaffeebohnen:* ein halbes Pfund K. kaufen; pro Tasse einen Teelöffel K. nehmen. **3.** *anregendes, leicht bitter schmeckendes, meist heiß getrunkenes Getränk von dunkelbrauner bis schwarzer Farbe aus gemahlenem, mit kochendem Wasser übergossenem Kaffee* (2 b): heißer, schwarzer, koffeinfreier K.; K. mit Milch [und Zucker]; K. verkehrt (landsch.; *Milchkaffee mit mehr Milch als Kaffee*); der K. ist stark; K. kochen, aufbrühen, filtern, eingießen, ausschenken, trinken; ich mache uns [einen] K.; eine Tasse, Kanne K.; Herr Ober, zwei K. *(Tassen Kaffee)* bitte; R dir hat wohl jmd./dir haben sie wohl was in den K. getan? (ugs.; *du bist wohl nicht recht bei Verstand?*); * **kalter K.** (landsch.; *Erfrischungsgetränk aus Coca-Cola u. Limonade*); **etw. ist kalter K.** (salopp; *etw. ist längst bekannt u. daher uninteressant*). **4. a)** *Zwischenmahlzeit (mit Kuchen o. Ä.) am Nachmittag, zu der man Kaffee* (3) *trinkt:* um 4 Uhr trinken wir K. *(unseren Nachmittagskaffee);* jmdn. zum K. einladen; **b)** (landsch.) *erste kleine Mahlzeit am Morgen, Frühstück mit Kaffee* (3); *Morgenkaffee* (3): nach dem K. brechen wir auf; jetzt muss ich erst mal K. trinken *(frühstücken).*

Ka̲f|fee|boh|ne, die [2. Bestandteil volksetym. zu Bohne umgedeutet aus arab. bunn = Kaffee(bohnen)]: *bohnenförmiger od. rundlicher Samen der Kaffeepflanze, der nach dem Rösten dunkelbraun wird.*

ka̲f|fee|braun ⟨Adj.⟩: *braun wie Kaffee* (3): er erschien in einem scheußlichen -en Anzug.

Ka̲f|fee-Ern|te, (auch:) **Ka̲f|fee|ern|te,** die: **a)** *das Ernten von Kaffee* (2 a); **b)** *Gesamtheit des geernteten Kaffees* (2 a).

Ka̲f|fee-Er|satz, (auch:) **Ka̲f|fee|er|satz,** der: *aus gerösteten u. gemahlenen Pflanzenteilen gewonnenes Pulver, das in Geruch u. Geschmack dem Kaffee* (2 b) *ähnelt:* K. aus Gerste und Zichorie.

Ka̲f|fee-Ex|trakt, (auch:) **Ka̲f|fee|ex|trakt,** der: *durch Instantisieren von Kaffee* (2 b) *gewonnenes Pulver, das, mit heißem Wasser übergossen, wieder Kaffee* (3) *ergibt.*

Ka̲f|fee|fahrt, die: **a)** *Ausflug zum, mit Nachmittagskaffee:* eine K. in den Odenwald machen; **b)** *von Werbefirmen [gratis] veranstaltete Fahrt mit Nachmittagskaffee, bei der versucht wird, den Teilnehmern bestimmte Waren zu verkaufen.*

Ka̲f|fee|fleck, der: *von verschüttetem Kaffee* (3) *herrührender Fleck.*

Ka̲f|fee|ge|deck, das: **1.** *Gedeck* (1) *für den Nachmittagskaffee:* bring bitte noch ein K. **2.** *aus Kaffee* (3) *u. Kuchen bestehendes Gedeck* (2).

Ka̲f|fee|ge|schirr, das: vgl. Kaffeeservice.

Ka̲f|fee|grund, der ⟨o. Pl.⟩ (landsch.): *Kaffeesatz.*

Kaf|fe̲e̲|haus, das [älter: Coffeehaus, LÜ von engl. coffeehouse] (bes. österr.): *Gaststätte bes. mit Ausschank von Kaffee* (3) *u. Tee, wo sich die Gäste mit Spielen, Zeitunglesen o. Ä. unterhalten:* den ganzen Tag im K. sitzen.

Kaf|fe̲e̲|haus|be|sit|zer, der: *Besitzer eines Kaffeehauses.*

Kaf|fe̲e̲|haus|be|sit|ze|rin, die: w. Form zu ↑Kaffeehausbesitzer.

Kaf|fe̲e̲|haus|li|te|ra|tur, die ⟨o. Pl.⟩ (abwertend): *vorwiegend in Kaffeehäusern geschriebene Literatur.*

Kaf|fe̲e̲|haus|mu|sik, die ⟨Pl. selten⟩ (oft abwertend): *in einem Kaffeehaus dezent gespielte Unterhaltungsmusik.*

Ka̲f|fee|kan|ne, die: *Kanne mit Henkel u. Deckel, in der Kaffee* (3) *bereitet u. serviert wird:* eine bauchige K.; Kaffee in der K. aufbrühen.

Ka̲f|fee|kir|sche, die: *dunkelrote Frucht der Kaffeepflanze.*

Ka̲f|fee|klatsch, der ⟨o. Pl.⟩ (ugs. scherzh.): *gemütliches Zusammensein mit Plauderei bei Kaffee* (3) *u. Kuchen.*

Ka̲f|fee|kränz|chen, das: **a)** *[regelmäßiges] gemütliches Zusammentreffen einer Gruppe von Frauen, die bei Kaffee* (3) *u. Kuchen sich unterhalten, Handarbeiten machen o. Ä.:* jeden Freitag trifft sie sich zum K. mit ihren Freundinnen; **b)** *Gruppe von Frauen, die sich zum Kaffeekränzchen* (a) *trifft.*

Ka̲f|fee|ma|schi|ne, die: *elektrisches Haushaltsgerät zum Zubereiten von Kaffee* (3).

Ka̲f|fee|müh|le, die: *[elektrisches] Haushaltsgerät, in dem Kaffeebohnen gemahlen werden.*

Ka̲f|fee|pau|se, die: *kürzere Pause bes. zum Kaffeetrinken:* K. machen; in der K. rasch eine Besorgung machen.

Ka̲f|fee|pflan|ze, die: *(als Strauch od. Baum wachsende, in den Tropen heimische) Pflanze mit lederartigen Blättern, kleinen weißen Blüten u. dunkelroten Früchten, die als Samen die Kaffeebohne enthalten.*

Ka̲f|fee|plan|ta|ge, die: *Plantage, auf der Kaffee* (1) *angebaut wird.*

Ka̲f|fee|sah|ne, die: *halbfette Sahne für den Kaffee* (3).

Ka̲f|fee|satz, der ⟨o. Pl.⟩: *nach dem Aufbrühen von gemahlenem Kaffee* (2 b) *zurückbleibender Bodensatz:* den K. wegschütten; aus dem K. wahrsagen.

Ka̲f|fee|scha|le, die (österr.): *Kaffeetasse.*

Ka̲f|fee|ser|vice, das: *Service, das man zum Kaffee* (4 a, b) *benutzt:* ein geblümtes, sechsteiliges K.; ein K. für sechs Personen.

Ka̲f|fee|sie|der, der (österr., oft abwertend): *Besitzer eines Kaffeehauses.*

Ka̲f|fee|sor|te, die: *Sorte Kaffee* (2 a): eine dunkle, starke K.

Ka̲f|fee|strauch, der: *Kaffeepflanze.*

Kaf|fee|ta|fel, die: *festlich gedeckter Kaffeetisch.*
Kaf|fee|tas|se, die: *Tasse, aus der Kaffee* (3) *getrunken wird.*
Kaf|fee|tisch, der: *zum Kaffee* (4 a u. b) *gedeckter Tisch:* den K. decken; am K. sitzen.
Kaf|fee|wär|mer, der; -s, -: *dick wattierte Haube, die über die Kaffeekanne gestülpt wird, um den Kaffee* (3) *warm zu halten.*
Kaf|fe|in: ↑Koffein.
[1]Kaf|fer, der; -s, -n [älter engl. Caffre, Caffer, Kaffer < arab. kāfir = Ungläubiger]: **1.** frühere, bes. südafrikanische Bez. für: Angehöriger eines bestimmten Bantustammes. **2.** frühere abwertende südafrikanische Bez. für: Schwarzer.
[2]Kaf|fer, der; -s, - [aus dem Rotwelschen < jidd. kapher = Bauer, zu hebr. kạfạr = Dorf; volksetym. auf ↑[1]Kaffer bezogen] (Schimpfwort): *Dummkopf, blöder Mensch.*
Kä|fig, der; -s, -e [mhd. kevje, ahd. chevia < lat. cavea = Käfig, Behältnis]: **a)** *Raum für gefangen gehaltene größere Tiere, dessen Wände aus Gitterstäben, Drahtgitter o. Ä. bestehen:* der Löwe läuft im K. auf und ab; drei Affen sitzen im K.; **b)** *häuschenartiger Behälter mit festem Boden u. rundherum Gitterstäben od. Drahtgitter zur Haltung kleiner Tiere, bes. Vögel im Haus:* der Kanarienvogel flattert im K. umher; den K. über Nacht mit einem Tuch zudecken; *** goldener K.** *(Unfreiheit, Gebundensein trotz großen Wohlstands, Reichtums):* im goldenen K. sitzen; faradayscher K. (↑Faradaykäfig).
Kä|fig|hal|tung, die: *das Halten von Tieren in Käfigen.*
Kä|fig|stan|ge, die: *Stange eines Käfigs.*
Kä|fig|vo|gel, der: *im Käfig gehaltener Vogel.*
Ka|fir, der; -s, -n [arab. kāfir] (abwertend): *(im Islam) jmd., der nicht dem islamischen Glauben angehört.*
kaf|ka|esk ⟨Adj.⟩ [nach dem österr. Schriftsteller F. Kafka (1883–1924), ↑-esk] (bildungsspr.): *in der Art der Schilderungen Kafkas; auf unergründliche Weise bedrohlich.*
Kaf|tan, der; -s, -e, österr. auch: -s [türk. kaftan < arab. quftān, pers. ḫaftān, urspr. = militär. Obergewand]: **1. a)** *vorn offenes, langes [orientalisches] Obergewand mit langen [weiten] Ärmeln, das oft mit einer breiten Schärpe zusammengehalten od. mit kleinen Knöpfen über der Brust geschlossen wird:* ein seidener K.; **b)** *langes, enges, vorn geknöpftes Obergewand der orthodoxen Juden.* **2.** (ugs.) *langes, weites Kleidungsstück.*
kahl ⟨Adj.⟩ [mhd. kal, ahd. chalo, verw. mit russ. golyj = nackt, bloß]: **1. a)** *ohne sonst vorhandene, ohne normalerweise vorhandene Haare, Federn o. Ä.:* ein -er Schädel; der Pelzmantel hat viele -e Stellen; k. sein, werden *(eine Glatze haben, bekommen);* Schafe k. scheren; der Häftling hatte einen k. geschorenen Kopf; **b)** *ohne Laub, unbelaubt:* -e Äste, Bäume; Heuschrecken haben die Sträucher k. gefressen *(die Blätter völlig abgefressen);* **c)** *ohne [sonst vorhandene] Bäume, Sträucher o. Ä.:* eine -e Bergkuppe; einen Wald k. schlagen *(alle vorhandenen Bäume fällen).* **2.** *ohne normalerweise vorhandene od. erwartete Ausstattung, Möblierung o. Ä.:* eine -e Häuserfront; -e Wände.
Kahl|fraß, der: *das Kahlfressen; das Kahl-gefressen-Sein.*
kahl fres|sen: s. kahl (1 b).
Kahl|heit, die; -: *das Kahlsein.*
Kahl|hieb, der: *Kahlschlag* (1).
Kahl|hirsch, der (Jägerspr.): *Rothirsch, der kein Geweih bekommt.*
Kahl|kopf, der: **1.** *kahler Kopf:* er hat einen K. **2.** (ugs.) *Mann mit einer Glatze:* ein alter K.
kahl|köp|fig ⟨Adj.⟩: *ohne Kopfhaar; glatzköpfig.*
kahl sche|ren: s. kahl (1 a).
Kahl|schlag, der: **1.** *das Schlagen, Fällen sämtlicher Bäume auf einer bestimmten Fläche.* **2.** *Waldfläche, auf der alle Bäume gefällt wurden:* den K. wieder aufforsten. **3.** (ugs. scherzh.) *Glatze.*
kahl schla|gen: s. kahl (1 c).
Kahl|schlag|sa|nie|rung, die (abwertend): *radikale, rücksichtslose Sanierung, die alles Alte restlos beseitigt.*
Kahl|wild, das (Jägerspr.): *weibliches Wild u. Kälber ohne Geweih.*
Kahm, der; -[e]s [mhd. kām, auch: kăn(e), viell. zu lat. canus = (weiß)grau] (Biol., Fachspr.): *Gesamtheit der Bakterien, Pilze, die die Kahmhaut bilden.*
Kahm|haut, die (Fachspr.): *grauweißer Schimmel auf gärenden od. faulenden Flüssigkeiten:* auf dem Wein bildet sich eine K.
kah|mig ⟨Adj.⟩ [mhd. kāmic]: *eine Kahmhaut bildend; schimmelig.*
Kahn, der; -[e]s, Kähne [aus dem Md. u. Niederd. < mniederd. kane = Boot, kleines Wasserfahrzeug, wahrsch. urspr. = (trogartiges) Gefäß]: **1.** *kleines, offenes, flaches Boot zum Rudern od. Staken:* der K. schaukelt; K. fahren; mit dem K. über den Fluss rudern. **2.** *breites, flaches Schiff ohne eigenen Antrieb zur Beförderung von Lasten; Schleppkahn:* die Kähne mit Kohle beladen. **3.** (ugs., häufig abwertend) *Schiff:* mit diesem K. sollen wir nach Amerika fahren. **4.** ⟨Pl.⟩ (ugs.) *plumpe, [sehr, zu] große Schuhe.* **5.** ⟨o. Pl.⟩ (ugs.) *Arrest, Gefängnis.* **6.** (ugs. scherzh.) *Bett:* in den K. gehen, steigen.
Kähn|chen, das; -s, -: Vkl. zu ↑Kahn (1).
Kahn|fahrt, die: *Fahrt mit einem Kahn* (1): eine K. machen.
Kai, der; -s, -s [niederl. kaai < frz. quai, aus dem Kelt., eigtl. = Umwallung, Zaun]: *durch Mauern befestigtes Ufer im Bereich eines Hafens, an dem die Schiffe anlegen, beladen u. gelöscht werden:* das Schiff macht am K. fest.
Kai|man, der; -s, -e [span. caimán, viell. aus einer Indianerspr. der Karibik]: *(bes. im tropischen Südamerika vorkommender) Alligator.*
Kai|mau|er, die: *an der Wasserseite eines Kais errichtete Mauer.*
Kains|mal, das; -[e]s, -e [nach 1. Mos. 4, 15 Zeichen, das Kain nach dem Brudermord erhalten haben soll u. das ihn als nur von Gott zu Richtenden kennzeichnen sollte]: *Schuld, die jmdm. gleichsam an der Stirn geschrieben steht.*
Kai|ro: Hauptstadt von Ägypten.
[1]Kai|ro|er, der; -s, -: Ew.
[2]Kai|ro|er ⟨indekl. Adj.⟩.
Kai|ro|e|rin, die; -, -nen: w. Form zu ↑[1]Kairoer.
Kai|ros, der; -, Kairoi [griech. kairós] **1.** (Philos.) *günstiger Zeitpunkt, der für etw. entscheidende, günstige Augenblick.* **2.** (Rel.) *Zeitpunkt der Entscheidung (z. B. zwischen Glauben u. Unglauben).*
Kai|ser, der; -s, - [mhd. keiser, ahd. keisar < got. kaisar, nach dem von den Germanen als Gattungsnamen übernommenen Familiennamen des röm. Staatsmannes [G. Julius] Caesar (etwa 100–44 v. Chr.)]: **1.** ⟨o. Pl.⟩ *Titel des höchsten weltlichen Herrschers in bestimmten Monarchien:* er wurde K.; er wurde zum K. gekrönt; **2.** *Inhaber, Träger des Titels Kaiser* (1): der deutsche K.; am Hofe K. Karls des Großen, des -s Karl des Großen; die K. Friedrich I. und Friedrich II.; *** [sich] um des -s Bart streiten** (sich um Nichtigkeiten streiten; wohl wegen der Lautähnlichkeit umgedeutet aus: um den Geiß[en]bart streiten, nach der scherzh. Streitfrage in den Episteln [I, 18, 15] des röm. Dichters Horaz [65–8 v. Chr.], ob man Ziegenhaare als Wolle, entsprechend dem Schaffell, bezeichnen dürfe; dann bezogen auf die Streitereien von Gelehrten darüber, ob bestimmte deutsche Kaiser einen Bart getragen hatten od. nicht); **ein Streit um des -s Bart** *(ein Streit um Nichtigkeiten);* **dem K. geben, was des -s ist** *(seine Pflicht gegenüber der Obrigkeit erfüllen;* nach Matth. 22, 21).
Kai|ser|ad|ler, der [1. Bestandteil in Zus. oft zur Bez. von Außergewöhnlichem, Besonderem, des Besten, Größten seiner Art]: *großer, schwarzbrauner Adler im Mittelmeerraum u. in Osteuropa.*
Kai|ser|bröt|chen, das [wohl wegen der besonderen Form]: *rundes Brötchen mit vier od. fünf bogenförmigen Einkerbungen.*
Kai|ser|haus, das: *Familie, deren Oberhaupt die Kaiserwürde hat:* das japanische, deutsche K.
Kai|se|rin, die; -, -nen [mhd. keiserinne]: **1.** w. Form zu ↑Kaiser. **2.** *Gemahlin eines Kaisers.*
Kai|se|rin|mut|ter, die ⟨Pl. ...mütter⟩: *Mutter eines Kaisers.*
Kai|ser|kro|ne, die: **1.** *Krone des Kaisers.* **2.** *(zu den Liliengewächsen gehörende) Pflanze mit großen, orangefarbenen, an der Spitze des Stängels unter einem Blätterschopf sitzenden, nach unten geneigten Blüten.*
Kai|ser|krö|nung, die: *Krönung zum Kaiser.*
kai|ser|lich ⟨Adj.⟩ [mhd. keiserlich, ahd. cheiserlich = herrlich, erhaben]: **a)** *zu einem Kaiser gehörend:* der -e Hof; **b)** *einem Kaiser entsprechend vornehm;* **c)** *unter der Herrschaft eines Kaisers stehend:* im -en Deutschland; **d)** *monarchisch; kaisertreu:* k. gesinnt sein.
kai|ser|lich-kö|nig|lich ⟨Adj.⟩: *ein Land, eine Institution o. Ä. betreffend, wo der Herrscher Kaiser u. König zugleich ist:* die -e Monarchie *(österreichisch-ungarische Monarchie).*
Kai|ser|pa|last, der: *kaiserlicher Palast.*
Kai|ser|pin|gu|in, der [vgl. Kaiseradler]: *größter, in der Antarktis lebender Pinguin.*
Kai|ser|reich, das: *Reich, das von einem Kaiser regiert wird:* das deutsche K.
Kai|ser|schmar|ren, der [urspr. nach Kaiserin Elisabeth von Österreich (1837–1898), der Gemahlin Franz Josephs I.] (österr., auch südd.): *mit Zucker bestreute, mit zwei Gabeln in kleine Stücke gerissene Eierkuchen [mit Rosinen].*
Kai|ser|schnitt, der [LÜ von mlat. sectio caesarea, nach der von dem röm. Schriftsteller Plinius (23–79) versuchten Deutung des Namens Caesar als »der aus dem Mutterleib Geschnittene«, zu lat. caesum, 2. Part. von: caedere = herausschneiden]: *Schnitt, durch den die Gebärmutter vom Bauch aus geöffnet wird, um eine Entbindung zu ermöglichen:* das Kind wurde mit K. entbunden.
kai|ser|treu ⟨Adj.⟩: *dem Kaiser treu:* -e Soldaten.
Kai|ser|tum, das; -s, ...tümer [mhd. keisertuom, ahd. cheisertuom]: **1.** ⟨o. Pl.⟩ *monarchische Staats-, Regierungsform mit einem Kaiser an der Spitze.* **2.** (selten) *Kaiserreich.*
Kai|ser|wet|ter, das ⟨o. Pl.⟩ [urspr. nach dem meist strahlenden Sonnenschein am 18. August, dem Geburtstag Kaiser Franz Josephs I. von Österreich] (scherzh.): *strahlendes Sonnenwetter [bei festlichen Anlässen].*
Kai|ser|wür|de, die ⟨o. Pl.⟩: *kaiserliche Würde* (2).
Kai|ser|zeit, die: *Zeit, Ära, in der ein Kaiser regiert.*
Ka|jak, der, selten: das; -s, -s [1: eskim. qajaq]: **1.** *schmales, einsitziges, ursprüngl. geschlossenes, nur von Männern benutztes Boot der Eskimos.* **2.** *ein- od. mehrsitziges Sportpaddelboot, das mit Doppelpaddel vorwärts bewegt wird:* K. fahren.
Ka|jal, das; -[s], [sanskr.]: *als Kosmetikum zum Umranden der Augen verwendete [schwarze] Farbe.*
Ka|jal|stift, der: *Stift zum Umranden der Augen mit Kajal.*
Ka|jüt|deck, das: *Deck auf größeren Schiffen, auf dem sich die Kajüten befinden.*
Ka|jü|te, die; -, -n [aus dem Niederd. < mniederd. kajüte, H. u.]: *Wohn- u. Schlafraum auf Booten u. Schiffen:* eine enge, niedrige K.; der Kapitän ist in seiner K.
Ka|jü|ten|platz, der: *Schlafplatz in einer Kajüte für Passagiere auf Schiffen.*
Ka|jüts|pas|sa|gier, der: *Schiffspassagier mit einem Kajütenplatz.*
kak-, Kak-: ↑kako-, Kako-.
Ka|ka|du [auch: ...ˈdu:], der; -s, -s [niederl. kaketoe < malai. kaka(k)tua, wohl lautm.]: *(bes. in Australien heimischer) großer Papagei mit weißem, schwarzem od. rosenrotem Gefieder, einem kräftigen Schnabel u. einem Schopf aus Federn auf dem Kopf.*

Ka|kao [ka'kau̯, auch: ka'ka:o], der; -s, (Sorten:) -s [span. cacao < aztek. cacauatl = Kakaokern]: 1. *Kakaobaum, -pflanze:* K. anbauen. 2. *Samen des Kakaobaumes:* K. rösten, mahlen. 3. *aus gemahlenen Kakaobohnen hergestelltes Pulver:* stark entölter K. 4. *aus Kakaopulver, Milch u. Zucker bereitetes Getränk:* K. kochen; die Kinder bekamen [eine Tasse] K.; * **jmdn., etw. durch den K. ziehen** (ugs.; *jmdn., etw. [auf gutmütige, lustige Weise] verspotten, lächerlich machen;* »Kakao« steht hier wahrsch. verhüll. für »Kacke«).

Ka|kao|baum, der: *(in den Tropen wachsender) Baum mit immergrünen Blättern u. großen, gurkenähnlichen Früchten, die braune Samen, die Kakaobohnen, enthalten.*

Ka|kao|boh|ne, die: *brauner Samen des Kakaobaumes.*

Ka|kao|but|ter, die: *aus Kakaobohnen gewonnenes Pflanzenfett, das zur Herstellung von Schokolade u. in der Kosmetik verwendet wird.*

Ka|kao|mas|se, die: *aus Kakaobohnen durch Mahlen gewonnene Masse, die Ausgangsprodukt für die Herstellung von Schokolade u. Kakaopulver ist.*

Ka|kao|pflan|ze, die: *Kakaobaum.*

Ka|kao|pul|ver, das: *aus Kakaomasse gewonnenes braunes Pulver.*

ka|keln ⟨sw. V.; hat⟩ [mniederd. kākelen, lautm.] (nordd.): 1. *gackern:* eine kakelnde Henne. 2. (ugs.) *über etw. Belangloses schwatzen:* sie standen vor der Haustür und kakelten.

Ka|ker|lak, der; -s u. -en, -en, **Ka|ker|la|ke,** die; -, -n [16. Jh., H. u.]: 1. *Küchenschabe.* 2. *(von Tieren) lichtempfindlicher Albino (a).*

¹Ka|ki, ¹Khaki, das; -[s] [engl. khaki (Adj.) < persisch-Hindi khākī = staub-, erdfarben, zu pers. ḫāk = Staub, Erde]: *ins Gelbliche übergehendes Erdbraun.*

²Ka|ki, ²Khaki, der; -[s]: *gelbbrauner Stoff für leichte u. strapazierfähige Tropenkleidung, bes. Uniformen.*

Ka|ki|baum der; -[e]s, ...bäume [jap. kaki]: *(zu den Ebenholzgewächsen gehörender) in China u. Japan wachsender Baum mit gelben od. orangefarbenen, süßen, tomatenähnlichen Früchten.*

Ka|ki|dro|se, Ka|ki|dro|sis, die; - [zu griech. kakós (↑kako-, Kako-) u. hídrōsis = das Schwitzen] (Med.): *Absonderung übel riechenden Schweißes, bes. an den Füßen.*

ka|ki|far|ben, khakifarben, **ka|ki|far|big,** khakifarbig ⟨Adj.⟩: *von der Farbe des Kakis.*

Ka|ki|ja|cke, Khakijacke, die: *kurzärmelige, kakifarbene [Uniform]jacke.*

Ka|ki|pflau|me, die; -, -n [jap. kaki]: *Frucht des Kakibaums.*

Ka|ki|uni|form, Khakiuniform, die: *Uniform aus ²Kaki.*

ka|ko-, Ka|ko-, (vor Vokalen:) kak-, Kak- [griech. kakós] ⟨Best. in Zus. mit der Bed.⟩: *schlecht, übel, miss...* (z. B. Kakophonie, Kakidrose).

Ka|ko|pho|nie, die; -, -n [griech. kakophōnía, zu: kakós (↑kako-, Kako-) u. phōnḗ = Klang, Ton] (Musik, Sprachw.): *Missklang einer Folge von Tönen od. Lauten:* eine Komposition mit -n.

Kak|ta|ze|en ⟨Pl.⟩ [zu ↑Kaktus] (Bot.): *Kaktusgewächse.*

Kak|tee, die; -, -n: *Kaktus.*

Kak|tus, der; -, ugs. u. österr. auch: -ses; ...teen, ugs. auch: -se [1: lat. cactus < griech. káktos; 2: unter Anlehnung an ↑kacken]: 1. *(in vielen Arten in Trockengebieten vorkommende) meist säulen- od. kugelförmige Pflanze, die in ihrem verdickten Stamm Wasser speichert u. meist Dornen trägt:* ein stacheliger, blühender K.; Kakteen züchten. 2. (ugs. scherzh.) *Kothaufen.*

Kak|tus|fei|ge, die: 1. *Feigenkaktus.* 2. *Frucht des Feigenkaktus.*

Kak|tus|ge|wächs, das: *Kaktus* (1).

Ka|la|bas|se: ↑Kalebasse.

Ka|la|bre|se, der; -n, -n: Kalabrier.

Ka|la|bre|ser, der; -s, - [nach der ital. Landschaft Kalabrien, ital. calabrese = aus Kalabrien]: *Filzhut mit breiter Krempe u. nach oben spitz zulaufendem Kopfteil.*

Ka|la|bri|en; -s: südlichste Region des ital. Festlandes.

Ka|la|bri|er, der; -s, -: Ew.

Ka|la|bri|e|rin, die; -, -nen: w. Form zu ↑Kalabrier.

ka|la|brisch ⟨Adj.⟩: *Kalabrien, die Kalabrier betreffend.*

Ka|la|ha|ri, die; -: abflusslose Beckenlandschaft in Südafrika.

Ka|la|mi|tät, die; -, -en [lat. calamitas = Schaden, Unglück]: 1. *schlimme, missliche Lage:* wir müssen aus den wirtschaftlichen -en herausfinden. 2. (Biol.) *durch Schädlinge, Hagel, Sturm o. Ä. hervorgerufener schwerer Schaden in Pflanzenkulturen:* -en in den Nutzwäldern.

Ka|lan|der, der; -s, - [frz. calandre, viell. < mniederl. calander, H. u.]: *Maschine mit verschiedenen Walzen zum Glätten od. Prägen von Stoff, Papier, Folie o. Ä.*

ka|lan|dern, ka|lan|drie|ren ⟨sw. V.; hat⟩ (Fachspr.): *mit dem Kalander bearbeiten.*

Ka|lasch|ni|kow, die; -, -s [nach dem russ. Konstrukteur M. T. Kalaschnikow (geb. 1919)]: *automatisches Gewehr von geringer Länge mit langem, vom Schützen weggebogenem Magazin.*

Ka|lau|er, der; -s, - [unter Anlehnung an frz. calembour(g) = Wortspiel geb. nach dem Namen der Stadt Calau bei Cottbus]: *nicht sehr geistreicher, meist auf einem Wortspiel beruhender Witz:* einen K. erzählen.

ka|lau|ern ⟨sw. V.; hat⟩: *Kalauer erzählen:* der Conférencier kalauerte.

Kalb, das; -[e]s, Kälber [mhd. kalp, ahd. chalp, wohl eigtl. = Leibesfrucht, Junges]: 1. a) *junges Rind:* ein neugeborenes K.; die Kuh hat ein K. bekommen; * **glotzen, Augen machen wie ein [ab]gestochenes K.** (ugs.; *dümmlich, verwundert dreinblicken*); **das Goldene K. anbeten; um das Goldene K. tanzen** (geh.; *geldgierig sein; den Wert, die Macht des Geldes sehr hoch schätzen;* nach 2. Mos. 32); b) *Junges* (1) *von größeren Säugetieren, bes. Hirsch, Giraffe, Elefant.* 2. (o. Pl.) kurz für ↑Kalbfleisch: ich esse kein K., nicht gerne K. 3. a) *jmd., der als dumm angesehen wird* (oft Schimpfwort): dieses K. hat ihr auch noch Geld geliehen; * **K. Moses** (ugs.; *dummer, einfältiger Mensch*); b) *jmd., der als noch nicht voll erwachsen, als albern angesehen wird:* mit diesen Kälbern ist kein ernsthaftes Wort zu reden. 4. (Seemannsspr.) *weiche Auflage aus Holz für Tauwerk.*

Kälb|chen, das; -s, -: Vkl. zu ↑Kalb (1).

Kal|be, die; -, -n [mhd. kalbe, ahd. kalba]: *Färse.*

kal|ben ⟨sw. V.; hat⟩ [1: mhd. kalben]: 1. *ein Kalb* (1) *gebären.* 2. (Geogr.) *(in Bezug auf einen Gletscher od. eine Inlandeismasse) große Eisschollen abbrechen u. ins Meer od. in ein Binnengewässer stürzen lassen.*

Kal|be|rei, Käl|be|rei, die; -, -en (ugs.): *albernes Benehmen; Alberei.*

kal|bern ⟨sw. V.; hat⟩ [1: eigtl. = wie ein junges Kalb (1 a) umhertollen; 3: wohl nach der Ähnlichkeit des hierbei hervorgerufenen Geräuschs mit dem Blöken junger Kälber]: 1. (ugs.) *sich albern benehmen;* ¹*albern:* die Kinder kalberten den ganzen Vormittag. 2. (schweiz.) *kalben* (1). 3. (landsch. veraltend) *sich übergeben, erbrechen.*

¹käl|bern ⟨sw. V.; hat⟩: 1. *kalbern* (1). 2. (südd., österr.) *kalben* (1). 3. (ugs.) *kalbern* (3).

²käl|bern ⟨Adj.⟩ [mhd. kelberīn] (südd., österr.): *aus Kalbfleisch.*

Kalb|fell, das: 1. *Fell des Kalbes:* ein Mantel aus K. 2. ↑Kalbsfell (2).

Kalb|fleisch, das: *Fleisch vom Kalb* (1 a): eingemachtes K. (südd., österr.; *Gericht aus kleinen Stücken von Kalbfleisch in einer hellen Soße*).

Kalb|le|der, Kalbsleder, das: *Leder aus Kalbfell.*

Kalbs|bries, das (Kochk.): vgl. Bries.

Kalbs|brust, die (Kochk.): *Brustfleisch vom Kalb:* gefüllte K. *(Gericht aus mit Hackfleisch gefüllter Kalbsbrust);* * **gefüllte K.** *(Schreibspiel, bei dem aus gegebenen Anfangs- u. Endbuchstaben Wörter gebildet werden müssen).*

Kalbs|fell, das: 1. ↑Kalbfell (1). 2. (veraltet) *Trommel:* * **zum K. schwören** (veraltet; *Soldat werden;* nach der mit Kalbfell bespannten Trommel, mit der Soldaten geworben wurden).

Kalbs|fuß, der ⟨meist Pl.⟩ (Kochk.): *als Gericht zubereiteter Fuß vom Kalb.*

Kalbs|hach|se, die (Kochk.): vgl. Hachse (a).

Kalbs|herz, das (Kochk.): vgl. Herz (1 b).

Kalbs|keu|le, die (Kochk.): vgl. Keule (2).

Kalbs|kopf, der: 1. *(als Speise zubereiteter) Kopf des geschlachteten Kalbes.* 2. (ugs.) *dummer, einfältiger Mensch.*

Kalbs|le|ber|wurst, die: *feine Streichwurst aus Kalbs- u. Schweineleber.*

Kalbs|le|der: ↑Kalbleder.

Kalbs|me|dail|lon, das (Kochk.): *Medaillon* (3) *vom Kalb.*

Kalbs|milch, die (Kochk.): *Kalbsbries.*

Kalbs|nie|ren|bra|ten, der (Kochk.): *Braten aus dem Rückenstück des Kalbes, das mit den Nieren zusammengerollt wird.*

Kalbs|nuss, die (Kochk.): *rundes Fleischstück aus der Kalbskeule.*

Kalbs|schle|gel, der (Kochk.): *Kalbskeule.*

Kalbs|steak, das (Kochk.): vgl. Steak.

Kalbs|stel|ze, die (österr., Kochk.): *Kalbshachse.*

Kalbs|vö|gerl, das; -s, -[n] [eigtl. = Kalbsvögelchen, weil das Fleischstück die Größe eines kleinen Vogels hat] (österr., Kochk.): *von der Kalbshachse abgelöstes Fleisch (als Gericht).*

Kal|da|ri|um, das; -s, ...ien [lat. caldarium, zu: cal(i)dus = warm]: 1. *altrömisches Warmwasserbad.* 2. (veraltet) *warmes Gewächshaus.*

Kal|dau|ne, die; -, -n ⟨meist Pl.⟩ [mhd., mniederd. kaldūne < mlat. calduna, caldumen, wohl zu lat. cal(i)dus = warm, eigtl. = die noch dampfenden Eingeweide geschlachteter Tiere]: a) ⟨Pl.⟩ *Kuttel.* b) (salopp) *Stück der Eingeweide des Menschen:* sich die -n voll schlagen.

Ka|le|bas|se, Kalabasse, die; -, -n [frz. calebasse < span. calabaza, über das Maurische viell. zu arab. qarʿa[h]]: *aus den Früchten des Flaschenkürbisses od. des Kalebassenbaumes hergestelltes bauchiges Gefäß mit langem Hals.*

Ka|le|bas|sen|baum, der: *(im tropischen Amerika heimischer) Baum mit am Stamm sitzenden Blüten, aus denen sich große, kugelige bis eiförmige, zartschalige Früchte entwickeln.*

Ka|le|do|ni|en; -s (veraltet, dichter.): nördliches Schottland.

Ka|le|do|ni|er, der; -s, -: Ew.

Ka|le|do|ni|e|rin, die; -, -nen: w. Form zu ↑Kaledonier.

Ka|lei|do|skop, das; -s, -e [engl. kaleidoscope, eigtl. = Schönbildschauer, zu griech. kalós = schön, eĩdos = Gestalt, Bild u. skopeĩn = betrachten, schauen]: 1. *optisches, in seiner Form an ein Fernrohr erinnerndes Spielzeug, bei dem durch mehrfache Spiegelung von bunten Glassteinchen im Innern, die sich durch Drehen jeweils anders zusammenfügen, wechselnde geometrische Bilder u. Muster erscheinen.* 2. (bildungsspr.) *lebendig-bunte [Bilder]folge; buntes Allerlei, bunter Wechsel bei etw.:* ein [buntes] K. von Stimmen, Farben, Eindrücken.

Ka|lei|ka, das; -s [poln. kolejka = Reihenfolge] (landsch. ugs.): *[unnötige] Umstände, Aufheben:* K. machen.

ka|len|da|risch ⟨Adj.⟩ [zu ↑Kalendarium]: *einem im Kalender angegebenen Datum entsprechend; nach dem Kalender:* der -e Beginn des Frühlings.

Ka|len|da|ri|um, das; -s, ...ien [mlat. kalendarium < spätlat. calendarium = Schuldregister der Geldverleiher, zu: Calendae, ↑Kalender]: 1. *[offizielles, von den Bistümern herausgegebenes] Verzeichnis der kirchlichen Gedenk- u. Festtage.* 2. *Verzeichnis der Tage des Jahres, das je nach Art des Kalenders nach Wochen, Monaten o. Ä. gegliedert od. den einzelnen Tagen nach eingeteilt ist:* ein Kunstkalender mit dreisprachigem

K. 3. *(im alten Rom) Verzeichnis der am Ersten des Monats fälligen Zinsen, Schulden.*

Ka|len|den, Calendae ⟨Pl.⟩ [lat. Calendae, ↑Kalender]: *der erste Tag des altrömischen Monats.*

Ka|len|der, der; -s, - [spätmhd. kalender < mlat. calendarium < spätlat. calendarium, zu lat. calendae = der erste Tag des Monats (Zahlungstermin bei den Römern)]: **1.** *als einzelnes Blatt, als Block, Heft, Buch o. Ä. gestaltetes Verzeichnis der Tage, Wochen, Monate des Jahres in zeitlicher Aufeinanderfolge (oft mit zusätzlichen Angaben über Feiertage, Sonnenaufgänge u. -untergänge o. Ä.):* ein literarischer K.; ein K. aus dem Jahre 1950, von 1950; ein K. für [das Jahr] 2000; ein K. für den Blumenfreund; den K. *(vom Abreißkalender ein Blatt)* abreißen; etw. im K. nachsehen; die Termine im K. notieren, vormerken; ***hundertjähriger K.** *(einen Zeitraum von hundert Jahren umfassendes, erstmals für die Zeit von 1701 bis 1801 zusammengestelltes kalendarisches Verzeichnis mit astrologisch begründeten u. alte Bauernregeln verwendenden Wettervorhersagen);* **sich** ⟨Dativ⟩ **etw./einen Tag im K. [rot] anstreichen** (oft spött.; *etw., einen bestimmten Tag als Seltenheit vermerken*): wenn ihr einmal pünktlich kommt, müssen wir uns das, müssen wir uns den Tag im K. [rot] anstreichen. **2.** *Zeitrechnung mithilfe astronomischer Zeiteinheiten wie Tag, Monat, Jahr:* der altrömische, jüdische K.; ***der gregorianische K.** *(die auf dem julianischen Kalender fußende, seit 1582 gültige Zeitrechnung;* nach Papst Gregor XIII. [1502–1585]); **der julianische K.** *(die 46 v. Chr. eingeführte, von der Gründung der Stadt Rom an zählende Zeitrechnung, auf der mit ihrer Einteilung des Jahres in 365 Tage, der Länge der Monate u. einem Schalttag alle vier Jahre die heutige Zeitrechnung beruht;* nach dem römischen Staatsmann G. Julius Caesar [etwa 100–44 v. Chr.]).

Ka|len|der|blatt, das: *einzelnes Blatt eines Kalenders (das leicht abgetrennt werden kann, z. B. bei einem Abreißkalender, Kunstkalender).*

Ka|len|der|ge|schich|te, die: *ursprünglich in Kalendern veröffentlichte, kurze, volkstümliche, anekdotische o. ä. Erzählung mit belehrendem Inhalt.*

Ka|len|der|jahr, das: *im Kalender festgelegtes Jahr vom 1. Januar bis zum 31. Dezember (im Unterschied zu Geschäftsjahr, Schuljahr, Kirchenjahr o. Ä.).*

Ka|len|der|spruch, der: *Spruch, Sprichwort o. Ä. auf einem Kalenderblatt.*

Ka|len|der|tag, der: *im Kalender festgelegter Tag von 0 bis 24 Uhr.*

ka|len|der|täg|lich ⟨Adj.⟩: *sich auf einen Kalendertag beziehend, erstreckend.*

Ka|len|der|wo|che, die: *im Kalender festgelegte Woche von Montag bis Sonntag.*

Kal|fak|ter, der; -s, -, **Kal|fak|tor,** der; -s, ...oren [mlat. cal(e)factor = Einheizer; mit dem Einheizen der Öfen betrauter Schüler, Hausmeister o. Ä., zu lat. cal(e)facere = warm machen, einheizen]: **1. a)** (veraltend, oft leicht abwertend) *jmd., der für jmdn. verschiedenste untergeordnete Hilfsdienste verrichtet;* **b)** (oft abwertend) *Häftling, der in der Strafanstalt den Aufsehern Hilfsdienste leistet;* **2.** (landsch. abwertend) *jmd., der andere aushorcht.*

kal|fa|tern ⟨sw. V.; hat⟩ [niederl. kalfateren < frz. calfater (od. ital. calafatare, span. calafatear) <mgriech. kalphateīn, zu arab. qafr = Asphalt] (Seemannsspr.): *(die hölzernen Wände, das Deck eines Schiffes) in den Fugen mit Werg u. Teer od. Kitt abdichten.*

Ka|li, das; -s, -s ⟨Pl. selten⟩ [rückgeb. aus ↑Alkali]: **1.** *bes. als Dünge- u. Ätzmittel verwendetes, natürlich vorkommendes Kalisalz.* **2.** kurz für ↑Kalium, Kaliumverbindung[en].

Ka|li|ber, das; -s, - [frz. calibre < arab. qālib = Schusterleisten; Form, Modell < griech. kalopódion = Schusterleisten, eigtl. = Holzfüßchen]: **1. a)** (Technik, Waffent.) *innerer Durchmesser von Rohren, Bohrungen o. Ä., bes. des Laufs, Rohres von Feuerwaffen:* das Rohr hat ein K. von 12,5 mm; Waffen aller, verschiedener K.; **b)** (Waffent.) *äußerer Durchmesser eines Geschosses:* Geschosse großen -s; sie schossen mit schweren -n *(Geschossen großen Kalibers).* **2.** (Metallbearb. veraltend) *Messgerät zum genauen Bestimmen des inneren od. äußeren Durchmessers an Werkstücken.* **3.** (Uhrmacherei) **a)** *Form eines Uhrwerks* (z. B. rund, quadratisch); **b)** *Durchmesser eines Uhrgehäuses.* **4.** (Technik) *Aussparung, Abstand zwischen zwei Walzen bei einem Walzwerk.* **5.** (ugs., häufig abwertend) *Art, Sorte:* ein Verbrecher tollsten -s; einem Politiker von solchem K. *(Format)* war das nicht zuzutrauen.

Ka|li|berg|bau, der: *zur Gewinnung von Kalisalzen betriebener Bergbau.*

ka|li|brie|ren ⟨sw. V.; hat⟩ (Fachspr.): **1.** *das Kaliber (1 a) bestimmen, messen.* **2. a)** *(bes. von Werkstücken) auf ein genaues Maß bringen, ausrichten;* **b)** *auf eine einheitliche, genormte Größe bringen:* Saatgut k. **3.** *(von Messgeräten, ihren Funktionen o. Ä.) durch Vergleichen bestimmter Messdaten mit geeichten Normalen kontrollieren, prüfen u. mit der Norm in Übereinstimmung bringen.*

Ka|li|dün|ge|mit|tel, das, **Ka|li|dün|ger,** der: *Düngemittel, das bes. Kalium in verschiedenen Verbindungen enthält.*

Ka|lif, der; -en, -en [mhd. kalīf < arab. ḫalīfa^{h} = Nachfolger, Stellvertreter] (hist.): **a)** ⟨o. Pl.⟩ *Titel islamischer Herrscher als Nachfolger Mohammeds;* **b)** *Träger des Titels Kalif (a).*

Ka|li|fat, das; -[e]s, -e (hist.): **a)** *Amt, Herrschaft eines Kalifen;* **b)** *Reich, Herrschaftsgebiet eines Kalifen.*

Ka|li|for|ni|en; -s: Bundesstaat der USA.

ka|li|for|nisch ⟨Adj.⟩: *Kalifornien betreffend:* -er Wein.

Ka|li|la|ger, das ⟨Pl. ...lager⟩: *Salzlager, Lagerstätte mit überwiegendem Vorkommen von Kalisalzen.*

Ka|li|lau|ge, die; -, -n: *durch Lösung von Kaliumhydroxid in Wasser entstehende farblose, ätzende Flüssigkeit, die bes. in der Waschmittel- u. Farbenindustrie verwendet wird.*

Ka|li|nin|grad: russischer Name von ↑Königsberg.

Ka|li|sal|pe|ter, der: *bes. als Düngemittel u. bei der Herstellung von Feuerwerkskörpern, Glas u. Porzellan verwendetes Salz der Salpetersäure.*

Ka|li|salz, das ⟨meist Pl.⟩: *Doppelsalz od. Gemisch von Verbindungen des Kaliums, Natriums, Kalziums u. Magnesiums, das bes. als Düngemittel u. als Rohstoff in der chemischen Industrie verwendet wird.*

Ka|li|um, das; -s [zu ↑Alkali]: *sehr weiches, (an frischen Schnittstellen) silbrig glänzendes, mit Wasser u. an der Luft schnell reagierendes Alkalimetall, das in der Natur nur in Verbindungen vorkommt (chemisches Element;* Zeichen: K).

Ka|li|um|kar|bo|nat, das: *aus Kalium u. Kohlensäure entstehendes Salz, das ein weißes, leicht in Wasser lösliches Pulver bildet u. u. a. zur Herstellung von Seifen u. Glas verwendet wird; Pottasche.*

Ka|li|um|per|man|ga|nat, das: *dunkelviolett glänzende, Kristalle bildende chemische Verbindung, die bes. als Desinfektions- u. Bleichmittel, zum Beizen von Holz u. Ä. verwendet wird.*

Ka|li|um|salz, das: *Salz, das Kalium als Kation enthält.*

Ka|li|um|sul|fat, das: *als Düngemittel verwendetes Salz aus Kalium u. Schwefelsäure.*

Ka|li|um|ver|bin|dung, die: *mit Kalium gebildete chemische Verbindung.*

Kalk, der; -[e]s, (Sorten:) -e [mhd. kalc, ahd. kalk = Kalk, Tünche < lat. calx (Gen.: calcis), wohl verw. mit griech. chálix = Kalk(stein)]: **1. a)** *(in der Natur als Kalkstein, Kreide u. Marmor vorkommendes) Kalziumkarbonat:* im Wasserkessel hat sich K. abgesetzt; das Wasser enthält [viel] K.; **b)** *aus Kalkstein gewonnener weißer [pulveriger] Baustoff; Branntkalk, Löschkalk:* gebrannter, [un]gelöschter K.; K. brennen, löschen; den Boden mit K. *(Kalkdünger)* bestreuen; die Wände mit K. *(Kalkmörtel)* bewerfen, mit K. *(Kalkmilch)* streichen; sie, ihr Gesicht wurde weiß, blass wie K. *(sehr, auffallend bleich);* ***bei jmdm. rieselt [schon] der K.** (salopp; *jmd. wird senil, geistig unbeweglich).* **2.** *als Knochensubstanz vorkommendes, im Blut enthaltenes Kalzium:* die schlechten Zähne sind auf einen Mangel an K. zurückzuführen.

Kalk|ab|la|ge|rung, die: **1.** (Med.) *Ablagerung von Kristallen aus Kalk im Körpergewebe.* **2.** *Ablagerung von porösem Kalkstein:* den Wasserkessel von den -en befreien.

kalk|arm ⟨Adj.⟩: *wenig Kalk enthaltend:* -e Böden.

Kalk|dün|ger, der: *Düngemittel, das vornehmlich Kalzium enthält.*

kal|ken ⟨sw. V.; hat⟩ [1: mhd. kelken; ahd. (2. Part.) gichalct]: **1.** *mit einer Mischung aus gelöschtem Kalk u. Wasser [mit Farbstoffen] streichen:* Wände, Bäume k. **2.** *mit Kalkdünger düngen:* den Boden k. **3.** *(zur Entsäuerung) mit Kalk versehen:* den Waldboden k.

käl|ken ⟨sw. V.; hat⟩ [1: zu ↑Kalk, wegen der weißen Farbe des Kots]: **1.** (Jägerspr.) *(von Greifvögeln) Exkremente ausscheiden.* **2.** (landsch.) *kalken.*

Kalk|far|be, die: *Anstrichfarbe aus Kalkmilch u. Farbstoffen.*

Kalk|fel|sen, der: vgl. Kalkgebirge.

Kalk|ge|bir|ge, das: *vorwiegend aus Kalkstein bestehendes Gebirge.*

Kalk|ge|stein, das: vgl. Kalkgebirge.

kalk|hal|tig ⟨Adj.⟩ (bes. Geol., Mineral.): *Kalk enthaltend:* -er Boden; -es Gestein, Wasser.

kal|kig ⟨Adj.⟩: **1.** *im Farbton dem Kalk ähnlich; sehr fahl:* -es Licht. **2.** *kalkhaltig:* -es Wasser. **3.** *weiß von Kalk:* dein Ärmel ist vom Streichen ganz k.

Kalk|milch, die: *zum Anstreichen u. Desinfizieren verwendete Mischung aus gelöschtem Kalk u. Wasser.*

Kalk|mör|tel, der: *zum Bauen u. Verputzen verwendeter, aus gebranntem Kalk, Sand u. Wasser angerührter Mörtel.*

kalk|reich ⟨Adj.⟩: *viel Kalk enthaltend.*

Kalk|sand|stein, der: *im Baugewerbe verwendeter, aus Quarzsand u. gebranntem Kalk gepresster, unter Dampfdruck gehärteter Mauerstein.*

Kalk|sin|ter, der: *poröser Kalkstein, der durch Ablagerung aus kalkhaltigen Quellen od. schnell fließenden Gewässern entstanden ist.*

Kalk|spat, der: *formenreiches, weit verbreitetes, farbloses bis gelbliches, wasserklares bis undurchsichtiges Mineral; Kalzit.*

Kalk|stein, der: *meist aus [Meer]wasser abgesetztes, vorwiegend aus Kalkspat bestehendes Sedimentgestein, das als Rohstoff bes. in der chemischen u. der Bauindustrie Verwendung findet.*

Kalk|stein|bruch, der: *Lagerstätte, aus der Kalkstein gewonnen wird.*

Kalk|tuff, der: *Kalksinter.*

[1]Kal|kül, das, auch: der; -s, -e [frz. calcul, zu: calculer < lat. calculare = mit Rechensteinen rechnen, berechnen, zu: calculus = Rechenstein; (Be)rechnung, Vkl. von: calx, ↑Kalk] (bildungsspr.): *etw. im Voraus abschätzende, einschätzende Berechnung, Überlegung:* aus taktischem, ökonomischem K.; etw. ins K. [einbe]ziehen *(von vornherein mit berücksichtigen);* man darf an eine solche Sache nicht mit logischem K. herangehen.

[2]Kal|kül, der; -s, -e (Math.): *durch ein System von Regeln festgelegte Methode, mit deren Hilfe bestimmte mathematische Probleme systematisch behandelt u. automatisch gelöst werden können* (z. B. die Verfahren zur Auflösung linearer u. quadratischer Gleichungen).

Kal|ku|la|ti|on, die; -, -en [spätlat. calculatio = Berechnung]: **1.** (Wirtsch.) *Vorausberechnung entstehender Kosten:* eine genaue K. der Kosten, Preise; die K. stimmt nicht, geht nicht auf. **2.** *in Bezug auf etw. angestellte Überlegung; Schätzung:* etwas in seine K. mit einbeziehen.

kal|ku|la|to|risch ⟨Adj.⟩: *mithilfe einer Kalkulation* (1); *rechnerisch.*
kal|ku|lier|bar ⟨Adj.⟩: *in seinen Ausmaßen berechenbar:* das Risiko ist nicht k.
kal|ku|lie|ren ⟨sw. V.; hat⟩ [lat. calculare, ↑[1]Kalkül]: **1.** (Kaufmannsspr.) *entstehende Kosten für etw. im Voraus berechnen; veranschlagen:* knapp, großzügig k.; Kosten, Preise k. **2. a)** *eine Situation in bestimmter Weise abschätzen:* [blitz]schnell, scharf, richtig k.; wir sollten die uns noch verbleibende Zeit nicht zu knapp k.; **b)** (ugs. selten) *aus einer bestimmten Situation heraus aufgrund bestimmter Beobachtungen vermuten:* [ich] kalkuliere, er hat jetzt ausgespielt.
Kal|kut|ta: größte Stadt Indiens.
kalk|weiß ⟨Adj.⟩ (emotional): **a)** *weiß wie Kalk.* **b)** *vor Erregung od. Angst [plötzlich, als Ausdruck der eigenen Ohnmacht] sehr bleich:* k. sein, werden; sie lehnte mit -em Gesicht, k. an der Wand.
Kal|la: ↑Calla.
Kal|le, die; -, -n [jidd. kalle < hebr. kallạ̈ = Braut] (Gaunerspr.): **1. a)** *Braut;* **b)** *Geliebte.* **2.** *Prostituierte.*
Kal|li|gra|phie, die; - [griech. kalligraphía, zu: kalli- (in Zus.) = schön, zu: kalós = schön u. gráphein = schreiben]: *Kunst des Schönschreibens.*
kal|li|gra|phisch ⟨Adj.⟩: **a)** *die Kalligraphie betreffend;* **b)** *in [kunstvoller] Schönschrift [abgefasst].*
Kal|li|o|pe (griech. Myth.): Muse der erzählenden Dichtkunst.
kal|lös ⟨Adj.⟩ [lat. callosus, zu: callus, ↑Kallus]: **1.** (Med., Bot.) *von Kallus* (1, 2 b) *überzogen.* **2.** (Med.) *schwielig.*
Kal|lus, der; -, -se [lat. callus = Verhärtung]: **1.** (Bot.) *an Wundrändern von Pflanzen durch vermehrte Teilung entstehendes Gewebe.* **2.** (Med.) **a)** *Schwiele;* **b)** *nach Knochenbrüchen neu gebildetes Gewebe.*
Kal|mäu|ser [auch: –ˈ– –], der; -s, - [H. u.] (veraltet): *jmd., der sehr zurückgezogen lebt u. seinen Gedanken nachhängt.*
Kal|me, die; -, -n [frz. calme < ital. calma = Windstille < spätlat. cauma < griech. kaûma = (Sommer)hitze] (Met.): *völlige Windstille.*
Kal|men|gür|tel, der (Met.): *Gebiet häufiger Windstillen [über den Meeren].*
Kal|men|zo|ne, die (Met.): *Zone völliger Windstille in der Nähe des Äquators.*
Kal|muck, der; -[e]s, (Arten:) -e [nach den ↑Kalmücken]: *beidseitig gerautes, tuchartiges [Baum]wollgewebe.*
Kal|mück, der; -en, -en, **Kal|mü|cke,** der; -n, -n: Angehöriger eines westmongolischen Volkes.
Kal|mus, der; -, -se [spätmhd. kalmus < lat. calamus < griech. kálamos = Rohr (1 a)]: *schilfartige Pflanze mit schwertförmigen Blättern u. grünen Blütenkolben, aus deren Wurzelstock ein ätherisches Öl gewonnen wird.*
Ka|lo|rie, die; -, -n [frz. calorie, zu lat. calor (Gen.: caloris) = Wärme, Hitze, Glut, zu: calere = warm, heiß sein; glühen]: **1.** ⟨meist Pl.⟩ **a)** (früher) *Maßeinheit für den Nährwert von Lebensmitteln:* das Gemüse hat 300 -n; Zeichen: cal; **b)** (ugs.) *(in Kalorien 1 a ausgedrückte) Menge des den Lebensmitteln innewohnenden Nährwertes:* auf die -n achten; der tägliche Bedarf an -n. **2.** (Physik früher) *physikalische Maßeinheit für die Wärmemenge, die 1 Gramm Wasser von 14,5° auf 15,5° Celsius erwärmt* (Zeichen: cal).
ka|lo|ri|en|arm ⟨Adj.⟩: *wenig Kalorien enthaltend, zuführend:* sie legt Wert auf -e Kost.
ka|lo|ri|en|be|wusst ⟨Adj.⟩: *darauf achtend, dass dem Körper keine überflüssigen Kalorien* (1 b) *zugeführt werden.*
Ka|lo|ri|en|bom|be, die (ugs.): *Speise od. Getränk, das viele Kalorien* (1 b) *enthält.*
ka|lo|ri|en|re|du|ziert ⟨Adj.⟩: *weniger Kalorien enthaltend, zuführend:* -e Lebensmittel.
ka|lo|ri|en|reich ⟨Adj.⟩: *viele Kalorien* (1 b) *enthaltend, zuführend:* k. kochen, essen.
Ka|lo|rik, die; - (Physik): *Wärmelehre.*
Ka|lo|ri|me|ter, das; -s, - (Physik): *Gerät zur Bestimmung von Wärmemengen.*
Ka|lo|ri|me|trie, die; - (Physik): *[Lehre von der] Messung von Wärmemengen.*
ka|lo|risch ⟨Adj.⟩ [1: frz. calorique]: **1.** (Physik) *die Wärme betreffend:* -e Kraftwerke; eine -e Maschine *(ein Generator mit Wärmeantrieb).* **2.** *die Kalorien* (1) *betreffend.*
kalt ⟨Adj.; kälter, kälteste⟩ [mhd., ahd. kalt, eigtl. = abgekühlt, gefroren u. urspr. adj. 2. Part. eines untergegangenen Verbs mit der Bed. »abkühlen, frieren«]: **1.** *wenig od. keine Wärme enthaltend, ausstrahlend; von niedriger Temperatur:* -es Wasser; -er Wind; -e Wintertage; -e Füße haben; -e Umschläge machen; in der -en Jahreszeit *(im Winter);* -en *(nach der Zubereitung erkalteten)* Braten essen; -e Miete (ugs.; *Kaltmiete*); -es Licht (Physik; *Leuchterscheinung, die nicht durch hohe Temperaturen ausgelöst wird, z.* B. Fluoreszenz); eine -e Fährte (Jägerspr.; *Fährte, die mehr als zwei Stunden alt ist*); der -e Schweiß *(Angstschweiß;* wohl nach der alten Vorstellung, dass Angst u. Schrecken den Körper mit einem plötzlichen Kältegefühl reagieren lassen) stand ihr auf der Stirn; die Suppe wird k.; draußen ist es k.; mir ist k. *(ich friere);* ich habe k. (landsch.; *ich friere*); der Motor ist noch k. *(hat noch nicht seine Betriebstemperatur);* der Sekt muss k. gestellt *(gekühlt)* werden; k. *(im ungeheizten Zimmer)* schlafen; k. *(mit kaltem Wasser)* duschen; abends essen wir meistens k. *(kochen wir meistens nicht, sondern essen kalte Speisen);* etw. k. *(ohne Wärmeeinwirkung)* löten; Ü ein -es *(weißliches, fahles u. dadurch einen Eindruck von Kälte entstehen lassendes)* Licht; -e *(bläuliche od. weißliche, einen Eindruck von Kälte entstehen lassende)* Farben; ⟨subst.:⟩ im Kalten *(im ungeheizten Zimmer)* sitzen; * **jmdn. k. erwischen** (Sport Jargon; *jmdn., der sich noch nicht richtig auf seinen Gegner eingestellt hat, noch nicht richtig ins Spiel gekommen ist, überrumpeln od. schlagen*). **2. a)** *vom Gefühl unbeeinflusst; nüchtern:* mit -er Berechnung; er hat sich von ihren Tränen nicht bewegen lassen, sondern ist bis zum Schluss k. geblieben; sein Pathos lässt mich k. *(innerlich unberührt);* **b)** *abweisend; ohne jedes Mitgefühl:* ein -er Empfang; jmdn. mit -en Blicken, -er Miene messen; ihre Stimme war hart und k.; jmdn. k. anblicken; sie fragte mich k., was ich wünsche. **3.** *ein eisiges Gefühl, Schauder erregend:* -e Wut packte ihn; es überlief mich k.
Kalt|blut, das [wohl wegen des ruhigen Temperaments der Tiere]: *bes. als Zug- u. Lastpferd geeignetes schweres, starkes Pferd mit ruhigem Temperament.*
Kalt|blü|ter, der; -s, - (Zool.): *wechselwarmes Tier, dessen Körpertemperatur entsprechend der Temperatur der Umgebung wechselt:* Fische sind K.
kalt|blü|tig ⟨Adj.⟩: **1. a)** *in einer kritischen Lage fähig, sich von Verwirrung u. Unsachlichkeit freizuhalten u. das Richtige zu tun; von dieser Fähigkeit zeugend:* der Gefahr k. ins Auge sehen; **b)** (abwertend) *sich nicht durch irgendwelche Skrupel od. etwaiges Mitgefühl beirren od. zurückhalten lassend:* ein -er Mord; sie lieferte ihn k. ans Messer; jmdn. k. ermorden. **2.** (Zool.) *seine Körpertemperatur entsprechend der Temperatur der Umgebung wechselnd; wechselwarm:* Eidechsen sind k.
Kalt|blü|tig|keit, die, -: *kaltblütige* (1) *Art.*
Käl|te, die; - [mhd. kelte, ahd. chaltī]: **1.** *als niedrige [Außen]temperatur messbares Kaltsein der Luft, wobei man einen starken Mangel an Wärme empfindet:* [eine] eisige, strenge, grimmige, beißende, schneidende K.; es herrscht arktische, sibirische K.; die K. dringt durch die schlecht isolierten Fenster; die Fliesen strömen K. aus; heute Nacht hatten wir 10 Grad K. *(unter dem Gefrierpunkt);* vor K. zittern. **2. a)** *Unverbindlichkeit, Unfreundlichkeit aus Mangel an innerer Teilnahme:* Senioren beklagen die soziale K.; jmdn. mit spürbarer K. empfangen; **b)** *Unbehaglichkeit einer Räumlichkeit o. Ä.:* die K. eines Raums, einer Einrichtung empfinden.
Käl|te|be|hand|lung, die (Med.): *Kryotherapie.*
Käl|te|chi|rur|gie, die ⟨o. Pl.⟩ (Med.): *gezielte örtliche Zerstörung od. Entfernung von Gewebe mit stark gekühlten Instrumenten.*
Käl|te|ein|bruch, der (Met.): *plötzliches Absinken der Lufttemperatur.*
Käl|te|ein|wir|kung, die: *Einwirkung von Kälte.*
käl|te|emp|find|lich ⟨Adj.⟩: *gegen Kälte nicht sehr widerstandsfähig:* -e Pflanzen, Tiere.
Käl|te|ge|fühl, das ⟨o. Pl.⟩: *Gefühl von Kälte:* ein K. empfinden.
Käl|te|ma|schi|ne, die (Technik): *Maschine zur Erzeugung tiefer Temperaturen.*
Käl|te|mit|tel, das: *Stoff in Kältemaschinen zur Erzeugung von Kälte:* ein FCKW-freies K.
käl|ten ⟨sw. V.; hat⟩ [mhd. kelten]: *aufgrund seiner Beschaffenheit bei jmdm. das Gefühl unangenehmer Kälte hervorrufen:* diese Stoffe kälten [auf der Haut].
käl|ter: ↑kalt.
Kal|ter, der; -s, - [spätmhd. kalter, aus älterem gehalter, eigtl. = Behälter, zu: gehalten = aufbewahren] (südd., österr.): *kastenförmiger, tragbarer Behälter [für Fische].*
Käl|te|schau|er, der: *durch Kälte verursachter Schauer.*
Käl|te|schutz, der: *Schutz gegen Kälte.*
Käl|te|star|re, die: **a)** (Zool.) *durch tiefe Temperaturen verursachte Herabsetzung des Stoffwechsels bes. bei Kaltblütern, die zu einer Muskelstarre führt;* **b)** (Bot.) *Hemmung des Stoffwechsels u. dadurch bewirkte Versteifung bestimmter Pflanzen bei niedrigen Temperaturen.*
käl|tes|te: ↑kalt.
Käl|te|step|pe, die: *Tundra.*
Käl|te|sturz, der (Met.): *plötzliches starkes Absinken der Lufttemperatur.*
Käl|te|tech|nik, die: *technische Disziplin, die sich mit der Erzeugung u. Anwendung künstlicher Kälte u. mit der Konstruktion u. Instandhaltung aller dafür benötigten Maschinen befasst.*
Käl|te|wel|le, die: *länger andauernde heftige Kälte, die spürbar in das Alltagsleben eingreift:* die K. hat bereits Todesopfer gefordert.
Kalt|for|mung, die (Metallbearb.): *ohne Wärmeeinwirkung meist bei Raumtemperatur durchgeführtes Verfahren, Metall zu formen.*
kalt|ge|presst ⟨Adj.⟩ (Fachspr.): *(von Ölen) durch kaltes Pressen gewonnen (u. dadurch besonders wertvoll).*
kalt|ge|schla|gen ⟨Adj.⟩ (Fachspr.): *(von Ölen) ohne Wärmeeinwirkung durch Schlagen gewonnen (u. dadurch besonders wertvoll).*
Kalt|haus, das (Gartenbau): *bes. zum Überwintern südländischer Pflanzen dienendes Gewächshaus.*
kalt|her|zig ⟨Adj.⟩: *ohne Herzenswärme, unfähig zur Liebe od. Freundschaft:* sie ist eine -e und egoistische Frau.
kalt lä|chelnd: s. kalt (2 b).
kalt las|sen: s. kalt (2 a).
Kalt|leim, der: *bei der Holzverarbeitung verwendeter Leim, der bei normaler Temperatur abbindet* (6).
Kalt|luft, die ⟨o. Pl.⟩ (Met.): *kalte Luft:* polare K. überquert ganz Deutschland.
kalt|ma|chen ⟨sw. V.; hat⟩ (salopp): *skrupellos töten:* er macht dich kalt, wenn du ihm über den Weg läufst.
Kalt|mam|sell, die: *Angestellte, die in einem Gaststättenbetrieb für die Zubereitung u. die Ausgabe der kalten Speisen verantwortlich ist; kalte Mamsell* (Berufsbez.).
Kalt|mie|te, die: [1]*Miete* (1) *ohne Heiz- u. andere Nebenkosten.*
Kalt|na|del, die (bild. Kunst): *Nadel aus Diamant od. Stahl zur Herstellung von Kaltnadelradierungen.*
Kalt|na|del|ra|die|rung, die (bild. Kunst): *Radie-*

rung, bei der die Zeichnung nicht eingeätzt, sondern mit einer Kaltnadel eingeritzt wird.

Kalt|schale, die: *kalt servierte süße Suppe.*

kalt|schnäu|zig ⟨Adj.⟩ (ugs.): *Mangel an innerer Teilnahme, Gleichgültigkeit den Problemen anderer gegenüber zum Ausdruck bringend:* eine -e Antwort; jmdn. k. abfertigen.

Kalt|schnäu|zig|keit, die; - (ugs.): *kaltschnäuzige Art.*

kalt|schwei|ßen ⟨sw. V.; hat; nur im Inf. u. 2. Part. gebr.⟩ (Metallbearb.): *metallische Werkstoffe bei Raumtemperatur ohne weitere Wärmezufuhr durch sehr hohen Druck miteinander verschweißen.*

Kalt|start, der: **1.** (Kfz-W.) *Start mit kaltem Motor bei niedrigen Temperaturen.* **2.** (EDV) *das Booten.*

kalt|stel|len ⟨sw. V.; hat⟩ (ugs.): *durch bestimmte Maßnahmen seines Einflusses, seiner Entfaltungsmöglichkeiten berauben:* einen lästigen Konkurrenten k.; unbequeme Journalisten k.

Kalt|ver|for|mung, die (Metallbearb.): *Kaltformung.*

Kalt|ver|pfle|gung, die ⟨o. Pl.⟩: *im Unterschied zum warmen Essen Verpflegung mit Brot, Aufschnitt o. Ä.*

kalt|wal|zen ⟨sw. V.; hat; nur im Inf. u. 2. Part. gebr.⟩ (Metallbearb.): *zur Feinbearbeitung Bleche u. Bänder bei Raumtemperatur auf Kaltwalzwerken auswalzen.*

Kalt|walz|werk, das (Metallbearb.): *Walzwerk zum Kaltwalzen.*

Kalt|was|ser|be|hand|lung, die (Med.): *Behandlung mit kaltem Wasser.*

Kalt|was|ser|kur, die (Med.): vgl. Kaltwasserbehandlung.

Kalt|wel|le, die: *Dauerwelle auf kaltem Wege mithilfe chemischer Substanzen ohne Erhitzung der Wickler.*

Ka|lu|met [auch: kaly'mɛ], das; -s, -s [frz. calumet = norm. Form von frz. chalumeau, zu spätlat. calamellus = Röhrchen; Bez. der frz. Siedler in Nordamerika für die indian. Pfeife] (Völkerk.): *Friedenspfeife der nordamerikanischen Indianer.*

Ka|lup|pe, die; -, -n [aus dem Slaw.; vgl. poln. chałupa] (landsch.): *baufälliges altes Haus; Hütte.*

kal|vi|nisch: ↑calvinisch.

Kal|vi|nis|mus: ↑Calvinismus.

Kal|vi|nist: ↑Calvinist.

Kal|vi|nis|tin, die; -, -nen: w. Form zu ↑Kalvinist.

kal|vi|nis|tisch: ↑calvinistisch.

Ka|lyp|so: griechische Nymphe.

kal|zi|fi|zie|ren ⟨sw. V.; ist⟩ [zu lat. calx (Gen.: calcis, ↑Kalk) u. facere = machen] (Physiol.): *Kalke bilden, verkalken.*

kal|zi|nie|ren ⟨sw. V.; hat⟩ (Chemie): *aus einer chemischen Verbindung durch Erhitzen Wasser od. Kohlendioxid austreiben.*

Kal|zit, (Fachspr.:) Calcit [auch: ...'tsɪt], der; -s, -e: *Kalkspat.*

Kal|zi|um, (Fachspr.:) Calcium, das; -s [engl. calcium, zu lat. calx (Gen.: calcis), ↑Kalk]: *(nur in Verbindungen vorkommendes) silberglänzendes, sehr weiches Leichtmetall (chemisches Element;* Zeichen: Ca).

Kal|zi|um|chlo|rid, das ⟨o. Pl.⟩: *als Trockenmittel, Frostschutzmittel, zum Binden von Staub u. in der Medizin verwendete Verbindung des Chlors mit Kalzium.*

Kal|zi|um|kar|bid, das ⟨o. Pl.⟩: *Karbid* (2).

Kal|zi|um|kar|bo|nat, das: *kohlensaures Kalzium* (z. B. Kalkstein).

Kal|zi|um|phos|phat, das: *als Düngemittel, bei der Herstellung von Backpulver u. in der Medizin verwendetes Kalziumsalz der Phosphorsäure.*

Kal|zi|um|salz, das ⟨meist Pl.⟩: *Salz des Kalziums.*

Kal|zi|um|spie|gel, der ⟨o. Pl.⟩ (Physiol.): *Stärke der Konzentration von Kalzium in Körperflüssigkeiten.*

kam: ↑kommen.

Ka|mal|du|len|ser, der; -s, - [nach dem Kloster Camaldoli bei Arezzo (Italien)]: *Angehöriger eines auf der Grundlage der Benediktinerregel Gemeinschafts- u. Einsiedlerleben verbindenden katholischen Ordens.*

Ka|ma|ra|de|rie: ↑Kameraderie.

Ka|ma|ril|la [kama'rɪlja, auch: ...'rɪla], die; -, ...llen [span. camarilla = Privatkabinett des Königs, eigtl. = Kämmerchen, Vkl. von: cámara, über das Vlat. zu lat. camera, ↑Kammer]: *Gruppe von Personen in der unmittelbaren Umgebung eines Herrschers, die ohne Befugnis od. Verantwortung unkontrollierbaren Einfluss auf diesen ausübt.*

Kam|bi|um, das; -s, ...ien [zu spätlat. cambiare = tauschen, wechseln, aus dem Gall.] (Bot.): *teilungsfähig bleibendes Pflanzengewebe, das bei Nadelbäumen u. zweikeimblättrigen Laubbäumen das Dickenwachstum bewirkt.*

Kam|bod|scha, -s: Staat in Hinterindien.

Kam|bod|scha|ner, der; -s, -: Ew.

Kam|bod|scha|ne|rin, die; -, -nen: w. Form zu ↑Kambodschaner.

kam|bod|scha|nisch ⟨Adj.⟩: *Kambodscha, die Kambodschaner betreffend.*

Kam|bri|um, das; -s [zu mlat. Cambria = Nordwales, nach den hier gemachten Gesteinsfunden] (Geol.): *älteste Formation des Paläozoikums.*

kä|me: ↑kommen.

Ka|mee [ka'me:(ə)], die; -, -n [...e:ən; frz. camée < ital. cammeo, H. u.]: *[Edel]stein mit erhaben geschnittener figürlicher Darstellung.*

Ka|mel, das; -[e]s, -e [mhd. kamel, kem(m)el < (m)griech. kámēlos, aus dem Semit.; heutige Endbetonung durch Angleichung an lat. camelus]: **1. a)** *(in Wüsten- u. Steppengebieten beheimatetes) großes Säugetier [mit einem od. zwei Höckern], das als Last- und Reittier verwendet wird [u. dessen zottiges Haar für Wolle genutzt wird]:* das Dromedar ist ein einhöckriges K.; die -e beladen; auf -en reiten; R eher geht ein K. durch ein Nadelöhr *(das ist so gut wie unmöglich, wird sicherlich nicht geschehen;* nach Matth. 19, 24); **b)** *Trampeltier.* **2.** (salopp abwertend) *jmd., der als dumm, als Trottel angesehen wird:* so ein K.!; ich K. habe ihr noch Geld geliehen!

Ka|mel|foh|len, das: vgl. Fohlen (1b).

Kä|mel|garn, das, -[e]s, -e [veraltet Kämel (mhd. kemel) = Kamel; wegen des langen Halses der Angoraziege]: *Garn aus dem Haar der Angoraziege.*

Ka|mel|haar, das ⟨o. Pl.⟩: *zu Decken, Mänteln u. a. verarbeitetes Gewebe aus den graugelben bis dunkelbraunen, teils groben u. steifen, teils weichen u. feinen Haaren der Kamele.*

Ka|mel|haar|man|tel, der: *Mantel aus Kamelhaar.*

Ka|me|lie, (auch:) Kamellie, die; -, -n [nach dem Brünner Jesuitenpater u. Missionar J. Camel (1661–1706), der diese Pflanze aus Japan nach Europa brachte]: **a)** *als Strauch wachsende Pflanze mit immergrünen, ledrigen Blättern u. roten bis weißen, rosenähnlichen Blüten;* **b)** *Blüte der Kamelie* (a).

Ka|mel|le, die; -, -n [mundartl. entstellt aus ↑Karamelle] (rhein.): *Karamellbonbon.*

Ka|mel|len ⟨Pl.⟩: nur in der Fügung **alte/olle K.** (ugs.; *alte Geschichten, Altbekanntes;* niederd. Kamelle = Kamille; durch langes Lagern verliert die Pflanze ihre Heilkraft).

Ka|mel|lie: ↑Kamelie.

Ka|me|lott, der; -s, (Arten:) -e [frz. camelot < afrz. chamelot = Kamelhaar, zu: chameil, chamel < lat. camelus < griech. kámēlos, ↑Kamel]: **1.** *feines Kammgarngewebe.* **2.** *[Halb]seidengewebe in Taftbindung.*

Ka|mel|trei|ber, der: *jmd., der Kamele hält u. führt.*

Ka|me|ra, die; -, -s [Kurzf. von ↑Camera obscura]: **a)** *Aufnahmegerät für Filmaufnahmen; Fernsehkamera:* die Kamera läuft, surrt, schwenkt auf die Zuschauer; die -s aufbauen; mit versteckter K. filmen; *** vor der K. stehen** *(als Schauspieler o. Ä. bei Film- od. Fernsehaufnahmen mitwirken);* **b)** *Fotoapparat:* eine einfache K.; die K. zücken.

Ka|me|rad, der; -en, -en [frz. camarade (unter Einfluss von span. camarada) < ital. camerata = Kammergemeinschaft, Stubengenossenschaft; Genosse, Gefährte, zu: camera < lat. camera, ↑Kammer]: *Person, mit der jmd. durch die Gemeinsamkeit der Arbeit, des Schulbesuchs, des Spiels, bes. auch des Militärdienstes verbunden ist:* ein guter K.; seine Frau war ihm ein guter K. *(Lebensgefährte);* seinen -en im Stich lassen.

Ka|me|ra|den|dieb|stahl, der (bes. Milit.): *Diebstahl, der an einem Kameraden begangen wird.*

Ka|me|ra|de|rie, die; - [frz. camaraderie, urspr. = Freundschaft] (meist abwertend): *[gekünstelte, unechte, übertriebene, zur Schau getragene] Kameradschaft* (1): aus falscher, falsch verstandener K. lügen.

Ka|me|ra|din, die; -, -nen: w. Form zu ↑Kamerad.

Ka|me|rad|schaft, die; -, -en: **1.** ⟨o. Pl.⟩ *vertrautes Verhältnis zwischen Kameraden:* K. schließen, halten, beweisen; aus K. bei etw. mitmachen. **2.** *Kreis, Gruppe von Kameraden:* in seiner K. genießt er hohe Achtung.

ka|me|rad|schaft|lich ⟨Adj.⟩: *auf Kameradschaft* (1) *gegründet; nach Art eines, von Kameraden:* ein -es Verhältnis; die norwegischen Sportler sind sehr k. [zu den anderen Läufern]; unsere Beziehungen sind rein k. *(nicht erotischer Art);* jmdm. k. auf die Schulter klopfen.

Ka|me|rad|schaft|lich|keit, die; -: *kameradschaftliches Verhalten.*

Ka|me|rad|schafts|ehe, die: *Ehe, die in erster Linie auf eine kameradschaftliche Partnerschaft u. weniger auf Liebe gegründet ist.*

Ka|me|rad|schafts|geist, der ⟨o. Pl.⟩: *kameradschaftliche Gesinnung, Haltung:* dieses Verhalten zeugte von einem hohen K.

Ka|me|rad|schafts|sinn, der ⟨o. Pl.⟩: *Kameradschaftsgeist.*

Ka|me|ra|ein|stel|lung, die (Film): *Einstellung* (3).

Ka|me|ra|frau, die: vgl. ↑Kameramann.

Ka|me|ra|füh|rung, die (Film): *Führung* (5) *der Kamera beim Filmen.*

Ka|me|ra|lia ⟨Pl.⟩ [zu mlat. cameralius = Kämmerer, zu: camera = wirtschaftliche Verwaltung; Vermögen; Vorrats-, Wirtschaftsraum < lat. camera, ↑Kammer] (veraltet): *Politik- u. Wirtschaftswissenschaften.*

Ka|me|ra|lis|tik, die; -: **1.** (veraltet) *Finanzwissenschaft.* **2.** (Wirtsch.) *auf den Nachweis von Einnahmen u. Ausgaben sowie den Vergleich mit dem Haushaltsplan ausgerichtete Buchführung.*

ka|me|ra|lis|tisch ⟨Adj.⟩: **1.** (veraltet) *staatswirtschaftlich; staatswissenschaftlich.* **2.** (Wirtsch.) *die Kameralistik (2) betreffend.*

Ka|me|ral|wis|sen|schaf|ten ⟨Pl.⟩ (veraltet): *Politik- und Wirtschaftswissenschaften.*

Ka|me|ra|mann, der ⟨Pl. ...männer u. ...leute⟩: *männliche Person, die über eine fotografische Ausbildung verfügt u. bei Film- u. Fernsehaufnahmen die Kamera führt* (Berufsbez.).

Ka|me|ra|re|kor|der, der: *Kamera zur Aufnahme von Filmen, deren Wiedergabe auf dem Fernsehschirm durch unmittelbaren Anschluss an das Fernsehgerät erfolgt.*

ka|me|ra|scheu ⟨Adj.⟩: *(in Bezug auf eine in der Öffentlichkeit stehende Person) sich nicht gerne fotografieren od. filmen lassend:* ein -er Autor.

Ka|me|ra|team, das: *Team von Kameraleuten.*

Ka|me|ra|ver|schluss, der (Fot.): *Teil des Fotoapparats, der die Belichtungszeit regelt.*

Ka|me|run [...ru:n; auch: – – '–]; -s: Staat im Westen Zentralafrikas.

[1]**Ka|me|ru|ner** [auch: – – ' – –], der; -s, - [2: zu [2]Kameruner, wegen der erdnussähnlichen Form]: **1.** Ew. **2.** (landsch., bes. berlin.): *in Fett gebackenes, mit Zucker bestreutes Hefegebäck [von der Form einer Acht].*

[2]**Ka|me|ru|ner** [auch: – – ' – –], die; -, - [wohl nach den Importen aus Kamerun während der dt. Kolonialzeit 1884–1916] (landsch.): *Erdnuss.*

K

Ka|me|ru|ne|rin, die; -, -nen: w. Form zu ↑[1]Kameruner (1).

ka|me|ru|nisch [auch: – –'– –] ⟨Adj.⟩: *Kamerun, die Kameruner betreffend.*

ka|mie|ren, kaminieren ⟨sw. V.; hat⟩ [ital. camminare = gehen, laufen] (Fechten): *die gegnerische Klinge mit der eigenen umgehen.*

Ka|mi|ka|ze, der; -, - [jap. kamikaze, aus: kami = (Schinto-)Gott u. kaze = Wind, also eigtl. = göttlicher Wind]: *(im Zweiten Weltkrieg) japanischer Flieger, der sich mit seinem Bombenflugzeug auf das feindliche Ziel stürzt.*

Ka|mil|le, die; -, -n [mhd. kamille < mlat. camomilla < lat. chamaemelon < griech. chamaímēlon, eigtl. = Erdapfel, wohl nach dem apfelähnlichen Duft der Blüten]: *(zu den Korbblütlern gehörende) Pflanze mit gefiederten Blättern u. kleinen [würzig duftenden, für medizinische u. kosmetische Zwecke verwendeten] Blüten mit gelbem Körbchen u. schmalen, weißen Blütenblättern.*

Ka|mil|len|bad, das: a) *[bei Erkältungen genommenes] aus einem Aufguss aus getrockneten Kamillenblüten bereitetes Dampfbad* (b); b) *Bad mit Kamillenöl.*

Ka|mil|len|blü|te, die: *Blüte der Kamille.*

Ka|mil|len|öl, das ⟨o. Pl.⟩: *aus Kamillenblüten gewonnenes, in der Medizin u. für die Herstellung kosmetischer Präparate verwendetes ätherisches Öl.*

Ka|mil|len|tee, der: *Tee aus getrockneten Kamillenblüten mit entzündungshemmender u. krampflösender Wirkung.*

Ka|min, der, schweiz. meist: das; -s, -e [mhd. kamīn, kemīn, ahd. kemīn < lat. caminus = Feuerstätte, Kamin < griech. káminos = Brat-, Schmelzofen]: 1. *in die Wand eines Wohnraums eingebaute offene Feuerstelle mit Rauchabzug:* am, vor dem K. sitzen. 2. (landsch., bes. südd., schweiz.) *Schornstein:* die Rauchgase werden über ein K. abgeleitet: * **etw. in den K. schreiben** (ugs.; ↑Schornstein). 3. (Bergsteigen) *schmaler Felsspalt zwischen zwei steilen Felswänden.*

Ka|min|fe|ger, der (landsch., schweiz.): *Schornsteinfeger.*

Ka|min|feu|er, das: *offenes Feuer eines Kamins.*

[1]ka|mi|nie|ren ⟨sw. V.; hat⟩ (Bergsteigen): *im Kamin* (3), *zwischen überhängenden Felsen klettern.*

[2]ka|mi|nie|ren: ↑kamieren.

Ka|min|keh|rer, der; -s, - (landsch.): *Schornsteinfeger.*

Ka|min|keh|re|rin, die; -, -nen: w. Form zu ↑Kaminkehrer.

Ka|min|sims, der od. das: *Sims über einem Kamin* (1).

Ka|mi|sol, das; -s, -e [frz. camisole <provenz. camisola = Vkl. von: camisa < ital. camicia < spätlat. camis(i)a = langes Unterhemd]: *eng anliegende Jacke [bei Trachten]; Unterjacke; Mieder* (2).

Kamm, der; -[e]s, Kämme [mhd. kam(p), ahd. kamb, eigtl. = (Gesamtheit der) Zähne]: 1. *mit Zinken versehenes, handliches Gerät zum Glätten u. Ordnen, auch zum Feststecken des Haars:* K. und Bürste; ein K. aus Horn, Zelluloid; sich einen K. ins Haar, in die Seitentasche der Hose stecken; auf dem K. blasen *(auf dem mit Pergamentpapier belegten Kamm blasend Töne hervorbringen);* mit dem K. einen Scheitel ziehen; * **alle[s] über einen K. scheren** *(alle[s] gleich behandeln u. dabei wichtige Unterschiede nicht beachten;* wohl nach der Gewohnheit früherer Bader, für alle Kunden denselben Kamm zu benutzen). 2. a) *roter, gezackter fleischiger Auswuchs, Hautlappen auf dem Kopf von Hühnervögeln:* der Hahn hat einen roten K.; * **jmdm. schwillt der K.** (ugs.; 1. *jmd. wird übermütig.* 2. *jmd. gerät in Zorn;* nach dem Bild des beim Balzen u. bei Erregungszuständen schwellenden Kammes beim Hahn u. beim männlichen Tier verschiedener Vögel); b) (Zool.) *gezackte Auffaltung der Rückenhaut, hochstehende Horn- oder Knochenbildungen auf dem Rücken von Amphibien u. Reptilien.* 3. a) *Nackenstück von Schlachtvieh;* b) *oberer, die Mähne tragender Teil des Pferdehalses;* c) (Jägerspr.) *Nacken u. vorderer Rücken mit den langen Borsten des Schwarzwildes.* 4. a) *oberster (meist dachartig abfallender) Teil einer lang gestreckten Erhebung einer Reihe von Hügeln od. Felsen:* auf dem K. entlanggehen; b) *oberster Teil einer Welle; Wellenkamm.* 5. (Weberei) kurz für ↑Weberkamm. 6. (Textilind.) *einem Kamm* (1) *ähnliche Vorrichtung an der Kämmmaschine.* 7. (Bauw.) *Querverbindung ungleich hoch liegender Hölzer.* 8. (Winzerspr.) *Fruchtstand einer Weintraube nach der Entfernung der Beeren.*

kamm|ar|tig ⟨Adj.⟩: *von der Art eines Kammes* (1); *wie ein Kamm aussehend.*

Kämm|chen, das; -s, -: Vkl. zu ↑Kamm (1).

Käm|mel|garn, das; -[e]s, -e: *Kämelgarn.*

käm|men ⟨sw. V.; hat⟩ [mhd. kemben, ahd. chempen]: 1. a) *bei jmdm., sich das Haar mit einem Kamm* (1) *ordnend glätten, in eine gewünschte Form bringen:* die Mutter kämmt das Kind; sie kämmt sich; du musst dir noch die Haare k.; b) *mit einem Kamm* (1) *aus den Haaren entfernen:* zuerst musst du [dem Kind, dir] den Staub aus den Haaren k.; c) *bei jmdm., sich durch Kämmen* (1 a) *hervorbringen:* sie ließ sich von der Friseuse einen Pony k. 2. (Textilind.) *(Wolle, Baumwolle, Flachs o. Ä.) mit der Kämmmaschine von den kurzen Fasern u. Verunreinigungen befreien, glätten u. möglichst parallel ordnen.*

Kam|mer, die; -, -n [mhd. kamer(e), ahd. chamara < lat. camera = gewölbte Decke; Raum mit gewölbter Decke < griech. kamára]: 1. a) (früher) *(meist außerhalb des eigentlichen Wohnbereichs eines Hauses gelegener) kleinerer [einfach ausgestatteter] Raum zum Schlafen:* eine schmale K.; die K. des Dienstmädchens; b) *kleiner Raum in einer Wohnung, einem Haus zum Abstellen* (2 a): der Staubsauger steht in der K. 2. (Seemannsspr.) *Wohn- u. Schlafraum an Bord eines Schiffes.* 3. (Milit.) *Raum, Aufbewahrungsort für Bekleidung u. Ausrüstungsgegenstände o. Ä.:* die Rekruten wurden auf der K. eingekleidet; wegen der Ersatzteile musste er zur K. gehen. 4. a) (Biol., Med.) *[durch Scheidewände] abgeteilter Hohlraum in bestimmten Organen, Pflanzenteilen o. Ä.:* die Samenkapseln sind in -n eingeteilt; b) (Technik) *[von einer Wandung umgebener] Raum in technischen Anlagen, Geräten, in Motoren, Öfen o. Ä.:* die K. des Brennofens. 5. (Waffent.) a) *zylindrisch geformter Teil bestimmter Handfeuerwaffen, der das Schloss enthält;* b) *Patronenkammer.* 6. (Bergbau) *durch Abbau* (6 a) *entstehender Raum von meist rechteckigem Grundriss innerhalb einer Lagerstätte.* 7. (Jägerspr.) a) *erweiterter Raum nach der Eingangsröhre in einem Bau* (5 a); *Kessel* (5); b) *Kessel* (4 a). 8. a) (Verfassungsw., Politik) *gesetzgebende Körperschaft der Volksvertretung:* die erste, zweite K., die beiden -n des Parlaments; b) (Rechtsspr.): *aus einem Gremium mehrerer Richter bestehendes Organ der Rechtsprechung, das für bestimmte Bereiche bei Land- u. Verwaltungsgerichten zuständig ist:* die K. für Strafsachen des Oberlandesgerichts; c) *berufsständische Körperschaft:* in der K. sein; Apotheker, Ärzte, Rechtsanwälte sind meist in so genannten -n organisiert.

Käm|mer|chen, das; -s, -: Vkl. zu ↑Kammer (1)

Kam|mer|chor, der: *kleiner, oft nur solistisch besetzter Chor, der Kammermusik singt.*

Kam|mer|die|ner, der [zu ↑Kammer in der urspr. Bed. »fürstliches privates Gemach«] (früher): *Diener für die persönlichen Dienste eines Fürsten, einer hoch gestellten Persönlichkeit.*

Käm|me|rei, die; -, -en [zu ↑Kammer in der urspr. Bed. »Schatzkammer, Finanzverwaltung, -behörde«]: *Finanzverwaltung einer städtischen Gemeinde.*

Käm|me|rer, der; -s, - [mhd. kamerære, kamerer, ahd. chamarāri = Aufseher über die fürstliche Vorrats- u. Schatzkammer]: *Stadtkämmerer.*

Kam|mer|flim|mern, das; -s (Med.): *Herzflimmern, bes. im Bereich der Herzkammern.*

Kam|mer|frau, die (früher): *Dienerin für die persönlichen Dienste, Zofe einer Fürstin, einer hoch gestellten Dame.*

Kam|mer|herr, der (früher): *dem Kämmerer unterstellter Adliger am Hof eines Fürsten, zu dessen Hofamt die Aufsicht über die Räume des Fürsten u. den Dienst beim Fürsten gehört.*

Käm|me|rin, die; -, -nen: w. Form zu ↑Kämmerer.

Kam|mer|jä|ger, der: 1. (früher) *im persönlichen Dienst eines Fürsten stehender Jäger.* 2. *jmd., der beruflich Ungeziefer innerhalb von Gebäuden vernichtet.*

Kam|mer|jä|ge|rin, die: w. Form zu ↑Kammerjäger (2).

Kam|mer|jung|fer, die (früher): *[junge] unverheiratete Kammerfrau.*

Kam|mer|kon|zert, das [vgl. Kammermusik]: *Konzert, bei dem Kammermusik gespielt wird.*

Käm|mer|lein, das; -s, -: Vkl. zu ↑Kammer (1): * **im stillen K.** (oft scherzh.; *für sich allein, wenn andere keinen Einblick nehmen können*).

Kam|mer|musik, die ⟨o. Pl.⟩ [eigtl. = die in den fürstlichen Gemächern dargebotene Musik, LÜ von ital. musica da camera]: *ernste Musik für eine kleine, in den einzelnen Stimmen oft nur solistisch besetzte Gruppe von Instrumentalmusikern od. Sängern.*

Kam|mer|mu|si|ker, der: 1. a) ⟨o. Pl.⟩ *an hervorragende Musiker einer Oper, eines Konzertinstituts verliehener Titel;* b) *Träger dieses Titels:* er ist K., wurde zum K. ernannt. 2. *Musiker, der Kammermusik spielt.*

Kam|mer|mu|si|ke|rin, die: w. Form zu ↑Kammermusiker.

Kam|mer|or|ches|ter, das: *kleineres Orchester, das vorwiegend Kammermusik spielt.*

Kam|mer|sän|ger, der: vgl. Kammermusiker (1).

Kam|mer|sän|ge|rin, die: w. Form zu ↑Kammersänger.

Kam|mer|schau|spie|ler, der: vgl. Kammermusiker (1).

Kam|mer|schau|spie|le|rin, die: w. Form zu ↑Kammerschauspieler.

Kam|mer|spiel, das [wohl geb. nach ↑Kammermusik]: 1. *Theaterstück mit wenigen handelnden Personen für eine Aufführung in kleinerem Rahmen, bei dem die Führung des Dialogs im Vordergrund steht.* 2. ⟨Pl.⟩ *kleines, intim wirkendes Theater mit geringem bühnentechnischem Aufwand, das vorwiegend für die Aufführung von Kammerspielen* (1) *vorgesehen ist:* sie ist an den -en engagiert.

Kam|mer|ton, der ⟨Pl. selten⟩ [zu ↑Kammermusik, für die der Kammerton zunächst galt, im Unterschied zu dem Ton, der für die tiefere Stimmung bei der Oper od. für die höhere Stimmung bei der Orgel ausschlaggebend war] (Musik): *auf eine Schwingungszahl von 440 Hz festgelegter Ton (das eingestrichene A), nach dem heute im Allgemeinen die Musikinstrumente gestimmt werden.*

Kam|mer|zo|fe, die (früher): *Zofe einer Fürstin, einer hoch gestellten Dame.*

Kamm|fett, das: *Fett aus dem Kamm* (3 b) *des Pferdes zum Einfetten von Leder.*

Kamm|garn, das: 1. *feines, glattes Garn [aus Wolle], dessen glatte Oberfläche durch Kämmen* (2) *entsteht.* 2. *festes, strapazierfähiges Gewebe aus Kammgarn* (1).

Kamm|garn|ge|we|be, das: *Kammgarn* (2).

Kamm|ge|bir|ge, das (Geogr.): *lang gestrecktes Gebirge mit scharf hervortretender Kammlinie.*

Kamm|griff, der (Turnen): *Griff beim Geräteturnen am Reck u. Barren, wobei die Handteller nach oben zeigen u. die kleinen Finger einander zugewandt sind.*

Kämm|ling, der; -s, -e [zu ↑kämmen (2)] (Textilind.): *mit der Kämmmaschine ausgekämmte kurze Fasern u. Verunreinigungen:* aus dem K., aus den -en wird Streichgarn hergestellt.

Kamm|li|nie, die (Geogr.): *ein Gebirge, einen Gebirgszug nach oben abschließende Kante,*

Linie (von der aus die oberen Teile des Gebirges beiderseits [dachartig] abfallen).

Kạmm|ma|cher, der (früher): *Handwerker, der Kämme herstellt.*

Kạmm|ma|schi|ne, die (Textilind.): *Maschine, mit der durch einen Kamm (1) od. ähnliche Vorrichtungen die kurzen Fasern u. Verunreinigungen entfernt u. die langen Fasern geglättet u. möglichst parallel geordnet werden.*

Kạmm|mu|schel, die: *im Meer lebende Muschel mit gerippten, an die Zinken eines Kamms erinnernden Schalen.*

Kạmm|stück, das: *Kamm (3 a).*

Kạmm|weg, der: *auf dem Kamm (4 a) verlaufender Weg.*

Ka|mor|ra: ↑Camorra.

Kạmp, der; -s, Kämpe [spätmhd. kamp, mniederd. kamp < lat. campus = flaches Feld]: **1.** (landsch.) *eingehegtes Feld, Stück Land; Grasplatz [bei einem Bauernhaus].* **2.** (Forstw.) *[eingezäunte] kleinere Baumschule.*

Kam|pa|gne [kam'panjə], die; -, -n [frz. campagne = Ebene, Feld; Feldzug < ital. campagna < spätlat. campania = flaches Land, Brachfeld, zu: campaneus = zum flachen Land gehörig, zu lat. campus, ↑Kamp]: **1.** *gemeinschaftliche Aktion für od. gegen jmdn., etw. (bei der ideologische, politische Ziele im Vordergrund stehen); Feldzug* (2): eine K. für die Wiedereinführung der Todesstrafe, gegen einen Politiker. **2.** *Zeit, in der in einem von der Saison abhängenden Unternehmen, in einem landwirtschaftlichen Betrieb die meiste Arbeit anfällt:* sie haben während der K. in der Zuckerfabrik gearbeitet. **3.** (Archäol.) *Arbeitsabschnitt bei archäologischen Ausgrabungen.* **4.** (landsch.) *Fastnachtszeit mit Umzügen, Sitzungen, Kostümfesten, Maskenbällen u. Ä.* **5.** (veraltet) *Feldzug* (1).

Kam|pa|la: Hauptstadt von Uganda.

Kam|pa|ni|le, Campanile, der; -, - [ital. campanile, zu: campana = Glocke < mlat. campana, eigtl. = Metallgerät aus der Campania (= aus Kampanien)]: *(bes. in Italien) frei stehender Glockenturm einer Kirche.*

Kạ̈m|pe, der; -n, -n [aus dem Niederd. < mniederd. kempe, kampe = Kämpfer, Held, Entsprechung von mhd. kempfe, ↑Kämpfer] (veraltet, noch scherzh. od. iron.): *Krieger; tapferer Streiter:* ein verletzter K.

kạm|peln, sich ⟨sw. V.; hat⟩ [wohl zu spätmhd. kempel = Streitigkeit, Zank, viell. verw. mit ↑kabbeln, dann angelehnt an ↑Kampf, kämpfen] (landsch.): *sich zanken, streiten.*

Kạmpf, der; -[e]s, Kạ̈mpfe [mhd. kampf = Zweikampf, Kampfspiel; Kampf, ahd. champf, wohl zu lat. campus = Feld; Schlachtfeld]: **1.** *größere militärische Auseinandersetzung feindlicher Truppen:* schwere Kämpfe tobten an der Front; um den Brückenkopf entbrannte ein blutiger K.; er ist im K. gefallen. **2. a)** *handgreiflich, auch mit Waffen geführte, heftige Auseinandersetzung zwischen zwei od. mehreren [persönlichen] Gegnern:* ein K. Mann gegen Mann; ein K. auf Leben und Tod; er hat sich dem K. gestellt; aus diesem K. ging keiner als Sieger hervor; er hat ihn zum K. herausgefordert; Ü der K. gegen die Naturgewalten; ihr K. gegen den, mit dem Schlaf *(ihre Bemühungen, Versuche, wach zu bleiben).* **b)** *heftig ausgetragene Kontroverse zwischen Gegnern hinsichtlich ihrer Auffassungen, Interessen, Ziele:* ein ideologischer K.; der K. *(Streit)* zwischen den beiden Gelehrten ist noch nicht ausgefochten; **c)** (Sport) *sportlicher Wettkampf:* einen K. bestreiten, abbrechen, fortsetzen; der K. einer Mannschaft gegen den Abstieg, um Punkte; die beiden Boxer, Mannschaften lieferten sich einen spannenden K. **3.** *fortgesetzte angestrengte Bemühung zur Erreichung od. Verhinderung von etw.:* der K. für eine bessere Zukunft, gegen den Hunger, um höhere Löhne; den K. gegen die Kriminalität aufnehmen, weiterführen, nicht aufgeben; * **jmdm., einer Sache den K. ansagen** *(deutlich machen, dass gegen jmdn., etw. Maßnahmen ergriffen werden):* der Inflation den K. ansagen; **einen guten K. kämpfen** *(sich für eine gute Sache mit seiner ganzen Person einsetzen;* nach 1. Timotheus 6, 12, u. 2. Timotheus 4, 7). **4.** *innerer Zwiespalt, inneres Ringen um etw.:* einen K. mit sich [selbst] ausfechten.

Kạmpf|ab|schnitt, der: **1.** (Milit.) *Kampfgebiet.* **2.** (Sport) *Abschnitt (3) eines sportlichen Kampfes von bestimmter Zeitdauer.*

Kạmpf|ab|stim|mung, die (Politik, Parl.): *Abstimmung, bei der sich zwei Gruppierungen mit etwa gleichen Aussichten auf Annahme od. Ablehnung gegenüberstehen.*

Kạmpf|an|sa|ge, die: *unmissverständliches Deutlichmachen einer Gegnerschaft; offene Herausforderung zu einer Auseinandersetzung:* eine offene K. an den Terrorismus, an die Radikalen.

Kạmpf|an|zug, der (Milit.): *bes. für die Gefechtsausbildung u. den Einsatz vorgesehene Uniform eines Soldaten.*

Kạmpf|art, die (Milit.): *Form des Kampfes* (1) (z. B. Angriff, Verteidigung, Verfolgung, Rückzug).

Kạmpf|aus|bil|dung, die (Milit.): *Gefechtsausbildung.*

Kạmpf|bahn, die (seltener): *Arena, Wettkampfstätte.*

kạmpf|be|reit ⟨Adj.⟩: *zum Kampf bereit:* -e Truppen.

Kạmpf|be|reit|schaft, die ⟨o. Pl.⟩: *Bereitschaft zum Kämpfen.*

Kạmpf|blatt, das: *Blatt (3), das zum Kampf für od. gegen etw. aufruft.*

Kạmpf|bund, der: *politische Vereinigung, Gruppierung, die für, gegen etw. kämpft.*

Kạmpf|bünd|nis, das: *Kampfbund.*

Kạmpf|ein|heit, die (Milit.): *ausgebildete Spezialeinheit, die bei bestimmten Kampfhandlungen in vorderster Front eingesetzt wird.*

kạ̈mp|fen ⟨sw. V.; hat⟩ [mhd. kempfen, ahd. chamfan, zu ↑Kampf]: **1.** *mit Waffen, unter Einsatz der verschiedensten Kampfmittel einen Kampf (1), eine kriegerische Auseinandersetzung führen:* erbittert, hart, bis zum letzten Mann k.; an der vordersten Front, für das Vaterland, um den Brückenkopf k.; die kämpfende Truppe. **2. a)** *sich handgreiflich mit jmdm. auseinander setzen; tätlich gegen einen Gegner vorgehen, um ihn zu bezwingen:* gegen jmdn., mit jmdm. k.; um etw. k.; er kämpfte mit dem Rücken zur Wand, auf verlorenem Posten; wie ein Verzweifelter, wie ein Löwe k.; kämpfende Rehböcke; Ü der Schwimmer kämpfte gegen die Strömung, mit den Wellen; der Alte kämpft mit dem Tod *(liegt im Sterben);* sie kämpfte mit den Tränen *(suchte sie zu unterdrücken);* sie kämpfte mit dem Schlaf *(versuchte wach zu bleiben);* **b)** *sich (mit den verschiedensten Mitteln) heftig mit einem Gegner auseinander setzen, streiten; im Kampf (2 b) mit jmdm. stehen:* gegen einen politischen Widersacher, mit einem politischen Gegner k.; die Konzerne kämpfen miteinander *(stehen in harter Konkurrenz).* **3.** (Sport) **a)** *sich in einem sportlichen Wettkampf mit einem Konkurrenten, Gegner messen:* die Mannschaft kämpft gegen einen sehr starken Gegner, um den Einzug ins Halbfinale; **b)** *sich in einem sportlichen Wettkampf, in einem Spiel körperlich voll einsetzen:* beide Ringer kämpften verbissen; die Mannschaft versteht zu k., kämpfte bis zum Ende. **4.** *sich unter Einsatz aller Kräfte, der verschiedensten Mittel fortgesetzt bemühen, etw. Bestimmtes zu erreichen:* für eine bessere Zukunft, für ein geeintes Europa k.; gegen den Krieg, gegen den Hunger k.; um sein Recht, seine Rehabilitierung k.; er hatte [schwer] zu k. **5.** *innerlich um eine Entscheidung, einen Entschluss ringen:* sie kämpfte noch, ob sie hingehen solle oder nicht. **6.** ⟨k. + sich⟩ *einen Weg, eine Strecke unter widrigen Umständen, unter großer Mühe zurücklegen:* sie kämpften sich [mühsam] durch Dornen und Gestrüpp; Ü sie hat sich im Lauf der Jahre nach oben gekämpft *(sich wirtschaftlich, sozial hochgearbeitet).*

Kạm|pfer, der; -s [mhd. kampfer < mlat. camphore < arab. kāfūr = Kampferbaum < aind. karpūra]: *weiße, durchscheinende, harzartige Masse mit durchdringendem Geruch, die bes. in der Medizin u. der chemischen Industrie verwendet wird.*

[1]Kạ̈mp|fer, der; -s, - [spätmhd. kempfer = (Zwei)kämpfer, mhd. kempfe]: **1. a)** *Soldat, der im Kampf (1), in der Schlacht steht:* tapfere, schlecht ausgerüstete K.; die K. von Stalingrad; **b)** (DDR) *Mitglied einer Betriebskampfgruppe.* **2.** *jmd., der sich mit Heftigkeit handgreiflich mit jmdm. auseinander setzt, mit einem Gegner kämpft (2 a), um ihn zu bezwingen:* er versuchte vergeblich, die beiden K. von der Unsinnigkeit ihres Tuns zu überzeugen. **3.** (Sport) **a)** *Sportler, der mit seinem Gegner, seinen Gegnern um den Sieg kämpft:* die Boxer dieser Staffel sind alle talentierte K.; **b)** *Sportler, der sich in einem Wettkampf, in einem Spiel körperlich voll einsetzt:* sein Gegenspieler ist ein richtiger, echter, zäher K. **4.** *jmd., der sich für die Verwirklichung von etw. einsetzt:* ein K. für die Freiheit, gegen den Hunger in der Welt.

[2]Kạ̈mp|fer, der; -s, - [älter: Käpfer, mhd. kepfer, viell. über das Roman. zu lat. capreolus = Stützbalken, zu: caper = Bock]: **1. a)** (Archit.) *oberste, meist vorspringende Platte einer Säule od. eines Pfeilers, auf der der Ansatz eines von der Säule od. von dem Pfeiler getragenen Bogens od. Gewölbes aufliegt.* **b)** (Technik, Bauw.) *Stelle des Auflagers beim Bogen einer Brücke.* **2.** (Bauw.) *in einen Fensterrahmen fest eingebautes waagerechtes Verbindungsstück, das die oberen u. die unteren Flügel des Fensters voneinander trennt.*

Kạm|pfer|baum, der: *in China u. Japan heimischer, sehr hoher Baum mit lederartigen, glänzenden, an langen Stielen sitzenden Blättern, aus dessen Holz Kampfer gewonnen wird.*

K

Kạ̈mp|fe|rin, die; -, -nen [spätmhd. kämpferinne]: w. Form zu ↑[1]Kämpfer (2–4).

kạ̈mp|fe|risch ⟨Adj.⟩: **1.** *den Kampf (1) betreffend, zu ihm gehörend, für ihn notwendig, ihm dienend:* die -en Mittel; die Truppen haben sich k. bewährt, hervorgetan. **2.** *in einem sportlichen Wettkampf, in einem Spiel hohen körperlichen Einsatz zeigend; den hohen körperlichen Einsatz, die Einsatzfreude betreffend, davon zeugend:* in ihrem Spiel überwogen die -en Elemente; die Mannschaft bot k. eine gute Leistung, war k. sehr stark. **3.** *den Willen, die unbedingte Bereitschaft besitzend, für od. um etw. zu kämpfen (4); voller Kampfgeist:* eine -e Natur; sie gab sich k.; sich k. mit etw. auseinander setzen.

kạmpf|er|probt ⟨Adj.⟩: *im Kampf erprobt, erfahren.*

Kạm|pfes|wil|le: ↑Kampfwille.

kạmpf|fä|hig ⟨Adj.⟩: *fähig, imstande zu kämpfen:* der Boxer ist nicht mehr k.

Kạmpf|fahr|zeug, das (Milit.): *Fahrzeug, das für den Einsatz im Kampfgebiet bestimmt u. dafür besonders ausgerüstet ist.*

Kạmpf|flie|ger, der: **1.** (Milit.) *Pilot eines Kampfflugzeugs.* **2.** (ugs.) *Kampfflugzeug.*

Kạmpf|flug|zeug, das (Milit.): *mit Bomben, Bordwaffen, Raketen ausgerüstetes Flugzeug bes. zum Einsatz gegen Ziele am Boden.*

Kạmpf|gas, das (Milit.): *gasförmiger chemischer Kampfstoff.*

Kạmpf|ge|biet, das (Milit.): *Gebiet, in dem Kampfhandlungen stattfinden.*

Kạmpf|ge|fähr|te, der: *jmd., mit dem man gemeinsam für, gegen etw. kämpft.*

Kạmpf|ge|fähr|tin, die; -, -nen: w. Form zu ↑Kampfgefährte.

Kạmpf|geist, der ⟨o. Pl.⟩: *unbedingte Bereitschaft zum Einsatz; kämpferische Haltung:* in ihm erwacht der K.

Kạmpf|ge|nos|se, der: *Kampfgefährte.*

Kạmpf|ge|nos|sin, die: w. Form zu ↑Kampfgenosse.

Kạmpf|ge|richt, das (Sport): *Gremium von Kampfrichtern, Sachverständigen o. Ä., das* *einen sportlichen Wettkampf leitet, beaufsichtigt [u. die sportlichen Leistungen bewertet].*

Kạmpf|ge|sche|hen, das: *im Gange befindlicher Kampf* (1, 2 a, c); *Kampf in seinem Ablauf.*

Kạmpf|ge|schwa|der, das (Milit.): *Geschwader von Kampfflugzeugen.*

Kạmpf|ge|tüm|mel, das: *während eines Kampfes* (1, 2 a, c) *entstehendes Getümmel.*

Kạmpf|ge|wicht, das (Boxen, Ringen, Budo, Gewichtheben): *Gewicht, das ein Sportler zu Beginn eines Wettkampfs hat.*

Kạmpf|grup|pe, die: **1.** (Milit. veraltet) *Brigade.* **2.** (DDR) *Betriebskampfgruppe.*

Kạmpf|hahn, der: **1.** *Hahn, der für den Hahnenkampf abgerichtet ist.* **2.** ⟨meist Pl.⟩ (ugs., oft scherzh.) *jmd., der sich mit einem anderen streitet, prügelt, der leicht mit jmdm. in Streit, in eine Prügelei gerät:* die beiden Kampfhähne gingen schon wieder aufeinander los.

Kạmpf|hand|lung, die ⟨meist Pl.⟩: *zu einem Kampf* (1) *gehörende, während eines Kampfes* (1) *stattfindende Aktion:* die -en einstellen.

Kạmpf|hund, der: *für den Kampf* (2 a) *gezüchteter u. abgerichteter Hund.*

Kạmpf|kraft, die ⟨o. Pl.⟩: *Gesamtheit der vorhandenen Möglichkeiten (an Leistungsfähigkeit, Stärke, Kraft, Willen o. Ä.), die zum Kampf, zum Kämpfen befähigen:* die K. der Armee ist ungebrochen; die K. der Truppen erhöhen.

Kạmpf|läu|fer, der: *(vor allem auf feuchten Wiesen lebender) Watvogel, bei dem das Männchen in der Zeit der Balz ein prächtiges Gefieder trägt u. Kämpfe austrägt.*

Kạmpf|lied, das: *von Kampfgeist erfülltes Lied, das bes. den politischen Kampf zum Inhalt hat.*

Kạmpf|li|nie, die: vgl. Kampfabschnitt.

kạmpf|los ⟨Adj.⟩: **1.** *ohne militärische Auseinandersetzung, ohne dass ein Kampf* (1) *stattfindet:* die -e Übergabe der Stadt. **2.** *ohne dass eine Auseinandersetzung, Kontroverse stattfindet; ohne Gegenwehr; widerstandslos:* die Stellenkürzungen wurden nicht k. akzeptiert.

kạmpf|lus|tig ⟨Adj.⟩: *bereit, sich mit jmdm. auseinander zu setzen, einen Streit zu beginnen:* sie blickte ihn k. an.

Kạmpf|maß|nah|me, die ⟨meist Pl.⟩: vgl. Kampfmittel (2): eine K. zur Durchsetzung höherer Löhne.

Kạmpf|mit|tel, das: **1.** ⟨meist Pl.⟩ (Völkerr., Milit.) *in einem bewaffneten Konflikt zur Durchsetzung des Kriegszieles verwendetes Mittel wie Waffe, Kampfstoff o. Ä.* **2.** *[taktisches] Mittel in einem politischen Kampf.*

Kạmpf|mo|ral, die: *kämpferische Einstellung, Haltung; Bereitschaft zu kämpfen.*

Kạmpf|pan|zer, der (Milit.): *schwerer Panzer mit einem in einen drehbaren Turm eingebauten Schnellfeuergeschütz.*

Kạmpf|platz, der: *Platz, auf dem ein Kampf stattfindet.*

Kạmpf|preis, der (Wirtsch.): *Dumpingpreis, der dem Unternehmen, das ihn festsetzt, Vorteile im Wettbewerb bringen soll:* sie verschleudern die Geräte zu einem K.

Kạmpf|rich|ter, der (Sport): *jmd., der [als Mitglied eines Kampfgerichts, mit andern zusammen] einen sportlichen Wettkampf leitet, beaufsichtigt [u. die sportlichen Leistungen bewertet].*

Kạmpf|rich|te|rin, die: w. Form zu ↑Kampfrichter.

Kạmpf|schrift, die: *Schrift, die zum Kampf für od. gegen etw. aufruft.*

Kạmpf|schwim|mer, der (Milit.): *zur Marine gehörender Einzelkämpfer, der dazu ausgebildet ist, unter Wasser an gegnerische Ziele heranzuschwimmen, um sie zu erkunden od. zu zerstören.*

Kạmpf|spiel, das (Sport): **1.** *mit körperlichem Einsatz in unmittelbarem Kontakt mit dem Gegner ausgetragenes Ballspiel zwischen zwei gegeneinander kämpfenden Mannschaften:* Fußball, Handball, Rugby, Hockey sind -e. **2.** *durch hohen kämpferischen Einsatz der Spieler gekennzeichnetes Spiel:* in einem mitreißenden K. wurde der Gegner schließlich bezwungen.

Kạmpf|sport, der: *in Zweikämpfen bestehende Sportart (z. B. Boxen, Ringen, Judo).*

kạmpf|stark ⟨Adj.⟩: *Kampfstärke besitzend:* der Feldherr verfügt über -e Truppen.

Kạmpf|stär|ke, die: *hoher Grad an Leistungskraft, Stärke, die zum Kampf, zum Kämpfen befähigt.*

Kạmpf|stät|te, die ⟨meist Pl.⟩: *Stätte, an der ein Kampf stattfindet, ausgetragen wird; Anlage für sportliche Wettkämpfe.*

Kạmpf|stier, der: *für den Stierkampf gezüchteter Stier.*

Kạmpf|stoff, der: *radioaktives Material, giftige chemische od. krankheitserregende biologische Substanz als Kampfmittel* (1).

Kạmpf|trup|pe, die: **1.** (Milit.) *Truppe des Heeres, der z. B. die Jäger, Fallschirmjäger u. die Panzertruppe angehören.* **2.** *kampfbereite, für eine tätliche Auseinandersetzung gerüstete Gruppe von Personen.*

kạmpf|un|fä|hig ⟨Adj.⟩: *nicht fähig, nicht imstande zu kämpfen:* -e Truppen; der Boxer schlug seinen Gegner k.

Kạmpf|un|fä|hig|keit, die ⟨o. Pl.⟩: *Unfähigkeit zu kämpfen.*

Kạmpf|un|ter|stüt|zungs|trup|pe, die (Milit.): *Truppe des Heeres (z. B. Artillerie, Heeresflieger), die die Kampftruppen unterstützt.*

Kạmpf|wei|se, die: *Art u. Weise, in der ein Kampf geführt wird.*

Kạmpf|wil|le, Kampfeswille, der: *Wille, Bestreben zu kämpfen.*

kam|pie̲|ren ⟨sw. V.; hat⟩ [frz. camper, ↑campen]: a) *sich an einem bestimmten Ort (im Freien) für einige Zeit niederlassen, sein Lager aufschlagen, lagern:* auf freiem Feld k.; b) (ugs.) *irgendwo behelfsmäßig untergebracht sein, wohnen, eine notdürftige Unterkunft, Lagerstatt haben.*

Kam|si̲n, der; -s, -e [arab. ḫamsīn] (Geogr.): *heißer, trockener Wüstenwind in Ägypten.*

Ka|mụf|fel, das; -s, - [zu älter: Kamuff = Halunke, Schuft < älter ital. camuffo = Betrüger, Halunke, zu: camuffare = betrügen, täuschen] (Schimpfwort): *jmd., der als dumm, beschränkt angesehen wird; Dummkopf:* so ein K.!

Ka̲|na|an; -s: das vorisraelitische Palästina.

ka|na|a|nä|isch ⟨Adj.⟩: *Kanaan betreffend; aus Kanaan stammend.*

Ka|na|a|ni̲|ter, der; -s, -: Ew.

Ka|na|a|ni̲|te|rin, die; -, -nen: w. Form zu ↑Kanaaniter.

ka|na|a|ni̲|tisch ⟨Adj.⟩: *Kanaan, die Kanaaniter betreffend; aus Kanaan stammend.*

Kạ|na|da; -s: Staat in Nordamerika.

Ka|na̲|di|er, der; -s, - [urspr. Bez. für das Kanu der kanad. Indianer]: **1.** Ew. zu ↑Kanada. **2.** *offenes Sportboot [mit gerundeten Steven], das [in halb kniender Haltung] mit einem Stechpaddel vorwärts bewegt wird.* **3.** (österr. veraltend) *Polstersessel.*

Ka|na̲|di|e|rin, die; -, -nen: w. Form zu ↑Kanadier (1).

ka|na̲|disch ⟨Adj.⟩: *Kanada, die Kanadier betreffend; aus Kanada stammend.*

Ka|nail|le [ka'nal̮jə, auch: ka'najə], die; -, -n [frz. canaille = Hundepack, Gesindel < ital. canaglia, zu lat. canis = Hund] **1.** (abwertend): *jmd., der als böse, schurkisch angesehen wird:* so eine K.! **2.** ⟨o. Pl.⟩ (abwertend veraltend) *Gruppe von Menschen, die als asozial, verbrecherisch o. ä. angesehen wird:* die mordgierige K.

Ka|na̲|ke, der; -n, -n [polynes. kanaka = Mensch]: **1.** Eingeborener Polynesiens u. der Südseeinseln. **2.** [meist ka'nakə] (diskriminierendes Schimpfwort) *Ausländer, ausländischer Arbeitnehmer, bes. Türke.* **3.** (ugs. abwertend) *jmd., der als ungebildet, einfältig, als Dummkopf angesehen wird.*

Ka|na̲|ker [auch: ka'na:kɐ] der; -s, - (diskriminierendes Schimpfwort): *Kanake* (2).

Ka|na̲l, der; -s, Kanäle [ital. canale = Leitungsröhre, Kanal < lat. canalis = Röhre, Rinne, Wasserlauf, Kanal, zu: canna = kleines Rohr, Röhre < griech. kánna = Rohr(geflecht)]: **1.** *künstlicher schiffbarer Wasserlauf als Verbindung zwischen Meeren, Flüssen, Seen:* Kanäle durchziehen das Land; einen K. anlegen, bauen. **2.** *offener Wasserlauf od. unterirdisch geführte Rohrleitung für Abwässer, Bewässerung od. Entwässerung:* der K. ist verstopft; infolge des anhaltenden Regens liefen die Kanäle über. **3.** (Anat.) *röhrenförmiger Verbindungsgang, Durchgang:* * **den K. voll haben** (salopp; 1. *betrunken sein.* 2. *einer Sache gründlich überdrüssig sein).* **4.** (Rundf., Ferns.) *bestimmter Frequenzbereich eines Senders:* einen K. wählen, einschalten; eine Sendung auf einem K. sehen; was läuft im andern K.? **5.** *Weg, auf dem etw. (bes. Informationen) weitergeleitet wird:* diplomatische, dunkle, geheime Kanäle.

Ka|na̲l|ar|bei|ter, der: **1.** *Arbeiter im Bereich der Kanalisation.* **2.** (Politik Jargon) *jmd., der für jmdn., etw. tätig ist, ohne dabei selbst besonders in Erscheinung zu treten:* der Kanzler kann sich auf seine Riege der K. verlassen.

Ka|na̲l|ar|bei|te|rin, die: w. Form zu ↑Kanalarbeiter.

Ka|na̲l|bau, der ⟨Pl. -ten⟩: *der Bau von Kanälen* (1, 2).

Ka|na̲l|bett, das ⟨Pl. -en, selten: -e⟩: *Rinne, in der der Kanal* (1) *fließt.*

Ka|na̲l|de|ckel, der: *Deckel über einem Abflussrohr der Kanalisation.*

Ka|na|li|sa|ti̲|on, die; -, -en: **1.** a) *System von [unterirdischen] Rohrleitungen u. Kanälen* (2) *zum Ableiten der Abwässer:* die städtische K.; die ausgetretenen Chemikalien flossen in die K.; b) *Bau von [unterirdischen] Rohrleitungen u. Kanälen* (2) *zum Ableiten der Abwässer.* **2.** *Ausbau eines Flusses zu einem schiffbaren Kanal* (1).

Ka|na|li|sa|ti̲|ons|netz, das: *Kanalisationssystem.*

Ka|na|li|sa|ti̲|ons|sys|tem, das: *Kanalisation* (1 a).

ka|na|li|sie̲|ren ⟨sw. V.; hat⟩: **1.** *mit einer Kanalisation* (1 a) *versehen:* einen Ort k. **2.** *schiffbar machen:* einen Fluss k. **3.** *gezielt, in bestimmte Bahnen, in eine bestimmte Richtung lenken u. dadurch das Problem bewältigen:* eine politische Bewegung, einen Trieb k.

Ka|na̲l|rat|te, die: **1.** *Ratte, die in der Kanalisation lebt.* **2.** (salopp abwertend, oft als Schimpfwort) *jmd., der als sittlich verwahrlost, moralisch heruntergekommen u. Ekel hervorrufend angesehen wird.*

Ka|na̲l|räu|mer, der: *jmd., der die Kanalisation reinigt.*

Ka|na̲l|räu|me|rin, die: w. Form zu ↑Kanalräumer.

Ka|na̲l|schleu|se, die: *Schleuse eines Kanals* (1).

Ka|na̲l|schwim|men, das; -s: *das Durchschwimmen eines größeren natürlichen Kanals (bes. des Ärmelkanals).*

Ka|na̲l|sys|tem, das: *System von Kanälen* (1), *bes. zur Bewässerung.*

Ka|na̲l|tun|nel, der ⟨o. Pl.⟩: Eisenbahntunnel unter dem Ärmelkanal, der Großbritannien mit dem europäischen Festland verbindet.

ka|na|nä|isch usw.: ↑kanaanäisch usw.

Kạ|na|pee [österr.: ...'pe:], das; -s, -s [1: frz. canapé < mlat. canopeum = Mückenschleier; Himmelbett (mit einem Mückenschleier) < lat. conopeum < griech. kōnōpeĩon; 2: frz. canapé, die Form erinnert an ein Kanapee (1)]: **1.** (veraltend, noch iron.) *Sofa.* **2.** ⟨meist Pl.⟩ *mit Delikatessen belegtes, garniertes [getoastetes] Weißbrotschnittchen.*

Ka|na̲|ren ⟨Pl.⟩: Kanarische Inseln.

Ka|na̲|ri, der; -s, - [frz. canari, nach den Kanarischen Inseln] (südd., österr. ugs.): *Kanarienvogel.*

ka|na̲|ri|en|gelb ⟨Adj.⟩: *hellgelb.*

Ka|na̲|ri|en|vo|gel, der: *(auf den Kanarischen Inseln heimischer, meist im Käfig gehaltener) kleiner, gelber od. orangefarbener Vogel mit schönem Gesang.*

Ka|na̲|ri|er, der; -s, -: Ew. zu ↑Kanarische Inseln.

Ka|na̲|ri|e|rin, die; -, -nen: w. Form zu ↑Kanarier.

ka|na|risch ⟨Adj.⟩.: *die Kanarischen Inseln, die Kanarier betreffend.*

Ka|na|ri|sche In|seln ⟨Pl.⟩: Inselgruppe im Atlantischen Ozean.

Kan|da|re [auch: kanˈdarə], die; -, -n [ung. kantár = Zaum, Zügel]: *zum Zaumzeug des Pferdes gehörende Gebissstange:* dem Pferd die K. anlegen; sie ritt das Pferd auf K.; * **jmdn. an die K. nehmen/bekommen/bringen, [bei] jmdm. die K. anziehen** *(jmdn. unter Kontrolle stellen, seine Freiheit einschränken);* **jmdn. an der K. haben/halten** *(jmdn. unter Kontrolle haben, ihm keine Freiheit lassen).*

Kan|da|ren|ge|biss, das: *Kandare.*

Kan|del, der; -s, -n od. die; -, -n [mhd. kandel, kanel, ahd. kanāli < lat. canalis, ↑Kanal] (landsch.): *Dachrinne, Regenrinne.*

Kan|de|la|ber, der; -s, - [frz. candélabre < lat. candelabrum = Leuchter]: **a)** *mehrarmiger, säulenartiger Ständer für Kerzen, Lampen:* ein vergoldeter K.; **b)** *mehrarmiger, säulenartiger Ständer für die Straßenbeleuchtung.*

Kan|di|dat, der; -en, -en [lat. candidatus = weiß Gekleideter (Amtsbewerber, der sich dem Volk in der toga candida, der glänzend weißen Toga, vorstellte), zu: candidus = glänzend, weiß]: **1. a)** *jmd., der sich um etw. bewirbt, sich zur Wahl stellt:* einen -en bezeichnen, wählen, durchbringen, von der Liste streichen; jmdn. als -en aufstellen; **b)** *(in sozialistischen Ländern, bes. früher in der DDR) Anwärter auf die Mitgliedschaft in einer Partei.* **2. a)** *Student höheren Semesters:* die -en der Theologie; Abk.: cand. (z. B. cand. med., cand. phil.); **b)** *Prüfling im abschließenden Examen an einer Universität;* **c)** ⟨o. Pl.⟩ *(in sozialistischen Ländern, bes. früher in der UdSSR) akademischer Grad:* K. der physikalisch-mathematischen Wissenschaften der Sowjetunion.

Kan|di|da|ten|tur|nier, das: *internationales Schachturnier, dessen Sieger den Schachweltmeister herausfordern kann.*

Kan|di|da|tin, die; -, -nen: w. Form zu ↑Kandidat.

Kan|di|da|tur, die; -, -en [frz. candidature, zu: candidat = Kandidat]: *Aufstellung als Kandidat für eine Wahl, Anwartschaft auf eine Wahl:* seine K. anmelden, zurückziehen.

kan|di|die|ren ⟨sw. V.; hat⟩: *sich um etw. bewerben, sich zur Wahl stellen:* für ein Amt k.; bei den Wahlen kandidiert sie gegen den Amtsinhaber.

kan|die|ren ⟨sw. V.; hat⟩ [frz. candir = einzuckern < ital. candire, zu: candi, ↑Kandis]: *mit einer Zuckerlösung überziehen u. dadurch haltbar machen:* Zitronenscheiben k.; kandierte Früchte.

Kan|dis, der; - [ital. zucchero candito, älter: candi < arab. qandī = aus Rohrzucker, zu: qand = Rohrzucker]: *Kandiszucker.*

Kan|dis|zu|cker, der: *in großen Stücken an Fäden auskristallisierter weißer od. brauner Zucker.*

Kan|di|ten ⟨Pl.⟩ [ital. candito = kandierte Frucht, zu: candire, ↑kandieren] (österr.): **a)** *kandierte Früchte;* **b)** *Süßigkeiten.*

Ka|neel, der; -s, (Sorten:) -e [frz. cannelle = Zimt < mlat. cannella = Röhrchen, zu lat. canna = Rohr (nach der Form der Zimtstange)]: *aus der Rinde des ceylonesischen Zimtbaums gewonnener Zimt.*

Ka|ne|vas, der; -, auch: -ses, -, auch: -se [1: frz. canevas, eigtl. = grobes Segeltuch, Sackleinen < provenz. canabas = Tuch aus Hanffasern, zu spätlat. cannabus = Hanf; 2: ital. canavaccio, eigtl. = Putzlappen; zum Bedeutungsübergang vgl. Kladde]: **1.** *gitterartiges, stark appretiertes Gewebe in Leinwandbindung für Stickereien:* auf K. sticken. **2.** *Szenarium, das in der italienischen Stegreifkomödie u. Commedia dell'Arte den Handlungsablauf u. die Szenenfolge festlegt.*

ka|ne|vas|sen ⟨Adj.⟩: *aus Kanevas (1).*

Kän|gu|ru, das; -s, -s [engl. kangaroo, aus einer Spr. der Ureinwohner Australiens]: *(bes. in Australien heimisches) Beuteltier mit kleinem Kopf, langem Schwanz, kurzen Vorderbeinen u. langen, kräftigen Hinterbeinen, auf denen es sich hüpfend fortbewegt.*

Kän|gu|ruh: frühere Schreibung für: ↑Känguru.

Ka|nin, das; -s, -e (Fachspr.): *Fell von Wild- u. Hauskaninchen:* eine Jacke aus K.

Ka|nin|chen, das; -s, - [Vkl. von veraltet Kanin = Kaninchen < mniederd. kanīn < afrz. conin < lat. cuniculus]: *wegen seines Felles u. Fleisches als Haustier gehaltenes, dem Hasen ähnliches Tier mit graubraunem, grauem, weißem od. schwarzem Fell:* das K. schnuppert; K. halten; sie vermehren sich wie die K. (ugs. abwertend; *sehr stark*).

Ka|nin|chen|bau, der ⟨Pl. -e⟩: *Bau (5 a) von Kaninchen.*

Ka|nin|chen|jagd, die: *Jagd auf [Schäden verursachende] Kaninchen.*

Ka|nin|chen|stall, der: *Stall für Kaninchen.*

Ka|nin|chen|zucht, die: *Zucht von Kaninchen.*

Ka|nis|ter, der; -s, - [urspr. = Korb, unter Einfluss von engl. canister = tragbarer Behälter für Flüssigkeiten < ital. canestro = Korb < lat. canistrum < griech. kánistron = rohrgeflochtener Korb, zu: kánna, ↑Kanal]: *tragbarer viereckiger Behälter aus Blech od. Kunststoff zur Aufbewahrung von Flüssigkeiten:* ein K. [mit] Öl, Benzin, Trinkwasser.

kan|krös: ↑kanzerös.

kann: ↑können.

Kan|na|bi|nol, das; -s [zu lat. cannabis, ↑Cannabis] (Chemie): *wichtiger Bestandteil des Haschischs.*

Kann|be|stim|mung, (auch:) **Kann-Be|stim|mung,** die; -, -en: *Bestimmung (1 b), nach der im Einzelfall verfahren werden kann, aber nicht verfahren werden muss.*

Känn|chen, das; -s, -: Vkl. zu ↑Kanne (1): ein K. Milch; im Restaurant ein K. Kaffee bestellen.

Kan|ne, die; -, -n [mhd. kanne, ahd. channa < lat. canna, ↑Kanal]: **1. a)** *für Flüssigkeiten bestimmtes Gefäß mit Henkel, Schnabel (3) u. meist auch Deckel:* eine silberne K.; eine K. aus Porzellan, Steingut, Zinn; eine K. Kaffee, [mit] Wein; die K. ausgießen, [nach]füllen, ausspülen; * **in die K. steigen** (1. Verbindungsw.; *sein Bier austrinken.* 2. ugs.; *gehörig dem Alkohol zusprechen*); **volle K.** (ugs.; *mit äußerster Kraft, höchster Leistung, Geschwindigkeit o. Ä.*); **b)** *zylindrisches Gefäß mit Deckel u. beweglichem Henkel zum Transport von Flüssigkeiten (bes. Milch):* Milch in der K. holen; es gießt wie aus/mit -n (ugs.; *es regnet heftig, in Strömen*). **2.** (Jazz Jargon) *Saxophon:* * **eine heiße/stolze K. blasen** (ugs.; *hervorragend [in einer Jazzband] Saxophon spielen*).

Kan|ne|gie|ßer, der [nach der Figur eines ohne Sachverstand politisierenden Zinngießers aus der Komödie »Der politische Kannegießer« des dänischen Dichters u. Historikers Ludwig v. Holberg (1684–1754)] (veraltend iron.): *Stammtischpolitiker; [politischer] Schwätzer.*

kan|ne|lie|ren ⟨sw. V.; hat⟩ [frz. canneler] (bild. Kunst): *(Säulen, Pfeiler) mit senkrechten Rillen versehen:* kannelierte Säulen eines griechischen Tempels.

Kan|ne|lie|rung, die; -, -en: **1.** (bild. Kunst) *Gestaltung der Oberfläche einer Säule od. eines Pfeilers mit Kanneluren.* **2.** (Geol.) *(durch Wasser od. Wind verursachte) Rinnen- u. Furchenbildung auf der Oberfläche von Kalk- u. Sandsteinen.*

Kan|ne|lur, die; -, -en, **Kan|ne|lü|re,** die; -, -n [frz. cannelure < älter ital. cannellatura, zu mlat. canella = Röhrchen, zu lat. canna, ↑Kanal] (bild. Kunst): *senkrechte Rille am Säulenschaft.*

kan|nen|wei|se ⟨Adv.⟩: **a)** *in Kannen abgefüllt:* die Milch wurde k. abgeliefert; **b)** *in großer, nach Kannen messbarer Menge:* k. Kaffee trinken.

Kan|ni|ba|le, der; -n, -n [im 16. Jh. Canibali (Pl.) < span. caníbales, älter: caríbales (beide Pl.), nach dem Stammesnamen der Kariben]: **1.** *jmd., der Menschenfleisch verzehrt; Angehöriger eines Naturvolkes, bei dem Kannibalismus herrscht:* auf diesen Inseln lebten damals noch -n. **2.** (abwertend) *jmd., der als roh, brutal angesehen wird:* das ist ein richtiger K.!

Kan|ni|ba|lin, die; -, -nen: w. Form zu ↑Kannibale.

kan|ni|ba|lisch ⟨Adj.⟩: **1.** *die Kannibalen, den Kannibalismus betreffend:* -e Riten. **2.** (abwertend) *roh, grausam u. brutal:* sich jmdm. gegenüber k. benehmen. **3.** ⟨intensivierend bei Adj. u. Verben⟩ (scherzh. seltener) *überaus, sehr:* sich k. wohl fühlen.

kan|ni|ba|li|sie|ren ⟨sw. V.; hat⟩: **1.** (Zool.) *(bei einem Tier) Kannibalismus (2) hervorrufen.* **2.** (Jargon): *einer Sache in hohem Maße schaden; ruinieren:* dies Produkt kannibalisiert den Markt.

Kan|ni|ba|lis|mus, der; -: **1.** *Verzehr von Menschenfleisch [als kultischer Brauch bei bestimmten Naturvölkern]:* in dieser Gegend gibt es noch K. **2.** (Zool.) *das Auffressen von Artgenossen.*

kannst: ↑können.

kann|te: ↑kennen.

Kann|vor|schrift, die; -, -en: vgl. Kannbestimmung.

[1]Ka|non, der; -s, -s [spätlat. canon = Glaubensregel; kirchliches Disziplinargesetz < lat. canon = Regel, Norm, Richtschnur, Messstab < griech. kanṓn, wohl urspr. = Rohrstock, -stab, zu: kánna, ↑Kanal]: **1.** (Musik) **a)** *Lied, bei dem in einem bestimmten Abstand zwei od. mehrere Stimmen nacheinander mit der Melodie einsetzen, sodass ein mehrstimmiger Gesang entsteht;* **b)** *Musikstück mit einem Thema, das nacheinander in allen Stimmen kontrapunktisch durchgeführt wird.* **2. a)** (bildungsspr.) *Richtschnur, Leitfaden für jmds. Verhalten;* **b)** *Gesamtheit der für einen bestimmten Bereich geltenden Regeln u. Vereinbarungen.* **3. a)** (bildungsspr.) *Liste mustergültiger Autoren, Werke:* für die Schule einen K. der Klassiker zusammenstellen; **b)** ⟨o. Pl.⟩ (Theol.) *Liste der kirchlich für verbindlich erklärten biblischen Schriften, der Bücher des Alten u. des Neuen Testaments.* **4.** ⟨Fachspr. Pl.: -es [...ne:s]⟩ *kirchenrechtliche Norm.* **5.** (kath. Kirche) *textlich festgelegtes, feierliches Gebet beim Vollzug der Eucharistie.* **6.** ⟨o. Pl.⟩ (kath. Kirche) *kirchenamtliches Verzeichnis der Heiligen.* **7.** (bild. Kunst, Archit.) *Regel für die Proportionen [der menschlichen Figur].* **8.** (Math.) *allgemeine Lösung einer mathematischen Aufgabe, nach der dann besondere Probleme gelöst werden können.* **9.** (Astron.) **a)** *Tafel für die Bewegungen der Himmelskörper;* **b)** *Zusammenstellung aller Mond- u. Sonnenfinsternisse.* **10.** *(im Mittelalter) jährlicher Grundzins; Abgabe des Lehnsmannes an den Lehnsherrn.*

[2]Ka|non, die; - [nach dem canon missae, dem häufig gedruckten Hauptteil des kath. Messbuches] (Druckw. veraltet): *Schriftgrad von 36 Punkt.*

Ka|no|na|de, die; -, -n [frz. canonnade, zu: canon = Geschütz < ital. cannone, ↑Kanone]: *schweres Geschützfeuer:* die K. von Valmy; **Ü** eine K. (ugs.; *Flut*) von Flüchen, Schimpfwörtern.

Ka|no|ne, die; -, -n [ital. cannone = Geschütz, eigtl. = großes Rohr, Vgr. von: canna = Rohr < lat. canna, ↑Kanal]: **1.** *[schweres] Geschütz mit langem Rohr, das dem Geschoss eine flache Flugbahn gibt u. eine große Reichweite hat:* die -n donnern, feuern; eine K. laden, richten, abfeuern; * **mit -n auf/nach Spatzen schießen** *(mit unverhältnismäßigen Maßnahmen gegen etw. Harmloses od. Belangloses vorgehen);* **unter aller K.** (ugs.; *sehr schlecht in der Qualität;* eigtl. scherzh. schülerspr. Übers. von lat. sub omni canone = [Leistung] unter jeglicher Richtschnur, zu lat. canon, ↑[1]Kanon 2 a): die Autostraßen sind dort unter aller K. **2.** (ugs.) *Könner auf einem Gebiet; sportliche Größe:* sie ist eine K. [im Tennis]. **3.** (salopp scherzh.) *Revolver:* er schleppt immer eine K. mit sich herum.

Ka|no|nen|don|ner, der: *Lärm von feuernden Kanonen.*

Ka|no|nen|fut|ter, das [wohl nach der engl. Wendung »food for powder« in W. Shakespeares (1564–1616) Drama »Heinrich IV.« (1. Teil, 4, 2)] (salopp abwertend): *Soldat[en] mit dem alleinigen Zweck, sinnlos im Krieg geopfert zu werden.*

Ka|no|nen|ku|gel, die: *Kugel, die aus einer Kanone geschossen wird.*

Ka|no|nen|rohr, das: 1. *Rohr einer Kanone:* *** [ach du] heiliges K.!** (ugs. Ausdruck der erstaunten od. erschreckten Betroffenheit: *[ach] du meine Güte!;* scherzh. statt eines Heiligennamens, den man nicht missbrauchen will). 2. (ugs.) *Kanonenstiefel.*

Ka|no|nen|schuss, der: *Schuss aus einer Kanone* (1).

Ka|no|nen|stie|fel, der: *langer Schaft-, Stulpenstiefel.*

Ka|no|nes: Pl. von ↑[1]Kanon (4).

Ka|no|nier, der; -s, -e [frz. canonnier]: 1. *Soldat der Artillerie, der ein Geschütz bedient.* 2. (Ballspiele Jargon) *besonders erfolgreicher Torschütze, der über einen wuchtigen Schuss, Wurf verfügt.*

Ka|no|ni|kat, das; -[e]s, -e [zu ↑Kanonikus]: *Amt eines Kanonikers in einem Stifts- od. Domkapitel.*

Ka|no|ni|ker, der; -s, -, **Ka|no|ni|kus,** der; -, ...ker [kirchenlat. canonicus, zu lat. canon, ↑[1]Kanon]: 1. *Mitglied eines Stifts- od. Domkapitels.* 2. *Chorherr* (2).

Ka|no|ni|sa|ti|on, die; -, -en (kath. Kirche): *Aufnahme in den* [1]*Kanon* (6); *Heiligsprechung.*

ka|no|nisch ⟨Adj.⟩ [lat. canonicus = regelmäßig]: 1. *als Richtschnur, klassisches Muster dienend:* ein -es Werk der Bildhauerei. 2. a) (kath. Kirche) *den kirchlichen [Rechts]bestimmungen gemäß:* die Frage wurde nach -em Recht *(katholischem Kirchenrecht)* entschieden; b) (Theol.) *zum* [1]*Kanon* (3 b) *gehörend:* die -en Schriften des Alten und des Neuen Testaments. 3. (Musik) *den* [1]*Kanon* (1 b) *betreffend, ihm entsprechend.*

ka|no|ni|sie|ren ⟨sw. V.; hat⟩ [kirchenlat. canonizare < spätgriech. kanonízein]: 1. *heilig sprechen:* die Märtyrerin wurde kanonisiert. 2. (bildungsspr.) a) *zum* [1]*Kanon* (2) *machen:* eine kanonisierte Auffassung, Theorie; b) *in eine Liste mustergültiger Autoren, Werke aufnehmen.*

Ka|no|nis|se, die; -, -n, **Ka|no|nis|sin,** die; -, -nen [mlat. canonissa]: 1. *Stiftsdame* (1). 2. *Chorfrau.*

Ka|no|nis|tik, die; -: *Lehre vom kanonischen Recht.*

Ka|nos|sa: ↑Canossa.

Ka|nos|sa|gang: ↑Canossagang.

Kä|no|zo|i|kum, das; -s [zu griech. kainós = neu u. zōon = Lebewesen] (Geol.): *erdgeschichtliche Neuzeit, die Tertiär u. Quartär umfasst.*

Kan|sas; Kansas': Bundesstaat der USA.

kan|ta|bel ⟨Adj.; kantabler, -ste⟩ [ital. cantabile = singbar < spätlat. cantabilis = besingenswert, zu lat. cantare, ↑[1]Kantate] (Musik): 1. *gesanglich vorgetragen, klingend.* 2. *sangbar.*

Kan|ta|bi|le, das; -, - [ital. cantabile] (Musik): *ernstes, getragenes, kantables Musikstück.*

Kan|ta|bi|li|tät, die; - (Musik): 1. *gesanglicher Vortrag, Ausdruck.* 2. *Sangbarkeit; melodische Schönheit:* die K. des Andante.

Kan|ta|brer, der; -s, -: Angehöriger eines alten iberischen Volkes.

Kan|ta|bre|rin, die; -, -nen: w. Form zu ↑Kantabrer.

kan|ta|brisch ⟨Adj.⟩: *die Kantabrer betreffend.*

[1]Kan|ta|te, die; -, -n [ital. cantata, zu: cantare < lat. cantare = singen]: *Gesangsstück für Einzelstimmen u. Chor, das von einem [kleinen] Orchester begleitet wird:* Bachs geistliche und weltliche -n; eine K. singen; in einer K. mitwirken, mitsingen, mitspielen.

[2]Kan|ta|te ⟨o. Art.; indekl.⟩ [lat. cantate = singet! (nach dem ersten Wort des Eingangsverses der Liturgie des Sonntags, Ps. 98, 1)] (ev. Kirche): *vierter Sonntag nach Ostern:* das Evangelium zum Sonntag K.

Kan|te, die; -, -n [aus dem Niederd. < mniederd. kant(e) = Ecke < afrz. cant = Ecke < lat. cant[h]us = eiserner Reif um ein Rad]: 1. *durch zwei aneinander stoßende Ebenen od. Flächen gebildete Linie:* eine scharfe, harte, vorspringende K.; ich habe mich an der K. des Schreibtisches gestoßen. 2. *Rand, äußere Begrenzung einer Fläche:* die K. an der Kufe des Schlittschuhs; sie setzte sich auf die K. [des Bettes, des Sessels]; *** an allen Ecken und -n** *(an allen Ecken [und Enden];* ↑Ecke); **etw. auf die hohe K. legen** (ugs.; *Geld in vorsorgender Absicht beiseite legen, sparen;* wohl mit Bezug auf eine in gewisser Höhe befindliche Konsole, Ablage, auf der früher oft Geld beiseite gelegt wurde); **etw. auf der hohen K. haben** (ugs.; *einen bestimmten Geldbetrag gespart haben*); **auf der K. [stehen]** (ugs.; *mit einer gewissen Unsicherheit [verbunden]; gefährdet [sein]*): es steht so auf der K., ob sie die Prüfung besteht. 3. *Webkante; Rand an Kleidungsstücken:* die -n der Ärmel sind durchgescheuert. 4. (Bergsteigen) *auf beiden Seiten steil abfallender Felsgrat:* 5. (landsch.) *Gegend:* in dieser K. Deutschlands; dass die Sache aus der K. *(derjenigen Ecke, demjenigen Bereich, von derjenigen Stelle)* kommt, das hat sie gleich gedacht. 6. (Math., Informatik, Sprachw.) *zwei Knoten verbindende Linie in einem Diagramm.*

[1]Kan|tel, die; -, -n [zu ↑Kante]: *Holzstück mit quadratischem od. rechteckigem Querschnitt.*

[2]Kan|tel, der od. das; -s, - [zu ↑Kante] (veraltet): *kleines hölzernes Lineal mit viereckigem Querschnitt.*

kan|teln ⟨sw. V.; hat⟩ [1: zu ↑Kante; 2: zu veraltet kanteln = mit Borten, Spitzen o. Ä. versehen, zu ↑Kante]: 1. (landsch.) *kanten:* ich kantele die Kiste. 2. (Handarb.) *(eine Naht o. Ä.) mit Schlingstich säubern* (3): die Naht wird gekantelt. 3. (veraltet) *mit dem* [2]*Kantel Linien ziehen.*

kan|ten ⟨sw. V.; hat⟩ [zu ↑Kante]: 1. *auf die Kante stellen:* eine Kiste beim Transport k. 2. (Skisport) *[Stahl]kanten der Skier einsetzen.*

Kan|ten, der; -s, - [aus dem Niederl., zu ↑Kante] (bes. nordd.): a) *Anschnitt od. Endstück eines Brotes;* b) *unförmiges, dickes Stück Brot.*

Kan|ten|füh|rung, die (Eiskunstlauf): *Führung der Schlittschuhkanten beim Figurenlaufen:* eine saubere K.

kan|ten|rein ⟨Adj.⟩ (Eiskunstlauf): *exakt in der Zeichnung der Figuren.*

[1]Kan|ter, der; -s, - [spätmhd. kanter < ital. cantiere, frz. chantier, cantier = hölzerne Unterlage < lat. cantherius = (Dach)balken]: 1. *Vorrichtung, die Fässer o. Ä. kantet, in die gewünschte Lage kippt.* 2. *Verschlag.* 3. (veraltet) *Kellerlager.*

[2]Kan|ter [auch: ˈkɛntɐ], der; -s, - [engl. canter, gek. aus: Canterbury gallop, nach der Gangart der nach der engl. Stadt Canterbury reitenden Pilger] (Reiten): *kurzer, leichter Galopp.*

Kant|ha|ken, der: *Holzstange mit eisernem Haken zum Kanten u. Fortbewegen von Lasten* (z. B. Balken, Baumstämmen): *** jmdn. am, beim K. nehmen/kriegen/packen** (ugs.: *jmdn. zur Rede stellen; sich jmdn. vornehmen;* für älteres jmdn. beim Kamm [= Nacken, Genick] nehmen); **etw. am K. packen** (salopp; *etw. Schwieriges bewältigen, richtig anpacken*).

Kant|holz, das: *Schnittholz von quadratischem od. rechteckigem Querschnitt.*

Kan|ti|a|ner, der; -s, -: *Anhänger der Philosophie Immanuel Kants (1724–1804).*

Kan|ti|a|ne|rin, die; -, -nen: w. Form zu ↑Kantianer.

kan|tig ⟨Adj.⟩ [zu ↑Kante]: a) *Kanten aufweisend:* -e Felsgipfel, ein -es *(scharf geschnittenes)* Gesicht; Ü ein -er *(eigenwilliger, nicht leicht zugänglicher)* Charakter, Typ; b) *von, in der Form einer Kante:* ein -es Kinn; eine -e Nase.

Kan|ti|le|ne, die; -, -n [ital. cantilena < spätlat. cantilena = Singsang, Lied] (Musik): *getragene, gesangartige Melodie.*

Kan|ti|ne, die; -, -n [frz. cantine = Soldatenschenke, eigtl. = Flaschenkeller < ital. cantina = Keller]: *restaurantähnliche Einrichtung in Betrieben, Kasernen o. Ä.:* in der K. essen; in die K. gehen; die Feier, Versammlung fand in der K. statt.

Kan|ti|nen|es|sen, das: *in der Kantine angebotenes Essen.*

[1]Kan|ton: südchinesische Stadt.

[2]Kan|ton, der; -s, -e [frz. canton = Ecke, Winkel, Bezirk < ital. cantone, Vgr. von: canto = Winkel, Ecke < lat. cantus, ↑Kante]: 1. ⟨schweiz. auch: das⟩ *Bundesland der Schweiz* (Abk.: Kt.). 2. *Bezirk, Kreis in Frankreich u. Belgien.* 3. (früher) *Wehrverwaltungsbezirk (in Preußen).*

kan|to|nal ⟨Adj.⟩ [frz. cantonal]: *den Kanton betreffend; zu einem Kanton gehörend.*

Kan|to|nal|ak|tu|ar, der (schweiz.): *am Kantonsgericht angestellter Schriftführer.*

Kan|to|nal|bank, die ⟨Pl. -en⟩ (schweiz.): *Bank, die ihr Geschäftsgebiet auf den jeweiligen* [2]*Kanton* (1) *beschränkt.*

kan|to|na|li|sie|ren ⟨sw. V.; hat⟩ (schweiz.): *der Verantwortung des* [2]*Kantons* (1) *unterstellen:* die Schulen k.

Kan|tön|li|geist, der; -[e]s (schweiz. abwertend): *engstirniges, provinzielles Denken.*

Kan|tons|bür|ger|recht, das (schweiz.): *Recht, das jmdm. die Zugehörigkeit als Bürger zu einem* [2]*Kanton* (1) *sichert.*

Kan|tons|ge|richt, das (schweiz.): *höchstes ordentliches Gericht eines* [2]*Kantons* (1).

Kan|tons|par|la|ment, das (schweiz.): *Parlament eines* [2]*Kantons* (1).

Kan|tons|rat, der (schweiz.): 1. *Parlament* (1) *eines* [2]*Kantons* (1). 2. *Mitglied des Parlaments eines Kantons.*

Kan|tons|rä|tin, die; -, -nen: w. Form zu ↑Kantonsrat (2).

Kan|tons|re|gie|rung, die (schweiz.): *Regierung eines* [2]*Kantons* (1).

Kan|tor, der; -s, ...oren [2: mlat. cantor < lat. cantor = Sänger, Schauspieler, zu: canere = singen]: 1. *Organist u. Leiter des Kirchenchors* (Berufsbez.). 2. *(im MA.) Vorsänger u. Leiter des Chores im gregorianischen Choral.*

Kan|to|rei, die; -, -en: 1. *Chor einer evangelischen Kirchengemeinde.* 2. (selten) *kleine Singgemeinschaft.*

Kan|to|rin, die; -, -nen: w. Form zu ↑Kantor (1).

Ka|nu [auch: kaˈnuː], das; -s, -s [engl. canoe < frz. canot, span. canoa < karib. can(a)oa = Einbaum]: 1. a) *leichtes Boot der Indianer mit gerundeten, hochgezogenen Steven, das mit einem Stechpaddel vorwärts bewegt wird;* b) *Einbaum.* 2. (Sport) *Sportboot, zu dem Kajak u. Kanadier zählen.*

Ka|nü|le, die; -, -n [frz. canule < spätlat. cannula = kleines Rohr, Vkl. von lat. canna, ↑Kanal] (Med.): 1. *Hohlnadel an einer Injektionsspritze.* 2. *Röhrchen zum Einführen od. Ableiten von Luft od. Flüssigkeit aus einem Körperbereich (bes. nach einem Luftröhrenschnitt).*

Ka|nu|sport, der: *als Sport betriebenes Kanufahren.*

Ka|nu|te, der; -n, -n [zu ↑Kanu] (Sport): *jmd., der [mit einem] Kanu* (2) *[Rennen] fährt.*

Ka|nu|tin, die; -, -nen: w. Form zu ↑Kanute.

Kan|zel, die; -, -n [mhd. kanzel, ahd. kancella < lat. cancelli (Pl.) = Einzäunung, Schranken, zu: cancer = Gitter, wohl dissimiliert aus: carcer, ↑Kerker]: 1. *auf einer Säule ruhende od. erhöht an einem Pfeiler angebrachte, von einer Brüstung umgebene kleine Plattform im vorderen Teil der Kirche, von der aus der Geistliche predigt:* eine reich mit Schnitzereien versehene K.; auf die K. steigen. 2. *Cockpit* (1). 3. (selten) *kleiner, erhöhter Pavillon auf einer Verkehrsinsel für Polizisten, die den Straßenverkehr regeln.* 4. (veraltet) *Rednerpult, Katheder.* 5. (Bergsteigen) *Vorsprung in einer Felswand.* 6. (Jägerspr.) *Hochsitz.*

Kan|zel|red|ner, der: *Prediger im Hinblick auf seine rednerischen Fähigkeiten:* er ist ein guter, schlechter K.

Kan|zel|red|ne|rin, die: w. Form zu ↑Kanzelredner.

Kan|zel|ton, der: 1. ⟨o. Pl.⟩ *typischer Stil u. Tonfall* *eines Predigers.* **2.** ‹Pl.› *(von der Kanzel herab) verkündete Worte.*

kan|ze|ro|gen ‹Adj.› [zu lat. cancer = Krebs(geschwür) u. ↑-gen] (Med.): *Krebs erzeugend.*

Kan|ze|ro|lo|gie, die; - [↑-logie] (Med.): *Lehre von der Erkennung u. Behandlung bösartiger Tumoren.*

kan|ze|rös ‹Adj.› [zu spätlat. cancerosus = voller Krebsgeschwüre] (Med.): *krebsartig.*

Kanz|lei, die; -, -en [mhd. kanzelie < lat. cancelli, ↑Kanzel, urspr. Bez. für einen mit Schranken umgebenen Dienstraum für Beamte u. Schreiber von Behörden u. Gerichten]: **1.** (früher) *Behörde eines Regenten od. einer Stadt, der die Ausfertigung von Urkunden u. die Durchführung des Schriftverkehrs obliegen.* **2.** *Büro eines Rechtsanwalts od. einer Behörde.*

Kanz|lei|deutsch, das (abwertend): *Amtsdeutsch.*

Kanz|lei|ge|schäf|te ‹Pl.›: *dienstliche Obliegenheiten, die zur Verwaltung einer Kanzlei gehören.*

Kanz|lei|schrift, die: *Frakturschrift, die früher in Kanzleien (1) üblich war.*

Kanz|lei|spra|che, die: **1.** *Form der deutschen Sprache im geschäftlichen Schriftverkehr (seit der 1. Hälfte des 13. Jh.s) bes. in Urkunden, Akten u. Rechtsvorschriften:* die kursächsische K. wurde durch Luthers Bibelübersetzung zur Grundlage der deutschen Schriftsprache. **2.** ‹o. Pl.› *Amtssprache (2).*

Kanz|ler, der; -s, - [mhd. kanzelære, ahd. kanzelări < spätlat. cancellarius = hoher Beamter, der insbesondere für die Ausfertigung von Staatsurkunden zuständig ist]: **1. a)** kurz für ↑Bundeskanzler: welche Partei stellte den K.?; **b)** kurz für ↑Reichskanzler. **2.** *Beamter einer diplomatischen Vertretung, der für die Abwicklung administrativer Angelegenheiten zuständig ist.* **3.** *leitender Beamter in der Verwaltung einer Hochschule.* **4.** (früher) *hoher geistlicher Würdenträger, der mit der Ausfertigung öffentlicher Urkunden eines Herrschers betraut war.*

Kanz|ler|amt, das: **1.** *Bundeskanzleramt.* **2.** ‹o. Pl.› *Amt (1) des Kanzlers (1 a).*

Kanz|ler|de|mo|kra|tie, die (Politik): *parlamentarisches Regierungssystem, das durch die besonders starke Stellung des Kanzlers (1 a) geprägt ist.*

Kanz|le|rin, die; -n -nen: w. Form zu ↑Kanzler (1 a, 2, 3).

Kanz|ler|kan|di|dat, der: *jmd., der von einer Partei als Kandidat für das Amt (1 a) des Kanzlers (1 a) nominiert ist.*

Kanz|ler|kan|di|da|tin, die: w. Form zu ↑Kanzlerkandidat.

Kanz|ler|run|de, die (Politik Jargon): **a)** *Zusammenkunft des Bundeskanzlers mit einem kleineren Kreis von Experten zur Diskussion bestimmter [akuter] politischer Fragen;* **b)** *Gesamtheit der Teilnehmer an der Kanzlerrunde (a).*

Kan|zo|ne, die; -, -n [ital. canzone = Gesang, Lied < lat. cantio (Gen.: cantionis), zu: canere = singen]: **1.** *Gedichtform der provenzalischen u. nordfranzösischen Dichtung mit gleich geformten Strophen.* **2.** *liedhafte Instrumentalkomposition (seit dem 16. Jh.) für Orgel, Laute, Klavier od. kleine Streicherbesetzung.* **3.** *kontrapunktisch gesetzter A-cappella-Chorgesang (im 16. Jh. in Frankreich).* **4.** *leichtes, heiteres, oft gefühlvolles Lied.*

Kan|zo|net|ta, die; -, ...tten, **Kan|zo|net|te,** die; -, -n [ital. canzonetta, Vkl. von: canzone, ↑Kanzone]: *kleines Gesang- od. Instrumentalstück.*

Ka|o|lin, das, (Fachspr.:) der; -s, (Sorten:) -e [nach dem chines. Berg Kaoling, einem Fundort]: *durch Zersetzung von Feldspaten entstandener Ton, der zur Herstellung von Porzellan verwendet wird; Porzellanerde.*

Kap, das; -s, -s [aus dem Niederd. < niederl. kaap < frz. cap < ital. capo, zu lat. caput = Kopf, Spitze]: **1.** *vorspringender Teil einer Felsenküste; Vorgebirge.* **2.** kurz für ↑Kap der Guten Hoffnung.

Kap. = Kapitel.

Kap Ar|ko|na; - -s: ↑Arkona.

Ka|paun, der; -s, -e [mhd. kappun (älter: kappe, ahd. kappo) < frz. (mundartl.) capon, zu spätlat. capo = verschnittener Hahn]: *kastrierter, gemästeter Hahn.*

ka|pau|nen ‹sw. V.; hat› [mhd. kappunen]: *einen Hahn kastrieren.*

Ka|pa|zi|tanz, die; -, -en [zu ↑Kapazität] (Elektrot.): *Wechselstromwiderstand einer Kapazität (1 b).*

Ka|pa|zi|tät, die; -, -en [zu lat. capacitas (Gen.: capacitatis) = Fassungsvermögen, geistige Fassungskraft, zu: capax = viel fassend u. tauglich, zu: capere, ↑kapieren]: **1.** (Physik) **a)** *Fähigkeit (eines Kondensators), [elektrische] Ladung aufzunehmen u. zu speichern;* **b)** *Kondensator od. ähnlich wirkendes Element einer elektrischen Schaltung.* **2.** (Wirtsch.) **a)** ‹Pl. selten› *maximale Leistung in der Produktion eines Unternehmens [für einen bestimmten Zeitraum]:* die K. der Fabrik ist erschöpft; die Firma hat eine K. von ungefähr einer Million Wagen im Jahr; **b)** (meist Pl.) *Produktionsstätte u. Gesamtheit aller Einrichtungen, die zur Herstellung von Industriegütern nötig sind:* ausgelastete, nicht ausgenutzte -en. **3.** ‹Pl. selten› **a)** *räumliches Fassungsvermögen:* der Kessel hat eine K. von 5 000 Litern; **b)** *Fähigkeit, etw. zu begreifen; geistige Fähigkeit:* die komplizierten Formeln übersteigen die K. der Schüler. **4.** *hervorragender Fachmann; Experte:* eine K. [als Chirurg] sein; diese Forscher sind -en in der Chemie, auf dem Gebiet der Chemie.

ka|pa|zi|ta|tiv, ka|pa|zi|tiv ‹Adj.›: **1.** *die Kapazität (1 a) eines Kondensators betreffend:* -er Widerstand (Elektrot.; *Kapazitanz*). **2.** *die Kapazität (2, 3) betreffend.*

Kap der Gu|ten Hoff|nung, das; -s - - -: Südspitze Afrikas.

Ka|pee [mit französierender Endung geb. zu ↑kapieren]: in der Wendung **schwer von K. sein** (ugs.; *begriffsstutzig sein*).

Ka|pe|lan, der; -s, -e [frz. capelan < provenz. cap(e)lan < mlat. capellanus, ↑Kaplan; wohl nach der dunklen u. weißen Färbung, die an das Kleid eines Priesters erinnert]: *in großen Schwärmen im nördlichen Atlantik vorkommender kleiner Lachsfisch.*

Ka|pel|la, die; -: Stern im Sternbild Fuhrmann.

Ka|pell|chen, das; -s, -: Vkl. zu ↑[1]Kapelle.

[1]Ka|pel|le, die; -, -n [1: mhd. kap(p)elle, ahd. kapella < mlat. cap(p)ella = kleines Gotteshaus, eigtl. = kleiner Mantel (zu spätlat. cappa = Mantel mit Kapuze, ↑Kappe), zuerst vom Aufbewahrungsort des Mantels des hl. Martin (Bischof von Tours, etwa 316–397) im merowingischen Frankenreich, später auf alle kleineren Gotteshäuser übertr.]: **1.** *kleineres, einfaches, meist nur für eine Andacht u. nicht für regelmäßige Gottesdienste einer Gemeinde bestimmtes Gotteshaus.* **2.** *abgeteilter Raum in einer größeren Kirche od. einem größeren profanen Gebäude (z. B. Schloss, Krankenhaus) für Gottesdienste, Taufen o. Ä.*

[2]Ka|pel|le, die; -, -n [ital. cappella = Musikergesellschaft, eigtl. = Musiker- u. Sängerchor in einer Schlosskapelle]: **1.** *(im MA.) Sängerchor in der Kirche, der die reine Gesangsmusik pflegt.* **2.** *kleineres Orchester, das bes. Unterhaltungs- u. Tanzmusik spielt.*

Ka|pell|meis|ter, der: **a)** *Leiter einer [2]Kapelle (2);* **b)** *nach dem [General]musikdirektor rangierender Orchesterdirigent:* erster, zweiter K.; **c)** *Dirigent (1).*

Ka|pell|meis|te|rin, die: w. Form zu ↑Kapellmeister.

[1]Ka|per, die; -, -n ‹meist Pl.› [frz. câpre, ital. cappero < lat. capparis < griech. kápparis = Kaper(nstrauch)]: *[in Essig eingelegte] Blütenknospe des Kapernstrauches.*

[2]Ka|per, der; -s, - [niederl. kaper, zu: kapen = durch Freibeuterei erwerben, kapern, wahrsch. zu afries. kāp = Kauf (verhüll. für: Seeraub)] (früher): **1.** *Schiff, das (im Seekrieg) feindliche Handelsschiffe erbeutet.* **2.** *Freibeuter (a); Seeräuber.*

Ka|per|brief, der (früher): *staatliche Vollmacht, die private Unternehmer zur Erbeutung von feindlichen Handelsschiffen (im Seekrieg) ermächtigt.*

Ka|pe|rei, die; -, -en [zu ↑[2]Kaper] (früher): *das Erbeuten feindlicher Handelsschiffe durch private Unternehmer aufgrund des Kaperbriefs.*

ka|pern ‹sw. V.; hat›: **1.** (früher) *ein [Handels]schiff im Seekrieg erbeuten.* **2.** (ugs.) *jmdn. [wider seinen Willen] für etw. gewinnen; sich jmds., einer Sache bemächtigen:* sie hat sich einen Millionär gekapert *(hat es verstanden, einen Millionär als Ehemann zu bekommen).*

Ka|per|na|um, (ökum.:) Kafarnaum: biblischer Ort am See Genezareth.

Ka|pern|so|ße, die: *helle Soße mit [1]Kapern.*

Ka|pern|strauch, der: *dorniger, auf felsigem Boden wachsender Strauch mit bläulich grünen Blättern u. großen weißen Blüten, dessen grüne Knospen die [1]Kapern liefern.*

Kap Hoorn; - -s: Südspitze Südamerikas.

ka|pie|ren ‹sw. V.; hat› [aus der Schülerspr., zu lat. capere = nehmen, fassen; begreifen] (ugs.): *etw., was man geistig erfassen soll, verstehen [u. geistig verarbeiten]:* kapierst du endlich?

ka|pil|lar ‹Adj.› [spätlat. capillaris = zum Haar gehörend, zu lat. capillus = Haar] (Med.): **1.** *(bes. von feinsten Verzweigungen der Blut- u. Lymphgefäße) haarfein.* **2.** *die Kapillaren betreffend:* die -e Durchblutung.

Ka|pil|la|re, die; -, -n [↑kapillar]: **1.** (Biol., Med.) *feinste Verzweigung der Blut- u. Lymphgefäße; Haargefäß.* **2.** (Physik) *Glasröhrchen mit sehr kleinem Durchmesser; Haarröhrchen.*

Ka|pil|lar|ge|fäß, das: **1.** (Biol., Med.) *Kapillare (1).* **2.** (Physik) *Kapillare (2).*

ka|pi|tal ‹Adj.› [lat. capitalis = vorzüglich, hauptsächlich, zu: caput, ↑Kapitän]: **a)** (ugs.) *ungewöhnlich in seinem Ausmaß, seiner Größe, seinem Umfang; sehr groß [im negativen Sinn]; alles Vergleichbare übersteigend:* ein -er Fehler; eine -e Schlamperei; **b)** (Jägerspr.) *außerordentlich groß, stark:* ein -er Bulle; ein -er *(ein besonders schönes, kräftiges Geweih mit sehr vielen Enden tragender)* Hirsch.

Ka|pi|tal, das; -s, -e, auch: -ien [ital. capitale < mlat. capitale = Grundsumme, Kapital, zu lat. capitalis, ↑kapital; 4: zu mlat. capitale = Kopfende]: **1. a)** ‹o. Pl.› *alle Geld- u. Sachwerte, die zu einer Produktion verwendet werden, die Gewinn abwirft;* **b)** *Vermögen eines Unternehmens; Grundkapital; Anlagekapital:* die Gesellschaft erhöht ihr K.; er ist an mehreren Kapitalien, Kapitalen beteiligt. **2. a)** *verfügbare Geldsumme, die bei entsprechendem Einsatz geeignet ist, dem Besitzer od. Nutznießer nennenswerten Gewinn zu bringen:* ein bescheidenes, ausreichendes, sicheres K.; sein K. [gut, äußerst gewinnbringend] anlegen, flüssig machen; das K. angreifen, in ein Geschäft stecken, aus dem Betrieb ziehen; wir müssen K. *(einen Kredit)* aufnehmen; Ü geistiges K. *(geistiges Leistungsvermögen; Wissen, Kenntnisse);* totes K. *(erworbenes Wissen, Können, das nicht genutzt wird);* *** K. aus etw. schlagen** *(aus etw. Vorteil, Gewinn ziehen);* **b)** *kleinerer Betrag an Bargeld, den man für etw. verfügbar hat.* **3.** ‹o. Pl.› *Gesamtheit aller Kapitalisten:* diese Leute gehören zum K. **4.** (Buchw.) *gewebtes [buntes] Band, das vom Buchbinder an die Ober- u. Unterkante des Buchblockrückens geklebt wird.*

Ka|pi|tal|ab|wan|de|rung, die: *Kapitalflucht.*

Ka|pi|tal|an|la|ge, die: *Einsatz von Geldmitteln in Beteiligungen, Sachwerten o. Ä. zur Erzielung von Gewinn.*

Ka|pi|tal|band, Kaptalband, das ‹Pl. ...bänder›: *Kapital (4).*

Ka|pi|tal|be|we|gung, die ‹meist Pl.›: *alle Käufe u. Verkäufe von Forderungen (1 c) zwischen Unternehmen, Banken o. Ä.:* internationale -en.

Ka|pi|tal|bil|dung, die: *Vergrößerung des Kapitals durch Sparen od. Investieren.*

K

Ka|pi|tal|buch|sta|be, der: *Großbuchstabe.*
Ka|pi|täl|chen, das; -s, - (Druckw.): *Großbuchstabe in der Höhe der kleinen Buchstaben.*
Ka|pi|ta|le, die; -, -n [frz. capitale, subst. Fem. von: capital < lat. capitalis, ↑kapital]: **1.** (veraltend) *Hauptstadt eines Landes.* **2.** (Druckw.) *Majuskelschrift.*
Ka|pi|tal|er|hö|hung, die: **a)** *Erhöhung des Grundkapitals einer Aktiengesellschaft;* **b)** *Erhöhung des Stammkapitals einer Gesellschaft mit beschränkter Haftung.*
Ka|pi|tal|er|trag, der: *Zinsen, Dividenden, Gewinn aus Kapitalanlagen.*
Ka|pi|tal|er|trags|steu|er, (Steuerw.:) **Ka|pi|tal|er|trag|steu|er,** die: *Steuer auf Erträge aus Wertpapieren o. Ä.*
Ka|pi|tal|feh|ler, der: *großer, schwerwiegender Fehler, den jmd. gemacht hat.*
Ka|pi|tal|flucht, die: *Verbringen von Kapital ins Ausland (z. B. bei politischer Instabilität, ungünstigen Steuergesetzen).*
Ka|pi|tal|ge|sell|schaft, die: *Handelsgesellschaft, bei der die Beteiligung der Gesellschafter mit einem bestimmten Kapital im Vordergrund steht.*
Ka|pi|tal|hirsch, der (Jägerspr.): *kapitaler Hirsch.*
ka|pi|tal|in|ten|siv ⟨Adj.⟩: *(in Bezug auf die Kostenstruktur eines Unternehmens) von Abschreibungen, kalkulatorischen Zinsen o. Ä. gekennzeichnet.*
Ka|pi|ta|li|sa|ti|on, die; -, -en [frz. capitalisation, zu: capitaliser, ↑kapitalisieren] (Wirtsch.): *Umwandlung eines laufenden Ertrags od. einer Rente in einen einmaligen Betrag.*
ka|pi|ta|li|sie|ren ⟨sw. V.; hat⟩ [frz. capitaliser] (Wirtsch.): *in eine Geldsumme umwandeln.*
Ka|pi|ta|li|sie|rung, die; -, -en (Wirtsch.): *das Kapitalisieren.*
Ka|pi|ta|lis|mus, der; -, ...men ⟨Pl. selten⟩: *Wirtschaftsform, die durch Privateigentum an Produktionsmitteln u. Steuerung des Wirtschaftsgeschehens über den Markt gekennzeichnet ist.*
Ka|pi|ta|list, der; -en, -en: **1.** (oft abwertend) **a)** *jmd., der Kapital (1) besitzt:* K. sein; Ü (ugs. scherzh.:) am Letzten des Monats zahlt er mit einem Hundertmarkschein, nun sieh dir mal diesen -en an!; **b)** *Anhänger des Kapitalismus.* **2.** (veraltet) *jmd., dessen Einkommen [überwiegend] aus Zinsen, Renten od. Gewinnen besteht.*
Ka|pi|ta|lis|tin, die; -, -nen: w. Form zu ↑Kapitalist.
ka|pi|ta|lis|tisch ⟨Adj.⟩: *auf dem Kapitalismus beruhend, den Kapitalismus betreffend:* ein -es Wirtschaftssystem; die -e Gesellschaftsordnung; dieser Staat ist k., wird k. regiert.
ka|pi|tal|kräf|tig ⟨Adj.⟩: *mit großem Vermögen ausgestattet.*
Ka|pi|tal|markt, der: *Markt für langfristige Kredite u. Kapitalanlagen.*
Ka|pi|tal|ver|bre|chen, das: *schwere Straftat wie Mord, schwerer Raub o. Ä.*
Ka|pi|tal|ver|kehr, der: *Gesamtheit aller finanziellen Transaktionen.*
Ka|pi|tal|ver|mö|gen, das: **a)** *Eigentum, das aus Gewinn bringenden Anlagen stammt, in Anteilen an einer Gesellschaft od. in Wertpapieren besteht;* **b)** (Finanzw.) *Erträge aus Beteiligungen der öffentlichen Hand an privaten Unternehmen.*
Ka|pi|tal|zins, der ⟨meist Pl.⟩: *Zinsgewinn aus Kapital.*
Ka|pi|tän, der; -s, -e [älter: Capitan = Schiffsführer < ital. capitano; schon mhd. kapitān < afrz. capitaine, zu spätlat. capitaneus = durch Größe hervortretend, zu lat. caput = Kopf, Spitze, Haupt]: **1.** *Kommandant eines Schiffes:* K. zur See *(Seeoffizier im Range eines Oberststs);* * **K. der Landstraße** (ugs.; *Fahrer eines Fernlastwagens*). **2.** kurz für ↑Flugkapitän. **3.** (Sport) *Mitglied einer Mannschaft, das die Mannschaft vertritt, repräsentiert:* er ist K. der Nationalelf.
Ka|pi|tä|nin, die; -, -nen: w. Form zu ↑Kapitän.
Ka|pi|täns|pa|tent, das: *amtliches Zeugnis, das jmdn. zur Führung eines Schiffes berechtigt.*
Ka|pi|tel, das; -s, - [1: mlat. capitulum = Kapitel(überschrift) < lat. capitulum = Köpfchen; Hauptabschnitt, zu: caput, ↑Kapitän; 2: mhd. kapitel = (feierliche) Hauptversammlung einer geistlichen Körperschaft]: **1.** *Abschnitt eines Textes in einem Schrift- od. Druckwerk:* das erste, zweite K.; ein K. des Romans; Abk.: Kap.; Ü ein schmerzliches, trauriges, finsteres K. seines Lebens, in seinem Leben; das ist ein anderes K. *(hat damit nichts zu tun, gehört nicht in diesen Zusammenhang);* * **ein K. für sich sein** *(eine unerfreuliche, durch mancherlei Schwierigkeiten gekennzeichnete Angelegenheit sein [über die man hier besser schweigt]).* **2. a)** *Körperschaft der Geistlichen einer Dom- od. Stiftskirche od. eines Kirchenbezirks;* **b)** *Versammlung eines geistlichen Ordens.*
ka|pi|tel|fest ⟨Adj.⟩ [zu ↑Kapitel in der Bed. »Abschnitt der bibl. Schriften«]: **a)** (selten) *sattelfest;* **b)** (bes. landsch.) *von guter Gesundheit:* er, seine Lunge ist nicht ganz k.; **c)** (landsch.) *sehr fest* (3 a).
Ka|pi|tell, das; -s, -e [spätlat. capitellum, eigtl. = Köpfchen, zu: caput = Kopf]: *oberer Abschluss einer Säule, eines Pfeilers od. eines Pilasters.*
Ka|pi|tel|über|schrift, die: *Überschrift über einem Kapitel* (1).
Ka|pi|tu|lar, der; -s, -e [mlat. capitularis]: *Mitglied eines Kapitels* (2) (z. B. Domherr).
Ka|pi|tu|la|ti|on, die; -, -en [frz. capitulation, zu: capituler, ↑kapitulieren]: **1. a)** *das Kapitulieren* (1): eine bedingungslose K.; die K. Deutschlands; **b)** *Vertrag über die Kapitulation* (1 a): die K. unterzeichnen. **2.** *das Kapitulieren* (2); *resignierendes Nachgeben, Aufgeben.* **3.** (veraltet) *Vertrag, der den Dienst eines Soldaten verlängert.*
ka|pi|tu|lie|ren ⟨sw. V.; hat⟩ [frz. capituler, eigtl. = bezüglich eines Vertrages verhandeln < mlat. capitulare = verhandeln, zu: capitulum = Vertrag, Beschluss, Artikel, zu lat. capitulum, ↑Kapitel]: **1.** *sich dem Feind ergeben; sich für besiegt erklären:* die Armee, das Land hat kapituliert. **2.** *(angesichts einer Sache) resignierend aufgeben, nachgeben, die Waffen strecken:* vor einer Aufgabe, vor Schwierigkeiten k. **3.** (veraltet) *eine Kapitulation* (3) *abschließen.*
Ka|plan, der; -s, Kapläne [mhd. kaplān, ka(p)pellān < mlat. capellanus = Geistlicher, der den Gottesdienst an einer (Hof)kapelle hält, zu: cap(p)ella, ↑[1]Kapelle] (kath. Kirche): **a)** *einem Pfarrer untergeordneter Hilfsgeistlicher;* **b)** *Geistlicher mit besonderen Aufgaben.*
Kap|land, das; -[e]s (ugs.): Gebiet um Kapstadt und das Kap der Guten Hoffnung.
Ka|po, der; -s, -s [Kurzf. von frz. caporal = Hauptmann, Anführer, Korporal]: **1.** (Soldatenspr.) *Unteroffizier.* **2.** (Jargon) *Häftling eines Straflagers o. Ä., der als Aufsicht über andere Häftlinge eingesetzt ist.* **3.** (südd. ugs.) *Vorarbeiter.*
Ka|pok [auch: 'ka:pɔk], der; -s [malai. kapuk]: *watteartiges weißgraues od. gelbliches Material aus den Fasern des Kapokbaums, das bes. für Polsterfüllungen verwendet wird:* K. ist das ideale Füllmaterial für Allergikermatratzen.
Ka|pok|baum, der: *Baum der tropischen Regenwälder mit hoch reichenden, verzweigten Wurzeln und großen Samenkapseln.*
ka|po|res ⟨Adj.⟩ [aus der Gaunerspr., zu hebr. kapạrọt = Sühneopfer; Versöhnung; weil am Vorabend des Versöhnungsfestes Hühner »kapores« geschlagen wurden] (ugs.): *entzwei, kaputt:* k. gehen (1. *entzweigehen.* 2. derb; *sterben*).
Kap|pa, das; -[s], -s [griech. káppa, aus dem Semit., vgl. hebr. kaf]: *zehnter Buchstabe des griechischen Alphabets* (Κ, κ).
Kap|pa|do|ki|en usw.: ↑Kappadozien usw.
Kap|pa|do|zi|en; -s: Landschaft im östlichen Kleinasien der Antike.
Kap|pa|do|zi|er, der; -s, -: Ew.
Kap|pa|do|zi|e|rin, die; -, -nen: w. Form zu ↑Kappadozier.
kap|pa|do|zisch ⟨Adj.⟩: *Kappadozien, die Kappadozier betreffend; aus Kappadozien stammend.*
Käpp|chen, das; -s, -: Vkl. zu ↑Kappe (1).
Kap|pe, die; -, -n [mhd. kappe = Mantel mit Kapuze; Mütze, Kappe, ahd. kappa = Mantel mit Kapuze < spätlat. cappa = (Mantel mit) Kapuze, H. u.]: **1.** *eng am Kopf anliegende Kopfbedeckung mit od. ohne Schirm:* eine K. aus Wolle, Samt, Filz; Ü der Berg hat eine weiße K. *(ist schneebedeckt);* * **jmdm. etw. auf die K. geben; jmdm. auf die K. kommen** (landsch., bes. rhein.; *jmdn. verprügeln*); **etw. auf seine [eigene] K. nehmen** (ugs.; *für eventuelle negative Folgen von etw. die Verantwortung übernehmen;* wahrscheinlich zurückgehend auf die Bedeutung der Kappe als Teil der Amtstracht, z. B. des Richters); **etw. kommt, geht auf jmds. K.** (ugs.; *jmd. muss für eine Sache geradestehen, wird dafür verantwortlich gemacht*). **2. a)** *Abdeckung od. Schutzvorrichtung an Maschinen u. Maschinenteilen* (z. B. Radkappe); **b)** *abnehmbarer, aufdrehbarer od. aufklappbarer Verschluss von Schachteln, Flaschen od. anderen Behältnissen;* **c)** (Bergbau, Bauw., Archit.) *deckendes Gewölbe über einem Stollen, [Keller]raum o. Ä.;* **d)** *fester [aufgesetzter] Teil vorn u. hinten am Schuh, der die Wölbung formt u. versteift;* **e)** (landsch.) *Anschnitt od. Endstück eines Brotes.* **3.** (Math.) *zur Oberfläche einer Kugel gehörender Teil eines Kugelsegments.* **4.** (Tabakind.) *oberster, noch nicht eingerollter Teil des Deckblattes von Zigarren, mit dem der Kopf der Zigarre fest verschlossen wird.*
kap|pen ⟨sw. V.; hat⟩ [aus dem Niederd. < mniederd. kappen < mniederl. cappen = abhauen, viell. aus dem Roman., vgl. mlat. cappare = schneiden, span. capar = verschneiden, kastrieren]: **1.** (bes. Seemannsspr.) *durchschneiden; ab-, zerschneiden:* die Leinen, Trossen k.; eine Leitung k.; jmdm. das Telefon k. *(jmds. Telefonanschluss abschalten).* **2. a)** *(Bäume, Sträucher) beschneiden, zurückschneiden; stutzen:* die Pappeln k.; eine gleichmäßig gekappte Hecke; Ü die Finanzwünsche sind um einige tausend Mark gekappt worden; **b)** *die Spitze, überflüssige Triebe u. Ä. bei Bäumen abschneiden:* die Kronen der Platanen wurden gekappt. **3.** (Geflügelzucht) **a)** *beschneiden, kastrieren:* die zur Mast bestimmten Junghähne k.; **b)** *begatten:* die Henne ist [vom Hahn] gekappt worden. **4.** (ugs.) *(einen straffällig Gewordenen) fangen, fassen.*
Kap|pes, Kappus, der; - [1: mhd. kabeȥ, ahd. kabuȥ = (Weiß)kohl, Kohlkopf < mlat. caputia = Kohlkopf, zu lat. caput = Kopf, Spitze] (west[m]d.): **1.** *Weißkohl.* **2.** *Unsinn, dummes Zeug:* red nicht solchen K.!
Kapp|hahn, der [volksetym. Deutung von ↑Kapaun als Bildung zu ↑kappen (3) u. ↑Hahn]: *Kapaun.*
Käp|pi, das; -s, -s [im 19. Jh. aus dem Schweizerischen übernommene Vkl. von ↑Kappe]: *kleine, längliche [Uniform]mütze; Schiffchen.*
Kapp|naht, die (Schneiderei): *doppelt gesteppte Naht.*
Kap|pro|vinz, die; -: (vor 1994) Provinz der Republik Südafrika.
Kap|pus: ↑Kappes.
Ka|pric|cio: ↑Capriccio.
Ka|pri|ce [ka'pri:sə], die; -, -n [frz. caprice < ital. capriccio, ↑Capriccio] (geh.): *Eigensinn; Laune; wunderlicher Einfall:* voller -n stecken.
Ka|pri|o|le, die; -, -n [urspr. = kunstvoller Sprung ital. Tänzer, zu ital. capriola = Bocksprung, zu: capro < lat. caper = Bock]: **1.** *[drolliger] Luftsprung:* -n schlagen *(Luftsprünge machen).* **2.** *launenhafter, toller Einfall; übermütiger Streich:* sie steckt voller -n; Ü eine K. des Wetters. **3.** (Reiten) *Sprung auf der Stelle, bei dem das Pferd fast senkrecht emporschnellt u. mit der Hinterhand ausschlägt.*
Ka|pri|ze, die; -, -n (österr.): ↑Kaprice.
ka|pri|zie|ren, sich ⟨sw. V.; hat⟩ [zu ↑Kaprice]: *eigensinnig auf etw. bestehen; sich auf etw. festlegen:* sich auf etw. k.

ka|pri|zi|ös ⟨Adj.⟩ [frz. capricieux]: *in launiger Weise eigenwillig:* sie ist ein -es Geschöpf.

Kap|sel, die; -, -n [spätmhd. kapsel < lat. capsula, Vkl. von: capsa, ↑Kassa]: **1.** *kleiner, runder od. ovaler Behälter.* **2.** *Arzneimittel, dessen feste od. flüssige Bestandteile von einer Masse aus verdaulichem Stoff (z. B. Gelatine) umschlossen sind.* **3.** (Bot.) *aus zwei od. mehr miteinander verwachsenen Fruchtblättern gebildete Hülle, die nach der Reife aufspringt, sodass die Samenkörner herausfallen.* **4.** (Med.) *durch körpereigene Abwehrstoffe entstandene Umhüllung eines Fremdkörpers, fremden Gewebes o. Ä., die deren Ausbreitung verhindern soll.*

Käp|sel|chen, das; -s, -: Vkl. zu ↑Kapsel (1).

kap|sel|för|mig ⟨Adj.⟩ (selten): *in der Form einer Kapsel:* eine -e Frucht.

Kap|sel|frucht, die: *Kapsel* (3).

kap|se|lig, kapslig ⟨Adj.⟩: *wie eine Kapsel:* ein -es Gebilde.

Kap|sel|riss, der (Med.): *Infraktion einer Gelenkkapsel.*

kaps|lig: ↑kapselig.

Kap|stadt: Stadt in der Republik Südafrika.

Kap|tal, das; -s, -e, **Kap|tal|band,** das ⟨Pl. ...bänder⟩ (Buchw.): *Kapital* (4).

Kap|tein, Käp|ten, der; -s, -s [mniederd. kapteyn, ↑Kapitän] (nordd. ugs.): *Kapitän* (1).

Ka|put, der; -s, -e [aus dem Roman., vgl. frz. capot, ital. cappotto, zu: cappa <spätlat. cappa, ↑Kappe] (schweiz.): *Soldatenmantel.*

ka|putt ⟨Adj.⟩ [zuerst in der Wendung: caput (capot) machen < frz. (Kartenspiel) être/faire capot = ohne Stich sein, H. u.] (ugs.): **1.** *entzwei; defekt; nicht mehr funktionierend:* -es Spielzeug, Geschirr; ⟨nicht standardsprachl. auch mit erweiterter Endung:⟩ -ene Schuhe; ein -es (scherzh.; *gebrochenes*) Bein; das -e *(völlig zerstörte)* Berlin; die Uhr ist k.; die Birne ist k. *(durchgebrannt);* Ü ein -er Typ *(nicht mehr in der bürgerlichen Gesellschaft verankerter Mensch, dessen Persönlichkeit zu einem Teil zerstört ist);* seine Ehe ist k. *(völlig zerrüttet);* der Geschäftsmann ist k. *(geschäftlich ruiniert; pleite);* **R** was ist denn jetzt k.? (salopp; *was ist denn jetzt passiert?*); * **bei jmdm. ist was k.** (salopp; *jmd. ist leicht verrückt*). **2.** *müde, erschöpft:* er machte einen -en Eindruck; ich bin ganz k., fühle mich k.

ka|putt|fah|ren ⟨st. V.; hat⟩ (ugs.): *(ein Auto) durch Unfall od. unsachgemäßes Fahren erheblich beschädigen:* er hat den Wagen seines Freundes kaputtgefahren.

ka|putt|ge|hen ⟨unr. V.; ist⟩ (ugs.): **1.** *schadhaft werden, entzweigehen:* im Haushalt ist mit der Zeit viel kaputtgegangen; der Pullover geht kaputt *(hat Löcher);* viele Pflanzen sind durch den Frost kaputtgegangen *(eingegangen).* **2.** *[wirtschaftlich] ruiniert werden, zugrunde gehen:* das Geschäft ging kaputt.

ka|putt|krie|gen ⟨sw. V.; hat⟩ (ugs.): *entzweibrechen; bewirken, dass etw. schließlich kaputt ist:* das Spielzeug kann noch so stabil aussehen, Kinder kriegen es doch kaputt.

ka|putt|la|chen, sich ⟨sw. V.; hat⟩ (ugs.): *übermäßig lachen:* sich über etw., einen Witz k.; du lachst dich kaputt! (Ausruf der [Schaden]freude).

ka|putt|ma|chen ⟨sw. V.; hat⟩: **1.** (ugs.) *zerbrechen, zerstören:* es ist sehr viel Geschirr kaputtgemacht worden; Ü sie hat versucht, unsere Ehe kaputtzumachen. **2. a)** (ugs.) *[wirtschaftlich] ruinieren:* Supermärkte machen die kleinen Geschäfte kaputt; **b)** (ugs.) ⟨k. + sich⟩ *sich selbst, seine Gesundheit, seine Nerven ruinieren:* sie hat sich für andere abgerackert und sich dabei kaputtgemacht; **c)** (Gaunerspr.) *niederschlagen u. umbringen.*

ka|putt|schla|gen ⟨st. V.; hat⟩ (ugs.): *zerschlagen:* er hat eine Fensterscheibe kaputtgeschlagen.

ka|putt|tre|ten ⟨st. V.; hat⟩ (ugs.): *[in zerstörerischer Absicht] zertreten:* ein Fahrrad, einen Eimer k.

Ka|pu|ze, die; -, -n [ital. cappuccio, wahrsch. Abl. von: cappa < spätlat. cappa, ↑Kappe]: *an einem Mantel, Anorak, einer Jacke o. Ä. angenähte od. angeknöpfte Kopfbedeckung, die sich (als Regen- u. Kälteschutz) ganz über den Kopf ziehen lässt:* die K. hochziehen.

ka|pu|zen|för|mig ⟨Adj.⟩: *von, in der Form einer Kapuze.*

Ka|pu|zen|man|tel, der: *Mantel mit Kapuze.*

Ka|pu|zi|ner, der; -s, - [ital. cappuccino, zu: cappuccio, ↑Kapuze; 2: nach der durch die Milch bewirkten Farbe des Kaffees, die dem Braun der Kutten von Kapuzinern gleichen soll; 4: nach der graubraunen Farbe des Pilzhutes, vgl. Kapuziner (2)]: **1.** *Angehöriger des Kapuzinerordens.* **2.** (österr.) *Kaffee mit etwas Milch.* **3.** *Kapuzineraffe.* **4.** (landsch.) *Birkenröhrling.*

Ka|pu|zi|ner|af|fe, der [nach der schwarzen, einer Kapuze ähnlichen Kopfbehaarung]: *(in Südamerika heimischer) Affe mit langem Schwanz, dunklem Fell u. hellem, fast weißlichem Gesicht.*

Ka|pu|zi|ner|kres|se, die [wohl nach der Farbe der Blüten]: *[kletternde] Pflanze mit schildförmigen Blättern u. goldgelben bis orangeroten, einzeln auf langen Stielen sitzenden Blüten mit einem Sporn.*

Ka|pu|zi|ner|mönch, der: *Mönch des Kapuzinerordens.*

Ka|pu|zi|ner|or|den, der ⟨o. Pl.⟩: *im frühen 16. Jh. nach den Regeln des hl. Franz v. Assisi gegründeter Orden;* Abk.: O. [F.] M. Cap. = Ordo [Fratrum] Minorum Capuc(c)inorum.

Kap Ver|de, das; - -: Westspitze Afrikas.

Kap Verde; -s: Staat auf den Kapverdischen Inseln.

Kap|ver|den ⟨Pl.⟩: **1.** (schweiz.) Kap Verde. **2.** die Kapverdischen Inseln.

Kap|ver|di|er, der; -s, -: Ew.

Kap|ver|di|e|rin, die; -, -nen: w. Form zu ↑Kapverdier.

kap|ver|disch ⟨Adj.⟩: *die Kapverdischen Inseln, die Kapverdier betreffend.*

Kap|ver|di|sche In|seln ⟨Pl.⟩: Inselgruppe vor dem Kap Verde.

Kar, das; -[e]s, -e [mhd. kar, ahd. char = Schüssel, Geschirr, urspr. = Gefäß, wahrsch. aus einer kleinasiat. Spr.]: *Mulde od. Kessel zwischen Steilwänden im Hochgebirge, dessen früher vergletscherter Boden mit Geröll bedeckt ist.*

Ka|ra|bi|ner, der; -s, - [frz. carabine = kurze Reiterflinte, zu: carabin = Reiter, H. u.]: **1.** *Gewehr mit kurzem Lauf.* **2.** (österr.) *Karabinerhaken.*

Ka|ra|bi|ner|ha|ken, der: *Haken, der durch einen Verschluss mit fest zuschnappender Feder* (3) *gesichert ist.*

Ka|ra|bi|ni|e|re: ↑Carabiniere.

Ka|ra|cho, das; -s [span. carajo = (zum) Donnerwetter!, im Span. derber Fluch, eigtl. = Penis, H. u.] (ugs.): *große Geschwindigkeit, Rasanz:* meist in der Fügung **mit K.** *(mit großem Tempo).*

Ka|raf|fe, die; -, -n [frz. carafe < ital. caraffa, span. garrafa < arab. (maghrebinisch) ǧarrāfa^h = bauchige Flasche, zu: ǧarafa = schöpfen]: *bauchige [geschliffene] Glasflasche [mit Verschluss]:* eine K. [mit weißem] Wein.

Ka|ra|i|be: ↑Karibe.

ka|ra|i|bisch: ↑karibisch.

Ka|ra|kal, der; -s, -s [türk. karakulak, eigtl. = Schwarzohr, aus: kara = schwarz u. kulak = Ohr]: *(in Afrika u. Südwestasien heimische) luchsähnliche Katzenart mit graugelbem Fell u. großen Pinselohren; Wüstenluchs.*

Ka|ra|ko|rum [auch: ...ˈrʊm], der; -[s]: Hochgebirge in Mittelasien.

Ka|ra|kul|schaf, das [russ. karakul, nach einem See im Hochland von Pamir]: *Fettschwanzschaf, dessen Lämmer den wertvollen Persianerpelz liefern.*

Ka|ra|kum, die; -: Wüstengebiet im Süden des Tieflands von Turan.

Ka|ra|man, der; -[s], -s [nach der türk. Stadt Karaman]: **a)** *Knüpfteppich mit großformatigen geometrischen Mustern;* **b)** *aus mehreren schmalen Kelims zusammengenähter Teppich.*

Ka|ram|bo|la|ge [...ˈlaːʒə], die; -, -n [urspr. = Zusammenstoß der Kugeln im Billardspiel; frz. carambolage, zu: caramboler = zusammenstoßen, zu: carambole = rote Billardkugel, H. u.]: **1. a)** (ugs.) *Zusammenstoß [von Fahrzeugen]:* fast wäre es zu einer K. gekommen; **b)** (veraltend) *heftige Auseinandersetzung, Streit.* **2.** (Billard) **a)** *das Anstoßen des [roten] Spielballes an die beiden anderen Bälle:* eine K. ausführen; **b)** Sammelbezeichnung für alle Arten von Billard, bei denen die Kugeln nicht wie beim Poolbillard in Löcher gespielt werden.

[1]Ka|ram|bo|le, die; -, -n [frz. carambole, ↑Karambolage] (Billard): *Spielball; roter Ball.*

[2]Ka|ram|bo|le, die; -, -n [...]: *längliche Beerenfrucht eines tropischen Sauerkleegewächses.*

ka|ram|bo|lie|ren ⟨sw. V.⟩ [frz. caramboler]: **1.** (selten) *zusammenstoßen, aufeinander prallen* ⟨hat, ist⟩. **2.** (Billard) *mit dem Spielball die beiden anderen Bälle treffen* ⟨hat⟩.

ka|ra|mel usw.: frühere Schreibung für ↑karamell usw.

ka|ra|mell ⟨indekl. Adj.⟩: *bräunlich gelb.*

Ka|ra|mell, der, schweiz. auch: das; -s [frz. caramel < span., port. caramelo = Zuckerrohr; gebrannter Zucker < lat. calamellus = Röhrchen, Vkl. von: calamus, ↑Kalmus]: *zu einer dickflüssigen Masse zergangener Zucker von charakteristischem Geschmack:* K. mit abgekochter Milch ablöschen.

Ka|ra|mell|bon|bon, der od. das: *aus Karamell u. Milch od. Sahne hergestellter Bonbon.*

Ka|ra|mel|le, die; -, -n ⟨meist Pl.⟩: *Karamellbonbon.*

ka|ra|mel|lie|ren ⟨sw. V.; hat⟩: *(von Zucker) zu Karamell werden.*

ka|ra|mel|li|sie|ren ⟨sw. V.; hat⟩ [frz. caraméliser]: **1.** *Zucker zu Karamell brennen.* **2.** *(Speisen, bes. Früchte) mit gebranntem Zucker übergießen od. in Zucker rösten.*

Ka|ra|mell|pud|ding, der: *Pudding mit Karamellzucker.*

Ka|ra|mell|zu|cker, der: *zu Karamell gewordener, karamellisierter Zucker.*

Ka|ra|o|ke, das; -[s] [jap. karaoke, eigtl. = leeres Orchester]: **1.** *Veranstaltung, bei der zur (vom Band abgespielten) Instrumentalmusik eines Schlagers dessen Text (von nicht berufsmäßigen Sängern) gesungen wird.* **2.** *für Karaoke* (1) *geeignete Musikaufnahme.*

Ka|rat, das; -[e]s, -e ⟨aber: 5 Karat⟩ [frz. carat = Edelstein- u. Goldgewicht < mlat. carratus < arab. qīrāṭ < griech. kerátion = Hörnchen, Same des Johannisbrotbaumes; diese Samenkörner wurden früher zum Wiegen von Gold u. Edelsteinen benutzt]: **1.** *Einheit für die Gewichtsbestimmung von Edelsteinen:* ein K. entspricht einem Gewicht von 0,2 g. **2.** *Einheit der (in 24 Stufen eingeteilten) Skala für den Goldgehalt einer Legierung:* reines Gold hat 24 K.

Ka|ra|te, das; -[s] [jap. karate, eigtl. = leere Hand]: *sportliche Disziplin u. Methode der waffenlosen Selbstverteidigung, die in erster Linie auf Techniken des Schlagens u. Stoßens beruht:* K. lernen.

Ka|ra|te|ka, der; -[s], -[s] u. die; -, -[s]: *jmd., der Karate betreibt.*

-ka|rä|ter, der; -s, - [zu ↑Karat]: in Zusb., z. B. Zehnkaräter (mit Ziffer 10-Karäter): *Edelstein von 10 Karat* (1).

-ka|rä|tig, (österr. auch:) **-ka|ra|tig:** in Zusb., z. B. zehnkarätig (mit Ziffern: 10-karätig): *zehn Karat wiegend.*

Ka|rat|schi: pakistanische Hafenstadt.

Ka|rau|sche, die; -, -n [lit. karõsas, aus dem Slaw., vgl. russ. karas' = Karausche]: *(zu den Karpfenfischen gehörender) Süßwasserfisch mit hohem olivgrünem Rücken u. goldbraunen Seiten.*

Ka|ra|vel|le, die; -, -n [frz. caravelle < port. caravela, zu älter: caravo = Küstenschiff < spätlat. carabus = geflochtener Kahn]: *im MA. u. in der Zeit der Entdeckungsfahrten benutztes leichtes Segelschiff mit geringem Tiefgang u. hohen Aufbauten am Heck.*

K

Ka|ra|wa|ne, die; -, -n [mhd. (md.) karabane = Heeresgepäck, auch: Ort der Aufbewahrung desselben < ital. caravana < mlat. caravanna < pers. kārwān = Kamelzug, Reisegesellschaft]: **1.** *durch unbewohnte Gebiete [Asiens od. Afrikas] ziehende Gruppe von Reisenden, Kaufleuten, Forschern o. Ä. [mit Kamelen als Lastenträgern]:* R die Hunde bellen, aber die K. zieht weiter (*unbeirrt von Widerstand od. Kritik gehen wir auf dem eingeschlagenen, für richtig befundenen Weg weiter;* wohl Übersetzung des gleichbed. türk. Sprichworts it ürür, kervan yürür). **2.** *größere Anzahl, Kolonne von Personen od. Fahrzeugen, die sich in einem langen Zug hintereinander fortbewegen.*

Ka|ra|wa|nen|stra|ße, die: *bevorzugt von Karawanen (1) benutzte Route.*

Ka|ra|wan|se|rei, die; -, -en [pers. kārwānsarāy, aus: kārwān (↑Karawane) u. sarāy, ↑Serail]: *Rasthaus, Übernachtungsstation [u. Warenumschlagplatz] an einer Karawanenstraße.*

karb-, Karb-, (chem. Fachspr.:) carb-, Carb-: ↑karbo-, Karbo-.

Kar|bid, das; -[e]s, -e [zu lat. carbo, ↑karbo-, Karbo-]: **1.** (chem. Fachspr.: Carbid) *Verbindung aus Kohlenstoff u. einem Metall od. Halbmetall.* **2.** ⟨o. Pl.⟩ (Chemie) *aus in reinem Zustand weißen, durch Verunreinigungen [dunkel]grau gefärbten Kristallen bestehende Masse mit intensivem, stechendem Geruch, die mit Wasser unter Zersetzung reagiert u. als Reduktionsmittel sowie zur Gewinnung von Acetylen gebraucht wird.*

Kar|bid|lam|pe, die, **Kar|bid|licht,** das: *Lampe, in der aus Karbid u. Wasser entstehendes Acetylen mit heller Flamme verbrennt.*

kar|bo-, Kar|bo-, (chem. Fachspr.:) carbo-, Carbo-, (vor Vokalen auch:) karb-, Karb- (carb-, Carb-) [zu lat. carbo (Gen.: carbonis) = (Holz)kohle] ⟨Best. in [fachspr.] Zus. mit der Bed.⟩: *Kohle, Kohlenstoff* (z. B. Karbolineum, karbonisieren).

Kar|bol, das; -s [zu lat. carbo (↑karbo-, Karbo-) u. ↑Alkohol]: *früher als Desinfektionsmittel gebrauchter, einfachster aromatischer Alkohol mit durchdringendem Geruch.*

Kar|bo|li|ne|um, (Fachspr.:) Carbolineum, das; -s [zu lat. oleum = Öl, also eigtl. = Kohlenöl]: *braunrotes, nach Teer riechendes Öl, das als Schutzanstrich für Holz u. in verdünnter Form als Mittel zur Schädlingsbekämpfung an Obstbäumen dient.*

Kar|bol|säu|re, die ⟨o. Pl.⟩: *Karbol.*

Kar|bon, das; -s [zu lat. carbo = Kohle, nach der in dieser Zeit vorherrschenden Kohlebildung] (Geol.): *vorletzte Formation des Erdaltertums.*

Kar|bo|na|do, der; -s, -s [span. carbonado]: *grauschwarze Abart des Diamanten, die hauptsächlich in der Technik verwendet wird.*

[1]Kar|bo|nat, der; -[e]s, -e: *Karbonado.*

[2]Kar|bo|nat, das; -[e]s, -e: *Salz der Kohlensäure.*

kar|bo|na|tisch ⟨Adj.⟩: *von einem [2]Karbonat abgeleitet; [2]Karbonat enthaltend:* -e Gesteine.

Kar|bon|druck, der ⟨Pl. -e⟩ (Druckw.): *Druckverfahren zur Beschichtung der Rückseite von Vordrucken, Formularen o. Ä. mit einer Spezialfarbe, um ein Durchschreiben (1) ohne Einlegen von Kohlepapier zu ermöglichen.*

kar|bo|nisch ⟨Adj.⟩ (Geol.): *das Karbon betreffend, im Karbon entstanden:* ein -es Gebirge.

Kar|bon|säu|re, die (Chemie): *Säure, die eine bestimmte organische Gruppe mit einem leicht abzuspaltenden Wasserstoffatom enthält.*

Kar|bun|kel, der; -s, - [lat. carbunculus = fressendes Geschwür, eigtl. = kleine Kohle, Vkl. von: carbo = Kohle] (Med.): *Ansammlung mehrerer ineinander übergehender Furunkel.*

Kar|da|mom, der od. das; -s, -e[n] [mhd. kardamōm < lat. cardamomum < griech. kardámōmon]: **1.** *(zu den Ingwergewächsen gehörende) Pflanze mit gelbweißen Blüten an langen Sprossen u. braunen Kapselfrüchten.* **2.** *Samen der Früchte des Kardamoms (1), die getrocknet u. gemahlen als Gewürz bes. für Lebkuchen u. Spekulatius verwendet werden.*

Kar|dan [auch: ˈ– –], der; -s, -e [nach dem ital. Erfinder G. Cardano (1501–1576)] (Kfz-T. Jargon): *Kardanwelle.*

Kar|dan|ge|lenk, das (Technik): *bewegliche Verbindung zweier Wellen, durch die die Übertragung von Drehmomenten unter wechselnden Winkeln ermöglicht wird.*

kar|da|nisch ⟨Adj.⟩: in der Fügung **kardanische Aufhängung** (Technik; *Vorrichtung zur Aufhängung von Lampen, Schiffskompassen u. Ä. in einem System von drei um ihre Achse drehbaren Ringen, wodurch der aufgehängte Körper auch bei Schwankungen im Raum seine vorgegebene [senkrechte] Lage beibehält*).

Kar|dan|wel|le, die: *zwischen Kardangelenken angebrachte od. durch Kardangelenk[e] unterteilte Welle.*

Kar|dät|sche, die; -, -n [zu älter ital. cardeggiare = Wolle kämmen, zu lat. carduus, ↑Karde]: *ovale Pferdebürste mit kurzen, dichten Borsten.*

Kar|de, die; -, -n [1: mhd. karte < ital. carda < mlat. cardus < lat. carduus = Kardendistel; 2: mhd. karte]: **1.** *hochwachsende, distelartige Pflanze mit spitzen, stechenden Blättern u. stachligen, violetten od. gelblich weißen Blütenköpfen.* **2.** (Spinnerei) *Vorrichtung, mit der die büscheligen Fasern des zu spinnenden Materials geglättet werden.*

Kar|deel, das; -s, -e [niederl. kardeel < afrz. cordel = Tau, zu lat. chorda = Darmsaite] (Seemannsspr.): *Strang eines starken Taues, einer Trosse.*

kar|den ⟨sw. V.; hat⟩ [spätmhd. karten] (Spinnerei): *mit der Karde (2) bearbeiten.*

Kar|den|dis|tel, die: *Karde (1).*

Kar|di|a|kum, das; -s, ...ka [zu griech. kardía, ↑kardio-, Kardio-] (Med.): *herzstärkendes Medikament.*

kar|di|al ⟨Adj.⟩ (Med.): *das Herz betreffend, von ihm ausgehend:* -e Beschwerden.

Kar|di|al|gie, die; -, -n [zu griech. álgos = Schmerz] (Med.): **1.** *Schmerzen im Bereich des Herzens.* **2.** *Krampf der Muskulatur am Mageneingang.*

kar|di|nal ⟨Adj.⟩ [(spät)lat. cardinalis = vorzüglich, den Haupt-, Angelpunkt bildend, zu: cardo = Türangel, Dreh-, Angelpunkt] (bildungsspr.): *besonders wichtig; hauptsächlich, grundlegend:* ein -es Problem.

Kar|di|nal, der; -s, ...näle [1: mhd. kardināl < kirchenlat. cardinalis episcopus = wichtigster, der Hauptkirche in Rom am nächsten stehender Geistlicher, zu (spät)lat. cardinalis, ↑kardinal; 2: nach der dem Ornat eines Kardinals ähnlichen Farbenpracht des Gefieders; 3: engl. cardinal]: **1.** (kath. Kirche) *höchster Würdenträger nach dem Papst, Mitglied des Kardinalskollegiums:* die Kardinäle wählen den Papst; er wurde zum K. ernannt. **2.** *farbenprächtiger Singvogel, der häufig als Käfigvogel gehalten wird.* **3.** *kaltes Getränk aus Weißwein, Zucker u. der Schale von Pomeranzen.*

Kar|di|nal|bi|schof, der: *Bischof im Rang eines Kardinals (1).*

Kar|di|na|le, das; -[s], ...lia ⟨meist Pl.⟩: *Kardinalzahl.*

Kar|di|nal|far|be, die: *Grundfarbe (1).*

Kar|di|nal|feh|ler, der: *schwerwiegender, grundlegender Fehler.*

Kar|di|nal|fra|ge, die: *Hauptfrage.*

Kar|di|nals|hut, der: *meist roter, flacher Hut mit breiter Krempe als Zeichen der Kardinalswürde.*

Kar|di|nals|kol|le|gi|um, das: *sich aus den Kardinälen (1) zusammensetzender Senat des Papstes.*

Kar|di|nals|kon|gre|ga|ti|on, die: *Kurienkongregation.*

Kar|di|nals|wür|de, die ⟨o. Pl.⟩: *Würde (2) eines Kardinals.*

Kar|di|nal|tu|gend, die ⟨meist Pl.⟩ [LÜ von spätlat. virtutes cardinales (Pl.)]: *jede der vier wichtigsten Tugenden der christlichen Sittenlehre u. der philosophischen Ethik (Klugheit, Gerechtigkeit, Besonnenheit, Tapferkeit).*

Kar|di|nal|zahl, die [LÜ von spätlat. numerus cardinalis]: *Zahlwort, mit dem etwas Gezähltes ausgedrückt wird; natürliche Zahl; Grundzahl* (1).

kar|dio-, Kar|dio- [zu griech. kardía = Herz] ⟨Best. in Zus. mit der Bed.⟩: *Herz;* auch: *Magen[eingang]* (z. B. Kardiogramm, Kardioide, Kardiospasmus).

Kar|dio|gramm, das; -s, -e [↑-gramm] (Med.): **a)** *Elektrokardiogramm;* **b)** *grafische Darstellung, Kurve der die Bewegung des Herzens anzeigenden Schwingungen des Brustkorbs.*

Kar|dio|graph, der; -en, -en [↑-graph] (Med.): *Gerät, das die Schwingungen des Herzens aufzeichnet.*

Kar|di|o|ide, die; -, -n [zu griech. -oeidḗs = ähnlich] (Math.): *Kurve, die herzförmig aussieht, wenn fester u. abrollender Kreis gleichen Radius haben.*

Kar|di|o|lo|ge, der; -n, -n [↑-loge]: *Facharzt u. Wissenschaftler auf dem Gebiet der Kardiologie; Herzspezialist.*

Kar|di|o|lo|gie, die; - [↑-logie]: *Teilgebiet der Medizin, das sich mit der Funktion u. den Erkrankungen des Herzens befasst.*

Kar|di|o|lo|gin, die; -, -nen: w. Form zu ↑Kardiologe.

kar|di|o|lo|gisch ⟨Adj.⟩: *die Kardiologie betreffend, auf ihr beruhend.*

Kar|dio|spas|mus, der; -, ...men (Med.): *Krampf der Muskulatur am Mageneingang.*

kar|dio|vas|ku|lär ⟨Adj.⟩ (Med.): *Herz u. Gefäße betreffend.*

Kar|di|tis, die; -, ...tiden (Med.): *entzündliche Erkrankung des Herzens.*

Ka|re|li|en; -s: nordosteuropäische Landschaft.

Ka|re|li|er, der; -s, -: Angehöriger eines finnischen Volksstammes.

Ka|re|li|e|rin, die; -, -nen: w. Form zu ↑Karelier.

ka|re|lisch ⟨Adj.⟩: *Karelien, die Karelier betreffend; aus Karelien stammend.*

Ka|renz, die; -, -en [spätlat. carentia = das Nichthaben, das Entbehren, zu lat. carere = frei sein (von), nicht haben, entbehren]: **1.** *Karenzzeit.* **2.** (Med.) *Enthaltsamkeit, Verzicht.*

Ka|renz|frist, die: *Wartezeit* (2).

Ka|renz|zeit, die (bes. Versicherungsw.): *Wartezeit, Sperrfrist, vor deren Ablauf eine bestimmte Erlaubnis nicht erteilt wird bzw. ein bestimmter Anspruch nicht geltend gemacht werden kann.*

ka|res|sie|ren ⟨sw. V.; hat⟩ [frz. caresser < ital. carezzare = liebkosen, zu: caro < lat. carus = lieb, wert, teuer] (landsch., sonst veraltet): **a)** *liebkosen;* **b)** *mit jmdm. eine Liebschaft haben.*

Ka|rez|za, die; - [ital. carezza = Liebkosung, zu: carezzare, ↑karessieren]: *Form des Geschlechtsverkehrs, bei der der Samenerguss [bewusst] vermieden wird.*

Kar|fi|ol, der; -s [zu ital. cavolfiore = Kohlblume, zu: cavolo = Kohl u. fiore = Blume] (südd., österr.): *Blumenkohl.*

Kar|frei|tag, der; -[e]s, -e [mhd. karvrītac, zu mhd. kar, ahd. chara = Wehklage, Trauer, zu einem lautm. Verbstamm mit der Bed. »rufen, schreien, jammern«]: *Freitag vor Ostern; Tag, an dem der Kreuzigung Christi gedacht wird.*

Kar|fun|kel, der; -s, - [mhd. karfunkel, karvunkel (unter Anlehnung an: vunke = Funke) < lat. carbunculus, ↑Karbunkel]: **1.** *feuerroter Edelstein (der im Märchen durch die Kraft ausgezeichnet ist, den Träger unsichtbar zu machen).* **2.** (volkst.) ↑Karbunkel.

Kar|fun|kel|stein, der: *Karfunkel* (1).

karg ⟨Adj.; karger/(seltener:) kärger, kargste/(seltener:) kärgste⟩ [mhd. karc, ahd. karag, urspr. = traurig, bekümmert, besorgt, zu mhd. kar, ahd. chara, ↑Karfreitag]: **1.** *(in Bezug auf die Menge, in der etw. Bestimmtes vorhanden ist o. Ä.) nicht üppig od. reichlich:* -e Mahlzeiten; -er Lohn; k. bemessen sein. **2.** *sehr schmucklos, ohne jeden* *äußeren Aufwand:* der Raum sieht sehr k. aus; * **mit etw. k. sein** *(kargen):* er ist immer k. mit Anerkennung. 3. *(in Bezug auf eine Landschaft u. ihren Boden) wenig fruchtbar:* ein -er Boden; -e Erde.

kar|gen ⟨sw. V.; hat⟩ [mhd. kargen, zu ↑karg] (geh.): *mit etw. sparsam sein; geizen:* mit Geld, mit Worten, Anerkennung [nicht] k.

Karg|heit, die; - (geh.): *karge Beschaffenheit.*

kärg|lich ⟨Adj.⟩ [mhd. kerclich = sparsam, knapp]: *in bedauerlicher Weise wenig, gering, ärmlich; armselig:* ein -es Leben führen; das ist der -e Rest; der Lohn ist k.

Kärg|lich|keit, die; -: *das Kärglichsein.*

Kar|go: ↑Cargo.

Ka|ri|be, der; -n, -n: Angehöriger eines Indianervolkes in Mittel- u. Südamerika.

Ka|ri|bik, die; -: Karibisches Meer.

Ka|ri|bin, die; -, -nen: w. Form zu ↑Karibe.

ka|ri|bisch ⟨Adj.⟩: *das Karibische Meer betreffend, zu ihm gehörend:* ein -er Inselstaat; die -e Küste.

Ka|ri|bi|sche Meer, das; -n -[e]s: Nebenmeer des Atlantischen Ozeans zwischen Zentralamerika u. dem nördlichen Südamerika.

Ka|ri|bu [auch: 'kar...], das od. der; -s, -s [frz. caribou, aus einer nordamerik. Indianerspr.]: *(vor allem in Kanada vorkommendes) Ren.*

Ka|ri|en; -s: historische Landschaft in Kleinasien.

ka|riert ⟨Adj.⟩: 1. *(von Geweben) mit Karos gemustert:* eine -e Bluse; der Stoff ist k. 2. *(von bestimmtem Papier) durch aufgedruckte waagrechte u. senkrechte Linien in gleichmäßige Quadrate od. Rechtecke aufgegliedert:* -es Papier für maßstabgetreue Zeichnungen. 3. (ugs. abwertend) *wirr; ohne erkennbaren Sinn:* k. *(verwirrt, verständnislos)* gucken.

Ka|ri|es [...ie:s], die; - [lat. caries = Morschheit, Fäulnis] (Zahnmed.): *akuter od. chronischer Zerfall der harten Substanz der Zähne.*

Ka|ri|ka|tur, die; -, -en [ital. caricatura, eigtl. = Überladung, zu: caricare = übertrieben komisch darstellen, eigtl. = be-, überladen < vlat. carricare, ↑Kargo]: 1. a) *Zeichnung o. Ä., die durch satirische Hervorhebung bestimmter charakteristischer Züge eine Person, eine Sache od. ein Geschehen der Lächerlichkeit preisgibt:* politische -en; eine K. des Ministers; -en zeichnen; b) ⟨o. Pl.⟩ *das Karikieren; Kunst der Karikatur* (1 a): diese Gestalt entzieht sich der K. *(lässt sich nicht karikieren).* 2. (abwertend) *Zerr-, Spottbild* (b).

ka|ri|ka|tur|ar|tig ⟨Adj.⟩: *in der Art einer Karikatur.*

Ka|ri|ka|tu|rist, der; -en, -en [ital. caricaturista]: *jmd., der Karikaturen zeichnet.*

Ka|ri|ka|tu|ris|tin, die; -, -nen: w. Form zu ↑Karikaturist.

ka|ri|ka|tu|ris|tisch ⟨Adj.⟩: *in der Art einer Karikatur; karikierend:* eine -e Übertreibung.

ka|ri|kie|ren ⟨sw. V.; hat⟩ [ital. caricare, ↑Karikatur]: *als Karikatur zeichnen, darstellen:* Politiker werden häufig karikiert; etw. verzerrt und karikiert wiedergeben.

ka|ri|o|gen ⟨Adj.⟩ [zu ↑Karies u. ↑-gen] (Med., Zahnmed.): *Karies verursachend, hervorrufend.*

ka|ri|ös ⟨Adj.⟩ [lat. cariosus = morsch, faul] (Med., Zahnmed.): *von Karies befallen.*

ka|risch ⟨Adj.⟩: *Karien betreffend, zu Karien gehörend.*

Ka|ri|tas, die; - [lat. caritas = Liebe, zu: carus = lieb, wert] (bildungsspr. selten): *christliche Nächstenliebe; Wohltätigkeit.*

ka|ri|ta|tiv ⟨Adj.⟩: *von Nächstenliebe bestimmt; wohltätig:* die Sammlung dient -en Zwecken.

Karl-Marx-Stadt: Name für Chemnitz 1953–1990.

Karls|bad: Kurort in der Tschechischen Republik (tschech. Karlovy Vary).

[1]**Karls|ba|der,** der; -s, -: Ew.

[2]**Karls|ba|der** ⟨indekl. Adj.⟩: K. Oblaten; K. Hörnchen.

Karls|ba|de|rin, die; -, -nen: w. Form zu ↑[1]Karlsbader.

Karls|ru|he: Stadt in Baden-Württemberg.

Kar|ma, Kar|man, das; -s [sankr. karma(n)] (Buddhismus, Dschainismus, Hinduismus): *das die Form der Wiedergeburt eines Menschen bestimmende Handeln bzw. das durch früheres Handeln bedingte gegenwärtige Schicksal.*

Kar|me|lit, der; -en, -en, (ugs.:) **Kar|me|li|ter,** der; -s, - [nach dem Gebirgszug Karmel im Norden des heutigen Israels]: *Angehöriger eines katholischen, teils streng kontemplativ lebenden, teils seelsorgerisch u. missionarisch tätigen Bettelordens.*

Kar|me|li|ter|geist, der ⟨o. Pl.⟩: *Destillat aus Heilkräutern.*

Kar|me|li|te|rin, die; -, -nen: *Karmelitin.*

Kar|me|li|ter|or|den, der: *Orden der Karmeliten.*

Kar|me|li|tin, die; -, -nen: *Angehörige des weiblichen Zweiges des Karmelitenordens.*

Kar|me|sin, das; -s [ital. carmesino = Hochrot < arab. qirmizī = (roter Farbstoff der) Schildlaus]: *Karmin.*

kar|me|sin|rot ⟨Adj.⟩: *karminrot.*

Kar|min, das; -s: a) *Farbstoff von kräftigem Rot;* b) *die rote Farbe des Karmins* (a).

kar|min|rot ⟨Adj.⟩ [zu ↑Karmin]: *kräftig rot, leuchtend rot.*

Karn, das; -s [nach den Karnischen Alpen] (Geol.): *Stufe der alpinen Trias.*

Kar|nau|ba|wachs, das [zu port. carnaúba = eine Palmenart; aus einer südamerik. Indianerspr.]: *von einer Palme gewonnenes Wachs, das für Kerzen, Bohnerwachs u. a. verwendet wird.*

Kar|ne|ol, der; -s, -e [ital. corniola, zu lat. corneolus = hornartig]: *ein durch Eisenoxide blutrot bis gelblich gefärbter Schmuckstein.*

Kar|ne|val, der; -s, -e u. -s [ital. carnevale, H. u.; viell. volksetym. Umdeutung von mlat. carnelevale (carnelevare) = Fleischwegnahme (während der Fastenzeit) od. von mlat. carrus navalis = Schiffskarren, Schiff auf Rädern (bei Festumzügen im Frühjahr zur Wiedereröffnung der Schifffahrt) unter Anlehnung an lat. carne vale = Fleisch, lebe wohl!]: *Zeit des Narrentreibens, der Kostüm- u. Maskenfeste; Fastnacht[szeit]:* der rheinische K.; K. in Rio; K. feiern; die Hochburgen des -s; [an, zu] K.; auf den K. *(zu einer Karnevalsveranstaltung)* gehen.

kar|ne|va|lesk ⟨Adj.⟩ (bildungsspr.): *aus dem Karneval stammend, dem Karneval verwandt, in der Art des Karnevals.*

Kar|ne|va|list, der; -en, -en: *jmd., der sich aktiv am Karneval, bes. als Vortragender bei Karnevalssitzungen, beteiligt.*

Kar|ne|va|lis|tin, die; -, -nen: w. Form zu ↑Karnevalist.

kar|ne|va|lis|tisch ⟨Adj.⟩: *den Karneval betreffend, zum Karneval gehörend:* eine -e Veranstaltung.

Kar|ne|vals|ge|sell|schaft, die: *Karnevalsverein.*

Kar|ne|vals|kos|tüm, das: *Kostüm* (3 b), *Verkleidung, die [bei einer Veranstaltung] an Karneval getragen wird.*

Kar|ne|vals|prinz, der: *von einem Karnevalsverein für eine Saison gewählter, in einem Prinzenkostüm auftretender Repräsentant des närrischen Treibens.*

Kar|ne|vals|prin|zes|sin, die: vgl. Karnevalsprinz.

Kar|ne|vals|sit|zung, die: *von einem Karnevalsverein ausgehende [öffentliche] Veranstaltung mit Büttenreden, Liedern, Tanzgruppen u. anderen Vorführungen.*

Kar|ne|vals|trei|ben, das ⟨o. Pl.⟩: *fröhliches Umherziehen kostümierter Gestalten auf den Straßen.*

Kar|ne|vals|um|zug, der: *Umzug während der Karnevalszeit.*

Kar|ne|vals|ver|an|stal|tung, die: *öffentliche Veranstaltung im Zeichen des Karnevals.*

Kar|ne|vals|ver|ein, der: *Verein zur Pflege karnevalistischen Brauchtums.*

Kar|ne|vals|zeit, die ⟨o. Pl.⟩: *sich über einige Wochen erstreckende Zeit vor Aschermittwoch.*

Kar|ne|vals|zug, der: vgl. Karnevalsumzug.

Kar|ni|ckel, das; -s, - [1: niederd., md.; älter: Ka(r)nickelgen, zu mniederd. kanineken, Vkl. von: kanīn, ↑Kaninchen; 2 a: nach einer Anekdote, in der ein von einem Hund getötetes Kaninchen angeblich den ungleichen Kampf angefangen hatte]: 1. (landsch.) *Kaninchen.* 2. (ugs.) a) *Sündenbock:* immer bin ich das K.!; b) *Dummkopf.*

Kar|ni|ckel|fut|ter, das (landsch. scherzh.): *Rohkost.*

kar|nisch ⟨Adj.⟩ (Geol.): *zum Karn gehörend; im Karn entstanden:* die -e Stufe *(Karn);* die Karnischen Alpen.

kar|ni|vor ⟨Adj.⟩ [lat. carnivorus, zu: caro (Gen.: carnis) = Fleisch u. vorare = verschlingen] (Biol.): *(von bestimmten Tieren u. Pflanzen) Fleisch fressend; sich hauptsächlich von Fleisch ernährend.*

[1]**Kar|ni|vo|re,** der; -n, -n ⟨meist Pl.⟩: *Fleisch fressendes Tier, vor allem Raubtier.*

[2]**Kar|ni|vo|re,** die; -n, -n ⟨meist Pl.⟩: *Fleisch fressende Pflanze.*

Kar|nöf|fel, Karnüffel, das; -s [spätmhd. (md.) carnuffel, eigtl. = Hodenbruch, viell. aus dem Französ.]: a) *ein altes Kartenspiel;* b) *wichtige Karte im Karnöffel* (a) *mit dem Bild eines Landsknechts, Bauern o. Ä.*

Kärn|ten; -s: österreichisches Bundesland.

kärn|tisch ⟨Adj.⟩ (selten): *kärntnerisch.*

Kärnt|ner, der; -s, -: Ew.

Kärnt|ne|rin, die; -, -nen: w. Form zu ↑Kärntner.

kärnt|ne|risch ⟨Adj.⟩: *Kärnten, die Kärntner betreffend; aus Kärnten stammend.*

Kar|nüf|fel: ↑Karnöffel.

Ka|ro, das; -s, -s [frz. carreau, zu spätlat. quadrum = Viereck, zu lat. quadrus, ↑Quader]: 1. *[auf der Spitze stehendes] Viereck:* eine silberne Krawatte mit blauen -s; sie trägt gern K. *(mit Karos gemusterte Kleidung);* ein Anzug in feinem braunem K. *(Karomuster).* 2. a) ⟨meist o. Art.; o. Pl.⟩ *[niedrigste] Farbe im Kartenspiel; Eckstein;* b) ⟨Pl. Karo⟩ *Spiel mit Karten, bei dem Karo* (2 a) *Trumpf ist;* c) ⟨Pl. Karo⟩ *Spielkarte mit Karo* (2 a) *als Farbe.*

Ka|ro|ass, das: [2]*Ass* (1) *der Farbe Karo* (2 a); *vgl. Herzass.*

Ka|ro|bu|be, der: vgl. Karoass.

Ka|ro|li|nen ⟨Pl.⟩: Inselgruppe im Pazifischen Ozean.

ka|ro|lin|gisch: ↑Minuskel.

Ka|ro|mus|ter, das: *Muster, das Karos* (1) *aufweist, aus Karos* (1) *besteht.*

Ka|ros|se, die; -, -n [frz. carrosse < ital. carrozza, zu: carro < lat. carrus, ↑[1]Karre]: 1. *prunkvoll ausgestattete Kutsche; Staatskarosse:* die K. der Königin. 2. (ugs.) *Karosserie.*

Ka|ros|se|rie, die; -, -n [frz. carrosserie]: *Aufbau von Kraftwagen (oberhalb des Fahrgestells):* eine schnittige K.

Ka|ros|se|rie|bau, der ⟨o. Pl.⟩: a) *das Herstellen von Karosserien;* b) *Industriezweig, der sich mit dem Bau von Karosserien beschäftigt.*

Ka|ros|si|er, der; -s, -s [frz. carrossier]: 1. *Entwerfer von Karosserien.* 2. (veraltet) *Kutschpferd.*

Ka|ro|tin, (chem. Fachspr.:) Carotin, das; -s [zu lat. carota, ↑Karotte]: *rote Kristalle bildende Substanz, die eine wichtige Vorstufe von Vitaminen darstellt.*

Ka|rot|te, die; -, -n [1: älter niederl. karote < frz. carotte < lat. carota < griech. karōtón = Möhre, Karotte; 3: frz. carotte (de tabac), wohl wegen der Ähnlichkeit der zusammengerollten Tabakblätter mit Karotten (1)]: 1. *[zarte, junge] Möhre [einer kleinen, runden Art]:* Leipziger Allerlei aus Erbsen, -n und Spargelabschnitten. 2. (rhein.) *Rote Rübe, Rote Bete.*

Ka|rot|ten|saft, der: *Möhrensaft.*

Kar|pa|ten ⟨Pl.⟩: Gebirge in Mitteleuropa.

kar|pa|tisch ⟨Adj.⟩: *die Karpaten betreffend, aus den Karpaten stammend.*

Karp|fen, der; -s, - [mhd. karpfe, ahd. karpho, wahrsch. aus einer Spr. des Alpen- u. Donaugebietes]: *großer Süßwasserfisch mit hohem, blauem bis blaugrünem Rücken, helleren, oft goldgelb glänzenden Seiten u. einem vorgestülp-*

ten Maul mit vier Barteln: Silvester essen wir K.; K. blau (vgl. Aal blau).

Karp|fen|fisch, der (Zool.): *zu einer artenreichen Familie von Süßwasserfischen gehörender Fisch* (z. B. Elritze, Karausche, Karpfen, Schleie).

Karp|fen|teich, der: *Teich, in dem Karpfen gezüchtet werden.*

Kar|ra|geen, Kar|ra|gheen, das; -[s] [nach dem irischen Ort Carragheen]: *getrocknete Rotalgen nördlicher Meere, die u. a. als Heilmittel verwendet werden; Irländisches Moos.*

Kar|ra|ra: ↑Carrara.

kar|ra|risch: ↑carrarisch.

[1]Kar|re, die; -, -n (bes. md., nordd.), Karren, der; -s, - (bes. südd. u. österr.) [mhd. karre, ahd. karro < lat. carrus = vierrädriger Wagen, Karre; wohl aus dem Kelt.]: **1. a)** *kleiner ein-, zwei- od. dreirädriger Wagen zum Schieben od. Ziehen:* die Karre, den Karren beladen, schieben, ziehen; wir holten drei Karren [voll] Sand; * **die Karre/den Karren in den Dreck führen/fahren/schieben** (ugs.; *eine Sache gründlich verderben*); **die Karre/den Karren [für jmdn.] aus dem Dreck ziehen** (ugs.; *eine verfahrene Angelegenheit [die ein anderer verschuldet hat] bereinigen*); **die Karre/den Karren [einfach] laufen lassen** (ugs.; *sich um eine Sache nicht [mehr weiter] kümmern*); **jmdm. an die Karre/den Karren fahren/**(salopp:) **pinkeln/**(derb:) **pissen** (ugs.; *grob, massiv gegen jmdn. vorgehen; scharfe Kritik an jmdm. üben*); **b)** ⟨meist Karren⟩ *hölzerner Kastenwagen (für Zugtiere) mit zwei meist großen Rädern:* ein Pferd, Ochse zieht den Karren; * **die Karre/der Karren ist total verfahren** (ugs.; *die Situation scheint ausweglos*); **mit jmdm. an einem Karren ziehen** (*mit jmdm. zusammen die gleichen Interessen u. Ziele verfolgen, das gleiche Schicksal haben);* **unter den Karren kommen** (ugs.; ↑[2]Rad 1); **jmdn. vor seinen Karren spannen** *(jmdn. für seine eigenen Interessen einsetzen);* **sich nicht vor jmds. Karren spannen lassen** *(sich nicht für Ziele u. Zwecke eines andern [mit denen man nicht einverstanden ist] benutzen, einsetzen lassen).* **2.** (abwertend) *altes, schlechtes Fahrzeug (bes. Auto):* die Karre, der Karren springt nicht an.

[2]Kar|re, die; -, -n ⟨meist Pl.⟩ [landsch. Karre = napfartiges Gefäß, zu ↑Kar] (Geol.): *durch Verwitterung, Schmelzwasser o. Ä. entstandene Rinne od. Furche in Kalkgestein.*

Kar|ree, das; -s, -s [frz. carré, subst. 2. Part. von: carrer, ↑karrieren]: **1.** *Viereck, Geviert:* ein K. bilden; sich im K. aufstellen; Ü ums K. *(den Wohnblock, das Geviert von Straßen)* gehen. **2.** (österr.) *Rippenstück (von Schwein, Kalb od. Lamm).* **3.** *eine Schliffform für Diamanten.*

kar|ren ⟨sw. V.⟩: **1.** *[mit einer Karre, einem Karren] befördern* ⟨hat⟩: Mist auf den Misthaufen k. **2.** (ugs.) *mit einem Gefährt fahren* ⟨ist⟩: im Auto durch die Gegend k.

[1]Kar|ren: ↑[1]Karre.

[2]Kar|ren ⟨Pl.⟩ [zu landsch. Karre = napfartiges Gefäß, zu ↑Kar] (Geol.): *durch Verwitterung, Schmelzwasser o. Ä. entstandene Rinnen u. Furchen im Kalkgestein:* das Gelände ist von tiefen K. zerfurcht.

Kar|ren|feld, das: *von vielen [2]Karren durchzogenes, zerklüftetes Gelände.*

Kar|rer, der; -s, - [zu ↑[1]Karre] (schweiz.): *Fuhrmann.*

Kar|ri|e|re, die; -, -n [frz. carrière = Rennbahn, Laufbahn, zu spätlat. (via) carraria = Fahrweg, zu lat. carrus, ↑[1]Karre]: **1.** *erfolgreicher Aufstieg im Beruf:* eine steile K.; seine K. verfolgen, aufgeben; am Anfang einer großen K. stehen; * **K. machen** *([rasch] zu beruflichem Erfolg, Ehre u. Anerkennung gelangen).* **2.** (Reiten) *schnellste Gangart des Pferdes, gestreckter Galopp:* K. reiten.

Kar|ri|e|re|frau, die: **a)** *Frau, die dabei ist, Karriere zu machen, bzw. die eine wichtige berufliche Stellung errungen hat;* **b)** (oft abwertend) *Frau, die ohne Rücksicht auf ihr Privatleben, ihre Familie ihren Aufstieg erkämpft [hat].*

Kar|ri|e|re|mann, der: vgl. Karrierefrau.

Kar|ri|e|rist, der; -en, -en (abwertend): *jmd., der in rücksichtsloser Weise seinen Aufstieg erkämpft [hat].*

Kar|ri|e|ris|tin, die; -, -nen: w. Form zu ↑Karrierist.

kar|ri|e|ris|tisch ⟨Adj.⟩ (abwertend): *nach Art eines Karrieristen, auf eine Karriere ausgerichtet:* -es Verhalten.

Kärr|ner, der; -s, - [zu ↑[1]Karre] (veraltet): *Arbeiter, der harte körperliche Arbeit verrichten muss.*

Kärr|ner|ar|beit, die (abwertend): *harte [Klein]arbeit [ohne sichtbaren Erfolg].*

Kar|sams|tag, der; -[e]s, -e [zum 1. Bestandteil vgl. Karfreitag]: *Samstag der Karwoche.*

[1]Karst, der; -[e]s, -e [spätmhd. karst, H. u.] (landsch., schweiz.): *[zweizinkige] Hacke zum Aufbrechen des Bodens.*

[2]Karst, der; -[e]s, -e [nach der gleichnamigen Landschaft, einem Teil der Dinarischen Alpen] (Geol.): *durch Wasser ausgelaugte, an der Oberfläche meist kahle Gebirgslandschaft aus Kalkstein.*

Karst|bo|den, der: *durchlässiger Boden, in dem alles Wasser sofort versickert.*

Karst|ge|biet, das: vgl. Karstlandschaft.

kars|tig ⟨Adj.⟩: *[2]Karst aufweisend:* -er Boden.

Karst|land|schaft, die: *[2]Karst.*

Kart, der; -[s], -s [engl. cart = [1]Karre]: kurz für ↑Gokart.

kart. = kartoniert.

Kar|tät|sche, die; -, -n [unter Einfluss von älter engl. cartage < ital. cartaccia = grobes Papier, cartoccio = Tüte, Flintenpatrone]: **1.** (früher) *mit Bleikugeln gefülltes (auf kurze Entfernungen verwendetes) Artilleriegeschoss.* **2.** (Bauw.) *[schmales] Brett mit Handgriff zum Verreiben des Putzes.*

Kar|tau|se, die; -, -n [spätmhd. karthūs (unter Anlehnung an: hūs = Haus), älter: chartusey < mlat. Cartusia, nach dem südfrz. Kloster Chartreuse bei Grenoble]: *[aus Einzelhäusern bestehendes] Kloster der Kartäusermönche.*

Kar|täu|ser, der; -s, -: **1.** *Angehöriger des Kartäuserordens.* **2.** *Kartäuserlikör.*

Kar|täu|se|rin, die; -, -nen: *Angehörige des weiblichen Zweiges des Kartäuserordens.*

Kar|täu|ser|li|kör, der: *Kräuterlikör in der Art des [1]Chartreuse.*

Kar|täu|ser|mönch, der: *Kartäuser* (1).

Kar|täu|ser|nel|ke, die [entweder weil sie mit Vorliebe in Klostergärten gezogen wurde od. weil man den botanischen Studien des Ordens ein Denkmal setzen wollte]: *Wildform der Nelke, die auf trockenen, kalkreichen Böden wächst.*

Kar|täu|ser|or|den, der ⟨o. Pl.⟩ *(1084 in der Grande Chartreuse bei Grenoble gegründeter) kontemplativer katholischer Orden* (Abk.: O. Cart.).

Kärt|chen, das; -s, -: Vkl. zu ↑Karte (1, 2).

Kar|te, die; -, -n [spätmhd. karte = steifes Blatt Papier < frz. carte < lat. charta < griech. chártēs = Blatt der ägypt. Papyrusstaude, daraus zubereitetes Papier, dünnes Blatt usw.; wohl aus dem Ägypt.]: **1.** *rechteckiges Blatt aus dünnem Karton, das verschiedene Funktionen erfüllt, z. B. für handschriftliche od. maschinelle Eintragungen, Lochungen o. Ä. verwendet wird:* -n [im Format] DIN A 6; * **die gelbe K.** (Fußball; *Karte in gelber Farbe, die vom Schiedsrichter nach einem Foul als optisches Zeichen für die Verwarnung eines Spielers in die Höhe gehalten wird*); **die rote K.** (Fußball; *Karte in roter Farbe, die vom Schiedsrichter nach einem groben Foul o. Ä. als optisches Zeichen für das Verweisen eines Spielers vom Spielfeld in die Höhe gehalten wird*); **die gelb-rote K.** (Fußball; *Ampelkarte*); **die grüne K.** (Verkehrsw.; *vom Versicherungsverband ausgestellter Ausweis in grüner Farbe, mit dem ein Kraftfahrer z. B. beim Grenzübertritt nachweist, dass er ordnungsgemäß haftpflichtversichert ist*). **2.** kurz für Ansichtskarte, Postkarte: eine K. aus dem Urlaub schicken. **3. a)** kurz für Visitenkarte: sie tauschten ihre -n aus; **b)** kurz für Einladungskarte, Verlobungskarte o. Ä.; **c)** kurz für Speisekarte: nach der K. essen *(nicht das angebotene Menü nehmen, sondern Einzelgerichte aus der Speisekarte bestellen).* **4. a)** kurz für Fahrkarte, Flugkarte; **b)** kurz für Eintrittskarte: -n für die Oper bestellen; **c)** kurz für Lebensmittelkarte: auch Brot gab es nur auf -n. **5. a)** *Spielkarte:* ein Spiel, Satz -n; gute -n in/(Jargon:) auf der Hand haben; die -n neu mischen; -n spielen *(ein Kartenspiel spielen);* R diese K. sticht nicht [mehr] *(diese Androhung hat keine Wirkung, das Argument überzeugt nicht [mehr]);* * **wissen, wie die -n fallen** *(kommende Ereignisse vorausahnen);* **die/seine -n aufdecken/[offen] auf den Tisch legen/offen legen** *(seine Absichten, Pläne enthüllen [u. dabei die vorhandenen eigenen Mittel u. Möglichkeiten offenbaren]);* **alle -n in der Hand haben** *(über alle [Macht]mittel u. Möglichkeiten verfügen);* **die letzte K. ausspielen** *(mit dem letzten Mittel noch einmal den Versuch machen, ein bestimmtes Ziel zu erreichen);* **jmdm. die -n legen/**(landsch.:) **schlagen** *(aus den Karten jmds. angebliches Schicksal voraussagen u. deuten);* **alles auf eine K. setzen** *(alles riskieren);* **auf die falsche K. setzen** *(eine Sache unterstützen, die sich als falsch od. erfolglos erweist);* **jmdm. in die -n sehen/schauen/**(ugs.:) **gucken** *(heimlich in jmds. Pläne Einblick nehmen);* **sich** ⟨Dativ⟩ **nicht in die -n sehen/schauen/**(ugs.:) **gucken lassen** *(seine Absichten geheim zu halten wissen);* **mit gezinkten -n spielen** *(seine Pläne, Ziele mit unlauteren Mitteln verfolgen);* **mit offenen/verdeckten -n spielen** *(etw. offen u. ohne Hintergedanken/mit heimlichen Nebenabsichten tun);* **b)** ⟨o. Pl.⟩ *vollständiges, zusammengehörendes Spiel von Spielkarten; Kartenspiel* (2): die französische K. *(Kartenspiel mit den Farben Kreuz, Pik, Cœur u. Karo);* die deutsche K. *(Kartenspiel mit den Farben Eicheln, Grün, Herz u. Schellen);* eine K. besteht aus 32 oder 52 Blättern; **c)** ⟨o. Pl.⟩ *bestimmte Anzahl von Spielkarten, die zu einem Kartenspiel gehören od. die an die einzelnen Spieler ausgegeben wurden:* eine gute K., schlechte -n haben; ich habe heute keine K. (Jargon; *ganz schlechte Karten*). **6.** kurz für Landkarte, Himmelskarte, Sternkarte: eine physikalische *(die natürlichen Formen, Ebenen, Gebirge usw. in der Farbgebung herausarbeitende),* eine politische *(viele Ortschaften sowie die Staaten u. ihre Grenzen verzeichnende),* eine historische *(historische, ehemalige Verhältnisse, Gegebenheiten verzeichnende)* K.; die K. von Europa; -n zeichnen; eine K. ausbreiten, zusammenfalten; etw. in eine K. eintragen. **7.** (EDV) kurz für ↑Steckkarte. **8.** kurz für Scheckkarte, Kreditkarte o. Ä.: zahlen Sie bar oder mit [der] K.?

Kar|tei, die; -, -en [urspr. Warenzeichen, geb. nach ↑Auskunftei]: *Sammlung von Karten gleicher Größe u. gleichen Formats für einheitliche Aufzeichnungen, die nach bestimmten Ordnungsprinzipien wie Sachgruppen, Alphabet o. Ä. sortiert sind u. in [Schub]kästen zur Einsichtnahme aufbewahrt werden:* eine K. anlegen, führen; in der K. nachsehen, blättern.

Kar|tei|kar|te, die: *Karte, die zu einer Kartei gehört.*

Kar|tei|kas|ten, der: *Kasten für Karteikarten.*

Kar|tei|lei|che, die (scherzh.): **a)** *Karteikarte, deren Stichwort keiner wirklichen Person od. Sache, keinem tatsächlichen Vorgang mehr entspricht;* **b)** *registriertes, aber nicht aktives Mitglied einer Organisation.*

Kar|tell, das; -s, -e [urspr. = schriftl. Vereinbarung der Kampfbedingungen im Turnier, später = schriftl. Vertrag (zwischen Kriegführenden) < frz. cartel = Vertrag, Zusammenschluss < ital. cartello = (Anschlag)zettel, kleines Schreiben, zu: carta < lat. charta, ↑Karte]: **1.** (Wirtsch.) *Zusammenschluss von Unterneh-*

K

men, die rechtlich u. wirtschaftlich weitgehend selbstständig bleiben, aber durch Preisabsprachen o. Ä. den Wettbewerb ausschalten: ein K. bilden. **2.** *Zusammenschluss von studentischen Verbindungen mit gleicher Zielsetzung.* **3.** (Politik) *befristetes Bündnis mehrerer Parteien [im Wahlkampf].*

Kar|tell|amt, das: *Behörde, die die Einhaltung der kartellrechtlichen Bestimmungen überwacht.*

kar|tell|ar|tig ⟨Adj.⟩: *einem Kartell ähnlich; wie ein Kartell.*

Kar|tell|bil|dung, die: *Zusammenschluss zu einem Kartell.*

Kar|tell|ge|setz, das: *Gesetz zur Verhinderung von Kartellbildungen in Industrie u. Wirtschaft.*

kar|tel|lie|ren ⟨sw. V.; hat⟩ (Wirtsch.): *in Kartellen* (1) *zusammenfassen:* kartellierte *(durch ein Kartell festgelegte)* Preise.

Kar|tell|recht, das: *Rechtsbestimmungen zur Vereinbarung der Bildung von wirtschaftlichen Kartellen.*

kar|tell|recht|lich ⟨Adj.⟩: *das Kartellrecht betreffend:* -e Bestimmungen.

kar|ten ⟨sw. V.; hat⟩ [spätmhd. karten] (ugs.): *Karten spielen.*

Kar|ten|bild, das: *Gesamtbild, Übersicht auf einer geographischen Karte.*

Kar|ten|blatt, das: *einzelne [Spiel]karte.*

Kar|ten|brief, der: *Brief, der aus einer Briefkarte besteht.*

Kar|ten|gruß, der: *Gruß, kurze Mitteilung auf einer [Ansichts]postkarte.*

Kar|ten|haus, das: **1.** *aus Spielkarten aufgebautes Häuschen, das beim kleinsten Anstoß od. Luftzug in sich zusammenfällt:* die Kinder bauen Kartenhäuser; ***** **einstürzen, in sich zusammenfallen wie ein K.** *(sich als unrealistisch erweisen; sich in ein Nichts auflösen).* **2.** (Seew.) *Raum auf der Kommandobrücke eines Schiffes, in dem die Seekarten u. nautischen Instrumente aufbewahrt u. benutzt werden.*

Kar|ten|kun|de, die: **1.** *Kartographie.* **2.** *Lehre vom Lesen u. Verstehen von Landkarten.*

Kar|ten|kunst|stück, das: *Zauberkunststück mit Spielkarten.*

Kar|ten|le|gen, das; -s: *Wahrsagen aus Spielkarten.*

Kar|ten|le|ge|rin, die: *Wahrsagerin, die aus den Karten prophezeit.*

Kar|ten|netz, das (Geogr.): *System der Längen- u. Breitenkreise auf einer geographischen Karte.*

Kar|ten|netz|ent|wurf, der (Geogr.): *Projektion des Systems von Längen- u. Breitenkreisen auf die Fläche einer Karte.*

Kar|ten|spiel, das: **1.** *Spiel mit Spielkarten:* ein K. machen. **2.** *Gesamtheit der zu einem Spiel nötigen Spielkarten:* ein K. mit 32 Karten; zu dieser Patience braucht man zwei -e.

Kar|ten|spie|ler, der: *jmd., der Karten* (5 a) *spielt:* ein guter, schlechter, passionierter K.

Kar|ten|spie|le|rin, die: w. Form zu ↑Kartenspieler.

Kar|ten|stock, der: *Talon* (2 b).

Kar|ten|ta|sche, die: **a)** *umzuhängendes od. am Gürtel zu befestigendes flaches Behältnis mit durchsichtigem Deckblatt für die (z. B. in der militärischen Ausrüstung) griffbereit mitgeführte Landkarte;* **b)** *in Kraftwagen an Türen, Sonnenblenden o. Ä. angebrachte Vorrichtung zur Aufbewahrung von Straßenkarten.*

Kar|ten|te|le|fon, das: *öffentliches Telefon, das nicht mit Münzen, sondern mit einer Telefonkarte zu benutzen ist.*

Kar|ten|ver|kauf, der: *Verkauf von Eintritts- od. Fahrkarten.*

Kar|ten|vor|ver|kauf, der: *eine bestimmte Zeit im Voraus stattfindender Kartenverkauf.*

Kar|ten|werk, das: *Gesamtheit der Karten* (6) *(z. B. topographischer Karten) von einheitlicher Gestaltung u. in gleichem Maßstab, die ein bestimmtes Gebiet abdecken.*

Kar|ten|zei|chen, das: *kartographisches Zeichen, Symbol für die Darstellung bestimmter Gegebenheiten auf einer Landkarte.*

kar|te|si|a|nisch, kartesisch: ↑cartesianisch, cartesisch.

Kar|te|si|a|nis|mus: ↑Cartesianismus.

kar|te|sisch: ↑cartesianisch.

Kar|tha|ger, der; -s, -: Ew.

Kar|tha|ge|rin, die; -, -nen: w. Form zu ↑Karthager.

kar|tha|gisch ⟨Adj.⟩: *Karthago, die Karthager betreffend; aus Karthago stammend.*

Kar|tha|go: phönizische Stadt in Nordafrika.

kar|tie|ren ⟨sw. V.; hat⟩ [1: zu ↑Karte; 2: zu ↑Kartei]: **1.** (Geogr.) *(ein Gebiet, eine Landschaft) auf einer Karte (6) darstellen.* **2.** *[auf einer Karteikarte vermerken u.] in eine Kartei einordnen.*

Kar|ting, das; -s [engl. karting]: *das Fahren mit dem Gokart; Wettbewerb im Gokartfahren.*

Kart|ler, der; -s, -: *Gokartfahrer.*

Kart|le|rin, die; -, -nen: w. Form zu ↑Kartler.

Kar|tof|fel, die; -, -n [dissimiliert aus älterem Tartuffel, Tartüffel < älter ital. tartufo, tartufolo, eigtl. = Trüffel < spätlat. terrae tuber = Trüffel, Erdknolle; das Wort wurde zur Bez. für die (zuerst von den Spaniern aus Amerika nach Europa gebrachte) Kartoffel durch eine Verwechslung ihrer Wurzelknollen mit den unterirdisch wachsenden knollenartigen Fruchtkörpern der Trüffel]: **1.** *krautige Pflanze mit gefiederten Blättern u. weißen, rosa od. violetten Blüten, die wegen der essbaren Knollen, die sich an unterirdischen Sprossen befinden, angebaut wird:* frühe, späte -n *(früh, spät zu erntende Pflanzensorten);* -n pflanzen, [an]bauen, hacken, häufeln; **R** rein in die -n, raus aus den -n (ugs.; *erst lautet die Anordnung so, dann genau umgekehrt;* 19. Jh.; urspr. milit.; bezieht sich darauf, das Truppen, die beim Manöver durch Kartoffeläcker vorrücken sollten, zur Vermeidung von Flurschäden wieder zurückbeordert wurden). **2.** *essbare Knolle der Kartoffel* (1): gelbe, runde, mehlige, glasige, fest kochende -n; es war nicht eine einzige faule K. dazwischen; rohe, gekochte, gedämpfte, gedünstete -n; neue -n *(aus neuer Ernte stammende Frühkartoffeln);* gequellte -n (westd., südwestd.; *Pellkartoffeln*); gesottene -n (bayr.; *Pellkartoffeln*); -n ernten, schälen, pellen, abgießen. **3.** (ugs. scherzh.) *knollige Nase.* **4.** (ugs. scherzh.) *(große) Taschenuhr od. Armbanduhr.* **5.** (ugs. scherzh.) *großes Loch, bes. im Strumpf.* **6.** (ugs. scherzh.) *minderwertiger, weicher [Fuß]ball.*

Kar|tof|fel|acker, der: *Acker, auf dem Kartoffeln gezogen werden.*

Kar|tof|fel|bo|fist, Kar|tof|fel|bo|vist, der: *runder Bofist, der in Farbe u. Form einer Kartoffel ähnlich ist u. übel riechenden, grünlichen, im Alter fast schwarzen Sporenstaub hat.*

Kar|tof|fel|brei, der: *aus weich gekochten, zerquetschten Kartoffeln mit Milch, Butter und Gewürzen hergestellter Brei.*

Kar|tof|fel|chen, das; -s, -: Vkl. zu ↑Kartoffel (2).

Kar|tof|fel|ern|te, die: vgl. Getreideernte.

Kar|tof|fel|fe|ri|en ⟨Pl.⟩ (landsch. veraltend): *Herbstferien, die auf dem Lande so liegen, dass die Schulkinder bei der Kartoffelernte mithelfen können.*

Kar|tof|fel|feu|er, das: *Feuer, bei dem das Kartoffelkraut auf dem abgeernteten Feld verbrannt wird.*

Kar|tof|fel|kä|fer, der: *an Kartoffeln* (1) *als Schädling auftretender kleiner, gelbschwarz gestreifter Käfer.*

Kar|tof|fel|kloß, der: *aus einem Teig von geriebenen rohen od. gekochten Kartoffeln hergestellter Kloß.*

Kar|tof|fel|knö|del, der (südd.): *Kartoffelkloß.*

Kar|tof|fel|knol|le, die: *Kartoffel* (2).

Kar|tof|fel|kraut, das: *krautiger Teil der Kartoffelpflanze.*

Kar|tof|fel|mehl, das ⟨o. Pl.⟩: *Stärkemehl aus Kartoffeln.*

Kar|tof|fel|pfann|ku|chen, der (landsch.): *Kartoffelpuffer.*

Kar|tof|fel|pflan|ze, die: *einzelne Pflanze der Kartoffel* (1).

Kar|tof|fel|pres|se, die: *Küchengerät, mit dem durch Zusammendrücken von zwei siebartigen Teilen gekochte Kartoffeln zerquetscht werden.*

Kar|tof|fel|puf|fer, der [nach dem »puffenden« Geräusch des Kartoffelteigs beim Backen]: *in heißem Fett von beiden Seiten knusprig braun gebackener Fladen aus einem Teig von geriebenen rohen Kartoffeln.*

Kar|tof|fel|pü|ree, das: *Kartoffelbrei.*

Kar|tof|fel|sa|lat, der: *Salat aus gekochten, in Scheiben geschnittenen Kartoffeln.*

Kar|tof|fel|schä|ler, der; -s, -: *kleines, wie ein Messer zu handhabendes Küchengerät zum Schälen roher Kartoffeln.*

Kar|tof|fel|sor|te, die: *Sorte von Kartoffeln.*

Kar|tof|fel|sup|pe, die: *u. a. aus pürierten od. gewürfelten Kartoffeln bereitete Suppe.*

Kar|tof|fel|teig, der: *aus geriebenen rohen od. gekochten zerquetschten Kartoffeln hergestellter Teig für Kartoffelklöße, -puffer o. Ä.*

Kar|to|graf usw.: ↑Kartograph usw.

Kar|to|graph, (auch:) Kartograf, der; -en, -en [zu griech. gráphein = schreiben]: **1.** *Grafiker, der topographische u. thematische Karten (als Druckvorlagen) zeichnet* (Berufsbez.). **2.** *Ingenieur der Landkartentechnik, der Inhalt u. Aufbau von [geographischen] Karten festlegt.*

Kar|to|gra|phie, (auch:) Kartografie, die; -: *Wissenschaft, Technik der Herstellung von [Land]karten.*

kar|to|gra|phie|ren, (auch:) kartografieren ⟨sw. V.; hat⟩: *kartographisch darstellen.*

Kar|to|gra|phin, (auch:) Kartografin, die; -, -nen: w. Form zu ↑Kartograph.

kar|to|gra|phisch, (auch:) kartografisch ⟨Adj.⟩: *die Kartographie betreffend; mit den Mitteln der Kartographie.*

Kar|ton [kar'tɔŋ, auch: kar'to:n], der; -s, -s u. (seltener:) -e [...'to:nə] ⟨als Maßangabe auch: -⟩ [frz. carton < ital. cartone, Vgr. von: carta, ↑Karte]: **1.** *dünne Pappe; steifes Papier:* ein Bogen weißer K./(geh.:) weißen -s. **2.** *Behälter aus Pappe:* Ware in -s verpacken; fünf K./-s Seife; mit drei -s badischem Wein/(geh.:) badischen Weins; **R** es knallt im K. (salopp; *es gibt eine gehörige Zurechtweisung*); ***** **bei jmdm. rappelts im K.** (salopp; *jmd. ist nicht recht bei Verstand*). **3.** (Kunstwiss.) *letzter Entwurf für Wand-, Glasmalereien, Bildteppiche o. Ä. in Originalgröße auf starkem Papier (mit Kohle, Kreide od. Bleistift).*

Kar|to|na|ge [...'na:ʒə], die; -, -n [frz. cartonnage = Papparbeit]: **1.** *Verpackungsmaterial aus Pappe od. Karton.* **2.** (Buchbinderei) *Einband, bei dem Deckel u. Rücken eines Buches aus starkem Karton bestehen.*

Kar|to|na|gen|ma|cher, der: *Facharbeiter für die Herstellung von Kartonagen* (Berufsbez.).

Kar|to|na|gen|ma|che|rin, die: w. Form zu ↑Kartonagenmacher.

kar|to|nie|ren ⟨sw. V.; hat⟩ [frz. cartonner] (Buchbinderei): *(ein Buch) mit einem Pappeinband versehen:* ⟨meist im 2. Part.:⟩ kartonierte Bücher.

Kar|tu|sche, die; -, -n [frz. cartouche < ital. cartoccio = Papprolle, zylindrischer Behälter, Tüte zur Aufnahme einer Pulverladung, zu: carta, ↑Karte]: **1.** (Milit.) **a)** *Metallhülse (für die Pulverladung der Artilleriegeschosse);* **b)** *Hülse mit Pulver als Treibladung von Artilleriegeschossen.* **2.** (Kunstwiss.): *von reich dekoriertem Rahmen umgebene schildartige Fläche (zur Aufnahme von Inschriften, Wappen, Initialen o. Ä.) als Form des Ornaments in Renaissance u. Barock.*

Ka|run|kel, die; -, -n [lat. caruncula = kleines Stück Fleisch] (Med.): *von der Haut od. Schleimhaut ausgehende kleine Warze aus gefäßreichem Bindegewebe.*

Ka|rus|sell, das; -s, -s u. -e [frz. carrousel < ital. carosello, eigtl. = Reiterspiel mit Ringelstechen, H. u.]: *auf Jahrmärkten od. Volksfesten aufgestellte, sich im Kreis drehende große Scheibe mit verschiedenartigen Aufbauten (Pferden, Fahrzeugen u. a.) od. mit aufgehängten Sitzen für*

Fahrgäste, bes. Kinder: [mit dem] K. fahren; *** mit jmdm. K. fahren** (1. Soldatenspr.; *jmdn. um den Exerzierplatz jagen.* 2. ugs.; *jmdn. heftig tadeln, heruntermachen*).

Kar|wen|del|ge|bir|ge, das; -s: Gebirgsgruppe der Tirolisch-Bayerischen Kalkalpen.

Kar|wo|che, die; -, -n [zum 1. Bestandteil vgl. Karfreitag]: *Woche zwischen Palmsonntag u. Ostern.*

Ka|ry|o|lo|gie, die; - [↑-logie] (Biol.): *Wissenschaft vom Zellkern u. von den in ihm enthaltenen Chromosomen.*

Kar|zer, der; -s, - [lat. carcer, ↑Kerker] (früher): 1. *Arrestraum in Universitäten u. Gymnasien.* 2. ⟨o. Pl.⟩ *Haftstrafe an Schulen u. Universitäten; Arrest:* drei Tage K. bekommen, absitzen.

kar|zi|no|gen ⟨Adj.⟩: [zu ↑Karzinom u. ↑-gen] (Med.): *Krebs erzeugend; Krebsgeschwülste verursachend, auslösend:* -e Faktoren.

Kar|zi|no|gen, das; -s, -e (Med.): *Substanz, Stoff, Strahlung o. Ä., von der eine Krebs erzeugende Wirkung ausgeht.*

Kar|zi|no|lo|ge, der; -n, -n [↑-loge]: *Spezialist auf dem Gebiet der Karzinologie.*

Kar|zi|no|lo|gie, die; - [↑-logie]: 1. *wissenschaftliche Erforschung der Krebserkrankungen u. der Möglichkeiten ihrer Heilung als Teilgebiet der Medizin.* 2. *Lehre von den Krebsen* (1 a).

Kar|zi|no|lo|gin, die; -, -nen: w. Form zu ↑Karzinologe.

kar|zi|no|lo|gisch ⟨Adj.⟩: *die Karzinologie (1, 2) betreffend.*

Kar|zi|nom, das; -s, -e [lat. carcinoma < griech. karkínōma, zu: karkínos = Krebs] (Med.): *bösartige Geschwulst; Tumor, Krebs* (Abk.: Ca.).

kar|zi|no|ma|tös ⟨Adj.⟩: (Med.): *ein Karzinom betreffend, wie ein Karzinom [aussehend].*

Ka|sa|che, der; -n, -n: Angehöriger eines Turkvolkes in Mittelasien.

Ka|sa|chin, die; -, -nen: w. Form zu ↑Kasache.

ka|sa|chisch ⟨Adj.⟩: *Kasachstan, die Kasachen betreffend; aus Kasachstan stammend.*

Ka|sachs|tan, -s: Staat in Mittelasien.

Ka|sack, der; -s, -s [frz. casaque = Reiserock, Damenmantel, H. u.]: *dreiviertellange Damenbluse, die über Rock od. langer Hose getragen wird.*

Ka|sat|schok, der; -s, -s [russ. kazačok, zu: kazak = Kosake]: *russischer Volkstanz, bei dem mit verschränkten Armen aus der Hocke die Beine abwechselnd in immer schneller werdendem Rhythmus nach vorn geworfen werden.*

Ka|schem|me, die; -, -n [gaunerspr., zu zigeunerisch katšima = Wirtshaus] (abwertend): *übel beleumdetes Lokal.*

ka|schen ⟨sw. V.; hat⟩ [H. u.] (salopp): 1. *jmdn. gefangen nehmen, verhaften.* 2. *sich widerrechtlich etw. aneignen:* du hast [dir] einfach ein Mofa gekascht und bist abgehauen.

Kä|scher: ↑Kescher.

Ka|scheur [kaˈʃøːɐ̯], der; -s, -e [zu ↑kaschieren] (Theater): *jmd., der plastische Teile der Bühnendekoration (mithilfe von Holz, Leinwand, Pappe, Gips o. Ä.) herstellt* (Berufsbez.).

Ka|scheu|rin, die; -, -nen: w. Form zu ↑Kascheur.

ka|schie|ren ⟨sw. V.; hat⟩ [frz. cacher, über das Galloroman. zu lat. coactare = mit Gewalt zwingen, zusammendrücken]: 1. *so darstellen, verändern, dass eine positivere Wirkung erzielt wird, bestimmte Mängel nicht erkennbar, nicht sichtbar werden:* seine Unkenntnis, Verlegenheit k. 2. (Theater) *plastische Teile der Bühnendekoration (mit Holz, Leinwand, Pappe, Gips o. Ä.) herstellen.* 3. (Fachspr.) *Pappe o. Ä. bes. für Bucheinbände mit buntem od. bedrucktem Papier bekleben.* 4. (Textilind.) *zwei Gewebe miteinander verbinden, indem man einen Klebstoff als Bindemittel dazwischen einlagert.*

[1]Kasch|mir; -s: Land in Vorderindien.

[2]Kasch|mir, der; -s, -e [nach der gleichnamigen Landschaft im Himalaja]: 1. *feines, weiches, bes. glattes, glänzendes Kammgarngewebe.* 2. *Kaschmirwolle.*

Kasch|mir|schal, der: *Schal aus Kaschmirwolle.*

Kasch|mir|wol|le, die: *aus dem Haar der Kaschmirziege hergestellte Wolle.*

Kasch|mir|zie|ge, die: *Ziege mit sehr weichem, feinem, flaumartigem Fell, dessen Haare zur Herstellung von Garn u. Wolle verwendet werden.*

Ka|schu|be, der; -n, -n: 1. Angehöriger eines westslaw. Stammes. 2. (berlin.) *bäurischer Mensch; Hinterwäldler.*

Ka|schu|bei, die; -: Wohngebiet der Kaschuben.

Ka|schu|bin, die; -, -nen: w. Form zu ↑Kaschube.

ka|schu|bisch ⟨Adj.⟩: *die Kaschubei, die Kaschuben betreffend; aus der Kaschubei stammend.*

Kä|se, der; -s, - [mhd. kæse, ahd. chāsi, kāsi < lat. caseus, eigtl. = Gegorenes, sauer Gewordenes]: 1. *aus Milch (von Kühen, Schafen od. Ziegen) hergestelltes Nahrungsmittel, das als Brotbelag od. auch -aufstrich gegessen wird:* vollfetter, scharfer K.; weißer K. (landsch.; *mit Milch angerührter Quark*); Schweizer K.; der K. ist gut durchgezogen, (ugs.:) durch; etw. mit K. überbacken; R K. schließt den Magen (scherzh.; *nun noch Käse zum Abschluss des Essens*). 2. (ugs. abwertend) *Unsinn, dummes Zeug:* das ist doch alles K.

Kä|se|auf|schnitt, der: *Aufschnitt verschiedener Sorten Käse.*

Kä|se|blatt, das (salopp abwertend): 1. *kleine, unbedeutende Zeitung.* 2. (Schülerspr.) *Zeugnis.*

Kä|se|ecke, die: *verpackte Ecke (1 c) Schmelzkäse, Weichkäse.*

Kä|se|fon|due, das: *Fondue* (a).

Kä|se|fuß, der ⟨meist Pl.⟩ (salopp abwertend): *Fuß mit starker, übel riechender Schweißabsonderung.*

Kä|se|glo|cke, die: *Teller mit einer gut abschließenden Glasglocke (b) zum Aufbewahren von Käse.*

Ka|se|in, (chem. Fachspr.:) Casein, das; -s [zu lat. caseus = Käse]: *wichtigster Bestandteil des Eiweißes in der Milch.*

Kä|se|ku|chen, der: *Kuchen mit einer Auflage von süß angerührtem Quark.*

Ka|sel, die; -, -n [mlat. casula = Mönchskutte, Messgewand < spätlat. casula = Kapuzenmantel]: *seidenes Messgewand, das der Priester über anderen Gewändern trägt.*

Ka|se|mat|te, die; -, -n [frz. casemate < ital. casamatta = Wallgewölbe, zu griech. chásma (Pl. chásmata) = Spalte, Erdkluft] (Milit.): 1. *durch starkes Mauerwerk [u. Aufschüttung von Erde] gegen feindlichen Beschuss gesicherter Raum (Gewölbe) in Festungen* (1). 2. *durch Panzerwände gesicherter Raum zur Aufstellung von Geschützen in einem Kriegsschiff.*

Kä|se|mes|ser, das: 1. *zum Abschneiden von Käse bestimmtes Messer.* 2. (landsch. abwertend) *schlecht schneidendes Messer.* 3. (Soldatenspr.) *Seitengewehr.*

kä|sen ⟨sw. V.⟩: 1. *Käse bereiten, herstellen* ⟨hat⟩. 2. *(von Milch o. Ä.) gerinnen, zu Käse werden* ⟨hat/ist⟩.

Kä|se|plat|te, die: *Platte, auf der verschiedene Sorten Käse [aufgeschnitten] angerichtet sind.*

Kä|ser, der; -s, -: 1. *Molkereifachmann, der mit der Herstellung von Käse beschäftigt ist* (Berufsbez.). 2. (landsch.) *jmd., der mit Käse handelt.* 3. (salopp abwertend): *Käsefuß.*

Kä|se|rei, die; -, -en: 1. ⟨o. Pl.⟩ *das Herstellen von Käse.* 2. *Betrieb, in dem Käse hergestellt wird.*

Kä|se|rin, die; -, -nen: w. Form zu ↑Käser (1, 2).

Ka|ser|ne, die; -, -n [frz. caserne < provenz. cazerna = Wachhaus für vier Soldaten, zu lat. quaterni = je vier, zu: quattuor = vier]: *Gebäude, Gebäudekomplex für die dauernde Unterkunft von Truppen.*

Ka|ser|nen|hof, der: *unmittelbar bei od. innerhalb einer Kaserne liegender, zu ihr gehörender Platz, Hof.*

Ka|ser|nen|hof|ton, der: *lauter, grober, herrischer Ton, in dem jmd. redet.*

ka|ser|nie|ren ⟨sw. V.; hat⟩ [frz. caserner]: *in Kasernen unterbringen:* Soldaten, Truppen k.; kasernierte Bereitschaftspolizei.

Ka|ser|nie|rung, die; -, -en: *das Kasernieren:* die K. der Truppen.

Kä|se|sah|ne|tor|te, die: *Torte aus Biskuitteig, die mit einer süßen Creme aus Quark u. Sahne gefüllt ist.*

kä|se|weiß ⟨Adj.⟩ (ugs.): *sehr blass (im Gesicht).*

kä|sig ⟨Adj.⟩: 1. *von einer dem Käse ähnlichen Beschaffenheit.* 2. (ugs.) *(von der Hautfarbe) auffallend blass:* ein -es Gesicht. 3. (landsch.) *frech:* werde bloß nicht k.!

Ka|si|no, das; -s, -s [ital. casino = Gesellschaftshaus, Vkl. von: casa = Haus, Hütte < lat. casa]: 1. *Gebäude mit Räumen für gesellige Zusammenkünfte.* 2. a) *Speiseraum für Offiziere;* b) *Speiseraum in einem Betrieb, Bürohaus.* 3. kurz für ↑Spielkasino.

Kas|ka|de, die; -, -n [frz. cascade < ital. cascata = Wasserfall, zu: cascare = fallen, über das Vlat. zu lat. cadere = fallen]: 1. *in Form von Stufen künstlich angelegter Wasserfall:* ein Park mit -n; Ü eine K. (geh.; *Flut, Unzahl*) von Verwünschungen. 2. *wagemutiger Sprung, bei dem der Artist einen Absturz vortäuscht.* 3. (chem. Technik) *Anordnung hintereinander geschalteter, gleichartiger Gefäße.* 4. (Elektrot.) *Kaskadenschaltung.*

kas|ka|den|för|mig ⟨Adj.⟩: *in, von der Form einer Kaskade* (1).

Kas|ka|den|schal|tung, die (Elektrot.): *Reihenschaltung gleichartiger Teile.*

Kas|ka|deur [...ˈdøːɐ̯], der; -s, -e [frz. cascadeur, zu: cascade, ↑Kaskade]: *Artist, der Kaskaden (2) ausführt.*

Kas|ka|deu|rin, die; -, -nen: w. Form zu ↑Kaskadeur.

[1]Kas|ko, der; -s, -s [span. casco = eigtl. Scherbe, abgebrochenes Stück, zu: cascar = zerbrechen, über das Vlat. zu lat. quassus = zerbrochen, adj. 2. Part. von: quatere = (zer)schlagen]: a) (Seemannsspr.) *Schiff (als Transportmittel) im Unterschied zur Ladung;* b) *Fahrzeug (als Transportmittel) im Unterschied zur Ladung.*

[2]Kas|ko, die; -, -s (ugs.): kurz für ↑Kaskoversicherung.

Kas|ko|scha|den, der: *am eigenen Fahrzeug [vom Fahrer] verursachter Schaden, der von der Kaskoversicherung übernommen wird.*

kas|ko|ver|si|chern ⟨sw. V.; hat; nur im Inf. u. 2. Part.⟩: *gegen vom Fahrer od. Halter am eigenen Fahrzeug verursachte Schäden versichern:* kaskoversichert sein.

Kas|ko|ver|si|che|rung, die [zu ↑[1]Kasko (b)]: *Versicherung (2 a) für Kaskoschäden.*

Kas|per, der; -s, - [nach dem m. Vorn. Kaspar, dem Namen eines der drei Könige in den ma. Dreikönigsspielen, dessen Gestalt sich später zum lustigen, schmeichlerisch gewandten u. schlauen Schelm, aber auch dauernd gehänselten, tölpelhaften Narren weiterentwickelte]: 1. *lustige, mit Mutterwitz ausgestattete männliche Hauptfigur des Puppenspiels (mit Zipfelmütze, großer Nase u. lachendem Mund).* 2. (ugs. scherzh.) *jmd., der gern albert.*

Kas|pe|rei, die; -, -en: *das Kaspern.*

Kas|perl, der; -s, -[n] (österr.): *Kasper.*

Kas|per|le, das, auch: der; -s, -: *Kasper* (1).

Kas|per|le|pup|pe, die: *Kasperpuppe.*

Kas|per|le|spiel, das: *Stück, Puppenspiel, das in einem Kasperletheater aufgeführt wird.*

Kas|per|le|the|a|ter, das: *Puppenbühne, die mit Handpuppen Stücke aufführt, in denen der Held Kasper das Gute verkörpert, mit unermüdlicher Fröhlichkeit, tapfer u. mutig das Böse bekämpft u. besiegt.*

Kas|per|li, das; -s, - (schweiz.): *Kasper* (1).

Kas|perl|pup|pe, die (österr.): *Kasperpuppe.*

Kas|perl|the|a|ter, das (österr.): *Kasperletheater.*

kas|pern ⟨sw. V.; hat⟩ (ugs.): *[1]albern.*

Kas|per|pup|pe, die: 1. *Handpuppe, die bei einem Kasperlespiel als Kasper (1) auftritt.* 2. *Handpuppe, die bei einem Kasperlespiel auftritt.*

Kas|per|the|a|ter, das: *Kasperletheater.*

Kas|pi|sche Meer, das; -n -[e]s, **Kas|pi|see,** der; -s: See im Südwesten Russlands.

Kạs|sa, die; -, Kassen [ital. cassa, eigtl. = Behältnis < lat. capsa = Behältnis, Kasten (für Bücherrollen), eigtl. = Gefäß] (österr.): *Kasse.*

Kạs|sa|ge|schäft, das: **1.** (Börsenw.) *Abschluss* (4 b) *an der Börse, der sofort od. kurzfristig erfüllt werden muss.* **2.** (Wirtsch.) *Bargeschäft im Handelsverkehr, das Zug um Zug abgewickelt wird.*

Kạs|sa|kurs, der (Börsenw.): *Börsenkurs für die Umsätze im Kassageschäft* (1).

Kạs|sa|markt, der (Börsenw.): *Markt der Wertpapiere, die nur im Kassageschäft* (1) *gehandelt werden.*

Kas|sạn|dra, die; -, ...dren [nach der Seherin Kassandra (griech. Kassándra) in der griech. Sage] (bildungsspr. veraltend): *jmd., der gegenüber etw. Bevorstehendem eine pessimistische Grundhaltung zeigt u. davor warnt.*

Kas|sạn|dra|ruf, der (bildungsspr.): *Warnung vor kommendem Unheil:* nicht auf die -e der Opposition hören.

Kas|sa|ti|o̲n, die; -, -en [zu spätlat. cassare, ↑[2]kassieren]: **1.** *Ungültigkeitserklärung (von Urkunden).* **2.** (Rechtsspr.) *Aufhebung eines Gerichtsurteils durch die nächsthöhere Instanz.* **3.** (veraltet) *unehrenhafte Entlassung aus dem Militärdienst od. aus dem Beamtenverhältnis.*

Kas|sa|ti|o̲ns|be|schwer|de, die (schweiz. Rechtsspr.): *Rechtsmittel, mit dem Berufung gegen gerichtliche Entscheidungen eingelegt werden kann.*

Kas|sa|ti|o̲ns|hof, der (Rechtsspr.): **1.** *höheres Gericht, das die Entscheidungen anderer Gerichte bestätigen od. aufheben, aber nicht durch eigene Urteile ersetzen kann.* **2.** (schweiz.) *Abteilung des Bundesgerichts, die bei Kassationsbeschwerde über die Verletzung des Bundesrechts durch kantonale Gerichte entscheidet.*

kas|sa|to̲|risch ⟨Adj.⟩: *die Kassation betreffend.*

Kạs|sa|zah|lung, die (Kaufmannsspr.): *Barzahlung.*

Kạs|se, die; -, -n [älter: Cassa, ↑Kassa]: **1.** *kastenförmiger, verschließbarer Behälter [aus Stahl], in dem Geld aufbewahrt wird:* die K. öffnen, verschließen; Ü meine K. ist leer, in meiner K. ist/herrscht Ebbe (ugs.; *ich habe kein Geld*); * **in die K. greifen/einen Griff in die K. tun** (ugs. verhüll.; *Geld entwenden, stehlen*). **2. a)** *Ladenkasse, Registrierkasse:* der Ausverkauf brachte gefüllte -n; K. bitte! (Ruf nach jmdm., der befugt ist, Geld für eine Ware entgegenzunehmen); die Chefin selbst sitzt hinter der K.; * **die K. klingelt/die -n klingeln** (ugs.; *es wird viel Geld eingenommen, ein großer Umsatz gemacht;* nach dem [früher üblichen] Klingelzeichen beim Öffnen der Registrierkasse); **K. machen** (Kaufmannsspr.; *die über einen bestimmten Zeitraum eingegangenen u. ausgezahlten Beträge abrechnen*); **b)** *Bereich in einem Geschäft, wo sich die Kasse* (2 a) *befindet u. die von jmdm. ausgewählten Waren bezahlt werden müssen [u. verpackt werden]:* Waren bitte an der K. zahlen; * **jmdn. zur K. bitten** (ugs.; *von jmdm. Geld fordern*). **3. a)** *das jmdm. zur Verfügung stehende Geld:* gemeinsame K. führen, machen *(Ausgaben gemeinschaftlich bestreiten);* wir haben getrennte K. *(bezahlen jeder für sich);* R Hauptsache, die K. stimmt *(die Hauptsache ist, dass der Gewinn so ist, wie man ihn erstrebt);* * **K. machen** (ugs.; *viel Geld verdienen, erwirtschaften o. Ä.*); **[gut/schlecht/knapp] bei K. sein** (ugs.; *[reichlich/wenig] Geld zur Verfügung haben*); **etw. reißt ein [großes, gewaltiges, tiefes] Loch in jmds. K.** (ugs.; *jmd. muss für etw. sehr viel zahlen*); **b)** (Kaufmannsspr.) *Barzahlung:* zahlbar rein netto K. *(in bar ohne Abzug);* wir liefern gegen K. **4. a)** *Abteilung einer Behörde od. eines Unternehmens, die Zahlungen entgegennimmt od. leistet:* die Gehälter werden nicht mehr von der K. ausbezahlt, sondern auf Konten überwiesen; **b)** *Raum, in dem sich die Kasse* (4 a) *befindet:* die K. ist schon geschlossen; Geld an der K. *(am Schalter der Kasse)* einzahlen, abholen; **c)** *(in einem Theater, Kino, Stadion, Schwimmbad o. Ä.) kleiner Raum in der Vorhalle od. am Eingang, in dem Eintrittskarten verkauft werden:* die reservierten Karten können an der K. *(am Schalter der Kasse)* abgeholt werden. **5.** (ugs.) **a)** *Sparkasse, Bank, Kreditinstitut:* Geld auf der K. haben, von der K. holen, zur K. bringen; **b)** *Krankenkasse:* die K. zahlt nur wenig, hat alle Kosten übernommen; die Kur geht auf K. (ugs.; *wird von der Krankenkasse bezahlt*).

Kạs|sel: Stadt an der Fulda.

Kạs|se|ler, [3]Kassler, das; -s [H. u.; vielleicht nach der Stadt Kassel]: *gepökeltes u. geräuchertes Schweinefleisch von Rippe, Kamm, Schulter od. Bauch.*

Kạs|sen|an|wei|sung, die: *Anweisung für den Kassierer einer Bank, Sparkasse o. Ä., eine bestimmte Summe auszuzahlen.*

Kạs|sen|arzt, der: *Arzt, der das Recht u. die Verpflichtung hat, Mitglieder einer gesetzlichen Krankenkasse gegen Vorlage einer Chipkarte zu behandeln.*

Kạs|sen|ärz|tin, die: w. Form zu ↑Kassenarzt.

kạs|sen|ärzt|lich ⟨Adj.⟩: *den Kassenarzt betreffend.*

Kạs|sen|be|stand, der: *Bestand an Bargeld in einer Kasse* (1, 2 a).

Kạs|sen|bon, der: *Bon* (2).

Kạs|sen|buch, das: *dickes Heft, in das Bareinnahmen u. -ausgaben eingetragen werden.*

Kạs|sen|er|folg, der: *Film od. Bühnenwerk, dessen Aufführung viel Geld einbringt.*

Kạs|sen|ge|stell, das (ugs.; früher): *von der Krankenkasse bezahltes Brillengestell einfacher Ausführung.*

Kạs|sen|ma|gnet, der (ugs.): *(im Showgeschäft, im Filmgeschäft o. Ä.) Person od. Sache, die ein großes Publikum anzieht:* der Film, die Sängerin ist ein K.

Kạs|sen|pa|ti|ent, der: *Patient, der bei einer gesetzlichen Krankenkasse versichert ist.*

Kạs|sen|pa|ti|en|tin, die: w. Form zu ↑Kassenpatient.

Kạs|sen|schla|ger, der (ugs.): **a)** *Kassenmagnet;* **b)** *Ware, Artikel o. Ä. mit überdurchschnittlich gutem Absatz.*

Kạs|sen|sturz, der (ugs.): *das Feststellen des vorhandenen Bargeldes:* K. machen *(prüfen, wie viel Bargeld man zur Verfügung hat);* Ü die Regierung machte K.

Kạs|sen|wart, der: *jmd., der die Kasse, die Finanzen eines Vereins verwaltet.*

Kạs|sen|war|tin, die: w. Form zu ↑Kassenwart.

Kạs|sen|zet|tel, der: **a)** *als Quittung dienender Zettel, auf den der Verkäufer alle notwendigen Angaben zu einer Ware schreibt;* **b)** *Kassenbon.*

Kas|se|rọl, das; -s, -e (landsch.), **Kas|se|rọl|le,** die; -, -n [frz. casserole, zu mundartl. casse = Pfanne < provenz. casa < vlat. cattia = Kelle, Schöpflöffel]: *[flacher] Topf mit Stiel [zum Braten u. Schmoren].*

Kas|sẹt|te, die; -, -n [frz. cassette, ital. cassetta = Kästchen, Vkl. von: cassa, ↑Kassa]: **1.** *kleiner, verschließbarer Kasten aus Metall, Holz od. Leder zur Aufbewahrung von Geld od. Wertsachen:* die K. enthielt wertvollen Schmuck. **2. a)** *flacher, fester Karton mit zusammengestelltem Briefpapier, zusammengehörenden Abbildungen, Schallplatten:* jmdm. eine K. mit Bachs Orgelwerk, eine K. Briefpapier schenken; Schuberts Klaviersonaten gibt es auch als K.; **b)** *die Buchrücken frei lassender, fester Karton mit einer mehrbändigen Werkausgabe o. Ä.:* eine K. mit Werken von Carl Zuckmayer. **3.** *Magnetband u. zwei kleine Spulen, die fest in ein kleines, flaches, rechteckiges Gehäuse aus Kunststoff eingebaut sind:* Musik auf K. aufnehmen. **4.** (Fot.) *kleines, flaches Gehäuse für Filme od. Platten.* **5.** (Archit.) *vertieftes viereckiges Feld in einer Decke* (3).

Kas|sẹt|ten|deck, das; -s, -s: *Kassettenrekorder ohne Verstärker u. Lautsprecher.*

Kas|sẹt|ten|de|cke, die (Archit.): *Decke* (3) *mit vertieften, meist verzierten Feldern.*

Kas|sẹt|ten|fach, das: *Fach* (1) *eines Kassetten- od. Videorekorders, in das eine Kassette* (3) *eingelegt wird.*

Kas|sẹt|ten|ge|rät, das: *Tonbandgerät für Kassetten* (3).

Kas|sẹt|ten|re|kor|der, der: *Kassettengerät, mit dem Kassetten* (3) *abgespielt u. bespielt werden können.*

Kạs|sia, Kassie, die; -, ...ien [lat. cas(s)ia < griech. kasía, aus dem Semit.]: *als Baum, Strauch od. Kraut wachsende Pflanze mit gefiederten Blättern, kleinen, meist gelben Blüten u. röhrenförmigen od. flachen Hülsen als Früchten.*

Kạs|sia|baum, der: *Kassia.*

Kạs|sia|öl, das ⟨o. Pl.⟩: *aus den Blättern u. der Rinde des Zimtbaumes hergestelltes ätherisches Öl, das als Gewürz u. zur Seifenherstellung verwendet wird.*

Kas|si̲|ber, der; -s, - [über gaunerspr. kassiwe = Brief, Ausweis < jidd. kessaw (Pl. kessowim) = Brief, Geschriebenes < hebr. kĕṯavîm = Schriftstücke] (Gaunerspr.): *heimliches Schreiben od. unerlaubte schriftliche Mitteilung eines Häftlings an einen anderen od. an Außenstehende:* einen K. schreiben, aus der Zelle schmuggeln.

Kạs|sie: ↑Kassia.

Kas|si̲e̲r, der; -s, -e [ital. cassiere, zu: cassa, ↑Kassa] (südd., österr., schweiz.): *Kassierer.*

[1]kas|si̲e̲|ren ⟨sw. V.; hat⟩ [für älter: einkassieren, LÜ von ital. incassare, ↑Inkasso]: **1. a)** *(einen zur Zahlung fälligen Betrag) einziehen:* die Miete k.; er hat zwei Mark kassiert; der Gasmann kommt morgen k.; **b)** (ugs.) *jmdm. einen fälligen Betrag abverlangen:* der Kellner muss noch zwei Gäste k. **2.** (ugs.) **a)** *einnehmen:* hohe Prämien, Zinsen k.; er kassiert ein ansehnliches Honorar; Ü Lob, Anerkennung k.; **b)** *(etw. Unangenehmes) hinnehmen müssen:* Strafpunkte, ein Tor k.; während einer Prügelei einen Schlag, ein blaues Auge k.; unsere Mannschaft kassierte Kritik, eine Niederlage. **3.** (ugs.) **a)** *jmdm. etw. wegnehmen; beschlagnahmen; sich aneignen:* die Polizei kassierte seinen Führerschein; der Konzern versucht die kleineren Betriebe zu k. *(konkurrenzunfähig zu machen u. sie dann aufzukaufen);* **b)** *gefangen nehmen:* der Bankräuber wurde gestern kassiert.

[2]kas|si̲e̲|ren ⟨sw. V.; hat⟩ [spätlat. cassare = aufheben, annullieren, zu lat. cassus = leer, nichtig]: **1.** *seines Amtes entheben, unehrenvoll aus dem Dienst entlassen.* **2.** (Rechtsspr.) *(ein Gerichtsurteil) aufheben.*

Kas|si̲e̲|rer, der; -s, - [↑Kassier]: **a)** *Angestellter eines Unternehmens, der die Kasse führt;* **b)** *Kassenwart.*

Kas|si̲e̲|re|rin, die, -, -nen: w. Form zu ↑Kassierer.

Kas|si̲e̲|rin, die; -, -nen (südd., österr., schweiz): w. Form zu ↑Kassier.

Kas|si|o|pe̲|ia, die; -: Sternbild am nördlichen Sternenhimmel.

[1]Kạss|ler, der; -s, -: Ew.

[2]Kạss|ler ⟨indekl. Adj.⟩: die K. Innenstadt.

[3]Kạss|ler: ↑Kasseler.

Kạss|le|rin, die; -, -nen: w. Form zu ↑[1]Kassler.

Kas|ta|gnet|te [...anˈjɛtə], die; -, -n [span. castañeta, Vkl. von: castaña = Kastanie (nach der Ähnlichkeit)]: *(gewöhnlich paarweise geschlagenes) kleines Musikinstrument aus zwei ausgehöhlten Schälchen aus hartem Holz, die durch ein über den Daumen od. die Mittelhand gestreiftes Band gehalten u. mit den Fingern gegeneinander geschlagen werden, sodass ein rhythmisches Klappern entsteht.*

Kas|ta|nie, die; -, -n [1, 2: spätmhd. kastanie < lat. castanea < griech. kastáneia = Frucht des Kastanienbaums, zu: kástanon = Kastanienbaum; älter mhd. kesten(e), ahd. chestin(na)]: **1. a)** *Edelkastanie;* **b)** *Rosskastanie.* **2. a)** *flache, runde bis ovale, essbare Frucht der Edelkastanie, die von einer braunen Schale umgeben ist u. mit zwei bis drei anderen in einer bräunlich gelben Hülle mit vielen langen Stacheln reift; Esskastanie:* eine Tüte heiße -n kaufen; * **[für jmdn.] die -n aus dem Feuer holen** (ugs.; *für einen anderen*

K

eine unangenehme Sache erledigen u. sich dabei selbst in Gefahr bringen; nach einer Fabel von La Fontaine, in der ein Affe geröstete Kastanien fressen will u. sie von einer Katze aus der Glut holen lässt); **b)** *rundliche Frucht der Rosskastanie, die von einer harten, braunen, glänzenden Schale umgeben ist u. in einer festen, grünen, stacheligen Hülle reift:* das Wild im Winter mit -n füttern.

Kas|ta|ni|en|baum, der: *Kastanie* (1).

kas|ta|ni|en|braun ⟨Adj.⟩: *mittel- bis dunkelbraun mit rötlichem Schimmer:* -es Haar.

Käst|chen, das; -s, -: **1.** Vkl. zu ↑Kasten (1). **2.** *kleines, auf [Rechen]papier gedrucktes Quadrat od. Rechteck.*

Kas|te, die; -, -n [frz. caste < port. casta = Bez. für die abgeschlossenen Stände Indiens, zu: casto < lat. castus = keusch, rein]: **1.** *(bes. innerhalb der hinduistischen Gesellschaftsordnung) sich streng abschließende Schicht mit besonderen Sitten u. Heiratsverbot außerhalb ihrer selbst.* **2.** *sich streng absondernde Gruppe, Gesellschaftsschicht [deren Angehörige ein übertriebenes Standesbewusstsein pflegen].*

kas|tei|en, sich ⟨sw. V.; hat⟩ [spätmhd. kastyen, kesteyen, mhd. kastīgen, ahd. chestigōn < (m)lat. castigare = strafen, zurechtweisen, züchtigen]: **a)** *sich als Bußübung Schmerzen, Entbehrungen auferlegen;* **b)** *enthaltsam leben, sich Entbehrungen auferlegen.*

Kas|tei|ung, die; -, -en: *das Sichkasteien.*

Kas|tell, das; -s, -e [spätmhd. kastell < lat. castellum = Festung, Vkl. von: castrum = befestigtes Lager]: **1.** (hist.) *kleines, befestigtes römisches Truppenlager an der Grenze.* **2.** *Burg, Schloss (bes. in Südeuropa).*

Kas|tel|lan, der; -s, -e [mhd. kastellān < mlat. castellanus = Burgvogt, zu lat. castellanus = zum Kastell gehörig]: **1.** *Kommandant einer Burg im MA.* **2.** *Verwalter, Aufsichtsbeamter von Schlössern u. anderen öffentlichen Gebäuden.*

Kas|tel|la|nin, die; -, -nen: w. Form zu ↑Kastellan (2).

käs|teln ⟨sw. V.; hat⟩ [zu ↑Kasten]: *mit Kästchen (2) versehen.*

Kas|ten, der; -s, Kästen, selten auch: - [mhd. kaste, ahd. kasto, wahrsch. verw. mit ↑Kar]: **1.** *rechteckiger, aus Holz od. einem anderen festen Material hergestellter [verschließbarer] Behälter zum Aufnehmen od. Aufbewahren von etw.:* ein hölzerner K.; ein K. aus Blech, für die Asche; der K. steht offen, ist verschlossen. **2.** *zum Transport von Flaschen vorgesehener, in einzelne Fächer unterteilter offener Behälter:* Kästen mit Bier und Limonade; ein K. Limonade; ein K. bayerisches Bier; mit zwei Kästen bayerischem Bier/(geh.:) bayerischen Biers. **3.** kurz für ↑Aushängekasten, Schaukasten. **4.** (ugs.) kurz für ↑Briefkasten: der K. wird morgen früh geleert. **5.** (landsch.) kurz für ↑Schubkasten: den K. herausziehen. **6.** (ugs. abwertend) **a)** *großes, unschönes Gebäude;* **b)** *großes, unförmiges, meist altes Verkehrsmittel.* **7.** *kastenförmiger Aufsatz auf dem Fahrgestell bestimmter Kraftfahrzeuge u. Pferdewagen.* **8.** (ugs. abwertend) *kastenförmiges, meist größeres Gerät* (z. B. Radio, Fernsehapparat, Kamera o. Ä.): mach doch endlich den K. aus! **9.** (südd., österr., schweiz.) *Schrank.* **10.** (Soldatenspr.) *Bau* (5c). **11.** (Turnen) *kastenförmiges Turngerät mit gepolsterter Oberfläche aus Leder, an dem verschiedene Sprungübungen durchgeführt werden; Sprungkasten:* eine Grätsche, Hocke über den K. springen. **12.** (Ballspiele Jargon) *Tor.* **13.** *durch eine Umrandung abgegrenzter u. herausgehobener Text:* die Regeln stehen in einem K., in Kästen. **14.** * **etw. auf dem K. haben** (ugs.; *intelligent, befähigt sein;* wohl in Anspielung auf den Kopf als Kasten, in dem der Verstand sitzt, vgl. Gehirnkasten).

Kas|ten|brot, das: *in einer Kastenform gebackenes Brot.*

Kas|ten|form, die: *längliche rechteckige Backform mit hohen Seitenwänden.*

kas|ten|för|mig ⟨Adj.⟩: *von, in der Form eines Kastens* (1).

Kas|ten|schloss, das: *Schloss, dessen Mechanismus sich in einem Gehäuse aus Metall befindet, das auf der Innenseite einer Tür befestigt ist.*

Kas|ten|wa|gen, der: **1.** *(bes. in der Landwirtschaft gebräuchlicher) Pferdewagen mit Kasten* (7). **2.** *kastenförmiger Lieferwagen.*

Kas|ten|we|sen, das [↑Kaste]: *Bereich dessen, was mit Kasten, mit der Gliederung in Kasten zusammenhängt.*

Kas|ti|li|en; -s: historisches Reich in Spanien.

kas|ti|lisch ⟨Adj.⟩: *Kastilien betreffend.*

Kas|ti|ze usw.: ↑Castize

[1]**Kas|tor** (griech. Myth.): Held der griechischen Sage: * **wie K. und Pollux sein** (bildungsspr. veraltet; *[von Männern] eng befreundet, unzertrennlich sein*).

[2]**Kas|tor,** der; -s: Stern im Sternbild Zwillinge.

Kas|trat, der; -en, -en [ital. castrato, zu: castrare < lat. castrare, ↑kastrieren]: **1.** (veraltet) *kastrierter Mann.* **2.** (Musik früher) *Sänger mit Kastratenstimme* (a).

Kas|tra|ten|stim|me, die: **a)** (Musik) *sehr hohe, dabei umfangreiche Alt- od. Sopranstimme eines Sängers, der in der Jugend kastriert wurde;* **b)** (abwertend) *ungewöhnlich hohe Männerstimme.*

Kas|tra|ti|on, die; -, -en [lat. castratio]: **1.** (Med.) *Entfernung od. Ausschaltung der Keimdrüsen (Hoden od. Eierstöcke) beim Menschen.* **2.** (Fachspr.) *Entfernung der Fortpflanzungsorgane bei Tieren u. Pflanzen.*

kas|trie|ren ⟨sw. V.; hat⟩ [lat. castrare, wohl zu einem Subst. mit der Bed. »Messer, Schneidewerkzeug«]: **1.** *eine Kastration vornehmen:* einen Kater k. lassen. **2.** (ugs. scherzh.) *bestimmter gefährlicher, unerwünschter o. ä. [Bestand]teile, Wirkstoffe berauben u. damit harmlos od. wirkungslos machen:* eine kastrierte *(von anstößigen Stellen gereinigte)* Ausgabe von Ovid.

Ka|su|a|li|en ⟨Pl.⟩ [zu spätlat. casualis = zufällig, zu lat. casus, ↑Kasus]: **1.** (bildungsspr. selten) *nicht vorhersehbare Ereignisse; Zufälligkeiten.* **2.** (christl. Kirche) *geistliche Amtshandlungen aus besonderem Anlass.*

Ka|su|ist, der; -en, -en [zu lat. casus, ↑Kasus]: **1.** *Vertreter der Kasuistik* (1). **2.** (bildungsspr.) *jmd., der spitzfindig argumentiert; Wortverdreher.*

Ka|su|is|tik, die; -: **1.** *(in der philosophischen Ethik u. in der katholischen Moraltheologie) Teil der Sittenlehre, der für mögliche Fälle des praktischen Lebens anhand eines Systems von Geboten das rechte Verhalten bestimmt.* **2.** (Rechtsspr.) *Versuch u. Methode einer Rechtsfindung, die nicht von allgemeinen, umfassenden, sondern von spezifischen, für möglichst viele Einzelfälle gesetzlich geregelten Tatbeständen ausgeht.* **3.** (Med.) *Beschreibung von Krankheitsfällen.* **4.** (bildungsspr.) *spitzfindige Argumentation; Haarspalterei; Wortverdreherei.*

Ka|su|is|tin, die; -, -nen: w. Form zu ↑Kasuist.

ka|su|is|tisch ⟨Adj.⟩: **1.** *Grundsätze bzw. Methoden der Kasuistik (1, 2) befolgend.* **2.** (bildungsspr.) *spitzfindig argumentierend, haarspalterisch.*

Ka|sus, der; -, - [...u:s; 1: lat. casus, zu: cadere = fallen; 2: lat. casus, Lehnbedeutung von griech. ptōsis = Kasus, Fall, zu: píptein = fallen]: **1.** (bildungsspr. selten) [1]*Fall* (2b); *Vorkommnis.* **2.** (Sprachw.) [1]*Fall* (5); vgl. Casus.

Ka|sus|en|dung, die (Sprachw.): *zur Bildung eines Kasus (2) dienende Endung.*

Ka|sus|syn|kre|tis|mus, der (Sprachw.): *Verschmelzung verschiedener Beugungsfälle in einem Fall* (z. B. Lokativ u. Instrumentalis im lat. Ablativ).

Kat, der; -s, -s (Kfz-T. Jargon): **1.** Kurzf. von ↑Katalysator (2). **2.** *Katalysatorauto.*

Ka|ta|bo|lie, die; - [griech. katabolḗ = das Niederlegen] (Med., Biol.): *Abbau von Substanzen im Körper durch den Stoffwechsel.*

Ka|ta|chre|se [kata'çre:zə], **Ka|ta|chre|sis** [ka'taçrezɪs], die; -, ...esen [griech. katáchrēsis = Missbrauch] (Rhet., Stilk.): **1.** *verblasste Bildlichkeit, gelöschte Metapher* (z. B. Bein des Tisches). **2.** *Vermengung von nicht zusammengehörigen Metaphern; Bildbruch* (z. B. das schlägt dem Fass die Krone ins Gesicht).

ka|ta|chres|tisch ⟨Adj.⟩ (Rhet., Stilk.): *in Form einer Katachrese.*

Ka|ta|falk, der; -s, -e [frz. catafalque < ital. catafalco, über das Vlat. zu lat. catasta = Gerüst u. fala = hohes Gerüst]: *schwarz verhängtes Gerüst, auf dem der Sarg während der Trauerfeier steht.*

Ka|ta|kaus|tik, die; - [zu griech. kata = von – herab u. ↑Kaustik] (Optik): *die beim Einfall von parallelen Lichtstrahlen auf einen Hohlspiegel entstehende Kaustik (1), die im Idealfall ein Brennpunkt ist.*

ka|ta|kaus|tisch ⟨Adj.⟩ (Optik): *die Katakaustik betreffend.*

Ka|ta|kla|se, die; -, -n [griech. katáklasis = das Zerbrechen, der Bruch] (Geol.): *feinkörnige Zertrümmerung einzelner Minerale eines Gesteins durch Erdbewegungen.*

Ka|ta|klys|men|the|o|rie, die ⟨o. Pl.⟩ [nach einer Theorie des frz. Naturforschers G. de Cuvier (1769–1832), zu ↑Kataklysmus] (Geol.): *Theorie, die den Unterschied der Tier- u. Pflanzenwelt der verschiedenen Erdzeitalter als Folge von Vernichtung u. Neuschöpfung erklärt; Katastrophentheorie* (2).

Ka|ta|klys|mus, der; -, ...men [spätlat. cataclysmus < griech. kataklysmós = Überschwemmung] (Geol.): *erdgeschichtliche Katastrophe.*

Ka|ta|kom|be, die; -, -n ⟨meist Pl.⟩ [ital. catacombe (Pl.) < spätlat. catacumbae (Pl.), H. u.]: *(in frühchristlicher Zeit) unterirdische Anlage zur Beisetzung von Toten.*

Ka|ta|la|ne, der; -n, -n: Ew. zu ↑Katalonien.

Ka|ta|la|nin, die; -, -nen: w. Form zu ↑Katalane.

ka|ta|la|nisch ⟨Adj.⟩: **a)** *Katalonien, die Katalanen betreffend; aus Katalonien stammend;* **b)** *in der Sprache der Katalanen.*

Ka|ta|la|nisch, das; -[s] u. ⟨nur mit best. Art.:⟩ **Ka|ta|la|ni|sche,** das; -n: *die katalanische Sprache.*

Ka|ta|le|xe, Ka|ta|le|xis, die; -, ...lexen [lat. catalexis < griech. katálēxis = Kürzung, Verschluss] (Verslehre): *(in der antiken Metrik) Unvollständigkeit des letzten Versfußes.*

Ka|ta|log, der; -[e]s, -e [spätlat. catalogus < griech. katálogos = Aufzählung, Verzeichnis, zu: kata légein = hersagen, aufzählen]: **1.** *nach einem bestimmten System geordnetes Verzeichnis von Gegenständen, Namen o. Ä.:* der K. einer Bibliothek, eines Versandhauses, einer Ausstellung; einen K. durchblättern. **2.** *lange Reihe, große Anzahl, zusammenfassende Aufzählung:* ein K. wirtschaftspolitischer Maßnahmen.

ka|ta|lo|gi|sie|ren ⟨sw. V.; hat⟩: *etw. in einen Katalog (1) aufnehmen.*

Ka|ta|lo|gi|sie|rung, die; -, -en: *das Katalogisieren.*

Ka|ta|log|num|mer, die: *Nummer, mit der etw. im [Ausstellungs]katalog ausgezeichnet ist.*

Ka|ta|lo|ni|en; -s: **1.** autonome Region in Nordostspanien. **2.** historische Provinz in Nordostspanien.

Ka|ta|lo|ni|er, der; -s, - (veraltet): *Katalane.*

Ka|ta|lo|ni|e|rin, die; -, -nen: w. Form zu ↑Katalonier.

ka|ta|lo|nisch ⟨Adj.⟩ (veraltet): *katalanisch.*

Ka|ta|ly|sa|tor, der; -s, ...oren [zu ↑Katalyse]: **1.** (Chemie) *Stoff, der chemische Reaktionen herbeiführt od. beeinflusst, selbst aber unverändert bleibt:* der K. erhöht die Reaktion. **2.** (Kfz-T.) *Vorrichtung in Kraftfahrzeugen, mit deren Hilfe das Abgas von umweltschädlichen Stoffen gereinigt wird:* geregelte -en.

Ka|ta|ly|sa|tor|au|to, das (Jargon): *Pkw, der mit einem Katalysator (2) ausgestattet ist.*

Ka|ta|ly|se, die; -, -n [griech. katálysis = Auflösung, zu: katalýein = auflösen] (Chemie): *Her-*

beiführung, Beschleunigung od. Verlangsamung einer Stoffumsetzung durch einen Katalysator.

ka|ta|ly|sie|ren ⟨sw. V.; hat⟩ (Chemie): *eine chemische Reaktion durch einen Katalysator herbeiführen od. beeinflussen.*

ka|ta|ly|tisch ⟨Adj.⟩ (Chemie): *durch eine Katalyse od. einen Katalysator bewirkt.*

Ka|ta|ma|ran, der; -s, -e [engl. catamaran = Auslegerboot, Floß < tamil. kattumaram, zu: kaṭṭu = binden u. maram = Baumstamm]: 1. *schnelles [offenes Segel]boot mit zwei Rümpfen (die durch Decks[aufbauten] verbunden sind).* 2. *[südostasiatisches] Segelboot mit zwei parallelen, durch Querstangen verbundenen Rümpfen.* 3. *in der Art eines Katamarans* (1) *gebautes Schiff, das in der Handelsschifffahrt eingesetzt wird (z. B. als Fischerei- od. Fährschiff).*

Ka|tam|ne|se, die; -, -n [geb. nach ↑Anamnese, zu griech. katá = gänzlich u. mnẽsis = das Erinnern] (Med.): *abschließender Krankenbericht.*

Ka|ta|pho|re|se, die; -, -n [zu griech. kataphoreĩn = herabbewegen] (Physik): *Bewegung positiv elektrisch geladener Teilchen in Richtung der Kathode.*

Ka|ta|pult, das, auch: der; -[e]s, -e [lat. catapulta = Wurfmaschine mit Bogensehne < griech. katapéltēs]: 1. *Steinschleuder.* 2. (Technik) *Vorrichtung zum Starten von Flugzeugen o. Ä. mittels der Schnellkraft.* 3. (hist.) *nach dem Prinzip der Armbrust arbeitende Wurfmaschine.*

Ka|ta|pult|flug|zeug, das (Technik): *zum Katapultstart geeignetes Flugzeug.*

ka|ta|pul|tie|ren ⟨sw. V.; hat⟩ [↑Katapult]: *[mithilfe eines Katapults] schleudern, schnellen:* sich aus dem brennenden Flugzeug k.; Ü sich an die Tabellenspitze, auf den ersten Platz k.

Ka|ta|pult|start, der: *Start eines Flugkörpers mithilfe eines Katapults* (2).

Ka|tar; -s: Scheichtum am Persischen Golf.

[1]Ka|ta|rakt, der; -[e]s, -e [lat. cataracta, cataractes = Wasserfall, Schleuse < griech. kata(r)rháktēs, zu: katarrháttein = herabstürzen]: 1. *Stromschnelle.* 2. *Wasserfall.*

[2]Ka|ta|rakt, die; -, -e, **Ka|ta|rak|ta,** die; -, …ten [zu ↑[1]Katarakt, wohl weil die graue Trübung der Augenlinse einer über das Auge herunterfließenden Schicht ähnlich ist] (Med.): *Trübung der Augenlinse, grauer Star.*

Ka|ta|rer, der; -s, -: Ew. zu ↑Katar.

Ka|ta|re|rin, die; -, -nen: w. Form zu ↑Katarer.

ka|ta|risch ⟨Adj.⟩: *Katar, die Katarer betreffend; aus Katar stammend.*

Ka|tarrh, (auch:) Katarr, der; -s, -e [lat. catarrhus = Schnupfen < griech. katárrhous, eigtl. = Herabfluss, da nach antiker Vorstellung ein aus dem Gehirn herabfließender Schleim die Ursache dieser Krankheit war] (Med.): *Schleimhautentzündung (bes. der Atmungsorgane) mit meist reichlichen schleimigen, eitrigen od. serösen Absonderungen.*

ka|tar|rha|lisch, (auch:) katarralisch ⟨Adj.⟩ (Med.): *zum Erscheinungsbild eines Katarrhs gehörend; mit einem Katarrh verbunden.*

Ka|tas|ter, der (österr. nur so), auch: das; -s, - [älter ital. catastro = Zins-, Steuerregister, H. u.]: *amtliches Grundstücksverzeichnis.*

Ka|tas|ter|amt, das: *amtliche Stelle, die die Register über alle Grundstücke eines bestimmten Bezirks führt.*

Ka|tas|ter|kar|te, die: *Karte, die den Grundriss einer Gemarkung in großem Maßstab wiedergibt u. die Grenzen u. Nummern der Flurstücke u. andere Angaben enthält.*

ka|tas|trie|ren ⟨sw. V.; hat⟩: *in ein Kataster eintragen.*

ka|ta|stro|phal ⟨Adj.⟩: *einer Katastrophe gleichkommend, ähnelnd; verhängnisvoll, entsetzlich:* eine -e Wirkung, Niederlage; dort herrschen -e Zustände; die Folgen der Krise waren k.

Ka|ta|stro|phe, die; -, -n [lat. catastropha < griech. katastrophḗ = Umkehr, Wendung]: 1. *schweres Unglück, Naturereignis mit verheerenden Folgen:* eine furchtbare, unvorhergesehene, wirtschaftliche K.; es kam zu einer politischen K. 2. (Literaturw.) *entscheidende Wendung [zum Schlimmen] als Schlusshandlung im [antiken] Drama.*

Ka|ta|stro|phen|alarm, der: *Alarm, der bei einer [sich ankündigenden] Katastrophe ausgelöst wird.*

Ka|ta|stro|phen|dienst, der: *Gruppe, Organisation, die im Katastrophenfall einsatzbereit ist.*

Ka|ta|stro|phen|fall, der: *Fall einer Katastrophe.*

Ka|ta|stro|phen|ge|biet, das: *Gebiet, in dem sich eine Katastrophe ereignet hat.*

Ka|ta|stro|phen|schutz, der: a) *Organisation, die bei der Gefährdung durch eine Katastrophe zur Hilfeleistung angefordert u. eingesetzt wird;* b) *vorbeugende Maßnahme, um eine Katastrophe zu verhindern.*

Ka|ta|stro|phen|the|o|rie, die: 1. *eine Theorie über die Entstehung der Planeten.* 2. *Kataklysmentheorie.*

Ka|ta|syl|lo|gis|mus, der [zu griech. katasyllogízesthai = eine Schlussfolgerung ziehen] (Logik): *Widerlegung eines Schlusses; Gegenbeweis.*

Ka|ta|to|nie, die; -, -n [zu griech. katátonos = abwärts gespannt] (Med.): *Schizophrenie mit Krampfzuständen der Muskulatur u. Wahnideen.*

Kat|au|to, das (Jargon): *Katalysatorauto.*

Kat|boot: ↑Catboot.

Ka|te, die; -, -n [aus dem Niederd., Nebenf. von: Kote < mniederd. kote, urspr. = Höhle, Loch, mit Flechtwerk abgedeckte Wohngrube]: *kleines, ärmliches Haus [aus Holz].*

Ka|te|che|se, die; -, -n [kirchenlat. catechesis = Unterricht der Katechumenen < griech. katḗchēsis = mündlicher Unterricht, zu: katēchízein, ↑katechisieren] (christl. Kirche): a) *die Vermittlung der christlichen Botschaft [an Ungetaufte];* b) *Religionsunterricht.*

Ka|te|chet, der; -en, -en (christl. Kirche): *Religionslehrer, bes. für kirchliche Christenlehre außerhalb der Schule* (Berufsbez.).

Ka|te|che|tik, die; - (christl. Kirche): *wissenschaftliche Theorie der Katechese.*

Ka|te|che|tin, die; -, -nen: w. Form zu ↑Katechet.

ka|te|che|tisch ⟨Adj.⟩: *die Katechese betreffend.*

ka|te|chi|sie|ren ⟨sw. V.; hat⟩ [kirchenlat. catechizare < griech. katēchízein = unterrichten, lehren] (christl. Kirche): *[Religions]unterricht erteilen.*

Ka|te|chis|mus, der; -, …men [kirchenlat. catechismus = Buch für den ersten Religionsunterricht < griech. katēchismós = Unterricht, Lehre] (christl. Kirche): 1. *Lehrbuch für den christlichen Glaubensunterricht, das in Fragen u. Antworten angelegt ist.* 2. *Glaubensunterricht für Katechumenen* (1).

Ka|te|chist, der; -en, -en [kirchenlat. catechista < griech. katēchistḗs = Lehrer]: *einheimischer Laienhelfer in der katholischen Mission.*

Ka|te|chis|tin, die; -, -nen: w. Form zu ↑Katechist.

Ka|te|chu|me|nat, das od. (Theol.) der; -[e]s [zu ↑Katechumene] (christl. Kirche): a) *Vorbereitung der [erwachsenen] Taufbewerber;* b) *kirchlicher Glaubensunterricht in Gemeinde, Schule u. Elternhaus.*

Ka|te|chu|me|ne [auch: …'çu:…], der; -n, -n [kirchenlat. catechumenus = jmd., der in der christl. Religion unterrichtet wird < griech. katēchoúmenos = jmd., der unterrichtet wird] (christl. Kirche): 1. *[erwachsener] Taufbewerber im Vorbereitungsunterricht.* 2. *Konfirmand, bes. im ersten Jahr des Konfirmandenunterrichts.*

ka|te|go|ri|al ⟨Adj.⟩ [↑Kategorie] (bildungsspr.): *Kategorien betreffend; in, nach Kategorien.*

Ka|te|go|rie, die; -, -n [lat. categoria < griech. katēgoría = Grundaussage, zu: agoreúein = sagen, reden, zu: agorá = Markt, also eigtl. = auf dem Markte (= öffentlich) reden]: 1. (Philos.) *(nach Aristoteles) eine der zehn möglichen Arten von Aussagen über einen realen Gegenstand.* 2. (Philos.) *eines der Prädikamente der scholastischen Logik u. Ontologie.* 3. (Philos.) *einer der zwölf reinen Verstandesbegriffe Kants, die die Erkenntnis u. die Erfassung von Wahrnehmungsinhalten durch das Denken erst ermöglichen.* 4. *Gruppe, in die jmd. od. etw. eingeordnet wird; Klasse, Gattung:* einer K. angehören; jmdn. in eine K. einreihen, in, unter eine K. einordnen; das gehört nicht in diese K., zu dieser K.; das fällt unter eine andere K.; die systematischen -n *(Taxa)* der botanischen Taxonomie.

ka|te|go|risch ⟨Adj.⟩ [spätlat. categoricus = zur Aussage gehörend]: *keinen Widerspruch duldend; mit Nachdruck u. bestimmt:* eine -e Feststellung, Behauptung; ein -es Nein; etw. k. fordern, ablehnen; -es Urteil *(einfache, nicht an Bedingungen geknüpfte Behauptung,* z. B. A ist B).

ka|te|go|ri|sie|ren ⟨sw. V.; hat⟩ (bildungsspr.): *etw. nach Kategorien* (4) *ordnen, einordnen:* Testergebnisse k.

Ka|te|go|ri|sie|rung, die; -, -en: *das Kategorisieren.*

Ka|ten, der; -s, - (landsch.): *Kate.*

Ka|ten|brot, das: *dunkles, grobes, kräftig schmeckendes, nach einem besonderen Verfahren hergestelltes Brot.*

Ka|ten|rauch|mett|wurst, Ka|ten|rauch|wurst, Ka|ten|wurst, die: *grobe, nach einem bestimmten Verfahren geräucherte Dauerwurst.*

[1]Ka|ter, der; -s, - [mhd. kater(e), ahd. kataro, H. u.]: 1. *männliche Katze* (1 a): ein schwarzer K.; er streicht um sie herum wie ein verliebter K.; * **dreimal schwarzer K.** (scherzh. Zauberformel; nach altem Volksglauben gehört die Drei zu den sog. magischen Zahlen, ebenso gelten Kater u. Katze, bes. mit schwarzem Fell, als Begleiter von Teufel u. Hexen). 2. (Jägerspr.) *männliches Tier von Wildkatze u. Luchs.*

[2]Ka|ter, der; -s, - [aus der Studentenspr., wohl volksetym. Eindeutschung von ↑Katarrh] (ugs.): *schlechte körperliche u. seelische Verfassung nach [über]reichlichem Alkoholgenuss:* einen K. haben; er wachte, stand mit einem fürchterlichen K. auf.

Ka|ter|früh|stück, das (ugs.): *kräftige kleine Mahlzeit meist mit saurem Hering u. sauren Gurken [als Frühstück], die nach reichlichem Alkoholgenuss den [2]Kater vertreiben soll.*

Ka|ter|stim|mung, die: *[2]Kater.*

kat|exo|chen ⟨Adv.⟩ [griech. kat' exochḗn, zu: exochḗ = das Hervorragen] (bildungsspr.): *schlechthin, im eigentlichen Sinne:* ein Pazifist k.

Kat|gut […gʊt; auch: 'kɛtgʌt], das; -s [engl. catgut = Darmsaite, eigtl. = Katzendarm, aus: cat = Katze u. gut = Darm, Eingeweide] (Med.): *Faden für chirurgisches Nähen, der sich während des Heilungsprozesses im Körper auflöst.*

kath. = katholisch.

Ka|tha|rer [auch: 'katarɐ], der; -s, - [mlat. cathari (Pl.), eigtl. = die Reinen, zu: catharus < griech. katharós = rein] ⟨meist Pl.⟩: *Angehöriger einer streng asketischen Sekte des Mittelalters.*

Ka|tha|re|rin [auch: 'ka…], die; -, -nen: w. Form zu ↑Katharer.

Ka|thar|sis ['ka(:)tarzɪs, auch: ka'tarzɪs], die; - [griech. kátharsis = (kultische) Reinigung]: 1. (Literaturw.) *Läuterung der Seele von Leidenschaften als Wirkung des [antiken] Trauerspiels.* 2. (Psych.) *das Sichbefreien von seelischen Konflikten u. inneren Spannungen durch emotionales Abreagieren.*

ka|thar|tisch ⟨Adj.⟩: *die Katharsis betreffend:* eine -e Wirkung.

Ka|the|der, das, auch: der; -s, - [mlat. cathedra = Lehrstuhl, Bischofssitz < lat. cathedra < griech. kathédra = Stuhl, Sessel]: *[Lehrer]pult, Podium.*

Ka|the|der|weis|heit, die: *nur aus Büchern angelerntes theoretisches Wissen.*

Ka|the|dra|le, die; -, -n [zu mlat. ecclesia cathedralis = zum Bischofssitz gehörende Kirche, zu: cathedra, ↑Katheder]: a) *[erz]bischöfliche Hauptkirche (bes. in England, Frankreich u. Spanien);* b) *große u. alte, künstlerisch gestaltete Kirche.*

Ka|the|dral|ent|schei|dung, die: *verbindliche Entscheidung des Papstes in Fragen der Glaubens- u. Sittenlehre der katholischen Kirche.*

Ka|the|dral|glas, das: *[buntes] gegossenes, lichtdurchlässiges Glas mit unebener Oberfläche.*

Ka|the|te, die; -, -n [lat. cathetus (grammé), zu: kathiénai = hinablassen] (Math.): *eine der beiden Seiten eines rechtwinkligen Dreiecks, die die Schenkel des rechten Winkels bilden;* vgl. Hypotenuse.

Ka|the|ter, der; -s, - [lat. catheter < griech. kathetēr] (Med.): *Röhrchen aus Metall, Glas, Kunststoff od. Gummi zur Einführung in Körperorgane (z. B. in die Harnblase), um sie zu entleeren, zu füllen, zu spülen od. zu untersuchen:* einen K. in die Blase einführen; einen K. anlegen.

ka|the|te|ri|sie|ren ⟨sw. V.; hat⟩ (Med.): **1. a)** *(bei jmdm.) einen Katheter einführen:* der Arzt hat ihn sofort katheterisiert; **b)** *einen Katheter (in ein Körperorgan) einführen:* die Harnblase k. **2.** *durch einen Katheter Flüssigkeit ableiten.*

ka|the|tern ⟨sw. V.; hat⟩: *katheterisieren.*

Kath|man|du: Hauptstadt von Nepal.

Ka|tho|de, (fachspr. auch:) Katode, die; -, -n [engl. cathode < griech. káthodos = Hinabweg, zu: katá = herab, abwärts u. hodós = Weg; von Faraday (vgl. Farad) 1834 eingeführt] (Physik): *negative Elektrode; Minuspol.*

Ka|tho|den|strahl, der ⟨meist Pl.⟩ (Physik): *Elektronenstrahl, der von der Kathode ausgeht.*

Ka|tho|den|strahl|os|zil|lo|graph, der: *Gerät, das auf einem Bildschirm Formen von elektrischen Schwingungen anzeigt.*

Ka|tho|le, der; -n, -n [zu ↑katholisch] (ugs. abwertend): *Katholik.*

Ka|tho|lik, der; -en, -en: *Angehöriger der katholischen Kirche.*

Ka|tho|li|ken|tag, der: *Generalversammlung der Katholiken eines Landes.*

Ka|tho|li|kin, die; -, -nen: w. Form zu ↑Katholik.

ka|tho|lisch ⟨Adj.⟩ [kirchenlat. catholicus < griech. katholikós = das Ganze, alle betreffend; allgemein, zu: hólos = ganz] (christl. Rel.): **1.** *sich zu derjenigen christlichen Kirche u. ihrem Glauben bekennend, die beansprucht, allein selig machend zu sein, u. die das Dogma der Unfehlbarkeit des Papstes, ihres als Stellvertreter Christi eingesetzten Oberhauptes, vertritt:* ein -er Geistlicher; die -e Kirche; er ist k. (Abk.: kath.). **2.** *(von der Kirche Christi) allgemein, [die ganze Erde] umfassend:* -e Briefe *(an die Allgemeinheit, nicht an bestimmte Empfänger gerichtete neutestamentliche Briefe der Apostel).*

ka|tho|li|sie|ren ⟨sw. V.; hat⟩: *für die katholische Kirche gewinnen.*

Ka|tho|li|zis|mus, der; -: *Geist u. Lehre des katholischen Glaubens.*

Kat|ion ['kat̮io:n], das; -s, ...onen [zu griech. katá = herab, entlang u. ↑Ion] (Physik): *positiv geladenes Ion, das bei der Elektrolyse zur Kathode wandert.*

Kät|ner, der; -s, - [↑Kate]: *Bewohner einer Kate.*

Kät|ne|rin, die; -, -nen: w. Form zu ↑Kätner.

Ka|to|de usw.: ↑Kathode usw.

Kat|te|gat, das; -s : Meerenge zwischen Jütland und Schweden.

Kat|tun, der; -s, -e [niederl. katoen < arab. quṭun = Baumwolle]: *sehr festes Gewebe aus Baumwolle.*

Kat|tun|druck, der: *Kattun mit aufgedruckten Mustern.*

kat|tu|nen ⟨Adj.⟩: *aus Kattun:* eine -e Tischdecke.

Katz: in den Wendungen **K. und Maus [mit jmdm., miteinander] spielen** (ugs.; *jmdn. hinhalten u. über eine [letztlich doch für ihn negativ ausfallende] Entscheidung im Unklaren lassen;* nach dem Spiel, das die Katze mit der gefangenen Maus zu treiben scheint, bevor sie sie frisst); **für die K. sein** (salopp; *umsonst, vergebens sein, nichts nützen;* der Katze warf man das hin, was nichts wert war, was nichts taugte): alle Mühe war für die K.

katz|bal|gen, sich ⟨sw. V.; hat⟩ [wohl nach dem Spiel der Katzenmutter mit ihren Jungen] (ugs.): *sich raufen.*

katz|bu|ckeln ⟨sw. V.; hat⟩ [der dienstfertig gekrümmte Rücken wurde mit dem Buckel, den Katzen häufig machen, verglichen u. galt als Zeichen von Unterwürfigkeit u. Schmeichelei] (abwertend): *sich unterwürfig zeigen:* vor dem Chef k.

Kätz|chen, das; -s, - [4: spätmhd. ketzgin, nach den weichen u. wolligen Blütenhaaren, die mit jungen Katzen verglichen werden]: **1.** Vkl. zu ↑Katze. **2.** (ugs.) *weibliche Person (in ihrer Eigenschaft als Partnerin, Freundin o. Ä.).* **3.** (salopp) *Vulva.* **4.** ⟨meist Pl.⟩ *Blütenstand der Birke, der Erle, des Haselstrauches u. a.*

Kat|ze, die; -, -n [mhd. katze, ahd. kazza, gemeineuropäisches Wanderwort, H. u.; 3: viell. wegen der länglichen Form, die einer sich anschmiegenden Katze ähnelt od. nach der in der Sage häufigen Darstellung der Katze als Hüterin von Schätzen]: **1. a)** *Hauskatze:* eine graue, getigerte, wildernde, herumstreunende, zugelaufene K.; die K. schnurrt, spielt, kratzt, faucht, miaut, macht einen Buckel, putzt sich, leckt sich; sie spielt mit ihm wie die K. mit der Maus; R da beißt sich die K. in den Schwanz *(dabei bedingen sich Ursache u. Wirkung wechselseitig);* das trägt die K. auf dem Schwanz fort *(das ist eine unbedeutende Kleinigkeit);* Spr die K. lässt das Mausen nicht *(alte Gewohnheiten kann man nicht ablegen);* in der Nacht sind alle -n grau *(in der Dunkelheit fallen Besonderheiten nicht auf);* wenn die K. aus dem Haus ist, tanzen die Mäuse [auf dem Tisch] *(jmd., der es gewohnt ist, beaufsichtigt zu werden, nutzt es aus, wenn er einmal ohne Aufsicht ist);* ***der K. die Schelle umhängen** (ugs.; *einen gefährlichen od. unangenehmen Auftrag ausführen, aus dem auch noch andere einen Nutzen ziehen;* nach einer Tierfabel, in der die Mäuse beschließen, der Katze eine Schelle umzuhängen, damit sie sie rechtzeitig hören können); **die K. aus dem Sack lassen** (ugs.; *eine Absicht, einen Plan, den man bisher absichtlich verschwiegen hat, anderen zur Kenntnis bringen*); **die K. im Sack kaufen** (ugs.; *etw. kaufen, ohne sich vorher von dessen Güte od. Zweckmäßigkeit überzeugt zu haben; etw. übernehmen, sich etw. bieten lassen, ohne es vorher geprüft zu haben* [früher wurde auf Märkten oft eine Katze anstelle eines Ferkels, Kaninchens od. Hasens in den Sack getan, um den unachtsamen Käufer hereinzulegen]); **K. und Maus [mit jmdm., miteinander] spielen** (ugs.; ↑Katz); **um etw. herumgehen wie die K. um den heißen Brei** (ugs.; *über etw. reden, ohne aber auf den eigentlichen Kern der Sache zu sprechen zu kommen*); **b)** *weibliche Katze* (1 a); **c)** (Jägerspr.) *weibliches Tier von Wildkatze, Luchs od. Murmeltier.* **2.** (bes. Zool.) *in zahlreichen Arten fast weltweit verbreitetes katzenartiges Raubtier* (z. B. Löwe, Tiger). **3.** (veraltet) *Geldbeutel.* **4. * neunschwänzige K.** *(Peitsche aus neun Schnüren od. neun ledernen Riemen mit je einem Knoten).*

kat|zen|ar|tig ⟨Adj.⟩: *wie eine Katze, einer Katze ähnlich:* ein -es Tier; sich k. bewegen.

Kat|zen|au|ge, das: **1.** *Auge einer Katze.* **2.** (ugs.) *Rückstrahler am Fahrrad od. Auto.* **3.** (Mineral.) *bräunliches od. graugrünes Mineral, das Licht reflektiert.*

Kat|zen|bu|ckel, der: **1.** *leicht vorwärts gebeugter Rumpf mit nach oben durchgedrücktem Rücken, ähnlich dem der Katze, bevor sie sich streckt:* einen K. machen. **2.** (Gymnastik) *Übung, bei der man im Hockstütz die Hände dicht vor od. neben die Fußspitzen stützt u. die Knie streckt, sodass der Rumpf einen nach oben gewölbten Bogen bildet.*

Kat|zen|dreck, der: **1.** (ugs.) *Kot der Katze.* **2.** *etw. Wertloses; Kleinigkeit ohne besonderen Wert:* so etwas ist kein K.

Kat|zen|fell, das: *Fell der Katze.*

kat|zen|freund|lich ⟨Adj.⟩ (ugs. abwertend): *von einer falschen Freundlichkeit [seiend, zeugend]:* meine Wirtin ist mir zu k.

Kat|zen|gold, das [eigtl. = falsches Gold]: **1.** *rötlich gelbe, metallisch glänzende Verwitterungsprodukte verschiedener Mineralien.* **2.** *goldgelber Pyrit.*

kat|zen|haft ⟨Adj.⟩: *katzenartig.*

Kat|zen|hai, der: *kleiner, in Küstengewässern lebender, Eier legender Hai mit gefleckter Haut.*

Kat|zen|jam|mer, der [aus der Studentenspr., anspielend auf die an Wehklagen erinnernden Laute der Katze, bes. in der Paarungszeit] (ugs.): *mit der Ernüchterung einhergehende Niedergeschlagenheit nach einem Rausch, nach Ausschweifungen:* am nächsten Morgen kam der große K.; Ü der K. *(die depressive, niedergedrückte Stimmung nach einem Versagen, Misserfolg o. Ä.)* der Opposition nach der verlorenen Wahl.

Kat|zen|klo, das (ugs.): *spezielle Vorrichtung für Innenräume, die die Katzen* (1 a) *dazu benutzen sollen, dort ihre Notdurft zu verrichten.*

Kat|zen|kopf|pflas|ter, das (ugs.): *grobes Pflaster aus rundlich gehauenen Natursteinen; Kopfsteinpflaster.*

Kat|zen|ma|chen: in der Wendung **etw. geht wies K.** (ugs.; *etw. lässt sich schnell u. ohne große Mühe durchführen, beansprucht nicht viel Zeit*).

Kat|zen|min|ze, die: *gelblich od. rötlich weiß blühendes Kraut, das auch als Zierpflanze kultiviert wird.*

Kat|zen|mu|sik, die [aus der Studentenspr.; vgl. Katzenjammer] (ugs. abwertend): *misstönende Musik mit Disharmonien u. jaulenden Tönen.*

Kat|zen|pfo|te, die [2: viell. weil die weißen Schaumkronen auf dem graugrünen od. blauen Wasser an die oftmals helleren Zehen der Pfoten von dunklen Katzen erinnern]: **1.** *Pfote der Katze.* **2.** (Seemannsspr.) *leichte, flüchtige Kräuselung, die sich auf glattem Wasser zeigt, sobald eine Brise aufkommt.*

Kat|zen|sil|ber, das [vgl. Katzengold]: *silbrig verwitternder Glimmer.*

Kat|zen|sprung, der: **1.** (ugs.) *geringe Entfernung:* das war nur ein K.; bis nach Köln ist es nur ein K.; sie wohnen einen K. von hier. **2.** (Turnen) *Grätsche am Langpferd, bei der die Beine um die stützenden Arme herum zum anschließenden Hockstand od. Absprung gegrätscht werden.*

Kat|zen|streu, die: *saugfähiges Granulat o. Ä., auf das im Haus gehaltene Katzen ihre Notdurft verrichten sollen.*

Kat|zen|tisch, der [urspr. scherzh. Bez. für den Fußboden, später Bez. für einen (niedrigen) Tisch, an dem geringere Gäste sitzen, dann Kindertisch] (ugs. scherzh.): *kleiner, etw. abseits einer [Fest]tafel stehender Tisch.*

Kat|zen|wä|sche, die [die Katze säubert sich scheinbar nur durch schnelles Ablecken ihrer Pfoten u. ihres Felles] (ugs.): *kurzes, oberflächliches Sichwaschen:* heute Abend mache ich nur K.

Kat|zen|zun|ge, die: **1.** *Zunge der Katze.* **2.** *aus Schokolade hergestellte kleine Süßigkeit, die flach, länglich u. an den breiter werdenden Enden abgerundet ist.*

Kätz|in, die; -, -en: *weibliche Katze.*

Katz-und-Maus-Spiel, das: *Verhalten, bei dem man jmdn. hinhält u. über eine [letztlich doch für ihn negativ ausfallende] Entscheidung im Unklaren lässt.*

Kau|ap|pa|rat, der (Med.): *alle beim Kauen beteiligten Organe u. Gewebe.*

kau|bar ⟨Adj.⟩: *sich kauen lassend:* eine nur schwer -e Masse.

Kau|be|we|gung, die: *kauende Bewegung.*

kau|dal ⟨Adj.⟩ [zu lat. cauda = Schwanz, Schweif]: **1.** (Med.) *nach dem unteren Körperende od. nach dem unteren Ende eines Organs zu gelegen.* **2.** (Zool.) *in der Schwanzregion gelegen.*

kau|dern ⟨sw. V.; hat⟩ [urspr. = wie ein Truthahn kollern, wohl lautm.] (veraltet, noch landsch.): *unverständlich sprechen.*

kau|der|welsch ⟨Adj.⟩ [unter Einfluss von mundartl. kaudern = plappern, geb. aus: kaurerwelsch = welsch (= romanisch, d. h. unverständlich), wie in Kauer (= tirol. für Chur in Graubünden) gesprochen wird]: *(vom Sprechen) aus mehreren Sprachen gemischt u. daher unverständlich:* -es Zeug reden; k. reden.

Kau|der|welsch, das; -[s]: **a)** *aus mehreren Sprachen gemischte, unverständliche Sprache, Sprechweise:* ein fürchterliches, unverständliches K.; ein K. aus Deutsch und Englisch; **b)** *aufgrund von zu vielen Fremdwörtern, Fachausdrücken o. Ä. unverständliche od. schwer verständliche Ausdrucksweise:* sein juristisches K. kann niemand verstehen.

kau|di|nisch: ↑Joch (1).

kau|en ⟨sw. V.; hat⟩ [mhd. (md.) kūwen (= mhd. kiuwen, ahd. kiuwan erhalten in »wiederkäuen«)]: **1. a)** *[Essbares] mit den Zähnen o. Ä. zerkleinern:* gut, gründlich, langsam k.; mit, auf vollen, beiden Backen k. (ugs.; *den Mund sehr voll haben u. kauen*); sie kaute das Brot, das Fleisch; die Kinder kauten Kaugummi; kauende Mundwerkzeuge (Fachspr.; *zum Kauen bestimmte Mundwerkzeuge*); R gut gekaut ist halb verdaut; **b)** *etw. lange u. mühevoll mit den Zähnen zu zerkleinern suchen:* an einem zähen Stück Fleisch k.; Ü an einem Problem, an einer Aufgabe k. (ugs.; *Schwierigkeiten mit der Bewältigung haben*). **2.** *an etw. nagen, knabbern:* am, auf dem Bleistift, an den Fingernägeln k.; er kaute nervös auf den, an den Lippen; sie kaut [die] Nägel *(kaut sich gewohnheitsmäßig die Fingernägel ab).*

kau|ern ⟨sw. V.; hat⟩ [aus dem Niederd. < mniederd. kūren = lauern, urspr. = sich bücken, sich ducken, gekrümmt dasitzen]: **1.** *in gekrümmter Haltung mit angezogenen Knien sitzen:* reglos am Boden, hinter einem Busch k.; Ü das Dorf kauert in der Talsenke. **2.** ⟨k. + sich⟩ *sich hinhocken, ducken [um sich zu verstecken]:* sich hinter einen Busch k.; der Hase kauert sich in die Ackerfurche; Ü ein windschiefer Schuppen kauerte sich an die Hauswand.

Kau|er|stel|lung, die: *kauernde Körperstellung.*

Kauf, der; -[e]s, Käufe [mhd., ahd. kouf, urspr. = Handel, Vertrag, Geschäft, rückgeb. aus ↑kaufen]: **1.** *das Kaufen:* der K. eines Autos; ein K. auf Raten, Kredit; ein K. auf, zur Probe; einen K. abschließen, rückgängig machen; von einem K. zurücktreten; jmdn. zum K. ermuntern, veranlassen; das Grundstück steht zum K. [aus]; jmdm. etw. zum K. anbieten; *** etw. in K. nehmen** *(sich mit Unannehmlichkeiten, Nachteilen im Hinblick auf andere Vorteile abfinden):* materielle Einbußen in K. nehmen; Risiken in K. nehmen. **2.** *etw., was jmd. gekauft hat:* das Kleid war ein günstiger, guter K.; sie hat den gestrigen K. wieder umgetauscht. 3. (ugs.) *Bestechung:* der K. von Zeugen.

Kauf|an|reiz, der: *Anreiz zum Kauf.*

Kauf|boy|kott, der: *das Boykottieren des Kaufs einer Ware.*

Kauf|brief, der: *Urkunde über den Kauf einer Sache.*

kau|fen ⟨sw. V.; hat⟩ [mhd. koufen, ahd. koufōn, zu lat. caupo = Wirt, Händler (H. u.) od. dem davon abgeleiteten spätlat. cauponari = verhökern, verschachern]: **1. a)** *etw. gegen Bezahlung erwerben:* etw. billig, günstig, zu teuer k.; ein Auto, ein Haus, Lebensmittel k.; sich, jmdm. etw. k.; auf Raten, Pump k.; etw. aus zweiter Hand k.; ich habe bei Ihnen ein Beruhigungsmittel, ein Geschenk für jemanden gekauft; etw. für viel, teures Geld k.; sie hat sich mit dem Geld, von dem Geld eine CD gekauft; diese Marke wird viel, gern gekauft; ein gekaufter Adelstitel; R dafür kaufe ich mir nichts, kann ich mir nichts k. (ugs.; *damit kann ich nicht viel anfangen, das nützt mir nichts*); *** sich** (Dativ) **jmdn. k.** (ugs.; *jmdn. bei nächster Gelegenheit zur Rede stellen, zurechtweisen*): den Burschen kaufe ich mir!; **b)** *einkaufen:* im Supermarkt, nur im Fachgeschäft k.; in diesem Laden kaufe ich nicht mehr. **2.** (ugs.) *bestechen:* einen Beamten k.; die Zeugen waren gekauft; Stimmen k. *(durch Bestechung gewinnen);* die Studie ist gekauft *(durch Bestechung zum gewünschten Ergebnis gekommen).*

kau|fens|wert ⟨Adj.⟩: *(als Ware) so beschaffen, dass sich ein Kauf lohnt.*

Käu|fer, der; -s, - [mhd. koufer, keufer, ahd. choufāri]: *jmd., der etw. kauft, gekauft hat:* ein kritischer, scharf rechnender, solventer K.; als K. auftreten; sie sucht einen K. für ihr Haus; das Auto hat einen/seinen K. gefunden; einen K. an der Hand haben.

Käu|fe|rin, die; -, -nen: w. Form zu ↑Käufer.

Käu|fer|schicht, die: *Schicht, Gruppe von Menschen, die eine bestimmte Ware kauft:* dieses Fabrikat spricht eine ganz bestimmte K. an; neue -en erschließen.

Kauf|frau, die: **1.** *Frau, die im Handelsregister als selbstständige Handeltreibende eingetragen ist.* **2.** vgl. Kaufmann (1).

Kauf|hal|le, die: *eingeschossiges Kaufhaus.*

Kauf|hand|lung, die (DDR): *Musterausstellung von Herstellerbetrieben, auf der Aufträge entgegengenommen werden.*

Kauf|haus, das: *großes Geschäft des Einzelhandels, in dem Waren aller Art verkauft werden:* im K. einkaufen.

Kauf|hei|rat, die (Völkerk.): *Form der Heirat, bei der der Bräutigam eine bestimmte Summe an den Vater der Braut zahlen muss.*

Kauf|in|te|res|se, das: *Interesse, etw. zu kaufen:* es besteht nur geringes K. für diese Ware.

Kauf|kraft, die (Wirtsch.): **1.** *Wert des Geldes, einer Währung in Bezug auf die Menge der Waren, die dafür gekauft werden können:* die K. der D-Mark ist gestiegen. **2.** *jmds. Vermögen, Waren, Dienstleistungen o. Ä. zu bezahlen; Zahlungsfähigkeit:* eine Steigerung der Löhne erhöht die K. der Arbeitnehmer.

kauf|kräf|tig ⟨Adj.⟩: *über viel Geld verfügend; zahlungskräftig:* -e Kunden.

Kauf|la|den, der ⟨Pl. ...läden⟩ **1.** (veraltend) *[kleiner] Laden, Geschäft.* **2.** *kleine Nachbildung eines [Lebensmittel]ladens als Kinderspielzeug:* die Kinder bekamen zu Weihnachten einen K.

Kauf|leu|te ⟨Pl.⟩: **1.** Pl. von ↑Kaufmann. **2.** *Gesamtheit der Kauffrauen und Kaufmänner.*

käuf|lich ⟨Adj.⟩ [mhd. kouflich, ahd. chouflīh = dem Handel entsprechend; im Handel erworben]: **1.** *durch Kauf zu erwerben, gegen Bezahlung erhältlich:* das Bild ist nicht k.; etw. k. erwerben; Ü ein -es Mädchen (↑Mädchen 1 b); -e Liebe (↑Liebe 1 c). **2.** *bestechlich:* auch er ist k.

Käuf|lich|keit, die; -: *das Käuflichsein.*

Kauf|lust, die: *Neigung, Bereitschaft, etw. zu kaufen:* Sonderangebote wecken die K.

Kauf|mann, der ⟨Pl. ...leute⟩: **1.** *jmd., der [eine kaufmännische Lehre abgeschlossen hat u.] beruflich Handel, Kauf u. Verkauf betreibt:* ein guter, schlechter, geschäftstüchtiger K.; seine Vorfahren waren Kaufleute; er lernt K. *(macht eine kaufmännische Lehre);* er verdient sein Geld als selbstständiger K. **2.** (landsch.) *Besitzer eines Kaufladens* (1): zum K. gehen und Mehl holen.

kauf|män|nisch ⟨Adj.⟩: **1.** *den Beruf des Kaufmanns betreffend:* -es Rechnen; -e Buchführung; er ist -er Angestellter; sie macht eine -e Lehre. **2.** *in der Art eines Kaufmanns; das Kaufen u. Verkaufen betreffend:* -es Geschick; der -e Leiter eines Betriebes; k. begabt sein.

Kauf|mann|schaft, die [mhd. koufmanschaft, auch = Handelsware]: *Gesamtheit der Kaufleute u. Kauffrauen.*

Kauf|manns|gil|de, die (früher): *Gilde der Kaufleute.*

Kauf|manns|spra|che, die: *Fachsprache der Kaufleute.*

Kauf|or|der, die ⟨Pl. -s⟩ (Bankw.): *Order, eine Aktie o. Ä. zu kaufen.*

Kauf|preis, der: *Preis, der für eine Ware bezahlt werden muss.*

Kauf|rausch, der (oft scherzh.): *gesteigerte Kauflust:* einem K. erliegen.

Kauf|sum|me, die: *Geldsumme, die für eine Sache bezahlt werden muss.*

Kauf|ver|hal|ten, das: *Verhalten von Käufern:* aufgrund des geänderten -s.

Kauf|ver|trag, der: *Vertrag, der zwischen Verkäufer u. Käufer geschlossen wird.*

Kauf|wert, der: *Wert einer Sache beim Kauf.*

Kauf|zwang, der: *Zwang, eine Sache zu kaufen:* dieses Buch kann man sich ohne K. zwei Wochen zur Ansicht schicken lassen.

Kau|gum|mi, der, (auch:) das; -s, -s: *beim Kauen weich u. gummiartig werdende Masse mit Frucht- od. Pfefferminzgeschmack:* K. kauen.

Kau|ka|si|en; -s: Gebiet zwischen Schwarzem Meer u. Kaspischem Meer.

Kau|ka|si|er, der; -s, -: Ew.

Kau|ka|si|e|rin, die; -, -nen: w. Form zu ↑Kaukasier.

kau|ka|sisch ⟨Adj.⟩: *Kaukasien, die Kaukasier betreffend; aus Kaukasien stammend.*

Kau|ka|sus, der; -: Hochgebirge in Kaukasien.

Kaul|barsch, der [zu ↑Kaule, wegen der gedrungenen Gestalt des Fisches]: *(in Schwärmen lebender) oberseits olivgrüner Barsch mit stachliger Rückenflosse u. rundlichem, dickem Kopf.*

Käul|chen, das; -s, - [zu ↑Kaule] (ostmd.): *rundes Küchlein, meist aus Kartoffeln u. Quark.*

Kau|le, die; -, -n [mhd. kūle = Kugel(förmiges), zusgez. aus mhd. kugel(e), ↑Kugel] (mundartl.): **1.** *Kugel.* **2.** *Grube, Loch; rundliche Vertiefung.*

kau|li|flor ⟨Adj.⟩ [zu griech. kaulós = Stängel, Stiel u. lat. flos (Gen.: floris) = Blume, Blüte] (Bot.): *(von Blüten) unmittelbar am Stamm der Pflanze ansetzend.*

Kaul|quap|pe, die [zu ↑Kaule u. ↑Quappe]: *im Wasser lebende, schwarze, kugelige Larve des Frosches, die einen Schwanz hat, der sich bei der Entwicklung zum Frosch zurückbildet.*

kaum ⟨Adv.⟩ [mhd. kūm(e), ahd. kūmo, zu: kūma = (Weh)klage, kūmig = schwach, gebrechlich (eigtl. = kläglich, jämmerlich), urspr. lautm.]: **1. a)** *fast gar nicht:* ich habe k. geschlafen; ich kenne sie k.; das spielt k. [noch] eine Rolle; es war k. jemand *(fast niemand)* da; sie ist k. älter als ich; die Mauer ist k. *(nicht einmal ganz)* drei Meter hoch; **b)** *nur mit Mühe; unter Anstrengungen:* das ist k. zu glauben; sie konnten es k. erwarten; ich bin mit der Arbeit k. fertig geworden; **c)** *vermutlich nicht, wohl nicht:* sie wird jetzt k. noch kommen; »Glaubst du, dass er diesem Vorschlag zustimmt?« – »[Wohl] k.«; ohne sie hätten wir den Weg [wohl] k. gefunden. **2.** *gerade [erst]; in dem Augenblick [als]:* sie war k. aus der Tür, als das Telefon klingelte; er war k. gekommen, da wollte er schon wieder gehen; k. hatte sie Platz genommen, da bestürmte man sie mit Fragen. **3.** ⟨in der Verbindung mit »dass«⟩ (veraltend) **a)** *nicht lange nachdem:* k. dass die Mutter aus dem Haus war, begannen die Kinder zu streiten; der Regen war k. dass er angefangen hatte, auch schon wieder vorüber; **b)** *mit knapper Mühe noch; gerade noch:* ich habe alle Namen vergessen, k. dass ich mich [noch] an die Landschaft erinnere.

Kau|ma|gen, der: *Teil des Verdauungsapparates bei bestimmten Tieren, in dem die Nahrung zerkleinert wird.*

Kau|ma|zit [auch: ...ˈtsɪt], der; -s, (Sorten:) -e [zu griech. kaũma = Brand, Hitze]: *Koks aus Braunkohle.*

Kau|mus|kel, der: *Muskel, mit dem beim Kauen der Unterkiefer bewegt wird.*

kau|sal ⟨Adj.⟩ [spätlat. causalis, zu: causa = Grund, Ursache, Sache]: **1.** (bildungsspr.) *auf dem Verhältnis zwischen Ursache u. Wirkung beruhend; ursächlich:* ein -er Zusammenhang; -e Beziehungen, Abhängigkeiten; etwas hängt k. mit etwas zusammen. **2.** (Sprachw.) *begründend:* -e Konjunktion *(Kausalkonjunktion).*

Kau|sal|ad|verb, das (Sprachw.): *Adverb, das eine Begründung bezeichnet* (z. B. »deshalb«).

Kau|sal|be|stim|mung, die (Sprachw.):

Umstandsangabe des Grundes (z. B. »aus Eifersucht«).

Kau|sal|ge|setz, das ⟨o. Pl.⟩ (bes. Philos., Logik): *aus dem Kausalprinzip abgeleitetes Gesetz, wonach jedes Ereignis eine Ursache hat u. selbst wiederum Ursache für andere Ereignisse ist u. wonach gleiche Ursachen gleiche Wirkungen haben.*

Kau|sa|li|tät, die; -, -en [mlat. causalitas]: *kausaler Zusammenhang; Ursächlichkeit:* im Verhältnis der K. zueinander stehen.

Kau|sal|ket|te, die (bes. Philos., Logik): *Kette von Kausalzusammenhängen.*

Kau|sal|kon|junk|ti|on, die (Sprachw.): *begründende Konjunktion* (z. B. »weil«).

Kau|sal|ne|xus, der: *Kausalzusammenhang.*

Kau|sal|prin|zip, das ⟨o. Pl.⟩ (bes. Philos., Logik): *philosophisches Prinzip, wonach jedes Geschehen eine Ursache hat.*

Kau|sal|satz, der (Sprachw.): *Umstandssatz, der eine Ursache, einen Grund angibt; Begründungssatz.*

Kau|sal|zu|sam|men|hang, der (bes. Philos., Logik): *auf dem Prinzip von Ursache u. Wirkung beruhender Zusammenhang von Ereignissen:* zwischen diesen Ereignissen besteht ein K.

kau|sa|tiv [auch: – –'–] ⟨Adj.⟩: (bildungsspr.; Sprachw.): *veranlassend:* -es Verb (Sprachw.; *Kausativ*).

Kau|sa|tiv [auch: – –'–], das; -s, -e [zu lat. causativus = ursächlich] (Sprachw.): *Verb des Veranlassens* (z. B. »tränken« = trinken machen).

Kau|sa|tiv|bil|dung, die (Sprachw.): *Kausativ.*

Kaus|tik, die; - [zu ↑kaustisch]: **1.** (Optik) *Fläche einer Linse* (2 a) *od. eines Hohlspiegels, auf der sich die Schnittpunkte benachbarter Parallelstrahlen nach der Brechung* (1) *bzw. nach der Reflexion* (1) *befinden.* **2.** (Med.) *Kauterisation.*

Kaus|ti|kum, das; -s, ...ka [lat. causticum; vgl. kaustisch] (Med.): *ätzendes Mittel, mit dem schlecht heilende Narben, Wunden o. Ä. behandelt werden* (z. B. Höllenstein).

kaus|tisch ⟨Adj.⟩ [lat. causticus = brennend, ätzend < griech. kaustikós = brennend, zu: kaíein = brennen, verbrennen]: **a)** (Chemie) *scharf, ätzend:* -e Alkalien; **b)** (bildungsspr.) *sarkastisch, spöttisch:* sein -er Witz.

Kau|ta|bak, der: *gepresster Tabak zum Kauen; Priem:* eine Stange K.

Kau|tel, die; -, -en ⟨meist Pl.⟩ [spätlat. cautela = Schutz, Sicherstellung, eigtl. = Vorsicht, zu lat. cautum, 2. Part. von: cavere, ↑Kaution] (Rechtsspr.): *[vertraglicher] Vorbehalt; Absicherung, Sicherheitsvorkehrung:* -en, eine K. in einen Vertrag einbauen.

Kau|ter, der; -s, - [lat. cauter < griech. kautēr, kaustēr = Brenneisen, zu: kaíein, ↑kaustisch] (Med.): *chirurgisches Instrument zum Ausbrennen von Gewebsteilen.*

Kau|te|ri|sa|ti|on, die; -, -en (Med.): *Zerstörung (von krankem Gewebe) durch Brennen od. Ätzen.*

Kau|ti|on, die; -, -en [lat. cautio (Gen.: cautionis), eigtl. = Vorsicht, zu: cavere = sich hüten; Bürgschaft leisten]: **a)** *größere Geldsumme, die als Bürgschaft, Sicherheitsleistung für die Freilassung eines [Untersuchungs]häftlings hinterlegt werden muss:* eine K. für jmdn. hinterlegen, stellen, zahlen, festsetzen; er kam gegen eine K. von tausend Mark frei; **b)** *Geldsumme, die man als Sicherheit beim Mieten einer Wohnung o. Ä. zahlen muss:* zwei Monatsmieten K. zahlen; der Vermieter hat die K. einbehalten.

Kau|ti|ons|sum|me, die: *als Kaution zu zahlende, gezahlte Summe.*

Kaut|schuk, der; -s, (Sorten:) -e [frz. caoutchouc < älter span. cauchuc, aus einer peruanischen Indianerspr.]: *aus dem milchigen Saft verschiedener tropischer Pflanzen gewonnene, zähe, elastische Masse, die den Rohstoff für die Herstellung von Gummi darstellt:* natürlicher, synthetischer K.; K. vulkanisieren, zu Gummi verarbeiten.

Kaut|schuk|baum, der: *Baum, aus dessen eingeritzter Rinde ein milchiger Saft fließt, der zu Kautschuk verarbeitet wird.*

Kaut|schuk|milch, die: *milchiger Saft aus der Rinde des Kautschukbaumes.*

kaut|schu|tie|ren ⟨sw. V.; hat⟩ [frz. caoutchouter]: **a)** *mit Kautschuk überziehen;* **b)** *aus Kautschuk herstellen.*

Kau|werk|zeu|ge ⟨Pl.⟩ (Biol.): *zum Kauen dienende Organe.*

Kauz, der; -es, Käuze [1: spätmhd. kūz(e), lautm.; 2: da der Kauz ein Nachtvogel ist, scheint er sich von anderen Vögeln abzusondern u. wirkt wie ein Einzelgänger; 3: wohl nach der äußeren Ähnlichkeit]: **1.** *zu den Eulen gehörender Vogel* (z. B. Steinkauz, Waldkauz): der nächtliche Ruf eines -es; aus dem Wald hörte man einen K. schreien. **2.** *auf liebenswerte Weise sonderbarer, eigenbrötlerischer Mann:* ein komischer, wunderlicher K. **3.** (landsch.) *Haarknoten:* das Haar zu einem K. aufgesteckt tragen.

Käuz|chen, das; -s, -: **1.** Vkl. zu ↑Kauz. **2.** *Steinkauz:* das K. ruft.

kau|zig ⟨Adj.⟩: *in der Art eines Kauzes* (2); *wunderlich, sonderbar:* ein -er Alter.

Ka|val, der; -s, -s [zu ital. cavallo, ↑Kavalier]: *Spielkarte im Tarockspiel.*

Ka|va|lier, der; -s, -e [frz. cavalier < ital. cavaliere = Reiter, Ritter, zu: cavallo = Pferd < lat. caballus]: **1.** *Mann, der bes. Frauen gegenüber taktvoll, hilfsbereit u. höflich ist u. dadurch angenehm auffällt:* ein eleganter, vollendeter K.; ein K. vom Scheitel bis zur Sohle; den K. spielen; ich gebe Ihnen mein Ehrenwort als K.; R der K. genießt und schweigt *(ein Kavalier kompromittiert eine Dame, mit der er ein Liebesabenteuer hatte, nicht, indem er darüber redet);* * **ein K. der alten Schule** *(ein Mann, der sich durch bes. höfliches, taktvolles, rücksichtsvolles Benehmen auszeichnet).* **2.** (veraltet, noch scherzh.) *Freund, Begleiter eines Mädchens:* ihr K. holte sie zu Hause ab. **3.** *Edelmann.*

ka|va|lier|mä|ßig, kavaliersmäßig ⟨Adj.⟩: *höflich, zuvorkommend, wie ein Kavalier* (1).

Ka|va|liers|de|likt, das: *[strafbare] Handlung, die von der Gesellschaft, von der Umwelt als nicht ehrenrührig, als weniger schlimm angesehen wird:* Steuerbetrug wird oft als K. angesehen; Trunkenheit am Steuer ist kein K.

ka|va|liers|mä|ßig: ↑kavaliermäßig.

Ka|va|liers|tuch, (auch:) Kavaliertuch, das ⟨Pl. ...tücher⟩: *als Schmuck in der äußeren Brusttasche des Herrenjacketts getragenes kleines Tuch, das so gefaltet u. eingesteckt ist, dass einige Spitzen davon zu sehen sind.*

Ka|val|ka|de, die; -, -n [frz. cavalcade < ital. cavalcata, zu: cavalcare < spätlat. caballicare = reiten, zu lat. caballus = Pferd] (veraltend): *[bei einem festlichen Anlass auftretende] Gruppe von Reitern.*

Ka|val|le|rie [kavalə'ri:, auch: 'kavaləri], die; -, -n [frz. cavalerie < ital. cavalleria, zu: cavaliere, ↑Kavalier] (Milit. früher): **a)** *zu Pferd kämpfende Truppe; Reiterei:* schwere, leichte K.; er war bei der K.; **b)** ⟨o. Pl.⟩ *Soldaten der Kavallerie* (a): K. einsetzen.

Ka|val|le|rie|re|gi|ment, das: *Regiment der Kavallerie* (a).

Ka|val|le|rist [kavalə'rɪst, auch: '– – – –], der; -en, -en (Milit. früher): *Soldat der Kavallerie* (a).

Ka|ve|ling, die; -, -en [niederl. kaveling, eigtl. = Los, zu: kavelen = losen, durch ein Los zuweisen, vgl. [2]kabeln] (Wirtsch.): *Mindestmenge, die ein Käufer auf einer Auktion erwerben muss.*

Ka|vents|mann, der ⟨Pl. ...männer⟩ [H. u., 2: viell. übertr. von 1 wegen der ungewöhnlichen Größe des Wellenbergs]: **1.** (landsch.) *jmd., etw., was durch seine Größe beeindruckt:* der Hecht, den ich heute gefangen habe, war ein richtiger, so ein K. **2.** (Seemannsspr.) *Wellenberg, der aus zwei aus verschiedenen Richtungen anbrandenden Wellen besteht u. für Schiffe sehr gefährlich sein kann.*

Ka|ver|ne, die; -, -n [lat. caverna = Höhle, zu: cavus = Höhlung, Vertiefung]: **1.** *[künstlich angelegter] unterirdischer Hohlraum zur Unterbringung technischer od. militärischer Anlagen od. zur Müllablagerung:* eine K. zur Lagerung von Atommüll. **2.** (Med.) *durch einen krankhaften Vorgang entstandener Hohlraum im Körpergewebe:* vernarbte -n.

Ka|ver|nen|kraft|werk, das: *in einer Kaverne* (1) *gebautes Kraftwerk.*

Ka|ver|nom, das; -s, -e [zu ↑Kaverne] (Med.): *Geschwulst aus Blutgefäßen.*

Ka|vi|ar, der; -s, (Sorten:) -e [viell. unter Einfluss von älter ital. caviaro < türk. havyar (älter: chavijar)]: *als besondere Delikatesse geltender, mit Salz konservierter Rogen verschiedener Störarten:* schwarzer, russischer, echter K.; auf dem Empfang gab es K. und Sekt.

Ka|vi|ar|brot, das: *Stangenbrot.*

Ka|vi|ar|bröt|chen, das: *mit Kaviar belegtes Brötchen.*

Ka|vi|tät, die; -, -en [spätlat. cavitas = Höhlung, Hohlraum, zu lat. cavus, ↑Kaverne]: **1.** (Anat.) *Höhlung, Hohlraum in einem Körperorgan od. im Gewebe.* **2.** (Zahnmed.) *durch Karies entstandener Hohlraum in einem Zahn.*

Ka|wass, Ka|was|se, der; Kawassen, Kawassen [türk. kavas < arab. qawwās, eigtl. = Bogenschütze] (früher): **1.** *Ehrenwächter (für Diplomaten) in der Türkei.* **2.** *Wächter u. Bote in Gesandtschaften im Vorderen Orient.*

Ka|zi|ke, der; -n, -n [span. cacique, aus dem Taino (westindische Indianerspr.)]: **1.** *Häuptling bei den Indianern Süd- u. Mittelamerikas.* **2. a)** ⟨o. Pl.⟩ *Titel eines indianischen Ortsvorstehers in Mexiko u. Guatemala;* **b)** *Träger dieses Titels.*

kByte = Kilobyte.

kBit = Kilobit.

Kč = tschechische Krone.

kcal = Kilokalorie.

Ke|bab, der; -[s], -s [gek. aus türk. şiş kebap, aus: şiş = Bratspieß und kebap < arab. kabāb (Spieß)braten] (Kochk.): *[süd]osteuropäisches u. orientalisches Gericht aus kleinen, am Spieß gebratenen [Hammel]fleischstückchen.*

Keb|se, die; -, -n [mhd. keb(e)se, ahd. kebis(a), H. u., viell. eigtl. = Sklavin, Dienerin] (veraltet): *Nebenfrau, Konkubine.*

Kebs|frau, die, **Kebs|weib,** das (veraltet): *Kebse.*

keck ⟨Adj.⟩ [mhd. kec, quec = lebendig, munter, stark, mutig, ahd. chec(h), quec(h) = lebendig, lebhaft; vgl. erquicken]: *in einer charmanten, nicht unsympathischen Weise unbekümmert, respektlos, ein bisschen frech od. vorlaut [wirkend]:* ein -er Bursche; -e Antworten geben; er trägt ein -es *(Unternehmungslust erkennen lassendes, ein wenig verwegenes, flottes)* Bärtchen, Hütchen; das war ein bisschen zu k. von ihr; ihre Augen blitzten k. und herausfordernd.

ke|ckern ⟨sw. V.; hat⟩ [zu älter: kecken (Jägerspr.), lautm.]: *(bes. von Fuchs, Dachs, Marder, Iltis) in der Erregung, Gereiztheit einige kurz abgehackte Laute in rascher Folge ausstoßen:* der Dachs keckerte; Ü im Baum keckerte eine Elster.

Keck|heit, die; -, -en: **1.** ⟨o. Pl.⟩ *das Kecksein; keckes Auftreten.* **2.** *kecke Tat od. Äußerung:* sich allerhand -en erlauben.

Keep, die; -, -en [aus dem Niederd. < mniederd. kēp, wohl verw. mit ↑kappen] (Seemannsspr.): *Rille, Kerbe (in einer Boje, einem Block, Mast o. Ä.), die einem darumgelegten Tau Halt gibt.*

Kee|per ['ki:pɐ], der; -s, - [engl. keeper = Hüter, Wächter, zu: to keep = (be)hüten] (Fußball, bes. österr. veraltend): **1.** *Tormann, -hüter.* **2.** kurz für ↑Barkeeper.

Kee|pe|rin, die; -, -nen: w. Form zu ↑Keeper.

keep smi|ling ['ki:p 'smaɪlɪŋ; engl. = (immer) weiterlächeln]: *nimms leicht; immer nur lächeln (u. nicht zeigen, wie einem wirklich zumute ist).*

Keep|smi|ling ['ki:p'smaɪlɪŋ], das; -s, -: *bejahende Lebenseinstellung, zur Schau getragener Optimismus.*

Ke|fir, der; -s [russ. kefir (kaukas. Wort)]: *aus [Stuten]milch durch Gärung gewonnenes*

Getränk mit säuerlichem, prickelndem Geschmack u. geringem Alkoholgehalt.

Ke|gel, der; -s, - [mhd. kegel = Knüppel, Stock; Holzfigur im Kegelspiel; Eiszapfen; uneheliches Kind; ahd. chegil = Pflock, Pfahl, eigtl. = Ästchen, Stämmchen, kleiner Pfahl, Vkl. zu einem germ. Subst. mit der Bed. »Ast, Pfahl, Stamm«]: **1.** (Geom.) *geometrischer Körper, dessen Oberfläche von einer in einer Spitze endenden, gleichmäßig gekrümmten Fläche über einer kreisförmigen od. elliptischen Grundfläche gebildet wird:* ein spitzer, stumpfer K.; die Größe eines -s berechnen. **2. a)** *kegelförmiges Gebilde:* der K. des Vulkans; der K. *(Lichtkegel)* der Taschenlampe, der Scheinwerfer; **b)** (Technik) *Bauelement im Maschinenbau in Form eines stumpfen Kegels;* **c)** (Jägerspr.) *Hase od. Kaninchen in aufgerichteter Haltung (wobei die Vorderläufe den Boden nicht mehr berühren).* **3.** *zum Kegelspiel gehörende, flaschenartig geformte Figur aus Holz od. Kunststoff:* wie viele K. sind gefallen?; die K. aufsetzen, aufstellen, abräumen, umwerfen; sie spielt K.; sie (landsch.:) schieben, (bayr., österr.:) scheiben K. *(sie kegeln).* **4.** (Druckw.) *Ausdehnung einer Drucktype, durch die die Größe der gedruckten Schrift bestimmt wird.* Vgl. Kind (1 b).

Ke|gel|abend, der: *Abend [eines bestimmten Wochentages], an dem sich ein Kreis von Leuten [regelmäßig] zum Kegeln trifft.*

Ke|gel|bahn, die: **a)** *Anlage zum Kegeln:* die Gaststätte hat eine K.; auf die K. gehen; **b)** *Bahn, auf der beim Kegeln die Kugel rollt.*

Ke|gel|form, die: *Form eines Kegels* (1).

ke|gel|för|mig ⟨Adj.⟩: *die Form eines Kegels* (1) *aufweisend:* ein -er Berg.

ke|ge|lig, keglig ⟨Adj.⟩: *kegelförmig.*

Ke|gel|klub, der: **a)** *Zusammenschluss von Personen, die kegeln:* in einen K. eintreten; **b)** *Gesamtheit der Mitglieder eines Kegelklubs* (a): der K. macht einen Ausflug.

Ke|gel|ku|gel, die: *Kugel aus Holz- oder Kunststoff zum Kegeln.*

Ke|gel|man|tel, der (Geom.): *Oberfläche eines Kegels ohne die Grundfläche.*

ke|geln ⟨sw. V.⟩ [1: mhd. kegeln]: **1.** ⟨hat⟩ **a)** *(beim Kegelspiel) eine Kugel mit gezieltem Schwung so spielen, dass sie über die vorgeschriebene Bahn rollt u. von den am Ende der Bahn aufgestellten neun (bzw. zehn) Kegeln möglichst viele umwirft:* sie kegelt gut, nur mit ihrer eigenen Kugel; ich keg[e]le jeden Freitag; k. gehen; **b)** *(ein bestimmtes Spiel) durch Kegeln* (1 a) *ausführen:* eine Partie k.; was, welches Spiel wollen wir jetzt k.?; **c)** *(ein bestimmtes Ergebnis) durch Kegeln* (1 a) *erzielen:* er hat eine Neun, einen Kranz gekegelt. **2.** (ugs.) *umfallen, hinfallen (wie ein Kegel), purzeln* ⟨ist⟩: beinahe wärst du [vom Stuhl] gekegelt! **3.** (Jägerspr.) *einen Kegel* (2 c) *machen* ⟨hat⟩: dort kegelt ein Hase; ⟨auch k. + sich:⟩ die Kaninchen kegeln sich.

Ke|gel|par|tie, die: *Wettkampf im Kegeln.*

Ke|gel|pro|jek|ti|on, die (Kartographie): *Projektion der Erdoberfläche od. eines Erdabschnitts auf einen Kegelmantel, der dann auf einer Fläche ausgebreitet wird.*

Ke|gel|schei|ben, das; -s (bayr., österr.): *das Kegeln* (1 a).

Ke|gel schei|ben: s. Kegel (3).

Ke|gel|schie|ben, das; -s (landsch.): *das Kegeln* (1 a).

Ke|gel schie|ben: s. Kegel (3).

Ke|gel|schnitt, der (Geom.): *Kurve, die beim Schnitt einer Ebene mit einem Kegel entsteht:* Ellipse, Parabel, Hyperbel sind wichtige -e.

Ke|gel|spiel, das: **a)** *Sportart des Kegelns;* **b)** *Wettkampf im Kegeln:* ein K. machen; **c)** *einzelner Abschnitt einer Kegelpartie.*

Ke|gel|stumpf, der (Geom.): *durch einen parallel zur Grundfläche geführten Schnitt entstandener Teil eines Kegels ohne Spitze.*

Keg|ler, der; -s, -: *jmd., der kegelt* (1 a).

Keg|le|rin, die; -, -nen: w. Form zu ↑Kegler.

keg|lig: ↑kegelig.

Kehl|chen, das; -s, -: Vkl. zu ↑Kehle.

Keh|le, die; -, -n [mhd. kel(e), ahd. kela, eigtl. = die Verschlingende]: **1.** *vorderer (Kehlkopf u. Schlund umschließender), äußerer Teil des Halses unter dem Kinn; Gurgel* (a): jmdm. die K. durchschneiden, abdrücken, zusammenpressen; der Hund wäre ihm fast an die K. gesprungen; * **jmdm. die K. zuschnüren/zusammenschnüren** *(bei jmdm. ein Gefühl der Beklemmung verursachen);* **es geht jmdm. an die K.** *(jmdm. droht große Gefahr).* **2.** *Luft- u. Speiseröhre, Kehlkopf:* eine trockene, ausgedörrte, empfindliche, entzündete, heisere K.; sie brüllten sich die -n heiser; eine raue K. haben *(heiser sein);* eine Gräte blieb ihr in der K. stecken; ein Krümel war ihm in die falsche K. *(in die Luftröhre statt in die Speiseröhre)* geraten; * **eine trockene K. haben** (ugs.; *gern, viel Alkohol trinken*); **sich** ⟨Dativ⟩ **die K. schmieren/ölen/anfeuchten** (↑Gurgel b); **sich** ⟨Dativ⟩ **die K. aus dem Hals schreien** (ugs.; *anhaltend laut schreien*); **aus voller K.** (↑[1]Hals 2); **etw. durch die K. jagen** (ugs.; ↑Gurgel b); **jmdm. in der K. stecken bleiben** *(jmdm. vor Schreck, Überraschung nicht über die Lippen kommen);* **etw. in die falsche K. bekommen** (ugs.; ↑[1]Hals 2). **3.** (Archit.) *Hohlkehle* (1). **4.** (Milit. früher) *Rück-, Hinterseite eines Forts od. einer Schanze.*

keh|len ⟨sw. V.; hat⟩: **1.** (Bauw., Tischlerei) *eine Hohlkehle herstellen:* mit dieser Kreissäge kann man auch k.; eine gekehlte Leiste. **2.** *(Fische) an der Kehle aufschneiden u. ausnehmen:* Heringe werden oft schon auf hoher See gekehlt und in Fässern eingesalzen.

keh|lig ⟨Adj.⟩: *(vom Sprechen od. Singen) in der Kehle gebildet, mit tief aus der Kehle kommender Resonanz:* -e Laute; mit -er Stimme sprechen; ein -er Alt; k. sprechen.

Kehl|kopf, der (Anat.): *vor allem der Erzeugung von Lauten dienendes knorpeliges Organ, das den obersten Teil der Luftröhre bildet.*

Kehl|kopf|laut, der (Sprachw.): *Glottal.*

Kehl|kopf|spie|gel, der (Med.): *kleiner Spiegel zur Betrachtung des Kehlkopfs.*

Kehl|laut, der: **a)** (Sprachw.) *Glottal;* **b)** *kehliger Laut.*

Kehl|rie|men, der: *zum Zaum gehörender Riemen, der locker unter dem Kopf eines Pferdes durchgezogen wird u. ein Abrutschen des Zaums verhindern soll.*

Kehl|sack, der (Zool.): **1.** *Ausstülpung zwischen den Knorpeln des Kehlkopfs bei einigen Säugetieren (z. B. dem Orang-Utan), die der Resonanz, der Verstärkung hervorgebrachter Laute dient.* **2.** *sackartige Ausstülpung zur Mitnahme von Nahrungsvorräten bei vielen Vögeln.*

Keh|lung, die; -, -en: **1.** *Hohlkehle* (1): eine K. anbringen. **2.** *Aushöhlung, Einbuchtung.*

Kehr|aus, der; - [zu ↑[1]auskehren, da die Tänzerinnen des letzten Tanzes gewissermaßen mit ihren (langen) Kleidern den Tanzboden auskehren]: **1.** *letzter Tanz einer Tanzveranstaltung:* den K. tanzen; ein Walzer bildete den K. **2.** *Schluss (einer Veranstaltung), das große Aufräumen (nach einem Fest):* [den] K. machen, feiern.

Kehr|be|sen, der (südd.): *Besen* (1).

Keh|re, die; -, -n [mhd. kēr(e), ahd. kēr(a), rückgeb. aus ↑[1]kehren]: **1.** *Wendung, scharfe Kurve [einer Straße] (sodass nach deren Passieren [fast] die Gegenrichtung erreicht wird):* eine flach ansteigende K.; die Straße führt in 14 -n zur Passhöhe. **2.** (Turnen) *(an Barren, Reck od. Pferd) Schwung über das Gerät od. vom Gerät herunter, wobei die Beine vorwärts schwingen.*

[1]keh|ren ⟨sw. V.⟩ [mhd. kēren, ahd. kēran, H. u.]: **1.** ⟨hat⟩ **a)** *in eine bestimmte Richtung drehen, wenden:* die Handflächen, das Futter der Taschen nach außen k.; das Gesicht nach Osten, zur Sonne k.; Ü das Schicksal hat alles zum Besten gekehrt *(hat alles glücklich enden lassen);* **b)** ⟨k. + sich⟩ *sich in eine bestimmte Richtung wenden, gegen jmdn., etw. richten:* das Segel kehrt sich nach dem Wind; Ü diese Maßnahme kehrte sich schließlich gegen ihn selbst; das hat sich zum Guten gekehrt *(endete gut);* * **sich an etw. nicht k.** *(sich um etwas nicht kümmern, sich aus etw. nichts machen):* lass die Leute reden, wir kehren uns nicht an das Geschwätz! **2.** (selten) *umdrehen, kehrtmachen, die Gegenrichtung einschlagen* ⟨hat⟩: der Zug fährt nur bis Frankfurt und kehrt dort; [ganze] Abteilung kehrt! **3.** (geh.) *zurückkehren* ⟨ist⟩: mit leeren Händen nach Hause k.; * **in sich gekehrt** *(versunken, nach innen gewandt u. kaum etwas wahrnehmend von dem, was um einen herum geschieht):* sie saß [ganz] in sich gekehrt in einer Ecke. **4.** (Turnen) *eine Kehre* (2) *machen* ⟨hat/ist⟩.

[2]keh|ren ⟨sw. V.; hat⟩ [mhd. ker[e]n, ahd. kerian, cherren, urspr. = (zusammen)scharren] (bes. südd.): *fegen* (1).

Keh|richt, der, auch: das; -s [älter: kerecht, keracht, spätmhd. kerach]: **1.** *[mit dem Besen zusammengefegter] Schmutz, Unrat:* den K. auf die Schaufel nehmen, in den Mülleimer schütten; * **jmdn. einen feuchten K. angehen** (salopp; *jmdn. überhaupt nichts angehen*); **sich einen feuchten K. um etw. kümmern** (salopp; *sich überhaupt nicht um etw. kümmern*). **2.** (schweiz.) *Müll, Abfall:* den K. abfahren.

Keh|richt|schau|fel, die: *kleine Handschaufel, mit der der zusammengefegte Staub u. Schmutz aufgenommen wird.*

Kehr|ma|schi|ne, die: *[fahrbares] Gerät mit rotierenden Besen zum Fegen (bes. von Straßen).*

Kehr|ord|nung, die [zu ↑[1]kehren] (schweiz.): *feste Reihenfolge; Turnus* (1): die K. festlegen.

Kehr|reim, der [für frz. refrain]: *(bei Gedichten u. Liedern) regelmäßig zum Ende einer Strophe wiederkehrende Folge von Worten od. Lauten.*

Kehr|schau|fel, die (südd.): *Kehrichtschaufel.*

Kehr|sei|te, die [LÜ von niederl. keerzijde, zuerst für die Rückseite von Münzen gebraucht]: **1. a)** *Rückseite:* die K. eines Bildes; R das ist die K. der Medaille *(das ist der negative Aspekt der Sache);* **b)** (scherzh.) *Rücken, Gesäß:* jmdm. die K. zuwenden; auf die K. fallen. **2.** *Schattenseite* (2): Absatzschwierigkeiten sind die K. der Expansion.

kehrt|ma|chen ⟨sw. V.; hat⟩: **1.** (ugs.) *sich [rasch] umdrehen, [spontan] umkehren:* bei dem Anblick machte sie voller Schrecken kehrt; Ü es wäre feige, jetzt kehrtzumachen, wir müssen die Sache durchstehen. **2.** (bes. Milit.) *eine Wendung in die Gegenrichtung machen:* die Kompanie macht kehrt.

Kehrt|wen|dung, die: *halbe Drehung um sich selbst:* eine K. machen; Ü die Franzosen machten plötzlich eine K. in der Europapolitik.

Kehr|wert, der (Math.): *Wert, der durch Vertauschen von Zähler und Nenner eines Bruches erzielt wird.*

Kehr|wo|che, die ⟨o. Pl.⟩ (südd., bes. schwäb.): *Woche, in der eine Mietpartei verpflichtet ist, die Treppe [den Bürgersteig o. Ä.] zu reinigen.*

kei|fen ⟨sw. V.; hat⟩ [in niederd. Lautung (mniederd. kīven) zu mhd. kīben, H. u.] (abwertend): *laut u. grob, mit schriller, sich überschlagender Stimme [mit jmdm.] schimpfen:* sie keift den ganzen Tag; ⟨subst.:⟩ das Keifen der Marktfrauen.

Kei|fe|rei, die; -, -en (abwertend): *anhaltendes Keifen; Gekeife.*

Keil, der; -[e]s, -e [mhd., ahd. kīl, wahrsch. im Sinne von »Gerät zum Spalten« zu einem Verb mit der Bed. »(sich) spalten; aufbrechen«]: **1. a)** *nach hinten breiter werdendes Stück od. Werkzeug aus Holz od. Metall mit einer zugespitzten Kante, das zum Spalten von Holz benutzt wird:* einen K. in den Stamm treiben; den Spalt mit einem K. erweitern; **b)** *keilförmiger Bremsklotz:* -e unter die Räder legen. **2. a)** *keilförmige Formation (von Menschen, Tieren, Fahrzeugen, Flugzeugen);* **b)** (Schneiderei) *dreieckiges, spitz zulaufendes Stoffstück:* ein Rock mit eingesetzten bunten -en.

Keil|ab|satz, der: *keilförmiger Absatz eines*

K

Schuhs, der mit der Sohle in einem Stück gearbeitet ist.

Kei|le, die; - [zu ↑keilen (4)] (landsch. ugs.): *Prügel* (2), *Schläge:* K. kriegen, bekommen; es gab K.

kei|len ⟨sw. V.; hat⟩ [spätmhd. kīlen = Keile eintreiben (um zu spalten od. zu befestigen); 4, 5: in der übertr. Bed. aus der Gaunerspr. in die Studentenspr. übernommen]: **1. a)** (Fachspr.) *mit einem Keil spalten:* Bäume, Stämme k.; **b)** *als Keil hineinschlagen:* einen Pflock in den Boden k. **2. a)** ⟨k. + sich⟩ *sich durch eine dicht gedrängte Menge (Personen od. Dinge) drängen, schieben:* sich durch eine Menschenmenge k.; **b)** *gewaltsam schieben, drängen:* die Menge keilte ihn in eine Ecke. **3.** *(von bestimmten Tieren) plötzlich mit dem Bein, dem Huf [aus]schlagen, zustoßen:* Vorsicht, das Pferd keilt gern! **4.** ⟨k. + sich⟩ (ugs.) *sich prügeln:* sie keilten sich [um die Bonbons]. **5.** (ugs.) *für eine bestimmte Gruppe, Partei o. Ä. anwerben, zu gewinnen versuchen:* Jugendliche für den Klub k.; (Verbindungsw.:) die Verbindung hat drei neue Füchse gekeilt.

Kei|ler, der; -s, - [zu ↑keilen (3), wegen der mächtigen Hauer des Wildebers] (Jägerspr.): *männliches Wildschwein.*

Kei|le|rei, die; -, -en [zu ↑keilen (4)] (ugs.): *heftige Schlägerei, Prügelei:* eine K. im Wirtshaus; -en zwischen Rivalen; es kam zu einer K.

keil|för|mig ⟨Adj.⟩: *die Form eines Keils aufweisend:* ein -es Stück Holz; -e Schriftzeichen.

Keil|ho|se, die: *Hose mit keilförmig geschnittenen, unten engen Beinen.*

Keil|kis|sen, das: *kleine keilförmige Matratze.*

Keil|rie|men, der (Technik): *zur Kraftübertragung gebrauchter, aus Gummi o. Ä. bestehender Riemen mit trapezförmigem Querschnitt.*

Keil|schrift, die: *aus einer Bilderschrift entwickelte, aus keilförmigen Zeichen bestehende Schrift bes. der Babylonier u. Assyrer.*

Keim, der; -[e]s, -e [mhd. kīm[e], ahd. kīmo, eigtl. = der Aufbrechende u. zu dem unter ↑Keil genannten Verb gehörend]: **1.** (Biol.) **a)** *erster, aus dem Samen od. der Wurzel einer Pflanze sich entwickelnder Trieb, aus dem eine neue Pflanze entsteht:* die Bohnen, Erbsen, Kartoffeln haben -e gebildet, getrieben; **b)** *befruchtete Eizelle u. Embryo vor allem während der ersten Entwicklungsstufe:* der menschliche K.; die Ernährung des -s durch die Plazenta. **2.** *Ursprung, Ausgangspunkt, erstes erkennbares Anzeichen, Ursache von etw.:* ein K. der Hoffnung, der Liebe, der Zwietracht; man vermutete in den Märchen einen K. Wirklichkeit; diese Erkältung legte den K. zu langer Krankheit; * **etw. im K. ersticken** *(etw. schon im Entstehen unterdrücken, nicht zur Entfaltung kommen lassen):* der Aufstand wurde im K. erstickt. **3.** ⟨meist Pl.⟩ (Biol., Med.) *Krankheitserreger:* resistente, virulente -e; die -e abtöten; Impfung mit abgeschwächten -en. **4.** (Physik) *meist mikroskopisch kleines Teilchen in einem Gas od. in einer Flüssigkeit, an dem die Kondensation bzw. die Erstarrung einsetzt.*

Keim|blatt, das: **1.** (Bot.) *erstes hervortretendes, aber schon im pflanzlichen Keimling angelegtes Blatt.* **2.** (Biol., Med.) *Gewebsschicht im Keim* (1 d); vgl. Ektoderm, Entoderm, Mesoderm.

Keim|drü|se, die (Zool., Med.): *Organ, in dem sich die Keimzellen entwickeln (Hoden od. Eierstock); Geschlechtsdrüse, Gonade.*

Keim|drü|sen|hor|mon, das: *in einer Keimdrüse gebildetes Hormon* (z. B. Geschlechtshormon).

kei|men ⟨sw. V.; hat⟩ [mhd. kīmen, zu ↑Keim]: **1.** *Keime ausbilden, zu sprießen beginnen:* die Kartoffeln, Bohnen keimen; die Saat beginnt zu k.; keimendes *(neu entstehendes)* Leben. **2.** *sich zu bilden beginnen:* in ihm keimte die Hoffnung auf eine bessere Zukunft; keimende Liebe, Sehnsucht.

keim|fä|hig ⟨Adj.⟩: *fähig, geeignet zu keimen:* -e Samen.

keim|frei ⟨Adj.⟩: *frei von Keimen (3); steril:* -er Verbandmull; die Instrumente müssen durch Sterilisieren k. gemacht werden; Lebensmittel k. verpacken.

Keim|frei|heit, die ⟨o. Pl.⟩: *Eigenschaft, keimfrei zu sein.*

keim|haft ⟨Adj.⟩ (geh.): *als Keim; eine erste Andeutung beinhaltend:* -e Zeichen einer Besserung.

Keim|ling, der; -s, -e: **1.** (Bot.) *junge, gerade aus dem Keim sich entwickelnde Pflanze:* die -e vor Frost schützen. **2.** (Biol., Med.) *Embryo.*

Keim|plas|ma, das (Biol.): *die Erbsubstanz enthaltendes Protoplasma der Keimzellen.*

Keim|schei|be, die (Biol.): *scheibenförmige Plasmaschicht auf dem Eidotter, die den [befruchteten] Zellkern enthält.*

Keim|schicht, die (Zool., Med.): *(bei den Wirbeltieren u. beim Menschen) lebende Hautschicht unmittelbar unter den abgestorbenen Zellen der Hornschicht, aber noch über der Lederhaut.*

keim|tö|tend ⟨Adj.⟩: *Keime* (3) *abtötend, sterilisierend.*

Kei|mung, die; -, -en: *das Keimen* (1); *Vorgang des Keimens:* die K. hat schon begonnen.

Keim|zel|le, die: **1.** (Biol.) *Gamet.* **2.** *Ausgangspunkt, allererster Anfang von etw., aus dem sich ein größeres Ganzes entwickelt:* diese kleine Gruppe wurde zur K. einer internationalen Bewegung; die Familie als K. *(elementare Einheit)* des Staates.

kein ⟨Indefinitpron.⟩ [mhd. kein, vermischt aus: de(c)hein = irgendeiner (ahd. dehein) u. älter: ne(c)hein = (auch) nicht einer (ahd. nihein)]: **1.** ⟨attr.⟩ **a)** *nicht [irgend]ein:* k. Wort sagen; -e Arbeit finden; das ist k. Vergnügen, k. unterhaltsames Spiel; das sind -e guten Aussichten; ich bin k. Fachmann; sie erhob -en Anspruch darauf; k. Mensch, k. Einziger *(niemand)* kümmerte sich darum; es gab k. Haus, das nicht beschädigt gewesen wäre; -es bösen Gedankens fähig sein; k. Bild und k. Buch war zu finden; es kommt k. Haus infrage außer diesem; ich beteilige mich auf -en Fall; in -er/(nicht standardspr., oft scherzh.) -ster Weise; unter -en Umständen; zu -er Zeit; **b)** *nichts an:* k. Geld, -e Zeit, -e Lust haben; -en Schlaf finden; -e Aufregung vertragen; sie kann k. Englisch; er hat -e Beschwerden, macht sich -e Sorgen, stellt -e Ansprüche, sammelt -e Briefmarken; **c)** kehrt das zugehörige Adj. ins Gegenteil: k. dummer *(ein kluger)* Gedanke; sie ist -e schlechte *(eine relativ gute)* Schülerin; das ist k. großer *(kaum ein)* Unterschied; k. anderer als er *(nur er)* kann es gewesen sein; **d)** vor Zahlwörtern; (ugs.) *nicht ganz, [noch] nicht einmal:* sie ist noch -e zehn Jahre alt; es dauert -e fünf Minuten; es ist noch k. halbes Jahr her. **2.** ⟨allein stehend⟩ **a)** *niemand, nichts:* -er rührte sich; ich kenne -en, der das tut; -s von beiden Problemen; -er der Anwesenden; -e weiß das besser als sie; (landsch., sonst veraltet im Neutr. Sg. mit Bezug auf Personen beiderlei Geschlechts:) -s *(keine, keiner)* hatte sich verletzt; **b)** durch hervorhebende Umstellung aus eigtl. attributivem Gebrauch verselbstständigt; *[überhaupt] nicht:* Geld hat er -s; Post ist -e da; Lust hab ich -e.

kei|ner|lei ⟨unbest. Gattungsz.; indekl.⟩ [mhd. keiner (deheiner) lei(e), ↑-lei]: *nicht der, die, das Geringste; keine Art von:* k. Anstrengungen machen; das hat k. Wirkung; k. Reue zeigen; k. Verlangen nach etwas haben.

kei|nes|falls ⟨Adv.⟩: *auf keinen Fall:* es darf k. später als sechs Uhr werden; die Aufgabe ist schwer, aber k. unlösbar.

kei|nes|wegs ⟨Adv.⟩ [mhd. keins (deheines) wegs]: *durchaus nicht, nicht im Geringsten:* das ist k. besser; das war k. böse Absicht; ihr Einfluss darf k. unterschätzt werden.

kein|mal ⟨Adv.⟩: *nicht ein einziges Mal:* sie hat noch k. gefehlt.

-keit, die; -, -en [mhd. -keit, Nebenf. von ↑-heit, die sich aus der Abl. der Adj. auf -ig (mhd. -ec) entwickelt hat, z. B. mhd. ēwecheit, ēwekeit]: bildet mit bestimmten Adjektiven die entsprechenden Substantive, die dann einen Zustand, eine Beschaffenheit, Eigenschaft ausdrücken: Betriebsamkeit, Ganzheitlichkeit, Hagerkeit, Linkischkeit, Pulverigkeit, Wünschbarkeit.

Keks, der, seltener: das; - u. -es, - u. -e, österr.: das; -, -[e] [engl. cakes, Pl. von: cake = Kuchen]: **1. a)** ⟨o. Pl.⟩ *trockenes, haltbares Kleingebäck:* K. backen, essen; eine Dose K.; **b)** *Stück Keks* (1 a): -e backen; einen K. essen; eine Dose -e. **2.** (salopp) *Kopf:* sich den K. stoßen; * **einen weichen K. haben** *(nicht recht bei Verstand sein, verrückt sein);* **jmdm. auf den K. gehen** (↑Nerv 3): das geht mir langsam auf den K.

Keks|do|se, die: *[Metall]dose zum Aufbewahren von Keksen.*

Kelch, der; -[e]s, -e [mhd. kelch, ahd. kelich < lat. calix, (Gen.: calicis) = tiefe Schale; Becher, Kelch]: **1. a)** *kostbares, glockenförmiges [Trink]gefäß mit schlankem Stiel u. breiterem, kreisrundem Fuß:* ein bauchiger K.; geschliffene -e; Wein aus spitzen -en trinken; * **den [bitteren] K. bis auf den Grund/bis zur Neige leeren [müssen]** (geh.; *alles Erdenkliche an Not u. Leiden erdulden [müssen]*); **der K. ist an jmdm. vorübergegangen** (geh.; *ein drohendes schweres Schicksal, Leiden konnte abgewendet werden;* nach Matth. 26, 39 u. 42); **b)** *oberer, das Getränk, die Flüssigkeit aufnehmender Teil eines Kelchs* (1 a): Sektgläser mit schlanken -en; **c)** (Rel.) kurz für ↑Abendmahlskelch. **2.** (Bot.) *Blütenkelch.*

Kelch|blatt, das (Bot.): *Blatt eines Blütenkelchs.*

kelch|för|mig ⟨Adj.⟩: *die Form eines Kelches aufweisend.*

Kelch|glas, das: *kelchförmiges Glasgefäß.*

Kelch|kom|mu|ni|on, die (kath. Kirche): *(bei der Kommunion 1) das Darreichen von konsekriertem Wein.*

Ke|lim, Kilim, der; -s, -s [türk. kilim, aus dem Pers.]: *gewebter orientalischer [Wand]teppich mit einem auf Vorder- u. Rückseite gleichen Webmuster [u. Stickerei].*

Kel|le, die; -, -n [mhd. kelle, ahd. kella, H. u.]: **1.** *Schöpfgerät, großer Schöpflöffel in der Form einer Halbkugel o. Ä. mit langem Stiel; Schöpfkelle:* Suppe mit der K. ausgeben; * **mit der großen K. anrichten** (schweiz.; *mit etw. verschwenderisch umgehen; etw. vergeuden*). **2.** *aus einer flachen, runden Scheibe an einem Stiel bestehendes Gerät, mit dem bestimmte, auf größere Entfernung sichtbare Signale gegeben werden können:* der Polizist hebt die K.; auf dem Schießstand die Treffer mit der K. anzeigen; mit der K. das Abfahrtszeichen geben. **3.** *zum Auftragen des Mörtels u. zum Glätten dienendes Werkzeug des Maurers, das aus einem etwa handgroßen, flachen, trapezförmigen od. dreieckigen Stück Stahlblech mit s-förmig gekrümmtem Stiel u. Griff besteht; Maurerkelle:* um Punkt vier lassen die Maurer die K. fallen *(hören sie abrupt auf zu arbeiten).* **4.** (Jägerspr.) *Schwanz des Bibers.*

Kel|ler, der; -s, - [mhd. keller, ahd. kellari < spätlat. cellarium = Speise-, Vorratskammer, zu lat. cella = Vorratskammer, enger Wohnraum; vgl. Zelle; 5: mhd. kellære < lat. cellarius = Keller-, Küchenmeister, Substantivierung von: cellarius = zur Vorratskammer gehörend, zu: cella = Vorratskammer]: **1. a)** *teilweise od. ganz unter der Erde liegendes Geschoss eines Gebäudes:* ein dunkler, tiefer, feuchter K.; den K. ausbauen; Ü der Außenhandel ist in den K. (ugs.; *sehr tief*) gefallen; * **im K. sein** (1. Sport ugs.; *am Tabellenende stehen.* 2. Skat Jargon; *Minuspunkte haben*); **b)** *abgeteilter Raum in einem Keller* (1 a), *Kellerraum, bes. als Aufbewahrungs- od. Vorratsraum:* jede Mietpartei hat Anspruch auf einen K.; seinen K. als Hobbyraum einrichten; Kartoffeln aus dem K. holen; in den K. gehen, [herab]steigen. **2.** (ugs.) *im Keller* (1) *lagernder Vorrat an Wein; Weinkeller:* einen guten K. haben. **3.** kurz für ↑Luftschutzkeller: ein splittersicherer K.; den K. aufsuchen. **4.** (meist in Verbindung mit einem Namen) *Lokal, Diskothek, Klubraum o. Ä. in einem hierfür hergerich-*

teten Keller[raum]: Auerbachs K.; die Bar ist ein gemütlicher K.

Kẹl|ler|ab|fül|lung, die, **Kẹl|ler|ab|zug,** der: *beim Winzer, der ihn angebaut u. in seinem Keller* (1 a) *zur Reife gebracht hat, original in Flaschen abgefüllter Wein.*

Kẹl|ler|as|sel, die: *an feuchten, dunklen Stellen in Gebäuden, Gärten, Gewächshäusern o. Ä. lebende Assel.*

Kel|le|re̲i, die; -, -en: *Betrieb, Weingut mit großen Lagerkellern, in denen Wein od. Sekt behandelt u. gelagert wird.*

Kẹl|ler|fal|te, die (Schneiderei): *tiefe Falte in einem Kleidungsstück, bei der zwei Brüche so gegeneinander stoßen, dass eine relativ breite Stoffbahn bedeckt ist:* ein Mantel mit langer K. hinten.

Kẹl|ler|fens|ter, das: *meist dicht unter der Decke liegendes Fenster im Kellergeschoss.*

Kẹl|ler|ge|schoss, das: *Keller* (1 a), *Souterrain.*

Kẹl|ler|ge|wöl|be, das: **1.** *Gewölbe* (1) *eines Kellers* (1 a). **2.** *Keller mit gewölbter Decke.*

Kẹl|ler|hals, der [2: 1. Bestandteil zu mniederd. kellen = schmerzen, wehtun (vgl. mhd. quelen, ↑quälen), wohl nach dem Brennen im Hals, das der Genuss der Beeren des Strauches verursacht; volksetym. an Keller angelehnt]: **1.** *eingewölbter, von außen her kommender [Treppen]zugang zum Keller* (1 a). **2.** (landsch.) *Seidelbast.*

Kẹl|ler|loch, das: **1.** (selten) *kleine, von außen in einen Keller* (1 a, b) *führende Öffnung* (z. B. zum Einschütten von Kohlen). **2.** (abwertend) *kleiner, dunkler, muffiger Kellerraum, in dem jmd. leben muss.*

Kẹl|ler|meis|ter, der: *Weinbauer od. Weinküfer, der als Fachmann für die Behandlung der Weine in der Kellerei bis zu ihrer Abfüllung in Flaschen sorgt* (Berufsbez.).

Kẹl|ler|meis|te|rin, die: w. Form zu ↑Kellermeister.

Kẹl|ler|raum, der: *Raum im Kellergeschoss.*

Kẹl|ler|stie|ge, die (südd., österr.), **Kẹl|ler|trep|pe,** die: *in den Keller* (1 a, b) *führende Treppe.*

Kẹl|ler|woh|nung, die: *im Kellergeschoss liegende Wohnung.*

Kẹll|ner, der; -s, - [mhd. kelnære, ahd. kelnāri = Kellermeister, Verwalter des [Wein]kellers < mlat. cellenarius < kirchenlat. cellararius = Kellermeister, zu spätlat. cellarium, ↑Keller]: *Angestellter in einer Gaststätte, der die Gäste bedient* (Berufsbez.): ein höflicher, aufmerksamer K.; den K./nach dem K. rufen; den K. um die Rechnung bitten.

Kẹll|ne|rin, die; -, -nen [mhd. kelnærinne = Hausmagd, Wirtschafterin]: w. Form zu ↑Kellner.

kẹll|nern ⟨sw. V.; hat⟩ (ugs.): *[aushilfsweise] als Kellner, Kellnerin arbeiten.*

¹Kẹlt, der; -s [engl. kelt < gäl. cealt = Stoff, Kleidung] (Textilind.): *grober, schwarzer Wollstoff aus Schottland.*

²Kẹlt, der; -[e]s, -e [zu spätlat. celtis = Meißel] (veraltet): *bronzezeitliches Beil.*

Kẹl|te, der; -n, -n: Angehöriger eines indogermanischen Volkes.

Kẹl|ter, die; -, -n [mhd. kelter, ahd. calcture < lat. calcatura, zu: calcare = mit den Füßen stampfen, zu: calx (Gen.: calcis) = Ferse, Fuß (weil der Saft aus den Trauben mit den Füßen herausgestampft wurde)]: *Presse zur Gewinnung von Traubensaft od. Obstsäften:* Trauben in der K. pressen.

Kel|te|re̲i, die; -, -en: *Betrieb, in dem gekeltert wird.*

Kẹl|te|rer, der; -s, -: *jmd., der etw. keltert.*

Kẹl|te|rin, die: w. Form zu ↑Kelterer.

kẹl|tern ⟨sw. V.; hat⟩ [spätmhd. keltern]: **a)** *(Obst, bes. Weintrauben) in der Kelter [aus]pressen:* Trauben, Beeren k.; **b)** *durch [Aus]pressen in der Kelter gewinnen, herstellen:* Most k.; aus Riesling und Silvaner gekelterter Wein.

Kelt|ibe̲|rer, der: Angehöriger eines durch die Vermischung von Kelten u. Iberern in Spanien entstandenen Volkes.

Kelt|ibe̲|re|rin, die: w. Form zu ↑Keltiberer.

kelt|ibe̲|risch ⟨Adj.⟩: *die Keltiberer betreffend.*

Kẹl|tin, die; -, -nen: w. Form zu ↑Kelte.

kẹl|tisch ⟨Adj.⟩: **a)** *die Kelten betreffend; von den Kelten stammend, zu ihnen gehörend;* **b)** *in der Sprache der Kelten.*

Kẹl|tisch, das; -[s] u. ⟨nur mit best. Art.:⟩ **Kẹl|ti|sche,** das; -n: *die keltische Sprache.*

Kel|to|lo̲|ge, der; -n, -n [↑-loge]: *Wissenschaftler auf dem Gebiet der Keltologie.*

Kel|to|lo|gi̲e, die; - [↑-logie]: *Wissenschaft von den keltischen Sprachen u. Kulturen.*

Kel|to|lo̲|gin, die; -, -nen: w. Form zu ↑Keltologe.

kel|to|lo̲|gisch ⟨Adj.⟩: *die Keltologie betreffend.*

kel|to|ro|ma̲|nisch ⟨Adj.⟩: *keltisch-romanisch:* das -e Erbe.

Kẹl|vin, das; -s, - [nach dem brit. Physiker Lord Kelvin (1824–1907)]: *physikalische Einheit der Temperatur nach der Kelvinskala* (Zeichen: K).

Kẹl|vin|ska|la, die: *thermodynamische Temperaturskala, die am absoluten Nullpunkt beginnt.*

Ke|ma|lịs|mus, der; - [nach dem türk. Präsidenten Kemal Atatürk (1881–1938), dem Gründer dieser Bewegung]: *Bewegung in der Türkei, die die politische u. kulturelle Anlehnung an Europa u. eine allgemeine Modernisierung (unter Ablehnung islamischer Ideologien) anstrebt.*

Ke|ma|lịst, der; -en, -en: *Anhänger des Kemalismus.*

Ke|ma|lịs|tin, die; -, -nen: w. Form zu ↑Kemalist.

ke|ma|lịs|tisch ⟨Adj.⟩: *den Kemalismus betreffend.*

Ke|me|na̲|te, die; -, -n [mhd. kem(e)nāte, ahd. cheminata < mlat. caminata = heizbares Zimmer, zu lat. caminatum, 2. Part. von: caminare = mit einem Kamin versehen, zu: caminus, ↑Kamin]: **1.** *mit einem Kamin ausgestattetes Wohngemach, bes. Frauengemach in Burgen des Mittelalters.* **2.** (ugs. scherzh.) *intimer kleiner Raum, den jmd. als seinen eigenen persönlichen Bereich hat:* sich in seine K. zurückziehen.

Kẹn, das; -, - [jap. ken]: *Verwaltungsbezirk in Japan.*

Kẹn|do, das; -[s] [jap. kendō = Weg des Schwertes]: *japanische Form des Schwertkampfs mit zusammengebundenen, elastischen Bambusstäben, bei der nur die geschützten Körperstellen des Gegners getroffen werden dürfen.*

Ken|do̲|ka, der; -s, -s: *jmd., der Kendo betreibt.*

Ke̲|nia; -s: Staat in Ostafrika.

Ke|ni|a̲|ner, der; -s, -: Ew.

Ke|ni|a̲|ne|rin, die; -, -nen: w. Form zu ↑Kenianer.

ke|ni|a̲|nisch ⟨Adj.⟩: *Kenia, die Kenianer betreffend; aus Kenia stammend.*

Kẹnn|buch|sta|be, der: *Buchstabe als Kennzeichen; Teil eines Kennzeichens.*

Kẹnn|da|ten ⟨Pl.⟩ (Fachspr.): *kennzeichnende Daten.*

kẹn|nen ⟨unr. V.; hat⟩ [mhd. kennen = (er)kennen, ahd. (in Zus.) -chennan, Kausativbildung zu ↑können in dessen urspr. Bed. »wissen, verstehen« u. eigtl. = verstehen machen]: **1. a)** *mit jmdm., etw. (in seinen charakteristischen Eigenschaften) bekannt geworden sein u. im Bewusstsein [behalten] haben; mit jmdm. vertraut sein; über jmdn., sich, etw. Bescheid wissen:* etw. gut, genau, gründlich, oberflächlich, flüchtig, nur vom Hörensagen, nur vom Sehen, aus eigener Anschauung, bis ins Kleinste, von Grund auf k.; die Welt, das Leben, seine Heimat k.; ich kenne sie, ihre Vorzüge und Schwächen, genau; da kennst du mich aber schlecht (ugs.; *schätzt du mich falsch ein*); von diesem Schriftsteller kenne ich nichts *(habe ich nichts gelesen);* eine fremde Stadt k. lernen *(durch Erkundung mit ihr vertraut werden);* jmds. Vorzüge, Schwächen, Art k. lernen *(erleben, erfahren);* R das kennen wir [schon] (ugs. abwertend: 1. *das haben wir schon öfter gehört, erlebt; diese schlechte Erfahrung haben wir schon öfter gemacht; das ist uns [leider] nichts Neues.* 2. *diese Ausrede ist uns [schon] geläufig*); **b)** *jmdm. in bestimmter Weise, durch bestimmte Eigenschaften, als jmd., der durch bestimmte Eigenschaften gekennzeichnet ist, bekannt sein:* wie ich sie kenne, tut sie genau das Gegenteil; von dieser Seite kannten wir dich noch nicht; wir kennen sie nur als zuverlässige Person; *** **sich nicht mehr k. [vor …]** *(außer sich sein [vor …]):* sich vor Wut nicht mehr k.; **c)** *mit jmdm. bekannt sein:* wir kennen uns schon lange; jmdn. nur flüchtig k.; er kennt mich persönlich; woher kennen wir uns?; wir kennen uns schon *(wir sind miteinander bekannt [gemacht worden]);* die beiden kennen sich nicht mehr *(sind miteinander verfeindet u. beachten sich bewusst nicht mehr, wenn sie sich begegnen);* jmdn. persönlich k. lernen *(jmds. persönliche Bekanntschaft machen);* wir haben uns auf der Schule, im Urlaub k. gelernt *(wurden in der Schule, im Urlaub miteinander bekannt);* [es] freut mich, Sie k. zu lernen! *(Ihre Bekanntschaft zu machen;* Formel bei der Vorstellung); jmdn. k. und lieben lernen. **2.** *verstehen, beherrschen:* sein Handwerk k.; das Schachspiel k. **3.** *[wieder]erkennen [können]:* ich kenne sie am Gang, an der Stimme. **4.** *anzugeben, zu bezeichnen wissen:* jmds. Namen, Alter k.; kennst du den Grund für sein Verhalten?; ich kenne ein gutes Mittel gegen Schnupfen; kennst du ein gutes Restaurant?; jeder kennt seinen Platz *(weiß, wo sein Platz ist).* **5.** *mit etw. in Berührung gekommen sein u. daher [wissen u.] Erfahrung darin haben, was u. wie etw. ist:* in diesem Land kennt man keinen Winter; die Eingeborenen kennen keine festen Behausungen; eine Katastrophe von nie gekanntem *(erlebtem)* Ausmaß; jmds. Großzügigkeit, Brutalität k. lernen *(zu spüren bekommen);* R du wirst mich noch k. lernen! *(du wirst noch merken, dass mit mir nicht zu spaßen ist;* als Warnung); Ü dieses Land kennt *(hat)* lange, harte Winter. **6. a)** *sich einer Sache, die Berücksichtigung od. Verwirklichung nahe legt, bewusst sein:* seine Pflichten k.; **b)** *sich in seinem Handeln (von etw.) bestimmen, beeinflussen lassen; in seinem Handeln (von etw.) bestimmt, beeinflusst sein* (meist verneint): sie kennt kein Mitleid, keine Rücksicht, keine Gnade, keine Skrupel, keine Hemmungen, keine Unterschiede; er kennt keine Grenzen, kein Maß *(schreckt vor nichts zurück);* sie kennt nur ihre Arbeit; R da kenne ich nichts (ugs.; *das lasse ich mir nicht nehmen, davon lasse ich mich nicht abhalten*).

kẹn|nen ler|nen: s. kennen (1 a, c, 5).

Kẹn|ner, der; -s, -: **a)** *jmd., der etw. Bestimmtes gut kennt* (1 a): ein gründlicher, hervorragender K. der Antike; **b)** *jmd., der auf einem bestimmten Sach- od. Wissensgebiet überdurchschnittliche Kenntnisse besitzt:* K. bevorzugen diese Weinsorte; das Urteil des -s respektieren.

Kẹn|ner|blick, der: *Blick eines Kenners, den Kenner verratender Blick:* -e auf etw. werfen; ein Bild mit K. betrachten.

kẹn|ner|haft ⟨Adj.⟩ (oft abwertend): *nach Art, in der Art eines Kenners; einem Kenner entsprechend:* k. lächeln, nicken.

Kẹn|ne|rin, die; -, -nen: w. Form zu ↑Kenner.

Kẹn|ner|mund: in der Verbindung **aus Kennermund[e]** *(aus dem Mund des/eines Kenners):* ein Urteil, ein Lob aus Kennermund[e].

Kẹn|ner|schaft, die; -: *Erfahrung, Wissen u. Urteils-, Einschätzungsvermögen eines Kenners:* seine K. unter Beweis stellen; etw. mit [großer] K. *(Sachkenntnis)* prüfen, auswählen.

Kẹn|ning, die; -, -ar […ŋgar] u. -e [anord. kenning, eigtl. = Erkennung] (Literaturw.): *(in der altgermanischen Dichtung) bildliche Umschreibung eines Begriffes durch eine mehrgliedrige Benennung* (z. B. »das Tosen der Pfeile« für »Kampf«). Vgl. Heiti.

Kẹnn|li|nie, die (Fachspr.): *Linie, Kurve, die Veränderung u. Abhängigkeitszusammenhang wichtiger technischer Größen grafisch darstellt.*

Kẹnn|me|lo|die, die (Rundf.): *Melodie als Erkennungszeichen für einen bestimmten Sender, ein bestimmtes Programm o. Ä.*

Kẹnn|num|mer, die: *kennzeichnende Nummer.*
Kẹnn|si|gnal, das: *(vom Fernsehstudio gesendetes) Signal für die Einschaltung des vorprogrammierten Videorekorders.*
kẹnnt|lich ⟨Adj.⟩ [spätmhd. (md.) kentlich, mhd. ken(ne)lich = erkennbar, bekannt, zu ↑kennen]: in den Verbindungen **k. sein** *(wahrnehmbar, unterscheidbar [u. als das, was er, sie, es ist], erkennbar sein):* sie war an ihrer Stimme k.; das Zeichen war weithin k.; ⟨auch attr.:⟩ ein weithin -es Zeichen; **jmdn., etw. k. machen** *(jmdn., etw. wahrnehmbar, unterscheidbar, erkennbar machen; kennzeichnen):* ein Hindernis durch Leuchtfarbe k. machen; das Strychnin war durch ein rotes Etikett als Gift k. gemacht; sich [als jmd., als etw.] k. machen.
Kẹnnt|lich|keit, die; -: *das Kenntlichsein.*
Kẹnnt|lich|ma|chung, die; -: *das Kenntlichmachen.*
Kẹnnt|nis, die; -, -se [mhd. kentnisse = (Er)kenntnis, geb. zum 2. Part. von mhd. kennen, ↑kennen]: **1.** ⟨o. Pl.⟩ *das Kennen einer [Tat]sache, das Wissen von etw.:* eine ganz genaue K. der Gegend mitbringen; K. von allen Vorfällen haben; die eingehende K. von etw. voraussetzen; die K. der Beweggründe fehlt noch; wir konnten uns aus eigener K. ein Bild machen; ohne K. der Sachlage handeln; von etw. K. bekommen, erhalten, erlangen *(etw. erfahren);* das entzieht sich meiner K. (geh.; *das weiß ich nicht*); von etw. K. nehmen (nachdrücklich; *etw. beachten*); jmdn. von etw. in K. setzen (nachdrücklich; *jmdn. über etw. unterrichten*); Ihre Mitteilung vom 9. Juli dieses Jahres haben wir zur K. genommen *(entgegengenommen, registriert);* sie nahm diese Anordnung nicht zur K. *(kümmerte sich nicht darum);* jmdn. zur K. nehmen *(jmdn. beachten).* **2.** ⟨Pl.⟩ *[Fach]wissen, Sach- u. Erfahrungswissen:* umfassende, gründliche, gediegene, besondere, ausreichende, begrenzte, oberflächliche, mangelhafte, lückenhafte -se [in etw.] haben; etw. erfordert fachliche, medizinische -se; -se anhäufen, sammeln, gewinnen, vermitteln; seine -se erweitern, vertiefen, auffrischen; seine -se in Fremdsprachen sind nicht ausreichend.

K

Kẹnnt|nis|nah|me, die; - [zum 2. Bestandteil vgl. Abnahme] (Amtsdt.): *das Zur-Kenntnis-Nehmen:* nach K. der Akten; um gefällige K. [der Akten] wird gebeten; jmdm. ein Schreiben zur K. vorlegen.
kẹnnt|nis|reich ⟨Adj.⟩: *über umfangreiche Kenntnisse auf einem bestimmten Gebiet verfügend; sachkundig:* ein ungemein -er Autor; ein Thema k. abhandeln.
Kẹnnt|nis|stand, der ⟨o. Pl.⟩: *Stand der Kenntnis bzw. der Erkenntnisse in Bezug auf jmdn. od. etw.:* diese Darstellung entspricht dem neuesten K.
Kẹn|nung, die; -, -en [mhd. kennunge = Erkennung, Erkenntnis]: **1.** (Fachspr.) *charakteristisches Merkmal, Zeichen od. Gesamtheit charakteristischer Merkmale, Zeichen zur eindeutigen Identifizierung von etw.* **2.** (Seew., Flugw.) *charakteristische Folge der Lichtsignale bei einem Leuchtfeuer o. Ä.* **3.** (Funkw. u. a.) *Signal, an dem eine Station zu erkennen, zu identifizieren ist.* **4.** (Seew., Geogr.) *Landmarke.*
Kẹnn|wert, der (Fachspr.): *charakteristischer Zahlenwert.*
Kẹnn|wort, das ⟨Pl. ...wörter⟩: **1.** *als Erkennungszeichen für etw. benutztes Wort:* Zuschriften unter dem K. »Wassermann« erbeten. **2. a)** *nur Eingeweihten bekanntes Wort, durch das sich jmd. ausweist, dass er zu einem bestimmten Personenkreis gehört:* das K. nennen und eingelassen werden; das K. verlangen; das K. (Milit.; *die Losung, die Parole*) hieß »Löwenzahn«; **b)** *nur Eingeweihten bekanntes Wort, das den Gebrauch einer Sache, den Zugang zu ihr ermöglicht u. sie gegen den Missbrauch durch Außenstehende schützen soll:* ein Sparbuch mit K.
Kẹnn|zahl, die: **1.** *Kennziffer* (1). **2.** (Fernspr.) *Vorwählnummer.* **3.** (Fachspr.) *charakteristischer Zahlenwert, insbesondere charakteristische Verhältniszahl:* die K. der Rentabilität eines Betriebes.
Kẹnn|zei|chen, das: **1.** *charakteristisches Merkmal; Zeichen, an dem jmd., etw. zu erkennen ist:* ein auffälliges, sicheres K.; besondere K. des Gesuchten: Narbe am linken Unterarm; die Krankheit hat untrügliche K. **2. a)** *beigegebenes, zugeteiltes, an etw. angebrachtes Zeichen, das dazu dient, etw. kenntlich zu machen u. von Gleichartigem zu unterscheiden:* sie trug das K. ihrer Gruppe am Revers; einen Behälter mit einem K. versehen; **b)** *an einem Land- od. Wasserfahrzeug angebrachtes, amtlich zugeteiltes Zeichen (aus Buchstaben, Ziffern), das seine Identifizierung ermöglicht u. seine Herkunft erkennen lässt:* das polizeiliche K. des Wagens; M ist das K. Münchens, für München; ein Fahrzeug mit ausländischem K.
Kẹnn|zei|chen|leuch|te, die (Kfz-W.): *Leuchte, die das Kennzeichen* (2 b) *bei Dunkelheit sichtbar macht.*
Kẹnn|zei|chen|schild, das ⟨Pl. -er⟩: *Schild mit dem Kennzeichen* (2 b).
kẹnn|zeich|nen ⟨sw. V.; hat⟩: **1.** *mit einem Kennzeichen* (2 a) *versehen:* Waren, Tiere k.; einen Weg durch Schilder/mit Schildern k.; etw. durch eine Aufschrift [als etw.] k. **2. a)** *jmdn., etw. durch Aufzeigen seiner Kennzeichen* (1) *in seiner Eigenart beschreiben, darstellen; charakterisieren:* jmdn. als fleißig, mutig k.; dieses Wort ist als umgangssprachlich zu k.; durch etw. gekennzeichnet sein *(sich durch etw. auszeichnen);* die Autorin hat diese Figuren scharf gekennzeichnet; **b)** *ein Kennzeichen sein, das jmdn., etw. in seiner Eigenart zeigt, erkennen lässt:* ihr Verhalten kennzeichnet sie als integre, vertrauenswürdige Person; diese Tat kennzeichnet seinen Charakter; ⟨auch k. + sich:⟩ ihr Denken kennzeichnet sich durch logische Schärfe.
kẹnn|zeich|nend ⟨Adj.⟩: *charakteristisch, typisch:* -e Eigenschaften, Unterschiede, Merkmale; Härte ist für diese Mannschaft k.; k. dafür ist folgender Vorfall.
kẹnn|zeich|nen|der|wei|se ⟨Adv.⟩: *charakteristischerweise, typischerweise.*
Kẹnn|zeich|nung, die; -, -en: **1.** *das Kennzeichnen* (1, 2 a). **2. a)** *etw., wodurch etw. gekennzeichnet* (1) *wird;* **b)** *etw., wodurch jmd., etw. gekennzeichnet* (2 a), *charakterisiert wird; Charakterisierung:* dies sind die auffallendsten -en seines Stils. **3.** (math. Logik) **a)** *eindeutige Festlegung eines Gegenstandes durch eine Aussageform, die gesichertermaßen auf einen u. nur einen Gegenstand zutrifft:* die Methode der K.; **b)** *durch Kennzeichnung* (3 a) *gebildeter Ausdruck für einen bestimmten einzelnen Gegenstand.*
kẹnn|zeich|nungs|pflich|tig ⟨Adj.⟩: *mit einer Kennzeichnung* (2 a) *zu versehen.*
Kẹnn|zif|fer, die: **1.** *einer Sache als Kennzeichen* (2) *zugeteilte Ziffer, Zifferngruppe.* **2.** (Math.) *Zahl, die im Logarithmus vor dem Komma steht.* **3.** (DDR Wirtsch.) *Zahl, die für wichtige Elemente der Planung, Durchführung u. Fertigung im Produktionsprozess steht:* ökonomische, statistische -n.
Ke|no|taph, (auch:) Zenotaph, das; -s, -e [lat. cenotaphium < griech. kenotáphion, zu: kenós = leer u. táphos = Grab]: *leeres Grabmal zur Erinnerung an einen Toten, der an anderer Stelle begraben ist.*
Ken|taur: ↑Zentaur.
kẹn|tern ⟨sw. V.⟩ [niederd. kenteren, kanteren, eigtl. = auf die (andere) Seite legen, umwälzen, zu ↑Kante]: **1.** *(von Wasserfahrzeugen) sich seitwärts neigend aus der normalen Lage geraten u. auf die Seite od. kieloben zu liegen kommen* ⟨ist⟩: das Schiff ist gekentert; wir sind mit dem Boot gekentert; ⟨subst.:⟩ der Sturm hat das Boot zum Kentern gebracht. **2.** (Seemannsspr.) *(von Strömungen o. Ä.) anfangen, sich in umgekehrter Richtung zu bewegen* ⟨hat⟩: der Wind kentert; die Flut kentert *(die Ebbe setzt ein);* der Kapitän entschloss sich, mit kenterndem Wasser *(bei einsetzender Ebbe)* auszulaufen.
Ken|tu|cky [...ˈtʌkɪ]; -s: Bundesstaat der USA.
Kẹn|tum|spra|che, die [nach der Aussprache des anlautenden c in lat. centum (= hundert) als k] (Sprachw.): *Sprache aus der Gruppe der westindogermanischen Sprachen, in denen sich bestimmte Verschlusslaute (bes. g u. k) zunächst erhalten haben.*
ke|phal-, Ke|phal-: ↑zephal-, Zephal-.
ke|pha|lo-, Ke|pha|lo-: ↑zephalo-, Zephalo-.
Ke̱|pheus, der; -: Sternbild am nördlichen Sternenhimmel.
Ke|ra̱|mik, die; -, -en [frz. céramique < griech. keramikē̃ (téchnē) = Töpfer(kunst), zu: kéramos = Töpferton, -ware]: **1. a)** ⟨o. Pl.⟩ *Erzeugnisse aus gebranntem Ton od. (seltener) aus Porzellan:* die Ausstellung zeigt K. *(künstlerische Keramik)* des Barocks; **b)** *künstlerisch, kunsthandwerklich gestalteter Gegenstand aus Keramik* (2): eine wertvolle chinesische K. **2.** *gebrannter Ton, aus dem Keramik* (1 a) *hergestellt ist:* die Vase ist aus K.; ist das K.? **3.** ⟨o. Pl.⟩ *Technik der Herstellung von Keramik* (1) *u. das entsprechende [Kunst]handwerk, die entsprechende Industrie:* die minoische K.
Ke|ra̱|mi|ker, der; -s, -: *jmd., der sich mit der Herstellung u. Bearbeitung keramischer Erzeugnisse befasst* (Berufsbez.).
Ke|ra̱|mi|ke|rin, die; -, -nen: w. Form zu ↑Keramiker.
ke|ra̱|misch ⟨Adj.⟩: **1.** *die Keramik* (1) *betreffend, zur Keramik* (1) *gehörend:* -e Farben (Fachspr.; *in Keramik eingebrannte, hitzebeständige Farben*); -er Druck (Fachspr.; *Steindruckverfahren zur Übertragung von Ornamenten u. Bildern auf Porzellan u. Steingut*). **2.** *die Keramik* (2) *betreffend, aus Keramik* (2) *hergestellt:* eine Ausstellung -er Vasen, Arbeiten, Erzeugnisse; eine -e Sammlung *(Sammlung künstlerischer, kunstgewerblicher Keramik);* -er Ofen (Fachspr.; *bei der Herstellung u. Bearbeitung von Keramik benutzter Brennofen*). **3.** *die Keramik* (3) *betreffend:* das -e Gewerbe; die -e Technik, Industrie.
Ke|ra|ti̱n, das; -s, (Arten:) -e [zu griech. kéras (Gen.: kératos) = Horn] (Chemie, Biol.): *schwefelhaltige Substanz in Haaren, Hörnern, Geweihen, Nägeln, Hufen o. Ä.*
Ke|ra|ti̱|tis, die; -, ...titi̱den (Med.): *Hornhautentzündung.*
Ke|ra|to- ⟨Best. in Zus. mit der Bed.⟩: *Horn...* (z. B. Keratoplastik).
Ke|ra|to̱m, das; -s, -e (Med.): *geschwulstartiger Auswuchs der Hornschicht der Haut.*
Ke|ra|to|plas|tik, die (Med.): *operative Hornhautüberpflanzung zum Ersatz erkrankter Hornhaut.*
Kẹr|be, die; -, -n [mhd. kerbe, zu ↑kerben]: **1.** *schmale, nach innen (unten) spitz zulaufende Vertiefung:* eine K. im Holz; mit dem Messer eine K. in einen Stock schneiden; *** in dieselbe/die gleiche K. hauen/schlagen** (ugs.; *inhaltlich dasselbe sagen, die gleiche kritische Meinung vertreten, die zuvor schon ein anderer geäußert hat, u. damit dasselbe Ziel o. Ä. wie dieser verfolgen;* beim Holzfällen wird ein Baum durch das Einschlagen der Axt immer in die gleiche Kerbe am schnellsten gefällt). **2.** (salopp) *Gesäßspalte:* jmdn. in die K. treten.
Kẹr|bel, der; -s [mhd. kervel(e), ahd. kervola < lat. caerefolium < griech. chairéphyllon, eigtl. = liebliches, angenehmes Blatt, wegen des Duftes u. Geschmacks]: *(zu den Doldengewächsen gehörende) als Gewürz verwendete Pflanze mit gelblich od. grünlich weißen Blüten.*
Kẹr|bel|kraut, das ⟨o. Pl.⟩: *in Gärten angebaute Art des Kerbels.*
kẹr|ben ⟨sw. V.; hat⟩ [mhd. kerben, urspr. = ritzen, kratzen, verw. mit griech. gráphein = (ein)ritzen; schreiben]: **1.** *mit einer Kerbe* (1), *mit Kerben versehen; eine Kerbe* (1), *Kerben anbringen:* eine Leiste k. **2.** *durch das Anbringen von Kerben* (1) *etw. erzeugen:* ein Muster in Holz k.; eine gekerbte Struktur.

Kẹrb|holz, das: in der Wendung **etw. auf dem K. haben** (ugs.; *etw. Unerlaubtes, Unrechtes, eine Straftat o. Ä. begangen haben;* eigtl. = Schulden haben; nach dem Holzstab, in den Kerben als Nachweis z. B. für Schulden eingeschnitten wurden).

kẹr|big ⟨Adj.⟩: *mit zahlreichen Kerben* (1) *versehen:* ein -er Stock.

Kẹrb|schnitt, der ([Kunst]handw.): *[Technik der] [Holz]verzierung durch eingekerbte Muster.*

Kerb|schnit|ze|rei, die ([Kunst]handw.): **1.** *eingekerbte Holzverzierung.* **2.** ⟨o. Pl.⟩ *Kunst u. Technik des Kerbschnitts.*

Kẹrb|tier, das [eindeutschend für ↑Insekt] (Zool. seltener): *Insekt.*

Kẹr|bung, die; -, -en: **1.** *das Kerben.* **2.** *Kerbe* (1), *gekerbte Stelle.*

Ke|ren ⟨Pl.⟩: griechische Schicksalsgöttinnen.

Kẹr|ker, der; -s, - [mhd. kerker, karkære, ahd. karkāri < lat. carcer]: **1.** (früher) **a)** *sehr festes [unterirdisches] Gefängnis:* jmdn. aus dem K. befreien; im K. liegen, schmachten (geh.; emotional; *eine Freiheitsstrafe [unter erschwerten Bedingungen] verbüßen*); **b)** *Kerkerhaft:* zu lebenslänglichem K. verurteilt werden. **2.** (österr. früher) *Freiheitsstrafe:* er wurde zu zwei Jahren [einfachem, schwerem] K. verurteilt.

Kẹr|ker|haft, die (früher): *Haft in einem Kerker* (1 a).

Kẹr|ker|meis|ter, der (früher): *Gefangenenaufseher im Kerker* (1 a).

Kẹrl, der; -s, -e, nordd. ugs. auch: -s [aus dem Niederd. < mniederd. kerle = freier Mann nicht ritterlichen Standes; grobschlächtiger Mann; im Ablaut zu mhd. karl(e), ahd. karal = (Ehe)mann; vgl. anord. karl = alter Mann]: **1.** (ugs.) **a)** *männliche Person, Mann, Bursche:* ein junger, kräftiger, großer, langer K.; ein tüchtiger, anständiger, ehrlicher, forscher K.; ein unverschämter, frecher, gemeiner, widerlicher, grober, langweiliger, dummer, komischer, alberner K.; er ist der [richtige] K. dazu; das ist ein K.! (drückt wohlwollendes Erstaunen aus); wir brauchen ganze -e *(Männer, die sich in entsprechenden Situationen bewähren);* er hat gezeigt, was für ein K. in ihm steckt *(was er leisten kann);* ich kann den K. nicht leiden!; schmeißt die Kerle/(nordd., md.:) Kerls hinaus!; du blöder K.! (Schimpfwort); (als saloppe Anrede, auch als Ausruf der Überraschung o. Ä.:) K., wie siehst du denn aus!; ***die Langen Kerls** *(von Friedrich Wilhelm I. von Preußen geschaffene Leibgarde, in die nur besonders große Männer aufgenommen wurden);* **b)** *Liebhaber:* einen K. haben, sich einen K. nehmen. **2.** *(durch bestimmte [positive Charakter]eigenschaften charakterisierter) Mensch:* ein patenter K.; sie ist ein feiner, netter, prächtiger, guter K.; ein lieber, goldiger, tapferer K. *(Junge).* **3.** (veraltet) *Diener.* **4.** (ugs.) *besonders großes Exemplar, Prachtexemplar:* wir haben Äpfel gepflückt, solche -e!

Kẹrl|chen, das; -s, -: **1.** Vkl. zu ↑Kerl (1, 2). **2.** *kleiner Junge:* ein goldiges K.; so ein freches K.!

Kẹr|mes, der; -, - [span. carmesí < arab. qirmizī]: **1.** ⟨o. Pl.⟩ *roter Farbstoff, den die Kermesschildläuse liefern.* **2.** *Kermesschildlaus.*

Kẹr|mes|schild|laus, die: *Schildlaus, die einen roten Farbstoff liefert.*

Kẹrn, der; -[e]s, -e [mhd. kerne, ahd. kerno, wohl ablautende Bildung zu ↑Korn]: **1. a)** *fester innerer Teil einer Frucht; [hartschaliger] Samen [in] einer Frucht:* der K. der Pflaume, des Pfirsichs; die schwarzen -e des Apfels; **b)** *das Innere des hartschaligen Fruchtkerns od. der festen Fruchthülle:* der K. einer Nuss, einer Mandel; Ü das ist der K. *(das Wesentliche)* des Problems, ihres Vorschlags; diese Behauptung hat, birgt einen wahren K.; mit dieser Behauptung hat sie den K. der Sache getroffen; der Vorschlag ist im K., in seinem K. *(im Wesentlichen)* brauchbar; zum K. einer Sache kommen; es steckt ein guter K. *(Charakter)* in ihm; **c)** (südd.) *Getreide, bes. Dinkel in enthülstem Zustand.* **2.** (Biol.) kurz für ↑Zellkern. **3.** (Physik) kurz für ↑Atomkern: leichte -e *(Atomkern mit wenigen Protonen u. Neutronen);* schwere -e *(Atomkern mit vielen Protonen u. Neutronen);* den K. eines Atoms spalten. **4. a)** (Gießerei) *in eine Gießform eingebrachtes Teil, durch das im Gussstück eine Aussparung von bestimmter Form erzeugt werden soll;* **b)** (Technik) kurz für ↑Reaktorkern; **c)** (Fachspr.) *in das Mundstück der Blockflöte eingelegter, runder Teil;* **d)** (Elektrot.) kurz für ↑Eisenkern; **e)** (Fachspr.) *innerer Teil (zwischen Körper u. Fuß) in bestimmten Orgelpfeifen;* **f)** (Bauw.) *(bei Staudämmen) innerer Teil aus abdichtendem Material.* **5. a)** (Holzverarb.) *innerer, härterer (u. wertvollerer) Teil des Stamms (bei bestimmten Bäumen);* **b)** (Jägerspr.) *(beim Raubwild) der Fleischkörper ohne Balg;* **c)** (Gerberei) *feste, gleichmäßige Struktur aufweisendes, wertvollstes Stück, Kernstück (bes. Rückenteil) einer gegerbten Rindshaut.* **6. a)** *wichtigster, zentraler Teil [als Basis, Ausgangspunkt für Erweiterung, weitere Entwicklung]; Zentrum:* der K. einer Stadt *(Stadtkern);* (Met.:) ein Tief mit K. über Schottland; der K. des Mondschattens (Astron.; *Kernschatten des Mondes*) bei einer Sonnenfinsternis; **b)** (Med., Biol.) kurz für ↑Nervenkern. **7.** *wichtigster, aktivster Teil einer Gruppe:* der K. der Truppe, der Organisation; ***der harte K.** (1. *derjenige Teil einer aggressiven, bes. kriminellen Gruppe, der sich mit ihren Zielen u. Handlungen unbedingt identifiziert u. sich an ihren Aktionen in besonderem Maße beteiligt.* 2. scherzh.; *derjenige Teil einer Gruppe, der bes. stark betroffen ist, sich bes. stark engagiert, der im Zentrum steht o. Ä.:* der harte K. der Fans).

Kẹrn|bau|stein, der (Physik): *eines der Elementarteilchen, aus denen sich ein Atomkern aufbaut.*

Kẹrn|bei|ßer, der: *(zu den Finken gehörender) Vogel mit vorwiegend olivgrünem Gefieder u. einem kegelförmigen Schnabel, mit dem er hartschalige Früchte od. Samen (bes. Kirsch- u. Pflaumenkerne) aufhackt.*

Kẹrn|be|reich, der: *Bereich, der den Kern* (6 a) *bildet.*

Kẹrn|brenn|stoff, der (Technik): *Stoff, der spaltbares Material enthält, durch das in einem Kernreaktor eine gesteuerte Kernkettenreaktion aufrechterhalten wird.*

Kẹrn|che|mie, die (Physik): *Teilgebiet der Kernphysik, das sich bes. mit den Kernumwandlungen u. den Eigenschaften ihrer Produkte befasst.*

Kẹrn|ener|gie, die: **1.** *Atomenergie:* die friedliche Nutzung der K. **2.** (Physik) *zur Auflösung der Bindung* (4 b) *der Kernbausteine erforderliche Energie.*

Kẹr|ner, der; -s, - [nach dem dt. Dichter J. Kerner (1786–1862)]: **1.** ⟨o. Pl.⟩ *aus blauem Trollinger u. weißem Riesling gezüchtete Rebsorte.* **2.** *Wein aus Kerner* (1).

Kẹrn|ex|plo|si|on, die: **1.** *Explosion eines atomaren Sprengkörpers.* **2.** (Physik) *durch Auftreffen eines sehr energiereichen Teilchens verursachtes plötzliches Zerfallen eines Atomkerns in kleinere od. kleinste Bruchstücke.*

Kẹrn|fach, das (Schulw.): *wichtiges Unterrichtsfach, das für Schüler aller höheren Schulen verbindlich ist.*

Kẹrn|fäu|le, die (Fachspr.): *Fäule, Zersetzung des Kernholzes lebender Bäume, die eine Aushöhlung bewirkt.*

Kẹrn|for|schung, die: *Forschung auf dem Gebiet der Kernphysik.*

Kẹrn|fra|ge, die: *wesentliche Frage, Hauptfrage.*

Kẹrn|frucht, die (Bot.): *Frucht mit Samenkernen* (z. B. Apfel, Birne, Quitte).

Kẹrn|fu|si|on, die: **1.** (Physik) *Fusion* (4) *von Atomkernen.* **2.** (Biol.) vgl. Kernverschmelzung (2).

Kẹrn|ge|biet, das: **1.** *Gebiet* (1), *das den Kern* (6 a) *bildet.* **2.** *wichtiges Gebiet* (1, 2); *Hauptgebiet.*

Kẹrn|ge|dan|ke, der: *wesentlicher, wichtigster Gedanke in einem bestimmten gedanklichen Zusammenhang.*

Kẹrn|ge|häu|se, das: *die Samenkerne enthaltender innerer Teil beim Kernobst.*

kẹrn|ge|sund ⟨Adj.⟩: *durch u. durch gesund* (1 a).

Kẹrn|haus, das: *Kerngehäuse.*

Kẹrn|holz, das ⟨o. Pl.⟩ (Holzverarb.): *Holz des Kerns* (5 a).

kẹr|nig ⟨Adj.⟩: **1. a)** *fest u. kraftvoll; urwüchsig, markig:* ein -er Mann; eine -e Sprache, Rede; -e Sprüche; eine -e *(starke, robuste)* Natur, Gesundheit haben; **b)** *von kräftigem Geschmack:* ein -er Wein. **2.** *bis in den Kern fest u. stark; derb:* -es Holz, Leder. **3.** (ugs.) *voll sportlich-frischer Spannkraft u. attraktiv:* sie schwärmt für -e Typen. **4.** (ugs.) *(in besonderer Weise) vortrefflich, hervorragend:* jmdm. k. gefallen. **5.** *mit Kernen, voller Kerne:* -e Orangen.

Kẹrn|ket|ten|re|ak|ti|on, die (Physik): *Kette, Folge von Kernspaltungen, bei der die frei werdenden Neutronen jeweils weitere Kernspaltungen bewirken.*

Kẹrn|kraft, die: **1.** *Kernenergie, Atomenergie.* **2.** ⟨Pl.⟩ (Physik) *Kräfte, die den Zusammenhalt der Bausteine des Atomkerns bewirken.*

Kẹrn|kraft|geg|ner, der: *jmd., der die Gewinnung u. Nutzung von Atomenergie aus bestimmten Gründen ablehnt.*

Kẹrn|kraft|geg|ne|rin, die: w. Form zu ↑Kernkraftgegner.

Kẹrn|kraft|werk, das: *Atomkraftwerk* (Abk.: KKW).

Kẹrn|la|dungs|zahl, die: *(der Protonenzahl entsprechende) Anzahl der Elementarladungen, die ein Atomkern trägt.*

Kẹrn|ling, der; -s, -e (Gartenbau): *aus einem Kern* (1 a) *gezogener Baum od. Strauch.*

kẹrn|los ⟨Adj.⟩: *ohne Kerne* (1 b) *[gezüchtet]:* -e Orangen, Weintrauben.

Kẹrn|mann|schaft, die (Sport): *Kern einer Mannschaft (bestehend aus den besten Spielern, die nach Möglichkeit nicht ersetzt werden):* zur K. des Klubs gehören.

Kẹrn|mo|dell, das (Physik): *anschauliche Modellvorstellung vom Atomkern u. seinem inneren Aufbau, die die an Atomkernen beobachteten Eigenschaften weitgehend wiedergibt u. vorzustellen bzw. zu berechnen erlaubt.*

Kẹrn|obst, das: *Obst mit weichschaligen Kernen* (1 a).

Kẹrn|phy|sik, die: *Physik der Atomkerne u. ihres Aufbaus.*

kẹrn|phy|si|ka|lisch ⟨Adj.⟩: *physikalisch auf dem Gebiet der Kernphysik.*

Kẹrn|phy|si|ker, der: *auf Kernphysik spezialisierter Physiker.*

Kẹrn|phy|si|ke|rin, die: w. Form zu ↑Kernphysiker.

Kẹrn|punkt, der: *wesentlicher, wichtigster Punkt, Hauptpunkt:* zum K. des Problems kommen.

Kẹrn|re|ak|ti|on, die (Physik): *natürlicher od. künstlicher, zur Umwandlung eines Atomkerns führender kernphysikalischer Prozess.*

Kẹrn|re|ak|tor, der: *Anlage, in der die geregelte Kernkettenreaktion zur Gewinnung von Energie od. von bestimmten radioaktiven Stoffen genutzt wird:* Energieerzeugung durch -en.

Kẹrn|satz, der: **1.** vgl. Kerngedanke: der K., die Kernsätze einer Lehre. **2.** (Sprachw.) *Satz, dessen besonders einfache Struktur Grundlage für die Ableitung anderer (insbesondere komplexer) Satzstrukturen u. Sätze ist.* **3.** (Sprachw. selten) *Satz mit der Personalform des Verbs in Zweitstellung.*

Kẹrn|schat|ten, der (Optik, Astron.): *völliger Schatten; Schatten, in dessen Bereich die Schatten werfende Lichtquelle völlig verdeckt ist.*

Kẹrn|schmel|ze, die ⟨o. Pl.⟩ (Physik): *das in einem Kernreaktor beim Ausfall der Systeme für die Kühlung mögliche Durchschmelzen des Reaktorkerns.*

Kẹrn|sei|fe, die [zunächst »beste Seife«, dann »feste Seife« im Ggs. zur Schmierseife]: *einfache Seife ohne Zusätze wie Farbstoff, Parfümöl.*

Kẹrn|spal|tung, die (Physik): *(bes. durch äußere Einwirkung, z. B. durch schnelle Neutronen,*

K

durch energiereiche Gammastrahlen, [künstlich] verursachte) Zerlegung von Atomkernen unter Freisetzung extrem hoher Energiemengen: die K. des Urans; die Gewinnung radioaktiver Elemente durch K.

Kẹrn|spin|to|mo|gra|phie, die; -, -n (Med.): *mithilfe elektromagnetischer Wellen erfolgendes, die dreidimensionale Darstellung von Körperschichten auf dem Bildschirm ermöglichendes Verfahren.*

Kẹrn|spruch, der: *[markiger] Spruch, der den Kern, das Wesentliche treffen soll.*

Kẹrn|strah|lung, die (Physik): *bei Kernreaktionen entstehende Strahlung.*

Kẹrn|stück, das: **1.** *etw., was den Kern einer Sache ausmacht, was der wichtigste Bestandteil von etw. ist:* das K. der Finanzpolitik. **2.** *Kern* (5 b).

Kẹrn|tech|nik, die: *Technik auf dem Gebiet der Gewinnung, Nutzbarmachung u. Anwendung von Kernenergie u. radioaktiven Stoffen.*

Kẹrn|tei|lung, die (Biol.): *Teilung des Zellkerns [die zu einer Zellteilung führt].*

Kẹrn|trup|pe, die: *Teil der Truppe, der die beste Ausbildung u. die meiste militärische Erfahrung hat.*

Kẹrn|um|wand|lung, die (Physik): *Umwandlung eines Atomkerns, insbesondere durch äußere Einwirkung (durch Kernspaltung, im weiteren Sinne auch durch Kernzerfall).*

Kẹrn|ver|schmel|zung, die: **1.** (Physik) *Kernfusion* (1). **2.** (Biol.) *Verschmelzung, Vereinigung von Zellkernen* (z. B. von Ei- u. Samenzellkern bei der Befruchtung).

Kẹrn|waf|fe, die ⟨meist Pl.⟩: *Atomwaffe:* taktische, strategische -n.

kẹrn|waf|fen|frei ⟨Adj.⟩: *atomwaffenfrei.*

Kẹrn|waf|fen|ver|zicht, der: *verbindlich erklärter Verzicht eines Staates auf Kernwaffen.*

Kẹrn|zeit, die: **a)** *Fixzeit;* **b)** *Zeitspanne im Verlauf eines Tages (meist am Morgen), die als zentral, wesentlich angesehen wird.*

Kẹrn|zer|fall, der (Physik): *spontaner Zerfall der Atomkerne eines radioaktiven Elements in Kerne eines anderen radioaktiven od. stabilen Elements.*

Ke|ro|plas|tik: ↑Zeroplastik.

Ke|ro|si̲n, das; -s [engl. kerosine, kerosene]: *im Erdöl enthaltenes Petroleum, das besonders als Treibstoff für Flugzeug- u. Raketentriebwerke verwendet wird.*

Kẹrr|ef|fekt, der; -[e]s [nach dem schott. Physiker J. Kerr (1824–1907)] (Physik): *unter der Einwirkung eines elektrischen Feldes auftretende Doppelbrechung von Lichtstrahlen.*

Ke̲|rub: ↑Cherub.

Kẹr|we, die; -, -n [zu ↑Kirmes] (hess., pfälz.): *Kirchweih.*

Ke̲|ryg|ma, das; -s [griech. kḗrygma = das durch den Herold (= griech. kḗryx) Ausgerufene] (Theol.): *Verkündigung (bes. des Evangeliums).*

ke|ryg|ma|tisch ⟨Adj.⟩: *zur Verkündigung gehörend; verkündigend, predigend:* -e Theologie.

Kẹr|ze, die; -, -n [mhd. kerze, ahd. charza, kerza, H. u.]: **1.** *meist zylindrisches Gebilde aus gegossenem Wachs, Stearin, Paraffin o. Ä. mit einem Docht in der Mitte, der mit offener Flamme brennend Licht gibt:* eine dicke, wächserne K.; die K. flackert, tropft; die K. brennt herunter, brennt hell, unruhig; eine K. anzünden, anstecken, auslöschen, auspusten, ausmachen; -n gießen, ziehen; Ü die -n *(Blütenstände)* der Kastanien. **2.** kurz für ↑Zündkerze. **3.** (Turnen Jargon) *Nackenstand:* eine K. machen. **4.** (Fußball Jargon) *steil in die Höhe geschossener Ball:* eine K. schießen. **5.** (Physik veraltet) *Candela.*

Kẹr|zen|be|leuch|tung, die: *Beleuchtung durch eine od. mehrere brennende Kerzen* (1): bei K. zu Abend essen.

Kẹr|zen|docht, der: *Docht einer Kerze.*

kẹr|zen|ge|ra|de, (ugs.:) kerzengrade ⟨Adj.⟩: *(meist von etwas Aufrechtem) [auf steife, starre Weise] vollkommen gerade:* ein -r Baum; sie hält sich k.

Kẹr|zen|gie|ßer, der: *Handwerker, der Kerzen* (1) *gießt* (Berufsbez.).

Kẹr|zen|gie|ße|rin, die: w. Form zu ↑Kerzengießer.

kẹr|zen|gra|de: ↑kerzengerade.

Kẹr|zen|hal|ter, der: *kleine metallene Vorrichtung, mit der Kerzen* (1) *am Weihnachtsbaum befestigt werden.*

kẹr|zen|hell ⟨Adj.⟩: *hell von Kerzenlicht:* ein -er Raum.

Kẹr|zen|leuch|ter, der: *Gegenstand, der dazu dient, eine od. mehrere Kerzen* (1) *festzuhalten.*

Kẹr|zen|licht, das: *Licht einer od. mehrerer brennender Kerzen* (1): bei K. lesen.

Kẹr|zen|schein, der: vgl. Kerzenlicht.

Kẹr|zen|schim|mer, der (geh.): vgl. Kerzenlicht.

Kẹr|zen|stän|der, der: *Kerzenleuchter.*

Kẹr|zen|stum|mel, der: *Stummel einer Kerze* (1).

Kẹr|zen|stumpf, der: *Stumpf einer Kerze* (1).

Kẹr|zen|wachs, das: *Wachs zum Herstellen von Kerzen* (1).

Kẹ|scher, der; -s, - [aus dem Niederd. (ostniederd.) < mniederd. kesser, H. u.]: *um einen Ring mit Griff gespanntes Netz zum Fangen von Fischen, Krebsen, Insekten o. Ä.*

kẹ|schern ⟨sw. V.; hat⟩: *mit einem Kescher fangen, herausholen.*

kẹss ⟨Adj.⟩ [aus der Gaunerspr., eigtl. = im Stehlen erfahren]: **a)** *jung u. hübsch u. dabei unbekümmert:* ein -es Mädchen; (salopp veraltend:) eine -e Biene; **b)** *[auf nicht verletzende Weise] frech, respektlos, ein bisschen vorlaut:* -e Antworten, Bemerkungen; **c)** *auf freche Weise modisch, flott:* ein -er Pulli; k. aussehen; ein k. ins Gesicht fallender Pony.

Kẹs|sel, der; -s, - [mhd. keʒʒel, ahd. keʒʒil < lat. catillus = Schüsselchen, Vkl. von: catinus = Napf, flache Schüssel]: **1. a)** kurz für ↑Wasserkessel: der K. pfeift; den K. aufsetzen, auf die Herdplatte stellen; **b)** *sehr großer Topf, großes Metallgefäß zum Kochen:* ein kupferner K.; Suppe in großen, riesigen -n; Wäsche im K. *(Waschkessel)* kochen. **2. a)** kurz für ↑Dampfkessel; **b)** kurz für ↑Heizkessel: der K. der Zentralheizung; **c)** kurz für ↑Gaskessel. **3.** *von Bergen ringsum eingeschlossenes Tal:* die Stadt liegt in einem K. **4. a)** (Jägerspr.) *bei der Treibjagd von Jägern u. Treibern gebildeter Kreis, in den das Wild getrieben wird:* einige Hasen sind dem K. entkommen; Ü die Demonstranten wurden in einen K. getrieben; **b)** *Gebiet, in dem im Krieg Truppen eingeschlossen sind:* aus dem K. ausbrechen; den Feind im K. einschließen, vernichten. **5.** (Jägerspr.) **a)** *ausgeweiteter Raum nach der Eingangsröhre im Fuchs- od. Dachsbau;* **b)** *Lager von Wildschweinen;* **c)** *Stelle, an der Rebhühner od. Fasanen im Sand gebadet haben.*

Kẹs|sel|an|la|ge, die (Technik): *Anlage mit mehreren Dampfkesseln.*

Kẹs|sel|druck, der ⟨Pl. ...drücke, seltener: -e⟩: [1]*Druck* (1) *in einem Dampfkessel:* der K. war zu hoch.

Kẹs|sel|fleisch, das (landsch.): *Wellfleisch.*

Kẹs|sel|fli|cker, der; -s, - (veraltet): *jmd., der Kessel* (1) *repariert;* * **schimpfen, fluchen, sich streiten, zanken** o. Ä. **wie die K.** (ugs.; *heftig, laut schimpfen, fluchen, sich streiten, zanken o. Ä.*).

kẹs|seln ⟨sw. V.; hat⟩: **1.** (Jägerspr.) *ein Kesseltreiben* (1) *veranstalten.* **2.** (Jägerspr.) *(von Wildschweinen) im Kessel* (5 b) *liegen.* **3.** (Jägerspr.) *hudern* (b). **4.** ⟨unpers.⟩ (nordd. ugs.): *hoch hergehen.*

Kẹs|sel|pau|ke, die: *Pauke.*

Kẹs|sel|schlacht, die: *Schlacht, bei der der Gegner eingekesselt wird.*

Kẹs|sel|schmied, der: *Handwerker, der Kessel herstellt* (Berufsbez.).

Kẹs|sel|schmie|din, die: w. Form zu ↑Kesselschmied.

Kẹs|sel|stein, der ⟨o. Pl.⟩: *harte, steinartige Ablagerung, die sich in Gefäßen bildet, in denen Wasser erhitzt wird:* den K. entfernen.

Kẹs|sel|trei|ben, das: **1.** (Jägerspr.) *Treibjagd auf Hasen, bei der die Hasen in einen Kessel* (4 a) *getrieben werden.* **2.** *systematische Hetz- u. Verleumdungskampagne gegen jmdn.:* ein erbittertes, regelrechtes K. gegen den Politiker.

Kẹss|heit, die; -: *kesses Wesen, Aussehen, Auftreten.*

Ket|chup, Ketschup [ˈkɛtʃap], der od. das; -[s], -s [engl. ketchup < malai. kĕchap = gewürzte Fischsoße]: *pikante dickflüssige [Tomaten]soße zum Würzen von Speisen.*

kẹt|schen: ↑kätschen.

Ke̲|tschua: ↑[1, 2]Quechua.

Ket|schup: ↑Ketchup.

Kẹtt|baum, der (Weberei): *Walze am Webstuhl, auf dem die Kettfäden aufgewickelt sind.*

Kẹtt|car®, der od. das; -s, -s [wohl zu ↑Kette (1) u. engl. car = Fahrzeug]: *mit Pedalen über eine Kette angetriebenes Kinderfahrzeug.*

Kẹtt|chen, das; -s, -: Vkl. zu ↑Kette (1 b).

Kẹt|te, die; -, -n [1–3: mhd. keten(e), ahd. ketina < lat. catena; 4: mhd. kütti, ahd. kutti, H. u., heute als identisch mit Kette (1–3) empfunden]: **1. a)** *Reihe aus beweglich ineinander gefügten od. mit Gelenken verbundenen [Metall]gliedern:* eine eiserne, stählerne K.; die -n der Panzer; die -n ölen; die K. *(Sicherheitskette)* an der Haustür vorlegen; der Hofhund liegt an der K.; (früher:) einen Gefangenen in -n legen; der Anker ist mit einer K. befestigt; das Fahrrad wird mit einer K. angetrieben; Ü die -n abwerfen, sprengen, zerreißen (geh.; *sich [von Unterdrückung] befreien*); * **jmdn. an die K. legen** *(jmdn. in seiner [Bewegungs]freiheit einschränken);* **b)** *[Hals]schmuck aus beweglich ineinander gefügten Metallgliedern, miteinander verbundenen Plättchen, auf eine Schnur aufgereihten Perlen, Schmucksteinen o. Ä.:* eine goldene K.; sie trug eine K. aus Korallen um den Hals; der Anhänger hängt an einer silbernen K.; der Bürgermeister hatte die K. *(Amtskette)* umgehängt. **2. a)** *Reihe von Menschen, die sich an den Händen fassen, unterhaken o. Ä., die etw. von einem zum anderen geben:* die Polizisten bildeten eine, standen in einer K.; die Kinder rannten in einer langen K. über den Schulhof; **b)** *ununterbrochene Reihe von gleichartigen Dingen:* die K. der Berge; eine K. von Autos, von Molekülen; **c)** *Aufeinanderfolge von gleichartigen Ereignissen, Geschehnissen, Handlungen o. Ä.:* eine K. von Unfällen; die K. der Enttäuschungen wollte nicht abreißen; die K. von Ursache und Wirkung lässt sich kaum überblicken; er ist ein Glied in der K. der Generationen; **d)** *Gesamtheit von gleichartigen u. unter gleichem Namen geführten Betrieben, die an verschiedenen Orten sich befinden, aber zu einem Unternehmen gehören:* eine K. von Läden, Kinos, Hotels; die Übernahme der K.; **e)** (Sprachw.) *syntaktisch zusammengehörende Wortgruppe.* **3.** *Gesamtheit der in Längsrichtung verlaufenden Fäden in einem Gewebe od. der in Längsrichtung aufgespannten Fäden auf einem Webstuhl;* [1]*Zettel:* eine K. aus Baumwolle; die K. am Webstuhl aufziehen. **4. a)** (Jägerspr.) *Familie von Rebhühnern:* eine K. aufscheuchen; **b)** (Milit.) *Gruppe von drei in Formation fliegenden Flugzeugen.*

kẹt|teln ⟨sw. V.; hat⟩ [zu ↑ketten] (Textilind.): **a)** *Teile von Strick- od. Wirkwaren mit einer elastischen Naht verbinden;* **b)** *die letzte Maschenreihe bei Strick- od. Wirkwaren befestigen:* ein gekettelter Rand.

kẹt|ten ⟨sw. V.; hat⟩ [1: mhd. ketenen]: **1.** *mit einer Kette anbinden, an etw. befestigen:* den Hund an einen Pflock, das Boot an einen Pfahl k.; der Gefangene war an die Mauer gekettet. **2.** *sehr fest, unauflöslich binden:* die Erinnerung kettet ihn an diesen Ort; ich will mich nicht ganz und gar an sie, an dieses Unternehmen k.

Kẹt|ten|an|trieb, der: *Antrieb eines Fahrzeugs über Ketten* (1 a).

Kẹt|ten|ar|beits|ver|trag, der: *Abschluss von mehreren befristeten Arbeitsverträgen hintereinander.*

ket|ten|ar|tig ⟨Adj.⟩: *in der Art einer Kette; wie eine Kette hintereinander gereiht.*

Ket|ten|brief, der: *Brief, der vom Empfänger mehrmals abgeschrieben u. an andere weitergeschickt wird.*

Ket|ten|bruch, der (Math.): *Bruch, dessen Nenner die Summe aus einer ganzen Zahl u. einem Bruch ist, dessen Nenner wiederum die Summe aus einer ganzen Zahl u. einem Bruch ist usw.*

Ket|ten|fahr|zeug, das: *Raupenfahrzeug.*

Ket|ten|glied, das: *Glied einer Kette* (1): ein K. ist gebrochen.

Ket|ten|hemd, das: *aus ineinander gefügten Eisenringen od. geflochtenem Eisendraht bestehender hemdartiger Schutz des Oberkörpers als Teil der Rüstung eines Kriegers.*

Ket|ten|hund, der: *Hof-, Wachhund, der an einer Kette* (1 a) *gehalten wird.*

Ket|ten|ka|rus|sell, das: *Karussell, bei dem die Sitze an langen Ketten* (1 a) *hängen.*

Ket|ten|pan|zer, der: vgl. Kettenhemd.

Ket|ten|rad, das (Technik): *Zahnrad, in dessen Zähne die Glieder einer Kette* (1 a) *greifen.*

Ket|ten|rau|cher, der: *jmd., der nahezu ständig Zigaretten raucht.*

Ket|ten|rau|che|rin, die: w. Form zu ↑Kettenraucher.

Ket|ten|re|ak|ti|on, die: **1.** (Physik, Chemie) *chemischer, physikalischer od. biologischer Vorgang, der sich nach einmaliger Einleitung von selbst fortsetzt:* eine K. von Kernspaltungen. **2.** *Folge von [sich steigernden] Ereignissen, die durch ein gleichartiges Ereignis ausgelöst wird:* eine K. von Tätlichkeiten.

Ket|ten|res|tau|rant, das: *eines von mehreren gleichartigen, unter einer Oberleitung stehenden Restaurants in verschiedenen Städten.*

Ket|ten|sä|ge, die: *Motorsäge, bei der auf einer endlosen Kette* (1 a) *Sägezähne angebracht sind.*

Ket|ten|schal|tung, die: *(beim Fahrrad) Schaltung* (3), *bei der die Übersetzung* (2) *sich dadurch verändert, dass die Fahrradkette zwischen mehreren verschieden großen Kettenrädern wechselt.*

Ket|ten|schutz, der: *Schutzblech bei Fahrrädern, Motorrädern o. Ä.*

Ket|ten|stich, der (Handarb.): *Zierstich mit kettenartig aneinander gereihten Schlaufen.*

Ket|ten|stra|fe, die (früher): *Gefängnisstrafe, bei der der Gefangene angekettet ist.*

Ket|ten|sträf|ling, der (früher): *zu einer Kettenstrafe verurteilter Gefangener.*

Ket|ten|ver|trag, der: *Kettenarbeitsvertrag.*

Kett|fa|den, der (Weberei): *in Längsrichtung laufender Faden in einem Gewebe.*

Kett|garn, das (Weberei): *Kettfaden.*

Ket|tung, die: *das Ketten; das Gekettetwerden.*

Ket|zer, der; -s, - [mhd. ketzer, kether < mlat. catharus, ↑Katharer]: **1.** (kath. Kirche) *Häretiker* (1): die Inquisition ließ Tausende von -n verbrennen. **2.** *jmd., der öffentlich eine andere als die in bestimmten Angelegenheiten für gültig erklärte Meinung vertritt:* die Partei ging scharf gegen die K. vor.

Ket|ze|rei, die; -, -en [mhd. ketzerīe, ketherīe]: **1.** (kath. Kirche) *Häresie* (1): der Priester wurde der K. verdächtigt. **2.** *das Abweichen von einer allgemein als gültig erklärten Meinung.*

Ket|ze|rin, die; -, -nen: w. Form zu ↑Ketzer.

ket|ze|risch ⟨Adj.⟩ [spätmhd. ketzerisch, mhd. ketzerlich]: **1.** (kath. Kirche) *häretisch* (1): eine -e Lehre. **2.** *von einer allgemein als gültig erklärten Meinung, Verhaltensnorm abweichend [u. andere dadurch in Verlegenheit, in eine unangenehme Situation bringend]; für einen Ketzer* (2) *typisch:* -e Gedanken.

ket|zern ⟨sw. V.; hat⟩ (abwertend): *ketzerisch reden, schreiben.*

Ket|zer|tau|fe, die: *(bes. im 3. u. 4. Jh.) von einem Ketzer vorgenommene Taufe.*

keu|chen ⟨sw. V.⟩ [Vermischung aus mhd. kuchen (= hauchen) u. kīchen (= schwer atmen), lautm.]: **1.** ⟨hat⟩ **a)** *schwer, mit Mühe u. geräuschvoll atmen:* er keuchte unter der Last, vor Anstrengung; mit keuchendem Atem; sie rannte keuchend auf das Haus zu; Ü das alte Auto, die Dampflokomotive keucht *(macht ein keuchendes Geräusch);* **b)** *etw. schwer atmend, mit Mühe sagen.* **2.** *sich schwer, geräuschvoll atmend fortbewegen* ⟨ist⟩: durch den Schnee k.

Keuch|hus|ten, der: *[bei Kindern auftretende] Infektionskrankheit der Schleimhäute mit schweren, krampfartigen Hustenanfällen.*

Keu|le, die; -, -n [mhd. kiule, eigtl. = Gebogenes, Gekrümmtes; Wölbung, Höhlung]: **1. a)** *[hölzerne] Schlagwaffe mit einem verdickten Ende:* die Eingeborenen schlugen den Forscher mit -n tot; Spr große -n schlagen große Beulen; Ü wenn ihm die Argumente ausgehen, greift er zur verbalen K.; * **chemische K.** (**1.** *bes. bei Polizeieinsätzen verwendetes Gerät zum Versprühen von Reizstoffen, die vorübergehend kampfunfähig machen.* **2.** *in einem Sprühgerät sich befindender, vorübergehend kampfunfähig machender Reizstoff, der bes. bei Polizeieinsätzen verwendet wird;* LÜ von engl. chemical mace); **b)** (Gymnastik) *hölzernes, flaschenförmiges Sportgerät, das in der Hand gehalten wird:* Übungen mit der K. **2.** *Schenkel beim größeren Geflügel, bei Wild u. kleinerem Schlachtvieh:* eine gebratene, gegrillte K.; die K. von Gans, Hammel, Hase, Reh, Huhn; ein saftiges Stück Fleisch aus der K.; Ü die -n *(Beine)* einziehen; schwing die -n! *(beeil dich!).*

Keu|len|är|mel, der: *Ärmel an Kleidern, Blusen o. Ä., der oben sehr weit ist u. nach unten eng wird.*

keu|len|för|mig ⟨Adj.⟩: *die Form einer Keule aufweisend.*

Keu|len|gym|nas|tik, die: *mit Keulen* (1 b) *durchgeführte Gymnastik.*

Keu|len|schlag, der: *Schlag mit einer Keule* (1 a): mit einem wuchtigen K. streckte er den Gegner nieder; Ü die Nachricht war ein K. *(schwerer, vernichtender [Schicksals]schlag)* für sie.

keusch ⟨Adj.⟩ [mhd. kiusch(e), ahd. kūski, aus einem got. Adj. mit der Bed. »der christlichen Lehre bewusst« < lat. conscius = eingeweiht, bewusst]: **a)** *sexuell enthaltsam; frei von sexuellen Bedürfnissen:* eine -e Nonne; Mönche müssen k. leben; **b)** (geh. veraltend) *schamhaft zurückhaltend; bestimmten, einschränkenden sexuellen u. moralischen Normen entsprechend; sittsam:* die mädchenhaft -e Nausikaa; er ist ein -er Joseph, k. wie Joseph (scherzh. veraltend; *lehnt sexuelle Angebote ab;* nach 1. Mos. 39); sie schlug k. die Augen nieder; **c)** (geh. veraltend) *von großer sittlicher u. moralischer Reinheit:* die Reinheit einer -en Seele.

Keu|sche, die; -, -n [aus dem Slaw.] (österr. ugs.): **a)** *Kate;* **b)** *baufälliges Haus.*

Keusch|heit, die; - [mhd. kiusch(e)heit]: **a)** *sexuelle Enthaltsamkeit:* ein Priester muss K. geloben; **b)** *Sittsamkeit;* **c)** *moralische Reinheit, Integrität.*

Keusch|heits|ge|lüb|de, das: *von Priestern, Mönchen, Nonnen abzulegendes Versprechen, sexuell enthaltsam zu leben.*

Keusch|heits|gür|tel, der (früher): *mit einem Schloss u. einem die Genitalien bedeckenden Steg versehener, metallener Gürtel für Frauen, der gewährleisten soll, dass sie bei längerer Abwesenheit des Ehemannes mit keinem anderen Mann Geschlechtsverkehr ausüben.*

Keusch|ler, der; -s, - [zu ↑Keusche] (österr.): *jmd., der in einer Keusche* (a) *lebt.*

Keusch|le|rin, die; -, -nen: w. Form zu ↑Keuschler.

Key-Ac|count-Ma|nage|ment [ˈkiːəkaʊnt...], das; -s, -s [aus engl. key account = Hauptkunde (aus: key = Schlüssel; Haupt- u. account = wichtiger Geschäftspartner, Kreditkunde) u. ↑Management] (Wirtsch.): **1.** ⟨o. Pl.⟩ *Management* (1), *das für den Kontakt zu Partnerunternehmen u. Großkunden u. die Ausweitung der Geschäftsbeziehungen mit diesen zuständig ist.* **2.** *Gesamtheit der Führungskräfte des Key-Account-Managements* (1).

Key-Ac|count-Ma|na|ger, der; -s, -: *jmd., der als leitende Persönlichkeit im Key-Account-Management* (1) *tätig ist.*

Key-Ac|count-Ma|na|ge|rin, die; -, -nen: w. Form zu ↑Key-Account-Manager.

Key|board [ˈkiːbɔːd] das -s, -s [engl. keyboard, eigtl. = Klaviatur, Tastatur, aus: key = Taste (eigtl. = Schlüssel, wohl in der Bed. beeinflusst von mlat. clavis, ↑Klavier) u. board = Brett]: **1.** *elektronisch verstärktes Tasteninstrument.* **2.** *[Geräteteil mit der] Tastatur* (b) *eines Personalcomputers.*

Key|boar|der, der; -s, -: *jmd., der Keyboard spielt.*

Key|boar|de|rin, die; -, -nen: w. Form zu ↑Keyboarder.

Kfor [ˈkaːfoːɐ], die; - [engl. Kurzwort für Kosovo Force]: *von der NATO aufgestellte Einsatztruppe für Kosovo.*

Kfz = Kraftfahrzeug.

Kfz-Werk|statt, die: *Reparaturwerkstatt für Kraftfahrzeuge.*

kg = Kilogramm.

KG = Kommanditgesellschaft.

KGB [kageˈbeː], der; -[s] [Abk. von russ. Komitet Gosudarstvennoj Bezopasnosti = Komitee für Staatssicherheit]: *Geheimdienst der früheren Sowjetunion.*

kgl. = königlich, im Titel: Kgl.

[1]Kha|ki: ↑[1]Kaki.

[2]Kha|ki: ↑[2]Kaki.

kha|ki|far|ben: ↑kakifarben.

kha|ki|far|big: ↑kakifarbig.

Kha|ki|ja|cke: ↑Kakijacke.

Khan, der; -s, -e [türk. han, älter: hakān, aus dem Mong.] (hist.): **1. a)** ⟨o. Pl.⟩ *Titel mongolisch-türkischer Herrscher;* **b)** *Träger des Titels* (dem Namen nachgestellt). **2.** *hoher staatlicher Würdenträger in Persien.*

Khar|toum: Hauptstadt von Sudan.

[1]Khmer, der; -, -: Angehöriger eines Volkes in Kambodscha.

[2]Khmer, das; -: *Sprache der [1]Khmer.*

kHz = Kilohertz.

Kib|buz, der; -, -im u. -e [hebr. qibbûẓ, eigtl. = Versammlung, Gemeinschaft]: *ländliche Siedlung mit kollektiver Wirtschaft u. Lebensweise in Israel.*

Kib|buz|nik, der; -s, -s [hebr. qibbûẓniyq]: *Mitglied eines Kibbuz.*

Ki|cher|erb|se, die [verdeutlichende Zus. mit kicher, mhd. kicher, ahd. kichera < lat. cicer, H. u.]: *(bes. im Mittelmeergebiet u. im Orient angebaute) Pflanze mit gefiederten Blättern, weißen bis violetten Blüten u. Früchten, deren Samen wie Erbsen als Gemüse gegessen werden.*

ki|chern ⟨sw. V.; hat⟩ [lautm.]: *leise, gedämpft, unterdrückt u. mit hoher Stimme [vor sich hin] lachen:* die Kinder kicherten verlegen; R dass ich nicht kichere! (Ausdruck höhnischen, überlegenen Zweifels; *das ist völlig unglaubhaft, widersinnig u. dumm*); ⟨subst.:⟩ ich finde das zum Kichern *(sehr komisch).*

Kick, der; -[s], -s [engl. kick, zu: to kick = stoßen, treten]: **1.** (Fußball Jargon) *Tritt, Stoß mit dem Fuß:* mit einem K. den Ball wegschlagen; **2. a)** (salopp) *[Nerven]kitzel, Vergnügen, Erregung:* der ultimative K.; Horrorfilme verschaffen ihr einen K.; **b)** *durch Drogen hervorgerufener euphorieähnlicher Zustand.*

Kick-and-rush [...ənd'rʌʃ], der u. das; - [engl. = schießen und stürmen] (Fußball): *planloses Nach-vorn-Spielen des Balls (bes. im britischen u. irischen Fußball).*

Kick|board [...bɔːd], das; -s, -s [zu engl. to kick = treten u. board = Brett]: *Kombination aus Skateboard u. Tretroller mit schmaler Stehfläche, zwei Vorderrädern u. einem Hinterrad sowie Lenkstange u. Hinterradbremse.*

Kick|bo|xen, das; -s: *asiatische Kampfsportart, bei der die Gegner sowohl boxen* (1 a) *als auch mit bloßen Füßen treten dürfen.*

Kick-down [kɪkˈdaʊn], (auch:) **Kick|down,** der u. das; -s, -s [engl. kickdown, zu: to kick down = niedertreten] (Kfz-W.): *plötzliches kräftiges Durchtreten des Gaspedals, um bei automati-*

K

schem Getriebe eine schnelle Beschleunigung zu erreichen.

ki|cken ⟨sw. V.; hat⟩ [engl. to kick, ↑Kick] (ugs.): **1.** *Fußball spielen:* die Kinder gehen k. **2.** *(einen Ball) mit dem Fuß stoßen, schießen:* den Ball ins Tor k.; Ü kick den Stock zu mir!

Ki|cker, der; -s, -[s] (ugs.): *Fußballspieler.*

Ki|cke|rin, die; -, -nen: w. Form zu ↑Kicker.

kick|sen: ↑gicksen.

Kick|ser: ↑Gickser.

Kick|star|ter, der [zu engl. to kick, ↑Kick] (Kfz-T.): *[schwenkbarer] Fußhebel bei Motorrädern, der zum Anwerfen des Motors kräftig heruntergetreten wird.*

Kid, das; -s, -s ⟨meist Pl.⟩ [engl. kid, eigtl. = Kitz] (Jargon): *Kind; Jugendliche, Jugendlicher.*

kid|nap|pen [ˈkɪtnɛpn̩] ⟨sw. V.; hat⟩ [engl. to kidnap, eigtl. = Kinder stehlen, zu: kid (↑Kid), 2. Bestandteil H. u.]: *(einen Menschen) entführen [um Lösegeld zu erpressen od. politische Forderungen zu stellen]:* ein Kind auf dem Schulweg k.

Kid|nap|per, der; -s, - [engl. kidnap(p)er]: *jmd., der einen Menschen kidnappt:* die K. fordern Lösegeld.

Kid|nap|pe|rin, die; -, -nen: w. Form zu ↑Kindnapper.

Kid|nap|ping, das; -s, -s [engl. kidnap(p)ing]: *Entführung eines Menschen; Menschen-, Kindesraub.*

kie|big ⟨Adj.⟩ [mhd. (md.) kībic = zänkisch, zu: kīben, ↑keifen] (bes. nordd.): **a)** *vorlaut, frech:* -e Bemerkungen; die Kleine ist ganz schön k.; **b)** *gereizt, aufgebracht.*

Kie|bitz, der; -es, -e [1: nach dem mit »kiwit« wiederzugebenden Lockruf des Vogels; urspr. ostmd. Vogelname mit slaw. Endung; 2: zu ↑kiebitzen mit volksetym. Anlehnung an den Vogelnamen]: **1.** *Vogel mit schwarzem, metallisch grün u. violett schimmerndem, am Bauch weißem Gefieder u. schwarzer Federhaube.* **2.** (ugs.) *neugieriger, oft mit unerwünschten Ratschlägen sich einmischender Zuschauer beim Kartenspiel, Schach o. Ä.:* nichts stört mehr beim Skat als ein K.; sie musste mal wieder den K. machen.

kie|bit|zen ⟨sw. V.; hat⟩ [gaunerspr. kiebitschen = unter-, durchsuchen] (ugs. scherzh.): **a)** *als Kiebitz* (2) *dabeistehen:* sie kiebitzte beim Poker; **b)** *jmdn., etw. bei etw. neugierig beobachten:* jmdm. über die Schulter k.

[1]Kie|fer, der; -s, - [mhd. kiver, auch: kivel, eigtl. = Nager, Esser, verw. mit ↑Käfer]: *Schädelknochen, in dem die Zähne sitzen u. dessen oberer Teil mit dem Gesichtsschädel fest verwachsen ist, während der untere sich über ein Gelenk auf u. ab bewegen u. den Zugang zur Mundhöhle öffnen u. schließen kann; Ober- u. Unterkiefer:* ein kräftiger, zahnloser, vorspringender K.; mit schlaff herabhängendem K. *(Unterkiefer);* *** jmdm. fällt/klappt der K. [he]runter, jmds. K. fällt/klappt [he]runter** (ugs.; ↑Unterkiefer).

[2]Kie|fer, die; -, -n [wahrsch. verdunkelte Zus. aus ↑Kien u. ↑Föhre; vgl. ahd. kienforha = Kiefer]: **1.** *auf sandigem Boden wachsender, harzreicher Nadelbaum mit langen, kantigen, in Bündeln wachsenden Nadeln u. kugeligen bis walzenförmigen, meist hängenden Zapfen.* **2.** ⟨o. Pl.⟩ *[vielseitig als Bauholz verwendbares] Holz der Kiefer.*

Kie|fer|ano|ma|lie, die (Med.): *Anomalie des [1]Kiefers.*

Kie|fer|chi|rur|gie, die: *zahnmedizinisch-chirurgisches Fachgebiet, das sich mit der operativen Behandlung von Verletzungen od. anderen Erkrankungen des Gebisses, des [1]Kiefers u. der Kieferhöhlen befasst.*

Kie|fer|ge|lenk, das (Anat.): *Gelenk, das den Unterkiefer gegen den Oberkiefer bewegt.*

Kie|fer|höh|le, die (Anat., Med.): *im Bogen des Oberkiefers gelegene, in die Nase mündende Nebenhöhle.*

Kie|fer|klem|me, die (Med.): *Unfähigkeit zum Öffnen des Mundes u. zum Auseinanderbringen der Zähne.*

Kie|fer|kno|chen, der: *[1]Kiefer.*

kie|fern ⟨Adj.⟩ [zu ↑[2]Kiefer]: *aus Kiefernholz.*

Kie|fern|holz, das: *Holz der [2]Kiefer.*

Kie|fern|na|del, die: *Nadel der [2]Kiefer.*

Kie|fern|wald, der: *Wald aus hochstämmigen [2]Kiefern.*

Kie|fern|zap|fen, der: *verholzter Fruchtstand der [2]Kiefer, bei dem die Samen schuppenartig rund um eine Achse angeordnet sind.*

Kie|fer|or|tho|pä|die, die (Zahnmed.): *Teilgebiet der Zahnheilkunde, das sich mit der Behandlung von Gebiss-, Kieferanomalien befasst.*

Kie|fer|spal|te, die (Med.): *angeborene Fehlbildung des Oberkiefers, die oft zusammen mit einer Gaumenspalte vorkommt.*

Kie|fer|sper|re, die (Med.): *(durch Verrenkung des Kiefergelenks hervorgerufene) Unfähigkeit zum Schließen des Mundes u. Zusammenbeißen der Zähne.*

kie|ken ⟨sw. V.; hat⟩ [mniederd. kīken, H. u.] (nordd.): *nach etw. schauen, [neugierig] Ausschau halten:* nach oben, um die Ecke k.; ich kann nicht mehr so gut k. *(sehen);* da kiekste (berlin. salopp; *staunst du*), wat? R ich kieke einmal, ich kieke zweimal (Ausdruck der Verwunderung).

Kie|ker, der; -s, -: **1.** (nordd., bes. Seemannsspr.) *Fernglas, Fernrohr.* **2. * jmdn., etw. auf dem K. haben** (ugs.; 1. *misstrauisch [längere Zeit] beobachten:* die Straße auf dem K. haben. 2. *jmdn. dauernd kritisieren, ihn für alles verantwortlich machen, an ihm herumnörgeln.* 3. *großes Interesse an jmdm., etw. haben*).

kiek|sen: ↑gicksen.

Kiek|ser: ↑Gickser.

[1]Kiel, der; -[e]s, -e [mhd. kil, H. u.]: **1. a)** *mittlerer, harter Teil der Vogelfeder;* **b)** (veraltet) *Pflanzenstängel, hohles [Schilf]rohr.* **2.** (früher) *Gänsefeder zum Schreiben:* -e zuschneiden.

[2]Kiel, der; -[e]s, -e [aus dem Niederd. < mniederd. kil, kel, wahrsch. verw. mit ↑Kehle im Sinne von »halsförmig Geschwungenes«]: **a)** *unterster, in der Mitte des Schiffsrumpfs liegender Balken od. verstärkter Boden aus Stahlplatten:* der K. berührte den Grund; *** auf K. legen** (Schiffbau; *mit dem Bau eines Schiffes beginnen, den Anfang machen*): ein neuer Tanker wurde auf K. gelegt; **b)** *trapezförmig o. ä. nach unten gezogener Teil des Schiffsrumpfs, der dem Schiff Stabilität gibt, es besser auf Kurs hält u. nicht (so leicht) kentern lässt.*

[3]Kiel: Hafenstadt an der Ostsee; Landeshauptstadt von Schleswig-Holstein.

[1]Kie|ler, der; -s, -: Ew. zu ↑[3]Kiel.

[2]Kie|ler ⟨indekl. Adj.⟩.

Kie|le|rin, die; -, -nen: w. Form zu ↑[1]Kieler.

Kiel|fe|der, die: *größere Vogelfeder, die einen festen [1]Kiel* (1 a) *hat.*

kiel|ho|len ⟨sw. V.; hat⟩ [niederd. kilhalen; weil der Kiel teilweise aus dem Wasser ragt] (Seemannsspr.): **1.** *ein Schiff zu Reinigungs- u. Reparaturarbeiten auf die Seite legen:* die Jacht wurde gekielholt. **2.** *jmdn. [zur Strafe] über Bord werfen u. mithilfe eines langen Taus unter dem Schiff hindurchziehen:* drei Mann wurden gekielholt.

Kiel|in|stru|ment, das [zu ↑[1]Kiel]: *Musikinstrument, bei dem die Saiten durch mechanisch bewegte [1]Kiele angerissen werden* (z. B. Spinett).

Kiel|le|gung, die; -, -en [zu ↑[2]Kiel (a)]: *[symbolischer] Baubeginn eines Schiffes auf der Helling.*

Kiel|li|nie, die: **1.** *Linie, die von genau hintereinander fahrenden Schiffen gebildet wird:* [in] K. fahren. **2.** (selten) *Linie, bis zu der ein Schiff üblicherweise im Wasser liegt.*

kiel|oben ⟨Adv.⟩: *mit dem [2]Kiel nach oben, umgedreht:* das Boot treibt k. im Wasser.

Kiel|raum, der: *unten, unmittelbar über dem [2]Kiel gelegener Raum im Schiff.*

Kiel|schwert, das (Schiffbau): *Holz- od. Stahlplatte, die durch einen in Längsrichtung laufenden Schlitz im [2]Kiel eines Segelbootes hinuntergelassen u. hochgezogen werden kann.*

Kiel|was|ser, das ⟨Pl. -⟩: *Fahrspur, die sich hinter einem fahrenden Schiff auf dem Wasser bildet:* schäumendes K.; das Boot schaukelte im K. des Frachters; *** in jmds. K. segeln, schwimmen/sich in jmds. K. halten** *(sich jmdm. in seinem Vorgehen u. seinen Ansichten anschließen u. davon profitieren).*

Kie|me, die; -, -n ⟨meist Pl.⟩ [md., niederd. Form von ↑Kimme, also eigtl. = Einschnitt, Kerbe]: *dünnhäutiges Atmungsorgan vieler Wassertiere, durch das Sauerstoff dem Wasser entnommen u. Kohlendioxid abgegeben werden kann:* Fische atmen durch -n; Ü du bekommst gleich eins auf/vor die -n (ugs.; *einen Schlag ins Gesicht*); ich schlag dir die -n (derb; *die Zähne*) ein; *** die -n nicht auseinander kriegen** (ugs.; *nichts sagen, wortkarg sein*); **etw. zwischen die -n kriegen/bekommen; sich etw. zwischen die -n schieben** (ugs.; *etw. zu essen bekommen; etw. zu sich nehmen*).

Kie|men|at|mer, der; -s, - (Zool.): *Tier, das durch Kiemen atmet.*

Kie|men|at|mung, die: *Atmung durch Kiemen.*

Kie|men|de|ckel, der (Zool.): *die Kiemen als Schutz überdeckende, bewegliche Haut[falte].*

Kie|men|spal|te, die ⟨meist Pl.⟩ (Zool.): *Spalte, Öffnung zwischen den Kiemen, durch die das für die Atmung aufgenommene Wasser wieder abströmen kann.*

Kien, der; -[e]s [mhd. kien, ahd. chien = Kienspan, Fackel, eigtl. = abgespaltenes Holzstück]: *viel Harz enthaltendes [Kiefern]holz:* *** auf dem K. sein** (landsch., bes. berlin.; *wachsam sein, scharf aufpassen; immer vornan sein u. Bescheid wissen;* H. u., viell. weil man auf das leicht entzündbare harzreiche Holz besonders Acht geben musste).

Kien|holz, das ⟨o. Pl.⟩: *[harziges] Kiefernholz.*

Kien|scheit, das: *[größeres] Stück Kiefernholz.*

Kien|span, der: *Span aus Kiefernholz.*

Kie|pe, die; -, -n [mniederd. kipe, küpe, viell. unter Einfluss von lat. cupa = Tonne, Fass] (nordd., md.): *hoher Tragkorb, der auf dem Rücken getragen u. mit Schulterriemen befestigt wird:* eine K. voll Reisig, Torf.

Kies, der; -es, (Arten:) -e [1: mhd. kis = grobkörniger od. steiniger Sand, H. u.; 3: aus der Gaunerspr., eigtl. = [Silber]geld, wahrsch. Umdeutung von (1)]: **1.** *kleine, meist runde Steine, die in großer Zahl als Ablagerungen (vor allem an Flüssen, im Erdboden) auftreten:* weißer K.; der K. knirschte unter ihren Schritten. **2.** (Fachspr.) *schwefel- od. arsenhaltiges, hartes u. schwer zu spaltendes Erz in hellen Farben mit starkem Metallglanz.* **3.** (salopp) *Geld [in großer Menge]:* ein Haufen K.; damit kann man K. machen!

Kies|bo|den, der: *Boden, der aus Kies besteht, viel Kies enthält.*

Kie|sel, der; -s, - [mhd. kisel, ahd. kisil, zu ↑Kies]: **1.** *kleiner, durch Strömungen im Wasser [rund] abgeschliffener Quarz od. quarzreicher Stein:* bunte K. schimmern im Bachbett; einen K. über die Wasseroberfläche schnellen lassen. **2.** (landsch.) *Hagel[korn].* **3.** (Chemie veraltet) *elementares* (3) *Silizium.*

Kie|sel|säu|re, die (Chemie): *Sauerstoffsäure des Siliziums.*

Kie|sel|stein, der: *Kiesel* (1).

[1]kie|sen ⟨sw. V.; hat⟩: *mit Kies bestreuen, belegen:* die Gartenwege k.; ⟨meist im 2. Part.:⟩ ein gekiester Platz.

[2]kie|sen ⟨st. V.; hat⟩ [mhd. kiesen, ahd. kiosan; die Formen dieses st. Verbs haben sich mit den sw. Formen von ↑küren vermischt] (veraltet): *prüfend wählen:* du kor[e]st dir etwas Gutes.

Kies|gru|be, die: *Grube, Abbaustelle, aus der Kies geholt wird.*

kie|sig ⟨Adj.⟩: *mit Kies bedeckt:* der Strand ist k.

Kies|sand, der: *mit Kies vermischter Sand.*

Kies|weg, der: *mit Kies bestreuter Weg.*

Ki|ew [ˈkiːɛf]: Hauptstadt der Ukraine.

Kiez, der; -es, -e [H. u.]: **1.** (nordostd., bes. berlin.) *Stadtteil, [abgelegener] Ort:* sie kennt ihren K. genau. **2.** (Jargon) *Rotlicht-, Amüsier-, Vergnügungsviertel:* in einem Hotel auf dem K.

Kịf, der; -[s] [engl. kif, kef < arab. kayf, eigtl. = Wohlbefinden]: *Haschisch, Marihuana.*

kịf|fen ⟨sw. V.; hat⟩ (Jargon): *Haschisch od. Marihuana rauchen.*

Kịf|fer, der; -s, - (Jargon): *jmd., der Haschisch od. Marihuana raucht.*

Kịf|fe|rin, die; -, -nen: w. Form zu ↑Kiffer.

Ki|ga|li: Hauptstadt von Rwanda.

ki|ke|ri|ki̱ ⟨Interj.⟩ (Kinderspr.): lautm. für den Ruf des Hahns.

[1]Ki|ke|ri|ki̱, das; -s, -s: *Ruf des Hahns:* das morgendliche K. hatte sie geweckt.

[2]Ki|ke|ri|ki̱, der; -s, -s (Kinderspr.): *Hahn:* guck mal, ein K.!

Kị|ki, der; -s [H. u.] (ugs. abwertend): **1.** *überflüssiges od. wertloses Zeug:* an der Bluse ist mir zu viel K. **2.** *Unsinn; törichtes Gerede:* so ein K.!

Ki|li̱|ki|en; -s: antike Landschaft in Kleinasien.

Ki̱|lim: ↑Kelim.

Ki|li|man|dscha̱|ro, der; -[s]: höchster Berg Afrikas.

kịl|le|kịl|le ⟨Interj.⟩ (Kinderspr.): als scherzender Ausdruck beim Kitzeln eines Kindes: bei einem Kind k. machen *(es [unterm Kinn] kitzeln).*

kịl|len ⟨sw. V.; hat⟩ [engl. to kill, H. u.] (salopp): *kaltblütig, ohne Skrupel umbringen:* der Gangsterboss wurde von den eigenen Leuten gekillt; Ü Jobs k. *(vernichten).*

Kịl|ler, der; -s, - [engl. killer, zu ↑killen] (ugs.): *jmd., der einen anderen ohne Skrupel [gegen Bezahlung] umbringt; bezahlter Mörder:* gedungene, bezahlte K.; [für den Anschlag] einen K. anheuern, engagieren.

Kịl|ler- (Jargon): drückt in Bildungen mit Substantiven aus, dass etw. als tödlich, als schädlich, als zerstörend wirkend angesehen wird: Killeralge, -virus, -vulkan, -zelle.

-kil|ler, der; -s, - (Jargon): kennzeichnet in Bildungen mit Substantiven eine Sache, eine Substanz o. Ä., die etw. zerstört, beseitigt, für etw. schädlich ist: Bakterien-, Lack-, Staubkiller.

Kịl|le|rin, die; -, -nen: w. Form zu ↑Killer.

kịl|lern, ⟨sw. V.; hat⟩ (Schülerspr.): *mit dem Tintenkiller löschen:* falsch Geschriebenes k.

Kịl|ler|wal, der [wohl nach engl. killer whale] (Jargon): *Schwertwal.*

Ki̱|lo, das; -s, -[s]: kurz für ↑Kilogramm: das Baby wiegt genau vier K.

Ki|lo- [frz. kilo-, zu griech. chílioi = tausend] ⟨Best. in Zus. mit der Bed.⟩: *das Tausendfache einer Einheit, tausend* (z. B. Kilogramm, Kilowatt).

Ki|lo|bịt, das (EDV): *Einheit von 1 024 Bit* (Zeichen: kBit).

Ki|lo|byte [– –'–], das (EDV): *Einheit von 1 024 Byte* (Zeichen: kByte).

Ki|lo|grạmm, das [frz. kilogramme, zu griech. chílioi = tausend u. ↑Gramm]: *tausend Gramm (Maßeinheit; Einheit der Masse):* zwei K. Mehl; zwei Pfund sind ein K.; der Preis eines K. Fleischs/eines -s Fleisch (Zeichen: kg).

Ki|lo|grạmm|ka|lo|rie, die (Physik): *Kilokalorie.*

Ki|lo|hẹrtz, das (Physik): *tausend Hertz* (*das Tausendfache der Einheit Hertz;* Zeichen: kHz).

Ki|lo|joule [– –'–], das (Physik): *tausend Joule* (*das Tausendfache der Einheit Joule;* Zeichen: kJ).

Ki|lo|ka|lo|ri̱e, die (Physik früher): *tausend Kalorien* (*das Tausendfache der Einheit Kalorie;* Zeichen: kcal).

Ki|lo|me̱|ter, der [frz. kilomètre, zu griech. chílioi = tausend u. ↑Meter]: *tausend Meter* (*das Tausendfache der Einheit Meter):* die Entfernung beträgt zehn K.; was kostet der K. *(die Fahrt pro Kilometer)?;* auf dieser Strecke sind nur 80 K. *(ist nur eine Geschwindigkeit von 80 Stundenkilometern)* erlaubt; ein Stau von 10 -n/von 10 K. Länge (Zeichen: km).

Ki|lo|me̱|ter|fres|ser, der (ugs. scherzh. od. abwertend): *jmd., der mit dem Auto durch schnelles Fahren ohne Pause lange Strecken zurücklegt.*

Ki|lo|me̱|ter|geld, das: *Geldbetrag, der für einen in dienstlichem Auftrag im eigenen Fahrzeug zurückgelegten Weg pro gefahrenen Kilometer erstattet wird.*

Ki|lo|me̱|ter|geld|pau|scha|le, die: *Kilometerpauschale.*

ki|lo|me̱|ter|lang ⟨Adj.⟩: *mehrere Kilometer lang:* ein -er Stau.

Ki|lo|me̱|ter|pau|scha|le, die (Steuerw.): *Betrag, den jmd., der täglich mit dem eigenen Kraftfahrzeug zu seiner Arbeitsstätte fährt, steuerlich absetzen kann.*

Ki|lo|me̱|ter|stand, der: *auf dem Kilometerzähler gerade angezeigte Anzahl der Kilometer, die ein Fahrzeug zurückgelegt hat:* den K. prüfen, ablesen.

Ki|lo|me̱|ter|stein, der: *am Rand einer Straße, am Ufer eines Flusses aufgestellter Stein, auf dem die Entfernung, die Weglänge in Kilometern angegeben wird.*

ki|lo|me̱|ter|weit ⟨Adj.⟩: *mehrere Kilometer weit:* k. laufen.

Ki|lo|me̱|ter|zäh|ler, der: *Gerät, das bei einem Fahrzeug die Anzahl der zurückgelegten Kilometer anzeigt.*

Ki|lo|o̱hm, das (Physik): *tausend Ohm* (*das Tausendfache der Einheit Ohm;* Zeichen: kΩ).

Ki|lo|pọnd, das (Physik früher): *Einheit der Kraft* (Zeichen: kp).

Ki|lo|pond|me̱|ter, das; -s, - (Physik): *Arbeit* (5), *die erforderlich ist, um ein Kilopond einen Meter hochzuheben* (*Maßeinheit; Einheit der Energie;* Zeichen: kpm).

Ki|lo|vọlt, das (Physik): *tausend Volt* (*das Tausendfache der Einheit Volt;* Zeichen: kV).

Ki|lo|vọlt|am|pere, das (Physik): *tausend Voltampere* (*das Tausendfache der Einheit Voltampere;* Zeichen: kVA).

Ki|lo|wạtt, das (Physik, Technik): *tausend Watt* (*das Tausendfache der Einheit Watt;* Zeichen: kW).

Ki|lo|wạtt|stun|de, die (Physik, Elektrot.): *[elektrische] Energie, die bei einer Leistung von einem Kilowatt während einer Stunde verbraucht wird* (Maßeinheit; Einheit der elektrischen Energie; Zeichen: kWh).

Kịlt, der; -[e]s, -s [engl. kilt, zu: to kilt = aufschürzen]: **1.** *zur schottischen Tracht der Männer gehörender, bunt karierter, bis zu den Knien reichender Faltenrock aus festem Wollstoff.* **2.** *karierter Faltenrock für Frauen.*

Kịm|ber usw.: ↑Zimber usw.

Kịmm, die; - [zu ↑Kimme] (Seemannsspr.): **1.** *von Himmel u. Meer gebildete Linie des Horizonts.* **2.** *(bei einem Schiff) gekrümmter, auch kantiger Übergang vom Boden in die Wand (zu beiden Seiten).*

Kịm|me, die; -, -n [urspr. = Kimme (3); verw. mit ↑Kamm, da der scharfe, zackige Rand mit den Zähnen eines Kammes verglichen werden kann]: **1.** *Einschnitt im Visier einer Handfeuerwaffe, durch den der Schütze beim Zielen über das Korn nach dem Zielpunkt sieht:* er nahm K. und Korn *(visierte, zielte genau)* und schoss; durch die K. sehen; über K. und Korn zielen; * **jmdn. auf der K. haben** (ugs.; *mit jmdm. etw. vorhaben; es auf jmdn. abgesehen haben*). **2.** (Böttcherei) *Kerbe, Einschnitt in den Dauben, in dem der Boden eines Fasses gehalten wird.* **3.** (salopp) *Gesäßspalte.*

Ki|mo|no [ki'mo:no, auch: 'ki:mono, 'kɪm...], der; -s, -s [jap. kimono = Gewand]: *langes, von einem Gürtel gehaltenes japanisches Kleidungsstück mit weiten, angeschnittenen Ärmeln.*

Ki|mo|no|är|mel, der: *weiter, angeschnittener Ärmel.*

Ki|mo|no|blu|se, die: *wie ein Kimono geschnittene Bluse.*

Kịnd, das; -[e]s, -er [mhd. kint, ahd. kind, eigtl. = Gezeugtes, Geborenes, subst. 2. Part. eines Verbstammes mit der Bed. »gebären, erzeugen«]: **1. a)** *noch nicht geborenes, gerade od. vor noch nicht langer Zeit zur Welt gekommenes menschliches Lebewesen; Neugeborenes, Baby, Kleinkind:* ein gesundes, kräftiges, neugeborenes, tot geborenes, ungewolltes, unerwünschtes, lang ersehntes K.; das K. im Mutterleib; ein K. wird geboren, kommt zur Welt; wie soll das K. heißen?; das K. ist ein Mädchen, ein Junge; ein K. [von jmdm.] haben wollen; ein K. zeugen, erwarten, zur Welt bringen, austragen, abtreiben; sie bekommt, kriegt gerade ihr K.; sie bekommt, kriegt ein K. *(ist schwanger);* das K. füttern, stillen, trockenlegen, wickeln; er ist der Vater ihres -es; sie wurde von einem gesunden K. entbunden; R das K. muss [doch] einen Namen haben *(für die Sache muss eine Rechtfertigung, ein Vorwand gefunden werden);* wir werden das K. schon [richtig] schaukeln (ugs.; *wir werden die Sache schon in Ordnung bringen, bewältigen*); * **ein tot geborenes K. sein** (ugs.; *von Anfang an, schon bei seiner Entstehung zum Scheitern, Misslingen verurteilt sein; aussichtslos sein*): dieses Unternehmen war ein tot geborenes K.; **unschuldig wie ein neugeborenes K. sein** *(völlig, ganz u. gar unschuldig sein);* **jmdm. ein K. machen/andrehen** (ugs.; *eine Frau schwängern*); **jmdm. ein K. in den Bauch reden** (ugs.; *jmdm. etw. einreden, ihn mit großer Überredungskunst von etwas ganz Unwahrscheinlichem überzeugen wollen*); **ein K. unter dem Herzen tragen** (geh.; *schwanger sein*); **das K. mit dem Bade ausschütten** *(übereilt, im Übereifer das Gute mit dem Schlechten verwerfen);* **b)** *Mensch, der sich noch im Lebensabschnitt der Kindheit befindet (etwa bis zum Eintritt der Geschlechtsreife), noch kein Jugendlicher ist; noch nicht erwachsener Mensch:* ein kleines, elfjähriges, halbwüchsiges K.; ein minderjähriges, unmündiges K.; ein aufgewecktes, begabtes, frühreifes, verwöhntes, verzogenes, schwieriges, zurückgebliebenes K.; -er bis zu 12 Jahren/bis 12 Jahre; ein K. von vier Jahren; die -er spielen, toben, gehen zur Schule; die -er wachsen heran, sind groß geworden; als wir noch -er waren; sie ist kein K. mehr *(ist erwachsen);* das weiß, kann doch jedes K. *(ist doch ganz einfach, kann doch jeder);* Namen, die hier jedes K. kennt *(die so allgemein bekannt sind, dass jeder sie kennt);* er ist ein großes K. *(hat ein kindliches Gemüt, die Naivität eines Kindes);* sie war schon als K. sehr still; sie freute sich wie ein K.; ein K. großziehen, ernähren; das K. an die Hand nehmen; er behandelt sie wie ein [kleines] K. *(bevormundet sie);* den -ern etwas beibringen; die Erzieherin ist bei ihren -ern *(den ihr anvertrauten kleinen Kindern)* sehr beliebt; für -er und Erwachsene; er kennt sie von K. an/auf *(seit ihrer Kindheit);* R wenn das K. in den Brunnen gefallen ist [deckt man ihn zu] *(erst wenn es zu spät ist [wird etwas unternommen]);* du bist als K. [wohl] zu heiß gebadet worden *(du bist nicht recht gescheit);* wie sag ichs meinem -e *(wie bringe ich ihm, ihr das am geschicktesten bei)?;* aus -ern werden Leute *(die Kinder werden erwachsen);* das ist nichts für kleine -er (ugs.; *das geht dich nichts an, ist nichts für dich*); Spr -er und Narren sagen die Wahrheit; [ein] gebranntes K. scheut das Feuer; * **das K. im Manne** (meist scherzh.; *die Freude am Spiel, der Spieltrieb beim Mann;* nach einer Stelle in dem Werk »Also sprach Zarathustra« des dt. Philosophen Fr. Nietzsche, 1844–1900); **Kind[er] und Kindeskinder** *(die gesamte Nachkommenschaft);* **bei jmdm. lieb K. sein** (ugs.; *bei jmdm. in gutem Ansehen stehen [u. dadurch Vorteile haben]*); **sich bei jmdm. lieb K. machen** (ugs.; *sich bei jmdm. einschmeicheln*); **das K. beim [rechten] Namen nennen** (ugs.; *etw. ganz offen, deutlich aussprechen*); **mit K. und Kegel** *(mit der gesamten Familie;* mhd. kegel, kekel = uneheliches Kind, wohl identisch mit kegel = Knüppel, Stock, ↑Kegel). **2.** *von jmdm. leiblich abstammende Person; unmittelbarer Nachkomme:* ein eheliches, uneheliches, sein eigenes, leibliches K.; ihr erstes, zweites K.; das gemeinsame K.; sie ist das einzige K. [ihrer Eltern]; sie ist einfacher Leute K.; sie waren drei -er zu Hause; wir haben drei -er; sie wollen sich keine -er, nur ein K. anschaffen; willst du wirklich -er in die Welt setzen?; wenn die -er aus dem Haus sind; er hat für seine -er gesorgt; R -er können nichts für ihre Eltern; Spr kleine -er, kleine Sorgen – große -er, große Sorgen; Ü er ist ein K. des 19. Jahrhunderts *(ist von dieser Zeit geprägt)*; wir sind alle -er Gottes; ein K. des Todes (geh.; *ein äußerst gefährdeter, dem Tode naher, geweihter Mensch*); sie ist ein [echtes] Berliner K. *(sie stammt aus Berlin, ist eine richtige Berlinerin)*; * **ein K. der Liebe** (geh. veraltend verhüll.; *nicht eheliches Kind*); **kein K. von Traurigkeit sein** (ugs.; *ein lebenslustiger Mensch sein*); **jmds. liebstes K. sein** *(jmds. besondere Vorliebe genießen, von jmdm. bevorzugt werden)*; **jmdn. an -es statt annehmen** (*adoptieren* 1). 3. (fam.) a) ‹o. Pl.› Anrede an eine [jüngere] weibliche Person: mein K., besuche mich bald wieder; das, liebes K., ist nicht wahr; b) ‹Pl.› Anrede an mehrere Personen: -er, hört mal alle her!

Kind|bett, das ‹Pl. selten› [mhd. kintbette, ahd. chintpette] (veraltend): *Wochenbett.*

Kind|bett|fie|ber, das ‹o. Pl.› (veraltend): *Wochenbettfieber.*

Kind|chen, das; -s, - u. Kinderchen: Vkl. zu ↑Kind (1, 3 a).

Kind|chen|sche|ma, das ‹o. Pl.› (Verhaltensf., Psych.): *Gesamtheit der körperlichen od. verhaltensmäßigen Merkmale bei einem Kind (z. B. große Augen, tollpatschige Bewegungen), die beim Erwachsenen eine emotionale Zuwendung, den Trieb zur Pflege o. Ä. auslösen.*

Kin|del, das; -s, - [landsch. Vkl. von ↑Kind, mhd. kindel, ahd. chindili] (Bot.): *Trieb, Seitensprosse bei bestimmten Pflanzen.*

Kin|der|ar|beit, die ‹o. Pl.›: *von Kindern zu Erwerbszwecken verrichtete Arbeit.*

Kin|der|arzt, der: *Facharzt für Krankheiten, die im Säuglings- u. Kindesalter auftreten.*

Kin|der|ärz|tin, die: w. Form zu ↑Kinderarzt.

Kin|der|au|ge, das ‹meist Pl.›: *Auge eines Kindes:* große, staunende -n sahen sie an.

Kin|der|bal|lett, das: *Ballett (2), in dem nur Kinder tanzen.*

Kin|der|be|klei|dung, die: *für Kinder hergestellte, in Größe u. Ausführung den Bedürfnissen von Kindern angepasste Bekleidung.*

Kin|der|be|steck, das: *kleineres, für Kinder geeignetes Besteck (1 a).*

Kin|der|bett, das: *kleines Bett für Kinder, bes. für Kleinkinder.*

Kin|der|bild, das: *Bild, das jmdn. als Kind zeigt, auf dem ein Kind dargestellt ist.*

Kin|der|bou|tique, die: vgl. Kinderladen (1).

Kin|der|buch, das: *für Kinder geschriebenes, gestaltetes, geeignetes Buch.*

Kin|der|chen: Pl. von ↑Kindchen.

Kin|der|chor, der: *aus Kindern [u. Jugendlichen] bestehender Chor.*

Kin|der|dorf, das: *Einrichtung zur ständigen Betreuung, Erziehung u. Ausbildung elternloser od. nicht ausreichend versorgter Kinder in einer aus familienähnlichen Hausgemeinschaften bestehenden kleineren Siedlung.*

Kin|de|rei, die; -, -en: *albernes, kindisches Benehmen, kindischer Spaß.*

Kin|der|er|mä|ßi|gung, die: *von der Anzahl der Kinder in einer Familie abhängende Ermäßigung, Vergünstigung bei Steuern, Fahrpreisen o. Ä.*

Kin|der|er|zie|hung, die: *das Erziehen (1 a) von Kindern.*

Kin|der|er|zie|hungs|zeit, die ‹meist Pl.› (amtl.): *Babyjahr (1).*

Kin|der|fahr|rad, das: *kleines Fahrrad für Kinder.*

Kin|der|fa|sching, der (bes. bayr., österr.): *für Kinder veranstaltetes Faschingsfest.*

Kin|der|fast|nacht, die: vgl. Kinderfasching.

kin|der|feind|lich ‹Adj.›: *Kindern gegenüber nicht positiv, nicht wohlwollend eingestellt; für Kinder, für ihre Entwicklung schädlich:* eine -e Gesellschaft, Politik.

Kin|der|feind|lich|keit, die ‹o. Pl.›: *kinderfeindliche Einstellung.*

Kin|der|fest, das: *für Kinder veranstaltetes Fest.*

Kin|der|film, der: vgl. Kindersendung.

Kin|der|frau, die: vgl. Kindermädchen.

Kin|der|frei|be|trag, der (Steuerw.): *Arbeitnehmern mit Kindern gewährter Freibetrag.*

kin|der|freund|lich ‹Adj.›: **a)** *Kindern gegenüber positiv eingestellt, ihnen wohlgesinnt:* -e Hotels; **b)** *für Kinder förderlich:* eine -e Umgebung.

Kin|der|gar|ten, der [1840 eingef. von dem dt. Pädagogen F. Fröbel (1782–1852)]: *öffentliche Einrichtung (in einem Raum, einem Gebäude) zur Betreuung u. zur Förderung der Entwicklung von Kindern im Vorschulalter:* die Kleine besucht schon den K., geht schon in den K.

Kin|der|gar|ten|platz, der: *Platz (4) in einem Kindergarten:* einen K. haben.

Kin|der|gärt|ne|rin, die: *Erzieherin von Kleinkindern in Kindergärten u. Ä.*

Kin|der|ge|burts|tag, der: *für Kinder veranstaltete Geburtstagsfeier anlässlich des Geburtstags eines Kindes.*

Kin|der|geld, das: *finanzielle Unterstützung, die der Staat Familien mit Kindern (in je nach Anzahl der Kinder gestaffelten Beträgen) zahlt.*

Kin|der|ge|schrei, das (oft abwertend): *Geschrei eines Kindes; von Kindern herrührendes Geschrei.*

Kin|der|glau|be, der: *naive Vorstellung; kritiklose Haltung jmdm., einer Sache gegenüber.*

Kin|der|got|tes|dienst, der: *Gottesdienst für Kinder (in einer leicht verständlichen, kindgemäßen Form).*

Kin|der|hand, die: *Hand eines Kindes:* eine Zeichnung von K.

Kin|der|heil|kun|de, die: *Teilgebiet der Medizin, das sich mit der Erkennung, Behandlung, Vorbeugung von bes. im Säuglings- u. Kindesalter auftretenden Krankheiten beschäftigt.*

Kin|der|heim, das: 1. *Erholungsheim für Kinder.* 2. *Heim zur Unterbringung u. Betreuung von Waisenkindern, von geistig od. körperlich behinderten Kindern o. Ä.*

Kin|der|herz, das: *Gefühlswelt, Empfindungen, Gemüt eines Kindes:* -en erfreuen; der Clown lässt ein K., lässt die -en höher schlagen *(versetzt ein Kind in freudige Erregung, löst bei Kindern Freude, Begeisterung aus).*

Kin|der|hort, der: *Einrichtung in einem Gebäude, Heim zur Betreuung schulpflichtiger Kinder im Grundschulalter.*

Kin|der|kar|ne|val, der: vgl. Kinderfasching.

Kin|der|klei|dung, die: vgl. Kinderbekleidung.

Kin|der|kli|nik, die: *Kinderkrankenhaus.*

Kin|der|kran|ken|haus, das: *Krankenhaus, in das nur Kinder aufgenommen, in dem nur Kinder behandelt werden.*

Kin|der|kran|ken|schwes|ter, die: *Kinderschwester.*

Kin|der|krank|heit, die: 1. *Krankheit, bes. Infektionskrankheit (wie Masern, Keuchhusten), die vorwiegend od. ausschließlich bei Kindern vorkommt.* 2. ‹meist Pl.› *anfänglich bei etw. auftretender Mangel, der mit der Zeit verschwindet, später behoben wird; Anfangsschwierigkeit.*

Kin|der|krie|gen, das; -s (ugs.): *das Gebären von Kindern:* * **das/es ist [ja] zum K.** (ugs.; *es ist zum Verzweifeln, zum Verrücktwerden*).

Kin|der|krip|pe, die: *Einrichtung in einem Gebäude, Heim zur Betreuung von Säuglingen u. Kleinkindern berufstätiger Eltern, allein stehender berufstätiger Mütter o. Ä.*

Kin|der|la|chen, das; -s: *das Lachen von Kindern:* man hörte vergnügtes K.

Kin|der|la|den, der ‹Pl. ...läden› [2: nach der anfänglichen Unterbringung in ehemaligen Läden]: 1. *Laden, Geschäft, in dem Artikel für Kinder verkauft werden.* 2. *aus privater Initiative entstandener antiautoritärer Kindergarten.*

Kin|der|läh|mung, die: *Infektionskrankheit, die bes. Kinder befällt u. schwere Lähmungen verursachen kann:* die Schutzimpfung gegen [spinale] K.

Kin|der|land|ver|schi|ckung, die (nationalsoz.): *Verschickung von Kindern zur Erholung in Schullandheime, bes. klassen- u. schulweises Evakuieren von Kindern aus bombengefährdeten Gebieten in den letzten Jahren des Zweiten Weltkriegs.*

kin|der|leicht ‹Adj.› (fam.): *sehr leicht, ganz einfach; völlig mühelos:* ein -es Rätsel; das Gerät ist k. zu bedienen.

kin|der|lieb ‹Adj.›: *Kindern sehr zugetan, sich gern mit Kindern befassend:* -e Nachbarn; sie sind beide sehr k.

Kin|der|lied, das: *einfaches, leicht fassliches Lied für Kinder.*

kin|der|los ‹Adj.›: *kein Kind habend, ohne Kinder [geblieben]:* ein -es Paar; die Ehe ist k. geblieben.

Kin|der|lo|sig|keit, die ‹o. Pl.›: *das Kinderlossein.*

Kin|der|mäd|chen, das: *[jüngere] weibliche Person, die in einer Familie zur Betreuung der Kinder angestellt ist.*

Kin|der|mö|bel ‹Pl.›: *kleinere, in Ausführung u. Größe den Bedürfnissen von Kindern angepasste Möbel.*

Kin|der|mo|de, die: vgl. Kinderbekleidung.

Kin|der|mord, der: *Mord an einem Kind, an Kindern.*

Kin|der|mör|der, der: *jmd., der einen Kindermord begangen hat.*

Kin|der|mör|de|rin, die: w. Form zu ↑Kindermörder.

Kin|der|mund, der: *Mund eines Kindes:* ein lachender K.; das war eine typische Äußerung aus K. *(eine kindliche, durch Altklugheit, Unverstelltheit verblüffende u. erheiternde Äußerung)*; Spr K. tut Wahrheit kund *(Kinder äußern sich in aller Harmlosigkeit viel unverstellter, direkter als Erwachsene).*

Kin|der|narr, der: *jmd., der sich ausgesprochen gern mit Kindern befasst, Kinder besonders gern hat.*

Kin|der|när|rin, die: w. Form zu ↑Kindernarr.

Kin|der|pa|ra|dies, das: *Ort, an dem es für Kinder vielerlei Möglichkeiten zur Unterhaltung, zum Spiel o. Ä. gibt, an dem sich Kinder wohl fühlen.*

Kin|der|pfle|ge|rin, die: *weibliche Person, die in einer Familie, in einem Kindergarten, Kinderkrankenhaus o. Ä. für die Pflege, Betreuung von Kindern verantwortlich ist* (Berufsbez.).

Kin|der|po|po, der (ugs.): *kleines Gesäß des Kindes:* rosig, glatt wie ein K.

Kin|der|por|no|gra|phie, die ‹o. Pl.›: *Pornographie (1), deren Darstellungsobjekte Kinder sind.*

Kin|der|por|trät, das: vgl. Kinderbild.

Kin|der|pro|gramm, das: *für Kinder produziertes, gestaltetes Programm.*

Kin|der|pros|ti|tu|ti|on, die: *gewerbsmäßige Zur-Verfügung-Stellung von Kindern für sexuelle Zwecke.*

Kin|der|psy|cho|lo|ge, der: *Wissenschaftler auf dem Gebiet der Kinderpsychologie.*

Kin|der|psy|cho|lo|gie, die: *Teilgebiet der Psychologie, das sich bes. mit dem Verhalten, der Entwicklung, der geistig-seelischen Verfassung von Kindern befasst.*

Kin|der|psy|cho|lo|gin, die: w. Form zu ↑Kinderpsychologe.

Kin|der|pu|der, der: *bes. verträglicher, keimtötender Puder für die Pflege von Säuglingen u. Kleinkindern.*

kin|der|reich ‹Adj.›: *verhältnismäßig viele Kinder habend:* -e Familien.

Kin|der|reich|tum, der ‹o. Pl.›: *das Kinderreichsein.*

Kin|der|reim, der: vgl. Kinderlied.

Kin|der|sa|chen ‹Pl.› (ugs.): vgl. Kinderbekleidung.

Kin|der|sarg, der: 1. *kleiner, oft weißer Sarg für die Bestattung eines Kindes.* 2. (salopp scherzh.) *besonders großer Schuh.*

Kin|der|schän|der, der: *jmd., der ein Kind sexuell missbraucht.*

Kin|der|schän|de|rin, die: w. Form zu ↑Kinderschänder.

Kin|der|schar, die: *Schar von Kindern.*

Kin|der|schreck, der ‹o. Pl.›: *erdachte unheimliche Gestalt, unheimlich wirkende Person, vor der sich Kinder fürchten.*

Kịn|der|schuh, der: vgl. Kinderbekleidung: * **die -e ausgetreten/ausgezogen/abgestreift, sich** ⟨Dativ⟩ **die -e abgelaufen haben, den -en entwachsen sein** *(herangewachsen, erwachsen, kein Kind mehr sein, die kindlichen Gewohnheiten abgelegt haben);* **noch in den -en stecken** *(noch in der Entwicklung begriffen, im Anfangsstadium, noch nicht ausgereift sein).*

Kịn|der|schwes|ter, die: *Krankenschwester, die bes. auf die Pflege von Säuglingen u. Kleinkindern spezialisiert ist.*

Kịn|der|se|gen, der ⟨o. Pl.⟩ (oft scherzh.): *das Vorhandensein von [zahlreichen] Kindern in einer Familie.*

Kịn|der|sen|dung, die: *für Kinder geschaffene [belehrende] Fernseh-, Rundfunksendung.*

kịn|der|si|cher ⟨Adj.⟩: *Kinder nicht gefährdend; den Sicherheitsanforderungen für Kinder genügend:* ein -er Verschluss.

Kịn|der|si|che|rung, die (Kfz-T.): *Vorrichtung an den Hintertüren eines Autos, die es ermöglicht, die Türen so zu verriegeln, dass sie nur von außen geöffnet werden können.*

Kịn|der|sitz, der: *auf den Sitzen von Pkws u. an Fahrrädern zu befestigender besonderer Sitz* (1 a) *für Kleinkinder.*

Kịn|der|spiel, das: *für Kinder erdachtes, den Ansprüchen, Bedürfnissen von Kindern entgegenkommendes Spiel:* * **[für jmdn.] ein K. sein** *([für jmdn.] ganz leicht sein, kein Problem darstellen).*

Kịn|der|spiel|platz, der: *Spielplatz.*

Kịn|der|spiel|zeug, das: *Spielzeug für Kinder.*

Kịn|der|star, der: *Kind, das im Showgeschäft, bes. beim Film, bekannt u. beliebt ist.*

Kịn|der|sterb|lich|keit, die: *Anzahl der Sterbefälle von Kindern (in einem Gebiet, Land während eines bestimmten Zeitraums).*

Kịn|der|stim|me, die: *Stimme eines Kindes, wie sie Kinder haben:* laute -n.

Kịn|der|stu|be, die [2: urspr. = Schule]: **1.** (veraltet, noch landsch.) *Kinderzimmer* (1). **2.** ⟨o. Pl.⟩ *im Elternhaus genossene Erziehung, die sich bes. in jmds. Benehmen, Umgangsformen erkennen lässt:* eine gute, schlechte K. gehabt haben *(gut, schlecht erzogen worden sein);* hat du denn keine K.?

Kịn|der|ta|ges|heim, das (seltener), **Kịn|der|ta|ges|stät|te,** die: *Einrichtung, in der die Kinder ganztägig betreut werden;* Kurzwort: Kita.

Kịn|der|tel|ler, der: *auf einem Teller angerichtete kleinere Portion eines für Kinder geeigneten Gerichts, das in Gaststätten serviert wird.*

Kịn|der|the|a|ter, das: **1.** *Theater* (1), *in dem Stücke für Kinder gespielt werden.* **2.** *Theater* (2) *für Kinder.*

Kịn|der|trom|mel, die: *kleinere Nachbildung einer Trommel für Kinder.*

Kịn|der|uhr, die: *kleine [Armband]uhr für Kinder.*

Kịn|der|vor|stel|lung, die: *für Kinder veranstaltete Theater-, Filmvorstellung.*

Kịn|der|wa|gen, der: *kleiner vierrädriger Wagen zum Schieben, in dem ein Säugling od. ein Kleinkind ausgefahren wird.*

Kịn|der|zahl, die: *Anzahl der Kinder in einer Familie.*

Kịn|der|zeit, die: *Kindheit:* es war wieder wie in -en.

Kịn|der|zim|mer, das: **1.** *in der Ausgestaltung, Möblierung o. Ä. den Bedürfnissen von Kindern entsprechendes Zimmer für das Kind, die Kinder einer Familie.* **2.** *Einrichtung eines Kinderzimmers* (1).

Kịn|der|zu|la|ge, die, **Kịn|der|zu|schlag,** der: vgl. Kindergeld.

Kịn|des|al|ter, das ⟨o. Pl.⟩: *Altersstufe eines Menschen bis zur Geschlechtsreife; Alter, in dem jmd. ein Kind ist.*

Kịn|des|an|nah|me, die: *Adoption.*

Kịn|des|aus|set|zung, die: *das Aussetzen* (1 a) *eines kleinen Kindes.*

Kịn|des|bei|ne ⟨Pl.⟩: nur in der Fügung **von -n an** *(von frühester Jugend, von Kindheit an):* wir kennen uns von -n an.

Kịn|des|ent|füh|rung, die: *Entführung eines Kindes [in erpresserischer Absicht].*

Kịn|des|ent|zie|hung, die (Rechtsspr.): *Entführung eines Kindes durch einen Elternteil, um es der Obhut des anderen Elternteils, des Vormunds o. Ä. zu entziehen.*

Kịn|des|kind, das (veraltet): *Enkel, Enkelin, Enkelkind:* * **Kind[er] und -er** (↑Kind 1 b).

Kịn|des|lie|be, die (geh.): *Liebe eines Kindes zu seinen Eltern.*

Kịn|des|miss|brauch, der: *Missbrauch* (2), *Vergewaltigung von Kindern.*

Kịn|des|miss|hand|lung, die (Rechtsspr.): *Misshandlung, böswillige Vernachlässigung, das Quälen eines Kindes durch die Eltern, den Vormund o. Ä.*

Kịn|des|mord, Kindsmord, der: *Mord an einem, bes. an seinem eigenen Kind.*

Kịn|des|mör|de|rin, Kindsmörderin, die: *Frau, die ihr Kind [während od. nach der Geburt] getötet hat.*

Kịn|des|mut|ter, Kindsmutter, die (Amtsspr.): *Mutter (von einem bestimmten Kind).*

Kịn|des|raub, der: *Kindesentführung.*

Kịn|des|tö|tung, die (Rechtsspr.): *Tötung eines Kindes durch die Mutter während od. nach der Geburt.*

Kịn|des|un|ter|schie|bung, die (Rechtsspr.): *absichtliche Vertauschung zweier Kinder gleich nach der Geburt.*

Kịn|des|va|ter, Kindsvater, der (Amtsspr.): vgl. Kindesmutter.

Kịnd|frau, die: **1.** *Mädchen, das zugleich unschuldig u. raffiniert, naiv u. verführerisch wirkt.* **2.** *junge, jüngere Frau, die noch sehr kindlich wirkt, in Denken u. Handeln unselbstständig ist.*

kịnd|ge|mäß ⟨Adj.⟩: *für ein Kind passend; dem Alter, der Entwicklungsstufe von Kindern angemessen:* eine -e Umgebung.

kịnd|ge|recht ⟨Adj.⟩: *einem Kind entsprechend; kindgemäß.*

kịnd|haft ⟨Adj.⟩: *in Art, Wesen, Ausdruck, Aussehen einem Kind ähnlich, wie ein Kind wirkend:* sie war von -er Naivität; ein -es Lächeln.

Kịnd|heit, die; - [mhd. kintheit, ahd. kindheit]: *Zeit, in der jmd. aufwächst, heranwächst; Lebensabschnitt eines Menschen als Kind:* eine fröhliche, unbeschwerte, sorglose, wohl behütete, schwere K.; er verbrachte, verlebte seine K. auf dem Lande; aus seiner K. erzählen; er kennt sie seit frühester Kindheit; sie hatten sich seit ihrer K. nicht mehr gesehen; er ist von K. an *(schon als Kind)* daran gewöhnt worden.

Kịnd|heits|er|in|ne|rung, die: *Erinnerung an Personen, Ereignisse, die mit der eigenen Kindheit verbunden sind:* gemeinsame -en.

Kịnd|heits|er|leb|nis, das: *Erlebnis, das mit der eigenen Kindheit verbunden ist.*

kịn|disch ⟨Adj.⟩ [mhd. kindisch, ahd. kindisc = jung, kindhaft, kindlich] (meist abwertend): *sich in unangemessener, für einen Erwachsenen unpassender Weise wie ein Kind benehmend; töricht, albern, unreif:* ein -es Benehmen, Verhalten; -e Pläne, Träume; ein -es Vergnügen an etw. haben; er hatte eine -e Freude an diesem Spiel; sei nicht so k.!; sie ist im Alter k. *(in ihren Verhaltensweisen wieder wie ein Kind)* geworden; sich k. aufführen.

kịnd|lich ⟨Adj.⟩ [mhd. kintlich, ahd. chindlih]: *in Art, Wesen, Ausdruck, Aussehen einem Kind gemäß, entsprechend zu ihm passend, ihm zugehörend:* ein -es Gesicht, Aussehen, Gemüt; -e Freude, Neugier, Naivität, Unschuld, Natürlichkeit; eine -e Handschrift, Stimme; der -e Gehorsam *(Gehorsam des Kindes gegenüber den Eltern);* in -em Alter *(als Kind);* sie ist, wirkt noch ein wenig k., sieht noch k. aus; seine Stimme klingt noch k.

Kịnd|lich|keit, die; -: *das Kindlichsein; kindliches Verhalten.*

Kịnds|be|we|gung, die (Med.): *Bewegung eines Kindes im Mutterleib.*

Kịnd|schaft, die; - (geh.): *Dasein als Kind im Verhältnis zu den Eltern.*

Kịnds|kopf, der: *jmd., der sich kindisch benimmt, der zu Albernheiten, Kindereien neigt.*

kịnds|köp|fig ⟨Adj.⟩: *zu Albernheiten, Kindereien neigend; kindisch.*

Kịnds|la|ge, die (Med.): *Lage eines Kindes, Fetus im Mutterleib während Schwangerschaft u. Geburt; Geburtslage.*

Kịnds|mord: ↑Kindesmord.

Kịnds|mör|de|rin: ↑Kindesmörderin.

Kịnds|mut|ter: ↑Kindesmutter.

Kịnds|pech, das (Med.): *vor der ersten Aufnahme von Nahrung erfolgender schwärzlicher Stuhlgang eines neugeborenen Kindes.*

Kịnds|tau|fe: ↑Kindtaufe.

Kịnds|tod: in der Fügung **plötzlicher K.** (Med.; *plötzlich eintretender Tod bei Kindern im Säuglings- u. Kleinkindalter*).

Kịnds|va|ter: ↑Kindesvater.

Kịnd|tau|fe, (bes. südd., österr., schweiz.:) Kindstaufe, die: **1.** *Taufe eines Säuglings, Kleinkindes.* **2.** *[Familien]feier am Tag der Kindtaufe* (1).

Ki|ne|ma|to|graph, der; -en, -en [frz. cinématographe, zu griech. kínēma = Bewegung u. gráphein = schreiben] (früher): *Apparat zur Aufnahme u. Wiedergabe bewegter Bilder.*

Ki|ne|ma|to|gra|phie, die; -: **1.** (früher) *Verfahren zur Aufnahme u. Wiedergabe bewegter Bilder.* **2.** *Gebiet, das die Gesamtheit der Grundlagen u. Verfahren bei Aufnahme u. Wiedergabe von Filmen umfasst; Filmtechnik, -wissenschaft, -kunst.*

Ki|nẹ|tik, die; - [zu griech. kinētikós = die Bewegung betreffend]: **1.** (Physik) *Teilgebiet der Mechanik, das die Lehre von den Bewegungen unter dem Einfluss innerer od. äußerer Kräfte umfasst.* **2.** (bild. Kunst) *Richtung der modernen Kunst, in der mit beweglichen Objekten, Bewegungen u. Spiegelungen von Licht o. Ä. optisch variable Erscheinungsbilder erzeugt werden.*

Ki|nẹ|ti|ker, der; -s, -: *Künstler auf dem Gebiet der Kinetik* (2).

Ki|nẹ|ti|ke|rin, die; -, -nen: w. Form zu ↑Kinetiker.

ki|nẹ|tisch ⟨Adj.⟩: **1.** (Physik) *die Kinetik* (1) *betreffend:* -e Gesetzmäßigkeiten; -e Energie *(Bewegungsenergie).* **2.** (bild. Kunst) *die Kinetik* (2) *betreffend; mit der Bewegung als Kunstmittel:* -e Objekte; die -e Kunst (*Kinetik* 2).

Kịng, der; -[s], -s [engl. king = König] (ugs.): *jmd., der in einer Gruppe als Anführer gilt, bei den anderen das größte Ansehen genießt:* er meint, er wäre der K.!

Kịngs|ton [...stən]: Hauptstadt von Jamaika.

Kịn|ker|litz|chen ⟨Pl.⟩ [H. u.] (ugs.): *Kleinigkeiten, Nichtigkeiten:* mit solchen K. gibt sie sich nicht ab.

Kịnn, das; -[e]s, -e [mhd. kinne, ahd. kinni, gemeingerm. Wort]: *halbrunder, nach vorn gewölbter Teil des Gesichts unterhalb des Mundes beim Menschen:* ein breites, kräftiges, spitzes, vorspringendes, fliehendes K.; ein bärtiges, glattes, glatt rasiertes K.; das K. hochrecken; das K. aufstützen, in die Hand stützen; sie rieb sich nachdenklich das K.; er traf ihn genau am K.

Kịnn|ba|cke, die, (südd.:) **Kịnn|ba|cken,** der: *seitlich ans Kinn anschließender, die Wange nach unten begrenzender Teil des Gesichts.*

Kịnn|bart, der: *das Kinn bedeckender Bart.*

Kịnn|ha|ken, der: *gegen die Kinnspitze geführter Schlag mit der Faust.*

Kịnn|la|de, die [zu ↑Lade = Behältnis, also eigtl. = Behältnis der Zähne]: *Unterkiefer.*

Kịnn|rie|men, der: *Riemen, mit dem ein Helm unter dem Kinn befestigt wird.*

Kịnn|spit|ze, die: *unterer Teil des Kinns:* er traf ihn genau auf die K.

Ki|no, das; -s, -s [Kurzwort für ↑Kinematograph]: **1.** *Raum, Gebäude, in dem vor einem Publikum Filme gezeigt werden, in dem Filmvorführungen stattfinden:* ein klimatisiertes K.; das K. war leer, voll, gut besetzt, füllt sich allmählich; dieser Film kommt jetzt in die -s, läuft morgen in den -s an; was wird heute im K. gespielt, gegeben? *(wie ist das heutige Kinoprogramm?).* **2.** ⟨Pl. selten⟩ *Vorstellung, Vorführung eines*

K

Films im Kino (1); Filmvorstellung, -veranstaltung: das K. ist ausverkauft, ist aus; jmdn. ins K. einladen; sie geht gern, oft ins K. 3. ⟨o. Pl.⟩ (seltener) *Film als Medium, als gesamte Einrichtung:* das K. der Dreißigerjahre, in Frankreich.

Kị|no|be|sit|zer, der: *jmd., der ein Kino besitzt.*

Kị|no|be|sit|ze|rin, die: w. Form zu ↑Kinobesitzer.

Kị|no|be|such, der: *Besuch einer Filmvorführung.*

Kị|no|be|su|cher, der: *jmd., der eine Filmvorführung besucht.*

Kị|no|be|su|che|rin, die: w. Form zu ↑Kinobesucher.

Kị|no|film, der: *für die Aufführung im Kino produzierter Film:* er hat seinen ersten K. gedreht.

Kị|no|gän|ger, der; -s, -: *jmd., der [öfter] ins Kino geht:* ein eifriger K.

Kị|no|gän|ge|rin, die; -, -nen: w. Form zu ↑Kinogänger.

Kị|no|kar|te, die: *Eintrittskarte für eine Filmvorstellung.*

Kị|no|kas|se, die: *Kasse eines Kinos.*

Kị|no|lein|wand, die: *Filmleinwand.*

Kị|no|or|gel, die: *(früher in Filmtheatern verwendete) Orgel, bei der die Töne meist elektromechanisch erzeugt werden.*

Kị|no|pro|gramm, das: *Programm der in einer bestimmten Zeit zur Vorführung gelangenden Filme.*

Kị|no|pu|bli|kum, das: *Publikum, das [öfter] ins Kino geht, [regelmäßig] Filmvorführungen besucht.*

Kị|no|saal, der: *Saal für Filmvorführungen.*

Kin|sha|sa [...ˈʃa:za]: Hauptstadt der Demokratischen Republik Kongo.

Kịn|topp, der, (auch:) das; -s, -s, (auch:) ...töppe [scherzh. berlin. ugs. für ↑Kinematograph] (ugs., oft scherzh. od. abwertend): *Kino.*

Ki|ọsk [kịɔsk, auch: ˈki:ɔsk], der; -[e]s, -e [frz. kiosque < türk. köşk = Gartenpavillon < pers. kūšk]: *Verkaufsstelle (oft in einem leicht gebauten Häuschen) für Zeitschriften, Getränke, Süßigkeiten, Zigaretten o. Ä.*

Kịp|fel, das; -s, -, **Kịp|ferl,** das; -s, -n [zu mhd. kipf(e), ahd. kipf(a) = Wagenrunge < lat. cippus = Pfahl; nach der länglichen Form] (bayr., österr.): *Hörnchen* (2).

kịpp|bar ⟨Adj.⟩: *sich kippen lassend.*

[1]Kịp|pe, die; -, -n [niederd.-md. Kippe = Spitze, Kante, Ecke, frühnhd. kipfe = Spitze] (ugs.): *Rest einer Zigarette; Zigarettenstummel:* eine glimmende K. setzte die Decke in Brand; die K. austreten; -n aufheben, sammeln, in der Pfeife rauchen; der Aschenbecher ist voller -n.

[2]Kịp|pe, die; -, -n [zu ↑kippen; 2: gepr. von dem dt. Erzieher F. L. Jahn (1778–1852)]: **1. a)** (Bergmannsspr.) *Stelle für die Lagerung von Abraum; Abraumkippe, -halde;* **b)** kurz für ↑Müllkippe. **2.** (Turnen) *Übung an Reck, Barren, Ringen u. im Bodenturnen, bei der durch einen Schwung mit in der Hüfte abgeknicktem Körper u. gestreckten Armen eine Stellung im Stütz od. im Stand erreicht wird.* **3.** * **auf der K. stehen** (ugs.; 1. *zu kippen u. herunterzustürzen, umzufallen drohen:* die Tasse steht fast auf der K. 2. *gefährdet sein, sich in einer kritischen Lage, Situation befinden:* drei Schüler der Klasse stehen auf der K.; der Kranke steht, mit dem Kranken steht es auf der K. 3. *noch unsicher, noch nicht entschieden sein:* ob sie wiedergewählt wird/ihre Wiederwahl steht auf der K.).

kịp|pe|lig, kipplig [zu ↑kippen] ⟨Adj.⟩ (ugs.): *nicht ganz fest stehend; leicht wackelnd:* ein -er Stuhl.

kịp|peln ⟨sw. V.; hat⟩ (ugs.): **1.** *nicht ganz fest stehen, leicht wackeln:* der Tisch kippelt. **2.** *mit dem Stuhl, auf den beiden hinteren Stuhlbeinen schaukeln, wippen:* hör auf zu k.!

kịp|pen ⟨sw. V.⟩ [aus dem Niederd.-Md., viell. zu ↑[1]Kippe]: **1.** *sich neigen, das Übergewicht bekommen [u. umfallen, herunterfallen, stürzen]* ⟨ist⟩: der Schrank, die Kiste, das Boot kippt; der Wagen kippt auf die Seite, nach vorn, seitwärts; er ist aus der Schulbank, vom Stuhl, vom Pferd gekippt; Ü ihr Lachen, ihre Stimme kippte *(schlug um);* die Lage ist gekippt. **2.** *aus seiner ruhenden Lage in eine schräge Stellung bringen* ⟨hat⟩: wir müssen den Schrank k.; ein gekipptes Fenster. **3.** *(den Inhalt von etw.) durch Neigen, Schräghalten des Behältnisses ausschütten, an eine bestimmte Stelle schütten* ⟨hat⟩: den Sand [vom Lastwagen] auf die Straße, den Müll in die Grube, Säure in den Fluss k. **4.** (ugs.) *(ein [scharfes] alkoholisches Getränk) meist schnell, mit einem Zug trinken* ⟨hat⟩: einen Schnaps k.; er hat ein Glas nach dem anderen, ein paar Gläschen gekippt; * **einen k.** (ugs.; *ein alkoholisches Getränk zu sich nehmen, etw. Alkoholisches trinken*): gehen wir noch einen k.? **5.** (ugs.) *etw. zurückziehen, zurücknehmen, rückgängig machen, zum Scheitern bringen* ⟨hat⟩: eine Sendung [aus dem Programm] k.; ein Gesetz k. **6.** (ugs.) *jmdn. absetzen, entlassen* ⟨hat⟩: der Juniorchef wurde gekippt; die Regierung k. *(zu Fall bringen).*

Kịpp|fens|ter, Kịpp|flü|gel|fens|ter, das: *Fenster, dessen Flügel um eine waagerechte Achse unter od. in der Mitte gekippt werden kann.*

kịpp|lig: ↑kippelig.

Kịpp|schal|ter, der: *[Licht]schalter, bei dessen Betätigung ein kleiner Hebel gekippt wird.*

Kịpp|schal|tung, die (Elektrot.): *elektrische od. elektronische Schaltung, die eine angelegte Spannung sprunghaft od. nach bestimmten Gesetzmäßigkeiten zwischen zwei Werten ändert.*

kịpp|si|cher ⟨Adj.⟩: *so aufgestellt, angebracht, gebaut, dass ein unvorhergesehenes Kippen nicht möglich ist:* -e Drehstühle.

Kịpp|vor|rich|tung, die: *Vorrichtung, mit deren Hilfe etw. gekippt, in Schrägstellung gebracht werden kann.*

Kir, der; -s, -s [nach dem Kanonikus F. Kir (1876–1968), Bürgermeister der frz. Stadt Dijon von 1945–1968]: *aus Johannisbeerlikör u. trockenem Weißwein bestehendes Getränk.*

Kịr|che, die; -, -n [mhd. kirche, ahd. kiricha < spätgriech. kyrikón = Gotteshaus, zu älter: kyriakón, eigtl. = das zum Herrn gehörende (Haus), zu: kýrios = Herr]: **1.** *geweihtes Gebäude mit einem od. mehreren [Glocken]türmen, in dem die Mitglieder einer christlichen Glaubensgemeinschaft Gottesdienst abhalten, beten, liturgische Handlungen vollziehen u. a.:* eine kleine, katholische, evangelische, gotische, romanische K.; eine K. bauen, einweihen, besichtigen; in der K. riecht es nach Weihrauch; * **die K. im Dorf lassen** *(eine Sache in einem vernünftigen Rahmen betrachten, nicht übertreiben);* **die K. ums Dorf tragen** *(unnötig umständlich, kompliziert vorgehen);* **mit der K. ums Dorf laufen/fahren** *(unnötige Umstände machen, die Abwicklung, das Verfahren einer Angelegenheit unnötig kompliziert machen):* warum hast du mich nicht gleich gefragt und bist erst mit der K. ums Dorf gefahren? **2.** ⟨o. Pl.⟩ *Gottesdienst:* die K. fängt um 10 Uhr an; die K. ist aus, zu Ende; sonntags in die K. gehen; ich war schon lange nicht mehr in der K. **3.** *einer bestimmten Konfession angehörende, in einer festen Organisationsform zusammengeschlossene christliche Glaubensgemeinschaft:* die katholische, evangelische, orthodoxe K.; (kath. Rel.:) die allein selig machende, heilige K.; der Zusammenschluss aller -n in der Ökumene; aus der K. austreten; wieder in den Schoß der K. zurückkehren (geh.; *wieder in die Kirche eintreten*). **4.** *durch die Geistlichen, den Klerus repräsentierte, auf bestimmte Weise organisierte u. verwaltete Institution der christlichen Glaubensgemeinschaft:* die K. hat sich zu dieser Frage nicht geäußert; die Macht der K. im Mittelalter; die Trennung von K. und Staat.

Kịr|chen|äl|tes|te, der u. die (ev. Kirche): *Presbyter (2), Presbyterin.*

Kịr|chen|amt, das: **1.** *Stellung, Amt innerhalb der kirchlichen Hierarchie:* ein K. innehaben. **2.** *Amt zur Durchführung bestimmter kirchlicher Aufgaben.*

Kịr|chen|asyl, das: *jmdm. (bes. von der Ausweisung bedrohten Asylbewerbern) in kirchlichen Gebäuden vorübergehend gewährtes Asyl* (1).

Kịr|chen|aus|tritt, der: *Austritt aus der Kirche* (3).

Kịr|chen|bank, die ⟨Pl. ...bänke⟩: *Sitzbank in der Kirche* (1).

Kịr|chen|bann, der (kath. Kirche): *Exkommunikation; Verurteilung von Irrlehren.*

Kịr|chen|bau, der: **1.** ⟨o. Pl.⟩ *das Bauen von Kirchen* (1). **2.** ⟨Pl. -ten⟩ *Kirche* (1): moderne -ten.

Kịr|chen|bau|meis|ter, der (früher): *Architekt, Erbauer von Kirchenbauten.*

Kịr|chen|be|such, der: *Teilnahme am Gottesdienst.*

Kịr|chen|be|su|cher, der: *jmd., der am Gottesdienst teilnimmt.*

Kịr|chen|be|su|che|rin, die: w. Form zu ↑Kirchenbesucher.

Kịr|chen|blatt, das: *von der Kirche* (3, 4) *herausgegebene Zeitung.*

Kịr|chen|buch, das: *von der Pfarrgemeinde geführtes Buch über Taufe, Konfirmation, Eheschließung u. Tod von Gemeindemitgliedern.*

Kịr|chen|chor, der: *aus Mitgliedern der Kirchengemeinde gebildeter Chor, der bes. während der Gottesdienste singt.*

Kịr|chen|die|ner, der: *jmd., der von der Kirche* (4) *angestellt ist u. der für Instandhaltung, Reinigung u. Ä. der Kirche* (1) *u. für den äußeren Ablauf des Gottesdienstes u. Ä. verantwortlich ist* (Berufsbez.).

Kịr|chen|die|ne|rin, die: w. Form zu ↑Kirchendiener.

kịr|chen|feind|lich ⟨Adj.⟩: *der Kirche* (3, 4) *feindlich, ablehnend gegenüberstehend.*

Kịr|chen|fens|ter, das: *oft mit buntem Glas gestaltetes Fenster einer Kirche* (1).

Kịr|chen|fürst, der (geh.): *hoher geistlicher Würdenträger (bes. Bischof, Erzbischof, Kardinal).*

Kịr|chen|ge|mein|de, (bes. schweiz.:) Kirchgemeinde, die: *Gemeinde* (1 b, 2 b).

Kịr|chen|ge|schich|te, die: **1.** ⟨o. Pl.⟩ **a)** *Geschichte der christlichen Kirche* (3); **b)** *Wissenschaft, die sich mit Kirchengeschichte (a) befasst.* **2.** *Handbuch, Lehrbuch der Kirchengeschichte* (a).

Kịr|chen|ge|walt, die (christl. Kirche): *dem Klerus zukommendes Recht, die Kirche* (3, 4) *zu führen u. Sakramente zu geben.*

Kịr|chen|glo|cke, die: *Glocke in einem Kirchturm.*

Kịr|chen|ho|heit, die: *Recht (des Staates), sich in bestimmte, äußere Angelegenheiten einer Kirche* (4) *einzumischen.*

Kịr|chen|jahr, das: *am 1. Advent beginnendes Jahr mit allen Sonn- u. Feiertagen u. kirchlichen Festen.*

Kịr|chen|kon|zert, das: *Konzert mit geistlicher Musik in einer Kirche* (1).

Kịr|chen|la|tein, das: *als Amtssprache der katholischen Kirche* (4) *für offizielle Verlautbarungen u. für die Liturgie verwendetes Latein.*

kịr|chen|la|tei|nisch ⟨Adj.⟩: *in Kirchenlatein [geschrieben, schreibend].*

Kịr|chen|leh|re, die: *von der Kirche* (4) *verbreitete Lehre.*

Kịr|chen|leh|rer, der (kath. Kirche): *heiligmäßiger, gelehrter Theologe, der die christliche Lehre weiterentwickelt:* die K. des frühen Mittelalters.

Kịr|chen|lei|tung, die: *Leitung der Kirche* (3, 4).

Kịr|chen|licht, das ⟨Pl. -er⟩: meist in verneinten Wendungen wie **kein/nicht gerade ein [großes] K. sein** (ugs. scherzh.; *nicht sehr klug, gescheit sein;* LÜ von kirchenlat. lumen ecclesiae, urspr. = hervorragender Mann der Kirche).

Kịr|chen|lied, das: *für das Singen im Gottesdienst bestimmtes geistliches Lied.*

Kịr|chen|ma|le|rei, die: *Malerei in der Kirche* (1).

Kịr|chen|maus: in der Wendung **arm sein wie eine K.** (ugs. scherzh.; *sehr arm sein;* weil eine Maus in einer Kirche nur schwer etw. Essbares findet).

Kịr|chen|mu|sik, die ⟨o. Pl.⟩: *für den Gottesdienst bestimmte Musik.*

Kịr|chen|ober|haupt, das: *Oberhaupt der Kirche* (3, 4).

Kịr|chen|ord|nung, die: *Sammlung von Anweisungen u. Regeln, die die Aufgaben u. Verwaltung einer Kirche* (3, 4) *betreffen.*
Kịr|chen|or|gel, die: *Orgel in der Kirche* (1).
Kịr|chen|pfle|ger, der: *Verwaltungsangestellter in der evangelischen Kirche* (3, 4).
Kịr|chen|pfle|ge|rin, die: w. Form zu ↑Kirchenpfleger.
Kịr|chen|po|li|tik, die: *Gesamtheit der Maßnahmen eines Staates in Bezug auf die Kirche* (4).
kịr|chen|po|li|tisch ⟨Adj.⟩: *die Kirchenpolitik betreffend.*
Kịr|chen|por|tal, das: *Portal einer Kirche* (1).
Kịr|chen|prä|si|dent, der: *Leiter einer evangelischen Landeskirche.*
Kịr|chen|prä|si|den|tin, die: w. Form zu ↑Kirchenpräsident.
Kịr|chen|pro|vinz, die: *Verwaltungseinheit aus Bistümern, die unter der Leitung eines Erzbischofs steht.*
Kịr|chen|rat, der: **1. a)** *überregionales Organ der Selbstverwaltung einer evangelischen Landeskirche;* **b)** *Mitglied des Kirchenrats* (1 a). **2. a)** ⟨o. Pl.⟩ *Titel für einen evangelischen Pfarrer, der hauptamtlich im Dienst der Landeskirche tätig ist;* **b)** *Träger dieses Titels.*
Kịr|chen|rä|tin, die: w. Form zu ↑Kirchenrat.
Kịr|chen|raub, der: *Diebstahl von [geweihten] Gegenständen aus einer Kirche* (1).
Kịr|chen|räu|ber, der: *jmd., der einen Kirchenraub begeht.*
Kịr|chen|räu|be|rin, die: w. Form zu ↑Kirchenräuber.
Kịr|chen|recht, das ⟨o. Pl.⟩: *Gesamtheit der Rechtsvorschriften, die das kirchliche Gemeinschaftsleben regeln.*
kịr|chen|recht|lich ⟨Adj.⟩: *das Kirchenrecht betreffend.*
Kịr|chen|schän|dung, die: *das Entweihen einer Kirche* (1) *durch mutwillige Zerstörung o. Ä.*
Kịr|chen|schiff, das (Archit.): *mittlerer Längsbau in einer Kirche* (1).
Kịr|chen|spal|tung, die: *Spaltung der kirchlichen Einheit; Schisma.*
Kịr|chen|spra|che, die: *von der Kirche* (3, 4) *im Gottesdienst u. a. verwendete Sondersprache.*
Kịr|chen|spren|gel: ↑Kirchsprengel.
Kịr|chen|staat, der ⟨o. Pl.⟩: *(bis 1870) unter der Oberhoheit des Papstes stehendes Gebiet in Italien.*
Kịr|chen|steu|er, die: *von den Kirchen* (4) *von ihren Mitgliedern erhobene, vom Staat eingezogene Steuer.*
Kịr|chen|tag, der: *Großveranstaltung, bei der sich die Angehörigen einer Kirche* (3) *treffen.*
Kịr|chen|ton, der (Musik): *Kirchentonart.*
Kịr|chen|ton|art, die (Musik): *zu den acht in der mittelalterlichen Musik üblichen Tonarten gehörende, durch eine bestimmte melodische Floskel gekennzeichnete Tonart mit einer Stufenfolge von Tönen ohne Erhöhungen u. Erniedrigungen.*
kịr|chen|treu ⟨Adj.⟩: *der Kirche* (3, 4) *treu ergeben.*
Kịr|chen|tür, die: *Tür einer Kirche* (1).
Kịr|chen|uhr: *Kirchturmuhr.*
Kịr|chen|va|ter, der [nach kirchenlat. patres ecclesiae = Väter der Kirche]: *Verfasser einer grundlegenden kirchlichen Schrift in der Anfangszeit der christlichen Kirche* (3).
Kịr|chen|ver|mö|gen, das: *Vermögen der Kirche* (4).
Kịr|chen|vi|si|ta|ti|on, die: *Besuch eines vorgesetzten Geistlichen in der ihm unterstellten Gemeinde.*
Kịr|chen|vor|stand, der: *Presbyterium* (1 a).
Kịr|chen|zei|tung, die: *Kirchenblatt.*
Kịrch|gang, der: *Gang zur Kirche* (1), *um den Gottesdienst zu besuchen:* der sonntägliche K.; nach dem K. *(Gottesdienst)* noch herumstehen.
Kịrch|gän|ger, der; -s, -: *jmd., der [regelmäßig] den Gottesdienst besucht:* ein eifriger K.
Kịrch|gän|ge|rin, die; -, -nen: w. Form zu ↑Kirchgänger.
Kịrch|ge|mein|de: ↑Kirchengemeinde.
Kịrch|hof, der (veraltend): *Friedhof bei einer Kirche* (1).
Kịrch|hofs|ru|he, die (veraltend): *Friedhofsruhe:* die K. stören.
Kịrch|lein, das; -s, -: Vkl. zu ↑Kirche (1).
kịrch|lich ⟨Adj.⟩: **1.** *die Kirche* (3, 4) *betreffend, zur Kirche gehörend, von der Kirche* (3, 4) *ausgehend:* ein -es Amt; -e Würdenträger; ein -er Feiertag *(Feiertag mit religiöser Grundlage).* **2.** *den Geboten, Bräuchen, Riten der Kirche* (3, 4) *entsprechend:* eine -e Trauung; k. begraben werden.
Kịrch|platz, der: *Platz vor einer Kirche* (1).
Kịrch|spren|gel, Kirchensprengel, der: *Sprengel* (a).
Kịrch|turm, der: *Turm einer Kirche* (1).
Kịrch|turm|po|li|tik, die ⟨o. Pl.⟩ [nach O. v. Bismarck (1815–1898)] (abwertend): *auf einen engen Gesichtskreis beschränkte, konservative Politik.*
Kịrch|turm|spit|ze, die: *Spitze eines Kirchturms.*
Kịrch|turm|uhr, die: *große, weithin sichtbare Uhr oben an einem Kirchturm.*
Kịrch|weih, die; -, -en [vgl. Kirchweihe]: *[jährlich gefeiertes] Fest [auf dem Land] mit Jahrmarkt u. anderen Vergnügungen, das zur Erinnerung an die Einweihung der Kirche* (1) *gefeiert wird.*
Kịrch|wei|he, die [mhd. kirchwīhe, ahd. chirichwīhī, urspr. = (Fest anlässlich der) Einweihung einer Kirche, dann: Fest zur Erinnerung an die Kirchweihe]: *feierliche Einweihung einer Kirche* (1).
Kir|gi|se, der; -n, -n: **1.** Angehöriger eines mongoliden Volkes in Mittelasien. **2.** Ew. zu ↑Kirgisien.
Kir|gi|si|en; -s: Staat in Mittelasien.
Kir|gi|sin, die; -, -nen: w. Form zu ↑Kirgise.
kir|gi|sisch ⟨Adj.⟩: *Kirgisien, die Kirgisen betreffend.*
Kir|gi|sis|tan; -s: Kirgisien.
Kịr|ke: ↑[1]Circe.
Kịr|mes die; -, ...messen [mhd. kirmesse, eigtl. = [1]Messe (1) zur Einweihung der Kirche] (bes. westmd.): *Kirchweih.*
kịr|re ⟨Adj.⟩ [aus dem Ostmd., mhd. (md.) kirre, mhd. kürre, H. u.] (ugs.): **1)** *gefügig, zahm:* k. werden; jmdn. k. machen, kriegen. **2)** *nervös, verwirrt:* du machst mich ganz k.
Kịr roy|al [- ro̯aˈja:l], der; - [s], -s -s [- ...ˈja:l; ↑royal]: *mit Sekt od. Champagner zubereiteter Kir.*
Kịrsch, der; -[e]s, -: kurz für ↑Kirschwasser.
Kịrsch|auf|lauf, der: *Auflauf aus eingeweichtem Weißbrot, Eiern u. Süßkirschen.*
Kịrsch|baum, Kirschenbaum, der: **1.** *weiß blühender Obstbaum mit Kirschen als Früchten.* **2.** ⟨o. Pl.⟩ *Holz des Kirschbaums* (1).
Kịrsch|baum|fur|nier, das: *Furnier aus Kirschbaum* (2).
Kịrsch|blü|te, die: **a)** *Blüte des Kirschbaums;* **b)** *Zeit, in der die Kirschbäume blühen; das Blühen der Kirschbäume.*
Kịr|sche, die; -, -n [mhd. kirse, ahd. chirsa < vlat. ceresia, zu lat. cerasus = Kirschbaum < griech. kérasos = Süßkirschbaum]: **1.** *kleine, runde, meist rote, süß od. säuerlich schmeckende Frucht mit langem Stiel u. hartem, rundlichem Kern; Frucht des Kirschbaums:* reife, saure -n; die -n sind reif; -n ernten, pflücken, entsteinen; R mit jmdm. ist nicht gut -n essen (ugs.; *mit jmdm. ist nicht gut auszukommen;* gek. aus älterem: mit hohen Herren ist nicht gut K. essen, sie spucken [werfen] einem die Kerne [Stiele] ins Gesicht). **2.** *Kirschbaum* (1): die -n blühen schon.
Kịr|schen|au|gen ⟨Pl.⟩: *große, dunkle Augen.*
Kịr|schen|baum: ↑Kirschbaum.
Kịr|schen|knö|del, Kirschknödel, der (österr.): *Knödel mit Kirschen in der Teigmasse.*
Kịr|schen|mi|chel, der (landsch.): *Kirschauflauf.*
Kịr|schen|mund, der (dichter.): *voller, leuchtend roter Mund.*
Kịr|schen|zeit, die: *Zeit, in der die Kirschen reif sind.*
Kịrsch|geist, der ⟨Pl. -e⟩: *Branntwein aus Kirschen, Kirschwasser.*
kịrsch|groß ⟨Adj.⟩: *so groß wie eine Kirsche:* -e Hagelkörner.
Kịrsch|kern, der: *Stein einer Kirsche:* die -e ausspucken.
Kịrsch|knö|del: ↑Kirschenknödel.
Kịrsch|ku|chen, der: vgl. Obstkuchen.
Kịrsch|li|kör, der: *mit Kirschen hergestellter Likör.*
Kịrsch|mar|me|la|de, die: *aus Kirschen hergestellte Marmelade.*
kịrsch|rot ⟨Adj.⟩: *leuchtend rot:* ein -er Mund.
Kịrsch|saft, der: *aus ausgepressten Kirschen gewonnener Saft.*
Kịrsch|sor|te, die: vgl. Obstsorte.
Kịrsch|tor|te, die: vgl. Obsttorte: Schwarzwälder K.
Kịrsch|was|ser, das ⟨Pl. ...wässer⟩: *Branntwein aus Kirschen.*
Kir|tag, der [vgl. Kirmes] (österr.): *Kirchweih.*
Kịs|met, das; -s [türk. kısmet < arab. qisma[h] = Zugeteiltes] (islam. Rel.): *dem Menschen von Gott zugeteiltes Los, dem er nicht entgehen kann:* Ü K.! *(da ist nichts zu machen!).*
Kịs|sen, das; -s, - [mhd. küssen, küssī(n), ahd. kussī(n) < afrz. coissin, cussin, über ein galloroman. Subst. mit der Bed. »Sitzkissen; Kissen für die Hüfte« zu lat. coxa = Hüfte]: *mit weichem Material (Federn, Schaumgummi o. Ä.) gefüllte Stoffhülle, die als weiche Unterlage, als Polster für etw. dient:* ein rundes, flaches, hartes, weiches K.; zerwühlte K.; ein K. mit Federn, Rosshaar füllen; die K. aufschütteln; dem Kranken ein K. unter den Kopf schieben; die Orden liegen auf einem schwarzen K. aus Samt; in die K. zurücksinken.
Kịs|sen|be|zug, der: *Bezug, Überzug für ein Kissen.*
Kịs|sen|fül|lung, die: *weiches Material, womit ein Kissen gefüllt ist.*
Kịs|sen|hül|le, die: vgl. Kissenbezug.
Kịs|sen|schlacht, die (ugs.): *spaßhaftes, lustiges gegenseitiges Sichbewerfen mit [Kopf]kissen:* die Kinder lieferten sich, machten eine K.
Kịst|chen, das; -s, -: Vkl. zu ↑Kiste (1).
Kịs|te, die; -, -n [mhd. kiste, ahd. kista < lat. cista < griech. kístē = Korb; Kiste]: **1.** *größerer, rechteckiger, meist aus Holz bestehender [oben verschließbarer] Behälter für Waren o. Ä.:* eine stabile, leere, schwere K.; eine K. [badischer] Wein/(geh.:) badischen Wein[e]s bestellen; die K. zunageln, öffnen; sie hat drei -n Äpfel gekauft; eine K. Zigarren geschenkt bekommen; Bücher in -n packen; Ü ich gehe jetzt in die K. (ugs.; *ins Bett*). **2.** (salopp) *Gesäß:* sie hat eine ganz schöne K. **3.** (salopp) *Fahrzeug, in das sich jmd. setzen kann:* meine alte K. *(Auto)* springt nicht an; die K. *(Boot)* ist beinahe abgesoffen. **4.** (ugs.) *Sache, Angelegenheit:* das ist eine schwierige, faule, völlig verfahrene K.
kịs|ten|wei|se ⟨Adv.⟩: **a)** *in einer Kiste verpackt:* diese Ware wird k. geliefert; **b)** *in großer, in Kisten gemessener Menge:* Orangen k. ins Meer schütten.
Ki|su|a|he|li, Ki|swa|hi|li, das; -[s]: *Sprache der Suaheli.*
Ki|ta, die; -, -s: kurz für ↑Kindertagesstätte.
Kit|che|nette [kɪtʃəˈnɛt], die; -, -s [engl. kitchenette, zu: kitchen = Küche] (seltener): *Kochnische:* eine Ferienwohnung mit K.
Ki|tha|ra, die; -, -s u. ...taren [lat. cithara < griech. kithára, H. u.] (Musik): *altgriechisches Zupfinstrument mit kastenförmigem Resonanzkörper.*
Kịtsch, der; -[e]s [wohl zu mundartl. veraltend kitschen = schmieren, eigtl. = Geschmiertes]: *aus einem bestimmten Kunstverständnis heraus als geschmacklos empfundenes Produkt der darstellenden Kunst, der Musik od. Literatur; geschmacklos gestalteter, aufgemachter Gebrauchsgegenstand:* literarischer, sentimentaler, religiöser K.; der Film ist reiner K.; sie hat allen möglichen K. herumstehen.
kịt|schig ⟨Adj.⟩: **a)** *auf geschmacklos empfundene Weise gestaltet, einen künstlerischen Wert vortäuschend:* eine -e Vase, Lampe; ein fast k. blauer Himmel; **b)** *rührselig-sentimental; auf*

unechte Weise gefühlvoll: sich einen -en Film ansehen.

Kitt, der; -[e]s, (Arten:) -e [mhd. küte, ahd. kuti, quiti, urspr. = Harz]: **1.** *zum Kleben, Dichten o. Ä. verwendete, knetbare od. zähflüssige Masse, die an der Luft erhärtet:* der K. bröckelt; die Risse mit K. ausfüllen; Ü ein Kind ist kein K. *(Bindemittel; etw., was den Zusammenhalt erhält)* für eine Ehe. **2.** (ugs. abwertend) *Zeug, Kram.*

Kitt|chen, das; -s, - [aus der Gaunerspr., zu älterem Kitt(e), Kütte = Haus, Herberge; Gefängnis] (ugs.): *Gefängnis.*

Kit|tel, der; -s, - [mhd. kit(t)el, H. u.]: **1.** *mantelartiges Kleidungsstück aus leichtem Stoff, das zum Schutz od. aus hygienischen Gründen während der Arbeit getragen wird:* ein blauer, schmutziger K.; der K. ist frisch gestärkt, gewaschen; der Arzt, die Schwester trägt einen weißen K. **2.** *weite, hemdartige Bluse, die über Rock od. Hose getragen wird:* ein bestickter K.; zur Tracht der Männer gehört ein blauer K. **3.** (südd.) *Jackett:* der K. passt nicht zur Hose. **4.** (österr.) *Damenrock.*

kit|tel|ar|tig ⟨Adj.⟩: *in der Art eines Kittels* (1): ein -es Kleid.

Kit|tel|kleid, das: *einfaches, vorn geknöpftes Kleid.*

Kit|tel|schür|ze, die: *Schürze in Form eines ärmellosen, vorn geknöpften Kittels.*

Kit|tel|ta|sche, die: *Tasche* (2 a) *in einem Kittel.*

kit|ten ⟨sw. V.; hat⟩ [zu ↑Kitt]: **1.** *mit Kitt kleben, wieder verbinden:* die zerbrochene Vase k.; die Tasse ist gekittet; Ü ihre Ehe lässt sich nicht mehr k. **2.** *etw. mit Kitt an etw. befestigen:* den Henkel an die Kanne k.

Kitz, das; -es, -e, **Kit|ze,** die; -, -n [mhd. kiz, kitze, ahd chizzî(n), urspr. wohl Lockruf]: *Junges von Reh, Gämse, Ziege.*

Kit|zel, der; -s, - [zu ↑kitzeln]: **1.** ⟨Pl. selten⟩ *durch leichte Berührung auf der Haut od. den Schleimhäuten hervorgerufene, dem Juckreiz ähnliche Reizempfindung:* einen unangenehmen K. im Hals verspüren; Staub in der Nase verursacht K. **2.** *mit angenehmen Gefühlen verbundenes Verlangen, etw. zu tun, was sich eigentlich nicht gehört, was eigentlich nicht statthaft, was gefährlich, verboten ist:* einen K. nach etw. verspüren; es bereite ihr einen K., die Männer hereinzulegen.

kit|ze|lig: ↑kitzlig.

kit|zeln ⟨sw. V.; hat⟩ [mhd. kitzeln, ahd. kizzilōn, wahrsch. laut- bzw. bewegungsnachahmend]: **1. a)** *bei jmdm. durch wiederholtes Berühren an bestimmten, empfindlichen Körperstellen eine Empfindung auslösen, die meist zum Lachen reizt:* jmdn. [an den Zehen, unter den Armen] k.; jmds. Fußsohlen k.; sie kitzelte ihn mit einem Grashalm in der Nase; **b)** *durch leichtes [unabsichtliches] Berühren eine leicht juckende Empfindung hervorrufen, verursachen:* die Wolle kitzelt; die Haare kitzeln [im Nacken]; ein kitzelnder Schnurrbart. **2. a)** *einen angenehmen Sinnesreiz hervorrufen:* der Duft kitzelte sie in der Nase, kitzelte ihre Nase; gutes Essen kitzelt den Gaumen; jmds. Eitelkeit k. *(jmdm. schmeicheln);* **b)** *einen Kitzel* (2) *hervorrufen, verursachen:* es kitzelt mich *(reizt mich),* ihr zu widersprechen; der Gedanke an das Abenteuer kitzelt ihn. **3.** *herauskitzeln:* mehr Leistung aus dem Motor k.

Kitz|ler, der; -s, - [eigtl. = Organ, das bei Berührung einen Sinnesreiz auslöst]: *am oberen Ende der kleinen Schamlippen gelegenes weibliches Geschlechtsorgan, das sich bei sexueller Erregung aufrichtet; Klitoris.*

kitz|lig, kitzelig ⟨Adj.⟩: **1. a)** *empfindlich gegen Kitzeln* (1): eine -e Stelle; ich bin nicht k. [an den Füßen]; **b)** *empfindlich reagierend:* in diesem Punkt ist er sehr k. **2.** *behutsame Behandlung erfordernd; heikel, prekär:* eine -e Frage, Angelegenheit; die Situation wurde für sie k. *(unangenehm, bedenklich).*

[1]Ki|wi, der; -s, -s [1: engl. kiwi, aus dem Maori, lautm.; 2: engl. Kiwi, übertr. von 1]: **1.** *(auf Neuseeland beheimateter) flugunfähiger Laufvogel.* **2.** (Jargon) *Neuseeländer.*

[2]Ki|wi, die; -, -s [engl. kiwi, kurz für: kiwi fruit zu ↑[1]Kiwi (2)]: *kugelige od. eiförmige, behaarte Frucht mit saftigem, säuerlichem, glasigem Fruchtfleisch.*

kJ = Kilojoule.

KKW = Kernkraftwerk.

Kl. = Klasse; Klappe (4).

Kla|bau|ter|mann, der [wahrsch. zu ↑kalfatern, da nach dem Volksglauben der Geist gegen die hölzernen Schiffswände klopft, um zur Ausbesserung zu mahnen od. den Untergang des Schiffes anzukündigen] (nordd.): **a)** *guter Geist, der in schwierigen Lagen hilft;* **b)** *Kobold, der einem Schiff Unglück ankündigt.*

klack ⟨Interj.⟩: **a)** lautm. für einen kurzen, hellen Ton, wenn zwei harte Gegenstände aufeinander treffen; **b)** lautm. für das Auftreffen breiiger od. dickflüssiger Tropfen auf etw. Festem.

kla|cken ⟨sw. V.; hat⟩ [lautm. für einen dunkleren Klang]: **1.** (ugs.) *einen kurzen, metallischen, harten Ton von sich geben:* ihre Stöckelschuhe klackten auf den Stufen. **2.** (landsch.) *klatschend zu Boden fallen.*

klacks ⟨Interj.⟩: *klack.*

Klacks, der; -es, -e (ugs.): *Klecks* (2): ein K. Senf, Marmelade; ***ein K. sein** (1. *problemlos, sehr leicht sein:* die Prüfung ist doch für dich ein K. 2. *sehr wenig, ein geringer Betrag sein:* die 80 Mark als Strafe sind ein K. für sie.).

klack|sen ⟨sw. V.; hat⟩ (ugs.): *klacken* (2).

Klad|de, die; -, -n [viell. gek. aus: Kladdebuch, aus dem Niederd. < mniederd. kladde = Schmutz, also eigtl. = Schmiererei] (landsch.): **1. a)** *[Schmier]heft, meist für einen ersten Entwurf;* **b)** *Geschäftsbuch für vorläufige Eintragungen.* **2.** *vorläufiger Entwurf, Konzept:* der Artikel liegt bisher nur als K. vor.

klad|de|ra|datsch [auch: ...'datʃ] ⟨Interj.⟩: lautm. für das Krachen u. Klirren, das zu hören ist, wenn etw. Festes, Hartes [zu Boden] fällt.

Klad|de|ra|datsch [auch: ...'datʃ], der; -[e]s, -e [weitere Verbreitung des Wortes durch das 1848 gegr. gleichnamige polit.-satirische Wochenblatt] (ugs.): **1.** *Chaos, heilloses Durcheinander nach einem Zusammenbruch:* seine Geschäfte endeten mit einem großen K. **2.** *Skandal, Aufregung:* es gab deswegen einen großen K. in unserem Ort.

klaf|fen ⟨sw. V.; hat⟩ [mhd. klaffen = schallen, klappern, schwatzen, eigtl. = mit Krachen bersten, öffnen; ahd. klaffōn = zusammenschlagen, krachen, schallen]: **1.** *einen auffallend großen Zwischenraum, eine tiefere Spalte o. Ä. in einer üblicherweise geschlossenen Decke, Fläche bilden:* Risse, Löcher klaffen im Boden, in der Decke; vor uns klafft ein Abgrund *(tut sich ein Abgrund auf);* eine klaffende Wunde; Ü Welten klaffen zwischen Ost und West. **2.** (nordd. ugs.) *laut u. viel schwatzen, plappern.*

kläf|fen ⟨sw. V.; hat⟩ [Nebenf. von ↑klaffen] (abwertend): **1.** *(vom Hund) mit hellen, kurzen, abgehackten Tönen bellen.* **2.** (ugs.) *mit hoher Stimme schimpfen.*

Kläf|fer, der; -s, - (ugs. abwertend): *[kleiner] Hund, der viel kläfft.*

Klaf|ter, der, (auch:) das; -s, -, veraltet selten: die; -, -n [mhd. klāfter, ahd. klāftra, eigtl. = ein Arm voll, Armspanne, zu einem untergegangenen Verb mit der Bed. »umfassen, umarmen«]: **1. a)** (früher) *Längeneinheit von ungefähr der Länge, die ein Erwachsener mit ausgebreiteten Armen greifen kann;* **b)** *Raummaß für Holz, das einem Klafter* (1 a) *Höhe und Breite entspricht:* mit 3 K., 3 -n Holz; **2.** (landsch., Seemannsspr.) *Faden, Leine.*

klaf|ter|tief ⟨Adj.⟩ (veraltend): *so tief wie ein Klafter; sehr tief:* -er Matsch.

Kla|ge, die; -, -n [mhd. klage, ahd. klaga]: **1.** (geh.) *[mit entsprechenden Gesten verbundene] Äußerung (Worte, Laute), durch die jmd. Schmerz, Kummer, Trauer zum Ausdruck bringt:* eine verzweifelte K. um die Verstorbene; in laute -n ausbrechen; sich in endlosen -n ergehen; die stille, stumme K. der Mutter über den Tod ihres Kindes. **2.** *Worte od. Äußerungen, durch die jmd. Missmut, Unmut, Ärger, Beschwerden zum Ausdruck bringt:* die -n über den Nachbar; -n über schlechte Bedienung, wegen dauernder Störungen; es wurden keine neuen -n laut; über etw. K. führen; -n vorbringen; ich will keine -n hören! (scherzh.; *benimm dich so, dass sich niemand über dich beklagt!*); [keinen] Anlass, Grund zur K. geben, haben. **3.** (Rechtsspr.) *bei Gericht vorgebrachte Beschwerde u. das Geltendmachen eines Anspruchs durch ein gerichtliches Verfahren:* eine verfassungsrechtliche K.; K. auf Zahlung der Schulden; die K. ist zulässig; die K. *(das Verfahren)* läuft [noch]; eine K. prüfen, entscheiden, abweisen, zurückweisen; eine K. *(Klageschrift)* abfassen, einreichen; eine K. *(einen Prozess)* [gegen jmdn.] anstrengen, führen; [gegen jmdn.] K. erheben *(ein Verfahren einleiten);* das Gericht hat der K. stattgegeben.

Kla|ge|ab|wei|sung, die (Rechtsspr.): *Zurückweisung einer Klage durch gerichtliche Entscheidung.*

Kla|ge|laut, der: *Laut, Ton, mit dem jmd. einem Schmerz, Kummer Ausdruck gibt.*

Kla|ge|lied, das: *melancholisches, wehmütiges Lied; Gedicht, mit dem jmd. einem Schmerz Ausdruck verleiht:* ***ein K. [über jmdn., etw.] anstimmen, singen** *(seine Unzufriedenheit mit jmdm., etw., seinen Unmut über jmdn., etw. zum Ausdruck bringen).*

Kla|ge|mau|er, die [nach den Gebeten, die die Zerstörung des Tempels durch die Römer 70 n. Chr. beklagen]: *Teil der Westmauer des Tempels in Jerusalem, der den Juden als Gebetsstätte dient.*

kla|gen ⟨sw. V.; hat⟩ [mhd. klagen, ahd. klagōn, urspr. lautm.; 3: nach dem alten Brauch, beim Ertappen eines Verbrechers laut um Hilfe zu schreien u. den Täter dann vor Gericht mit Geschrei u. Gejammer zu beschuldigen]: **1. a)** (geh.) *jammernd [mit entsprechenden Gebärden] den Schmerz, die Trauer laut äußern;* **b)** *sich über sein Leiden an etw. (Schmerzen, Beschwerden) äußern:* über Kopfschmerzen k.; **c)** *Unmut, Ärger äußern, sich beschweren:* über die unwürdige Behandlung k.; **d)** *Unzufriedenheit in bekümmertem Tonfall äußern:* über schlechte Geschäfte k.; »Wie gehts?« – »Ich kann nicht k.« *(mir geht es ganz gut, ich habe keinen Grund, mich zu beschweren);* **e)** *jmdm. etw. ihn Bedrückendes, ihm Sorgen Machendes erzählen:* jmdm. sein Leid, sein Missgeschick, seine Not k.; **f)** (geh.) *den Verlust von jmdm., etw. stark empfinden u. bedauern:* sie klagt über den Tod ihres Kindes, um ihr verlorenes Glück. **2. a)** *(von Vögeln) in klagendem Tonfall rufen, schreien;* **b)** (Jägerspr.) *(von bestimmten Tieren) aus Angst od. Schmerz kläglich-schwache Laute von sich geben.* **3.** (Rechtsspr.) **a)** *bei Gericht Klage* (3) *führen:* vor Gericht k.; er will [gegen die Firma, auf Schadenersatz] k.; **b)** (österr.) *verklagen:* die Zeitung k.

Kla|gen|furt: Landeshauptstadt von Kärnten.

Kla|ge|punkt, der (Rechtsspr.): *Gegenstand der Klage* (3).

Klä|ger, der; -s, - [mhd. kleger, spätahd. clagare] (Rechtsspr.): *Person, Institution, Firma o. Ä., die (im Zivilprozess) Klage* (3) *führt;* **Spr** wo kein K. ist, ist auch kein Richter *(wenn niemand an eines anderen nicht korrekter Handlungsweise Anstoß nimmt, wird dieser auch nicht zur Verantwortung gezogen).*

Klä|ge|rin, die; -, -nen: w. Form zu ↑Kläger.

klä|ge|risch ⟨Adj.⟩ (Rechtsspr., bes. schweiz.): *[gerichtliche] Klage führend.*

Klä|ger|schaft, die; -, -en (Rechtsspr., bes. schweiz.): **1.** *Gesamtheit der Kläger.* **2.** *Anklage [vor Gericht].*

Kla|ge|ruf, der: *Ausruf, mit dem jmd. seinem Schmerz Ausdruck gibt.*

Kla|ge|schrift, die (Rechtsspr.): *förmlicher, bei Gericht einzureichender Schriftsatz, der die Klage u. alle sie betreffenden Angaben enthält.*
Kla|ge|weg, der (Rechtsspr.): *das Klagen (3 a) als Mittel, Möglichkeit:* den K. beschreiten *(klagen);* die Miete auf dem K. eintreiben.
Kla|ge|weib, das (veraltend): *Frau, die [gegen Bezahlung] einen Toten laut beweint, solange er aufgebahrt ist.*
kläg|lich ⟨Adj.⟩ [mhd. klagelich, ahd. clagalīh = klagend; beklagenswert]: **1.** *hilflosen Jammer, hilflose Angst ausdrückend:* das -e Geblöke der verirrten Tiere; eine -e Miene zeigen; sie lächelte k. *(unglücklich u. hilflos).* **2. a)** *Mitleid erregend, beklagenswert:* einen -en Anblick bieten; in -em Zustand; er nahm ein -es Ende; k. umkommen; **b)** (oft abwertend) *[durch das Unvermögen Beteiligter] ohne besondere Bedeutung, minderwertig; geringwertig:* ein -es Ergebnis; eine -e Leistung; es blieb nur ein -er *(spärlicher)* Rest; die Gehaltserhöhung fiel [ziemlich] k. aus; **c)** (oft abwertend) *in beschämender Weise [erbärmlich, jämmerlich]:* eine -e Rolle spielen; sie hat k. verloren, versagt.
klag|los ⟨Adj.⟩: **1.** *ohne Klage; ohne zu klagen:* k. Überstunden leisten. **2.** (bes. österr.) *ohne Anlass zur Klage; ohne Schwierigkeiten:* das Experiment verläuft k.
Kla|mauk, der; -s [aus dem Berlin., vermutl. aus einer lautm. Interjektion entwickelt] (ugs., oft abwertend): *[mit viel Bewegung, ausgelassenem Herumtollen verbundener] Lärm, Krach:* macht nicht so einen fürchterlichen K.!; in dem Film gibt es viel K. *(billige, turbulente Komik).*
klamm ⟨Adj.⟩ [mhd., mniederd. klam = eng, dicht zusammengepresst, verw. mit ↑klemmen]: **1.** *[noch] leicht feucht [u. daher auch unangenehm kühl]:* -e Wäsche; die Betten waren k. von Kälte. **2.** *durch Kälte steif, in der Beweglichkeit beeinträchtigt:* -e Finger haben; k. vor Kälte sein. **3.** (salopp) *[eine gewisse Zeit lang] über kein od. nur wenig Geld verfügend:* die finanziell -e Firma; ich bin im Moment ziemlich k.
Klamm, die; -, -en [mhd. klam, identisch mit: klam = Klemme; Beklemmung u. eigtl. = Klemme, Enge, zu ↑klemmen]: *enge, tiefe Schlucht in Felsen [mit einem Wildbach].*
Klam|mer, die; -, -n [mhd. klam[m]er, verw. mit ↑klemmen]: **1.** *Gegenstand, der dem Zweck dient, zwei Sachen zusammenzuhalten od. etw. an etw. zu befestigen:* die Wäsche auf der Leine mit -n *(Wäscheklammern)* befestigen; wenn die Wunde geheilt ist, werden die -n *(Wundklammern)* entfernt; die Balken werden durch eiserne -n *(Bauklammern)* zusammengehalten; die Kleine bekommt eine K. *(Zahnklammer);* Ü eine eiserne K. legte sich um seinen Hals. **2. a)** *paarweise angeordnetes Schriftzeichen in Form eines halbrunden (od. entsprechend abgewandelten) Kreises von oben nach unten od. vorderer bzw. hinterer Teil dieses Schriftzeichens:* runde, eckige, spitze, geschweifte -n; K. auf ..., K. zu (beim Diktieren: *vordere Klammer ... hintere Klammer*); etw. in K./in -n setzen; Erklärungen stehen in -n; ich löse zuerst die K. auf (Math.; *rechne zuerst das, was in der Klammer steht*); **b)** *in Klammern eingeschlossener Text:* lesen Sie die K. mit! **3.** *Griff, mit dem jmd. mit beiden Armen umfasst u. festgehalten wird:* jmdn. in der K. halten.
Klam|mer|af|fe, der: **1.** *(in Mittel- u. Südamerika heimischer) Affe, der sich mit seinem Greifschwanz bzw. mit seinen langen, dünnen Gliedmaßen festklammern kann.* **2.** (ugs. scherzh.) *jmd., der sich mit Armen u. Beinen an einem Halt festklammert.* **3.** (EDV Jargon) *Zeichen, das in der Adresse einer E-Mail zwischen dem Namen u. der weiteren Adresse eingesetzt wird* (Zeichen: @). **4.** (scherzh.) *Hefter* (2).
Klam|mer|aus|druck, der (Math.): [1]*Ausdruck* (5), *der in Klammern gesetzt ist.*
Klam|mer|beu|tel, der: *Beutel zum Aufbewahren von Wäscheklammern:* * **mit dem K. gepudert sein** (salopp; *nicht recht bei Verstand sein*).
Kläm|mer|chen, das; -s, -: Vkl. zu ↑Klammer (1).
Klam|mer|griff, der: *Klammer* (3).
klam|mern ⟨sw. V.; hat⟩: **1. a)** ⟨k. + sich⟩ *jmdn., etw. mit den Fingern od. Armen [u. Beinen] fest umschließen u. sich so festzuhalten suchen:* eine Hand klammert sich um mein Handgelenk; sie klammerte sich an die Freundin, an die Reling; Ü sich an eine Hoffnung, an einen Gedanken k.; sich ans Leben k. *(am Leben hängen);* **b)** *(die Finger, die Hand) wie eine Klammer* (1) *um etw. legen:* die Hand um die Stange k. **2.** *mit einer Klammer* (1) *zusammenhalten:* eine Wunde k. **3.** *an etw. mit einer Klammer* (1) *befestigen:* einen Zettel an das Buch k. **4.** (Boxen) *die Arme um den Gegner legen u. ihn an sich ziehen.*
klamm|heim|lich ⟨Adj.⟩ [aus dem Nordostd., H. u.; wahrsch. zu lat. clam = heimlich u. dann tautologische Bildung] (ugs.): *auf ganz heimliche, geschickt-unauffällige Weise [geschehend, etw. ausführend], sodass niemand weiß, wie es zugegangen ist:* sein -es Verschwinden wurde erst nach Stunden entdeckt; k. die Tischkarten austauschen.
Kla|mot|te, die; -, -n [gaunerspr., eigtl. = zerbrochener Mauer-, Ziegelstein, dann übertr. zur Bez. eines wertlosen Gegenstandes; H. u.]: **1.** (salopp) **a)** ⟨Pl.⟩ *Kleidung:* alte, schäbige -n; sie kauft sich immer die teuersten -n; zwei Tage bin ich nicht aus den -n herausgekommen *(war ich ununterbrochen im Einsatz, im Dienst);* Ü jmdm. nicht an die -n (Jargon; *nichts anhaben*) können; **b)** ⟨meist Pl.⟩ *alter, wertloser Gegenstand:* pack deine -n *(Sachen)* und dann raus! **2.** (ugs. abwertend) *älteres, kaum noch bekanntes unterhaltsames Theaterstück; derber Schwank mit groben Späßen u. ohne besonderes geistiges Niveau:* eine K. bringen.
Kla|mot|ten|kis|te, die (ugs.): *Kiste, in der Klamotten* (1) *aufbewahrt werden:* in der K. kramen; Ü aus Omas K. *(altmodisch u. verstaubt).*
Klamp|fe, die; -, -n [oberd., zu mhd. klimpfen = zusammendrücken, -ziehen od. zu: Klampfe = Klammer, Haken]: **1.** (ugs.) *einfache Gitarre:* die K. zupfen; sie zogen mit K. und Rucksack in die Natur. **2.** (österr.) *Bauklammer.*
Klamp|fe|rer, der; -s, - (österr): *Klempner.*
Klamp|fe|rin, die; -, -nen: w. Form zu ↑Klampferer.
kal|mü|sern ⟨sw. V.; hat⟩ [zu ↑Kalmäuser] (nordd.): *einer Sache nachsinnen, sie genau studieren.*
Klan, der; -s, -e [↑Clan]: **a)** (Völkerkunde) *Gruppe eines Stammes, die sich von gleichen Vorfahren herleitet;* **b)** *Clan* (2).
klang: **1.** ↑klingen. **2.** ↑kling, klang.
Klang, der; -[e]s, Klänge [mhd. klanc, zu ↑klingen]: **1. a)** *etw., was akustisch in reiner, dem Ohr wohlgefälliger Weise wahrgenommen wird u. über eine kürzere Zeit hin, aber allmählich schwächer werdend, andauert; Ton, der durch das harmonische Zusammenklingen meist heller, reiner Töne entsteht:* ein heller, tiefer, metallischer, lieblicher K.; der K. der Glocken; **b)** *bestimmte Eigenheit der Töne einer Stimme, eines Instrumentes o. Ä.:* der weiche, warme K. ihrer Stimme; das Orchester hat einen vollen, dunklen K.; jmdn. am K. der Stimme erkennen; Ü seine Worte hatten einen bitteren K. *(es schwang ein bitterer Unterton mit).* **2.** ⟨Pl.⟩ *Folge harmonisch aneinander gereihter Töne, die eine Melodie ergeben; Musik:* altbekannte, moderne Klänge; die Klänge Mozarts; nach den Klängen eines Walzers tanzen.
Klang|bild, das (Fachspr.): *Gesamteindruck eines Klanges* (1 a).
Klang|ef|fekt, der: *durch [bestimmte] Klänge* (1 a) *bewirkter Effekt.*
Klang|far|be, die (Musik): *für einen bestimmten Klang* (1 a) *charakteristische Art u. Weise.*
Klang|fül|le, die: *Intensität, Fülle an Klängen* (1 a).
Klang|kör|per, der: **1.** (Fachspr.) *Hohlkörper, der durch Einwirkung von Schwingungen einen Klang* (1 a) *erzeugt.* **2.** (geh.) *Gesamtheit der Musiker eines Orchesters; Orchester.*
Klang|ku|lis|se, die: *klangliche Untermalung; aus bestimmten Klängen bestehende Hintergrundmusik.*
klang|lich ⟨Adj.⟩: *den Klang* (1) *betreffend:* die -e Qualität; k. gut aufeinander abgestimmt sein.
klang|los ⟨Adj.⟩: *ohne Klang* (1 b); *tonlos:* eine -e Stimme; vgl. sang- und klanglos.
Klang|qua|li|tät, die: vgl. Tonqualität.
klang|rein ⟨Adj.⟩: *einen reinen Klang* (1) *aufweisend.*
Klang|rein|heit, die: *das Klangreinsein.*
klang|schön ⟨Adj.⟩: vgl. klangrein.
Klang|schön|heit, die ⟨o. Pl.⟩: *das Klangschönsein.*
Klang|treue, die: *Übereinstimmung eines durch Lautsprecher wiedergegebenen Klanges mit dem originalen Klang.*
klang|voll ⟨Adj.⟩: **1.** *einen vollen, reichen Klang* (1 b) *aufweisend.* **2.** *durch Renommee, guten Ruf bekannt, berühmt:* er hatte als Kritiker einen -en Namen.
klapp ⟨Interj.⟩: lautm. für einen kurzen, stumpfen Ton durch einen leichten Schlag od. für einen leichten Knall.
Klapp|bank, die ⟨Pl. ...bänke⟩: *Bank, die hoch- od. heruntergeklappt werden kann.*
klapp|bar ⟨Adj.⟩: *sich nach oben, nach unten o. ä. klappen lassend:* -e Rücksitze.
Klapp|bett, das: *Bett, das (tagsüber) hochgeklappt werden kann.*
Klapp|brü|cke, die: *Brücke, die in der Mitte geteilt ist u. hochgeklappt werden kann, damit Schiffe mit hohen Aufbauten passieren können.*
Klap|pe, die; -, -n [aus dem Niederd. < mniederd. klappe = Klapper, eigtl. = Gegenstand, der mit einem Geräusch auf etw. auftrifft]: **1.** *bewegliche Vorrichtung zum Schließen einer Öffnung; Gegenstand, mit dem sich etw. verdecken, auf- u. zumachen lässt:* die K. ist, steht offen; die K. einer Trompete; die K. am Briefkasten, an der Manteltasche; die K. fällt (Film Jargon; *die Filmaufnahmen beginnen*); die K. öffnen, schließen, herunterlassen; das Herz hat -n, die sich nur in Richtung des Blutstroms öffnen; nach der letzten K. (Film Jargon; *nach Abschluss der Dreharbeiten*); R K. zu, Affe tot (salopp; *das ist abgeschlossen, die Sache ist erledigt*); Ü bei mir ist die K., ist eine K. runtergegangen (ugs.; *ich sperre mich dagegen [u. höre nicht mehr zu]*). **2.** (ugs.) *Bett:* sich früh in die K. hauen. **3.** (salopp, meist abwertend) *Mund, Mundwerk:* du musst die K. aufreißen und nicht alles so hinnehmen; * **eine große, freche K. haben; die große K. schwingen** (salopp abwertend; *großsprecherisch, frech sein*); **die/seine K. halten** (salopp; *zu reden aufhören, stillschweigen*). **4.** (österr.) *Nebenstelle, Anschluss, Apparat (einer zentralen Telefonanlage).* **5.** (Jargon) *Bedürfnisanstalt, Pissoir (als Ort für homosexuelle Kontakte).*
klap|pen ⟨sw. V.; hat⟩ [aus dem Niederd.-Md. < mniederd. klappen = klatschen; schallen; plappern, lautm.; 3: nach der Vorstellung, dass ein Vorgang mit einem klappenden (2 a) Geräusch beendet wird]: **1.** *etw., was mit etw. auf einer Seite verbunden ist, in eine bestimmte Richtung bewegen:* den Deckel nach oben, nach unten k.; den Kragen in die Höhe k. **2. a)** *ein kurzes, meist dumpfes Geräusch, wie es bei einem Schlag entsteht, verursachen:* ihre Stiefel klappten auf dem Steinboden; man hörte die Fensterläden k.; die Kinder klappen mit den Türen; **b)** *mit einem kurzen, dumpfen Geräusch gegen etw. schlagen, stoßen:* die Fensterläden klappen an die Mauer. **3.** (ugs.) *durchgeführt werden können, glücken, gelingen [wie es geplant war]:* wenn alles klappt; die Umstellung klappte problemlos; das Zusammenspiel klappt noch nicht *(ist noch nicht gut);* ⟨unpers.:⟩ wir hoffen, dass es mit dem Termin klappt *(dass der Termin allen passt, nicht geändert werden muss);* wenn es im Bett nicht richtig klappt *(wenn der sexuelle Kontakt unbefrie-*

K

digend verläuft). 4. (landsch. salopp) *erwischen, fangen, [er]greifen:* den Dieb haben sie geklappt.

Klap|pen|text, der (Buchw.): *auf der vorderen u. hinteren Klappe (1) des Schutzumschlags gedruckter Werbetext für das entsprechende Buch.*

Klap|per, die; -, -n [zu ↑klappern]: **1.** *kleiner Gegenstand mit zwei od. mehreren beweglichen Teilen, die ein Geräusch verursachen, wenn sie aneinander schlagen.* **2.** *Rassel (2).*

klap|per|dürr ⟨Adj.⟩ (ugs. emotional): *besonders hager; so dünn, dass Knochen u. Rippen deutlich zu sehen sind.*

Klap|per|ge|stell, das (ugs.): **1.** (emotional) *sehr hagerer Mensch.* **2.** (scherzh.) *altes, klapperndes Fahrzeug.*

klap|pe|rig: ↑klapprig.

Klap|per|kas|ten, der (ugs.): *altes, [durch Klappern] lästige Geräusche verursachendes Gerät, Fahrzeug, Behältnis o. Ä.:* stell doch bitte mal den K. ab!; auf einem alten K. tippen; mit dem K. kommst du nicht mehr weit.

Klap|per|kis|te, die (ugs.): *Klapperkasten.*

klap|pern ⟨sw. V.⟩ [mhd. klappern, lautm.]: **1.** ⟨hat⟩ **a)** *immer wieder ein helles, hartes Geräusch durch Aneinanderschlagen zweier od. mehrerer fester Gegenstände von sich geben:* das Fenster, die Tür klappert; Stricknadeln klapperten; bei ihr klappern ja die Knochen; die Ventile klappern am Auto; ihre Absätze klappern auf der Treppe; ihre Zähne klappern vor Kälte; ihm klappern die Zähne vor Angst; **b)** *ein Klappern (1 a) erzeugen:* mit Geschirr, mit der Sammelbüchse k.; die Störche klappern mit den Schnäbeln; vor Angst, Kälte klapperten sie erbärmlich mit den Zähnen; die Sekretärin klappert (ugs.; *schreibt)* auf der Schreibmaschine; mit den Augen[deckeln] k. (ugs.; *oft hintereinander die Augenlider auf und ab bewegen).* **2.** *sich mit klapperndem (1 a) Geräusch irgendwohin bewegen* ⟨ist⟩: der Wagen ist durch die holprige Gasse geklappert.

kläp|pern ⟨sw. V.; hat⟩ (landsch.): **1.** *klappern.* **2.** *mit dem Rührlöffel o. Ä. [zer]quirlen, [zer]schlagen:* Eigelb in Rotwein gekläppert. **3.** *klimpern* (1): Münzen in der Tasche k. hören. **4.** *schnell, viel u. laut reden:* wenn sie bloß aufhören würde zu k.

Klap|per|schlan|ge, die: *Giftschlange mit harten, lose miteinander verbundenen Hornringen am Schwanzende, mit denen sie ein durchdringendes klapperndes Geräusch erzeugt:* **Ü** sie ist eine richtige K. (ugs. scherzh.; *eine bösartige Frau).*

Klap|per|storch, der [nach dem Klappern, das Störche in der Paarungszeit mit dem Schnabel hervorbringen] (Kinderspr.): *Storch:* zur Nachbarsfamilie ist der K. gekommen (fam.; *die Nachbarsfamilie hat ein Baby bekommen;* nach der Erklärung, die man früher Kindern gab, die Neugeborenen bringe der [Klapper]storch).

Klapp|fahr|rad, das: *Klapprad.*

Klapp|fens|ter, das: *Fenster, das hochgeklappt werden kann.*

Klapp|la|den, der ⟨Pl. ...läden, seltener: ...laden⟩: *aufklappbarer [Fenster]laden.*

Klapp|lei|ter, die: *[Feuer]leiter, die hoch-, zusammengeklappt werden kann.*

Klapp|mes|ser, das: *Messer, dessen Klinge in eine Fuge des* [1]*Heftes geklappt werden kann.*

Klapp|me|ter, der (schweiz.): *Zollstock.*

Klapp|pult, das: *Pult, dessen Schreibfläche nach unten geklappt werden kann.*

Klapp|rad, das: *Fahrrad, das zusammengeklappt werden kann.*

klapp|rig, klapperig ⟨Adj.⟩: **1. a)** *alt, durch längeren Gebrauch abgenutzt u. nicht mehr sehr stabil, intakt:* ein -er Bus; **b)** (fam.) *körperlich hinfällig u. kraftlos:* ein -er Gaul; nach der Krankheit ist sie noch etwas k.; er ist recht k. geworden. **2.** *wenig stabil u. wenig solide hergestellt.*

Klapp|rig|keit, die; -: *das Klapprigsein; klapprige Beschaffenheit.*

Klapp|sitz, der: *Sitz, der nach oben od. nach unten geklappt werden kann.*

Klapp|stuhl, der: *Stuhl, der zusammengeklappt werden kann.*

Klapp|tisch, der: *Tisch, der zusammengeklappt werden kann.*

klaps ⟨Interj.⟩: lautm. für ein leises klatschendes Geräusch.

Klaps, der; -es, -e [wohl zu ↑klappen]: **1.** (ugs.) *leichter Schlag auf einen Körperteil:* ein freundlicher, aufmunternder, kräftiger K.; einen K. auf den Po bekommen. **2.** (salopp) *etw., was sich anderen als Verrücktheit, Unvernünftigkeit darstellt:* einen K. haben, bekommen, kriegen.

Kläps|chen, das; -s, -: Vkl. zu ↑Klaps.

Klaps|müh|le, die (salopp): *psychiatrische Klinik:* in die K. kommen; sie landet noch in der K.!

klar ⟨Adj.⟩ [mhd. klar < lat. clarus = laut schallend; hell; klar; berühmt]: **1. a)** *durchsichtig, nicht trübe:* -es Wasser; ein -er Bach; etw. ist k. wie Kristall; eine -e *(nicht gebundene)* Ochsenschwanzsuppe; -e *(nicht gemischte)* Farben; sie schaute ihn mit -en *(nicht müden, nicht trüben)* Augen an; **b)** *nicht durch Nebel, Wolken o. Ä. getrübt:* -e Sicht haben; ein -er Sternenhimmel; die Luft, die Nacht, das Wetter ist k.; der Mond scheint k.; **Ü** in -en Momenten *(Momenten bei vollem Bewusstsein);* **c)** *deutlich, genau erkennbar, unterscheidbar:* -e Umrisse; ein -es Foul; einen -en Vorsprung haben; mit einem -en Ergebnis *(mit großem Punkte-, Torvorsprung)* gewinnen; jmdn. k. besiegen; sie war ihren Gegnerinnen k. überlegen. **2.** *nicht heiser, rau, belegt, sondern wohlklingend u. deutlich vernehmbar:* eine -e Stimme; ein -er Ton; k. [und deutlich] sprechen. **3.** *sachlich-nüchtern, überlegt; von Einsicht u. Vernunft zeugend u. zu scharfem Urteilsvermögen befähigt:* ein -er Verstand; einen -en Blick für etw. haben; keinen -en Gedanken fassen können; nach Alkoholgenuss nicht mehr k. [im Kopf] sein; heute kann ich einfach nicht mehr k. denken; ein k. denkender Mensch hätte so etwas nie getan. **4.** *fest umrissen, eindeutig, für jedermann übersichtlich u. verständlich:* eine -e Antwort, Auskunft, Frage; eine -e Entscheidung treffen; der Arbeit fehlt die -e Linie; -e Vorstellungen von etw. haben; ein -es *(bestimmtes, festes)* Ziel vor Augen haben; für -e *(geordnete, sauber abgegrenzte)* Verhältnisse sorgen; [ist] alles k.? *(wurde alles verstanden?);* ihm ist noch nicht k. [geworden] *(er hat noch nicht begriffen, verstanden),* worauf es ankommt; das ist [doch ganz] k. (ugs.; *das versteht sich von selbst);* [na] k.! *(sicher, selbstverständlich!);* etw. k. und deutlich *(unmissverständlich)* sagen; ***jmdm. etw. k. machen** (ugs.; *jmdm. etw. deutlich machen, bes. Sachverhalte, Zusammenhänge, die zunächst nicht verstanden wurden):* wir müssen uns die Folgen k. machen; er will dir seinen Standpunkt k. machen; **k. sehen** *(die Zusammenhänge erkennen u. Bescheid wissen, verstehen):* endlich sah ich k.; **sich über etw. k./im Klaren sein** *(genau wissen, welche Folgen sich [aus einer Entscheidung, aus einer Tätigkeit] ergeben werden);* **sich über etw. k. werden** *(Klarheit, Gewissheit über etw. erlangen):* ich bin mir über meine Fehler, Gefühle inzwischen k. geworden. **5.** *in vorschriftsmäßigem Zustand u. bereit, fertig (zum Einsatz):* alle Boote sind k.; das Flugzeug ist k. zum Start; das Schiff ist k. zum Auslaufen; [Schiff] k. zum Gefecht (Marine; *[das Schiff ist] gefechtsbereit, -klar).* **6.** (landsch.) *fein, stark zerkleinert, nicht grob:* -er Zucker, Sand.

Klar, das; -s, -: kurz für ↑Eiklar.

Klär|an|la|ge, die: *Anlage zur Reinigung von Abwasser.*

Klär|be|cken, das: *Becken (2 a) als Teil einer Kläranlage, in das Abwasser o. Ä. zur Klärung eingeleitet wird.*

Klar|blick, der: *das Erkennen des großen Zusammenhangs:* es fehlte ihm am K.

klar|bli|ckend ⟨Adj.⟩: *sachlich-nüchtern:* ein -er Mensch.

klar den|kend: s. klar (3).

Kla|re, der; -n, -n ⟨aber: 3 -⟩ [zu ↑klar (1 a)]: *Schnaps, bes. Korn:* einen -n trinken; Herr Ober, zwei K. bitte!

klä|ren ⟨sw. V.; hat⟩ [mhd. klæren]: **1. a)** *durch Untersuchungen o. Ä. feststellen, wie etw. bis dahin Ungeklärtes sich wirklich verhält:* eine Frage, einen Tatbestand k.; die Unfallursache muss noch geklärt werden; **b)** ⟨k. + sich⟩ *klar werden; sich herausstellen, wie etw., was bisher nicht klar, deutlich war, ist:* die strittigen Fragen haben sich geklärt; schließlich hat sich alles doch noch geklärt; die Trainerfrage wird sich bald k. *(es wird sich bald herausstellen, wer Trainer wird).* **2. a)** *von Schmutz befreien, reinigen:* Abwässer k.; das Gewitter klärt die Luft; **b)** ⟨k. + sich⟩ *klar (1 a) werden:* das Wasser klärt sich. **3.** (Ballspiele) *den Ball vor dem eigenen Tor wegschlagen u. eine gefährliche Situation bereinigen:* der Libero konnte auf der Linie k.; er klärte zur Ecke *(schlug den Ball ins eigene Toraus, sodass die gegnerische Mannschaft einen Eckball zugesprochen bekam).*

klar|ge|hen ⟨unr. V.; ist⟩ (ugs.): *ohne Schwierigkeiten verlaufen; reibungslos erledigt werden:* ist alles klargegangen?

Klär|gru|be, die: *Grube zur behelfsmäßigen Reinigung kleiner Abwassermengen.*

Klar|heit, die; -, -en ⟨Pl. selten⟩ [mhd. klārheit = Helligkeit, Reinheit; Deutlichkeit]: **1.** ⟨o. Pl.⟩ **a)** *das Ungetrübtsein:* die K. des Wassers, des Weins; **b)** *durch Nebel, Wolken o. Ä. nicht getrübter Zustand:* die K. der Nacht, des Himmels; **c)** *Deutlichkeit, Unterscheidbarkeit:* die K. der Umrisse. **2.** ⟨o. Pl.⟩ *deutliche Vernehmbarkeit:* die K. ihrer Stimme. **3.** ⟨o. Pl.⟩ *ungetrübte, zu scharfem Urteilsvermögen befähigende Auffassungsgabe:* die K. ihres Geistes, ihres Verstandes. **4.** ⟨o. Pl.⟩ *durch Eindeutigkeit u. Übersichtlichkeit bewirkte Verständlichkeit:* die K. der Formulierungen. **5.** ⟨o. Pl.⟩ *mit der Klärung einer Sache verbundene Gewissheit:* sich über etw. K. verschaffen; K. *(klare Verhältnisse)* schaffen; völlige K. *(vollständige Aufklärung)* suchen, verlangen; für K. sorgen; darüber besteht K. *(darüber ist man sich einig).* **6.** *klare Vorstellung:* alle -en restlos beseitigt (ugs. scherzh.; *nun herrscht totale Verwirrung).*

Kla|ri|nett|blä|ser, der (österr.): *Klarinettist.*

Kla|ri|nett|blä|se|rin, die: w. Form zu ↑Klarinettbläser.

Kla|ri|net|te, die; -, -n [frz. clarinette < ital. clarinetto, Vkl. von: clarino = hohe Trompete, zu älter ital. claro = hell tönend < lat. clarus, ↑klar]: *Blasinstrument in Form einer langen, schlanken Röhre aus Holz, dessen Tonlöcher mit Klappen geschlossen werden.*

Kla|ri|net|tist, der; -en, -en: *jmd., der [berufsmäßig] Klarinette spielt.*

Kla|ri|net|tis|tin, die; -, -nen: w. Form zu ↑Klarinettist.

klar|kom|men ⟨st. V.; ist⟩ (ugs.): *[mit jmdm., etw.] gut zurechtkommen; etw. ohne Schwierigkeiten bewältigen:* kommst du mit dem neuen Auto klar?; mit meinen Brüdern komme ich gut klar *(verstehe ich mich gut).*

klar|krie|gen ⟨sw. V.; hat⟩ (ugs.): *in Ordnung bringen, regeln:* keine Sorge, das kriegen wir schon wieder klar.

klar|le|gen ⟨sw. V.; hat⟩ (ugs.): *durch ausführliche Darlegung näher erklären.*

Klar|le|gung, die; -, -en: *das Klarlegen.*

klar|ma|chen ⟨sw. V.; hat⟩: **1.** (Seemannsspr.) *zu einem bestimmten Zweck fertig, einsatzbereit machen:* die Leinen k.!; k. zum Aussteigen. **2.** (ugs.) *bezahlen:* lass nur, ich mach das schon klar.

klar machen: s. klar (4).

Klar|schiff [auch: -'-], das ⟨o. Pl.⟩ (Seemannsspr.): *Gefechtsbereitschaft.*

Klär|schlamm, der: *Schlamm, der in Kläranlagen durch die Reinigung der Abwässer anfällt.*

klar se|hen: s. klar (4).

Klar|sicht, die: vgl. Klarblick.

Klar|sicht|fo|lie, die: *durchsichtige Folie.*

Klar|sicht|hül|le, die: *Hülle (1 b) aus durchsichti-*

K

gem dünnem Kunststoff zur Aufbewahrung von Schriftstücken o. Ä.

kla̱r|sich|tig ⟨Adj.⟩: vgl. klarblickend.

Kla̱r|spü|ler, der (Werbespr.), **Kla̱r|spül|mit|tel,** das: *Spülmittel* (1)*, das dazu dient, Gläser o. Ä. bes. klar zu spülen.*

kla̱r|stel|len ⟨sw. V.; hat⟩: *nachdrücklich ein Missverständnis beseitigen, einer falschen Darstellung entgegentreten; klären:* ich muss hier k., dass diese Aussage nicht von mir stammt.

Kla̱r|stel|lung, die; -, -en: *das Klarstellen.*

Kla̱r|text, der: **1.** *nicht verschlüsselter, jedermann verständlicher Text:* Ü also noch mal im K. *(genauer, verständlicher);* * **K. reden/sprechen** *(unverhüllt seine Meinung sagen, ganz offen sprechen).* **2.** (EDV) *normale, nicht verschlüsselte Schrift:* die verschlüsselten Zeichen im K. ausdrucken.

Klä̱|rung, die; -, en [1: spätmhd. klærunge]: **1.** *Beseitigung einer Unsicherheit, einer Ungewissheit:* eine sofortige, schnelle K. des Problems; die Aussprache ergab, brachte noch keine K., hat zur K. der Missverständnisse beigetragen. **2.** *Reinigung, Säuberung von sichtbarem Schmutz.*

kla̱r wer|den: s. klar (4).

klạss ⟨Adj.⟩ [zu ↑Klasse (8)] (österr. ugs.): *klasse.*

klạs|se ⟨indekl. Adj.⟩ [zu ↑Klasse (8)] (ugs.): *großartig, hervorragend:* eine k. Idee, Lehrerin; k. sein, aussehen; der Film war einfach k. gemacht; die Musik passt k. zu den Bildern.

Klạs|se, die; -, -n [älter = (geordnete) Abteilung < lat. classis, eigtl. = herbeigerufene Volksmasse; unter Einfluss von frz. classe erweitert zur Bed. »Gruppe mit besonderen Merkmalen«]: **1. a)** *Gruppe von [ungefähr gleichaltrigen] Schülern, die zu gemeinsamem Unterricht zusammengefasst sind:* eine große, ruhige, wilde K.; die K. hat 30 Schüler; die K. macht einen Ausflug; eine K. übernehmen, abgeben, [zum Abitur] führen, [in Deutsch] unterrichten; **b)** *eine ein Jahr umfassende Stufe innerhalb des Schulaufbaus:* sie besucht die vierte K., geht in die vierte K.; eine K. wiederholen, überspringen; er ist zwei -n über mir; die Schüler in den höheren, oberen Klassen; **c)** *Klassenzimmer:* der Lehrer betritt die K.; die Schüler gehen in ihre -n; **d)** (Fachspr.) *Abteilung, Fakultät (einer Universität).* **2.** (Soziol.) *Gruppe der Bevölkerung, deren Angehörige sich in der gleichen ökonomischen u. sozialen Lage befinden:* die unterdrückte, ausgebeutete, besitzende, herrschende, bürgerliche, kapitalistische K.; die K. der Arbeiter, der Werktätigen; die Lage der arbeitenden K.; der K. der Besitzlosen angehören; die oberen -n *(Schichten)* der Gesellschaft; Ü es gibt zwei -n *(Arten, Typen)* von Autofahrerinnen. **3.** (bes. Biol.) *Gruppe, Einheit mit gemeinsamen, sich von anderen unterscheidenden Merkmalen [im System der Lebewesen (zwischen Stamm u. Ordnung)]:* die K. der Wirbeltiere, der Edelhölzer; der Wal gehört in die K., zur K. der Säugetiere. **4.** (Sport) *Gruppe von Sportlern od. Mannschaften, die nach Alter, Gewicht od. Leistung zusammengefasst sind:* in der K. der Senioren starten; er ist Meister aller -n. **5. a)** *Gruppe von Fahrzeugen, die nach bestimmten Anforderungen an den Motor u. a. zusammengefasst ist:* der Führerschein K. III; **b)** *Gruppe von Segelbooten, die nach Bauvorschrift, Verbreitung, Alter od. Zulassung zu internationalen Regatten eingeteilt sind.* **6.** *Einteilung der Ziehungen in der Klassenlotterie.* **7. a)** *Qualitätsstufe (bei [Dienst]leistungen):* im Abteil erster, zweiter K.; **b)** *Teil einer Rang-, Wertskala:* der Verdienstorden erster K.; Ü man behandelt sie als Menschen zweiter K. **8.** ⟨o. Pl.⟩ (ugs.) *Güte, Qualität (in Bezug auf besonders hervorragende Leistungen):* der Boxer bewies seine K.; ein Künstler, eine Mannschaft erster K.; im Stellungsspiel liegt ihre K.; die Sängerin war internationale K., war eine K. für sich; das ist [einsame, ganz große] K.!; du bist K. *(hervorragend)* im Verhandeln; ich finde das K.! *(toll!).*

Klạs|se- (ugs. emotional verstärkend): drückt in Bildungen mit Substantiven aus, dass jmd. oder etw. als ausgezeichnet, hervorragend, großartig angesehen wird: Klassefahrrad, -läufer, -leistung.

Klạs|se|frau, die (ugs. emotional verstärkend): *Begeisterung, Bewunderung hervorrufende Frau.*

Klạs|se|mann, der ⟨Pl. ...männer u. ...leute⟩ (ugs. emotional verstärkend): vgl. Klassefrau.

Klas|se|ment [klasəˈmãː, schweiz. auch: ...ˈmɛnt], das; -s, -s u. (schweiz. auch:) -e [frz. classement, zu: classe < lat. classis, ↑Klasse]: **1.** *Ordnung, Einteilung.* **2.** (Sport) *Rangliste, Reihenfolge.*

Klạs|sen|ar|beit, die: *schriftliche Arbeit, die von der ganzen Klasse* (1 a) *während des Unterrichts selbstständig als Leistungsnachweis angefertigt und zur Beurteilung durch den Lehrer abgegeben wird:* eine K. schreiben; eine Eins in der K. haben.

Klạs|sen|auf|satz, der: vgl. Klassenarbeit.

Klạs|sen|aus|flug, der: *Ausflug, den eine Klasse* (1 a) *gemeinsam unternimmt.*

Klạs|sen|bes|te, der u. die; -n, -n ⟨Dekl. ↑Abgeordnete⟩: *bester Schüler, beste Schülerin einer Klasse* (1 a).

klạs|sen|be|wusst ⟨Adj.⟩: *sich der materiellen Bedingungen, der Interessen u. der Beziehungen seiner Klasse* (2) *zu anderen Klassen* (2) *bewusst:* -e Arbeiter.

Klạs|sen|be|wusst|sein, das: *klassenbewusste Haltung, Gesinnung.*

klạs|sen|bil|dend ⟨Adj.⟩ (Sprachw.): *eine Klasse* (3) *bildend.*

Klạs|sen|buch, das: *vom Klassenlehrer angelegtes, von den Lehrern geführtes Buch mit allen Daten der Klasse* (1 a) *und für alle die Klasse betreffenden Eintragungen:* die abwesenden Schüler ins K. eintragen.

Klạs|sen|clown, der: *Klassenkasper.*

Klạs|sen|er|halt, der (Sport): *das Verbleiben in einer bestimmten Spielklasse:* um den K. bangen, kämpfen.

Klạs|sen|fahrt, die: vgl. Klassenausflug.

Klạs|sen|feind, der (marx.): *Feind der Arbeiterklasse.*

Klạs|sen|fein|din, die: w. Form zu ↑Klassenfeind.

Klạs|sen|fo|to, das: *Foto einer Klasse* (1 a) *[mit dem Klassenlehrer].*

Klạs|sen|ge|gen|satz, der: *Gegensatz zwischen den verschiedenen Klassen* (2) *der Gesellschaft.*

Klạs|sen|ge|sell|schaft, die: *Gesellschaft mit verschiedenen Klassen* (2).

Klạs|sen|hass, der: *Hass verschiedener sozialer Klassen* (2) *gegeneinander.*

Klạs|sen|jus|tiz, die: *Rechtssystem einer Klassengesellschaft, das Angehörige der niederen Klassen benachteiligt.*

Klạs|sen|ka|me|rad, der: *Mitschüler.*

Klạs|sen|ka|me|ra|din, die: w. Form zu ↑Klassenkamerad.

Klạs|sen|kampf, der [von K. Marx geprägt für frz. lutte des classes]: *Kampf zwischen den gegensätzlichen Klassen* (2) *um die Entscheidungsgewalt in der Gesellschaft.*

Klạs|sen|kas|per, der: *Schüler, der zur Belustigung seiner Mitschüler viel albert.*

Klạs|sen|kei|le, die (bes. Schülerspr.): *Prügel, die ein Schüler von seinen Mitschülern bekommt.*

Klạs|sen|kon|flikt, der: *Konflikt zwischen einzelnen Klassen* (2).

Klạs|sen|leh|rer, der: *Lehrer, der für die pädagogische Betreuung u. die organisatorische Leitung einer Klasse* (1 a) *verantwortlich ist.*

Klạs|sen|leh|re|rin, die: w. Form zu ↑Klassenlehrer.

klạs|sen|los ⟨Adj.⟩: **1.** *nicht in Klassen* (2) *geteilt:* die -e Gesellschaft. **2.** *nicht in Klassen* (7 a) *eingeteilt:* ein -es Krankenhaus.

Klạs|sen|lot|te|rie, die [zu ↑Klasse (6)]: *Lotterie, deren Gewinne an verschiedenen Tagen gezogen werden u. bei der für jede Ziehung neue Lose verkauft werden.*

Klạs|sen|mess|zahl, die: *Klassenteiler.*

Klạs|sen|raum, der: *Klassenzimmer.*

Klạs|sen|spre|cher, der: *von der Klasse* (1 a) *gewählter Mitschüler, der die Interessen der Klasse vertritt.*

Klạs|sen|spre|che|rin, die: w. Form zu ↑Klassensprecher.

Klạs|sen|stär|ke, die: *Gesamtzahl der Schüler einer Klasse* (1 a).

Klạs|sen|stu|fe, die: *Klasse* (1 b).

Klạs|sen|tei|ler, der: *bestimmte Schülerzahl einer Klasse, bei deren Überschreiten die Klasse geteilt wird; Klassenmesszahl.*

Klạs|sen|tref|fen, das: *arrangiertes Zusammentreffen der Schüler einer Klasse* (1 a) *[nach dem Schulabschluss].*

Klạs|sen|un|ter|schied, der: **1.** *Unterschied aufgrund der Zugehörigkeit zu verschiedenen sozialen Klassen* (2). **2.** (Sport) *Unterschied in der Leistung, wie er Angehörigen verschiedener Spielklassen entspricht.*

Klạs|sen|vor|stand, der (österr.): *Klassenlehrer.*

Klạs|sen|wahl|recht, das: *nach Einkommen, Steuerleistung, Familienstand u. a. abgestuftes Wahlrecht.*

klạs|sen|wei|se ⟨Adv.⟩: *in Klassen* (1 a)*; nach Klassen getrennt, geordnet:* die Schüler stellten sich k. auf.

Klạs|sen|ziel, das: **1.** *vom Lehrplan vorgeschlagener, bis zum Ende eines Schuljahres angestrebter Umfang an Wissen einer Klasse* (1 a): das K. nicht erreichen *(nicht versetzt werden);* Ü die Serie hat das K. 5 Millionen Zuschauer verfehlt. **2.** (Sport Jargon) *angestrebte Leistung, angestrebtes Ergebnis, Ziel.*

Klạs|sen|zim|mer, das: *Zimmer, Raum, in dem eine Klasse* (1 a) *unterrichtet wird.*

Klạs|se|weib, das (ugs. emotional verstärkend): *Klassefrau.*

Klas|si|fi|ka|ti|o̱n, die; -, -en [frz. classification]: **1.** *das Klassifizieren; das Einordnen, die Einteilung [in aufgestellte Klassen].* **2.** *etw. Klassifiziertes.*

klas|si|fi|zie̱r|bar ⟨Adj.⟩: *sich klassifizieren, untergliedern lassend.*

klas|si|fi|zie̱|ren ⟨sw. V.; hat⟩ [zu lat. classis (↑Klasse) u. facere = machen]: *(eine gegebene Menge) nach aufgestellten Klassen* (3) *einteilen:* Tiere, Pflanzen nach der Gattung k.; Ü jmdn. als Feigling, als dumm, als vermögend k.

Klas|si|fi|zie̱|rung, die; -, -en: *Klassifikation.*

Klạs|sik, die; - [zu ↑klassisch (1, 2)]: **1.** *Kultur u. Kunst der griechisch-römischen Antike.* **2.** *Epoche, der durch das griechisch-römische Vorbild eine harmonische Ausgewogenheit gelungen ist u. die deshalb eine überzeitliche Vollkommenheit erreicht hat.* **3.** *Epoche kultureller Höchstleistung.*

Klạs|si|ker, der; -s, [nach lat. classicus scriptor = Schriftsteller von höchstem Rang]: **1.** *Vertreter der Klassik* (1, 2). **2.** *Künstler od. Wissenschaftler, dessen Werke, Arbeiten als mustergültig u. bleibend angesehen werden.* **3.** *klassisches* (3, 4) *Werk; etw., was klassisch* (3, 4) *geworden ist:* ein K. von Edgar Wallace; K. wie Puppen oder Lego, wie das Straßenrennen Paris–Roubaix.

Klạs|si|ke|rin, die; -, -nen: w. Form zu ↑Klassiker (2).

klạs|sisch ⟨Adj.⟩ [lat. classicus = die (ersten) Bürgerklassen betreffend; ersten Ranges, mustergültig, zu: classis, ↑Klasse]: **1.** *die antike Klassik betreffend:* das -e Altertum; -e Sprachen lernen; -e Philologie *(Griechisch u. Latein);* ein -es Profil *(ein Profil, das dem bei griechischen Kunstwerken der Antike entspricht).* **2.** *die Merkmale der Klassik* (2) *tragend; die Klassik* (2) *betreffend:* -e Musik, Autoren; -es Ballett *(europäischer Kunsttanz, besonders seit dem 18. Jahrhundert, im Gegensatz zum moderneren [Ausdrucks]tanz).* **3.** *(in Bezug auf Aussehen od. Formen) in [althergebrachter] mustergültiger Weise [ausgeführt], vollendet, zeitlos:* ein -es Kostüm; eine Frau von -er Schönheit; dieser Fall ist geradezu k. *(ist ganz typisch).* **4.** *herkömmlich, in bestimmter Weise traditionell festgelegt u. so als*

Maßstab geltend: die -e Rollenverteilung; -e Frauenberufe. **5.** (ugs.) *klasse:* das ist ja k.!

Klas|si|zis|mus, der; -, ...men: **1.** ⟨o. Pl.⟩ *Stilform, die im Anschluss an antike, besonders römische Vorbilder Klarheit u. Strenge der Gliederung, Geradlinigkeit u. die Gesetzmäßigkeit der Verhältnisse betont.* **2.** *klassizistisches Stilmerkmal.*

klas|si|zis|tisch ⟨Adj.⟩: *den Klassizismus* (1) *betreffend; zu ihm gehörend.*

Klas|si|zi|tät, die; -: *klassische Mustergültigkeit, klassische Merkmale aufweisende Beschaffenheit:* Freuds K.

Klass|leh|rer, der (südd., österr.): *Klassenlehrer.*

Klass|leh|re|rin, die: w. Form zu ↑Klasslehrer.

Klass|raum, der (südd., österr.): *Klassenraum.*

Klass|zim|mer, das (südd., österr.): *Klassenzimmer.*

klas|tisch ⟨Adj.⟩ [zu griech. klastós = (ab)gebrochen, zu: klān = (ab)brechen] (Geol.): *(von Sedimentgestein) aus den Trümmern anderer Gesteine stammend.*

klatsch ⟨Interj.⟩ [zu ↑klatschen]: lautm. für ein Geräusch, das entsteht, wenn man die Hände zusammenschlägt od. wenn etw. [weiches] Schweres flach auf etw. Hartes fällt.

Klatsch, der; -[e]s, -e: **1.** *klatschendes Geräusch:* sie gab ihm einen K. auf den Hintern. **2.** ⟨o. Pl.⟩ (ugs.) **a)** (abwertend) *[übles, gehässiges] Gerede [hinter jmds. Rücken]; der Neugier entgegenkommende Neuigkeiten aus dem Bereich anderer:* das ist doch alles nur K. [u. Tratsch]; der K. blüht; sich nicht um jeden K. kümmern; jmdm. Anlass zum K. geben; **b)** *Plauderei, Gespräch über [weniger wichtige] private Dinge:* ein gemütlicher K. bei einer Tasse Kaffee.

Klatsch|ba|se, die (ugs. abwertend): *jmd., der gern klatscht* (4 a).

Klat|sche, die; -, -n: *dünne Stange aus Metall od. Kunststoff, an der ein elastisches Blatt* (5) *[beweglich] angebracht ist u. die bes. zum Schlagen nach Fliegen benutzt wird.*

klat|schen ⟨sw. V.; hat⟩ [lautm.]: **1. a)** *ein [helles] schallendes Geräusch durch das Aufschlagen von etw. [weichem] Schwerem auf etw. Hartes von sich geben:* die Wellen klatschten; der Regen klatscht auf das Dach; die nassen Segel klatschten gegen den Mast; ⟨unpers.:⟩ er bekam eine Ohrfeige, dass es nur so klatschte; **b)** (ugs.) *(etw. Feuchtes o. Ä.) durch Werfen o. Ä. klatschend* (1 a) *auf etw. auftreffen lassen:* Mörtel an die Wand, Ketchup auf den Teller k.; Ü Betonbauten in die Landschaft k. **2. a)** *die Innenflächen der Hände [wiederholt] gegeneinander schlagen:* das Kind klatschte vor Freude in die Hände; **b)** *durch Klatschen* (2 a) *angeben:* den Takt, den Rhythmus k.; **c)** *durch Klatschen* (2 a) *seine Zustimmung, Begeisterung ausdrücken; applaudieren:* zurückhaltend, lange, stürmisch, im Takt k.; einige Abgeordnete der Opposition klatschten; ⟨auch mit Akk.-Obj.:⟩ sie klatschten [dem Solisten] begeistert Beifall. **3. a)** *mit der flachen Hand klatschend* (1 a) *schlagen:* ich klatschte ihm, mir vor Begeisterung auf die Schenkel; * **jmdm. eine k.** (salopp; *jmdm. eine Ohrfeige geben*); **b)** (Jugendspr.) *verprügeln, fertig machen:* die Fans des gegnerischen Vereins k. wollen. **c)** ⟨k. + sich⟩ (Jugendspr.) *sich prügeln* (2): er hat sich mit seinem Freund geklatscht. **4. a)** (ugs. abwertend) *in geschwätziger Weise [über nicht Anwesende] reden:* mit jmdm. k.; über die neuen Nachbarn k.; **b)** (landsch. ugs.) *etw. verraten, petzen:* er lief sofort zum Lehrer, um zu k.

Klatsch|ge|schich|te, die (abwertend): *Geschichte, die auf Klatsch* (2 a) *basiert.*

klatsch|haft ⟨Adj.⟩ (seltener): *zum Klatschen* (4 a) *neigend und viel, meist Überflüssiges redend.*

Klatsch|ko|lum|nist, der (abwertend): *jmd., der regelmäßig für eine bestimmte Zeitung Artikel schreibt, die gesellschaftlichen Klatsch* (2 a) *zum Inhalt haben.*

Klatsch|ko|lum|nis|tin, die: w. Form zu ↑Klatschkolumnist.

Klatsch|maul, das (salopp abwertend): *Klatschbase.*

Klatsch|mohn, der ⟨o. Pl.⟩ [bezogen auf das Geräusch, das entsteht, wenn man ein Blütenblatt in bestimmter Weise zusammenlegt u. auf den Handrücken od. gegen die Stirn schlägt]: *Mohn mit leuchtend roten, sehr zarte, schnell abfallende Blütenblätter aufweisenden Blüten u. hellgrünen, gefiederten Blättern.*

klatsch|nass ⟨Adj.⟩ (ugs. emotional): *völlig, durch und durch nass:* -e Haare; wir sind gestern k. geworden.

Klatsch|spal|te, die (ugs. abwertend): *Teil der Zeitung, in dem der gesellschaftliche Klatsch* (2 a) *steht:* ihr Name taucht oft in den -n auf.

Klatsch|sucht, die ⟨o. Pl.⟩ (abwertend): *Sucht zu klatschen* (4 a), *Klatsch* (2 a) *zu verbreiten.*

klatsch|süch|tig ⟨Adj.⟩: *sehr klatschhaft.*

Klatsch|tan|te, die (ugs. abwertend): *Klatschbase.*

Klatsch|weib, das (ugs. abwertend): *Klatschbase.*

-klau, der; -s, -e u. -s [zu ↑klauen] (ugs. scherzh.): **1.** bezeichnet in Bildungen mit Substantiven ein (gedachtes) Wesen, das etw. in größerem Umfang entwendet, verschwendet, vergeudet: Bücher-, Werkzeugklau. **2.** ⟨o. Pl.⟩ bezeichnet in Bildungen mit Substantiven ein Handeln, das im Stehlen, Entwenden von etw. besteht: Devisen-, Mofaklau.

klau|ben ⟨sw. V.; hat⟩ [mhd. klūben, ahd. klūbōn, ablautend zu ↑klieben]: **1. a)** (landsch.) *etw. mühsam u. einzeln, eins nach dem anderen [mit den Fingerspitzen] aus od. von etw. entfernen:* Rosinen aus dem Kuchen, Krümel vom Polster k.; Ü den eigentlichen Sinn aus einer Rede k.; **b)** (Bergmannsspr.) *(brauchbare Stücke) aussondern:* Kohle aus dem Geförderten k. **2. a)** (bes. südd., österr. ugs.) *Stück für Stück auf-, wegnehmen:* Kartoffeln, Beeren k.; Holz, Reisig k.; **b)** (landsch.) *durch Klauben* (1 a) *[aus]sortieren, [aus]lesen:* Erbsen, Bohnen k.

Kläu|chen, das; -s, -: Vkl. zu ↑[1]Klaue (1 a, b).

[1]Klaue, die; -, -n [mhd. klā(we), ahd. klāwa = Kralle; Tatze, eigtl. = die Packende; die Geballte]: **1. a)** *(bei Haarraubwild u. Raubvögeln) [Fuß mit] Krallen:* die scharfen -n des Löwen, des Adlers; die -n (Jägerspr.; *Pfoten*) des Hundes; Ü jmdn. den -n des Todes entreißen (geh.; *aus Todesgefahr retten*); jmdn. aus jmds. -n befreien; in jmds. -n/ jmdm. in die -n geraten; jmdn. in seine -n bekommen; **b)** (salopp, oft abwertend) *Hand:* nimm deine schmutzigen -n da weg!; **c)** ⟨o. Pl.⟩ (salopp abwertend) *(schlechte, unleserliche) Handschrift:* eine fürchterliche K. haben; jmds. K. nicht lesen können. **2.** *(bei Paarhufern) Hälfte des hufartigen Fußes.* **3.** *(bes. bei Insekten) scheren-, zangenähnlicher Fortsatz des Fußes.* **4.** (bes. Handw., Technik) **a)** *(bei verschiedenen Werkzeugen, Geräten, Vorrichtungen) Teil von hakenartiger Form, bes. mit dem Zweck des Fassens, Greifens;* **b)** *dreiecksförmige Aussparung an der Verbindungsstelle zweier Balken;* **c)** *Ansatz an einem Maschinenteil, der bei Einrücken od. Eingreifen in eine entsprechend geformte Aussparung in einem anderen Maschinenteil mit diesem eine lösbare Verbindung herstellt.*

[2]Klaue: in der Wendung **auf K. gehen** (salopp; *stehlen gehen;* zu ↑klauen).

klau|en ⟨sw. V.; hat⟩ [eigtl. (noch mundartl.) = mit den Klauen fassen, kratzen; vgl. mniederd. klouwen, ahd. klāwēn = krallen, kratzen; zu ↑[1]Klaue] (salopp): *[kleinere Dinge] stehlen:* beim Nachbarn Kirschen k.; jmdm. den Geldbeutel aus der Tasche k.; in einem geklauten Auto; Ü die Melodie ist geklaut (ugs.; *ist ein Plagiat*).

klau|en|för|mig ⟨Adj.⟩: *von der Form einer Klaue, von Klauen.*

Klau|en|seu|che, die: kurz für ↑Maul- und Klauenseuche.

Klaus, der; -, -e od. Kläuse [nach dem m. Vorn. Klaus, Kurzf. von Nikolaus] **1.** (schweiz. ugs.) *Dummkopf.* **2.** (landsch.) *Nikolaus.* **3.** (Gaunerspr.) *Dietrich.*

Kläus|chen, das; -s, -: Vkl. zu ↑Klaus (3).

Klau|se, die; -, -n [mhd. klūse, ahd. klūsa < mlat. clusa = (Kloster)zelle, Einsiedelei, zu lat. cl(a)usum, 2. Part. von: claudere = (ver)schließen]: **1.** *Behausung eines Einsiedlers; Einsiedelei.* **2.** *Klosterzelle.* **3.** *kleinere Wohnung, Zimmer (als Ort der Ruhe, des Ungestörtseins für den darin Wohnenden):* in seiner stillen K. lesen, arbeiten. **4.** *Schlucht, Talenge (bes. in den Alpen).*

Klau|sel, die; -, -n [lat. clausula = Schluss(satz), Schluss-, Gesetzesformel, zu: claudere, ↑Klause]: **1.** *[als Einschränkung] eingefügte od. hinzugesetzte Bestimmung, Bedingung, bes. in einem Vertrag:* eine einschränkende, aufhebende K.; eine K. in einen Vertrag einfügen, einsetzen; eine K. enthalten, anwenden. **2.** (Rhet.) *(in der antiken Prosa) rhythmischer Satzschluss in einer der festliegenden metrischen Formen.* **3.** *(in der mittelalterlichen Musik) formelhafte melodische Schlusswendung.*

Klaus|ner, der; -s, - [mhd. klūsenære, zu ↑Klause]: *Bewohner einer Klause* (1); *Einsiedler.*

Klaus|tro|pho|bie, die [zu lat. claustrum = Schloss; Gewahrsam u. ↑Phobie] (Psych.): *krankhafte Angst vor dem Aufenthalt in geschlossenen Räumen.*

Klau|sur, die; -, -en [spätlat. clausura = Einschließung, zu lat. claudere = (ab-, ver)schließen]: **1.** ⟨o. Pl.⟩ *Abgeschlossenheit [gemäß einer Ordensregel od. Vorschrift]:* jmdm. K. auferlegen; in strenger K. leben; in K. verhandeln, tagen; in K. gehen *(sich zurückziehen).* **2.** *Bereich in einem Kloster, für den Abgeschlossenheit vorgeschrieben ist:* Fremde haben keinen Zutritt zur K. **3.** *Klausurarbeit:* eine K. schreiben.

Klau|sur|ar|beit, die: *unter Aufsicht zu schreibende [wissenschaftliche] Arbeit, die mit einer Leistungsnote bewertet wird.*

Klau|sur|ta|gung, die: *Tagung unter Ausschluss der Öffentlichkeit.*

Kla|vi|a|tur, die; -, -en [latinisierend zu ↑Klavier in der alten Bed. »Tastatur«]: **1.** *(bei Tasteninstrumenten) Gesamtheit der Tasten.* **2.** *Vielfalt, breite Skala der Möglichkeiten, Spielarten, Formen von etw.:* die K. der Gefühle.

Kla|vier, das; -s, -e [frz. clavier = Tastenreihe, Tastenbrett, zu mlat. clavis = Taste < lat. clavis = Schlüssel, zu: claudere = schließen]: *Musikinstrument mit Tasten, mit denen die senkrecht zur Tastatur gespannten Saiten über eine Mechanik mittels mit Filz überzogener Hämmerchen angeschlagen werden:* ein mechanisches, elektrisches K. *(Pianola);* ein elektronisches K. *(Klavier, bei dem die angeschlagenen Töne elektroakustisch erzeugt werden);* das K. stimmen; K. spielen *(auf einem Klavier od. Flügel spielen);* jmdn., jmds. Vortrag auf dem K., am K. begleiten; ein Konzert für K. und Orchester; Ü du spielst auf meinen Nerven K. (ugs.; *deine Vorgehensweise wird mir äußerst lästig*).

Kla|vier|abend, der: *Abendveranstaltung, bei der Klaviermusik vorgetragen wird.*

Kla|vier|aus|zug, der: *Einrichtung, Bearbeitung einer vielstimmigen Komposition für die Wiedergabe auf dem Klavier (bes. zum Zweck des Einstudierens von Gesangspartien).*

Kla|vier|be|glei|tung, die: *Begleitung auf dem Klavier.*

Kla|vier|kon|zert, das: **1.** *für Klavier u. Orchester komponiertes Konzert.* **2.** *Konzertveranstaltung, bei der Klaviermusik vorgetragen wird.*

Kla|vier|leh|rer, der: *Lehrer, der das Klavierspiel lehrt.*

Kla|vier|leh|re|rin, die: w. Form zu ↑Klavierlehrer.

Kla|vier|mu|sik, die: *Musik für Klavier.*

Kla|vier|quar|tett, das: **1.** *Quartett für Klavier u. drei Streichinstrumente.* **2.** *Ensemble, das ein Klavierquartett* (1) *od. ein Stück gleicher Besetzung aufführt.*

Kla|vier|sai|te, die: *Saite eines Klaviers.*

Kla|vier|sche|mel, der: *[drehbarer u. in der Höhe verstellbarer] Schemel, auf dem jmd. beim Klavierspielen sitzt.*

Kla|vier|so|na|te, die: *Sonate für Klavier.*

Kla|vier|spiel, das: *das Spielen auf dem Klavier.*

Kla|vier|spie|ler, der: *jmd., der Klavier spielt od. spielen kann.*

Kla|vier|spie|le|rin, die: w. Form zu ↑Klavierspieler.

Kla|vier|sto|ckerl, das (österr. ugs.): *Klavierschemel.*

Kla|vier|stück, das: *Musikstück für Klavier.*

Kla|vier|stun|de, die: *Unterrichtsstunde im Klavierspiel:* K. nehmen, erteilen.

Kla|vier|un|ter|richt, der: *Unterricht im Klavierspiel.*

Kle|be, die; -, -n ⟨Pl. selten⟩ [1: zu ↑kleben (1); 2: zu ↑kleben (8)]: **1.** (ugs.) *Klebstoff.* **2.** (Fußball Jargon) *Fuß, Bein, in dem sehr viel Schusskraft steckt.*

Kle|be|band, das ⟨Pl. ...bänder⟩: *Kunststoff-, Papierband od. -streifen mit einer Klebstoffschicht.*

Kle|be|mit|tel, (auch:) Klebmittel, das: *zum Kleben dienendes Mittel; Klebstoff.*

kle|ben ⟨sw. V.; hat⟩ [mhd. kleben, ahd. klebēn = kleben, anhaften, zu mhd. klīben, ahd. klīban = anhaften, (an)kleben, verw. mit ↑Klei]: **1.** *durch die Wirkung eines Klebstoffes od. aufgrund eigner Klebkraft fest an etw. hängen, an, auf etw. haften:* an der Litfaßsäule kleben Plakate; an seiner Backe, auf der Tischplatte klebt Marmelade; die feuchten Haare kleben ihr im Gesicht; das Hemd klebt ihm am Körper; die Fliege ist am, auf dem Leim k. geblieben; **Ü** am Radio, Fernseher k.; jmdm. am Auspuff k. (salopp; *dicht hinter jmdm. herfahren*); drei Wochen kleben wir nun schon in dieser Hafenstadt (ugs.; *sitzen wir fest*); wegen eines Maschinenschadens sind wir hier k. geblieben; die Unterschrift klebt in der rechten unteren Ecke; jmds. Blicke kleben an jmdm., an etw. *(sind unablässig auf jmdn., auf etw. gerichtet, geheftet);* der Torwart klebte zu sehr an der Linie (Sport; *bewegte sich nicht aus dem Tor heraus*); am Gegner k. bleiben (Sport; *den Gegenspieler ganz nah, eng decken*); sie klebt an ihm (salopp; *hängt an ihm u. kann sich nicht von ihm trennen*); ***k. bleiben** (salopp; *in der Schule nicht versetzt werden*); **jmdm. eine k.** (salopp; *jmdm. eine Ohrfeige geben*). **2.** *Klebkraft haben:* sehr fest, gut k.; das Pflaster klebt nicht mehr. **3.** (ugs.) **a)** *(an der Oberfläche) in einem Zustand sein, der das Klebenbleiben von etw. od. an etw. bewirkt; klebrig sein:* die Bonbons kleben; meine Hände kleben vor Dreck; mein Hemd klebt *(ist feucht u. klebt mir am Körper);* sie klebte [am ganzen Körper] *(schwitzte, u. ihre Kleider klebten ihr am Körper fest);* **b)** *etw. (Anklebendes) an sich hängen haben:* der Fliegenfänger klebt voller Fliegen. **4.** (ugs.) *sich nicht überwinden, entschließen können, etw. aufzugeben, sich von etw. zu trennen, zu lösen, loszureißen:* im Wirtshaus k.; sie ist bis abends bei ihrer Freundin k. geblieben; die Besucher klebten an ihren Stühlen; **Ü** an seinem Posten, Stuhl k. bleiben; am Geld, an Äußerlichkeiten k. **5.** *mit etw. verbunden sein:* an dieser Arbeit klebt viel Schweiß; an dieser Plastik kleben viele Erinnerungen; dieser Makel wird an ihr, an ihrem Namen k. bleiben. **6. a)** *so an, in, auf usw. etw. anbringen, befestigen, dass es daran, darin, darauf usw. klebt:* Plakate, Tapeten an die Wand k.; eine Marke auf den Brief k.; Fotos ins Album k.; **b)** *mit Klebstoff o. Ä. reparieren, wieder zusammenfügen:* einen gerissenen Film k.; einen Riss k. *(mit Klebstoff schließen).* **7.** (ugs. früher) *Sozialversicherungsbeiträge entrichten [u. die entsprechenden Marken als Beleg in ein Heft kleben]:* er hat bereits in jungen Jahren geklebt. **8.** (bes. Fußball) *wuchtig schießen, werfen:* den Ball in die linke obere Ecke k.

kle|ben blei|ben: s. kleben (1, 4, 5).

Kle|ber, der; -s, - [1: mhd. kleber = Gummi; Baumharz, Schleim]: **1.** (bes. ugs., Fachspr.) *Klebstoff.* **2.** (Fachspr.) *die Backfähigkeit des Mehls bedingende, klebrige, zähe Eiweißmasse im Getreidekorn.*

Kle|be|stift, der: *fester Klebstoff in Form eines Stiftes, der aus einer Hülse herausgedreht werden kann.*

Kle|be|strei|fen: ↑Klebstreifen.

Kle|be|ver|band, der (Med.): *mit Heftpflaster od. Klebstoff hergestellter bzw. befestigter Wundverband.*

Kleb|fes|tig|keit, die (Fachspr.): *Fähigkeit eines Klebstoffes, Haftung zu bewirken.*

Kleb|mit|tel: ↑Klebemittel.

kleb|rig ⟨Adj.⟩ [zu mhd. kleber = klebend]: **1.** *klebend; mit Klebstoff, mit etwas Zähflüssigem behaftet:* -e Hände; -er Likör; die Bonbons sind k.; k. vom Schweiß. **2.** (abwertend) *schmierig, aufdringlich-widerlich, zweideutig u. gemein:* ein -er Schleimer.

Kleb|rig|keit, die; -: **1.** *klebrige* (1) *Beschaffenheit.* **2.** *klebriges* (2) *Wesen.*

Kleb|stoff, der: *[zähflüssiger] Stoff, der dazu dient, etw. mit etw. an der Oberfläche mehr od. weniger fest zu vereinigen, zu verkleben, etw. an etw. zu kleben.*

Kleb|stoff|schicht, die: *Schicht, Beschichtung aus Klebstoff.*

Kleb|strei|fen, (auch:) Klebestreifen, der: *Papier-, Kunststoffstreifen mit Klebstoffschicht.*

Kle|cker|frit|ze, der; -n, -n (ugs. abwertend): *jmd, bes. kleiner Junge, der beim Essen kleckert* (1 a).

Kle|cker|kram, der (ugs. abwertend): *aus vielen unbedeutenden, kleinen Teilen [nach u. nach] Zusammenkommendes, das kein richtiges, kein ins Gewicht fallendes Ganzes ergibt.*

Kle|cker|lie|se, die [zum 2. Bestandteil vgl. Heulliese] (ugs. abwertend): *jmd., bes. kleines Mädchen, das beim Essen kleckert* (1 a).

kle|ckern ⟨sw. V.⟩ [Iterativbildung zu veraltet klecken, ↑Klecks] (ugs.): **1.** ⟨hat⟩ **a)** *mit heruntertropfender, -laufender Flüssigkeit o. Ä. Flecken machen:* beim Essen, beim Malen k.; auf den Teppich k.; **b)** *kleckernd verschütten, laufen, tropfen lassen:* Suppe auf den Boden k. **2.** *(von Flüssigkeiten o. Ä.) heruntertropfen, -laufen u. Flecken machen* ⟨ist⟩: etwas Soße ist auf die Decke gekleckert. **3.** ⟨hat⟩ **a)** *zögernd, mit vielen Unterbrechungen verlaufen, vorangehen o. Ä.:* die Arbeit kleckert nur; die Bestellungen kleckern *(kommen nur zögernd herein);* **b)** *nur geringe Mittel für etw. aufwenden:* bei diesem Vorhaben will er nicht k., sondern klotzen.

kle|cker|wei|se ⟨Adv.⟩ (ugs. abwertend): *in vielen kleinen, [zögernd] aufeinander folgenden Teilen, Schritten; in [zögernder] oft unterbrochener Folge:* seine Schulden k. bezahlen; die Teilnehmer trafen k. ein; ⟨mit Verbalsubstantiven auch attr.:⟩ k. Erledigung.

Klecks, der; -es, -e [zu veraltet Kleck = Fleck, Klümpchen, rückgeb. aus veraltet klecken, mhd., ahd. klecken = klatschen, zu ↑klack]: **1.** *Farb-, Tintenfleck:* ein K. auf der Leinwand; -e ins Heft machen; **Ü** die Sonne malt gelbe -e auf den Boden. **2.** (ugs.) *kleine Menge einer weichen zum Gebrauch irgendwohin beförderten Masse:* ein K. Marmelade, Butter, Senf.

Klecks|bild, das: *aus Klecksen erzeugtes Bild.*

kleck|sen ⟨sw. V.; hat⟩ [zu ↑Klecks]: **1. a)** *Kleckse* (1) *machen:* der Füller kleckst; **b)** (ugs. abwertend) *schlecht malen; schlecht (mit Tinte) schreiben:* ein Männchen, einen Spruch ins Heft k. **2.** (ugs.) *eine kleine Menge einer weichen od. dickflüssigen Masse irgendwohin fallen lassen:* Marmelade aufs Brot k.; die Butter aufs Brot k.

Kleck|ser, der; -s, - (ugs.): *Klecks* (1): das Blatt war voller K.

Kleck|se|rei, die; -, -en (ugs. abwertend): **1.** ⟨o. Pl.⟩ *dauerndes Klecksen* (1, 2). **2. a)** *etw. [Hin]gekleckstes;* **b)** *schlecht gemaltes Bild.*

Kle|da|ge [kle'daːʒə], **Kle|da|sche,** die; -, -n ⟨Pl. selten⟩ [scherzh. französierende Bildung zu ↑Kleid u. dem frz. Suffix -age] (landsch., oft abwertend): *Kleidung, Kleider.*

Klee, der; -s [mhd. klē, ahd. chlēo]: *(zu den Schmetterlingsblütlern gehörende) krautige Pflanze mit meist drei-, selten vierteiligen Blättern u. kugeligen weißen, gelblichen od. rötlich violetten Blüten;* ***jmdn., etw. über den grünen K. loben** (ugs.; *übertrieben, übermäßig loben;* eigtl. = noch mehr loben als der Dichter den grünen Klee [als Inbegriff des Frischen, Frühlingshaften bei mhd. Dichtern]).

Klee|blatt, das: **1.** *Blatt des Klees:* ein vierblättriges K. suchen. **2.** (ugs.) *Gruppe von drei (oft auch vier) Personen, die als zusammengehörig angesehen werden u. gemeinsam auftreten, handeln.* **3.** (Verkehrsw.) *Straßenkreuz, bei dem zwei quer zueinander in verschiedenen Ebenen geführte Straßen durch Rampen verbunden sind.*

klee|blatt|för|mig ⟨Adj.⟩: *von der Form eines drei-, seltener auch vierblättrigen Kleeblattes.*

Klee|feld, das: *Feld mit Klee.*

Klei, der; -[e]s [mniederd., asächs. klei, zu einem Verbstamm mit der Bed. »kleben; schmieren«] (bes. nordd.): *fette Tonerde; schwerer Lehmboden.*

Klei|ber, der; -s, - [mhd. kleiber = jmd., der eine Lehmwand herstellt, weil der Vogel den Eingang zu seiner Bruthöhle mit Lehm enger macht]: *kleiner, auf der Oberseite blaugrauer Vogel mit einem Specht ähnlichen Verhalten.*

Kleid, das; -[e]s, -er [mhd. kleit, wohl eigtl. = das mit Klei gewalkte (Tuch)]: **1.** *zur Oberbekleidung von Frauen u. Mädchen gehörendes, einteiliges Kleidungsstück, das den Ober- u. Unterkörper [sowie die Arme] u. die Beine (in unterschiedlicher Länge) bedeckt:* ein hochgeschlossenes, schulterfreies, ärmelloses, trägerloses, kurzes, knöchellanges, weites, eng anliegendes, elegantes K.; ein K. mit Reißverschluss, zum Durchknöpfen; ein K. nähen, ändern; ein rotes K. tragen; das K. anziehen, ausziehen, überziehen, überstreifen, auf-, zuknöpfen, auf den Bügel hängen; in einem neuen K.; **Ü** (geh.:) das bunte K. *(Laub)* des Herbstes; die Natur trägt ein grünes, weißes K. *(ist begrünt, ist mit Schnee bedeckt);* die Stadt hat ein festliches K. angelegt *(ist festlich geschmückt).* **2.** ⟨Pl.⟩ *bes. über der Wäsche getragene Bekleidung:* die -er kleben mir am Körper; seine -er ablegen; jmdm. die -er vom Leib reißen; nicht aus den -ern [heraus]kommen *(keine Möglichkeit finden, ins Bett zu gehen);* in die -er schlüpfen, fahren; in den -ern schlafen; den Staub aus den -ern bürsten; an seinen -ern ist, klebt Blut; **Spr** -er machen Leute *(gepflegte, gute Kleidung fördert das Ansehen);* ***[jmdm.] nicht in den -ern hängen bleiben** *([für jmdn.] eine seelische Belastung sein):* dass sie so im Stich gelassen wurde, das ist ihr natürlich nicht in den -ern hängen geblieben. **3. a)** (veraltet) *Uniform, Tracht;* **b)** (schweiz. veraltend) *[Herren]anzug.* **4.** (bes. Jägerspr., Zool.) **a)** *Gefieder;* **b)** *Fell* (z. B. des Hasen, Hermelins).

Kleid|chen, das; -s, - u. (ugs.:) Kleiderchen: **1.** Vkl. zu ↑Kleid (1). **2.** (ugs.) *einfaches, leichtes Kleid.* **3.** *Kinder-, Puppenkleid.*

klei|den ⟨sw. V.; hat⟩ [mhd. kleiden, zu ↑Kleid]: **1. a)** *jmdn., sich mit Kleidung versehen, in bestimmter Weise anziehen:* ein Kind zweckmäßig k.; sich sportlich, modern, elegant, jugendlich, auffällig, nach der neuesten Mode k.; sich in Schwarz, in Samt u. Seide k.; immer korrekt gekleidet sein; **Ü** die Natur kleidet sich in neues Grün (geh.; *wird wieder grün*); **b)** *(bes. als Teil, Zubehör der Kleidung) jmdm. stehen, zu jmdm. passen:* diese Farbe, dieser Hut kleidet dich/(ugs., bes. nordd.:) dir gut. **2. a)** *etw. in eine bestimmte Mitteilungs-, Ausdrucksform bringen:* seine Gedanken in Worte, in eine gute sprachliche Form k.; **b)** ⟨k. + sich⟩ (seltener) *in eine bestimmte Mitteilungs-, Ausdrucksform gebracht werden.*

Klei|der|bad, das: *weniger aufwendige chemische Reinigung nur leicht verschmutzter Kleidungsstücke u. anderer Textilien.*

Klei|der|bü|gel, der: *mit einem Haken versehener, zu einem Bogen o. Ä. gekrümmter schmaler Gegenstand zum Aufhängen von Kleidungsstücken.*

Klei|der|bürs|te, die: *Bürste zum Abbürsten von Kleidern.*
Klei|der|chen (ugs.): Pl. von ↑Kleidchen.
Klei|der|ge|schäft, das: *Geschäft, in dem hauptsächlich Kleidungsstücke verkauft werden.*
Klei|der|grö|ße, die: *genormte Größe für Kleidungsstücke.*
Klei|der|ha|ken, der: *[Wand]haken zum Aufhängen von Kleidungsstücken.*
Klei|der|kam|mer, die (bes. Milit.): *Aufbewahrungsraum, -ort für [vorrätige] Kleidungsstücke o. Ä.*
Klei|der|kas|ten, der (südd., österr., schweiz.): *Kleiderschrank.*
Klei|der|mo|de, die: *Mode, die Art, Schnitt, Beschaffenheit der Kleider* (1, 2), *der [Ober]bekleidung bestimmt.*
Klei|der|ord|nung, die (früher): *Gesamtheit von [amtlichen] Vorschriften u. Verboten, die sich auf Art u. Beschaffenheit der Kleidung beziehen.*
Klei|der|rock, der: *ärmelloses, ausgeschnittenes Kleid, unter dem eine Bluse getragen wird.*
Klei|der|sack, der (bes. Milit.): *als Gepäck mitgeführter Sack für Kleider o. Ä.*
Klei|der|schaft, der (schweiz.): *Kleiderschrank.*
Klei|der|schrank, der: *Schrank zum Aufhängen u. Aufbewahren von Kleidungsstücken:* **Ü** er ist ein K. (ugs.; *ein großer, breitschultriger, kräftiger Mann*).
Klei|der|stän|der, der: *Ständer mit Haken zum Aufhängen von Kleidungsstücken.*
Klei|der|stan|ge, die: *Stange (bes. im Kleiderschrank), an der Kleidungsstücke mithilfe von Kleiderbügeln aufgehängt werden können.*
Klei|der|stoff, der: *Stoff für Kleider* (1, 2).
Klei|der|vor|schrift, die: *(in einem bestimmten Bereich) Vorschrift über die Art der zu tragenden Kleidung.*
kleid|sam ⟨Adj.⟩: *jmdn. gut kleidend, zu ihm passend, ihm gut stehend:* ein -er Stil; die Frisur ist sehr k.
Kleid|sam|keit, die; -: *kleidsame Beschaffenheit.*
Klei|dung, die; -, -en ⟨Pl. selten⟩ [spätmhd. kleidunge, zu ↑kleiden]: *Gesamtheit der Kleider* (1, 2): leichte, warme, zweckmäßige K. tragen; sich neue K. für den Winter kaufen; viel Geld für K. ausgeben; ein Mensch in abgerissener, abgetragener K.
Klei|dungs|stück, das: *einzelnes zur Kleidung gehörendes Teil:* ein K. aus elastischem Material.
Klei|e, die; -, (Arten:) -n [mhd. klī(w)e, ahd. klī(w)a, eigtl. = klebrige Masse, verw. mit ↑Klei]: *beim Mahlen von Getreide entstehendes Abfallprodukt aus Schalen, Spelzen o. Ä.*
klein ⟨Adj.⟩ [mhd. kleine, ahd. kleini, wohl urspr. = (mit Fett) bestrichen od. verschmiert]: **1.** *in Ausdehnung od. Umfang unter dem Durchschnitt od. einem Vergleichswert bleibend:* ein [verschwindend, mikroskopisch] -es Loch, Löchlein; Kleider in -en Größen; eine -e[re] Stadt; -e Augen haben, machen vor Müdigkeit; etw. auf -er Flamme *(mit geringer Hitze)* kochen; der -e Zeiger *(Stundenzeiger)* der Uhr; ein -es Bier *(Glas mit etwa einem viertel Liter Bier);* -e *(kurze)* Schritte machen; die -en Buchstaben *(Kleinbuchstaben)* des Alphabets; ein -es Geschäft/k. machen [müssen] (fam.; *Wasser lassen [müssen]*); die Schuhe sind mir zu k. geworden; das Kleid ist [dir zwei Nummern] zu k.; in dem Mantel wirkst du/der Mantel macht dich k.; der Junge ist sehr k. *(hat eine verhältnismäßig sehr geringe Körpergröße, -länge)* für sein Alter; ich bin [einen Kopf] -er als sie; du musst dich k. machen *(bücken, ducken),* um hineinzukommen; das Schiff wurde klein[er] und -er *(seine Größe nahm mit der Entfernung scheinbar stetig ab);* die [Gas]flamme etwas -er, [auf] k. stellen, drehen *(auf eine etwas geringere, auf eine geringe Stärke einstellen);* die Bemerkung stand winzig k. in der linken unteren Ecke; weil sie sehr k. schreibt *(eine sehr kleine Schrift hat),* kann man es nicht lesen; k. gedruckte Anmerkungen; immer auch das [ganz] k. Gedruckte lesen!; ein [ganz] k. karierter, gemusteter, geblümter Stoff; etw. [ganz] k., [noch] -er schneiden; Holz k. machen, hacken; sag mir Bescheid, wenn du das Holz k. hast (ugs.; *klein gemacht hast, wenn du fertig bist mit Holzhacken*); ⟨subst.:⟩ Pippin der Kleine; eine Welt im Kleinen *(von kleineren Abmessungen, aber sonst entsprechend od. vergleichbar);* *** k., aber oho** (ugs.; *klein, aber beachtlich, energisch, selbstbewusst, leistungsfähig usw.*); **k., aber fein** *(nicht sehr groß, aber sehr gut);* **k. geschrieben werden** (ugs.; *keine Rolle spielen, für unwichtig erachtet werden*): Toleranz wird bei diesen Leuten k. geschrieben. **2. a)** *(von Kindern) eine niedrigere Anzahl von Lebensjahren habend, jünger:* mein -er Bruder; als du noch -er warst, musstest du früher ins Bett; ⟨subst.:⟩ unsere Kleine *(jüngere Tochter, Schwester);* **b)** *(bes. von Kindern, Tieren) sehr jung [u. noch klein von Gestalt]:* -e Kinder, Hunde; er benimmt sich wie ein -er Junge; Klein Franz *(der kleine Franz),* Klein Susi *(die kleine Susi);* sich mit -en (ugs.; *jungen*) Mädchen abgeben; ihre Kinder sind alle noch k.; ⟨subst.:⟩ Spielzeug für die Klein[st]en; Kleine und Große *(Kinder u. Erwachsene);* sie hat etwas Kleines (ugs.; *ein Baby*) bekommen; *** von k. auf** *(von Kindheit an).* **3.** *verhältnismäßig wenig Zeit beanspruchend, von verhältnismäßig kurzer Dauer:* eine -e Weile, Pause; einen -en Augenblick lang; die Schüler durften in der -en Pause *(Fünfminutenpause)* in der Klasse bleiben; nach einer -eren Verzögerung; eine -e Rede halten. **4.** *von verhältnismäßig geringer Menge, Anzahl; sich aus wenigen einzelnen Bestandteilen od. Werten zusammensetzend:* eine -e[re] Leserschaft; wir sind eine -e Familie; -e Zahlen, Summen; -e *(niedrige)* Beträge, Kosten, Preise; eine -e Auswahl; kein -es Geld *(Kleingeld)* haben; -e Münzen *(von geringem Geldwert);* haben Sie es k. (ugs.; *in abgezähltem Geld, passend*), -er (ugs.; *in kleineren Geldscheinen od. Münzen*)?; können Sie [mir] den Schein k. machen (ugs.; *in kleinere Scheine od. Münzen wechseln*)?; ⟨subst.:⟩ im Kleinen *(en détail)* verkaufen; im Kleinen *(in kleinem Umfang, bei geringen Mengen)* war die Methode erfolgreich. **5.** *von geringerem Ausmaß, Umfang, Grad; von geringerer Bedeutung, nicht ganz so erheblich:* eine -e Feier; der -ste *(geringste)* Zweifel; die tausend -en Dinge des täglichen Bedarfs; mir ist ein -es Missgeschick passiert; das -ere von zwei Übeln, das -ere Übel wählen; beim -sten Geräusch erschrecken; das ist meine -ste Sorge *(macht mir von allem am wenigsten Sorge);* jmdm. eine -e Freude machen *(jmdn. mit einer Kleinigkeit erfreuen);* das ist kein -es *(ein großes)* Verdienst; das -e Schwarze *(kurzes schwarzes, schickes, aber nicht hochelegantes Kleid);* er ist ein -er *(in seinem bescheideneren Bereich so etwas wie ein)* König; (fam. abschwächend:) na, du -er Schwindler!; wie wärs mit einem -en Spielchen?; ein klein[es] bisschen *(ein wenig);* ein k. wenig *(etwas);* ⟨subst.:⟩ im Kleinen wie im Großen *(in allen Dingen)* korrekt sein; er ist bis ins Kleinste *(bis ins Detail)* genau. **6. a)** *unbedeutend, bescheiden, einfach:* ein -er Student, Beamter; in -en *(beschränkten)* Verhältnissen leben; ⟨subst.:⟩ die Kleinen *(die weniger bedeutenden Firmen)* der Autoindustrie; **Spr** die Kleinen hängt man, die Großen lässt man laufen *(die Unbedeutenden, die Mitläufer werden bestraft, während man die Hauptschuldigen unbehelligt lässt);* *** k. anfangen** (ugs.; *von der untersten Stufe, bes. ohne Vermögen, beginnen*); **b)** (ugs.) *[niedergeschlagen, kleinlaut u.] bereit nachzugeben, sich zu beugen:* [ganz] k. [und hässlich] werden; als man ihn daran erinnerte, wurde er so (mit einer entsprechenden Geste von Daumen u. Zeigefinger:) k.!; da wurde er so k. mit Hut! (verstärkend; *ganz klein; d. h. ohne Hut noch einmal ein Stück kleiner*); *** k. beigeben** (↑beigeben c). **7.** *kleinlich, engstirnig, beschränkt:* ein -er Geist; k. und niedrig [von jmdm.] denken.
Klein, das; -s (Kochk.): kurz für ↑Hasen-, Gänse-, Hühnerklein.
Klein|ak|ti|o|när, der (Wirtsch.): *Aktionär, dem nur ein unbedeutender Teil des Grundkapitals einer Aktiengesellschaft gehört.*
Klein|ak|ti|o|nä|rin, die: w. Form zu ↑Kleinaktionär.
Klein|an|zei|ge, die (Zeitungsw.): *im Inseratenteil einer Zeitung erscheinende kleine, einspaltige Anzeige.*
Klein|ar|beit, die ⟨o. Pl.⟩: *mühevolle Arbeit, die ins Einzelne geht:* intensive, mühselige K.; kriminalistische K. leisten; etw. in sorgfältiger K. ermitteln.
klein|asi|a|tisch ⟨Adj.⟩: *Kleinasien betreffend.*
Klein|asi|en; -s: Halbinsel zwischen Schwarzem Meer u. Mittelmeer.
Klein|bahn, die: *[schmalspurige] Eisenbahn von nur lokaler Bedeutung.*
Klein|bau|er, der: *[nebenberuflich tätiger] Bauer, dessen landwirtschaftlicher Betrieb sehr klein ist.*
Klein|bäu|e|rin, die: w. Form zu ↑Kleinbauer.
klein|bäu|er|lich ⟨Adj.⟩: *den Kleinbauern, die Kleinbauern betreffend.*
klein|be|kom|men ⟨st. V.; hat⟩: *kleinkriegen* (1, 2).
Klein|bild, das (Fot.): *kleinformatiges Bild.*
Klein|bild|ka|me|ra, die (Fot.): *Kamera für Aufnahmen im Kleinformat.*
Klein|buch|sta|be, der: *Buchstabe aus der Reihe der kleinen Buchstaben eines Alphabets.*
Klein|bür|ger, der [urspr. (landsch.) = Arbeiter]: **1.** *Angehöriger des unteren Mittelstandes.* **2.** (abwertend) *Spießbürger.*
Klein|bür|ge|rin, die: w. Form zu ↑Kleinbürger.
klein|bür|ger|lich ⟨Adj.⟩: **1.** *das Kleinbürgertum betreffend.* **2.** (abwertend) *spießbürgerlich.*
Klein|bür|ger|tum, das: *unterer Mittelstand.*
Klein|bus, der: *kleiner Omnibus.*
Klein|chen, das; -s, - ⟨Pl. selten⟩: Vkl. zu ↑[1,3]Kleine (1), [2]Kleine (1, 2).
Klein|com|pu|ter, der: *Kleinrechner; Personalcomputer.*
Klein|dar|stel|ler, der: *Darsteller, Schauspieler mit nur kleineren Aufgaben.*
Klein|dar|stel|le|rin, die: w. Form zu ↑Kleindarsteller.
klein|den|kend ⟨Adj.⟩ (geh.): *kleinlich, unedel denkend:* ein -er Mensch.
klein|deutsch ⟨Adj.⟩: *im 19. Jh. ein deutsches Reich ohne Österreich durch den Zusammenschluss der deutschen Staaten anstrebend:* die -e Lösung.
klein dre|hen ⟨sw. V.; hat⟩ (ugs.): s. klein (1).
[1]**Klei|ne,** der; -n, -n ⟨Dekl. ↑Abgeordnete⟩: **1.** *kleiner Junge:* der K. läuft schon; unser -r *(unser kleiner Sohn, Bruder o. Ä.).* **2.** (ugs. scherzh., meist in vertraulicher Anrede) *junger Mann:* na, -r!
[2]**Klei|ne,** die; -n, -n ⟨Dekl. ↑Abgeordnete⟩: **1.** *kleines Mädchen.* **2.** (ugs.) *junges Mädchen:* eine hübsche K.
[3]**Klei|ne,** das; -n, -n ⟨Dekl. ↑[2]Junge⟩: **1.** (ugs. scherzh.) *kleines Kind:* das K. weinte; (iron.:) ja, ja, die lieben -n! **2.** [2]*Junge* (1).
Klei|ne|leu|te|mi|li|eu, das: *Milieu der kleinen, einfachen Leute.*
klei|ne|ren|teils, klei|nern|teils ⟨Adv.⟩: *zum kleineren Teil.*
Klein|fa|mi|lie, die (Soziol.): *kleine Familie* (1 a), *in der nur das Elternpaar mit seinen Kindern zusammenlebt.*
Klein|for|mat, das: *kleines Format:* eine Aufnahme im K.
klein|for|ma|tig ⟨Adj.⟩: *ein kleines Format aufweisend:* -e Fotos.
Klein|gar|ten, der: *kleiner, [zusammen mit gleichartigen Gärten] für sich liegender Garten.*
Klein|ge|bäck, das: *kleines Gebäck, Gebäck in kleinen Stücken.*
klein ge|blümt: s. klein (1).
klein ge|druckt: s. klein (1).

Klein|ge|druck|te, das; -n ⟨Dekl. ↑[2]Junge⟩: *(leicht zu übersehende u. zu unterschätzende, scheinbar beiläufige) klein gedruckte Zusätze, Bestimmungen o Ä., bes. in Verträgen:* auf das K. achten.

Klein|geist, der ⟨Pl. -er⟩ (abwertend): *beschränkter, engstirniger Mensch.*

klein|geis|tig ⟨Adj.⟩ (abwertend): *beschränkt, engstirnig, borniert.*

Klein|geld, das ⟨o. Pl.⟩: *Geld, bes. in Münzen, zum Bezahlen kleinerer Beträge, zum Herausgeben od. zum Wechseln:* ich habe kein K. [bei mir]; bitte K. bereithalten!; ich hatte mir genügend K. eingesteckt; für einen Wagen fehlt ihm das nötige, entsprechende K. (iron.; *die nötige, entsprechende größere Geldsumme*); ihr ist das K. (scherzh.; *Geld*) ausgegangen.

klein ge|mus|tert: s. klein (1).

Klein|ge|wer|be, das: *kleines, mittelständisches Gewerbe.*

klein|gläu|big ⟨Adj.⟩ (abwertend): *ohne festes Vertrauen ängstlich-zweifelnd:* -e Menschen; ⟨subst.:⟩ die Kleingläubigen verließen uns.

klein ha|cken ⟨sw. V.; hat⟩: s. klein (1).

Klein|han|del, der: *Handel im Kleinen; Einzelhandel.*

Klein|häus|ler, der (österr.): *Kleinbauer.*

Klein|häus|le|rin, die: w. Form zu ↑Kleinhäusler.

Klein|heit, die; - [mhd. kleinheit = Kleinheit, Feinheit]: *geringe Größe, geringes Ausmaß, geringer Umfang.*

Klein|hirn, das (Med.): *Hirnabschnitt zwischen Großhirn u. Nachhirn.*

Klein|holz, das ⟨o. Pl.⟩: *klein gehacktes Holz:* K. machen *(Holz klein machen);* * **K. machen** (1. ugs.; *die Einrichtung zertrümmern.* 2. Fliegerspr.; *eine Bruchlandung machen*); **K. aus etw. machen/etw. zu K. machen, verarbeiten** usw.; **etw. in K. verwandeln** (ugs.; *etw. zertrümmern, zerstören*): aus der Einrichtung K. machen; **K. aus jmdm. machen/jmdn. zu K. machen** usw. (ugs.; *jmdn. zusammenschlagen, verprügeln, übel zurichten* [meist als Drohung]).

Klei|nig|keit, die; -, -en [mhd. kleinecheit = Kleines, Kleinheit]: **a)** *kleine, unbedeutende Sache:* einige -en besorgen, kaufen; jmdm. eine K. schenken *(ein kleines Geschenk machen);* eine K. (ugs.; *ein bisschen*) zu essen machen; sich eine K. (ugs.; *etwas Geld*) nebenher verdienen; das kostet eine K. (iron.; *ziemlich viel*), die K. von 3000 Mark; eine K. (ugs.; *ein bisschen*) zu viel; das ist keine K. (ugs.: *das ist wichtig; das ist nicht so einfach*); sich an -en stoßen; sich nicht mit -en abgeben; sich um jede K. selbst kümmern müssen; **b)** *wenig Mühe verursachende Aufgabe, Angelegenheit:* das ist für dich eine K. (ugs.; *fällt dir leicht*); etw. ist für jmdn. keine K. (ugs.; *fordert jmds. Kräfte, Fähigkeiten*).

Klein|in|dus|trie, die: vgl. Kleingewerbe.

Klein|ka|li|ber, das: *kleines Kaliber, bes. bei Sport- u. Jagdwaffen.*

Klein|ka|li|ber|ge|wehr, das: *Gewehr mit Kleinkaliber.*

klein|ka|li|be|rig: ↑kleinkalibrig.

Klein|ka|li|ber|schie|ßen, das: *einer der sportlichen Wettbewerbe für kleinkalibrige Waffen.*

klein|ka|li|brig, kleinkaliberig ⟨Adj.⟩: *ein kleines Kaliber aufweisend:* ein -es Gewehr.

klein|ka|riert ⟨Adj.⟩ [nach dem Vergleich mit dem Linienmuster auf Millimeterpapier] (ugs. abwertend): *kleinlich, engstirnig, ohne jede Großzügigkeit, spießbürgerlich:* -e Kritik, Leute; er ist mir zu k.

klein ka|riert: s. klein (1).

Klein|ka|riert|heit, die; -, -en: 1. ⟨o. Pl.⟩ *kleinkarierte [Wesens]art, Eigenart.* 2. *kleinkarierte Eigenheit, Äußerung, Handlung.*

Klein|kind, das (bes. Amtsspr.): *kleines Kind [vom dritten] bis zum sechsten Lebensjahr.*

Klein|kle|ckers|dorf [erfundener Ortsn.] (ugs. spött.): *irgendein kleiner, unbedeutender Ort.*

klein-klein ⟨Adv.⟩: in der Wendung **k. spielen** (Sport Jargon; *sich den Ball immer wieder auf zu engem Raum zuspielen*).

Klein-Klein, das; -s (Sport Jargon): *zu kurzes Zuspiel; Zuspiel auf zu engem Raum.*

Klein|kli|ma, das (Meteor.): *örtlich u. stellenweise stark unterschiedliches, bodennahes Klima.*

Klein|kraft|rad, das (Verkehrsw.): *Kraftrad mit kleinem Hubraum u. einer Höchstgeschwindigkeit von 50 km/h.*

Klein|kram, der (ugs., meist abwertend): **a)** *kleine Dinge, Sachen:* wir haben nur K. für den Flohmarkt; **b)** *Kleinigkeiten, kleine Angelegenheiten:* der ewige, tägliche K.; sich mit K. beschäftigen.

Klein|kre|dit, der (Finanzw.): *kleiner, für kürzere Zeit gewährter Kredit, der in bar ausgezahlt wird.*

Klein|krieg, der: **1.** *Krieg im Rücken des Feindes mit kleinen Einheiten; Guerillakrieg.* **2.** *dauernder Streit um Kleinigkeiten, ständige Reibereien:* ein K. um die Kinder.

klein|krie|gen ⟨sw. V.; hat⟩ (ugs.): **1.** *es fertig bringen, etw. zu zerkleinern, zu zerstören, unbrauchbar zu machen:* der Junge kriegt jedes Spielzeug klein; der Teppich ist nicht kleinzukriegen *(ist sehr strapazierfähig).* **2.** *auf-, verbrauchen:* den Kuchen, das Erbteil k. **3.** *unterwerfen, unterkriegen, gefügig machen, entmutigen:* ich werde dich schon k.!; ich lasse mich nicht k.

Klein|kri|mi|na|li|tät, die: *Gesamtheit der strafbaren Handlungen im Bereich der Bagatelldelikte bzw. der Delikte, die als weniger schwer angesehen werden.*

Klein|kri|mi|nel|le, der u. die: *jmd., der kleinere Delikte begangen hat.*

Klein|kunst, die ⟨o. Pl.⟩: **1.** *in kleinen künstlerischen Darbietungen od. Schöpfungen, bes. in kabarettistischen Darbietungen, bestehende Kunst.* **2.** *Kunsthandwerk.*

Klein|kunst|büh|ne, die: *Bühne, die Kleinkunst* (1) *darbietet; Kabarett.*

Klein|las|ter, der: *Kleintransporter.*

klein|laut ⟨Adj.⟩: *in Ausdruck u. Verhalten plötzlich sehr gedämpft, sehr bescheiden (im Vergleich zum vorherigen vorlauten od. selbstsicheren Verhalten):* eine -e Antwort; k. um Verzeihung bitten.

Klein|le|be|we|sen, das: *[sehr] kleines Lebewesen.*

klein|lich ⟨Adj.⟩ [mhd. kleinlich = fein; genau, ahd. kleinlîhho (Adv.)] (abwertend): *Kleinigkeiten übertrieben wichtig nehmend, engstirnig od. engherzig, ohne jede Großzügigkeit:* ein -er Mensch; -e Bestimmungen, Verdächtigungen; in Geldsachen k. sein.

Klein|lich|keit, die; -, -en (abwertend): **1.** ⟨o. Pl.⟩ *kleinliche [Wesens]art.* **2.** *kleinliche Handlung, kleinlicher Einwand:* ärgerliche -en.

klein|ma|chen ⟨sw. V.; hat⟩ (ugs.): *aufbrauchen, durchbringen:* eine Erbschaft k.

klein ma|chen: s. klein (1, 4).

klein|ma|schig ⟨Adj.⟩: *mit engen Maschen versehen:* ein -es Netz.

Klein|mö|bel, das (Gewerbespr.): *kleines Möbel, möbelartiges Einrichtungsstück.*

Klein|mut, der [zu ↑kleinmütig] (geh.): *Mangel an Selbstvertrauen u. Entschlusskraft; Verzagtheit.*

klein|mü|tig ⟨Adj.⟩ [mhd. kleinmuotic] (geh.): *voll Kleinmut; Kleinmut zeigend:* ein -er Mensch; k. werden; k. aufgeben.

Klein|mü|tig|keit, die; - (geh.): *kleinmütige [Wesens]art, Kleinmut.*

Klein|od [...o:t], das; -[e]s, -e u. ...odien [mhd. kleinōt, zu ↑klein mit dem Suffix -ōti] (geh.): **1.** ⟨Pl. -ien⟩ *kostbares Schmuckstück:* ein K. aus Brillanten; etw. wie ein K. hüten. **2.** *Kostbarkeit, Juwel:* ein architektonisches K.; -e, -ien der gotischen Baukunst.

Klein|plas|tik, die (bild. Kunst): *kleine Plastik.*

klein|räu|mig ⟨Adj.⟩: **1.** *kleinere Gebiete, ein kleines Gebiet betreffend:* das -e Klima. **2.** *wenig Raum bietend od. beanspruchend:* eine -e Wohnung.

Klein|rech|ner, der: *Rechner* (2) *mit (im Vergleich zum Großrechner) geringerer Leistung u. Speicherkapazität.*

klein|re|den ⟨sw. V.; hat⟩: *herabsetzen* (2); *herunterspielen* (2): lass dir deinen Erfolg nur nicht k.!

Klein|rent|ner, der: *Rentner, der von einer kleinen Rente lebt:* * **geistiger K.** (salopp abwertend; *beschränkter, geistig anspruchsloser Mensch*).

Klein|rent|ne|rin, die: w. Form zu ↑Kleinrentner.

klein schnei|den: s. klein (1).

klein|schrei|ben ⟨st. V.; hat⟩: *mit kleinen Anfangsbuchstaben schreiben:* Adverbien werden kleingeschrieben.

klein schrei|ben: s. klein (1).

Klein|schrei|bung, die: *das Schreiben mit kleinen Anfangsbuchstaben:* gemäßigte, radikale K.

Klein|spa|rer, der (Finanzw.): *Sparer kleiner Beträge.*

Klein|spa|re|rin, die: w. Form zu ↑Kleinsparer.

Klein|staat, der: *kleiner, zwar souveräner, aber außenpolitisch weitgehend einflussloser od. abhängiger Staat.*

Klein|staa|te|rei, die; - (bes. hist.): *politische Zerrissenheit durch Aufspaltung in Kleinstaaten:* die deutsche K. im 19. Jahrhundert.

Klein|stadt, die: *kleinere Stadt mit überschaubaren, aber auch beschränkteren Verhältnissen.*

Klein|städ|ter, der (oft abwertend): *jmd., der in einer Kleinstadt wohnt u. von ihr geprägt ist.*

Klein|städ|te|rin, die: w. Form zu ↑Kleinstädter.

klein|städ|tisch ⟨Adj.⟩ (oft abwertend): *zu einer Kleinstadt gehörend, einer Kleinstadt, dem Leben in einer Kleinstadt entsprechend:* -e Enge.

klein stel|len: s. klein (1).

Kleinst|kind, das (bes. Amtsspr.): *kleines Kind bis zum zweiten Lebensjahr.*

Kleinst|le|be|we|sen, das: *mikroskopisch kleines Lebewesen, Mikroorganismus.*

kleinst|mög|lich ⟨Adj.⟩: *so klein wie möglich:* das -e Format.

klein|tei|lig ⟨Adj.⟩ (Fachspr.): *in viele kleine Teile, Abschnitte, Felder usw. gegliedert:* ein -es Relief; -e Landschaft.

Klein|tier, das: *kleineres Haustier* (z. B. Hund, Katze, Papagei).

Klein|tier|hal|ter, der: *jmd., der Kleintiere hält.*

Klein|tier|hal|te|rin, die: w. Form zu ↑Kleintierhalter.

Klein|tier|hal|tung, die: *das Halten von Kleintieren.*

Klein|tier|zucht, die: *Zucht von Kleintieren.*

Klein|trans|por|ter, der: *kleiner Lastwagen.*

Klein|un|ter|neh|men, das: *kleineres Unternehmen* (2).

Klein|un|ter|neh|mer, der: *Betreiber eines Kleinunternehmens.*

Klein|un|ter|neh|me|rin, die: w. Form zu ↑Kleinunternehmer.

Klein|ver|die|ner, der: *jmd., der wenig Geld verdient, der nur ein kleines Einkommen hat.*

Klein|ver|die|ne|rin, die: w. Form zu ↑Kleinverdiener.

Klein|vieh, das: *Gesamtheit der kleinen Nutztiere wie Kaninchen, Geflügel u. a.:* er hält nebenher noch etwas K.; R K. macht auch Mist (ugs.; *auch kleinere Erträge sind von Nutzen [weil sie sich zu größeren summieren]*).

Klein|wa|gen, der: *kleines Auto (mit einem kleinen Hubraum).*

klein|win|zig ⟨Adj.⟩ (fam.): *winzig klein:* ein -es Häuschen.

Klein|woh|nung, die: *kleine Wohnung.*

Klein|wuchs, der (Med.): *vermindertes Körperwachstum.*

klein|wüch|sig ⟨Adj.⟩: *von kleinem Wuchs; einen kleinen Wuchs aufweisend:* -e Exemplare einer Pflanze, eines Tieres; -e (Med.; *an Kleinwuchs leidende*) Kinder.

Kleis|ter, der; -s, (Arten:) - [mhd. klīster, eigtl. = klebrige Masse, zu ↑Klei]: **1.** *Klebstoff aus Stärke (od. Mehl) u. Wasser:* Ü diesen K. (ugs. abwertend; *dicken, zähen Brei*) esse ich nicht. **2.** (ugs. abwertend) *wertloses Zeug, Kram:* stell mal den ganzen K. hierher.

kleis|tern ⟨sw. V.; hat⟩ [mniederd. klisteren] (ugs.): **1. a)** *[mit Kleister] an, auf, in usw. etw. kleben:* ein Plakat an die Wand k.; * **jmdm. eine k.** (↑kleben 1); **b)** *[mit Kleister] kleben, reparieren:*

eine schadhafte Stelle k.; 2. *dick auf, an, in etw. schmieren, dick auftragen:* die Butter aufs Brötchen k.

Kle|ma|tis, Clematis, die; -, - [lat. clematis < griech. klēmatís = biegsame Ranke, zu: klēma = Zweig der Weinrebe]: *rankende Pflanze mit sternartigen blauen od. weißen Blüten.*

Kle|men|ti|ne, Clementine, die; -, -n [wohl nach dem ersten Züchter, dem frz. Trappistenmönch Père Clément]: *süße [kernlose] mandarinenähnliche Zitrusfrucht.*

Klem|me, die; -, -n [mhd. klemme, klemde = Klemmung, Einengung]: 1. a) *[kleinerer] Gegenstand mit zwei elastischen parallelen Teilen zum Fest- od. Abklemmen von etw.:* -n im Haar; b) *Hülse* (1) *mit einer Schraube;* c) (Med.) *Klammer* (1). 2. (ugs.) *peinliche od. schwierige Situation, Lage, in der sich jmd. befindet:* jmdn. aus der K. ziehen; in einer furchtbaren K. sein, sitzen, stecken; in die K. geraten, kommen.

klem|men ⟨sw. V.; hat⟩ [mhd. klemmen, zu einem untergegangenen Verb mit der Bed. »zusammendrücken«; 4: wahrsch. aus der Studentenspr., zur urspr. Bed. »etw. mit der Faust packen«]: 1. *[durch Drücken] bewirken, dass etw. zwischen, auf, an, unter etw. festsitzt, festgehalten wird:* den Kneifer auf die Nase, die Klipse an die Ohren k.; die Handtücher unter den Arm k.; einen Zettel unter den Scheibenwischer k.; die Tasche zwischen die Beine k.; der Hund klemmt seinen Schwanz zwischen die Hinterbeine; * **sich hinter etw. k.** (ugs.; *um der Erreichung eines bestimmten Zieles willen etw. mit Nachdruck betreiben*); **sich hinter jmdn. k.** (ugs.; *bei jmdm. Unterstützung, Hilfe zu erhalten suchen*). 2. a) *in etw., zwischen etw. zwängen:* den Fuß zwischen die Tür k.; sich auf die Bank, hinter das Lenkrad k.; b) *sich quetschen:* ich habe mir den Finger, den Fuß geklemmt. 3. *beim Öffnen, Schließen, Ziehen, Schieben nur mit Mühe zu bewegen sein:* die Tür, Schublade, der Reißverschluss klemmt; Ü wo klemmt es denn? (ugs.; *was macht denn Schwierigkeiten?*). 4. (salopp) *bei günstiger Gelegenheit meist kleinere Dinge, die sich leicht mitnehmen lassen, stehlen.*

Klemm|map|pe, die: *Schnellhefter mit steifen Deckeln, um dazwischen einzelne Blätter, Bogen klemmen zu können.*

klem|pern ⟨sw. V.; hat⟩ [lautm.] (nordd.): a) *Blech hämmern;* b) *ein klapperndes Geräusch verursachen.*

Klemp|ner, der; -s, - [älter: Klemperer, zu ↑klempern]: *Handwerker, der Gegenstände aus Metall, bes. aus Blech bearbeitet od. herstellt* (Berufsbez.).

Klemp|ner|ar|beit, die: *Arbeit, die von einem Klempner zu verrichten ist.*

Klemp|ner|hand|werk, das: *Handwerk des Klempners.*

Klemp|ne|rin, die; -, -nen: w. Form zu ↑Klempner.

klemp|nern ⟨sw. V.; hat⟩: *nicht berufsmäßig Klempnerarbeiten verrichten.*

Klep|per, der; -s, - [spätmhd. (md.) klepper = Reitpferd, zu: kleppe[r]n, mhd. klepfern = klappern, wohl nach dem klappernden Geräusch der Hufe] (abwertend): *ausgemergeltes Pferd*

Klep|to|ma|ne, der; -n, -n (Psych.): *jmd., der an Kleptomanie leidet.*

Klep|to|ma|nie, die ⟨o. Pl.⟩ [zu griech. kléptein = stehlen u. ↑Manie] (Psych.): *zwanghafter Trieb zum Stehlen.*

Klep|to|ma|nin, die; -, -nen: w. Form zu ↑Kleptomane.

klep|to|ma|nisch ⟨Adj.⟩ (Psych.): *die Kleptomanie betreffend, auf ihr beruhend, an ihr leidend.*

kle|ri|kal ⟨Adj.⟩ [kirchenlat. clericalis = priesterlich, zu: clerus, ↑Klerus]: a) *zum Stand der katholischen Geistlichen, zum Klerus gehörend;* b) *in der Gesinnung unbeirrbar, konsequent den Standpunkt des katholischen Priesterstandes vertretend; Ansprüche des Klerus fördernd, unterstützend.*

Kle|ri|ka|lis|mus, der; -: *[politische] Richtung, Bestrebung, die den Einfluss der katholischen Kirche auf das gesamte öffentliche Leben ausdehnen, stärken will.*

Kle|ri|ker, der; -s, - [mhd. cleric, klerke < kirchenlat. clericus]: *Angehöriger des Klerus.*

Kle|rus, der; - [kirchenlat. clerus < spätgriech. klērós = Geistlichkeit, griech. = Los, Anteil, Erbteil, also eigtl. = Stand der Ausgelosten, Auserwählten]: *katholische Geistlichkeit; Priesterschaft:* niederer, hoher K.

Klet|te, die; -, -n [mhd. klette, ahd. cletha, eigtl. = die Klebende, nach den anhaftenden Blütenköpfen, verw. mit ↑Klei]: a) *(an Wegrändern u. auf Schuttplätzen wachsende) Pflanze mit kugeligen, meist rötlichen, mit Widerhaken versehenen Blütenköpfen;* b) *einzelner Blütenkopf der Klette* (a): die Jungen warfen dem Mädchen -n ins Haar; du hast dich wie eine K. an ihn gehängt (ugs.; *[in lästiger Weise] an ihn geklammert*); die Kinder hängen sich wie die -n an sie (*mögen sie gern*); sie halten, hängen, kleben zusammen wie [die] -n (ugs.; *sind unzertrennlich*); Ü sie ist eine richtige K. (ugs.; *Person, die durch ihre Anhänglichkeit lästig ist*).

Klet|ten|ver|schluss: ↑Klettverschluss.

Klet|te|rei, die; -, -en (ugs.): a) (oft abwertend) *[dauerndes] Herumklettern;* b) (Bergsteigen) *das Klettern.*

Klet|te|rer, der; -s, -: a) *jmd., der, ein Tier, das gut klettert:* er, die Gämse ist ein vorzüglicher K.; b) (Sport Jargon) *Rennfahrer, der gut steile, bergige Strecken fährt.*

Klet|ter|ge|rät, das: *Vorrichtung [für Kinder] zum Klettern.*

Klet|ter|ge|rüst, das: *aus Stangen, Brettern o. Ä. errichtetes Klettergerät.*

Klet|te|rin, die; -, -nen: w. Form zu ↑Kletterer.

Klet|ter|max, der; -es, -e, **Klet|ter|ma|xe,** der (ugs. scherzh.): a) *Fassadenkletterer;* b) *gewandter Kletterer.*

klet|tern ⟨sw. V.⟩ [spätmhd. klettern, urspr. = sich anklammern u. verw. mit dem unter ↑Klei genannten Verb mit der Bed. »kleben«]: a) *nach oben, über ein Hindernis gelangen, wobei Hände, Füße, Beine zum Festhalten, Festklammern benutzt werden* ⟨ist⟩: auf einen Baum, über den Zaun k.; an Deck k.; Ü eine kletternde Pflanze (Bot.; *Kletterpflanze*); die Ladenpreise kletterten (*stiegen*) nach oben; der Tachometer kletterte (*stieg*) auf neunzig; b) (ugs.) *ein wenig mühsam [über etw. steigend, sich stützend] in etw. hinein- od. aus etw. herausgelangen* ⟨ist⟩: in das, aus dem Auto k.; aus dem Bett k. (*aufstehen*); c) *das Klettern als Sport betreiben* ⟨ist/hat⟩: er ist in seiner Jugend viel geklettert; er ist/hat an den Seilen geklettert.

Klet|ter|pflan|ze, die: *Pflanze (Schlingpflanze, rankende Pflanze), die an etw. in die Höhe wächst.*

Klet|ter|seil, das: a) (Turnen) *herabhängendes Seil zum Klettern;* b) (Bergsteigen) *Seil, mit dem sich Bergsteiger gegen Absturz sichern.*

Klet|ter|stan|ge, die (Turnen): *befestigte Stange [aus Stahl] zum Klettern.*

Klet|ter|tour, die: *Wanderung, auf der viel geklettert wird.*

Klet|ter|wand, die (Turnen): *Turngerät mit Sprossen zum Klettern.*

Klett|ver|schluss®, Klettenverschluss, der [nach der Haftfähigkeit der Klette]: *haftender Verschluss an Kleidungsstücken, Schuhen o. Ä. aus zwei Bändern, bei dem das eine Band mit einem Belag aus kleinen Widerhaken und das andere mit einer flauschigen Schicht versehen ist.*

kle|ver: ↑clever.

Kle|wi|an, der; -[e]s, -e, (auch:) die; -, -en [geb. nach ↑Growian]: = **kleine Windenergieanlage** zur Erzeugung von Elektrizität.

[1]Klez|mer [ˈklɛs...], die od. der; - [jidd. klesmer < hebr. klezēmer = Musikinstrumente]: *aus Osteuropa stammende traditionelle jüdische Instrumentalmusik.*

[2]Klez|mer, der; -s, -: *Musiker, der* [1]*Klezmer spielt.*

klick ⟨Interj.⟩: lautm. für ein klickendes Geräusch: Ü da machte es bei ihr k. (ugs.; *da begriff sie endlich*).

Klick, der; -s, -s ⟨meist Pl.⟩ [engl. click, lautm.]: a) (Sprachw.) *Schnalzlaut;* b) kurz für ↑Mausklick.

kli|cken ⟨sw. V.; hat⟩ [lautm. für einen hellen Klang (im Unterschied zu ↑klacken)]: a) *einen kurzen, feinen, metallisch klingenden Ton von sich geben:* die Kamera klickte; Handschellen klickten; b) *ein klickendes* (a) *Geräusch verursachen:* mit dem Kugelschreiber k.; die Fotografen klickten (*fotografierten*) ununterbrochen; c) (EDV) *(ein Programm, Bild, einen Link o. Ä.) auf der Benutzeroberfläche mithilfe der Maus* (5) *markieren od. anwählen:* auf ein Programm k.; sich durch ein Menü k. (*über ein Menü 2 das gesuchte Programm finden*).

Kli|cker, der; -s, - [urspr. wohl lautm., vgl. klick] (landsch.): *Murmel.*

klie|ben ⟨unr. V.; kliebte/klob, hat gekliebt/gekloben⟩ [mhd. klieben, ahd. chliuban; vgl. klauben, Kloben] (südd., österr. ugs.): *spalten:* Holz k.

Kli|ent, der; -en, -en [lat. cliens (Gen.: clientis) = der Hörige, zu einem Verb mit der Bed. »biegen, beugen, neigen« u. eigtl. = jmd., der Anlehnung gefunden hat]: *jmd., der [gegen Bezahlung] Rat, Hilfe bei jmdm. sucht, der jmdn. beauftragt, seine Interessen wahrzunehmen:* die -en unserer Beratungsfirma.

Kli|en|tel, die; -, -en [lat. clientela = Gesamtheit der Hörigen]: *Gesamtheit der Klienten:* Arztromane haben eine weibliche K. (*Leserschaft*); wir dürfen die Erwartungen unserer K. (*Anhängerschaft, Kunden*) nicht enttäuschen.

Kli|en|tel|le, die; -, -n (schweiz.): *Klientel.*

Kli|en|tin, die; -, -nen: w. Form zu ↑Klient.

klie|ren ⟨sw. V.; hat⟩ [H. u.] (landsch., bes. nordd.): *schlecht, unleserlich schreiben:* klier nicht so!; etw. an die Tafel k.

Kliff, das; -[e]s, -e [mniederd. klif = schroffer Felsen, wahrsch. im Sinne von »glatter, schlüpfriger Felsen« zu dem unter ↑Klei genannten Verb mit der Bed. »kleben; schmieren«] (bes. nordd.): *steiler Abfall einer [felsigen] Küste.*

Kli|ma, das; -s, -ta, (selten:) -s, (bes. fachspr.:) ...mate [spätlat. clima < griech. klíma (Gen.: klímatos) = Abhang; geneigte Fläche; (geographische) Zone, zu: klínein, ↑Klinik]: 1. a) (Met.) *für ein bestimmtes geographisches Gebiet typischer jährlicher Ablauf der Witterung:* ein mildes, raues, gemäßigtes, tropisches K.; das K. an der Ostsee; b) *künstlich geschaffenes Verhältnis zwischen Temperatur u. Luftfeuchtigkeit in einem geschlossenen Raum.* 2. *durch bestimmte Ereignisse od. Umstände hervorgerufene Atmosphäre od. Beziehungen zwischen Personen, Gruppen, Staaten o. Ä.:* das wirtschaftliche, politische, geistige K.; ein K. der Toleranz; das K. zwischen den beiden Staaten; unter den Kollegen herrscht ein angenehmes K.

Kli|ma|än|de|rung, die: *[tief greifende] Veränderung des Klimas in einem bestimmten geographischen Gebiet.*

Kli|ma|an|la|ge, die: *Anlage* (4) *zur Klimatisierung von [größeren] Räumlichkeiten od. Fahrzeugen.*

Kli|ma|ge|rät, das: *Gerät zur Klimatisierung von [kleineren] Räumlichkeiten.*

Kli|ma|gip|fel, der (Politik Jargon): *Gipfelkonferenz, Gipfeltreffen zum Klimaschutz.*

Kli|ma|kam|mer, die: *Raum, in dem zu Versuchs- u. Heilzwecken künstliche klimatische Verhältnisse geschaffen werden können.*

Kli|ma|kar|te, die: *kartographische Darstellung der verschiedenen Klimate in verschiedenen geographischen Gebieten.*

Kli|ma|ka|ta|stro|phe, die: *Klimaänderung mit katastrophaler Auswirkung.*

kli|mak|te|risch ⟨Adj.⟩ [lat. climactericus = zur gefährlichen Epoche im menschlichen Leben gehörend < griech. klimaktērikós] (Med.): a) *durch die Wechseljahre bedingt:* ein -er

Zustand; **b)** *sich in den Wechseljahren befindend:* eine -e Frau.

Kli|mak|te|ri|um, das; -s [zu lat. climacter = Stufenleiter; kritische, gefährliche Epoche im menschlichen Leben < griech. klimaktḗr, zu: klîmax, ↑Klimax] (Med.): *Wechseljahre:* ins K. kommen; im K. sein.

Kli|ma|schutz, der: *Gesamtheit der Maßnahmen zum Schutz des Klimas.*

Kli|ma|schwan|kung, die: vgl. Klimaänderung.

Kli|ma|sün|der, der (ugs.): *jmd., der absichtlich das Klima schädigt, den Klimaschutz bewusst missachtet:* K. Amerika.

Kli|ma|ta: Pl. von ↑Klima.

Kli|ma|te: Pl. von ↑Klima.

Kli|ma|tech|nik, die ⟨o. Pl.⟩: *Teilgebiet der Technik, das sich damit befasst, in Räumlichkeiten einen bestimmten Luftzustand unabhängig von äußeren Einflüssen herzustellen u. aufrechtzuerhalten.*

Kli|ma|tech|ni|ker, der: *Fachmann auf dem Gebiet der Klimatechnik.*

Kli|ma|tech|ni|ke|rin, die: w. Form zu ↑Klimatechniker.

kli|ma|tech|nisch ⟨Adj.⟩: *die Klimatechnik betreffend, dazu gehörend, darauf beruhend.*

kli|ma|tisch ⟨Adj.⟩: *das Klima betreffend; durch das Klima bedingt:* die -en Verhältnisse.

kli|ma|ti|sie|ren ⟨sw. V.; hat⟩: *Temperatur u. Luftfeuchtigkeit in geschlossenen Räumen in ein bestimmtes Verhältnis bringen.*

Kli|ma|ti|sie|rung, die; -, -en: *das Klimatisieren; das Klimatisiertwerden.*

Kli|ma|to|lo|ge, der; -n, -n [↑-loge]: *Wissenschaftler auf dem Gebiet der Klimatologie.*

Kli|ma|to|lo|gie, die; - [↑-logie]: *Wissenschaft u. Lehre vom Klima* (1 a).

Kli|ma|to|lo|gin, die; -, -nen: w. Form zu ↑Klimatologe.

kli|ma|to|lo|gisch ⟨Adj.⟩: *die Klimatologie betreffend, dazu gehörend, darauf beruhend.*

Kli|ma|ver|än|de|rung, die: *Veränderung des Klimas* (1, 2).

Kli|ma|ver|schlech|te|rung, die: *Verschlechterung des Klimas* (1, 2).

Kli|ma|wech|sel, der: *veränderte klimatische Bedingungen durch einen Wechsel des Aufenthaltsortes:* der Arzt empfahl einen K.

Kli|max, die; -, -e ⟨Pl. selten⟩ [lat. climax = Steigerung des Ausdrucks < griech. klîmax, eigtl. = Leiter, Treppe, zu: klínein, ↑Klinik]: **1.** (bildungsspr.) **a)** *Höhepunkt:* die K. der Emanzipation; **b)** (Stilk.) *Übergang vom schwächeren zum stärkeren Ausdruck, vom weniger Wichtigen zum Wichtigeren.* **2.** (Med.) *Klimakterium.*

Kli|ma|zo|ne, die: *Gesamtheit der Gebiete mit gleichartigem Klima:* kältere, wärmere, alpine -n.

Klim|bim, der; -s [lautm., urspr. bes. berlin. abwertend für Musik, dann für alles Unwesentliche] (ugs.): **a)** *überflüssiger, unnützer Kram:* in der Schublade ist lauter K.; Ü mit gesellschaftlichem K. nichts zu tun haben; **b)** *lautes, ausgelassenes Treiben; Klamauk:* am Samstag war bei uns großer K.; **c)** *Aufheben, überflüssige Aufregung:* ein fürchterlicher K. um Kleinigkeiten.

klim|men ⟨st., auch: sw. V.; ist⟩ [mhd. klimmen = klettern, steigen]: **a)** (geh.) *mit [großem] Kraftaufwand in die Höhe, nach oben klettern, hinaufsteigen:* auf den Gipfel, aufwärts, höher k.; **b)** (veraltend) *klettern.*

Klimm|zug, der (Turnen): *Übung, bei der der gestreckte Körper mit den Armen an einer horizontal angebrachten Stange hochgezogen wird:* Klimmzüge machen; Ü geistige Klimmzüge *(Anstrengungen).*

Klim|pe|rei, die; -, -en [zu ↑klimpern] (ugs. abwertend): *Geklimper.*

Klim|pe|rer, der; -s, - (ugs. abwertend): *jmd., der klimpert* (2 b).

Klim|pe|rin, die; -, -nen: w. Form zu ↑Klimperer.

Klim|per|kas|ten, der ⟨Pl. ...kästen⟩ (ugs. abwertend): *Klavier.*

klim|per|klein ⟨Adj.⟩ (landsch. emotional): *winzig klein.*

klim|pern ⟨sw. V.; hat⟩ [lautm., eigtl. = stümperhaft Klavier spielen]: **1. a)** *(von kleinen metallischen Gegenständen) aufeinander, durcheinander fallend ein helles Geräusch von sich geben:* die Münzen klimperten im Klingelbeutel; **b)** *mit mehreren kleinen metallischen Gegenständen ein helles Geräusch verursachen:* mit Kleingeld, den Schlüsseln in der Hosentasche k. **2.** (ugs.) **a)** *nur einzelne, zusammenhanglose [hohe] Töne hervorbringen, anschlagen:* auf der Gitarre, dem Klavier k.; **b)** (abwertend) *ausdruckslos, stümperhaft, schlecht spielen:* eine Etüde, einen Schlager auf dem Klavier k.

kling ⟨Interj.⟩: lautm. für einen feinen, hellen Ton.

Klin|ge, die; -, -n [mhd. klinge = Schwertschneide, Schwert, zu ↑klingen, nach dem hellen Klang, den die Klinge beim Auftreffen auf Helm od. Panzer verursacht]: **1. a)** *der flache, aus Stahl, Eisen bestehende, geschliffene Teil eines zum Schneiden, Stechen dienenden Werkzeugs, Gerätes:* eine scharfe, stumpfe, blanke, verrostete K.; die K. fährt blitzschnell aus dem Messer heraus; eine neue K. *(Rasierklinge)* in den Rasierer einlegen; **b)** (geh. veraltend) *Waffe mit einer Klinge:* ***** **mit jmdm. die -n,** (auch:) **die K. kreuzen** (geh.; 1. *mit jmdm. fechten.* 2. *mit jmdm. ein Streitgespräch führen, eine Kontroverse austragen*); **eine scharfe K. führen** (geh.; *in Auseinandersetzungen, Diskussionen scharf auftreten, ein gefährlicher Gegner sein*); **jmdn. über die K. springen lassen** (1. Milit.; *[wehrlose Feinde, Gefangene, Zivilisten] töten;* nach der Vorstellung, dass bei der Hinrichtung durch das Schwert der Kopf des Delinquenten gleichsam über die Klinge springt. 2. ugs.; *opfern* 2, *aufgeben* 7; *entlassen* 2; *[wirtschaftlich, beruflich] vernichten, zugrunde richten.* 3. Sport Jargon; *[einen Gegenspieler] foulen*). **2.** (landsch.) *tiefe, enge Schlucht.*

Klin|gel, die; -, -n [rückgeb. aus ↑klingeln]: **1.** *Vorrichtung zum Klingeln:* eine laute, elektrische K.; die K. funktioniert nicht, ging viermal; die K. abstellen; auf die K. (ugs.; *den Klingelknopf*) drücken; (früher:) an einer K. ziehen. **2.** *kleine Glocke* (1 a) *zum Klingeln:* die Vorsitzende griff zur K.

Klin|gel|beu|tel, der: *[an einem langen Stiel befestigter] Beutel [mit Glöckchen] zum Einsammeln der Kollekte:* den K. herumgehen lassen.

Klin|ge|lei, die; -, -en: *Geklingel.*

Klin|gel|gangs|ter, der: *jmd., der an einer Wohnungstür klingelt, den Öffnenden überfällt u. in die Wohnung eindringt, um sie auszurauben.*

klin|ge|ling: ↑klingling.

Klin|gel|knopf, der: *Knopf zur Betätigung einer elektrischen Klingel:* auf den K. drücken.

klin|geln ⟨sw. V.; hat⟩ [mhd. klingelen, ahd. klingilōn, Verkleinerungsbildung zu ↑klingen]: **a)** *metallisch, hell, oft schrill klingende Töne sehr schnell hintereinander von sich geben:* das Telefon, der Wecker klingelt; ⟨unpers.:⟩ es hat geklingelt; Ü Geld klingelt in der Spendenkasse (ugs.; *wird eingenommen*); ***** **es klingelt** (Sport Jargon; *es ist ein Tor geschossen worden*); **es klingelt bei jmdm.** (ugs.; *jmd. begreift, bekommt endlich einen Einfall*); **b)** *die Klingel betätigen:* kurz, laut, stürmisch an der Tür k.; der Radfahrer klingelte ununterbrochen; **c)** *durch Klingeln* (a, b) *bewirken, dass sich jmd. zu einer Reaktion aufgefordert fühlt:* [nach] dem Zimmerkellner, der Sekretärin k.; jmdn. aus dem Bett, aus dem Schlaf, nachts aus der Wohnung k.; ⟨unpers.:⟩ es hat zum Unterricht geklingelt; **d)** (Kfz-W. Jargon) *metallisch klingend klopfen* (2): der Motor klingelt.

Klin|gel|put|zen, das; -s (ugs.): *übermütiger Streich, bei dem die Kinder auf alle Klingelknöpfe eines Hauses drücken u. sich dann möglichst rasch entfernen.*

Klin|gel|schnur, die: *Schnur zur Betätigung einer Klingel.*

Klin|gel|zei|chen, das: *als Zeichen für etw. Bestimmtes ertönendes Klingeln.*

Klin|gel|zug, der: *Vorrichtung zum Betätigen einer Klingel durch Ziehen.*

klin|gen ⟨st. V.; hat⟩ [mhd. klingen, ahd. klingan, lautm.]: **1. a)** *kürzere Zeit anhaltende, meist helle, reine, dem Ohr wohlgefällige Töne von sich geben, hervorbringen:* die Gläser, Glocken klingen; die Stimmen klingen durch das ganze Haus *(sind im ganzen Haus zu hören);* eine klingende *(wohltönende)* Stimme haben; Ü klingender Lohn, Gewinn (*Geld als Lohn, Bezahlung;* vgl. Münze 1); **b)** *einen bestimmten Klang haben:* das Klavier klingt verstimmt; die Wand klang hohl, dumpf; das Instrument klingt nicht *(hat keinen schönen Ton).* **2. a)** *sich in bestimmter Weise anhören, einen bestimmten Beiklang, Unterton haben:* seine Stimme klingt ernst, ruhig; die Geschichte klingt unglaublich; seine Worte haben spöttisch, nach Groll, wie wütendes Gebell geklungen; das Gedicht klingt nach Hesse *(hört sich so an, als ob es von Hesse wäre);* der Song klingt nach nichts *(ist nichts Besonderes);* ⟨unpers.:⟩ es klang, als ob geschossen würde; sie sprach ein ulkig klingendes Deutsch; **b)** *wahrnehmbar, heraushören sein, sich äußern:* aus ihren Worten klingt Angst, Verachtung.

klin|gend ⟨Adj.⟩ (Verslehre): *zweisilbig:* ein -er Reim.

Klin|gen|la|ge, die (Fechten): *bestimmte Stellung der Klinge im Hinblick auf den Gegner.*

kling, klang ⟨Interj.⟩: lautm. für hellere Töne, die in der Tonhöhe wechseln: ***** **mit Kling und Klang** (ugs.; *mit fröhlicher [Blas]musik*).

Kling|klang, der ⟨o. Pl.⟩: *helles, wohltönendes Klingen:* der K. der Gläser.

kling|ling, klingeling ⟨Interj.⟩: lautm. für den Klang von Klingel od. Glöckchen.

Kli|nik, die; -, -en [lat. clinice = Heilkunst für bettlägerig Kranke < griech. klinikḗ (téchnē), zu: klínē = Bett, zu: klínein = (sich) neigen, (an)lehnen; beugen]: **1.** *Krankenhaus [das auf die Behandlung bestimmter Erkrankungen spezialisiert ist]:* eine chirurgische, orthopädische K.; eine K. für Herzkrankheiten. **2.** ⟨o. Pl.⟩ (Med.) *praktischer Unterricht im Krankenhaus [für Medizinstudenten].*

Kli|nik|bett, das: vgl. Krankenhausbett.

Kli|ni|ker, der; -s, - (Med.): **1.** *in einer [Universitäts]klinik tätiger Arzt, der auch unterrichtet, lehrt u. forscht.* **2.** *Medizinstudent während seiner Ausbildung in der Klinik.*

Kli|ni|ke|rin, die; -, -nen: w. Form zu ↑Kliniker.

Kli|nik|ge|burt, die: *Geburt, bei der die Frau (im Unterschied zur Hausgeburt) in der Klinik, im Krankenhaus entbindet.*

Kli|ni|kum, das; -s, ...ka, auch: ...ken: **1.** ⟨o. Pl.⟩ (Med.) *Ausbildung für Medizinstudenten in einem Krankenhaus.* **2.** *Zusammenschluss mehrerer [Universitäts]kliniken unter einheitlicher Leitung.*

kli|nisch ⟨Adj.⟩ (Med.): **1. a)** *in der Klinik stattfindend:* ein -es Semester; -er Fall *(Fall, der in der Klinik behandelt werden muss);* das -e Stadium *(in einer Klinik o. Ä. an Patienten stattfindende Erprobungsphase)* der Entwicklung eines Medikaments; **b)** *kühl, sachlich wirkend, steril* (3): ein Haus in einem -en Weiß; k. sauber. **2.** *auf eine Krankheit bezogen, eine Krankheit betreffend, einen Krankheitsablauf betreffend:* -e Erscheinungen, Symptome; eine -e Diagnose; -e *(sich mit psychischen Störungen u. Erkrankungen beschäftigende)* Psychologie. **3.** *durch ärztliche Untersuchung feststellbar od. festgestellt:* im dritten -en Stadium der Alzheimerkrankheit; der Patient ist k. tot *(Herzschlag, Atmung u. Kreislauf haben ausgesetzt).*

Klin|ke, die; -, -en [mhd. (md.) klinke = Türriegel, zu: klinken = klingen, nach dem klingenden Geräusch des Türriegels beim Schließen der Tür]: **1.** *beweglicher, hebelartiger Griff zum Schließen od. Öffnen einer Tür:* die K. nieder-, herunterdrücken; die Bewerber gaben sich die

K. in die Hand (ugs.; *es war ein ständiges Kommen u. Gehen der Bewerber*); * -n putzen (ugs. abwertend; *von Tür zu Tür gehen u. etw. zum Verkauf anbieten od. betteln*); **jmdm. die K. in die Hand drücken** (ugs.; *jmdn. hinauswerfen*). 2. (Fachspr.) *Hebel an einer technischen Vorrichtung, Maschine; Sperrhebel, Schalthebel o. Ä.*

klin|ken ⟨sw. V.; hat⟩: **a)** *die [Tür]klinke bewegen:* an der Tür k.; **b)** *einen Hebel od. eine entsprechende Haltevorrichtung betätigen, um etw. festzumachen od. zu lösen:* den Dynamo ans Vorderrad k.

Klin|ken|put|zer, der (ugs. abwertend): *jmd., der an der Haustür etw. zum Kauf anbietet od. bettelt.*

Klin|ken|put|ze|rin, die: w. Form zu ↑Klinkenputzer.

Klin|ker, der; -s, - [aus dem Niederd. < niederl. klinker(t), zu: klinken = klingen, nach dem hellen Klang, der beim Schlagen gegen den Klinker entsteht]: *kleiner, sehr hart gebrannter, oft glasierter Ziegelstein.*

Klin|ker|bau, der: 1. ⟨Pl. -ten⟩ *Gebäude aus Klinkern.* 2. ⟨o. Pl.⟩ (Schiffbau) *dachziegelartige Anordnung der äußeren Planken bei Holzbooten.*

Klin|ker|stein, der: *Klinker.*

klipp: in der Wendung **k. und klar** (ugs.; *völlig klar; unmissverständlich;* aus dem Niederd., niederd. klipp = passend, zu klippen, das landsch. ugs. auch »klappen« bedeutet): ich habe ihm k. und klar die Meinung gesagt.

Klipp, der; -s, -s: Clip (1).

Klip|pe, die; -, -n [mniederl. clippe, verw. mit ↑Kliff]: *großer Felsblock im Meer in der Nähe der Küste:* eine K. ragt aus dem Meer heraus; an den -n zerschellen; ein Schiff durch tückische -n steuern; Ü in der Prüfung alle -n *(Schwierigkeiten)* geschickt umgehen, umschiffen, überwinden.

Klip|pen|rand, der: *Rand einer Klippe.*

Klip|per, der; -s, - [engl. clipper, zu: to clip, eigtl. = schneiden, also eigtl. = schnittig gebautes Schiff] (früher): *schnelles Segelschiff;* vgl. Clipper.

klipp, klapp ⟨Interj.⟩: lautm. für ein klapperndes Geräusch.

Klipp|klapp, das; -s: *klapperndes Geräusch.*

Klipp|schu|le, die: a) (nordd.) *Grundschule;* b) (abwertend) *Schule, Lehranstalt mit niedrigem Niveau.*

Klipp|schü|ler, der (nordd.): *Grundschüler.*

Klipp|schü|le|rin, die: w. Form zu ↑Klippschüler.

Klips, der; -es, -e: *Clip* (1 b, c).

klirr ⟨Interj.⟩: lautm. für ein klirrendes Geräusch.

klir|ren ⟨sw. V.; hat⟩ [aus dem Ostmd., lautm.]: a) *(von zerbrechlichen od. metallischen Gegenständen) durch Aneinanderstoßen, Zerschellen einen hellen, vibrierenden Ton von sich geben:* die Ketten, die Säbel klirren; von der Explosion haben die Scheiben, das Geschirr im Schrank geklirrt; die Gläser fielen klirrend zu Boden; b) *ein klirrendes Geräusch verursachen:* mit dem Schlüsselbund k.; Ü die Kälte klirrte *(es war eisig kalt);* ⟨unpers.:⟩ es klirrte vor Kälte; ⟨oft im 1. Part.:⟩ es war klirrend *(eisig)* kalt; klirrender *(sehr strenger)* Frost.

Klirr|fak|tor, der (Elektrot.): *Maß für die Verzerrung bei akustischen Übertragungen.*

Kli|schee, das; -s, -s [frz. cliché = Abklatsch, subst. 2. Part. von: clicher = abklatschen, urspr. wohl lautm.]: 1. (Druckw. Jargon) *Druckstock.* 2. (bildungsspr. abwertend) **a)** *unschöpferische Nachbildung; Abklatsch:* der Roman enthält eine Unzahl literarischer -s; **b)** *eingefahrene, überkommene Vorstellung:* das K. einer bürgerlichen Ehe; in -s denken; **c)** *abgegriffene Redensart, Redewendung:* in -s reden.

kli|schee|haft ⟨Adj.⟩ (bildungsspr. abwertend): *ein Klischee* (2) *darstellend:* -es Verhalten.

Kli|schee|vor|stel|lung, die (bildungsspr. abwertend): *Klischee* (2 b).

kli|schie|ren ⟨sw. V.; hat⟩ [zu frz. clicher, ↑Klischee]: 1. (Druckw.) *ein Klischee* (1) *herstellen.* 2. (bildungsspr. abwertend) *etw. unschöpferisch, talentlos nachahmen, nachbilden, klischeehaft darstellen.*

Klis|tier, das; -s, -e [mhd. klistier, klystier < spätlat. clysterium < griech. klystḗrion = Spülung] (Med.): *Einlauf* (2): jmdm. ein K. geben.

klis|tie|ren ⟨sw. V.; hat⟩ [mhd. klistieren] (Med.): *ein Klistier geben.*

kli|to|ral ⟨Adj.⟩: *die Klitoris betreffend.*

Kli|to|ris, die; -, - u. ...ides [kliˈto:ride:s] [griech. kleitorís, eigtl. = kleiner Hügel] (Med.): *Kitzler.*

klitsch ⟨Interj.⟩ [lautm.]: lautm. für ein helleres klatschendes Geräusch; vgl. klitsch, klatsch.

Klit|sche, die; -, -n (ugs.): 1. *ärmlicher kleiner Betrieb, Bauernhof o. Ä.* 2. *Schmierentheater.* 3. (Schülerspr. landsch.) *Pons.*

klit|sche|nass: ↑klitschnass.

klitsch, klatsch ⟨Interj.⟩: lautm. für ein klatschendes Geräusch.

klitsch|nass, klitschenass ⟨Adj.⟩ (ugs. emotional): *ganz u. gar durchnässt:* -e Kleider.

klit|tern ⟨sw. V.; hat⟩ [wahrsch. lautm.; 1: wohl in Anlehnung an ↑Geschichtsklitterung]: 1. (bildungsspr. abwertend) **a)** *(ein Werk) zusammenstückeln;* **b)** *etw. [aus dem Zusammenhang reißen u.] verfälschend wiedergeben:* ein Film, der beschönigt und klittert. 2. (landsch.) **a)** *zerkleinern;* **b)** *schlecht schreiben; schmieren.*

Klit|te|rung, die; -, -en (bildungsspr. abwertend): 1. *das Klittern* (1). 2. *etw. Geklittertes.*

klit|ze|klein ⟨Adj.⟩ (ugs.): 1. *winzig:* ein -es Zimmer; der Unterschied ist k. 2. *ganz genau:* jmdm. etw. k. erklären.

Kli|vie: ↑Clivia.

KLM [Abk. für niederl. Koninklijke Luchtvaart Maatschappij]: niederländische Luftfahrtgesellschaft.

Klo, das; -s, -s (ugs.): Kurzf. von ↑Klosett.

Klo|a|ke, die; -, -n [lat. cloaca = Abzugskanal, zu: cluere = reinigen]: 1. *[unterirdischer] Abzugskanal für Abwässer.* 2. (Zool.) *gemeinsamer Ausgang für Darm, Harnblase u. Geschlechtsorgane bei bestimmten Tieren.*

klob: ↑klieben.

Klo|bas|se, (auch:) **Klo|bas|si,** die; -, ...ssen [aus dem Slaw., vgl. tschech., slowak. klobása = Wurst] (österr.): *grobe, gewürzte Wurst.*

klö|be: ↑klieben.

Klo|be|cken, das (ugs.): *Klosett.*

Klo|ben, der; -s, - [mhd. klobe, ahd. klobo = gespaltenes Holz (zum Fangen von Vögeln); Fußfessel, zu ↑klieben]: 1. *grober Holzklotz:* den K. mit der Axt spalten; Ü er ist ein richtiger K. (ugs.; *ein ungehobelter, unhöflicher Mensch*). 2. (Handw.) *kleiner Schraubstock.* 3. **a)** *Eisenhaken;* **b)** *Angel* (2).

klo|big ⟨Adj.⟩: **a)** *eine grobe, kantige Form habend; unförmig wie ein Klotz:* ein -er Tisch, Quader; -e Stiefel, Hände, Finger; **b)** *plump* (a) *u. unbeholfen:* ein -er Muskelprotz; **c)** *plump* (c): eine -e Ausdrucksweise.

Klo|bril|le, die (ugs.): *Klosettsitz.*

Klo|bürs|te, die (ugs.): *Klosettbürste.*

Klo|de|ckel, der (ugs.): *Deckel des Klosetts* (b).

Klo|fens|ter, das (ugs.): *Toilettenfenster.*

Klo|frau, die (ugs.): *Toilettenfrau.*

klomm, klöm|me: ↑klimmen.

Klo|mu|schel, die (bes. österr. ugs.): *Toilettenbecken.*

Klon, der; -s, -e [engl. clone < griech. klṓn = Sprössling] (Biol.): *durch Klonen entstandenes Lebewesen.*

klo|nen ⟨sw. V.; hat⟩ (Biol.): *durch künstlich herbeigeführte ungeschlechtliche Vermehrung genetisch identische Kopien von Pflanzen od. Lebewesen herstellen; klonieren.*

klö|nen ⟨sw. V.; hat⟩ [wahrsch. lautm., älter niederd. klönen = tönen; durchdringend od. weitschweifend reden] (nordd.): *gemütlich plaudern:* noch ein bisschen k. wollen; über alte Zeiten k.

klo|nie|ren ⟨sw. V.; hat⟩ [zu ↑Klon] (Biol.): *klonen.*

Klön|schnack, der [zu ↑klönen] (nordd.): *gemütliche Plauderei.*

Klo|pa|pier, das (ugs.): *Toilettenpapier.*

klop|fen ⟨sw. V.; hat⟩ [mhd. klopfen, ahd. clophōn, urspr. lautm.]: 1. **a)** *mehrmals leicht gegen, auf, an etw. schlagen:* an die Wand/an der Wand k.; mit dem Finger leicht an das Barometer k.; er klopfte an das Glas (um sich Gehör für eine Rede bei Tisch zu verschaffen); Regentropfen klopfen ans Fenster; jmdm./(auch:) jmdn. auf die Schulter, auf den Rücken k.; der Reiter klopft seinem Pferd [liebevoll, anerkennend] den Hals; der Specht klopft *(schlägt mit dem Schnabel gegen den Baumstamm);* **b)** *durch Klopfen kundtun, ausdrücken:* Beifall k.; den Takt der Musik k.; **c)** *anklopfen:* bitte k.!; jmdn. aus dem Bett k. *(durch Anklopfen wecken u. zum Aufstehen veranlassen);* ⟨unpers.:⟩ es klopft *(jmd. klopft an);* Ü der Winter klopft an die Tür (geh.; *kündigt sich an, naht*); **d)** *durch Klopfen weich, mürbe machen:* ein Schnitzel k.; Flachs k.; **e)** *durch Klopfen zerkleinern:* Steine k.; **f)** *durch Klopfen entfernen:* Asche aus der Pfeife k.; sie klopfte ihm den Schnee vom Mantel; **g)** *durch Klopfen vom Schmutz befreien:* den Teppich, die Matratzen k.; **h)** *durch Klopfen in etw. treiben:* einen Nagel in die Wand k.; die Scheibe ins Tor k. (Eishockey Jargon; *aus kurzer Entfernung ins Tor schlagen*). 2. *in pulsierender Bewegung sein [u. dabei ein schlagendes Geräusch von sich geben]:* der Puls klopfte unregelmäßig; ihr Herz klopfte vor Freude, Schrecken bis zum Hals; mit klopfendem Herzen; der Motor klopft (Fachspr.; *gibt infolge ungleichmäßiger Verbrennung des Kraftstoff-Luft-Gemischs klopfende 1 a Geräusche von sich*).

Klop|fer, der; -s, -: 1. kurz für ↑Teppichklopfer. 2. kurz für ↑Türklopfer.

klopf|fest ⟨Adj.⟩ (Fachspr.): *das Klopfen* (2) *von Motoren verhindernd:* -es Benzin.

Klopf|fes|tig|keit, die: *klopffeste Beschaffenheit.*

Klopf|geist, der ⟨Pl. -er⟩: *Spukwesen des Volksglaubens, das sich durch Klopfzeichen bemerkbar macht.*

Klopf|mas|sa|ge, die: *Massage durch Klopfen mit den Fingerspitzen od. Händen.*

Klopf|sau|ger, der: *Teppichklopfmaschine.*

Klopf|zei|chen, das: *Zeichen durch Klopfen:* K. geben; sich durch K. verständigen, bemerkbar machen.

Klop|pe, die; - [zu ↑kloppen] (nordd., md.): *Prügel:* K. kriegen.

Klöp|pel, der; -s, - [aus dem (Ost)md., zu ↑kloppen, eigtl. = Klopfer]: 1. **a)** *im Innern einer Glocke* (1) *lose befestigter Stab mit verdicktem Ende, der beim Läuten an die Wand der Glocke schlägt u. den Klang erzeugt;* **b)** *[an einem Ende verdickter] Stab zum Anschlagen von etw.:* in der linken Hand hielt er den Gong und in der rechten den K. 2. *Spule aus Holz für Klöppelarbeiten.*

Klöp|pel|ar|beit, die: a) ⟨o. Pl.⟩ *das Klöppeln;* b) *etw. Geklöppeltes.*

Klöp|pel|de|cke, die: *geklöppelte Decke.*

Klöp|pe|lei, die; -, -en: *Klöppelarbeit* (2).

klöp|peln ⟨sw. V.; hat⟩: *Spitze[n] herstellen durch Kreuzen, Drehen o. Ä. von Fäden, die auf Klöppel* (2) *gewickelt sind:* Bänder k.; ein geklöppeltes Deckchen.

Klöp|pel|spit|ze, die: *geklöppelte Spitze.*

klop|pen ⟨sw. V.; hat⟩ [mniederd. kloppen, zu ↑klopfen]: 1. (nordd., md.) *klopfen, schlagen:* jmdm. die Fresse blutig k.; jmdn. krankenhausreif k.; einen Nagel in die Wand k.; einen Backstein in Stücke k. 2. (ugs.) ⟨k. + sich⟩ *sich prügeln:* sie kloppten sich gerade, als der Rektor hereinkam.

Klop|pe|rei, die; -, -en: 1. *dauerndes Klopfen, Schlagen.* 2. *Prügelei.*

Klöpp|le|rin, die; -, -nen: *Frau, die [berufsmäßig] Klöppelarbeit verrichtet.*

Klops, der; -es, -e [im 18. Jh. im Ostpreuß., H. u.]: 1. (nordostd.) *kleiner Kloß aus Hackfleisch:* gekochter, gebratener K.; Königsberger Klops[e]

(Kochk.; *gekochte Fleischklößchen in Kapernsoße*); Ü er ist ein richtiger K. (ugs.; *dick u. rund*). 2. (ugs.) *grober, schwerwiegender Fehler:* die dicksten Klöpse konnten beseitigt werden.

Klo|schüs|sel, die (ugs.): *Klosettbecken.*

Klo|sett, das; -s, -s, auch: -e [gek. aus: Wasserklosett, älter: Watercloset < engl. water-closet, zu: water = Wasser u. closet = abgeschlossener Raum < afrz. closet = Gehege, zu lat. clausus, ↑Klause]: a) *Toilette* (2 a): sich im K. einschließen; b) *Klosettbecken:* auf dem K. sitzen; etw. ins K. schütten.

Klo|sett|be|cken, das: *[trichterförmiges] schüsselartiges Becken zur Aufnahme der menschlichen Fäkalien.*

Klo|sett|bril|le, die: *Toilettensitz.*

Klo|sett|bürs|te, die: *Bürste zum Reinigen des Klosettbeckens.*

Klo|sett|de|ckel, der: *am Toilettensitz befestigter Deckel für das Klosettbecken.*

Klo|sett|frau, die: *Toilettenfrau.*

Klo|sett|pa|pier, das: *Toilettenpapier.*

Klo|sett|schüs|sel, die: *Klosettbecken.*

Klo|spruch, der (ugs.): *Toilettenspruch.*

Kloß, der; -es, Klöße [mhd., ahd. klōȥ = Klumpen; Knäuel; Kugel, urspr. = zusammengeballte Masse, verw. mit ↑Kolben] (bes. nordd., md.): 1. *aus einer Teigmasse bestehende kugelförmige Speise:* Klöße aus Grieß, Fleisch, Semmeln; Ü als ich zwölf war, war ich ein [richtiger] K. (ugs.; *war ich dick u. unbeholfen*); * **einen K. im Hals haben** (ugs.; *[vor Erregung] ein würgendes Gefühl verspüren [u. kaum sprechen können]*); **einen K. im Mund[e] haben** *(undeutlich sprechen).* 2. (veraltend) *Klumpen:* ein K. Lehm.

Kloß|brü|he, die: *Brühe, die beim Kochen von Klößen entsteht:* * **klar wie K. sein** (ugs.; *ganz klar u. eindeutig sein, sich von selbst verstehen*): das ist doch klar wie K.!

Klöß|chen, das; -s, -: Vkl. zu ↑Kloß.

Klos|ter, das; -s, Klöster [mhd. klōster, ahd. klōstar < vlat. clostrum < (kirchen)lat. claustrum = (abgeschlossener) Raum (für Mönche u. Nonnen), zu lat. claudere = verschließen]: a) *Gebäude[komplex], in dem Mönche od. Nonnen von der Welt abgesondert leben:* ein altes, katholisches, lamaistisches K.; ein K. gründen; ins K. gehen *(Nonne, Mönch werden);* b) *Gesamtheit der in einem Kloster* (1 a) *lebenden Personen:* das ganze K. lief zusammen.

Klos|ter|an|la|ge, die: *Gesamtheit von Gebäuden, Einrichtungen u. dem Gelände eines Klosters.*

Klos|ter|bi|bli|o|thek, die: *Bibliothek, die zu einem Kloster gehört.*

Klos|ter|hof, der: *Hof eines Klosters.*

Klos|ter|gar|ten, der: *Garten, der zu einem Kloster gehört.*

Klos|ter|kip|ferl, das [1. Bestandteil dient als aufwertender Zusatz, da Erzeugnisse aus Klöstern von hoher Qualität waren] (österr.): *mit Schokolade überzogenes Gebäck in Form eines Hörnchens.*

Klos|ter|kir|che, die: *Kirche eines Klosters.*

klös|ter|lich ⟨Adj.⟩ [mhd. klōsterlich]: a) *zu einem Kloster gehörend:* -er Grundbesitz; b) *einem Kloster entsprechend:* -e Stille, Ruhe; ein -es Leben.

Klos|ter|mau|er, die: *Mauer, die ein Kloster umschließt.*

Klos|ter|pfor|te, die: *Pforte* (1 b) *eines Klosters.*

Klos|ter|schän|ke, Klos|ter|schen|ke, die: *zu einer Klosteranlage gehörendes öffentliches Gasthaus.*

Klos|ter|schu|le, die: *Schule, die einem Kloster untersteht.*

Klos|ter|schü|ler, der: *jmd., der eine Klosterschule besucht.*

Klos|ter|schü|le|rin, die: w. Form zu ↑Klosterschüler.

Klos|ter|zel|le, die: *kleines, sehr einfach eingerichtetes Zimmer in einem Kloster.*

klö|tern ⟨sw. V.; hat⟩ [vgl. (m)niederl. kloteren = klappern; schlagen, lautm.] (nordd. ugs.): *klappernde, rasselnde Geräusche von sich geben:* was klötert denn da hinten im Kofferraum?

Klotz, der; -es, Klötze u. (ugs.:) Klötzer [mhd. kloz = Klumpen; Kugel; Baumstumpf, ablautende Bildung zu ↑Kloß]: 1. a) *großes, dickes, unbearbeitetes Stück aus Holz o. Ä.; Stück eines Baumstammes:* Klötze spalten; er stand, lag da wie ein K. *(steif, unbeweglich, hölzern);* wie ein K. (ugs.; *sehr tief*) schlafen; Spr auf einen groben K. gehört ein grober Keil *(Grobheit muss mit Grobheit beantwortet werden);* Ü ein K. (ugs.; *großes [unförmiges] Gebäude*) aus grauem Beton; * [in den folgenden Wendungen ist wahrscheinlich an den Klotz gedacht, der Tieren auf der Weide ans Bein gebunden wurde, damit sie nicht weglaufen können] **jmdm. ein K. am Bein sein** (ugs.; *jmdm. hinderlich, für jmdn. eine Last sein*): er ist ihr nur noch ein K. am Bein; **sich** ⟨Dativ⟩ **mit jmdm., etw. einen K. ans Bein binden/hängen** (ugs.; *sich mit jmdm., etw. belasten*); **einen K. am Bein haben** (ugs.; *eine Last zu tragen haben*); b) *kleiner, eckiger Gegenstand aus Holz;* c) kurz für ↑Bauklotz. 2. ⟨Pl. Klötze⟩ (salopp abwertend) *grober, unbeholfener, rüpelhafter Mensch.* 3. ⟨o. Pl.⟩ (schweiz. salopp): *Geld:* Mann, hat der K.!

Klötz|chen, das; -s, -: Vkl. zu ↑Klotz (1 b, c).

klot|zen ⟨sw. V.; hat⟩ [zu ↑Klotz] (ugs.): a) *etw. in beeindruckenden Ausmaßen mit den entsprechenden Mitteln ausführen, ins Werk setzen:* der Veranstalter des Festes hat mächtig geklotzt; er will nicht kleckern, sondern k.; b) *hart arbeiten:* jetzt muss kräftig geklotzt werden.

klot|zig ⟨Adj.⟩ a) (abwertend) *unförmig wie ein Klotz, eine grobe, kantige Form habend:* ein -es Gebäude; ein -er Schreibtisch; b) (ugs. emotional) *gewaltig, enorm; sehr:* eine -e Villa; er verdient k. [viel Geld].

Klub, (auch, bes. in Vereinsnamen:) Club, der; -s, -s [engl. club < mengl. clubbe, eigtl. = Keule, Knüppel, wohl zu aisl. klubba = Knüppel, (Kerb)stock (verw. mit ↑Klumpen); nach dem alten Brauch, Einladungen zu Zusammenkünften durch Herumsenden eines Kerbstocks od. einer Keule zu übermitteln]: 1. a) *Vereinigung von Menschen mit bestimmten gemeinsamen Interessen u. Zielen (z. B. auf sportlichem, gesellschaftlichem, politischem, kulturellem Gebiet):* K. der Langen; ein K. von Fotofreunden; einen K. gründen; Mitglieder eines deutsch-englischen -s; b) *Clique* (b): da hat sich ja der richtige K. zusammengefunden! 2. *Haus od. Raum, in dem Mitglieder eines Klubs* (1 a) *zusammenkommen; Klubhaus, Vereinslokal:* wir essen heute im K. 3. (österr.) *Fraktion* (1 a).

Klub|bei|trag, der: *von den Mitgliedern eines Klubs regelmäßig zu zahlender Beitrag.*

klub|ei|gen ⟨Adj.⟩: *dem Klub gehörend:* das -e Stadion.

Klub|haus, das: *Klub* (2).

Klub|ja|cke, die: *sportliches (manchmal von Mitgliedern eines Klubs in gleicher Farbe u. Ausführung getragenes) Jackett, meist mit gemusterten Metallknöpfen.*

Klub|mit|glied, das: *Mitglied eines Klubs.*

Klub|ob|frau, die (österr.): vgl. Klubobmann.

Klub|ob|mann, der; -[e]s, Klubobmänner, Klubobleute (österr.): *Fraktionsvorsitzender.*

Klub|raum, der: vgl. Klub (2).

Klub|ses|sel, der: *tiefer, bequemer Polstersessel in repräsentativer Ausstattung.*

Klub|sit|zung, die (österr.): *Fraktionssitzung.*

Klub|zwang, der ⟨o. Pl.⟩ (österr.): *Fraktionszwang.*

[1]Kluft, die; -, -en [aus dem Rotwelschen in die Studenten- u. Soldatenspr. übernommen, viell. zu hebr. qillûf = das Schälen, zu: qělippā = Schale, Rinde] (ugs.): a) *uniformartige, die Zugehörigkeit zu einer bestimmten Gruppe kennzeichnende Kleidung:* die K. der Pfadfinder; b) *Kleidung für einen bestimmten Zweck* (z. B. Arbeits-, Festkleidung): er zog seine beste K. an.

[2]Kluft, die; -, Klüfte [mhd., ahd. kluft, auch: Zange, Schere, eigtl. = gespaltenes (Holzstück), zu ↑klieben]: 1. *[Fels]spalte, tiefer Riss im Gestein:* Klüfte und Schrunden; sie war in eine tiefe K. gestürzt. 2. *scharfer Gegensatz:* die K. zwischen Ost und West, Nord und Süd; zwischen ihnen tat sich eine K. auf, besteht eine tiefe K.; eine K. überbrücken, überwinden.

klug ⟨Adj.; klüger, klügste⟩ [mhd. kluoc, aus dem Niederrhein., H. u.]: a) *mit scharfem Verstand, logischem Denkvermögen begabt, davon zeugend; intelligent:* ein -er Mensch, Kopf; -e Schüler; eine -e *(von Klugheit zeugende)* Antwort; -e *(Klugheit verratende)* Augen; b) *gebildet, gelehrt, lebenserfahren, weise:* eine -e Alte; die -en *(an Informationen reichen)* Bücher hatten ihm sehr geholfen; so k. wie vorher/zuvor sein *(nicht mehr wissen als vorher);* musst du immer so k. (ugs.; *besserwisserisch*) daherreden?; R hinterher ist man immer klüger *(im Nachhinein sieht man, wie man etwas besser, geschickter hätte anfangen können);* * **aus einer Sache nicht k. werden** *(etw. nicht verstehen);* **aus jmdm. nicht k. werden** *(jmdn. nicht durchschauen, nicht richtig einschätzen können);* c) *vernünftig, sinnvoll; [taktisch] geschickt u. diplomatisch [vorgehend]; schlau:* ein -er Rat; -e Politikerinnen; ein kluger Schachzug; er war k. genug, es einzusehen; das hat er k. angefangen; ⟨subst.:⟩ er tat das Klügste, was hier möglich war; ich halte es für das Klügste, erst einmal abzuwarten; Spr der Klügere gibt nach.

klü|ger: ↑klug.

klu|ger|wei|se ⟨Adv.⟩: *in kluger* (c) *Weise; wie es, was klug* (c), *intelligent ist:* er hat k. geschwiegen.

Klug|heit, die; -, -en [mhd. kluocheit = Feinheit, Zierlichkeit; höfisches Benehmen; List]: 1. ⟨o. Pl.⟩ a) *scharfer Verstand, Intelligenz:* sich durch ungewöhnliche K. auszeichnen; ein Mann von großer K.; b) *kluges Verhalten, Umsicht, Vernunft:* praktische K.; mit höchster K. vorgehen. 2. ⟨Pl.⟩ (meist iron.) *[angeblich] kluge Bemerkungen, weise Sprüche:* deine -en kannst du dir sparen.

K

klug|re|den ⟨sw. V.; hat⟩: *besserwisserisch daherreden:* er kann nur k.

Klug|red|ner, der: *Besserwisser.*

Klug|red|ne|rin, die: w. Form zu ↑Klugredner.

klug|schei|ßen ⟨st. V.; hat⟩ (salopp abwertend): *besserwisserisch daherreden.*

Klug|schei|ßer, der (salopp abwertend): *Klugredner.*

Klug|schei|ße|rin, die; -, -nen: w. Form zu ↑Klugscheißer.

klug|schna|cken ⟨sw. V.; hat⟩ (nordd.): *klugreden.*

Klug|schwät|zer, der (ugs. abwertend): *Klugredner.*

Klug|schwät|ze|rin, die: w. Form zu ↑Klugschwätzer.

klügs|te: ↑klug.

Klump, der [mniederd. klumpe, ↑Klumpen]: in den Wendungen **etw.** (bes. ein Fahrzeug) **in/zu K. fahren** (ugs.; *[durch einen Unfall] zu Schrott fahren, völlig zerstören*); **in K. schlagen, schmeißen, werfen** (ugs.; *mutwillig u. im Zorn zerschlagen, zerstören*); **in K. gehen** (ugs.; *zerstört werden*).

Klum|patsch, der; -[e]s [wohl zusgez. aus ↑Klumpen (1) u. nordd. Quatsch = breiartige Masse] (salopp abwertend): *Menge, Haufen, wertloses Zeug, unerquickliche Dinge:* du kannst den ganzen K. wegschmeißen; ich will von dem K. nichts mehr wissen.

Klümp|chen, das; -s, -: Vkl. zu ↑Klumpen (1).

klum|pen ⟨sw. V.; hat⟩: *Klumpen bilden, sich zu Klümpchen, Flocken zusammenziehen; gerinnen:* Mehl klumpt leicht; klumpendes Blut.

Klum|pen, der; -s, - [aus dem Niederd. < mniederd. klumpe]: *meist feuchte, formbare Masse ohne bestimmte Form:* ein K. Lehm, Butter, Gold, Blei; ein unförmiger K. rohen Fleisches.

Klump|fuß, der (Med.): *[angeborene] Fehlbildung, bei der die Fußsohle nach innen u. oben gedreht ist:* er hat einen K.

klụmp|fü|ßig ⟨Adj.⟩: *einen Klumpfuß, Klumpfüße habend:* ein -er Mann.

klụm|pig ⟨Adj.⟩: **a)** *in Klumpen, voller Klumpen:* -es Mehl; **b)** *unförmig wie ein Klumpen:* eine -e Gestalt.

Klụ̈n|gel, der; -s, - [spätmhd. klüngel, klungel = kleines Knäuel, mhd. klungelīn, ahd. clungilīn, Vkl. von: clunga = Knäuel, im Sinne von »(Zusammen)geballtes«, verw. mit ↑Kolben; a: im 19. Jh. aus dem Rhein.]: **a)** (abwertend) *Gruppe von Personen, die sich gegenseitig Vorteile verschaffen; Clique* (a): der Diktator und sein K.; einen K. bilden; gegen diesen K. einflussreicher Geschäftsleute ist ein Außenstehender machtlos; **b)** (landsch.) *traubiger Blütenstand, Rispe:* ein K. Trauben, Johannisbeeren.

Klün|ge|lei, die; -, -en (abwertend): *[dauerndes] Klüngeln* (1), *Partei-, Vetternwirtschaft.*

klụ̈n|geln ⟨sw. V.; hat⟩: (ugs.) *einen Klüngel* (a) *bilden, sich zu einer ganz auf die Vorteile ihrer Mitglieder eingestellten Interessengruppe zusammenschließen:* sie klüngelten und teilten die Pöstchen unter sich auf.

Klụ̈n|gel|wirt|schaft, die: *Klüngelei.*

Klụn|ker, die; -, -n od. der; -s, - [mniederd., md., verw. mit ↑Klüngel] (ugs.): *großer Schmuckstein, Brillant:* Mensch, hat die -n; sie legte ihre K. an.

Klụp|pe, die; -, -n [mhd. kluppe = Zange; abgespaltenes Stück (Holz), zu ↑klieben] (bayr., österr.): *Wäscheklammer.*

Klus, die; -, -en, (schweiz.:) **Klu|se,** die; -, -n [mhd. klus(e), ↑Klause]: *enger Taldurchbruch, Schlucht:* im Jura hat es viele -en.

km = Kilometer.

km² = Quadratkilometer.

km³ = Kubikkilometer.

km/h, km/st = Kilometer je Stunde.

kn (Seew.) = Knoten.

Knab|be|rei, die; -, -en: **1.** ⟨o. Pl.⟩ *[dauerndes] Knabbern.* **2.** *Knabbergebäck:* -en auf den Tisch stellen.

Knạb|ber|ge|bäck, das: *Kleingebäck wie Salzstangen, Cracker o. Ä.*

knạb|bern ⟨sw. V.; hat⟩ [aus dem Niederd., zu veraltet knappen = nagen, fressen, schnappen, lautm.]: **a)** *etwas Hartes od. Knuspriges essen, indem man kleine Stückchen davon nimmt od. abbeißt:* Nüsse, Kekse, Salzstangen, Konfekt k.; beim Wein etwas zu k. haben; ⟨subst.:⟩ wir holten etwas zum Knabbern; **b)** *(von Menschen u. Tieren, bes. Nagetieren) an etwas [Größerem, Festsitzendem] nagen, kleine Stückchen davon ablösen:* an den Fingernägeln k.; ***an etw. [noch lange] zu k. haben** (1. *sich mit etw. lange u. schwer plagen, sich anstrengen müssen.* 2. *unter den Folgen von etw. noch lange leiden müssen*).

Knạb|ber|zeug, das ⟨o. Pl.⟩ (ugs.): *süßes od. salziges Knabbergebäck, Nüsse o. Ä.*

Kna|be, der; -n, -n [mhd. knabe = Junge; Diener, ahd. knabo = kleiner Junge, Kind; eigtl. = Pflock, Knüppel, verw. mit ↑Knebel; zur Bedeutungsentwicklung vgl. Bengel, Flegel]: **1.** (meist geh., sonst Amts- u. Geschäftsspr., schweiz.): *[größerer] Junge:* ein blonder, aufgeweckter, verschlossener K.; -n und Mädchen; die Geburt eines gesunden -n zeigen an …; er unterrichtet ausschließlich -n; Anzüge für -n. **2.** (ugs., oft scherzh.) *Bursche, Kerl, Mann:* ein lustiger K.; hallo, alter K.!

Kna|ben|alt, der: *Altstimme eines Knaben (vor dem Stimmbruch).*

Kna|ben|al|ter, das (geh.): *Altersstufe vor der Pubertät eines Jungen.*

Kna|ben|chor, der: *Chor, der nur aus Knabenstimmen besteht.*

kna|ben|haft ⟨Adj.⟩: **a)** *einem Knaben ähnlich, wie ein Knabe aussehend:* ein -es, k. aussehendes, k. wirkendes junges Mädchen; eine -e Figur; **b)** (selten) *für einen Knaben charakteristisch, sich wie ein Knabe benehmend:* -e Freude.

Kna|ben|haf|tig|keit, die; -: *das Knabenhaftsein.*

Kna|ben|kraut, das [nach dem hodenförmigen Wurzelknollen]: *(zu den Orchideen gehörende) Pflanze mit länglichen [gefleckten] Blättern u. meist rosafarbenen Blüten in einer dichten Traube.*

Kna|ben|so|pran, der: vgl. Knabenalt.

Kna|ben|stim|me, die: vgl. Knabenalt.

Knäb|lein, das; -s, -: Vkl. zu ↑Knabe (1).

knack: ↑knacks.

Knạck, der; -[e]s, -e [spätmhd. knacke, Rückbildung zu ↑knacken od. subst. zu ↑knack]: *Knacks* (1): es gab einen leichten K., und das Glas hatte einen Sprung.

Knạck|arsch, der (ugs.): **a)** *wohlgeformtes u. dadurch anziehend u. erotisierend wirkendes Gesäß:* einen K. haben; **b)** *Person mit einem wohlgeformten u. dadurch erotisierend wirkenden Gesäß.*

Knä|cke|brot, das [schwed. knäckebröd, zu: knäcka = knacken, krachen, eigtl. = Knackbrot, wegen des knackenden Geräusches beim Hineinbeißen]: **a)** *aus Roggen- od. Weizenschrot gebackenes, sehr knuspriges Brot mit geringem Wassergehalt, meist in rechteckigen, dünnen Scheiben:* K. ist leicht verdaulich und sehr nahrhaft; **b)** *Scheibe Knäckebrot* (a): ein K. mit Butter.

kna|cken ⟨sw. V.⟩ [mhd. knacken = krachen, platzen; einen Riss, einen Sprung bekommen; lautm.]: **1.** ⟨hat⟩ **a)** *einen kurzen, harten, hellen Ton von sich geben;* das Bett, der Fußboden knackte; der Boden knackt unter seinen Schritten; das Radio, das Telefon, das Gebälk knackt; ⟨unpers.:⟩ es knackt im Radio, im Telefon, im Gebälk; **b)** *mit etw. einen kurzen, harten, hellen Ton erzeugen:* er knackt mit den Fingern, mit den Zähnen. **2.** (ugs.) *mit einem kurzen, harten, hellen Ton zerbrechen od. zerspringen* ⟨ist⟩: dies Material ist sehr spröde und knackt leicht. **3.** ⟨hat⟩ **a)** *[mit einem geeigneten Werkzeug] so zusammenpressen, dass es mit einem kurzen, harten, hellen Ton zerspringt u. seinen Inhalt freigibt:* Nüsse, Mandeln k.; Ü an dieser Sache wird er noch lange zu k. haben *(sich abmühen müssen, die Folgen zu spüren bekommen):* Rätsel k. *(lösen);* **b)** (salopp) *zerdrücken u. damit vernichten, unschädlich machen:* Läuse, Wanzen k.; **c)** (salopp) *gewaltsam aufbrechen (um den Inhalt od. die Sache selbst zu zerstören, zu stehlen, unberechtigt zu benutzen):* das Schloss, einen Geldschrank, Autos, Automaten k.; Ü einen Geheimcode k. *(entschlüsseln).* **4.** (ugs.) *schlafen* ⟨hat⟩: er liegt im Bett und knackt.

kna|ckend ⟨Adv.⟩ (ugs.): *sehr, übermäßig:* der Raum ist k. voll; es ist k. heiß hier.

knạck|eng ⟨Adj.⟩ (salopp): *extrem eng:* -e Jeans.

Kna|cker, der; -s, -: **1.** meist in der Fügung **alter K.** (salopp abwertend; *älterer Mann*). **2.** (landsch.) *Knackwurst:* drei Paar K.

kna|cke|voll ⟨Adj.⟩ (salopp): *sehr voll:* die Straßenbahn war k.

Kna|cki, der; -s, -s [zu gaunerspr. knacken = jmdn. verhaften, unschädlich machen; vgl. verknacken; ↑-i (2)] (Jargon): *jmd., der eine Gefängnisstrafe verbüßt [hat].*

kna|ckig ⟨Adj.⟩ (ugs.): **a)** *beim Hineinbeißen od. Eindrücken einen kurzen, harten, hellen Ton hervorbringend; fest u. knusprig:* -e Brötchen, Möhren; der Salat ist schön k.; k. frisches Gemüse; Ü es ist k. *(sehr)* kalt; **b)** *wohlgeformt, jugendlich frisch u. dadurch anziehend u. erotisierend:* -e Mädchen, Typen; ein -er Arsch; eine -e *(ein knackiges Aussehen verleihende)* Bräune, Hose; k. braune Strandschönheiten; **c)** *kraftvoll, schwungvoll:* -e Rockmusik; der Sound ist echt k.; **d)** *prägnant, zackig, energisch:* ein kurzes -es Statement.

Kna|ckig|keit, die; -: *knackige Beschaffenheit.*

Knạck|laut, der: **1.** *kurzer, knackender Laut.* **2.** (Sprachw.) *der harte, plötzliche Ansatz von Vokalen beim Sprechen u. Singen.*

Knạck|punkt, der (ugs.): *entscheidender Punkt, von dem etw. Bestimmtes abhängt.*

knạcks, knack ⟨Interj.⟩: lautm. für einen kurzen, harten, hellen Ton, wenn etwas bricht od. springt: k., da hat das Glas einen Sprung!; der Ast machte k. und brach herunter; knicks, k.

Knạcks, der; -es, -e [zu ↑knacken, ↑Knack od. rückgeb. aus ↑knacksen]: **1.** *knackender Ton:* man hörte einen leisen, hellen, kurzen K. **2.** (ugs.) **a)** *Riss, Sprung:* die Fensterscheibe, die Vase hat einen K.; Ü durch diese Enttäuschung bekam die Ehe einen K.; **b)** *physischer od. psychischer Defekt:* ein K. am Herzen; sie hat einen [seelischen] K. abbekommen.

knạck|sen ⟨sw. V.; hat⟩ [Intensivbildung zu ↑knacken od. zu ↑Knacks] (ugs.): *knacken* (1 a, 2).

Knạck|wurst, die [nach dem knackenden Geräusch, das beim Hineinbeißen in die Wurst entsteht]: *kleine Brühwurst aus Rindfleisch, Schweinefleisch u. Fettgewebe.*

Knạll, der; -[e]s, -e [zu mhd. (er-, zer)knellen = schallen, hallen, krachen, wahrsch. lautm.]: *plötzlicher, sehr harter, heftiger Laut von einem Schuss, einer Explosion o. Ä.:* ein heller, dumpfer, scharfer, furchtbarer K.; der K. des Donners, der Peitsche; mit einem K. fiel die Tür ins Schloss; Ü es gab einen großen K. *(Krach, Skandal);* die Ehe endete mit einem K.; ***K. und/auf Fall** (ugs.; *plötzlich, unvermittelt; auf der Stelle;* urspr. Jägerspr. in der Bed. »so schnell, wie das Wild nach dem Knall der Büchse umfällt«): jmdn. K. und Fall entlassen; **einen K. haben** (salopp; *nicht bei Verstand sein;* ein knallender Schlag an den Kopf erschüttert das Gehirn so, dass der Betroffene seines Verstandes nicht mehr mächtig ist).

knạll- (ugs. emotional verstärkend): **a)** drückt in Bildungen mit Adjektiven eine Verstärkung aus/ *sehr, überaus:* knallsympathisch, -dumm; **b)** drückt in Bildungen mit Farbadjektiven eine Verstärkung aus/*auffallend, grell:* knallgrün, -lila.

knạll|blau ⟨Adj.⟩ (ugs.): *kräftig, knallig blau; grellblau:* ein -er Himmel.

Knạll|bon|bon, der od. das: *eine kleine Überraschung enthaltende, bunte Papierrolle mit zwei Griffenden u. eingelegtem, beim Auseinanderreißen der Rolle einen Knall auslösendem Zündstreifen.*

knạll|bunt ⟨Adj.⟩ (ugs. emotional verstärkend): *sehr grell, auffallend bunt:* ein -es Kleid.

Knạll|char|ge, die: **a)** *Rolle, Figur, die durch plumpe, derbe Komik u. durch Übertreibung gekennzeichnet ist;* **b)** *Schauspieler in seiner Rolle als Knallcharge.*

Knạll|ef|fekt, der [urspr. vom Feuerwerk] (ugs.): *das völlig Überraschende, verblüffende Wirkung, Pointe:* dann kam der K. der Geschichte; der K. war, dass …; für den K. sorgen.

knạl|len ⟨sw. V.⟩ [zu ↑Knall]: **1.** ⟨hat⟩ **a)** *einen Knall von sich geben:* die Peitsche knallt; Schüsse knallen; ich höre eine Tür k.; Sektkorken k. lassen; ⟨unpers.:⟩ irgendwo hat es geknallt *(hat es einen Zusammenstoß gegeben);* Ü in der Familie hat es mal wieder geknallt (ugs.; *Krach gegeben*); **b)** *mit etw. einen Knall erzeugen, verursachen:* mit der Peitsche k.; sie knallen mit den Türen; der Soldat knallte mit den Hacken *(stand stramm, indem er die Hacken zusammenschlug).* **2.** (ugs.) ⟨hat⟩ **a)** *[mit lautem Knall] schießen:* in die Luft, wild um sich k.; jmdm. sich eine Kugel in den Kopf k.; **b)** (Sport) *mit Wucht in eine bestimmte Richtung schießen:* aufs Tor k.; den Ball ins Tor k.; **c)** *[mit einem Knall] schlagen:* jmdm. die Faust, einen nassen Lappen ins Gesicht k.; ***jmdm. eine k.** (ugs.; *jmdm. eine Ohrfeige geben*); **eine geknallt kriegen** (ugs.; *eine Ohrfeige bekommen*); **d)** *mit Wucht irgendwohin befördern, werfen, irgendwo hart aufsetzen:* die Schuhe in die Ecke k.; den Hörer auf die Gabel k.; **e)** ⟨k. + sich⟩ *sich mit Wucht irgendwohin fallen lassen:* sich aufs Bett, in den Sessel k. **3.** (ugs.) *[mit einem Knall] gegen etw. prallen, laut u. heftig anstoßen* ⟨ist⟩: er knallte [mit dem Kopf] gegen die Tür; der Wagen ist an die Leitplanke geknallt; der Krug knallte auf den Steinfußboden. **4.** *mit einem Knall zerspringen, platzen* ⟨ist⟩: der Luftballon,

K

ein Reifen ist geknallt. **5.** (ugs.) *heiß, brennend scheinen* ⟨hat⟩: die Sonne knallte vom Himmel, ihm auf den Kopf. **6.** (ugs.) *grell, auffallend sein u. in die Augen stechen* ⟨hat⟩: grelle Farben knallen uns in die Augen; knallende Leuchtreklamen, Farben.

knall|eng ⟨Adj.⟩ (ugs.): *sehr eng:* ein -er Rock.

Knal|ler, der; -s, -: **1.** (ugs.) *Knallkörper.* **2.** (ugs.) *Knüller.*

Knall|erb|se, die: *kleine, mit einem Explosionsstoff gefüllte u. beim Aufprall mit einem Knall zerspringende Kugel.*

Knal|le|rei, die; -, -en (ugs.): *dauerndes, lästiges Knallen* (1, 2 a).

Knall|frosch, der: *in kurz aufeinander folgenden Schlägen explodierender u. dabei in verschiedenen Richtungen umherspringender kleiner Feuerwerkskörper.*

Knall|gas, das (Chemie): *Gasgemisch, das schon bei niedrigen Temperaturen explosionsartig verbrennt.*

knall|gelb ⟨Adj.⟩ (ugs.): vgl. knallblau: ein -es Hemd.

knall|hart ⟨Adj.⟩ (ugs. emotional verstärkend): **a)** *unerbittlich die ganze Kraft eines Menschen beanspruchend; den ganzen persönlichen Einsatz erfordernd:* die Showbranche ist ein -es Geschäft; -e Konkurrenz; **b)** *unerbittlich hart, rücksichtslos bis zur Brutalität:* ein -er Bursche, Geschäftsmann; **c)** *überaus, in schonungsloser Weise hart; unmissverständlich, an Deutlichkeit nicht zu übertreffen:* -e Werbung; ein -er Thriller; k. fragen, formulieren; jmdm. k. die Wahrheit, die Meinung sagen; **d)** (Sport) *besonders hart, stark, kraftvoll:* ein -er Aufschlag; k. aufschlagen, einschießen.

knall|heiß ⟨Adj.⟩ (ugs. emotional verstärkend): *sehr heiß.*

knal|lig ⟨Adj.⟩ (ugs.): **1.** *(von Farben u. Tönen) grell, auffallend, schreiend:* ein -es Gelb; -e Musik; die Farben sind mir zu k.; **Ü** die Meldung war k. aufgemacht. **2.** ⟨intensivierend bei Adj. u. Verben⟩ *sehr, übermäßig:* es ist k. heiß hier; sich k. amüsieren. **3.** *sehr eng anliegend:* -e Jeans.

Knall|kopf, der, **Knall|kopp,** der; -s, ...köppe (salopp): *Dummkopf; verrückter Kerl.*

Knall|kör|per, der: *Scherzartikel, der bei Erhöhung der Temperatur, Druck, Aufprall o. Ä. mit heftigem Knall explodiert.*

knall|rot ⟨Adj.⟩ (ugs. emotional verstärkend): *kräftig, auffallend, knallig rot; grellrot:* k. lackierte Fingernägel; er war k. vor Wut.

Knall|tü|te, die (salopp): *Knallcharge* (b).

knall|voll ⟨Adj.⟩ (ugs. emotional verstärkend): **a)** *prall gefüllt;* **b)** *stark betrunken.*

knapp ⟨Adj.⟩ [aus dem Niederd., niederd. knap(p) = kurz, eng, gering, H. u.]: **1.** *in nur sehr geringer, kaum ausreichender Menge vorhanden:* -er Lohn; die Mahlzeiten waren zu k. [bemessen]; Kaffee ist k. und teuer geworden; das Geld ist äußerst k.; ich bin k. mit der Zeit *(mir reicht die Zeit kaum aus);* die Mittel reichen nur ganz k.; es wird, k. gerechnet, fünfzig Mark kosten; im Urlaub wollen wir wandern, und das nicht zu k. *(reichlich, ausgiebig);* *** **jmdn. k. halten** (ugs.; *jmdm. nur wenig, nur das Nötigste von etw. zur Verfügung stellen*): er hielt seine Kinder k. [mit Geld]; eine Ware künstlich k. halten. **2.** *gerade ausreichend, eben noch [erreicht]:* ein -er Sieg; eine -e Entscheidung; der Wahlausgang war sehr k.; seine Leistungen wurden mit »k. befriedigend« benotet; der Sprit hat k. gereicht. **3.** *etwas weniger (als die genannte Zahl, Zeitspanne o. Ä.); nicht ganz, kaum:* die Fahrt endete bereits nach einem -en Kilometer; vor einer -en Stunde/vor k. einer Stunde; es dauerte -e zehn Minuten/k. zehn Minuten; sie wird k. fünfzig [Jahre alt] sein; k. mannshohes Gras. **4.** *sehr nahe, dicht:* k. nach Abfahrt des Zuges. **5.** *(von Kleidung) eng, fest anliegend:* ein -er Pullover; der Anzug ist sehr k. [geschnitten]; k. sitzende Hosen; die Schuhe sitzen zu k. **6.** *gerafft, auf das Wesentliche beschränkt, konzentriert:* eine -e Auskunft; etw. mit -en Worten schildern; die Begrüßung war k.; etwas kurz u. k. mitteilen. **7.** *kurz, klein, nicht ausladend, minimal:* eine -e Geste, Verbeugung.

Knap|pe, der; -n, -n [mhd. knappe = Knabe; Knappe (2); Geselle (im Bergbau), ahd. knappo = Knabe, Nebenf. von ↑Knabe]: **1.** *Bergmann mit abgeschlossener Lehre* (Berufsbez.). **2.** (hist.) *bes. zur Waffenausbildung im Dienst eines Ritters stehender junger Mann.*

knapp hal|ten: s. knapp (1).

Knapp|heit, die; -: **a)** *Mangel, Vorhandensein nur kleiner Mengen:* K. an Devisen, an Lebensmitteln; **b)** *Kürze, Gedrängtheit [u. Prägnanz]:* sich um K. des Ausdrucks, im Ausdruck bemühen.

Knapp|schaft, die; -, -en [zu ↑Knappe (1)] (Bergmannsspr.): **a)** *Gesamtheit der Knappen eines Reviers, einer Grube;* **b)** *Organisation, zunftmäßiger Zusammenschluss der Knappen.*

knapp|schaft|lich ⟨Adj.⟩: *die Knappschaft betreffend:* die -e Rentenversicherung; die Zechen sind k. organisiert.

Knapp|schafts|kas|se, die: *Kranken- u. Rentenversicherung für Bergleute.*

Knapp|schafts|ren|te, die: *bei Berufs- od. Erwerbsunfähigkeit eines Bergmanns gezahlte Rente.*

knap|sen ⟨sw. V.; hat⟩ [zu veraltet knappen im Sinne von ↑abknappen, abknapsen, volksetym. beeinflusst von ↑knapp] (ugs.): *[übertrieben] sparsam sein:* zum Monatsende hin k. müssen.

Knap|se|rei, die; - (ugs.): *[dauerndes] Knapsen; [übertriebene] Sparsamkeit.*

Knar|re, die; -, -n [zu ↑knarren]: **1.** *kleines Gerät, mit dem [durch Drehbewegungen] ein lautes Knarren erzeugt werden kann:* die Kinder zogen mit ihren -n von Tür zu Tür. **2.** (salopp) *Gewehr:* die K. schultern, laden.

knar|ren ⟨sw. V.; hat⟩ [spätmhd. knarren, mhd. (md.) gnarren, lautm.]: *ein ächzendes, mit Knacken verbundenes Geräusch ohne eigentlichen Klang von sich geben:* das Bett, die Treppe knarrt; die Fensterläden, die Ruder knarren; die Gartenpforte knarrte in den Angeln; die Bäume knarren u. ächzen im Wind; mit knarrender Stimme sprechen.

Knast, der; -[e]s, Knäste, auch: -e [aus der Gaunerspr.; vgl. jidd. knas, hebr. gĕnas = Geldstrafe] (ugs.): **a)** ⟨o. Pl.⟩ *Haftstrafe:* er bekam fünf Jahre K. [aufgebrummt]; * **K. schieben** (salopp: *eine Gefängnisstrafe verbüßen*); **b)** *Gefängnis:* im K. sitzen.

Knast|bru|der, der (ugs.): *[ehemaliger] Gefängnisinsasse.*

Knas|ter, der; -s, - [gek. aus Canastertobac, Knastertobak; urspr. = edler, würziger Tabak, der in »Rohrkörben« gehandelt wird, zu niederl. knaster < span. canasto < griech. kánastron = Korb] (ugs. abwertend): *billiger, übel riechender Tabak:* was für einen K. rauchst du denn da?

Knas|ti, der; -s, -s [zu ↑Knast; ↑-i (2)] (Jargon): *jmd., der eine Gefängnisstrafe verbüßt [hat].*

Knas|to|lo|ge, der; -n, -n [zu ↑ ²Knast u. ↑-loge] (ugs. scherzh.): *jmd., der schon oft im Gefängnis war u. sich mit den Verhältnissen dort auskennt.*

Knas|to|lo|gin, die; -, -nen: w. Form zu ↑Knastologe.

Knatsch, der; -[e]s [zu landsch. knatschen, urspr. wohl lautm. für ein beim Zerdrücken von etw. Weichem entstehendes Geräusch] (ugs.): *Ärger, Streit, Aufregung u. Unannehmlichkeiten:* mit jmdm. [großen] K. haben; bei ihm zu Hause gibt es öfter K.

knat|schig, knät|schig ⟨Adj.⟩ (landsch.): *weinerlich, quengelig; mürrisch.*

knat|tern ⟨sw. V.⟩ [lautm. (im Ggs. zu ↑knittern) für einen dunkleren Klang]: **1.** *kurz aufeinander folgende harte, knallende Laute von sich geben* ⟨hat⟩: Maschinengewehre knattern; die nassen Fahnen knattern im Wind; ein knatterndes Motorrad. **2.** *sich mit knatterndem Geräusch fortbewegen* ⟨ist⟩: sie knattern mit Motorrädern durchs Dorf.

Knäu|el, der od. das; -s, - [mhd. kniuwel(în), dissimiliert aus: kliuwel(în), Vkl. von: kliuwe = Kugel, kugelförmige Masse, ahd. kliuwa, verw. mit ↑Kloß]: *zu einer Kugel aufgewickelter Faden (Garn, Wolle u. Ä.):* ein K. Wolle; ein unentwirrbarer/unentwirrbares K.; ein[en] K. aufrollen; ein locker gewickelter K.; Papier zu einem K. zusammenknüllen; **Ü** ein K. *(eine eng zusammengedrängte Masse)* von Menschen.

Knauf, der; -[e]s, Knäufe [mhd. knouf, ablautend zu ↑Knopf]: *[verziertes] Ende an einem Gegenstand etwa in der Form einer Kugel:* der K. einer Waffe; das Bett hatte Knäufe aus Messing; ein Spazierstock mit geschnitztem K.

Knäul|chen, das; -s, -: Vkl. zu ↑Knäuel.

Knau|ser, der; -s, - [aus dem Ostmd. (Schles.), wahrsch. zu frühnhd. knaus = hochfahrend, mhd. knūʒ, auch: keck; waghalsig, also eigtl. = Mensch, der hochfahrend gegenüber den Armen ist] (ugs. abwertend): *übertrieben sparsamer, geiziger Mensch:* ein alter K.

Knau|se|rei, die; -, -en (ugs. abwertend): *das Knausern; knauseriges Handeln.*

knau|se|rig, knausrig ⟨Adj.⟩ (ugs. abwertend): *geizig, kleinlich sparend auch in allen Dingen des täglichen Haushalts:* ein -er Verwalter; sei doch nicht so k.!

Knau|se|rig|keit, Knausrigkeit, die; -, -en: *das Knauserigsein; knauseriges Handeln.*

knau|sern ⟨sw. V.; hat⟩ [zu ↑Knauser] (ugs. abwertend): *übertrieben sparsam, kleinlich sein:* wir brauchen nicht zu k.; mit dem Geld k.; **Ü** mit Informationen, Lob k.

knaus|rig: ↑knauserig.

Knaus|rig|keit: ↑Knauserigkeit.

knaut|schen ⟨sw. V.; hat⟩ [verhochdeutschte Form von ↑knutschen] (ugs.): **a)** *zusammendrücken, knüllen:* die Zeitung, das Kopfkissen k.; ich habe [mir] mein Kleid geknautscht; **b)** *Falten bilden, knittern:* der Stoff knautscht leicht.

knaut|schig ⟨Adj.⟩ (ugs.): *verknittert, zerknautscht, leicht zu knautschen:* -er Stoff.

Knautsch|lack, der, **Knautsch|lack|le|der,** das, **Knautsch|le|der,** das: *[Nappa]leder mit durch Walken hervorgerufenen Falten und einer elastischen, wetterbeständigen Schicht aus Kunststofflack.*

Knautsch|zo|ne, die (Kfz-T.): *jeweils am vorderen u. hinteren Ende eines Wagens befindlicher Teil der Karosserie, der bei einem Unfall die Kräfte des Zusammenpralls abfangen soll.*

Kne|bel, der; -s, - [mhd. knebel, ahd. knebil = Holzstück, Querholz, urspr. = Stock, Knüppel, Klotz, verw. mit ↑Knabe]: **1.** *zusammengedrehtes od. -gedrücktes Tuch, das jmdm. in den Mund gesteckt wird, um ihn am Schreien zu hindern:* einen K. im Mund haben. **2.** *Querholz, mit dem etw. gehalten, verspannt od. festgezogen werden kann:* den Druckverband mit einem K. befestigen.

Kne|bel|bart, der [wohl weil die beiden gedrehten Schnurrbartseiten mit Knebeln vergleichbar sind]: *gedrehter Bart an Kinn od. Oberlippe.*

kne|beln ⟨sw. V.; hat⟩ [zu ↑Knebel]: **a)** *jmdm. etw. in den Mund stecken u. ihn dadurch am Sprechen u. Schreien hindern:* der Überfallene wurde gefesselt und geknebelt; **b)** *daran hindern, sich zu entfalten; unterdrücken:* das öffentliche Leben, den Fortschritt k.

Kne|bel|lung, (seltener:) **Kneb|lung,** die; -, -en: *das Knebeln.*

Kne|bel|ver|trag, der: *Vertrag, der für einen der Vertragspartner einengend und nur sehr schwer kündbar ist.*

Knecht, der; -[e]s, -e [mhd., ahd. kneht = Knabe; Jüngling; Diener; urspr. viell. = Stock, Knüppel, Klotz, verw. mit ↑Knagge(n); zur Bedeutungsentwicklung vgl. Bengel, Flegel]: **1.** (veraltend) *männliche Person, die für einen Bauern arbeitet, auf einem Bauernhof angestellt ist:* der Hof beschäftigt drei -e; sich als K. verdingen. **2.** (meist abwertend) *jmd., der [willenlos] Befehlen od. Zwängen zu gehorchen hat:* Herr und K.; ein K. der Reichen, der Herrschenden sein; Poli-

K

zisten werden oft als -e der Staatsgewalt angesehen; Ü er war ein K. seiner Leidenschaften.

knech|ten ⟨sw. V.; hat⟩ (geh. abwertend): *unterdrücken, versklaven; willenlos u. gefügig machen:* jmdn., ein Land k.; ⟨oft im 2. Part.:⟩ ein geknechtetes Volk; geknebelt und geknechtet; ⟨subst.:⟩ Geknechtete und Unterjochte.

knech|tisch ⟨Adj.⟩ (geh. abwertend): *keinen eigenen Willen, keine eigene Meinung habend, unterwürfig, kriecherisch:* -e Subjekte; -er Gehorsam; eine -e Gesinnung, Unterwürfigkeit.

Knecht|schaft, die; -, -en ⟨Pl. selten⟩ (geh. abwertend): *Unfreiheit; Leben in Unterdrückung, Gefangenschaft:* die K. dauert schon lange; jmdn. aus der K. befreien; ein Volk in die K. führen, stürzen.

Knech|tung, die; -, -en (geh. abwertend): *das Knechten; das Geknechtetsein:* die K. der arbeitenden Massen.

knei|fen ⟨st. V.; hat⟩ [verhochdeutschte Form von ↑[1]kneipen; 4: urspr. Studentenspr., eigtl. = bei der Mensur den Kopf (aus Angst vor dem Hieb) einziehen]: **1.** *jmdm. ein Stückchen Haut u. Fleisch so [zwischen den Fingern] zusammenpressen, dass es schmerzt; zwicken:* hör auf, mich dauernd zu k.!; er kniff mir/mich in den Arm. **2. a)** *(von Sachen, bes. Kleidungsstücken) sich schmerzhaft in die Haut eindrücken, weil sie zu eng sind:* die Hose, das Gummiband kneift; **b)** (ugs. veraltend) *Schmerzen machen, wehtun:* mein Bauch kneift/mich kneift der Bauch. **3.** *zusammenpressen, -drücken, zukneifen:* die Augen, die Lippen k.; **4.** (ugs. abwertend) *sich jmdm. od. einer Sache nicht stellen; sich [vor etw.] drücken:* vor jmdm., vor einer Aufgabe k.; hier wird nicht gekniffen!

Knei|fer, der; -s, - [Lehnübertragung von frz. pince-nez]: *Brille ohne Bügel, die auf die Nase geklemmt wird:* den K. auf die Nase klemmen.

Kneif|zan|ge, die: *Beißzange* (1).

Knei|pe, die; -, -n [aus studentenspr. Kneipschenke = schlechte, kleine Schenke u. das dort abgehaltene Trinkgelage, auch: (enges) Zimmer des Studenten; wahrscheinlich im Sinne von »enger Raum«, zu ↑kneipen]: **1.** (ugs.) *kleines, einfaches, aber auch gemütliches Lokal, das man v. a. aufsucht, um dort etwas Alkoholisches zu trinken:* eine dunkle, rauchige, anrüchige, altmodische, gemütliche K.; die K. an der Ecke; dauernd in der K. sitzen; sie blieben in einer K. hängen, zogen von K. zu K. **2.** (Verbindungsw.) **a)** *(in einer studentischen Verbindung) Abend mit Trinken u. Singen;* **b)** *für solche Veranstaltungen vorgesehener Raum.*

knei|pen ⟨st. u. sw. V.; knipp/kneipte, hat geknippen/gekneipt⟩ [mniederd. knīpen = (ab)klemmen, zwicken; wahrsch. lautm.] (landsch.): *kneifen* (1–3).

Knei|pen|gän|ger, der; -s, - (ugs.): *jmd., der regelmäßig Kneipen* (1) *besucht.*

Knei|pen|gän|ge|rin, die; -, -nen: w. Form zu ↑Kneipengänger.

Knei|pen|tour, die (ugs.): *das Umherziehen von einer Kneipe* (1) *zur anderen.*

Knei|pen|wirt, der: *Wirt einer Kneipe* (1).

Knei|pen|wir|tin, die: w. Form zu ↑Kneipenwirt.

Knei|pi|er [...'pi̯e:], der; -s, -s [↑-ier] (ugs.): *Kneipenwirt.*

kneip|pen ⟨sw. V.; hat⟩ (ugs.): *eine Kneippkur machen.*

Kneipp|kur, die [nach dem kath. Geistlichen u. Naturheilkundigen S. Kneipp (1821–1897)]: *Kur, die vor allem in gezielten Behandlungen mit Wasser besteht.*

Knes|set[h], die; - [hebr. kěnęsęt, eigtl. = Versammlung]: *das Parlament in Israel:* Wahlen zur K.

knet|bar ⟨Adj.⟩: *sich kneten lassend:* eine -e Masse.

Kne|te, die; -: **1.** (ugs.) *Knetmasse.* **2.** (salopp) *Geld:* dazu fehlt mir leider die K.

kne|ten ⟨sw. V.; hat⟩ [mhd. kneten, ahd. knetan; vgl. Knopf]: **a)** *eine weiche Masse drückend [mit den Händen] bearbeiten:* den Teig k.; der Masseur knetet die verkrampften Muskeln; **b)** *aus einer weichen Masse formen:* Figuren aus Lehm, aus Plastilin k.

Knet|gum|mi, der od. das: *Knetmasse.*

Knet|mas|sa|ge, die: *Form der Massage, bei der die Muskeln gründlich durchgeknetet werden.*

Knet|mas|se, die: *[in warmem Zustand] weiche, wachsartige Masse in verschiedenen Färbungen, aus der sich Figuren formen lassen.*

Knick, der; -[e]s, -e u. -s [aus dem Niederd. < mniederd. knick, zu ↑knicken; 3: mniederd. knick, zu: knicken = die Zweige einer Wallhecke abknicken]: **1.** ⟨Pl. -e⟩ *Stelle, an der etw. [aus einem geraden Verlauf] stark abgewinkelt, abgebogen ist:* das Rohr hat einen K.; die Straße macht einen K.; ***einen K. im Auge/in der Linse/in der Optik haben** (ugs. scherzh.; 1. *schielen.* 2. *nicht richtig sehen*). **2.** ⟨Pl. -e⟩ *[unbeabsichtigter] scharfer Falz, Bruch:* ein K. im Papier; der Rock bekam beim Sitzen viele -e. **3.** ⟨Pl. -s⟩ (nordd.) *mit einer Hecke bewachsener Erdwall.*

Knick|ei, das: *angeschlagenes Ei.*

kni|cken ⟨sw. V.; hat⟩ [aus dem Niederd. < mniederd. knicken; lautm. für einen hellen Klang, verw. mit aisl. kneikja = biegen, zusammendrücken; älter = eine Verbeugung (durch Einknicken der Knie) machen; auch = geizig sein, eigtl. = etw. von einem zu zahlenden Betrag abknicken (= wegnehmen) u. für sich zurückhalten]: **1. a)** *etw. Steifes, Sprödes so brechen, dass die noch zusammenhängenden Teile einen scharfen Winkel bilden:* ein Streichholz, Zweige k.; die Last des Schnees hat viele Bäume geknickt; **b)** *[unabsichtlich] falten, falzen:* die Seiten im Buch k.; bitte nicht k., es sind Fotos im Umschlag. **2. a)** *sich scharf umbiegen, ohne abzubrechen od. auseinander zu brechen:* im Sturm knickten die Bäume wie Streichhölzer; **b)** *sich vertreten; einknicken:* ich habe mir beim Klettern den Fuß geknickt. **3.** *in seiner bisherigen Kraft, Stärke o. Ä. entscheidend schwächen; brechen:* jmds. Stolz k.

Kni|cker, der; -s, - [zu veraltet knicken = geizig sein, ↑knicken] (ugs.): *geiziger, kleinlicher Mensch.*

Kni|cker|bo|cker [auch: 'nɪkə...], (auch:) **Kni|cker|bo|ckers** ⟨Pl.⟩ [engl. knickerbockers (Pl.), nach der Romangestalt D. Knickerbocker im Roman »History of New York« von W. Irving (1783–1859), der als typischer Vertreter der aus Holland stammenden ersten Siedler New Yorks galt (weite Kniehosen gehörten zur charakteristischen Kleidung der Holländer)]: *weite Überfallhose mit Bündchen unterm Knie.*

Kni|cke|rei, die; -, -en [zu ↑knickern] (ugs. abwertend): *Knauserei.*

kni|cke|rig, knickrig ⟨Adj.⟩ (ugs. abwertend): *knauserig:* ein -er Mensch; sei doch nicht so k.!

Kni|cke|rig|keit, Knickrigkeit, die; -: *das Knickerigsein.*

kni|ckern ⟨sw. V.; hat⟩ [zu veraltet knicken = geizig sein, ↑knicken] (ugs. abwertend): *übertrieben sparsam, geizig sein.*

Knick|fuß, der (Med.): *Fuß mit nach außen abgeknickter Ferse.*

knick|rig: ↑knickerig.

Knick|rig|keit: ↑Knickerigkeit.

knicks ⟨Interj.⟩ lautm. für ein Geräusch, das beim Knicken von Holz o. Ä. entsteht: es machte k.

Knicks, der; -es, -e [zu veraltet knicken = eine Verbeugung (durch Kniebeuge) machen, ↑knicken]: *das Zurücksetzen eines Fußes u. das Beugen der Knie als Zeichen der Begrüßung od. Ehrerbietung von Mädchen od. Frauen:* sie machte einen tiefen K. vor der Fürstin.

knick|sen ⟨sw. V.; hat⟩: *einen Knicks machen:* sie knicksten tief.

Kni|ckung, die; -, -en: *das Geknicktsein.*

Knie, das; -s, - ['kni:ə, auch: kni:; mhd. knie, ahd. kneo, verw. mit lat. genu, griech. góny = Knie]: **1. a)** *vorderer Teil des Kniegelenks mit der Kniescheibe:* spitze, knochige, runde, zitternde, schlotternde K.; ihm zittern die K.; die K. durchdrücken; sich das K. aufschlagen; sie standen bis an die K. im Wasser; auf das/auf die K. fallen *(niederknien);* sie warf sich vor ihr auf die K.; die Kleine saß auf seinen -n; sich eine Decke auf die, über die K. legen; du kannst Gott auf [den] -n danken, dass dir nichts passiert ist; der Rock reicht bis ans, bis zum, knapp übers K.; ***weiche K.** (ugs.; *mit einem Gefühl körperlicher Schwäche verbundene große Angst*): weiche K. bekommen, haben; mit weichen -n ging er zum Chef; **jmdn. auf/in die K. zwingen** (geh.; *jmdn. unterwerfen; jmds. Widerstand brechen*); **in die K. gehen** (1. *langsam mit einknickenden Knien umfallen:* der Boxer ging in die K. 2. *eine Kniebeuge machen.* 3. *sich einer Übermacht beugen:* vor Ehrfurcht in die K. gehen); **jmdn. übers K. legen** (ugs.; *jmdm. Schläge aufs Gesäß geben, eine Tracht Prügel geben*); **etw. übers K. brechen** (ugs.; *etw. übereilt erledigen, entscheiden;* dünneres Holz, das rasch zerkleinert werden soll, zerbricht man über dem gebeugten Knie, statt es zu zersägen, wobei allerdings eine genaue Teilung des Holzes nicht möglich ist u. so der Eindruck von Ungenauigkeit, Flüchtigkeit entstehen kann); **b)** *Stelle des Knies* (1 a) *in einem Hosenbein od. Strumpf:* das K. ist durchgescheuert; Flicken auf die K. setzen. **2. a)** *[rechtwinklig] gebogenes Stück:* ein K. ins Ofenrohr einsetzen; **b)** *[Fluss]biegung.* **3.** (Technik) *mechanisches Gelenk, das sich wie ein menschliches Knie bewegen lässt.*

Knie|bank, die ⟨Pl. ...bänke⟩: *niedrige* [1]*Bank* (1), *auf der man bequem knien kann.*

Knie|beu|ge, die (bes. Turnen): *Bewegung, bei der man mit geradem Oberkörper in die Hocke geht u. wieder aufsteht:* zehn -n machen; in die K. gehen.

Knie|bund|ho|se, die: *bis knapp unter das Knie reichende und dort mit einem Bund abschließende Hose; Bundhose.*

Knie|fall, der [zu mhd. knievallen = auf die Knie stürzen]: *das Fallen auf beide Knie als Zeichen der Verehrung od. Unterwerfung:* einen K. tun; er machte einen K. vor dem Altar; Ü das neue Arzneimittelgesetz ist ein K. vor der Pharmaindustrie.

knie|fäl|lig ⟨Adj.⟩: *demütig, flehentlich:* jmdn. k. [um etw.] bitten.

knie|frei ⟨Adj.⟩: *(von Kleidungsstücken) die Knie frei lassend:* ein -er Rock.

Knie|gei|ge, die: *Gambe.*

Knie|ge|lenk, das: *Gelenk zwischen Ober- u. Unterschenkel.*

knie|hoch ⟨Adj.⟩: *von unten her bis ans Knie reichend:* kniehohe Stiefel; eine kniehohe Mauer; das Gras, der Schnee ist k.

Knie|hö|he, die: nur in der Fügung **in K.** *(in Höhe der Knie):* der Ball ging in K. ins Tor.

Knie|ho|se, die: *bis kurz übers Knie reichende Hose.*

Knie|keh|le, die [zu ↑Kehle (3)]: *Höhlung auf der Rückseite des Knies:* jmdn. in den -n kitzeln.

knie|kurz ⟨Adj.⟩: *von oben her [nur] bis ans Knie reichend:* ein -es Kleid.

knie|lang ⟨Adj.⟩: *von oben her bis ans Knie reichend:* ein -er Mantel.

knien [kni:n, auch: 'kni:ən] ⟨sw. V.⟩ [mhd. knie(we)n, ahd. kniuwen]: **1. a)** *eine Haltung einnehmen, bei der das Körpergewicht bei abgewinkelten Beinen auf einem od. beiden Knien ruht* ⟨hat/(südd.:) ist⟩: auf dem Boden k.; sie kniete vor dem Altar und betete; diese Arbeit muss man kniend verrichten; **b)** ⟨k. + sich⟩ *sich auf die Knie niederlassen* ⟨hat⟩: ich musste mich k.; er kniete sich neben mich. **2.** ⟨k. + sich⟩ (ugs.): *sich intensiv mit einer Sache beschäftigen* ⟨hat⟩: sich in die Arbeit k.

Knies, der; -es [aus dem Niederd., wohl ablautend zu mhd. knūʒ, ↑Knauser] (ugs.): *verhaltener, nicht offen ausgetragener Streit, Meinungsverschiedenheit; Unstimmigkeit in der Beziehung zu jmdm.:* K. mit jmdm. haben, anfangen.

Knie|schei|be, die: *rundlicher, flacher Knochen vor dem Kniegelenk.*

Knie|scho|ner, der: vgl. Knieschützer.

Knie|schüt|zer, der; -s, - (Sport): *Bandage o. Ä. zum Schutz der Knie.*

Knie|seh|nen|re|flex, der (Med.): *Reflex, bei dem sich der Unterschenkel ruckartig nach oben bewegt, wenn man einer Sehne unterhalb der Kniescheibe einen Schlag versetzt.*

Knie|stie|fel, der: *bis zum Knie reichender Stiefel.*

Knie|strumpf, der: *Strumpf, der bis ans Knie reicht.*

Knie|stück, das: *rechtwinklig gebogenes Rohr.*

knie|tief ⟨Adj.⟩: *bis zum Knie:* -es Wasser; sie stand k. im Morast.

Knie|ver|let|zung, die: *Verletzung am Knie.*

Knie|wär|mer, der; -s, -: *aus Wolle gestricktes, schlauchartiges Kleidungsstück, das über das Knie gezogen wird.*

Kniff, der, -[e]s, -e [zu ↑kneifen; 3: nach der betrügerischen Kennzeichnung einer Spielkarte durch Einkneifen am Rand]: **1.** *das Kneifen:* er ärgerte sie mit -en und Püffen. **2.** *scharf umgebogene Stelle in Papier od. Stoff; Falte, Knick:* einen K. in das Papier machen; vom Sitzen hat der Rock lauter -e. **3. a)** *bestimmte, praktische Methode, Handhabung von etw. zur Erleichterung od. geschickten Ausführung einer Arbeit:* -e für den Heimwerker; alle -e kennen; **b)** *kleiner [unerlaubter] Kunstgriff, kleines Täuschungsmanöver, Manipulation o. Ä. zur Erreichung eines Vorteils; Trick:* ein raffinierter K.

knif|fe|lig: ↑knifflig.

knif|fen ⟨sw. V.; hat⟩ [zu ↑Kniff]: *Papier, Stoff o. Ä. scharf falten, falzen:* den Zettel zweimal k.; den Rocksaum k.

kniff|lig, kniffelig ⟨Adj.⟩ [zu landsch. kniffeln = mühselige Arbeit verrichten, heute als zu ↑Kniff gehörend empfunden]: **a)** *Geduld, Geschicklichkeit, Intelligenz bei der Ausführung, Beantwortung o. Ä. erfordernd; schwierig:* eine -e Arbeit, Frage; das Rätsel ist k.; **b)** *Vorsicht, Fingerspitzengefühl in der Behandlung erfordernd; heikel:* eine -e Situation, Angelegenheit.

Knig|ge, der; -[s], - [nach der Sammlung von Verhaltensregeln für den täglichen Gebrauch »Über den Umgang mit Menschen« des dt. Schriftstellers A. Freiherr v. Knigge (1752–1796)]: *Buch mit Verhaltensregeln in einem bestimmten Bereich:* ein K. für Handelsvertreter.

Knilch, Knülch, der; -s, -e [wahrscheinlich aus dem Rotwelschen, zu: knollig (älter: knollicht) = bäuerisch, grob, zu ↑Knolle, also eigtl. = grober, ungeschliffener Kerl] (salopp abwertend): *unangenehmer, verachtenswerter Mann, Kerl:* mach, dass du verschwindest, du K.!

knips ⟨Interj.⟩ lautm. für ein Geräusch, das beim Knipsen entsteht.

knip|sen ⟨sw. V.; hat⟩ [lautm.; in der Verwendung teilweise vermischt mit ↑kneipen] (ugs.): **1. a)** *etw. [mit den Fingern] tun, wobei ein kurzer, heller Laut entsteht:* mit den Fingernägeln k.; **b)** *einen Schalter [mit einem knipsenden* (1 a) *Geräusch] betätigen u. dadurch etw. ein- od. ausschalten:* den Schalter, das Blinklicht k.; ⟨auch ohne Akk.-Obj.:⟩ am Lichtschalter k.; **c)** *mit den Fingern wegschnellen:* Krümel vom Tisch k. **2.** *eine Fahrkarte, Eintrittskarte o. Ä. lochen [u. dadurch entwerten]:* der Schaffner knipst die Fahrkarten. **3. a)** *[als Amateur] fotografieren* (a): ich habe im Urlaub viel geknipst; **b)** *durch Knipsen* (3 a) *aufnehmen [u. abbilden]:* die Kirche, das Schloss k.; **c)** *durch Knipsen* (3 a) *herstellen:* ein Bild, ein paar Aufnahmen k.

Knip|ser, der; -s, - (ugs.): **1.** *kleineres Gerät, Klammer, Zange, Schalter o. Ä., das beim Betätigen ein knipsendes* (1) *Geräusch macht.* **2.** *jmd., der Fahrkarten o. Ä. knipst* (2). **3.** *jmd., der viel knipst* (3 a–c).

Knip|se|rin, die; -, -nen: w. Form zu ↑Knipser (2, 3).

Knirps, der; -es, -e [aus dem Ostmd., H. u.] (ugs.): **1. a)** *kleiner Junge:* ein drolliger, netter K.; als zweijähriger K. durfte ich schon in den Zirkus; **b)** (abwertend) *kleiner, unscheinbarer, unbedeutender Mann.* **2.** ®*zusammenschiebbarer Regenschirm.*

knir|schen ⟨sw. V.; hat⟩ [weitergeb. aus ↑knirren]: **a)** *ein hartes, mahlendes, reibendes Geräusch von sich geben:* der Schnee knirscht unter den Schuhen; die Autoräder knirschen auf dem Kiesweg; **b)** *ein hartes, mahlendes Geräusch verursachen, hervorbringen:* im Schlaf mit den Zähnen k.

knis|tern ⟨sw. V.; hat⟩ [lautm. für einen helleren Klang]: **a)** *ein [durch Bewegung verursachtes] helles, kurzes, leise raschelndes Geräusch von sich geben:* Papier, Seide knistert; das Feuer knistert im Ofen; in meiner Brusttasche knistert ein Scheck; ein knisternder Taftrock; ⟨auch unpers.:⟩ im Ofen knistert es; Ü zwischen den beiden knistert es *(es herrscht eine erotische Spannung);* es herrschte eine knisternde *(erregte, prickelnde)* Spannung, Atmosphäre; **b)** *ein helles, kurzes, leise raschelndes Geräusch hervorrufen, verursachen:* er knistert mit Papier.

Knit|tel|vers, (auch:) Knüttelvers, der [Knittel, Knüttel = Reim (vgl. engl. staff = Stock, Stab, auch: Vers, Stanze)] (Metrik): *vierhebiger, paarweise gereimter Vers mit unregelmäßigen Senkungen.*

Knit|ter, der; -s, - ⟨meist Pl.⟩ [zu ↑knittern]: *unregelmäßige, durch Sitzen od. Drücken entstandene kleine Falte bes. in einem Stoff:* die Tischdecke ist voller K.; die K. ausbügeln.

knit|ter|arm ⟨Adj.⟩: *nur wenig, nicht leicht knitternd:* -es Gewebe; eine Bluse aus -er Baumwolle.

Knit|ter|fal|te, die: *Knitter.*

knit|ter|fest ⟨Adj.⟩: *nicht knitternd.*

knit|ter|frei ⟨Adj.⟩: *nicht knitternd.*

knit|te|rig: ↑knittrig.

knit|tern ⟨sw. V.; hat⟩ [urspr. lautm., vgl. knattern]: **1.** *Knitter bilden:* der Stoff knittert [leicht]. **2.** *Knitter in etw. machen:* Seidenpapier k.; pass auf, dass du beim Nähen den Stoff nicht knitterst.

knitt|rig, knitterig ⟨Adj.⟩: *viele Knitter aufweisend:* ein -er Zettel; das Leintuch ist ganz k.; Ü ein -es Gesicht *(ein Gesicht mit vielen kleinen Falten).*

Kno|bel|be|cher, der: **1.** *Würfelbecher.* **2.** (Soldatenspr.) *Stiefel mit kurzem Schaft.*

kno|beln ⟨sw. V.; hat⟩ [aus der Studentenspr., zu landsch. Knobel = Knöchel, (aus Knöcheln geschnittener) Würfel, zu ↑Knochen]: **1. a)** *mithilfe von Würfeln, Streichhölzern, Handzeichen o. Ä. eine Entscheidung herbeiführen, wer etw. Bestimmtes tun soll od. darf:* wir knobeln mit Streichhölzern, wer das Bier bezahlen muss; mit jmdm. um eine Runde Schnaps k.; die Kinder knobelten um das letzte Stück Kuchen; **b)** *zum Zeitvertreib bestimmte, beim Knobeln* (1 a) *verwendete Spiele machen:* während einer langen Bahnfahrt k.; wir knobeln abends gerne. **2.** (ugs.) *angestrengt über die Lösung eines Problems nachdenken:* wir knobelten, wie man es machen könnte; an Verbesserungen, an einer neuen Methode k.; an diesem Rätsel habe ich lange geknobelt.

Kno|bi, der; -s [↑-i (2 a)] (ugs. scherzh.): *Knoblauch.*

Knob|lauch [auch: ˈknɔp...], der; -[e]s, [mhd. knobelou(c)h, spätahd. cnufloch, dissimiliert aus: chlobi-, chlofalouh, eigtl. = gespaltener Lauch, zu ↑Kloben u. ↑Lauch]: **a)** *Pflanze mit Doldenblüten u. einer aus mehreren länglichen Zwiebeln bestehenden Wurzelknolle:* K. anbauen; **b)** *als Gewürz u. Heilmittel verwendete Wurzelknolle des Knoblauchs* (a) *mit strengem, durchdringendem Geruch u. Geschmack:* K. an den Salat geben; sie mag keinen K.

Knob|lauch|but|ter, die (Kochk.): *mit Knoblauch gewürzte Butter.*

Knob|lauch|pil|le, die: *Knoblauch enthaltende Pille.*

Knob|lauch|so|ße, die (Kochk.): *mit Knoblauch gewürzte Soße.*

Knob|lauch|wurst, die: *mit Knoblauch gewürzte Wurst.*

Knob|lauch|ze|he, die: *einzelne kleine Brutzwiebel des Knoblauchs* (b).

Knob|lauch|zwie|bel, die: *Zwiebel des Knoblauchs* (a).

Knob|ler, der; -s, - (ugs.): *jmd., der gern knobelt* (2).

Knob|le|rin, die; -, -nen: w. Form zu ↑Knobler.

Knö|chel, der; -s, - [spätmhd. knöchel, knochel, Vkl. von ↑Knochen]: **1.** *Fußknöchel:* sich den K. brechen, verstauchen, verknacksen; das Kleid reicht bis zum K.; bis an, über die K. im Schlamm versinken. **2.** *Fingerknöchel:* zarte, spitze K.; mit dem K. auf den Tisch klopfen.

Knö|chel|bruch, der: *Bruch des Fußknöchels.*

Knö|chel|chen, das; -s, -: Vkl. zu ↑Knochen (1 a, b).

knö|chel|frei ⟨Adj.⟩: vgl. kniefrei.

knö|chel|hoch ⟨Adj.⟩: vgl. kniehoch: knöchelhohe Schuhe.

knö|chel|lang ⟨Adj.⟩: vgl. knielang.

knö|chel|tief ⟨Adj.⟩: vgl. knietief: -e Wasserlachen; k. im Matsch stehen.

Kno|chen, der; -s, - [mhd. knoche, zu: knochen = drücken, pressen, eigtl. = das, womit man gegen etw. schlägt, zu einem urspr. lautm. Verb, das mit ↑knacken verwandt ist (vgl. mhd. knochen = drücken, pressen; engl. to knock = schlagen, stoßen)]: **1. a)** *harter, hauptsächlich aus Kalk bestehender Teil des Skeletts:* schwere, feste, zierliche, kräftige K.; der K. ist gebrochen, ist wieder gut zusammengewachsen; sich einen K. brechen; jmdm. die K. zusammen-, kaputtschlagen (salopp; *jmdn. verprügeln*); die Wunde geht bis auf den K.; R du kannst dir die K. nummerieren lassen (derb; Drohung, jmdn. heftig zu verprügeln); *** bis auf/in die K.** (ugs.; *bis ins Innerste, durch u. durch*): wir wurden nass bis auf die K.; er war ein Nazi bis auf die K.; **b)** *Knochen* (1 a) *von Schlachttieren:* der Fleischer löst den K. aus der Keule; aus den K. eine Suppe kochen; der Hund nagt an einem K.; ein Pfund Fleisch mit, ohne K.; das Fleisch fällt vom K. *(ist sehr weich u. zart);* **c)** ⟨o. Pl.⟩ *Knochensubstanz:* Kalk wirkt K. bildend; eine aus K. geschnitzte Figur. **2.** ⟨Pl.⟩ (ugs.) *Glieder, Gliedmaßen:* mir tun sämtliche K. weh; die alten K. *(der alte Körper)* wollen nicht mehr; hoffentlich hast du dir nicht die K. gebrochen; mit heilen K. *(unversehrt)* davonkommen; **[für jmdn., für etw.] die/seine K. hinhalten** *(für eine gefährliche Sache einstehen, sich für jmdn., für etw. opfern);* **auf die K. gehen** (ugs.; *sehr anstrengend sein*): diese Arbeit geht auf die K.; **jmdm. in die K. fahren** *(jmdn. sehr berühren, von jmdm. stark gespürt werden):* ihm war die Angst in die K. gefahren; **jmdm. in den K. stecken/sitzen/liegen** *(von jmdm. noch gespürt werden, in jmdm. nachwirken):* der Schreck steckt ihr noch tief in den K. **3.** (ugs.) *männliche Person, Kerl:* er ist ein elender, fauler, zäher, reaktionärer, autoritärer K.; das kann man dem alten K. nicht mehr beibringen. **4.** (ugs.) *Schraubenschlüssel in Form eines Knochens mit zwei verdickten Enden.*

Kno|chen|ar|beit, die (ugs.): *sehr anstrengende körperliche Arbeit.*

Kno|chen|bau, der ⟨o. Pl.⟩: *Beschaffenheit des Knochengerüsts* (1): ein kräftiger, zarter K.

Kno|chen|bre|cher, der (ugs.): *gewalttätiger Mensch, Schläger.*

Kno|chen|bruch, der: *das Brechen* (1), *Gebrochensein eines Knochens* (1 a): ein komplizierter, zweifacher K.; er zog sich mehrere Knochenbrüche zu.

Kno|chen|brü|he, die: *Brühe aus Knochen* (1 b).

Kno|chen|er|wei|chung, die (Med.): *Erkrankung des Knochens* (1 a) *infolge Kalkverlusts.*

Kno|chen|fisch, der (Zool.): *Fisch mit verknöchertem Skelett u. meist mit Schuppen bedeckter Haut.*

Kno|chen|fort|satz, der (Med.): *Fortsatz an einem Knochen* (1 a).

Kno|chen|ge|rüst, das: *Skelett.*

Kno|chen|ge|we|be, das (Med.): *Gewebe, aus dem ein Knochen* (1 a) *besteht.*

kno|chen|hart ⟨Adj.⟩ (ugs.): *sehr hart* (1 a, b, d, 2–4).

K

Kno|chen|haut, die (Med.): *die den Knochen* (1 a) *umgebende Haut.*
Kno|chen|haut|ent|zün|dung, die (Med.): *Ostitis.*
Kno|chen|job, der (ugs.): *besonders anstrengende, unangenehme od. undankbare Beschäftigung.*
Kno|chen|kot|zen: in der Wendung **es ist zum K.** (derb; *es ist zum Verzweifeln;* verstärkend für: *es ist zum Kotzen*).
Kno|chen|krebs, der (ugs.): *Osteosarkom.*
Kno|chen|leim, der: *aus Rinderknochen gewonnener Leim.*
kno|chen|los ⟨Adj.⟩ (selten): *ohne Knochen* (1 a, b): -es Fleisch.
Kno|chen|mann, der ⟨Pl. ...männer⟩ (bildungsspr.): *personifizierter Tod in Gestalt eines Skeletts.*
Kno|chen|mark, das: *weiches Gewebe in den Hohlräumen von Röhrenknochen.*
Kno|chen|mark|spen|der, der (Med.): *jmd., der Knochenmark zum Zweck der Transplantation spendet.*
Kno|chen|mark|spen|de|rin, die: w. Form zu ↑Knochenmarkspender.
Kno|chen|mark|trans|plan|ta|ti|on, die (Med.): *Transplantation von (gespendetem) Knochenmark (zur Behandlung von Leukämie o. Ä.).*
Kno|chen|mehl, das: *aus gemahlenen Knochen* (1 b) *gewonnenes Produkt, das als Dünge- u. Futtermittel dient.*
Kno|chen|müh|le, die: **1.** *Mühle, in der Knochen* (1 b) *gemahlen werden.* **2.** (ugs.) *Ort, an dem körperlich sehr anstrengende Arbeit geleistet werden muss:* morgen muss ich wieder in den Betrieb, die alte K.
Kno|chen|öl, das: *aus Knochen* (1 b) *gewonnenes Öl, das u. a. als Schmiermittel verwendet wird.*
Kno|chen|schin|ken, der: *Schinken, der mit dem Knochen* (1 b) *gekocht od. geräuchert wird.*
Kno|chen|schwund, der (Med.): *verminderte Neubildung od. Abbau von Knochensubstanz.*
Kno|chen|split|ter, der: *Splitter eines Knochens.*
Kno|chen|sub|stanz, die (Med.): *kalkhaltige Substanz, aus der ein Knochen* (1 a) *besteht.*
kno|chen|tro|cken ⟨Adj.⟩ (ugs.): *sehr trocken* (1 a–d, 2–4).
knö|chern ⟨Adj.⟩: **1.** *aus Knochen:* ein -es Skelett; -e Werkzeuge. **2.** *steif* (5): ein -er Typ; er wirkt immer sehr k.
kno|chig ⟨Adj.⟩: *mit starken, deutlich hervortretenden Knochen:* ein -es Gesicht, -er Körper; ein k. gebauter Typ.
Kno|chig|keit, die; -: *das Knochigsein.*
Knöch|lein, das; -s, -: Vkl. zu ↑Knochen (1 a, b).
knock-out, (auch:) **knock|out** [nɔk'|aut] ⟨Adj.⟩ [zu engl. to knock out (of time) = den Gegner beim Boxen so treffen, dass er unfähig ist, weiterzukämpfen, wenn der Schiedsrichter »time!« (= aus!) ruft, eigtl. = herausschlagen, zu: to knock = schlagen, verw. mit ↑knacken, vgl. Knochen]: *k. o.* (1); er hat seinen Gegner k. geschlagen.
Knock-out, (auch:) **Knock|out** der; -[s], -s: *K. o.*
Knö|del, der; -s, - [spätmhd. knödel, Vkl. von mhd. knode, knote, ↑Knoten] (bes. südd., österr.): *Kloß:* Schweinshaxe mit -n; ***einen K. im Hals haben** (↑Kloß).
knö|deln ⟨sw. V.; hat⟩ (ugs.): *undeutlich u. sehr kehlig singen, sprechen:* der Tenor knödelte entsetzlich.
Kno|fel, der; -s (landsch.): *Knoblauch.*
Kno|fi, der; -s [↑-i (2 a)] (ugs. scherzh.): *Knoblauch.*
Knöll|chen, das; -s, - [2: wohl umgeformt aus der landsch. (bes. rhein.) Vkl. (Proto)köllchen von ↑Protokoll (3) unter scherzh. Anlehnung an ↑Knolle]: **1.** Vkl. zu ↑Knolle, Knollen. **2.** (landsch.): *Strafmandat:* ein K. bekommen, bezahlen.
Knol|le, die; -, -n [mhd. knolle = Klumpen, Erdscholle; plumper Mensch, urspr. = zusammengeballte Masse, verw. mit ↑knüllen u. mit den unter ↑Knopf genannten kn-Bildungen; 3: entstellt aus ↑Protokoll (»Protoknoll«)]: **1.** *fleischige Verdickung eines [unterirdischen] Pflanzenteils, in der Nährstoffe gespeichert sind (z. B. Kartoffel, Dahlienknolle, Radieschen).* **2.** (ugs.) *rundlicher Auswuchs an etw., Verdickung:* der Baum hat eine K. am Stamm; was hat er für eine K. *(Knollennase)* im Gesicht! **3.** (ugs.) *Strafmandat.*
Knol|len, der; -s, - [↑Knolle (3)] (landsch.): *Strafmandat:* einen K. bekommen.
Knol|len|blät|ter|pilz, der: *sehr giftiger Pilz mit weißem od. grünlichem Hut u. einer knolligen Verdickung am unteren Stielende.*
Knol|len|blät|ter|schwamm, der (veraltet, noch landsch.): *Knollenblätterpilz.*
knol|len|för|mig ⟨Adj.⟩: *die Form einer Knolle aufweisend.*
Knol|len|frucht, die: *als Knolle* (1) *ausgebildete Frucht einer Pflanze.*
Knol|len|ge|wächs, das: *Pflanze, die Knollen bildet.*
Knol|len|na|se, die: *große, dicke, knollige Nase.*
knol|len|na|sig ⟨Adj.⟩: *eine Knollennase habend.*
knol|lig ⟨Adj.⟩: *in der Form einer Knolle; rundlich [verdickt]:* eine -e Nase.
Knopf, der; -[e]s, Knöpfe [mhd. knopf = Knorren, Knospe; Knauf; Knoten, Schlinge, ahd. knopf = Knoten, Knorren, urspr. = Zusammengeballtes; zu einer umfangreichen Gruppe germ. Wörter gehörend, die mit kn- anlauten u. von einer Grundbed. »zusammendrücken, -ballen, pressen, klemmen« ausgehen; vgl. z. B. kneten, knüllen, knutschen]: **1.** *kleiner, meist runder, flacher, kugeliger od. halbkugeliger Gegenstand aus festem Material an Kleidungsstücken, der zusammen mit dem Knopfloch, durch das er hindurchgesteckt wird, als Verschluss dient od. der zur Zierde angebracht ist:* ein runder, flacher, bezogener K.; ein K. aus Perlmutter, Horn; ein Knopf ist ab, auf, zu; alle Knöpfe sind abgerissen; einen K. annähen, verlieren; den K. auf-, zumachen, öffnen, schließen; ***[sich]** ⟨Dativ⟩ **etw. an den Knöpfen abzählen** (ugs. scherzh.; *die Entscheidung über etw. Unwesentliches dem Zufall überlassen [indem man die Knöpfe eines Kleidungsstücks abwechselnd mit Ja od. Nein belegt u. den letzten entscheidend sein lässt]*). **2.** *meist runder Teil eines [elektrischen] Geräts, der auf Druck od. durch Drehen etw. ein- od. ausschaltet, in Gang setzt:* der linke Knopf ist für die Lautstärke; den/auf den K. drücken; einen K. drehen; an einem K. drehen; er betätigte viele weiße Knöpfe; durch einen Druck auf einen K. etw. in Bewegung setzen. **3.** *kugelig verdicktes Ende von etw.; rundlicher Griff; Knauf:* der K. am Spazierstock, am Degen, an der Stecknadel; neue Knöpfe an die Schubladen machen. **4. a)** (ugs., oft abwertend) *[kleiner] Mann:* ein geiziger, komischer, reicher K.; **b)** (ugs.) *niedliches, kleines Kind:* dein Töchterchen ist ja ein süßer K. **5.** (südd., schweiz., österr.) *Knoten* (1 a): einen K. in den Faden machen.
Knopf|au|ge, das ⟨meist Pl.⟩: *rundes, glänzendes Auge:* lustige, schwarze -n; ein kleiner alter Mann mit -n.
Knöpf|chen, das; -s, -: Vkl. zu ↑Knopf (1, 2).
Knopf|druck, der ⟨Pl. ...drücke⟩: *das Drücken auf einen Knopf* (2): ein K. genügt, und die Maschine läuft; die Waschmaschinentür öffnet sich auf K.
knöp|fen ⟨sw. V.; hat⟩: **a)** *mit Knöpfen* (1) *öffnen od. schließen:* das Kleid k.; die Bluse wird vorn, hinten, seitlich geknöpft; die Jacke ist falsch geknöpft; **b)** *etw. mit Knöpfen* (1) *befestigen:* das Futter in den Mantel k.; die Kapuze an die Jacke k.
Knopf|leis|te, die: *verstärkter Stoffstreifen [an einem Kleidungsstück], auf dem Knöpfe aufgenäht sind:* ein Mantel mit verdeckter K.
Knöpf|li ⟨Pl.⟩ (schweiz.): *den Spätzle ähnliche Mehlspeise.*
Knopf|loch, das: *an den Rändern eingefasster Schlitz, Einschnitt, durch den der Knopf* (1) *gesteckt wird:* ein gesticktes K.; das K. ist ausgerissen; Knopflöcher [aus]nähen; er trägt eine Nelke im K.; ***aus allen/sämtlichen Knopflöchern platzen** (ugs.; *zu dick geworden sein*); **aus allen/sämtlichen Knopflöchern schwitzen, stinken** (ugs.; *sehr schwitzen, stinken*); **jmdm. aus allen/sämtlichen Knopflöchern gucken, scheinen** (ugs.; *jmdm. schon von weitem anzusehen sein*): die Freude, Neugier, Eitelkeit, Reichtum guckt ihm aus allen Knopflöchern.
Knopf|loch|chi|rur|gie, die [die operativ geschaffenen Öffnungen sind nur so groß wie Knopflöcher] (ugs.): *neuere chirurgische Methoden, die große operative Schnitte* (1) *unnötig machen.*
Knopf|rei|he, die: *Reihe, in der Knöpfe [auf einem Kleidungsstück] aufgenäht sind:* Jackett mit doppelter K.
Knopf|zel|le, die: *kleine flache u. runde Batterie.*
knor|ke ⟨Adj.⟩ [H. u., viell. gepr. von der dt. Kabarettistin Cl. Waldoff (1884 bis 1957)] (berlin. veraltend): *fabelhaft, prima:* ein -r Typ, Film, Jazzkeller; die Party war k.
Knor|pel, der; -s, - [im 15. Jh. in der Zus. knorpelbein = Knorpel (beim Tier), wohl verw. mit ↑Knirps u. ↑Knorren]: *festes, elastisches Bindegewebe, das das Skelett stützt, Knochen od. Gelenke verbindet:* der K. zwischen Rippe und Brustbein; die Ohrmuschel ist aus K.
Knor|pel|fisch, der (Zool.): *Fisch, dessen Skelett aus Knorpel besteht.*
knor|pe|lig: ↑knorplig.
knorp|lig, (seltener:) knorpelig ⟨Adj.⟩: *aus Knorpel bestehend, Knorpel enthaltend:* -es Fleisch.
Knor|ren, der; -s, - [mhd. knorre = knotenförmige Verdickung, verw. mit ↑Knirps, ↑Knorpel] (landsch.): **1.** *krummer Teil eines Asts od. Baumstamms mit vielen Verdickungen.* **2.** *Baumstumpf, Holzklotz.*
knor|rig ⟨Adj.⟩: **1.** *(von Bäumen) krumm gewachsen u. mit vielen Verdickungen u. Ästen:* eine -e Eiche. **2.** *[alt u.] wenig umgänglich; spröde* (3 b): ein -er Alter.
Knösp|chen, das; -s, -: Vkl. zu ↑Knospe (1).
Knos|pe, die; -, -n [spätmhd. knospe = Knorren; wahrsch. zu: knopf (↑Knopf) = Knospe]: **1.** *Teil einer Pflanze, aus dem sich eine Blüte od. Blätter entwickeln:* dicke, feste, schwellende -n; die -n sprießen, platzen, blühen auf, brechen auf; der Baum setzt -n an, treibt -n; Ü die zarte K. (geh.; *Anfang*) ihrer Liebe; er betrachtete ihre -n (geh.; *ihre kleinen, noch nicht voll entwickelten Brüste*). **2.** (Biol.) *bei der Knospung* (2) *abgeschnürter Teil eines Organismus.*
knos|pen ⟨sw. V.; hat⟩: *Knospen treiben:* die Bäume fangen an zu k.; knospende Zweige; Ü die knospenden Brüste des Mädchens.
Knos|pung, die; -, -en: **1.** *das Knospen.* **2.** (Biol.) *ungeschlechtliche Vermehrung bei verschiedenen niederen Lebewesen, bei der sich Auswüchse abschnüren u. ein neues Lebewesen bilden.*
Knöt|chen, das; -s, -: Vkl. zu ↑Knoten (1, 2).
kno|ten ⟨sw. V.; hat⟩ [mhd. (md.) in: entknoten = den Knoten lösen]: **a)** *(ein Band, einen Faden, eine Schnur o. Ä.) um etw. legen u. zu einem Knoten schlingen:* die Krawatte k.; sich ein Tuch um den Hals, um den Arm k.; eine Schnur an den Schlitten k.; ich knotete mir eine Schleife ins Haar; **b)** *die beiden Enden eines Bandes, eines Fadens, einer Schnur o. Ä. durch einen Knoten miteinander verbinden, verknüpfen:* die Schnürsenkel [fester] k.
Kno|ten, der; -s, - [mhd. knote (auch: knode), ahd. knoto (auch: knodo) = knotenförmige Verdickung, zu einer umfangreichen Gruppe germ. Wörter, die mit kn- anlauten u. von einer Bed. »zusammendrücken, -ballen, pressen, klemmen« ausgehen; vgl. auch Knopf; 3: engl. knot = Knoten in der Logleine]: **1. a)** *festgezogene Verschlingung von Bändern, Fäden, Schnüren o. Ä.:* ein fester, loser, doppelter K.; der K. lockert sich, geht auf; einen K. machen, schlingen, lösen, aufmachen, nicht aufkriegen; einen K. in die Schnur machen; [sich ⟨Dativ⟩] einen K. ins Taschentuch machen; Ü den K. des Dramas schürzen *(es zu dramatischen Verwicklungen kommen lassen);* ***den [gordischen] K. durchhauen** (*eine Schwierigkeit auf verblüffend einfa-*

che Weise lösen; nach Alexander d. Gr. [356–323 v. Chr.], der den als unentwirrbar geltenden Gordischen Knoten [nach der antiken Stadt Gordion] dadurch löste, dass er ihn mit dem Schwert durchschlug); **b)** *langes, geschlungenes, am [Hinter]kopf festgestecktes Haar [als Haartracht]:* sie trägt einen K.; die Haare zu einem K. aufstecken. **2. a)** (Bot.) *rundliche Verdickung an Pflanzenteilen:* die K. am Weinstock, an Grashalmen; **b)** *Ast* (2); **c)** (Med.) *[krankhafte] Verdickung von Gewebe:* die Gicht verursacht K. an den Fingern; sie hat K. in der Brust. **3.** *Maßeinheit für die Geschwindigkeit bei Schiffen* (eine Seemeile pro Stunde): das Schiff macht 20 K., fährt [mit] 15 K. **4.** (Fachspr.) *Punkt, Stelle, an der sich Linien, Kurven [eines Diagramms] treffen od. von wo aus sie sich verzweigen.* **5.** *Knotenpunkt.*

kno|ten|ar|tig ⟨Adj.⟩: *wie [ein] Knoten, in der Art eines Knotens:* -e Verdickungen.

kno|ten|för|mig ⟨Adj⟩: *von der Form eines Knotens, wie ein Knoten aussehend o. ä.:* ein -es Gebilde.

Kno|ten|punkt, der: **a)** *Ort, in dem wichtige Verkehrswege zusammentreffen:* die Stadt ist K. wichtiger Eisenbahnlinien; ein innerstädtischer, unterirdischer K.; **b)** (bes. Fachspr.) *Punkt, Stelle, an der Linien, Leitungen o. Ä. zusammentreffen od. sich verzweigen:* ein K. im Fernsprechnetz.

Kno|ten|schrift, die: *von den Inkas entwickelte Vorform einer Schrift, bei der verschiedene Schnüre mit bestimmten Knoten Zahlen u. Zeichen ausdrückten; Quipu.*

Kno|ten|stock, der: [1]*Stock* (1 a) *mit Verdickungen* (2 a).

Knö|te|rich, der; -s, -e [zu ↑Knoten u. der in bot. Namen häufigen Endung -rich zur Bez. eines bestimmten Aussehens od. Standortes, vgl. Wegerich]: *(in vielen Arten vorkommende) Pflanze mit ganzrandigen Blättern, knotigem Stängel u. unscheinbaren Blüten.*

kno|tig ⟨Adj.⟩: **a)** *[viele] Knoten aufweisend:* ein -er Stock; -es Gewebe; magere, -e Hände; **b)** *die Form eines Knotens, einer Verdickung aufweisend:* eine -e Geschwulst.

Know-how [noʊˈhaʊ, engl.: ˈnoʊhaʊ], das; -[s] [engl. know-how, eigtl. = wissen, wie]: *das Wissen, wie man eine Sache praktisch verwirklicht, anwendet o. Ä.:* das technische, technologische K.; das K. der Hochschulen; mit den Maschinen auch das K. verkaufen.

Knub|bel, der, -s, - [zu ↑knubbeln] (landsch.): *knotenähnliche Verdickung:* ich habe einen K. am Arm.

knub|be|lig, knubblig ⟨Adj.⟩ (landsch.): *rundlich dick, mit Knubbeln:* -e Hände, Knie; eine kleine, -e Nase.

knub|beln ⟨sw. V.; hat⟩ [vgl. Knopf] (landsch.): *an etw. herumfingern:* an einem Knoten k.

knubb|lig: ↑knubbelig.

knud|de|lig ⟨Adj.⟩ (landsch.): *niedlich, putzig, zum Knuddeln:* in diesem Alter sind Babys total k.

knud|deln ⟨sw. V.; hat⟩ [vgl. Knoten] (landsch.): **a)** *zerknüllen;* **b)** *(bes. ein Kind) umarmen, drücken u. küssen:* ich könnte ihn die ganze Zeit k.; ⟨subst.:⟩ das Kleine ist zum Knuddeln .

Knuff, der; -[e]s, Knüffe (ugs.): *leichter Stoß mit der Faust od. dem Ellbogen:* jmdm. einen freundschaftlichen, auffordernden K. geben, versetzen; es setzte Knüffe und Püffe.

knuf|fen ⟨sw. V.; hat⟩ [aus dem Niederd., lautm. od. zu den unter ↑Knopf genannten kn-Bildungen gehörend] (ugs.): *jmdm. einen od. mehrere Knüffe geben:* jmdn. heimlich k.; er knuffte mir/mich in den Arm, den Rücken, die Seite.

knuf|fig ⟨Adj.⟩ (ugs.): **a)** *niedlich, putzig, liebenswert:* -e Hundebabys; ein -er Gartenzwerg; **b)** *gemütlich* (a): in der Hütte ist es k. warm.

Knülch: ↑Knilch.

knüll, knül|le ⟨Adj.⟩ [aus der Studentenspr., viell. zu ↑knüllen] (ugs.): *betrunken:* er war völlig, ganz schön k.

knül|len ⟨sw. V.; hat⟩ [mhd. knüllen = stoßen, (er)schlagen, verw. mit ↑Knolle]: **1.** *in der Hand zusammendrücken; zerknüllen, zerknittern:* ein Stück Papier, das Taschentuch k.; etw. zu einem Ball k. **2.** *knittern* (1): der Stoff knüllt leicht.

Knül|ler, der; -s, - [wahrsch. aus der Journalistenspr., zu mundartl. knüllen = schlagen (viell. nach engl. striker, zu: to strike = schlagen, verblüffen)] (ugs.): *etw., was großes Aufsehen erregt, großen Anklang findet, als sensationell empfunden wird:* diese Meldung war ein K.; der Ausverkauf hält viele K. bereit.

Knüpf|ar|beit, die: *Handarbeit aus [kunstvoll] miteinander verknüpften Fäden, Schnüren o. Ä.*

knüp|fen ⟨sw. V.; hat⟩ [mhd. knüpfen, ahd. knupfen, zu ↑Knopf in dessen alter Bed. »Knoten, Schlinge«]: **1. a)** *knoten* (a): sich die Krawatte k.; **b)** *knoten* (b): das Schuhband k.; Ü Bande der Freundschaft k.; Kontakte k.; **c)** *anknüpfen* (1): einen neuen Faden an den abgerissenen k. **2. a)** (selten) *durch Verknoten, Verknüpfen von Bändern, Fäden, Schnüren o. Ä. entstehen lassen:* eine Schleife, einen besonderen Knoten k.; **b)** *etw. in einer bestimmten Knüpftechnik herstellen:* Netze, Teppiche k.; von Hand geknüpfte Teppiche. **3. a)** *gedanklich mit etw. verbinden:* große Hoffnungen, Erwartungen an etw. k.; Bedingungen an etw. k. *(etw. von bestimmten Bedingungen abhängig machen);* **b)** ⟨k. + sich⟩ *mit etw. verbunden sein; [notwendigerweise] zu gleicher Zeit auftreten, erscheinen:* an dieses Haus knüpfen sich nette Erinnerungen für mich.

Knüpf|kunst, die: *Kunst des Knüpfens* (2 b): dieser Teppich ist ein Beispiel orientalischer K.

Knüpf|tech|nik, die: *Technik* (2) *von Knüpfarbeiten.*

Knüpf|tep|pich, der: *geknüpfter Teppich.*

Knüp|fung, die; -, -en ⟨Pl. selten⟩: *Art, in der etw. geknüpft ist:* ein Teppich mit feiner K.

Knüp|pel, der; -s, - [aus dem Niederd., (Ost)md. (dafür mhd. knüpfel), im Sinne von »Knotenstock, Knorren« verw. mit ↑Knopf; in niederd. Lautung im Hochdeutschen vermischt mit älterem Klüppel = Gerät zum Klopfen, mhd. (md.) klüppel, zu ↑klopfen, kloppen); vgl. Klöppel]: **1. a)** *kurzer, dicker Stock:* ein K. aus Hartgummi; die Polizei trieb die Demonstranten mit -n auseinander; einen Hund mit einem K. erschlagen; da möchte man doch gleich/am liebsten mit dem K. dreinschlagen, den K. nehmen (ugs.; *mit Gewalt Ordnung schaffen*); *** da liegt der K. beim Hund** (ugs.; *das ist die notwendige unangenehme Folge*); **jmdm. ein K. am Bein sein** (↑Klotz); **sich ⟨Dativ⟩ einen K. ans Bein binden, hängen** (↑Klotz); **einen K. am Bein haben** (↑Klotz); **jmdm. [einen] K. zwischen die Beine werfen** (ugs.; *jmdm. Schwierigkeiten bereiten*); **b)** *etwa armdickes Rundholz in bestimmter Länge;* **c)** (Metallbearb.) *vierkantiger gewalzter Stahl.* **2. a)** kurz für ↑Steuerknüppel. **b)** kurz für ↑Schaltknüppel. **3.** (landsch.) *längliches Brötchen.* **4.** (derb) *Penis.*

Knüp|pel|brü|cke, die: *aus Knüppeln* (1 b) *gebaute Brücke.*

Knüp|pel|damm, der: *aus Knüppeln* (1 b) *gebauter Weg über einen Sumpf.*

knüp|pel|dick ⟨Adv.⟩ (ugs.): *sehr schlimm:* es kam k.; die Straßenbahn, der Saal war k. *(übermäßig)* voll.

knüp|pel|di|cke|voll ⟨Adj.⟩ (ugs. emotional): *unangenehm voll [mit Menschen]:* der Bus war k.

knüp|pel|hart ⟨Adj.⟩ (ugs.): *knochenhart.*

Knüp|pel|hieb, der: *Hieb mit einem Knüppel.*

knüp|peln ⟨sw. V.; hat⟩ [aus dem Niederd. < mniederd. knüppelen, knuppelen, zu ↑Knüppel]: *brutal mit einem Knüppel schlagen:* die Polizisten knüppelten die Demonstranten; die Polizei begann sofort zu k.

Knüp|pel|schal|tung, die (Kfz-T.): *Gangschaltung in einem Auto mit einem am Boden rechts [od. links] vom Fahrersitz angebrachten Schalthebel:* das Auto hat K.

knüp|pel|voll ⟨Adj.⟩ (ugs.): *sehr, gedrängt voll.*

knur|ren ⟨sw. V.; hat⟩ [lautm. für einen dunklen Klang]: **1.** *(von bestimmten Tieren) als Zeichen von Feindseligkeit brummende, rollende Laute von sich geben:* der Hund knurrte böse; ⟨subst.:⟩ ein wütendes Knurren war zu hören; Ü der Magen knurrt [mir] *(bringt gurgelnde Laute hervor als Begleiterscheinung von Hunger);* mit knurrendem Magen *(sehr hungrig).* **2. a)** *seiner Unzufriedenheit über etw. Ausdruck geben; murren:* er knurrte über die neue Anordnung, über das Essen; knurrend ging sie davon; **b)** *brummend, aus ärgerlicher Stimmung heraus sagen:* »Wenns unbedingt sein muss«, knurrte er.

Knurr|hahn, der ⟨Pl. ...hähne⟩: *in mehreren Arten vorkommender, im Meer lebender, mit großem Kopf u. großen Brustflossen ausgestatteter Knochenfisch, bei dem viele Arten knurrende Laute von sich geben können:* Ü er ist ein richtiger K. *(mürrischer, verdrießlicher Mensch).*

knur|rig ⟨Adj.⟩ [eigtl. = (von einem Hund) gern u. oft knurrend]: *mürrisch, verdrießlich:* ein -er Alter.

Knur|rig|keit, die; -: *das Knurrigsein.*

Knus|per|häus|chen, das: *aus Lebkuchen hergestelltes Hexenhäuschen.*

knus|pe|rig: ↑knusprig.

knus|pern ⟨sw. V.; hat⟩ [lautm.] (landsch.): **a)** *geräuschvoll knabbern:* Nüsse k.; **b)** *geräuschvoll an etw. knabbern:* an einem Keks k.

knusp|rig, knusperig ⟨Adj.⟩: **1.** *frisch gebacken od. gebraten u. mit harter, leicht platzender Kruste:* -es Brot, Gebäck; die Brötchen sind schön k.; eine k. gebratene Gans. **2.** (ugs.) *jung u. frisch aussehend:* sie sieht richtig k. aus; als wir noch jung und k. waren *(früher).*

Knust, der; -[e]s, -e u. Knüste [mniederd. knust = Knorren, zu einer umfangreichen Gruppe germ. Wörter, die mit kn- anlauten u. von einer Bed. »zusammendrücken, -ballen, pressen, klemmen« ausgehen; vgl. Knolle, Knopf, Knoten u. verknusen] (landsch.): *Anfangs- bzw. Endstück eines Brotlaibs:* ich mag am liebsten den K.

Knüst|chen, das; -s -: Vkl. zu ↑Knust.

Knu|te, die; -, -n [1: russ. knut < anord. knútr = Knoten, Knorren, verw. mit ↑Knoten]: **1.** *Peitsche mit kurzem Griff u. angehängten Lederriemen:* als Strafe bekam er zehn Hiebe mit der K. **2.** ⟨o. Pl.⟩ *Fuchtel* (2): unter jmds. K. stehen, leben, seufzen; sich unter die K. des Herrschers ducken.

knu|ten ⟨sw. V.; hat⟩: **1. a)** *[mit der Knute] prügeln:* die Leibeigenen wurden geknutet; **b)** *durch Prügel zu etw. veranlassen, irgendwohin treiben:* jmdn. zur Arbeit k. **2.** *brutal unterdrücken, knechten.*

Knutsch|ecke, die (ugs.): *dunkle Ecke in einem Lokal, einer Diskothek o. Ä., in der man knutschen kann.*

knut|schen ⟨sw. V.; hat⟩ [urspr. = (zusammen)drücken, pressen (vgl. mhd. knutzen = drücken, quetschen), vgl. Knopf] (ugs.): *heftig umarmen, küssen o. Ä.:* jmdn. k.; sie knutschten sich; [mit jmdm.] k. *(knutschend Zärtlichkeiten austauschen).*

Knut|sche|rei, die; -, -en (ugs.): *das Knutschen.*

Knutsch|fleck, der (ugs.): *durch Saugen entstandene blutunterlaufene Stelle auf der Haut:* er hatte einen K. am Hals; jmdm. einen K. machen.

Knüt|tel, der; -s, - [mhd. knüt(t)el, ahd. chnutil, zu ↑Knoten in dessen älterer Bed. »Knorren«]: *Knüppel.*

Knüt|tel|vers: ↑Knittelvers.

kΩ = Kiloohm.

ko-, Ko- [lat. co(n)- (< com-, cum) = mit-]: drückt in Bildungen mit Substantiven, Adjektiven und Verben ein partnerschaftliches Verhältnis, ein Mit- oder ein Nebeneinander aus: Kodirektor, -edition; koexistent; koexistieren.

k. o. [kaːˈloː; ↑knock-out]: **1.** (Boxen) *nach einem Niederschlag kampfunfähig u. besiegt:* k. o. sein; den Gegner k. o. schlagen; k. o. gehen *(k. o. geschlagen werden);* **2.** (ugs.) *(nach einer großen*

Anstrengung o. Ä.) körperlich völlig erschöpft, übermüdet: nach der langen Reise war er völlig k. o.; die Kinder sanken total k. o. in die Betten.

K. o., der; -, - [↑Knock-out] (Boxen): *Niederschlag, nach dem der Gegner, die Gegnerin kampfunfähig ist, ausgezählt wird u. den Kampf verliert:* technischer K. o. *(Abbruch des Kampfes durch den Ringrichter wegen sportlicher Unterlegenheit, Verteidigungsunfähigkeit od. Verletzung eines Boxers, einer Boxerin);* sie wurde Siegerin durch K. o.; durch K. o. gewinnen, verlieren.

Ko|a|gu|la|ti|on, die; -, -en [lat. coagulatio = das Gerinnen] (Chemie): *das Koagulieren.*

ko|a|gu|lie|ren ⟨sw. V.⟩ (Chemie): **a)** *ausflocken* (b), *gerinnen* ⟨ist⟩; **b)** *ausflocken* (a) ⟨hat⟩.

Ko|a|la, der; -s, -s [aus einer Spr. der australischen Ureinwohner]: *(zu den Beuteltieren gehörendes) Säugetier mit dichtem, oberseits grauem, unterseits gelblich weißem, wolligem Pelz, großem Kopf u. Stummelschwanz.*

Ko|a|la|bär, der: *Koala.*

ko|a|lie|ren, ko|a|li|sie|ren ⟨sw. V.; hat⟩ [zu frz. coaliser, zu: coalition, ↑Koalition]: *(von Bündnispartnern, bes. Parteien) sich zu einer Koalition zusammenschließen, -geschlossen haben; eine Koalition bilden:* die beiden Parteien wollen k.; mit einer Partei k.

Ko|a|li|ti|on, die; -, -en [frz. coalition < engl. coalition < mlat. coalitio, eigtl. = das Zusammenwachsen, Sichvereinigen, zu lat. coalescere = zusammenwachsen, sich vereinigen]: *(zum Zweck der Durchsetzung gemeinsamer Ziele geschlossenes) Bündnis bes. von politischen Parteien:* eine K. mit jmdm. bilden, eingehen; die an der K. gegen Irak beteiligten Staaten; große K. (Politik; *Koalition der [beiden] zahlenmäßig stärksten Parteien in einem Parlament*); kleine K. (Politik; *Koalition von Parteien in einem Parlament, die zahlenmäßig nur einen geringfügigen Vorsprung gegenüber der Opposition hat*).

Ko|a|li|ti|o|när, der; -s, -e: *Koalitionspartner.*

Ko|a|li|ti|o|nä|rin, die; -, -nen: w. Form zu ↑Koalitionär.

Ko|a|li|ti|ons|ab|kom|men, das: *Abkommen, das die Pläne, Ziele, Forderungen u. a. einer Koalition darlegt.*

Ko|a|li|ti|ons|ab|spra|che, die: *Absprache, Vereinbarung unter Koalitionspartnern.*

Ko|a|li|ti|ons|aus|sa|ge, die: *Erklärung einer Partei, ob sie mit einer anderen koalieren will.*

ko|a|li|ti|ons|fä|hig ⟨Adj.⟩: *geeignet, eine Koalition einzugehen.*

Ko|a|li|ti|ons|frak|ti|on, die: *Fraktion* (1 a) *einer Koalitionspartei.*

Ko|a|li|ti|ons|frei|heit, die ⟨o. Pl.⟩: *das Recht, Vereine u. Gesellschaften zu gründen, bes. im Rahmen des Arbeitslebens das Recht der Arbeitnehmer u. Arbeitgeber, sich zur Vertretung ihrer sozialen Interessen in Vereinigungen zusammenzuschließen; Vereinigungsfreiheit.*

Ko|a|li|ti|ons|krieg, der: *Krieg, den mehrere Verbündete gegen einen gemeinsamen Feind führen, bes. einer der Kriege der verbündeten europäischen Monarchien gegen das revolutionäre Frankreich von 1792 bis 1807.*

Ko|a|li|ti|ons|par|tei, die: *an einer Koalition beteiligte Partei.*

Ko|a|li|ti|ons|part|ner, der: *an einer Koalition beteiligter Partner:* darin sind sich die K. einig; der kleine K. *(die kleinere Koalitionspartei).*

Ko|a|li|ti|ons|part|ne|rin, die: w. Form zu ↑Koalitionspartner.

Ko|a|li|ti|ons|po|li|ti|ker, der: *Politiker einer Koalitionspartei.*

Ko|a|li|ti|ons|po|li|ti|ke|rin, die: w. Form zu ↑Koalitionspolitiker.

Ko|a|li|ti|ons|recht, das ⟨o. Pl.⟩: vgl. Koalitionsfreiheit.

Ko|a|li|ti|ons|re|gie|rung, die: *Regierung, die von einer Koalition von Parteien gestellt wird.*

Ko|a|li|ti|ons|ver|ein|ba|rung, die: vgl. Koalitionsabkommen.

Ko|a|li|ti|ons|wech|sel, der: *Wechsel im Bündnis von Koalitionsparteien.*

Ko|au|tor, der; -s, -en [zu lat. con- = mit- u. ↑Autor]: *Mitautor.*

Ko|au|to|rin, die; -, -nen: w. Form zu ↑Koautor.

ko|axi|al ⟨Adj.⟩ [zu lat. con- = mit- u. ↑axial] (Technik): *eine gemeinsame Achse habend.*

Ko|axi|al|ka|bel, das (Technik): *aus einem zylindrischen inneren u. einem rohrförmigen äußeren Leiter bestehendes elektrisches Kabel.*

Kob, der; -s, -s (ugs. veraltend): Kurzwort für ↑Kontaktbereichsbeamter.

Ko|balt, (fachspr. auch:) Cobalt, das; -s [Umbildung von ↑Kobold; urspr. glaubte man, das Mineral sei wertlos u. ein Berggeist habe es böswillig unter die wertvolleren Erze gemischt]: *dem Nickel ähnliches, glänzendes, magnetisches Metall (chemisches Element);* Zeichen Co (↑Cobaltum).

ko|balt|blau ⟨Adj.⟩: *von der Farbe des Kobaltblaus.*

Ko|balt|blau, das: *leuchtend blaues, aus einer Kobaltverbindung bestehendes Pigment, das bes. in der Öl-, Glas- u. Porzellanmalerei verwendet wird.*

Ko|bel, der; -s, - [mhd. (md.) kobe(l), zu ↑Koben]: **1.** (südd., österr.) *Verschlag; kleiner Stall für Haustiere.* **2.** *Nest des Eichhörnchens.*

Ko|ben, der; -s, - [mhd. kobe = (Schweine)stall, Verschlag, Käfig; Höhlung, im Sinne von »Erdhöhle, mit Flechtwerk überdeckte Grube« verw. mit ↑Keule (urspr. = Höhlung, Wölbung)]: *Verschlag; Stall, bes. für Schweine.*

Kø|ben|havn [kø:bən'hau̯'n]: dän. Name von ↑Kopenhagen.

Ko|bold, der; -[e]s, -e [mhd. kobolt, 1. Bestandteil wahrsch. mhd. kobe (↑Koben), 2. Bestandteil mhd. holt (↑hold) od. ↑walten, also eigtl. = Stall-, Hausgeist od. Stall-, Hausverwalter]: *(im Volksglauben existierender) sich in Haus u. Hof aufhaltender, zwergenhafter Geist, der zu lustigen Streichen aufgelegt, zuweilen auch böse u. tückisch ist:* **Ü** das Kind ist ein kleiner K. *(ein lebhaftes, wildes Kind).*

ko|bold|haft ⟨Adj.⟩: *einem Kobold ähnlich:* sie sprang k. umher.

Ko|bra, die; -, -s [port. cobra (de capelo) = (Kappen)schlange < lat. colubra = Schlange]: *Brillenschlange* (a).

Koch, der; -[e]s, Köche [mhd. koch, ahd. choch < lat. coquus (vlat. cocus) = Koch, vgl. kochen]: *jmd., der im Kochen, Zubereiten von Speisen ausgebildet ist, der berufsmäßig kocht* (Berufsbez.): K. sein, werden; K. lernen; als K. in einer Kantine arbeiten; er ist ein guter, begeisterter K. *(kocht gerne);* **Spr** viele Köche verderben den Brei *(aus einer Sache, bei der zu viele Leute mitreden u. mitentscheiden, wird nichts Gutes).*

Koch|an|wei|sung, die: *auf der Verpackung eines Lebensmittels aufgedruckte Anweisung für die Zubereitung.*

Koch|ba|na|ne, die: *Banane einer Bananenart, die nur gekocht od. gebraten genießbar ist.*

Koch|beu|tel, der: *Beutel aus hitzebeständiger Folie, in dem Lebensmittel im Wasserbad gegart werden können:* Reis im K.

Koch|buch, das: *Buch, das eine Zusammenstellung von Rezepten u. Anleitungen für die Zubereitung von Speisen verschiedener Art enthält; handschriftliche Sammlung von Kochrezepten.*

Kö|che: Pl. von ↑Koch.

koch|echt ⟨Adj.⟩: *(von Textilien im Hinblick auf ihre Zusammensetzung, Farbe o. Ä.) beim Waschen eine Wassertemperatur von 90° u. mehr zulassend; sich kochen lassend; kochfest; kochbeständig:* -e Wäsche; das Gewebe ist nicht k.

Koch|echt|heit, die: *das Kochechtsein; kochechte Beschaffenheit.*

Koch|ecke, die: *Ecke eines [Wohn]raumes, die anstelle einer Küche zum Kochen eingerichtet ist.*

kö|cheln ⟨sw. V.; hat⟩: *(von Speisen) bei schwacher Hitze leicht kochen:* die Soße muss zwei Stunden k.

ko|chen ⟨sw. V.; hat⟩ [mhd. kochen, ahd. kochōn < lat. coquere (vlat. cocere) = kochen, sieden]: **1. a)** *(ein festes Nahrungsmittel) auf dem Herd, auf einer Feuerstelle o. Ä. durch Hitze in einer od. unter Zusatz einer Flüssigkeit gar werden lassen:* Fleisch, Gemüse, Kartoffeln k.; diese Früchte müssen gekocht werden *(sind nur in gekochtem Zustand genießbar);* etw. lange, auf kleiner Flamme, bei mittlerer Hitze k.; gekochtes Gemüse; gekochte Eier; **b)** *eine Speise durch Kochen* (1 a) *zubereiten:* eine Suppe, Pudding k.; für das Kind/dem Kind einen Brei k.; das Mittagessen ist schon fertig gekocht; Marmelade k.; Tee, Kaffee k. *(durch Übergießen mit kochendem Wasser zubereiten);* **Ü** Stahl k. *(herstellen);* **c)** *(einem Nahrungsmittel) durch Kochen* (1 a) *eine bestimmte Beschaffenheit verleihen:* etw. gar, weich k.; die Eier hart, den Reis körnig, die Nudeln al dente k. **2. a)** *Speisen durch Kochen* (1 a) *zubereiten, herstellen:* wer kocht heute?; er kocht in einer Kantine; sie kann nicht k.; sie hat bei ihrer Mutter k. gelernt; ⟨subst.:⟩ das Kochen macht ihm Spaß; sie versteht sich aufs Kochen; **b)** *in bestimmter Weise kochen* (2 a): gut, vorzüglich k.; sie kocht gerne; er kocht viel mit Reis, Knoblauch; du kochst zu fett; sie hat mit Liebe *(mit großer Sorgfalt)* gekocht. **3. a)** *bis zum Siedepunkt erhitzt u. unter Dampfentwicklung in wallender Bewegung sein:* das [Kaffee]wasser, die Milch, der Brei, die Suppe kocht; kochendes Wasser; kochend heißes Wasser; ⟨subst.:⟩ die Milch zum Kochen bringen; **Ü** das Blut kochte in seinen Adern (geh.; *er befand sich in einem Zustand höchster Erregung*); die See kochte *(war wild bewegt);* **b)** *zum Zweck des Garwerdens in kochendem Wasser liegen:* die Kartoffeln kochen; der Reis muss 20 Minuten k.; fest, mehlig kochende Kartoffeln *(Kartoffeln, die nach dem Kochen feste, mehlige Konsistenz haben);* ⟨subst.:⟩ die Äpfel eignen sich zum Kochen. **4.** *(Textilien) bei einer Temperatur knapp unter dem Siedepunkt waschen:* die Handtücher können gekocht werden. **5.** *durch starkes Erhitzen verflüssigen:* Teer, Leim k. **6.** (ugs.) *innerlich sehr erregt, wütend sein:* die Volksseele kocht *(ist in Aufruhr);* [vor Wut oder Zorn] k.

Ko|chend|was|ser|ge|rät, das: *elektrisches Gerät, das kochendes Wasser bereitet.*

Ko|cher, der; -s, -: *einfaches kleines Gerät, auf dem gekocht werden kann:* ein elektrischer K.; Spiritus in den K. füllen.

Kö|cher, der; -s, - [mhd. kocher, kochære, ahd. kochar, chochāri, H. u.]: **1.** *längliches Behältnis zum Aufbewahren der Pfeile* (1): er nahm einen Pfeil aus dem K. **2.** *Behälter, Futteral für ein Fernglas, ein Objektiv.*

Ko|che|rei, die; - (ugs., meist abwertend): *[dauerndes] Kochen[müssen]:* die K. kostet so viel Zeit.

Koch|feld, das: *aus einer Platte aus Glaskeramik bestehende Kochmulde.*

koch|fer|tig ⟨Adj.⟩: *(von einem Lebensmittel, einem Gericht) so weit vorbereitet, dass es nur noch gekocht zu werden braucht:* -es Gemüse; -e *(bereits geschälte)* Kartoffeln; -e Suppen *(aus trockenen, pulverförmigen u. ä. Bestandteilen zusammengesetzt, die nach Zugabe von Wasser nur noch eine bestimmte Zeit gekocht zu werden brauchen).*

koch|fest ⟨Adj.⟩: *kochecht.*

Koch|fleisch, das (landsch.): **a)** *Suppenfleisch;* **b)** *gekochtes Rindfleisch als Speise:* heute gibt es K. mit Meerrettichsoße.

Koch|ge|le|gen|heit, die: *Möglichkeit zum Kochen, die an einem bestimmten Ort gegeben ist od. jmdm. gewährt wird:* ein Zimmer mit K.

Koch|ge|schirr, das: **1.** *(bes. als Teil der soldatischen Ausrüstung verwendeter) kleinerer Behälter mit Deckel zur Aufnahme u. zum Transport von Essensportionen o. Ä.* **2.** (selten) *Gesamtheit des Geschirrs, das beim Kochen gebraucht wird.*

Kọch|herd, der: *Herd* (1).
Kö|chin, die; -, -nen: w. Form zu ↑Koch.
Kọch|kä|se, der: *aus Quark, Salz u. Gewürzen durch Erhitzen hergestellter Käse.*
Kọch|kis|te, die: *mit wärmeisolierenden Stoffen ausgekleideter Behälter, in dem angekochte Speisen im Kochtopf fertig gegart werden.*
Kọch|kunst, die ⟨o. Pl.⟩: *die Kunst des Zubereitens von Speisen; Gastronomie* (2).
Kọch|kurs, Kọch|kur|sus, der: *Kurs, der allgemeine od. spezielle Kenntnisse im Kochen vermittelt.*
Kọch|löf|fel, der: *Holzlöffel mit langem Stiel, der bes. zum Umrühren der Speisen beim Kochen verwendet wird:* * **den K. schwingen** (scherzh.; *Essen zubereiten; kochen*).
Kọch|mul|de, die: *(bei einer Einbauküche) Fläche mit mehreren Kochplatten, die in die Arbeitsplatte eingelassen ist.*
Kọch|müt|ze, die: *hohe weiße Mütze als Teil der Berufskleidung der Köchinnen u. Köche.*
Kọch|ni|sche, die: *meist von einem Wohnraum abgetrennte Nische, in der sich auf engem Raum die notwendigste Kücheneinrichtung befindet:* eine Einzimmerwohnung mit K.
Kọch|plat|te, die: **a)** *einzelne Platte eines Elektroherdes;* **b)** *kleiner elektrischer Kocher mit einer od. zwei Heizplatten.*
Kọch|punkt, der: *Siedepunkt.*
Kọch|re|zept, das: *Rezept, nach dem eine Speise zubereitet werden kann.*
Kọch|salz, das ⟨o. Pl.⟩: *Natriumchlorid.*
kọch|salz|arm ⟨Adj.⟩: *salzarm; nur wenig Kochsalz enthaltend; mit nur wenig Kochsalz.*
kọch|salz|frei ⟨Adj.⟩: *frei von Kochsalz; kein Kochsalz enthaltend.*
kọch|salz|hal|tig ⟨Adj.⟩: *Kochsalz enthaltend:* eine -e Quelle.
Kọch|salz|lö|sung, die: *Lösung von Kochsalz in Wasser:* physiologische K. (Med.; *wässrige Lösung von Kochsalz, die dem Körper vorübergehend als Ersatz von Blut zugeführt werden kann*).
kọch|salz|reich ⟨Adj.⟩: *reich an Kochsalz.*
Kọch|schin|ken, der: *gepökelter, geräucherter u. gekochter Schinken.*
Kọch|stel|le, die: *Kochplatte* (a).
Kọch|topf, der: *beim Kochen verwendeter Topf (aus Metall) mit Henkeln [u. Deckel]:* ein emaillierter K.; Kochtöpfe aus Aluminium; das Huhn ist in den K. gewandert (scherzh.; *ist geschlachtet u. verzehrt worden*).
Kọch|wä|sche, die ⟨o. Pl.⟩: *Wäsche, die gekocht wird:* die Handtücher kommen zur K.
Kọch|was|ser, das ⟨o. Pl.⟩: *Wasser, in dem etw., bes. ein Nahrungsmittel, gekocht wird:* das K. abgießen.
Kọch|wurst, die: *Wurst, deren Masse vor dem Einfüllen in den Darm gekocht wurde u. die vor dem Verzehr nochmals erhitzt wird.*
Kọch|zeit, die: vgl. Garzeit.
Kọd|der|schnau|ze, die (landsch. salopp): **a)** *[unbekümmert] freches Mundwerk:* sie hat eine richtige K.; **b)** *jmd., der eine Kodderschnauze* (a) *hat:* er ist vielleicht eine K.!
Kode: ↑Code.
Ko|de|in usw.: ↑Codein usw.
Kö|der, der; -s, - [mhd. kö[r]der, querder, ahd. querdar, wahrsch. eigtl. = Fraß; Speise]: *ausgelegtes od. beim Angeln am Angelhaken befestigtes Lockmittel für Tiere, das sie zum Fressen anlockt:* ein lebender K.; einen K. auslegen.
Kö|der|fisch, der (Angeln): *Fisch, der beim Angeln als Köder dient.*
kö|dern ⟨sw. V.; hat⟩ [mhd. kerdern, querdern]: **a)** *mit einem Köder anlocken, fangen:* Fische [mit Würmern] k.; **b)** (ugs.) *jmdn. durch Versprechungen, Zuwendungen o. Ä. verlocken, etw. Bestimmtes zu tun, sich in bestimmter Weise zu verhalten:* sich [mit Geld] nicht k. lassen; mit Freiexemplaren neue Abonnenten k.; mit leeren Versprechungen Wähler k.
Kö|der|wurm, der (Angeln): *(als Köder verwendeter) bräunlicher bis grünlicher Ringelwurm, der im Schlick der europäischen Küsten lebt.*
Ko|dex, der; -es u. -, -e u. ...dizes [...ditse:s; lat. codex (älter: caudex) = Schreibtafel, Verzeichnis, eigtl. = Baumstamm, Klotz, dann: zu Schreibtafeln gespaltenes Holz, zu: cudere = schlagen]: **1. a)** *(in der Antike) zu mehreren zusammengebundene, mit Wachs überzogene, hölzerne Schreibtäfelchen;* **b)** *(im MA.) Sammlung von Handschriften* (3), *die zwischen Holzdeckeln zu einer Art Buch zusammengefügt sind.* **2.** *(im römischen Recht) Gesetzessammlung.* **3.** *Sammlung von Normen, Regeln eines Sachbereichs:* ein K. der Normen, Begriffe. **4.** ⟨Pl.: -e⟩ *ungeschriebene Regeln des Verhaltens, des Handelns, an denen sich eine [gesellschaftliche] Gruppe orientiert; Verhaltenskodex:* der K. ehrbarer Kaufleute; ein K. für internationale Direktinvestitionen.
ko|die|ren usw.: ↑codieren usw.
Ko|di|fi|ka|ti|on, die; -, -en [zu ↑kodifizieren]: *das Kodifizieren* (1, 2).
ko|di|fi|zie|ren ⟨sw. V.; hat⟩ [zu ↑Kodex u. lat. facere = machen]: **1.** (Rechtsspr.) *Gesetze, Rechtsnormen in einem Gesetzeswerk zusammenfassen:* Gesetze k.; kodifiziertes Recht. **2.** *in einem Kodex* (3) *festlegen:* Normen k.
Ko|di|fi|zie|rung, die; -, -en: *Kodifikation.*
Ko|di|zes: Pl. von ↑Kodex.
Ko|edu|ka|ti|on [auch: - - - - '-], die; - [engl. coeducation, aus: co- (< lat. con-, ↑ko-, Ko-) u. education = Erziehung] (Päd.): *gemeinsamer Schulunterricht für Mädchen u. Jungen.*
ko|edu|ka|tiv ⟨Adj.⟩ (Päd.): *mit, in Koedukation:* -e Schulen; die Erziehung ist k.
Ko|ef|fi|zi|ent, der; -en, -en [zu lat. con- = mit- u. efficiens (Gen.: efficientis), 1. Part. von: efficere, ↑effizieren; in der nlat. Form coefficiens geb. von dem frz. Mathematiker F. Viète (1540–1603)]: **1.** (Math.) *konstanter Faktor vor einer veränderlichen Größe.* **2.** (Physik, Technik) *kennzeichnende Größe für bestimmte physikalische od. technische Vorgänge.*
Ko|exis|tenz [auch: - - - '-], die ⟨o. Pl.⟩ [mlat. coexistentia = gleichzeitiges Bestehen, zu kirchenlat. coexistere = zugleich vorhanden sein] (bildungsspr.): *das gleichzeitige Vorhandensein, Existieren; das Nebeneinanderbestehen [von Verschiedenartigem]:* die [friedliche] K. unterschiedlicher Lebensformen; friedliche K. (Politik; *das friedliche Nebeneinanderbestehen von Staaten mit unterschiedlichen Gesellschaftsordnungen;* gepr. von dem sowjet. Politiker N. Chruschtschow [1894–1971] auf dem 20. Parteitag der KPdSU 1956).
ko|exis|tie|ren [auch: - - - '- -] ⟨sw. V.; hat⟩ (bildungsspr.): *nebeneinander, miteinander vorhanden sein, existieren:* friedlich k.
Kof|fe|in, Kaffein, das; -s [fachspr. Bildung zu engl. coffee = Kaffee]: *vor allem in Kaffee, Tee u. Kolanüssen enthaltener bitter schmeckender Stoff mit anregender Wirkung.*
kof|fe|in|frei ⟨Adj.⟩: *kein Koffein enthaltend:* -er Kaffee; die Limonade ist k.
kof|fe|in|hal|tig ⟨Adj.⟩: *Koffein enthaltend.*
Kọf|fer, der; -s, - [spätmhd. coffer, über das Niederl. < frz. coffre = Kasten, Truhe; Koffer, wahrsch. < spätlat. cophinus = Weidenkorb < griech. kóphinos]: *größeres rechteckiges Behältnis mit aufklappbarem Deckel u. Handgriff zum Tragen an einer Schmalseite, das dazu bestimmt ist, Kleider u. andere für die Reise notwendige Dinge aufzunehmen:* ein großer, schwerer, handlicher, lederner, schwarzer K.; ein K. aus Leder, Pappe, Kunststoff, Aluminium; ein praktischer K. für die Reiseschreibmaschine, die Videokamera, das Werkzeug, die Bohrmaschine, die Fotoausrüstung, den Schmuck; ein K. voll Geld; die K. packen, auspacken; einen K. aufgeben; etw. in den K. packen, tun; * **die K. packen** *(abreisen):* wenn es weiter so regnet, packen wir die K.; **die K. packen müssen/können/dürfen** (ugs.; *entlassen werden;* häufig als Mahnung od. Drohung); **einen K. stehen lassen** (ugs. scherzh.; *eine Blähung abgehen lassen*); **aus dem K. leben** (*[aus beruflichen Gründen] viel, dauernd unterwegs sein*).
Kọf|fer|an|hän|ger, der: *Anhänger* (4) *am Koffer.*
Kọf|fer|chen, das; -s, -: Vkl. zu ↑Koffer.
Kọf|fer|de|ckel, der: *Deckel eines Koffers.*
Kọf|fer|ge|rät, das: *Kofferradio.*
Kọf|fer|ku|li, der: *(für die Reisenden am Bahnhof, bes. auf den Bahnsteigen bereitstehender) kleiner Wagen zum Transportieren des Reisegepäcks.*
Kọf|fer|ra|dio, das: *kleines Radio mit flachem Gehäuse u. Bügel zum Tragen.*
Kọf|fer|raum, der: *von außen zugänglicher Bereich, meist im Heck des PKWs, in dem größeres Gepäck (Koffer o. Ä.) verstaut werden kann.*
Kọf|fer|schloss, das: *Schloss an einem Koffer.*
Kọf|fer|schlüs|sel, der: *Schlüssel für einen Koffer.*
Kọf|fer|trä|ger, der: **1.** *Gepäckträger* (1). **2.** (bes. Politik, Sport Jargon) *Wasserträger* (2).
Köf|te, die; -, - od. das; -[s], - [türk. köfte]: *gegrilltes od. gebratenes Hackfleischbällchen.*
Kog: ↑Koog.
Kö|ge: Pl. von ↑Koog.
Ko|gel, der; -s, - [verw. mit ↑Kugel] (südd., österr.): *Bergkuppe.*
Kog|ge, die; -, -n [aus dem Niederd. < mniederd. kogge, wohl eigtl. = kugelförmiges Schiff, verw. mit ↑Kugel]: *vom 13. bis 15. Jh. als Handels- u. Kriegsschiff verwendetes, bauchiges Segelschiff mit hohen Aufbauten auf Bug u. Heck.*
Ko|gnak ['kɔnjak], der; -s, -s [nach der frz. Stadt Cognac] (volkst.): *Weinbrand, Schnaps:* eine Flasche K.; er trank fünf K. *(fünf Gläser Kognak);* vgl. Cognac.
Ko|gnak|boh|ne, die: *mit Kognak gefüllte Praline von länglicher Form.*
Ko|gnak|glas, das ⟨Pl. ...gläser⟩: *bes. für Kognak vorgesehenes Trinkglas.*
Ko|gnak|kir|sche, die: vgl. Kognakbohne.
Ko|gnak|schwen|ker, der: *bauchiges, sich nach oben verengendes Glas mit kurzem Stiel, aus dem Kognak getrunken wird.*
Ko|gni|ti|on, die; -, -en [lat. cognitio = Kennenlernen, Erkennen, zu: cognoscere (2. Part.: cognitum) = erkennen] (Psych., Päd.): *Gesamtheit aller Prozesse, die mit dem Wahrnehmen u. Erkennen zusammenhängen.*
ko|gni|tiv ⟨Adj.⟩ (bes. Psych., Päd.): *das Wahrnehmen, Denken, Erkennen betreffend:* -e Fähigkeiten; -es Lernen.
Ko|ha|bi|ta|ti|on, die; -, -en [1: kirchenlat. cohabitatio = das Beisammenwohnen; 2: frz. cohabitation < kirchenlat. cohabitatio]: **1.** (bildungsspr.) *Geschlechtsverkehr.* **2.** *(in Frankreich) Zusammenarbeit des Staatspräsidenten mit einer Regierung einer anderen politischen Richtung.*
ko|hä|rent ⟨Adj.⟩ [lat. cohaerens (Gen.: cohaerentis), adj. 1. Part. von: cohaerere = zusammenhängen] (Psych., Päd.): *zusammenhängend:* ein -er Text; Grundlagen einer -en Politik.
Ko|hä|renz, die; - (bildungsspr.): *Zusammenhang:* theoretische, historische K.; die innere K.; K. in allen Politikbereichen.
ko|hä|rie|ren ⟨sw. V.; hat⟩ [lat. cohaerere = zusammenhängen] (bildungsspr.): *zusammenhängen.*
Ko|hä|si|on, die; - [zu lat. cohaesum, 2. Part. von: cohaerere = zusammenhängen]: **1.** (bildungsspr.) *innerer Zusammenhalt.* **2.** (Physik) *durch die Kraft der Anziehung bewirkter innerer Zusammenhalt der Atome, Ionen od. Moleküle in einem festen od. flüssigen Stoff.*
Kohl, der; -[e]s, (Arten:) -e [1: mhd. kōl, koel(e), ahd. kōl(i) < lat. caulis = Kohl, eigtl. = Strunk; 2: aus der Studentenspr., zu hebr. qôl = Gerücht, eigtl. = Rede; schon früh an Kohl (1) angelehnt]: **1. a)** *in vielen Arten vorkommende, zu den Kreuzblütlern gehörende Gemüsepflanze:* K. pflanzen, anbauen; **b)** (regional) kurz für ↑Weißkohl: ein Kopf K.; **R** das macht den K. [auch] nicht fett (ugs.; *das nützt auch nichts, macht etwas nicht besser*); **c)** (regional) kurz für ↑Grünkohl: K. und Pinkel. **2.** ⟨o. Pl.⟩

(ugs. abwertend) *ungereimtes Zeug, Unsinn:* das ist doch alles K.!; K. reden, quatschen.
Kohl|art, die: *Art des Kohls* (1 a).
Kohl|blatt, das: *Blatt eines Kohlkopfs.*
Kohl|dampf, der ⟨o. Pl.⟩ [urspr. Soldatenspr., aus dem Rotwelschen, zu: Kohler, Koller = Hunger u. Dampf = Hunger; tautologische Zusammensetzung] (ugs.): *starkes Hungergefühl; großer Hunger, von dem jmd. befallen ist:* K. haben; * **K. schieben** *(über längere Zeit nichts zu essen haben, Hunger leiden).*
Koh|le, die; -, -n [mhd. kol, ahd. kol(o), urspr. = Holzkohle, H. u.]: **1. a)** ⟨Pl. nur für Sorten⟩ *im Bergbau gewonnener brauner bis schwarz glänzender fester Brennstoff* (Braun-, Steinkohle u. a.): K. abbauen, fördern, auf Halde legen; K. führende Flöze; Ü weiße K. *(Wasserkraft);* **b)** ⟨häufig Pl.⟩ *als Heiz-, Brennmaterial für Öfen, Herde, technische Anlagen u. a. verwendete Kohle* (1 a): -[n] feuern; mit -[n] heizen; * **[wie] auf [glühenden] -n sitzen** *(in einer bestimmten Situation in Erwartung von etw., durch eine Verzögerung, Behinderung o. Ä. voller Unruhe sein).* **2.** ⟨o. Pl.⟩ **a)** kurz für ↑Aktivkohle; **b)** kurz für ↑Zeichenkohle: in, mit K. zeichnen; **c)** *Bürste* (2). **3.** (salopp) *Geld:* viel, wenig, nicht genug, keine K. haben; K. machen; die -n verdienen müssen; Hauptsache, die -n stimmen *(die Bezahlung ist erwartungsgemäß).*
Koh|le|che|mie, die: *Bereich der Chemie, der sich mit der Veredelung der Kohle befasst.*
Koh|le|för|de|rung, Kohlenförderung, die: *Förderung von Kohle* (1 a).
Koh|le füh|rend: s. Kohle (1 a).
koh|le|hal|tig, (österr.:) **koh|le|häl|tig** ⟨Adj.⟩: *Kohle enthaltend:* -e Schichten.
Koh|le|herd, Kohlenherd, der: *Küchenherd, der mit Kohle beheizt wird.*
Koh|le|hy|drat: ↑Kohlenhydrat.
Koh|le|in|dus|trie, Kohlenindustrie, die: *Industrie, in der Kohle verarbeitet wird.*
Koh|le|kraft|werk, das: *Kraftwerk, in dem Kohle in Strom umgewandelt wird.*
Koh|le|la|ger|stät|te, die: vgl. Kohlevorkommen.
[1]**koh|len** ⟨sw. V.; hat⟩: *schwelend brennen u. dabei verkohlen, zu Kohle werden:* das Holz im Kamin kohlt; ein kohlender Docht.
[2]**koh|len** ⟨sw. V.; hat⟩ [zu ↑Kohl (2)] (fam.): *aufschneidend od. übertreibend von etw. erzählen; schwindeln:* da kohlst du doch wieder.
Koh|len|an|zün|der, der: *mit leicht brennbarem Stoff getränkte, gepresste Sägespäne u. a., die das Anzünden von Kohlen erleichtern.*
Koh|len|berg|bau, der: *Bergbau, der Kohle fördert.*
Koh|len|berg|werk, das: *Bergwerk, in dem Kohle gefördert wird.*
Koh|len|di|oxid, (auch) Kohlendioxyd, das (Chemie): *farb-, geruch- u. geschmackloses Gas, das bei der vollständigen Verbrennung kohlenstoffhaltiger Brennstoffe u. bei der Atmung tierischer u. pflanzlicher Organismen entsteht.*
Koh|len|di|oxyd usw.: ↑Kohlendioxid usw.
Koh|len|feu|er, das: *Feuer, das mit Kohlen unterhalten wird.*
Koh|len|feu|e|rung, die ⟨o. Pl.⟩: *das Heizen mit Kohle:* eine Heizung für, mit K.
Koh|len|flöz, das (Bergbau): *Kohle führendes Flöz.*
Koh|len|för|de|rung: ↑Kohleförderung.
Koh|len|gru|be, die: *Grube* (3), *in der Kohle gefördert wird.*
Koh|len|grus, der: *Grus* (2).
Koh|len|hal|de, die: *Halde* (2 b).
Koh|len|händ|ler, der: *Händler, der mit Kohlen handelt.*
Koh|len|händ|le|rin, die; -, -nen: w. Form zu ↑Kohlenhändler.
Koh|len|hand|lung, die: *Unternehmen, das Kohlen für Heizzwecke verkauft.*
Koh|len|hei|zung, die: *Heizungsanlage, die mit Kohle betrieben wird.*
Koh|len|herd: ↑Kohleherd.
Koh|len|hy|drat, Kohlehydrat, das (Chemie): *aus Kohlenstoff, Sauerstoff u. Wasserstoff bestehende organische Verbindung.*
Koh|len|in|dus|trie: ↑Kohleindustrie.
Koh|len|kel|ler, der: *Kellerraum, in dem Kohlen für den Bedarf im Haus gelagert werden.*
Koh|len|mei|ler, der: *mit Erde u. Rasenstücken abgedeckter, rund aufgeschichteter, großer Stapel von Holzscheiten, aus denen durch langsames Verbrennen Holzkohle entsteht.*
Koh|len|mon|oxid, (auch:) Kohlenmonoxyd, das (Chemie): *farb-, geruch- u. geschmackloses, sehr giftiges Gas, das bei der Verbrennung kohlenstoffhaltiger Brennstoffe entsteht.*
Koh|len|mon|oxid|ver|gif|tung, die: *Vergiftung durch Einatmen von Kohlenmonoxid (z. B. in Form von Auspuffgasen).*
Koh|len|mon|oxyd usw.: ↑Kohlenmonoxid usw.
Koh|len|ofen: ↑Kohleofen.
Koh|len|oxid, (auch:) **Koh|len|oxyd**, das (Chemie): *Kohlenmonoxid.*
Koh|len|pott, der; -s: ugs. Bez. für *das Ruhrgebiet.*
Koh|len|re|vier, Kohlerevier, das: *größeres Gebiet, in dem Kohle gefördert wird.*
Koh|len|säu|re, die: *schwache Säure, die eine Lösung von Kohlendioxid in Wasser darstellt:* Mineralwasser mit, ohne K.
koh|len|säu|re|hal|tig ⟨Adj.⟩: *Kohlensäure enthaltend.*
Koh|len|schau|fel, die: *Schaufel* (1 a) *zum Füllen von Kohleherd od. -ofen.*
Koh|len|schla|cke, die: *Rückstand aus der Verbrennung von Kohle.*
Koh|len|schüt|ter, der; -s, -: *Behälter, in dem Kohlen getragen und aus dem sie zum Verbrauch ausgeschüttet werden können.*
Koh|len|staub, der: *zu Staub zermahlene Kohle.*
Koh|len|staub|ex|plo|si|on, die: *plötzliche, explosionsartige Entzündung von in der Luft schwebendem Kohlenstaub.*
Koh|len|stift, der (Elektrot.): *stiftförmiges Kohlestück als Elektrode in Bogenlampen u. Elektromotoren.*
Koh|len|stoff, der ⟨o. Pl.⟩: *in vielen Verbindungen enthaltenes nicht metallisches Element, das als Diamant u. Graphit vorkommt* (Zeichen: C).
Koh|len|stoff|ring, der (Chemie): *ringförmig geschlossene Anordnung von Kohlenstoffatomen innerhalb einer organischen Verbindung.*
Koh|len|stoff|ver|bin|dung, die (Chemie): *Verbindung von Kohlenstoff mit anderen Elementen.*
Koh|len|was|ser|stoff, der (Chemie): *organische Verbindung, die ausschließlich aus Kohlenstoff u. Wasserstoff besteht.*
Koh|len|was|ser|stoff|rest, der (Chemie): *Molekül eines Kohlenwasserstoffs, an dem z. B. ein Wasserstoffatom fehlt.*
Koh|len|zan|ge, die: *eiserne Zange zum Ergreifen von Kohlen.*
Koh|len|ze|che, die: *Kohlenbergwerk.*
Koh|le|ofen, Kohlenofen, der: *mit Kohle beheizter Ofen* (1).
Koh|le|pa|pier, das: *auf einer Seite mit einer Farbschicht versehenes Papier, mit dessen Hilfe Durchschriften hergestellt werden können.*
Köh|ler, der; -s, - [1: mhd. koler, köler; 2: nach der schwärzlichen Färbung des Rückens]: **1.** *jmd., der im Kohlenmeiler Holzkohle herstellt.* **2.** *(zu den Dorschen gehörender) Fisch mit dunkelgrünem bis schwärzlichem Rücken u. grauen bis weißen Seiten; Seelachs.*
Köh|le|rei, die; -, -en: **1.** *Ort, an dem der Köhler* (1) *sein Handwerk ausübt.* **2.** ⟨o. Pl.⟩ *die Gewinnung von Holzkohle aus Kohlenmeilern.*
Koh|le|re|vier: ↑Kohlenrevier.
Köh|ler|glau|be, der [nach älteren Erzählungen soll ein Köhler auf die Frage nach seinem Glauben eine in ihrer Einfalt sehr klare Antwort gegeben haben] (bildungsspr. veraltend): *blinder Glaube.*
Koh|le|stift, der: *Zeichenstift aus Holzkohle.*
Koh|le|vor|kom|men, das: *Vorkommen* (b) *von Kohle.*
Koh|le|vor|rat, der: **1.** ⟨Pl.⟩ *Vorrat von Kohlevorkommen.* **2.** *Vorrat an Kohlen* (1 b).
Koh|le|zeich|nung, die: *künstlerische Zeichnung mit dem Kohlestift.*
Kohl|ge|mü|se, das: *Gemüse, das zu den Kohlarten gehört:* K. anbauen; wir essen gerne K.
Kohl|kopf, der: *einzelner Kopf* (5 b) *einer Kohlpflanze.*
Kohl|mei|se, die [mhd. kolemeise, nach dem schwarzen Kopf]: *Meise mit blauschwarzem Hals u. Kopf, olivgrüner Oberseite u. gelber, in Längsrichtung von einem schwarzen Streifen unterteilter Unterseite.*
kohl|pech|ra|ben|schwarz ⟨Adj.⟩: *kohlrabenschwarz.*
Kohl|räb|chen, das: *zarter, junger Kohlrabi.*
kohl|ra|ben|schwarz ⟨Adj.⟩: **a)** *tiefschwarz:* -es Haar; **b)** *völlig dunkel:* eine -e Nacht; **c)** *sehr schmutzig; schwarz von Schmutz:* er hatte -e Hände.
Kohl|ra|bi, der; -[s], -[s] [älter: Kaulirabi, zu ital. cavoli rape (Pl.), zu: cavolo = Kohl u. rapa = Rübe]: *Kohlart, bei der der Stängel zu einer rundlichen, als Gemüse gegessenen Knolle verdickt ist.*
Kohl|rou|la|de, die: *Gericht aus mit Hackfleisch gefüllten zusammengerollten Weißkohlblättern, die in einer Soße geschmort werden.*
Kohl|rü|be, die: **1.** *Rübe mit gelbfleischiger Wurzel; Steckrübe.* **2.** österr. auch für ↑Kohlrabi. **3.** (salopp scherzh.) *Rübe* (2).
kohl|schwarz ⟨Adj.⟩: *kohlrabenschwarz.*
Kohl|spros|se, die (österr.): **a)** *einzelnes Röschen des Rosenkohls;* **b)** ⟨Pl.⟩ *Rosenkohl.*
Kohl|strunk, der: *entblätterter Strunk einer Kohlpflanze.*
Kohl|sup|pe, die: *vorwiegend aus Kohl bestehende Gemüsesuppe.*
Kohl|weiß|ling, der: *gelblich weißer Schmetterling mit schwarzer Zeichnung an den Spitzen der Flügel, dessen gelbgrüne Raupen in großer Zahl als Schädlinge an Kohl* (1 a) *auftreten.*
Ko|hor|te, die; -, -n [lat. cohors (Gen.: cohortis), eigtl. = Hof; eingeschlossener Haufe, Schar (↑Gardine)]: *den zehnten Teil einer Legion umfassende Einheit des altrömischen Heeres.*
Ko|in|zi|denz, die; -, -en (bildungsspr.): *das Zusammenfallen, -treffen zweier Ereignisse o. Ä.:* die K. der Ereignisse.
ko|in|zi|die|ren ⟨sw. V.; hat⟩ [mlat. coincidere = (in eins) zusammenfallen] (bildungsspr. selten): *zusammenfallen, -treffen.*
ko|i|tie|ren ⟨sw. V.; hat⟩ [zu ↑Koitus]: *Geschlechtsverkehr ausüben:* mit jmdm. k.; zwei koitierende Hunde.
Ko|i|tus, (in lateinischen Fügungen:) Coitus, der; -, - [...tu:s] u. -se [lat. coitus, zu: coire = zusammengehen]: *intimer sexueller Kontakt, bes. die genitale Vereinigung eines Mannes u. einer Frau; Beischlaf.*
Ko|je, die; -, -n [aus dem Niederd. < mniederd., mniederl. koye < lat. cavea = Käfig, Behältnis]: **1.** (Seemannsspr.) *schmales, fest eingebautes Bett auf einem Schiff.* **2.** (ugs. scherzh.) *Bett:* in der K. liegen. **3. a)** *Nische in einem Raum;* **b)** *nach oben u. nach der Vorderseite hin offener, durch provisorische Wände abgeteilter Bereich in einem größeren Raum, der für einen bestimmten Zweck eingerichtet ist.*
Ko|jo|te, der; -n, -n [span. (mex.) coyote < aztek. coyotl]: **1.** *Präriewolf.* **2.** (abwertend) *Schuft.*
Ko|ka, die; -, - [span. coca < Ketschua (südamerikan. Indianerspr.) cuca, coca < Aimara (südamerikan. Indianerspr.) koka = ein Baum]: kurz für ↑Kokastrauch.
Ko|ka|in, das; -s: *(als Betäubungsmittel u. als Rauschgift verwendetes) Alkaloid aus den Blättern des Kokastrauchs:* K. schnupfen.
Ko|ka|in|sucht, die ⟨o. Pl.⟩: *krankhafte Sucht nach Kokain.*
ko|ka|in|süch|tig ⟨Adj.⟩: *von einer krankhaften Sucht nach Kokain befallen.*
Ko|ka|in|süch|ti|ge, der u. die: *jmd., der kokainsüchtig ist.*

K

Ko|kar|de, die; -, -n [frz. cocarde, eigtl. = Bandschleife, zu afrz. coquard = eitel, zu: coq, ↑kokett]: *rosettenförmiges od. rundes Hoheitszeichen in den Landes- od. Stadtfarben an Kopfbedeckungen von Uniformen od. an Militärflugzeugen.*

Ko|ka|strauch, der [↑Koka]: *immergrüner Strauch mit kleinen, gelblichen od. grünlich weißen Blüten u. kleinen, ovalen, Kokain enthaltenden Blättern.*

ko|keln ⟨sw. V.; hat⟩ (landsch.): *unvorsichtig mit Feuer umgehen, spielen.*

Ko|ke|rei, die; -, -en: *Betrieb, in dem Steinkohle zu* [1]*Koks verarbeitet wird.*

ko|kett ⟨Adj.⟩ [frz. coquet, eigtl. = hahnenhaft, zu: coq = Hahn, zu: coco, lautm. für den Naturlaut der Hühner]: *von eitel-selbstgefälligem Wesen; bestrebt, die Aufmerksamkeit anderer zu erregen u. zu gefallen:* ein -es Mädchen; ein -er Blick; jmdm. k. zulächeln.

Ko|ket|te|rie, die; - [frz. coquetterie]: *kokette Art.*

ko|ket|tie|ren ⟨sw. V.; hat⟩ [frz. coqueter]: **1.** *(von einer weiblichen Person) sich einem Mann gegenüber kokett benehmen u. sein erotisches Interesse zu erregen suchen:* sie kokettierte mit ihm. **2.** *mit etw. nur spielen; sich nicht wirklich auf etw. einlassen.* **3.** *auf etw. im Zusammenhang mit der eigenen Person hinweisen, um sich damit interessant zu machen:* mit seinem Alter, seiner Unsportlichkeit k.

Ko|kil|le, die; -, -n [frz. coquille, ↑Coquille] (Hüttenw.): *metallische, wiederholt verwendbare Gussform.*

Kok|ke, die; -, -n, **Kok|kus,** der; -, Kokken ⟨meist Pl.⟩ [spätlat. coccus, ↑Kokosnuss]: *kugelförmige Bakterie.*

Kok|kus: ↑Kokke.

Ko|ko|lo|res, der; - [viell. zu einer früheren Form von ↑Gaukler (vgl. mniederd. gokeler = Gaukler)] (ugs.): **a)** *Unsinn, Unfug:* das ist doch alles K.; **b)** *Getue, Aufheben.*

Ko|kon [ko'kõ:, auch: ko'kɔŋ, ko'ko:n], der; -s, -s [frz. cocon = Seidenraupengespinst < provenz. coucon = Eierschale, zu: coco = Hahn, vgl. kokett]: *Gespinst, mit dem bes. bestimmte Insekten ihre Eier umhüllen bzw. in das sie sich selbst bei der Verpuppung einspinnen.*

Ko|kos|bus|serl, das [vgl. Kokosnuss] (österr.): *in Häufchenform gebackene Kokosflocken.*

Ko|ko|sette [...'zɛt], das; -s [geb. nach ↑Noisette (1) zu frz. cocos = Kokosnuss] (österr.): *geraspelte Kokosnuss.*

Ko|kos|fa|ser, die: *für Seile, Netze, Matten o. Ä. verwendete elastische Faser der Kokosnuss.*

Ko|kos|fett, das: *als Speisefett, für Kerzen, Seife o. Ä. verwendetes Fett aus dem getrockneten, festen, ölreichen Fleisch der Kokosnuss.*

Ko|kos|flo|cken ⟨Pl.⟩: *mit geraspelter Kokosnuss vermischte Fondantmasse.*

Ko|kos|läu|fer, der: *Läufer (2) aus Kokosfasern.*

Ko|kos|ma|kro|ne, die: *Makrone aus Kokosflocken.*

Ko|kos|mat|te, die: vgl. Kokosläufer.

Ko|kos|milch, die: *trinkbare weiße Flüssigkeit im Innern der Kokosnuss.*

Ko|kos|nuss, die [verdeutlichende Zus. für älter Kokos < span. coco, port. coco, eigtl. = Kinderschreck, Maske (aus der Schale wurden oft Gesichtsmasken geschnitten) < spätlat. coccus (lat. coccum) < griech. kókkos = Kern, Beere]: *Frucht der Kokospalme.*

Ko|kos|öl, das ⟨o. Pl.⟩: *aus dem getrockneten Fleisch der Kokosnuss ausgepresstes Öl, das für Glyzerin u. Kunstharze verwendet wird.*

Ko|kos|pal|me, die: *Palme mit einer Krone aus langen Fiederblättern u. großen, braunen Früchten mit sehr harter, mit einer Faserschicht bedeckten Schale, die milchige Flüssigkeit u. eine weiße, fleischige Schicht enthalten.*

Ko|kos|ras|pel ⟨Pl.⟩: *geraspelte Kokosnuss.*

Ko|kos|tep|pich, der: vgl. Kokosläufer.

Ko|kot|te, die; -, -n [frz. cocotte, eigtl. kinderspr. lautm. = Henne, Hühnchen, vgl. kokett] (bildungsspr. veraltend): *elegante Frau mit guten Umgangsformen, die mit Männern sexuell verkehrt und sich von ihnen aushalten lässt.*

[1]Koks, der; -es, (Sorten:) -e [engl. cokes (Pl.) < mengl. colk = Mark, Kern(gehäuse), verw. mit ↑Kolben]: **1.** ⟨Pl. selten⟩ *durch Erhitzen unter Luftabschluss gewonnener Brennstoff aus Stein- od. Braunkohle:* K. feuern; mit K. heizen. **2.** ⟨o. Pl.⟩ (salopp scherzh.) *[zur Verfügung stehendes Bar]geld:* viel, nicht genug K. haben.

[2]Koks, der, auch: das; -es (Jargon): *Kokain.*

kok|sen ⟨sw. V.; hat⟩ [zu ↑[2]Koks] (Jargon): *Kokain nehmen.*

Kok|ser, der; -s, - (Jargon): *jmd., der Kokain nimmt.*

Kok|se|rin, die; -, -nen: w. Form zu ↑Kokser.

[1]Ko|la: Pl. von ↑Kolon.

[2]Ko|la, die; -, -s: *Kolanuss.*

Ko|la|baum, der [westafrik. (Temne, Mandingo) kola, kolo]: *(im tropischen Afrika heimischer) Baum mit ledrigen Blättern, der wegen seiner Samen, der Kolanüsse, kultiviert wird.*

Ko|la|nuss, die: *Koffein enthaltender Same des Kolabaumes.*

Ko|la|strauch, der: vgl. Kolabaum.

Ko|lat|sche, die; -, -n [tschech. koláč] (österr.): *kleines, meist quadratisches, gefülltes [Hefe]gebäckstück.*

Kol|ben, der; -s, - [mhd. kolbe, ahd. kolbo = Keule, eigtl. = Stock od. Stiel mit dickem Ende, klumpenförmiger Gegenstand, urspr. = Geballtes]: **1.** (Technik) **a)** *zylindrisches Maschinenteil, das sich im Zylinder hin u. her bewegt u. Druck- in Bewegungsenergie umsetzt:* der K. einer Pumpe; (ugs.:) im Motor hat sich der K. festgefressen; **b)** *bewegliches Teil im Zylinder einer Injektionsspritze, eines Füllhalters o. Ä.* **2.** (Chemie) *hitzebeständiges, bauchiges Glasgefäß mit längerem Hals, das zum Destillieren od. Erhitzen von Flüssigkeiten verwendet wird.* **3.** kurz für ↑Gewehrkolben: der K. eines Karabiners; Gefangene mit dem K. schlagen, stoßen. **4.** *walzenförmiger Blüten- od. Fruchtstand mit fleischig verdichteter Achse, an der dicht gedrängt die einzelnen Blüten od. Früchte stehen.* **5.** (Jägerspr.) *Geweih od. Gehörn bei Hirschen u. Rehen, das im Wachsen noch mit Bast* (2) *überzogen ist.* **6.** (salopp) *[kräftige, dicke] Nase:* einen unheimlichen K. haben; er bekam eins auf den K.

Kol|ben|fres|ser, der (Kfz-T. Jargon): *durch längeres Fahren mit zu wenig Motorenöl, durch falsche Schmiermittel, undichte Kolbenringe u. a. hervorgerufene Reibung eines Kolbens* (1 a) *an der Zylinderwand, die schließlich zum völligen Festsitzen des Kolbens* (1 a) *führt.*

Kol|ben|hieb, der: *Hieb mit dem Kolben* (3).

Kol|ben|hir|se, die: **a)** *(in Indien u. Ostasien als Getreide angebaute) Pflanze mit Ährenrispen u. hirsekorngroßen Früchten;* **b)** *als Nahrungsmittel u. Vogelfutter verwendete Früchte der Kolbenhirse* (a).

Kol|ben|hub, der (Technik): *Weg, den ein Kolben* (1 a) *in einer Kolbenmaschine zwischen dem oberen u. unteren od. dem unteren u. oberen Totpunkt zurücklegt.*

Kol|ben|ma|schi|ne, die (Technik): *Maschine mit einem in einem Zylinder hin u. her gehenden od. einem rotierenden Kolben* (1 a).

Kol|ben|mo|tor, der (Technik): *Motor, bei dem ein Kolben* (1 a) *von Druckluft od. von einem verbrennenden Luft-Kraftstoff-Gemisch in einem Zylinder o. Ä. hin u. her bewegt wird od. rotiert.*

Kol|ben|ring, der (Technik): *Dichtungsring zwischen Kolben* (1 a) *u. Zylinderwand.*

Kol|ben|schlag, der: *Kolbenhieb.*

Kol|chos, der, selten: das; -, ...ose [russ. kolhoz, gek. aus: kollektivnoe hozjajstvo = Kollektivwirtschaft]: ↑Kolchose.

Kol|chos|bau|er, der: *einer Kolchose angehörender Bauer.*

Kol|chos|bäu|e|rin, die: w. Form zu ↑Kolchosbauer.

Kol|cho|se, die; -, -n [↑Kolchos] (früher): *landwirtschaftliche Produktionsgenossenschaft in der Sowjetunion:* auf der K. arbeiten.

Ko|li|bak|te|rie, die ⟨meist Pl.⟩ [zu griech. kõlon = Darm u. ↑Bakterie]: *Bakterie in Dick- u. Dünndarm, die Kohlehydrate zersetzt u. außerhalb des Darms auch als Krankheitserreger auftritt.*

Ko|li|bri, der; -s, -s [frz. colibri (wohl karib. Wort)]: *(in Amerika vorkommender) sehr kleiner Vogel mit metallisch schimmerndem Gefieder, langen, spitzen Flügeln u. langer, gespaltener Zunge in einem röhrenförmigen Schnabel.*

Ko|lik [auch: ko'li:k], die; -, -en [griech. kõlikḗ (nósos) = Darmleiden, zu: kõlon = Darm]: *Anfall von [krampfartigen] Leibschmerzen:* eine K. bekommen, haben.

Ko|li|tis, die; -, ...itiden (Med.): *meist durch Bakterien verursachte, mit Diarrhö einhergehende Entzündung des Dickdarms.*

Kolk, der; -[e]s, -e [aus dem Niederd. < mniederd. kolk, kulk, afries. kolk = Wasserloch, verw. mit ↑Kehle] (Geol.): **a)** *durch strudelndes Geröll entstandene Vertiefung in einem Flussbett, an Küsten od. am Untergrund von Gletschern;* **b)** *in Vertiefungen stehendes braun gefärbtes Wasser (in Hochmooren).*

Kolk|ra|be, der; -n, -n [lautm., nach dem dunklen Ruflaut]: *schwarz glänzender Rabe mit keilförmigem Schwanz u. großem, gebogenem Schnabel.*

Koll. = Kollege[n], Kollegin.

kol|la|bie|ren ⟨sw. V.; ist⟩ [lat. collabi (2. Part.: collapsum) = zusammensinken]: **1.** (Med.) *einen Kollaps* (1) *erleiden:* der Patient ist kollabiert. **2.** (Astron.) *einen Kollaps* (2) *erleiden:* ein kollabierender Stern.

Kol|la|bo|ra|teur, der; -s, -e [...'tø:ɐ̯; frz. collaborateur, eigtl. = Mitarbeiter, zu: collaborer = mitarbeiten < spätlat. collaborare, zu lat. laborare, ↑laborieren]: *jmd., der mit dem Kriegsgegner, der Besatzungsmacht gegen die Interessen des eigenen Landes zusammenarbeitet.*

Kol|la|bo|ra|teu|rin, die; -, -nen: w. Form zu ↑Kollaborateur.

Kol|la|bo|ra|ti|on, die; -, -en ⟨Pl. selten⟩ [frz. collaboration]: *gegen die Interessen des eigenen Landes gerichtete Zusammenarbeit mit dem Kriegsgegner, mit der Besatzungsmacht.*

kol|la|bo|rie|ren ⟨sw. V.; hat⟩ [frz. collaborer, eigtl. = mitarbeiten < spätlat. collaborare, ↑Kollaborateur]: *mit dem Gegner, der Besatzungsmacht gegen die Interessen des eigenen Landes zusammenarbeiten:* mit den Besatzern k.

Kol|la|gen, das; -s, -e (Med., Biol.): *(in Bindegewebe, Knorpeln u. Knochen vorhandener) leimartiger, in Wasser quellender Eiweißstoff.*

Kol|laps [auch: -'-], der; -es, -e [mlat. collapsus, zu lat. collabi, ↑kollabieren]: **1.** (Med.) *plötzlicher Schwächeanfall infolge Versagens des peripheren Kreislaufs u. verminderter Hirndurchblutung:* einen K. bekommen, erleiden; **R** er kriegt einen K. (ugs.; *er wird erschüttert, fassungslos od. dgl. sein*). **2.** (Astron.) *Endphase der Sternentwicklung, in der der Stern durch die eigene Gravitation in sich zusammenfällt.* **3.** *[wirtschaftlicher] Zusammenbruch.*

Kol|la|te|ral|scha|den, der [nach engl. collateral = nebensächlich; zusätzlich] (militär.; verhüllend): *bei einer militärischen Aktion entstehender [schwererer] Schaden, der nicht beabsichtigt ist u. nicht in unmittelbarem Zusammenhang mit dem Ziel der Aktion steht, aber dennoch in Kauf genommen wird.*

kol|la|ti|o|nie|ren ⟨sw. V.; hat⟩ [1: mlat. collationare]: **1.** *eine Abschrift, einen Text mit der Urschrift, Textvorlage prüfend vergleichen:* Druckfahnen [mit dem Manuskript] k. **2.** (bes. Buchbinderei) *Druckbogen od. Seiten eines Buches auf Vollzähligkeit prüfen.*

Kol|lau|da|ti|on, die; -, -en [lat. collaudatio] (schweiz.): *Kollaudierung.*

kol|lau|die|ren ⟨sw. V.; hat⟩ [lat. collaudare = loben, zu: laudare, ↑Laudatio] (schweiz., österr. Amtsspr.): *einen Bau nach Fertigstellung*

K

abnehmen u. die Übergabe an seine Bestimmung baubehördlich genehmigen.

Kol|lau|di|e|rung, die; -, -en (schweiz., österr. Amtsspr.): *das Kollaudieren.*

Kol|leg, das; -s, -s, selten: -ien [lat. collegium = (Amts)genossenschaft]: **1.** (veraltend) *akademische Vorlesung:* ein vierstündiges *(vier Wochenstunden umfassendes)* germanistisches K.; ein K. belegen, besuchen, hören; ein K. über etw. halten. **2.** *Einrichtung, über die im Rahmen des zweiten Bildungsweges die Hochschulreife erworben werden kann.* **3.** *kirchliche Studienanstalt für katholische Theologen; Gymnasium bes. der Jesuiten [mit Internat].*

Kol|le|ga, der; -[s], -s ⟨meist o. Art. als scherzh. Anrede⟩: *Kollege.*

Kol|le|ge, der; -n, -n [lat. collega = Amtsgenosse, eigtl. = Mitabgeordneter, zu: legare, ↑Legat]: **a)** *jmd., der mit anderen zusammen im gleichen Beruf tätig ist:* ein K. aus den USA; (mündliche Anrede:) Herr K.!; die Herren -n von der Opposition; der Arzt, Pfarrer, Physiker, Studienrat, Diplomat beriet sich mit seinen -n; **b)** *jmd., der mit anderen zusammen im gleichen Betrieb tätig ist; Arbeitskollege:* ein früherer K. meiner Frau, von mir; haben Sie K./-n Meier gesehen?; **c)** *jmd., der mit anderen zusammen der gleichen Einrichtung, Organisation (z. B. der Gewerkschaft) angehört;* **d)** (DDR) *Genosse* (2), *Werktätiger;* **e)** saloppe Anrede an einen Unbekannten: komm mal her, K.!

Kol|le|gen|kreis, der: *Kreis* (b) *von Kolleginnen u. Kollegen* (a, b): wir haben das Problem noch im K. besprochen.

Kol|le|gen|schaft, die; -: *Gesamtheit der Kolleginnen u. Kollegen* (a, b).

kol|le|gi|al ⟨Adj.⟩ [lat. collegialis = das Kollegium betreffend]: *dem (guten) Verhältnis zwischen Kolleginnen u. Kollegen entsprechend:* er hat eine sehr -e Art; mit -em Gruß *(einem Gruß von Kollegin/Kollege zu Kollegin/Kollege);* das war nicht sehr k. von ihm; sie hat sich immer sehr k. [gegenüber den anderen] verhalten.

Kol|le|gi|al|ge|richt, das (Rechtsspr.): *mit mehreren gemeinsam entscheidenden Richtern besetztes Gericht.*

Kol|le|gi|a|li|tät, die; -: *gutes Einvernehmen unter Kolleg[inn]en; kollegiales Verhalten:* sein Verhalten zeugt nicht von K.

Kol|le|gi|al|prin|zip, das ⟨o. Pl.⟩: *gemeinsame Beschlussfassung von gleichberechtigten Personen.*

Kol|le|gi|al|sys|tem, das ⟨o. Pl.⟩: *Kollegialprinzip.*

Kol|le|gi|at, der; -en, -en: *jmd., der ein Kolleg* (2) *besucht; Teilnehmer an einem Funk- od. Telekolleg.*

Kol|le|gi|a|tin, die; -, -nen: w. Form zu ↑Kollegiat.

Kol|le|gin, die; -, -nen: w. Form zu ↑Kollege.

Kol|le|gi|um, das; -s, ...ien [lat. collegium, ↑Kolleg]: **a)** *Gruppe von Personen mit gleichem Amt od. Beruf:* ein K. von Ärztinnen u. Ärzten; **b)** *Gesamtheit der Lehrerinnen u. Lehrer einer Schule;* **c)** (DDR) *Gruppe von Anwält[inn]en, die gemeinsam Rechtsfälle bearbeiten.*

Kol|leg|map|pe, die: *mit Reißverschluss zu schließende, leichte, flache [grifflose] Tasche im Aktenformat.*

Kol|leg|stu|fe, die: *Schulform mit Kurssystem, in der alle Schüler der Klassen 11 bis 13 in einer gemeinsamen Schule mit berufs- u. studienorientierter Abteilung unterrichtet werden.*

Kol|leg|ta|sche, die (selten): *Kollegmappe.*

Kol|lek|te, die; -, -n [lat. collecta = Geldsammlung, zu: colligere (2. Part.: collectum) = (ein)sammeln]: *Sammlung von Geldspenden im od. nach dem Gottesdienst.*

Kol|lek|ti|on, die; -, -en [frz. collection < lat. collectio = das Aufsammeln]: **a)** *Mustersammlung von Waren, bes. von neuen Modellen der Textilbranche:* die Modeschöpfer zeigten ihre neuen -en; **b)** *für einen bestimmten Zweck zusammengestellte Sammlung, Auswahl;* **c)** *aus Neigung zusammengetragene Sammlung:* die Spieluhr stammt aus der K. meiner Mutter.

kol|lek|tiv ⟨Adj.⟩ [lat. collectivus = angesammelt]: **a)** *gemeinschaftlich:* eine -e Lebens-, Wohnform, Wirtschaft; -es Handeln, Misstrauen; **b)** *alle Beteiligten betreffend, erfassend, umfassend:* ein -es Urteil.

Kol|lek|tiv, das; -s, -e, auch: -s [2: russ. kollektiv]: **1. a)** *Gruppe, in der Menschen in einer Gemeinschaft zusammenleben;* **b)** *Gruppe, in der Menschen zusammenarbeiten; Team:* solche Aufgaben lassen sich am besten im K. bewältigen. **2.** *(in sozialistischen Staaten übliche) von gemeinsamen Zielvorstellungen u. Überzeugungen getragene Arbeits- od. Produktionsgemeinschaft.*

Kol|lek|tiv|ar|beit, die: *im Kollektiv* (1 b, 2) *geleistete Arbeit.*

Kol|lek|tiv|bil|dung, die (Sprachw.): *Kollektivum.*

Kol|lek|tiv|ei|gen|tum, das: *Eigentum eines Kollektivs* (1 a, 2).

Kol|lek|tiv|geist, der ⟨o. Pl.⟩: *starkes Gefühl des Integriertseins in ein Kollektiv* (1 a, 2).

Kol|lek|tiv|haf|tung, die: [2]*Haftung* (1), *die eine Gruppe als Gesamtheit übernimmt.*

kol|lek|ti|vie|ren ⟨sw. V.; hat⟩: *in Kollektive* (2) *überführen.*

Kol|lek|ti|vie|rung, die; -, -en: *das Kollektivieren.*

Kol|lek|ti|vis|mus, der; -: **1.** *Anschauung, die dem Kollektiv* (1 a, 2) *unbedingten Vorrang gegenüber dem Individuum einräumt.* **2.** *kollektive Wirtschaftslenkung mit Vergesellschaftung des Privateigentums.*

Kol|lek|ti|vist, der; -en, -en: *Anhänger des Kollektivismus.*

Kol|lek|ti|vis|tin, die; -, -nen: w. Form zu ↑Kollektivist.

kol|lek|ti|vis|tisch ⟨Adj.⟩: *den Kollektivismus betreffend, in seinem Sinne.*

Kol|lek|ti|vi|tät, die; -: **1.** *Gemeinschaftlichkeit.* **2.** *Gemeinschaft* (2).

Kol|lek|tiv|schuld, die ⟨o. Pl.⟩: *moralische Schuld einer Personengemeinschaft als Gesamtheit.*

Kol|lek|tiv|stra|fe, die: *Bestrafung einer Gruppe statt der einzelnen Täter.*

Kol|lek|ti|vum, das; -s, ...va [lat. nomen collectivum] (Sprachw.): *Bezeichnung, die mehrere gleichartige Gegenstände, Lebewesen od. Sachverhalte zusammenfasst; Sammelbezeichnung, -name* (z. B. Herde, Gebirge).

Kol|lek|tiv|ur|teil, das: *generalisierende, grob vereinfachende Vorstellung, Meinung in Bezug auf eine Gruppe.*

Kol|lek|tiv|ver|trag, der: *arbeitsrechtlicher Vertrag zwischen einer od. mehreren Gewerkschaften einerseits u. einem od. mehreren Arbeitgeberverbänden andererseits; Tarifvertrag.*

Kol|lek|tiv|wirt|schaft, die: *(in sozialistischen Staaten, bes. früher in der Sowjetunion übliche) landwirtschaftliche Produktionsgenossenschaft; Kolchose.*

Kol|lek|tor, der; -s, ...oren [zu lat. colligere, ↑Kollekte]: **1.** (Elektrot.) *auf der Welle einer elektrischen Maschine aufsitzendes Bauteil für die Zufuhr od. Aufnahme von Strom.* **2.** (Physik) *Vorrichtung, in der [unter Ausnutzung der Sonnenstrahlung] Strahlungsenergie gesammelt wird.*

Kol|lek|tur, die; -, -en (österr.): kurz für ↑Lottokollektur.

Kol|ler, der; -s, - [mhd. kolre, ahd. kolero = Wut < mlat. cholera = Zornausbruch < lat. cholera, ↑Cholera]: **1.** (ugs.) *Zornausbruch; anfallartiger Zustand, in dem sich Emotionen entladen:* einen K. haben, kriegen. **2.** (Tiermed.) kurz für ↑Dummkoller.

[1]kol|lern ⟨sw. V.; hat⟩ [wohl lautm.]: *(bes. vom Truthahn) rollende, gurgelnde [kräftige] Laute ausstoßen:* der Truthahn kollert; Ü kollernd auflachen; in meinem Bauch kollert es; ⟨subst.:⟩ das Kollern in den Gedärmen.

[2]kol|lern ⟨sw. V.; hat⟩ [zu ↑Koller]: **1.** (ugs. veraltend) *einen Koller* (1) *haben.* **2.** *(vom Pferd) den Koller* (2), *Dummkoller haben.*

[3]kol|lern ⟨sw. V.⟩ [zu (ost)md. Koller = Kugel, (bes. schles.:) Rolle, Walze; Weiterbildung von: Kulle < mhd. kugele = Kugel] (landsch.): **a)** *purzeln, rollen; kullern* ⟨ist⟩: Steine, Früchte kollern zu Boden; **b)** ⟨k. + sich⟩ *sich irgendwohin wälzen* ⟨hat⟩.

[1]Kol|li: Pl. von ↑Kollo.

[2]Kol|li, das; -s, -[s] [ital. colli (Pl.)] (österr.): *Frachtstück; großes Paket.*

kol|li|die|ren ⟨sw. V.⟩ [lat. collidere = zusammenprallen, zu: laedere, ↑lädieren]: **1.** *(von Fahrzeugen) zusammenstoßen* ⟨ist⟩: mehrere Fahrzeuge kollidierten [miteinander] in dichtem Nebel; die beiden Flugzeuge wären um ein Haar kollidiert. **2.** *mit anderen [ebenso berechtigten] Interessen, Ansprüchen o. Ä. zusammenprallen [u. nicht zu vereinen sein, im Widerspruch dazu stehen]* ⟨hat⟩: hier kollidieren die Interessen der Beteiligten; die beiden Veranstaltungen kollidieren miteinander *(finden zur gleichen Zeit statt, überschneiden sich, sodass man nicht beide besuchen kann).*

Kol|li|er [kɔˈli̯eː]: ↑Collier.

Kol|li|ma|ti|on, die; -, -en [zu nlat. collimare, verderbte Form von lat. collineare = in eine gerade Linie bringen] (Fachspr.): *das Zusammenfallen zweier Linien an einem Messgerät* (z. B. beim Einstellen eines Fernrohrs).

Kol|li|ma|tor, der; -s, ...oren: **1.** *Vorrichtung in optischen Geräten, mit der ein unendlich entferntes Ziel in endlichem Abstand dargestellt wird.* **2.** (Kernphysik) *Vorrichtung, mit der aus einem [Teilchen]strahl ein Bündel mit bestimmtem Raumwinkel ausgeblendet wird.*

Kol|li|si|on, die; -, -en [lat. collisio = das Zusammenstoßen, zu: collidere, ↑kollidieren]: **1.** *das Kollidieren* (1): eine K. zwischen einem Lkw und einem Bus; die K. eines Vergnügungsdampfers mit einem Frachtschiff; auf der Autobahn kam es wegen Glatteis zu zahlreichen -en. **2.** *das Kollidieren* (2) *mit jmdm., etw.; [Wider]streit.*

Kol|li|si|ons|kurs, der ⟨o. Pl.⟩: *eingeschlagene Verhaltensrichtung, bei der Kollisionen* (2) *mit jmdm., etw. in Kauf genommen werden.*

Kolln. = Kollegin[nen], Kollegen ⟨Pl.⟩.

Kol|lo, das; -s, -s u. Kolli [ital. collo, auch: Hals, Nacken < lat. collum, also eigtl. = das, was auf dem Nacken getragen wird]: *Frachtstück* (z. B. Ballen, Kiste).

kol|lo|id, kol|lo|i|dal ⟨Adj.⟩ [engl. colloidal] (Chemie): **a)** *in einer Flüssigkeit od. einem Gas sehr fein verteilt:* -er Schwefel; k. gelöste Stoffe; **b)** *Stoffe in feinster Verteilung enthaltend:* eine -e Lösung.

Kol|lo|id, das; -[e]s, -e [engl. colloid, zu griech. kólla = Leim u. -oeidḗs = ähnlich] (Chemie): *Stoff, der sich in feinster Verteilung in einer Flüssigkeit od. einem Gas befindet.*

Kol|lo|ka|ti|on, die; -, -en [lat. collocatio = Anordnung, zu: collocare = (an)ordnen] (Sprachw.): *inhaltliche Kombinierbarkeit sprachlicher Einheiten* (z. B. dick + Buch, aber nicht: dick + Haus).

Kol|lo|ka|ti|ons|plan, der: *(im schweizerischen Recht) von der Konkursverwaltung angefertigtes Verzeichnis der Konkursforderungen.*

kol|lo|qui|al ⟨Adj.⟩ [zu ↑Kolloquium] (Sprachw.): *für die Redeweise im Gespräch charakteristisch:* in -em Stil, Ton schreiben.

Kol|lo|qui|um, das; -s, ...ien [lat. colloquium = Gespräch]: **a)** *zeitlich festgesetztes wissenschaftliches Gespräch [zwischen Hochschullehrern u. Studierenden]:* das K. als Bestandteil der Habilitation; ein K. abhalten; **b)** *Zusammenkunft von Wissenschaftlern, Politikern zur Erörterung bestimmter Probleme:* ein K. über Völkerrecht; **c)** (österr.) *kleinere mündliche od. schriftliche Prüfung an einer Hochschule, bes. über eine einzelne Vorlesung.*

Köln: Stadt am Rhein.

[1]Köl|ner, der; -s, -: Ew.

[2]Köl|ner ⟨indekl. Adj.⟩: der K. Dom.

Köl|ner Braun, das; - -s: *Umbra* (2 b).

Köl|ne|rin, die; -, -nen: w. Form zu ↑[1]Kölner.

köl|nisch ⟨Adj.⟩: *aus Köln stammend; zu Köln gehörig.*

Köl|nisch|was|ser, (auch:) kölnisch[es] Wasser, das: *(ursprünglich nur in Köln hergestelltes) Duftwasser unter Verwendung ätherischer Öle aus Zitrone, Bergamotte u. a.*

Ko|lom|bi|ne, Kolumbine, die; -, -n [ital. Colombina, eigtl. = Täubchen]: *als kokette Zofe u. Partnerin des Harlekins auftretende weibliche Hauptfigur der Commedia dell'Arte.*

Ko|lon, das; -s, -s u. Kola [lat. colon < griech. kōlon = (Satz)glied; Darm]: **1.** (veraltet) *Doppelpunkt.* **2.** (Med.) *Grimmdarm.*

ko|lo|ni|al ⟨Adj.⟩ [frz. colonial, zu: colonie < lat. colonia, ↑Kolonie]: *die Kolonien betreffend, kennzeichnend:* -e Unterdrückung, Ausbeutung.

Ko|lo|ni|al|be|am|te, der: *in einer Kolonie eingesetzter Beamter.*

Ko|lo|ni|al|be|sitz, der: *Kolonie* (1).

Ko|lo|ni|al|ge|biet, das: *Kolonie* (1).

Ko|lo|ni|al|herr, der: *Vertreter der in einer Kolonie herrschenden ausländischen Staatsmacht.*

Ko|lo|ni|al|herr|schaft, die ⟨o. Pl.⟩: *Herrschaft einer ausländischen Staatsmacht in einer Kolonie.*

ko|lo|ni|a|li|sie|ren ⟨sw. V.; hat⟩: *jmdn. in koloniale Abhängigkeit bringen.*

Ko|lo|ni|a|li|sie|rung, die; -, -en: *das Kolonialisieren, Kolonialisiertwerden.*

Ko|lo|ni|a|lis|mus, der; -: *auf Erwerb u. Ausbau von Kolonien* (1) *gerichtete Politik unter dem Gesichtspunkt des wirtschaftlichen, militärischen u. machtpolitischen Nutzens für das Mutterland bei gleichzeitiger politischer Unterdrückung u. wirtschaftlicher Ausbeutung der abhängigen Völker.*

Ko|lo|ni|a|list, der; -en, -en: *Anhänger des Kolonialismus.*

ko|lo|ni|a|lis|tisch ⟨Adj.⟩: *dem Kolonialismus entsprechend, nach seinen Prinzipien vorgehend:* eine -e Politik.

Ko|lo|ni|al|krieg, der: *um den Erwerb od. die Sicherung von Kolonien geführter Krieg.*

Ko|lo|ni|al|macht, die: *durch den Besitz von Kolonien einflussreiche Großmacht.*

Ko|lo|ni|al|po|li|tik, die ⟨o. Pl.⟩: *auf den Erwerb u. die Sicherung von Kolonien gerichtete Politik.*

Ko|lo|ni|al|reich, das: *großes Kolonialgebiet.*

Ko|lo|ni|al|stil, der ⟨o. Pl.⟩: *vom [britischen] Mutterland geprägter, klassizistischer Architekturstil in den ehemaligen Kolonien.*

Ko|lo|ni|al|trup|pe, die: *Truppe der in einer Kolonie herrschenden ausländischen Staatsmacht.*

Ko|lo|ni|al|wa|ren ⟨Pl.⟩ (veraltend): *Lebens- u. Genussmittel [aus Übersee].*

Ko|lo|ni|al|wa|ren|ge|schäft, das (veraltend): *Lebensmittelgeschäft.*

Ko|lo|ni|al|wa|ren|händ|ler, der (veraltend): *Lebensmittelhändler.*

Ko|lo|ni|al|wa|ren|händ|le|rin, die: w. Form zu ↑Kolonialwarenhändler.

Ko|lo|ni|al|wa|ren|la|den, der (veraltend): *Lebensmittelladen.*

Ko|lo|ni|al|zeit, die ⟨o. Pl.⟩: *Zeit, in der bestimmte Länder Kolonien waren.*

Ko|lo|nie, die; -, -n [lat. colonia = Länderei; Ansiedlung, Kolonie, zu: colere = bebauen, (be)wohnen bzw. zu: colonus = Bauer, Siedler]: **1.** *auswärtige Besitzung eines Staates, die politisch u. wirtschaftlich von diesem abhängig ist:* die ehemaligen französischen -n in Afrika; -n erwerben. **2.** *Gruppe von Personen gleicher Nationalität, die im Ausland [am gleichen Ort] lebt u. dort die Traditionen des eigenen Landes pflegt:* die deutsche K. in Rom. **3.** *Siedlung.* **4.** (Biol.) *mehr od. weniger lockerer Verband ein- u. mehrzelliger pflanzlicher od. tierischer Individuen einer Art:* Möwen brüten in -n. **5. a)** kurz für ↑Ferienkolonie; **b)** kurz für ↑Strafkolonie.

Ko|lo|nie|brü|ter, der: *Vogel, der in einer Kolonie* (4) *brütet.*

Ko|lo|ni|sa|ti|on, die; -, -en [frz. colonisation, engl. colonisation]: **1.** *Gründung u. Entwicklung von Kolonien* (1). **2. a)** *das Kolonisieren* (2): die K. des Ostens; **b)** *wirtschaftliche Entwicklung rückständiger Gebiete des eigenen Staates.*

Ko|lo|ni|sa|tor, der; -s, ...oren [zu ↑kolonisieren]: **1.** *jmd., der führend an der Gründung u. Entwicklung von Kolonien* (1) *beteiligt ist.* **2.** *jmd., der kolonisiert* (2).

Ko|lo|ni|sa|to|rin, die; -, -nen: w. Form zu ↑Kolonisator.

ko|lo|ni|sie|ren ⟨sw. V.; hat⟩ [frz. coloniser (engl. to colonize), zu frz. colonie, ↑Kolonie]: **1.** *aus einem Gebiet eine Kolonie* (1) *machen.* **2.** *urbar machen, besiedeln u. wirtschaftlich erschließen:* ein Stück Land k.

Ko|lo|ni|sie|rung, die; -, -en: *das Kolonisieren.*

Ko|lo|nist, der; -en, -en [engl. colonist]: **1.** *europäischer Siedler in einer Kolonie* (1). **2.** *jmd., der kolonisiert* (2). **3.** *jmd., der in einer Kolonie* (3) *wohnt.*

Ko|lo|nis|tin, die; -, -nen: w. Form zu ↑Kolonist.

Ko|lon|na|de, die; -, -n [frz. colonnade < ital. colonnato, zu: colonna = Säule < lat. columna]: *Säulengang, bei dem (im Unterschied zu Arkaden) das die Säulen verbindende Gebälk gerade ist.*

Ko|lon|ne, die; -, -n [frz. colonne, eigtl. = Säule < lat. columna]: **1. a)** *in langer Formation marschierende Truppe:* eine feindliche K.; *** die fünfte K.** *(politische Gruppe, die im Krieg o. Ä. mit dem Gegner des eigenen Landes zusammenarbeitet;* nach der Antwort des Generals Mola im spanischen Bürgerkrieg auf die Frage, welche seiner vier Kolonnen Madrid einnehmen werde, wobei er mit der fünften Kolonne die Nationalen in der Stadt meinte); **b)** *lange Formation in gleichmäßigen Abständen hintereinander fahrender [militärischer] Fahrzeuge:* eine lange K. von Lastwagen, Panzern; K. fahren *(durch einen Verkehrsstau o. Ä. bedingt im Schritttempo hintereinander fahren);* **c)** *in langer Formation sich fortbewegende Gruppe von Menschen:* lange -n von Flüchtlingen; eine K. bilden; **d)** *für bestimmte Arbeiten im Freien zusammengestellter Trupp:* eine K. von Gleisarbeitern. **2.** *senkrechte Reihe untereinander geschriebener Zahlen, Zeichen od. Wörter [einer Tabelle].*

Ko|lon|nen|fah|ren, das; -s: *das Fahren in der Kolonne* (1 b).

Ko|lon|nen|sprin|gen, das (ugs.): *das Überholen als Kolonnenspringer.*

Ko|lon|nen|sprin|ger, der (ugs.): *in einer Kolonne* (1 b) *fahrender Autofahrer, der ständig überholt u. dabei die Lücken zwischen den Fahrzeugen zum Ein- bzw. Ausscheren nutzt.*

Ko|lon|nen|sprin|ge|rin, die: w. Form zu ↑Kolonnenspringer.

Ko|lo|pho|ni|um, das; -s [griech. (hē) Kolophōnía (rhētínē) = kolophonisch(es Harz), nach der griech. Stadt Kolophon (eigtl. = Gipfel) in Kleinasien]: *gelbes bis schwarzbraunes Harz, das bes. zum Bestreichen von Geigenbögen verwendet wird.*

Ko|lo|ra|tur, die; -, -en [ital. coloratura = Ausmalung, Verzierung, zu: colorare, ↑kolorieren] (Musik): *mit Läufen u. Sprüngen versehene Passage einer Arie:* die Partie der »Königin der Nacht« enthält viele -en; K. singen *(im Gesang Koloraturen ausführen).*

Ko|lo|ra|tur|arie, die: *stark durch Koloraturen gekennzeichnete Arie.*

Ko|lo|ra|tur|ge|sang, der ⟨o. Pl.⟩: *das Singen von Koloraturen.*

Ko|lo|ra|tur|sän|ge|rin, die: *im Koloraturgesang ausgebildete Sängerin.*

Ko|lo|ra|tur|so|pran, der: **1.** *für Koloraturen besonders geeignete hohe Sopranstimme:* sie hat einen K.; K. singen *(in hoher, für Koloraturen geeigneter Sopranlage singen).* **2.** *Sängerin mit einem Koloratursopran* (1).

ko|lo|rie|ren ⟨sw. V.; hat⟩ [ital. colorare (auch: colorire) < lat. colorare = färben, zu: color = Farbe]: *eine Zeichnung od. Druckgrafik [mit Wasserfarben] ausmalen:* Stiche k.; eine kolorierte Stadtansicht.

Ko|lo|rie|rung, die; -, -en: *das Kolorieren.*

Ko|lo|rist, der; -en, -en: *jmd., der eine Zeichnung od. Druckgrafik koloriert.*

Ko|lo|ris|tin, die; -, -nen: w. Form zu ↑Kolorist.

Ko|lo|rit [auch: ...'rɪt], das; -[e]s, -e, auch: -s [ital. colorito, zu: colorire; ↑kolorieren]: **1.** *Farbgebung in der Malerei:* ein tiefbraunes, warmes, blasses, heiteres K.; das K. eines Malers. **2.** (Musik) *durch Instrumentation u. Harmonik bedingte Klangfarbe.* **3.** *eigentümliche Atmosphäre; ausgeprägter besonderer Charakter:* das K. einer Stadt.

Ko|loss [auch: '– –], der; Kolosses, Kolosse [lat. colossus < griech. kolossós = Riesenstatue]: **a)** *Gebilde von gewaltigem Ausmaß:* ein K. aus Stahl; **b)** (ugs. scherzh.) *große, schwergewichtige Person:* er ist vielleicht ein K.!; **c)** *Riesenstandbild:* der K. von Rhodos, von Barletta.

ko|los|sal ⟨Adj.⟩ [frz. colossal, zu: colosse < lat. colossus, ↑Koloss]: **1.** *in seiner Art von riesenhafter Größe [u. beeindruckender Wucht]:* -e Bauten; eine -e Plastik; eine -e Hornbrille. **2.** (ugs. emotional) **a)** *sehr groß, stark in Bezug auf Ausmaß, Grad, Intensität, Wirkung:* -es Glück haben; einen -en Schrecken bekommen; **b)** ⟨intensivierend bei Adj. u. Verben⟩ *sehr, in beeindruckendem Maß:* eine k. verfahrene Situation; das hat ihn k. beflügelt.

Ko|los|sal|bau, der ⟨Pl. -ten⟩: vgl. Kolossalgemälde.

Ko|los|sal|film, der: *Film [mit Überlänge], der große historische, biblische o. ä. Themen hauptsächlich in Massenszenen darstellt.*

Ko|los|sal|ge|mäl|de, das: *Gemälde von kolossalen Ausmaßen.*

Ko|los|sal|schin|ken, der (salopp): **a)** *Kolossalfilm;* **b)** *Kolossalgemälde.*

Ko|los|sal|sta|tue, die: vgl. Kolossalgemälde.

Ko|los|ser|brief, der ⟨o. Pl.⟩: Brief des Apostels Paulus an die Christen in der phrygischen Stadt Kolossä.

Ko|los|tral|milch, die; -, **Ko|los|trum,** das; -s [lat. colostrum = Biestmilch] (Med.): *milchartiges Sekret der weiblichen Brustdrüsen, das vor u. noch einige Tage nach einer Geburt* (1 a) *abgesondert wird.*

Kol|ping|haus, das; -es, ...häuser [nach dem dt. kath. Theologen A. Kolping (1813–1865), dem Gründer des Kolpingwerks, einer internat. Bildungs- u. Aktionsgemeinschaft von kath. Laien]: *dem Kolpingwerk angeschlossenes Jugendwohnheim.*

Kol|por|ta|ge [...'ta:ʒə], die; -, -n [frz. colportage, zu: colporter, ↑kolportieren]: **1.** *literarisch minderwertiger, auf billige Wirkung abzielender Bericht:* reißerische -n; sein Genre ist die K. **2.** *Verbreitung von Gerüchten.*

kol|por|ta|ge|haft ⟨Adj.⟩: *in der Art der Kolportage* (1): eine -e Handlung.

Kol|por|ta|ge|li|te|ra|tur, die: *literarisch wertlose [Sensations]literatur.*

Kol|por|ta|ge|ro|man, der: *literarisch wertloser Roman [in Fortsetzungen].*

Kol|por|teur [...'tø:ɐ̯], der; -s, -e [frz. colporteur = Hausierer]: *jmd., der Gerüchte verbreitet.*

Kol|por|teu|rin, die; -, -nen: w. Form zu ↑Kolporteur.

kol|por|tie|ren ⟨sw. V.; hat⟩ [frz. colporter = hausieren, älter: comporter < lat. comportare = zusammentragen] (bildungsspr.): *eine ungesicherte, unzutreffende Information verbreiten:* ein Gerücht, eine Anekdote k.

[1]Kölsch, das; -[s] [rhein. kölsch = kölnisch, aus Köln, spätmhd. (altkölnisch) coelsch]: **1.** *in Köln gebrautes kohlensäurearmes, obergäriges Bier mit starkem Hopfengehalt.* **2.** *Kölner Mundart.*

[2]Kölsch, der; -[e]s [spätmhd. kölsch, eigtl. = Stoff aus Köln] (schweiz.): *zweifarbiger Baumwollstoff mit Würfelmuster.*

Ko|lum|bi|a|ner, der; -s, -: Ew. zu ↑Kolumbien.

Ko|lum|bi|a|ne|rin, die; -, -nen: w. Form zu ↑Kolumbianer.

ko|lum|bi|a|nisch, ⟨Adj.⟩: *aus Kolumbien stammend; zu Kolumbien gehörend.*

Ko|lum|bi|en; -s: Staat in Südamerika.

Ko|lum|bi|ne: ↑Kolombine.

Ko|lum|ne, die; -, -n [lat. columna = Säule]: 1. (Druckw.) *Druckspalte.* **2.** *von stets demselben [prominenten] Journalisten verfasster, regelmäßig an bestimmter Stelle einer Zeitung od. Zeitschrift veröffentlichter Meinungsbeitrag.*

Ko|lum|nen|ti|tel, der (Druckw.): *am Kopf od. Fuß einer Kolumne* (1) *od. Seite angebrachter Hinweis:* toter K. *(Seitenzahl);* lebender K. *(Hinweis auf den Inhalt eines Kapitels od. einer Seite).*

Ko|lum|nist, der; -en, -en: *[prominenter] Journalist, der Kolumnen* (2) *schreibt.*

Ko|lum|nis|tin, die; -, -nen: w. Form zu ↑Kolumnist.

Köm, der; -s, (Sorten:) -s [mniederd. köme, kamīn, kome(n) < lat. cuminum, ↑Kümmel] (nordd.): *Kümmel* (3): ein, zwei K. *(ein, zwei Glas Kümmel).*

[1]Ko|ma, das; -s, -s u. -ta [griech. kõma = tiefer Schlaf] (Med.): *tiefe [durch keine äußeren Reize zu unterbrechende] Bewusstlosigkeit:* im K. liegen.

[2]Ko|ma, die; -, -s [lat. coma < griech. kómē, ↑Komet] (bildungsspr.): *lang gestreckte, schweifartige Nebelhülle um den Kern eines Kometen.*

ko|ma|tös ⟨Adj.⟩ (Med.): *ein* [1]*Koma aufweisend; im* [1]*Koma liegend:* in -em Zustand; -e Patienten.

[1]Kom|bi, der; -[s], -s: kurz für ↑Kombiwagen.

[2]Kom|bi, die; -, -s: kurz für ↑[2]Kombination.

Kom|bi|nat, das; -[e]s, -e [russ. kombinat < spätlat. combinatum, 2. Part. von: combinare, ↑kombinieren]: *(in sozialistischen Ländern üblicher) Großbetrieb, in dem Betriebe produktionsmäßig eng zusammengehörender Industriezweige zusammengeschlossen sind.*

[1]Kom|bi|na|ti|on, die; -, -en [spätlat. combinatio = Vereinigung]: **1. a)** *[zweckgerichtete] Verbindung zu einer Einheit:* eine K. verschiedener Eigenschaften, von Wörtern im Satz, von Stärke und Verhandlungsbereitschaft; **b)** *zu einer bestimmten Mutmaßung, Vorstellung, Ansicht führende gedankliche Verknüpfung:* eine scharfsinnige, kühne K.; -en anstellen (*kombinieren* 2). **2.** *in der Farbe aufeinander abgestimmte u. zusammen zu tragende Kleidungsstücke:* eine K. aus grauer Hose und schwarzem Sakko, aus Kleid und Jacke. **3. a)** (Schach) *Folge von Zügen mit häufig überraschenden Effekten zur Erreichung eines bestimmten Ziels;* **b)** (Ballspiele) *Aktion, bei der mehrere Spielende planvoll zusammenspielen;* **c)** (Ski) *aus mehreren Disziplinen bestehender Wettkampf:* nordische K. *(Sprunglauf u. 15-km-Langlauf).* **4.** (Math.) *willkürliche Zusammenstellung einer bestimmten Anzahl aus gegebenen Dingen.*

[2]Kom|bi|na|ti|on [auch engl.: kɔmbɪˈneɪʃən], die; -, -en, bei engl. Ausspr.: -s [engl. combination]: *einteiliger [Schutz-, Arbeits]anzug [der Rennfahrer, Motorradfahrer].*

Kom|bi|na|ti|ons|ga|be, die ⟨o. Pl.⟩: *besondere Fähigkeit zu kombinieren* (2).

Kom|bi|na|ti|ons|mög|lich|keit, die: *Möglichkeit zu kombinieren* (1).

Kom|bi|na|ti|ons|schloss, das: *Schloss, das durch von außen verstellbare, nebeneinander angeordnete Ringe mit Zahlen- od. Buchstabenreihen, die sich in bestimmter* [1]*Kombination* (1 a) *befinden müssen, geöffnet od. geschlossen wird.*

Kom|bi|na|ti|ons|ski, der: *Ski, der sowohl zum Skiwandern als auch für Abfahrten geeignet ist.*

Kom|bi|na|ti|ons|spiel, das (Ballspiele): **1.** ⟨o. Pl.⟩ *Spielweise des planvollen, harmonischen Zusammenspiels.* **2.** *Mannschaftsspiel, bei dem es ein Zusammenspiel, ein Zuspielen des Balles gibt:* Fußball ist ein K.

Kom|bi|na|ti|ons|ver|mö|gen, das ⟨o. Pl.⟩: *Kombinationsgabe.*

Kom|bi|na|to|rik, die; - (Math.): *Teilgebiet der Mathematik, das sich mit den möglichen* [1]*Kombinationen* (4) *gegebener Dinge (Elemente) befasst.*

kom|bi|na|to|risch ⟨Adj.⟩: *das Kombinieren* (2) *betreffend; durch Kombinieren:* -e Begabung; die -e Leistung des Gehirns; -er Lautwandel (Phon., Sprachw.; *von einem Nachbarlaut abhängiger Wandel eines Lauts [z. B. beim Umlaut, der durch ein i oder j der folgenden Silbe bewirkt wird]).*

kom|bi|nier|bar ⟨Adj.⟩: *sich kombinieren* (1 a) *lassend:* vielfältig -e Kleidungsstücke.

kom|bi|nie|ren ⟨sw. V.; hat⟩ [spätlat. combinare = vereinigen, eigtl. = je zwei zusammenbringen]: **1. a)** *für bestimmte [Gebrauchs]zwecke zu einer Einheit zusammenstellen:* verschiedene Kleidungsstücke, Farben [miteinander] k.; **b)** ⟨k. + sich⟩ *sich zu einer Einheit verbinden.* **2.** *gedankliche Beziehungen zwischen verschiedenen Dingen herstellen:* blitzschnell, richtig, falsch k.

Kom|bi|nie|rung, die; -, -en: *das Kombinieren* (1).

Kom|bi|wa|gen, der [gek. aus: Kombinationskraftwagen]: *kombinierter Personen- u. Lieferwagen, dessen [kastenförmig] erweiterter Gepäckraum über eine Hecktür beladen wird.*

Kom|bi|zan|ge, die: *kombinierte Zange, die als Kneif-, Flach- u. Rohrzange benutzt werden kann.*

Kom|bü|se, die; -, -n [niederd. kambüse < mniederd. kabūse = Bretterverschlag auf dem Deck, der zum Kochen u. Schlafen dient, H. u.] (Seemannsspr.): *Schiffsküche.*

Ko|met, der; -en, -en [mhd. komēte < lat. cometa, cometes < griech. komḗtēs = Haarstern, zu: kómē = (Haupt)haar]: *nicht scharf konturierter Himmelskörper, der aus Kern, Nebelhülle u. Schweif besteht u. sich auf lang gestreckter Bahn um die Sonne bewegt.*

ko|me|ten|ar|tig ⟨Adj.⟩: *von der Art eines Kometen.*

Ko|me|ten|bahn, die: *Bahn* (2) *eines Kometen.*

ko|me|ten|haft ⟨Adj.⟩: *(in Bezug auf die Schnelligkeit einer Entwicklung o. Ä.) sich sehr schnell vollziehend:* der -e Aufstieg eines Politikers, einer Autorin, Künstlerin.

Ko|me|ten|schweif, der: *leuchtende Schweifbildung eines Kometen.*

Kom|fort [...ˈfoːɐ̯], der; -s [engl. comfort = Behaglichkeit, Bequemlichkeit; eigtl. = Trost, Stärkung; Zufriedenheit < frz., afrz. confort, zu afrz. conforter = stärken, trösten < spätlat. confortare, zu lat. fortis = stark, kräftig, fest]: *auf technisch ausgereiften Einrichtungen beruhende Bequemlichkeiten, Annehmlichkeiten; einen bestimmten Luxus bietende Ausstattung:* der K. eines Hotels, einer Wohnung; das Ferienhaus bietet allen K.; die Räume sind mit allem K. ausgestattet.

kom|for|ta|bel ⟨Adj.; ...bler, -ste⟩ [engl. comfortable < afrz. confortable = Trost, Stärkung bringend]: **a)** *mit allem durch technischen Fortschritt möglichen Komfort ausgestattet:* ein komfortables Hotel, Auto; eine komfortable Polsterung; k. eingerichtete Zimmer; sich k. fühlen; Ü die Mannschaft geht mit einem komfortablen *(ausreichend großen)* Vorsprung in das Rückspiel; **b)** *keine Anstrengung verursachend; ohne Mühe benutzbar o. Ä.:* eine sehr komfortable Software, Fernbedienung.

Kom|fort|klas|se, die: *[besonderen] Komfort bietende Klasse* (7 a): ein Hotel, ein Wohnmobil der K.

Ko|mik, die; - [frz. le comique = das Komische, Substantivierung von: comique, ↑komisch]: *(von Worten, Gesten, einer Situation, Handlung o. Ä. ausgehende) komische* (1) *Wirkung:* unfreiwillige K.; eine Szene voller K., von zwerchfellerschütternder K.

Ko|mi|ker, der; -s, -: **a)** *in Varieté od. Kabarett auf witzige Art unterhaltender Vortragskünstler:* Ü was will dieser K. (abwertend; *Kerl*) hier?; **b)** *Darsteller komischer Rollen auf der Bühne od. im Film.*

Ko|mi|ke|rin, die; -, -nen: w. Form zu ↑Komiker.

ko|misch ⟨Adj.⟩ [frz. comique < lat. comicus < griech. kōmikós = zur Komödie gehörend; lächerlich, zu: kõmos, ↑Komödie]: **1.** *durch eigenartige Wesenszüge belustigend in seiner Wirkung, zum Lachen reizend:* ein -es Aussehen; ein -es Gesicht machen; er macht eine -e Figur; er konnte sehr k. sein; ihr Aufzug wirkte unvorstellbar k.; jmdn., etw. irrsinnig k. finden; was ist daran so k.? **2.** *sonderbar, seltsam; mit jmds. Vorstellungen, Erwartungen nicht in Einklang zu bringen:* ein -er Mensch, Kauz; ein -es Benehmen; -e Ansichten; ein -es Gefühl haben; k., was?; k. [ist nur], dass sie nichts sagte; das kommt mir [doch allmählich] k. vor.

ko|mi|scher|wei|se ⟨Adv.⟩ (ugs.): *aus unverständlichen Gründen; seltsamerweise:* es hat k. überhaupt nicht wehgetan.

Ko|mi|tee, das; -s, -s [frz. comité < engl. committee, zu: to commit = anvertrauen, übertragen < frz. commettre < lat. committere = ausüben; anvertrauen, zu: mittere = schicken, beauftragen]: *[leitender] Ausschuss, der [von den Mitgliedern einer Gruppe] mit einer bestimmten Aufgabe betraut ist:* ein vorbereitendes K.; ein K. gegen Berufsverbote; K. für Frieden und Abrüstung.

Kom|ma, das; -s, -s u. -ta [lat. comma < griech. kómma = Schlag; Abschnitt, Einschnitt, zu: kóptein = schlagen, stoßen]: *Zeichen in Form eines kleinen geschwungenen Strichs, mit dem Sätze od. Satzteile voneinander getrennt od. bei der Ziffernschreibung die Dezimalstellen abgetrennt werden:* an dieser Stelle muss ein K. stehen; ein K. setzen; eine Apposition in -s einschließen; die Differenz bis auf zwei Stellen nach, hinter dem K. ausrechnen; bei Tarifverhandlungen eine 5 vor dem K. *(mindestens 5 % Gehaltserhöhung)* verlangen.

Kom|ma|feh|ler, der: *Fehler in der Zeichensetzung in Bezug auf ein Komma.*

Kom|man|dant, der; -en, -en [frz. commandant, zu: commander, ↑kommandieren]: **1.** *militärischer Befehlshaber eines Truppenübungsplatzes, Standorts, einer Festung, eines Schiffs, Flugzeugs od. Panzers.* **2.** (schweiz.) *Kommandeur.*

Kom|man|dan|tin, die; -, -nen: w. Form zu ↑Kommandant.

Kom|man|dan|tur, die; -, -en: *vom Kommandanten eines Truppenübungsplatzes, Standorts, einer Festung geleitete Behörde, Dienststelle:* sich auf/in der K. erkundigen, melden, eine Genehmigung holen.

Kom|man|deur [...ˈdøːɐ̯], der; -s, -e [frz. commandeur = Vorsteher]: *Befehlshaber eines größeren Truppenteils (vom Bataillon bis zur Division).*

Kom|man|deu|rin, die; -, -nen: w. Form zu ↑Kommandeur.

kom|man|die|ren ⟨sw. V.; hat⟩ [frz. commander < lat. commendare = anvertrauen, übergeben; empfehlen, zu: mandare, ↑Mandant]: **1. a)** *die Befehlsgewalt in Bezug auf jmdn., etw. ausüben:* eine Kompanie, eine Flotte k.; **b)** *zur Erfüllung einer Aufgabe an einen Ort entsenden:* jmdn. an die Front, zu einer anderen Abteilung k.; **c)** *einen bestimmten [militärischen] Auftrag erteilen; eine bestimmte [militärische] Anordnung geben:* den Rückzug k. **2.** (ugs.) *jmdm. im Befehlston Anweisungen geben:* seine Umgebung k.; ich lasse mich [von dir] nicht k.; er kommandiert gern.

Kom|man|di|tär, der; -s, -e [frz. commanditaire, zu: commandite = Geschäftsanteil < ital. accomandita, zu lat. commendare = anvertrauen] (schweiz.): *Kommanditist.*

Kom|man|di|tä|rin, die; -, -nen: w. Form zu ↑Kommanditär.

Kom|man|dit|ge|sell|schaft, die: *Handelsgesellschaft, die unter gemeinschaftlicher Firma ein Handelsgewerbe betreibt u. bei der mindestens ein Gesellschafter unbeschränkt u. mindestens einer nur mit seiner Einlage haftet* (Abk.: KG).

Kom|man|di|tist, der; -en, -en: *Gesellschafter einer Kommanditgesellschaft, dessen Haftung auf seine Einlage beschränkt ist.*

Kom|man|di|tis|tin, die; -, -nen: w. Form zu ↑Kommanditist.

Kom|man|do, das; -s, -s, österr. auch: ...den [ital. comando, zu: comandare = befehlen < lat. commendare, ↑kommandieren]: **1. a)** *kurzer [in sei-*

nem Wortlaut festgelegter, militärischer] Befehl: ein militärisches K.; ein K. geben; der Kanarienvogel fing wie auf K. an zu singen; **b)** *durch einen Befehl erteilter [militärischer] Auftrag.* **2.** ⟨o. Pl.⟩ *Befehlsgewalt bei der Durchführung einer [militärischen] Aufgabe:* das K. über eine Einheit haben, an jmdn. übergeben; die Division steht unter dem K. von ... **3. a)** *zur Übernahme bestimmter Dienstpflichten, Aufgaben zusammengestellte Einheit, Gruppe:* einem K. angehören; **b)** *höhere militärische Dienststelle:* militärische -s mit den ihnen zugeteilten Stäben.

Kom|man|do|brü|cke, die: *auf Schiffen meist in der Mitte befindliche Deckaufbauten für die Schiffsführung.*

Kom|man|do|ge|walt, die ⟨o. Pl.⟩: *Befehlsgewalt.*

Kom|man|do|kap|sel, die (Raumf.): *Kabine der Astronauten im Raumschiff.*

Kom|man|do|ruf, der: *Ruf, der ein Kommando beinhaltet:* -e hallten über den Kasernenhof.

Kom|man|do|sa|che, die: in der Fügung **geheime** K. (bes. Milit.; *etw., was geheim gehalten werden muss*).

Kom|man|do|stab, der: *den Kommandeur einer Truppe od. militärischen Dienststelle unterstützendes Führungsorgan.*

Kom|man|do|stand, der (Milit.): *Befehlsstelle einer Geschütz- od. größeren Truppeneinheit.*

Kom|man|do|stel|le, die: *Sitz des Kommandostabes.*

Kom|man|do|stim|me, die: *Stimme im Befehlston:* etw. mit K. verkünden.

Kom|man|do|ton, der ⟨o. Pl.⟩: *Befehlston.*

Kom|man|do|un|ter|neh|men, das: *Unternehmen eines Kommandos* (3a).

Kom|ma|ta: Pl. von ↑Komma.

Kom|ma|zahl, die: *Dezimalzahl.*

Kom|me|mo|ra|ti|on, die; -, -en [lat. commemoratio, zu: commemorare, zu: memorare, ↑memorieren] (kath. Kirche): **a)** *Gedächtnis, Fürbitte in der Messe;* **b)** *Gedächtnisfeier in der Liturgie* (z. B. zu Allerseelen).

kom|men ⟨st. V.; ist⟩ [mhd. komen, ahd. koman, gemeingerm. Wort]: **1.** *sich auf ein Ziel hin bewegen [u. dorthin gelangen]; anlangen, eintreffen:* pünktlich, zu spät k.; wir sind auch erst vor einer Stunde gekommen; ich komme gleich *(mache mich gleich auf den Weg);* dort kommt die Bahn; der Zug kommt erst in einer halben Stunde; wann kommt der nächste Bus?; wir kommen mit der Bahn, dem Flugzeug, dem Auto; wir sind diesmal zu Fuß gekommen; der Monteur kommt wegen der Heizung; ich komme, um zu helfen; ans Ziel k.; nach Hause k.; komme ich hier zum Bahnhof?; wie komme ich schnell auf die Autobahn?; durch Frankfurt k. *(auf seinem Weg Frankfurt berühren);* kommt der Zug durch Mannheim? *(liegt Mannheim auf der Route des Zuges?);* aus dem Theater, Kino k. *(gerade im Theater, Kino gewesen sein);* aus der Schule, von der Arbeit k. *(die Schule, die Arbeitsstelle gerade verlassen haben);* das Auto kam *(näherte sich)* von rechts; Ü zum Schluss k.; auf etwas zu sprechen k.; ⟨in Verbindung mit einem Verb der Bewegung im 2. Part.:⟩ angeritten, angeradelt, angebraust k.; ⟨subst.:⟩ ein ständiges Kommen und Gehen. **2. a)** *zu etw. erscheinen, an etw. teilnehmen:* zu einer Tagung k.; wie viele Leute werden k.?; ich weiß nicht, ob ich morgen k. kann; **b)** *jmdn. aufsuchen, besuchen:* die Ärztin kommt zu dem Kranken; morgen wird ein Vertreter zu uns k.; ⟨k. + lassen⟩ den Arzt k. lassen; wir ließen [uns] ein Taxi k. *(bestellten ein Taxi).* **3.** *gebracht werden:* ist eine Nachricht gekommen?; für dich ist keine Post gekommen; das Essen kommt gleich auf den Tisch *(wird gleich aufgetragen);* Ü der Fall, der Hehler kam vor Gericht; an die Öffentlichkeit k.; auf den Markt k.; der Film kommt diese Woche in die Kinos. **4. a)** *sich als Geschehen, Ereignis jmdm. in bestimmter Weise darstellen:* das kommt mir sehr gelegen; mein Besuch kommt dir wohl überraschend?; **b)** (ugs.) *sich in bestimmter Weise gegen jmdn. benehmen:* er kam seinem Vater frech; so, in diesem Ton lasse ich mir nicht k.!; **c)** (ugs.) *sich [in belästigender Weise] an jmdn. wenden:* komm mir doch nicht immer mit Ausreden!; **d)** * **auf jmdn. nichts k. lassen** *(nicht dulden, dass Schlechtes über jmdn. gesagt wird).* **5.** *hervortreten, [bei jmdm.] in Erscheinung treten:* die ersten Blüten kommen; die Saat ist nicht gekommen *(nicht aufgegangen);* bei unserer Kleinen kommt der erste Zahn; ihm kam der Gedanke *(er hatte den Gedanken, Einfall),* dass ...; es kam ihr (ugs.; *fiel ihr ein*), dass sie noch etwas besorgen wollte; ihm/bei ihm kommen immer gleich die Tränen; die Antwort kam spontan, wie aus der Pistole geschossen; seine Reue kam zu spät; meine Glückwünsche kommen aus vollem Herzen; von ihm kam keine Hilfe. **6.** *irgendwo aufgenommen, untergebracht, eingestellt o. Ä. werden:* zur Schule, aufs Gymnasium, ins Krankenhaus, in ein Heim, ins Gefängnis k.; Ü in den Himmel, in die Hölle k. **7. a)** *ordnungsgemäß an einen bestimmten Platz gestellt, gelegt werden:* das Buch kommt ins Regal; wohin kommen die Hanteln?; diese Löffel kommen *(gehören)* rechts ins Fach; **b)** *irgendwo seinen Platz erhalten:* der Aufsatz kommt in die nächste Nummer der Zeitschrift; sie ist in dem Turnier auf den zweiten Platz gekommen. **8.** *in einen Zustand, eine Verfassung, in eine bestimmte Lage geraten:* in Gefahr, Not, Bedrängnis, Verlegenheit k.; die Kinder kamen in Versuchung; er kam in den Verdacht, das Geld gestohlen zu haben; in Schwung, Stimmung, Wut, Zorn k.; ins Sinnieren, ins Schwärmen k.; der Verkehr kam ins Stocken, zum Erliegen; plötzlich kam ich ins Rutschen *(begann ich zu rutschen);* er kam unters Auto, unter die Straßenbahn *(wurde vom Auto, von der Straßenbahn überfahren);* ⟨k. + Infinitiv mit zu:⟩ sie kam neben den Minister zu sitzen; der Wagen überschlug sich, kam aber wieder auf die Räder zu stehen. **9.** *(von Stimmungen, geistigen Zuständen) jmdn. erfassen, zu beherrschen beginnen:* ein Gefühl der Verzweiflung, Zufriedenheit kam über ihn. **10.** *Zeit, Gelegenheit für etw. finden:* endlich komme ich dazu, dir zu schreiben; zum Waschen des Wagens, zum Reparieren des Radios bin ich noch nicht gekommen; die Pflege war so anstrengend, dass sie drei Tage nicht zum Schlafen gekommen ist; nicht aus dem Haus, nur selten ins Theater k. *(nicht, nur selten die Zeit od. Gelegenheit finden, das Haus zu verlassen, das Theater zu besuchen);* nicht aus den Kleidern k. *(keine Zeit finden, die Kleider auszuziehen [u. sich auszuruhen]).* **11.** *[langsam herankommend] eintreten, sich ereignen:* die Flut kommt; sie hielt den Zeitpunkt zum Eingreifen für gekommen; das Ende wird bald k.; der nächste Winter kommt bestimmt; ein Gewitter kommt; der Tag, die Nacht kommt (geh.; *es wird Tag, Nacht*); es kam alles ganz anders; das kam für mich völlig überraschend; es kommt noch so weit *(es wird noch so),* dass ...; ich sehe [es] schon k., dass ...; dieses Unglück habe ich schon lange k. sehen; was auch immer k. mag, ich bleibe bei dir; es kommt zum Streit, zum Krieg, zu einem Vergleich; in den Betrieben kam es zu Entlassungen; das durfte jetzt nicht k. (ugs., meist spött.; *es war sehr töricht, das jetzt zu sagen*); so weit kommt es noch! (ugs. iron.; *dazu darf es auf keinen Fall kommen!*); R wies kommt, so kommts/wies kommt, so wirds genommen (ugs.; *wie es vom Schicksal bestimmt ist, nehmen wir es hin; damit müssen wir fertig werden*); ⟨subst.:⟩ * **im Kommen sein** *([wieder] modern, populär werden):* Spitzen und Rüschen sind [wieder] im Kommen. **12.** *etw. erlangen:* zu Geld, Reichtum, großen Ehren k.; zur Besinnung, Ruhe k.; nach der langen Krankheit kommt sie allmählich wieder zu Kräften; wenn du dich nicht anstrengst, wirst du nie zu etwas k. (ugs.; *nie Besitz o. Ä. erwerben*); * **wieder zu sich k.** *([nach einer Ohnmacht o. Ä.] das Bewusstsein wiedererlangen).* **13.** *etw. Grundlegendes, äußerst Wichtiges verlieren:* um seine Ersparnisse, ums Leben k.; sie kam ständig um ihren Schlaf; er ist in seinem Leben um das Beste gekommen *(hat es versäumt).* **14. a)** *durch eigene Anstrengung etw. verborgen Gebliebenes erfahren:* jmdm. auf die Spur k.; hinter jmds. Schliche, hinter das Geheimnis k.; wie kommst du darauf? *(woher hast du diesen Gedanken, diese Vermutung?);* **b)** *durch eigene Anstrengung sich in den Besitz von etw. bringen, etw. für sich erreichen:* wie bist du an das Foto, an das Engagement gekommen? **15. a)** *an der Reihe sein, folgen:* wenn Sie diese Straße entlanggehen, kommt erst eine Schule, dann das Rathaus; erst komme ich [an die Reihe]; **b)** ⟨1. Part.⟩ *folgend, nächst ...:* [am] kommenden Sonntag; er ist der kommende Mann *(der Mann, der sich durchsetzen wird);* **c)** *in einem bestimmten Zahlenverhältnis entfallen:* auf hundert Berufstätige kommen sieben Arbeitslose; bald wird auf jeden zweiten Einwohner ein Auto k. **16. a)** *von etw. herstammen; seinen Ursprung, Grund in etw. haben:* woher kommt das viele Geld?; sein Husten kommt vom vielen Rauchen; »Kunst« kommt von »können«; wie kommt es, dass du noch nichts unternommen hast? *(warum hast du ...?);* aus einfachen Verhältnissen k.; R das kommt davon! *(das ist die Folge [deiner Handlungsweise]);* **b)** *von einer Generation zur anderen weitergegeben, vererbt werden:* das Schmuckstück ist von der Großmutter auf sie gekommen; diese Wertvorstellungen sind aus dem 19. Jh. auf uns gekommen. **17.** (salopp) *einen Orgasmus haben.* **18.** (ugs.) *einen bestimmten Preis haben, kosten:* die Reparatur kommt [mich] auf etwa 50 Mark; deine Ansprüche kommen aber teuer! **19.** *(von Säuglingen) zur Einnahme einer Mahlzeit aufwachen:* die Kleine kommt dreimal pro Nacht. **20.** verblasst in festen Verbindungen mit Verbalsubstantiven zur Umschreibung des entsprechenden Verbs (bes. des Passivs): zu Fall k.; zum Einsatz k.; zur Anwendung, Aufführung k. **21.** (ugs.) ⟨Imperativ⟩ drückt eine Aufforderung zu einem bestimmten Verhalten aus: komm, werde nicht frech!; komm, wir gehen!

kom|men|su|ra|bel ⟨Adj.; ...abler, -ste⟩ [spätlat. commensurabilis, zu lat. commetiri (2. Part.: commensum) = ausmessen, zu: metiri, ↑Mensur] (bildungsspr.): *mit gleichem Maß messbar; vergleichbar:* kommensurable Verhältnisse, Werte; kommensurable Größen (Math.; *Größen, Zahlen, die einen gemeinsamen Teiler haben*).

Kom|men|su|ra|bi|li|tät, die; - (Math., Physik, bildungsspr.): *Messbarkeit mit gleichem Maß; Vergleichbarkeit.*

Kom|ment [kɔ'mã:], der; -s, -s [zu frz. comment = wie, also eigtl. = das Wie, die Art u. Weise, etw. zu tun] (Verbindungsw.): *Brauch, Sitte, Regel [des studentischen Lebens]:* es herrschte strenger K.; dem K. folgen.

Kom|men|tar, der; -s, -e [lat. (liber) commentarius = Notizbuch, Niederschrift, zu: commentari, ↑kommentieren]: **1.** *Zusatz[werk] mit Erläuterungen u. kritischen Anmerkungen zu einem Gesetzeswerk, einer Dichtung, wissenschaftlichen Ausgabe o. Ä.:* ein K. zur Bibel, zum Grundgesetz; im K. nachschlagen; eine kritische Werkausgabe mit ausführlichem K. **2.** *kritische Stellungnahme zu einem aktuellen Ereignis od. Thema (in Presse, Rundfunk o. Ä.):* ein politischer, wirtschaftlicher K.; nach den Nachrichten folgt der K.; kein K.! *(ich lehne eine [offizielle] Stellungnahme ab).* **3.** (oft abwertend) *persönliche Anmerkung:* musst du zu allem deinen K. geben?; er würdigte diese Bemerkung keines -s; K. überflüssig!

kom|men|tar|los ⟨Adj.⟩: *ohne Stellungnahme:* die -e Wiedergabe; etwas k. zur Kenntnis nehmen.

Kom|men|ta|tor, der; -s, ...oren [lat. commentator = Erfinder, Erklärer, Ausleger]: **1.** *Verfasser eines [wissenschaftlichen] Kommentars* (1). **2.** *Journalist, Mitarbeiter an Rundfunk, Fernse-*

K

hen usw., der [regelmäßig] aktuelle Ereignisse kommentiert (2): ein politischer K.

Kom|men|ta|to|rin, die; -, -nen: w. Form zu ↑Kommentator.

kom|men|tie|ren ⟨sw. V.; hat⟩ [lat. commentari = überdenken, erläutern, auslegen]: **1.** *ein Druckwerk* (z. B. einen Gesetzestext, eine wissenschaftliche Abhandlung o. Ä.) *mit erläuternden u. kritischen Anmerkungen versehen:* ein Gesetz, einen Paragraphen k. **2.** *zu Tagesereignissen (in Presse, Rundfunk, Fernsehen) kritisch Stellung nehmen:* die Regierungserklärung wurde unterschiedlich kommentiert. **3.** (ugs.) *persönliche Anmerkungen zu etwas machen:* sie pflegte alles und jedes auf ihre Art zu k.

Kom|men|tie|rung, die; -, -en: *das Kommentieren.*

Kom|mers, der; -es, -e [zu frz. commerce, ↑Kommerz; urspr. Bezeichnung für jede Art von geräuschvoller Veranstaltung] (Verbindungsw., Schülerspr.): *aus besonderem Anlass abgehaltener abendlicher Umtrunk in feierlichem Rahmen.*

Kom|merz, der; -es [frz. commerce < lat. commercium = Handel u. Verkehr] (heute meist abwertend): **a)** *Wirtschaft, Handel u. Geschäftsverkehr;* **b)** *Gewinn; Profit[streben].*

kom|mer|zi|a|li|sie|ren ⟨sw. V.; hat⟩ [frz. commercialiser = handelsfähig machen, zu: commerce, ↑Kommerz]: *kulturelle Werte wirtschaftlichen Interessen unterordnen, dem Streben nach Gewinn dienstbar machen:* altes Brauchtum wurde kommerzialisiert; ⟨häufig im 2. Part.:⟩ der kommerzialisierte Sport.

Kom|mer|zi|a|li|sie|rung, die; -, -en ⟨Pl. selten⟩: *das Kommerzialisieren.*

Kom|mer|zi|al|rat, der [zu veraltet kommerzial < lat. commercialis = den Kommerz betreffend] (österr.): *Kommerzienrat.*

kom|mer|zi|ell ⟨Adj.⟩ [mit französierender Endung]: *den Handel betreffend, geschäftlich:* -e Betriebe; eine Erfindung k. nutzen.

Kom|mer|zi|en|rat, der (früher): **a)** ⟨o. Pl.⟩ *Ehrentitel für einen Wirtschaftsfachmann;* **b)** *Träger des Titels Kommerzienrat* (a).

Kom|mer|zi|en|rä|tin, die: *Frau eines Kommerzienrates* (b).

Kom|mi|li|to|ne, der; -n, -n [lat. commilito (Gen.: commilitonis) = Mitsoldat, Waffenbruder, zu: militare, ↑militant] (Studentenspr.): *jmd., mit dem man zusammen studiert [hat]; Studienkollege.*

Kom|mi|li|to|nin, die; -, -nen: w. Form zu ↑Kommilitone.

Kom|miss, der; -es [urspr. = Heeresvorräte; wohl zu lat. commissa (Pl. von: commissum) = anvertrautes Gut, subst. 2. Part. von: committere = ausüben; anvertrauen, zu: mittere = schicken, beauftragen] (Soldatenspr.): *Militär, Militärdienst:* er ist beim, muss zum K.

Kom|mis|sar, der; -s, -e [spätmhd. commissari (Pl.) < mlat. commissarius = Beauftragter; zu lat. committere = ausüben; anvertrauen, zu: mittere = schicken, beauftragen]: **1.** *jmd., der von einem Staat mit einem besonderen Auftrag ausgestattet ist u. spezielle Vollmachten hat:* das Gebiet wird von einem K. verwaltet. **2. a)** ⟨o. Pl.⟩ *Dienstgrad, Dienstrang, bes. bei der Polizei;* **b)** *Träger des Dienstgrades Kommissar* (2 a): der K. tappt noch im Dunklen; *** K. Zufall** *(Zufall, der zur Aufklärung eines Verbrechens führt).*

Kom|mis|sär, der; -s, -e (südd., schweiz., österr.): *Kommissar.*

Kom|mis|sa|ri|at, das; -s, -e: **1.** *Amt[szimmer] eines Kommissars* (2 b). **2.** (österr.) *Polizeidienststelle, -revier.*

Kom|mis|sa|rin, die; -, -nen: w. Form zu ↑Kommissar.

Kom|mis|sä|rin, die; -, -nen: w. Form zu ↑Kommissär.

kom|mis|sa|risch ⟨Adj.⟩: *vorübergehend, in Vertretung [ein Amt verwaltend]:* der -e Leiter der Dienststelle; er hat das Amt k. übernommen.

Kom|miss|brot, das: *rechteckiges, dunkles Brot aus grob gemahlenem Mehl.*

Kom|mis|si|on, die; -, -en [mlat. commissio = Auftrag, Vorladung < lat. commissio = Vereinigung, Verbindung, zu: committere = ausüben; anvertrauen, zu: mittere = schicken, beauftragen]: **1. a)** *mit einer bestimmten Aufgabe offiziell betrautes Gremium:* eine ständige K.; eine K. einsetzen; sie ist Mitglied einer K. für Fragen des Umweltschutzes; **b)** *Gremium von Sachverständigen, Fachleuten:* eine K. von Experten prüfte den Fall. **2.** (Kaufmannsspr. veraltend) *Bestellung von Ware:* eine K. annehmen; *** etw. in K. geben, nehmen, haben** (Wirtsch.; *etwas in Auftrag geben, nehmen, haben, damit es für den Besitzer verkauft werden kann*).

Kom|mis|si|o|när, der; -s, -e [frz. commissionnaire] (Wirtsch.): *Kaufmann, der Waren od. Wertpapiere in eigenem Namen für fremde Rechnung an- od. verkauft.*

Kom|mis|si|o|nä|rin, die; -, -nen: w. Form zu ↑Kommissionär.

kom|mis|si|o|nie|ren ⟨sw. V.; hat⟩ (österr. Amtsspr.): *als staatliche Kommission einen Neubau o. Ä. abnehmen* (5).

Kom|mis|si|ons|ge|schäft, das (Wirtsch.): *im eigenen Namen für fremde Rechnung abgeschlossenes Geschäft.*

Kom|mis|si|ons|mit|glied, das: *Mitglied einer Kommission* (1).

Kom|mis|si|ons|sit|zung, die: *Sitzung einer Kommission* (1).

Kom|mis|si|ons|ver|trag, der (Wirtsch.): *Vertrag zwischen einem Kommissionär u. seinem Auftraggeber.*

Kom|mis|si|ons|wa|re, die (Wirtsch.): *in Kommission* (2) *gegebene od. genommene Ware.*

Kom|miss|ton, der ⟨o. Pl.⟩ (abwertend): *Befehlston.*

Kom|miss|zeit, die (veraltend): *Zeit des Militärdienstes.*

Kom|mit|tent, der; -en, -en [zu lat. committens (Gen.: committentis), 1. Part. von: committere = ausüben; anvertrauen, zu: mittere = schicken, beauftragen] (Wirtsch.): *Auftraggeber eines Kommissionärs.*

kom|mod ⟨Adj.⟩ [frz. commode < lat. commodus = angemessen, zweckmäßig, bequem] (bes. österr.): *bequem* (1, 2): ein -er Wagen; es sich k. machen.

Kom|mo|de, die; -, -n [frz. commode, subst. w. Form von: commode (↑kommod), also eigtl. = die Bequeme, Zweckmäßige]: *kastenförmiges Möbelstück mit mehreren Schubladen.*

Kom|mo|den|schub|la|de, die: *Schublade einer Kommode.*

Kom|mo|do|re, der; -s, -n u. -s [engl. commodore, älter: commandore < frz. commandeur, ↑Kommandeur]: **1. a)** *Führer eines Geschwaders bei Kriegsmarine od. Luftwaffe;* **b)** ⟨o. Pl.⟩ *Kommodore* (1 a) *als Dienststellungsbezeichnung.* **2. a)** *verdienter Kapitän der Handelsmarine;* **b)** ⟨o. Pl.⟩ *Kommodore* (2 a) *als Ehrentitel.*

kom|mu|nal ⟨Adj.⟩ [lat. communalis = zur ganzen Gemeinde gehörend, Gemeinde-]: *die Kommune, die Gemeinde[n] betreffend:* die -e Verwaltung, Selbstverwaltung; -e Angelegenheiten; auf -er Ebene.

Kom|mu|nal|ab|ga|ben ⟨Pl.⟩: *Steuern u. Gebühren, die von der Gemeinde erhoben werden.*

Kom|mu|nal|an|lei|he, die: *von einer Gemeinde aufgelegte öffentliche Anleihe.*

Kom|mu|nal|be|am|te, der: *von einer Gemeinde eingestellter u. besoldeter Beamter.*

Kom|mu|nal|be|am|tin, die: w. Form zu ↑Kommunalbeamte.

Kom|mu|nal|be|hör|de, die: *örtliche Verwaltung, Ortsbehörde.*

Kom|mu|nal|ob|li|ga|ti|on, die: *Kommunalanleihe.*

Kom|mu|nal|par|la|ment, das: *Gremium der gewählten Gemeinde- od. Stadträte.*

Kom|mu|nal|po|li|tik, die: *die Belange einer Kommune* (1) *betreffende Politik.*

Kom|mu|nal|po|li|ti|ker, der: *auf dem Gebiet der Kommunalpolitik tätiger Politiker.*

Kom|mu|nal|po|li|ti|ke|rin, die: w. Form zu ↑Kommunalpolitiker.

kom|mu|nal|po|li|tisch ⟨Adj.⟩: *die Kommunalpolitik betreffend.*

Kom|mu|nal|recht, das ⟨o. Pl.⟩: *rechtliche Vorschriften, die die Zuständigkeit der Gemeinden betreffen.*

Kom|mu|nal|ver|band, der: *verwaltungsmäßiger Zusammenschluss mehrerer Gemeinden.*

Kom|mu|nal|ver|wal|tung, die: *Verwaltung einer Kommune* (1).

Kom|mu|nal|wahl, die: *Wahl der Gemeinde- od. Stadträte.*

Kom|mu|nar|de, der; -n, -n [frz. communard = Anhänger der historischen Pariser Kommune]: *Mitglied einer Kommune* (2).

Kom|mu|nar|din, die; -, -nen: w. Form zu ↑Kommunarde.

Kom|mu|ne, die; -, -n [1: mhd. com(m)ûne = Gemeinde < (a)frz. commune < (v)lat. communia, eigtl. Neutr. Pl. von: communis = allen gemeinsam, allgemein; 2: frz. Commune de Paris]: **1.** (Verwaltungsspr.) *Gemeinde (Dorf, Stadt o. Ä.) als unterste Verwaltungseinheit:* Bund, Länder und -n. **2.** *Wohngemeinschaft, die bürgerliche Vorstellungen hinsichtlich Eigentum, Leistung, Konkurrenz u. Moral ablehnt:* eine K. gründen; sie trat einer K. bei; in einer K. leben. **3.** ⟨o. Pl.⟩ (veraltend abwertend) *Gesamtheit der Kommunisten.*

Kom|mu|ni|kant, der; -en, -en [kirchenlat. communicans (Gen.: communicantis) = Teilnehmer am Abendmahl, zu lat. communicare, ↑kommunizieren] (kath. Kirche): *jmd., der [zum ersten Mal] kommuniziert* (3).

Kom|mu|ni|kan|tin, die; -, -nen: w. Form zu ↑Kommunikant.

Kom|mu|ni|ka|ti|on, die; - [lat. communicatio = Mitteilung, Unterredung]: *Verständigung untereinander; zwischenmenschlicher Verkehr bes. mithilfe von Sprache, Zeichen:* sprachliche, nonverbale K.; K. durch Sprache; die K. stören, verbessern.

Kom|mu|ni|ka|ti|ons|dienst, der: *der Kommunikation dienende Einrichtung wie Telefon-, Fernschreibnetz u. a.*

Kom|mu|ni|ka|ti|ons|fä|hig|keit, die (bes. Psych.): *Fähigkeit, innere Bereitschaft, mit anderen in Kommunikation zu treten.*

Kom|mu|ni|ka|ti|ons|for|schung, die ⟨o. Pl.⟩ (Soziol., Sprachw., Technik u. a.): *wissenschaftliche Erforschung des Wesens [menschlicher] Kommunikation u. der dazu benötigten Mittel.*

Kom|mu|ni|ka|ti|ons|mit|tel, das: *[technisches] Hilfsmittel, das der allgemeinen Kommunikation dient; Medium* (2 a).

Kom|mu|ni|ka|ti|ons|mo|dell, das: *[schematische] Darstellung der Bestandteile, die zu einer Kommunikation gehören.*

Kom|mu|ni|ka|ti|ons|netz, das: *Netz* (2 a) *zur Übermittlung von Daten, Sprache, Bildern; Nachrichtennetz.*

Kom|mu|ni|ka|ti|ons|sa|tel|lit, der: *der Nachrichtenübermittlung dienender Satellit; Nachrichtensatellit.*

Kom|mu|ni|ka|ti|ons|schwie|rig|keit, die ⟨meist Pl.⟩: *[seelisch bedingte] Unfähigkeit zur Kommunikation.*

Kom|mu|ni|ka|ti|ons|sys|tem, das: *Informationssystem.*

Kom|mu|ni|ka|ti|ons|tech|nik, die: *der Kommunikation dienende Technik.*

kom|mu|ni|ka|ti|ons|tech|nisch ⟨Adj.⟩: *die Kommunikationstechnik betreffend.*

Kom|mu|ni|ka|ti|ons|tech|no|lo|gie, die: *Kommunikationstechnik.*

Kom|mu|ni|ka|ti|ons|zen|trum, das: *zentraler Ort der Begegnung von Menschen u. Gruppen.*

kom|mu|ni|ka|tiv ⟨Adj.⟩: **a)** *die Kommunikation* (1) *betreffend:* -e Fähigkeiten; **b)** *mitteilsam:* sie verhielt sich sehr k.

Kom|mu|ni|ka|tor, der; -s, ...oren [zu ↑Kommunikation geb. mit dem Suffix -ator (nach dem Muster von Organisation-Organisator u. a.)] (meist scherzh.): *jmd., der mit anderen leicht, mühelos kommuniziert* (2), *leicht, mühelos mit anderen ins Gespräch kommt.*

Kom|mu|ni|ka|to|rin, die; -, -nen: w. Form zu ↑Kommunikator.

Kom|mu|ni|kee: ↑Kommuniqué.

Kom|mu|ni|on, die; -, -en [kirchenlat. communio = das heilige Abendmahl < lat. communio = Gemeinschaft, zu: communis = allen od. mehreren gemeinsam, allgemein] (kath. Kirche): **1.** *Gemeinschaftsmahl der Gläubigen mit Christus durch den Empfang der im Messopfer nach der Wandlung ausgeteilten Hostie:* die heilige K. empfangen; zur K. gehen; die K. *(die Hostie)* austeilen. **2.** *Erstkommunion:* sie hat dieses Jahr K.

Kom|mu|ni|on|an|zug, der: *von Jungen zur Erstkommunion getragener festlicher Anzug.*

Kom|mu|ni|on|bank, die ⟨Pl. ...bänke⟩ (kath. Kirche): *Bank vor dem Altarraum, auf der die Gläubigen zum Empfang der Kommunion niederknien.*

Kom|mu|ni|on|ker|ze, die: *von Jungen u. Mädchen bei der Erstkommunion mitgeführte lange, weiße, geschmückte Kerze.*

Kom|mu|ni|on|kind, das: *Kind, das zum ersten Mal die Kommunion* (1) *empfängt.*

Kom|mu|ni|on|kleid, das: *von Mädchen zur Erstkommunion getragenes festliches weißes Kleid.*

Kom|mu|ni|on|sonn|tag, der: *Weißer Sonntag.*

Kom|mu|ni|on|un|ter|richt, der: *Unterricht zur Vorbereitung auf die Erstkommunion.*

Kom|mu|ni|qué [kɔmyniˈke:, auch: kɔmu...], (auch:) Kommunikee, das; -s, -s [frz. communiqué, zu: communiquer < lat. communicare, ↑kommunizieren]: **a)** *[regierungs]amtliche Mitteilung:* zum Abschluss des Staatsbesuches wurde ein gemeinsames K. herausgegeben; **b)** *[amtliche] Denkschrift:* ein K. über die Lage auf dem Arbeitsmarkt.

Kom|mu|nis|mus, der; - [(wohl über frz. communisme <) engl. communism, zu lat. communis = allen od. mehreren gemeinsam, allgemein]: **1.** *nach Karl Marx die auf den Sozialismus folgende Entwicklungsstufe, in der alle Produktionsmittel u. Erzeugnisse in das gemeinsame Eigentum der Staatsbürger übergehen u. alle Klassengegensätze überwunden sind.* **2.** *politische Richtung, Bewegung, die sich gegen den Kapitalismus wendet u. eine zentral gelenkte Wirtschafts- u. Sozialordnung verficht:* der internationale K.; unter dem, im K. leben.

Kom|mu|nist, der; -en, -en: **a)** *Anhänger, Verfechter des Kommunismus:* er ist K.; **b)** *Mitglied einer kommunistischen Partei:* die -en sind an der Regierung.

Kom|mu|nis|tin, die; -, -nen: w. Form zu ↑Kommunist.

kom|mu|nis|tisch ⟨Adj.⟩: *den Kommunismus betreffend; zum Kommunismus gehörend; in der Art des Kommunismus:* -e Ideale; die -e Weltrevolution; die -en Staaten; k. regierte Länder.

kom|mu|ni|zie|ren ⟨sw. V.; hat⟩ [lat. communicare = gemeinschaftlich tun, mitteilen, zu: communis = allen od. mehreren gemeinsam, allgemein]: **1.** (bildungsspr.) *in Verbindung stehen; zusammenhängen:* kommunizierende Röhren (↑Röhre 1). **2.** (bildungsspr.) **a)** *sich verständigen, miteinander sprechen:* mit jmdm. k.; sie kommunizieren per E-Mail miteinander; **b)** *mitteilen:* Informationen, Wissen, Fakten k. **3.** (kath. Kirche) *zur Kommunion gehen; die Kommunion empfangen.*

Ko|mö|di|ant, der; -en, -en [über das Engl. (engl. comedian) < ital. commediante = Schauspieler, zu: commedia = Komödie]: **1.** *Schauspieler:* die -en einer Wanderbühne; er ist ein glänzender K. **2.** (abwertend) *jmd., der Komödie* (3) *spielt.*

ko|mö|di|an|ten|haft ⟨Adj.⟩ (abwertend): *von, in der Art eines Komödianten* (1); *wie ein Komödiant geartet.*

Ko|mö|di|an|ten|trup|pe, die: *Truppe von Komödianten* (1).

Ko|mö|di|an|tin, die; -, -nen: w. Form zu ↑Komödiant.

ko|mö|di|an|tisch ⟨Adj.⟩: *schauspielerisch [begabt]; dem Wesen des Theaters gemäß:* ein -es Spiel.

Ko|mö|die, die; -, -n [lat. comoedia < griech. kōmǭdía, eigtl. = Gesang bei einem frohen Gelage, zu: kõmos = Festumzug mit Gelage u. Gesang für den Gott Dionysos u. ǭdḗ, ↑Ode]: **1. a)** ⟨o. Pl.⟩ *dramatische Gattung, in der menschliche Schwächen dargestellt u. [scheinbare] Konflikte heiter überlegen gelöst werden;* **b)** *Bühnenstück mit heiterem Inhalt:* eine K. aus den 20er-Jahren; **Ü** die Sitzung des Ausschusses war eine einzige K. **2.** ⟨o. Pl.⟩ *kleines Theater, in dem fast nur Lustspiele aufgeführt werden.* **3.** ⟨Pl. selten⟩ *sich in unechtem, theatralischem Gebaren äußernde Vortäuschung von nicht wirklich Empfundenem, Vorhandenem:* das ist doch alles nur K.!; ich habe die K. gleich durchschaut; * **K. spielen** *(etw. vortäuschen; jmdm. etw. vormachen).*

Ko|mö|di|en|dich|ter, der: *jmd., der Komödien schreibt.*

Ko|mö|di|en|dich|te|rin, die: w. Form zu ↑Komödiendichter.

Ko|mö|di|en|haus, das: *Komödie* (2).

Ko|mo|ren ⟨Pl.⟩: Inselgruppe und Staat im Indischen Ozean.

Ko|mo|rer, der; -s, -: Ew.

Ko|mo|re|rin, die; -, -nen: w. Form zu ↑Komorer.

ko|mo|risch ⟨Adj.⟩: *die Komoren, die Komorer betreffend; von den Komorern stammend, zu ihnen gehörend.*

Komp., Co., Co = Kompanie.

Kom|pa|gnon [kɔmpanˈjõ:, ˈkɔmpanjõ, auch: ˈkɔmpanjɔŋ], der; -s, -s [frz. compagnon = Genosse < spätlat. companio, ↑Kumpan]: **1.** (Wirtsch.) *Teilhaber, Mitinhaber eines Geschäfts, Handelsunternehmens o. Ä.:* mein K.; sie sind -s. **2.** *Kamerad bei bestimmten Unternehmungen.*

kom|pakt ⟨Adj.⟩ [frz. compact = dicht, derb, fest < lat. compactum, 2. Part. von: compingere = zusammenschlagen, -fügen]: **a)** *fest gefügt:* ein -es Mauerwerk; -e Werkstoffe; **Ü** ein -es Design; ein -er Sound; **b)** (ugs.) *gedrungen, massig:* ein -er Körperbau; eine kleine, -e Frau.

Kom|pakt|an|la|ge, die: *fest zusammengebaute Stereoanlage.*

Kom|pakt|au|to, das (Werbespr.): *wenig Raum beanspruchendes Auto.*

Kom|pakt|heit, die; -: *kompakte Beschaffenheit.*

Kom|pakt|klas|se, die (Werbespr.): *Klasse* (5 a) *der Kompaktwagen.*

Kom|pakt|la|ger, das: *Zwischenlager für abgebrannte Brennelemente, in dem die Brennstäbe dichter als normalerweise üblich gelagert werden.*

Kom|pakt|se|mi|nar, das: *auf wenige Tage od. Stunden konzentrierte Lehr- od. Informationsveranstaltung.*

Kom|pakt|wa|gen, der: *Kompaktauto.*

Kom|pa|nie, die; -, -n [1: frz. compagnie, eigtl. = Gesellschaft < afrz. compaignie < mlat. compagn(i)a; 2: ital. compagnia < mlat. compagn(i)a; schon mniederd. companie, cumpenie, kumpenige = (befristete) Handelsgemeinschaft; auch schon mhd. kompānīe = Genossenschaft; alle Formen über das Mlat. u. Vlat. zu lat. con- = mit- u. panis = Brot, also eigtl. = Brotgemeinschaft]: **1.** (Milit.) *aus mehreren Zügen bestehende untere Einheit von etwa 100 bis 250 Mann;* Abk. Komp., schweiz. Kp: die K. ist angetreten. **2.** (veraltet) *Handelsgesellschaft;* Abk.: Co., Co, Comp., Cie. **3.** *große Balletttruppe.*

Kom|pa|nie|chef, der (Milit.): *[im Range eines Hauptmanns od. Majors stehender] Führer einer Kompanie* (1).

Kom|pa|nie|feld|we|bel, der (Milit.): *für den inneren Dienst in einer Kompanie* (1) *verantwortlicher Hauptfeldwebel.*

Kom|pa|nie|füh|rer, der: *Kompaniechef.*

Kom|pa|nie|spieß, der (Soldatenspr.): *Kompaniefeldwebel.*

Kom|pa|nie|stär|ke, die (Milit.): *etwa einer Kompanie* (1) *entsprechende Anzahl:* in K. antreten; **Ü** du wolltest nur ein paar Freunde mitbringen, und jetzt kommt ihr gleich in K.!

kom|pa|ra|bel ⟨Adj.; komparabler, -ste⟩ [lat. comparabilis, zu: comparare = gleichmachen, vergleichen] (bildungsspr.): *vergleichbar:* komparable Größen.

Kom|pa|ra|ti|on, die; -, -en (Sprachw.): *Steigerung des Adjektivs.*

Kom|pa|ra|tist, der; -en, -en: *Vertreter der Komparatistik.*

Kom|pa|ra|tis|tik, die; -: *vergleichende Literatur- od. Sprachwissenschaft.*

Kom|pa|ra|tis|tin, die; -, -nen: w. Form zu ↑Komparatist.

kom|pa|ra|tis|tisch ⟨Adj.⟩: *die Komparatistik betreffend, mit den Methoden der Komparatistik, vergleichend:* eine -e Betrachtung.

Kom|pa|ra|tiv [auch: ‿ ‿ ‿ ˈ‿], der; -s, -e [lat. (gradus) comparativus = zum Vergleichen geeignet(er Steigerungsgrad)] (Sprachw.): *erste Steigerungsstufe beim Adjektiv (z. B. schöner, besser).*

Kom|par|se, der; -n, -n [ital. comparsa, zu: comparire < lat. comparere = erscheinen, also eigtl. = Darsteller, der nur stumm auf der Bühne »in Erscheinung« tritt] (Film, selten Theater): *[in Massenszenen auftretende] Person ohne Sprechrolle.*

Kom|par|se|rie, die; -, -n [ital. comparseria] (Film, selten Theater): *Gesamtheit der bei einem [Film]projekt mitwirkenden Komparsen.*

Kom|par|sin, die; -, -nen: w. Form zu ↑Komparse.

Kom|pass, der; -es, -e [spätmhd. compas < ital. compasso, zu: compassare = ringsum abschreiten, abmessen, über das Vlat. zu lat. passus = Schritt]: *Gerät zum Bestimmen der Himmelsrichtung [mithilfe eines Magneten]:* nach dem K. marschieren.

Kom|pass|na|del, die: *zum magnetischen Nordpol hin sich einpendelnder Zeiger des Kompasses.*

Kom|pass|pflan|ze, die: *Pflanze, die ihre Blätter nach der Sonne ausrichtet.*

Kom|pass|ro|se, die: *Windrose auf dem Kompass.*

kom|pa|ti|bel ⟨Adj.; kompatibler, -ste⟩ [engl. compatible < frz. compatible, zu: compatir = übereinstimmen < spätlat. compati = mitfühlen]: **1.** (Med.) *(von Medikamenten od. Blutgruppen) verträglich.* **2.** (bes. Technik, EDV) *(von Geräten, Hard- u. Softwarekomponenten u. dgl.) zueinander passend, sich kombinieren lassend, zu einem System zusammensetzbar.* **3.** (Sprachw.) *(von einzelnen Lexemen im Satz) syntaktisch-semantisch anschließbar, kombinierbar* (z. B. der blaue Himmel). **4.** *miteinander vereinbar, zusammenpassend:* Ökologie und wirtschaftliche Interessen sind oft nicht k.

Kom|pa|ti|bi|li|tät, die; -, -en: **1.** (Med.) *Verträglichkeit verschiedener Medikamente od. Blutgruppen.* **2.** (bes. Technik, EDV) *kompatible* (2) *Beschaffenheit.*

Kom|pen|di|um, das; -s, ...ien [mlat. compendium = Kurzfassung, Zusammenfassung; Überblick < lat. compendium = Ersparnis, Abkürzung, zu: compendere = zusammen abwiegen, mitwiegen, zu: com- (< cum) = mit- u. pendere, ↑Pensum] (bildungsspr.): *Abriss* (3), *kurz gefasstes Lehrbuch:* ein K. der Rosenzucht.

Kom|pen|sa|ti|on, die; -, -en [lat. compensatio = Ausgleichung, Gegenzählung, zu: compensare, ↑kompensieren] (bildungsspr., Fachspr., bes. Psych., Wirtsch., Physik, Med.): *Kompensierung, Ausgleich.*

Kom|pen|sa|ti|ons|ge|schäft, das (Wirtsch.): **a)** *Tauschgeschäft;* **b)** *Ausgleichsgeschäft, bes. zur Aufrechterhaltung von Kauf- u. Verkaufsaufträgen bei Wertpapieren.*

Kom|pen|sa|to|rik, die; - (Päd.): *kompensatorische Spracherziehung.*
kom|pen|sa|to|risch ⟨Adj.⟩ (Fachspr.): *eine Kompensation bezweckend; ausgleichend:* -e Reaktionen, Maßnahmen.
kom|pen|sie|ren ⟨sw. V.; hat⟩ [lat. compensare = gegeneinander abwägen, ausgleichen, zu: pensare = (ab)wägen, vergleichen, Intensivbildung von: pendere, ↑Pensum]: (bildungsspr., Fachspr.) *ausgleichen, durch Gegenwirkung aufheben:* Angst durch/mit Forschheit k.; einen Verlust, Schaden, Mangel k.
Kom|pen|sie|rung, die; -, -en: *das Kompensieren; das Kompensiertwerden.*
kom|pe|tent ⟨Adj.⟩ [zu lat. competens (Gen: competentis), zu: competere = zusammentreffen, entsprechen]: **a)** *sachverständig; befähigt:* ein -es Urteil; sich für k. halten; **b)** (bes. Rechtsspr.) *zuständig; befugt:* für solche Fälle sind die ordentlichen Gerichte k.
Kom|pe|tenz, die; -, -en [1: lat. competentia = Zusammentreffen; 2: engl. competence, nach dem amerik. Sprachwissenschaftler N. Chomsky, geboren 1928]: **1. a)** *Sachverstand; Fähigkeiten:* seine große fachliche, wissenschaftliche, kommunikative, soziale K.; ihre K. in Fragen der Phonetik ist unbestritten; **b)** (bes. Rechtsspr.) *Zuständigkeit:* bestimmte -en haben; seine -en überschreiten; die Verteilung der -en; das liegt außerhalb meiner K.; das fällt in die K. der Behörden. **2.** (Sprachw.) *Summe aller sprachlichen Fähigkeiten, die ein Muttersprachler besitzt.*
Kom|pe|tenz|be|reich, der: *Bereich von Zuständigkeiten.*
Kom|pe|tenz|ge|ran|gel, das (ugs. abwertend): *Kompetenzstreitigkeit.*
Kom|pe|tenz|kon|flikt, der, **Kom|pe|tenz|streit,** der, **Kom|pe|tenz|strei|tig|keit,** die ⟨meist Pl.⟩: *Konflikt, Streit[igkeit] hinsichtlich der Kompetenz* (1 b), *der Zuordnung bestimmter Aufgabenbereiche.*
Kom|pe|tenz|über|schrei|tung, die: *Überschreitung der Kompetenz* (1 b).
Kom|pi|la|ti|on, die; -, -en [lat. compilatio = Plünderung, zu: compilare, ↑kompilieren] (bildungsspr., oft abwertend): **a)** *das Kompilieren;* **b)** *durch Kompilation* (a) *entstandenes Werk.*
kom|pi|lie|ren ⟨sw. V.; hat⟩ [lat. compilare = ausplündern, berauben, eigtl. = der Haare berauben, zu: pilus = Haar; 2: nach engl. to compile, vgl. Compiler]: **1.** (bildungsspr., oft abwertend): *aus anderen Werken zusammenstellen, dass daraus ein Bericht o. Ä. entsteht:* ein Nachschlagewerk k. **2.** (EDV) *von einer höheren Programmiersprache in die Maschinensprache eines bestimmten Computers übersetzen:* ein Programm k.
Kom|ple|ment, das; -[e]s, -e [lat. complementum = Vervollständigung(smittel), Ergänzung, zu: complere = ausfüllen, vervollständigen, vollenden]: **1.** (bildungsspr.) *Ergänzung[sstück]:* ein logisches K. **2.** (Math.) *Menge, die eine Differenz wieder zur ursprünglichen Menge hin ergänzt.* **3.** (Med.) *Serumbestandteil, der die spezifische Wirkung eines Antikörpers ergänzt u. aktiviert.*
kom|ple|men|tär ⟨Adj.⟩ [frz. complémentaire] (bildungsspr.): *den andern, das andere ergänzend* (3): -e Begriffe; sich k. zueinander verhalten.
Kom|ple|men|tär, der; -s, -e (Wirtsch.): *persönlich haftender Gesellschafter einer Kommanditgesellschaft.*
Kom|ple|men|tär|far|be, die (Optik): *Farbe, die eine andere Farbe, mit der sie gemischt wird, je nach Mischungsverhältnis zu Weiß od. fast zu Schwarz ergänzt:* die K. von Blau ist Gelb.
Kom|ple|men|tä|rin, die; -, -nen: w. Form zu ↑Komplementär.
Kom|ple|men|ta|ri|tät, die; -, -en [zu ↑komplementär] (bildungsspr.): *wechselseitige Entsprechung, Ergänzung:* die K. zweier Begriffe.
Kom|ple|men|tär|men|ge, die (Math.): *Komplement* (2).
Kom|ple|men|tär|win|kel, der (Math.): *Komplementwinkel.*
kom|ple|men|tie|ren ⟨sw. V.; hat⟩ (bildungsspr.): *ergänzen; vervollständigen:* Kleider mit Accessoires k.
Kom|ple|men|tie|rung, die; -, -en: *das Komplementieren.*
Kom|ple|ment|win|kel, der; -s, - (Math.): *Winkel, der einen anderen zu 90° ergänzt:* im rechtwinkligen Dreieck sind die beiden anderen Winkel K.
Kom|ple|nym, das; -s, -e [zu ↑Komplement u. griech. ónyma = Name] (Sprachw.): *Gegensatzwort eines bestimmten Wortes, das durch Hinzusetzen einer Negation zu diesem synonym wird* (z. B. ledig – nicht verheiratet).
[1]Kom|plet [kɔmˈpleː, auch: kõˈpleː] das; -[s], -s [frz. complet = vollständiger Anzug, eigtl. = Vollständigkeit, zu: complet, ↑komplett]: *Kleid mit Mantel od. Jacke aus dem gleichen Stoff.*
[2]Kom|plet, die; -, -e [kirchenlat. completa, completum, zu lat. completus, ↑komplett] (kath. Kirche): *Abend- u. Schlussgebet des Stundengebets.*
kom|ple|tiv ⟨Adj.⟩ [spätlat. completivus = ausfüllend] (Sprachw.): *ergänzend.*
kom|plett ⟨Adj.⟩ [frz. complet < lat. completus = vollständig, zu: complere, ↑Komplement]: **1. a)** *vollständig:* eine -e Einrichtung; meine Ausrüstung ist k.; ich bin jetzt k. (ugs.; *mit allem Nötigen ausgestattet*); ein k. möbliertes Apartment; **b)** *als Ganzes [vorhanden]:* die -e Bücherei verkaufen; das Werk kann nur k. abgegeben werden; das Schlafzimmer kostet k. 9498 DM; der Wagen muss k. *(in allen Teilen)* überholt werden; heute sind wir k. (ugs.; *vollzählig*); **c)** (ugs., oft emotional übertreibend od. scherzh.) *absolut, völlig:* das ist -er Blödsinn, Wahnsinn; sie hat k. versagt. **2.** (österr. veraltend) *voll besetzt:* die Straßenbahn ist k.
Kom|plet|tie|rung, die; -, -en: *das Komplettieren.*
kom|plex ⟨Adj.⟩ [lat. complexum, 2. Part. von: complecti = umschlingen, umfassen, zusammenfassen; b: LÜ von russ. kompleksnyj] (bildungsspr.): **a)** *vielschichtig; viele verschiedene Dinge umfassend:* die Medizin ist ein sehr -es Gebiet; seine Romanfiguren sind -e Charaktere; **b)** (bes. DDR) *allseitig, umfassend:* eine -e Automatisierung; -e Reparaturen; **c)** *zusammengesetzt; nicht allein für sich auftretend, ineinander greifend, nicht auflösbar:* -e Moleküle; eine -e Zahl (Math.; *nur noch als Summe aus einer reellen u. einer imaginären Zahl darstellbare Zahl*).
Kom|plex, der; -es, -e [lat. complexus = das Umfassen, die Verknüpfung]: **1. a)** *geschlossenes Ganzes, dessen Teile vielfältig verknüpft sind:* ein K. von Fragen; der große K. der Naturwissenschaften; *** im K.** (regional; *umfassend, allseitig*); **b)** *in sich geschlossene Einheit von Gebäuden:* der K. des Schlosses; das Krankenhaus ist ein weiträumiger K. **2.** (Psych.) *seelisch bedrückende, negative Vorstellung in Bezug auf sich selbst:* verdrängte -e; -e haben, bekommen; an -en leiden. **3.** (Chemie) *chemische Vereinigung mehrerer Atome zu einer Gruppe, die freie Valenzen* (2) *hat u. andere Reaktionen zeigen kann als das ihre Art bestimmende Ion.* **4.** (Med.) *Syndrom* (1).
kom|plex|be|la|den ⟨Adj.⟩: *von Komplexen* (2) *belastet, voller Komplexe.*
Kom|plex|bri|ga|de, die [LÜ von russ. kompleksnaja brigada] (DDR): *für bestimmte gemeinsame Aufgaben zusammengestellte Arbeitsgruppe von Angehörigen der verschiedensten Berufe.*
Kom|ple|xi|on, die; -, -en: **1.** (bildungsspr.) *Zusammenfassung.* **2.** (Anthrop.) *Gesamteindruck der Färbung von Augen, Haaren, Haut:* helle, dunkle K.
Kom|ple|xi|tät, die; - (bildungsspr.): *Vielschichtigkeit; das Ineinander vieler Merkmale:* die K. der gesellschaftlichen Verhältnisse, des menschlichen Charakters.
Kom|plex|ver|bin|dung, die (Chemie): *Verbindung, in der ein zentrales Atom od. Ion von mehreren anderen Atomen, Ionen od. Molekülen in räumlich regelmäßiger Anordnung umgeben ist.*
Kom|pli|ce usw.: ↑Komplize usw.
Kom|pli|cin [...ˈpliːtsɪn, auch: ...iːsɪn], die; -, -nen: w. Form zu ↑Komplice.
Kom|pli|ka|ti|on, die; -, -en [spätlat. complicatio = das Zusammenwickeln, Verwickeln, zu lat. complicare, ↑komplizieren]: **1.** *Schwierigkeit, [plötzlich auftretende] Erschwerung, Verwicklung:* ergeben sich daraus -en?; es gab -en; es kam zu allerlei -en. **2.** (Med.) *Verschlimmerung eines Krankheitszustandes, unvorhergesehene Schwierigkeit bei einem chirurgischen Eingriff od. in einem biologischen Prozess:* die Geburt verlief ohne -en.
kom|pli|ka|ti|ons|los ⟨Adj.⟩: *ohne Komplikationen [verlaufend].*
Kom|pli|ment, das; -[e]s, -e [frz. compliment < älter span. complimiento, eigtl. = Fülle; Übertreibung, zu: complir < lat. complere = ausfüllen]: **1.** *lobende, schmeichelhafte Äußerung, die jmd. an eine Person richtet, um ihr etw. Angenehmes zu sagen, ihr zu gefallen:* ein nettes, geistreiches K.; übertriebene -e; jmdm. [für etw.] -e machen; ein K. erwidern; eine Frau mit -en [über ihr Aussehen] überschütten; mein K.! *(meine Hochachtung!);* Ü diese Arbeit ist kein K. für sie *(mit dieser Arbeit zeigt sie sich nicht gerade von ihrer besten Seite);* *** nach -en fischen** (ugs. scherzh.; *darauf aus sein, [durch Betonen eigener Schwächen Widerspruch herauszufordern u.] ein Kompliment zu erhalten;* LÜ von engl. to fish for compliments). **2.** (veraltet) *Gruß:* richten Sie bitte meine -e aus!
kom|pli|men|tie|ren ⟨sw. V.; hat⟩: **1.** (geh.) *jmdn. mit höflichen Gesten u. Redensarten irgendwohin geleiten:* jmdn. in den Sessel k.; jmdn. aus dem Zimmer k. (verhüll.; *höflich aus dem Zimmer weisen*). **2.** (veraltet) *willkommen heißen.*
Kom|pli|ze, (auch:) Komplice [...ˈpliːtsə, auch: ...iːsə], der; -n, -n [frz. complice < spätlat. complex (Gen.: complicis) = eng verbunden; Verbündeter, zu lat. com- (< cum) = mit- u. plectere (2. Part.: plexum) = flechten; ineinander fügen] (abwertend): *Mittäter, Helfershelfer bei einer Straftat:* jmdn. zu seinem -n machen.
Kom|pli|zen|schaft, (auch:) Komplicenschaft [...ˈpliːts..., auch: ...iːs...], die; -, **Kom|pli|zentum,** (auch:) Komplicentum, [...ˈpliːts..., auch: ...iːs...], das; -: *kriminelle Gemeinsamkeit.*
kom|pli|zie|ren ⟨sw. V.; hat⟩ [wohl rückgeb. aus ↑kompliziert]: **a)** *kompliziert machen, schwierig gestalten:* das kompliziert die Sache außerordentlich; **b)** ⟨k. + sich⟩ *kompliziert werden, sich schwierig gestalten:* die politische Lage kompliziert sich immer mehr.
kom|pli|ziert ⟨Adj.⟩ [wohl zu frz. compliqué od. lat. complicitum, Nebenf. von: complicatum, 2. Part. von complicare = zusammenfalten, verwickeln, verwirren]: *schwierig; verwickelt; [aus vielen Einzelheiten bestehend u. daher] schwer zu durchschauen u. zu handhaben:* ein -er Charakter; -e Apparate, Berechnungen; ein -er (Med.; *mit einer offenen Wunde in Zusammenhang stehender*) Bruch; sich k. ausdrücken.
Kom|pli|ziert|heit, die; -: *das Kompliziertsein.*
Kom|pli|zie|rung, die; -, -en: *das Kompliziertmachen; das Kompliziertwerden.*
Kom|pli|zin, die; -, -nen: w. Form zu ↑Komplize.
Kom|plott, das, ugs. auch: der; -[e]s, -e [frz. complot, urspr. = Gedränge, Menschenmenge; H. u.]: *geheime Planung eines Anschlags gegen eine Regierung, auch eine Privatperson:* ein K. aufdecken, durchschauen; mit im K. stehen, sein; *** ein K. schmieden** *(heimlich gemeinsam einen Anschlag vorbereiten).*
kom|plot|tie|ren ⟨sw. V.; hat⟩ [frz. comploter] (veraltet): *ein Komplott anzetteln, sich verschwören.*
Kom|po|nen|te, die; -, -n [zu lat. componens (Gen.: componentis), 1. Part. von: componere,

↑komponieren]: *Bestandteil, Element eines Ganzen:* die chemischen -n eines Stoffes; Ü die historische K.; die horizontale und die vertikale K. in der Baukunst.

kom|po|nie|ren ⟨sw. V.; hat⟩ [lat. componere = zusammenstellen, zu: ponere, ↑Position]: **1.** *eine Komposition* (1 b), *Kompositionen* (1 b) *schaffen:* eine Symphonie, eine Oper, einen Schlager k. **2.** (bildungsspr.) *nach bestimmten Gesichtspunkten [kunstvoll] gestalten:* Farbwirkungen harmonisch k.; ⟨häufig im 2. Part.:⟩ ein geschickt komponierter Roman, Bildband.

Kom|po|nist, der; -en, -en: *jmd., der komponiert* (1).

Kom|po|nis|tin, die; -, -nen: w. Form zu ↑Komponist.

Kom|po|si|ta: Pl. von ↑Kompositum.

Kom|po|si|te, die; -, -n [vgl. Kompositum] ⟨meist Pl.⟩ (Bot.): *Korbblütler.*

Kom|po|si|ten: Pl. von ↑Komposite u. ↑Kompositum.

Kom|po|si|teur [...'tøːɐ̯], der; -s, -e [frz. compositeur, zu: composer = komponieren] (veraltet): *Komponist.*

Kom|po|si|ti|on, die; -, -en [lat. compositio = Zusammenstellung, -setzung]: **1. a)** ⟨o. Pl.⟩ *das Komponieren* (1): sie wurde mit der K. einer neuen Oper betraut; ein Lehrstuhl für K. *(Kompositionslehre);* **b)** *in Noten fixiertes [u. vervielfältigtes] musikalisches Werk, dessen Schaffensprozess durch Intuition u. Verarbeitung geltender musikalischer Gesetzmäßigkeiten bestimmt ist:* -en aus dem Nachlass. **2.** (bildungsspr.) **a)** *nach bestimmten Gesichtspunkten erfolgte kunstvolle Gestaltung, Zusammenstellung:* klassische, moderne K. kostbarer Essenzen; ein Roman in einer hervorragenden K.; **b)** *nach bestimmten Gesichtspunkten kunstvoll Gestaltetes, Zusammengestelltes:* eine K. aus Beton und Glas. **3.** (Sprachw.) *Zusammensetzung eines Wortes aus selbstständig vorkommenden Wörtern (als Art od. Vorgang der Wortbildung).*

Kom|po|si|ti|ons|fu|ge, die (Sprachw.): [1]*Fuge* (2).

Kom|po|si|ti|ons|glied, das (Sprachw.): *jedes der Einzelglieder einer Zusammensetzung* (z. B. Grund- od. Bestimmungswort).

Kom|po|si|ti|ons|leh|re, die ⟨o. Pl.⟩ (Musik): *Lehre vom Aufbau einer Komposition, von der Harmonik, Rhythmik, den musikalischen Formen, Möglichkeiten der Instrumentierung u. Ä.*

Kom|po|si|ti|ons|stil, der: *Stil der Komposition* (1 a).

Kom|po|si|ti|ons|tech|nik, die (Musik): *Technik der Komposition* (1 a).

kom|po|si|to|risch ⟨Adj.⟩: **1.** *die Komposition* (1 a) *betreffend.* **2.** *die Komposition* (2) *betreffend; gestalterisch.*

Kom|po|si|tum, das; -s, ...ta, seltener: ...iten [zu lat. compositum = Zusammengesetztes, subst. 2. Part. von: componere, ↑komponieren] (Sprachw.): *zusammengesetztes Wort; Zusammensetzung.*

Kom|po|sit|werk|stoff, der (Technik): *aus verschiedenen, miteinander fest verbundenen Materialien hergestellter Werkstoff; Verbundwerkstoff.*

Kom|post [auch: 'kɔm...], der; -[e]s, -e [frz. compost < mlat. compostum = Misthaufen, Dünger, zu lat. compositum, ↑Kompositum]: *als Dünger verwendetes Produkt aus pflanzlichen Abfällen [mit Erde]:* K. untergraben; Asche gehört nicht auf den K. *(Komposthaufen);* mit K. düngen.

Kom|post|er|de, die: *Erde, die viel Kompost enthält.*

Kom|post|hau|fen, der: *Abfallhaufen für Pflanzenreste, Laub o. Ä. zur Gewinnung von Kompost.*

kom|pos|tier|bar ⟨Adj.⟩: *sich kompostieren* (1) *lassend:* -e Küchenabfälle.

kom|pos|tie|ren ⟨sw. V.; hat⟩ [frz. composter, zu: compost, ↑Kompost] (Landw.): **1.** *zu Kompost verarbeiten.* **2.** *mit Kompost düngen:* das Erdbeerbeet k.

Kom|pos|tie|rung, die; -, -en: *das Kompostieren; das Kompostiertwerden.*

Kom|post|müll, der: *als Kompost zu verwendender Müll.*

Kom|pott, das; -[e]s, -e [frz. compote = Eingemachtes, über das Vlat. < lat. compositum, ↑Kompositum]: *gekochtes Obst, das als Nachtisch od. zu bestimmten Gerichten gegessen wird.*

Kom|pott|scha|le, die: *kleine Schale für Kompott.*

kom|press ⟨Adj.⟩ [lat. compressus, adj. 2. Part. von: comprimere, ↑komprimieren]: **1.** (veraltet) *eng zusammengedrängt.* **2.** (Druckw.) *ohne Durchschuss (2), in engem Zeilenabstand:* einen Text k. setzen.

Kom|pres|se, die; -, -n [frz. compresse = Umschlag, kleiner Bausch, zu älter: compresser < spätlat. compressare, Intensivbildung von lat. comprimere, ↑komprimieren] (Med.): **1.** *feuchter Umschlag:* heiße, kalte -n; jmdm. eine K. auf die Stirn legen, um die Stirn machen. **2.** *zusammengelegtes Mullstück als Unterlage für einen Druckverband.*

kom|pres|si|bel ⟨Adj.⟩ [mlat. compressibilis, zu spätlat. compressare, ↑Kompresse] (Physik): *(bes. von Gasen) zusammendrückbar, sich verdichten, komprimieren lassend.*

Kom|pres|si|bi|li|tät, die; - (Physik): *das Kompressibelsein.*

Kom|pres|si|on, die; -, -en [lat. compressio = das Zusammendrücken, zu: comprimere, ↑komprimieren]: **1.** (Physik, Technik) *Zusammenpressung (z. B. von Gasen) mit Erhöhung des Drucks u. Verkleinerung des Volumens:* die K. verringern; die K. des Motors prüfen (Kfz-T.; *durch die Messung der durch die Kolben erzeugten Kompression in den Zylindern die Leistung eines Motors überprüfen*). **2.** (Med.) **a)** *Quetschung eines Organs od. einer Körperstelle durch mechanische Einwirkung;* **b)** *mechanisches Abdrücken eines blutenden Gefäßes.* **3.** (Ski) *Teil einer Abfahrtsstrecke, bei dem der aus einem Steilhang kommende Fahrer in ein flaches Teilstück hineingepresst wird.*

Kom|pres|si|ons|ver|band, der (Med.): *Druckverband.*

Kom|pres|sor, der; -s, ...oren [↑Kompression] (Technik): *Apparat zum Verdichten von Gasen u. Dämpfen* (z. B. für Kühlmaschinen).

kom|pri|mier|bar ⟨Adj.⟩: *zum Zusammendrücken geeignet.*

kom|pri|mie|ren ⟨sw. Verb.; hat⟩ [lat. comprimere = zusammendrücken]: **a)** *zusammenpressen:* die beiden Halsschlagadern k.; **b)** (Physik, Technik) *(Gase, Dämpfe o. Ä.) zusammenpressen, verdichten:* im Verbrennungsmotor wird das Luft-Kraftstoff-Gemisch durch den Kolben komprimiert.

kom|pri|miert ⟨Adj.⟩: *in gedrängter Kürze [dargestellt], nur das Wesentliche enthaltend:* eine -e Wiedergabe; sich k. ausdrücken.

Kom|pri|mie|rung, die; -, -en: *das Komprimieren; das Komprimiertwerden.*

Kom|pro|miss, der, selten: das; -es, -e [spätmhd. (Rechtsspr.) compromiss = gegenseitige Übereinkunft vor Gericht, sich einem Schiedsspruch zu unterwerfen < lat. compromissum, zu: compromittere, ↑kompromittieren]: *Übereinkunft durch gegenseitige Zugeständnisse:* ein fairer, fauler K.; keine Kompromisse!; mit jmdm. einen K. schließen; der Streit endete mit einem K.; es kam zu einem K.; dieses Modell ist ein K. *(Mittelding)* zwischen Sportwagen und Limousine.

kom|pro|miss|be|reit ⟨Adj.⟩: *bereit, Kompromisse zu schließen.*

Kom|pro|miss|be|reit|schaft, die ⟨o. Pl.⟩: *Bereitschaft zu Kompromissen.*

Kom|pro|miss|for|mel, die: *Kompromissvorschlag, auf den sich zwei od. mehrere Verhandlungspartner nach längerem Ringen schließlich einigen.*

Kom|pro|miss|kan|di|dat, der (bes. Politik Jargon): *für eine Wahl vorgeschlagener Kandidat, der nur bedingt den eigentlichen Wünschen od. Erfordernissen entspricht.*

Kom|pro|miss|kan|di|da|tin, die: w. Form zu ↑Kompromisskandidat.

kom|pro|miss|le|risch ⟨Adj.⟩ (abwertend): *zu Kompromissen neigend; allzu kompromissbereit, nachgiebig:* eine -e Haltung.

kom|pro|miss|los ⟨Adj.⟩: *ohne [Bereitschaft zu einem] Kompromiss; keine Kompromissbereitschaft zeigend:* ein -er Kämpfer.

Kom|pro|miss|lo|sig|keit, die; -: *kompromisslose Haltung.*

Kom|pro|miss|lö|sung, die: *Lösung eines Streits durch einen Kompromiss.*

Kom|pro|miss|vor|schlag, der: *Vorschlag, der dazu dient, einen Kompromiss zu finden.*

kom|pro|mit|tie|ren ⟨sw. V.; hat⟩ [frz. compromettre = bloßstellen, jmdn. in eine kritische Lage bringen (indem man ihn dem Urteil eines Dritten aussetzt) < lat. compromittere = sich gegenseitig versprechen, einen Schiedsspruch abzuwarten]: *durch eine Äußerung od. ein Verhalten jmds., dem eigenen Ansehen schaden; bloßstellen:* jmdn., sich durch etw. k.; das ist noch weit kompromittierender.

Kom|so|mol, der; - [russ. komsomol, gek. aus: kommunističeskij sojuz molodeži]: *kommunistische Jugendorganisation in der früheren UdSSR.*

Kom|so|mol|ze, der; -n, -n [russ. komsomolec]: *Mitglied des Komsomol.*

Kom|so|mol|zin, die; -, ...nen: w. Form zu ↑Komsomolze.

Kom|tess, Kom|tes|se [kɔm'tɛs(ə), auch: kõ'tɛs], die; -, ...essen [...sn; frz. comtesse, zu: comte, ↑Comte] (bes. südd., österr.): *unverheiratete Gräfin (unter 30 Jahren).*

Ko|nak, der; -s, -e [türk. konak, zu: konmak = sich setzen, sich niederlassen]: *(in der Türkei) palastartiges [Amts]gebäude.*

Kon|au|tor: ↑Koautor.

Kon|au|to|rin, die; -, -nen: w. Form zu ↑Konautor.

Kon|cha, Concha, die; -, -s u. ...chen [lat. concha = Muschel < griech. kónchē]: **1.** *Konche.* **2.** (Med.) *muschelähnlicher Teil eines Organs.*

Kon|che, die; -, -n: **1.** (Archit.) *(in frühchristlichen u. mittelalterlichen Kirchen) halbkreisförmige Apsis; Halbkuppel einer Apsis.* **2.** *bei der Herstellung von Schokolade verwendeter muschelförmiger Trog.*

Kon|chi|fe|re, die; -, -n [zu ↑Koncha u. lat. ferre = tragen]: *Schalenweichtier.*

kon|chi|form ⟨Adj.⟩ [zu lat. forma = Form, Gestalt] (bes. Kunstwiss.): *muschelförmig.*

Kon|cho|i|de, die; -, -n [zu ↑Koncha u. griech. -oeidēs = ähnlich] (Math.): *ebene Kurve (vierter Ordnung), die dem Querschnitt einer Muschel ähnelt.*

Kon|chy|lie, die; -, -n ⟨meist Pl.⟩ [zu ↑Koncha u. griech. hýlē = Stoff, Materie] (Zool.): *Schale der Weichtiere.*

Kon|dem|na|ti|on, die; -, -en [1: lat. condemnatio]: **1.** (bildungsspr. veraltet) *Verdammung, Verurteilung.* **2.** (Seew.) *Erklärung eines Experten, dass die Reparatur eines beschädigten Schiffes nicht mehr möglich ist od. sich nicht mehr lohnt.*

Kon|den|sat, das; -[e]s, -e [zu lat. condensatum, 2. Part. von: condensare, ↑kondensieren] (Physik): *bei der Kondensation* (1) *entstandene Flüssigkeit.*

Kon|den|sa|ti|on, die; -, -en [spätlat. condensatio = Verdichtung]: **1.** (bes. Physik) *Übergang eines Stoffes vom gasförmigen in den flüssigen Zustand; Verdichtung von Gas, Dampf zu Flüssigkeit (durch Abkühlung od. Druck):* die K. des Wasserdampfs der Atmosphäre führt zur Bildung von Nebel, Wolken oder Tau. **2.** (Chemie) *Reaktion, bei der sich zwei Moleküle (des gleichen Stoffes od. verschiedener Stoffe) zu einem größeren Molekül vereinigen, wobei ein Molekül einer chemisch einfachen Substanz (z. B. Wasser) abgespalten wird.*

Kon|den|sa|ti|ons|punkt, der (Physik): *Tempera-*

K

tur, bei der (abhängig vom herrschenden Druck) ein Stoff vom gasförmigen in den flüssigen Zustand übergeht: der K. der Luft.

Kon|den|sa|tor, der; -s, ...oren [zu ↑kondensieren]: 1. (Elektrot.) *Gerät, elektrisches Bauelement zum Speichern elektrischer Ladungen:* bei dem Fernsehgerät musste ein K. ausgetauscht werden. 2. (Technik) *Vorrichtung zur Kondensation* (1) *von Dämpfen (z. B. bei Dampf- od. Kältemaschinen).*

kon|den|sie|ren ⟨sw. V.⟩ [lat. condensare = verdichten, zusammenpressen, zu: densus = dicht]: 1. (Physik) a) *(gasförmige Stoffe) durch Abkühlung od. Druck verflüssigen* ⟨hat⟩: der Abdampf muss kondensiert werden; b) *aus dem gasförmigen in einen flüssigen Zustand übergehen; sich verflüssigen* ⟨hat/ist⟩. 2. *durch Verdampfen eindicken [u. dadurch haltbar machen]* ⟨hat⟩: Fruchtsaft k.; kondensierte Milch *(Kondensmilch);* kondensierte Ringe (Chemie; *chemische Verbindungen, bei denen zwei od. mehrere Ringe gemeinsame Atome haben*); kondensierte Systeme (Chemie; *organische Stoffe, deren Moleküle mehrere Benzolringe enthalten, von denen je zwei zwei nebeneinander liegende Kohlenstoffatome gemeinsam haben).*

Kon|den|sie|rung, die; -, -en: *das Kondensieren.*

Kon|dens|milch, die: *durch Entzug von Wasser eingedickte, in kleineren Behältnissen abgefüllte sterile Milch.*

Kon|den|sor, der; -s, ...oren [zu ↑kondensieren] (Optik, Technik): *System von Linsen in optischen Apparaten, mit dem eine helle u. gleichmäßige Ausleuchtung erreicht wird.*

Kon|dens|strei|fen, der: *am Himmel sichtbarer schmaler weißer Streifen, der sich bei ausreichend kalter u. feuchter Luft durch Kondensation* (1) *von Wasserdampf in den Abgasen eines Flugzeugs bildet:* der K. wird allmählich breiter, löst sich auf, verschwindet langsam.

Kon|dens|was|ser, das ⟨o. Pl.⟩: *durch Kondensation* (1) *entstehendes Wasser, das sich an etw. niederschlägt.*

kon|di|tern ⟨sw. V.; hat⟩ [zu ↑Konditor]: 1. (ugs.) *Konditorwaren herstellen.* 2. (landsch.) *ein Café, eine Konditorei besuchen.*

Kon|di|ti|on, die; -, -en [mlat. conditio < vlat. conditio, Nebenf. von lat. condicio = Beschaffenheit, Zustand; Bedingung, zu: condicere = verabreden, übereinkommen]: 1. ⟨meist Pl.⟩ (bes. Kaufmannsspr., Bankw.) *Lieferungs-, Zahlungsbedingung (im Geschäftsverkehr).* 2. ⟨o. Pl.⟩ a) *körperlich-seelische Verfassung eines Menschen:* die K. des Kranken bessert sich allmählich; b) *[gute] körperliche Leistungsfähigkeit, Ausdauer (bes. eines Sportlers, einer Sportlerin); Fähigkeit, über eine bestimmte Zeit hin eine körperlich anstrengende Tätigkeit auszuführen:* eine ausgezeichnete, schlechte K. haben; seine K. halten, verbessern; keine K. haben. 3. (veraltet) *[An]stellung, Dienst* (1 b).

kon|di|ti|o|nal ⟨Adj.⟩ [lat. (Rechtsspr.) condicionalis = bedingungsweise angenommen] (bes. Sprachw.): *eine Bedingung kennzeichnend; bedingend:* ein -er Satz; -e Konjunktionen.

Kon|di|ti|o|nal, der; -s, -e, (seltener:) **Kon|di|ti|o|na|lis,** der; -, ...les [...le:s] (Sprachw.): *Modus* (2), *der die Bedingung ausdrückt* (z. B. ich käme, ich würde kommen, wenn ...).

Kon|di|ti|o|na|lis|mus, Konditionismus, der; - (Philos.): *erkenntnistheoretische Lehre, bei der nicht von der selbstständigen Ursache eines Ereignisses, sondern von der Gesamtheit seiner Bedingungen ausgegangen wird.*

Kon|di|ti|o|nal|satz, der (Sprachw.): *Kausalsatz, der eine Bedingung angibt; Bedingungssatz.*

kon|di|ti|o|nell ⟨Adj.⟩ [frz. conditionnel]: *die Kondition* (2 b) *betreffend.*

kon|di|ti|o|nie|ren ⟨sw. V.; hat⟩ [1: frz. conditionner; 2: nach engl. to condition]: 1. (Fachspr.) *Werkstoffe o. Ä. vor der Verarbeitung an die erforderlichen Bedingungen anpassen (z. B. Papier vor dem Drucken an Feuchtigkeit u. Temperatur des Raumes).* 2. (Psych.) *bewirken, dass eine Reaktion auch dann eintritt, wenn an die Stelle des ursprünglich auslösenden Reizes ein anderer tritt:* ein konditionierter *(bedingter)* Reflex.

Kon|di|ti|o|nie|rung, die; -, -en: *das Konditionieren; das Konditioniertwerden.*

Kon|di|ti|o|nis|mus: ↑Konditionalismus.

kon|di|ti|ons|schwach ⟨Adj.⟩: *schwache Kondition* (2 b) *besitzend; konditionell schwach:* -e Spieler; die Mannschaft war zu k. für diesen Gegner.

Kon|di|ti|ons|schwä|che, die: *Mangel an Kondition* (2 b); *konditionelle Schwäche.*

kon|di|ti|ons|stark ⟨Adj.⟩: *eine sehr gute Kondition* (2 b) *besitzend; konditionell stark:* eine -e Mannschaft.

Kon|di|ti|ons|stär|ke, die: *konditionelle Stärke.*

Kon|di|ti|ons|trai|ning, das: *auf die Verbesserung der Kondition* (2 b) *ausgerichtetes Training.*

Kon|di|tor, der; -s, ...oren [lat. conditor = Hersteller würziger Speisen, zu: condire = lecker zubereiten]: *jmd., der Feingebäck herstellt; Feinbäcker* (Berufsbez.).

Kon|di|to|rei, die; -, -en: 1. *Betrieb, in dem Feingebäck hergestellt u. verkauft wird u. zu dem oft ein Café gehört.* 2. ⟨o. Pl.⟩ *das Herstellen von Feingebäck.*

Kon|di|to|rin [auch: kɔnˈdi:...], die; -, -nen: w. Form zu ↑Konditor.

Kon|di|tor|wa|ren ⟨Pl.⟩: *Feingebäck, Feinbackwaren.*

Kon|do|lenz, die; -, -en [zu ↑kondolieren] (selten): a) ⟨o. Pl.⟩ *Beileid;* b) *Beileidsbezeigung.*

Kon|do|lenz|be|such, der: *Beileidsbesuch.*

Kon|do|lenz|brief, der: vgl. Kondolenzschreiben.

Kon|do|lenz|buch, das: *Buch, das beim Tod einer Person bei der Begräbnisfeier ausgelegt wird u. in das sich die Kondolierenden eintragen können.*

Kon|do|lenz|kar|te, die: vgl. Kondolenzschreiben.

Kon|do|lenz|schrei|ben, das: *Schreiben, in dem jmd. bei einem Todesfall seine Anteilnahme ausdrückt.*

kon|do|lie|ren ⟨sw. V.; hat⟩ [lat. condolere = Mitgefühl haben, zu: con- (< cum) = mit- u. dolere = Schmerz empfinden]: *jmdm. sein Beileid aussprechen:* sie hat ihm [zum Tode seines Vaters] kondoliert.

Kon|dom, das od. der; -s, -e, selten: -s [engl. condom, H. u.]: *Präservativ:* das K. stört [nicht]; das K. ist gerissen, geplatzt; ein K. benutzen, überstreifen.

Kon|do|mi|nat, das od. der; -[e]s, -e [zu lat. con- = mit- u. dominatus = Herrschaft]: *Kondominium.*

Kon|do|mi|ni|um, das; -s, ...ien [aus lat. con- = mit- u. dominium = Herrschaft, Eigentum, Besitz] (Völkerr.): 1. *Herrschaft mehrerer Staaten über ein Gebiet.* 2. *Gebiet, das unter der gemeinsamen Herrschaft mehrerer Staaten steht.*

Kon|dor, der; -s, -e [span. condor < Ketschua (südamerik. Indianerspr.) cuntur]: *in Südamerika heimischer, sehr großer Geier mit überwiegend schwarzem Gefieder, nacktem fleischfarbenem Kopf u. Hals u. einer weißen Halskrause.*

Kon|dukt, der; -[e]s, -e [mlat. conductus = Schutz, Geleit, zu lat. conducere = zusammenführen, geleiten; mieten, pachten] (bildungsspr. veraltend): *feierliches Geleit; Leichenzug.*

Kon|duk|teur [...ˈtø:ɐ̯], der; -s, -e [frz. conducteur, eigtl. = Leiter, Aufseher < lat. conductor = Mieter, Pächter, zu: conducere, ↑Kondukt] (schweiz., sonst veraltet): *Schaffner in Eisenbahn u. Straßenbahn.*

Kon|duk|tor, der; -s, ...oren: 1. (Elektrot.) *elektrischer Leiter, bes. in Form einer isoliert aufgestellten Kugel aus Metall als Speicher für elektrische Ladungen.* 2. (Med.) *selbst gesund bleibender Überträger einer Erbkrankheit.*

Kon|duk|tus: ↑Conductus.

Ko|nen: Pl. von ↑Konus.

Kon|fa|bu|la|ti|on, die; -, -en [spätlat. confabulatio = Gespräch, Unterredung] (Psych.): *auf Erinnerungstäuschung beruhender Bericht über vermeintlich erlebte Vorgänge.*

Kon|fekt, das; -[e]s, (Sorten:) -e [spätmhd. confect = (zu Heilzwecken) eingemachtes Obst < mlat. confectum = mit Zucker eingemachtes Obst < lat. confectum, 2. Part. von: conficere = fertig machen, zubereiten]: 1. *Pralinen o. Ä.* 2. (bes. südd., österr., schweiz.) *Teegebäck.*

Kon|fek|ti|on, die; -, -en ⟨Pl. selten⟩ [frz. (vêtements de) confection < lat. confectio = Herstellung, Anfertigung]: 1. *serienmäßige Anfertigung von Kleidungsstücken:* die K. von Schürzen. 2. *in Konfektion* (1) *hergestellte Kleidung:* sie trägt nur K. 3. kurz für ↑Konfektionsindustrie.

Kon|fek|ti|o|när, der; -s, -e: *jmd., der Konfektion* (2) *herstellt, entwirft.*

Kon|fek|ti|o|neu|se [...ˈnø:zə], die; -, -n [geb. mit französierender Endung]: w. Form zu ↑Konfektionär.

kon|fek|ti|o|nie|ren ⟨sw. V.; hat⟩ [frz. confectionner]: 1. *serienmäßig herstellen.* 2. *die letzte Stufe eines Produktionsprozesses ausführen, die letzten Arbeitsgänge durchführen* (z. B. Bücher zum Versand fertig machen, verpacken).

Kon|fek|ti|o|nie|rung, die; -, -en: 1. *das Konfektionieren.* 2. *etw. serienmäßig Hergestelltes.*

Kon|fek|ti|ons|an|zug, der: *in Konfektion* (1) *hergestellter Anzug.*

Kon|fek|ti|ons|be|trieb, der: *Betrieb, in dem Konfektion* (2) *hergestellt wird.*

Kon|fek|ti|ons|ge|schäft, das: *Geschäft, in dem Konfektion* (2) *verkauft wird.*

Kon|fek|ti|ons|grö|ße, die: *genormte Größe in der Bekleidungsindustrie.*

Kon|fek|ti|ons|in|dus|trie, die: *Bekleidungsindustrie.*

Kon|fek|ti|ons|klei|dung, die: *Konfektion* (2).

Kon|fe|renz, die; -, -en [mlat. conferentia = Besprechung, zu lat. conferre, ↑konferieren; 3: engl. conference]: 1. *Besprechung mehrerer Personen über fachliche, organisatorische o. ä. Fragen:* lange -en abhalten; sie hat eine K., musste die K. [mit ihren Kollegen] absagen, ist in einer K. 2. *Zusammenkunft eines Kreises von Experten zur Beratung politischer, wirtschaftlicher o. ä. Fragen:* eine internationale K.; eine K. der Außenminister; eine K. anberaumen; die K. hat *(die Konferenzteilnehmer haben)* dies beschlossen. 3. *kartellartiger Zusammenschluss von Reedereien im Überseegeschäft.* 4. (Rundf., Ferns.) kurz für ↑Konferenzsendung: wir fassen die fünf wichtigsten Spiele der 1. Liga in einer K. zusammen.

Kon|fe|renz|be|schluss, der: *von einer Konferenz gefasster Beschluss.*

Kon|fe|renz|raum, der: *Raum, der für Konferenzen vorgesehen ist, in dem eine Konferenz stattfindet.*

Kon|fe|renz|schal|tung, die (Rundf., Ferns., Fernspr.): *drahtlose od. telefonische Zusammenschaltung verschiedener Teilnehmer (an verschiedenen Orten), bei der jeder mit allen in Kontakt treten kann.*

Kon|fe|renz|sen|dung, die (Rundf., Ferns.): *Rundfunk- od. Fernsehsendung mit Konferenzschaltung.*

Kon|fe|renz|spra|che, die: *offizielle Verhandlungssprache einer internationalen Konferenz:* die K. ist Französisch; Englisch als K.

Kon|fe|renz|teil|neh|mer, der: *Teilnehmer an einer Konferenz.*

Kon|fe|renz|teil|neh|me|rin, die: w. Form zu ↑Konferenzteilnehmer.

Kon|fe|renz|tisch, der: *großer Tisch, an dem die Konferenzteilnehmer sitzen:* die Frage muss am K. *(in einer Konferenz)* entschieden werden.

kon|fe|rie|ren ⟨sw. V.; hat⟩ [frz. conférer < lat. conferre = zusammentragen, sich besprechen]: 1. *mit jmdm. aus bestimmtem Anlass über etw. [im Rahmen einer Konferenz* (1, 2)] *sprechen, beraten:* nach dem Unterricht konferierten die Lehrer; sie hat über diese Sache, wegen dieser Sache schon mehrmals [telefonisch] mit ihrem

Vorgesetzten konferiert. 2. *die Conférence bei einer Veranstaltung haben:* eine Modenschau k.; wer konferiert diese Sendung, bei dieser Sendung?

Kon|fes|si|on, die; -, -en [lat. confessio = Geständnis, Bekenntnis, zu: confiteri = eingestehen, bekennen]: **1. a)** (Theol.) *Zusammenfassung von Glaubenssätzen; Bekenntnisbuch, -schrift:* die Augsburgische K.; **b)** (geh.) *Bekenntnis, Geständnis.* **2.** *religiöse Gemeinschaft mit einer bestimmten Konfession* (1): die christlichen -en.

kon|fes|si|o|na|li|sie|ren ⟨sw. V.; hat⟩ (bildungsspr.): *die Besonderheiten einer Konfession* (2) *in allen Bereichen des Lebens, der Kirche durchsetzen.*

Kon|fes|si|o|na|lis|mus, der; -: *einseitige Überbewertung einer der christlichen Konfessionen gegenüber dem gesamtkirchlichen Erbe.*

kon|fes|si|o|nell ⟨Adj.⟩: *die Konfession* (2) *betreffend.*

kon|fes|si|ons|los ⟨Adj.⟩: *keiner Konfession* (2) *angehörend.*

Kon|fes|si|ons|schu|le, die: *Bekenntnisschule.*

kon|fes|si|ons|ver|schie|den ⟨Adj.⟩: *von verschiedener Konfession* (2): -e Ehe *(Ehe zwischen Partnern verschiedener Konfession).*

Kon|fes|si|ons|wech|sel, der: *Konversion* (1).

Kon|fet|ti, das; -[s] [ital. confetti, Pl. von: confetto = Bonbon; nach den beim Karneval unter die Menge geworfenen Bonbons, die später durch Gipsklümpchen, dann durch bunte Papierschnitzel ersetzt wurden]: **1.** *bunte Papierblättchen, die bes. bei Faschingsveranstaltungen geworfen werden:* nach dem Umzug war der Boden mit K. bedeckt. **2.** (österr. veraltet) *Süßigkeiten, Konfekt* (1).

Kon|fet|ti|pa|ra|de, die: *(bes. in den USA) Umzug, bei dem eine Persönlichkeit des öffentlichen Lebens gefeiert wird u. bei dem große Mengen von Konfetti geworfen werden.*

Kon|fi|dent, der; -en, -en [frz. confident = Vertrauter; vertraut, zu lat. confidere = vertrauen]: **1.** (bildungsspr. veraltend) *Vertrauter, Freund.* **2.** (österr.) *[Polizei]spitzel.*

kon|fi|den|ti|ell: ↑konfidenziell.

Kon|fi|den|tin, die; -, -nen: w. Form zu ↑Konfident.

kon|fi|den|zi|ell, (auch:) konfidentiell ⟨Adj.⟩ [frz. confidentiel] (bildungsspr. veraltend): *vertraulich (bes. von Schriftstücken).*

Kon|fi|gu|ra|ti|on, die; -, -en [lat. configuratio, zu: configurare = gleichförmig bilden, zu: figurare, ↑figurieren]: **1.** (bildungsspr.) *bestimmte Art der Gestaltung.* **2.** (Chemie, Physik) *räumliche Anordnung der Atome eines Moleküls, der Elementarteilchen eines Atoms.* **3.** (Astron., Astrol.) *Stellung von Gestirnen.* **4.** (Med.) **a)** *Gestalt eines Organs, Körperteils;* **b)** *Verformung eines Organs, Körperteils:* die K. des kindlichen Schädels bei der Geburt. **5.** (Sprachw.) *Gruppe syntaktisch verbundener Wörter.* **6.** (EDV) *[konkrete] Zusammenstellung einer Rechenanlage aus verschiedenen Geräten; Auswahl, Zusammenstellung und Verknüpfung der Software für einen Rechner, eine Rechenanlage.*

kon|fi|gu|rie|ren ⟨sw. V.; hat⟩ [lat. configurare, ↑Konfiguration] **1.** (bildungsspr. veraltend): *formen, bilden.* **2.** (EDV) *eine [konkrete] Rechenanlage zusammenstellen; für einen Rechner, eine Rechenanlage Software auswählen, zusammenstellen und verknüpfen.*

Kon|fir|mand, der; -en, -en [zu lat. confirmandus = der zu Bestärkende, zu: confirmare, ↑konfirmieren]: *Jugendlicher, der den Konfirmandenunterricht besucht, der konfirmiert wird, gerade konfirmiert worden ist.*

Kon|fir|man|den|un|ter|richt, der: *(meist vom Pfarrer erteilter) Unterricht für Jugendliche zur Vorbereitung auf die Konfirmation.*

Kon|fir|man|din, die; -, -nen: w. Form zu ↑Konfirmand.

Kon|fir|ma|ti|on, die; -, -en [kirchenlat. confirmatio = Bestätigung des bei der Taufe abgegebenen Glaubensbekenntnisses < lat. confirmatio = Bestärkung, Ermutigung]: *im Rahmen einer gottesdienstlichen Feier vollzogene Aufnahme jugendlicher evangelischer Christen in die Gemeinde der Erwachsenen:* [jmds.] K. feiern; jmdm. etw. zur K. schenken; *** goldene K.** *(50. Jahrestag der Konfirmation).*

kon|fir|mie|ren ⟨sw. V.; hat⟩ [lat. confirmare = (be)stärken, zu: firmare, ↑Firma]: *(einen jugendlichen evangelischen Christen) nach einer Vorbereitung im Rahmen einer gottesdienstlichen Feier in die Gemeinde der Erwachsenen aufnehmen.*

Kon|fi|se|rie: ↑Confiserie.

Kon|fi|seur: ↑Confiseur.

Kon|fi|seu|rin [...'zø:rɪn], die; -, -nen: w. Form zu ↑Konfiseur.

Kon|fis|ka|ti|on, die; -, -en [lat. confiscatio] (Rechtsspr.): **a)** *das Konfiszieren;* **b)** *entschädigungslose staatliche Enteignung einer Person od. Gruppe.*

kon|fis|zie|ren ⟨sw. V.; hat⟩ [lat. confiscare = in der Kasse aufbewahren, zu: fiscus, ↑Fiskus] (bes. Rechtsspr.): *gerichtlich, von Staats wegen einziehen, beschlagnahmen:* jmds. Vermögen, gestohlene Waren k.; die Bücher wurden von der Polizei konfisziert.

Kon|fi|tent, der; -en, -en [zu lat. confiteri = eingestehen] (veraltet): *Beichtender.*

Kon|fi|ten|tin, die; -, -nen: w. Form zu ↑Konfitent.

Kon|fi|tü|re, die; -, -n [frz. confiture = Eingemachtes, zu afrz. confit = Brühe zum Einmachen von Früchten, zu: confire < lat. conficere, ↑Konfekt]: *Marmelade aus nur einer Obstsorte [mit Früchten od. Fruchtstücken].*

Kon|flikt, der; -[e]s, -e [lat. conflictus = Zusammenstoß, zu: confligere (2. Part.: conflictum) = zusammenschlagen, -prallen]: **1. a)** *durch das Aufeinanderprallen widerstreitender Auffassungen, Interessen o. Ä. entstandene schwierige Situation, die zum Zerwürfnis führen kann:* ein schwelender, politischer, sozialer, innerbetrieblicher K.; einen K. heraufbeschwören, auslösen, schlichten, beilegen, beenden; die Ausweitung eines -s vermeiden; in einen K. eingreifen; in der Parteiführung kam es zum offenen K.; *** mit etw. in K. geraten/kommen** *(gegen etw. verstoßen, Schwierigkeiten mit etw. bekommen);* **b)** *mit kriegerischen Mitteln ausgetragene Auseinandersetzung zwischen Gegnern:* ein bewaffneter, militärischer K.; sich aus einem K. zwischen zwei Staaten heraushalten. **2.** *Zwiespalt, Widerstreit aufgrund innerer Probleme:* ein seelischer, persönlicher, manifester, latenter K.; das bringt mich in -e, in einen ernsthaften K. mit meinem Gewissen.

kon|flik|tär ⟨Adj.⟩ (bildungsspr.): *einen Konflikt enthaltend, voller Konflikte:* eine -e Situation.

kon|flikt|fä|hig ⟨Adj.⟩: *fähig, einen Konflikt auszuhalten u. auszutragen.*

Kon|flikt|for|schung, die: vgl. Friedensforschung.

kon|flikt|frei ⟨Adj.⟩: *frei von Konflikten.*

kon|flikt|ge|la|den ⟨Adj.⟩: *Konflikte in sich bergend:* -e Begegnungen.

Kon|flikt|herd, der: *Ort, Stelle als Ausgangspunkt für Konflikte.*

Kon|flikt|kom|mis|si|on, die (DDR): *in Betrieben, staatlichen Verwaltungen eingesetzte Kommission, die bei bestimmten Streitfällen u. kleineren Vergehen zuständig ist.*

kon|flikt|los ⟨Adj.⟩: vgl. konfliktfrei.

kon|flikt|scheu ⟨Adj.⟩: *Konflikten aus dem Wege gehend:* sie ist ein -er Mensch.

Kon|flikt|si|tu|a|ti|on, die: *Situation eines Konflikts* (1 a).

Kon|flikt|stoff, der: *etw., woraus sehr leicht ein Konflikt entstehen kann.*

Kon|flikt|the|o|rie, die (Soziol.): *Theorie, die die Konflikte einer Gesellschaft zur Erklärung sozialer Prozesse heranzieht.*

Kon|flu|enz, die; -, -en [spätlat. confluentia = Zusammenfluss] (Geol.): *Zusammenfluss zweier Gletscher.*

Kon|fö|de|ra|ti|on, die; -, -en [spätlat. confoederatio = Bündnis, zu lat. foederatio, ↑Föderation]: *Zusammenschluss von Staaten, bei dem diese gleichberechtigt nebeneinander bestehen bleiben; Staatenbund:* eine K. bilden, auflösen.

kon|fö|de|rie|ren ⟨sw. V.; hat⟩ [spätlat. confoederare = sich verbünden] (bildungsspr.): *sich verbünden, zusammenschließen:* beide Staaten sollten k.; ⟨auch k. + sich:⟩ die Staaten wollen sich k.

Kon|fö|de|rier|te, der u. die; -n, -n ⟨meist Pl.; Dekl. ↑Abgeordnete⟩: *Verbündete, Verbündeter:* aufseiten der -n (hist.; *der von den USA abgefallenen verbündeten Südstaaten, der Truppen der Südstaaten im Sezessionskrieg*) kämpfen.

kon|fo|kal ⟨Adj.⟩ [zu lat. con- = mit- u. ↑fokal] (Physik): *einen od. zwei gemeinsame Brennpunkte besitzend:* -e Kegelschnitte.

kon|form ⟨Adj.⟩ [spätlat. conformis = gleichförmig, ähnlich, zu lat. forma, ↑Form]: *übereinstimmend, gleich:* -e Ansichten, Vorschläge; diese Wahlkreise sind nicht völlig k.; -e Abbildung (Math.; *[durch eine differenzierbare Funktion mit komplexem Argument darstellbare] winkeltreue Abbildung*); *** mit jmdm., etw. k. gehen** *(mit jmdm., etw. völlig übereinstimmen):* in diesem Punkt gehe ich mit Ihnen k.

-kon|form: drückt in Bildungen mit Substantiven aus, dass die beschriebene Sache mit etw. übereinstimmt: partei-, regel-, rollen-, umweltkonform.

Kon|for|mis|mus, der; - [engl. conformism] (bildungsspr.): *Haltung, die durch Angleichung der eigenen Einstellung an die herrschende Meinung, durch Anpassung an die bestehenden Verhältnisse gekennzeichnet ist:* politischer K.; der K. eines Schriftstellers, einer Künstlerin.

Kon|for|mist, der; -en, -en [2: engl. conformist]: **1.** (bildungsspr.) *jmd., der seine eigene Einstellung der herrschenden Meinung angleicht, der sich den bestehenden Verhältnissen anzupassen bemüht ist.* **2.** *Anhänger der anglikanischen Staatskirche.*

Kon|for|mis|tin, die; -, -nen: w. Form zu ↑Konformist.

kon|for|mis|tisch ⟨Adj.⟩: **1.** (bildungsspr.) *den Konformismus betreffend, ihm entsprechend.* **2.** *die anglikanische Kirche betreffend, zu ihr gehörend:* -e Geistliche, Schriften.

Kon|for|mi|tät, die; - (bildungsspr.): *Übereinstimmung mit der Einstellung, dem Verhalten der andern.*

Kon|fra|ter, der; -s, ...fratres [...re:s; mlat. confrater = Mitbruder, zu lat. frater = Bruder]: *Amtsbruder innerhalb der katholischen Geistlichkeit.*

Kon|fron|ta|ti|on, die; -, -en [mlat. confrontatio = Gegenüberstellung, zu: confrontare, ↑konfrontieren]: **1.** *Gegenüberstellung nicht übereinstimmender Personen, Meinungen, Sachverhalte:* die unerwartete K. des Angeklagten mit den Zeugen verfehlte nicht ihre Wirkung; die K. von Geschichte und Gegenwart. **2.** *Auseinandersetzung zwischen Gegnern:* es kam zu einer K. zwischen Demonstranten und der Polizei.

Kon|fron|ta|ti|ons|kurs, der ⟨o. Pl.⟩: *Verhaltensweise, Vorgehen o. Ä., bei dem auch eine Konfrontation* (2), *ein Konflikt in Kauf genommen wird:* einen K. steuern; auf K. gehen.

kon|fron|tie|ren ⟨sw. V.; hat⟩ [mlat. confrontare = (Stirn gegen Stirn) gegenüberstellen, zu lat. frons (Gen.: frontis) = Stirn]: **a)** *jmdn. jmdm. gegenüberstellen, bes. um etw. aufzuklären:* der Angeklagte wird [mit] der Zeugin konfrontiert; er sah sich plötzlich [mit] einem seiner politischen Gegner konfrontiert *(begegnete ihm unversehens);* **b)** *in eine Situation bringen, die zur Auseinandersetzung mit etw. [Unangenehmem] zwingt:* jmdn. [mit] einem Problem, [mit] der Realität k.; **c)** *als Kontrast, zum Vergleich einer anderen Sache gegenüberstellen:* auf den Fotos der Ausstellung werden Vergangenheit und Zukunft [miteinander] konfrontiert.

Kon|fron|tie|rung, die; -, -en: *das Konfrontieren; das Konfrontiertwerden.*

kon|fus ⟨Adj.⟩ [lat. confusus = verwirrt, eigtl. =

ineinander gegossen, adj. 2. Part. von: confundere = zusammengießen, vermischen]: **a)** *in Inhalt, Form nicht klar; verworren:* -e Sätze; das -este Zeug reden; der Aufsatz ist ziemlich k.; **b)** *verwirrt, durcheinander:* er war, das machte ihn ganz k.; sie antwortete etwas k.

Kon|fu|si|on, die; -, -en [lat. confusio]: **1. a)** *Verwirrung, Durcheinander:* nach ihren Worten gab es, herrschte eine große K.; **b)** *Verworrenheit, Unklarheit:* ihre Rede war von einiger K. **2.** (Rechtsspr.) *das Erlöschen eines Rechtes, wenn Berechtigung u. Verpflichtung in einer Person zusammenfallen* (z. B. durch Kauf, Erbschaft).

kon|fu|zi|a|nisch ⟨Adj.⟩: *nach Art des Konfuzius:* die -e Philosophie.

Kon|fu|zi|a|nis|mus, der; -: *auf der Lehre des chinesischen Philosophen Konfuzius (551–479 v. Chr.) u. seiner Schüler beruhende ethische, weltanschauliche, staatspolitische Geisteshaltung in China u. Ostasien.*

kon|fu|zi|a|nis|tisch ⟨Adj.⟩: *den Konfuzianismus betreffend, ihm entsprechend.*

kon|ge|ni|al ⟨Adj.⟩ [zu lat. con- = mit- u. ↑genial] (bildungsspr.): *hinsichtlich der Interpretation eines genialen Werks von entsprechendem [gleichem] Rang:* die -e Übersetzung eines Gedichtes; die Pianistin spielt, interpretiert die Werke des Komponisten k.

Kon|ge|ni|a|li|tät, die; - (bildungsspr.): *Gleichrangigkeit hinsichtlich der Interpretation eines genialen Werks.*

kon|ge|ni|tal ⟨Adj.⟩ [zu lat. con- = mit- u. genitum, 2. Part. von: gignere = zeugen, gebären] (bes. Med.): *aufgrund einer Erbanlage bei der Geburt vorhanden:* -e Fehlbildungen.

Kon|glo|me|rat, das; -[e]s, -e [frz. conglomérat, zu: conglomérer = zusammenrollen, -ballen < lat. conglomerare, aus: con- = mit-, zusammen- u. glomus = Kloß; Knäuel]: **1.** (bildungsspr.) *Gemisch [aus sehr Verschiedenartigem]; Zusammenballung:* die Hauptstadt ist ein K. aller möglichen Nationalitäten. **2.** (Geol.) *grobkörniges Sedimentgestein aus Geröllen, die durch kalkige, kiesartige o. ä. Bindemittel verkittet sind.*

[1]Kon|go, der; -[s]: Fluss in Mittelafrika.

[2]Kon|go, -s, (auch:) der; -[s]: Name zweier Staaten in Mittelafrika: Republik Kongo; Demokratische Republik Kongo; die Bevölkerung des K./des -s.

Kon|go|le|se, der; -n, -n: Ew.

Kon|go|le|sin, die; -, -nen: w. Form zu ↑Kongolese.

kon|go|le|sisch ⟨Adj.⟩: *den [2]Kongo, die Kongolesen betreffend; von den Kongolesen stammend, zu ihnen gehörend.*

Kon|gre|ga|ti|on, die; -, -en [lat. congregatio = Versammlung, Vereinigung, zu: congregare = sich versammeln] (kath. Kirche): **1.** *(in den alten Mönchsorden) Zusammenschluss mehrerer selbstständiger Klöster unter einem Oberen.* **2.** *Ordensgemeinschaft, deren Mitglieder nur einfache Gelübde abgelegt haben.* **3.** kurz für ↑Kardinalskongregation.

Kon|gre|ga|ti|o|na|list, der; -en, -en [engl. congregationalist]: *Anhänger einer kalvinistischen Bewegung in England u. Nordamerika, die eine übergeordnete Kirchenstruktur ablehnt.*

Kon|gre|ga|ti|o|na|lis|tin, die; -, -nen: w. Form zu ↑Kongregationalist.

Kon|gre|ga|ti|o|nist, der; -en, -en: *Angehöriger einer Kongregation* (2).

Kon|gre|ga|ti|o|nis|tin, die; -, -nen: w. Form zu Kongregationist.

Kon|gress, der; -es, -e [lat. congressus = Zusammenkunft; Gesellschaft, zu: congredi (2. Part.: congressum) = zusammenkommen, -treffen; 2: engl. Congress]: **1. a)** *Tagung von Vertretern fachlicher Verbände, politischer Gruppierungen, Parteien o. Ä.:* ein medizinischer K.; der K. tagt vom 3. bis zum 8. Mai, findet in Wien statt; auf einem K. sprechen; zu einem K. fahren; **b)** *Gesamtheit der Kongressteilnehmer:* der K. amüsiert sich; der K. beschloss ein Hilfsprogramm. **2.** ⟨o. Pl.⟩ *(aus Senat u. Repräsentantenhaus bestehendes) Parlament in den USA.*

Kon|gress|hal|le, die: *Halle für Kongresse* (1); *Halle, in der ein Kongress stattfindet.*

Kon|gress|saal, der: vgl. Kongresshalle.

Kon|gress|stadt, die: vgl. Messestadt.

Kon|gress|teil|neh|mer, der: *Teilnehmer an einem Kongress* (1).

Kon|gress|teil|neh|me|rin, die: w. Form zu ↑Kongressteilnehmer.

kon|gru|ent ⟨Adj.⟩ [lat. congruens (Gen.: congruentis) = übereinstimmend, entsprechend, adj. 1. Part. von: congruere, ↑kongruieren]: **1.** (bildungsspr.) *in allen Punkten übereinstimmend, völlig gleich:* -e Begriffe. **2.** (Math.) **a)** *(von geometrischen Figuren) völlig übereinstimmend; deckungsgleich;* **b)** *(von zwei Zahlen, die, durch eine dritte geteilt, gleiche Reste liefern) übereinstimmend.*

Kon|gru|enz, die; -, -en ⟨Pl. selten⟩: **1.** (bildungsspr.) *das Kongruentsein* (1). **2.** (Math.) *das Kongruentsein* (2). **3.** (Sprachw.) **a)** *formale Übereinstimmung zusammengehörender Teile im Satz (in Kasus, Numerus, Genus u. Person);* **b)** *inhaltlich sinnvolle Vereinbarkeit des Verbs mit anderen Satzgliedern.*

Kon|gru|enz|satz, der (Math.): *Lehrsatz, nach dem Dreiecke, die bestimmte Bedingungen erfüllen, kongruent sind.*

kon|gru|ie|ren ⟨sw. V.; hat⟩ [lat. congruere = zusammentreffen, übereinstimmen]: **1.** (bildungsspr.) *in allen Punkten übereinstimmen, völlig gleich sein:* ihre Meinungen kongruieren keineswegs. **2.** (Math.) *kongruent* (2 a), *deckungsgleich sein.* **3.** (Sprachw.) *Kongruenz* (3) *aufweisen.*

Ko|ni|die, die; -, -n ⟨meist Pl.⟩ [zu griech. kónis = Staub] (Bot.): *ungeschlechtlich entstehende Keimzelle von Pilzen, die der Verbreitung dient.*

K.-o.-Nie|der|la|ge, die (Boxen): *Niederlage durch K. o., durch Knock-out.*

Ko|ni|fe|re, die; -, -n [zu lat. conifer = Zapfen tragend] (Bot.): *Nadelholz* (2).

Kö|nig, der; -s, -e [mhd. künic, ahd. kuning, eigtl. = aus vornehmem Geschlecht stammender Mann]: **1. a)** ⟨o. Pl.⟩ *Titel des [nach dem Kaiser] höchsten weltlichen Herrschers od. Repräsentanten in bestimmten Monarchien:* Georg III., K. von Großbritannien und Irland; **b)** *Träger des Königstitels:* die preußischen -e; der K. regiert sein Land, dankte ab; das Erbe K. Ludwigs des Heiligen/des -s Ludwig des Heiligen; **Ü** der K. der Wüste (dichter.; *der Löwe*); der K. der Vögel, der Lüfte (dichter.; *der Adler*); er ist der [ungekrönte] K. *(der Beste)* unter den Spielern. **2. a)** *wichtigste Figur im Schachspiel (auf deren Mattsetzen eine Schachpartie angelegt ist);* **b)** *(in vielen geläufigen Kartenspielen) in der Rangfolge an zweiter Stelle stehende Spielkarte:* den K. ausspielen; mit dem K. stechen; **c)** *in der Mitte stehender Kegel beim Kegelspiel.*

Kö|ni|gin, die; -, -nen [mhd. küniginne, ahd. kuningin(na)]: **1. a)** w. Form zu ↑König (1 a); **b)** w. Form zu ↑König (1 b): die K. von England; **Ü** die K. der Blumen (geh.; *die Rose*); die K. der Instrumente (geh.; *die Orgel*); sie war die K. (geh.; *die schönste Frau*) des Festes; * **K. der Nacht** *(in Mittel- u. Südamerika heimische, zu den Kakteen gehörende Pflanze mit Dornen tragenden, rankenden Trieben, deren große, weiße, duftende Blüten sich nur für eine Nacht öffnen);* **c)** *Gemahlin, Ehefrau eines Königs.* **2.** kurz für ↑Bienenkönigin. **3.** *Dame* (2 a).

Kö|ni|gin|mut|ter, die: *Mutter eines Königs, einer Königin.*

Kö|ni|gin|pas|te|te, die [LÜ von frz. bouchée à la reine] (Kochk.): *Pastete* (1 a) *mit einer in einer weißen Soße gebundenen Füllung aus gewürfeltem Hühnerfleisch, Champignons u. anderen Zutaten.*

Kö|ni|gin|wit|we, die: *Witwe eines Königs.*

kö|nig|lich ⟨Adj.⟩ [mhd. küniclich, ahd. kuni(n)glih]: **1. a)** *[zu] einem König gehörend:* die -e Familie; ein -er *(vom König ausgehender)* Erlass; **b)** *einem König entsprechend; hoheitsvoll; wie ein König:* er schritt in -er Haltung durch den Saal. **2.** *sehr großzügig, reichlich:* eine -e Bewirtung; jmdn. k. belohnen. **3.** (ugs.) *außerordentlich:* ein -es Vergnügen; sich k. amüsieren.

Kö|nig|reich, das [mhd. künicrīche, ahd. kunningrīchi]: *Reich, das von einem König regiert wird.*

Kö|nigs|ad|ler, der [vgl. Königsfarn] (volkst.): *Steinadler.*

Kö|nigs|berg: Hauptstadt der ehemaligen Provinz Ostpreußen.

[1]Kö|nigs|ber|ger, der; -s, -: Ew.

[2]Kö|nigs|ber|ger ⟨indekl. Adj.⟩: K. Klopse.

Kö|nigs|ber|ge|rin, die; -, -nen: w. Form zu ↑[1]Königsberger.

kö|nigs|blau ⟨Adj.⟩ [die Farbe wurde unter König Ludwig XIV. von Frankreich (1638–1715) eingeführt]: *kräftig, leuchtend [hell]blau.*

Kö|nigs|farn, der [1. Bestandteil in Zus. oft zur Bez. von Außergewöhnlichem, Besonderem, des Besten, Größten, Schönsten seiner Art]: *(in feuchten Wäldern wachsender) hoher Farn mit doppelt gefiederten Wedeln.*

Kö|nigs|haus, das: *königliches Herrscherhaus.*

Kö|nigs|hof, der: *königlicher Hof* (3 a).

Kö|nigs|ker|ze, die [vgl. Königsfarn]: *meist behaarte Pflanze mit blassgrünen, länglich-eiförmigen Blättern u. meist gelben Blüten in hoch aufragenden Rispen od. Trauben.*

Kö|nigs|kind, das: *(bes. in Märchen, Sagen o. Ä.) Kind eines Königs.*

Kö|nigs|ko|bra, die [vgl. Königsfarn]: *(als größte Giftschlange in Indien heimische) dunkelbraune bis olivfarbene, hell geringelte Kobra, die sich überwiegend von anderen Schlangen ernährt.*

Kö|nigs|kro|ne, die: *Krone eines Königs als Zeichen seiner Würde.*

Kö|nigs|ma|cher, der (Jargon): *jmd., der (dank seiner eigenen einflussreichen Position) in der Lage ist, jmdm., einer politischen Gruppierung o. Ä. zur Macht zu verhelfen.*

Kö|nigs|paar, das: *König u. Königin.*

Kö|nigs|pal|me, die [vgl. Königsfarn]: *(im tropischen Amerika heimische) Palme mit leicht bauchigem Stamm u. sehr großen Fiederblättern.*

Kö|nigs|schie|ßen, das: *Wettbewerb im Schießen, bei dem ein Schützenkönig ermittelt wird.*

Kö|nigs|schloss, das: *Schloss, in dem ein König residiert.*

Kö|nigs|sohn, der: vgl. Königskind.

Kö|nigs|thron, der: *Thron* (1) *eines Königs.*

Kö|nigs|ti|ger, der [vgl. Königsfarn]: *(in Indien heimischer) sehr großer Tiger mit kurzhaarigem, glänzendem, gelblich braunem Fell mit tiefschwarzen Streifen.*

Kö|nigs|toch|ter, die: vgl. Königskind.

kö|nigs|treu ⟨Adj.⟩: *dem König treu; royalistisch.*

Kö|nigs|was|ser, das ⟨o. Pl.⟩ [das Gemisch löst sogar Gold, den »König« der Metalle] (Chemie, Technik): *Gemisch aus Salzsäure u. Salpetersäure, in dem (neben den anderen Edelmetallen) auch Gold löslich ist.*

Kö|nigs|weg, der [H. u.; viell. nach Überlieferungen antiker Autoren, wonach Herrscher berühmte Mathematiker befragten, ob es nicht für sie einen leichteren u. schnelleren Zugang zu den Geheimnissen der Mathematik gebe u. zur Antwort erhielten, dass auch Könige nur wie gewöhnliche Sterbliche durch eifriges Lernen hier zum Ziel kommen könnten, es also keinen »Königsweg« gebe]: *idealer Weg zu einem hohen Ziel.*

Kö|nig|tum, das; -s, ...tümer [1: LÜ von frz. royauté]: **1.** ⟨o. Pl.⟩ *monarchische Staats-, Regierungsform mit einem König an der Spitze.* **2.** (veraltet) *Königreich.*

Ko|ni|in, das; -s [zu griech. kṓneion = Schierling] (Chemie): *sehr giftiges Alkaloid des Schierlings.*

ko|nisch ⟨Adj.⟩ [zu ↑Konus]: *kegelförmig.*

Konj. = Konjunktiv; Konjunktion.

Kon|jek|tur, die; -, -en [lat. coniectura = Vermutung, zu: conicere, ↑konjizieren]: **a)** (Literaturw.) *verbessernder Eingriff eines Herausgebers in* *einem nicht einwandfrei überlieferten Text;* b) (veraltet) *Vermutung.*

kon|ji|zie|ren ⟨sw. V.; hat⟩ [lat. conicere = vermuten] (Literaturw.): *bei einem Text Konjekturen anbringen.*

Kon|ju|ga|ti|on, die; -, -en [lat. coniugatio, eigtl. = Verbindung, zu: coniugare, ↑konjugieren]: 1. (Sprachw.) *Abwandlung, Beugung, Flexion eines Verbs in seinen grammatischen Formen.* 2. (Biol.) a) *Vereinigung der Keimzellen bei der Befruchtung;* b) *Vorgang der Paarung von Chromosomen;* c) *bei den Wimpertierchen vorkommende Art der Befruchtung durch Austausch der Zellkerne.*

Kon|ju|ga|ti|ons|en|dung, die (Sprachw.): *Flexionsendung bei der Konjugation* (z. B. -te bei »liebte«).

kon|ju|gier|bar (Sprachw.): *sich konjugieren lassend; beugbar, flektierbar.*

kon|ju|gie|ren ⟨sw. V.; hat⟩ [lat. coniugare = verbinden; verheiraten] (Sprachw.): *ein Verb in seinen grammatischen Formen abwandeln, beugen, flektieren.*

kon|ju|giert ⟨Adj.⟩ (Math.): *(von Zahlen, Punkten, Geraden o. Ä.) einander zugeordnet, zusammengehörend.*

Kon|junk|ti|on, die; -, -en [lat. coniunctio = Verbindung; Bindewort]: 1. (Sprachw.) *Wort, das [Glied]sätze, Haupt- u. Gliedsatz od. Satzglieder verbindet.* 2. (Astron.) *Stellung zweier Gestirne in einer Linie mit der Erde.* 3. (Astrol.) *das Zusammentreffen mehrerer Planeten im gleichen Tierkreiszeichen.* 4. (Logik) *Verknüpfung zweier od. mehrerer Aussagen durch (die logische Partikel) »und«.*

kon|junk|ti|o|nal ⟨Adj.⟩ (Sprachw.): *die Konjunktion* (1) *betreffend, durch sie ausgedrückt.*

Kon|junk|ti|o|nal|ad|verb, das (Sprachw.): *Adverb, das dazu geeignet ist, die Funktion einer Konjunktion* (1) *zu übernehmen* (z. B. außerdem, dagegen, deshalb, trotzdem).

Kon|junk|ti|o|nal|satz, der (Sprachw.): *durch eine Konjunktion* (1) *eingeleiteter [Glied]satz.*

Kon|junk|tiv, der; -s, -e [spätlat. (modus) coniunctivus = verbindend(er Modus)] (Sprachw.): *Modus* (2), *mit dem etw. nur mittelbar u. ohne Gewähr wiedergegeben, als möglich vorgestellt, irreal dargestellt wird; Möglichkeitsform* (z. B. sie sagte, sie *sei* krank; wenn er Zeit *hätte, käme* er noch); Abk.: Konj.

Kon|junk|ti|va, die; -, ...vä [zu spätlat. coniunctivus = verbindend] (Med.): *Bindehaut.*

kon|junk|ti|visch [auch: – – ' – –] ⟨Adj.⟩ (Sprachw.): *im Konjunktiv [stehend], mit dem Konjunktiv [gebildet]:* eine -e Verbform; etw. k. ausdrücken.

Kon|junk|ti|vi|tis, die; -, ...itiden [zu ↑Konjunktiva] (Med.): *Bindehautentzündung.*

Kon|junk|tiv|satz, der (Sprachw.): *Satz, dessen Prädikat im Konjunktiv steht.*

Kon|junk|tor, der; -s [zu lat. coniungere = verbinden] (Logik): *die logische Partikel »und« zur Herstellung einer Konjunktion* (4).

Kon|junk|tur, die; -, -en [urspr. = sich aus der Verbindung verschiedener Erscheinungen ergebende Lage < mlat. coniunctura = Verbindung, zu lat. coniungere = verbinden] (Wirtsch.): a) *gesamtwirtschaftliche Lage (mit bestimmter Entwicklungstendenz):* eine steigende, rückläufige K.; die K. beleben, fördern, dämpfen; b) *Hochkonjunktur:* die K. ausnutzen; **Ü** solche Artikel haben im Augenblick K. *(werden viel gekauft);* diese Handwerker haben jetzt wieder K. *(sind wieder sehr beschäftigt).*

kon|junk|tur|ab|hän|gig ⟨Adj.⟩ (Wirtsch.): *von der Konjunktur abhängig; auf eine günstige Konjunktur angewiesen:* -e Betriebe.

Kon|junk|tur|ba|ro|me|ter, das (Wirtsch.): 1. *grafische Darstellung der wirtschaftlichen Entwicklung in bestimmten, für die gesamte wirtschaftliche Entwicklung wichtigen, charakteristischen Bereichen.* 2. *etw., was als Anhaltspunkt, als Kennzeichen für die Entwicklung der wirtschaftlichen Lage dient, gelten kann:* der Auftragseingang in diesem Industriezweig ist ein K. für die gesamte Wirtschaft des Landes.

kon|junk|tur|be|dingt ⟨Adj.⟩ (Wirtsch.): *von der Konjunktur abhängig:* -e Absatzkrisen.

kon|junk|tu|rell ⟨Adj.⟩ (Wirtsch.): *die Konjunktur betreffend:* die -e Situation.

Kon|junk|tur|la|ge, die (Wirtsch.): *konjunkturelle Lage.*

Kon|junk|tur|po|li|tik, die (Wirtsch.): *Maßnahmen der Wirtschaftspolitik, durch die übermäßige Schwankungen der Konjunktur vermieden werden sollen.*

kon|junk|tur|po|li|tisch ⟨Adj.⟩ (Wirtsch.): *die Konjunkturpolitik betreffend:* das -e Instrumentarium.

Kon|junk|tur|pro|gramm, das (Wirtsch.): *von der Regierung aufgelegtes Programm zur Belebung der Konjunktur.*

Kon|junk|tur|rit|ter, der (abwertend): *jmd., der eine günstige Situation rasch zu seinem Vorteil nutzt.*

Kon|junk|tur|rück|gang, der (Wirtsch.): *Rückgang der Konjunktur.*

Kon|junk|tur|schwan|kung, die: *konjunkturelle Schwankung.*

Kon|junk|tur|sprit|ze, die (Wirtsch. Jargon): *finanzielle Maßnahme im Rahmen der Wirtschaftspolitik zur Belebung der Konjunktur.*

Kon|junk|tur|zu|schlag, der (Wirtsch.): *für begrenzte Zeit zusätzlich erhobene Steuer zur Dämpfung bzw. Ankurbelung der Konjunktur.*

Kon|junk|tur|zy|klus, der (Wirtsch.): *zyklischer Wechsel von Perioden des Aufschwungs u. des Nachlassens der Konjunktur.*

kon|kav ⟨Adj.⟩ [lat. concavus = gewölbt] (Optik): *nach innen gewölbt:* -e Spiegel; die Linse ist k.; Ü das Konkav der Wangen.

Kon|ka|vi|tät, die; - [spätlat. concavitas = Höhlung] (Optik): *das Konkavsein.*

Kon|kav|lin|se, die (Optik): *Linse, die konkav gekrümmt ist.*

Kon|kla|ve, das; -s, -n [lat. conclave = verschließbares Gemach, eigtl. = Verschluss, Verschließbares, zu: clavis = Schlüssel] (kath. Kirche): 1. *streng abgeschlossener Versammlungsraum [im Vatikan] für die Kardinäle bei der Wahl eines Papstes.* 2. *Versammlung der Kardinäle zur Wahl des Papstes.*

kon|klu|dent ⟨Adj.⟩ [zu lat. concludens (Gen.: concludentis), 1. Part. von: concludere, ↑konkludieren] (bes. Philos.): *eine Konklusion zulassend:* eine -e Äußerung; -es Handeln, Verhalten (Rechtsspr.; *Handeln, Verhalten, das auf einen bestimmten Willen schließen lässt u. eine ausdrückliche Willenserklärung rechtlich ersetzt).*

kon|klu|die|ren ⟨sw. V.; hat⟩ [lat. concludere, eigtl. = ab-, verschließen] (bes. Philos.): *aus etw. einen Schluss ziehen.*

Kon|klu|si|on, die; -, -en [lat. conclusio] (bes. Philos.): *Satz, der im [syllogistischen] Schluss* (2 b) *die Folgerung enthält.*

kon|klu|siv ⟨Adj.⟩: 1. (bes. Philos.) *auf einer Konklusion beruhend; folgernd.* 2. (Sprachw.) *(von Verben) den allmählichen Abschluss eines Geschehens kennzeichnend* (z. B. verklingen, verblühen).

kon|kor|dant ⟨Adj.⟩ [zu lat. concordans (Gen.: concordantis), 1. Part. von: concordare = übereinstimmen]: 1. (bildungsspr.) *übereinstimmend.* 2. (Geol.) *(von Gesteinsschichten) gleichlaufend übereinander gelagert.*

Kon|kor|danz, die; -, -en [mlat. concordantia = Übereinstimmung, Register]: 1. (Wissensch.) a) *alphabetisches Verzeichnis der in einem Buch vorkommenden, inhaltlich übereinstimmenden Wörter u. Begriffe (bes. als Bibelkonkordanz);* b) *Tabelle mit den Seitenzählungen verschiedener Ausgaben eines Werkes.* 2. (Geol.) *gleichlaufende Lagerung mehrerer Gesteinsschichten übereinander.* 3. ⟨o. Pl.⟩ (Druckw.) *Schriftgrad von 48 Punkt od. 4 Cicero.* 4. (Genetik) *Übereinstimmung der Merkmale bei eineiigen Zwillingen.* 5. (Sprachw.) *(in bestimmten Sprachen) Ausdruck grammatischer Zusammenhänge im Satz durch formal gleiche Elemente, bes. durch Präfixe.*

Kon|kor|dat, das; -[e]s, -e [mlat. concordatum, zu lat. concordare, ↑konkordant]: 1. *Vertrag zwischen einem Staat u. dem Vatikan.* 2. (schweiz.) *Vertrag zwischen Kantonen.*

Kon|kre|ment, das; -[e]s, -e [lat. concrementum = An-, Zusammenhäufung, zu: concrescere, ↑konkret] (Med.): *hauptsächlich aus Salzen bestehendes festes Gebilde, das im Körper durch Abscheidung entsteht* (z. B. Gallen-, Nierenstein).

kon|kret ⟨Adj.⟩ [lat. concretus = zusammengewachsen, verdichtet, adj. 2. Part. von: concrescere = zusammenwachsen]: 1. a) *als etw. sinnlich, anschaulich Gegebenes erfahrbar:* die -en Dinge des Alltags; die -e Wirklichkeit, Welt; -e Erfahrungen; -e Kunst *(Richtung der modernen Kunst, bes. der Malerei, deren bildnerische Elemente nur sich selbst bedeuten wollen;* LÜ von frz. art concret); -e Literatur, Poesie *(Richtung der modernen Literatur, die versucht, mit sprachlichen Mitteln, losgelöst von syntaktischen Zusammenhängen, rein visuell od. akustisch eine Aussage zu gestalten);* -e Musik *(Richtung der modernen Musik, bei der Geräusche aus dem täglichen Leben in elektronischer Verarbeitung im Vordergrund stehen;* LÜ von frz. musique concrète); -es Substantiv (Sprachw.; *Konkretum*); der See ist keine Fata Morgana, sondern er ist k. vorhanden; b) *auf einen infrage stehenden Einzelfall bezogen:* wie ist deine -e Meinung dazu?; wie soll man das k. verstehen?; was heißt das k.?; worum geht es k.?; c) *gerade anstehend, im Augenblick so gegeben:* ein -er Anlass; in einer -en Situation. 2. *bestimmt u. dabei präzise; deutlich:* ein -es Beispiel, Ergebnis; -e Forderungen, Fortschritte, Vereinbarungen; eine -e Frage, -e Pläne haben; -e Angaben machen; deine Vorschläge sind nicht k. genug; muss ich noch -er werden *(noch mehr sagen)?*; so k. weiß ich das auch nicht; du solltest dich -er ausdrücken.

Kon|kret|heit, die; -, -en ⟨Pl. selten⟩: *das Konkretsein.*

Kon|kre|ti|on, die; -, -en [lat. concretio = Verdichtung]: 1. (bildungsspr.) *Vergegenständlichung.* 2. (Geol.) *knolliger, kugeliger, nieren- od. linsenförmiger mineralischer Körper in Gesteinen.* 3. (Med.) *Verwachsung, Verklebung (bes. von serösen Häuten).*

kon|kre|ti|sie|ren ⟨sw. V.; hat⟩: *im Einzelnen ausführen, näher bestimmen, verdeutlichen:* seine Vorstellungen, Vorschläge k.

Kon|kre|ti|sie|rung, die; -, -en: *das Konkretisieren.*

Kon|kre|tum, das; -s, ...ta (Sprachw.): *Substantiv, das etw. Gegenständliches benennt:* »Tisch« ist ein K.

Kon|ku|bi|nat, das; -[e]s, -e [lat. concubinatus, zu: concubinus = Beischläfer, zu: cubare = liegen; mit jmdm. schlafen; urspr. = gesetzlich erlaubte außereheliche Gemeinschaft für Personen, die nach röm. Recht eine bürgerliche Ehe nicht eingehen konnten, z. B. Freigelassene] (Rechtsspr.): *eheähnliche Gemeinschaft ohne Eheschließung:* im K. leben.

Kon|ku|bi|ne, die; -, -n [lat. concubina = Beischläferin, w. Form zu: concubinus, ↑Konkubinat]: 1. (früher) *im Konkubinat lebende Frau.* 2. (veraltet abwertend) [2]*Geliebte* (1 a).

Kon|kur|rent, der; -en, -en [zu lat. concurrens (Gen.: concurrentis), 1. Part. von: concurrere, ↑konkurrieren]: *jmd., der auf einem bestimmten Gebiet mit jmdm. konkurriert; Rivale (im geschäftlichen Bereich, in einer sportlichen Disziplin o. Ä.):* ein gefährlicher K.; sein größter K. in diesem Lauf startete auf der Innenbahn.

Kon|kur|ren|tin, die; -, -nen: w. Form zu ↑Konkurrent.

Kon|kur|renz, die; -, -en [mlat. concurrentia = Mitbewerbung, zu lat. concurrere, ↑konkurrieren]: 1. ⟨o. Pl.⟩ *das Konkurrieren, bes. im wirtschaftlichen Bereich:* eine starke K.; die beiden

K

Firmen machen sich, einander K. *(sind aufgrund bestimmter Umstände Konkurrenten);* mit jmdm. in K. treten, stehen, liegen. **2.** *auf einem bestimmten Gebiet, bes. in einer sportlichen Disziplin, stattfindender Wettkampf, Wettbewerb:* an einer K. teilnehmen; sie startet in verschiedenen -en; * **außer K.** *([als Teilnehmer an einem Wettbewerb, Wettkampf] außerhalb der offiziellen Wertung):* sie startet bei dem Rennen außer K. **3.** ⟨o. Pl.⟩ *jmds. Konkurrent[en]:* die K. eines chemischen Werks; die K. schläft nicht; der Arzt hat in dem Ort kaum K.; die K. ausschalten; sie kaufen bei der K.; sie hat den Wettbewerb gegen starke K. gewonnen.

Kon|kur|renz|be|trieb, der: vgl. Konkurrenzunternehmen.

Kon|kur|renz|druck, der ⟨o. Pl.⟩: *durch starke Konkurrenz (1) entstehender Zwang, Druck.*

kon|kur|renz|fä|hig ⟨Adj.⟩: *wettbewerbsfähig:* der Betrieb ist nicht mehr k.

kon|kur|ren|zie|ren ⟨sw. V.; hat⟩ (südd., österr., schweiz.): *jmdm., einer Sache Konkurrenz machen.*

Kon|kur|ren|zie|rung, die; -, -en (südd., österr., schweiz.): *das Konkurrenzieren.*

Kon|kur|renz|kampf, der ⟨Pl. selten⟩: *Kampf (3) zwischen Konkurrenten (bes. im wirtschaftlichen Bereich):* ein harter K.

kon|kur|renz|los ⟨Adj.⟩: *keine Konkurrenz (3) habend; ohne Konkurrenz:* ein -es Unternehmen; -e Produkte; sie steht k. da.

Kon|kur|renz|un|ter|neh|men, das: *wirtschaftliches Unternehmen, das mit andern in Konkurrenz steht.*

kon|kur|rie|ren ⟨sw. V.; hat⟩ [lat. concurrere = zusammenlaufen, -treffen, (feindlich) aufeinander stoßen, zu: currere = laufen; zuerst im 16. Jh. in der allgemeinen Bed. »zusammentreffen«, die heutige Bed. seit dem 18. Jh.]: **a)** *mit andern in Wettbewerb treten; sich gleichzeitig mit andern um etw. bewerben:* auf dem Weltmarkt konkurrieren viele Produkte dieser Art; mit diesen großen Firmen, mit solchen Preisen können wir nicht k.; die beiden konkurrieren um diesen Posten; konkurrierende Gesetzgebung (Rechtsspr.; *in einem Bundesstaat der Bereich der Gesetzgebung, für den der Gesamtstaat u. die Gliedstaaten nebeneinander zuständig sind);* **b)** (Rechtsspr.) *(von mehreren strafrechtlichen Tatbeständen in einer strafbaren Handlung od. von mehreren strafbaren Handlungen eines Täters) zusammentreffen.*

Kon|kurs, der; -es, -e [lat. concursus = das Zusammenlaufen (der Gläubiger); das Zusammentreffen zweier Rechtsansprüche]: **1.** *Einstellung aller Zahlungen einer Firma, eines Unternehmens wegen Zahlungsunfähigkeit:* den drohenden K. abzuwenden versuchen; das hat letztlich den K. des Werks verursacht, herbeigeführt; wir müssen K. anmelden; die Firma hat K. gemacht, steht vor dem K. **2.** (Rechtsspr.) *gerichtliches Verfahren, bei dem das Vermögen eines Unternehmens, das die Zahlungen eingestellt hat, möglichst anteilmäßig an die Gläubiger verteilt wird:* den K. eröffnen, durchführen, abwickeln.

Kon|kurs|er|öff|nung, die: *Eröffnung eines Konkurses (2).*

Kon|kurs|gläu|bi|ger, der: *Gläubiger, der bei einem Konkursverfahren Anspruch auf einen Teil des Vermögens des zahlungsunfähigen Unternehmens hat.*

Kon|kurs|gläu|bi|ge|rin, die: w. Form zu ↑Konkursgläubiger.

Kon|kurs|mas|se, die: *bei der Eröffnung eines Konkurses (2) vorhandenes Vermögen des zahlungsunfähigen Unternehmens.*

Kon|kurs|pro|zess, der, **Kon|kurs|ver|fah|ren,** das: *Konkurs (2).*

Kon|kurs|ver|wal|ter, der: *gerichtlich Bevollmächtigter für die Durchführung eines Konkursverfahrens.*

Kon|kurs|ver|wal|te|rin, die: w. Form zu ↑Konkursverwalter.

Kon|nek|tor, der; -s, ...oren [engl. connector, connecter, zu lat. co(n)nectere, ↑Konnex]: **1.** (EDV) *Symbol in Flussdiagrammen, das auf die Stelle verweist, an der der Programmablauf fortgesetzt werden soll.* **2.** (Sprachw.) *für den Textzusammenhang wichtiges Verknüpfungselement.*

kön|nen ⟨unr. V.; hat⟩ [mhd. künnen, kunnen, ahd. kunnan = (geistig) vermögen, wissen, verstehen, urspr. = kennen, wissen]: **1.** ⟨mit Inf. als Modalverb: konnte, hat ... können⟩ **a)** *imstande sein, etw. zu tun; etw. zu tun vermögen:* sie kann gut turnen, Auto fahren; wer kann mir das erklären?; ich konnte vor Schmerzen nicht schlafen; ich konnte das nicht mit ansehen; ich kann hier nicht bleiben *(sehe mich nicht dazu imstande);* ich kann das nicht mehr hören (ugs.; *es ist mir zuwider, das weiterhin zu hören*)!; ich kann mir vorstellen, wie es war; ich könnte mir [gut] vorstellen *(ich halte die Vermutung für nahe liegend),* dass er es getan hat; R (ugs.; emotional bekräftigend:) das war ein Tag, ich kann dir sagen!; **b)** *(aufgrund entsprechender Beschaffenheit, Umstände o. Ä.) die Möglichkeit haben, etw. zu tun:* das Flugzeug kann bis zu 300 Passagiere aufnehmen; ich habe nicht kommen k.; Vorsicht kann nie schaden *(ist immer ratsam);* da kann man nichts machen!; es kann sich nicht darum handeln *(es ist nicht unsere Aufgabe),* hier eine lückenlose Darstellung zu bringen; man kann nie wissen *(weiß nie),* was noch kommt; ich habe sehen k. *(gesehen),* wie er die Hand hob; wenn du das nicht lässt, kannst du was erleben (ugs.; als Drohung); man konnte noch so laut rufen *(wenn man auch noch so laut rief),* sie hörte nichts; es konnte geschehen *(geschah mitunter),* dass sie vollkommen überstürzt aufbrach; (in einer höflichen [Anteil nehmenden] Frage:) kann ich Ihnen helfen?; (in einer höflichen Frage, in die eine Bitte, Aufforderung gekleidet ist:) können Sie mal einen Augenblick zur Seite gehen?; können Sie mir bitte sagen, wie spät es ist?; (in einer Frage, in die ein Tadel gekleidet ist:) kannst du nicht aufpassen? *(pass doch auf!);* können Sie nicht anklopfen? *(ich möchte, dass Sie anklopfen!);* **c)** *aufgrund bestimmter Umstände die Berechtigung zu einem Verhalten o. Ä. haben; in bestimmten Gegebenheiten die Voraussetzungen für ein Verhalten o. Ä. finden:* du kannst ohne Sorge sein; wir können uns freuen, dass so viele Menschen erschienen sind; in diesem Kontext kann man beide Wörter gebrauchen; darauf kannst du dich verlassen! *(verlass dich darauf!);* du kannst doch nachher noch abtrocknen *(trockne doch bitte nachher ab);* nun kann ich mich auch noch entschuldigen (ugs.; *bleibt mir auch noch die unangenehme Aufgabe, mich zu entschuldigen*); sie kann einem Leid tun (ugs.; *ist zu bedauern*); darin kann ich Ihnen nur *(muss ich Ihnen)* zustimmen; (elliptisch:) Sie können mich mal (salopp verhüll.; *können mich mal am Arsch lecken*); können wir (ugs.; *können wir gehen, anfangen usw.*)?; **d)** (schwächer als »dürfen«) *insofern es freisteht, zugelassen ist, die Möglichkeit haben, etw. zu tun:* Sie können hier telefonieren; kann ich jetzt gehen?; das kannst du [meinetwegen] tun *(es steht dir [soweit ich das zu bestimmen habe] frei, das zu tun);* so etwas kannst du doch nicht machen *(es geht nicht an, dass du so etwas tust)!;* **e)** *möglicherweise der Fall sein, in Betracht kommen:* das Paket kann verloren gegangen sein; der Arzt kann jeden Augenblick kommen; dieser Einfall könnte von dir sein *(er ist nicht von dir, aber seiner Art nach könnte er es sein).* **2.** ⟨Vollverb: konnte, hat gekonnt⟩ **a)** *fähig, in der Lage sein, etw. auszuführen, zu leisten; etw. beherrschen:* sie kann etwas, viel, alles, gar nichts; was kannst du eigentlich?; der Schüler kann das Gedicht immer noch nicht [auswendig]; er kann [gut] Russisch, kein Russisch; diese Übungen habe ich früher alle gekonnt; sie wollte sich beherrschen, hat es aber nicht gekonnt; R mir, uns kann keiner (ugs.; *mir, uns kann keiner etwas anhaben*); * **für etw. etwas, nichts o. Ä. k.** (ugs.; *für etw. verantwortlich sein, nicht schuld an etw. sein*): kann er etwas für unsere Versäumnisse?; für diesen Fehler kann sie nichts; **b)** *in bestimmter Weise zu etw. fähig, in der Lage sein:* er lief so schnell, wie er konnte; sie verschwand, so schnell sie konnte; er lief, was er konnte; ich kann nicht anders *(ich muss mich so verhalten);* ich kann nicht anders als ablehnen *(muss ablehnen);* R [erst einmal] k. vor Lachen *(sonst gern, aber in dieser Situation bin ich nicht dazu in der Lage);* * **[es] mit jmdm. [gut] k.** (ugs.; *mit jmdm. im persönlichen Umgang gut zurechtkommen*): die beiden können einfach nicht miteinander; **c)** *die Möglichkeit, Erlaubnis haben, etw. zu tun; dürfen (2):* Mutti, kann ich auf den Markt?; **d)** (ugs.) *weiterhin Kraft zu etw. haben:* kannst du noch?; der Läufer konnte nicht mehr und gab auf; (übertreibend:) wir konnten nicht mehr vor Lachen; sie aß, bis sie nicht mehr konnte *(übersatt war).*

Kön|nen, das; -s: *erworbenes Vermögen, auf einem bestimmten Gebiet mit Sachverstand, Kunst[fertigkeit] o. Ä. etw. [Besonderes] zu leisten:* schriftstellerisches, handwerkliches K.

Kön|ner, der; -s, -: *jmd. mit bestimmtem Können:* diese Skiabfahrt ist nur etwas für K.

Kön|ne|rin, die; -, -nen: w. Form zu ↑Könner.

Kön|ner|schaft, die; -: *Qualifikation in Bezug auf entsprechendes Können; aus der entsprechenden Beschaffenheit ersichtliches besonderes Können.*

Kon|ne|ta|bel, der; -s, -s [frz. connétable < mlat. con(n)estabilis < spätlat. comes stabuli = für die Pferdeställe zuständiger Hofbeamter]: *(bis zum Anfang des 17. Jh.s) Oberfeldherr des französischen Königs.*

Kon|nex, der; -es, -e [lat. co(n)nexus = Verknüpfung, zu: co(n)nectere (2. Part.: con(n)exum) = verbinden] (bildungsspr.): **1.** *zwischen Dingen bestehende Zusammenhänge, Verbindung.* **2.** *persönlicher Kontakt:* mit jmdm. in [näheren] K. kommen.

Kon|ne|xi|on, die; -, -en [frz. connexion < lat. co(n)nexio = Verbindung]: **1.** (geh.) ⟨meist Pl.⟩ *vorteilhafte Beziehung, Verbindung:* -en haben, anknüpfen. **2.** (Sprachw.) *(in der Dependenzgrammatik) Beziehung zwischen dem regierenden u. dem regierten Element eines Satzes.*

kon|ni|vent ⟨Adj.⟩ [zu ↑konnivieren]: **1.** (bildungsspr.) *nachsichtig, duldsam.* **2.** (Rechtsspr.) *(von Vorgesetzten, Aufsichtsbeamten) Amtsdelikte untergebener od. beaufsichtigter Personen bewusst duldend od. dazu verleitend.*

Kon|ni|venz, die; -, -en [lat. co(n)niventia]: **1.** ⟨o. Pl.⟩ (bildungsspr.) *Nachsichtigkeit, Duldsamkeit.* **2.** (Rechtsspr.) *konniventes (2) Verhalten, konnivente Handlung.*

kon|ni|vie|ren ⟨sw. V.; hat⟩ [lat. co(n)nivere, eigtl. = (die Augen) schließen] (veraltet): *dulden, Nachsicht üben.*

Kon|nos|se|ment, das; -[e]s, -e [Mischbildung aus ital. conoscimento = Erkenntnis u. frz. connaissement = Frachtbrief, zu: connaître, ital. conoscere < lat. cognoscere = erkennen] (Seew.): *Frachtbrief.*

Kon|no|tat, das; -[e]s, -e (Sprachw.): **1.** *vom Sprecher bezeichneter Begriffsinhalt (im Gegensatz zu den entsprechenden Gegenständen in der außersprachlichen Wirklichkeit).* **2.** *konnotative [Neben]bedeutung.*

Kon|no|ta|ti|on, die; -, -en [1: zu lat. con- = mit- u. notatio, ↑Notation; 2: engl. connotation]: **1.** (Logik) *Begriffsinhalt (im Gegensatz zum Umfang).* **2.** (Sprachw.) **a)** *assoziative, emotionale, stilistische, wertende [Neben]bedeutung, Begleitvorstellung;* **b)** *Beziehung zwischen Zeichen u. Zeichenbenutzer.*

kon|no|ta|tiv [auch: '- - - -] ⟨Adj.⟩ [engl. connotative] (Sprachw.): *die assoziative, emotionale, stilistische, wertende [Neben]bedeutung eines sprachlichen Zeichens betreffend.*

kon|no|tie|ren ⟨sw. V.; hat⟩ (Sprachw.): *eine Konnotation hervorrufen.*

konn|te, könn|te: ↑können.
Ko|no|id, das; -[e]s, -e [zu griech. kōnoeidés = kegelförmig] (Geom.): *kegelähnlicher Körper* (der z. B. durch Rotation einer Kurve um ihre Achse entsteht).
Kon|quis|ta|dor, der; -en, -en [span. conquistador = Eroberer, zu: conquistar = erobern < lat. conquirere (2. Part.: conquisitum) = zusammensuchen, einsammeln]: *Teilnehmer an der spanischen Eroberung Süd- u. Mittelamerikas im 16. Jh.*
Kon|rek|tor, der; -s, ...oren [auch: '- - - -; aus lat. con- = mit- u. ↑Rektor] (Schulw.): *Stellvertreter des Rektors [einer Grund-, Haupt- od. Realschule].*
Kon|rek|to|rin, die; -, -nen: w. Form zu ↑Konrektor.
Kon|se|kra|ti|on, die; -, -en [lat. consecratio = Weihe, zu: consecrare, ↑konsekrieren] (kath. Kirche): **1.** *liturgische Weihe einer Person od. Sache* (z. B. Bischofs-, Priester-, Altarweihe). **2.** *liturgische Weihe von Brot u. Wein durch Verwandlung in Leib u. Blut Christi (entsprechend dem christlichen Glauben):* die K. der Hostie. **3.** *(in der römischen Kaiserzeit) Vergöttlichung des verstorbenen Kaisers.*
kon|se|krie|ren ⟨sw. V.; hat⟩ [lat. consecrare = weihen] (kath. Kirche): *durch Konsekration liturgisch weihen.*
kon|se|ku|tiv [auch: '- - - -] ⟨Adj.⟩ [zu lat. consecutio = Folge, Wirkung, zu: consequi, ↑konsequent]: **1.** (Fachspr.) *zeitlich folgend:* -es Dolmetschen *(zeitlich nachgetragenes Dolmetschen).* **2.** (Sprachw.) *die Folge kennzeichnend, angebend:* eine -e Konjunktion. **3.** (Philos.) *aus einem konstitutiven Begriffsmerkmal [mit]folgend, abgeleitet:* ein -es Merkmal.
Kon|se|ku|tiv|dol|met|schen, das; -s (Fachspr.): *konsekutives Dolmetschen.*
Kon|se|ku|tiv|satz, der (Sprachw.): *Nebensatz, der die Folge, die Wirkung des im übergeordneten Satz genannten Sachverhalts angibt.*
Kon|sens, der; -es, -e ⟨Pl. selten⟩ [lat. consensus, zu: consentire, ↑konsentieren] (bildungsspr.): **1.** *Übereinstimmung der Meinungen:* zu einem K. kommen; es besteht [kein] K. darüber, dass ... **2.** (veraltend) *Zustimmung, Einwilligung:* seinen K. [zu etw.] geben; etw. mit [dem] K. des Vorgesetzten tun.
kon|sens|fä|hig ⟨Adj.⟩: *einen Konsens ermöglichend.*
Kon|sen|sus, der; -, - [...nzu:s] ⟨Pl. selten⟩ (bildungsspr.): *Konsens.*
kon|sen|tie|ren ⟨sw. V.; hat⟩ [lat. consentire (2. Part.: consensum) = übereinstimmen, zu: sentire, ↑Sentenz] (bildungsspr. veraltet): **1.** *in seiner Auffassung mit jmdm. übereinstimmen.* **2.** *genehmigen:* etw. k.
kon|se|quent ⟨Adj.⟩ [lat. consequens (Gen.: consequentis) = folgerichtig, adj. 1. Part. von: consequi = nachfolgen]: **1.** *(in Bezug auf jmds. Vorgehen o. Ä.) folgerichtig; [sachlich u.] logisch zwingend:* die -e Weiterentwicklung eines Modells; k. denken, handeln. **2.** *unbeirrbar, [fest] entschlossen:* ein -er Gegner des Regimes; sein Ziel k. verfolgen; du musst k. bleiben! *(du darfst dich nicht beirren, von deinem Entschluss abbringen lassen);* k. *(beharrlich)* schweigen; einen Stürmer k. (Sport; *scharf, genau)* decken. **3.** (Geol.) *(von Flüssen) der Abdachung eines Gebietes od. einer tektonischen Linie folgend.*
kon|se|quen|ter|ma|ßen, kon|se|quen|ter|wei|se ⟨Adv.⟩: *so wie es einem konsequenten* (1) *Verhalten auch entspricht.*
Kon|se|quenz, die; -, -en [lat. consequentia, zu: consequi, ↑konsequent]: **1.** ⟨o. Pl.⟩ **a)** *Folgerichtigkeit, Schlüssigkeit:* seiner Argumentation fehlt noch die letzte K.; etw. entwickelt sich mit logischer K.; **b)** *Unbeirrbarkeit, [feste] Entschlossenheit:* ein Ziel mit äußerster, aller K. verfolgen; sie ist aus K. *(aus Prinzip)* sparsam. **2.** *Folge, Auswirkung:* die Wahlniederlage war die natürliche K. einer verfehlten Parteipolitik; die -en sind noch nicht abzusehen; etw. hat weit reichende -en [für jmdn.]; alle -en [einer Tat] tragen müssen, auf sich nehmen; den Kampf bis zur letzten K. *(bis zum Äußersten)* führen; etw. liegt in der K. einer Sache *(ist als Folge[rung] darin beschlossen);* aus diesem Satz ergibt sich die logische K. *([Schluss]folgerung),* dass sich die beiden Parallelen im Unendlichen treffen; als letzte K. *(zu ziehende Folgerung)* bleibt [ihr] nur der Rücktritt; *** aus etw. die -en ziehen** *(aus etw. Negativem lernen u. daraus die Folgerungen ziehen, sich dementsprechend verhalten);* **die -en ziehen** *(aufgrund bestimmter Verfehlungen seinen Posten zur Verfügung stellen):* der Minister zog die -en.
Kon|ser|va|tis|mus, der; - [engl. conservatism] (bes. Politik): *Konservativismus.*
kon|ser|va|tiv [auch: '----] ⟨Adj.⟩ [engl. conservative < mlat. conservativus, zu lat. conservare, ↑konservieren]: **1. a)** *am Hergebrachten festhaltend:* eine -e Haltung; sie ist in ihren Ansichten sehr k.; k. eingestellt sein; **b)** *althergebracht:* -e Techniken; **c)** *vorsichtig, zurückhaltend.* **2.** *politisch dem Konservatismus zugehörend:* eine -e Partei; -es Gedankengut. **3.** (Med.) *nicht operativ, sondern durch eine entsprechende Behandlung das Gewebe des verletzten, erkrankten Organs erhaltend:* eine -e Behandlung; die -e Orthopädie; jmdn., ein Organ k. behandeln.
Kon|ser|va|ti|ve [auch: '-----], der u. die; -n, -n ⟨Dekl. ↑Abgeordnete⟩: *Anhänger, Anhängerin des Konservativismus, einer konservativen Partei:* die -n verloren *(die konservative Partei verlor)* bei der letzten Wahl mehrere Parlamentssitze.
Kon|ser|va|ti|vis|mus, der; -: **1. a)** *am Hergebrachten, Überlieferten orientierte Einstellung:* der K. in der Mode; **b)** *politische Grundhaltung, die auf weitgehende Erhaltung der bestehenden Ordnung gerichtet ist.* **2.** *konservative politische Bewegung[en], Parteien o. Ä.:* der österreichische K.
Kon|ser|va|ti|vi|tät, die; - (bildungsspr.): *konservative* (1 a) *Art.*
Kon|ser|va|tor, der; -s, ...oren [lat. conservator = Bewahrer, Erhalter]: *mit der Erhaltung von Kunstwerken, Kulturdenkmälern o. Ä. betrauter Beamter, insbesondere beamteter Kunsthistoriker* (Berufsbez.).
Kon|ser|va|to|rin, die; -, -nen: w. Form zu ↑Konservator.
kon|ser|va|to|risch ⟨Adj.⟩: **1.** (Fachspr.) *die Bewahrung u. Erhaltung (z. B. von Kunstwerken) betreffend.* **2.** *das Konservatorium betreffend.*
Kon|ser|va|to|rist, der; -en, -en: *Schüler eines Konservatoriums.*
Kon|ser|va|to|ris|tin, die; -, -nen: w. Form zu ↑Konservatorist.
Kon|ser|va|to|ri|um, das; -s, ...ien [ital. conservatorio, eigtl. = Stätte zur Pflege u. Erhaltung (musikalischer Tradition), urspr. = Pflegeheim für musikalisch begabte Waisenkinder, zu: conservare < lat. conservare, ↑konservieren]: *Lehrinstitut für die musikalische Laien- od. Berufsausbildung:* das K. besuchen; am K. studieren.
Kon|ser|ve, die; -, -n [mlat. conserva = zur Haltbarmachung in Zucker eingelegte Kräuter od. Früchte (im 16. Jh. Wort der Apothekerspr.), zu lat. conservare, ↑konservieren]: **1. a)** *Konservenbüchse od. -glas mit Lebensmitteln o. Ä.:* -n herstellen; eine K. öffnen; Ü Musik aus der K. (ugs.; *vom Tonband, von der Schallplatte o. Ä.);* in der Urlaubszeit gibt es im Fernsehen meist nur -n *(ältere, schon oft ausgestrahlte Filme);* **b)** *in einer Konservenbüchse od. einem -glas enthaltenes konserviertes Lebensmittel o. Ä.:* von -n leben. **2.** (Med.) kurz für ↑Blutkonserve. **3.** (ugs.) *Aufzeichnung auf Bild- od. Tonträger.*
Kon|ser|ven|büch|se, Kon|ser|ven|do|se, die: *Blechdose, in der Lebens-, Genussmittel luftdicht verschlossen konserviert werden.*
Kon|ser|ven|fa|brik, die: *Fabrik, die Konserven* (1 b) *produziert.*
Kon|ser|ven|glas, das: *Glas* (2 b) *mit [Blech]deckel, in dem Lebensmittel o. Ä. konserviert werden.*
Kon|ser|ven|öff|ner, der: *Dosenöffner; Büchsenöffner.*
Kon|ser|ven|ver|gif|tung, die (Med.): *bakterielle Lebensmittelvergiftung nach dem Genuss von Konserven* (1 b).
kon|ser|vier|bar ⟨Adj.⟩: *sich konservieren lassend.*
kon|ser|vie|ren ⟨sw. V.; hat⟩ [lat. conservare = bewahren, erhalten]: **1.** *(bes. Lebensmittel) durch spezielle Behandlung haltbar machen:* Fleisch, Gemüse k.; (Med.:) Blutplasma k.; Gurken in Essig k.; ⟨subst. 2. Part.:⟩ Konserviertes *(Konserven od. Eingemachtes)* essen. **2.** *durch besondere Behandlung, Pflege erhalten:* ein Gemälde, ein Gebäude k.; konservierende (Med.; *konservative* 3) Behandlung; Ü ältere Sprachzustände k. *(beibehalten).*
Kon|ser|vie|rung, die; -, -en: *das Konservieren.*
Kon|ser|vie|rungs|me|tho|de, die: *Methode der Konservierung.*
Kon|ser|vie|rungs|mit|tel, das: *Konservierungsstoff.*
Kon|ser|vie|rungs|stoff, der: *bei Konservierungsverfahren verwendete Chemikalie.*
Kon|ser|vie|rungs|ver|fah|ren, das: vgl. Konservierungsmethode.
kon|si|de|ra|bel ⟨Adj.; konsiderabler, -ste⟩ [frz. considérable, zu: considérer = (prüfend) betrachten] (bildungsspr. veraltet): *beachtlich, ansehnlich.*
Kon|si|gna|ti|on, die; -, -en [frz. consignation < lat. consignatio = Dokument]: **1.** (Wirtsch.) *(bes. im Überseehandel) Kommissionsgeschäft.* **2.** (bildungsspr. veraltet) *Niederschrift, Aufzeichnung.*
kon|si|gnie|ren ⟨sw. V.; hat⟩ [lat. consignare = schriftlich niederlegen, beglaubigen, zu: signare, ↑signieren] (Wirtsch.): *(bes. im Überseehandel) als Auftraggeber Waren an einen Kommissionär übergeben, übersenden.*
Kon|si|li|um, das; -s, ...ien [lat. consilium = Beratung, Rat(schlag)] (bes. Med.): **1.** *Beratung [mehrerer Ärzte über einen Krankheitsfall].* **2.** *Gruppe von Beratenden.*
kon|sis|tent ⟨Adj.⟩ [lat. consistens (Gen.: consistentis), 1. Part. von: consistere = sich hinstellen, stillstehen; dicht werden] (bildungsspr.): **1. a)** *fest [zusammenhängend]:* -es Material; **b)** *(z. B. in Form, Aufbau) von festem Zusammenhalt; in sich stabil, beständig:* die Ehe als k. bleibende Form des Zusammenlebens. **2.** (bes. Logik) *zusammenhängend in der Gedankenführung:* -e Begriffe.
Kon|sis|tenz, die; -: **1. a)** (bes. Fachspr.) *Grad u. Art des Zusammenhalts eines Stoffes:* von fester, hoher K. sein; **b)** (bildungsspr.) *konsistente* (1 b) *Beschaffenheit.* **2.** (bes. Logik) *strenger gedanklicher Zusammenhang:* die K. der Argumentationsführung.
kon|sis|to|ri|al ⟨Adj.⟩: *zum Konsistorium gehörend, es betreffend; nach Art, in Form eines Konsistoriums.*
Kon|sis|to|ri|al|rat, der (ev. Kirche): *[Amtstitel für ein] Mitglied des Konsistoriums* (2) *einer konsistorial verfassten Landeskirche.*
Kon|sis|to|ri|um, das; -s, ...ien [spätlat. consistorium = (Beratungszimmer für) das kaiserliche Kabinett, lat. = Versammlungsort]: **1.** (kath. Kirche) **a)** *Plenarversammlung der Kardinäle unter Vorsitz des Papstes;* **b)** *(in Österreich) Verwaltungsbehörde einer Diözese;* **c)** (selten) *bischöfliches Gericht.* **2.** *(bei bestimmten evangelischen Landeskirchen) oberste Verwaltungsbehörde.*
kon|skri|bie|ren ⟨sw. V.; hat⟩ [lat. conscribere, eigtl. = in Listen eintragen, zu: scribere = schreiben] (früher): *zum Wehrdienst einberufen.*
Kon|skrip|ti|on, die; -, -en [lat. conscriptio = Liste] (früher): *das Konskribieren.*
[1]Kon|sol, der; -s, -s ⟨meist Pl.⟩ [engl. consols (Pl.), kurz für: Consolidated Annuities, Bez. f. engl.

Staatsanleihen im 18. Jh.] (Finanzw.): *englischer Staatsschuldschein.*

²Kon|sol, das; -s, -e (landsch.): *Konsole* (2).

Kon|so|le, die; -, -n [frz. console, Kurzf. von: consolateur = Gesimsträger < lat. consolator = Tröster, also eigtl. = Tröster; Stütze]: **1.** (Archit.) *Vorsprung (als Teil einer Wand, Mauer), der etw. trägt od. auf dem etw. aufgestellt werden kann.* **2.** *Wandbord, -brett; an der Wand angebrachtes tischartiges Möbel mit zwei Beinen [für Vasen, Uhren o. Ä.].* **3.** *Grundgerät für elektronische Spiele mit integriertem Bildschirm od. mit Anschlussmöglichkeit an ein Fernsehgerät.*

Kon|so|li|da|ti|on, die; -, -en [frz. consolidation < lat. consolidatio = Festigung, Sicherung des Eigentumsrechts, zu: consolidare, ↑konsolidieren]: **1.** (bildungsspr., Fachspr.) *Konsolidierung.* **2.** (Wirtsch.) **a)** *Umwandlung kurzfristiger Staatsschulden in Anleihen;* **b)** *Vereinigung unterschiedlicher Staatsanleihen zu einer einheitlichen Anleihe.* **3.** (Rechtsspr.) *feste Bindung eines dinglichen Rechtes (z. B. einer Hypothek) an ein Grundstück.* **4.** (Geol.) *Versteifung eines Teils der Erdkruste (durch Faltung, Eindringen von Magma), die keine Faltung mehr zulässt.* **5.** (Med.) *Konsolidierung* (3).

kon|so|li|die|ren ⟨sw. V.; hat⟩ [frz. consolider < lat. consolidare = festmachen, das Eigentumsrecht sichern]: **1.** (bildungsspr.) **a)** *in seinem Bestand festigen, sichern:* der Staat konsolidiert seine Wirtschaft, sein Ansehen; **b)** ⟨k. + sich⟩ *sich in seinem Bestand festigen:* die Wirtschaft hat sich konsolidiert. **2.** (Wirtsch.) *durch Konsolidation (2) umwandeln od. zusammenlegen:* konsolidierte Schuld, konsolidierte Staatsanleihen.

Kon|so|li|die|rung, die; -, -en (bildungsspr., Fachspr.): **1.** *das Konsolidieren* (1). **2.** (Wirtsch.) *Konsolidation* (2). **3.** (Med.) **a)** *Verknöcherung des Gewebes, das sich nach einem Knochenbruch neu gebildet hat;* **b)** *Stillstand eines Krankheitsprozesses* (z. B. bei der Lungentuberkulose).

Kon|sol|tisch, der: *Konsole* (2).

Kon|som|mee: ↑Consommé.

kon|so|nant ⟨Adj.⟩ [lat. consonans (Gen.: consonantis) = übereinstimmend, mitlautend, zu: consonare = zusammen-, mittönen]: **1.** (Musik) *harmonisch zusammenklingend.* **2.** (Akustik) *mitklingend, -schwingend.* **3.** (veraltet) *einstimmig, übereinstimmend.*

Kon|so|nant, der; -en, -en [lat. (littera) consonans, eigtl. = mittönend(er Buchstabe)] (Sprachw.): *Laut, bei dessen Artikulation der Atemstrom gehemmt od. eingeengt wird; Mitlaut.*

Kon|so|nan|ten|schwund, der (Sprachw.): *sprachgeschichtlicher Schwund von Konsonanten.*

Kon|so|nan|ten|ver|bin|dung, die (Sprachw.): *Verbindung von Konsonanten.*

kon|so|nan|tisch ⟨Adj.⟩ (Sprachw.): *[einen] Konsonanten betreffend, damit gebildet:* -e Endung.

Kon|so|nan|tis|mus, der; - (Sprachw.): *System, Funktion der Konsonanten.*

Kon|so|nanz, die; -, -en [lat. consonantia, zu: consonare, ↑konsonant]: **1.** (Musik) *konsonanter Gleichklang von Tönen.* **2.** (Sprachw.) *Konsonantenverbindung, -häufung.*

Kon|sor|te, der; -n, -n [1: zu ↑Konsortium; 2: lat. consortes, Pl. von: consors = Genosse, Gefährte; eigtl. = jmd., der das gleiche Los hat; Schicksalsgefährte, zu: sors, ↑Sorte]: **1.** (Wirtsch.) *Mitglied eines Konsortiums.* **2.** ⟨Pl.⟩ meist in der Fügung **und -n** (abwertend; *und die Mitbeteiligten [bes. bei Streichen, unlauteren Geschäften o. Ä.]*): [die Herren] Kromzack und -n haben das eingefädelt.

Kon|sor|ti|al|mit|glied, das (Wirtsch.): *Mitglied eines Konsortiums.*

Kon|sor|ti|um, das; -s, ...ien [lat. consortium = Teilhaberschaft, zu: consors, ↑Konsorte] (Wirtsch.): *vorübergehender Zusammenschluss von Unternehmen, bes. Banken, zur gemeinsamen Durchführung eines größeren Geschäfts:* ein internationales K. von elf Großbanken; ein K. bilden, gründen.

Kon|spekt, der; -[e]s, -e [lat. conspectus = Betrachtung, zu: conspicere = betrachten] (bildungsspr.): *Zusammenfassung, Inhaltsangabe, -übersicht:* von einem Aufsatz, einem Buch einen K. anfertigen.

Kon|spi|rant, der; -en, -en [zu lat. conspirans (Gen.: conspirantis), 1. Part. von: conspirare, ↑konspirieren] (bildungsspr.): *[politischer] Verschwörer.*

Kon|spi|ra|ti|on, die; -, -en [lat. conspiratio] (bildungsspr.): *Verschwörung.*

kon|spi|ra|tiv ⟨Adj.⟩: **a)** *eine Konspiration bezweckend, anstrebend:* -e Tätigkeit; in -er Absicht zusammenkommen; k. zusammenarbeiten; **b)** *in den Zusammenhang einer Verschwörung gehörend:* eine -e Wohnung durchsuchen.

kon|spi|rie|ren ⟨sw. V.; hat⟩ [lat. conspirare, eigtl. = einmütig sein, im Einverständnis handeln]: *sich verschwören (bes. zur Erreichung politischer Ziele):* mit dem Feind, gegen den König k.

Kon|sta|bler, der; -s, - [1: engl. constable, ↑Konstabler (2); 2: ↑Konnetabel]: **1.** (veraltet) *Polizist.* **2.** (früher) *Soldat in gehobenem Dienstrang (etwa dem Unteroffizier entsprechend) im Geschützwesen der Marine od. bei der Artillerie.*

kon|stant ⟨Adj.⟩ [lat. constans (Gen.: constantis), adj. 1. Part. von: constare = feststehen]: *gleich bleibend:* -e Temperatur; -er Druck; eine -e (Math.; *feste*) Größe; mit -er *(beharrlicher)* Hartnäckigkeit; eine -e *(dauernde)* Gefährdung des Programms; sich k. *(beharrlich)* weigern; wir hatten k. *(dauernd)* schlechtes Wetter.

Kon|stan|te, die; -[n], -n (Fachspr. o. Art. meist:) -⟨Dekl. als subst. Adj. ↑Abgeordnete⟩ (Math., Physik): *konstante Größe:* eine physikalische K.; in dieser Form ist a eine K.; mit der planckschen -[n].

Kon|stan|ti|no|pel: früherer Name Istanbuls.

Kon|stan|ti|no|pe|ler, Kon|stan|ti|no|p|ler, Kon|stan|ti|no|po|li|ta|ner, der; -s, -: Ew.

kon|stan|ti|no|po|li|ta|nisch ⟨Adj.⟩: *Konstantinopel, die Einwohner von Konstantinopel betreffend, davon stammend, dazu gehörend.*

¹Kon|stanz, die; - [lat. constantia, zu: constans, ↑konstant] (bildungsspr., Fachspr.): *Unveränderlichkeit, Beständigkeit; das Konstantbleiben:* mit einer gewissen K. wiederkehren; ohne jede K.

²Kon|stanz: Stadt am Bodensee.

kon|sta|tie|ren ⟨sw. V.; hat⟩ [frz. constater, zu lat. constat = es steht fest, 3. Pers. Sg. Neutr. von: constare = feststehen] (bildungsspr.): **1.** *feststellen* (1 b): der Arzt konstatiert den Tod. **2.** *feststellen* (1 c).

Kon|sta|tie|rung, die; -, -en (bildungsspr.): *das Konstatieren.*

Kon|stel|la|ti|on, die; -, -en [spätlat. constellatio = Stellung der Gestirne, zu lat. stella = Stern]: **1.** (bildungsspr.) *Gesamtlage, wie sie sich aus dem Zusammentreffen besonderer Umstände, Verhältnisse ergibt:* eine neue, veränderte, [un]günstige politische K. **2.** (Astron., Astrol.) *Stellung der Planeten u. des Mondes zur Sonne u. zueinander [in ihrer astrologischen Bedeutung]:* die Planeten erscheinen in einer seltenen K.

Kon|ster|na|ti|on, die; -, -en [lat. consternatio, zu: consternare, ↑konsternieren] (bildungsspr.): *Bestürzung.*

kon|ster|nie|ren ⟨sw. V.; hat⟩ [frz. consterner < lat. consternare = außer Fassung bringen] (bildungsspr.): *konsterniert machen:* jmdn. k.; diese Frage konsterniert mich.

kon|ster|niert ⟨Adj.⟩: *bestürzt, fassungslos:* die -en Besucher verließen den Saal; außerordentlich k. sein.

Kon|sti|pa|ti|on, die; -, -en [spätlat. constipatio = das Zusammenstopfen] (Med.): *Stuhlverstopfung; Obstipation.*

Kon|sti|tu|an|te: ↑Constituante.

Kon|sti|tu|en|te, die; -, -n [lat. constituens (Gen.: constituentis), 1. Part. von: constituere, ↑konstituieren] (Sprachw.): *sprachliche Einheit, die Teil einer größeren, komplexeren Einheit ist.*

Kon|sti|tu|en|ten|satz, der (Sprachw.): *Satz, der unmittelbare Konstituente eines komplexen Satzes ist.*

Kon|sti|tu|en|ten|struk|tur, die (Sprachw.): *gestufter Aufbau aus Konstituenten.*

Kon|sti|tu|en|ten|struk|tur|gram|ma|tik, die (Sprachw.): *Grammatik, die die Konstituentenstruktur von Sätzen u. Wörtern beschreibt.*

kon|sti|tu|ie|ren ⟨sw. V.; hat⟩ [frz. constituer < lat. constituere = aufstellen, einsetzen] (bildungsspr.): **1. a)** *gründen; ins Leben rufen:* eine Republik, eine neue wissenschaftliche Disziplin k.; eine konstituierende *(die Organisationsform, Geschäftsordnung festlegende)* Sitzung; die konstituierende (Politik; *verfassunggebende*) Versammlung; **b)** *für etw. konstitutiv, grundlegend sein; etw. begründen:* die Sprache konstituiert das Denken; konstituierende *(konstitutive)* Bedingungen, Grundsätze. **2.** ⟨k. + sich⟩ *[zur Gründung zusammentreten u.] die eigene Organisationsform, Geschäftsordnung o. Ä. festlegen; sich bilden, zusammenschließen u. festen Bestand gewinnen:* sich als Körperschaft k.

Kon|sti|tu|ie|rung, die; -, -en: *das [Sich]konstituieren.*

Kon|sti|tut, das; -[e]s, -e [lat. constitutum = das Festgesetzte] (Rechtsspr. veraltet): *festgesetzter, erneuerter Vertrag.*

Kon|sti|tu|ti|on, die; -, -en [lat. constitutio, zu: constituere, ↑konstituieren]: **1. a)** *allgemeine, bes. körperliche Verfassung:* eine kräftige, schlechte, zarte K. haben; von schwacher K. sein; **b)** (bes. Med.) *Körperbau.* **2.** (Chemie) *Aufbau, Struktur eines Moleküls.* **3.** (Politik) *Verfassung; Satzung.* **4.** (kath. Kirche) **a)** *Erlass eines Papstes bzw. Konzils;* **b)** *Statut, Satzung (eines klösterlichen Verbandes).*

Kon|sti|tu|ti|o|na|lis|mus, der; - (Politik): **1.** *Staatsform, bei der Rechte u. Pflichten der Staatsgewalt (bes. des Monarchen) u. der Bürger in einer Verfassung festgelegt sind.* **2.** *für den Konstitutionalismus (1) eintretende Lehre.*

kon|sti|tu|ti|o|nell ⟨Adj.⟩ [frz. constitutionnel]: **1.** (Politik) *verfassungsmäßig; an die Verfassung gebunden:* -e Monarchie. **2.** (bes. Med.) *die Konstitution (1) betreffend, dazu gehörend, darauf beruhend:* -e Krankheiten.

Kon|sti|tu|ti|ons|typ, der (Med., Psych.): *eine der Grundformen des menschlichen Körperbaus [u. die ihm zuzuordnenden seelischen Eigenheiten]:* der leptosome K.

kon|sti|tu|tiv ⟨Adj.⟩ [zu lat. constituere, ↑konstituieren] (bildungsspr.): *als wesentliche Bedingung den Bestand von etw. ermöglichend, das Bild der Gesamterscheinung bestimmend:* -e Merkmale.

Kon|strik|ti|on, die; -, -en [spätlat. constrictio, zu: lat. constringere, ↑konstringieren]: **1.** (Med.) *Zusammenziehung (eines Muskels).* **2.** (Med., Biol.) *Einschnürung, Abschnürung.*

Kon|strik|tor, der; -s, ...oren (Med.): *Schließmuskel.*

kon|strin|gie|ren ⟨sw. V.; hat⟩ [lat. constringere (2. Part.: constrictum) = zusammenschnüren, -ziehen, zu: stringere, ↑strikt] (Med.): *(Muskeln o. Ä.) zusammenziehen.*

kon|stru|ie|ren ⟨sw. V.; hat⟩ [lat. construere = zusammenschichten; erbauen, errichten, zu: struere, ↑Struktur]: **1. a)** *Form u. [Zusammen]bau eines technischen Objektes durch Ausarbeitung des Entwurfs, durch technische Berechnungen, Überlegungen usw. maßgebend gestalten:* ein Auto, eine Brücke k.; das Regal habe ich [mir] selbst konstruiert; **b)** (bes. Math., Logik) *mithilfe vorgeschriebener Operationen herleiten;* **c)** (Geom.) *mithilfe bestimmter Zeichengeräte (z. B. Zirkel u. Lineal) aus vorgegebenen Größen (z. B. Winkeln, Strecken) zeichnen:* aus zwei Strecken und einem Winkel ein Dreieck k.; **d)** (Sprachw.) *nach den Regeln der Grammatik bilden:* einen Satz [richtig] k.; das Verb wird mit dem Dativ konstruiert *(mit einem Dativobjekt verbunden).* **2.** (bildungsspr.) **a)** *gedanklich, begrifflich, logisch aufbauen, herstellen:* ein Begriffssystem k.; [zu einem Fall] einen Parallelfall k.; **b)** (abwertend) *weitgehend gedanklich, theoretisch, mithilfe von Annahmen u. daher künstlich, in gezwungener Weise aufbauen, herstellen:* [aus schwachen Indizien] eine Anklage k.; eine allzu konstruierte Romanhandlung; das Beispiel klingt, wirkt konstruiert *(gekünstelt, gezwungen).*

Kon|strukt, das; -[e]s, -e, selten: -s [wohl engl. construct, zu: to construct = (auf)bauen, konstruieren, zu: lat. constructum, 2. Part. von: construere, ↑konstruieren] (bildungsspr., Wissensch.): *Arbeitshypothese od. gedankliche Hilfskonstruktion für die Beschreibung erschlossener Phänomene:* das Sprachsystem, der Begriff des Sprachsystems ist ein K. der Linguistik.

Kon|struk|teur [...'tø:ɐ̯], der; -s, -e [frz. constructeur]: *Fachmann (bes. Ingenieur, Techniker), der technische Objekte konstruiert:* der K. dieses Automodells.

Kon|struk|teu|rin, die; -, -nen: w. Form zu ↑Konstrukteur.

Kon|struk|ti|on, die; -, -en [lat. constructio]: **1. a)** *das Konstruieren* (1 a): die K. einer Brücke; sie planen die K. eines Senkrechtstarters; **b)** *das Ergebnis des Konstruierens* (1 a); *das [als Modell] Konstruierte:* eine gelungene, ausgereifte, veraltete K.; eine K. *(einen Entwurf)* prüfen. **2. a)** (bes. Math., Logik) *durch Konstruieren* (1 b) *hergeleitete Formel, Theorie o. Ä.;* **b)** (Geom.) *das Konstruieren* (1 c): die K. eines Dreiecks, einer Ellipse; **c)** (Sprachw.) *das Konstruieren* (1 d); **d)** *durch Konstruieren* (1 d) *entstandene komplexe sprachliche Einheit.* **3. a)** (bildungsspr.) *gedanklicher Aufbau:* die K. eines philosophischen Systems; juristische, philosophische -en *(gedanklich-abstrakte Gebilde, Gedankengebäude);* **b)** *konstruierte* (2 b) *Aussage, Gedankenfolge:* diese Anschuldigung ist eine fantasievolle, eine kühne K.

Kon|struk|ti|ons|bü|ro, das: *Büro, in dem technische Entwürfe u. Berechnungen angefertigt werden.*

Kon|struk|ti|ons|ele|ment, das: *Element der Konstruktion.*

Kon|struk|ti|ons|feh|ler, der: *Fehler einer Konstruktion.*

Kon|struk|ti|ons|teil, das: vgl. Konstruktionselement.

Kon|struk|ti|ons|zeich|nung, die: *Zeichnung als Entwurf einer Konstruktion* (1 b).

kon|struk|tiv ⟨Adj.⟩ [spätlat. constructivus, zu lat. construere, ↑konstruieren]: **1.** (bildungsspr.) *aufbauend, den sinnvollen Aufbau* (2) *fördernd, entwickelnd:* -e Politik, Kritik; ein -er Beitrag, Vorschlag; -es Denken; k. sein, mitarbeiten, streiten; -es Misstrauensvotum (Bundesrepublik Deutschland, Parl.; *Misstrauensvotum gegen den Bundeskanzler, das nur durch die Wahl eines Nachfolgers wirksam wird*). **2. a)** (bes. Technik) *die Konstruktion* (1, 2 a, b) *betreffend, darauf beruhend:* -e Probleme, Eigentümlichkeiten, Elemente; **b)** (bes. Math., Logik) *operativ herleitend, begründend, in methodisch grundlegender Weise konstruierend* (1 b), *operativ verfahrend:* -e Mathematik, Logik.

Kon|struk|ti|vis|mus, der; -: **1.** (bild. Kunst) *Kunst[richtung], bei der die geometrisch-technische Konstruktion wichtigstes Gestaltungsprinzip ist.* **2.** (Wissensch., Philos.) *Lehre, die den konstruktiven* (2 b) *Aufbau bes. der Mathematik u. der Logik vertritt.*

Kon|struk|ti|vist, der; -en, -en: *Vertreter, Anhänger des Konstruktivismus.*

Kon|struk|ti|vis|tin, die; -, -nen: w. Form zu ↑Konstruktivist.

kon|struk|ti|vis|tisch ⟨Adj.⟩: *den Konstruktivismus vertretend, zu ihm gehörend, ihm eigentümlich.*

Kon|sul, der; -s, -n [spätmhd. consul = Handlungsbevollmächtigter einer Regierung < lat. consul = Konsul (1), zu: consulere = sich beraten]: **1.** *einer der beiden auf Zeit gewählten obersten Beamten der römischen Republik.* **2.** *mit der Wahrnehmung bestimmter [wirtschaftlicher] Interessen u. der Interessen von Staatsbürgern des Heimatstaates beauftragter offizieller Vertreter eines Staates im Ausland.*

kon|su|la|risch ⟨Adj.⟩ (Dipl.): *den Konsul* (2), *das Konsulat* (2) *betreffend:* eine -e Vertretung.

Kon|su|lar|recht, das ⟨o. Pl.⟩ (Rechtsspr.): *konsularisches Recht.*

Kon|su|lat, das; -[e]s, -e [1: lat. consulatus = Konsulamt, -würde]: **1.** *Amt[szeit] eines Konsuls* (1). **2.** *Dienststelle eines Konsuls* (2).

Kon|su|lin, die; -, -nen: **1.** w. Form zu ↑Konsul (2). **2.** (veraltet) *Frau eines Konsuls* (2).

Kon|sul|tant, der; -en -en [lat. consultans (Gen.: consultantis), 1. Part. von: consultare, ↑konsultieren] (Fachspr.): *fachmännischer Berater, Gutachter.*

Kon|sul|tan|tin, die; -, -nen: w. Form zu ↑Konsultant.

Kon|sul|ta|ti|on, die; -, -en [lat. consultatio = Beratschlagung, zu: consultare, ↑konsultieren]: **1.** *Beratung durch einen Fachmann, bes. Untersuchung u. Beratung durch einen Arzt:* für seine -en berechnete der Arzt 386 Mark; jmdn. zur K. heranziehen. **2.** (bes. Politik) *gemeinsame Beratung, Besprechung, bes. zwischen Regierungen, Vertragspartnern:* eine K. zwischen den verbündeten Staaten; in ständigen -en mit Frankreich stehen; sich zu politischen -en treffen. **3.** (regional) *Beratung durch einen Fachmann, bes. einen [Hochschul]lehrer, der Fragen stellt u. auf Fragen antwortet.* **4.** *Konsultierung.*

kon|sul|ta|tiv ⟨Adj.⟩ (bildungsspr., Fachspr.): *Konsultationen* (1–3) *durchführend, sie betreffend, dazu gehörend, darauf beruhend:* -e Funktion, Tätigkeit.

kon|sul|tie|ren ⟨sw. V.; hat⟩ [lat. consultare = um Rat fragen, überlegen, Intensivbildung von: consulere, ↑Konsul]: **1.** (bildungsspr.) *zurate ziehen, um Rat fragen:* einen Arzt, einen Anwalt, einen Experten k.; Ü ein Wörterbuch, ein Lexikon k. **2.** (bes. Politik) *(bes. mit einem Vertrags-, Bündnispartner) beratende Gespräche führen, sich besprechen, beratschlagen.*

Kon|sul|tie|rung, die; -, -en: *das Konsultieren; das Konsultiertwerden.*

[1]Kon|sum, der; -s [ital. consumo = Verbrauch, zu: consumere < lat. consumere, ↑konsumieren]: **1.** (bildungsspr.) *Verbrauch (bes. von Nahrungs-, Genussmitteln); Verzehr, Genuss:* der übermäßige K. von Alkohol; unser K. an Bier war beachtlich; der K. an Zigaretten steigt; Ü Literatur für den täglichen K. **2.** (Wirtsch.) *Konsumtion* (1).

[2]Kon|sum ['kɔnzu:m, ...zʊm, auch: kɔn'zu:m], der; -s, -s [urspr. kurz für ↑Konsumverein, Konsumgenossenschaft] (Bundesrepublik Deutschland veraltet): **1.** ⟨o. Pl.⟩ *Konsumverein.* **2.** *Laden einer Konsumgenossenschaft, eines Konsumvereins:* im K. einkaufen.

Kon|su|ma|ti|on, die; -, -en (österr., schweiz.): *Verzehr* (2).

Kon|sum|den|ken, das (oft abwertend): *vom Konsum beherrschte Lebensauffassung.*

Kon|su|ment, der; -en, -en: **1.** (Wirtsch.) *jmd., der etw. konsumiert:* die Interessen der -en; die -en von Spirituosen, Pkws. **2.** (Biol.) *(in der Nahrungskette) Lebewesen, das organische Nahrung verbraucht:* Pflanzen-, Fleisch- und Allesfresser sind -en.

Kon|su|men|tin, die; -, -nen: w. Form zu ↑Konsument (1).

Kon|sum|ge|nos|sen|schaft, die (Wirtsch.): *Genossenschaft von Verbrauchern mit dem Zweck des möglichst günstigen Großeinkaufs u. preiswerten Einzelverkaufs von Konsumgütern.*

Kon|sum|ge|sell|schaft, die (oft abwertend): *in ihrem ganzen Lebensstil vorwiegend auf die Sicherung u. Steigerung des Konsums ausgerichtete Gesellschaft mit relativ hohem Wohlstand breiter Bevölkerungskreise.*

Kon|sum|ge|wohn|hei|ten ⟨Pl.⟩ (Wirtsch.): vgl. Konsumverhalten.

Kon|sum|gut, das ⟨meist Pl.⟩ (Wirtsch.): *für den Konsum bestimmtes Gut.*

Kon|sum|gü|ter|in|dus|trie, die (Wirtsch.): *Konsumgüter produzierende Industrie.*

kon|su|mie|ren ⟨sw. V.; hat⟩: *Konsumgüter, bes. Verbrauchsgüter verbrauchen:* Lebensmittel, reichlich Bier, Tabak, Tabletten k.; Ü Kunst k.

Kon|su|mie|rung, die; -, -en: *das Konsumieren.*

Kon|sum|müll, der (oft abwertend): *im Zusammenhang mit dem [hohen] privaten Verbrauch von Konsumgütern [verstärkt] anfallender Müll.*

kon|sum|ori|en|tiert ⟨Adj.⟩: *einseitig auf den Erwerb von Konsumgütern ausgerichtet, nur nach Genuss strebend.*

Kon|sum|tem|pel, der (abwertend): *Kaufhaus (als eine Stätte, an der bes. dem Konsum gefrönt wird).*

Kon|sum|ter|ror, der (emotional abwertend): *(durch die Werbung ausgeübter) Druck, der jmdn. zur fortgesetzten Steigerung seines Konsums antreibt.*

Kon|sum|ti|on, die; -, -en [lat. consumptio = Aufzehrung, zu: consumere = verbrauchen, ↑Konsum]: **1.** (Wirtsch.) *Konsum, Verbrauch von Wirtschaftsgütern.* **2.** (Rechtsspr.) *das Aufgehen eines einfachen [strafrechtlichen] Tatbestandes in einem übergeordneten, umfassenderen.* **3.** (Med.) *körperliche Auszehrung.*

kon|sum|tiv ⟨Adj.⟩ (Wirtsch.): **a)** *zum Konsum, zur Konsumtion gehörend:* -e Ausgaben; **b)** *am Konsum beteiligt.*

Kon|sum|ver|ein, der: vgl. Konsumgenossenschaft.

Kon|sum|ver|hal|ten, das (Wirtsch.): *Verhalten im Bereich des Konsums.*

Kon|sum|ver|wei|ge|rer, der: *jmd., der sich dem Konsumzwang entzieht, der Konsumverzicht leistet.*

Kon|sum|ver|wei|ge|rin, die: w. Form zu ↑Konsumverweigerer.

Kon|sum|ver|zicht, der: *Verzicht auf ein Übermaß an Konsum.*

Kon|sum|zwang, der ⟨o. Pl.⟩: vgl. Konsumterror.

Kon|szi|en|ti|a|lis|mus, der; - [zu lat. conscientia = Bewusstsein] (Philos.): *Lehre, nach der die Gegenstände der Erkenntnis nur als Bewusstseinsinhalte existieren.*

Kon|ta|gi|on, die; -, -en [lat. contagio, zu: contingere, ↑Kontakt] (Med.): *Ansteckung, Infektion.*

kon|ta|gi|ös ⟨Adj.⟩ [spätlat. contagiosus] (Med.): *ansteckend.*

Kon|ta|gi|o|si|tät, die; -: *kontagiöse Beschaffenheit.*

Kon|ta|gi|um, das; -s, ...ien [2: lat. contagium] (Med.): **1.** *der bei der Ansteckung durch Krankheitserreger wirksame Stoff.* **2.** (veraltet) *Ansteckung.*

Kon|takt, der; -[e]s, -e [lat. contactus, zu: contingere (2. Part.: contactum) = berühren, zu: tangere, ↑tangieren]: **1.** *Verbindung, die jmd. (einmal od. in bestimmten Abständen wieder) für eine kurze Dauer herstellt; Fühlung:* persönlicher, direkter K.; berufliche, menschliche, sexuelle -e; es kam zwischen uns bald ein K. zustande; der enge K. zwischen Kindern und Eltern; er hat den K. zu ihr verloren; sie hat -e zum Geheimdienst; mit jmdm. K. haben, halten; -e zu jmdm., etw. herstellen, pflegen; [den] K. mit jmdm., etw. suchen, finden; eine Party für K. suchende Singles; mit einer Firma K., -e aufnehmen; mit jmdm. keinen K. *(kein persönliches Verhältnis)* bekommen; wir sind, stehen, bleiben in K., in ständigem, engem K. [miteinander]; mit jmdm. in K. kommen, treten. **2.** (bildungsspr., Fachspr.) *Berührung:* körperlicher K.; persönlicher K. (Basketball; *körperliches Berühren eines Gegenspielers*); der Reifen hat einen guten K. mit der Straße *(eine gute Bodenhaftung).* **3.** (Elektrot.) **a)** *Berührung, durch die eine Strom führende Verbindung hergestellt wird:* die

Drähte haben [keinen] K.; der Bügel hat [keinen] K. mit der Oberleitung; **b)** *Verbindungsteil zur Herstellung des elektrischen Kontakts* (3 a): die -e des Steckers; einen K. *(eine Vorrichtung zum Schließen eines Stromkreises)* betätigen, öffnen, schließen. **4.** (chem. Technik) *aus einem Festkörper bestehender Katalysator.*

Kon|tạkt|ab|zug, der (Fot.): *Abzug* (2 a) *in der Größe des Negativs.*

Kon|tạkt|adres|se, die: *Adresse, unter der jmd. mit Personen Kontakt aufnehmen kann, die ihm in einer bestimmten für ihn wichtigen Sache von Nutzen sein können:* eine K. für Drogenabhängige.

Kon|tạkt|an|zei|ge, die: *Anzeige, durch die jmd. einen persönlichen Kontakt, eine Bekanntschaft sucht.*

kon|tạkt|arm ‹Adj.›: **a)** *ohne die als normal empfundene Fähigkeit, mit anderen Menschen leicht u. von sich aus in [engere] Verbindung zu treten;* **b)** *zwangsläufig wenig Kontakte habend.*

Kon|tạkt|ar|mut, die: **a)** *kontaktarme Wesensart;* **b)** *Mangel an Kontakt.*

Kon|tạkt|auf|nah|me, die: *Aufnahme eines Kontaktes* (1).

Kon|tạkt|be|am|te, der: *Kontaktbereichsbeamter.*

Kon|tạkt|be|am|tin, die: w. Form zu ↑Kontaktbeamte.

Kon|tạkt|be|reichs|be|am|te, der: *Polizist, der täglich sein Revier zu Fuß durchstreift u. Kontakte zu den Bürgern aufnimmt.*

Kon|tạkt|be|reichs|be|am|tin, die: w. Form zu ↑Kontaktbereichsbeamte.

kon|tạk|ten ‹sw. V.; hat› [engl. to contact]: **1.** (bes. Wirtsch.) *(bes. im Rahmen beruflicher Tätigkeit) kontaktieren.* **2.** (Wirtsch.) *als Kontakter tätig sein.*

Kon|tạk|ter, der; -s, - (Wirtsch.): *Angestellter einer Werbeagentur, der den Kontakt zu den Auftraggebern hält.*

Kon|tạk|te|rin, die; -, -nen: w. Form zu ↑Kontakter.

kon|tạkt|fä|hig ‹Adj.›: *fähig, ohne Schwierigkeiten menschlichen Kontakt zu finden.*

Kon|tạkt|flä|che, die (Fachspr.): *berührende Fläche, die Kontakt* (2, 3 a) *hat, herstellt.*

kon|tạkt|freu|dig ‹Adj.›: *fähig u. bereit, mit anderen rasch in Kontakt zu treten.*

Kon|tạkt|freu|dig|keit, die: *kontaktfreudiges Wesen.*

Kon|tạkt|ge|spräch, das: *Gespräch zur Kontaktaufnahme.*

Kon|tạkt|gift, das: *(im Pflanzen- u. Vorratsschutz) chemischer Stoff, der auf Organismen bei Berührung tödlich wirkt.*

Kon|tạkt|glas, das ‹Pl. ...gläser; meist Pl.›: *Kontaktlinse.*

kon|tak|tie̲|ren ‹sw. V.; hat› (bildungsspr.): *(mit jmdm.) Kontakte aufnehmen, unterhalten:* jmdn., (auch:) mit jmdm. k.

Kon|tạkt|in|fek|ti|o̲n, die (Med.): *Ansteckung durch Berührung.*

Kon|tạkt|lin|se, die ‹meist Pl.›: *als Ersatz für eine Brille dienende dünne, durchsichtige kleine Schale aus Kunststoff, die unmittelbar auf die Hornhaut des Auges gesetzt wird.*

kon|tạkt|los ‹Adj.›: **1.** *ohne näheren menschlichen Kontakt.* **2.** (Elektrot.) *ohne Kontakt* (3 b).

Kon|tạkt|lo|sig|keit, die; -: *kontaktlose [Wesens]art, Verhaltensweise.*

Kon|tạkt|man|gel, der: *Mangel an Kontakt (zu anderen Menschen).*

Kon|tạkt|mann, der ‹Pl. ...männer u. ...leute›: *Verbindungsmann, Kontakter.*

Kon|tạkt|nah|me, die; -, -n: *Kontaktaufnahme.*

Kon|tạkt|per|son, die: **1.** (Med.) *jmd., der mit dem Träger od. der Quelle einer Infektion direkten od. indirekten Kontakt hatte:* die -en wurden isoliert. **2.** (selten) *jmd., zu dem man Kontakt aufnehmen kann.*

Kon|tạkt|pfle|ge, die: *Pflege von Kontakten im Bereich einer Firma, Vereinigung, Gruppe.*

Kon|tạkt|rol|le, die (Elektrot., Verkehrsw.): *Rolle, über die der Stromabnehmer Kontakt mit der Oberleitung hat.*

Kon|tạkt|schal|le, die ‹meist Pl.›: *Kontaktlinse.*

kon|tạkt|scheu ‹Adj.›: *menschliche Kontakte scheuend.*

Kon|tạkt|scheu, die: *Scheu vor menschlichen Kontakten.*

Kon|tạkt|schwel|le, die (Fachspr.): *vor Verkehrsampeln auf der Fahrbahn angebrachte Vorrichtung, die beim Überfahrenwerden einen Kontakt* (3 a) *auslöst u. so die Ampelanlage steuert.*

Kon|tạkt|schwie|rig|kei|ten ‹Pl.› (bes. Psych.): *Schwierigkeiten, menschlichen Kontakt zu finden.*

Kon|tạkt|sper|re, die (Rechtsspr.): *Unterbindung aller Kontakte bestimmter Häftlinge bes. mit der Außenwelt, solange von solchen Kontakten eine akute Gefahr für Leib u. Leben anderer Menschen ausgeht.*

Kon|tạkt|stel|le, die: *Stelle* (1), *an der ein Kontakt* (1, 2, 3 a) *hergestellt wird.*

Kon|tạkt|stift, der (Elektrot.): *Stift als Kontakt* (3 b).

Kon|tạkt|stu|di|um, das (Hochschulw.): *weiterbildendes zusätzliches Studium, durch das bes. der Kontakt mit der Entwicklung der Wissenschaften hergestellt bzw. aufrechterhalten werden soll.*

Kon|tạkt su|chend: s. Kontakt (1).

kon|tạkt|un|fä|hig ‹Adj.›: *unfähig, ohne Schwierigkeit menschlichen Kontakt zu finden.*

Kon|tạkt|un|fä|hig|keit, die ‹o. Pl.›: *Unfähigkeit, Unvermögen, ohne Schwierigkeit menschliche Kontakte aufzunehmen.*

Kon|tạkt|zaun, der (Technik, Milit.): *elektrisch geladener Zaun, durch dessen Berührung Warnsignale ausgelöst werden.*

Kon|ta|mi|na|ti|o̲n, die; -, -en [lat. contaminatio = Berührung, zu: contaminare, ↑kontaminieren]: **1.** (Sprachw.) **a)** *Vermengung von Wörtern, Wendungen, die zu einer Kontaminationsform führt* (z. B. »Gebäulichkeiten« aus »Gebäude« u. »Baulichkeiten«): die K. zweier Wörter; die K. einer Wendung mit einer anderen; **b)** *Kontaminationsform.* **2.** (Physik) *Verunreinigung von Kernbrennstoff mit Neutronen absorbierenden Spaltprodukten.* **3.** (Fachspr.) *Verschmutzung, Verunreinigung, Verseuchung.*

Kon|ta|mi|na|ti|o̲ns|form, die (Sprachw.): *Ausdruck, dessen Form Ergebnis einer Kontamination* (1 a) *ist.*

kon|ta|mi|nie̲|ren ‹sw. V.; hat› [lat. contaminare = mit Fremdartigem in Verbindung bringen; verderben]: **1.** (Sprachw.) *im Rahmen einer Kontamination* (1 a) *vermengen:* zwei Ausdrücke [miteinander] k. **2.** (Physik) *(Kernbrennstoff mit Neutronen absorbierenden Spaltprodukten) verunreinigen.* **3.** (Fachspr.) *verschmutzen, verunreinigen, verseuchen:* etw. [radioaktiv] k.; kontaminiertes Wasser.

Kon|ta|mi|nie̲|rung, die; -, -en: *das Kontaminieren, Kontaminiertwerden.*

kon|tạnt ‹Adj.› [ital. contante, zu: contare < lat. computare, ↑Konto] (Kaufmannsspr.): *bar* (1).

Kon|tạn|ten ‹Pl.› [ital. contanti] (Geldw.): **1.** *Bargeld.* **2.** *ausländische Münzen, die nicht als Zahlungsmittel, sondern als Ware gehandelt werden.*

Kon|tem|pla|ti|o̲n, die; -, -en [lat. contemplatio, zu: contemplari, ↑kontemplieren]: **1.** (bildungsspr.) *konzentriert-beschauliches Nachdenken u. geistiges Sichversenken in etw.* **2.** (Rel.) *innere Sammlung u. religiöse Betrachtung; Versenkung.*

kon|tem|pla|ti̲v ‹Adj.› [lat. contemplativus] (bildungsspr.): **1.** *auf Kontemplation* (1) *gerichtet; betrachtend; beschaulich, besinnlich:* eine -e Natur. **2.** *auf Kontemplation* (2) *gerichtet, dadurch bestimmt, gekennzeichnet:* die Mönche führten ein -es Leben.

kon|tem|plie̲|ren ‹sw. V.; hat› [lat. contemplari = betrachten, bedenken] (bildungsspr. veraltend): *sich der Kontemplation* (1) *hingeben.*

kon|tem|po|rä̲r ‹Adj.› [aus lat. con- = mit- u. ↑temporär] (bildungsspr.): *zeitgenössisch.*

Kọn|ten: Pl. von ↑Konto.

Kon|te|nan|ce: ↑Contenance.

Kọn|ten|plan, der (Wirtsch.): *systematische Gliederung der Konten der Buchführung eines Unternehmens.*

Kọn|ten|rah|men, der (Wirtsch.): *Schema zur Einordnung der Konten der Buchführung.*

Kọn|ten|spa|ren, das; -s (Bankw.): *Sparen durch Ansammeln von Geld auf Sparkonten.*

Kon|tẹn|ten ‹Pl.› [zu älter ital. contenti, Pl. von: contento = Inhalt, zu lat. contentum, ↑Kontentivverband] (Seew.): *Verzeichnis der Ladung.*

Kon|ten|ti̲v|ver|band, der [zu lat. contentum, 2. Part. von: continere = zusammenhalten] (Med.): *ruhig stellender, steifer Stützverband.*

Kọn|ter, der; -s, - [engl. counter, zu frz. contre = gegen < lat. contra]: **1.** (Boxen) *Konterschlag.* **2.** (Ringen) *Kontergriff.* **3.** (Ballspiele) *Konterangriff:* schnelle, gefährliche K.; einen K. landen; sie kamen nur zu einem einzigen K. **4.** (ugs.) *Aktion, Äußerung, mit der jmd. etw. kontert.*

Kọn|ter|ad|mi|ral, der (Milit.): **a)** ‹o. Pl.› *dritthöchster Offiziersdienstgrad der Marine;* **b)** *Offizier mit dem Dienstgrad Konteradmiral.*

Kọn|ter|an|griff, der (Ballspiele): *unmittelbar nach erfolgreicher Abwehr eines gegnerischen Angriffs erfolgender Gegenangriff.*

Kọn|ter|at|ta|cke, die (Ballspiele österr.): *Konterangriff.*

Kọn|ter|ban|de, die; - [frz. contrebande = Schmuggelware < ital. contrabbando, zusgez. aus: contra bando = gegen die Verordnung]: **1.** (Völkerrecht) *für eine Krieg führende Macht bestimmte kriegswichtige Güter, die verbotenerweise von neutralen Schiffen mitgeführt werden.* **2.** (veraltend) *Schmuggelware.*

Kọn|ter|fei [auch: --'-], das; -s, -s, auch: -e [zu frz. contrefait = nachgebildet, zu: contrefaire = nachmachen, nachbilden < spätlat. contrafacere] (veraltet, noch altertümelnd od. scherzh.): *Abbild, Bild[nis] (bes. eines Gesichts):* an den Wänden hingen die -s seiner Ahnen.

kọn|ter|fei|en [auch: – –'– –] ‹sw. V.; hat› [spätmhd. conterfeyten] (veraltet, noch scherzh.): *abbilden, porträtieren.*

Kọn|ter|griff, der (Ringen): *Griff, mit dem ein gegnerischer Angriff abgewehrt u. gleichzeitig angegriffen wird.*

kon|ter|ka|rie̲|ren ‹sw. V.; hat› [frz. contrecarrer] (bildungsspr.): *hintertreiben, durchkreuzen:* eine Politik, jmds. Maßnahmen k.

Kọn|ter|mi|ne, die; -, -n [frz. contre-mine]: **1. a)** (bildungsspr. selten) *durchkreuzende, hintertreibende Maßnahme; Gegenmaßnahme;* **b)** (Börsenw.) *Spekulation, bei der das Fallen der Kurse erwartet wird.* **2.** (Milit. früher) *Mine der Belagerten zur Abwehr der feindlichen Minen.*

kon|ter|mi|nie̲|ren ‹sw. V.; hat› [2: frz. conterminer]: **1. a)** (bildungsspr. selten): *konterkarieren;* **b)** (Börsenw.) *auf das Fallen der Kurse spekulieren.* **2.** (früher) *eine Kontermine* (2) *legen.*

Kọn|ter|mut|ter, die (Technik): *zum Kontern* (2) *verwendete* [2]*Mutter.*

kọn|tern ‹sw. V.; hat› [engl. to counter, ↑Konter]: **1. a)** (Sport) *(den [Gegner im] Angriff) abfangen u. aus der Verteidigung heraus selbst angreifen:* den Gegner, den Schlag [mit einem linken Haken] k.; hart, geschickt k.; **b)** *durch eine Gegenaktion od. eine entgegnende, bes. schlagfertige Äußerung entschieden abwehren, zurückweisen, sich zur Wehr setzen:* jmds. Maßnahmen k.; »Das wissen Sie selbst am besten!«, konterte er. **2.** (Technik) *(eine Mutter auf einem Schraubengewinde) durch gegensinniges Aufschrauben einer Kontermutter sichern.* **3.** (Druckw.) *(ein Druckbild) durch Herstellung eines Umdrucks spiegelbildlich umkehren.* **4.** (Hammerwerfen) *beim Drehen durch entgegengerichtete Bewegung des Beckens dem Zug des Hammers entgegenwirken:* mit Rumpfvorlage k.

kọn|ter|pro|duk|tiv ⟨Adj.⟩ [engl. counter-productive = un-, widersinnig] (bildungsspr.): *kontraproduktiv.*

Kọn|ter|re|vo|lu|ti|on, die; -, -en [frz. contrerévolution]: **1.** *Gegenrevolution.* **2. a)** *(im marxistischen Sinn) antikommunistische Revolution od. Opposition:* die K. im Keim ersticken; **b)** ⟨o. Pl.⟩ *(im marxistischen Sinn) Gesamtheit von Kräften, Personen, die die Konterrevolution (2 a) anstreben.*

kọn|ter|re|vo|lu|ti|o|när ⟨Adj.⟩: *die Konterrevolution betreffend, bezweckend, anstrebend.*

Kọn|ter|re|vo|lu|ti|o|när, der; -s, -e: *jmd., der auf [eine] Konterrevolution hinarbeitet od. an ihr beteiligt ist.*

Kọn|ter|re|vo|lu|ti|o|nä|rin, die: w. Form zu ↑Konterrevolutionär.

Kọn|ter|schlag, der: **1.** (Boxen) *abwehrender Schlag.* **2.** (Ballspiele) *Konterangriff.* **3.** (bildungsspr.) *Akt des Konterns* (1 b).

Kọn|ter|tanz: *Kontretanz.*

Kọn|text [auch: -'-], der; -[e]s, -e [lat. contextus = enge Verknüpfung, Zusammenhang (der Rede), zu: contexere (2. Part.: contextum) = eng verknüpfen, zu: texere, ↑Text]: **1.** (Sprachw.) **a)** *umgebender Text einer sprachlichen Einheit;* **b)** *(relativ selbstständiges) Text- od. Redestück;* **c)** *inhaltlicher Gedanken-, Sinnzusammenhang, in dem eine Äußerung steht, u. Sach- u. Situationszusammenhang, aus dem heraus sie verstanden werden muss:* situativer K.; dies wird nur aus dem K. deutlich. **2.** (bildungsspr.) *Zusammenhang:* etw. gehört in einen politischen, geschichtlichen, sozialen K.

kon|tex|tu|al, kontextuell ⟨Adj.⟩ [engl. contextual] (Sprachw.): *den Kontext* (1) *betreffend, dazu gehörend, darauf beruhend.*

Kọn|ti: Pl. von ↑Konto.

kon|ti̲e|ren ⟨sw. V.; hat⟩ [zu ↑Konto] (Buchf.): *für die Verbuchung eines Betrags das entsprechende Konto angeben; (einen Betrag) auf einem Konto verbuchen:* einen Beleg k.

Kon|ti̲e|rung, die; -, -en: *das Kontieren.*

Kon|ti|gu|i|tät, die; - [frz. contiguïté, zu: contigu < lat. contiguus = angrenzend, benachbart]: **1.** (bildungsspr. veraltet) *Angrenzung, Berührung.* **2.** (Psych.) *zeitliches Zusammenfließen* (z. B. von Reiz u. Reaktion).

Kon|ti|nẹnt [auch: '- - -], der; -[e]s, -e [lat. (terra) continens = zusammenhängend(es Land), Festland, zu: continere = zusammenhalten, -hängen]: *Erdteil:* der asiatische, eurasische, antarktische K.; die fünf -e; der sechste K. *(Antarktika);* die zwischen Großbritannien und dem K. *(dem europäischen Festland)* verkehrenden Fähren; * **der Schwarze K.** *(Afrika).*

kon|ti|nen|ta̲l ⟨Adj.⟩ [frz. continental]: *den Kontinent betreffend, zu ihm gehörend, ihm eigentümlich; festländisch:* die -en Länder *(Länder des Festlandes);* -es Klima (Geogr.; *Kontinentalklima).*

Kon|ti|nen|ta̲l|eu|ro|pa, -s: *kontinentales Europa.*

kon|ti|nen|ta̲l|eu|ro|pä|isch ⟨Adj.⟩.

Kon|ti|nen|ta̲l|kli|ma, das ⟨o. Pl.⟩ (Geogr.): *typisches Klima im Innern großer Landmassen (im Gegensatz zum Seeklima charakterisiert durch größere Temperaturschwankungen u. weniger Niederschläge).*

Kon|ti|nen|ta̲l|macht, die ⟨meist Pl.⟩ (hist.): *Macht* (4 a) *Kontinentaleuropas.*

Kon|ti|nen|ta̲l|sper|re, die ⟨o. Pl.⟩ [LÜ von frz. blocus continental]: *(durch Napoleon 1806 eingeleitete) Wirtschaftsblockade des europäischen Kontinents gegen Großbritannien.*

Kon|ti|nen|ta̲l|ver|schie|bung, die (Geol.): *Verschiebung der Kontinente im Laufe der Erdgeschichte.*

Kon|ti|nẹnz, die; - [lat. continentia, zu: continere, ↑Kontinent]: **1.** (bildungsspr. selten) *Enthaltsamkeit.* **2.** (Med.) *Fähigkeit, Harn od. Stuhl zurückzuhalten.*

Kon|tin|gẹnt, das; -[e]s, -e [frz. contingent < lat. contingens (Gen.: contingentis), 1. Part. von: contingere = berühren; treffen, zuteil werden, zustehen, zu: tangere, ↑tangieren]: **1.** *anteilmäßig zu erbringende od. zu erwartende Leistung, Menge, Anzahl:* von dieser Ware steht nur ein begrenztes K. zur Verfügung; sein K. erfüllen; -e festsetzen; sein K. ausschöpfen. **2.** *Truppenkontingent.*

kon|tin|gen|ti̲e|ren ⟨sw. V.; hat⟩ (bes. Wirtsch.): *durch Beschränkung auf Kontingente* (1) *einteilen, in Umfang od. Menge begrenzen:* Lebensmittel, Trinkwasser, Benzin, den Import k.

Kon|tin|gen|ti̲e|rung, die; -, -en: *das Kontingentieren; das Kontingentiertsein.*

Kon|tin|gẹnt[s]|zu|wei|sung, die: *Zuweisung eines Kontingents, von Kontingenten.*

Kon|ti̲|nua: Pl. von ↑Kontinuum.

Kon|ti|nu|a|ti|o̲n, die; -, -en [lat. continuatio, zu: continuare, ↑kontinuieren]: **1.** (Buchw.) *laufende Fortsetzung [einer Lieferung]:* feste -en. **2.** (veraltet) *Fortsetzung.*

Kon|ti̲|nu|en: Pl. von ↑Kontinuum.

kon|ti|nu|i̲e|ren ⟨sw. V.; hat⟩ [lat. continuare = (ohne Unterbrechung) fortsetzen, zu: continuus, ↑Kontinuum] (bildungsspr. veraltet): **1. a)** *fortsetzen;* **b)** *fortfahren.* **2.** *fortdauern.*

kon|ti|nu|i̲er|lich ⟨Adj.⟩ (bildungsspr., Fachspr.): *stetig, ununterbrochen; lückenlos zusammenhängend; gleichmäßig [sich fortsetzend]; ein Kontinuum bildend:* eine -e Entwicklung; eine -e Außenpolitik; k. verlaufen; sich k. bessern; k. hohes Fieber.

Kon|ti|nu|i|tä̲t, die; - [lat. continuitas] (bildungsspr.): *kontinuierlicher Zusammenhang; Stetigkeit; gleichmäßiger Fortgang von etw.:* historische, politische K.; die K. [in] der Entwicklung; die K. [einer Politik] wahren, sichern.

Kon|ti̲|nuo: ↑Continuo.

Kon|ti̲|nu|um, das; -s, ...ua u. ...uen [zu lat. continuus = zusammenhängend, zu: continere, ↑Kontinent] (Wissensch.): *kontinuierlich, lückenlos Zusammenhängendes:* ein zeitliches, räumliches K.

Kọn|to, das; -s, ...ten, auch: -s u. ...ti [ital. conto = Rechnung < spätlat. computus = Berechnung, zu lat. computare = (be)rechnen, zu: putare = (be)rechnen, eigtl. = (be)reinigen]: *von einem Unternehmen, bes. einer Bank, für einen Kunden im Rahmen längerer gegenseitiger Geschäftsbeziehungen geführte laufende Gegenüberstellung u. Abrechnung von Ein- u. Ausgängen bzw. Gut- u. Lastschriften:* ein laufendes K. *(Bankkonto für laufende Ein- u. Auszahlungen);* ein lebendes K. *(Konto für Personen, Gesellschaften);* ein totes K. *(Konto für Anlagen, Waren usw.);* bei einer Bank ein K. eröffnen, haben; ein K. für jmdn. einrichten, führen; ein K. abrechnen; das K. aufheben, löschen, auflösen, schließen; wir haben Ihr K. mit 200 DM belastet; ich habe mein K. ausgeglichen, überzogen, sperren lassen; wir haben den Betrag Ihrem K. gutgeschrieben, von Ihrem K. abgebucht; Geld von einem K. abheben, auf ein K. einzahlen; der Betrag ist auf dem K. eingegangen; * **auf [jmds.] K.** (ugs.; *auf [jmds.] Rechnung*): Anschaffungen auf K. des Betriebes; diese Runde geht auf mein K. *(diese Runde bezahle ich);* **etw. geht/kommt auf jmds. K., auf das K. einer Sache** (ugs.; *etw. ist jmdm., einer Sache zuzuschreiben*): die Niederlage geht auf das K. des Trainers; **jmdn., etw. auf dem K. haben** (ugs.; ↑Gewissen): er hat schon ein paar Einbrüche auf dem K.

Kọn|to|aus|gleich, der (Bankw.): *das Ausgleichen* (4 b) *eines Kontos.*

Kọn|to|aus|zug, der (Bankw.): *Mitteilung über Kontobewegung u. Kontostand.*

Kọn|to|be|we|gung, die (Bankw.): *Gut- od. Lastschrift auf einem Konto.*

kọn|to|füh|rend ⟨Adj.⟩ (Bankw.): *das Konto führend:* den Scheck bei der -en Bank einlösen.

Kọn|to|füh|rung, die (Bankw.): *Führung eines Kontos.*

Kọn|to|füh|rungs|ge|bühr, die (Bankw.): *Gebühr für die Kontoführung.*

Kọn|to|in|ha|ber, der (Bankw.): *Inhaber eines Kontos.*

Kọn|to|in|ha|be|rin, die (Bankw.): w. Form zu ↑Kontoinhaber.

Kon|to|kor|rẹnt, das; -s, -e [ital. conto corrente = laufende Rechnung]: **1.** (Wirtsch.) *im Rahmen einer dauernden Geschäftsverbindung vereinbarte periodische Abrechnung[sweise], bei der die beiderseitigen Leistungen laufend in Form eines Kontos verbucht werden.* **2.** ⟨o. Pl.⟩ (Buchf.) *die Personenkonten umfassender Bereich der Buchführung.* **3.** (Buchf.) *Hilfsbuch der doppelten Buchführung mit den Konten der Kunden u. Lieferanten.*

Kon|to|kor|rẹnt|kon|to, das (Wirtsch.): *im Rahmen des Kontokorrents* (1) *geführtes Personenkonto.*

Kọn|to|num|mer, die (Bankw.): *Nummer eines Kontos.*

Kon|tor, das; -s, -e [aus dem Niederd. < mniederl. contoor < frz. comptoir, eigtl. = Zahltisch, zu: compter < lat. computare, ↑Konto]: **1.** *Niederlassung eines Handelsunternehmens od. einer Reederei im Ausland.* **2.** (DDR) *Handelszentrale, die als Mittler zwischen der Industrie u. dem Einzelhandel u. zur Versorgung der Betriebe dient.* **3.** (veraltend) *Büro eines Kaufmanns, einer Firma.*

Kon|to|rist, der; -en, -en (selten): vgl. Kontoristin.

Kon|to|rịs|tin, die; -, -nen: *kaufmännische Angestellte, die einfachere Verwaltungsarbeiten erledigt* (Berufsbez.).

Kon|tor|si|o̲n, die; -, -en [wohl zu dem seltenen (spätlat.) Supinum contorsum von lat. contorquere = (herum)drehen, zu: torquere, ↑Tortur] (Med.): *Verdrehung eines Gliedes od. Gelenks, die zu einer Zerrung od. Verstauchung führen kann.*

Kọn|to|stand, der (Bankw.): *Stand eines Kontos.*

kọn|tra [lat. contra]: **I.** ⟨Präp. mit Akk.⟩ **1.** (Rechtsspr.): *(in der Gegenüberstellung von zwei streitenden Parteien) gegen, wider:* in Sachen Müller k. Meyer; Ü Ökologie k. Ökonomie. **2.** *gegen:* sie schrieb mehrere Kommentare k. doppelte Staatsbürgerschaft. **II.** ⟨Adv.⟩ *dagegen, entgegengesetzt, in Opposition:* er ist immer k. [eingestellt].

Kọn|tra, das; -s, -s (Skat, Bridge, Tarock): *Aussage, nach der das Spiel doppelt gezählt wird:* jmdm. K. sagen; [ein] K. geben; * **jmdm. K. geben** (ugs.; *jmdm. heftig widersprechen*).

kọn|tra-, Kọn|tra-: bedeutet in Bildungen mit Substantiven, Adjektiven oder Verben *gegen, entgegengesetzt [wirkend]:* Kontradiktion; kontrakonfliktär; kontrasignieren.

Kọn|tra|bass, der [ital. contrabasso]: *einem Violoncello ähnliches, jedoch größeres u. tiefer gestimmtes Streichinstrument; Violone.*

Kọn|tra|bas|sist, der: *Bassist* (2).

Kọn|tra|bas|sis|tin, die: w. Form zu ↑Kontrabassist.

Kon|tra|dik|ti|o̲n, die; -, -en [lat. contradictio = Widerspruch] (Philos.): *Widerspruch.*

Kon|tra|hẹnt, der; -en, -en [zu lat. contrahens (Gen.: contrahentis), 1. Part. von: contrahere, ↑kontrahieren; a, b: nach kontrahieren (3)]: **1.** (bildungsspr.): **a)** *Gegner, Gegenpart in einer geistigen Auseinandersetzung, in einem Streit o. Ä.:* Ost und West als -en in der Dritten Welt; **b)** *Gegner in einem sportlichen Wettkampf, in einer kämpferischen Auseinandersetzung o. Ä.* **2.** (Rechtsspr., Kaufmannsspr.) *Vertragspartner.*

Kon|tra|hẹn|tin, die; -, -nen: w. Form zu ↑Kontrahent.

kon|tra|hi̲e|ren ⟨sw. V.; hat⟩ [lat. contrahere = zusammenziehen; übereinkommen, eine geschäftliche Verbindung eingehen, zu: trahere = ziehen; 3: im Sinne von »sich über (den Termin für) einen Zweikampf einigen«]: **1. a)** (Biol., Med.) *(von Muskeln, Muskelfasern) sich zusammenziehen:* der Muskel kontrahiert; ⟨auch k. + sich:⟩ die Bauchmuskulatur kontrahiert sich; **b)** *das Zusammenziehen von Muskeln bewirken:* diese Übung kontrahiert die Armmuskeln. **2.** (Rechtsspr., Kaufmannsspr.) *(einen Vertrag o. Ä.) abschließen:* ein Abkommen k.; die Werften konnten Aufträge im Werte von 90 Millionen k. 3. (Verbindungsw. früher) *zum Duell fordern.* 4. (Fechten) *einen gegnerischen Stoß, Angriff parieren u. seinerseits angreifen.* 5. (bildungsspr.) *miteinander in Konkurrenz stehen:* eine Dreiecksgeschichte mit zwei kontrahierenden Liebhabern.

Kon|tra|in|di|ka|ti|on, die; -, -en [aus lat. contra = gegen u. ↑Indikation] (Med.): *Umstand, der die Anwendung eines bestimmten Medikaments od. einer an sich zweckmäßigen therapeutischen Maßnahme verbietet; Gegenanzeige.*

kon|tra|in|di|ziert ⟨Adj.⟩ (Med.): *(von bestimmten Medikamenten u. therapeutischen Maßnahmen) nicht anwendbar.*

kon|tra|kon|flik|tär ⟨Adj.⟩ [aus lat. contra = gegen u. ↑konfliktär] (bildungsspr.): *einem Konflikt entgegenwirkend; konfliktlösend, problemlösend.*

Kon|trakt, der; -[e]s, -e [lat. contractus = Vertrag, zu: contrahere, ↑kontrahieren]: **a)** *Vertrag* (a): die Künstlerin hat einen K. für 2 Jahre; einen K. [mit jmdm.] [ab]schließen, machen; seinen K. erfüllen; jmdn. in K. nehmen *(engagieren);* **b)** *Vertrag* (b).

kon|trak|til ⟨Adj.⟩ [zu lat. contractum, 2. Part. von: contrahere, ↑kontrahieren] (Med.): *fähig, sich zusammenzuziehen:* -es Gewebe.

Kon|trak|ti|li|tät, die; - (Med.): *Fähigkeit, sich zusammenzuziehen.*

Kon|trak|ti|on, die; -, -en [lat. contractio = Zusammenziehung]: 1. (Med.) *(bes. von Muskeln) das Sichzusammenziehen:* die -en des Herzmuskels, der Gebärmutter. 2. (Sprachw.) *Zusammenziehung zweier od. mehrerer Vokale zu einem Vokal od. Diphthong, oft unter Ausfall eines dazwischenstehenden Konsonanten* (z. B. nein aus ni-ein). 3. (Physik) *Zusammenziehung, Verringerung des Volumens, der Länge od. des Querschnitts eines Körpers* (z. B. durch Abkühlung). 4. (Wirtsch.) *Verminderung der in einer Volkswirtschaft vorhandenen Geld- u. Kreditmenge.* 5. (Geol.) *Schrumpfung der Erdkruste durch Abkühlung od. Austrocknung.*

kon|trak|tiv ⟨Adj.⟩ (Wirtsch.): *die Kontraktion* (4) *betreffend, darauf beruhend o. Ä.*

kon|trakt|lich ⟨Adj.⟩: *vertraglich.*

Kon|trak|tur, die; -, -en [lat. contractura = das Schmalerwerden] (Med.): 1. *bleibende Einschränkung der Beweglichkeit eines Gelenks; Versteifung* (1). 2. *dauernde Verkürzung u. Schrumpfung von Weichteilen* (z. B. der Haut nach Verbrennungen).

Kon|tra|po|si|ti|on, die; -, -en [mlat. contrapositio, zu lat. contraponere, ↑Kontrapost] (Logik): 1. *Ableitung einer negativen Aussage aus einer positiven.* 2. *Formel der traditionellen Logik* (alle A sind B, folglich: kein Nicht-B ist A).

Kon|tra|post, der; -[e]s, -e [ital. contrapposto, zu lat. contrapositum, 2. Part. von: contraponere = entgegensetzen, -stellen, aus: contra = gegen u. ponere, ↑Position] (Kunstwiss.): *der harmonische Ausgleich in der künstlerischen Gestaltung des stehenden menschlichen Körpers durch Unterscheidung von Stand- u. Spielbein u. entsprechend Hebung u. Senkung der Schulter:* der K. einer Statue.

kon|tra|pro|duk|tiv ⟨Adj.⟩ (bildungsspr.): *bestimmten Interessen zuwiderlaufend; ungut; negativ; nicht konstruktiv* (1): etw. ist, wirkt k.

Kon|tra|punkt, der; -[e]s [mlat. contrapunctum, eigtl. = punctus contra punctum = Note gegen Note, zu lat. punctus (mlat. = Note), ↑Punkt]: 1. (Musik) *Technik des musikalischen Satzes, in der mehrere Stimmen gleichberechtigt nebeneinander geführt werden:* K. studieren. 2. (bildungsspr.) *etw., was einen Gegenpol zu etw. anderem bildet:* einen K. [zu etw.] setzen, bilden.

Kon|tra|punk|tik, die; - (Musik): **a)** *Lehre vom Kontrapunkt* (1); **b)** *Kunst der kontrapunktischen Stimmführung.*

kon|tra|punk|tisch ⟨Adj.⟩: 1. (Musik) *in der Weise des Kontrapunkts* (1): k. gesetzte Musik. 2. (bildungsspr.) *einen Kontrapunkt* (2) *zu etw. bildend; als Kontrapunkt* (2).

kon|trär ⟨Adj.⟩ [frz. contraire < lat. contrarius, zu: contra = gegen] (bildungsspr.): *entgegengesetzt, gegensätzlich:* -er Meinung, Auffassung sein; -e Ziele verfolgen.

Kon|tra|si|gna|tur, die; -, -en [aus lat. contra = gegen u. ↑Signatur] (bildungsspr.): *Gegenzeichnung.*

kon|tra|si|gnie|ren ⟨sw. V.; hat⟩ (bildungsspr.): *gegenzeichnen.*

Kon|trast, der; -[e]s, -e [ital. contrasto, zu: contrastare = entgegenstellen < mlat. contrastare, aus: lat. contra = gegen u. stare = stehen]: 1. *starker, ins Auge springender Gegensatz:* der K. zwischen Alt und Neu, Hell und Dunkel, Arm u. Reich; etw. steht im/in K. zu etw. 2. (Fot., Film, Fernsehen) *Unterschied in der Helligkeit der hellen u. dunklen Partien eines Bildes:* der K. ist zu groß; den K. beim Fernsehbild regulieren.

kon|trast|arm ⟨Adj.⟩: *arm an Kontrasten.*

Kon|trast|far|be, die: *Farbe, die zu einer anderen einen Kontrast bildet.*

kon|tras|tie|ren ⟨sw. V.; hat⟩ [frz. contraster] (bildungsspr.): 1. *einen augenfälligen Kontrast zu etw. bilden; sich von etw. abheben:* etw. kontrastiert mit etw., zu etw.; kontrastierende Farben. 2. *(zu etw.) einen Kontrast schaffen:* etw. mit etw. k.

kon|tras|tiv ⟨Adj.⟩ (Sprachw.): *vergleichend, gegenüberstellend:* -e Linguistik; -e Grammatik *(Teilgebiet der modernen Sprachwissenschaft, das mehrere Sprachsysteme auf verschiedenen Ebenen miteinander vergleicht, um Gemeinsamkeiten od. Unterschiede aufzudecken).*

Kon|trast|mit|tel, das (Med.): *Stoff, der, vor einer Röntgenuntersuchung in den Körper eingebracht, auf dem Röntgenbild in Kontrast zu dem zu untersuchenden Gewebe erscheint.*

kon|trast|reich ⟨Adj.⟩: *reich an Kontrasten.*

Kon|tra|te|nor: ↑Contratenor.

Kon|tra|zep|ti|on, die; - [zu lat. contra = gegen u. ↑Konzeption (2)] (Med.): *Empfängnisverhütung.*

kon|tra|zep|tiv ⟨Adj.⟩ (Med.): *empfängnisverhütend.*

Kon|tra|zep|tiv, das; -s, -e, **Kon|tra|zep|ti|vum,** das; -s, ...va (Med.): *kontrazeptives, empfängnisverhütendes Mittel.*

Kon|tri|bu|ti|on, die; -, -en [lat. contributio = gleichmäßiger Beitrag, zu: contribuere = beitragen, beisteuern, zu: tribuere, ↑Tribut]: 1. *von der Bevölkerung eines besetzten Gebietes erhobene Geldzahlung:* einem Land -en auferlegen. 2. (veraltet) *für den Unterhalt der Besatzungstruppen erhobener Beitrag im besetzten Gebiet.* 3. (veraltet) *Beitrag (zu einer gemeinsamen Sache).*

Kon|troll|ab|schnitt, der: *abzutrennender Abschnitt an einer Eintrittskarte u. Ä.*

Kon|troll|ap|pa|rat, der: 1. *Apparat* (1), *der eine Kontrollfunktion hat.* 2. *größere Behörde, Institution, die Kontrollaufgaben wahrnimmt.*

Kon|troll|be|fug|nis, die: *Befugnis, eine Kontrolle* (1) *auszuüben.*

Kon|troll|be|hör|de, die: vgl. Kontrollapparat (2).

Kon|troll|buch, das: *Buch, in das Kontrollen eingetragen werden.*

Kon|troll|da|tum, das: *eine Kontrolle ermöglichendes Datum.*

Kon|trol|le, die; -, -n [frz. contrôle, zusgez. aus älter: contrerôle = Gegen-, Zweitregister, aus: contre = gegen u. rôle = Rolle, Liste (↑Rolle)]: 1. **a)** *dauernde Überwachung, Aufsicht, der jmd., etw. untersteht:* die K. der Regierung durch das Parlament; eine K. ausüben; einer laufenden, polizeilichen K. unterliegen; jmdn., etw. unter K. haben, stellen; unter ständiger K. stehen; **b)** *Überprüfung, der jmd., etw. unterzogen wird:* eine strenge, gründliche K.; die K. durch die Mark (DDR Wirtsch.; *Prüfung der Planerfüllung am finanziellen Ergebnis;* entspr. russ. kontrol' rublem = Kontrolle durch den Rubel); die -n verschärfen; -n durchführen; jmdn., etw. einer K. unterziehen; etw. bei einer K. entdecken; ohne Pass kommst du nicht durch die K. 2. *Herrschaft, Gewalt, die man über jmdn., sich, etw. hat:* der Fahrer hat die K. über sein Fahrzeug verloren; sie verliert leicht die K. über sich *(ist sehr leicht unbeherrscht);* jmds. K. entgleiten; außer K. geraten; einen Brand unter K. bringen, halten. 3. (Motorsport) *Kontrollpunkt* (b), *-station:* eine K. anfahren.

Kon|trol|ler, der; -s, - [engl. controller] (Technik): *Steuerschalter an Elektromotoren* (z. B. bei der Straßenbahn).

Kon|trol|leur [...'lø:ɐ̯], der; -s, -e [frz. contrôleur]: *jmd., der eine Kontrollfunktion ausübt:* ein K. wollte die Fahrscheine sehen.

Kon|trol|leu|rin, die; -, -nen: w. Form zu ↑Kontrolleur.

Kon|troll|funk|tion, die: *in der Kontrolle von etw. bestehende Funktion:* eine K. ausüben.

Kon|troll|gang, der: *[Rund]gang, auf dem jmd. etw. kontrolliert.*

Kon|troll|ge|rät, das: *Gerät, das eine Kontrollfunktion hat.*

Kon|troll|grup|pe, die (bes. Med., Psych.): *der Kontrolle der anhand einer Versuchsgruppe gewonnenen Ergebnisse dienende weitere Gruppe, die der Versuchsgruppe in der Zusammensetzung gleicht.*

kon|trol|lier|bar ⟨Adj.⟩: *sich kontrollieren lassend:* etw. ist schwer, kaum k.

Kon|trol|lier|bar|keit, die; -: *das Kontrollierbarsein.*

kon|trol|lie|ren ⟨sw. V.; hat⟩ [1: frz. contrôler; 3: engl. to control]: 1. *jmdn., etw. überwachen:* die Regierung, jmds. Arbeit, Amtsführung k.; sein Gewicht k.; die Lebensmittel werden ständig, chemisch kontrolliert; eine kontrollierte Abrüstung anstreben; Ü mein Mann kontrolliert mich ständig *(ist misstrauisch, eifersüchtig).* 2. **a)** *Kontrollen* (1 b) *ausüben:* in der Bahn wurde scharf kontrolliert; **b)** *überprüfen:* die Ausweise, das Gepäck k.; etw. auf etw. hin, nach etw. k.; alle Reisenden wurden kontrolliert. 3. *in einem bestimmten Bereich o. Ä. beherrschenden Einfluss auf etw. haben, etw. beherrschen:* den Markt k.; durch seine Aktienmehrheit einen Konzern k. 4. *die Kontrolle* (2) *über etw. haben:* der Fahrer konnte den Wagen nicht mehr k. 5. (Sport Jargon) *sich in einem Feld von Wettkämpfen durch Kontrolle des Gegners an der Spitze halten:* den Gegner, das Spiel k.

Kon|troll|in|stanz, die: *kontrollierende Instanz, Instanz mit Kontrollfunktion.*

Kon|troll|kar|te, die: *Karte der Stechuhr, auf der bes. Beginn u. Ende der Arbeitszeit zur Kontrolle festgehalten werden.*

Kon|troll|lam|pe, die (Technik): *zur Überwachung einer technischen Funktion dienende Glühlampe, die im Falle einer Störung aufleuchtet od. erlischt.*

Kon|troll|lis|te, die: *Liste, anhand deren etw. kontrolliert wird.*

Kon|trol|lor, der; -s, -e (österr.): ↑Kontrolleur.

Kon|troll|or|gan, das: *Organ* (4) *mit Kontrollfunktion.*

Kon|trol|lo|rin, die; -, -nen: w. Form zu ↑Kontrollor.

Kon|troll|pflicht, die: *Pflicht zu kontrollieren, eine Kontrollfunktion auszuüben.*

Kon|troll|punkt, der: *Stelle, an der eine Kontrolle, bes. eine Grenzkontrolle durchgeführt wird.*

Kon|troll|rat, der: in der Fügung **Alliierter K.** *(oberstes Regierungsorgan der Alliierten im besetzten Deutschland nach dem Zweiten Weltkrieg).*

Kon|troll|schild, das (schweiz. Kfz-W.): *Kennzeichenschild.*

Kon|troll|sta|ti|on, die: *Station, an der bestimmte Kontrollen vorgenommen werden.*

Kon|troll|stem|pel, der: *Stempel, anhand dessen sich etw. kontrollieren lässt.*

Kon|troll|sys|tem, das: *der Kontrolle von etw. dienendes System.*

Kon|troll|turm, der: *Tower.*

Kon|troll|uhr, die: *Gerät, das Arbeitszeiten o. Ä.*

K

kontrolliert, indem Zeitpunkt u./od. Zeitdauer angezeigt u. aufgezeichnet werden.

Kon|troll|zen|trum, das: *zentrale Stelle, von der aus technische Abläufe (z. B. Raumflüge) kontrolliert u. koordiniert werden.*

kon|tro|vers ⟨Adj.⟩ [lat. controversus = entgegengewandt, -stehend, zu: contra = gegen u. versus, adj. 2. Part. von: vertere, ↑Vers] (bildungsspr.): **a)** *[einander] entgegengesetzt:* -e Meinungen, Standpunkte; **b)** *strittig:* diese Frage, das ist gar nicht k.; **c)** *umstritten:* eine -e These; ein -es Buch.

Kon|tro|ver|se, die; -, -n [lat. controversia] (bildungsspr.): *Meinungsverschiedenheit, Auseinandersetzung (um eine Sachfrage):* es gab eine heftige K.; eine K. über, um etw. austragen.

Kon|tu|maz, die; - [lat. contumacia = Widerspenstigkeit]: (österr. Amtsspr.) *Quarantäne.*

Kon|tur, die; -, -en, Fachspr. auch: der; -s, -en ⟨meist Pl.⟩ [frz. contour < ital. contorno, zu: contornare = einfassen, Konturen ziehen, über das Vlat. zu lat. tornare, ↑turnen]: *Linie, durch die etw. begrenzt ist; Umriss[linie]:* die scharfen, klaren -en der Berge zeichneten sich gegen den Himmel ab; verwischte -en; die -en von etw. [nach]zeichnen; Ü etw. gewinnt K., verliert an K.

kon|tu|ren|los, konturlos ⟨Adj.⟩: *ohne klare, feste Konturen:* ein -es Gesicht.

kon|tu|ren|reich ⟨Adj.⟩: *reich an Konturen.*

Kon|tu|ren|schär|fe, die (Fot.): *Messgröße, die die Streuung des Lichts in einer fotografischen Schicht festlegt u. damit die Schärfe der Abbildung bestimmt.*

Kon|tu|ren|stift, der: *Lippenstift in Form eines Bleistifts zum Nachzeichnen der Kontur der Lippen.*

kon|tu|rie|ren ⟨sw. V.; hat⟩ (bildungsspr.): *in Umrissen zeichnen:* eine Figur k.; Ü einen Begriff schärfer k.

Kon|tu|rie|rung, die; -, -en: *das Konturieren; das Konturiertwerden.*

kon|tur|los: ↑konturenlos.

Kon|tur|schrift, die (Fachspr.): *nur im Umriss gezeichnete od. gedruckte Schrift.*

Kon|tu|si|on, die; -, -en [lat. contusio, zu: contusum, 2. Part. von: contundere = quetschen] (Med.): *Quetschung.*

Ko|nus, der; -, -se u. ...nen [lat. conus < griech. kõnos = Kegel]: **1.** (Math.) *Körper von der Form eines Kegels od. Kegelstumpfs.* **2.** (Technik) *konisches Teil.*

Kon|vek|ti|on, die; -, -en [spätlat. convectio = das Herbeifahren, -bringen, -schaffen, zu lat. convehere (2. Part.: convectum) = herbeifahren, -bringen, -schaffen]: **1.** (Met.) *vertikale Luftbewegung.* **2.** (Geogr.) *vertikale Bewegung von Wassermassen der Weltmeere.* **3.** (Physik) *das Mitführen von Energie, elektrischer Ladung o. Ä. durch die kleinsten Teilchen einer Strömung.* **4.** (Physik) *Strömungsbewegung in einem flüssigen od. gasförmigen Medium.*

kon|vek|tiv ⟨Adj.⟩ (Met.): *durch Konvektion (1) bewirkt.*

Kon|vek|tor, der; -s, ...oren: *Heizkörper, der die Wärme durch Konvektion (4) abgibt.*

Kon|ve|ni|at, das; -s, -s [subst. aus lat. conveniat = er (= der Klerus) komme zusammen, zu: convenire, ↑konvenieren] (kath. Kirche): *Zusammenkunft der katholischen Geistlichen eines Dechanats.*

Kon|ve|ni|enz, die; -, -en [lat. convenientia = Übereinstimmung, Harmonie] (bildungsspr. veraltend): **1.** *das Schickliche, Erlaubte.* **2.** *Bequemlichkeit, Annehmlichkeit.*

kon|ve|nie|ren ⟨sw. V.; hat⟩ [lat. convenire, eigtl. = zusammenkommen, aus: con- = mit- u. venire = kommen] (österr., sonst bildungsspr. veraltend): *zusagen; angenehm, gelegen sein; passen.*

Kon|vent, der; -[e]s, -e [mhd. convent = Versammlung, Brüderschaft < mlat. conventus = Konvent (1 a) < lat. conventus = Zusammenkunft, Versammlung, zu: convenire, ↑konvenieren]: **1.** (kath. Kirche) **a)** *Versammlung der stimmberechtigten Mitglieder eines Klosters;* **b)** *Gesamtheit der Mitglieder eines Klosters; Kloster[gemeinschaft].* **2.** (ev. Kirche) *Zusammenkunft von Pfarrern zum Zweck der Weiterbildung, der Beratung u. Ä.* **3. a)** *(von Studentenverbindungen) wöchentliche Zusammenkunft der Mitglieder;* **b)** (Hochschulw.) *Gesamtheit der Habilitierten einer Universität.*

Kon|ven|ti|kel, das; -s, - [lat. conventiculum = kleine Zusammenkunft] (abwertend): **a)** *[heimliche] Vereinigung weniger Gleichgesinnter:* einem K. angehören; **b)** *Zusammenkunft von Angehörigen außerkirchlicher religiöser Gemeinschaften.*

Kon|ven|ti|on, die; -, -en [frz. convention < lat. conventio = Zusammenkunft, Übereinkunft]: **1.** (bes. Völkerrecht) *Abkommen, [völkerrechtlicher] Vertrag:* eine K. zum Schutz der Menschenrechte; die Haager K. verletzen; etwas verstößt gegen die Genfer K. **2.** ⟨häufig Pl.⟩ *Regeln des Umgangs, des sozialen Verhaltens, die für die Gesellschaft als Verhaltensnorm gelten:* das verlangt, verbietet die gesellschaftliche K. **3.** (Fechten) *Regel (beim Fechten mit Florett od. Säbel).*

kon|ven|ti|o|nal ⟨Adj.⟩ (selten): **1.** *ein Abkommen betreffend.* **2.** *konventionell.*

Kon|ven|ti|o|na|li|tät, die; - (bildungsspr.): *konventionelle Art.*

Kon|ven|ti|o|nal|stra|fe, die (Rechtsspr.): *(bei Vertragsschluss vereinbarte) Geldsumme od. anderweitige Leistung, die ein Vertragspartner erbringen muss, wenn er die vertraglich vereinbarte Leistung nicht zum festgelegten Zeitpunkt od. in der festgelegten Weise erfüllt hat:* eine [hohe] K. zahlen müssen.

kon|ven|ti|o|nell ⟨Adj.⟩ [frz. conventionnel]: **1.** (bildungsspr.) **a)** *den gesellschaftlichen Konventionen entsprechend:* -e Ansichten; -e Kleidung; er denkt ganz k.; **b)** *förmlich, steif:* -e Phrasen; hier geht es sehr k. zu. **2.** (bes. Technik, Milit.) *herkömmlich, hergebracht (bes. im Gegensatz zu atomar, biologisch, chemisch):* -e Verfahren, Kraftwerke, Waffen; ein U-Boot mit -em Antrieb; -e *(nur mit konventionellen Kampfmitteln ausgerüstete)* Streitkräfte; die -e Überlegenheit des Gegners; ein k. *(mit konventionellen Waffen)* geführter Krieg.

Kon|ven|tu|a|le, der; -n, -n ⟨Dekl. ↑Abgeordnete⟩ [mlat. conventualis]: **1.** (kath. Kirche) *stimmberechtigtes Mitglied eines Konvents* (1 b). **2.** *Angehöriger eines Zweiges des Franziskanerordens.*

Kon|ven|tu|a|lin, die; -, -nen: *Angehörige eines Zweiges des Franziskanerordens.*

kon|ver|gent ⟨Adj.⟩ [spätlat. convergens (Gen.: convergentis), 1. Part. von: convergere, ↑konvergieren]: **1.** (bildungsspr.) *sich einander annähernd, übereinstimmend:* -e Ziele; -e Linien *(Linien, die auf einen gemeinsamen Schnittpunkt zulaufen).* **2.** (Math.) *einem endlichen Grenzwert zustrebend:* -e Reihen *(unendliche Reihen, deren Teilsummen einem Grenzwert zustreben).*

Kon|ver|genz, die; -, -en: **1.** (bildungsspr.) *Annäherung, Übereinstimmung von Meinungen, Zielen u. Ä.:* eine K. der politischen Ziele anstreben. **2.** (Math.) *konvergentes* (2) *Verhalten, Verlaufen:* die K. einer unendlichen Reihe. **3.** (Physik) *das Sichschneiden von Lichtstrahlen.* **4.** (Biol.) *Ausbildung ähnlicher Merkmale hinsichtlich Gestalt u. Organen bei genetisch verschiedenen Lebewesen meist durch Anpassung an gleiche Umweltbedingungen* (z. B. die fischförmige Gestalt von Säugetieren, die im Wasser leben). **5.** (Med.) *gleichsinnige Bewegung der Augen nach innen beim Sehen in unmittelbarer Nähe.* **6.** (Psych.) *das Zusammenwirken von Anlage u. Umwelt als Prinzip der psychischen Entwicklung.* **7.** (Meeresk.) *Zusammentreffen von verschiedenen Strömungen des Meerwassers.* **8.** (Geol.) *das Auftreten von gleichen od. ähnlichen Oberflächenformen in unterschiedlichen Klimazonen.*

Kon|ver|genz|kri|te|ri|um, das: **1.** (Math.) *Bedingung, unter der eine Folge od. Reihe einen Grenzwert besitzt.* **2.** (Wirtsch.) *(innerhalb der Europäischen Wirtschafts- u. Währungsunion) wirtschaftspolitisches Kriterium, bei dem Übereinstimmung zwischen den Mitgliedstaaten herrschen soll:* Konvergenzkriterien für den Euro.

Kon|ver|genz|the|o|rie, die (Politik): *Theorie, die eine allmähliche Annäherung kapitalistischer u. sozialistischer Industriestaaten aufgrund des Umstandes annimmt, dass beide, unabhängig von ihren verschiedenen politischen Systemen, mit den gleichen wirtschaftlichen Problemen konfrontiert sind.*

kon|ver|gie|ren ⟨sw. V.; hat⟩ [spätlat. convergere = sich hinneigen]: **1.** (bildungsspr.) *sich einander nähern; übereinstimmen.* **2.** (Math.) *konvergent* (2) *verlaufen.*

Kon|ver|sa|ti|on, die; -, -en ⟨Pl. selten⟩ [frz. conversation < lat. conversatio = Umgang, zu: conversari, ↑konversieren] (bildungsspr.): *häufig konventionelles, oberflächliches u. unverbindliches Geplauder; Gespräch, das in Gesellschaft nur um der Unterhaltung willen geführt wird:* eine geistreiche K. über etw.; eine K. mit jmdm. beginnen; K. machen *(sich in unverbindlicher Form plaudernd unterhalten)*; sie treiben in Französisch K. *(lernen Französisch durch Übungen in Form von Konversation).*

Kon|ver|sa|ti|ons|le|xi|kon, das [nach dem zu Beginn des 18. Jh.s erschienenen »Staats-, Zeitungs- u. Conversationslexikon« von J. Hübner, das bevorzugt dasjenige Wissen vermitteln wollte, das zur Konversation unerlässlich war]: *alphabetisch gegliederte Enzyklopädie über alle Wissensgebiete.*

Kon|ver|sa|ti|ons|ton, der ⟨o. Pl.⟩: *leichter, unverbindlicher Plauderton.*

kon|ver|sie|ren ⟨sw. V.; hat⟩ [frz. converser < lat. conversari = Umgang haben] (bildungsspr.): *Konversation machen:* mit jmdm. k.

Kon|ver|si|on, die; -, -en [lat. conversio = Umkehrung, Umwandlung, Übertritt, zu: convertere, ↑konvertieren]: **1.** *das Konvertieren* (1). **2.** (Sprachw.) *Übertritt eines Wortes in eine andere Wortart ohne formale Änderung* (z. B. Dank – dank). **3.** (Rechtsspr.) *Umdeutung eines [aus Formgründen] nichtigen Rechtsgeschäfts in ein anderes.* **4.** (Kerntechnik) *Erzeugung neuer spaltbarer Substanz in einem Kernreaktor.* **5.** (Psych.) *Umsetzung seelischer Erregung in körperliche Symptome, hauptsächlich bei der Hysterie.* **6.** (Börsenw.) *Umwandlung einer Anleihe in eine neue zur Anpassung an veränderte Bedingungen auf dem Kapitalmarkt.* **7.** (Logik) *Umformung einer Aussage durch Vertauschung von Subjekt u. Prädikat.* **8.** *Umwandlung von militärischer in zivile Nutzung; Umstellung der Produktion von Rüstungsgütern auf zivile Produkte.* **9.** (Chemie) *Konvertierung* (3).

Kon|ver|ter, der; -s, - [engl. converter, zu: to convert = umwenden, wechseln < frz. convertir, ↑konvertieren]: **1.** (Hüttenw.) *um die Horizontale drehbares, großes Gefäß, das bei der Erzeugung von Kupfer u. Stahl verwendet wird.* **2.** (Fot.) *Linsensystem, das zwischen Objektiv u. Kamera geschaltet wird, wodurch sich die Brennweite verdoppelt.* **3.** (Kerntechnik) *Kernreaktor, in dem eine Konversion* (4) *stattfindet.* **4.** (Rundfunk.) *Gerät, mit dem Wechselspannungen bestimmter Frequenzen umgeformt werden können.* **5.** (EDV) *Gerät od. Programm zum Umwandeln von Daten:* ein K. zur neuen deutschen Rechtschreibung.

kon|ver|ti|bel ⟨Adj.⟩ [frz. convertible]: *konvertierbar.*

Kon|ver|ti|bi|li|tät, die; -: *Konvertierbarkeit.*

kon|ver|tier|bar ⟨Adj.⟩: **1.** (Wirtsch.) *(von Währungen) austauschbar zum jeweiligen Wechselkurs:* eine frei -e Währung. **2.** *sich konvertieren* (3) *lassend.*

Kon|ver|tier|bar|keit, die; - (Wirtsch.): *das Konvertierbarsein.*

K

kon|ver|tie|ren ⟨sw. V.⟩ [frz. convertir < lat. convertere = umkehren, zu: vertere, ↑Vers]: **1.** (Rel.) *zu einem anderen Glauben, bes. zur römisch-katholischen Kirche, übertreten* ⟨hat/ist⟩: [vom Judentum] zum Christentum k. **2.** (Wirtsch.) *eine Währung gegen eine andere tauschen* ⟨hat⟩. **3.** ⟨hat⟩ (EDV) **a)** *Informationen von einem Datenträger auf einen anderen übertragen;* **b)** *Daten von einem Format in ein anderes umwandeln.*

Kon|ver|tie|rung, die; -, -en: **1.** *das Konvertieren* (1, 2, 3). **2.** (Börsenw.) *Konversion* (6). **3.** ⟨o. Pl.⟩ (Chemie) *Verfahren zur Herstellung von Wasserstoff durch Umsetzung von Kohlenmonoxid mit Wasserdampf, wobei als Nebenprodukt Kohlendioxid entsteht; Konversion* (9).

Kon|ver|tit, der; -en, -en [engl. convertite, zu: to convert < frz. convertir, ↑konvertieren]: *jmd., der konvertiert ist.*

Kon|ver|ti|tin, die; -, -nen: w. Form zu ↑Konvertit.

kon|vex ⟨Adj.⟩ [lat. convexus = nach oben od. unten gewölbt] (Optik): *nach außen gewölbt:* -e Gläser, Linsen; der Spiegel ist k. [gekrümmt].

Kon|ve|xi|tät, die; - [lat. convexitas] (Optik): *die Eigenschaft des Konvexseins.*

Kon|vikt, das; -[e]s, -e [lat. convictus = das Zusammenleben, die Tischgemeinschaft, zu: convictum, 2. Part. von: convivere = zusammenleben]: **1.** [2]*Stift* (1 b). **2.** (österr.) *katholisches Internat.*

Kon|vik|tu|a|le, der; -n, -n ⟨Dekl. ↑Abgeordnete⟩: *Bewohner eines Konvikts.*

Kon|voi, der; -s, -s [engl. convoy < frz. convoi = Geleit, zu: convoyer = begleiten]: **1.** (bes. Milit.) *Schiffe od. Kraftfahrzeuge, die in einem Verband mit sie zu ihrem Schutz begleitenden Fahrzeugen fahren.* **2.** *Kolonne von zusammengehörenden hintereinander fahrenden Fahrzeugen:* im K. fahren.

Kon|vo|lut, das; -[e]s, -e [zu lat. convolutum, 2. Part. von: convolvere = zusammenrollen]: **1.** (bildungsspr.) **a)** *Bündel von Schriftstücken, Drucksachen o. Ä.;* **b)** *Sammelband, Sammelmappe.* **2.** (Med.) *einem Knäuel ähnliche Ansammlung (z. B. von Darmschlingen od. Krampfadern).*

Kon|vul|si|on, die; -, -en [lat. convulsio] (Med.): *mit schüttelnden od. zuckenden Bewegungen eines Gliedes od. des ganzen Körpers einhergehender Krampf:* von -en ergriffen werden.

kon|vul|siv (Med.): ↑konvulsivisch.

kon|vul|si|visch ⟨Adj.⟩: *krampfartig [zuckend]:* -e Zuckungen; er warf seinen Körper k. hin und her.

kon|ze|die|ren ⟨sw. V.; hat⟩ [lat. concedere, eigtl. = beiseite treten] (bildungsspr.): *einräumen, zugestehen; zugeben:* man konzedierte [ihnen], dass sie wegblieben; jmdm. bestimmte Verhaltensweisen k.

Kon|ze|le|brant, der; -en, -en [aus lat. con- = mit- u. ↑Zelebrant] (kath. Kirche): *Geistlicher, der mit anderen Geistlichen die Eucharistie feiert.*

Kon|ze|le|bra|ti|on, die; -, -en, Concelebratio [...tsjo], die; -, ...ones [...o:ne:s; aus lat. con- = mit- u. ↑Zelebration] (kath. Kirche): *gemeinsame Feier der Eucharistie durch mehrere Geistliche.*

kon|ze|le|brie|ren ⟨sw. V.; hat⟩ (kath. Kirche): *die Eucharistie in Konzelebration feiern.*

Kon|zen|trat, das; -[e]s, -e [zu ↑konzentrieren] (bes. Chemie): *Stoff, bes. Flüssigkeit, in der ein bestimmter Bestandteil in hoch konzentrierter Form enthalten ist:* ein K. aus Heublumen, Pflanzensäften; Ü ein K. aus ihren philosophischen Schriften.

Kon|zen|tra|ti|on, die; -, -en [frz. concentration, zu: concentrer, ↑konzentrieren]: **1.** *(von Kräften, Mächten bes. politischer od. wirtschaftlicher Art) Vereinigung, Zusammenstellung, Verdichtung an einer Stelle, in einer Hand o. Ä.:* eine K. der Macht, des Kapitals; die zunehmende K. in der Wirtschaft. **2.** ⟨o. Pl.⟩ *das Konzentrieren:* die K. aller Kräfte, Gedanken auf das Finden einer Lösung. **3.** ⟨o. Pl.⟩ *hoher Grad der Aufmerksamkeit u. der geistigen Anspannung, die auf eine bestimmte Tätigkeit o. Ä. gerichtet ist:* jmds. K. lässt nach; die Arbeit fordert höchste, äußerste K.; er zeigt einen Mangel an, keine Fähigkeit zur K. **4.** (Chemie) *Gehalt einer Lösung an gelöstem Stoff:* die K. einer Säure feststellen; etw. in hoher, schwacher K. (*stark, schwach konzentriert* 3) verwenden.

kon|zen|tra|ti|ons|fä|hig ⟨Adj.⟩: *fähig, sich zu konzentrieren* (2 a).

Kon|zen|tra|ti|ons|fä|hig|keit, die ⟨o. Pl.⟩: *Fähigkeit, sich zu konzentrieren* (2 a).

Kon|zen|tra|ti|ons|la|ger, das ⟨Pl. -⟩ [wohl LÜ von engl. concentration camp, Bez. für die erstmals 1901 vom brit. Feldmarschall H. H. Kitchener (1850–1916) eingerichteten Internierungslager im Burenkrieg (1899–1902)]: **1.** (nationalsoz.) *(zur Zeit der nationalsozialistischen Herrschaft) Lager, in dem Gegner des nationalsozialistischen Regimes sowie Angehörige der als minderwertig erachteten Völker und andere nicht erwünschte Personengruppen in grausamer Weise unter menschenunwürdigen Bedingungen gefangen gehalten [und in großer Zahl ermordet] werden:* ins K. kommen; jmdn. in ein K. einweisen; jmdm. mit K. drohen (Abk.: KZ). **2.** *Massenlager, das Elemente des Arbeits-, Internierungs- u. Kriegsgefangenenlagers sowie des Gefängnisses u. Gettos vereinigt (im 20. Jh. vor allem in Diktaturen zur Unterdrückung der Opposition benutzt):* er bewachte ein K. im Burenkrieg.

Kon|zen|tra|ti|ons|man|gel, der (Med., Psych.): *Mangel an Konzentration* (3).

Kon|zen|tra|ti|ons|schwä|che, die (Med., Psych.): *Beeinträchtigung der Konzentrationsfähigkeit.*

Kon|zen|tra|ti|ons|ver|mö|gen, das ⟨o. Pl.⟩: *Konzentrationsfähigkeit.*

kon|zen|trie|ren ⟨sw. V.; hat⟩ [frz. concentrer = in einem (Mittel)punkt vereinigen, zu: con- (< lat. con-) = mit- u. centre = Zentrum]: **1.** *eine Konzentration* (1) *herbeiführen:* Arbeitskräfte, Truppen an einer bestimmten Stelle k. **2. a)** *seine Aufmerksamkeit, seine Gedanken, Überlegungen, Bemühungen o. Ä. vollständig auf jmdn., etw. ausrichten, hinlenken:* seine Bemühungen, Überlegungen, Beobachtungen auf jmdn., etw. k.; ⟨auch k. + sich:⟩ sich auf eine Arbeit, sein Examen k.; **b)** ⟨k. + sich⟩ *sich in hohem Maß auf jmdn., etw. richten, jmdn., etw. zum Ziel haben:* die Kritik muss sich auf diesen Punkt k. **3.** ⟨k. + sich⟩ *sich sammeln; die geistig-seelischen Kräfte nach innen richten; Störendes, Ablenkendes nicht beachten:* sie kann sich nicht, nur schlecht k.; bei dieser Arbeit muss man sich k. **4.** (Chemie) *(eine Lösung) auf einen höheren Sättigungsgrad bringen:* eine Lauge, Säure k.

kon|zen|triert ⟨Adj.⟩: **1.** *in großer Menge, Intensität o. Ä. an einem Platz (vorhanden):* ein -es Angebot von Waren aller Art. **2.** *innere Konzentration* (3) *aufweisend, erkennen lassend; gesammelt:* mit -er Aufmerksamkeit; k. zuhören, arbeiten; sie ist, wirkt sehr k. bei allem, was sie tut. **3.** (Chemie) *eine bestimmte Konzentration* (4) *aufweisend; eine hohe Konzentration* (4) *aufweisend:* eine recht, ziemlich, weniger -e Lösung; -e *(hoch konzentrierte)* Säure; -e *(gehaltreiche)* Nahrung.

Kon|zen|triert|heit, die; -: *das Konzentriertsein.*

Kon|zen|trie|rung, die; -, -en: *Konzentration* (4).

kon|zen|trisch ⟨Adj.⟩ [mlat. concentricus] (Math.): *(von Kreisen, Kugeln) einen gemeinsamen Mittelpunkt habend:* -e Kreise.

Kon|zen|tri|zi|tät, die; -: *das Konzentrischsein.*

Kon|zept, das; -[e]s, -e [lat. conceptus = das Zusammenfassen, zu: concipere, ↑konzipieren]: **1.** *skizzenhafter, stichwortartiger Entwurf, Rohfassung eines Textes, einer Rede o. Ä.:* das K. eines Briefes; [sich] ein K. machen; ein K. haben; er hielt seine Rede ohne K.; der Aufsatz ist im K. fertig; ***aus dem K. kommen/geraten** *(bei einer Tätigkeit, beim Reden verwirrt werden, den Faden verlieren);* **jmdn. aus dem K. bringen** *(jmdn. in einer Tätigkeit, beim Reden o. Ä. aus dem Konzept geraten lassen):* er, das bringt mich aus dem K.; lass dich dadurch, von ihr nicht aus dem K. bringen. **2.** *klar umrissener Plan, Programm für ein Vorhaben:* ein klares, vernünftiges, bildungspolitisches K. haben, entwickeln; ***jmdm. das/sein K. verderben** (ugs.; *jmds. Pläne, Vorhaben durchkreuzen*); **jmdm. nicht ins K. passen** *(mit jmds. Plänen o. Ä. nicht zusammenstimmen).*

Kon|zep|ti|on, die; -, -en [lat. conceptio = das Zusammenfassen, Abfassen, zu: concipere, ↑konzipieren]: **1.** (bildungsspr.) *einer Lehre, einem Programm, [künstlerischen] Werk zugrunde liegende Anschauung, Leitidee; geistiger Entwurf:* der Mensch in der aristotelischen K.; ein Wörterbuch nach einer neuen K. erstellen. **2.** (Med.) *Empfängnis.*

kon|zep|ti|o|nell ⟨Adj.⟩ (bildungsspr.): *die Konzeption betreffend, in Bezug auf die Konzeption.*

kon|zep|ti|ons|los ⟨Adj.⟩ (bildungsspr.): *ohne Konzeption.*

Kon|zep|ti|ons|lo|sig|keit, die; -: *das Konzeptionslossein.*

Kon|zept|kunst, die ⟨o. Pl.⟩: *Concept-Art.*

Kon|zepts|be|am|te, der (österr. Amtsspr.): **1.** *Konzipient* (2). **2.** *Beamter, der im Büro arbeitet.*

Kon|zepts|be|am|tin, die: w. Form zu ↑Konzeptsbeamte.

kon|zep|tu|a|li|sie|ren ⟨sw. V.; hat⟩ [engl. conceptualize] (bildungsspr.): *ein Konzept* (2) *entwerfen; als Konzept* (2) *gestalten.*

kon|zep|tu|ell ⟨Adj.⟩ [engl. conceptual] (bildungsspr.): *ein Konzept* (2) *aufweisend.*

Kon|zern, der; -[e]s, -e [engl. concern = (Geschäfts)beziehung, Unternehmung, zu: to concern = betreffen, angehen < frz. concerner < mlat. concernere] (Wirtsch.): *Zusammenschluss von Unternehmen zu einer wirtschaftlichen Einheit, bei der die jeweilige rechtliche Selbstständigkeit nicht aufgegeben wird:* ein multinationaler K.; einen K. gründen, bilden.

kon|zer|nie|ren ⟨sw. V.; hat⟩ (Wirtsch.): *zu einem Konzern zusammenschließen.*

Kon|zer|nie|rung, die; -, -en: *das Konzernieren; das Konzerniertwerden.*

Kon|zern|lei|tung, die (Wirtsch.): **1.** ⟨o. Pl.⟩ *Leitung eines Konzerns.* **2.** *Gruppe der mit der Leitung eines Konzerns betrauten Personen.*

Kon|zern|spit|ze, die (Wirtsch.): *führende, leitende Gruppe eines Konzerns.*

Kon|zert, das; -[e]s, -e [ital. concerto, eigtl. = Übereinstimmung, Abmachung, zu: concertare = abstimmen; verabreden < lat. concertare = wetteifern]: **1. a)** *aus mehreren Sätzen bestehende Komposition für [ein od. mehrere Soloinstrumente u.] Orchester:* ein K. für Klavier und Orchester; ein K. aufführen, dirigieren; **b)** *Aufführung eines od. meist mehrerer Musikwerke [in einer öffentlichen Veranstaltung]:* ein öffentliches K.; ein K. besuchen; ein K. geben, dirigieren; ins K. gehen. **2.** ⟨o. Pl.⟩ (geh.) *das Zusammenspiel od. Zusammenwirken mehrerer Faktoren, Kräfte, Mächte o. Ä.:* ein K. von Düften, Farben; die Rolle Europas im K. der Großmächte.

Kon|zert|abend, der: *Abend* (2) *mit einem Konzert* (1 b).

Kon|zert|agen|tur, die: *Agentur, die Künstlerinnen u. Künstlern Konzerte vermittelt.*

kon|zer|tant ⟨Adj.⟩ [ital. concertante, 1. Part. von: concertare = in harmonischen Einklang bringen] (Musik): *in der Form des Konzerts* (1 a): eine -e Komposition; etw. k. aufführen, spielen.

Kon|zer|tan|te: ↑Concertante.

Kon|zert|di|rek|ti|on, die: *Unternehmen, das Konzerte organisiert u. veranstaltet.*

Kon|zert|flü|gel, der: *großer Flügel* (5).

Kon|zert|hal|le, die: *Gebäude mit einem großen, für die Veranstaltung von Konzerten vorgesehenen Raum.*

kon|zer|tie|ren ⟨sw. V.; hat⟩ [ital. concertare] (bildungsspr.): *ein Konzert geben, musizieren:* das Orchester konzertiert heute; der Beifall galt den beiden konzertierenden *(solistisch spielenden)* Celli.

kon|zer|tiert ⟨Adj.⟩ [frz. concerté, 2. Part. von: (se) concerter = (sich) verabreden] (bildungsspr.): *verabredet, aufeinander abgestimmt, übereinstimmend:* -e Aktion (↑Aktion 1).

Kon|zer|tie|rung, die; -, -en (bes. schweiz.): *Abstimmung, Koordinierung.*

Kon|zer|ti|na, die; -, -s [engl. concertina]: *Handharmonika mit vollständiger chromatischer Skala.*

Kon|zert|meis|ter, der: *erster Geiger eines Orchesters, der Fingersatz u. Strichart der Violinstimmen einheitlich regelt, die Solostellen übernimmt u. gelegentlich den Dirigenten vertritt* (Berufsbez.).

Kon|zert|meis|te|rin, die: w. Form zu ↑Konzertmeister.

Kon|zert|pi|a|nist, der: *Pianist, der in Konzerten u. Liederabenden solistisch auftritt.*

Kon|zert|pi|a|nis|tin, die: w. Form zu ↑Konzertpianist.

Kon|zert|pro|gramm, das: **1. a)** *Gesamtheit der Veranstaltungen, Darbietungen eines Theaters, des Fernsehens, Rundfunks o. Ä. in Bezug auf ein Konzert* (1); **b)** *[vorgesehener] Ablauf [einer Reihe] von Darbietungen bei einem Konzert* (1 b). **2.** *Blatt, Heft, das über ein Konzert* (1 b) *informiert.*

Kon|zert|pu|bli|kum, das: *Publikum einer Konzertveranstaltung.*

kon|zert|reif ⟨Adj.⟩: *Konzertreife aufweisend:* ein -es Spiel; die Schülerin ist, spielt k.

Kon|zert|rei|fe, die: *Ausbildungsgrad eines Musikers, der ihn zum Auftreten in öffentlichen Konzerten befähigt.*

Kon|zert|rei|se, die: *Gastspielreise von Künstlerinnen und Künstlern, die ein Konzert* (1 b) *geben.*

Kon|zert|saal, der: *Saal, in dem Konzerte stattfinden.*

Kon|zert|sän|ger, der: *Sänger, der in Konzerten u. Liederabenden solistisch auftritt.*

Kon|zert|sän|ge|rin, die: w. Form zu ↑Konzertsänger.

Kon|zert|stück, das: *Concertino* (1).

Kon|zert|ver|an|stal|ter, der: *jmd., der Konzertveranstaltungen organisiert u. durchführt.*

Kon|zert|ver|an|stal|te|rin, die: w. Form zu ↑Konzertveranstalter.

Kon|zert|ver|an|stal|tung, die: *Veranstaltung in Form eines öffentlichen Konzerts.*

Kon|zes|si|on, die; -, -en [lat. concessio = Zugeständnis, zu: concedere, ↑konzedieren]: **1.** (Amtsspr.) *befristete behördliche Genehmigung zur Ausübung eines Gewerbes:* eine K. erwerben, erteilen; jmdm. die K. entziehen; eine K. für ein Taxiunternehmen. **2.** ⟨meist Pl.⟩ *Zugeständnis:* -en an den Geschmack des Publikums; -en anbieten; jmdm. eine K., -en machen; zu -en bereit sein, genötigt werden.

Kon|zes|si|o|när, der; -s, -e (Amtsspr.): *Inhaber einer Konzession* (1).

Kon|zes|si|o|nä|rin, die; -, -nen: w. Form zu ↑Konzessionär.

kon|zes|si|o|nie|ren ⟨sw. V.; hat⟩ (Amtsspr.): *behördlich genehmigen, mit einer Konzession* (1) *versehen:* einen Gaststättenbetrieb k.

kon|zes|si|ons|be|reit ⟨Adj.⟩: *zu Konzessionen* (2) *bereit:* ein -er Unterhändler.

Kon|zes|si|ons|be|reit|schaft, die ⟨o. Pl.⟩: *Bereitschaft, Konzessionen zu machen.*

Kon|zes|si|ons|in|ha|ber, der (Amtsspr.): *Konzessionär.*

Kon|zes|si|ons|in|ha|be|rin, die: w. Form zu ↑Konzessionsinhaber.

kon|zes|si|ons|los ⟨Adj.⟩: *keine Zugeständnisse, Einschränkungen machend:* k. zu seiner Überzeugung stehen.

kon|zes|si|ons|pflich|tig ⟨Adj.⟩ (Amtsspr.): *eine Konzession* (1) *erfordernd.*

kon|zes|siv ⟨Adj.⟩ [lat. concessivus, zu: concessum, 2. Part. von: concedere, ↑konzedieren] (Sprachw.): *einräumend:* eine -e Konjunktion.

Kon|zes|siv|satz, der (Sprachw.): *Umstandssatz der Einräumung.*

Kon|zet|ti, Concetti ⟨Pl.⟩ [ital. concetti, Pl. von: concetto = (geistreicher) Einfall < lat. conceptus, ↑Konzept] (Literaturw.): *geistreich-witzige Redewendungen, kunstvolle Wortspiele (bes. in der europäischen Barockdichtung u. bei Petrarca).*

Kon|zil, das; -s, -e u. -ien [mhd. concīlje < lat. concilium = Zusammenkunft, Versammlung, zu: concalare = Zusammenrufen]: **1.** (kath. Kirche) *Versammlung von Bischöfen u. anderen hohen Klerikern zum Zwecke der Erörterung u. Entscheidung theologischer u. kirchlicher Fragen:* ein K. einberufen. **2.** (Hochschulw.) *aus Professoren, Vertretern der Studierenden u. nicht akademischen Bediensteten einer Hochschule gebildetes Gremium, das bestimmte Entscheidungsbefugnisse hat.*

kon|zi|li|ant ⟨Adj.⟩ [frz. conciliant, 1. Part. von: concilier = aussöhnen < lat. conciliare = geneigt machen, eigtl. = zusammenbringen, zu: concilium, ↑Konzil] (bildungsspr.): *umgänglich, verbindlich, zu Zugeständnissen bereit:* ein -er Mensch; sein Verhalten war nicht sehr k. *(nicht sehr entgegenkommend).*

Kon|zi|li|anz, die; - (bildungsspr.): *Umgänglichkeit, Verbindlichkeit, Entgegenkommen.*

kon|zi|li|ar, kon|zi|li|a|risch ⟨Adj.⟩: *zu einem Konzil gehörend, ihm entsprechend, von einem Konzil ausgehend.*

Kon|zi|li|en: Pl. von ↑Konzil.

Kon|zils|va|ter, der ⟨meist Pl.⟩ (kath. Kirche): *stimmberechtigter Teilnehmer an einem Konzil* (1).

kon|zinn ⟨Adj.⟩ [lat. concinnus, eigtl. = im richtigen Verhältnis gemischt, wohl zusammengefügt]: **1.** (Reth., Stilk.) *syntaktisch gleich gebaut; ebenmäßig, harmonisch zusammengefügt.* **2.** (bildungsspr. veraltet) *ansprechend, gefällig.*

Kon|zin|ni|tät, die; - [lat. concinnitas]: **1.** (Rhet., Stilk.) *Ebenmäßigkeit im Satzbau.* **2.** (bildungsspr. veraltet) *das Ansprechend-, Gefälligsein.*

Kon|zi|pi|ent, der; -en, -en [zu lat. concipiens (Gen.: concipientis), 1. Part. von: concipere, ↑konzipieren]: **1.** (veraltet) *Verfasser eines Schriftstücks.* **2.** (österr. Amtsspr.) *Jurist [zur Ausbildung] in einem Rechtsanwaltsbüro.*

Kon|zi|pi|en|tin, die; -, -nen: w. Form zu ↑Konzipient.

kon|zi|pie|ren ⟨sw. V.; hat⟩ [spätmhd. concipieren < lat. concipere, eigtl. = zusammenfassen, aufnehmen]: **1.** *ein schriftliches Konzept* (1) *für etw. machen:* eine Rede, einen Aufsatz k. **2.** *(von einer bestimmten Vorstellung, Idee ausgehend) planen, entwerfen, entwickeln:* ein Projekt, ein Gerät k.; der Bau ist als Altenheim, für 10 Wohnungen konzipiert; ein vernünftig konzipiertes Auto. **3.** (Med.) *schwanger werden.*

Kon|zi|pie|rung, die; -, -en: *das Konzipieren; das Konzipiertwerden.*

kon|zis ⟨Adj.⟩ [lat. concisus, adj. 2. Part. von: concidere = zusammenhauen] (Rhet., Stilk.): *kurz, gedrängt:* eine -e Sprache; k. geschrieben sein.

Koog, (auch:) Kog, der; -[e]s, Köge [mniederd. kōch < mniederl. cooch, H. u.] (nordd., Fachspr.): *dem Meer abgewonnenes, eingedeichtes Land; Polder.*

Ko|ope|ra|ti|on, die; -, -en [kirchenlat. cooperatio = Mitwirkung, zu: cooperari, ↑kooperieren]: *Zusammenarbeit, bes. auf politischem od. wirtschaftlichem Gebiet:* eine K. auf dem Gebiet der Wirtschaft, zwischen Ost und West; neue Formen der K.

ko|ope|ra|ti|ons|be|reit ⟨Adj.⟩: *zur Kooperation bereit.*

Ko|ope|ra|ti|ons|be|reit|schaft, die ⟨o. Pl.⟩: *Bereitschaft zur Kooperation.*

Ko|ope|ra|ti|ons|ver|trag, der: *Vertrag, in dem eine Kooperation vereinbart wird.*

ko|ope|ra|tiv ⟨Adj.⟩ (bildungsspr.): **a)** *zur Kooperation bereit; bereitwillig kooperierend:* ein -es Verhalten; seine Haltung ist wenig k.; er ist [nicht] k.; **b)** *auf dem Wege der Kooperation erfolgend:* eine Aufgabe k. lösen.

Ko|ope|ra|tiv, das; -s, -e, auch: -s, **Ko|ope|ra|ti|ve,** die; -, -n [russ. kooperativ, wohl < frz. coopérative] (bes. DDR): *Genossenschaft:* eine landwirtschaftliche Kooperative.

ko|ope|rie|ren ⟨sw. V.; hat⟩ [kirchenlat. cooperari = mitwirken, zu lat. operari, ↑operieren]: *(bes. auf politischem od. wirtschaftlichem Gebiet) zusammenarbeiten:* auf einem Gebiet, mit einer anderen Firma k.; zwischen beiden Firmen wird kooperiert.

Ko|or|di|na|te, die; -, -n [zu lat. con- = mit- u. ↑Ordinate]: **1.** (Math.) *zur Angabe der Lage eines Punktes in der Ebene od. im Raum (anhand eines Koordinatensystems) dienende Zahl.* **2.** (Geogr.) *zur Angabe der Lage eines Punktes auf der Erdoberfläche (anhand des Gradnetzes) dienende Zahl:* die geographischen -n eines Ortes.

Ko|or|di|na|ten|ach|se, die (Math.): *Achse eines Koordinatensystems.*

Ko|or|di|na|ten|netz, das (Geogr.): *Gradnetz.*

Ko|or|di|na|ten|sys|tem, das (Math.): *mathematisches System, in dem mithilfe von Koordinaten die Lage eines Punktes in der Ebene od. im Raum festgelegt wird.*

Ko|or|di|na|ti|on, die; -, -en [zu ↑koordinieren]: **1.** (bildungsspr.) *das Koordinieren:* eine mangelnde K.; die K. von Tätigkeiten. **2.** (Sprachw.) *Nebenordnung.* **3.** (Chemie) *(von chemischen Verbindungen höherer Ordnung) Zusammensetzung u. Aufbau.*

Ko|or|di|na|ti|ons|stö|rung, die ⟨meist Pl.⟩ (Med.): *Ataxie.*

Ko|or|di|na|tor, der; -s, ...oren [zu ↑koordinieren]: *jmd., der etw. koordiniert* (1).

Ko|or|di|na|to|rin, die; -, -nen: w. Form zu ↑Koordinator.

ko|or|di|nie|ren ⟨sw. V.; hat⟩ [mlat. coordinare, zu lat. ordinare, ↑ordinieren]: **1.** (bildungsspr.) *(verschiedene Dinge, Vorgänge o. Ä.) aufeinander abstimmen, miteinander in Einklang bringen:* Projekte, Rundfunkprogramme [miteinander] k. **2.** (Sprachw.) *nebenordnen.*

Ko|or|di|nie|rung, die; -, -en (bildungsspr.): *das Koordinieren; das Koordiniertwerden.*

Kop. = Kopeke.

Ko|pal, der; -s, -e [span. copal, aus einer mittelamerik. Indianerspr.]: *Harz verschiedener tropischer Bäume, das für die Herstellung von Lacken verwendet wird.*

Ko|pal|harz, das: *Kopal.*

Ko|pal|lack, der: *unter Verwendung von Kopal hergestellter Lack.*

Ko|pe|ke, die; -, -n [russ. kopejka, zu: kop'e = Lanze, Speer, da die Münze früher den Zaren zu Pferde mit einer Lanze zeigte]: *Untereinheit der russischen Währung* (1 Kopeke = 0,01 Rubel); Abk.: Kop.

Ko|pen|ha|gen: Hauptstadt von Dänemark.

[1]Ko|pen|ha|ge|ner, der; -s, -: **1.** Ew. **2.** *mit Früchten od. Konfitüre gefülltes Gebäckstück aus Blätterteig.*

[2]Ko|pen|ha|ge|ner ⟨indekl. Adj.⟩: *aus Kopenhagen stammend; zu Kopenhagen gehörig.*

Ko|pen|ha|ge|ne|rin, die; -, -nen: w. Form zu ↑[1]Kopenhagener (1).

Ko|pe|po|de, der; -n, -n [zu griech. kṓpē = Ruder u. poús (Gen.: podós) = Fuß]: *(in vielen Arten vorkommender) in Gewässern od. auf feuchtem Boden lebender sehr kleiner Krebs.*

Kö|per, der; -s, - [aus dem Niederd. < mniederd. keper, eigtl. = Dachsparren, Querbalken, nach dem diagonal verlaufenden Grat (4)] (Textilind.): **1.** ⟨o. Pl.⟩ *Köperbindung.* **2.** *Gewebe, Stoff in Köperbindung.*

Kö|per|bin|dung, die (Textilind.): *Art der Bindung* (3 a), *durch die eine diagonale Streifung entsteht.*

ko|per|ni|ka|nisch ⟨Adj.⟩ [nach dem dt. Astronomen N. Kopernikus (1473–1543)]: *nach Koper-*

nikus benannt: das -e *(heliozentrische)* Weltsystem; Ü eine -e (bildungsspr.; *tief greifende)* Wende.

Kopf, der; -[e]s, Köpfe [mhd. kopf, koph = Becher, Trinkgefäß; scherz. übertr. dann: Hirnschale, Kopf, ahd. chopf = Becher, Trinkschale, wohl < spätlat. cuppa < lat. cupa, ↑²Kufe]: **1.** *oft rundlicher [durch den Hals mit dem Rumpf verbundener] Körperteil des Menschen u. vieler Tiere, zu dem Gehirn, Augen, Nase, Mund u. Ohren gehören:* ein dicker, großer, kahler, ausdrucksvoller K.; der K. einer Katze, eines Vogels; ihr K. sank auf die Brust; die Zuschauer standen K. an K. *(dicht gedrängt);* K. oder Zahl (*Avers mit dem aufgeprägten [Fürsten]kopf oder Revers mit dem Zahlenwert;* im Zusammenhang mit dem Werfen einer Münze, womit eine Entscheidung zwischen zwei Personen od. Möglichkeiten herbeigeführt werden soll); den K. drehen, abwenden, hochheben, neigen; den K. aus dem Fenster strecken, durch die Tür stecken; sie schüttelte verneinend, verständnislos den K.; sich den K. *(die Haare)* waschen; sich den K. stoßen *(mit dem Kopf an etw. stoßen);* sie ist einen ganzen, halben K. größer als ich; die Mädchen steckten die Köpfe zusammen *(berieten sich tuschelnd);* sie bekamen rote Köpfe von der Sonne; sich die Köpfe heiß reden *(sehr lebhaft diskutieren);* der Schuss traf ihn am K.; einen Hut auf dem K. tragen; die Turnerin steht auf dem K.; das Buch steht auf dem K. *(umgekehrt)* im Regal; auf den K. des Mörders steht eine Belohnung; ich tu das nicht, und wenn du dich auf den K. stellst (scherzhafte Versicherung, etwas Gefordertes auf keinen Fall tun zu wollen); jmdm. das Haus über dem K. anzünden *(während er im Haus ist);* dem Kranken ein Kissen unter den K. schieben; der Wind riss ihm den Hut vom K.; das Blut stieg ihr zu K.; R sie wird dir nicht gleich den K. abreißen (ugs.; *sie wird dich nicht so schlimm behandeln, wie du befürchtest*); das kann den K. nicht kosten *(das kann so gefährlich nicht sein);* * **jmdm. brummt der K.** (ugs.; *jmd. hat heftige Kopfschmerzen*); **jmdm. schwirrt der K.** *(jmd. ist aufgrund sehr vieler Eindrücke verwirrt);* **jmdm. raucht der K.** (ugs.; *jmd. denkt längere Zeit angestrengt nach*); **nicht wissen, wo einem der K. steht** *(so viel Arbeit haben, dass man verwirrt ist, nicht weiß, wo man anfangen soll);* **K. stehen** (1. selten; *auf dem Kopf stehen:* der Turner steht K. 2. ugs.; *völlig überrascht, durcheinander, verwirrt, bestürzt sein:* als sie die Nachricht bekamen, standen sie K.; das ganze Haus hat K. gestanden); **einen dicken/schweren K. haben** *(Kopfschmerzen, einen Kater haben);* **einen roten K. bekommen** *(erröten);* **K. hoch!** *(nur nicht den Mut verlieren!);* **jmds. K. fordern** (1. *jmds. Enthauptung verlangen.* 2. *die strenge Bestrafung von jmdm., der sich in höherer Stellung befindet, fordern*); **jmdm./jmdn. den K. kosten** (1. *zu jmds. Enthauptung führen:* dieser Fehler sollte ihn den K. kosten. 2. *jmdn. die Stellung o. Ä. kosten*); **den K. einziehen** *(sich ängstlich od. eingeschüchtert zurückhalten u. nichts unternehmen, um sich keiner Gefahr auszusetzen o. Ä.);* **den K. hängen lassen** *(mutlos sein);* **den K. unterm Arm tragen** (ugs.; *sehr krank sein*); **jmdm. den K. waschen** (ugs.; *jmdn. scharf zurechtweisen*); **sich ⟨Dativ⟩ [k]einen K. machen** (ugs.; *sich [keine] Gedanken machen*); **seinen K. riskieren; K. und Kragen riskieren/wagen/aufs Spiel setzen, verlieren** *(das Leben, die Existenz aufs Spiel setzen, verlieren);* **seinen K. retten** (ugs.; *sich retten*); **den K. hinhalten müssen** (ugs.; *für etw. geradestehen müssen*); **sich ⟨Dativ⟩ [an etw.] den K. einrennen** *(bei einem Vorhaben auf Widerstand stoßen, nicht zum Ziel kommen);* **den K. aus der Schlinge ziehen** *(durch geschicktes Verhalten einer Bestrafung entgehen);* **den K. in den Sand stecken** (*eine Gefahr nicht sehen wollen; der Realität ausweichen;* nach der irrigen Annahme, dass der Vogel Strauß bei Gefahr den Kopf in den Sand steckt); **den K. hoch tragen** *(stolz sein);* **den K. oben behalten** *(den Mut nicht verlieren);* **jmdm. den K. zurechtsetzen/zurechtrücken** (ugs.; *jmdn. durch Kritik zur Vernunft bringen*); **sich [gegenseitig/einander] die Köpfe einschlagen** *(sich heftig streiten);* **jmdn. [um] einen K. kürzer/kleiner machen** (ugs.; *jmdn. köpfen*); **sich ⟨Dativ⟩ an den K. fassen/greifen** (ugs.; *kein Verständnis für etw. haben*): wenn ich so einen Unsinn höre, kann ich mir nur an den K. greifen; **jmdm. etw. an den K. werfen** *(jmdm. etw. [Freches] direkt sagen):* sie warf ihm Unverschämtheiten, Beleidigungen an den K.; **eins auf den K. bekommen/kriegen** (↑Hut 1); **etw. auf den K. hauen** (ugs.; *[einen bestimmten Geldbetrag] auf einmal für Vergnügungen o. Ä. ausgeben;* H. u., viell. in Bezug auf die Münze, die man auf den Kopf, d. h. auf die Seite mit dem aufgeprägten [Fürsten]kopf, wirft, damit die Seite mit der Zahl sichtbar ist): heute habe ich hundert Mark auf den K. gehauen; **jmdm. auf den K. kommen** (ugs.; *jmdn. ausschimpfen, zurechtweisen, tadeln*): ich komm dir gleich auf den K.! (Drohung); **etw. auf den K. stellen** (ugs.; 1. *das Unterste zuoberst kehren, etw. völlig durcheinander bringen:* die Kinder haben beim Spielen das ganze Haus, Zimmer auf den K. gestellt. 2. *in etw., an einem Ort sehr gründlich suchen:* ich habe das ganze Haus auf den K. gestellt und trotzdem meine Brille nicht gefunden. 3. *etw. unrichtig darstellen*); **jmdm. auf dem K. herumtanzen/herumtrampeln** (ugs.; *jmds. Gutherzigkeit missbrauchen, indem man ihn respektlos behandelt u. sich von ihm nichts sagen lässt*); **sich ⟨Dativ⟩ nicht auf den K. spucken lassen** (salopp; *sich nichts gefallen lassen*); **jmdm. auf den K. spucken können** (salopp scherzh.; *erheblich größer sein als ein anderer*); **nicht auf den K. gefallen sein** (ugs.; *gewitzt, nicht dumm sein*); **jmdm. etw. auf den K. zusagen** *(jmdm. gegenüber, ohne zu zögern, etw. aussprechen, was man über ihn zu wissen glaubt [ohne jedoch Beweise zu haben]);* **jmdm. in den K. steigen** (1. *jmdn. betrunken, benommen machen:* der Wein ist mir in den K. gestiegen. 2. seltener; *jmdn. eingebildet, überheblich machen:* der Ruhm ist ihm in den K. gestiegen); **jmdm. zu K. steigen** *(jmdn. eingebildet, überheblich machen);* **mit dem K. durch die Wand wollen** (ugs.; *Unmögliches erzwingen wollen*); **mit seinem K. für etw. einstehen** *(mit seinem Leben, seiner Existenz für etw. einstehen);* **über jmds. K. [hin]weg** *(ohne jmdn. Bestimmtes zu fragen, zu informieren);* **über die Köpfe hinwegreden** *(reden, ohne Rücksicht auf das Verständnis der Zuhörer zu nehmen);* **jmdm. über den K. wachsen** (ugs.; 1. *sich so entwickeln, dass jmd. Bestimmtes einem nicht mehr gewachsen ist:* er ist seinem Vater längst über den K. gewachsen. 2. *von jmdm. nicht mehr bewältigt werden:* die Arbeit ist mir über den K. gewachsen); **bis über den K. in etw. stecken** (ugs.; *völlig von etw. beansprucht, belastet sein*): bis über den K. in Sorgen, Arbeit stecken; **um K. und Kragen gehen** ⟨unpers.⟩ (ugs.; *um das Leben, die Existenz gehen*); **etw. vom K. auf die Füße stellen** *(das Bild, das man von etw. hat, korrigieren);* **von K. bis Fuß** *(von oben bis unten; ganz u. gar):* sich von K. bis Fuß neu einkleiden, waschen; **jmdn. vor den K. stoßen** (ugs.; *jmdn. in plumper Weise kränken, verletzen*); **wie vor den K. geschlagen sein** (ugs.; *vor Überraschung, Schreck wie gelähmt sein*). **2. a)** *Person mit bestimmten [intellektuellen] Fähigkeiten; Person von bestimmter Intelligenz:* sie ist ein kluger, fähiger K.; **b)** *an der Spitze von etw. stehende Person:* der K. des Unternehmens. **3.** *Denk-, Willenskraft:* er hat einen eigensinnigen, dicken K. *(ist eigensinnig, dickköpfig);* seinen K. anstrengen; du musst nicht immer deinen K. *(Willen)* durchsetzen; etw. [noch] frisch im K. haben (ugs.; *sich [noch] gut an etw. erinnern*); etw. im K. *(im Gedächtnis)* behalten; ich weiß nicht, was in den Köpfen der Leute vorgeht *(was sie denken);* er hat nur Mädchen und Autos im K. *(denkt nur an Mädchen u. Autos);* du bist wohl nicht ganz richtig im K. (ugs.; *du bist wohl verrückt*); R was man nicht im K. hat, [das] muss man in den Beinen haben *(wenn man etwas vergisst, muss man einen Weg zweimal machen);* * **jmdm. steht der K. nicht nach etw.** (↑Sinn 3 a); **einen klaren/kühlen K. bewahren/behalten** *(nicht nervös werden; die Übersicht behalten);* **seinen K. aufsetzen** *(widerspenstig sein, [trotzig] seinen Willen durchsetzen wollen);* **den K. voll haben** *(an vieles zu denken haben, sich mit vielen Dingen gedanklich beschäftigen müssen);* **den K. verlieren** *(die Übersicht, die Ruhe, die Fassung verlieren);* **jmdm. den K. verdrehen** (ugs.; *jmdn. verliebt machen*): er hat ihr den K. verdreht; **sich ⟨Dativ⟩ den K. zerbrechen** (ugs.; *sehr angestrengt über etw. nachdenken*): ich zerbreche mir den K., was ich ihr schenken soll; **sich einen K. machen** (landsch.; *sich Gedanken machen, über etw. nachdenken*): darum/darüber mache ich mir doch keinen K.; **aus dem K.** *(auswendig, ohne nachzusehen);* **jmdm. nicht aus dem K. gehen/wollen** *(jmdn. ständig beschäftigen);* **sich ⟨Dativ⟩ etw. aus dem K. schlagen** *(einen Plan o. Ä. aufgeben);* **sich ⟨Dativ⟩ etw. durch den K. gehen lassen** *(über eine Sache nachdenken);* **jmdm. durch den K. schießen** *(jmdm. plötzlich einfallen);* **jmdm. im K. herumgehen** (ugs.; *jmdn. sehr beschäftigen*); **sich ⟨Dativ⟩ etw. in den K. setzen** *(fest entschlossen sein, etw. zu tun):* er hat sich in den K. gesetzt, sie zu heiraten; **im K. [aus]rechnen** *([aus]rechnen, ohne aufzuschreiben):* die Kosten im K. ausrechnen; **jmdm. nicht in den K. [hinein]gehen/[hinein]wollen** *(jmdm. unverständlich, unbegreiflich sein):* ihr will nicht in den K., dass er nur so wenig verdient. **4.** *Einzelperson innerhalb einer größeren Menge von Menschen:* das Einkommen pro K. der Bevölkerung; der Eintritt kostet fünf Mark pro K. *(für jeden).* **5. a)** *rundlicher, oberer Teil von etw.:* der K. der Stecknadel, des Streichholzes; Disteln mit blauen Köpfen; Nägel, Schrauben mit flachen Köpfen; die Blumen lassen die Köpfe hängen *(werden welk);* **b)** *essbarer, rundlicher Teil bestimmter Gemüse- u. Salatpflanzen, der etwa die Größe eines Menschenkopfes hat:* ein K. Salat, Blumenkohl; **c)** *oberer Teil od. Vorderende von etw., dem eine bestimmte Wichtigkeit zukommt:* der K. eines Briefbogens, einer Zeitung, einer Buchseite; den K. des Zuges bildet die Musikgruppe; der Hausherr sitzt am K. der Tafel.

Kopf-an-Kopf-Ren|nen, das (Sport): *Lauf, Rennen, bei dem zwei od. mehrere Konkurrenten [fast] gleichauf sich dem Ziel nähern:* an der Spitze des Feldes kam es zu einem K.; Ü nach einem K. konnte die SPD die Wahl gewinnen.

Kopf|ar|beit, die ⟨o. Pl.⟩: *geistige Arbeit.*

Kopf|ar|bei|ter, der: *jmd., der geistig arbeitet.*

Kopf|ar|bei|te|rin, die; -, -nen: w. Form zu ↑Kopfarbeiter.

Kopf|bahn|hof, der: *Bahnhof ohne durchgehende Gleise.*

Kopf|ball, der (Fußball): *mit dem Kopf gestoßener Ball.*

Kopf|ball|tor, das (Fußball): *durch einen Kopfball erzieltes Tor.*

Kopf|be|de|ckung, die: *etw., womit man zum Schutz od. zum Schmuck den Kopf, die Haare bedeckt:* mit, ohne K.

Kopf|be|we|gung, die: *Bewegung mit dem Kopf:* eine rasche, ablehnende K. machen.

Köpf|chen, das; -s, -: **1.** Vkl. zu ↑Kopf. **2.** (ugs.) *pfiffiger Verstand, Findigkeit, Ideenreichtum:* K. haben; mit K. arbeiten, vorgehen; R K., K.! *(Ideen, Verstand, Intelligenz muss man haben!).* **3.** (Bot.) *Blütenstand, bei dem viele Blüten in kugeliger Form dicht beieinander stehen:* das K. des Klees.

Köp|fe: Pl. von ↑Kopf.

köp|feln ⟨sw. V.; hat⟩ (südd., österr., schweiz.): **1.** *köpfen* (2). **2.** *einen Kopfsprung machen.*

kọp|fen ⟨sw. V.; hat⟩ (landsch.): *(von Salat) einen Kopf bilden:* der Salat kopft.

kọ̈p|fen ⟨sw. V.; hat⟩: **1.** *(zur Vollstreckung der Todesstrafe) jmdm. den Kopf abschlagen:* jmdn. k.; Ü ein Frühstücksei k.; eine Flasche k. *(öffnen, um sie zu leeren);* Tabakpflanzen k. *(deren Herztriebe ausbrechen).* **2.** (Fußball) **a)** *mit dem Kopf stoßen:* den Ball [ins Tor] k.; **b)** *durch Köpfen (2 a) erzielen:* ein Tor k. **3.** (Fachspr.) *mit einem Kopf (5 c) versehen:* Karteikarten k.

Kọpf|en|de, das: **a)** *Seite eines Bettes o. Ä., an der der Kopf liegt:* am K. der Liege; **b)** *oberes Ende:* am K. der Tafel.

Kọpf|form, die: *Form eines Kopfes:* eine runde, längliche K.

Kọpf|fü|ßer, der (Zool.): *(in vielen Arten im Meer vorkommendes) räuberisch lebendes Weichtier mit deutlich vom Rumpf abgesetztem Kopf, an dem mehrere Fangarme sitzen, u. mit der Fähigkeit, bei Gefahr einen Farbstoff abzusondern, der es den Blicken der Verfolger entzieht* (z. B. Tintenfisch); *Zephalopode:* die Klasse der K.

Kọpf|geld, das: **1.** *für die Ergreifung eines Gesuchten ausgesetzte Geldprämie.* **2.** (selten) *pro Person ausgezahlter Betrag.*

Kọpf|grind, der: *Hautausschlag auf dem Kopf mit Bildung von Schorf.*

Kọpf|grip|pe, die (volkst.): **a)** *Enzephalitis;* **b)** *Erkältung mit starken Kopfschmerzen.*

Kọpf|haar, das: *auf dem Kopf wachsendes Haar.*

Kọpf|hälf|te, die: *Hälfte eines Kopfes:* die linke, rechte K.

Kọpf|hal|tung, die: *Art u. Weise, den Kopf zu halten.*

Kọpf|haut, die: *Haut, die die Oberseite des Kopfes bedeckt:* die K. massieren.

Kọpf|hö|he: nur in der Fügung **in K.** *(in Höhe des Kopfes):* etw. in K. anbringen.

Kọpf|hö|rer, der: *Gerät mit meist zwei kleinen Lautsprechern, die mit einem Bügel auf die Ohren gedrückt werden u. mit dem Töne od. Gesprochenes direkt ans Ohr übertragen werden:* Musik über K. hören.

-kö̦p|fig: in Zusb., z. B. großköpfig *(mit großem Kopf),* dreiköpfig *(aus drei Personen bestehend,* mit Ziffer: 3-köpfig), mehr-, vielköpfig.

Kọpf|jagd, die: *Erbeutung von Köpfen getöteter Gegner bei bestimmten Naturvölkern.*

Kọpf|jä|ger, der: *Angehöriger eines Volkes, das Kopfjagd betreibt.*

Kọpf|ju|cken, das; -s: *das Jucken der Kopfhaut.*

Kọpf|kis|sen, das: *zum Bettzeug gehörendes Kissen, auf dem der Kopf liegt.*

Kọpf|kli|nik, die: *Klinik, in der unterschiedliche Krankheiten im Bereich des Kopfes behandelt werden.*

Kọpf|la|ge, die (Med.): *Lage des Kindes bei der Geburt, bei der der Kopf zuerst austritt.*

Kọpf|län|ge, die: *Länge eines Kopfes:* die Stute gewann mit einer K. Vorsprung.

kọpf|las|tig ⟨Adj.⟩: **1. a)** *(von Flugzeugen, Schiffen o. Ä.) vorne zu stark belastet:* das Boot, Flugzeug ist k.; **b)** *oben zu stark belastet:* bei dieser kleinen Vase wären die langen Rosen viel zu k.; Ü eine -e Administration *(eine Administration mit zu vielen Leuten an der Spitze);* der Film ist leider etwas k. *(zu einseitig vom Verstand bestimmt).* **2.** (ugs.) *stark betrunken.*

Kọpf|las|tig|keit, die; -: *das Kopflastigsein.*

Kọpf|leis|te, die: *Leiste im Kopf (5 c) einer Zeitung, in der das Impressum steht.*

Kö̦pf|ler, der; -s, - (südd., österr., schweiz.): *Kopfball; Kopfsprung.*

kọpf|los ⟨Adj.⟩: **1.** *ohne Kopf:* -e Lebewesen. **2.** *aufgrund von Verwirrung, Überraschung o. Ä. unfähig, einen klaren Gedanken zu fassen, sinnvoll zu handeln:* ein -er Mensch; die Leute waren ganz k.; k. umherlaufen.

Kọpf|lo|sig|keit, die; -: *das Kopflossein.*

Kọpf|ni|cken, das; -s: *das Nicken mit dem Kopf:* ein freundliches, kurzes, stummes K.; sie verabschiedete sich mit einem K.

Kọpf|nuss, die [1: zu ↑Nuss (3)] (ugs.): **1.** *leichter Schlag mit den Fingerknöcheln gegen den Kopf:* der Vater verteilte Kopfnüsse. **2.** *besonders schwierige Denkaufgabe.*

Kọpf|putz, der (veraltet): *Schmuck für den Kopf.*

kọpf|rech|nen ⟨sw. V.; nur im Inf. u. Part. gebr.⟩: *rechnen, ohne aufzuschreiben:* sie kann gut k.

Kọpf|rech|nen, das; -s: *Rechnen im Kopf:* im K. bin ich schwach.

Kọpf|sa|lat, der: *(in Gärten gezogene, zu Salat bereitete) Pflanze mit hellgrünen welligen Blättern, die einen Kopf (5 b) bilden.*

kọpf|scheu ⟨Adj.⟩ [urspr. von Pferden gesagt, die scheuen, wenn sie am Kopf gepackt werden]: in den Wendungen **jmdn. k. machen** (ugs.; *jmdn. verwirren u. ängstlich, unsicher machen*); **k. werden** *(verwirrt, unsicher, ängstlich werden).*

Kọpf|schmerz, der ⟨meist Pl.⟩: *Schmerz im Kopf:* der K. ist weg; heftige -en haben; eine Tablette gegen -en; * **sich** ⟨Dativ⟩ **über etw./wegen etw. keine -en machen** (ugs.; *sich keine Sorgen um, über etw. machen*); **jmdm. -en bereiten/machen** (ugs.; *jmdm. Sorgen bereiten*).

Kọpf|schmerz|ta|blet|te, die: *Tablette gegen Kopfschmerzen.*

Kọpf|schmuck, der: *schmückende Kopfbedeckung.*

Kọpf|schup|pe, die ⟨meist Pl.⟩: *kleines Hautteilchen, das von der Kopfhaut abgestoßen wird; Schuppe.*

Kọpf|schuss, der: **1.** *Schuss in den Kopf:* er wurde durch einen K. getötet. **2.** *Schussverletzung am Kopf:* * **einen K. haben** (ugs.; *nicht recht bei Verstand sein*).

Kọpf|schüt|teln, das; -s: *[das Schütteln des Kopfes als] Ausdruck der Verneinung od. der Verwunderung, des Unverständnisses:* ihr Verhalten löste allgemeines K. aus.

kọpf|schüt|telnd ⟨Adj.⟩: *[verständnislos] den Kopf, die Köpfe schüttelnd:* die -en Zuhörer; k. sah er zu.

Kọpf|schutz, der: *Schutz für den Kopf* (z. B. Kunststoffhelm der Eishockeyspieler, eine Art Lederkappe der Boxer).

Kọpf|sprung, der: *Sprung [ins Wasser] mit dem Kopf voran:* einen K. machen.

Kọpf|stand, der: *Turnübung, bei der jmd. mit gestrecktem Körper auf dem Kopf steht u. sich mit den Händen abstützt.*

Kọpf ste|hen: s. Kopf (1).

Kọpf|stein|pflas|ter, das: *Pflaster aus oben rundlichen Pflastersteinen aus Naturstein.*

Kọpf|steu|er, die: *Steuer, die von jedem in gleicher Höhe erhoben wird.*

Kọpf|stim|me, die: *hohe Stimmlage, bei der hauptsächlich der Kopf Resonanzraum ist; Falsett.*

Kọpf|stüt|ze, die: *Stütze für den Kopf [an Autositzen].*

Kọpf|teil, das od. der: **a)** *Kopfende (a);* **b)** *oberer Teil der Rückenlehne, der für den Kopf bestimmt ist.*

Kọpf|tuch, das ⟨Pl. ...tücher⟩: *Tuch, das um den Kopf gebunden getragen wird.*

kọpf|über ⟨Adv.⟩: *mit dem Kopf voran:* sie fiel k. ins Wasser; er stürzte sich k. aus dem Fenster; Ü sich k. *(voller Tatendrang)* in die Arbeit stürzen.

Kọpf|ver|band, der: *Verband um den Kopf.*

Kọpf|wä|sche, die: **1.** *das Waschen der Haare.* **2.** (ugs.) *scharfer Tadel, Zurechtweisung:* eine ordentliche K.

Kọpf|weh, das ⟨o. Pl.⟩ (ugs.): *Kopfschmerzen:* K. haben.

Kọpf|zer|bre|chen, das; -s: *angestrengtes Nachdenken, um eine Lösung, einen Ausweg aus einer schwierigen Situation zu finden:* dieses Problem macht, bereitet [ihm] K.; * **sich** ⟨Dativ⟩ **über etw. [kein] K. machen** *(sich über etw. [keine] Sorgen machen).*

Kọph|ta, der; -s, -s [H. u.]: *geheimnisvoller ägyptischer Magier.*

kọph|tisch ⟨Adj.⟩: *den Kophta betreffend.*

Ko|pie [österr.: ˈkoːpi̯ə], die; -, -n [spätmhd. copī < mlat. copia = (den Bestand an Exemplaren vermehrende) Abschrift < lat. copia = Vorrat, Menge]: **1.** *Abschrift, Durchschrift od. sonstige originalgetreue Reproduktion, Doppel eines Schriftstücks o. Ä., bes. Fotokopie:* eine beglaubigte K. der Urkunde; eine K. anfertigen; (EDV:) sicherheitshalber mache ich eine K. der Datei auf Diskette; das Zeugnis liegt in K. bei. **2.** (Fot.) **a)** *Abzug (2 a):* eine K. machen; **b)** *Doppel eines Films:* die K. des Films hat Kratzer; eine K. ziehen. **3.** *genaue, originalgetreue Nachbildung eines Gegenstands, meist eines Kunstwerks o. Ä.:* eine K. des Gemäldes. **4.** (häufig abwertend) *Nachahmung, Abklatsch:* er ist nur eine [blasse] K. seines Chefs; ihre Paarlaufkür ist eine schwache K. der Olympiakür.

Ko|pier|an|stalt, die (Fot.): *Betrieb, in dem Kopien (2) hergestellt werden.*

ko|pie|ren ⟨sw. V.; hat⟩ [mlat. copiare = vervielfältigen; zu: copia, ↑Kopie]: **1.** *(von etw.) eine Kopie (1) machen:* ein Zeugnis, Buchseiten k.; (EDV:) eine Datei auf Diskette k. **2.** (Fot.) **a)** *(von etw.) eine Kopie (2 a) herstellen;* **b)** *(von etw.) eine Kopie (2 b) herstellen:* einen Film k. **3.** *ein Kunstwerk o. Ä. nachbilden, ein zweites Exemplar nach einem Original herstellen:* ein Gemälde k. **4.** *nachahmen, imitieren:* den Lehrer, Geschäftspraktiken k.

Ko|pie|rer, der; -s, -: *Kopiergerät.*

Ko|pier|ge|rät, das: *Gerät zur Herstellung von Kopien (1); Fotokopiergerät.*

Ko|pier|pa|pier, das: **1.** *zur Herstellung von Kopien (1) verwendetes spezielles Papier.* **2.** (Fot.) *Fotopapier.*

Ko|pier|räd|chen, das: *an einem Stiel befestigtes Rädchen mit gezahntem Rand zum Kopieren von Schnittmustern vom Schnittmusterbogen.*

Ko|pier|schutz, der (EDV): *Programm zur Verhinderung unautorisierten Kopierens von Software.*

Ko|pier|stift, der: *Bleistift mit einer Mine, die wasserlösliche Farbstoffe enthält, die nicht radiert werden können.*

Ko|pier|ver|fah|ren, das: *Verfahren zum Herstellen von Kopien.*

Ko|pier|werk, das (Fot.): *Werk, Betrieb, in dem Kopien (2) hergestellt werden.*

Ko̱|pi|lot, der; -en, -en [engl. co-pilot, aus: co- < lat. co(m)- = mit- u. pilot = Pilot]: *zweiter Pilot in einem Flugzeug.*

Ko̱|pi|lo|tin, die; -, -nen: w. Form zu ↑Kopilot.

Kọp|pe, die; -, -n [1: zu ↑Kopf od. ↑Kuppe]: **1.** *Groppe.* **2.** (landsch.) ↑[1]Kuppe.

[1]Kọp|pel, das; -s, -, österr.: die; -, -n [mhd. koppel, kuppel = Band, Verbindung; mit einem Seil zusammengebundene Tiere (bes. Hunde, Zugtiere) < afrz. co(u)ple = Band < lat. copula, ↑Kopula]: **a)** *zu einer Uniform gehörender [breiter] Ledergürtel:* ein breites K.; das K. umschnallen, putzen; **b)** (Jägerspr.) *Gurt, an dem der Hirschfänger getragen wird.*

[2]Kọp|pel, die; -, -n [1: aus dem Niederd. < mniederd. koppel = Umzäunung; eingezäuntes Landstück, eigtl. = Band < mhd. koppel, ↑[1]Koppel; 2: mhd. koppel, kuppel, ↑[1]Koppel]: **1.** *eingezäuntes Weideland:* die Pferde weiden auf der K., in der K.; aus der K. ausbrechen. **2.** *mehrere, mit Riemen zusammengebundene Tiere, bes. Hunde:* eine K. Jagdhunde. **3.** *Riemen, Leine, mit der mehrere Tiere zusammengebunden werden:* die Hunde an der K. führen. **4.** (Musik) *Vorrichtung an der Orgel, mit der Register eines Manuals auf andere umgeschaltet werden können od. die höhere od. tiefere Oktave eines Tons zum Mitklingen gebracht werden kann.*

kọp|peln ⟨sw. V.; hat⟩ [mhd. kuppeln, koppeln = an die [2]Koppel (3) legen, verbinden]: **1. a)** *Tiere mit Riemen o. Ä. aneinander binden;* **b)** *(Fahrzeuge) miteinander verbinden:* die Astronauten koppelten die Raumschiffe; **c)** *durch technische Vorrichtungen verbinden u. zum Zusammenwirken bringen:* das Telefon ist an ein Tonbandgerät gekoppelt *(ist damit verbunden);* ein Gerät mit einem anderen k. **2. a)** *mit etw. in Zusammenhang bringen; von etw. abhängig machen:* ich koppelte meine Zustimmung an zwei Bedingungen; **b)** * **mit etw. gekoppelt sein** *(mit etw. in Zusammenhang stehen; gleichzeitig mit etw.*

stattfinden, auftreten o. Ä.): die medikamentöse Behandlung ist mit psychologischer Betreuung gekoppelt. **3.** (Sprachw.) *durch einen Bindestrich, durch Bindestriche verbinden; mit Bindestrich[en] schreiben.* **4.** (Seew.) *den Standort eines Schiffes berechnen, indem auf einer Seekarte die zurückgelegte Distanz eingetragen wird.*

Kọp|pel|schloss, das: *Schloss eines* [1]*Koppels.*

Kọp|pe|lung: ↑Kopplung.

Kọp|pe|lungs|ma|nö|ver: ↑Kopplungsmanöver.

Kọp|pel|wei|de, die: *eingezäuntes Weideland.*

Kọp|pel|wirt|schaft, die (Landw.): *Wirtschaftsform, bei der das Land im Wechsel als Weide- u. Ackerland genutzt wird.*

Kọp|pel|zeug, das: [1]*Koppel mit daran befestigten anderen Ausrüstungsgegenständen.*

kọp|pen ⟨sw. V.; hat⟩ [spätmhd. koppen = speien] (Fachspr.): *(von Pferden) geräuschvoll Luft schlucken:* ⟨subst.:⟩ das Koppen ist eine Pferdekrankheit.

kopp|hei̲s|ter ⟨Adj.⟩ [1. Bestandteil: niederd. Kopp = Kopf, 2. Bestandteil viell. zu mhd. heistieren (< afrz. haster) = eilen] (nordd.): *kopfüber:* k. ins Wasser springen; k. schießen *(einen Purzelbaum schlagen).*

Kọpp|lung, Koppelung, die; -, -en: *das Koppeln (1–3); das Gekoppeltsein.*

Kọpp|lungs|ge|schäft, das (Wirtsch.): *Geschäft, bei dem der Käufer eine Ware nur bekommt, wenn er gleichzeitig noch eine andere kauft.*

Kọpp|lungs|ma|nö|ver, Koppelungsmanöver, das (Raumf.): *Manöver, bei dem zwei Raumschiffe o. Ä. aneinander gekoppelt werden.*

Ko̲|pro|duk|ti|o̲n, die; -, -en [eng. co-production, aus: co- < lat. co(m)- = mit- u. production = Produktion, Herstellung]: **a)** *in Gemeinschaftsarbeit produzierter Film od. Fernsehsendung:* eine deutsch-italienische K.; **b)** *Gemeinschaftsproduktion* (a).

ko̲|pro|du|zie|ren ⟨sw. V.; hat⟩: *(Film, Fernsehsendung) in Gemeinschaftsarbeit produzieren.*

Ko|pro|li̲th [auch: ...ˈlɪt], der; -s od. -en, -e[n] [↑-lith] (Geol.): *versteinertes Stück urweltlichen Kots.*

Ko|pro̲m, das; -s, -e (Med.): *scheinbare Geschwulst im Darm in Form von verhärtetem Kot; Fäkulom.*

Kọp|te, der; -n, -n [arab. qubṭī, qibṭī < griech. Aigýptios = Ägypter]: *Angehöriger der christlichen Kirche Ägyptens.*

Kọp|tin, die; -, -nen: w. Form zu ↑Kopte.

kọp|tisch ⟨Adj.⟩: **1.** *zur christlichen Kirche Ägyptens, zu den Kopten gehörend:* -e Kunst. **2.** *das Koptische betreffend.*

Kọp|tisch, das; -[s] u. ⟨nur mit best. Art.:⟩ **Kọp|ti|sche,** das; -n: *aus dem Ägyptischen entwickelte liturgische Sprache der Kopten.*

Ko̲|pu|la, die; -, -s u. ...lae [...lɛ; lat. copula = Verbindendes, Verknüpfendes, Band, Zug-, Hundeleine]: **1.** (Biol.) *Kopulation* (1). **2. a)** (Logik) *das Glied, das Subjekt u. Prädikat zu einer Aussage verbindet;* **b)** (Sprachw.) *Verbform, die die Verbindung zwischen Subjekt u. Prädikativ herstellt.*

Ko|pu|la|ti|o̲n, die; -, -en [lat. copulatio, zu: copulare, ↑kopulieren]: **1.** (Biol.) *Begattung.* **2.** (Gartenbau) *Veredlung von Pflanzen, bei der ein schräg geschnittenes Edelreis genau auf die Unterlage gepasst wird.* **3.** (veraltet, noch landsch.) *Trauung.* **4.** *Koitus.*

ko|pu|la|ti̲v ⟨Adj.⟩ [spätlat. copulativus] (Sprachw.): *verbindend, aneinander reihend:* »und« ist eine -e Konjunktion.

Ko|pu|la|ti̲v|kom|po|si|tum, das, **Ko|pu|la|ti̲|vum,** das; -s, ...va (Sprachw.): *Kompositum aus zwei gleichwertigen Wörtern* (z. B. taubstumm).

ko|pu|li̲e|ren ⟨sw. V.; hat⟩ [lat. copulare = eng verbinden]: **1.** (Biol.) *begatten* (b). **2.** (Gartenbau) *(Pflanzen) durch Kopulation* (2) *veredeln.* **3.** (veraltet, noch landsch.) *trauen.* **4.** *koitieren.* **5.** (Sprachw.) *[mit einem Bindewort] verbinden.*

kor: ↑küren, kiesen.

Ko̲|rah [nach Korah, dem Enkel des Levi (4. Mos. 16, 1 ff.), der sich mit anderen gegen Moses stellte]: in der Fügung **Rotte K.** (bildungsspr. veraltet; *zügellose Horde).*

Ko|rạl|le, die; -, -n [mhd. koral(le) < afrz. coral < lat. corall(i)um < griech. korállion]: **1.** *(in tropischen Meeren meist in Kolonien lebendes) festsitzendes Hohltier mit einem verzweigten Kalkgerüst:* -n fischen. **2.** *Stück vom Kalkgerüst der Koralle* (1) *als Material für Schmuck:* eine Kette aus [geschliffenen] -n.

ko|rạl|len ⟨Adj.⟩: **1.** *aus Korallen* (2) *bestehend.* **2.** *korallenrot.*

Ko|rạl|len|bank, die ⟨Pl. ...bänke⟩: [1]*Bank* (3b) *aus versteinerten Skeletten von Korallen.*

Ko|rạl|len|fisch, der: *(in Korallenriffen lebender) sehr farbenprächtiger kleiner Fisch unterschiedlicher Familienzugehörigkeit.*

Ko|rạl|len|fi|scher, der: *jmd., der die versteinerten Kalkgerüste von Korallen für die Verarbeitung zu Schmuck aus dem Meer holt.*

Ko|rạl|len|fi|sche|rin, die; -, nen: w. Form zu ↑Korallenfischer.

Ko|rạl|len|in|sel, die: *große, eine Insel bildende Korallenbank.*

Ko|rạl|len|riff, das: vgl. Korallenbank.

ko|rạl|len|rot ⟨Adj.⟩: *von matter, gelbroter Farbe.*

Ko|rạl|len|tier, das: *(im Meer lebendes, in vielen Arten vorkommendes) Hohltier; Koralle* (1).

ko̲|ram: in der Wendung **jmdn. k. nehmen** (veraltet; *jmdn. scharf tadeln;* lat. coram = vor aller Augen, öffentlich; vgl. coram publico).

Ko|ra̲n der; -s, -e [arab. qur'ān = Lesung]: **1.** ⟨o. Pl.⟩ *Gesamtheit der Offenbarungen des Propheten Mohammed; das heilige Buch des Islam:* den K. auslegen. **2.** *Buch, das den Koran* (1) *enthält:* ein alter K.

ko|ra̲|nisch ⟨Adj.⟩: *den Koran betreffend:* -e Theologie.

Ko|ra̲n|schu|le, die: *Schule, in der der Koran gelesen u. ausgelegt wird.*

Ko|ra̲n|su|re, die: *Sure.*

Kọrb, der; -[e]s, Körbe (als Maßangabe auch: Korb) [1 a: mhd. korp, ahd. chorp, wahrsch. < lat. corbis = Korb, urspr. = Geflochtenes; 4: nimmt darauf Bezug, dass in früheren Zeiten Frauen gelegentlich ihren Liebhaber zu sich in einem Korb hochziehen ließen; war der Liebhaber ungebeten oder nicht genehm, bekam er einen Korb mit brüchigem Boden, durch den er auf die Erde zurückfiel; später wurde es auch üblich, einem abgewiesenen Freier einen kleinen Korb ohne Boden zu überreichen; 3 a, c: LÜ von engl. basket]: **1. a)** *aus biegsamem [von Pflanzen stammendem] Material geflochtener, meist offener Behälter (mit Griffen, Henkeln o. Ä.):* ein K. aus Weide, Draht; Körbe flechten; ein K. Äpfel; ein K. reife Äpfel/(geh.:) reifer Äpfel; zwei Körbe mit Eiern; die Wäsche in einen K. legen; **b)** *korbartiger Behälter als Maßeinheit für gefangenen Fisch:* 5 000 K. Kabeljau; **c)** ⟨o. Pl.⟩ *Korbgeflecht:* Gartenmöbel aus K.; **d)** (Fachspr.) *Faschine.* **2. a)** kurz für ↑Förderkorb; **b)** *Gondel an einem Ballon* (1 a) *o. Ä.* **c)** kurz für ↑Bienenkorb. **3.** (Sport) **a)** (Basketball) *am Spielbrett aufgehängter Eisenring mit einem Netz:* auf den K. werfen; **b)** (Korbball) *an einem Ständer befestigter Eisenring mit einem Netz;* **c)** (Basketball, Korbball) *Treffer, bei dem der Ball durch den Ring des Korbes* (3 a, b) *geworfen werden muss:* einen K. schießen, erzielen; **d)** (Fechten) *Gesichtsschutz;* **e)** (Fechten) *Handschutz am Degen u. Ä.; Glocke* (6). **4.** *ablehnende Antwort auf ein Angebot, einen [Heirats]antrag:* einen K. bekommen; als er sie zum Tanzen aufforderte, holte er sich einen K.; die F.D.P. gab der CDU in den Koalitionsverhandlungen einen K.

Kọrb|ball, der ⟨o. Pl.⟩: *zwischen zwei [Frauen]mannschaften ausgetragenes Ballspiel, bei dem der Ball nach bestimmten Regeln in den gegnerischen Korb* (3 b) *geworfen werden muss:* K. spielen.

Kọrb|blüt|ler, der; -s, - (Bot.): *Pflanze, deren Blütenstände als Körbchen* (4) *ausgebildet sind; Komposite.*

Kọ̈rb|chen, das; -s, -: **1.** Vkl. zu ↑Korb. **2.** *kleinerer Korb* (1 a) *als Schlafplatz bes. für einen im Haus gehaltenen Hund:* der Hund liegt in seinem K.; **R** husch, husch, ins K.! (fam.; *schnell ins Bett!*). **3.** *Schale des Büstenhalters; Cup* (3): Bikini mit verstellbaren K. **4.** (Bot.) *flacher, runder Blütenstand, bei dem viele Blüten dicht nebeneinander sitzen.*

kọ̈r|be|wei|se ⟨Adv.⟩: *in großer, in Körben gemessener Menge:* wir haben k. Pilze gefunden; **Ü** es hagelte k. Beschwerden.

Kọrb|fla|sche, die: *von einem Korbgeflecht umhüllte Flasche.*

Kọrb|flech|ter, der: *Korbmacher.*

Kọrb|flech|te|rin, die: w. Form zu ↑Korbflechter.

Kọrb|ge|flecht, das: *Geflecht aus Weidenzweigen, Binsen, Rohr o. Ä.*

Kọrb|ma|cher, der: *Handwerker, der Korbwaren herstellt* (Berufsbez.).

Kọrb|ma|che|re̲i, die; -, -en: *Betrieb, in dem Korbwaren hergestellt werden.*

Kọrb|ma|che|rin, die: w. Form zu ↑Korbmacher.

Kọrb|mö|bel, das ⟨meist Pl.⟩: *Möbel aus Korbgeflecht.*

Kọrb|wa|gen, der: *Kinderwagen aus Korbgeflecht.*

Kọrb|wa|re, die ⟨meist Pl.⟩: *Gegenstand aus Korbgeflecht.*

Kọrb|wei|de, die: *(an Bach- u. Flussufern wachsende) Weide mit schmalen, langen, am Rand gewellten Blättern, deren Zweige zu Korbwaren verarbeitet werden.*

kọrb|wei|se ⟨Adv.⟩: *in Körben [verpackt]:* etw. k. verkaufen.

Kọrb|wurf, der (Basketball, Korbball): *Wurf auf den Korb* (3 a, b).

Kọrd, Cord, der; -[e]s, -e u. -s [engl. cord = Schnur; gerippter Stoff < frz. corde, ↑Kordel]: **a)** *strapazierfähiges, geripptes [Baumwoll]gewebe:* ein mit K. bezogener Sessel; **b)** kurz für ↑Kordsamt: eine Hose aus K.

Kọr|de, die; -, -n [mhd. korde = Seil, Schnur < lat. corda, chorda, ↑Chorda] (veraltet): *schnurartiger Besatz.*

Kọr|del, die; -, -n [spätmhd. kordel, mniederdt. kordeel < frz. cordelle = kurzes Seil, Vkl. von: corde = Seil, Schnur < lat. corda, ↑Chorda]: **1. a)** *aus mehreren Fäden zusammengedrehte dicke, runde Schnur;* **b)** (landsch.) *Bindfaden.* **2.** (österr.) *Korde.*

Kọrd|ho|se, die: *Hose aus Kord.*

kor|di|a̲l ⟨Adj.⟩ [frz. cordial < mlat. cordialis, zu lat. cor (Gen.: cordis) = Herz] (veraltet): *herzlich, freundlich.*

Kor|dil|le|ren [...dɪlˈjeːrən] ⟨Pl.⟩: Gebirgszug im Westen des amerikanischen Doppelkontinents.

Kor|don [kɔrˈdõː, auch: kɔrˈdoːn], der; -s, -s, österr.: ...one [frz. cordon, eigtl. = Seil; Reihe, zu: corde, ↑Kordel]: **1.** (bildungsspr.) *polizeiliche od. militärische Absperrung, Postenkette:* ein K. drängte die Demonstranten ab; einen K. bilden, ziehen; den K. durchbrechen. **2.** *Ordensband für höchste Orden.*

Kọrd|samt, der: *Kord, bei dem die aufgeschnittenen Rippen eine samtige Oberfläche bilden.*

Ko̲|re, die; -, -n [griech. kórē = Mädchen] (Kunstwiss.): *altgriechische Statue eines festlich gekleideten jungen Mädchens.*

Ko|re̲a; -s: Halbinsel in Ostasien.

Ko|re|a̲|ner, der; -s, -: Ew.

Ko|re|a̲|ne|rin, die; -, -nen: w. Form zu ↑Koreaner.

ko|re|a̲|nisch ⟨Adj.⟩: *aus Korea stammend; zu Korea gehörig.*

Ko|re|a̲|nisch, das; -[s] u. ⟨nur mit best. Art.:⟩ **Ko|re|a̲|ni|sche,** das; -n: *die koreanische Sprache.*

Ko̲|re|fe|rat usw. (bes. österr.): ↑Korreferat usw.

kọ̈|ren ⟨sw. V.; hat⟩ [niederd. Form von ↑küren] (Fachspr.): *männliche Haustiere nach bestimmten Kriterien zur Zucht auswählen.*

Kor|fi|o̲t, der; -en, -en: Ew. zu ↑Korfu.

Kor|fi|o̲|tin, die; -, -nen: w. Form zu ↑Korfiot.

kor|fi|o|tisch ⟨Adj.⟩: *aus Korfu stammend; zu Korfu gehörig.*

Kor|fu; -s: ionische Insel u. Stadt.

Kör|hengst, der: *Zuchthengst.*

Ko|ri|an|der, der; -s, - [lat. coriandrum < griech. koríandron, koríannon, H. u.]: **a)** *(in den Mittelmeerländern wachsende) Pflanze mit weißen Doldenblüten u. kugeligen Samen;* **b)** *als Gewürz u. Heilmittel verwendeter Samen des Korianders* (a).

Ko|rinth: griechische Stadt.

Ko|rin|the, die; -, -n [frz. raisin de Corinthe, nach ↑Korinth]: *kleine, dunkle, kernlose Rosine.*

Ko|rin|then|ka|cker, der (derb, abwertend): *kleinlicher, pedantischer Mensch.*

Ko|rin|ther, der; -s, -: Ew. zu ↑Korinth.

Ko|rin|ther|brief, der: Brief des Apostels Paulus an die Korinther.

Ko|rin|the|rin, die; -, -nen: w. Form zu ↑Korinther.

ko|rin|thisch ⟨Adj.⟩: **1.** *aus Korinth stammend; zu Korinth gehörig.* **2.** (Kunstwiss.) *die Kunst der Korinther betreffend:* -e Säule *(altgriechische, schlanke Säule mit aus Akanthusblättern gebildetem Kapitell).*

Kork, der; -[e]s, -e [niederl. kurk < span. corcho < lat. cortex = Baumrinde]: **1.** *aus der Rinde der Korkeiche gewonnenes, [hell]braunes, sehr leichtes, auf Wasser schwimmendes Material, das zum Verschließen von Flaschen o. Ä. u. als Isoliermaterial verwendet wird:* ein Flaschenverschluss, Schuhsohlen aus K.; etw. mit K. isolieren. **2.** (landsch.) *Korken.*

Kork|ei|che, die: *(im Mittelmeergebiet wachsende) immergrüne Eiche, deren dicke Rinde Kork* (1) *liefert.*

[1]kor|ken ⟨sw. V.; hat⟩ (selten): **a)** *mit einem Korken verschließen;* **b)** *entkorken.*

[2]kor|ken ⟨Adj⟩: *aus Kork bestehend.*

Kor|ken, der; -s, -: *Flaschenverschluss aus Kork [od. Plastik]:* der K. sitzt fest, ist in der Flasche stecken geblieben; die K. der Sektflaschen knallen lassen; den K. herausziehen; der Wein schmeckt nach [dem] K.; *** einen K. abschießen/steigen lassen** (ugs.; *etw. Unpassendes sagen, tun; einen Fauxpas begehen;* bezieht sich darauf, dass es als unhöflich gilt, beim Öffnen einer Sektflasche den Korken mit lautem Knall davonfliegen zu lassen).

Kor|ken|zie|her, der; -s, -: *zum Entkorken von Flaschen dienendes Gerät mit einem spitzen, spiralig geformten Teil, der in den Korken hineingedreht wird.*

kor|kig ⟨Adj.⟩: *nach Kork [schmeckend].*

Kork|soh|le, die: *Schuhsohle aus Kork* (1).

Kork|zie|her, der; -s, - (landsch.): *Korkenzieher.*

Kor|mo|phyt, der; -en, -en ⟨meist Pl.⟩ [zu griech. kormós = Stamm u. phytón = Pflanze] (Bot.): *in Wurzel, Stängel u. Blätter gegliederte Farn- bzw. Samenpflanze.*

Kor|mo|ran, der; -s, -e [frz. cormoran < afrz. cormare(n)g, corp mareng, eigtl. = Meerrabe < spätlat. corvus marinus]: *großer, meist schwarzgrüner Schwimmvogel mit metallisch glänzendem Gefieder.*

[1]Korn, das; -[e]s, Körner u. (Getreidearten:) -e [mhd., ahd. korn, urspr. = samenartige Frucht von Pflanzen, dann die des Getreides]: **1.** ⟨Pl. Körner⟩ *kleine, rundliche Frucht mit fester Schale; Samenkorn:* die Körner des Weizens; das K. vom Mais; den Tauben Körner in den Schlag streuen. **2.** ⟨Pl. -e, selten⟩ *[Brot]getreide:* reifes K.; das K. steht gut, hoch; K. anbauen; [das] K. mähen, dreschen; durch das K. *(Kornfeld)* gehen. **3.** ⟨Pl. Körner⟩ *[sehr] kleines, festes Teilchen in Form eines Korns:* einige Körner Salz; der Hagel fiel in dicken Körnern. **4.** ⟨o. Pl.⟩ **a)** (Fot.) *Struktur einer fotografischen Schicht;* **b)** (Geol.) *Struktur des Gesteins aufgrund der Größe u. Anordnung der einzelnen Gesteinsteilchen:* Marmor von feinem K.; **c)** (Fachspr.) *Oberflächenbeschaffenheit eines bestimmten Materials:* das feine K. des Papiers fühlen. **5.** ⟨Pl. -e⟩ *als Teil des Visiers auf dem Lauf einer Handfeuerwaffe kurz vor der Mündung befindliche, kleinere Erhöhung, die beim Zielen mit der Kimme optisch in eine Linie gebracht werden muss:* Kimme und K.; ein Wild aufs K. nehmen *(anvisieren);* gestrichen[es] K. nehmen (Fachspr.; *Kimme u. Korn beim Zielen optisch exakt auf eine Linie bringen*); mit gestrichenem K.; über Kimme und K. visieren; *** etw. aufs K. nehmen** (ugs.; *etw. heftig kritisieren, angreifen; gegen etw. polemisieren*): Missstände aufs K. nehmen; **jmdn. aufs K. nehmen** (ugs.; *jmdn. mit bestimmter [feindlicher] Absicht ständig beobachten*). **6.** ⟨Pl. -e⟩ (Münzk. veraltend) *Feingewicht einer Münze.*

[2]Korn, der; -[e]s, - (ugs.): kurz für ↑Kornbranntwein: drei K. *(drei Gläschen Korn)* trinken.

Korn|blu|me, die: *(bes. auf Getreidefeldern wachsende) zu den Korbblütlern gehörende Pflanze mit schmalen Blättern u. einzeln stehenden Blüten von leuchtend blauer Farbe.*

korn|blu|men|blau ⟨Adj.⟩: *leuchtend blau (wie die Kornblume):* ein -es Kleid; Ü k. (salopp; *stark betrunken*) sein.

Korn|brannt|wein, der: *klarer Schnaps, der aus Getreide gewonnen wird.*

Körn|chen, das; -s, -: Vkl. zu ↑[1]Korn (1, 3): ein K. Salz; Ü ein K. *(ein kleines bisschen)* Wahrheit.

Kor|nea: ↑Cornea.

kor|ne|al ⟨Adj.⟩ (Med.): *die Cornea betreffend, zu ihr gehörend.*

Kor|nel|kir|sche, die [mhd. churnilobaum, ahd. curnilbaum < mlat. corniola, zu lat. cornus = Kornelkirschbaum]: *(als Strauch od. Baum wachsende) Pflanze mit gelben Blüten u. roten, essbaren Steinfrüchten; Herlitze.*

kör|nen ⟨sw. V.; hat⟩ [2: mhd. körnen]: **1. a)** *in Körner zerkleinern:* Schlacke k.; **b)** ⟨meist 2. Part.⟩ *körnig machen:* gekörnte Fleischbrühe *(körniger Extrakt aus Fleischbrühe);* die gekörnte *(raue)* Seite der Pappe. **2.** (Jägerspr.) *ankörnen* (1). **3.** (Handw.) *ankörnen* (2).

Kor|ner: ↑Corner (2).

[1]Kör|ner, der; -s, - [zu ↑körnen (3)]: *spitzer Stift aus Stahl, mit dem auf Metallflächen kleine Markierungspunkte für zu bohrende Löcher eingeschlagen werden können.*

[2]Kör|ner: Pl. von ↑[1]Korn.

Kör|ner|fres|ser, der: **1.** (Zool.) *Vogel, der sich hauptsächlich von Körnern ernährt:* der Fink ist ein K. **2.** (scherzh.) *jmd., der sich vorwiegend von Getreide (z. B. in Form von Müsli o. Ä.) ernährt [u. Fleischnahrung ablehnt]:* der Typ ist ein K.

Kör|ner|fres|se|rin, die; -, -nen: w. Form zu ↑Körnerfresser (2).

Kör|ner|frucht, die: **a)** *einzelne Frucht von Getreide, Hülsen- u. Ölfrüchten;* **b)** *Getreide, Hülsen- u. Ölfrucht.*

Kör|ner|fut|ter, das: *aus Getreidekörnern bestehendes Futter.*

[1]Kor|nett, der; -[e]s, -e u. -s [frz. (le) cornette, zu: (la) cornette = Standarte, zu: corne = Horn; wohl nach der Form] (hist.): *Fähnrich* (1 b).

[2]Kor|nett, das; -[e]s, -e u. -s [frz. cornet, zu: corne < lat. cornu = Horn] (Musik): **1.** *kleines Horn* (3) *[in Sopranlage] mit Ventilen.* **2.** *den Klang des [2]Zinks u. a. nachahmendes Orgelregister.*

Kor|net|tist, der; -en, -en: *jmd., der [berufsmäßig] Kornett* (1) *spielt.*

Kor|net|tis|tin, die; -, -nen: w. Form zu ↑Kornettist.

Korn|feld, das: *Getreidefeld, bes. Roggenfeld.*

Korn|grö|ße, die: *Größe der in einem bestimmten Material vorhandenen Teilchen.*

kör|nig ⟨Adj.⟩ [zu ↑[1]Korn]: **a)** *aus kleinen Teilchen, Körnern (3) bestehend, zusammengesetzt:* -er Sand; Reis k. kochen; **b)** *eine raue Oberfläche aufweisend.*

Kör|nig|keit, die; -: **1.** (Fot.) *Beschaffenheit des [1]Korns (4 a).* **2.** *körnige Beschaffenheit.*

Korn|kä|fer, der: *kleiner Käfer, dessen Larven Getreidekörner von innen ausfressen.*

Korn|kam|mer, die: *Gebiet, das den größten Teil des Getreidebedarfs des jeweiligen Landes deckt.*

Korn|ra|de, die: *(im Getreide vorkommende) hoch wachsende Pflanze mit lang gestielten, violetten Blüten u. giftigen, schwarzen Samen.*

Kör|nung, die: **a)** (Geol.) *[1]Korn* (4 b); **b)** (Fachspr.) *das Körnen* (1).

Ko|rol|la, Korolle, die; -, ...llen [lat. corolla, Vkl. von: corona, ↑Korona] (Bot.): *Gesamtheit der Blütenblätter einer Blüte.*

Ko|rol|le: ↑Korolla.

Ko|ro|na, die; -, ...nen [lat. corona = Kranz, Krone < griech. korōnē = Ring]: **1.** (Astron.) *(bei totaler Sonnenfinsternis sichtbarer) Strahlenkranz der Sonne.* **2.** (ugs.) **a)** *Gruppe, Ansammlung von [jüngeren] Menschen, die gemeinsam etw. unternehmen; [fröhliche] Schar:* die ganze K. zog mit; **b)** (abwertend veraltend) *Gruppe randalierender o. ä. Jugendlicher; Horde:* diese K. machte sich überall breit.

ko|ro|nar ⟨Adj.⟩ [lat. coronarius = zum Kranz gehörend]: *zu den Herzkranzgefäßen gehörend, sie betreffend.*

Ko|ro|nar|ge|fäß, das (Med.): *Herzkranzgefäß.*

Ko|ro|nar|in|suf|fi|zi|enz, die (Med.): *Herzinsuffizienz.*

Kör|per, der; -s, - [mhd. körper, korper < lat. corpus (Gen.: corporis) = Körper, Leib; Masse, Gesamtheit, Körperschaft]: **1. a)** *das, was die Gestalt eines Menschen od. Tieres ausmacht; äußere Erscheinung eines Menschen od. Tieres, Gestalt; Organismus eines Lebewesens:* der menschliche, tierische K.; ein lebloser K.; ein schöner, athletischer, schlanker, gedrungener, ausgemergelter K.; der K. des Kranken war mit Geschwüren bedeckt; seinen K. abhärten, stählen, pflegen, massieren lassen; eng am K. anliegende Kleider; sie zitterte am ganzen K.; sich am ganzen K. waschen; er hatte nichts auf dem K. *(war nackt);* die Einheit von K. und Geist; **b)** *Rumpf:* ein schlanker, gedrungener K. mit langen Gliedmaßen; ein Treffer auf dem K. (beim Fechten, Boxen). **2. a)** (bildungsspr.) *Gegenstand, den man sehen od. fühlen kann:* ruhende, bewegte K.; **b)** (selten) *größter, zusammenhängender, meist mittlerer Teil eines Gegenstandes, ohne die dazugehörigen dickeren od. dünneren Einzelteile:* der K. dieser Geige hat keine gute Resonanz. **3. a)** (Physik) *begrenzte Menge eines bestimmten Stoffes:* flüssige, feste, plastische, elastische, gasförmige K.; **b)** (Geom.) *von allen Seiten durch Flächen begrenztes Gebilde:* Kugel, Kegel, Zylinder und andere K.; die Oberfläche, den Inhalt eines -s berechnen. **4.** (Fachspr.) *Dichte (2) eines bestimmten Stoffes:* der Wein hat K. *(ist nicht wässrig);* einer Farbe mehr K. geben *(eine Farbe verdicken).* **5.** *Körperschaft.*

Kör|per|bau, der ⟨o. Pl.⟩: *Wuchs, körperliches Gesamterscheinungsbild.*

Kör|per|bau|typ, der: *Konstitutionstyp.*

Kör|per|be|herr|schung, die: *[Fähigkeit zur] Beherrschung des eigenen Körpers.*

kör|per|be|hin|dert ⟨Adj.⟩ (Amtsspr.): *körperlich behindert.*

Kör|per|be|hin|der|te, der u. die (Amtsspr.): *jmd., der körperbehindert ist.*

Kör|per|be|hin|de|rung, die (Amtsspr.): *körperliche Behinderung.*

Kör|per|be|ma|lung, die (Völkerk.): *Bemalung des Körpers (als Kriegsbemalung o. Ä.).*

Kör|per|be|schaf|fen|heit, die: *Konstitution* (1 b).

kör|per|be|tont ⟨Adj.⟩: **1.** (Sport) *mit körperlichem Einsatz [spielend].* **2.** *figurbetont:* das Kleid ist k. geschnitten.

Kör|per|be|we|gung, die: **a)** *Bewegung* (1 a); **b)** *bestimmter Bewegungsablauf.*

kör|per|ei|gen ⟨Adj.⟩ (Biol.): *im Körper (1 a) selbst entstanden:* -e Stoffe.

Kör|per|er|tüch|ti|gung, die: *körperliche Ertüchtigung.*

Kör|per|er|zie|hung, die (bes. DDR): *Leibeserziehung.*

Kör|per|form, die: *Form eines Körpers.*

kör|per|fremd ⟨Adj.⟩ (Biol.): *vom Körper (1 a) von außen aufgenommen:* eine -e Substanz.

K

Kör|per|fül|le, die: *körperliche Fülle* (3): ein Mann von gewaltiger K.

Kör|per|funk|ti|on, die: *Funktion* (1 a) *des Körpers* (1 a).

kör|per|ge|recht ⟨Adj.⟩: *den besonderen Formen u. Eigenarten des menschlichen Körpers* (1 a) *angepasst.*

Kör|per|ge|ruch, der: *[unangenehmer] Geruch des menschlichen Körpers* (1 a).

Kör|per|ge|we|be, das (Med., Biol.): *Gewebe* (2).

Kör|per|ge|wicht, das: *Gewicht des Körpers* (1 a).

Kör|per|ge|wichts|klas|se, die (Sport): *Gewichtsklasse.*

Kör|per|grö|ße, die: *Größe des Körpers* (1 a).

Kör|per|haar, das: *auf dem Körper des Menschen (mit Ausnahme des Kopfes) wachsendes Haar.*

kör|per|haft ⟨Adj.⟩: *als Körper* (2 a) *[vorhanden].*

Kör|per|hälf|te, die: *Hälfte des Körpers* (1 a): seine linke K. war gelähmt.

Kör|per|hal|tung, die: *Haltung* (1).

Kör|per|kraft, die: *Muskelkraft.*

Kör|per|kreis|lauf, der (Med.): *Blutkreislauf.*

kör|per|lich ⟨Adj.⟩: *den Körper* (1) *betreffend; auf den Körper* (1) *bezogen:* -e Ertüchtigung; -e Anstrengungen; über -e Reize verfügen; in guter -er Verfassung sein; -e Gebrechen, Schäden; das Recht auf -e Unversehrtheit; eine geradezu -e Angst empfinden; die -e *(geschlechtliche)* Liebe; k. *(vorwiegend unter Aufwendung von Muskelkraft)* hart arbeiten; jmdm. k. *(im Hinblick auf die Körperkraft)* unterlegen sein; jmdn. k. angreifen; sich k. gut entwickeln.

Kör|per|lich|keit, die; -: **a)** *das Körperhafte;* **b)** *das Körperliche, das Sinnliche des Körpers* (1 a).

kör|per|los ⟨Adj.⟩: **a)** *ohne Körper* (1 a, 2 a) *[seiend];* **b)** (Sport) *ohne körperlichen Einsatz [spielend]:* k. spielen.

Kör|per|lo|ti|on, die: *Lotion zur Reinigung u. Pflege des Körpers* (1 a).

Kör|per|ma|ße ⟨Pl.⟩: *Maße des menschlichen Körpers* (1 a).

Kör|per|öff|nung, die (Anat., Med.): *Öffnung im Körper* (1 a) (z. B. After, Scheidenöffnung).

Kör|per|or|gan, das: *Organ des Körpers* (1 a).

Kör|per|pfle|ge, die: *Pflege, bes. Reinigung des menschlichen Körpers* (1 a).

Kör|per|saft, der ⟨meist Pl.⟩: *Flüssigkeit, die im Körper* (1 a) *enthalten ist.*

Kör|per|scha|den, der: *körperlicher Schaden.*

Kör|per|schaft, die; -, -en (Rechtsspr.): **a)** *(als juristische Person geltender) einem bestimmten Zweck dienender Zusammenschluss von Personen:* eine gemeinnützige, religiöse, gewerkschaftliche K.; **b)** *rechtsfähiger Verband, der hoheitliche Befugnisse hat:* gesetzgebende -en; Gemeinden sind -en des öffentlichen Rechts.

kör|per|schaft|lich ⟨Adj.⟩: **a)** *eine Körperschaft betreffend;* **b)** *in Form einer Körperschaft:* k. organisiert.

Kör|per|schafts|steu|er, (Steuerw.:) **Kör|per|schaft|steu|er,** die: *Steuer auf das Einkommen von Unternehmen u. [Kapital]gesellschaften.*

Kör|per|spra|che, die: *in Körperhaltung, Bewegung, Gestik, Mimik sich ausdrückende psychische Konstitution, Gestimmtheit.*

Kör|per|stel|le, die: *bestimmte Stelle, Bereich des Körpers* (1 a).

Kör|per|stel|lung, die: vgl. Körperhaltung.

Kör|per|teil, der: *Teil des Körpers* (1 a).

Kör|per|tem|pe|ra|tur, die: *Temperatur des Körpers* (1 a).

Kör|per|ver|let|zung, die (Rechtsspr.): *in einer körperlichen Misshandlung od. einer Beschädigung der Gesundheit eines anderen bestehendes Delikt:* leichte, schwere K.

Kör|per|wär|me, die: *Wärme des Körpers* (1 a).

Kör|per|zel|le, die (Biol.): vgl. Körpergewebe.

Kor|po|ra: Pl. von ↑²Korpus.

Kor|po|ral, der; -s, -e u. ...äle [älter frz. corporal, geb. nach: corps = Körper, zu: caporal < ital. caporale = Gefreiter, (älter:) (An)führer, zu: capo = Haupt, Kopf, zu lat. caput = Kopf]: 1. (veraltet) *Unteroffizier.* **2.** (schweiz.) *niedrigster Unteroffiziersgrad.*

Kor|po|ra|ti|on, die; -, -en [frz. corporation, engl. corporation, zu lat. corporatum, 2. Part. von: corporare = zum Körper machen, zu: corpus, ↑Körper] (bildungsspr.): **1.** *Körperschaft:* städtische -en. **2.** *Studentenverbindung.*

kor|po|ra|tiv ⟨Adj.⟩ (bildungsspr.): **1. a)** *die Korporation* (1) *betreffend; körperschaftlich;* **b)** *einheitlich:* k. handeln. **2.** *die Korporation* (2) *betreffend.*

kor|po|riert ⟨Adj.⟩ (bildungsspr.): *einer Korporation* (2) *angehörend:* -e Studenten.

Kor|po|rier|te, der u. die; -n, -n ⟨Dekl. ↑Abgeordnete⟩ (bildungsspr.): *jmd., der korporiert ist.*

Korps, (auch:) Corps [ko:ɐ̯], das; - [ko:ɐ̯(s)], - [ko:ɐ̯s; frz. corps < lat. corpus, ↑Körper]: **1.** (Milit.) *größerer Truppenverband.* **2.** (bildungsspr.) *[schlagende] studentische Verbindung.* **3.** * **das diplomatische K.** *(die Gesamtheit der in einem Land akkreditierten Diplomaten;* Abk.: CD = ↑Corps diplomatique).

Korps|bru|der, der (Verbindungsw.): *Mitglied des gleichen Korps* (2).

Korps|geist, der (geh.): **a)** *Gemeinschaftsgeist, wie er in einem Korps herrscht;* **b)** (meist abwertend) *[elitäres] Standesbewusstsein [das den unbedingten Zusammenhalt von Mitgliedern höherer gesellschaftlicher Kreise fordert].*

kor|pu|lent ⟨Adj.⟩ [lat. corpulentus, zu: corpus, ↑Körper]: *wohlgenährt, beleibt, dick.*

Kor|pu|lenz, die; - [lat. corpulentia]: *Beleibtheit; Wohlgenährtheit:* er neigt zur K.

¹Kor|pus, der; -, -se [lat. corpus, ↑Körper]: **1.** (ugs. scherzh.) *menschlicher Körper:* er legte seinen K. in die Sonne. **2.** (bild. Kunst) *Christusfigur am Kruzifix:* der K. wurde aus der Kirche gestohlen. **3.** ⟨o. Pl.⟩ (Fachspr.) *(bei Möbeln) das massive, die eigentliche Gestalt ausmachende Teil ohne die Einsatzteile (z. B. ohne Türen, Schubfächer).* **4.** (schweiz.) *Ladentisch; [Büro]möbel mit Fächern od. Schubladen, dessen Deckfläche als Ablage od. Arbeitstisch dient.*

²Kor|pus, das; -, Korpora [lat. corpus = Gesamtwerk, Sammlung, eigtl. = Körper]: **1. a)** *Belegsammlung von Texten od. Schriften [aus dem Mittelalter od. der Antike];* **b)** (Sprachw.) *[als Datenbank angelegte] Sammlung einer begrenzten Anzahl von Texten, Äußerungen o. Ä. als Grundlage für sprachwissenschaftliche Untersuchungen.* **2.** ⟨heute meist: der; o. Pl.⟩ *Klangkörper besonders eines Saiteninstruments.*

³Kor|pus, die; - (Druckw.): *Schriftgrad von 10 Punkt; Garmond.*

Kor|pus|kel, das; -s, -n, Fachspr. auch: die; -, -n [lat. corpusculum, Vkl. von: corpus, ↑Körper] (Physik): *kleinstes [atomares] Teilchen.*

kor|pus|ku|lar ⟨Adj.⟩ (Physik): **1.** *das Korpuskel, die Korpuskeln betreffend.* **2.** *aus kleinsten Teilchen bestehend.*

Kor|pus|ku|lar|strah|len ⟨Pl.⟩, **Kor|pus|ku|lar|strah|lung,** die (Physik): *Strahlung, die aus bewegten Korpuskeln besteht; Teilchenstrahlung.*

Kor|ral, der; -s, -e [span. corral, H. u.]: *[Fang]gehege für wilde Tiere; Pferch.*

Kor|re|fe|rat, das; -[e]s, -e [zu lat. con- = mit- u. ↑Referat] (bildungsspr.): *Referat, das sich [als Ergänzung] auf das Thema eines Hauptreferats bezieht.*

kor|re|fe|rie|ren (bildungsspr.): **a)** *ein Korreferat halten;* **b)** *als zweiter Gutachter berichten.*

kor|rekt ⟨Adj.⟩ [lat. correctus = verbessert, berichtigt, adj. 2. Part. von: corrigere, ↑korrigieren]: **a)** *richtig; einwandfrei:* eine -e Auskunft; -es Deutsch; wie ist die -e Schreibung?; die Bilanzen sind k.; der Satz ist nicht k. gebildet; ein Wort k. aussprechen; **b)** *angemessen; bestimmten [gesellschaftlichen] Normen, Vorschriften od. [moralischen] Grundsätzen entsprechend:* ein -es Benehmen; -e Umgangsformen; die Herren erschienen in -em Abendanzug; ein -er Beamter; sich k. benehmen, verhalten; jmdn. k. behandeln.

kor|rek|ter|wei|se ⟨Adv.⟩: *(in Bezug auf ein Verhalten o. Ä.) wie es richtig ist u. auch erwartet wird.*

Kor|rekt|heit, die; -: **a)** *korrekte* (a) *Art; Genauigkeit:* der Buchhalter zeichnete sich durch unbedingte K. aus; **b)** *korrektes* (b) *Verhalten, Benehmen:* er war ihr gegenüber um K. bemüht.

Kor|rek|ti|on, die; -, -en [lat. correctio, zu: corrigere, ↑korrigieren]: **1.** (veraltet) **a)** *Berichtigung; Verbesserung;* **b)** *Besserung* (2). **2.** (schweiz.) *Regulierung.*

kor|rek|ti|o|nie|ren ⟨sw. V.; hat⟩ (schweiz.): *korrigieren, regulieren.*

Kor|rek|tiv, das; -s, -e (bildungsspr.): *etw., was dazu dienen kann, Fehlhaltungen, Mängel o. Ä. auszugleichen; Mittel, Maßnahme zur Milderung von Missständen, Gegensätzlichkeiten od. Ungleichheiten:* als K. [gegen etw.] wirken.

Kor|rek|tor, der; -s, ...oren [lat. corrector = Verbesserer]: **1. a)** *jmd., der in einer Druckerei od. einem Verlag Schriftsätze auf [Satz]fehler überprüft* (Berufsbez.); **b)** *jmd., der eine Prüfungsarbeit korrigiert u. benotet.* **2.** (hist.) *Aufsichtsbeamter der römischen Kaiserzeit.*

Kor|rek|to|rat, das; -[e]s, -e: *Abteilung, in der Korrektoren* (1) *u. Korrektorinnen arbeiten.*

Kor|rek|to|rin, die; -, -nen: w. Form zu ↑Korrektor (1).

Kor|rek|tur, die; -, -en: **1. a)** (bildungsspr.) *Verbesserung; Berichtigung; Richtigstellung:* notwendige, kleine -en; die K. einer schriftlichen Arbeit, eines Textes; **b)** (Druckw.) *Korrekturfahne:* K., -en lesen *(einen Schriftsatz auf Fehler überprüfen).* **2.** (bildungsspr.) *[Ver]änderung:* eine K. in der Einschätzung der Lage vornehmen; einen Vertrag mit allen -en vorlegen.

Kor|rek|tur|ab|zug, der (Druckw.): *Korrekturfahne.*

Kor|rek|tur|fah|ne, die: *Fahne* (3).

Kor|rek|tur|zei|chen, das: *Zeichen, das Art u. Stelle einer Korrektur* (1 a) *angibt.*

kor|re|lat ⟨Adj.⟩ (seltener): *korrelativ.*

Kor|re|lat, das; -[e]s, -e: **1.** (bildungsspr.) *etw., was etw. anderem als Ergänzung, ergänzende Entsprechung zugeordnet ist.* **2.** (Sprachw.) *Wort, das grammatisch od. bedeutungsmäßig auf ein anderes Wort bezogen ist* (z. B. *das,* was ...; derjenige, *welcher* ...).

Kor|re|la|ti|on, die; -, -en [mlat. correlatio = Wechselbeziehung, zu lat. con- = mit- u. relatio, ↑Relation]: **1.** (bildungsspr., Fachspr.) *wechselseitige Beziehung:* die K. zwischen Angebot u. Nachfrage; etw. in eine K. zu/mit etw. bringen. **2.** (Math.) *nur statistisch, mithilfe der Wahrscheinlichkeitsrechnung zu erfassender [loser, zufälliger] Zusammenhang zwischen bestimmten Erscheinungen.* **3.** (Med.) *funktionelle Wechselbeziehung zwischen verschiedenen Körperorganen.*

kor|re|la|tiv ⟨Adj.⟩ (bildungsspr., Fachspr.): *wechselseitig.*

kor|re|lie|ren ⟨sw. V.; hat⟩ (bildungsspr., Fachspr.): **1.** *in einer Korrelation (mit etw.) stehen:* mit etw. k. **2.** *in eine Korrelation (mit etw.) bringen.*

kor|re|pe|tie|ren ⟨sw. V.; hat⟩ [zu lat. con- = mit- u. ↑repetieren] (Musik, Theater): *mit [Opern]sängern od. -sängerinnen [Solo]partien mit Klavierbegleitung einstudieren.*

Kor|re|pe|ti|ti|on, die; -, -en (Musik, Theater): *das Korrepetieren.*

Kor|re|pe|ti|tor, der; -s, ...oren (Musik, Theater): *Musiker, der korrepetiert* (Berufsbez.).

Kor|re|pe|ti|to|rin, die; -, -nen: w. Form zu ↑Korrepetitor.

Kor|res|pon|dent, der; -en, -en [zu mlat. correspondens (Gen.: correspondentis), 1. Part. von: correspondere, ↑korrespondieren]: **1.** *auswärtiger Berichterstatter (einer Zeitung, einer Nachrichtenagentur, einer Rundfunkanstalt o. Ä.):* er ist K. einer großen amerikanischen Zeitung; unser Londoner K. **2. a)** (Wirtsch.) *jmd., der den [kaufmännischen] Schriftwechsel eines Betriebes führt* (Berufsbez.); **b)** (Kaufmannsspr.) *Geschäftspartner od. -freund;* **c)** (veraltet) *Briefpartner.*

Kor|res|pon|dẹn|tin, die; -, -nen: w. Form zu ↑Korrespondent.

Kor|res|pon|dẹnz, die; -, -en [mlat. correspondentia, zu: correspondere, ↑korrespondieren] (bildungsspr.): **1. a)** ⟨o. Pl.⟩ *Briefwechsel* (a), *Schriftverkehr* (a): eine rege K. führen; jmds. K. erledigen; die K. mit jmdm. abbrechen; mit jmdm. in K. stehen; **b)** *Briefwechsel* (b), *Schriftverkehr* (b): ein Ordner mit K. **2.** (veraltend) *Übereinstimmung:* in K. mit etw. stehen.

Kor|res|pon|dẹnz|bü|ro, das: *Agentur, die Material für die Presse sammelt.*

kor|res|pon|di̲e|ren ⟨sw. V.; hat⟩ [frz. correspondre < mlat. correspondere = übereinstimmen; in (geschäftlicher) Verbindung stehen, Briefe wechseln, zu lat. con- = mit-, zusammen u. respondere = antworten; entsprechen]: **1.** *mit jmdm. im Briefwechsel stehen:* miteinander, über eine Angelegenheit k. **2.** (bildungsspr.) *(mit etw.) übereinstimmen, in Beziehung stehen; entsprechen:* mit etw., miteinander k.

Kọr|ri|dor, der; -s, -e [ital. corridore = Läufer; Laufgang, zu: correre = laufen < lat. currere]: **1.** [1]*Flur* (a): etw. auf den K. stellen; durch den K. gehen; vom K. aus führt eine Tür in die Küche. **2.** (Politik) *schmaler Streifen Land, der durch das Hoheitsgebiet eines fremden Staates führt u. die Verbindung zu einer Exklave od. zum Meer herstellt.*

Kor|ri|gẹn|da ⟨Pl.⟩ [lat. corrigenda = das zu Verbessernde, Gerundivum von: corrigere, ↑korrigieren] (Schrift- u. Druckw.): *[Verzeichnis der] Druckfehler (in wissenschaftlichen Publikationen, Wörterbüchern).*

Kọr|ri|gens [...gɛns], das; -, ...gentia u. ...gentien ⟨meist Pl.⟩ [zu lat. corrigens, 1. Part. von: corrigere, ↑korrigieren] (Pharm.): *geschmacksverbessernder Zusatz in Arzneien.*

kor|ri|gi̲er|bar ⟨Adj.⟩: *sich korrigieren lassend.*

kor|ri|gi̲e|ren ⟨sw. V.; hat⟩ [lat. corrigere = verbessern, berichtigen, zu: regere, ↑regieren]: **a)** *auf Fehler hin durchlesen [u. verbessern]; (einen Fehler) berichtigen, beseitigen:* einen Text, Druckfehler k.; der Lehrer hat die Hefte, Aufsätze noch nicht korrigiert; sie brachte die korrigierten Seiten in die Druckerei; **b)** *(etw. Fehlerhaftes, Ungenügendes) durch das Richtige, Bessere ersetzen, positiv verändern:* überholte Ansichten k.; den Kurs, die Abweichung von etw. k.; **c)** *verbessern:* den Schüler, seine Aussprache k.

kor|ro|di̲e|ren ⟨sw. V.⟩ [lat. corrodere = zernagen] (Fachspr.): **a)** *(durch Ätzen) angreifen, zerstören; zerfressen* ⟨hat⟩: die Elektrode wird dadurch korrodiert; **b)** *angegriffen, zerstört, zerfressen werden* ⟨ist⟩: das Aluminium korrodiert.

Kor|ro|si|o̲n, die; -, -en [mlat. corrosio = Zerstörung, zu lat. corrosum, 2. Part. von: corrodere, ↑korrodieren]: **1.** (Fachspr.): *durch Oxidation bewirkte Zersetzung eines Metalls:* etw. gegen K. schützen; in K. übergehen. **2.** (Geol.) *Zersetzung von Gesteinen durch Einwirkung von Wasser.* **3.** (Med.) *durch Entzünden od. ätzende Mittel hervorgerufene Zerstörung von Gewebe.*

kor|ro|si|o̲ns|be|stän|dig ⟨Adj.⟩: *nicht, kaum korrodierend:* -es Metall.

Kor|ro|si|o̲ns|be|stän|dig|keit, die: *korrosionsbeständige Beschaffenheit.*

Kor|ro|si|o̲ns|schutz, der: *Schutz gegen Korrosion* (1).

kor|ro|si|o̲ns|ver|hü|tend, korrosionverhütend ⟨Adj.⟩: *die Korrosion (1) verhütend.*

kor|ro|si|o̲n|ver|hü|tend: ↑korrosionsverhütend.

kor|ro|si̲v ⟨Adj.⟩ [frz. corrosif, zu: corroder < lat. corrodere, ↑korrodieren]: **a)** *zerfressend, zerstörend:* k. wirken; **b)** *durch Korrosion (1) hervorgerufen:* -e Zerstörungen, Schäden.

kor|rum|pi̲er|bar ⟨Adj.⟩: *sich korrumpieren lassend.*

kor|rum|pi̲e|ren ⟨sw. V.; hat⟩ [lat. corrumpere, verderben, verschlechtern; verführen, verleiten, zu: rumpere = (zer)brechen] (bildungsspr. abwertend): *[durch Bestechung] für zweifelhafte Interessen, Ziele gewinnen; zu verachtenswerten Handlungen verleiten:* sie ließ sich nicht k.; korrumpierte Politiker.

kor|rum|pi̲ert ⟨Adj.⟩: *(von alten Texten u. Handschriften) verderbt:* eine -e Stelle.

Kor|rum|pi̲e|rung, die; -, -en: *das Korrumpieren.*

kor|rupt ⟨Adj.⟩ [lat. corruptus, adj. 2. Part. von: corrumpere, ↑korrumpieren] (abwertend): **a)** *bestechlich, käuflich od. auf andere Weise moralisch verdorben u. deshalb nicht vertrauenswürdig:* ein -er Beamter, Geschäftsmann; er war durch und durch k.; **b)** *aufgrund von Abhängigkeiten, Vetternwirtschaft, Bestechung, Erpressung o. Ä. so beschaffen, dass bestimmte gesellschaftliche Normen od. moralische Grundsätze nicht mehr wirksam sind:* er führte eine -e Existenz; das ganze System ist k.

Kor|rup|ti|o̲n, die; -, -en [lat. corruptio, zu: corrumpere, ↑korrumpieren] (abwertend): **a)** *korruptes Handeln; korrupte Geschäfte:* K. greift um sich, war im Spiel; jmdn. der K. beschuldigen; **b)** *Verhältnisse, in denen korrupte Machenschaften das gesellschaftliche Leben bestimmen u. damit den moralischen Verfall bewirken:* staatlich sanktionierte K.; **c)** *das Korrumpieren:* die K. der öffentlichen Meinung.

Kor|rup|ti|o̲ns|af|fä|re, die: *Affäre* (a), *bei der es sich um Korruption* (a) *handelt.*

Kor|sa|ge [kɔrˈzaːʒə], die; -, -n [frz. corsage = Mieder, eigtl. = Oberleib, zu: corps < afrz. cors < lat. corpus, ↑Körper]: *trägerloses, sehr eng auf Figur gearbeitetes Oberteil eines Kleides, das durch Stäbchen od. Schnürung hält.*

Kor|sar, der; -en, -en [1: ital. corsaro = Seeräuber < mlat. cursarius, zu lat. cursus = Fahrt zur See (↑Kurs)]: **1.** (früher) **a)** *Seeräuber;* **b)** *Seeräuberschiff.* **2.** (Segeln) *einem Flying Dutchman ähnliche, jedoch kleinere Zweimannjolle.*

Kọr|se, der; -n, -n: Ew. zu ↑Korsika.

Kor|se|lẹtt, das; -s, -s (auch: -e) [empfunden als Vkl. von ↑Korsett; frz. corselett = Mieder; Brustharnisch, Vkl. von afrz. cors, ↑Korsage]: *leichteres Korsett.*

Kor|sẹtt, das; -s, -s (auch: -e) [frz. corset, zu: corps, ↑Korsage]: **a)** *Mieder, das mit festen Stäbchen versehen ist u. durch Gummieinsätze od. Schnürung den Körper in eine bestimmte Form bringt:* ein K. tragen; das K. schnüren; Ü das starre K. der Konvention; **b)** (Med.) *meist um den ganzen Rumpf bis unter die Schultern getragener Verband aus festem Material als Stütze für verletzte bzw. gebrochene Körperteile.*

Kor|sẹtt|stab, der: *in das Korsett eingenähtes Stäbchen.*

Kọr|si|ka; -s: Insel im Mittelmeer.

Kọr|sin, die; -, -nen: w. Form zu ↑Korse.

kọr|sisch ⟨Adj.⟩: *aus Korsika stammend; zu Korsika gehörig.*

Kọr|so, der; -s, -s [ital. corso = Lauf, Umzug < lat. cursus, ↑Kurs]: **1. a)** *festlicher Umzug mit Wagen, Gespannen:* der K. bewegt sich langsam durch die Innenstadt; einen K. veranstalten; **b)** *Demonstrationszug in Form einer Fahrzeugkolonne.* **2.** (selten) *Prachtstraße.*

Kọr|tex, der; -[es], -e u. ...tizes [...tiʦeːs]; lat. cortex (Gen.: corticis) = Rinde] (Med., Biol.): **1.** *Rinde eines Organs.* **2.** *Hirnrinde.*

kor|ti|ka̲l ⟨Adj.⟩ (Med., Biol.): *den Kortex betreffend; vom Kortex ausgehend; im Kortex befindlich.*

Kor|ti|so̲n, (fachspr.:) Cortison, das; -s (Med.): *aus dem Hormon der Nebennierenrinde gewonnenes, bes. entzündungshemmendes Mittel.*

Ko|rụnd, der; -[e]s, -e [engl. corundum < tamil. korund = Rubin]: *sehr hartes Mineral, das als Schleifmittel od. Schmuckstein verwendet wird:* blauer K. *(Saphir);* roter K. *(Rubin).*

Kö̲|rung, die; -, -en (Fachspr.): *das Kören.*

Kor|vẹt|te, die; -, -n [frz. corvette, H. u.]: **a)** *Kriegsschiff mittlerer Größe, bes. zum Geleitschutz;* **b)** (früher) *bewaffnetes Segelschiff.*

Kor|vẹt|ten|ka|pi|tän, der: *Offizier der Marine im Rang eines Majors.*

[1]Ko|ry|phä̲e, die; -, -n [frz. coryphée < lat. coryphaeus < griech. koryphaĩos = Anführer, Chorführer, zu: koryphḗ = Gipfel, Scheitel]: **1.** (bildungsspr. außerg.) *jmd., der auf einem bestimmten Gebiet außergewöhnliche Fähigkeiten besitzt:* eine wissenschaftliche, mathematische K; sie soll auf ihrem Gebiet eine K. sein. **2.** (Ballett [bes. österr.]) *erste Solotänzerin.*

[2]Ko|ry|phä̲e, der; -n, -n [griech. koryphaĩos, ↑[1]Koryphäe]: *Chorführer im antiken Drama.*

Ko|sạk, der; -en, -en [poln. kozak < ukrain. kozak < russ. kazak < turkotat. kazak = freier, unabhängiger Mensch; Abenteurer]: **1.** *Angehöriger einer militärisch organisierten u. oft bei der Grenzsicherung eingesetzten Bevölkerungsgruppe im zaristischen Russland.* **2.** *bewaffneter leichter Reiter im zaristischen Russland.* **3.** kurz für ↑Kosakenpferd.

Ko|sạ|ken|müt|ze, die: *runde [Pelz]mütze mit hochgeschlagener Krempe.*

Ko|sạ|ken|pferd, das: *kleines, zähes, sehr genügsames Pferd.*

Ko|sche|nil|le [...ˈnɪljə], die; -, -n [frz. cochenille < span. cochinilla]: **a)** ⟨o. Pl.⟩ *aus der Koschenilleschildlaus gewonnener roter Farbstoff;* **b)** *Koschenilleschildlaus.*

Ko|sche|nịl|le|schild|laus, die: *Schildlaus, deren Körperflüssigkeit einen roten Farbstoff enthält, der technisch verwertet wird.*

ko̲|scher ⟨Adj.⟩ [jidd. koscher < hebr. kašer = einwandfrei]: **1.** *den jüdischen Speisegesetzen gemäß [erlaubt]:* -es Fleisch; ein [streng] -es Restaurant; k. essen. **2.** (ugs.) *einwandfrei; in Ordnung; unbedenklich:* die Sache, der Kerl ist [mir] nicht ganz k. *(geheuer).*

Ko̲|se|form, die; -, -n [zu ↑kosen]: *zärtlich, liebevoll abgewandelte Form eines [Vor]namens.*

Ko̲|se|kans, der; -, -, auch: ...nten [gek. aus nlat. complementi secans, zu lat. complementum = Ergänzung u. ↑Sekans] (Math.): *Kehrwert des Sinus* (1) *im rechtwinkligen Dreieck* (Zeichen: cosec).

ko̲|sen ⟨sw. V.; hat⟩ [rückgeb. aus ↑liebkosen; mhd. kōsen = plaudern, ahd. kōson, eigtl. = eine Rechtssache führen, verhandeln, zu: kōsa = Rechtssache < lat. causa] (dichter.): *zärtlich zueinander od. zu jmdm. sein; liebevoll streicheln:* jmdn./mit jmdm. k.

Ko̲|se|na|me, der: *Name, der eine liebevolle, vertrauliche Beziehung zu jmdm. ausdrücken soll:* den -n bekam sie bereits als Kind.

Ko̲|se|wort, das: **1.** ⟨Pl. ...wörter⟩ *Wort, das Zärtlichkeit ausdrückt.* **2.** ⟨nur Pl.: ...worte⟩ *(an jmdn. gerichtete) zärtliche Worte.*

K.-o̲.-Sieg, der (Boxen): *Sieg durch K. o.*

Ko̲|si|nus, der; -, - u. -se [gek. aus nlat. complementi sinus, zu lat. complementum = Ergänzung u. ↑Sinus] (Math.): *im rechtwinkligen Dreieck das Verhältnis von Ankathete zu Hypotenuse* (Zeichen: cos).

Kos|me̲|tik, die; - [frz. cosmétique < griech. kosmētikḗ (téchnē) = Kunst des Schmückens, zu: kosmētikós, ↑kosmetisch]: **1.** *Schönheitspflege:* sie geht regelmäßig zur K. **2.** *nur vordergründig vorgenommene Korrektur eines Tatbestandes zum Zweck der Manipulation; manipulatives Verhalten, mit dem ein äußerlich günstiger, gewünschter Eindruck erweckt werden soll:* eine Reform, die sich nicht nur auf K. beschränkt.

-kos|me|tik, die; -: bezeichnet in Bildungen mit Substantiven lediglich kosmetische (2)Maßnahmen zum Nutzen einer Sache od. Institution: Bilanz-, Firmen-, Image-, Wahlkampfkosmetik.

Kos|me̲|tik|ar|ti|kel, der: *Kosmetikum.*

Kos|me̲|ti|ker, der; -s, - [rückgeb. aus ↑Kosmetikerin]: *Laborant in der Kosmetikindustrie.*

Kos|me̲|ti|ke|rin, die; -, -nen: *weibliche Fachkraft für Kosmetik* (Berufsbez.).

Kos|me̲|tik|in|dus|trie, die: *Industrie, die Kosmetika herstellt.*

Kos|me̲|tik|sa|lon, der: *Geschäft, in dem Kosmetikerinnen an anderen Personen Schönheitspflege betreiben.*

Kos|me̲|tik|ta|sche, die: *kleine Tasche für Kosmetika.*

Kos|me̲|ti|kum, das; -s, ...ka [zu ↑Kosmetik]

K

⟨meist Pl.⟩: *Mittel zur Schönheitspflege:* Kosmetika benutzen.

kos|me|tisch ⟨Adj.⟩ [frz. cosmétique < griech. kosmētikós = zum Schmücken gehörend, zu: kosmeīn = in bestimmter Weise ordnen; schmücken, zu: kósmos, ↑Kosmos]: **1.** *die Kosmetik* (1) *betreffend:* ein -es Mittel, Präparat; -e Chirurgie *(plastische Chirurgie, die Schönheitsfehler od. Fehlbildungen zu korrigieren bzw. zu beseitigen sucht);* jmdn., die Haut k. behandeln. **2.** *nur an der Oberfläche, äußerlich, vordergründig [vorgenommen], ohne den eigentlichen Missstand o. Ä. zu beheben bzw. ohne etwas von Grund auf wirklich zu verändern, wie es nötig wäre:* das sind nur -e Maßnahmen der Regierung.

kos|misch ⟨Adj.⟩ [lat. cosmicus < griech. kosmikós = zur Welt gehörend, zu: kósmos, ↑Kosmos]: **1. a)** *im Weltall [herrschend, stattfindend]:* -e Größenordnungen, Verhältnisse; **b)** *aus dem Weltall stammend:* -e Strahlung; -es Eisen (Fachspr.; *nickelhaltiges Eisen eines Meteoriten);* **c)** *zum Weltall gehörend:* -e Räume; **d)** *auf den Weltraum gerichtet, die Weltraumfahrt betreffend:* die Astronomie im -en Zeitalter; -e Besatzung, Station; -e Flugkörper. **2.** (bildungsspr.) *den ganzen Kosmos erfüllend, sich auf den ganzen Kosmos ausdehnend; den Größenordnungen des Kosmos entsprechend; weltumfassend, unermesslich, unendlich:* die Liebe als eine -e Größe.

Kos|mo|bio|lo|gie, die; - (Fachspr.): *(als Teilgebiet der Biologie) Wissenschaft von den Einflüssen des Weltraums auf alle Erscheinungen des Lebens auf der Erde u. von den Lebensbedingungen im Weltraum; Exobiologie.*

Kos|mo|drom, das; -s, -e [russ. kosmodrom, zu griech. kósmos = Welt(raum) u. drómos = Laufplatz, Rennbahn]: *sowjetischer Startplatz für Raketen* (1 a) *bes. in der ehem. UdSSR.*

Kos|mo|go|nie, die; -, -n [griech. kosmogonía] (Fachspr.): *Lehre von der Entstehung u. der Entwicklung des Weltalls sowie der Himmelskörper u. aller anderen kosmischen Objekte in ihm.*

kos|mo|go|nisch ⟨Adj.⟩ (Fachspr.): *die Kosmogonie betreffend.*

Kos|mo|lo|gie, die; -, -n [↑-logie] (Fachspr.): *Lehre von der Entstehung u. Entwicklung des Weltalls.*

kos|mo|lo|gisch ⟨Adj.⟩ (Fachspr.): *die Kosmologie betreffend:* der -e Gottesbeweis *(Gottesbeweis, bei dem von der [erfahrenen] Existenz irgendeines Dinges auf die Existenz eines notwendigen Wesens geschlossen wird).*

Kos|mo|naut, der; -en, -en [russ. kosmonavt, zu griech. kósmos = Welt(raum) u. naútēs = Seemann]: *Astronaut (bes. aus der ehem. UdSSR od. einem anderen sozialistischen Land).*

Kos|mo|nau|tik, die; - [russ. kosmonavtika]: *Astronautik (bes. der ehem. UdSSR).*

Kos|mo|nau|tin, die; -, -nen: w. Form zu ↑Kosmonaut.

kos|mo|nau|tisch ⟨Adj.⟩: *(bes. in Hinblick auf die ehem. UdSSR) astronautisch.*

Kos|mo|po|lit, der; -en, -en [griech. kosmopolítēs = Weltbürger, zu: polítēs = Bürger; 2: russ. kosmopolit]: **1.** (bildungsspr.) *Weltbürger.* **2.** (kommunist. abwertend) *Anhänger des Kosmopolitismus* (2). **3.** (Biol.) *Tier- od. Pflanzenart, die über die ganze Welt verbreitet ist.*

kos|mo|po|li|tisch ⟨Adj.⟩ [2: nach russ. kosmopolitičeskij]: **1.** *der Art des Kosmopoliten* (1) *entsprechend, vom Geist des Kosmopolitismus* (1) *bestimmt; weltbürgerlich.* **2.** (kommunist. abwertend) *dem Kosmopolitismus* (2) *entsprechend, ihn vertretend.*

Kos|mo|po|li|tis|mus, der; - [2: russ. kosmopolitizm]: **1.** (bildungsspr.) *Weltbürgertum.* **2.** (kommunist. abwertend) *Weltanschauung, die das Streben der imperialistischen Großmächte nach Weltherrschaft damit begründet, dass der Nationalstaat, der Patriotismus usw. in der gegenwärtigen Epoche historisch überholt sei.*

Kos|mos, der; - [griech. kósmos = Weltall, Weltordnung, eigtl. = Ordnung, Schmuck] (bildungsspr.): **a)** *Weltraum, Weltall:* den K. erforschen; **b)** *[die] Welt [als geordnetes Ganzes]:* K. und Chaos.

Kos|mo|the|is|mus, der; - (Philos.): *philosophische Anschauung, die Gott u. Welt als Einheit begreift.*

Kos|mo|tron, das; -s, ...trone u. -s [zu ↑Kosmos u. griech. -tron = Suffix zur Bez. eines Werkzeugs] (Physik): *Teilchenbeschleuniger.*

Ko|so|va|re, der; -n, -n: Bewohner des Kosovo.

Ko|so|va|rin, die; -, -nen: w. Form zu ↑Kosovare.

ko|so|va|risch ⟨Adj.⟩: *den Kosovo betreffend, zu ihm gehörend.*

Ko|so|vo; -s, (auch:) der od. das; -[s]: jugoslawische Provinz.

Ko|so|vo-Al|ba|ner, der; -s, -: Bewohner des Kosovo albanischer Herkunft.

Ko|so|vo-Al|ba|ne|rin, die; -, nen: w. Form zu ↑Kosovo-Albaner.

ko|so|vo-al|ba|nisch ⟨Adj.⟩: *die Kosovo-Albaner betreffend, zu ihnen gehörend.*

Kost, die; - [mhd. kost(e) = Aufwand an od. für Nahrung, Futter, identisch mit mhd. kost(e) = Aufwand, Preis, ↑Kosten]: **a)** *[zubereitete] Nahrung, Lebensmittel; Ernährung:* gesunde, nahrhafte K.; schmale K.; sie kann nur leichte K. vertragen; jmdn. auf salzarme K. setzen *(ihm salzarme Kost verordnen);* Ü geistige, ideologische K.; **b)** *Verpflegung, Beköstigung:* K. und Logis; er hat freie K. *(braucht für das Essen nicht zu bezahlen).*

kos|tal ⟨Adj⟩ [zu lat. costa = Rippe] (Med.): *zu der Rippe, den Rippen gehörend, sie betreffend.*

Kos|ta|ri|ka usw.: ↑Costa Rica usw.

kost|bar ⟨Adj.⟩ [mhd. kostbære, eigtl. = hohe Kosten verursachend, zu: kost(e), ↑Kosten]: **a)** *sehr wertvoll; erlesen u. deshalb teuer:* -e Bilder, Möbel; eine Bibliothek mit -en Erstausgaben; dieser Schmuck ist sehr k.; * **sich k. machen** (ugs.; 1. *sich unentbehrlich machen.* 2. *sich nicht blicken lassen; selten erscheinen*); **b)** (emotional) *für etw. so wichtig u. wertvoll, dass man es nicht unnütz od. gedankenlos vertun darf, dass man sparsam damit umgehen muss:* sie stolperte und verlor -e Sekunden; die Gesundheit ist k.

Kost|bar|keit, die; -, -en: **a)** *sehr wertvoller Gegenstand:* architektonische, archäologische -en; die alte Uhr galt als K.; **b)** ⟨o. Pl.⟩ *Wert; Erlesenheit:* Weine von großer K.

[1]**kos|ten** ⟨sw. V.; hat⟩ [mhd. kosten, ahd. kostōn, verw. mit ↑[2]kiesen]: **a)** *(etw. Ess- od. Trinkbares) auf seinen Geschmack prüfen, schmeckend probieren:* eine Speise k.; jmdm. etw. zu k. geben; vom neuen Wein k.; ⟨subst.:⟩ jmdm. einen Schluck zum Kosten geben; **b)** (geh.) *etw. [genießend] empfinden, wahrnehmen:* alle Freuden des Lebens k.; du kannst gleich eine Tracht Prügel zu k. (iron.; *spüren*) bekommen.

[2]**kos|ten** ⟨sw. V.; hat⟩ [mhd. kosten = aufwenden, ausgeben; [2]kosten < afrz. coster, über das Vlat. zu lat. constare = (im Preis) feststehen]: **1. a)** *einen bestimmten Preis, einen Preis von einer bestimmten Höhe haben:* das Buch kostet zehn Mark; was, wie viel kostet ein Pfund Butter?; das kostet [gar] nichts; das Bild kostete ihn 5 000 Mark *(für das Bild musste er 5 000 Mark bezahlen);* das hat sie einen schönen Batzen Geld, ein Vermögen gekostet; * **koste es/es koste, was es wolle** *(unbedingt; um jeden Preis):* das Ziel muss erreicht werden, koste es, was es wolle; **sich** ⟨Akk. od. Dativ⟩ **eine Sache etw. k. lassen** (ugs.; *für eine Sache eine größere Summe ausgeben*): ich habe mich/mir das [Geschenk] etwas k. lassen; **b)** *[von jmdm.] etw. erfordern, verlangen:* das kostet mich nicht mehr als ein Wort, einen Anruf, ein Lächeln; etw. kostet jmdn. Überwindung, Mühe; der Krieg hat viele Menschenleben gekostet. **2.** *für jmdn. einen Verlust von etw. nach sich ziehen:* dieser Fehler kann dich/(seltener:) dir die Stellung k.; die Schließung der Zechen kostet etwa 60 000 Kumpel[n] die Arbeitsplätze.

Kos|ten ⟨Pl.⟩ [seit dem 17./18. Jh. ausschließlich üblicher Pl. von älter Kost(e), mhd. kost(e) = Wert, Preis; Geldmittel, Aufwand, Ausgaben < mlat. costa, über das Vlat. zu lat. constare, ↑[2]kosten]: *finanzielle Ausgaben:* erhebliche, steigende, geringe K.; die K. einer Neuanschaffung, für die Reise; K. sparen, verursachen; [hohe] K. sparende Maßnahmen, Vorschläge; man scheut keine K.; sie kommt für alle K. auf; * **auf seine K. kommen** (ugs.; *in seinen Erwartungen zufrieden gestellt werden*); **auf jmds. K., auf K. einer Sache** (1. *von, mit jmds. Geld:* er lebt auf K. seiner Eltern. 2. *zum Nachteil, Schaden einer Person, Sache:* er macht seine Witze immer auf K. anderer; das geht auf K. der Gesundheit).

Kos|ten|auf|wand, der: *Aufwand an Kosten.*

Kos|ten|dämp|fung, die (Wirtsch.): *Einsparung von Kosten.*

Kos|ten|dämp|fungs|ge|setz, das: *Gesetz zur Kostendämpfung in den Sozialversicherungen durch Senkung der Leistung für die Versicherten.*

kos|ten|de|ckend ⟨Adj.⟩ (Wirtsch.): *so berechnet, dass die Kosten für etw. wieder eingebracht werden:* -e Preise; die Gebühren sind nicht k.

Kos|ten|druck, der ⟨o. Pl.⟩ (Wirtsch.): *durch steigende Kosten verursachte Verminderung der Gewinnspanne.*

Kos|ten|ent|wick|lung, die (Wirtsch.): *Entwicklung der Kosten, Preise.*

Kos|ten|er|stat|tung, die: *Erstattung der [Un]kosten.*

Kos|ten|ex|plo|si|on, die (Wirtsch. Jargon): *schnelles u. starkes Ansteigen der Kosten.*

Kos|ten|fak|tor, der (Wirtsch.): *Faktor* (1), *der den Umfang der Kosten von etw. beeinflusst bzw. bestimmt:* etw. ist ein entscheidender K.

Kos|ten|fra|ge, die: *Frage* (2) *der mit einer bestimmten Sache verbundenen Kosten:* ob wir uns das Haus leisten können, ist eine reine K.

kos|ten|frei ⟨Adj.⟩ (Rechtsspr.): *nicht mit Kosten verbunden.*

Kos|ten|grün|de ⟨Pl.⟩: in der Fügung **aus -n** *(wegen der Kosten).*

kos|ten|güns|tig ⟨Adj.⟩ (Wirtsch.): *nicht so hohe Kosten verursachend u. daher vorteilhaft.*

kos|ten|los ⟨Adj.⟩: *ohne dass dafür Kosten entstehen; unentgeltlich:* eine -e Verpflegung; die Teilnahme ist k.

Kos|ten-Nut|zen-Ana|ly|se, die (Wirtsch., Politik): *Verfahren zur Beurteilung öffentlicher Investitionen, bei dem die kalkulierten Kosten eines Projekts dem erwarteten Nutzen gegenübergestellt werden.*

kos|ten|pflich|tig ⟨Adj.⟩ (Rechtsspr.): *mit der Zahlung der entstandenen Kosten verbunden:* eine -e Verwarnung; das Auto wird k. abgeschleppt.

Kos|ten|punkt, der (ugs.): *Preis, Höhe der Kosten von etw., was gekauft od. in Auftrag gegeben werden soll.*

Kos|ten|rech|nung, die (Wirtsch.): *Erfassung u. Verrechnung der bei der Produktion anfallenden Kosten als Teil des betrieblichen Rechnungswesens.*

Kos|ten|trä|ger, der (Wirtsch.): *Produkte u. Leistungen eines Betriebs, deren Kosten in der Kostenrechnung pro Stück, Einheit o. Ä. ermittelt werden.*

Kos|ten|vor|an|schlag, der (Wirtsch.): *Berechnung, Veranschlagung von Kosten im Voraus:* einen K. aufstellen.

Kost|gän|ger, der; -s, - (veraltend): *jmd., der bei jmdm. [zur Untermiete wohnt u.] regelmäßig [gegen Bezahlung] isst.*

Kost|gän|ge|rin, die; -, -nen: w. Form zu ↑Kostgänger.

Kost|geld, das: *Geld für den Lebensunterhalt.*

köst|lich ⟨Adj.⟩ [mhd. kost(e)lich, eigtl. = viel kostend, wertvoll]: **a)** (emotional) *(bes. von Speisen, Getränken u. anderen Genüssen) besonders gut, herrlich (schmeckend, erfrischend):* -er Wein; das Essen war einfach k., hat k. geschmeckt; **b)** (emotional) *unterhaltsam, amüsant od. so komisch, dass man dabei großes Vergnügen* *empfindet:* eine -e Geschichte; das ist einfach k., zu k.; wir haben uns k. *(über alle Maßen)* amüsiert; **c)** (veraltend) *sehr wertvoll (u. als besonders schön empfunden):* -es Geschmeide.

Köst|lich|keit, die; -, -en: **a)** ⟨o. Pl.⟩ (geh.) *das Köstlichsein, Vortrefflichkeit:* ein Mahl von großer K.; **b)** *köstliches Ding; köstliche Sache:* kulinarische, literarische -en.

Kost|pro|be, die [zu ↑ [1]kosten]: *ein wenig von etw. Ess- od. Trinkbarem, das auf seinen Geschmack hin geprüft werden soll:* eine K. nehmen, reichen; Ü das war nur eine K., er gab damit eine K. *(ein kleines Beispiel)* seines Könnens.

kost|spie|lig ⟨Adj.⟩ [2. Bestandteil zu mhd. spildec = verschwenderisch, volksetym. Umdeutung unter Anlehnung an »spielen«]: *große Kosten verursachend; teuer:* eine -e Angelegenheit.

Kos|tüm, das; -s, -e [frz. costume < ital. costume = Tracht, Kleidung, eigtl. = Brauch, Gewohnheit < lat. consuetudo]: **1.** *zweiteiliges, aus Rock u. dazugehöriger Jacke bestehendes Kleidungsstück für weibliche Personen.* **2. a)** *Kleidung, die in einer bestimmten historischen Epoche od. für einen gesellschaftlichen Stand der Vergangenheit typisch war:* mittelalterliche -e; ein K. aus der Zeit des Rokoko; **b)** (veraltet) *Tracht:* ein nationales K. **3. a)** *Kleidung für Schauspieler, Artisten o. Ä. bei Aufführungen (zur Darstellung od. Charakterisierung einer bestimmten Person, Rolle od. Funktion):* das K. des Clowns; die nächste Theaterprobe ist in -en; **b)** *Verkleidung, bei der mithilfe von typischen Attributen eine bestimmte Figur (Berufsgruppe, Volksgruppe o. Ä.) dargestellt wird:* in welchem K. gehst du zum Fasching?

Kos|tüm|bild|ner, der (Theater, Film): *jmd., der Kostüme* (3 a) *entwirft* (Berufsbez.).

Kos|tüm|bild|ne|rin, die: w. Form zu ↑ Kostümbildner.

Kos|tüm|fest, das: *Ball, bei dem die Teilnehmer in Kostümen* (2, 3) *erscheinen.*

kos|tü|mie|ren ⟨sw. V.; hat⟩ [frz. costumer]: **a)** *verkleiden:* sie kostümierte sich für den Ball als Cowboy; **b)** (ugs. abwertend) *unpassend, merkwürdig od. ausgefallen anziehen:* wie hast du dich denn kostümiert!

Kos|tü|mie|rung, die; -, -en: **a)** *das Kostümieren;* **b)** *Kleidung, mit der man sich kostümiert hat; bestimmte Art, in der man sich kostümiert hat.*

Kos|tüm|ver|leih, der: *Geschäft od. Unternehmen, das Kostüme* (2, 3) *ausleiht.*

Kost|ver|äch|ter: in der Wendung **kein K. sein** (scherzh.; *ein sehr genießerischer Mensch sein; sinnlichen Genüssen sehr zugetan sein*): was Frauen betraf, so war er kein K.

K.-o.-Sys|tem, das (Sport): *Austragungsmodus sportlicher Wettkämpfe, bei dem der jeweils Unterliegende aus dem Wettbewerb ausscheidet.*

Kot, der; -[e]s, -e u. -s ⟨Pl. selten⟩ [mhd. (md.) kōt, mhd. kwōt, kāt, quāt, ahd. quāt = Ausscheidung von Tier u. Mensch] (geh.): **1.** *Ausscheidung des Darms; Exkrement:* K. ausscheiden. **2.** (veraltend) *aufgeweichte Erde, schlammiger Schmutz auf einem Weg od. einer Straße:* seine Stiefel waren von, mit K. bespritzt; *** jmdn., etw. durch den K. ziehen/in den K. treten, ziehen** (geh.; ↑ Schmutz 1); **etw., jmdn. mit K. bewerfen** (geh.; ↑ Schmutz 1).

Ko|tan|gens, der; -, - [gek. aus nlat. complementi tangens, zu lat. complementum = Ergänzung u. ↑ Tangens] (Math.): *Kehrwert des Tangens im rechtwinkligen Dreieck* (Zeichen: cot, cotg, ctg).

Ko|tau, der; -s, -s [chin. k'o-t'ou, eigtl. = Schlagen mit dem Kopf]: *(in China früher im Kultus od. vor Respektspersonen übliche) in kniender Haltung ausgeführte tiefe Verbeugung, bei der der Kopf den Boden berührte:* *** [vor jmdm.] einen/seinen K. machen** (bildungsspr.; *sich unterwürfig-demütig jmdm. gegenüber verhalten*).

[1]**Ko|te,** die; -, -n [frz. cote = Buchstabe, Kennziffer < afrz. quote < mlat. quota (pars), ↑ Quote] (Geogr.): *Höhenangabe auf einer topographischen Karte.*

[2]**Kote,** die; -, -n [mniederd. kote, ↑ Kate] (landsch., bes. nordd.): *Kate.*

[3]**Ko|te,** die; -, -n [finn. kota]: *kegelförmiges Zelt mit einer Öffnung an der Spitze, durch die der Rauch abziehen kann.*

Ko|te|lett [kɔtˈlɛt, auch: ˈkɔtlɛt, kotəˈlɛt], das; -s, -s, selten: -e [frz. côtelette, eigtl. = Rippchen, Vkl. von: côte < afrz. coste < lat. costa = Rippe]: *Rippenstück vom Kalb, Schwein, Lamm od. Hammel, das als beliebte Speise gebraten wird:* ein paniertes K.

Ko|te|let|ten ⟨Pl.⟩ [nach der Ähnlichkeit mit einem Kotelett]: *vor den Ohren als schmaler Streifen verlaufender Backenbart.*

ko|ten ⟨sw. V.; hat⟩ [zu ↑ Kot] (Zool.): *(von höheren Tieren) Kot ausscheiden.*

Ko|ten|ta|fel, die [zu ↑ [1]Kote] (Geogr.): *topographische Karte mit Höhenangaben.*

Kö|ter, der; -s, - [aus dem Niederd.; urspr. lautm.] (abwertend): *Hund.*

Kot|flü|gel, der: *Teil der Karosserie über den Rädern zum Auffangen des Schmutzes.*

Ko|thurn, der; -s, -e [lat. cothurnus < griech. kóthornos]: *(im antiken Trauerspiel) Bühnenschuh der Schauspieler mit hoher Sohle:* *** auf hohem K. [einher]schreiten, [einher]gehen** (bildungsspr.; *pathetisch, hochtrabend reden*).

ko|tie|ren ⟨sw. V.; hat⟩ [frz. coter = notieren, zu: cote, ↑ [1]Kote]: **1.** (Börsenw.) *ein Wertpapier zur Notierung an der Börse zulassen.* **2.** (Geogr. veraltet) *(Höhen) messen.*

ko|tig ⟨Adj.⟩ [zu ↑ Kot]: **a)** *mit, voller Kot* (1); **b)** *von Kot* (2) *bedeckt, sehr schmutzig.*

Ko|ton [koˈtõː], der; -s, -s [frz. coton < arab. quṭun, ↑ Kattun]: selten für *Baumwolle.*

Ko|trai|ner, der; -s, -: *Assistenztrainer.*

Ko|trai|ne|rin, die; -, -nen: w. Form zu ↑ Kotrainer.

K.-o.-Trop|fen ⟨Pl.⟩ (salopp): *lösliche Psychopharmaka, die Getränken od. auch Speisen in krimineller Absicht zugesetzt werden u. rasch zu meist stundenlanger Bewusstlosigkeit führen.*

Kotz|bro|cken, der (ugs.): *jmd., den man als äußerst abstoßend, widerwärtig empfindet.*

[1]**Kot|ze,** die; -, -n [mhd. kotze, ahd. chozzo, chozza, H. u.] (südd., österr.): **1.** *grobe Wolldecke.* **2.** *Umhang aus grobem Wollstoff.*

[2]**Kot|ze,** die; - [zu ↑ kotzen] (ugs.): *Erbrochenes:* *** die K. kriegen** *(angewidert sein).*

kotz|elend ⟨Adj.⟩ (ugs. emotional verstärkend): *äußerst elend, übel.*

kot|zen ⟨sw. V.; hat⟩ [wohl zusgez. aus älter: koppezen, Intensivbildung zu spätmhd. koppen = speien] (ugs.): *[sich] erbrechen:* ich musste k.; er kotzte auf den Boden, wie ein Reiher *(erbrach sich heftig);* ⟨subst.:⟩ ich fühle mich zum Kotzen *(sehr schlecht);* *** zum Kotzen** (emotional; *äußerst abstoßend, unerträglich*): das, es ist einfach zum K.!; jmdn., etw. zum K. finden; zum K. schön (iron.: *scheußlich*); **das [große/kalte] Kotzen kriegen/bekommen** (emotional; *angewidert sein*).

kot|ze|rig, kotz|ig ⟨Adj.⟩ (ugs.): *übel:* mir ist k.

kotz|jäm|mer|lich ⟨Adj.⟩ (ugs. emotional verstärkend): *äußerst jämmerlich.*

kotz|lang|wei|lig ⟨Adj.⟩ (ugs. emotional verstärkend): *äußerst langweilig.*

kotz|übel ⟨Adj.⟩ (ugs. emotional verstärkend): *äußerst übel.*

kp = Kilopond.

KPD [kaˈpeːdeː], die; -: Kommunistische Partei Deutschlands.

kpm = Kilopondmeter.

kr = Krone (10).

Kr = Krypton.

Kr., Krs. = Kreis (6).

Kraal: ↑ Kral.

Krab|be, die; -, -n [aus dem Niederd. < mniederd. krabbe = kleiner Meerkrebs, eigtl. = krabbelndes Tier, verw. mit ↑ krabbeln]: **1.** *(zu den Zehnfußkrebsen gehörendes) vor allem im Meer lebendes Tier mit zurückgebildetem Hinterleib, nahezu kreisrundem Körper u. großen Scheren am ersten Beinpaar.* **2.** (ugs. scherzh.) *in Art u. Wesen munteres, drolliges, niedliches o. ä. Kind, Mädchen:* deine kleine Schwester ist ja eine muntere K. **3.** (Archit.) *an Kanten von Giebeln, Fialen o. Ä. als Verzierung eingemeißeltes Ornament in Form von emporkletterndem Blattwerk.*

Krab|bel|al|ter, das: *Alter, in dem ein Kleinkind anfängt zu krabbeln* (1 b).

Krab|bel|grup|pe, die: *Gruppe, in der sich bes. Mütter mit Kindern im Krabbelalter zum gemeinsamen Spielen, Erfahrungsaustausch o. Ä. treffen.*

krab|be|lig: ↑ krabblig.

Krab|bel|kind, das (ugs.): *Kleinkind im Krabbelalter.*

krab|beln ⟨sw. V.⟩ [aus dem Niederd. < mniederd. krabbelen; mhd. krappelen]: **1.** ⟨ist⟩ **a)** *(von Käfern u. Ä.) sich (am Boden) fortbewegen:* der Käfer krabbelt [an der Wand]; **b)** *(meist von Kleinkindern) auf Händen u. Füßen kriechen:* das Kind fängt an zu k., krabbelt schon, krabbelt [auf allen vieren] durchs Zimmer. **2.** ⟨hat⟩ (ugs.) **a)** *ein Kitzeln, Jucken verursachen, erzeugen:* der neue Pullover krabbelt [auf der Haut]; **b)** *die Spitzen der leicht gebeugten Finger auf od. in etw. ohne Druck hin u. her bewegen:* jmdn., sich k.; er krabbelt sie im Nacken.

Krab|bel|stu|be, die: *Raum als Kindergarten für Kleinkinder bes. im Krabbelalter.*

Krab|ben|fi|scher, der: *Fischer, der Krabben* (1) *fängt.*

Krab|ben|kut|ter, der: *für den Fang von Krabben* (1) *ausgerüsteter Kutter* (2).

krabb|lig, krabbelig ⟨Adj.⟩ (ugs.): **a)** *einen unangenehmen Reiz wie von kurzen, stechenden Haaren verursachend:* der Pullover ist k.; **b)** *kitzlig:* sie ist sehr k.

krach ⟨Interj.⟩: lautm. für plötzliches, meist nur kurzes, hartes, lautes Geräusch, das bes. dann entsteht, wenn ein fester Gegenstand mit Wucht getroffen wird od. auf den Boden fällt [u. dabei zerbricht].

K

Krach, der; -[e]s, Kräche [mhd. krach, ahd. chrac, zu ↑ krachen]: **1. a)** ⟨o. Pl.⟩ *etw., was in unangenehm lauter, unartikulierter Weise zu hören ist; Lärm:* hier ist, herrscht ein unerträglicher K.; die Maschine macht [einen] fürchterlichen K.; macht doch nicht solchen K.!; vom vielen K., vor lauter K. nicht schlafen können; *** K. machen/schlagen** (ugs.; *bei jmdm. laut schimpfend gegen etw. Einspruch erheben*); **b)** ⟨Pl. selten⟩ *lautes, hartes, dunkles Geräusch, das durch einen Aufprall o. Ä. verursacht wird:* als das Haus zusammenstürzte, gab es einen lauten K.; unter lautem K. einstürzen. **2.** (ugs.) *heftiges, lautes Schimpfen; laute Auseinandersetzung:* mit jmdm. K. anfangen, kriegen, haben; in der Familie gibt es oft K.; wegen des Geldes kam es zwischen ihnen zum K. **3.** (ugs.) **a)** *plötzlicher wirtschaftlicher Zusammenbruch;* **b)** *plötzlicher militärischer Zusammenstoß:* wenn es zum großen K. zwischen Ost und West kommen sollte.

kra|chen ⟨sw. V.⟩ [mhd. krachen; ahd. krahhōn, lautm.]: **1.** *einen Krach* (1 b) *verursachen, auslösen* ⟨hat⟩: die Dielen krachten unter seinen Schritten; ein gewaltiger Donnerschlag krachte; in allen Fugen k.; Schüsse krachen; der Stuhl krachte unter seinem schweren Gewicht; das Eis krachte *(brach, barst mit einem Krach);* mir ist die Hose, die Naht gekracht *([mit lautem Geräusch] geplatzt);* ⟨unpers.:⟩ bei jeder Bewegung kracht und knackt es in seinen Gelenken; der Blitz schlug ein, es krachte; auf dieser Kreuzung kracht es dauernd (ugs.; *gibt es dauernd Unfälle, Zusammenstöße*); **R** ..., dass es [nur so] kracht (ugs.; *heftig, sehr stark, intensiv, mit großer Leidenschaft*); Ü der Winter brachte krachende *(große)* Kälte, krachenden *(starken)* Frost; ⟨unpers.:⟩ wenn du noch lange meckerst, krachts (ugs.; *gibt es Schläge*). **2.** (ugs.) **a)** *krachend* (1 a) *gegen etw. prallen, irgendwo heftig auftreffen* ⟨ist⟩: das Auto kracht gegen die Leitplanke; **b)** *mit Wucht irgendwohin befördern, werfen, stoßen* ⟨hat⟩: den Koffer in die Ecke k.; er krachte ihm den Kolben ins Kreuz. **3.** (ugs.) ⟨k. + sich⟩ *mit jmdm., miteinander Krach* (2) *haben;*

sich streiten ⟨hat⟩: ich habe mich mit ihm gekracht; wir krachen uns oft; habt ihr euch gekracht? **4.** (ugs.) *einen Krach* (3 a) *erleiden, Bankrott machen* ⟨ist⟩: eine Bank, ein Betrieb kracht.

Krạ|cher, der; -s, - (ugs.): **1.** (abwertend) meist in der Fügung: **alter K.** (↑Knacker 1). **2.** *Knallkörper.*

krạ̈ch|zen ⟨sw. V.; hat⟩ [spätmhd. krachitzen, Weiterbildung zu ↑krachen]: *(von bestimmten Vögeln) heisere, raue Töne von sich geben:* die Raben krächzten; »Lora« krächzte der Papagei; Ü er war erkältet und konnte nur noch k.; der Lautsprecher krächzte.

Krạ̈ch|zer, der; -s, - (ugs.): **a)** *gekrächzter Laut, Ton;* **b)** *jmd., der mit heiserer, rauer Stimme spricht.*

Krạck|ben|zin, das (Chemie): *im Krackverfahren hergestelltes Benzin.*

krạ|cken [auch: ˈkrɛkn̩] ⟨sw. V.; hat⟩ [engl. to crack, eigtl. = spalten, brechen] (Chemie): *Schweröle spalten, in Leichtöle (Benzin) umwandeln.*

Krạ̈|cker: ↑Cracker.

Krad [auch: krat], das; -[e]s, Kräder (bes. Milit.): Kurzwort für ↑Kraftrad.

kraft ⟨Präp. mit Gen.⟩ [aus: durch, in usw. Kraft] (Papierdt.): *durch den Einfluss, das Gewicht, die Autorität [von]; aufgrund:* k. [eines] Gesetzes; k. [seines] Amtes.

Kraft, die; -, Kräfte [mhd., ahd. kraft, urspr. = Zusammenziehung (der Muskeln)]: **1.** *Vermögen, Fähigkeit zu wirken:* körperliche, seelische, moralische, jugendliche K.; die K. des Geistes; ihm fehlt die K.; seine Kräfte versagen, erlahmen, lassen nach; in ihm steckt eine ungeheure K.; seine K. erproben; im Urlaub neue Kräfte sammeln; er hat seine K., seine Kräfte überschätzt; seine ganze K. für etw. aufbieten; alle Kräfte anspannen; dieser Posten nimmt seine ganze K. in Anspruch; ungeahnte K. in sich fühlen; er hatte nicht mehr die K. aufzustehen; K. haben *(stark sein, über Körperkraft verfügen);* keine Kraft mehr in den Knochen haben (ugs.; *schwach sein*); die Sorge um das Kind verbrauchte ihre K., verlieh ihr ungeahnte Kräfte; eine K. sparende Methode; die Sonne hat, spendet im Herbst noch viel K. *(scheint noch sehr warm);* die K. spendenden Strahlen der Sonne; unter Aufbietung aller Kräfte wurde das Projekt zu Ende geführt; etw. aus eigener K. *(ohne fremde Hilfe)* schaffen; [wieder/gut] bei Kräften sein *([wieder] in gutem körperlichem Zustand, gesund u. kräftig sein);* ich werde tun, was in meinen Kräften steht *(ich werde mein Möglichstes tun);* mit letzter K.; mit vereinten Kräften *(durch gemeinsame Anstrengung)* etw. erreichen; jmdm. nach [besten] Kräften *(soweit es irgend möglich ist)* helfen; über ungeheure K., über geheimnisvolle, schöpferische Kräfte verfügen; das geht über meine K. *(das ist zu viel für mich, das kann ich unmöglich leisten);* vor/ (auch:) von K. strotzen; [wieder] zu Kräften kommen *(durch Krankheit bedingte körperliche Schwäche allmählich überwinden, wieder gesund u. kräftig werden);* Ü die militärische, wirtschaftliche K. eines Landes. **2.** *etw., was einer Sache als Ursache einer Wirkung od. als Möglichkeit, in bestimmter Weise zu wirken, innewohnt:* die heilende K. der Kräuter; die belebende K. des Alkohols; * **die treibende K. sein** *(derjenige sein, der etw. anregt u. eifrig dafür tätig ist, dass es auch durchgeführt wird).* **3.** *Arbeitskraft* (2): er ist eine tüchtige K. **4.** ⟨Pl.⟩ *in besonderer Weise Einfluss ausübende, ideologisch ausgerichtete Gruppe von Menschen:* fortschrittliche, liberale, reaktionäre, bürgerliche Kräfte; hier sind Kräfte am Werk, die dem Staat schaden können. **5.** (Physik) *physikalische Größe, die Ursache von Änderungen der Bewegung frei beweglicher Körper od. die Ursache von Änderungen der Form ist:* K. ist Masse mal Beschleunigung; K. mal Weg ist Arbeit; elektrische, magnetische Kräfte; mit voller K., mit halber K. (Seemannsspr.; *[von Schiffen mit Motor o. Ä.] mit Höchstgeschwindigkeit, mit geringer Geschwindigkeit)* fahren. **6.** * **außer K. setzen** *(ungültig, unwirksam werden lassen):* eine Verordnung außer K. setzen; **außer K. treten, sein** *(seine Wirkung, Gültigkeit verlieren, keine Wirkung, Gültigkeit [mehr] haben):* der Befehl ist außer K.; **in K. treten, sein/befindlich sein/stehen, bleiben** *(wirksam, gültig werden, sein, bleiben):* das Gesetz tritt am 1. 10. in K.; die Regelung bleibt weiterhin in K.; **in K. setzen** *(gültig, wirksam werden lassen).*

Krạft|akt, der: *außerordentliche Kraft* (1) *erfordernde Leistung:* das Anschieben des Autos war ein ziemlicher K. für die Kinder; im Zirkus einen K. *(eine besondere Kräfte erfordernde Nummer)* vorführen; Ü verbale -e.

Krạft|an|stren|gung, die: *große körperliche Anstrengung* (1), *Einsatz seiner ganzen körperlichen Kraft bei etw.*

Krạft|arm, der (Physik): *Teil des Hebels, auf den die Kraft* (5) *wirkt.*

Krạft|auf|wand, der: *Aufwand an Kraft* (1) *für eine bestimmte Arbeit o. Ä.*

Krạft|aus|druck, der: *derber, vulgärer Ausdruck als Äußerung von Ärger, Erstaunen o. Ä.:* mit Kraftausdrücken um sich werfen.

Krạft|brü|he, die: *kräftige Fleischbrühe.*

Krạ̈f|te|gleich|ge|wicht, das: *Gleichgewicht politischer, wirtschaftlicher, militärischer o. ä. Kräfte.*

krạ̈f|te|mä|ßig ⟨Adj.⟩ (ugs.): *die Kräfte* (1) *betreffend, hinsichtlich der Kräfte:* ein -er Vergleich; er war ihm k. überlegen.

Krạ̈f|te|pa|ral|le|lo|gramm, das (Physik): *Parallelogramm, das durch die grafische Darstellung der Addition zweier, am selben Punkt angreifender Kräfte* (5) *entsteht.*

Krạ̈f|te|spiel, das: *Zusammenwirken verschiedener Kräfte* (1).

Krạ̈f|te|ver|fall, der: *Nachlassen der körperlichen [u. geistigen] Kräfte* (1).

Krạ̈f|te|ver|hält|nis, das: vgl. Kräftegleichgewicht.

krạ̈f|te|zeh|rend ⟨Adj.⟩: *an den Kräften* (1) *zehrend.*

Krạft|fah|rer, der (Amtsspr.): *jmd., der ein Kraftfahrzeug fährt.*

Krạft|fah|re|rin, die: w. Form zu ↑Kraftfahrer.

Krạft|fahr|zeug, das (bes. Amtsspr.): *durch einen Motor angetriebenes, nicht an Schienen gebundenes Fahrzeug* (Abk.: Kfz).

Krạft|fahr|zeug|brief, der (Amtsspr.): *Urkunde, die als Nachweis für den rechtmäßigen Besitz eines Kraftfahrzeugs dient (u. in der der Name des jeweiligen Besitzers, die Zulassungsnummer u. die technischen Daten des Kraftfahrzeugs eingetragen sind); Fahrzeugbrief.*

Krạft|fahr|zeug|elek|tri|ker, der: *Elektriker, der elektrische Anlagen in Kraftfahrzeugen wartet u. repariert* (Berufsbez.).

Krạft|fahr|zeug|elek|tri|ke|rin, die: w. Form zu ↑Kraftfahrzeugelektriker.

Krạft|fahr|zeug|füh|rer, der (Amtsspr.): *Kraftfahrer.*

Krạft|fahr|zeug|füh|re|rin, die: w. Form zu ↑Kraftfahrzeugführer.

Krạft|fahr|zeug-Haft|pflicht|ver|si|che|rung, die: *Versicherung, die Schäden deckt, die einem Dritten durch ein Kraftfahrzeug entstehen.*

Krạft|fahr|zeug|hal|ter, der (Amtsspr.): *Fahrzeughalter.*

Krạft|fahr|zeug|hal|te|rin, die: w. Form zu ↑Kraftfahrzeughalter.

Krạft|fahr|zeug|kenn|zei|chen, das (Amtsspr.): *Autonummer.*

Krạft|fahr|zeug|me|cha|ni|ker, der: *Mechaniker, der Kraftfahrzeuge u. Motoren wartet u. repariert* (Berufsbez.).

Krạft|fahr|zeug|me|cha|ni|ke|rin, die: w. Form zu ↑Kraftfahrzeugmechaniker.

Krạft|fahr|zeug|pa|pie|re ⟨Pl.⟩: *Kraftfahrzeugbrief u. Kraftfahrzeugschein.*

Krạft|fahr|zeug|re|pa|ra|tur|werk|statt, die: *Werkstatt, in der Kraftfahrzeuge repariert werden.*

Krạft|fahr|zeug|schein, der (Amtsspr.): *amtliches Papier, das als Nachweis für die ordnungsgemäße Zulassung eines Kraftfahrzeugs dient (u. in dem die Personalien des Fahrzeughalters u. die technischen Daten des Kraftfahrzeugs eingetragen sind); Zulassung* (2).

Krạft|fahr|zeug|steu|er, die: *Steuer für das Halten eines Kraftfahrzeugs zum Fahren auf öffentlichen Straßen.*

Krạft|fahr|zeug|tech|nik, die ⟨o. Pl.⟩: *Zweig der Technik, der sich mit Kraftfahrzeugen u. deren Produktion befasst.*

Krạft|fahr|zeug|ver|si|che|rung, die: *Kraftfahrzeug-Haftpflichtversicherung [u. Kaskoversicherung].*

Krạft|fahr|zeug|we|sen, das ⟨o. Pl.⟩: *Gesamtheit aller für die Herstellung u. Instandhaltung von Kraftfahrzeugen nötigen Einrichtungen.*

Krạft|feld, das (Physik): *Feld* (7), *in dem an jeder Stelle auf einen Körper eine Kraft* (5) *ausgeübt wird.*

Krạft|fut|ter, das: *besonders nährstoffreiches* [1]*Futter.*

krạ̈f|tig ⟨Adj.⟩ [mhd. kreftic, ahd. chreftīg]: **1. a)** *über Körperkraft verfügend, [in der äußeren Erscheinung] von körperlicher Kraft zeugend:* ein -er Mann, Junge; eine -e Konstitution, Natur haben; ein -er Schlag, Hieb; sein Körper ist k. und durchtrainiert; k. gebaut sein; sie fühlt sich wieder k.; **b)** *von gesundem Wuchs zeugend; gut entwickelt u. widerstandsfähig:* -e Pflanzen; die Sträucher sind schon recht k. **2. a)** *in hohem Maße ausgeprägt, vorhanden; intensiv, heftig, stark:* ein -es Hoch; -en Hunger haben; einen -en *(großen)* Schluck nehmen; -e Farben; es weht eine -e *(heftige)* Brise; ein -er *(deutlich wahrnehmbarer)* Geruch, Geschmack; es regnete, schneite k.; **b)** *mit Nachdruck u. Entschiedenheit:* für jmdn., etw. k. eintreten; jmdm. k. die Meinung, seine Meinung sagen. **3.** *reich an Nährstoffen; gehaltvoll:* eine -e Mahlzeit zu sich nehmen; -es Brot, Futter; ⟨subst.:⟩ etw. Kräftiges essen. **4.** *in derb-deutlicher Weise geäußert; ziemlich grob:* ein -er Ausdruck, Fluch; eine -e Sprache führen.

-kräf|tig: 1. drückt in Bildungen mit Substantiven aus, dass die beschriebene Person oder Sache etw. reichlich hat, in hohem Maße enthält: beweis-, ertragskräftig. **2.** drückt in Bildungen mit Substantiven aus, dass die beschriebene Person oder Sache zu etw. fähig, in der Lage ist: lebens-, zahlungskräftig.

krạ̈f|ti|gen ⟨sw. V.; hat⟩ [mhd. kreftigen, ahd. chreftigōn]: *bewirken, dass jmd., etw. kräftig wird, Kraft* (1) *bekommt:* Sport kräftigt den Körper.

Krạ̈f|tig|keit, die; - (selten): *kräftige* (1) *Beschaffenheit, Art.*

Krạ̈f|ti|gung, die; -, -en ⟨Pl. selten⟩: *das [Sich]kräftigen.*

Krạ̈f|ti|gungs|mit|tel, das: *Mittel zur Kräftigung.*

krạft|los ⟨Adj.⟩: *schwach; kaum Kraft habend:* ein -er kranker Mensch; k. sein.

Krạft|los|er|klä|rung, die: *[offizielle] Mitteilung, dass eine Bestimmung, ein Gesetz o. Ä. nicht mehr in Kraft ist.*

Krạft|lo|sig|keit, die; -: *das Kraftlossein; Schwäche.*

Krạft|ma|schi|ne, die (Technik): *Maschine (z. B. Dampfmaschine, Turbine o. Ä.), die mechanische Energie erzeugt.*

Krạft|mei|er, der [2. Bestandteil der als Gattungsname gebrauchte häufige Familienn. Meier] (ugs., oft abwertend): *Mann, der mit seiner Körperkraft großspurig prahlt.*

Krạft|mei|e|rei, die (ugs. abwertend): *großspuriges Prahlen mit der Körperkraft.*

Krạft|mensch, der: *jmd., der über [außergewöhnlich] große Körperkraft verfügt.*

Krạft|mes|ser, der: *Dynamometer* (1).

Krạft|pro|be, die: *Anstrengungen Rivalisierender,*

aus denen hervorgeht, wer der Stärkere, Bessere ist: eine militärische K.

Kraft|protz, der (ugs., oft abwertend): *jmd., der seine Körperkraft großspurig, in prahlerischer Weise herausstellt.*

Kraft|quell, der (geh.), **Kraft|quel|le,** die: *etw., was Antrieb, [neue] Lebenskraft, Ermutigung verschafft.*

Kraft|rad, das (Amtsspr.): *zweirädriges Kraftfahrzeug (z. B. Motorrad).*

kraft|rau|bend ⟨Adj.⟩: *große Kraftanstrengung verlangend u. entsprechend ermüdend.*

Kraft|raum, der (Sport): *besonderer Raum mit Geräten zum Krafttraining.*

Kraft|re|ser|ve, die ⟨meist Pl.⟩: *Reserve an Kraft* (1), *die im Bedarfsfall mobilisiert werden kann.*

kraft|spa|rend ⟨Adj.⟩: *die Kräfte schonend, größere Kraftanstrengungen ersparend.*

Kraft|spei|cher, der (Technik): *Gerät zum Speichern von Energie; Akkumulator.*

Kraft|sport, der: *Schwerathletik.*

Kraft|stoff, der (Kfz-W.): *Stoff (z. B. Benzin), durch dessen Verbrennung ein Motor angetrieben wird; Treibstoff.*

Kraft|stoff|an|zei|ge, die, **Kraft|stoff|an|zei|ger,** der (Kfz-T.): *Benzinuhr.*

Kraft|stoff|lei|tung, die (Kfz-T.): *dünnes Rohr od. Schlauch aus Metall zur Leitung des Kraftstoffs.*

Kraft|stoff-Luft-Ge|misch, das (Kfz-T.): *Gemisch* (2 a).

Kraft|stoff|pum|pe, die (Kfz-T.): *Aggregat zur Förderung des Kraftstoffs vom Tank zum Vergaser od. zur Einspritzpumpe.*

Kraft|stoff|ver|brauch, der: *Verbrauch an Kraftstoff:* der Wagen hat einen sehr hohen K.

Kraft|strom, der: *elektrischer Strom, der vorwiegend zum Betrieb elektrischer Motoren verwendet wird.*

kraft|strot|zend ⟨Adj.⟩: *überaus stark u. kräftig [aussehend]; voll von deutlich sichtbarer körperlicher Kraft* (1).

Kraft|trai|ning, das (Sport): *Training, das dazu dient, die Körperkraft zu verbessern, zu steigern.*

Kraft|über|tra|gung, die: *das Übertragen von Kraft* (5).

Kraft|ver|kehr, der (Amtsspr.): *Gesamtheit aller am Verkehr teilnehmenden Kraftfahrzeuge.*

kraft|voll ⟨Adj.⟩: **a)** *viel Kraft besitzend; voll Kraft:* ein -er Menschenschlag; Ü k. wirken; **b)** *mit viel Kraft durch-, ausgeführt:* ein -er Endspurt; k. zubeißen.

Kraft|wa|gen, der (Amtsspr.): *Auto.*

Kraft|werk, das: *Anlage zur Gewinnung elektrischer Energie.*

Kraft|werk|be|trei|ber, Kraftwerksbetreiber, der: *Betreiber* (2) *eines Kraftwerks.*

Kraft|werk|be|trei|be|rin, Kraftwerksbetreiberin, die: w. Form zu ↑Kraftwerkbetreiber.

Kraft|werks|be|trei|ber usw.: ↑Kraftwerkbetreiber usw.

Kraft|wort, das ⟨Pl. -e u. ...wörter⟩: vgl. Kraftausdruck.

Kra|ge, die; -, -n [zu fachspr. Kragen = vorspringender (Mauer)teil] (selten): *Konsole* (1).

Kräg|el|chen, das; -s, -s: Vkl. zu ↑Kragen (1 a).

Kra|gen, der; -s, -, südd., österr., schweiz. auch: Krägen [mhd. krage = Hals, Kehle, Nacken; Kragen (1), urspr. = Schlund]: **1. a)** *den Hals teilweise od. ganz umschließender Teil der Kleidung:* ein hoher, enger, steifer, halsferner K.; der K. des Mantels ist mit Pelz besetzt; den K. offen tragen, hochschlagen; jmdn. am K. packen; **b)** *einzelner, nicht fest an ein Kleidungsstück genähter Kragen* (1 a): der K. lässt sich anknöpfen, abnehmen; den K. stärken. **2.** (landsch.) **a)** *(meist von Geflügel) Hals:* beim Hühnerklein fehlt der K.; **b)** *Hals einer Flasche:* der Flasche den K. abschlagen. **3.** (Jägerspr.) *gegen das übrige Fell od. Gefieder abstechender Streifen um den, am Hals von Tieren.* **4.** (veraltet) *Hals:* noch in den Wendungen **jmdm. platzt der K.** (salopp; *jmd. wird über etw. so wütend, dass er es nicht länger hinnehmen kann*); **jmdm./jmdn. den K. kosten** (↑[1]Hals 1); **jmdm. den K. [her]umdrehen** (ugs.; *jmdn. töten*); **jmdn. am K. kriegen/packen; jmdn. beim K. packen/nehmen** (ugs.; *jmdn. zur Rede stellen*); **es geht jmdm. an den K.** (ugs.; *jmd. wird für etw. zur Verantwortung gezogen; jmd. wird von seinem Schicksal ereilt, geht zugrunde*); **jmdm. an den K. wollen** (ugs.; *jmdn. zur Verantwortung ziehen wollen, ihm Schaden zufügen, ihn verprügeln wollen*).

Kra|gen|knopf, der: **1.** *Knopf, mit dem ein Kragen* (1 b) *an einem Hemd, einer Bluse o. Ä. festgemacht wird.* **2.** *oberster Knopf einer Knopfleiste (an Hemd, Bluse o. Ä.), mit dem der Kragen zugeknöpft wird.*

kra|gen|los ⟨Adj.⟩: *keinen Kragen* (1) *besitzend:* eine -e Jacke.

Kra|gen|num|mer, die: *Nummer* (1 c), *die die Kragenweite angibt.*

Kra|gen|wei|te, die: *(in Bezug auf Oberhemden) Weite* (4) *des Kragens:* eine große, kleine K. haben; *** **jmds. K. sein** (salopp; *ganz nach jmds. Geschmack sein*).

Krä|he, die; -, -n [mhd. krā(e), kræjə, ahd. krā(wa, -ja, -ha) = Krächzerin, zu ↑krähen]: *(mit den Raben verwandter) großer Vogel mit schwarzem, metallisch schimmerndem Gefieder u. kräftigem Schnabel:* **Spr** eine K. hackt der anderen kein Auge aus *(Berufs- und Standesgenossen halten zusammen).*

krä|hen ⟨sw. V.; hat⟩ [mhd. kræ(je)n, ahd. krāen, lautm. bes. für dumpfe u. heisere Klangeindrücke]: **1.** *(vom Hahn) in unmittelbarer Aufeinanderfolge jeweils dreimal kurz u. einmal lang gezogen einen hohen, gequetschten, durchdringenden Laut von sich geben; kikeriki machen:* wir saßen zusammen, bis die Hähne krähten *(bis Tagesanbruch).* **2.** *[vor Erregung, Begeisterung o. Ä.] mit hoher, heller Stimme sprechen, schreien, singen:* das Baby krähte vergnügt *(gab vor Vergnügen helle, unartikulierte Laute von sich).*

Krä|hen|au|ge, das (landsch.): **a)** *Warze;* **b)** *Hühnerauge.*

Krä|hen|fü|ße ⟨Pl.⟩ [nach dem Vergleich mit der Form (des Abdrucks) des Krähenfußes]: **1.** (ugs.) *feine Hautfalten, die von den äußeren Augenwinkeln strahlenförmig nach den Seiten verlaufen.* **2.** (ugs.) *unleserliche, krakelige Schrift.* **3.** (ugs.) *kleine, spitze Eisenstücke, die bei einer Verfolgung aus dem Auto auf die Straße gestreut werden, um die Reifen des hinterherfahrenden [Polizei]fahrzeugs zu beschädigen u. es dadurch zu zwingen, die Verfolgung aufzugeben.* **4.** (Jägerspr.) *drei schmale Schneisen, die bei der Treibjagd vom Standort des Schützen aus gehauen werden, damit er das Wild früh genug sehen kann.*

Kräh|win|kel [nach dem Ort Krähwinkel in dem Lustspiel »Die deutschen Kleinstädter« des dt. Dramatikers A. v. Kotzebue (1761–1819)] (spött.): *spießbürgerliche Kleinstadt.*

Kra|ka|tau; -s: vulkanische Insel zwischen Sumatra u. Java.

Kra|kau: Stadt in Polen.

[1]Kra|kau|er, der; -s, -: Ew.

[2]Kra|kau|er ⟨indekl. Adj.⟩: K. Schinkenwurst.

[3]Kra|kau|er, die; -, -: *kräftig gewürzte u. geräucherte Brühwurst aus Rind- u. Schweinefleisch.*

Kra|kau|e|rin, die; -, -nen: w. Form zu ↑[1]Krakauer.

Kra|ke, der; -n, -n [norw. mundartl. krake(n), H. u.]: **1.** *Kopffüßer von unterschiedlicher Größe, dessen acht Fangarme mit Saugnäpfen besetzt sind.* **2.** *sagenhaftes Meerungeheuer in Gestalt eines Kraken* (1).

kra|kee|len ⟨sw. V.; hat⟩ (ugs. abwertend): *laut schreien [um Streit anzufangen]; lautstark schimpfen; sich lautstark streiten:* die Betrunkenen krakeelen auf dem Heimweg; in einer Versammlung k.

Kra|kee|ler, der; -s, - (ugs. abwertend): *jmd., der krakeelt.*

Kra|kee|le|rin, die; -, -nen: w. Form zu ↑Krakeeler.

Kra|kel, der; -s, - [(ost)md. krakel = dürrer Ast] (ugs. abwertend): *zittriger, ungelenker u. kaum leserlicher Schnörkel, zittriges, ungelenkes u. kaum leserliches Schriftzeichen:* [einen] K. machen; deine K. kann kein Mensch lesen.

Kra|ke|lei, die; -, -en [zu ↑Krakel] (ugs. abwertend): **1.** ⟨o. Pl.⟩ *das Krakeln.* **2.** *etw. Gekrakeltes.*

Kra|kel|fuß, der ⟨meist Pl.⟩ (ugs.): *krakeliges Schriftzeichen.*

kra|ke|lig, kraklig ⟨Adj.⟩ [zu ↑Krakel] (ugs. abwertend): *(von etw. Geschriebenem, einer Schrift) zittrig, ungelenk u. kaum leserlich.*

kra|keln ⟨sw. V.; hat⟩ (ugs. abwertend): *schlecht u. ungleichmäßig, zittrig schreiben.*

Kra|kel|schrift, die (ugs. abwertend): *krakelige Schrift.*

krak|lig: ↑krakelig.

Kral, der; -s, -e, auch: -s [afrikaans kraal < port. curral = Hürde, Zwinger; vgl. Korral]: **1.** *kreisförmig angelegtes Dorf bei afrikanischen Stämmen.* **2.** *kreisförmig angelegter Pferch bei afrikanischen Stämmen.*

Kräll|chen, das: Vkl. zu ↑Kralle.

Kral|le, die; -, -n [16. Jh., wohl im Sinne von »die Gekrümmte«, verw. mit ↑Kringel; vgl. ahd. kral = Haken]: **1.** *(bei Vögeln sowie manchen Reptilien u. Säugetieren) langes, gebogenes, an den Enden spitz zulaufendes Gebilde aus Horn an den letzten Gliedern der Zehen:* stumpfe, spitze, scharfe, starke -n; die -n des Adlers; die Katze zeigt die -n, zieht die -n ein, hielt eine Maus in den -n; Ü (geh.:) jmdn. aus den -n des Todes retten; was er einmal in seinen Besitz gebracht hat, lässt er so schnell nicht mehr aus den -n *(gibt er so schnell nicht mehr her);* *** **jmdm. die -n zeigen** (ugs.; *jmdn. sehr entschlossen die eigene Bereitschaft zur Gegenwehr erkennen lassen*); **[bar] auf die K.** (ugs.; ↑Hand 1); **etw. in die -n bekommen, kriegen** (ugs.; *etw. in seinen Besitz, in seine Gewalt bekommen*). **2. a)** *krallenförmiges Gerät:* das Autoradio mit einer K. herausreißen; **b)** *krallenförmige Vorrichtung zum Blockieren der Räder eines Fahrzeugs; Parkkralle.*

kral|len ⟨sw. V.; hat⟩ [zu ↑Kralle; vgl. mhd. krellen, spätahd. bichrellen = kratzen]: **1. a)** ⟨k. + sich⟩ *sich mit den Krallen an jmdm., etw. festhalten:* die Katze krallte sich an den Baumstamm; **b)** ⟨k. + sich⟩ *sich krampfhaft mit den Fingern an jmdm., etw. festhalten, sich mit den Fingern, Zehen in etw. festkrallen:* er krallte sich an das Geländer, in den Boden; **c)** *(die Finger, Zehen) wie Krallen fest um etw. schließen, in etw. bohren [um Halt zu finden]:* die Zehen in den Boden k.; vor Schmerz die Finger in das Kissen k.; er krallte seine Finger um das Seil, in ihren Ärmel; **d)** ⟨k. + sich⟩ *sich wie Krallen, mit gekrümmten Fingern fest um etw. schließen:* seine Hand krallte sich um den Revolver. **2.** *wie eine Kralle krümmen:* er krallte seine Finger. **3.** (salopp) **a)** *schnell u. unauffällig an sich nehmen, entwenden:* er hat [sich] das Fahrrad gestern im Stadtpark gekrallt; **b)** *(jmdn.) packen, in seine Gewalt bringen:* den werde ich mir noch k. *(mir vornehmen).*

kral|len|ar|tig ⟨Adj.⟩: *einer Kralle* (1) *ähnlich, wie Krallen wirkend:* -e Nägel.

kral|len|för|mig ⟨Adj.⟩: *die Form einer Kralle* (1), *von Krallen aufweisend:* -e Haken.

kral|lig ⟨Adj.⟩: **a)** *wie eine Kralle; krallenartig; krallenförmig;* **b)** *mit Krallen;* **c)** *von Krallen herrührend:* seine Arme wiesen -e Kratzer auf.

Kram, der; -[e]s [mhd., ahd. krām = Zeltdecke (Schutzdach über dem Wagen od. dem) Stand eines umherziehenden Händlers; Kaufmannsware, H. u.] (ugs. abwertend): **1.** *nicht näher bezeichnete [unnütze, wertlose] Gegenstände, Sachen, Zeug:* alter, unnützer K.; was liegt denn hier für K. herum?; räum doch endlich deinen K. auf!; Ü den ganzen K. hinschmeißen (ugs.; *keine Lust mehr haben, etw. weiterzuführen*). **2.** *nicht näher bezeichnete Angelegenheiten, die [zur Erledigung] anstehen:* ich will den K. noch schnell erledigen; mach doch deinen K. alleine!; *** **jmdm. [nicht] in den K./[nicht] in jmds. K. passen** (ugs.; *als Forderung, Aufgabe o. Ä. in einem für jmdn. [un]günstigen Zeitpunkt kom-*

men): sein unerwarteter Besuch passte ihr überhaupt nicht in den K.; **nicht viel K./keinen K. machen** (ugs.; *keine Umstände, kein Aufhebens von etw. machen*). **3.** (landsch.) *Innereien geschlachteter Tiere.*

Kräm|chen, das; -s, -: Vkl. zu ↑Kram (1).

krä|men ⟨sw. V.; hat⟩ [mhd. krāmen = Handel mit vielerlei kleinen Waren treiben, zu ↑Kram]: **1.** (ugs.) **a)** *in einer Ansammlung mehr od. weniger ungeordneter Dinge herumwühlen [u. nach etw. suchen]:* auf dem Speicher, in den Akten k.; [im Archiv] nach alten Fotografien k.; Ü in seinen Erinnerungen k.; **b)** *durch Kramen (1 a) hervorholen:* alte Fotos aus der Schublade k. **2.** (landsch.) *ein Verhältnis, eine Liebesbeziehung haben:* mit jmdm. k. **3.** (schweiz.) **a)** *Kleinhandel treiben;* **b)** *kleinere Geschenke einkaufen.*

Krä|mer, der; -s, - [mhd. kramære, ahd. kramāri = Kleinhändler]: **1.** (landsch., sonst veraltet) **a)** *jmd., der einen kleinen Laden mit Lebensmitteln hat;* **b)** (früher) *jmd., der Handel treibt; Handelsherr.* **2.** (abwertend) *jmd., der engherzig, in kleinlicher Weise eigennützig, gewinnsüchtig ist.*

Krä|mer|geist, der ⟨o. Pl.⟩ (abwertend): **a)** *krämerhafte Gesinnung, von Kleinlichkeit u. Engstirnigkeit zeugende Geisteshaltung;* **b)** *jmd., dessen Denken u. Handeln von Krämergeist (a) zeugt.*

krä|mer|haft ⟨Adj.⟩ (abwertend): *einem Krämer (2) entsprechend, gemäß.*

Krä|me|rin, die; -, -nen (veraltet): w. Form zu ↑Krämer (1).

Krä|mer|la|den, der ⟨Pl. ...läden⟩ (ugs. abwertend): *Kramladen.*

Krä|mer|see|le, die: *krämerhaft engherziger Mensch.*

Kram|la|den, der ⟨Pl. ...läden⟩ (ugs. abwertend): *einfacher Laden, in dem neben Lebensmitteln auch allerlei andere Waren des täglichen Bedarfs zu finden sind.*

Kram|mets|vo|gel, der [mhd. kran[e]witvogel] (landsch.): *Wacholderdrossel (1).*

Kram|pe, die; -, -n [aus dem Niederd. < mniederd. krampe, asächs. krampo = Haken, eigtl. = die Krumme, Gekrümmte (vgl. ahd. chramph = krumm), verw. mit ↑Krampf, ↑Krempe]: *U-förmiger Haken mit spitzen Enden, mit dem Draht o. Ä. an Brettern, hölzernen Pflöcken o. Ä. festgemacht werden kann.*

kram|pen ⟨sw. V.; hat⟩: *mit einer Krampe befestigen.*

Kram|pen, der; -s, -: **1.** *Krampe.* **2.** (bayr., österr.) *eiserne Hacke, Spitzhacke.*

Krampf, der; -[e]s, Krämpfe [mhd. krampf, ahd. kramph(o), zu einem germ. Adj. mit der Bed. »krumm, gekrümmt« (vgl. ahd. chramph = krumm)]: **1.** *unwillkürliches, schmerzhaftes Zusammenziehen eines od. mehrerer Muskeln; Spasmus:* ein heftiger, furchtbarer K.; der K. löste sich allmählich; einen K. bekommen, kriegen, im Bein haben; er wand sich in Krämpfen. **2.** ⟨o. Pl.⟩ (ugs. abwertend) *krampfhaft-gequältes Tun; Bemühen, um jeden Preis etw. zu erreichen:* das ist doch alles K. **3.** * **einen K. drehen** (schweiz. salopp; *etw. Unrechtmäßiges tun, eine Straftat begehen*).

Krampf|ader, die: *krankhaft erweiterte Vene, die als sich schlängelnder od. knotiger Strang bes. an den Beinen hervortritt; Varize.*

Krampf|ader|ver|ödung, die (Med.): *Verödung von Krampfadern.*

krampf|ar|tig ⟨Adj.⟩: *in der Art eines Krampfes (1).*

kramp|fen ⟨sw. V.; hat⟩ [zu ↑Krampf]: **1.** ⟨k. + sich⟩ *sich im Krampf zusammenziehen:* ich fühlte, wie sich mein Magen krampfte. **2. a)** *krampfhaft um etw. schließen:* die Finger, Hände um die Gitterstäbe, die Armlehne k.; **b)** ⟨k. + sich⟩ *krampfhaft umschließen, umklammern:* die Finger krampften sich um die Lehne, um den Revolver; **c)** ⟨k. + sich⟩ *sich in etw. bohren u. darin verkrampfen:* die Fäustchen des Säuglings krampften sich in das Kissen. **3.** (landsch.) *[bei günstiger Gelegenheit] nehmen, an sich bringen:* er hatte sich die Unterlagen gekrampft und war damit verschwunden. **4.** (schweiz. salopp) *sich sehr anstrengen, hart arbeiten.*

krampf|haft ⟨Adj.⟩: **1.** *in der Art eines Krampfes (1) sich vollziehend; wie im Krampf:* -e Zuckungen. **2.** *alle Kräfte aufbietend; verbissen:* -e Anstrengungen; ich hielt mich k. wach; sich k. um etw. bemühen; k. nachdenken; sich k. an etw. festhalten.

Krampf|hus|ten, der: *ohne organische Erkrankung der Luftwege anfallsweise auftretender nervöser Husten.*

kramp|fig ⟨Adj.⟩: **1.** *gequält u. unnatürlich [wirkend]:* -es Auftreten, Benehmen. **2.** *krampfartig:* eine -e Verengung der Herzkranzgefäße.

krampf|lin|dernd ⟨Adj.⟩: *Krämpfe (1) lindernd; gut gegen Krämpfe:* ein -es Mittel.

krampf|lö|send ⟨Adj.⟩: *Krämpfe (1) lösend; gut gegen Krämpfe:* -e Mittel.

Krampf|zu|stand, der: *durch einen Krampf (1) verursachter Zustand.*

[1]Kram|pus, der; -, ...pi [latinisiert aus dt. Krampf] (Med.): *Krampf (1).*

[2]Kram|pus, der; -[ses], -se [viell. zu ↑Krampen (2), nach der eisernen Hacke, die er mit sich führt] (bes. österr.): *Knecht Ruprecht.*

Kram|wa|ren ⟨Pl.⟩ (ugs. abwertend): *vielerlei kleine Waren:* ein kleiner Laden mit K.

Kran, der; -[e]s, Kräne, Fachspr.: -e, landsch. auch: -en [spätmhd. kran(e), eigtl. = Kranich; nach der Ähnlichkeit der Hebevorrichtung mit dem Hals eines Kranichs, zu mhd. krane, ↑Kranich]: **1.** *Vorrichtung, die aus einer einem Gerüst ähnlichen, fahrbaren Konstruktion mit Führerhaus [u. einem (beweglichen) Ausleger (2)] besteht, die zum Versetzen od. Heben von Lasten od. sperrigen Gegenständen benutzt wird:* ein hoher, schwerer K.; einen K. aufstellen, einsetzen. **2.** ⟨Pl. Kräne, -en⟩ **a)** (südd., westmd.) *Wasserhahn;* **b)** (landsch.) *Gashahn;* **c)** (landsch.) *Zapfhahn.*

Krän|chen, das; -s, -: Vkl. zu ↑Kran (1, 2).

kra|nen ⟨sw. V.; hat⟩ [zu ↑Kran] (Technik): *mit dem Kran (1) transportieren:* Kisten k.

Kra|ne|wit, Kra|ne|wit|ter, der; -s, - [mhd. kranewite, ahd. kranawitu, eigtl. = Kranichholz, zu: krano = Kranich u. witu = Holz, Wald] (bayr., österr.): *Wacholderschnaps.*

Kran|fah|rer, der: vgl. Kranführer.

Kran|fah|re|rin, die: w. Form zu ↑Kranfahrer.

Kran|füh|rer, der: *jmd., der einen Kran (1) bedient* (Berufsbez.).

Kran|füh|re|rin, die; -, -nen: w. Form zu ↑Kranführer.

Kran|gel, der; -s, -n [mhd. krangel = Kreis, Kranz, Nebenf. von: kringel, ↑Kringel] (Bergsteigen, schweiz.): *spiralförmiges, knotenähnliches Gebilde, das durch Verdrehungen eines Seiles o. Ä. um die Längsachse entsteht; Verschlingung.*

kran|geln ⟨sw. V.; hat⟩ [1: zu ↑Krangel; 2: zu landsch. Krangel = Verwirrung; Ärgernis, mhd. krangel, eigtl. = Kreiselbewegung, ↑Krangel]: **1.** (Bergsteigen, schweiz.) *Krangeln bilden.* **2.** (landsch.) *(bes. von Kindern) nörgeln; weinerlich sein:* die beiden Kleinen krangeln schon den ganzen Tag.

Kra|nich, der; -s, -e [mhd. kranech, ahd. chranih, cranuh, weitergeb. aus mhd. krane, ahd. krano; eigtl. = heiserer Rufer, Krächzer, verw. mit ↑krähen]: *(bes. in sumpfigen Gebieten lebender) großer, hochbeiniger Vogel mit grauem Gefieder, langem, kräftigem Schnabel u. langem Hals.*

kra|nio-, Kra|nio- [zu griech. kraníon] ⟨Best. in Zus. mit der Bed.⟩: *Schädel* (z. B. kraniofazial, Kraniotomie).

Kra|ni|o|lo|gie, die; - [↑-logie] (Med.): *Lehre vom Bau des Schädels.*

Kra|ni|um, das; -[s], ...ia u. ...ien [mlat. cranium < griech. kraníon = Schädel] (Anat.): *knöcherner Schädel bei Mensch u. Wirbeltier.*

krank ⟨Adj.; kränker, kränkste⟩ [mhd. kranc = schwach; schmal, schlank; leidend, urspr. = gebeugt, gekrümmt, hinfällig, verw. mit ↑Kringel]: **1. a)** *im körperlichen od. geistigen Wohlbefinden beeinträchtigt, gestört; physisch od. psychisch leidend, nicht gesund:* ein -er Mann; -e Tiere; ein -es Herz haben; das Kind ist [seit drei Wochen] k.; auf den Tod k. sein; (geh.:) er ist k. an Leib und Seele; k. werden *(erkranken);* er sieht k. aus; er fühlt/stellt sich, spielt k.; k. im Bett, zu Bett liegen; die vielen Sorgen haben ihn k. gemacht; der Lärm, euer ewiges Gezanke macht mich [ganz] k. *(geht mir auf die Nerven, ist mir unerträglich);* vor Heimweh, vor Liebe k. sein *(sich elend fühlen, darunter leiden);* nach jmdm. k. sein (veraltend; *sich heftig nach jmdm. sehnen*); (auch von Pflanzen:) ein -er Baum; Ü ein -es Staatswesen; eine -e Währung; **b)** (salopp) *unsinnig, absurd, völlig verrückt (2):* das ist eine total -e Konstruktion, die nie funktionieren wird; hör doch endlich damit auf, das ist doch k. **2.** (Jägerspr.) *durch einen Schuss verwundet:* ein -es Reh; eine -e Fährte *(Fährte mit Blutspuren eines durch Schuss verletzten Wildes);* der Bock ist mit Sicherheit k.

krank|är|gern, sich ⟨sw. V.; hat⟩ (ugs.): *sich sehr ärgern:* über dieses voreilige Versprechen habe ich mich später krankgeärgert.

Kran|ke, der u. die; -n, -n ⟨Dekl. ↑Abgeordnete⟩: *jmd., der krank (1) ist.*

Krän|ke|lei, die; -, -en ⟨Pl. selten⟩: *dauerndes Kränkeln.*

krän|keln ⟨sw. V.; hat⟩: *nie so recht gesund u. leistungsfähig, sondern über längere Zeit hin immer ein wenig krank sein.*

kran|ken ⟨sw. V.; hat⟩ [mhd. kranken = schwach, leidend werden od. sein]: **1.** (veraltet, noch landsch.) *sich wegen etw. über längere Zeit hin in einem Zustand des Krankseins befinden:* an Asthma k. **2.** *durch einen bestimmten Mangel in seiner Funktionsfähigkeit o. Ä. beeinträchtigt sein:* die Firma krankt an einer schlechten Organisation.

krän|ken ⟨sw. V.; hat⟩ [mhd. krenken = schwächen, schädigen; erniedrigen]: **1.** *jmdn. mit einer Äußerung od. einer Handlung, durch die er sich zurückgesetzt, gedemütigt od. in seiner guten Absicht verkannt fühlt, in seinem Selbstgefühl treffen:* ich wollte ihn damit nicht k.; das ist für mich sehr kränkend; er fühlt sich [in seiner Eitelkeit] schwer, tief gekränkt; er zog sich gekränkt zurück; sein gekränkter Stolz, seine gekränkte Ehre lässt den ersten Schritt nicht zu. **2.** ⟨k. + sich⟩ (geh. veraltend) *Gram empfinden.*

Kran|ken|an|stalt, die ⟨meist Pl.⟩ (Amtsspr.): *großes Krankenhaus mit mehreren Gebäuden für verschiedene medizinische Fachbereiche.*

Kran|ken|be|richt, der: *[für einen Facharzt geschriebener] Bericht des behandelnden Arztes über den Zustand eines Patienten.*

Kran|ken|be|such, der: *Besuch, den jmd. bei einem Kranken macht.*

Kran|ken|bett, das: **1.** *Bett, in dem ein Kranker liegt.* **2.** *für die besonderen Belange eines Kranken konstruiertes Bett (im Krankenhaus).* **3.** (selten) *Krankenlager (2).*

Kran|ken|blatt, das: *schriftlicher Bericht, in dem die Vorgeschichte der Krankheit nach Angabe des Patienten, die Bestimmung der Krankheit durch den Arzt u. die Maßnahmen zur Heilung der Krankheit stehen.*

Kran|ken|fahr|stuhl, der (Amtsspr.): *Rollstuhl.*

Kran|ken|geld, das: *Geld, das eine Krankenversicherung dem Versicherten zahlt, wenn er durch Krankheit einen Verdienstausfall hat.*

Kran|ken|ge|schich|te, die: **1. a)** *schriftlicher Bericht des behandelnden Arztes, der die Vorgeschichte der Krankheit, den Befund bei Beginn der Behandlung, fortlaufende Beobachtungen, Untersuchungen, Behandlungen u. erzielte Ergebnisse enthält;* **b)** *Akte, die die Krankengeschichte (1 a) enthält:* in der K. eines Patienten blättern. **2.** *Krankenblatt.*

Krạn|ken|gym|nast, der: *männliche Fachkraft für Krankengymnastik* (Berufsbez.).

Krạn|ken|gym|nas|tik, die: *nach einem bestimmten Plan durchgeführte Gymnastik zur Besserung von Haltungs- u. Körperschäden od. zur Kräftigung nach Operationen o. Ä.*

Krạn|ken|gym|nas|tin, die: w. Form zu ↑Krankengymnast.

Krạn|ken|haus, das: *Gebäude, in dem sich Kranke [über längere Zeit] zur Untersuchung u. Behandlung aufhalten:* jmdn. aus dem K. entlassen; im K. liegen; jmdn. ins K. einliefern.

Krạn|ken|haus|auf|ent|halt, der: *Aufenthalt als Patient in einem Krankenhaus.*

Krạn|ken|haus|bett, das: *Bett, bes. als Platz zur Behandlung eines Patienten in einem Krankenhaus.*

Krạn|ken|haus|ein|wei|sung, die: *Einweisung eines Patienten in ein Krankenhaus.*

Krạn|ken|haus|kos|ten ⟨Pl.⟩: *Kosten des Krankenhausaufenthalts.*

krạn|ken|haus|reif ⟨Adj.⟩: *in einem Zustand, der eine Einlieferung ins Krankenhaus nötig erscheinen lässt:* k. aussehen; jmdn. k. schlagen.

Krạn|ken|heim, das (schweiz.): *Krankenhaus.*

Krạn|ken|kas|sa, die (österr.): *Krankenkasse.*

Krạn|ken|kas|se, die: *Institution, die jmdn. gegen die Kosten, die durch eine Krankheit entstehen, versichert.*

Krạn|ken|kost, die: *leicht verdauliche, speziell für Kranke geeignete Kost.*

Krạn|ken|la|ger, das (geh.): **1.** *Krankenbett* (1). **2.** *Zeit des Krankseins, die im Bett verbracht werden muss.*

Krạn|ken|pfle|ge, die: *Gesamtheit aller Maßnahmen, die zur Pflege u. Betreuung Kranker nötig sind.*

Krạn|ken|pfle|ger, der: *männliche Fachkraft für Krankenpflege* (Berufsbez.).

Krạn|ken|pfle|ge|rin, die (selten): *Krankenschwester.*

Krạn|ken|saal, der: *großer Raum in einem Krankenhaus mit vielen Betten.*

Krạn|ken|sal|bung, die (kath. u. orthodoxe Kirche): *als Sakrament geltende liturgische Salbung eines Schwerkranken durch einen od. mehrere Priester.*

Krạn|ken|schein, der: **1.** *Schein, der die Mitgliedschaft eines Patienten in einer Krankenkasse bestätigt u. bei dessen Vorlage der Arzt die Behandlungskosten mit der Krankenkasse abrechnet.* **2.** (landsch. ugs.) *Krankmeldung:* *** einen K. machen/haben** *(krankfeiern).*

Krạn|ken|schwes|ter, die: *weibliche Fachkraft für Krankenpflege* (Berufsbez.).

Krạn|ken|stand, der: *[augenblickliche] Anzahl von Kranken in einem Betrieb o. Ä.:* ein hoher K.; *** im K. sein** (österr.; *wegen Krankheit nicht zur Arbeit kommen*).

Krạn|ken|trans|port, der: *Beförderung gehunfähiger Kranker auf Tragen u. mit einem Krankenwagen.*

Krạn|ken|ver|si|cher|ten|kar|te, die: *kleine Karte zum* [1]*Einlesen* (2) *in den Computer, durch die die Mitgliedschaft des Inhabers der Karte in einer Krankenkasse bestätigt wird.*

Krạn|ken|ver|si|che|rung, die: **a)** *Versicherung gegen Kosten, die durch Krankheit auftreten;* **b)** *Unternehmen, das Krankenversicherungen* (a) *abschließt.*

krạn|ken|ver|si|che|rungs|pflich|tig ⟨Adj.⟩: *der Pflicht unterliegend, einer gesetzlichen Krankenversicherung beizutreten.*

Krạn|ken|wa|gen, der: *speziell für den Krankentransport ausgestattetes Auto; Ambulanz* (b).

Krạn|ken|zim|mer, das: **1.** *(in einem Heim o. Ä.) für Kranke bestimmtes Zimmer.* **2.** *Zimmer, in dem ein Kranker liegt.*

krạn|ker: ↑krank.

krạnk|fei|ern ⟨sw. V.; hat⟩: **a)** (ugs. scherzh.) *für einige Zeit der Arbeit fernbleiben, ohne wirklich so krank zu sein, dass es ein Zuhausebleiben rechtfertigt;* **b)** (landsch.) *arbeitsunfähig sein.*

krạnk|haft ⟨Adj.⟩: **1.** *von einer Krankheit herrührend; pathologisch:* -e Veränderungen, Prozesse. **2.** *wie eine Krankheit sich äußernd; nicht mehr normal* (1 b): -e Eifersucht zeigen; sein Ehrgeiz ist geradezu k.; er ist k. eitel.

Krạnk|heit, die; -, -en [mhd. krancheit, krankeit = Schwäche; Dürftigkeit, Not; Leiden]: **a)** *körperliche, geistige od. seelische Störung, die an bestimmten Symptomen erkennbar ist:* eine akute, chronische K.; psychische -en; die K. klingt ab; einer K. vorbeugen; an einer K. leiden, sterben; von einer schweren K. genesen; englische K. (veraltend; *Rachitis*); [hin]fallende K. (veraltend; *Epilepsie*); R die beste K. taugt nichts; Ü eine K. *(ein Übel, ein Missstand)* unserer Zeit; das ist doch kein Auto, das ist eine K. (ugs. scherzh.; *das Auto ist voller Mängel, macht ständig Schwierigkeiten*); **b)** ⟨o. Pl.⟩ *Zeit des Krankseins:* während meiner K. hat sie mich oft besucht.

Krạnk|heits|bild, das: *Gesamtheit aller für eine Krankheit charakteristischen Erscheinungen; Syndrom.*

krạnk|heits|er|re|gend ⟨Adj.⟩: *Krankheiten verursachend.*

Krạnk|heits|er|re|ger, der: *etw., was Krankheiten verursacht* (z. B. Bakterien, Viren).

Krạnk|heits|fall, der: *das Auftreten, Eintreten einer Krankheit bei jmdm.:* Lohnfortzahlung im K.

Krạnk|heits|herd, der: *Ausgangsstelle einer Krankheit; Fokus* (2).

Krạnk|heits|symp|tom, das: *Symptom, an dem eine Krankheit zu erkennen ist.*

Krạnk|heits|ver|lauf, der: *Verlauf einer Krankheit.*

krạnk|la|chen, sich ⟨sw. V.; hat⟩ (ugs.): *sehr lachen:* wir haben uns [über ihn] krankgelacht.

krạ̈nk|lich ⟨Adj.⟩: *nicht richtig gesund; stets ein wenig leidend u. anfällig für Krankheiten.*

krạnk|ma|chen ⟨sw. V.; hat⟩: *krankfeiern* (a).

krạnk|mel|den ⟨sw. V.; hat⟩: *eine Krankmeldung machen:* jmdn., sich k.

Krạnk|mel|dung, die: *Mitteilung an den Arbeitgeber, die Schule o. Ä., dass jmd. od. man selbst krank ist.*

krạnk|schrei|ben ⟨st. V.; hat⟩: *(als Arzt) schriftlich bestätigen, dass jmd. aufgrund einer Krankheit vorübergehend arbeitsunfähig ist.*

krä̈nks|te: ↑krank.

Krạ̈n|kung, die; -, -en: *Verletzung der Gefühle od. des Selbstgefühls eines anderen:* eine schwere K.; jmdm. eine K. zufügen; etw. als K. empfinden.

Krạnz, der; -es, Kränze [mhd., spätahd. kranz, wahrsch. rückgeb. aus ahd. krenzen = umwinden, verw. mit ↑Kringel]: **1.** *in der Form eines Rings geflochtene od. gebundene Blumen, Zweige o. Ä.:* ein K. aus Blumen [für ein Grab]; einen K. binden, flechten; die Braut trug K. *(Brautkranz)* und Schleier; dem Sieger den K. *(Siegerkranz)* umhängen. **2. a)** (schweiz.) *[Ehren]preis; erster, zweiter od. dritter Platz:* in die Kränze kommen *(erfolgreich sein; ausgezeichnet werden);* **b)** (landsch.) kurz für ↑Kranzkuchen; **c)** kurz für ↑Haarkranz: sie hatte die Zöpfe zum K. aufgesteckt. **3. a)** *einem Ring ähnliche Form, in der etw. erscheint:* ein K. von Feigen; **b)** *Anzahl von Personen od. Sachen, die um eine Art Mittelpunkt gruppiert sind:* die Stadt ist von einem K. Seen umgeben. **4.** (Jägerspr.) *Fährte des Rotwildes auf trockenem Boden, auf dem nur ein dünner Abdruck der äußeren Kante des Hufs sichtbar ist.* **5.** (Kegeln) *Wurf, bei dem alle acht um den König* (2 c) *stehenden Kegel fallen:* einen K. werfen.

Krä̈nz|chen, das; -s, -: **1.** Vkl. zu ↑Kranz (1, 4). **2. a)** *kleinere Gruppe weiblicher Personen, die sich regelmäßig zum Unterhalten, Kaffeetrinken, Handarbeiten o. Ä. treffen:* unser K. trifft sich wöchentlich; **b)** *Zusammenkunft des Kränzchens* (2 a): zum K. gehen.

krä̈n|zen ⟨sw. V.; hat⟩ [mhd. krenzen]: **1.** (selten) *bekränzen.* **2.** (Jägerspr.) *(vom Rotwild) einen Kranz* (4) *hinterlassen.*

Krạnz|geld, das [nach dem Kranz, der früher bes. der Jungfrau als Schmuck zukam] (Rechtsspr.): *Geldsumme, die eine unbescholtene Frau, die mit ihrem Verlobten Geschlechtsverkehr hatte, bei der Auflösung der Verlobung verlangen kann.*

Krạnz|jung|fer, die (landsch.): *Brautjungfer.*

Krạnz|ku|chen, der: *Kuchen, der die Form eines Kranzes* (1) *hat.*

Krạnz|nie|der|le|gung, die: *Gedenkfeier, bei der an einem Grab od. Ehrenmal ein Kranz* (1) *niedergelegt wird.*

Krạnz|schlei|fe, die: *langes breites Band an einem Kranz* (1) *für einen letzten Gruß o. Ä. an einen Verstorbenen.*

Krä̈pf|chen, das; -s, -: Vkl. zu ↑Krapfen (2).

Krạp|fen, der; -s, - [mhd. krapfe = hakenförmiges Gebäck, eigtl. = Haken, Klammer, ahd. krāpho = Haken, Kralle, Klaue, verw. mit ↑Krampe, ↑Krampf]: **1.** (Kochkunst) *kleines Stück Fleisch, Gemüse o. Ä. in Teig getaucht u. in Fett schwimmend gebacken.* **2.** (landsch.) *kleines, rundes, meist mit Marmelade gefülltes, in schwimmendem Fett gebackenes Gebäckstück aus Hefeteig.*

Krạpp, der; -[e]s [niederl. krap < mniederl. crappe, eigtl. = Haken, vgl. Krapfen; nach den hakenförmigen Stacheln]: *Färberröte.*

krạss ⟨Adj.⟩ [zu lat. crassus = dick, grob; wohl unter Einfluss von ↑grass]: **1.** *in seiner Art besonders extrem:* ein -er Fall von Korruption; er ist ein -er Egoist; in -em Gegensatz zu etw. stehen; er drückt sich immer recht k. aus. **2.** (bes. Jugendspr.) *in begeisternder Weise gut, schön:* der Urlaub war voll k.

Krạss|heit, die; -, -en ⟨Pl. selten⟩: *das Krasssein.*

-krat, der; -en, -en [zu griech. krateĩn = herrschen]: kennzeichnet in Bildungen mit Substantiven einen Anhänger, einen Vertreter der entsprechenden Herrschaftsform oder Verhaltensweise: Aristokrat; Bürokrat; (scherzh.:) Grammatokrat, Pornokrat.

[1]Kra|ter, der; -s, -e [lat. crater < griech. kratḗr, zu: keránnȳnai = (ver)mischen]: *(im alten Griechenland) Krug, in dem Wein mit Wasser gemischt wird.*

[2]Kra|ter, der; -s, - [lat. crater < griech. kratḗr, eigtl. = [1]Krater, nach der Form der Erdöffnung]: *bes. durch einen Vulkanausbruch hervorgerufene trichter- od. kesselförmige Öffnung, Vertiefung im Boden:* der K. des Ätna; tiefe K., die Bomben in den Boden gerissen haben.

Kra|ter|land|schaft, die: *viele* [2]*Krater, keine od. kaum Vegetation aufweisendes u. daher trostlos, öde aussehendes Gebiet:* die K. des Mondes.

Kra|ter|see, der: *See im* [2]*Krater eines [erloschenen] Vulkans.*

-kra|tie, die; -, -ien [zu griech. -krateía (in Zus.) = Herrschaft]: kennzeichnet eine bestimmte Herrschaftsform oder Verhaltensweise: Aristokratie, Bürokratie; (scherzh.:) Bonzokratie, Fernsehkratie.

Krạtt|ler, der; -s, - [eigtl. = mit einem Handkarren umherziehender Händler (aus Tirol), zu bayr. Kratte = kleiner Handkarren] (südd.): *Mensch, der nicht viel taugt; Tagedieb.*

Krạtz|bürs|te, die (ugs. scherzh.): *[junge] widerborstige, bes. weibliche Person.*

krạtz|bürs|tig ⟨Adj.⟩ (ugs.): *widerborstig.*

Krạt|ze, die; -, -n [mhd. kratze, zu ↑kratzen]: *(bes. im Bergbau) Werkzeug zum Kratzen od. Scharren.*

Krä̈t|ze, die; - [mhd. kretze, zu ↑kratzen]: **1.** *durch die Krätzmilbe hervorgerufene Hautkrankheit, die durch rötlich braunen Ausschlag u. heftigen Juckreiz gekennzeichnet ist:* die K. haben; *** sich die K. an den Hals ärgern** (ugs.; *sich sehr ärgern*). **2.** (Technik) *Gekrätz.*

krạt|zen ⟨sw. V.; hat⟩ [mhd. kratzen, ahd. chrazzōn, H. u.]: **1. a)** *mit etw. Spitzem, Scharfem, Rauem, bes. mit Nägeln od. Krallen, ritzen od. schaben:* jmdn. im Gesicht k.; die Katze hat ihn gekratzt; Ü sich den Bart k. (ugs. scherzh.; *sich rasieren*); **b)** *die Nägel od. Krallen gebrauchen:* Vorsicht, die Katze kratzt; das Mädchen wehrte

K

sich, kratzte und biss; * **zu k. haben** (ugs.; *sich einschränken u. sich abplagen müssen, um etw., bes. die Mittel für den Lebensunterhalt, zu beschaffen*): sie hatte ihr ganzes Leben lang hart zu k.; **c)** *mit der Spitze, mit der scharfen, rauen Seite [von etw.] auf etw. reiben, scheuern u. ein entsprechendes Geräusch von sich geben:* ein altes Gerät, bei dem die Nadel auf der Schallplatte kratzte; **d)** *mit etw. Spitzem, Scharfem, Rauem, bes. mit Nägeln od. Krallen, an od. auf etw. reiben, scheuern [u. ein entsprechendes Geräusch verursachen]:* der Hund kratzte an der Tür und wollte herein; mit dem Messer [im Topf] k.; etw. blank k. *(so kratzen, dass es blank wird);* er kratzt (scherzh.; *spielt dilettantisch [mit entsprechend falscher, rauer o. ä. Tongebung]*) auf seiner Geige; **e)** (Spinnerei) *mit der Kratze in einzelne Fasern auflösen:* Wolle k. **2.** *wegen eines Juckreizes [leicht] kratzen* (1 a), *an einer Körperstelle reiben, scheuern:* kratz mich bitte mal [auf dem Rücken]!; sich hinter dem Ohr, sich den Kopf k. (als Ausdruck von Verlegenheit, Ratlosigkeit); sich blutig, wund k. *(sich an einer Körperstelle kratzen, bis sie blutig, wund ist);* Ü das Lob hat ihn mächtig gekratzt (landsch.; *hat ihm wohl getan*). **3. a)** *aufgrund seiner rauen o. ä. Beschaffenheit bei jmdm. eine Art Juckreiz verursachen:* der neue Pullover kratzt fürchterlich [auf der Haut]; Ü das kratzt (ugs.; *stört, beunruhigt*) ihn wenig, nicht; **b)** *aufgrund seiner Beschaffenheit, seiner [schlechteren] Qualität eine Empfindung von Wundsein, Brennen im Rachen hervorrufen:* der Wein kratzt [im Hals]; der Tabak, Rauch kratzt in der Kehle; ⟨unpers.:⟩ ich glaube, ich bin erkältet, es kratzt [mir/mich] im Hals. **4.** *durch Scharren, Ritzen, Kratzen* (1 a) *in, auf etw. erzeugen:* seinen Namen, ein Zeichen in die Wand k. *(einritzen).* **5. a)** *schabend, scheuernd entfernen:* das Eis von der Scheibe k.; die Reste aus der Schüssel k.; **b)** *schabend, sparsam streichend an, auf eine bestimmte Stelle bringen:* die Butter aufs Brot k. **6.** (landsch.) *durch Wegnehmen, Ansichnehmen beschaffen; stehlen.* **7.** (ugs.) *etw. antasten* (3): an jmds. Image k.

Krat|zer, der; -s, - [zu ↑kratzen]: **1.** *Kratzspur:* ein K. auf dem Kotflügel; ein paar K. im Gesicht haben. **2.** *Gerät zum Kratzen* (1 c), *Schaben.* **3.** *(bei Wirbeltieren vorkommender) Eingeweidewurm (Schlauchwurm), der sich in der Darmwand festhakt.*

kratz|fest ⟨Adj.⟩: *die Eigenschaft besitzend, keine Kratzer* (1) *zu bekommen:* -er Lack; die -e Beschichtung einer Pfanne.

Kratz|fuß, der (früher): *Verbeugung (einer männlichen Person), bei der ein Fuß [leicht scharrend] in weitem Bogen hinter den anderen gezogen wird:* * **[s]einen K. machen** (scherzh.; *jmdn. formvollendet begrüßen*).

krat|zig ⟨Adj.⟩: *nicht weich, sondern rau [u. daher auf der Haut eine unangenehm kratzende Empfindung hervorrufend]:* -e Wolle; ein -er Pullover; der Wein ist k. *(sauer, kratzt im Hals);* Ü eine -e Stimme; k. lachen.

krät|zig ⟨Adj.⟩ [15. Jh., zu ↑Krätze]: *von Krätze befallen; auf der Haut die Symptome der Krätze zeigend:* -e Haut; -e Veränderungen der Haut.

Krätz|mil|be, die: *kleine, kugelige Milbe, die Menschen, Säugetiere, Vögel befällt u. Krätze verursacht.*

Kratz|putz, der (Bauw.): *Verputz, dessen Oberfläche durch Kratzen* (4) *mit verschiedenen Instrumenten aufgeraut wird.*

Kratz|spur, die: *deutlich sichtbares Zeichen, das durch Kratzen* (1 a) *[auf etw.] entstanden ist.*

Kratz|wun|de, die: *durch Kratzen* (1 a) *entstandene Wunde.*

krau|chen ⟨sw. V.; ist; meist im Präs.⟩ [md. Nebenf. von ↑kriechen]: **1.** (landsch.) *kriechen* (1–4). **2.** (ugs.) *sich nur mit gewisser Mühe fortbewegen.*

krau|en ⟨sw. V.; hat⟩ [mhd. krouwen, ahd. krouwōn]: *[2]kraulen:* jmdm. das Haar, jmdn. hinter den Ohren k.; der Hund ließ sich gerne k.

Kraul, das; -s ⟨meist o. Art. u. ungebeugt⟩ [engl. crawl, ↑[1]kraulen] (Sport): *Kraulschwimmen, Kraulstil.*

[1]krau|len ⟨sw. V.⟩ [engl. to crawl, eigtl. = kriechen, krabbeln]: **a)** *mit schnellem, lockerem Beinschlag* (2) *schwimmen, wobei die Arme, rechts u. links abwechselnd, übers Wasser geführt u. unter Wasser zurückgezogen werden* ⟨hat⟩: er hat [eine halbe Stunde] gekrault; **b)** *sich kraulend irgendwohin bewegen* ⟨ist⟩: über den See, ans Ufer k.; **c)** *kraulend zurücklegen* ⟨hat/ist⟩: er hat/ist die Strecke in Rekordzeit gekrault.

[2]krau|len ⟨sw. V.; hat⟩ [zu ↑krauen]: *mit den sich leicht [zärtlich] hin u. her bewegenden Fingerkuppen der gekrümmten Finger liebkosen:* jmdm. den Rücken k.; den Hund zwischen den Ohren k.

Krau|ler, der; -s, - (Sport): *jmd., der im Kraulstil schwimmt.*

Krau|le|rin, die; -, -nen: w. Form zu ↑Krauler.

Kraul|schwim|men, das; -s: *das [1]Kraulen.*

Kraul|stil, der: *Schwimmstil des [1]Kraulens.*

kraus ⟨Adj.⟩ [mhd. krūs, wohl eigtl. = gedreht, gekrümmt]: **1. a)** *(von kürzerem Haar) sehr stark, in widerspenstig-spröder Weise gelockt, geringelt:* -es Haar; **b)** *voller unregelmäßiger enger Linien, Falten, welliger, wellenartiger Formen:* -e Blätter; -e Stellen glatt bügeln; der Rock ist k.; die Nase k. ziehen *(rümpfen);* [unmutig] die Stirn k. *(in Falten)* ziehen; **c)** (Handarb., bes. nordd.) *link...* (1 b), *links* (I 1 d): -e Maschen; k. stricken. **2.** (abwertend) *[absonderlich u.] wirr, verworren, ungeordnet:* -e Gedanken, Reden; seine Ausführungen klangen ziemlich k.

Krau|se, die; -, -n [zu ↑kraus]: **1.** *gefältelter Kragen, Saum, Besatz; gefältelte Manschette:* die Ärmel der Bluse endeten in einer K.; Ü eine K. *(einen Bart)* ums Kinn haben. **2.** *[künstliche] krause* (1) *od. stark wellige Beschaffenheit des Haares:* eine starke, schwache K.; in dem Haar ist keine K. mehr.

Kräu|sel, die; -, -n od. der; -s, - [zu ↑kräuseln]: *Gekräuseltes, Kräuselung* (2); *Kräuselfalte:* der Rock fällt in lockeren -n.

kräu|seln ⟨sw. V.; hat⟩ [zu ↑krausen]: **1.** *durch entsprechende Einwirkung od. Behandlung, Bearbeitung ein wenig kraus* (1) *machen:* jmds. Haar k.; der Wind kräuselte die Wasseroberfläche; Stoff k. *(locker fälteln);* die Nase k. *(ein wenig kraus ziehen);* spöttisch gekräuselte Lippen. **2.** ⟨k. + sich⟩ *eine leicht krause* (1) *Form annehmen, zeigen:* sein Haar kräuselt sich leicht; die See kräuselt sich im Wind; der Rauch kräuselt sich über den Dächern *(schwebt gekräuselt, steigt gekräuselt hoch);* * **sich [vor Lachen] k.** (↑kringeln b).

Kräu|se|lung, die; -, -en: **1.** *das Kräuseln.* **2.** *das Gekräuseltsein, etw. Gekräuseltes.*

krau|sen ⟨sw. V.; hat⟩ [spätmhd. krūsen, zu ↑kraus]: **1.** *durch entsprechende Entwicklung od. Behandlung, Bearbeitung kraus* (1) *machen:* das Haar k.; den Stoff k. *(in lockere Falten legen, ankrausen);* die Stirn, die Nase k. *(kraus ziehen).* **2.** ⟨k. + sich⟩ *sich furchen, sich in Falten legen:* seine Stirn krauste *(runzelte)* sich. **3.** *(von Textilien o. Ä.) [leicht] kraus* (1 b) *werden.*

Kraus|haar, das: *krauses* (1 a) *Haar.*

Kraus|kopf, der: **1. a)** *Kopf mit Kraushaar;* **b)** *Person mit Kraushaar.* **2.** (abwertend) *jmd., der zu krausen* (2) *Gedanken neigt; Wirrkopf.* **3.** (Technik) *Senker* (1) *mit kegelförmigem, gefurchtem Kopf; Spitzsenker.*

[1]Kraut, das; -[e]s, Kräuter [mhd., ahd. krūt, H. u.; 5: zu Kraut in der Bed. »Würzkraut«, also eigtl. wohl = mit Gewürzen zubereitete Speise; 6: zu veraltet Kraut = Schießpulver; schon mhd., viell. nach der Verwendung von Heilkräutern als Zaubermittel, wobei dem Schießpulver dann ebenfalls eine geheimnisvolle Kraft beigemessen wurde]: **1.** *Pflanze, deren oberirdische Teile nicht verholzen.* **2.** *Heilpflanze, Würzpflanze o. Ä.:* Kräuter sammeln, trocknen; er raucht nicht jedes K. (ugs., oft abwertend; *Tabak*); * **gegen jmdn., etw. ist kein K. gewachsen** (ugs.; *gegen jmdn., etw. gibt es kein Mittel, ist nicht anzukommen*). **3.** ⟨o. Pl.⟩ *alles Grüne, Stängel u. Blätter (bes. bei bestimmten Nutzpflanzen im Unterschied zu dem für die menschliche Ernährung verwertbaren Teil):* das K. der Rüben, Kartoffeln; die Pflanze wächst, schießt [zu sehr] ins K. *(treibt zu viele große Blätter u. lässt deshalb keine gute Blüte bzw. reiche Frucht erwarten);* * **ins K. schießen** (*in unliebsamer Weise rasch zunehmen, sich verbreiten; überhand nehmen;* urspr. bezogen auf eine Pflanze, die zu viele Blätter u. zu wenig Blüten u. Früchte treibt, deren Wachstumskraft also zu sehr auf die krautigen Bestandteile gerichtet ist): der Aberglaube schießt ins K.; **wie K. und Rüben** (ugs.; *unordentlich;* viell. nach dem Bild eines Rübenackers, auf dem nach der Ernte die abgeschnittenen Blätter der Pflanze u. die Rüben durcheinander liegen): es lag alles wie K. und Rüben herum, durcheinander. **4.** ⟨o. Pl.⟩ (bes. südd., österr.) *[Weiß]kohl:* R das macht das K. [auch] nicht fett (ugs.; ↑Kohl 1 b). **5.** ⟨o. Pl.⟩ (bes. nordwestd.) *aus gekochten od. gedämpften Zuckerrüben, Äpfeln u. Birnen od. anderem Obst durch Auspressen u. Eindicken gewonnener zähflüssiger Sirup.* **6.** * **K. und Lot** (Jägerspr.; *Pulver u. Blei*).

[2]Kraut, der; -s, -s [engl. (bes. Soldatenspr. im 2. Weltkrieg) kraut, gek. aus: Sauerkraut; Sauerkraut gilt im Ausland als eine typisch deutsche Beilage]: engl.-amerik. ugs. abwertende Bez. für *Deutscher.*

Kräut|chen, das; -s, -: Vkl. zu ↑[1]Kraut (1, 5).

Kräut|chen Rühr|mich|nicht|an, das; -s -, - - [↑Rührmichnichtan] (veraltend): *leicht verletzlicher, überempfindlicher Mensch:* sie ist ein K. R.

Krau|ter, der; -s, - [zu ↑[1]Kraut (4)]: **1.** (scherzh.) *[alter] Sonderling:* ein alter K. **2.** (salopp abwertend) *unbedeutender [in seinen Leistungen mäßiger] Geschäftsmann, Handwerksmeister o. Ä.* **3.** (veraltet, noch salopp abwertend) *jmd., der Gemüseanbau betreibt.*

Kräu|ter: Pl. von ↑[1]Kraut (1, 2).

Kräu|ter|but|ter, die: *mit Kräutern gewürzte Butter.*

Kräu|ter|es|sig, der: *mit den Würzstoffen von Kräutern aromatisierter Essig.*

Kräu|ter|heil|kun|de, die: *Heilkunde, bei der vorrangig Heilkräuter verwendet werden.*

Kräu|ter|he|xe, die (salopp scherzh.): *alte Frau, die [Heil]kräuter sammelt u. sich auf deren Anwendung versteht.*

Kräu|te|rin, die; -, -nen: w. Form zu ↑Krauter.

Kräu|ter|kä|se, der: vgl. Kräuterbutter.

Kräu|ter|li|kör, der: *Likör, dem die Würzstoffe von Kräutern zugesetzt sind.*

Kräu|ter|tee, der: *Tee aus Heilkräutern.*

Kräu|ter|weib, Kräu|ter|weib|lein, das (veraltet): *(bes. in Märchen) alte Frau, die Heilkräuter sammelt u. sich auf ihre Anwendung versteht.*

krau|tig ⟨Adj.⟩: *wie [1]Kraut (1) aussehend, beschaffen:* -e Gewächse.

Kraut|jun|ker, der (spött. veraltet): *Landedelmann, der keine Weltgewandtheit u. -erfahrung besitzt.*

Kraut|kopf, der (südd., österr.): *Kohlkopf.*

Kräut|lein, das; -s, -: Vkl. zu Kraut (1).

Kräut|lein Rühr|mich|nicht|an, das; -s -, - -: *Kräutchen Rührmichnichtan.*

Kraut|rock, der ⟨o. Pl.⟩ [aus ↑[2]Kraut u. ↑[2]Rock] (Jargon): *deutsche Rockmusik, deutscher Rock.*

Kraut|rou|la|de, die (südd., österr.): *Kohlroulade.*

Kraut|sa|lat, der: *Salat aus Kohl, bes. aus Weiß- od. Rotkohl.*

Kraut|stie|le ⟨Pl.⟩ (schweiz.): *Stiele des Mangolds [als Gemüse].*

Kraut|wi|ckel, der (südd., österr.): *Kohlroulade.*

Kra|wall, der; -s, -e [H. u., wahrsch. zu älter crawallen = das Lärmen < mlat. charavallium = Katzenmusik; Straßenlärm]: **1.** *Tumult mit Tätlichkeiten; Aufruhr:* politische -e; nach der Kundgebung kam es zu blutigen -en. **2.** ⟨o. Pl.⟩ (ugs.) *äußerst lebhaftes od. erregtes Lärmen u. Treiben (bes. einer größeren Anzahl von Men-*

schen): K. machen; * **K. schlagen** *(sich [laut u.] energisch beschweren).*

Kra|wall|bru|der, der (ugs. abwertend): *Krawallmacher.*

Kra|wall|ma|cher, der (ugs. abwertend): *jmd., der Krawall macht, sich an Krawallen beteiligt.*

Kra|wall|ma|che|rin, die (ugs. abwertend): w. Form zu ↑Krawallmacher.

Kra|wat|te, die; -, -n [frz. cravate, zu dt. (mundartl.) Krawat = Kroate; also eigtl. = die Kroatische (Halsbinde); urspr. Bez. für die Halsbinde, wie sie die kroatischen Reiter im 30-jährigen Krieg trugen]: **1. a)** *aus Stoff hergestelltes, etwa streifenförmiges, schmückendes Teil bes. der Herrenkleidung, das unter dem Hemdkragen um den Hals gelegt u. vorne in der Weise zu einem Knoten gebunden wird, dass das breitere Ende länger herunterhängt:* eine seidene, gestreifte K.; [sich] die K. [um]binden; die K. knüpfen, zuziehen, festziehen, zurechtrücken, lockern, ablegen; eine K. tragen, umhaben; * **eiserne K.** (ugs. scherzh.; *vorgeformte Krawatte, die vorgesteckt wird*); **jmdm. die K. zuziehen** (salopp; *jmdn. [er]würgen, erhängen*); **jmdn. an/bei der K. nehmen/packen** (ugs.; *jmdn. würgen*); **[sich ⟨Dativ⟩] einen hinter die K. gießen** (ugs. scherzh.; ↑Binde 4); **b)** kurz für ↑Pelzkrawatte. **2.** (bes. Catchen) *Würgegriff, bei dem sich Arme od. Beine um den Hals des Gegners schließen.* **3.** (Med.) kurz für ↑Gipskrawatte.

Kra|wat|ten|hal|ter, der: *Klemme, mit der der untere Teil der Krawatte am Hemd befestigt werden kann.*

Kra|wat|ten|kno|ten, der: *Knoten, der in bestimmter Weise in eine Krawatte geschlungen ist, wenn sie getragen wird.*

Kra|wat|ten|na|del, die: *für die Krawatte gedachte Schmucknadel, die meist im Knoten getragen wird.*

Kra|wat|ten|zwang, der ⟨o. Pl.⟩: *Zwang, Vorschrift, eine Krawatte zu tragen:* in diesem Lokal herrscht K.

Kra|xe, die; -, -n [1: mhd. kräxe, krechse, H. u.] (österr. ugs.): **1.** (auch bayr.) *Rückentragkorb.* **2.** (derb) *hässliche Frau.* **3.** *unleserlicher Schriftzug.*

Kra|xe|lei, die; -, -en (ugs., bes. südd., österr., oft abwertend): *[dauerndes] Kraxeln.*

kra|xeln ⟨sw. V.; ist⟩ [österr. krageln, bayr. krächseln = auf dem Rücken tragen, wohl eigtl. = mit der Kraxe (1) einen Berg hinaufsteigen] (ugs., bes. südd., österr.): *[mühsam] steigen, klettern:* auf einen Baum, Berg k.

Kre|as, Creas, das; - [gek. aus Kreasleinen, älter: Crea < span. crea < afrz. crée < bret. krez = Hemd]: *ungebleichte, sehr dichte Leinwand.*

Kre|a|tin, das; -s [zu griech. kréas (Gen.: kréatos) = Fleisch] (Biol., Med.): *chemische Verbindung, die als Stoffwechselprodukt des Eiweißes in der Muskulatur u. im Blut der Wirbeltiere u. des Menschen vorkommt.*

Kre|a|ti|on, die; -, -en [1: frz. création < lat. creatio, zu: creare, ↑kreieren; 2: lat. creatio]: **1.** (Mode) *Modeschöpfung, Modell* (4): die neuesten -en aus Paris wurden vorgeführt. **2. a)** (bildungsspr.) *[künstlerische] Schöpfung;* **b)** ⟨o. Pl.⟩ *das Kreieren, Erschaffen:* er träumte von der K. eines neuen Stils.

kre|a|tiv ⟨Adj.⟩ [engl. creative] (bildungsspr.): *schöpferisch; Ideen habend u. diese gestalterisch verwirklichend:* ein -er Mensch, -e Fantasie, Begabung; -es Spiel; sie ist sehr k.; k. veranlagt sein.

Kre|a|tiv|fe|ri|en ⟨o. Pl.⟩ (Touristik): *Kreativurlaub.*

Kre|a|ti|vi|tät, die; -: **1.** (bildungsspr.) *schöpferische Kraft, kreatives Vermögen:* ein Künstler von großer K. **2.** (Sprachw.) *mit der sprachlichen Kompetenz verbundene Fähigkeit, neue, nie gehörte Sätze zu bilden u. zu verstehen.*

Kre|a|ti|vi|täts|trai|ning, das: *gedankliches Training, das die Kreativität* (1) *fördern soll.*

Kre|a|tiv|ur|laub, der (Touristik): *Form des (von Touristikunternehmen angebotenen) Urlaubs, die das Angebot des Erlernens od. Ausübens einer künstlerischen Tätigkeit einschließt.*

Kre|a|tur, die; -, -en [1: kirchenlat. creatura, zu lat. creare, ↑kreieren]: **1.** (bildungsspr.) *Geschöpf* (1), *(von Gott) geschaffenes Wesen:* wir sind alle Gottes -en; alle K. (geh.; *alle Lebewesen*); Mitleid haben mit der hungernden, frierenden K. *(mit den hungernden, frierenden Geschöpfen).* **2. a)** *bedauernswerter od. verachtenswerter Mensch:* eine arme, elende, gemeine, widerliche K.; **b)** (abwertend) *willenloses, gehorsames Werkzeug eines andern:* er ist doch nur eine [willenlose] K. seines Chefs.

kre|a|tür|lich ⟨Adj.⟩ (bildungsspr.): *der Kreatur* (1) *eigen:* -e Liebe.

Kre|a|tür|lich|keit, die; -: *das Kreatürlichsein.*

Krebs, der; -es, -e [mhd. krebiȥ, ahd. crebiȥ, eigtl. = krabbelndes Tier, verw. mit ↑krabbeln; 2: LÜ von lat. cancer = Krebs(tier); Sternbild des Krebses; 3: nach gleichbed. lat. cancer u. griech. karkínos (↑Karzinom), zuerst bezogen auf den Brustkrebs, da hier die gestauten Brustvenen sich krebsfußartig ausbreiten]: **1. a)** ⟨meist Pl.⟩ *(in vielen Arten vorkommender) im Wasser lebender u. durch Kiemen atmender Gliederfüßer mit einem von einem Panzer aus Chitin umhüllten Leib, zwei Paar Fühlern u. mindestens vier Beinpaaren [deren vorderstes zu großen Scheren* (2) *umgebildet ist]:* höhere, niedere -e; **b)** kurz für ↑Flusskrebs: -e fangen, kochen, essen; nach dem Sonnenbad war er rot wie ein K. **2.** (Astrol.) **a)** ⟨o. Pl.⟩ *Tierkreiszeichen für die Zeit vom 22. 6. bis 22. 7.;* **b)** *jmd., der im Zeichen Krebs* (2 a) *geboren ist:* er ist [ein] K. **3.** ⟨o. Pl.⟩ Sternbild am nördlichen Sternenhimmel. **4. a)** *Krankheit, die in einer bösartigen, wuchernden Bildung von Geschwülsten besteht; Karzinom:* K. der Luftwege; der K. wurde bei ihm zu spät erkannt; K. haben; mit K. erregenden, erzeugenden *(karzinogenen)* Chemikalien in Berührung kommen; Vorsicht beim Umgang mit K. fördernden Stoffen; die Entdeckung K. hemmender Substanzen; an K. leiden, sterben; Ü die Rüstung verschlingt Geld, ist ein schrecklich wuchernder K.; **b)** kurz für ↑Pflanzenkrebs. **5.** (Musik) *Melodie, die Ton für Ton die rückläufige Form einer anderen Melodie ist.* **6.** ⟨Pl.⟩ (Buchw. Jargon) *Remittenden.*

Krebs|angst, die ⟨o. Pl.⟩: *[krankhafte] Angst vor einer Krebserkrankung.*

krebs|ar|tig ⟨Adj.⟩: *kanzerös; karzinomatös:* eine -e Geschwulst.

kreb|sen ⟨sw. V.⟩ [1: mhd. kreb(e)ȥen, zu ↑Krebs (1)]: **1.** *Krebse fangen* ⟨hat⟩: k. gehen; * **mit etw. k. gehen** (landsch.; *durch Berufung auf etw. einen Vorteil für sich zu erlangen suchen*). **2.** (ugs.) *sich ohne rechten Erfolg abmühen* ⟨hat⟩: mit etw. zu k. haben. **3.** ⟨ist⟩ **a)** (ugs.) *sich mühsam [kriechend, tastend] irgendwohin bewegen:* über das Geröll weg zur Mauer k.; **b)** (schweiz.) *zurückweichen.*

Krebs|er|kran|kung, die: *Erkrankung an Krebs* (4 a).

krebs|er|re|gend, krebs|er|zeu|gend ⟨Adj.⟩: *karzinogen, kanzerogen:* die Chemikalie gilt als k., hat eine stark -e Wirkung.

krebs|för|dernd ⟨Adj.⟩: *die Entstehung von Krebs* (3 a) *fördernd, begünstigend:* äußerst -e Stoffe; die neuen Materialien gelten als k., sind k.

Krebs|for|schung, die: *Erforschung karzinomatöser Erkrankungen.*

Krebs|früh|er|ken|nung, die: *frühzeitiges Erkennen, Feststellen karzinomatöser Erkrankungen; das Erkennen karzinomatöser Erkrankungen in einem frühen Stadium.*

Krebs|gang, der [nach der (falschen) Vorstellung, dass der Krebs sich rückwärts bewegt]: **1.** ⟨o. Pl.⟩ *rückläufige, sich verschlechternde Entwicklung:* seine Geschäfte gehen den K. *(verschlechtern sich).* **2.** (Musik) *Verfahren, die Noten einer Melodie rückwärts, von hinten nach vorn zu lesen u. in dieser Gestalt kompositorisch zu verwerten.*

Krebs|ge|schwulst, die: *Karzinom.*

Krebs|ge|schwür, das: *Geschwür, wie es beim Krebs* (4 a) *auftritt:* ein K. wegschneiden.

Krebs|ge|we|be, das: *krebsartig entartetes, aus Krebszellen bestehendes Gewebe.*

krebs|hem|mend ⟨Adj.⟩: *die Entwicklung einer Krebserkrankung hemmend:* die Substanz wirkt k.

kreb|sig ⟨Adj.⟩: *in Form von Krebs* (4 a), *krebsartig.*

Krebs|kli|nik, die: *Klinik für Krebskranke.*

Krebs|kno|ten, der: *karzinomatöser Knoten* (2 c).

krebs|krank ⟨Adj.⟩: *an Krebs* (4 a) *erkrankt.*

Krebs|kran|ke, der u. die: *jmd., der krebskrank ist.*

Krebs|lei|den, das: *durch Krebs* (4 a) *verursachtes Leiden* (1).

Krebs|maus, die (Med. Jargon): *für die Krebsforschung gezüchtete Maus.*

Krebs|nach|sor|ge, die: *Nachsorge bei Krebs* (4 a).

Krebs|pa|ti|ent, der: *an Krebs* (4 a) *leidender Patient.*

Krebs|pa|ti|en|tin, die: w. Form zu ↑Krebspatient.

Krebs|re|gis|ter, das: *Verzeichnis, in dem die in einem bestimmten Gebiet aufgetretenen Krebserkrankungen registriert sind.*

krebs|rot [auch: '-'-] ⟨Adj.⟩: *(vom Gesicht, von der Haut) rot wie die Schalen eines gekochten Krebses* (1 b), *stark gerötet:* ein -es Gesicht; er war k. am ganzen Körper; k. anlaufen vor Zorn.

Krebs|scha|den, der (geh.): *Hauptübel, das der Ausgangspunkt für bestimmte, negative Erscheinungen o. Ä. ist:* etw. ist der K. einer Zeit, eines Landes.

Krebs|sche|re, die: **1.** *Schere* (2) *des Krebses* (1). **2.** *(in stehenden Gewässern wurzelnde od. frei schwimmende) Pflanze mit langen, schmalen, in Rosetten angeordneten Blättern u. weißen Blüten.*

Krebs|the|ra|pie, die: *Therapie bei Krebserkrankungen.*

Krebs|tier, das ⟨meist Pl.⟩ (Zool.): *Krebs* (1 a).

Krebs|tod, der: *Tod durch Krebs* (4 a).

Krebs|übel, das: vgl. Krebsschaden.

Krebs|ver|dacht, der: *Verdacht auf Krebs* (4 a).

Krebs|vor|beu|gung, die: *Vorbeugung gegen Krebs* (4 a).

Krebs|vor|sor|ge, die (bes. Amtsspr.): *Maßnahmen, bes. regelmäßige Untersuchungen, zur Früherkennung von Krebserkrankungen.*

Krebs|vor|sor|ge|un|ter|su|chung, die: *Untersuchung zur Früherkennung von Krebserkrankungen:* rechtzeitig zur K. gehen.

Krebs|zel|le, die: *krebsig entartete Körperzelle.*

kre|den|zen ⟨sw. V.; hat⟩ [zu veraltet Kredenz, ital. credenza = Anrichte; Tischchen für vorzukostende Speisen, zu lat. credere = (ver)trauen, glauben] (geh.): *anbieten* (1 c): jmdm. ein Glas Sekt k.

[1]**Kre|dit** [auch: ...'dɪt], der; -[e]s, -e [frz. crédit < ital. credito < lat. creditum = auf Treu u. Glauben Anvertrautes, Darlehen, Subst. 2. Part. von: credere, ↑Kredo; im 16. Jh. in der Form credito]: **1. a)** (bes. Wirtsch.) *(im Rahmen eines Geschäfts) befristet zur Verfügung gestellter Geldwert, Betrag; Darlehen:* ein zinsloser, privater K.; ein K. [in Höhe] von 10 000 Mark; einen K. sperren, abdecken, zurückzahlen, tilgen; er hat bei seiner Bank einen K. erhalten, aufgenommen; jmdm. einen K. geben, gewähren, einräumen; **b)** ⟨o. Pl.⟩ *(gewährter) Zahlungsaufschub, zugestandener Spielraum für Zahlungsaufschub, Stundung:* jmdm. K. geben, gewähren; bei jmdm. K. haben; auf K. *(mit Zahlungsaufschub, ohne sofortige Bezahlung)* kaufen, leben. **2.** ⟨o. Pl.⟩ (Kaufmannsspr.) *einer Person od. einem Unternehmen entgegengebrachtes Vertrauen in die Kreditwürdigkeit; finanzielle Vertrauenswürdigkeit:* [bei jmdm.] K. haben, genießen.

[2]**Kre|dit,** das; -s, -s [lat. credit = er glaubt (er ist Gläubiger), zu: credere, ↑Kredo] (Bankw.): *rechte Seite, Habenseite eines Kontos.*

Kre|dit|ab|tei|lung, die: *für das Kreditgeschäft zuständige Abteilung.*

Kre|dit|an|stalt, die: vgl. Kreditinstitut.

Kre|dit|an|trag, der: *Antrag auf Gewährung eines* [1]*Kredits* (1 a).

Kre|dit|auf|trag, der: *Auftrag, einem Dritten einen* [1]*Kredit* (1 a) *zu gewähren.*

Kre|dit|bank, die ⟨Pl. -en⟩: *[private] Bank, die das [kurzfristige] Kreditgeschäft betreibt.*

Kre|dit|be|trug, der: *Betrug zur Erschleichung von* [1]*Krediten* (1 a).

Kre|dit|brief, der [LÜ von frz. lettre de crédit]: *Anweisung einer Bank an eine andere Bank, einem Dritten einen bestimmten* [1]*Kredit* (1 a) *zu gewähren.*

Kre|dit|bü|ro, das: **a)** *für das gesamte Kreditgeschäft zuständige Abteilung eines Kreditinstituts;* **b)** *für Kreditkäufe der Kunden zuständiges Büro eines Kaufhauses.*

kre|dit|fä|hig ⟨Adj.⟩: vgl. kreditwürdig.

Kre|dit|ge|ber, der: *Person, Bank o. Ä., die jmdm. einen* [1]*Kredit gibt.*

Kre|dit|ge|be|rin, die: w. Form zu ↑Kreditgeber.

Kre|dit|ge|nos|sen|schaft, die: *Genossenschaft[sbank] zur Versorgung der Mitglieder mit* [1]*Krediten* (1 a).

Kre|dit|ge|schäft, das: *Geschäft* (1), *das in der entgeltlichen Gewährung von* [1]*Krediten* (1 a) *besteht od. damit verbunden ist.*

Kre|dit|ge|wäh|rung, die: *Gewährung von* [1]*Krediten* (1 a).

Kre|dit|hai, der (ugs. abwertend): *wucherischer, mit unsauberen Mitteln arbeitender Kreditgeber.*

Kre|dit|hil|fe, die: *Hilfe durch Kreditgewährung.*

kre|di|tie|ren ⟨sw. V.; hat⟩ [frz. créditer = gutschreiben] (Kaufmannsspr.): **1. a)** [1]*Kredit* (1 a) *gewähren; als Kredit, auf Kredit gewähren:* jmdm. großzügig k.; [einem Schuldner] einen Betrag k.; kreditierte Warenlieferungen; **b)** *für etw.* [1]*Kredit* (1 a) *gewähren, Kredite bereitstellen:* Bauaufträge k. **2.** *gutschreiben:* [jmdm.] einen Betrag k.

Kre|dit|in|sti|tut, das: *Unternehmen, das Kreditgeschäfte betreibt* (z. B. [2]Bank, Sparkasse).

Kre|dit|kar|te, die: *(von einem Unternehmen für Finanzierungen an eine kreditwürdige Person ausgegebene) äußerlich einer Scheckkarte ähnliche kleine Karte, mit der der Inhaber der Karte gegen Vorlage bargeldlose Zahlungen tätigen kann.*

Kre|dit|kauf, der: *Kauf auf* [1]*Kredit* (1 b).

Kre|dit|markt, der: *Markt für kurz-, mittel- u. langfristige Geldforderungen.*

Kre|dit|neh|mer, der; -s, -: *Person, Firma o. Ä., die einen* [1]*Kredit* (1 a) *aufnimmt.*

Kre|dit|neh|me|rin, die: w. Form zu ↑Kreditnehmer.

Kre|dit|po|li|tik, die: *Gesamtheit von Maßnahmen der Notenbank zur Lenkung des Kreditwesens.*

kre|dit|un|wür|dig ⟨Adj.⟩: *(als etwaiger Kreditnehmer) finanziell nicht vertrauenswürdig.*

Kre|dit|we|sen, das ⟨o. Pl.⟩: *Bankwesen bes. hinsichtlich der Kreditgeschäfte.*

kre|dit|wür|dig ⟨Adj.⟩: *(als etwaiger Kreditnehmer) finanziell vertrauenswürdig.*

Kre|dit|wür|dig|keit, die: *finanzielle Vertrauenswürdigkeit eines etwaigen Kreditnehmers.*

Kre|dit|zins, der: vgl. Darlehenszins.

Kre|do, Credo, das; -s, -s [lat. credo = ich glaube, nach dem Anfang des Kredos (1 a): Credo in unum deum = Ich glaube an den einen Gott ...]: **1. a)** (christl., bes. kath. Rel.) *Apostolisches Glaubensbekenntnis;* **b)** (kath. Kirche) *Teil der* [1]*Messe* (1), *der das Kredo* (1 a) *enthält.* **2.** (bildungsspr.) *Glaubensbekenntnis* (c).

Kre|feld: Stadt in Nordrhein-Westfalen.

Krei|de, die; -, -n [mhd. krīde, spätahd. krīda < vlat. (galloroman.) creda < lat. creta, viell. gek. aus: terra creta = gesiebte Erde, zu: cretum, 2. Part. von: cernere = scheiden, sichten]: **1.** ⟨o. Pl.⟩ *[fossiler] in unvermischter Form weißer u. weiß färbender, erdiger, weicher Kalkstein:* K. abbauen; Felsen aus K.; bleich, weiß wie K. werden *(erbleichen);* ***K. fressen** (ugs.; *sich zurückhalten; seine Aggressivität im Zaum halten; sich scheinbar friedfertig geben;* wohl nach dem grimmschen Märchen vom »Wolf und den sieben Geißlein«, in dem der Wolf Kreide frisst, um eine zarte Stimme zu bekommen). **2.** *[als Stift,* [1]*Mine* (3) *o. Ä. geformtes Stück] feste Kreide* (1), *feinkörniger fester Gips o. Ä. zum Schreiben, Zeichnen, Markieren:* weiße, rote, grüne K.; ein Stück K.; etw. mit K. an die [Wand]tafel schreiben; mit K. zeichnen; * [die folgenden Wendungen beziehen sich darauf, dass früher bes. in Gasthäusern die Schulden der Gäste mit Kreide auf einer Tafel notiert (»angekreidet«) wurden]: **bei jmdm. [tief] in der K. stehen/sein/sitzen** (ugs.; *bei jmdm. [viele] Schulden haben*); **bei jmdm. [immer tiefer] in die K. geraten/kommen** (ugs.; *bei jmdm. [immer mehr] Schulden machen*); **auf K. leben** (ugs.; *auf Kredit leben*); **mit doppelter K. [an]schreiben** (*in unlauterer Absicht geschuldete Beträge überhöht anschreiben, ansetzen;* eigtl. = mit doppelter Kreidespitze schreiben, damit unbemerkt zwei Zählstriche zugleich entstehen). **3.** ⟨o. Pl.⟩ (Geol.) *jüngste Formation des Mesozoikums (zwischen Jura und Tertiär).*

krei|de|bleich ⟨Adj.⟩ (emotional verstärkend): *durch einen besonders großen Schreck, durch Zorn, Übelkeit od. große Furcht sehr bleich; von weißlicher Gesichtsfarbe, sehr blass.*

Krei|de|fel|sen, der: *Felsen aus Kreide* (1).

Krei|de|for|ma|ti|on, die ⟨o. Pl.⟩ (Geol.): *Kreide* (3).

krei|den ⟨sw. V.; hat⟩ [2, 3: spätmhd. krīden] (selten): **1.** *mit Kreide* (1) *bestreichen od. vermischen.* **2.** *mit Kreide* (2) *bezeichnen, markieren.* **3.** *mit Kreide* (2) *auf, an etw. zeichnen, schreiben.*

krei|de|weiß ⟨Adj.⟩: *weiß wie Kreide* (1); *auffallend, überaus blass:* -e Zähne.

Krei|de|zeich|nung, die: *mit Kreide* (2) *ausgeführte Handzeichnung.*

Krei|de|zeit, die ⟨o. Pl.⟩ (Geol.): *erdgeschichtliches Zeitalter der Kreide* (3).

krei|dig ⟨Adj.⟩: **1.** *voller Kreide[spuren]; mit Kreide bedeckt, befleckt:* -e Hände. **2.** (bes. Geol.) *Kreide* (1) *enthaltend:* -es Gestein. **3.** (geh.) *wie Kreide* (1) *beschaffen, [weiß] wie Kreide [aussehend]:* -es Licht; -e *(kreideweiße)* Gesichter.

kre|ie|ren ⟨sw. V.; hat⟩ [nach frz. créer = schaffen, erfinden < lat. creare = erschaffen, urspr. = wachsen machen]: **1.** (bildungsspr.) **a)** *(eine neue Mode) schaffen, gestalten, erfinden:* den Minirock k.; **b)** *als Eigenes, eigene, persönliche Prägung o. Ä. hervorbringen:* einen neuen Stil k. **2.** (Theater) *eine Rolle als Erste[r] spielen:* die Titelrolle k. **3.** (kath. Kirche) *zum Kardinal ernennen.*

Kreis, der; -es, -e [mhd., ahd. kreiȥ = Kreislinie; Zauberkreis; Umkreis, urspr. = eingeritzte Linie u. verw. mit ahd. krizzon, ↑kritzeln]: **1.** (Geom.) **a)** *gleichmäßig runde, in sich geschlossene Linie, deren Punkte alle den gleichen Abstand vom Mittelpunkt haben:* ein magischer K. *(Zauberkreis);* einen K. zeichnen; mit dem Zirkel einen K. schlagen, beschreiben; den Inhalt, Umfang eines -es berechnen; ***jmds. -e stören** (geh.; *jmdn. in seinem persönlichen Bereich, in seinem Wirken stören;* nach den Worten »Noli turbare circulos meos« = »Zerstöre meine Kreise nicht« des Archimedes [um 285–212 v. Chr.]); **b)** *von einem Kreis* (1 a) *eingeschlossene Fläche; Kreisfläche:* einen K. blau ausmalen. **2.** *[nahezu] kreisförmige Gruppierung, Figur* (6), *Bewegung:* den K. der neugierigen Zuschauer sprengen; die Kinder bildeten, schlossen einen K. [um die Lehrerin]; der Raubvogel zieht seine -e; in einem K. [um jmdn.] stehen, sitzen; es drehte sich ihm alles im K. *(ihm war schwindlig);* sich im -e *(rings)* umsehen; R der K. *(die Beweiskette)* schließt sich; Ü der K. *(die in sich geschlossene Kette der Abschnitte, Monate)* des Jahres; ***-e ziehen** (*breite Auswirkung haben u. sich auf immer mehr Personen, Gruppen ausdehnen;* nach der ringförmigen Ausbreitung von Wasserwellen): die Affäre zog [weite] -e, immer weitere -e; **seine -e ziehen** (geh.; *nach eigenen Gesetzen, Regeln o. Ä. stetig wirken*); **sich im K. bewegen/drehen** *(immer wieder auf dasselbe zurückkommen, nicht von der Stelle kommen):* die Argumentation dreht sich im K. **3. a)** *Gruppe von Personen, die sich getroffen, zusammengefunden, eingefunden usw. haben, zusammen sind; Runde:* der K. der Gäste; etw. in kleinem, im familiären -e, im [engsten] K. der Familie feiern; **b)** *mehr od. weniger lockere Gemeinschaft von Personen mit gleichen Interessen od. persönlichen Beziehungen:* ein geselliger, exklusiver K.; einen K. Gleichgesinnter um sich sammeln; im engsten K. *(unter Vertrauten);* **c)** ⟨Pl.⟩ *Gruppen, Teile der Bevölkerung, der Gesellschaft o. Ä.; gesellschaftliche Gruppen:* kirchliche, militärische -e; einflussreiche, maßgebliche -e; die besseren -e *(die bessere Gesellschaft);* dies verlautet aus gut unterrichteten -en; in seinen -en *(in den Kreisen, in denen er verkehrt)* ist das verpönt; das kommt in den besten -en vor *(das braucht jmdm. also gar nicht so peinlich zu sein);* in den besten, in den ersten -en einer Stadt verkehren. **4.** *Gruppe, Reihe, Kette von [locker zusammenhängenden] Dingen, Sachverhalten o. Ä.; [Teil]gruppe von Personen, Dingen usw. mit bestimmten gemeinsamen Kennzeichen:* ein breiter K. von Problemen; Zuschriften aus dem K. der Leser. **5.** *umgrenzter Bereich:* jmd., etw. ist auf den [engen] K. einer Wissenschaft beschränkt. **6.** *(bes. den Gemeinden unmittelbar übergeordneter) Verwaltungsbezirk:* die Gemeinden des -es; der Ort gehört zum K. Malzstadt. **7.** (Handball) kurz für ↑Wurfkreis. **8.** (Elektrot.) kurz für ↑Stromkreis, Schaltkreis.

Kreis|ab|schnitt, der (Geom.): *durch eine gerade Linie von einem Kreis* (1) *abgeschnittenes Teilstück; Segment* (2) *eines Kreises.*

Kreis|amt, das: *Landratsamt.*

Kreis|aus|schnitt, der (Geom.): *durch zwei Halbmesser aus einem Kreis* (1 b) *herausgeschnittenes Stück; Sektor* (2 a).

Kreis|bahn, die: *kreisförmige Bahn* (2).

Kreis|be|we|gung, die: *kreisförmige Bewegung.*

Kreis|bo|gen, der (Geom.): *Stück der Kreislinie.*

krei|schen ⟨sw. u. st. V.; kreischte/(veraltet, noch landsch.:) krisch, hat gekreischt/(veraltet, noch landsch.:) gekrischen⟩ [mhd. krīschen, lautm.]: **1.** *schrill, misstönend schreien:* vor Vergnügen k.; die Möwen kreischen. **2.** *helle, misstönende, schrille Geräusche machen:* die Säge kreischt; kreischende Bremsen.

Kreis|durch|mes|ser, der: *Durchmesser eines Kreises.*

Krei|sel, der; -s, - [1 b: unter Anlehnung an »Kreis, kreisen« aus älterem Kräusel, wahrsch. Vkl. von mundartl. Krause = Krug, Topf < mhd. krūse, also eigtl. = kleiner Topf (nach der Form)]: **1. a)** *(als technische Vorrichtung dienender) meist symmetrischer Körper, der eine Drehbewegung um die eigene, in einem Punkt feste Achse ausführt.* **b)** *kleines, meist kegelförmiges Spielzeug, das, [durch Peitschenschläge] in Bewegung gesetzt, sich auf seiner Spitze schnell im Kreis dreht:* [mit einem] K. spielen; den K. schlagen. **2.** (Jargon) *Kreisverkehr.* **3.** (Fußball) *Spielweise, bei der der Ball in direktem Zuspiel zwischen mehreren Spielern kreisend durch die Reihen des Gegners gebracht wird.*

krei|seln ⟨sw. V.⟩: **1. a)** *sich wie ein Kreisel drehen* ⟨ist/hat⟩; **b)** *sich kreiselnd* (1 a) *irgendwohin bewegen* ⟨ist⟩: der Wind kreiselte von Nord nach Nordost. **2.** *mit dem Kreisel* (1 b) *spielen* ⟨hat⟩: die Kinder kreiseln im Hof. **3.** (Fußball) *den Ball in direktem Zuspiel zwischen mehreren Spielern kreisen lassen, um ihn durch die Reihen des Gegners zu bringen* ⟨hat⟩.

krei|sen ⟨sw. V.⟩ [mhd. kreiȥen = sich kreisförmig bewegen, zu ↑Kreis]: **1. a)** ⟨hat/ist⟩ *sich im Kreis bewegen:* die Erde kreist um die Sonne; das

Flugzeug hat/ist über der Stadt gekreist; das Blut kreist *(fließt, strömt im Kreislauf)* in den Adern; Ü die Flasche [in der Runde] k. *(herumgehen)* lassen; die Gespräche, seine Gedanken kreisten *(bewegten sich)* immer um dasselbe Thema; b) ⟨hat/ist⟩ (Turnen) *mit geschlossenen u. gestreckten Beinen kreisförmige Schwünge ausführen:* auf dem Boden k.; c) ⟨ist⟩ *sich kreisend* (1 a) *irgendwohin bewegen.* **2.** ⟨hat⟩ **a)** *mit etw. kreisförmige Bewegungen machen:* bei der Gymnastik mit den Armen k.; **b)** (Gymnastik) *kreisförmig bewegen:* die Arme, Füße k. **3.** (Jägerspr.) *(Wild bes. bei Neuschnee) durch einkreisende Spuren-, Fährtensuche ausmachen* ⟨hat⟩.

Kreis|flä|che, die: *Kreis* (1 b).

kreis|för|mig ⟨Adj.⟩: *die Form eines Kreises* (1) *aufweisend:* eine -e Bahn.

kreis|frei ⟨Adj.⟩ (Amtsspr.): *keinem Landkreis angehörend, sondern einen eigenen Stadtkreis bildend:* -e Städte.

Kreis|ge|biet, das: *Gebiet eines Kreises* (6).

Kreis|ge|richt, das (DDR, Österr.): *Gericht eines Kreises* (6).

Kreis|in|halt, der (Geom.): *Flächeninhalt eines Kreises* (1 b).

Kreis|ke|gel, der (Geom.): *Kegel mit kreisförmiger Grundfläche.*

Kreis|klas|se, die (Sport): *Spielklasse, die aus den Vereinen eines bestimmten Kreises* (6) *gebildet wird:* in der K. spielen; in die K. ab-, aufsteigen.

Kreis|kran|ken|haus, das: *unter der Trägerschaft eines Kreises* (6) *geführtes Krankenhaus.*

Kreis|lauf, der: **1.** *sich stets wiederholende, zu ihrem Ausgangspunkt zurückkehrende Bewegung, in der etw. abläuft, sich vollzieht:* der ewige K. des Lebens, der Natur; der K. des Geldes. **2.** kurz für ↑Blutkreislauf: sein K. hat versagt; einen schwachen K. haben; den K. anregen; großer K. (Med.; *Körperkreislauf*); kleiner K. (Med.; *Kreislauf zwischen Herz u. Lunge*).

Kreis|läu|fer, der (Hallenhandball): *Spieler, der sich beim Angriff unmittelbar am Wurfkreis* (2) *bewegt, um in eine Position zum Werfen zu gelangen od. Raum für weite Würfe zu schaffen.*

Kreis|läu|fe|rin, die; -, -nen: w. Form zu ↑Kreisläufer.

Kreis|lauf|funk|ti|on, die: *Funktion des Kreislaufs* (2).

Kreis|lauf|kol|laps, der (Med.): *Kollaps* (1): einen K. erleiden.

Kreis|lauf|mit|tel, das (Med.): *Mittel gegen Kreislaufstörungen.*

Kreis|lauf|schwä|che, die: vgl. Kreislaufstörung.

Kreis|lauf|stö|rung, die (Med.): *Störung der Regulation* (2 a) *des gesamten Kreislaufs od. bestimmter Bereiche der Blutgefäße:* -en haben; an -en leiden.

Kreis|lauf|ver|sa|gen, das: *Versagen des Kreislaufs* (2): er starb an K.

Kreis|li|ga, die (Sport): vgl. Kreisklasse.

Kreis|li|nie, die: *in Form eines Kreises* (1 a) *verlaufende Linie.*

Kreis|meis|ter|schaft, die (Sport): *Meisterschaft auf der Ebene der Kreisklasse.*

Kreis|mit|tel|punkt, der: *Mittelpunkt eines Kreises* (1 a).

kreis|rund ⟨Adj.⟩: *rund wie ein Kreis:* ein -es Loch.

Kreis|sä|ge, die: **1.** *Sägemaschine mit kreisförmigem Sägeblatt.* **2.** (ugs. scherzh.) *kreisrunder, flacher Strohhut.*

Kreis|schluss, der (Philos.): *Zirkelschluss.*

Kreis|schrei|ben, das (schweiz.): *Rundschreiben, Umlauf.*

Kreis|schwung, der: **1.** (Turnen) *Übung, bei der der Turner aus dem Schwung im Stütz mit beiden Beinen kreisförmige Bewegungen ausführt.* **2.** (Gymnastik) *mit Schwung ausgeführte kreisförmige Bewegung:* Kreisschwünge mit der Keule, mit den Armen.

Kreis|seg|ment, das (Geom.): *Kreisabschnitt.*

Kreis|sek|tor, der (Geom.): *Kreisausschnitt.*

krei|ßen ⟨sw. V.; hat⟩ [eigtl. = beim Gebären schreien; mhd. krīȝen = gellend schreien, kreischen (lautm.)] (veraltend): *in Geburtswehen liegen, gebären:* ⟨noch im subst. 1. Part.:⟩ die Kreißende (Med.; *die Gebärende*).

Kreis|spar|kas|se, die: *Sparkasse in der Trägerschaft eines Kreises* (6).

Kreiß|saal, der [zu ↑kreißen] (Med.): *Entbindungsraum (im Krankenhaus).*

Kreis|stadt, die: *Stadt, in der die Verwaltung eines Landkreises ihren Sitz hat:* * **Große K.** (Amtsspr.; *einem Kreis 6 angehörende Gemeinde, die Aufgaben der Kreisverwaltung wahrnimmt*).

Kreis|strom, der (Elektrot.): *in einem geschlossenen elektrischen Leiter fließender Strom.*

Kreis|tag, der: *politische Vertretung des Volkes in einem Landkreis:* Mitglied des -es sein; in den K. gewählt werden.

Kreis|um|fang, der: *Umfang eines Kreises* (1 a).

Kreis|ver|kehr, der (Verkehrsw.): *besonders geregelter, kreisförmiger Verkehr um einen Platz herum.*

Kreis|ver|wal|tung, die: *Verwaltung eines Kreises* (6).

Kreis|wehr|er|satz|amt, das: *unterste Dienststelle der Wehrersatzbehörde eines Kreises* (6).

Kreis|zahl, die (Math.): *Pi.*

Krem, die; -, -s: **1.** ⟨ugs. auch: der; -s, -e u. -s⟩ ↑Creme (2 a, b). **2.** (selten) ↑Creme (1).

Kre|ma|to|ri|um, das; -s, ...ien [zu lat. cremare = kremieren]: *Anlage für Feuerbestattungen.*

Kre|me, die; -, -s: ↑Creme.

kre|men: ↑cremen.

krem|far|ben, kremefarben usw.: ↑cremefarben usw.

kre|mie|ren ⟨sw. V.; hat⟩ [lat. cremare = verbrennen] (schweiz., sonst veraltet): *einäschern* (2).

kre|mig: ↑cremig.

Kreml [auch: ˈkrɛml], der; -[s], - [russ. kreml']: **1.** *befestigter Stadtteil in russischen Städten.* **2.** ⟨o. Pl.⟩ **a)** *Regierungssitz Russlands;* **b)** *Regierung Russlands.*

Krem|pe, die; -, -n [aus dem Niederd., eigtl. = die Gekrümmte, verw. mit ↑Krampf]: *Hutkrempe:* eine schmale, breite K.; die K. nach oben biegen, herunterdrücken.

Krem|pel, der; -s [älter: grempel, wohl zu mhd. grempeln = Kleinhandel treiben] (ugs. abwertend): *Gegenstände, die nicht viel wert sind od. als solche angesehen werden; Zeug:* was kostet der K. *(das alles)*?; den alten K. wegwerfen; Ü den [ganzen] K. hinwerfen *(wegen bestimmter Schwierigkeiten, aus Ärger, Überdruss an einer Arbeit o. Ä. nicht mehr weitermachen).*

krem|peln ⟨sw. V.; hat⟩ [Nebenf. von krempen, eigtl. = eine Krempe machen, zur Krempe umschlagen, zu ↑Krempe]: **a)** *(in einer bestimmten Richtung, bes. nach oben) umschlagen:* die Hemdsärmel nach oben, in die Höhe k.; **b)** (schweiz.) *auf-, hochkrempeln:* die Ärmel k.

Kren, der; -[e]s [mhd. krēn, chrēn, aus dem Slaw.] (südd., österr.): *Meerrettich:* * **zu etw. seinen K. geben** (österr. ugs.; ↑Senf 1).

Kren|fleisch, das [das Fleisch wird mit viel Meerrettich (= Kren) angerichtet] (südd., österr.): *gekochtes Schweinefleisch vom Kopf od. Bauch.*

Kre|ol, das; -s (Sprachw.): *in ehemaligen überseeischen Kolonien europäischer Staaten gesprochene Mischsprache aus einer nicht europäischen u. der jeweiligen (stets deutlich dominierenden) europäischen Sprache (Englisch, Französisch, Spanisch, Portugiesisch, Niederländisch).*

[1]**Kre|o|le,** der; -n, -n [frz. créole < span. criollo = im Lande Geborener, zu: criar = nähren, erziehen < lat. creare = erzeugen]: **1.** *Nachkomme weißer romanischer Einwanderer (in Süd- u. Mittelamerika):* weißer K. **2.** *Nachkomme von schwarzen Sklaven (in Brasilien):* schwarzer K.

[2]**Kre|o|le,** die; -, -n: ↑Creole.

Kre|o|lin, die; -, -nen: w. Form zu ↑[1]Kreole.

kre|o|lisch ⟨Adj.⟩: **1.** *die Kreolen (1, 2) betreffend.* **2.** *das Kreolische betreffend.*

Kre|o|lisch, das; -[s] u. ⟨nur mit best. Art.:⟩ **Kre|o|li|sche,** das; -n (Sprachw.): *Mischsprache, die sich dort entwickelt, wo vielsprachige Gruppen zusammenleben u. die sich über den ursprünglichen Charakter einer Behelfssprache zur Muttersprache bestimmter Gruppen entwickelt* (z. B. das Kreolische von Jamaika auf der Grundlage des Englischen).

kre|pie|ren ⟨sw. V.; ist⟩ [zuerst in der Soldatenspr. im 30-jährigen Krieg in der Bed. »verenden, verrecken« < ital. crepare < lat. crepare = knattern, krachen (lautm.); 2: Ende 17. Jh.]: **1.** *(von Sprenggeschossen) durch Zündung eines Sprengstoffs zerplatzen, sodass Teile od. Splitter durch die Luft fliegen:* krepierende Bomben. **2.** (salopp) *(von Tieren) verenden, elend sterben:* das Schwein ist an Rotlauf krepiert; (oft derb auch vom Menschen:) soll er doch k.!

Krepp, der; -s, -s u. -e [↑[2]Crêpe]: *weich fallendes, genarbtes od. fein gekräuseltes Gewebe mit sandig rauer Oberfläche.*

krepp|ar|tig ⟨Adj.⟩: *in der Art von Krepp.*

krep|pen ⟨sw. V.; hat⟩ [frz. crêper, zu ↑[2]Crêpe] (Fachspr.): **1.** *(Gewebe aus Textilfasern) durch spezielle Behandlung (bes. mit Natron- od. Kalilauge u. durch Kochen) zu Krepp verarbeiten.* **2.** *(Papier) durch feine Fältelung zu Krepppapier verarbeiten.*

Krepp|gum|mi, der, auch: das: *poriger Kautschuk.*

Krepp|pa|pier, das: *fein gefälteltes, elastisches Papier.*

Krepp|soh|le, die: *Schuhsohle aus Kreppgummi.*

Kres|se, die; -, -n [mhd. kresse, ahd. kresso, kressa, H. u.]: **1.** (Bot.) *(zu den Kreuzblütlern gehörende, in vielen Arten verbreitete) z. T. als Salat od. Gewürz verwendete Pflanze mit fiederteiligen od. stark gespaltenen Blättern, kleinen, weißlichen od. grünlichen, traubigen Blüten u. kleinen rundlichen Schoten.* **2.** kurz für ↑Brunnenkresse, Gartenkresse, Gänsekresse.

Kre|ta, -s: griechische Insel.

Kre|te, die; -, -n [frz. crête < lat. crista] (schweiz.): *[Gelände]kamm, Grat.*

Kre|ter, der; -s, -: Ew. zu ↑Kreta.

Kre|te|rin, die; -, -nen: w. Form zu ↑Kreter.

Kre|thi und Ple|thi ⟨Pl., auch Sg.; o. Art.; o. Gen.⟩ [nach der Lutherschen Übersetzung von 2. Sam. 8., 18 (u. a.) Bez. für die Kreter u. Philister in der Söldnertruppe des biblischen Königs David] (abwertend): *Hinz und Kunz* (↑Hinz): K. u. P. waren/(auch:) war da.

Kre|tin [kreˈtɛ̃:], der; -s, -s [frz. crétin, in der Mundart des Wallis für afrz. crestien < lat. christianus, eigtl. = (armer) Christenmensch]: **1.** (Med.) *an Kretinismus leidender Mensch.* **2.** (salopp abwertend) *jmd., dessen Handeln, Benehmen für unvorstellbar dumm gehalten wird.*

Kre|ti|nis|mus, der; - (Med.): *mit körperlichen Fehlbildungen verbundener hochgradiger geistiger Defekt.*

kre|tisch ⟨Adj.⟩: zu ↑Kreta.

Kre|ton, der; -s, -e (österr.): *Cretonne.*

kreucht [ältere Form von (er, sie, es) »kriecht«, ↑kriechen]: in der Verbindung **[alles,] was da k. und fleucht** (↑fleucht).

kreuz: in den Verbindungen **k. und quer, in die Kreuz und [in die] Quere** *([regellos, ohne Plan] in verschiedenste Richtungen):* k. und quer durch die Stadt fahren.

Kreuz, das; -es, -e [mhd. kriuz(e) = Kreuz Christi, Mühsal, Leid, Qual, ahd. krūzi = Kreuz Christi < spätlat. crux (Gen.: crucis), lat. = Marter-, Hinrichtungspfahl (in T-Form od. der Form eines Kreuzes); 9: nach dem Kreuzbein]: **1. a)** *aus zwei sich rechtwinklig, seltener schräg schneidenden Linien bestehendes grafisches Zeichen:* anstelle seiner Unterschrift hat er ein K. gemacht; **b)** *grafisches Zeichen in der Form des christlichen Kreuzes mit der Bedeutung »gestorben«* (Zeichen: †): Johann Meyer †; Frau Isolde Müller †10. 11. 1899; **c)** *Anordnung von sich [rechtwinklig] überschneidenden Dingen:* er legte die Steine zu einem K.; * **etw. über[s] K. legen, setzen, falten usw.** *(so legen, setzen, falten usw., dass die einzelnen Lagen o. Ä. im rechten Win-*

kel zueinander zu liegen kommen); **mit jmdm., untereinander über[s] K. sein/stehen/liegen** (ugs.; *mit jmdm. Streit, Differenzen haben).* **2.** *aus zwei od. mehr sich rechtwinklig bzw. schräg schneidenden, verschieden ausgestalteten Balken od. Armen gebildeter Gegenstand, der häufig Zeichen od. Symbol für etw. ist:* ein griechisches, russisches K.; ein liegendes K. *(Kreuz mit sich schräg schneidenden Balken);* ein stehendes K. *(Kreuz mit sich rechtwinklig kreuzenden Balken);* das Eiserne K. *(als Kriegsauszeichnung verliehener Orden in Form eines silberumrandeten schwarzen Kreuzes;* Abk.: E. K.); das Rote K. *([inter]nationale Organisation zur Versorgung der Verwundeten u. Gefangenen im Krieg, zur Leistung erster Hilfe, von Rettungsdiensten, Krankenpflege o. Ä., deren Symbol u. Erkennungszeichen ein rotes Balkenkreuz auf weißem Grund ist);* das Blaue K. *(Name u. Symbol einer Vereinigung zur Betreuung von Alkoholikern);* ***K. des Südens; Südliches K.** *(Sternbild des südlichen Himmels);* **K. des Nordens; Nördliches K.** *(Sternbild des nördlichen Himmels).* **3.** (früher) *(im Altertum übliches) aus einem senkrecht aufgerichteten u. einem am oberen Ende waagerecht darüber liegenden Balken bestehendes Gerüst zur Vollstreckung der Todesstrafe, an das der zum Tode Verurteilte mit ausgebreiteten Armen angenagelt od. festgebunden wird:* Jesu Tod am K.; am K. hängen. **4.** (christl. Rel.) **a)** *bes. in der Kunst dargestelltes, von der Form des Kreuzes* (2) *abgeleitetes christliches Symbol:* ein goldenes K.; ein K. auf dem Altar *(Altarkreuz);* ***zu -e kriechen** (ugs.; *unter demütigenden Umständen in einer bestimmten Lage einem anderen gegenüber nachgeben;* nach dem Brauch bei der Liturgie des Karfreitags, sich dem Kreuz Christi auf den Knien zu nähern); **b)** *Kreuzzeichen:* das, ein K. schlagen *(sich bekreuzigen);* ***ein K./drei -e hinter jmdm., etw. machen; drei -e machen, wenn …** (ugs.; *froh, erleichtert sein, mit jmdm., etw. nichts mehr zu tun zu haben).* **5.** ⟨o. Pl.⟩ *Leid, schwere Bürde, die jmd. zu tragen hat:* sein K. auf sich nehmen, geduldig tragen; mit jmdm., etw. sein K. haben (ugs.; *mit jmdm., etw. große Last, Mühe haben, schwer fertig werden);* es ist ein K. mit jmdm., etw. (ugs.; *jmd., etw. bereitet jmdm. dauernd große Schwierigkeiten, macht jmdm. das Leben schwer).* **6. a)** ⟨meist o. Art.; o. Pl.⟩ *[höchste] Farbe im Kartenspiel:* K. sticht, ist Trumpf; **b)** ⟨Pl. Kreuz⟩ *Spiel* (3) *mit Karten, bei dem Kreuz* (6 a) *Trumpf ist:* dieses K. wirst du verlieren; **c)** ⟨Pl. Kreuz⟩ *Spielkarte mit Kreuz* (6 a) *als Farbe:* er hat noch mindestens drei K. auf der Hand. **7.** (Musik) *Zeichen, das die Erhöhung eines Tones um einen Halbton vorschreibt* (Zeichen: ♯). **8.** ⟨o. Pl.; in Verbindung mit Ableitungen von Ortsnamen⟩ kurz für ↑ Autobahnkreuz: das Frankfurter K. **9.** *Teil des Rückens im Bereich des Kreuzbeins:* ein steifes, hohles K.; jmdm. tut das K. weh; jmdn. aufs K. legen (salopp; *[bei einer tätlichen Auseinandersetzung o. Ä.] auf den Rücken werfen);* er hat es im K. (ugs.; *hat Kreuzschmerzen);* ***jmdm. das K. aushängen** (salopp; *jmdn. fürchterlich verprügeln;* meist als Drohung); **jmdm. das K. stärken** (↑ Rücken 1); **jmdn. aufs K. legen** (salopp; 1. *jmdn. übertölpeln, hereinlegen.* 2. *mit einer Frau schlafen);* **[fast/beinahe] aufs K. fallen** (salopp; *über etw. sehr erstaunt od. entsetzt sein);* **jmdm. etw. aus dem K. leiern** (salopp; *jmdn. mit Mühe durch Reden, Bitten o. Ä. dazu bringen, einem etw. Bestimmtes zu geben, zu überlassen).* **10.** (Jägerspr.) *(beim Haarwild) Teil des hinteren Rückens, an dem die Keulen sitzen.*

kreuz- [urspr. ausschließlich im positiven Sinne verwendet bezogen auf das Kreuz der christl. Religion, z. B. kreuzgut = so gut wie das Kreuz des Christentums] (emotional verstärkend): drückt in Bildungen mit Adjektiven eine Verstärkung aus/ *sehr:* kreuzanständig, -elend, -langweilig.

Kreuz|ab|nah|me, die (bild. Kunst): *Darstellung der Abnahme Christi vom Kreuz* (3).

Kreuz|ass [auch: -ˈ-], das: [2]*Ass* (1) *der Farbe Kreuz* (6 a).

Kreuz|band, das ⟨Pl. ...bänder⟩ [2: lat. ligamentum cruciatum; vorderes u. hinteres Kreuzband liegen über Kreuz]: **1.** *Streifband.* **2.** (Anat.) *das Kniegelenk stabilisierendes* [1]*Band* (I 2 g).

Kreuz|bein, das (Anat.): *aus fünf miteinander verschmolzenen Wirbeln gebildeter, keilförmiger Knochen am untersten Abschnitt der Wirbelsäule.*

Kreuz|blüt|ler, der; -s, - [nach der rechtwinkligen Stellung der Kelchblätter] (Bot.): *Pflanze einer Familie mit vielen Arten, deren Blüten in Trauben wachsen u. deren Früchte meist als Schoten ausgebildet sind.*

kreuz|brav ⟨Adj.⟩ [↑ kreuz-] (emotional verstärkend, oft leicht abwertend): *von großer Redlichkeit, Biederkeit, Bescheidenheit o. Ä.:* ein -es Ehepaar; sie ist ein -er Mensch.

Kreuz|bu|be [auch: -ˈ--], der: *Bube* (2) *der Farbe Kreuz* (6 a).

Kreuz|da|me [auch: -ˈ--], die: *Dame* (2 b) *der Farbe Kreuz* (6 a).

Kreuz|dorn, der [nach den gegenständigen Zweigen]: **1.** ⟨o. Pl.⟩ *Gattung der Kreuzdorngewächse.* **2.** *Baum od. Strauch mit dornigen Zweigen, gesägten Blättern u. schwarzen Beeren.*

Kreuz|dorn|ge|wächs, das (Bot.): *Pflanze einer Familie mit mehreren Gattungen u. Arten, zu denen der Kreuzdorn gehört.*

kreu|zen ⟨sw. V.⟩ [mhd. kriuzen = kreuzigen, bekreuzigen, ahd. krūzōn = kreuzigen]: **1.** *verschränken, schräg übereinander legen* ⟨hat⟩: die Arme, die Beine k.; das Schild zeigt zwei gekreuzte Balken. **2.** *sich in Querrichtung über etw., eine Fläche bewegen; überqueren* ⟨hat⟩: die Straße, den Platz, einen Fluss k. **3.** *überqueren, in seinem Verlauf schneiden* ⟨hat⟩: die Straße kreuzt eine Bahnlinie; ⟨auch k. + sich:⟩ die Linien kreuzen sich; **Ü** in unserem Leben haben sich unsere Wege mehrmals gekreuzt *(wir sind uns mehrmals in unserem Leben begegnet);* unsere Briefe haben sich gekreuzt *(waren gleichzeitig in jeweils entgegengesetzter Richtung unterwegs).* **4.** ⟨k. + sich⟩ *[einander] entgegenstehen, zuwiderlaufen* ⟨hat⟩: ihre Pläne kreuzten sich; seine Ansicht kreuzte sich mit der seiner Frau. **5.** *(von Fahrzeugen, bes. von Schiffen) in einem bestimmten Bereich ohne angesteuertes Ziel hin u. her fahren* ⟨hat/ist⟩: das Schiff kreuzt auf dem Atlantik, im Mittelmeer, vor der Küste. **6.** (Seemannsspr.) *im Zickzackkurs gegen den Wind ansegeln, ein Ziel zu erreichen suchen, das in der Richtung liegt, aus der der Wind weht* ⟨hat/ist⟩: die Boote mussten k. **7.** (Biol.) *(zum Zwecke der Züchtung neuer Arten, Rassen o. Ä.) Pflanzen bzw. Tiere verschiedener Arten, Rassen od. Sorten miteinander paaren* ⟨hat⟩: Weizensorten k.; Pferde mit Eseln k.

Kreu|zer, der; -s, - [1, 2: niederl. kruiser, eigtl. = hin u. her fahrendes Schiff; 3: mhd. kriuzer]: **1.** (Milit.) *für Aufklärung, Sicherung von Geleitzügen o. Ä. verwendetes Kriegsschiff.* **2.** (Segelsport) *Segelschiff, das für größere Reisen ausgerüstet u. geeignet ist* (z. B. Jollenkreuzer, Kielkreuzer). **3.** *(vom 13. bis 19. Jh. in Süddeutschland, Österreich u. der Schweiz verbreitete) ursprünglich silberne Münze mit zwei aufgeprägten Kreuzen, später Münze aus unedlerem Metall von relativ geringem Wert.*

Kreu|zes|tod, der: *Tod [Christi] am Kreuz* (3).

Kreu|zes|weg, der ⟨o. Pl.⟩: *Leidensweg des sein Kreuz tragenden Jesus (vom Haus des Pilatus bis nach Golgatha).*

Kreuz|fah|rer, der (hist.): *Teilnehmer an einem Kreuzzug* (1).

Kreuz|fahrt, die: **1.** *Kreuzzug.* **2.** *Seereise auf einem [Luxus]schiff, das ein Meer od. größeres Binnengewässer durchkreuzt, befährt u. dabei verschiedene Häfen anläuft, von denen aus die Touristen für Besichtigungen, Ausflüge u. Ä. an Land gehen können.*

Kreuz|fahrt|schiff, das: *für Kreuzfahrten gebautes, geeignetes Schiff.*

Kreuz|feu|er, das ⟨Pl. selten⟩ (Milit. veraltet): *Beschuss von mehreren Seiten zugleich:* das K. eröffnen; ein Ziel unter K. nehmen; ***im K. [der Kritik o. Ä.] stehen** *(heftiger Kritik o. Ä. von mehreren Seiten zugleich ausgesetzt sein);* **ins K. [der Kritik o. Ä.] geraten** *(öffentlich scharf kritisiert werden):* er, sein Verhalten geriet ins K. der Kritik, der Öffentlichkeit.

kreuz|för|mig ⟨Adj.⟩: *die Form eines Kreuzes* (2) *aufweisend:* ein -er Grundriss.

Kreuz|gang, der [wahrsch. nach den Prozessionen mit dem Kreuz, die hier abgehalten wurden] (Archit.): *um den Innenhof eines Klosters laufender, offener Bogengang.*

Kreuz|ge|gend, die ⟨o. Pl.⟩ (ugs.): *Körperregion, die das Kreuz* (9) *umgibt:* Schmerzen in der K. haben.

Kreuz|ge|lenk, das: *Kardangelenk.*

Kreuz|ge|wöl|be, Kreuz|grat|ge|wöl|be, das (Archit.): *aus zwei sich rechtwinklig überschneidenden Tonnengewölben bestehendes Gewölbe.*

kreu|zi|gen ⟨sw. V.; hat⟩ [mhd. kriuzigen, ahd. crūzigōn] (früher): *einen zum Tode Verurteilten durch Annageln od. Festbinden an einem Kreuz* (3) *zu Tode bringen, hinrichten:* er wurde gekreuzigt; ⟨subst. 2. Part.:⟩ der Gekreuzigte *(Christus).*

Kreu|zi|gung, die; -, -en [mhd. kriuzigunge, ahd. chrūzigunga]: **1.** *das Kreuzigen.* **2.** (bild. Kunst) *Darstellung der Kreuzigung Christi.*

Kreuz|kno|ten, der (Seemannsspr.): *Knoten, durch den zwei gleich dicke Taue miteinander verbunden werden können.*

Kreuz|kö|nig [auch: -ˈ--], der: *König* (2 b) *der Farbe Kreuz* (6 a).

kreuz|lahm ⟨Adj.⟩ (ugs.): *(von Menschen u. bestimmten Säugetieren) [durch schwere körperliche Arbeit] von Schmerzen in der Kreuzgegend befallen.*

Kreuz|ot|ter, die: *giftige, grau gefärbte Viper mit einer im Zickzack längs über den Rücken verlaufenden, dunkelbraunen bis schwarzen Linie.*

Kreuz|reim, der (Verslehre): *Reimform, bei der in einer Gruppe von vier Versen der erste mit dem dritten u. der zweite mit dem vierten Vers reimt.*

Kreuz|rip|pen|ge|wöl|be, das (Archit.): *Kreuzgewölbe, bei dem die Schnittstellen mit Rippen unterlegt sind.*

Kreuz|rit|ter, der: **1.** *dem Ritterstand angehörender Teilnehmer an einem Kreuzzug.* **2.** *Angehöriger eines geistlichen Ritterordens, bes. des Deutschen Ordens.*

Kreuz|schlüs|sel, der: *Werkzeug von der Form eines gleichschenkligen Kreuzes* (2) *zum Lösen der Muttern am Rad (bei Autos).*

Kreuz|schmerz, der (ugs.): *Schmerz im Kreuz* (9): -en haben.

Kreuz|spin|ne, die: *ein Netz in Form eines Rades bauende Spinne mit weißer, kreuzförmiger Zeichnung auf dem Hinterleib.*

Kreuz|stich, der (Handarb.): *Zierstich aus zwei sich schräg kreuzenden einzelnen Stichen.*

Kreu|zung, die; -, -en: **1.** *Stelle, an der sich zwei od. mehrere Verkehrswege kreuzen, überschneiden:* eine beampelte K.; eine K. überqueren; die K. räumen; bei Rückstau nicht in die K. einfahren; bei Rot über die K. fahren. **2.** (Biol.) **a)** *das Kreuzen* (7): eine K. vornehmen, versuchen; **b)** *züchterisches Ergebnis des Kreuzens* (7): diese Tulpen sind eine gelungene K.

Kreu|zungs|be|reich, der (Verkehrsw.): *Bereich einer Straßenkreuzung:* der K. zwischen der B 9 u. der Landstraße 111.

kreu|zungs|frei ⟨Adj.⟩ (Verkehrsw.): *(von bestimmten Verkehrswegen) nicht durch Kreuzungen unterbrochen.*

Kreu|zungs|punkt, der: *Punkt, Stelle, an der sich Wege, Straßen u. Ä. kreuzen.*

Kreu|zungs|ver|kehr, der (Verkehrsw.): *auf einer Kreuzung* (1) *herrschender Verkehr.*

Kreuz|ver|hör, das [LÜ von engl. cross-examination] (Rechtsspr.): *Form der Vernehmung (im angelsächsischen Strafprozess), bei der Zeuge od. Sachverständiger allein durch den Staatsanwalt u. den Verteidiger u. nicht durch den Richter verhört werden:* Ü jmdn. ins K. nehmen, einem K. unterziehen *(jmdn. mit vielen Fragen in Bezug auf etw. hart bedrängen mit der Absicht, etw. Bestimmtes zu erfahren).*

Kreuz|weg, der: **1.** *Stelle, an der sich zwei Wege kreuzen:* * **am K. stehen; an einen K. gekommen sein** (geh.; *in seinem Leben, in seiner Entwicklung o. Ä. an einen Punkt gekommen sein, an dem eine für die Zukunft wichtige Entscheidung zwischen mehreren Möglichkeiten zu treffen ist*). **2.** (kath. Kirche) **a)** *bildliche od. plastische Darstellung des Kreuzesweges in vierzehn Stationen in einer Kirche od. im Freien, die von den Gläubigen betend abgeschritten werden;* **b)** *Folge von Gebeten, die bes. in der Fastenzeit (beim Abschreiten des Kreuzweges 2 a) gesprochen werden:* den, einen K. beten.

Kreuz|weg|sta|ti|on, die (kath. Kirche): *einzelne Darstellung aus der Zahl der vierzehn Darstellungen des Kreuzweges* (2 a).

kreuz|wei|se ⟨Adv.⟩: *über Kreuz; gekreuzt; in Form eines Kreuzes verschränkt:* etw. k. übereinander legen, einschneiden; R du kannst mich k., leck mich k.!; (derbe Ausdrücke, mit denen jmd. das Ansinnen o. Ä. eines anderen zurückweist).

Kreuz|wort|rät|sel, das: *Rätsel, bei dem zu ratende Wörter buchstabenweise in ein System von senkrecht u. waagerecht sich kreuzenden Reihen von quadratischen Kästchen eingetragen werden müssen:* ein K. lösen.

Kreuz|zei|chen, das (bes. kath. Kirche): *Zeichen des Kreuzes, das mit einer das Kreuz* (4) *nachzeichnenden Gebärde der Hand ausgeführt wird:* ein K. über jmdm., jmdn. machen.

Kreuz|zug, der: **1. a)** *im MA. von der Kirche propagierter od. unterstützter Krieg gegen Ungläubige u. Häretiker;* **b)** *bes. im Hochmittelalter unternommener Kriegszug (christlicher Ritter) in den Vorderen Orient zur Befreiung heiliger Stätten von islamischer Herrschaft:* zum K. aufrufen. **2.** *mit großem Eifer geführte Kampagne für od. gegen etw.:* einen K. für, gegen etw. starten, führen.

Kre|vet|te, (auch:) Crevette, die; -, -n [frz. crevette, norm. Form von: chevrette = kleine Ziege, wohl nach dem Hüpfen der gefangenen Tiere im Netz]: *(an der südeuropäischen Atlantikküste u. im Mittelmeer vorkommende) Garnele mit durchsichtigem, mit blauen u. rotbraunen bis gelben Linien u. Flecken gezeichnetem Körper.*

krib|be|lig, kribblig ⟨Adj.⟩ (ugs.): **a)** *(durch eine Befürchtung, Erwartung o. Ä. in innere Spannung versetzt u. dadurch) unruhig, nervös, gereizt:* jmd. ist, wird k.; diese Arbeit macht mich ganz k.; **b)** (seltener) *kribbelnd:* ein -es Gefühl in den Händen.

krib|beln ⟨sw. V.⟩ [mhd. kribeln, Nebenf. von: krappelen, ↑krabbeln]: **1.** *von einem prickelnden Gefühl befallen sein, jucken* (1 a) ⟨hat⟩: mein Rücken kribbelt; ⟨auch unpers.:⟩ es kribbelt mir/mich in der Nase, unter der Haut; Ü es kribbelt mir in den Fingern *(es reizt mich, die Sache zu tun; ich bin schon ganz ungeduldig).* **2.** *(von einer großen Zahl von Insekten o. Ä.) eilig, kreuz u. quer durcheinander laufen* ⟨ist⟩: überall kribbelt [und krabbelt] eine Unzahl von Ameisen.

Krib|bel|was|ser, das ⟨Pl. ...wässer⟩ (Kinderspr.): *Sprudel.*

kribb|lig: ↑kribbelig.

Kri|ckel|kra|kel, das; -s [zu ↑krickeln u. ↑krakeln] (fam.): *unleserliche Schrift; unleserlich Geschriebenes.*

kri|ckeln ⟨sw. V.; hat⟩ [md. Nebenf. von ↑kritzeln]: **1.** (ugs.) *unleserlich schreiben, kritzeln.* **2.** (landsch.) *nörgeln, streiten.*

Krick|en|te, Kriekente, die [lautm., nach dem Balzruf des Männchens]: *kleine Wildente mit grau getüpfeltem Gefieder u. (beim Erpel) braunem Kopf.*

Kri|cket, das; -s [engl. cricket, H. u.]: *englisches Schlagballspiel, das auf einer Rasenfläche von zwei Mannschaften ausgetragen wird u. bei dem die Partei der Werfer den Ball nach bestimmten Regeln ins gegnerische Tor zu bringen sucht.*

Krie|che, die; -, -n [mhd. krieche, wohl zu: Krieche = Grieche, nach mlat. prunum graecum = griech. Pflaume] (landsch.): *Haferpflaume.*

krie|chen ⟨st. V.⟩ [mhd. kriechen, ahd. kriochan, urspr. = (sich) drehen, (sich) winden, verw. mit ↑Kringel]: **1.** *(von bestimmten Tieren) sich mit dem ganzen Körper dicht am Boden od. unmittelbar über dem Boden gleitend, meist nicht schnell fortbewegen* ⟨ist⟩: Würmer, Schnecken kriechen; eine Raupe kroch über den Weg; Ü nicht mehr k. können *(nicht mehr gehen können, alt u. gebrechlich sein).* **2.** ⟨ist⟩ **a)** *(von Tieren u. Menschen) sich mit an den Boden gedrücktem Körper fortbewegen:* auf dem Bauch, auf allen vieren durchs Zimmer k.; der Dachs kriecht aus seinem, in seinen Bau; Ü der Nebel kroch *(zog langsam)* durchs Tal; **b)** *sich an einen bestimmten Ort begeben, in eine bestimmte Stelle hineinkriechen; sich verkriechen:* der Hund kroch hinter den Ofen, in die Ecke, unter den Tisch; todmüde krochen sie ins Bett (ugs.; *gingen sie zu Bett*). **3.** *(von Pflanzen, die nicht in die Höhe wachsen) sich mit ihren Trieben, Ausläufern o. Ä. am Boden ausbreiten* ⟨ist⟩: die Ausläufer des Efeus kriechen am Boden, über die Mauer; kriechende Pflanzen. **4.** *(bes. von Fahrzeugen, Kolonnen o. Ä.) sich aufgrund einer Behinderung o. Ä. besonders langsam fortbewegen* ⟨ist⟩: der Verkehr bewegt sich nur noch kriechend vorwärts; Ü die Zeit kriecht. **5.** (abwertend) *sich unterwürfig verhalten; allzu dienstfertig sein gegenüber einer höher gestellten Person* ⟨ist/hat⟩: er kriecht vor jedem Vorgesetzten; eine kriechende *(kriecherische)* Unterwürfigkeit zeigen. **6.** (Technik) *(von festen Werkstoffen) sich bei bestimmter Temperatur u. Beanspruchung plastisch verformen, dehnen* ⟨ist⟩.

Krie|cher, der; -s, - [↑kriechen (5)] (abwertend): *jmd., der sich unterwürfig verhält, allzu dienstfertig gegenüber einer höher gestellten Person ist:* er ist ein widerlicher K.

Krie|che|rei, die; -, -en (abwertend): **1.** ⟨o. Pl.⟩ *die Verhaltensweise des Kriechens* (5): K. hassen. **2.** *einzelne kriecherische Handlung:* seine -en sind ekelhaft.

Krie|che|rin, die; -, -nen (abwertend): w. Form zu ↑Kriecher.

krie|che|risch ⟨Adj.⟩ (abwertend): *in der Weise eines Kriechers:* ein -er Mensch; -es Verhalten.

Krie|cherl, das; -s, -n (österr.): *Krieche, Haferpflaume.*

Krie|cherl|baum, der (österr.): *Obstbaum mit Kriechen, Haferpflaumen als Früchten.*

Krie|ch|pflan|ze, die: *Pflanze, die nicht in die Höhe wächst, sondern sich am Boden ausbreitet.*

Kriech|spur, die: **1.** *durch Kriechen* (2 a) *eines Tieres od. Menschen bewirkte Spur auf dem Boden o. Ä.* **2.** (Verkehrsw.) *(auf Autobahnen) für langsam fahrende Fahrzeuge vorgesehene Fahrspur auf der rechten Außenseite der Fahrbahn.*

Kriech|tem|po, das (abwertend): *sehr langsames Tempo, in dem sich ein Fahrzeug od. eine Fahrzeugschlange fortbewegt.*

Kriech|tier, das: *wechselwarmes Wirbeltier, dessen Körper mit verhornten Schuppen bedeckt ist u. das voll ausgebildete od. auch ganz zurückgebildete Gliedmaßen hat; Reptil* (z. B. Echse, Schlange).

Krieg, der; -[e]s, -e [mhd. kriec = Kampf; (Wort-, Rechts-, Wett)streit, auch: Anstrengung, Streben, ahd. chrēg = Hartnäckigkeit, H. u.]: *mit Waffengewalt ausgetragener Konflikt zwischen Staaten, Völkern; größere militärische Auseinandersetzung, die sich über einen längeren Zeitraum erstreckt:* ein konventioneller, atomarer K.; ein verlorener K.; der totale K.; ein heiliger *(religiös motivierter)* K.; der Siebenjährige K. *(Krieg zwischen England u. Frankreich u. deren Verbündeten von 1756 bis 1763);* der Dreißigjährige Krieg *(deutscher u. europäischer Krieg von 1618 bis 1648, dessen Ursachen vor allem die Gegensätze zwischen Katholiken u. Protestanten u. zudem das Streben der Reichsstände nach Erweiterung ihrer Macht gegenüber dem habsburgischen Kaiser waren);* der Hundertjährige K. *(Krieg zwischen England u. Frankreich um die Vorherrschaft in Frankreich u. schließlich in Westeuropa von 1357 bis 1453);* einen K. gewinnen, verlieren; K. führen; die [nicht] K. führenden Staaten, Länder, Mächte; einem Land den K. erklären; aus dem K. heimkehren; das Land steht im K., befindet sich im K. [mit einem anderen Land]; im K. umkommen, bleiben, fallen; zum, für den K. rüsten; Ü der häusliche, eheliche K. zermürbte sie; die beiden leben, liegen ständig im K. miteinander; * **kalter K.** *(ohne Waffengewalt, bes. auf psychologischer Ebene ausgetragener Konflikt zwischen Staaten, die verschiedenen ideologischen Machtblöcken angehören;* LÜ von engl. cold war); **jmdm., einer Sache den K. ansagen** (↑Kampf 3).

[1]krie|gen ⟨sw. V.; hat⟩ [mhd. kriegen, auch: sich anstrengen, nach etw. streben] (veraltet): *Krieg führen.*

[2]krie|gen ⟨sw. V.; hat⟩ [zu ↑[1]kriegen, ausgehend von der mhd. (md.) Präfixbildung erkrīgen (gek. zu mhd. krīgen) = strebend erlangen, erringen] (ugs.): **1. a)** *bekommen, erhalten; mit etw. bedacht, versehen werden:* ein Geschenk, eine Belohnung, einen Preis k.; **b)** *jmdm. (als Äquivalent, als Bezahlung o. Ä.) zuteil werden; (etwas, worauf ein Anspruch besteht) bekommen, erhalten:* Gehalt, Urlaub k.; ich kriege noch 5 Mark von dir *(du schuldest mir noch 5 Mark);* was kriegen Sie *(verlangen Sie)* für Ihre Arbeit?; er kriegt 20 Mark für die Stunde *(verdient 20 Mark in der Stunde);* **c)** *jmdm. zugestellt, übermittelt werden:* Post, einen Brief, eine Nachricht k.; **d)** *(als Strafe o. Ä.) hinnehmen müssen; bekommen, erhalten:* eine Ohrfeige, Schelte, Schläge k.; für den Einbruch hat er [ein Jahr] Gefängnis gekriegt *(ist er mit [einem Jahr] Gefängnis bestraft worden);* **e)** *(an einer bestimmten Körperstelle) plötzlich von etw. getroffen werden:* einen Stoß, einen Tritt k.; **f)** *von etw. befallen, erfasst werden;* Wut, Angst k.; einen Schrecken k.; allmählich Hunger k.; Falten, eine Glatze k. *(faltig, kahlköpfig werden);* **g)** *sich etw. zuziehen; erleiden:* eine schwere Krankheit, Fieber, einen Herzinfarkt k.; **h)** *zu erwarten haben; mit etw. rechnen müssen:* Besuch, Gäste k.; Ärger k.; Schnee, Regen k.; **i)** *in einen bestimmten Zustand geraten:* Löcher, Risse k. *(löcherig, rissig werden);* **j)** *jmdm. erteilt werden:* einen Befehl, keine Erlaubnis k.; er kriegt immer seinen Willen *(seinen Wünschen wird immer nachgegeben).* **2. a)** *(durch eigenes Bemühen) zu etw. kommen; sich verschaffen:* eine [neue] Stellung, keine Arbeit k.; er hat noch einen Platz gekriegt; keinen Anschluss, keine Verbindung beim Telefonieren k.; einen Einblick in etw., einen Eindruck von etw. k. *(gewinnen, erlangen);* er hat sie endlich gekriegt *(für sich gewinnen können);* **b)** *kaufen können, (gegen Geld) erhalten:* das Buch ist nicht mehr zu k.; er hat die Sachen billig gekriegt; was kriegen Sie? *(was wünschen Sie, was möchten Sie haben?);* **c)** *hervorbringen, entstehen lassen:* der Baum hat Blüten gekriegt; sie kriegt ein Kind, ein Baby *(ist schwanger);* **d)** *zu einem bestimmten Verhalten o. Ä. bringen:* er hat ihn nicht dazu gekriegt mitzugehen; er war bei dem Wetter nicht aus dem Haus zu k.; **e)** *erreichen, dass jmd., etw. in einen bestimmten Zustand versetzt wird:* das Fleisch weich k.; sie kriegt ihre Kinder nicht satt; **f)** *erreichen, dass etw. irgendwohin gelangt:* das Klavier durch die Tür k.; den Ball ins Tor, Netz k.; **g)** *hinkriegen, schaffen, bewältigen:* die Sache ist nicht ganz einfach, aber wir werden es schon k.; **h)** *(noch zum richtigen Zeitpunkt) erreichen:* die Straßenbahn noch, nicht mehr k.; **i)** *jmds., einer Sache habhaft werden; fangen, fassen:* den Dieb, den Flüchtigen k. **3.** ⟨k. + Inf. mit »zu«⟩ **a)** *in den Stand gesetzt werden, die Möglichkeit haben, etw. [zu seinem Nutzen] zu tun:* etw. zu kaufen, zu essen, zu sehen k.; **b)** *ertragen müssen:* wenn er das tut, kriegt er von mir etw. zu hören *(werde ich ihm die Meinung sagen).* **4.** ⟨k. + 2. Part.; als Umschreibung des Passivs:⟩ etw. geschenkt, geschickt, gesagt k. **5.** *** es nicht über sich k.** *(sich nicht zu einer [für die eigene od. eine andere Person] unangenehmen Handlung entschließen können):* ich habe es nicht über mich gekriegt, ihn abzuweisen.

Krie|ger, der; -s, - [mhd. krieger]: **1.** (veraltet) *Soldat, Angehöriger eines Heeres, einer Truppe:* das Bildnis eines sterbenden -s; Ü die müden K. kehren heim; *** ein kalter K.** *(Politiker, der die Methoden des kalten Krieges [in einem bestimmten Fall] befürwortet, unterstützt).* **2.** (Völkerk.) *zum Kampf ausziehender männlicher Stammesangehöriger.*

Krie|ger|denk|mal, das (veraltend): *Ehrenmal zum Gedenken an die Gefallenen eines Krieges.*

Krie|ge|rin, die: w. Form zu ↑Krieger.

krie|ge|risch ⟨Adj.⟩: **a)** *zu kämpferischen Aktionen geneigt, bereit:* ein -es Volk; -es Auftreten, Aussehen; **b)** *in der Form von Krieg; militärisch:* -e Aktionen, Ereignisse, Auseinandersetzungen.

Krie|ger|wit|we, die: *Witwe eines im Krieg gefallenen Soldaten.*

Krieg füh|rend: s. Krieg.

Krieg|füh|rung, die ⟨Pl. selten⟩: *das Führen eines Krieges (im Hinblick auf Strategie u. Taktik):* eine moderne K.; Ü psychologische K. *(Beeinflussung von Menschen in Kriegszeiten mit psychologischen Mitteln, um bestimmte Haltungen, Einstellungen, Denkweisen zu erzeugen;* nach engl. psychological warfare).

Kriegs|aus|bruch, der ⟨o. Pl.⟩: *[plötzlicher, unerwarteter] Beginn eines Krieges:* kurz vor, nach [dem] K.

Kriegs|aus|zeich|nung, die: *im Krieg erworbene Auszeichnung* (2).

Kriegs|beil, das: *Streitaxt der Indianer; Tomahawk:* *** das K. ausgraben/begraben** (scherzh.; *einen Streit beginnen/beenden;* nach den Kriegsbräuchen der Indianer).

Kriegs|be|ma|lung, die (Völkerk.): *Bemalung des Gesichts u. der Brust bes. bei indianischen Kriegern (2):* *** in/mit [voller] K.** (scherzh.; 1. *[von Soldaten] mit allen Orden u. Ehrenzeichen geschmückt.* 2. *[von Frauen] sehr stark geschminkt).*

Kriegs|be|richt, der: *Bericht über Kriegsereignisse.*

Kriegs|be|richt|er|stat|tung, die: *Berichterstattung über Kriegsereignisse.*

kriegs|be|schä|digt ⟨Adj.⟩: *durch eine im Krieg erlittene körperliche Schädigung dauernd gesundheitlich beeinträchtigt:* er ist k.

Kriegs|be|schä|dig|te, der u. die; -n, -n ⟨Dekl. ↑Abgeordnete⟩: *jmd., der kriegsbeschädigt ist.*

Kriegs|be|schä|dig|ten|für|sor|ge, die: *Fürsorge (2) für Kriegsbeschädigte.*

Kriegs|beu|te, die: *im Krieg [von der Truppe] Erbeutetes, bes. Waffen u. anderes Kriegsmaterial.*

Kriegs|braut, die: *junge Frau, die sich während des Krieges verlobt od. verheiratet hat u. deren Schicksal durch die Kriegsereignisse beeinflusst ist.*

Kriegs|dienst, der ⟨Pl. selten⟩: **1.** *Dienst als Soldat im Krieg.* **2.** *Wehrdienst.*

Kriegs|dienst|ver|wei|ge|rer, der: *Wehrdienstpflichtiger, der sich unter Berufung auf Gewissensgründe weigert, Kriegs- od. Militärdienst zu leisten.*

Kriegs|dienst|ver|wei|ge|rung, die: *Verweigerung des Kriegsdienstes unter Berufung auf Gewissensgründe.*

Kriegs|en|de, das ⟨o. Pl.⟩: *Ende eines Krieges.*

Kriegs|ent|schä|di|gung, die: *vom Sieger dem besiegten Land abgeforderte Entschädigung.*

Kriegs|er|eig|nis, das ⟨meist Pl.⟩: *den Krieg betreffendes, mit dem Krieg zusammenhängendes Ereignis.*

Kriegs|er|klä|rung, die [LÜ von frz. déclaration de guerre]: *formelle Ankündigung der Kriegsabsichten.*

Kriegs|er|leb|nis, das: *Erlebnis eines Kriegsteilnehmers im Krieg:* schreckliche, abenteuerliche -se.

Kriegs|fall, der: *Fall eines Krieges:* sich auf den K. vorbereiten; im -[e].

Kriegs|film, der: *[Spiel]film, der kriegerisches Geschehen [in verherrlichender Weise] zeigt.*

Kriegs|flot|te, die: *Gesamtheit der Kriegsschiffe eines Landes.*

Kriegs|fol|ge, die ⟨meist Pl.⟩: *Schaden, der als Folge eines Krieges entstanden ist.*

Kriegs|frei|wil|li|ge, der: *(bes. im Ersten Weltkrieg) jmd., der sich freiwillig zum Kriegsdienst (1) meldet.*

Kriegs|füh|rung, die: *Kriegführung.*

Kriegs|fuß [nach frz. sur le pied de guerre]: nur in den Wendungen **mit jmdm. auf [dem] K. stehen/leben** (scherzh.; *mit jmdm. im Streit liegen*); **mit etw. auf [dem] K. stehen** (scherzh.; *etw. [eine bestimmte Fertigkeit] nur unzureichend beherrschen*): mit der Rechtschreibung auf dem K. stehen.

Kriegs|ge|biet, das: *Gebiet, in dem Krieg herrscht, in dem kriegerische Handlungen möglich sind.*

Kriegs|ge|fahr, die: *Gefahr eines drohenden Kriegsausbruchs.*

Kriegs|ge|fan|ge|ne, der u. die: *(männlicher od. weiblicher) Soldat, der im Krieg vom Feind gefangen genommen wird, in die Hand des Gegners gerät.*

Kriegs|ge|fan|ge|nen|la|ger, das: *Lager* (1), *in dem Kriegsgefangene interniert sind.*

Kriegs|ge|fan|gen|schaft, die: *Gefangenschaft [im Land des Feindes] im Rahmen einer kriegerischen Auseinandersetzung:* aus der K. zurückkehren; in K. geraten.

Kriegs|geg|ner, der: **1.** *(in einem Krieg) Angehöriger der gegnerischen Seite.* **2.** *jmd., der den Krieg als Mittel der Auseinandersetzung zwischen Staaten verneint.*

Kriegs|geg|ne|rin, die: w. Form zu ↑Kriegsgegner.

Kriegs|ge|ne|ra|ti|on, die: **a)** *Altersgruppe von Menschen, die im Krieg geboren od. aufgewachsen sind;* **b)** *Altersgruppe derjenigen, die den Krieg aktiv mitgemacht od. bewusst miterlebt haben.*

Kriegs|ge|rät, das ⟨o. Pl.⟩ (veraltend): *Kriegsmaterial.*

Kriegs|ge|richt, das: *Organ der militärischen Strafgerichtsbarkeit [im Krieg].*

Kriegs|ge|schä|dig|te, der u. die: *jmd., der Kriegsschaden erlitten hat.*

Kriegs|ge|schrei, das: **1.** *von in den Kampf ziehenden Kriegern angestimmtes Geschrei zur gegenseitigen Anfeuerung u. zur Einschüchterung des Gegners.* **2.** (veraltet) *Gerüchte über das vermeintliche Bevorstehen eines Krieges.*

Kriegs|ge|winn|ler, der; -s, - (abwertend): *jmd., der am Krieg durch Waffenlieferungen o. Ä. verdient.*

Kriegs|ge|winn|le|rin, die; -, -nen: w. Form zu ↑Kriegsgewinnler.

Kriegs|gott, der (Myth.): *Gott des Krieges:* Mars war der K. der Römer.

Kriegs|grab, das ⟨meist Pl.⟩: *Grab eines gefallenen Soldaten.*

Kriegs|grä|ber|für|sor|ge, die: *organisierte Bemühung um die Auffindung, Gestaltung u. Pflege der Kriegsgräber.*

Kriegs|het|ze, die ⟨o. Pl.⟩ (abwertend): *Aufstachelung zum Krieg.*

Kriegs|hin|ter|blie|be|ne, der u. die: *Hinterbliebener, Hinterbliebene einer im Krieg umgekommenen Person, bes. Hinterbliebene eines gefallenen od. vermissten Soldaten.*

Kriegs|hin|ter|blie|be|nen|für|sor|ge, die: *Fürsorge (2) für Kriegshinterbliebene.*

Kriegs|in|dus|trie, die: *Kriegsmaterial produzierende Industrie.*

Kriegs|in|va|li|de, der u. die: *Invalide infolge einer Kriegsverletzung.*

Kriegs|jahr|gang, der: vgl. Kriegsgeneration (1).

Kriegs|ka|me|rad, der: *jmd., der im Krieg als Soldat in der gleichen Einheit gekämpft hat.*

Kriegs|list, die: *im Krieg angewendete List, mit der der Gegner getäuscht werden soll.*

Kriegs|ma|ri|ne, die: *Seestreitkräfte eines Landes.*

Kriegs|ma|schi|ne, die: **1.** (früher) *bei der Belagerung einer Stadt od. Burg verwendetes Kriegsgerät.* **2.** (abwertend) *das gesamte militärische Potenzial eines Staates.*

Kriegs|ma|te|ri|al, das: *Gesamtheit aller Arten von Waffen u. Ausrüstungsgegenständen, die für eine Verwendung im Krieg bestimmt sind.*

Kriegs|mi|nis|te|ri|um, das (früher): *Verteidigungsministerium.*

Kriegs|op|fer, das (Amtsspr.): *jmd., der durch die Kriegsereignisse Schaden erleidet od. einen Angehörigen verliert.*

Kriegs|op|fer|ver|sor|gung, die (Amtsspr.): *Versorgung der Kriegsopfer in Hinsicht auf vom Staat gewährte Leistungen wie Renten, Heilbehandlungen u. a.*

Kriegs|pfad [LÜ von engl. war-path]: in der Wendung **auf dem K. sein** (scherzh.; *im Begriff sein, eine Attacke gegen etw. zu führen*).

Kriegs|pro|pa|gan|da, die: *Propaganda dafür, einen Krieg zu beginnen, zu führen.*

Kriegs|rat: in der Wendung K. [ab]halten (scherzh.; *über ein gemeinsames Vorhaben od. Vorgehen beratschlagen*).

Kriegs|recht, das ⟨o. Pl.⟩: *völkerrechtliche Vorschriften, die Krieg führenden Staaten in ihren Handlungen bestimmte rechtliche Grenzen setzen.*

Kriegs|ro|man, der: *Roman, der den Krieg zum Thema hat, der aus dem Erlebnis des Krieges entstanden ist.*

Kriegs|scha|den, der (bes. Amtsspr.): *durch Einwirkung des Krieges entstandener materieller Schaden od. Schaden an Leib u. Leben.*

Kriegs|schau|platz, der [LÜ von frz. théâtre de guerre]: *Gebiet, in dem sich ein Krieg abspielt:* Berichte von verschiedenen Kriegsschauplätzen.

Kriegs|schiff, das: *Schiff der Kriegsmarine.*

Kriegs|schuld, die: *Verantwortung, die einen Staat für den Ausbruch eines Krieges trifft.*

Kriegs|schul|den ⟨Pl.⟩: *Schulden des Staates, die durch eine Kriegführung entstehen.*

Kriegs|spiel, das: **1.** (Milit.) *Planspiel.* **2.** *Spiel von Kindern im Freien, bei dem sie Kämpfe gegeneinander ausführen.*

Kriegs|spiel|zeug, das: *Nachbildung von Kriegsmaterial als Kinderspielzeug.*

Kriegs|tanz, der: *bei Naturvölkern von bewaffneten Kriegern ausgeführtes tänzerisches Zeremoniell.*

kriegs|taug|lich ⟨Adj.⟩: *tauglich zum Kriegsdienst.*

Kriegs|teil|neh|mer, der: *jmd., der aktiv an einem Krieg teilnimmt, teilgenommen hat.*

Kriegs|to|te, der u. die ⟨meist Pl.⟩: *jmd., der durch die Kriegsereignisse sein Leben verloren hat.*

Kriegs|trau|ung, die: *Ferntrauung im Krieg.*

Kriegs|trei|ber, der (abwertend): *jmd., der zum Krieg aufhetzt.*

Kriegs|trei|be|rin, die; -, -nen: w. Form zu ↑Kriegstreiber.

kriegs|un|taug|lich ⟨Adj.⟩: *nicht kriegstauglich.*

Kriegs|ver|bre|chen, das (Rechtsspr.): *gegen das Völkerrecht verstoßende Handlung in einem Krieg.*

Kriegs|ver|bre|cher, der: *jmd., der ein Kriegsverbrechen begangen hat.*

Kriegs|ver|dienst|kreuz, das: *für Verdienste im Krieg verliehene Auszeichnung von der Form eines Kreuzes* (2).

Kriegs|ver|letz|te, der u. die: vgl. Kriegsbeschädigte.
Kriegs|ver|let|zung, die: *im Krieg erlittene Verletzung, Verwundung.*
Kriegs|ver|sehr|te, der u. die: *jmd., der durch eine Kriegsverletzung körperbehindert ist.*
kriegs|ver|wen|dungs|fä|hig ⟨Adj.⟩ (Amtsspr.): *für den Kriegsdienst tauglich:* jmdn. k. schreiben.
Kriegs|ve|te|ran, der: *jmd., der als Soldat einen Krieg mitgemacht hat.*
Kriegs|volk, das (veraltet): *Krieger, Soldaten.*
Kriegs|waf|fe, die ⟨meist Pl.⟩ (veraltend): *im Krieg einzusetzende Waffe.*
Kriegs|wai|se, die: *Kind eines im Krieg gefallenen Soldaten.*
kriegs|wich|tig ⟨Adj.⟩: *militärisch, strategisch wichtig.*
Kriegs|wir|ren ⟨Pl.⟩: *Wirren* (1) *eines Krieges.*
Kriegs|wirt|schaft, die: *auf die Erfordernisse des Krieges hin ausgerichtete Volkswirtschaft eines Landes.*
Kriegs|zeit, die: *Zeit* (3 a), *in der Krieg herrscht:* in -en.
Kriegs|ziel, das: *Ziel einer kriegerischen Auseinandersetzung.*
Kriegs|zug, der (veraltet): *Feldzug.*
Kriegs|zu|stand, der ⟨Pl. selten⟩: *Zustand des Krieges, in dem sich ein Land mit einem od. mehreren anderen befindet:* das Land befindet sich im K. *(im Krieg).*
Kriek|en|te: ↑Krickente.
[1]**Krill,** der; -[e]s, -e [engl. krill < norw. (mundartl.) kril = Fischbrut]: *kleine Garnele von orangeroter Farbe (die in großer Zahl im Plankton antarktischer Meere vorkommt).*
[2]**Krill,** das; -[e]s: *(bes. in den antarktischen Meeren auftretendes) Plankton, das in der Hauptsache aus* [1]*Krill besteht.*
Krim, die; -: Halbinsel zwischen Asowschem u. Schwarzem Meer (Ukraine).
Kri|mi ['kri:mi, 'krɪmi], der; -s, -s, (selten:) -, - [gek. aus ↑Kriminalroman] (ugs.): **1.** Kurzf. von ↑Kriminalfilm, Kriminalstück: sich einen K. ansehen; Ü das Fußballspiel war ein einziger K. **2.** Kurzf. von ↑Kriminalroman: sie liest, verschlingt einen K. nach dem andern.
kri|mi|nal ⟨Adj.⟩ [lat. criminalis = ein Verbrechen betreffend, zu: crimen = Vergehen, Verbrechen] (veraltet): *strafrechtlich.*
Kri|mi|nal|be|am|te, der: *[nicht uniformierter] Beamter der Kriminalpolizei.*
Kri|mi|nal|be|am|tin, die: w. Form zu ↑Kriminalbeamte.
Kri|mi|na|le, der; -n, -n ⟨Dekl. ↑Abgeordnete⟩, **Kri|mi|na|ler,** der; -s, - (ugs.): *Kriminalbeamter.*
Kri|mi|nal|fall, der: [1]*Fall* (3), *bei dem eine Strafsache untersucht, verhandelt wird, aufgeklärt werden soll.*
Kri|mi|nal|film, der: *Film, bei dem ein Verbrechen u. seine Aufklärung im Mittelpunkt stehen.*
Kri|mi|nal|ge|schich|te, die: **1.** vgl. Kriminalfilm. **2.** ⟨o. Pl.⟩ *Geschichte der Kriminalistik, der Kriminalität:* ein einmaliger Fall in der K.
kri|mi|na|li|sie|ren ⟨sw. V.; hat⟩: **1.** *bei jmdm. kriminelle Neigungen wecken; in die Kriminalität treiben:* die sozialen Missstände haben dazu beigetragen, die Jugendlichen zu k. **2.** *als kriminell erscheinen lassen, hinstellen:* eine Handlung k.
Kri|mi|na|list, der; -en, -en: **1.** (veraltend) *Lehrer, Professor des Strafrechts; Strafrechtler.* **2.** *Beamter, Sachverständiger, Mitarbeiter der Kriminalpolizei.*
Kri|mi|na|lis|tik, die; -: *(als Teilbereich der Kriminologie) Wissenschaft, Lehre von der Aufklärung u. Verhinderung von Verbrechen.*
Kri|mi|na|lis|tin, die; -, -nen: w. Form zu ↑Kriminalist.
kri|mi|na|lis|tisch ⟨Adj.⟩: *die Kriminalistik betreffend, auf ihr beruhend, zu ihr gehörend, mit ihren Mitteln vorgehend:* -e Fähigkeiten; -er Spürsinn; etw. k. untersuchen.
Kri|mi|na|li|tät, die; -: **1.** *das Sich-strafbar-Machen, Straffälligwerden; Straffälligkeit.* **2.** *Gesamtheit der vorkommenden Straftaten:* eine hohe K.; organisierte K.; die K. bekämpfen.
Kri|mi|na|li|täts|ra|te, die: *Rate* (2) *der Kriminalität* (2).
Kri|mi|nal|kom|mis|sar, der: vgl. Kriminalbeamte.
Kri|mi|nal|kom|mis|sa|rin, die: w. Form zu ↑Kriminalkommissar.
Kri|mi|nal|ko|mö|die, die: vgl. Kriminalfilm.
Kri|mi|nal|po|li|zei, die: *Zweig der Polizei, dessen Aufgabe in der Verhütung, Aufdeckung u. Bekämpfung von Straftaten besteht;* Kurzwort: Kripo.
kri|mi|nal|po|li|zei|lich ⟨Adj.⟩: *zur Kriminalpolizei gehörend, von der Kriminalpolizei ausgehend, durchgeführt:* -e Ermittlungen.
Kri|mi|nal|ro|man, der: vgl. Kriminalfilm.
Kri|mi|nal|sta|tis|tik, die: *amtliche Statistik über Kriminalität.*
Kri|mi|nal|stück, das: vgl. Kriminalfilm.
kri|mi|nell ⟨Adj.⟩ [frz. criminel = verbrecherisch; strafrechtlich < lat. criminalis, ↑kriminal]: **1. a)** *zu strafbaren, verbrecherischen Handlungen neigend:* -e Jugendliche; -e Elemente; sie sind in einem -en Milieu *(in einem Milieu, in dem strafbare, verbrecherische Handlungen üblich sind)* aufgewachsen; sie ist k. *(straffällig)* geworden; k. handeln *(eine strafbare, verbrecherische Handlung begehen);* **b)** *eine strafbare, verbrecherische Handlung darstellend:* ein -es Verhalten; eine solche Tat ist k. *(ist strafbar, verbrecherisch).* **2.** (ugs.) *sich an der Grenze des Erlaubten bewegend; unverantwortlich, schlimm; rücksichtslos:* -e Methoden; er fährt geradezu k.
Kri|mi|nel|le, der u. die; -n, -n ⟨Dekl. ↑Abgeordnete⟩: *jmd., der straffällig geworden ist, eine Straftat, ein Verbrechen begangen hat.*
Kri|mi|no|lo|ge, der; -n, -n [↑-loge]: *Wissenschaftler, Fachmann auf dem Gebiet der Kriminologie.*
Kri|mi|no|lo|gie, die; - [↑-logie]: *Wissenschaft, die Ursachen u. Erscheinungsformen des Verbrechens untersucht u. sich mit der Bekämpfung des Verbrechens befasst.*
Kri|mi|no|lo|gin, die; -, -nen: w. Form zu ↑Kriminologe.
kri|mi|no|lo|gisch ⟨Adj.⟩: *die Kriminologie betreffend, auf ihr beruhend, zu ihr gehörend, mit ihren Mitteln, Methoden arbeitend.*
krim|meln ⟨sw. V.; hat⟩ [bewegungsnachahmend]: in der Wendung **es krimmelt und wimmelt** (nordd.; *es kribbelt* 2).
krim|pen ⟨sw. V.; hat⟩ [mniederd. krimpen, verw. mit ↑Krampf]: **1.** (landsch.) **a)** *einschrumpfen, eingehen, einlaufen:* der Stoff krimpt in der Wäsche; **b)** *einschrumpfen lassen.* **2.** (Seemannsspr.) *(vom Wind) sich (auf der nördlichen Halbkugel) entgegen dem Uhrzeigersinn od. (auf der südlichen Halbkugel) im Uhrzeigersinn drehen.*
Krim|sekt, der ⟨o. Pl.⟩: *Schaumwein von der Krim.*
Krims|krams, der; -[es] [verdoppelnde Bildung mit Ablaut zu ↑Kram, viell. unter Anlehnung an ↑krimmeln] (ugs.): *wertloses [irgendwo herumliegendes] Zeug; Kram:* eine Schublade voll K.; Ü mit solchem K. *(solchen Nichtigkeiten, Belanglosigkeiten)* gebe ich mich nicht ab.
Krin|gel, der; -s, - [mhd. kringel = Kreis, ringförmiges Gebilde, Brezel, Vkl. von: krinc = Kreis, Ring, urspr. = Gedrehtes, Gebogenes; Geflochtenes]: **1.** *kleiner, nicht exakt gezeichneter Kreis; Schnörkel o. Ä. von annähernder Kreisform; einem Ring ähnliches Gebilde:* sie malte ein paar K. **2.** *kleines ringförmiges Gebäck o. Ä.*
krin|ge|lig ⟨Adj.⟩: *wie Kringel, Schnörkel geformt:* *** sich k. lachen** (ugs.; *sehr, herzhaft lachen*).
krin|geln ⟨sw. V.; hat⟩: **a)** *zu einem Kringel* (1), *zu Kringeln formen; Kringel, kleine Kreise, Ringe, Bogen o. Ä. entstehen lassen:* die Feuchtigkeit kringelte ihr Haar; **b)** ⟨k. + sich⟩ *sich zu einem Kringel* (1), *zu Kringeln formen:* die Hobelspäne kringeln sich; *** sich [vor Lachen] k.** (ugs.; *sehr, herzhaft lachen müssen*); **zum Kringeln sein** (ugs.; *sehr zum Lachen sein, zu heftigem Lachen reizen*).
Kri|po, die; -, -s ⟨Pl. selten⟩: Kurzwort für ↑Kriminalpolizei.
Kri|po|be|am|te, der: *Kriminalbeamter.*
Kri|po|be|am|tin, die: w. Form zu ↑Kripobeamter.
Krip|pe, die; -, -n [mhd. krippe, ahd. krippa, eigtl. = Flechtwerk, Geflochtenes, verw. mit ↑Kringel]: **1.** *Futterkrippe:* die K. mit Futter füllen; das Jesuskind lag in einer K.; die Bedeutung von K. und Kreuz; das Kind in der K. *(Gott, der in Armut Mensch geworden ist);* Ü zur K. (scherzh.; *zum Essen*) kommen, eilen; *** an die K. kommen/an der K. sitzen** (↑Futterkrippe). **2.** *bildliche Darstellung einer Szenerie aus der Weihnachtsgeschichte mit figürlichen Nachbildungen von Maria u. Joseph mit dem Jesuskind in der Krippe, von Hirten, Engeln u. a.:* jedes Jahr stand die K. unter dem Christbaum. **3.** kurz für ↑Kinderkrippe: die Kinder in die K. bringen. **4.** (veraltet) *aus Holz, Flechtwerk o. Ä. hergestellter Schutz an Deichen od. bestimmten Stellen eines Ufers.*
Krip|pen|fi|gur, die: *zu einer Krippe* (2) *gehörende Figur.*
Krip|pen|spiel, das: *meist von Laien aufgeführtes Spiel um die Geburt Christi.*
Krip|pen|tod, der: volkst. Bez. für *plötzlicher Kindstod* (↑Kindstod).
Kri|se, die; -, -n [älter Crisis = Krisis (2) < griech. krísis = Entscheidung, entscheidende Wendung, zu krínein, ↑kritisch; in der allg. Bed. beeinflusst von frz. crise]: **1.** *schwierige Lage, Situation, Zeit [die den Höhe- u. Wendepunkt einer gefährlichen Entwicklung darstellt]; Schwierigkeit, kritische Situation; Zeit der Gefährdung, des Gefährdetseins:* eine finanzielle K. steht bevor, droht; die K. flaut ab; eine schwere, seelische K. durchmachen, überwinden; in eine K. geraten; die Wirtschaft, die Partei steckt in einer handfesten K.; *** die K. kriegen** (salopp; *in Verwirrung geraten, sich aufregen*). **2.** (Med.) *Krisis* (2).
kri|seln ⟨sw. V.; hat; unpers.⟩: *(von einer Krise, einem krisenhaften Zustand) irgendwo bevorstehen, vorhanden sein:* bei einer Firma, in einer Partei kriselt es.
kri|sen|an|fäl|lig ⟨Adj.⟩: *leicht in eine Krise geratend:* ein -es Unternehmen.
kri|sen|fest ⟨Adj.⟩: *gegen Krisen gesichert, nicht anfällig für Krisen:* ein -es Unternehmen; ein -er Arbeitsplatz.
Kri|sen|ge|biet, das: *Gebiet, das sich in einer politischen, auch wirtschaftlichen Krise befindet, in dem es leicht zu politischen Krisen, zu kriegerischen Auseinandersetzungen kommen kann.*
kri|sen|ge|schüt|telt ⟨Adj.⟩: *sich in heftigen politischen, wirtschaftlichen o. ä. Krisen befindend u. so von ständigen inneren Auseinandersetzungen bedroht:* ein -es Land, Unternehmen.
kri|sen|haft ⟨Adj.⟩: *eine Krise kennzeichnende Erscheinungen aufweisend:* sich k. zuspitzen.
Kri|sen|herd, der: *Krisengebiet.*
Kri|sen|ma|nage|ment, das: *Gesamtheit der Maßnahmen zur Lösung politischer, wirtschaftlicher o. ä. Krisen u. Konflikte.*
kri|sen|si|cher ⟨Adj.⟩: *krisenfest:* -e Arbeitsplätze; eine -e Branche.
Kri|sen|si|tu|a|ti|on, die: *krisenhafte Situation.*
Kri|sen|stab, der: *offizielles Gremium sachverständiger Persönlichkeiten, das zur Behebung bestimmter Notsituationen gebildet wird.*
Kri|sen|zeit, die: *Zeit, in der eine Krise herrscht.*
Kri|sis, die; -, Krisen: **1.** (veraltend) *Krise* (1). **2.** (Med.) *kritischer Wendepunkt im Verlauf einer akuten Krankheit:* in der Nacht kam es zur K.
[1]**Kris|tall,** der; -s, -e [mhd. cristalle, ahd. cristalla < mlat. crystallum < lat. crystallus < griech. krýstallos = Eis; Bergkristall]: *chemisch einheitlich zusammengesetzter fester Körper, der von gleichmäßig angeordneten ebenen Flächen begrenzt ist:* der Aufbau, die Struktur eines -s.

[2]Kris|tall, das; -s: **1.** *stark glänzendes, meist geschliffenes Glas (von bestimmter chemischer Zusammensetzung):* eine Schale aus K.; der Wein funkelte im geschliffenen K. der Gläser. **2.** *Gesamtheit von Gegenständen aus Kristall* (1): die Vitrine, in der sie ihr K. aufbewahrt.
Kris|tall|bil|dung, die: *Entstehung von [1]Kristallen.*
kris|tal|len ⟨Adj.⟩ [mhd. kristallīn < lat. crystallinus < griech. krystállinos]: *aus [2]Kristall* (1) *bestehend:* eine -e Vase.
Kris|tall|git|ter, das (Kristallographie veraltet): *Raumgitter.*
Kris|tall|glas, das: **1.** ⟨o. Pl.⟩ [2]*Kristall* (1). **2.** ⟨Pl. ...gläser⟩ *Trinkgefäß aus [2]Kristall* (1).
kris|tal|lin, (veraltend:) **kris|tal|li|nisch** ⟨Adj.⟩ (bes. Mineral.): *aus Kristallen bestehend, zusammengesetzt:* -er Schiefer.
Kris|tal|li|sa|ti|on, die; -, -en [frz. cristallisation, zu: cristalliser = Kristalle bilden] (bes. Chemie): *das Kristallisieren:* die K. eines Stoffes.
Kris|tal|li|sa|ti|ons|punkt, der (Chemie): *Temperatur, bei der ein Stoff kristallisiert, Kristalle bildet.*
kris|tal|li|sie|ren ⟨sw. V.; hat⟩ [frz. cristalliser] (bes. Chemie): *Kristalle bilden:* [in Würfeln] kristallisierende Stoffe.
Kris|tal|lit [auch: ...lɪt], der; -s, -e: *kleiner [1]Kristall mit unregelmäßiger Oberfläche.*
kris|tall|klar ⟨Adj.⟩: *klar u. durchsichtig wie [2]Kristall:* ein -er See.
Kris|tall|ku|gel, die: *Kugel aus [2]Kristall* (1): aus einer K. wahrsagen.
Kris|tall|leuch|ter, der: *Leuchter, der überwiegend aus geschliffenem [2]Kristall* (1) *gefertigt ist.*
Kris|tall|lin|se, die: *Linse aus [2]Kristall* (1).
Kris|tall|lus|ter, der (österr.): vgl. Kristallleuchter.
Kris|tall|nacht, die ⟨o. Pl.⟩ [die Bez. bezieht sich vermutlich auf die Glasscherben und -splitter zertrümmerter (Schau)fensterscheiben] (nationalsoz. Jargon): *Pogromnacht* (b); *Reichskristallnacht.*
Kris|tal|lo|gra|phie, die; - [↑-graphie]: *Wissenschaft vom Aufbau u. der Bildung der Kristalle u. von ihren chemischen u. physikalischen Eigenschaften (als Teilgebiet der Physik u. der Mineralogie).*
Kris|tall|phy|sik, die: *Physik, Kristallographie, die sich bes. mit den physikalischen Eigenschaften der Kristalle u. den in ihnen auftretenden physikalischen Erscheinungen befasst.*
Kris|tall|scha|le, die: *Schale aus geschliffenem [2]Kristall* (1).
Kris|tall|struk|tur, die: vgl. Kristallgitter.
Kris|tall|va|se, die: vgl. Kristallschale.
Kris|tall|wei|zen, das: *Weizenbier, das (im Unterschied zum Hefeweizen) durch Herausfiltern der Hefebestandteile klar ist.*
Kris|tall|zu|cker, der (bes. Fachspr.): *gereinigter, veredelter, aus farblos glänzenden Körnern bestehender Zucker.*
Kri|te|ri|um, das; -s, ...ien [latinis. aus griech. kritḗrion, zu: krínein, ↑kritisch]: **1.** (bildungsspr.) *unterscheidendes Merkmal als Bedingung für einen Sachverhalt, ein Urteil, eine Entscheidung:* ein hinreichendes K.; Kriterien für etw. aufstellen; etw. zum K. für eine Auswahl machen. **2.** (Sport) **a)** *in verschiedenen Sportarten meist mit einer großen Zahl von Teilnehmern ausgetragenes Wettrennen, bei dem keine Meisterschaft ausgetragen, sondern nur ein Sieger ermittelt wird:* die junge Skiläuferin hat das erste K. dieses Jahres, das K. des ersten Schnees gewonnen; **b)** (Radsport) *Straßenrennen auf einem Rundkurs, bei dem der Sieger durch die Ergebnisse einzelner Wertungen nach Punkten ermittelt wird:* ein K. gewinnen; an einem K. teilnehmen.
Kri|tik [auch: krɪˈtɪk], die; -, -en [frz. critique < griech. kritikḗ (téchnē) = Kunst der Beurteilung, zu: kritikós, ↑kritisch]: **1.** ⟨Pl. selten⟩ **a)** *[fachmännisch] prüfende Beurteilung u. deren Äußerung in entsprechenden Worten:* eine konstruktive, sachliche, harte K.; etw. einer, der K. unterziehen; sie legte Wert auf die K. ihres Freundes; *** unter aller/jeder K.** (ugs.; *sehr schlecht [in Bezug auf eine zu beurteilende Leistung]*): die Mannschaft war, spielte heute unter aller K.; **b)** *das Kritisieren* (2), *Beanstanden, Bemängeln:* sie kann keine K. vertragen; an jmdm., etw. K. üben *(etwas aussetzen, beanstanden);* diese Maßnahmen stießen auf heftige K.; **c)** *(in den früheren sozialistischen Staaten) Fehler u. Versäumnisse beanstandende [öffentliche] kritische Stellungnahme als Mittel zur politischen u. gesellschaftlichen Weiterentwicklung:* das Prinzip von K. und Selbstkritik. **2. a)** *kritische* (1 a) *Beurteilung, Besprechung einer künstlerischen Leistung, eines Werkes (in einer Zeitung, im Rundfunk o. Ä.):* die K. in der Zeitung über sein letztes Konzert war vernichtend, war [nicht gerade] positiv; -en schreiben, lesen, sammeln; in der Presse waren nur gute -en über sie, über ihre Auftritte zu lesen; sie hat nur miserable -en bekommen; die Zeitschrift bringt öfter -en *(Rezensionen);* der Film kam in der K. noch gut weg (ugs.; *wurde noch recht positiv kritisiert*); **b)** ⟨o. Pl.⟩ *Gesamtheit der Kritiker* (2): das Buch kam bei der K. nicht an.
Kri|ti|ker [auch: ˈkrɪ...], der; -s, - [lat. criticus < griech. kritikós]: **1.** *jmd., der jmdn., etw. prüfend beurteilt, kritisiert:* er ist ein unbestechlicher, strenger K. des Präsidenten, der neuen Politik; diese Ehrung wurde ihr weder von ihren Bewunderern noch von ihren -n zuerkannt. **2.** *jmd., der in einer Zeitung, Zeitschrift [berufsmäßig] Kritiken* (2 a) *schreibt, die bes. den Bereich der Kunst betreffen:* prominente K. verschiedener Zeitungen sahen sich das Gastspiel an, waren in der Aufführung.
Kri|ti|ke|rin, die; -, -nen: w. Form zu ↑Kritiker.
kri|tik|fä|hig ⟨Adj.⟩: **1.** *fähig, Kritik zu üben.* **2.** *fähig, Kritik zu akzeptieren, zu ertragen.*
Kri|tik|fä|hig|keit, die ⟨o. Pl.⟩: **1.** *Fähigkeit, Kritik zu üben.* **2.** *Fähigkeit, Kritik zu akzeptieren, zu ertragen.*
kri|tik|los (oft abwertend): *kein kritisches Urteil habend; ohne prüfende Beurteilung, Begutachtung:* eine -e Haltung, ein -es Hinnehmen der Dinge; sie ist einfach zu k., lässt alles k. über sich ergehen.
Kri|tik|lo|sig|keit, die; -: *kritiklose Art.*
kri|tisch [auch: ˈkrɪ...] ⟨Adj.⟩ [frz. critique < lat. criticus < griech. kritikós = zur entscheidenden Beurteilung gehörend, zu: krínein = scheiden, trennen; entscheiden, urteilen]: **1. a)** *nach präzisen wissenschaftlichen, künstlerischen o. ä. Maßstäben gewissenhaft, streng prüfend u. beurteilend:* ein -er Kommentar; sie ist eine sehr -e Leserin; der -e Apparat (Wissensch.; *Gesamtheit der Lesarten, textkritischen Anmerkungen, Verbesserungen*) eines Textes; eine -e Ausgabe (Wissensch.; *textkritisch bearbeitete Ausgabe mit Angabe von Lesarten, Verbesserungen o. Ä.*) eines literarischen Werkes; etw. k. betrachten, beurteilen; **b)** *negativ beurteilend; eine negative Beurteilung enthaltend:* seine -en Bemerkungen verletzten sie; er fürchtete ihre -en Blicke. **2. a)** *eine Wende ankündigend; entscheidend für eine [gefährliche] Entwicklung:* eine -e Phase; die Verhandlungen haben einen -en Punkt erreicht; die -en Jahre *(Wechseljahre)* der Frau; **b)** *eine starke Gefährdung bedeutend:* der Fahrer kam in eine -e Situation; ihr Zustand ist sehr k., wird als sehr k. bezeichnet.
kri|ti|sie|ren ⟨sw. V.; hat⟩ [nach gleichbed. frz. critiquer]: **1.** *[als Kritiker* (2), *Kritikerin] fachlich beurteilen, besprechen:* eine Aufführung, ein Konzert positiv, gut, scharf k.; ein Buch, eine Neuerscheinung k. *(rezensieren).* **2.** *mit einer Person od. Sache nicht einverstanden sein, weil sie bestimmten Maßstäben nicht entspricht, u. dies in tadelnden Worten zum Ausdruck bringen:* jmdn., jmds. Handlungsweise heftig, öffentlich k.; sie hat an allem etwas zu k.; die Regierung in der Presse k.
Krit|te|lei, die; -, -en (abwertend): *dauerndes, als lästig empfundenes Kritteln.*
krit|teln ⟨sw. V.; hat⟩ [unter Einfluss von Kritik, kritisch, kritisieren zu älter: grittelen = mäkeln, unzufrieden sein, zanken] (abwertend): *kleinliche, als ungerechtfertigt erscheinende Kritik* (1 b) *üben:* sie hat immer etwas zu k.; an seiner Arbeit gibt es nichts zu k.
Krit|ze|lei, die; -, -en (ugs. abwertend): **1.** ⟨o. Pl.⟩ *[dauerndes] Kritzeln.* **2.** *etw. Gekritzeltes; Gekritzel.*
krit|zeln ⟨sw. V.; hat⟩ [Vkl. von mhd. kritzen, ahd. krizzōn = (ein)ritzen, wohl Nebenf. von ↑kratzen]: **1.** *wahllos Schnörkel, Striche o. Ä. zeichnen:* das Kind kritzelt [mit seinen Stiften] auf einem Blatt Papier. **2.** *klein u. eng, in unregelmäßigen Schriftzügen schreiben:* was kritzelst du denn da?; Bemerkungen an den Rand k.; sie kritzelte eine Telefonnummer in ihr Notizbuch.
Kro|a|te, der; -n, -n: Ew.
Kro|a|ti|en; -s: Staat in Südosteuropa.
Kro|a|tin, die; -, -nen: w. Form zu ↑Kroate.
kro|a|tisch ⟨Adj.⟩: **a)** *Kroatien, die Kroaten betreffend; von den Kroaten stammend, zu ihnen gehörend:* wir haben -e Freunde; **b)** *in der Sprache der Kroaten:* -e Literatur.
Kro|a|tisch, das; -[s] u. ⟨nur mit best. Art.:⟩ **Kro|a|ti|sche**, das; -n: *die kroatische Sprache.*
kroch, krö|che: ↑kriechen.
Kro|cket [auch: krɔˈkɛt], das; -s [engl. croquet < afrz. crochet, Vkl. von: croc = Haken]: *Rasenspiel, bei dem Kugeln mit hammerähnlichen Schlägern aus Holz durch kleine Tore bis zu einem Pflock, dem Ziel, getrieben werden.*
Kro|kant, der; -s [frz. croquante = Knusperkuchen, zu: croquer = knabbern, lautm.]: **a)** *aus zerkleinerten Mandeln od. Nüssen u. karamellisiertem Zucker hergestellte, knusprige Masse:* Pralinen aus K.; **b)** *Pralinen aus Krokant* (a).
Kro|ket|te, Croquette, die; -, -n ⟨meist Pl.⟩ [frz. croquette, zu: croquer, ↑Krokant]: *in Fett knusprig gebackenes Klößchen od. Röllchen aus Kartoffelbrei, auch aus zerkleinertem Fleisch, Fisch o. Ä.*
Kro|ko, das; -[s], -s: Kurzf. von ↑Krokodilleder.
Kro|ko|dil, das; -s, -e [lat. crocodilus < griech. krokódeilos, urspr. = Eidechse, eigtl. = Kieswurm (dissimiliert aus griech. krókē = Kies u. drîlos = Wurm)]: *(in verschiedenen Arten in tropischen u. subtropischen Gewässern lebendes) großes, räuberisches Reptil mit einer aus meist höckerigen Schuppen od. Platten aus Horn bedeckten Haut, lang gestrecktem Kopf u. großem Maul mit scharfen, unregelmäßigen Zähnen u. einem langen, kräftigen, seitlich abgeplatteten Schwanz.*
Kro|ko|dil|le|der, das: *aus der Haut von Krokodilen gefertigtes Leder, das bes. zur Herstellung von Handtaschen, Schuhen, Gürteln o. Ä. verwendet wird.*
Kro|ko|dils|trä|ne, die ⟨meist Pl.⟩ [nach der Legende, dass Krokodile, um ihre Opfer anzulocken, wie Kinder weinen, u. viell. im Hinblick auf die Beobachtung, dass Krokodile tränenähnliche Sekrete absondern] (ugs.): *Rührung, Mitgefühl heuchelnde Träne:* -n vergießen, weinen.
Kro|kus, der; -, -se u. (seltener:) - [lat. crocus < griech. krókos = Safran; schon ahd. cruogo = Safran < griech. krókos]: *(zu den Schwertliliengewächsen gehörende, auf feuchten Wiesen od. in Gärten wachsende) im Vorfrühling blühende Pflanze mit grasartigen Blättern u. trichterförmigen violetten, gelben od. weißen Blüten.*
Krön|chen, das; -s, -: Vkl. zu ↑Krone (1 a, 2 a).
Kro|ne, die; -, -n [mhd. krōne, ahd. corōna < lat. corona = Kranz, Krone < griech. korōnē = Ring, gekrümmtes Ende des Bogens, zu: korōnós = gekrümmt; 10: dän., norw. krone; isl., schwed. krona; tschech., slowak. koruna]: **1. a)** *(als Zeichen der Macht u. Würde eines Herrschers bzw. einer Herrscherin) auf dem Kopf getragener breiter, oft mit Edelsteinen verzierter goldener Reif mit Zacken, sich kreuzenden Bügeln o. Ä.:* eine goldene, mit Edelsteinen besetzte, achtzackige K.; die K. der deutschen Kaiser; sich die K. aufsetzen, aufs Haupt setzen; der Kaiser legte

die K. nieder *(dankte ab);* sie trug die K. *(regierte, herrschte)* zehn Jahre lang; Ü ihr Haar ist zu einer K. geflochten; * **einer Sache die K. aufsetzen** *(alles an Unverschämtheit, Gemeinheit o. Ä. überbieten, das Maß an Frechheit o. Ä. voll machen):* mit dieser Bemerkung hat er allem die K. aufgesetzt; **b)** *durch einen Kaiser/eine Kaiserin, einen König/eine Königin repräsentiertes Herrscherhaus:* die englische K.; **c)** (ugs.) *Kopf:* in den Wendungen **jmdm. in die K. fahren** *(jmdn. ärgern, verstimmen):* was ist dir denn in die K. gefahren?; **jmdm. in die K. steigen** (↑Kopf 1); **einen in der K. haben** *(betrunken sein).* **2. a)** *bei etw. oben aufgesetzter [in der Form an eine Krone erinnernder] Teil:* die Wellen hatten alle eine weiße K. aus Schaum; **b)** kurz für ↑Baumkrone. **3.** ⟨o. Pl.⟩ *höchstes denkbares Maß; Vollendung einer Sache:* die K. des Glücks, des Lebens; der Mensch ist, hält sich für die K. der Schöpfung. **4.** *(meist einfacherer) Kronleuchter:* eine K. aus Bronze mit sechs Armen. **5.** (Bot.) *von einem äußeren grünen Kelch umgebene Blütenblätter, Gesamtheit der Kronblätter.* **6. a)** (Jägerspr.) *oberster, mindestens drei Sprossen umfassender Teil des Geweihs bei Hirschen;* **b)** (Jägerspr.) *Geweih des Rehbocks;* **c)** (Zool.) *wulstartiger Rand oberhalb des Hufes od. der Klaue.* **7.** (Zahnmed.) **a)** kurz für ↑Zahnkrone; **b)** *aus Metall, Porzellan o. Ä. gefertigter Ersatz für eine Zahnkrone.* **8.** *geriffeltes Rädchen, geriffelter Knopf an Armband- od. Taschenuhren zum Aufziehen des Uhrwerks od. zum Stellen der Zeiger.* **9.** kurz für ↑Dammkrone. **10.** *Währungseinheit in Dänemark* (100 Öre; Abk.: dkr), *Island* (100 Aurar; Abk.: ikr), *Norwegen* (100 Öre; Abk.: nkr), *Schweden* (100 Öre; Abk.: skr) *sowie in der Tschechischen* (100 Heller; Abk.: Kč) *u. der Slowakischen Republik* (100 Heller; Abk.: SK).

krö|nen ⟨sw. V.; hat⟩ [mhd. krœnen = (be)kränzen; krönen; auszeichnen]: **1.** *durch Aufsetzen der Krone* (1 a) *in Amt u. Würde eines Königs/einer Königin od. eines Kaisers/einer Kaiserin einsetzen:* der Papst krönte die deutschen Kaiser in Rom; er hat sich selbst zum Kaiser, König gekrönt; Ü der Sieger wurde mit einem Lorbeerkranz gekrönt. **2. a)** *als oberster, aufgesetzter Teil etw. [wirkungsvoll] abschließen; den oberen [wirkungsvollen] Abschluss von etw. bilden:* eine gewaltige Kuppel krönt den Dom; **b)** *mit einem oben aufgesetzten Teil [wirkungsvoll] abschließen.* **3. a)** *den abschließenden Höhepunkt von etw. bilden:* diese Arbeit krönt das Lebenswerk des Künstlers; ihre Bemühungen waren von Erfolg gekrönt *(waren schließlich erfolgreich);* **b)** *mit einer eindrucksvollen Leistung als Höhepunkt abschließen:* sie krönte ihre sportliche Laufbahn mit dem Olympiasieg.

Kro|nen|kor|ken, Kronkorken, der: *flacher, metallener Verschluss mit gewelltem Rand, mit dem Flaschen maschinell verschlossen werden, indem der Rand von außen gegen den Flaschenhals gepresst wird.*

Kron|er|be, der: *Thronerbe.*

Kron|er|bin, die: w. Form zu ↑Kronerbe.

Kron|ju|wel, das, auch: der ⟨meist Pl.⟩: *Juwel, wertvolles Schmuckstück im Besitz eines Herrscherhauses.*

Kron|ko|lo|nie, die [nach engl. royal od. crown colony]: *durch einen Gouverneur verwaltete auswärtige Besitzung Großbritanniens.*

Kron|kor|ken: ↑Kronenkorken.

Kron|leuch|ter, der: *von der Decke frei herabhängender, großer, oft reich verzierter Leuchter mit mehreren Armen od. einem Reifen, auf dem die einzelnen Lampen angebracht sind:* * **jmdm. geht ein K. auf** (ugs. scherzh.; ↑Licht 2 b).

Kro|nos: Vater des Zeus.

Kron|prä|ten|dent, der: *Thronprätendent.*

Kron|prä|ten|den|tin, die: w. Form zu ↑Kronprätendent.

Kron|prinz, der: *Sohn, Enkel eines regierenden Kaisers od. Königs als Thronfolger.*

Kron|prin|zes|sin, die: **1.** *Gemahlin eines Kronprinzen.* **2.** w. Form zu ↑Kronprinz.

Kron|schatz, der: vgl. Kronjuwel.

Krö|nung, die; -, -en [mhd. krœnunge, zu ↑krönen]: **1.** *das Krönen* (1), *feierlicher Akt der Einsetzung als Herrscher:* die K. vollziehen, vornehmen. **2.** *abschließender Höhepunkt:* der Olympiasieg ist, bildet die K. einer sportlichen Laufbahn.

Krö|nungs|fei|er|lich|keit, die ⟨meist Pl.⟩: *Feierlichkeit anlässlich einer Krönung* (1).

Krö|nungs|or|nat, der: *Ornat, den der Herrscher während der Krönung trägt.*

Kron|zeu|ge, der [im 19. Jh. nach engl. King's evidence] (Rechtsspr.): *(im angloamerikanischen Strafverfahren) jmd., der gegen Zusicherung von Straffreiheit als [Haupt]zeuge der Anklage in einem Prozess um eine Straftat auftritt, an der er selbst beteiligt war.*

Kron|zeu|gen|re|ge|lung, die (Rechtsspr.): *(bei terroristischen Straftaten u. Straftaten einer kriminellen Vereinigung) Regelung, durch die ein Täter eine mildere Bestrafung od. Straffreiheit erhalten kann, wenn er freiwillig Aussagen macht, die eine begangene Straftat aufzuklären od. eine geplante zu verhindern helfen.*

Kron|zeu|gin, die: w. Form zu ↑Kronzeuge.

Kropf, der; -[e]s, Kröpfe [mhd., ahd. kropf, wahrsch. urspr. = Rundung, Krümmung, Ausbiegung u. verw. mit ↑Kringel; vgl. auch Krüppel]: **1.** *(durch eine krankhafte Vergrößerung der Schilddrüse bewirkte) nach außen meist sichtbare, oft auffällige Verdickung des Halses an der Vorderseite:* sie hat einen K., lässt ihren K. operieren; * **überflüssig/unnötig sein wie ein K.** (ugs., oft scherzh.; *völlig überflüssig, ganz und gar nicht notwendig).* **2.** *bei vielen Vogelarten vorhandene Erweiterung der Speiseröhre, in der die Nahrung vorübergehend aufbewahrt, für die Verdauung aufbereitet wird:* das Futter für die Brut aus dem K. würgen.

Kröpf|chen, das; -s, -: Vkl. zu ↑Kropf (2).

kröp|fen ⟨sw. V.; hat⟩ [mhd. krüpfen = den Kropf füllen]: **1.** (Jägerspr.) *(von Raubvögeln) Nahrung in den Kropf* (2) *aufnehmen; fressen.* **2.** (landsch.) *durch zwangsweise Fütterung mästen:* Gänse k. **3. a)** (Archit., Bauw.) *(von Gesims, Gebälk o. Ä.) um einen Vorsprung der Mauer (z. B. einen Pfeiler, eine Säule) herumführen;* **b)** (Handw.) *(von Holzleisten o. Ä.) an Ecken von Möbeln o. Ä. durch schrägen Zuschnitt genau aneinander fügen, auf Gehrung* (a) *zusammenfügen;* **c)** (Technik) *(von Stäben, Wellen, Rohren o. Ä.) an mindestens zwei Stellen so biegen, dass die nicht gebogenen Teile danach parallel verlaufen:* Profilstäbe k.; ein gekröpfter Schraubenschlüssel.

Kropp|zeug, das ⟨o. Pl.⟩ [niederd. kröptūg, zu: kröp = (Klein)vieh, zu mniederd. krūpen = kriechen u. eigtl. = kriechendes Wesen] (ugs.): **1.** (oft scherzh.) *kleine Kinder; Kinderschar.* **2.** (abwertend) *bestimmte Gruppe von Menschen, die als asozial, verbrecherisch o. ä. angesehen wird;* [2]*Pack.* **3.** (abwertend) *unnützes Zeug, minderwertige Dinge, nutzloser Kram:* wirf doch das ganze K. endlich in den Müll!

kross [niederd., eigtl. = brüchig, spröde, lautm.] (bes. nordd.): *knusprig:* -e Brötchen; das Brot ist noch ganz frisch und k.

Krö|sus, der; - u. -ses, -se [nach lat. Croesus, griech. Kroĩsos, dem letzten, unermesslich reichen König von Lydien im 6. Jh. v. Chr.] (oft scherzh.): *jmd., der über Reichtümer verfügt, im Verhältnis zu andern sehr reich ist:* sich als K. fühlen, aufspielen; er ist ein [wahrer] K.; wir sind alle keine -se.

Krö|te, die; -, -n [mhd. kröte, krot(te), ahd. krota, kreta, H. u.; 3: viell. zu niederd. Gröschen (Pl.) = Groschen od. nach einer alten Bez. für eine bestimmte Münze]: **1.** *dem Frosch ähnliches, plumpes Tier mit breitem Kopf, vorquellenden Augen u. warziger, Giftstoffe absondernder Haut:* eine hässliche, widerwärtige, giftige K.; * **eine K./-n schlucken** (ugs.; *etw. Unangenehmes [stillschweigend] hinnehmen; sich mit einer lästigen Sache [ohne Sträuben] abfinden):* sie hat in ihrem Berufsleben viele -n schlucken müssen. **2. a)** (ugs. scherzh.) *kleines Kind, bes. Mädchen:* so eine kleine, freche K.!; wo sind denn eure [kleinen] -n?; **b)** (ugs. abwertend) *Person, die als dumm, widerwärtig, bösartig angesehen wird:* das würde ich mir von dieser [unverschämten] K. nicht sagen lassen; (auch als Schimpfwort:) du blöde, dumme, widerliche K.! **3.** ⟨Pl.⟩ (salopp) **a)** *Geld:* eine Menge -n verdienen; **b)** *Mark:* jmdm. mit ein paar -n aus der Klemme helfen; die letzten -n für etwas ausgeben.

Krö|ten|wan|de|rung, die: *im Frühjahr stattfindende Wanderung der Kröten zu ihren Laichplätzen.*

Kro|ton, der; -s, -e [griech. krótōn = Laus, Zecke, nach der Ähnlichkeit mit dem Aussehen des Samens]: *(zu den Wolfsmilchgewächsen gehörende) in den Tropen wachsende Pflanze.*

Krs., Kr. = Kreis.

Krü|cke, die; -, -n [mhd. krücke, ahd. krucka, im Sinne von »Krummstab, Stock mit gekrümmtem Griff« verw. mit ↑Kringel]: **1.** *für Gehbehinderte gefertigter, bis etwa zum Ellbogen reichender Stock mit kleinem gebogenem Querholz zum Stützen am Unterarm od. längerer, sich verzweigender Stock zum Stützen in der Achselhöhle:* seit seinem Unfall muss er an, auf -n gehen; er kann sich nur noch mit -n fortbewegen. **2.** *Griff an einem Stock, Schirm o. Ä.:* die silberne K. eines Spazierstocks. **3.** (ugs. abwertend) **a)** *jmd., der als unfähig, nicht besonders tüchtig, als Versager angesehen wird:* der Schiedsrichter war eine richtige K.; **b)** *etw., was nur [noch] schlecht funktioniert:* mit der K. [von Radio] bekomme ich nur noch zwei Sender.

Krück|stock, der: *beim Gehen als Stütze dienender Stock mit handlichem Griff.*

Krück|stock|schal|tung, die (Kfz-T.): *Gangschaltung in einem Auto mit einem aus dem Armaturenbrett herausragenden Schalthebel, der einem Krückstock ähnelt.*

krud, kru|de [lat. crudus = roh; grausam]: **1.** (veraltet) **a)** *roh, ungekocht:* ein krudes Stück Fleisch; **b)** *unverdaulich.* **2.** (bildungsspr.) *roh* (3), *ungeschliffen, unfein, nicht kunstvoll:* krude Sitten; sich k. ausdrücken, benehmen.

Kru|de|li|tät, die; -, -en [lat. crudelitas, zu: crudelis = grausam, zu: crudus, ↑krud(e)] (bildungsspr.): **1.** ⟨o. Pl.⟩ *Grausamkeit* (1), *Rohheit* (1). **2.** *Grausamkeit* (2), *Rohheit* (2).

Kru|di|tät, die; -, -en [lat. cruditas = Unverdaulichkeit] (bildungsspr.): **a)** ⟨o. Pl.⟩ *krude* (2) *Art:* die K. seiner Ausdrucksweise, seines Benehmens, Handelns; **b)** *kruder Ausdruck; krude Handlung.*

Krug, der; -[e]s, Krüge [1: mhd. kruoc, ahd. kruog, H. u.; 2: mnd. krōch, krūch, H. u., im heutigen Sprachgefühl als identisch mit Krug (1) empfunden]: **1.** *zylindrisches od. bauchig geformtes Gefäß aus Steingut, Glas, Porzellan o. Ä. mit einem od. auch zwei Henkeln, das der Aufnahme, vorübergehenden Aufbewahrung, dem Ausschenken einer Flüssigkeit dient:* ein irdener, gläserner K.; ein K. aus Ton; ein K. [mit] Milch; ein K. voll Wein; die Blumen in einen K. [mit Wasser] stellen; **Spr** der K. geht so lange zum Brunnen, bis er bricht *(jedes fortgesetzt begangene Unrecht o. Ä. nimmt einmal ein böses Ende; jede Langmut erschöpft sich einmal, wenn sie zu sehr strapaziert wird).* **2.** (landsch., bes. nordd.) *Wirtshaus.*

Krü|gel, das; -s, - (österr.): *Bierglas mit Henkel.*

Krü|gel|chen, das; -s, -: Vkl. zu ↑Krug (1).

Krüg|lein, das; -s, -: Vkl. zu ↑Krug (1).

Kru|ke, die; -, -n [mnd. krūke, wohl verw. mit Krug (1)] (bes. nordd.): **1.** *größeres krug-, flaschenähnliches Gefäß aus Ton, Steingut o. Ä.:* eine K. Schnaps. **2.** (bes. nordd., berlin. salopp) *liebenswert-schrullige Person:* eine ulkige, putzige, komische K.

Krüll|schnitt, der [zu niederd. Krull =

Locke(nkopf), mniederd. kruel, zu: krullen = kräuseln]: *mittelfein bis grob geschnittener Pfeifentabak.*

Krüll|ta|bak, der: *Krüllschnitt.*

Krüm|chen, das; -s, -: Vkl. zu ↑Krume (1).

Kru|me, die; -, -n [mhd. (mniederd.) krume, mniederd. krume, krome = (innerer) weicher Teil; Bröckchen, verw. mit ↑krauen]: **1.** *kleines [abgebröckeltes] Stück, Bröckchen bes. von Brot, Kuchen o. Ä.:* nach dem Essen lagen viele -n auf dem Tisch; er hat den großen Kuchen bis auf die letzte K. *(ganz u. gar)* aufgegessen; ein paar -n *(eine kleine Menge)* Tabak. **2.** ⟨Pl. selten⟩ *weiches Inneres von Brot, Brötchen o. Ä.:* sie isst am liebsten die K., die Kruste schneidet sie ab. **3.** kurz für ↑Ackerkrume.

Krü|mel, der; -s, - [Vkl. von ↑Krume]: **1.** *kleine Krume* (1): lass nicht so viele K. auf den Boden fallen!; wir haben keinen K. (ugs.; *überhaupt kein*) Salz mehr im Haus. **2.** (fam., meist scherzh.) *kleines Kind:* sieh mal, was der K. schon alles kann!

Krü|mel|chen, das; -s, -: Vkl. zu ↑Krume (1), Krümel (1).

krü|me|lig, krümlig ⟨Adj.⟩: **1.** *leicht in Krümel zerfallend; aus Krümeln bestehend:* eine -e Masse; der Kuchen, das Brot war ganz k.; * **sich k. lachen** (ugs.; *sehr, herzhaft lachen, sich sehr amüsieren*). **2.** *mit Krümeln bedeckt; voller Krümel:* um den Teller herum war das Tischtuch ganz k.

Krü|mel|ku|chen, der (landsch.): *Streuselkuchen.*

krü|meln ⟨sw. V.; hat⟩: **1.** *leicht in Krümel zerfallen:* das Brot krümelt sehr. **2.** *[viele] Krümel machen, entstehen lassen.*

Krü|mel|zu|cker, der: *Streuzucker.*

krüm|lig: ↑krümelig.

krumm ⟨Adj.; -er, -ste, landsch.: krümmer, krümmste⟩ [mhd. krump, ahd. chrump, verw. mit ↑Kringel]: **1.** *in seinem Wuchs, seiner Form nicht gerade, sondern eine od. mehrere bogenförmige Abweichungen aufweisend:* eine -e Linie, Nase; ein -er Schnabel, Nagel; -e Beine; sie, ihr Rücken ist mit den Jahren ganz k. geworden; k. dasitzen; er konnte das Knie nicht k. machen; jmdn. k. und lahm schlagen *(zusammenschlagen, heftig schlagen);* Ü die ganze Sache ist leider k. gegangen (ugs.; *endete mit einem Misserfolg, einem Unglück*); * **sich [für etw.] k. legen** (ugs.; *sich bei seinen Ausgaben für den Lebensunterhalt sehr einschränken, um einen Teil des Einkommens für einen bestimmten anderen Zweck zu erübrigen*): sich für ein neues Auto k. legen; **sich k. machen** (ugs.; *sich plagen*); **jmdn. k. schließen** (veraltet; *jmdn. im Gefängnis in Fesseln legen*); **[jmdm.] etw. k. nehmen** (ugs.; *übel nehmen*): sie hat meine Bemerkung nicht k. genommen. **2.** (ugs.) *unrechtmäßig, unter Anwendung unerlaubter Mittel:* -e Sachen; etw. auf die -e Tour versuchen.

krumm|bei|nig ⟨Adj.⟩: *mit krummen Beinen versehen:* ein -er Dackel.

krüm|men ⟨sw. V.; hat⟩ [mhd. krümben, ahd. chrumben]: **1.** *krumm machen:* ein Bein, einen Finger k.; die Jahre hatten ihren/ihr den Rücken gekrümmt *(allmählich krumm werden lassen);* in gekrümmter Haltung, gekrümmt *(krumm)* sitzen. **2.** ⟨k. + sich⟩ **a)** *eine krumme Haltung annehmen; sich winden:* sich in Krämpfen, vor Schmerzen k.; **b)** *krummlinig verlaufen:* die Straße krümmt sich zwischen den Häusern; (Geom.:) eine gekrümmte Linie, Fläche.

krüm|mer: ↑krumm.

krumm ge|hen: s. krumm (1).

Krumm|holz, das: **1.** ⟨o. Pl.⟩ *in hohen Bergregionen gekrümmt wachsendes Holz.* **2.** *im Schiffbau, für Schlittenkufen, Kummethölzer verwendetes, natürlich gekrümmtes Stück Holz.*

Krumm|horn, das: **1. a)** *(bes. im 16./17. Jh. verwendetes) Holzblasinstrument in Form einer zylindrischen, am Ende kegelförmig gebohrten Röhre mit doppeltem Rohrblatt;* **b)** *zart klingendes Zungenregister der Orgel mit zylindrischem Aufsatz.* **2.** *ausgestorbener, aus dem Silur bekannter, meerbewohnender Kopffüßer mit kegelförmigem, gekrümmtem Gehäuse.*

krumm|la|chen, sich ⟨sw. V.; hat⟩ (ugs. emotional): *(über etw. Komisches, Lustiges) überaus heftig lachen [müssen]:* * **sich krumm- und schieflachen** (ugs.; *sich krummlachen*).

krumm le|gen: s. krumm (1).

krumm|li|nig ⟨Adj.⟩: *in krummer* (1) *Linie verlaufend:* eine -e Straße.

Krumm|na|se, die (abwertend): *Mensch mit krummer, gebogener Nase.*

krumm|na|sig ⟨Adj.⟩: *mit krummer, gebogener Nase ausgestattet.*

krumm neh|men: s. krumm (1).

Krumm|sä|bel, der: *Säbel mit gekrümmter Klinge.*

Krumm|sche|re, die: *Schere, deren Schenkel in einer Richtung gekrümmt sind.*

krumm schlie|ßen: s. krumm (1).

Krumm|schwert, das: vgl. Krummsäbel.

Krumm|stab, der: *Bischofsstab.*

krümms|te: ↑krumm.

Krüm|mung, die; -, -en: **1.** (selten) *das Krümmen* (1). **2. a)** *bogenförmige Abweichung von einem geraden Verlauf:* die K. der Wirbelsäule, eines Weges; **b)** (Geom.) *Abweichung einer Kurve od. Fläche von einer Geraden bzw. Ebene.*

Krüm|mungs|kreis, der (Geom.): *Kreis, der eine ebene Kurve in einem bestimmten Punkt berührt u. dessen Krümmung an dieser Stelle gleich der der Kurve ist.*

Krüm|mungs|ra|di|us, der (Geom.): *Radius des Krümmungskreises.*

Krum|pel, (seltener:) **Krüm|pel,** die; -, -n [verw. mit ↑Krampe, Krampf] (landsch.): *Knitterfalte.*

krum|pe|lig, krumplig, (seltener:) **krüm|pe|lig** ⟨Adj.⟩ (landsch.): *zerknittert, faltig:* du hast deinen Rock ganz k. gemacht.

krum|peln, (seltener:) **krüm|peln** ⟨sw. V.; hat⟩ [verw. mit ↑krimpen] (landsch.): *knittern.*

krumpf|arm ⟨Adj.⟩ (Textilind.): *kaum einlaufend:* -es Gewebe.

krumpf|echt ⟨Adj.⟩ (Textilind.): *nicht einlaufend:* dieser Stoff, dieses Gewebe, der Vorhang ist k.

krump|fen ⟨sw. V.; hat⟩ [eigtl. = einlaufen (von Stoffen), verw. mit ↑krimpen] (Textilind.): *ein Gewebe so präparieren, dass es beim Nasswerden nicht einläuft.*

krumpf|frei ⟨Adj.⟩ (Textilind.): *krumpfecht.*

krump|lig: ↑krumpelig.

Krupp, der; -s [engl. croup, zu älter: to croup = krächzen] (Med.): *mit heiserem, tonlosem Husten u. Einengung des Kehlkopfes einhergehende, entzündliche Schwellung der Kehlkopfschleimhaut.*

Krup|pa|de, die; -, -n [frz. croupade, zu: croupe, ↑Kruppe] (Reiten): *Sprung des Pferdes in die Höhe mit eingezogenen Hinterbeinen als eine Figur der hohen Schule.*

Krup|pe, die; -, -n [frz. croupe, verw. mit ↑Kropf]: *Kreuz* (9) *des Pferdes:* die K. abklopfen.

Krüp|pel, der; -s, - [mhd. (md.) krüp(p)el, mniederd. krop(p)el, kröpel, eigtl. = der Gekrümmte, verw. mit ↑Kringel; vgl. auch Kropf] (emotional): **a)** *körperbehinderter Mensch:* jmdn. zum K. fahren, schlagen; der Unfall machte ihn zeitlebens zum K.; **b)** (Schimpfwort) du K.!

krüp|pel|haft ⟨Adj.⟩: *durch Behinderungen im Wachstum Fehlbildungen aufweisend:* ein -er Wuchs.

krüp|pe|lig, krüpp|lig ⟨Adj.⟩: *durch behindertes Wachstum missgestaltet; verkrüppelt:* -e Bäume.

krüsch ⟨Adj.⟩ [mit Umstellung des r aus kürsch, zu: küren = (aus)wählen] (nordd.): *wählerisch im Essen:* bist du aber k.!

Krusch|ke, die; -, -n [preuß. kruschke < poln. gruszka = Birne] (ostd.): *kleine [holzige] Birne [einer wild wachsenden Sorte].*

Kru|sel|haar, das; -[e]s [zu ↑kräuseln] (schweiz.): *Kraushaar.*

[1]kru|se|lig ⟨Adj.⟩ (schweiz.): *(vom Haar) kraus, gekräuselt.*

[2]krü|se|lig ⟨Adj.⟩ [niederd.; auch: krüselig] (landsch.): *würzig.*

krü|seln ⟨sw. V.; hat⟩ [zu niederd. krüsel = Kreisel] (nordd.): *kreiseln, sich drehen:* der Wind fing an zu k.

Krü|sel|wind, der (nordd.): *kreiselnder, sich drehender Wind.*

Krüst|chen, das; -s, -: Vkl. zu ↑Kruste.

Krus|te, die; -, -n [mhd. kruste, ahd. krusta < lat. crusta = Rinde, Schale]: **a)** *hart gewordene äußere Schicht, Oberfläche:* die K. des Brotes, der Erde; der Braten hat eine gleichmäßige K.; **b)** *harter Überzug aus einer bestimmten Schicht:* eine K. aus/von Blut; Weinbrandbohnen mit K. *(harter Zuckerschicht).*

Krus|ten|tier, das: *Krebs* (1 a).

krus|tig ⟨Adj.⟩: *mit einer Kruste* (b) *bedeckt.*

Krux, (auch:) Crux, die; - [lat. crux = Kreuz] (bildungsspr.): **a)** ⟨o. Pl.⟩ *Last, Kummer, Leid:* seine K. tragen; man hat schon seine K. mit dir; **b)** ⟨Pl. selten⟩ *Schwierigkeit:* die K. bei der Sache ist, dass ...

Kru|zi|fe|re, die; -, -n ⟨meist Pl.⟩ [zu lat. crux (Gen.: crucis) = Kreuz u. ferre = tragen] (Bot.): *Kreuzblütler.*

Kru|zi|fix [auch: ...ˈfɪks], das; -es, -e [spätmhd. cruzifix < mlat. crucifixum (signum) = ans Kreuz geheftet(es Zeichen), zu lat. crucifigere = kreuzigen]: *Nachbildung, plastische Darstellung des gekreuzigten Christus; Kreuz mit dem gekreuzigten Christus:* über der Tür hängt ein K.; ein K. an einer Kette um den Hals tragen.

Kru|zi|fi|xus, der; - (Kunstwiss.): *Figur des Gekreuzigten.*

Kru|zi|tür|ken [wohl zusgez. aus Kruzifix u. Türken, viell. gepr. zu Zeit der Türkeneinfälle (16./17. Jh.)] (salopp): **a)** Ausruf der Verwünschung, des Zorns; **b)** Ausruf des Erstaunens.

Kry-: ↑Kryo-.

Kryo-, (vor Vokalen:) Kry-, [zu griech. krýos] ⟨Best. in Zus. mit der Bed.⟩: *Kälte, Frost* (z. B. Kryästhesie, Kryobiologie).

Kry|o|lith [auch: ...lɪt], der; -s od. -en, -e[n] [zu griech. lithos = Stein, urspr., weil das Mineral so leicht schmelze wie Eis, später nach dem eisähnlichen Aussehen]: *weißes, auch rötliches bis bräunliches, sehr leicht schmelzbares Mineral, das bei der Herstellung von Aluminium, Milchglas, Emaille u. a. verwendet wird.*

Kryo|the|ra|pie, die; - (Med.): *Anwendung von Kälte zur Zerstörung von krankem Gewebe durch Erfrieren.*

Kry|o|tron, das; -s, -e, (auch:) -s [engl. cryotron] (EDV): *Tieftemperatur-Schaltelement aus zwei verschiedenen Supraleitern.*

krypt-, Krypt-: ↑krypto-, Krypto-.

Kryp|ta, die; -, ...ten [lat. crypta < griech. krýptē = verdeckter, unterirdischer Gang; Gewölbe, zu: krýptein = verbergen, verstecken]: *meist unter dem Chor einer [romanischen] Kirche liegender, [halb] unterirdischer gewölbter Raum, der als Aufbewahrungsort für Reliquien, als Grabstätte geistlicher u. weltlicher Würdenträger u. zu kultischen Zwecken dient.*

kryp|tisch ⟨Adj.⟩ [spätlat. crypticus < griech. kryptikós = verborgen] (bildungsspr.): *unklar in seiner Ausdrucksweise od. Darstellung u. daher schwer zu deuten, dem Verständnis Schwierigkeiten bereitend:* ein -er Redestil; bei den Zitaten sind die Quellenangaben meist k. oder unvollständig; sich k. ausdrücken.

kryp|to-, Kryp|to-, (vor Vokalen auch:) krypt-, Krypt- [zu griech. kryptós, zu: krýptein, ↑Krypta] ⟨Best. in Zus. mit der Bed.⟩: *verborgen, versteckt, geheim* (z. B. Kryptogame, kryptogen, Kryptonym).

Kryp|to|gramm, das; -s, -e [↑-gramm]: **1.** *in einem Text nach einem bestimmten System versteckte Buchstaben mit einer über den Text hinausgehenden Information* (z. B. Verfassername, Widmung). **2.** (veraltet) *Geheimtext.*

Kryp|to|gra|phie, die; -, -n [↑-graphie]: **1.** (Psych.) *absichtslos entstandene Kritzelzeichnung eines Erwachsenen.* **2.** (veraltet) *Geheimschrift.* **3.** *Disziplin der Informatik, die sich mit der Entwicklung u. Bewertung von Verfahren der Verschlüsselung geheimer Daten befasst.*

K

Kryp|to|lo|gie, die; - [↑-logie]: *Teilgebiet der Informatik, das sich mit der Lehre von der Entwicklung u. der Bewertung von Verfahren zur Verschlüsselung von Daten im Rahmen des Datenschutzes befasst.*

Kryp|ton [auch: ...'to:n], das; -s [engl. krypton, 1898 gepr. von dem brit. Chemiker W. Ramsay (1852–1916), zu griech. kryptós = verborgen]: *farb- u. geruchloses Edelgas, das u. a. zur Füllung von Glühlampen verwendet wird (chemisches Element;* Zeichen: Kr).

Kryp|ton|lam|pe, die: *mit Krypton gefüllte Glühlampe von starker Leuchtkraft.*

Kryp|to|nym, das; -s, -e [zu griech. ónyma = Name]: *Verfassername, dessen Buchstaben in Wörtern bzw. Sätzen verborgen sind od. der nur aus den Anfangsbuchstaben od. -silben besteht.*

KSZE = Konferenz über Sicherheit und Zusammenarbeit in Europa.

KSZE-Kon|fe|renz, die ⟨o. Pl.⟩: vgl. KSZE.

Kt. = Kanton.

Ku|a|la Lum|pur: Hauptstadt von Malaysia.

Ku|ba; -s: Inselstaat im Karibischen Meer.

Ku|ba|ner, der; -s, -: Ew.

Ku|ba|ne|rin, die; -, -nen: w. Form zu ↑Kubaner.

ku|ba|nisch ⟨Adj.⟩: *Kuba, die Kubaner betreffend; von den Kubanern stammend, zu ihnen gehörend.*

Ku|ba|tur, die; -, -en [zu ↑Kubus] (Math.): **1.** *Erhebung zur dritten Potenz.* **2.** *Berechnung des Rauminhalts dreidimensionaler Gebilde.* **3.** (österr.) *Rauminhalt, umbauter Raum [eines Hauses].*

Kü|bel, der; -s, - [mhd. kübel, ahd. kubelen (Pl.) < mlat. cupellus = kleines Trinkgefäß, Vkl. von lat. cupa, ↑²Kufe]: **a)** *größeres, nach oben hin etwas weiteres Gefäß aus Holz, Metall, Ton o. Ä. mit einem od. zwei Henkeln:* ein K. mit Abfällen; den K. [aus]leeren; Oleander, Palmen in -n; Sekt in den K. stellen; das Essen wurde in -n transportiert; Ü K. voll/von Bosheit, Schmutz über jmdn./(selten:) jmdm. ausgießen (ugs.; *sehr schlecht über jmdn. reden*); *** es gießt [wie] mit/[wie] aus/in -n** (ugs.; *es regnet heftig*); **b)** *in Gefängniszellen anstelle eines WCs benutztes Gefäß.*

Kü|bel|mann, der ⟨Pl. -en⟩ (schweiz. ugs.): *jmd., der im Auftrag der Müllabfuhr die Mülltonnen ausleert.*

kü|beln ⟨sw. V.; hat⟩: **1.** (ugs.) *(aus Kübeln* a) *ausgießen, ausleeren:* Wasser ins Feuer k. **2.** (salopp) *große Mengen Alkohol trinken:* abends kübeln sie mächtig. **3.** (salopp) *sich erbrechen.* **4.** (Jargon) *den Kübel* (b) *benutzen.*

Kü|bel|pflan|ze, die: *im Kübel* (a) *wachsende, für einen Kübel geeignete [größere] Pflanze.*

Kü|bel|wa|gen, der [1: nach der offenen, eckigen Form des Fahrzeugs]: **1.** *offenes Militärauto.* **2.** (Eisenb.) *Güterwagen mit abnehmbaren Kübeln* (a).

kü|bel|wei|se ⟨Adv.⟩: **a)** *in Kübeln* (a): die Abfälle werden k. abtransportiert; **b)** *in großen Mengen, wie aus Kübeln* (a).

Ku|ben: Pl. von ↑Kubus.

ku|bie|ren ⟨sw. V.; hat⟩ [zu ↑Kubus] (Math.): *in die dritte Potenz erheben.*

Ku|bik [auch: ...'bɪk] ⟨o. Art.⟩ [kurz für ↑Kubikzentimeter; der Hubraum eines Pkw wird meist in cm³ angegeben] (Jargon): *Kubikzentimeter (als Maß für den Hubraum eines Motors):* der Wagen hat 2 265 K.

Ku|bik|de|zi|me|ter, der, auch: das [zu frz. cubique < lat. cubicus < griech. kybikós, ↑kubisch]: *Raummaß von je 1 dm Länge, Breite u. Höhe* (Zeichen: cdm, Fachspr. nur noch: dm³).

Ku|bik|fuß, der ⟨Pl. -⟩: vgl. Kubikdezimeter.

Ku|bik|in|halt, der: *Rauminhalt.*

Ku|bik|ki|lo|me|ter, der: vgl. Kubikdezimeter (Zeichen: ckm, Fachspr. nur noch: km³).

Ku|bik|maß, das: *Raummaß.*

Ku|bik|me|ter, der, auch: das: vgl. Kubikdezimeter (Zeichen: cm, Fachspr. nur noch: m³).

Ku|bik|mil|li|me|ter, der, auch: das: vgl. Kubikdezimeter (Zeichen: cmm, Fachspr. nur noch: mm³).

Ku|bik|wur|zel, die (Math.): *dritte Wurzel aus einer Zahl.*

Ku|bik|zahl, die (Math.): *Zahl, die als dritte Potenz einer anderen darstellbar ist.*

Ku|bik|zen|ti|me|ter, der, auch: das: vgl. Kubikdezimeter (Zeichen: ccm, Fachspr. nur noch: cm³).

ku|bisch ⟨Adj.⟩ [lat. cubicus < griech. kybikós, zu: kýbos, ↑Kubus]: **1.** (Fachspr., bildungsspr.) *würfelförmig:* -e Architekturformen. **2.** (Math.) *in der dritten Potenz vorliegend:* eine -e Gleichung *(Gleichung dritten Grades).*

Ku|bis|mus, der; - (Kunstwiss.): *Kunstrichtung des frühen 20. Jh.s, die durch Auflösung des Organischen in geometrische Formen u. gleichzeitige Mehransichtigkeit des Bildgegenstandes charakterisiert ist.*

Ku|bist, der; -en, -en: *Vertreter des Kubismus.*

Ku|bis|tin, die; -, -nen: w. Form zu ↑Kubist.

ku|bis|tisch ⟨Adj.⟩: *den Kubismus betreffend; im Stile des Kubismus.*

Ku|bus, der; -, Kuben [lat. cubus < griech. kýbos]: **1.** *Würfel.* **2.** (Math.) *dritte Potenz einer Zahl.*

Kü|che, die; -, -n [mhd. küchen, ahd. chuhhina < spätlat. coquina (vlat. cocina) = Küche, zu: coquere, ↑kochen]: **1.** *Raum zum Kochen, Backen, Zubereiten der Speisen:* eine kleine, modern eingerichtete K.; die K. liegt im Erdgeschoss, im Keller; es gab nur vom Besten aus K. und Keller *(an Speisen u. Getränken);* sie hat alles aufgetischt, was K. und Keller zu bieten hatten *(hat die Gäste reich mit Speisen u. Getränken bewirtet);* in der K. essen, hantieren; in der K. helfen; den ganzen Tag in der K. stehen [müssen] (ugs.; *in der Küche arbeiten [müssen]*); eine Zweizimmerwohnung mit K. und Bad. **2.** *Kücheneinrichtung:* die Anschaffung einer K. **3. a)** *das Kochen, Backen, die Zubereitung von Speisen als Arbeitsbereich:* eine gut geführte K.; **b)** *Art der Speise, des Zubereitens:* eine gutbürgerliche K.; die französische K.; in dem Restaurant gibt es bis 22 Uhr warme und kalte K. *(warme und kalte Speisen).* **4.** *Küchenpersonal:* die K. hat heute frei.

Kü|chel, das; -s, - [zu ↑Kuchen] (südd.): *Schmalzgebackenes, Krapfen.*

Ku|chen, der; -s, - [mhd. kuoche, ahd. kuocho, urspr. wohl Kinderspr. = Speise, Brei]: **1.** *[größeres, in einer Backform gebackenes] Gebäck aus Mehl, Fett, Zucker, Eiern u. anderen Zutaten:* ein trockener, flacher K.; ein K. mit Streuseln; der K. ist nicht durchgebacken; einen K. backen, anschneiden; ein Stück K. essen; im Sandkasten K. backen *(Sand in Förmchen pressen u. so auskippen, dass die Form erhalten bleibt);* ein Tablett mit K.; jmdn. zu Kaffee und K. einladen; R [ja] K. (ugs.; *Pustekuchen*); *** kleiner K.** ⟨meist Pl.⟩ (landsch.; *Plätzchen, Kleingebäck*): kleine K. backen. **2.** *Rückstand von ausgepressten Trauben od. Ölfrüchten.*

Kü|chen|ab|fall, der ⟨meist Pl.⟩: *Abfall bei der Zubereitung von Speisen o. Ä.*

Ku|chen|blech, das: *Backblech für Kuchen.*

Kü|chen|bü|fett, Kü|chen|buf|fet, das: *Küchenschrank.*

Kü|chen|bul|le, der (salopp, bes. Soldatenspr.): *Koch in einer Großküche, Kantine.*

Kü|chen|chef, der: *Chef der Küche* (4).

Kü|chen|che|fin, die: w. Form zu ↑Küchenchef.

Kü|chen|fee, die (ugs. scherzh.): *Köchin.*

Kü|chen|fens|ter, das: *Fenster in einer Küche.*

Ku|chen|form, die: *metallene od. irdene Form, in der ein Kuchen gebacken wird.*

Ku|chen|ga|bel, die: *kleine Gabel mit drei Zinken, mit der Kuchen, bes. Torte, aufgenommen wird.*

Kü|chen|ge|rät, das: *für die Arbeit in der Küche verwendetes Gerät.*

Kü|chen|herd, der: *Herd* (1).

Kü|chen|hil|fe, die: *meist weibliche Person, die in einer [Groß]küche hilft.*

Kü|chen|jun|ge, der (veraltet): *Lehrjunge in einer Küche.*

Kü|chen|ka|bi|nett, das [LÜ von engl. kitchen cabinet, urspr. = inoffizieller, aber sehr einflussreicher Beraterstab des amerik. Präsidenten] (bildungsspr. scherzh.): *[inoffizieller] Beraterstab einer einflussreichen Persönlichkeit, bes. eines Politikers.*

Kü|chen|kraut, das ⟨meist Pl.⟩: *im Garten angebaute Gewürzpflanze.*

Kü|chen|la|tein, das [1: gepr. von dem ital. Humanisten L. Valla (1407–57), der dem ital. Humanisten G. F. Poggio Bracciolini (1380–1459) vorwarf, er habe sein Latein bei einem Koch gelernt u. zerschlage das grammatisch richtige Latein, wie jener Töpfe zerbreche]: **1.** (iron.) *schlechtes Latein (wie z. B. an den Universitäten u. Klöstern im späten Mittelalter üblich).* **2.** (scherzh.) *Küche, Kochen, Gastronomie o. Ä. betreffender Fachjargon.*

Kü|chen|ma|schi|ne, die: **1.** *elektrisches Küchengerät zur Erleichterung der Arbeiten in der Küche.* **2.** (landsch. veraltet) *Küchenherd [besonderer Bauart].*

Kü|chen|meis|ter, der: *[als Küchenchef tätiger] Koch, der die Meisterprüfung abgelegt hat.*

Kü|chen|meis|te|rin, die: w. Form zu ↑Küchenmeister.

Kü|chen|mes|ser, das: *bei Arbeiten in der Küche verwendetes spitzes Messer mit Holz- od. Kunststoffgriff.*

Kü|chen|mö|bel, das ⟨meist Pl.⟩: vgl. Küchenschrank.

Kü|chen|per|so|nal, das: **1.** (veraltend) *Personal einer Küche [in größeren Haushalten].* **2.** *Personal einer Großküche.*

Kü|chen|scha|be, die: *unangenehmen Geruch verbreitende, dunkelbraune bis schwarze Schabe, die Nahrungsmittel schädigt.*

Kü|chen|schel|le, die [wahrsch. aus mundartl. Kucke = halbe Eierschale (volksetym. an Küche angelehnt) u. Schelle, nach der glockenförmigen Blüte]: *Kuhschelle.*

Kü|chen|schrank, der: *zur Küche gehörender Schrank bes. für Geschirr.*

Kü|chen|schür|ze, die: *bei der Arbeit in der Küche getragene Schürze.*

Kü|chen|stuhl, der: *Stuhl für die Küche.*

Ku|chen|teig, der: *Teig, aus dem Kuchen gebacken wird.*

Ku|chen|tel|ler, der: **a)** *Teller mit Kuchen;* **b)** *Teller für Kuchen.*

Kü|chen|tisch, der: *[viereckiger] Tisch zum Essen und Arbeiten in der Küche.*

Kü|chen|tuch, das ⟨Pl. ...tücher⟩: *Geschirrtuch.*

Kü|chen|uhr, die: *Uhr für die Küche.*

Kü|chen|waa|ge, die: *beim Backen u. Kochen verwendete kleinere Waage.*

Kü|chen|zei|le, die (Fachspr.): *Zeile* (2) *mit Küchenmöbeln u. technischen Einrichtungen einer Küche.*

Kü|chen|zet|tel, der: *für eine bestimmte Zeit im Voraus festgelegte Zusammenstellung von Speisen.*

¹Küch|lein, das; -s, - [spätmhd. kuchelīn, Vkl. von: kuchen = Küken] (veraltet, noch geh.): *Küken.*

²Küch|lein, das; -s, -: *kleiner Kuchen.*

ku|cken (nordd.): ↑gucken.

Kü|cken (österr.): ↑Küken.

ku|ckuck [auch: 'ku:kʊk] ⟨Interj.⟩: **1.** lautm. für das Rufen des Kuckucks. **2.** (ugs.) Ruf beim Versteckspiel, mit dem sich jmd. kurz bemerkbar macht, um sich [leichter] suchen zu lassen.

Ku|ckuck, der; -s, -e [1: aus dem Niederd.-Md. < mniederd. kukuk, lautm.; 2: iron. Bez. für den früher auf das Siegel aufgedruckten Wappenadler]: **1.** *weit verbreiteter, bes. in Wäldern lebender Vogel mit braungrauem Gefieder, einem leicht gekrümmten Schnabel u. langem Schwanz, der seine Eier zum Ausbrüten in Nester von Singvögeln legt:* der K. ruft; R der/die hört den K. nicht mehr rufen/schreien (ugs. veraltend; *der/die erlebt den nächsten Frühling nicht mehr*); *** ein K. unter Nachtigallen** (scherzh.; *ein Laie unter Fachleuten*); **an einem Ort, bei jmdm. ist der K. los** (ugs.; *an einem Ort, bei jmdm. geht es drunter u. drüber*); in dieser u. den folgenden Wendungen steht »Kuckuck« verhüll. für: Teufel: **[das] weiß der K.** (salopp; 1. *wer weiß ...; es ist unbekannt.* 2. *wahrhaftig; überraschenderweise ist es so*); **hol dich der K.; der K. soll dich holen** (salopp; Ausruf der Verwünschung); **zum K. [noch mal]** (salopp; Ausruf der Verärgerung, der Ungeduld); **beim/zum K. sein** (salopp; *verloren sein*); **jmdn. zum K. wünschen** (verhüll.; *jmdn. zum Teufel wünschen*). **2.** (scherzh.) *Siegel, das der Gerichtsvollzieher bei der Pfändung an Einrichtungsgegenstände klebt:* bei ihm klebt der K. an/auf allen Möbeln.

Ku|ckucks|blu|me, die [die an diesen Pflanzen oft zu findenden Absonderungen der Larve einer Zikade wurden für Speichel des Kuckucks (= des Teufels) gehalten]: volkst. Bez. für verschiedene Pflanzen (z. B. Sumpfdotterblume, Frauenschuh u. a.).

Ku|ckucks|ei, das: **1.** *Ei eines Kuckucks.* **2. a)** (ugs.) *etw. Untergeschobenes, was sich als etw. von zweifelhaftem Wert od. als unangenehme Aufgabe herausstellt:* sich als K. erweisen; **b)** (salopp) *Kind eines anderen Vaters, das in einer Familie großgezogen wird.*

Ku|ckucks|uhr, die: *kleinere Wanduhr mit der Nachbildung eines Kuckucks, der aus einer aufspringenden Tür hervorguckt, wenn die halben u. vollen Stunden mit dem Ruf eines Kuckucks angezeigt werden.*

Kud|del|mud|del [auch: '- - '- -], der od. das; -s [verdoppelnde Bildung wahrsch. mit niederd. koddeln = unsorgfältig, nicht sauber waschen u. ↑Modder] (ugs.): *Durcheinander, Wirrwarr.*

Ku|du, der; -s, -s [afrikaans koedoe, aus einer Bantuspr.]: *(in Afrika heimische) Antilope mit braunrotem, weiße Querstreifen aufweisendem Fell, vom Hals zum Rücken verlaufender kurzer Mähne u. (beim männlichen Tier) gedrehten Hörnern.*

K

[1]Ku|fe, die; -, -n [dissimiliert aus älter: Kueche, ahd. nur in: slitochōho = Schlittenkufe (vgl. mniederd. kōke = [1]Kufe), ablautende Bildung zu mniederd. kāk = Schandpfahl, Pranger, eigtl. = Stange, Ast (als Laufholz), verw. mit ↑Kegel]: **a)** *schmale, vorn hochgebogene Schiene unter einem Schlitten, Schlittschuh zum Gleiten über Schnee, Eis:* scharfe, stumpfe -n; die -n schleifen; **b)** *Bügel am Bug eines Segelflugzeugs zum Gleiten über den Boden bei Start u. Landung;* **c)** *Gestell, auf dem sich ein leichter Hubschrauber bei der Landung abstützt.*

[2]Ku|fe, die; -, -n [mhd. kuofe, ahd. kuofa < mlat. copa, Nebenf. von lat. cupa = Tonne]: **1.** (landsch.) *Bottich, Kübel.* **2.** *altes deutsches Hohlmaß unterschiedlicher Größe (z. B. 4,85 hl in Preußen, 7,85 hl in Sachsen).*

Kü|fer, der; -s, - [mhd. küefer]: **1.** (südd., schweiz.) *Böttcher, der hauptsächlich Weinfässer herstellt.* **2.** *Weinküfer.*

Kü|fe|rei, die; -, -en (südd., schweiz.): **1.** (o. Pl.) *Böttcherei* (1). **2.** *Böttcherei* (2).

Kü|fe|rin, die; -, -nen: w. Form zu ↑Küfer.

Ku|gel, die; -, -n [mhd. kugel(e), urspr. = Rundung, verw. mit ↑Keule]: **1.** *völlig runder [geometrischer] Körper, bei dem alle Punkte der Oberfläche gleich weit vom Mittelpunkt entfernt sind:* eine schwere K.; eine K. aus Metall; die K. rollt, hat einen Durchmesser, einen Radius, einen Umfang von 20 cm; die Erde ist eine K. *(hat die Form einer Kugel);* sie scheiben K. (österr.; *spielen Murmeln*); (Roulette:) wohin rollt die K.?; (Kegeln:) die K. werfen, schieben; (Kugelstoßen:) er stieß die K. über 18 m; den Weihnachtsbaum mit -n *(Weihnachtskugeln)* und Lametta schmücken; *** eine ruhige K. schieben** (ugs.; *sich bei der Arbeit nicht sehr anstrengen; keine anstrengende Arbeit haben;* wohl nach dem scheinbar ohne Kraftaufwand bewirkten Dahinrollen der Kugel auf der Kegelbahn). **2.** (ugs.) *[kugelförmiges] Geschoss; Gewehr-, Pistolen-, Kanonenkugel:* die K. verfehlte ihr Ziel, traf ins Schwarze, streifte ihn am Arm; sich eine K. in den Kopf schießen, durch den Kopf jagen, sich die K. geben *(Selbstmord durch Erschießen begehen);* die -n werden aus Blei gegossen; ein von -n durchbohrter Körper. **3.** (Ballspiele Jargon) *Ball:* die K. ging am Kasten vorbei, flog ins Tor.

Ku|gel|blitz, der: *Blitz in Form einer etwa kopfgroßen, leuchtenden Kugel, die durch die Luft schwebt, spurlos verschwindet od. sich unter starkem Krach u. Funkenbildung entlädt.*

Ku|gel|blu|me, die: *krautige od. strauchartige Pflanze mit kugeligen Blütenständen.*

Kü|gel|chen, das; -s, -: Vkl. zu ↑Kugel (1).

Ku|gel|fang, der: *Vorrichtung, bes. Erdwall, der bei einem Schießstand hinter den Schießscheiben die durchschlagenden od. fehlgehenden Geschosse auffängt:* Ü er schiebt den alten Mann als K. vor sich her *(benutzt ihn als Deckung, um selbst von keinem Schuss getroffen zu werden).*

ku|gel|fest (Adj.): *gefeit gegen Gewehrkugeln.*

Ku|gel|form, die (o. Pl.): *Form einer Kugel.*

ku|gel|för|mig (Adj.): *Kugelform habend.*

Ku|gel|ge|lenk, das: **1.** (Anat.) *Gelenk, das freie Bewegungen nach allen Richtungen ermöglicht.* **2.** (Technik) *Gelenkverbindung zweier Maschinenteile, bei der sich eine Kugel in einer Hohlkugel nach allen Richtungen drehen lässt.*

Ku|gel|ha|gel, der (emotional): *starkes Gewehr- od. Geschützfeuer:* der Fluchtversuch scheiterte im K. der Grenzsoldaten.

ku|ge|lig, kuglig (Adj.) [mhd. kugeleht]: *einer Kugel gleichend; einer Kugel ähnlich:* ein -es Gefäß; eine -e (scherzh.; *kugelrunde*) kleine Person; *** sich k. lachen** (ugs.; *sehr, herzhaft lachen*).

Ku|gel|kopf, der: *kugelförmiges, Typen* (2) *tragendes Teil einer elektrischen Schreibmaschine, das mithilfe der Tastatur so gestellt werden kann, dass es mit der jeweils gewünschten Type das Farbband gegen das Schreibpapier schlägt.*

Ku|gel|kopf|ma|schi|ne, die: *Schreibmaschine mit Kugelkopf.*

Ku|gel|la|ger, das (Technik): *Lager* (6 a), *in dem durch eine Anzahl von Kugeln eine erhebliche Herabsetzung der Reibung bewirkt wird.*

ku|geln (sw. V.) [spätmhd. kugelen]: **1.** *wie eine Kugel sich um sich selbst drehend irgendwohin rollen* (ist): der Ball kugelt unter die Bank; über ihr Gesicht kugelten dicke Tränen. **2.** *rollen lassen* (hat): einen Ball über die Dielen k.; *** sich [vor Lachen] k.** (ugs.; *sehr, herzhaft lachen*); **zum Kugeln sein** (ugs.; *sehr zum Lachen sein, zu heftigem Lachen reizen*).

ku|gel|rund (Adj.): **a)** *rund wie eine Kugel:* ein -er Apfel, Kopf; **b)** (scherzh.) *wohlgenährt u. entsprechend dick [als Ausdruck bester Gesundheit]:* ein -es Baby.

Ku|gel schei|ben: s. Kugel (1).

Ku|gel|schrei|ber, der: *Schreibstift, bei dem eine kleine beim Schreiben sich drehende Kugel in der Spitze der Mine eine Farbmasse auf das Schreibpapier überträgt.*

Ku|gel|schrei|ber|mi|ne, die: *[1]Mine (3) eines Kugelschreibers, für einen Kugelschreiber.*

ku|gel|si|cher (Adj.): **a)** *von Gewehrkugeln nicht zu durchdringen u. gegen sie Schutz bietend:* -e Westen; **b)** *gegen Gewehrkugeln gefeit.*

Ku|gel|spiel, das: *Spiel mit einer od. mehreren Kugeln, wie Boccia, Boule o. Ä.*

Ku|gel|sto|ßen, das; -s: *leichtathletische Disziplin, bei der eine massive Metallkugel (von bestimmtem Gewicht) mit der Hand möglichst weit gestoßen wird.*

Ku|gel|sto|ßer, (schweiz.:) **Ku|gel|stö|ßer,** der; -s, -: *jmd., der das Kugelstoßen als sportliche Disziplin betreibt.*

Ku|gel|sto|ße|rin, die; -, -nen: w. Form zu ↑Kugelstoßer.

Ku|gel|ven|til, das: *durch eine Kugel od. eine kugelig gewölbte Fläche geschlossenes Ventil.*

kug|lig: ↑kugelig.

Ku|gu|ar, der; -s, -e [frz. couguar, über das Port. < Tupi (südamerik. Indianerspr.) susuarana]: *Puma.*

Kuh, die; -, Kühe [mhd., ahd. kuo = (weibliches) Rind, H. u., viell. lautm.]: **1. a)** *weibliches Hausrind (nach dem ersten Kalben):* eine gescheckte, störrische K.; die K. kalbt, blökt, gibt [keine] Milch, käut wieder; die Kühe melken, auf die Weide treiben; R (salopp) man wird so alt wie 'ne K. und lernt immer noch dazu; *** melkende K.** (ugs.; *einträgliches Unternehmen, einträgliche Quelle für jmdn.*; zu veraltet intr. melken = Milch geben); **heilige K.** (ugs.; *etw. Unantastbares; etw., was nicht angegriffen, woran nicht gerüttelt werden darf;* nach der indischen Vorstellung von der Kuh als heiligem Tier); **dastehen wie die K. vorm neuen Tor/vorm Scheunentor/vorm Berg** (salopp; *angesichts einer neuen Situation o. Ä. völlig ratlos sein*); **von etw. so viel verstehen wie die K. vom Sonntag/vom Brezelbacken** (salopp; *nichts von einer Sache verstehen*); **die K. vom Eis bringen/holen/kriegen** (ugs.; *ein schwieriges Problem lösen*); **b)** *weibliches Tier von Rindern, Hirschen, Elefanten, Giraffen, Flusspferden u. a.* **2.** (Schimpfwort) *weibliche Person, über die sich jmd. ärgert:* sie ist eine blöde K.

Kuh|au|ge, das (meist Pl.) (salopp): *großes, rundes, meist braunes Auge [das vor sich hin blickt, scheinbar ohne etw. zu erfassen].*

Kuh|blu|me, die [wohl nach dem häufigen Vorkommen auf Weideflächen]: volkst. Bez. für ↑Sumpfdotterblume, ↑Löwenzahn.

Kuh|dorf, das (salopp abwertend): *kleines, abgelegenes Dorf, das keine Anregungen o. Ä. bietet:* sie wollte endlich aus diesem K. herauskommen.

Kuh|dung, der: *von Kühen, Rindern stammender Dung.*

Kü|her, der; -s, - (schweiz.): **a)** *Kuhhirt;* **b)** *Senn.*

Kuh|eu|ter, das, älter, landsch. auch: der: *Euter einer Kuh.*

Kuh|fla|den, der: *Kot von Rindern als flache, breiige Masse.*

Kuh|glo|cke, die: *Glocke am Hals der im Gebirge weidenden Rinder (durch die sie gegebenenfalls leichter gefunden werden können).*

Kuh|han|del, der (ugs. abwertend): *kleinliches Aushandeln von Vorteilen, übles Tauschgeschäft.*

Kuh|haut, die: *Haut, Fell der Kuh:* *** auf keine K. gehen** (salopp; *jegliches Maß übersteigen u. unerträglich sein;* nach der Verarbeitung von Kuhhäuten zu Pergament, eigtl. = das lässt sich schwerlich alles aufschreiben): deine Dummheit geht auf keine K.

Kuh|hirt, der: *jmd., der Kühe hütet.*

Kuh|jun|ge, der: *Junge, der Kühe hütet.*

Kuh|kalb, das: *weibliches Kalb.*

kühl (Adj.) [mhd. küele, ahd. kuoli, verw. mit ↑kalt]: **1.** *ein wenig kalt; eher kalt als warm* (oft mit der Nebenvorstellung des Unbehaglichen od. des Erfrischenden): ein -er Abend; -es Wetter; ein -es Bier; (dichter.:) das -e Grab; für die Jahreszeit ist es zu k.; mir ist k. *(ich friere ein wenig);* der Wein dürfte etwas -er *(mehr gekühlt)* sein; Lebensmittel k. lagern. **2. a)** *leicht abweisend u. auf andere distanziert u. frostig wirkend:* ein -er Blick; mit -er Eleganz; er war zuerst recht k. [zu mir]; sie gab sich k. bis ans Herz hinan (*äußerst kühl;* nach Goethes Formulierung in der Ballade »Der Fischer«); etw. k. erwidern; **b)** *frei von Gefühlen; nur vom Verstand, Intellekt bestimmt:* eine -e Vernunft; -en Sinnes; aus einem -en Grunde (ugs.; *aus einem einfachen Grund;* scherzh. nach dem Volksliedanfang »In einem kühlen Grunde«); k. kalkulieren; sie sprach sachlich und k.

Kühl|ag|gre|gat, das (Technik): *Aggregat* (1) *zur Erzeugung von Kälte.*

Kühl|an|la|ge, die: *Anlage zum Kühlen bes. von Lebensmitteln.*

Kühl|box, die: *gegen Wärme isolierter Behälter zum Kühlen od. Frischhalten bes. von Lebensmitteln.*

Kuh|le, die; -, -n [aus dem Niederd. < mniederd. kule, verw. mit ↑Keule] (ugs.): *muldenartige Vertiefung, [flache] Grube:* eine [tiefe] K. in der

Matratze; die Hühner scharrten sich -n in den Sand.

Küh|le, die; - [mhd. küele, ahd. chuolī, zu ↑kühl]: 1. *das Kühlsein; Frische:* eine feuchte K.; die K. der Nacht. 2. a) *kühle* (2 a) *Art:* jmdm. mit zurückhaltender K. begegnen; b) *kühle* (2 b) *Haltung, Wirkung; Nüchternheit:* die englischen Bauten zeigten eine fast akademische K.

küh|len ⟨sw. V.; hat⟩ [mhd. küelen, ahd. chuolen = kühl machen]: a) *kühl machen; einer Sache die unerwünschte Hitze nehmen, ihre Temperatur wieder auf die normale Stufe reduzieren:* jmdm. die Stirn [mit Wasser] k.; ein mit Wasser, Luft gekühlter Motor; Ü seinen Zorn k.; b) *Kühle verbreiten, ausströmen:* das Lederpolster kühlt; jmdm. kühlende Umschläge machen; c) *einer Kälteeinwirkung aussetzen u. kalt werden lassen:* Sekt, Wein k.; [gut] gekühlte Getränke.

Küh|ler, der; -s, -: a) *Vorrichtung zur Kühlung von Kraftfahrzeugmotoren;* b) (Chemie) *bei der Destillation zum Abkühlen u. Verdichten von Dämpfen verwendetes Gerät;* c) *Gefäß, Kübel, in dem [durch Eisstücke] Sekt, Wein o. Ä. kühl gehalten wird.*

Küh|ler|fi|gur, die: *kleine, auf der Kühlerhaube angebrachte Figur.*

Küh|ler|grill, der: *gitterartige Verkleidung des Kühlers eines Kraftfahrzeugs.*

Küh|ler|hau|be, die: *Schutzhaube über dem Kühler* (a) *bzw. dem Motor eines Kraftwagens.*

Kühl|fach, das: *Fach* (1) *in einer Kühlanlage, bes. Fach eines Kühlschranks.*

Kühl|flüs|sig|keit, die: vgl. Kühlmittel.

Kühl|haus, das: *mit Kühlanlagen ausgestattetes Gebäude, in dem Lebensmittel o. Ä. aufbewahrt werden.*

Kühl|mit|tel, das (Technik): *Mittel zum Kühlen.*

Kühl|rip|pe, die (Technik): *zur Vergrößerung der Oberfläche z. B. an Kühlern angebrachtes rippenförmiges Teil zum Kühlen.*

Kühl|schlan|ge, die (Technik): *gewundenes Rohr (z. B. im Kühlschrank), durch das ein Kühlmittel geleitet wird.*

Kühl|schrank, der: *mit einer Kältemaschine ausgestatteter schrankartiger Behälter bes. zum Kühlen od. Frischhalten von Lebensmitteln:* der K. ist voll, leer; den K. plündern; etw. in den K. legen, stellen.

Kühl|sys|tem, das: *System der Kühlung.*

Kühl|ta|sche, die: *gegen Wärme isolierte Tasche bes. zum Transportieren von Lebensmitteln bei höheren Außentemperaturen.*

Kühl|tru|he, die: *mit einer Kältemaschine ausgestatteter, größerer, truhenähnlicher Behälter zum [Tief]kühlen von Lebensmitteln auf längere Zeit:* Obst, Gemüse, Fleisch in der K. einfrieren.

Kühl|turm, der (Technik): *turmartiger Bau, in dem das in Kraftwerken u. Fabriken anfallende Kühlwasser durch Berührung mit der Luft wieder abgekühlt wird.*

Küh|lung, die; -, -en: 1. *das Kühlen (a, c).* 2. *Vorrichtung zum Kühlen.* 3. ⟨o. Pl.⟩ *kühlende Frische der Luft:* die Nacht brachte [keine] K.

Kühl|wa|gen, der: *Eisenbahnwagen od. Lastwagen mit einer Kühlanlage, in dem Lebensmittel transportiert werden.*

Kühl|was|ser, das ⟨o. Pl.⟩: *Wasser als Mittel zum Kühlen:* das K. im Kühler.

Kuh|milch, die: *Milch von der Kuh.*

kühn ⟨Adj.⟩ [mhd. küene, ahd. kuoni = mutig, stark; im Kampf erfahren, tüchtig; urspr. = weise, verstehend, adj. Bildung zu ↑können in dessen urspr. Bed. »wissen, verstehen«]: a) *trotz des Bewusstseins der Gefahr diese voll Selbstvertrauen verachtend u. mutig etw. wagend; von Kühnheit* (a) *zeugend:* ein -er Bergsteiger; eine -e Taucherin; einer der -sten Förderer unserer Sache; eine -e Tat; sich durch einen -en Sprung, eine -e Flucht retten; b) *eigenwillig in seiner Art weit über das Übliche hinausgehend:* -e Konstruktionen; eine -e Idee, Anschauung, Kombination, Zusammenstellung, Deutung; ein -es *(sehr tiefes)* Dekolleté; meine -sten Träume *(höchsten Erwartungen)* wurden übertroffen; dein Plan erscheint mir sehr k.; c) *von wagemutiger Dreistigkeit u. Verwegenheit in einer Äußerung od. seinem Verhalten gegenüber andern; dreist:* eine -e Frage; eine -e *(nicht od. nur schwer zu beweisende)* Behauptung; Sie sind sehr k.

Kühn|heit, die; -, -en [mhd. kuonheit, ahd. chuonheit]: 1. ⟨o. Pl.⟩ a) *kühne* (a) *Art:* eine bewundernswerte, verwegene K.; die K. eines Entschlusses, einer Tat, der Verzweiflung; bei aller K. war er doch umsichtig; b) *kühne* (b) *Art:* jmds. geistige K.; die K. eines Gedankens; c) *kühne* (c) *Art:* eine herausfordernde K. 2. *kühne* (c) *Handlung.*

Kuh|po|cken ⟨Pl.⟩: a) *eine schwächere Form darstellende Pocken bei Rindern;* b) *zur Impfung von Menschen verwendete Viren der Kuhpocken* (a).

Kuh|schel|le, die [vgl. Küchenschelle]: *(zu den Hahnenfußgewächsen gehörende) Pflanze mit glockigen, hellvioletten Blüten.*

Kuh|stall, der: *Stall für Rinder.*

kuh|warm ⟨Adj.⟩: *warm, weil frisch von der Kuh herstammend:* -e Milch.

Ku|jon, der; -s, -e [älter frz. coïon, couillon = Schuft, Memme, eigtl. = Entmannter < ital. coglione, über das Vlat. zu lat. coleus = Hodensack] (veraltend abwertend): *jmd., der als gemein, niederträchtig angesehen wird.*

ku|jo|nie|ren ⟨sw. V.; hat⟩ [älter frz. coïnner = als Kujon behandeln] (ugs. abwertend): *[bei der Arbeit] unwürdig behandeln, schikanieren, unnötig u. bösartig bedrängen:* sich k. lassen.

k. u. k. [ˈkaːˈʊntˈkaː]: *kaiserlich und königlich (im ehemaligen Österreich-Ungarn beide Reichsteile betreffend):* die k. u. k. Monarchie.

Kü|ken, das; -s, - [aus dem Niederd. < mniederd. küken, urspr. lautm.]: 1. *Junges von Geflügel (bes. des Huhns):* K. sind ausgeschlüpft, piepsen, laufen hinter der Glucke her; K. aufziehen. 2. (ugs.) *kleines Kind; junges unerfahrenes Mädchen:* die K. in den Kindergarten bringen. 3. (Technik) *in einen Hahn* (3) *eingebauter, drehbarer, kegelförmiger Teil zum Öffnen u. Schließen.*

Ku-Klux-Klan [engl. (selten): ˈkjuːklʌksˈklæn], der ⟨o. Pl.⟩ [engl.-amerik. Ku Klux Klan, umgebildet aus: cyclos, dem urspr. Namen des Bundes < griech. kýklos = Kreis u. ↑Clan]: *(1865 gegründeter) terroristischer amerikanischer Geheimbund, der gegen die Gleichberechtigung der Farbigen u. gegen Minderheiten u. Ausländer kämpft.*

Ku|lak, der; -en, -en [russ. kulak, eigtl. = Aufkäufer; Geizhals, wohl aus dem Turkotat.]: *Großbauer im zaristischen Russland.*

ku|lant ⟨Adj.⟩ [frz. coulant, eigtl. = fließend, flüssig, adj. 1. Part. von: couler = durchseihen; fließen < lat. colare = durchseihen]: *(bes. im Geschäftsverkehr als Geschäftsmann) entgegenkommend, gewisse Erleichterungen gewährend:* ein -er Geschäftspartner; -e *(annehmbare)* Preise; die Geschäftsleitung war äußerst k.; jmdm. k. entgegenkommen.

Ku|lanz, die; -: *kulantes Verhalten:* K. zeigen; eine Reparatur auf K.; jmdm. etw. aus K. überlassen.

¹Ku|li, der; -s, -s [engl. coolie < Hindi kūlī = Lastträger (urspr. Name eines Volksstammes)]: a) *billiger Arbeiter in Süd- u. Ostasien (z. T. auch angeworben für die Kolonien in Süd- u. Mittelamerika, Süd- u. Ostafrika):* wie ein K. (abwertend; *[körperlich] sehr schwer*) arbeiten müssen; b) *jmd., der bes. für körperliche Arbeit von einem anderen ausgenutzt wird:* du bist nur sein K.

²Ku|li, der; -s, -s (ugs.): kurz für ↑Kugelschreiber, ↑Tintenkuli.

Ku|lier|wa|re, die [wohl zu frz. cueillir = (einen Faden) aufrollen]: *gewirkte od. gestrickte textile Ware mit Maschen, die in der Querrichtung gebildet sind.*

ku|li|na|risch ⟨Adj.⟩ [lat. culinarius = zur Küche gehörend, zu: culina = Küche]: a) *die Kochkunst betreffend:* -e Genüsse; der -e Ruf eines Hotels; b) (oft leicht abwertend) *ohne Anstrengung geistigen Genuss verschaffend; ausschließlich dem Genuss dienend:* die träge Gewohnheit des -en Hörens.

Ku|lis|se, die; -, -n [frz. coulisse = Schiebewand, eigtl. = Rinne, zu veraltet coulis = zum Durchseihen, Durchfließen geeignet, zu: couler, ↑kulant]: 1. *Teil der Bühnendekoration, bes. zusammen mit mehreren andern parallel od. schräg zur Rampe (mit Gängen für die Auftritte) angeordnete, verschiebbare, bemalte Seitenwand, die (zusammen mit anderen) einen Schauplatz darstellt:* -n malen; die -n auf-, abbauen; -n schieben (ugs.; *auswechseln*); der Darsteller kam beim Auftritt meist aus der rechten K. *(aus einem Gang zwischen den Kulissen der rechten Bühnenseite);* Ü das ist doch alles nur K. (ugs. abwertend; *vorgetäuscht*); die Vorgänge hinter den -n *(Vorgänge, die der Öffentlichkeit verborgen bleiben);* sie spielen am letzten Tag vor heimischer K. *(im eigenen Stadion).* 2. a) *Personen, die sich berufsmäßig auf eigene Rechnung am Börsenhandel beteiligen;* b) *nicht amtlicher Börsenhandel.* 3. (Technik) *Hebel mit verschiebbarem Drehpunkt.*

Ku|lis|sen|büh|ne, die: *Bühne mit Kulissen* (1) *als Seitenbegrenzung u. mit abschließendem Hintergrund od. Bühnenhimmel.*

Ku|lis|sen|wech|sel, der: *Auswechseln von Kulissen für einen Szenenwechsel.*

Kul|ler, die; -, -n [zu mundartl. Kulle, zusgez. aus mhd. kugele, ↑Kugel] (landsch.): *kleine Kugel; Murmel.*

Kul|ler|au|gen ⟨Pl.⟩ (ugs. scherzh.): *große runde Augen:* ein kleines Kind, eine Puppe mit K.; K. machen *(erstaunt mit den Augen rollen).*

kul|lern ⟨sw. V.⟩ [zu ↑Kuller] (ugs.): 1. *wie eine Kugel, Kuller sich um sich selbst drehend rollen* ⟨ist⟩: die Äpfel kullerten auf die Erde, über die Dielen; langsam kullerten die Tränen [über ihre Wangen]. 2. *irgendwohin rollen lassen* ⟨hat⟩: Steine in die Tiefe k.; * **sich [vor Lachen] k.** (ugs.; *sehr, herzhaft lachen*). 3. *etw. im Kreis bewegen; rollen* ⟨hat⟩: mit den Augen k.

Kul|ler|trä|ne, die ⟨meist Pl.⟩ (fam.) *dicke Träne, bes. bei einem Kind.*

¹Kulm, der od. das; -[e]s, -e [älter: chulm, aus dem Slaw.]: *abgerundete [Berg]kuppe.*

²Kulm, das; -s [engl. culm, mengl. culme, wohl verw. mit engl. coal = Kohle] (Geol.): *sandig-schiefrige Ausbildung der älteren Phase des Karbons.*

Kul|mi|na|ti|on, die; -, -en [frz. culmination, zu: culminer < lat. culminare = gipfeln, zu: culmen = Gipfel]: 1. *Erreichung des Höhe-, Gipfelpunktes einer Laufbahn, Entwicklung:* die K. einer Karriere. 2. (Astron.) *Durchgang eines Gestirns durch den höchsten od. tiefsten Punkt seiner Bahn in Bezug auf den Beobachter.*

Kul|mi|na|ti|ons|punkt, der: 1. *Höhe-, Gipfelpunkt einer Laufbahn, Entwicklung:* der Künstler hat seinen K. bereits überschritten. 2. (Astron.) *höchster od. tiefster Stand eines Gestirns in Bezug auf den Beobachter:* der Stern befindet sich im oberen K.

kul|mi|nie|ren ⟨sw. V.; hat⟩ [frz. culminer, ↑Kulmination]: 1. *seinen Höhepunkt erreichen:* die Begeisterung kulminierte [in Bravorufen]; ein kulminierendes *(einen Höhepunkt darstellendes)* Ereignis. 2. (Astron.) *den Kulminationspunkt* (2) *erreichen:* das Gestirn kulminiert im Zenit.

kul|misch ⟨Adj.⟩ (Geol.): *das ²Kulm betreffend.*

Kult, der; -[e]s, -e [lat. cultus = Pflege; Bildung; Verehrung (einer Gottheit), zu: cultum, 2. Part. von: colere = bebauen, pflegen]: 1. *an feste Formen, Riten, Orte, Zeiten gebundene religiöse Verehrung einer Gottheit durch eine Gemeinschaft:* ein heidnischer, der christliche K.; der K. des Dionysos; jmdn. in einen K. einweihen. 2. a) *übertriebene Verehrung, die jmdm., einer Sache zuteil wird:* der K. mit dem Star ist geradezu lächerlich; * **K. sein** (ugs.; *bei einer bestimmten Anhängerschaft ein hohes Ansehen,*

Kultstatus erlangt haben u. deshalb verehrt werden, beliebt sein; dem Zeitgeschmack einer bestimmten Gruppe entsprechen): der Film, das Buch, die Band ist K.; **b)** *besondere, übertrieben sorgfältige Form des Umgangs mit einer Sache:* ein K. der Schönheit; der K. mit Krawatten, Hemden; aus etw. einen K. machen.

Kult-: drückt in Bildungen mit Substantiven aus, dass jmd. oder etw. höchste Verehrung, Bewunderung von einer speziellen Anhängerschaft genießt, die eine starke emotionale Beziehung zu dem Objekt ihrer Verehrung entwickelt: Kultfigur, -gruppe, -roman.

Kult|bild, das: *kultischen Zwecken dienende bildliche Darstellung.*

Kult|fi|gur, die: *Person, Persönlichkeit, in der eine bestimmte Gruppe die Verkörperung ihres eigenen Lebensgefühls, ihrer Wünsche u. Vorstellungen sieht.*

Kult|film, der: *Film, der bei einer bestimmten Anhängerschaft ein hohes Ansehen erlangt hat u. deshalb verehrt wird, sehr beliebt ist:* der K. »Casablanca«; der K. der Friedensbewegung.

Kult|ge|mein|schaft, die: *religiöse Gemeinschaft, die an einem Kult teilnimmt.*

Kult|hand|lung, die: *kultische Handlung.*

kul|tig ⟨Adj.⟩ (ugs.): *einen Kult* (2 a) *darstellend; (bei einer bestimmten Anhängerschaft) hohes Ansehen genießend, Kultstatus habend; dem Zeitgeschmack einer bestimmten Gruppe entsprechend.*

kul|tisch ⟨Adj.⟩: *den Kult betreffend, zum Kult gehörend:* -e Geräte, Feiern.

Kul|ti|va|tor, der; -s, ...oren [zu mlat. cultivare, ↑kultivieren]: *Grubber.*

kul|ti|vier|bar ⟨Adj.⟩: *sich kultivieren* (1) *lassend:* -er Boden.

kul|ti|vie|ren ⟨sw. V.; hat⟩ [frz. cultiver < mlat. cultivare = (be)bauen, pflegen, zu lat. cultus, ↑Kult]: **1.** *urbar machen:* Moore, Brachland k. **2.** *als Kulturpflanze züchten, anpflanzen, anbauen:* in einem Gebiet Reis zu k. versuchen. **3. a)** *sorgsam, besonders pflegen, fördern:* eine Bekanntschaft, Freundschaft k.; seine äußere Erscheinung k.; **b)** *verfeinern, auf eine höhere Ebene stellen:* sie hat ihren Stil, ihren Humor auf eine unverwechselbare Weise kultiviert.

kul|ti|viert ⟨Adj.⟩: **a)** *durch Übung, Ausbildung, Behandlung o. Ä. gepflegt, verfeinert:* einen -en Geschmack haben; seine Stimme klingt sehr k.; in diesem Restaurant kann man k. speisen; **b)** *von vornehmer, gebildeter, zivilisierter Art [die auf einem über Generationen hin erworbenen Grad geistiger u. sittlicher Verfeinerung beruht]:* eine -e Umgebung; sie ist, benimmt sich sehr k.

Kult|stät|te, die: *Stätte, an der kultische Handlungen vollzogen werden.*

Kult|sta|tus, der: *Status von jmdm. od. etw., der darin besteht, bei einer bestimmten Anhängerschaft hohe Verehrung, Bewunderung, hohes Ansehen zu genießen.*

Kul|tur, die; -, -en [lat. cultura = Landbau; Pflege (des Körpers u. Geistes), zu: cultum, ↑Kult]: **1. a)** ⟨o. Pl.⟩ *Gesamtheit der geistigen, künstlerischen, gestaltenden Leistungen einer Gemeinschaft als Ausdruck menschlicher Höherentwicklung:* die menschliche K.; die Abteilung für K. *(Kunst u. Wissenschaft);* ein durch Sprache und K. verbundenes Volk; führende Kräfte im Bereich von Politik und K.; von der K. [un]beleckt sein (ugs.; *[un]zivilisiert, kulturell [nicht] entwickelt sein*); **b)** *Gesamtheit der von einer bestimmten Gemeinschaft auf einem bestimmten Gebiet während einer bestimmten Epoche geschaffenen, charakteristischen geistigen, künstlerischen, gestaltenden Leistungen:* die abendländische K.; primitive, frühe, verschollene, versunkene -en; die K. der Griechen, der Renaissance in Italien; ein Land mit alter K. **2.** ⟨o. Pl.⟩ **a)** *Verfeinerung, Kultiviertheit einer menschlichen Betätigung, Äußerung, Hervorbringung:* seine Stimme hat K. *(klingt [aufgrund sorgfältiger Ausbildung] ausgewogen);* sie machen in K. (ugs.; *legen feine Manieren an den Tag*); **b)** *Kultiviertheit einer Person:* sie besitzen [keine] K.; er ist ein Mensch ohne jede K. **3.** ⟨o. Pl.⟩ (Landw., Gartenbau) **a)** *das Kultivieren* (1) *des Bodens:* die K. des Bodens verbessern; ein Stück Land in K. nehmen *(kultivieren);* **b)** *das Kultivieren* (2): die K. von Erdbeeren, Rosen betreiben; das Klima lässt hier die K. von Mais nicht zu. **4.** (Landw., Gartenbau, Forstw.) *auf größeren Flächen kultivierte junge Pflanzen:* -en von Rosen, Buchen; die -en stehen gut. **5.** (Biol., Med.) *auf geeigneten Nährböden in besonderen Gefäßen gezüchtete Mikroorganismen od. Gewebszellen:* bakteriologische -en; eine K. anlegen.

Kul|tur|ab|ga|be, die (DDR): *beim Kauf einer Eintrittskarte für eine kulturelle Veranstaltung zu zahlender Zuschlag, der zur Finanzierung kultureller Projekte bestimmt ist.*

Kul|tur|ab|kom|men, das: *gegenseitiges staatliches Abkommen über den Kulturaustausch.*

Kul|tur|an|thro|po|lo|gie, die: *Anthropologie, die bes. den Aspekt der Kultur* (1 b) *berücksichtigt.*

Kul|tur|at|ta|ché, der: *für kulturelle Belange zuständiger Attaché* (2) *einer diplomatischen Vertretung.*

Kul|tur|aus|tausch, der: *aufgrund eines Abkommens zwischen zwei Staaten stattfindender kultureller Austausch.*

Kul|tur|ba|nau|se, der (abwertend, oft scherzh.): *jmd., der kein Kunstverständnis hat.*

Kul|tur|bei|la|ge, die: *kulturelle Themen behandelnde Beilage einer Zeitung.*

Kul|tur|beu|tel, der: *Beutel od. Tasche [mit Fächern] zur Aufbewahrung von Toilettenartikeln während einer Reise.*

Kul|tur|bo|den, der: **a)** *kultivierter, bearbeiteter Boden;* **b)** *Gebiet, auf dem sich eine bedeutende Kultur* (1 b) *entwickelt hat.*

Kul|tur|denk|mal, das: *etw. (bes. künstlerisches Werk), was als Zeugnis einer Kultur erhaltenswert ist.*

kul|tu|rell ⟨Adj.⟩: *die Kultur* (1) *betreffend:* der -e Bereich, Hintergrund, Austausch; -e Werte, Veranstaltungen, Beziehungen, Aufgaben, Leistungen; das -e Erbe, Leben; ein -er Verfall; auf -em Gebiet führend sein.

Kul|tur|epo|che, die: *Epoche einer bestimmten Kultur* (1 b).

Kul|tur|er|be, das: *überliefertes Kulturgut einer Gemeinschaft, eines Volkes.*

Kul|tur|film, der: *der Allgemeinbildung dienender, kürzerer dokumentarischer od. künstlerischer Film über ein Thema von allgemeinem Interesse.*

Kul|tur|flüch|ter, der; -s, - (Biol.): *Pflanzen- od. Tierart, die nur außerhalb der Kulturlandschaft gedeiht u. deshalb allmählich daraus verschwindet.*

Kul|tur|fol|ger, der; -s, - (Biol.): *Pflanzen- od. Tierart, die in der Nähe menschlicher Ansiedlungen günstige Lebensbedingungen für sich findet.*

Kul|tur|fonds, der [nach russ. kul'tfond] (DDR): *Fonds zur Finanzierung kultureller Projekte.*

Kul|tur|form, die: **1.** *spezielle Ausprägung der erreichten Kultur* (1 a) *einer Gemeinschaft.* **2.** (Bot.) *kultivierte Form einer Pflanze.*

Kul|tur|geo|gra|phie, die: *Geographie, die sich bes. mit den Auswirkungen der Umgestaltung der Naturlandschaft durch den Menschen beschäftigt.*

Kul|tur|ge|schich|te, die: **a)** ⟨o. Pl.⟩ *Ablauf u. Wandlung des gesellschaftlichen, geistigen, künstlerischen u. wirtschaftlichen Lebens:* die K. des Menschen; **b)** ⟨o. Pl.⟩ *Wissenschaft von der Kulturgeschichte* (a); **c)** *Werk, [Lehr]buch über die Kulturgeschichte* (a).

kul|tur|ge|schicht|lich ⟨Adj.⟩: *die Kulturgeschichte betreffend.*

Kul|tur|gut, das: *etw., was als kultureller Wert Bestand hat u. bewahrt wird.*

Kul|tur|haupt|stadt, die: *(von der EU benannte) Stadt in Europa, die für ein Jahr im Mittelpunkt des kulturellen Interesses steht.*

kul|tur|his|to|risch ⟨Adj.⟩: *kulturgeschichtlich.*

Kul|tur|ho|heit, die ⟨o. Pl.⟩: *oberste Staatsgewalt, Souveränität in kulturellen Angelegenheiten:* die K. liegt bei den Bundesländern.

Kul|tur|kampf, der ⟨o. Pl.⟩ [1873 von dem dt. Mediziner u. Politiker R. Virchow (1821–1902) gepr. polit. Schlagwort] (hist.): *Auseinandersetzungen zwischen dem (protestantischen) preußischen Staat u. der katholischen Kirche von etwa 1871 bis 1887.*

Kul|tur|kreis, der: *Gebiet, in dem bestimmte Wohnformen, Waffen, Geräte, religiöse u. soziale Ordnungen charakteristisch sind:* ein prähistorischer K.

Kul|tur|kri|tik, die ⟨o. Pl.⟩: *Kritik an den Folgeerscheinungen der zeitgenössischen Kultur (als philosophische Haltung).*

Kul|tur|land, das: **1.** ⟨o. Pl.⟩ *Kulturboden* (a). **2.** *Land mit einer bedeutenden Kultur* (1 b).

Kul|tur|land|schaft, die: *vom Menschen umgestaltete Naturlandschaft.*

Kul|tur|le|ben, das ⟨o. Pl.⟩: *kulturelles Geschehen in einem bestimmten Bereich:* eine Stadt mit einem regen K.

kul|tur|los ⟨Adj.⟩: *ohne Kultur* (2 b); *unkultiviert.*

Kul|tur|lo|sig|keit, die; -: *kulturlose Art.*

Kul|tur|mi|nis|te|ri|um, das: *Ministerium für kulturelle Angelegenheiten.*

Kul|tur|na|ti|on, die: *Nation, deren Kulturgeschichte sich über einen langen Zeitraum zurückverfolgen lässt u. deren Angehörige ein entsprechendes Bewusstsein von der eigenen Kultur haben:* die K. Frankreich.

Kul|tur|pes|si|mis|mus, der: *Abwendung vom zivilisatorischen Fortschritt, der als Zerfalls- od. Zerstörungsprozess einer Kultur kritisiert wird.*

kul|tur|pes|si|mis|tisch ⟨Adj.⟩: *den Kulturpessimismus vertretend, zum Ausdruck bringend.*

Kul|tur|pflan|ze, die: *(aus einer wild wachsenden Art gezüchtete) Pflanze, die als Nutz- od. Zierpflanze angebaut wird.*

Kul|tur|phi|lo|so|phie, die ⟨o. Pl.⟩: *Philosophie, die sich mit den allgemeinen Erscheinungen der Kultur u. den in ihr wirksamen Entwicklungs- u. Ordnungsgesetzen befasst.*

Kul|tur|po|li|tik, die ⟨o. Pl.⟩: *Gesamtheit der Bestrebungen des Staates, der Gemeinden, Kirchen, Parteien, Vereine u. Verbände zur Förderung u. Erhaltung der Kultur* (1 b).

kul|tur|po|li|tisch ⟨Adj.⟩: *die Kulturpolitik betreffend.*

Kul|tur|raum, der: **1.** *Gebiet einer einheitlichen Kultur.* **2.** (DDR) *Raum für kulturelle Veranstaltungen in einem Betrieb o. Ä.*

Kul|tur|re|fe|rent, der: *Referent für kulturelle Angelegenheiten.*

Kul|tur|re|fe|ren|tin, die: w. Form zu ↑Kulturreferent.

Kul|tur|re|vo|lu|ti|on, die [LÜ von russ. (socialističeskaja) kul'turnaja revoljucija] (marx.): *Revolution im kulturellen Bereich mit dem Ziel der Herausbildung einer sozialistischen Kultur.*

Kul|tur|schaf|fen|de, der u. die; -n, -n ⟨meist Pl.; Dekl. ↑Abgeordnete⟩ [urspr. nationalsoz. Bez. für die in der Reichskulturkammer zusammengefassten Angehörigen der freien Berufe] (bes. DDR): *jmd., der auf geistigem, kulturellem Gebiet produktiv tätig ist; Künstler; Intellektueller.*

Kul|tur|schock, der (Soziol.): *(beim unmittelbaren Kontakt mit einer fremden Kultur) schreckhaftes Erleben der Andersartigkeit der durch die fremde Kultur erlebbaren Realität.*

Kul|tur|so|zi|o|lo|gie, die: *Teilgebiet der Soziologie, das sich mit einer soziologischen Untersuchung u. Betrachtung der Geschichte u. der Phänomene der Kultur* (1) *befasst.*

kul|tur|so|zi|o|lo|gisch ⟨Adj.⟩: *die Kultursoziologie betreffend, auf ihr beruhend, zu ihr gehörend.*

Kul|tur|spon|so|ring, das: *finanzielle Förderung von Kunst u. Kultur z. B. durch Unternehmen,* die dafür werblichen Zwecken dienende Gegenleistungen erhalten.

Kul|tur|spra|che, die: *Sprache eines Kulturvolks.*

Kul|tur|stät|te, die (geh.): *Stätte mit Zeugnissen einer bestimmten Kultur* (1 b).

Kul|tur|step|pe, die: *Landstrich, in dem durch menschlichen Eingriff die natürliche Vegetation (bes. der Wald) u. der Tierbestand stark reduziert sind.*

Kul|tur|stu|fe, die: *Stufe der erreichten Kultur* (1 a), *der kulturellen Entwicklung.*

Kul|tur|tech|nik, die: **1.** *Maßnahmen, Verfahren, die der Gewinnung u. Erhaltung landwirtschaftlicher Nutzflächen, der Verbesserung des Bodens u. der Steigerung der Erträge dienen.* **2.** *durch Erziehung vermittelte Fähigkeit, die die Aneignung, Erhaltung u. Verbreitung von Kultur ermöglicht (z. B. Lesen, Schreiben, Rechnen).*

Kul|tur|trä|ger, der: *Person od. Sache, die der Vermittlung kultureller Werte dient.*

Kul|tur|trä|ge|rin, die: w. Form zu ↑Kulturträger.

Kul|tur|volk, das: *Volk mit hoch entwickelter Kultur* (1).

Kul|tur|zen|trum, das: **a)** *Mittelpunkt, wichtiger Ort des kulturellen Lebens;* **b)** *größere Anlage mit verschiedenen kulturellen Einrichtungen:* das neue deutsche K. in Tokio.

Kul|tus, der; - [lat. cultus, ↑Kult]: **1.** (bildungsspr.) *Kult* (1). **2.** (bildungsspr.) **a)** *Kult* (2 a); **b)** *Kult* (2 b). **3.** (Amtsspr.) *kultureller Bereich, kulturelle Angelegenheiten:* das Ministerium für Unterricht u. K. in München.

Kul|tus|frei|heit, die ⟨o. Pl.⟩ (Rechtsspr.): *Freiheit der Ausübung einer bestimmten Religion.*

Kul|tus|mi|nis|ter, der: *Leiter des Kultusministeriums:* die Konferenz der K.

Kul|tus|mi|nis|te|rin, die: w. Form zu ↑Kultusminister.

Kul|tus|mi|nis|te|ri|um, das: *oberste Behörde (eines Bundeslandes) für das Bildungs- u. Erziehungswesen, oft auch für die Pflege von Wissenschaft u. Kunst, Jugendpflege, Sport u. verwandte Bereiche.*

Kul|tus|mi|nis|ter|kon|fe|renz, die: *Zusammenkunft der Kultusminister der Länder* (offiziell: Ständige Konferenz der Kultusminister der Länder in der Bundesrepublik Deutschland; Abk.: KMK).

Ku|ma|ron, das; -s (Chemie): *aus dem Steinkohlenteer gewonnenes aromatisches Öl.*

Küm|mel, der; -s, - [mhd. kümel, ahd. kumil, kumin < lat. cuminum < griech. kýminon, wohl aus dem Semit.]: **1.** *(zu den Doldengewächsen gehörende) Pflanze mit mehrfach gefiederten Blättern u. kleinen, weißen bis rötlichen Blüten.* **2.** *als Gewürz verwendete kleine, dunkle, sichelförmig gebogene Samenkörner des Kümmels* (1): Sauerkraut, Brot mit K. **3.** *Branntwein mit Kümmel* (2) *od. Kümmelöl als Geschmacksstoff.*

Küm|mel|brannt|wein, der: *Kümmel* (3).

Küm|mel|brot, das: *mit Kümmel* (2) *gewürztes Brot.*

küm|meln ⟨sw. V.; hat⟩: **1.** *mit Kümmel* (2) *würzen:* ich kümm[e]le den Käse; gekümmeltes Brot. **2.** (ugs.) *Alkohol, bes. Schnaps, trinken:* er kümmelt ganz gerne.

Küm|mel|öl, das: *aus Kümmel* (2) *gewonnenes würziges Öl.*

Küm|mel|tür|ke, der [urspr. in der Sprache der Verbindungsstudenten Name für jmd., der aus dem Umkreis von Halle/Saale kommt, weil dort viel Kümmel angebaut u. die Gegend scherzh. als »Kümmeltürkei« bezeichnet wurde (»Türkei«, weil Gewürze sonst meist aus dem Orient kamen); dann Bez. für einen langweiligen, spießbürgerlichen Menschen] (salopp abwertend): **1.** *Türke; türkischer Gastarbeiter.* **2.** (veraltend): Schimpfwort: du K.!; *** arbeiten wie ein K.** (ugs.; *schwer arbeiten*).

Kum|mer, der; -s [mhd. kumber = Schutt, Müll; Mühsal; Gram; Beschlagnahme, Verhaftung < mlat. cumbrus, combrus = Verhau, Sperre, [2]Wehr, aus dem Galloroman., eigtl. = Zusammengetragenes; die schon mhd. Bed. »Gram, Leid« unter Einfluss von afrz. encombrier = Ärger, Sorge, Kummer, auch: Engpass, Sperre, Hindernis, zu gleichbed. mlat. combrus]: **a)** *Betrübnis über ein schweres Geschick, das eigene Leid:* großer, schwerer, tiefer, herber K.; der K. um/über ihren Sohn hat sie überwältigt; viel K. haben, tragen müssen; sie hat ihm großen K. zugefügt; aus K.; er vergräbt sich ganz in seinen K.; man muss allein mit seinem K. fertig werden; von K. gebeugt; vor K. nicht schlafen können; seinen K. mit Alkohol hinunterspülen (ugs.; *viel Alkohol trinken, um sich aus einem traurigen Gemütszustand zu befreien*); **b)** (ugs.) *Schwierigkeit, mit der jmd. nicht fertig wird:* was hast du denn für K.?

Kum|mer|fal|te, die ⟨meist Pl.⟩: *durch ständigen Kummer verursachte Falte im Gesicht.*

Kum|mer|kas|ten, der (ugs.): *Hausbriefkasten (in Schulen, Betrieben o. Ä.), in dem Beschwerden, Anregungen, Bitten o. Ä. in schriftlicher Form niedergelegt werden können.*

küm|mer|lich ⟨Adj.⟩ [mhd. kumberlich = bedrückend; gramvoll]: **1.** *(von Menschen, Tieren, Pflanzen) klein u. schwächlich, in der Entwicklung zurückgeblieben:* eine -e Gestalt. **2.** *ärmlich, armselig, dürftig:* in -en Verhältnissen leben; eine -e Behausung, Kleidung. **3.** (abwertend) *hinter den Erwartungen, Ansprüchen, gesetzten Zielen weit zurückbleibend; bestehenden Bedürfnissen nicht genügend:* ein -es Ergebnis; -e Erträge; ein -er Rest; sie lebt von einer -en *(sehr niedrigen)* Rente.

Küm|mer|ling, der; -s, -e (abwertend): *schwaches, zurückgebliebenes Geschöpf.*

Kum|mer|mie|ne, die (ugs.): *kummervolle Miene.*

küm|mern ⟨sw. V.; hat⟩ [mhd. kümmern, kumbern = bedrücken, quälen; mit Arrest belegen; beschlagnahmen; im 15. Jh. dann = bekümmern, daraus die heutigen Bed.; 3: urspr. nur in der Jägerspr.]: **1.** ⟨k. + sich⟩ **a)** *sich einer Person od. Sache annehmen; sich helfend, sorgend um jmdn., etw. bemühen:* sich um die Gäste, die Kinder, das Gepäck, den Haushalt k.; sich um nichts k.; kümmere dich doch bitte mal um diese Sache *(sorge dafür, dass etwas geschieht)*!; ⟨ugs. auch o. Präp.-Obj.:⟩ er hat einen Unfall gehabt, deshalb muss ich mich ein bisschen k. **b)** *jmdm., einer Sache Aufmerksamkeit schenken; sich mit jmdm., etw. befassen* (meist verneint): um Gerede habe ich mich nie gekümmert; sie kümmert sich nicht um *(interessiert sich nicht für)* Politik; kümmere dich um deine eigenen Angelegenheiten!; (Fußball u. ä. Jargon:) er hatte die Aufgabe, sich um den gefährlichen Linksaußen zu k. *(ihn zu decken, seine Absichten zu durchkreuzen).* **2.** *betreffen, angehen:* wen kümmert das?; was kümmert dich das?; wie ich das Geld beschaffe, braucht dich nicht zu k. **3.** *(von Lebewesen u. Pflanzen) schlecht gedeihen, sich nicht weiterentwickeln; verkümmern.*

Küm|mer|nis, die; -, -se [mhd. kumbernisse] (geh.): *Kummer, Schwierigkeit, die jmdn. bedrückt:* allerlei -se haben.

Kum|mer|speck, der (ugs.): *durch vieles Essen aus Trostbedürfnis bei seelischen Problemen hervorgerufene rundliche Körperformen.*

Kum|mer|te|le|fon, das (ugs.): *Telefonanschluss, über den man mit geschulten Beratern über seinen Kummer, seine Probleme u. deren Lösung sprechen kann.*

kum|mer|voll ⟨Adj.⟩: *voller Kummer:* jmdn. k. ansehen.

Kum|met, das, schweiz.: der; -s, -e, Kumt, das; -[e]s, -e [mhd. komat < poln. chomąt(o), H. u.]: *gepolsterter Bügel, der um den Hals von Zugtieren gelegt wird:* dem Pferd das K. anlegen.

Kum|pan, der; -s, -e [mhd. kompān < afrz. compain < spätlat. companio = Gefährte, über das Vlat. zu lat. con- = mit- u. panis = Brot] (ugs.): **a)** *Kamerad bei bestimmten Unternehmungen:* er wohnt mit sieben -en in einer Wohnung; **b)** (abwertend) *Mittäter.*

Kum|pa|nei, die; -, -en (ugs., oft abwertend): **a)** *Gemeinschaft von Kumpanen* (a): eine lustige K. war hier zusammengekommen; **b)** ⟨o. Pl.⟩ *kameradschaftliches Zusammengehörigkeitsgefühl, Freundschaft unter Kumpanen* (a): aus falsch verstandener K. hat sie ihn gewarnt; mit jmdm. K. machen *(mit jmdm. als Kumpan a Freundschaft schließen).*

Kum|pa|nin, die; -, -nen: w. Form zu ↑Kumpan.

Kum|pel, der; -s, -, ugs. auch: -s, österr. auch: -n [volkst. Vkl. von ↑Kumpan]: **1.** (Bergmannsspr.) *Bergmann:* die K. fahren ein. **2.** (salopp) *[Arbeits]kamerad, [Arbeits]kameradin; jmd., der bei gemeinsamen Unternehmungen sehr zuverlässig ist:* ein [alter] K. von mir; ein dufter K.; sie sind -s geworden.

kum|pel|haft ⟨Adj.⟩: *kameradschaftlich; in einem bewusst saloppen, vertrauten Ton [mit jmdm. verkehrend]:* ein -es Benehmen.

Kum|quat, die; -, -s [engl. kumquat < chin. (kantonesisch) kam kwat]: *aus Ostasien stammende, kleine Orange.*

Kumt: ↑Kummet.

Ku|mu|la|ti|on, die; -, -en [spätlat. cumulatio, zu lat. cumulare, ↑kumulieren] (Fachspr.): *Anhäufung, Sammlung u. Speicherung:* die K. von Immissionen in Ballungsgebieten.

ku|mu|la|tiv ⟨Adj.⟩ (Fachspr.): *[sich] anhäufend, steigernd:* ein -es Defizit im Staatshaushalt.

ku|mu|lie|ren ⟨sw. V.; hat⟩ [lat. cumulare, zu: cumulus, ↑Kumulus] (bildungsspr., Fachspr.): *anhäufen; ansammeln [u. steigern, verstärken]:* bei Wahlen mehrere Stimmen auf einen Kandidaten k.; kumulierende/kumulierte Bibliographie *(regelmäßig erscheinende Bibliographie, deren neueste Ausgabe jeweils die Titel aus den vorhergehenden mit enthält);* ⟨auch k. + sich:⟩ mit der Zeit können sich diese Schadstoffe im menschlichen Körper k.

Ku|mu|lie|rung, die; -, -en: *das Kumulieren; Anhäufung.*

Ku|mu|lo|nim|bus, der [zu ↑Kumulus u. lat. nimbus = (Regen)wolke] (Met.): *dichte, schwarze, wie ein Berg aufgetürmte u. von oben her nach allen Seiten sich ausbreitende Gewitterwolke* (Abk.: Cb).

Ku|mu|lus, der; -, ...li [lat. cumulus = Haufen] (Met.): *scharf begrenzte, zusammengeballte od. aufgetürmte Wolke (die nach oben heller wird, deren weiße Ränder von der Sonne durchleuchtet werden); Haufenwolke* (Abk.: Cu).

Ku|mu|lus|wol|ke, die (Met.): *Kumulus.*

kund ⟨Adj.⟩ [mhd. kunt, ahd. kund = kennen gelernt, bekannt geworden; alte Partizipialbildung zu ↑können]: nur noch in der Verbindung **jmdm. etw. k. und zu wissen tun** (altertümelnd; *jmdm. etw. bekannt geben, in aller Deutlichkeit mitteilen*).

künd|bar ⟨Adj.⟩: **a)** *die Möglichkeit einer Kündigung enthaltend:* ein -er Vertrag; **b)** *(von Personen) in einem auflösbaren Arbeitsverhältnis stehend:* er ist als Beamter nicht k.

Künd|bar|keit, die; -: *das Kündbarsein.*

[1]Kun|de, der; -n, -n [1: älter = Bekannter, Einheimischer, mhd. kunde, ahd. kundo; 2 a: eigtl. = Kundiger, Eingeweihter]: **1.** *jmd., der [regelmäßig] eine Ware kauft od. eine Dienstleistung in Anspruch nimmt [u. daher in dem Geschäft, in der Firma bekannt ist]:* ein alter, guter, langjähriger, anspruchsvoller K.; faule -n *(Personen, die eine Ware, eine Dienstleistung bereits in Anspruch nehmen, aber erst nach Mahnungen od. überhaupt nicht zahlen);* hier ist der K. König *(hier wird versucht, den Wünschen des Kunden in jeder Weise zu entsprechen);* -n bedienen, beliefern, werben; das ist Dienst am -n *(wird als zusätzliche Leistung kostenlos erledigt);* er zählt zu unseren besten -n. **2. a)** (Gaunerspr.) *Landstreicher;* **b)** (ugs., oft abwertend) *Kerl, Bursche:* ein übler K.

[2]Kun|de, die; -, -n ⟨Pl. selten⟩ [mhd. kunde, ahd. chundi] (geh. veraltend): *Nachricht:* eine frohe, traurige K.; die K. von seiner Ankunft verbreitete sich wie ein Lauffeuer; von/über etw. K.

(Kenntnis) erhalten; die K. *(Kenntnis, das Wissen)* vom Lauf der Gestirne.

[3]Kun|de, die; -, -n (österr.): *Kundschaft* (1 a).

kün|den ⟨sw. V.; hat⟩ [mhd. künden, kunden, ahd. kundan = bekannt machen, (an)zeigen]: **1.** (geh.) **a)** *verkünden* (1 a); *öffentlich mitteilen, verbreiten:* den Gefangenen die Freiheit k.; **b)** *auf etw. hindeuten* (3): diese Zeichen künden Unglück; **c)** *von etw. Kunde, Nachricht geben:* die Inschriften künden von vergangenen Zeiten. **2.** (bes. schweiz.) *kündigen.*

Kun|den|be|ra|tung, die: **1.** *Beratung von [1]Kunden* (1). **2.** *Beratungsstelle für [1]Kunden* (1).

Kun|den|be|such, der: *(von einem Vertreter o. Ä.) Besuch bei einem [1]Kunden* (1).

Kun|den|dienst, der: **1.** ⟨o. Pl.⟩ *[unentgeltliche] Dienstleistung[en], die dem [1]Kunden* (1) *Kauf u. Nutzung von Waren angenehmer machen od. [wieder] ermöglichen soll[en]; [2]Service* (1 b): ein gut funktionierender K. **2.** *Einrichtung, Stelle in einem Geschäft, einer Firma für Kundendienst* (1): den K. anrufen; das Werk hat -e in allen größeren Städten.

Kun|den|fang, der ⟨o. Pl.⟩ (abwertend): *Werbung neuer [1]Kunden* (1) *mit allen Mitteln:* er geht auf K. [aus].

kun|den|freund|lich ⟨Adj.⟩: *für den [1]Kunden* (1) *angenehm, günstig.*

Kun|den|kar|tei, die: *(von einem Geschäft, einer Firma geführte) Kartei mit den Anschriften der [1]Kunden* (1).

Kun|den|kre|dit, der (Wirtsch.): **1.** *Kredit, den eine Firma einem [1]Kunden* (1) *einräumt.* **2.** *Kredit, den ein Lieferant (als Sicherheit od. zum Vorfinanzieren) vom [1]Kunden* (1) *nimmt.*

Kun|den|kreis, der: *Gesamtheit der [1]Kunden* (1) *einer Firma, eines Gewerbetreibenden o. Ä.*

Kun|den|stamm, der: *fester Kundenkreis.*

Kun|den|wer|ber, der: *jmd., der in der Kundenwerbung tätig ist, der [1]Kunden* (1) *wirbt.*

Kun|den|wer|bung, die: *Werbung von Kunden.*

Kün|der, der; -s, - (geh.): *jmd., der etw. kündet.*

Kün|de|rin, die; -, -nen: w. Form zu ↑Künder.

Kund|ga|be, die; -, -n ⟨Pl. selten⟩ (geh.): *das Kundgeben.*

kund|ge|ben ⟨st. V.; hat⟩ (geh.): *bekannt geben; mitteilen:* [jmdm.] seine Ansichten k.

Kund|ge|bung, die; -, -en: **1.** *öffentliche, politische Versammlung [unter freiem Himmel]:* eine machtvolle K.; eine K. für die Freiheit, gegen den Krieg; eine K. zum 1. Mai; eine K. veranstalten, mitmachen, verbieten, stören; auf einer K. sprechen; zu einer K. aufrufen. **2.** (veraltend) *das Kundgeben, [öffentliche] Äußerung, Bekanntgabe:* die K. seines Willens.

kun|dig ⟨Adj.⟩ [mhd. kündec, ahd. chundig = bekannt, klug, schlau]: *sich auf einem Gebiet auskennend; in Bezug auf etw. gute Kenntnisse besitzend, verratend:* eine -e Bergführerin; -er Rat; mit -em Blick; sie hat sich als sehr k. erwiesen; sie sind des Weges k. (geh.; *kennen den Weg*); sie ist des Landes k. (geh.; *kennt es gut*); ⟨subst.:⟩ der Kundige, ein Kundiger weiß diese Zeichen zu deuten.

kün|di|gen ⟨sw. V.; hat⟩ [für älter: aufkündigen = die Auflösung eines Vertrages kundtun; mhd. kündigen = kundtun]: **a)** *(eine vertragliche Vereinbarung in Bezug auf etw.) zu einem bestimmten Termin für beendet erklären:* eine Hypothek, einen Kredit, Gelder bei der Bank, einen [Miet]vertrag, jmdm. die Wohnung [zum Quartalsende] k.; die Tarifverträge sind von den Gewerkschaften gekündigt worden; die gekündigten Verträge; Ü jmdm. die Freundschaft, den Gehorsam k. *(aufsagen);* **b)** *jmds. Mietverhältnis zu einem bestimmten Termin für beendet erklären:* meine Wirtin hat mir zum 30. Juni gekündigt; **c)** *das Arbeits-, Dienstverhältnis eines Mitarbeiters zu einem bestimmten Termin für beendet erklären:* ihrer Mutter war gekündigt worden; er ist [fristlos] gekündigt worden; **d)** *sein Arbeits-, Dienstverhältnis zu einem bestimmten Zeitpunkt für beendet erklären, lösen:* ich habe [schriftlich] bei der Firma gekündigt; sie will zum 1. April k.

Kün|di|gung, die; -, -en: *Lösung eines Vertrages, Miet-, bes. Arbeitsverhältnisses:* eine fristlose, ordnungsgemäße K.; ihre K. war etwas voreilig; -en aussprechen, zurücknehmen, annehmen, anfechten; eine K. für ungesetzlich erklären; die Firma nahm Abstand von einer K.; die K. *(das Kündigungsschreiben)* wurde mir per Einschreiben geschickt; eine halbjährige K. *(Kündigungsfrist).*

Kün|di|gungs|frist, die: *Frist bis zum Wirksamwerden einer ausgesprochenen Kündigung.*

Kün|di|gungs|grund, der: *Grund* (5) *für eine Kündigung.*

Kün|di|gungs|schrei|ben, das: *Schreiben, mit dem eine Kündigung ausgesprochen wird.*

Kün|di|gungs|schutz, der: *gesetzlicher od. tariflicher Schutz des Arbeitnehmers vor einer ungerechtfertigten od. sozial nicht tragbaren Kündigung:* werdende Mütter genießen K.

Kun|din, die; -, -nen: w. Form zu ↑[1]Kunde (1).

kund|ma|chen ⟨sw. V.; hat⟩ (österr. Amtsspr., sonst veraltet): *bekannt machen.*

Kund|schaft, die; -, -en [1: zu ↑[1]Kunde (1); 2: mhd. kuntschaft = Nachricht; Bekanntschaft, zu ↑[2]Kunde]: **1. a)** ⟨o. Pl.⟩ *Gesamtheit der [1]Kunden* (1): eine zahlreiche K.; die K. ist unzufrieden, bleibt weg; alles für die K. tun; zur festen K. gehören; auf K. gehen (Jargon; *[1]Kunden 1 besuchen*); **b)** (österr., sonst landsch.) *[1]Kunde* (1), *Interessent;* **c)** (veraltend) ⟨o. Pl.⟩ *das Kundesein:* jmds. K. schätzen. **2.** (veraltet) **a)** *Erkundung:* auf K. ausgehen; **b)** *Nachricht, Botschaft.*

kund|schaf|ten ⟨sw. V.; hat⟩ (veraltet): *auf Erkundung ausgehen.*

Kund|schaf|ter, der; -s, -: *jmd., der etw. auskundschaftet.*

Kund|schaf|te|rin, die; -, -nen: w. Form zu ↑Kundschafter.

kund|tun ⟨unr. V.; hat⟩ (geh.): **a)** *ausdrücken, äußern; kundgeben:* seine Meinung, seinen Willen, seine Überzeugung, seinen Ärger, seinen Unmut k.; **b)** ⟨k. + sich⟩ *sich ausdrücken, sich zeigen:* ihre Zuneigung tat sich in solchen Situationen kund.

kund|wer|den ⟨unr. V.; ist⟩ (geh. veraltend): **a)** *bekannt werden:* bald wurde die Nachricht kund, dass der Pfarrer im Sterben lag; **b)** *von etw. erfahren, Kenntnis erhalten.*

künf|tig [mhd. kümftic, ahd. kumftig, eigtl. = im Begriff zu kommen, zu mhd. kunft, kumft, ahd. chumft = das Kommen, Ankunft, Verbalabstraktum von ↑kommen]: **I.** ⟨Adj.⟩ *der kommenden Zeit angehörig, in der Zukunft eintretend; zukünftig:* -e Generationen; mein -er Arbeitsplatz; ihr -er Mann. **II.** ⟨Adv.⟩ *in Zukunft, von nun an:* das soll k. anders werden.

künf|tig|hin ⟨Adv.⟩ (geh.): *künftig* (II).

Kun|ge|lei, die; -, -en (ugs. abwertend): *das Kungeln.*

kun|geln ⟨sw. V.; hat⟩ [landsch. auch: kunkeln, wohl zu ↑Kunkel u. eigtl. = am Spinnrocken, in der Spinnstube heimlich schwatzen u. dabei Pläne schmieden] (ugs. abwertend): *etw. in geheimer Absprache entscheiden, abschließen:* Makler und Käufer kungeln [miteinander]; um Posten k.

Kung-Fu, das; -[s] [engl. kung fu < chin. gongfu]: *aus China stammende sportliche Disziplin u. Methode der Selbstverteidigung im Stil des Karate.*

Kun|kel, die; -, -n [mhd. kunkel, ahd. chuncla < mlat. conucla, Nebenf. von: coluc(u)la, zu lat. colus = Spinnrocken] (landsch.): *Spinnrocken; Spindel.*

Kunst, die; -, Künste [mhd., ahd. kunst, urspr. = Wissen(schaft), auch: Fertigkeit, zu ↑können]: **1. a)** *schöpferisches Gestalten aus den verschiedensten Materialien od. mit den Mitteln der Sprache, der Töne in Auseinandersetzung mit Natur u. Welt:* die bildende K.; die darstellende K.; angewandte K.; abstrakte K.; K. und Wissenschaft; sich der K. widmen; Akademie der [schönen] Künste; ein Förderer der Künste; die K. liebenden Teilnehmerinnen des Töpferkurses; von [der] K. allein kann man nicht leben; * **die schwarze K.** (1. *die Zauberkunst, Magie;* wohl Verdeutschung des spätlat. necromantia [↑Nekromantie], das fälschlich mit lat. niger = schwarz in Verbindung gebracht wurde. 2. *die Kunst des Buchdrucks;* wohl nach der Druckerschwärze); **die sieben freien Künste** (*Grammatik, Rhetorik, Dialektik, Arithmetik, Geometrie, Astronomie, Musik als Grundwissenschaften der Antike u. des Mittelalters;* LÜ von lat. septem artes liberales, nach einer philos. Allegorie des spätlat. Schriftstellers Martianus Capella [5. Jh. n. Chr.], urspr. die Künste, die von »freien« Bürgern gepflegt wurden); **was macht die K.?** (ugs.; *wie geht es [dir bei deiner Tätigkeit, Arbeit]?*); **b)** ⟨o. Pl.⟩ *einzelnes Werk, die Werke eines Künstlers, einer Epoche o. Ä.; künstlerisches Schaffen:* die antike, moderne, mittelalterliche, europäische K.; K. am Bau, im öffentlichen Raum; die K. der Ägypter, der Romantik; die Kunst Rembrandts, Bachs; diese K. lehne ich ab; K. sammeln; der K. liebende Mäzen; nichts von K. verstehen. **2.** *das Können, besonderes Geschick, [erworbene] Fertigkeit auf einem bestimmten Gebiet:* die ärztliche K.; die K. des Lesens und Schreibens; hier kann keine K. mehr helfen; Bachs K. der Fuge *(Klavierwerk mit exemplarischen Fugen- u. Kanonkompositionen, die auf dasselbe Thema zurückgehen);* die K. des Schweigens *(die Fähigkeit zu schweigen)* beherrschen nur wenige; er will seine K. an dieser Aufgabe erproben; ihrer diplomatischen K. ist schon vieles gelungen; R K. kommt von können (meist iron. gesagt, wenn jmds. [künstlerische] Fähigkeiten nicht ausreichen); * **eine brotlose K.** *(eine Ausbildung, Tätigkeit, die nichts einbringt);* **keine K. sein** (ugs.; *leicht, einfach sein, keine besonderen Fähigkeiten erfordern*); **alle seine Künste spielen lassen** (ugs.; *alle möglichen psychologischen Tricks anwenden*); **mit seiner K. am Ende sein** *(nicht mehr weiterwissen, sich od. anderen nicht mehr helfen können).* **3.** * **K. sein** (ugs.; *künstlich, nicht echt sein*): der Wurstdarm ist K.

Kunst-: drückt in Bildungen mit Substantiven aus, dass etw. synthetisch hergestellt ist: Kunstherz, -milch, -schnee.

Kunst|aka|de|mie, die: *Kunsthochschule.*

Kunst|aus|stel|lung, die: *Ausstellung von Werken der bildenden Kunst.*

Kunst|ba|nau|se, der (abwertend): *Mensch ohne Verständnis für Kunst.*

Kunst|bau, der ⟨Pl. -ten⟩ (Bauw.): **1.** *kunstvolles Bauwerk.* **2.** *(beim Straßenbau u. Ä.) zur Überwindung naturgegebener Hindernisse notwendiges Bauwerk.*

Kunst|bei|la|ge, die: *Zeitungs- od. Zeitschriftenbeilage mit Wiedergaben von Werken der bildenden Kunst.*

Kunst|blatt, das: *einzelnes Blatt aus Kunstdruckpapier mit der Wiedergabe eines Gemäldes, einer Grafik o. Ä.*

Kunst|blu|me, die: *künstliche Blume.*

Kunst|darm, der: *Wurstdarm aus einem künstlichen Material.*

Kunst|denk|mal, das: *Bauwerk, Plastik o. Ä. von künstlerischem u. historischem Wert.*

Kunst|druck, der ⟨Pl. -e⟩: **a)** ⟨o. Pl.⟩ *Herstellung von künstlerisch hochwertigen [Farb]drucken [für die Wiedergabe von Kunstwerken];* **b)** *[Farb]druck eines Kunstwerks.*

Kunst|druck|pa|pier, das: *besonders hochwertiges Papier mit glatter Oberfläche.*

Kunst|dün|ger, der: *industriell erzeugtes, anorganisches Düngemittel.*

Kunst|eis, das: *künstlich, durch Kältemaschinen hergestelltes Eis.*

Küns|te|lei, die; -, -en (selten, abwertend): **a)** ⟨o. Pl.⟩ *gekünstelte Art, Manier* (1 c); **b)** *gekünstelte Hervorbringung.*

küns|teln: ↑gekünstelt.

Kụnst|er|zie|her, der: *Fachlehrer für Kunsterziehung* (Berufsbez.).

Kụnst|er|zie|he|rin, die: w. Form zu ↑Kunsterzieher.

Kụnst|er|zie|hung, die: **1.** *Erziehung zum Erkennen u. Verstehen von Werken der bildenden Kunst u. zur eigenen Ausdrucksfähigkeit.* **2.** *Schulfach, das Zeichnen [Werken] u. Kunstgeschichte umfasst.*

Kụnst|fah|ren, das; -s: *Radfahren mit artistischen Kunststücken.*

Kụnst|fa|ser, die: *Chemiefaser.*

Kụnst|feh|ler, der: *falsche od. falsch ausgeführte ärztliche Maßnahme;* Ü da ist mir ein K. unterlaufen *(ein Versehen passiert).*

kụnst|fer|tig ⟨Adj.⟩: *handwerklich besonders geschickt:* -e Handwerker.

Kụnst|fer|tig|keit, die: *kunstfertige Art.*

Kụnst|flug, der: *kunstvoller Flug mit vielerlei Figuren, Drehungen, Geschwindigkeitsänderungen usw.*

Kụnst|form, die: *künstlerische Ausdrucksform:* epische, dramatische, lyrische -en.

Kụnst|füh|rer, der: *Handbuch, in dem die Kunstdenkmäler eines bestimmten Gebietes beschrieben sind.*

Kụnst|ga|le|rie, die: *Galerie* (3 b).

Kụnst|gat|tung, die: *Gattung* (1 a) *der Kunst* (1 a).

Kụnst|ge|gen|stand, der: *künstlerisch gestalteter [Gebrauchs]gegenstand.*

Kụnst|ge|nuss, der: *Genuss, wie er von guter Kunst geboten wird:* der Opernbesuch war ein wahrer K.

kụnst|ge|recht ⟨Adj.⟩: *fachmännisch; genau in der richtigen Weise:* ein -er Verband.

Kụnst|ge|schich|te, die: **1.** ⟨o. Pl.⟩ **a)** *Geschichte der Entwicklung u. der Epochen der bildenden Kunst;* **b)** *Wissenschaft von der geschichtlichen Entwicklung der bildenden Kunst als Teil der Kunstwissenschaft.* **2.** *Werk, [Lehr]buch, das die Kunstgeschichte* (1 a) *zum Thema hat.*

kụnst|ge|schicht|lich ⟨Adj.⟩: *die Kunstgeschichte* (1) *betreffend.*

kụnst|ge|schmie|det ⟨Adj.⟩: *als künstlerische Schmiedearbeit gefertigt:* ein -es Geländer.

Kụnst|ge|wer|be, das ⟨o. Pl.⟩: **1.** *Gebiet der bildenden Kunst, das Entwurf u. Herstellung von künstlerisch gestalteten Gebrauchsgegenständen u. von Schmuck umfasst.* **2.** *künstlerisch gestaltete Gebrauchs- u. Ziergegenstände.*

Kụnst|ge|werb|ler, der; -s, -: *jmd., der kunstgewerbliche Erzeugnisse entwirft od. herstellt.*

Kụnst|ge|werb|le|rin, die; -, -nen: w. Form zu ↑Kunstgewerbler.

kụnst|ge|werb|lich ⟨Adj.⟩: *das Kunstgewerbe betreffend:* -e Arbeiten.

Kụnst|glas, das ⟨Pl. ...gläser⟩: *künstlerisch verziertes [geschliffenes, farbiges] Glas.*

Kụnst|glied, das: *Ersatz für ein fehlendes Körperglied; Prothese.*

Kụnst|griff, der [urspr. wohl = geschickter Griff beim Ringen]: *geschickter, schneller Handgriff, durch den sich etw. plötzlich bewerkstelligen lässt; [kleiner] Trick:* mit ein paar -en setzte sie die Anlage wieder in Betrieb.

Kụnst|han|del, der: [1]*Handel* (2 a) *mit Werken der bildenden Kunst.*

Kụnst|händ|ler, der: *jmd., der einen Kunsthandel betreibt.*

Kụnst|händ|le|rin, die: w. Form zu ↑Kunsthändler.

Kụnst|hand|lung, die: *Geschäft, in dem Erzeugnisse künstlerischen Schaffens gehandelt werden.*

Kụnst|hand|werk, das: **1.** *Handwerk, bei dem Gebrauchsgegenstände, Schmuckwaren u. dgl. künstlerisch gestaltet werden.* **2.** *im Kunsthandwerk hergestellte Gebrauchs- u. Ziergegenstände.*

Kụnst|harz, das (Chemie): *synthetisch hergestelltes Harz.*

Kụnst|his|to|ri|ker, der: *Wissenschaftler auf dem Gebiet der Kunstgeschichte* (1).

Kụnst|his|to|ri|ke|rin, die: w. Form zu ↑Kunsthistoriker.

kụnst|his|to|risch ⟨Adj.⟩: *kunstgeschichtlich.*

Kụnst|hoch|schu|le, die: *Hochschule für bildende Kunst.*

kụnst|in|te|res|siert ⟨Adj.⟩: *an der Kunst, an einer Kunstrichtung, an künstlerischen Dingen interessiert.*

Kụnst|ka|len|der, der: *Wandkalender mit Reproduktionen von Werken der bildenden Kunst.*

Kụnst|kaut|schuk, der: vgl. Kunstleder.

Kụnst|kopf, der (Rundfunkt.): *Aufnahmegerät in Form eines menschlichen Kopfes mit Mikrofonen im Abstand der Ohren, wodurch eine dem natürlichen Höreindruck entsprechende Wiedergabe ermöglicht werden soll.*

Kụnst|kraft|sport, der: *zur Schwerathletik gehörende Sportart, bei der akrobatische u. artistische Übungen ausgeführt werden.*

Kụnst|kri|tik, die: *kritische Auseinandersetzung mit [neuen] Werken der bildenden Kunst.*

Kụnst|le|der, das: *synthetisch hergestelltes Material, das in Eigenschaften u. Aussehen dem Leder ähnlich ist.*

Kụ̈nst|ler, der; -s, - [urspr. zu älter: künsteln = (ver)bessern, dann an »Kunst« angeschlossen]: **1.** *jmd., der [berufsmäßig] Kunstwerke hervorbringt od. darstellend, aufführend interpretiert:* ein großer, begabter, eigenwilliger K.; er ist freier, freischaffender, darstellender K.; bildende K. *(Maler, Grafiker, Bildhauer u. Ä.);* ein K. der Farbe; einen namhaften K. für ein Gastspiel gewinnen; das Werk eines unbekannten -s; zum K. geboren sein. **2.** *jmd., der auf einem Gebiet über besondere Fähigkeiten verfügt:* er ist ein K. der Improvisation, im Sparen.

Kụ̈nst|ler|grup|pe, die: *Gruppe* (2) *von [Künstlerinnen u.] Künstlern* (1).

Kụ̈nst|ler|hand, die: in den Fügungen **wie von K.** *(wie von einem Künstler* (1) *gefertigt):* wie von K. gemalt lag der Bergsee vor uns; **mit K.** *(wie ein Künstler* (1)*; so, dass man den Künstler [in jmdm.] erkennt):* mit K. zeichnete sie in schnellen Strichen eine Blume.

Kụ̈nst|le|rin, die; -, -nen: w. Form zu ↑Künstler.

kụ̈nst|le|risch ⟨Adj.⟩: *der Kunst* (1 a)*, einem Künstler* (1) *gemäß; die Kunst, einen Künstler, das Wesen der Kunst, von Künstlern betreffend:* -e Kraft, Aussage; eine -e Veranlagung; um -e Anerkennung ringen; sie hat die -e Leitung; -e Freiheit *(Freiheit des Künstlers, von der Realität, von bestimmten Normen abzuweichen);* etw. k. darstellen, gestalten.

Kụ̈nst|ler|ko|lo|nie, die: *Siedlung, in der Künstler* (1) *wohnen.*

Kụ̈nst|ler|na|me, der: *angenommener Name eines Künstlers* (1)*; Pseudonym.*

Kụ̈nst|ler|pech, das (ugs. scherzh.): *kleines Missgeschick, das jmdm. bei der Ausübung einer Sache widerfährt.*

kụ̈nst|lich ⟨Adj.⟩ [mhd. künstlich, urspr. = klug, geschickt]: **a)** *nicht natürlich, sondern mit chemischen u. technischen Mitteln nachgebildet, nach einem natürlichen Vorbild angelegt, gefertigt, geschaffen:* -e Blumen; ein -er See; ein -es Auge; -es Licht; -e Sprachen; der Pudding schmeckt heute wieder total k.; **b)** *natürliche Vorgänge nachahmend, nicht auf natürliche Weise vor sich gehend:* -e Befruchtung; -e Ernährung *(Ernährung durch eine Sonde, Infusion o. Ä.);* **c)** *gekünstelt, unnatürlich:* -e *(gewollte, gezwungene)* Heiterkeit; sein Lachen klang k.; sich k. *(mehr als nötig)* aufregen.

Kụnst|licht, das: *künstliches Licht.*

kụnst|lie|bend ⟨Adj.⟩: *eine große Vorliebe für die Kunst* (1)*, starkes Interesse an der Kunst besitzend.*

Kụnst|lied, das: *(von einem Komponisten) künstlerisch vertontes Lied.*

kụnst|los ⟨Adj.⟩: *ohne künstlerische Ausformung od. Verzierung hergestellt:* ein -er Bau.

Kụnst|ma|ler, der: *Künstler, der Gemälde u. Grafiken herstellt* (Berufsbez.).

Kụnst|ma|le|rin, die: w. Form zu ↑Kunstmaler.

Kụnst|ob|jekt, das: *etwas künstlerisch Gestaltetes; Kunstwerk.*

Kụnst|pau|se, die [urspr. im Theater eine vom Schauspieler beabsichtigte, wirkungsvolle Pause]: *unnötige kurze Pause im Ablauf eines Vortrags o. Ä.:* -n machen, einlegen, eintreten lassen; es folgte eine längere K.; es gab eine peinliche K.

Kụnst|post|kar|te, die: *Postkarte mit einer Abbildung in Kunstdruck* (a).

Kụnst|preis, der: *für eine bedeutende künstlerische Leistung verliehener Preis:* der K. der Stadt Köln.

Kụnst|ra|sen, der: *Kunststoffrasen.*

kụnst|reich ⟨Adj.⟩: **a)** *kunstvoll:* eine -e Handarbeit; **b)** *geschickt.*

Kụnst|rei|ter, der: *[Zirkus]reiter, der akrobatische Kunststücke auf dem Pferd vollführt.*

Kụnst|rei|te|rin, die: w. Form zu ↑Kunstreiter.

Kụnst|rich|tung, die: *bevorzugter Stil, Geschmacksrichtung in der Kunst.*

Kụnst|samm|lung, die: *Sammlung von Kunstwerken:* eine wertvolle, unschätzbare K.

Kụnst|schatz, der: **a)** *wertvoller Kunstgegenstand;* **b)** *reiche Sammlung von Kunst:* nationale Kunstschätze.

Kụnst|schnee, der: *künstlich hergestellter Schnee* (1).

Kụnst|schwim|men, das; -s: *Synchronschwimmen.*

Kụnst|sei|de, die: *der Naturseide ähnliches, aus chemisch behandeltem Zellstoff hergestelltes Gewebe.*

kụnst|sei|den ⟨Adj.⟩: *aus Kunstseide:* ein -es Kleid.

Kụnst|sinn, der: *sicheres Empfinden, Verständnis für Kunst* (1).

kụnst|sin|nig ⟨Adj.⟩ (geh.): *Verständnis, Interesse für Kunst* (1) *besitzend, ausdrückend:* ein -er Fürst; Blumen k. *(kunstvoll)* arrangieren.

Kụnst|spra|che, die: **a)** *unnatürlicher od. künstlich nachgeahmter Sprachstil;* **b)** *künstlich geschaffene [übernationale] Sprache* (4 b).

Kụnst|sprin|gen, das: *Disziplin des Schwimmsports, in der kunstvolle Sprünge (z. B. Salti, Schrauben) von einem federnden Sprungbrett ins Wasser ausgeführt werden.*

Kụnst|stein, der: **a)** (bildende Kunst) *Stein aus zermahlenen Brocken von Natursteinen u. einem Bindemittel, der in Aussehen u. Eigenschaften einem Naturstein sehr ähnlich ist;* **b)** (Bauw. veraltet) *künstlicher Baustein aus Beton.*

Kụnst|stoff, der: *vollsynthetisch od. durch Umwandlung von Naturprodukten hergestellter Werkstoff, der in vielen verschiedenen Arten u. für die verschiedensten Zwecke gebraucht wird; Plastik:* Tüten, Geschirr, Platten, Spielzeug aus K.; K. verarbeitende Anlagen; die K. verarbeitende Industrie.

Kụnst|stoff|bahn, die (Sport): *Laufbahn* (2) *aus Kunststoff (im Unterschied zur Aschenbahn).*

Kụnst|stoff|fo|lie, die: vgl. Folie (1).

Kụnst|stoff|ra|sen, der: *Rasen aus Kunststoff, auf dem Ballspiele u. a. ausgetragen werden.*

Kụnst|stoff ver|ar|bei|tend: s. Kunststoff.

Kụnst|stück, das [urspr. auch = Kunstwerk]: *besondere Geschicklichkeitsleistung, die man jmdm. vorführt:* akrobatische -e; jmdm. ein K. zeigen, beibringen; -e vorführen; das ist kein K. (ugs.; *das ist ganz einfach*); Ü er brachte das K. fertig, den Betrieb aus den roten Zahlen zu führen.

Kụnst|tanz, der: *Art des Tanzes, bei dem in virtuos-artistischer Form Gedanken u. Gefühle durch rhythmische Bewegung u. Gebärden ausgedrückt werden (z. B. Ballett).*

Kụnst|the|o|rie, die: *Theorie über Wesen, Form u. Gesetze der Kunst.*

Kụnst|tisch|ler, der: *Handwerker, der Möbel nach künstlerischen Gesichtspunkten herstellt, verziert od. renoviert.*

Kụnst|tisch|le|rin, die: w. Form zu ↑Kunsttischler.

Kunst|tur|nen, das: *wettkampfmäßiges Geräte- u. Bodenturnen.*
Kunst|ver|ein, der: *Verein zur Förderung der Kunst.*
Kunst|ver|lag, der: *Verlag, der Kunstbücher, -kalender, -drucke herausgibt.*
Kunst|ver|stand, der: *auf Einfühlung u. Kenntnis beruhende Fähigkeit, Kunstwerke zu erkennen u. zu beurteilen.*
kunst|ver|stän|dig ⟨Adj.⟩: *Kunstverstand besitzend, mit Kunstverstand [urteilend]:* ein -es Publikum.
Kunst|ver|ständ|nis, das ⟨o. Pl.⟩: *Verständnis für Kunst* (1 a); *Kunstverstand.*
kunst|voll ⟨Adj.⟩: *mit großem [künstlerischem, handwerklichem] Geschick, technischem Können [hergestellt]:* -e Schnitzereien; ein -er Aufbau.
Kunst|werk, das: **a)** *Erzeugnis künstlerischen Schaffens:* ein literarisches K.; **b)** *kunstvolles Gebilde:* der Computer ist ein K. der Technik; die Frisur ist ja ein wahres K.
Kunst|wis|sen|schaft, die: *Wissenschaft von der bildenden Kunst.*
Kunst|wort, das ⟨Pl. …wörter⟩ (Sprachw.): *künstlich gebildetes Wort (als wissenschaftlicher od. technischer Terminus).*
kun|ter|bunt ⟨Adj.⟩ [frühnhd. (Ende 15. Jh.) contrabund = vielstimmig, zu ↑Kontrapunkt; die heutige Bed. seit dem 17./18. Jh. in Anlehnung an »bunt«] (emotional): **a)** *bunt, vielfarbig:* -e Sonnenschirme; k. bemalte Ostereier; **b)** *abwechslungsreich, bunt gemischt:* ein -es Programm; ihr Leben verlief recht k.; **c)** *ungeordnet:* ein -es Durcheinander.
Kun|ter|bunt, das; -s (emotional): *buntes Vielerlei, Durcheinander.*

Kunz: ↑Hinz.
Kü|pe, die; -, -n [1: nach ↑Küpe (2); 2: aus dem Niederd. < mniederd. küpe = Bottich, Nebenf. von ↑[2]Kufe]: **1.** *mit bestimmten chemischen Mitteln umgewandelte, wässrige Lösung eines Küpenfarbstoffs, in der Textilien gefärbt werden.* **2.** (früher) *in der Färberei verwendeter Holzbottich.*
Ku|pee: ↑Coupé (1, 2).
Kü|pen|farb|stoff, der [zu ↑Küpe (1)]: *wasch- u. lichtechter, auf Gewebefasern gut haftender Farbstoff (z. B. Indigo).*
Kü|per, der; -s, - [mniederd. küper] (nordd.): **1.** *Böttcher.* **2.** *Warenkontrolleur in Häfen* (Berufsbez.).
Kü|pe|rin, die; -, -nen: w. Form zu ↑Küper.
Kup|fer, das; -s, - [mhd. kupfer, ahd. kupfar < spätlat. cuprum für lat. aes cyprium = zyprisches Erz]: **1.** ⟨o. Pl.⟩ *rötlich glänzendes, weiches, dehnbares u. sehr gut leitendes Schwermetall (chemisches Element);* Zeichen: Cu; reines K.; K. ist ein guter Stromleiter; K. enthaltendes Erz; K. abbauen, fördern; das K. hat Grünspan angesetzt; Kessel aus K.; in K. gestochen; ein Dach mit K. decken. **2.** ⟨o. Pl.⟩ *etw. aus Kupfer Hergestelltes; kupferne Münzen, kupfernes Geschirr o. Ä.:* auf den Regalen stand blank geputztes K.; ich habe nur noch K. *(Kupfermünzen)* im Portemonnaie. **3.** kurz für ↑Kupferstich (2): der Band enthält wertvolle K.
kup|fer|be|schla|gen ⟨Adj.⟩: *mit Kupfer beschlagen:* eine -e Truhe.
kup|fer|braun ⟨Adj.⟩: *braun mit einem etwas rötlichen Schimmer:* -es Haar.
Kup|fer|dach, das: *mit Platten aus Kupfer gedecktes Dach.*
Kup|fer|druck, der ⟨Pl. -e⟩: **1.** ⟨o. Pl.⟩ *Verfahren, bei dem der Druck manuell von einer (geritzten od. geätzten) mit Kupfer beschichteten Tiefdruckplatte unter einer Presse erfolgt.* **2.** *nach dem Verfahren des Kupferdrucks* (1) *hergestellter* [2]*Druck* (1 b).
Kup|fer|erz, das: *kupferhaltiges Erz.*
kup|fer|far|ben, kup|fer|far|big ⟨Adj.⟩: *von der Farbe des Kupfers.*
Kup|fer|geld, das: *Münzen aus Kupfer.*
kup|fer|hal|tig, (österr.:) **kup|fer|häl|tig** ⟨Adj.⟩: *Kupfer enthaltend:* -e Minerale.
kup|fe|rig, kupfrig ⟨Adj.⟩: *wie Kupfer wirkend; kupferfarben.*
Kup|fer|kes|sel, der: *kupferner Kessel.*
Kup|fer|kies, der (Mineral.): *goldgelb bis grünlich gelb anlaufendes, eisenhaltiges Kupfererz.*
Kup|fer|le|gie|rung, die: *Legierung mit Kupfer als Hauptbestandteil.*
Kup|fer|mün|ze, die: *kupferne Münze.*
kup|fern ⟨Adj.⟩ [mhd. kupferin]: **1.** *aus Kupfer:* eine -e Kanne. **2.** *wie Kupfer schimmernd:* k. leuchtende Bergspitzen.
Kup|fer|pfen|nig, der: *Pfennigstück aus Kupfer.*
Kup|fer|plat|te, die: *Platte aus Kupfer:* eine Wand mit -n belegen.
kup|fer|rot ⟨Adj.⟩: *einen ins Braune spielenden roten Farbton besitzend.*
Kup|fer|ste|cher, der: **1.** *Künstler, der Kupferstiche herstellt:* R mein lieber Freund und K.! (ugs. scherzh., etwas erstaunt u. meist auch ein wenig drohend gesagt, H. u.). **2.** *braunrot glänzender Borkenkäfer, der bes. Fichten befällt.*
Kup|fer|ste|che|rin, die: w. Form zu ↑Kupferstecher (1).
Kup|fer|stich, der (Grafik): **1.** ⟨o. Pl.⟩ *Verfahren, bei dem mit dem Grabstichel eine Zeichnung in eine polierte Kupferplatte eingeritzt u. diese dann zur Herstellung von Abzügen in den Vertiefungen eingefärbt wird.* **2.** *nach dem Verfahren des Kupferstichs* (1) *hergestelltes Blatt.*
Kup|fer|stich|ka|bi|nett, das: *Museumsraum für Kupferstiche u. andere Grafik (bes. als Abteilung).*
Kup|fer|stück, das: **a)** *einzelnes [unbearbeitetes] Stück Kupfer;* **b)** *Kupfermünze.*
Kup|fer|sul|fat, das (Chemie): *Salz aus Kupfer u. Schwefelsäure.*
Kup|fer|vi|tri|ol, das ⟨o. Pl.⟩: *technisch wichtigstes, bes. in der Form blauer Minerale auftretendes Kupfersulfat.*
Kup|fer|zeit, die ⟨o. Pl.⟩: *Chalkolithikum.*
kupf|rig: ↑kupferig.
ku|pie|ren ⟨sw. V.; hat⟩ [frz. couper = abschneiden < afrz. coper, eigtl. wohl = die Spitze abschlagen, zu spätlat. cuppa, ↑Kuppe] (Fachspr.): **1. a)** *durch Schneiden kürzen, stutzen:* einem Hund den Schwanz, dem Vogel die Flügel k.; ⟨subst.:⟩ das Kupieren von Hundeohren ist verboten; **b)** *(ein Tier, eine Pflanze) nach bestimmten Gesichtspunkten durch Beschneiden an bestimmten Teilen im Aussehen verändern:* das Pferd am Schwanz k.; eine Hecke k.; ein kupierter Hund. **2.** (Med.) *(einen Krankheitsprozess [in seinem Beginn]) aufhalten od. unterdrücken:* eine Grippe k.
Ku|pol|ofen, Kuppelofen, der [ital. cupola < spätlat. cupula, Vkl. von: cuppa, ↑Kuppe]: *Schmelzofen zum Umschmelzen von Schrott u. Gusseisen.*
Ku|pon: ↑Coupon.
Kup|pe, die; -, -n [mhd. (md.) kuppe = (Berg)spitze, wahrsch. < spätlat. cuppa, ↑Kopf]: **1.** *abgerundeter oberster Teil eines Berges o. Ä.:* die kahle, bewaldete K. des Berges. **2.** *Fingerkuppe.*
Kup|pel, die; -, -n [ital. cupola < lat. cupula, Vkl. von: cupa, ↑[2]Kufe]: *Wölbung [in Form einer Halbkugel] über einem Raum:* die K. des Doms; eine K. über der Vierung; eine kleine K. krönt das Mittelschiff.
Kup|pel|dach, das: *gewölbtes Dach.*
Kup|pe|lei, die; -, -en [zu ↑kuppeln (4)] (abwertend): **a)** (veraltend) *Vermittlung einer Heirat durch Anwendung bestimmter [unlauterer] Mittel;* **b)** (Rechtsspr.) *Duldung od. [eigennützige] Vermittlung außerehelichen Sexualverkehrs, insbesondere bei Minderjährigen sowie als Prostitution.*
kup|peln ⟨sw. V.; hat⟩ [mhd. kuppeln, koppeln = an die [2]Koppel (3) legen; verbinden]: **1. a)** (Verkehrsw.) *mehrere Wagen od. ein ziehendes u. ein gezogenes Fahrzeug miteinander verbinden, koppeln* (1 b): drei Wagen zu einem Straßenbahnzug k.; an den LKW wurde ein Anhänger gekuppelt; ⟨auch ohne Akk.:⟩ Rangierer, k.!; **b)** (Technik) *koppeln* (1 c): eine Kamera mit gekuppeltem Entfernungsmesser. **2.** *koppeln* (2 b). **3.** *die Kupplung in einem Kraftfahrzeug betätigen:* er muss erst lernen, richtig zu k. und zu schalten. **4.** (veraltend) *(andere Menschen, Paare) zu verkuppeln suchen; sich als Kuppler betätigen.*
Kup|pel|ofen: ↑Kupolofen.
Kup|pel|pro|duk|ti|on, die (Wirtsch.): *gemeinsame Herstellung von zwei od. mehreren Produkten, die durch das Ausgangsmaterial od. das angewandte Verfahren bedingt ist (z. B. die Herstellung von Koks u. Gas aus Kohle).*
Kup|pe|lung: ↑Kupplung.
kup|pen ⟨sw. V.; hat⟩ [zu ↑Kuppe]: *Triebe, Zweige stutzen, kürzen:* die Platanen k.
Kupp|ler, der; -s, - [mhd. kuppelære, kuppeler] (abwertend): *jmd., der [gewerbsmäßig] Kuppelei betreibt.*
Kupp|le|rin, die; -, -nen [mhd. kupplærinne]: w. Form zu ↑Kuppler.
kupp|le|risch ⟨Adj.⟩ (abwertend): *wie ein Kuppler, als Kuppler [auftretend].*
Kupp|lung, Kuppelung, die; -, -en: **1.** ⟨o. Pl.⟩ *das An-, Einkuppeln; das Verbinden:* die K. der Eisenbahnwagen erfolgt heute meist automatisch. **2. a)** (Verkehrsw.) *lösbare Vorrichtung zum Verbinden, Aneinanderkoppeln von Fahrzeugen, Wagen;* **b)** (Technik) *[bewegliche] Verbindung zwischen Maschinen- u. Geräteteilen, durch die Kräfte, Drehmomente übertragen werden u. ein synchrones Funktionieren ermöglicht wird:* die K. aus-, einrücken. **3.** ⟨nur Kupplung⟩ **a)** *Einrichtung zum Unterbrechen der Verbindung zwischen Motor u. Getriebe bei Fahrzeugen:* die K. lösen, nachstellen; mit schleifender *(noch nicht voll eingerückter)* K. fahren; **b)** *Pedal, mit dessen Hilfe die Kupplung* (3 a) *betätigt wird:* die K. treten, zu schnell loslassen.
Kupp|lungs|au|to|mat, der (Kfz-T.): *automatisch, ohne Pedal funktionierende Kupplung* (3 a).
Kupp|lungs|pe|dal, das (Kfz-T.): *Kupplung* (3 b).
Kupp|lungs|schei|be, die (Kfz-T.): *axial verschiebbare, mit dem Getriebe verbundene Scheibe, die durch Federkraft mehr od. weniger stark gegen das Schwungrad des Motors gepresst wird.*
Kur, die; -, -en [im 16. Jh. zuerst in der Bed. »ärztliche Fürsorge u. Betreuung« < lat. cura = Sorge, Fürsorge, Pflege]: *bestimmtes, unter ärztlicher Aufsicht u. Betreuung durchgeführtes Heilverfahren; Heilbehandlung:* eine anstrengende K.; die K. dauert drei Wochen; eine K. beantragen, machen, abbrechen; jmdm. eine K. verordnen; sich einer K. unterziehen; in K. gehen; jmdn. zur K. schicken; * **jmdn. in [die] K. nehmen** (ugs.; *eindringlich auf jmdn. einreden; jmdm. Vorhaltungen machen*); **etw. in [die] K. nehmen** (ugs.; *etw. einer gründlichen Inspektion unterziehen u. es ausbessern, restaurieren, verbessern*).
Kür, die; -, -en [mhd. kür(e), (md.) kur(e), ahd. kuri = Wahl, zu ↑[2]kiesen] **1.** (Sport) *Übung, deren einzelne Teile der Sportler, die Sportlerin nach freier Wahl zusammenstellen kann:* eine schwierige, ausgefeilte K.; die K. der Damen im Kunstturnen, im Eiskunstlauf; das russische Paar ist Gewinner der K. **2.** (selten) *das Küren, Wahl.*
ku|ra|bel ⟨Adj.⟩ [spätlat. curabilis, zu: curare, ↑kurieren] (Med.): *(von Krankheiten) heilbar.*
ku|rant ⟨Adj.⟩ [frz. courant, 1. Part. von: courir = laufen < lat. currere] (veraltet): *in Umlauf befindlich;* Abk.: crt.: -e Münzen.
[1]Kurant, das; -[e]s, -e (veraltet): *Münze, deren Materialwert ihrem Geldwert entspricht.*
[2]Ku|rant, der; -en, -en [zu ↑Kur] (schweiz.): *Kurgast.*
Ku|ran|tin, die; -, -nen: w. Form zu ↑[2]Kurant.
Ku|ra|re, das; -[s] [span. curare < indian. (Tupi) urari, eigtl. = auf wen es kommt, der fällt] (Med., Pharm.): *(früher von Indianern als Pfeilgift verwendete) zu [tödlichen] Lähmungen füh-*

rende Substanz, die in niedrigen Dosen als Narkosemittel dient.

Kü|rass, der; -es, -e [frz. cuirasse, eigtl. = Lederpanzer, zu spätlat. coriaceus = ledern]: *(vom 15. bis 19. Jh. üblicher) Brustharnisch.*

Kü|ras|sier, der; -s, -e [frz. cuirassier]: *(15.–19. Jh.) Soldat der schweren Reiterei, der einen Kürass trägt.*

Ku|rat, der; -en, -en [mlat. curatus, zu lat. cura, ↑Kur] (kath. Kirche): **a)** *in der Seelsorge tätiger Geistlicher mit einer dem Pfarrer vergleichbaren Stellung u. mit eigenem Seelsorgebezirk;* **b)** *geistlicher Betreuer von Pfadfindergruppen o. Ä.*

Ku|ra|tel, die; -, -en [mlat. curatela, wohl Zusb. aus lat. curatio = Fürsorge u. tutela = Fürsorge, Obhut] (Rechtsspr. veraltend): *Vormundschaft:* eine K. beantragen; unter K. stehen; man ließ ihn unter K. stellen.

ku|ra|tiv ⟨Adj.⟩ [mlat. curativus, zu lat. curare, ↑kurieren] (Med.): *heilend:* -e Behandlung.

Ku|ra|tor, der; -s, ...oren [lat. curator = Bevollmächtigter, Vormund]: **1.** (veraltet) *Vormund.* **2.** *Treuhänder einer Stiftung o. Ä.* **3.** *Beamter an einer Universität, der das Vermögen verwaltet u. Rechtsgeschäfte wahrnimmt.* **4.** *(wissenschaftlicher) Leiter eines Museums, einer zoologischen Sammlung, einer Ausstellung o. Ä.*

Ku|ra|to|rin, die; -, -nen: w. Form zu ↑Kurator.

Ku|ra|to|ri|um, das; -s, ...ien [zu lat. curatorius = zum Amt eines Kurators (1) gehörend]: **1.** *Gremium, das die Aufsicht über eine öffentliche Körperschaft, eine Stiftung o. Ä. hat.* **2.** *Dienststelle einer Kuratorin, eines Kurators* (3).

Kur|auf|ent|halt, der: *mit einer Kur verbundener Aufenthalt in einem Kurort.*

Kur|bad, das: *Bad* (3).

Kur|bel, die; -, -n [zu älter Kurbe = Winde am Ziehbrunnen, mhd. kurbe, ahd. churba, über das Vlat. zu lat. curvus, ↑Kurve]: *im [rechten] Winkel angebrachte od. anzusetzende, mit einem Griff versehene Stange o. Ä., mit der eine Kreisbewegung ausgeführt wird, wodurch eine Welle, ein Zahnrad o. Ä. in Drehung versetzt wird:* die K. des Autofensters, der Spieldose, der Kaffeemühle; die K. drehen.

Kur|bel|ge|trie|be, das (Technik): *Getriebe, bei dem eine Hinundherbewegung mithilfe einer Kurbel in eine Drehbewegung verwandelt wird.*

Kur|bel|la|ger, das (Technik): *Lager, in dem sich die Kurbelwelle dreht.*

kur|beln ⟨sw. V.⟩: **1.** ⟨hat⟩ **a)** *an einer Kurbel drehen:* du musst schneller k.; sie kurbelte, bis ihr der Arm wehtat; Ü in den Kurven musste er ganz schön k. (ugs.; *das Lenkrad drehen, hin und her bewegen*); **b)** *durch Drehen an einer Kurbel bewegen.* **2.** (ugs.) *filmen* ⟨hat⟩. **3.** ⟨hat⟩ **a)** (ugs.) *drehen* (2); **b)** *mit einer Maschine für Kurbelstickerei anfertigen:* gekurbelte Muster. **4.** (ugs.) *fahrend, fliegend kreis-, schleifenförmige Bewegungen ausführen* ⟨ist/(auch:) hat⟩: die Fahrer beim Sechstagerennen kurbeln *(fahren ihre Runden)* schon seit 48 Stunden.

Kur|bel|sti|cke|rei, die: *maschinell ausgeführte Stickerei mit Kettenstichen.*

Kur|bel|wel|le, die (Technik): *[mehrfach] abgewinkelte Welle, mit deren Hilfe Auf- und Abbewegungen von Kolben, Pleuelstange o. Ä. in eine Drehbewegung der Welle verwandelt werden od. umgekehrt.*

Kur|bet|te, die; -, -n [frz. courbette, zu: courber = krümmen < lat. curvare, zu: curvus, ↑Kurve] (Pferdesport): *Lektion der hohen Schule, bei der das Pferd auf den Hinterbeinen mit angezogenen Vorderbeinen mehrere kleine Sprünge macht.*

kur|bet|tie|ren ⟨sw. V.; hat⟩ (Pferdesport): *eine Kurbette ausführen.*

Kür|bis, der; -ses, -se [mhd. kürbiʒ, ahd. kurbiʒ, über das Vlat. < lat. cucurbita]: **1. a)** *(aus dem tropischen Amerika stammende) rankende Pflanze mit großen Blättern, trichterförmigen, gelben Blüten u. sehr großen, meist kugeligen, saftreichen Früchten;* **b)** *Frucht des Kürbisses* (1 a): der K. wog 10 kg; süß-sauer eingemachte -se. **2.** (salopp) *Kopf:* mir dröhnt, schmerzt der K.

Kür|bis|ge|wächs, das: *Pflanze einer Familie mit vielen Gattungen, zu denen Kürbis, Gurke u. Melone gehören.*

Kür|bis|kern, der: *Samen des Kürbisses.*

Kur|de, der; -n, -n: Angehöriger eines iranischen Volkes in Vorderasien.

Kur|din, die; -, -nen: w. Form zu ↑Kurde.

kur|disch ⟨Adj.⟩: **a)** *die Kurden betreffend; von den Kurden stammend, zu ihnen gehörend:* das -e Neujahrsfest feiern; **b)** *in der Sprache der Kurden:* der Text ist k. abgefasst.

Kur|disch, das; -[s] u. ⟨nur mit best. Artikel:⟩ **Kur|di|sche,** das; -n: *kurdische Sprache.*

Kur|dis|tan; -s: Bergland in Vorderasien.

ku|ren ⟨sw. V.; hat⟩ (ugs.): *eine Kur machen.*

kü|ren ⟨sw. u. (veraltet:) st. V.; hat⟩ [zu ↑Kür] (geh.): *jmdn. [aus einer größeren Gruppe von Anwärtern] für einen Ehrenposten, Ehrentitel wählen:* jmdn. zum Sportler, zur Sportlerin des Jahres k.

Kü|ret|ta|ge [...'ta:ʒə], die; -, -n [frz. curettage] (Med.): *Ausschabung der Gebärmutter.*

Kü|ret|te, die; -, -n [frz. curette, zu: curer = reinigen < lat. curare, eigtl. = pflegen] (Med.): *löffelartiges Instrument zur Ausschabung der Gebärmutter.*

kü|ret|tie|ren ⟨sw. V.; hat⟩ (Med.): *eine Kürettage vornehmen; ausschaben* (c).

Kur|fürst, der [mhd. kur-, kürvürste, 1. Bestandteil veraltet Kur = Wahl, (Recht zur) Königswahl, mhd. kür(e), ↑Kür]: *Fürst, der zusammen mit anderen berechtigt war, den deutschen König zu wählen.*

Kur|fürs|ten|tum, das: *Herrschaftsbereich eines Kurfürsten.*

kur|fürst|lich ⟨Adj.⟩: *den Kurfürsten betreffend.*

Kur|gast, der: *Gast in einem Kurort.*

ku|ri|al ⟨Adj.⟩ [mlat. curialis < spätlat. curialis = zum kaiserlichen Hof gehörend, zu lat. curia, ↑Kurie] (bildungsspr.): *zur päpstlichen Kurie* (1 a) *gehörend.*

Ku|ri|a|le, der; -n, -n ⟨meist Pl.; Dekl. ↑Abgeordnete⟩ [mlat. curialis < spätlat. curiales (Pl.) = Bedienstete am Kaiserhof]: *(geistlicher od. weltlicher) Beamter der päpstlichen Kurie* (1 a).

Ku|ri|a|lis|mus, der; - (kath. Kirche): *kirchenrechtliche Richtung, die der päpstlichen Kurie* (1 a) *die oberste Gewalt zuspricht.*

Ku|ri|at|stim|me, die ⟨o. Pl.⟩ [zu lat. curiatus = zur Kurie (3) gehörend]: *(bis ins 19. Jh.) Stimme in einem Kollegium, die von einem Stimmberechtigten nur mit anderen zusammen als Gesamtstimme abgegeben werden kann* (z. B. im Reichstag 1 a).

Ku|rie, die; -, -n [(1: mlat. curia <) lat. curia = Kurie (3), eigtl. = vereinigte Männerschaft, zu: co(n)- = zusammen, mit u. vir = Mann]: **1. a)** *Gesamtheit der päpstlichen Behörden; päpstlicher Hof:* die römische K.; **b)** *Sitz der Kurie* (1 a). **2.** (österr.) *Standesvertretung in Universitätsgremien.* **3.** (hist.) *eine der Körperschaften, in die die altrömische Bürgerschaft aufgeteilt war.*

Ku|ri|en|kon|gre|ga|ti|on, die: *leitende Behörde der Kurie* (1 a).

Ku|rier, der; -s, -e [frz. courrier < ital. corriere, zu: correre < lat. currere = laufen, rennen]: **a)** *jmd., der im Dienst eines Staates, beim Militär o. Ä. vertrauliche Nachrichten o. Ä. überbringt:* ein diplomatischer K.; eine Nachricht durch einen K. überbringen lassen; **b)** *Bote* (a): einen Brief durch einen K. zustellen lassen, per K. schicken.

Ku|rier|dienst, der: **a)** *das Überbringen von vertraulichen Nachrichten o. Ä. durch Kurierinnen u. Kuriere:* einen K. einrichten; **b)** *Unternehmen, das die Dienste von Kurierinnen u. Kurieren* (b) *als Serviceleistung anbietet.*

ku|rie|ren ⟨sw. V.; hat⟩ [lat. curare = pflegen; heilen, zu: cura, ↑Kur]: *jmdn. heilen; eine Krankheit, Verletzung o. Ä. erfolgreich behandeln:* erst die Heilpraktikerin hat ihn [von seinem Ausschlag] kuriert; seine Grippe mit Rum k.; Ü (ugs.:) jmdn. von seinen Illusionen k.; ich bin [davon] kuriert (ugs.; *ich bin klüger geworden u. habe genug davon*).

Ku|rie|rin, die; -, -nen: w. Form zu ↑Kurier.

ku|ri|os ⟨Adj.⟩ [(frz. curieux <) lat. curiosus, auch = pedantisch, zu: cura, ↑Kur] (bildungsspr.): *auf unverständliche, fast spaßig anmutende Weise sonderbar, merkwürdig:* ein -er Vorfall; auf [eine] ganz -e Art; er ist ein -er Kauz; die Unterredung ist k. verlaufen.

Ku|ri|o|si|tät, die; -, -en [frz. curiosité < lat. curiositas = Neugierde]: **1.** ⟨o. Pl.⟩ *das Kurios-, Sonderbarsein; kuriose Art:* etwas nur der K. wegen erzählen. **2.** *etw., was merkwürdig ist, vom Üblichen, Normalen abweicht [u. deshalb Aufsehen erregt], kuriose Sache:* er hatte in seiner Briefmarkensammlung einige -en.

Ku|ri|o|si|tä|ten|ka|bi|nett, das: *Museum[sraum], in dem Kuriositäten* (2) *zu sehen sind.*

Ku|ri|o|sum, das; -s, ...sa (bildungsspr.): *kuriose Sache; etw. Kurioses, Merkwürdiges.*

Kur|ka|pel|le, die: [2]*Kapelle* (2), *die in einem Kurort zur Unterhaltung der Kurgäste spielt.*

Kur|kar|te, die: *Karte, die ein Gast nach Entrichtung der Kurtaxe bekommt u. mit der er bestimmte Veranstaltungen besuchen, bestimmte Einrichtungen benutzen kann.*

Kur|kon|zert, das: *Konzert in einem Kurort zur Unterhaltung der Kurgäste.*

Kur|ku|ma, die; -, ...umen [ital., span. curcuma < arab. kurkum = Safran]: **1.** *Gelbwurzel.* **2.** ⟨o. Pl.; auch: das; -[s]⟩ *aus den Wurzeln der Gelbwurzel gewonnenes, u. a. zur Herstellung von Curry* (1) *verwendetes, gelbes Gewürz.*

Kur|ku|min, das; -s: *aus der Gelbwurzel gewonnener gelber Farbstoff.*

Kur|laub, der; -[e]s, -e [aus ↑Kur u. ↑Urlaub]: *mit einer Kur verbundener Ferienaufenthalt.*

Kür|lauf, der: *Kür beim Eis- u. Rollkunstlauf.*

Kur|mit|tel, das: *therapeutische Maßnahme bei einer Kur (wie Bäder, Massagen, Inhalationen).*

Kur|ort, der: *Ort [mit besonders günstigem Klima od. mit Heilquellen], der die Voraussetzungen zur Durchführung von Kuren bietet.*

Kur|pa|ckung, die: **1.** *größere Packung von Medikamenten, die über einen längeren Zeitraum eingenommen werden sollen.* **2.** *Haarpflegemittel in Form einer Packung.*

Kur|park, der: *Park für die Kurgäste in einem Kurort.*

kur|pfu|schen ⟨sw. V.; hat⟩ (selten): *als Kurpfuscher* (a) *arbeiten:* er ist bestraft worden, weil er gekurpfuscht hat.

Kur|pfu|scher, der: **a)** (Rechtsspr.) *jmd., der ohne medizinische Ausbildung u. behördliche Genehmigung Kranke behandelt;* **b)** (ugs. abwertend) *schlechter Arzt.*

Kur|pfu|sche|rei, die: *das Kurpfuschen.*

Kur|pfu|sche|rin, die: w. Form zu ↑Kurpfuscher.

Kur|prinz, der: *Erbe eines Kurfürsten.*

Kur|re, die; -, -n [niederd. (ostfries.) kur(r)e < afries. koer = Korb, wohl nach dem urspr. verwendeten korbähnlichen Weidengeflecht] (Fischereiw.): *(bes. zum Fischen von Krabben, Garnelen o. Ä. verwendetes) Grundnetz.*

Kur|ren|de, die; -, -n [zu lat. currere = laufen]: **a)** (früher) *Schülerchor, der vor Häusern, bei Begräbnissen o. Ä. gegen Geld geistliche Lieder singt;* **b)** *evangelischer Jugend- od. Studentenchor.*

kur|rent ⟨Adj.⟩ [zu lat. currens (Gen.: currentis), 1. Part. von: currere = laufen] (österr.): *in deutscher Schrift:* k. schreiben.

Kur|rent|schrift, die: *(früher benutzte) deutsche Schreibschrift.*

Kur|ri|ku|lum: ↑Curriculum.

Kurs, der; -es, -e [1: frz. cours(e), niederl. koers < lat. cursus; 2: mlat. cursus = Reihe von Gebeten < lat. cursus = Verlauf, Reihenfolge, zu: currere (2. Part.: cursum) = laufen; 3: ital. corso, frz. cours < mlat. cursus < lat. cursus = Umlauf]: **1.** *Fahrtrichtung eines Schiffes od. Flugzeuges:* ein gerader, falscher K.; einen K. steuern, einschlagen; den K. wechseln, beibehalten, halten;

K. auf Hamburg nehmen; das Flugzeug geht auf K., fliegt den/auf dem vorgeschriebenen K.; vom K. abkommen; Ü einen härteren politischen K. einschlagen, verfolgen; den K. der Integration weiterfahren. **2.** (Sport) *Rennstrecke:* ein einfacher, schneller, gefährlicher K.; fehlerfrei über den K. kommen. **3. a)** *zusammengehörende Folge von Unterrichtsstunden o. Ä.; Lehrgang:* -e für Sprachen; einen K. besuchen, mitmachen; einen K. absetzen, leiten, abhalten; am Ende des -es findet eine Prüfung statt; **b)** *die Teilnehmenden eines Kurses* (3 a): der ganze K. bestand die Prüfung; er lud den/seinen K. zu sich nach Hause ein. **4.** *Marktpreis von Wertpapieren, Devisen o. Ä.:* hohe, niedrige, stabile -e; die -e steigen, fallen, bleiben stabil; Gold steht zurzeit nicht mehr so hoch im K. *(ist nicht mehr so viel wert)* wie früher; *** etw. außer K. setzen** *(etw. für ungültig erklären):* Briefmarken außer K. setzen; **außer K. kommen, sein** *(unbeliebt werden, sein);* **hoch im K. stehen** *(hohe Wertschätzung genießen, sehr angesehen sein);* **im K. steigen** *(beliebter werden, an Ansehen gewinnen):* die leichte Küche steigt immer mehr im K.; **im K. fallen** *(unbeliebter werden, an Ansehen verlieren).*

Kurs|ab|schlag, der (Börsenw.): *Abschlag* (2 b) *von einem Kurs* (4); *Abzug beim Terminkurs einer Währung gegenüber deren Kassakurs; Deport.*

Kurs|ab|zug, der (Börsenw.): *Deport.*

Kurs|än|de|rung, die: *Änderung des Kurses* (1).

Kurs|an|stieg, der (Börsenw.): *Anstieg eines Kurses* (4).

Kurs|auf|schlag, der (Börsenw.): *Aufschlag* (3) *auf einen Kurs* (4) *bei Prolongationsgeschäften im Terminhandel; Report* (2).

Kurs|buch, das: *Zusammenstellung von Fahrplänen der Eisenbahn in Buchform.*

Kur|schat|ten, der (ugs. scherzh.): *Person des anderen Geschlechts, mit der sich jmd. für die Zeit seiner Kur anfreundet:* sie hat einen K.

Kürsch|ner, der; -s, - [mhd. kürsenære, zu: kürsen, ahd. kursin(n)a = Pelzrock, aus dem Slaw.]: *Handwerker, der Tierfelle zu Pelzkleidung verarbeitet* (Berufsbez.).

Kürsch|ne|rei, die; -, -en: **a)** ⟨o. Pl.⟩ *Handwerk des Kürschners;* **b)** *Betrieb eines Kürschners.*

Kürsch|ne|rin, die; -, -nen: w. Form zu ↑Kürschner.

Kurs|ein|bruch, der (Börsenw.): *starker Kursrückgang.*

Kurs|fest|stel|lung, die (Börsenw.): *amtliche Feststellung der Börsenkurse.*

Kurs|ge|winn, der (Börsenw.): *Unterschied zwischen einem niedrigen Ankaufspreis u. höherem Verkaufspreis bei Wertpapieren, Devisen o. Ä.*

kur|sie|ren ⟨sw. V.; hat/(seltener:) ist⟩ [lat. cursare = umherlaufen, -rennen]: *in Umlauf sein:* falsche Banknoten kursieren in der Stadt; Ü über sie kursierten die wildesten Gerüchte *(sie wurden weitererzählt, sie machten die Runde).*

kur|siv ⟨Adj.⟩ [rückgeb. aus ↑Kursive] (Druckw.): *(von Druckschriften) schräg, nach rechts geneigt:* eine -e Schrift; ein Wort k. setzen.

Kur|si|ve, die; -, -n [mlat. cursiva (littera), eigtl. = laufend(e Schrift)] (Druckw.): *Kursivschrift.*

Kur|siv|schrift, die (Druckw.): *nach rechts geneigte Druckschrift.*

Kurs|no|tie|rung, die (Börsenw.): *Notierung* (4) *der Kurse* (4).

kur|so|risch ⟨Adj.⟩ [zu spätlat. cursorius = zum Laufen gehörend] (bildungsspr.): *fortlaufend; von einem zum andern rasch fortschreitend, nicht auf Einzelheiten eingehend:* die -e Behandlung eines Themas; -e Lektüre; einen Aufsatz nur k. *(oberflächlich)* lesen.

Kurs|rück|gang, der (Börsenw.): *das Sinken der Börsenkurse.*

Kurs|schwan|kung, die (Börsenw.): *Schwankung der Kurse* (4): politische Veränderungen führen meist zu -en.

Kurs|stei|ge|rung, die (Börsenw.): vgl. Kursanstieg.

Kurs|sys|tem, das (Päd.): *Unterrichtssystem, bei dem der Unterricht in den einzelnen Fächern in Form von Kursen* (3 a) *erteilt wird.*

Kurs|teil|neh|mer, der: *Teilnehmer an einem Kurs* (3 a).

Kurs|teil|neh|me|rin, die: w. Form zu ↑Kursteilnehmer.

Kur|sus, der; -, Kurse [mlat. cursus, ↑Kurs]: *Kurs* (3).

Kurs|ver|lust, der (Börsenw.): *Unterschied zwischen einem hohen Ankaufspreis u. einem niedrigen Verkaufspreis bei Wertpapieren o. Ä.*

Kurs|wa|gen, der: *Eisenbahnwagen, der auf dem Weg zum Zielort an verschiedene Züge angehängt wird:* ein D-Zug mit K. nach Rom.

Kurs|wert, der (Börsenw.): *Wert eines Wertpapiers, der sich aus dem Börsenkurs ergibt.*

Kurs|zet|tel, der (Börsenw.): *regelmäßig erscheinende Liste aller Börsenkurse.*

Kur|ta|ge: ↑Courtage.

Kur|ta|xe, die: *Gebühr, die ein Gast in einem Kur- od. Fremdenverkehrsort bezahlen muss:* K. zahlen, die K. bezahlen.

Kur|ti|sa|ne, die; -, -n [frz. courtisane < ital. cortigiana, w. Form zu: cortigiano = Höfling, zu: corte = [Fürsten]hof < mlat. cortis, curtis < lat. cors, ↑Court] (früher): *[adlige] Geliebte eines Fürsten o. Ä.*

Kür|übung, die: *[einzelne Übung einer] Kür.*

Kur|va|tur, die; -, -en [lat. curvatura = Krümmung, zu: curvus, ↑Kurve] (Med.): *Krümmung eines Organs, bes. des Magens.*

Kur|ve ['kʊrvə, 'kʊrfə], die; -, -n [spätlat. curva (linea) = gekrümmt(e Linie), zu: curvus = gekrümmt]: **1. a)** (Geom.) *gekrümmte Linie als Darstellung mathematischer od. statistischer Größen u. Berechnungen:* eine K. zeichnen; Ü die K. seines Erfolgs fiel jäh ab; **b)** *Bogenlinie, Bogen:* sie zeichnete ihre Brauen in einer schwungvollen K. nach. **2. a)** *Biegung, Krümmung einer Straße, eines Verkehrsweges:* eine scharfe, enge, unübersichtliche, überhöhte K.; die Straße windet sich in vielen -n den Berg hinauf; eine K. schneiden, ausfahren, [zu schnell] nehmen; das Auto wurde aus der K. getragen, geschleudert; der Motorradfahrer legte sich in die K.; *** die K. kratzen** (salopp; *sich schnell u. möglichst unbemerkt entfernen;* eigtl. = so scharf um eine Ecke biegen, dass man die Mauerkante berührt); **die K. kriegen** (salopp; *es [schließlich doch noch] schaffen, etwas erreichen; nicht scheitern*); **die K. heraushaben** (salopp; ↑Bogen 1 a); **b)** *gekrümmter Teil der Tribüne* (2) *eines oval angelegten Stadions.* **3.** *Linie, die ein Körper, Gegenstand beschreibt, der sich in einer nicht gerade verlaufenden Bewegung befindet:* eine flache, weite K. fliegen; die Skiläufer fuhren in großen -n ins Tal. **4.** ⟨Pl.⟩ (ugs.) *als erotisierend empfundene weibliche Körperformen:* sie hat aufregende -n.

kur|ven ['kʊrvn̩, 'kʊrfn̩] ⟨sw. V.; ist⟩: **1. a)** *in Kurven fahren, fliegen:* der Radfahrer kurvte um die Ecke; **b)** (ugs.) *[ziellos] umherfahren:* im Urlaub sind sie durch ganz Spanien gekurvt. **2.** (selten) *kurvenförmig biegen:* gekurvte Ornamente. **3.** (salopp) *sich mit etw. innerlich beschäftigen, über etw. nachdenken:* er kurvt schon eine ganze Weile darüber.

Kur|ven|dis|kus|si|on, die (Math.): *rechnerische Untersuchung mit grafischer Darstellung einer Kurve* (1 a) *u. ihrer Eigenschaften.*

kur|ven|för|mig ⟨Adj.⟩: *von, in der Form einer Kurve.*

Kur|ven|la|ge, die: *Lage, die ein Fahrzeug in einer Kurve* (2 a) *einnimmt.*

Kur|ven|li|ne|al, das: *in Art einer Schablone gebogenes Zeichengerät, mit dem man Kurven* (1 a) *zeichnen kann.*

Kur|ven|mes|ser, der: *Kurvimeter* (a, b).

kur|ven|reich ⟨Adj.⟩: **a)** *mit vielen Kurven* (2 a): eine -e Strecke; **b)** (ugs. scherzh.) *mit üppigen Kurven* (4).

Kur|ven|schar, die (Math.): *mehrere Kurven, die in einer bestimmten, durch einen Parameter festgelegten Beziehung zueinander stehen.*

Kur|ven|tech|nik, die: *bestimmte Methode, Kurven* (2 a, 3) *zu fahren, zu fliegen.*

Kur|ver|wal|tung, die: *Dienststelle, die die Einrichtungen in einem Kur- od. Fremdenverkehrsort verwaltet.*

kur|vig ['kʊrvɪç, ...fɪç] ⟨Adj.⟩: **a)** *bogenförmig, gekrümmt:* -e Linien; **b)** *kurvenreich* (a).

Kur|vi|me|ter [kʊrvi...], das; -s, - [↑-meter]: **a)** *Gerät zum Messen der Bogenlänge einer Kurve* (1 a); **b)** *Gerät zur Entfernungsmessung auf Landkarten; Kurvenmesser.*

Kur|wür|de, die ⟨o. Pl.⟩: *Würde eines Kurfürsten.*

kurz ⟨Adj.; kürzer, kürzeste⟩ [mhd., ahd. kurz < lat. curtus ≙ verkürzt, gestutzt, verstümmelt]: **1. a)** *von [vergleichsweise] geringer räumlicher Ausdehnung, Länge in einer Richtung:* ein -er Mantel; ein Kleid mit -en *(oberhalb des Ellbogens endenden)* Ärmeln; sie trägt sehr -e Röcke; eine -e Straße; ein -er Zug *(ein Zug mit wenigen Wagen);* es ist nur noch ein -es Stück zu laufen; (Sport:) er läuft am liebsten -e Strecken; eine -e Telefonnummer *(Telefonnummer mit wenigen Ziffern);* der kürzeste Weg zum Bahnhof; ich muss einige Kleider kürzer machen; sie trägt das Haar k. [geschnitten]; er hat k. geschorenes Haar; der Faden ist zu k.; *** k. treten** (1. selten; *in kleinen Schritten marschieren;* 2. *sich in bestimmten Aktivitäten einschränken, zurückhalten;* aus der Soldatenspr.; die auf der Innenseite einer Kolonne Marschierenden müssen beim Abbiegen kleinere Schritte machen, um den Gleichschritt beizubehalten): nach dem Krieg mussten wir alle k. treten; **kürzer treten** *(sich einschränken; sich in etw. zurückhalten):* letztes Jahr haben wir kürzer getreten, weil mein Mann arbeitslos geworden ist; nach Weihnachten bin ich aus gesundheitlichen Gründen etw. kürzer getreten; **etw., alles k. und klein schlagen** (ugs.; *etw., alles zerschlagen, zertrümmern*); **zu k. kommen** *(benachteiligt werden, zu wenig bekommen;* wohl aus der Soldatenspr. mit Bezug auf nicht weit genug tragendes Feuer 4); **jmdn. k. halten** *([jmdm.] über einen längeren Zeitraum hinweg aus erzieherischen Gründen relativ wenig Geld, Essen o. Ä. geben):* die Eltern haben ihren Sohn immer k. gehalten; **den Kürzeren ziehen** (ugs.; *aufgrund einer ungleichen Ausgangslage bei einer Auseinandersetzung, einem Streit o. Ä. der Unterlegene sein;* nach dem Losen mit Zündhölzern o. Ä., wobei derjenige verliert, der das kürzere Hölzchen zieht); **zu k. greifen** (ugs.; *zu vordergründig, zu oberflächlich sein*); **b)** ⟨in Verbindung mit Adverbialbestimmungen des Ortes⟩ *in [vergleichsweise] geringer Entfernung von etw.; mit geringem Abstand:* k. davor, vor der Mauer kam das Auto zum Stehen; k. hinter dem Bahnhof zweigt die Straße ab; **c)** (ugs., oft scherzh.) *von geringer Körpergröße, nicht hoch gewachsen, klein:* er ist ein wenig k. geraten. **2. a)** *von [vergleichsweise] geringer zeitlicher Ausdehnung, Dauer:* ein -er Urlaub, Besuch; er machte eine -e Pause; ein Vertrag mit -er Laufzeit; er warf ihr einen -en Blick zu; eine -e, k. gesprochene Silbe; ein -es *(kurz gesprochenes)* a; er hat ein -es Gedächtnis (ugs.; *vergisst Dinge schnell wieder*); ich esse gern k. gebratenes *(bei großer Hitze nur kurz gebratenes)* Fleisch; die Zeit ist zu k.; sein Leben war k. *(er ist früh gestorben);* die Freude währte nur k., -e Zeit; die Arbeit k. unterbrechen; er war nur k. weg gewesen; *** binnen -em** *(innerhalb kurzer Zeit):* er war binnen -em hier; **über k. oder lang** *([in Bezug auf etw. mit Sicherheit Eintretendes] ziemlich bald, irgendwann in nicht zu ferner Zukunft):* über k. oder lang wird es Krach geben; **vor -em** *(vor nicht langer Zeit):* ich habe ihn vor -em getroffen; **seit -em** *(seit nicht langer Zeit):* sie wohnt seit -em in einer anderen Stadt; **b)** ⟨in Verbindung mit Adverbialbestimmungen der Zeit⟩ *mit geringem zeitlichem Abstand von etw., jmdm.:* k. nach Mitternacht; ich kam k. vor ihm nach Hause; k. zuvor hatte ich ihn noch gesehen. **3. a)** *nicht ausführlich; auf das Wesentliche beschränkt:* ein -er Brief; eine -e Mitteilung; etw. in -en Worten sagen; ich erwarte einen -en Anruf von Ihnen; es handelt sich um einen k. gefassten Bericht; sie war heute sehr k. *(kurz angebunden);* etw. nur k. andeuten; * **sich k. fassen** *(möglichst wenig Zeit zum Reden beanspruchen);* **k. und bündig** *(präzis u. bestimmt):* die Antwort war k. und bündig; **k. und gut**/(scherzh. auch:) **k. u. klein** *(zusammenfassend kann man sagen);* **b)** *rasch; ohne Umstände, Förmlichkeit:* einen -en Entschluss *(rasch einen Entschluss)* fassen; eine Sache k. abtun; sich k. zusammensetzen, um etwas zu besprechen; er ist k. entschlossen abgereist; ich komme morgen k. *(mal eben)* vorbei; * **es k. machen** *(nicht viel Aufhebens von etw. machen);* **k. und schmerzlos** (ugs.; *rasch u. ohne [aus Rücksichtnahme] zu zögern).*

Kurz|ar|beit, die: *verkürzte Arbeitszeit, die [bei entsprechender Kürzung des Lohnes] vom Unternehmer wegen Auftragsmangels o. Ä. angeordnet wird.*

kurz|ar|bei|ten ⟨sw. V.; hat⟩: *Kurzarbeit machen [müssen]:* in dieser Firma wird kurzgearbeitet.

Kurz|ar|bei|ter, der: *Arbeiter, der Kurzarbeit macht.*

Kurz|ar|bei|ter|geld, das: *vom Arbeitsamt an Kurzarbeiter gezahlter Betrag, der einem Teil des Stundenlohnes der nicht gearbeiteten Stunden entspricht.*

Kurz|ar|bei|te|rin, die: w. Form zu ↑Kurzarbeiter.

kurz|är|me|lig, kurz|ärm|lig ⟨Adj.⟩: *mit kurzen Ärmeln [versehen]:* ein -es Kleid.

kurz|at|mig ⟨Adj.⟩: *unter Atemnot leidend; stoßweise atmend:* ein -er alter Mann.

Kurz|at|mig|keit, die; -: *das Kurzatmigsein.*

kurz|bei|nig ⟨Adj.⟩: *kurze Beine besitzend:* ein -er Dackel.

Kur|ze, der; -n, -n ⟨Dekl. ↑Abgeordnete⟩ (salopp): **1.** *Kurzschluss* (1). **2.** *kleines Glas Schnaps:* ein paar K. trinken.

Kür|ze, die; -, -n (Pl. selten) [mhd. kürze, ahd. kurzi]: **1.** ⟨o. Pl.⟩ *geringe räumliche Ausdehnung in einer Richtung; geringe Länge:* die K. des Weges, der Haare. **2.** ⟨o. Pl.⟩ *geringe zeitliche Dauer:* die K. der Zeit; * **in K.** *(bald, demnächst):* wir werden die Entscheidung in K. treffen; der Film läuft in K. an. **3.** ⟨o. Pl.⟩ *kurze* (3 a) *Form:* lapidare K.; K. des Ausdrucks/im Ausdruck gehört zum Stil dieses Autors; **R** in der K. liegt die Würze *(eine knappe Darstellung ist oft treffender als eine ausführliche).* **4.** (Verslehre) *kurze Silbe eines Wortes im Vers.*

Kür|zel, das; -s, -: **1.** *Abkürzungs-, Schriftzeichen in der Stenografie:* sie beherrscht noch nicht alle K. **2.** *Abkürzung[szeichen].*

kür|zen ⟨sw. V.; hat⟩ [mhd. kürzen, ahd. kurzen]: **1.** *kürzer machen:* den Rock [um einige Zentimeter] k.; die Schnur muss noch etwas gekürzt werden; jmdm. das Haar, die Nägel k. **2. a)** (selten) *verkürzen:* die Arbeitspausen k.; **b)** *von etw., was jmdm. üblicherweise zusteht, zugeteilt wird, einen Teil wegnehmen; verringern:* jmdm. die Rente k.; ihr Taschengeld wurde um die Hälfte gekürzt. **3.** *in kürzere Form bringen:* eine Rede k.; die gekürzte Fassung eines Romans. **4.** (Math.) *einen Bruch vereinfachen, indem man Zähler u. Nenner durch die gleiche Zahl teilt.*

kür|zer ⟨Adj.⟩: **1.** ⟨absoluter Komp.⟩ **a)** *von relativ geringer räumlicher Ausdehnung in einer Richtung:* bei -en Fahrten das Fahrrad nehmen; **b)** *sich über einen relativ kurzen Zeitraum erstreckend:* für -e Zeit verreist sein. **2.** Komp. zu ↑kurz.

kur|zer|hand ⟨Adv.⟩: *rasch u. ohne langes Überlegen:* k. abreisen; etw. k. ablehnen; sich k. zu etw. entschließen.

kür|zer tre|ten: s. kurz (1 a).

kür|zes|te: ↑kurz.

Kurz|fas|sung, die: *gekürzte Fassung eines Textes o. Ä.:* die K. eines Aufsatzes.

Kurz|film, der: *kurzer Film* (3 a).

Kurz|flüg|ler, der; -s, - (Zool.): *Insekt einer Familie von Käfern mit langem Hinterleib u. sehr kurzen Flügeldecken.*

Kurz|form, die (Sprachw.): *Wort, das aus einem Teil eines längeren Wortes gebildet ist* (z. B. »Auto« aus »Automobil«).

kurz|fris|tig ⟨Adj.⟩: **a)** *ohne vorherige Ankündigung [erfolgend]:* eine -e Abreise; eine Sendung k. vom Programm absetzen; jmdm. etw. k. mitteilen; **b)** *nur kurze Zeit dauernd, geltend:* -er Erwerbsausfall; -e Verträge *(Verträge mit kurzer Laufzeit);* **c)** *in [möglichst] kurzer Zeit [erfolgend]:* man muss -e Lösungen finden; k. *(rasch entschlossen)* eine Entscheidung treffen.

kurz ge|bra|ten: s. kurz (2 a).

kurz ge|fasst: s. kurz (3 a).

Kurz|ge|schich|te, die [LÜ von engl. short story] (Literaturw.): *Form der erzählenden Dichtung, bei der eine [alltägliche] Begebenheit knapp berichtet wird, die Personen nur skizziert werden u. der Schluss meist eine Pointe enthält.*

kurz ge|schnit|ten, kurz ge|scho|ren: s. kurz (1 a).

Kurz|haar|fri|sur, die: *Frisur, bei der das Haar kurz geschnitten ist.*

kurz|haa|rig ⟨Adj.⟩: **a)** *ein Fell mit kurzen Haaren besitzend:* ein -er Hund; **b)** *kurz geschnittenes Haar tragend;* **c)** *mit kurzen Haaren [ausgestattet]:* ein -er Pinsel.

kurz|hal|sig ⟨Adj.⟩: *einen kurzen Hals besitzend.*

kurz hal|ten: s. kurz (1 a).

kurz|le|big ⟨Adj.⟩: **1.** (meist Fachspr.) *nur kurze Zeit lebend:* -e Tiere, Pflanzen; -e *(schnell zerfallende)* Elementarteilchen. **2. a)** *nur für kurze Zeit Aktualität, Wirksamkeit besitzend:* eine -e Modeerscheinung; **b)** *nur über kurze Zeit hinweg funktionstüchtig, gebrauchsfähig:* -e Konsumgüter, Geräte, Möbel.

Kurz|le|big|keit, die; -: *das Kurzlebigsein.*

kürz|lich ⟨Adv.⟩ [mhd. kurzlich, ahd. kurz(i)lich]: *vor kurzer Zeit (Tagen od. Wochen):* das ist erst k. passiert; wir haben uns k. getroffen.

Kurz|mel|dung, die: vgl. Kurznachricht.

Kurz|nach|richt, die ⟨meist Pl.⟩: *Nachricht, in der nur das Wichtigste berichtet wird:* im Radio kamen -en.

Kurz|par|ker, der: *Autofahrer, der nur kurze Zeit parkt:* vor dem Bahnhof gibt es Plätze für K.

Kurz|pro|gramm, das (Eiskunstlauf): *Originalprogramm, Pflichtkür.*

kurz|schlie|ßen ⟨st. V.; hat⟩: *durch Verbindung von zwei elektrischen Leitungen einen Stromkreis schließen u. dadurch einen Schalter, Widerstand o. Ä. überbrücken:* einen Stromkreis k.; die Zündung, ein Auto k. *(ein Auto zum Anspringen bringen, indem man die Leitungen des Zündschlosses überbrückt).*

Kurz|schluss, der (Elektrot.): **1.** *[sich als Störung auswirkende] unmittelbare Verbindung von zwei unter Spannung stehenden elektrischen Leitungen:* einen K. verursachen, hervorrufen; es gab einen K., als er die Lampe montierte; der Brand war durch einen K. entstanden. **2. a)** *falsche [logische] Schlussfolgerung;* **b)** *vorübergehende, auf einem Affekt beruhende geistige Störung:* sein Verhalten lässt sich nur aus einem K. heraus erklären.

Kurz|schluss|hand|lung, die: *im Affekt begangene, unüberlegte Handlung.*

Kurz|schluss|re|ak|ti|on, die: vgl. Kurzschlusshandlung.

Kurz|schrift, die: *Stenografie.*

kurz|schrift|lich ⟨Adj.⟩: *stenografisch.*

kurz|sich|tig ⟨Adj.⟩ [1: wohl LÜ von engl. short-sighted]: **1.** *an Kurzsichtigkeit leidend:* sie hielt das Buch vor ihre -en Augen; er ist sehr, hochgradig k. **2.** *nicht an die Zukunft denkend, sondern in ungenügender Weise nur das Nächstliegende beachtend:* eine -e Politik betreiben; k. handeln.

Kurz|sich|tig|keit, die; -: **1.** *Fehlsichtigkeit, bei der man Dinge in der Nähe deutlich, in der Ferne undeutlich od. gar nicht sieht:* er muss wegen K. eine Brille tragen. **2.** *kurzsichtiges* (2) *Denken, Handeln:* politische K.

kurz|stäm|mig ⟨Adj.⟩: *einen kurzen Stamm besitzend:* -e Obstbäume.

kurz|stie|lig ⟨Adj.⟩: **a)** *mit kurzem Stiel:* -e Gläser; **b)** *einen kurzen Stängel besitzend:* -e Blumen.

Kurz|stre|cke, die: **a)** *kurze Strecke, geringe Entfernung:* der Benzinverbrauch eines Autos auf -n; **b)** (Sport) *(bei bestimmten Laufwettbewerben zurückzulegende) relativ kurze Strecke.*

Kurz|stre|cken|flug, der: *Flug mit dem Flugzeug über eine Entfernung von 300 bis 1 500 Kilometern.*

Kurz|stre|cken|lauf, der (Sport): *Laufwettbewerb über eine Kurzstrecke.*

Kurz|tag|pflan|ze, die (Bot.): *Pflanze, die nur blüht u. Früchte bildet, wenn die tägliche Lichteinwirkung eine bestimmte Dauer nicht überschreitet.*

kurz tre|ten: s. kurz (1 a).

kurz|um ⟨Adv.⟩: *um es kurz zu machen; um vorher Gesagtes zusammenzufassen u. auf eine knappe Formel zu bringen:* auf dem Fest waren Politiker, Künstler, Vertreter der Wirtschaft, k. alles, was Rang und Namen hat.

Kür|zung, die; -, -en [mhd. kürzunge]: **1. a)** (selten) *das Kürzen* (2 a): die K. der Arbeitspausen; **b)** *das Kürzen* (2 b); *Verringerung:* die K. des Gehalts; das Parlament beschloss eine K. der staatlichen Ausgaben. **2.** *das Kürzen* (3): an einigen Stellen müssen noch -en vorgenommen werden.

Kurz|ur|laub, der: *kurzer, nur einige Tage dauernder Urlaub:* einen K. machen.

Kurz|vers, der (Verslehre): *Vers mit bis zu vier Hebungen.*

Kurz|wa|ren ⟨Pl.⟩: *kleinere Gegenstände, die man zum Nähen, zum Stopfen, in der Schneiderei braucht:* Knöpfe, Schnallen, Nadeln und Gummiband sind K.

kurz|weg ⟨Adv.⟩: *kurzerhand:* ich habe ihn k. vor die Tür gesetzt.

Kurz|weil, die; - [mhd. kurz(e)wile, auch = kurze Zeit] (veraltend): *lustiger, angenehmer Zeitvertreib:* [allerlei] K. treiben; etw. nur zur/aus K. machen.

kurz|wei|lig ⟨Adj.⟩: *unterhaltsam:* ein -es Buch.

Kurz|wel|le, die: **1. a)** (Physik, Funkt., Rundf.) *elektromagnetische Welle mit kurzer Wellenlänge;* **b)** (Rundf.) *Wellenbereich der Kurzwellen* (1 a): diesen Sender bekommt man nur auf K. **2.** kurz für ↑Kurzwellentherapie.

Kurz|wel|len|sen|der, der (Funkt., Rundf.): *[Radio]sender, der mit Kurzwellen sendet.*

Kurz|wel|len|the|ra|pie, die (Med.): *Therapie, bei der mit Kurzwellen* (1 a) *bestrahlt wird.*

kurz|wel|lig ⟨Adj.⟩ (Physik): *von kurzer Wellenlänge:* -e Strahlen.

Kurz|wort, das ⟨Pl. …wörter⟩ (Sprachw.): *Wort, das aus Bestandteilen eines od. mehrerer Wörter gebildet ist* (z. B. »Kripo« aus Kriminalpolizei).

Kurz|zeit|ge|dächt|nis, das ⟨o. Pl.⟩ (Psych.): *Fähigkeit des Gehirns, eine Information kurze Zeit zu speichern.*

kurz|zei|tig ⟨Adj.⟩: *kurze Zeit dauernd; für kurze Zeit:* -e Engpässe; dieser Raum wird nur k. genutzt; k. aussetzen.

kusch ⟨Interj.⟩ [aus der Jägerspr., frz. couche! = leg dich!, zu: coucher = niederlegen < afrz. colchier < lat. collocare]: **a)** Befehl an einen Hund, sich hinzulegen u. still zu sein; **b)** (österr. salopp) Aufforderung an jmdn., still zu sein.

Ku|schel|ecke, die: *liebevoll gestalteter Teil eines Raumes [im Kindergarten o. Ä.], in dem Kinder kuscheln können.*

ku|sche|lig, kuschlig ⟨Adj.⟩ (fam.): *zum Kuscheln, zu einem behaglichen Aufenthalt einladend:* ein -er Stoff, Sessel; hier ist es k. *(angenehm, behaglich)* warm.

ku|scheln, ⟨sw. V.; hat⟩ [zu ↑kuschen] (fam.): **a)** *aus einem Bedürfnis nach Wärme, Geborgenheit sich an jmdn., etw., in etw. schmiegen:* sie kuscheln noch im warmen Bett; sich an jmdn.,

K

in eine Wolldecke k.; die Katze hat sich an mich gekuschelt; b) *jmdn. schmiegend an sich drücken.*

Ku|schel|tier, das: *Spielzeugtier aus Samt, Plüsch od. ähnlichem kuscheligem Stoff.*

ku|schen ⟨sw. V.; hat⟩ [zu ↑kusch]: **1.** *aufgrund von Machtlosigkeit, Unterlegenheit sich nicht wehren, sondern still sein:* wenn er brüllt, kuscht die ganze Familie; er kuschte vor seinem Chef. **2.** *(von Hunden) sich still hinlegen:* der Förster befahl seinem Hund zu k.; ⟨auch k. + sich:⟩ kusch dich!

kusch|lig: ↑kuschelig.

Ku|si|n|chen, das; -s, -: Vkl. zu ↑Kusine.

Ku|si|ne, die; -, -n: ↑Cousine.

Kus|kus, Kus|ku|su: ↑Couscous.

Kuss, der; -es, Küsse [mhd., ahd. kus, rückgeb. aus ↑küssen]: *[sanft] drückende Berührung mit den [leicht gespitzten, leicht geöffneten] Lippen* (als Zeichen der Zuneigung od. Verehrung, zur Begrüßung o. Ä.): ein zarter, inniger, herzlicher, heißer, langer, leidenschaftlicher K.; sie gab ihm einen K. [auf den Mund, die Stirn]; Küsse tauschen; sie bedeckte sein Gesicht mit Küssen; die beiden Politiker begrüßten sich mit einem K. auf die Wange; Gruß u. K. [dein Julius] (scherzh.; *Schlussformel in Briefen od. beim Abschied*).

Küss|chen, das; -s, -: Vkl. zu ↑Kuss: gib K.!; R ein K. in Ehren kann niemand verwehren.

kuss|echt ⟨Adj.⟩: *(von der Farbe des Lippenstifts) nicht abfärbend, fest haftend.*

küs|sen ⟨sw. V.; hat⟩ [mhd. küssen, ahd. küssen, urspr. lautm.]: *jmdm. einen od. mehrere Küsse geben:* jmdn. stürmisch, leidenschaftlich, herzlich, zärtlich, flüchtig k.; sie küsste ihn auf den Mund, auf die Schulter; er küsste ihr die Hand, die Wange; sie küssten sich/(geh.:) einander lange; Ü die Frühlingssonne küsste die ersten Knospen.

Küs|se|rei, die; - (ugs.): *dauerndes Küssen.*

Kuss|hand, die: *Kuss auf die eigenen Fingerspitzen, der durch Handbewegungen od. Pusten symbolisch an entfernt stehende Menschen gegeben wird:* der Filmstar warf Kusshände in die Menge; * **etw., jmdn. mit K. nehmen** (ugs.; *jmdn., etw. sehr bereitwillig, sehr, nur zu gern nehmen*): Fachleute wie dich nehmen sie überall mit K.

Küs|te, die; -, -n [niederl. kust(e) < mniederl. cost(e) < afrz. coste (= frz. côte) = Rippe; Seite, Abhang; Küste < lat. costa]: a) *unmittelbar ans Meer angrenzender Streifen des Festlandes:* eine flache, steil abfallende K.; die atlantische K. Frankreichs; an der K. entlangfahren; auf die K. zusteuern; b) *Gebiet an der Küste* (a): sie stammt von der K.

Küs|ten|be|fes|ti|gung, die: **1.** (Wasserbau) *Anlage, die die Küste vor Beschädigungen durch Wasser, Wind o. Ä. schützen soll.* **2.** (Milit.) *Anlage zur Verteidigung einer Küste.*

Küs|ten|be|feu|e|rung, die: *Kennzeichnung einer Küste durch Leuchtfeuer o. Ä.*

Küs|ten|fahr|zeug, das: *in der Küstenschifffahrt eingesetztes Fahrzeug.*

Küs|ten|fi|sche|rei, die: *Fischerei in der Nähe der Küste.*

Küs|ten|ge|biet, das: *Küste* (b).

Küs|ten|ge|wäs|ser, das: *Zone des Meeres an einer Küste, die zum Hoheitsgebiet eines Landes gehört.*

Küs|ten|nä|he, die: *Bereich in der Nähe der Küste:* das Schiff lief in K. auf Grund.

Küs|ten|schiff|fahrt, die: *Schifffahrt entlang der Küste od. auf Binnenmeeren.*

Küs|ten|schutz, der: *Sicherung der Küste durch den Bau von Deichen o. Ä.*

Küs|ten|staat, der: *Staat, der an einer Küste liegt.*

Küs|ten|stra|ße, die: *an der Küste* (a) *entlangführende Straße.*

Küs|ten|strei|fen, der: *[schmaler] Streifen Land, der sich an der Küste entlangzieht.*

Küs|ten|wacht, die: *[militärischer] Wachdienst an einer Küste.*

Küs|ter, der; -s, - [mhd. kuster, ahd. kustor < mlat. custor = Hüter (des Kirchenschatzes), zu lat. custos, ↑Kustos]: *Kirchendiener.*

Küs|te|rei, die; -, -en: *Wohnung eines Küsters.*

Küs|te|rin, die; -, -nen: w. Form zu ↑Küster.

[1]Kus|to|de, die; -, -n [↑Kustos] (Buchw. früher): **1.** *aus Buchstaben od. Zahlen bestehende Kennzeichnung der einzelnen Lagen einer Handschrift auf der letzten Seite der Lage.* **2.** *Kustos* (3).

[2]Kus|to|de, der; -n, -n: *Kustos* (1).

Kus|to|din, die; -, -nen: w. Form zu ↑[2]Kustode.

Kus|tos, der, -, ...toden [lat. custos (Gen.: custodis) = Wächter, Aufseher]: **1.** *wissenschaftlicher Sachbearbeiter bes. an Museen.* **2.** (veraltet) *Kirchendiener.* **3.** (Buchw. früher) *Wort in der rechten unteren Ecke einer Buchseite, das das erste Wort der folgenden Seite vorwegnimmt u. als Lesehilfe od. zur Kontrolle der Blattfolge dient.*

Ku|ti|ku|la, die; -, -s u. ...lä [lat. cuticula, Vkl. von: cutis, ↑Kutis] (Biol.): *dünnes Häutchen über der äußeren Zellschicht bei Pflanzen u. vielen Tieren.*

Ku|tis, die; - [lat. cutis = Haut] (Biol.): **1.** *Lederhaut der Wirbeltiere.* **2.** *nachträglich verkorktes Pflanzengewebe.*

Kutsch|bock, der: *erhöhter Sitz an der Kutsche* (1) *für den Kutscher.*

Kut|sche, die; -, -n [ung. kocsi, kurz für: kocsi szekér, eigtl. = Wagen aus dem Ort Kocs]: **1.** *von Pferden gezogener, meist geschlossener Wagen zur Beförderung von Personen:* eine von vier Pferden gezogene K. fährt vor; in eine K. steigen; in einer K. fahren. **2.** (salopp abwertend, auch scherzh.) *[größeres] altes Auto:* eine alte, klapprige, rostige K.

kut|schen ⟨sw. V.⟩: **1.** ⟨ist⟩ a) (salopp) *mit einem Fahrzeug irgendwohin fahren:* durch die Stadt k.; er ist mit seinem neuen Auto nach Italien gekutscht; b) (veraltet) *mit einer Kutsche* (1) *irgendwohin fahren.* **2.** ⟨hat⟩ a) (salopp) *jmdn. in einem Auto o. Ä. irgendwohin fahren:* er hat seine Tante durch die Stadt gekutscht; b) (veraltet) *jmdn. in einer Kutsche* (1) *irgendwohin fahren.*

Kut|schen|schlag, der: *Tür einer Kutsche* (1).

Kut|scher, der; -s, -: *jmd., der eine Kutsche* (1) *lenkt.*

Kut|sche|rin, die; -, -nen: w. Form zu ↑Kutscher.

kut|schie|ren ⟨sw. V.⟩: **1.** ⟨ist⟩ a) *mit einer Kutsche* (1) *irgendwohin fahren:* sie kutschierten vierspännig zur Kirche; b) (ugs.) *mit einem Fahrzeug irgendwohin fahren:* sie sind mit einem alten Bus durch Europa kutschiert. **2.** ⟨hat⟩ a) *jmdn., etw. in einer Kutsche* (1) *irgendwohin fahren:* jmdn. durch die Gegend, zum Bahnhof k.; b) (ugs.) *jmdn., etw. in einem Fahrzeug irgendwohin fahren:* jmdn. durch die Stadt k. **3.** ⟨hat⟩ a) *eine Kutsche* (1) *lenken:* er versuchte [den Zweispänner] zu k.; b) (ugs.) *ein Fahrzeug lenken, steuern.*

Kutsch|kas|ten, der: a) *auf Federn ruhender, kastenförmiger Unterbau einer Kutsche* (1); b) *Kasten unter dem Kutschbock zum Unterbringen von Gepäck.*

Kutsch|pferd, das: *Pferd, das zum Ziehen einer Kutsche* (1) *gebraucht wird.*

Kut|te, die; -, -n [mhd. kutte < mlat. cotta = Mönchsgewand, aus dem Germ., verw. mit ↑[1]Kotze]: **1.** *von Mönchen getragenes, langes, weites Gewand mit Kapuze, das mit einer Schnur o. Ä. zusammengehalten wird;* * **aus der K. springen** (ugs. scherzh.; *ein geistliches Amt niederlegen*). **2.** a) (Jugendspr.) *Kleidung, bes. Mantel, Parka:* du hast ja eine tolle, dufte K. an; b) (südd.) *Arbeitskittel.*

Kut|tel, die; -, -n ⟨meist Pl.⟩ [mhd. kutel, H. u.]: *essbares Stück vom Magen od. Darm des Rinds.*

Kut|ter, der; -s, - [engl. cutter, zu: to cut = schneiden, eigtl. = Schiff, das die Wellen schneidet]: **1.** a) *einmastiges Segelschiff für die Küstenschifffahrt;* b) *Jacht mit Kuttertakelung.* **2.** *motorgetriebenes Fischereifahrzeug; Fischkutter.* **3.** *Rettungs-, Beiboot eines Kriegsschiffes.*

Kut|ter|ta|ke|lung, die; - [zu ↑Kutter (1)] (Segeln): *Takelung mit einem Großsegel u. zwei bis drei Vorsegeln.*

Ku|vasz ['kʊvas, ung.: 'kuvɔs], der; -, - [ung. kuvasz < türk. kavas, ↑Kawass]: *ungarischer Hirtenhund mit Hängeohren u. weichem, weißem Fell.*

Ku|vert [ku've:ɐ̯, ku'vɛ:ɐ̯, landsch. auch: ku'vɛrt], das; -s u. (bei dt. Ausspr.:) -[e]s, -s u. (bei dt. Ausspr.:) -e [frz. couvert = Besteck, Gedeck; Umschlag, zu: couvrir = bedecken < lat. cooperire]: **1.** *Briefumschlag:* ein gefüttertes K.; den Brief ins K. stecken. **2.** (geh. veraltet) *[Tafel]gedeck für eine Person.*

ku|ver|tie|ren ⟨sw. V.; hat⟩ (Fachspr.): *mit einem [Brief]umschlag versehen:* Briefe, Kontoauszüge, Schecks k.

Ku|ver|tü|re, die; -, -n [frz. couverture]: *Überzugsmasse aus Schokolade für Gebäck.*

Ku|wait; -s: Scheichtum am Persischen Golf.

Ku|wai|ter, der; -s, -: Ew.

Ku|wai|te|rin, die; -, -nen: w. Form zu ↑Kuwaiter.

ku|wai|tisch ⟨Adj.⟩: *Kuwait, die Kuwaiter betreffend; von den Kuwaitern stammend, zu ihnen gehörend.*

kV = Kilovolt.

KV = Köchelverzeichnis.

kVA = Kilovoltampere.

kW = Kilowatt.

KW = Kurzwelle.

Kwass, der; -[es] [russ. kvas, urverw. mit lat caseus, ↑Käse]: *alkoholisches Getränk aus gegorenem Brot, Mehl u. Malz.*

kWh = Kilowattstunde.

Ky|a|thos, der; -, - [griech. kýathos]: *altgriechischer Becher mit nach oben gezogenem Henkel.*

Ky|be|le: phrygische Fruchtbarkeitsgöttin.

Ky|ber|ne|tik, die; - [1: engl. cybernetics, 1948 gepr. von dem amerik. Mathematiker N. Wiener (1894–1964), zu griech. kybernētikḗ (téchnē) = Steuermannskunst, zu: kybernḗtēs = Steuermann, zu: kybernãn = steuern]: **1.** *wissenschaftliche Forschungsrichtung, die Systeme verschiedenster Art (z. B. biologische, technische, soziologische Systeme) auf selbsttätige Regelungs- u. Steuerungsmechanismen hin untersucht.* **2.** (ev. Kirche) *Lehre von der Kirchen- u. Gemeindeleitung.*

Ky|ber|ne|ti|ker, der; -s, -: *Wissenschaftler auf dem Gebiet der Kybernetik* (1).

Ky|ber|ne|ti|ke|rin, die; -, -nen: w. Form zu ↑Kybernetiker.

ky|ber|ne|tisch ⟨Adj.⟩: *die Kybernetik* (1) *betreffend.*

Ky|em, das; -s, -e [griech. kýēma (Gen.: kýēmatos) = Leibesfrucht, eigtl. = das Empfangene] (Med.): *die befruchtete Eizelle im Gesamtverlauf ihrer Entwicklungsstadien vom Embryo bis zum Fetus.*

Kyff|häu|ser, der; -[s]: Bergrücken südlich des Harzes.

Ky|kla|den ⟨Pl.⟩: Inselgruppe im Ägäischen Meer.

Ky|klop usw.: ↑Zyklop usw.

Kym|re, der; -n, -n: keltischer Bewohner von Wales.

Kym|rin, die; -, -nen: w. Form zu ↑Kymre.

kym|risch ⟨Adj.⟩: a) *die Kymren betreffend, von den Kymren stammend, zu ihnen gehörend;* b) *in der Sprache der Kymren.*

Kym|risch, das; -[s] u. ⟨nur mit best. Art.:⟩ **Kym|ri|sche,** das; -n: *die kymrische Sprache.*

Ky|ni|ker, der; -s, - [griech. Kynikós, zu: kynikós = hündisch; die Anhänger dieser Schule wurden wegen ihrer Bedürfnislosigkeit u. ihrer gewollten Armut, dann wegen ihrer Art, die Leute rücksichtslos anzufallen, um ihnen ihre Lehre zu predigen, mit Hunden verglichen]: *Angehöriger einer antiken Philosophenschule, die Bedürfnislosigkeit u. Genügsamkeit forderte.*

ky|nisch ⟨Adj.⟩: *die [Philosophie der] Kyniker betreffend.*

Ky|no|lo|gie, die; - [↑-logie] (Fachspr.): *Lehre von der Zucht, Dressur u. den Krankheiten der Hunde.*

K

Ky|no|re|xia, Ky|no|re|xie, die; - [zu griech. órexis = das Streben, Verlangen] (Med.): *Heißhunger.*

Ky|rie ['ky:ri̯ə], das; -, -s: kurz für ↑Kyrieeleison.

Ky|rie|elei|son, das; -s, -s: *Bittruf [als Teil der* [1]*Messe* (2)].

Ky|rie elei|son ⟨Interj.⟩ [mgriech. kýrie eléison = Herr, erbarme dich!]: *Bittruf in der* [1]*Messe* (1) *u. im lutherischen u. unierten Hauptgottesdienst.*

Ky|ri|eleis ⟨Interj.⟩: *Kyrie eleison!*

ky|ril|lisch ⟨Adj.⟩ [nach dem Slawenapostel Kyrill (826–869)]: *(in Bezug auf das nach Kyrill benannte u. ihm gewidmete Alphabet verschiedener slawischer Sprachen) eine weitgehend aus den griechischen Großbuchstaben entwickelte Form aufweisend:* -e Buchstaben; das -e Alphabet; die -e Schrift.

Ky|ril|li|za, die; - [russ. kirillica]: *kyrillische Schrift.*

Kyu [kju:], der; -s, -s [jap. kjū = vorherig(e Stufe)] (Budo): *in sechs Leistungsgrade eingeteilte Rangstufe der Schüler in den Budosportarten.*

KZ [ka(:)'tsɛt], das; -[s], -[s]: Konzentrationslager: die Befreiung der KZs; dem KZ entkommen, entfliehen; im KZ umkommen, sterben, ermordet werden.

KZ-Ge|denk|stät|te, die: *auf dem Gelände eines ehemaligen Konzentrationslagers errichtete Gedenkstätte.*

KZ-Häft|ling, der: *Häftling in einem Konzentrationslager.*

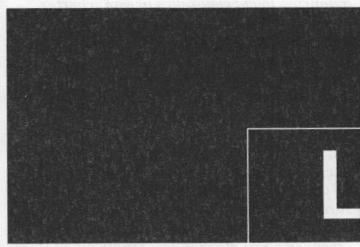

l, L [ɛl], das; - (ugs.: -s), - (ugs.: -s) [mhd. l, ahd. (h)l]: *zwölfter Buchstabe des Alphabets, ein Konsonant:* ein kleines l, ein großes L schreiben.

L [urspr. nicht identisch mit dem Buchstaben L]: römisches Zahlzeichen für 50.

L = large (groß; internationale Kleidergröße).

λ, Λ: ↑Lambda.

£, £Stg = Pfund (Livre) Sterling.

l. = lies!; links.

L. = Linné; [1]Lira.

[1]la [ital. la, ↑Solmisation]: *Silbe, auf die beim Solmisieren der Ton a gesungen wird.*

[2]la: *beim Singen einer Melodie anstelle eines Textes verwendete Silbe:* wir singen das Lied auf la.

LA = Lastenausgleich.

Lab, das; -[e]s, -e [mhd. lap, ahd. lab, eigtl. = Gerinnungsmittel, vgl. mhd. liberen, mniederd. leveren = gerinnen]: **a)** *Enzym im Magen junger Kälber, Schafe u. Ziegen, das die Milch zum Gerinnen bringt;* **b)** *aus zerkleinerten Labmägen bes. von Kälbern gewonnenes Enzym, das bei der Herstellung von Käse verwendet wird.*

La Bam|ba, die; - -, - -s, ugs. auch: der; - -[s], - -s [port. (bras.) bambá = Tanz]: *lateinamerikanischer Modetanz in den 70er-Jahren des 20. Jhs.*

lab|be|rig, labbrig ⟨Adj.⟩ (ugs. abwertend): **1.** *unangenehm fade* (1), *gehalt- u. geschmacklos, ohne Reiz:* eine -e Suppe; ein -es Getränk. **2.** *in unangenehmer Weise weich; ohne die nötige Festigkeit:* ein -er Stoff; der Pudding ist zu l.; jmdm. l. *(ohne festen Händedruck)* die Hand geben. **3.** *flau* (b), *elend:* ein -es Gefühl im Magen haben.

lab|bern ⟨sw. V.; hat⟩ [niederl. labberen = sich schlaff hin u. her bewegen]: **1.** (nordd. ugs.) *etw. schlürfend essen od. trinken:* Milch l. **2.** (nordd. ugs. abwertend) *dummes Zeug reden:* er labbert den ganzen Tag. **3.** (Seemannsspr.) *(von Segeln) schlaff herabhängen:* bei dieser Flaute labbern die Segel.

labb|rig: ↑labberig.

Lab|da|num: ↑Ladanum.

La|be, die; - [mhd. labe, ahd. laba, zu ↑laben] (dichter.): *etw. Labendes:* eine köstliche L.

La|bel [leɪbl], das; -s, -s [engl. label, verw. mit ↑Lappen] (Werbespr.): **1. a)** *Etikett, das auf ein Produkt od. dessen Verpackung aufgeklebt wird;* **b)** *Produktlinie einer Firma; Marke* (2 a). **2. a)** *Etikett einer Schallplatte;* **b)** *Schallplattenfirma:* das L. wechseln. **3.** (EDV) *Markierung eines Programmbeginns.*

la|ben ⟨sw. V.; hat⟩ [mhd. laben, ahd. labōn = erquicken, wahrsch. < lat. lavare = waschen; benetzen]: **a)** (geh.) *mit Speise od. Trank erquicken, erfrischen:* jmdn. mit einem kühlen Trunk l.; Ü die herrliche Aussicht labte das Auge; **b)** ⟨l. + sich⟩ *sich [an etw.] gütlich tun:* sich am Champagner l.; sich mit Kaffee und Kuchen l.

La|ber|dan, der; -s, -e [niederl. labberdaan, wohl aus dem Afrz.]: *eingesalzener Kabeljau.*

La|be|rei, die; -, -en (ugs. abwertend): *beständiges, als lästig empfundenes Labern* (a).

la|bern ⟨sw. V.; hat⟩ [wohl zu landsch. Labbe = Mund, Lippe] (ugs.): **a)** (abwertend) *sich wortreich über oft belanglose Dinge auslassen, viele überflüssige Worte machen;* **b)** *sich zwanglos unterhalten, plaudern:* wir sitzen abends öfter dort und labern.

Lab|fer|ment, das: *Lab* (a).

La|bia: Pl. von ↑Labium.

la|bi|al ⟨Adj.⟩ [mlat. labialis = mündlich, zu lat. labium = Lippe]: **1.** (Med.) *die Lippen betreffend.* **2.** (Sprachw.) *(von Lauten) mit den Lippen gebildet.*

La|bi|al, der; -s, -e (Sprachw.): *mithilfe der Lippen gebildeter Konsonant* (z. B. b).

la|bi|a|li|sie|ren ⟨sw. V.; hat⟩ (Sprachw.): *(von Lauten) zusätzlich zur eigentlichen Artikulation mit Rundung der Lippen sprechen* (z. B. [ʃ] in Schach).

La|bi|al|laut, der (Sprachw.): *Labial.*

La|bi|al|pfei|fe, die: *Orgelpfeife, bei der der Ton durch Reibung des Luftstroms an der scharfkantigen Schneide des Labiums* (2) *erzeugt wird.*

La|bi|al|stim|me, die: *von der Labialpfeife erzeugte Orgelstimme.*

La|bi|a|te, die; -, -n ⟨meist Pl.⟩ (Bot.): *Lippenblütler.*

La|bi|en: Pl. von ↑Labium.

la|bil ⟨Adj.⟩ [spätlat. labilis = leicht gleitend, zu lat. labi = gleiten]: **1.** *nicht festgefügt, sondern zur Veränderung, zu Schwankungen neigend, unbeständig, leicht störbar:* eine -e politische Situation; ein -es Gleichgewicht (Physik; *Gleichgewicht, das bei Veränderung der Lage nicht erhalten bleibt*); das Wirtschaftssystem erwies sich als l. **2. a)** (Med.) *zu Störungen, Krankheiten neigend, schwankend, anfällig:* eine -e Konstitution; sein Kreislauf ist sehr l.; **b)** (Psych.) *leicht das seelische Gleichgewicht verlierend, Stimmungen unterworfen, nicht in sich gefestigt:* ein [psychisch] -er Mensch; er ist ein -er Charakter.

La|bi|li|tät, die; -, -en ⟨Pl. selten⟩ [mlat. labilitas] (bes. Fachspr.): *das Labilsein.*

la|bio|den|tal ⟨Adj.⟩ [zu lat. labium = Lippe u. ↑dental] (Sprachw.): *(von Lauten) mit Lippen u. Zähnen gebildet.*

La|bio|den|tal, der (Sprachw.): *mithilfe von Lippen u. Zähnen gebildeter Konsonant* (z. B. f, w).

la|bio|ve|lar ⟨Adj.⟩ [zu lat. labium = Lippe u. ↑velar] (Sprachw.): *(von Lauten) mit Lippen u. hinterem Gaumen gleichzeitig gebildet.*

La|bio|ve|lar, der (Sprachw.): **1.** *(für die indogermanische Grundsprache angenommener) mithilfe von Lippen u. hinterem Gaumen gebildeter Laut* (k^u, g^u, g^uh). **2.** *Lautfolge aus labialisiertem velarem Konsonanten plus Halbvokal* (z. B. in engl. quiz [kwɪz]).

La|bi|um, das; -s, ...ien u. ...ia [lat. labium = Lippe]: **1.** (Anat.) *lippenförmiger Rand* (z. B. eines Hohlorgans, bes. Schamlippe). **2.** ⟨Pl. ...ien⟩ *(bei der Labialpfeife u. der [Block]flöte Teil, der die Öffnung, an der die Luft austritt, nach oben u. unten begrenzt u. damit die Qualität des Tones bestimmt.* **3.** (Zool.) *Unterlippe bei den Mundwerkzeugen von Insekten.*

Lab|kraut, das [zu ↑Lab; das Kraut wurde als Gerinnungsmittel bei der Milchverarbeitung verwendet]: *Pflanze mit zahlreichen kleinen, gelben, nach Honig duftenden Blüten u. schmalen Blättern, die quirlig um den Stängel angeordnet sind.*

Lab|ma|gen, der: *Teil des Magens der Wiederkäuer, in dem die eigentliche Verdauung einsetzt u. in dem bei den Jungtieren Lab* (a) *produziert wird.*

La|bor [österr. auch, schweiz. meist: 'la:bo:ɐ̯], das; -s, -s, auch: ...ore [Kurzf. für ↑Laboratorium]: **a)** *Arbeitsstätte für naturwissenschaftliche, technische od. medizinische Arbeiten, Untersuchungen, Versuche o. Ä.:* ein chemisches L.; das L. einer Klinik, eines Zahntechnikers; Blutproben in, von einem medizinischen L. untersuchen lassen; **b)** *Raum, in dem ein Labor* (a) *untergebracht ist:* das L. betreten, verlassen, abschließen.

La|bo|rant, der; -en, -en [zu lat. laborans (Gen.: laborantis), 1. Part. von: laborare, ↑laborieren]: *jmd., der als Fachkraft in einem Labor[atorium] mit Analysen, Versuchen u. Ä. beschäftigt ist* (Berufsbez.).

La|bo|ran|tin, die; -, -nen: w. Form zu ↑Laborant.

La|bo|ra|to|ri|um, das; -s, ...ien [mlat. laboratorium, zu lat. laborare, ↑laborieren]: **a)** *Arbeits-, Forschungsstätte für experimentelle wissenschaftliche Arbeiten im Bereich von Naturwissenschaften u. Medizin:* ein bakteriologisches L.; **b)** *Räumlichkeiten, Gebäude, in dem ein Laboratorium* (a) *untergebracht ist:* durch die Explosion wurde das L. total zerstört.

La|bor|be|fund, der: *(bes. medizinischer) Befund einer Untersuchung im Labor.*

la|bo|rie|ren ⟨sw. V.; hat⟩ [lat. laborare = sich anstrengen, abmühen; arbeiten]: **1.** (selten) *Laborarbeiten machen.* **2.** (ugs.) *an einer Krankheit o. Ä. leiden u. sie ohne rechten Erfolg zu überwinden suchen:* sie laboriert schon seit Wochen an einer Grippe. **3.** (ugs.) *sich ohne rechten Erfolg mit etw. abmühen:* er laboriert schon zwei Jahre an seiner Arbeit.

La Bos|tel|la, die; - -, - -s, ugs. auch: der; - -[s], - -s [H. u.]: *in Gruppen getanzter lateinamerikanischer Modetanz in den 70er-Jahren des 20. Jhs.*

La|bour Par|ty ['leɪbə pɑ:tɪ], die; - - [engl. = Partei der Arbeit]: Name politischer Parteien im Commonwealth, bes. in Großbritannien, Australien u. Neuseeland.

[1]La|bra|dor; -s: nordamerikanische Halbinsel.

[2]La|bra|dor, der; -s, -e: **1.** *Labradorit.* **2.** *Labradorhund.*

La|bra|dor|hund, der: *großer Jagdhund mit schwarzem, gelegentlich gelblichem Fell, mit Hängeohren u. kräftigem Schwanz.*

La|bra|do|rit, der; -s, -e: *(als Schmuckstein verwendeter) farbloser, auch grauer, bläulicher od. brauner Feldspat mit schillerndem Farbenspiel.*

Lab|sal, das; -[e]s, -e, südd., österr. auch: die; -, -e [mhd. labesal, zu ↑laben] (geh.): *etw., was jmdn. erquickt:* das kühle Quellwasser war ein L. für die Wanderer.

Labs|kaus, das; - [aus dem Niederd. < engl. lobscouse, H. u.] (Kochk.): *Gericht aus Pökelfleisch, Hering u. verschiedenen anderen Zutaten.*

La|bung, die; -, -en (geh.): **1.** *das Laben.* **2.** *etw. Labendes.*

La|by|rinth, das; -[e]s, -e [lat. labyrinthus < griech. labýrinthos = Haus mit Irrgängen]: **1. a)** *Anlage (als Teil eines Parks od. Gartens), deren verschlungene, zu einem Punkt in der Mitte der Anlage führende Wege von hohen Hecken gesäumt sind, sodass man sich darin verirren kann; Irrgarten:* eine Gartenanlage des Barock mit einem L.; Ü das Hotel war ein L. von 600 Zimmern; **b)** (Kunstwiss.) *in den Fußboden von Kirchen eingelegte Figur nach dem Grund-*

riss eines Labyrinths (1), die den Weg eines Büßenden nach Jerusalem symbolisiert. 2. (Anat.) *als Gehörorgan u. Gleichgewichtsorgan fungierender innerer Teil des Ohrs beim Menschen u. bei Wirbeltieren.*

La|by|rinth|fisch, der: *meist lebhaft gefärbter Süßwasserfisch, der mit einem zusätzlichen Atmungsorgan Luft an der Wasseroberfläche aufnimmt.*

la|by|rin|thisch ⟨Adj.⟩: *einem Labyrinth ähnlich:* l. verschlungene Wege.

[1]La|che, die; -, -n ⟨Pl. selten⟩ [mhd. lache, rückgeb. aus ↑[1]lachen] (ugs.): **a)** *kürzeres Lachen; das Auflachen:* eine laute L. war zu hören; eine hämische L. anschlagen *(hämisch [auf]lachen);* **b)** *jmds. Art zu lachen:* er hat eine schrille, dreckige L.; mit ihrer fröhlichen L. steckt sie alle an.

[2]La|che, die; -, -n [mhd. lache, ahd. lahha, H. u., viell. < lat. lacus (↑Lagune) od. verw. mit ↑leck]: *kleinere Ansammlung von Flüssigkeit, bes. von Wasser, die sich auf einer Fläche, in einer flachen Vertiefung gebildet hat:* auf den Straßen hatten sich große -n [von Regenwasser] *(Pfützen)* gebildet; eine L. von Bier, Öl, Blut.

[3]La|che, Lachte, die; -, -n [mhd. lāche(ne), ahd. lah = Grenzzeichen, H. u.] (Forstw.): *zum Zweck der Harzgewinnung angelegter rinnenförmiger Einschnitt in den Stamm von Nadelbäumen.*

lä|cheln ⟨sw. V.; hat⟩ [mhd. lecheln, zu ↑[1]lachen]: **1. a)** *durch eine dem Lachen ähnliche Mimik Freude, Freundlichkeit o. Ä. erkennen lassen:* als er ins Zimmer trat, lächelte sie; sie lächelte unter Tränen; er sah uns lächelnd an; ⟨subst.:⟩ ein flüchtiges Lächeln zeigte sich auf seinem Gesicht, spielte um ihren Mund; **b)** *eine bestimmte andere Gefühlsregung lächelnd* (1 a) *ausdrücken:* verlegen, ironisch, hämisch, böse, traurig l.; ⟨subst.:⟩ ein süffisantes, spöttisches Lächeln; für dieses Angebot hatte sie nur ein müdes Lächeln (ugs.; *es interessierte sie nicht im Geringsten, war für sie ohne jeden Reiz*). **2.** *sich über jmdn., etw. lustig machen:* jeder lächelt über ihn, seine Marotte. **3.** (dichter. veraltet) *jmdm. günstig, gewogen sein;* Ü der Erfolg, das Glück lächelte ihm.

[1]la|chen ⟨sw. V.; hat⟩ [mhd. lachen, ahd. (h)lahhan, urspr. lautm.]: **1. a)** *durch eine Mimik, bei der der Mund in die Breite gezogen wird, die Zähne sichtbar werden u. um die Augen Fältchen entstehen, [zugleich durch eine Abfolge stoßweise hervorgebrachter, unartikulierter Laute] Freude, Erheiterung, Belustigung o. Ä. erkennen lassen:* er ist ein fröhlicher Mensch, der oft lacht; als sie die Geschichte hörten, mussten sie sehr l.; laut, schallend, leise l.; er lacht aus vollem Halse *(lacht sehr);* sie lachte über das ganze Gesicht; er lachte vor Vergnügen; das hat mich l. gemacht/(selten:) machen; du hast/kannst gut/leicht l. *(du bist nicht in meiner unangenehmen Lage);* er wusste nicht, ob er l. oder weinen sollte *(war von zwiespältigen Gefühlen erfüllt);* es darf gelacht werden (scherzh. od. iron. Aufforderung bei einer mehr gut gemeinten als wirklich witzigen Darbietung); da/hier gibts [gar] nichts zu l. *(da ist Unernst nicht am Platz);* »Wie gefällt es Ihnen hier?« – »Sie werden l. *(auch wenn Sie es nicht für möglich halten),* aber ich habe mich schon gut eingelebt!«; sie begrüßte uns lachend; ⟨subst.:⟩ ein herzhaftes, lautes, heimliches, unterdrücktes Lachen; das Weinen war ihm näher als das Lachen; ihr Lachen wirkte ansteckend; ein Lachen überkam ihn, schüttelte ihn; sie hat das Lachen verlernt *(ist immer sehr ernst, traurig);* er musste ein Lachen unterdrücken, sich das Lachen verbeißen; sie kamen aus dem Lachen nicht mehr heraus; sie brachen in heftiges Lachen aus; sich vor Lachen nicht mehr halten können *(unbändig lachen);* die Leute platzten vor Lachen (ugs.; *mussten heftig lachen*); jmdn. [mit etw.] zum Lachen bringen; in dieser Situation war ihnen nicht zum Lachen [zumute]; **Spr** wer zuletzt lacht, lacht am besten *(erst am Ende zeigt sich, wer wirklich den Vorteil hat; derjenige, der zunächst im Nachteil ist, kann am Ende durchaus der Überlegene sein);* **R** Lachen ist gesund, die beste Medizin; *** [irgendwo, bei jmdn.] nichts zu l. haben** (ugs.; *[irgendwo, von jmdm.] streng, schlecht behandelt werden*): bei diesem Lehrer haben sie nichts zu l.; **es, das wäre ja/doch gelacht, wenn ... [nicht] ...** (ugs.; *es gibt gar keinen Zweifel [darüber, dass jmd. etwas Bestimmtes ausführen, schaffen kann]*); **jmdm. vergeht [noch] das Lachen** *(jmdm. ist [in einer bestimmten Lage] plötzlich nicht mehr zum Spotten, zu leichtfertigen Reden zumute):* dir wird das Lachen noch vergehen (drohend; *im Moment bist du im Vorteil, aber das kann, wird sich ändern*); **zum Lachen sein** (ugs. abwertend; *lächerlich, zu jmds. Ärger nicht ernst zu nehmen sein*): es ist doch zum Lachen, wenn er jetzt behauptet, er hätte nichts davon gewusst; **b)** *eine bestimmte andere Gefühlsregung lachend* (1 a) *ausdrücken:* gehässig, schadenfroh l.; er lachte triumphierend; ⟨subst.:⟩ ein gezwungenes Lachen. **2.** *sich über jmdn., etw. unverhohlen lustig machen:* man lacht über ihn; sie musste innerlich darüber l.; über dieses Verhalten kann man doch nur l. (abwertend; *es ist in ärgerlicher Weise unverständlich, kindisch o. ä.*); darüber kann ich gar nicht l.! *(für jmds. Lachen hierüber habe ich gar kein Verständnis!);* **R** dass ich nicht lache! *(das ist doch etwas ganz Unsinniges, Unmögliches!).* **3.** (dichter.) *jmdm. günstig, gewogen sein:* das Glück hatte ihnen gelacht. **4.** (dichter.) *eine Sache ignorieren:* sie lachten der Gefahren.

[2]la|chen ⟨sw. V.; hat⟩ [mhd. lāchenen = mit einer [3]Lache versehen] (Forstw.): **1.** *eine [3]Lache herstellen.* **2.** *einen zu fällenden Baum markieren.*

La|cher, der; -s, -: **1.** *jmd., der in einer bestimmten Situation [über jmdn., etw.] lacht; Lachender;* *** die L. auf seiner Seite haben** *(bei einer Diskussion o. Ä. durch einen Scherz, eine geistreiche Bemerkung die darüber Lachenden für sich einnehmen).* **2.** *unvermittelt einsetzendes kurzes Lachen, Gelächter:* einen L. ausstoßen; ein gut gemachtes Stück mit wohl platzierten -n (Theater Jargon; *Stellen, die darauf berechnet sind, dass sie Gelächter hervorrufen*).

Lach|er|folg, der: *im Lachen der Zuschauer, Zuhörer bestehende Wirkung.*

La|che|rin, die; -, -nen: w. Form zu ↑Lacher (1).

lä|cher|lich ⟨Adj.⟩ [mhd. lecherlich = lächelnd; zum Lachen reizend] (abwertend): **1. a)** *komisch [wirkend] u. zum Lachen reizend:* ein -er Aufzug; das Getue wirkt l., kommt mir l. vor *(wirkt albern, ist zum Lachen);* jmdn., sich, etw. l. machen *(dem Gespött preisgeben);* ⟨subst.:⟩ er versucht, die Sache ins Lächerliche zu ziehen *(sie nicht ernst zu nehmen);* **b)** *[in ärgerlicher Weise] töricht, albern, unsinnig:* ein geradezu -er Einwand; es ist einfach l., so etwas zu behaupten; **c)** (selten) *zum Lachen geneigt, unernst:* ihm war l. zumute. **2. a)** *[in ärgerlicher Weise] minimal, gering:* eine -e Summe; er hat dafür einen -en Betrag bezahlt; **b)** *[in ärgerlicher Weise] geringfügig, unbedeutend:* ein -er Anlass; diese -e Kleinigkeit hat ihn so wütend gemacht. **3.** ⟨intensivierend bei Adj. u. Verben⟩ *in einem [ärgerlicherweise] hohen Maß; sehr:* was sie verdient, ist l. wenig.

Lä|cher|lich|keit, die; -, -en: **1.** ⟨o. Pl.⟩ *das Lächerlichsein* (1, 2). **2.** ⟨meist Pl.⟩ (abwertend) *unwichtige, geringfügige Sache:* mit solchen -en gibt er sich nicht ab.

La|che|sis (griech. Myth.): eine der drei Schicksalsgöttinnen.

Lach|fält|chen, das ⟨meist Pl.⟩: *beim Lachen, durch häufiges Lachen bes. in der Umgebung der Augen entstehendes Fältchen.*

Lach|gas, das ⟨o. Pl.⟩: *früher als Narkosemittel verwendetes, farb- u. geruchloses Gas.*

lach|haft ⟨Adj.⟩ (abwertend): **1.** *(in einer ärgerlichen Weise) nicht ernst zu nehmend, unsinnig:* eine -e Ausrede; sein Verhalten ist l. **2.** *lächerlich* (3).

Lach|krampf, der: *wie ein Anfall auftretendes [grundloses] Lachen.*

Lach|mö|we, die: *im Binnenland vorkommende Möwe mit grauen Flügeln, rotem Schnabel u. roten Füßen, deren Ruf an ein Lachen erinnert.*

Lach|num|mer, die (ugs. abwertend): *lächerliche* (1 b) *Angelegenheit, törichte, unsinnige Sache:* durch sein unglaubliches Verhalten wurde die ganze Sache zu einer L.

Lachs, der; -es, -e [mhd., ahd. lahs, H. u., viell. urspr. = der Gefleckte (nach der Tüpfelung)]: *großer, im Meer lebender, räuberischer Fisch mit rötlichem Fleisch, der zum Laichen die Flüsse aufsucht:* -e fangen, züchten; (Kochk.:) frischer, geräucherter L.

Lach|sack, der: *Scherzartikel in Form eines Säckchens mit einem Gerät, das dem menschlichen Lachen ähnliche Geräusche erzeugt.*

Lach|sal|ve, die: *plötzlicher Ausbruch von lautem Gelächter [mehrerer Personen].*

Lachs|bröt|chen, das: *mit Räucherlachs belegtes Brötchen.*

Lachs|er|satz, der: *in dünne Scheiben od. kleine Schnitzel geschnittenes, lachsfarben gefärbtes, in Öl eingelegtes Fleisch des Seelachses.*

lachs|far|ben, lachs|far|big ⟨Adj.⟩: *von der Farbe eines ins Orange spielenden Rosas.*

Lachs|fisch, der: *im Meer wie im Süßwasser vorkommender, räuberisch lebender Knochenfisch.*

Lachs|schin|ken, der [wohl nach der Farbe]: *mit Speck umwickeltes u. mit Schnur zusammengeschnürtes, leicht gepökeltes u. geräuchertes Kotelettstück vom Schwein.*

Lachs|schnit|zel ⟨Pl.⟩: *Lachsersatz in Form von kleinen Schnitzeln.*

Lach|tau|be, die: *Taube mit gelblich braunem Gefieder, deren Ruf an ein Lachen erinnert:* die L. war an ihrem Ruf zu erkennen.

Lach|te: ↑[3]Lache.

Lack, der; -[e]s, (Arten:) -e [ital. lacca < mlat. lacca < arab. lakk < pers. lāk < aind. lākṣā]: **1.** *[farbloses] flüssiges Gemisch, mit dem Möbel, Türen, Fensterrahmen, Gegenstände aus Metall u. a. angestrichen werden u. das nach dem Trocknen einen glänzenden, schützenden Überzug bildet:* farbloser, roter, lösungsmittelarmer, schnell trocknender Lack; der L. platzt, springt ab, blättert ab, bekommt Risse; das Auto hat einige Kratzer im L. *(in der Lackierung);* *** der L. ist ab** (1. salopp; *der Reiz der Neuheit ist dahin, die Anziehungskraft von etw. hat stark nachgelassen.* 2. *die Jugendfrische, die jugendliche Anziehungskraft ist dahin*); **und fertig ist der L.** (ugs.; *u. damit ist die Sache schon erledigt;* bezieht sich wohl darauf, dass Lack schnell aufzutragen ist, aber große Wirkung erzielt): du brauchst nur auf einen Knopf zu drücken, und fertig ist der L. **2. a)** kurz für ↑Nagellack; **b)** kurz für ↑Goldlack.

Lack|af|fe, der (ugs. abwertend): *eingebildeter, eitler Mann; Geck* (1).

Lack|ar|beit, die: vgl. Lackkunst.

La|ckel, der; -s, - [H. u.] (bes. südd., österr. ugs. abwertend): *ungeschickter, unbeholfener Mensch; Tölpel* (1).

la|cken ⟨sw. V.; hat⟩ [zu ↑Lack]: **1.** (selten) *lackieren* (1): die Türen müssen neu gelackt werden; ein gelackter Stoff *(Stoff, der durch einen lackartigen Überzug einen Hochglanzeffekt bekommen hat).* **2.** *mit Lack* (2) *überziehen, bedecken:* [sich] die Fingernägel l.; sie hat immer gelackte Fingernägel.

Lack|gür|tel, der: *Gürtel aus Lackleder.*

la|ckie|ren ⟨sw. V.; hat⟩ [ital. laccare; 3: viell. nach der Vorstellung, dass jmd. etw. gekauft hat, dessen Mängel mit einer Lackschicht überdeckt worden sind]: **1.** *Lack* (1) *auftragen:* Fenster, Möbel l.; lackierte Türen. **2.** *mit Lack* (2 a) *bestreichen:* jmdn., sich die Fingernägel l.; lackierte Fußnägel. **3.** (salopp) *hereinlegen* (2): sie haben ihn bei dem Kauf ganz schön lackiert; wenn die Sache bekannt wird, ist er lackiert *(übel dran, hereingelegt).* **4. * jmdm. eine l.** (salopp; *jmdm. eine Ohrfeige geben*).

La|ckie|rer, der; -s, -: *Facharbeiter, der lackiert* (1) (Berufsbez.).

La|ckie|re|rei, die; -, -en: **1.** *Werkstatt, in der Gegenstände lackiert werden.* **2.** ‹o. Pl.› (ugs. abwertend) *mühsame, lästige Arbeit des dauernden Lackierens:* endlich bin ich mit der L. fertig.

La|ckie|re|rin, die; -, -nen: w. Form zu ↑Lackierer.

La|ckie|rung, die; -, -en: **1.** *das Lackieren.* **2.** *auf einen Gegenstand aufgetragener Lack:* die L. ist zerkratzt.

Lack|kunst, die ‹o. Pl.›: *in Ostasien verbreitete künstlerische Technik, bei der Möbel, Kästchen, Bilder u. a. mit meist schwarzem od. rotem Lack überzogen, mit Perlmutt od. Elfenbein eingelegt od. mit Farben bemalt werden.*

Lack|le|der, das: *mit Lack* (1) *überzogenes, stark glänzendes Leder bes. für Schuhe, Handtaschen, Gürtel.*

lack|mei|ern: ↑gelackmeiert.

Lack|mus, das od. der; - [niederl. lakmoes, älter lecmoes; vielleicht eigtl. »Tropfbrei«, zu: niederl. lekken = tröpfeln; lecken u. moes = Brei; Mus, weil der Farbstoff aus dem Brei zerstampfter Pflanzen tröpfelte] (Chemie): *aus Lackmusflechten gewonnener, als Indikator* (2) *verwendeter blauer Farbstoff.*

Lack|mus|flech|te, die: *Flechte, aus der Lackmus gewonnen wird.*

Lack|mus|pa|pier, das ‹o. Pl.› (Chemie): *mit Lackmus getränktes, saugfähiges Papier, das als Indikator* (2) *für Säuren u. Basen verwendet wird.*

Lack|schicht, die: *auf einen Gegenstand aufgebrachte Schicht aus Lack* (1).

La|cri|ma Chris|ti, der; - -, - - [lat. = Träne Christi]: *würziger, goldfarbener od. roter süßer Wein, der an den Hängen des Vesuvs wächst.*

la|cri|mo|so ‹Adv.› [ital. lacrimoso, zu: lacrima < lat. lacrima = Träne] (Musik): *klagend.*

La|crosse [la'krɔs], das; - [engl. lacrosse < frz. (la) crosse = Kolben, Schläger]: *dem Hockey verwandtes amerikanisches Ballspiel, bei dem ein Gummiball mit Schlägern in die Tore geschleudert wird.*

lact-, Lact-: ↑lakto-, Lakto-.

lac|to-, Lac|to-: ↑lakto-, Lakto-.

Lac|to|se: ↑Laktose.

La|da|num, Labdanum, das; -s [mlat. la(b)danum < lat. ladanum < griech. lḗdanon = Zistrose]: *aus Zistrosen gewonnener [Duft]stoff.*

Läd|chen, das; -s, -: **1.** Vkl. zu ↑Laden (1). **2.** Vkl. zu ↑Lade (1).

La|de, die; -, -n [mhd. lade, zu ↑[1]laden]: **1.** (landsch.) *Schublade.* **2.** (landsch. veraltet) *Truhe:* Kleider in einer L. verstauen. **3.** *(beim Pferd) zahnloser Teil des Unterkiefers (auf dem das Gebiss 3 aufliegt).* **4.** kurz für ↑Bundeslade.

La|de|flä|che, die: *(bei einem Transportmittel) zum Beladen zur Verfügung stehende Fläche.*

La|de|ge|rät, das (Physik): *Gerät zum Aufladen von Akkumulatoren.*

La|de|ge|wicht, das: *höchstes zulässiges Gewicht, mit dem ein Transportfahrzeug beladen werden darf.*

La|de|gut, das: *Fracht,* [1]*Ladung* (1).

La|de|hem|mung, die: *Defekt bei einer Feuerwaffe, durch den das* [1]*Laden* (3 a) *(u. damit das Schießenkönnen) verhindert wird:* wegen einer L. konnte er nicht schießen; Ü der Mittelstürmer hat zurzeit L. (scherzh.; *er schießt keine Tore mehr*); hast du [eine] L.? *(verstehst du nicht, bist du begriffsstutzig?).*

La|de|klap|pe, die: *Verschluss des Laderaums eines Flugzeugs.*

[1]la|den ‹st. V.; hat› [mhd. laden, ahd. [h]ladan, urspr. = aufschichten]: **1. a)** *eine zum Transport bestimmte Fracht o. Ä. auf, in einen Transportmittel verstauen, verladen:* Kisten, Gepäck, Kohlen l.; ‹auch ohne Akk.-Obj.:› wir haben noch nicht geladen, laden gerade; ihr habt schlecht geladen; ‹subst.:› sie sind noch beim Laden; **b)** *(von einem Transportmittel) etw. zum Transport aufnehmen:* der Zug hat Kohle, Erz geladen; der LKW hat schwer geladen *(hat ein Gut bis zur äußersten Kapazität geladen);* * **schwer, ganz schön,** (landsch.:) **schief geladen haben** (ugs. scherzh.; *stark betrunken sein*); **c)** *beladen* (a): den Lkw l.; ‹subst.:› zum Laden des Autos brauchen sie mindestens eine Stunde. **2. a)** *eine Fracht o. Ä. zum Transport auf, in ein Transportmittel bringen:* Kisten auf einen LKW, Säcke auf Lasttiere l.; das Frachtgut in den Laderaum l. *(einladen);* den Kranken auf eine Trage l. *(zum Abtransport darauf legen);* Ü er hat große Verantwortung, einen Vorwurf auf sich geladen; **b)** *eine Fracht o. Ä. aus, von einem Transportmittel nehmen:* die Kisten aus dem Waggon l. **3. a)** *Munition in eine Feuerwaffe einlegen:* ein Gewehr, ein Geschütz l.; der Revolver war nicht geladen; ‹auch ohne Akk.-Obj.:› er hat scharf *(scharfe Munition)* geladen; **b)** *eine Sprengladung in ein Bohrloch od. eine Sprengkammer einbringen:* eine Sprengkammer l.; **c)** (Jargon) *einen Film o. Ä. in die Kamera einlegen.* **4.** *mit einer elektrischen Ladung versehen; aufladen:* eine Batterie, einen Akku l.; die Elektrode ist positiv, negativ geladen; Ü die Atmosphäre im Haus war mit Spannung geladen *(war sehr gespannt);* er ist mit Energie geladen *(ist voller Tatendrang).*

[2]la|den ‹st. V. (landsch. im Präs. auch mit nicht umgelauteten Formen); hat› [mhd. laden, ahd. ladōn, wahrsch. urspr. = durch Übersendung eines (mit Zeichen versehenen) Brettes (mhd. laden, ↑Laden) mit einer Nachricht zum Kommen auffordern]: **1.** (geh.) [2]*einladen* (a): jmdn. zu sich, zum Essen, zum Tee l.; sie war nicht geladen worden; eine Veranstaltung für geladene Gäste; Ü der See lädt/(veraltet:) ladet zum Bade. **2.** (Rechtsspr.) *auffordern, vor Gericht zu erscheinen:* mehrere Zeugen, jmdn. als Zeugen l.; er wurde vor Gericht geladen.

La|den, der; -s, Läden, seltener: - [mhd. laden = Brett; Fensterladen, Kaufladen, verw. mit ↑Latte; 1: nach den Brettern, auf denen die Waren zum Verkauf angeboten wurden; 3: nach dem Brett, das als Schutz vor dem Fenster angebracht wurde]: **1. a)** ‹Pl. Läden› *Einzelhandelsgeschäft, Geschäft* (2 b): ein kleiner, teurer, eleganter L.; der L. an der/um die Ecke (ugs.; *das nicht weit entfernte Lebensmittelgeschäft, in dem jmd. täglich einkauft*); Läden für Schmuck, Sportbekleidung; ein L. mit Selbstbedienung; der L. ist klein, nicht sehr sauber; ein neuer L. hat aufgemacht (ugs.; *wurde eröffnet*); sie bedient im L., steht den ganzen Tag im L. *(verkauft von morgens bis abends);* **b)** (ugs.) *Betrieb* (1 a), *bes. Lokal, Hotel, Theater o. Ä.:* immer wenn er ein Gastspiel gibt, ist der L. voll. **2.** ‹o. Pl.› (ugs.) *Sache, Angelegenheit, Unternehmung o. Ä.:* der L. läuft; wie ich den L. *(die Verhältnisse, Umstände)* kenne, wird man für die Entscheidung noch lange Zeit brauchen; er warf den L. hin *(resignierte, gab auf);* sie schmeißt den [ganzen] L. *(durch ihren schwungvollen Einsatz, ihre Tüchtigkeit sorgt sie für den guten Fortgang, das Gedeihen, Funktionieren des Ganzen);* das ist vielleicht ein müder L. *(ein lahmer, langweiliger Betrieb; eine langweilige Gesellschaft o. Ä.).* **3.** ‹Pl. Läden, seltener: Laden› kurz für ↑Fenster-, Rollladen. **4.** (Ballspiele Jargon) *Tor.*

La|den|dieb|stahl, der: *in einem Laden* (1) *während der Verkaufszeit begangener Diebstahl.*

La|den|ge|schäft, das: *Einzelhandelsgeschäft, das in einem Ladenlokal betrieben wird.*

La|den|hü|ter, der (abwertend): *Verkaufsartikel, der schlecht od. überhaupt nicht absetzbar ist.*

La|den|kas|se, die: *Registrierkasse eines Einzelhandelsgeschäfts:* er hat Geld aus der L. entwendet.

La|den|ket|te, die: *Kette* (2 d) *von Einzelhandelsgeschäften.*

La|den|lo|kal, das: *für ein Einzelhandelsgeschäft geeignete Räumlichkeit[en].*

La|den|preis, der: *Einzelhandelspreis.*

La|den|schild, das ‹Pl. -er›: *über der Tür, an der Front eines Ladens angebrachtes, meist als Blickfang gestaltetes Schild, das über die Art des Ladens Auskunft gibt.*

La|den|schluss, der ‹o. Pl.›: *(gesetzlich geregeltes) Ende der täglichen Verkaufszeit in Einzelhandelsgeschäften.*

La|den|schluss|ge|setz, das: *Gesetz über die Ladenschlusszeiten.*

La|den|schluss|zeit, die: *Zeit des Ladenschlusses.*

La|den|tisch, der: *Verkaufstisch:* sie steht den ganzen Tag hinterm L. *(sie ist den ganzen Tag im Laden tätig);* * **unterm L.** (ugs.; *[in Bezug auf bestimmte verbotene od. knappe Waren] nicht offen angeboten*): etw. unterm L. verkaufen.

La|der, der; -s, -: **1.** *Auflader.* **2.** *Kraftfahrzeug, das mit einer Vorrichtung ausgestattet ist, mit der Lasten aufgeladen werden können.*

La|de|ram|pe, die: *Rampe* (1 a).

La|de|raum, der: *Frachtraum.*

lä|die|ren ‹sw. V.; hat› [lat. laedere = verletzen]: **a)** *in einer das Aussehen beeinträchtigenden Weise beschädigen:* einige Möbelstücke waren beim Umzug lädiert worden; **b)** *[äußerlich] verletzen* (1): man hat ihn bei diesem Spiel ziemlich, stark lädiert; leicht lädiert aussehen; Ü ein lädiertes Selbstwertgefühl.

Lä|die|rung, die; -, -en: **1.** *das Lädieren.* **2.** *lädierte Stelle.*

La|di|ner, der; -s: Angehöriger eines rätoromanischen Volksteils in Südtirol.

La|di|ne|rin, die; -, -nen: w. Form zu ↑Ladiner.

la|di|nisch ‹Adj.›: **a)** *die Ladiner betreffend, zu ihnen gehörend;* **b)** *in der Sprache der Ladiner.*

La|di|nisch, das; -[s] u. ‹nur mit best. Art.:› **La|di|ni|sche,** das; -n: *die ladinische Sprache.*

La|di|no, der; -s, -s [amerik.-span. ladino, eigtl. = spanisch Sprechender < lat. Latinus = lateinisch]: *(in Mexiko u. Mittelamerika lebender) Nachkomme eines weißen u. eines indianischen Elternteils.*

La|do|ga|see, der; -s: See nordöstlich von Sankt Petersburg.

lädst, lädt: ↑[1,2]laden.

[1]La|dung, die; -, -en [zu ↑[1]laden]: **1. a)** *mit einem Fahrzeug zu transportierendes od. transportiertes Frachtgut:* eine schwere, wertvolle L.; die L. ist verrutscht; eine L. *(Schiffsladung)* löschen; ohne L. *(leer)* fahren; **b)** *als Ladung* (1 a) *beförderte Menge:* eine L. Holz, Kohle. **2.** *bestimmte Menge von Sprengstoff, Munition od. Treibladung für eine Feuerwaffe:* eine L. Dynamit in das Bohrloch einbringen; eine geballte *(aus gebündelten Handgranaten bestehende)* L.; Ü eine geballte L. von Energie. **3.** (ugs.) *größere Menge:* er bekam eine L. Wasser über den Kopf. **4.** (bes. Physik) *auf einem Körper vorhandene negative od. positive Elektrizitätsmenge:* eine negative, positive L.

[2]La|dung, die; -, -en [zu ↑[2]laden (2)] (Rechtsspr): *Vorladung.*

La|dy ['leɪdɪ], die; -, -s [engl. lady < mengl. lāvedi < aengl. hlǣfdīge = (Haus)herrin, zu: hlāf, hlæf = Brot(laib) u. -dīge, wohl verw. mit dæge = Magd, Kneterin, also eigtl. = Brotherstellerin]: **a)** ‹o. Pl.› *Titel der Frau des Peers;* **b)** engl. Bez. für *Dame* (1 b).

La|dy|kil|ler, der (scherzh.): *Frauenheld.*

la|dy|like ['leɪdɪlaɪk] ‹Adj.› [engl. ladylike]: *nach der Art einer Lady* (b), *damenhaft:* sie benimmt sich nicht gerade l.

La|fet|te, die; -, -n [älter: Laffete < frz. l'affût, zu: fût, älter: fust = Schaft < lat. fustis = Stock]: *[fahrbares] Untergestell eines Geschützes:* der General wurde auf einer L. zu Grabe gefahren.

la|fet|tie|ren ‹sw. V.; hat› (Milit.): *(ein Geschütz) auf eine Lafette bringen.*

Laf|fe, der; -n, -n [viell. zu mhd. laffen = lecken od. zu frühnd. laffe = Hängelippe, also viell. = jmd., der mit offenem Mund gafft; zu mhd. laffe = Lippe] (veraltend abwertend): *geckenhafter [junger] Mann.*

lag: ↑liegen.

Lag [læg], der; -s, -s [engl. lag, eigtl. = das Zurückbleiben] (bes. Wirtsch.): *Verzögerung* *zwischen dem Eintritt eines Ereignisses u. seinen Folgen.*

LAG = Lastenausgleichsgesetz.

La|ge, die; -, -n [mhd. lāge = (lauerndes) Liegen, Nachstellung; das Gelegensein; Zustand, Beschaffenheit; [Waren]lager, ahd. lāga = Hinterhalt, Nachstellung, zu ↑liegen]: **1. a)** *Stelle, wo etw. (in Bezug auf seine Umgebung) liegt/gelegen ist:* eine sonnige, ruhige, ausgezeichnete, verkehrsgünstige L.; die geographische L. eines Landes; (Met.:) in höheren -n ist mit Frost zu rechnen; Wein einer guten L. (Winzerspr.; *eines für den Wein günstigen Anbaugebietes*); **b)** (Winzerspr.) *Wein einer bestimmten Lage:* gute -n werden besser bezahlt. **2. a)** *Art des Liegens:* eine senkrechte, horizontale, schiefe L.; der Kranke hat keine bequeme L.; etw. in die richtige L. bringen; (Med.:) die L. des Kindes bei der Geburt; **b)** (meist Pl.) (Schwimmen) *eine der vier verschiedenen Stile* (4) *(Delphin, Rücken, Brust, Kraul):* Meisterschaft über 400 m, über 4×100 m -n; **c)** (Fechten) kurz für ↑Klingenlage. **3. a)** *die [augenblicklichen] Verhältnisse, Umstände, die bestehende Situation:* eine gute, günstige, [un]angenehme, missliche, verzweifelte L.; die Feuerwehr befreite die Verunglückten aus ihrer misslichen L.; die militärische, wirtschaftliche L. ist ernst, gespannt, hat sich verschärft; die rechtliche L. *(Rechtslage)* klarstellen; die L. der Dinge erfordert dies; er hat die L. sofort erfasst, überblickt, überschaut; den Ernst der L. erkennen; in eine bedrängte L. geraten; ich bin in der glücklichen L. *(freue mich),* Ihnen diesen Gefallen tun zu können; die Kranke war nicht in der L. *(imstande)* aufzustehen; er war nicht in der L., die Rechnung sofort zu bezahlen *(konnte sie nicht sofort bezahlen);* versetze dich einmal in meine L.!; sich in allen -n des Lebens zurechtfinden; ***die L. peilen** (ugs.; *die Situation, den Stand der Dinge erkunden*); **b)** ⟨o. Pl.⟩ (Milit., Politik Jargon) *Lagebesprechung:* kleine L. **4. a)** *Schicht:* einige -n Papier; eine L. von Steinen; **b)** (Buchw.) *aus ineinander geschobenen u. in der Mitte gefalzten od. zusammengeklebten Papierbogen hergestellter Teil eines Buchblocks (bestehend aus 8 bis 32 Seiten);* **c)** (ostmitteld.) *Zimmerdecke.* **5. a)** *Ton- od. Stimmbereich; Tonlage, Stimmlage:* die obere, mittlere, untere L. der menschlichen Stimme; **b)** (Musik) *Stellung der Hand auf dem Griffbrett eines Saiteninstruments u. der dadurch verfügbare Tonraum:* die erste, zweite L. **6.** (ugs.) *Runde* (4): eine L. Bier ausgeben.

lä|ge: ↑liegen.

La|ge|be|richt, der: *Bericht über die Lage* (3 a).

La|ge|be|spre|chung, die: vgl. Lagebericht.

La|gen|schwim|men, das; -s (Sport): *(als Wettkampf über eine bestimmte Strecke durchgeführtes) Schwimmen mit vorgeschriebenem Wechsel der Lage* (2 b).

la|gen|wei|se ⟨Adv.⟩: *in Lagen, Schichten.*

La|ge|plan, der: *Plan der Lage* (1 a) *u. Umgebung.*

La|ger, das; -s, - u. Läger [spätmhd. lager, unter Anlehnung an »Lage« für mhd. leger, ahd. legar, zu ↑liegen]: **1.** ⟨Pl. Lager⟩ **a)** *für das vorübergehende Verbleiben einer größeren Anzahl Menschen eingerichteter [provisorischer] Wohn- od. Übernachtungsplatz:* die Truppen schlugen ihr L. auf, brachen ihr L. ab; ein L. einrichten, auflösen; ins L. *(Ferienlager)* fahren; an einem L. *(einem Aufenthalt in einem Ferienlager)* teilnehmen; für die Vertriebenen mussten schnellstens Lager *(Flüchtlingslager)* errichtet werden; **b)** *Gefangenen-, Straflager:* aus dem L. ausbrechen; er wurde zu drei Jahren L. *(Verbleiben in einem Lager als Strafe)* verurteilt; **c)** kurz für ↑Konzentrationslager. **2.** ⟨Pl. Lager⟩ **a)** (veraltend) *Schlafstätte:* ein bequemes, hartes L.; ein L. aus Stroh; **b)** (Jägerspr.) *Ruheplatz bestimmter jagdbarer Tiere:* das L. eines Hasen, Wolfs. **3.** ⟨Pl. Lager⟩ *Gesamtheit von Personen, Staaten o. Ä., die bes. im politischen od. weltanschaulichen Kampf auf derselben Seite stehen:* das sozialistische, das feindliche L.; ins L. des Feindes überwechseln; die Partei ist in zwei L. gespalten. **4.** ⟨Pl. Lager u. in der binnendt. Kaufmannsspr. oft: Läger⟩: **a)** *Platz, Raum, Gebäude für die Lagerung des Warenbestandes, -vorrats:* das L. ist leer; ein L. leiten, verwalten; im L. arbeiten; das L. *(die Lagerverwaltung)* hat einen Lieferschein ausgestellt; (Kaufmannsspr.:) Lieferung ab, frei L.; das Ersatzteil haben wir nicht am/auf L.; ***etw. auf L. haben** (ugs.; *etw., was zur Unterhaltung, Überraschung beiträgt, bereit haben*): immer ein paar Witze auf L. haben; **b)** *gelagerter Warenvorrat, -bestand:* sich ein L. an/von Vorräten anlegen; **c)** (ugs.) *in einem Lager* (4 a) *arbeitende Personen:* das L. beteiligte sich an der Aktion. **5.** ⟨Pl. Lager⟩ (Geol.) *eingelagerte Erz-, Mineral-, Gesteinsschicht:* ein L. abbauen. **6.** ⟨Pl. Lager⟩ **a)** (Technik) *Maschinenelement, das ein anderes drehendes od. schwingendes Teil aufnimmt, trägt od. führt:* das L. ölen; **b)** (Bauw.) *Bauteil, das Lasten (von Balken, Tragwerken) aufnimmt u. auf einen stützenden Körper überträgt.* **7.** (Biol.) *Körper der Lagerpflanze.*

La|ger|be|stand, der (Wirtsch.): *Bestand an Waren in einem Lager* (3 a): den L. aufnehmen; die Lagerbestände räumen.

La|ger|bier, das: *untergäriges Bier, das erst bei der Lagerung seinen vollen Geschmack entwickelt.*

la|ger|fä|hig ⟨Adj.⟩: *zur Lagerung geeignet:* -es Gemüse.

La|ger|fäu|le, die (Landw., Gewerbespr.): *durch Pilzbefall verursachte Fäule bei gelagertem Obst od. Holz.*

la|ger|fest ⟨Adj.⟩: *widerstandsfähig gegen schädliche Einflüsse bei der Lagerung.*

La|ger|feu|er, das: *offenes Feuer in einem Lager* (1 a), *bes. einem Ferien-, Zeltlager o. Ä.:* am, um das L. sitzen.

La|ger|flä|che, die (Wirtsch.): *Fläche für die gewerbliche Lagerung von Gütern.*

La|ger|frist, die (Wirtsch.): *Zeit, für die eine bestimmte Ware gelagert wird.*

La|ger|ge|bühr, die (Wirtsch.): *Gebühr für das Lagern von Gütern.*

La|ger|haft, die: [1]*Haft in einem Lager* (1 b, c).

La|ger|hal|le, die: *Halle zum Lagern von Gütern.*

La|ger|hal|tung, die: *Lagerung u. Verwaltung von Warenvorräten in einem Lager* (4 a).

La|ge|rist, der; -en, -en: *Lagerverwalter.*

La|ge|ris|tin, die; -, -nen: w. Form zu ↑Lagerist.

La|ger|kos|ten ⟨Pl.⟩ (Wirtsch.): *Kosten der Lagerung.*

La|ger|le|ben, das: *Leben in einem Lager, bes. Zelt-, Ferien-, Jugendlager.*

La|ger|lei|ter, der: *Leiter eines Lagers* (1, 4 a).

La|ger|lei|te|rin, die: w. Form zu ↑Lagerleiter.

la|gern ⟨sw. V.; hat⟩ [älter: lägern, mhd. leg(e)ren]: **1. a)** *sein Lager haben, bes. vorübergehend an einem Rast-, Ruheplatz bleiben, nachdem man sein Lager aufgeschlagen hat:* die Truppen lagerten am Fluss; die Gäste mussten auf Luftmatratzen l. *(Luftmatratzen als provisorischen Schlafplatz benutzen);* **b)** *in eine bestimmte [ruhende] Stellung legen, Lage bringen:* den Verletzten flach, bequem l.; das Bein hoch l.; den gebrochenen Knochen richtig l. (Med.; *in die richtige Stellung bringen*); (Technik:) etw. in, auf etw. l. *(etw. in etw. Aufnehmendem, auf etw. Tragendem, Stützendem in eine bestimmte Lage bringen);* etw. auf Stützen, drehbar l.; **c)** (Technik) *ruhen:* etw. lagert auf Stützen; der Achsantrieb lagert in einem Gehäuse; **d)** (Geol.) *in einer Lagerstätte* (2) *vorkommen:* hier lagern Eisenerze, Salze. **2. a)** ⟨l. + sich⟩ *sich niederlegen, -lassen, -setzen u. eine ruhende Stellung einnehmen:* die Herde lagert sich; sich im Gras, (selten:) ins Gras l.; sich unter einem Baum, (seltener:) unter einen Baum l.; sich [im Kreis] um ein Feuer l.; **b)** ⟨l. + sich⟩ *sich als Schicht bzw. ausgebreitet irgendwohin legen:* Wolken lagerten sich um den Gipfel; das Getreide hat sich gelagert (Landw.; *ist durch Nässe, Sturm o. Ä. umgesunken*); **c)** *als Schicht bzw. ausgebreitet o. ä. (auf, über etw., um etw.) liegen:* auf den Blättern lagert Staub; dicker Nebel lagert über der Gegend. **3. a)** *zur Aufbewahrung od. zur späteren Verwendung [an einem geeigneten Ort] liegen, stehen, bleiben:* die Butter lagert in Kühlhäusern; der Wein hat schon sieben Jahre gelagert; Medikamente müssen kühl und trocken l.; lagernde (Postw.; *beim Postamt liegende u. dort abzuholende*) Post; **b)** *zur Aufbewahrung od. zur späteren Verwendung [an einem geeigneten Ort] [liegen, stehen] lassen:* Holz, Waren, Lebensmittel [trocken] l. **4.** ***gelagert sein** *(als Sachverhalt, Sachlage in bestimmter Weise beschaffen sein):* der Fall ist ähnlich, anders gelagert.

La|ger|obst, das: *für die Lagerung geeignetes od. bestimmtes Obst; gelagertes Obst.*

La|ger|pflan|ze, die (Bot.): *niedere Pflanze, die nicht in Wurzel, Spross u. Blätter gegliedert ist* (z. B. Alge, Moos).

La|ger|platz, der: **1.** *Platz zum Lagern, Rasten, Übernachten im Freien.* **2.** *Platz, Stelle für die Lagerung.*

La|ger|raum, der: **1.** *(einzelner) Raum für die Lagerung:* Waren in den L. bringen. **2.** *Raum, Platz, Fläche für die Lagerung:* L. mieten.

La|ger|scha|le, die (Technik): *schalenförmiges Lager für gleitend bewegte Maschinenteile.*

La|ger|statt, die ⟨Pl. ...stätten⟩ (geh.): *Bett; Lager* (2 a); *Schlafstätte.*

La|ger|stät|te, die: **1.** *Lagerstatt.* **2.** (Geol.) *Stelle, Gebiet mit einer Ansammlung nutzbarer Bodenschätze.* **3.** (seltener) *Stätte, Stelle, wo etw. lagert, gelagert ist.*

La|ge|rung, die; -, -en ⟨Pl. selten⟩: **1.** *das Lagern* (1 b, c, 3); *das Gelagertsein.* **2.** (Technik) *Lager* (6 a). **3.** (Geol.) *(von Gesteinen) das Gelagertsein; natürliche räumliche Anordnung.*

La|ger|ver|wal|ter, der: *Verwalter eines Lagers* (4 a, b).

La|ger|ver|wal|te|rin, die: w. Form zu ↑Lagerverwalter.

La|go Mag|gio|re [- maˈdʒoːrə], der; - -: italienisch-schweizerischer See.

La|gos: frühere Hauptstadt von Nigeria.

la|gri|mo|so: ↑lacrimoso.

Lag|ting, das; -s [norw., eigtl. = Versammlung mit richterlicher Gewalt]: *das norwegische Oberhaus.*

La|gu|ne, die; -, -n [ital. laguna < lat. lacuna, zu: lacus = See]: *vom offenen Meer durch einen Streifen Land, durch Riffe o. Ä. abgetrenntes Wasser.*

La|gu|nen|stadt, die: *auf einer Insel in einer Lagune liegende Stadt:* die L. Venedig.

lahm ⟨Adj.⟩ [mhd., ahd. lam, eigtl. = schwach, gebrechlich]: **1.** *durch eine Verletzung od. eine Körperbehinderung gelähmt u. daher unbeweglich:* ein -es Bein; ein -er Arm, Flügel; auf dem linken Bein, in der Hüfte l. sein; l. gehen *(gehbehindert sein);* (subst.:) ein Blinder und ein Lahmer. **2. a)** (ugs.) *wie gelähmt; stark ermüdet u. daher kraftlos, schwer beweglich:* -e Glieder; ein -es Kreuz haben; vom langen Koffertragen wurde mir der Arm l.; **b)** (ugs. abwertend) *unzureichend; nicht überzeugend, nicht glaubwürdig:* eine -e Ausrede, Erklärung, Entschuldigung; ein -er Protest; **c)** (ugs. abwertend) *ohne jeden Schwung; schwach, matt:* ein -er Kerl; eine -e Ente (↑Ente 1 a); eine -e Diskussion; ***etw. l. legen** *(zum Erliegen, zum Stillstand bringen):* durch den Unfall wurde der gesamte Verkehr l. gelegt.

Lahm|arsch, der (derb): *temperamentloser, energieloser Mensch.*

lahm|ar|schig ⟨Adj.⟩ (derb): *lahm* (2 c), *ohne jeden Schwung, temperamentlos, energielos:* ein -er Kerl.

Läh|me, die; - [mhd. leme = Lähmung, gelähmtes Glied] (Tiermed.): *Lähmung.*

lah|men ⟨sw. V.; hat⟩ [mhd. lamen]: *lahm sein, gehen:* das Pferd lahmt [auf/an der rechten Hinterhand]; sie ging lahmend zur Tür hinaus.

läh|men ⟨sw. V.; hat⟩ [mhd. lemen, ahd. lemjan]:

1. *der Bewegungskraft, -fähigkeit berauben:* das Gift lähmt die Nerven *(bringt die Nerventätigkeit zum Erliegen);* seit dem Unfall ist er linksseitig, an beiden Beinen gelähmt; er war vor Schreck wie gelähmt. 2. *der Kraft u. Lebendigkeit völlig berauben:* etw. lähmt jmdn., jmds. Schaffenskraft, Willen, Eifer; der Krieg lähmte das wirtschaftliche Leben; lähmende Müdigkeit, lähmendes Entsetzen befiel ihn.

Lahm|heit, die; -: *das Lahmsein.*

lahm le|gen: s. lahm (2 c).

Lahm|le|gung, die; -, -en: *das Lahmlegen; das Lahm-gelegt-Werden.*

Läh|mung, die; -, -en: 1. *das (körperliche) Gelähmtsein:* eine linksseitige, fortschreitende L.; eine L. beider Beine, eine L. des Atemzentrums; ein Zustand der L. 2. *Erliegen, Stillstand der Kraft u. Lebendigkeit; Erstarrung:* eine L. der Wirtschaft.

Läh|mungs|er|schei|nung, die ⟨meist Pl.⟩: 1. *typisches Zeichen einer [eintretenden] Lähmung* (1). 2. *Zeichen einer Lähmung* (2).

Lahn, der; -[e]s, -e [zu frz. lame, ↑lamé] (Textilind.): *flach gewalzter Metalldraht aus Gold, Silber, Kupfer u. a.*

Lah|nung, die; -, -en [aus dem Niederd., zu mniederd. lāne = schmaler Weg] (Wasserbau): *niedrige Dammanlage zur Landgewinnung im Watt.*

Laib, der; -[e]s, -e (als Maßangabe auch: -) [mhd. leip, ahd. (h)leib; wahrsch. eigtl. = ungesäuertes Brot; ai-Schreibung seit dem 17. Jh. zur orthographischen Unterscheidung von ↑Leib]: *rund od. oval geformte Masse (Brot, Käse):* ein halber L. selbst gebackenes Brot; ein L. Käse.

Laib|chen, das; -s, - (österr.): 1. *kleines, rundes Gebäckstück (eine Art Brötchen).* 2. * **faschiertes L.** *(Frikadelle).*

Lai|bung, (auch:) Leibung, die; -, -en (Bauw., Archit.): *überdeckende bzw. begrenzende innere Fläche bei Maueröffnungen, Bögen u. Gewölben:* innere, äußere L. eines Fensters *(drinnen, draußen liegender Teil der Laibung).*

Laich, der; -[e]s, -e [spätmhd. leich, eigtl. = Liebesspiel; ↑Leich]: *ins Wasser abgelegte Menge in Gallerte od. Schleim gehüllter Eier* (z. B. von Fischen).

lai|chen ⟨sw. V.; hat⟩: *den Laich ablegen.*

Laich|kraut, das ⟨Pl. selten⟩ [das Kraut dient oft als Laichplatz]: *(im Süß- od. Brackwasser wachsende) Pflanze mit ovalen, auf dem Wasser schwimmenden Blättern u. kleinen, grünen od. braunrötlichen Blüten.*

Laich|platz, der: *Platz, an dem Fische laichen.*

Laich|wan|de|rung, die (Zool.): *Wanderung von Fischen zu den Laichplätzen.*

Laich|zeit, die: *Zeit, in der Fische laichen.*

Laie, der; -n, -n [mhd. lei(g)e, ahd. leigo = Nichtgeistlicher; Nichtgelehrter < kirchenlat. laicus = zum Volk gehörig; Nichtgeistlicher < griech. laïkós, zu: laós = Volk]: 1. *jmd., der auf einem bestimmten Gebiet keine Fachkenntnisse hat:* er ist auf diesem Gebiet völliger, blutiger L.; gebildete, medizinische -n; **R** da staunt der L. [und der Fachmann wundert sich] *(das sollte man nicht für möglich halten).* 2. *Christ, der nicht Geistlicher, [Priester]mönch o. Ä. ist:* die katholischen -n.

Lai|en|bru|der, der (kath. Kirche): *(insbesondere praktisch arbeitender) Ordensbruder ohne geistliche Weihen.*

Lai|en|büh|ne, die: *Bühne für das Laienspiel* (1).

lai|en|haft ⟨Adj.⟩: *in der Art eines Laien, nicht fachmännisch:* ein -es Urteil abgeben.

Lai|en|kelch, der ⟨o. Pl.⟩ (christl. Kirche): *dem Laien gewährtes Trinken von konsekriertem Wein bei der Kommunion bzw. beim Abendmahl.*

Lai|en|pre|di|ger, der (Rel.): *Prediger, der Laie* (2) *ist.*

Lai|en|pre|di|ge|rin, die: w. Form zu ↑Laienprediger.

Lai|en|rich|ter, der (volkst.): *Schöffe.*

Lai|en|rich|te|rin, die; -, -nen: w. Form zu ↑Laienrichter.

Lai|en|schau|spie|ler, der: *jmd., der nicht beruflich als Schauspieler tätig ist.*

Lai|en|schau|spie|le|rin, die: w. Form zu ↑Laienschauspieler.

Lai|en|spiel, das ⟨o. Pl.⟩: 1. *Theaterspiel o. Ä. von Laien, Liebhabern.* 2. *Bühnenstück o. Ä. für die Aufführung durch Laien, Liebhaber.*

Lai|en|stand, der ⟨o. Pl.⟩ (Rel.): *Stand der Laien* (2): einen Kleriker in den L. zurückversetzen.

Lai|en|the|a|ter, das: 1. *Laienbühne.* 2. *Laienspiel* (1).

Lai|en|tum, das; -s: 1. *das Laiesein.* 2. (selten) *Gesamtheit der Laien* (2).

la|i|sie|ren ⟨sw. V.; hat⟩ (kath. Kirche): *(einen Kleriker) in den Laienstand zurückführen, bes. einen Priester von seinem Priesteramt entbinden.*

La|i|sie|rung, die; -, -en (kath. Kirche): *das Laisieren; das Laisiertwerden.*

lais|sez faire, lais|sez al|ler [lɛˈseˈfɛːr, lɛˈse aˈle]; (auch:) **lais|sez faire, lais|sez pas|ser** [- -, - pɑˈse] [frz. = lassen Sie machen, lassen Sie laufen] (bildungsspr.): 1. *Schlagwort des wirtschaftlichen Liberalismus (bes. des 19. Jh.s), nach dem sich die von staatlichen Eingriffen freie Wirtschaft am besten entwickelt.* 2. *Schlagwort für das Gewährenlassen* (z. B. in der Kindererziehung).

La|i|zis|mus, der; - [zu kirchenlat. laïcus, ↑Laie] (Politik, Geschichte): *weltanschauliche Richtung, die die radikale Trennung von Kirche u. Staat fordert.*

la|i|zis|tisch ⟨Adj.⟩: 1. *den Laizismus betreffend, zum Laizismus gehörend.* 2. (Rel.) *das Laientum* (1) *in der Kirche betonend.*

La|kai, der; -en, -en [frz. laquais, urspr. = gemeiner Fußsoldat, H. u.]: 1. (früher) *herrschaftlicher Diener [in Livree].* 2. (abwertend) *Mensch, der sich willfährig für die Interessen anderer gebrauchen lässt.*

la|kai|en|haft ⟨Adj.⟩ (abwertend): *wie ein Lakai* (2); *kriecherisch.*

La|ke, die; -, -n [aus dem Niederd. < mniederd. lake = (Herings)salzbrühe, eigtl. = [2]Lache]: *Salzbrühe zum Einlegen von Fleisch, Fisch o. Ä.*

La|ke|dä|mo|ni|er, der; -s, -: Bewohner des antiken Sparta.

La|ke|dä|mo|ni|e|rin, die; -, -nen: w. Form zu ↑Lakedämonier.

la|ke|dä|mo|nisch ⟨Adj.⟩: *die Lakedämonier betreffend, zu ihnen gehörend, von ihnen stammend.*

La|ken, das; -s, - [mniederd. laken, asächs. lakan, wahrsch. eigtl. = Lappen]: *Betttuch.*

La|ko|nik, die; - [nach griech. brachylogía Lakōnikḗ = lakonische Wortkargheit (wegen der treffenden Kürze, die den Einwohnern der altgriech. Landschaft Lakonien nachgesagt wird)] (bildungsspr.): *lakonische Art des Ausdrucks.*

la|ko|nisch ⟨Adj.⟩ (bildungsspr.): *kurz, einfach u. ohne Erläuterung:* eine -e Auskunft, Feststellung; eine Frage in -er Kürze beantworten; l. antworten.

La|ko|nis|mus, der; -, ...men (bildungsspr.): 1. ⟨o. Pl.⟩ *Lakonik.* 2. *lakonischer Ausdruck, lakonische Aussage.*

La|kritz, der od. das; -es, -e (landsch.): *Lakritze.*

La|krit|ze, die; -, -n [mhd. lakerize, leckerize, ahd. lacricie < mlat. liquiricia < lat. glycyrriza < griech. glykýrrhiza = Süßholz, Süßwurzel]: *aus eingedicktem Süßholzsaft hergestellte, wohlschmeckende, süße schwarze Masse:* L. herstellen; -n *(Süßigkeiten aus Lakritze)* kaufen.

La|krit|zen|stan|ge, La|kritz|stan|ge, die: *Stange* (2 a) *aus Lakritze.*

lakt-, Lakt-: ↑lakto-, Lakto-.

Lak|tal|bu|min, das [zu ↑lakto-, Lakto- u. ↑Albumin] (Biochemie): *in der Milch von Säugetieren enthaltener, biologisch hochwertiger Eiweißstoff.*

Lak|ta|se, die; -, -n (Biochemie): *Enzym, das die Spaltung von Laktose in Glucose u. Galaktose steuert.*

Lak|ta|ti|on, die; -, -en (Med., Biol.): 1. a) *Milchabsonderung aus den Milchdrüsen;* b) *das Stillen.* 2. a) *Zeit, Periode der Laktation* (1 a); b) *Stillzeit.*

lak|tie|ren ⟨sw. V.; hat⟩ [lat. lactare] (Med., Biol.): 1. *Milch absondern.* 2. *säugen, stillen.*

lak|to-, Lak|to-, (vor Vokalen:) lakt-, Lakt-, (fachspr.:) lacto-, Lacto-, (vor Vokalen:) lact-, Lact-; lat. lac (Gen.: lactis) ⟨Best. von Zus. mit der Bed.⟩: *milch-, Milch-* (z. B. Laktoskop, laktotrop, Laktalbumin).

Lak|to|fla|vin, das; -: *Riboflavin.*

Lak|to|se, (fachspr.:) Lactose, die; -: *Milchzucker.*

Lak|to|skop, das; -s, -e [zu griech. skopeĩn = betrachten]: *Gerät zur Prüfung der Milch.*

lak|to|trop ⟨Adj.⟩ [zu griech. trópos = (Hin)wendung] (Med.): *die Milchabsonderung anregend:* -es Hormon.

La|ku|ne, die; -, -n [lat. lacuna, ↑Lagune]: 1. (Sprachw.) *Textlücke.* 2. (Anat.) *Ausbuchtung, Lücke (an Organen, Gefäßen o. Ä.).*

la|kus|trisch ⟨Adj.⟩ [zu lat. lacus = See]: *limnisch.*

lal|la [frz. là là]: in der Verbindung **so l.** (ugs.; *einigermaßen; bedingt gut*): das Wetter ist so l.; es geht ihm so l.

lal|len ⟨sw. V.; hat⟩ [mhd. lallen, lautm.; vgl. lat. lallare = in den Schlaf singen]: 1. *mit versagender Zunge, undeutlich artikulierend sprechen; undeutlich artikulierte Laute hervorbringen:* der Säugling lallt; der Betrunkene konnte nur noch l. 2. *lallend sprechen, sagen:* unverständliche Laute, Wörter l.

Lall|pe|ri|o|de, die (Psych.): *(im Alter von 4 bis 6 Lebensmonaten beginnende) Phase, in der Säuglinge unartikulierte Laute von sich geben.*

Lall|pha|se, die: *Lallperiode.*

Lall|wort, das ⟨Pl. ...wörter⟩ (Sprachw.): *Wort aus der Lallperiode* (z. B. Mama).

[1]La|ma, das; -s, -s [span. llama < Ketschua (südamerik. Indianerspr.) llama]: 1. *(bes. in den Anden heimisches) als Haustier gehaltenes, höckerloses Kamel, das Milch, Fleisch u. Wolle liefert.* 2. ⟨o. Pl.⟩ *flanellartiger Stoff aus [Baum]wolle für Mäntel, Decken, Futter.*

[2]La|ma, der; -[s], -s [tib. (b)lama = der Obere]: *lamaistischer Priester, Mönch.*

La|ma|is|mus, der; -: *tibetischer Buddhismus.*

La|ma|ist, der; -en, -en: *Anhänger des Lamaismus.*

la|ma|is|tisch ⟨Adj.⟩: *den Lamaismus betreffend, auf ihm beruhend, zu ihm gehörend:* der -e Glaube.

La|mäng, die [frz. la main = die Hand < lat. manus] (ugs. scherzh. in bestimmten Wendungen): *Hand:* * **aus der [kalten] L.** *(unvorbereitet u. mit Leichtigkeit);* **aus der freien L.** (1. *aus der [kalten] L.* 2. *aus der Hand, ohne Teller u. Besteck*).

La|man|tin, der; -s, -e [frz. lamantin < span. manatí < Araua (südamerik. Indianerspr.) manati = weibl. Brust, nach den bes. Merkmalen des Tieres]: *Seekuh im tropischen Amerika.*

La|mar|ckis|mus, der; - [nach dem frz. Naturforscher J. B. de Lamarck (1744–1829)] (Biol.): *(hypothetische) Lehre Lamarcks von der Entstehung neuer Arten aufgrund einer durch Anpassung bewirkten Veränderung erblicher Merkmale.*

La|ma|wol|le, die: *Wolle vom [1]Lama* (1).

Lam|ba|da, die; -, -s, auch: der; -s, -s [port. lambada, eigtl. = Schlag, Stoß; Abreibung (2 a)]: *brasilianischer Modetanz mit lateinamerikanischem Rhythmus in den 90er-Jahren des 20. Jhs.*

Lam|ba|re|ne: Ort in Gabun (Wirkungsstätte Albert Schweitzers).

Lamb|da, das; -[s], -s [griech. lámbda]: *elfter Buchstabe des griechischen Alphabets* (Λ, λ).

Lamb|da|naht, die [nach dem dem griech. Buchstaben λ entsprechenden Verlauf der Naht] (Anat.): *Schädelnaht zwischen dem Hinterhauptbein u. den beiden Scheitelbeinen.*

Lamb|da|zis|mus, der; - (Med., Sprachw.): 1. *fehlerhafte Aussprache des r als l.* 2. *falsche Aussprache des L-Lautes bzw. Unvermögen, das l auszusprechen.*

Lam|berts|nuss, die [älter: lampertische Nuss, zu

mhd. lampartisch = lombardisch]: **1.** *(in Südosteuropa u. Kleinasien heimischer) dem Haselnussstrauch ähnlicher, essbare Nüsse tragender Strauch.* **2.** *Frucht der Lambertsnuss* (1).

Lam|bre|quin [lãbrəˈkɛ̃ː], der; -s, -s [frz. lambrequin, älter: lambequin, zu: lambeau = Lappen, Lumpen]: **1.** (veraltet) *drapierter Querbehang eines Vorhangs (bes. an Fenstern u. Türen).* **2.** (Archit.) *Nachbildung eines Lambrequins* (1) *bes. im Barock.*

Lam|brie, Lamperie, die; -, -n (bes. mundartl.): *Lambris* (b).

Lam|bris [lãˈbriː], der; - [...iː(s)], - [...iːs], österr.: die; -, - u. ...ien [frz. lambris = Täfelung, über das Roman. zu lat. labrusca (uva) = wild(e Rebe), nach den Rankenmustern]: **a)** *halbhohe Wandverkleidung (aus Holz, Stuck, Marmor u. Ä.);* **b)** *Wandsockel.*

Lam|brus|co, der; - [ital. lambrusco, zu: lambrusca = eine Traubensorte]: *fruchtiger, meist etwas schäumender italienischer Rotwein.*

Lamb|skin [ˈlæmskɪn], das; -[s], -s [engl. lambskin = Lammfell] (Textilind.): *Lammfellimitation aus Plüsch:* ein Kindermantel aus L.

Lambs|wool [ˈlæmzwʊl], die; - [engl. lambswool] (Textilind.): *weiche, zarte Lamm-, Schafwolle.*

la|mé [laˈmeː], (auch:) **la|mee** ⟨indekl. Adj.⟩ [frz. lamé, zu: lame = Klinge < lat. lam(i)na = Blatt]: *mit Lamé* (2) *durchwirkt.*

La|mé, (auch:) **La|mee,** der; -[s], -s [frz. lamé]: **1.** *mit Metallfäden durchwirktes [Seiden]gewebe.* **2.** *Metallfäden, die mit Textilmaterialien umsponnen sind.*

la|mee: ↑lamé.

La|mee: ↑Lamé.

la|mel|lar ⟨Adj.⟩ [engl. lamellar] (Fachspr.): *in Form von Lamellen [angeordnet].*

La|mel|le, die; -, -n [frz. lamelle < lat. lamella = (Metall)blättchen, Vkl. von: lam(i)na, ↑lamé]: **1.** (Fachspr.) **a)** *[schmale] mehr od. weniger dünne Platte, Scheibe (bes. als Glied einer Schicht, Reihe usw.):* die -n einer Jalousie; **b)** *Glied, Rippe eines Heizkörpers.* **2.** (Biol.) *eines der strahlenförmig stehenden Blättchen an der Unterseite des Hutes der Blätterpilze.*

la|mel|len|för|mig ⟨Adj.⟩: *von, in der Form von Lamellen.*

La|mel|len|heiz|kör|per, der: *Heizkörper mit Lamellen* (1 b).

La|mel|len|pilz, der (Bot.): *Blätterpilz.*

La|mel|len|ver|schluss, der (Fot.): *Verschluss an Kameras, der aus kreisförmig angeordneten Lamellen besteht.*

la|mel|lie|ren ⟨sw. V.; hat⟩ (Fachspr.): *lamellenartig formen, lamellenförmig gestalten.*

la|men|ta|bel ⟨Adj.; ...bler, -ste⟩ [wohl über frz. lamentable < lat. lamentabilis, zu: lamentari, ↑lamentieren]: *jämmerlich, kläglich, beklagenswert.*

la|men|ta|bi|le ⟨Adv.⟩ [ital. lamentabile < lat. lamentabilis, ↑lamentabel] (Musik): *lamentoso.*

la|men|tie|ren ⟨sw. V.; hat⟩ [lat. lamentari = wehklagen, urspr. lautm.]: **1.** (ugs. abwertend) *[laut u.] ausgiebig klagen, jammern:* den ganzen Tag, bei jeder Gelegenheit, über jede Kleinigkeit l. **2.** (landsch.) *jammernd um etw. betteln.*

La|men|to, das; -s, -s u. ...ti [ital. lamento < lat. lamentum = Wehklage]: **1.** ⟨Pl. -s⟩ (ugs. abwertend) *das Lamentieren, [lautes] Gejammer, heftige Klage:* ein großes L. [über/um etw.] machen, erheben, anstimmen. **2.** ⟨Pl. auch: -s⟩ (Musik) *Musikstück von schmerzlich-leidenschaftlichem Charakter.*

la|men|to|so ⟨Adv.⟩ [ital. lamentoso, zu: lamento, ↑lamento] (Musik): *wehklagend, traurig.*

La|met|ta, das; -s [ital. lametta, Vkl. von: lama = Metallblatt < lat. lam(i)na, ↑lamé]: **1.** *Christbaumschmuck aus schmalen, dünnen, glitzernden Metallstreifen:* den Weihnachtsbaum mit L. schmücken. **2.** (ugs. iron.) *angelegte Orden [u. Rangabzeichen] in großer Zahl:* [viel] L. tragen.

la|mi|nar ⟨Adj.⟩ [zu lat. lamina, ↑lamé] (Physik): *gleichmäßig schichtweise gleitend:* -e Strömung.

La|mi|nat, das; -[e]s, -e: *Schichtpressstoff.*

la|mi|nie|ren ⟨sw. V.; hat⟩ [frz. laminer, zu: lame, ↑lamé] (Fachspr.): **1.** *([textile] Materialien) strecken, um die Fasern in Längsrichtung zu ordnen.* **2.** *(Werkstoffe) mit einer [Deck]schicht überziehen:* Folien auf Karton l.; laminierte Einbände.

Lamm, das; -[e]s, Lämmer [mhd. lamp, ahd. lamb, H. u.]: **1. a)** *junges Schaf im ersten Lebensjahr:* sanft, geduldig, unschuldig wie ein L. sein; * **sich wie ein L. zur Schlachtbank führen lassen** (geh.; *etw. ergeben, geduldig, ohne Gegenwehr hinnehmen;* nach Jes. 53,7); **L. Gottes** (1. christl. Rel.; *Agnus Dei* [a]. 2. bild. Kunst; *Lamm als Symbol für den sich opfernden Christus;* bezogen auf das Lamm als Opfertier); **b)** (seltener) *junge Ziege im ersten Lebensjahr.* **2.** ⟨o. Pl.⟩ *Lammfell:* ein Mantel aus L. **3.** *sanfter, geduldiger Mensch [voller Unschuld]:* sie ist ein [wahres] L.

Lamm|bra|ten, der: *Braten aus dem Fleisch eines Lammes* (1 a).

Lämm|chen, das; -s, -: Vkl. zu ↑Lamm (1, 3).

lam|men ⟨sw. V.; hat⟩: *ein Lamm werfen.*

Läm|mer|gei|er, der [man nahm (fälschlich) an, der Vogel ernähre sich von geschlagenen Lämmern]: *großer, Aas fressender Geier des Hochgebirges mit schwarzen, bartähnlichen Federn an der Unterseite des Kopfes.*

Lamm|fell, das: *Fell eines Lammes* (1 a): ein Mantel aus L.

Lamm|fell|müt|ze, die: *Mütze aus Lammfell.*

Lamm|fleisch, das: *Fleisch vom Lamm* (1 a).

lamm|fromm ⟨Adj.⟩: *gehorsam u. sanft, geduldig wie ein Lamm* (1 a).

Lamm|keu|le, die: *Keule* (2) *vom Lamm* (1 a).

Lamms|ge|duld, die (ugs.): *(bewundernswerte) große Geduld.*

Lam|pas, der; -, - [frz. lampas, H. u.] (Textilind.): *vor allem für Möbelbezüge verwendetes, schweres, dichtes, gemustertes Damastgewebe.*

Lam|pas|sen ⟨Pl.⟩: *Streifen an [Uniform]hosen.*

Lämp|chen, das; -s, -: Vkl. zu ↑[1]Lampe (1, 2).

[1]Lam|pe, die; -, -n [mhd. lampe < (a)frz. lampe < vlat. lampada < lat. lampas (Gen.: lampadis) < griech. lampás (Gen.: lampádos) = Fackel, Leuchte]: **1.** *als Träger einer künstlichen Lichtquelle (bes. von Glühbirnen) dienendes, je nach Zweck sehr unterschiedlich gestaltetes, hängendes, stehendes od. auch frei bewegliches Gerät:* eine helle, grelle, gedämpfte L.; die L. brennt, blendet, geht aus; die L. ein-, ausschalten, an-, ausknipsen, an-, ausmachen; [jmdm.] mit einer L. leuchten; * **die ewige L.** *(das ewige Licht;* ↑Licht 2 a); **einen auf die L. gießen** (salopp; *einen od. mehrere Schnäpse o. Ä. trinken;* übertragen vom Füllen der Öllampe). **2.** (bes. Fachspr.) *künstliche Lichtquelle (z. B. Glühlampe).*

[2]Lam|pe: ↑Meister (7).

Lam|pen|docht, der: *Docht der Öllampe o. Ä.*

Lam|pen|fie|ber, das [Lampen = Rampenlicht(er)]: *starke nervöse Erregung, Angst u. innere Angespanntheit unmittelbar vor einer Situation, in der man sich zu bewähren hat, bes. vor einer Prüfung, vor einem öffentlichen Auftreten o. Ä.:* L. haben.

Lam|pen|schirm, der: *Schirm über der od. um die Lampe (zum Abblenden des Lichts).*

Lam|pe|rie: ↑Lambrie.

Lam|pi|on [lamˈpi̯ɔŋ, auch: lamˈpi̯õː, österr.: lamˈpi̯oːn], der, selten: das; -s, -s [frz. lampion < ital. lampione, Vgr. von: lampa = Lampe]: *Laterne aus Papier, dünnem Stoff o. Ä.:* die Terrasse mit -s schmücken; mit -s durch die Straßen ziehen.

Lam|pi|on|fest, das: *Fest, das im Freien im Licht von Lampions gefeiert wird.*

Lam|pre|te, die; -, -n [mhd. lamprīde, ahd. lamprēta < mlat. lampreda, H. u.]: *im Meer lebendes Neunauge.*

Lan|ça|de [lãˈsaːdə], die; -, -n [zu frz. lancer, ↑lancieren] (Reiten): *Sprung aus der Levade nach vorn* (Figur der hohen Schule).

lan|cie|ren [lãˈsiːrən] ⟨sw. V.; hat⟩ [frz. lancer, eigtl. = schleudern < (spät)lat. lanceare = die Lanze schwingen]: **1.** (bildungsspr.) *gezielt in die Öffentlichkeit gelangen lassen:* eine Nachricht [in die Presse] l. **2. a)** (bildungsspr.) *durch geschickte Manipulation, durch Ausnutzen seiner Beziehungen o. Ä. fördern, in eine vorteilhafte Position bringen o. Ä.:* er hat seinen Sohn in den Aufsichtsrat lanciert; der Minister ist lanciert worden; **b)** (bes. Werbung, Wirtsch., Politik) *einer Sache durch gezielte Maßnahmen zu Anerkennung, Ansehen, Verbreitung verhelfen:* einen Modeartikel, einen Markennamen l.; eine Anleihe l. (Wirtsch.; *in Umlauf, auf den Markt bringen).* **3.** (Jägerspr.) *einen Hirsch mit dem Schweißhund verfolgen, um ihn einem Schützen zuzutreiben.* **4.** (Milit. veraltet) *torpedieren.*

lan|ciert ⟨Adj.⟩ [zu frz. lancer = einschießen (3 d)] (Textilind.): *(von Stoffen, Geweben) so gemustert, dass die Figuren durch die ganze Stoffbreite hindurchgehen.*

Lan|cie|rung, die; -, -en: *das Lancieren; das Lanciertwerden.*

Land, das; -[e]s, Länder u. -e [mhd., ahd. lant, urspr. = freies Land, Feld, Heide]: **1.** ⟨o. Pl.⟩ *nicht mit Wasser bedeckter Teil der Erdoberfläche (bes. im Unterschied zum Meer, zu größeren Gewässern); Festland* (2): ganz in der Ferne wurde [das] L. sichtbar; (Seemannsspr.:) L. in Sicht!; sie waren froh, als sie wieder [festes] L. unter den Füßen hatten; die Passagiere gehen an L. *(verlassen das Schiff u. betreten festen Boden),* werden an Land gesetzt *(ausgeschifft),* kommen an L.; etw. wird an L. *(vom Wasser ans Ufer)* geschwemmt, gespült; diese Tiere leben im Wasser und auf dem L.; zu Wasser, zu Land[e] und in der Luft; * **L. unter** *(das Küstengebiet, die Insel ist unter Wasser, ist überflutet):* die Halligen meldeten L. unter; **[wieder] L. sehen** *(einen Ausweg, die Möglichkeit zur Überwindung von Schwierigkeiten sich abzeichnen sehen);* **an L. ziehen** (ugs., oft scherzh.; *für sich gewinnen, in seinen Besitz bringen).* **2.** ⟨o. Pl.⟩ *nutzbares Stück Erdboden; bebautes, genutztes Gelände; Ackerboden:* fruchtbares, gutes, ertragreiches, sumpfiges, steiniges L.; das L. liegt brach; ein Stück L., einige Hektar L. kaufen; sein L. bebauen, bestellen, bewässern; er hat, besitzt viel L.; dem Meer L. abgewinnen. **3.** ⟨veralteter, noch dichter., gelegtl. scherzh. Pl. -e⟩ *nicht näher abgegrenztes Gebiet, Gelände; Landstrich, Gegend:* hügeliges, flaches, ebenes, blühendes, dünn besiedeltes L.; das weite, offene L.; er reist viel durch die -e *(reist, kommt viel umher);* aus, in deutschen -en; * **ins L. gehen/ziehen** *(vergehen, verstreichen, dahingehen):* die Zeit ging, zog ins L. **4.** ⟨o. Pl.⟩ *Gebiet außerhalb der städtischen Zivilisation, das bes. durch das Betreiben von Landwirtschaft geprägt ist; dörfliche Gegend:* Städte und L. haben die gleichen Interessen daran; aufs L. ziehen; sie wohnen lieber auf dem L.; die Sache wurde in Stadt und L. (geh.; *überall, allenthalben)* bekannt; sie sind vom L. in die Stadt gezogen; sie sind, stammen beide vom Land[e]; * **auf dem flachen/(ugs.:) platten L.** *(in der Ebene weit außerhalb der Stadt, der städtischen Zivilisation).* **5.** ⟨Pl. Länder⟩ **a)** *politisch selbstständiges, von Grenzen umgebenes Gebiet; Staatsgebiet; Staat:* die europäischen Länder; ein demokratisches, neutrales, unbekanntes, fremdes, noch unerschlossenes, armes, reiches, unterentwickeltes L.; die Länder Afrikas; Frankreich ist das L. seiner Träume *(ist das Land, in das er gerne reisen, in dem er gerne leben möchte);* das Land ist, wurde unabhängig, erhielt die Unabhängigkeit; ein L. bedrohen, überfallen, [militärisch] besetzen, völkerrechtlich anerkennen; er will L. und Leute *(das Land u. seine Bewohner, ihre Sitten u. Gebräuche)* kennen lernen; einem L. den Krieg erklären; die Bräuche ferner Länder; im Inneren des -es; er wurde des -es verwiesen; außer -es gehen; in ein L. reisen, eindringen, einfallen; er reist von L. zu L.; **Spr** andere Länder, andere Sitten *(in einem fremden Land muss man mit anderen Lebensgewohnheiten u. Anschauungen rechnen);* bleibe im -e und nähre dich redlich (*man soll mit seiner gewohnten Umgebung zufrieden sein und nicht das Glück woanders suchen;* Ps. 37, 3); *** das Gelobte L., das Heilige L.** (bibl.; *Palästina als das Land der Verheißung*); **das L., wo Milch und Honig fließt** (*Ort, wo alles im Überfluss vorhanden ist;* nach 2. Mos. 3, 8); **das L. meiner/seiner/usw. Väter** (geh.; *mein, sein usw. Vaterland, meine, seine usw. Heimat*); **das L. der Mitte** (seltener; *das Reich der Mitte;* ↑Reich); **das L. der unbegrenzten Möglichkeiten** *(USA, Amerika);* **das L. der aufgehenden Sonne** *(Japan);* **das L. der tausend Seen** *(Finnland);* **das Land, wo die Zitronen blühen** (*Italien;* nach dem Lied der Mignon aus Goethes Roman »Wilhelm Meisters Lehrjahre«); **wieder im Land[e] sein** (ugs.; *wieder zurückgekehrt sein*); **bei jmdm. zu -e** (veraltend; *in jmds. Heimat, Gegend*): bei uns zu -e; **b)** *Bundesland:* Bund, Länder und Gemeinden; die neuen Länder (Bundesrepublik Deutschland; *Thüringen, Sachsen, Sachsen-Anhalt, Brandenburg, Mecklenburg-Vorpommern*). **6.** *Gesamtheit der Bewohner eines Landes* (5): das L. geriet in Aufruhr.

land|ab: ↑landauf.

Land|adel, der (früher): *auf dem Lande lebende adelige Familien mit Grundbesitz.*

Land|am|mann, der (schweiz.): *Regierungschef bestimmter Kantone in der Schweiz.*

Land|ar|beit, die: *auf dem Lande, bes. in der Landwirtschaft anfallende Arbeit:* schwere, harte L.

Land|ar|bei|ter, der: *Arbeiter in der Landwirtschaft.*

Land|ar|bei|te|rin, die: w. Form zu ↑Landarbeiter.

Landart [ˈlændɑːt], die; - [engl. landart, aus: land = Landschaft u. art = Kunst]: *moderne Kunstrichtung, bei der Aktionen im Freien im Mittelpunkt stehen, durch die die Landschaft künstlich verändert wird.*

Land|arzt, der: *Arzt, der seine Praxis in ländlicher, dörflicher Umgebung hat.*

Land|ärz|tin, die: w. Form zu ↑Landarzt.

Lan|dau|er, der; -s, - [nach der Stadt Landau in der Pfalz] (früher): *viersitzige Kutsche mit zurückschlagbarem Verdeck.*

land|auf ⟨Adv.⟩: in dem Wortpaar **l., landab** (geh.; *überall im Land, allenthalben*).

land|aus ⟨Adv.⟩: in dem Wortpaar **l., landein** (geh.; *landauf, landab*).

Land|bau, der ⟨o. Pl.⟩: *Ackerbau, auch Obst- und Weinbau.*

Land|be|sitz, der: vgl. Grundbesitz (a, b).

Land|be|völ|ke|rung, die: *auf dem Lande* (4) *lebende, arbeitende Bevölkerung.*

Land|but|ter, die: *Butter der unteren von drei Handelsklassen mit gesetzlich genau festgelegten Qualitätsmerkmalen.*

Länd|chen, das; -s, - u. Länderchen: Vkl. zu ↑Land (5).

Län|de, die; -, -n [mhd. nicht belegt, ahd. lenti, zu ↑landen] (landsch.): *Stelle, Platz zum Anlegen von Schiffen, Booten.*

Lan|de|bahn, die: *Bahn, Piste auf Flugplätzen für die Landung.*

Lan|de|er|laub|nis, die: *Erlaubnis für ein Flugzeug zur Landung auf einem Flugplatz, -hafen.*

land|ein|wärts ⟨Adv.⟩: *von der Küste aus ins Innere des Landes:* der Wind weht l.

Lan|de|klap|pe, die: *an den Tragflächen von Flugzeugen angebrachte Klappe, die bes. bei der Landung zur Verminderung der Geschwindigkeit ausgefahren wird.*

Lan|de|kopf, der (Milit.): *(bei einem Angriff von See her) an der Küste errichteter Brückenkopf.*

Lan|de|ma|nö|ver, das: *Vorgang des Landens* (1 a); *das Ansetzen eines Flugzeugs, Hubschraubers zur Landung u. ihre Durchführung.*

lan|den ⟨sw. V.⟩ [mhd. lenden, ahd. lenten; nhd. Form unter Anlehnung an »Land« nach niederd. landen]: **1.** ⟨ist⟩ **a)** *(von oben her, von der Luft aus) auf festen Untergrund, auf die Erde niedergehen, auf dem Boden aufsetzen:* das Flugzeug landete sicher, glatt, pünktlich; wir sind auf dem Flughafen, in Frankfurt gelandet; wann wird die Maschine l.?; der Pilot konnte wegen Nebels nicht l.; das Raumschiff ist auf dem Mond weich gelandet *(hat auf dem Mond aufgesetzt, ohne zu zerschellen);* ⟨subst.:⟩ vor dem Landen anschnallen; **b)** *(vom Wasser her) am Ufer, an Land ankommen, am Festland anlegen:* das Schiff ist pünktlich [im Hafen] gelandet; sie landeten mit einem Boot an der Küste, auf der Insel; *** bei jmdm. l., nicht l. [können]** (ugs.; *bei jmdm. [keinen] Erfolg haben, [keinen] Anklang finden*): er hat oft versucht, bei ihr zu l. **2.** ⟨ist⟩ **a)** (fam.) *nach einer Reise, Fahrt an seinem Ziel ankommen:* wir sind gestern pünktlich hier gelandet; **b)** (ugs.) *[überraschenderweise, unversehens] an eine nicht erwartete Stelle gelangen:* der Wagen kam ins Schleudern und landete auf/in einem Acker; er rutschte aus und landete auf dem Bauch; wenn er so weitermacht, landet er noch im Gefängnis; die meisten Anträge landeten im Papierkorb *(wurden in den Papierkorb geworfen).* **3.** ⟨hat⟩ **a)** *(aus der Luft) zur Landung bringen, aufsetzen:* der Pilot hat die Maschine sicher gelandet; **b)** *(aus der Luft) auf der Erde, auf dem Boden absetzen:* die Alliierten haben hinter den feindlichen Linien Fallschirmjäger gelandet; **c)** *(aus dem Wasser) an Land bringen, aufs Festland schaffen:* der Gegner hat Truppen an der Küste gelandet; die Passagiere konnten trotz hohen Wellengangs gelandet werden. **4.** ⟨hat⟩ **a)** (Boxen) *einen Schlag anbringen, platzieren:* er landete einen linken Haken am Kopf des Gegners; **b)** (ugs.) *[glücklich, überraschend] zustande bringen, erringen, erreichen:* er konnte einen eindrucksvollen Sieg, einen Volltreffer l.; er hat einen Coup gelandet *(eine große Sache erfolgreich durchgeführt).*

län|den ⟨sw. V.; hat⟩ (schweiz., sonst landsch.): *(bes. von Ertrunkenen) aus dem Wasser holen u. an Land bringen.*

Land|en|ge, die: *schmaler Streifen Land zwischen zwei Meeren, der größere Landmassen verbindet.*

Lan|de|platz, der: **1. a)** *kleinerer Flugplatz;* **b)** *für die Landung eines Flugzeugs, eines Hubschraubers geeigneter Platz im Gelände.* **2.** *Landungsplatz.*

Län|der|chen: Pl. von ↑Ländchen.

Län|der|ebe|ne, die: *Landesebene.*

Län|de|rei|en ⟨Pl.⟩: *ausgedehnter Grundbesitz* (b).

Län|der|kampf, der: *sportlicher Wettkampf zwischen den Mannschaften zweier od. mehrerer Länder.*

Län|der|kun|de, die ⟨o. Pl.⟩: *Teilgebiet der Geographie, das sich mit der Erforschung u. Darstellung der geographischen Gegebenheiten u. Eigenarten von Ländern befasst.*

län|der|kund|lich ⟨Adj.⟩: *die Länderkunde betreffend:* -e Forschungen; ein -es Handbuch.

Län|der|na|me, der ⟨meist Pl.⟩: *Name eines Landes od. einer Landschaft.*

Län|der|spiel, das: *Spiel (verschiedener Sportarten, bes. Fußball) der Nationalmannschaften zweier Länder:* ein L. besuchen; der junge Spieler bestreitet sein erstes L.

län|der|über|grei|fend ⟨Adj.⟩: *die Länder* (5) *übergreifend.*

Lan|des|amt, das: *in den Zuständigkeitsbereich eines Bundeslandes gehörendes Amt:* L. für Denkmalspflege.

Lan|des|bank, die ⟨Pl. -en⟩: *gemeinnütziges, öffentlich-rechtliches Bankinstitut, das auf kommunaler Ebene für eine bestimmte Region, oft für ein Bundesland, geführt wird.*

Lan|des|be|hör|de, die: vgl. Landesamt.

Lan|des|bi|schof, der (ev. Kirche): *einer Landeskirche vorstehender Bischof.*

Lan|de|schlei|fe, die: [1]*Schleife* (2), *die ein Flugzeug ziehen kann, ehe es zur Landung ansetzt.*

Lan|des|ebe|ne, die: meist in der Fügung **auf L.** *(in der Zuständigkeit eines [Bundes]landes; von einem [Bundes]land aus als der zuständigen Stelle):* etw. auf L. regeln, verhandeln.

lan|des|ei|gen ⟨Adj.⟩: **1.** *einem Bundesland gehörend:* -e Gebäude. **2.** *für ein Land* (5 a) *charakteristisch, dort üblich:* -e Sitten.

Lan|des|far|ben ⟨Pl.⟩: *Farben, wie sie die Fahne eines Landes* (5) *zeigt.*

Lan|des|fürst, der: vgl. Landesherr.

Lan|des|ge|richt, das (österr.): *Gericht erster Instanz in einer Landeshauptstadt.*

Lan|des|ge|schich|te, die ⟨o. Pl.⟩: *Geschichte* (1) *eines bestimmten (unter historischen Gesichtspunkten in sich geschlossenen) meist kleineren Gebietes.*

lan|des|ge|schicht|lich ⟨Adj.⟩: *die Landesgeschichte betreffend, zu ihr gehörend.*

Lan|des|gren|ze, die: *Grenze* (1 a).

Lan|des|grup|pe, die (Politik, Parl.): *Zusammenschluss der Bundestagsabgeordneten einer Partei aus demselben Bundesland.*

Lan|des|haupt|frau, die; -, -en: *(in Österreich) Regierungschefin eines Bundeslandes.*

Lan|des|haupt|mann, der ⟨Pl. ...hauptleute u. ...hauptmänner⟩: **1.** *(in Preußen bis 1933) Leiter der Verwaltung einer Provinz.* **2.** *(in Österreich) Regierungschef, Vorsitzender der Regierung eines Bundeslandes.*

Lan|des|haupt|stadt, die: *Hauptstadt eines Landes* (5).

Lan|des|herr, der: *(vom MA. an) Herrscher, Monarch eines Landes, eines Staates.*

Lan|des|her|rin, die: w. Form zu ↑Landesherr.

lan|des|herr|lich ⟨Adj.⟩: *einen Landesherrn betreffend, von ihm ausgehend:* ein -er Erlass.

Lan|des|ho|heit, die ⟨o. Pl.⟩: *oberste Regierungsgewalt eines Landesherrn.*

Lan|des|in|ne|re, das: *Inneres* (1) *eines Landes:* ins L. fahren.

Lan|des|kind, das ⟨meist Pl.⟩: *jmd., der zur Bevölkerung eines bestimmten Landes gehört.*

Lan|des|kir|che, die: *verwaltungsmäßige, organisatorische Einheit der evangelischen Kirche, deren jeweiliger Bereich im Allgemeinen dem der einzelnen deutschen Länder entspricht.*

Lan|des|kun|de, die ⟨o. Pl.⟩: *Wissenschaft von der Kultur, den geographischen Verhältnissen, den historischen Entwicklungen o. Ä. eines Landes.*

lan|des|kun|dig ⟨Adj.⟩: *ein Land genau kennend; mit den Verhältnissen in einem Land vertraut:* ein -er Reisebegleiter.

lan|des|kund|lich ⟨Adj.⟩: *die Landeskunde betreffend:* -e Forschungen.

Lan|des|lis|te, die (Politik, Parl.): *bei der Bundestagswahl als Wahlvorschlag für ein Bundesland geltende Zusammenstellung der Kandidaten einer Partei in einer bestimmten Reihenfolge.*

Lan|des|meis|ter, der (Sport): *Gewinner einer Landesmeisterschaft.*

Lan|des|meis|te|rin, die: w. Form zu ↑Landesmeister.

Lan|des|meis|ter|schaft, die (Sport): *Wettbewerb in einer bestimmten Sportart, bei dem um die Meisterschaft auf nationaler Ebene gekämpft wird.*

Lan|des|mut|ter, die: **1.** (geh. früher) *Herrscherin, Fürstin eines Landes, Landesherrin.* **2.** (oft scherzh.) **a)** *Regierungschefin, Ministerpräsidentin; weibliches Staatsoberhaupt.* **b)** *Frau eines Landesvaters* (2).

Lan|des|par|tei|tag, der: *Parteitag einer Partei aus einem Bundesland.*

Lan|des|pfle|ge, die ⟨o. Pl.⟩: *Gesamtheit der Maßnahmen zum Schutz, zur Pflege u. Erhaltung der natürlichen Lebensgrundlagen der Menschen in den verschiedenen Lebensbereichen.*

Lan|des|pla|nung, die ⟨o. Pl.⟩ (bes. Politik, Wirtsch.): *Gesamtheit der geplanten Maßnahmen, mit deren Hilfe den sozialen, kulturellen, wirtschaftlichen Erfordernissen eines bestimmten Gebietes entsprochen werden kann.*

Lan|des|pro|dukt, das: *Produkt eines Landes, das meist für dieses Land bes. charakteristisch ist.*

Lan|des|recht, das ⟨o. Pl.⟩: *in den Zuständigkeitsbereich eines Bundeslandes fallendes Recht (dem das Recht des Bundes übergeordnet ist).*

L

Lạn|des|re|gie|rung, die: *Regierung eines Bundeslandes.*
Lạn|des|sit|te, die: *in einem Land herrschende, für ein Land bes. charakteristische Sitte.*
Lạn|des|spra|che, die: *Sprache, die von [dem überwiegenden Teil] der Bevölkerung eines Landes gesprochen wird:* sich mit den Einheimischen in deren L. unterhalten.
Lạn|de|steg, der: vgl. Landungsbrücke.
Lạn|des|tracht, die: *Tracht eines Landes, die meist für dieses Land charakteristisch ist:* eine Bäuerin in der L.
lạn|des|üb|lich ⟨Adj.⟩: *in einem Land üblich, sehr gebräuchlich u. für dieses Land charakteristisch:* die -e Kleidung, Tracht tragen.
Lạn|des|va|ter, der: 1. (geh. früher) *Herrscher, Fürst eines Landes, Landesherr.* 2. (oft scherzh.) *Regierungschef, Ministerpräsident; Staatsoberhaupt.*
Lạn|des|ver|rat, der (Rechtsspr.): *Verbrechen, durch das die äußere Sicherheit eines Staates gegenüber anderen Staaten gefährdet wird.*
Lạn|des|ver|si|che|rungs|an|stalt, die: *(in der Bundesrepublik Deutschland) öffentlich-rechtliche Versicherungsgesellschaft, die für die gesetzliche Rentenversicherung der Arbeiter u. für die Gemeinschaftsaufgaben der gesetzlichen Krankenversicherung zuständig ist* (Abk.: LVA).
Lạn|des|ver|tei|di|gung, die: *militärische Verteidigung eines Landes.*
Lạn|des|ver|weis, der (schweiz.), **Lạn|des|ver|wei|sung,** die (österr., schweiz.): *Ausweisung.*
Lạn|des|wäh|rung, die: *in einem bestimmten Land, Staat gültige Währung:* in [der] L. zahlen.
lạn|des|weit ⟨Adj.⟩: *im Bereich eines ganzen [Bundes]landes.*
Lạnd|fah|rer, der: *jmd., der ohne festen Wohnsitz umherzieht.*
Lạnd|fah|re|rin, die: w. Form zu ↑Landfahrer.
lạnd|fein ⟨Adj.⟩: in der Wendung **sich l. machen** (Seemannsspr.: *sich für den Aufenthalt, das Ausgehen an Land anziehen, zurechtmachen*).
Lạnd|flucht, die: *Abwanderung eines großen Teils der Landbevölkerung, bes. bäuerlicher Herkunft, aus den ländlichen Gebieten in die Städte wegen der meist besseren Arbeits- u. Lebensbedingungen.*
Lạnd|frau, die: *im ländlichen, bes. im landwirtschaftlichen Bereich tätige Frau.*
Lạnd|frie|de[n], der: *(im MA.) vom Landesherrn festgelegter, zunächst zeitlich begrenzter Friede für das ganze Land od. für bestimmte Gebiete.*
Lạnd|frie|dens|bruch, der: 1. *(im MA.) Vergehen gegen den Landfrieden.* 2. (Rechtsspr.) *Gewalttätigkeiten einer Menschenmenge, die eine Gefährdung der öffentlichen Sicherheit darstellen.*
Lạnd|gang, der (Seemannsspr.): 1. *Freizeit, die von Seeleuten dazu benutzt wird, an Land zu gehen:* L. haben; die Besatzung ist auf L. 2. (selten) *Steg, der dazu dient, von einem Schiff ans Ufer od. auf ein anderes Schiff zu gelangen.*
Lạnd|ge|mein|de, die: *kleinere Ortschaft mit dörflichem Charakter.*
Lạnd|ge|richt, das: a) *für Zivil- u. Strafsachen zuständiges Gericht, das dem Amtsgericht übergeordnet ist;* b) *Gebäude, in dem das Landgericht* (a) *untergebracht ist.*
Lạnd|ge|win|nung, die: *Erweiterung des Deichvorlandes durch Ausdehnung der Eindeichungen zur landwirtschaftlichen Nutzung od. Sicherung der Küste* (a).
Lạnd|graf, der (hist.): 1. ⟨o. Pl.⟩ *Adelstitel eines Fürsten im Rang zwischen* [3]*Graf* (1) *u. Herzog* (1 b). 2. *Reichsfürst im Rang zwischen Graf u. Herzog.*
Lạnd|gräf|fin, die: 1. w. Form zu ↑Landgraf. 2. *Frau eines Landgrafen.*
Lạnd|gut, das: *Gut* (2).
Lạnd|haus, das: *seiner ländlichen Umgebung im Stil angepasstes Haus, Villa auf dem Land.*
Lạnd|jä|ger, der [2: viell. scherzh. entstellt aus schweiz. mundartl. lang tigen Würst = lange, getrocknete Würste]: 1. (landsch. veraltet) *auf dem Land eingesetzter Polizist.* 2. *kleine, flach gepresste, stark geräucherte Wurst aus scharf gewürztem rohem Fleisch.*
Lạnd|kar|te, die: *auf einem meist zusammenfaltbaren Blatt in maßstäblicher Verkleinerung dargestellte Abbildung der Erdoberfläche od. bestimmter Ausschnitte davon:* eine L. auseinander falten, vor sich ausbreiten; einen Ort, einen Fluss auf der L. suchen.
Lạnd|kli|ma, das: *Kontinentalklima.*
Lạnd|kreis, der: *mehrere, meist kleinere Gemeinden umfassender Bezirk der unteren staatlichen Verwaltungsbehörde.*
Lạnd|krieg, der: *auf dem Festland geführter Krieg (im Unterschied zum See-, Luftkrieg).*
lạnd|läu|fig ⟨Adj.⟩: *allgemein verbreitet, bekannt; allgemein üblich, gängig:* -e Vorstellungen; im -en Sinne; nach -er Meinung; eine l. verbreitete Ansicht.
Lạnd|le|ben, das ⟨o. Pl.⟩: *durch das Wohnen, den Aufenthalt in ländlicher, dörflicher Umgebung geprägte, sich ergebende Lebensweise; Leben auf dem Land.*
lạnd|le|bend ⟨Adj.⟩ (Zool.): *auf dem festen Land lebend:* -e Wirbeltiere.
Länd|ler, der; -s, - [eigtl. = Tanz, der im »Landl« (= Oberösterreich) getanzt wird]: *langsamer Volkstanz im Dreivierteltakt.*
Lạnd|leu|te ⟨Pl.⟩: 1. (veraltend) vgl. Landbevölkerung. 2. Pl. von ↑Landmann.
länd|lich ⟨Adj.⟩ [mhd. lantlich]: *das Land* (4) *betreffend, zu ihm gehörend; für das Land, das Leben auf dem Land charakteristisch, ihm entsprechend; dörflich:* sich in -er Umgebung aufhalten.
Lạnd|luft, die: a) *für ländliche Gegenden charakteristische reine Luft:* die gesunde, frische L. hat uns allen gut getan; b) (meist scherzh.) *stark nach Stall, Dung o. Ä. riechende Luft in ländlicher Umgebung.*
Lạnd|mann, der ⟨Pl. ...leute⟩ (geh. veraltend): [1]*Bauer* (1 a).
Lạnd|mar|ke, die (Seew.): *weithin sichtbarer Punkt an der Küste (z. B. ein Hügel, Kirchturm o. Ä.), der für die Navigation verwendet werden kann.*
Lạnd|mas|se, die: *zusammenhängendes Festland von großer Ausdehnung.*
Lạnd|mi|ne, die: *zum Einsatz gegen Infanterie, Militärfahrzeuge u. Zivilbevölkerung, meist verdeckt im Boden verlegte* [1]*Mine* (2).
Lạnd|nah|me, die; - [zum 2. Bestandteil vgl. Abnahme]: *Eroberung, Inbesitznahme u. Besiedelung von Land.*
Lạnd|pla|ge, die: *Plage, die in weiten Gebieten eine große Belästigung darstellt u. durch die großer Schaden entsteht:* die Wespen sind dieses Jahr zu einer schlimmen, üblen L. geworden; Ü er ist eine echte L. (ugs.; *ist unausstehlich, geht einem auf die Nerven*).
Lạnd|rat, der: 1. *oberster Beamter eines Landkreises, Leiter einer Kreisverwaltung.* 2. (schweiz.) *Parlament bestimmter Kantone.*
Lạnd|rä|tin, die: w. Form zu ↑Landrat (1).
Lạnd|rats|amt, das: a) *einem Landrat* (1) *unterstellte Behörde;* b) *Gebäude, in dem ein Landratsamt* (a) *untergebracht ist.*
Lạnd|rat|te, die [LÜ von engl. land-rat] (ugs., oft scherzh. od. leicht abwertend, bes. aus der Sicht der Seeleute): *jmd., der nicht zur See fährt, zur See-, Schifffahrt kein Verhältnis hat.*
Lạnd|recht, das: *(im MA.) allgemeines, für das ganze Land geltendes Recht für Fälle, die nicht unter besondere Rechte (z. B. eines Standes, einer Stadt o. Ä.) fallen.*
Lạnd|re|gen, der [eigtl. = über das ganze Land hin ausgedehnter Regen]: *lang anhaltender, gleichmäßig u. nicht sehr heftig fallender Regen.*
Lạnd|ro|ver® ['lændroʊvə], der; -[s], - [engl. land-rover, eigtl. = Landwanderer]: *geländegängiges Kraftfahrzeug mit Allradantrieb.*
Lạnd|rü|cken, der: *lang gestreckter Bergrücken, Höhenrücken.*
Lạnd|sas|se, der: *(im MA.) von einem Grundherrn Abhängiger, der aber nicht Leibeigener ist; Untertan eines Landesherrn.*
lạnd|säs|sig ⟨Adj.⟩: *einen Landsassen betreffend, zu den Landsassen gehörend.*
Lạnd|schaft, die; -, -en [mhd. lantschaft, ahd. lantscaf(t)]: 1. *hinsichtlich des äußeren Erscheinungsbildes (der Gestalt des Bodens, des Bewuchses, der Bebauung, Besiedelung o. Ä.) in bestimmter Weise geprägter Teil, Bereich der Erdoberfläche; Gebiet der Erde, das sich durch charakteristische äußere Merkmale von anderen Gegenden unterscheidet:* eine karge, öde, baumlose, steppenartige, gebirgige, malerische, liebliche L.; die spanische L.; der moderne Bau passt gut in diese L.; Ü die [innen]politische L. *(Situation)* hat sich geändert. 2. *künstlerische Darstellung, bes. Gemälde einer Landschaft* (1): eine in düsteren Farben gemalte L.; Dürers -en.
-lạnd|schaft, die; -, -en: 1. kennzeichnet in Bildungen mit Substantiven die Gesamtheit von etw. (in seiner Vielfalt): Behörden-, Parteienlandschaft. 2. kennzeichnet in Bildungen mit Substantiven den Bereich von etw. (in seiner Vielfalt): Fernseh-, Hochschul-, Kunstlandschaft. 3. kennzeichnet in Bildungen mit Substantiven od. Verben (Verbstämmen) einen Raum od. Räumlichkeiten, die bestimmten Erfordernissen entsprechend ausgestattet sind: Büro-, Wohnlandschaft.
lạnd|schaft|lich ⟨Adj.⟩: 1. *die Landschaft* (1) *betreffend, für sie charakteristisch, zu ihr gehörend:* die -en Gegebenheiten, Bedingungen, Gebräuche. 2. *die besonderen sprachlichen Eigentümlichkeiten, die Sprechweise der Bewohner eines bestimmten Gebietes betreffend, für diese Sprechweise charakteristisch, zu ihr gehörend:* -e Wörter; eine -e Ausdrucksweise; der -e Gebrauch eines Wortes.
Lạnd|schafts|bild, das: 1. *Bild, auf dem eine Landschaft* (1) *dargestellt ist; Landschaft* (2). 2. *Landschaft, wie sie sich [mit ihren typischen Ausprägungen] einem Betrachter darstellt:* das riesige Bauwerk zerstört das gesamte L.
Lạnd|schafts|gärt|ner, der: *Gärtner, Gartenarchitekt, der sich bes. mit der Planung u. Gestaltung größerer Gelände, Garten-, Parkanlagen befasst.*
Lạnd|schafts|gärt|ne|rin, die: w. Form zu ↑Landschaftsgärtner.
lạnd|schafts|ge|bun|den ⟨Adj.⟩: *nur in einer bestimmten Landschaft vorhanden, möglich:* -e Architektur.
Lạnd|schafts|ma|ler, der: *Maler, der [überwiegend] Landschaften darstellt.*
Lạnd|schafts|ma|le|rin, die: w. Form zu ↑Landschaftsmaler.
Lạnd|schafts|pfle|ge, die: *Gesamtheit der Maßnahmen zur Pflege u. zur Erhaltung einer Landschaft, ihrer besonderen Eigentümlichkeiten u. natürlichen Werte.*
Lạnd|schul|heim, das: *Schullandheim.*
Lạnd|seer ['lænsɪə], der; -s, -s [nach dem engl. Tiermaler E. H. Landseer (1802–1873)]: *zur Rasse der Neufundländer gehörender, schwarz-weiß gefleckter Hund.*
Lạnd|ser, der; -s, - [zu veraltet Lanz = Kurzf. von: Lanzknecht = frühnhd. Schreibweise für ↑Landsknecht (unter Anlehnung an ↑Lanze)] (veraltend): *(einfacher) Soldat.*
Lạnd|sitz, der: *ausgedehntes Landgut mit einem meist herrschaftlichen Wohnhaus.*
Lạnds|knecht, der [eigtl. = ein im kaiserlichen Land angeworbener Soldat]: *(im 16. Jh.) berufsmäßiger, zu den Fußtruppen gehörender Soldat; zu Fuß kämpfender Söldner.*
Lạnds|mål [...mo:l], das; -[s] [norw., eigtl. = Landessprache]: ältere Bez. für *Nynorsk.*
Lạnds|mann, der ⟨Pl. ...leute⟩: *jmd., der aus demselben Land stammt, aus derselben Landschaft, Gegend kommt wie ein anderer:* er ist sein L., ein L. von ihm; wir sind Landsleute *(haben dieselbe Heimat)*; was bist du für ein L. *(aus welchem Land, welcher Gegend stammst du)?*
Lạnds|män|nin, die; -, -nen: w. Form zu ↑Landsmann.

Lands|mann|schaft, die: 1. ‹o. Pl.› *Herkunft aus demselben Land, derselben Landschaft, Gegend.* 2. *Vereinigung von Flüchtlingen u. Heimatvertriebenen aus den östlichen Teilen des Deutschen Reiches vor 1945.*

Land|stän|de ‹Pl.›: *(im Ständestaat) Vertretungen der bevorrechtigten, dem Landesherrn gegenübertretenden Stände, bes. auf den Landtagen (2).*

Land|stra|ße, die: *außerhalb von Ortschaften verlaufende, kleinere, befestigte Straße, die bes. dem Verkehr zwischen den Ortschaften dient.*

Land|strei|cher, der [eigtl. = jmd., der im Lande umherstreicht]: *jmd., der nicht sesshaft ist, meist keinen festen Wohnsitz hat, ziellos von Ort zu Ort zieht.*

Land|strei|che|rin, die; -, -nen: w. Form zu ↑Landstreicher.

Land|strei|fen, der: vgl. Streifen (1 b).

Land|streit|kräf|te ‹Pl.›: *Heer* (1 b).

Land|strich, der: *Bereich innerhalb eines größeren Gebietes, einer Landschaft; Gegend:* ein bewaldeter L.

Land|tag, der: 1. a) *aus Wahlen hervorgegangene Volksvertretung eines Bundeslandes:* die bundesdeutschen -e; b) *Gebäude, in dem der Landtag* (1 a) *untergebracht ist.* 2. (hist.) *Versammlung der Landstände.*

Land|tags|ab|ge|ord|ne|te, der u. die: *Abgeordnete[r] eines Landtags* (1 a).

Land|tags|wahl, die: *Wahl zu einem Landtag* (1 a).

Lan|dung, die; -, -en: 1. a) *das Landen* (1 a); *das Niedergehen, Aufsetzen auf den Boden:* die glatte, einwandfreie, geglückte L. des Flugzeugs; die weiche L. eines Raumschiffs auf dem Mond; Ü der Storch, der Skispringer setzt zur L. an; b) (seltener) *das Landen* (1 b); *das Ankommen, Anlegen an Land:* die L. des Schiffes. 2. a) *das Landen* (3); *das Absetzen aus der Luft [in gegnerisches Gebiet];* b) *das Landen* (3 b) *vom Wasser her [in gegnerischem Gebiet]:* die L. der Alliierten an der Küste der Normandie.

Lan|dungs|brü|cke, die: *vom Ufer ausgehende, brückenähnliche Vorrichtung, die den Übergang von anlegenden Schiffen an Land u. umgekehrt ermöglicht.*

Lan|dungs|platz, der: *für das Anlegen von Schiffen, Booten geeignete, eingerichtete Stelle am Ufer.*

Land|ur|laub, der: *Urlaub von Seeleuten, der mit der Erlaubnis, an Land zu gehen, verbunden ist.*

Land|ver|mes|ser, der (veraltend): *Vermessungsingenieur.*

Land|vogt, der: *(im MA.) vom König eingesetzter Verwalter eines reichsunmittelbaren Bezirks.*

land|wärts ‹Adv.› [↑-wärts]: *zum Land hin, ins Land; vom Meer, von der See weg:* der Wind weht l.

Land|weg, der: 1. *Feldweg:* aufgeweichte -e. 2. *Weg über das Festland:* sie sind auf dem L. nach Indien gefahren.

Land|wehr, die (früher): 1. *Grenzbefestigung meist kleinerer Gebiete aus Wällen, Gräben u. Buschwerk.* 2. *Aufgebot von wehrfähigen Männern, oft von Reservisten, das bes. zum Festungsbau, zur Verteidigung o. Ä. eingesetzt wurde.*

Land|wein, der: *einfacher, leichter (nur regional bekannter) Wein.*

Land|wirt, der: *jmd., der selbstständig Landwirtschaft, Ackerbau u. Viehhaltung betreibt, einen landwirtschaftlichen Betrieb führt, leitet, verwaltet; Bauer:* er ist gelernter L. *(er hat eine landwirtschaftliche Ausbildung auf einer Fachod. Hochschule genossen).*

Land|wir|tin, die: w. Form zu ↑Landwirt.

Land|wirt|schaft, die: 1. ‹o. Pl.› *planmäßiges Betreiben von Ackerbau u. Viehhaltung zum Erzeugen von tierischen u. pflanzlichen Produkten:* die heutige, moderne L.; er ist in der L. tätig. 2. *meist nicht sehr großer landwirtschaftlicher Betrieb (im Allgemeinen nur mit Haltung von Kleintieren):* er betreibt eine kleine L.

land|wirt|schaft|lich ‹Adj.›: *die Landwirtschaft betreffend, auf ihr beruhend, von ihr herrührend, zu ihr gehörend; der Landwirtschaft dienend:* -e Erzeugnisse, Produkte, Maschinen; -e Nutzfläche; ein -er Betrieb.

Land|wirt|schafts|mi|nis|ter, der: *Minister für Angelegenheiten, die Land- und Forstwirtschaft betreffen.*

Land|wirt|schafts|mi|nis|te|rin, die: w. Form zu ↑Landwirtschaftsminister.

Land|wirt|schafts|wis|sen|schaft, die: *Agronomie.*

Land|zun|ge, die: *lange, schmale Halbinsel.*

[1]lang ‹Adj.; länger, längste› [mhd. lanc, ahd. lang; vgl. lat. longus = lang]: 1. a) *in räumlicher Ausdehnung nach einer Richtung den Durchschnitt od. eine Vergleichsgröße übertreffend; von [vergleichsweise] großer räumlicher Ausdehnung in einer Richtung:* ein -er Rock; ein Kleid mit -em Ärmel; sie trägt gern -e Kleider; eine [endlos] -e Straße; sie hat schöne -e Haare; er hat eine -e (ugs.; *aus vielen Ziffern bestehende)* Telefonnummer; ein -er *(aus sehr vielen Waggons bestehender)* Güterzug; der Schal ist l. genug; ein Gummiband l. ziehen; sie musste das Kleid länger machen; sie trägt das Haar jetzt wieder l.; der Weg zieht sich l. hin; ein l. gestrecktes Gebäude; eine l. gezogene Kurve; l. gestielte Werkzeuge; b) *eine bestimmte räumliche Ausdehnung in einer Richtung aufweisend, von bestimmter Länge* (in Verbindung mit Maßangaben, diesen nachgestellt): ein fünf Meter -es Seil; c) (ugs.) *hoch gewachsen, von hohem Wuchs, groß:* ein -er Kerl, Bursche; ein -er, schlaksiger Junge; (scherzh.:) er ist eine -e Latte; ‹subst.:› komm mal her, Langer; d) *in viele Worte gefasst u. daher einigen Platz beanspruchend; ausführlich:* ein -er Brief, Artikel; eine -e Liste; der Aufsatz ist zu l.; das Schreiben ist etwas l. geworden, geraten. 2. a) *sich über einen großen Zeitraum erstreckend; eine beträchtliche, relativ große Zeitspanne umfassend; von [vergleichsweise] großer zeitlicher Ausdehnung:* ein langer Urlaub im Ausland; nach -er Krankheit; ein -er Vortrag; das ist eine -e Zeit *(ein großer Zeitraum);* ein -er, l. gesprochener Laut; das wird eine -e Nacht *(es wird spät werden, nur wenig Zeit zum Schlafen bleiben);* sie hat drei -e *(nur langsam verstreichende)* Jahre gewartet; er kommt seit -er Zeit *(schon sehr lange)* nicht mehr; die Pause war nicht l.; die Tage werden jetzt wieder länger *(es bleibt längere Zeit hell);* l. anhaltender Beifall; l. gezogene *(gedehnte, lange angehaltene)* Töne, Laute; ein l. gehegter *(schon seit langem bestehender)* Wunsch; sie konnte es nicht mehr länger mit ansehen; *** l. und breit/** ‹subst.:› **des Langen [und Breiten]** *(sehr ausführlich [u. daher einige Zeit in Anspruch nehmend]);* **seit -em** *(seit geraumer Zeit; über einen großen Zeitraum hin);* b) *sich über einen bestimmten Zeitraum erstreckend, von bestimmter zeitlicher Ausdehnung, Dauer* (in Verbindung mit Maßangaben, diesen nachgestellt): sein drei Stunden -es Warten war umsonst; sie mussten mehrere Stunden l. laufen; er zögerte nur eine Sekunde, einen Augenblick l.; das wird er sein Leben l. nicht *(niemals)* vergessen.

[2]lang (landsch.): I. ‹Präp. mit Akk., nachgestellt› *entlang* (I): gehen Sie lieber den Fluss l. II. ‹Adv.› *entlang* (II): sie gingen auf einem Pfad am Ufer l.; komm, wir müssen hier l. *(wir müssen in diese Richtung);* geht es wirklich da l. *(ist das der richtige Weg)*?

lang|är|me|lig, lang|ärm|lig ‹Adj.›: *mit langen Ärmeln [versehen]:* eine -e Bluse.

lang|at|mig ‹Adj.›: *allzu ausführlich, weitschweifig:* -e Schilderungen.

lang|bei|nig ‹Adj.›: *lange Beine besitzend.*

lan|ge, (auch:) lang (vgl. [1]lang 2 a) ‹Adv.; länger, am längsten› [mhd. lange, ahd. lango]: 1. *einen relativ großen Zeitraum lang; viel Zeit beanspruchend, lange Zeit:* es dauert l.; wir mussten l. warten; er hat sehr l. gearbeitet; er hat es nicht l., nicht länger, hat es am längsten dort ausgehalten; l. anhaltender Beifall; sie konnte es nicht mehr länger ertragen; ein l. gehegter *(schon seit langem bestehender)* Wunsch, Plan; es ist schon l. her *(liegt lange Zeit zurück),* ist schon länger her *(liegt einige, aber noch nicht allzu lange Zeit zurück);* lang, lang ists her (nach engl. long, long ago in der Übers. eines engl. Liedes von Th. H. Bayly, 1797–1839); es dauert nicht mehr l. und es geschieht ein Unglück *(es wird bald ein Unglück geschehen);* auf meinen Anruf kann er l. warten *(ich werde ihn nicht anrufen);* er wirds nicht mehr l. machen (ugs.; *er wird bald sterben);* was fragst du noch l. *(noch viel),* geh doch einfach. 2. (in Verbindung mit nachgestelltem »nicht«) *bei weitem, längst:* das ist [noch] l. nicht alles; er spielt l. nicht so gut wie du.

Län|ge, die; -, -n [mhd. lenge, ahd. lengī, zu ↑[1]lang]: 1. a) *räumliche Ausdehnung in einer Richtung:* die L. von etw. bestimmen, messen; die [ganze] L. des Hauses abschreiten; wir liefern die Stücke in verschiedenen -n; das deutsche Boot gewann mit einer L. (Sport; *Strecke, die der Länge eines Bootes entspricht)* [Vorsprung]; etw. der L. nach *(in Richtung der Längsachse)* falten; *** um -n gewinnen/verlieren/geschlagen werden** (ugs.; *eindeutiger Sieger/Verlierer sein);* b) ‹o. Pl.› *bestimmte räumliche Ausdehnung in einer Richtung* (in Verbindung mit Maßangaben): ein Zimmer von sechs Meter L.; die Straße ist auf einer L./in einer L. von zwei Kilometern nur einseitig befahrbar; c) ‹Pl. selten› *hoher Wuchs, Größe:* seine L. kommt ihm bei dieser Sportart zugute; d) *Ausführlichkeit, beträchtlicher Umfang:* Briefe von solcher L. sind bei ihm nicht selten. 2. (Geogr.) *Abstand eines Ortes der Erdoberfläche vom Nullmeridian (in Greenwich):* die geographische L. einer Stadt [auf der Karte] bestimmen; die Insel liegt [auf, unter] 15° östlicher L. 3. a) ‹Pl. selten› *zeitliche Ausdehnung, Dauer:* die L. der Veranstaltung ist noch nicht bekannt; ein Vortrag von solcher L. ist eine Zumutung; *** auf die L.** (ugs.; *auf die Dauer;* ↑Dauer 2); **in die L. ziehen** *(langsam vorankommen, ablaufen lassen; verzögern, hinausziehen);* **sich in die L. ziehen** *(länger dauern als erwartet; sich verzögern, sich hinziehen):* das Gespräch zog sich sehr in die L.; b) ‹o. Pl.› *bestimmte zeitliche Ausdehnung, bestimmte Dauer* (in Verbindung mit Maßangaben): einen Vortrag von einer Stunde L. halten. 4. ‹Pl.› *zu weitschweifige, spannungslose, langweilige Stelle, langatmiger Abschnitt:* das Buch hat viele -n. 5. (Verslehre) *(in der antiken Metrik) lange Silbe eines Wortes im Vers.*

län|ge|lang ‹Adv.› (ugs.): *der Länge nach, in seiner ganzen Größe; ausgestreckt:* l. am Boden liegen.

lan|gen ‹sw. V.; hat› [mhd. langen, ahd. langēn] (ugs.): 1. a) *in einem Maß, einer Menge vorhanden sein, die für etw. reicht; ausreichen, genügen:* die Vorräte langen [noch] bis zum Monatsende; dafür langt der Stoff nicht; *** jmdm. langt es** (ugs.; *jmds. Geduld ist zu Ende):* also jetzt langt es mir aber!; b) *(mit etw.) auskommen:* mit dem Brot langen wir bis morgen. 2. *sich bis zu einem bestimmten Punkt erstrecken, bis zu einer Grenze hin reichen:* der Mantel langt ihm fast bis zum Knöchel. 3. a) *irgendwohin mit der ausgestreckten Hand kommen, mit der Hand erreichen:* wenn er sich streckt, langt er bis an die Decke; er kann weit über den Zaun l.; b) *irgendwohin greifen, fassen:* auf den Tisch, in den Korb l. 4. *mit der Hand packen, ergreifen; nehmen, holen:* kannst du mal ein sauberes Glas [vom Regal] l.?; *** jmdm. eine l.** (ugs.; *jmdm. eine Ohrfeige geben).*

län|gen ‹sw. V.; hat› [mhd. lengen, ahd. lengan] (veraltend): a) *länger machen, verlängern:* den Rock ein wenig l.; Ü du kannst die Suppe noch etwas l. *(mit Wasser verdünnen);* b) ‹l. + sich› *länger werden:* das Gummiband hat sich gelängt; c) *in die Länge ziehen, länger dauern lassen:* er schwieg, um das Gespräch nicht noch mehr zu l.; **d)** ⟨l. + sich⟩ *sich in die Länge ziehen, länger dauern:* die Tage längen sich bereits.

Lạn|gen|ein|heit, die (Fachspr.): *Längenmaß.*

Lạn|gen|grad, der (Geogr.): *von zwei um einen Grad auseinander liegenden Längenkreisen eingeschlossene Zone der Erdoberfläche.*

Lạn|gen|kreis, der (Geogr.): *Meridian.*

Lạn|gen|maß, das: *Maßeinheit für die Ausdehnung in der Länge* (1 a).

Lạn|gen|wachs|tum, das (Biol.): *Wachstum von Organismen, Organen in ihrer Längsrichtung.*

lạn|ger ⟨Adj.⟩: **1.** ⟨absoluter Komp.⟩ **a)** *eine größere räumliche Ausdehnung in einer Richtung aufweisend; nicht ganz kurz, aber auch nicht ausgesprochen lang:* bis zu eurem Ziel ist es doch [schon] eine -e Strecke; **b)** *sich über einen größeren Zeitraum erstreckend; von nicht ganz kurzer, aber auch nicht ausgesprochen langer Dauer:* nach -er Abwesenheit wieder zu Hause sein; die Behandlung wird sich l. hinziehen; * **des Längeren [und Breiteren]** *(etwas ausführlicher, recht ausführlich [u. daher etwas Zeit in Anspruch nehmend]);* **seit -em** *(seit einiger Zeit, über einen größeren Zeitraum hin):* etw. seit -em aufmerksam verfolgen. **2.** Komp. zu ↑[1]lang.

lạn|ger|fris|tig ⟨Adj.⟩: *für längere Zeit geltend, Geltung habend; auf längere Sicht:* eine -e Regelung, Planung, Finanzierung; l. angelegte Gelder.

Lan|ger|hans-In|seln ⟨Pl.⟩ [nach dem dt. Arzt P. Langerhans (1847–1888)] (Med.): *aus inselartig eingelagerten Zellen bestehender endokriner* (1) *Teil der Bauchspeicheldrüse.*

Lan|ge|wei|le [auch: '– – – –], (auch:) Langweile, die; - [zusgez. aus: lange Weile]: *als unangenehm, lästig empfundenes Gefühl des Nichtausgefüllt-Seins, der Eintönigkeit, Ödheit, das aus Mangel an Abwechslung, Anregung, Unterhaltung, an interessanter, reizvoller Beschäftigung entsteht:* eine entsetzliche, grässliche L.; die L. zu vertreiben suchen, nicht mehr ertragen können; L. verspüren; aus L. einschlafen; vor L. fast sterben.

lạng|fä|dig ⟨Adj.⟩ (schweiz.): *weitschweifig, langatmig u. langweilig:* -e Erklärungen.

Lạng|film, der: *abendfüllender Film* (3 a).

Lạng|fin|ger, der (oft scherzh.): *[Taschen]dieb.*

lạng|fin|ge|rig, lạng|fing|rig ⟨Adj.⟩ (oft scherzh.): *zum Diebstahl, zu Diebereien neigend, diebisch:* er war ein -er alter Gauner.

lạng|fris|tig ⟨Adj.⟩: *lange Zeit dauernd, anhaltend; für lange Zeit [geltend]; auf lange Sicht:* -e Verträge, Kredite, Darlehen; eine -e Planung; der Kollege fällt l. aus; sich in einem Vertrag l. binden.

lạng ge|hegt: s. [1]lang (2 a), lange (1).

lạng|ge|hen ⟨unr. V.; ist⟩ (ugs.): *entlanggehen:* am Bach, Ufer l.; * **wissen/sehen, wo es/wos langgeht** (ugs.; *sich in einer bestimmten Situation zurechtfinden).*

lạng ge|stielt, lạng ge|streckt: s. [1]lang (1 a).

lạng ge|zo|gen: s. [1]lang (2 a).

Lạng|haar|da|ckel, der: *langhaariger Dackel.*

Lạng|haar|fri|sur, die: *Frisur, bei der die Haare nicht kurz geschnitten, sondern lang sind, über die Schultern fallen.*

lạng|haa|rig ⟨Adj.⟩: **a)** *ein Fell mit langen Haaren besitzend:* ein -er Terrier; **b)** *lange Haare, eine Frisur mit langen Haaren tragend:* -e Typen; sie ist blond und l.; **c)** *mit langen Haaren [ausgestattet]:* ein -er Pinsel.

Lạng|haus, das (Archit.): *lang gestreckter Hauptteil einer Kirche, der aus Haupt- u. Seitenschiffen bestehen kann.*

Lạng|holz, das ⟨o. Pl.⟩: *Baumstämme, die eine beträchtliche Länge aufweisen:* ein mit L. beladener LKW.

lạng|jäh|rig ⟨Adj.⟩: *viele Jahre, sehr lange existierend, vorhanden, dauernd:* ein -er Mitarbeiter, Kunde, Freund; eine -e Bekanntschaft; über -e Erfahrungen verfügen; eine -e Gefängnisstrafe verbüßen.

Lạng|lauf, der ⟨o. Pl.⟩ (Sport): *das Skilaufen über große Strecken in relativ ebenem Gelände (bes. als Wettlauf u. Disziplin im nordischen Skisport).*

Lạng|läu|fer, der: **1.** *jmd., der Langlauf betreibt.* **2.** (Bankw. Jargon) *Anleihe mit einer längeren Laufzeit.*

Lạng|läu|fe|rin, die: w. Form zu ↑Langläufer (1).

Lạng|lauf|ski, der: *für den Langlauf geeigneter besonders schmaler, leichter Ski.*

lạng|le|big ⟨Adj.⟩: **1.** (meist Fachspr.) *eine lange Lebenszeit besitzend; lange Zeit lebend:* -e Tiere; -e *(langsam zerfallende)* Elementarteilchen. **2. a)** *für lange Zeit Aktualität, Wirksamkeit besitzend; lange aktuell bleibend:* diese Einrichtung hat sich als l. erwiesen; **b)** *für lange Zeit funktionstüchtig, gebrauchsfähig:* -e Konsumgüter.

Lạng|le|big|keit, die; -: *das Langlebigsein.*

lạng|le|gen, sich ⟨sw. V.; hat⟩ (ugs.): *sich zum Ausruhen, Entspannen, Schlafen hinlegen.*

lạ̈ng|lich ⟨Adj.⟩ [mhd. lengeleht]: *eine (im Verhältnis zur Breite) größere Länge aufweisend:* ein -er Kasten, Fleck; ein -es Brötchen; ein l. rundes *(ovales)* Gesicht; die Öffnung war l., aber nicht sehr groß.

läng|lich rund: s. länglich.

lạng|lie|gen ⟨st. V.; hat; südd., österr., schweiz. auch: ist⟩ (ugs.): *zum Ausruhen, Entspannen, Schlafen ausgestreckt liegen.*

lạng|mäh|nig ⟨Adj.⟩ (oft abwertend): *langhaarig* (b): ein -er Künstler.

Lạng|mut, die; - [rückgeb. aus ↑langmütig, nach spätlat. longanimitas] (geh.): *durch ruhiges, beherrschtes, nachsichtiges Ertragen od. Abwarten von etw. gekennzeichnete Verhaltensweise; große Geduld:* unendliche, durch nichts zu erschütternde L.; seine L. ist bewundernswert, ist jetzt zu Ende; viel L. zeigen; [jmdm. gegenüber] L. üben.

lạng|mü|tig ⟨Adj.⟩ [mhd. lancmüetec, ahd. langmuotig = geduldig, LÜ von spätlat. longanimis] (geh.): *Langmut besitzend, zeigend; voller Langmut; sehr geduldig, nachsichtig:* er war, erwies sich als sehr l.; etw. l. über sich ergehen lassen.

Lạng|mü|tig|keit, die; - (geh.): *das Langmütigsein.*

lạng|na|sig ⟨Adj.⟩: *eine lange Nase besitzend.*

Lạng|ohr, das (scherzh.): **1.** *Hase, Kaninchen.* **2.** *Esel.*

lạng|oh|rig ⟨Adj.⟩: *lange Ohren besitzend.*

Lạng|pferd, das (Turnen): *Sprungpferd, das (im Unterschied zum Seitpferd) in Längsrichtung steht.*

lạ̈ngs [mhd. lenges, langes (erstarrter Gen.) = der Länge nach; vor langer Zeit]: **I.** ⟨Präp. mit Gen., seltener mit Dativ⟩ *an etw. in der ganzen Länge hin; entlang:* l. des Flusses; die Wälder l. der Straße; l. den Gärten des Palastes. **II.** ⟨Adv.⟩ *in Längsrichtung:* das Sofa l. stellen; die Gurken l. durchschneiden; ein l. gestreiftes Kleid.

Lạ̈ngs|ach|se, die: *der Länge, der längeren Ausdehnung eines Körpers nach, in der Längsrichtung verlaufende Achse:* sich um seine L. drehen.

lạng|sam ⟨Adj.⟩ [mhd. lancsam, ahd. langsam, eigtl. = lange dauernd]: **1.** *durch geringe Geschwindigkeit gekennzeichnet, mit wenig Geschwindigkeit, ohne Schnelligkeit; relativ lange Zeit in Anspruch nehmend:* ein -es Tempo; ein -er Prozess; eine -e Fahrt; die Sache macht nur -e Fortschritte; mit -en Schritten gehen; der Zug fährt l. in die Halle; die Zeit vergeht nur l.; der Wagen wurde am Berg -er; er spazierte l. durch den Park; es ging ihm alles viel zu l.; * **l., aber sicher** (ugs.; *[von etw., was sich entwickelt, einem Ziel zusteuert] nicht sehr schnell, aber unaufhaltsam):* mit ihm geht es l., aber sicher bergab. **2.** *umständlich, schwerfällig, nicht flink u. wendig; viel Zeit für etw. benötigend:* ein -er Schüler, Arbeiter; er arbeitet, denkt sehr l.; er ist seiner ganzen Veranlagung nach, bei/in seiner Arbeit ziemlich l. **3.** *allmählich, nach u. nach; mit der Zeit:* das -e Nachlassen der Kräfte; l. wurde ihm klar, worum es ging; es wird l. Zeit, dass du gehst.

Lạng|sam|keit, die; -: *langsame* (1, 2) *Art u. Weise; das Langsamsein.*

lạng|schäf|tig ⟨Adj.⟩: *mit langem Schaft [versehen].*

Lạng|schlä|fer, der: *jmd., der [gern] lange in den Morgen hinein schläft.*

lạng|schnä|be|lig, lạng|schnäb|lig ⟨Adj.⟩: *einen langen Schnabel besitzend.*

Lạng|schrift, die: *normale, nicht gekürzte Schrift* (im Gegensatz zur Kurzschrift).

lạng|schwän|zig ⟨Adj.⟩: *langgeschwänzt.*

Lạ̈ngs|fal|te, die: *längs verlaufende Falte.*

lạ̈ngs ge|streift: s. längs (II).

Lạ̈ngs|li|nie, die: *in Längsrichtung verlaufende Linie.*

Lạng|spiel|plat|te, die: *große Schallplatte mit langer Spieldauer* (Abk.: LP).

Lạ̈ngs|rich|tung, die: *Richtung der längsten Ausdehnung von etw.:* etw. in L. halbieren.

Lạ̈ngs|ril|le, die: vgl. Längslinie.

Lạ̈ngs|schnitt, der: *Darstellung einer Schnittfläche, wie sie bei einem in Längsrichtung durch einen Körper geführten Schnitt entstehen würde:* etw. im L. zeigen; der L. eines Regenwurmes.

Lạ̈ngs|sei|te, die: *längere Seite (bes. einer rechteckigen Fläche, eines Körpers bzw. Raums mit rechteckiger Grundfläche):* die -n des Spielfelds, des Tischs, des Zimmers.

lạ̈ngs|seits (bes. Seemannsspr.): **I.** ⟨Präp. mit Gen.⟩ *an, entlang der Längsseite (bes. eines Schiffes):* das Boot liegt l. des Dampfers; **II.** ⟨Adv.⟩ *mit, an der langen Seite; mit, an der Längsseite:* l. am Ufer anlegen; l. gehen/kommen (Seemannsspr.; *sich mit der eigenen Längsseite an die Längsseite eines anderen Fahrzeugs legen).*

Lạ̈ngs|strei|fen, der: *längs, in Längsrichtung verlaufender Streifen.*

lạ̈ngst ⟨Adv.⟩ [zu ↑[1]lang]: **1.** *schon lange; seit langer, geraumer Zeit:* das wusste ich l.; den Brief hat er doch [schon] l. abgeschickt; endlich zahlte er seine l. fälligen Schulden; für mich ist diese Geschichte l. erledigt. **2.** (in Verbindung mit nachgestelltem »nicht«) *bei weitem, lange* (2): das ist [noch] l. nicht alles; dort ist es l. nicht so schön wie hier.

lạ̈ngs|te: ↑[1]lang.

lạ̈ngs|tens ⟨Adv.⟩ (ugs.): **a)** *(in Bezug auf Zeitspannen) höchstens; keinesfalls länger als:* das hält er l. eine Stunde aus; ich bleibe l. bis/bis l. morgen; **b)** *längst* (1), *seit langem:* das ist mir schon l. bekannt.

lạng|stie|lig ⟨Adj.⟩: **a)** *mit langem Stiel [versehen]:* -e Gläser; eine -e Axt; **b)** *einen langen Stängel besitzend:* -e Rosen.

Lạng|stie|lig|keit, die; - (ugs.): *langstielige* (2) *Art, Beschaffenheit.*

Lạng|stre|cke, die: **a)** *lange Strecke, weite Entfernung:* das Flugzeug wird vorwiegend für -n eingesetzt; **b)** (Sport) *(bei bestimmten Lauf- u. Rennwettbewerben zurückzulegende) relativ lange Strecke.*

Lạng|stre|cken|flug, der: *Flug über weite Entfernungen.*

Lạng|stre|cken|lauf, der (Sport): *Laufwettbewerb über eine Langstrecke.*

Lạng|stre|cken|läu|fer, der (Sport): *Läufer, der auf Langstreckenlauf spezialisiert ist.*

Lạng|stre|cken|läu|fe|rin, die: w. Form zu ↑Langstreckenläufer.

Lạng|stre|cken|ra|ke|te, die: *Rakete mit großer Reichweite.*

Lạ̈ngs|wand, die: *in Längsrichtung verlaufende Wand.*

Lan|gus|te, die; -, -n [frz. langouste < aprovenz. langosta, über das Vlat. zu lat. locusta, eigtl. = Heuschrecke]: *(bes. in Mittelmeer u. Atlantischem Ozean lebender) großer, meist rötlich violetter bis weinroter Krebs ohne Scheren, dessen schmackhaftes Fleisch als Delikatesse gilt.*

Lạng|wei|le: ↑Langeweile.

lạng|wei|len ⟨sw. V.; hat⟩: **1.** *bei jmdm. Langeweile, ein Gefühl des Überdrusses hervorrufen,* *für jmdn. uninteressant, nicht anregend, nicht unterhaltsam sein:* diese Arbeit, der Film langweilte ihn; der Redner langweilte seine Zuhörer [zu Tode]; ich will dich nicht mit Einzelheiten l.; sie standen gelangweilt herum. **2.** ⟨l. + sich⟩ *Langeweile haben, empfinden:* sich sehr, maßlos, schrecklich, zu Tode l.; ich habe mich auf der Party gelangweilt.

Lang|wei|ler, der; -s, - (ugs. abwertend): **a)** *jmd., der für andere langweilig ist, der andere langweilt:* mit diesem L. ist einfach nichts anzufangen; **b)** *jmd., der durch seine Langsamkeit, Unentschlossenheit andere ungeduldig macht:* beeil dich ein bisschen, du L.!

Lang|wei|le|rin, die; -, -nen: w. Form zu ↑Langweiler.

lang|wei|lig ⟨Adj.⟩: **1.** *Langeweile verursachend, bereitend; für jmdn. uninteressant, nicht anregend, nicht unterhaltsam:* ein -er Vortrag, Abend; ein -es Kaff; eine -e *(öde, eintönige, monotone)* Landschaft; er ist ein ziemlich -er Mensch; hier ist es entsetzlich, zum Sterben l.; es war ihm sehr l. *(er langweilte sich sehr).* **2.** (ugs.) *nicht schnell genug vorankommend:* so ein -er Mensch, Kerl!; sei doch nicht so l.! *(beeile dich doch etwas!).*

Lang|wei|lig|keit, die: *das Langweiligsein.*

Lang|wel|le, die: **a)** (Physik, Funkt., Rundf.) *elektromagnetische Welle mit großer Wellenlänge;* **b)** (Rundf.) *Wellenbereich der Langwellen* (a): den Sender bekommt man nur auf L.

Lang|wel|len|sen|der, der (Funkt., Rundf.): *[Radio]sender, der mit Langwellen sendet.*

lang|wel|lig ⟨Adj.⟩ (Physik): *von großer Wellenlänge:* -e Strahlen.

lang|wie|rig ⟨Adj.⟩ [spätmhd. lancwirig, 2. Bestandteil zu ↑währen, eigtl. = lange während; schon ahd. langwirigi = (Fort)dauer]: *lange Zeit beanspruchend u. dabei meist mühselig, Schwierigkeiten bereitend:* eine -e Arbeit, Krankheit.

Lang|wie|rig|keit, die; -, -en ⟨Pl. selten⟩: *das Langwierigsein.*

Lang|zeit|ar|beits|lo|se, der u. die: *jmd., der über einen langen Zeitraum arbeitslos ist.*

Lang|zeit|ar|beits|lo|sig|keit, die: *Arbeitslosigkeit von langer Dauer.*

Lang|zeit-EKG, das (Med.): *mithilfe eines am Körper befestigten kleineren Elektrokardiographen über mehrere Stunden aufgenommenes Elektrokardiogramm.*

Lang|zeit|fol|ge, die: vgl. Langzeitschaden.

Lang|zeit|ge|dächt|nis, das ⟨o. Pl.⟩ (Psych.): *Fähigkeit des Gehirns, eine Information lange Zeit zu speichern.*

Lang|zeit|scha|den, der ⟨meist Pl.⟩: *Schaden (1 a), der sich über lange Zeit hin auswirkt.*

lang zie|hen: s. [1]lang (1 a).

La|no|lin, das; -s [zu lat. lana = Wolle u. oleum = Öl]: *aus dem in Schafwolle enthaltenen, gereinigten Fett hergestellte, hellgelbe, salbenartige Masse, die sich mit anderen Ölen u. Fetten beliebig mischen lässt u. bes. als Grundlage für Salben dient.*

Lan|ze, die; -, -n [mhd. lanze < (a)frz. lance < lat. lancea]: *aus einem langen Schaft u. einer Spitze (aus Metall od. einem anderen harten Material) bestehende, für Stoß u. Wurf bestimmte Waffe:* eine L. werfen; *** eine L. für jmdn., etw. brechen/(seltener:) einlegen** *(mit Entschiedenheit für jmdn., etw. eintreten, jmdn., etw. verteidigen;* anknüpfend an das ma. Turnierwesen u. eigtl. = für jmdn., jmds. Ehre einen Turnierkampf mit der Lanze austragen).

lan|zen|för|mig ⟨Adj.⟩: *spitz zulaufend wie die Spitze einer Lanze.*

Lan|zen|spit|ze, die: *Spitze einer Lanze.*

Lan|zen|stich, der: *Stich mit einer Lanze.*

Lan|zen|stoß, der: vgl. Lanzenstich.

Lan|zet|te, die; -, -n [frz. lancette, Vkl. von: lance, ↑Lanze] (Med.): *kleines, zweischneidiges Operationsmesser (bes. für Operationen am Auge).*

lan|zett|för|mig ⟨Adj.⟩: *lanzenförmig.*

La Ola, die; - -, - -s ⟨meist o. Art.⟩ [span. la ola = die Welle, die Woge]: *(bei einer Sportveranstaltung in einem Stadion o. Ä.) durch abwechselndes Aufstehen u. Sichhinsetzen aus Begeisterung hervorgerufene Bewegung, die den Eindruck einer großen umlaufenden Welle entstehen lässt.*

La-Ola-Wel|le, die: *La Ola.*

La|os; Laos': Staat in Hinterindien.

La|o|te, der; -n, -n: Ew.

La|o|tin, die; -, -nen: w. Form zu ↑Laote.

la|o|tisch ⟨Adj.⟩.

La Paz [la'pas]: Hauptstadt von Bolivien.

la|pi|dar ⟨Adj.⟩ [lat. lapidarius = zu den Steinen gehörend; in Stein gehauen; nach dem gedrängten, knappen Stil altröm. in Stein gehauener Inschriften] (bildungsspr.): *überraschend kurz u. knapp [aber treffend]:* -e Worte; eine -e Feststellung; etw. in -er Kürze mitteilen; etw. l. formulieren.

La|pis|la|zu|li, der; -, - [mlat. lapis lazuli = Blaustein, zu lat. lapis = Stein u. mlat. lazulum, ↑Lasur] (Mineral.): *blaues, manchmal auch grünliches bis violettes Aggregat* (3) *verschiedener Minerale, das als Schmuckstein verwendet wird.*

Lapp, der; -en, -en [mhd. lappe = einfältiger Mensch, viell. zu ↑Lappen] (bayr., österr. abwertend): *einfältiger, tölpelhafter Mensch.*

Lap|pa|lie, die; -, -n [urspr. Studentenspr., scherzh. latinisierende Bildung zu ↑Lappen]: *höchst unbedeutende Sache, Angelegenheit; Belanglosigkeit:* sich wegen, über -n aufregen.

Läpp|chen, das; -s, -: Vkl. zu ↑Lappen (1).

Lap|pe, der; -n, -n: Angehöriger eines Volksstammes in Nordeuropa.

Lap|pen, der; -s, - [mhd. lappe, ahd. lappo, lappa, urspr. = schlaff Herabhängendes, wohl verw. mit ↑schlafen in dessen urspr. Bed. »schlaff werden«]: **1.** *[minderwertiges] kleineres Stück Stoff, Leder o. Ä.:* einen L. auswaschen, auswringen; etw. mit einem L. säubern, blank polieren, umwickeln, zustopfen, flicken; *** jmdm. durch die L. gehen** (ugs.; *[jmdm.] entkommen, entgehen*): er ist der Polizei durch die L. gegangen; die Wohnung, das Geschäft ist mir ärgerlicherweise durch die L. gegangen. **2.** (salopp): **a)** *Geldschein [mit größerem Wert]:* für die paar L. reiß ich mir doch kein Bein aus!; **b)** *Führerschein, Fahrerlaubnis:* er muss seinen L. für einen Monat abgeben. **3. a)** *[herunterhängendes] Stück Haut am tierischen Körper:* die L. eines Truthahns; **b)** *flächiger Teil eines Organs:* der rechte L. der Lunge.

Lap|pe|rei, die; -, -en (ugs. seltener), **Läp|pe|rei,** die; -, -en [zu ↑Lappen] (ugs.): *unwichtige Kleinigkeit:* wegen so einer L. braucht man sich doch nicht zu streiten.

läp|pern ⟨sw. V.; hat⟩ [Intensivbildung von mniederd. lapen = lecken, verw. mit: lepel = Löffel]: in der Verbindung **das/es läppert sich** (ugs.; *etw. häuft sich aus kleineren Mengen zu einer beachtlichen Menge an*): was der Einzelne im Durchschnitt gespendet hat, ist zwar nicht viel, aber bei tausend Leuten läppert es sich eben doch.

lap|pig ⟨Adj.⟩ [zu ↑Lappen]: (ugs.) *ohne festen Halt, weich u. schlaff:* -e Wäsche; l. gewordene Gewebe.

Lap|pin, die; -, -nen: w. Form zu ↑Lappe.

lap|pisch ⟨Adj.⟩: *Lappland, die Lappen betreffend; von den Lappen stammend, zu ihnen gehörend.*

läp|pisch ⟨Adj.⟩ [zu ↑Lapp] (abwertend): **1.** *albern, kindisch:* ein -es Spiel; -e Einfälle; das ist doch einfach l.; sich l. benehmen. **2.** *lächerlich gering:* eine -e Summe.

Lapp|land; -s: Landschaft in Nordeuropa.

Lapp|län|der, der; -s, -: Ew.

Lapp|län|de|rin, die; -, -nen: w. Form zu ↑Lappländer.

lapp|län|disch ⟨Adj⟩: *Lappland betreffend, aus Lappland stammend, zu Lappland gehörend.*

Lap|sus, der; -, - [bildungsspr.: 'lapsu:s; lat. lapsus, eigtl. = das Gleiten, Fallen, zu: lapsum, 2. Part. von: labi = (aus)gleiten] (bildungsspr.): *Versehen, Fehler, Ungeschicklichkeit:* mir ist ein L. unterlaufen; einen [peinlichen] L. begehen.

Lap|sus Lin|guae, der; - -, - - [zu lat. lingua = Sprache; Zunge] (bildungsspr.): *das Sichversprechen.*

Lap|top ['lɛp...], der; -s, -s [engl. laptop (computer), aus: lap = [1]Schoß (1) u. top = Platte, also eigtl. = Computer, den man zum Arbeiten auf den Schoß, die Knie nehmen kann]: *kleiner tragbarer Personalcomputer.*

Lär|che, die; -, -n [mhd. lerche, larche (ahd. nicht belegt) < lat. larix (Gen.: laricis)]: **a)** *in kühleren Regionen wachsender Nadelbaum mit hellgrünen büscheligen Nadeln, die im Herbst od. Winter abfallen;* **b)** ⟨o. Pl.⟩ *harziges Holz der Lärche* (a).

Lär|chen|holz, das ⟨o. Pl.⟩: *Lärche* (b).

large [larʒ] ⟨Adj.⟩ [frz. large < lat. largus = freigebig; reichlich] (schweiz.): *großzügig:* der l. Schiedsrichter.

Large|heit ['larʒ...], die; -, -en (schweiz.): **a)** ⟨o. Pl.⟩ *großzügiges Wesen, Großzügigkeit;* **b)** *großzügige Tat, Handlung.*

lar|ghet|to ⟨Adv.⟩ [ital. larghetto, Vkl. von: largo, ↑largo] (Musik): *etwas breit, gedehnt, getragen* (2).

Lar|ghet|to, das; -s, -s u. ...tti (Musik): *larghetto gespieltes Musikstück.*

Lar|ghi: Pl. von ↑Largo.

lar|go ⟨Adv.⟩ [ital. largo < lat. largus, ↑large] (Musik): *sehr langsam, gedehnt.*

Lar|go, das; -[s], -s u. ...ghi (Musik): *largo gespieltes Musikstück.*

la|ri|fa|ri ⟨Interj.⟩ [scherzh. Bildung aus den Tonsilben: la, re, fa, ↑Solmisation] (ugs.): **I.** ⟨Interj.⟩ Ausruf der Ablehnung. **II.** ⟨Adj.⟩ *oberflächlich; nachlässig:* etw. l. machen.

La|ri|fa|ri, das; -s (ugs.): *Geschwätz; Unsinn:* alles, was er sagte, war L.

Lärm, der; -[e]s [älter: Lärmen, frühnhd. lerma(n), larman = Lärm, Geschrei, gek. aus ↑Alarm]: *als störend u. unangenehm empfundene laute, durchdringende Geräusche:* ein ohrenbetäubender L. brach los; der L. im Saal war verebbt, legte sich, wuchs von Minute zu Minute; der L. erstickte jedes Wort; den L. bekämpfen; die Kinder machten einen heillosen L.; seine Stimme ging im L. der Motoren unter; **R** viel L. um nichts (*völlig unbegründetes Aufbauschen einer unbedeutenden Sache;* nach engl. much ado about nothing, dem Titel eines Lustspiels von W. Shakespeare); *** L. schlagen** *(die [öffentliche] Aufmerksamkeit auf etw. lenken; laut protestieren).*

lärm|arm ⟨Adj.⟩: *nur wenig Lärm verursachend, nur geringe Lärmbelästigung aufweisend:* -e Lkws; die Maschine wurde l. konstruiert.

Lärm|be|kämp|fung, die ⟨o. Pl.⟩: *Maßnahmen zur Verhinderung od. Minderung von Lärmbelästigung.*

Lärm|be|läs|ti|gung, die: *Belästigung durch Lärm.*

Lärm|be|las|tung, die: *starke Belastung des menschlichen Organismus durch Lärm.*

lärm|emp|find|lich ⟨Adj.⟩: *empfindlich gegen Lärm.*

lär|men ⟨sw. V.; hat⟩: *Lärm machen:* man hörte die Kinder auf der Straße l.; die Musik, das Radio lärmte ohne Pause.

lär|mig ⟨Adj.⟩ (bes. schweiz.): *laut, lärmend:* die Kneipe ist mir zu l.

lar|mo|yant [larmoa'jant] ⟨Adj.⟩ [frz. larmoyant, 1. Part. von: larmoyer = weinen, jammern, zu: larme < lat. lacrima = Träne] (bildungsspr., meist abwertend): *sentimental-weinerlich; mit allzu viel Gefühl [u. Selbstmitleid]:* etw. in -em Ton sagen.

Lar|mo|yanz [larmoa'jants], die; -: *das Larmoyantsein; larmoyante Art:* seine L. ging ihr auf die Nerven.

Lärm|pe|gel, der: *gemessene Lautstärke des Lärms:* ein L. von 83 Phon.

Lärm|quel|le, die: *Ursache des Lärms.*

Lärm|schutz, der: **a)** *[gesetzlicher] Schutz gegen gesundheitsschädliche Lärmbelästigung;* **b)** *Vorrichtung zum Schutz gegen Lärm.*

Lärm|schutz|wall, der: *Erdwall [mit Bepflan-*

L

zung] als Lärmschutz an Autobahnen o. Ä. in der Nähe von Wohngebieten.

Lärm|schutz|wand, die: *aus Platten o. Ä. errichtete, hohe, mauerartige Wand als Lärmschutz.*

Lärm|schutz|zaun, der: vgl. Lärmschutzwand.

L'art pour l'art [larpur'la:r], das; - - - [frz. = die Kunst für die Kunst] (bildungsspr.): *Kunst, die keine bestimmte Absicht u. keinen [gesellschaftlichen] Zweck verfolgt; Kunst als Selbstzweck.*

Lärv|chen, das; -s, -: **1.** (selten) Vkl. zu ↑Larve (1). **2.** (leicht abwertend) **a)** *hübsches, puppenhaftes Gesicht:* sie hat ein hübsches L.; **b)** *hübsches, puppenhaftes Mädchen:* sie ist ein ganz nettes L.

Lar|ve ['larfə], die; -, -n [spätmhd. larve < lat. larva = Gespenst, Maske]: **1.** (Zool.) *Tier (einer bestimmten Art) in einem frühen Entwicklungsstadium, das im Hinblick auf die Gestalt [u. Lebensweise] von der endgültigen ausgewachsenen Gestalt [u. Lebensweise] stark abweicht:* die L. ist aus dem Ei geschlüpft; die L. eines Insekts. **2.** (veraltend, noch landsch.) **a)** *Gesichtsmaske:* eine hübsche L. tragen, aufsetzen; sie hatte ihr Gesicht hinter einer L. versteckt; **b)** (abwertend) *[leeres, nichts sagendes] Gesicht.*

La|ryn|gen: Pl. von ↑Larynx.

La|rynx, der; -, Laryngen [griech. lárygx (Gen.: láryggos)] (Med.): *Kehlkopf.*

las: ↑[1,2]lesen.

La|sa|gne [la'zanjə], die; -, -n [ital. lasagne, Pl. von: lasagna = Bandnudel, über das Vlat. zu lat. lasanum < griech. lásanon = Kochgeschirr] (Kochk.): *italienisches Gericht aus plattenförmigen Nudeln, die mit einer Hackfleischfüllung abwechselnd geschichtet u. mit Käse überbacken werden:* sie hat sich (eine) L. bestellt.

lasch ⟨Adj.⟩ [aus dem Niederd. < mniederd. lasch = schlaff, schlapp, verw. mit ↑lassen]: **a)** *ohne Tatkraft, ohne Energie; schlaff, träge, schwunglos:* ein -er Händedruck; er hat einen -en Gang; er ist mir zu l.; du sollst mir nicht zu l. die Hand geben; Ü zu -e Kontrollen, Kontrolleure, Gesetze; er hat recht -e *(keine klaren u. festen)* Anschauungen; **b)** (landsch.) *fade; nicht stark gewürzt:* eine -e Suppe; das Essen schmeckt l.

La|sche, die; -, -n [mhd. lasche = Lappen, Fetzen, wahrsch. eigtl. = schlaff Herabhängendes u. verw. mit ↑lasch]: **a)** (Technik) *vernietetes, verschraubtes od. verschweißtes Verbindungsstück von Bauelementen od. Werkstücken:* die L. der Eisenbahnschiene hat sich gelöst; **b)** *[ovales od. zwickelförmiges] Stück Stoff, Leder, Papier o. Ä. [als Verschluss od. Teil eines Verschlusses]:* die L. meines Gürtels ist kaputt.

Lasch|heit, die; -, -en: **a)** ⟨o. Pl.⟩ *lasches Wesen, Verhalten; Energielosigkeit:* bei ihrer L. wird sie nie etwas Vernünftiges zustande bringen; **b)** *lasches Verhalten:* man darf der Polizei solche -en nicht durchgehen lassen.

lä|se: ↑[1,2]lesen.

La|ser ['le:zɐ, auch: 'la:zɐ, engl. 'leɪzə], der; -s, - [engl. laser, geb. nach: maser (↑[2]Maser), Kurzwort aus: light amplification by stimulated emission of radiation](Technik): *Gerät zur Erzeugung u. Verstärkung von kohärentem Licht:* die Anwendung von -n in der Medizin.

La|ser|an|la|ge, die: *Anlage zur Erzeugung eines Laserimpulses od. -strahls.*

La|ser|chi|rur|gie, die: *Chirurgie (1), die mit Laserstrahlen arbeitet.*

La|ser|drom, das; -s, -e [engl. laserdrome, aus: laser (↑Laser) u. -drome < drómos = Rennbahn (vgl. Hippodrom)]: *Spielstätte, in der die Spieler aus Pistolen Laserstrahlen auf ihre jeweiligen Gegner abfeuern, um sie aktionsunfähig zu machen.*

La|ser|dru|cker, der (EDV): *Drucker (2), der mit einem Laserstrahl arbeitet.*

La|ser|ge|rät, das: *Laser.*

La|ser|ge|wehr, das: *Gewehr mit Laserzielgerät.*

La|ser|im|puls, der: vgl. Laserstrahl.

La|ser|ka|no|ne, die: *Laser.*

La|ser|me|di|zin, die: *medizinische Behandlung von Krankheiten mit Laserstrahlen.*

la|sern ⟨sw. V.; hat⟩ (Med.): *mit einem Laserstrahl behandeln.*

La|ser|strahl, der: *von einem Laser erzeugter Lichtstrahl.*

La|ser|tech|nik, die: *Technik der Anwendung des Lasers.*

La|ser|ziel|ge|rät, das: *Zielgerät, das mit einem Laser arbeitet.*

la|sie|ren ⟨sw. V.; hat⟩ [zu ↑Lasur]: **a)** *(ein Bild) mit einer durchsichtigen, schützenden u. die Leuchtkraft der Farben erhöhenden Schicht überziehen;* **b)** *(bes. Holz) mit einer durchsichtigen Schicht überziehen:* Deckenbalken l.; lasiertes Holz.

La|sie|rung, die; -, -en: **a)** *das Lasieren;* **b)** *Lasur.*

lass: ↑lassen.

Las|sa|fie|ber, das ⟨o. Pl.⟩ [nach dem nigerianischen Dorf Lassa, wo diese Krankheit 1969 erstmals beobachtet wurde] (Med.): *gefährliche, oft tödliche Infektionskrankheit, die mit hohem Fieber, Geschwüren, Hautblutungen u. Lungenentzündung verbunden ist.*

las|sen ⟨st. V.; hat; in Verbindung mit einem Inf. mit Ersatzinf.: ließ, hat ... lassen; ohne Inf.: ließ; hat gelassen⟩ [mhd. lāʒen, ahd. laʒʒan, urspr. = matt, schlaff werden]: **1.** ⟨in Verbindung mit einem Inf. + Akk.⟩ *veranlassen, bewirken (dass etw. geschieht):* ein Haus bauen, sich einen Anzug machen, das Auto waschen l.; ich habe Wasser in die Wanne laufen l./(seltener:) gelassen; jmdn. warten lassen; jmdn. rufen, grüßen, erschießen l.; sich verleugnen l.; er will, sie wollen sich scheiden l.; jmdm. etw. mitteilen l.; ich habe mir sagen l. *(habe erfahren),* wie es passiert ist; sie ließ mir eine Nachricht zukommen; sie hatte den Kindern noch einen Saft bringen l.; er ließ mich wissen, dass ...; ⟨auch o. Akk.:⟩ ich lasse bitten *(bringen Sie den Besucher herein).* **2. a)** ⟨in Verbindung mit einem Inf. + Akk.⟩ *zulassen, erlauben; dulden; nicht an etw. hindern:* die Kinder spielen, ins Kino gehen l.; jmdn. verhungern l.; ich lasse mich nicht beleidigen; lass dich nicht erwischen!; lass mich bitte ausreden, arbeiten, ausschlafen!; das Licht über Nacht brennen l.; das lasse ich mir nicht gefallen, nicht bieten; der Hund ließ alles mit sich geschehen; ⟨auch o. Inf.:⟩ die Kinder ins Kino l.; sie ließ ihn nicht aus der Tür, ins Zimmer; * **etw. etw. sein l.** (ugs.; *sich von etw. abwenden [u. etw. anderes tun]; etw. nicht mehr beachten):* ich lasse jetzt die Arbeit Arbeit sein; **b)** ⟨ohne Inf.⟩ *jmdm. etw. zugestehen; jmdn. nicht behindern:* sie ließ ihm seinen Glauben, seine Freude, den Spaß; R das muss man ihm l. *(das muss man bei ihm ohne Vorbehalte anerkennen).* **3.** *veranlassen od. bewirken, dass jmd., etw. irgendwohin gelangt:* frische Luft ins Zimmer l.; Wasser in die Wanne l.; Öl aus dem Fass l.; ein Boot zu Wasser l.; den Sarg ins Grab l.; [jmdm.] die Luft aus den Reifen l.; jmdn. nicht aus dem, ins Haus l.; * **einen l.** (derb; *eine Blähung [hörbar] abgehen lassen).* **4.** *veranlassen, dass jmd., etw. unverändert bleibt, in einem bestimmten Zustand gehalten wird, an einer bestimmten Stelle bleibt:* die Sachen im Koffer l.; das Wasser in der Wanne l.; etw. in der Schwebe, unangetastet l.; nichts unversucht l. *(alles versuchen);* wir wollen es dabei l.; alles so l., wie es ist. **5.** ⟨l. + sich; in Verbindung mit Inf.⟩ *die Möglichkeit zu etw. bieten; in bestimmter Weise geeignet sein:* das Material lässt sich gut verarbeiten, dehnen, biegen; das Fenster lässt sich [nicht, leicht] öffnen; der Käse lässt sich [gut] streichen; das lässt sich nicht leugnen, beweisen; das lässt sich machen *(ist möglich);* das lässt sich hören *(ist akzeptabel);* ⟨unpers.:⟩ hier lässt es sich leben *(hier kann man gut leben).* **6. a)** *unterlassen, einstellen:* er kann es, das Rauchen nicht l.; lass das!; lasst doch die dummen Witze!; R tu, was du nicht l. kannst *([ich möchte mich mit dir nicht streiten] du musst selbst wissen, was du tust);* **b)** *von etw. absehen; etw. nicht länger tun:* [nicht] vom Spielen, Trinken, Alkohol l. [können]; **c)** (veraltend) *sich von jmdm., etw. trennen; jmdn., etw. aufgeben:* wir können nicht voneinander l. **7.** *zurücklassen:* ich habe mein Auto zu Hause gelassen; wir wollen die Kinder nicht allein im Haus l.; lassen Sie mir/für mich bitte noch etwas Kaffee übrig, in der Kanne!; wo habe ich nur meinen Schlüssel gelassen *(hingetan)?*; das Gepäck habe ich am Bahnhof gelassen; Ü ich habe in dem Restaurant mindestens hundert Mark gelassen (ugs.; *ausgegeben).* **8.** *jmdm. etw. über-, hinterlassen, zur Verfügung stellen:* ich kann dir das Buch bis morgen l.; der Händler will mir den Mantel zum halben Preis l. *(verkaufen);* ich lasse Ihnen meinen Ausweis als/zum Pfand; uns wurde nichts gelassen *(wurde alles genommen).* **9.** ⟨im Imperativ in Verbindung mit dem Akk. Pl. des Personalpronomens u. einem Inf.⟩ drückt eine freundliche Aufforderung aus: lass, lasst uns gehen, noch ein paar Minuten warten, nicht ungerecht sein.

läs|sig [mhd. leʒʒic, verw. mit ↑lassen]: **a)** *[in selbstsicherer Weise] ungezwungen u. ohne große Förmlichkeit:* -e Eleganz; eine -e Jacke; eine -e Art haben; er ist ein -er Typ; er ist immer sehr l. *(salopp)* angezogen; l. grüßen; sie stand l. an die Tür gelehnt; **b)** (veraltend) *nachlässig, nicht sorgfältig:* er ist bei der Arbeit manchmal etwas zu l.; **c)** (ugs.) *leicht, ohne Schwierigkeiten:* er lief die Strecke l. in 11 Sekunden; das schaffen wir l.; den Bus haben wir noch l. gekriegt. **d)** (Jugendspr.) *hervorragend, ausgezeichnet:* er fährt ein total -es Kabrio.

Läs|sig|keit, die; -: *lässige [Lebens]art; lässiges Wesen.*

läss|lich ⟨Adj.⟩ [mhd. læʒlich = unterlassen, gelassen werdend; erlässlich, zu ↑lassen]: **a)** (kath. Kirche) *nicht so sehr ins Gewicht fallend u. deshalb zu vergeben:* -e Sünden; **b)** (veraltend) *geringfügig:* ein -es Versehen; eine -e Schwindelei.

Las|so, das (österr. nur so), seltener: der; -s, -s [engl. lasso < span. lazo, über das Vlat. zu lat. laqueus = Schlinge]: *Seil mit Schlinge zum Einfangen von Rindern, Pferden o. Ä.:* ein L. werfen; ein Kalb mit dem L. einfangen.

lässt: ↑lassen.

Last, die; -, -en [mhd. last, ahd. [h]last, urspr. = Ladung, zu ↑[1]laden]: **1. a)** *etw., was [von jmdm.] getragen od. transportiert wird [u. durch sein Gewicht als drückend empfunden wird]:* eine schwere, leichte, wertvolle L.; die L. abwerfen; -en heben, tragen, schleppen; -en mit dem Kran befördern, von der Stelle bewegen; **b)** *etw., was drückend, schwer auf jmdm., etw. liegt; [größeres] Gewicht, das etw. belastet:* die Brücke trägt eine enorme L.; das Dach brach unter der L. des Schnees ein; er keuchte unter der L. des Holzes; Ü die schwere L. des Amtes, der Verantwortung; die L. auf sich nehmen, auf andere abwälzen; unter der L. der Anforderungen zusammenbrechen; * **jmdm. zur L. fallen/werden** *(jmdm. zusätzliche Arbeit, Mühe od. Kosten bereiten u. dadurch lästig sein);* **jmdm. etw. zur L. legen** *(jmdn. beschuldigen, für etw. verantwortlich machen):* ihm werden zwei Morde zur L. gelegt; **c)** (bes. Flugw.) *[schwere] [1]Ladung* (1 a); **d)** (Seemannsspr.) *Ballast.* **2.** ⟨Pl.⟩ *finanzielle, wirtschaftliche Belastung, Verpflichtung; Abgaben* (2), *Steuern o. Ä.:* der Bevölkerung wurden immer wieder neue [steuerliche] -en auferlegt; auf dem Haus, Grundstück liegen erhebliche -en *(Schulden; rechtliche Verbindlichkeiten);* * **zu jmds., einer Sache -en** (1. Kaufmannsspr.; *auf jmds. Rechnung:* die Kosten gehen zu Ihren -en. 2. *zum Schaden, Nachteil für jmdn., etw.:* diese Maßnahmen gehen doch zu meinen -en). **3.** (Elektrot.) *Belastung einer Anlage durch elektrischen Strom.* **4.** (Seemannsspr.) *Raum für Vorräte, Tauwerk o. Ä. [unter Deck]; Frachtraum.*

Last|arm, der (Physik): *Hebelarm, an dem das Gewicht der Last (1 a) wirkt.*

Last|au|to, das: *Lastkraftwagen.*

las|ten ⟨sw. V.; hat⟩ [spätmhd. lasten, mhd. lesten = (be)laden; belästigen; beschuldigen]: **a)** *als Last (1 a, b) drückend, schwer auf jmdm.,* *etw. liegen; Druck ausüben:* der schwere Sack lastete auf meinem Rücken; Ü das Amt lastet schon allzu lange auf seinen Schultern; lastende *(drückende)* Stille, Hitze liegt im Raum; **b)** *etw. stark [finanziell, wirtschaftlich] belasten:* zahlreiche Schulden lasten auf dem Grundstück; die große Zahl der Arbeitslosen lastet auf der Wirtschaft.

Las|ten|auf|zug, der: *Aufzug* (2) *zur Beförderung von Lasten* (1).

Las|ten|aus|gleich, der ⟨o. Pl.⟩: *Entschädigung, die bestimmten Personen für Schäden u. Verluste aus der Kriegs- u. Nachkriegszeit gezahlt wird* (Abk.: LA).

las|ten|frei ⟨Adj.⟩: *frei von finanzieller Belastung; schuldenfrei:* das Haus ist l.

Las|ten|heft, das: *Zusammenstellung der Anforderungen, die ein technisches Produkt (z. B. Computersoftware, Fahrzeug, Flugzeug) erfüllen soll.*

Las|ten|seg|ler, der: *großes Segelflugzeug für den Transport von Truppen u. Lasten.*

¹Las|ter, der; -s, - (ugs.): *Lastkraftwagen.*

²Las|ter, das; -s, - [mhd. laster, ahd. lastar = Kränkung; Schmach; Tadel; Fehler, zu einem germ. Verb mit der Bed. »tadeln, schmähen« (vgl. ahd. lahan = tadeln)]: *schlechte Gewohnheit, von der jmd. beherrscht wird; ausschweifende Lebensweise:* ein gefährliches, verhängnisvolles L.; das L. des Opiumrauchens; sich einem L. hingeben; einem L. frönen; das L. *(der charakterliche Fehler)* des Geizes; (oft scherzh.:) das L. des Kaffeetrinkens; viele [kleine] L. haben.

Läs|te|rei, die; -, -en: *dauerndes Lästern.*

Läs|te|rer, der; -s, - [spätmhd. lesterer]: *jmd., der gern lästert.*

las|ter|haft ⟨Adj.⟩: *einem ²Laster ergeben; moralisch verwerflich, verdorben:* ein -er Mensch; l. leben.

Las|ter|haf|tig|keit, die; -: *lasterhaftes Wesen, Verhalten.*

Las|ter|höh|le, die (ugs. abwertend): *Lokalität, wo man ungestört seinem Laster nachgehen kann.*

Läs|te|rin, die; -, -nen: w. Form zu ↑Lästerer.

Las|ter|le|ben, das ⟨o. Pl.⟩ (abwertend, oft auch scherzh.): *lasterhaftes Leben:* ein L. führen.

läs|ter|lich ⟨Adj.⟩ [mhd. lesterlich]: *als Lästerung empfunden; lästernd:* -e Reden führen; l. reden, fluchen.

Läs|ter|lich|keit, die; -, -en ⟨Pl. selten⟩: *das Lästerlichsein.*

Läs|ter|maul, das (salopp): **a)** *jmd., der [ständig u.] gern lästert:* er ist ein altes, rechtes L.; **b)** *ständiges Bedürfnis zu lästern:* er hat ein entsetzliches L.

läs|tern ⟨sw. V.; hat⟩ [mhd. lestern, ahd. lastirōn = schmähen, beschimpfen, zu ↑²Laster in der urspr. Bed. »Schmähung«]: **1.** (abwertend) *sich über jmdn. [der abwesend ist], über etw. abfällig, mit kritischen od. ein wenig boshaften Kommentaren äußern:* die Kollegen lästerten über den Chef; in der Pause lästerten sie über die Inszenierung; hör doch auf zu l.! **2.** (veraltet) *schmähen:* die Götter, Gott l.; die viel gelästerten Rituale.

Läs|ter|re|de, die: *lästernde Rede.*

Läs|te|rung, die; -, -en [mhd. lesterunge, ahd. lastrunga]: *lästerliches Wort, Schmähung:* -en gegen Gott ausstoßen.

Last|esel, der: *Esel, der vorwiegend zum Tragen von Lasten* (1 a) *gebraucht wird:* Ü ich bin doch nicht dein L.!

Las|tex®, das; - [engl. lastex, unter Einfluss von engl. elastic = elastisch geb. zu ↑Latex]: *Gewebe, das durch eingewebte Gummifäden stark dehnbar ist.*

Las|tex|ho|se, die: *Hose* (1 a) *aus Lastex.*

läs|tig ⟨Adj.⟩ [spätmhd. lestec = lastend, schwer, zu ↑Last]: *jmdn. in [aufdringlich] unangenehmer Weise beanspruchend, störend, ihn in seinem Tun od. seinen Lebensgewohnheiten behindernd; sehr unangenehm:* ein -er Hausierer; ein -er Auftrag; eine -e Krankheit, Pflicht; jmdm. l. sein, fallen.

-las|tig: drückt in Bildungen mit Substantiven – seltener mit Adverbien – aus, dass etw. ein gewisses Übergewicht hat, etw. zu stark betont ist: links-, theorie-, wortlastig.

Läs|tig|keit, die; -, -en ⟨Pl. selten⟩: *das Lästigsein.*

Last|kahn, der: *Kahn, der Lasten* (1 a) *befördert.*

Last|kraft|wa|gen, der: *großes Kraftfahrzeug mit Ladefläche zur Beförderung von schweren Lasten* (1 a); Abk.: Lkw, auch: LKW.

Last|kran, der: *Kran für schwere Lasten.*

Last-Mi|nute-An|ge|bot [la:stˈmɪnɪt...], das [zu engl. last-minute = in letzter Minute (vorgebracht)]: *kurzfristiges Angebot von Reiseveranstaltern, Fluggesellschaften u. Ä., um für frei gebliebene Plätze gegen Preisnachlass noch Interessenten zu gewinnen.*

Last-Mi|nute-Flug, der: vgl. Last-Minute-Angebot.

Last-Mi|nute-Rei|se, die: vgl. Last-Minute-Angebot.

last, not least [ˈla:st nɔt ˈli:st; engl., nach der Stelle im Drama »König Lear« von W. Shakespeare (1564–1616): »although the last, not least«, eigtl. = die Jüngste, nicht Geringste] (bildungsspr.): *zwar in der Reihenfolge zuletzt, aber durchaus nicht in der Bedeutung; nicht zu vergessen.*

Last|pferd, das: vgl. Lastesel.

Last|schiff, das: *Schiff mit Laderaum zur Beförderung von Lasten* (1 a).

Last|schrift, die (Bankw.): **a)** *Verbuchung auf der Sollseite eines Kontos;* **b)** *Mitteilung an den Kontoinhaber über eine Buchung auf der Sollseite;* **c)** kurz für ↑Lastschriftverkehr: Gebühreneinzug durch/per L.; **d)** *Betrag, mit dem ein Konto belastet wird.*

Last|schrift|ver|kehr, der (Bankw.): *Form des bargeldlosen Zahlungsverkehrs, wobei aufgrund einer Vollmacht des Kontoinhabers laufende Verbindlichkeiten regelmäßig abgebucht werden.*

Last|spit|ze, die (Fachspr.): *größte Belastung eines Kraftwerks in einer bestimmten Zeit.*

Last|tier, das: vgl. Lastesel.

Last|trä|ger, der: *jmd., der Lasten* (1 a) *trägt.*

Last|trä|ge|rin, die: w. Form zu ↑Lastträger.

Last|wa|gen, der: *Lastkraftwagen.*

Last|wa|gen|fah|rer, der: *Fahrer eines Lastwagens.*

Last|wa|gen|fah|re|rin, die: w. Form zu ↑Lastwagenfahrer.

Last|zug, der: *Lastkraftwagen mit Anhänger[n]* (2).

La|sur, die; -, -en [mhd. lāsūr(e), lāzūr(e) = Lapislazuli < mlat. lazur(i)um < arab. lāzaward, ↑Azur]: **a)** ⟨Pl. selten⟩ *Schicht aus Farbe, die das Material, auf das sie aufgetragen wird, durchscheinen lässt:* die L. auftragen; **b)** *Farbe zum Lasieren.*

las|ziv ⟨Adj.⟩ [lat. lascivus, eigtl. = übermütig, zügellos] (bildungsspr.): **a)** *durch gekünstelte Schläfrigkeit Sinnlichkeit verbreitend [u. bei anderen sexuelle Begierde auslösend]:* sie saß in -er Pose da; sich l. bewegen; l. aussehen; **b)** *[in zweideutiger Weise] anstößig, unanständig, schlüpfrig:* eine -e Bemerkung; -e Fotografien.

Las|zi|vi|tät, die; - [spätlat. lascivitas = Mutwille; Ausschweifung] (bildungsspr.): *laszives Wesen, laszive Art.*

Lä|ta|re ⟨o. Art.; indekl.⟩ [lat. laetare = freue dich, nach dem ersten Wort des Eingangsverses der Liturgie des Sonntags, Jes. 66, 10] (ev. Kirche): *dritter Sonntag vor Ostern.*

La|tein, das; -s [mhd. latin < lat. Latinum, zu: Latinus = lateinisch; zu Latium (hist. Landschaft in Italien zwischen dem Tiber u. Kampanien) gehörend]: **a)** *die lateinische* (a) *Sprache:* L. lernen, können; der Text war in klassischem L. abgefasst; ***** **mit seinem L. am Ende sein** *(nicht mehr weiterwissen;* nach der früheren Bed. des Lateins als Sprache der Gelehrten, also eigtl. = mit seinem Wissen am Ende sein); **b)** *die lateinische Sprache u. Literatur als Unterrichtsfach:* er unterrichtet L.; sie hat in L. eine Zwei; morgen haben wir kein L. (Schülerspr.; *keinen Lateinunterricht*).

La|tein|ame|ri|ka; -s: Gesamtheit der Spanisch u. Portugiesisch sprechenden Staaten Mittel- u. Südamerikas.

La|tein|ame|ri|ka|ner, der: Ew.

La|tein|ame|ri|ka|ne|rin, die: w. Form zu ↑Lateinamerikaner.

la|tein|ame|ri|ka|nisch ⟨Adj.⟩: *Lateinamerika, die Lateinamerikaner betreffend; von den Lateinamerikanern stammend, zu ihnen gehörend.*

La|tei|ner, der; -s, - (bildungsspr.): *jmd., der die lateinische Sprache beherrscht od. lernt.*

La|tei|ne|rin, die; -, -nen: w. Form zu ↑Lateiner.

la|tei|nisch ⟨Adj.⟩: **a)** *in der Sprache der alten Römer;* **b)** *in lateinischer Schrift, in Antiqua geschrieben;* **c)** (schweiz.) *das Italienische, Rätoromanische, auch das Spanische u. Portugiesische betreffend:* die -e Schweiz; die -en Länder Südamerikas.

La|tei|ni|sche, das; -n ⟨nur mit best. Art.⟩: *Latein.*

La|tein|leh|rer, der: *Lehrer, der lateinische Sprache u. Literatur unterrichtet.*

La|tein|leh|re|rin, die: w. Form zu ↑Lateinlehrer.

La|tein|schrift, die: *Antiqua.*

La|tein|un|ter|richt, der: *[Schul]unterricht in lateinischer Sprache u. Literatur.*

La-Tène-Zeit, die ⟨o. Pl.⟩ [nach dem Fundort La Tène in der Schweiz] (Archäol.): *zweite Hälfte der Eisenzeit.*

La-Tène-zeit|lich ⟨Adj.⟩ (Archäol.): *die La-Tène-Zeit betreffend.*

Late-Night-Show [ˈleɪtnaɪtʃoʊ], die [engl. late-night show, aus: late-night = spät in der Nacht (stattfindend) u. show, ↑Show]: *Veranstaltung, Unterhaltungssendung am späten Abend.*

la|tent ⟨Adj.⟩ [(frz. latent <) lat. latens (Gen.: latentis), 1. Part. von: latere = verborgen sein] (bildungsspr.): *vorhanden, aber [noch] nicht in Erscheinung tretend; nicht unmittelbar sichtbar od. zu erfassen:* eine -e Gefahr; -e *(schlummernde)* Kräfte, Energien frei machen; eine -e (Med.; *noch nicht akut gewordene, ohne typische Symptome verlaufende*) Erkrankung; die Krise hat sich l. entwickelt; l. vorhanden sein.

La|tenz, die; - (bildungsspr.): *Vorhandensein einer Sache, die [noch] nicht in Erscheinung getreten ist:* sich im Stadium der L. befinden.

la|te|ral ⟨Adj.⟩ [lat. lateralis, zu: latus (Gen.: lateris) = Seite] (Fachspr.): *seitlich, die Seite betreffend, von der Seite ausgehend:* die -e Eruption eines Vulkans; der -e (Med.; *seitlich gelegene, zur Seite führende*) Ast einer Arterie; -es Denken *(Denken, das alle Seiten eines Problems einzuschließen sucht, wobei auch unorthodoxe, beim logischen Denken oft unbeachtete Methoden angewendet werden).*

La|te|ran, der; -s [nach den früheren Besitzern des Geländes, der röm. Familie der Laterani]: päpstlicher Palast u. Basilika in Rom.

La|ter|na ma|gi|ca, die; - -, ...nae ...cae [...nɛ ...tsɛ; nlat. = Zauberlaterne; vgl. Laterne u. magisch]: *einfachster Projektionsapparat.*

La|ter|ne, die; -, -n [mhd. la[n]terne < (spät)lat. la(n)terna < griech. lamptḗr = Leuchter, Fackel, Laterne]: **a)** *zum Leuchten dienendes Gerät, dessen [offene] Lichtquelle zum Schutz vor Witterungseinflüssen mit einem durchsichtigen Gehäuse umgeben ist:* eine stark leuchtende, schwache, schmiedeeiserne L.; eine L. anzünden, anstecken, auslöschen, tragen; sich mit einer L. in der Hand auf den Weg machen; geh mir aus der L. (salopp; *geh mir aus dem Licht*); ***** **etw. mit der L. suchen können** (ugs.; *etw. [aufgrund seiner Seltenheit] kaum finden*); **b)** *Lampion;* **c)** kurz für ↑Straßenlaterne: die -n sind noch nicht angegangen; unter einer L. stehen, parken.

La|ter|nen|fest, das: vgl. Laternenumzug.

La|ter|nen|fisch, der: *(in tropischen Meeren heimischer) kleiner Fisch mit zahlreichen, an den Flanken sitzenden Leuchtorganen.*

La|ter|nen|ga|ra|ge, die (scherzh.): *Platz auf der Straße, an dem jmd. sein Auto über Nacht parkt.*

La|ter|nen|licht, das: *Licht einer Laterne.*
La|ter|nen|par|ker, der (scherzh.): *jmd., der sein Auto über Nacht auf der Straße parkt.*
La|ter|nen|pfahl, der: *im Boden befestigter, langer Teil der Straßenlaterne, meist in Form einer Stange aus Stahl, Beton o. Ä., der einen Leuchtkörper trägt:* sein Rad an einem L. anschließen; gegen einen L. fahren, rennen; *** mit dem L. winken** (ugs.; ↑Zaunpfahl).
La|ter|nen|schein, der: *Schein einer Laterne.*
La|ter|nen|um|zug, der: *Umzug von Kindern mit Lampions.*
La|tex, der; -, Latizes [...tse:s; lat. latex < griech. látax = Flüssigkeit]: *Milchsaft bestimmter tropischer Pflanzen, aus dem Kautschuk, Klebstoff o. Ä. hergestellt wird.*
La|tex|far|be, die: *mit Latex hergestellte Farbe.*
La|ti|fun|di|en|wirt|schaft, die ⟨o. Pl.⟩: *Bewirtschaftung eines Großgrundbesitzes durch abhängige Bauern in Abwesenheit des Besitzers (z. B. in Südamerika).*
La|ti|fun|di|um, das; -s, ...ien [lat. latifundium, zu: latus = breit u. fundus, ↑Fundus]: **1.** *von Sklaven bewirtschaftetes großes Landgut im Römischen Reich.* **2.** ⟨Pl.⟩ *Liegenschaften; großer Land- od. Forstbesitz.*
la|ti|ni|sie|ren ⟨sw. V.; hat⟩ [spätlat. latinizare, zu lat. Latinus, ↑Latein] (Sprachw.): *in lateinische Sprachform bringen.*
La|ti|ni|sie|rung, die; -, -en (bildungsspr.): *das Latinisieren.*
La|ti|nis|mus, der; -, ...men (Sprachw.): *Übertragung einer für das Lateinische charakteristischen sprachlichen Erscheinung auf eine nicht lateinische Sprache.*
La|tin Lo|ver [ˈlætɪn ˈlʌvə], der; - -[s], - -, (auch:) **La|tin|lo|ver,** der; -[s], - [engl., aus: Latin = südländisch; romanisch, eigtl. = lateinisch u. lover = Liebhaber]: *[feuriger] südländischer Liebhaber.*
La|ti|no, der; -s, -s [amerik.-span. Latino, zu span. latino = romanisch, eine romanische Sprache sprechend, eigtl. = lateinisch]: *Hispanoamerikaner.*
La|ti|num, das; -s [gek. aus nlat. examen Latinum = lateinische Prüfung]: *(für bestimmte Studiengänge vorgeschriebene) Kenntnisse in der lateinischen Sprache, die durch ein amtliches [Prüfungs]zeugnis nachweisbar sind:* das L. haben; das L. *(die Prüfung für das Latinum)* machen; das kleine L. *(Kenntnisse in der lateinischen Grammatik mit ausreichendem Wortschatz),* das große L. *(Kenntnisse in der lateinischen Grammatik mit ausreichendem Wortschatz sowie die Befähigung zum Lesen und Übersetzen schwierigerer lateinischer Autoren).*
La|ti|zes: Pl. von ↑Latex.
La|trie, die; - [spätlat. latria < griech. latreía = (Opfer)dienst, zu: latreúein = einem Gott (mit Gebet u. Opfer) dienen] (kath. Kirche): *die Gott u. Christus allein zustehende Verehrung, Anbetung.*
La|tri|ne, die; -, -n [lat. latrina, älter: lavatrina, zu: lavare = (sich) baden, waschen]: *in Lagern o. Ä. behelfsmäßiger Abort, der von mehreren Personen gleichzeitig benutzt werden kann:* die L. reinigen; auf die L. gehen.
La|tri|nen|ge|rücht, das (ugs. abwertend): *Latrinenparole:* verbreite nicht solche -e!
La|tri|nen|pa|ro|le, die (ugs. abwertend): *Gerücht; irreführende, falsche Behauptung, nicht verbürgte Information, die [heimlich] verbreitet wird:* das ist doch nur eine L.; -n ausgeben, verbreiten.
¹Lat|sche, die; -, -n (ugs.): *Latschen.*
²Lat|sche, die; -, -n [aus dem Bayr., Tirol., H. u.]: *(in mittel- u. südeuropäischen Gebirgen heimische) strauchartig wachsende Kiefer, meist mit niederliegenden Ästen.*
lat|schen ⟨sw. V.⟩ [wohl laut- u. bewegungsnachahmend, H. u.; 2: wohl = jmdm. eins mit dem Latschen geben]: **1.** ⟨ist⟩ (salopp) **a)** *[langsam schlurfend, schwerfällig od. nachlässig] gehen:* durch die Gegend, nach Hause, über den Flur l.; Mensch, latsch *(schlurf)* nicht so!; **b)** *unabsichtlich, achtlos seinen Fuß auf, in etw. setzen:* er ist in die Pfütze, auf ihre Brille gelatscht; **c)** *mit Absicht heftig auf, in etw. treten:* auf die Bremse l. **2.** (landsch.): *jmdm. eine Ohrfeige versetzen* ⟨hat⟩: ich latsch dir gleich eine!
Lat|schen, der; -s, - ⟨meist Pl.⟩ [wohl zu ↑latschen]: (ugs.): *alter bequemer, ausgetretener Schuh od. Hausschuh:* schief gelaufene L.; *** aus den L. kippen** (ugs.; 1. *ohnmächtig werden.* 2. *die Fassung verlieren; sehr überrascht sein*).
Lat|schen|kie|fer, die: *²Latsche.*
Lat|schen|kie|fern|öl, Lat|schen|öl, das: *ätherisches (2) Öl aus den Nadeln der ²Latsche, das bes. als Badezusatz verwendet wird.*
Lat|te, die; -, -n [mhd. lat(t)e, ahd. lat(t)a, urspr. = Brett, Bohle, verw. mit ↑Laden]: **1.** *langes, meist kantiges Stück Holz, das im Verhältnis zu seiner Länge sehr schmal u. flach ist:* verfaulte, morsche -n am Zaun ersetzen; eine L. an-, festnageln; ein Verschlag aus -n und Brettern; *** lange L.** (ugs.; *sehr großer, dünner Mensch*). **2.** (Sport) **a)** (Fuß-, Handball) *Querlatte des Tores:* der Ball traf die L.; der Stürmer setzte den Ball an die L.; einen Schuss über die L. lenken; **b)** (Leichtathletik) *Stange aus Holz od. Metall, die übersprungen werden muss.* **3.** in der Fügung **eine [lange, große, schöne usw.] L.** (ugs.; *eine Menge; viel*): eine [ganze] L. von Vorstrafen; das muss eine ganz schöne L. gekostet haben. **4.** (salopp) *erigierter Penis:* eine L. haben, kriegen.
Lat|ten|ge|rüst, das: vgl. Lattenrost.
Lat|ten|ge|stell, das: vgl. Lattenrost.
Lat|ten|git|ter, das: *Gitter, Zaun aus Latten* (1).
Lat|ten|kis|te, die: vgl. Lattenrost.
Lat|ten|rost, der: *¹Rost, Gitter aus Latten* (1).
Lat|ten|schuss, der (bes. Fußball): *Schuss an die Latte* (2 a).
Lat|ten|tref|fer, der (Fuß-, Handball): vgl. Lattenschuss.
Lat|ten|tür, die: *Tür aus Latten* (1).
Lat|ten|ver|schlag, der: *mithilfe von Latten* (1) *gefertigter Verschlag.*
Lat|ten|zaun, der: vgl. Lattenrost.
Lat|tich, der; -s, -e [mhd. lattech(e), ahd. lattūh < lat. lactuca = Lattich, Kopfsalat, zu: lac = Milch, nach dem milchartigen Saft]: *(zu den Korbblütlern gehörende) Pflanze mit zungenförmigen gelben od. blauen Blüten u. Milchsaft enthaltenden Stängeln.*
La|tüch|te, die; -, -n [aus dem Niederd., zusgez. aus Laterne u. Lüchte = Leuchte] (ugs. scherzh.): *Laterne* (1 a): mach mal die L. an!; geh mir aus der L. (salopp; *geh mir aus dem Licht*).
Lat|wer|ge, die; -, -n [mhd. latwērge, la(c)twārje < afrz. (é)lectuaire < vlat. (e)lactuarium < spätlat. elect(u)arium, volksetym. angeschlossen an lat. electus = erlesen, zu griech. ekleiktón = Arznei, die man im Munde zergehen lässt]: **a)** *breiig zubereitetes Arzneimittel;* **b)** (landsch.) *Frucht-, bes. Pflaumenmus.*
Latz, der; -es, Lätze, [mhd. laz, auch: Schleife, Fessel, über das Roman. (vgl. afrz. laz, ital. laccio = Schnürband) zu lat. laqueus, ↑Lasso]: **1.** *Lätzchen.* **2.** *an eine Schürze, Hose od. einen Rock angesetztes Stück Stoff, das über der Brust* (1 a) *getragen u. von Trägern gehalten wird:* *** jmdm. eine/einen/eins vor den L. knallen/ballern/donnern** (1. salopp; *jmdm. einen kräftigen [Faust]schlag [ins Gesicht, vor die Brust] versetzen:* 2. *jmdn. scharf zurechtweisen:* der Chef hat ihm eins vor den L. geballert). **3.** *herunterklappbares Vorderteil an Trachtenhosen.* **4.** (landsch.) kurz für ↑Hosenlatz (2).
Lätz|chen, das; -s, -: *kleines Tuch mit angenähten Bändern, das kleinen Kindern zum Schutz ihrer Kleidung beim Essen um den Hals gebunden wird:* sie band dem Kind ein L. um.
Latz|ho|se, die: *Hose mit Latz* (2).
Latz|schür|ze, die: vgl. Latzhose.
lau ⟨Adj.⟩ [mhd. lā, ahd. lāo, urspr. wohl = warm, brennend]: **1. a)** *(von Flüssigkeiten) weder warm noch kalt, mäßig warm:* im -en Wasser der Wanne liegen; die Suppe, der Kaffee ist nur l.; Ü das Geschäft, die Nachfrage ist l. *(mäßig)*; **b)** *(von der Luft, Witterung) [angenehm] mild:* -e Luft; ein -er Sommerabend; die Nacht war l. **2.** *in nicht einschätzbarer Weise unsicher, unentschlossen, halbherzig:* ein -er Kerl; eine -e Einstellung zu etw. haben.
Laub, das; -[e]s [mhd. loup, ahd. loub, urspr. wohl = Abgeschnittenes, Abgerissenes]: *Blätter von Bäumen u. Sträuchern:* frisches, grünes, dichtes, herbstliches, fallendes, moderndes L.; das L. raschelt, verfärbt sich, fällt von den Bäumen; L. tragende Bäume.
Laub|baum, der: *Laub tragender Baum.*
Laub|blatt, das: *Blatt* (1).
Laub|dach, das (dichter.): *Art Dach, das ein Laub tragender Baum bildet.*
¹Lau|be, die; -, -n [mhd. loube = Vorbau; Gang; Speicher, ahd. louba = Schutzdach, Hütte, urspr. = aus Laub gefertigtes Schutzdach]: **1. a)** *an der Seite offenes, leicht gebautes Gartenhäuschen [aus Holz od. Holzlatten], das oft von Pflanzen umrankt ist]:* eine L. bauen; in, vor der L. sitzen; *** [und] fertig ist die L.!** (ugs.; *damit ist die Sache schon erledigt!*); **b)** *überdachter Sitzplatz im Garten.* **2.** (Archit.) *[gewölbter] Bogengang od. [gewölbte] Bogenhalle am Erdgeschoss eines Gebäudes.*
²Lau|be, der; -n, -n [H. u.]: *Ukelei.*
Lau|ben|gang, der: **a)** (Archit.) *¹Laube* (2); **b)** (Archit.) *durch ein Dach überdeckter, offener Gang an Wohnhäusern o. Ä.;* **c)** (Gartenbau) *durch ein Gerüst, das von Kletter- u. Schlingpflanzen bewachsen ist, überdeckter Gartenweg o. Ä.*
Lau|ben|ko|lo|nie, die: *Gartenkolonie.*
Lau|ben|pie|per, der; -s, - [2. Bestandteil zu landsch. ugs. Pieper = Vogel u. eigtl. wohl = Vogel, der in einer Laube nistet] (berlin. scherzh.): *jmd., der in einer Laubenkolonie einen Garten hat.*
Lau|ben|pie|pe|rin, die; -, -nen: w. Form zu ↑Laubenpieper.
Laub|fall, der ⟨o. Pl.⟩: *das Abfallen der Blätter im Herbst.*
Laub|fär|bung, die: *Färbung des Laubs im Herbst.*
Laub|frosch, der: *(zu den Froschlurchen gehörender) kleiner, grüner Frosch mit weißlicher Bauchseite, der sich in Bäumen u. Sträuchern aufhält u. nur zur Laichzeit das Wasser aufsucht.*
Laub|ge|hölz, das: *Laub tragendes Gehölz* (2).
laub|grün ⟨Adj.⟩: *von heller, lebhafter gelbgrüner Farbe.*
Laub|heu|schre|cke, die: *(in vielen Arten vorkommende) grüne Heuschrecke mit mehr als körperlangen Fühlern.*
Laub|holz, das: **1.** *Holz von Laubbäumen:* Möbel aus afrikanischen Laubhölzern. **2.** ⟨meist Pl.⟩ *Laub tragendes Gehölz, Holzgewächs:* Laubhölzer anbauen.
Laub|hüt|te, die: *Hütte, die mit Laub tragenden Zweigen bedeckt ist.*
Laub|hüt|ten|fest, das (jüd. Rel.): *mehrtägiges jüdisches Herbstfest (Erntedankfest) mit dem Brauch, in Laubhütten zu essen [u. zu wohnen].*
Laub|kro|ne, die: *Wipfel.*
Laub|moos, das ⟨Pl. -e⟩: *(in vielen Arten vorkommendes) Moos, mit kleinen Stämmchen u. meist spiralig angeordneten blattartigen Organen.*
Laub|sä|ge, die [urspr. = feine Säge zum Ausschneiden laubförmiger Zierstücke]: *leichte Handsäge mit sehr dünnem, fein gezahntem Sägeblatt für feine Holzarbeiten (bes. zum Aussägen von Figuren).*
Laub|sä|ge|ar|beit, die: *mit der Laubsäge hergestellte Arbeit* (4 a).
Laub|sän|ger, der [nach der laubähnlichen Färbung des Gefieders auf dem Rücken]: *(in zahlreichen Arten vorkommende) zierliche, bräunliche od. graugrüne Grasmücke mit gelbweißer Bauchseite.*
Laub tra|gend: s. Laub.
Laub|wald, der: *Wald aus Laubbäumen.*
Laub|werk, das: *Gesamtheit der Blätter eines Baumes, Strauches.*

Lauch, der; -[e]s, -e [mhd. louch, ahd. louh, viell. verw. mit ↑Locke u. urspr. = Gebogener, nach den nach unten gebogenen Blättern]: **1.** *(in vielen Arten vorkommende) aus einer Zwiebel entstehende Pflanze mit Doldenblüten am Ende eines röhrenförmigen Schafts.* **2.** *Porree.*

Lau|da|tio, die; -, ...ones [...ne:s] u. ...onen [lat. laudatio, zu: laudare = loben; anerkennen, gutheißen, zu: laus (Gen.: laudis) = Lob]: *im Rahmen eines Festakts gehaltene feierliche Rede, in der jmds. Leistungen u. Verdienste gewürdigt werden:* eine L. auf, für jmdn. halten.

Lau|da|tor, der; -s, ...oren [lat. laudator]: *jmd., der eine Laudatio hält.*

Lau|da|to|rin, die; -, -nen: w. Form zu ↑Laudator.

Lau|er, die [mhd. lūre = Hinterhalt, zu ↑lauern]: in den Wendungen **auf der L. liegen**/(seltener:) **sein/sitzen/stehen** (ugs.; *in Erwartung von etw. [heimlich, unauffällig] bestimmte Vorgänge o. Ä. sehr aufmerksam beobachten, einen bestimmten Augenblick abpassen*); **sich auf die L. legen** (ugs.; *angestrengt, gespannt auf eine bestimmte Situation, Person o. Ä. warten, um schnell reagieren zu können*).

lau|ern ⟨sw. V.; hat⟩ [mhd. lūren = im Hinterhalt liegen, (hinterhältig) spähen od. beobachten, H. u.]: **a)** *in feindlicher, hinterhältiger Absicht (um jmdn. zu überfallen, jmdm. Böses anzutun, um Beute zu machen) in einem Versteck sich verbergend, auf jmdn., etw. angespannt warten:* auf eine Patrouille l.; der Raubvogel lauert auf seine Beute; Ü der Mittelstürmer lauert am Strafraum; dort lauert Gefahr; einen lauernden *(hinterhältigen)* Blick haben; **b)** (ugs.) *angespannt, begierig, voller Ungeduld auf jmdn., etw. warten:* er lauerte auf das Klingelzeichen; sie lauerte darauf, dass er einen Fehler machte.

Lau|er|stel|lung, die: **a)** *lauernde* (a) *Stellung, Position:* die Katze hat ihre L. eingenommen; **b)** (ugs.) *lauernde* (b) *Stellung, Position:* ein Fotograf in L.

Lauf, der; -[e]s, Läufe [mhd., ahd. louf, zu ↑laufen]: **1.** ⟨o. Pl.⟩ *das Laufen* (1, 2): in schnellem L. **2.** (Sport) *Durchgang in einem Wettbewerb od. Rennen:* zweiter L. der Vorrunde; den L. gewinnen. **3.** ⟨o. Pl.⟩ *das Laufen* (7) *einer Maschine o. Ä.; [schnelle] ununterbrochene Bewegung von etw.:* der Motor hat einen leisen, runden, ruhigen L.; den L. einer Maschine überprüfen, überwachen. **4.** ⟨o. Pl.⟩ *das Sicherstrecken, Verlauf in einer bestimmten Richtung:* sie folgten dem L. des Bachs, des Flusses, der Straße, der Bahnlinie. **5.** ⟨o. Pl.⟩ **a)** *Verlauf, den etw. nimmt:* der L. der Planeten um die Sonne; den L. der Gestirne beobachten; das Verfahren, den Prozess in seinem L. nicht beeinflussen, hindern; im L. *(im Verlaufe, während)* des Tages, der Zeit, des Lebens; im L. *(innerhalb)* von sechs Stunden läuft bei Flut das Wasser auf; *** einer Sache ihren L./freien L. lassen** *(etw. nicht zurückhalten, hemmen od. zügeln):* seinem Zorn, seiner Wut, seiner Fantasie freien L. lassen; den Dingen ihren L. lassen *(sie nicht beeinflussen);* sie ließ ihren Tränen freien L. *(weinte ungehemmt);* **b)** *gesetzmäßige Entwicklung von etw.; notwendige Folge zusammenhängender Ereignisse:* das ist der L. der Geschichte, der Dinge, der Welt; *** seinen L. nehmen** *(nicht aufzuhalten sein:* **6.** (Musik) *schnelle, stufenweise auf- od. absteigende Tonfolge.* **7.** (Jägerspr.) *Bein bestimmter Wildarten od. des Hundes.* **8.** *Rohr* (2) *von Schusswaffen:* ein gezogener L.

Lauf|ar|beit, die (Sport Jargon): *das während eines Ballspieles erforderliche Laufen* (1 a): der Mittelstürmer leistete enorme L.

Lauf|bahn, die [1: für frz. carrière, ↑Karriere]: **1. a)** *festgelegter Weg des Aufstiegs in einem Beruf, beruflicher Werdegang:* die L. eines Offiziers; Ingenieure der gehobenen L.; er bereitete sich auf die L. eines Bahnbeamten vor; **b)** *persönlicher Werdegang, [erfolgreiches] Vorwärtskommen im Leben:* eine große, glänzende, steile L.; eine akademische, künstlerische, wissenschaftliche L. einschlagen; **c)** *bestimmter Lebensabschnitt, während dessen jmd. eine bestimmte Tätigkeit, einen bestimmten Beruf ausübt:* er fühlte, dass seine L. als Soldat zu Ende war; der Gewinn der Weltmeisterschaft ist der größte Erfolg in der L. eines Fußballers. **2.** (Leichtathletik) *abgegrenzte, ebene Strecke für Wettkämpfe im Laufen:* das Stadion hat eine L. von 400 m.

Lauf|band, das ⟨Pl. ...bänder⟩: *endloses, mechanisch bewegtes Band (bes. zur Beförderung von etw.).*

Lauf|bur|sche, der (veraltend, sonst leicht abwertend): *[junger] Mann, der in einer Firma o. Ä. nur für Botengänge eingesetzt wird:* ich bin doch nicht dein L. (salopp; *ich bin nicht bereit, für dich Botengänge, Handlangerdienste zu erledigen*).

lau|fen ⟨st. V.⟩ [mhd. loufen, ahd. (h)louf(f)an, wahrsch. urspr. = (im Kreise) hüpfen, tanzen]: **1.** ⟨ist⟩ **a)** *sich in aufrechter Haltung auf den Füßen in schnellerem Tempo so fortbewegen, dass sich jeweils schrittweise für einen kurzen Augenblick beide Sohlen vom Boden lösen:* er musste l., um den Bus noch zu bekommen; immer schneller l.; er lief wie der Blitz, wie ein Wiesel; auf die Straße, aus dem Haus, ins Freie, über das Feld, um die Ecke l.; **b)** (ugs.) *gehen* (1): grübelnd im Zimmer auf und ab, hin und her l.; [schnell einmal] zum Supermarkt, zur Post l.; auf Strümpfen, an Stöcken l.; *** jmdn. l. lassen** (ugs.; *jmdn. freilassen, freigeben*): sie ließ ihn laufen; wir haben die Täter l. lassen/(seltener): l. gelassen; **c)** *zu Fuß gehen:* das kleine Stück können wir doch l.; wir sind im Urlaub viel gelaufen; von der Haltestelle aus sind es noch fünf Minuten zu l.; **d)** *die Fähigkeit haben, sich auf den Beinen gehend fortzubewegen:* das Kind läuft schon, läuft noch etwas unsicher; **e)** *beim Laufen* (1 a, b) *an, gegen etw. geraten, stoßen:* in der Dunkelheit lief er gegen den Zaun; der Mann lief in ein Auto; **f)** *(von bestimmten Tieren) sich [schnell, flink] fortbewegen:* Tausende von Ameisen liefen über den Weg; ein Reh lief mir in die Fahrbahn. **2.** *eine bestimmte Strecke gehend zurücklegen* ⟨ist⟩: wir sind 20 km, einen Umweg gelaufen. **3.** ⟨l. + sich; hat⟩ **a)** *sich durch Laufen in einen bestimmten Zustand versetzen:* sich müde, außer Atem l.; **b)** *durch Laufen etw., einen bestimmten Körperteil in einen bestimmten Zustand versetzen:* sich eine Blase, sich die Füße wund, sich ein Loch in die Schuhsohle l.; **c)** ⟨unpers.⟩ *[unter bestimmten Umständen] in bestimmter Weise gehen* (1) *können:* in diesen Schuhen läuft es sich bequemer; über diesen Schotter, bei/in dieser Kälte läuft es sich schlecht. **4.** (ugs.; meist leicht abwertend) *sich ständig [aus Gewohnheit] irgendwohin begeben* ⟨ist⟩: er läuft dauernd ins Kino, wegen jeder Kleinigkeit zum Arzt. **5. a)** *an einem Laufwettbewerb, Rennen teilnehmen* ⟨ist⟩: sie läuft für Italien; die besten Pferde sind gestern schon gelaufen; **b)** *in einem sportlichen Wettbewerb, Rennen als Läufer eine bestimmte Zeit erzielen, erreichen* ⟨hat/ist⟩: einen Rekord, neue Bestzeit mit 58,1 Sekunden l.; **c)** *in einem sportlichen Wettbewerb eine bestimmte Strecke zurücklegen* ⟨hat⟩: einige Runden, 800 m l.; **d)** *sich unter bestimmten Umständen, in bestimmter Weise als Läufer betätigen* ⟨ist⟩: noch nie sind die Eiskunstläufer vor so vollen Tribünen gelaufen. **6. a)** *die Fähigkeit haben, sich mit einem an den Füßen befestigten Sportgerät fortzubewegen* ⟨ist/hat⟩: läufst du Rollschuh?; ich bin/(seltener:) habe früher Schlittschuh gelaufen; **b)** *sich auf einem an den Füßen befestigten Sportgerät fortbewegen* ⟨ist⟩: ich werde morgen Ski, Eis l. **7.** ⟨ist⟩ **a)** *in Gang, in Betrieb sein:* die Uhr läuft; die Maschine läuft ruhig, laut, nicht richtig; den Motor l. lassen; der CD-Spieler, der Fernseher läuft; der Film, die Show läuft schon seit zehn Minuten *(hat schon vor zehn Minuten begonnen);* endlich lief *(funktionierte)* der Apparat wieder; **b)** *sich [gleichmäßig, gleitend] durch, über, um etw. bewegen:* der Kran läuft auf Schienen; das Seil läuft über Rollen; der Faden läuft *(wickelt sich)* auf die Spule; die Erde läuft *(dreht sich)* um die Sonne; 1,27 Millionen Fahrzeuge liefen von den Fließbändern *(wurden auf den Fließbändern hergestellt, produziert);* die Masche läuft *(löst sich);* Ü ein Raunen lief durch die Menge, über die Ränge; ⟨unpers.:⟩ [vor Grauen] lief es mir eiskalt über den Rücken. **8.** (gelegtl. Fachspr.) *fahren* (1 a) ⟨ist⟩: der Zug läuft *(verkehrt)* zwischen Stuttgart und München; die Schiffe laufen auf neuem Kurs; der Frachter ist auf Grund gelaufen. **9.** ⟨ist⟩ **a)** *fließen:* das Wasser läuft *(fließt aus der Leitung);* dem Kind liefen die Tränen übers Gesicht; das Wasser läuft in die Wanne; der Schweiß, das Blut lief ihm [in Strömen] über das Gesicht; der Käse läuft (ugs.; *ist weich u. beginnt zu zerlaufen*); **b)** *Wasser, Flüssigkeit austreten, ausfließen lassen:* das Fass läuft *(ist undicht);* ihr lief *(tropfte ständig)* die Nase; sein rechtes Ohr läuft *(sondert Flüssigkeit ab, eitert).* **10.** *sich in bestimmter Richtung erstrecken; in bestimmter Richtung verlaufen* ⟨ist⟩: die Straße läuft *(führt)* am Fluss entlang, geradeaus; die Narbe läuft quer über das Gesicht; eine niedrige Bank läuft um den Ofen. **11.** ⟨ist⟩ **a)** *[in bestimmter Weise] vor sich gehen, vonstatten gehen, verlaufen:* alles, der Ausflug läuft wie geplant, nach Wunsch; die Sache kann so oder so l.; ich möchte wissen, wie die Verhandlung gelaufen ist; der Laden läuft (ugs.; *geht gut*); er lässt einfach alles l. (ugs.; *kümmert sich um nichts*); ich möchte wissen, was hier läuft *(vor sich geht);* ⟨unpers.:⟩ er hat schon einmal so einen Job gehabt und weiß, wie es läuft (ugs.; *wie man es macht*); wie läufts?; *** gelaufen sein** (ugs.; *nicht mehr zu ändern sein; vorbei, abgeschlossen sein*): um 19 Uhr ist alles gelaufen; **b)** *eingeleitet, aber nicht abgeschlossen od. entschieden sein:* die Ermittlungen laufen; der Antrag, das Gesuch, die Bewerbung läuft *(ist eingereicht u. wird bearbeitet);* die Verhandlungen über die Finanzierung des Projekts laufen noch *(dauern noch an);* gegen ihn läuft eine Anzeige, ein Verfahren. **12.** *Gültigkeit haben; wirksam sein* ⟨ist⟩: das Abkommen, der Bausparvertrag läuft nur noch bis zum Jahresende; wie lange läuft der Pass noch? **13.** *in einer Kartei o. Ä. geführt, registriert, festgehalten sein* ⟨ist⟩: das Auto, Konto, Projekt läuft auf meinen Namen. **14.** *programmgemäß vorgeführt, dargeboten, ausgestrahlt werden* ⟨ist⟩: in welchem Kino läuft der Film?; was läuft eigentlich im Fernsehen, Theater?; die Sendung lief im dritten Hörfunkprogramm; die Show ist gestern über den Bildschirm gelaufen (ugs.; *wurde gestern im Fernsehen gezeigt*). **15.** (ugs.) *gut verkäuflich, absetzbar sein* ⟨ist⟩: das Buch, die CD läuft sehr gut.

lau|fend ⟨Adj.⟩ [urspr. in der Kaufmannsspr. für frz. (au) courant, ↑kurant]: **a)** *regelmäßig wiederkehrend; ständig, dauernd:* die -en Ausgaben, Arbeiten, Geschäfte; die Produktion ist l. gestiegen; die Insassen der Anstalt wechseln l.; **b)** *gegenwärtig; gerade ablaufend, erscheinend:* das -e Jahr ist [bisher] sehr erfolgreich; am Achten [des] -en Monats; die -e Nummer der Zeitschrift, einer Serie; Abk.: lfd.; **c)** *unmittelbar aufeinander folgend:* der -e Meter kostet 40 Mark *(es kostet 40 Mark pro Meter);* eine l. nummerierte Bildfolge; Abk.: lfd.; *** auf dem Laufenden sein/bleiben** *(immer über das Neueste informiert sein);* **mit etw. auf dem Laufenden sein** *(mit etw. auf dem aktuellen Stand sein);* **jmdn. auf dem Laufenden halten** *(jmdn. ständig informieren).*

lau|fen las|sen: s. laufen (1 b).

Läu|fer, der; -s, - [mhd. löufer, loufære = laufender Bote, Läufer (3), auch: Rennpferd, Dromedar, ahd. loufāri = laufender Bote, Wandermönch]: **1. a)** *jmd., der das Laufen* (5) *als sportliche Disziplin betreibt, an einem Laufwettbewerb teilnimmt:* die L. gehen an den Start; er kam als schnellster L. ins Ziel; **b)** (Fuß-, Handball veraltend) *Spieler, der die Verbindung zwi-*

L

schen Stürmern u. Verteidigern herzustellen hat: er spielt als rechter, linker L. **2.** *längerer, schmaler Teppich, bes. in Gängen u. auf Treppen:* ein schwerer, dicker, roter L.; den L. ausrollen. **3.** *Schachfigur, die man nur diagonal bewegen kann.* **4.** (Technik) *sich drehender, rotierender Teil von bestimmten Geräten od. Maschinen.*

Lau|fe|rei, die; -, -en (ugs.): *wiederholte, zeitraubende u. mit Unannehmlichkeiten verbundene* [1]*Gänge* (2): bei der Wohnungssuche viel L., viele -en haben; jmdm. unnötige -en bereiten.

Läu|fe|rin, die; -, -nen: w. Form zu ↑Läufer (1).

läu|fe|risch ⟨Adj.⟩: *im Hinblick auf das Laufen* (5), *die Fähigkeit im Laufen* (5): -es Können; die Kür war musikalisch und l. hervorragend.

Lauf|feu|er, das: *sich rasch, bes. am Boden ausbreitendes Feuer:* *** wie ein L.** (ungemein schnell durch Weitererzählen; urspr. = Feuer, das an ausgestreutem Pulver entlangläuft, um zu zünden, dann auch: Gewehrfeuer entlang einer Schützenlinie) die Nachricht verbreitete sich wie ein L.

Lauf|flä|che, die: a) (Technik) *äußerer Belag* (2) *eines Reifens od. Rades, der direkt mit der Fahrbahn in Berührung kommt;* b) *untere Fläche des Skis, die direkt mit dem Schnee in Berührung kommt.*

lauf|freu|dig ⟨Adj.⟩ (Sport Jargon): *während eines Ballspiels einsatzfreudig laufend.*

Lauf|gang, der: **1.** *Gang, der an etw. entlang verläuft; Durchgang.* **2.** *Gangway.* **3.** *aus einem Gitter geformter Tunnel, durch den [wilde] Tiere von einem Käfig in einen anderen gelangen.*

Lauf|ge|stell, das: *Gestell als Hilfe beim Laufen, bes. für kleine Kinder zum Laufenlernen.*

Lauf|git|ter, das: *meist aus einem Boden u. einem [Holz]gitter bestehendes viereckiges Gestell, in dem kleine Kinder das Gehen lernen, umherlaufen u. spielen können.*

Lauf|gra|ben, der (Milit.): *Graben in einer Stellung, Verteidigungslinie, durch den man, vor feindlichem Feuer geschützt, irgendwohin gelangen kann; Verbindungsgraben.*

läu|fig ⟨Adj.⟩ [mhd. löufec = gangbar, üblich; bewandert]: *(bes. von Hündinnen) brünstig* (1), *geschlechtlich erregt.*

Läu|fig|keit, die; -: *das Läufigsein.*

Lauf|jun|ge, der: *Laufbursche.*

Lauf|kä|fer, der: *(in zahlreichen Arten vorkommender) brauner od. schwarzer, oft metallisch glänzender, räuberisch lebender Käfer.*

Lauf|kat|ze, die (Technik): *auf Trägern, Seilen od. Schienen laufender Wagen mit Winde zur Beförderung von Lasten.*

Lauf|kran, der (Technik): *Kran, der auf Schienen läuft.*

Lauf|kund|schaft, die: *ständig wechselnde Kundschaft.*

Lauf|leis|tung, die: *Leistung, die ein Fahrzeug, Reifen o. Ä. in Bezug auf die zurückgelegte Strecke erbringt.*

Lauf|ma|sche, die: *(bei Strick- od. Wirkwaren, bes. Strümpfen) Masche* (1), *die sich gelöst hat u. nach unten od. oben gleitet.*

Lauf|me|ter, der (schweiz., österr.): *laufender Meter.*

Lauf|pass, der: in den Wendungen **jmdm. den L. geben** (ugs.; *die Beziehungen zu jmdm. abbrechen, sich von jmdm. trennen;* urspr. = Pass, der bei der Entlassung aus dem [Militär]dienst mitgegeben wurde; Entlassungsschein): der Präsident gab seinem persönlichen Berater den L.; **den L. bekommen/erhalten** *(abgeschoben, entlassen werden).*

Lauf|pen|sum, das (Sport): *durch Laufen erbrachte Leistung während eines Spiels.*

Lauf|rad, das: **1.** (Technik) a) *mit Schaufeln versehenes, radförmiges Teil an Turbinen;* b) *nicht angetriebenes Rad an [Trieb]fahrzeugen;* c) *Rad einer Laufkatze, eines Fahrwerks o. Ä.* **2.** *Draisine* (1).

Lauf|rich|tung, die: *Richtung, in die jmd., etw. läuft.*

Lauf|ru|he, die (Technik): *ruhiges, störungsfreies Laufen* (7) *einer Maschine o. Ä.*

lauf|ru|hig ⟨Adj.⟩: *ruhig laufend; Laufruhe habend:* ein sehr -er Motor.

Lauf|schie|ne, die (Technik): *Schiene, auf der ein Gegenstand hin u. her bewegt werden kann.*

Lauf|schrift, die: *durch gesteuertes Ein- u. Ausschalten von verschiedenen Lampen sich optisch vorwärts bewegende Schrift [als Reklame o. Ä. an Fassaden].*

Lauf|schritt, der: in der Fügung **im L.** *(mit schnellen Schritten):* im L. aus dem Haus eilen; (militär. Kommando:) im L., marsch, marsch!

Lauf|schuh, der: a) *bequemer Schuh zum Spazierengehen o. Ä.;* b) ⟨meist Pl.⟩ (Leichtathletik) *besonderer Schuh für Läufer* (1 a).

Lauf|spiel, das (Sport): a) *Mannschaftsspiel, das hauptsächlich Laufen* (1 a) *erfordert;* b) (Handball) *ständiges Hinundherlaufen der angreifenden Spieler, um den Gegner zu täuschen od. zu irritieren;* c) *Bewegungsspiel für Kinder.*

läufst: ↑laufen.

Lauf|stall, der: *Laufgitter.*

Lauf|steg, der: *schmaler, erhöhter Steg, auf dem man [hin u. her] gehen kann (bes. für Mannequins zum Vorführen neuer Modelle* 4).

Lauf|stil, der (Leichtathletik): *Stil eines Läufers* (1 a).

läuft: ↑laufen.

Lauf|trai|ning, das: (Sport): *der Lockerung od. Verbesserung der Kondition dienendes Laufen (mit bestimmten Übungen):* nach dem Aufwärmen begann das L.

Lauf|trep|pe, die: *Laufgang* (2).

Lauf|vo|gel, der: *Vogel, der nur am Boden laufen, nicht fliegen kann (z. B. Strauß, Emu).*

Lauf|werk, das: **1.** (Technik) a) *gesamter Mechanismus einer Maschine o. Ä.;* b) *das Räderwerk im Gehwerk einer Uhr;* c) *Räder u. Achslager der Eisenbahnwagen.* **2.** (ugs. scherzh.) *Beine.* **3.** kurz für ↑CD-ROM-Laufwerk, ↑Diskettenlaufwerk.

Lauf|wett|be|werb, der: *sportlicher Wettbewerb, bei dem eine bestimmte Strecke im Laufen zurückgelegt wird.*

Lauf|zeit, die: **1.** a) (Bankw.) *Zeit von der Ausstellung eines Darlehens o. Ä. bis zu dem Tag, an dem es zurückgezahlt sein muss:* ein Kredit mit befristeter L.; dieser Wechsel hat eine L. von drei Monaten; b) *Gültigkeitsdauer eines Gesetzes, Tarifs o. Ä.* **2.** *Zeit, in der ein Film o. Ä. auf dem Spielplan steht:* in Hamburg betrug die L. dieses Films 18 Wochen.

Lauf|zet|tel, der: a) *Schreiben o. Ä., das zur Kenntnisnahme in Umlauf gesetzt wird; Rundschreiben;* b) *Zettel, auf dem durch Unterschrift o. Ä. bestätigt wird, dass jmd. etw. zur Kenntnis od. in Empfang genommen hat;* c) *Zettel, der jmdm. beim Betreten von Produktionsanlagen, Behörden o. Ä. mit der Auflage ausgehändigt wird, die einzelnen Stationen des Aufenthalts schriftlich bestätigen zu lassen;* d) *Zettel an Werkstücken o. Ä., auf dem jeder Arbeitsgang eingetragen wird.*

Lau|ge, die; -, -n [mhd. louge, ahd. louga = Lauge (1 b), Badewasser, verw. mit lat. lavere, lavare = waschen, baden]: **1.** a) (veraltend) *scharfe, ätzende Flüssigkeit, [Salz]lösung:* sich an einer L. verätzen; b) kurz für ↑Waschlauge: Wäsche in der L. einweichen. **2.** (Chemie) *wässrige Lösung einer* [2]*Base, die alkalisch reagiert.*

Lau|gen|bad, das: *Lauge in einem Behälter, in die etwas (zur Behandlung) eingetaucht wird.*

Lau|gen|bre|zel, die (landsch.): *vor dem Backen in kochende Natronlauge getauchte u. mit groben Salzkörnern bestreute Brezel.*

Lau|gen|bröt|chen, das (landsch.): vgl. Laugenbrezel.

Lau|heit, die; -: *laues* (2), *unentschlossenes Verhalten:* seine L. stieß sie ab, verhinderte eine schnelle Entscheidung.

Lau|ne, die; -, -n [mhd. lūne, urspr. = Mondphase, -wechsel < lat. luna = Mond; die Stimmungen des Menschen wurden als abhängig vom wechselnden Mond empfunden]: a) ⟨o. Pl.⟩ *Stimmung, augenblickliche Gemütsverfassung:* seine L. hat sich gebessert; schlechte, miese, gute, rosige L. haben; hat er jetzt wieder [eine] bessere L.?; jmdm. die L. verderben; bester, heiterer, trüber L. sein; in/bei L. sein *(gut gelaunt sein);* nicht in/bei L. sein *(schlecht gelaunt sein);* jmdn. bei guter L. halten, in gute L. versetzen; hat der aber heute eine L. *(schlechte Laune)!;* dazu habe ich heute keine L. *(Lust);* Mensch, macht das L. *(macht das Spaß)!;* b) ⟨meist Pl.⟩ *wechselnde Gemütsverfassung, Stimmung[en]:* -n haben; seine -n an anderen auslassen; unter jmds. -n zu leiden haben; Ü die -n des Wetters, des Schicksals; c) *einer Laune entspringender Einfall, spontane [ein wenig abwegige] Idee:* das war nur so eine L. von ihm; Ü eine seltsame L. der Natur hat diese Formen geschaffen.

lau|nen|haft ⟨Adj.⟩: *von wechselnden Stimmungen abhängig, unberechenbar:* ein -er Mensch; -e Naturen; sie ist sehr l.; Ü -e Witterung.

Lau|nen|haf|tig|keit, die; -: *das Launenhaftsein.*

lau|nig ⟨Adj.⟩ [mhd. (md.) lūnic]: *von guter Laune zeugend; witzig, humorvoll:* eine -e Rede; -e Verse; sie hat das sehr l. erzählt.

Lau|nig|keit, die; -: *launige Beschaffenheit.*

lau|nisch ⟨Adj.⟩ [spätmhd. lunisch] (abwertend): *wechselnden Stimmungen unterworfen u. ihnen nachgebend; häufig von schlechter Laune beherrscht:* -e Vorgesetzte; ein -er Charakter; seine Frau ist sehr l., ist als l. bekannt; Ü der -e April; das Glück ist l.

Lau|re|at, der; -en, -en [zu lat. laureatus = mit Lorbeer bekränzt] (bildungsspr.): *preisgekrönter Wissenschaftler od. Künstler, Empfänger einer öffentlichen Auszeichnung.*

Laus, die; -, Läuse [mhd., ahd. lūs, H. u.]: *kleines, flügelloses Insekt, das als Parasit Menschen u. Säugetiere befällt u. deren Blut saugt:* das Kind hat Läuse; Läuse fangen, zerdrücken, knacken; einem Tier die Läuse absuchen, auskämmen; *** jmdm. ist eine L. über die Leber gelaufen** (ugs.; *jmd. ist schlecht gelaunt, ärgert sich anscheinend grundlos über alles u. jedes;* nach der alten Vorstellung, dass die Leber der zentrale Sitz des Gemütes sei; die Verbindung mit »Laus« wohl wegen des Stabreims); **jmdm. eine L. in den Pelz/ins Fell setzen** (ugs.; 1. *jmdm. Ärger, Schwierigkeiten bereiten.* 2. *jmdn. misstrauisch machen*); **sich eine L. in den Pelz/ins Fell setzen** (ugs.; 1. *misstrauisch werden.* 2. *einen heimlichen Widersacher einstellen, zu seinem Vertrauten machen*).

Laus|bub, der [bes. durch die »Lausbubengeschichten« des bayr. Dichters L. Thoma (1867–1921) bekannt geworden; das urspr. nur abwertend gebrauchte Best. soll hier die Dreistigkeit des so Genannten kennzeichnen] (ugs., meist wohlwollend): *frecher, kleiner Kerl; zu Streichen aufgelegter Junge:* komm her, du L.!; was haben die -en schon wieder angestellt?

Laus|bu|ben|ge|sicht, das: *schelmisches, keckes Gesicht mit wachem, lebhaftem Gesichtsausdruck.*

laus|bu|ben|haft ⟨Adj.⟩ (ugs.): *wie ein Lausbub, lausbübisch:* ein -es Lachen; er sah mich l. an.

Laus|bu|ben|streich, der, **Laus|bü|be|rei,** die: *Streich von Lausbuben.*

laus|bü|bisch ⟨Adj.⟩ (ugs.): *lausbubenhaft:* ein -es Vergnügen an etwas haben; l. lachen.

Lausch|ak|ti|on, die, **Lausch|an|griff,** der: *geheimes Abhören eines Verdächtigen mithilfe einer versteckt angebrachten Abhöranlage:* großer Lauschangriff (Jargon; *das Abhören von Wohnungen einschließender Lauschangriff*).

lau|schen ⟨sw. V.; hat⟩ [spätmhd. lūschen = aufmerksam zuhören, verw. mit ↑[2]losen]: a) *[heimlich] mit gespannter Aufmerksamkeit zuhören, sodass einem kein Wort, kein Ton entgehen kann; horchen* (1 a): hingegeben, ergriffen, neugierig, angespannt l.; er legte sein Ohr an die Wand und lauschte; l., ob etwas zu hören ist; hast du gelauscht *(heimlich mit angehört, was nicht für dich bestimmt war)?;* er lauscht an der

Wand, ins Zimmer; **b)** *bestimmten Worten od. Klängen, jmdm. zuhören:* jmds. Bericht, den Geschichten, dem Klang der Geigen, dem Gesang der Vögel l.; **c)** *horchen* (1 b): auf jmds. Stimme, Schritte l.

Läus|chen, das; -s, -: Vkl. zu ↑Laus.

Lau|scher, der; -s, -: **1.** *jmd., der lauscht, heimlich zuhört:* pass auf, dass wir bei unseren Verhandlungen keinen L. haben; **Spr** der L. an der Wand hört seine eigene Schand! (*wer heimlich lauscht, muss oft mit anhören, was für eine schlechte Meinung andere von ihm haben;* vgl. Horcher). **2.** (Jägerspr.) *(bes. bei Hirsch, Reh, Gemse, Wolf, Fuchs u. Biber) Ohr.*

Lau|sche|rei, die; -, -en (abwertend): *[dauerndes] heimliches Lauschen, Spionieren.*

Lau|sche|rin, die; -, -nen: w. Form zu ↑Lauscher.

lau|schig ‹Adj.› [für älter: lauschicht = gern horchend]: *traulich u. halb versteckt, verborgen u. gemütlich gelegen:* ein -es Plätzchen; ich finde es hier sehr l.

Läu|se|be|fall, der: *Befall (von Menschen, Tieren, Pflanzen) durch Läuse.*

Lau|se|ben|gel, der (ugs. abwertend, gelegtl. wohlwollend): *Lausbub.*

Lau|se|har|ke, Läu|se|har|ke, die [man harkt mit dem Kamm Läuse zusammen wie z. B. Laub mit einer Harke] (bes. nordd. salopp scherzh.): *Kamm.*

Lau|se|jun|ge, der (ugs. abwertend, gelegtl. wohlwollend): *Lausebengel:* ich leg dich gleich übers Knie, du L.!

Läu|se|kamm, der: **1.** *Kamm mit besonders feinen, eng stehenden Zinken, mit dem bei von Kopfläusen Befallenen Läuse u. Nissen aus den Haaren gekämmt werden.* **2.** (salopp scherzh.) *Kamm.*

Lau|se|lüm|mel, der (salopp abwertend): *frecher Lümmel.*

Lau|se|mäd|chen, das: vgl. Lausbub.

lau|sen ‹sw. V.; hat› [mhd. lūsen]: *Haare od. Fell mithilfe der Fingerspitzen nach Läusen o. Ä. absuchen:* der Hund muss gelaust werden; der Affe laust sich, seine Jungen *(betreibt Fellpflege).*

Lau|se|pack, das (salopp abwertend): *Gesindel.*

Lau|ser, der; -s, - [im 16. Jh. urspr. = jmd., der Läuse hat, verlaust ist, dann auch: Lump; gering geachteter Mensch] (landsch., fam., meist scherzh. wohlwollend): *Lausbub:* na warte, du L., gleich komme ich!

Lau|se|re|chen, Läu|se|re|chen, der (salopp scherzh.): *Kamm.*

lau|sig ‹Adj.› [spätmhd. lusec] (ugs.): **1.** (abwertend) **a)** *schlecht, unangenehm, widerwärtig:* eine -e Arbeit, Angelegenheit; die Zeiten sind l.; **b)** *schäbig, geringfügig, ganz unbedeutend:* wer wird sich wegen so ein paar -er Pfennige aufregen! **2.** (emotional verstärkend) *sehr [groß]:* eine -e Kälte; hier zieht es l.; es tat l. weh.

¹laut ‹Adj.› [mhd. lūt, ahd. (h)lūt, urspr. = gehört u. Partizipialbildung zu einem Verb mit der Bed. »hören«]: **a)** *weithin hörbar, mit kräftigem Klang:* -e Worte; -e Musik; -es Rufen, Getrampel; -er Jubel, Beifall; der Motor, das Radio ist zu l.; die Maschine läuft l.; lass das Radio nicht so l. laufen!; du musst -er sprechen; l. lesen, lachen, schreien; l. und deutlich seine Meinung sagen; ein -es Wesen haben *(unbekümmert laut sprechen u. wenig Feingefühl haben);* er hat l. gedacht *(vor sich hin geredet, zu sich selbst gesprochen);* sie denken l. darüber nach *(diskutieren, erörtern),* ob sie sich trennen sollen; das darfst du nicht l. sagen, aussprechen *(das solltest du besser für dich behalten);* **Ü** -e *(grelle)* Farben; -e *(aufdringliche)* Reklame; ***l. werden** *(bekannt werden, an die Öffentlichkeit dringen, unverhohlen ausgesprochen werden):* Klagen, Gerüchte wurden l., dass ...; Zweifel an der Wahrheit dieser Aussage sind l. geworden; über die Verhandlungen hat man nichts l. werden lassen; **b)** *geräuschvoll, lärmerfüllt:* eine -e Gegend, Straße; -e *(häufig Lärm verursachende)* Nachbarn; hier ist es mir zu l., geht es immer l. zu; seid doch nicht so l.!

²laut ‹Präp. mit Gen., auch mit Dativ (bes. dann, wenn der Gen. Pl. des allein stehenden Subst. nicht eindeutig zu bestimmen ist) od. mit ungebeugter Form, wenn das allein stehende artikellose Subst. im Sing. steht› [mhd. nach lūt = nach dem Inhalt, (Wort)laut] (Amtsspr.): *nach jmds. Angaben; dem Wortlaut von etw. gemäß, entsprechend:* l. amtlicher Mitteilung; l. unseres Schreibens, (auch:) unserem Schreiben; l. beiliegender, (auch:) beiliegenden Rechnungen; l. Berichten der Polizei; l. dpa; l. Radio Bremen; l. Grundgesetz; l. Anlage; l. § 51.

Laut, der; -[e]s, -e [mhd. lūt, urspr. = das mit dem Gehör Wahrnehmbare, dann: = Inhalt eines (vorgelesenen) Schriftstücks, zu ↑¹laut]: **1.** *etw. Hörbares, [bewusst hervorgebrachtes] Geräusch von kurzer Dauer:* ein dumpfer, schriller, leiser L.; piepsende -e; -e des Schmerzes, der Wut; aus dem Zimmer drang kein L.; keinen L. von sich geben; ***L. geben** (1. Jägerspr.; *[vom Jagdhund] bellen.* 2. ugs.; *sich melden, äußern; Bescheid geben:* du musst rechtzeitig L. geben. **2.** *mit dem Strom des Atems bei bestimmter Stellung der Sprechwerkzeuge hervorgebrachter Schall; kleinste Einheit der gesprochenen Sprache:* ein kurzer, offener, gutturaler, mit den Lippen gebildeter L.; vertraute, fremde -e.

Laut|äu|ße|rung, die (Zool., Verhaltensf.): *von einem Tier hervorgebrachter Laut* (1), *der der Verständigung innerhalb der eigenen Art dient.*

Lau|te, die; -, -n [spätmhd. lūte < afrz. lëut, aprovenz. laiut, lahut < arab. al'ūd, eigtl. = Holz(instrument)]: *Zupfinstrument mit 6 od. 11 Saiten über einem hölzernen Resonanzkörper in der Form einer halben Birne, einem Griffbrett mit Bändern u. kurzem, meist abgeknicktem Hals:* [die] Laute spielen, (veraltet:) schlagen; ein Lied auf, mit der L. begleiten; Lieder zur L. singen.

lau|ten ‹sw. V.; hat› [mhd. lūten, ahd. (h)lūtēn, zu ↑¹laut]: **a)** *einen bestimmten Wortlaut haben:* das Gesetz lautet: ...; sein Auftrag lautet dahin, dass ...; »Keine Experimente«, so lautete die Parole; **b)** (geh.) *sich in bestimmter Weise anhören:* das lautet gut, ganz vernünftig, wenig tröstlich; die Nachrichten lauteten schlecht; **c)** *einen bestimmten Inhalt haben:* die Anklage lautet auf Mord; das Urteil lautet auf 18 Monate Gefängnis; die Firma lautet auf den Namen ... *(wird unter dem Namen ... geführt);* auf wessen Namen lauten die Papiere *(auf wessen Namen sind die Papiere ausgestellt)?*

läu|ten ‹sw. V.; hat› [mhd. liuten, ahd. (h)lūt(t)an, zu ↑¹laut]: **1. a)** *(von einer [Kirchen]glocke) in Schwingung gebracht werden u. dadurch ertönen, klingen:* die Glocken läuten von allen Kirchtürmen; die Glocke läutet zu Mittag; ‹subst.:› beim letzten Läuten *(beim letzten Klang der Glocken)* betrat sie die Kirche; **b)** *durch Läuten* (1 a) *anzeigen:* die Glocken läuten 8 Uhr, Mittag; **c)** *eine [Kirchen]glocke in Schwingung versetzen:* der Küster läutet die Glocken [zum Gottesdienst]; ***[von] etw. l. hören** (ugs.; meist in Vergangenheitsformen; *etw. Gerüchten entnehmen, nur Andeutungen über eine Sache erfahren*): ich habe [davon] l. hören/gehört, dass Sie kündigen wollen. **2.** (landsch., bes. südd., österr.) **a)** *klingeln* (a): das Telefon, der Wecker läutet; ‹unpers.:› es läutete an der Wohnungstür; hat es geläutet?; es läutet zur Pause; **b)** *eine Klingel betätigen:* an der Tür l.; einmal kurz, dreimal l.; **c)** *durch Läuten* (2 b) *herbeirufen:* nach der Nachtschwester/ (geh.:) der Nachtschwester l.

Lau|te|nist, der; -en, -en [älter: Lutenist; vgl. mlat. lutinista]: *Lautenspieler.*

Lau|te|nis|tin, die; -, -nen: w. Form zu ↑Lautenist.

Lau|ten|mu|sik, die: *Musik für Laute.*

Lau|ten|spiel, das: vgl. Spiel (5 b).

Lau|ten|spie|ler, der: *jmd., der Laute spielt.*

Lau|ten|spie|le|rin, die: w. Form zu ↑Lautenspieler.

¹lau|ter ‹Adj.› [mhd. lūter, ahd. (h)lūttar = rein; hell, klar, eigtl. = gereinigt, gespült] (geh.): **1.** *rein, unvermischt, ungetrübt:* -es Gold; **Ü** die -e Wahrheit. **2.** *aufrichtig, ehrlich:* ein -er Mensch, Charakter; -e Gesinnung.

²lau|ter ‹indekl. Adj.› [erstarrtes ↑¹lauter, wie z. B. in: das ist lauter Wahrheit (= die lautere Wahrheit)]: *ganz viel, ganz viele; nur, nichts als:* l. Lügen; aus l. Barmherzigkeit; vor l. Freude, vor l. Angst; sie fuhr durch l. enge Gassen.

Lau|ter|keit, die; - [mhd. lūterkeit]: *Reinheit, Anständigkeit, lauteres* (2) *Wesen:* menschliche, seelische L.; die L. seiner Worte.

läu|tern ‹sw. V.; hat› [mhd. liutern, ahd. (h)lūtaren] (geh.): **1.** *reinigen, klären, von Verunreinigungen befreien:* Erz l.; die Flüssigkeit ist trübe und muss geläutert werden. **2.** *von charakterlichen Schwächen, Fehlern befreien:* die Krankheit hat ihn, sein Wesen geläutert; seit dem Unglück ist er geläutert; ‹auch l. + sich› er hat sich geläutert.

Läu|te|rung, die; -, -en [spätmhd. leuterung]: **1.** *das Läutern* (1). **2.** *das [Sich]läutern:* geistige L.; Wandlung und L.

Läu|te|werk, Läutwerk, das: *Mechanismus zur Erzeugung eines Läutens:* das L. des Weckers.

Laut|ge|setz, das (Sprachw.): *Gesetzmäßigkeit einer lautlichen Entwicklung.*

laut|hals ‹Adv.› [verhochdeutschend für niederd. lūdhals]: *mit lauter Stimme:* l. lachen, schimpfen.

Laut|heit, die; - [zu ↑¹laut]: **a)** *das Lautsein;* **b)** *Lautstärke.*

Laut|leh|re, die (Sprachw.): *Teilgebiet der Sprachwissenschaft, dessen Gegenstand die Laute* (2) *sind.*

laut|lich ‹Adj.›: *die Laute* (2) *betreffend:* -e Verschiedenheiten, Veränderungen.

laut|los ‹Adj.›: *von keinerlei Geräusch begleitet:* mit -en Schritten; -e *(absolute)* Stille; sich l. nähern.

Laut|lo|sig|keit, die; -: *lautloser Zustand, lautlose Art u. Weise.*

laut|ma|lend ‹Adj.› (Sprachw.): *durch Lautmalerei gebildet:* »hatschi« ist ein -es Wort.

Laut|ma|le|rei, die (Sprachw.): *Wiedergabe natürlicher Geräusche o. Ä. durch klanglich ähnliche sprachliche Laute.*

laut|nach|ah|mend ‹Adj.›: *lautmalend.*

Laut|schrift, die (Sprachw.): *(zur Angabe der Aussprache dienende) phonetische Schrift.*

Laut|spre|cher, der [LÜ von engl. loudspeaker]: *(bes. zur [verstärkten] Wiedergabe von Gesprochenem od. von Musik verwendetes) Gerät, das elektrische Wechselströme in hörbaren Schall umwandelt:* den L. einschalten; eine Rede mit -n übertragen.

Laut|spre|cher|an|la|ge, die: *Anlage zur Übertragung von Gesprochenem, Musik u. a. mithilfe von Lautsprechern.*

Laut|spre|cher|box, die: *meist quaderförmiges Gehäuse mit einem od. mehreren darin eingebauten Lautsprechern (bes. als Teil einer Stereoanlage).*

Laut|spre|cher|stim|me, die: *Stimme aus dem Lautsprecher.*

Laut|spre|cher|wa|gen, der: *Wagen mit einem od. mehreren auf das Dach montierten Lautsprechern zur Übertragung von Durchsagen u. a. im Freien.*

laut|stark ‹Adj.›: *sehr laut, weithin hörbar:* -er Protest; l. schimpfen, klagen; die Schlachtenbummler unterstützten ihre Mannschaft l.

Laut|stär|ke, die: **a)** *messbare Stärke von Schall:* die L. messen, regulieren; die L. des Radios zurückdrehen; bei, in voller L.; **b)** *lautstarke Stimme, lautes Sprechen:* L. überzeugt nicht.

Laut|stär|ke|reg|ler, der: *Vorrichtung zum Regulieren der Lautstärke (z. B. bei einem Radio).*

Lau|tung, die; -, -en [zu ↑lauten] (Sprachw.): **1.** *Art des Aussprechens:* die L. des Hochdeutschen; sie sprach das Wort mit deutlicher L. **2.** *die lautliche Gestalt eines sprachlichen Zeichens:* Homophone sind Wörter mit gleicher L.

Laut|ver|schie|bung, die (Sprachw.): *nach*

bestimmten Gesetzen erfolgte Veränderung der Konsonanten im Laufe der Sprachgeschichte (z. B. von b zu p, von d zu t): die erste oder germanische L.; die zweite oder hochdeutsche L.

Laut|wan|del, der (Sprachw.): *[nach bestimmten Gesetzen erfolgende] Änderung im Lautstand.*

Läut|werk: ↑Läutewerk.

Laut|zei|chen, das (Sprachw.): *Zeichen einer Lautschrift.*

lau|warm ⟨Adj.⟩: *nicht richtig warm, aber auch nicht kalt:* -e Milch; -es Essen; das Bier ist ja l.!; l. baden; Ü -e *(nur halbe, halbherzige)* Zustimmung.

La|va, die; -, Laven [ital. lava = Schlammmassen, viell. zu lat. labes = Erdrutsch] (Geol.): *bei Vulkanausbrüchen austretendes Magma u. das daraus entstehende Gestein:* glühende, erstarrte L.

La|va|bo, das; -s, -s [frz. lavabo] (schweiz.): *Waschbecken.*

La|va|ge|stein, das: *aus Lava bestehendes Gestein.*

La|va|mas|se, die: *Masse von Lava.*

La|va|strom, der: *Strom flüssiger Lava.*

La|ven: Pl. von ↑Lava.

la|ven|del ⟨indekl. Adj.⟩: *von der Farbe des Lavendels.*

La|ven|del, der; -s, - [mhd. lavendel(e) < ital. lavendola, zu: lavanda = was zum Waschen u. Baden dienlich ist, zu: lavare < lat. lavare = (sich) waschen, baden; nach der Verwendung als Badezutat]: *(bes. im Mittelmeergebiet heimische) Pflanze mit silbergrauen, schmalen Blättern u. violetten, stark duftenden Blüten (aus denen ätherisches Öl für die Parfümindustrie gewonnen wird).*

la|ven|del|blau ⟨Adj.⟩: *lavendel.*

La|ven|del|öl, das: *aus Lavendel gewonnenes Öl.*

La|ven|del|was|ser, das: *mit Lavendelöl hergestelltes Parfüm.*

[1]la|vie|ren ⟨sw. V.⟩ [1: mniederd. laveren < mniederl. lave(e)ren, loveren, eigtl. = die Windseite abgewinnen, zu ↑Luv]: **1.** (Seemannsspr. veraltet) *im Zickzack gegen den Wind segeln, kreuzen* ⟨hat/ist⟩. **2.** *mit Geschick durch etw. hindurchbringen, Schwierigkeiten überwinden* ⟨hat⟩: der Lotse lavierte das Schiff durch die Untiefe; Ü zwischen den Machtblöcken l.; er musste geschickt l.; er lavierte sich aus den schwierigsten Lagen.

[2]la|vie|ren ⟨sw. V.; hat⟩ [ital. lavare = (ver)waschen < lat. lavare] (bild. Kunst): **a)** *die Konturen einer [farbigen] Tuschzeichnung mit nassem Pinsel verwischen;* **b)** *(eine Zeichnung) mit Wasserfarben kolorieren:* lavierte Zeichnung.

La|voir [la'voa:ɐ̯], das; -s, -s [frz. lavoir, zu: laver = waschen < lat. lavare] (österr., veraltet): *Waschgelegenheit, Waschschüssel; einfaches Waschbecken:* ein L. und ein Wasserkrug.

Lä|vu|lo|se, die; - [zu lat. laevus = links; bei optischer Darstellung in Versuchen wird die Ebene des polarisierten Lichts nach links gedreht] (Chemie): *linksdrehende Form der Fructose.*

Law and Or|der ['lɔ: ənd 'ɔ:də; engl. = Gesetz und Ordnung] (oft iron.): Schlagwort, das die Bekämpfung von Kriminalität, Rauschgiftsucht, Gewalt u. Ä. durch drastische Gesetze u. harte polizeiliche Maßnahmen fordert.

La|wi|ne, die; -, -n [ladin. lavina < mlat. labina, zu lat. labi = gleiten]: *an Gebirgshängen niedergehende [u. im Abrollen immer größer werdende] Masse von Schnee od. Eis:* eine L. geht nieder, donnert zu Tal; an diesem Hang gehen immer wieder -n ab; die L. begrub drei Menschen unter sich; ein unvorsichtiger Schritt kann eine L. auslösen; Ü eine L. von *(sehr viele)* Zuschriften; * **eine L. lostreten** *(durch sein Vorgehen, Handeln [ungewollt] eine Kette weiterer, sich steigernder Ereignisse auslösen):* mit diesen Äußerungen hat der Minister eine L. losgetreten.

-la|wi|ne, die; -, -n: **1.** (emotional verstärkend) drückt in Bildungen mit Substantiven aus, dass etw. immer mehr wird, nicht mehr einzudämmen ist: Antrags-, Ausgaben-, Kostenlawine. **2.** drückt in Bildungen mit Substantiven aus, dass eine große Menge, Masse von etw. sich wie eine Lawine verhält: Geröll-, Sand-, Schuttlawine.

La|wi|nen|ab|gang, der: *das Abgehen einer Lawine.*

la|wi|nen|ar|tig ⟨Adj.⟩: *wie eine Lawine [immer größer, gewaltiger werdend, anschwellend]:* die Informationsflut schwillt l. an.

La|wi|nen|bil|dung, die: *Bildung* (3) *einer Lawine.*

La|wi|nen|ge|fahr, die ⟨o. Pl.⟩: *Gefahr, dass eine Lawine niedergeht.*

la|wi|nen|ge|fähr|det ⟨Adj.⟩: *durch das Bestehen von Lawinengefahr gekennzeichnet:* -e Hänge.

La|wi|nen|hang, der: *besonders lawinengefährdeter Berghang, an dem schon oft Lawinen niedergegangen sind.*

La|wi|nen|hund, der: *Lawinensuchhund.*

La|wi|nen|ka|ta|stro|phe, die: vgl. Lawinenunglück.

La|wi|nen|schutz, der: *Schutz vor niedergehenden Lawinen.*

la|wi|nen|si|cher ⟨Adj.⟩: *nicht durch Lawinen gefährdet, vor niedergehenden Lawinen geschützt:* ein -er Hang, Weg.

La|wi|nen|such|hund, der: *Hund, der bes. darauf abgerichtet ist, von Lawinen Verschüttete im Schnee aufzuspüren.*

La|wi|nen|un|glück, das: *durch eine Lawine verursachtes Unglück.*

La|wi|nen|ver|bau|ung, die: *Schutzwall, -mauer, -zaun o. Ä. zur Absicherung gegen niedergehende Lawinen.*

Lawn|ten|nis ['lɔ:n'tɛnɪs], (auch:) **Lawn-Ten|nis,** das; - [engl. lawn tennis, zu: lawn = Rasen]: *auf kurzem, dichtem Rasen gespieltes Tennis.*

lax ⟨Adj.⟩ [lat. laxus = schlaff, locker] (oft abwertend): *nachlässig, ohne feste Grundsätze, nicht streng:* eine -e Auffassung, Haltung, Führung, Moral; etw. l. handhaben, durchführen.

La|xans, das; -, ...antia u. ...anzien, **La|xa|tiv,** das; -s, -e, **La|xa|ti|vum,** das; -s, ...va [zu spätlat. laxativus = lindernd] (Med.): *mildes Abführmittel.*

Lax|heit, die; -, -en: **a)** ⟨o. Pl.⟩ *laxes Wesen, laxe Haltung, laxe Art;* **b)** *laxes Verhalten:* solche -en dürfen nicht vorkommen!

Lay|out, (auch:) **Lay-out** [leɪ'aʊt, auch: '– –], das; -s, -s [engl. layout, eigtl. = das Ausbreiten, der Grundriss, zu: to lay out = aufreißen (5)]: **1.** (Druckw.) *Text- u. Bildgestaltung einer Seite, eines Werbemittels bzw. einer Publikation:* das L. dieses Buches ist besonders geglückt. **2.** (Elektronik) *Schema für die Anordnung der Bauelemente einer Schaltung.*

lay|ou|ten [leɪ'aʊtn̩] ⟨sw. V.; hat⟩ (Druckw. Jargon): *Layouts* (1) *anfertigen.*

Lay|ou|ter, der; -s, -: *jmd., der Layouts* (1) *entwirft.*

Lay|ou|te|rin, die; -, -nen: w. Form zu ↑Layouter.

La|za|rett, das; -[e]s, -e [frz. lazaret = Seuchenkrankenhaus < ital. lazzaretto, venez. lazareto, nazareto; Abl. vom Namen der venez. Kirche »Santa Maria di Nazaret«, bei der im 15. Jh. ein Hospital für Aussätzige gewesen war; beeinflusst von ital. lazzaro = aussätzig, Aussatz]: *Krankenhaus für verwundete od. erkrankte Soldaten, Militärkrankenhaus.*

La|za|rett|schiff, das: *als [behelfsmäßiges] Lazarett eingerichtetes Schiff zur Behandlung u. zum Transport von Verwundeten.*

La|za|rett|wa|gen, der: *als Lazarett eingerichteter [Eisenbahn]wagen.*

La|za|rett|zug, der: vgl. Lazarettschiff.

LCD [ɛltse:'de:], das; -s, -s [Abk. für engl. liquid crystal display]: *Flüssigkristallanzeige.*

Lea|der ['li:dɐ], der; -s, - [engl. leader = (An)führer]: **1.** (Sport, bes. österr. u. schweiz.) *in einer Meisterschaft führender Klub.* **2.** *Leiter einer Band.*

Lea|de|rin, die; -, -nen: w. Form zu ↑Leader (2).

Lead|gi|tar|re, die: *[elektrische] Gitarre, auf der die Melodie gespielt wird.*

Lead|gi|tar|rist, der: *jmd., der [in einer Band] die Leadgitarre spielt.*

Lead|gi|tar|ris|tin, die: w. Form zu ↑Leadgitarrist.

Lean Ma|nage|ment ['li:n 'mænɪdʒmənt], das; - -s, - -s, (auch:) **Lean|ma|nage|ment,** das; -s, -s [engl., eigtl. = schlankes Management, aus: lean = schlank; von Zusätzen befreit, entschlackt u. management, ↑Management] (Wirtsch.): *Unternehmensführung nach einem Konzept, das auf die zielgerichtete Gestaltung der wirtschaftlichen Aktivitäten u. den Abbau unnötiger Kosten ausgerichtet ist.*

Lean Pro|duc|tion ['li:n prə'dʌkʃn], die; - -, (auch:) **Lean|pro|duc|tion,** die; - [engl., eigtl. = schlanke Produktion, aus: lean = schlank, mager, dürftig u. production = Produktion, Herstellung] (Wirtsch.): *Fertigung von Industrieerzeugnissen bei weitgehender Einsparung von Arbeitskräften, Kosten u. Material (z. B. durch Automation).*

Lear|ning by Do|ing ['lə:nɪŋ baɪ 'du:ɪŋ], das; - - - [engl., eigtl. = Lernen durch Tun] (bes. Päd.): *Lernen durch unmittelbares Anwenden, Praktizieren des zu Lernenden.*

lea|sen ['li:zn̩] ⟨sw. V.; hat⟩ [engl. to lease, eigtl. = (ver)mieten]: *(ein [Investitions]gut) zur eigenen Nutzung mieten, pachten:* ein Auto l.; ein geleastes Fotokopiergerät.

Lea|sing ['li:zɪŋ], das; -s, -s [engl. leasing] (Wirtsch.): *Vermietung von [Investitions]gütern u. Industrieanlagen (wobei die Mietzahlungen bei späterem Kauf angerechnet werden können).*

Lea|sing|fir|ma, die: *Firma, die Leasing betreibt.*

leb|bar ⟨Adj.⟩ (bes. schweiz.): *ausführbar, praktizierbar:* das Leben wieder l. machen.

Le|be|da|me, die [geb. nach ↑Lebemann] (abwertend): *elegante, reiche Frau, die im Luxus lebt u. dem sinnlichen Genuss ergeben ist.*

Le|be|mann, der ⟨Pl. ...männer⟩ [1794 von dem dt. Schriftsteller E. Langbein (1757–1835) erstmals für ↑Bonvivant u. frz. viveur gebraucht] (abwertend): *eleganter, reicher Mann, der im Luxus lebt u. dem sinnlichen Genuss ergeben ist.*

le|ben ⟨sw. V.; hat⟩ [mhd. leben, ahd. lebēn, eigtl. wohl = übrig bleiben (im Sinne von: überleben nach einem Kampf); 3: wohl unter Einfluss von engl. to live]: **1. a)** *am Leben, lebendig sein; nicht tot sein:* seine Großeltern leben noch; als der Arzt eintraf, lebte der Verunglückte schon nicht mehr; lebt er?; das Kind hat nur wenige Stunden gelebt; ohne dich kann ich nicht l.; nicht mehr lange zu l. haben; sie wollte nicht mehr länger l.; lass das Tier doch l. *(töte es nicht)!*; nicht l. und nicht sterben können *(sich sehr krank u. elend fühlen)*; lebst du noch? (ugs. scherzh. zu jmdm., der sehr lange nichts von sich hören ließ); es stimmt, so wahr ich lebe (ugs. Beteuerungsformel); ⟨1. Part.:⟩ die noch lebenden Nachkommen; lebend gebärende (Zool.; *lebende Junge zur Welt bringende*) Tiere; lebendes Inventar (Rechtsspr.; *Viehbestand*); bring mir den Mörder meines Sohnes, tot oder lebend!; ⟨subst.:⟩ die Lebenden und die Toten; Ü die Bilder dieser Künstlerin leben *(wirken lebendig)*; in den Menschen lebt die Hoffnung *(sie hoffen)* auf eine bessere Welt; lebende Sprachen *(Sprachen, die in der Gegenwart gesprochen werden)*; * **es von den Lebenden nehmen** (ugs.; *sehr hohe, überhöhte Preise fordern*); **jmd., etw. lebe!** (Wunschformel): es lebe die Freiheit!; lang lebe der König!; **b)** *auf der Welt sein, (als Lebewesen) da sein, existieren:* wie viele Menschen leben auf der Erde?; Luther lebte im 16. Jahrhundert; »Wie geht es dir?« – »Man lebt!« (ugs.; *es geht mir nicht gut, aber auch nicht übermäßig schlecht*); er weiß zu l. *(das Leben zu genießen)*; die lebenden *(heutigen)* Generationen; R l. und l. lassen *(man sollte jedem wie sich selbst seine eigene Existenz u. Lebensart zugestehen)*; man lebt nur einmal (Aufforderung, eine günstige Gelegenheit zu nutzen); **c)** *fortbestehen, weiterleben:* der Künstler lebt in seinen Werken; sein Andenken lebt in uns; der Name dieses Mannes wird für alle Zeiten l. **2.** *sein Leben in bestimmter Weise verbringen:* gut, anständig, enthaltsam, flott, bürgerlich, armselig l.; leb[e] wohl! (veraltend;

formelhafter Abschiedsgruß); er lebt wie ein Fürst; hier lebt es sich gut; wie Gott in Frankreich (ugs.; *im Überfluss*) leben; im Wohlstand, in glücklicher Ehe, in Scheidung l.; er lebt in dem Wahn, dauernd verfolgt zu werden; damit kann ich l. *(das ist für mich [noch] akzeptabel);* damit musst du l. *(musst du dich abfinden);* Wölfe leben in Rudeln; allein, mit seinen Freunden, mit einer Frau l.; nach seinem Glauben l.; sie lebt von ihrem Mann getrennt; er hat über seine Verhältnisse gelebt *(einen Lebensstil geführt, der seine finanziellen Möglichkeiten übersteigt);* sie lebten unter falschem Namen. **3. a)** *wohnen, seinen Wohnsitz haben:* er lebt in Hamburg; sie hatten lange im Ausland gelebt; auf dem Lande, in der Großstadt l.; **Ü** er lebt in einer anderen Welt *(ist ein Träumer);* **b)** *seinen Lebensraum haben:* Affen leben auf Bäumen; auf dem Land, im Wasser lebende Tiere. **4. a)** *sich von etw. ernähren:* gesund, fleischlos, Diät l.; die Gefangenen mussten von Wasser und Brot l.; **Spr** der Mensch lebt nicht vom Brot allein (*hat nicht nur materielle Bedürfnisse;* Matth. 4, 4); **b)** *seinen Lebensunterhalt von etw. bestreiten:* von seiner Hände Arbeit l.; von diesem Gehalt kann man nicht l.; von der Wohlfahrt, von jmds. Gnade und Barmherzigkeit l.; er lebt von seinen Eltern *(seine Eltern kommen für seinen Lebensunterhalt auf);* ⟨subst.:⟩ **R** das ist zum Leben zu wenig, zum Sterben zu viel. **5. a)** ⟨mit einem Subst. des gleichen Stammes als Obj.⟩ *verbringen, zubringen:* ein glückliches, erfülltes Leben l.; er lebt sein eigenes Leben; **b)** *durchleben, vorleben, im Leben praktizieren:* Demokratie, eine Weltanschauung, seinen Glauben l. **6.** *sich in einem bestimmten Verhältnis befinden:* mit jmdm. im/in Frieden, im/in Streit, in einem nachbarlichen Verhältnis l. **7.** *sich einer Sache widmen, hingeben:* ganz seiner Familie/für seine Familie l.; er lebt nur seiner Musik, für eine Idee.

Le̲|ben, das; -s, - [mhd. leben, ahd. lebēn, urspr. subst. Inf.]: **1.** ⟨Pl. selten⟩ *das Lebendigsein, Existieren:* organisches, irdisches L.; L. und Tod; das L. ist vergänglich; das keimende, werdende L.; in ihm ist kein L. mehr; das nackte L. *(die bloße Existenz)* retten; das L. verlieren *(sterben);* viele mussten im Krieg ihr L. lassen *(sind im Krieg umgekommen);* jmdm. das L. retten; die L. spendende (geh.; *das Leben ermöglichende*) Sonne; die Leben zerstörende (geh.; *das Leben vernichtende*) Atombombe; sein L. wagen, für etwas einsetzen, aufs Spiel setzen, (geh.:) hingeben; sich das L. nehmen *(sich selbst töten);* die Entstehung, Erhaltung, Bedrohung, Zerstörung des -s; des -s müde, überdrüssig sein; seines -s nicht sicher sein; am L. sein, bleiben; trotz seines Leidens hängt er am L. *(will er noch nicht sterben);* man fürchtete für sein L.; der Arzt konnte den Bewusstlosen nicht mehr ins L. zurückrufen; sie hat mit dem L. abgeschlossen *(ist bereit zu sterben);* sie haben mit dem L. gespielt, haben ihren Leichtsinn mit dem L. bezahlen müssen; (Rel.:) Gott, der Herr über L. und Tod; er rannte um sein L.; um jmds. L. bangen, kämpfen; durch einen Unfall ums L. kommen *(umkommen);* zwischen Tod und L. schweben; **Ü** die Show hatte kein L.; einen Vertrag mit L. erfüllen; * **das ewige L.** (christl. Rel.; *das Leben in der Ewigkeit*); **einem Kind das L. schenken** (geh.; *ein Kind gebären*); **sein L. teuer verkaufen** *(in einem Kampf erst nach erbitterter Gegenwehr schließlich unterliegen u. getötet werden);* **sein L. aushauchen** (geh., verhüllend; *sterben;* ↑Geist); **seines -s nicht mehr froh werden** *(immer wieder neue Sorgen, Probleme haben u. nicht zur Ruhe kommen);* **seinem L. ein Ende machen/setzen** (verhüll.; *sich selbst töten*); **ein Kampf o. Ä. auf L. und Tod** *(ein Kampf o. Ä., bei dem einer der Kontrahenten den Tod finden kann od. wird);* **etw. für sein L. gern tun** *(etw. sehr gern tun);* **[freiwillig] aus dem L. scheiden** *(sich selbst töten);* **etw. ins L. rufen** *(etw. gründen);* **mit dem L. davonkommen** *(aus einer großen Gefahr gerettet werden;* nach 2. Makk. 3, 38); **jmdm. nach dem L. trachten** *(jmdn. umbringen wollen);* **wie das blühende L. aussehen** (ugs.; *sehr gesund aussehen*). **2.** ⟨Pl. selten⟩ **a)** *Dauer, Verlauf des Lebens* (1), *der Existenz, des Daseins:* ein kurzes, langes L.; L. und Werk eines Künstlers; ein [ganzes] L. lang; sein L. genießen; seinem L. ein Ziel geben; der Sinn des -s; sich des -s freuen; die schwersten Stunden seines -s; sie hat das Geschäft ihres -s *(das beste Geschäft, das sie je im Leben abwickeln kann)* gemacht; auf ein erfülltes L. zurückblicken; * **jmdm. das L. sauer machen** (*jmdm. immer wieder Schwierigkeiten, Unannehmlichkeiten bereiten;* nach 2. Mos. 1, 14); **sich durchs L. schlagen** *(sich mühsam im Daseinskampf behaupten);* **nie im L./im L. nicht** (ugs.; *niemals, unter keinen Umständen*); **b)** *Art zu leben, Lebensweise:* ein einfaches, einsames, ruhiges, geordnetes, geregeltes, unstetes, liederliches, üppiges, arbeitsreiches L.; das L. als Artist ist hart; das L. in der Großstadt, auf dem Land; ein L. in Wohlstand, Zufriedenheit; das L. eines Einsiedlers führen; sein L. ändern; ein neues L. anfangen, beginnen *(neue, gute Vorsätze fassen; seinen Lebenswandel ändern);* du machst dir das L. bequem, etwas zu leicht; **R** was soll das schlechte L. nützen? *(man soll es sich lieber möglichst angenehm machen);* * **das süße L.** (*Leben im Luxus, ohne arbeiten zu müssen;* ital. la dolce vita); **c)** *Lebensinhalt:* der Sport war für sie das L. **3.** ⟨o. Pl.⟩ **a)** *der Alltag, die Wirklichkeit, in der sich das Leben abspielt; die Gesamtheit der Lebensformen:* das L. ist hart; diese Geschichte hat das L. geschrieben; das L. meistern; dem L. die guten Seiten abgewinnen; diese Geschichte ist aus dem L. gegriffen; für das L. lernen; etwas nach dem L. malen, schreiben; **R** wie das L. so spielt (ugs. scherzh.; *man muss sich mit allem abfinden*); **b)** *Gesamtheit der Vorgänge, das Geschehen innerhalb eines Bereichs:* das gesellschaftliche, wirtschaftliche, künstlerische, geistige L. einer Stadt; im öffentlichen L. stehen. **4.** ⟨o. Pl.⟩ *Betriebsamkeit, lebhaftes Treiben:* das L. auf den Straßen; auf dem Markt herrscht reges L.; nachts ist in der Innenstadt alles L. ausgestorben; die Kinder haben L. ins Haus gebracht.

le̲|bend ge|bä|rend: s. leben (1 a).

Le̲|bend|ge|wicht, das: **a)** (Fachspr.) *Gewicht eines lebenden, nicht gefütterten u. getränkten Nutz- od. Schlachttieres;* **b)** (scherzh.) *Körpergewicht eines Menschen.*

le|bẹn|dig ⟨Adj.⟩ [mhd. lebendec, ahd. lebendīg, weitergeb. aus dem 1. Part. mit urspr. Betonung der 1. Silbe]: **1.** *lebend, am Leben* (1): ein -es Wesen; -e Junge zur Welt bringen; bei -em Leibe verbrennen; er war mehr tot als l.; hier fühlt man sich wie l. begraben; **Ü** eine -e *(nicht erstarrte, nicht nur formale)* Demokratie; -e *(nicht erstarrte, fortwirkende)* Tradition; -er *(gelebter, im Leben praktizierter)* Glaube; ein -es *(wirksames, anschauliches)* Beispiel für etwas sein; die Erinnerung wurde wieder l. in ihm; * **es von den Lebendigen/vom Lebendigen nehmen** (↑leben 1 a). **2.** *lebhaft, munter, voll Leben:* eine sehr -e Stadt; die Kinder waren sehr l.; auf den Straßen wurde es allmählich -er; er hat sehr l. berichtet; **Ü** -e *(bunte, lebhafte)* Farben.

Le|bẹn|dig|keit, die; -: **1.** *das Lebendigsein.* **2.** *lebendiges Wesen, Lebhaftigkeit.*

Le̲|bens|abend, der (geh.): *letzter Lebensabschnitt [im Ruhestand]:* ein behaglicher L.; er musste seinen L. im Altenheim verbringen.

Le̲|bens|ab|schnitt, der: *Periode innerhalb eines Lebens.*

Le̲|bens|ab|schnitts|part|ner, der (ugs., oft scherzh.): *Lebensgefährte für einen bestimmten Zeitabschnitt:* ihr damaliger L.

Le̲|bens|ab|schnitts|part|ne|rin, die: w. Form zu ↑Lebensabschnittspartner.

Le̲|bens|ader, die: *lebenswichtiger Verkehrsweg, lebensnotwendige Versorgung:* Der Nil ist die L. Ägyptens; einer Stadt die L. durchschneiden.

Le̲|bens|al|ter, das: **a)** *Zahl der Lebensjahre:* das durchschnittliche L.; ein hohes L. erreichen; **b)** *bestimmter Abschnitt, Altersstufe:* das frühe, kindliche L.

Le̲|bens|angst, die: *Angst vor dem Leben; Angst, dem eigenen Leben u. seinen Anforderungen nicht gewachsen zu sein.*

Le̲|bens|an|spruch, der: *Anspruch an das Leben.*

Le̲|bens|ar|beits|zeit, die: *Dauer der Erwerbstätigkeit eines Menschen:* die L. verkürzen.

Le̲|bens|art, die: **1.** *die Art zu leben, Lebensweise:* die heutige, eine bürgerliche L. **2.** *ansprechendes Benehmen, gute Umgangsformen:* sie hat. L.; ein Mann von [feiner] L.

Le̲|bens|auf|fas|sung, die: *Auffassung vom Leben.*

Le̲|bens|auf|ga|be, die: *Aufgabe, der jmd. sein ganzes Leben widmet, die einen lebenslang beansprucht:* das ist eine L.; sich etwas zur L. machen.

Le̲|bens|äu|ße|rung, die: *sichtbares Zeichen, Ausdruck eines Lebens:* eine L. von sich geben.

Le̲|bens|bahn, die (geh.): *[vorgezeichneter] Lebensweg.*

Le̲|bens|baum, der [1: wohl nach den immergrünen Nadeln; 2 a: nach 1. Mos. 3, 22]: **1.** *(zu den Zypressen gehörender) immergrüner Baum mit abgeflachten Zweigen u. schuppenförmigen kleinen Blättern, die dachziegelartig angeordnet sind; Thuja.* **2. a)** (Rel.) *Baum des Lebens, der Erkenntnis;* **b)** (Volksk., Kunstwiss.) *symbolisches, den Baum des Lebens darstellendes Ornament.*

Le̲|bens|be|darf, der: *das zum Leben Notwendige.*

Le̲|bens|be|din|gun|gen ⟨Pl.⟩: *Bedingungen, unter denen jmd., etw. lebt:* die L. verbessern; unter optimalen L.

le̲|bens|be|dro|hend, le̲|bens|be|droh|lich ⟨Adj.⟩: *eine Bedrohung für das Leben darstellend:* eine -e Infektion, Krankheit.

Le̲|bens|be|dürf|nis|se ⟨Pl.⟩: *etw., was jmd. [unbedingt] zum Leben braucht.*

Le̲|bens|beich|te, die: *Rechenschaft über das bisherige Leben [in literarischer Form].*

le̲|bens|be|ja|hend ⟨Adj.⟩: *optimistisch denkend, immer die guten Seiten des Lebens hervorhebend:* -e Menschen; l. eingestellt sein.

Le̲|bens|be|ja|hung, die ⟨o. Pl.⟩: *lebensbejahende Haltung.*

Le̲|bens|be|reich, der: *Bereich, Gebiet, Umkreis, in dem sich das [menschliche] Leben abspielt:* der private L.; ein totalitärer Staat durchdringt alle -e.

Le̲|bens|be|richt, der: *literarischer Bericht über das eigene Leben od. das Leben einer [bedeutenden] Person.*

Le̲|bens|be|schrei|bung, die: *Biografie* (1).

Le̲|bens|bild, das: *Lebensbeschreibung.*

Le̲|bens|bund, der (geh.): *Ehe.*

Le̲|bens|chan|ce, die ⟨meist Pl.⟩: *Aussicht* (2) *für das [weitere] Leben.*

Le̲|bens|da|ten ⟨Pl.⟩: *biografische Daten.*

Le̲|bens|dau|er, die ⟨o. Pl.⟩: **a)** *Zeitspanne eines Lebens von der Geburt bis zum Tod:* die durchschnittliche L. des Menschen; **b)** *Dauer der Haltbarkeit eines Materials, der Funktionstüchtigkeit einer Maschine, eines Geräts o. Ä.:* dieser Motor hat eine lange L., ist auf L. gebaut.

le̲|bens|echt ⟨Adj.⟩: *der Wirklichkeit entsprechend, realistisch:* eine -e Schilderung.

Le̲|bens|ele|ment, das: **1.** *Urstoff, Element.* **2.** *etwas für das Leben [eines bestimmten Menschen] bes. Wichtiges:* die Musik ist sein L.

Le̲|bens|eli|xier, das (Volksk.): *Zaubertrank, der Jugend, Schönheit u. langes Leben verleihen soll.*

Le̲|bens|en|de, das ⟨o. Pl.⟩: *Ende eines Lebens, des Lebens:* bis ans L.

Le̲|bens|ent|wurf, der: *Planung des eigenen Lebens, Vorstellung vom (typischen) Verlauf des Lebens.*

le̲|bens|er|fah|ren ⟨Adj.⟩: *Lebenserfahrung besitzend.*

Le̲|bens|er|fah|rung, die: *Erfahrung durch das Leben u. für das Leben:* eine Frau von großer L.

le|bens|er|hal|tend ⟨Adj.⟩: *für die Erhaltung des Lebens notwendig:* die -en Funktionen des Körpers.

Le|bens|er|in|ne|run|gen ⟨Pl.⟩: *[aufgezeichnete] Erinnerungen aus dem eigenen Leben; Memoiren:* seine L. schreiben.

Le|bens|er|war|tung, die: *Zeitspanne, die ein Mensch voraussichtlich [noch] leben wird:* höhere L. durch bessere Lebensbedingungen; die mittlere L. *(Lebensalter, das innerhalb einer bestimmten Gruppe durchschnittlich erreicht wird);* Ü der Motor hat eine durchschnittliche L. von acht Jahren.

le|bens|fä|hig ⟨Adj.⟩: *fähig, imstande zu leben:* -e Zellen; das Neugeborene war nicht l.; Ü eine -e Gesellschaft.

Le|bens|fä|hig|keit, die ⟨o. Pl.⟩: *Fähigkeit zu leben.*

le|bens|feind|lich ⟨Adj.⟩: *fast jedes Leben unmöglich machend:* die -e Kälte der Arktis.

le|bens|fern ⟨Adj.⟩: *den tatsächlichen Gegebenheiten des Lebens* (3 a) *nicht entsprechend.*

Le|bens|fer|ne, die ⟨o. Pl.⟩: *Eigenschaft, lebensfern zu sein.*

Le|bens|form, die: **a)** *Lebensweise:* eine neue L., alternative -en; **b)** *Form, in der das Leben sich organisiert:* pflanzliche oder tierische -en untersuchen.

Le|bens|fra|ge, die: *Frage, Angelegenheit von entscheidender Bedeutung:* -n eines Volkes; das ist für ihn eine L.

le|bens|fremd ⟨Adj.⟩: **a)** *nicht der Lebenserfahrung entsprechend:* eine etwas -e Vorschrift; er hat völlig l. entschieden; **b)** *nicht im alltäglichen Leben stehend:* ein -er Gelehrter.

Le|bens|freu|de, die: *Freude am Leben, Daseinsfreude:* seine L. wiedergewinnen.

le|bens|froh ⟨Adj.⟩: *voller Lebensfreude, lebensbejahend:* sie war zwar l., aber nicht leichtsinnig.

Le|bens|füh|rung, die: *[sittliche] Gestaltung des Lebens.*

Le|bens|funk|ti|on, die ⟨meist Pl.⟩ (Biol., Med.): *das Leben kennzeichnende Funktion (z. B. Stoffwechsel):* eine Störung, der Ausfall der -en.

Le|bens|gang, der: *Lebensweg.*

Le|bens|ge|fahr, die ⟨o. Pl.⟩: *das Leben bedrohende, tödliche Gefahr:* es besteht akute L.; Achtung, Starkstrom! L.!; außer L. sein; er schwebt in L.; jmdn. unter [eigener] L. retten.

le|bens|ge|fähr|lich ⟨Adj.⟩: *mit Lebensgefahr verbunden:* eine -e Expedition, Situation; er ist l. verletzt.

Le|bens|ge|fähr|te, der: **1.** (geh.) *jmd., der jmdn. auf seinem Lebensweg begleitet, sein Lebensschicksal mit ihm teilt:* ihr Mann war ihr ein treuer L. **2.** *jmd., der mit jmdm. in eheähnlicher Verbindung zusammenlebt; Freund* (2): sie stellte ihn als ihren -n vor.

Le|bens|ge|fähr|tin, die: **1.** (geh.) w. Form zu ↑Lebensgefährte (1). **2.** w. Form zu ↑Lebensgefährte (2): sie ist seine L.

Le|bens|ge|fühl, das: *bewusstes Gefühl, am wirklichen Leben teilzuhaben, mitten im Leben zu stehen:* das L. einer ganzen Generation; dies Erlebnis steigert, hebt mein L.

Le|bens|geis|ter ⟨Pl.⟩: *Frische, Munterkeit:* der Kaffee [er]weckte seine L.; ihre L. erwachten.

Le|bens|ge|mein|schaft, die: **a)** *Gemeinschaft von [zwei] Lebensgefährten, Zusammenleben:* die L. der Ehe; -en von Homosexuellen; die Familie bildet eine L.; **b)** (Biol.) *Biozönose:* der Wald als L.

Le|bens|ge|nuss, der: *Genuss, den ein angenehmes Leben einem bereitet, den etw. Angenehmes im Leben darstellt.*

Le|bens|ge|schich|te, die: *Geschichte eines Lebens; Biografie* (2): jmdm. seine L. erzählen.

Le|bens|ge|wohn|heit, die ⟨meist Pl.⟩: *typische Art, wie jemand sein Leben zu verbringen pflegt.*

Le|bens|glück, das: *Erfüllung, Glück im eigenen [privaten] Lebensbereich:* er hat sein L. gefunden.

le|bens|groß ⟨Adj.⟩: *in natürlicher Größe:* eine -e Darstellung.

Le|bens|grö|ße, die: in der Fügung in [voller] L. *(in natürlicher Größe):* eine Plastik in L.; plötzlich stand er in voller L. (ugs. scherzh.; *leibhaftig, persönlich*) vor uns.

Le|bens|grund|la|ge, die: *materielle Grundlage, Voraussetzung des Lebens:* die natürlichen -n.

Le|bens|hal|tung, die ⟨o. Pl.⟩: *wirtschaftliche Gestaltung des Lebens:* einfache, üppige, bürgerliche L.; die L. ist teurer geworden.

Le|bens|hal|tungs|kos|ten ⟨Pl.⟩ (Wirtsch.): *Kosten für die Lebenshaltung:* die L. sind gestiegen.

Le|bens|hil|fe, die: *soziale Unterstützung, psychologische Beratung u. Ä.; Maßnahmen, die anderen Menschen helfen sollen, ihr Leben sinnvoll zu gestalten:* jmdm. L. geben.

Le|bens|hun|ger, der: *besonders stark ausgeprägtes Bedürfnis, viel zu erleben.*

le|bens|hung|rig ⟨Adj.⟩: *Lebenshunger habend.*

Le|bens|ide|al, das: *Ziel, Idee, nach der jmd. sein Leben ausrichtet.*

Le|bens|in|halt, der: *Inhalt, Sinngebung eines Lebens:* Reisen ist für ihn der, ist sein [ganzer] L.

Le|bens|in|te|res|se, das: *sehr wichtiges Interesse:* die -n eines Volkes.

Le|bens|jahr, das: *Jahr eines Lebens:* mit dem vollendeten 18. L. wird ein Jugendlicher mündig.

Le|bens|kampf, der: *Kampf ums Leben, Daseinskampf.*

le|bens|klug ⟨Adj.⟩: *klug u. erfahren in den Dingen des praktischen Lebens.*

Le|bens|klug|heit, die ⟨o. Pl.⟩: *lebenskluges Wesen.*

Le|bens|kraft, die: *Kraft zum Leben, Vitalität:* ein Mensch mit großer, mit viel L.

Le|bens|kri|se, die: *existenzielle Krise.*

Le|bens|künst|ler, der: *jmd., der die Kunst beherrscht, das Leben zu meistern, stets das Beste aus jeder Situation zu machen.*

Le|bens|künst|le|rin, die: w. Form zu ↑Lebenskünstler.

Le|bens|la|ge, die: *Situation im Leben:* jede L. meistern; in allen -n wusste er sich zu helfen.

le|bens|lang ⟨Adj.⟩: *ein Leben lang, das ganze Leben dauernd:* -es Siechtum; er fühlte sich l. an sein Versprechen gebunden.

le|bens|läng|lich ⟨Adj.⟩: *(von Freiheitsstrafen) erst mit dem Tod endend:* -er Freiheitsentzug; ein l. Inhaftierter; er hat, bekam »lebenslänglich« *(eine lebenslange Freiheitsstrafe).*

Le|bens|läng|li|che, der u. die; -n, -n ⟨Dekl. ↑Abgeordnete⟩ (Jargon): *jmd., der eine lebenslängliche Freiheitsstrafe verbüßt.*

Le|bens|lauf, der [LÜ von lat. curriculum vitae]: **a)** *der individuelle Verlauf eines Lebens, Lebensgeschichte:* einen abenteuerlichen L. hinter sich haben; **b)** *schriftliche Darstellung, Zusammenfassung der (bes. für die Berufslaufbahn) wichtigsten Daten u. Ereignisse des eigenen Lebens:* ein handgeschriebener, ausführlicher, tabellarischer L.; Bewerbung mit L. und Lichtbild.

Le|bens|licht, das: **a)** (geh.) *(als brennendes Licht gedachtes) Leben* (1): sein L. ist erloschen *(er ist gestorben);* * **jmdm. das L. ausblasen/auspusten** (ugs.; *jmdn. töten*); **b)** *dicke Kerze, die jmdm. am Geburtstag angezündet wird u. die nur er selbst ausblasen darf.*

Le|bens|li|nie, die: *(in der Handlesekunst) Furche der Innenhand, deren Länge die Lebensdauer anzeigen soll.*

Le|bens|lü|ge, die: *Selbsttäuschung, auf der jmd. sein Leben aufbaut:* sich in eine L. verstricken.

Le|bens|lust, die ⟨o. Pl.⟩: *überquellende Lebensfreude.*

le|bens|lus|tig ⟨Adj.⟩: *fröhlich [u. ein wenig leichtsinnig] das Leben genießend:* eine -e Witwe; seine junge Frau war sehr l.

Le|bens|mit|te, die ⟨o. Pl.⟩: *die Zeit etwa zwischen dem 40. u. 50. Lebensjahr:* die Krise der L.; die L. überschritten haben.

Le|bens|mit|tel, das ⟨meist Pl.⟩: *Ware zum Essen od. Trinken, die zum Bedarf des täglichen Lebens gehört:* leicht verderbliche L.; tierische, pflanzliche, neuartige L.

Le|bens|mit|tel|ab|tei|lung, die: *Abteilung eines Kaufhauses o. Ä., in der Lebensmittel verkauft werden.*

Le|bens|mit|tel|che|mi|ker, der: *Chemiker, der die chemische Beschaffenheit von Lebensmitteln untersucht* (Berufsbez.).

Le|bens|mit|tel|che|mi|ke|rin, die: w. Form zu ↑Lebensmittelchemiker.

Le|bens|mit|tel|ge|schäft, das: *Geschäft, in dem Lebensmittel verkauft werden.*

Le|bens|mit|tel|in|dus|trie, die: *Lebensmittel produzierende Industrie.*

Le|bens|mit|tel|kar|te, die: *in Kriegs- u. Krisenzeiten ausgegebene Karte, auf deren Abschnitte die rationierten Lebensmittel zugeteilt werden.*

Le|bens|mit|tel|mar|ke, die: *einzelner Abschnitt einer Lebensmittelkarte.*

Le|bens|mit|tel|ver|gif|tung, die (Med.): *durch den Genuss giftiger od. verdorbener Lebensmittel hervorgerufene Erkrankung.*

Le|bens|mit|tel|vor|rat, der: *Vorrat an Lebensmitteln.*

Le|bens|mo|nat, der: vgl. Lebensjahr: Säuglinge in den ersten -en.

le|bens|mü|de ⟨Adj.⟩: *ohne Willen zum Weiterleben, den Tod herbeisehnend:* du bist wohl l.! (scherzh. zu jmdm., der leichtsinnig etw. Gefährliches tut).

Le|bens|mü|dig|keit, die: *das Lebensmüdesein.*

Le|bens|mut, der: *Mut zum [tätigen] Leben, Unternehmungslust u. Optimismus:* keinen L. haben; er schöpfte neuen L.

le|bens|nah ⟨Adj.⟩: *den tatsächlichen Gegebenheiten des Lebens* (3 a) *entsprechend:* ein -er Unterricht; ein l. geschriebener Roman.

Le|bens|nä|he, die: vgl. Lebensferne.

Le|bens|nerv, der: *etwas zum Leben u. Weiterbestehen unbedingt Notwendiges:* jmds. L. durchschneiden; die Industrie ist in ihrem L. getroffen worden.

Le|bens|ni|veau, das (regional): *Lebensstandard.*

le|bens|not|wen|dig ⟨Adj.⟩: *zum Leben notwendig:* -e Spurenelemente; diese Freundschaft war für ihn l.

Le|bens|not|wen|dig|keit, die: **1.** ⟨o. Pl.⟩ *Eigenschaft, lebensnotwendig zu sein.* **2.** *etw. Lebensnotwendiges.*

Le|bens|part|ner, der: vgl. Lebensgefährte (2).

Le|bens|part|ne|rin, die: w. Form zu ↑Lebenspartner.

Le|ben spen|dend: s. Leben (1).

Le|bens|phi|lo|so|phie, die: **1.** (Philos.) *Philosophie, die sich mit dem menschlichen Leben befasst.* **2.** *Art u. Weise, das Leben zu betrachten.*

Le|bens|pla|nung, die: *jmds. Planung seines Lebens bes. in Hinblick auf seine berufliche Zukunft.*

Le|bens|prin|zip, das: *Prinzip, worauf jmd. sein Leben aufbaut.*

Le|bens|qua|li|tät, die ⟨o. Pl.⟩ [LÜ von engl. quality of life]: *durch bestimmte Annehmlichkeiten (wie saubere Umwelt, humane Arbeitsbedingungen, großzügiges Freizeitangebot) charakterisierte Qualität des Lebens, die zu individuellem Wohlbefinden führt:* die Erhaltung, Verbesserung der L.; ein Verlust an L.

Le|bens|raum, der: **1.** (Biol.) *Biotop* (a, b). **2.** *Raum, Umkreis, in dem sich jmd. od. eine Gemeinschaft [frei] bewegen u. entfalten kann:* jmds. L. einschränken.

Le|bens|recht, das: *Recht auf [eigenständiges] Leben.*

Le|bens|re|gel, die: *Grundsatz, den jmd. für seine Lebensführung hat, Richtschnur:* sich etw. zur L. machen.

le|bens|ret|tend ⟨Adj.⟩: *einer tödlichen Bedrohung entgegenwirkend:* ein -es Medikament; die schnelle Hilfe hat sich l. ausgewirkt.

Le|bens|ret|ter, der: **a)** *jmd., der einem Menschen [unter Einsatz des eigenen Lebens] das Leben rettet:* er hatte seinem unbekannten L. nicht einmal danken können; **b)** *zur Rettung in Notfällen bes. Ausgebildeter* (z. B. Rettungsschwimmer).

Le̲|bens|ret|te|rin, die: w. Form zu ↑Lebensretter.
Le̲|bens|rhyth|mus, der: *Rhythmus, in dem das Leben abläuft:* ein veränderter L.; sich an einen neuen L. gewöhnen.
Le̲|bens|sinn, der ⟨o. Pl.⟩: *Sinn des Lebens:* die Frage nach dem L.
Le̲|bens|stan|dard, der: *Höhe der Bedürfnisse u. Aufwendungen für das tägliche Leben:* der L. steigt, sinkt, ist dort höher als hier zu Lande; seinen L. halten; einen hohen, niedrigen L. haben.
Le̲|bens|stel|lung, die: *feste Anstellung [mit entsprechenden Aufstiegsmöglichkeiten] bis zum Ausscheiden aus dem Berufsleben:* eine L. suchen, finden, aufgeben, haben.
Le̲|bens|stil, der: *Stil, Art der Lebensführung.*
Le̲|bens|traum, der: *etwas, was sich jmd. im Leben als Schönstes erträumt:* mit dieser Weltreise hat sie sich ihren L. erfüllt.
le̲|bens|tüch|tig ⟨Adj.⟩: *den Anforderungen des Lebens gewachsen:* Kinder zu -en Menschen erziehen.
Le̲|bens|tüch|tig|keit, die: *Eigenschaft, lebenstüchtig zu sein.*
Le̲|bens|über|druss, der: *starke Abneigung gegenüber dem Leben.*
le̲|bens|über|drüs|sig ⟨Adj.⟩: *des Lebens überdrüssig.*
Le̲|bens|um|stän|de ⟨Pl.⟩: *Umstände, Verhältnisse, in denen jmd. lebt.*
le̲|bens|un|fä|hig ⟨Adj.⟩: *zu schwach, nicht fähig zu leben.*
Le̲|bens|un|fä|hig|keit, die ⟨o. Pl.⟩: vgl. Lebensfähigkeit.
Le̲|bens|un|ter|halt, der: *gesamter finanzieller Aufwand für die lebensnotwendigen Dinge (Ernährung, Kleidung, Wohnung usw.):* seinen L. als Zeichner/mit Zeichnen verdienen; sich seinen L. selbst verdienen; für jmds. L. sorgen; etwas zum L. der Familie beitragen.
le̲|bens|un|tüch|tig ⟨Adj.⟩: *den Anforderungen des Lebens nicht gewachsen.*
Le̲|bens|un|tüch|tig|keit, die: vgl. Lebenstüchtigkeit.
Le̲|bens|ver|hält|nis|se ⟨Pl.⟩: *Lebensumstände.*
le̲|bens|ver|län|gernd, ⟨Adj.⟩: *das Leben verlängernd:* -e Maßnahmen in der Intensivmedizin.
Le̲|bens|ver|si|che|rung, die: *Versicherung über eine bestimmte Summe, die im Todesfall an die Hinterbliebenen des Versicherten, im Erlebensfall an den Versicherten selbst ausbezahlt wird:* eine L. abschließen; seine L. (ugs.; *die Versicherungssumme seiner Lebensversicherung*) ausbezahlt bekommen; Ü selbst die besten Bremsen sind keine L.
Le̲|bens|vor|gang, der (Med., Biol.): *Vorgang, durch den das Leben* (2) *deutlich wird, sich zeigt, der das Leben* (2) *ausmacht.*
Le̲|bens|wahr|heit, die: *im Leben, durch das Leben gewonnene Erkenntnis.*
Le̲|bens|wan|del, der: *Art der Lebensführung, des sittlichen Verhaltens im Leben:* ein einwandfreier, ruhiger L.; sie führte einen liederlichen, lockeren L.
Le̲|bens|was|ser, das [b: wohl LÜ von frz. eau de vie]: **a)** (Myth.) *Krankheiten heilendes, ewige Jugend u. Unsterblichkeit verleihendes Wasser;* **b)** (ugs. scherzh.) *Branntwein, Schnaps.*
Le̲|bens|weg, der: *Weg durchs Leben, Verlauf des Lebens:* ein langer, schwerer L.; verschlungene -e; sie wollen ihren L. gemeinsam gehen (geh.; *heiraten*); viel Glück auf deinem weiteren L.!
Le̲|bens|wei|se, die: *die Art u. Weise, wie jmd. (im Hinblick auf Ernährung, Bewegung, Gesundheit) sein Leben verbringt:* eine gesunde, sportliche, solide, karge L.; die vegetarische L. bevorzugen; eine sitzende *(durch vieles Sitzen gekennzeichnete)* L.
Le̲|bens|weis|heit, die: **a)** ⟨o. Pl.⟩ *im Leben, durch das Leben erworbene Weisheit:* wegen seiner L. hörte man auf seinen Rat; **b)** *weiser Ausspruch über das Leben.*
Le̲|bens|werk, das: *schöpferische Leistung eines Lebens:* diese Firma ist sein L.; der Autor bekam die Auszeichnung für sein L.
le̲|bens|wert ⟨Adj.⟩: *wert, gelebt zu werden; wert, dass jmd. darin lebt:* eine -e Zukunft; das Leben ist l.
le̲|bens|wich|tig ⟨Adj.⟩: *sehr wichtig, von entscheidender Bedeutung für das Leben:* -e Nährstoffe; diese Anschaffung ist nicht l. *(unbedingt notwendig).*
Le̲|bens|wil|le, (seltener:) **Le̲|bens|wil|len,** der: *Wille zum [Weiter]leben:* sein L. war ungebrochen; keinen Lebenswillen mehr haben.
Le̲|bens|zei|chen, das: *Anzeichen, Beweis dafür, dass jmd. [noch] lebt:* kein L. [mehr] von sich geben; Ü seit seiner Abreise haben wir noch kein L. *(keinerlei Nachricht)* von ihm bekommen.
Le̲|bens|zeit, die: *Zeitdauer eines [Menschen]lebens:* eine lange, erfüllte L.; häufiges Rauchen verkürzt die L.; *** auf L.** *(für das ganze weitere Leben; lebenslang):* Beamter auf L.; eine Rente auf L.
Le̲|bens|zweck, der: *Zweck, Sinn des Lebens, Daseins.*
Le̲|ben zer|stö|rend: s. Leben (1).
Le̲|ber, die; -, -n [mhd. leber(e), ahd. lebara; H. u., viell. zu ↑leben (als »Sitz des Lebens«) od. urspr. = die Klebrige, Fettige]: **a)** *Körperorgan, das der Regelung des Stoffwechsels sowie der Entgiftung des Blutes dient:* die L. ist geschwollen, entzündet; Verfettung der L.; er hat es mit der L. [zu tun] (ugs.; *ist leberkrank*); *** frisch/frei von der L. weg sprechen/reden** (ugs.; *ganz offen, ohne Hemmungen sprechen, seine Meinung sagen*); **b)** *Leber eines Schlachttieres als Speise:* gebratene L. mit Kartoffelbrei.
Le̲|ber|blüm|chen, das [mhd. liberblume, nach der Form der gelappten Blätter]: *(in Laubwäldern wachsende) kleine, der Anemone verwandte Pflanze mit blauen, seltener mit rosa od. weißen sternförmigen Blüten.*
Le̲|ber|egel, der: *in der Leber bes. von Rindern, Pferden, Schweinen, selten auch beim Menschen schmarotzender Saugwurm.*
Le̲|ber|ent|zün|dung, die: *entzündliche Erkrankung der Leber; Hepatitis.*
Le̲|ber|fleck, der [LÜ von mlat. macula hepatica; nach dem braunen Farbton]: *bräunlicher bis [braun]schwarzer [kleiner] Fleck auf der Haut.*
Le̲|ber|kä|se, der ⟨o. Pl.⟩: **1.** *Gericht aus fein gehacktem Fleisch [u. gehackter Leber] mit Gewürzen, Speck, Eiern, das gebacken u. in Scheiben geschnitten [u. kurz gebraten] serviert wird:* zwei Scheiben L. **2.** (landsch.) *Fleischkäse.*
Le̲|ber|knö|del, der (südd., österr.): *Kloß aus gemahlener Leber mit Zwiebeln, Speck, Eiern u. wenig Mehl:* L. mit Sauerkraut.
Le̲|ber|ko|lik, die (Med.): *Kolik durch plötzlichen Druckanstieg im Gallenwegsystem.*
le̲|ber|krank ⟨Adj.⟩: vgl. herzkrank: wer l. ist, muss Diät leben.
Le̲|ber|krebs, der: *Krebs* (3 a) *an der Leber.*
Le̲|ber|lei|den, das: *chronischer Krankheitszustand der Leber.*
le̲|ber|lei|dend ⟨Adj.⟩: *ein Leberleiden habend.*
Le̲|ber|pas|te|te, die (Kochk.): *aus fein geschnittener [Geflügel]leber bereitete Pastete.*
Le̲|ber|scha|den, der: *Schaden an der Leber.*
Le̲|ber|schmerz, der: *Schmerz, der von der Leber ausgeht.*
Le̲|ber|tran, der: *aus der Leber verschiedener Fische gewonnenes, vitaminreiches Öl, das bes. als Kräftigungsmittel verwendet wird:* L. [ein]nehmen.
Le̲|ber|wert, der (Med.): *im Rahmen einer ärztlichen Untersuchung ermittelter Wert, der die Funktionstüchtigkeit der Leber einschätzt.*
Le̲|ber|wurst, die [mhd. leberwurst, ahd. leparawurst]: *aus Kalbs- u. Schweineleber bereitete Streichwurst:* feine, grobe L.; *** die gekränkte/beleidigte L. spielen** (ugs.; *aus nichtigem Anlass beleidigt tun, schmollen;* urspr. wohl von der Vorstellung der Leber als Zentrum der Gefühle; dann volksetym. mit der Erzählung verbunden, die Leberwurst sei vor Wut geplatzt, als die Blutwurst vor ihr aus dem Kessel genommen wurde).
Le̲|ber|wurst|brot, das: *mit Leberwurst bestrichenes Brot* (1 d).
Le̲|ber|zir|rho|se, die (Med.): *chronisch fortschreitende Erkrankung der Leber, bei der sich das Bindegewebe vermehrt, aber das eigentliche Organ durch Verhärtung und Schrumpfung allmählich zerstört wird.*
Le̲|be|welt, die ⟨o. Pl.⟩: **1.** *Gesamtheit der Tier- u. Pflanzenwelt, der Lebewesen.* **2.** *Gesellschaftsschicht der Lebedamen u. Lebemänner.*
Le̲|be|we|sen, das: *Wesen mit organischem Leben, bes. Tier od. Mensch; Organismus:* einzellige, tierische, pflanzliche L.; der Mensch als höchstentwickeltes L.
Le̲|be|wo̲hl, das; -[e]s, -s u. -e (geh.): *»Lebe wohl!« lautender Abschiedsgruß:* sich ein freundliches L. zurufen; *** [jmdm.] L. sagen** (geh.; *sich [von jmdm.] verabschieden*).
le̲b|haft ⟨Adj.⟩ [mhd. lebehaft = lebend, lebendig]: **1. a)** *(in den Lebensäußerungen) voller Bewegung, Temperament erkennen lassend, lebendig:* ein -er Mensch; -e Bewegungen; er hat ein sehr -es Wesen; die Kinder sind sehr l.; nun aber ein bisschen l. (ugs.; *schnell u. mit Bewegung voran*)!; eine -e *(angeregte)* Unterhaltung; Ü eine -e Fantasie; **b)** *rege:* hier herrscht -es Treiben; -e Tätigkeit; der Verkehr ist immer -er geworden; **c)** *deutlich, klar, genau:* etwas in -er Erinnerung haben; das kann ich mir l. vorstellen. **2. a)** *(von Farben) kräftig:* ein -es Rot, Grün; diese Farben sind mir zu l.; eine l. gemusterte Krawatte; **b)** *sehr stark:* -er Beifall, Widerspruch; das interessiert mich l.
Le̲b|haf|tig|keit, die; -: *lebhaftes Wesen.*
Le̲b|hag, der; -[e]s, ...häge (schweiz.): *Hecke.*
Le̲b|ku|chen, der; -s, - [mhd. leb(e)kuoche; 1. Bestandteil viell. zu ↑Laib, also eigtl. = Brotkuchen; volksetym. angelehnt an ↑leben]: *mit Sirup od. Honig u. vielen Gewürzen gebackener Kuchen.*
Le̲b|ku|chen|herz, das: *herzförmiger [mit Schokolade überzogener] Lebkuchen.*
le̲b|los ⟨Adj.⟩ [mhd. lebelōs]: *ohne Anzeichen von Leben, [wie] tot:* ein -er Körper; [wie] l. daliegen; ein -es *(starres, unbewegtes)* Gesicht.
Le̲b|lo|sig|keit, die; -: *das Leblossein, lebloser Zustand.*
Le̲b|tag, der [mhd. lebetac = Lebenszeit]: in den Wendungen **[all] mein, dein** usw. **L.** (ugs.; *das ganze Leben lang, solange ich lebe/du lebst usw.*): all ihr L. hatte sie gearbeitet; daran wirst du dein L. denken!; **mein, dein** usw. **L. nicht** (ugs.; *nie, niemals*): das lernst du dein L. nicht.
Le̲b|zei|ten: in der Fügung **bei/zu L.** *(während des Lebens; zu der Zeit, als jmd. noch lebte).*
Lẹch, der; -s: rechter Nebenfluss der Donau in Bayern u. Österreich.
lẹch|zen ⟨sw. V.; hat⟩ [mhd. lech(e)zen = austrocknen; dürsten, Intensivbildung zu: lecken = austrocknen; brennenden Durst verspüren] (geh.): *(nach etw., was jmd. [für seine Existenz] dringend braucht od. herbeisehnt) mit heftiger Begierde verlangen:* nach Wasser, nach Kühlung l.; er lechzte nach Macht, Rache; Ü die Natur lechzt nach Regen.
Le|ci|thi̲n: ↑Lezithin.
lẹck ⟨Adj.⟩ [aus der niederd. Seemannsspr., niederd. leck, verw. mit ↑lechzen, eigtl. = tröpfelnd]: *(von Schiffen, Tanks o. Ä.) eine undichte Stelle aufweisend, die Wasser eindringen bzw. eine Flüssigkeit auslaufen lässt:* ein -es Boot; die Tanks waren l.
Lẹck, das; -[e]s, -s: *undichte Stelle, die Wasser eindringen bzw. eine Flüssigkeit auslaufen lässt:* ein L. im Bug, Tank.
[1]lẹ|cken ⟨sw. V.; hat⟩ [mhd. lecken, ahd. lecchōn, vgl. griech. leíchein = lecken]: **1. a)** *mit der Zunge über etw. streichen:* die Katze leckt ihre Jungen, leckt sich, leckt sich die Pfoten; der Hund leckt seine Wunde, leckt mir die Hand, leckt an meiner Hand; Ü die Flammen lecken

L

bis zum First; ***leck, leckt mich [doch]!** (derb; *lass, lasst mich [doch] in Ruhe!*); **b)** *mit der Zunge [als Nahrung] aufnehmen:* die Katze leckt Milch; das Kind leckte sein Eis; **c)** *ablecken* (a): er leckte sich das Blut vom Arm. **2.** (vulg.) *durch* [1]*Lecken* (1 a) *Geschlechtsteile sexuell stimulieren:* jmdn. l.

[2]**le|cken** ⟨sw. V.; hat⟩ [zu ↑leck]: *durch ein Leck Flüssigkeit herauslaufen lassen:* der Tank, der Kanister leckt.

le|cker ⟨Adj.⟩ [mhd. lecker = fein schmeckend, zu ↑[1]lecken]: *besonders wohlschmeckend [aussehend, erscheinend]:* zum Abendessen ein paar -e Kleinigkeiten richten; dieser Auflauf sieht l. aus, riecht l.; der Kuchen schmeckt aber l.; Ü ein -es *(nett anzusehendes)* Mädchen.

Le|cker|bis|sen, der: *etw. besonders Wohlschmeckendes:* auserlesene L.; Ü ein musikalischer, künstlerischer, technischer L.; ein L. für den Krimifreund.

Le|cke|rei, die; -, -en: **1.** (o. Pl.) (ugs.) *[dauerndes]* [1]*Lecken.* **2.** *etw. Leckeres, bes. etw. Süßes.*

Le|cker|li, das; -s, - (schweiz.): **1.** *in kleine Rechtecke geschnittenes, dem Honigkuchen ähnliches Gebäck.* **2.** (ugs.): *Leckerei* (2).

Le|cker|maul, Le|cker|mäul|chen, das (ugs.): **1.** *jmd., der gern Leckerbissen isst; Feinschmecker.* **2.** *jmd., der gern Süßigkeiten isst.*

leck|schla|gen ⟨st. V.; ist⟩ (Seemannsspr.): *durch äußere Einwirkung leck werden.*

led. = ledig.

Le|der, das; -s, - [mhd. leder, ahd. ledar, H. u.]: **1.** *aus Tierhaut durch Gerben gewonnenes, meist zähes, sehr reißfestes Material:* weiches, schmiegsames, glattes, raues, genarbtes L.; L. färben, pflegen, imprägnieren; die L. verarbeitende Industrie; Kleidung aus L.; diese Tasche haben wir auch in L.; jmd., etw. ist zäh wie L.; dieses Buch kann auch in L. *(mit einem aus Leder angefertigten Einband)* geliefert werden; [die folgenden Wendungen beruhen auf veraltet Leder = menschliche Haut:] ***jmdm. das L. gerben/versohlen** (↑Fell 1 a); **jmdm. ans L. gehen/wollen** (ugs.: *jmdn. angreifen*); **vom L. ziehen** *(schimpfen, wettern, polemisieren):* gegen jmdn., etw. vom L. ziehen. **2.** kurz für ↑Fensterleder. **3.** (Fußball Jargon) *Fußball.*

Le|der|ab|satz, der: *Schuhabsatz aus Leder.*

le|der|ar|tig ⟨Adj.⟩: *wie Leder [beschaffen].*

Le|der|ball, der: *Ball aus Leder.*

[1]**Le|der|band,** das ⟨Pl. ...bänder⟩: [1]*Band* (I 1) *aus Leder.*

[2]**Le|der|band,** der ⟨Pl. ...bände⟩: *in Leder gebundenes Buch.*

Le|der|ein|band, der: *lederner Einband.*

le|der|far|ben, le|der|far|big ⟨Adj.⟩: *von der Farbe des Leders.*

Le|der|fett, das: *zur Pflege von Leder dienendes Fett.*

Le|der|gurt, der: vgl. Lederball.

Le|der|gür|tel, der: vgl. Lederball.

Le|der|hand|schuh, der: vgl. Lederball.

Le|der|haut, die: **1.** *(bei Wirbeltieren u. Menschen) unter der Epidermis liegende, zähe Hautschicht; Corium.* **2.** *den Augapfel umgebende Haut; Sklera.*

Le|der|her|stel|lung, die: *Herstellung von Leder.*

Le|der|ho|se, die: *Hose aus Leder.*

le|de|rig: ↑ledrig.

Le|der|ja|cke, die: vgl. Lederhose.

Le|der|knopf, der: *mit Leder überzogener Knopf.*

Le|der|kom|bi|na|ti|on, die: *Kombination* (2) *aus Leder:* Motorradfahrer in ihren -en.

Le|der|man|tel, der: vgl. Lederhose.

Le|der|map|pe, die: vgl. Lederball.

[1]**le|dern** ⟨sw. V.; hat⟩ [zu ↑Leder (2)]: *mit einem Ledertuch reiben:* die Fenster waschen und trocken l.; das Glas blank l.; ich muss den Wagen noch l. *(abledern).*

[2]**le|dern** ⟨Adj.⟩ [mhd. liderīn, ahd. lidirīn]: **a)** *aus Leder [gefertigt]:* -e Stiefel, Handschuhe, Taschen; **b)** *lederartig, zäh:* eine -e Haut; das Fleisch war l.

Le|der|na|cken, der [LÜ von engl.-amerik. leatherneck, nach der früher zur Uniform der US-Marine gehörenden, mit Leder umkleideten steifen Halsbinde] (ugs.): *US-amerikanischer Marineinfanterist.*

Le|der|pols|ter, das: *mit Leder bezogenes Polster.*

Le|der|rie|men, der: vgl. Lederball.

Le|der|rü|cken, der (Buchw.): *Buchrücken aus Leder.*

Le|der|schuh, der: *lederner Schuh.*

Le|der|schurz, der: vgl. Lederhose.

Le|der|ses|sel, der: vgl. Lederpolster.

Le|der|so|fa, das: vgl. Lederpolster.

Le|der|soh|le, die: *lederne Schuhsohle.*

Le|der|stie|fel, der: vgl. Lederhose.

Le|der|ta|sche, die: vgl. Lederball.

Le|der|tuch, das: vgl. Fensterleder.

Le|der ver|ar|bei|tend: s. Leder (1).

Le|der|wa|ren ⟨Pl.⟩: *aus Leder gefertigte Erzeugnisse.*

le|dig ⟨Adj.⟩ [mhd. ledic, wahrsch. verw. mit ↑Glied u. eigtl. = gelenkig (vgl. schwed. ledig = geschmeidig)]: **1.** *nicht verheiratet (und nicht geschieden):* ein -er junger Mann; eine -e Mutter; sie ist noch l., will l. bleiben. **2. einer Sache, jmds. l. sein** (geh.: *frei von etw. [bes. von Verantwortung o. Ä.], jmdm. sein*).

Le|di|ge, der u. die; -n, -n (Dekl. ↑Abgeordnete): *jmd., der ledig* (1) *ist.*

le|dig|lich ⟨Adv.⟩ [mhd. ledeclīche = ohne Hindernis, ohne anderes; auch: herrenlos]: *weiter nichts als; nur:* ich berichte l. Tatsachen; er verlangt l. sein Recht; ich tue l. meine Pflicht.

led|rig, lederig ⟨Adj.⟩: *wie Leder; lederartig:* -e Haut.

Lee, die; - od. (Geogr. nur:) das; -s ⟨Seemannsspr. meist o. Art.⟩ [aus dem Niederd. < mniederd. lē = Ort, wo die See dem Wind nicht ausgesetzt ist, eigtl. = milde, geschützte Seite, verw. mit ↑lau] (Seemannsspr., Geogr.): *dem Wind abgekehrte Seite (eines Schiffes, Gebirges):* die Insel liegt in L.; das Boot neigt sich nach L.; im L. der Alpen.

leer ⟨Adj.⟩ [mhd. lære, ahd. lāri, verw. mit ↑lesen, also urspr. = was vom abgeernteten Feld noch aufgelesen werden kann]: **1. a)** *nicht mit etw. gefüllt; ohne Inhalt:* ein -es Fass, Glas; eine -e Kiste; auf -en Magen etw. trinken; der Tank, die Kanne ist l.; die Kasse ist l. (ugs.; *es ist kein Geld da*); ein Fass l. laufen lassen; seinen Teller l. essen; sein Glas l. trinken; die Flasche machen wir auch noch l.; mein Magen ist l. *(ich habe längere Zeit nichts gegessen);* **b)** *ohne dass etw. auf, in etw. vorhanden ist:* -e Ähren; der Wind fegt über -e Felder; ein -es *(von den Vögeln verlassenes)* Nest; dieses Blatt ist noch l. *(unbeschrieben);* einen Laden, ein Zimmer l. *(unmöbliert)* mieten; ⟨subst.:⟩ der wohl gemeinte Rat ging ins Leere; ***l. ausgehen** *([bei einer Verteilung] nichts abbekommen);* **l. laufen** *(im Leerlauf laufen):* die Maschine läuft l.; **c)** *[fast] ohne einen Menschen, ohne ein Lebewesen; menschenleer:* durch -e Straßen, Gassen gehen; vor -en Bänken, Rängen, vor -em Haus *(vor wenig Zuhörern, Zuschauern)* spielen; das Kino, die Bahn war l.; diese Gegend ist öde und l.; sein Platz blieb l. *(er kam nicht);* die Wohnung steht l. *(ist nicht bewohnt);* ein l. stehendes *(nicht bewohntes)* Haus. **2.** (abwertend) *unter der Oberfläche, hinter dem Äußeren nichts weiter enthaltend, Sinn u. Inhalt vermissen lassend:* -er Prunk; -e *(nichts sagende)* Worte, Phrasen, Begriffe; das ist doch alles -es Gerede *(Gerede ohne tiefere Bedeutung);* -e Drohungen *(Drohungen, die nicht wahr gemacht werden);* -e Versprechungen *(Versprechungen, die nicht gehalten werden);* jmdn. l., mit -en Augen, mit -em Blick *([starr u.] abwesend-ausdruckslos)* ansehen; sie fühlt sich völlig l. *(empfindet nichts als innere Leere).*

-leer: drückt in Bildungen mit Substantiven aus, dass etw. fehlt: ausdrucks-, inhaltsleer.

Lee|re, die; -: *das Leersein:* die L. des Zimmers, des Weltalls; im Saal, im Stadion herrschte gähnende L. *(war kaum jemand anwesend);* Ü eine geistige, innere L.

lee|ren ⟨sw. V.; hat⟩ [mhd. læren, ahd. (ir)lāren]: **1.** *leer machen:* den Mülleimer, den Briefkasten l.; ein Glas [auf jmds. Wohl, auf jmdn., etw.] l. *(austrinken);* **2.** (österr., sonst landsch.) *(irgendwohin) gießen, schütten:* du kannst das Wasser an den Strauch l., den Eimer *(den Inhalt des Eimers)* in den Ausguss l. **3.** ⟨l. + sich⟩ *leer werden:* der Saal, das Haus leerte sich langsam *(die Besucher verließen den Saal, das Haus).*

Leer|fahrt, die: *Fahrt eines Transportmittels ohne Ladung, ohne Fahrgäste.*

Leer|for|mel, die (meist abwertend): *nichts sagende, inhaltslose, formelhafte Äußerung, Redewendung o. Ä.*

Leer|ge|wicht, das (bes. Kfz-W.): *Gewicht eines Fahrzeugs in unbeladenem od. unbesetztem Zustand.*

Leer|gut, das ⟨o. Pl.⟩: *zur Wiederverwendung bestimmte leere Verpackungen, Behälter.*

Leer|heit, die; -, -en ⟨Pl. selten⟩: *Zustand des Leerseins.*

Leer|lauf, der: **1.** *das Laufen einer Maschine ohne Belastung:* die Maschine ist auf L. geschaltet; der Wagen rollt, der Motor läuft im L.; den L. einlegen, in den L. schalten *(den Gang herausnehmen).* **2.** *unproduktive Phase, nicht sinnvoll genutzte Zeit (innerhalb eines größeren Ablaufs):* L. haben.

leer laufen: s. leer (1 b).

Leer|schritt, der: *Abstand, der sich beim Maschinenschreiben durch einen Anschlag der Leertaste ergibt.*

leer ste|hend: s. leer (1 c).

Leer|stel|le, die: **1.** (Sprachw.) *(in der Dependenzgrammatik) aufgrund der Valenz des Verbs durch eine Ergänzung zu besetzende Stelle im Satz.* **2.** *Stelle, die nicht besetzt ist, bei der etw. fehlt.* **3.** ↑Leerschritt.

Leer|tas|te, die: **a)** *Taste der Schreibmaschine, bei deren Betätigung der Wagen* (4) *weiterrückt, ohne dass eine Type bewegt wird;* **b)** (Datenverarb.) *Taste der Tastatur eines Computers, mit der eine Leerstelle* (3) *eingegeben wird.*

Lee|rung, die; -, -en: *das Leeren:* die L. eines Briefkastens.

Leer|zim|mer, das: *unmöbliert zu [ver]mietendes Zimmer.*

Lee|sei|te, die (Seemannsspr., Geogr.): vgl. Lee.

lee|wärts ⟨Adv.⟩ [↑-wärts] (Seemannsspr.): **a)** *nach Lee;* **b)** *auf der Leeseite.*

Lef|ze, die; -, -n [mhd. lefs[e], ahd. lefs, eigtl. = schlaff Herabhängendes]: *Lippe (bei Hund u. Raubwild).*

leg. = legato.

le|gal ⟨Adj.⟩ [lat. legalis, zu: lex (Gen.: legis) = Gesetz]: *gesetzlich [erlaubt], dem Gesetz gemäß, rechtmäßig; mit behördlicher Genehmigung:* eine -e Methode, Lösung; etw. auf -em Weg erwerben; das ist absolut l.; er ist ganz l. eingereist.

le|ga|li|sie|ren ⟨sw. V.; hat⟩ [frz. légaliser, zu: légal = gesetzlich < lat. legalis, ↑legal]: *legal machen, gesetzlich erlauben:* durch das Gesetz hat der Staat diese Zustände legalisiert; die Regierung will Haschisch, den Gebrauch von Marihuana l.

Le|ga|li|sie|rung, die; -, -en: *das Legalisieren.*

le|ga|lis|tisch ⟨Adj.⟩ (bildungsspr. abwertend): *kleinlich, starr an Paragraphen u. Vorschriften festhaltend.*

Le|ga|li|tät, die; - [mlat. legalitas = Rechtmäßigkeit]: *Gesetzmäßigkeit (im Vorgehen, im Handeln); legale Beschaffenheit (von etw.):* Maßnahmen den Schein der L. verleihen; das Prinzip der L. unter allen Umständen wahren; etwas außerhalb der L. (spött.; *[von Handlungsweisen, von Vorgängen] eigentlich mit dem Gesetz nicht mehr zu vereinbaren*).

Le|gas|the|nie, die; -, -n [zu lat. legere = lesen u. ↑Asthenie] (Psych., Med.): *Entwicklungsstörung beim Erlernen des Lesens u. Rechtschreibens von Wörtern.*

Le|gas|the|ni|ker, der; -s, - (Psych., Med.): *jmd., der an Legasthenie leidet.*

Le|gas|the|ni|ke|rin, die; -, -nen: w. Form zu ↑Legastheniker.

le|gas|the|nisch ⟨Adj.⟩ (Psych., Med.): *an Legasthenie leidend.*

Le|gat, der; -en, -en [lat. legatus = Gesandter, zu: legare = jmdn. absenden; eine Verfügung treffen] (kath. Kirche): *päpstlicher Gesandter (meist ein Kardinal), der die Interessen u. Rechte der Kirche bei [Verhandlungen mit] weltlichen Regierungen vertritt.*

Le|ga|ti|ons|rat, der: *Vertreter eines Staates in diplomatischer Mission, der im Rang unter dem Gesandten steht.*

le|ga|tis|si|mo: ↑legato.

le|ga|to ⟨Adv.; Komp.: più legato, Sup.: legatissimo⟩ [ital., zu: legare < lat. ligare = binden] (Musik): *(von Tönen) so hervorgebracht, dass der eine Ton in den anderen übergeht; gebunden;* Abk.: leg.

Le|ga|to, das; -s, -s u. ...ti (Musik): *gebundenes Spiel, Singen.*

Le|ge|bat|te|rie, die: *mehrere nebeneinander u. übereinander stehende Drahtkäfige, in denen Legehennen gehalten werden.*

Le|ge|hen|ne, Leghenne, die: *Henne, die besonders viele Eier legt.*

le|gen ⟨sw. V.; hat⟩ [mhd. legen, ahd. leg(g)an, eigtl. = liegen machen; Kausativ zu ↑liegen]: **1. a)** *in eine waagerechte Lage, zum Liegen* (1 a) *bringen:* den Verletzten sofort l.; Weinflaschen soll man l., nicht stellen; er legte das Kind auf den Rücken; den Gegenspieler l. (Sport Jargon; *zu Fall bringen*); der Ringer legte seinen Gegner *(warf ihn auf die Matte)* mit einem Hüftschwung; **b)** *schräg hinstellen:* die Leiter an den Baum, an die Mauer l. **2.** ⟨l. + sich⟩ **a)** *sich in eine waagerechte Lage bringen:* leg dich! (Aufforderung an den Hund, sich hinzulegen); sich zu Bett, ins Bett, aufs Sofa, an den Strand, auf die Terrasse, in den Sand, in die Sonne l.; sich auf den Bauch, auf die Seite l.; sich aufs Ohr l. *(sich zum Schlafen hinlegen);* **b)** *sich in eine bestimmte Lage bringen:* das Schiff, das Flugzeug legt sich auf die Seite; das Kind legt sich mit dem Ellbogen auf den Tisch; **c)** *sich auf etw. herabsenken u. dort liegen bleiben:* Schnee legt sich wie eine Decke auf das Feld; Nebel legt sich auf, über die Stadt; **d)** *sich (auf etw.) schädlich, nachteilig auswirken:* der Rauch, die raue Luft legt sich auf die Bronchien; seine Erkältung hat sich auf die Nieren gelegt. **3. a)** *(jmd., etw., sich) irgendwo in eine bestimmte Lage, Stellung bringen:* die Hand [zum Gruß] an die Mütze, an die Stirn l.; sie legte ihren Kopf an seine Schulter, ihre Hand auf seinen Arm; das Tuch auf den Tisch, das Besteck neben den Teller l.; leg die Füße nicht auf den Sessel!; den Hammer aus der Hand l.; das Fleisch in den Kühlschrank l.; ein Präparat in Spiritus l. *(in ein Gefäß mit Spiritus geben, um es haltbar zu machen);* die Männer legten Bretter über die Grube; sich eine Kette um den Hals l.; ein Kind an die Brust l. *(es stillen);* Ü er legt viel Gefühl in sein Lautenspiel; **b)** *jmdn., etw. irgendwohin bringen:* einige Flaschen Wein in den Keller l.; einen Patienten in ein Einzelzimmer l.; Geld beiseite, auf die hohe Kante l. *(sparen).* **4.** *auf eine bestimmte Stelle, Fläche bringen u. dort befestigen; verlegen:* Fliesen, Gleise, Rohre, eine Leitung, ein Kabel l.; der Teppichboden, das Parkett muss noch gelegt werden; überall sind Minen, Schlingen gelegt; den Hund an die Kette l. *(an der Kette festmachen).* **5.** *in eine bestimmte Form bringen:* den Stoff in Falten l.; Wäsche l. *(ordentlich zusammen- u. aufeinander legen);* sie lässt sich die Haare in Wellen, Locken l. *(in eine entsprechende Form bringen);* Ü er legte sein Gesicht, die Stirn in Falten. **6.** ⟨l. + sich⟩ *nachlassen, aufhören, schwinden:* der Wind, der Sturm legt sich [allmählich]; das legt sich [bald wieder]; die Aufregung, der Zorn, die Begeisterung hatte sich schnell gelegt; ihre Trauer wird sich bald l. **7.** ⟨l. + sich⟩ *sein Tun ganz auf etw. ausrichten, seine Aktivitäten einer bestimmten Sache widmen:* sich auf ein bestimmtes Fachgebiet l.; er will sich auf Autoverkauf l. **8.** *(ein Ei, Eier) hervorbringen (von Hühnern u. Vögeln):* die Henne hat gerade ein Ei gelegt; ⟨auch o. Akk.-Obj.⟩: die Henne legt nicht. **9.** (landsch.) *(Samen o. Ä.) einzeln u. in bestimmten Abständen in den Erdboden bringen:* Bohnen, Erbsen, Kartoffeln l.

le|gen|där ⟨Adj.⟩ [zu ↑Legende]: **1.** *nach Art der Legende; die Merkmale einer Legende aufweisend:* der -e Charakter der Erzählung. **2.** *erstaunlich, unwahrscheinlich, unglaublich:* die -e Selbstlosigkeit dieses Mannes. **3.** *zu einer Legende* (1 b) *geworden:* das -e Popfestival von Woodstock.

Le|gen|de, die; -, -n [mhd. legende < mlat. legenda, eigtl. = die zu lesenden (Stücke), zu lat. legere = lesen]: **1. a)** *kurze, erbauliche religiöse Erzählung über Leben u. Tod od. auch das Martyrium von Heiligen;* **b)** *Person od. Sache, die so bekannt geworden ist, einen solchen Status erreicht hat, dass sich bereits zahlreiche Legenden* (2 a) *um sie gebildet haben; Mythos* (2): er ist eine lebende L.; dieser Putschversuch wurde L. **2. a)** *ausschmückende Darstellung, glorifizierende Erzählung, Geschichte:* eine L. [von jmdm., über jmdn.] erzählen; **b)** *etw., was erzählt, angenommen, behauptet wird, aber nicht den Tatsachen entspricht:* dass Frauen schlechter Auto fahren als Männer ist eine L. **3.** *Erklärung der (in einer Landkarte, einer Abbildung o. Ä) verwendeten Zeichen; Zeichenerklärung.*

Le|gen|den|bil|dung, die: *[Mitwirkung an der] Entstehung einer Legende* (2 b).

le|gen|den|haft ⟨Adj.⟩: *legendär* (1).

le|gen|den|um|wo|ben ⟨Adj.⟩ (geh.): *von Legenden umwoben:* eine -e Ruine; eine Heilige, l. und voll Ausstrahlungskraft.

Le|ge|nest, das: *(für Geflügel) künstlich angelegtes Nest.*

le|ger [le'ʒeːɐ̯, le'ʒɛːɐ̯] ⟨Adj.⟩ [frz. léger < afrz. legier, über das Vlat. zu lat. levis = leicht, leichtfertig]: **1.** *(von Benehmen u. Haltung) lässig; ungezwungen u. zwanglos:* eine -e Handbewegung; er grüßte l., hatte die Beine l. übereinander geschlagen. **2.** *(von Kleidung) salopp u. bequem:* eine -e Jacke. **3.** *(von der Ausführung o. Ä. einer Sache) oberflächlich u. etwas nachlässig:* etw. [allzu] l. handhaben.

Le|ges: Pl. von ↑Lex.

Le|ge|zeit, die: *Zeit, in der Hühner die meisten Eier legen.*

Leg|gings, Leg|gins ⟨Pl.⟩ [engl. leggin(g)s, zu: leg = Bein]: *einer Strumpfhose ohne Füßlinge ähnliches Kleidungsstück für Frauen u. Mädchen.*

Leg|hen|ne, die: ↑Legehenne.

le|gie|ren ⟨sw. V.; hat⟩ [ital. legare < lat. ligare = (ver)binden]: **1.** *zu einer Legierung verbinden:* Kupfer mit Zink, Kupfer und Zink l. **2.** (Kochk.) *(Suppen u. Soßen) mit Ei, Sahne od. Mehl eindicken:* eine legierte Gemüsesuppe.

Le|gie|rung, die; -, -en: *Mischung verschiedener Metalle, die durch Zusammenschmelzen entstanden ist:* Bronze ist eine L. aus Kupfer und Zinn.

Le|gi|on, die; -, -en [lat. legio, eigtl. = ausgehobene Mannschaft, zu: legere, ↑lesen]: **1.** *Heereseinheit in altrömischer Zeit.* **2.** *Truppe aus freiwilligen [fremdländischen] Soldaten, Freiwilligen-, Söldnerheer:* *** die L.** (Jargon; *die Fremdenlegion;* frz. légion [étrangère]). **3.** *große Anzahl, Menge:* die L. der Touristen fährt nach Spanien; -en von Ameisen; die Zahl der Emigranten war L. (geh. emotional; *war unüberschaubar groß*).

Le|gi|o|när, der; -s, -e [frz. légionnaire, zu: légion < lat. legio, ↑Legion]: *Soldat einer Legion* (2), *der Fremdenlegion.*

Le|gi|o|närs|krank|heit, die [LÜ von engl. legionnaires' disease; nach dem ersten Auftreten 1976 bei einem Veteranentreffen der »American Legion« in den USA] (Med.): *Infektionskrankheit mit starkem Fieber, Anzeichen einer Lungenentzündung od. schweren Grippe.*

Le|gis|la|ti|on, die; - [frz. législation, ↑legislativ] (Politik): *Gesetzgebung.*

le|gis|la|tiv ⟨Adj.⟩ [frz. législatif, zu: législation < spätlat. legislatio = Gesetzgebung, zu lat. lex (Gen.: legis) = Gesetz u. latum, 2. Part. von: ferre = tragen, (ein)bringen] (Politik): **a)** *gesetzgebend:* die -e Gewalt; **b)** *durch Gesetzgebung.*

Le|gis|la|ti|ve, die; -, -n [frz. (assemblée) législative] (Politik): **a)** *gesetzgebende Gewalt, Gesetzgebung;* **b)** *gesetzgebende Versammlung:* das Parlament ist die L.; vgl. Exekutive, Judikative.

Le|gis|la|tur, die; -, -en [frz. législature < engl. legislature, zu: legislation < lat. legislatio, ↑legislativ] (Politik): **a)** *Gesetzgebung;* **b)** kurz für ↑Legislaturperiode.

Le|gis|la|tur|pe|ri|o|de, die: *Amtsdauer einer gesetzgebenden Volksvertretung.*

le|gi|tim ⟨Adj.⟩ [lat. legitimus, zu: lex, ↑legislativ] (bildungsspr.): **1. a)** *gesetzlich anerkannt, rechtmäßig; im Rahmen bestimmter Vorschriften [erfolgend]:* einen -en Anspruch [auf etw.] haben; mit -en Mitteln; eine -e Regierung; **b)** *(von einem Kind) ehelich:* der Fürst hatte keine -en Kinder. **2.** *allgemein anerkannt, vertretbar, vernünftig; berechtigt, begründet; [moralisch] einwandfrei:* eine -e Forderung; -es Interesse an etw. haben; ich halte seine Vorgehensweise für völlig l.

Le|gi|ti|ma|ti|on, die; -, -en [frz. légitimation]: **1.** (bildungsspr.) *Berechtigung:* die L. der Psychoanalyse als Wissenschaft bezweifeln. **2.** *Berechtigungsnachweis, Beglaubigung:* eine L. vorzeigen, verlangen. **3.** (Rechtsspr.) *Herstellung der Ehelichkeit eines nicht ehelichen Kindes durch Eheschließung der Eltern oder Ehelicherklärung.* **4.** *Begründung, Rechtfertigung:* auf diese Weise erhält die umstrittene Maßnahme eine nachträgliche, verspätete L.

le|gi|ti|mie|ren ⟨sw. V.; hat⟩ [mlat. legitimare = (ein nichteheliches Kind rechtlich) anerkennen] (bildungsspr.): **1. a)** *für legitim* (1 a) *erklären, als rechtmäßig anerkennen:* ein Vorgehen, ein Verhalten nachträglich l.; **b)** *mit einem bestimmten Recht, einer Vollmacht ausstatten:* wer hat Sie legitimiert, in unserem Namen zu handeln? **2.** ⟨l. + sich⟩ *sich ausweisen* (2): können Sie sich l.?; er legitimierte sich als der Eigentümer des Autos. **3.** *für legitim* (1 b) *erklären.* **4.** *begründen, rechtfertigen, als berechtigt erscheinen lassen:* diese Entscheidung wurde damit legitimiert, dass es keine Alternative gebe; seine Bestrafung ist nicht länger zu l.

Le|gi|ti|mie|rung, die; -, -en: *das [Sich]legitimieren.*

Le|gi|ti|mi|tät, die; - [frz. légitimité] (bildungsspr.): *das Legitimsein.*

Le|gu|an [auch: 'leːgua:n], der; -s, -e [niederl. leguaan < span. (la) iguana < Araua (südamerik. Indianerspr.) iuwana]: *(in den Tropen lebende) Echse mit gezacktem Kamm* (2 b), *der über Nacken, Rücken u. Schwanz verläuft.*

Le|gu|mi|no|se, die; -, -n ⟨meist Pl.⟩ (Bot.): *Hülsenfrüchtler.*

Le|hen, (selten:) Lehn, das; -s, - [mhd. lēhen, lēn, ahd. lēhan, zu ↑leihen] (hist.): *[Grund]besitz, der von einem Fürsten o. Ä. an einen Untergebenen mit der Verpflichtung verliehen wird, dass er dem Lehnsherrn mit persönlichen Leistungen zur Verfügung steht.*

Le|hens|brief usw.: ↑Lehnsbrief usw.

Lehm, der; -[e]s, (Arten:) -e [mniederd., mhd. (md.) lēm, leime, ahd. leimo, verw. mit ↑Leim]: *aus Ton u. Sand bestehende, schwere, schmierig-klebrige, nahezu wasserundurchlässige, gelblich braune Erde* (1 a): Ziegel aus L. brennen; im L. stecken bleiben.

Lehm|bat|zen, der: *Batzen Lehm.*

Lehm|bau, der: **1.** ⟨o. Pl.⟩ *Lehmbauweise.* **2.** ⟨Pl. -ten⟩ *Gebäude aus Lehm.*

Lehm|bo|den, der: *lehmiger Boden.*

lehm|far|ben, lehm|far|big ⟨Adj.⟩: *von der Farbe des Lehms, gelblich braun.*

lẹhm|gelb ⟨Adj.⟩: *bräunlich gelb.*

Lẹhm|gru|be, die: *Grube (3 a), in der Lehm gewonnen wird.*

lẹhm|hal|tig ⟨Adj.⟩: *Lehm enthaltend.*

Lẹhm|hüt|te, die: *aus Lehm gebaute Hütte.*

lẹh|mig ⟨Adj.⟩ [spätmhd. laimich, ahd. leimic]: **a)** *aus Lehm bestehend; Lehm enthaltend:* -er Boden; **b)** *mit Lehm bedeckt:* die Schuhe sind ganz l.; **c)** *nach Lehm schmeckend, riechend.*

Lẹhm|klum|pen, der: vgl. Lehmbatzen.

Lẹhm|zie|gel, der: *aus getrocknetem Lehm hergestellter Ziegel.*

Lẹhn: ↑Lehen.

Lẹhn|be|deu|tung, die (Sprachw.): *Übernahme der Bedeutung eines laut- od. bedeutungsähnlichen Wortes einer anderen Sprache* (z. B. *realisieren* in der aus dem Englischen [to realize] entlehnten Bedeutung *erkennen, sich klar machen*).

Lẹhn|bil|dung, die (Sprachw.): *Neubildung eines Wortes nach fremdem Vorbild.*

Lẹh|ne, die; -, -n [mhd. lene, ahd. (h)lina, verw. mit ↑[1]lehnen]: **1.** *Teil eines Sitzmöbels, an den man sich lehnen (2 a) kann; Stütze für Rücken u. Arme:* eine feste, verstellbare L.; den Arm auf die L. stützen. **2.** (südd., österr., schweiz.) *Abhang; Hang.*

lẹh|nen ⟨sw. V.; hat⟩ [in der nhd. Form sind zusammengefallen mhd. leinen (md. lēnen), ahd. (h)leinen (tr.) u. mhd. lenen, linen, ahd. (h)linēn (intr.), urspr. = neigen, (an)lehnen; zusammenstellen]: **1.** *mit leichter Neigung, schräg an einen stützenden Gegenstand stellen u. dadurch Halt geben:* die Leiter, das Rad an/gegen die Wand l.; müde lehnte sie den Kopf an seine Schulter. **2.** ⟨l. + sich⟩ **a)** *sich in leichter Neigung, schräg gegen jmdn., etw. legen, um Halt zu finden:* sich [mit dem Rücken] an, gegen die Säule l.; sie lehnte sich an ihn; ⟨schweiz. auch ohne sich:⟩ er lehnte an das Geländer; **b)** *sich über einen Gegenstand beugen u. sich dabei mit dem Körper auf ihm abstützen:* sich über den Zaun, das Geländer, aus dem Fenster l. **3.** *mit leichter Neigung, schräg gegen etw. gestützt sein, stehen od. sitzen u. dadurch Halt haben:* das Fahrrad lehnt am Zaun; er lehnt an der Wand, in der Tür[öffnung].

Lẹhn|gut, das: ↑Lehnsgut.

Lẹhns|brief, der (hist.): *schriftliche Bestätigung, dass jmd. ein Lehen bekommen hat.*

Lẹhns|dienst, der (hist.): *Dienst, den ein Lehnsmann seinem Lehnsherrn zu leisten hat.*

Lẹhns|eid, der (hist.): *Eid, mit dem der Lehnsmann seinem Lehnsherrn Treue schwört; Treueid (2).*

Lẹhns|fol|ge, die (hist.): **1.** *Pflicht des Lehnsmannes, den Erben seines Lehnsherrn als neuen Herrn anzuerkennen.* **2.** *Lehnsdienst.*

Lẹhns|gut, (auch:) Lehngut, das (hist.): *Lehen.*

Lẹhns|herr, der (hist): *jmd., der jmdm. etw. als Lehen gibt.*

Lẹhns|her|rin, die (hist.): w. Form zu ↑Lehnsherr.

Lẹhns|mann, der ⟨Pl. ...männer u. ...leute, seltener: ...mannen⟩ (hist.): *jmd., der ein Lehen bekommen hat; Vasall.*

Lẹhns|pflicht, die (hist.): **1.** *Pflicht, Lehnsdienst zu leisten u. dem Lehnsherrn Treue zu halten.* **2.** *Pflicht des Lehnsherrn, den Lehnsmann zu schützen.*

Lẹhns|recht, das (hist.): *Gesamtheit aller rechtlichen Vorschriften, die für das Lehnswesen gelten.*

Lẹhns|treue, die (hist.): *Treue des Lehnsmannes gegenüber dem Lehnsherrn.*

Lẹhn|stuhl, der [zu ↑[1]lehnen]: *bequemer Stuhl mit Armlehnen u. hoher Rückenlehne.*

Lẹhns|we|sen, das ⟨o. Pl.⟩ (hist.): *Gesamtheit der Dinge, die mit den Lehen u. deren Vergabe zusammenhängen.*

Lẹhns|zins, der (hist.): *für ein Lehen zu entrichtender Grundzins.*

Lẹhn|über|set|zung, die (Sprachw.): *Glied für Glied wiedergegebene Übersetzung eines Wortes aus einer anderen Sprache* (z. B. *Gemeinde* aus lat. *com-mun-io* zu *gi-mein-ida*).

Lẹhn|über|tra|gung, die (Sprachw.): *freiere Übertragung eines Wortes aus einer anderen Sprache* (z. B. *Vaterland* aus lat. *patria*).

Lẹhn|wort, das (Sprachw.): *aus einer fremden Sprache übernommenes Wort, das sich in Aussprache, Schreibweise, Flexion der übernehmenden Sprache angepasst hat* (z. B. *Mauer* aus lat. *murus*).

Lẹhr|amt, das: **1.** (Amtsspr.) *Amt (1 a) des Lehrers.* **2.** (kath. Kirche) *fast ausschließlich vom Bischofskollegium in Übereinstimmung mit dem Papst ausgeübtes Amt (1 a), das den Inhalt der christlichen Offenbarung u. alles, was zu ihrer Verkündigung, Reinhaltung u. Verteidigung gehört, zum Gegenstand hat.*

Lẹhr|amts|an|wär|ter, der (Amtsspr.): *Lehrer im Vorbereitungsdienst; Referendar.*

Lẹhr|amts|an|wär|te|rin, die: w. Form zu ↑Lehramtsanwärter.

Lẹhr|amts|kan|di|dat, der (Amtsspr.): *Studienreferendar an einer höheren Schule.*

Lẹhr|amts|kan|di|da|tin, die: w. Form zu ↑Lehramtskandidat.

Lẹhr|amts|stu|dent, der: *Student, der das Lehramt anstrebt.*

Lẹhr|amts|stu|den|tin, die: w. Form zu ↑Lehramtsstudent.

Lẹhr|amts|stu|di|um, das: *Studium eines od. mehrerer Unterrichtsfächer, das mit der ersten Staatsprüfung abschließt.*

Lẹhr|an|ge|bot, das: *Angebot (1 b) an Lehrveranstaltungen o. Ä.*

Lẹhr|an|stalt, die (Amtsspr.): vgl. Bildungsanstalt.

Lẹhr|auf|trag, der: *Auftrag, an einer Hochschule Vorlesungen, Seminare o. Ä. zu halten.*

lẹhr|bar ⟨Adj.⟩: *sich lehren lassend.*

Lẹhr|bar|keit, die; -: *das Lehrbarsein.*

Lẹhr|be|auf|trag|te, der u. die: *jmd., der einen Lehrauftrag hat.*

Lẹhr|be|fä|hi|gung, die: *(durch eine entsprechende Ausbildung erworbene) Befähigung, an Schulen zu unterrichten.*

Lẹhr|be|fug|nis, die: *(von Hochschulen verliehene) Berechtigung zur [1]Lehre (4) in einem bestimmten Fachgebiet:* Erteilung, Entzug der L.

Lẹhr|be|helf, der (österr.): *Lehrmittel.*

Lẹhr|be|rech|ti|gung, die: *(durch eine entsprechende Ausbildung erworbene) Berechtigung, an höheren Schulen od. Hochschulen zu unterrichten.*

Lẹhr|be|ruf, der: **1.** *Ausbildungsberuf.* **2.** *Beruf des Lehrers.*

Lẹhr|be|trieb, der ⟨o. Pl.⟩: *das Stattfinden von Lehrveranstaltungen (z. B. an einer Hochschule):* nach den Ferien lief der L. langsam an.

Lẹhr|bub, der (südd., österr., schweiz.): *Lehrjunge.*

Lẹhr|buch, das: *für den Unterricht [an Schulen] bestimmtes Buch:* ein L. für den Biologieunterricht; der Doppelpass war wie aus dem L. *(war mustergültig).*

lẹhr|buch|mä|ßig ⟨Adj.⟩: *so, wie etw. im Lehrbuch steht:* ein -er Krankheitsverlauf; ihre Aufschläge waren l.

Lẹhr|dich|tung, die (Literaturw.): *lehrhafte Dichtung.*

[1]Lẹh|re, die; -, -n [mhd. lēre, ahd. lēra, zu ↑lehren]: **1.** *Ausbildung für einen [handwerklichen] Beruf:* eine dreijährige L. machen; die L. abbrechen; die L. bei einem Friseur, in einem Büro, in einem Geschäft machen; bei, zu jmdm. in die L. gehen; er hat seine Tochter zu einem Goldschmied in die L. gegeben, geschickt; Ü sein Vater hat ihn hart in die L. genommen *(hat ihn streng erzogen).* **2. a)** *gesamter Inhalt einer Weltanschauung, eines Gedanken- od. Glaubenssystems:* die christliche, marxistische, anthroposophische L.; eine neue, falsche, irrige L.; die L. der Kirche, Buddhas, Kants, Hegels; eine L. ablehnen, angreifen, verteidigen; einer L. anhängen; für eine L. eintreten; wir wenden uns gegen die herrschende L.; **b)** *in einem System von wissenschaftlichen Lehrsätzen zusammenhängend Gelehrtes:* die L. vom Schall; eine L. aufstellen, beweisen. **3. a)** *Erfahrung, aus der jmd. lernt, lernen kann:* eine harte, bittere, notwendige L.; das sollte [dir] eine L. sein; jmdm. eine heilsame L. erteilen, geben; aus etw. eine L. ziehen; **b)** *auf Lebensweisheit basierende Verhaltensregel:* eine L. annehmen, befolgen. **4.** ⟨o. Pl.⟩ *das Lehren (bes. an Hochschulen):* Forschung und L.

[2]Lẹh|re, die; -, -n [mhd. lēre, zu ↑[1]Lehre, eigtl. = Anleitung zum Messen] (Technik): *Gerät, Werkzeug, mit dem die Formen u. Maße eines Werkstücks überprüft werden.*

lẹh|ren ⟨sw. V.; hat⟩ [mhd., ahd. lēren, verw. mit ↑lernen]: **1. a)** *(an einer Hoch- od. Fachschule) Kenntnisse vermitteln, Vorlesungen halten:* in Bonn, an der Universität Bonn l.; **b)** *ein bestimmtes Fach unterrichten, in einem bestimmten Fach Vorlesungen halten:* sie lehrt Deutsch, Mathematik. **2.** *in einer bestimmten Tätigkeit unterweisen; (jmdm.) etw. beibringen:* jmdn. lesen, tanzen, schwimmen l.; jmdn./(veraltend:) jmdm. das Reiten, Kochen, Schreiben l.; sie lehrte die Kinder/(selten:) den Kindern malen; er lehrte ihn ein Pferd [zu] satteln; er lehrt ihn, ein Freund des Volkes zu sein; mir ist das/ich bin das in der Schule nicht gelehrt worden; ich werde dich l. *(werde dir austreiben),* deine Mutter zu belügen! Ü jmdn. das Fürchten l. *(jmdm. Furcht einflößen).* **3.** *deutlich zeigen, deutlich werden lassen:* die Geschichte lehrt, dass nichts Bestand hat; das wird die Zukunft l.

Lẹh|ren|de, der u. die; -n, -n ⟨Dekl. ↑Abgeordnete⟩: *Lehrer[in].*

Lẹh|rer, der; -s, - [mhd. lērære, ahd. lērāri]: **1. a)** *jmd., der an einer Schule unterrichtet* (Berufsbez.): ein junger, alter, guter, erfahrener L.; unser neuer L.; er ist L. für Französisch, an einem Gymnasium; jmdn. als/zum L. ausbilden; **b)** *jmd., der an einer Hochschule od. Universität lehrt:* er wirkte als Forscher und L. an der Universität Tübingen; **c)** *jmd., der aufgrund seines Könnens Ausbilder (bes. in sportlichen Disziplinen) ist:* als L. in einer Skischule tätig sein. **2.** *jmd., der anderen sein Wissen vermittelt, der durch sein Wissen, seine Persönlichkeit als Vorbild angesehen wird; Lehrmeister:* Gründgens war einer seiner L.

Lẹh|rer|aus|bil|dung, die: *Ausbildung von Lehrern, zum Lehrer.*

Lẹh|rer|be|ruf, der: *Beruf des Lehrers.*

lẹh|rer|haft ⟨Adj.⟩ (abwertend): *schulmeisterlich:* -e Zurechtweisungen; mich stört seine -e Art, sein -er Tonfall, sein -es Auftreten.

Lẹh|re|rin, die; -, -nen: w. Form zu ↑Lehrer.

Lẹh|rer|kol|le|gi|um, das: *Gesamtheit aller an einer Schule unterrichtenden Lehrerinnen u. Lehrer.*

Lẹh|rer|kol|lek|tiv, das [LÜ von russ. učitel'skij kollektiv] (DDR): *Lehrerkollegium.*

Lẹh|rer|kon|fe|renz, die (Schulw.): *Konferenz (1) von Lehrerinnen u. Lehrern einer Schule.*

Lẹh|rer|schaft, die; -, -en ⟨Pl. selten⟩: *Gesamtheit der Lehrerinnen u. Lehrer [einer Schule].*

Lẹh|rer|se|mi|nar, das (früher, noch schweiz.): *Ausbildungsstätte für Volksschullehrer.*

Lẹh|rer|stu|dent, der: *Student an einer pädagogischen Hochschule; Student, dessen Berufsziel Lehrer ist.*

Lẹh|rer|stu|den|tin, die: w. Form zu ↑Lehrerstudent.

Lẹh|rer|zim|mer, das: *Aufenthaltsraum für die Lehrerinnen u. Lehrer (in einer Schule).*

Lẹhr|fach, das: **1.** *Fach, das an Schulen od. Universitäten gelehrt wird; Unterrichtsfach.* **2.** *Lehrberuf; Lehramt:* sie wechselte ins L.

Lẹhr|film, der: *[im Unterricht verwendeter] kurzer Film, bei dem die Vermittlung von Wissen im Vordergrund steht.*

Lẹhr|frei|heit, die ⟨o. Pl.⟩: *Recht, die aus der wissenschaftlichen Forschung gewonnenen Erkenntnisse zu lehren, ohne dass der Staat Einfluss nimmt.*

Lehr|gang, der: *Kurs* (3 a).
Lehr|ge|bäu|de, das (geh.): *(zur besseren Vermittlung) in systematischem Aufbau dargestelltes Wissen eines Fachgebietes:* das komplexe L. der Systemtheorie.
Lehr|ge|dicht, das (Literaturw.): vgl. Lehrdichtung.
Lehr|ge|gen|stand, der: **1.** *das, was gelehrt wird; Lehrstoff, Unterrichtsstoff.* **2.** (österr.) *Lehrfach* (1).
Lehr|geld, das (früher): *für die Ausbildung eines Lehrlings an den Lehrherrn zu zahlendes Geld:* R lass dir dein L. zurückgeben (salopp; *du scheinst während deiner Ausbildung nicht viel gelernt zu haben);* *** L. [be]zahlen/geben** *(durch Unerfahrenheit Schaden erleiden).*
lehr|haft ⟨Adj.⟩: **a)** *belehrend, didaktisch;* **b)** (abwertend) *lehrerhaft.*
Lehr|haf|tig|keit, die; -: *das Lehrhaftsein.*
Lehr|herr, der (früher): *jmd., bei dem jmd. eine Lehre macht.*
Lehr|in|halt, der: vgl. Lehrstoff.
Lehr|jahr, das: *Jahr der Lehrzeit:* er ist im zweiten, im letzten L.; **Spr** -e sind keine Herrenjahre *(solange sich jmd. in der Ausbildung befindet, muss er einige Mühen auf sich nehmen u. in seinen Ansprüchen bescheiden sein).*
Lehr|jun|ge, der: *Junge, der Lehrling ist.*
Lehr|kan|zel, die (österr. veraltet): *Lehrstuhl.*
Lehr|kör|per, der (Amtsspr.): *Gesamtheit der Lehrenden an einer Schule od. Universität.*
Lehr|kraft, die (Amtsspr.): *Lehrer[in]:* eine engagierte, erfahrene L.
Lehr|kü|che, die: *Küche einer Berufs- od. Fachschule, in der praktischer Unterricht im Kochen erteilt wird.*
Lehr|ling, der; -s, -e [spätmhd. l(e)irlinc (im Kunsthandwerk)]: *jmd. (meist Jugendliche[r]), der innerhalb einer festgesetzten Zeit in einem bestimmten Beruf ausgebildet wird, eine Lehre macht; Auszubildende[r].*
Lehr|lings|aus|bil|dung, die: *Ausbildung von Lehrlingen.*
Lehr|lings|heim, das, **Lehr|lings|wohn|heim,** das: *Wohnheim für Lehrlinge.*
Lehr|mäd|chen, das: *Mädchen, das Lehrling ist.*
Lehr|ma|te|ri|al, das: vgl. Lehrmittel.
Lehr|mei|nung, die: *innerhalb einer Wissenschaft allgemein anerkannte Meinung.*
Lehr|meis|ter, der: **1.** (veraltend) *Meister* (1), *der Lehrlinge ausbildet:* der L. wies seine Auszubildenden zurecht. **2.** (geh.) *jmd., von dem man etw. lernt od. gelernt hat u. der Vorbild ist.*
Lehr|mit|tel, das ⟨meist Pl.⟩ (Schulw.): *Hilfsmittel, das der Lehrende zur Unterstützung seines Unterrichts einsetzen kann* (z. B. Wandkarte, Film).
Lehr|mit|tel|frei|heit, die ⟨o. Pl.⟩ (Schulw.): *Anspruch (der Lernenden u. Lehrenden) auf kostenlose Überlassung der erforderlichen Lehrmittel.*
Lehr|pfad, der: *Weg, der angelegt ist, um über eine Landschaft, bestimmte Bäume, Pflanzen o. Ä. Kenntnisse zu vermitteln:* ein geologischer L.
Lehr|plan, der (Schulw.): *Plan, der die Ziele u. Inhalte sowie Hinweise für die didaktisch-methodische Gestaltung eines bestimmten Unterrichtsfaches enthält:* den L. einhalten, erfüllen, überarbeiten.
Lehr|pro|be, die (Schulw.): *Unterrichtsstunde, die ein Lehramtsanwärter od. -kandidat hält u. die von einem Prüfer od. einer Prüfungskommission beurteilt [u. benotet] wird; Unterrichtsprobe.*
lehr|reich ⟨Adj.⟩: *so beschaffen, dass sich daraus viel lernen lässt:* eine -e Abhandlung, Vorlesung, Erfahrung; der Versuch war sehr l.
Lehr|satz, der: *Theorem.*
Lehr|stand, der ⟨o. Pl.⟩ (veraltet): *Berufsstand der Lehrerinnen und Lehrer.*
Lehr|stel|le, die: *Ausbildungsplatz eines Lehrlings:* sie sucht eine L.
Lehr|stoff, der (Schulw.): *im Unterricht zu vermittelnder Stoff.*
Lehr|stück, das (Literaturw.): vgl. Lehrdichtung.
Lehr|stuhl, der (Amtsspr.): *planmäßige Stelle eines Professors an einer Universität od. Hochschule; Professur:* den, einen L. für neuere deutsche Literaturwissenschaft [inne]haben; auf einen L. berufen werden.
Lehr|stuhl|in|ha|ber, der (Amtsspr.): *Professor, der eine planmäßige Stelle an einer Universität od. Hochschule besetzt.*
Lehr|stuhl|in|ha|be|rin, die (Amtsspr.): w. Form zu ↑Lehrstuhlinhaber.
Lehr|tä|tig|keit, die (Amtsspr.): *berufliche Tätigkeit als Lehrer[in].*
Lehr|toch|ter, die (schweiz.): *weiblicher Lehrling.*
Lehr|ver|an|stal|tung, die: **a)** *der Vermittlung von Kenntnissen dienende, von einer Lehrkraft geleitete Veranstaltung* (z. B. Vorlesung, Seminar); **b)** *Lehrgang.*
Lehr|ver|pflich|tung, die: *[mit einer Professur verbundene] Verpflichtung, eine bestimmte Anzahl Lehrveranstaltungen (a) abzuhalten.*
Lehr|werk, das: vgl. Lehrbuch.
Lehr|werk|statt, Lehr|werk|stät|te, die: *Werkstatt eines Betriebs, in der Lehrlinge in enger Verbindung mit dem Arbeitsprozess praktisch ausgebildet werden.*
Lehr|zeit, die ⟨o. Pl.⟩: *Zeit, in der jmd. Lehrling ist, ausgebildet wird:* eine dreijährige, verkürzte L.
Lei: Pl. von ↑²Leu.
-lei ⟨Suffix⟩ [mhd. lei[e] = Art u. Weise < afrz. ley = Art < lat. legem, Akk. von: lex = Gesetz]: wird zur Bildung [un]bestimmter Gattungszahlwörter verwendet, z. B. achterlei, keinerlei, mancherlei.
Leib, der; -[e]s, -er [mhd. līp, ahd. līb, zu ↑leben]: **1.** (geh.) **a)** *Körper* (1 a): ein kranker, abgemagerter, ausgemergelter L.; die dampfenden -er der gehetzten Pferde; mir klebten die Kleider am L.; am ganzen L. zittern, frieren, schwitzen; bei lebendigem -e/lebendigen -es verbrennen; diese Krankheit steckte mir schon lange im L. *(ich fühlte mich schon krank, bevor es zum eigentlichen Ausbruch kam);* du bist so stark erkältet – bleib mir vom -[e] *(komm nicht zu nah an mich heran)!;* *** etw. am eigenen L. erfahren/(ver)spüren/erleben** *(etw. selbst durchmachen müssen);* **jmdm. auf den L., zu -e rücken** (ugs.; *jmdn. bedrängen, auf jmdn. Druck ausüben*); **mit L. und Seele** (1. *mit Begeisterung u. innerer Beteiligung:* er ist mit L. und Seele Arzt; 2. *ganz u. gar:* sie war mit L. und Seele dem Alkohol verfallen); **sich jmdn., etw. vom Leib[e] halten** (salopp; *näheren Kontakt mit jmdm. vermeiden; sich von etw. fern halten*): ich will versuchen, ihn mir vom -e zu halten; sie hat sich alles, was mit Politik zu tun hat, vom -e gehalten; **jmdm. [mit etw.] vom -e gehen/bleiben** *(jmdn. [mit etw.] in Ruhe lassen, nicht behelligen, belästigen);* **einer Sache zu -e gehen/rücken** (*eine schwierige, unangenehme Aufgabe angehen* 5); **b)** *äußere Erscheinung eines Menschen, Gestalt:* ein schöner, ebenmäßig gewachsener, zarter, jugendlicher L.; sie besaß nur noch das, was sie auf dem -e trug; *** jmdm. [wie] auf den L. geschnitten/zugeschnitten/geschneidert sein** *(zu jmdm. genau passen, jmds. Bedürfnissen, Wünschen o. Ä. genau entsprechen):* seine neue Aufgabe ist ihm wie auf den L. geschneidert; **c)** *Rumpf (von Menschen od. Tieren):* ein rundlicher, geschundener, zerschlagener L. **2.** (geh.) *unterer Teil des Körpers* (1 a), *bes. der Bauch:* ein dicker, aufgetriebener, voller L.; nichts [Ordentliches] im L. haben, in den L. bekommen haben *(gegessen haben).* **3.** nur noch in der Verbindung **L. und Leben** (emotional verstärkend; *die körperliche Unversehrtheit u. das Leben*): L. und Leben *(alles)* riskieren; eine Gefahr für L. und Leben darstellen *(lebensgefährlich sein).*
Leib|arzt, der [eigtl. = Arzt eigens für die Person eines Fürsten]: *Arzt, der vornehmlich hoch gestellte Persönlichkeiten [u. deren Angehörige] betreut.*
Leib|ärz|tin, die: w. Form zu ↑Leibarzt.
Leib|bin|de, die: *breite [wollene] Binde zum Wärmen des Leibes* (2); *Bauchbinde.*
Leib|chen, das; -s, -: **1.** (veraltet) *Mieder* (2). **2. a)** (österr., schweiz.) *Herrenunterhemd;* **b)** (österr., schweiz.) ²*Trikot;* **c)** (früher) *miederartiges Kleidungsstück für Kinder, an dem Strumpfhalter befestigt sind.*
Leib|die|ner, der (veraltend): vgl. Leibarzt.
Leib|die|ne|rin, die: w. Form zu ↑Leibdiener.
leib|ei|gen ⟨Adj.⟩ [aus der mhd. Formel: mit dem lībe eigen = mit dem Leben zugehörig] (früher): *in Leibeigenschaft befindlich; unfrei.*
Leib|ei|ge|ne, der u. die; -n, -n ⟨Dekl. ↑Abgeordnete⟩ (früher): *jmd., der in Leibeigenschaft lebt.*
Leib|ei|gen|schaft, die ⟨o. Pl.⟩ (früher): *persönliche u. wirtschaftliche Abhängigkeit von einem Grundherrn.*
lei|ben ⟨sw. V.; hat⟩ [urspr. = leibliches Dasein haben, auch: dem Leib angenehm sein]: nur in der Wendung **wie er, sie leibt und lebt** *(in seiner, ihrer typischen Art; wie man ihn, sie kennt).*
Lei|bes|er|zie|her, der (Amtsspr.): *Sportlehrer.*
Lei|bes|er|zie|he|rin, die (Amtsspr.): w. Form zu ↑Leibeserzieher.
Lei|bes|er|zie|hung, die (Amtsspr.): *Sport[unterricht].*
Lei|bes|frucht, die (Med.): *ungeborenes Kind im Mutterleib.*
Lei|bes|fül|le, die ⟨o. Pl.⟩: *Fülle* (3).
Lei|bes|kräf|te ⟨Pl.⟩: in der Verbindung **aus/nach -n** *(mit aller Kraft):* aus -n schreien, schlagen.
Lei|bes|übung, die: **a)** ⟨meist Pl.⟩ *gymnastische Übung:* eine leichte, schwere L.; **b)** ⟨Pl.⟩ (veraltend) *Sport, Sportunterricht.*
Lei|bes|um|fang, der: vgl. Umfang (1 b).
Lei|bes|vi|si|ta|ti|on, die: *Durchsuchung der auf dem Körper getragenen Kleidung einer Person.*
Leib|gar|de, die: *Garde* (1 b).
Leib|ge|richt, das: *Gericht, das jmd. besonders gerne, am liebsten isst.*
leib|haf|tig [auch: ˈ– – –; mhd. līphaft(ic)] ⟨Adj.⟩: **1.** *mit den Sinnen unmittelbar wahrnehmbar; körperlich, körperhaft, [als Verkörperung einer Idee o. Ä.] konkret vorhanden:* sie sieht aus wie die -e Hässlichkeit, Unschuld, wie der -e Tod; plötzlich stand sie, der Eiffelturm l. vor uns; ich kenne ihn zwar von Bildern, aber l. gesehen habe ich ihn nie. **2.** (ugs.) *wirklich, echt, richtig* (I 3 a): der Darsteller des Winnetou ist ein -er Apache; er heiratet eine -e Prinzessin.
Leib|haf|ti|ge [auch: ˈ– – – –], der; -n (verhüll.): *Teufel.*
Leib|haf|tig|keit [auch: ˈ– – – –], die; -: *Eigenschaft, leibhaftig* (1) *vorhanden zu sein.*
Leib|koch, der: vgl. Leibarzt.
leib|lich ⟨Adj.⟩ [mhd. līplich, ahd. līplīh = lebend, lebendig]: **1.** *den Leib betreffend:* -e Bedürfnisse; auf das -e Wohl der Gäste bedacht sein. **2.** *von jmdm. direkt abstammend; blutsverwandt:* ihr -er Vater, Bruder.
Leib|lich|keit, die; -: *[sinnliche] Körperlichkeit.*
Leib|ren|te, die: *auf einem vertraglich begründeten Anspruch beruhende Rente auf Lebenszeit.*
Leib|schmerz, der ⟨meist Pl.⟩: *Schmerz im Bereich des Leibes* (2).
leib|see|lisch ⟨Adj.⟩: *den Leib wie die Seele betreffend, auf ihnen beruhend:* ein -es Phänomen.
Leib|spei|se, die (bes. österr.): vgl. Leibgericht.
Leib-und-Ma|gen- (ugs.): drückt in Bildungen mit Substantiven aus, dass jmd. oder etw. der inneren Einstellung o. Ä. einer Person am besten entspricht und deshalb in höchster Gunst steht, den Vorzug erhält: Leib-und-Magen-Blatt, Leib-und-Magen-Schriftsteller.
Lei|bung: ↑Laibung.
Leib|wa|che, die: **1.** *Gesamtheit der Leibwächterinnen u. Leibwächter.* **2.** (selten) *Leibwächter, Leibwächterin.*
Leib|wäch|ter, der: *jmd., dessen Aufgabe darin besteht, eine hoch stehende Persönlichkeit o. Ä. zu beschützen.*
Leib|wäch|te|rin, die: w. Form zu ↑Leibwächter.
Leib|wä|sche, die: *Unterwäsche.*
Leib|weh, das: *Leibschmerz.*

L

Leib|wi|ckel, der: *[feuchter] Wickel um den Leib* (2).

Lei|che, die; -, -n [mhd. līch, ahd. līh(h) = Körper, Leib(esgestalt); toter Körper]: **1. a)** *Körper eines Toten, Gestorbenen:* eine verkohlte, verstümmelte, verweste L.; die L. eines Ertrunkenen; die L. des verstorbenen Politikers; die L. verbrennen, exhumieren, obduzieren, fleddern; die Polizei hat die L. freigegeben; er sieht aus wie eine [lebende/wandelnde] L., wie eine L. auf Urlaub (salopp; *sieht sehr blass, elend aus*); R nur über meine L.! *(das lasse ich auf keinen Fall zu!);* * **eine L. im Keller** (ugs.; *etw. Schlimmes, Ehrenrühriges aus der Vergangenheit, was noch nicht entdeckt worden ist*); **über -n gehen** (abwertend; *im Verfolgen seiner Ziele keine Skrupel kennen*); **b)** (selten) *totes Tier, Tierleiche.* **2.** (landsch. veraltend) *Begräbnis:* es war eine schöne, große L.

Lei|chen|au|to, das: *Leichenwagen* (a).

Lei|chen|be|gäng|nis, das (geh.): *feierliche Beisetzung eines Toten.*

Lei|chen|be|schau|er, der: *die Leichenschau vornehmender Arzt.*

Lei|chen|be|schau|e|rin, die: w. Form zu ↑Leichenbeschauer.

Lei|chen|be|stat|ter, der; -s, -: *jmd., der die Bestattung von Verstorbenen vorbereitet* (Berufsbez.).

Lei|chen|be|stat|te|rin, die: w. Form zu ↑Leichenbestatter.

Lei|chen|bit|ter|mie|ne, die (iron.): *nicht ganz ernst zu nehmende, übermäßig traurige od. trübsinnige Miene, die jmd. zur Schau trägt:* eine L. machen, aufsetzen, zur Schau tragen; sich mit L. beklagen.

lei|chen|blass ⟨Adj.⟩: *in höchstem Grade blass (bes. durch Schreck, Angst o. Ä.):* l., aber unverletzt kletterte er aus dem völlig demolierten Auto.

Lei|chen|bläs|se, die: **a)** *Blässe eines Sterbenden od. Toten;* **b)** (emotional verstärkend) *sehr blasses Aussehen eines Menschen:* auffallend war die L. seines Gesichts.

Lei|chen|fei|er, die: *Begräbnisfeier.*

Lei|chen|fleck, der ⟨meist Pl.⟩: *Totenfleck.*

Lei|chen|fled|de|rei, die; -, -en (Rechtsspr.): *das Fleddern* (a) *einer Leiche.*

Lei|chen|fled|de|rer, der (Rechtsspr.): *jmd., der Leichen fleddert* (a).

Lei|chen|fled|de|rin, die (Rechtsspr.): w. Form zu ↑Leichenfledderer.

Lei|chen|fund, der: *Fund* (1) *einer Leiche.*

Lei|chen|ge|ruch, der: *Verwesungsgeruch, der von einer Leiche ausgeht.*

Lei|chen|gift, das: *giftiger Stoff, der bei der Verwesung von Leichen entsteht.*

lei|chen|haft ⟨Adj.⟩: *einer Leiche ähnlich:* -e Blässe; ein -es Aussehen.

Lei|chen|hal|le, die: *Gebäude auf einem Friedhof, in dem die Särge mit den Toten bis zur Beerdigung aufgebahrt sind.*

Lei|chen|haus, das: vgl. Leichenhalle.

Lei|chen|hemd, das: *Sterbehemd.*

Lei|chen|kam|mer, die: *kleiner Raum, in dem Verstorbene vorübergehend aufgebahrt werden.*

Lei|chen|öff|nung, die: *Obduktion.*

Lei|chen|pass, der (Amtsspr.): *behördliches Dokument, das die Erlaubnis erteilt, einen Toten an einen anderen Ort zu überführen.*

Lei|chen|raub, der: **a)** *Beraubung eines Leichnams;* **b)** *Raub eines Leichnams.*

Lei|chen|re|de, die: **1.** (geh.) *Ansprache zu Ehren des Verstorbenen bei der Beerdigung:* [jmdm.] die L. halten. **2.** *(besonders bei Skatspielern übliche) Kommentierung des abgeschlossenen Kartenspiels im Hinblick auf gemachte Fehler.*

Lei|chen|red|ner, der: *jmd., der eine Leichenrede hält.*

Lei|chen|red|ne|rin, die: w. Form zu ↑Leichenredner.

Lei|chen|schän|der, der: *jmd., der Leichenschändung begeht.*

Lei|chen|schän|de|rin, die: w. Form zu ↑Leichenschänder.

Lei|chen|schän|dung, die: **1.** *das Schänden* (c) *einer Leiche.* **2.** *das Vornehmen sexueller Handlungen an einem Leichnam.*

Lei|chen|schau, die: *Untersuchung einer Leiche durch den Arzt zur Feststellung des Todes bzw. der Todesursache; Nekropsie.*

Lei|chen|schau|haus, das: *Gebäude, in dem Tote, deren Identität nicht bekannt ist, vorübergehend aufgebahrt werden.*

Lei|chen|schmaus, der (scherzh.): *gemeinsames Essen od. Kaffeetrinken, zu dem die Angehörigen eines Verstorbenen die Trauergäste einladen.*

Lei|chen|star|re, die: *Totenstarre.*

Lei|chen|teil, der: *Teil einer zerstückelten Leiche.*

Lei|chen|tuch, das ⟨Pl. …tücher⟩ (früher): *Tuch, in das ein Leichnam eingehüllt wird.*

Lei|chen|ver|bren|nung, die: *Verbrennung, Einäscherung einer Leiche.*

Lei|chen|wa|gen, der: **a)** *meist schwarzes Auto zum Transport eingesargter Leichen;* **b)** *offener [Pferde]wagen, mit dem bei Beerdigungen der Sarg mit dem Verstorbenen, vom Trauerzug gefolgt, [feierlich] zur Begräbnisstätte gebracht wird.*

Lei|chen|wä|scher, der: *jmd., der Leichen wäscht u. ankleidet.*

Lei|chen|wä|sche|rin, die: w. Form zu ↑Leichenwäscher.

Lei|chen|zug, der (geh.): *Zug von Menschen, die mit dem Sarg zur Begräbnisstätte ziehen.*

Leich|nam […na:m], der; -s, -e [mhd. līchname, ahd. līh(i)namo, Nebenf. von mhd. līchame, ahd. līhhamo, eigtl. = Leibeshülle, 1. Bestandteil zu mhd. līch (↑Leiche), 2. Bestandteil verw. mit ↑Hemd in dessen urspr. Bed. »Hülle«] (geh.): *der leblose Körper, die sterbliche Hülle eines verstorbenen Menschen; Leiche* (1 a): jmds. L. einbalsamieren, aufbewahren, beisetzen; er ist ein lebendiger/wandelnder L. *(er ist körperlich ganz verfallen u. elend).*

leicht [mhd. līht(e), ahd. līht(i), verw. mit ↑gelingen] ⟨Adj.⟩: **1. a)** *von geringem Gewicht, nicht schwer:* -es Gepäck; ein -er Koffer; das Material ist, wiegt l.; sie ist l. wie eine Feder *(wiegt sehr wenig);* er ist 65 Kilo l. (ugs. scherzh.; *wiegt 65 Kilo*); R gewogen und zu l. befunden *(geprüft u. für nicht gut genug, für unzureichend befunden);* Ü -es *(nicht derbes)* Schuhwerk; -e *(aus dünnem Stoff hergestellte, luftige)* Kleidung; -e *(kleinkalibrige)* Waffen; -e *(mit kleineren Geschützen ausgerüstete)* Artillerie; die Häuser sind l. *(nicht massiv)* gebaut; l. *(mit wenigen dünnen Kleidungsstücken)* bekleidet; l. *(mit kleinkalibrigen Waffen)* bewaffnet; * **jmdn. um etw. -er machen** (ugs.; *jmdn. erleichtern* 3); **l. geschürzt** (meist scherzh.; *wenig bekleidet*); **b)** *nicht schwerfällig, beweglich, geschickt:* einen -en Gang haben; -en Schrittes davongehen. **2. a)** *keine große Anstrengung, keinen großen Einsatz erfordernd; nicht schwierig, einfach* (2 a), *unkompliziert:* eine -e Arbeit; er hat einen -en Dienst; das ist kein -er *(leicht fallender)* Entschluss; sie hatte ein -es Leben *(es ging ihr immer gut, sie hatte es nie schwer);* die Frage ist nicht l. zu beantworten; die Maschine ist l. zu bedienen; das kannst du l. sagen *(du bist nicht in meiner schwierigen Situation);* sie hat l. reden *(sie ist nicht in der schwierigen Situation);* sie hat es niemals l. gehabt *(hatte kein leichtes Leben);* sie hatte es nicht l. mit ihrem Mann; es war nicht l. für sie, sich allein durchzuschlagen; nach seinen Worten wurde es uns allen etwas -er *(fühlten wir uns etwas besser);* jmdm. eine Aufgabe, einen Entschluss l. machen; es jmdm. l. machen, sich für etw. zu entscheiden; ⟨subst.:⟩ es wird Ihnen ein Leichtes sein *(es wird Sie nicht viel Mühe kosten);* R nichts [ist] -er als das *(es ist ganz ohne Schwierigkeiten);* das ist l. gesagt [aber schwer getan]; das ist -er gesagt als getan *(das lässt sich nicht einfach machen);* **jmdm. leicht fallen** *(jmdm. keine Schwierigkeiten bereiten, keine Mühe machen):* Mathematik fiel ihr immer l.; es ist [ihm] nicht leicht gefallen, die Schlappe hinzunehmen; **sich etw. l. machen** *(es bei etw. an der erforderlichen Sorgfalt fehlen lassen):* sich die Arbeit l. machen; er hat sich die Entscheidung nicht l. gemacht; du machst dir die Sache zu l.; ihr macht es euch aber l.!; **sich l. tun** (ugs.; *keinerlei Schwierigkeiten haben*): sie hat sich immer l. getan mit allem, was sie angefasst hat; ich habe mich/mir nicht l. getan dabei; **b)** *schnell u. ohne Schwierigkeiten:* die -e Löslichkeit des Stoffes; etw. ist l. löslich; der Stoff lässt sich l. färben, verarbeiten; du kannst dir l. denken, ausrechnen, was daraus wird; so jemanden findest du nicht so l. wieder; l. entzündliches Material; l. verdauliche Speisen; ein l. verkäuflicher Artikel; der Text ist in l. verständlicher Sprache abgefasst; l. verderbliche Waren, Speisen; l. beschwingt *(angeregt und heiter)* ging sie nach Hause; es ist l. *(ohne weiteres)* möglich, dass ich schon früher fahre; er wird nicht so l. bereit sein, das zu tun; sie findet so l. *(so schnell)* kein Ende; **c)** *mühelos, spielend:* er hat eine -e Auffassungsgabe; er lernt, begreift l. **3.** *geringfügig, von geringem Ausmaß, nur schwach ausgeprägt o. Ä.:* er hat einen -en Akzent; es gab einen -en Rückschlag; -er Regen; -es Fieber; -e Zweifel; er bekam einen -en Stoß; die l. verletzten Passagiere; ein l. verwundeter Soldat; es hat l. geschneit; sein Gesicht war l. gerötet; er war l. irritiert, verstört; er schielt l. *(ein wenig).* **4.** *(bes. von Speisen o. Ä.) bekömmlich, gut verträglich, nicht belastend:* eine -e Mahlzeit; -e Kost, -e Speisen, Weine; eine -e Zigarre; ein -es *(nicht zu intensives)* Parfüm; l. essen; ⟨subst.:⟩ etwas Leichtes essen. **5. a)** *heiter, unbeschwert:* -en Sinnes *(beschwingt u. heiter);* der Ton der Unterhaltung war frei und l. *(ungezwungen);* * **etw. l. nehmen** *(in Bezug auf etw. unbekümmert sein, kein großes Verantwortungsgefühl haben):* er hat seine Aufgabe, Pflicht, Verantwortung nicht l. genommen; sie nimmt das Leben l. *(sie lebt unbekümmert, ohne sich Sorgen zu machen);* nimms leicht! *(mach dir nichts daraus!);* **b)** *ohne hohen geistigen Anspruch, nur unterhaltend:* -e Lektüre; -e Musik; der Autor versteht es, l. zu schreiben; ⟨subst.:⟩ ich lese am liebsten etwas Leichtes.

-leicht: drückt in Bildungen mit Substantiven – selten mit Verben – aus, dass etw. einfach ist, keine Schwierigkeiten bereitet: bedienungs-, funktions-, pflegeleicht.

Leicht|ath|let, der: *Sportler, der Leichtathletik betreibt.*

Leicht|ath|le|tik, die: *aus den natürlichen Bewegungsformen des Menschen (laufen, springen, werfen, stoßen) entstandene Sportarten.*

Leicht|ath|le|tin, die: w. Form zu ↑Leichtathlet.

leicht|ath|le|tisch ⟨Adj.⟩: *zur Leichtathletik gehörend, sie betreffend:* -e Disziplinen, Wettbewerbe.

Leicht|bau|stoff, der (Bauw.): *Bau- od. Werkstoff, der sich durch ein geringes Gewicht auszeichnet.*

Leicht|bau|wei|se, die (Bauw., Fahrzeug-, Maschinenbau): *Bauweise, die sich durch spezielle Konstruktion u. Verwendung besonders leichten Materials auszeichnet.*

leicht be|klei|det: s. leicht (1 a).

Leicht|ben|zin, das: *Benzin mit einem niedrigen Siedepunkt.*

leicht be|schwingt: s. leicht (3).

Leicht|be|ton, der (Bauw.): *Beton mit leichten, porösen Zuschlägen* (4).

leicht be|waff|net: s. leicht (1 a).

Leicht|be|waff|ne|te, der u. die: *jmd., der leicht bewaffnet ist.*

leicht|blü|tig ⟨Adj.⟩: *das Leben von der heiteren Seite nehmend; von unbeschwerter Fröhlichkeit:* er ist ein -er Mensch.

Leicht|blü|tig|keit, die; -: *leichtblütiges Wesen.*

Leich|te, die; - [mhd. līhte, ahd. līhtī] (dichter.): *Leichtheit.*

leicht ent|zünd|lich: s. leicht (2 b).

Leich|ter, der; -s, - (Seemannsspr.): a) *zum Leichtern von Seeschiffen verwendetes kleineres Wasserfahrzeug (meist ohne Motor);* b) *großer, geschlossener, schwimmfähiger Container, der im Lastverkehr verwendet wird.*

leicht fal|len: s. leicht (2 a).

leicht|fer|tig ⟨Adj.⟩ [mhd. līhtvertec = oberflächlich, fein, schwächlich] (abwertend): a) *unbedacht u. vorschnell; in verantwortungsloser Weise gedankenlos; fahrlässig:* ein -es Verhalten, Versprechen; du bist zu l.; etw. l. aufs Spiel setzen; b) (veraltend) *moralisch bedenkenlos:* eine -e Person; -e Gedanken.

Leicht|fer|tig|keit, die [mhd. līhtvertecheit]: *leichtfertige Art.*

Leicht|fuß, der (ugs. scherzh.): *leichtfertiger, leichtsinniger Mensch.*

leicht|fü|ßig ⟨Adj.⟩: *mit leichten Schritten, ohne Schwerfälligkeit (in der Bewegung):* -en Schrittes kam er daher.

Leicht|fü|ßig|keit, die; -: *leichtfüßige Art u. Weise.*

leicht|gän|gig ⟨Adj.⟩ (Technik): *leicht zu bewegen, zu handhaben:* eine -e Kupplung.

Leicht|gän|gig|keit, die; -: *das Leichtgängigsein.*

leicht ge|schürzt: s. leicht (1 a).

Leicht|ge|wicht, das: 1. ⟨o. Pl.⟩ (Schwerathletik) *mittlere Körpergewichtsklasse.* 2. a) *Sportler der Körpergewichtsklasse Leichtgewicht* (1); b) (ugs. scherzh.) *jmd. mit geringem Körpergewicht:* Ü der Abgeordnete gilt als politisches L. *(als unbedeutender Politiker).*

leicht|ge|wich|tig ⟨Adj.⟩: *mit, von leichtem Gewicht:* das Mädchen ist sehr l.

Leicht|ge|wicht|ler, der; -s, -: *Leichtgewicht* (2 a).

Leicht|ge|wicht|le|rin, die; -, -nen: w. Form zu ↑Leichtgewichtler.

leicht|gläu|big ⟨Adj.⟩: *in unkritischer Weise allzu leicht bereit, etwas zu glauben, was ein anderer sagt; vertrauensselig:* die -en Käufer wurden hereingelegt.

Leicht|gläu|big|keit, die: *leichtgläubiges Wesen:* seine L. hat ihn ins Verderben geführt.

leicht|hän|dig ⟨Adj.⟩: *ohne Mühe, Anstrengung; locker.*

Leicht|heit, die; -: *Eigenschaft, leicht* (1 a, 2) *zu sein.*

leicht|her|zig ⟨Adj.⟩: *sorglos, unbekümmert.*

Leicht|her|zig|keit, die; -: *leichtherziges Wesen.*

leicht|hin ⟨Adv.⟩: a) *ohne lange zu überlegen, ohne vieles Nachdenken:* etw. l. versprechen, sagen, weggeben; b) *[wie] nebenbei:* »Er ist letzte Woche gestorben«, sagte sie l.

Leich|tig|keit, die; - [mhd. līhtecheit]: 1. *geringes Gewicht; Eigenschaft, leicht* (1 a) *zu sein:* die L. des Stoffes; das Material zeichnet sich durch besondere L. aus. 2. *Eigenschaft, leicht* (2) *zu sein, Mühelosigkeit:* es ist eine L., die Dinge zu verändern; in diesem Wagen finden mit L. *(ohne Schwierigkeiten)* 5 Personen Platz; das schaffen wir mit L. (ugs.; *ohne weiteres*).

Leicht|in|dus|trie, die (DDR): *Konsumgüterindustrie.*

leicht|le|big ⟨Adj.⟩: *oberflächlich in seiner Lebensführung:* er ist ein sehr -er Mensch.

Leicht|le|big|keit, die; -: *leichtlebige Art, leichtlebiges Wesen.*

Leicht|lohn|grup|pe, die: *untere Tarifgruppe, in die leichte* (2 a), *überwiegend von Frauen ausgeübte Tätigkeiten eingestuft werden.*

leicht ma|chen: s. leicht (2 a).

Leicht|ma|tro|se, der: *Matrose im Rang zwischen Schiffsjunge u. Vollmatrose.*

Leicht|me|tall, das: *Metall mit geringem spezifischem Gewicht* (z. B. Aluminium).

leicht neh|men: s. leicht (5 a).

Leicht|öl, das: a) *bei der Destillation von Braun- u. Steinkohlenteer anfallendes Öl;* b) *Gemisch aus Benzol u. anderen Stoffen, das als Kraftstoff für Flugzeugmotoren u. a. verwendet wird.*

Leicht|schwer|ge|wicht, das (Gewichtheben): 1. ⟨o. Pl.⟩ *Körpergewichtsklasse zwischen Mittelgewicht u. Mittelschwergewicht.* 2. *Sportler der Körpergewichtsklasse Leichtschwergewicht* (1).

Leicht|schwer|ge|wicht|ler, der; -s, -: *Leichtschwergewicht* (2).

Leicht|sinn, der ⟨o. Pl.⟩: *Mangel an Überlegtheit u. Vorsicht; Fahrlässigkeit in seinem Verhalten vorhandenen Gefahren, Unwägbarkeiten o. Ä. gegenüber:* es war ein furchtbarer, unerhörter, bodenloser L., alle Warnungen zu missachten; das sagst du in deinem jugendlichen L.! (ugs.; *in deiner Unerfahrenheit*).

leicht|sin|nig ⟨Adj.⟩ [urspr. = leichten Sinnes, froh]: 1. *durch Leichtsinn* (1) *gekennzeichnet:* er ist ein sehr -er Autofahrer; ein -er Vogel (ugs.; *ein leichtsinniger Mensch*); wie konntest du so l. sein?; er hat sehr l. gehandelt; du hast dein Leben l. aufs Spiel gesetzt. 2. (häufiger abwertend) *ohne allzu große moralische Skrupel:* ein -es Mädchen; er ist ein bisschen l.

leicht|sin|ni|ger|wei|se ⟨Adv.⟩: *aus Leichtsinn* (1), *voller Leichtsinn* (1): l. hatte er sein ganzes Geld ausgegeben; ich habe ihm l. meine Telefonnummer gegeben.

Leicht|sin|nig|keit, die; -: *Leichtsinn* (1).

Leicht|sinns|feh|ler, der: *auf Leichtsinn beruhender Fehler.*

leicht tun: s. leicht (2 a).

leicht ver|dau|lich, leicht verderblich, leicht verkäuflich: s. leicht (2 b).

leicht ver|letzt: s. leicht (3).

Leicht|ver|letz|te, der u. die: *jmd., der leicht verletzt ist:* bei dem Brand gab es drei L.

leicht ver|ständ|lich: s. leicht (2 b).

leicht ver|wun|det: s. leicht (3).

Leicht|ver|wun|de|te, der u. die: *jmd., der leicht verwundet ist.*

Leicht|was|ser|re|ak|tor, der: *Reaktor* (1), *der mit natürlichem, gewöhnlichem Wasserstoff enthaltendem Wasser betrieben wird.*

leid ⟨Adj.⟩ [mhd. leit, ahd. leid = betrübend, widerwärtig, unangenehm, nicht verw. mit ↑leiden]: * **jmdn., etw./(geh.:) jmds., einer Sache l. sein/werden; jmdn., etw. l. haben** (ugs.; *jmds., einer Sache überdrüssig sein/werden; jmdn., etw. nicht mehr leiden, ertragen können*): ich bin ihn, das Genörgel, das schlechte Essen l.; er war seines Lebens l.; ich bin es l., dich immer wieder zu ermahnen.

Leid, das; -[e]s [mhd. leit, ahd. leid, zu ↑leid]: 1. *tiefer seelischer Schmerz als Folge erfahrenen Unglücks:* unsägliches, namenloses L.; der Krieg hat unermessliches L. über die Menschen gebracht; schweres L. [um jmdn.] tragen, erfahren, erdulden; **Spr** geteiltes L. ist halbes L.; * **jmdm. sein L. klagen** *(jmdm. von seinem Kummer, Ärger o. Ä. erzählen).* 2. *Unrecht, Böses, das jmdm. zugefügt wird:* jmdm. ein L. tun, zufügen; ihm soll kein L./(veraltet:) -s geschehen; * **sich** ⟨Dativ⟩ **ein L./**(veraltet:) **-s antun** (geh.; *sich das Leben nehmen*); **jmdm. L. tun** (1. *von jmdm. bedauert werden:* es tut mir L., dass ich nicht kommen kann, dass ich Sie gekränkt habe; es würde mir sehr L. tun, wenn die Sachen verloren gegangen wären; das braucht dir nicht L. zu tun *[du brauchst dir keine Vorwürfe, Gedanken o. Ä. darüber zu machen];* das wird dir noch einmal L. tun; ⟨als Formel der Entschuldigung:⟩ es tut mir sehr, schrecklich L., dass ich Sie gestört habe; ⟨als Formel der Zurückweisung:⟩ so L. es mir tut, aber das können wir nicht dulden; 2. *jmds. Mitgefühl erregen:* die alte Frau tat ihm L.; er kann einem L. tun mit den Sorgen, die er hat; [auch iron.:] Sie tun mir ja direkt L.); **jmdm. etw. zu Leid[e] tun** (↑zuleid, zuleide).

Lei|de|form, die ⟨Pl. selten⟩ (Sprachw.): *Passiv.*

lei|den ⟨unr. V.; hat⟩ [mhd. līden, ahd. līdan, wohl rückgeb. aus: irlīdan = erfahren, durchmachen; urspr. = gehen, fahren, reisen, später an das nicht verwandte ↑Leid angeschlossen]: 1. a) *einen Zustand von schwerer Krankheit, Schmerzen, seelischem Leiden o. Ä. auszuhalten, zu ertragen, zu erdulden haben:* er hatte schwer, unmenschlich, lange zu l.; er musste nicht lange l. *(starb eines schnellen Todes);* sie hat in ihrem Leben viel gelitten *(viel Schweres durchgemacht);* b) *(an einer bestimmten Krankheit, einem bestimmten Leiden) erkrankt sein:* an Rheuma, an Bronchitis l.; sie leidet an einem hartnäckigen Ekzem, unter ständigen Kopfschmerzen; c) *(durch etw., jmdn.) körperlich od. seelisch stark beeinträchtigt werden; (etw., jmdn.) als schwer erträglich empfinden:* er litt an, unter dem Gefühl der Unsicherheit; sie leidet sehr unter seiner Unzuverlässigkeit, unter ihrer Einsamkeit, unter ihrem Chef; d) *(durch etw.) Schaden nehmen:* die Bäume haben durch den Frost gelitten; seine Gesundheit leidet durch die/unter den Strapazen. 2. ⟨verblasst⟩ *von etw. (Negativem) betroffen sein:* Mangel, [großen] Hunger, Not, Schaden, Ängste, Pein, Höllenqualen l.; 3. a) (in Verbindung mit »können« od. »mögen«) *gern haben; als sympathisch, angenehm o. ä. empfinden:* jmdn. [gut, nicht] l. können; jmdn. [gerne] l. mögen; das Kleid mag ich nicht l.; etw. nicht l. können *(etw. unerträglich o. ä. finden);* er kann [es] nicht l., wenn man ihn stört; b) *dulden, hinnehmen:* er konnte niemanden um sich l. *(er ertrug niemandes Nähe);* er litt *(duldete)* das Tier nicht in seinem Haus; ⟨im 2. Part. in Verbindung mit »sein«⟩ er ist hier gelitten *(man erträgt ihn, nimmt ihn hin),* aber nicht gerade geliebt; nicht sehr gelitten sein; er ist überall, bei seinen Vorgesetzten gut gelitten *(ist beliebt);* sie waren dort nur gelitten *(sie waren nicht sehr beliebt).* 4. a) *(von Sachverhalten o. Ä.) zulassen, erlauben* (meist verneint): der Plan leidet keinen Aufschub; b) ⟨unpers., meist verneint⟩ (veraltend) *es an einem bestimmten Ort aushalten:* ich leide es hier nicht länger.

Lei|den, das; -s, - [mhd. līden, subst. Inf.]: 1. *Gebrechen, Krankheit, mit der jmd. über längere Zeit od. dauernd behaftet ist:* ein erbliches, chronisches, unheilbares L.; sein L. ist organisch, hat seelische Ursachen; ein altes L. machte sich wieder bemerkbar, macht ihm zu schaffen; er starb nach langem, schwerem L. 2. ⟨meist Pl.⟩ *das Erleben von Leid:* die namenlosen L. der Menschen im Krieg; das L. Christi; er sieht aus wie das L. Christi (ugs.; *sieht sehr elend aus*); die Freuden und L. des Lebens.

lei|dend ⟨Adj.⟩: 1. *mit einem langwierigen od. chronischen Leiden behaftet:* ein -er alter Mann; er ist schon lange l.; sie sieht l. aus. 2. *von seelischem Schmerz niedergedrückt, gezeichnet; schmerzvoll:* eine -e Miene.

Lei|den|schaft, die; -, -en [für frz. passion, ↑Passion]: 1. *sich in emotionalem, vom Verstand nur schwer zu steuerndem Verhalten äußernder Gemütszustand (aus dem heraus etw. erstrebt, begehrt, ein Ziel verfolgt wird):* eine dämonische, schöpferische, blinde L.; die L. beherrscht jmdn., reißt jmdn. fort, erfasst jmdn.; er ist der Spielball seiner -en; er hat sich mit L. *(mit großem Engagement)* für die Sache eingesetzt, gegen die Ungerechtigkeit gekämpft. 2. *große Begeisterung, ausgeprägte [auf Genuss ausgerichtete] Neigung, Passion für etw., was man sich immer wieder zu verschaffen, was man zu besitzen sucht, für eine bestimmte Tätigkeit, der man sich mit Hingabe widmet:* Reiten ist bei ihm eine L.; Autos sind seine L.; seine L. für etw. entdecken; seiner L. frönen; der L. des Glücksspiels verfallen sein; ein Sammler aus L.; er betreibt sein Hobby mit wahrer L.; sie war von einer L. zum Theater besessen. 3. ⟨o. Pl.⟩ *sich in starkem Gefühl, in heftigem, ungestümem Besitzverlangen äußernde Zuneigung zu einem Menschen:* eine wilde, große, stürmische, unselige L.; von einer heftigen L. für jmdn. erfasst, ergriffen werden.

lei|den|schaft|lich ⟨Adj.⟩: 1. *sehr emotional, stark gefühlsbetont, nicht vom Verstand gelenkt:* er ist ein sehr -er Mensch, eine -e Natur; ein -er Hass beseelt ihn; eine -e Diskussion über etw.; etw. l. ablehnen, verteidigen. 2. *von Leidenschaft* (2) *bestimmt; begeistert, eifrig:* ein -er Sammler, Bergsteiger; er gärtnert l. 3. *voll großer Leidenschaft* (3): eine -e Liebe; ein -er Liebhaber; sehr l.

L

sein; jmdn. l. lieben, küssen. 4. ⟨intensivierend bei »gern«⟩ *überaus, sehr:* sie hat sich l. *(sehr stark)* engagiert; sie isst l. gern Schokolade.

Lei|den|schaft|lich|keit, die; -: *das Leidenschaftlichsein.*

lei|den|schafts|los ⟨Adj.⟩: **a)** *frei von emotionalen Einflüssen, sachlich, vernunftbestimmt:* er ist ein ganz -er Mensch; l. sein; ein Problem nüchtern und l. behandeln; **b)** *frei von Leidenschaften* (1): das Lebensideal dieser Menschen ist es, völlig l. zu werden.

Lei|den|schafts|lo|sig|keit, die; -: *das Leidenschaftslossein.*

Lei|dens|druck, der ⟨o. Pl.⟩ (Psych.): *[durch eine psychische Störung bewirkte] starke seelische Belastung, unter der der davon Betroffene leidet.*

lei|dens|fä|hig ⟨Adj.⟩: *Leidensfähigkeit habend:* sie ist erstaunlich l.

Lei|dens|fä|hig|keit, die: *innere Kraft, Leiden bewusst anzunehmen u. seelisch zu verarbeiten.*

Lei|dens|ge|fähr|te, der: *Leidensgenosse:* [in jmdm.] einen -n finden.

Lei|dens|ge|fähr|tin, die: w. Form zu ↑Leidensgefährte.

Lei|dens|ge|nos|se, der (auch scherzh.): *jmd., der mit einem anderen das gleiche Schicksal teilt, ein gleiches Leiden zu ertragen hat o. Ä.*

Lei|dens|ge|nos|sin, die: w. Form zu ↑Leidensgenosse.

Lei|dens|ge|schich|te, die: **1.** ⟨o. Pl.⟩ (christl. Rel.) *die Passion (Christi):* die L. Christi darstellen, berichten. **2.** *Geschichte eines leidvollen Lebens, einer leidvollen Zeit:* jmdm. seine L. erzählen.

Lei|dens|mie|ne, die: *bewusst zur Schau getragener leidender Gesichtsausdruck:* eine L. aufsetzen, zur Schau tragen.

Lei|dens|weg, der (geh.): *Weg des Leidens, den jmd. geht:* der L. Christi; ein langer, schwerer L. stand ihm bevor.

Lei|dens|zeit, die: *Lebensabschnitt, der für jmdn. von Schicksalsschlägen, Krankheit o. Ä. gekennzeichnet ist; Zeit des Leidens:* damit begann für ihn eine lange L.

lei|der ⟨Adv.⟩ [mhd. leider, ahd. leidir, eigtl. Komp. von ↑leid (mhd. [Adv.] leide, ahd. leido)]: *bedauerlicherweise, zu meinem, deinem usw. Bedauern:* l. habe ich keine Zeit; ich habe l. keine Zeit; »Hast du Zeit?« – »Leider nicht!«/»Leider nein!«; »Ist er wieder da?« – »Leider ja!«; l., l. sind wir dazu nicht in der Lage.

leid|er|füllt ⟨Adj.⟩: *von Leid erfüllt, beschwert.*

leid|ge|beugt ⟨Adj.⟩: *von Leid gebeugt.*

leid|ge|prüft ⟨Adj.⟩: *von schwerem Leid betroffen, geprüft* (4): eine -e Familie.

lei|dig ⟨Adj.⟩ [mhd. leidec, ahd. leideg, zu ↑Leid]: *ärgerlich; unangenehm; lästig:* eine -e Sache, Angelegenheit; das ist ein -es Thema, Problem; wenn nur das -e Geld *(das Geldproblem)* nicht wäre.

lei|di|ger|wei|se ⟨Adv.⟩: *lästigerweise; dummerweise.*

Leid|kar|te, die (schweiz.): *Kondolenzkarte.*

leid|lich ⟨Adj.⟩ [spätmhd. līdelich, eigtl. = das, was zu leiden, zu ertragen ist, zu ↑leiden]: *einigermaßen den Erwartungen entsprechend, ausreichend, annehmbar:* eine -e Anzahl, Menge; wir hatten -es Wetter; sie ist eine -e *(einigermaßen gute)* Schülerin; seine Kenntnisse sind so l. *(gerade noch annehmbar);* es geht ihm wieder ganz l. (ugs.; *einigermaßen gut*); schießen und l. treffen können wir.

Leid|mahl, das (schweiz.): *Leichenschmaus.*

leid|tra|gend ⟨Adj.⟩: **1.** (selten) *trauernd:* die -e Familie. **2.** *unter etw. Bestimmtem zu leiden habend:* -er Teil sind bei der Ehescheidung die Kinder; ⟨subst.:⟩ der Leidtragende ist dabei der Steuerzahler.

leid|voll ⟨Adj.⟩ (geh.): *durch Leid geprägt:* ein -es Leben; er hatte -e *(schmerzliche)* Erfahrungen gemacht; seine Jugend war sehr l.

Leid|we|sen: nur in der Fügung **zu jmds. L.** *(zu jmds. großem Bedauern).*

Leid|zir|ku|lar, das (schweiz.): *Todesanzeige, die mit der Post verschickt wird.*

Lei|er, die; -, -n [mhd. līre, ahd. līra < lat. lyra < griech. lýra]: **1. a)** *Kithara:* die L. spielen, schlagen; **b)** kurz für ↑Drehleier: die L. spielen, drehen. **2.** (ugs. abwertend) *häufig wiederholte, immer wieder vorgebrachte Äußerung, Klage o. Ä., mit der jmd. einem anderen lästig wird:* was er vorbringt, ist immer dieselbe L. **3.** (ugs.) *Kurbel.*

Lei|e|rei, die; -, -en (ugs.): *[dauerndes] Leiern.*

Lei|er|fisch, der: *(in mehreren Arten vorkommender) zu den Spinnenfischen gehörender Fisch mit lang gestrecktem Körper, hoch stehenden Augen u. kleiner Kiemenspalte.*

Lei|er|kas|ten, der (ugs.): *Drehorgel.*

Lei|er|kas|ten|frau, die: vgl. Leierkastenmann.

Lei|er|kas|ten|mann, der: *Straßenmusikant, der Drehorgel spielt.*

lei|ern ⟨sw. V.; hat⟩ [mhd. līren = die Leier spielen] (ugs.): **1. a)** *eine Kurbel drehen; kurbeln* (1): sie leierte so lange, bis der Drehgriff abbrach; **b)** *(an etw.) drehen:* an der Kurbel l.; **c)** *kurbeln* (1 b): das Autofenster in die Höhe, die Markise nach unten l. **2.** *herunterleiern* (1): ein Gebet l.; ⟨auch ohne Obj.:⟩ du darfst nicht so l.

Leih|amt, das: vgl. Leihhaus.

Leih|an|stalt, die: vgl. Leihhaus.

Leih|ar|bei|ter, der: *Arbeitnehmer, der für eine begrenzte Zeit im Betrieb eines anderen Arbeitgebers arbeitet, ohne dass das Arbeitsverhältnis mit dem bisherigen Arbeitgeber gelöst wird.*

Leih|ar|bei|te|rin, die: w. Form zu ↑Leiharbeiter.

Leih|ar|beit|neh|mer, der: *Leiharbeiter.*

Leih|ar|beit|neh|me|rin, die: w. Form zu ↑Leiharbeitnehmer.

Leih|au|to, das: *Leihwagen.*

Leih|bi|bli|o|thek, die: vgl. Leihbücherei.

Leih|bü|che|rei, die: *Bücherei, die im Allgemeinen Unterhaltungsliteratur, Sachbücher u. Ä. für eine befristete Zeit gegen Entgelt ausleiht.*

Lei|he, die; -, -n [zu ↑leihen] (ugs.): *Leihhaus:* etw. in die L. bringen.

lei|hen ⟨st. V.; hat⟩ [mhd. līhen, ahd. līhan = (zurück-, übrig) lassen]: **1.** *(gegen das Versprechen der Rückgabe) vorübergehend aus seinem Besitz zur Verfügung stellen; ausleihen* (2): jmdm. ein Buch, den Staubsauger, sein Auto l.; kannst du mir [bis morgen] zwanzig Mark l.?; er hat ihm das Geld mit, zu 5 % Zinsen geliehen; ⟨auch ohne Obj.:⟩ er leiht nicht gerne *(verleiht nicht gerne etwas).* **2.** *sich (gegen das Versprechen der Rückgabe) etw. aus dem Besitz od. dem Verfügungsrecht eines anderen erbitten, ausleihen* (1): ich habe [mir] den Frack geliehen; [sich] bei, von jmdm. etw. l.; ich habe mir das Geld bei der Bank geliehen (ugs.; *einen Kredit bei der Bank aufgenommen*); er war mit einem geliehenen Auto unterwegs. **3.** (geh.) *zuteil werden lassen, geben, zur Verfügung stellen:* jmdm. seine Hilfe, seinen Beistand l.; jmdm. seine Stimme l. *(für ihn eintreten).*

Leih|fahr|rad, das: *gegen Entgelt zu leihendes Fahrrad.*

Leih|frist, die: *Frist, für die etw. offiziell ausgeliehen wird.*

Leih|ga|be, die: *leihweise zur Verfügung gestellter Gegenstand (bes. als Ausstellungsstück):* die Ausstellung enthält viele -n.

Leih|ge|ber, der: *Person, Institution, die etw. als Leihgabe zur Verfügung stellt.*

Leih|ge|be|rin, die: w. Form zu ↑Leihgeber.

Leih|ge|bühr, die: *für die Verleihung einer Sache erhobene Gebühr.*

Leih|haus, das: *Geschäft eines Pfandleihers od. entsprechende öffentlich-rechtliche Einrichtung.*

Leih|kar|te, die: *Ausweiskarte, die eine öffentliche Bibliothek dem Entleiher ausstellt.*

Leih|kauf, der: *Mietkauf.*

Leih|mut|ter, die: *Frau, die für eine andere Frau, die ein Kind nicht empfangen od. austragen kann, deren Kind austrägt.*

Leih|rad, das: *Leihfahrrad.*

Leih|schein, der: **1.** *Quittung für ein einem Leihhaus überlassenes Pfand.* **2.** *beim Entleihen eines Buches aus einer Bibliothek auszufüllendes Formular.*

Leih|stim|me, die: *Stimme* (6 a), *die der Stammwähler einer Partei ausnahmsweise einer anderen Partei gibt, um diese im Interesse der eigenen Partei zu stärken.*

Leih|wa|gen, der: *Mietauto* (2).

leih|wei|se ⟨Adv.⟩: *im Wege des Leihens:* jmdm. etw. l. überlassen; ⟨mit Verbalsubstantiven auch attr.:⟩ l. Überlassung.

Leim, der; -[e]s, (Sorten:) -e [mhd., ahd. līm, urspr. = (zum Verschmieren, Verkleben o. Ä. dienende) klebrige Erdmasse]: *wasserlöslicher, zähflüssiger Klebstoff, bes. zum Verleimen von Holz u. Papier:* ein Topf, eine Tube L.; den L. trocknen lassen; etw. mit L. bestreichen; ***[jmdm.] auf den L. gehen/kriechen** (ugs.; *auf jmdn., jmds. Tricks hereinfallen; sich hereinlegen lassen;* nach den mit Leim bestrichenen Ruten, die schon im MA. zum Vogelfang benutzt wurden); **aus dem L. gehen** (ugs.: 1. *[von etw., was aus zusammengefügten Teilen besteht] entzweigehen, sich in seine Einzelteile auflösen:* der Stuhl, die Bank, das Buch ist aus dem L. gegangen; 2. *[von einer Freundschaft, Bindung] zerbrechen:* ihre Ehe ist aus dem L. gegangen).

lei|men ⟨sw. V.; hat⟩ [mhd. līmen, ahd. līman]: **1. a)** *mithilfe von Leim fest zusammenfügen:* den zerbrochenen Hampelmann l.; der Stuhl muss geleimt werden, ist schlecht geleimt; Ü ihre Ehe ist nicht mehr zu l. (ugs.; *ist so zerrüttet, dass sie sich nicht mehr stabilisieren lässt*); **b)** *mithilfe von Leim an etw. befestigen:* etw. an, auf, hinter, unter etw. l. **2.** (ugs.) *hereinlegen, übertölpeln:* jmdn. l.

Leim|far|be, die: *Leim enthaltende Farbe.*

Leim|ring, der: *mit einer klebenden Masse beschichteter Papierstreifen, der, um den Stamm von Obstbäumen gelegt, Schädlinge abfangen soll, die am Stamm hochklettern.*

Leim|ru|te, die [spätmhd. līmruote]: *für den Vogelfang verwendete, mit Leim bestrichene Rute, an der sich darauf niederlassende Vögel hängen bleiben:* -n legen.

Leim|topf, der: *Gefäß zur Aufbewahrung von Leim.*

Lein, der; -[e]s, -e [mhd., ahd. līn, urspr. viell. = der Bläuliche, nach der Farbe der Blüten]: *(in vielen Arten vorkommende) Pflanze mit schmalen Blättern u. kleinen blauen, weißen, gelben od. roten Blüten.*

-lein, das; -s, - [mhd.-[e]līn, ahd. -[i]līn] /Bildungen z. T. dichter., altertümelnd, landsch./: kennzeichnet in Bildungen mit Substantiven die Verkleinerungsform: Bettlein, Geißlein; ⟨mit gleichzeitigem Umlaut:⟩ Figürlein; ⟨mit Umlaut und Verlust des -e:⟩ Äuglein.

[1]Lei|ne, die; -, -n [mhd. līne, ahd. līna, zu ↑Lein, urspr. = ein aus Flachs hergestelltes Seil]: **a)** *Seil, Tau von mittlerer Stärke:* etw. mit einer L. festbinden, absperren; (Seemannsspr.:) die -n losmachen; die L. einholen; **b)** *dünnes Seil o. Ä., auf das Wäsche [im Freien] zum Trocknen aufgehängt wird:* eine L. spannen, ziehen; Wäsche auf die L. hängen, von der L. [ab]nehmen; ***L. ziehen** (ugs.; *verschwinden, sich davonmachen;* die Binnenschiffe wurden früher vom Leinpfad aus mit Zugleinen vorwärts bewegt, also eigtl. = dafür sorgen, dass man von der Stelle kommt); **c)** *am Halsband befestigter Riemen aus Leder o. Ä., an dem ein Tier, bes. ein Hund, geführt wird:* den Hund an die L. nehmen, an der L. führen, haben, halten; das Tier von der L. losmachen; ***jmdn. an der [kurzen] L. haben/halten** (ugs.; *jmdn. in der Gewalt haben u. lenken können*); **jmdn. an die L. legen** (ugs.; *jmdn. unter Kontrolle bekommen, [streng] über jmdn. bestimmen*); **an langer/an der langen L.** (ugs.; *mit einem gewissen, bewusst zugestandenen Freiraum*).

[2]Lei|ne, die; -: Nebenfluss der Aller.

¹lei|nen ⟨Adj.⟩ [mhd. līnīn, zu ↑Lein]: *aus Leinen hergestellt.*

²lei|nen ⟨sw. V.; hat⟩ [zu ↑¹Leine] (selten): *(ein Tier, bes. einen Hund) an die Leine nehmen; anleinen.*

Lei|nen, das; -s, - [Subst. aus ↑¹leinen]: 1. a) *Flachsfaser;* b) *aus Flachsfasern hergestelltes, dauerhaftes u. gut waschbares Gewebe in Leinwandbindung:* grobes, weißes, gestärktes L.; Kleidung, Tischtücher aus L. 2. (Buchw.) *fester Bucheinband aus Leinen od. einem ähnlichen Gewebe:* eine Ausgabe in L.

lei|nen|ar|tig ⟨Adj.⟩: *ähnlich wie Leinen* (1).

Lei|nen|bin|dung, die: *Leinwandbindung.*

Lei|nen|ein|band, der: *Leinen* (2).

Lei|nen|garn, das: *aus Flachsfasern hergestelltes Garn.*

Lei|nen|ge|we|be, das: *Leinen* (1 b).

Lei|nen|kleid, das: *Kleid aus Leinen.*

Lei|nen|schuh, der: *Schuh, bei dem das Obermaterial Leinen od. ein ähnliches Gewebe ist.*

Lei|nen|stoff, der: *Stoff aus Leinen.*

Lei|nen|tuch, das ⟨Pl. ...tücher⟩: *Tuch aus Leinen.*

Lei|nen|we|ber: ↑Leinweber.

Lei|nen|we|be|rin, die: w. Form zu ↑Leinenweber.

Lei|nen|zeug: ↑Leinzeug.

Lei|nen|zwang, der ⟨o. Pl.⟩: *behördliche Anordnung, nach der Hunde in bestimmten Fällen, an bestimmten Orten an der Leine zu führen sind.*

Lein|öl, das: *aus Leinsamen gewonnenes Öl, das u. a. als Speiseöl verwendet wird.*

Lein|pfad, der: *Treidelpfad.*

Lein|sa|men, der: *stark ölhaltiger Samen des Flachses.*

Lein|sa|men|brot, das: *Leinsamen enthaltendes Brot.*

Lein|tuch, das ⟨Pl. ...tücher⟩ (schweiz., sonst landsch.): *Betttuch.*

lein|wand ⟨Adj.⟩ [zu ↑Leinwand (1)] (österr. ugs., bes. wiener.): *großartig, toll:* ein -er Kumpel; das, sie ist l.

Lein|wand, die [mhd. līnwāt = Leinengewebe, im Frühnhd. nach ↑Gewand umgebildet; vgl. mhd. līngewant = Leinenzeug, Leinengewand]: 1. ⟨o. Pl.⟩ *festes Gewebe in Leinwandbindung, vor allem aus Leinen u. Hanf:* grob gewebte L.; Säckchen aus L.; *** L. sein** (österr. ugs., bes. wiener.; *großartig, toll sein;* Leinwand wurde früher im Haushalt als wertvoller Besitz angesehen); **alles L.** (österr. ugs., bes. wiener.; *alles in Ordnung*). 2. *auf einen Holzrahmen gespanntes Stück Leinwand* (1), *auf das der Kunstmaler seine Farben aufträgt.* 3. *Projektionswand für Filme [im Kino] u. für Dias:* eine transportable L.; Ü einen Roman auf die L. bringen *(verfilmen);* einen Schauspieler auf der L. *(im Film)* sehen, von der L. *(vom Film, vom Kino)* kennen; eine saubere L. *(den Verzicht auf die Vorführung von allzu freizügigen Filmen in den Kinos)* fordern.

Lein|wand|bin|dung, die ⟨o. Pl.⟩ (Textilind.): *einfachste Bindungsart, bei der die Kettfäden abwechselnd über bzw. unter dem Schussfaden liegen.*

Lein|wand|grö|ße, die (scherzh.): *bekannter Filmschauspieler, bekannte Filmschauspielerin.*

Lein|wand|held, der (scherzh.): *Held* (3) *in einem Film.*

Lein|we|ber, Leinenweber, der: *Weber, der Leinwand herstellt* (Berufsbez.).

Lein|we|be|rin, die: w. Form zu ↑Leinweber.

Lein|zeug, Leinenzeug, das ⟨o. Pl.⟩: *Wäsche od. anderes aus Leinen* (1) *Hergestelltes.*

Leip|zig: Stadt in Sachsen.

¹Leip|zi|ger, der; -s, -: Ew.

²Leip|zi|ger ⟨indekl. Adj.⟩: L. Allerlei *(Gemüsegericht aus jungen Möhren, Erbsen, Spargel usw.).*

Leip|zi|ge|rin, die; -, -nen: w. Form zu ↑¹Leipziger.

leis: ↑leise.

Leis, der; - u. -es, -e[n] [mhd. leis, gek. aus ↑Kyrie eleison]: *geistliches Lied des Mittelalters, das auf den Refrain »Kyrieleis« endet.*

lei|se ⟨Adj.⟩ [mhd. līse, ahd. (Adv.) līso = sanft, sacht, schwach hörbar, H. u.]: 1. *nur schwach hörbar, nicht laut:* ein -s Geräusch; eine l. Stimme; l. singen, lachen; die Tür l. *(lautlos, ohne ein Geräusch zu verursachen)* öffnen; ein l. laufender Motor; das Radio -r stellen; ihr müsst ein wenig -r sein *(nicht so viel Lärm machen).* 2. a) *kaum merklich, kaum wahrnehmbar:* ein -r Regen, Duft, Lufthauch; sie hat einen sehr -n Schlaf *(wacht beim geringsten Geräusch auf);* bei der -sten *(geringsten)* Berührung; b) *[nur] schwach ausgeprägt, in Andeutung vorhanden, leicht* (3): ein -s Unbehagen; ich habe l. Zweifel, einen -n Verdacht, eine l. Hoffnung; er hatte nicht die -ste *(überhaupt keine)* Ahnung; mit -m Bedauern, -r Enttäuschung von etw. sprechen; ich zweifle l. an dem Erfolg der Aktion; *** nicht im Leisesten** (ugs.; *nicht im Mindesten; überhaupt nicht*).

lei|se|tre|ten ⟨st. V.; ist⟩ [zu ↑Leisetreter] (abwertend): *sich möglichst unauffällig, wie ein Leisetreter verhalten.*

Lei|se|tre|ter, der: 1. (abwertend) *jmd., der es vermeidet aufzufallen, der sich unterordnet, keine Zivilcourage hat.* 2. (scherzh.) *Schuh mit weichen Sohlen, die beim Gehen kein Geräusch machen.*

Lei|se|tre|te|rei, die ⟨o. Pl.⟩: *das Leisetreten.*

Lei|se|tre|te|rin, die; -, -nen: w. Form zu ↑Leisetreter (1).

lei|se|tre|te|risch ⟨Adj.⟩ (abwertend): *leisetretend.*

¹Leist, der; -[e]s [zu ↑Leisten] (Tiermed.): *entzündliche Erkrankung von Bändern u. Sehnen am Fuß bei Pferden.*

²Leist, der; -es, -e [rückgeb. aus ↑leisten in der Wendung: Gesellschaft leisten] (schweiz.): a) *von Zeit zu Zeit sich versammelnde Gesellschaft;* b) *Gesellschaftslokal.*

Leis|te, die; -, -n [mhd. līste, ahd. līsta, H. u.]: 1. *schmale Latte aus Holz od. Band aus Kunststoff bzw. Metall, das als Randleiste zur Verzierung od. zum Abdecken von Fugen dient.* 2. kurz für ↑Knopfleiste. 3. (Weberei) *Webkante eines Stoffs.* 4. (Anat.) *(beim Menschen u. bei Säugetieren) seitlicher Teil der Bauchwand am Übergang zum Oberschenkel bzw. beim Tier zu den hinteren Extremitäten.*

leis|ten ⟨sw. V.; hat⟩ [mhd., ahd. leisten = befolgen, erfüllen, ausführen, zu ↑Leisten, also eigtl. = einer Spur nachgehen]: 1. a) *schaffen, vollbringen, zustande bringen, erreichen:* er hat etwas, viel, Erstaunliches, Außerordentliches geleistet; b) *(Arbeit o. Ä.) verrichten, tun, machen:* gute [politische], ganze, hervorragende Arbeit l.; Überstunden l.; c) *(nutzbare Leistung) erbringen:* der Motor leistet 80 PS, zu wenig; d) ⟨verblasst:⟩ [jmdm.] Beistand l. *(beistehen);* [jmdm.] Hilfe l. *(helfen);* einen Beitrag l. *(beitragen zu etw.);* jmdm. einen guten Dienst, gute Dienste l. *(von Nutzen sein);* [jmdm.] Ersatz l. *(etw. ersetzen);* einen Eid l. *(schwören);* [jmdm., bei jmdm.] Abbitte l. *(jmdm. etw. abbitten);* [jmdm.] Gehorsam l. *(gehorchen);* [jmdm.] Gefolgschaft l. *(treu folgen);* [jmdm.] Widerstand l. *(sich widersetzen);* Gewähr, Garantie l. *(garantieren);* Verzicht l. *(verzichten);* eine Anzahlung l. *(einen Betrag anzahlen);* eine Zahlung l. *(einen Betrag bezahlen);* eine Unterschrift l. *(unterschreiben).* 2. (ugs.) <l. + sich> a) *sich etw. Besonderes, das mit größeren Ausgaben verbunden ist, gönnen, anschaffen:* ich habe mir einen Maßanzug geleistet; (scherzh.:) heute leiste ich mir mal ein Eis mit Sahne; *** sich** ⟨Dativ⟩ **etw.,** (auch:) **jmdn. l. können** *(die finanziellen Mittel für etw. od. auch jmdn. haben):* von meinem Gehalt kann ich mir kein Auto, keinen Butler l.; wir können uns [finanziell] noch keine Kinder l.; b) *etw. zu tun wagen, ohne auf Normen o. Ä. Rücksicht zu nehmen:* was der sich heute wieder dem Chef gegenüber geleistet hat!; sich eine Frechheit, unverschämte Bemerkung l. *(herausnehmen);* ich kann es mir nicht l. *(erlauben),* zu spät zu kommen; sie leistet sich trotz ihrer Figur eine knapp sitzende Hose; er kann sich jetzt keine Fehler mehr l. *(er kann jetzt keine Fehler mehr machen, ohne dass es ihm schadet; er darf jetzt keine Fehler mehr machen);* da hast du dir einen groben Schnitzer geleistet *(da ist dir ein grober Schnitzer unterlaufen).*

Leis|ten, der; -s, - [mhd., ahd. leist, auch: Spur, Weg; eigtl. = (Fuß)abdruck]: 1. *bei Herstellung von Schuhen gebrauchtes Modell in Form eines Fußes:* Pantoffeln werden nur über einen L. gearbeitet, geschlagen; *** alles über einen L. schlagen** (ugs.; *alles mit dem gleichen Maßstab messen; ohne Rücksicht auf wesentliche Unterschiede alles gleich behandeln;* wohl nach dem Bild eines nachlässig arbeitenden Schusters, der alle Schuhe über einen Leisten schlägt und so nur Schuhe gleicher Größe anfertigt). 2. *Schuhspanner:* die Schuhe auf L. spannen.

Leis|ten|band, das ⟨Pl. ...bänder⟩ [zu ↑Leiste (4)] (Anat.): *unterer Abschluss der Bauchdecke, an dem die Bauchmuskeln ansetzen.*

Leis|ten|bruch, der (Med.): *Eingeweidebruch oberhalb des Leistenbandes.*

Leis|ten|ge|gend, die (Anat.): *Gegend der Leisten.*

Leis|ten|zer|rung, die (Med.): *Zerrung im Bereich der den Oberschenkel anziehenden Muskeln.*

Leis|tung, die; -, -en [mhd. leistunge, zu ↑leisten]: 1. ⟨o. Pl.⟩ *das Leisten* (1). 2. a) *etw. Geleistetes; geleistete körperliche, geistige Arbeit; unternommene Anstrengung u. das erzielte Ergebnis:* eine hervorragende, gute, schlechte, mangelhafte, schwache L.; eine große sportliche, technische L.; die -en des Schülers lassen nach; gute -en vollbringen, bieten, aufweisen können, erzielen; eine ansprechende L. als Verteidiger liefern; die Mannschaft hat eine reife, geschlossene L. gezeigt; L. bringen (ugs.; *etw. leisten*); die -en steigern, erhöhen; das beeinträchtigte ihre L.; reife L.! (ugs.; *großartig!*); b) ⟨Pl. selten⟩ *durch eine Tätigkeit, ein Funktionieren [normalerweise] Geleistetes:* die L. eines Mikroskops, des menschlichen Auges, des Herzens, des Gedächtnisses, des Gehirns; die L. *(den Ausstoß, die Produktion)* einer Maschine steigern, verbessern; c) ⟨Pl. selten⟩ (Physik) *Verhältnis aus der (bei einem physikalischen Vorgang) verrichteten Arbeit* (5) *zu der benötigten Zeitspanne; Fähigkeit, in der Zeiteinheit eine bestimmte Arbeit* (5) *zu verrichten:* der Motor hat eine L. von 100 PS, von 85 kW. 3. *(im Rahmen einer [finanziellen] Verpflichtung) Geleistetes, Gewährtes, bes. geleisteter, gezahlter Betrag:* die sozialen -en der Firma, der Krankenkasse; -en beziehen.

Leis|tungs|ab|fall, der: *Abfall in der Leistung* (2), *in der Leistungsfähigkeit.*

Leis|tungs|an|reiz, der: *Anreiz dazu, eine gute Leistung* (2 a) *zu erzielen.*

Leis|tungs|aus|weis, der (schweiz.): *Leistungsnachweis.*

leis|tungs|be|zo|gen ⟨Adj.⟩: *auf die Leistung* (2 a) *bezogen, der Leistung* (2 a) *entsprechend:* ein -es Einkommen, Gehalt; eine -e Prämie.

Leis|tungs|bi|lanz, die (Wirtsch.): *in der Zahlungsbilanz enthaltene Teilbilanz, in der die Exporte von Waren u. Dienstleistungen den Importen gegenübergestellt werden.*

Leis|tungs|dich|te, die (Sport): *Vorhandensein einer Vielzahl guter Sportler u. guter Leistungen in einer Sportart.*

Leis|tungs|druck, der ⟨o. Pl.⟩: *psychischer Druck durch Zwang zu hoher Leistung* (2 a).

leis|tungs|fä|hig ⟨Adj.⟩: 1. *von einer Beschaffenheit, Verfassung, die [gute] Leistungen ermöglicht; fähig od. geeignet, etwas zu leisten* (1): -e Betriebe, Computer, Maschinen; ein wirtschaftlich -es Land; gesund und l. bleiben. 2. *in der Lage, angemessene, beträchtliche Leistungen* (3) *zu erbringen:* eine -e [Kranken]versicherung.

Leis|tungs|fä|hig|keit, die ⟨o. Pl.⟩: *Eigenschaft, leistungsfähig zu sein.*

leis|tungs|för|dernd ⟨Adj.⟩: *die Leistung* (2 a) *fördernd.*

leis|tungs|ge|recht ⟨Adj.⟩: *der Arbeitsleistung entsprechend:* -e Entlohnung; die Mannschaften trennten sich l. unentschieden.

Leis|tungs|ge|sell|schaft, die: *Gesellschaft* (1), *in der vor allem die persönlichen Leistungen des Einzelnen für dessen soziale Stellung, Ansehen, Erfolg usw. ausschlaggebend sind.*

Leis|tungs|grad, der (Wirtsch.): *Grad* (1) *der Leistung (eines Arbeitnehmers), die tatsächlich erbracht worden ist im Verhältnis zur Normalleistung.*

Leis|tungs|gren|ze, die ⟨o. Pl.⟩: *Grenze der Leistungsfähigkeit:* an seiner L. angelangt sein.

Leis|tungs|grup|pe, die: *Gruppe von Personen, die eine bestimmte Leistung erbringen:* sie startet in einer schwächeren L.

Leis|tungs|klas|se, die: **1.** (bes. Sport) *Klasse, in die bes. Wettkämpfer od. Mannschaften nach Können, Leistung[sfähigkeit] o. Ä. eingestuft werden.* **2.** (seltener) *Qualitätsklasse eines Produkts.*

Leis|tungs|kon|trol|le, die: *Kontrolle der Leistung* (2 a) (z. B. von Schülern, Studenten, Arbeitnehmern).

Leis|tungs|kraft, die: *Leistungsfähigkeit.*

Leis|tungs|kurs, der (Schulw.): *universitären Arbeitsformen ähnelnder Unterricht, der im Gegensatz zum Grundkurs zusätzliche Kenntnisse in einem Lehrfach vermitteln soll.*

Leis|tungs|kur|ve, die: *[gedachte] Kurve zur grafischen Darstellung der Entwicklung einer Leistung:* die L. eines Sportlers.

Leis|tungs|nach|weis, der: *Nachweis, dass jmd. etw. geleistet hat, eine geforderte Leistung erbracht hat:* Schulzeugnisse und andere -e.

Leis|tungs|ni|veau, das (bes. Päd.): *Niveau der Leistungen* (2 a) *[einer Gesamtheit von Personen].*

leis|tungs|ori|en|tiert ⟨Adj.⟩: *an Leistung orientiert:* eine -e Gesellschaft, Bezahlung.

Leis|tungs|prä|mie, die: *Geldprämie für gute Leistungen* (2 a).

Leis|tungs|prin|zip, das ⟨o. Pl.⟩ (Wirtsch., Päd.): *in der heutigen Gesellschaft* (1) *praktizierte Auffassung, nach der sich die materiellen u. sozialen Chancen des Einzelnen allein nach der Qualität u. dem Umfang seiner Leistung bemessen sollen.*

Leis|tungs|prü|fung, die: *Prüfung zur Erfassung od. Ermittlung von Leistungen, von Leistungsfähigkeit.*

Leis|tungs|schau, die (Wirtsch., Landw.): *Schau, bei der bestimmte Leistungen, Produkte ausgestellt, vorgeführt werden.*

leis|tungs|schwach ⟨Adj.⟩: *in der Leistung schwach, von geringer Leistungsfähigkeit:* -e Schüler.

Leis|tungs|schwä|che, die: *geringe Leistungsfähigkeit.*

Leis|tungs|sport, der: *Sport zur Erzielung besonderer [Wettkampf]leistungen.*

Leis|tungs|sport|ler, der: *jmd., der Leistungssport betreibt.*

Leis|tungs|sport|le|rin, die: w. Form zu ↑Leistungssportler.

leis|tungs|stark ⟨Adj.⟩: *besonders gute Leistungen erbringend; sehr leistungsfähig:* -e Sportler; eine -e Wirtschaft.

Leis|tungs|stär|ke, die: *große Leistungsfähigkeit.*

Leis|tungs|stei|ge|rung, die: vgl. Leistungsabfall.

Leis|tungs|trä|ger, der (bes. Sport): *jmd., der durch die eigene Leistung entscheidend zu einer Gesamtleistung, zu einem Gesamterfolg beiträgt.*

Leis|tungs|trä|ge|rin, die: w. Form zu ↑Leistungsträger.

Leis|tungs|ver|mö|gen, das ⟨o. Pl.⟩: *Leistungsfähigkeit.*

Leis|tungs|wil|le, der: *Wille, etwas zu leisten.*

Leis|tungs|zen|trum, das: *Sportstätte, in der Hochleistungssportler durch intensives Training gefördert werden.*

Leis|tungs|zeug|nis, das: *Zeugnis über berufliche, schulische o. ä. Leistungen* (2 a).

Leis|tungs|zwang, der (bes. Soziol.): *das Gezwungensein, das Sich-gezwungen-Fühlen, möglichst hohe Leistungen* (2 a) *zu erbringen:* der L. in der Schule, im Beruf.

Leit|an|trag, der (bes. Politik): *(auf Parteitagen o. Ä.) von einem leitenden Gremium eingebrachter Antrag* (2), *dessen Inhalt für alle weiteren gestellten Anträge als Leitlinie* (1) *gilt.*

Leit|ar|ti|kel, der [LÜ von engl. leading article] (Zeitungsw.): *kommentierender Artikel an bevorzugter Stelle einer Zeitung od. Zeitschrift zu wichtigen aktuellen Themen.*

leit|ar|ti|keln ⟨sw. V.; hat⟩ (Zeitungsw. Jargon): **1.** *Leitartikel schreiben:* der Chefredakteur leitartikelt gern. **2.** *als Leitartikel veröffentlichen; (als Thema) in einem Leitartikel behandeln:* die Zeitungen leitartikelten über den großen Skandal.

leit|bar ⟨Adj.⟩: *sich leiten lassend.*

Leit|be|griff, der: *zentraler Begriff.*

Leit|bild, das: *leitende Vorstellung od. deren Verkörperung; Ideal, Vorbild:* Stars und andere -er der Mode; ein L. der Jugend/für die Jugend.

Leit|bün|del, das (Bot.): *strangförmiger Verband von Leitgewebe.*

[1]Lei|te, die; -, -n (schweiz.): **1.** *Wasserleitung.* **2.** *Holzrutschbahn.*

[2]Lei|te, die; -, -n [mhd. līte, ahd. (h)līta, verw. mit ↑lehnen, eigtl. = die Geneigte] (südd., österr.): *Berghang, Abhang.*

lei|ten ⟨sw. V.; hat⟩ [mhd. leiten, ahd. leit(t)an, Kausativ zu ↑leiden in der urspr. Bed. »gehen, fahren«; also eigtl. = gehen, fahren machen]: **1.** *verantwortlich führen:* einen Betrieb, eine Schule l.; ein Orchester, einen Chor l.; eine Expedition l.; eine Sitzung, eine Diskussion, die Verhandlungen l.; ein [Fußball]spiel l. (Sport; *bei einem [Fußball]spiel als Schiedsrichter tätig sein*); ⟨auch ohne Akk.-Obj.:⟩ der Schiedsrichter hat gut geleitet; ⟨1. Part.:⟩ leitender Angestellter, Beamter, Ingenieur; eine leitende Stellung, Funktion haben; Herrn leitenden Ingenieur Meier. **2. a)** *begleitend, geleitend [hin]führen, [hin]gelangen lassen:* jmdn. ins Zimmer, durch die Räume l.; Ü mein Instinkt, ein Gefühl leitete mich an die richtige Stelle; **b)** *hinweisend führen, durch bestimmenden Einfluss lenken:* diese Bemerkung leitete [uns] auf die richtige Spur; sich schwer l. lassen; sich nur von wirtschaftlichen Gesichtspunkten l. lassen; ⟨1. Part.:⟩ der leitende Gedanke; es fehlt die leitende Hand; **c)** *in eine bestimmte Bahn bringen, irgendwohin lenken:* Gas durch Rohre l.; der Bach wird in einen Kanal, in ein anderes Bett geleitet; den Verkehr über eine Umgehungsstraße l.; ein Gesuch an die zuständige Stelle l. **3.** (Physik, Technik) *Energie hindurchgehen lassen, weiterführen:* Metalle leiten Strom, Elektrizität, Wärme; ⟨auch o. Akk.-Obj.:⟩ dieser Stoff leitet gut; leitende Materialien.

[1]Lei|ter, der; -s, - [mhd. leitære, ahd. leitāri = Führer]: **1.** *jmd., der etw. leitet* (1), *der leitend an der Spitze von etw. steht:* ein technischer, kaufmännischer, künstlerischer L.; L. einer Firma, Abteilung, Expedition, Delegation, Diskussion sein; der L. (Sport; *Schiedsrichter*) des Spiels. **2.** (Physik, Technik) *Stoff, der Energie leitet:* ein guter, schlechter L.

[2]Lei|ter, die; -, -n [mhd. leiter(e), ahd. leitara, verw. mit ↑[1]lehnen, also eigtl. = die Angelehnte]: *Gerät mit Sprossen od. Stufen zum Hinauf- u. Hinuntersteigen:* eine hohe, ausziehbare L.; die L. anstellen, an die Wand stellen, lehnen; die L. *(Drehleiter, Feuerwehrleiter usw.)* ausschwenken, ausfahren; die L. hinaufsteigen; auf die L. steigen; auf der L. stehen; Ü die L. des Erfolgs, Ruhms emporsteigen.

lei|ter|ar|tig ⟨Adj.⟩: *wie eine Leiter geartet.*

Lei|te|rin, die; -, -nen [mhd. leitærinne = (An)führerin]: w. Form zu ↑[1]Leiter (1).

Lei|ter|wa|gen, der: *Pferde- od. Handwagen mit leiterartigen Seitenteilen.*

Leit|fa|den, der [1: wohl unter Anlehnung an ↑Ariadnefaden für ↑Vademecum]: **1.** *kurz gefasste Darstellung zur Einführung in ein Wissensgebiet:* ein L. der Physik, für Singles. **2.** *den Fortgang von etw. Leitendes, Bestimmendes:* die Leitfäden ihrer Politik.

leit|fä|hig ⟨Adj.⟩ (Physik, Technik): *leitend* (3); *so beschaffen, dass Energie geleitet werden kann:* -e Stoffe; das Material l. machen.

Leit|fä|hig|keit, die: *leitfähige Beschaffenheit.*

Leit|fos|sil, das (Geol.): *für einen bestimmten geologischen Zeitabschnitt charakteristisches Fossil.*

Leit|ge|dan|ke, der: *leitender Gedanke, Grundgedanke:* der L. eines Buchs, einer Epoche.

Leit|ge|we|be, das (Bot.): *pflanzliches Gewebe, das Nähr- u. Aufbaustoffe transportiert.*

Leit|ham|mel, der: **1.** *Leittier* (2) *einer Schafherde.* **2.** (abwertend) *jmd., dem andere willig u. gedankenlos folgen.*

Leit|hund, der: **1.** *Hund, der die Meute führt.* **2.** *Blindenhund.* **3.** *am Leitseil* (1) *geführter Hund des Gespanns, das den Hundeschlitten zieht.* **4.** (Jägerspr.) *am Leitseil* (1) *arbeitender Jagdhund, der die Fährte u. den Aufenthalt des Wildes ausmacht.*

Leit|idee, die: vgl. Leitgedanke.

Leit|li|nie, die: **1.** *bestimmender Grundsatz, leitender Gesichtspunkt, richtungweisender Anhaltspunkt (für das Handeln):* die L. für unser Verhalten; die -n der Politik festlegen. **2.** (Verkehrsw.) *abgrenzende Fahrbahnmarkierung in Form einer weißen od. gelben, meist unterbrochenen Linie.*

Leit|mo|tiv, das: **1.** *leitendes, bewegendes Motiv, Leitgedanke:* ein L. ihres Denkens, Schaffens. **2. a)** (Musik) *häufig wiederkehrendes charakteristisches Motiv mit fester Zuordnung zu einer bestimmten Person, Situation, Stimmung usw. (bes. in Opern, sinfonischen Dichtungen o. Ä.);* **b)** (Literaturw.) *häufig wiederkehrende, einprägsame Formulierung, Aussage, die in der Art eines musikalischen Leitmotivs fest mit einer bestimmten Person, Sache, Situation, Stimmung usw. verbunden ist.*

leit|mo|ti|visch ⟨Adj.⟩: **a)** *das Leitmotiv betreffend;* **b)** *in der Form, Art eines Leitmotivs.*

Leit|pfos|ten, der (Verkehrsw.): *am Straßenrand aufgestellter [weiß-schwarzer] Pfosten, gewöhnlich mit einem weißen od. gelben Reflektor, an dessen Form bei Dunkelheit zu erkennen ist, auf welcher Seite der Fahrbahn der Pfosten steht.*

Leit|plan|ke, die (Verkehrsw.): *seitliche Planke aus Stahl, Beton o. Ä., die von der Fahrbahn abkommende Fahrzeuge aufhalten soll:* der Wagen prallte gegen, fuhr in die L.

Leit|satz, der: *leitender Grundsatz.*

Leit|schie|ne, die: **1.** (Verkehrsw. österr.) *Leitplanke.* **2.** (Technik, bes. Eisenb.) *Schiene innen neben der Fahrschiene, bes. zum Schutz gegen Entgleisen.*

Leit|seil, das **1.** (Fachspr., auch südd., österr., schweiz.) *Leine zum Führen des Hundes, Zugtiers.* **2.** *Schleppseil.*

Leit|sei|te, die: *Homepage* (a).

Leit|spruch, der: *Wahlspruch, Motto.*

Leit|stel|le, die: *zentrale Stelle, Einrichtung, von der aus etw. geleitet, gelenkt, befehligt wird:* die L. der Feuerwehr.

Leit|stern, der [mhd. leit(e)sterne = der die Schiffer leitende Polarstern, auch übertr. von der Jungfrau Maria]: *Stern, der als Orientierungspunkt dient:* Ü (geh.:) der L. eines Menschen, eines Zeitalters.

Leit|strahl, der: **1.** (Flugw., Milit.) *als Navigationshilfe dienender gerichteter Sendestrahl, der die exakte Kursführung von Flugzeugen, Flugkörpern u. Schiffen gewährleistet.* **2. a)** (Geom.) *Verbindungsstrecke zwischen einem Punkt eines Kegelschnitts u. seinem Brennpunkt;* **b)** (Physik) *(bei einer Zentralbewegung) gerichtete Verbindungslinie (Vektor) vom Kraftzentrum zum jeweiligen Ort des Massenpunkts od. Körpers.*

Leit|the|ma, das: *durchgehend bestimmendes Thema.*

Leit|tier, das: **1.** (Jägerspr.) *Hirschkuh, die ein*

Rudel führt. 2. (Zool.) *ranghöchstes, führendes Tier (in Herden mit Rangordnung).*

Leit|ton, der (Musik): *Ton, der nach harmonischer bzw. melodischer Auflösung in einen um einen Halbtonschritt entfernten Ton strebt, (im Dur-Moll-System) bes. der Halbton unter der Tonika.*

Lei|tung, die; -, -en: **1. a)** ⟨o. Pl.⟩ *Tätigkeit, Funktion, Amt des Leitens* (1): die L. der Firma, der Expedition, der Diskussion übernehmen; jmdm. die L. übertragen, anvertrauen; die L. niederlegen; unter [der] L. einer Kauffrau; es spielt das Orchester des Staatstheaters unter der L. von N. N.; bei einem [Fußball]spiel die L. haben (Sport; *Schiedsrichter sein*); **b)** *leitende Personen, Führungsgruppe:* die kaufmännische L. **2.** ⟨o. Pl.⟩ *Führung, Betreuung:* er braucht eine feste, straffe L. **3. a)** *Rohr bzw. mehrere aneinander angeschlossene Rohre zum Leiten* (2 c) *von Stoffen; Rohrleitung:* eine L. für Gas legen; Wasser aus der L. (*Wasserleitung*) trinken; **b)** *Energie transportierende, bes. Elektrizität leitende Anlage von langer Erstreckung; Draht, Kabel zum Transport von elektrischem Strom:* die L. steht unter Strom, Hochspannung; -en verlegen; **c)** *Leitung* (3 b) *für die Übermittlung elektrischer Signale; Telefonleitung:* die L. ist besetzt, frei, überlastet, unterbrochen, gestört, tot; eine direkte L. zum Ort des Geschehens einrichten; es knackt in der L.; es ist jmd. in der L. (ugs.; 1. *jmd. hört mit.* 2. *jmd. spricht auf derselben Leitung*); gehen Sie aus der L.!; R lange L., kurzer Draht! (ugs.; *er, sie begreift schwer, du begreifst schwer;* eigtl. = langwierige Übermittlung, auch bei kurzem Draht 2 b); bei ihm steht einer auf der L. (ugs.; *er versteht, erfasst das nicht sofort, ist begriffsstutzig*); *** eine lange L. haben** (ugs.; *schwer begreifen, begriffsstutzig sein*); **auf der L. stehen/sitzen** (ugs.; *etw. nicht sofort verstehen, erfassen; begriffsstutzig sein*).

Lei|tungs|bahn, die (Fachspr.): *Bahn, Weg, auf dem etw. an eine bestimmte Stelle, in ein bestimmtes [Körper]gebiet geleitet wird (z. B. Blutgefäß).*

Lei|tungs|draht, der: *Draht einer elektrischen Leitung* (3 b).

Lei|tungs|mast, der: *tragender Mast für Strom- od. Telefonleitungen.*

Lei|tungs|netz, das: *Netz, System von Leitungen* (3 a, b).

Lei|tungs|rohr, das: *Rohr der Leitung* (3 a).

Lei|tungs|tä|tig|keit, die ⟨o. Pl.⟩: *Ausübung der Leitung* (1 a).

Lei|tungs|was|ser, das ⟨o. Pl.⟩: *Wasser [aus] der Wasserleitung.*

Lei|tungs|wi|der|stand, der (Physik, Elektrot.): *Widerstand einer elektrischen Leitung* (3 b).

Leit|wäh|rung, die (Wirtsch.): *international weit verbreitete Währung, an deren Kurs sich andere Währungen orientieren.*

Leit|werk, das: **1.** (bes. Flugw., Waffent.) *Gesamtheit der Steuerflächen eines Flugzeugs, Flugkörpers (bes. am Heck).* **2.** (EDV) *Steuerwerk.* **3.** (Schifffahrt) *Bauwerk (an einer Schleuse, engen Durchfahrt o. Ä.) zur Führung einfahrender Schiffe.*

Leit|wert, der (Physik, Elektrot.): *Kehrwert des elektrischen Widerstands.*

Leit|wolf, der: vgl. Leittier (2): Ü er möchte auch in der Nationalmannschaft der L. sein.

Leit|wort, das: **a)** ⟨Pl. ...worte⟩ *Leitspruch;* **b)** ⟨Pl. ...wörter⟩ (Bürow.) *im Weiteren maßgebendes Stichwort (z. B. einer Kartei);* **c)** ⟨Pl. ...wörter⟩ *Wort, das einen Leitgedanken ausdrückt; Ausdruck, der einen Leitgedanken zur Geltung bringt.*

Leit|zins, der (Wirtsch.): **1.** *Diskontsatz.* **2.** *Eckzins.*

Lek|ti|on, die; -, -en [kirchenlat. lectio = Lesung aus der Bibel < lat. lectio = das Lesen, Vorlesen, zu: legere (2. Part.: lectum) = auflesen; auswählen; lesen]: **1. a)** (Päd.) *Übungseinheit, Unterrichtspensum, Pensum einer Unterrichtsstunde, Kapitel in einem [fremdsprachlichen] Lehr- u. Übungsbuch:* die zehnte L. eines Lehrbuchs durchnehmen; seine L. [in Französisch] lernen; **b)** (Päd. veraltend, noch regional) *Unterrichts-, Lehrstunde (bes. in einem Kurs, in einer Vortragsreihe):* eine L. [über ein Thema] vorbereiten, halten, geben; **c)** (Fechten) *Übungseinheit, Trainingsstunde;* **d)** (Reiten) *Aufgabenteil einer Dressurprüfung.* **2. a)** (bildungsspr.) *einprägsame Lehre, Belehrung (bes. in Form einer Äußerung, einer beziehungsvollen Handlung od. einer lehrreichen Erfahrung):* eine gründliche, bittere L.; das soll dir eine L. sein; diese Niederlage dürfte eine heilsame L. für die Mannschaft sein; eine L. [in Höflichkeit] bekommen, erhalten; jmdm. eine scharfe L. (*Zurechtweisung*) erteilen, geben; **b)** *Lesung* (1 b).

Lek|tor, der; -s, ...oren [lat. lector = Leser, Vorleser, zu: legere, ↑Lektion]: **1.** *Lehr[beauftragt]er, bes. an einer Hochschule, der [ergänzende] Kurse gibt u. [praktische] Übungen leitet* (Berufsbez.): der französische L.; ein L. für Sprecherziehung. **2.** *Mitarbeiter, bes. bei einem Verlag, der Manuskripte prüft u. bearbeitet, Projekte vorschlägt u. Kontakt mit Autoren aufnimmt bzw. unterhält* (Berufsbez.).

Lek|to|rat, das; -[e]s, -e: **1.** (Hochschulw.) *Lehrauftrag eines Lektors* (1). **2.** (Verlagswesen) **a)** *[Verlags]abteilung, in der die Lektoren* (2) *arbeiten;* **b)** *Gutachten (eines Lektors), in dem die Prüfung u. Beurteilung eines Manuskripts, Buchs o. Ä. zusammengefasst wird.*

lek|to|rie|ren ⟨sw. V.; hat⟩ (bes. Verlagswesen): *als Lektor* (2) *(ein Manuskript, Buch o. Ä.) prüfen, begutachten:* ein Manuskript gründlich l.; ⟨auch ohne Akk.-Obj.:⟩ sie lektoriert in einem Leipziger Verlag.

Lek|to|rin, die; -, -nen: w. Form zu ↑Lektor.

Lek|tü|re, die; -, -n [frz. lecture < mlat. lectura = das Lesen, zu lat. legere, ↑Lektion]: **1.** ⟨o. Pl.⟩ **a)** *das fortlaufende, den inhaltlichen Zusammenhang verfolgende Lesen (bes. eines längeren Textes):* aufmerksame, kursorische L.; die L. der Bibel; dies fiel mir bei der L. [des Briefs] auf; in seine L. vertieft sein; ein Buch zur L. empfehlen; **b)** (Päd.) *Lesen [u. Übersetzen] im Rahmen des Unterrichts:* im Englischunterricht nehmen wir als L. »Animal Farm« durch. **2.** ⟨Pl. selten⟩ *Lesestoff:* [eine] spannende, leichte, schwierige L.; der Bestseller ist die richtige L. für den Urlaub; etw. als L. empfehlen.

Lem|ma, das; -s, -ta [lat. lemma = Titel, Überschrift; Sinngedicht < griech. lẽmma, eigtl. = alles, was man nimmt, zu: lambánein = nehmen]: **1.** (Fachspr.) *Stichwort in einem Nachschlagewerk (bes. Wörterbuch od. Lexikon):* ein L. suchen. **2. a)** (Math., Logik) *Hilfssatz (bei einer Beweisführung);* **b)** (antike Logik) *Prämisse.*

lem|ma|ti|sie|ren ⟨sw. V.; hat⟩ (Fachspr.): **1.** *mit Stichwort versehen [u. entsprechend ordnen]:* Karteikarten l. **2.** *zum Lemma* (1) *machen:* dieses Wort ist in dem Wörterbuch nicht lemmatisiert.

Lem|ming, der; -s, -e [dän. lemming, H. u.]: *(zu den Wühlmäusen gehörendes) Nagetier, das in großen Gruppen wandert:* die Arbeiter ziehen wie [die] -e ins Werk.

Le|mur, der; -en, -en, **Le|mu|re,** der; -n, -n ⟨meist Pl.⟩ [1: lat. lemures ⟨Pl.⟩ = Seelen der Abgeschiedenen; 2: nach dem lauten nächtlichen Treiben der Tiere]: **1.** (röm. Myth.) *Geist eines Verstorbenen, der als Spukgeist, Gespenst umgeht.* **2.** *(auf Madagaskar heimischer) Halbaffe mit dichtem, weichem Fell, langem Schwanz u. langen Hinterbeinen.*

le|mu|ren|haft ⟨Adj.⟩ (bildungsspr.): *Lemuren* (1), *Gespenstern ähnlich, eigentümlich.*

Lend|chen, das; -s, - (Kochk.): *kleines Stück Lende* (2).

Len|de, die; -, -n [mhd. lende = Lende, ahd. lentī = Niere (Pl. = Lenden)]: **1. a)** ⟨meist Pl.⟩ (bes. Anat.) *Körperteil, -gegend über Hüfte u. Gesäßhälfte bzw. entsprechender Teil beim Körper der Säugetiere:* er arbeitete, bis ihm die -n schmerzten; **b)** ⟨Pl.⟩ (geh.) *Körperteil, der die Gegend der Lenden* (1 a), *Leisten u. Geschlechtsteile umfasst:* er verspürte etwas in seinen -n (*es regte sich bei ihm die sexuelle Begierde*). **2.** *(beim Schlachtvieh) Fleisch der Lendengegend:* ein Stück L.; die L. braten.

Len|den|bra|ten, der (Kochk.): vgl. Lende (2).

Len|den|ge|gend, die: *Gegend der Lenden* (1 a).

len|den|lahm ⟨Adj.⟩: *lahm in den Lenden* (1 a), *kreuzlahm:* von der Arbeit l. werden; Ü eine -e (abwertend; *sehr schwache*) Ausrede.

Len|den|schurz, der (Völkerk.): *Geschlechtsteile u. Gesäß bedeckendes Kleidungsstück:* einen L. tragen.

Len|den|steak, das (Kochk.): *Steak von der Lende* (2).

Len|den|stück, das (Kochk.): *Stück Fleisch von der Lende* (2).

Len|den|wir|bel, der (Anat.): *einer der Rückenwirbel zwischen Kreuzbein u. Brustwirbeln.*

Le|nin|grad: Name von Sankt Petersburg 1924–1991.

Le|ni|nis|mus, der; -: *durch W. I. Lenin (1870–1924) weiterentwickelte Form des Marxismus, in der versucht wird, die von den marxschen Prognosen abweichende Entwicklung der kapitalistischen Gesellschaft zu erklären; Bolschewismus* (1).

le|ni|nis|tisch ⟨Adj.⟩: *den Leninismus betreffend.*

Lenk|ach|se, die (Eisenb.): *beweglich gelagerte Achse an Lokomotiven u. langen Schienenfahrzeugen.*

lenk|bar ⟨Adj.⟩: **a)** *sich lenken* (1 a) *lassend; steuerbar:* ein -es Luftschiff; **b)** *sich leicht lenken* (2 b), *führen, leiten lassend:* ein [sehr] -es Kind.

Lenk|bar|keit, die; -: **1.** *lenkbare* (1 a) *Beschaffenheit, lenkbarer Zustand.* **2.** *lenkbare [Wesens]art.*

len|ken ⟨sw. V.; hat⟩ [mhd. lenken, zu: lanke, ↑Gelenk]: **1. a)** *steuern; mithilfe der Steuerung, der Zügel (einer Sache, einem Tier) eine bestimmte Richtung geben:* ein Auto, ein Fuhrwerk l.; ein Reittier [am Zügel] l.; den Wagen nach links l.; ⟨auch ohne Akk.:⟩ mit einer Hand l.; sicher l. können; lass mich mal l.!; **b)** (geh. veraltend) *[s]eine Richtung nehmen:* nach Hause l. (*nach Hause gehen*); der Pfad lenkte (*führte*) in die Schlucht. **2. a)** *veranlassen, dass sich etw. auf etw. richtet bzw. in eine bestimmte Richtung bewegt:* den Ball ins Aus l.; seinen Schritt/seine Schritte zum Bahnhof l.; Ü das Gespräch in eine andere Richtung, auf ein anderes Thema l.; jmds. Gedanken auf etw. l.; den Verdacht auf jmdn. l.; seine Aufmerksamkeit auf etw. l. (*richten*); ⟨l. + sich:⟩ der Verdacht lenkte (*richtete*) sich auf Uwe; **b)** *leiten, führen:* er lässt sich schwer l.; es fehlt [bei] ihr die lenkende Hand; den Gang der Verhandlungen l. (*richtunggebend bestimmen*); einen Staat l. (*führen, regieren*); die Wirtschaft, die Presse l. (oft abwertend; *durch Reglementierung, weitgehende Eingriffe od. Weisungen maßgeblich bestimmen, beeinflussen*).

Len|ker, der; -s, -: **1. a)** *Lenkrad, Lenkstange:* den L. loslassen; *** sich** ⟨Dativ⟩ **den goldenen L. verdienen** (ugs. spött.; *sich durch kriecherisches Verhalten bei Vorgesetzten, Lehrern o. Ä. einschmeicheln;* nach der übertr. Bed. von ↑Radfahrer); **b)** (Maschinenbau) *Konstruktionsteil, das der Führung eines bestimmten Bauteils dient.* **2. a)** *jmd., der ein Fahrzeug lenkt:* der L. des Wagens; **b)** (geh.) *jmd., der etw., jmdn. lenkt* (2 b), *leitet:* der L. des Staates, einer Schlacht, unseres Schicksals.

Len|ke|rin, die; -, -nen: w. Form zu ↑Lenker (2).

Lenk|ge|trie|be, das (Kfz-T.): *Getriebe, das die Drehbewegung des Lenkrads untersetzt, sodass ein Lenken ohne großen Kraftaufwand möglich ist.*

Lenk|rad, das: *Steuerrad:* wenn sie das L. in die Hand nimmt, sich ans L. setzt (*Auto fährt*).

Lenk|rad|schal|tung, die (Kfz-T.): *Gangschaltung, deren Hebel an der Lenksäule angebracht ist.*

Lẹnk|rad|schloss, das (Kfz-T.): *das Lenkrad blockierendes Schloss.*

Lẹnk|säu|le, die (Kfz-T.): *stangenförmiger Teil der Lenkung eines Kraftfahrzeugs, der die Drehbewegung des Lenkrads auf das Lenkgetriebe überträgt.*

Lẹnk|stan|ge, die: *(bes. bei Zweirädern) aus einem meist in eine bestimmte Form gebogenen Rohr bestehendes Teil zum Lenken.*

Lẹn|kung, die; -, -en: **1.** ⟨o. Pl.⟩ **a)** *das Lenken* (1 a); **b)** *das Lenken* (2 b); *Führung, Leitung* (1 a): die L. eines Staates, der Wirtschaft. **2.** *Vorrichtung zum Lenken eines Fahrzeugs:* die L. reparieren.

len|tạn|do ⟨Adv.⟩ [ital. (s)lentando, zu: lentare = verlangsamen, zu: lento, ↑lento] (Musik): *nach u. nach langsamer; zögernd.*

lẹn|to ⟨Adv.⟩ [ital. lento < lat. lentus = langsam] (Musik): *langsam* (etwa wie largo).

lẹnz ⟨Adj.⟩ [niederd. lens = leer, vgl. gleichbed. niederl. lens] (Seemannsspr.): *leer, frei (von Wasser).*

Lẹnz, der; -es, -e [mhd. lenze, ahd. lenzo, zu ↑¹lang, nach den länger werdenden Tagen]: **1.** (dichter.) *Frühling:* der L. ist da; **Ü** der L. des Lebens *(die Jugend);* *** einen sonnigen/schönen/ruhigen/faulen** usw. **L. haben; einen ruhigen/faulen/schlauen** usw. **L. schieben** (salopp abwertend; *ein angenehmes, bequemes Leben bzw. eine leichte, bequeme Arbeit haben);* **sich** ⟨Dativ⟩ **einen schönen L. machen** (salopp abwertend; *sich das Leben bzw. die Arbeit bequem machen).* **2.** ⟨Pl.⟩ (scherzh.) *Lebensjahre:* sie zählt erst 17 -e; mit 20 -en.

¹lẹn|zen ⟨sw. V.; hat; unpers.⟩ [mhd. lenzen] (dichter.): *Frühling werden:* es lenzt.

²lẹn|zen ⟨sw. V.; hat⟩ [zu ↑lenz, eigtl. = leer machen] (Seemannsspr.): **1. a)** *(einen Schiffsraum z. B. von Leckwasser) leer pumpen:* das Boot, das Vorschiff l.; **b)** *durch Lenzen* (1 a) *entfernen.* **2.** *mit kleinster Segelfläche vor dem Sturm laufen.*

Lẹn|zing, der; -s, -e [zu ↑Lenz] (veraltet): *März.*

Lẹnz|mo|nat, der (veraltet): **1.** *Frühlingsmonat.* **2.** *März.*

Lẹnz|mond, der (veraltet): *Lenzmonat.*

Le|o|pạrd, der; -en, -en [spätlat. leopardus < griech. leópardos; das griech. Wort formal beeinflusst von lat. leo (griech. léōn) = Löwe u. pardus (griech. párdos) = Parder]: *(in Afrika u. Asien heimisches) Raubtier mit meist fahl- bis rötlich gelbem Fell mit gleichmäßig über den ganzen Körper verteilten, kleineren schwarzen Flecken.*

Le|o|pạr|den|fell, das: *Fell eines Leoparden.*

Le|o|pọl|di ⟨o. Art.⟩, **Le|o|pọl|di|tag,** der (österr.): *Tag des heiligen Leopold (15. November).*

Le|po|rẹl|lo, das, auch: der; -s, -s [nach der langen Liste der Geliebten des Don Giovanni, die sein Diener Leporello – in Mozarts Oper – angelegt hat] (Druckw., Buchw.): *harmonikaartig gefalteter, breiter u. längerer Streifen Papier, bes. Leporellobuch.*

Le|po|rẹl|lo|buch, das: *harmonikaartig gefaltetes Bilderbuch.*

Lẹ|pra, die; - [lat. lepra < griech. lépra, zu: leprós = schuppig, rau, aussätzig]: *in den Tropen u. Subtropen verbreitete Infektionskrankheit, die bes. zu entstellenden Veränderungen der Haut führt; Aussatz.*

lẹ|pra|krank ⟨Adj.⟩: *an Lepra erkrankt.*

Lẹ|pra|kran|ke, der u. die: *jmd., der leprakrank ist.*

Lep|tạ: Pl. von ↑¹Lepton.

lep|to-, Lep|to- [zu griech. leptós] ⟨Best. in Zus. mit der Bed.⟩: *schmal, dünn, klein:* leptosom, Leptosome.

¹Lep|tọn, das; -s, Leptạ [ngriech. leptó(n)]: *Währungseinheit in Griechenland* (100 Lepta = 1 Drachme).

²Lẹp|ton, das; -s, ...onen (Physik): *keiner starken Wechselwirkung unterworfenes Elementarteilchen mit halbzahligem Spin.*

lep|to|sọm ⟨Adj.⟩ [zu griech. sõma = Körper] (Med., Anthrop.): *(in Bezug auf den Körperbautyp) schmal, schlankwüchsig:* -er Typ, Körperbau.

Lep|to|sọ|me, der u. die; -n, -n ⟨Dekl. ↑Abgeordnete⟩: *Mensch mit leptosomem Körperbau.*

LER [ɛl|eːˈɛr], das; - ⟨meist o. Art.⟩ = Lebensgestaltung – Ethik – Religionskunde (Unterrichtsfach in Brandenburg).

-ler, der; -s, -: kennzeichnet in Bildungen mit Substantiven – seltener mit Verben (Verbstämmen) – eine Person, die durch etw. charakterisiert ist, die etw. hat, ist, tut, zu etw. gehört: Abstinenzler, Fremdsprachler, Ruheständler, Südstaatler, Übergewichtler.

Lẹr|che, die; -, -n [mhd. lerche, lērche, ahd. lērahha]: *am Boden nistender Singvogel von unauffälliger Färbung, der mit trillerndem Gesang steil in die Höhe fliegt.*

lẹrn|bar ⟨Adj.⟩: *sich lernen lassend.*

lẹrn|be|gie|rig ⟨Adj.⟩: *begierig zu lernen.*

lẹrn|be|hin|dert ⟨Adj.⟩ (Päd.): *schwach begabt; Schwächen beim Lernen aufweisend.*

Lẹrn|be|hin|der|te, der u. die ⟨meist Pl.⟩: *jmd., der lernbehindert ist.*

Lẹrn|ei|fer, der: *Eifer, Fleiß im Lernen.*

lẹrn|eif|rig ⟨Adj.⟩: *eifrig, fleißig im Lernen:* -e Schüler.

lẹr|nen ⟨sw. V.; hat⟩ [mhd. lernen, ahd. lernēn, lernōn]: **1. a)** *sich Wissen, Kenntnisse aneignen:* leicht l.; bis in die Nacht hinein l.; man kann nie genug l.; Mutter lernt mit ihr (ugs.; *hilft ihr beim Lernen u. Üben);* **b)** *sich, seinem Gedächtnis einprägen:* eine Sprache, Französisch, Vokabeln l.; ein Gedicht auswendig l.; **c)** *Fertigkeiten erwerben:* gehen, sprechen, lesen, rechnen, schwimmen, kochen, schreiben, Stenografie und Schreibmaschine l.; Geige, Klavier[spielen] l.; etw. lernt sich leicht/lässt sich leicht l.; l., Englisch zu sprechen; er lernte die Maschine bedienen/er lernte, die Maschine zu bedienen; ich habe schnell [zu] arbeiten gelernt; von/bei jmdm. noch etw. l. können; etw. am Beispiel, aus Büchern l.; **R** etw. will gelernt sein *(man muss etw. intensiv gelernt bzw. geübt haben, wenn man es beherrschen will);* gelernt ist gelernt *(was man richtig gelernt hat, beherrscht man dann auch)!;* **d)** *im Laufe der Zeit [durch Erfahrungen, Einsichten] zu einer bestimmten Einstellung, einem bestimmten Verhalten gelangen:* sie hat verzichten gelernt; du hast nicht gelernt zu warten; etw. aus der Erfahrung, durch [die] Erfahrung l.; aus Fehlern, aus der Geschichte l.; Pünktlichkeit, Manieren l. *(sich zu Eigen machen, angewöhnen);* da kann man das Fürchten l. *(da kann auch ein sonst Furchtloser sich fürchten);* er lernt es nie/wird es nie l., seinen Mund zu halten; **R** mancher lernts nie [und auch dann nicht/und auch dann nur unvollkommen] (salopp; drückt ärgerliche Verstimmung od. leichte Resignation darüber aus, dass jmd. sich in seinem Verhalten o. Ä. nicht geändert hat, sich nicht verhalten hat, wie man es gewünscht hätte). **2.** *[ein Handwerk] erlernen:* einen Beruf l.; ⟨auch ohne Akk.:⟩ sie muss drei Jahre l. *(ihre Ausbildungszeit beträgt drei Jahre);* er lernt noch *(ist noch in der Ausbildung);* (ugs.:) er hat Bäcker gelernt.

Lẹr|nen|de, der u. die; -n, -n ⟨Dekl. ↑Abgeordnete⟩: *jmd., der etw. lernt.*

Lẹr|ner, der; -s, - [LÜ von engl. learner] (Sprachw.): *jmd., der (eine Sprache) lernt.*

Lẹrn|er|folg, der: *Erfolg, der durch Lernen erzielt wird:* rasche -e.

Lẹr|ne|rin, die; -, -nen: w. Form zu ↑Lerner.

lẹrn|fä|hig ⟨Adj.⟩: *fähig zu lernen:* l. sein, bleiben.

Lẹrn|fä|hig|keit, die ⟨o. Pl.⟩: *Fähigkeit zu lernen.*

Lẹrn|hil|fe, die: *Hilfe, Mittel od. Anhaltspunkt beim Lernen von etw.*

Lẹrn|in|halt, der (Päd.): *Inhalt, Gegenstand des Lernens (bes. im Unterricht).*

Lẹrn|mit|tel, das ⟨meist Pl.⟩ (Päd., Schulw.): *Hilfsmittel für den Lernenden (z. B. Lehrbücher, Hefte).*

Lẹrn|mit|tel|frei|heit, die ⟨o. Pl.⟩ (Schulw.): *kostenloses Überlassen der Lernmittel bzw. ihres Gebrauchs für den Schüler.*

Lẹrn|mo|ti|va|ti|on, die (Päd.): *Motivation* (1) *zum Lernen.*

Lẹrn|pro|zess, der: **1.** (Psych., Päd.) *Vorgang des Lernens.* **2.** (bildungsspr.) *Prozess, bei dem jmd. durch Erfahrungen, Erleben usw. Einsichten gewinnt, Zusammenhänge begreift u. daraus lernt:* sich in einem [langwierigen, schwierigen] L. befinden.

Lẹrn|psy|cho|lo|gie, die: *psychologische Wissenschaft, die das Lernen (Lernfähigkeit, Lernprozesse usw.) zum Gegenstand hat.*

Lẹrn|schritt, der (Päd.): *Schritt auf dem Wege zu einem Lernziel.*

Lẹrn|schwes|ter, die: *weibliche Person, die zur Krankenschwester ausgebildet wird.*

Lẹrn|soft|ware, die: *Computerprogramm, das bestimmte Lerninhalte vermittelt.*

Lẹrn|spiel, das (Päd.): *Spiel, bei dem gleichzeitig etw. gelernt wird.*

Lẹrn|stoff, der (Päd.): *zu lernender Stoff:* den L. kaum bewältigen können.

Lẹrn|vor|gang, der: *Vorgang des Lernens.*

lẹrn|wil|lig ⟨Adj.⟩: *gern bereit zu lernen.*

Lẹrn|ziel, das (bes. Päd.): *angestrebtes Ziel des Lernens.*

Lẹs|art, die: **1.** *unterschiedliche Fassung einer Textstelle in Handschriften od. verschiedenen [historisch-]kritischen Ausgaben:* die -en vergleichen. **2.** *Deutung, Interpretation, Darstellung eines Vorgangs o. Ä. in einem bestimmten Sinne:* nach amtlicher, offizieller L.

lẹs|bar ⟨Adj.⟩: **1.** *für die Augen zu entziffern u. sich lesen lassend:* eine -e Schrift; **Ü** maschinell -e Chipkarten. **2.** *verständlich geschrieben, sodass die Lektüre keine Schwierigkeiten bereitet:* ein auch für Laien gut -es Fachbuch.

Lẹs|bar|keit, die; -: *das Lesbarsein.*

Lẹs|be, die; -, -n (ugs.): kurz für ↑Lesbierin (2).

Lẹs|bi|er, der; -s, -: Ew. zu ↑Lesbos.

Lẹs|bi|e|rin, die; -, -nen [2: zu ↑Lesbos, mit Bezug auf die griech. Dichterin Sappho (etwa 600 v. Chr.), die hier lebte u. diese Form der Liebe bevorzugt haben soll]: **1.** w. Form zu ↑Lesbier. **2.** *lesbische* (2) *Frau.*

lẹs|bisch ⟨Adj.⟩: **1.** zu ↑Lesbos. **2.** *(in Bezug auf Frauen) homosexuell:* eine -e Partnerschaft, Beziehung; -e Liebe.

Lẹs|bos; Lesbos': Insel im Ägäischen Meer.

Lẹ|se, die; -, -n [1: zu ↑²lesen (a); 2: zu ↑²lesen (b)]: **1.** *Ernte, bes. von Wein.* **2.** (geh.) *Auswahl aus dichterischen Werken.*

Lẹ|se|abend, der: *am Abend veranstaltete [Autoren]lesung.*

Lẹ|se|bril|le, die: *zum Lesen u. für den Nahbereich eingerichtete Brille.*

Lẹ|se|buch, das: *Buch, das eine [für Kinder, Schüler] zusammengestellte Lektüre enthält.*

Lẹ|se|ecke, die: *zum Lesen eingerichtete Ecke in einem Raum.*

Lẹ|se|exem|plar, das: *[noch ungebundenes] Exemplar eines Buches, das jmdm. zugeleitet wird, damit er sich über den Text informieren kann.*

Lẹ|se|fer|tig|keit, die ⟨o. Pl.⟩: *Fähigkeit, selbstständig Texte zu lesen u. mit dem Verstand zu erfassen:* nach zwei Jahren Deutschunterricht in der Schule war die L. nur schwach entwickelt.

Lẹ|se|frucht, die ⟨meist Pl.⟩ (geh.): *etw., was jmd. durch Lektüre weiß, sich angeeignet hat.*

Lẹ|se|fut|ter, das (salopp): *Lesestoff.*

Lẹ|se|ge|rät, das: **1.** *Vergrößerungsgerät für auf Mikrofilme aufgenommene Texte.* **2.** *Gerät, das auf einem Datenträger niedergeschriebene Zeichen abtastet u. zugeordnete Schaltvorgänge in Maschinen auslöst.*

Lẹ|se|hal|le, die: **a)** *öffentliche Bibliothek;* **b)** *größerer [öffentlicher] Raum, in dem man [ausgelegte Zeitschriften o. Ä.] lesen kann.*

Lẹ|se|hun|ger, der: *starkes Bedürfnis zu lesen:* der jugendliche L.

Lẹ|se|kar|te, die: *Ausweis für den Benutzer einer Bibliothek.*

Le̲|se|lam|pe, die: *Lampe zum Lesen.*
Le̲|se|lu|pe, die: *Lupe zum Lesen.*
Le̲|se|map|pe, die: *Mappe mit Zeitschriften, die [wochenweise] von einem Lesezirkel an Abonnenten vermietet wird.*
[1]le̲|sen ⟨st. V.; hat⟩ [mhd. lesen, ahd. lesan, urspr. = zusammentragen, sammeln]: **1. a)** *etw. Geschriebenes, einen Text mit den Augen u. dem Verstand erfassen:* laut, leise, schnell, langsam l.; l. lernen; das Kind kann schon l.; abends im Bett noch l.; etw. aufmerksam, nur flüchtig l.; viel l.; einen Satz zweimal l. müssen; die Zeitung, einen Roman, die Post l.; ein Drama mit verteilten Rollen l.; etw. am schwarzen Brett l.; [etw.] in einem Buch l.; lange an einem Buch l.; Noten, eine Partitur l. *(in Töne umsetzen, verstehen);* einen Autor [im Original] l.; ein Gesetz l. (Politik; *im Parlament beraten*); Korrekturen, Fahnen l. (Druckw.; *neu gesetzten Text auf seine Richtigkeit durchlesen*); eine Messe l. (kath. Kirche; *eine Messe halten, zelebrieren*); die Handschrift ist schlecht zu l. *(zu entziffern);* etw. nicht l. *(entziffern)* können; der Text ist so zu l. *(in dem Sinne zu verstehen, zu interpretieren),* dass ...; ich habe darüber, davon gelesen; **b)** *vorlesen, lesend vortragen:* aus eigenen Werken l.; die Autorin las eine Erzählung; **c)** *regelmäßig Vorlesungen halten:* er liest an der Heidelberger Universität, [über] moderne Lyrik; **d)** ⟨l. + sich⟩ *in einem bestimmten Stil geschrieben sein u. sich entsprechend lesen* (1 a) *lassen:* das Buch liest sich leicht, flüssig, schwer; der Bericht las sich wie ein Roman; **e)** ⟨l. + sich⟩ *[unter Mühen] ein umfangreiches Werk bis zum Ende lesen* (1 a): sich durch einen Roman l. **2.** *etw. aus etw. erkennend entnehmen:* aus jmds. Zeilen einen Vorwurf, gewisse Zweifel l.; in seiner Miene konnte man die Verbitterung l.; aus seinem Blick, Gesicht war deutlich zu l., was er dachte; Gedanken l. *(erraten)* können; in jmds. Augen l. *(jmds. Blick zu deuten versuchen).* **3.** (EDV) *(vom Leser 2) Daten aus einem Datenspeicher od. -träger entnehmen.*
[2]le̲|sen ⟨st. V.; hat⟩ [↑ [1]lesen]: **a)** *einzeln [sorgfältig] von etw. abnehmen, aufnehmen:* Ähren, Beeren, Trauben l.; Holz vom Boden l.; **b)** *einzeln [sorgfältig] in die Hand nehmen u. Schlechtes dabei aussondern:* Erbsen l.; Salat l. *(schlechte od. die äußeren Blätter davon entfernen).*
le̲|sens|wert ⟨Adj.⟩: *die Lektüre lohnend, rechtfertigend; wert, gelesen zu werden:* ein -es Buch; dieser Roman ist durchaus l.
Le̲|se|pro|be, die: **1.** *Auszug aus einem [noch im Entstehen begriffenen] längeren Text, aus einem [geplanten] Buch o. Ä., den man liest, um sich einen Eindruck von dem Buch bzw. dem Text zu verschaffen:* eine L. veröffentlichen. **2.** *Theaterprobe, bei der die Rollen noch weitgehend abgelesen u. Textänderungen o. Ä. festgelegt werden.*
Le̲|se|pult, das: *kleineres [schmales] Pult zum Auflegen eines Buches.*
Le̲|ser, der; -s, - [mhd. lesære]: **1. a)** *jmd., der in einem einzelnen Fall, momentan etw. liest:* ein aufmerksamer, kritischer L.; **b)** *jmd., der sich mit Lesen [in Bezug auf bestimmte Lektüre] befasst:* jugendliche, weibliche, westliche L.; die L. einer Zeitung; Zuschriften von -n erhalten. **2.** *Teil eines Lesegerätes, der eine Folge von Zeichen elektronisch erfasst u. einer Verarbeitung zuführt.*
Le̲|se|rat|te, die (ugs. scherzh.): *jmd., der sehr viel liest.*
Le̲|se|raum, der: *Lesehalle* (b).
Le̲|ser|brief, der: *Brief eines Lesers* (1) *an den Autor, den Herausgeber o. Ä. eines publizierten Textes, bes. [eine politische Meinungsäußerung enthaltender] Brief eines Lesers einer Zeitung an diese Zeitung:* einen L. schreiben, veröffentlichen.
Le̲|ser|echo, das: *Resonanz bei den Lesern.*
Le̲|se-Rẹcht|schreib-Schwä|che, die (Psych., Med.): *Legasthenie.*
le̲|ser|freund|lich ⟨Adj.⟩: *für den Leser* (1 a, b) *angenehm, gut geeignet.*
Le̲|se|rin, die; -, -nen: w. Form zu ↑ Leser (1).
Le̲|se|ring, der: *Lesezirkel.*
Le̲|ser|kreis, der: *Leserschaft.*
le̲|ser|lich ⟨Adj.⟩: *sich lesen, entziffern lassend:* eine -e Handschrift, Unterschrift; eine schlechte, kaum -e Fotokopie; nicht besonders l. schreiben.
Le̲|ser|lich|keit, die: *das Leserlichsein.*
Le̲|ser|schaft, die; -, -en ⟨Pl. selten⟩: *Gesamtheit der Leser* (1) *von Büchern, Zeitungen, Zeitschriften o. Ä.*
Le̲|ser|stim|me, die: *in einem Leserbrief dargestellte Auffassung, Meinung, Position.*
Le̲|ser|wunsch, der: *Wunsch, den Leser* (1) *gegenüber ihrer Zeitung o. Ä. äußern.*
Le̲|ser|zahl, die: *Anzahl von Lesern* (1): eine Zeitschrift mit großer L.
Le̲|ser|zu|schrift, die: vgl. Leserbrief.
Le̲|se|saal, der: *Saal in einer Bibliothek, in dem [von der Ausleihe ausgeschlossene] Bücher u. Zeitschriften gelesen werden können.*
Le̲|se|stoff, der: *Texte, Bücher zum Lesen:* sich mit L. versorgen, eindecken.
Le̲|se|stück, das: *kürzerer Text für die Lektüre im Unterricht.*
Le̲|se|zei|chen, das: **1.** *etw. (ein langer, schmaler Karton-, Papierstreifen, ein Stoffbändchen o. Ä.), was als Zeichen zwischen zwei Seiten eines Buches gelegt wird, damit eine bestimmte Stelle schnell wieder aufgefunden werden kann.* **2.** (EDV) *Bookmark.*
Le̲|se|zim|mer, das: vgl. Leseecke.
Le̲|se|zir|kel, der: *gewerbliches Unternehmen, das Lesemappen an Abonnenten vermietet.*
le|so̲|thisch ⟨Adj.⟩: *Lesotho betreffend; zu Lesotho gehörend, aus Lesotho stammend.*
Le|so̲|tho; -s: Staat in Afrika.
Le̲|sung, die; -, -en: **1. a)** *das Vorlesen (aus dem Werk eines Autors als Veranstaltung, aus der Bibel im Gottesdienst):* eine L. aus dem Alten Testament; eine öffentliche L. veranstalten; **b)** (christl. Kirche) *gelesener Abschnitt aus der Heiligen Schrift.* **2.** *Beratung eines Gesetzentwurfs im Parlament:* der Bundestag hat in zweiter und dritter L. das Gesetz beschlossen. **3.** *Lesart* (1).
le|ta̲l ⟨Adj.⟩ [lat. letalis, zu: letum = Tod] (Med.): *tödlich, zum Tode führend, todbringend:* eine Krankheit mit -em Ausgang.
Le|ta̲l|do|sis, die (Med.): *tödliche Dosis* (Abk.: LD).
Le|thar|gi̲e, die; - [lat. lethargia < griech. lēthargía = Schlafsucht, zu: lḗthargos = schlafähnlicher Zustand]: **1.** *Zustand körperlicher u. seelischer Trägheit, in dem das Interesse ermüdet ist, sodass sich jmd. zu nichts mehr aufrafft:* jmdn. aus seiner L. erwecken, herausreißen, rütteln; in die alte L. zurückfallen. **2.** (Med.) *Schlafsucht; starkes Schlafbedürfnis mit Bewusstseinsstörungen.*
le|thar|gisch ⟨Adj.⟩ [lat. lethargicus < griech. lēthargikós]: *durch Lethargie* (1, 2) *gekennzeichnet.*
Le̲|the, die; - [lat. lethe < griech. lḗthē (Unterweltsfluss der griech. Sage), eigtl. = Vergessen] (dichter.): *Vergessen, Vergessenheit, Vergessenheitstrank:* L. trinken.
lẹt|schert ⟨Adj.⟩ [zu bayr., österr. letschen, lätschen, ↑ latschen] (bayr., österr. mundartl.): **a)** *schlapp, matt; kraftlos;* **b)** *fade:* eine -e Suppe.
lẹt|schig ⟨Adj.⟩ (bayr., österr. ugs.): *letschert.*
Lẹt|te, der; -n, -n: Ew. zu ↑ Lettland.
Lẹt|ter, die; -, -n [frz. lettre < lat. littera = Buchstabe, Schrift; älter: Litter, mhd. litter; vgl. Litera]: **1.** *Druckbuchstabe:* weiße -n auf schwarzem Grund; in gotischen -n; in großen, fetten -n stand es auf der Titelseite. **2.** (Druckw.) *Drucktype:* mit beweglichen -n gedruckte Bücher.
Lẹt|tin, die; -, -nen: w. Form zu ↑ Lette.
lẹt|tisch ⟨Adj.⟩: **a)** *Lettland, die Letten betreffend; von den Letten stammend, zu ihnen gehörend;* **b)** *in der Sprache der Letten [verfasst].*
Lẹt|tisch, das; -[s] u. ⟨nur mit best. Art.:⟩ **Lẹt|ti|sche,** das; -n: *die lettische Sprache.*
Lẹtt|land; -s: Staat in Nordosteuropa.
lẹtz ⟨Adj.⟩ [mhd. letze, lez, ahd. lezze, verw. mit lassen] (südd., schweiz. mundartl.): *verkehrt, falsch.*
lẹt|zen ⟨sw. V.; hat⟩ [mhd. letzen, ahd. lezzen, eigtl. = schlaff machen, verw. mit lassen] (veraltet): *laben, erquicken:* jmdn., sich an etw. l.
Lẹt|zi, die; -, -nen [mhd. letze = Hinderung; Schutz, Wehr] (schweiz.): *mittelalterliche Grenzbefestigung.*
Lẹtzt, die [mit sekundärem t statt älterem Letze (mhd. letze = Abschiedsmahl, vgl. Letzi; heute als zu »letzt...« gehörig empfunden)]: in der Wendung **zu guter L.** *(ganz zum Schluss; schließlich doch noch):* zu guter L. fiel ihr noch ein Argument ein.
lẹtzt... ⟨Adj.⟩ [aus dem Mittel- u. Niederd. < mniederd. letst, mhd. lest, aus: lezist, ahd. laȥōst, leȥist]: **1.** *das Ende einer [Reihen]folge bildend:* im letzten Stock wohnen; der Artikel steht auf der letzten Seite; am letzten Tag des Jahres; die letzte Möglichkeit; ein letzter Versuch; sie war seine letzte Liebe; bis zur letzten Sekunde; in letzter Instanz; zum letzten Mal[e]; letzte *(abschließende)* Vorbereitungen treffen; das ist mein letztes Angebot *(ich mache kein neues, noch günstigeres Angebot);* die letzten beiden; ⟨subst.:⟩ die beiden Letzten; er wurde Letzter, ging als Letzter ins Ziel; du bist der Letzte, dem ich es sagen würde *(dir würde ich es am allerwenigsten sagen);* als Letztes *(zuletzt)* möchte ich noch auf etwas hinweisen; am Letzten *(letzten Tag)* des Monats; ein Letztes habe ich noch zu sagen *(eines möchte ich zum Schluss noch sagen);* **Spr** die Letzten werden die Ersten sein [und die Ersten werden die Letzten sein] *(der Letzte kann schließlich doch der Begünstigte sein [u. umgekehrt];* nach Matth. 19, 30); **Ü** im letzten Moment *(gerade noch vor dem Eintreten von etw.).* **2.** *schließlich noch [als Rest] übrig geblieben:* mein letztes Geld; die letzten Exemplare; ⟨subst.:⟩ er ist der Letzte seines Geschlechts; **Ü** jmdm. einen letzten Wunsch erfüllen; das ist, du bist seine letzte Hoffnung; für jmdn. die letzte Rettung sein. **3.** (drückt einen stärksten Grad aus) *äußerst ...:* mit der letzten Perfektion, Beherrschung; mit letzter Sicherheit; zum letzten Mittel greifen; die letzten *(tiefsten)* Geheimnisse; ⟨subst.:⟩ jmdm. das Letzte an Kraft abverlangen; aus jmdm. das Letzte herausholen; das Letzte hergeben; bis zum Letzten gehen; jmdn. zum Letzten *(Äußersten)* treiben; das ist doch das Letzte *(Unerhörteste)* an Frechheit; das wäre das Letzte *(niemals käme das infrage);* *** bis aufs Letzte** *(völlig, total);* **bis ins Letzte** *(bis in alle Einzelheiten genau);* **bis zum Letzten** *(sehr, in äußerstem Maße).* **4.** *das Ende einer Rangfolge bildend; hinsichtlich seiner Qualität, Bedeutung, seinem Rang o. Ä. am geringsten, schlechtesten:* die Erbsen waren von der letzten Sorte; das letzte *(schlechteste)* Auto!; ⟨subst.:⟩ sie war die Letzte *(schlechteste Schülerin)* in der Klasse; *** das Letzte sein** (ugs.; 1. *nichts taugen, nicht den geringsten Wert haben:* diese Show war wirklich das Letzte. 2. *unfassbar sein:* das ist doch wohl das Letzte, dass ihr mich jetzt im Stich lasst!). **5.** *gerade erst vergangen; als Ereignis, Zeitpunkt od. -abschnitt in der zeitlichen Reihenfolge unmittelbar vor der gegenwärtigen Entsprechung liegend:* der letzte Urlaub; bei meinem letzten Besuch; im letzten Jahr; [am] letzten Sonntag; in letzter/in der letzten Zeit hat er uns öfter besucht; in letzter Zeit/in der letzten Zeit *(seit neuestem)* besucht er uns wieder öfter; letztes Mal/beim letzten Mal[e]; die letzte *(gerade erst aufgekommene)* Neuheit; nach letzten *(gerade erst mitgeteilten)* Informationen.
lẹtz|te Mal: s. [1]Mal.
lẹtzt|ẹnd|lich ⟨Adv.⟩: *schließlich:* wir haben uns l.

doch dazu entschlossen; l. bin ich davon abgekommen.

letz|ten Mal: s. [1]Mal.

letz|tens ⟨Adv.⟩: **1.** *kürzlich* (mit Bezug auf die Gegenwart des Sprechenden): darüber habe ich l. etwas gelesen. **2.** (in Verbindung mit Zahladverbien) *als Letztes, an letzter Stelle:* drittens und l.

letz|ter... ⟨Adj.⟩: *(von zweien) zuletzt genannt, gesagt:* im letzteren Falle; letzteres modernes Hörspiel; ⟨subst.:⟩ Letzteres glaube ich nicht; die Letzteren sind meine Brüder.

letzt|ge|bo|ren ⟨Adj.⟩: *als letztes Kind in einer Geschwisterreihe geboren:* der -e Sohn.

letzt|ge|nannt ⟨Adj.⟩: *an letzter Stelle in der gerade aufgeführten Reihenfolge genannt:* die -e Möglichkeit; ⟨subst.:⟩ das Letztgenannte verwerfen.

letzt|hin ⟨Adv.⟩: **1. a)** *kürzlich [einmal, bei einer Gelegenheit]:* als ich sie l. sah, wirkte sie gesund; **b)** *über den gerade vergangenen Zeitraum hin; in letzter Zeit:* sie hat l. viel Pech gehabt. **2.** *letztlich:* das hat l. psychische Ursachen.

letzt|in|stanz|lich ⟨Adj.⟩ (Papierdt.): **a)** *von der letzten Instanz ausgehend, verfügt:* ein -es Urteil; **b)** *[bei einem gerichtlichen Verfahren] als letzte Instanz fungierend:* -e Schiedsstellen.

letzt|jäh|rig ⟨Adj.⟩: *vom letzten Jahr stammend; im letzten Jahr stattgefunden habend:* auf der -en Veranstaltung; mit dem -en Sieger.

letzt|lich ⟨Adv.⟩: **a)** *bei genauer Überlegung; im Grunde genommen; schließlich [doch]:* ein l. nutzloses Bemühen; l. kommt es nur darauf an; **b)** *in einem letzten Stadium; schließlich, endlich, zum Schluss:* das führte l. zum Tod.

letzt|ma|lig ⟨Adj.⟩: *zum letzten Mal, beim letzten Mal vorkommend, vorgenommen o. Ä.:* die -e Auszahlung; bei der -en Untersuchung; l. geprüft am 3. 10.

letzt|mals ⟨Adv.⟩: *zum letzten Mal:* der Rennfahrer startete l. vor drei Jahren.

letzt|mög|lich ⟨Adj.⟩: *noch als Letztes möglich:* zum, beim -en Termin, Zeitpunkt; die -e Instanz.

letzt|wil|lig ⟨Adj.⟩: *als letzter Wille erklärt; testamentarisch:* kraft -er Verfügung, Bestimmung.

letzt|wö|chig ⟨Adj.⟩ (schweiz.): *in der letzten Woche vor sich gegangen, aus der letzten Woche stammend:* das -e Treffen.

[1]Leu, der; -en, -en [mhd. leu, leuwe, löuwe, Nebenf. von: lewe, ↑Löwe] (dichter.): *Löwe.*

[2]Leu, der; -, Lei [rumän. leu, eigtl. = Löwe < lat. leo, wohl nach der Abbildung eines Löwen auf älteren Münzen]: *rumänische Währungseinheit* (1 Leu = 100 Bani; Abk.: l).

Leucht|bo|je, die (Seew.): *Boje mit einem Leuchtfeuer.*

Leucht|bom|be, die: *von Flugzeugen vor dem Angriff zur Beleuchtung des Ziels abgeworfene Leuchtkugel an einem Fallschirm.*

Leucht|buch|sta|be, der: *für Leuchtreklame verwendeter Buchstabe.*

Leucht|dich|te, die (Optik): *gemessener Helligkeitsgrad, den eine leuchtende Fläche hervorruft.*

Leuch|te, die; -, -n [1: mhd. liuhte, ahd. liuhta, zu ↑licht]: **1. a)** (Fachspr.) *Lampe;* **b)** *etw. (Kerze, Taschenlampe o. Ä.) zum Leuchten:* eine L. mit in den Keller nehmen; seine L. ausmachen. **2.** (ugs.) *großer Geist, kluger Kopf:* in der Schule war sie nicht gerade eine L.; er gilt als eine L. seines Faches.

leuch|ten ⟨sw. V.; hat⟩ [mhd., ahd. liuhten, zu ↑licht]: **1. a)** *als Lichtquelle Helligkeit verbreiten, abgeben:* die Kerze, das Feuer, die Sonne, der Mond leuchtet; einige Sterne leuchten in der Nacht; die Lampe leuchtet von der Decke; der Mond leuchtet ins Zimmer; ⟨subst.:⟩ das Leuchten des Meeres *(Meeresleuchten);* **b)** *Licht widerstrahlen:* das Meer, das bunte Kirchenfenster leuchtete in der Sonne; im Westen leuchtete der Himmel rot; **c)** *aufgrund seiner Farbe den Eindruck von Licht, Helligkeit hervorrufen:* der Schnee, der weiße Marmor leuchtete; das herbstliche Laub leuchtete golden; die Gischt leuchtet über der See; ihr Gesicht leuchtete rot; sanft leuchtende Farben; ein leuchtendes Blau; leuchtend blaue, leuchtende blaue Augen; Ü der Herr lasse sein Antlitz l. über dir (Teil der Segensformel am Schluss des ev. Gottesdienstes; nach 4. Mos. 6, 25); ihre Augen leuchteten vor Freude; auf ihrem Gesicht leuchtete eine große Freude; aus ihren Augen leuchtete die Hoffnung; ein leuchtendes *(großartiges)* Vorbild; ein leuchtendes *(hohes)* Ziel vor Augen haben; er wollte sie in eine leuchtende *(glänzende)* Zukunft führen. **2. a)** *eine Lichtquelle auf jmdn., etw. richten, um etw. Bestimmtes zu erkennen o. Ä.:* mit einer Taschenlampe, einer Kerze durch den Türspalt, in den Keller, unter den Schrank, jmdm. ins Gesicht l.; **b)** *mit einer Lampe o. Ä. den Weg erhellen:* kannst du mir bitte einmal l.?

leuch|tend blau: ⟨Adj.⟩: s. leuchten (1 c).

Leuch|ter, der; -s, - [mhd. liuhtære]: *Vorrichtung für eine od. mehrere Kerzen bzw. kleine [wie Kerzen geformte] Lampen:* ein siebenarmiger L.; ein L. aus Messing.

Leucht|er|schei|nung, die: *leuchtende Erscheinung* (1).

Leucht|far|be, die (Physik): *durch einen zugesetzten Leuchtstoff Licht aussendende Farbe.*

Leucht|feu|er, das (Verkehrsw.): *Orientierungshilfe für Schiffe u. Flugzeuge in Form einer starken Lichtquelle, die in einem bestimmten Rhythmus Lichtsignale abgibt.*

Leucht|gas, das ⟨o. Pl.⟩: *Stadtgas.*

Leucht|kä|fer, der: *(in zahlreichen Arten bes. in wärmeren Ländern verbreiteter) Käfer, der auf der Bauchseite des Hinterleibs Leuchtorgane hat.*

Leucht|kraft, die ⟨o. Pl.⟩: **a)** *leuchtende Wirkung einer Farbe bzw. einer Sache aufgrund ihrer Farbe[n]:* die L. einer Farbe, einer Blume; **b)** (Astron.) *von einem Stern ausgestrahlte Energie.*

Leucht|ku|gel, die: *mit einer Leuchtpistole o. Ä. abgeschossene Patrone, deren abbrennender Leuchtsatz als farbige Kugel sichtbar ist [u. als Signal dient].*

Leucht|mu|ni|ti|on, die: *Munition, deren abbrennender Leuchtsatz zur Beleuchtung des Geländes od. als Signal dient.*

Leucht|or|gan, das (Biol.): *Licht erzeugendes od. Licht ausstrahlendes Organ bestimmter, bes. im Meer lebender Tiere.*

Leucht|pis|to|le, die: *Pistole zum Verschießen von Leuchtmunition.*

Leucht|re|kla|me, die: *Reklame in Form von Schrift od. Figuren aus Leuchtstoffröhren.*

Leucht|röh|re, die (Elektrot.): *für Leuchtreklame verwendete, röhrenförmige Gasentladungslampe.*

Leucht|satz, der (Technik): *in der Feuerwerkerei verwendetes Gemenge von Stoffen, die unter [farbigem] Leuchten verbrennen.*

Leucht|schirm, der (Physik): *mit fluoreszierenden Substanzen beschichtete Auffangfläche, die beim Auftreffen von Elektronenstrahlen u. Röntgenstrahlen aufleuchten.*

Leucht|schrift, die: *Reklame in Leuchtbuchstaben.*

Leucht|si|gnal, das: *[in bestimmten Abständen] aufleuchtendes Signal.*

Leucht|stoff, der (Physik): *Stoff, der, wenn er dem Licht ausgesetzt war, im Dunkeln längere Zeit nachleuchtet od. bei Bestrahlung mit unsichtbaren Strahlen sichtbares Licht aussendet.*

Leucht|stoff|röh|re, die (Elektrot.): *Leuchtröhre, deren Innenseite mit einem Leuchtstoff beschichtet ist.*

Leucht|turm, der: *Turm (an od. vor einer Küste) mit einem starken Leuchtfeuer.*

Leucht|turm|wär|ter, der: *jmd., der die Anlage eines Leuchtturms bedient.*

Leucht|turm|wär|te|rin, die: w. Form zu ↑Leuchtturmwärter.

Leucht|zif|fer, die: *durch Leuchtstoff leuchtende Stundenzahl auf einem Zifferblatt.*

Leucht|zif|fer|blatt, das: *Zifferblatt mit Leuchtziffern.*

leug|nen ⟨sw. V.; hat⟩ [mhd. lougenen, lougenen, ahd. louganen, verw. mit ↑lügen]: **a)** *(etw., was einem zur Last gelegt od. über einen behauptet wird) für nicht zutreffend od. bestehend erklären:* standhaft, weiterhin hartnäckig l.; seine Schuld, eine Tat, seine Identität l.; er leugnete nicht, den Mann gesehen zu haben/dass er den Mann gesehen hatte; ⟨subst.:⟩ alles Leugnen half ihr nichts; **b)** *(etw. Offenkundiges wider besseres Wissen) für unwahr od. nicht vorhanden erklären u. nicht gelten lassen* (meist verneint): eine Tatsache, den Holocaust l.; ihre Tüchtigkeit hat niemand geleugnet; ich kann nicht l. *(gebe gerne zu),* dass es mir gut geht; es war nicht zu l. *(stand eindeutig fest),* dass Geld fehlte; eine nicht zu leugnende Tatsache; **c)** *(etw., was als Lehre, Weltanschauung o. Ä. od. allgemein anerkannt ist u. vertreten wird) für nicht bestehend erklären:* das Dasein Gottes, die Unsterblichkeit l.; diese Staaten leugnen Grundrechte des Menschen.

Leug|ner, der; -s, - [mhd. lougener]: *jmd., der etw. leugnet.*

Leug|ne|rin, die; -, -nen: w. Form zu ↑Leugner.

Leug|nung, die; -, -en [mhd. lougenunge]: *das Leugnen.*

leugst, leugt: ↑[2]liegen.

leuk-, Leuk-: ↑leuko-, Leuko-.

Leu|kä|mie, die; -, -n [zu griech. leukós (↑leuko-, Leuko-) u. haîma = Blut] (Med.): *bösartige Erkrankung mit einer Überproduktion an weißen Blutkörperchen; Blutkrebs.*

leu|ko-, Leu|ko-, (vor Vokalen gelegtl.:) leuk-, Leuk- [zu griech. leukós] ⟨Best. in Zus. mit der Bed.⟩: *weiß, glänzend:* Leukoplast, Leukozyten.

[1]Leu|ko|plast, der; -en, -en [zu griech. plastós = gebildet, geformt, zu: plássein = bilden, formen] (Biol.): *z. T. in Knollen, Wurzeln o. Ä. vorkommender, meist Stärke bildender u. speichernder Bestandteil der pflanzlichen Zelle.*

[2]Leu|ko|plast®, das; -[e]s, -e [zu griech. émplastron, ↑Pflaster]: *Zinkoxid enthaltendes Heftpflaster ohne Mullauflage.*

Leu|ko|plast|bom|ber, der [nach der Vorstellung, die Einzelteile würden durch [2]Leukoplast zusammengehalten] (salopp scherzh.): *kleines, klappriges [altes] Auto (bes. der Firma Lloyd) [dessen Karosserie aus Kunststoff besteht].*

Leu|ko|zyt, der; -en, -en ⟨meist Pl.⟩ [zu griech. kýtos = Höhlung, Wölbung] (Med.): *farbloser, fester Bestandteil des Blutes; weißes Blutkörperchen.*

Leu|mund, der; -[e]s [mhd. liumunt, ahd. (h)liumunt, eigtl. = Gehörtes, verw. mit ↑laut]: *guter od. schlechter Ruf, in dem jmd. aufgrund seines Lebenswandels bei seiner Umgebung steht:* sein L. ist schlecht; jmdm. einen einwandfreien L. bescheinigen; er gibt ihr den besten L. *(weiß nur Gutes über sie zu sagen);* ein Mensch mit gutem L.; * **böser L.** *(üble Nachrede; Verleumdung).*

Leu|munds|zeug|nis, das: **a)** *über jmds. Leumund abgegebenes Zeugnis:* ein L. über jmdn. abgeben; jmdn. um ein L. ersuchen; ich würde ihr jederzeit ein L. *(ein Zeugnis über ihren guten Leumund)* ausstellen; **b)** (schweiz. Rechtsspr.) *Führungszeugnis.*

Leu|na: Stadt an der Saale.

Leut|chen ⟨Pl.⟩ (ugs.): Vkl. zu ↑Leute.

Leu|te ⟨Pl.⟩ [mhd. liute, ahd. liuti, zu mhd., ahd. liut = Volk, eigtl. = Wuchs, Nachwuchs, Nachkommenschaft]: **1.** *mit anderen zusammen auftretende, als Menge o. Ä. gesehene Menschen:* junge, alte, erwachsene, verheiratete, tüchtige, kluge, einflussreiche, ordentliche, fremde, vornehme, nette, viele, manche L.; es waren etwa 20 L. da; die feinen L.; L. von Rang und Namen; auf, L.!; (ugs.:) hört mal her, L.!; das vergessen diese L. gern; die L. wollen das nicht; kleine L. *(einfache Menschen);* (ugs.:) was werden die L. *(die andern, unsere Bekannten, wird man [in der Öffentlichkeit])* dazu sagen?; die jungen L. wohnen *(das junge Ehepaar wohnt)* im eigenen

Haus; wenn du das tust, sind wir geschiedene L. *(will ich nichts mehr mit dir zu tun haben);* im Gerede, Geschrei der L. sein *(von andern kritisiert werden);* ehrlicher L. Kind sein (veraltend; *aus einer ordentlichen, wenn auch nicht wohlhabenden Familie stammen*); etw. nur der L. wegen *(um nicht unangenehm aufzufallen)* tun; (iron.:) auf L. wie Sie haben wir gerade gewartet; mit -n umzugehen wissen; unter L. gehen *(gesellschaftliche Kontakte pflegen);* (abwertend:) was will, soll man von solchen -n anderes erwarten?; vor allen -n *(vor der Öffentlichkeit);* R aus Kindern werden L. (drückt das Erstaunen darüber aus, dass ein junger Mensch, den der Sprechende noch als Kind in Erinnerung hat, mittlerweile erwachsen ist); hier ist es [ja/doch] nicht wie bei armen -n (scherzh.; *etw., dessen man den Gast sich zu bedienen bittet, ist im Haushalt [immerhin, in ausreichendem Maße] vorhanden*); * **in aller L. Munde/in der L. Mäuler[n] sein** *(viel beredet werden; Gegenstand des Klatsches sein);* **unter die L. kommen** (ugs.; *bekannt werden*); **etw. unter die L. bringen** (ugs.; *dafür sorgen, dass etw. bekannt wird*). **2. a)** (ugs.) *Personen, die unter jmds. Leitung arbeiten, bei jmdm. angestellt sind; Mitarbeiter eines Unternehmens o. Ä.:* sich für seine L. einsetzen; der Betrieb braucht neue, fähige L.; nur wenige gute L. *(Spieler)* in der Mannschaft haben; der Offizier hatte ein gutes Verhältnis zu seinen -n *(Untergebenen);* **b)** (veraltet) *Arbeiter, Hausangestellte auf einem Guts-, Bauernhof; Gesinde:* seine L. schinden. **3.** ⟨nur mit Possessivpron.⟩ (ugs.) *jmds. Familienangehörige:* über die Feiertage fahre ich zu meinen -n.

-leu|te ⟨Pl.⟩: bezeichnet in Bildungen mit Substantiven zusammenfassend eine Gruppe von Menschen (Männern oder Männern und Frauen), die sehr allgemein durch etw. charakterisiert sind oder [beruflich] mit etw. zu tun haben: Ehe-, Fach-, Geschäfts-, Nachbarsleute.

Leu|te|schin|der, der (abwertend): *jmd., der seine Untergebenen roh behandelt u. in gemeiner Weise ausnutzt.*

Leu|te|schin|de|rin, die: w. Form zu ↑Leuteschinder.

Leut|nant, der; -s, -s, selten: -e [frz. lieutenant, eigtl. = Stellvertreter (eines milit. Führers) < afrz. luetenant = Statthalter (= Stellvertreter des Königs) < mlat. locumtenens, zu lat. locus = Ort, Stelle u. tenere = haben, halten]: **a)** ⟨o. Pl.⟩ *unterster Offiziersdienstgrad:* jmdn. zum L. befördern; Abk.: Lt.; **b)** *Träger des Dienstgrades eines Leutnants* (a): ein junger L.; **c)** *Mitglied der Heilsarmee im dem Leutnant* (a) *entsprechenden Rang.*

Leut|nan|tin, die; -, -nen: w. Form zu ↑Leutnant (c).

leut|se|lig ⟨Adj.⟩ [mhd. liutsælec = anmutig, zierlich, eigtl. = den Leuten gefallend, dann = den armen Leuten wohlgesonnen; ↑selig]: *wohlwollend, von einer verbindlichen, Anteil nehmenden Freundlichkeit im Umgang mit Untergebenen u. einfacheren Menschen:* ein -er Chef; eine -e Freundlichkeit, Laune; -es Schulterklopfen; jmdm. l. zuwinken.

Leut|se|lig|keit, die [mhd. liutsælecheit]: *leutselige Art.*

Le|va|de, die; -, -n [zu frz. lever < lat. levare = heben] (Reiten): *das Sichaufrichten des Pferdes auf der Hinterhand (als Figur der hohen Schule).*

Le|van|te, die; - [vgl. Levantiner] (veraltet): die Mittelmeerländer östlich von Italien.

Le|van|ti|ner, der; -s, - [nach der ital. Bez. levante (eigtl. = Sonnenaufgang, zu: levare < lat. levare, ↑Lever) für die Küstenländer des östl. Mittelmeers]: *jmd., der als Kind eines Europäers u. einer Orientalin in der Levante geboren u. aufgewachsen ist.*

Le|van|ti|ne|rin, die; -, -nen: w. Form zu ↑Levantiner.

le|van|ti|nisch ⟨Adj.⟩: *die Levante, die Levantiner betreffend.*

Le|vel, der; -s, -s [engl. level, eigtl. = Waage < lat. libella, ↑Libelle] (bildungsspr.): *Niveau, Rang, den etw. erreicht hat, auf dem sich etw. bewegt:* ein hoher, niedriger L.; verschiedene sprachliche -s; der qualitative L. der Messe; auf bestmöglichem, unterschiedlichem L.

Le|ver [lə'veː], das; -s, -s [frz. lever, zu: se lever = aufstehen < lat. levare = hochheben, (sich) erheben] (früher): *Audienz eines Fürsten o. Ä. (bes. des französischen Königs) während der Morgentoilette.*

Le|vi|a|than, (ökum.:) **Le|vi|a|tan** [auch: levja'taːn], der; -s [hebr. liwyatan, wohl = gewundenes Tier]: *(im A. T.) Ungeheuer in Gestalt eines Drachens, Krokodils als Sinnbild des Chaos u. der gottfeindlichen Weltmächte.*

Le|vit, der; -en, -en [kirchenlat. levita, levites, griech. leuítēs, nach dem jüd. Stamm Levi (nach dem Stammvater Levi, hebr. Lewî), dessen Angehörige mit den Aufgaben des Priesteramtes betraut waren]: **1.** *jüdischer Tempeldiener aus dem Stamm Levi.* **2.** ⟨Pl.⟩ (kath. Kirche früher) *Subdiakon u. Diakon als Assistenten des Priesters beim feierlichen Hochamt:* * **jmdm. die Leviten lesen** (ugs.; *jmdn. wegen eines tadelnswerten Verhaltens nachdrücklich zur Rede stellen u. ihn energisch auf seine Obliegenheiten hinweisen;* urspr. = aus den Vorschriften für Leviten 2 vorlesen).

Le|vi|ti|kus, der; - [mlat. Leviticus]: 3. Buch Mose.

le|vi|tisch ⟨Adj.⟩: *auf die Leviten* (1, 2) *bezüglich, sie betreffend.*

Lev|koie: älter für ↑Levkoje.

Lev|ko|je, die; -, -n [griech. (mit ngriech. Aussprache) leukóïon, eigtl. = Weißveilchen, zu: leukós = weiß u. íon = Veilchen, nach den hell leuchtenden, veilchenartig duftenden Blüten]: *Pflanze mit länglichen, blassgrünen Blättern u. weiß bis violett gefärbten, meist stark duftenden Blüten in Trauben.*

Lew, der; -[s], Lewa [bulgar. lev, eigtl. = Löwe]: *bulgarische Währungseinheit* (Abk.: Lw).

Lex, die; -, Leges [...eːs; lat. lex, ↑legal] (Parl.): *Gesetz, das – unter Anspielung auf die altrömische Gesetzgebung mit dem Namen des Antragstellers od. der betreffenden Sache versehen – aus bestimmtem Anlass erlassen wird:* die L. Heinze.

Le|xem, das; -s, -e [russ. leksema, zu griech. léxis, ↑Lexikon] (Sprachw.): *Einheit des Wortschatzes, die die begriffliche Bedeutung trägt.*

Le|xi|ka: Pl. von ↑Lexikon.

le|xi|kal, le|xi|ka|lisch ⟨Adj.⟩: **1.** *das Lexikon* (1, 2) *betreffend:* die -e Gestaltung eines Buches, Stoffes. **2.** (Sprachw.) *die Untersuchung von isolierten Wörtern ohne Berücksichtigung des Textzusammenhangs betreffend:* -e Begriffe; die -e Bedeutung eines Worts.

le|xi|ka|li|sie|ren ⟨sw. V.; hat⟩ (Sprachw.): *als ein neues Lexem festlegen, zum festen inhaltlich-begrifflichen Bestandteil der Sprache machen:* ein noch nicht lexikalisiertes Wort.

Le|xi|ka|li|sie|rung, die; -, -en (Sprachw.): **a)** *das Lexikalisieren;* **b)** *lexikalisiertes Wort.*

Le|xi|ken: Pl. von ↑Lexikon.

Le|xi|ko|graf usw.: ↑Lexikograph usw.

Le|xi|ko|graph, (auch:) Lexikograf, der; -en, -en [zu griech. lexikográphos = ein Wörterbuch schreibend]: **a)** *jmd., der auf dem Gebiet der Lexikographie tätig ist; Verfasser, Bearbeiter [einzelner Artikel] eines Wörterbuchs;* **b)** (selten) *Verfasser, Bearbeiter eines Lexikons* (1).

Le|xi|ko|gra|phie, (auch:) Lexikografie, die; - [↑-graphie]: *[Wissenschaft von der] Aufzeichnung u. Erklärung des Wortschatzes in Form eines Wörterbuchs.*

Le|xi|ko|gra|phin, (auch:) Lexikografin, die; -, -nen: w. Form zu ↑Lexikograph.

le|xi|ko|gra|phisch, (auch:) lexikografisch ⟨Adj.⟩: *die Lexikographie betreffend:* eine -e Methode.

Le|xi|ko|lo|ge, der; -n, -n [↑-loge]: *Wissenschaftler auf dem Gebiet der Lexikologie.*

Le|xi|ko|lo|gie, die; - [↑-logie]: *Bereich der Sprachwissenschaft, der sich mit der Erforschung des Wortschatzes (bes. mit der Struktur des Wortschatzes) befasst.*

Le|xi|ko|lo|gin, die; -, -nen: w. Form zu ↑Lexikologe.

le|xi|ko|lo|gisch ⟨Adj.⟩: *die Lexikologie betreffend.*

Le|xi|kon, das; -s, ...ka u. ...ken [griech. lexikón (biblíon) = Wörterbuch, zu: lexikós = das Wort betreffend, zu: léxis = Rede, Wort, zu: légein = auflesen, sammeln; reden]: **1.** *nach Stichwörtern alphabetisch geordnetes Nachschlagewerk für alle Wissensgebiete od. für ein bestimmtes Sachgebiet:* ein elektronisches, medizinisches, mehrbändiges, umfassendes L.; ein L. in fünfzehn Bänden; ein L. der Kunstwissenschaft; Lexika auf CD-ROM, für Justiz und Verwaltung, zur Sexualität; ein L. bearbeiten, herausgeben, herausbringen; Ü er ist ein wandelndes/lebendes L. (ugs. scherzh.; *weiß auf allen Gebieten Bescheid*). **2.** (veraltet) *Wörterbuch.*

Le|zi|thin, (fachspr.:) Lecithin, das; -s, -e [griech. lékithos = Eigelb] (Chemie, Biol.): *als Bestandteil aller Zellen wichtiger, phosphorhaltiger, fettähnlicher Stoff.*

LG = Landgericht.

Li = Lithium.

Li|ai|son [li̯eˈzõː], die; -, -s [frz. liaison, zu: lier, ↑liieren]: **1.** (bildungsspr. veraltend) *Liebesverhältnis, Liebschaft:* eine L. mit jmdm. haben; Ü die L. *(enge Verbindung, Zusammenarbeit)* zweier Firmen, zwischen den beiden Staaten. **2.** (Sprachw.) *(im Französischen) das Aussprechen eines sonst stummen Konsonanten am Wortende vor einem vokalisch beginnenden Wort.* **3.** (Kochk.) *Mischung aus Ei, Sahne u. Butter od. Mehl, Fleischbrühe u. a. zur Herstellung von Soßen, Cremes o. Ä.*

Li|a|ne, die; -, -n ⟨meist Pl.⟩ [frz. liane, H. u.]: *bes. in tropischen Regenwäldern wachsende Schlingpflanze mit herabhängenden, sehr starken Ausläufern.*

Li|as, der od. die; - [frz. lias < engl. lias, zu frz. liais = feinkörniger Sandstein] (Geol.): *älteste Abteilung* (2 d) *des* [2]*Jura.*

li|as|sisch ⟨Adj.⟩ [frz. lias(s)ique] (Geol.): *zum Lias gehörend.*

Li|ba|ne|se, der; -n, -n: Ew. zu ↑[1]Libanon.

Li|ba|ne|sin, die; -, -nen: w. Form zu ↑Libanese.

li|ba|ne|sisch ⟨Adj.⟩: *den Libanon, die Libanesen betreffend; von den Libanesen stammend, zu ihnen gehörend:* -er Abstammung sein.

[1]**Li|ba|non;** -s, (auch:) der; -[s]: Staat im Vorderen Orient.

[2]**Li|ba|non,** der; -[s]: Gebirge im Vorderen Orient.

Li|bel|le, die; -, -n [lat. libella = kleine Waage, Wasserwaage; 1: nach dem gleichmäßigen Flug mit waagerecht ausgespannten Flügeln; 3: nach der einer Libelle (1) ähnlichen Form]: **1.** *am Wasser lebendes, größeres räuberisches Insekt mit langem, schlankem Körper u. zwei Paar schillernden Flügeln.* **2.** *Teil von Messinstrumenten, bestehend aus einem mit Flüssigkeit gefüllten Glasröhrchen, in dem eine Luftblase die horizontale od. vertikale Lage anzeigt.* **3.** *Haarspange bestimmter Art.*

li|be|ral ⟨Adj.⟩ [frz. libéral < lat. liberalis = freiheitlich; freigebig; edel, zu: liber = frei]: **1.** *dem Einzelnen wenige Einschränkungen auferlegend, die Selbstverantwortung des Individuums unterstützend; freiheitlich:* ein -es Gesetz; diese Verordnungen sind sehr l.; die Lehrerin geht l. mit ihren Schülern um. **2.** *die Weltanschauung des Liberalismus* (1) *betreffend, sie vertretend:* -e Grundsätze; eine -e Partei, Politik, Gruppe; ein -er Staatsmann; seine [politischen] Vorstellungen sind ausgesprochen l.; ein -er Scheißer (derb abwertend; *jmd., der sich nicht festlegt, nicht eindeutig Stellung bezieht, nach allen Seiten offen ist*). **3.** *eine den Liberalismus vertretende Partei betreffend, vertretend, zu ihr gehörend:* -e Abgeordnete; eine -e Zeitung; die -e Fraktion; l. wählen.

Li|be|ra|le, der u. die; -n, -n ⟨Dekl. ↑Abgeordnete⟩: *Mitglied, Anhänger[in] einer liberalen Partei:* als -r vertritt er die Grundsätze der freien

Marktwirtschaft; die -n verloren *(die liberale Partei verlor)* Stimmen.

li|be|ra|li|sie|ren ⟨sw. V.; hat⟩ [frz. libéraliser]: **1.** *von Einschränkungen befreien; liberal* (1) *machen:* das Abtreibungsgesetz l.; ein liberalisiertes Strafrecht. **2.** (Wirtsch.) *von Einfuhrverboten u. -beschränkungen im Außenhandel befreien:* Einfuhren, Märkte l.

Li|be|ra|li|sie|rung, die; -, -en: **1.** *das Liberalisieren* (1): die L. des Sexualstrafrechts. **2.** *das Liberalisieren* (2): die L. des Handels mit den USA.

Li|be|ra|lis|mus, der; - [engl. liberalism, frz. libéralisme]: **1.** *im 19. Jh. entstandene, im Individualismus wurzelnde Weltanschauung, die in gesellschaftlicher u. politischer Hinsicht die freie Entfaltung u. Autonomie des Individuums fordert u. staatliche Eingriffe auf ein Minimum beschränkt sehen will.* **2.** *liberales* (1) *Wesen; liberaler Zustand.*

Li|be|ra|list, der; -en, -en: *Vertreter, Anhänger des Liberalismus* (1).

Li|be|ra|lis|tin, die; -, -nen: w. Form zu ↑Liberalist.

li|be|ra|lis|tisch ⟨Adj.⟩: **a)** *den Liberalismus betreffend, auf ihm beruhend; im Sinne des Liberalismus denkend, handelnd:* -e Auffassungen; **b)** *extrem liberal.*

Li|be|ra|li|tät, die; - [lat. liberalitas = edle Gesinnung, Freigebigkeit]: *liberales* (1) *Wesen, Denken; liberale Gesinnung:* ein Mensch von großer L.; die L. des Lehrers wurde missbraucht.

Li|be|ria; -s: Staat in Westafrika.

Li|be|ri|a|ner, der; -s, -: Ew.

Li|be|ri|a|ne|rin, die; -, -nen: w. Form zu ↑Liberianer.

li|be|ri|a|nisch ⟨Adj.⟩: *Liberia, die Liberianer betreffend; von den Liberianern stammend, zu ihnen gehörend.*

Li|be|ro, der; -s, -s [ital. libero, eigtl. = der Freie, zu: libero < lat. liber, ↑liberal] (Fußball): *Abwehrspieler ohne unmittelbaren Gegenspieler, der sich aber ins Angriffsspiel einschalten kann:* [als] L. spielen; die Position des -s einnehmen.

li|ber|tär ⟨Adj.⟩ [frz. libertaire, zu: liberté < lat. libertas = Freiheit] (bildungsspr. selten): *extrem freiheitlich; anarchistisch:* eine -e Gesinnung.

Li|ber|té, Éga|li|té, Fra|ter|ni|té [libɛrˈte, egaliˈte, fratɛrniˈte; frz.]: Freiheit, Gleichheit, Brüderlichkeit (Losungsworte der Französischen Revolution).

li|ber|tin ⟨Adj.⟩ [frz. libertin, zu lat. liber = frei] (geh. veraltend): *zügellos, schrankenlos:* der -e Künstler.

Li|ber|tin [...ˈtɛ̃ː], der; -s, -s [frz. libertin]: **1.** (veraltet) *Freigeist.* **2.** (geh. veraltet) *ausschweifend, zügellos lebender Mensch.*

Li|ber|ti|na|ge [...ˈnaːʒə], die; -, -n [frz. libertinage] (bildungsspr.): *moralische Freizügigkeit; Zügellosigkeit.*

Li|ber|ti|nis|mus, der; - (bildungsspr.): *ausschweifende Lebensführung, Haltung; Zügellosigkeit.*

li|bi|di|nös ⟨Adj.⟩ [lat. libidinosus, zu: libido, ↑Libido] (Psych.): *auf die Libido bezogen; die sexuelle Lust betreffend, sexuell:* -e Energie, Empfindungen.

Li|bi|do, die; - [lat. libido = Lust, Begierde]: **1.** (bildungsspr., Psych.) *auf sexuelle Befriedigung gerichteter Trieb; Bedürfnis, Trieb, sexuelle Lust zu empfinden; Geschlechtstrieb.* **2.** (Psych.) *allen psychischen Äußerungen zugrunde liegende psychische Energie.*

Li|bra|ti|on, die; -, -en [lat. libratio = das Wägen, zu: librare = wägen] (Astron.): *auf der Ungleichförmigkeit der Bahnbewegung des Mondes, optischen Effekten o. Ä. beruhende, scheinbare teilweise Drehbewegung des Mondes um die eigene Achse nach beiden Seiten.*

li|bret|ti|sie|ren ⟨sw. V.; hat⟩: *in die Form eines Librettos bringen.*

Li|bret|tist, der; -en, -en: *Verfasser eines Librettos.*

Li|bret|tis|tin, die; -, -nen: w. Form zu ↑Librettist.

Li|bret|to, das; -s, -s u. ...tti [ital. libretto, eigtl. Vkl. von: libro < lat. liber = Buch]: *Text[buch] von Opern, Operetten, Singspielen, Oratorien.*

Li|bre|ville [librəˈvil]: Hauptstadt von Gabun.

Li|by|en; -s: Staat in Nordafrika.

Li|by|er, der; -s, -: Ew.

Li|by|e|rin, die; -, -nen: w. Form zu ↑Libyer.

li|bysch ⟨Adj.⟩: *Libyen, die Libyer betreffend; von den Libyern stammend, zu ihnen gehörend:* die -e Hauptstadt; die Libysche Wüste.

-lich [mhd. -lich, ahd. -līch, urspr. selbstständiges Wort u. identisch mit mhd. līch, ahd. līh, ↑Leiche]: **1.** kennzeichnet in Bildungen mit Substantiven die Zugehörigkeit zu diesen: grundgesetzlich, programmlich, reiterlich. **2.** drückt in Bildungen mit Verben (Verbstämmen) aus, dass mit der beschriebenen Person oder Sache etw. gemacht werden kann: **a)** bestechlich, erklärlich; **b)** /verneint in Verbindung mit *un-*/ unauflöslich, unauslöschlich. **3.** drückt in Bildungen mit Verben (Verbstämmen) aus, dass die beschriebene Person oder Sache etw. macht: dienlich, einbringlich. **4.** drückt in Bildungen mit Adjektiven eine Abschwächung oder Differenzierung aus: gelblich, rundlich, schläulich. **5.** drückt in Bildungen mit Substantiven (Zeitangaben) eine Wiederholung aus: halbjährlich, stündlich.

licht ⟨Adj.⟩ [mhd. lieht, ahd. lioht, urspr. = leuchtend, strahlend]: **1. a)** (geh.) *offen u. dadurch angenehmerweise von viel [Tages]licht erhellt; voll freundlicher Helligkeit; lichtdurchflutet:* ein -er Morgen, Raum; am -en Tag *(bei Tageslicht, am Tag);* der Nebel hob sich, es wurde -er; **b)** *von angenehm heller Farbe:* ein -es Rot; das -e Grün der jungen Birken. **2.** *dünn bewachsen, große Zwischenräume aufweisend; spärlich:* eine -e Stelle im Wald; -e *(weite)* Maschen; der Wald wurde -er; sein Haar ist schon ziemlich l.; die Bäume stehen l.; Ü die Reihen der alten Kameraden wurden -er *(es sind schon einige gestorben).* **3.** *(von Öffnungen o. Ä.) von der einen zur anderen inneren Begrenzungsfläche gemessen:* eine -e Höhe, Weite von 5 cm.

Licht, das; -[e]s, -er u. (veraltet, dichter.:) -e [mhd. lieht, ahd. lioht, urspr. = das Leuchten, Glanz]: **1.** ⟨o. Pl.⟩ **a)** *etw., was die Umgebung hell macht, erleuchtet u. dadurch Dinge sichtbar macht; Helligkeit; von einer Lichtquelle ausgehender Schein:* helles, schwaches, mildes, fahles L.; natürliches, ultraviolettes L.; das L. der Sonne, der Lampe; das grelle L. blendet; L. fällt durch den Türspalt; das L. bricht sich im Prisma; die dunkle Tapete schluckt viel L.; geh mir aus dem L.! *(tritt aus dem Lichtschein, der auf mich auftreffen soll u. der im Moment auf dich auftrifft, heraus!);* etw. gegen das L. halten; jmdm. das L. nehmen, im L. stehen; der Raum ist von künstlichem L. erhellt; **Spr** wo [viel] L. ist, ist auch [viel] Schatten *(wo es [viel] Positives gibt, gibt es auch [viel] Negatives);* Ü das göttliche L.; das L. des Geistes; * **das L. der Welt erblicken** (geh.; *geboren werden*); **L. auf jmdn., etw. werfen** *(jmdn., etw. in bestimmter Weise erscheinen lassen; jmdn., etw. [in bestimmter Weise] deutlich werden lassen):* das Verhalten des Einzelnen wirft ein bestimmtes L. auf die Gruppe; **L. in etw. bringen** *(eine Angelegenheit aufklären, aufhellen):* ihr Geständnis hat L. in die Affäre gebracht; **jmdn. hinters L. führen** (*jmdn. täuschen;* eigtl. = jmdn. nach der Seite führen, nach der hin der Lichtstrahl einer Lampe abgeschirmt ist); **jmdn., etw. ins rechte L. rücken/setzen/stellen** *(dafür sorgen, dass jmd., etw. vorteilhaft o. ä. erscheint);* **etw. in rosigem, im rosigsten L. sehen/darstellen** *(etw. sehr positiv beurteilen);* **etw. in einem milderen L. sehen** *(etw. für nicht so schlimm halten);* **sich selbst im L. stehen** *(sich selbst schaden);* **b)** *Tageslicht:* das L. kommt durch zwei Fenster; der Baum vor dem Fenster nimmt viel L. weg; * **das L. scheuen** *(etw. zu verbergen haben);* **L. am Ende des Tunnels sehen** *(in schwieriger Lage Anzeichen für eine Besserung, einen Hoffnungsschimmer entdecken);* **etw. ans L. bringen/ziehen/zerren/holen** *(etw. [Verheimlichtes] an die Öffentlichkeit bringen);* **ans L. kommen** *([von etw. Verheimlichtem, Verborgenem] bekannt werden, offenbar werden):* irgendwann werden deine Taten ans L. kommen; **ans L. treten** (geh.; *erscheinen, auftauchen*); **bei L. besehen** *(genauer betrachtet);* **c)** *Beleuchtung* (1 a): elektrisches L.; im Keller gibt es kein L.; bei diesem L. kann ich nicht arbeiten; L. machen *(die Beleuchtung einschalten);* * **in einem guten/günstigen/schlechten o. ä. L. erscheinen/stehen** *(einen guten, günstigen, schlechten o. ä. Eindruck machen).* **2. a)** ⟨Pl. -er⟩ *Lampe, Lichtquelle:* ein spärliches, helles L.; offenes L. *(Lichtquelle mit einer brennenden Flamme);* das L. ist an, brennt, geht aus; das L. anknipsen, anmachen, ein-, ausschalten; im Wohnzimmer brennen alle -er; * **grünes L. geben** *(die Erlaubnis geben, etw. in Angriff zu nehmen;* nach dem grünen Licht von Verkehrsampeln o. Ä.); **das ewige L.** (kath. Kirche; *ununterbrochen brennende rote Lampe als Zeichen der Gegenwart Christi);* **in einem Land, an einem Ort gehen die -er aus** *(um etw. sieht es düster aus, ist es schlecht bestellt):* in Deutschland gingen damals die -er aus; **b)** ⟨Pl. auch: -e⟩ *Kerze:* die -er anzünden, ausblasen; die -er am Christbaum aufstecken; * **kein/nicht gerade ein großes L. sein** (ugs.; ↑Kirchenlicht); **ein kleines L. sein** (ugs.; *eine unbedeutende Person sein*); **jmdm. geht ein L. auf** (ugs.; *jmd. versteht, durchschaut plötzlich etw.*); **sein L. leuchten lassen** *(sein Wissen, Können zeigen, zur Geltung bringen;* nach Matth. 5, 16); **sein L. [nicht] unter den Scheffel stellen** *(seine Leistungen, Verdienste [nicht] aus Bescheidenheit verbergen;* nach Matth. 5, 15); **jmdm. ein L. aufstecken** (ugs.: *jmdn. [tadelnd, vorwurfsvoll] in Bezug auf einen bestimmten Sachverhalt belehren, aufklären;* nach dem Bild des Aufsteckens einer Kerze auf einen Kerzenleuchter); **c)** ⟨o. Pl.⟩ (ugs. veraltend) *elektrischer Strom, bes. zur Speisung von Beleuchtungskörpern:* die Großeltern ließen sich damals L. *(elektrische Leitungen)* legen; die Rechnung für Gas und L. **3.** ⟨Pl. -er⟩ (meist bild. Kunst) *Glanzlicht* (b): kastanienbraunes Haar mit goldenen -ern. **4.** ⟨Pl. -er; meist Pl.⟩ (Jägerspr.) *Auge des Haarwildes.*

licht|arm ⟨Adj.⟩: *nicht gut beleuchtet; düster.*

Licht|bad, das (Med.): *Bestrahlung des Körpers mit künstlichem Licht od. mit Sonnenlicht zu Heilzwecken.*

Licht|be|hand|lung, die (Med.): *Behandlung mit Lichtbädern.*

licht|be|stän|dig ⟨Adj.⟩: *sich unter der Einwirkung von Licht nicht verändernd.*

Licht|bild, das: **a)** (Amtsspr.) *Passbild:* mit dem Antrag sind zwei -er einzureichen; **b)** (veraltend) *im Verfahren der Fotografie hergestelltes Bild; Fotografie* (2); **c)** (veraltend) *Diapositiv.*

Licht|bil|der|abend, der: *Abendveranstaltung, bei der Dias gezeigt werden.*

Licht|bil|der|vor|trag, der: *Diavortrag.*

licht|blau ⟨Adj.⟩: *von einem hellen Blau.*

Licht|blick, der: *erfreuliches Ereignis, erfreuliche Aussicht während eines sonst eintönigen od. trostlosen Zustandes:* der Feiertag ist ein L., der einzige L.; Ü sie zählte zu den -en in der Mannschaft.

licht|blond ⟨Adj.⟩: vgl. lichtblau.

Licht|bo|gen, der (Technik): *hell leuchtende elektrische Entladung zwischen zwei Strom führenden Elektroden.*

licht|bre|chend ⟨Adj.⟩ (Optik): *Licht in eine andere Richtung lenkend.*

Licht|bre|chung, die (Physik): *Brechung* (1) *des Lichts.*

Licht|chen, das; -s, - u. Lichterchen: Vkl. zu ↑Licht (2 a, b).

Licht|dom, der: *bei Dunkelheit von einer großen Zahl senkrecht in die Höhe gerichteter Scheinwerfer erzeugter Lichteffekt, der die Illusion eines gotischen Doms erweckt.*

licht|durch|flu|tet ⟨Adj.⟩ (geh.): *von Licht* (1 a, b) *erfüllt:* ein -er Raum.

licht|durch|läs|sig ⟨Adj.⟩: *für Licht durchlässig:* ein -er Stoff, Vorhang.

Licht|durch|läs|sig|keit, die: *Durchlässigkeit für Licht.*

Lich|te, die; -: *lichte* (3) *Weite.*

licht|echt ⟨Adj.⟩: *(von Farben) sich unter der Einwirkung von [Tages]licht im Farbton nicht verändernd.*

Licht|ef|fekt, der: *durch Licht erzeugter Effekt.*

Licht|ein|fall, der: *das Einfallen* (3) *von Licht:* die Pupille verengt sich bei L.

Licht|ein|wir|kung, die: *Einwirkung von Licht.*

licht|emp|find|lich ⟨Adj.⟩: a) *unter Lichteinwirkung auf bestimmte Weise [leicht] reagierend:* -es Filmmaterial; b) *überempfindlich gegen Lichteinwirkung:* -e Augen.

Licht|emp|find|lich|keit, die (Pl. selten): *das Lichtempfindlichsein.*

[1]lich|ten ⟨sw. V.; hat⟩ [zu ↑licht]: **1. a)** *bewirken, dass bestimmte Dinge weniger dicht stehen; ausdünnen:* das Unterholz, die aufgegangene Saat l.; Ü der Krieg hat die Reihen meiner Klassenkameraden gelichtet; **b)** ⟨l. + sich⟩ *weniger dicht werden:* der Wald lichtet sich; sein Haar hat sich schon stark gelichtet. **2.** (geh.) **a)** *heller machen:* die Sonne lichtet das Dunkel; **b)** ⟨l. + sich⟩ *heller werden:* der Himmel, das Dunkel lichtet sich; Ü das Dunkel über dem Mordfall beginnt sich zu l.

[2]lich|ten ⟨sw. V.; hat⟩ [mniederd. lihten = leicht machen] (Seemannsspr.): *(den Anker) hochziehen [um wegzufahren]:* das Schiff lichtete die Anker.

Lich|ter|baum, der (geh.): *Weihnachtsbaum mit angezündeten Kerzen.*

Lich|ter|chen: Pl. von ↑Lichtchen.

Lich|ter|fest, das: *jüdisches Fest der Tempeleinweihung im Dezember.*

licht|er|füllt ⟨Adj.⟩ (geh.): *von Licht erfüllt.*

Lich|ter|glanz, der: *Glanz, Helligkeit von vielen Lichtern:* das Zimmer erstrahlte im L. des Weihnachtsbaumes.

Lich|ter|ket|te, die: *Kette aus aneinander gereihten Lampen:* die L. am Weihnachtsbaum; Ü die L. der Autos; die Demonstranten wollen eine L. über die Rheinbrücke bilden.

lich|ter|loh ⟨Adj.⟩ [aus älterem li(e)hter Lohe = mit heller Flamme]: *mit hellen, aufschlagenden Flammen brennend:* die Scheune brannte l.; Ü sein Herz brannte l. *(er war leidenschaftlich verliebt).*

Lich|ter|meer, das: *große Menge von hell leuchtenden Lampen u. Lichtern:* das L. der Stadt.

Licht|fil|ter, der, Frachspr. meist: das: *Filter* (2).

Licht|ge|schwin|dig|keit, die: *Geschwindigkeit, mit der sich Licht ausbreitet.*

Licht|ge|stalt, die (geh.): *leuchtende Gestalt, die aus Licht zu bestehen scheint;* Ü er gilt als L. *(überragender Vertreter)* des deutschen Films.

licht|grün ⟨Adj.⟩: vgl. lichtblau.

Licht|hof, der: **1.** *von mehrgeschossigen Gebäudeteilen umschlossener Hof, von dem aus Licht in die angrenzenden Räume fällt.* **2.** (Fot.) *Schleierbildung an stark belichteten Stellen einer Fotografie.* **3.** (selten) *heller Schein um einen leuchtenden Körper:* der Mond hat einen L.

Licht|hu|pe, die: *(in Kraftfahrzeugen) Vorrichtung, die dazu dient, mit den Scheinwerfern Lichtsignale zu geben:* die L. benutzen, betätigen.

Licht|jahr, das (Astron.): *Strecke, die das Licht in einem Jahr zurücklegt* (Maßeinheit für die Entfernung von Himmelskörpern): dieser Stern ist viele -e entfernt; Ü -e (emotional; *sehr weit*) von etw. entfernt sein.

Licht|ke|gel, der: *von einer Lampe, einem Scheinwerfer o. Ä. ausgehender kegelförmiger Schein:* im L. des Scheinwerfers stand ein Mann.

licht|los ⟨Adj.⟩: *ohne [Tages]licht.*

Licht|man|gel, der: *Mangel an Tageslicht:* die Pflanzen gingen wegen -s ein.

Licht|ma|schi|ne, die (Kfz-T.): *vom Motor über einen Keilriemen angetriebener Generator, der Strom für die elektrischen Anlagen eines Fahrzeugs liefert.*

Licht|mast, der: *Mast für elektrische Leitungen, bes. für die Straßenbeleuchtung.*

Licht|men|ge, die (Physik): *Menge an Licht, die eine Lichtquelle abgibt.*

Licht|mess ⟨o. Art.; indekl.⟩ [mhd. liehtmesse, nach der an diesem Tag stattfindenden Weihe von Kerzen u. Lichterprozession] (kath. Kirche): *kirchlicher Festtag (2. Februar):* Mariä L.; zu/(bes. südd.:) an L.

Licht|mes|ser, der: *Photometer.*

Licht|mes|sung, die: *Photometrie.*

Licht|or|gel, die: *Beleuchtungsanlage in Diskotheken o. Ä. mit vielen [verschiedenfarbigen] Lampen, die im Rhythmus der Musik aufleuchten.*

Licht|pau|se, die: *Kopie einer transparenten Zeichnung od. Schrift auf lichtempfindlichem Papier.*

Licht|punkt, der: *punktförmige Lichtquelle:* -e der Scheinwerfer; Ü ein kleiner L. *(Lichtblick).*

Licht|putz|sche|re, die: *Dochtschere.*

Licht|quel|le, die: *etw., was Licht ausstrahlt, bes. künstlicher Beleuchtungskörper:* eine Glühbirne war die einzige L.

Licht|re|flex, der: *von einer spiegelnden Fläche reflektierter Lichtschein.*

Licht|re|gie, die: *nach bestimmten [künstlerischen] Erwägungen vorgenommenes Einsetzen, Steuern von Beleuchtung u. Lichteffekten bei Theateraufführungen, Filmen o. Ä.*

Licht|reiz, der: *von Licht auf etw. ausgeübter Reiz:* die Netzhaut reagiert auf -e.

Licht|satz, der (Druckw.): *besondere Art des Fotosatzes.*

Licht|schacht, der: **1. a)** *mit Glas gedeckter Schacht innerhalb eines Gebäudes;* **b)** *[mit einem Rost gedeckter] Schacht vor Kellerfenstern, die unterhalb der Erdoberfläche liegen.* **2.** (Fot.) *Schacht im Sucher einer Spiegelreflexkamera.*

Licht|schal|ter, der: *Schalter zum Ein- u. Ausschalten der elektrischen Beleuchtung.*

Licht|schein, der: *von einer Lichtquelle ausgehender Schein:* ein matter L.

licht|scheu ⟨Adj.⟩: **1.** *das [Tages]licht meidend; überempfindlich auf Licht reagierend:* -e Tiere. **2.** *die Öffentlichkeit aus Angst vor Entdeckung fürchtend, weil man etw. zu verbergen hat:* -es Gesindel, Volk.

Licht|schran|ke, die: *Vorrichtung, bei der eine Sperre, Alarmanlage o. Ä. ausgelöst wird, wenn ein auf eine Photozelle fallender Lichtstrahl unterbrochen wird:* die Rolltreppe hat eine L.

Licht|schutz, der: *Schutz vor [schädlichen Einwirkungen von] Licht.*

Licht|schutz|fak|tor, der: *(als Zahl ausgedrückter) Faktor, der angibt, wie stark ein Sonnenschutzmittel die Haut schützt:* Sonnenmilch mit L. 18 (Abk.: LSF).

Licht|sei|te, die: *günstige, gute Seite einer Sache:* alles hat seine Licht- und Schattenseiten.

Licht|si|gnal, das: *mithilfe von Lichtern* (2 a) *gegebenes Signal zur Verkehrsregelung, Übermittlung einer Nachricht o. Ä.:* ein rotes L.; der Verkehr wird mit -en *(Verkehrsampeln)* geregelt.

Licht|sinn, der (Biol.): *Fähigkeit von Lebewesen, mithilfe bestimmter Organe Lichtsinnesreize aufzunehmen.*

Licht|sin|nes|reiz, der: *Sinnesreiz, der von Licht ausgelöst wird.*

Licht|spiel, das (veraltend): *Film* (3 a).

Licht|spiel|haus, das, **Licht|spiel|the|a|ter,** das (veraltend): *Kino.*

licht|stark ⟨Adj.⟩: *von großer Lichtstärke* (1, 2).

Licht|stär|ke, die: **1.** (Physik) *messbare Stärke des von einer Lichtquelle ausgestrahlten Lichts.* **2.** (Fot.) *größtes mögliches Verhältnis zwischen Blendenöffnung u. Brennweite bei einem fotografischen Objektiv.*

Licht|strahl, der: *Strahl* (1): ein schmaler L.; Ü ein kleiner L. fiel in ihr Leben.

Licht|strom, der (Physik): *Strahlungsfluss einer Lichtquelle.*

licht|un|durch|läs|sig ⟨Adj.⟩: *undurchlässig für Licht.*

Lich|tung, die; -, -en [zu ↑[1]lichten]: *von Bäumen freie Stelle im Wald:* eine L. durchqueren.

Licht|ver|hält|nis|se ⟨Pl.⟩: *das Licht* (1 a) *betreffende Gegebenheiten:* in diesem Zimmer herrschen ungünstige, erstklassige L.

licht|voll ⟨Adj.⟩ (geh.): **1.** *einen Sachverhalt erhellend, verdeutlichend:* -e Ausführungen. **2.** *freudig, glücklich:* eine -e Zukunft. **3.** *lichtdurchflutet, hell:* -e Räume.

Licht|wel|le, die (Physik): *von einer Lichtquelle ausgestrahlte elektromagnetische Welle.*

Licht|zei|chen, das: *Lichtsignal.*

Licht|zei|chen|an|la|ge, die (Amtsspr.): *Ampel* (2).

Lid, das; -[e]s, -er [mhd. lit, ahd. (h)lit = Deckel, Verschluss, eigtl. = das Angelehnte, verw. mit ↑[1]lehnen]: *Haut, die beim Öffnen u. Schließen des Auges von oben u. unten bewegt wird; Augenlid:* das obere, untere L.; entzündete, gerötete -er; ihre -er zuckten; die -er senken, aufschlagen, schließen; die -er wurden ihr schwer (geh.; *sie wurde müde, schlief bald ein*).

Li|do, der; -s, -s, auch: Lidi [ital. lido < lat. litus = Strand]: *schmaler, lang gestreckter Landstreifen vor einer Küste; Nehrung zwischen Lagune und offenem Meer:* der L. von Venedig.

Lid|sack, der: *erschlaffte Haut unter den Augen.*

Lid|schat|ten, der: **1.** *Färbung des Lides mit Schminke zum Betonen der Augen.* **2.** *kosmetisches Mittel (Puder, Paste od. Stift) zum Schminken der Lider.*

Lid|spal|te, die: *Öffnung zwischen oberem u. unterem Lid.*

Lid|strich, der: *mit Eyeliner gezogener Strich am Rand des Lides.*

lieb ⟨Adj.⟩ [mhd. liep, ahd. liob]: **1. a)** *Liebe, Freundlichkeit, Zuneigung, Herzlichkeit zum Ausdruck bringend:* dein -er Brief; ein paar -e Worte; viele -e Grüße; alle waren sehr l. zu mir; sei so l. und komm nicht zu spät; das ist sehr l. von Ihnen; er schaut sie l. an; ⟨subst.:⟩ jmdm. etwas Liebes tun; **b)** *durch seine liebenswerte, angenehme Wesensart, Freundlichkeit Zuneigung auf sich ziehend:* ein -er Kerl; ein -es Mädchen, Gesicht; **c)** *mit seinem Verhalten Freude bereitend:* ein -es Kind; ein -er Hund; bist du heute l. *(brav)* gewesen?; sei schön l.! *(sei brav!).* **2.** *jmds. Liebe, Zuneigung besitzend; geliebt, geschätzt:* meine -e Mutter; deine -e Frau; er hat sie immer l. behalten; man muss sie einfach l. haben; sie hat ihn l. gewonnen; dieses Erbstück ist mir l. und wert/teuer; wenn dir dein Leben l. ist, dann verschwinde!; (in vertraulichen Anreden:) -er Hans, -ste Mutter; -e Anwesende; (iron. od. verblasst:) die -en Verwandten; das -e Geld; der -e Gott; jetzt scheint die -e Sonne; ⟨subst.:⟩ er freut sich, wenn er alle seine Lieben *(Angehörigen, seine ganze Familie)* um sich hat; (in vertraulichen Anreden:) mein Lieber. **3.** *willkommen, angenehm:* ein -er Gast; -er Besuch; eine -e, l. gewordene Gewohnheit *(eine Gewohnheit, die einem so wichtig geworden ist, dass man sie nicht mehr missen möchte);* es wäre mir l., -er, wenn du die Post holen könntest; das ist mir gar nicht l.; je länger/mehr/öfter, je -er; das wirst du früher erfahren, als dir l. ist.

Lieb, das; -s (dichter.): [1]*Geliebte* (2), [2]*Geliebte* (2): komm zu mir, mein L.!

lieb|äu|geln ⟨sw. V.; hat⟩: **a)** *sich in Gedanken mit etw., was man gern hätte, beschäftigen; etw. Bestimmtes gern haben, erreichen wollen:* ich liebäugele mit diesem Sportwagen; **b)** (selten) *mit jmdm. flirten:* er liebäugelt mit seiner Tischdame; Ü die Chinesen liebäugeln mit den afrikanischen Staaten.

lieb be|hal|ten: s. lieb (2).

Lieb|chen, das; -s, - [spätmhd. liebchin] (veraltet): **a)** *geliebte Frau; Schatz* (meist in der Anrede): komm zu mir, mein L.!; **b)** (abwertend) [2]*Geliebte* (1 b): das L. eines bekannten Gangsters.

L

Lie|be, die; -, -n [mhd. liebe, ahd. liubī, zu ↑lieb]: 1. ⟨o. Pl.⟩ a) *starkes Gefühl des Hingezogenseins; starke, im Gefühl begründete Zuneigung zu einem [nahe stehenden] Menschen:* mütterliche, kindliche, reine, innige L.; die L. der Eltern; seine L. zu ihr war groß; Gottes L.; um L. bitten, flehen; R das tut der L. keinen Abbruch (ugs.; 1. *das schadet nichts, ist einerlei.* 2. *das beeinträchtigt, mindert nicht die Sympathie, Zuneigung*); bei aller L. *(bei allem Verständnis);* b) *auf starker körperlicher, geistiger, seelischer Anziehung beruhende Bindung an einen bestimmten Menschen [des anderen Geschlechts], verbunden mit dem Wunsch nach Zusammensein, Hingabe o. Ä.:* die wahre, große L.; eine heimliche, leidenschaftliche L.; eheliche, gleichgeschlechtliche, platonische L.; eine L. unter Männern; seine L. zu ihr erlosch, erkaltete; sie erwiderte seine L. nicht; [keine] L. für jmdn. empfinden, fühlen; jmdm. seine L. gestehen, zeigen, beteuern, verheimlichen; jmdm. L. schwören; aus L. heiraten; R alte L. rostet nicht; die L. geht durch den Magen (scherzh.; *wer gut kochen kann, gewinnt leicht die Zuneigung anderer*); L. macht blind; wo die L. hinfällt (Ausspruch der Verwunderung im Zusammenhang mit dem Partner, den jmd. gewählt hat); * **L. auf den ersten Blick** *(spontanes Empfinden von Liebe bei der ersten Begegnung);* c) *sexueller Kontakt, Verkehr:* heterosexuelle L.; käufliche L. *(Prostitution);* L. machen (ugs.; *koitieren;* LÜ von engl. to make love). 2. ⟨o. Pl.⟩ a) *gefühlsbetonte Beziehung zu einer Sache, Idee o. Ä.:* die L. zur Kunst, zum Geld, zum Beruf; ihre L. zum Detail; meine ganze L. gehört dem Meer; aus L. zur Sache; b) * **mit L.** *(mit großer Sorgfalt u. innerer Anteilnahme):* mit L. kochen, den Tisch decken. 3. ⟨o. Pl.⟩ *Gefälligkeit; freundschaftlicher Dienst:* jmdm. eine L. erweisen; tu mir die L. und geh zu ihr; R eine L. ist der anderen wert. 4. (ugs.) *geliebter Mensch:* sie war meine erste, große L., ist eine alte L. von mir.

L

lie|be|be|dürf|tig ⟨Adj.⟩: *viel Zuwendung benötigend:* ein -es Kind.

Lie|be|die|ne|rei, die; - (abwertend): *unterwürfig, kriecherische Schmeichelei.*

lie|be|die|ne|risch ⟨Adj.⟩ (abwertend): *unterwürfig, kriecherisch, schmeichelnd.*

Lie|be|lei, die; -, -en (abwertend): *kurze, unverbindliche Liebesbeziehung:* eine kurze, flüchtige L.

lie|ben ⟨sw. V.; hat⟩ [mhd. lieben, ahd. liuben, -ōn, -ēn = jmdm. etw. angenehm machen]: 1. a) *Liebe* (1 a) *für jmdn. empfinden u. zum Ausdruck bringen:* sein Kind, die Eltern, seinen Nächsten l.; sie haben sich l. gelernt; jmdn. von ganzem Herzen l.; eine liebende Mutter; mein geliebter Sohn; b) *eine besonders starke geistige, körperliche, emotionale Bindung zu einem bestimmten Menschen haben:* ich werde ihn immer l.; jmdn. leidenschaftlich, heiß, innig, abgöttisch, zärtlich, eifersüchtig l.; die beiden lieben sich; eine liebende Ehefrau; er ist unfähig zu l. *(hat nicht die Fähigkeit, Liebe zu empfinden);* **Spr** was sich liebt, das neckt sich; c) *ein stark gefühlsbetontes, positives Verhältnis zu einer Sache, Idee o. Ä. haben:* das Vaterland, seinen Beruf l.; er liebt nur sein Geld; Berlin l. lernen. 2. *mit jmdm. Geschlechtsverkehr haben:* sich im Auto l.; er liebte sie mehrmals in einer Nacht; sie liebten sich ungeschützt. 3. a) *eine besondere Vorliebe, Schwäche für etw. haben:* den Luxus, teure Kleider, gutes Essen l.; die Pflanze liebt sandigen Boden *(gedeiht darin besonders gut);* b) *etw. gern haben, mögen:* ich liebe es, Mittelpunkt zu sein; er liebt es nicht, wenn man ihn unterbricht.

Lie|ben|de, der u. die; -n, -n ⟨meist Pl.; Dekl. ↑Abgeordnete⟩: *jmd., der einen bestimmten Menschen liebt* (1 b).

lie|ben ler|nen: s. lieben (1 a, c).

lie|bens|wert ⟨Adj.⟩: *Liebe verdienend; von anziehender, gewinnender Art; mit einem einnehmenden Wesen versehen:* ein -er Mensch; das macht dich l.

lie|bens|wür|dig ⟨Adj.⟩: *freundlich u. zuvorkommend:* ein -er Mensch; mit -em Lächeln; l. zu jmdm. sein; das ist sehr l. von Ihnen (höfliche Dankesformel); seien Sie so l. und schließen Sie das Fenster *(bitte schließen Sie das Fenster).*

lie|bens|wür|di|ger|wei|se ⟨Adv.⟩: *aus Liebenswürdigkeit:* er hat ihr l. beim Umzug geholfen.

Lie|bens|wür|dig|keit, die; -, -en: 1. ⟨o. Pl.⟩ *liebenswürdige Art:* ihre L. war wohltuend; er konnte von ausnehmender, entwaffnender L. sein; er war die L. selbst *(war sehr liebenswürdig);* würden Sie [bitte] die L. haben, das Fenster zu schließen *(würden Sie bitte das Fenster schließen).* 2. *liebenswürdige Äußerung, Handlung:* mit ein paar -en beginnen; jmdm. einige -en (iron.: *Unverschämtheiten*) sagen, an den Kopf werfen.

lie|ber [mhd. lieber, ahd. lieber, liuber, ↑lieb]: I. ⟨Adj.; Komp. von ↑gern⟩ *mehr als gern:* etw., jmdn. l. mögen als etw., jmdn.; das mag ich noch l.; er macht diese Arbeit l. als ich. II. ⟨Adv.⟩ 1. *vorzugsweise:* ich trinke l. Tee als Kaffee; ich würde l. mit dem Auto fahren; l. heute als morgen. 2. *besser; klugerweise:* ich hätte l. warten sollen; das hättest du l. nicht tun, sagen sollen; mach es l. gleich.

Lie|bes|aben|teu|er, das: *kurze [romantische] Liebesbeziehung.*

Lie|bes|af|fä|re, die: *Liebesabenteuer.*

Lie|bes|akt, der (geh.): *Geschlechtsakt.*

Lie|bes|ap|fel, der [a: wohl mit Bezug auf Rot als Farbe der Liebe u. auf den Apfel als häufig verwendetes Symbol des Liebeszaubers; b: wohl wegen der roten Glasur an (a) angelehnt]: a) (veraltet) *Tomate;* b) *[auf Jahrmärkten o. Ä. verkaufter] Apfel mit roter Zuckerglasur.*

Lie|bes|be|dürf|nis, das ⟨o. Pl.⟩: *Bedürfnis nach Liebe* (1 a), *Zuwendung.*

Lie|bes|be|zie|hung, die: *von Liebe* (1 b) *bestimmte Beziehung zwischen zwei Menschen:* eine L. eingehen; eine L. zu jmdm. haben.

Lie|bes|brief, der: *Brief, den jmd. an die Person, die er liebt* (1 b), *schreibt u. in dem er seine Liebe ausdrückt:* -e schreiben; einen L. bekommen.

Lie|bes|dich|tung, die: *Dichtung, die vor allem den seelisch-geistigen Bereich von Liebesbeziehungen zum Thema hat.*

Lie|bes|die|ne|rin, die (verhüll.): *Prostituierte.*

Lie|bes|dienst, der: *aus Freundlichkeit erwiesene Hilfe, Gefälligkeit:* jmdm. einen L. erweisen.

Lie|bes|din|ge ⟨Pl.⟩: *mit Liebe* (1 b) *zusammenhängende Dinge, Angelegenheiten:* in -n kannte sie sich aus.

Lie|bes|ent|zug, der (Psych.): *Entzug von Zuwendung [vor allem bei Kindern]:* mit L. drohen.

Lie|bes|er|klä|rung, die [LÜ von frz. déclaration d'amour]: *das Offenbaren seiner Liebe gegenüber der Geliebten, dem Geliebten:* jmdm. eine L. machen; Ü eine L. an die Pfalz.

Lie|bes|er|leb|nis, das: *sexuelles, erotisches Erlebnis:* ihr erstes L. war enttäuschend.

Lie|bes|film, der: *Film, der eine Liebesbeziehung zum Thema hat.*

Lie|bes|ge|dicht, das: *Gedicht, in dem die Liebe zu jmdm. ausgedrückt wird.*

Lie|bes|ge|schich|te, die: 1. *Geschichte* (2), *die eine Liebesbeziehung zum Thema hat:* eine L. schreiben, lesen. 2. *Liebesabenteuer:* er prahlt immer mit seinen -n.

Lie|bes|gott, der (Myth.): *Gott der Liebe:* Amor war der L. der Römer.

Lie|bes|göt|tin, die: w. Form zu ↑Liebesgott: die griechische L. Aphrodite.

Lie|bes|hei|rat, die: *Heirat aus Liebe* (1 b).

Lie|bes|kum|mer, der: *durch eine unglückliche Liebesbeziehung verursachte gedrückte Stimmung:* sie hat L.

Lie|bes|kunst, die: a) ⟨o. Pl.⟩ *verfeinerte Art des Umgangs zwischen Liebenden:* die indische L.; b) *sexuelle Praktik, Technik:* in allen Liebeskünsten erfahren sein.

Lie|bes|le|ben, das ⟨o. Pl.⟩: *Sexualleben:* ein ausschweifendes L. führen; das L. bestimmter Tiere beobachten.

Lie|bes|lied, das: vgl. Liebesgedicht.

Lie|bes|lohn, der (oft scherzh. od. spött.): *Entgelt, das eine Prostituierte für die Preisgabe ihres Körpers zu sexuellen Zwecken erhält.*

Lie|bes|ly|rik, die: vgl. Liebesgedicht.

Lie|bes|müh, Lie|bes|mü|he: in der Wendung **verlorene/vergebliche L. sein** (*keiner Anstrengung wert sein; vergeblich sein;* LÜ von engl. Love's labour's lost, dem Titel eines Lustspiels des engl. Dichters W. Shakespeare [1564–1616]).

Lie|bes|nacht, die (geh.): *Nacht, in der zwei Liebende miteinander Geschlechtsverkehr haben.*

Lie|bes|nest, das [wohl LÜ von frz. nid d'amour]: *Wohnung o. Ä., wo Verliebte sich [heimlich] treffen.*

Lie|bes|paar, das: *Paar, das sich liebt:* ein junges L.; in dem Abteil saß ein L.

Lie|bes|pär|chen, das: *junges, sich unbeschwert gebendes Liebespaar.*

Lie|bes|per|len ⟨Pl.⟩: *kleine, bunte Perlen aus Zuckermasse, die meist zur Verzierung von Torten od. bestimmtem Gebäck verwendet werden.*

Lie|bes|qual, die ⟨meist Pl.⟩ (geh.): *Qual* (b), *die jmd. durch eine unglückliche Liebesbeziehung erleidet.*

Lie|bes|ro|man, der: vgl. Liebesfilm.

Lie|bes|schwur, der: *Schwur, jmdn. [immer] zu lieben.*

Lie|bes|spiel, das: *erotisch-sexuelle Handlungen wie Streicheln, Küssen o. Ä. [als Vorbereitung od. Einleitung des Geschlechtsverkehrs]:* ein langes, intensives, ausgedehntes L.

Lie|bes|sze|ne, die: *erotische Szene in einem Roman, Film, Theaterstück o. Ä.:* alle -n fielen der Zensur zum Opfer.

lie|bes|toll ⟨Adj.⟩: *im Übermaß verliebt u. im Bemühen, den geliebten Partner zu besitzen, zu unnormalen Handlungen u. Verhaltensweisen fähig:* ein -er Kater; der -e Mann verfolgte sie.

Lie|bes|tö|ter ⟨Pl.⟩ (ugs. scherzh.): a) *Damenunterhose mit knielangem Bein;* b) *lange Männerunterhose.*

Lie|bes|trank, der: *Zaubertrank, der jmds. Liebe* (1 b) *zu einer bestimmten Person wecken soll.*

Lie|bes|ver|hält|nis, das: vgl. Liebesbeziehung.

Lie|bes|ver|lust, der ⟨o. Pl.⟩ (Psych.): *Verlust der Zuwendung, die jmd., bes. ein Kind, erleidet.*

Lie|bes|wer|ben, das; -s: *das Werben* (3) *um jmds. Liebe* (1 b).

Lie|bes|zau|ber, der: *Zauber* (1 a), *durch den jmds. Liebe, sexuelles Verlangen geweckt werden soll.*

lie|be|voll ⟨Adj.⟩: 1. a) *zärtlich besorgt, fürsorglich:* eine -e Behandlung; die Kranke l. pflegen, umsorgen; b) *mit großer Sorgfalt, Mühe u. innerer Anteilnahme:* ein Geschenk l. verpacken. 2. *Liebe zum Ausdruck bringend; zärtlich:* eine -e Umarmung; jmdn. l. anschauen.

lieb ge|win|nen: s. lieb (2).

lieb ge|wor|den: s. lieb (3).

lieb ha|ben: s. lieb (2).

Lieb|ha|ber, der; -s, - [mhd. liephaber]: 1. a) [1]*Geliebter* (1 a): einen L. haben; sie legte sich einen L. zu; b) (veraltend) *Mann, der um eine Frau wirbt:* ein stürmischer, leidenschaftlicher, aufmerksamer, verschmähter L.; c) *Mann als Sexualpartner:* er ist ein guter, schlechter, erfahrener L.; d) (Theater veraltend) *Rollenfach des Liebhabers* (1 b): die Rolle des jugendlichen -s. 2. *jmd., der an einer Sache ein besonderes Interesse hat; jmd., der eine besondere Vorliebe für jmdn., etw. hat:* ein L. alter Bücher, von schönen Teppichen; dieses Stück ist etwas für L.

Lieb|ha|be|rei, die; -, -en: *meist künstlerische od. wissenschaftliche Tätigkeit, die jmd. als Autodidakt mit Freude u. Eifer in seinen Mußestunden ausübt.*

Lieb|ha|be|rin, die; -, -nen: w. Form zu ↑Liebhaber (1 d, 2).

Lieb|ha|ber|preis, der: *dem Wert einer Sache nicht entsprechender, hoher Preis, den nur ein Liebhaber* (2) *für eine Sache zu zahlen bereit ist.*

Lieb|ha|ber|stück, das: *Gegenstand mit Liebhaberwert.*

Lieb|ha|ber|wert, der: *Wert, den eine [alte, seltene] Sache vor allem deshalb hat, weil sich ein Liebhaber* (2) *dafür interessiert.*

lieb|ko|sen ⟨sw. V.; hat⟩ [mhd. liepkosen, zusgez. aus: einem ze liebe kosen = einem zuliebe sprechen; vgl. kosen] (geh. veraltend): *zärtlich streicheln, an sich drücken, küssen o. Ä.:* er liebkoste ihre Hand; sie hat zärtlich sein Haar liebkost/ (auch:) geliebkost.

Lieb|ko|sung, die; -, -en (geh. veraltend): *zärtliche Berührung; zärtliches Streicheln o. Ä.*

lieb|lich ⟨Adj.⟩ [mhd. lieplich, ahd. liublīh] (geh.): **a)** *voller Anmut, Liebreiz; entzückend:* ein -es Kind, Gesicht; eine -e Landschaft *(eine in Formen u. Farben sanfte, friedlich anmutende Landschaft);* ein -er Anblick; l. aussehen; **b)** *einen angenehmen Sinneseindruck hervorrufend:* der -e Duft des Flieders; man hörte -e Musik; der Wein ist l. *(von milder Süße);* **c)** (ugs. iron.) *unangenehm, unerfreulich:* das kann ja l. werden.

Lieb|lich|keit, die; -: **1. a)** *liebliches Aussehen, Wesen:* sie bezauberte ihn mit ihrer L.; **b)** *lieblicher Sinneseindruck.* **2.** Anrede der Fastnachtsprinzessin: Ihre L. Prinzessin Christine.

Lieb|ling, der; -s, -e: **1.** *jmd., der von jmdm. besonders geliebt wird:* ich werde doch meinen kleinen L. nicht allein lassen; (in vertrauter Anrede:) L., kannst du mal kommen?; nein, L.; Ü die vierbeinigen und die gefiederten -e *(Haustiere).* **2.** *jmd., der in besonderem Maße jmds. Gunst, Sympathie genießt, der von jmdm. bevorzugt wird:* der L. des Lehrers, des Publikums; der Jüngste ist der L. der Mutter; ihre -e hängen alle als Poster an der Wand.

Lieb|lings-: drückt in Bildungen mit Substantiven aus, dass jmd. oder etw. in höchster Gunst steht, den Vorzug vor allen anderen Personen oder Sachen erhält/ *liebst...:* Lieblingsblume, -buch, -schauspielerin.

Lieb|lings|be|schäf|ti|gung, die: *Beschäftigung, die jmd. vor jeder anderen liebt.*

Lieb|lings|fach, das: vgl. Lieblingsbeschäftigung: Sport war ihr L.

Lieb|lings|far|be, die: *Farbe, die jmd. vor jeder anderen liebt:* Blau ist meine L.

Lieb|lings|lied, das: vgl. Lieblingsbeschäftigung.

Lieb|lings|schü|ler, der: *Schüler, der von einer Lehrkraft vor jedem anderen geschätzt wird.*

Lieb|lings|schü|le|rin, die: w. Form zu ↑Lieblingsschüler.

Lieb|lings|the|ma, das: vgl. Lieblingsbeschäftigung.

lieb|los ⟨Adj.⟩: **a)** *auf eine die Gefühle, die Erwartung nach Zuneigung, Zuwendung verletzende Art unfreundlich, barsch, herzlos:* -e Worte; jmdn. l. behandeln; **b)** *ohne Sorgfalt; ohne innere Anteilnahme erfolgend:* etw. l. hinlegen; ein l. angerichtetes Essen.

Lieb|lo|sig|keit, die; -, -en: **a)** liebloses (a) *Verhalten, lieblose Behandlung, Art;* **b)** ⟨o. Pl.⟩ *lieblose* (b) *Art u. Weise:* die L., mit der hier der Tisch gedeckt ist.

Lieb|reiz, der ⟨o. Pl.⟩ (geh.): **a)** *nettes, reizendes Aussehen:* der L. ihrer Erscheinung; **b)** *natürlicher, nicht auf Wirkung bedachter Charme:* der L. ihres Wesens.

lieb|rei|zend ⟨Adj.⟩ (geh. veraltend): *Liebreiz besitzend; voller Anmut, Charme.*

Lieb|schaft, die; -, -en [mhd. liep-, liebeschaft]: *nicht sehr ernsthaftes Liebesverhältnis.*

liebst... ⟨Adj.; Sup. von ↑gern⟩: *in höchstem Maße od. Grade gern:* ihr liebstes Spielzeug; ich mag am liebsten Sekt.

[1]Liebs|te, der; -n, -n ⟨Dekl. ↑Abgeordnete⟩ (veraltet): *Mann, den eine Frau liebt:* ihr -r war nicht gekommen.

[2]Liebs|te, die; -n, -n ⟨Dekl. ↑Abgeordnete⟩ (veraltet): *Frau, die ein Mann liebt:* bei seiner -n sein; zur -n gehen.

Lieb|stö|ckel, das od. der; -s, - [spätmhd. liebstockel, mhd. liebstück, lübestecke, ahd. lubistechal < mlat. levisticum < lat. ligusticum, eigtl. = aus Ligurien (Norditalien) stammende Pflanze]: *hoch wachsende Pflanze mit würzig riechenden, dem Sellerie ähnlichen Blättern, die bes. als Suppengewürz verwendet werden.*

Liech|ten|stein [ˈlɪç...]; -s: kleiner, zwischen der Schweiz u. Österreich gelegener Staat.

Lied, das; -[e]s, -er [mhd. liet, ahd. liod, H. u.]: **1.** *auf eine bestimmte Melodie gesungenes [lyrisches] (meist aus mehreren gleich gebauten u. gereimten Strophen bestehendes) Gedicht; Melodie, die einem Gedicht unterlegt ist:* ein ernstes, heiteres, fröhliches, trauriges L.; ein altes, volkstümliches, geistliches L.; das L. *(der Gesang)* der Nachtigall; das L. hat drei Strophen; -er ohne Worte (Musik; *einem Lied ähnliche Instrumentalstücke*); schmutzige -er *(Lieder mit derbem, vulgärem Text)* singen; ein L. schmettern, anstimmen; ein L. auf der Gitarre spielen, vor sich hin summen; Ü es ist immer das alte L. mit dir (ugs.; *immer dasselbe; es ändert sich nichts zum Guten*); *** von etw. ein L. singen können/zu singen wissen** *(über etw. aus eigener unangenehmer Erfahrung zu berichten wissen).* **2. a)** *epische Dichtung:* die -er der Edda; das L. von der Glocke; **b)** *** das Hohe L.** *(Buch des Alten Testaments):* im Hohen L.; in Salomos Hohem L.

Lie|der|abend, der: *Konzertabend mit Liedern.*

Lie|der|buch, das: *Buch mit Text [u. Musik] von Liedern.*

Lie|der|dich|ter, der: *Dichter von Liedern.*

Lie|der|dich|te|rin, die: w. Form zu ↑Liederdichter.

Lie|der|hand|schrift, die: *Sammlung von handschriftlich aufgezeichneten mittelalterlichen Liedern:* die Große, Kleine Heidelberger L.

Lie|der|jan, der; -[e]s, -e [urspr. ostmd., für älter: liederlicher Jan, vgl. Dummerjan] (ugs.): *liederlicher Mensch.*

lie|der|lich ⟨Adj.⟩ [mhd. liederlich = (leicht)fertig, oberflächlich, eigtl. = schlaff, schwach]: **1. a)** *nicht fähig, Ordnung zu machen od. zu halten:* ein -er Mensch; **b)** *keine Ordnung, Sorgfalt aufweisend; nachlässig; unordentlich:* eine -e Arbeit, Frisur; einen -en Eindruck machen. **2.** (abwertend) *moralisch verwerflich; ausschweifend:* ein -es Weibsstück; einen -en Lebenswandel führen.

Lie|der|lich|keit, die; -: *das Liederlichsein.*

Lie|der|ma|cher, der: *jmd., der zu Liedern mit aktuellem Inhalt Text u. Musik schreibt [u. sie selbst vorträgt].*

Lie|der|ma|che|rin, die: w. Form zu ↑Liedermacher.

Lie|der|zy|klus, der: *Anzahl zusammengehörender Lieder.*

Lied|form, die (Musik): *vom Volkslied abgeleitete, einfachste musikalische Form.*

Lied|gut, das: *Gesamtheit der überlieferten Lieder, die einer Gruppe, einem Volk, einem Zeitabschnitt o. Ä. eigen sind:* das französische L.; das L. der Bergleute.

lied|haft ⟨Adj.⟩ (Musik): *in der Art eines Liedes:* eine -e Komposition.

Lied|text, der: *Text eines Liedes.*

lief: ↑laufen.

Lie|fe|rant, der; -en, -en [mit romanisierender Endung zu ↑liefern]: *jmd., der an jmdn. eine Ware liefert:* -en von Zubehör; diese Firma ist der L. für Ersatzteile.

Lie|fe|ran|ten|ein|gang, der: *besonderer Eingang, den die Lieferanten beim Abliefern von Waren benutzen.*

Lie|fe|ran|tin, die; -, -nen: w. Form zu ↑Lieferant.

lie|fer|bar ⟨Adj.⟩: *(von Waren) vorrätig, sodass eine Lieferung möglich ist; erhältlich:* ein Verzeichnis der -en Bücher; etw. ist zurzeit nicht l.; das Auto ist auch mit Schiebedach l.

Lie|fer|be|din|gun|gen ⟨Pl.⟩: *Bedingungen, unter denen eine Ware geliefert wird.*

Lie|fer|be|trieb, der: *Betrieb, der eine Ware [herstellt u.] ausliefert.*

Lie|fer|frist, die: *Frist für die Lieferung einer Ware:* eine lange, kurze L.

lie|fern ⟨sw. V.; hat⟩ [aus der niederd. Kaufmannsspr. < mniederd., mniederl. lēveren < frz. livrer < mlat. liberare = freilassen; ausliefern < lat. liberare = befreien, zu: liber = frei]: **1.** *bestellte od. gekaufte Waren dem Empfänger bringen, zustellen, aushändigen:* [jmdm.] Heizöl l.; eine Ware frei Haus l.; pünktlich, in vierzehn Tagen l.; das Werk kann zurzeit nicht l.; wir liefern auch an Privatpersonen, auch an privat; etw. per Nachnahme l. **2.** *erzeugen, hervorbringen:* das Land liefert Rohstoffe; der Boden liefert nur geringe Erträge; die Biene liefert Honig; Energie wird von der Sonne geliefert. **3. a)** *beibringen, vorlegen, geben:* den Beweis, Nachweis für etw. l.; (oft verblasst:) die Geschichte liefert uns dafür genug Beispiele; die Ereignisse lieferten reichlich Gesprächsstoff; jmdn. jmdm. in die Hände l. *(verraten u. ausliefern);* er lieferte eine solide Partie *(spielte zufrieden stellend, ganz gut);* **b)** *mit jmdm. austragen:* sich einen Kampf, ein Duell l.; sich eine Schlacht l. *(miteinander kämpfen).*

Lie|fer|schein, der: *Schein, auf dem bestätigt wird, dass eine bestimmte Ware geliefert wurde.*

Lie|fer|schwie|rig|keit, die ⟨meist Pl.⟩: *Schwierigkeit* (1), *die eine Firma o. Ä. hat, die bestellte od. gekaufte Ware zu liefern.*

Lie|fer|ter|min, der: *Zeitpunkt, zu dem eine Ware geliefert wird od. geliefert werden soll.*

Lie|fe|rung, die; -, -en: **1.** *das Liefern* (1): pünktliche, termingerechte L.; die L. der Waren erfolgt in vier Wochen; die L. quittieren; L. nur gegen Barzahlung; die Rechnung ist innerhalb von acht Tagen nach L. zu bezahlen. **2.** *bestimmte Menge einer zu liefernden, gelieferten Ware:* eine lang erwartete L.; die L. ist eingetroffen. **3.** (Buchw.) *Teil eines nach u. nach erscheinenden, größeren Werkes:* das Wörterbuch erscheint in -en.

Lie|fer|wa|gen, der: *kleiner, meist geschlossener Lastkraftwagen zum Transport leichterer Güter.*

Lie|fer|zeit, die: *Zeit, bis die Lieferung einer Ware erfolgt:* eine lange, kurze L.

Lie|ge, die; -, -n: *zum Liegen, Ausruhen usw. dienendes, gepolstertes, flaches Möbelstück ohne Rücken- u. seitliche Lehnen.*

Lie|ge|bank, die ⟨Pl. ...bänke⟩: *Bank zum Liegen.*

Lie|ge|hal|le, die: *offene, windgeschützte Halle für Liegekuren.*

Lie|ge|kur, die: *Heilbehandlung, bei der die Patienten viel liegen müssen (bes. an der frischen Luft):* jmdm. eine L. verordnen; 5 Stunden L. *(Liegen im Rahmen einer Liegekur)* täglich.

Lie|ge|mö|bel, das ⟨meist Pl.⟩: *Möbel, das zum Daraufliegen bestimmt ist.*

lie|gen ⟨st. V.; hat, südd., österr., schweiz.: ist⟩ [mhd., ahd. ligen, altes idg. Verb]: **1. a)** *eine waagerechte Lage einnehmen; in ruhender, [fast] waagerechter Lage, Stellung sein; [der Länge nach ausgestreckt] auf einer Unterlage ruhen:* Weinflaschen sollen l., nicht stehen; flach, ausgestreckt, ruhig l.; der Kranke muss hoch, tief l.; gern hart, weich l.; sie hat die ganze Nacht wach gelegen *(hat nicht schlafen können);* auf dem Rücken, auf dem Bauch, auf der Seite l.; auf dem Sofa l.; auf dem/am Boden, im Sand, in der Sonne l.; bleibt liegen!; lange [im Bett] l. bleiben *(im Bett bleiben, nicht aufstehen);* der Spieler blieb verletzt l.; krank, schon früh im/zu Bett l.; im Krankenhaus, auf der Intensivstation l. *(im Krankenhaus, auf der Intensivstation behandelt werden);* er kam unter das Auto zu l. *(wurde überfahren);* auf dem Friedhof [begraben] l.; (oft verblasst:) der Hund liegt an der Kette *(ist angekettet);* der Gefangene liegt in Ketten *(wird angekettet, in Fesseln gefangen gehalten);* im Hinterhalt l. *(im Hinterhalt lauern);* eine liegende Acht *(horizontale Schleifenlinie);* **b)** (schweiz.) *sich legen:* zu jmdm. l.; auf eine Bank l.; **c)** *(an etw.) lehnen:* die Leiter liegt [schräg] am Baum; er lag an ihrer Brust; **d)** *eine bestimmte Lage (auf einer Unterlage, in etw.*

L

Umgebendem usw.) haben: der Griff liegt bequem in der Hand; der Wagen liegt gut, sicher [auf der Straße] *(hat eine gute, sichere Straßenlage);* der Skispringer lag fast waagrecht in der Luft. **2. a)** *(auf einer Fläche) [in bestimmter Weise] vorhanden sein, sich über etw. hin ausdehnen, erstrecken:* der Schnee liegt meterhoch; es liegt Schnee *(es hat geschneit);* bei dieser Kälte bleibt der Schnee sicher l.; Nebel liegt auf/über den Feldern; der Stoff liegt *(die Stoffbahn ist)* 80 cm breit; **b)** *gelegt, angelegt, verlegt sein:* Reifen liegen um das Fass *(sind um das Fass gelegt);* ein Riegel liegt vor dem Tor *(ist vorgelegt);* wann werden die Gleise, Rohre, Fliesen endlich l.?; **c)** *in bestimmter Weise gelegt sein, sich legen; eine bestimmte Lage haben:* das Haar liegt in Locken, liegt gut; der Teppich liegt schief; **d)** *mit etw. bedeckt sein:* der Tisch liegt voller Bücher; die Straße liegt übersät mit/von Papier. **3.** *irgendwo, in einer bestimmten Weise an einer Stelle sein, sich befinden:* gesondert, fein säuberlich geordnet l.; die Pläne liegen ausgebreitet auf dem Tisch; auf dem/am Boden liegen Steine; hast du das Buch irgendwo l. sehen?; das Buch war auf dem Katheder l. geblieben; pass auf, dass dein Schirm nicht l. bleibt *(dass du deinen Schirm nicht vergisst);* sie hat das Tuch im Restaurant l. lassen; er hat die Sachen auf dem Boden l. lassen/(seltener:) l. gelassen; die Gangster ließen ihn l.; das Schiff liegt auf [der] Reede, am Kai; mit einer Panne l. bleiben *(seinen Weg nicht fortsetzen können);* ein l. gebliebenes Fahrzeug; das Originalschreiben liegt [bei der Firma] in Stuttgart; das Geld liegt auf der Bank *(ist auf ein Bankkonto eingezahlt u. wird als Guthaben geführt);* das Geld bleibt auf der Bank l.; ich habe 50 Flaschen Wein [im Keller] l. *(habe sie vorrätig, verfüge über sie);* das Fallobst blieb l. *(wurde nicht aufgelesen);* was liegt, liegt (Kartenspiel; *die einmal auf den Tisch hingelegte Karte darf nicht zurückgenommen werden*); Ü einen Brief l. lassen *(nicht absenden);* die Post ist l. geblieben *(nicht abgesendet worden);* die Arbeit bleibt l. *(bleibt unerledigt),* kann bis Donnerstag l. *(aufgeschoben werden);* die Ware bleibt l. *(kann nicht verkauft werden);* eine Arbeit [einstweilen] l. lassen; ein spöttisches Lächeln lag um ihren Mund; die Erbsen liegen [mir] schwer im Magen *(sind [für mich] schwer verdaulich);* es lag mir wie Blei in den Gliedern; der Ton liegt auf der ersten Silbe; eine große Last, Verantwortung liegt auf mir. **4. a)** *an einem Platz (in der Landschaft, in einem Gebäude o. Ä.) zu finden sein; seine (feste) [geographische] Lage haben:* verkehrsgünstig, zentral, nördlich, sehr hoch, ruhig, mitten im Wald l.; ein einsam liegender/gelegener Bauernhof; ein Ort, der an der Elbe, an einer Bahnlinie, bei Kassel liegt/gelegen ist; etw. rechts, links l. lassen *(so daran vorbeigehen, -fahren usw., dass es rechts, links liegt);* das Haus blieb links l. *(wurde links liegen gelassen);* das Zimmer liegt nach vorn, zur Straße, nach Süden; * **jmdn., etw. links l. lassen** (↑links 1 a); **b)** *eine Lage, Stelle im Raum od. in der Zeit einnehmen:* der Punkt liegt auf der Diagonalen; etw. liegt in der Zukunft, schon in der Vergangenheit, noch vor, schon hinter mir; dazwischen liegen drei Tage; er blieb im Scheinwerferlicht liegen; Ü die Wahrheit liegt in der Mitte. **5.** *seinen Aufenthaltsort haben; verweilen:* (bes. Milit.:) wir liegen in, bei Holzdorf; im Quartier l.; den ganzen Tag im Wirtshaus l. (abwertend; *sich lange im Wirtshaus aufhalten u. trinken*). **6.** *seine Lage, Position, Stufe, seinen Platz, Rang in einem Zusammenhang haben:* [im Rennen] an der Spitze l.; auf dem fünften [Tabellen]platz l.; im Rückstand, in Führung l.; die Preise liegen höher, unter dem Durchschnitt, bei etwa 5 000 Euro; die Temperatur liegt bei 38 Grad; sie liegt gut [im Wettbewerb]; die Verhältnisse liegen [etwas] anders; die Sache liegt *(steht)* gut; wie liegen *(stehen, verhalten sich)* die Dinge?; [so] wie die Dinge liegen *(unter den gegebenen Verhältnissen).* **7.** verblasst in bestimmten Verbindungen; *sich befinden:* mit jmdm. im Widerspruch, im Streit, im Wettbewerb, in scharfer Konkurrenz l.; in Scheidung l.; unter Beschuss l. *(beschossen werden).* **8.** *enthalten, eingeschlossen, inbegriffen, zu finden sein:* die Unfallursache liegt an/in einem technischen Fehler; das Übel liegt tiefer; darin liegt eine große Gefahr; Sorge liegt in ihren Mienen, in ihrer Stimme *(spiegelt sich darin, kommt darin zum Ausdruck);* in seiner Behauptung liegt etwas Wahres; in dem Spruch liegt eine tiefe Weisheit verborgen; es liegt im, außer dem Bereich des Möglichen; das liegt nicht in meiner Absicht, in meinem Interesse *(ich beabsichtige das nicht, ich habe kein Interesse daran);* darin liegt *(besteht)* der Unterschied; große Spannung liegt über der Auslosung. **9. a)** *von jmdm. abhängen, in jmds. Macht, Entscheidung[sfreiheit] stehen:* etw. liegt in jmds. Ermessen, Belieben, Macht; es liegt ganz allein an/bei dir, ob du teilnimmst; die Verantwortung liegt bei dir *(fällt dir zu);* die Schuld liegt bei dir; **b)** ⟨unpers.⟩ *durch jmdn., etw. verschuldet, begründet, verursacht sein; auf etw. zurückzuführen sein:* ich weiß nicht, woran es liegt; es lag an ihm; an mir soll es nicht l. *(ich will kein Hindernis sein).* **10. a)** *jmds. Begabung, Neigung od. Einstellung entgegenkommen, entsprechen, sodass er ein Verhältnis, eine Beziehung dazu haben kann; ansprechen u. gemäß sein:* diese Arbeit liegt ihr nicht; er liegt mir mehr als sein Bruder *(ist mir sympathischer);* **b)** *zu den Menschen, Dingen usw. gehören, auf die jmd. Wert legt bzw. die jmd. schätzt u. für sich zu gewinnen sucht:* es lag mir viel, einiges, nichts an ihr, an ihrer Mitarbeit; an jenem Schmuckstück war ihm gelegen; es liegt mir daran/ist mir daran gelegen *(liegt in meinem Interesse),* dass er dazu kommt.

lie|gen blei|ben: s. liegen (1 a, 2 a, 3, 4).

Lie|gend|kampf, der (Sport): *Schießwettbewerb, der in liegender Stellung ausgeführt wird.*

lie|gen las|sen: s. liegen (3, 4 a).

Lie|gen|schaft, die; -, -en: **a)** ⟨meist Pl.⟩ (bes. Rechtsspr.): *Grundstück, Grundbesitz;* **b)** (schweiz.) *bebautes Grundstück; Anwesen.*

Lie|ge|platz, der: *Platz, an dem Schiffe festmachen u. liegen können.*

Lie|ge|sitz, der: *verstellbarer Sitz, der auch ein Liegen ermöglicht (bes. in Auto od. Eisenbahn).*

Lie|ge|so|fa, das: *Sofa zum Liegen.*

Lie|ge|statt, die; -, ...stätten (geh.): *zum Liegen, Ruhen, Schlafen eingerichteter Platz.*

Lie|ge|stuhl, der: *zusammenklappbares u. verstellbares [Holz]gestell mit einer Bahn aus festem Stoff zum Sitzen u. Liegen im Freien.*

Lie|ge|stütz, der (Gymnastik, Turnen): *Übung, bei der der auf den Fußspitzen od. Innenseiten der Füße ruhende gestreckte Körper von den sich streckenden bzw. gestreckten Armen gestützt wird.*

Lie|ge|wa|gen, der: *Eisenbahnwagen, dessen Sitzplätze in übereinander angeordnete Liegebänke umgewandelt werden können.*

Lie|ge|wie|se, die: *besondere Wiese zum Liegen, Ruhen, Sichsonnen o. Ä.*

lieh: ↑leihen.

lies: ↑[1,2]lesen.

Lies|chen [Kurz- u. Kosef. des w. Vorn. Elisabeth]: **1.** * **L. Müller** *(die durchschnittliche, keine großen Ansprüche stellende Frau;* zu beziehen auf die Durchschnittlichkeit des Vorn. »Lieschen« u. die Häufigkeit des Namens »Müller«): L. Müllers Ansichten. **2.** das; -s, -: *Liese:* ein vergessliches L.; * **Fleißiges L.** *(das ganze Jahr über reich blühende Pflanze mit roten, rosa od. weißen Blüten an einem langen Sporn;* wohl weil die Pflanze sehr lange blüht).

[1]Lie|se, die; -, -n [Kurzf. des w. Vorn. Elisabeth] (ugs. abwertend): *Mädchen, Frau:* eine dumme, liederliche L.

ließ, lie|ßest, ließt: ↑lassen.

liest: ↑[1,2]lesen.

Life|style, (auch:) **Life-Style,** ['laifstail], der; -s [engl. life style, aus: life = Leben u. style = Stil]: *Lebensstil; [moderne] charakteristische Art u. Weise, das Leben zu gestalten.*

Life|time|sport ['laiftaim...], der [engl. lifetime sport, aus: lifetime = lebenslang, auf Lebenszeit u. sport = Sport]: *Sportart, die von Menschen jeder Altersstufe ausgeübt werden kann.*

[1]Lift, der; -[e]s, -e u. -s [engl. lift, zu: to lift = in die Höhe heben]: **1.** *Aufzug* (2): den L. benutzen; mit dem L. fahren. **2.** kurz für ↑Skilift, ↑Sessellift.

[2]Lift, der od. das; -s, -s [engl. lift = das Hochheben, zu: to lift, ↑[1]Lift]: *kosmetische Operation zur Straffung der alternden Haut (bes. des Gesichtes).*

Lift|boy, der: *junger Fahrstuhlführer.*

lif|ten ⟨sw. V.; hat⟩ [zu engl. to lift, ↑[1]Lift]: **1. a)** (Med.) *durch [2]Lift heben, straffen:* die Gesichtshaut, den Busen l.; **b)** (ugs.) *jmdn. einem [2]Lift unterziehen:* sich l. lassen. **2. a)** (bes. Technik) *in die Höhe heben, wuchten:* die Behälter ans Tageslicht l.; **b)** (Jargon) *anheben, erhöhen:* die Preise l.

Lif|ting, das; -s, -s [engl. lifting = das Heben]: **1.** *[2]Lift.* **2.** (Leichtathletik) *Übung, bei der nur die Fersen vom Boden abfedern, während die Fußspitzen auf dem Boden bleiben.*

Lift|kurs, der [zu engl. to lift, ↑[1]Lift] (Jargon): *Stützkurs.*

Li|ga, die; -, Ligen [span. liga = Bündnis, zu: ligar = binden, vereinigen < lat. ligare, ↑legieren]: **1.** *Bund, Zusammenschluss mit politischer od. weltanschaulicher Zielsetzung; Bündnis; Vereinigung:* die Arabische L.; die L. für Menschenrechte. **2.** (Sport) *Spiel-, Wettkampfklasse bes. im Mannschaftssport, in der Vereinsmannschaften eines Gebietes, die sich qualifiziert haben, zusammengefasst sind:* in die 1. L. aufsteigen; in die 2. L. absteigen; in welcher L. spielt dieser Verein?

Li|ga|tur, die; -, -en [spätlat. ligatura = Band, Bündel, zu: lat. ligare, ↑legieren]: **1. a)** (Druckw.) *Buchstabenverbindung auf einer Drucktype* (z. B. ff, æ); **b)** (Paläographie) *das Zusammenziehen von Buchstaben in der Schrift (das ein flüssigeres Schreiben ermöglicht).* **2.** (Musik) **a)** *Haltebogen;* **b)** *(bes. in der Mensuralmusik) auf bestimmte Weise notierte Zusammenfassung mehrerer [auf einer Silbe gesungener] Noten zu einer Gruppe.* **3.** (Med.) *Unterbindung bes. von Blutgefäßen mithilfe einer Naht.*

Li|gen: Pl. von ↑Liga.

Li|ger, der; -s, - [engl. liger, zusgez. aus: lion = Löwe u. tiger = Tiger] (Zool.): *Tier, das durch die Kreuzung aus einem Löwenmännchen und einem Tigerweibchen entsteht.*

light [laɪt] ⟨indekl. Adj.; nachgestellt⟩ [engl. light = leicht, verw. mit ↑leicht]: *(von Nahrungs- u. Genussmitteln) weniger von dem Inhaltsstoff enthaltend, der gesundheitsschädigend od. -gefährdend sein kann:* Bier l.; Ü Staatsbürgerschaft l. *(Staatsbürgerschaft zur Probe).*

Light|pro|dukt, (auch:) **Light-Pro|dukt,** das [zu ↑light]: *Produkt (aus dem Nahrungs- u. Genussmittelbereich), das wenig[er] von dem Inhaltsstoff enthält, der gesundheitsschädigend od. -gefährdend sein kann.*

Light|show ['laɪtʃoʊ], (auch:) **Light-Show,** die [engl. light show, aus: light = Licht u. show, ↑Show]: **a)** *Darbietung von Licht- u. anderen optischen Effekten zur Verstärkung der Wirkung von Popmusiktiteln (bei Konzerten, Shows, in Diskotheken o. Ä.);* **b)** *Anlage, die eine Lightshow (a) liefert.*

Light|ver|si|on, (auch:) **Light-Ver|si|on,** die [zu ↑light]: *Version (3) eines Produktes od. einer Idee, die auf die wichtigsten Bestandteile beschränkt ist; reduzierte Fassung:* Joghurt als L. mit geringerem Fettgehalt.

Li|gist, der; -en, -en (bes. Sport): *Angehöriger einer Liga (2).*

Li|gu|ri|en; -s: italienische Region.

li|gu|risch ⟨Adj.⟩: *Ligurien betreffend, aus Ligurien stammend.*

Li|gus|ter, der; -s, - [lat. ligustrum]: *(in Hecken*

angepflanzter) Strauch mit glänzend grünen Blättern, weißen Blütenrispen u. schwarzen Beeren.

Li|gus|ter|strauch, der: *Liguster.*

li|ie|ren, sich ⟨sw. V.; hat⟩ [frz. (se) lier < lat. ligare, ↑legieren]: **1.** (bildungsspr.) *eine Liaison, ein Liebesverhältnis eingehen:* sich mit jmdm. l.; ⟨meist im 2. Part.:⟩ mit jmdm. liiert sein. **2.** *sich zum Zwecke einer [geschäftlichen] Zusammenarbeit mit jmdm. verbinden:* sich mit einer anderen Firma l.; ⟨meist im 2. Part.:⟩ eine mit der Aristokratie eng liierte Oberschicht.

Li|ie|rung, die; -, -en: *das Sichliieren.*

Li|kör, der; -s, -e [frz. liqueur, eigtl. = Flüssigkeit < lat. liquor, zu: liquere, ↑liquid]: *süßes, mit Geschmacksstoffen o. Ä. versetztes alkoholisches Getränk.*

Li|kör|fla|sche, die: *(oft mit einer bes. Form versehene) Flasche für, mit Likör.*

Li|kör|glas, das ⟨Pl. ...gläser⟩: *(kleines) Glas, aus dem Likör getrunken wird.*

Li|kör|wein, der: *Wein mit einem hohen* [1]*Gehalt (2) an Restzucker u. Alkohol.*

Lik|tor, der; -s, ...oren [lat. lictor, zu: ligare, ↑legieren]: *Amtsdiener als Begleiter hoher Beamter im alten Rom.*

Li|kud|block, (auch:) **Li|kud-Block,** der; -[e]s [zu hebr. likûd = Einigung, Zusammenfassung, zu: lakad = fassen, ergreifen, fangen]: Bündnis von fünf Parteien in Israel.

li|la ⟨indekl. Adj.⟩ [1: gek. aus: lilafarben, zu ↑Lila; 2: viell. weil Lila nicht eindeutig als Rot od. Blau zu bestimmen ist od. entstellt aus ↑lala]: **1.** *fliederblau, hellviolett:* ein l. Kleid; ⟨nicht standardsprachl.:⟩ ein lila[n]es Kleid. **2.** (ugs.) *mittelmäßig:* es geht mir l.

Li|la, das; -s, -, ugs.: -s [frz. lilas, älter: lilac = Flieder(blütenfarbe) < arab. līlak, pers. līlak, nīlak = Flieder < aind. nīla = schwärzlich, bläulich]: *lila Farbe:* ein kräftiges L.; Kleider in L.

li|la|far|ben, li|la|far|big ⟨Adj.⟩: *lila (1).*

Li|li|a|zee, die; -, -n [zu spätlat. liliaceus = aus Lilien, Lilien-, zu lat. lilia, ↑Lilie] (Bot.): *Liliengewächs.*

Li|lie, die; -, -n [mhd. lilje, ahd. lilia < lat. lilia, Pl. von: lilium, aus einer Spr. des östl. Mittelmeerraums]: **1.** *hoch wachsende Pflanze mit schmalen Blättern u. duftenden, trichterförmigen Blüten.* **2.** (Heraldik) *stark stilisierte Blüte der Lilie:* drei -n im Wappen führen.

Li|li|en|ban|ner, das (hist.): *Flagge Frankreichs (weiß, mit Lilien besät).*

Li|li|en|ge|wächs, das (Bot.): *in vielen Arten vorkommende Pflanze mit Knollen od. Zwiebeln u. meist strahlenförmig angeordneten Blüten* (z. B. Tulpe, Zwiebel).

Li|li|put: -s [nach »Lilliput«, dem Zwergenland in Jonathan Swifts Roman »Gullivers Reisen« (1726)]: *Märchenland, dessen Bewohner winzig klein sind.*

Li|li|pu|ta|ner, der; -s, - [engl. lilliputian = winzig, Mini-; Liliputaner]: (ugs.) *kleinwüchsiger Mensch.*

Li|li|pu|ta|ne|rin, die; -, -nen: w. Form zu ↑Liliputaner.

Lille [lil]: Stadt in Nordfrankreich.

lim = Limes (2).

Li|ma: Hauptstadt von Peru.

Lim|bi: Pl. von ↑Limbus.

lim|bisch ⟨Adj.⟩ [zu ↑Limbus] in der Fügung **-es System** (Med.; *Randgebiet zwischen Großhirn u. Gehirnstamm, das die hormonale Steuerung u. das vegetative Nervensystem beeinflusst u. von dem gefühlsmäßige Reaktionen auf Umweltreize ausgehen).*

Lim|bo, der; -s, -s [karib. Wort]: *akrobatischer Tanz westindischer Herkunft, bei dem der Tänzer, die Tänzerin den Körper von den Knien an zurückbeugt u. sich mit schiebenden Tanzschritten unter einer Querstange hindurchbewegt.*

Lim|burg: 1. hessische Stadt an der Lahn. **2.** belgische u. niederländische Landschaft. **3.** Stadt in Belgien.

[1]**Lim|bur|ger,** der; -s, -: Ew.

[2]**Lim|bur|ger** ⟨indekl. Adj.⟩.

[3]**Lim|bur|ger,** der; -s, - [urspr. nur in der belg. Landschaft Limburg hergestellt]: *stark riechender, pikanter Weichkäse mit etwas schmieriger, rötlich gelber Oberfläche.*

Lim|bur|ge|rin, die; -, -nen: w. Form zu ↑[1]Limburger.

Lim|bur|ger Kä|se, der; - -s, - -: [3]*Limburger.*

Lim|bus, der; -, ...bi [1: kirchenlat. limbus < lat. limbus = Rand, Saum]: **1.** ⟨o. Pl.⟩ (kath. Rel.) *Vorhölle.* **2.** (Technik) *Grad-, Teilkreis an Winkelmessinstrumenten.* **3.** (Bot.) *oberer, nicht verwachsener Teil, Saum einer Blüte.*

Li|me|rick, der; -[s], -s [engl. limerick, nach der gleichnamigen Stadt in Irland]: *nach festliegendem Reim u. Versschema verfasstes Gedicht humorvoll-ironischen od. grotesk-komischen Inhalts.*

Li|mes, der; -, - [lat. limes (Gen.: limitis) = Grenzwall, -weg, (Acker)grenze]: **1.** *von den Römern angelegter Grenzwall zur Befestigung der Reichsgrenzen.* **2.** (Math.) *Grenzwert (2)* (Zeichen: lim).

Li|met|ta (seltener), **Li|met|te,** die; -, ...tten [frz. limette, Vkl. von: lime = kleine süße Zitrone, rückgeb. aus: limon, ↑Limonade]: *dünnschalige westindische Zitrone.*

Li|met|ten|saft, der: *Saft der Limette.*

Li|mit, das; -s, -s, auch: -e [engl. limit < frz. limite < lat. limes, ↑Limes]: **a)** *festgelegte Grenze, die räumlich, zeitlich, mengenmäßig o. Ä. nicht über- bzw. unterschritten werden darf:* das [obere, oberste] L. für etw. festlegen; das L. über-, unterschreiten; [jmdm.] ein L. setzen; **b)** (Sport) *für die Qualifikation festgelegte Mindestleistung.*

Li|mi|te, die; -, -n [frz. limite, zu lat. limes, ↑Limes] (schweiz.): *Limit.*

li|mi|tie|ren ⟨sw. V.; hat⟩ [lat. limitare = abgrenzen, bestimmen, zu: limes, ↑Limes]: (bes. Fachspr.): *im Umfang begrenzen, beschränken:* etw. ist nach oben, nach unten [nicht] limitiert; eine Auflage auf 300 Exemplare l.

Li|mi|tie|rung, die; -, -en (bes. Fachspr.): *das Limitieren.*

lim|nisch ⟨Adj.⟩ [zu griech. límnē = See]: **1.** (Biol.) *(von Pflanzen u. Tieren) im Süßwasser lebend od. entstanden.* **2.** (Geol.) *im Süßwasser entstanden od. abgelagert:* -e *(in Süßwasserbecken entstandene)* Kohle.

Li|mo, die, auch: das; -, -[s] (ugs.): Kurzf. von ↑Limonade.

Li|mo|na|de, die; -, -n [frz. limonade, eigtl. = Zitronenwasser, wohl unter Einfluss von ital. limonata zu: limon = Limone, ↑Limone]: *alkoholfreies, kohlensäurehaltiges Getränk aus Obstsaft od. entsprechender Essenz, Zucker u. Wasser.*

Li|mo|ne, die; -, -n [ital. limone < pers., arab. līmun = Zitrone(nbaum)]: **1.** (selten) *Zitrone.* **2.** *Limette.*

Li|mou|si|ne [limu...], die; -, -n [frz. limousine, eigtl. = weiter (Schutz)mantel, urspr. bes. der Fuhrleute in der frz. Landschaft Limousin]: *Personenwagen mit festem Verdeck.*

lind ⟨Adj.⟩ [mhd. linde, ahd. lindi = weich, zart, mild; urspr. = biegsam]: **1. a)** (geh.) *angenehm mild, nicht rau od. kalt:* die Luft ist l.; **b)** (selten) *sanft, zart:* ein -er Wind. **2.** ⟨indekl.; attr. nachgestellt od. präd.⟩ *lindgrün:* ein schöner Stoff, l., mit apartem Muster.

Lin|de, die; -, -n [mhd. linde, ahd. linta, wahrsch. eigtl. = die Biegsame, nach dem weichen, biegsamen Bast (1)]: **1.** *Laubbaum mit ausladender Krone, herzförmigen, gesägten Blättern u. gelblichen, duftenden Blüten.* **2.** ⟨o. Pl.⟩ *Holz der Linde.*

Lin|den|al|lee, die: *mit Lindenbäumen bestandene Allee.*

Lin|den|baum, der: *Linde (1).*

Lin|den|blatt, das: *Blatt des Lindenbaums.*

Lin|den|blü|te, die: *Blüte des Lindenbaums.*

Lin|den|blü|ten|tee, der: *Tee aus Lindenblüten.*

Lin|den|holz, das: *Linde (2).*

Lin|den|ho|nig, der: *von Linden (1) gewonnener Honig.*

lin|dern ⟨sw. V.; hat⟩ [spätmhd. lindern, zu ↑lind]: *mildern, erträglich[er] machen:* jmds. Schmerzen l.; das Elend der Flüchtlinge l.; lindernde Umschläge.

Lin|de|rung, die; -: *das Lindern:* L. der Not, der Schmerzen; L. bringen.

Lin|de|rungs|mit|tel, das: *Mittel zur Linderung von Schmerzen.*

lind|grün ⟨Adj.⟩ [zu ↑Linde, nach der Farbe des geflügelten Samens]: *zart gelbgrün.*

Lind|heit, die; -: *das Lindsein (1).*

Lind|wurm, der [mhd. lintwurm, zu ahd. lint = Schlange, Drache; also eigtl. verdeutlichend = Schlangenwurm] (Myth., Heraldik): *dem Drachen ähnliches [aber ungeflügeltes] Fabeltier.*

Li|ne|al, das; -s, -e [zu spätlat. linealis = in Linien bestehend, in Linien gemacht, zu lat. linea, ↑Linie]: *einfaches Gerät mit [Längenskala u.] gerader Kante zum Ziehen von Linien:* das L. anlegen; er geht, als hätte er ein L. verschluckt (spött.; *steif u. in unnatürlich gerader Haltung*).

Li|ne|a|ment, das; -[e]s, -e [lat. lineamentum = Umriss, Grundriss, zu: linea, ↑Linie] (bild. Kunst): *Gesamtheit von gezeichneten od. sich abzeichnenden Linien in ihrer besonderen Anordnung, in ihrem eigentümlichen Verlauf.*

li|ne|ar ⟨Adj.⟩ [lat. linearis = aus Linien bestehend]: **1. a)** (bildungsspr.) *geradlinig, linienförmig:* -e Zeichen; (Physik:) -e Bewegung, Beschleunigung; **b)** (Kunstwiss.) *zeichnerisch; das Zeichnerische betonend:* die Figuren sind l. angelegt. **2. a)** (bildungsspr.) *geradlinig, einfach u. stetig [verlaufend]:* ein -er Prozess; **b)** (Musik) *nicht den harmonischen Zusammenklang, sondern den gleichzeitigen Verlauf selbstständiger Melodien, Stimmen in den Vordergrund stellend:* -e Musik; der -e Stil. **3.** (Math.) *eindimensional, [nur] der Länge nach:* der -e Ausdehnungskoeffizient. **4. a)** (Fachspr.) *für alle in gleicher Weise erfolgend:* -e Zunahme, Lohnerhöhung; -e Abschreibung *(Abschreibung gleich bleibender Beträge);* **b)** (Math.) *unbestimmte Größen in erster Potenz enthaltend:* -e Gleichungen *(Gleichungen ersten Grades).*

Li|ne|ar|be|schleu|ni|ger, der [LÜ von engl. linear accelerator] (Kernphysik): *Beschleuniger, in dem Elementarteilchen in eine geradlinige, beschleunigte Bewegung gebracht werden.*

Li|ne|a|ri|tät, die; - [zu ↑linear] (Fachspr.): *lineare Beschaffenheit.*

Li|ne|a|tur, die; -, -en [zu lat. linea, ↑Linie]: **1.** *Linierung (2)* (z. B. von Schulheften, Notenpapier). **2.** (bild. Kunst) *Linienführung.*

-ling, der; -s, -e (Bildungen meist ugs. abwertend): kennzeichnet in Bildungen mit Adjektiven – seltener mit Substantiven oder Verben – eine Person, die durch etw. (Eigenschaft oder Merkmal) charakterisiert ist: Konservativling, Seichtling.

Linge [lɛ̃:ʒ], die; - [frz. linge, Substantivierung von: afrz. linge < lat. lineus = [1]leinen] (schweiz. Hotelw.): *Wäsche.*

Lin|ge|rie [lɛ̃ʒəˈri:], die; -, -n [frz. lingerie] (schweiz.): **a)** *Wäsche[raum];* **b)** *zu einem Betrieb gehörende Wäscherei;* **c)** *Wäschegeschäft.*

lin|gu|al ⟨Adj.⟩ [zu lat. lingua = Zunge; Sprache] (bes. Med.): *auf die Zunge bezüglich.*

Lin|gu|al, der; -s, -e (Sprachw.): *mit der Zunge gebildeter Laut* (z. B. das Zungen-R).

Lin|gu|al|pfei|fe, die: *Orgelpfeife, bei der durch ein schwingendes Metallblättchen der den Ton erzeugende Luftstrom periodisch unterbrochen wird.*

Lin|gu|ist, der; -en, -en: *Sprachwissenschaftler.*

Lin|gu|is|tik, die; - [als Bez. für die moderne Sprachw. (frz. linguistique) eingef. von dem Schweizer Sprachwissenschaftler F. de Saussure (1857–1913)]: *Sprachwissenschaft, bes. der modernen (systembezogenen) Prägung.*

Lin|gu|is|tin, die; -, -nen: w. Form zu ↑Linguist.

lin|gu|is|tisch ⟨Adj.⟩: *sprachwissenschaftlich.*

Li|nie, die; -, -n [mhd. linie, ahd. linna < lat. linea = (mit einer Schnur gezogene) gerade Linie; Faden, zu: lineus = aus Leinen, zu: linum = Leinen; Faden; 7: nach den genealogischen Linien von Stammbäumen]: **1. a)** *längerer, gerader od. gekrümmter (gezeichneter o. ä.) Strich:* mit dem Lineal eine L. ziehen; Briefpapier mit -n *(liniertes Briefpapier);* die -n *(leichten Einkerbungen)* der Hand; **b)** (Math.) *zusammenhängendes, eindimensionales geometrisches Gebilde ohne Querausdehnung:* eine gerade L. *(Gerade);* **c)** (Sport) *Markierungslinie, Begrenzungslinie:* der Torwart klebte auf der L.; den Ball über die L. [ins Aus] schlagen; **d)** (Seew.) kurz für ↑Wasserlinie. **2.** *Umriss[linie], Kontur:* etw. tritt in scharfen -n hervor; auf die [schlanke] L. (ugs. scherzh.; *Figur*) achten. **3. a)** *gedachte, angenommene Linie, die etw. verbindet:* auf der L. Freiburg–Basel; **b)** ⟨o. Pl.⟩ (Seemannsspr.) *Äquator;* **c)** (Schach) *einer der acht senkrechten, ein Feld breiten Abschnitte des Schachbretts.* **4.** *Reihe:* eine L. bilden; in einer L. stehen; sich in einer L. *(nebeneinander)* aufstellen; die Gebäude stehen in einer L. *(Fluchtlinie).* **5. a)** (Milit.) *Front, Kampfgebiet mit den Stellungen der Truppen:* die feindlichen -n durchbrechen; in vorderster L. liegen, kämpfen; *** **in vorderster L. stehen** *([im Kampf um, gegen etw.] im Vordergrund, mit an der Spitze stehen);* **b)** (Milit.) *in gleichmäßigen Abständen nebeneinander aufgestellte Truppen.* **6. a)** *von [öffentlichen] Verkehrsmitteln regelmäßig befahrene, beflogene Verkehrsstrecke zwischen bestimmten Orten, Punkten:* die L. Hamburg–London; die L. *(Straßenbahn-, Buslinie)* 8; eine L. *(den Linienverkehr auf einer bestimmten Strecke)* einrichten, stilllegen, einstellen; nicht Charter, sondern L. *(mit einem Linienflugzeug)* fliegen; **b)** *Verkehrsmittel, Fahrzeuge einer bestimmten Linie:* die L. 12 fährt zum Bahnhof, nur werktags. **7.** *Folge von Nachkommen:* die männliche L. ist ausgestorben; in gerader, direkter L. von jmdm. abstammen. **8.** *allgemeine Richtung, die bei einem Vorhaben, Verhalten o. Ä. eingeschlagen, befolgt wird:* eine gemäßigte, radikale L. vertreten; die Arbeit lässt keine [klare] L. erkennen; sich auf eine [einheitliche] L. festlegen; etw. auf eine L., auf die gleiche L. stellen *(gleich behandeln);* (Sport:) L. ins Spiel bringen *(das Spiel planvoll anlegen, aufbauen).* **9.** *** **auf der ganzen L.** *(völlig; in jeder Beziehung):* auf der ganzen L. versagen; **in erster/zweiter L.** *(an erster/zweiter, weniger wichtiger Stelle):* in erster L. geht es darum, dass wir gewinnen; das interessiert uns erst in zweiter L.

Li|ni|en|ball, der (Tennis): **1.** *Ball, der eine Linie* (1 c) *berührt.* **2.** *entlang der seitlichen Linie geschlagener Ball.*

Li|ni|en|blatt, das: *Blatt mit aufgedruckten Linien, das, unter das Schreibpapier gelegt, als Hilfsmittel zum Schreiben gerader Zeilen dient.*

Li|ni|en|bus, der: *im Linienverkehr eingesetzter Bus.*

Li|ni|en|flug, der: *Flug mit einem Linienflugzeug.*

Li|ni|en|flug|zeug, das: vgl. Linienbus.

li|ni|en|för|mig ⟨Adj.⟩: *in Form einer Linie* (1 a).

Li|ni|en|füh|rung, die (bes. Fachspr.): **1. a)** *Art u. Gestaltung der zeichnerischen bzw. grafischen Linie;* **b)** *Führung, Gestaltung der formprägenden Umrisslinien:* eine Plastik mit strenger L. **2.** *festgelegter Verlauf einer Straßenbahn, Buslinie o. Ä.*

Li|ni|en|netz, das: *Netz von Verkehrslinien.*

Li|ni|en|pa|pier, das: *liniertes Papier.*

Li|ni|en|rich|ter, der (Ballspiele): *Helfer des Schiedsrichters, der vom Spielfeldrand aus besonders die Grenzlinien überwacht.*

Li|ni|en|rich|te|rin, die: w. Form zu ↑Linienrichter.

Li|ni|en|sys|tem, das (Musik): *zur Notenschrift gehörendes System paralleler Linien (Notenlinien).*

li|ni|en|treu ⟨Adj.⟩ (abwertend): *streng einer Ideologie, Parteilinie folgend:* -e Autoren.

Li|ni|en|ver|kehr, der: *regelmäßiger Verkehr auf einer [Verkehrs]linie:* im L. fahren.

li|nie|ren (österr. nur so), liniieren ⟨sw. V.; hat⟩ [mlat. lineare = mit einer Linie unterstreichen < lat. lineare = nach dem Lot einrichten, zu: linea, ↑Linie]: *mit Linierung versehen:* lini[i]ertes Papier.

Li|nie|rung (österr. nur so), Liniierung, die; -, -en: **1.** *das Linieren.* **2.** *Gesamtheit der Linien auf liniertem Papier o. Ä.*

li|ni|ie|ren: ↑linieren.

Li|ni|ie|rung: ↑Linierung.

link ⟨Adj.⟩ [aus der Gaunerspr., zu ↑link...] (ugs.): *falsch, verkehrt, anrüchig, fragwürdig; nicht vertrauenswürdig:* -e Geschäfte machen; ein -er Vogel *(ein zwielichtiger Mensch);* das war l.

Link, der, auch: das; -s, -s [engl. link = Verbindung, verw. mit ↑Gelenk]: Kurzf. von ↑Hyperlink.

link... ⟨Adj.⟩ [mhd. linc, lenc, auch: linkisch; unwissend, urspr. = schlaff, matt; 2: nach frz. (côté) gauche, zu ↑Linke (2)]: **1. a)** *auf der Seite befindlich, die beim Menschen der von ihm selbst aus gesehenen Lage des Herzens im Brustkorb entspricht:* die linke Hand; das linke Ufer *(in Flussrichtung linke Ufer);* linker (Boxen: *mit dem linken Arm ausgeführter*) Haken; *** **linker Hand** (↑Hand 1); **b)** *(bei Stoffen, Wäsche o. Ä.) innen, hinten, unten befindlich (u. normalerweise nicht sichtbar):* die linke Seite eines Strumpfs; linke Maschen (Handarb.; *Maschen [auf der Innenseite bzw. linken Seite], bei denen mit der rechten Stricknadel nach links vorn in die Masche der linken Nadel eingestochen u. ein vorgelegter Faden durchgezogen wird*). **2.** *zur* [2]*Linken (2) gehörend, ihr eigentümlich:* linke Ansichten; ⟨subst.:⟩ er ist ein Linker.

Lin|ke, die; -n, -n ⟨Dekl. ↑Abgeordnete⟩ [1 a: schon ahd. lenka = linke Hand; 1 b: engl. left; 2: im Anschluss an frz. gauche nach der Sitzordnung im Parlament (vom Präsidenten aus gesehen)]: **1. a)** ⟨Pl. selten⟩ *linke Hand:* etw. in der -n halten; (Boxen:) seine L. einsetzen; *** **zur -n** *(auf der linken 1 a Seite):* zur -n der Gastgeberin, zu ihrer -n; **b)** (Boxen) *mit der linken Faust ausgeführter Schlag.* **2.** ⟨Pl. selten⟩ *Parteien, politische Gruppierungen, Strömungen, die den Sozialismus, Kommunismus vertreten:* die radikale L.

lin|ken ⟨sw. V.; hat⟩ [zu ↑link] (ugs.): *täuschen, hereinlegen:* jmdn. l.

lin|ker|seits ⟨Adv.⟩: *auf der linken Seite; links:* die Tür l.

lin|kisch ⟨Adj.⟩ [zu ↑link...] (abwertend): *unbeholfen u. ungeschickt; ungewandt:* eine -e Aushilfe; -e Bewegungen.

links [spätmhd. lincks, urspr. = Gen. Sg. von ↑link...]: **I.** ⟨Adv.⟩ **1. a)** *auf der linken* (1 a) *Seite:* die zweite Tür, [Quer]straße l.; l. vom Eingang; l. überholen; l. *(nach links)* abbiegen; der Stürmer spielt l. außen (Ballspiele; *auf der äußeren linken Seite des Spielfelds*); die Augen l.! *(nach links;* militär. Kommando); l. um! *(nach links umdrehen!;* militär. Kommando); l., zwei, drei, vier (Schrittangabe beim Marschieren); von l. *(von der linken Seite)* kommen; von rechts nach l.; *** **jmdn., etw. l. liegen lassen** (ugs.; *jmdn., etw. bewusst nicht beachten, sich um jmdn., etw. nicht kümmern*); **weder l. noch rechts schauen** (↑rechts I 1 a); **nicht [mehr] wissen, was l. und [was] rechts ist** (↑rechts I 1 a); **b)** (ugs.) *mit der linken Hand:* l. schreiben; *** **mit l.** (ugs.; *nebenbei, mit Leichtigkeit*): das mache ich mit l.; **c)** *auf bzw. von der linken* (1 b) *Seite:* etw. [von] l. bügeln; ein Kleidungsstück [nach] l./(ugs.:) auf l. drehen, wenden; *** **jmdn. [auf] l. drehen** (salopp; *jmdn. gründlich prüfen, ausfragen o. Ä.*); **d)** (Handarb.) *mit linken Maschen:* zwei l., zwei rechts stricken; der Pulli ist l. gestrickt. **2.** *zur Linken* (2) *gehörend:* [weit] l. stehen; [politisch] l. stehende Abgeordnete; l. [eingestellt] sein. **II.** ⟨Präp. mit Gen.⟩ (seltener) *auf der linken Seite von etw.:* l. des Rheins, der Straße.

Links|ab|bie|ger, der; -s, - (Verkehrsw.): *jmd., der mit seinem Fahrzeug nach links abbiegt.*

Links|ab|bie|ge|rin, die; -, -nen: w. Form zu ↑Linksabbieger.

Links|ab|bie|ger|spur, die: *Fahrspur, auf der sich ein Linksabbieger einordnen muss.*

Links|aus|la|ge, die (Boxen): *Auslage* (3 b) *des rechtshändigen Boxers, der das linke Bein vorsetzt u. dessen linke Hand die Führhand ist.*

Links|aus|le|ger, der (Boxen): *Boxer mit Linksauslage.*

Links|aus|le|ge|rin, die; -, -nen: w. Form zu ↑Linksausleger.

Links|au|ßen, der u. die (Ballspiele): *Stürmer[in] auf der äußersten linken Seite des Spielfeldes.*

links au|ßen: s. links (I 1 a).

links|bün|dig ⟨Adj.⟩ (Fachspr.): *an eine [gedachte] senkrechte linke Grenzlinie angeschlossen, angereiht.*

Links|drall, der: **1.** (Fachspr.) *linksdrehender Drall.* **2.** (ugs.) *Tendenz zur Abweichung nach links:* einen L. haben; **Ü** ein Autor mit starkem L. *(ein stark linksorientierter Autor).*

links|dre|hend ⟨Adj.⟩: **1.** (bes. Technik) *einer nach links gerichteten bzw. ansteigenden Drehung um die Längsachse folgend:* -es Gewinde. **2.** (Chemie, Physik) *die Ebene des polarisierten Lichts nach links drehend:* -e Milchsäure.

Links|dre|hung, die: *Drehung nach links:* eine L. machen.

links|ex|trem ⟨Adj.⟩ (seltener): *linksextremistisch.*

Links|ex|tre|mis|mus, der ⟨o. Pl.⟩ (Politik): *linker* (2) *Extremismus.*

Links|ex|tre|mist, der (Politik): *Vertreter des Linksextremismus.*

Links|ex|tre|mis|tin, die (Politik): w. Form zu ↑Linksextremist.

links|ex|tre|mis|tisch ⟨Adj.⟩ (Politik): *extremistisch im Sinne der äußersten Linken* (2).

Links|fa|schis|mus, der (Politik): *linksorientierter Faschismus* (2 a).

links|ge|rich|tet ⟨Adj.⟩: *linksorientiert.*

Links|hän|der, der; -s, -: *jmd., der linkshändig ist.*

Links|hän|de|rin, die; -, -nen: w. Form zu ↑Linkshänder.

links|hän|dig ⟨Adj.⟩: **1.** *mit der linken Hand geschickter als mit der rechten.* **2.** *mithilfe der linken Hand:* eine Tätigkeit l. verrichten.

Links|hän|dig|keit, die; -: *das Linkshändigsein.*

links|he|rum ⟨Adv.⟩: *(in der Richtung) nach links.*

Links|in|tel|lek|tu|el|le, der u. die (Politik): *links stehende[r] Intellektuelle[r].*

Links|ka|tho|li|zis|mus, der (Politik): *linksorientierter Katholizismus.*

Links|ko|a|li|ti|on, die (Politik): *linke Koalition.*

Links|kurs, der: **1.** (Pferdesport) *Kurs, der linksherum gelaufen wird.* **2.** (Politik) *linksorientierter Kurs einer Regierung, Partei o. Ä.*

Links|kur|ve, die: *nach links gekrümmte Kurve.*

links|las|tig ⟨Adj.⟩: **1.** *links zu stark belastet.* **2.** (Politik Jargon abwertend) *unverhältnismäßig stark linksorientiert:* -e Universitäten.

Links|las|tig|keit, die; -: *das Linkslastigsein.*

links|li|be|ral ⟨Adj.⟩ (Politik): *linksorientiert u. liberal:* ein -er Politiker.

Links|op|po|si|ti|on, die (Politik): *linke Opposition.*

links|ori|en|tiert ⟨Adj.⟩ (Politik): *an einer linken Ideologie, Parteilinie o. Ä. orientiert.*

Links|par|tei, die (Politik): *linke* (2) *Partei.*

links|ra|di|kal ⟨Adj.⟩ (Politik): *radikal im Sinne der äußersten Linken.*

Links|ra|di|ka|le, der u. die: *jmd. mit linksradikaler Einstellung.*

Links|ra|di|ka|lis|mus, der (Politik): *linker Radikalismus.*

Links|re|gie|rung, die (Politik): *linke Regierung.*

links|rhei|nisch ⟨Adj.⟩: *auf der linken Seite des Rheins [gelegen o. Ä.].*

Links|ruck, der (Politik Jargon): **a)** *hoher Stimmengewinn der Linken* (2) *bei einer Wahl;* **b)** *Stärkung des Einflusses eines linksorientierten Parteiflügels (innerhalb einer Partei, der Regierung o. Ä.).*

links|rum ⟨Adv.⟩ (ugs.): *linksherum.*

lịnks|sei|tig ⟨Adj.⟩: *auf der linken Seite:* l. gelähmt sein.

lịnks|sek|tie|re|risch ⟨Adj.⟩ (kommunist. abwertend): *sektiererisch im Bereich einer linken Ideologie; auf sektiererische Weise abweichlerisch:* -e chinesische Kommunisten.

lịnks ste|hend: s. links (I, 2).

links|ụm ⟨Adv.⟩ (bes. in militär. Kommandos): *nach links herum, linksherum:* l. kehrt!

Lịnks|un|ter|zeich|ne|te, der u. die: *jmd., der links unterzeichnet hat.*

Lịnks|ver|kehr, der ⟨o. Pl.⟩ (Verkehrsw.): *Form des Verkehrs (1), bei der links gefahren u. rechts überholt wird.*

Lịnks|wen|dung, die: *Wendung nach links.*

lịn|nen ⟨Adj.⟩ [mniederd. linen, asächs. līnīn] (veraltet): [1]*leinen.*

Lịn|nen, das; -s, - [mniederd. linen, asächs. līnīn] (veraltet): *Leinen.*

Li|no|le|um, das; -s [engl. linoleum, zu lat. linum (↑Linie) u. oleum = Öl, nach dem wesentlichen Bestandteil, dem Leinöl]: *Fußbodenbelag aus starkem Jutegewebe, auf das eine Masse aus Leinöl, Kork, Farbstoffen, Harzen o. Ä. aufgepresst ist.*

Li|no|le|um|bo|den, der: *Fußboden mit einem Belag aus Linoleum.*

Li|nol|schnitt, der: **1.** ⟨o. Pl.⟩ *grafische Technik, bei der die Darstellung mit scharfem Messer aus einer später als Druckstock dienenden Platte aus Linoleum herausgeschnitten wird.* **2.** *Abzug in der Technik des Linolschnitts (1).*

Li|no|type® ['lainotaip], die; -, -s [engl. linotype, zu: line = Linie, Zeile u. type = Druckbuchstabe] (Druckw.): *Maschine, die Zeilen setzt u. gießt.*

Lịn|se, die; -, -n [1: mhd. linse, ahd. linsi, H. u.; 2: nach der einer Linse (1 a) ähnlichen Form; 4: wohl nach der flachen Form]: **1. a)** *krautige Gemüsepflanze mit in rautenförmigen Hülsen sitzenden kleinen, flachen, kreisrunden Samen von gelbbrauner, roter od. schwarzer Farbe:* -n anbauen; **b)** *Frucht der Linse* (1 a): -n pflücken; **c)** *als Nahrungsmittel verwendeter Samen der Linse* (1 a): -n einweichen, kochen. **2. a)** (Optik) *kugelig gekrümmter Körper aus durchsichtigem Material, der durch Brechung des hindurchgehenden Lichts eine optische Abbildung vermittelt:* stark vergrößernde -n; -n schleifen; die Brennweite, Krümmung einer L.; **b)** (ugs.) *Objektiv einer Kamera:* jmdn. vor die L. bekommen *(fotografieren können);* **c)** (Med.) *in Form u. Funktion einer Linse* (2 a) *ähnlicher, glasklarer Teil des Auges;* **d)** (Physik, Technik) *elektrisches bzw. magnetisches Feld, das durch Brechung der hindurchgehenden Elektronenstrahlen eine elektronenoptische Abbildung vermittelt:* die -n eines Elektronenmikroskops; **e)** kurz für ↑Kontaktlinse: eine L. verlieren; die -n einsetzen. **3.** (Geol.) *große Einlagerung, Lagerstätte von der Form einer Linse.* **4.** ⟨Pl.⟩ (ugs.) *Geldmünzen.*

lịn|sen ⟨sw. V.; hat⟩ [zu ↑Linse (2)] (ugs.): *verstohlen blicken; spähen:* durch den Spion, um die Ecke l.; bei der Klassenarbeit l. (Schülerspr.; *beim Mitschüler abschreiben).*

Lịn|sen|feh|ler, der (Optik): *Fehler in einer Linse* (2 a).

lịn|sen|för|mig ⟨Adj.⟩: *in seiner Form an Linsen* (1 c) *erinnernd.*

Lịn|sen|ge|richt, das: *Gericht aus Linsen* (1 c): ein L. kochen; *** für ein L.** (geh.; *für etw. Geringes, das nur im Augenblick ein Gegenwert zu sein scheint;* nach 1. Mos. 25, 29–34): etw. für ein L. hergeben.

Lịn|sen|sup|pe, die: *[dicke] Suppe aus [getrockneten] Linsen* (1 c); *[Speck,] Gewürzen u. a.*

Lịn|sen|sys|tem, das (Fachspr.): *optisches System aus mehreren Linsen* (2 a).

Lịn|sen|trü|bung, die (Med.): *Trübung der Linse des Auges.*

Linz: Landeshauptstadt von Oberösterreich.

[1]**Lịn|zer,** der; -s, -: Ew.

[2]**Lịn|zer** ⟨indekl. Adj.⟩: L. Bürger.

Lịn|ze|rin, die; -, -nen: w. Form zu ↑[1]Linzer.

Lịn|zer Tọr|te, die; - -, - -n [nach der Stadt Linz]: *flacher [runder] Kuchen aus Mürbeteig (mit Mandeln, Zimt u. Nelken), der mit Marmelade bestrichen u. gitterartig mit Streifen aus Teig belegt ist.*

lip-, Lip-: ↑lipo-, Lipo-.

Li|pa|ri|sche Ịn|seln ⟨Pl.⟩: Inselgruppe nordöstlich von Sizilien; Äolische Inseln.

Li|pa|se, die; -, -n [zu ↑lipo-, Lipo-] (Biochemie): *Fett spaltendes Enzym.*

Lịp|gloss, das; -, -[e] [engl. lip gloss, aus: lip = Lippe u. gloss = Glanz]: *kosmetisches Mittel, das den Lippen Glanz u. Geschmeidigkeit verleiht.*

Li|pid, das; -[e]s, -e [zu ↑lipo-, Lipo-] (Biochemie): **a)** ⟨meist Pl.⟩ *Fett od. fettähnliche Substanz;* **b)** ⟨nur Pl.⟩ *Gesamtheit der Fette u. Lipoide.*

Li|piz|za|ner, der; -s, - [nach dem (heute slowen.) Gestüt Lipizza (Lipica) bei Triest]: *edles Warmblutpferd, meist Schimmel, mit leicht gedrungenem Körper, breiter Brust u. kurzen, starken Beinen.*

li|po-, Li|po-, (vor Vokalen auch:) lip-, Lip- [griech. lípos = Fett] ⟨Best. in Zus. mit der Bed.⟩: *fetthaltig, fettähnlich* (z. B. Lipom, Lipid).

Li|po|id, das; -s, -e (Biochemie): **a)** *lebenswichtige, in tierischen u. pflanzlichen Zellen vorkommende fettähnliche Substanz;* **b)** ⟨nur Pl.⟩ *fettähnliche organische Substanzen.*

Li|pom, das; -s, -e, **Li|po|ma,** das; -s, -ta (Med.): *gutartige Fettgeschwulst.*

[1]**Lịp|pe,** die; -, -n [aus dem Md., Niederd. < md., mniederd. lippe, urspr. = schlaff Herabhängendes]: **1. a)** *fleischiger oberer od. unterer Rand des [menschlichen] Mundes:* schmale, volle, wulstige, aufgesprungene, rote, blaue -n; die -n öffnen, [zum Kuss] spitzen; sie kräuselte, schürzte verächtlich die -n; die -n nachziehen, [mit der Zunge] anfeuchten; sich ⟨Dativ⟩ die -n schminken, anmalen; das Glas, die Trompete an die -n setzen; auf ihren -n lag ein Lächeln; den Finger auf die -n legen *(den Zeigefinger auf die Lippen legen, um zum Stillsein, zum Schweigen aufzufordern);* sich ⟨Dativ⟩ auf die -n beißen (bes. um ein Lachen zu unterdrücken od. weil man eine unmittelbar vorher gemachte Äußerung sofort bereut); einen Laut mit den -n bilden; jmdm. etw. von den -n ablesen; *** an jmds. -n hängen** *(einem Sprechenden konzentriert, gespannt zuhören [u. ihn dabei anblicken]);* **etw. auf den -n haben** *(etw. gerade äußern, von sich geben [wollen]):* ein Wort auf den -n haben; **etw./mit etw. auf den -n** *(etw. äußernd, singend o. Ä.):* ein fröhliches Lied auf den -n, wanderten sie durch das Tal; mit einem Fluch auf den -n kam er hereingestolpert; **[jmdm.] auf den -n ersterben** (geh.; *unter einem starken Eindruck o. Ä. plötzlich nicht ausgesprochen, geäußert werden):* das Wort erstarb ihr auf den -n; **[nicht] über jmds. -n/jmdm. [nicht] über die -n kommen** *([nicht] von jmdm. ausgesprochen werden können);* **etw. [nicht] über die -n bringen** *(es [nicht] fertig bringen, etw. auszusprechen, zu äußern);* **jmdm. leicht, glatt** o. ä. **von den -n fließen/gehen** *(von jmdm. ohne Bedenken geäußert werden);* **b)** ⟨o. Pl.⟩ (salopp) *Mundwerk:* das ist die freche Berliner L.; *** eine [dicke/große] L. riskieren** (ugs.; *großsprecherisch reden).* **2.** (Bot.) *oberer od. unterer hervorstehender Teil der Blumenkrone (z. B. an Lippenblütlern).*

[2]**Lịp|pe,** die; -: rechter Nebenfluss des Rheins.

Lịp|pen|be|kennt|nis, das (abwertend): *jmds. Bekenntnis zu etw., das sich nur in Worten, nicht aber in Taten äußert.*

Lịp|pen|blüt|ler, der; -s, - (Bot.): *Pflanze einer Familie, deren zahlreiche Arten lippenförmige Blüten aufweisen.*

lịp|pen|för|mig ⟨Adj.⟩: *die Form einer Lippe aufweisend.*

Lịp|pen|le|sen, das; -s: *Ablesen der stummen od. nicht gehörten Sprechbewegungen von den Lippen.*

Lịp|pen|rot, das: **a)** *auf die Lippen aufgetragene rote Schminke;* **b)** *Lippenstiftfarbe.*

Lịp|pen|spal|te, die (Med.): *angeborene Spalte in der Oberlippe als vererbbare Fehlbildung.*

Lịp|pen|stift, der: **1.** *meist rot getönter, fetthaltiger Stift zum Schminken der Lippen:* einen, keinen L. benutzen; ein kussechter L. **2.** *Lippenstiftfarbe:* Flecken von L.

Lịp|pen|stift|far|be, die: *Farbe eines Lippenstifts.*

lịp|pen|syn|chron ⟨Adj.⟩ (Film): *in der Weise synchron, dass Lippenbewegung u. Ton zeitlich genau parallel gehen.*

li|quid (österr. nur so), liquide ⟨Adj.; ...der, ...deste⟩ [lat. liquidus = flüssig, zu: liquere = flüssig sein]: **1.** (Wirtsch.) *verfügbar:* liquide Gelder. **2.** (Wirtsch.) *zahlungsfähig:* ein liquides Unternehmen. **3.** (Chemie) *flüssig.*

Li|qui|da, die; -, ...dä u. ...iden [lat. (consonans) liquida] (Sprachw.): *bei kontinuierlich ausströmender Luft gebildeter stimmhafter Laut* (z. B. »l« u. »r«).

Li|qui|da|ti|on, die; -, -en [frz. liquidation, ital. liquidazione < mlat. liquidatio, zu: liquidare, ↑liquidieren]: **1.** *das Liquidieren (1–3).* **2.** *das Liquidiertwerden (1, 3).*

Li|qui|da|tor, der; -s, ...oren: **1.** (Wirtsch.) *jmd., der etw. liquidiert (1 a, c).* **2.** *jmd., der einen anderen umbringt, liquidiert* (3 b).

Li|qui|da|to|rin, die; -, -nen: w. Form zu ↑Liquidator.

li|qui|de: ↑liquid.

Li|qui|den: Pl. von ↑Liquida.

li|qui|die|ren ⟨sw. V.; hat⟩ [ital. liquidare < mlat. liquidare = flüssig machen, zu lat. liquidus, ↑liquid; 3 b: unter Einfluss von gleichbed. russ. likvidirovat']: **1.** (Wirtsch.) **a)** *(ein Unternehmen) auflösen u. die damit verbundenen Rechtsgeschäfte abwickeln:* eine Firma l.; **b)** *(von einem Unternehmen) sich auflösen u. die damit verbundenen Rechtsgeschäfte abwickeln; in Liquidation gehen:* die Firma liquidiert; **c)** *(Sachwerte) in Geld umwandeln:* das Inventar l.; **d)** *(Schulden o. Ä.) begleichen:* eine finanzielle Verpflichtung l. **2.** *(bei freien Berufen für eine erbrachte Leistung) eine Rechnung ausstellen:* einen Betrag für ärztliche Bemühungen l. **3.** (bildungsspr.) **a)** *nicht länger bestehen lassen; beseitigen; tilgen:* Traditionen l.; einen Konflikt l. *(beilegen);* **b)** *(bes. aus politischen o. ä. Gründen) töten, hinrichten, umbringen [lassen]:* Gefangene l.

Li|qui|die|rung, die; -, -en: *das Liquidieren* (1 a, b, 3).

Li|qui|di|tät, die; - (Wirtsch.): **1.** *Fähigkeit eines Unternehmens, seine Zahlungsverpflichtungen fristgerecht zu erfüllen.* **2.** *flüssige Mittel (wie Bargeld, Bankguthaben o. Ä.).*

Li|qui|di|täts|eng|pass, der (Wirtsch.): *Engpass in der Liquidität* (1).

[1]**Li|ra,** die; -, Lire [ital. lira < lat. libra = Waage; Gewogenes; Pfund]: *italienische Währungseinheit* (1 Lira = 100 Centesimi; Abk.: L., Lit.).

[2]**Li|ra,** die; -, - [türk. lira < ital. lira, ↑[1]Lira]: *türkische Währungseinheit* (1 Lira = 100 Kuruş; Abk.: TL).

lisch, lischst, lischt: ↑[2]löschen.

lis|men ⟨sw. V.; hat⟩ [mhd. (ge)lismen] (schweiz.): *stricken.*

lis|peln ⟨sw. V.; hat⟩ [Weiterbildung zu mhd., ahd. lispen = lispeln, urspr. lautm.]: **1.** *beim Artikulieren der Zischlaute fehlerhaft mit der Zunge an die oberen Vorderzähne stoßen:* sie lispelt. **2.** (geh.) *mit tonloser Stimme u. einer gewissen Scheu od. Zaghaftigkeit sprechen:* »Ich komme wieder«, lispelte sie ihm ins Ohr; ein gelispeltes Merci.

Lisp|ler, der; -s, -: *jmd., der lispelt* (1).

Lisp|le|rin, die; -, -nen: w. Form zu ↑Lispler.

Lis|sa|bon [auch: ...'bɔn]: Hauptstadt von Portugal.

List, die; -, -en [mhd., ahd. list, urspr. = Wissen]: **a)** *Mittel, mit dessen Hilfe jmd. (andere täuschend) etw. zu erreichen sucht, was er auf normalem Wege nicht erreichen könnte:* eine teuflische, tollkühne L.; eine L. anwenden; zu einer L. greifen; **b)** ⟨o. Pl.⟩ *listige Wesensart; das Listigsein:* L. mit Stärke vereinen; ***** **mit L. und Tücke** (ugs.; *unter Aufbietung aller Überredungskünste*).

Lịs|te, die; -, -n [ital. lista < mlat. lista = Leiste; (Papier)streifen, Verzeichnis, aus dem Germ.]: **a)** *schriftliche Zusammenstellung, Aufstellung nacheinander, bes. untereinander unter einem bestimmten Gesichtspunkt aufgeführter Personen od. Sachen:* eine lange L.; die L. der Kunden; eine L. aufstellen; jmdn., etw. auf die L. setzen, in einer L. führen, in eine L. aufnehmen; jmdn., etw., sich in eine/(seltener:) einer L. eintragen; Ü diese L. *(Aufzählung [von Dingen, Sachverhalten, die einem missfallen o. Ä.])* ließe sich noch beliebig verlängern; ich habe ihn längst von meiner L. gestrichen *(er zählt nicht mehr zu meinen Freunden);* ***** **schwarze L.** (ugs.; *Zusammenstellung verdächtiger Personen;* »schwarz« bezieht sich auf etw. im Verborgenen Liegendes): bei jmdm. auf der schwarzen L. stehen *(bes. bei einem Regime zu den verdächtigen Personen gehören);* **rote L.** *(Verzeichnis der vom Aussterben bedrohten Tier- u. Pflanzenarten);* **Rote L.** ® (Titel eines Buches, das die zugelassenen Arzneimittel auflistet); **b)** kurz für ↑Wahlliste: eine L. einreichen, wählen; jmdn. auf die L. setzen.

¹lịs|ten ⟨sw. V.; hat⟩ [zu ↑Liste]: **a)** *auflisten:* das Material l.; **b)** *als Serie führen:* der Supermarkt hat diese Flaschen nicht gelistet.

²lịs|ten ⟨sw. V.; hat⟩ [mhd., ahd. listen = listig sein, zu ↑List] (Sport): *mit einem Trick irgendwohin gelangen lassen:* den Ball ins Tor l.

lịs|ten|mä|ßig ⟨Adj.⟩: *in einer Liste, in Listen [aufgeführt].*

Lịs|ten|platz, der: *Platzierung eines Kandidaten auf einer Wahlliste.*

Lịs|ten|preis, der: *Bruttopreis in einer Preisliste.*

lịs|ten|reich ⟨Adj.⟩ (geh.): *sich vieler Listen bedienend:* der -e Odysseus.

Lịs|ten|samm|lung, die: *Sammlung, bei der die gespendeten Beträge mit den Namen der Spender in eine Liste eingetragen werden.*

Lịs|ten|wahl, die (Parl.): *Art der Wahl, bei der in Listen zusammengestellte Personengruppen gewählt werden.*

lịs|tig ⟨Adj.⟩ [mhd. listec, ahd. listig, zu ↑List]: *über die Fähigkeit verfügend, sich Umstände zur Erreichung seiner Absichten zu bedienen, die anderen verborgen sind; von List zeugend:* ein -er Bursche, Plan; l. schauen.

lịs|ti|ger|wei|se ⟨Adv.⟩: *aufgrund einer List.*

Lịs|tig|keit, die; -: *das Listigsein.*

Lit = ¹Lira.

lit., Lit. = Litera.

Li|ta|nei, die; -, -en [mhd. letanīe < kirchenlat. litania = Bittgesang < griech. litaneía = das Bitten, Flehen]: **1.** *bes. in der katholischen Liturgie zwischen Vorbeter u. Gemeinde wechselndes Bittgebet:* eine L. beten, singen. **2.** (abwertend) **a)** *langatmige, monotone Aufzählung von etw.:* eine L. von Flüchen; **b)** *immer wieder vorgebrachte Ermahnung, Klage o. Ä.:* eine L. über sich ergehen lassen.

Li̲|tau|en [auch: ˈlɪt...]; -s: Staat in Nordosteuropa.

Li̲|tau|er [auch: ˈlɪt...], der; -s, -: Ew.

Li̲|tau|e|rin [auch: ˈlɪt...], die; -, -nen: w. Form zu ↑Litauer.

li̲|tau|isch [auch: ˈlɪt...] ⟨Adj.⟩: **a)** *Litauen, die Litauer betreffend; von den Litauern stammend, zu ihnen gehörend;* **b)** *in der Sprache der Litauer.*

Li̲|tau|isch [auch: ˈlɪt...], das; -[s] u. ⟨nur mit best. Art.:⟩ **Li̲|tau|i|sche** [auch: ˈlɪt...], das; -n: *die litauische Sprache.*

Li̲|ter [auch: ˈlɪtɐ], der (schweiz. nur so), auch: das; -s, - [frz. litre < mfrz. litron (ein Hohlmaß) < mlat. litra < griech. lítra = Pfund]: *Hohlmaß von einem Kubikdezimeter:* zwei L. Milch; ein L. spanischer Rotwein/(geh.:) spanischen Rotweins; mit drei L. Wein, mit [den] zwei -n kommen wir aus; (Technik:) der Motor hat einen Hubraum von 2,8 -n (Zeichen: l).

Li̲|te|ra, die; -, -s u. ...rä [lat. littera = Buchstabe]: **a)** (veraltet) *Buchstabe:* Absatz 4, L. 3; Abk.: Lit. od. lit.; **b)** (Bankw.) *auf Banknoten o. Ä. Buchstabe zur Kennzeichnung der Emission* (1 a).

Li|te|ra̲r|his|to|ri|ker, der: *Wissenschaftler auf dem Gebiet der Literaturgeschichte.*

Li|te|ra̲r|his|to|ri|ke|rin, die: w. Form zu ↑Literarhistoriker.

li|te|ra̲r|his|to|risch ⟨Adj.⟩: *literaturgeschichtlich.*

li|te|ra̲|risch ⟨Adj.⟩ [lat. litterarius = die Buchstaben, die Schrift betreffend]: **a)** *die Literatur als Kunstgattung betreffend:* eine -e Zeitschrift; das -e Leben unserer Zeit; l. hervorgetreten sein; l. interessiert sein; **b)** (bildungsspr.) *mit allzu viel Bildungsgut befrachtet; vordergründig symbolisierend:* seine Gemälde sind sehr l.

Li|te|ra̲t, der; -en, -en [urspr. = Schriftkundiger, Sprachgelehrter, zu lat. litteratus = schriftkundig, gelehrt]: *[unschöpferischer, ästhetisierender] Schriftsteller.*

Li|te|ra̲|tin, die; -, -nen: w. Form zu ↑Literat.

Li|te|ra|tu̲r, die; -, -en [älter = (Sprach)wissenschaft, Gelehrsamkeit; Literatur (a) < lat. litteratura = Buchstabenschrift; Sprachkunst]: **1.** ⟨o. Pl.⟩ **a)** *[gesamtes] Schrifttum, veröffentlichte [gedruckte] Schriften:* wissenschaftliche L.; belletristische, schöngeistige, schöne L. (*Literatur 2*); graue L. *(Schrifttum von Behörden, Instituten, Firmen, Parteien u. Ä., das nicht über den Buchhandel vertrieben wird);* **b)** *[fachliches] Schrifttum über ein Thema, Gebiet:* die einschlägige, medizinische L.; die L. über etw., zu einem bestimmten Thema; die L. kennen, zusammenstellen, zitieren, [in Fußnoten] angeben; **c)** (Musik) *in Form von Notentexten vorliegende Werke für Instrumente od. Gesang:* die L. für Violine; die Pianistin spielt hauptsächlich die romantische L. *(Musik der Romantik).* **2.** *künstlerisches Schrifttum; Belletristik:* die zeitgenössische [französische] L.; die L. des Expressionismus; die -en einzelner Nationen; dieses Buch zählt zur L. *(ist literarisch wertvoll).*

Li|te|ra|tu̲r|an|ga|be, die ⟨meist Pl.⟩: *bibliographische Angabe der für eine wissenschaftliche Arbeit in einem bestimmten Zusammenhang benutzten [Fach]literatur.*

Li|te|ra|tu̲r|bei|la|ge, die: *literarische Beiträge enthaltende Beilage einer Zeitung.*

Li|te|ra|tu̲r|be|trieb, der ⟨o. Pl.⟩ (oft abwertend): *literarisches Leben.*

Li|te|ra|tu̲r|epo|che, die: *Epoche der Literatur* (2).

Li|te|ra|tu̲r|ge|schich|te, die: **1.** ⟨o. Pl.⟩ **a)** *Geschichte* (1 a) *der Literatur;* **b)** *Literaturwissenschaft.* **2.** *Werk, das die geschichtliche Darstellung einer Literatur* (2) *enthält.*

li|te|ra|tu̲r|ge|schicht|lich ⟨Adj.⟩: *die Literaturgeschichte* (1) *betreffend.*

Li|te|ra|tu̲r|hin|weis, der ⟨meist Pl.⟩: *mit bibliographischen Angaben versehener Hinweis auf [weitere] Literatur zu einem Thema, Stichwort.*

Li|te|ra|tu̲r|his|to|ri|ker, der: *Literarhistoriker.*

Li|te|ra|tu̲r|his|to|ri|ke|rin, die: w. Form zu ↑Literaturhistoriker.

li|te|ra|tu̲r|his|to|risch ⟨Adj.⟩: *literaturgeschichtlich.*

Li|te|ra|tu̲r|kri|tik, die: *[wissenschaftliche] Beurteilung von [zeitgenössischer] Literatur* (2).

Li|te|ra|tu̲r|kri|ti|ker, der: *jmd., der sich auf dem Gebiet der Literaturkritik betätigt.*

Li|te|ra|tu̲r|kri|ti|ke|rin, die: w. Form zu ↑Literaturkritiker.

li|te|ra|tu̲r|kri|tisch ⟨Adj.⟩: *die Literaturkritik betreffend.*

Li|te|ra|tu̲r|le|xi|kon, das: *Lexikon zur Literatur* (2).

Li|te|ra|tu̲r|papst, der (iron., scherzh.): *maßgebender Literaturkritiker.*

Li|te|ra|tu̲r|preis, der: *für bedeutende literarische Leistungen verliehener Preis.*

Li|te|ra|tu̲r|sei|te, die: *Zeitungsseite, -teil mit literarischen Beiträgen.*

Li|te|ra|tu̲r|so|zi|o|lo|ge, der: *Wissenschaftler auf dem Gebiet der Literatursoziologie.*

Li|te|ra|tu̲r|so|zi|o|lo|gie, die: *Wissenschaft von der Wechselwirkung zwischen Literatur* (2) *u. Gesellschaft.*

Li|te|ra|tu̲r|so|zi|o|lo|gin, die: w. Form zu ↑Literatursoziologe.

li|te|ra|tu̲r|so|zi|o|lo|gisch ⟨Adj.⟩: *die Literatursoziologie betreffend.*

Li|te|ra|tu̲r|spra|che, die (Sprachw.): **1.** *in der Literatur* (2) *verwendete Sprache, die oft von der Gemeinsprache abweicht.* **2.** (DDR) *einheitlich genormte Schriftsprache.*

Li|te|ra|tu̲r|stu|di|um, das: ⟨o. Pl.⟩: *Fachstudium der Literatur* (2).

Li|te|ra|tu̲r|ver|zeich|nis, das: *Verzeichnis, in dem die Literaturangaben zusammengestellt sind.*

Li|te|ra|tu̲r|wis|sen|schaft, die ⟨Pl. selten⟩: *Wissenschaft, die sich mit der Literatur im Hinblick auf Geschichte, Formen, Stilistik u. a. befasst.*

Li|te|ra|tu̲r|wis|sen|schaft|ler, der: *Wissenschaftler auf dem Gebiet der Literaturwissenschaft.*

Li|te|ra|tu̲r|wis|sen|schaft|le|rin, die: w. Form zu ↑Literaturwissenschaftler.

li|te|ra|tu̲r|wis|sen|schaft|lich ⟨Adj.⟩: *die Literaturwissenschaft betreffend.*

Li|te|ra|tu̲r|zeit|schrift, die: **a)** *Zeitschrift mit literarischen Originalbeiträgen;* **b)** *Fachzeitschrift, die Mitteilungen über literaturwissenschaftliche Forschungsergebnisse u. Besprechungen literaturwissenschaftlicher Werke enthält;* **c)** *Zeitschrift mit Berichten u. Besprechungen literarischer Neuerscheinungen.*

Li̲|ter|fla|sche [auch: ˈlɪtɐ...], die: *Flasche von einem Liter Fassungsvermögen.*

Li̲|ter|maß [auch: ˈlɪtɐ...], das: *Gefäß, mit dem nach Litern gemessen werden kann.*

li̲|ter|wei|se [auch: ˈlɪtɐ...] ⟨Adv.⟩: *in Litern:* etw. l. verkaufen; l. (ugs.; *begierig in großen Mengen*) Bier trinken.

Li̲t|faß|säu|le, die [nach dem Drucker E. Litfaß, der sie erstmals 1855 in Berlin aufstellte]: *frei stehende, niedrigere Säule von größerem Durchmesser, auf die Bekanntmachungen, Plakate geklebt werden.*

lith-, Lith-: ↑litho-, Litho-.

-li̲th [auch: ...ˈlɪt; griech. líthos = Stein]: Grundwort in Zus., z. B. Eolith, Monolith.

Li̲|thi|um, das; -s [zu griech. líthos = Stein; das Element wurde zuerst in Mineralien festgestellt]: *nur in Verbindungen vorkommendes, silberweißes, sehr weiches, mit Wasser u. feuchter Luft schnell reagierendes Alkalimetall, das als Zusatz bei Legierungen, als Katalysator u. a. verwendet wird* (*chemisches Element;* Zeichen: Li).

Li̲|tho [auch: ˈlɪto], das; -s, -s: Kurzf. von ↑Lithographie (2).

li|tho-, Li|tho-, (vor Vokalen auch:) lith-, Lith- [griech. líthos = Stein] ⟨Best. in Zus. mit der Bed.:⟩ stein-, gestein[s]-, Stein-, Gestein[s]- (z. B. lithographisch, Lithosphäre, Lithium).

Li|tho|gra̲ph, (auch:) Lithograf, der; -en, -en: **1.** *in der Lithographie, im Flachdruckverfahren ausgebildeter Drucker.* **2.** *Künstler, der Lithographien herstellt.*

Li|tho|gra|phi̲e, (auch:) Lithografie, die; -, -n [↑-graphie]: **1. a)** ⟨o. Pl.⟩ *grafische Technik, bei der auf eine präparierte Steinplatte mit fetthaltiger Kreide od. lithographischer Tusche die Zeichnung aufgebracht u. im Flachdruckverfahren vervielfältigt wird;* **b)** *Originalplatte für Stein- u. Offsetdruck.* **2. a)** *grafisches Kunstblatt in Steindruck;* **b)** *künstlerische Zeichnung für eine Vervielfältigung in Steindruck.*

li|tho|gra|phie̲|ren, (auch:) lithografieren ⟨sw. V.; hat⟩: **1. a)** *in Steindruck wiedergeben:* lithographierte Plakate; **b)** *im Flachdruckverfahren arbeiten.* **2.** *Lithographien* (2) *herstellen.*

Li|tho|gra̲|phin, (auch:) Lithografin, die; -, -nen: w. Form zu ↑Lithograph.

li|tho|gra̲|phisch, (auch:) lithografisch ⟨Adj.⟩: *die Lithographie betreffend.*

Li|tho|lo|ge, der; -n, -n [↑-loge]: *Wissenschaftler auf dem Gebiet der Lithologie.*
Li|tho|lo|gie, die; - [↑-logie]: *Gesteinskunde.*
Li|tho|lo|gin, die; -, -nen: w. Form zu ↑Lithologe.
li|tho|lo|gisch ⟨Adj.⟩: *die Lithologie betreffend, auf ihr beruhend.*
Li|tho|sphä|re, die; - (Geol.): *bis in 1 200 km Tiefe reichende Gesteinshülle der Erde.*
Li|thur|gik, die; - [zu griech. lithourgikós = die Bearbeitung von Stein betreffend]: *Lehre von der Verwendung u. Verarbeitung von Gesteinen u. Mineralien.*
Lit|schi, die; -, -s, **Lit|schi|pflau|me,** die [chines. lizhi]: *pflaumengroße, erdbeerähnlich schmeckende Frucht mit rauer Schale u. saftigem Fleisch.*
litt: ↑leiden.
Li|tu|a|nist, der; -en, -en [zu Lituania, dem nlat. Namen von Litauen]: *Wissenschaftler auf dem Gebiet der Lituanistik.*
Li|tu|a|nis|tik, die; -: *Wissenschaft von der litauischen Sprache u. Literatur.*
Li|tu|a|nis|tin, die; -, -nen: w. Form zu ↑Lituanist.
li|tu|a|nis|tisch ⟨Adj.⟩: *die Lituanistik betreffend, zu ihr gehörend.*
Li|turg, der; -en, -en, **Li|tur|ge,** der; -n, -n [mlat. liturgus < spätlat. liturgus < griech. leitourgós = Staatsdiener, zu: leĩtos, ↑Liturgie] (christl. Kirchen): *den Gottesdienst, die Liturgie haltender Geistlicher im Unterschied zum Prediger.*
Li|tur|gie, die; -, -n [kirchenlat. liturgia < griech. leitourgía = öffentlicher Dienst, zu: leĩtos = das Volk betreffend u. érgon = Arbeit, Dienst] (christl. Kirchen): **a)** *offiziell festgelegte Form des christlichen Gottesdienstes:* eine bestimmte L. festlegen; **b)** (ev. Kirche) *Teil des Gottesdienstes, bei dem Geistlicher u. Gemeinde im Wechsel bestimmte Textstücke singen bzw. sprechen:* der Gemeindepfarrer hält die L.
li|tur|gisch ⟨Adj.⟩ [kirchenlat. liturgicus < griech. leitourgikós] (christl. Kirchen): *die Liturgie betreffend:* -e Texte, Handschriften, Geräte; -e Gewänder *(vom Geistlichen beim Gottesdienst getragene Kleidungsstücke);* -es Jahr (kath. Kirche; *Kirchenjahr*).
Lit|ze, die; -, -n [mhd. litze = Schnur, Litze < lat. licium = Faden, Band]: **1.** *schmale, flache, geflochtene od. gedrehte Schnur als Besatz, zur Einfassung, als Rangabzeichen an Uniformen:* eine silberne L. um die Mütze herum; mit goldener L. besetzter Stoff. **2.** (Technik) *Strang eines Drahtseils.* **3.** (Elektrot.) *Leitungsdraht aus dünnen, verflochtenen o. ä. Einzeldrähten.*
live [laif] ⟨indekl. Adj.⟩ [engl. live, eigtl. = lebend]: **a)** (Rundf., Ferns.) *als Direktsendung, in einer Direktsendung:* die Pressekonferenz l. übertragen; **b)** *in realer Anwesenheit:* den Star l. auf der Bühne erleben; sie singt l. *(nicht im Play-back-Verfahren).*
Li|ve, der; -n, -n: *Livländer.*
Live|act [ˈlaiflɛkt], (auch:) **Live-Act** der; -s, -s [engl. live act, aus engl. live (↑live) u. act = Darbietung < lat. actus, ↑Akt]: **a)** (Jargon) *musikalische Vorstellung, bei der die Sänger, Musiker live* (b) *singen, spielen usw.;* **b)** *direkter, persönlicher Auftritt eines Künstlers.*
Live|auf|zeich|nung, (auch:) **Live-Auf|zeich|nung,** die [zu ↑live] (Rundf., Ferns.): *zu einem späteren Zeitpunkt gesendete, ungekürzte u. unveränderte Aufzeichnung einer Veranstaltung.*
Live|be|richt, (auch:) **Live-Be|richt,** der (Rundf., Ferns.): *Direktbericht; live* (a) *übertragener Bericht.*
Live|kon|zert, (auch:) **Live-Kon|zert,** das (Rundf., Ferns.): *live* (b) *gestaltetes Konzert (von Gruppen, Interpreten u. Ä.).*
Live|mit|schnitt, (auch:) **Live-Mit|schnitt,** der: *(bes. für eine Schallplattenproduktion verwendeter) Mitschnitt.*
Live|mu|sik, (auch:) **Live-Mu|sik,** die: *live* (b) *gespielte Musik.*
Live|re|por|ta|ge, (auch:) **Live-Re|por|ta|ge,** die [zu ↑live] (Rundf., Ferns.): *direkt vom Ort des Geschehens aus, von einer Veranstaltung, vom Schauplatz eines Ereignisses aus gesendete Reportage.*
Li|ver|pool [ˈlɪvəpuːl]: Stadt in England.
Live|sen|dung, (auch:) **Live-Sen|dung,** die [zu ↑live] (Rundf., Ferns.): *Direktsendung; Originalübertragung.*
Live|show, (auch:) **Live-Show,** die: **1.** (Rundf., Ferns.) *live* (a) *übertragene Show.* **2. a)** (verhüll.) *Vorführung sexueller Handlungen (in Nachtlokalen);* **b)** *Peepshow.*
Li|vin, die; -, -nen: w. Form zu ↑Live.
Liv|land; -s: historische Landschaft in Estland u. Lettland.
Liv|län|der, der; -s, -: Ew.
Liv|län|de|rin, die; -, -nen: w. Form zu ↑Livländer.
Li|vre, der od. das; -[s], -[s] ⟨aber: 6 Livre⟩ [frz. livre < lat. libra, ↑¹Lira]: **1.** *alte französische Gewichtseinheit.* **2.** *französische Münze bis zum Ende des 18. Jh.s.*
Li|vree, die; -, …een [frz. livrée, eigtl. = gestellte (Kleidung), zu: livrer, ↑liefern]: *mit Litzen o. Ä. besetzte uniformartige Kleidung für Diener, Bedienstete (bes. im Hotelgewerbe):* ein Chauffeur in L.
li|vriert ⟨Adj.⟩: *mit einer Livree bekleidet, Livree tragend:* -e Pagen.
¹,²Li|zen|ti|at: ↑¹,²Lizenziat.
Li|zenz, die; -, -en [lat. licentia = Freiheit, Erlaubnis, zu: licere = erlaubt sein]: **a)** *[gegen eine Gebühr erteilte] rechtskräftige Genehmigung* (z. B. zur Ausübung eines Gewerbes, zur Nutzung eines Patents, zur Übersetzung od. Übernahme eines Werks): eine L. erwerben; jmdm. eine L. erteilen; eine L. auf eine andere Firma übertragen; etw. in L. herstellen; **Ü** die L. zum Gelddrucken (bildungsspr.; *die Möglichkeit, reich zu werden*); **b)** (Sport) *durch einen Verband erteilte Erlaubnis, einen Sport beruflich auszuüben od. im Sport als Schiedsrichter o. Ä. zu fungieren:* einem Verein die L. *(für die Bundesliga o. Ä.)* erteilen, entziehen.
Li|zenz|aus|ga|be, die (Buchw.): *Ausgabe eines Buches, für die der berechtigte Verlag einem anderen Verlag das Recht zur Veröffentlichung erteilt hat.*
Li|zenz|ge|bühr, die: *für die Überlassung eines Nutzungsrechts entrichtete Gebühr.*
¹Li|zen|zi|at, (auch:) Lizentiat, das; -[e]s, -e: *im MA. dem Bakkalaureat folgender, heute noch in der Schweiz, sonst nur noch im Bereich der katholischen Theologie verliehener akademischer Grad:* L. der Theologie.
²Li|zen|zi|at, (auch:) Lizentiat, der; -en, -en [mlat. licentiatus = der mit Erlaubnis Versehene, subst. 2. Part. von: licentiare = die Erlaubnis erteilen, zu lat. licentia, ↑Lizenz]: *Inhaber eines ¹Lizenziats.*
Li|zen|zi|a|tin, (auch:) Lizentiatin, die; -, -nen: w. Form zu ↑²Lizenziat.
li|zen|zie|ren ⟨sw. V.; hat⟩: *für etw. [behördlich] Lizenz erteilen:* ein Patent l.
Li|zenz|spie|ler, der (Sport): *Sportler, der über eine Lizenz* (b) *verfügt u. als Angestellter eines Vereins von diesem feste monatliche Bezüge erhält.*
Li|zenz|spie|le|rin, die: w. Form zu ↑Lizenzspieler.
Lkw, (auch:) **LKW** [ɛlkaˈveː, auch: ˈɛlkave], der; -[s], -s, selten: -: Lastkraftwagen.
Lkw-Fah|rer, (auch:) **LKW-Fah|rer,** der: *Fahrer eines Lkws:* als L. arbeiten.
Lkw-Fah|re|rin, (auch:) **LKW-Fah|re|rin,** die: w. Form zu ↑Lkw-Fahrer, LKW-Fahrer.
lm = Lumen.
lmA [ɛlɛmˈaː]: salopp verhüll. für: leck mich am Arsch!
¹Lob, das; -[e]s, -e ⟨Pl. selten⟩ [mhd., ahd. lop, rückgeb. aus ↑loben]: *anerkennend geäußerte, positive Beurteilung, die jmd. einem anderen, seinem Tun, Verhalten o. Ä. zuteil werden lässt:* ein großes, hohes L.; das L. der Lehrerin ermunterte sie; Gott sei L. und Dank! *(Gott sei gelobt, u. ihm sei gedankt!);* jmdm. L. spenden, zollen; für etw. ein L. erhalten, bekommen; sie verdient [ein] L. für ihren Fleiß; das L. einer Person, Sache singen (ugs.; *jmdn., etw. überschwänglich immer von neuem loben*); des -es voll sein [über jmdn., etw.] (geh.; *jmdn., etw. sehr loben*); er geizte nicht mit L.; über jedes/alles L. erhaben sein; das muss zu ihrem -e (veraltend; *um ihr gerecht zu werden*) gesagt werden.
²Lob, der; -[s], -s [engl. lob]: **1.** (Tennis, Badminton) *hoch über den am Netz angreifenden Gegner hinweggeschlagener Ball.* **2.** (Volleyball) *angetäuschter Schmetterball, der an den am Netz verteidigenden Spielern vorbei od. hoch über sie hinweggeschlagen wird.*
lob|ben ⟨sw. V.; hat⟩ [engl. to lob] (Tennis, Badminton, Volleyball): *einen ²Lob schlagen.*
Lob|by [ˈlɔbi], die; -, -s [1: engl. lobby = Vor-, Wandelhalle < mlat. lobia = Galerie, ¹Laube (aus dem Germ.); 2: engl. lobby, zu ↑Lobby (1)]: **1.** *Wandelhalle im [britischen, amerikanischen] Gebäude des Parlaments, in der die Abgeordneten mit Wählern u. Interessengruppen zusammentreffen.* **2.** *Interessengruppe, die [in der Lobby 1] versucht, die Entscheidung von Abgeordneten zu beeinflussen [u. die diese ihrerseits unterstützt]:* eine wirkungsvolle L. haben; über keinerlei L. verfügen. **3.** (bildungsspr.) *Vestibül, Hotelhalle:* in der L. Ihres Hotels.
Lob|by|is|mus, der; - [engl. lobbyism]: *[ständiger] Versuch, Zustand der Beeinflussung von Abgeordneten durch Interessengruppen.*
Lob|by|ist, der; -en, -en [engl. lobbyist]: *jmd., der Abgeordnete für seine Interessen zu gewinnen sucht.*
Lob|by|is|tin, die; -, -nen: w. Form zu ↑Lobbyist.
lo|ben ⟨sw. V.; hat⟩ [mhd. loben, ahd. lobōn = für lieb halten; gutheißen]: **a)** *jmdn., sein Tun, Verhalten o. Ä. mit anerkennenden Worten (als Ermunterung, Bestätigung o. Ä.) positiv beurteilen u. damit seiner Zufriedenheit, Freude o. Ä. Ausdruck geben:* jmdn., jmds. Leistung l.; jmdn. öffentlich, uneingeschränkt, überschwänglich l.; der Lehrer lobte die Schülerin [für ihre gute Arbeit, wegen ihres Fleißes]; dieses Getränk ist sehr zu l. *(ist sehr gut);* das lob ich mir *(das gefällt mir);* da lob ich mir mein Cabrio *(mein Cabrio ist allem anderen vorzuziehen);* lobende *(Lob, Anerkennung ausdrückende)* Worte; etw. lobend erwähnen; **b)** *lobend* (a) *sagen:* »Bravo!«, lobte er; **c)** *Gott, das Schicksal o. Ä. preisen u. ihm danken:* gelobt sei Jesus Christus (katholische Grußformel); das Leben, den milden Abend l. *(schön finden).*
lo|bens|wert ⟨Adj.⟩ [zusgez. aus älter: lobens werth = eines Lobes wert]: *als Tun, Verhalten, Denken o. Ä. Lob, Anerkennung verdienend:* eine -e Entscheidung, Idee.
lo|bens|wer|ter|wei|se ⟨Adv.⟩: *in Lob, Anerkennung verdienender Weise.*
Lo|bes|hym|ne, die (oft iron.): *überschwängliches Lob:* in -n ausbrechen; * **eine L./-n auf jmdn., etw. singen/anstimmen** (ugs.: *jmdn., etw. vor andern überschwänglich loben*).
Lo|bes|wor|te ⟨Pl.⟩: *Worte, die ein besonderes Lob enthalten:* die rechten L. finden.
Lob|ge|sang, der (dichter.): *Gesang, Dank[lied] zum Lobe Gottes:* der L. der Engel.
Lob|hu|de|lei, die [zu ↑lobhudeln] (abwertend): *übertriebenes, unberechtigtes Lob, mit dem sich jmd. bei jmdm. einschmeicheln will.*
Lob|hu|de|ler: ↑Lobhudler.
Lob|hu|de|le|rin, die; -, -nen: w. Form zu ↑Lobhudeler.
lob|hu|deln ⟨sw. V.; hat⟩ [urspr. = durch Lob plagen, vgl. hudeln] (abwertend): *jmdn. auf übertriebene Weise unverdientermaßen loben, um sich bei ihm einzuschmeicheln:* man hat dem/den Minister gelobhudelt.
Lob|hud|ler, Lobhudeler, der (abwertend): *jmd., der sich durch Lobhudelei bei andern einzuschmeicheln sucht.*
Lob|hud|le|rin, die; -, -nen: w. Form zu ↑Lobhudler.
löb|lich ⟨Adj.⟩ [mhd. lob(e)lich, ahd. lob(e)līh] (oft

iron.): *zum Lobe gereichend, lobenswert:* -e Absichten.
löb|li|cher|wei|se ⟨Adv.⟩: *lobenswerterweise.*
Lob|lied, das: *Lobgesang:* Ü das Buch ist ein L. auf die Marktwirtschaft; * **ein L. auf jmdn., etw. anstimmen/singen** *(eine Person od. Sache vor andern sehr loben, um ihr besondere Beachtung zu verschaffen).*
lob|prei|sen ⟨sw. u. st. V.; lobpreiste/lobpries, hat gelobpreist/lobgepriesen⟩ (dichter.): *durch Lob verherrlichen; überschwänglich loben:* der Pfarrer lobpreiste/lobpries Gott.
Lob|prei|sung, die (dichter.): *das Lobpreisen.*
Lob|re|de, die: *Rede zu jmds. Lob; schmeichlerisches, überschwängliches Loben.*
Lob|red|ner, der: *jmd., der Lobreden hält.*
Lob|red|ne|rin, die: w. Form zu ↑Lobredner.
lob|sin|gen ⟨st. V.; hat⟩ (dichter.): *Gott durch Lobgesang preisen:* lobsinget [dem Herrn]!
Lo|car|no: Stadt am Lago Maggiore.
Lo|ca|tion [lɔˈkeɪʃən], die; -, -s [engl. location < lat. locatio = Stellung; Anordnung] (Jargon): **1.** *Örtlichkeit, Lokalität:* die hipste L. der Stadt. **2.** (Film) *Drehort im Freien:* eine geeignete L. für die nächste Szene suchen.
[1]Loch, das; -[e]s, Löcher [mhd. loch, ahd. loh]: **1.** *durch Beschädigung, [absichtliche] Einwirkung o. Ä. entstandene offene Stelle, an der die Substanz nicht mehr vorhanden ist:* ein großes, rundes, tiefes L.; ein L. graben, [in die Wand] bohren, [ins Eis] schlagen, zuschütten, zuschmieren, stopfen; ein L. im Strumpf, im Zahn haben; sich ein L. in die Hose reißen, in den Kopf schlagen; die Zigarette hat ein L. in den Stoff gebrannt; sich in einem L. verkriechen; durch ein L. im Zaun sehen; Ü ein L. stopfen *(ein Defizit, Schulden beseitigen);* dieser Kauf hat ein großes L. in den Geldbeutel gerissen (ugs.; *hat viel Geld gekostet*); er machte das eine L. zu und ein anderes auf (ugs.; *er machte neue Schulden, um alte zu tilgen*); * **schwarzes L.** (Astron.; *infolge hoher Gravitation völlig in sich zusammenstürzender Stern*); **saufen wie ein L.** (derb; *sehr viel Alkohol trinken*); **jmdm. ein L./Löcher in den Bauch fragen** (salopp; *jmdm. pausenlos Fragen stellen*); **jmdm. ein L./Löcher in den Bauch reden** (salopp; *pausenlos auf jmdn. einreden*); **ein L./Löcher in die Luft gucken/starren** (ugs.; *geistesabwesend vor sich hin starren*); **ein L./Löcher in die Wand stieren** (ugs.; *starr, geistesabwesend irgendwohin sehen*); **ein L./Löcher in die Luft schießen** (ugs.; *beim Schießen nicht treffen*); **ein L. zurückstecken** (ugs.; *sich mit weniger zufrieden geben, in seinen Ansprüchen zurückgehen;* nach dem Gürtel, den man enger schnallt); **auf dem letzten L. pfeifen** (salopp; *mit seiner Kraft o. Ä. am Ende sein, nicht mehr können;* nach dem (von unten gezählt) letzten Loch einer Flöte, mit dem der höchste, dünn klingende Ton gespielt wird). **2. a)** (salopp abwertend) *kleiner, dunkler [Wohn]raum; kleine, dunkle Wohnung:* das Zimmer ist ein elendes, furchtbares L.; in einem kalten, feuchten, schmutzigen L. hausen; **b)** (ugs.) *Gefängnis:* ins L. kommen; jmdn. ins L. stecken; **c)** *Höhle bestimmter Tiere:* der Fuchs fährt aus seinem L. **3.** (derb) *After.* **4. a)** (vulg.) *Vagina;* **b)** (vulg. abwertend) *weibliche Person.* **5.** (Golf) *rundes Loch* (1) *im Boden, in das der Ball geschlagen werden muss.*
[2]Loch, der; -[s], -s [engl. (schott.) loch < air. loch]: *Binnensee, Fjord in Schottland.*
lo|chen ⟨sw. V.; hat⟩ [mhd. lochen]: **1. a)** *mit der Lochzange o. Ä. mit einem od. mehreren Löchern versehen:* den Gürtel l.; den Ausweis l. *(mit einem Loch versehen u. dadurch entwerten);* **b)** *mit dem Locher, der Lochmaschine für die Ablage, das Abheften o. Ä. mit [zwei] Löchern versehen:* Belege, Rechnungen l. **2.** (EDV früher) *(durch Einstanzen von Löchern) Daten auf Lochkarten übertragen, festhalten.*
Lo|cher, der; -s, -: **1.** *Gerät, das ein Blatt Papier o. Ä. mit zwei Löchern versieht.* **2.** (EDV früher) **a)** *Maschine zum Übertragen von Daten auf Lochkarten;* **b)** *jmd., der mit einer Maschine Daten auf Lochkarten überträgt* (Berufsbez.).
lö|che|rig, löchrig ⟨Adj.⟩ [mhd. locherecht]: *zahlreiche Löcher aufweisend:* ein -er Zaun.
Lo|che|rin, die; -, -nen: w. Form zu ↑Locher (2 b).
lö|chern ⟨sw. V.; hat⟩ [mhd. löchern] (ugs.): *durch hartnäckiges Fragen od. Bitten belästigen, jmdm. keine Ruhe lassen:* den Gast mit Fragen l.
Loch|ka|me|ra, die: *Camera obscura.*
Loch|kar|te, die (EDV früher): *Karte, in die zur späteren maschinellen Abtastung durch Lochung bestimmter Felder Verschlüsselungen von Schriftzeichen od. von Arbeitsanweisungen zur Steuerung einer Maschine eingestanzt werden:* Daten auf -n festhalten.
Loch|kar|ten|ma|schi|ne, die (EDV früher): *Maschine, bei der Lochkarten als Datenträger verwendet werden.*
Löch|lein, das; -s, -: Vkl. zu ↑[1]Loch (1).
Loch|ma|schi|ne, die: *Maschine zum Lochen.*
löch|rig: ↑löcherig.
Loch|sti|cke|rei, die (Handarb.): **a)** ⟨o. Pl.⟩ *Art der Stickerei, bei der ausgeschnittene Löcher verschiedener Form u. Größe mit engen überwendlichen Stichen eingefasst werden;* **b)** *mit Lochstickerei* (a) *verzierte Handarbeit.*
Loch|strei|fen, der (EDV früher): *mit Lochungen* (2) *versehener Papierstreifen zur Eingabe von Daten in Fernschreiber, Datenverarbeitungsanlagen u. a.*
Lo|chung, die; -, -en: **1.** *das Lochen.* **2.** *gelochte Stelle.*
Loch|zan|ge, die: *Zange zum Lochen* (1 a).
Löck|chen, das; -s, -: Vkl. zu ↑[1]Locke (a).
[1]Lo|cke, die; -, -n [mhd., ahd. loc, urspr. = die Gebogene, Gewundene]: **a)** *geringeltes Haarbüschel:* eine dunkle L. fiel in ihre Stirn; -n haben; sich -n legen lassen; das Haar in -n legen; **b)** (Kürschnerhandwerk) *geringeltes Haarbüschel im Fell bestimmter Tiere.*
[2]Lo|cke, die; -, -n [zu [1]locken] (Jägerspr.): **a)** *Instrument zum Nachahmen des Lockrufs;* **b)** *Lockvogel* (1).
[1]lo|cken ⟨sw. V.; hat⟩ [mhd. locken, ahd. lockōn, wahrsch. verw. mit ↑lügen]: **1. a)** *(ein Tier) mit bestimmten Rufen, Lauten, durch ein Lockmittel veranlassen, sich zu nähern:* den Hund mit einer Wurst l.; die Henne lockt ihre Küken; **b)** *durch Rufe, Zeichen, Versprechungen o. Ä. bewegen, von seinem Platz, Standort irgendwohin zu kommen, zu gehen od. durch Versprechungen zu etw. zu veranlassen suchen:* den Fuchs aus dem Bau l.; einen Künstler an ein Theater l.; jmdn. auf eine falsche Fährte, in eine Falle, in einen Hinterhalt l.; Ü selbst dieser Vorschlag konnte sie nicht aus ihrer Reserve l.; das schöne Wetter lockte [sie] ins Freie, zu Spaziergängen. **2.** *jmdm. sehr gut, angenehm erscheinen u. äußerst anziehend auf ihn wirken:* es lockte mich, ins Ausland zu gehen; ein lockendes Angebot; die lockende Ferne.
[2]lo|cken ⟨sw. V.; hat⟩ [mhd. nicht belegt, ahd. lochōn, zu ↑[1]Locke]: **a)** *in [1]Locken legen, drehen:* das Haar leicht l.; er lässt sich die Haare l.; **b)** ⟨l. + sich⟩ *sich in [1]Locken legen; in [1]Locken fallen:* sein Haar lockte sich ein wenig im Nacken; sie hat [von Natur aus] gelocktes Haar.
lö|cken ⟨sw. V.; hat⟩ [mhd. lecken = mit den Füßen ausschlagen]: meist in der Wendung **wider/(auch:) gegen den Stachel l.** (geh.; *etw., was als Einschränkung der persönlichen Freiheit empfunden wird, nicht hinnehmen u. sich dem widersetzen;* nach dem Ochsen, der gegen den Stock des Treibers ausschlägt; nach Apg. 26, 14).
Lo|cken|fri|sur, die: *Frisur, bei der das Haar in [1]Locken gelegt ist.*
Lo|cken|fül|le, die: *schönes, volles gelocktes Haar.*
Lo|cken|haar, das: *gelocktes Haar.*
Lo|cken|kopf, der: **1.** *Kopf mit Lockenhaar:* sie hat einen L. **2.** (fam.) *Kind, junger Mensch mit Lockenhaar:* ein L. spielte Gitarre.
lo|cken|köp|fig ⟨Adj.⟩: *einen Lockenkopf* (1) *aufweisend; gelockt.*
Lo|cken|pracht, die (scherzh.): *Lockenfülle.*
Lo|cken|stab, der: *stabförmiges elektrisches Gerät zum Lockenlegen.*
Lo|cken|wi|ckel (selten), **Lo|cken|wick|ler,** der: *kleine Rolle aus Metall od. Plastik, auf die [für eine Lockenfrisur] jeweils eine nasse Haarsträhne gewickelt wird.*
lo|cker ⟨Adj.⟩ [spätmhd. locker, zu mhd. lücke, lugge = locker]: **1. a)** *nicht [mehr] fest sitzend, mit etw. verbunden:* ein -er, l. sitzender Zahn; die Schraube ist l. geworden, sitzt l.; Ü der Revolver sitzt ihm l. *(er ist schnell bereit, den Revolver zu ziehen);* das Geld sitzt ihr l. *(sie gibt viel Geld aus);* **b)** *nicht dicht [sodass Zwischenräume bleiben]; durchlässig; nicht fest gefügt:* -er Boden; l. stricken, häkeln; **c)** *nicht straff [gespannt], nicht starr; nicht fest:* eine -e Haltung; sich in -er Ordnung aufstellen; die Zügel l. lassen; l. *(unverkrampft)* laufen; eine l. gebundene Krawatte; Ü eine -e *(nicht enge)* Beziehung; Vorschriften l. handhaben; es geht hier immer [sehr] l. (ugs.; *zwanglos, leger*) zu; sie macht das ganz l. *(leger, lässig).* **2.** *sich nicht an moralische, gesellschaftliche Vorschriften gebunden fühlend u. leichtfertig in seiner Art zu leben, sich zu benehmen od. von einer entsprechenden Haltung zeugend:* ein -es Mundwerk; ein -er Lebenswandel.
Lo|cker|heit, die; -: *lockere Art.*
lo|cker|las|sen ⟨st. V.; hat⟩ (ugs.): *von etw. absehen, ablassen* (6 a) (meist verneint): sie haben nicht lockergelassen, bis ich zusagte.
lo|cker|ma|chen ⟨sw. V.; hat⟩ (ugs.): **a)** *Geld für jmdn., etw. hergeben:* ein paar Tausender [für jmdn.] l.; **b)** *jmdn. bewegen, für jmdn., etw. Geld herzugeben, zu bewilligen:* bei jmdm. Geld l.
lo|ckern ⟨sw. V.; hat⟩: **1. a)** *locker* (1 a) *machen:* eine Schraube l.; **b)** *(Erde) mit einem Gerät locker* (1 b) *machen, auflockern:* vor dem Einsäen die Erde l.; frisch gelockerte Beete; **c)** *locker* (1 c) *machen, weniger fest anziehen:* die Krawatte l.; seinen Griff, seine Muskeln l.; Ü die scharfen Bestimmungen, Gesetze l. *(liberaler fassen);* in gelockerter *(gelöster)* Stimmung. **2.** ⟨l. + sich⟩ **a)** *locker* (1 a) *werden:* ein Zahn, die Bremse hat sich gelockert; **b)** *locker* (1 b) *werden, an Dichte verlieren:* der Nebel lockert sich; **c)** *locker* (1 c) *werden; in seiner Anspannung, seinem Druck o. Ä. nachlassen:* die Starrheit ihrer Glieder, der Druck ihrer Finger, ihr Griff lockerte sich; Ü ihre innere Spannung, Verkrampfung lockerte sich; das Verhältnis hatte sich inzwischen gelockert *(war nicht mehr so eng);* die Sitten haben sich gelockert *(sind nicht mehr so streng).*
Lo|cke|rung, die; -, -en ⟨Pl. selten⟩: *das Lockern* (1, 2).
Lo|cke|rungs|übung, die ⟨meist Pl.⟩: *gymnastische Übung zur Lockerung der Gelenke u. verkrampfter Muskelpartien:* das Training beginnt mit einfachen -en.
lo|ckig ⟨Adj.⟩ [für mhd. lockecht]: *[1]Locken aufweisend; gelockt; mit, in [1]Locken:* -es Haar.
Lock|mit|tel, das: *Mittel zum Anlocken:* als L. dienen.
Lock|ruf, der: *Ruf, Laut zum Anlocken [bes. von Vögeln]:* der L. der Glucke.
Lock|spit|zel, der (abwertend): *Agent Provocateur.*
Lo|ckung, die; -, -en [mhd. lockunge, ahd. lochunga]: **a)** *verführerisches [1]Locken* (2), *das von jmdm., etw. ausgeht:* die L. der Ferne; den -en entgehen; **b)** *das [1]Locken* (1 b).
Lock|vo|gel, der: **1.** *gefangener Vogel, der andere Vögel anlocken soll.* **2.** (abwertend) *jmd., der andere zu verbrecherischen Zwecken anlocken soll.*
Lod|del, der; -s, -, (auch:) -s [wohl zu nordostd. loddern = müßig gehen, faulenzen, Nebenf. von ↑lottern] (salopp): *Zuhälter.*
Lo|den, der; -s, - [mhd. lode, ahd. lodo = grobes Wollzeug, H. u.]: *imprägnierter, grüner, brauner od. grauer, haariger od. filziger Wollstoff bes. für Jäger-, Wander- od. Trachtenkleidung.*

Lo|den|man|tel, der: *Mantel aus Loden.*
Lo|den|stoff, der: *Loden.*
lo|dern ⟨sw. V.; hat/selten auch: ist⟩ [spätmhd. (niederd., md.) lodern, wahrsch. eigtl. = emporwachsen]: *mit großer Flamme in heftiger Aufwärtsbewegung brennen; hochschlagen* (2 b): das Feuer lodert; Flammen lodern aus der Fabrikhalle, zum Himmel; Ü ihre Augen loderten [vor Zorn].
Lodsch, Lodz: dt. Schreibungen von ↑Łódź.
Łódź [u̯utsj]: Stadt in Polen.
Löf|fel, der; -s, - [mhd. leffel, ahd. leffil]: **1. a)** *[metallenes] [Ess]gerät, an dessen unterem Stielende eine schalenartige Vertiefung sitzt u. das zur Aufnahme von Suppe, Flüssigkeiten, zur Zubereitung von Speisen o. Ä. verwendet wird:* silberne, verchromte L.; ein L. aus Zinn; man nehme zwei L. [voll] Zucker, dreimal täglich 10 Tropfen auf einen L. Zucker; etw. mit dem L. essen; *** den L. sinken lassen/fallen lassen/hinlegen/wegwerfen/wegschmeißen/abgeben** (salopp; *sterben*); **etw.** (bes. die Weisheit) **[auch nicht] mit -n gefressen o. Ä. haben** (ugs.; oft iron.; *etw., bes. Intelligenz, Klugheit, [nicht gerade] in sehr hohem Maße besitzen*); **mit einem goldenen/silbernen L. im Mund geboren sein** (ugs.; *reich geboren sein*); **jmdn. über den L. barbieren** (ugs.; *jmdn. plump betrügen;* viell. nach einer früher bei den Barbieren üblichen Gewohnheit, zahnlosen Männern zur leichteren Rasur einen Löffel in den Mund zu schieben, um die eingefallenen Wangen nach außen zu wölben); **b)** (Med.) *Kürette.* **2.** (Jägerspr.) *Ohr von Hase u. Kaninchen:* die L. anlegen, stellen, spitzen, zurücklegen; * (salopp:) **die L. aufsperren/spitzen** (↑Ohr); **jmdm. eins/ein paar hinter die L. geben** usw. (↑Ohr); **eins/ein paar hinter die L. kriegen/bekommen** (↑Ohr); **sich** ⟨Dativ⟩ **etw. hinter die L. schreiben** (↑Ohr).
Löf|fel|bis|kuit, das, auch: der: *Biskuit in länglicher, an den Enden gerundeter Form.*
Löf|fel|chen|stel|lung, die [nach dem Anordnungsprinzip von Löffelchen im Besteckkasten]: (ugs.) **a)** *das Hintereinanderliegen von eng aneinander geschmiegten Personen, wobei sich der Po der einen Person u. der Bauch der anderen Person berühren;* **b)** *Stellung beim Geschlechtsverkehr, wobei die beiden Partner mit angewinkelten Beinen hintereinander auf der Seite liegen.*
löf|fel|för|mig ⟨Adj.⟩: *von der Form eines Löffels.*
löf|feln ⟨sw. V.; hat⟩: **1. a)** *mit dem Löffel essen:* eine Suppe l.; sie löffelten alle aus einer Schüssel; **b)** *mit dem Löffel herumrühren:* im Eis l.; **c)** *mit dem Löffel in etw. füllen:* Suppe aus der Terrine l. **2. * jmdm. eine l.** (ugs.; *jmdn. ohrfeigen*).
Löf|fel|rei|her, der: *[weißer] Ibis mit langem, am Ende löffelförmig verbreitertem Schnabel.*
Löf|fel|stel|lung, die (ugs.): *Löffelchenstellung.*
Löf|fel|stiel, der: *Stiel eines Löffels.*
löf|fel|wei|se ⟨Adv.⟩: *in einer Menge von jeweils einem od. mehreren Löffeln:* eine Medizin l. einnehmen.
Loft, der; -[s], -s [engl. loft = Dachboden; Empore < anord. lopt = Luft, Himmel; höher gelegener Raum]: **1.** *aus der Etage einer Fabrik o. Ä. umgebaute Wohnung.* **2.** ⟨o. Pl.⟩ *Winkel zwischen Schlagfläche u. Sohle beim Golfschläger.*
log: ↑lügen.
Log, das; -s, -e [engl. log, eigtl. = Holzklotz (der an der Logleine hinter dem Schiff hergezogen wurde)] (Seew.): *Gerät zur Messung der Schiffsgeschwindigkeit.*
log-, Log-: ↑logo-, Logo-.
-log: ↑-loge.
Lo|ga|rith|men: Pl. von ↑Logarithmus.
Lo|ga|rith|men|ta|fel, die (Math.): *tabellenartige Zusammenstellung der Logarithmen.*
lo|ga|rith|misch ⟨Adj.⟩ (Math.): *den Logarithmus betreffend; auf einem Logarithmus beruhend, ihn anwendend.*
Lo|ga|rith|mus, der; -, ...men [nlat., zu griech. lógos (↑Logos) u. árithmos = Zahl] (Math.): *Zahl, mit der eine andere Zahl, die Basis* (3 c), *potenziert werden muss, damit eine vorgegebene Zahl, der Numerus* (2), *erhalten wird* (Zeichen: log).
Log|buch, das [zu ↑Log] (Seew.): *Tagebuch auf Seeschiffen, in das alle für die Seefahrt wichtigen Beobachtungen eingetragen werden.*
lö|ge: ↑lügen.
Lo|ge [ˈloːʒə], die; -, -n [1: frz. loge = abgeschlossener Raum < afrz. loge < mlat. lobia, aus dem Germ.; 2: engl. lodge < afrz. loge, ↑Loge (1)]: **1. a)** *kleiner, durch Seitenwände abgeteilter [überdachter] Raum mit mehreren Sitzplätzen im Theater o. Ä.;* **b)** *kleiner Raum [in einem größeren Gebäude], in dem der Pförtner o. Ä. hinter einer Art Schalter sitzt:* der Pförtner saß in seiner L. **2. a)** *geheime Gesellschaft von Freimaurern;* **b)** *Versammlungsort einer Loge* (2 a).
-lo|ge, (seltener:) -log, der; -logen, -logen [zu griech. lógos, ↑Logos]: in Zus., z. B. Ethnologe, Graphologe.
Lo|gen|bru|der, der: *Mitglied einer Loge* (2 a).
Lo|gen|platz, der: *Platz in einer Loge* (1 a).
Log|gast, der (Seew.): *²Gast, der das Log bedient.*
Log|ge, die; -, -n [schwed., norw. logg < engl. log, ↑Log] (Seew.): *Log.*
Log|ger, der; -s, - [niederl. logger < engl. lugger] (Seew.): *kleines Schiff für den Heringsfang.*
Log|gia [ˈlɔdʒ(i)a], die; -, ...ien [...(i̯)ən; ital. loggia, eigtl. = Laube < afrz. loge, ↑Loge]: **1.** *nicht od. kaum vorspringender, nach der Außenseite hin offener, überdachter Raum im [Ober]geschoss eines Hauses.* **2.** (Archit.) *zu einer od. mehreren Seiten hin offene, von Säulen, Pfeilern getragene Halle als selbstständiger Bau od. als Teil des Erdgeschosses.*
Log|glas, das (Seew.): *Sanduhr zur Bedienung des Logs.*
-lo|gie, die; -, -n [zu griech. lógos, ↑Logos]: in Zus., z. B. Ethnologie, Graphologie.
lo|gie|ren, ⟨sw. V.; hat⟩ [frz. loger, zu: loge, ↑Loge]: **1.** *an einem Ort, an dem man sich vorübergehend aufhält, in einem Hotel od. Privatquartier wohnen:* sie logieren wieder im Ritz. **2.** (veraltend) *als Gast aufnehmen, unterbringen:* wir logieren ihn im Gästezimmer.
Lo|gik, die; - [spätlat. logica < griech. logikḗ = Wissenschaft des Denkens, zu: logikós = zur Vernunft gehörend, zu: lógos, ↑Logos]: **1.** *Lehre, Wissenschaft von der Struktur, den Formen u. Gesetzen des Denkens; Lehre vom folgerichtigen Denken, vom Schließen aufgrund gegebener Aussagen; Denklehre:* die mathematische L. *(Logik, die sich eines strengen Formalismus bedient).* **2. a)** *Folgerichtigkeit des Denkens:* eine zwingende L.; seiner Äußerung fehlt jede L.; das ist/verstößt gegen alle L.; **b)** *in einer Entwicklung, in einem Sachzusammenhang o. Ä. liegende [zwangsläufige] Folgerichtigkeit:* die geschichtliche Logik spricht dagegen.
Lo|gi|ker, der; -s, -: **1.** *Wissenschaftler auf dem Gebiet der Logik* (1). **2.** *rein logisch Denkender.*
Lo|gi|ke|rin, die; -, -nen: w. Form zu ↑Logiker.
Lo|gis [loˈʒiː], das; - [...iː(s)], - [...iːs; frz. logis, zu: loge, ↑Loge]: **1.** *[nicht besonders komfortable] Unterkunft, Wohnung [bei jmdm.]:* bei jmdm. Kost und [freies] L. haben; sie hat ihr L. im Souterrain, unter dem Dach. **2.** [auch: ˈloːgɪs] (Seemannsspr.) *[Gemeinschafts]wohnraum auf Schiffen für Mannschaft u. niedrige Dienstgrade.*
lo|gisch ⟨Adj.⟩ [lat. logicus < griech. logikós, ↑Logik]: **1.** *die Logik* (1) *betreffend, dazu gehörend, sich damit befassend:* -e Übungen. **2.** *den Gesetzen der Logik* (1) *entsprechend; folgerichtig:* -es Denken; er bemüht sich, l. zu sein; l. denken, handeln. **3.** (ugs.) *sich von selbst ergebend:* die -e Konsequenz war, den Antrag abzulehnen; na l.! *(selbstverständlich!).*
lo|gi|scher|wei|se ⟨Adv.⟩: *aus Gründen der Logik* (2): l. stimmt das nicht.
Lo|gis|mus, der; -, ...men [griech. logismós = das Rechnen, die Berechnung, zu: lógos, ↑Logos] (Philos.): **1.** *auf die Vernunft gegründeter Schluss* (2 b). **2.** ⟨o. Pl.⟩ *Auffassung, dass die Welt logisch aufgebaut ist.*
Lo|gis|tik, die; - [1: griech. logistikḗ (téchnē) = Rechenkunst, zu: logistikós = zum (Be)rechnen gehörend, zu: lógos, ↑Logos; 2: frz. logistique < spätlat. logisticus = die Finanzverwaltung betreffend < griech. logistikós = zum (Be)rechnen gehörend; 3: engl. logistics (Pl.) < frz. logistique = Logistik (2)]: **1.** *mathematische Logik* (1). **2.** (Milit.) *Planung, Bereitstellung u. Einsatz der für militärische Zwecke erforderlichen Mittel u. Dienstleistungen zur Unterstützung der Streitkräfte; Versorgung[sapparat] einer Truppe.* **3.** (Wirtsch.) *Gesamtheit aller Aktivitäten eines Unternehmens, die die Beschaffung, die Lagerung u. den Transport von Materialien u. Zwischenprodukten, die Auslieferung von Fertigprodukten, also den gesamten Fluss von Material, Energie u. Produkt betreffen.*
Lo|gis|tik|trup|pe, die (Milit.): *(bei der Bundeswehr) Kampfunterstützungstruppe, deren Truppen für die Aufgaben der Logistik* (1) *ausgebildet u. ausgerüstet sind* (z. B. Nachschubtruppe).
lo|gis|tisch ⟨Adj.⟩: **1.** *die Logistik* (1) *betreffend.* **2.** *die Logistik* (2, 3) *betreffend:* er ist für -e Aufgaben zuständig.
Log|lei|ne, die (Seew.): *mit Knoten versehene Leine am Log zum Messen der Schiffsgeschwindigkeit.*
lo|go ⟨indekl. Adj.⟩ (salopp, bes. Jugendspr.): *logisch* (3): »Kommst du mit?« – »Ist doch l.!«.
Lo|go, der oder das; -s, -s [engl. logo, gek. aus: logotype, zu griech. lógos (↑Logos) u. engl. type, ↑Type]: *Signet* (1 b).
lo|go-, Lo|go-, (vor Vokalen auch:) log-, Log- [zu griech. lógos, ↑Logos] ⟨Best. in Zus. mit der Bed.⟩: *wort-, Wort-, Rede-, Vernunft-* (z. B. logopädisch, Logik).
Lo|goi: Pl. von ↑Logos.
Lo|go|kra|tie, die; - [↑-kratie]: *Herrschaft der Vernunft in der Gesellschaft.*
Lo|go|pä|de, der; -n, -n: *Spezialist auf dem Gebiet der Logopädie* (Berufsbez.).
Lo|go|pä|die, die; - [zu griech. paideía = Lehre, Ausbildung]: *Wissenschaft u. Behandlung von (physiologisch od. psychisch bedingten) Sprachstörungen; Sprachheilkunde.*
Lo|go|pä|din, die; -, -nen: w. Form zu ↑Logopäde.
lo|go|pä|disch ⟨Adj.⟩: *die Logopädie betreffend, darauf beruhend.*
Lo|go|pa|thie, die; -, -n [↑-pathie] (Med.): *Sprachstörung aufgrund von Veränderungen im Zentralnervensystem.*
Lo|gos, der; -, Logoi ⟨Pl. selten⟩ [griech. lógos = Rede, Wort; Vernunft; Überlegung; philosophischer Lehrsatz; (philosophische) Lehre, zu: légein = (auf-, er)zählen; reden, sprechen]: **1.** (antike Philos., Rhet.) *auf Verstehen angelegte Rede, Sprache.* **2.** ⟨o. Pl.⟩ (antike Philos.) *menschliche od. göttliche Vernunft; umfassender Sinn; Weltvernunft.* **3.** (antike Philos.) *logisches Urteil; Begriff.* **4.** ⟨o. Pl.⟩ (Theol.) *Gott, Vernunft Gottes als Weltschöpfungskraft.* **5.** ⟨o. Pl.⟩ (Theol.) *Offenbarung, Wille Gottes u. Mensch gewordenes Wort Gottes in der Person Jesu.*
loh ⟨Adj.⟩ [rückgeb. aus ↑lichterloh] (dichter.): *lodernd.*
Loh|bei|ze, die: *¹Beize* (1 c).
¹Lo|he, die; -, -n [mhd. lohe, ahd. loug = Flamme, Feuer, verw. mit ↑licht] (geh.): *in heftiger Aufwärtsbewegung brennende, große Flamme[n].*
²Lo|he, die; -, -n [mhd., ahd. lō, urspr. = Abgeschältes, Losgelöstes]: *zum Gerben verwendete, zerkleinerte Rinde, bes. von jungen Eichen u. Fichten; Gerberlohe.*
¹lo|hen ⟨sw. V.; hat⟩ [mhd. lohen, ahd. lo(h)ēn, zu ↑¹Lohe] (geh.): *lodern.*
²lo|hen ⟨sw. V.; hat⟩ (Gerberei): *mit ²Lohe gerben:* Tierhäute l.
Loh|ger|ber, der: *mit pflanzlichen Gerbstoffen arbeitender Gerber* (Berufsbez.).
Loh|ger|be|rin, die: w. Form zu ↑Lohgerber.

Loh|müh|le, die: *Mühle, in der Baumrinde zu Gerbstoff verarbeitet wird.*

Lohn, der; -[e]s, Löhne [mhd., ahd. lōn, urspr. = (auf der Jagd od. im Kampf) Erbeutetes]: **1.** *[nach Stunden berechnete] Bezahlung für geleistete Arbeit [die dem Arbeiter täglich, wöchentlich od. monatlich ausgezahlt wird]:* ein fester, niedriger, tariflicher L.; Löhne und Gehälter sind gestiegen; die Löhne erhöhen, kürzen, senken, drücken; sich seinen [restlichen] L. auszahlen lassen; für einen bestimmten L. arbeiten; *** in L. und Brot stehen** (veraltend; *eine feste Anstellung haben*); **jmdn. um L. und Brot bringen** (veraltend; *jmdm. seine Arbeit, Erwerbsquelle nehmen*). **2.** ⟨o. Pl.⟩ *etw., womit man für eine Leistung, Mühe o. Ä. entschädigt wird; Belohnung:* ein [un]verdienter, königlicher L.; seinen L. für etw. empfangen; als/zum L. dafür; Ü er wird schon noch seinen L. *([vom Schicksal] seine Strafe, Vergeltung)* bekommen.

lohn|ab|hän|gig ⟨Adj.⟩: *durch seinen Lohn vom Arbeitgeber abhängig.*

Lohn|ab|rech|nung, die: *Abrechnung über den Lohn.*

Lohn|ab|zug, der: *Abzug einer bestimmten Summe vom Lohn.*

Lohn|ar|beit, die: **a)** ⟨o. Pl.⟩ *gegen Lohn von einem Arbeiter geleistete Arbeit;* **b)** (Wirtsch.) *zur Durchführung eines Produktionsauftrags von einem Betrieb für einen anderen gegen Bezahlung geleistete Arbeit.*

Lohn|ar|bei|ter, der: *Lohn beziehender Arbeiter.*

Lohn|ar|bei|te|rin, die: w. Form zu ↑Lohnarbeiter.

Lohn|aus|gleich, der: *durch den Arbeitgeber [über einen bestimmten Zeitraum] erfolgende Zahlung der Differenz zum Nettoeinkommen, wenn die Arbeit aus bestimmten Gründen (z. B. Krankheit) nicht geleistet werden kann:* kürzere Arbeitszeit bei vollem L.

Lohn|buch|hal|ter, der: *Buchhalter in der Lohnbuchhaltung.*

Lohn|buch|hal|te|rin, die: w. Form zu ↑Lohnbuchhalter.

Lohn|buch|hal|tung, die: **1.** ⟨o. Pl.⟩ *Berechnung des Lohns.* **2.** *Abteilung eines Betriebs, in der der Lohn berechnet u. seine Auszahlung veranlasst wird.*

Lohn|emp|fän|ger, der: *jmd., der Lohn bezieht.*

Lohn|emp|fän|ge|rin, die: w. Form zu ↑Lohnempfänger.

loh|nen ⟨sw. V.; hat⟩ [mhd. lōnen, ahd. lōnōn = Lohn geben, vergelten]: **1. a)** ⟨l. + sich⟩ *in ideeller od. materieller Hinsicht von Nutzen sein:* der Aufwand hat sich gelohnt; das Geschäft lohnte sich für ihn nicht; ⟨auch ohne »sich«:⟩ lohnt das?; die Mühe hat gelohnt; **b)** *aufzuwendende Mühe od. Kosten rechtfertigen:* das alte Auto lohnt keine Reparatur mehr; das lohnt die/(geh. veraltend:) der Mühe nicht. **2.** *eine gute Tat, ein gutes Verhalten [mit etw. Gutem] vergelten:* jmdm. seine Hilfe l.

löh|nen ⟨sw. V.; hat⟩ [mhd. lœnen, Nebenf. von: lōnen, ↑lohnen]: **a)** *jmdm. Lohn auszahlen:* die Landarbeiter l.; **b)** (ugs.) *[als Lohn] zahlen:* hundert Mark habe ich dafür gelöhnt.

loh|nend ⟨Adj.⟩: *(die für einen Gewinn, ein positives Ergebnis aufzuwendenden) Mühen u. Kosten rechtfertigend:* eine -e Aufgabe.

loh|nens|wert ⟨Adj.⟩: *lohnend, nutzbringend.*

Lohn|er|hö|hung, die: *Erhöhung der Löhne.*

Lohn|fol|ge|kos|ten ⟨Pl.⟩: *Kosten außer dem Lohn, die dem Arbeitgeber durch die Sozialleistungen entstehen.*

Lohn|fort|zah|lung, die: *Fortzahlung des Lohnes über einen bestimmten Zeitraum durch den Arbeitgeber im Krankheitsfall.*

Lohn|grup|pe, die: [1]*Gruppe* (1 b), *in die Arbeitnehmer eines Berufszweigs aufgrund ihrer Tätigkeitsmerkmale eingestuft werden u. nach der sich die Höhe des Lohns richtet.*

Lohn|kampf, der: *Kampf der gewerkschaftlich organisierten Arbeitnehmer um höhere Löhne.*

Lohn|kos|ten ⟨Pl.⟩ (Wirtsch.): *Kostenaufwand für Bruttolöhne.*

Lohn|kür|zung, die: vgl. Lohnabzug.

Lohn|ne|ben|kos|ten ⟨Pl.⟩: *Lohnfolgekosten.*

Lohn|ni|veau, das: *Niveau der Löhne in einem bestimmten Bereich, Gebiet.*

Lohn|pau|se, die: *Verzicht auf Lohnerhöhungen für eine bestimmte Zeit.*

Lohn|pfän|dung, die: *Pfändung eines Teils des Lohns zugunsten eines Gläubigers.*

Lohn|po|li|tik, die: **a)** *Maßnahmen des Staates, der Arbeitgeber- u. Arbeitnehmerverbände zur Einflussnahme auf das allgemeine Lohnniveau;* **b)** (Wirtsch.) *Überlegungen u. Maßnahmen eines Unternehmens auf dem Sektor der Löhne.*

Lohn|run|de, die: *[jährlich wiederkehrende] Phase, in der zwischen Gewerkschaften u. Arbeitgeberverbänden neue Löhne ausgehandelt werden.*

Lohn|sen|kung, die: **1.** *Lohnabzug.* **2.** *Verminderung des Reallohns.*

Lohn|steu|er, die: *Steuer für Einkünfte aus unselbstständiger Tätigkeit.*

Lohn|steu|er|jah|res|aus|gleich, der: *Jahresausgleich bei zu viel entrichteter Lohnsteuer.*

Lohn|steu|er|kar|te, die: *von der Gemeinde ausgestellte Urkunde mit Angaben über Familienstand, Religionszugehörigkeit u. a. als Unterlage zur Berechnung der Lohnsteuer.*

Lohn|stopp, der: *staatliches Verbot von Lohnerhöhungen [bei gleichzeitigem Preisstopp] als Mittel der Wirtschaftspolitik.*

Lohn|strei|fen, der: **a)** (früher) *Papierstreifen, auf dem die Lohnabrechnung vermerkt ist [u. der dem bar ausbezahlten Lohn beiliegt];* **b)** *Lohnabrechnung.*

Lohn|ta|rif, der: *Tarif der Löhne.*

Lohn|tü|te, die: *Tüte mit dem ausgezahlten Lohn u. dem Lohnstreifen.*

Löh|nung, die; -, -en: **a)** *Auszahlung des Lohns, Wehrsolds:* am Tag der L.; **b)** *ausgezahlter Lohn, Wehrsold:* wir erhielten nur eine geringe L.

Lohn|ver|hand|lung, die: *Lohn betreffende Verhandlung der Tarifpartner.*

Lohn|zet|tel, der: vgl. Lohnstreifen.

Loh|rin|de, die [zu ↑[2]Lohe]: *Rinde für die Bereitung von Gerbmitteln.*

Loi|pe, die; -, -n [norw. løype] (Skisport): *markierte Bahn, Piste für den Langlauf:* dort wurde eine zwölf Kilometer lange L. gespurt.

Loire [lwa:r], die; -: französischer Fluss.

Lok, die; -, -s: Kurzf. von ↑Lokomotive.

lo|kal ⟨Adj.⟩ [frz. local < spätlat. localis = örtlich, zu lat. locus = Ort, Platz, Stelle]: **a)** *örtlich [beschränkt], für einen bestimmten Ort od. Bereich geltend:* -e Nachrichten; l. *(an einer Körperstelle)* betäuben; ⟨subst.:⟩ das Lokale *(der lokale Teil der Zeitung);* **b)** (Sprachw.) *den Ort, die räumliche Erstreckung ausdrückend:* -e Adverbien; eine -e Umstandsbestimmung.

Lo|kal, das; -s, -e [älter = Örtlichkeit, frz. local = Ort, Raum, der einem bestimmten Zweck dient, Substantivierung von: local, ↑lokal]: **1.** *Raum od. Örtlichkeit, wo man gegen Bezahlung essen u. trinken kann; Gaststätte, [Schank]wirtschaft:* ein gut besuchtes L.; unser L. ist montags geschlossen; das L. wechseln *(in ein anderes Lokal gehen);* in diesem L. isst man gut. **2.** *Raum für verschiedene Zwecke der Zusammenkunft; fester Versammlungsraum eines Vereins, Klubs, der örtlichen Organisation einer Partei u. Ä.:* der Klub hatte ein eigenes L.

Lo|kal|an|äs|the|sie, die (Med.): *örtliche Betäubung.*

Lo|kal|blatt, das: **1.** *kleine Zeitung mit räumlich begrenztem Verbreitungsgebiet.* **2.** *Lokalteil einer Zeitung.*

Lo|kal|der|by, das (Sport): [2]*Derby* (2) *zwischen zwei Mannschaften, die aus der gleichen Region stammen.*

Lo|ka|li|sa|ti|on, die; -, -en [frz. localisation, zu: localiser, ↑lokalisieren] (Fachspr.): **1.** *Ortsbestimmung, Zuordnung zu einer bestimmten Stelle:* die L. von Schmerzen ist oft nicht einfach. **2.** *Niederlassung, Ansammlung an einem bestimmten Platz.*

lo|ka|li|sier|bar ⟨Adj.⟩: *sich lokalisieren* (1, 2) *lassend:* der Schmerz ist in der Lendengegend l.

lo|ka|li|sie|ren ⟨sw. V.; hat⟩ [frz. localiser] (bildungsspr., Fachspr.): **1.** *örtlich bestimmen, festlegen, zuordnen:* einen Ort geographisch l.; einen Krankheitsherd l. **2.** *auf einen bestimmten Punkt od. Bereich begrenzen, eingrenzen:* einen Konflikt, ein Feuer l.

Lo|ka|li|sie|rung, die; -, -en (bildungsspr.): *das Lokalisieren* (1, 2).

Lo|ka|li|tät, die; -, -en [frz. localité < spätlat. localitas]: **a)** *Örtlichkeit, Raum (bes. in seiner Lage u. Beschaffenheit):* die -en genau kennen; wo ist hier die L. (verhüll.; *Toilette*)?; **b)** (scherzh.) *Lokal* (1).

Lo|kal|ko|lo|rit, das: *besondere Atmosphäre einer Stadt od. Landschaft; [in einem Kunstwerk, einer Schilderung o. Ä. eingefangene] örtliche Färbung:* der Roman spiegelt gut das L. der Gegend wider.

Lo|kal|ma|ta|dor, der (bes. Sport): *örtliche Berühmtheit, gefeierter Held in einem Ort, in einem begrenzten Gebiet.*

Lo|kal|ma|ta|do|rin, die: w. Form zu ↑Lokalmatador.

Lo|kal|nach|richt, die ⟨meist Pl.⟩: *lokale Nachricht, [Zeitungs]meldung.*

Lo|kal|pa|tri|o|tis|mus, der: *[übertrieben] starke Liebe zur Heimatstadt od. heimatlichen Landschaft.*

Lo|kal|re|dak|ti|on, die: **1.** *Redaktion* (2 a) *einer Zeitung, die die Lokalnachrichten bearbeitet.* **2.** *Geschäftsstelle einer Zeitung, die für die Erstellung der Lokalseite verantwortlich ist.*

Lo|kal|run|de, die (ugs.): *Runde Bier od. Schnaps für alle in einem Lokal* (1) *Anwesenden:* eine L. ausgeben, werfen.

Lo|kal|sei|te, die: *Zeitungsseite mit Nachrichten u. Berichten über Vorgänge u. Ereignisse im engsten Verbreitungsgebiet der entsprechenden Zeitungsausgabe.*

Lo|kal|teil, der: vgl. Lokalseite.

Lo|kal|ter|min, der: *Gerichtstermin am Tatort, Ort des Geschehens.*

Lo|kal|ver|bot, das: *[vom Wirt ausgesprochenes] Verbot, ein bestimmtes Lokal [wieder] zu betreten:* L. bekommen, haben.

Lo|ka|ti|on, die; -, -en [lat. locatio = Stellung, Anordnung, zu: locare = an einen Platz stellen, zu: locus, ↑lokal]: **1.** *moderne Wohnsiedlung.* **2.** *Bohrstelle (bei der Erdölförderung).* **3.** *Ort, Standort.*

Lo|ka|tiv, der; -s, -e (Sprachw.): **1.** *den Ort bestimmender Kasus* (Frage: wo?; z. B. lat. Romae = in Rom). **2.** *Wort, das im Lokativ* (1) *steht.*

Lok|füh|rer, der: kurz für ↑Lokomotivführer.

Lok|füh|re|rin, die: w. Form zu ↑Lokführer.

Lo|ko|ge|schäft, das: *an einer Warenbörse zur sofortigen Erfüllung abgeschlossenes Geschäft.*

Lo|ko|mo|ti|ve, die; -, -n [engl. locomotive (engine) = sich von der Stelle bewegend(e Maschine), zu lat. locus = Ort, Stelle u. movere (2. Part.: motum) = (sich) bewegen]: *mit Strom, Dampf o. Ä. angetriebenes Fahrzeug auf Schienen zum Ziehen der Eisenbahnwagen:* eine elektrische L.

Lo|ko|mo|tiv|füh|rer, der: *jmd., der berechtigt ist, selbstständig eine Lokomotive zu führen u. zu warten* (Berufsbez.).

Lo|ko|mo|tiv|füh|re|rin, die: w. Form zu ↑Lokomotivführer.

Lo|ko|ver|kehr, der (Kaufmannsspr.): *Geschäftsverkehr mit sofortiger Lieferung.*

Lo|ko|wa|re, die (Kaufmannsspr.): *sofort lieferbare Ware.*

Lo|kus, der; - u. -ses, - u. -se [wohl in der Schülerspr. verkürzt aus lat. locus necessitatis = Ort der Notdurft] (ugs.): *Toilette* (2), *Klosett:* sich auf den L. setzen.

lo|ku|ti|o|när, lo|ku|tiv ⟨Adj.⟩: in der Fügung **lokutionärer/lokutiver Akt** (Sprachw.; *Sprechakt im Hinblick auf Artikulation, Konstruktion u. Bedeutungsfestlegung*).

Lolch, der; -[e]s, -e [mhd. lulch, ahd. lolli < lat.

lolium = Trespe]: *(zu den Süßgräsern gehörendes) Gras mit vielen Blüten u. kleinen Ähren in zwei Zeilen; Raigras* (1).
Lo|li̲|ta, die; -, -s [nach dem gleichnamigen Roman von Vladimir Nabokov (1899–1977)]: *Kindfrau* (1).
Lọl|li, der; -s, -s [viell. zu ↑lullen (2 a) od. gek. aus engl. lollipop] (ugs.): *Lutscher* (1).
Lọm|bard [auch: -ˈ-], der od. das; -[e]s, -e [frz. lombard, gek. aus: Maison de Lombard = Leihhaus, nach den vom 13.–15. Jh. als Geldverleiher privilegierten Kaufleuten aus der Lombardei (frz. Lombard = Lombarde)] (Bankw. Jargon): *Lombardgeschäft, Lombardkredit.*
Lom|ba̲r|de, der; -n, -n: Bewohner der Lombardei.
Lom|bar|de̲i, die; -: italienische Region.
Lọm|bard|ge|schäft, das (Bankw.): *von einer Bank mit Lombardkrediten getätigtes Geschäft.*
Lom|ba̲r|din, die; -, -nen: *w. Form zu Lombarde.*
lom|ba̲r|disch ⟨Adj.⟩: *zur Lombardei gehörend; zu den Lombarden gehörend, sie betreffend.*
Lọm|bard|kre|dit, der (Bankw.): *Kredit gegen Verpfändung beweglicher Sachen, kurzfristige Beleihung von Waren od. Wertpapieren.*
Lọm|bard|satz, der (Bankw.): *von der Notenbank festgesetzter Zinsfuß für Lombardgeschäfte.*
Lọn|don: Hauptstadt von Großbritannien und Nordirland u. von England.
[1]Lọn|do|ner, der; -s, -: Ew.
[2]Lọn|do|ner ⟨indekl. Adj.⟩.
Lọn|do|ne|rin, die; -, -nen: w. Form zu ↑[1]Londoner.
Lọng|drink, der; -[s], -s [engl. long drink, aus: long = lang u. drink, ↑Drink]: *mit Soda- od. Mineralwasser, Fruchtsäften, Eiswürfeln u. Ä. verlängertes alkoholisches Getränk.*
Lon|ge [ˈlõ:ʒə], die; -, -n [frz. longe, zu: long < lat. longus = lang]: **a)** (Reiten) *sehr lange Leine, mit der ein Pferd im Kreis herumgeführt u. dabei dressurmäßig korrigiert wird:* ein Pferd an die L. nehmen; **b)** (Turnen, Schwimmen) *an einem Sicherheitsgurt befestigte Leine zum Abfangen von Stürzen bei gefährlichen Übungen od. beim Schwimmunterricht.*
lon|gie|ren [lõˈʒi:rən] ⟨sw. V.; hat⟩ [zu ↑Longe]: *(ein Pferd) an der Longe laufen lassen.*
lon|gi|tu|di|na̲l ⟨Adj.⟩ [zu lat. longitudo = Länge]: **a)** *in der Längsrichtung verlaufend, längsgerichtet, längs…:* -e Forschung; **b)** (Geogr.) *die geographische Länge, den Längengrad betreffend.*
long|line [ˈlɔŋlaɪn] ⟨Adv.⟩ [aus engl. long = lang u. line = Linie, eigtl. = lange Linie] (Tennis): *an der seitlichen Linie entlang:* den Ball l. schlagen, spielen.
Long|line, der; -[s], -s (Tennis): *Schlag, mit dem der Ball an der seitlichen Linie entlang ins gegnerische Feld gespielt wird:* einen L. schlagen.
Long|sel|ler, der [aus engl. long = lang und ↑Seller]: *Buch, das über einen langen Zeitraum gut verkauft wird.*
Look [lʊk], der; -s, -s [engl. look, zu: to look = (aus)sehen]: *Aussehen, Note, Moderichtung, Mode[erscheinung]* (meist in Zus.): der sportliche L.; einen neuen L. kreieren.
loo|pen [ˈlu:pn̩] ⟨sw. V.; hat⟩ [engl. to loop (the loop), zu: loop, ↑Looping] (Flugw.): *einen Looping, Loopings ausführen.*
Loo|ping [ˈlu:pɪŋ], der, auch: das; -s, -s [engl. looping (the loop) = das Drehen eines Loopings, zu: loop = Schleife] (Fliegerspr.): *Flug, bei dem das Flugzeug einen vertikalen Kreis beschreibt:* einen L. drehen.
Lọr|beer, der; -s, -en [mhd. lōrber, ahd. lōrberi = Beere des Lorbeerbaums, zu lat. laurus = Lorbeer(baum)]: **1.** *(im Mittelmeerraum heimischer) immergrüner Baum mit ledrigen (getrocknet als Gewürz dienenden) Blättern, gelblich weißen Blüten u. blauschwarzen Steinfrüchten.* **2.** *Blatt des Lorbeers* (1), *das als Gewürz verwendet wird:* das Fleisch mit L. und einigen Gewürzkörnern schmoren. **3.** *Lorbeerkranz od. -zweig [als Sinnbild des Ruhms, Sieges-, Ehrenzeichen]:* Ü dichterische -en; *** blutiger L.** *(kriegerischer Ruhm, der unter allzu großen Opfern erworben wurde);* **mit etw. keine -en pflücken/ernten können** *(mit etw. keinen Eindruck machen, nichts erreichen können);* **[sich] auf seinen -en ausruhen** (ugs.; *nach einmal errungenem Erfolg sich nicht mehr anstrengen*).
Lọr|beer|baum, der: *Lorbeer* (1).
Lọr|bee|re, die: *Frucht des Lorbeerbaums.*
Lọr|beer|ge|wächs, das (Bot.): *Baum od. Strauch mit ledrigen Blättern, kleinen Blüten [in Rispen] u. Beeren- od. Steinfrüchten.*
Lọr|beer|kranz, der: *Kranz aus Lorbeerzweigen.*
Lọr|beer|zweig, der: *Zweig vom Lorbeerbaum.*
Lọrd, der; -s, -s [engl. lord < mengl. lōverd < aengl. hlāford = Herr, zu: hlāf = Brot(laib) u. weard = Schutzherr, Wart, also eigtl. = Brotherr, -schützer]: **1.** ⟨o. Pl.⟩ *hoher englischer Adelstitel.* **2.** *Träger dieses Titels.*
Lọrd|schaft, die; -, -en: *Lordship.*
Lọrd|ship [ˈlɔ:dʃɪp], die; -, -s [engl. lordship]: **1. a)** ⟨o. Pl.⟩ *Rang, Titel eines Lords;* **b)** englische Anrede an einen Lord. **2.** *Grundbesitz, Herrschaftsbereich eines Lords.*
Lo̲|re, die; -, -n [älter: Lori < engl. lorry, H. u.]: *offener, auf Schienen laufender [kippbarer] Wagen zum Transport von Gütern in Bergwerken, Steinbrüchen u. Ä.*
Lo|re|le̲y [auch: ˈ– – –], (auch:) Lorelei, die; -: **1.** Rheinnixe. **2.** Felsen am rechten Rheinufer bei St. Goarshausen.
Lor|gnẹt|te [lɔrnˈjɛtə], die; -, -n [frz. lorgnette, zu: lorgner = verstohlen betrachten]: *bügellose, an einem Stiel vor die Augen zu haltende Brille.*
Lor|gnon [lɔrnˈjõ:], das; -s, -s [frz. lorgnon, zu: lorgner, ↑Lorgnette]: **a)** *Einglas mit Stiel:* ein L. vors Auge halten; **b)** *Lorgnette.*
[1]Lo̲|ri, der; -s, -s [engl. lory < malai. luri, nuri]: *(in Australien u. Polynesien heimischer) sperlingbis taubengroßer Papagei mit meist buntem Gefieder.*
[2]Lo̲|ri, der; -s, -s [frz. loris, H. u.]: *(im tropischen Asien u. Afrika heimischer) Halbaffe mit Greifhänden u. -füßen u. großen Augen.*
lo̲s [mhd., ahd. lōs, eigtl. = (ab)geschnitten, abgelöst]: **I.** ⟨Adj.⟩ **1.** *nicht mehr fest [gehalten], gelöst, abgetrennt:* der Knopf ist l.; der Hund ist von der Leine l.; *** jmdn., etw. l. sein** (ugs.; 1. *von jmdm., einer Sache befreit sein:* den lästigen Frager endlich l. sein; meine Erkältung bin ich immer noch nicht l.; 2. *jmdn., etw. verloren, vertan haben:* dein Geld bist du l.!); **l. und ledig** *(frei u. unbehindert, von allen Bindungen gelöst).* **2.** *** etwas ist l.** (ugs.; *etwas [Ungewöhnliches] geschieht; eine besondere Lage ist eingetreten;* entstanden aus der Vorstellung, etwas habe sich gelöst, sodass es nicht mehr funktioniert): was ist [denn hier] l.?; was ist l.? *(was hast du gesagt?);* da drüben muss etwas l. *(passiert)* sein; in diesem Lokal ist viel, wenig, immer etwas l. *(ist viel, wenig, immer Betrieb, kann man viel, wenig, immer etwas erleben);* in unserer Stadt ist nichts l. *(geht es langweilig zu, kann man nichts erleben);* wo ist denn hier was l.? *(wo kann man sich denn hier amüsieren?);* mit dem neuen Automodell ist nichts, nicht viel l. *(es taugt nichts, nicht viel);* wenn er zu wenig geschlafen hat, ist mit ihm nichts l. *(ist er schlecht gelaunt, nicht in Stimmung);* was ist denn mit dir l.? *(was hast du denn, was fehlt dir denn?).* **II.** ⟨Adv.⟩ **1.** (als Aufforderung) *schnell!; ab!:* l., beeil dich!; nun aber l.!; Achtung, fertig, l.! (Startkommando). **2.** ⟨in Verb. mit der Präp. »von«⟩ *weg:* (hist.:) l. vom Reich, von Rom. **3.** (ugs.) **a)** ⟨kurz für los- + Verb der Bewegung im 2. Part.⟩: er ist mit dem Wagen los *(losgefahren);* ich will schon l. *(losgehen),* bitte komm schnell nach!; **b)** ⟨kurz für los- + »gedreht, geschraubt« o. Ä.⟩ *gelöst:* ich habe die Schraube, das Brett schon l.
Lo̲s, das; -es, -e [mhd. lōȝ, auch = Losungswort, Orakel, ahd. hlōȝ, zu einem in mhd. lieȝen, ahd. hlioȝan = losen; wahrsagen, zaubern erhaltenen germ. Verb; 3: urspr. wohl das jmdm. durch Auslosung Zugefallene]: **1. a)** *verdeckt gekennzeichneter Zettel od. sonstiger Gegenstand, durch den eine Zufallsentscheidung herbeigeführt werden soll:* das L. soll entscheiden; das L. werfen; ein L. ziehen; jmdn., die Reihenfolge durch das L. ermitteln, bestimmen; **b)** *mit einer hohen Zahl od. Zahlenkombinationen versehener, käuflich zu erwerbender Zettel [für den die Gewinnzahlen erst nach dem Kauf ausgelost od. ermittelt werden]; Lotterieanteilschein:* ein halbes, ganzes L. [der Klassenlotterie]; jedes zweite L. gewinnt; das L. war eine Niete; ich habe drei -e gekauft; *** das große L.** *(der Hauptgewinn);* **mit jmdm., etw. das große L. ziehen/gezogen haben** *(mit jmdm., etw. Glück haben, eine besonders gute Entscheidung getroffen haben).* **2.** (geh.) *Schicksal, Geschick:* ein bitteres, beneidenswertes L.; das L. der Flüchtlinge; ihm war ein schweres L. beschieden; sein L. tragen müssen; mit seinem L. zufrieden sein. **3.** (Wirtsch.) *bestimmte Mengeneinheit:* die Bundeswehr bezieht ihre Munition in -en.
lo̲s-: **1.** drückt in Bildungen mit Verben das Beginnen mit etw., den Anfang von etw. aus: loskichern, -rocken. **2.** drückt in Bildungen mit Verben das Lösen, eine Trennung aus: losketten, -koppeln.
-los: drückt in Bildungen mit Substantiven aus, dass etw. nicht vorhanden ist, dass die beschriebene Person oder Sache etw. nicht hat: baum-, motiv-, schnur-, wohnsitzlos.
Los An|ge|les [lɔs ˈɛndʒələs]: größte Stadt Kaliforniens.
lo̲s|ar|bei|ten ⟨sw. V.; hat⟩: **1.** *zu arbeiten beginnen.* **2.** *auf ein Ziel hinarbeiten.*
lö̲s|bar ⟨Adj.⟩: **1.** *sich [auf]lösen lassend:* eine nicht -e Aufgabe. **2.** (selten) *löslich.*
Lö̲s|bar|keit, die; -: *das Lösbarsein.*
lo̲s|be|kom|men ⟨st. V.; hat⟩ (ugs.): *lösen können, abbekommen* (3).
lo̲s|bin|den ⟨st. V.; hat⟩: *von einer Befestigung, Leine lösen:* ein Tier l.
lo̲s|bre|chen ⟨st. V.⟩: **1. a)** *abbrechen, mit schnellem, hartem Griff abmachen* ⟨hat⟩: einen Ast l.; **b)** *sich plötzlich von etw. lösen; abbrechen* ⟨ist⟩. **2.** ⟨ist⟩ **a)** *plötzlich [u. lautstark] beginnen:* lauter Jubel, ein Aufruhr brach los; **b)** *zu schimpfen beginnen.*
lösch: ↑[2]löschen.
Lọ̈sch|ar|beit, die: *Arbeit des Feuerlöschens.*
lọ̈sch|bar ⟨Adj.⟩: *sich löschen lassend.*
Lọ̈sch|blatt, das: *Blatt aus Löschpapier.*
[1]lọ̈|schen ⟨sw. V.; hat⟩ [mhd. leschen, ahd. lescen, leschen, eigtl. Kausativ zum st. V. ↑[2]löschen]: **1. a)** *nicht weiterbrennen lassen; auslöschen, ersticken:* die Kerzen, die Glut l.; **b)** *ein Feuer, einen Brand bekämpfen u. zum Erlöschen bringen:* einen Brand l.; ⟨auch o. Akk.-Obj.:⟩ die Feuerwehrleute löschten mit Schaum; **c)** (geh.) *ausschalten, ausmachen:* das Licht l.; **d)** *nach dem Brennen mit Wasser übergießen, vermischen:* gelöschter Kalk; **e)** *(den Durst) stillen:* seinen Durst [mit Wasser] l.; ich muss erst einmal meinen Brand l. **2.** *beseitigen, tilgen:* das Geschriebene auf der Tafel l.; eine Eintragung l.; ein Konto, eine Schuld l.; Daten, Dateien l.; die Firma wurde im Handelsregister gelöscht; einen Tadel, die Erinnerung [aus dem Gedächtnis] l. **3.** *mit Löschpapier trocknen:* einen Tintenklecks l.; dieses Löschblatt löscht nicht gut; *** jmdm. eine/ein paar l.** (landsch.; *jmdm. eine Ohrfeige, ein paar Ohrfeigen geben*).
[2]lọ̈|schen ⟨st. V.; ist⟩ [mhd. leschen, ahd. (ir)lescan, eigtl. = sich legen, wohl Weiterbildung zu ↑liegen] (veraltet): *er-, verlöschen:* die Flamme lischt; Ü das Leben lischt.
[3]lọ̈|schen ⟨sw. V.; hat⟩ [(m)niederd. lossen = ausladen, zu ↑los, also eigtl. = frei, leer machen] (Seemannsspr.): **a)** *ausladen:* die Ladung, Fracht, Rohöl l.; die Säcke wurden aus dem Schiff in Waggons gelöscht; **b)** *leer machen:* Schiffe l.
Lọ̈sch|fahr|zeug, das: *Feuerwehrfahrzeug mit Anlage u. Ausrüstung zum Feuerlöschen.*
Lọ̈sch|ge|rät, das: *Feuerlöschgerät.*
Lọ̈sch|kalk, der: *gelöschter Kalk* (1 b).
Lọ̈sch|kopf, der (Elektronik): *ringförmiges Bau-*

teil an Tonbandgeräten zum Löschen magnetischer Aufzeichnungen.

Lösch|pa|pier, das: *sehr saugfähiges Papier zum Trocknen von Tinte.*

Lösch|sand, der: **1.** *Sand, mit dem ein kleineres Feuer erstickt u. gelöscht werden kann.* **2.** (früher) *Streusand (2) zum Trocknen von Tinte.*

Lösch|tas|te, die: **a)** *Taste an Tonbandgeräten, mit der der Löschkopf betätigt wird;* **b)** (Datenverarb.) *Taste einer Computertastatur zum Löschen von Zeilen.*

[1]Lö|schung, die; -, -en: *das Löschen, Tilgen:* die L. der Firma aus dem Handelsregister.

[2]Lö|schung, die; -, -en: *das Löschen einer Ladung.*

Lösch|was|ser, das ‹o. Pl.›: *zum Feuerlöschen gebrauchtes Wasser.*

Lösch|wie|ge, die: *Gerät (auf dem Schreibtisch), dessen untere, mit Löschpapier bespannte Fläche abgerundet ist u. sich zum Trocknen der Tinte wie eine Wiege hin u. her bewegen lässt.*

Lösch|zug, der: *Feuerlöschzug.*

los|don|nern ‹sw. V.› (ugs.): **1.** *sehr schnell u. mit lärmendem Motor losfahren* ‹ist›. **2.** *laut zu schimpfen anfangen* ‹hat›.

los|dür|fen ‹unr. V.; hat› (ugs.): vgl. losmüssen: wir dürfen noch nicht los.

lo|se ‹Adj.; -r, -ste› [urspr. Nebenform von ↑los, mhd. lōse (Adv.)]: **1. a)** *nicht [mehr] fest [an]haftend; nicht [mehr] fest verbunden, nicht [mehr] eng aneinander grenzend:* ein -r Nagel, Knopf; -s Gestein; der Knoten ist zu l.; in dem Buch sind einzelne Seiten l.; l. aufgestecktes Haar; Ü l. Bekanntschaften; **b)** *nicht eng anliegend, locker:* das Kleid fällt l. über ihre Hüften; **c)** (geh.) *aufgelockert, nicht dicht:* l. Bebauung. **2.** *nicht verpackt, in einzelnen Stücken:* l. Ware ist billiger; das Geld l. in der Tasche tragen. **3. a)** (veraltend) *leichtfertig, ohne sittlichen Halt, unmoralisch:* ein -s Mädchen; (noch scherzh.:) l. Reden führen; ‹subst.:› du Loser!; **b)** *frech, dreist:* sie hat ein -s Mundwerk.

Lo|se|blatt|aus|ga|be, die; -, -n: *in einzelnen [gelochten] Blättern od. Karteikarten mit den zugehörigen Ordnern erscheinende Ausgabe (4 a) (z. B. von Gesetzen), die laufend ergänzt u. auf den neuesten Stand gebracht werden kann.*

Lo|se|blatt|samm|lung, die; -, -en: vgl. Loseblattausgabe.

Lö|se|geld, das: *Geld[betrag], mit dem ein Gefangener, eine Geisel freigekauft werden soll od. wird:* [ein] L. fordern.

los|ei|sen ‹sw. V.; hat› [eigtl. = ein festgefrorenes Schiff aus dem Eis befreien] (ugs.): **a)** *(jmdn., sich) mit Mühe frei machen; erreichen, dass jmd. sich [vorübergehend] von einer Verpflichtung löst od. von den Menschen, bei denen er sich gerade aufhält, weggeht:* jmdn. von seiner Verwandtschaft, aus dem Gefängnis l.; können wir uns hier nicht endlich l.?; **b)** *(etw., bes. Geld) mit Geschick irgendwo auftreiben u. herbeibringen:* bei jmdm. ein paar Mark l.

Lö|se|mit|tel, das: *Lösungsmittel.*

[1]lo|sen ‹sw. V.; hat› [mhd. lōȥen]: *durch das Los bestimmen, das Los entscheiden lassen:* wir wollen l. [wer anfängt]; um das Urlaubsziel l.

[2]lo|sen, lusen ‹sw. V.; hat› [mhd. losen, lusen, ahd. hlosen, verw. mit ↑laut; vgl. lauschen] (südd., österr., schweiz. mundartl.): *horchen, zuhören:* los mal!; sie hat scharf gelost.

lö|sen ‹sw. V.; hat› [mhd. lœsen, ahd. lōsen, urspr. = losmachen, zu ↑los]: **1. a)** *bewirken, dass etw. lose wird, nicht mehr fest verbunden ist, nicht mehr [an]haftet:* eine Briefmarke [mit Wasserdampf] l.; das Fleisch von den Knochen l.; dieses Mittel löst den Schmutz; die Taue l.; Ü den Blick von jmdm., etw. nicht l. können; etw. aus dem Zusammenhang l.; **b)** ‹l. + sich› *lose werden, nicht mehr fest verbunden sein, nicht mehr [an]haften; abgehen:* die Tapete löst sich [von der Wand]; eine Lawine hat sich gelöst; Ü ihre Blicke lösen sich voneinander; **c)** ‹l. + sich› *sich von etw. frei machen, trennen:* sich aus jmds. Umarmung l.; Ü eine Gestalt löste sich aus der Gruppe, aus der Dunkelheit; sich aus dem Elternhaus, von seinen Freunden l.; sich aus einer Verpflichtung, von Vorurteilen l. **2. a)** *lockern, lockerer machen:* eine Schraube, die Krawatte, die Haare l.; die Handbremse l.; Milch mit Honig löst den Schleim, den Husten; die Spritze hat den Krampf gelöst; Ü jmds. Hemmungen l.; der Wein löste ihr die Zunge *(brachte sie zum Reden);* **b)** ‹l. + sich› *lose werden, sich lockern:* eine Schraube löst sich; der Krampf, mein Husten hat sich gelöst. **3. a)** *durch Nachdenken herausfinden, wie etw. Schwieriges zu bewältigen ist; etw. klären, entwirren:* ein Rätsel, eine Gleichung, eine Aufgabe l.; das Problem, der Widerspruch konnte nicht gelöst werden; **b)** ‹l. + sich› *erkennen lassen, wie etw. Schwieriges zu bewältigen ist; sich klären, entwirren:* das Rätsel, das Problem hat sich gelöst. **4.** *auflösen, annullieren, für nichtig erklären:* einen Vertrag, eine Verbindung l.; sie lösten ihre Beziehungen. **5. a)** *zergehen lassen, [in einer Flüssigkeit] auflösen, verteilen:* in Wasser gelöste Mineralien; **b)** ‹l. + sich› *zergehen, sich auflösen, sich verteilen:* Salz löst sich in Wasser. **6.** (geh.) **a)** *durch Betätigung des Abzugs auslösen:* einen Schuss l.; **b)** ‹l. + sich› *versehentlich ausgelöst werden:* plötzlich löste sich ein Schuss. **7.** *(einen Berechtigungsschein) käuflich erwerben:* eine Karte l.; Fahrscheine [am Automaten, im Zug] l. **8.** (veraltet, noch landsch.) *als Erlös einbringen.*

Los|ent|scheid, der: *Entscheid[ung] durch das Los.*

Lo|ser [ˈluːzɐ], der; -s, - [engl. loser, zu: to lose = verlieren] (salopp): *Versager, Verlierer.*

los|fah|ren ‹st. V.; ist›: **1.** *sich fahrend in Bewegung setzen; abfahren, starten:* sie stieg in den Wagen und fuhr los. **2.** *auf etw. zufahren:* der Bus fuhr direkt auf die Mauer los. **3.** *gegen jmdn. drohend od. handgreiflich vorgehen:* die beiden Hunde fuhren aufeinander los. **4.** *aufbrausen, wütend zu reden beginnen.*

los|flie|gen ‹st. V.; ist›: **1.** *sich fliegend in Bewegung setzen; abfliegen:* der Luftballon fliegt los. **2.** *in Richtung auf ein bestimmtes Ziel fliegen:* der Ballon fliegt auf die Bäume los.

Los|ge|bun|den|heit, die [vgl. losbinden] (selten): *Ungebundenheit, Freiheitlichkeit.*

los|ge|hen ‹unr. V.; ist›: **1.** *sich gehend in Bewegung setzen; aufbrechen, weggehen:* wir waren schon um acht Uhr losgegangen; Ü geh [mir] los *(lass mich in Ruhe)* mit deiner ewigen Fragerei! **2. a)** *auf etw. zugehen; etw. zum Richtpunkt, Ziel nehmen:* Ü auf ein Ziel l.; **b)** *in feindlicher Absicht auf jmdn. zugehen:* aufeinander l. **3.** (ugs.) *seinen Anfang nehmen, beginnen:* die Vorstellung geht um 20 Uhr los; jetzt geht es erst richtig los!; es geht los/los gehts/jetzt gehts los!; R (scherzh.:) auf »los!« gehts los! **4.** (ugs.) *sich lösen, abgehen:* ein Knopf ist losgegangen. **5. a)** *sich lösen* (6 b): der Schuss ging nach hinten los; das Gewehr ging plötzlich los; **b)** *[zünden u.] explodieren:* die Bombe ging los.

los|ha|ben ‹unr. V.; hat›: in der Wendung **etwas, viel, wenig, nichts l.** (ugs.; *etwas, viel, wenig, nichts [auf einem bestimmten Gebiet] können, verstehen u. leisten*): sie hat in ihrem Beruf viel los.

los|ha|ken ‹sw. V.; hat›: *aus einem Haken lösen.*

los|hal|ten ‹st. V.; hat› (Seemannsspr.): *in einer bestimmten Richtung auf ein Ziel zusteuern.*

los|kau|fen ‹sw. V.; hat›: *durch ein Lösegeld freikaufen:* eine Geisel l.

los|ket|ten ‹sw. V.; hat›: *von der Kette lösen.*

los|ki|chern ‹sw. V.; hat›: vgl. loslachen.

los|kom|men ‹st. V.; ist› (ugs.): **1.** *weg-, fortkommen:* ich hatte noch so viel zu tun, dass ich nicht eher loskam; mach, dass du loskommst! **2.** *auf jmdn. zukommen.* **3.** *sich (von jmdm., etw.) lösen, trennen; freikommen:* der Gefangene versuchte, von den Ketten loszukommen; Ü von jmdm., vom Alkohol, von einem Gedanken nicht l.

los|kön|nen ‹unr. V.; hat› (ugs.): vgl. losmüssen: wann können wir endlich los?

los|krie|gen ‹sw. V.; hat› (ugs.): **1.** *lösen, entfernen können; abbekommen:* kriegst du den Deckel los? **2. a)** *loswerden:* solche Leute sind schwer loszukriegen; **b)** *verkaufen können:* ob wir diesen alten Wagen noch loskriegen?

los|la|chen ‹sw. V.; hat›: *plötzlich zu lachen anfangen.*

los|las|sen ‹st. V.; hat›: **1. a)** *nicht mehr festhalten:* das Steuer l.; lass mich los!; Ü seine Blicke ließen sie nicht mehr los *(er blickte sie unverwandt an);* ein Gedanke lässt mich nicht los *(beschäftigt mich immer wieder);* manchen Eltern fällt es schwer loszulassen *(zu akzeptieren, dass die Kinder erwachsen, selbstständig werden);* **b)** *[aus einem Gefängnis, Zwinger o. Ä.] freilassen, der Fesseln entledigen, von der Leine lassen:* die Hunde wurden losgelassen; **2.** (ugs. abwertend) *jmdn. [ohne entsprechende Qualifikation] auf einem Arbeitsgebiet andern gegenüber frei u. unkontrolliert wirken, sich betätigen lassen:* unqualifizierte Ärzte auf die Menschheit l. **3.** (ugs.) *redend od. schreibend von sich geben, verfassen u. verlautbaren:* einen Fluch l.; ein Rundschreiben l.

los|lau|fen ‹st. V.; ist›: *sich laufend in Bewegung setzen.*

los|le|gen ‹sw. V.; hat› (ugs.): **a)** *stürmisch, ungestüm anfangen, etw. zu sagen, zu äußern:* sie hat sofort losgelegt und ihrem Ärger Luft gemacht; na, leg schon los! *(erzähl schon!);* **b)** *stürmisch, ungestüm anfangen, etw. zu tun:* sofort [mit der Arbeit] l.

lös|lich ‹Adj.› [zu ↑lösen]: *sich [in Flüssigkeit] auflösen lassend:* -er Kaffee; eine in Wasser -e Verbindung.

Lös|lich|keit, die; -: *lösliche Beschaffenheit.*

los|lö|sen ‹sw. V.; hat›: **a)** *lösen* (1 a): eine Briefmarke [vom Umschlag] l.; **b)** ‹l. + sich› *sich lösen* (1 b): der Anhänger hat sich [vom Wagen] losgelöst; Ü sich aus den überkommenen Bindungen l.

Los|lö|sung, die: *das Loslösen:* die L. der Kolonien vom Mutterland.

los|ma|chen ‹sw. V.; hat›: **1.** (ugs.) *[etw. Angebundenes] lösen, loslösen, befreien:* die Leine l.; sich aus, von etw. l.; sie machte sich los *(löste sich aus der Umarmung);* * **einen/was l.** (ugs., bes. Jugendspr.; *sich ausgelassen amüsieren, in übermütiger Weise feiern*). **2.** (Seemannsspr.) *ablegen* (5). **3.** (ugs.) *sich beeilen:* nun mach doch los!

los|müs|sen ‹unr. V.; hat› (ugs.): *losgehen od. -fahren müssen:* ihr müsst jetzt los.

Los|num|mer, die: *Nummer eines [Lotterie]loses.*

los|plat|zen ‹sw. V.; ist› (ugs.): **a)** *unbeherrscht, plötzlich etwas sagen;* **b)** *unbeherrscht, plötzlich loslachen.*

los|prus|ten ‹sw. V.; hat› (ugs.): *prustend loslachen.*

los|ra|sen ‹sw. V.; ist›: **a)** *sich sehr schnell entfernen;* **b)** *in Richtung auf jmdn., etw. rasen.*

los|re|den ‹sw. V.; hat›: **a)** (ugs.) *zu reden anfangen;* **b)** *gegen jmdn. reden.*

los|rei|ßen ‹st. V.; hat›: **a)** *herunter-, heraus-, abreißen, gewaltsam aus einer Verbindung od. Befestigung lösen:* der Sturm hat einige Dachziegel losgerissen; Ü den Blick von jmdm. losreißen; **b)** ‹l. + sich› *sich [gewaltsam] lösen:* das Kind reißt sich [von der Hand der Mutter] los; Ü ich kann mich [von dem Buch, dem Anblick] nicht l.

los|rei|ten ‹st. V.; ist›: *sich reitend in Bewegung setzen.*

los|ren|nen ‹unr. V.; ist›: *loslaufen.*

Löss, (auch:) **Löß,** der; -es, -e [1823 gepr. von dem dt. Geologen C. C. von Leonhard (1779–1862), wahrsch. zu alemann. lösch = locker, zu ↑los] (Geol.): *[größtenteils in der Eiszeit vom Wind zusammengetragene] stark kalkhaltige, gelbliche, poröse Ablagerung.*

los|sa|gen, sich ‹sw. V.; hat›: *sich von jmdm. trennen, loslösen, mit jmdm., etw. nichts mehr zu tun haben wollen:* sich von einer Überzeugung, von alten Freunden l.

Los|sa|gung, die; -, -en: *das Sichlossagen.*
Löss|bo|den, (auch:) **Löß|bo|den,** der (Geol.): *Boden aus Löss.*
los|schi|cken ⟨sw. V.; hat⟩ (ugs.): *auf den Weg schicken, [mit einem bestimmten Auftrag] wegschicken:* ein Telegramm l.; die Kinder zum Einkaufen l.
los|schie|ben ⟨st. V.; ist⟩ (salopp): *losgehen* (1): schieb endlich los!
los|schie|ßen ⟨st. V.⟩ (ugs.): **1.** *zu schießen anfangen* ⟨hat⟩. **2.** ⟨ist⟩ **a)** *sich plötzlich, schnell in Bewegung setzen:* der Wagen schießt los; **b)** *auf jmdn., etw. zustürzen:* der Hund schoss auf sein Herrchen los. **3.** *zu sprechen anfangen; (aus einem inneren Bedürfnis heraus) eilig etw. sagen od. berichten* ⟨hat⟩: nun schieß schon los!
los|schimp|fen ⟨sw. V.; hat⟩: *plötzlich anfangen zu schimpfen.*
los|schla|gen ⟨st. V.; hat⟩: **1.** *durch Schlagen [mit einem Werkzeug] loslösen, entfernen; abschlagen:* den Verputz [von der Wand] l. **2.** *auf jmdn., etw. einschlagen.* **3.** (bes. Milit.) *überraschend angreifen:* die Truppen werden plötzlich l. **4.** (ugs.) *[notgedrungen] billig verkaufen:* sie mussten das ganze Sortiment l.
los|schnal|len ⟨sw. V.; hat⟩: *jmdn., etw., was an-, festgeschnallt ist, lösen.*
los|schnei|den ⟨st. V.; hat⟩: *durch Zerschneiden eines Stricks o. Ä. lösen, befreien.*
los|schrei|en ⟨st. V.; hat⟩: *plötzlich zu schreien anfangen.*
los|se|geln ⟨sw. V.; ist⟩: **1.** *sich segelnd in Bewegung setzen; fortsegeln.* **2.** *auf etw. zusegeln:* auf die Wendemarke l.
lös|sig, (auch:) **lö|ßig** ⟨Adj.⟩ (Geol.): *[hauptsächlich] aus Löss bestehend.*
Löss|kin|del, (auch:) **Löß|kin|del,** das [Kindel = landsch. Vkl. von ↑Kind] (Geol.): *bizarr geformte Konkretion von versickertem Kalk aus höher gelegenen Lössschichten.*
los|sol|len ⟨unr. V.; hat⟩ (ugs.): vgl. losmüssen.
los|spre|chen ⟨st. V.; hat⟩: **1. a)** *(von einer Schuld, Verpflichtung o. Ä.) freisprechen:* ich kann mich nicht von der Verantwortung l.; **b)** (Rel.) *erklären, dass jmdm. seine Sünden vergeben sind.* **2.** (Handw.) *freisprechen* (2).
Los|spre|chung, die; -, -en: *das Lossprechen* (1, 2); *Absolution.*
Löss|schicht, (auch:) **Löß|schicht,** die: vgl. Lössboden.
los|steu|ern ⟨sw. V.; ist⟩: *sich in Richtung auf ein bestimmtes Ziel bewegen, (jmdn., etw.) ansteuern:* auf den Hafen l.; Ü auf einen Krieg l.
los|stür|men ⟨sw. V.; ist⟩: vgl. losrasen.
los|stür|zen ⟨sw. V.; ist⟩ (ugs.): **a)** *in großer Eile u. mit Vehemenz davonlaufen;* **b)** *sich [in feindlicher Absicht] auf jmdn., etw. stürzen:* wütend stürzte er auf sie los.
Lost, der; -[e]s [Deckname nach den Chemikern Lommel u. Steinkopff, die den Kampfstoff mit entwickelten] (Milit.): *Gelbkreuz, Senfgas.*
Los|tag, der [zu ↑Los in der alten Bed. »Weissagung«] (Volksk.): *einer der nach altem Volksglauben für das Wetter der kommenden Wochen (u. damit für die Verrichtung bestimmter landwirtschaftlicher Arbeiten) bedeutsamen Tage* (z. B. Siebenschläfer 2, Lichtmess).
Lost Ge|ne|ra|tion [ˈlɔstdʒɛnəˈreɪʃən], die; - -, (auch:) **Lost|ge|ne|ra|tion,** die; - [engl. = verlorene Generation, wohl gepr. von der amerik. Schriftstellerin G. Stein (1874–1946)]: **a)** *Gruppe der jungen, durch den Ersten Weltkrieg desillusionierten u. pessimistisch gestimmten amerikanischen Schriftsteller;* **b)** *junge amerikanische u. europäische Generation nach dem Ersten Weltkrieg.*
los|tre|ten ⟨st. V.; hat⟩: *durch Darauf-, Dagegentreten ablösen:* eine Lawine l.
Los|trom|mel, die: *[rotierender] trommel- od. kugelförmiger Behälter, in dem die Lose für die Ziehung gemischt u. dann gezogen werden.*
¹Lo|sung, die; -, -en [mhd. lōʒunge = das Werfen von Losen; zu ↑Los]: **1. a)** *Leitwort, Parole, Wahlspruch, nach dem jmd. sich richten will:* eine L. ausgeben; **b)** (ev. Rel.) *als Tagesspruch mit dem Los ermittelte Bibelstelle (bei der Herrnhuter Brüdergemeine):* die L. lesen. **2.** (Milit.) *vereinbartes Kennwort zum Passieren der Wachen.*
²Lo|sung, die; -, -en [zu weidm. veraltet losen = den Kot loslassen, zu ↑los] (Jägerspr.): *Kot vom Wild u. vom Hund:* ein Wild an der L. erkennen.
³Lo|sung, die; -, -en [zu ↑lösen (8)] (Kaufmannsspr.): *Tages-, Kasseneinnahme in einem Einzelhandelsgeschäft od. Kaufhaus.*
Lö|sung, die; -, -en [mhd. lœsunge, ahd. lōsunga, zu ↑lösen]: **1. a)** *das Lösen* (3 a), *Bewältigen einer [schwierigen] Aufgabe:* eine L. des Problems versuchen; sich um eine friedliche L. des Konflikts bemühen; etwas zur L. beitragen; **b)** *Auflösung; das Ergebnis des Nachdenkens darüber, wie etw. Schwieriges zu bewältigen ist:* das ist des Rätsels L.; es gibt verschiedene -en; die, eine L. finden. **2.** *das [Sich]lösen, Befreien, Loslösen:* die L. der Fesseln. **3.** *das Lösen* (4), *Auflösen, Annullieren:* die L. der Ehe, des Arbeitsverhältnisses. **4.** (Physik, Chemie) **a)** *das [Sich]auflösen eines Stoffes in einer Flüssigkeit;* **b)** *Flüssigkeit, in der ein anderer Stoff gelöst ist:* eine hochprozentige, wässrige, gesättigte L. **5.** (schweiz.) *das Auslösen, Erwerben einer Steuermarke o. Ä. für Fahrräder u. Mopeds; Fahrradlösung.*
Lö|sungs|an|satz, der: **1.** (Chemie) *das Ansetzen einer Lösung.* **2.** vgl. Lösungsversuch: einen eigenen L. finden.
Lö|sungs|mit|tel, das (Physik, Chemie): *Flüssigkeit, in der ein Stoff aufgelöst wird.*
Lö|sungs|mög|lich|keit, die: *Möglichkeit zur Lösung eines Problems, einer mathematischen Aufgabe.*
Lö|sungs|ver|such, der: *Versuch einer Lösung* (1).
Lo|sungs|wort, das ⟨Pl. ...wörter⟩: *einzelnes Wort als ¹Losung* (1 a).
Lö|sungs|wort, das ⟨Pl. ...wörter⟩: *Wort, das die Lösung* (1 b) *eines Rätsels darstellt.*
los|wer|den ⟨unr. V.; ist⟩: **1. a)** *sich von jmdm., einer Sache befreien; erreichen, dass jmd. nicht mehr von jmdm. belästigt, mit einer Sache behelligt wird:* den lästigen Besucher l.; ich werde das Gefühl nicht los, dass Gefahr im Verzug ist; **b)** *etw., was einem sehr am Herzen liegt, endlich aussprechen können:* er muss sein Geständnis l. **2.** (ugs.) *verkaufen, absetzen können:* diesen Ladenhüter werden wir nicht mehr los. **3.** (ugs.) *abgenommen bekommen, einbüßen, verlieren:* sein Geld, seinen Koffer, seinen Meistertitel l.
los|wer|fen ⟨st. V.; hat⟩ (Seemannsspr.): *(die Vertäuung) zur Abfahrt lösen:* die Leinen l.; das Schiff hat losgeworfen *(abgelegt).*
los|wol|len ⟨unr. V.; hat⟩ (ugs.): vgl. losmüssen: wir wollen jetzt los.
los|zie|hen ⟨unr. V.; ist⟩ (ugs.): **1.** *losgehen* (1), *davonziehen* (1): gemeinsam l. **2.** (abwertend) *schimpfend über jmdn., etw. herziehen.*
¹Lot, das; -[e]s, -e [mhd. lōt, auch: Blei, gießbares Metall, verw. mit od. entlehnt aus mir. lūaide = Blei; 4: urspr. ein Gewicht aus Blei (etwa 16 g)]: **1.** (Bauw.) **a)** *an einer Schnur hängendes, spitz zulaufendes Stück Blei od. Stahl, das durch sein Gewicht die Schnur immer genau in der Senkrechten hält; Senkblei:* die Mauer mit dem L. messen; die Wand muss nach dem L. ausgerichtet werden; **b)** ⟨o. Pl.⟩ *durch das ¹Lot* (1 a) *angezeigte Senkrechte:* die Mauer ist nicht im L., ist außer L.; * **[nicht] im L./aus dem L. sein** (1. *[von Personen] gesundheitlich [nicht] auf der Höhe sein.* 2. *[von Sachen] [nicht] in Ordnung sein*); **jmdn., etw. ins [rechte] L. bringen** *(jmdn. wieder zur Vernunft bringen; etw. wieder in Ordnung bringen; etw. bereinigen);* **jmdn., etw. aus dem L. bringen** *(jmdn. verwirren, unsicher machen; etw. in Unordnung bringen);* **[wieder] ins L. kommen** (1. *gesund werden.* 2. *[wieder] in Ordnung kommen*). **2.** (Seew.) *[mit Längenangaben markierte] Leine mit einem Bleigewicht zum Messen der Wassertiefe; Lotleine, -schnur:* das L. [aus]werfen, hinunterlassen; die Tiefe mit dem L. messen. **3.** (Geom.) *Gerade, die auf einer anderen Geraden od. einer Ebene senkrecht steht; Senkrechte:* das L. vom Punkt P auf die Gerade g fällen; der Fußpunkt des -[e]s. **4.** ⟨Pl. Lot⟩ (veraltet, für Kaffee im Haushalt noch gebräuchlich) *kleine Gewichtseinheit:* Spr Freunde in der Not gehen hundert auf ein L. *(die so genannten Freunde sind im Ernstfall nichts wert).* **5.** (Technik) *Material, das beim Löten aufgetragen wird* (z. B. Lötzinn).
²Lot, das; -[s], -s [engl. lot = Menge (zusammengehörender Dinge)]: **a)** *zusammengestellter Posten einer bestimmten Zucht od. Ware;* **b)** (Philat.) *abgepackte, geschlossen angebotene Zusammenstellung von Briefmarken od. Markensätzen.*
Löt|ap|pa|rat, der: *Apparat zum Löten.*
lo|ten ⟨sw. V.; hat⟩ [zu ↑¹Lot]: **1.** (Bauw.) *die senkrechte Lage bestimmen:* die Mauer [mit der Wasserwaage] l. **2.** (Seew.) *die Wassertiefe bestimmen:* die Tiefe l.
lö|ten ⟨sw. V.; hat⟩ [1: mhd. lœten, zu: lōt, ↑¹Lot; 2: urspr. Gaunerspr.; vgl. Lötkolben (2)]: **1.** (Technik) *[Metallteile] mithilfe einer geschmolzenen Legierung miteinander verbinden:* ein Loch l. **2.** (salopp scherzh.) *verlöten* (2).
Löt|ge|rät, das: *Arbeitsgerät, Werkzeug zum Löten.*
Loth|rin|gen; -s: Region in Nordostfrankreich.
Lo|ti|on [engl.: ˈloʊʃən], die; -, -en u. (bei engl. Ausspr.:) -s [unter Einfluss von engl. lotion < frz. lotion = Waschung, Bad < spätlat. lotio, zu lat. lavare = waschen]: *flüssiges Kosmetikum in Form einer [milchigen] Lösung od. einer Emulsion zur Reinigung u. Pflege der Haut:* eine hautverträgliche L.
Löt|kol|ben, der [2: nach dem Bild des erhitzten rot glühenden Lötkolbens (1)]: **1.** *Werkzeug aus einem isolierten Griff u. einem vorn zugespitzten Kupferstück, das [elektrisch] erhitzt wird u. dadurch das aufzutragende ¹Lot* (5) *an der vorgesehenen Lötstelle zum Schmelzen bringt.* **2.** (salopp) *dicke, rote [Trinker]nase.*
Löt|lam|pe, die: *Brenner zum Löten.*
Lot|lei|ne, die (Seew.): *¹Lot* (2).
Löt|me|tall, das: *Metalllegierung zum Löten.*
Lo|tos, der; -, - [lat. lotos, lotus < griech. lōtós]: *(zu den Seerosen gehörende) Pflanze mit aus dem Wasser ragenden, großen, schildförmigen Blättern u. lang gestielten rosa od. weißen Blüten.*
Lo|tos|blü|te, die: *Blüte des Lotos.*
Lo|tos|sitz, der ⟨o. Pl.⟩ [die Sitzhaltung ähnelt einer offenen Lotosblüte] (Yoga): *Schneidersitz, bei dem die Füße auf den Oberschenkeln liegen.*
lot|recht ⟨Adj.⟩ [zu ↑¹Lot]: *senkrecht [stehend]; im rechten Winkel, gerade nach oben gerichtet:* eine fast -e Felswand; den Mast l. stellen.
Löt|rohr, das: *gebogenes Messingrohr, durch das eine [Gas]flamme mit einem Luftstrom auf eine bestimmte Stelle gerichtet u. verstärkt werden kann.*
Lot|se, der; -n, -n [gek. aus älter niederd. Lootsmann < engl. loadsman = Geleitsmann, Steuermann, zu: load = Weg, Straße] (Seew.): *jmd., der Schiffe durch schwierig zu befahrende Gewässer, in denen er sich genau auskennt, leitet* (Berufsbez.): der L. kommt an/geht von Bord.
lot|sen ⟨sw. V.; hat⟩: **1. a)** (Seew.) *als Lotse dirigieren, hinführen* (1): ein Schiff in den Hafen l.; **b)** (Flugw.) *vom Boden aus (auf die richtige Flug- u. Landebahn) dirigieren:* der Flugleiter lotste das Flugzeug per Funk durch den Nebel [auf die dritte Landebahn]; **c)** (Verkehrsw.) *durch unbekanntes Gebiet od. starken Verkehr leiten:* jmdn. durch die Stadt, Schüler über die Straße l. **2.** *(jmdn.) durch Überredungskunst od. Versprechungen dazu bringen, dass er etw. unternimmt, was er ursprünglich gar nicht vorgehabt hatte:* sie lotste ihren Mann in den Tanzkurs.
Lot|sen|fisch, der [wohl nach der Vorstellung, die-

ser Fisch locke die Haie zur Beute]: *(in [sub]tropischen Meeren beheimateter) großer Raubfisch mit silbrigem, blauschwarze Querbinden aufweisendem Körper, der in Schwärmen bes. den Hai begleitet.*

Lot|sin, die; -, -nen: w. Form zu ↑Lotse.

Löt|stel|le, die: *gelötete od. zu verlötende Stelle.*

Lot|ter, der; -s, - [zu mhd. lot(t)er, ahd. lotar = locker, schlaff; nichtig; leichtfertig, verw. mit ↑liederlich] (veraltet): *Lotterbube.*

Lot|ter|bett, das: **a)** (veraltend) *weiches [altes, ein wenig schlampiges] Bett, das von einem Liebespaar benutzt wird;* **b)** (veraltet) *Sofa, Couch;* *** auf dem L. liegen** (veraltet; *faulenzen*).

Lot|ter|bu|be, der (veraltet abwertend): *jmd., der sich herumtreibt; Faulenzer.*

lot|ter|haft ⟨Adj.⟩ (abwertend): *liederlich.*

Lot|te|rie, die; -, -n [niederl. loterij, zu: lot = Los]: *[staatliche] Auslosung von Gewinnen, an der jmd. durch Kauf eines Loses teilnimmt:* L./in der L. spielen.

Lot|te|rie|los, das: *Los, mit dem jmd. am Lotteriespiel teilnimmt.*

Lot|te|rie|spiel, das: *Spiel in der Lotterie:* Ü diese Investition kommt einem L. gleich *(ist eine unsichere Sache).*

lot|te|rig, lottrig ⟨Adj.⟩ [zu ↑Lotter] (ugs. abwertend): **1.** *unordentlich, schlampig, liederlich:* sein Haus sah l. aus. **2.** *moralisch nicht einwandfrei:* in dieser Bar geht es l. zu.

Lot|ter|le|ben, das ⟨o. Pl.⟩ (abwertend): *ausschweifendes, moralisch nicht einwandfreies Leben:* ein L. führen.

lot|tern ⟨sw. V.; hat⟩ [zu ↑Lotter]: **1.** (landsch.) *liederlich leben, schlampen.* **2.** (schweiz.) *aus den Fugen gehen.*

Lot|ter|wirt|schaft, die ⟨o. Pl.⟩ (abwertend): *liederliche, schlampige Wirtschaftsführung.*

Lot|to, das; -s, -s [ital. lotto = Losspiel, Glücksspiel < frz. lot = Los, aus dem Germ.]: **1.** *Art der Lotterie, bei der einzelne Zahlen aus einer begrenzten Anzahl ausgelost u. die Gewinne nach der Anzahl der richtig angekreuzten Nummern gestaffelt werden; Zahlenlotto:* vier Richtige im L. haben. **2.** *Gesellschaftsspiel, bei dem Tafeln mit Bildern od. Zahlen durch die zugehörigen einzelnen (wahllos aus einem Beutel gezogenen u. ausgerufenen) Karten zugedeckt werden müssen.*

Lot|to|an|nah|me|stel|le, die: *Stelle (Geschäft, Kiosk o. Ä.), die Lottoscheine annimmt.*

Lot|to|block, der ⟨Pl. ...blöcke⟩: *Zusammenschluss mehrerer regionaler Lottogesellschaften:* die öffentliche Ziehung der Gewinnzahlen im deutschen L.

Lot|to|fee, die (ugs. scherzh.): *Fernsehansagerin bei der Ziehung der Lottozahlen.*

Lot|to|ge|sell|schaft, die: *Gesellschaft mit der Konzession, Lottospiele zu veranstalten.*

Lot|to|ge|winn, der: *Gewinn im Lotto.*

Lot|to|kol|lek|tur, die (österr.): *Lottoannahmestelle.*

Lot|to|kö|nig, der (ugs.): *jmd., der durch einen sehr hohen Lottogewinn reich geworden ist.*

Lot|to|kö|ni|gin, die: w. Form zu ↑Lottokönig.

Lot|to|schein, der: *vorgedruckter Schein, mit dem jmd. an der Ausspielung teilnimmt, nachdem er Zahlen [in mehreren Tippreihen] angekreuzt hat.*

Lot|to|spiel, das: *Lotto* (1).

Lot|to|zah|len ⟨Pl.⟩: *Gewinnzahlen im Lotto.*

lott|rig: ↑lotterig.

Lo|tung, die; -, -en: *das Loten.*

Lö|tung, die; -, -en: *das Löten.*

Lo|tus, der; -, - [lat. lotus, ↑Lotos]: **1.** *Hornklee.* **2.** *Lotos.*

Löt|ver|fah|ren, das: *Verfahren des Lötens.*

Löt|was|ser, das [2: urspr. gaunerspr.]: **1.** *wässrige Lösung von Zinkchlorid [u. Salmiak], mit der die Oxidschicht von dem zu lötenden Werkstück entfernt werden soll.* **2.** (ugs. scherzh.) *Schnaps.*

Löt|zinn, das: *Zinnlegierung zum [Weich]löten.*

Lou|is|dor [lụi'do:ɐ̯], der; -s, -e ⟨aber: 5 -⟩ [frz. louis d'or, eigtl. = goldener Ludwig] (früher): *(erstmals unter Ludwig XIII. [1601–1643] geprägte) französische Goldmünze.*

Lou|i|si|a|na [lu̯i..., engl.: lʊɪzɪ'ænə]; -s: Bundesstaat der USA.

Lou|is-qua|torze [lwika'tɔrz], das; - [aus frz. Louis = Ludwig u. quatorze = vierzehn] (Kunstwiss.): *französischer [Barock]stil zur Zeit Ludwigs XIV. (1638–1715).*

Lou|is-qua|torze-Mö|bel, das ⟨meist Pl.⟩: *Möbel aus dem Louis-quatorze.*

Lou|is-quinze [...'kɛ̃:z], das; - [frz. quinze = fünfzehn] (Kunstwiss.): *französischer [Rokoko]stil zur Zeit Ludwigs XV. (1710–1774).*

Lou|is-seize [...'sɛ:z], das; - [frz. seize = sechzehn] (Kunstwiss.): *französischer Kunststil zur Zeit Ludwigs XVI. (1754–1793).*

Lounge [laʊndʒ], die; -, -s [...ʒɪz; engl. lounge, zu: to lounge = faulenzen]: *Gesellschaftsraum in einem Hotel o. Ä.; Hotelhalle.*

Lourdes [lurd]: französischer Wallfahrtsort.

love ['lʌv; engl., gek. aus: to be love = umsonst sein] (Sport, bes. Tennis): engl. Bez. für *[zu] null.*

Love|pa|rade, (auch:) **Love-Pa|rade,** ['lʌvpəreɪd], die; -, -s: *(jährlich in Berlin stattfindender) Umzug der Raver.*

Lo|ver ['lʌvə], der; -s, -[s] [engl. lover, zu: to love = lieben]: *Freund u. Liebhaber:* sie hat einen neuen L.

Love|sto|ry ['lʌvstɔ:rɪ], die [engl. love story, aus: love = Liebe u. ↑Story; nach dem Roman von E. Segal u. dem gleichnamigen Film]: **1.** *Liebesgeschichte* (1): eine L. verfilmen. **2.** *Liebesgeschichte* (2): eine L. mit einer verheirateten Frau.

Lö|we, der; -n, -n [mhd. lewe, ahd. le(w)o < lat. leo < griech. léōn, H. u.]: **1.** *(in Afrika heimisches) großes katzenartiges Raubtier mit kurzem graugelbem bis ockerfarbenem Fell, langem Schwanz u. beim männlichen Tier langer Mähne um Nacken u. Schultern:* der L. brüllt, schlägt, reißt seine Beute; kämpfen wie ein L. *(sehr tapfer, mit letztem Einsatz);* R gut gebrüllt, L.! (meist scherzh.; *treffend gesagt, schlagfertig bemerkt;* nach engl. well roared, lion! [Shakespeare, Ein Sommernachtstraum V, 1]); *** nicht den schlafenden -n wecken** *(nicht jmdn. unnötig auf etw. hinweisen, was nur seinen Zorn erregen würde).* **2.** *Wappentier in Gestalt eines Löwen:* der bayrische L. **3.** (Astrol.) **a)** ⟨o. Pl.⟩ *Tierkreiszeichen für die Zeit vom 23. 7. bis 23. 8.;* **b)** *jmd., der im Zeichen Löwe* (3 a) *geboren ist:* sie ist [ein] L. **4.** ⟨o. Pl.⟩ Sternbild beiderseits des Himmelsäquators.

Lö|wen|an|teil, der [nach einer Fabel Äsops, in der der Löwe als der Stärkste den größten Teil der Beute für sich beansprucht]: *größter u. bester Anteil an etw.:* sich den L. [von etw.] sichern.

Lö|wen|bän|di|ger, der: *Dompteur, der mit Löwen arbeitet.*

Lö|wen|bän|di|ge|rin, die: w. Form zu ↑Löwenbändiger.

Lö|wen|kä|fig, der: *Käfig für Löwen.*

Lö|wen|kraft, die: *unbändige Kraft.*

Lö|wen|mäh|ne, die: **1.** *Mähne des Löwen.* **2.** (ugs.) *ziemlich langes, sehr fülliges Haar (das jmdm. ein würdevolles Aussehen verleiht).*

Lö|wen|maul, das ⟨o. Pl.⟩ [nach der mit einem aufgesperrten Löwenrachen verglichenen Blüte]: *(zu den Rachenblütlern gehörende) in vielen bunten Farben blühende Pflanze mit meist in Trauben stehenden zweilippigen Blüten.*

Lö|wen|mäul|chen, das: *Löwenmaul.*

Lö|wen|ra|chen, der: *Rachen eines Löwen.*

Lö|wen|zahn, der ⟨o. Pl.⟩ [wohl nach den sehr spitz gezahnten Blättern]: *(zu den Korbblütlern gehörende) bes. auf Wiesen wachsende Pflanze mit länglichen, gezähnten, eine Rosette bildenden Blättern, hohlen, Milchsaft führenden Stängeln u. gelben Blüten, die sich zu einem kugeligen Samenstand entwickeln; Pusteblume.*

Low|im|pact ['loʊ'ɪmpɛkt], der; -s, -s, (auch:) **Low Im|pact,** der; - -s, - -s [engl., aus: low = niedrig u. ↑Impact] (Sport): *niedriger Grad, geringe Belastung, schwächere Wirkung.*

Lö|win, die; -, -nen: w. Form zu ↑Löwe.

Lo|xo|dro|me, die; -, -n (Math., Geogr.): *Verbindungslinie zweier Punkte [der Erdoberfläche], die alle Meridiane unter gleichem Winkel schneidet.*

lo|yal [lo̯a'ja:l] ⟨Adj.⟩ [frz. loyal < lat. legalis, ↑legal] (bildungsspr.): **a)** *den Staat, eine Instanz respektierend:* -e Truppen; **b)** *vertragstreu, redlich; nach Treu u. Glauben [handelnd]:* -e Verbündete; l. handeln; **c)** *anständig, auch den Gegner respektierend:* loyales Verhalten im Wettkampf.

Lo|ya|li|tät, die; -, -en ⟨Pl. selten⟩ [nach frz. loyauté]: *loyale Gesinnung, Haltung, Verhaltensweise:* L. dem Staat gegenüber; die L. aufgeben.

lo|zie|ren ⟨sw. V.; hat⟩ [lat. locare, zu: locus = Ort, Stelle] (veraltet): **1.** *an einen Ort setzen od. stellen, einordnen.* **2.** *verpachten.*

LP [ɛl'pe:, auch: ɛl'pi:], die; -, -[s] [aus engl. long-playing record]: kurz für ↑Langspielplatte.

LPG, die; -, -[s] (DDR): = landwirtschaftliche Produktionsgenossenschaft.

LSD, das; -[s] [kurz für: Lysergsäurediethylamid]: *aus Bestandteilen des Mutterkorns gewonnenes Rauschgift, das bewusstseinsverändernd wirkt.*

LSF = Lichtschutzfaktor.

LSG = Landessozialgericht.

lt. = ²laut.

Lt. = Leutnant.

Ltq = türkisches Pfund.

Lu|an|da: Hauptstadt von Angola.

Lü|beck: Hafenstadt an der Ostsee.

¹Lü|be|cker, der; -s, -: Ew.

²Lü|be|cker ⟨indekl. Adj.⟩: die L. Bucht.

Lü|be|cke|rin, die; -, -nen: w. Form zu ↑¹Lübecker.

lü|be|ckisch, lü|bisch ⟨Adj.⟩: *Lübeck, die Lübecker betreffend; von den Lübeckern stammend, zu ihnen gehörend.*

Luchs, der; -es, -e [mhd., ahd. luhs, eigtl. = Funkler, nach den funkelnden bernsteingelben Augen]: **1.** *kleines, hochbeiniges katzenartiges Raubtier mit gelblichem, häufig dunkel geflecktem Fell, kleinem, rundlichem Kopf u. kurzem Schwanz:* *** aufpassen wie ein L.** *(scharf aufpassen auf das, was um einen herum vorgeht).* **2.** *Fell des Luchses:* ein Mantel aus L.

luch|sen ⟨sw. V.; hat⟩ (ugs.): **1.** *angespannt, aufmerksam spähend schauen, nach jmdm., etw. ausschauen:* auf die Eingangstür l. **2.** *auf listige Weise herausholen, an sich bringen:* jmdm. einige Briefmarken aus seiner Sammlung l.

Lucht, die; -, -en [mniederd. lucht, eigtl. = Luft, niederd. -cht entspricht hochd. -ft, vgl. Schacht] (nordd. veraltend): *Dachboden.*

Lü|cke, die; -, -n [mhd. lücke, lucke, ahd. luccha, verw. mit ↑Loch]: **a)** *offene, leere Stelle; Stelle, an der etw. fehlt (in einem zusammenhängenden Ganzen), durch die etw. unvollständig erscheint:* eine L. im Zaun; ihr Gebiss hat erhebliche -n *(es fehlen ihr viele Zähne);* eine L. lassen *(an einer Stelle einen freien Platz lassen für etw. später Einzufügendes);* eine L. füllen, schließen; etw. auf L. stellen *(gegeneinander versetzt aufstellen);* Ü ihr Tod hinterlässt, reißt eine L.; eine L. im Wortschatz; **b)** *etw. nicht ausreichend Vorhandenes und als Mangel Empfundenes:* sein Wissen hat einige -n; eine L. im Gesetz *(Fall, der vom Gesetz nicht erfasst ist);* es fehlt ihr der Mut zur L. *(das Sicheingestehen von u. Sichabfinden mit Unzulänglichkeiten, mit Unvollständigkeiten).*

Lü|cken|bü|ßer, der [zu älter: die Lücke büßen = die Lücke ausbessern]: **a)** *jmd., der für den eigentlich für etw. Bestimmtes Ausersehenen [in letzter Minute] als Ersatz angefordert wird:* sich als L. fühlen; **b)** *etw., was in Ermangelung von Besserem od. Geeigneterem für etw. verwendet wird.*

Lü|cken|bü|ße|rin, die: w. Form zu ↑Lückenbüßer (a).

Lü|cken|fül|ler, der: *Lückenbüßer.*

lü|cken|haft ⟨Adj.⟩: **1.** *Lücken* (1) *aufweisend:* ein -es Gebiss. **2.** *unvollständig; Mängel aufweisend:* seine Erinnerung an die Vorgänge ist l.

Lü|cken|haf|tig|keit, die; -: *lückenhafte Beschaffenheit.*

lü|cken|los ⟨Adj.⟩: **1.** *keine Lücke* (1) *aufweisend:* ein -es Gebiss; die Teile lassen sich l. ineinander fügen. **2.** *absolut vollständig; ohne dass etw. fehlt:* ein -er Lebenslauf; etw. l. darstellen, dokumentieren.

Lü|cken|sprin|ger, der (ugs.): vgl. Kolonnenspringer.

Lü|cken|text, der: *Text auf Formularen u. Ä., der Leerstellen zum Einsetzen der individuellen Daten aufweist.*

lu|ckig ⟨Adj.⟩ [zu ↑Lücke] (Bergmannsspr.): *(vom Gestein) großporig.*

lud: ↑[1,2]laden.

lü|de: ↑[1,2]laden.

Lu|der, das; -s, - [mhd. luoder, H. u.]: **1.** (salopp) *meist weibliche Person, die als durchtrieben, böse angesehen wird:* ein blondes, geschminktes L.; ein armes L. *(jmd., der einem Leid tut);* (mit dem Unterton widerstrebender Anerkennung:) sie ist ein kleines L. *(eine gewitzte, kokette o. ä. Person).* **2.** (Jägerspr.) **a)** *totes Tier, das als Köder für Raubwild verwendet wird;* **b)** *Federn, mit denen der zur Beizjagd abgerichtete Greifvogel angelockt wird.*

lu|der|haft ⟨Adj.⟩ (veraltet abwertend): *sehr, äußerst schlecht.*

lu|de|rig ⟨Adj.⟩ [mhd. luoderic] (veraltet abwertend): *schlampig, liederlich.*

Lu|der|jan, der; -[e]s, -e (ugs. selten): *Liederjan:* ihr Sohn war ein richtiger L.

Lu|der|le|ben, das ⟨o. Pl.⟩ (abwertend): *Lotterleben.*

lu|dern ⟨sw. V.; hat⟩ [mhd. luodern] (veraltet abwertend): *ausschweifend, liederlich leben.*

Lu|der|wirt|schaft, die (abwertend): *Unordentlichkeit, Schlampigkeit (in der Lebensführung):* eine richtige L. ist das!

lu|dolf|sche Zahl, die; -n - (veraltend), **Lu|dolf|zahl,** die; - [nach dem Mathematiker Ludolf van Ceulen (1540–1610)] (Math. selten): *die Zahl Pi.*

lu|e|tisch, luisch ⟨Adj.⟩: *syphilitisch.*

Luft, die; -, Lüfte [mhd., ahd. luft, H. u.]: **1.** ⟨o. Pl.⟩ **a)** *(die Lufthülle der Erde bildender) besonders aus Sauerstoff u. Stickstoff bestehender gasförmiger Stoff, den Mensch u. Tier zum Atmen brauchen; Atmosphäre* (1 a): dünne, feuchte L.; flüssige L. (Physik; *durch Kühlung u. Kompression verflüssigte Luft*); der Motor wird mit L. gekühlt; an die [frische] L. gehen *(ins Freie gehen, spazieren gehen);* * **die L. ist rein/sauber** (ugs.; *es ist niemand da, der horcht, beobachtet, eine Gefahr darstellt o. Ä.*); **irgendwo ist/herrscht dicke L.** (ugs.; *es herrscht eine gespannte Atmosphäre, eine gereizte Stimmung;* zu ↑dick in der alten Bed. »dicht«); **aus etw. ist die L. raus** (ugs.; *etw. hat seine Aktualität, seine Bedeutung, Wirkung o. Ä. verloren, ist verpufft*); **L. für jmdn. sein** (ugs.; *[in Bezug auf Personen] von jmdm. demonstrativ nicht beachtet werden*); **heiße L. sein** (ugs.; *nichts sagend, nicht von Belang sein; so geartet, dass nichts dahinter steckt*): was er geredet hat, war nur heiße L.; **die L. aus dem Glas lassen** (ugs. scherzh.; *Wein, Bier o. Ä. in das Glas nachfüllen*); **die L. rauslassen** (ugs.; *sich in seiner Erregung mäßigen*); **sich in L. auflösen** (ugs.; 1. *[meist von Dingen] spurlos verschwinden, unauffindbar werden.* 2. *[von Plänen, Vorhaben] nicht verwirklicht werden, fallen gelassen werden*); **jmdn. wie L. behandeln** (ugs.; *jmdn. demonstrativ nicht beachten*); **b)** *Atemluft:* schlechte, verbrauchte, stickige L.; vor Schreck blieb ihr die L. weg (ugs.; *vergaß sie zu atmen*); die L. einziehen, anhalten; tief L. holen *(tief einatmen);* keine L. bekommen, kriegen *(nur schwer atmen können);* nach L. ringen; * **jmdm. bleibt die L. weg** (ugs.; *jmd. ist sehr erstaunt, erschrocken o. Ä.*); **jmdm. geht die L. aus** (↑Atem 2); **jmdm., etw. die L. [zum Atmen] nehmen** *(jmdn., etw. sehr einengen, zerstören);* **L. holen/(geh.:) schöpfen** (↑Atem 2); **wieder L. holen/schnappen können** (ugs.; *nicht mehr so sehr unter Druck stehen*); **die L. anhalten** (ugs.; *bei etw. große Bedenken haben im Hinblick auf seinen guten, glücklichen Verlauf, Ausgang o. Ä.*); **halt die L. an!** (ugs.; 1. *hör auf zu reden!; sei mal still!* 2. *übertreibe nicht so!*); **nach L. schnappen** (ugs.; *geschäftlich, wirtschaftlich in einer schlechten Lage sein*); **von L. und Liebe leben** (ugs. scherzh.; *wenig essen, ohne viel Nahrung auskommen*): du lebst wohl von L. und Liebe?; **nicht von der L./von L. und Liebe leben können** (ugs.; *nicht ohne materielle Grundlage existieren können*). **2.** ⟨Pl. geh.⟩ *freier Raum über dem Erdboden; Himmel[sraum]:* die Aufnahmen sind aus der L. *(von einem Luftfahrzeug aus)* gemacht; Trümmer flogen durch die L.; das Flugzeug erhebt sich in die L.; ein Gebäude in die L. sprengen, jagen *(es sprengen, um es zu zerstören od. zu beseitigen);* das Silo flog/ging in die L. (ugs.; *explodierte*); * **jmdn. an die [frische] L. setzen/befördern** (ugs.; 1. *jmdn. aus der Wohnung, aus dem Haus o. Ä. hinauswerfen.* 2. *jmdn. aus der Stellung entlassen*); **aus der L. gegriffen/geholt sein** *(nicht den Tatsachen entsprechen, frei erfunden sein);* **in der L. liegen** (1. *bevorstehen, sich zu entladen drohen:* ein Gewitter lag in der L. 2. *dem Zeitgeist entsprechen:* solche Erfindungen lagen in der L.); **in der L. hängen/schweben** (ugs.; 1. *noch ganz ungewiss, unsicher, noch nicht entschieden sein:* die ganze Angelegenheit hängt [noch] in der L. 2. *ohne finanziellen Rückhalt sein*); **[schnell/leicht] in die L. gehen** (ugs.; *[sehr leicht] häufig aus nichtigem Anlass in einem heftigen Ausbruch seinem Ärger, seiner Wut freien Lauf lassen*); **in die L. reden** (↑Wind 1); **in die L. gucken** (ugs.; ↑Röhre 3); **jmdn. in der L. zerreißen** (salopp; 1. *[im Hinblick auf eine künstlerische o. ä. Leistung] jmdm. eine vernichtende Kritik zuteil werden lassen.* 2. [als Drohung; in Verbindung mit »können«] *auf jmdn. sehr wütend sein:* ich könnte sie in der L. zerreißen). **3.** ⟨Pl. nur dichter.⟩ *schwacher Wind; Brise; Luftbewegung:* es weht eine scharfe, kalte L.; linde, säuselnde Lüfte; * **frische L. in etw. [hinein]bringen** *(etw. in Schwung bringen; einer Sache neue Impulse geben).* **4.** ⟨o. Pl.⟩ (ugs.) *freier Raum, Platz, Spielraum [der an einer Stelle (unerwarteterweise) vorhanden ist]:* in dem Bücherschrank etwas L. schaffen, machen; an der nächsten Haltestelle wird es L. geben *(steigen so viele Leute aus, dass wieder mehr Platz vorhanden sein wird);* **Ü** sich etwas L. *(Bewegungsfreiheit für seine Handlungen)* [ver]schaffen; * **in etw. ist noch L. [drin]** (ugs.; *bei etw. gibt es noch einen Spielraum zum Manövrieren, noch eine bestimmte Handlungsfreiheit o. Ä.*); **sich** ⟨Dativ⟩ **L. machen** (ugs.; 1. *sich entlastenden Ausdruck verschaffen.* 2. *aufgestauten Ärger o. Ä. aussprechen u. sich dadurch Erleichterung verschaffen:* ich musste mir erst einmal L. machen); **einer Sache L. machen** (ugs.; ↑Herz 2): seinem Ärger L. machen.

Luft|ab|schluss, der ⟨o. Pl.⟩: *Abgeschlossensein von jeder Luftzufuhr:* die Oxidation vollzieht sich unter L.

Luft|ab|wehr, die (Milit.): **a)** *aus der Luft* (2) *vorgenommene Abwehr feindlicher Flugobjekte;* **b)** *Einheit, die in der Luftabwehr* (a) *eingesetzt ist.*

Luft|alarm, der (Milit.): *Fliegeralarm.*

Luft|an|griff, der (Milit.): *Angriff auf ein gegnerisches Ziel mit Flugzeugen, Luftlandetruppen od. Flugkörpern.*

Luft|auf|nah|me, die: *von einem Luftfahrzeug aus gemachte fotografische Aufnahme eines Teils der Erdoberfläche.*

Luft|aus|tausch, der (Met.): *Austausch von Luftmassen.*

Luft|bal|lon, der: **1.** *bunter Ballon* (1 b) *von verschiedener, meist runder Form, der an einem Stöckchen aus Draht od. einem Bindfaden gehalten wird (Spielzeug für Kinder).* **2.** *mit Luft gefüllter Ballon* (1 a).

Luft|be|feuch|ter, der; -s, -: *in beheizten Räumen aufzustellendes Gerät, das der Luft durch Verdampfen von Wasser Feuchtigkeit zuführt.*

Luft|be|tan|kung, die: *das Betanken eines Flugzeugs in der Luft.*

Luft|be|we|gung, die (Met.): *Bewegung der Luft* (2); *schwacher Wind.*

Luft|bild, das: **1.** *Luftaufnahme.* **2.** (dichter.) *Luftspiegelung.*

Luft|bla|se, die: *mit Luft gefüllte Blase* (1 a): im Wasser aufsteigende -n.

Luft|brü|cke, die [nach engl. airlift]: *bes. zur Versorgung eines von der Außenwelt abgeschnittenen Gebietes errichtete Verbindung mit Luftfahrzeugen.*

Luft|brust, die: *Pneumothorax.*

Lüft|chen, das; -s, - ⟨Pl. selten⟩ [Vkl. zu ↑Luft (3)]: *[plötzlich aufkommender] schwacher Wind:* ein leises L. wehte.

luft|dicht ⟨Adj.⟩: *undurchlässig für Luft* (1 a): ein -er Verschluss; etw. l. abpacken.

Luft|dich|te, die (Physik, Met.): *Dichte* (2) *der Luft.*

Luft|druck, der ⟨o. Pl.⟩: **1.** (Physik) *Druck, den die Luft* (1 a) *infolge der Schwerkraft auf eine Fläche ausübt; atmosphärischer Druck:* ein hoher L.; der L. steigt, fällt. **2.** *Druckwelle, die durch eine Explosion hervorgerufen wird:* der L. der Bomben.

Luft|druck|mes|ser, der: *Gerät, mit dem der atmosphärische Druck gemessen wird; Barometer.*

luft|durch|läs|sig ⟨Adj.⟩: *durchlässig für Luft* (1 a): -e Stoffe.

Luft|durch|läs|sig|keit, die: *Durchlässigkeit für Luft.*

Luft|elek|tri|zi|tät, die (Physik, Met.): *Gesamtheit der in der Atmosphäre auftretenden Formen von Elektrizität.*

lüf|ten ⟨sw. V.; hat⟩ [mhd. lüften = in die Höhe heben]: **1. a)** *durch Öffnen der Fenster, mithilfe von Durchzug o. Ä. frische Luft in einen Raum hereinlassen:* [das Zimmer] gründlich l.; **b)** *etw., bes. Kleidung, eine gewisse Zeit (zum Entfernen daran haftender Gerüche) der Luft aussetzen:* den Mantel auf dem Balkon l.; die Betten l. **2.** *etw. ein wenig hochheben, von der Stelle, an der es sich befindet, kurz wegnehmen:* den Deckel l.; den Hut zum Gruß l. **3.** *etw. nicht länger aufrechterhalten, bestehen lassen:* sein Inkognito l.; sie lüftete schließlich ihr Geheimnis *(gab es preis).*

Lüf|ter, der; -s, -: **1.** *Ventilator.* **2.** *Heizlüfter.*

Luft|fahrt, die: **1.** ⟨o. Pl.⟩ **a)** *Gesamtheit aller mit der Nutzung des Luftraums durch Luftfahrzeuge zusammenhängenden Tätigkeiten, Einrichtungen u. Techniken;* **b)** *das Fliegen mit Luftfahrzeugen; Flug:* die zivile L. **2.** (selten) *Fahrt durch die Luft (mit einem Luftschiff od. Ballon).*

Luft|fahrt|ge|sell|schaft, die: *Geschäftsunternehmen, das einen planmäßigen Flugverkehr unterhält; Fluggesellschaft.*

Luft|fahrt|in|dus|trie, die: *Luftfahrzeuge u. Zubehör herstellende Industrie.*

Luft|fahrt|kar|te, die (Flugw.): *spezielle Navigationskarte für den Flugverkehr.*

Luft|fahr|zeug, das: *Fahrzeug, das sich in der Luft fortbewegt.*

Luft|feuch|te, die (bes. Fachspr.), **Luft|feuch|tigkeit,** die (Met.): *in Form von Wasserdampf in der Luft vorhandene Feuchtigkeit.*

Luft|fil|ter, der, Fachspr. meist: das (Technik): *Filter* (1 b), *der Verunreinigungen aus der Luft abfängt.*

Luft|flot|te, die (Milit.): *großer Verband der Luftwaffe.*

Luft|fracht, die: **1.** *Fracht* (1), *die mit dem Flugzeug befördert wird.* **2.** *Fracht* (2) *für die Beförderung mit dem Flugzeug.*

luft|ge|füllt ⟨Adj.⟩: *mit Luft gefüllt.*

Luft|geist, der: *zu den Elementargeistern gehörendes, in der Luft lebendes Wesen.*

luft|ge|kühlt ⟨Adj.⟩ (Technik): *mithilfe von Luft gekühlt:* ein -er Motor.

L

Lụft|ge|päck, das: *bei einer Flugreise mitgeführtes Gepäck.*

lụft|ge|schützt ⟨Adj.⟩: vgl. windgeschützt: ein -er Ort.

lụft|ge|trock|net ⟨Adj.⟩: *an der Luft getrocknet:* -e Mettwurst.

Lụft|ge|wehr, das: *Sportwaffe, bei der das Geschoss durch Druckluft aus dem Lauf getrieben wird.*

Lụft|han|sa, die; -: kurz für: Deutsche Lufthansa AG (deutsche Luftverkehrsgesellschaft).

Lụft|hauch, der (geh.): *kaum spürbare Luftbewegung.*

Lụft|herr|schaft, die ⟨o. Pl.⟩ (Milit.): *(in Bezug auf die Luftstreitkräfte eines Landes) Beherrschung des [gegnerischen] Luftraums.*

Lụft|ho|heit, die: *Hoheit, Souveränität eines Landes über den zugehörigen Luftraum.*

Lụft|hül|le, die ⟨o. Pl.⟩: *die Erde wie eine Hülle umgebende Schicht atmosphärischer Luft; Atmosphäre* (1 a).

lụf|tig ⟨Adj.⟩ [mhd. luftec]: **1. a)** *(bes. in Bezug auf einen Raum) [hell u. groß u.] mit genügend Luftzufuhr:* -e Vorhänge; **b)** *hoch in der Luft, in der Höhe angesiedelt o. Ä.:* auf der -en Höhe der Dachterrasse. **2.** *(bes. in Bezug auf Kleidung) leicht u. luftdurchlässig:* -e Sommerkleider; du bist zu l. *(nicht warm genug)* angezogen. **3.** (selten, abwertend) **a)** *(in Bezug auf Personen) flatterhaft, nicht zuverlässig:* ein -er Bursche; **b)** *nicht stichhaltig, nicht ernst zu nehmen:* eine -e Begründung; der Vorwand ist sehr l.

Lụf|tig|keit, die; -: *das Luftigsein.*

Lụf|ti|kus, der; -[ses], -se [Studentenspr. mit latinis. Endung zu älter: (der) Luft = leichtsinniger Mensch] (ugs. abwertend): *leichtsinniger, oberflächlicher, wenig zuverlässiger Mann.*

Lụft|kampf, der (Milit.): *Gefecht von Kampfflugzeugen in der Luft.*

Lụft|kis|sen, das: **1.** *aufblasbares Kissen aus Gummi o. Ä., das als [Sitz]polster dient.* **2.** (Technik) *komprimierte Luft (von der das Luftkissenfahrzeug getragen wird).*

Lụft|kis|sen|boot, das: vgl. Luftkissenfahrzeug.

Lụft|kis|sen|fahr|zeug, das: *für die Überquerung von Wasserflächen u. unwegsamem Gelände geeignetes Fahrzeug, das von einem Luftkissen (2) getragen wird; Hovercraft.*

Lụft|klap|pe, die: **1.** *Klappe, mit deren Hilfe die Luftzufuhr reguliert werden kann.* **2.** *Choke.*

Lụft|kor|ri|dor, der (Flugw.): *festgelegte Luftstrecke, die Flugzeuge beim Überqueren eines fremden Staates benutzen müssen.*

Lụft|krank|heit, die: *beim Fliegen auftretendes Unwohlsein.*

Lụft|krieg, der (Milit.): *Krieg mit Luftstreitkräften.*

Lụft|kur|ort, der: *Kurort, der sich durch günstige klimatische Verhältnisse, bes. durch gesunde Luft, auszeichnet.*

Lụft|lan|de|trup|pe, die (Milit.): *für die Luftlandung ausgebildete u. ausgerüstete Truppe.*

Lụft|lan|dung, die (Milit.): *das Absetzen von Truppen in einem bestimmten Kampfgebiet durch Flugzeuge.*

lụft|leer ⟨Adj.⟩: *keine Luft* (1) *enthaltend:* ein -er Raum (Physik; *Vakuum*).

Lụft|li|nie, die: **1.** ⟨Pl. selten⟩ *kürzeste gedachte Entfernung zwischen [zwei] geographischen Punkten:* die Entfernung beträgt 50 km L. **2.** (selten) *Fluggesellschaft:* sie arbeitet bei einer Schweizer L.

Lụft|loch, das: **1.** *Öffnung, durch die Luft ein- u. austreten kann.* **2.** (ugs.) *wechselnde Geschwindigkeit bzw. Richtung der Luftströmung, die ein Luftfahrzeug für einen kurzen Moment absacken lässt:* die Maschine geriet in ein L.

Lụft|man|gel, der ⟨o. Pl.⟩: **a)** *Atembeschwerden:* unter L. leiden; **b)** *Mangel an frischer Luft, an Sauerstoff.*

Lụft|ma|sche, die (Handarb.): *(bes. beim Beginn einer Häkelarbeit notwendige) Masche, die dadurch entsteht, dass die Häkelnadel den Faden durch eine Schlinge des Garns durchzieht.*

Lụft|mas|se, die ⟨meist Pl.⟩ (Met.): *über einem größeren Bereich lagernde od. zirkulierende Luftmenge mit einheitlichen Eigenschaften:* am Samstag ist mit erneuter Zufuhr kalter -n zu rechnen.

Lụft|ma|trat|ze, die: *aufblasbare Matratze aus Gummi od. Kunststoff, die als Polster zum Liegen dient.*

Lụft|men|ge, die: *bestimmte Menge Luft.*

Lụft|pa|ra|de, die: *von Flugzeugen der Luftwaffe gezeigte [kunst]fliegerische Vorführung.*

Lụft|pi|rat, der: *Flugzeugentführer, Hijacker.*

Lụft|pi|ra|te|rie, die: *Flugzeugentführung.*

Lụft|pi|ra|tin, die: w. Form zu ↑Luftpirat.

Lụft|post, die ⟨o. Pl.⟩: **a)** *Beförderung von Postsendungen mit dem Flugzeug:* etw. per, mit L. schicken; **b)** *mit dem Flugzeug beförderte Post.*

Lụft|post|brief, der: *mit Luftpost befördeter Brief.*

Lụft|post|pa|pier, das: *besonders dünnes Schreibpapier, das für Luftpostbriefe verwendet wird.*

Lụft|pum|pe, die: *Gerät, mit dessen Hilfe Luft in einen Hohlraum o. Ä. hineingepumpt od. aus einem Hohlraum o. Ä. abgesaugt wird.*

Lụft|raum, der: *freier Raum über der Erdoberfläche [der jeweils zu dem Hoheitsgebiet des Landes gehört, über dem er sich erstreckt]:* den L. eines Landes verletzen.

Lụft|recht, das ⟨o. Pl.⟩ (Rechtsspr.): *Gesamtheit der die Nutzung des Luftraums durch Luftfahrzeuge betreffenden Rechtsvorschriften.*

Lụft|rei|fen, der: *mit Luft gefüllter Reifen eines Fahrzeugs.*

Lụft|röh|re, die (Anat.): *knorpeliges röhrenförmiges Verbindungsstück zwischen Kehlkopf u. Bronchien, durch das die Luft in die Lunge gelangt.*

Lụft|röh|ren|schnitt, der (Med.): *operativer Eingriff bei bestimmten akuten Erkrankungen, bei dem durch einen Einschnitt in die Luftröhre die Atmung erleichtert wird; Tracheotomie.*

Lụft|sack, der: **1.** (Zool.) *sackförmige Anhänge der Lunge bei Vögeln.* **2.** *Airbag.*

Lụft|sau|er|stoff, der: *in der Luft enthaltener Sauerstoff.*

Lụft|säu|le, die (Physik): *sich über einer Bodenfläche in vertikaler Richtung erstreckender Bereich der Luft.*

Lụft|schacht, der: *der Belüftung dienender Schacht.*

Lụft|schicht, die (Met.): *atmosphärische Schicht einer bestimmten Temperatur.*

Lụft|schiff, das: *aus einem großen, lang gestreckten, mit Gas gefüllten Körper bestehendes Luftfahrzeug.*

Lụft|schiff|fahrt, die: **1.** ⟨o. Pl.⟩ *Luftfahrt* (1) *mit Luftschiffen.* **2.** (selten) *Fahrt, Reise mit einem Luftschiff.*

Lụft|schlan|ge, die ⟨meist Pl.⟩: *(bes. bei Karnevalsveranstaltungen verwendetes) farbiges, aufgerolltes Papierband, das sich [beim Werfen] in seiner ganzen Länge schlangenförmig auseinander rollt.*

Lụft|schloss, das ⟨meist Pl.⟩: *etw. Erwünschtes, was sich jmd. in seiner Fantasie ausmalt, was aber nicht zu realisieren ist:* *** Luftschlösser bauen** *(sich seinen Wunschträumen überlassend, in seiner Fantasie Pläne machen, die sich nicht realisieren lassen).*

Lụft|schrau|be, die (Technik): *Propeller.*

Lụft|schutz, der: **a)** *Gesamtheit der Maßnahmen zum Schutz der Zivilbevölkerung bei Luftangriffen im Krieg;* **b)** *für den Luftschutz (a) gebildete Organisation.*

Lụft|schutz|bun|ker, der: *Betonbunker zum Schutz bei Luftangriffen.*

Lụft|schutz|kel|ler, der: *Keller als Schutzraum bei Luftangriffen.*

Lụft|schutz|raum, der: *Schutzraum bei Luftangriffen.*

Lụft|schutz|wart, der (früher): *jmd., der für Maßnahmen des Luftschutzes in einem Stadtbezirk verantwortlich ist.*

Lụft|sperr|ge|biet, das: *Teil des Hoheitsgebietes eines Landes, dessen Überfliegen untersagt ist.*

Lụft|spie|ge|lung, Lụft|spieg|lung, die: *durch Brechung der Lichtstrahlen an verschieden dichten Luftschichten verursachte optische Täuschung, bei der ein entferntes Objekt mehrfach od. auch auf dem Kopf stehend gesehen wird.*

Lụft|sprung, der: *kleiner Sprung in die Höhe (als Ausdruck der Freude o. Ä.):* vor Begeisterung Luftsprünge machen.

Lụft|streit|kräf|te ⟨Pl.⟩ (Milit.): *Teil der Streitkräfte, der den Krieg in der Luft führt.*

Lụft|strom, der: *als Sog spürbarer starker Luftzug.*

Lụft|stütz|punkt, der (Milit.): *Stützpunkt für die Luftwaffe.*

Lụft|ta|xe, die, **Lụft|ta|xi,** das: *Hubschrauber od. kleines Flugzeug, das Fluggäste über kurze Strecken befördert.*

Lụft|tem|pe|ra|tur, die (Met.): *in der Luft gemessene Temperatur.*

Lụ̈f|tung, die; -, -en: **1.** *das Lüften.* **2.** *Vorrichtung, technische Anlage, mit deren Hilfe Räume o. Ä. belüftet werden.*

Lụft|ver|än|de|rung, die: *(aus gesundheitlichen Gründen notwendiger) Wechsel des Klimas, Aufenthalt an einem Ort mit anderem Klima:* eine L. wird empfohlen; dringend eine L. benötigen.

Lụft|ver|kehr, der: *Flugverkehr.*

Lụft|ver|kehrs|ge|sell|schaft, die: *Luftfahrtgesellschaft.*

Lụft|ver|schmut|zung, die: vgl. Luftverunreinigung.

Lụft|ver|tei|di|gung, die: *Verteidigung eines Landes gegen Angriffe aus der Luft.*

Lụft|ver|un|rei|ni|gung, die: **a)** *das Verunreinigen der Luft durch Fremdstoffe;* **b)** *Zustand der Verunreinigung, Verschmutzung der Luft.*

Lụft|waf|fe, die: *für den Luftkrieg bestimmter Teil der Streitkräfte eines Staates, Landes.*

Lụft|waf|fen|hel|fer, der: *(gegen Ende des Zweiten Weltkriegs) als Helfer bei der Luftverteidigung eingesetzter Jugendlicher.*

Lụft|waf|fen|hel|fe|rin, die: w. Form zu ↑Luftwaffenhelfer.

Lụft|weg, der: **1.** ⟨o. Pl.⟩ *Weg der Beförderung durch Flugzeuge o. Ä.:* den L. wählen; auf dem L. **2.** ⟨Pl.⟩ (Anat.) *Atemwege.*

Lụft|wi|der|stand, der (Physik): *der Bewegung eines Körpers entgegenwirkender Druck, der von der umgebenden Luft ausgeübt wird.*

Lụft|wir|bel, der: *sehr schnell um einen Mittelpunkt kreisende Bewegung von Luft.*

Lụft|wur|zel, die (Bot.): *(bei verschiedenen Pflanzen auftretende) über der Erde wachsende Wurzel.*

Lụft|zu|fuhr, die: *Zufuhr von Luft:* das Gerät regelt die L.

Lụft|zug, der ⟨Pl. selten⟩: *spürbare, strömende Bewegung der Luft.*

Lug [mhd. luc, ahd. lug, zu ↑lügen]: in der Fügung **L. und Trug** (geh.; *Betrug, Täuschung*): alles [war] L. und Trug; nichts als L. und Trug.

Lü̲|ge, die; -, -n [mhd. lüge, ahd. lugī, zu ↑lügen]: *bewusst falsche, auf Täuschung angelegte Aussage; absichtlich, wissentlich geäußerte Unwahrheit:* eine grobe, faustdicke, glatte, niederträchtige, gemeine, raffinierte L.; sich eine L. ausdenken; -n erfinden; jmdm. haarsträubende -n auftischen; jmdn. der L. bezichtigen, zeihen; er verstrickte sich immer mehr in -n; **Spr** -n haben kurze Beine *(es lohnt nicht, zu lügen; die Wahrheit kommt oft rasch zutage);* L. vergeht, Wahrheit besteht; **Ü** ihre Ehe war eine einzige L. *(war auf Täuschung aufgebaut);* *** eine fromme L.** (↑Betrug); **jmdn. -n strafen** *(jmdn. der Unwahrheit überführen);* **etw. -n strafen** *(beweisen, offenbar werden lassen, dass etw. unwahr ist).*

lü̲|gen ⟨sw. V.; hat⟩ [mhd. (md.) lügen, luogen,

ahd. luogēn, H. u., wahrsch. verw. mit engl. to look = sehen, blicken] (geh. veraltend, noch landsch.): **1.** *aufmerksam, spähend [aus]schauen, [nach jmdm., etw.] blicken:* aus dem Fenster, auf den Hof l. **2.** *hervorgucken* (2): eine Zeitung lugt aus seiner Manteltasche.

lü|gen ⟨st. V.; hat⟩ [mhd. liegen, ahd. liogan]: *bewusst u. absichtsvoll die Unwahrheit sagen:* sie lügt; ich müsste l., wenn ich sagte, es gefiele mir; ⟨selten mit Akk.-Obj.:⟩ das lügst du; ⟨gebr. im Passiv:⟩ das ist gelogen! *(das ist doch nicht wahr!);* **R** wer lügt, der stiehlt; **Spr** wer einmal lügt, dem glaubt man nicht, und wenn er auch die Wahrheit spricht; ⟨subst.:⟩ sich aufs Lügen verlegen; *** l. wie gedruckt** (ugs. emotional; *unglaublich lügen;* nach der Erfahrung, dass Gedrucktes oft nicht der Wahrheit entspricht).

Lü|gen|bold, der; -[e]s, -e [zum 2. Bestandteil vgl. Witzbold] (ugs. abwertend): *jmd., der häufig oder gewohnheitsmäßig lügt* (oft als Schimpfwort).

Lü|gen|de|tek|tor, der: *Detektor* (1), *mit dem unwillkürliche körperliche Reaktionen eines Befragten registriert werden, die möglicherweise Rückschlüsse auf den Wahrheitsgehalt gemachter Aussagen zulassen.*

Lü|gen|ge|bäu|de, das: *Lügengespinst.*

Lü|gen|ge|schich|te, die: *erlogene Geschichte.*

Lü|gen|ge|spinst, das (geh.): *aus lauter Unwahrheiten bestehende Darstellung o. Ä.*

lü|gen|haft ⟨Adj.⟩ (abwertend): **a)** *unwahr, voller Lügen:* eine -e Darstellung; der Bericht war l.; **b)** (seltener) *(von Menschen) zum Lügen neigend.*

Lü|gen|haf|tig|keit, die; -: *lügenhafte [Wesens]art.*

Lü|gen|netz, das: *Lügengespinst.*

Lü|ge|rei, die; -, -en (abwertend): **1.** ⟨o. Pl.⟩ *jmds. beständiges Lügen.* **2.** *lügenhafte Äußerung o. Ä.*

Lüg|ner, der; -s, - [mhd. lügenære, ahd. luginâri]: *jmd., der zum Lügen neigt, der häufig lügt:* ein erbärmlicher L.

Lüg|ne|rin, die; -, -nen: w. Form zu ↑Lügner.

lüg|ne|risch ⟨Adj.⟩ (abwertend): **a)** *unwahr, voller Lügen:* -e Reden führen; **b)** *zum Lügen neigend, verlogen.*

lu|gu|bre ⟨Adv.⟩ [ital. lugubre < lat. lugubris = traurig] (Musik): *klagend, traurig.*

Luk, das; -[e]s, -e [↑Luke] (Seemannsspr.): *viereckige, wasserdichte Luke* (2) *im Deck eines Schiffes.*

Lu|kas [auch: ˈlʊkas], der; -, - [H. u.]: *auf Jahrmärkten aufgestellter Apparat, an dem jmd. seine Kraft erproben kann, indem er auf die dafür vorgesehene Fläche einen Schlag mit einem großen Hammer od. auch mit der bloßen Faust ausführt:* **Ü** hau den L.! *(anfeuernder Ausruf eines Zuschauers bei einer Schlägerei).*

Lu|kas|evan|ge|li|um, das ⟨o. Pl.⟩: Evangelium (2 b) nach dem Evangelisten Lukas.

Lu|ke, die; -, -n [aus dem Niederd. < mniederd. lūke, zu asächs. lūkan = schließen, also eigtl. = Verschluss]: **1.** kurz für ↑Dachluke. **2.** *verschließbare, als Ein- u. Ausstieg u. a. dienende Öffnung bes. bei Schiffen:* die -n öffnen, dichtmachen.

lu|kra|tiv ⟨Adj.⟩ [lat. lucrativus = gewonnen, mit Gewinn verbunden, zu: lucrari = gewinnen] (bildungsspr.): *einträglich, Gewinn bringend u. dadurch für jmdn. erstrebenswert:* -e Angebote; ein -er Job; -er arbeiten.

Luk|sor: ↑Luxor.

lu|kul|lisch ⟨Adj.⟩ [nach dem röm. Feldherrn Lucullus (etwa 117–57 v. Chr.)] (bildungsspr.): *(von einem Essen) üppig u. dabei erlesen:* ein -es Menü; l. speisen.

Lu|latsch, der; -[e]s, -e [H. u.] (ugs.): *schlaksiger, hoch aufgeschossener [junger] Mann:* er ist ein langer L.

lul|len ⟨sw. V.; hat⟩ [eigtl. = saugen; urspr. lautm.]: **1.** *leise u. in einförmigem Rhythmus singend o. Ä. in einen bestimmten Zustand versetzen, bes. zum Einschlafen bringen:* das Kind in den Schlaf l. **2.** (landsch.) **a)** *saugen;* **b)** *urinieren.*

Lul|ler, der; -s, - [zu ↑lullen (2 a)] (südd., österr. landsch.): *Schnuller.*

Lum|ba|go, die; - [lat. lumbago = Lendenlähmung, zu: lumbus = Lende] (Med.): *von der Wirbelsäule im Bereich der Lenden ausstrahlende Schmerzen; Hexenschuss.*

lum|bal ⟨Adj.⟩ [zu lat. lumbus = Lende] (Med.): *die Lenden* (1 a), *die Lendenwirbel betreffend, zu ihnen gehörend, von ihnen ausgehend.*

Lum|bal|gie, die; -, -n [zu lat. lumbus = Lende u. griech. álgos = Schmerz] (Med.): *Schmerz in der Lendengegend.*

lum|be|cken ⟨sw. V.; hat⟩ [nach dem dt. Erfinder E. Lumbeck (1886–1979)] (Buchbinderei): *Bücher (bes. Broschüren, Taschenbücher) durch das Aneinanderkleben der einzelnen Blätter ohne Fadenheftung binden.*

Lu|men, das; -s, - u. Lumina [lat. lumen (Gen.: luminis) = Licht]: **1.** (Physik) *photometrische Einheit für den Lichtstrom* (Zeichen: lm). **2.** (Med., Biol.) **a)** *Hohlraum eines (röhrenförmig) hohlen Organs;* **b)** *innerer Durchmesser eines röhrenförmig hohlen Organs.* **3.** (veraltet) *kluger Mensch, Könner; Kirchenlicht, Leuchte* (2).

Lu|mi|nes|zenz, die; -, -en [engl. luminescence] (Physik): *Leuchten eines Stoffes, das nicht durch Erhöhung der Temperatur bewirkt wird.*

lu|mi|nes|zie|ren ⟨sw. V.; hat⟩ (Physik): *Lumineszenz aufweisen, zeigen.*

Lu|mi|no|gra|phie, die; - [zu lat. lumen (↑Lumen) u. ↑-graphie] (Fachspr.): *Verfahren zur Herstellung von Fotokopien (ohne Kamera) mithilfe von Lumineszenzschirmen, Leuchtstofffolien o. Ä. als Lichtquelle.*

Lu|mi|no|phor, der; -s, -e [zu griech. phorós = tragend] (Physik): *Leuchtstoff.*

Lum|me, die; -, -n [dän., schwed. lom < isl. lōmr < anord. lōmr, wohl lautm.]: *(in großen Kolonien auf steilen Felsenküsten der Nordmeere nistender) Vogel mit schwarzer Oberseite, weißer Unterseite u. kurzen Flügeln.*

Lüm|mel, der; -s, - [zu veraltet lumm = schlaff, locker, ablautende Bildung zu ↑lahm]: **1. a)** (abwertend) *[junger] Mann, der als frech, ungezogen, als Person mit flegelhaftem Benehmen angesehen wird:* ein frecher L.; **b)** (ugs., fam.) *Bursche, Kerl:* na, du L. **2.** (salopp) *Penis.*

lüm|mel|haft ⟨Adj.⟩ (abwertend): *sehr ungezogen, frech; flegelhaft.*

lüm|meln, sich ⟨sw. V.; hat⟩ (ugs. abwertend): *sich in betont nachlässiger, unmanierlicher Weise irgendwohin setzen, legen, irgendwo stehen, sich rekeln:* sie lümmelte sich aufs Sofa; ⟨auch ohne sich:⟩ er lümmelte auf der Bank.

Lüm|mel|tü|te, die (salopp): *Kondom.*

Lump, der; -en, -en [gek. aus spätmhd. lumpe, ↑Lumpen, eigtl. = Mensch in zerlumpter Kleidung] (abwertend): *Person, die als charakterlich minderwertig, gesinnungslos, betrügerisch, gewissenlos handelnd angesehen wird* (oft als Schimpfwort): ein elender L.; du feiger L.!

Lum|pa|zi, der; -s, -s, **Lum|pa|zi|us,** der; -, -se [scherzh. latinis. Bildung zu ↑Lump] (scherzh. veraltend): *Gauner, Vagabund.*

lum|pen ⟨sw. V.; hat⟩ [zu ↑Lump] (ugs.): **1.** *unsolide leben, bes. mit viel Alkohol tüchtig feiern:* ihr habt wohl wieder die ganze Nacht gelumpt? **2. * sich nicht l. lassen** *(sich großzügig, freigebig zeigen;* eigtl. = sich nicht für einen Lumpen ansehen lassen): ich werde mich doch nicht l. lassen.

Lum|pen, der; -s, - [mhd. lumpe = Lappen, Fetzen, ablautende Bildung zu: lampen = welk herunterhängen, also eigtl. = schlaff Herabhängendes]: **1. a)** *altes, verschmutztes [abgerissenes] Stück Stoff; Lappen, Stofffetzen:* er sammelt L. und Papier; aus [alten] L. hergestelltes Papier; **b)** (landsch.) *Putz-, Scheuerlappen:* den Boden mit einem L. aufwischen. **2.** ⟨meist Pl.⟩ (abwertend) *abgetragene, zerschlissene [u. verschmutzte] Kleidung:* in L. herumlaufen; *** jmdn. aus den L. schütteln** (salopp; *jmdn. sehr heftig tadeln; jmdm. ordentlich die Meinung sagen).*

Lum|pen|ball, der: *Fastnachtsball, bei dem die Teilnehmer in Lumpen erscheinen.*

Lum|pen|ge|sin|del, das (abwertend, emotional verstärkend): *Gesindel.*

Lum|pen|händ|ler, der: *Altwarenhändler.*

Lum|pen|händ|le|rin, die: w. Form zu ↑Lumpenhändler.

Lum|pen|pro|le|ta|ri|at, das (marx.): *unterste Gesellschaftsschicht ohne Klassenbewusstsein.*

Lum|pen|samm|ler, der: **1.** (veraltend) *jmd., der gewerbsmäßig alte Kleider, unbrauchbar gewordene Textilien, Altpapier, Altmetall o. Ä. sammelt u. zur weiteren Verwertung verkauft.* **2.** (scherzh.) *öffentliches Verkehrsmittel, das in der Nacht die letzte Möglichkeit der Beförderung bietet:* sie erreichten gerade noch den L.

Lum|pen|samm|le|rin, die: w. Form zu ↑Lumpensammler (1).

Lum|pe|rei, die; -, -en [zu ↑Lump]: **1.** (abwertend) *betrügerische, gewissenlose Tat; üble, gemeine Handlungsweise:* sie konnte ihm seine -en nicht verzeihen. **2.** (ugs., meist abwertend) *Nichtigkeit, Kleinigkeit, Lappalie:* reg dich nicht auf wegen so einer L.

lum|pig ⟨Adj.⟩: **1.** (abwertend) *gemein* (1 b), *niederträchtig, nichtswürdig:* ein -er Betrüger. **2.** (selten) *heruntergekommen, armselig; zerlumpt:* ein -es Quartier. **3.** (ugs. abwertend) *[in ärgerlicher Weise] gering, unbedeutend; erbärmlich wenig; kümmerlich; nichts wert:* für die -en paar Mark soll ich mich abrackern!

Lu|na: **1.** (röm. Myth.) Göttin des Mondes. **2.** (dichter.) (weibliche) Personifikation des Mondes.

Lu|na|park, der [viell. nach dem ehemaligen Vergnügungspark in Berlin] (veraltet, noch landsch.): *Vergnügungspark, Rummelplatz.*

lu|nar ⟨Adj.⟩ [lat. lunaris, zu: luna, ↑Luna] (Astron., Raumf.): *den Mond betreffend, von ihm ausgehend, zu ihm gehörend.*

lu|na|risch ⟨Adj.⟩ (veraltet): *lunar.*

Lunch [lanʃ, lantʃ, engl.: lʌntʃ], der; -[e]s u. -, -[e]s u. -e [engl. lunch, urspr. = Brocken, Bissen]: *(in den angelsächsischen Ländern) kleinere, leichte Mahlzeit in der Mittagszeit:* wir treffen uns zum L. im Bistro.

Lunch|pa|ket, das: *kleines Paket mit Verpflegung für die Teilnehmer an einem Ausflug o. Ä.*

Lü|ne|bur|ger Hei|de, die; - -: Teil des Norddeutschen Tieflandes.

Lun|ge, die; -, -n ⟨häufig auch im Pl. mit singularischer Bed.⟩ [mhd. lunge, ahd. lunga, lungu(na), eigtl. = die Leichte; nach der Beobachtung, dass die Lunge geschlachteter Tiere auf Wasser schwimmt]: *Organ, das beim Menschen u. den Luft atmenden Wirbeltieren der Atmung dient (indem es den Gasaustausch 2 mit dem Blut besorgt):* ihre L. ist angegriffen; eine kräftige, starke, gute, gesunde, schwache L. haben; sie hat es auf der L. (ugs.; *ist lungenkrank*); er raucht auf L./(seltener:) durch die L. *(inhaliert den Rauch, macht einen Lungenzug);* *** grüne L.** *(Grünfläche in [der Umgebung] einer Stadt);* **eiserne L.** (Med.; *Gerät zur künstlichen Beatmung bei Atemlähmung, das durch Druckeinwirkung die Lunge in Tätigkeit hält*); **eine gute L. haben** (scherzh.; *laut, kräftig schreien können*); **sich** ⟨Dativ⟩ **die L. aus dem Hals/Leib schreien** (ugs.; *sehr laut schreien*); **aus voller L. singen/schreien** o. Ä. *(sehr laut singen, schreien o. Ä.).*

Lun|gen|at|mung, die (Med., Zool.): *Atmung durch die Lunge.*

Lun|gen|bläs|chen, das ⟨meist Pl.⟩: *kleiner blasenähnlicher Hohlraum der Lunge, durch dessen dünne Wand der Gasaustausch* (2) *stattfindet.*

Lun|gen|em|bo|lie, die (Med.): *Embolie in der Lunge.*

Lun|gen|ent|zün|dung, die: *Entzündung in der Lunge; Pneumonie.*

Lun|gen|fisch, der ⟨meist Pl.⟩ (Zool.): *in Süßwas-*

L

ser lebender Fisch, der abwechselnd durch Kiemen u. Lunge atmen kann.

Lun|gen|flü|gel, der: *einer der beiden Teile, Flügel (2 a) der Lunge.*

Lun|gen|ha|schee, das (Kochk.): *aus der Lunge bestimmter Schlachttiere zubereitetes Haschee.*

Lun|gen|in|farkt, der (Med.): *Infarkt in der Lunge.*

lun|gen|krank ⟨Adj.⟩: *an einer Lungenkrankheit, bes. an Lungentuberkulose, leidend.*

Lun|gen|krank|heit, die: *Erkrankung der Lunge.*

Lun|gen|krebs, der: *Krebs in der Lunge.*

Lun|gen|lei|den, das: vgl. Lungenkrankheit.

lun|gen|lei|dend ⟨Adj.⟩: vgl. lungenkrank.

Lun|gen|ödem, das (Med.): *Ödem in der Lunge.*

Lun|gen|spit|ze, die: *oberes spitz auslaufendes Ende eines Lungenflügels.*

Lun|gen|tu|ber|ku|lo|se, die: *Tuberkulose im Bereich der Lunge.*

Lun|gen|tu|mor, der: *Tumor in der Lunge.*

Lun|gen|zug, der: *das Einziehen des Zigarettenrauchs bis in die Lunge:* einen L. machen.

lun|gern ⟨sw. V.; hat⟩ [urspr. = lauern; zu mhd. lunger, ahd. lungar = schnell, flink, ablautende Bildung zu ↑gelingen in dessen urspr. Bed. »schnell vonstatten gehen«] (selten): *herumlungern:* die Jugendlichen lungern vor der Kneipe.

Lü|ning, der; -s, -e [mniederd. lunink, H. u.] (nordwestd.): *Sperling.*

Lun|ker, der; -s, - [zu rhein. lunken = hohl werden] (Gießerei): *fehlerhafter Hohlraum in Gussstücken.*

Lün|se, die; -, -n [mniederd. luns(e) < altsächs. lunisa, dafür mhd. lun(e), ahd. lun(a)]: *vor das Rad gesteckter Splint, der das Lösen von der Achse verhindert.*

Lun|te, die; -, -n [urspr. = Lappen, Fetzen, H. u.; 2: nach der feuerroten Farbe]: **1.** (früher) *langsam glimmende Zündschnur:* die L. anzünden; ***L. riechen** (ugs.; *eine Gefahr, Bedrohung, etw. Unangenehmes, was auf jmdn. zukommt, schon im Voraus merken;* nach dem scharfen Geruch einer glimmenden Zündschnur, die den Standort eines verborgenen Schützen verriet); **die L. ans Pulverfass legen** *(durch eine bestimmte Äußerung, Handlung einen bereits vorhandenen Konflikt, eine gespannte Situation zum offenen Streit werden lassen).* **2.** (Jägerspr.) *Schwanz des Fuchses u. des Marders.* **3.** (Textilind.) *schwach gedrehtes Vorgarn.*

Lu|pe, die; -, -n [frz. loupe, H. u.]: *einfaches Vergrößerungsglas mit Fassung u. Griff od. Vorrichtung zum Aufstellen:* eine scharfe, schwache L.; etw. durch die L., mit der L. betrachten; der Webfehler wird unter der L. sichtbar; ***jmdn., etw. unter die L. nehmen** (ugs.; *jmdn., etw. sehr genau beobachten, kontrollieren, betrachten, kritisch prüfen*); **jmdn., etw. mit der L. suchen können** (ugs.; *jmdn., etw. [mit solchen positiven Eigenschaften] nur selten finden, antreffen*).

lu|pen|rein ⟨Adj.⟩: **1.** *(von Diamanten) bei einer bestimmten starken Vergrößerung große Reinheit zeigend, keinen Einschluss erkennen lassend:* -e Brillanten; Ü ein -er Sound; -e Akustik; sie spricht ein -es Hochdeutsch; sie sang l. **2.** *ein einwandfreies Exemplar, eine mustergültige Verkörperung von etw. darstellend:* ein -er Amateur; die Beweisführung ist alles andere als l.

lup|fen (südd., schweiz., österr.), **lüp|fen** ⟨sw. V.; hat⟩ [mhd. lupfen, H. u., viell. im Sinne von »in die Luft heben« verw. mit ↑Luft]: *lüften* (2): die Mütze l.

Lu|pi|ne, die; -, -n [mhd. nicht belegt, ahd. luvina < lat. lupinus, zu: lupus = Wolf; die Beziehung zum Tiernamen ist ungeklärt]: *(zu den Schmetterlingsblütlern gehörende) Pflanze mit gefingerten Blättern u. in dichten Trauben wachsenden [mehrfarbigen] Blüten (die bes. als Grünfutter u. zur Gründüngung verwendet, aber auch als Zierpflanze kultiviert wird).*

Lu|pus, der; -, - u. -se [mlat. lupus < lat. lupus = Wolf; die Krankheit wird mit einem gierig fressenden Wolf verglichen] (Med.): *meist chronische tuberkulöse Hautflechte.*

Lu|pus in fa|bu|la [lat. = der Wolf in der Fabel; nach Terenz, Adelphoe] (bildungsspr.): Ausruf, wenn jemand kommt, von dem gerade gesprochen wurde.

Lurch, der; -[e]s, -e [älter: Lorch, niederd. lork = Kröte, H. u.]: *Amphibie.*

Lu|rex®, das; - [Kunstwort]: *mit metallisierten Fasern hergestelltes Garn, Gewebe.*

¹Lu|sche, die; -, -n [1: nach Lusche (2) zur Bez. der Minderwertigkeit; 2: wohl zu ostmd. Lusche = (läufige) Hündin; 3: H. u.] (ugs.): **1.** *Spielkarte, die nichts zählt, die beim Zusammenrechnen keine Punkte einbringt:* ich habe wieder nur -n auf der Hand. **2.** (landsch. abwertend) **a)** *Person, die als liederlich, als Schlampe angesehen wird;* **b)** *Prostituierte.* **3.** (landsch.) *Zigarette.*

²Lu|sche, die; -, -n [aus dem Slaw., vgl. russ. luža] (ostmd.): *Pfütze.*

lu|schig ⟨Adj.⟩ [zu ↑¹Lusche (2 a)] (landsch. abwertend): *liederlich, schlampig, flüchtig, oberflächlich, ungenau:* sie hat l. gearbeitet.

lu|sen: ↑²losen.

Lust, die; -, Lüste [mhd., ahd. lust, wohl eigtl. = Neigung]: **1.** ⟨o. Pl.⟩ **a)** *inneres Bedürfnis, etw. Bestimmtes zu tun, haben zu wollen; auf die Befriedigung eines Wunsches gerichtetes Verlangen:* in ihm erwachte die L., ihn überkam, erfasste die L., ihn kam die L. an, etw. zu tun; keine L. verspüren, etw. zu tun; sie hatte, bekam plötzlich L., dorthin zu fahren; die L. dazu ist mir vergangen; ich hätte jetzt L. auf ein Stück Torte *(würde jetzt gerne ein Stück Torte essen);* das kannst du machen, wie du L. hast *(wie es dir gefällt);* ***nach L. und Laune** *(ganz nach eigenem Belieben, Geschmack);* **b)** *aus der Befriedigung, der Erfüllung eines Wunsches, dem Gefallen an etw. entstehendes angenehmes, freudiges Gefühl; gesteigerte Freude; Vergnügen:* es ist eine [wahre] L., ihr zuzusehen; sie sangen so schön, dass es eine L. war (geh. veraltend; *dass es allen sehr gefiel*); bei einer solchen Arbeit kann einem die ganze L. vergehen; die L. am Leben; L. an etw. haben, bei etw. empfinden; er tat es aus purer L. am Bösen; ***L. und Leid** (geh. veraltend; ↑Freude 1); **L. und Liebe** *(bei etw. vorhandene innere Bereitschaft, Heiterkeit; Vergnügen, Freude an etw.):* etw. aus, mit, ohne L. und Liebe tun. **2.** (geh.) **a)** *heftiges, auf die Befriedigung sinnlicher, bes. sexueller Bedürfnisse gerichtetes [triebhaftes] Verlangen:* weltliche, sinnliche Lüste; die Lüste des Fleisches *(Fleischeslüste);* seine L. befriedigen, stillen, zügeln; jmdm. die L. nehmen; **b)** *aus der Befriedigung sinnlicher, bes. geschlechtlicher Genüsse entstehendes Gefühl; Erfüllung einer Begierde; Wollust:* sie gab, bot ihm, fand bei ihm die höchsten Lüste.

Lust|bar|keit, die; -, -en [mhd. lustbærecheit, zu: lustbære = Freude, Vergnügen bereitend] (geh. veraltend): *Veranstaltung, bei der sich jmd. vergnügt, sich angenehm die Zeit vertreibt:* er interessiert sich nur für Fest und andere -en.

lust|be|tont ⟨Adj.⟩: **1.** *von einem sehr angenehmen Gefühl begleitet; von einem Wohlgefühl entscheidend bestimmt:* -e Freizeitgestaltung; **2.** *von einem auf die Befriedigung sinnlicher, bes. sexueller Bedürfnisse gerichteten Verlangen bestimmt:* eine -e Beziehung; -er Sex.

Lust|emp|fin|den, das: vgl. Lustgefühl.

Lus|ter, der; -s, - (österr.): *Lüster* (1).

Lüs|ter, der; -s, - [frz. lustre < ital. lustro = Glanz, zu: lustrare < lat. lustrare, ↑lustrieren]: **1.** *meist prunkvoller, mit Prismen aus Glas o. Ä. reich verzierter Kronleuchter:* ein L. mit Kerzen erleuchtete den Raum. **2.** *stark glänzender, meist in verschiedenen Farben schillernder Überzug auf Glas, Porzellan, Keramik.* **3.** *leichter, glänzender, dicht gewebter Stoff meist aus Baumwolle:* ein Rock aus L. **4.** (Druckw.) *metallähnlicher, samtiger Glanz in Farben (die auf glatte Flächen gedruckt sind).* **5.** (Gerberei) *Appretur, die dem Leder einen leichten Glanz verleiht od. die Leuchtkraft der Farben erhöht.*

Lüs|ter|klem|me, die [aus ↑Lüster (1) u. ↑Klemme (1 b)]: *isoliertes Verbindungsstück für elektrische Leitungen, das mit Schrauben befestigt wird.*

¹lüs|tern ⟨Adj.⟩ [aus: lüsternd, 1. Part. von veraltet lüstern = Lust haben, zu mhd. lüsten, ahd. lusten, zu ↑Lust] (geh.): **1.** *von einem auf Besitz od. Genuss gerichteten Verlangen erfüllt, das auf versteckte Weise zu stillen gesucht wird:* mit -en Blicken; l. auf Erdbeeren sein. **2.** *von sexueller Begierde erfüllt, sie aber nur auf versteckte Weise andeutend:* ein -er Kerl; -e Gedanken; l. blicken.

-lüs|tern: drückt in Bildungen mit Substantiven aus, dass die beschriebene Person begierig auf etw. ist, ein gieriges Verlangen nach etw. hat: angriffs-, karriere-, machtlüstern.

Lüs|tern|heit, die; - (geh.): *das Lüsternsein; lüsterne Art, lüsternes Wesen.*

lust|feind|lich ⟨Adj.⟩: *der Lust* (2 a) *feindlich gegenüberstehend, sie ablehnend:* eine -e Erziehung.

Lust|gar|ten, der (früher): *parkartiger Garten.*

Lust|ge|fühl, das: *Gefühl von Lust* (1 b, 2 b).

Lust|ge|winn, der ⟨o. Pl.⟩: *das Erlangen von Lust* (1 b, 2 b).

Lust|greis, der (ugs. abwertend): *älterer Mann, der in übersteigerter Weise an geschlechtlichen Dingen interessiert ist, sich sexuell betätigt.*

lus|tig ⟨Adj.⟩ [mhd. lustec = vergnügt, munter]: **1. a)** *von ausgelassener, unbeschwerter Fröhlichkeit erfüllt; Vergnügen bereitend; vergnügt, fröhlich, heiter, ausgelassen:* ein -er Mensch, Bursche; eine -e Gesellschaft; es war ein -er Abend; sie hat, macht ein -es Gesicht; sie waren an dem Abend alle sehr l.; hier ist es immer sehr l., geht es immer sehr l. zu; R das kann ja l. werden! (ugs. iron.; *da steht uns noch einiges bevor; das kann noch unangenehm werden*); Ü Stoffe in vielen -en *(bunten, fröhlich stimmenden)* Farben; die Fahnen flattern l. im Wind; ***sich über jmdn., etw. l. machen** *(jmdn. seinen Spott fühlen lassen, auslachen, jmdn., etw. mit Ironie, Schadenfreude, Hohn betrachten, verspotten u. sich dabei amüsieren);* **b)** *Heiterkeit erregend; auf spaßhafte Weise unterhaltend; komisch:* -e Einfälle, Geschichten, Streiche; er kann sehr l. erzählen; ⟨subst.:⟩ ihm fällt immer etwas Lustiges ein. **2.** *munter, unbekümmert; ohne große Bedenken:* sie unterhielten sich l. weiter, während die Kunden im Laden warteten. **3.** ***so lange/wie/wozu o. Ä. jmd. l. ist** (ugs.; *so lange, wie, wozu o. Ä. jmd. Lust hat; so lange, wie es jmd. will, jmdm. gefällt, wonach es jmdn. verlangt*): du kannst damit spielen, so lange du l. bist.

-lus|tig: drückt in Bildungen mit Substantiven oder Verben aus, dass die beschriebene Person etw. gern macht, zu etw. stets bereit ist: aggressions-, trinklustig.

Lus|tig|keit, die; -: *das Lustigsein; lustige [Wesens]art.*

Lust|kna|be, der (geh.): *männlicher Jugendlicher, mit dem ein Mann (meist ein Homosexueller) ein Verhältnis hat.*

Lüst|ling, der; -s, -e (veraltend abwertend): *Mann, der in übersteigerter Weise an geschlechtlichen Dingen interessiert ist, sich sexuell betätigt:* so ein unangenehmer L.!

lust|los ⟨Adj.⟩: **1.** *keine Lust* (1 a) *zu etw. verspürend, erkennen lassend; ohne inneren Antrieb:* mit -er Miene zuschauen. **2.** (Börsenw.) *einen Mangel an Kauflust aufweisend, kennzeichnend:* Tendenz: l.

Lust|lo|sig|keit, die; -: *Mangel an Lust, innerem Antrieb.*

Lust|molch, der [2. Bestandteil zu ↑Molch (b)] (ugs., oft scherzh.): *Lüstling.*

Lust|mord, der: *der Befriedigung des Geschlechtstriebs dienender Mord, der meist aus übersteigerter sexueller Begierde verübt wird.*

Lust|ob|jekt, das: *jmd., der zum bloßen Objekt der geschlechtlichen Lust gemacht wird, der nur dazu benutzt wird, sexuelle Bedürfnisse zu befriedigen:* er behandelt seine Frau wie ein L.

Lust|prin|zip, das ⟨o. Pl.⟩ (Psych.): *Prinzip des Verhaltens, bei dem der psychische Antrieb von*

L

dem Streben nach unmittelbarer Befriedigung der Triebe u. Bedürfnisse bestimmt wird.

Lus|tra: Pl. von ↑Lustrum.

Lus|tra|ti|on, die; -, -en [lat. lustratio, zu: lustrare, ↑lustrieren] (Rel.): *feierliche kultische Reinigung durch Sühnopfer o. Ä.*

Lus|tren: Pl. von ↑Lustrum.

lus|trie|ren ⟨sw. V.; hat⟩ [lat. lustrare = beleuchten; (durch Sühnopfer) reinigen] (Rel.): *eine kultische Reinigung vornehmen.*

Lus|trum, das; -s, ...ren u. ...ra [lat. lustrum]: 1. (Rel.) *alle fünf Jahre stattfindendes, der kultischen Reinigung dienendes altrömisches Sühnopfer.* 2. *(in der römischen Antike) Zeitraum von fünf Jahren.*

Lust|schloss, das: *kleineres Schloss, in dem sich ein Herrscher gelegentlich für kürzere Zeit aufhielt, im Sommer residierte.*

Lust|seu|che, die: 1. (o. Pl.) (veraltet) *Syphilis.* 2. (geh.) *Geschlechtskrankheit.*

Lust|spiel, das [seit dem 18. Jh. für »Komödie«]: *Komödie* (1 a, b).

lust|voll ⟨Adj.⟩ (geh.): *von einem sehr angenehmen Gefühl begleitet; voller Lust:* viele -e Stunden erleben.

Lust|wäld|chen, das (früher): *kleiner gepflegter Wald, Boskett zum Spazierengehen.*

lust|wan|deln ⟨sw. V.; ist/(auch:) hat⟩ (geh. veraltend): *in einem Park o. Ä. langsam u. gemächlich spazieren gehen, sich ergehen:* unter den Bäumen lässt es sich angenehm l.

Lust|wie|se, die (ugs. scherzh.): *breites Bett, breite Couch.*

Lu|te|in, das; -s [lat. luteus = mit Wau gefärbt, (gold-, rötlich) gelb, zu: lutum = Wau]: *gelber Farbstoff in Blättern von Pflanzen u. im Eidotter.*

Lu|the|ra|ner, der; -s, - [nach dem dt. Reformator Martin Luther (1483–1546)]: *Anhänger Luthers; Angehöriger einer evangelisch-lutherischen Kirche.*

Lu|ther|bi|bel, die: *Bibel in Luthers Übersetzung.*

lu|the|risch [veraltet: lʊˈteːrɪʃ] ⟨Adj.⟩: 1. *Luther, seine Lehre betreffend; im Sinne, nach der Art Luthers.* 2. kurz für ↑evangelisch-lutherisch.

Lu|ther|tum, das; -s: 1. *auf Luther gegründeter Protestantismus, evangelisch-lutherische Glaubenslehre:* das L. wurde dort die herrschende Konfession. 2. *Wesen der auf Luther gegründeten Glaubenslehre, die davon geprägte Lebens- u. Geisteshaltung.*

lut|schen ⟨sw. V.; hat⟩ [lautm.]: a) *[saugend] im Mund zergehen lassen [u. auf diese Weise verzehren]:* Bonbons, ein Eis l.; b) *an etw., was in den Mund gesteckt worden ist, saugen:* am Daumen l.

Lut|scher, der; -s, -: 1. *Bonbonmasse am Stiel* (1 b). 2. a) (ugs.) *Schnuller;* b) *Gummisauger.*

lütt ⟨Adj.⟩ [niederd. Entsprechung von mhd. lütze(l), ahd. luz(z)il, H. u.] (nordd. ugs.): *klein:* ein lüttes Bäumchen.

Lut|ter, der; -s, - [zu ↑[1]lauter]: *Fuselöl enthaltende Flüssigkeit mit geringem Gehalt an Weingeist, die sich bei der Herstellung von Branntwein bildet.*

Lüt|tich: Stadt in Belgien.

Lutz, der; -, - [nach dem österr. Kunstläufer A. Lutz (1899–1918)] (Eis-, Rollkunstlauf): *mit einem Bogen rückwärts eingeleiteter Sprung, bei dem der Läufer mit der Fußspitze auf den Boden tippt, abspringt, eine Drehung in der Luft entgegen der im Anlauf eingeschlagenen Richtung macht u. mit dem anderen Fuß wieder aufkommt.*

Luv, die; - od. (Geogr. nur:) das; -s ⟨Seemannsspr. meist o. Art.⟩ [aus dem Niederd. < niederl. loef, gek. aus: loefzijde = Luvseite, eigtl. = Ruderseite, ablautend verw. mit ahd. laffa, lappo = flache Hand; Ruderblatt] (Seemannsspr., Geogr.): *dem Wind zugekehrte Seite (bes. eines Schiffes, eines Gebirges):* die Insel liegt in L.; der Bug des Schiffes dreht nach L.; im L. der Alpen.

lu|ven [ˈluːfn̩] ⟨sw. V.; hat⟩ (Seemannsspr.): *(ein Schiff) luvwärts drehen.*

Luv|sei|te, die (Seemannsspr., Geogr.): *Luv.*

luv|wärts ⟨Adv.⟩ [↑-wärts] (Seemannsspr.): a) *nach Luv;* b) *auf der Luvseite.*

Lux, das; -, - [lat. lux (Gen.: lucis) = Licht]: *Einheit der Beleuchtungsstärke:* 60 bis 120 L. stellten die Lichtstärkeprüfer fest (Zeichen: lx).

Lu|xa|ti|on, die; -, -en [lat. luxatio, zu: luxare, ↑luxieren] (Med.): *Verrenkung eines Gelenks.*

Lu|xem|burg; -s: 1. belgische Provinz. 2. Großherzogtum in Mitteleuropa. 3. Hauptstadt von Luxemburg (2).

lu|xie|ren ⟨sw. V.; hat⟩ [lat. luxare, zu: luxus, ↑Luxus] (Med.): *(ein Gelenk) verrenken.*

Lu|xor, Luksor: ägyptische Stadt.

Lux|se|kun|de, die: *photometrische Einheit der Belichtung* (Zeichen: lx s).

lu|xu|rie|ren ⟨sw. V.; hat⟩ [lat. luxuriare, zu: luxuria = Üppigkeit, Schwelgerei, zu: luxus, ↑Luxus]: 1. (veraltet) *üppig leben, schwelgen; sehr großen Aufwand machen.* 2. (Biol.) a) *(nach bestimmten Kreuzungen) gegenüber der Elterngeneration an Wuchs, Vitalität zunehmen, sich üppig entwickeln;* b) *sich übermäßig entwickeln, wuchern.*

lu|xu|ri|ös ⟨Adj.⟩ [lat. luxuriosus]: *großen Luxus aufweisend, mit Luxus ausgestattet; sehr komfortabel, prunkvoll, verschwenderisch:* eine -e Wohnung; ein -es Leben führen; der Wagen ist l. ausgestattet.

Lu|xus, der; - [lat. luxus, zu lat. luxus = verrenkt u. viell. eigtl. = Abweichung vom Geraden, Normalen]: *kostspieliger, verschwenderischer, den normalen Rahmen (der Lebenshaltung o. Ä.) übersteigender, nicht notwendiger, nur zum Vergnügen betriebener Aufwand; Pracht, verschwenderische Fülle:* ein solches Auto ist reiner L. *(ist nicht notwendig);* großen L. treiben; im L. leben.

Lu|xus|ar|ti|kel, der: *Gegenstand, der in den Bereich des Luxus gehört.*

Lu|xus|aus|ga|be, die: *besonders kostbare, schöne, prunkvolle Ausgabe eines Buches.*

Lu|xus|au|to, das: *mit besonderem Komfort u. technischen Raffinessen ausgestattetes Auto.*

Lu|xus|damp|fer, der: *mit viel Komfort u. Eleganz ausgestatteter großer Dampfer.*

Lu|xus|ge|schöpf, das (oft abwertend): *hohe Ansprüche stellende, verwöhnte Person.*

Lu|xus|gut, das: vgl. Luxusartikel.

Lu|xus|her|ber|ge, die (ugs. scherzh.): *Luxushotel.*

Lu|xus|ho|tel, das: *mit viel Komfort u. Eleganz ausgestattetes Hotel.*

Lu|xus|klas|se, die: *Klasse, Kategorie, die mit besonderem Luxus verbunden ist.*

Lu|xus|li|mou|si|ne, die: vgl. Luxusauto.

Lu|xus|schlit|ten, der (ugs.): *Luxusauto.*

Lu|xus|steu|er, die: *auf Luxusartikel erhobene Steuer.*

Lu|xus|vil|la, die: vgl. Luxuswohnung.

Lu|xus|weib|chen, das (meist abwertend): *hohe Ansprüche stellende, verwöhnte Frau.*

Lu|xus|woh|nung, die: *mit viel Komfort u. Eleganz ausgestattete große Wohnung.*

Lu|zern: Stadt u. Kanton in der Schweiz.

Lu|zer|ne, die; -, -n [frz. luzerne < provenz. luzerno, eigtl. = Glühwürmchen < lat. lucerna = Leuchte, zu: lucere = leuchten, wegen der glänzenden Samen]: *(zu den Schmetterlingsblütlern gehörende) Pflanze mit meist blauen bis violetten od. gelben Blüten u. dreiteiligen Blättern, die als Futterpflanze angebaut wird.*

lu|zid ⟨Adj.⟩ [lat. lucidus, eigtl. = lichtvoll, zu: lux, ↑Lux] (bildungsspr.): 1. *klar [u. eindeutig]; verständlich, einleuchtend:* -e Erläuterungen. 2. (veraltet) *hell, durchsichtig, klar.*

Lu|zi|di|tät, die; - [spätlat. luciditas]: 1. (bildungsspr.) *luzide* (1) *Art, Beschaffenheit.* 2. (bildungsspr. veraltet) *Helle, Durchsichtigkeit, Klarheit.* 3. (Parapsych.) *das Hellsehen.*

Lu|zi|fer, der; -s [kirchenlat. Lucifer, eigtl. = Lichtbringer]: *Teufel, Satan.*

lu|zi|fe|risch ⟨Adj.⟩ [zu ↑Luzifer] (bildungsspr.): *teuflisch, bösartig.*

LVA [ɛlfauˈaː], die; -, -[s]: Landesversicherungsanstalt.

Lw = Lew.

lx = Lux.

ly [Abk. von engl. light-year] = Lichtjahr.

Ly|chee [ˈlɪtʃi]: ↑Litschi.

Ly|cra® [auch: ˈlaikra], das; -[s] [Kunstwort]: *äußerst elastische Kunstfaser.*

Ly|di|en; -s: historische Landschaft in Kleinasien.

Ly|ki|en; -s: historische Landschaft in Kleinasien.

lym|pha|tisch ⟨Adj.⟩ [zu ↑Lymphe; b: eigtl. = (farblos) wie Lymphe]: (Med.): *die Lymphe, die Lymphknoten, -gefäße betreffend.*

Lymph|bahn, die: *Lymphgefäß.*

Lymph|drai|na|ge, die (Med.): *mit den Fingerkuppen ausgeführte Massage in Richtung der Lymphbahnen zum Zweck der Entstauung der Lymphgefäße.*

Lymph|drü|se, die (Med. veraltet): *Lymphknoten.*

Lym|phe, die; -, -n [lat. lympha = Quell-, Flusswasser, dissimiliert aus griech. nýmphē, ↑Nymphe] (Med.): 1. *Gewebsflüssigkeit.* 2. *aus Lymphe* (1) *von Kühen od. Kälbern gewonnener Impfstoff gegen Pocken.*

Lymph|ge|fäß, das (Med.): *Gefäß (Leitungsbahn), worin die Lymphe [gesammelt u.] in die Venen geleitet wird.*

Lymph|kno|ten, der (Med.): *kleines, rundliches Organ in den Lymphgefäßen, das die Lymphozyten bildet u. gleichzeitig eine Art Filter gegenüber Krankheitserregern darstellt.*

Lym|pho|gra|phie, die; -, -n [↑-graphie] (Med.): *röntgenologische Darstellung von Lymphbahnen u. Lymphknoten.*

Lym|pho|zyt, der; -en, -en ⟨meist Pl.⟩ [zu griech. kýtos = Wölbung] (Med.): *im lymphatischen Gewebe entstehendes, im Blut, in der Lymphe u. im Knochenmark vorkommendes weißes Blutkörperchen.*

Lym|pho|zy|to|se, die; -, -n (Med.): *[krankhafte] Vermehrung der Lymphozyten im Blut.*

lyn|chen [auch: ˈlɪnçn̩] ⟨sw. V.; hat⟩ [engl. to lynch, zugrunde liegt der Familienname Lynch, viell. der eines W. Lynch, des Vorsitzenden eines selbst ernannten Bürgergerichts in Virginia (USA) gegen Ende des 18. Jh.s]: *an jmdm. Lynchjustiz üben, ihn wegen einer (als Unrecht angesehenen) Tat grausam misshandeln od. töten:* der Pöbel hätte den Verdächtigen am liebsten gelyncht.

Lynch|jus|tiz, die: *(meist durch eine aufgebrachte Volksmenge vorgenommene) Misshandlung od. Tötung eines Menschen ohne vorherige Gerichtsverhandlung als (ungesetzliche) Bestrafung für etw., was dieser begangen hat od. begangen haben soll:* L. üben.

Lynch|mord, der: *Mord durch Lynchjustiz.*

Ly|on [ljõː]: Stadt in Frankreich.

[1]Ly|o|ner, der; -s, -: Ew.

[2]Ly|o|ner ⟨indekl. Adj.⟩.

[3]Ly|o|ner, die; -, - [wohl nach der frz. Stadt Lyon]: *Fleischwurst.*

Ly|o|ne|rin, die; -, -nen: w. Form zu ↑[1]Lyoner.

Ly|o|ner Wurst, die; - -, - Würste: [3]*Lyoner.*

Ly|ra, die; -, ...ren [lat. lyra < griech. lýra; vgl. Leier]: 1. *altgriechisches, der Kithara ähnliches Zupfinstrument mit fünf bis sieben Saiten.* 2. *Drehleier.* 3. *altes, der Violine ähnliches Streichinstrument.* 4. *bei Militärkapellen gebrauchtes, dem Schellenbaum ähnliches Glockenspiel.* 5. kurz für ↑Lyragitarre.

Ly|ra|gi|tar|re, die: *(im frühen 19. Jh. beliebte) einer Kithara ähnliche Gitarre.*

Ly|rik, die; - [frz. poésie lyrique, zu: lyrique < lat. lyricus < griech. lyrikós = zum Spiel der Lyra gehörend]: *literarische Gattung, in der mit den formalen Mitteln von Reim, Rhythmus, Metrik, Takt, Vers, Strophe u. a. bes. subjektives Empfinden, Gefühle, Stimmungen od. Reflexionen, weltanschauliche Betrachtungen o. Ä. ausgedrückt werden; lyrische Dichtkunst:* die französische, moderne L.; im Deutschunterricht L. durchnehmen.

Ly|ri|ker, der; -s, -: *Dichter, der Lyrik verfasst.*

L

Ly|ri|ke|rin, die; -, -nen: w. Form zu ↑Lyriker.

ly|risch ⟨Adj.⟩ [frz. lyrique, ↑Lyrik]: **1. a)** *die Lyrik betreffend, kennzeichnend, zur Lyrik gehörend:* die -en und epischen Dichtungen Shakespeares; **b)** *in der Art der Lyrik, ihr entsprechend, ähnlich u. dabei bestimmte Stimmungen, Gefühle ausdrückend, hervorrufend:* -e Passagen in einer Oper. **2. a)** (Musik) *(von Gesangsstimmen) weich, von schönem Schmelz u. daher bes. für stimmungs-, gefühlsbetonte Musik geeignet:* ein -er Tenor, Sopran; das -e Fach *(Fach 4 b für lyrische Stimmen);* **b)** (Ballett) *im Unterschied zum Charaktertänzer einen gefühlvoll-weichen, nicht dramatischen Tanzstil verkörpernd:* ein -er Tänzer. **3.** *voller Empfindungen; gefühlvoll, stimmungsvoll:* eine lyrische Stimmung.

Ly|ris|mus, der; -, ...men (bildungsspr.): **a)** ⟨o. Pl.⟩ *lyrische* (1 b) *Art einer literarischen od. musikalischen Darstellung, Gestaltung, Darbietung:* der L. dieser Erzählweise; **b)** *lyrische* (1 b) *Stelle, Passage in einem Werk der Literatur od. der Musik.*

Ly|se, die; -, -n [griech. lýsis = (Auf)lösung, zu: lýein = (auf)lösen]: **1.** *Lysis.* **2.** (Chemie) *Vorgang des Lösens einer Substanz in einem Lösungsmittel u. der damit verbundenen Spaltung ihrer Moleküle.*

Ly|sin, das; -s, -e ⟨meist Pl.⟩ (Med.): *Antikörper, der die Fähigkeit hat, Bakterien, Blutzellen, fremde Zellen u. Krankheitserreger im Körper aufzulösen.*

Ly|sis, die; -, Lysen [griech. lýsis, ↑Lyse]: **1.** (Med.) *langsamer, kontinuierlicher Abfall des Fiebers.* **2.** (Med., Biol.) *Auflösung von Zellen (z. B. Bakterien, Blutkörperchen) nach Zerstörung ihrer Membran.* **3.** (Psych.) *Auflösung des charakterlichen Gefüges; Persönlichkeitszerfall.*

Ly|sol®, das; -s: *als Desinfektionsmittel u. zur Wundbehandlung verwendete, karbolsäureartig riechende ölige Flüssigkeit.*

ly|tisch ⟨Adj.⟩ [zu ↑Lysis]: **1.** (Med.) *(vom Fieber) allmählich sinkend, abfallend.* **2.** (Biol.) *eine Lysis (2) bewirkend.*

Ly|ze|um, das; -s, Lyzeen [lat. Lyceum < griech. Lýkeion = Name einer Lehrstätte im alten Athen]: **1.** (veraltet) **a)** *höhere Schule für Mädchen:* das L. besuchen; er ließ seine Töchter alle aufs L. gehen, schickte sie alle aufs L.; **b)** *Gebäude eines Lyzeums* (a). **2.** (schweiz. regional) *Oberstufe des Gymnasiums.*

LZ = Ladezone; Landezone; Lebenszeit; Lesezirkel.

Lz. = Lizenz.

LZB [ɛltsɛtˈbeː], die; -, -[s]: Landeszentralbank.

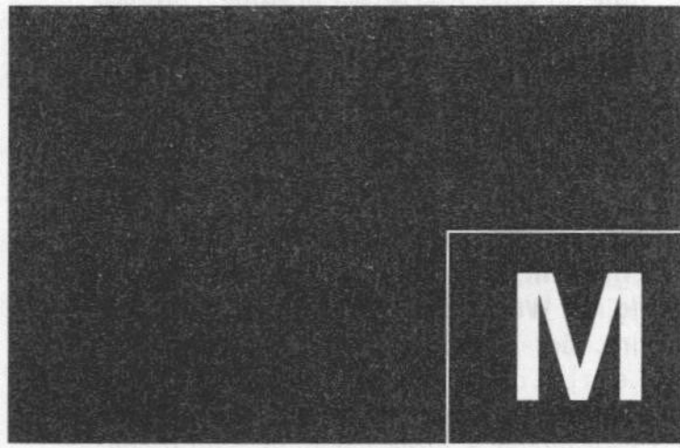

m, M [ɛm] das; - (ugs.: -s), - (ugs.: -s) [mhd., ahd. m]: *dreizehnter Buchstabe im Alphabet; ein Konsonant:* ein kleines m, ein großes M schreiben.

m = Meter; Milli...; (Astron.: ...ᵐ) Minute.

M = [1]Mark; Modell; Mega...; Mille; Mach[zahl].

M [entstanden aus ꝏ, daraus im MA. »M«, wohl beeinflusst von lat. mille = tausend]: römisches Zahlzeichen für 1 000

M = medium (mittel; internationale Kleidergröße).

µ = Mikro...; Mikron.

µ, M: ↑My.

M' = Mac.

M. = Monsieur.

m² = Quadratmeter.

m³ = Kubikmeter.

mA = Milliampere.

ma. = mittelalterlich.

MA. = Mittelalter.

M. A. = Magister Artium; Magistra Artium; Master of Arts.

Mä|an|der, der; -s, - [lat. Maeander < griech. maíandros, nach dem Fluss Mäander]: **1.** (Geogr.) *(bei Wasserläufen) eine der Windungen, Schleifen, die in dichter Aufeinanderfolge den Verlauf des Fluss-, Bachbettes bestimmen.* **2.** (Kunstwiss.) *Mäanderband.*

Mä|an|der|band, das ⟨Pl. ...bänder⟩: *bandförmiges Ornament, das aus einer rechtwinklig gebrochenen Linie od. einer fortlaufenden Spirale besteht.*

mä|an|dern, mä|an|drie|ren ⟨sw. V.; hat⟩: **1.** (Geogr.) *(von Wasserläufen) in Mäandern* (1) *verlaufen:* ein mäanderndes Bachbett. **2.** (Kunstwiss.) *mit Mäandern (2) verzieren.*

mä|an|drisch ⟨Adj.⟩: *in Mäandern (1, 2) verlaufend.*

Maas, die; -: Fluss in Westeuropa.

Maat, der; -[e]s, -e[n] [aus dem Niederd. < mniederd. mat(e) = Kamerad]: **1.** (Seemannsspr. früher) *Gehilfe des Steuermanns od. des Bootsmanns auf Segelschiffen.* **2. a)** ⟨o. Pl.⟩ *Dienstgrad des Unteroffiziers bei der Bundesmarine;* **b)** *Inhaber des Dienstgrades Maat* (2 a).

Mac: Bestandteil von schottischen u. irischen Namen (z. B. MacAdam; Abk.: M', Mc).

Mac|chia [ˈmaki̯a], **Mac|chie** [ˈmaki̯ə], die; -, ...ien [ital. macchia, eigtl. = Fleck, zu lat. macula = Fleck]: *(für den Mittelmeerraum charakteristisches) immergrünes niedriges Gehölz.*

Mach|art, die: *Art, in der etw. gefertigt ist, bes. Schnitt, Form eines Kleidungsstücks.*

mach|bar ⟨Adj.⟩: **a)** *sich (bei gegebenen Voraussetzungen, bei gutem Willen o. Ä.) ausführen, verwirklichen lassend; realisierbar:* technisch m. sein; ⟨subst.:⟩ die Kunst des Machbaren; sich am Machbaren orientieren; **b)** *so zu gestalten o. Ä., wie es gewünscht wird od. wie jmd. es sich vorstellt; manipulierbar:* eine -e Zukunft.

Mach|bar|keit, die; -: *das Machbarsein.*

Ma|che, die; -: **1.** (ugs. abwertend) *unechtes [auf Vortäuschung von großer Bedeutsamkeit o. Ä. abzielendes] Gehabe:* das ist doch alles nur M. **2.** (Jargon) *Form (bei einem literarischen Produkt):* die M. eines Theaterstücks. **3.** *** etw. in der M. haben** (ugs.; *mit der Herstellung, Bearbeitung von etw. beschäftigt sein*); **jmdn. in der M. haben** (salopp; *1. jmdm. mit etw. heftig zusetzen. 2. jmdn. verprügeln*); **etw. in die M. nehmen** (ugs.; *sich etw. zur Bearbeitung vornehmen*); **jmdn. in die M. nehmen** (salopp; *1. jmdm. mit etw. heftig zusetzen. 2. jmdn. verprügeln*).

-ma|che, die; -: drückt in – meist abwertenden – Bildungen mit Substantiven aus, dass etw. mit unlauteren Mitteln hervorgerufen, herbeigeführt wird, dass etw. auf unredliche Art beeinflusst wird: Meinungs-, Panik-, Sensationsmache.

ma|chen ⟨sw. V.; hat⟩ [mhd. machen, ahd. mahhōn, urspr. = (den Lehmbrei zum Hausbau) kneten, formen]: **1.** häufig anstelle eines Verbs, das die entsprechende Tätigkeit genauer benennt **a)** *herstellen, fertigen, anfertigen, produzieren:* Spielzeug aus Holz m.; die Firma macht Möbel, Schuhe; sie macht *(schreibt)* Gedichte; ein Foto von jmdm. m. *(jmdn. fotografieren);* das Essen m. *(bereiten);* ich habe mir eine Tasse Kaffee gemacht *(aufgebrüht, bereitet);* sich einen Anzug m. *(arbeiten)* lassen; (verblasst:) das Zimmer m. *(in Ordnung bringen);* die Betten m. *(aufschütteln u. glatt u. ordentlich hinlegen);* jmdm., sich die Haare m. (ugs.; *jmdn., sich frisieren*); **b)** *verursachen, bewirken, hervorrufen u. a.* (häufig verblasst): jmdm. Arbeit m.; Lärm m. *(lärmen);* sich einen Fleck auf die Bluse m.; sich mit etw. Freunde, viele Feinde m. *(erwerben);* großen Eindruck m. *(beeindrucken);* Feuer, Licht m.; Musik m. *(musizieren);* jmdm. Sorgen, Freude m. *(bereiten);* jmdm. Mut m. *(jmdn. ermutigen);* **c)** *ausführen, durchführen; erledigen u. a.* (häufig verblasst): eine Arbeit, den Haushalt, seine Hausaufgaben m.; eine Mitteilung, eine Bestellung m.; sie hat alles ganz allein gemacht; Fehler, Dummheiten m.; ein Examen, das Abitur m. *(ablegen);* einen Spaziergang m. *(spazieren gehen);* eine Reise m. *(verreisen);* ein Spiel m. *(spielen);* eine Beobachtung m. *(etw. beobachten);* Sport m. *(treiben);* eine Verbeugung m. *(sich verbeugen);* einen Besuch m. *(jmdn. besuchen);* **R** wie mans macht, macht mans falsch; *** es nicht unter etw. m.** (ugs.; *eine bestimmte Menge, Summe als Mindestes fordern*). **2. a)** *in einen bestimmten [veränderten] Zustand bringen, versetzen:* etw. neu, größer m.; jmdn. neugierig m.; sie hatte sich für den Abend besonders hübsch gemacht; du hast dich unbeliebt gemacht; man hatte ihn betrunken gemacht; **b)** *in eine bestimmte Stellung, einen bestimmten Status o. Ä. bringen, erheben; zu etw. werden lassen:* jmdn. zu seinem Vertrauten m.; er machte sie zu seiner Frau (veraltet; *heiratete sie*). **3.** *(durch Geschäfte o. Ä.) verdienen, erzielen:* er hat bei dem Auftrag ein Vermögen gemacht; ein großes Geschäft machen *(sehr viel verdienen).* **4.** *etw. tun, unternehmen; sich mit etw. [Bestimmtem] beschäftigen:* was machst du gerade?; was willst du mit den alten Sachen m. *(was hast du damit vor)?*; ich weiß nicht [mehr], was ich noch m. soll *(bin ratlos);* dagegen kannst du nichts m. *(nichts ausrichten);* **R** mit mir könnt ihr es ja m. (ugs.; *ihr nutzt meine Gutmütigkeit aus*)!; (auch ohne Akk.:) lass mich nur m. (ugs.; *überlass die Sache nur mir*)!; ich mach sowieso nicht mehr lang (ugs.; *ich lebe nicht mehr lange);* mach ich!; wird gemacht! (ugs.; als Bekräftigung der Zusicherung einer Hilfeleistung o. Ä.); (verblasst:) was macht deine Frau *(wie geht es deiner Frau)?*; was macht die Arbeit, deine Gesundheit *(wie ist es darum bestellt)?*; was habt ihr denn da wieder gemacht *(angestellt)?*; machs gut (ugs.; als Abschiedsgruß; *lass es dir gut gehen*)!; gemacht! (ugs.; Bekräftigungsformel; *abgemacht, einverstanden!*). **5.** ⟨m. + sich⟩ *mit etw. beginnen, eine bestimmte Tätigkeit aufnehmen:* sich an die Arbeit m. **6.** ⟨m. + sich⟩ (ugs.) *sich in bestimmter, meist positiver Weise entwickeln:* das Wetter macht sich wieder *(wird wieder besser);* das Baby hat sich gut gemacht *(es gedeiht sichtlich).* **7.** (ugs.) *jmdn. durch Protektion o. Ä. in eine bestimmte Position bringen; jmdn. aufbauen:* einen Schlagersänger m. **8.** (salopp) *[als Schauspieler] einen bestimmten Part übernehmen, eine bestimmte Rolle spielen:* er macht den Hamlet; sie hat bei uns den Nikolaus gemacht. **9.** (ugs., oft abwertend) *auf eine plumpe, aufdringliche o. ä. Weise etw. mimen, in eine bestimmte Rolle schlüpfen:* auf cool m.; sie macht zurzeit in Großzügigkeit *(gibt sich betont großzügig);* die Partei macht in gedämpftem Optimismus; *** [einen] auf ... machen** (salopp, oft abwertend; *auf eine plumpe, aufdringliche o. ä. Weise etw., ein bestimmtes Verhalten o. Ä. mimen*): er glaubt, wenn er auf Macho macht, hat er mehr Chancen bei den Frauen. **10.** ⟨in Verbindung mit Inf. + Akk.⟩ *bewirken, dass etw. Bestimmtes geschieht; zu etw. veranlassen:* ihre Äußerung hat uns lachen gemacht/(seltener:) m.; jmdn. leiden m. **11.** ⟨m. + sich⟩ *(an einer Stelle) in bestimmter Weise passen, sich einfügen, harmonisieren:* die Blumen machen sich sehr schön in der Vase. **12.** (ugs. verhüll.) *seine Notdurft verrichten:* ein Vogel hat ihr auf den Hut gemacht; das Kind hat in die Hose, ins Bett gemacht. **13.** (ugs.) *ein bestimmtes Geschäft o. Ä. betreiben; in einer bestimmten Branche tätig sein:* er macht seit einiger Zeit in Lederwaren. **14.** (ugs.) **a)** *(in Bezug auf einen zu entrichtenden Geldbetrag) ausmachen, betragen:* das Reinigen macht 15 Mark; alles zusammen macht 1 000 Mark im Jahr; was macht das/es *(wie viel kostet das)?*; **b)** *(in Bezug auf das*

Ergebnis einer Addition, Subtraktion od. Multiplikation) ergeben: 4 und 3 macht 7; 4 mal 3 macht 12. **15.** (ugs.) *rufen, ausrufen* (bei Interjektionen u. Ä.): »Oh«, machte er. **16.** (ugs.) *sich beeilen:* nun mach schon! *(beeil dich!).* **17.** *** es m.** (salopp; *koitieren a*): sie macht es mit jedem; **es jmdm. m.** (salopp; *jmdn. geschlechtlich befriedigen*): sie hat es ihm [mit der Hand] gemacht. **18.** (landsch.) *an einen bestimmten Ort gehen, fahren, sich begeben* ⟨auch: ist⟩: er ist in die Stadt, sie sind aufs Land gemacht. **19.** *** macht nichts!** (ugs.; *schon gut, nicht weiter schlimm!*); **mach dir, macht euch nichts daraus/draus** (ugs.; *ärgere dich nicht, ärgert euch nicht darüber*); **sich** ⟨Dativ⟩ **wenig/nichts** o. Ä. **aus jmdm., etw. m.** (ugs.; *jmdn., etw. nicht [besonders] gern mögen; für jmdn., etw. nicht viel übrig haben*): er macht sich nichts aus Schokolade. **20.** *** zu/für etw. [nicht] gemacht sein** *(zu/für etw. [nicht] geschaffen sein):* für solche Abenteuer bin ich nicht gemacht.

Ma̱|chen|schaft, die; -, -en ⟨meist Pl.⟩ (abwertend): *sich im Verborgenen abspielende, unlautere Handlung, Unternehmung, mit der sich jmd. einen Vorteil zu verschaffen od. einem anderen zu schaden sucht:* üble, dunkle -en; jmds. -en durchkreuzen; -en gegen jmdn. aufdecken.

Ma̱|cher, der; -s, - [1: mhd. macher, ahd. (ga)mahhari]: **1.** *jmd., der etw. Bestimmtes in die Tat umsetzt; Handelnder, Ausführender.* **2.** *jmd. [in einer Führungsposition], der sich durch große Durchsetzungskraft, durch die Fähigkeit zum Handeln auszeichnet:* er ist der Typ des -s.

-ma|cher, der; -s, -: **1.** (Jargon) kennzeichnet in Bildungen mit Substantiven eine männliche Person, die beruflich etw. macht, die etw. herstellt, produziert: Bücher-, Platten-, Theatermacher. **2.** kennzeichnet in Bildungen mit Substantiven eine männliche Person, die etw. macht: Faxen-, Angstmacher. **3.** kennzeichnet in Bildungen mit Adjektiven eine Person oder Sache, die etw. bewirkt, die in einen bestimmten Zustand versetzt: Fröhlich-, Süchtigmacher.

Ma̱|che|rin, die; -, -nen: w. Form zu ↑Macher.

-ma|che|rin, die; -, -nen: w. Form zu ↑-macher (1, 2).

Ma̱|cher|lohn, der ⟨Pl. selten⟩: *für die Herstellung, Anfertigung bes. eines Kleidungsstücks geforderte Geldsumme.*

Ma|che̱|te [auch: maˈtʃeːtə], die; -, -n [span. machete, wohl zu: macho = Hammer]: *südamerikanisches Buschmesser.*

Ma|chi|a|vel|lịs|mus [makjavɛ...], der; - [nach dem ital. Staatsmann N. Machiavelli (1469–1527)]: *politische Lehre u. Praxis, die der Machtpolitik den Vorrang vor der Moral gibt.*

Ma|chịs|mo [maˈtʃɪsmo], der; -[s] [span. machismo, zu: macho < lat. masculus = männlich] (bildungsspr.): *übersteigertes Gefühl männlicher Überlegenheit u. Vitalität.*

Ma|cho [ˈmatʃo], der; -s, -s (ugs.): *sich [übertrieben] männlich gebender Mann:* dieser Macho lässt sich von seiner Frau bedienen!

Mạcht, die; -, Mächte [mhd., ahd. maht, zu ↑mögen]: **1.** ⟨o. Pl.⟩ *Gesamtheit der Mittel und Kräfte, die jmdm. od. einer Sache andern gegenüber zur Verfügung stehen; Einfluss:* wenig M. haben, etw. an den Verhältnissen zu ändern; seine ganze M. aufbieten, etw. zu erreichen; große M. in Händen haben; seine M. ausspielen, gebrauchen, missbrauchen; M. über jmdn., etw. haben, gewinnen, ausüben; über große M. verfügen; **Ü** die M. der Verhältnisse; **R** [das ist] die M. der Gewohnheit; *** [alles] was in jmds. M. steht** *(alles, was jmd. vermag):* er versprach, [alles] zu tun, was in seiner M. steht; **mit [aller] M.** (1. *mit allen Kräften:* mit aller M. versuchte sie, das Unheil aufzuhalten. 2. *mit Vehemenz:* der Frühling kommt jetzt mit M.). **2.** ⟨meist Pl.⟩ *etw., was eine besondere bzw. geheimnisvolle Kraft darstellt, besitzt:* dämonische, geheimnisvolle Mächte; die himmlischen Mächte; eine höhere M.; sich von guten Mächten getragen wissen; die Mächte der Finsternis; keine M. der Erde (geh.; *niemand*). **3.** ⟨o. Pl.⟩ *mit dem Besitz einer politischen, gesellschaftlichen, öffentlichen Stellung u. Funktion verbundene Befugnis, Möglichkeit od. Freiheit, über Menschen u. Verhältnisse zu bestimmen, Herrschaft auszuüben:* die politische, staatliche, weltliche, geistliche, wirtschaftliche M.; M. ausüben, haben; seine M. festigen, missbrauchen; die M. *(Staatsgewalt, Herrschaft)* übernehmen, an sich reißen; an die/zur M. kommen, gelangen *(die Regierungsgewalt erlangen);* an der M. sein, bleiben *(die Regierungsgewalt haben, behalten);* **Spr** M. geht vor Recht *(in der Realität erweist sich Macht stärker als Recht).* **4. a)** *politisch u. wirtschaftlich einflussreicher Staat:* eine verbündete, feindliche M.; die Krieg führenden Mächte *(Staaten);* **b)** *mächtige, einflussreiche Gruppe, Schicht o. Ä.:* die geistliche und die weltliche M. *(Kirche u. Staat)* im Mittelalter. **5.** (veraltend) *Heer, Truppen:* mit bewaffneter M. anrücken, angreifen.

Mạcht|an|spruch, der: *Anspruch auf Macht* (3).

Mạcht|ap|pa|rat, der (Politik): *der Aufrechterhaltung der politischen Macht* (3) *dienender Apparat* (2): der staatliche M.

Mạcht|aus|übung, die: *Ausübung der Macht* (3).

Mạcht|be|fug|nis, die: *Befugnis, Macht* (3) *auszuüben:* staatliche -se; das überschreitet meine M.; jmdn. mit -sen ausstatten.

Mạcht|be|reich, der: *Bereich, in dem Macht* (3) *ausgeübt wird:* einen M. ausweiten; im kommunistischen M.

mạcht|be|ses|sen ⟨Adj.⟩: *von dem Wunsch besessen, möglichst viel Macht* (3) *auszuüben:* ein -er Minister; m. sein.

Mạcht|block, der ⟨Pl. ...blöcke, selten: -s⟩: *Block* (4), *der bedeutende [politische] Macht* (3) *besitzt:* Abrüstung ist ein Zeichen der Entspannung zwischen den Machtblöcken.

Mặch|te|grup|pe, die (Politik): *Gruppe von Mächten* (4 a).

Mạcht|ent|fal|tung, die: *Entfaltung von Macht* (3).

Mạcht|er|grei|fung, die (Politik): *Ergreifung der Macht* (3): die M. der Kommunisten in Osteuropa nach 1945; nationalsozialistische Machtergreifung *(Ergreifung der Macht durch die Nationalsozialisten).*

Mạcht|fak|tor, der: *etw., was als Macht* (4) *od. in Bezug auf die Macht* (3) *ein bedeutender Faktor ist.*

Mạcht|fül|le, die: vgl. Machtentfaltung: die M. des Königs war auch im Mittelalter nicht unbeschränkt.

Mạcht|ha|ber, der; -s, - (oft abwertend): *die Macht* (3), *Regierungsgewalt Besitzender, Ausübender:* die Arroganz der M.

Mạcht|ha|be|rin, die; -, -nen: w. Form zu ↑Machthaber.

mặch|tig ⟨Adj.⟩ [mhd. mehtic, ahd. mahtig]: **1. a)** *große Macht* (3), *Gewalt besitzend od. ausübend, von großer Wirkung, einflussreich:* ein -er Staat; -e Bosse, Unternehmer; der -ste Mann Russlands; ⟨subst.:⟩ die Mächtigen dieser Welt; **b)** *** einer Sache m. sein** (geh.; *etw. aufgrund entsprechender Fähigkeit[en] können, beherrschen*): des Englischen m. sein; **einer Sache, seiner [selbst] m. sein** *(etw., sich [selbst] in der Gewalt haben):* seiner Sinne, Worte, seiner [selbst kaum] noch m. sein. **2. a)** *beeindruckend groß, umfangreich, ausgedehnt, stark; von beeindruckendem Ausmaß, Grad; gewaltig* (2 a): ein -es Felsmassiv; -e Kuppeln; der Hirsch hat ein -es Geweih; ein -er *(mit viel Schwung ausgeführter, weiter)* Sprung, Satz; **b)** (landsch.) *sehr sättigend; schwer:* das Essen ist mir zu m.; **c)** (bes. Bergmannsspr.) *(von Schichten o. Ä.) dick* (2 a): ein etwa 10 Meter -es Flöz. **3.** (ugs.) **a)** *sehr groß, stark, beträchtlich:* -en Hunger, -e Angst, -es Glück haben; **b)** ⟨intensivierend bei Adj. u. Verben⟩ *sehr, überaus; bes. stark, heftig:* m. viel, groß, erstaunt; sich m. freuen, amüsieren.

Mặch|tig|keit, die; -, -en [mhd. mehticheit]: **1.** ⟨o. Pl.⟩ *das Mächtigsein, Reichtum an Macht* (3), *Einfluss.* **2.** ⟨o. Pl.⟩ *mächtige* (2 a) *Beschaffenheit.* **3.** (bes. Bergmannsspr.) *(von Schichten o. Ä.) Dicke.* **4.** (Math.) *Größe, Beschaffenheit einer Menge in Bezug auf das (im Vergleich zu einer anderen Menge) mehr od. weniger zahlreiche Enthaltensein von Elementen:* die [unendliche] Menge C ist von geringerer, größerer M. als die Menge D.

Mạcht|kampf, der (bes. Politik): *Kampf um mehr Macht* (3): politische, soziale Machtkämpfe.

mạcht|los ⟨Adj.⟩: *nicht über die nötigen Mittel, über die nötige Macht* (1, 3), *Autorität verfügend, um etwas ausrichten zu können:* -e Splitterparteien; sie waren m. gegen den, gegenüber dem Eindringling; gegen so viel Engstirnigkeit ist man m. *(kann man nichts machen).*

Mạcht|lo|sig|keit, die; -: *das Machtlossein.*

Mạcht|miss|brauch, der: *Missbrauch, den ein Herrschender o. Ä. mit der ihm übertragenen Macht* (3) *treibt.*

Mạcht|mit|tel, das: *Hilfsmittel, das dazu dient, Macht* (3) *auszuüben:* über militärische M. verfügen.

Mạcht|po|li|tik, die: *einseitig auf die Entfaltung u. Behauptung von Macht* (3) *gerichtete Politik.*

mạcht|po|li|tisch ⟨Adj.⟩: *politisch im Sinne der Machtpolitik:* -e Überlegungen brachten ihn zu dieser Regierungsumbildung.

Mạcht|po|si|ti|on, die (bes. Politik): *mit dem Besitz u. der Ausübung von Macht* (3) *verbundene Position.*

Mạcht|stre|ben, das; -s: *Streben nach [politischer] Macht* (3).

Mạcht|über|nah|me, die: vgl. Machtergreifung.

Mạcht|ver|hält|nis, das: **1.** *Machtverteilung.* **2.** ⟨Pl.⟩ *Verhältnisse* (4) *aufgrund von Machtpositionen:* die Entwicklung der internationalen -se.

Mạcht|ver|tei|lung, die: *Verteilung* (3) *der Macht* (3): die M. zwischen Partei und Regierung.

mạcht|voll ⟨Adj.⟩: **1.** *mit Entfaltung, Einsatz großer Macht* (1) *[geschehend, handelnd]:* eine -e Protestaktion. **2.** *kräftig, wuchtig.*

Mạcht|voll|kom|men|heit, die: *Uneingeschränktheit der Macht* (3); *umfassende Berechtigung, Macht auszuüben:* in, kraft eigener M. handeln, entscheiden; *** aus eigener M.** *(eigenmächtig).*

Mạcht|wech|sel, der (Politik): *Wechsel der Machtverhältnisse, bes. durch Übergang der Macht* (3), *Regierungsgewalt in andere Hände.*

Mạcht|wort, das ⟨Pl. -e⟩: *Aufforderung od. Entscheidung, die keinen Widerspruch zulässt u. aufgrund entsprechender Machtverhältnisse durchgesetzt werden kann:* hier ist ein M. der Chefin nötig; *** ein M. sprechen** *(seinen Einfluss geltend machen u. entscheidend eingreifen):* jetzt musst du ein M. sprechen, auf mich hören die Kinder nicht.

Mạcht|zu|wachs, der: *Zuwachs an Macht* (3).

Mạch|werk, das (abwertend): *schlecht gemachtes, minderwertiges Werk, Erzeugnis:* wann ist dieses M. entstanden?

Mạch|zahl, die (Physik): *Mach.*

Ma|cis: ↑Mazis.

Mạ|cke, die; -, -n [jidd. macke = Schlag, auch: Fehler < hebr. makkạ = Schlag; Verletzung]: **1.** (salopp) *absonderliche Eigenart, Verrücktheit, Tick, Spleen:* das ist bei ihr zur M. geworden; du hast wohl 'ne M. *(bist wohl verrückt)!* **2.** *Fehler, Schaden, Mängel, Defekt:* der Motor hat -n.

Mạ|cker, der; -s, - [aus dem Niederd., eigtl. = Kamerad; z. T. für ↑Macher]: **1.** (Jugendspr.) *Freund (bes. eines Mädchens):* das ist ihr neuer M.; sie kam mit ihrem M. **2.** (Jugendspr.) *Bursche, Kerl:* was will der M. hier? **3.** (salopp) *Anführer, Macher:* sich als M. aufspielen. **4.** (nordd.) *Arbeitskollege:* als M. auf dem Kutter arbeiten.

MAD [ɛmlaˈdeː], der; -[s] [Abk. für Militärischer Abschirmdienst]: *militärischer Geheimdienst der Bundesrepublik.*

Ma|da|gas|kar; -s: Inselstaat vor der Ostküste Afrikas.

Ma|da|gas|se, der; -n, -n: Ew.

Ma|da|gas|sin, die; -, -nen: w. Form zu ↑Madagasse.

ma|da|gas|sisch ⟨Adj.⟩: **a)** *Madagaskar, die Madagassen betreffend; von den Madagassen stammend, zu ihnen gehörend;* **b)** *in der Sprache der Madagassen [verfasst].*

Ma|dam, die; -, -s u. -en [↑Madame] (ugs.): **a)** (veraltet) *Hausherrin, gnädige Frau:* meine M. war sehr gut zu mir; **b)** (scherzh.) *[dickliche, behäbige] Frau;* **c)** (landsch. scherzh.) *Ehefrau:* bringst du heute Abend deine M. mit?

Ma|dame [ma'dam], die; -, Mesdames [me'dam] ⟨meist o. Art.⟩ [frz. madame, eigtl. = meine Herrin, ↑Dame]: titelähnlich od. als Anrede gebrauchte frz. Bez. für *Frau:* »Gern, M.«; Abk.: Mme. (schweiz.: Mme), Pl.: Mmes. (schweiz.: Mmes).

Mäd|chen, das; -s, - [für älter: Mägdchen, eigtl. Vkl. von ↑Magd]: **1. a)** *Kind weiblichen Geschlechts:* ein blondes, liebes [kleines] M.; sei ein braves M.!; sie hat ein M. bekommen *(eine Tochter zur Welt gebracht);* ***für kleine M. müssen** (scherzh. verhüll.; *die Toilette aufsuchen müssen*); **b)** *junge, jüngere weibliche Person:* ein hübsches, anständiges [junges] M.; ein leichtes M. *(eine leichtlebige junge Frau);* ein käufliches M. (verhüll.; *eine Prostituierte*); ein gefallenes M. (↑fallen 1 d); ein altes, älteres, spätes M. (veraltet; *eine nicht mehr junge, unverheiratete Frau*). **2.** (veraltend) *Freundin (eines jungen Mannes):* er kam mit seinem M. **3.** (veraltend) *Hausmädchen, Hausangestellte, Hausgehilfin:* dem M. klingeln; ***M. für alles** (ugs.; *Person für alle anfallenden Arbeiten, Aufgaben*): er, sie ist M. für alles.

mäd|chen|haft ⟨Adj.⟩: *einem Mädchen eigentümlich, gemäß; wie ein Mädchen:* eine -e Gestalt; -e Anmut; ihr Gesicht ist noch ganz m.

Mäd|chen|haf|tig|keit, die; -: *das Mädchenhaftsein.*

Mäd|chen|han|del, der ⟨o. Pl.⟩: vgl. Frauenhandel.

Mäd|chen|jah|re ⟨Pl.⟩: *jmds. Zeit als junges Mädchen:* sie erinnerte sich an ihre M.

Mäd|chen|na|me, der: **1.** *weiblicher Vorname.* **2.** *Familienname einer Frau vor ihrer Verheiratung.*

Mäd|chen|pen|si|o|nat, das: *Internat für Mädchen:* sie besuchte drei Jahre lang ein M.

Mäd|chen|raub, der (bes. früher, auch Völkerk.): *Raub, gewaltsame Entführung eines Mädchens bes. zur Eheschließung.*

Mäd|chen|schu|le, die: *Schule, die nur von Mädchen besucht wird.*

Mäd|chen|sport, der: *Sport für Mädchen.*

Mäd|chen|wei|he, die (Völkerk.): *Initiationsfeier für Mädchen.*

Ma|de, die; -, -n [mhd. made, ahd. mado, H. u.]: *wurmähnliche Insektenlarve:* der Käse wimmelt von -n; ***leben wie die M. im Speck** (ugs.; *im Überfluss leben*).

made in ... ['meɪd ɪn ...; engl. = hergestellt in ...]: Aufdruck auf Waren in Verbindung mit dem jeweiligen Herstellungsland (z. B. made in Italy = hergestellt in Italien).

Ma|dei|ra [ma'de:ra], der; -s, -s [nach der port. Insel Madeira]: *Süßwein aus Madeira.*

Ma|dei|ra|wein, der: *Madeira.*

Ma|del, Madl, das; -s, -n (südd., österr.): *Mädchen* (1 a, b, 2, 3).

Mä|del, das; -s, - u. -s, (bayr., österr.:) -n [Vkl. zu ↑Magd] (ugs.): *Mädchen* (1 a, b, 2, 3).

Made|moi|selle [madəmo̯a'zɛl], die ⟨meist o. Art.⟩; -, Mesdemoiselles [medəmo̯a'zɛl; frz. mademoiselle = mein Fräulein, ↑Demoiselle]: titelähnlich od. als Anrede gebrauchte frz. Bez. für *Fräulein;* Abk.: Mlle. (schweiz.: Mlle), Pl.: Mlles. (schweiz.: Mlles).

Mä|derl, das; -s, -n (österr. ugs.): **1.** *[kleines] Mädchen* (1 a). **2.** (Kosef.) *[junges] Mädchen* (1 b).

ma|dig ⟨Adj.⟩ [mhd. madic]: *von Maden angefressen, zerfressen; voller Maden:* -e Früchte; der Käse ist m.; ***jmdn., etw. m. machen** (ugs.; *schlecht machen, herabsetzen*); **jmdm. etw. m. machen** (ugs.; *etw. gründlich kritisieren, schlecht machen u. dadurch jmdm. die Freude daran nehmen, es jmdm. verleiden*); **sich m. machen** (ugs.; *sich unbeliebt machen*).

Mad|jar, der; -en, -en [ung. magyar]: *Ungar.*

mad|ja|risch ⟨Adj.⟩: *ungarisch.*

Madl: ↑Madel.

Ma|don|na, die; -, ...nen [ital. madonna = meine Herrin, ↑Donna] (christl. Rel.): **1.** ⟨o. Pl.⟩ *die Gottesmutter Maria.* **2.** *bildliche od. plastische Darstellung der Madonna* (1) *[mit Kind].*

Ma|don|nen|bild, das: *Bild der Madonna.*

ma|don|nen|haft ⟨Adj.⟩: *wie eine Madonna aussehend; wie bei einer Madonna:* ein -es Gesicht; m. lächeln.

Ma|don|nen|li|lie, die [weil die Blume im MA. oft auf religiösen Bildern dargestellt wurde]: *hoch wachsende Lilie mit stark duftenden, großen weißen, trichterförmigen Blüten.*

Ma|don|nen|sta|tue, die: vgl. Madonnenbild.

[1]Ma|dras: Stadt in Vorderindien.

[2]Ma|dras, der; -: *feinfädiger, gitterartiger [Gardinen]stoff mit [Karo]musterung.*

Ma|dre|po|ra|rie, Ma|dre|po|re, die; -, -n ⟨meist Pl.⟩ [frz. madrépore < ital. madrepora]: *Steinkoralle.*

Ma|dre|po|ren|kalk, der: *aus Skeletten fossiler Steinkorallen gebildeter Kalk.*

Ma|drid: Hauptstadt von Spanien.

[1]Ma|dri|der, der; -s, -: Ew.

[2]Ma|dri|der ⟨indekl. Adj.⟩.

Ma|dri|de|rin. die; -, -nen: w. Form zu ↑[1]Madrider.

Ma|dri|gal, das; -s, -e [ital. madrigale, H. u.]: **1.** (Literaturw.) *aus der italienischen Schäferdichtung entwickelte Lyrik in zunächst freier, dann festerer Form mit verschieden langen Zeilen.* **2.** (Musik) **a)** *(im 14. Jh.) meist zwei- bis dreistimmiger, mit Solostimmen besetzter Gesang;* **b)** *(im 16./17. Jh.) vier- od. mehrstimmiges weltliches Lied mit reichen tonmalerischen Klangeffekten.*

Ma|dri|gal|chor, der (Musik): *kleinerer bes. für Madrigale o. Ä. geeigneter Chor.*

Ma|dri|gal|stil, der ⟨o. Pl.⟩ (Musik): *mehrstimmiger, die Singstimme artikulierender Kompositionsstil (seit dem frühen 16. Jh.).*

Ma|dri|le|ne, der; -n, -n [span. madrileño]: *[1]Madrider.*

Ma|dri|le|nin, die; -, -nen: *Madriderin.*

Ma|es|tà [...ta], die; - [ital. maestà, eigtl. = Erhabenheit < lat. maiestas, ↑Majestät] (bild. Kunst): *Darstellung der inmitten von Engeln u. Heiligen thronenden Muttergottes.*

ma|es|to|so ⟨Adv.⟩ [ital. maestoso, zu: maestà, ↑Maestà] (Musik): *feierlich, würdevoll, gemessen.*

Ma|es|tro, der; -s, -s, auch: ...stri [ital. maestro < lat. magister, ↑Magister]: **a)** *großer Musiker, Komponist;* **b)** (veraltend) *Musiklehrer.*

Maf|fia usw.: ↑Mafia usw.

Ma|fia, (auch:) Maffia, die; -, -s [ital. maf(f)ia = erpresserischer sizilianischer Geheimbund, eigtl. = Überheblichkeit]: *erpresserische Geheimorganisation:* einer M. angehören; die Bauindustrie dieses Gebietes wird von der M. kontrolliert.

-ma|fia, die; -: **1.** kennzeichnet in Bildungen mit Substantiven eine Verbrecherorganisation auf einem bestimmten Gebiet: Diamanten-, Drogen-, Kokainmafia. **2.** (ugs. abwertend) kennzeichnet in Bildungen mit Substantiven eine einflussreiche Personengruppe, die ihre Interessen unter Ausnutzung der ihr zur Verfügung stehenden Macht- und Druckmittel skrupellos gegenüber Konkurrierenden o. Ä. durchsetzt: Akademiker-, Kritiker-, Kunstmafia.

Ma|fia|boss, der (ugs.): *Anführer einer Mafia.*

ma|fi|os ⟨Adj.⟩: *die Mafia betreffend, zu ihr gehörend; nach Art der Mafia:* jmdn. mit -en Methoden einschüchtern.

Ma|fi|o|so, der; -[s], ...si [ital. mafioso]: *Angehöriger einer Mafia.*

mag: ↑mögen.

Mag. = Magister.

Ma|ga|zin, das; -s, -e [ital. magazzino = Vorratshaus, Lagerraum < arab. maḫāzin, Pl. von: maḫzan = Warenlager; später beeinflusst von frz. magasin = Warenhaus; 4: engl. magazine, eigtl. = Sammelstelle (von Neuigkeiten)]: **1. a)** *Lager* (4 a): etw. im M. aufbewahren; **b)** (selten) *Warenhaus (bes. im Ausland).* **2.** *Lager-, Aufbewahrungsraum für die Bücher einer Bibliothek od. für die nicht ausgestellten Sammelstücke eines Museums o. Ä.:* die Grafiken werden im M. gelagert. **3. a)** *Behälter in od. an Handfeuerwaffen, aus dem die Patronen durch einen Mechanismus nacheinander in den Lauf geschoben werden:* das M. leer schießen, wechseln; ein neues M. einlegen; **b)** (Fot.) *Kasten zum Einstecken, Vorführen, Aufbewahren von Diapositiven;* **c)** (Technik) *Behälter an einer Werkzeugmaschine zur Versorgung mit Material.* **4. a)** *reich bebilderte, unterhaltende od. populär unterrichtende Zeitschrift:* das gab es nur in Romanen und -en; **b)** *berichtende u. kommentierende Rundfunk-, Fernsehsendung mit Beiträgen zu aktuellen Ereignissen, Problemen:* ein politisches M.

Ma|ga|zin|ar|bei|ter, der: *Arbeiter in einem Magazin* (1 a).

ma|ga|zi|nie|ren ⟨sw. V.; hat⟩: *im Magazin* (1, 2) *lagern:* Bilder m.

Ma|ga|zin|sen|dung, die: *Magazin* (4 b).

Magd, die; -, Mägde [mhd. maget, ahd. magad = Mädchen, Jungfrau, zu einem untergegangenen Subst. mit der Bed. »Knabe, Jüngling«]: **1.** (veraltend) *dienende, zur Verrichtung grober Arbeiten (bes. von Haus- od. landwirtschaftlicher Arbeit) angestellte weibliche Person:* die Knechte und Mägde des Bauernhofs; als M. dienen. **2.** (veraltet) *Jungfrau, Mädchen:* die holde M.; (christl. Rel.:) Maria, die reine M.

Mag|de|burg: Landeshauptstadt von Sachsen-Anhalt.

Ma|ge, der; -n, -n [mhd., ahd. māg, altes germ. Wort, vgl. anord. māgr = Verwandter durch Heirat] (Rechtsspr. veraltet): *Blutsverwandter.*

Ma|gen, der; -s, Mägen, auch: - [mhd. mage, ahd. mago, urspr. wohl = Beutel]: *beutelförmiges inneres Organ, das die zugeführte Nahrung aufnimmt u. (nachdem sie bis zu einem bestimmten Grad verdaut ist) an den Darm weitergibt:* ein voller, kranker, empfindlicher M.; mir knurrt der M. (ugs.; *ich habe Magenknurren [vor Hunger]*); ich habe mir den M. verdorben, voll geschlagen; jmdm. den M. auspumpen, ausheben; etw. auf nüchternen M. *(ohne etw. gegessen od. getrunken zu haben)* trinken, einnehmen; die Aufregung schlägt [sich]/legt sich/geht ihr jedes Mal auf den M. *(verursacht bei ihr eine Magenverstimmung);* etw., nichts im M. haben (ugs.; *etw., nichts gegessen haben*); mit leerem M. *(hungrig)* zu Bett gehen; ***jmdm. hängt der M. in die/in den Kniekehlen** (salopp; *jmd. hat großen Hunger*); **jmdm. dreht sich der M. um** (ugs.; *jmd. fühlt sich so angewidert, dass ihm schlecht werden könnte*); **jmdm. [schwer] im/ (auch:) auf dem M. liegen** (ugs.; *jmdm. sehr zu schaffen machen, sehr unangenehm sein*).

Ma|gen|aus|gang, der: *Ausgang* (2 c) *des Magens.*

Ma|gen|bit|ter, der; -s, -: *bitterer Kräuterlikör, der den Magen beruhigt, das Völlegefühl behebt.*

Ma|gen|blu|ten, das; -s, **Ma|gen|blu|tung,** die (Med.): *arterielle od. venöse Blutung in den Magen (z. B. bei Geschwüren od. Magenschleimhautentzündung).*

Ma|gen-Darm-Ka|tarrh, der (Med.): *Gastroenteritis.*

Ma|gen|drü|cken, das; -s: *Druck[gefühl] im Magen.*

Ma|gen|durch|bruch, der (Med.): *Durchbruch, Perforation der Magenwand.*

Ma|gen|ein|gang, der: *Eingang* (1 c) *des Magens.*

Ma|gen|er|wei|te|rung, die (Med.): *krankhafte Ausdehnung, Erweiterung des Magens; Gastrektasie.*

Ma|gen|ge|gend, die: *Region* (3) *des Körpers, in der sich der Magen befindet:* er verspürte ein leichtes Stechen in der M.
Ma|gen|ge|schwür, das: *Geschwür in der Magenschleimhaut.*
Ma|gen|gru|be, die: *Grube* (4), *Vertiefung unterhalb des Brustbeins; Herzgrube.*
Ma|gen|in|halt, der: *etwas, was jmd. zu sich genommen hat u. was sich noch in seinem Magen befindet:* den M. erbrechen.
Ma|gen|ka|tarrh, der: *Magenschleimhautentzündung.*
Ma|gen|knur|ren, das; -s: *knurrendes Geräusch im Magen.*
Ma|gen|krampf, der: *Gastrospasmus.*
Ma|gen|krank|heit, die: *Erkrankung des Magens.*
Ma|gen|ope|ra|ti|on, die: *Operation am Magen.*
Ma|gen|per|fo|ra|ti|on, die (Med.): *Magendurchbruch.*
Ma|gen|saft, der: *im Magen abgesonderte, Verdauung bewirkende Flüssigkeit.*
Ma|gen|säu|re, die (Med.): *im Magensaft enthaltene Salzsäure.*
Ma|gen|schleim|haut, die (Anat.): *Schleimhaut, mit der der Magen innen ausgekleidet ist.*
Ma|gen|schleim|haut|ent|zün|dung, die: *Entzündung der Magenschleimhaut; Gastritis.*
Ma|gen|schmerz, der ⟨meist Pl.⟩: *Schmerz in der Magengegend; Gastralgie.*
Ma|gen|spie|gel, der (Med.): *Gastroskop.*
Ma|gen|spie|ge|lung, die (Med.): *Gastroskopie.*
Ma|gen|ta [maˈdʒɛnta], das; -s [nach einem Ort in Italien]: *Anilinrot.*
Ma|gen|trop|fen ⟨Pl.⟩: *Tropfen* (2) *gegen Magenbeschwerden.*
Ma|gen|ver|stim|mung, die: *vom Magen ausgehende, leichtere Verdauungsstörung.*
Ma|gen|wand, die: *Wand* (2 b) *des Magens.*
ma|ger ⟨Adj.⟩ [mhd. mager, ahd. magar, verw. z. B. mit lat. macer = dünn, mager]: **1.** *wenig Fleisch u. Fett am Körper, an den Knochen habend; dünn:* ein -es Schwein; -e Arme; zu m. sein. **2.** *kaum Fett enthaltend, fettarm:* -er Schinken; m. (ugs.; *magere Kost*) essen. **3. a)** *nicht üppig, nicht ertragreich:* -e Wiesen, Felder; der Boden ist m.; Ü die Ausbeute war m.; **b)** *arm, dürftig, karg; im Ertrag o. Ä. nicht üppig, nicht wirklich ausreichend:* -e Jahre; sie lebt von einer -en Rente; ein -es Programm; ein -er Bericht. **4.** (Druckw. Jargon) *(von gedruckten Buchstaben) nicht fett* (3): -e Schrift; ein Wort m. drucken.
Ma|ger|keit, die; -: **1.** *magere* (1) *[Körper]form, Beschaffenheit.* **2.** *magere* (3, 4) *Beschaffenheit.*
Ma|ger|milch, die: *stark entrahmte Milch.*
Ma|ger|quark, der: *fettarmer Quark.*
Ma|ger|sucht, die ⟨o. Pl.⟩ (Med.): *organisch od. psychisch bedingte krankhafte Abmagerung.*
ma|ger|süch|tig ⟨Adj.⟩ (Med.): *an Magersucht leidend.*
Mag|gi®, das; -[s] [nach dem Schweizer Industriellen J. Maggi (1846–1912), dem Gründer der gleichnamigen Firma]: *flüssige, dunkelbraune, bes. für Suppen u. Soßen verwendete Speisewürze.*
mag|gio|re [maˈdʒoːrə; ital. maggiore = größer < lat. maior, ↑Major] (Musik): ital. Bez. für *Dur.*
Mag|gio|re, das; -, -s (Musik): *Teil in Dur eines in einer Molltonart stehenden Stückes.*
Ma|ghreb, der; -: Tunesien, Nordalgerien u. Marokko umfassender westlicher Teil der arabischen Welt.
Ma|ghre|bi|ner, der; -s, -: Bewohner des Maghreb.
Ma|ghre|bi|ne|rin, die; -, -nen: w. Form zu ↑Maghreb.
ma|ghre|bi|nisch ⟨Adj.⟩: *den Maghreb, die Maghrebiner betreffend; vom Maghreb stammend.*
Ma|gie, die; - [spätlat. magia < griech. mageía = Lehre der Magier; Zauberei]: **1. a)** *geheime* (b) *Kunst, die sich übersinnliche Kräfte dienstbar zu machen sucht; Zauberei:* M. treiben; * **schwarze M.** *(Magie, die sich mit der Beschwörung böser Geister befasst);* **b)** *Tricks des Zauberkünstlers (im Varieté):* ein Meister der M. **2.** *faszinierende, geheimnisvoll wirkende Kraft:* die Magie des Wortes.
Ma|gier, der; -s, - [zu lat. magi, Pl. von: magus < griech. mágos = Zauberer; aus dem Pers.]: **a)** *jmd., der Magie* (1 a) *betreibt; Zauberer;* **b)** *jmd., der die Magie* (1 b) *beherrscht; Zauberkünstler, Illusionist:* in der Show tritt ein M. auf.
Ma|gi|e|rin, die; -, -nen: w. Form zu ↑Magier.
Ma|gi|ker, der; -s, - (selten): *Magier* (1 a).
ma|gisch ⟨Adj.⟩ [lat. magicus < griech. magikós]: **1.** *auf Magie* (1 a) *beruhend:* eine -e Formel; -e Kräfte besitzen. **2.** *auf Magie* (2) *beruhend, geheimnisvoll [wirkend], zauberisch:* eine -e Anziehungskraft haben, ausüben. **3.** *als etw. sehr Erstrebenswertes, jedoch nur schwer Erreichbares od. als etw. Bedrohliches u. möglichst zu Vermeidendes eine besondere Faszination ausübend, besondere Aufmerksamkeit auf sich ziehend:* die -e Zahl von einer Million überschreiten.
Ma|gis|ter, der; -s, - [lat. magister = Leiter; Lehrer, zu: magis = mehr, in höherem Grade, Adv. von: magnus, ↑Magnat]: **1. a)** kurz für ↑Magister Artium: den M. machen, haben; **b)** (Österr.) *in einigen Hochschulfächern verliehener, einem Diplom gleichwertiger Grad;* Abk.: Mag.; **c)** (früher) *zum Lehren an Universitäten berechtigender akademischer Grad.* **2. a)** *Inhaber des Grades eines Magisters* (1 a); **b)** (Österr.) *jmd., der ein Pharmaziestudium abgeschlossen hat, Apotheker.* **3.** (veraltet, noch scherzh. od. abwertend) *Lehrer, Schulmeister.*
Ma|gis|ter Ar|ti|um, der; -s -, - - [eigtl. = Meister der (Freien) Künste]: *in den geisteswissenschaftlichen Hochschulfächern verliehener, mit einem Diplom gleichwertiger Grad;* Abk.: M. A. (z. B. Franz Meyer M. A.).
Ma|gis|tra Ar|ti|um, die; - -, ...ae -: w. Form zu ↑Magister Artium; Abk.: M. A.
Ma|gis|tra|le, die; -, -n (bes. Verkehrsw.): *Hauptverkehrslinie, -straße [in einer Großstadt].*
[1]**Ma|gis|trat**, der; -[e]s, -e [lat. magistratus, zu: magister, ↑Magister]: **1. a)** *(im alten Rom) hoher Beamter* (z. B. Konsul); **b)** *(im alten Rom) öffentliches Amt;* **c)** *(im alten Rom) Behörde, Obrigkeit.* **2.** *(in einigen Städten) Verwaltungsbehörde, Stadtverwaltung.*
[2]**Ma|gis|trat**, der; -en, -en (schweiz.): *Mitglied der Regierung bzw. der ausführenden Behörde.*
Ma|gis|trats|be|schluss, der: *Beschluss eines* [1]*Magistrats* (2).
Mag|ma, das; -s, Magmen [lat. magma < griech. mágma = geknetete Masse, Bodensatz] (Geol.): *glühend flüssige Masse im od. aus dem Erdinnern, die beim Erkalten zu Gestein wird.*
mag|ma|tisch ⟨Adj.⟩ (Geol.): **a)** *aus dem Magma kommend:* -e Gase; **b)** *aus Magma entstanden:* -e Gesteine.
Ma|gna Char|ta, die; - - [mlat. Magna C(h)arta (libertatum) = Große Urkunde (der Freiheiten)]: *englisches [Grund]gesetz von 1215, in dem der König dem Adel grundlegende Freiheitsrechte garantieren musste.*
ma|gna cum lau|de [lat. = mit großem Lob]: *sehr gut (zweitbestes Prädikat bei der Doktorprüfung).*
Ma|gnat, der; -en, -en [1: spätlat. magnatus = Oberhaupt, zu lat. magnus = groß; 2: poln. magnat, ung. mágnás < mlat. magnatus = (hoher) Adliger]: **1.** *Inhaber [branchenbeherrschender] wirtschaftlicher Macht.* **2.** (früher) *hoher Adliger (bes. in Polen u. Ungarn).*
Ma|gne|sia, die; - [mlat. magnesia < griech. magnēsíē (líthos) = Magnetstein (↑Magnet); nach der Ähnlichkeit mit dem Magnetstein] (Chemie): *beim Verbrennen von Magnesium entstehendes, im Wasser unlösliches Pulver, das vor allem als Mittel gegen Übersäuerung des Magens u. zum Einreiben u. Trockenhalten der Handflächen beim Geräteturnen gebraucht wird.*
Ma|gne|sit [auch: ...ˈzɪt], der; -s, -e: *weißes bis gelbliches, technisch wichtiges Mineral, das u. a. zu feuerfesten Steinen verarbeitet wird u. ein wichtiger Rohstoff für die Herstellung von Magnesium ist.*
Ma|gne|si|um, das; -s: *(nur in Verbindungen vorkommendes) silberweißes, glänzendes, dehnbares, weiches Leichtmetall, das sich bei Erhitzung entzündet u. mit blendend hellem Licht verbrennt (chemisches Element;* Zeichen: Mg).
Ma|gne|si|um|le|gie|rung, die (Technik): *als Hauptbestandteil Magnesium enthaltende Legierung.*
Ma|gnet, der; -en u. -[e]s, -e, seltener: -en [mhd. magnet(e) < lat. magnes (Gen.: magnetis) < griech. mágnēs, líthos magnḗtēs = Magnetstein, eigtl. = Stein aus Magnesia, einer Landschaft im alten Griechenland]: **1. a)** *Eisen- od. Stahlstück, das die Eigenschaft besitzt, Eisen, Kobalt u. Nickel anzuziehen u. an sich haften zu lassen:* ein hufeisenförmiger M.; die Pole des -en; **b)** *Elektromagnet.* **2.** *Sache od. Person, die auf viele Menschen eine große Anziehungskraft hat:* diese neue Attraktion wird ein M. für Touristen.
Ma|gnet|auf|zeich|nung, die: *Aufzeichnung* (2 a) *von Rundfunksendungen od. Fernsehbildern auf magnetischem* (b) *Wege.*
Ma|gnet|band, das ⟨Pl. ...bänder⟩ (Technik): *mit einer magnetisierbaren Schicht versehenes* [1]*Band* (I), *auf dem Informationen in Form magnetischer Aufzeichnungen gespeichert werden können.*
Ma|gnet|feld, das (Physik): *durch [Elektro]magneten entstehendes magnetisches Feld* (7).
Ma|gne|tik, die; - (Physik): *Lehre vom Verhalten der Materie im magnetischen Feld.*
ma|gne|tisch ⟨Adj.⟩: **a)** *die Eigenschaften eines Magneten* (1) *aufweisend:* -es Erz; **b)** (Technik) *mithilfe der Eigenschaften des Magnetismus; auf der Eigenschaft des Magnetismus beruhend:* eine -e Bildaufzeichnung; das -e Feld (Physik; *Magnetfeld*); der -e Pol (Physik; *Magnetpol*); -e Stürme (Geophysik; *starke Schwankungen des erdmagnetischen Feldes*); etw. m. speichern.
Ma|gne|ti|seur [...ˈzøːɐ̯], der; -s, -e [frz. magnétiseur, zu: magnétiser = magnetisieren]: *jmd., der (als Heilpraktiker o. Ä.) mithilfe der Magnetisierung Heilwirkungen zu erzielen sucht.*
Ma|gne|ti|seu|rin [...ˈzøːrɪn], die; -, -nen: w. Form zu ↑Magnetiseur.
ma|gne|ti|sier|bar ⟨Adj.⟩: *geeignet, magnetisiert zu werden; sich magnetisieren lassend.*
ma|gne|ti|sie|ren ⟨sw. V.; hat⟩: **1.** (Physik) *magnetisch machen:* eine Nadel m. **2.** *mit Magnetismus* (2) *behandeln:* einen Patienten m.
Ma|gne|ti|sie|rung, die; -, -en: *das Magnetisieren, Magnetisiertwerden.*
Ma|gne|tis|mus, der; -: **1. a)** *Eigenschaft bestimmter Stoffe, in einem magnetischen Feld Wirkungen bestimmter Kräfte zu erfahren; Gesamtheit der magnetischen Erscheinungen;* **b)** *Magnetik.* **2.** *Mesmerismus.*
Ma|gne|tit [auch: ...ˈtɪt], der; -s, -e: *schwarzes, metallisch glänzendes Mineral, das natürlichen Magnetismus aufweist; Magnet[eisen]stein.*
Ma|gnet|kar|te, die: *Kunststoffkarte mit einem magnetisierbaren Streifen zur Aufnahme bestimmter Kenndaten.*
Ma|gnet|na|del, die: *sich zum magnetischen Nordpol hin einpendelnde Nadel in einem Kompass.*
Ma|gne|to|me|ter, das; -s, - [↑-meter] (Physik): *Instrument zum Messen magnetischer Feldstärke u. des Erdmagnetismus.*
Ma|gne|to|path, der; -en, -en [zu ↑Magnetopathie]: *Magnetiseur.*
Ma|gne|to|phon®, das; -s, -e [zu ↑Magnet u. griech. phōnḗ = Stimme]: *Tonbandgerät.*
Ma|gnet|plat|te, die (EDV): *Datenträger in Form einer Platte, auf die eine dünne magnetisierbare Schicht aufgetragen ist, die der Aufnahme der Daten dient.*
Ma|gnet|pol, der (Physik): **a)** *Pol eines Magneten;* **b)** *magnetischer Pol (der Erde):* der nördliche, südliche M.

M

Ma|gnet|schwe|be|bahn, die: *Schnellbahn, bei der die räderlosen Wagen mithilfe von Magnetfeldern an eisernen Schienen schwebend entlanggeführt werden.*

Ma|gnet|spu|le, die: *Spule eines Elektromagneten.*

Ma|gnet|stein, der: *Magnetit.*

Ma|gnet|strei|fen, der (EDV): *magnetisierbarer Streifen zur magnetischen Aufzeichnung.*

Ma|gnet|ton|ver|fah|ren, das ⟨o. Pl.⟩ (Technik): *Verfahren der Film- u. Fernsehtechnik zur Aufzeichnung u. Wiedergabe von Musik, Sprache u. Ä.*

ma|gni|fik [manji...] ⟨Adj.⟩ [frz. magnifique < lat. magnificus] (bildungsspr. veraltet): *großartig, herrlich, wunderbar.*

Ma|gni|fi|ka, die; -, ...kae [...kɛ]: w. Form zu ↑Magnifikus.

Ma|gni|fi|kat, das; -[s], -s [lat., zu: magnificare = rühmen, nach dem ersten Wort des Gesangstextes]: **1. a)** ⟨o. Pl.⟩ (kath. Kirche) *urchristlicher Gesang (im Neuen Testament [Luk. 1,46–55] Maria, der Mutter Jesu, zugeschrieben), der in der kath. Kirche Teil der Vesper ist;* **b)** *auf den Text von Luk. 1,46–55 komponiertes Chorwerk:* eine Aufführung des -s von Bach. **2.** (landsch. veraltet) *katholisches Gesangbuch.*

Ma|gni|fi|zenz, die; -, -en [lat. magnificentia = Erhabenheit, zu: magnificus, ↑magnifik]: **a)** ⟨o. Pl.⟩ *Titel für den Rektor einer Hochschule;* **b)** *Träger des Titels Magnifizenz:* Seine M. lässt bitten; in der Anrede: Eure, Euer M.; Ew. M.

Ma|gno|lie, die; -, -n [nach dem frz. Botaniker P. Magnol (1638–1715)]: *Strauch od. Baum mit sehr früh im Frühjahr erscheinenden großen, weißen bis rosafarbenen, an Tulpen erinnernden Blüten.*

Ma|gnum, die; -, ...gna u. -s [engl. magnum, eigtl. = etw., was Übergröße hat < lat. magnum, subst. Neutr. von: magnus = groß]: **1.** *Wein- od. Sektflasche mit doppeltem Fassungsvermögen.* **2.** (Waffent.) *spezielle Patrone* (1) *mit verstärkter Ladung* (2).

Ma|gyar [maˈdja:ɐ̯] usw.: ↑Madjar usw.

mäh ⟨Interj.⟩: lautm. für das Blöken von Schafen.

Ma|ha|go|ni, das; -s [wahrsch. karib. Wort]: *wertvolles, rotbraunes, hartes Holz, das bes. für Möbel u. im Bootsbau verwendet wird.*

Ma|ha|go|ni|holz, das: *Mahagoni.*

ma|ha|go|ni|rot ⟨Adj.⟩: *die Farbe des Mahagoniholzes aufweisend.*

Ma|ha|ra|dscha, der; -s, -s [Hindi mahārājā < sanskr. mahārāja(n), aus: maha(t) = groß u. rāja(n) = König: **a)** ⟨o. Pl.⟩ *Titel eines indischen Großfürsten;* **b)** *Träger des Titels Maharadscha.*

Ma|ha|ra|ni, die; -, -s [Hindi mahārānī, zu: rānī = Königin]: **a)** ⟨o. Pl.⟩ *Titel für die Frau eines Maharadschas;* **b)** *Trägerin des Titels Maharani.*

Ma|hat|ma, der; -s, -s [sanskr. mahātmān = mit großer Seele]: **a)** ⟨o. Pl.⟩ *(in Indien) Ehrentitel für eine geistig hoch stehende Persönlichkeit, einen Weisen od. Heiligen;* **b)** *Träger des Ehrentitels Mahatma.*

Mäh|bin|der, der: *Maschine, die das Getreide mäht u. gleichzeitig zu Garben bindet.*

[1]Mahd, die; -, -en [mhd. māt, ahd. mad, zu ↑[1]mähen] (landsch.): **a)** *das Mähen;* **b)** *das gemähte Gras o. Ä.:* die M. trocknet.

[2]Mahd, das; -[e]s, Mähder (österr.): *Bergwiese.*

[1]Mäh|der, der; -s, - (landsch.): *Mäher* (2).

[2]Mäh|der: Pl. von ↑[2]Mahd.

Mäh|dre|scher, der: *große landwirtschaftliche Maschine, die in einem Arbeitsgang bes. Getreide mäht u. drischt:* mit dem M. das Korn einfahren.

[1]mä|hen ⟨sw. V.; hat⟩ [mhd. mæjen, ahd. māen, H. u.; wahrsch. verw. mit griech. amáein = schneiden; mähen]: **a)** *mit der Sense, mit einer Mähmaschine dicht über dem Erdboden abschneiden:* Getreide, Gras, Klee [mit der Sense] m.; ⟨auch ohne Akk.-Obj.:⟩ er hat den ganzen Tag gemäht; **b)** *durch Mähen* (a) *von zum Schnitt reifem Gras, Getreide u. Ä. frei machen:* das Feld m.; die Wiese, der Rasen muss gemäht werden.

[2]mä|hen ⟨sw. V.; hat⟩ [zu ↑mäh]: *(von Schafen) blöken.*

Mä|her, der; -s, -: **1.** (ugs.) *Mähmaschine.* **2.** (veraltend) *jmd., der mäht.*

Mä|he|rin, die; -, -nen: w. Form zu ↑Mäher (2).

Mahl, das; -[e]s, Mähler u. -e ⟨Pl. selten⟩ [mhd. mal, eigtl. = zu einer festgesetzten Zeit aufgetragenes Essen u. urspr. identisch mit ↑[1]Mal] (geh.): **1.** *[1]Essen* (2), *Speise:* ein kärgliches, opulentes M.; ein M. einnehmen. **2.** *das Einnehmen einer Mahlzeit* (1): beim M. sitzen.

[1]mah|len ⟨unr. V.; hat⟩ [mhd. malen, ahd. malan, verw. z. B. mit gleichbed. lat. molere (vgl. Mühle)]: **a)** *(körniges, bröckliges o. ä. Material) in einer Mühle, mithilfe einer Mühle durch Zerquetschen od. Zerreiben mehr od. weniger fein zerkleinern:* Getreide [zu Mehl] m.; den Kaffee fein, grob, zu Pulver m.; gemahlener Pfeffer; gemahlenes Fleisch (landsch.; *Hackfleisch*); **Spr** wer zuerst kommt, mahlt zuerst *(wer zuerst da ist, hat ein Vorrecht gegenüber dem später Kommenden;* nach der in alten Gesetzessammlungen überlieferten Vorschrift, dass derjenige, der sein Getreide zuerst in der Mühle abliefert, ein Anrecht darauf hat, dass es auch zuerst gemahlen wird); **Ü** jmds. Kiefer, Zähne mahlen *(kauen langsam u. gründlich);* **b)** *durch Mahlen* (a) *herstellen:* Mehl m.

Mäh|ler: Pl. von ↑[1]Mahl.

Mahl|sand, der (Seemannsspr.): *feinkörniger Sand einer Sandbank, Treibsand, der durch Wellen u. Gezeitenstrom in ständiger Bewegung ist u. in den sich ein aufgelaufenes Schiff immer tiefer eingräbt:* das Schiff steckte unrettbar im M. fest.

Mahl|stein, der: *Mühlstein:* **Ü** zwischen die -e der Bürokratie geraten.

Mahl|zahn, der: *(bei Säugetier u. Mensch) einer der hinteren Zähne, der eine breite Krone hat u. zum Zermahlen der Nahrung dient; Backenzahn.*

Mahl|zeit, die; -, -en [spätmhd. mālzīt, urspr. = festgesetzte Zeit eines [1]Mahls]: **1.** *(regelmäßig, zu bestimmten Zeiten des Tages eingenommenes) [1]Essen* (2), *das aus verschiedenen kalten od. warmen Speisen zusammengestellt ist:* eine leichte, schwere, deftige M.; eine M. in einem Lokal einnehmen, zu sich nehmen. **2.** *[gemeinschaftliches] Einnehmen der Mahlzeit* (1): an einer gemeinsamen M. teilnehmen; er hält sich nicht an die -en *(er isst unregelmäßig);* gesegnete M.! (Formel zu Beginn od. am Ende einer Mahlzeit); M.! (ugs.; Gruß in der Mittagszeit, bes. zwischen Arbeitskollegen); *** [na dann] prost M.!; M.!** (ugs.; *das ist ja eine schöne Bescherung!; das kann ja heiter werden!*).

Mäh|ma|schi|ne, die: *landwirtschaftliche Maschine zum Mähen von Gras u. Getreide.*

Mahn|be|scheid, der (Rechtsspr.): *Aufforderung, eine bereits fällig gewordene Zahlung zu leisten.*

Mahn|brief, der: *Brief, der jmdn. (bes. einen Schuldner) an etw., was jmd. von ihm erwartet (bes. die Rückzahlung einer geschuldeten Summe), erinnert.*

Mäh|ne, die; -, -n [frühnhd. mene (Pl.), mhd. man(e), ahd. mana, urspr. = Nacken, Hals, dann übergegangen auf das den Nacken od. Hals bedeckende Haar]: **1.** *langes, herabhängendes Haar am Kopf u. bes. an Hals u. Nacken bestimmter Säugetiere:* eine zottige M.; der Löwe schüttelt seine M. **2.** (scherzh.) *(beim Menschen) Haarschopf mit langem, dichtem, wallendem Haar:* eine lange, lockige, blonde M.

mah|nen ⟨sw. V.; hat⟩ [mhd. manen, ahd. manōn, urspr. = überlegen, denken; vorhaben]: **1.** *nachdrücklich zu einem bestimmten, geboten erscheinenden Verhalten od. Tun auffordern, drängen:* jmdn. zur Eile, zur Vorsicht, zum Aufbruch m.; jmdn. eindringlich, nachdrücklich m.; **2. a)** *nachdrücklich an etw., bes. eine eingegangene Verpflichtung u. Ä., erinnern:* jmdn. an sein Versprechen m.; einen Schuldner schriftlich m. *(ihn schriftlich zur Zahlung auffordern);* **b)** (geh.) *gemahnen* (b). **3.** (Jägerspr.) *(von weiblichem Rotwild) einen kurzen, näselnden Lockbzw. Warnlaut ausstoßen.*

Mahn|ge|bühr, die: *Gebühr, die für einen amtlichen Mahnbescheid erhoben wird.*

Mahn|mal, das ⟨Pl. -e, selten: ...mäler⟩: *Denkmal, das etw. im Gedächtnis halten soll, von dem zu hoffen ist, dass es sich nicht wieder ereignet:* ein M. in einem ehemaligen Konzentrationslager errichten.

Mah|nung, die; -, -en [mhd. manunge]: **1.** *das Mahnen* (1); *mahnende Äußerung:* eine M. zur Vorsicht, Eile, Geduld; eine M. überhören, befolgen, beherzigen; **2. a)** *nachdrückliche Aufforderung, etw. Bestimmtes zu erledigen, Erinnerung an eine Verpflichtung:* er reagierte auf keine M.; **b)** *Mahnbrief, -schreiben:* jmdm. eine M. ins Haus schicken; eine M. bekommen.

Mahn|wa|che, die: *Zusammenkunft von Personen, die an einem öffentlichen Ort gegen etw. protestieren, indem sie schweigend über längere Zeit dort verharren:* eine M. vor einem Raketendepot halten.

Mahn|zei|chen, das (selten): *Warnzeichen* (3).

Ma|ho|nie, die; -, -n [nach dem amerik. Gärtner B. MacMahon (1775–1816)]: *(der Stechpalme ähnliche) Pflanze mit dornig gezähnten Blättern, gelben Blüten u. meist blauen, runden Früchten.*

[1]Mäh|re, die; -, -n [mhd. merhe, ahd. mer(i)ha = Stute, altes Fem. zu einem germ. u. kelt. Wort für »Pferd« (vgl. mhd. marc[h], ahd. marah = Pferd, vgl. Marschall); 2: schon mhd.]: (veraltend) *[altes] abgemagertes Pferd, das nicht mehr zu gebrauchen ist:* eine alte, lahme M.

[2]Mäh|re, der; -n, -n: Ew. zu ↑Mähren.

mäh|ren: ↑mären.

Mäh|ren; -s: Gebiet in Tschechien.

Mäh|rer, der; -s, -: [2]Mähre.

Mäh|re|rin, die; -, -nen: w. Form zu ↑Mährer.

Mäh|rin, die; -, -nen: w. Form zu ↑[2]Mähre.

mäh|risch ⟨Adj.⟩: *Mähren, die [2]Mähren betreffend, von den Mähren stammend, zu ihnen gehörend.*

Mai, der; -[e]s u. -, dichter. auch noch: -en, -e ⟨Pl. selten⟩ [mhd. meie, ahd. meio < lat. (mensis) Maius (vermutlich nach einem italischen Gott des Wachstums)]: *fünfter Monat des Jahres:* der Wonnemonat M.; ein kühler M.; der Erste M. *(Demonstrations- u. Feiertag der internationalen Arbeiterbewegung; Feiertag der Werktätigen);* *** am 17. M. geboren sein** (ugs. scherzh. od. verhüll. veraltet; *homosexuell sein;* nach dem ehemaligen § 175 des Strafgesetzbuches, gelesen als Datumsangabe 17. 5.).

Mai|baum, der: **a)** *nach altem Brauch in der Zeit zwischen Frühling u. Frühsommer bes. bei Volksfesten aufgestellter, hoher, von Rinde und Ästen befreiter Baum, an dessen Spitze ein mit bunten Bändern umwundener Tannenkranz hängt:* um den M. tanzen; **b)** *geschlagenes Birkenbäumchen, Birkengrün, das zu Maifesten als Schmuck an die Türpfosten des Hauses gebunden wird.*

Maid, die; -, -en [mhd. meit, zu: maget, ↑Magd] (veraltet, noch spött.): *junges Mädchen.*

Mai|en|nacht, Mainacht, die (dichter.): *von Duft erfüllte, milde Nacht im Mai.*

Mai|en|zeit, die ⟨o. Pl.⟩ (dichter.): *Zeit im Mai, bes. im Hinblick auf die frühlingshafte Frische der Natur, des frühlingshaft milden Wetters.*

Mai|fei|er, die: *offizielle Feier zum Ersten Mai.*

Mai|fei|er|tag, der: *Erster Mai.*

Mai|fest, das: *im Mai traditionsgemäß stattfindendes Volksfest.*

Mai|glöck|chen, das: *im Frühjahr blühende Pflanze mit oft zwei elliptischen Blättern u. kleinen, weißen, glockenförmigen, stark duftenden Blüten, die eine Traube bilden.*

Mai|kä|fer, der: *größerer Käfer mit braungelben Flügeldecken, Fühlern, die in lamellenartig gefächerten Blättchen enden, oft schwarzem, behaartem Kopf u. weißen Flecken an beiden*

Seiten des Hinterleibs, der im Mai schwärmt u. sich von Laubblättern ernährt; *** strahlen wie ein M.** (ugs.; *über das ganze Gesicht lachen, strahlen*).

Mai|kätz|chen, das: *Kätzchen* (4).

Mai|kund|ge|bung, die: *zum Ersten Mai stattfindende Kundgebung.*

Mail [meɪl], die; -, -s (EDV): kurz für ↑E-Mail: jmdm. eine M. schicken.

Mai|land: italienische Stadt.

Mail|box ['meɪlbɔks], die; -, -en [engl. mailbox, eigtl. amerik. Bez. für: (Haus)briefkasten, aus: mail = Post(sendung) u. box, ↑Box] (EDV): *Speicher* (2 b) *eines Datenendgeräts, in dem Nachrichten hinterlegt u. vom Benutzer abgerufen werden können.*

mailen [meɪlən] ⟨sw. V.; hat⟩ [engl. to mail, eigtl. = mit der Post senden, zu: mail, ↑Mailbox] (EDV): *als E-Mail senden:* [jmdm.] eine Nachricht m.; hast du ihm schon gemailt?; mailst du ihr, dass wir morgen kommen?

Mai|ling ['meɪlɪŋ], das; -[s], -s [engl. mailing, zu: to mail = mit der Post senden] (Werbespr.): *Versendung von Werbematerial mit der Post.*

Mai|ling|lis|te, die [engl. mailing list] (EDV): *Liste im Internet mit den E-Mail-Adressen einer Gruppe von angemeldeten u. registrierten Teilnehmern, die Informationen, Beiträge über den für die Gruppe interessanten Themenbereich versenden u. empfangen können:* über eine M. Informationen austauschen.

Mail|or|der ['meɪl'ɔ:də], die; -, -s [engl. mail order, aus: mail = Post(sendung) u. order = Auftrag, Bestellung] (Kaufmannsspr., Werbespr.): *postalisch erteilte Bestellung von Waren [im Versandhandel].*

Main, der; -[e]s: Nebenfluss des Rheins.

Mai|nacht, die: a) ↑Maiennacht; b) *Nacht im Monat Mai:* es geschah in der letzten M.

Mai|nau, die; -: Insel im Bodensee.

Maine [meɪn]; -s: Bundesstaat der USA.

Main|li|ner ['meɪnlaɪnə], der; -s, - [engl. mainliner, zu: to mainline = intravenös injizieren, zu: mainline (Jargon) = Vene, eigtl. = Hauptlinie, -strecke]: *Drogensüchtiger, -abhängiger, der sich Rauschgift injiziert.*

Main|li|ning [meɪnlaɪnɪŋ], das; -s [engl. mainlining]: *das Injizieren von Rauschgift.*

Main|me|tro|pole: Bez. für Frankfurt.

Main|stream [meɪnstri:m], der; -[s] [engl. mainstream, eigtl. = Hauptstrom]: **1.** (Musik) *stark vom Swing* (1 b) *beeinflusste Form des modernen Jazz, die keinem Stilbereich eindeutig zuzuordnen ist.* **2.** (oft abwertend) *vorherrschende gesellschaftspolitische, kulturelle o. ä. Richtung* (2): sich vom M. absetzen.

Mainz: Stadt am Rhein; Landeshauptstadt von Rheinland-Pfalz.

Mais, der; -es, (Sorten:) -e [frz. maïs, span. maíz < Taino (Indianerspr. der Karibik) mays]: **a)** *(aus Mittelamerika stammende) hoch wachsende Pflanze mit breiten, langen Blättern u. einem großen, als Kolben wachsenden Fruchtstand mit gelben Körnern, die als Nahrungsmittel u. als Viehfutter verwendet werden;* **b)** *Frucht des Maises* (a): Brot aus M.

Maisch, der; -[e]s, -e, **Mai|sche,** die; -, -n [mhd. meisch, urspr. wohl = Brei] (Fachspr.): **1.** *(bei der Bierherstellung) mit Wasser verrührtes, geschrotetes Malz.* **2.** *(bei der Spiritusherstellung) Gemisch aus stärkehaltigen Rohstoffen mit auf der Darre getrocknetem Malz u. Wasser.* **3.** *(zur Weinherstellung) gekelterte Trauben.* **4.** *(für die Herstellung von Obstwasser) zum Vergären zerkleinertes Obst.*

Mais|flo|cken ⟨Pl.⟩: vgl. Haferflocken.

mais|gelb ⟨Adj.⟩: *von der Farbe reifer Maiskörner.*

Mais|kol|ben, der: *großer, zylinderförmiger Fruchtstand des Maises, der rundherum dicht mit gelben Körnern besetzt ist.*

Mais|mehl, das: *aus Maiskörnern hergestelltes Mehl.*

Mai|so|nette [mɛzo'nɛt], (auch:) Maisonnette, die; -, -s [engl. maisonette < frz. maisonnette, Vkl. von: maison = Haus]: *zweistöckige Wohnung, bes. in einem Hochhaus, mit eigener, innerhalb der Wohnung liegender Treppe.*

Mai|so|nette|woh|nung, die: *Maisonette.*

Mai|son|nette usw.: ↑Maisonette usw.

Maiß, der; -es, -e od. die; -, -en [mhd. meiʒ, eigtl. = Einschnitt, zu: meiʒen, ↑Meißel] (bayr., österr.): a) *Holzschlag;* b) *junger Wald.*

Mais|stär|ke, die: *aus Mais gewonnene Stärke.*

Maî|tre ['mɛ:trə], der; -, -s ['mɛ:trə; frz. maître < afrz. maistre < lat. magister, ↑Magister]: **a)** frz. Bez. für *Herr, Gebieter; Lehrer, Meister;* **b)** ⟨o. Pl.⟩ *Titel juristischer Amtspersonen in Frankreich;* c) *Träger des Titels Maître* (b).

Mai|tres|se: ↑Mätresse.

Ma|ja, die; - [sanskr. māyā = Trugbild]: *(im Buddhismus) sich ständig verändernde Welt der Erscheinungen.*

Ma|jes|tät, die; -, -en [mhd. majestāt < lat. maiestas = Größe, Erhabenheit, zu: maior, ↑Major]: **1. a)** ⟨o. Pl.⟩ *Titel u. Anrede von Kaisern u. Königen:* Kaiserliche, Königliche M.!; Seine M.; Ihre M.; Eure, Euer M. haben/⟨seltener:⟩ hat befohlen; **b)** *Träger des Titels Majestät* (1 a): Seine M., der König, betritt den Saal; Ihre -en wurden *(das kaiserliche, königliche Paar wurde)* festlich empfangen. **2.** ⟨o. Pl.⟩ (geh.) **a)** *Erhabenheit, Größe, die einer Sache innewohnt, von ihr ausgeht:* die M. der Berge, des Todes; **b)** *hoheitsvolle Würde:* sein Wesen strahlte M. aus.

ma|jes|tä|tisch ⟨Adj.⟩: **a)** *Erhabenheit, Größe erkennen lassend:* der -e Anblick der Berge; **b)** *hoheitsvoll, würdevoll:* die Diva schreitet m. durch die Menge.

Ma|jes|täts|be|lei|di|gung, die: **1.** (Rechtsspr. veraltet) *Majestätsverbrechen.* **2.** (spött.) *Äußerung, Handlung, mit der jmd. einer anderen Person in höherer Stellung zu nahe tritt u. sie damit beleidigt.*

Ma|jes|täts|ver|bre|chen, das (Rechtsspr. veraltet): *Verbrechen, das sich gegen den Kaiser od. König u. das Reich richtet.*

Ma|jo|nä|se: ↑Mayonnaise.

[1]**Ma|jor,** der; -s, -e [span. mayor = größer, höher; Vorsteher, Hauptmann < lat. maior = größer, Komp. von: magnus = groß] (Milit.): **a)** ⟨o. Pl.⟩ *unterster Dienstgrad bei den Stabsoffizieren;* b) *Offizier des Dienstgrades Hauptmann* (a).

[2]**Ma|jor** ['meɪdʒɐ], die; -, -s ⟨meist Pl.⟩ [engl. major, Substantivierung von: major = wichtig, bedeutend, Haupt-] (Jargon): *große, [mit wenigen anderen] den Markt dominierende Firma, bes. der Filmindustrie.*

Ma|jo|ran [auch: majo'ra:n], der; -s, -e [mhd. maiorān, spätahd. maiolan < mlat. majorana, wohl (unter Anlehnung an lat. maior = größer) umgebildet aus lat. amaracum = Majoran < griech. amárakon]: **a)** *(zu den Lippenblütlern gehörende, in den Mittelmeerländern heimische) Pflanze mit kleinen, weißen Blüten;* **b)** *als Gewürz verwendete, getrocknete Blätter des Majorans* (a).

Ma|jor|do|mus, der; -, - [spätlat. maior domus (regiae) = königlicher Hausverwalter, aus: maior = Meier (1), domus = Haus] (hist.): *Hausmeier.*

Ma|jo|rette [majo'rɛt], die; -, -s u. -n [...tn̩; engl. (drum) majorette, eigtl. = weibl. Tambourmajor]: *junges Mädchen in Uniform, das bei festlichen Umzügen paradiert.*

Ma|jo|rin, die; -, -nen: **1.** *weibliches Mitglied der Heilsarmee im Rang eines Majors* (a). **2.** (veraltet) *Frau eines Majors.*

Ma|jo|ri|tät, die; -, -en [frz. majorité < mlat. majoritas]: *Mehrheit* (2 a).

Ma|jo|ri|täts|prin|zip, das: *Mehrheitsprinzip.*

Ma|jus|kel, die; -, -n [zu lat. maiusculus = etwas größer, Vkl. von: maius, Neutr. von: maior, ↑Major] (Druckw.): *Großbuchstabe (in einer lateinischen Schrift); Versal.*

Ma|jus|kel|schrift, die (Druckw.): *Druckschrift, die nur aus Großbuchstaben besteht.*

ma|ka|ber ⟨Adj.; ...b[e]rer, -ste⟩ [frz. macabre, gek. aus: danse macabre, ↑Danse macabre] (bildungsspr.): **a)** *durch eine bestimmte Beziehung zum Tod unheimlich:* eine makab[e]re Szene; **b)** *mit Tod u. Vergänglichkeit scherzend:* -er Scherz, Witz.

Ma|ka|dam, der od. das; -s, -e [nach dem schott. Straßenbauingenieur J. L. McAdam (1756–1836)] (Tiefbau): *Straßenbelag, in dem sich zahlreiche Hohlräume befinden.*

ma|ka|da|mi|sie|ren ⟨sw. V.; hat⟩ [engl. macadamize] (Tiefbau): *Makadam aufbringen.*

Ma|kak [auch: ma'ka(:)k], der; -s u. -en, -en [ma'ka(:)kn̩; port. macaco, afrik. Wort]: *zu den Meerkatzen gehörender Affe mit gedrungenem Körper.*

Ma|ke|do|ne, der; -n, -n: Angehöriger eines Volkes im nordwestlichen Griechenland der Antike.

Ma|ke|do|ni|en, -s: Region im nördlichen Griechenland.

Ma|ke|do|nin, die; - -nen: w. Form zu ↑Makedone.

ma|ke|do|nisch ⟨Adj.⟩: *Makedonien, die Makedonier betreffend; aus Makedonien stammend.*

Ma|kel, der; -s, - [mhd. makel < lat. macula = Mal; (Schand)fleck] (geh.): **1.** *etw. (ein Fehler, Mangel o. Ä.), was für jmdn., in seinen eigenen Augen od. im Urteil anderer, als Schmach, als herabsetzend gilt:* etw. als M. empfinden. **2.** *Fehler, fehlerhafte Beschaffenheit von etw., die etw. als unvollkommen erscheinen lässt, die seinen Wert herabsetzt:* hervorragende Ware ohne jeden M.

Mä|ke|lei, die; -, -en (abwertend): **a)** ⟨o. Pl.⟩ *dauerndes Mäkeln, Nörgeln;* **b)** (seltener) *mäkelnde Äußerung:* deine Mäkeleien kannst du dir sparen.

mä|ke|lig, mäklig ⟨Adj.⟩ (abwertend): *[häufig] mäkelnd.*

ma|kel|los ⟨Adj.⟩: *ohne Makel* (2), *ohne einen beeinträchtigenden Fehler od. Mangel:* eine -e Figur, Haut.

Ma|kel|lo|sig|keit, die; -: *das Makellossein.*

ma|keln ⟨sw. V.; hat⟩ [aus dem Niederd.(-Niederl.), Iterativbildung zu niederd.(-niederl.) maken = machen]: **1.** (Wirtsch. Jargon) *[mit etw.] Maklergeschäfte, Vermittlergeschäfte machen:* er makelt Häuser, Grundstücke. **2.** (Fernspr. Jargon) *zwischen den Gesprächspartnern einer mit diesen gleichzeitig hergestellten Telefonverbindung nach Bedarf wechseln (wobei der jeweils nicht Beteiligte stets abgeschaltet ist).*

mä|keln ⟨sw. V.; hat⟩ [aus dem Niederd. < mniederd. mekelen, urspr. = makeln, später (zuerst im Niederd.) = bemängeln, nach dem Versuch der Händler, durch das Feststellen von Mängeln bei der Ware den Preis zu drücken]: **1.** (abwertend) *an jmdm., etw. beständig etw. auszusetzen haben u. seiner Unzufriedenheit durch nörgelnde Kritik Ausdruck verleihen:* sie mäkelt am Essen. **2.** (selten) *makeln.*

Make-up [meɪk'|ap], das; -s, -s [engl. make-up, eigtl. = Aufmachung]: **1. a)** *kosmetische Präparate, die der Verschönerung, der dekorativen Kosmetik dienen:* keinerlei M. verwenden; **b)** *getönte [flüssige] Creme, mit der die Flächen des Gesichts bedeckt werden:* M. auflegen, auftragen. **2.** *kosmetische Verschönerung des Gesichts mit Make-up* (1): ein gekonntes M.; kein M. tragen *(sich nicht schminken, geschminkt haben).*

Mak|ka|ro|ni ⟨Pl.⟩ [ital. (mundartl.) maccaroni (Pl.), zu: maccarone, ↑Makrone]: *lange, röhrenförmige Nudeln.*

Mak|ler, der; -s, - [aus dem Niederd. < mniederd. makeler, zu ↑makeln]: *jmd., der Verkauf, Vermietung, den Abschluss von Verträgen in verschiedenen Bereichen vermittelt* (Berufsbez.): einen M. einschalten; Ü ein ehrlicher M. *(ein uneigennütziger Vermittler;* nach dem dt. Reichskanzler O. v. Bismarck, der sich selbst so bezeichnete).

Mak|ler|ge|bühr, die: *Gebühr, die ein Makler für seine Vermittlung verlangt.*

Mak|le|rin, die; -, -nen: w. Form zu ↑Makler.

mäk|lig: ↑mäkelig.

makr-, Makr-: ↑makro-, Makro-.

Ma|kre̱|le, die; -, -n [mhd. macrēl < mniederl. mak(e)reel < afrz. maquerel < mlat. maquerellus, macarellus, H. u.]: *in Schwärmen im Meer lebender, größerer Raubfisch mit grünlich schimmerndem, von blauen Querbändern bedecktem Rücken, der wegen seines schmackhaften Fleisches als Speisefisch geschätzt wird.*

Ma̱|kro, der od. das; -s, -s (EDV): kurz für ↑Makrobefehl.

ma|kro-, Ma|kro-, (vor Vokalen meist:) makr-, Makr- [griech. makrós]: **1.** bedeutet in Bildungen mit Substantiven od. Adjektiven *lang, groß, im Großen:* Makrokosmos; Makrostruktur; makroökonomisch. **2.** bedeutet in Bildungen mit Substantiven od. Adjektiven *groß, größer als normal:* Makromolekül.

Ma̱|kro|be|fehl, der; -[e]s, -e [LÜ von engl. macro instruction, zu: macro- (< griech. makrós) = groß u. instruction = Befehl] (EDV): *zu einer Einheit zusammengefasste Folge von Befehlen* (1b).

Ma|kro|bi|o̱|tik, die; - [zu griech. biōtikós, ↑biotisch]: **1.** (Med.) *Kunst, das Leben zu verlängern.* **2.** *spezielle, hauptsächlich auf Getreide u. Gemüse basierende Ernährungsweise.*

ma|kro|bi|o̱|tisch ⟨Adj.⟩: **1.** *die Makrobiotik* (1) *betreffend.* **2.** *die Makrobiotik* (2) *betreffend:* -e Kost *(Kost, die sich hauptsächlich aus Getreide u. Gemüse zusammensetzt).*

Ma̱|kro|kli|ma, das; -s, -s u. (Fachspr.:) ...ma̱te: *Großklima.*

Ma|kro|ko̱s|mos, Ma|kro|ko̱s|mus [auch: 'ma:kro-], der; -: *Weltall, Universum.*

Ma|kro|mo|le|kü̱l [auch: 'ma:kro...], das; -s, -e (Chemie): *aus tausend u. mehr Atomen aufgebautes Molekül.*

Ma|kro̱|ne, die; -, -n [frz. macaron = Mandeltörtchen < ital. mundartl. maccarone = Makkaroni, wohl zu ngriech. makaría = (verhüll.) Leichenschmaus]: *aus gemahlenen Mandeln, Haselnüssen od. Kokosflocken, Eiweiß u. Zucker hergestelltes kleines Gebäck.*

Ma|kro|öko|no|mi̱e [auch: 'ma:kro...], die; - [zu ↑makro-, Makro-] (Wirtsch.): *Teilgebiet der Wirtschaftstheorie, dessen Gegenstand die Untersuchung gesamtwirtschaftlicher Zusammenhänge ist.*

ma|kro|öko|no̱|misch [auch: 'ma:kro...] ⟨Adj.⟩ (Wirtsch.): *die Makroökonomie betreffend.*

ma|kro|sko̱|pisch ⟨Adj.⟩ [zu griech. skopeīn = betrachten, (be)schauen]: *ohne optische Hilfsmittel, mit bloßem Auge erkennbar.*

Ma̱|kro|struk|tur, die; -, -en (Fachspr.): *ohne optische Hilfsmittel erkennbare Struktur (z. B. bei pflanzlichen Geweben).*

Ma|ku|la|tu̱r, die; -, -en [mlat. maculatura = beflecktes, schadhaftes Stück, zu lat. maculare, ↑makulieren]: **1.** (Druckw.) *beim Druck schadhaft gewordene od. fehlerhafte Bogen.* **2.** *Altpapier, das aus wertlos gewordenem bedrucktem Papier (z. B. Zeitungen, alte Akten o. Ä.) besteht:* eine ganze Buchauflage als M. einstampfen; Ü die ganzen Ideen von damals sind M. *(haben keine Gültigkeit mehr);* * **M. reden** (ugs. abwertend; *Unsinn reden*).

ma|ku|li̱e|ren ⟨sw. V.; hat⟩ [lat. maculare = fleckig machen, besudeln, zu: macula, ↑Makel] (Druckw.): *zu Makulatur (2) machen; einstampfen.*

ma̱l ⟨Adv.⟩ [zu ↑[1]Mal]: **1.** Ausdruck der Multiplikation; *malgenommen, multipliziert mit:* vier m. zwei ist acht; Zeichen: · od. × **2.** (ugs.) kurz für ↑einmal.

[1]Ma̱l, das; -[e]s, -e [mhd., ahd. māl = Zeit(punkt); Markierung, Ziel, urspr. = Abgemessenes]: *durch eine bestimmte Angabe od. Reihenfolge gekennzeichneter Zeitpunkt eines sich wiederholenden od. als wiederholbar geltenden Geschehens:* das, dieses eine M. nur; ein anderes M.; jedes M.; [k]ein einziges M.; beide, einige, hunderte M.; ein paar M.; ein Dutzend M.; ein halbes hundert M.; ein oder mehrere -e; das erste M.; dies war das erste und [zugleich] das letzte M. *(dies wird sich nicht wiederholen);* ein für alle M.; nächstes/das nächste M.; das habe ich schon manch liebes/manches [liebe] M. gedacht; er hat es mehrere -e, [so] viele -e versucht; ein und das andere M., ein oder das andere M. begleitete er uns; beim ersten M. ist alles noch ungewohnt; ich habe dir das jetzt zum dritten, letzten Mal[e] gesagt; * **M. für M.** *(jedes Mal erneut);* **mit einem Mal[e]** *(plötzlich, unerklärlicherweise);* **von M. zu M.** *(jedes Mal in fortschreitendem Maße):* die Begeisterung ließ von M. zu M. nach.

[2]Ma̱l, das; -[e]s, -e u. Mäler [in der nhd. Form sind zusammengefallen mhd., ahd. meil = Fleck, Zeichen; Sünde, Schande u. eine Vermischung aus mhd. māl (↑[1]Mal) mit mhd. māl, ahd. māl(i) = Zeichen, Fleck, Markierung]: **1.** ⟨Pl. meist -e⟩ *kennzeichnender Fleck, Verfärbung in der Haut, oft als Wundmal od. Muttermal:* ein dunkel unterlaufenes M.; sie hatte ein M. am linken Bein. **2.** ⟨Pl. meist Mäler⟩ (geh.) *größeres plastisches, architektonisches Gebilde als Denkmal, Mahnmal o. Ä.:* ein M. aufrichten. **3.** ⟨Pl. -e⟩ (Sport) **a)** *Markierung innerhalb eines Spielfelds od. einer Sportanlage:* der Schlagballspieler hat das M. berührt; **b)** (Rugby) *von den Malstangen gebildetes Tor;* **c)** (Rugby) kurz für ↑Malfeld.

Ma|la|chi̱t [auch: ...'xɪt], der; -s, -e [mhd. melochītes < lat. molochitis < griech. molochítēs, zu: molóchē = Malve; nach der Farbe der Malvenblätter]: *in schwärzlich grünen Kristallen od. smaragdgrünen Aggregaten (3) vorkommendes Kupfererz, das als Schmuckstein verarbeitet wird.*

ma|la|chit|grün ⟨Adj.⟩: *grün wie Malachit.*

Ma̱|la|ga, der; -s, -s: *brauner Süßwein aus Málaga.*

Má|la|ga ['ma...]: spanische Hafenstadt u. Provinz.

Ma|la̱ie, der; -n, -n: Angehöriger mongolischer Völker Südostasiens.

Ma|la̱i|in, die; -, -nen: w. Form zu ↑Malaie.

ma|la̱i|isch ⟨Adj.⟩: **a)** *die Malaien betreffend, zu ihnen gehörend;* **b)** *in malaiischer Sprache [verfasst].*

Ma|la̱i|isch, das; -[s] u. ⟨nur mit best. Art.:⟩ **Ma|la̱i|i|sche,** das; -n: *auf der Malaiischen Halbinsel u. im westlichen Indonesien gesprochene Sprache.*

Ma|lai|se [ma'lɛ:zə], die; -, -n, schweiz.: das; -s, -s [frz. malaise, zusgez. aus: (être) mal à l'aise = missgestimmt (sein)] (bildungsspr.): **1.** *Unbehagen, Missstimmung.* **2.** *unbefriedigende Situation; Misere:* die M. in der Autobranche.

Ma|la|ja|la̱m: ↑Malayalam.

Ma|la|ko|lo|gi̱e, die; - [zu griech. malakós = weich u. ↑-logie]: *Lehre von den Weichtieren.*

Ma|la̱|ria, die; - [ital. malaria, zusgez. aus: mala aria = böse, schlechte Luft, Sumpfluft]: *bes. in den Tropen auftretende, durch schmarotzende Einzeller hervorgerufene, durch Stechmücken übertragene Infektionskrankheit mit periodisch auftretendem, hohem Fieber.*

Ma|la̱|wi; -s: Staat in Afrika.

Ma|la|ya|la̱m, Malajalam, das; -: *drawidische Sprache, die in Südindien gesprochen wird.*

Ma|la̱y|sia; -s: Bundesstaat in Südostasien.

Ma̱l|buch, das: *Buch, Heft, dessen in Umrissen vorgedruckte Bilder von Kindern ausgemalt werden.*

ma|le|de̱i|en ⟨sw. V.; hat⟩ [zu lat. maledicere, ↑Malediktion] (veraltet): *verwünschen.*

Ma|le|dik|ti|o̱n, die; -, -en [lat. maledictio, zu: maledicere = schmähen, eigtl. = Böses sagen] (veraltet): *Verwünschung, Fluch; Schmähung.*

Ma|le|di̱|ven ⟨Pl.⟩: Inselstaat im Indischen Ozean.

Ma|le|fi̱z, das; -es, -e [lat. maleficium, zu: maleficus = Böses tuend, zu: malefacere = Böses tun]: **1.** (veraltet) *Missetat, Verbrechen.* **2.** (landsch.) *Strafgericht.*

ma̱|len ⟨sw. V.; hat⟩ [mhd. mālen, ahd. mālōn, mālēn = mit Zeichen versehen, zu mhd. māl, ahd. māl(i), ↑[2]Mal]: **1. a)** *mit Pinsel u. Farbe (ein Bild) herstellen:* ein Bild [in Öl, nach der Natur] m.; ein Porträt m.; Schilder m. *(anfertigen);* ⟨auch ohne Akk.-Obj.:⟩ er malt in Öl; **b)** *mit Pinsel u. Farbe im Bild [künstlerisch] darstellen:* jmdn. in Lebensgröße, ein Motiv in Pastell m.; das Kind hat ein Haus gemalt *(mit Farbstiften, Wasserfarben o. Ä. gezeichnet);* Ü seine Jugend in düsteren, schwarzen Farben m. *(negativ schildern);* sie malte die Zukunft allzu rosig m. *(allzu optimistisch sehen);* **c)** *mit Pinsel u. Farbe künstlerisch tätig sein:* in seiner Freizeit m.; mein Freund malt. **2.** *langsam, wie malend* (1 c) *schreiben, Zeichen auf etw. aufbringen:* schreib bitte etwas schneller, du brauchst nicht zu m. **3. a)** (landsch.) *mit Farbe streichen; Farbe auf etw. auftragen:* die Türen m.; Ü der Herbst malt *(färbt)* die Blätter bunt; **b)** *als, in Farbe auftragen:* eine Blume auf das Papier m. **4.** (ugs.) *Lippenstift, Nagellack auf etw. auftragen:* sich die Lippen m. **5.** ⟨m. + sich⟩ (geh.) *sich in etw. ausdrücken, widerspiegeln:* auf ihrem Gesicht malte sich Entsetzen.

Ma̱|ler, der; -s, - [mhd. mālære, ahd. mālari]: **1.** *Künstler, der Bilder malt:* ein berühmter, unbekannter, niederländischer M.; ein M. des Impressionismus. **2.** *Handwerker, der etw. mit Farbe streicht* (Berufsbez.): der M. streicht die Küche, weißt die Decke; nächste Woche kommt der M.

Ma|le|re̱i, die; -, -en: **1.** ⟨o. Pl.⟩ *das Malen* (1 c) *als Kunstgattung:* die moderne, zeitgenössische, abstrakte M. **2.** *einzelnes Werk der Malerei* (1): -en in Museen.

Ma̱|ler|email, das; -s, -s: **1.** ⟨o. Pl.⟩ *Technik der Emailkunst, bei der auf eine Metallplatte mit Emailüberzug mit nacheinander aufgeschmolzenen Glasflüssen gemalt wird.* **2.** *mithilfe von Maleremail* (1) *hergestelltes Kunstwerk.*

Ma̱|ler|far|be, die: *zum Malen* (1, 3) *dienende Farbe, bes. Farbe des Malers* (2).

Ma̱|ler|ge|sel|le, der: *Geselle des Malerhandwerks.*

Ma̱|ler|ge|sel|lin, die: w. Form zu ↑Malergeselle.

Ma̱|ler|hand|werk, das ⟨o. Pl.⟩: *Handwerk des Malers* (2).

Ma̱|le|rin, die; -, -nen [mhd. malærinne]: w. Form zu ↑Maler.

ma̱|le|risch ⟨Adj.⟩: **1.** *die Malerei betreffend, dazu gehörend; für die Malerei typisch:* die -e Auffassung eines Künstlers; die Landschaft als -es Motiv; ein -es Talent. **2.** *sehr schön, wie zum Malen geschaffen:* ein -er Anblick; der Ort liegt m. in einem Tal.

Ma̱|ler|meis|ter, der: *Meister im Malerhandwerk.*

Ma̱|ler|meis|te|rin, die: w. Form zu ↑Malermeister.

Ma̱l|far|be, die: *zum Malen* (1) *dienende Farbe.*

Ma̱l|feld, das [zu ↑[2]Mal (3)] (Rugby): *hinter der Balllinie gelegener, nicht mehr als 23 m tiefer Streifen.*

Ma̱l|grund, der (Kunstwiss.): *aufgetragene Schicht als farblich einheitlicher Untergrund eines Bildes.*

Mal|heur [ma'lø:ɐ̯], das; -s, -e u. -s [frz. malheur, aus: mal (< lat. malus = schlecht) u. älter heur = glücklicher Zufall, zu lat. augurium = Vorzeichen]: **1.** (ugs.) *nicht sehr folgenschweres Missgeschick, Unglück, das den Betroffenen in eine peinliche Situation bringt:* mir ist ein [kleines] M. passiert; das ist doch kein M.! *(nicht so schlimm!).* **2.** (veraltet) *Unglück, Unfall.*

Ma̱|li; -s: Staat in Afrika.

Ma̱|li|er, der; -s, -: Ew. zu ↑Mali.

Ma̱|lie|rin, die; -, -nen: w. Form zu ↑Malier.

-ma̱|lig [zu ↑[1]Mal]: in Zusb., z. B. achtmalig *(acht Male stattfindend, geschehend, wiederkehrend),* einmalig *(nur ein [einziges] Mal vorkommend).*

ma|li̱|gne ⟨Adj.⟩ [lat. malignus, zu: malus = schlecht, böse] (Med.): *(bes. von Tumoren) bösartig.*

ma̱|lisch ⟨Adj.⟩: *Mali, die Malier betreffend.*

ma|li|zi|ö̱s ⟨Adj.⟩ [frz. malicieux < lat. malitiosus, zu: malitia = Arglist, zu: malus, ↑Malus] (bildungsspr.): *boshaft* (b).

Mal|kas|ten, der: *Kasten mit Farben zum Malen; Farbkasten.*

Mal|kunst, die: **1.** ⟨o. Pl.⟩ *Kunst der Malerei.* **2.** (ugs.) *malerische Fähigkeit.*

mall ⟨Adj.⟩ [aus dem Niederd. < mniederl. mal = töricht, närrisch, H. u.]: **1.** (Seemannsspr.) *(vom Wind) umspringend, plötzlich aus einer anderen Richtung kommend.* **2.** (ugs., bes. nordd.) *nicht ganz bei Verstand; wunderlich.*

Mall [mɔːl], die; -, -s [engl. mall, urspr. = Straße, in der das schottische Ballspiel Pall-Mall gespielt wurde]: *(bes. in den USA) großes überdachtes Einkaufszentrum.*

Mal|lor|ca [auch: ma'jɔrka]; -s: größte Insel der Balearen.

Mal|lor|qui|ner [...'ki:...], der; -s, -: Ew.

Mal|lor|qui|ne|rin, die; -, -nen: w. Form zu ↑Mallorquiner.

mal|lor|qui|nisch ⟨Adj.⟩: *Mallorca, die Mallorquiner betreffend; von den Mallorquinern stammend, zu ihnen gehörend.*

Malm, der; -[e]s [engl. malm = kalkreicher Lehm, verw. mit mhd. malm, ↑malmen] (Geol.): *obere Abteilung des* ²*Juras.*

mal|men ⟨sw. V.; hat⟩ [zu mhd. malm, melm, ahd. melm = Staub, Sand] (geh.): *die Zähne in langsamer Bewegung laut aneinander reiben [u. Nahrung zermahlen]:* mit den Zähnen m.

Mal|mö: Hafenstadt in Schweden.

mal|neh|men ⟨st. V.; hat⟩: *multiplizieren.*

Ma|lo|che [auch: ...'lɔ...], die; - [jidd. melocho < hebr. mĕlạ̄kạ̄] (salopp): *[schwere] Arbeit:* sie flüchten über die M. unter Tage.

ma|lo|chen [auch: ...'lɔ...] ⟨sw. V.; hat⟩ (salopp): *[körperlich] schwer arbeiten:* in der Fabrik m.

Ma|lo|cher [auch: ...'lɔ...], der; -s, - (salopp): *Arbeiter* (b).

Ma|lo|che|rin [auch: ...'lɔ...], die; -, -nen: w. Form zu ↑Malocher.

Mal|stan|ge, die (Rugby): *Pfosten od. Querlatte des* ²*Mals* (3 b).

Mal|ta; -s: Inselstaat im Mittelmeer.

Mal|tech|nik, die: *Technik im Malen* (1).

Mal|te|ser, der; -s, -: **1.** Ew. zu ↑Malta. **2.** *Angehöriger des Malteserordens.* **3.** *Schoßhund mit weißem, langhaarigem Fell.*

Mal|te|ser-Hilfs|dienst, der: *Hilfsdienst, dessen freiwillige Helfer als Sanitäter, im Katastrophenschutz u. in der Unfallhilfe tätig sind.*

Mal|te|se|rin, die; -, -nen: w. Form zu ↑Malteser (1).

Mal|te|ser|kreuz, das [nach dem Zeichen des Malteserordens]: **1.** *Kreuz, dessen vier Arme in je zwei Spitzen auslaufen.* **2.** *in der Form einem Malteserkreuz* (1) *ähnelndes Teil am Filmprojektor zur ruckweisen Fortbewegung des Films.*

Mal|te|ser|or|den, der ⟨o. Pl.⟩: *katholischer Zweig des Johanniterordens (dessen Sitz von 1530 bis 1798 auf Malta war).*

Mal|te|ser|rit|ter, der: *Malteser* (2).

mal|te|sisch ⟨Adj.⟩: **a)** *Malta, die Malteser* (1) *betreffend;* **b)** *in maltesischer Sprache [verfasst].*

Mal|to|se, die; - [zu nlat. maltum = Malz] (Chemie): *in Malz u. Biermaische enthaltener Zucker, der aus Stärke u. Glykogen entsteht; Malzzucker.*

mal|trä|tie|ren ⟨sw. V.; hat⟩ [frz. maltraiter, aus: mal (↑Malaise) u. traiter < lat. tractare = behandeln]: *misshandeln; mit jmdm., etw. übel umgehen:* jmdn. mit Fäusten und Füßen m.

Ma|lus, der; - u. Malusses, - u. Malusse [zu lat. malus = schlecht]: **1.** (Kfz-W.) *nachträgliche Erhöhung der zu zahlenden Prämie bei Häufung von Schadensfällen.* **2.** (Schulw., Sport) *zum Ausgleich für eine bessere Ausgangsposition erteilter Punktnachteil.*

Mal|ve, die; -, -n [ital. malva < lat. malva, aus einer Mittelmeerspr.]: *(in zahlreichen Arten vorkommende) kriechend bzw. aufrecht wachsende Pflanze mit teller- bis trichterförmigen rosa bis blasslila Blüten.*

Mal|ven|ge|wächs, das ⟨meist Pl.⟩ (Bot.): *Pflanze einer als Kraut, Strauch od. Baum vorkommenden Pflanzenfamilie mit Blütenständen od. einzelnen Blüten.*

Mal|wei|se, die: *Art, in der jmd. malt.*

Malz, das; -es [mhd., ahd. malz, eigtl. = weiche Masse]: *bes. zur Herstellung von Bier u. verschiedenen Nährpräparaten dienendes Produkt aus Getreide (meist Gerste), das zum Keimen gebracht u. danach gedarrt wurde.*

Malz|bier, das: *süßes, Malz enthaltendes dunkles Bier mit geringem Alkoholgehalt.*

Malz|bon|bon, der od. das: *[Husten]bonbon, der einen Zusatz von Malz enthält.*

Mal|zei|chen, das [zu ↑mal]: *Zeichen zum Malnehmen, Multiplizieren; Multiplikationszeichen* (Zeichen: · od. ×).

Malz|kaf|fee, der: **1.** *Kaffee-Ersatz aus zum Keimen gebrachter, getrockneter u. gerösteter Gerste.* **2.** *Getränk aus gemahlenem, mit kochendem Wasser übergossenem Malzkaffee* (1).

Malz|zu|cker, der: *Maltose.*

Ma|ma [geh. veraltend: ma'ma:], die; -, -s [frz. maman, verw. mit lat. mamma, ↑Mamma] (fam.): *Mutter:* liebe M.; wie geht es Ihrer Frau M. [ma'ma:]?

Mam|ba, die; -, -s [Zulu (südafrik. Spr.) im-amba]: *(in Afrika heimische) giftige Natter von grüner bzw. schwarzer Färbung, die auf Bäumen u. im Gebüsch lebt.*

Mam|bo, der; -[s], -s, auch: die; -, -s [wohl aus dem Kreol. Haitis]: *südamerikanisch-kubanischer Gesellschaftstanz im* $^4/_4$*-Takt, mit schnellen Schritten u. ruckartigen Hüftbewegungen.*

Ma|me|luck, der; -en, -en [ital. mammalucco < arab. mamlūk = Sklave]: **1.** *Söldner islamischer Herrscher.* **2.** *Angehöriger eines ägyptischen Herrschergeschlechts (des 13.–16. Jh.s).*

Ma|mi, die; -, -s: Kosef. von ↑Mama.

Mam|ma, die; -, Mammae [...mɛ; lat. mamma = Mutter(brust), Amme < griech. mámma, Lallwort der Kinderspr.]: **1.** (Med.) *weibliche Brust, Brustdrüse.* **2.** (Tiermed.) *Euter.*

Mam|ma|lia ⟨Pl.⟩ (Zool.): *Säugetiere.*

Mam|mo|gra|phie, die; -, -n [zu ↑Mamma u. ↑-graphie] (Med.): *röntgenologische Untersuchung der weiblichen Brust zur Feststellung bösartiger Geschwülste.*

Mam|mon, der; -s [kirchenlat. mammona(s) < griech. mamōnās < aram. mạmôṇạ = Besitz, Habe] (meist abwertend od. scherzh.): *Geld als [leidige] materielle Voraussetzung für etw., zur Erfüllung luxuriöser Bedürfnisse o. Ä.:* dem M. nachjagen; er tut alles um des schnöden -s willen.

Mam|mut, das; -s, -e u. -s [frz. mammouth < russ. mamont, viell. aus dem Jakut.]: *(gegen Ende der Eiszeit ausgestorbener) Elefant mit dichter, langer Behaarung u. langen, gebogenen Stoßzähnen.*

Mam|mut- (emotional verstärkend): drückt in Bildungen mit Substantiven aus, dass etw. von gewaltiger Anzahl, Menge, räumlich od. zeitlich von besonders großer Ausdehnung ist: Mammutgebilde, -tournee.

Mam|mut|an|la|ge, die: *überdimensionale Anlage* (3, 4).

Mam|mut|baum, der: *(im westlichen Nordamerika heimischer) sehr hoch wachsender Baum mit rissiger, hellbrauner Borke, schuppenförmigen Nadeln u. pyramidenförmiger Krone.*

Mam|mut|film, der: *aufwendiger Film mit Überlänge; Kolossalfilm.*

Mam|mut|kno|chen, der: *erhaltener Knochen eines Mammuts.*

Mam|mut|kon|zert, das: vgl. Mammutveranstaltung.

Mam|mut|sit|zung, die: vgl. Mammutveranstaltung.

Mam|mut|ver|an|stal|tung, die (emotional verstärkend): *Veranstaltung in sehr, übermäßig großem Rahmen mit sehr vielen Beteiligten.*

mamp|fen ⟨sw. V.; hat⟩ [eigtl. = mit vollem Munde sprechen u. nur undeutliche Laute hören lassen] (salopp): *behaglich [mit vollen Backen] essen:* er mampfte den ganzen Kuchen.

Mam|sell, die; -, -en u. -s [frz. ugs. mam'selle, Kurzf. von ↑Mademoiselle]: **1.** *Angestellte, die in einer Gaststätte für die Zubereitung u. Ausgabe der warmen u. kalten Speisen verantwortlich ist* (Berufsbez.): jmdn. als kalte M. *(Kaltmamsell)* einstellen. **2.** (veraltet) *Hausgehilfin:* die M. führte ihn in den Salon. **3.** (veraltet, noch spött. od. scherzh.) *Fräulein* (1 a, 2 a). **4.** (veraltend) *Hauswirtschafterin auf einem Gutshof* (Berufsbez.).

¹man ⟨Indefinitpron. im Nom.; zu den gebeugten Fällen ↑¹ein (II 2 b)⟩ [mhd., ahd. man (↑Mann), eigtl. = irgendeiner, jeder beliebige (Mensch)]: **1.** *jemand (sofern er in einer bestimmten Situation stellvertretend für jedermann genommen werden kann):* von dort oben hat man eine herrliche Aussicht; in Koch-, Backrezepten: man nehme ... **2.** *irgendjemand od. eine bestimmte Gruppe von Personen (im Hinblick auf ein bestimmtes Verhalten, Tun; oft anstelle einer passivischen Konstruktion):* man vermutet *(es wird allgemein vermutet),* dass er es selbst getan hat; man hat die Kirche wieder aufgebaut *(die Kirche wurde wieder aufgebaut).* **3. a)** *die Leute (stellvertretend für die Öffentlichkeit):* man ist heute in diesem Punkt viel toleranter; man trägt das heute *(das ist jetzt Mode);* **b)** *jemand, der sich an bestimmte gesellschaftliche Normen, Gepflogenheiten hält:* so etwas tut man nicht. **4.** *ich, wir (wenn der Sprecher, die Sprecherin in der Allgemeinheit aufgeht od. aufgehen möchte):* man versteht ja sein eigenes Wort nicht!; wenn man sich die Sache richtig überlegt. **5.** *du, ihr, Sie; er, sie* (zum Ausdruck der Distanz, wenn jmd. die direkte Anrede vermeiden will): hat man sich gut erholt?

²man ⟨Adv.⟩ [mniederd. man = nur, über eine nicht belegte Form mit -m- zu: newan = nur, ausgenommen < asächs. ne-, nowan, aus ne- = nicht u. wan = nur, außer] (nordd. ugs.): *nur* (als Bekräftigung, zur Verstärkung des Gesagten): lass man gut sein!; na, denn man los!

Ma|nage|ment ['mænɪdʒmənt], das; -s, -s [engl. management, zu: to manage, ↑managen]: **1.** ⟨o. Pl.⟩ *Leitung, Führung eines Großunternehmens o. Ä., die Planung, Grundsatzentscheidungen u. Erteilung von Anweisungen umfasst.* **2.** *Führungskräfte in Großunternehmen o. Ä.:* das mittlere, obere M.; dem M. angehören.

Ma|nage|ment-Buy-out, das; -s, -s [zu engl. buy-out = Kauf (einer Mehrheitsbeteiligung), zu: to buy out = aufkaufen] (Wirtsch.): *Übernahme einer Firma durch die eigene Geschäftsleitung.*

ma|na|gen ['mɛnɪdʒn̩] ⟨sw. V.; hat⟩ [engl. to manage = handhaben; leiten < ital. maneggiare = handhaben, zu: mano < lat. manus = Hand]: **1.** (ugs.) *handhaben u. bewerkstelligen od. bewältigen; leiten:* etw. geschickt m. **2.** *(jmdn., bes. einen Künstler, einen Berufssportler o. Ä.) geschäftlich betreuen; lancieren* (2): der Fußballspieler wird noch immer von seiner Frau gemanagt.

Ma|na|ger ['mɛnɪdʒɐ], der; -s, - [engl. manager]: **1.** *mit weitgehender Verfügungsgewalt u. Entscheidungsbefugnis ausgestattete, leitende Persönlichkeit eines Großunternehmens.* **2.** *geschäftlicher Betreuer von Künstlern, Berufssportlern o. Ä.*

Ma|na|ge|rin, die; -, -nen: w. Form zu ↑Manager.

Ma|na|ger|krank|heit, die ⟨o. Pl.⟩ (volkst.): *bes. bei Männern mittleren Alters infolge körperlicher u. seelischer Überbeanspruchung auftretende Erkrankung mit Störungen des Kreislaufs.*

Ma|na|ger|typ, der: *Typ des Managers* (1)*; jmd., der gerne managt.*

Ma|na|gua: Hauptstadt von Nicaragua.

Ma|na|ma: Hauptstadt von Bahrain.

manch ⟨Indefinitpron. u. unbest. Zahlwort⟩ [mhd. manec, manig, ahd. manag, gemeingerm. Wort, vgl. z. B. aengl. manig (> engl. many); der ch-Auslaut wurde im Frühnhd. aus den Mundarten übernommen]: **1.** mancher, manche, manches;

M

⟨unflekt.:⟩ manch ⟨Sg.⟩; *einzelne Person od. Sache, die sich mit andern ihrer Art zu einer unbestimmten, aber ins Gewicht fallenden Anzahl summiert:* ⟨attr.:⟩ die Ansicht -es Gelehrten; aufgrund -en/(seltener:) -es Missverständnisses; in -em schwierigen Fall; ⟨unflekt.:⟩ in m. schwierigem Fall; ⟨allein stehend:⟩ so -er musste das erleben! **2.** manche ⟨Pl.⟩; *einige, in ihrer Anzahl aber trotzdem ins Gewicht fallende Personen od. Sachen unter anderen:* ⟨attr.:⟩ -e ältere/älteren Menschen; ⟨allein stehend:⟩ -e der, von den, unter den Verletzten.

man|chen|orts: ↑mancherorts.

man|cher|lei ⟨unbest. Gattungsz.; indekl.⟩ [↑-lei]: *verschiedene einzelne [ins Gewicht fallende] Dinge, Arten o. Ä. umfassend:* ⟨attr.:⟩ m. Ursachen; ⟨allein stehend:⟩ auf m. verzichten müssen.

man|cher|orts ⟨Adv.⟩ (geh.): *an manchen, einigen Orten.*

man|cher|wärts ⟨Adv.⟩ [↑-wärts] (geh.): *mancherorts.*

[1]Man|ches|ter [ˈmɛntʃɛstɐ, engl.: ˈmæntʃɪstə]: englische Stadt.

[2]Man|ches|ter [ˈmɛntʃɛstɐ, manˈʃɛstɐ], der; -s [nach der gleichnamigen engl. Stadt]: *strapazierfähiger, steifer, gerippter Baumwollsamt bes. für Arbeitsanzüge.*

Man|ches|ter|ho|se, die: *Hose aus [2]Manchester.*

Man|ches|ter|stoff, der: *[2]Manchester.*

manch|mal ⟨Adv.⟩ [zusgez. aus unflekt. ↑manch u. ↑[1]Mal]: **a)** *nicht regelmäßig, unterschiedlich häufig, mehr od. weniger oft; hin u. wieder:* sie besucht ihn m.; **b)** *in einigen Fällen:* m. ist dies gerechtfertigt.

Man|da|la, das; -[s], -s [sanskr. maṇḍala = Kreis]: **1.** *in den indischen Religionen als Meditationshilfe dienende abstrakte od. bildhafte Darstellung (meist in Kreis- od. Viereckform).* **2.** (Psych.) *Traumbild od. von Patienten angefertigte bildliche Darstellung als Symbol der Selbstfindung.*

Man|dant, der; -en, -en [zu lat. mandans (Gen.: mandantis), 1. Part. von: mandare = anvertrauen] (Rechtsspr.): *Klient eines Rechtsanwalts.*

Man|dan|tin, die; -, -nen: w. Form zu ↑Mandant.

[1]Man|da|rin, der; -s, -e [port. mandarim (in Anlehnung an: mandar = befehlen) < malai. mantari < Hindi mantri < sanskr. mantri = Ratgeber, Minister]: *(bis zur Revolution von 1911) zur politischen u. sozialen Führungsschicht gehörender chinesischer Staatsbeamter.*

[2]Man|da|rin, das; -[s]: *Dialekt von Peking, der heute die Hochsprache Chinas ist.*

Man|da|ri|ne, die; -, -n [frz. mandarine < span. (naranja) mandarina, eigtl. = Mandarinenorange (wohl nach der gelben Amtstracht der Mandarine u. auch weil die Frucht als erlesen galt)]: *der Apfelsine ähnliche, aber kleinere u. flachere Zitrusfrucht mit süßerem Aroma u. leicht ablösbarer Schale.*

Man|da|ri|nen|baum, der: *kleiner, immergrüner Baum mit weißen, duftenden Blüten u. Mandarinen als Früchten.*

Man|da|ri|nen|scha|le, die: *Schale der Mandarine.*

Man|da|ri|n|en|te, die; -, -n [LÜ von engl. mandarin duck]: *(in Ostasien heimische) Ente mit orangeroten Schulterfedern beim Männchen.*

Man|dat, das; -[e]s, -e [lat. mandatum = Auftrag, Weisung, subst. 2. Part. von: mandare, ↑Mandant]: **1. a)** (bes. Rechtsspr.) *Auftrag, etw. für jmdn. auszuführen, jmdn. in einer Angelegenheit juristisch zu vertreten:* ein M. übernehmen; **b)** *Auftrag, den Abgeordnete durch eine Wahl erhalten haben:* politisches M. *(Berechtigung einer Körperschaft, Erklärungen zu allgemeinen politischen Fragen abzugeben).* **2.** *auf einer Wahl beruhendes Amt eines Abgeordneten mit Sitz u. Stimme im Parlament; Abgeordnetensitz:* sein M. niederlegen. **3.** *(im Auftrag des früheren Völkerbundes) von einem fremden Staat in Treuhand verwaltetes Gebiet.*

Man|da|tar, der; -s, -e [mlat. mandatarius, zu lat. mandatum, ↑Mandat]: **1.** *jmd. (z. B. ein Rechtsanwalt), der im Auftrag, kraft Vollmacht eines anderen handelt.* **2.** (österr.) *Abgeordneter.*

Man|da|ta|rin, die; -, -nen: w. Form zu ↑Mandatar.

Man|dats|ge|biet, das: *Mandat* (3).

Man|dats|ver|lust, der: *Verlust des Mandats* (2).

[1]Man|del, die; -, -n [mhd. mandel, ahd. mandala < spätlat. amandula, Nebenf. von lat. amygdala < griech. amygdálē]: **1. a)** *von einer braunen Haut umgebener, gelblich weißer Samenkern der Steinfrüchte des Mandelbaums, der für die Herstellung von Süßwaren u. zum Backen verwendet wird:* süße -n; -n hacken; **b)** *glatter Steinkern mit kleinen Vertiefungen, der in den Steinfrüchten des Mandelbaums sitzt u. die Mandel* (1 a) *enthält.* **2.** ⟨meist Pl.⟩ **a)** *Gaumenmandel:* vereiterte -n haben; **b)** (Anat.) *mandelförmiger Gewebslappen bzw. Organ aus lymphatischem Gewebe* (z. B. Rachenmandel).

[2]Man|del, die; -, -[n] [spätmhd. mandel < mlat. mandala = Bündel, Garbe, im Sinne von »eine Hand voll« wohl zu lat. manus = Hand] (veraltet): **a)** *(bes. von Eiern) Menge von 15 od. 16 Stück:* drei -[n] Eier; **b)** *Gruppe von etwa 15 aufgestellten Getreidegarben.*

Man|del|au|ge, das ⟨meist Pl.⟩: *mandelförmiges Auge.*

man|del|äu|gig ⟨Adj.⟩: *Mandelaugen besitzend.*

Man|del|baum, der: **a)** *kleiner Baum mit weißen od. rosa, vor den Blättern erscheinenden Blüten u. abgeflacht eiförmigen Steinfrüchten mit einem Steinkern, der die [1]Mandel* (1 a) *enthält;* **b)** *(aus China stammender) oft als Hochstamm veredelter Zierstrauch mit kleinen gefüllten rosa Blüten.*

Man|del|ent|zün|dung, die: *Entzündung u. Schwellung der [Gaumen]mandeln mit Schluckbeschwerden.*

man|del|för|mig ⟨Adj.⟩: *von der Form einer [1]Mandel* (1), *[abgeflacht] eiförmig u. an den beiden Enden spitz auslaufend:* -e Augen.

Man|del|ge|bäck, das: *Kleingebäck, dessen Teig hauptsächlich aus geriebenen Mandeln besteht.*

Man|del|kern, der: *[1]Mandel* (1 a).

Man|del|kleie, die: *Reinigungsmittel für empfindliche Haut aus den kleieartigen Rückständen bei der Gewinnung von Mandelöl.*

Man|del|müh|le, die: *Küchengerät zum Mahlen von [1]Mandeln* (1 a).

Man|del|öl, das ⟨o. Pl.⟩: *Öl aus den Früchten des Mandelbaums.*

Man|del|ope|ra|ti|on, die: *operative Entfernung der Gaumenmandeln.*

Man|del|rei|be, die: vgl. Mandelmühle.

Man|del|säu|re, die: *aus bitteren [1]Mandeln* (1 a) *gewonnene Säure.*

Man|del|scha|le, die: *Schale der [1]Mandel* (1 b).

Man|del|sei|fe, die: *Seife aus Mandelöl.*

Man|di|beln ⟨Pl.⟩ [zu spätlat. mandibula = Kinn(lade), zu lat. mandere = kauen] (Zool.): *Oberkiefer, erstes Paar der Mundgliedmaßen bei Gliederfüßern.*

Man|din|go, der; -s, -s [aus einer afrik. Spr.]: *Godemiché.*

Mandl, das; -s, -n [mundartl. Vkl. von ↑Mann] (bayr., österr. ugs.): **a)** *Männlein; kleiner [alter] Mann;* **b)** *etw. in der Form eines Männleins* (z. B. Vogelscheuche).

Man|do|li|ne, die; -, -n [frz. mandoline < ital. mandolino, Vkl. von: mandola, älter: mandora, viell. umgestaltet aus: pandora < lat. pandura < griech. pandoũra = ein dreisaitiges Musikinstrument]: *lautenähnliches Musikinstrument mit bauchigem Schallkörper, kurzem Hals u. vier Doppelsaiten aus Stahl, die mit einem Plektron angerissen werden.*

Man|dor|la, die; -, ...dorlen [ital. mandorla = Mandel, älter: mandola < spätlat. amandula, ↑[1]Mandel] (bild. Kunst): *(bei Christus- u. Mariendarstellungen) mandelförmiger Heiligenschein um die ganze Figur.*

Man|dra|go|ra, Man|dra|go|re, die; -, ...oren [lat. mandragoras < griech. mandragóras]: *(zu den Nachtschattengewächsen gehörende) stängellose Pflanze mit großen Blättern u. glockigen Blüten.*

Man|drill, der; -s, -e [engl. mandrill, zu: man = Mann, Mensch u. drill, ↑[3]Drill]: *(in Westafrika heimischer) in Herden lebender, meerkatzenartiger Affe mit großem, buntem Kopf u. mit Stummelschwanz.*

Mand|schu|rei, die; -: nordöstlicher Teil Chinas.

-ma|ne: ↑-omane.

Ma|ne|ge [maˈneːʒə], die; -, -n [frz. manège = das Zureiten, Reitbahn < ital. maneggio, zu: maneggiare = handhaben, ↑managen]: *runde Fläche für Darbietungen in einem Zirkus, in einer Reitschule:* M. frei!

Ma|nen ⟨Pl.⟩ [lat. manes, zu älter lat. manus = gut, wohl eigtl. = gute Geister]: *(bes. im Rom der Antike) gute Geister eines Toten.*

mang ⟨Präp. mit Dativ u. Akk.⟩ [mhd., mniederd. mang, manc, asächs. an gimang, eigtl. = Akk. von: gimang = Schar, Haufen, verw. mit ↑mengen] (nordd., berlin.): *mitten unter, zwischen:* m. den Zeitungen liegen; m. die Büsche kriechen.

Man|ga, das od. der; -s, -s [jap. manga aus: man = bunt gemischt, kunterbunt u. ga = Bild]: *aus Japan stammender handlungsreicher Comic, der durch besondere grafische Effekte gekennzeichnet ist.*

Man|gan, das; -s [gek. aus älter: Manganesium < frz. manganèse < ital. manganese = Mangan < mlat. magnesia, ↑Magnesia]: *silberweißes, sehr sprödes Metall (chemisches Element;* Zeichen: Mn).

Man|ga|nat, das; -s, -e: *Salz einer Mangansäure.*

Man|gan|erz, das: *Erz, das Mangan enthält.*

man|gan|hal|tig ⟨Adj.⟩: *Mangan enthaltend.*

Man|gan|säu|re, die: *Sauerstoffsäure des Mangans.*

Man|ge: ↑[2]Mangel.

[1]Man|gel, der; -s, Mängel [mhd. mangel, zu ↑[1]mangeln]: **1.** ⟨o. Pl.⟩ *[teilweises] Fehlen von etw., was vorhanden sein sollte, was gebraucht wird:* M. an Takt; keinen M. leiden *(keine Not leiden, in verhältnismäßigem Wohlstand leben; reichlich zu essen haben);* einem M. abhelfen; jmdn. aus M./wegen -s an Beweisen freisprechen. **2.** ⟨meist Pl.⟩ *etw., was an einer Sache nicht so ist, wie es sein sollte, was die Brauchbarkeit beeinträchtigt u. von jmdm. als unvollkommen, schlecht o. ä. beanstandet wird:* technische Mängel; Mängel beheben; mit Mängeln behaftet sein.

[2]Man|gel, (südd., schweiz.:) Mange, die; -, -n [mhd. mange = Glättpresse, deren Walzen mit Steinen beschwert wurden, urspr. = Steinschleudermaschine < mlat. manga(na), manganum < griech. mágganon = Schleudermaschine]: *größeres Gerät, in dem Wäsche zwischen zwei rollenden Walzen geglättet wird:* Bettwäsche durch die M. drehen; ***jmdn. durch die M. drehen/in die M. nehmen/in der M. haben** (salopp; *jmdm. heftig zusetzen).*

Man|gel|be|ruf, der: *Beruf, in dem Arbeitskräfte fehlen, der Bedarf an Arbeitskräften [noch] nicht gedeckt ist.*

Man|gel|er|schei|nung, die (Med.): *Symptom dafür, dass dem Körper bestimmte lebenswichtige Stoffe fehlen.*

man|gel|frei, män|gel|frei ⟨Adj.⟩: *keinerlei Mängel aufweisend.*

man|gel|haft ⟨Adj.⟩ [zu ↑[1]Mangel]: *nicht ausreichend in Quantität od. Qualität u. bestimmten Anforderungen nicht entsprechend:* eine -e Leistung.

Man|gel|haf|tig|keit, die; -: *das Mangelhaftsein.*

Män|gel|haf|tung, die (Rechtsspr.): *Haftung für Mängel an etw.; Gewährleistung* (2).

Man|gel|krank|heit, die (Med.): *durch mangelhafte, einseitige o. ä. Ernährung bedingte Krankheit.*

[1]man|geln ⟨sw. V.; hat⟩ [mhd. mang(e)len, ahd. mangolōn, H. u.] (oft geh.): **a)** ⟨unpers.⟩ *nicht od. nur in unzureichendem Maß [bei jmdm.] vorhanden sein, [jmdm.] zur Verfügung stehen:* es

M

mangelt [jmdm.] an allem; mangelnde Menschenkenntnis; **b)** *als etw. Wichtiges bei jmdm., etw. nicht vorhanden sein:* jmdm. mangelt der rechte Ernst.

²man|geln, (südd.:) mangen ⟨sw. V.; hat⟩ [mhd. mangen]: *([fast] trockene Wäsche) auf der ²Mangel glätten:* Handtücher m.

Män|gel|rü|ge, die (Rechtsspr.): *Mitteilung über Mängel an einer gekauften Ware, einer bestellten Arbeit o. Ä.*

man|gels ⟨Präp. mit Gen.⟩ [analog geb. zu ↑betreffs u. a.] (Amtsdt.): *aus Mangel an:* m. eindeutiger Beweise; ⟨bei allein stehenden, stark deklinierten Substantiven im Pl. mit Dativ:⟩ er wurde m. Beweisen freigesprochen; ⟨bei allein stehenden, stark deklinierten Substantiven im Sg. oft schon mit unflekt. Form:⟩ Freispruch m. Beweis.

Man|gel|wa|re, die: *Ware, die überaus geschätzt u. gefragt ist, aber nur schwer od. überhaupt nicht zu erhalten ist.*

Man|gel|wä|sche, die; -: *zu ²mangelnde od. gemangelte Wäsche.*

man|gen: ↑²mangeln.

Man|go, die; -, ...gonen od. -s [port. manga < Tamil mānkāy]: *große rote, grüne od. gelbe Frucht des Mangobaums mit saftigem Fruchtfleisch u. einem großen, flachen Steinkern.*

Man|go|baum, der: *(in den Tropen heimischer) großer Baum mit kugeliger Krone, länglich zugespitzten Blättern u. Mangos als Früchten.*

Man|gold, der; -[e]s, (Sorten:) -e [mhd. man(e)golt, H. u.]: *Gemüsepflanze mit großen, hellgrünen gewellten Blättern.*

Man|gro|ve, die; -, -n [engl. mangrove, zu span. mangle = eine Mangrovenart u. engl. grove = Gehölz]: *Wald an Küsten der Tropen, dessen Bäume mit ihren Wurzeln aus dem Wasser herausragen.*

Man|gro|ve|baum, der: *kleiner Baum der Mangrove mit dicken, lederartigen Blättern u. kurzem Stamm, der am unteren Ende in Stelzwurzeln übergeht, die eine Verwurzelung in der schlammigen Uferregion ermöglichen.*

Man|gro|ve|küs|te, die: *mit Mangrove bestandene Küste.*

Man|gro|ven|baum: ↑Mangrovebaum.

Man|gro|ven|küs|te: ↑Mangroveküste.

Man|gus|te, die; -, -n [frz. mangouste < port. mangu(s), älter: manguço < Marathi mungūs]: *(in Südeurasien u. Afrika heimische) Schleichkatze mit schlankem Körper, oft kurzen Beinen u. braunem bis grauem [quer gestreiftem] Fell.*

Man|hat|tan [mɛnˈhɛtən]: Stadtteil von New York.

Ma|ni|chä|er, der; -s, - [nach dem pers. Religionsstifter Mani (216–277)]: *Anhänger des Manichäismus.*

Ma|ni|chä|is|mus, der; -: *von Mani gestiftete gnostische Religion der späten Antike u. des frühen Mittelalters, deren Ausgangspunkt ein radikaler Dualismus (von Licht u. Finsternis, Gut u. Böse, Geist u. Materie) ist.*

Ma|nie, die; -, -n [spätlat. mania < griech. manía = Raserei, Wahnsinn]: **1.** (bildungsspr.) *Besessenheit, Zwang, sich in bestimmter Weise zu verhalten; krankhafte Sucht.* **2.** (Psych.) **a)** *bes. durch Enthemmung u. Selbstüberschätzung gekennzeichneter heiter-erregter Gemütszustand als Phase der manisch-depressiven Psychose;* **b)** (veraltet) *Wahnsinn.*

Ma|nier, die; -, -en [mhd. maniere < (a)frz. manière = Art u. Weise, zu: main < lat. manus = Hand]: **1.** ⟨Pl. selten⟩ **a)** *charakteristische Art u. Weise, wie sie zu jmdm., etw. gehört:* eine typisch deutsche M.; **b)** *typischer Stil eines Künstlers, einer Kunst[gattung], einer Darstellungsform:* in spitzwegscher M. malen; **c)** (bildungsspr. abwertend) *Künstelei, Manieriertheit.* **2.** ⟨meist Pl.⟩ *Benehmen, Umgangsform[en]:* schlechte -en. **3.** (Musik) *Verzierung.*

ma|nie|riert ⟨Adj.⟩ [frz. maniéré] (bildungsspr. abwertend): *in einer bestimmten Manier (1 a, b) erstarrt; gekünstelt.*

Ma|nie|riert|heit, die; -, -en: *manierierte Art, wie sie in den verschiedenen Ausdrucksformen eines Menschen zutage tritt.*

Ma|nie|ris|mus, der; -, ...men: **1.** ⟨o. Pl.⟩ **a)** (Kunstwiss.) *Stil im Übergang zwischen Renaissance u. Barock, der durch eine Auflösung u. Verzerrung der Formen der Renaissance, durch groteske Ornamentik, überlange Proportionen u. a. gekennzeichnet ist;* **b)** (Literaturw.) *Stil der Übergangsphase zwischen Renaissance u. Barock, der durch eine Verbindung von Ungleichartigem zu einer künstlichen Einheit, durch eine Sprache mit überreichen Metaphern, mythologischen Anspielungen u. a. gekennzeichnet ist;* **c)** *Epoche des Manierismus (1 a, b);* **d)** (Kunstwiss., Literaturw.) *in verschiedenen Epochen (z. B. Hellenismus, Romantik, Jugendstil) dominierender gegenklassischer Stil.* **2.** *manieristische Ausprägung, Form, Äußerung o. Ä.*

Ma|nie|rist, der; -en, -en: *Vertreter des Manierismus (1 a, b, d).*

Ma|nie|ris|tin, die: w. Form zu ↑Manierist.

ma|nie|ris|tisch ⟨Adj.⟩: *in der Art des Manierismus (1 a, b, d).*

ma|nier|lich ⟨Adj.⟩: **a)** *sich gut u. anständig benehmend u. nicht zu Klagen Anlass gebend;* **b)** (ugs.) *einigermaßen gut, den Erwartungen, Ansprüchen weitgehend entsprechend:* ein -er Preis.

ma|ni|fest ⟨Adj.⟩ [lat. manifestus = sichtbar gemacht, eigtl. = handgreiflich gemacht; 1. Bestandteil zu: manus = Hand, 2. Bestandteil H. u.]: **a)** (bildungsspr.) *eindeutig als etw. Bestimmtes zu erkennen, offenkundig:* der Konflikt wird an diesem Beispiel m.; **b)** (Med.) *im Laufe der Zeit deutlich erkennbar:* die Krankheit ist bei ihm m. geworden.

Ma|ni|fest, das; -[e]s, -e [mlat. manifestum, subst. Neutrum von lat. manifestus, ↑manifest]: **1.** *öffentlich dargelegtes Programm einer Kunst- od. Literaturrichtung, einer politischen Partei, Gruppe o. Ä.:* politisch-ideologische -e. **2.** (Seew.) *Verzeichnis der Güter auf einem Schiff.*

Ma|ni|fes|ta|ti|on, die; -, -en [spätlat. manifestatio]: **a)** *das Deutlich-, Sichtbarwerden, Bekundung von etw. Bestimmtem:* -en des Geistes, der Volksseele; **b)** (Med.) *das Manifestwerden (z. B. einer Krankheit);* **c)** *das Manifestieren; öffentliche Bekundung.*

ma|ni|fes|tie|ren ⟨sw. V.; hat⟩ [lat. manifestare, eigtl. = handgreiflich machen]: **1.** (bildungsspr.) **a)** ⟨m. + sich⟩ *sich als etw. Bestimmtes offenbaren, sich zu erkennen geben, sichtbar werden:* hierin manifestieren sich bestimmte Widersprüche; **b)** *als etw. Bestimmtes offenbaren, zum Ausdruck bringen:* der Künstler manifestiert in diesem Bild die bürgerliche Kultur. **2.** (Rechtsspr. veraltet) *den Offenbarungseid leisten.* **3.** (veraltet) *demonstrieren (1).*

Ma|ni|kü|re, die; -, -n [frz. manu-, manicure, zu lat. manus = Hand u. cura = Sorge, Pflege]: **1.** ⟨o. Pl.⟩ *Pflege der Hände, bes. der Fingernägel; Handpflege:* M. machen. **2.** *Kosmetikerin od. Friseurin mit Zusatzausbildung in Maniküre (1).* **3.** *Necessaire für die Geräte zur Nagelpflege.*

ma|ni|kü|ren ⟨sw. V.; hat⟩: *die Hände, bes. die Nägel pflegen:* seine Fingernägel m.

Ma|ni|la: Hauptstadt der Philippinen.

Ma|ni|la|fa|ser, die; -, -n, **Ma|ni|la|hanf,** der; -[e]s: *weiße bis ockerfarbene Hartfaser aus einer philippinischen Faserpflanze von hoher Reißfestigkeit, die bes. zur Herstellung von Seilen, Tauen, Netzen u. Säcken verwendet wird.*

Ma|ni|ok, der; -s, -s [frz. manioc < span. mandioca < Tupi (südamerik. Indianerspr.) mandioca, manioca]: *(zu den Wolfsmilchgewächsen gehörende, in den Tropen angebaute) Pflanze, deren stärkereiche Wurzelknollen als Kartoffelersatz dienen.*

Ma|ni|pu|lant, der; -en, -en [zu ↑manipulieren; ↑-ant]: (bildungsspr.) *Person od. Einrichtung, die manipuliert (1), durch direkte od. unterschwellige Beeinflussung bestimmte Verhaltensweisen auslöst od. steuert.*

Ma|ni|pu|lan|tin, die; -, -nen: w. Form zu ↑Manipulant.

Ma|ni|pu|la|ti|on, die; -, -en [frz. manipulation = Handhabung, zu: manipule = [eine] Hand voll < lat. manipulus, zu: manus = Hand u. plere = füllen]: **1.** (bildungsspr.) *das Manipulieren (1):* M. von Meinungen. **2.** ⟨meist Pl.⟩ (bildungsspr.) *undurchschaubares, geschicktes Vorgehen, mit dem sich jmd. einen Vorteil verschafft, etw. Begehrtes gewinnt:* betrügerische -en. **3. a)** (bildungsspr. veraltend) *das Manipulieren (3 a, b); das Hantieren;* **b)** (Med.) *bestimmter Eingriff (z. B. zur Einrenkung von Gelenken).* **4.** (Technik) *Handhabung.* **5.** (Kaufmannsspr.) *das Manipulieren (4).*

ma|ni|pu|la|tiv ⟨Adj.⟩ [engl. manipulative] (bildungsspr.): *auf Manipulation (1, 2) beruhend; durch Manipulation:* -e Absichten.

Ma|ni|pu|la|tor, der; -s, ...oren [frz. manipulateur]: **1.** (bildungsspr.) *Manipulant.* **2.** (Technik) *Vorrichtung zur Handhabung glühender, radioaktiver o. ä. Substanzen aus größerem Abstand od. hinter Schutzwänden.* **3.** (bildungsspr. veraltend) *Zauberkünstler, Taschenspieler, Jongleur.*

Ma|ni|pu|la|to|rin, die; -, -nen: w. Form zu ↑Manipulator (1, 3).

ma|ni|pu|la|to|risch ⟨Adj.⟩ (bildungsspr.): *als Manipulation (1, 2) wirkend.*

ma|ni|pu|lier|bar ⟨Adj.⟩ (bildungsspr.): **1. a)** *sich manipulieren (1) lassend:* -e Bedürfnisse; **b)** *sich manipulieren (2) lassend:* leicht -e Fotos. **2.** *zu handhaben:* das Gerät ist leicht m.

Ma|ni|pu|lier|bar|keit, die; - (bildungsspr.): *das Manipulierbarsein.*

ma|ni|pu|lie|ren ⟨sw. V.; hat⟩ [frz. manipuler = handhaben, zu: manipule, ↑Manipulation]: **1.** (bildungsspr.) *durch bewusste Beeinflussung in eine bestimmte Richtung lenken, drängen:* die Öffentlichkeit m.; eine manipulierende Werbung. **2.** (bildungsspr.) *Manipulationen (2) bei etw. anwenden:* die Zusammensetzung eines Gremiums m.; manipulierte Währung *(staatlich gesteuerte Währung, bei der die ausgegebene Geldmenge an keine Deckung durch Gold, Silber o. Ä. gebunden ist).* **3.** (bildungsspr.) **a)** *geschickt handhaben, mit etw. kunstgerecht umgehen:* eine Handgranate vorsichtig m.; **b)** *bestimmte Handgriffe an jmdm., etw. ausführen, hantieren:* an dem Schloss ist manipuliert worden; **c)** *mit bestimmten Handgriffen an eine bestimmte Stelle bringen.* **4.** (Kaufmannsspr.) *eine Ware an die Bedürfnisse des Verbrauchers durch Sortieren, Auszeichnen, Mischen, Veredeln (z. B. bei Tabak) o. Ä. anpassen.*

Ma|ni|pu|lie|rung, die; -, -en (bildungsspr.): *das Manipulieren; das Manipuliertwerden.*

ma|nisch ⟨Adj.⟩ [griech. manikós = zur Manie gehörend]: **1.** (bildungsspr.) *einer Manie (1) folgend, entspringend; krankhaft übersteigert:* eine -e Eifersucht. **2.** (Psych.) **a)** *für die Manie (2 a) kennzeichnend; krankhaft heiter, erregt:* -e Zustände; **b)** (veraltet) *für die Manie (2 b) kennzeichnend; wahnsinnig.*

ma|nisch-de|pres|siv ⟨Adj.⟩ (Psych.): *im raschen Wechsel manisch (2 a) u. depressiv (1).*

Ma|nis|mus, der; - [zu lat. manes, ↑Manen] (Völkerk.): *Ahnen-, Totenkult.*

Ma|ni|tu, der; -s [aus dem Algonkin (nordamerik. Indianerspr.), urspr. = geheimnisvoll, heilig]: *allem innewohnende, unpersönliche, auch als Geist personifizierte Macht des indianischen Glaubens.*

Man|ko, das; -s, -s [ital. manco, zu lat. mancus = verstümmelt, unvollständig]: **1.** *etw., was einer Sache [noch] fehlt, sie beeinträchtigt:* ein entscheidendes M. ausgleichen. **2.** (Wirtsch.) *Fehlbetrag, Fehlmenge.*

Mann, der; -[e]s, Männer, -en u. (als Mengenangabe nach Zahlen:) - [mhd., ahd. man, viell. urspr. = Denkender]: **1.** ⟨Pl. Männer⟩ *erwachsene Person männlichen Geschlechts:* ein alter M.; er ist ein ganzer M.; sei ein M.! *(zeige dich* *als mutiger Mann!)*; typisch M.! (ugs.; *das entspricht ganz der männlichen im Unterschied zur weiblichen Art; so kann auch nur ein Mann denken, handeln, fühlen*); (ugs.) als Anrede: junger M., können Sie mir mal helfen?; (verblasst:) der gemeine M. (veraltet; *der Durchschnittsbürger*); der dritte M. *(Mitspieler)* beim Skat; ein M. des Volkes *(jmd., der mit dem Volk eng verbunden ist u. in seiner übergeordneten Stellung dessen Vertrauen hat)*; ein M. aus dem Volk *(jmd., der aus dem Volk, aus einem einfachen Milieu kommt u. in seiner übergeordneten Stellung das Vertrauen des Volkes hat)*; ein M. von Geist *(jmd., der Geist hat)*; er ist für uns der geeignete M. *(Mitarbeiter)*; M. über Bord! (Seemannsspr.; Notruf, wenn jmd. vom Schiff ins Wasser gefallen ist); alle M. an Bord! (Seemannsspr.; *alle sind anwesend*); morgen fahren wir alle M. [hoch] (ugs.; *alle zusammen*) nach München; meine Männer (fam.; *Ehemann u. Sohn, Söhne*) sind nicht zu Hause; ein Kampf M. gegen M. *(zwischen Einzelnen)*; die Kosten betragen 5 Mark pro M. (ugs.; *für jeden*); R ein M., ein Wort (in Bezug auf einen Mann, auf den Verlass ist); selbst ist der M. *(jeder muss sich selbst helfen*; nach Goethe, Faust II, 4. Akt, 10467); ein alter M. ist doch kein D-Zug (ugs. scherzh.; *ich kann mich nicht so schnell bewegen, wie es gewünscht wird*); * **der kleine M.** (1. ugs.; *jmd., der finanziell nicht besonders gut gestellt ist.* 2. salopp scherzh.; *Penis*); **der böse/schwarze M.** *(Schreckgestalt für Kinder)*; **freier M.** (bes. Fußball; *Libero*); **letzter M.** (bes. Fußball; *Ausputzer* 1); **der Wilde M.** (Myth.; *[in der Volkssage, Volkskunst] am ganzen Körper mit langen Haaren bedeckter, meist mit einer Keule in der Hand dargestellter, im Wald lebender Riese*); **der [kleine] M. auf der Straße** *(der den Durchschnitt der Bevölkerung repräsentierende Bürger*; viell. nach engl. the man in the street); **der M. im Mond** *(aus den Mondflecken gedeutete Sagengestalt)*; **ein M. von Welt** *(jmd., der gewandt im [gesellschaftlichen] Auftreten ist)*; **[mein lieber] M.!** (salopp; Ausruf des Erstaunens, des Unwillens); **wie ein M.** *(ganz spontan einmütig, geschlossen*; nach Richter 20; 1, 8, 11); **ein gemachter M. sein** (ugs.; *[von männlichen Personen] aufgrund eines wirtschaftlichen Erfolges in gesicherten Verhältnissen leben*); **ein toter M. sein** (ugs.; *[von männlichen Personen] erledigt sein, keine Zukunftsaussichten mehr haben*); **der M. sein, etw. zu tun** *(geeignet sein, die Fähigkeit besitzen, etw. Bestimmtes zu tun)*; **jmds. M. sein** (ugs.; *für jmdn., für jmds. Zwecke, Pläne genau der Richtige sein*): er hat jahrelange Erfahrung, das ist genau unser M.; **den toten M. machen** (ugs. scherzh.; *sich ohne Bewegung auf dem Rücken im Wasser treiben lassen*); **den starken, großen o. ä. M. markieren/mimen** (salopp; *sich als besonders stark, bedeutend, einflussreich o. ä. darstellen*); **seinen M. stehen/stellen** *(auf sich gestellt tüchtig sein u. sich bewähren)*; **M. decken** (Ballspiele; *seinen unmittelbaren Gegenspieler decken*); **-s genug sein, etw. zu tun** *(die [Entschluss]kraft, Energie, den Mut besitzen, es fertig bringen, etw. Nötiges zu tun)*; **etw. an den M. bringen** (ugs.; 1. *etw. verkaufen.* 2. *im Gespräch o. Ä. etw. mitteilen, äußern, erzählen*); **mit M. und Maus untergehen** *(untergehen, ohne dass einer gerettet wird)*; **von M. zu M.** *(unter Männern u. dabei vertraulich u. sachlich)*. **2.** ⟨Pl. Männer⟩ *Ehemann* (hebt weniger die gesetzmäßige Bindung als die Zusammengehörigkeit mit der Frau hervor): ihr [verstorbener] M.; als M. und Frau, wie M. u. Frau *(wie Eheleute)* leben; sie hat dort einen M. gefunden *(kennen gelernt u. geheiratet)*. **3.** ⟨Pl. -en⟩ *Lehns-, Gefolgsleute:* Ü seine -en (bes. Sport scherzh.; *Anhänger; Mannschaft*) um sich scharen.

-mann, der; -[e]s, -männer ⟨Bildungen häufig ugs.⟩: kennzeichnet in Bildungen mit Substantiven – seltener mit Adjektiven oder Verben (Verbstämmen) – eine männliche Person, die sehr allgemein durch etw. charakterisiert ist od. [beruflich] mit etw. zu tun hat: Pistolen-, Post-, Saubermann.

Man|na, das; -[s], auch: die; - [mhd. manna (brōt) < spätlat. manna < griech. mánna < hebr. man, wohl = Manna (2)]: **1.** (bibl.) *durch ein Wunder vom Himmel gefallene Nahrung für die Israeliten in der Wüste nach ihrem Auszug aus Ägypten; Himmelsbrot* (nach 2. Mose 16, 11 ff.). **2.** *Honigtau bestimmter Schildläuse sowie auch verschiedener Bäume und Sträucher.*

mann|bar ⟨Adj.⟩ [1 a: mhd. manbære] (geh.): **1. a)** *(von Mädchen) heiratsfähig:* -e Mädchen; **b)** *(von jungen Männern) geschlechtsreif, zeugungsfähig.* **2.** (selten) *männlich in seinem Verhalten, seiner Haltung o. Ä.*

Mann|bar|keit, die; -: *das Mannbarsein.*

Mann|bar|keits|ri|tus, der ⟨meist Pl.⟩ (Völkerk.): *Initiationsritus.*

Männ|chen, das; -s, -: **1.** *kleiner [bedauernswerter] Mann:* ein altes, verhutzeltes M. **2.** *männliches Tier:* * **M. machen** *([von Tieren] sich aufrecht auf den Hinterpfoten halten)*; **nicht mehr wissen, ob man M. od. Weibchen ist** (ugs.; 1. *völlig durcheinander sein.* 2. *völlig erschöpft sein*).

Mann|de|ckung, die (Ballspiele): *Deckung, bei der jeder Spieler seinen unmittelbaren Gegenspieler deckt.*

Män|ne (landsch.): Kosef. zu ↑Mann (2).

Män|ne|ken, das; -s, -s (nordd., bes. berlin.): *Männchen* (1).

Man|ne|quin [ˈmanəkɛ̃, auch: ...ˈkɛ̃:], das, selten: der; -s, -s [frz. mannequin, eigtl. = Modellpuppe < mniederl. mannekijn = Männchen, Vkl. von: man = Mann]: **1.** *weibliche Person, die Modekollektionen, Modellkleider vorführt.* **2. a)** (selten) *Schaufensterpuppe;* **b)** (früher) *Gliederpuppe.*

Män|ner|ar|beit, die: *bes. für Männer geeignete Arbeit od. Verrichtung.*

Män|ner|be|ruf, der: *Beruf, der bes. für Männer geeignet ist, vorwiegend von Männern ausgeübt wird.*

Män|ner|bor|dell, das: *Bordell, in dem sich männliche Personen prostituieren.*

Män|ner|bund, der ⟨Pl. ...bünde⟩: **a)** (Völkerk.) *(bei Naturvölkern) Zusammenschluss der erwachsenen Männer eines Stammes od. einer Siedlung;* **b)** *Geheimbund für Männer.*

Män|ner|chor, der: [1]*Chor* (1 a), *der nur aus Männerstimmen besteht.*

Män|ner|fang, der: nur in der Wendung **auf M. [aus]gehen/aus sein** (salopp abwertend od. scherzh.; *versuchen, Herrenbekanntschaften zu machen*).

män|ner|feind|lich ⟨Adj.⟩: *den Männern gegenüber feindlich, nicht wohlwollend eingestellt.*

Män|ner|freund|schaft, die: *Freundschaft zwischen Männern.*

Män|ner|ge|schich|te, die (ugs.): *Liebeserlebnis, Liebschaft mit einem Mann.*

Män|ner|haus, das (Völkerk.): *(bei Naturvölkern) Gebäude, in dem sich die Männer zu Beratungen, religiösen Zeremonien u. Ä. versammeln.*

Män|ner|heil|kun|de, die: *Fachrichtung der Medizin, die sich mit den [geschlechtsabhängigen] Erkrankungen des Mannes befasst; Andrologie.*

Män|ner|ho|se, die: vgl. Männerkleider.

Män|ner|klei|der ⟨Pl.⟩: *üblicherweise von Männern getragene Kleidung.*

män|ner|los ⟨Adj.⟩: *ohne Mann, Männer:* eine -e Familie.

män|ner|mor|dend ⟨Adj.⟩ (ugs.): **a)** (scherzh.) *als Frau in gefährlichem Maße verführerisch:* der Typ des -en Vamps; **b)** *Männer in starkem Maße beanspruchend u. verschleißend:* ein -er Job.

Män|ner|or|den, der (kath. Rel.): *männliche Ordensgemeinschaft.*

Män|ner|rock, der: [1]*Rock* (2).

Män|ner|sa|che, die: *Sache, Angelegenheit von Männern.*

Män|ner|stim|me, die: *männliche Sprech- od. Singstimme:* eine tiefe M.

Män|ner|treu, die; -, - [die Blüten werden scherzh. mit der angeblich nicht lange währenden Treue der Männer verglichen] (volkst.): *Pflanze mit leicht abfallenden Blüten* (z. B. Ehrenpreis).

Män|ner|über|schuss, der: *Überschuss an Männern gegenüber der Zahl von Frauen.*

Män|ner|un|ter|ho|se, die: vgl. Männerkleider.

Män|ner|welt, die ⟨o. Pl.⟩ (oft scherzh.): *Gesamtheit der [irgendwo anwesenden] Männer.*

Män|ner|wirt|schaft, die (scherzh.): *von einem Mann, von Männern geführte Hauswirtschaft in einem frauenlosen Haushalt.*

Man|nes|al|ter, das: *Lebensalter des erwachsenen Mannes:* er war im besten M. *(auf der Höhe seiner Schaffenskraft).*

Man|nes|kraft, die: **a)** (veraltend) ⟨o. Pl.⟩ *Potenz* (1); **b)** (dichter.) *Leistungskraft, Schaffenskraft des Mannes.*

Man|nes|stamm, der: *männliche Linie einer Familie.*

Man|nes|wür|de, die ⟨o. Pl.⟩ (geh.): *jmds. männliche Würde.*

mann|haft ⟨Adj.⟩ [mhd. manhaft = mutig, tapfer] (geh.): *einem Mann geziemend, gemäß; in männlicher (mutiger, tapferer, entschlossener o. ä.) Haltung.*

Mann|haf|tig|keit, die; - (geh.): *mannhafte Art, einem Mann geziemende Haltung.*

Mann|heim: Stadt an der Mündung des Neckars in den Rhein.

[1]Mann|hei|mer, der; -s, -: Ew.

[2]Mann|hei|mer ⟨indekl. Adj.⟩: der M. Wasserturm.

Mann|hei|me|rin, die; -, -nen: w. Form zu ↑[1]Mannheimer.

man|nig|fach ⟨Adj.⟩ [mhd. manecvach, 1. Bestandteil die urspr. Form von ↑manch]: *in großer Anzahl u. von verschiedener Art, auf verschiedene Art:* -e Möglichkeiten.

man|nig|fal|tig ⟨Adj.⟩ [mhd. manecvaltec, spätahd. manicfaltīg] (geh.): *[in großer Anzahl vorhanden u.] auf vielerlei Art gestaltet:* Arbeiten -ster Art.

Man|nig|fal|tig|keit, die; -: *mannigfaltige Art.*

Män|nin, die; -, -en [mhd. menninne]: **a)** (bibl., selten) *Frau als Gefährtin des Mannes;* **b)** (selten) *männlich wirkende, heldenhafte Frau.*

Man|nit [auch: ...ˈnɪt], der; -s, -e [zu ↑Manna]: *in der Natur weit verbreiteter sechswertiger, kristalliner Alkohol, der für Kunstharze u. Heilmittel verwendet wird.*

Männ|lein, das; -s, -: **1.** *Männchen* (1). **2.** (ugs. scherzh., in Verbindung mit Weiblein) *Mann:* M. und Weiblein waren zusammen in der Sauna.

männ|lich ⟨Adj.⟩ [mhd. menlich, manlich, ahd. manlīch = dem Mann angemessen; tapfer, mutig]: **1.** *dem zeugenden, befruchtenden Geschlecht* (1 a) *angehörend:* eine -e Person; die -e Linie eines Adelsgeschlechts; das -e Geschlecht *(die Männer)*; das -e Tier *(das Männchen* 2). **2.** *zum Mann als Geschlechtswesen gehörend:* das -e Glied; -e Berufe; eine -e Stimme *(Männerstimme)*. **3.** *für den Mann typisch, charakteristisch:* eine typisch -e Eigenschaft; ein -er Zug in ihrem Gesicht; die -e Eitelkeit; das galt früher als besonders m.; ⟨subst.:⟩ er hat wenig Männliches in seinem Wesen. **4. a)** (Sprachw.) *dem grammatischen Geschlecht Maskulinum zugehörend; im Deutschen mit dem Artikel »der« verbunden:* ein -es Substantiv; **b)** (Verslehre) *mit einer Hebung* (4) *endend; stumpf:* ein -er Reim.

Männ|lich|keit, die; -: **1.** *männliches* (3) *Wesen.* **2. a)** *das Mannsein in Bezug auf die Potenz, Zeugungsfähigkeit;* **b)** (verhüll.) *männliche Geschlechtsteile.*

Männ|lich|keits|wahn, der; -[e]s: *übertriebener Kult mit der Männlichkeit* (1, 2 a); *Machismo.*

Mann|loch, das: *Öffnung zum Einsteigen in große Behälter, Kessel, Tanks o. Ä. (z. B. zum Ausführen von Reparaturen).*

Man|no|mann ⟨Interj.⟩ [zusgez. aus »Mann, o Mann«] (salopp): Ausruf des Erstaunens; *Mann!*

Manns|bild, das [mhd. mannes bilde, urspr. = Gestalt eines Mannes] (ugs., bes. südd., österr.): *Mann* (meist mit Betonung des Körperlichen, Äußeren der männlichen Gestalt): ein gestandenes M.

Mann|schaft, die; -, -en [mhd. manschaft = Lehnsleute; Gefolgsleute]: **1. a)** *Gruppe von Sportlern, die gemeinsam einen Wettkampf bestreiten:* die siegreiche M.; eine M. aufstellen; **b)** *Besatzung eines Schiffes (seltener eines Flugzeugs o. Ä.):* die M. auf dem Deck antreten lassen; **c)** *Gesamtheit der Soldaten einer militärischen Einheit:* der Gefreite wurde vor versammelter M. getadelt; Ü jmdn. vor versammelter M. (ugs.; *vor allen Anwesenden*) abkanzeln; **d)** (ugs.) *Arbeitsteam:* Unternehmen mit junger M. sucht Mitarbeiterinnen. **2.** ⟨Pl.⟩ *einzelne gemeine Soldaten im Unterschied zu Offizieren.*

mann|schaft|lich ⟨Adj.⟩ (Sport): *das Zusammenspiel in einer Mannschaft betreffend; als Mannschaft:* -e Geschlossenheit.

Mann|schafts|auf|stel|lung, die (Sport): **a)** *das Aufstellen einer Mannschaft* (1 a); **b)** *festgelegte Zusammensetzung einer Mannschaft* (1 a).

Mann|schafts|dienst|grad, der (Milit.): *Dienstgrad* (a, b) *von Mannschaften* (2).

Mann|schafts|füh|rer, der (Sport): **a)** *Funktionär, der eine Mannschaft* (1 a) *nach außen vertritt, repräsentiert;* **b)** *Spielführer.*

Mann|schafts|füh|re|rin, die: w. Form zu ↑Mannschaftsführer.

Mann|schafts|füh|rung, die (Sport): *[Gruppe der] Mannschaftsführer* (a).

Mann|schafts|geist, der ⟨o. Pl.⟩ (Sport): *Zusammengehörigkeitsgefühl innerhalb einer Mannschaft* (1).

Mann|schafts|ka|me|rad, der (Sport): *Mitspieler in jmds. Mannschaft* (1 a).

Mann|schafts|ka|me|ra|din, die (Sport): w. Form zu ↑Mannschaftskamerad.

Mann|schafts|kampf, der (Sport): *Wettkampf von Mannschaften* (1 a), *die aus Einzelsportlern bestehen.*

Mann|schafts|kan|ti|ne, die (Milit.): *Kantine für die Mannschaften* (2).

Mann|schafts|ka|pi|tän, der (Sport): *Spielführer.*

Mann|schafts|mes|se, die (Seemannsspr.): [3]*Messe für die Mannschaften.*

Mann|schafts|raum, der (Seew.): *Raum, in dem die Besatzung auf einem Schiff untergebracht ist.*

Mann|schafts|ren|nen, das (Radsport): *Radrennen, bei dem drei Fahrer der vierköpfigen Mannschaft* (1a) *geschlossen das Ziel erreichen müssen, wobei die Zeit des dritten Fahrers gewertet wird.*

Mann|schafts|sie|ger, der: *Mannschaft, die in einem Mannschaftskampf gesiegt hat.*

Mann|schafts|spiel, das (Sport): **1.** *zwischen zwei Mannschaften* (1 a) *ausgetragenes Spiel.* **2.** ⟨o. Pl.⟩ *planvolles, harmonisches Zusammenspiel innerhalb der Mannschaft* (1 a).

Mann|schafts|sport, der: *Sportart, die durch Wettkämpfe zwischen zwei Mannschaften* (1 a) *gekennzeichnet ist.*

Mann|schafts|stär|ke, die (Milit., Sport): *zahlenmäßige Stärke einer Mannschaft* (1 a, c).

Mann|schafts|wa|gen, der: *Transportwagen für eine größere Anzahl Soldaten, Polizisten.*

Mann|schafts|wer|tung, die (Sport): *Wertung, nach der bei Mannschaftskämpfen die siegende Mannschaft* (1 a) *ermittelt wird.*

Mann|schafts|wett|be|werb, der (Sport): *Mannschaftskampf.*

manns|hoch ⟨Adj.⟩: *so hoch, wie ein Mann groß ist:* ein mannshoher Zaun.

Manns|per|son, die (ugs. veraltend): *[jmdm. nicht näher bekannter] Mann.*

manns|toll ⟨Adj.⟩ (ugs.): *nymphoman.*

Mann|weib, das [LÜ von griech. andrógynos = Zwitter, zusgez. aus: anēr (Gen.: andrós) = Mann u. gynē = Frau] (abwertend): *große, starke, männlich wirkende Frau.*

Ma|no|me|ter, das; -s, - [frz. manomètre, zu griech. manós = dünn, locker u. ↑-meter; 2: verhüll. für: Mann!]: **1.** (Physik) *Druckmesser für Gase u. Flüssigkeiten.* **2.** (salopp) *Ausruf des Erstaunens, des Unwillens; Mann!, Menschenskind!:* M., ist das ein Baum!

ma non tan|to [ital.] (Musik): *aber nicht so sehr:* allegro m. n. t.

ma non trop|po [ital.] (Musik): *aber nicht zu sehr:* allegro m. n. t.

Ma|nö|ver, das; -s, - [frz. manœuvre, eigtl. = Handhabung; Kunstgriff, zu vlat. manuoperare < lat. manu operari = mit der Hand bewerkstelligen]: **1.** *große militärische Übung im Gelände, bei der Truppenbewegungen zweier gegnerischer Heere simuliert werden; Feldübung:* ein M. abhalten; ins M. ziehen. **2.** *geschickt ausgeführte Wendung, taktische Bewegung (eines Truppenteils, Schiffes, Flugzeugs, Autos o. Ä.):* das waghalsige M. des Piloten missglückte. **3.** (abwertend) *geschicktes Ausnutzen von Menschen u. Situationen für eigene Zwecke; Winkelzug:* ein plumpes M. zur Ablenkung.

Ma|nö|ver|kri|tik, die: *kritische Besprechung der Erfahrungen u. Ergebnisse nach einem Manöver* (1): Ü nach der Premiere gab es eine M.

Ma|nö|ver|scha|den, der: *Schaden, der durch ein Manöver* (1) *verursacht worden ist.*

ma|nö|vrie|ren ⟨sw. V.; hat⟩ [frz. manœuvrer]: **1. a)** *ein Manöver* (2) *ausführen:* das Schiff manövrierte sicher; **b)** *ein Fahrzeug geschickt an einen Ort od. durch eine schwierige Strecke lenken:* den Wagen in eine enge Einfahrt m. **2.** (meist abwertend) **a)** *durch geschicktes Handeln od. Verhandeln etw. zu erreichen suchen:* politisch geschickt m.; **b)** *geschickt in eine bestimmte Lage, Stellung bringen:* jmdn. in eine einflussreiche Position m.

ma|nö|vrier|fä|hig ⟨Adj.⟩: *fähig, Manöver* (2) *auszuführen, manövriert zu werden:* das Schiff ist nicht mehr m.

Ma|nö|vrier|fä|hig|keit, die ⟨o. Pl.⟩: *das Manövrierfähigsein.*

Ma|nö|vrier|mas|se, die: *etw. (z. B. Kapital), was jeweils an die eine od. andere Stelle geschoben werden kann, wo es gerade gebraucht wird, um etw. auszugleichen, od. womit verhandelt werden kann, um etw. anderes dafür zu erreichen.*

ma|nö|vrier|un|fä|hig ⟨Adj.⟩: *nicht manövrierfähig.*

Ma|nö|vrier|un|fä|hig|keit, die ⟨o. Pl.⟩: *das Manövrierunfähigsein.*

Man|pow|er ['mæn...], die; - [engl., aus: man = Mensch, Mann u. power, ↑Power] (Jargon): *Personal* (a); *Arbeitskräfte.*

manque [mã:k; frz. manque, eigtl. = Mangel, Weniges, nach dem geringeren Gewinn im Gegensatz zu ↑passe, zu: manquer = fehlen < ital. mancare = mangeln, fehlen, zu: manco, ↑Manko]: *die Zahlen 1–18 betreffend (in Bezug auf eine Gewinnmöglichkeit beim Roulette).*

Manque [mã:k], die; -: *depressiver Zustand, der durch einen Mangel an Drogen hervorgerufen wird.*

Man|sar|de, die; -, -n [frz. mansarde, nach dem frz. Baumeister J. Hardouin-Mansart (1646–1708)]: *Raum im ausgebauten Dachgeschoss [mit schräger, vom Dach gebildeter Wand].*

Man|sar|den|woh|nung, die: *aus Mansardenzimmern bestehende Wohnung.*

Man|sar|den|zim|mer, das: *Zimmer im ausgebauten Dachgeschoss.*

Mansch, der; -[e]s [zu ↑manschen] (ugs. abwertend): *unansehnliche trübe Flüssigkeit, breiige Masse; Matsch.*

man|schen ⟨sw. V.; hat⟩ [nasalierte Form von ↑matschen] (ugs.): *in einer breiigen Masse herumwühlen, matschen:* mansch nicht so im Essen!

Man|sche|rei, die; -, -en (ugs. abwertend): **a)** *dauerndes Manschen;* **b)** *durch Manschen entstandene wässerige, unappetitliche Masse; Mansch.*

Man|schet|te, die; -, -n [frz. manchette = Handkrause, eigtl. = Ärmelchen, zu: manche < lat. manica = Ärmel, zu: manus = Hand]: **1. a)** *verstärkter Abschluss des Ärmels an einem Herrenhemd, einer Hemdbluse, einem Kleid:* steife, frisch gestärkte -n; * **-n haben** (ugs.; *Angst haben; sich eingeschüchtert fühlen;* eigtl. spöttische Anspielung auf die bis auf die Hand reichenden Spitzenmanschetten, die beim Führen des Degens behindern konnten); **b)** (Med.) *um den Oberarm zu legender, aufblasbarer breiter, flacher Schlauch (zur Blutdruckmessung).* **2.** *zierende [mit einem abstehenden Rand versehene] Umhüllung aus Kreppapier o. Ä. um einen Blumentopf.* **3.** (Sport) *[verbotener] Würgegriff beim Ringen:* eine M. ansetzen. **4.** (Technik) *Dichtungsring aus Gummi, Leder od. Kunststoff mit eingestülptem Rand.*

Man|schet|ten|dich|tung, die: *Manschette* (4).

Man|schet|ten|knopf, der: *[doppelter] Knopf, mit dem die Manschette* (1) *geschlossen wird.*

Man|tel, der; -s, Mäntel [mhd. mantel, ahd. mantal < lat. mantellum = Hülle, Decke]: **1.** *längeres Kleidungsstück mit langen Ärmeln, das [zum Schutz gegen die Witterung] über der sonstigen Kleidung getragen wird:* ein gefütterter M.; den M. ablegen; jmdm. in den M. helfen; in Hut und M.; Ü den M. des Schweigens über etw. breiten; * **den M. nach dem Wind[e] hängen/kehren/drehen** (abwertend; *sich immer zum eigenen Vorteil der herrschenden Meinung, den herrschenden [Macht]verhältnissen anpassen;* den Mantel, der früher die Form eines weiten, ärmellosen Umhangs hatte, drehte man zu der Seite hin, aus der Wind u. Regen kamen); **etw. mit dem M. der [christlichen Nächsten]liebe bedecken/zudecken** *(über eine Verfehlung o. Ä. großzügig hinwegsehen).* **2.** (bes. Fachspr.) *äußere Hülle, [zum Schutz] um etw. gelegte Umhüllung:* der M. eines Kabels. **3.** *um den Schlauch eines Reifens gelegte feste Umhüllung aus einem Gewebe, auf das eine dicke Gummischicht mit eingeschnittenen Profilen aufgetragen ist.* **4.** (Zeitungsw. Jargon) *allgemeiner, bei den verschiedenen Ausgaben einer Tageszeitung gleich lautender Teil, zu dem der jeweilige Lokalteil hinzukommt.* **5.** (Wirtsch.) *(bei einer Kapitalgesellschaft) Gesamtheit der Rechte u. Anteile.* **6.** (Finanzw.) *(bei Wertpapieren o. Ä.) Urkunde, die den entsprechenden Anteil am Besitz garantiert u. der die Coupons für die jeweiligen Gewinne beigefügt sind.* **7.** (Geom.) *[gekrümmte] Oberfläche eines Körpers mit Ausnahme der Grundfläche[n]:* der M. eines Zylinders. **8.** (Jägerspr.) *(beim Federwild) Rückengefieder.* **9.** (Forstw.) kurz für ↑Waldmantel.

man|tel|ar|tig ⟨Adj.⟩: *wie ein Mantel; in der Art eines Mantels.*

Män|tel|chen, das; -s, -: Vkl. zu ↑Mantel (1): * **einer Sache ein M. umhängen** *(etw. bemänteln).*

Man|tel|fut|ter, das: [2]*Futter* (1) *eines Mantels* (1).

Man|tel|ge|schoss, das: *aus einem Bleikern mit einer Umhüllung aus härterem Metall bestehendes Geschoss.*

Man|tel|kleid, das: *wie ein Mantel geschnittenes, vorn durchgeknöpftes Kleid.*

Man|tel|kra|gen, der: *Kragen eines Mantels* (1).

Man|tel|kro|ne, die (Zahnmed.): *Krone, die den erhaltenen Stumpf eines Zahnes wie ein Mantel umhüllt u. in Form u. Funktion der natürlichen Zahnkrone angeglichen ist.*

Man|tel|sack, der (veraltet): *(hinter dem Sattel aufs Pferd zu legender) Sack für Proviant, Kleidung u. Ä.*

Man|tel|stoff, der: *bes. für Mäntel geeigneter Stoff.*

Man|tel|ta|rif, der (Wirtsch.): *Tarif, in dem die Arbeitsbedingungen (Arbeitszeit, Urlaub, Fragen der Einstellung u. Kündigung) geregelt werden.*

Man|tel|ta|rif|ver|trag, der (Wirtsch.): *Vertrag über einen Manteltarif.*

Man|tel|ta|sche, die: *Tasche eines Mantels* (1): die Hände in die -n stecken.

Man|tel|tier, das: *(zu den Chordaten gehörendes)*

kleines Meerestier, dessen Körper von einem gallertigen od. knorpeligen Mantel umgeben ist.

Man|tel-und-De|gen-Film, der: *Abenteuerfilm, der in der Zeit der degentragenden Kavaliere spielt.*

Man|tik, die; - [griech. mantikḗ (téchnē), zu: mántis = Seher, Wahrsager, zu: maínesthai = rasen, verzückt sein]: *Kunst des Sehens* (5 b) *u. Wahrsagens.*

Man|til|le, die; -, -n [span. mantilla < lat. mantellum, ↑Mantel; 2: frz. mantille < span. mantilla]: 1. [manˈtɪl(j)ə] *um Kopf u. Schultern getragener Spitzenschleier [der traditionellen Festkleidung der Spanierin].* 2. [mãːˈtiːj(ə)] *Fichu.*

Man|tis|se, die; -, -n [lat. manti(s)sa = Zugabe] (Math.): *Reihe der beim [dekadischen] Logarithmus hinter dem Komma stehenden Ziffern.*

Man|tra, das; -[s], -s [sanskr. mantra = Spruch]: *(im Hinduismus, Buddhismus u. a. verwendete) magische Formel.*

Mantsch usw.: ↑Mansch usw.

¹Ma|nu|al, das; -s, -e [zu lat. manualis = zur Hand gehörend, zu: manus = Hand]: **1.** *mit den Händen zu bedienende Tastatur an Orgel, Harmonium, Cembalo u. Ä.* **2.** (veraltet) *Handbuch, Tagebuch.*

²Ma|nu|al [ˈmænjuəl], das; -s, -s [engl. manual < mlat. manuale, ↑Manuale] (bes. EDV): *ausführliche schriftliche Bedienungsanleitung; Handbuch.*

Ma|nu|a|le, das; -[s], -[n] [mlat. manuale, zu lat. manualis, ↑¹Manual]: *¹Manual.*

ma|nu|ell ⟨Adj.⟩ [frz. manuel < lat. manualis, ↑Manual]: **a)** *mit der Hand [ausgeführt], von Hand:* -e Tätigkeiten; **b)** *die Hand betreffend:* -e Ungeschicklichkeit.

Ma|nu|fak|tur, die; -, -en [engl. manufacture, eigtl. = Handarbeit < mlat. manufactura, zu lat. manus = Hand u. factura = das Machen] (veraltet): **1.** *[vorindustrieller] gewerblicher Großbetrieb, in dem Waren serienweise mit starker Spezialisierung u. Arbeitsteilung, aber doch im Wesentlichen in Handarbeit hergestellt werden.* **2.** *in Handarbeit hergestelltes gewerbliches Erzeugnis.*

ma|nu|fak|tu|rie|ren ⟨sw. V.; hat⟩ (veraltet): *in Handarbeit ver-, anfertigen, bearbeiten:* Teppiche, Porzellan m.

ma|nu pro|pria [auch: -ˈprɔ...] [lat. = mit eigener Hand]: *eigenhändig;* Abk.: m. p.

Ma|nus, das; -, - (österr., schweiz.): kurz für ↑Manuskript.

Ma|nu|skript, das; -[e]s, -e [mlat. manuscriptum = eigenhändig Geschriebenes, zu lat. manus = Hand u. scriptum, 2. Part. von: scribere = schreiben]: **1. a)** *Niederschrift eines literarischen, wissenschaftlichen o. ä. Textes als Vorlage für den Setzer:* ein fertiges M.; das M. überarbeiten; Abk.: Ms. od. Mskr., Pl.: Mss.; **b)** *vollständige od. stichwortartige Ausarbeitung eines Vortrags, einer Vorlesung, Rede u. Ä.:* ohne M. sprechen; Abk.: Ms. od. Mskr., Pl.: Mss. **2.** *Handschrift, handgeschriebenes [u. kunstvoll ausgemaltes] Buch der Antike u. des Mittelalters:* ein M. aus dem 13. Jh.

Ma|nu|skript|sei|te, die: *Seite eines Manuskripts.*

Mao|is|mus, der; - [nach dem chinesischen Parteivorsitzenden Mao Tse-tung (1893–1976)]: *Ideologie nach dem Vorbild der von Mao Tsetung entwickelten Variante des Marxismus-Leninismus; am chinesischen Kommunismus orientierte Weltanschauung.*

mao|is|tisch ⟨Adj.⟩: *den Maoismus betreffend, seinen Prinzipien folgend:* eine -e Partei.

Mao-Look, (auch:) **Mao|look,** der ⟨o. Pl.⟩ [nach der Kleidung, in der Mao Tse-tung aufzutreten pflegte]: *aus einem Anzug mit hochgeschlossener, einfacher [blauer] Jacke bestehende Kleidung.*

¹Ma|o|ri [auch: ˈmau̯ri], der; -[s], -[s]: Angehöriger eines polynesischen Volkes in Neuseeland.

²Ma|o|ri, das; -: *Sprache der ¹Maoris.*

ma|o|risch ⟨Adj.⟩: **a.** *die Maori betreffend; von den ¹Maori stammend;* **b.** *in der Sprache der ¹Maori.*

Mäpp|chen, das; -s, -: Vkl. zu ↑Mappe (1).

Map|pe, die; -, -n [frühnhd. = Umschlag[tuch] für Landkarten < mlat. mappa mundi = Weltkarte, eigtl. = Tuch mit einer Darstellung der Welt, zu lat. mappa = (Vor)tuch u. mundus = Welt]: **1.** *aufklappbare Hülle aus zwei steifen, durch einen Rücken verbundenen od. aneinander gehefteten Deckeln zum Aufbewahren von Akten, Briefen, Kunstblättern o. Ä.:* eine M. mit Rechnungen. **2.** *rechteckige, flache Tasche, bes. für Akten, Hefte o. Ä.:* die M. unter dem Arm tragen.

Ma|pu|to: Hauptstadt von Moçambique.

Ma|quis [maˈkiː], der; - [...iː(s); frz. Form von ↑Macchia]: **1.** *französische Widerstandsorganisation im Zweiten Weltkrieg:* dem M. angehören. **2.** frz. Bez. für ↑Macchia.

Mär, die; -, -en, (seltener:) Märe, die; -, -n [mhd. mære, ahd. māri, zu mhd. mæren, ahd. māren = verkünden, rühmen] (geh., oft iron. od. scherzh.): *Erzählung, seltsame Geschichte, unglaubwürdiger od. unwahrer Bericht:* eine alte M.; die M. vom Klapperstorch.

Ma|ra|bu, der; -s, -s [frz. marabout, eigtl. = mohammedan. Asket (wegen des würdigen Aussehens des Vogels) < port. marabuto < arab. murābiṭ = Einsiedler, Asket]: *(in Afrika u. Südasien heimischer) großer Storch mit einem großen, kräftigen Schnabel u. meist aufblasbarem Hautsack unter der Kehle.*

Ma|ra|cu|ja, die; -, -s [port. maracujá, aus dem Tupi]: *Frucht der Passionsblume, aus der ein wohlschmeckender Saft gewonnen wird.*

Ma|ras|chi|no [...ˈkiːno], der; -s, -s [ital. maraschino, zu: (a)marasca = Sauerkirsche, zu: amaro < lat. amarus = bitter, sauer]: *farbloser Likör aus dalmatinischen Sauerkirschen.*

Ma|ras|mus, der; -, ...men [griech. marasmós, zu: maraínein = verzehren] (Med.): *fortschreitender Verfall der körperlichen u. geistigen Kräfte (durch Alter od. Krankheit).*

Ma|ra|the, der; -n -n: *Angehöriger eines Volkes in Indien.*

Ma|ra|thi, das; -: *Sprache der Marathen.*

¹Ma|ra|thon [auch: ˈmaratɔn]: Ort nördlich von Athen.

²Ma|ra|thon, der; -s, -s [nach dem gleichnamigen griech. Ort, von dem aus ein Läufer die Nachricht vom Sieg der Griechen über die Perser (490 v. Chr.) nach Athen brachte]: *Marathonlauf.*

³Ma|ra|thon, das; -s, -s (ugs.): *etw. übermäßig lange Dauerndes u. dadurch Anstrengendes:* die Sitzung war ein M.

Ma|ra|thon- (emotional verstärkend): drückt in Bildungen mit Substantiven aus, dass etw. überaus lange dauert: Marathondiskussion, -prozess.

-ma|ra|thon, das; -s, -s (emotional verstärkend): drückt in Bildungen mit Substantiven – seltener mit Verben (Verbstämmen) – aus, dass etwas überaus lange dauert: Aussprache-, Sitzungs-, Verhandlungsmarathon.

Ma|ra|thon|lauf, der: *Langstreckenlauf über 42,195 km.*

Ma|ra|thon|läu|fer, der: *auf den Marathonlauf spezialisierter Läufer.*

Ma|ra|thon|läu|fe|rin, die: w. Form zu ↑Marathonläufer.

Ma|ra|thon|re|de, die (emotional verstärkend): vgl. Marathonsitzung.

Ma|ra|thon|sit|zung, die (emotional verstärkend): *überlange Sitzung.*

Ma|ra|thon|stre|cke, die: *beim Marathonlauf zurückzulegende Strecke.*

Mar|burg: hessische Universitätsstadt an der Lahn.

Marc [frz.: maːr], der; -s [frz.: maːr; frz. marc (de raisin), zu: marcher = mit den Füßen treten, ↑marschieren]: *starker Branntwein aus den Rückständen der Trauben beim Keltern.*

mar|ca|to ⟨Adv.⟩ [ital. marcato, 2. Part. von: marcare = markieren, betonen, aus dem Germ.] (Musik): *markiert, betont.*

March, die; -, -en [mhd. march, südd. Nebenf. von mark, ↑²Mark] (schweiz.): *Flurgrenze, Grenzzeichen.*

mar|chen ⟨sw. V.; hat⟩ (schweiz.): *eine Grenze festsetzen.*

Mär|chen, das; -s, - [spätmhd. (md.) merechyn, Vkl. von mhd. mære, ↑Mär]: **1.** *im Volk überlieferte Erzählung, in der übernatürliche Kräfte u. Gestalten in das Leben der Menschen eingreifen u. meist am Ende die Guten belohnt u. die Bösen bestraft werden:* die M. der Brüder Grimm; das klingt wie ein M.; M. erzählen. **2.** (ugs.) *unglaubwürdige, [als Ausrede] erfundene Geschichte:* erzähle mir nur keine M.!

Mär|chen|buch, das: *[Kinder]buch mit Märchen.*

Mär|chen|er|zäh|ler, der: *jmd., der Märchen erzählt.*

Mär|chen|er|zäh|le|rin, die: w. Form zu ↑Märchenerzähler.

Mär|chen|fi|gur, die: *in einem Märchen vorkommende Figur.*

Mär|chen|film, der: vgl. Märchenoper.

Mär|chen|ge|stalt, die: vgl. Märchenfigur.

mär|chen|haft ⟨Adj.⟩: **1.** *von der Art eines Märchens, für Märchen charakteristisch:* -e Motive einer Dichtung. **2. a)** *zauberhaft schön:* eine -e Schneelandschaft; **b)** (ugs. emotional) *(von etw. Positivem, Angenehmem) unvorstellbar in seinem Ausmaß, seiner Art, sagenhaft* (2 a); **c)** ⟨intensivierend bei Adj.⟩ *überaus, in unvorstellbarem Ausmaß; sagenhaft* (2 b).

Mär|chen|land, das ⟨o. Pl.⟩: **1.** *Bereich, Land der Märchen; Land in einem Märchen:* der Erzähler führt die Kinder ins M. **2.** *Land, Gebiet von märchenhafter Schönheit, Beschaffenheit.*

Mär|chen|on|kel, der: **1.** (fam.) *Märchenerzähler (z. B. im Radio, Fernsehen).* **2.** (ugs., oft scherzh.) *jmd., der [häufig] unwahre, erfundene Geschichten, Märchen* (2) *erzählt.*

Mär|chen|oper, die: *Oper mit einer märchenhaften* (1) *Handlung, mit einer Handlung, der ein Märchen zugrunde liegt.*

Mär|chen|prinz, der: **1.** vgl. Märchenfigur. **2.** *(als Partner erwünschter) idealer Mann.*

Mär|chen|prin|zes|sin, die: w. Form zu ↑Märchenprinz.

Mär|chen|samm|lung, die: *Sammlung von Märchen.*

Mär|chen|schach, das: *modernes Teilgebiet des Problemschachs mit zum Teil neu erfundenen Figuren od. mit verändertem Schachbrett; Fairychess.*

Mär|chen|schloss, das: *Schloss in einem Märchen* (1).

Mär|chen|stun|de, die: *Veranstaltung, Sendung bes. für Kinder, in der Märchen vorgelesen, dargeboten werden.*

Mär|chen|tan|te, die: vgl. Märchenonkel.

Mar|che|sa [marˈkeːza], die; -, -s od. ...sen [ital. marchesa]: w. Form zu ↑Marchese.

Mar|che|se, der; -, -n [ital. marchese, eigtl. = Markgraf, zu: marca = Grenze, Grenzland, aus dem Germ.]: **a)** ⟨o. Pl.⟩ *hoher italienischer Adelstitel;* **b)** *Träger des Titels Marchese.*

Mar|ching|band [ˈmaːtʃɪŋbænd], die; -, -s (auch:) **Mar|ching Band,** die; - -, - -s [engl. marching band, zu: to march = marschieren u. ↑³Band]: *durch die Straßen ziehende (bes. im New-Orleans-Stil spielende) Kapelle.*

Mar|der, der; -s, - [mhd. marder, ahd. mard(ar); H. u.]: *kleineres, gewandt kletterndes Raubtier mit lang gestrecktem Körper, kurzen Beinen, langem Schwanz u. dichtem, feinem Fell, das sein Revier mit einem oft übel riechenden Sekret markiert.*

-mar|der, der; -s, - (Jargon): kennzeichnet in Bildungen mit Substantiven eine Person, die etw. aufbricht, in etw. einbricht, um es auszurauben: Automaten-, Briefkasten-, Opferstockmarder.

Ma|re, das; -, - od. ...ria [lat. mare = Meer]: *als dunkle Fläche erscheinende große Ebene auf dem Mond od. dem Mars.*

Mä|re: ↑Mär.

Ma|rel|le: ↑Marille.

mä|ren ⟨sw. V.; hat⟩ [mhd. mer(e)n = eintauchen,

-brocken; umrühren, wohl zu mhd. mer[ō]t, ahd. merōde = flüssige Speise aus Brot u. Wein, Abendmahl < spätlat. merenda = Vesperbrot, zu lat. merere = bekommen, erwerben] (landsch. abwertend): **1.** *herumwühlen, -rühren.* **2. a)** *langsam u. umständlich sein;* **b)** *umständlich reden, sehr viel erzählen.*

Ma|re̱n|go, der; -s [nach dem oberital. Ort Marengo]: *grau melierter Kammgarnstoff für Mäntel u. Kostüme.*

Mar|ga|ri̱|ne, die; - [frz. margarine, geb. aus: acide margarique = perlfarbene Säure, zu: acide = Säure u. margarique, zu griech. márgaron = perlweiße Farbe; Perle]: *streichfähiges, der Butter ähnliches Speisefett aus pflanzlichen [u. zu einem geringen Teil aus tierischen] Fetten:* M. zum Kochen nehmen.

Mar|ga|ri̱|ne|wür|fel, der: *in Form eines Würfels abgepackte Margarine.*

Mar|ge [ˈmarʒə], die; -, -n [frz. marge = Rand, Spielraum < lat. margo = Rand]: **1.** *Unterschied, Spielraum, Spanne.* **2.** (Wirtsch.) **a)** *Differenz zwischen Selbstkosten u. Verkaufspreis; Handelsspanne;* **b)** *Differenz zwischen den Preisen für die gleiche Ware an verschiedenen Orten;* **c)** *Differenz zwischen Ausgabekurs u. Tageskurs eines Wertpapiers;* **d)** *Bareinzahlung beim Kauf von Wertpapieren auf Kredit, die an verschiedenen Börsen zur Sicherung der Forderungen aus Termingeschäften zu hinterlegen ist;* **e)** *Differenz zwischen dem Wert eines Pfandes u. dem darauf gewährten Vorschuss.*

Mar|ge|ri̱|te, die; -, -n [frz. marguerite, eigtl. = Maßliebchen < afrz. margarite = Perle < lat. margarita < griech. margarítēs, wohl nach dem Vergleich der Blütenköpfe mit Perlen]: *(zu den Korbblütlern gehörende) Pflanze mit sternförmiger Blüte, deren großes, gelbes Körbchen von einem Kranz zungenförmiger, weißer Blütenblätter gesäumt ist.*

mar|gi|na̱l ⟨Adj.⟩ [zu lat. margo = Rand; 2: engl. marginal] **1.** (bildungsspr.): *am Rande liegend:* ein -es Thema. **2.** (Soziol., Psych.) *in einer Grenzstellung befindlich; nicht fest einem bestimmten Bereich zuzuordnen:* -e Persönlichkeit. **3.** (Bot.) *(von Samenanlagen) am Rande eines Fruchtblattes angeordnet.*

Mar|gi|na̱l|be|mer|kung, die (bildungsspr.): *Randbemerkung.*

Mar|gi|na̱l|glos|se, die (Sprachw., Literaturw.): *an den Rand geschriebene Glosse.*

Mar|gi|na̱|lie, die; -, -n: **1.** ⟨meist Pl.⟩ (Sprachw., Literaturw.) **a)** *handschriftliche Glosse (2), kritische Anmerkung o. Ä. in Handschriften, Akten od. Büchern;* **b)** *auf den Rand einer [Buch]seite gedruckter Verweis (mit Quellen, Zahlen, Erläuterungen o. Ä. zum Text).* **2.** (bildungsspr.) *Angelegenheit von weniger wichtiger Bedeutung, Nebensächlichkeit, Randerscheinung.*

mar|gi|na|li|si̱e̱|ren ⟨sw. V.; hat⟩: **1.** *mit Marginalien (1) versehen.* **2.** *ins Abseits schieben, zu etw. Unwichtigem, Nebensächlichem machen.*

Ma|ri̱a, -s, auch: ...iens, ...iä: die Mutter Jesu: eine Darstellung -s, Mariens mit dem Jesusknaben; die Verkündigung Mariä; *** [Jesus,] M. und Josef!; Jesses M.!** (Ausrufe des Erschreckens, Erstaunens o. Ä.).

Ma|ri|a|ge [maˈri̯a:ʒə], die; -, -n [frz. mariage, zu: marier < lat. maritare = verheiraten]: **1.** (bildungsspr. veraltet) *Heirat, Ehe.* **2.** (Kartenspiel) *Zusammentreffen von König u. Dame ein und derselben Farbe in einer Hand:* eine M. haben.

ma|ri|a|nisch ⟨Adj.⟩ [mlat. Marianus] (kath. Kirche): *Maria als Gottesmutter betreffend:* -e Theologie; Marianische Antiphonen *(in der katholischen Liturgie Lobgesänge zu Ehren Marias).*

Ma|ri̱e, die; - [viell. nach dem Mariatheresientaler] (salopp): *Geld:* keine M. haben.

Ma|ri̱|en|bild, das (bild. Kunst): *bildliche Darstellung Marias.*

Ma|ri̱|en|dich|tung, die (Literaturw.): *Dichtung, die in legendärer Form das Leben Marias darstellt od. in der Maria verherrlicht u. angerufen wird.*

Ma|ri̱|en|fest, das (kath. Kirche): *Fest zu Ehren Marias.*

Ma|ri̱|en|kä|fer, der [vgl. Herrgottskäfer]: *kleiner Käfer mit fast halbkugelig gewölbtem Körper u. oft roten Flügeldecken mit schwarzen Punkten.*

Ma|ri̱|en|le|ben, das (Literaturw., Kunstwiss.): *künstlerische Darstellung des Lebens Marias [in einzelnen Szenen od. Bildern].*

Ma|ri̱|en|sta|tue, die: vgl. Marienbild.

Ma|ri̱|en|ver|eh|rung, die: *Verehrung Marias in der katholischen Kirche u. in den Ostkirchen.*

Ma|ri|hu|a̱|na, das; -s [span. marihuana, wohl zusgez. aus den w. Vorn. María u. Juana]: *aus getrockneten, zerriebenen Blättern, Stängeln u. Blüten des in Mexiko angebauten indischen Hanfs gewonnenes, im Aussehen einem fein geschnittenen, grünlichen Tabak ähnliches Rauschgift:* M. rauchen.

Ma|ri̱l|le, Marelle, die; -, -n [wohl nach ital. armellino < lat. armeniacum (pomum) = Aprikose, eigtl. armenischer Apfel] (österr., sonst landsch.): *Aprikose.*

Ma|ri̱l|len|geist, der ⟨Pl. -e⟩ (österr., Fachspr.): *aus Aprikosen hergestellter Branntwein.*

Ma|ri̱l|len|knö|del, der (österr.): *Knödel aus Kartoffelteig mit einer Aprikose in der Mitte.*

Ma|ri̱l|len|mar|me|la|de, die (österr., sonst landsch.): *Aprikosenmarmelade.*

Ma|ri̱l|len|was|ser, das ⟨Pl. ...wässer⟩: vgl. Marillengeist.

ma|ri̱n ⟨Adj.⟩ [lat. marinus, zu: mare = Meer]: **1.** *zum Meer gehörend, das Meer betreffend.* **2.** *im Meer lebend; aus dem Meer stammend.*

Ma|ri̱|na, die; -, -s [engl.(-amerik.) marina < ital. marina, span. marina = Marine, zu: marino < lat. marinus, ↑marin]: *Jacht-, Motorboothafen.*

Ma|ri|na̱|de, die; -, -n [frz. marinade, zu: mariner = Fische (in Salzwasser, Meerwasser) einlegen, zu: marin < lat. marinus, ↑marin]: **1. a)** *mit Essig, Zitronensaft, Kräutern u. Gewürzen bereitete Flüssigkeit zum Einlegen von Fleisch, Fisch, Gurken o. Ä.;* **b)** *Salatsoße.* **2.** *in einer Marinade konservierter Fisch.*

Ma|ri̱|ne, die; -, -n [frz. marine, eigtl. = die zum Meer Gehörende, zu: marin, ↑Marinade]: **1. a)** *Gesamtheit der Seeschiffe eines Staates mit den dazugehörenden Einrichtungen;* **b)** *für den Seekrieg bestimmter Teil der Streitkräfte eines Staates, Landes; Kriegsmarine:* die M. griff in die Kämpfe ein; bei der M. sein. **2.** (bild. Kunst) *Seestück.*

Ma|ri̱|ne|ar|til|le|rie, die: *der Kriegsmarine unterstehende Abteilung der Artillerie.*

ma|ri̱|ne|blau ⟨Adj.⟩: *tief dunkelblau (wie die Farbe von Marineuniformen).*

Ma|ri̱|ne|flie|ger, der (ugs.): *Angehöriger der Marineluftwaffe.*

Ma|ri̱|ne|in|fan|te|rie, die: *der Kriegsmarine unterstehende u. für Kämpfe an Land (nach Landungen) besonders ausgebildete Truppe.*

Ma|ri̱|ne|in|fan|te|rist, der: *Soldat der Marineinfanterie.*

Ma|ri̱|ne|luft|waf|fe, die: *zur Marine gehörende [auf Flugzeugträgern stationierte] Luftstreitkräfte.*

Ma|ri̱|ne|of|fi|zier, der: *Offizier der Marine (1 b).*

Ma|ri̱|ner, der; -s, - (Jargon): *Angehöriger der Marine; Matrose.*

Ma|ri̱|ne|sol|dat, der: vgl. Marineoffizier.

Ma|ri̱|ne|sta|ti|on, die: *Ort, an dem Marine (1 b) stationiert ist.*

Ma|ri̱|ne|stütz|punkt, der: *von Seestreitkräften geschützter Stützpunkt, den ein Land außerhalb seiner Grenzen unterhält.*

Ma|ri̱|ne|uni|form, die: *Uniform der Marine.*

ma|ri|ni̱e̱|ren ⟨sw. V.; hat⟩ [frz. mariner, ↑Marinade]: *in eine Marinade (1 a) einlegen od. mit Marinade beträufeln:* marinierte Heringe.

Ma|ri|o|la|tri̱e, die; - [zu ↑Maria u. griech. latreía = (Opfer)dienst]: *Marienverehrung.*

Ma|ri|o|lo|gi̱e, die [↑-logie] (kath. Theol.): *Lehre von der Gottesmutter Maria.*

ma|ri|o|lo̱|gisch ⟨Adj.⟩: *die Mariologie betreffend:* -e Dogmen.

Ma|ri|o|ne̱t|te, die; -, -n [frz. marionnette, eigtl. = Mariechen, Abl. vom frz. w. Vorn. Marion]: *Puppe zum Theaterspielen, die mithilfe vieler an den einzelnen Gelenken angebrachter u. oben an sich kreuzenden Leisten befestigter Fäden od. Drähte geführt wird:* das Stück wurde mit -n gespielt; Ü er war nur eine M. *(ein unselbstständiger, von einem anderen als Werkzeug benutzter Mann).*

ma|ri|o|ne̱t|ten|haft ⟨Adj.⟩: *einer Marionette ähnlich, wie bei einer Marionette:* -e Bewegungen.

Ma|ri|o|ne̱t|ten|re|gie|rung, die (abwertend): *von einem fremden Staat eingesetzte u. von ihm abhängige Regierung eines Landes.*

Ma|ri|o|ne̱t|ten|spiel, das: *mit Marionetten gespieltes Theaterstück.*

Ma|ri|o|ne̱t|ten|spie|ler, der: *Puppenspieler in einem Marionettentheater.*

Ma|ri|o|ne̱t|ten|spie|le|rin, die: w. Form zu ↑Marionettenspieler.

Ma|ri|o|ne̱t|ten|the|a|ter, das: *Theater, auf dem mit Marionetten gespielt wird.*

ma|ri|ti̱m ⟨Adj.⟩ [lat. maritimus, zu: mare, ↑Mare]: **1.** *das Meer betreffend, von ihm beeinflusst, geprägt:* -es Klima. **2.** *das Seewesen, die Schifffahrt betreffend:* -e Mächte.

Mar|je̱ll, die; -, -en, **Mar|je̱ll|chen,** das; -s, - [lit. mergelė = Magd; Mädchen] (ostpreuß.): *Mädchen.*

¹Ma̱rk, die; -, - u. (ugs. scherzh.:) Märker [mhd. marc, marke = Silber- od. Goldbarren mit amtlichem Zeichen, urspr. identisch mit ↑²Mark]: *deutsche Währungseinheit:* die Deutsche M. (Abk.: DM; 1 DM = 100 Pfennig); die M. der DDR (früher; *Einheit in der DDR;* Abk.: M; 1 M = 100 Pfennig); der Eintritt kostet zwei M. fünfzig; kannst du mir fünfzig M. *(einen Fünfzigmarkschein)* wechseln?; ich habe meine letzte M. ausgegeben; *** keine müde M.** (ugs.; *überhaupt kein Geld, nicht der kleinste Betrag*): er hatte keine müde M. mehr; **jede M. [dreimal] umdrehen** (↑Pfennig); **mit jeder M. rechnen müssen** (↑Pfennig).

²Ma̱rk, die; -, -en [mhd. marc, march = (Grenz)zeichen, Grenzland, ahd. marcha = Grenze, verw. mit lat. margo, ↑marginal]: *(in karolingischer u. ottonischer Zeit) Gebiet an den Grenzen des Reiches:* die M. Brandenburg.

³Ma̱rk, das; -[e]s [mhd. marc, ahd. mar(a)g, urspr. = Gehirn]: **1. a)** *inneres Gewebe, meist weichere Substanz in den Knochen, in verschiedenen Organen bei Mensch u. Tier sowie im Zentrum pflanzlicher Sprosse:* der Knochen ist bis ans M. gespalten; *** kein M. in den Knochen haben** (1. *anfällig, kränklich sein.* 2. *keine Energie haben, entschlusslos sein*); **bis ins M.** *(in einer Weise, dass die negative Wirkung innerste seelische Bezirke erreicht):* bis ins M. erschüttert sein; jmdn. mit einer Äußerung bis ins M. treffen; **[jmdm.] durch M. und Bein/**(ugs. scherzh.:) **Pfennig gehen, dringen/fahren** *(als besonders unangenehm, als quälend laut empfunden werden);* **b)** *weiche, gelbliche, fettreiche Masse aus dem Inneren von [Rinder]knochen:* das M. aus den Knochen lösen. **2.** *konzentriertes, zu einem einheitlichen Brei verarbeitetes Fruchtfleisch:* M. von Tomaten.

mar|ka̱nt ⟨Adj.⟩ [frz. marquant = sich auszeichnend, hervorragend, 1. Part. von: marquer, ↑markieren]: *stark ausgeprägt:* eine -e Erscheinung; ein -es Profil; das -este Beispiel für diese Entwicklung.

Ma̱rk|be|trag, der: *in Mark angegebener Betrag.*

ma̱rk|durch|drin|gend ⟨Adj.⟩: *(von akustischen Eindrücken) in unangenehmster Weise durchdringend (1):* ein -er Schrei.

Ma̱r|ke, die; -, -n [frz. marque = (Kenn)zeichen, zu: marquer, ↑markieren]: **1. a)** kurz für ↑Erkennungsmarke; **b)** kurz für ↑Dienstmarke; **c)** kurz für ↑Garderobenmarke; **d)** kurz für ↑Lebensmittelmarke; **e)** kurz für ↑Beitragsmarke; **f)** kurz

M

für ↑Briefmarke. **2. a)** *unter einem bestimmten Namen, Warenzeichen hergestellte Warensorte:* eine bekannte M.; diese Zigarette ist nicht meine M.; **b)** (salopp) *seltsamer Mensch:* eine komische M.; du bist [mir] vielleicht eine M.! *(du benimmst dich aber ungewöhnlich, hast ja seltsame Ansichten).* **3.** *an einer bestimmten Stelle [als Messpunkt] angebrachtes Zeichen, angebrachte Markierung [für einen erreichten Wert]:* am Pfeiler ist die M. vom letzten Hochwasser zu sehen; sie hat die alte M. *(den bisherigen Rekord)* um 12 Zentimeter überboten.

Mär|ke, die; -, -n (österr.): *Namenszeichen bes. auf der Wäsche.*

mär|ken ⟨sw. V.; hat⟩ (österr.): *zeichnen* (2).

Mar|ken|ar|ti|kel, der (Wirtsch.): *vom Hersteller durch ein Markenzeichen gekennzeichneter Artikel* (3)*, für den gleich bleibende Qualität verbürgt wird.*

Mar|ken|ar|tik|ler, der; -s, - (Wirtsch.): **a)** *Vertreter, der Markenartikel anbietet u. vertreibt;* **b)** *Hersteller von Markenartikeln.*

Mar|ken|ar|tik|le|rin, die; -, -nen: w. Form zu ↑Markenartikler.

Mar|ken|but|ter, die: *Butter einer Handelsklasse mit gesetzlich festgelegten Qualitätsmerkmalen.*

Mar|ken|er|zeug|nis, das, **Mar|ken|fa|bri|kat,** das: vgl. Markenartikel.

Mar|ken|na|me, der: *Name einer Marke* (2 a).

Mar|ken|schutz, der: *gesetzliche Regelung, durch die eingetragene Markennamen vor Nachahmung geschützt werden.*

Mar|ken|wa|re, die: *Markenartikel.*

Mar|ken|zei|chen, das: **a)** *in bestimmter grafischer Form gestaltetes u. geschütztes Zeichen, mit dem alle Artikel einer Marke* (2 a) *gekennzeichnet werden; Warenzeichen;* **b)** *etw., was für jmdn. od. eine Sache bezeichnend, typisch ist:* bunte Hemden sind sein M.

Mar|ker [auch: 'ma:kə], der; -s, -[s] [engl. marker, eigtl. = Kenn-, Merkzeichen]: **1.** (Sprachw.) **a)** *Merkmal eines sprachlichen Elements, dessen Vorhandensein mit + u. dessen Fehlen mit − gekennzeichnet wird;* **b)** *Darstellung der Reihenfolge von grammatischen Regeln, die angeben, wie aus einer gegebenen syntaktischen od. semantischen Struktur andere Strukturen abzuleiten sind.* **2.** (Biol.) *genetisches Merkmal bei Viren.* **3.** (Med.) *biologische Substanz* (z. B. Protein, Hormon)*, deren Vorhandensein im Körper auf einen Krankheitszustand hindeutet.* **4.** *Stift zum Markieren* (1 a).

Mär|ker: Pl. von ↑[1]Mark.

mark|er|schüt|ternd ⟨Adj.⟩: *durchdringend laut [u. Schrecken, Mitgefühl auslösend]:* ein -er Schrei.

Mar|ke|ten|der, der; -s, - [ital. mercatante = Händler, zu: mercatare = Handel treiben, zu: mercato < lat. mercatus, ↑Markt] (früher): *die Truppe bei Manövern u. im Krieg begleitender Händler.*

Mar|ke|ten|de|rin, die; -, -nen: w. Form zu ↑Marketender.

Mar|ke|ting [auch: 'ma:kɪtɪŋ], das; -[s] [engl. marketing, zu: to market = Handel treiben, zu: market < lat. mercatus, ↑Markt] (Wirtsch.): *Ausrichtung eines Unternehmens auf die Förderung des Absatzes durch Betreuung der Kunden, Werbung, Beobachtung u. Lenkung des Marktes sowie durch entsprechende Steuerung der eigenen Produktion:* operatives M.; das M. professionalisieren.

Mar|ke|ting|ab|tei|lung, die (Wirtsch.): *für das Marketing zuständige besondere Abteilung eines Unternehmens.*

Mar|ke|ting|agen|tur, die (Wirtsch.): *Werbeagentur, die das Marketing für andere Firmen durchführt.*

Mar|ke|ting|ma|na|ger, der (Wirtsch.): *in einem Unternehmen für das Marketing verantwortlicher Manager.*

Mar|ke|ting|ma|na|ge|rin, die: w. Form zu ↑Marketingmanager.

Mar|ke|ting|me|tho|de, die: *innerhalb des Marketings angewandte Methode* (2).

Mar|ke|ting|mix, das [engl. marketing mix] (Wirtsch.): *Kombination verschiedener Maßnahmen zur Förderung des Absatzes* (3) *im Hinblick auf eine bestimmte Zielsetzung.*

mar|ke|ting|ori|en|tiert ⟨Adj.⟩ (Wirtsch.): *das Marketing besonders berücksichtigend.*

Mark|graf, der [1: mhd. markgrāve]: **1.** *königlicher Amtsträger in den Grenzlanden; Befehlshaber einer* [2]*Mark.* **2. a)** ⟨o. Pl.⟩ *Adelstitel eines Fürsten im Rang zwischen* [3]*Graf* (1) *u. Herzog* (1 b); **b)** *Träger des Titels Markgraf* (2 a).

Mark|gräf|in, die: w. Form zu ↑Markgraf.

mark|gräf|lich ⟨Adj.⟩: *[zu] einem Markgrafen gehörend.*

Mark|graf|schaft, die: *Herrschaftsbezirk eines Markgrafen.*

mar|kie|ren ⟨sw. V.; hat⟩ [frz. marquer < ital. marcare = kennzeichnen, zu: marca = Marke, Zeichen, aus dem Germ.]: **1. a)** *durch ein Zeichen kenntlich machen:* die Fahrrinne durch Bojen m.; Zugvögel [durch Ringe] m.; ein markierter *(mit Wegzeichen versehener)* Wanderweg; (Fachspr.:) mit radioaktivem Stickstoff markierte Aminosäure; **b)** *etw. anzeigen, kenntlich machen:* Bojen markieren die Fahrrinne; Ü der Kongress markiert eine bedeutsame Etappe. **2. a)** *hervorheben, betonen:* der Anzug markiert die Schultern; **b)** ⟨m. + sich⟩ *sich abzeichnen, hervortreten:* die Körperformen markierten sich in dem Kleid besonders stark. **3.** (österr.) *entwerten* (1). **4. a)** *einen Part, eine Bewegung o. Ä. nur andeuten; [bei der Probe] nicht mit vollem Einsatz spielen, singen:* eine Verbeugung m.; der Sänger markierte nur, um seine Stimme zu schonen; **b)** (ugs.) *vortäuschen; so tun, als ob:* Schmerzen m.; die Dumme m.; er ist nicht krank, er markiert bloß. **5.** (Sport) **a)** *einen Treffer, einen Rekord o. Ä. erzielen; durch einen Treffer einen bestimmten Spielstand erreichen:* die Tore Nr. 3 und 4 markierte der Mannschaftskapitän; **b)** *(einen gegnerischen Spieler) decken:* der Stürmer wurde von seinem Bewacher genau markiert.

Mar|kie|rung, die; -, -en: **a)** *das Markieren; das Kennzeichnen;* der Wanderverein übernimmt die M. der Wege; die M. eines Elements mit Radioisotopen; **b)** *Kennzeichnung, [Kenn]zeichen:* eine gut sichtbare M.; die M. ist kaum noch zu erkennen.

Mar|kie|rungs|fähn|chen, das: *Zeichen in Form eines Fähnchens, das zur Markierung von etw. auf eine Landkarte o. Ä. gesteckt wird.*

Mar|kie|rungs|li|nie, die: *Linie, mit der etw. markiert wird.*

Mar|kie|rungs|punkt, der: vgl. Markierungslinie.

mar|kig ⟨Adj.⟩ [zu ↑[3]Mark]: **a)** *kraftvoll u. kernig:* eine -e Stimme; **b)** *kräftig; nicht weichlich:* eine -e Gestalt.

mär|kisch ⟨Adj.⟩: *aus der* [2]*Mark stammend, sie betreffend.*

Mar|ki|se, die; -, -n [1: frz. marquise, in der Soldatenspr. scherzh. Bez. für das zusätzliche Zeltdach über dem Zelt eines Offiziers (= älter frz. marquis, ↑Marquis), das es von dem der einfachen Soldaten unterscheiden sollte; 2: H. u.]: **1.** *aufrollbares, schräges Sonnendach vor einem [Schau]fenster, über einem Balkon o. Ä.:* die M. herunterlassen. **2.** (Edelsteinkunde) **a)** *Edelsteinschliff mit schiffchenförmiger Anordnung der Facetten;* **b)** *Schmuckstein mit Markise* (2 a).

Mar|ki|set|te: ↑Marquisette.

Mark|ka, die; -, - ⟨aber: 10 Markkaa⟩ [finn. markka < schwed. mark < anord. mark]: *Finnmark* (Abk.: mk).

Mark|klöß|chen, das (Kochk.): *kleiner Kloß aus Paniermehl, Mark, Eiern u. Gewürzen, der als Suppeneinlage gegessen wird.*

Mark|kno|chen, der: *viel* [3]*Mark* (1 b) *enthaltender Knochen.*

Mark|mün|ze, die: *auf einen Markbetrag lautende Münze.*

Mar|ko|man|ne, der; -n, -n: Angehöriger eines germanischen Volksstammes.

Mark|stein, der [mhd. marcstein = Grenzstein]: **1.** (veraltet) *Grenzstein.* **2.** *wichtiges, entscheidendes Ereignis in einer Entwicklung:* das Ereignis ist ein M. in der Geschichte des Landes.

Mark|stück, das: *Einmarkstück.*

mark|stück|groß ⟨Adj.⟩: *von der Größe eines Markstücks.*

Markt, der; -[e]s, Märkte [mhd. mark(e)t, ahd. markāt, merkāt < lat. mercatus = Handel, (Jahr)markt, zu: mercari = Handel treiben, zu: merx (Gen.: mercis) = Ware]: **1.** *Verkaufsveranstaltung, zu der in regelmäßigen Abständen an einem bestimmten Platz Händler u. Händlerinnen zusammenkommen, um Waren des täglichen Bedarfs an [fliegenden] Ständen zu verkaufen:* dienstags und freitags ist M.; die Bauern bringen ihr Gemüse auf den M.; auf dem M. herrscht großes Gedränge; auf den, über den, zum M. gehen. **2.** *[zentraler] Platz in einer Stadt, auf dem Markt* (1) *abgehalten wird od. früher wurde; Marktplatz.* **3. a)** *Angebot u. Nachfrage in Bezug auf Waren, Kauf u. Verkauf; Warenverkehr:* der M. ist übersättigt (Kaufmannsspr.; *das Angebot ist größer als die Nachfrage*); den M. genau studieren; etw. wird am M. angeboten; sich am M. behaupten können; ein neues Kochbuch auf den M. bringen; dieser Artikel ist ganz vom M. verschwunden; *** der Gemeinsame M.** *(die Europäische Wirtschaftsgemeinschaft;* LÜ von frz. Marché Commun); **Neuer M.** (Börsenw.; *Aktienmarkt für junge, auf Wachstum ausgerichtete Unternehmen aus zukunftsorientierten Branchen*); **schwarzer M.** *(Bereich des illegalen Handels mit verbotenen od. rationierten Waren);* **b)** *Absatzgebiet:* neue Märkte erschließen. **4.** kurz für ↑Supermarkt.

Markt|ana|ly|se, die (Wirtsch.): *Analyse der Marktlage, der wirtschaftlichen Möglichkeiten für den Absatz eines bestimmten Produkts.*

Markt|an|teil, der (Wirtsch.): *prozentualer Umsatzanteil eines Unternehmens am Umsatz aller Anbieter:* seinen M. zu vergrößern suchen; um -e kämpfen.

markt|be|herr|schend ⟨Adj.⟩ (Wirtsch.): *eine monopolartige Stellung auf dem Markt besitzend:* ein -es Unternehmen.

Markt|be|herr|schung, die (Wirtsch.): *herrschende Stellung auf dem Markt mit der Macht, die Preise zu diktieren.*

Markt|be|o|bach|ter, der (Wirtsch.): *jmd., der im Rahmen der Marktforschung die wirtschaftliche Entwicklung beobachtet.*

Markt|be|o|bach|te|rin, die: w. Form zu ↑Marktbeobachter.

Markt|be|richt, der (Wirtsch.): *Bericht über Angebote auf dem Markt u. über die Preisentwicklung.*

Markt|brun|nen, der: *Brunnen auf einem Marktplatz.*

Markt|bu|de, die: *Marktstand.*

Markt|chan|ce, die ⟨meist Pl.⟩: *Chance, sich auf dem Markt* (3 a) *durchzusetzen, zu behaupten.*

markt|fä|hig ⟨Adj.⟩ (Wirtsch.): *(von Waren) für den [Massen]absatz geeignet:* dieses neue Produkt ist noch nicht m.

Markt|fah|rer, der (österr.): *Händler, der von Markt zu Markt fährt.*

Markt|fah|re|rin, die: w. Form zu ↑Marktfahrer.

Markt|fle|cken, der: *kleiner Ort, der das Marktrecht hat [u. in dem Markt abgehalten wird].*

Markt|for|schung, die (Wirtsch.): *nach wissenschaftlichen Kriterien erfolgende Untersuchung des Marktes* (3).

Markt|frau, die: *Händlerin, die ihre Waren auf dem Markt verkauft.*

Markt|frie|de[n], der (MA.): *besonderer Rechtsschutz für Markt u. Marktbesucher.*

markt|füh|rend ⟨Adj.⟩ (Wirtsch.): *die größten Marktanteile besitzend.*

Markt|füh|rer, der (Wirtsch.): *in seiner Branche marktführendes Unternehmen:* M. sein, werden.

Markt|füh|re|rin, die: w. Form zu ↑Marktführer.

mạrkt|gän|gig ⟨Adj.⟩ (Wirtsch.): *leicht absetzbar, problemlos zu verkaufen:* -e Ware.
Mạrkt|ge|mein|de, die (südd., österr.): *Marktflecken.*
mạrkt|ge|recht ⟨Adj.⟩: *den Bedingungen des Marktes* (3) *entsprechend.*
Mạrkt|hal|le, die: *große Halle mit festen Ständen, in der bes. Großmärkte untergebracht sind.*
Mạrkt|händ|ler, der: *Händler, der seine Ware auf einem Markt* (2) *anbietet.*
Mạrkt|händ|le|rin, die: w. Form zu ↑Markthändler.
Mạrkt|korb, der: **1.** *Einkaufskorb.* **2.** (früher) *großer Tragekorb, mit dem die Marktfrauen ihre Ware auf den Markt brachten.*
Mạrkt|la|ge, die (Wirtsch.): *Verhältnis von Angebot u. Nachfrage (in einem bestimmten Bereich); Wirtschaftslage.*
Mạrkt|lea|der, der: *Marktführer.*
Mạrkt|lü|cke, die: *fehlendes Angebot einer Ware, einer Warenart o. Ä., für die Bedarf besteht:* eine M. entdecken, schließen.
Mạrkt|ord|nung, die (Wirtsch.): **1.** *staatliche Bestimmungen, die Angebot u. Preise in gewissem Umfang regeln (bes. bei landwirtschaftlichen Erzeugnissen zur Schaffung gleicher Wettbewerbsbedingungen für alle Staaten der EU).* **2.** *Vorschriften zur Abhaltung von Wochen- u. Jahrmärkten.*
mạrkt|ori|en|tiert ⟨Adj.⟩: *auf die Gesetze des Marktes* (3) *u. die jeweilige Marktlage gerichtet:* -es Verhalten.
Mạrkt|platz, der: *Markt* (2).
Mạrkt|preis, der (Wirtsch.): *Preis, der sich auf dem freien Markt* (3) *im Zusammenspiel von Angebot u. Nachfrage gebildet hat.*
Mạrkt|recht, das (früher): **1.** *einem Ort verliehenes Recht, Markt abzuhalten.* **2.** *für die Abhaltung des Marktes geltende Rechtsbestimmungen.*
Mạrkt|schrei|er, der (abwertend): *Markthändler, der seine Ware in aufdringlicher Weise lautstark anpreist.*
Mạrkt|schrei|e|rin, die; -, -nen: w. Form zu ↑Marktschreier.
mạrkt|schrei|e|risch ⟨Adj.⟩ (abwertend): *lautstark, aufdringlich werbend:* -e Reklame; das Plakat wirkt grell und m.
Mạrkt|stand, der: *auf einem Markt* (2) *gebrauchter, leicht auf- u. abzubauender [mit einem Zeltdach überspannter] Verkaufstisch.*
Mạrkt|tag, der: *Wochentag, an dem Markt gehalten wird:* Donnerstag ist M.
mạrkt|üb|lich ⟨Adj.⟩: *wie auf dem freien Markt* (3) *üblich:* -e Mieten.
Mạrkt|weib, das (salopp, meist abwertend): *[kräftige, derbe] Marktfrau.*
Mạrkt|wert, der (Wirtsch.): *augenblicklicher Wert, den eine Ware auf dem Markt* (3) *hat:* Ü mit der Stellenanzeige will er seinen M. testen.
Mạrkt|wirt|schaft, die (Wirtsch.): *auf dem Mechanismus von Angebot u. Nachfrage u. der Grundlage privatwirtschaftlicher Produktion beruhendes Wirtschaftssystem:* freie M.; soziale M. (*Marktwirtschaft, bei der der Staat zur Minderung sozialer Härten u. zur Sicherung des freien Wettbewerbs eingreift;* 1947 gepr. von dem dt. Ökonomen u. Soziologen A. Müller-Armack, 1901–1978).
mạrkt|wirt|schaft|lich ⟨Adj.⟩: *die Marktwirtschaft betreffend, nach ihr ausgerichtet:* ein -es System; m. orientierte Staaten.
Mar|kus|evan|ge|li|um, das ⟨o. Pl.⟩: Evangelium (2 b) nach dem Evangelisten Markus.
Mạr|mel, die; -, -n [mhd. marmel, ahd. marmul, murmul = Marmor, eigtl. = marmorne Spielkugel] (landsch.): *Murmel.*
Mar|me|la|de, die; -, -n [port. marmelada = (Quitten)marmelade, zu: marmelo = Quitte < lat. melimelum < griech. melímēlon = Honigapfel]: **1.** *als Brotaufstrich verwendete, mit Zucker eingekochte Früchte:* ein Glas M.; M. kochen. **2.** *(nach einer Verordnung der Europäischen Gemeinschaft) süßer Brotaufstrich aus Zitrusfrüchten.*
Mar|me|la|de|brot usw.: vgl. Marmeladenbrot usw.
Mar|me|la|den|brot, das: *mit Marmelade bestrichenes [Butter]brot.*
Mar|me|la|den|ei|mer, der: *Eimer, der Marmelade enthält od. in dem sich Marmelade befunden hat.*
Mar|me|la|den|fül|lung, die: *Füllung* (2 a) *aus Marmelade.*
Mar|me|la|den|glas, das ⟨Pl. …gläser⟩: *[Einmach]glas für Marmelade.*
mạr|meln ⟨sw. V.; hat⟩ (landsch.): *mit Murmeln spielen.*
Mạr|mor, der; -s, -e [lat. marmor < griech. mármaros, eigtl. = Felsblock, gebrochener Stein]: *weißes od. farbiges, häufig geädertes, sehr hartes Kalkgestein, das bes. in der Bildhauerei u. als Baumaterial verwendet wird:* weißer, polierter M.; eine Statue aus M.
mạr|mor|ar|tig ⟨Adj.⟩: *wie Marmor [aussehend o. ä.]:* -er Kunststein.
Mạr|mor|bild, das: *Standbild, Plastik aus Marmor.*
Mạr|mor|block, der ⟨Pl. …blöcke⟩: *unbehauener Block aus Marmor.*
Mạr|mor|büs|te, die: *Büste* (1) *aus Marmor.*
mạr|mor|ge|tä|felt ⟨Adj.⟩: *mit einer Täfelung aus Marmor versehen.*
mar|mo|rie|ren ⟨sw. V.; hat⟩ [nach lat. marmorare = mit Marmor überziehen]: *mit einem der Zeichnung von Marmor ähnlichen Muster versehen:* marmoriertes Papier.
Mar|mo|rie|rung, die; -, -en: **a)** *das Marmorieren;* **b)** *das Marmoriertsein.*
Mạr|mor|ku|chen, der: *Rührkuchen, bei dem der mit Kakao vermengte Teil des Teiges mit dem hellen Teig so in die Kuchenform gefüllt wird, dass die aufgeschnittenen Scheiben marmoriert aussehen.*
mạr|morn ⟨Adj.⟩: **1.** *aus Marmor [hergestellt]:* eine -e Tischplatte. **2.** (geh.) *wie [aus] Marmor:* -e Blässe.
Mạr|mor|plas|tik, die: *Plastik, Standbild aus Marmor.*
Mạr|mor|plat|te, die: *Platte aus Marmor:* Tische mit -n.
Mạr|mor|saal, der: *Saal, dessen Wände mit Marmor ausgekleidet sind.*
Mạr|mor|säu|le, die: vgl. Marmorplatte.
Mạr|mor|ta|fel, die: *Gedenktafel o. Ä. aus Marmor.*
Mạr|mor|tisch, der: *Tisch mit Marmorplatte.*
Mạr|mor|trep|pe, die: vgl. Marmorplatte.
Mạr|ne, die; -: Fluss in Frankreich.
ma|rod ⟨Adj.⟩ (österr. ugs.): *leicht krank.*
ma|ro|de ⟨Adj.⟩ [urspr. Soldatenspr. des 30-jährigen Krieges = marschunfähig u. während des Nachziehens plündernd, zu frz. maraud = Lump, Vagabund, H. u.]: **1.** (veraltend, noch landsch.) *erschöpft, ermattet.* **2.** *heruntergekommen, ruiniert, abgewirtschaftet:* eine -e Firma; eine Welt, m. vom Wohlstand.
Ma|ro|deur […'dø:ɐ̯], der; -s, -e [frz. maraudeur] (Soldatenspr. früher): *plündernder Nachzügler einer Truppe.*
Ma|rok|ka|ner, der; -s, -: Ew. zu ↑Marokko.
Ma|rok|ka|ne|rin, die; -, -nen: w. Form zu ↑Marokkaner.
ma|rok|ka|nisch ⟨Adj.⟩: *Marokko, die Marokkaner betreffend; von den Marokkanern stammend, zu ihnen gehörend.*
Ma|rọk|ko; -s: Staat in Nordwestafrika.
Ma|ro|ne, die; -, -n [frz. marron < ital. marrone, H. u.]: **1.** ⟨Pl. auch: …ni⟩ *[geröstete] Esskastanie.* **2.** *Maronenpilz.*
Ma|ro|nen|pilz, der, **Ma|ro|nen|röh|r|ling,** der: *essbarer Röhrenpilz mit kastanienbraunem Hut.*
Ma|ro|ni: 1. die; -, - (südd., österr.): *Marone* (1). **2.** Pl. von ↑Marone (1).
Ma|ro|ni|bra|ter, der; -s, - (österr.): *jmd., der im Freien Esskastanien röstet u. verkauft.*
Ma|ro|ni|bra|te|rin, die; -, -nen: w. Form zu ↑Maronibrater.
Ma|ro|quin […'kɛ̃:], der, auch: das; -s [frz. maroquin, zu: Maroc = Marokko, da diese Art Leder hier zuerst gefertigt worden sein soll]: *feines, genarbtes Ziegenleder.*
Ma|rọt|te, die; -, -n [frz. marotte = Narrenkappe, Narrheit, urspr. = kleine Heiligenfigur (der Maria), Puppe, dann: Narrenzepter mit Puppenkopf, Vkl. von: Marie = Maria]: *seltsame, schrullige Eigenart, Angewohnheit:* seine M. ist, nie ohne Schirm auszugehen.
Mar|quess ['markvɪs], der; -, - [engl. marquess < älter engl. marquis < afrz. marchis, ↑Marquis]: **1.** ⟨o. Pl.⟩ *englischer Adelstitel.* **2.** *Träger des Titels Marquess.*
Mar|quis [mar'ki:], der; - […ki:(s)], - […ki:s; frz. marquis (afrz. marchis) = Markgraf, zu: marche = Grenzland, Grenze, zu ↑[2]Mark]: **1.** ⟨o. Pl.⟩ *französischer Adelstitel im Rang zwischen Graf u. Herzog.* **2.** *Träger des Titels Marquis.*
Mar|qui|sat, das; -[e]s, -e [frz. marquisat]: **1.** *Würde eines Marquis.* **2.** *Herrschaftsbereich eines Marquis.*
Mar|qui|se, die; -, -n: **1.** w. Form zu ↑Marquis. **2.** *Ehefrau eines Marquis.*
Mar|qui|set|te, die; -, auch: der; -s [Fantasiebez., eigtl. Vkl. von ↑Marquise]: *durchsichtiger Gardinenstoff.*
Mar|ro|ni (schweiz.): ↑Maroni (1).
[1]Mars (röm. Myth.): Kriegsgott.
[2]Mars, der; -: (von der Sonne aus gerechnet) vierter Planet unseres Sonnensystems.
[3]Mars, der; -, -e [mniederd. mars, merse < mniederl. me(e)rse, eigtl. = Waren(korb) < lat. merces (Pl.) = Waren] (Seemannsspr.): *Plattform am unteren Ende der Marsstenge.*
mạrsch ⟨Interj.⟩ [älter: marche < frz. marche, Imp. von: marcher, ↑marschieren]: **a)** militärisches Kommando loszumarschieren: kehrt m.!; **b)** (ugs.) Aufforderung wegzugehen, sich zu beeilen o. Ä.: m., an die Arbeit!
[1]Mạrsch, der; -[e]s, Märsche [frz. marche, zu: marcher, ↑marschieren]: **1. a)** *das Marschieren* (1 a); **b)** *das Marschieren* (1 b): einen langen M. hinter sich haben; *** der lange M. durch die Institutionen** (nach dem Langen Marsch der chinesischen Roten Armee unter Mao Tse-tung 1934/1935 von Kiangsi nach Schensi; *die geduldige, zähe Arbeit innerhalb des bestehenden Systems mit dem Ziel der Verwirklichung gesellschaftspolitischer Veränderungen*); **c)** (Milit.) *das Marschieren* (2): die Einheiten waren auf dem M. an die Front; *** jmdn. in M. setzen** (*jmdn. veranlassen loszumarschieren, etw. zu tun, zu erledigen*). **2.** *Musikstück in geradem Takt u. im Rhythmus des Marschierens [zur Unterstreichung des Gleichschritts]:* einen M. spielen; *** jmdm. den M. blasen** (salopp; *jmdn. zurechtweisen*).
[2]Mạrsch, die; -, -en [aus dem Niederd. < mniederd. marsch, mersch, asächs. mersc, verw. mit ↑Meer]: *flaches, sehr fruchtbares Land hinter den Deichen an der Nordseeküste.*
Mạr|schall, der; -s, Marschälle [frz. maréchal, aus dem Fränk., vgl. mhd. marschalc, ahd. marahscalc = Pferdeknecht; zu mhd. marc(h), ahd. marah = Pferd (vgl. Mähre) u. mhd. schalc, ahd. scalc, ↑Schalk] (früher): **1.** *hoher höfischer Beamter; Hofmarschall.* **2. a)** ⟨o. Pl.⟩ *hoher militärischer Dienstgrad;* **b)** *Offizier des Dienstgrades Marschall* (2 a).
Mạr|schalls|stab usw.: ↑Marschallstab usw.
Mạr|schall|stab, der: *Stab als Zeichen des Ranges eines Marschalls* (2).
Mạrsch|be|fehl, der (Milit.): *Befehl, sich [zu einem bestimmten Ziel] in Marsch zu setzen.*
mạrsch|be|reit ⟨Adj.⟩: *fertig, bereit zum Abmarsch.*
Mạrsch|block, der ⟨Pl. …blöcke u. -s⟩: *in sich geschlossener Teil marschierender Personen:* einen M. bilden.
Mạrsch|bo|den, der: *Boden der [2]Marsch.*
Mạr|schen|dorf, das: *Dorf in der [2]Marsch.*

M

Mạrsch|flug|kör|per, der (Milit.): *unbemannter militärischer Flugkörper, der sehr niedrig fliegen u. mit einem konventionellen od. mit einem nuklearen Sprengsatz ausgerüstet werden kann:* M. stationieren.

Mạrsch|ge|päck, das (Milit.): *vorschriftsmäßige Ausrüstung eines Soldaten für einen Marsch.*

mar|schie̲|ren ⟨sw. V.; ist⟩ [frz. marcher < afrz. marcher = mit den Füßen treten, wahrsch. zu einem altfränkischen Verb mit der Bed. »eine Fußspur hinterlassen«, verw. mit ↑[2]Mark]: 1. a) *(von geordneten Gruppen od. Formationen) sich in gleichmäßigem Rhythmus [über größere Entfernungen] fortbewegen:* im Gleichschritt m.; marschierende Kolonnen; b) *in relativ schnellem Tempo mit großen Schritten [eine größere Strecke] zu Fuß gehen:* wir sind heute drei Stunden marschiert; c) (ugs.) *sich [unaufhaltsam] vorwärts auf ein Ziel zubewegen:* der Fortschritt marschiert. 2. (Milit.) *(von Truppen[verbänden]) sich geordnet in geschlossenen Gruppen fortbewegen:* Panzerdivisionen marschierten gen Osten.

Mạrsch|ko|lon|ne, die (Milit.): *marschierende Kolonne.*

Mạrsch|kom|pass, der: *einfacher, bes. beim Marschieren verwendeter Kompass.*

Mạrsch|land, das ⟨o. Pl.⟩: *[2]Marsch.*

mạrsch|mä|ßig ⟨Adj.⟩: 1. *wie es für einen [1]Marsch* (1) *nötig ist.* 2. *in der Art eines [1]Marschs* (2).

Mạrsch|mu|sik, die: *Musik in Form von [1]Märschen* (2).

Mạrsch|ord|nung, die (Milit.): *Ordnung* (5 b), *in der marschiert wird.*

Mạrsch|pau|se, die: *Pause, Rast während eines Marsches:* eine M. einlegen.

Mạrsch|rhyth|mus, der ⟨o. Pl.⟩: *Rhythmus eines [1]Marsches* (2).

Mạrsch|rich|tung, die (Milit.): *Richtung, in die ein Marsch geht:* die M. festlegen; Ü die außenpolitische M. der Regierung.

Mạrsch|rou|te, die (Milit.): *Route für einen Marsch:* die M. festlegen; Ü die M. *(die Vorgehensweise)* für die Verhandlungen besprechen.

Mạrsch|säu|le, die: *großer [beeindruckender] Zug marschierender Personen bei Paraden, Demonstrationen o. Ä.*

Mạrsch|schritt, der: *gleichmäßiger Schritt beim Marschieren.*

Mạrsch|stie|fel, der: *fester Stiefel zum Marschieren.*

Mạrsch|tem|po, das: a) *[schnelles] Tempo, in dem marschiert wird;* b) *Tempo eines [1]Marsches* (2).

Mạrsch|ver|pfle|gung, die (bes. Milit.): *Verpflegung für einen Marsch.*

Mar|seil|lai|se [marsɛˈjɛːzə, frz.: ...ˈjɛːz], die; - [frz. Marseillaise; das Lied wurde zuerst von Revolutionären aus Marseille gesungen, die 1792 zu einem Fest nach Paris gekommen waren]: französische Nationalhymne.

Mar|seille [marˈsɛːj]: Stadt in Südfrankreich.

Mạrs|mensch, der: *fiktives menschenähnliches Lebewesen vom [2]Mars.*

Mạrs|son|de, die: *Raumsonde zur Erforschung des [2]Mars.*

Mạrs|sten|ge, die [zu ↑[3]Mars] (Seemannsspr.): *Verlängerung eines Mastes.*

Mar|stall, der; -[e]s, ...ställe [mhd. mar(ch)stal, ahd. marstal = Pferdestall; vgl. Marschall] (früher): 1. *Stallungen für Pferde und Wagen eines Fürsten.* 2. *Gesamtheit der Pferde eines Fürsten.*

mar|te|lé [...ˈleː] ⟨Adv.⟩ [frz. martelé, eigtl. = gehämmert, zu spätlat. martellum = kleiner Hammer] (Musik): *(bei Streichinstrumenten) mit fest gestrichenem Bogen:* eine Phrase mit m. spielen.

Mạr|ter, die; -, -n [mhd. marter(e), ahd. martira, martara < kirchenlat. martyrium, ↑Martyrium] (geh.): *[absichtlich zugefügte] seelische od. körperliche Qual.*

Mạr|ter|in|stru|ment, das: *Foltergerät.*

Mạr|terl, das; -s, -n [zu veraltet Marter = Darstellung des gegeißelten Christus] (bayr., österr.): *Tafel mit Bild u. Inschrift, Pfeiler aus Holz oder Stein mit Kruzifix od. Heiligenbild [zur Erinnerung an ein Unglück].*

mạr|tern ⟨sw. V.; hat⟩ [mhd. marter(e)n, ahd. martirōn, martarōn] (geh.): a) *foltern; physisch quälen:* jmdn. zu Tode m.; b) *jmdm., sich [seelische, geistige] Qual, Pein bereiten:* jmdn., sich mit Vorwürfen m.; schreckliche Träume marterten sie.

Mạr|ter|pfahl, der: *(früher bei nordamerikanischen Indianern üblicher) hölzerner Pfahl, an den Gefangene gebunden [u. an dem sie gefoltert] wurden:* am M. sterben.

Mạr|ter|tod, der (geh.): *Tod durch Folter; Märtyrertod.*

Mạr|ter|werk|zeug, das: *Folterwerkzeug.*

mar|ti|a̲|lisch ⟨Adj.⟩ [lat. Martialis = zum Kriegsgott Mars gehörend] (bildungsspr.): *kriegerisch, furchteinflößend, grimmig:* -es Äußeres; m. aussehen.

Mạr|tin|gal, das; -s, -e [frz. martingale < provenz. martegalo] (Reiten): *im Pferdesport verwendeter Hilfszügel, der zwischen den Vorderbeinen des Pferdes hindurchführt.*

Mạr|tin-Horn®, das; -[e]s, ...-Hörner [nach dem Namen der Herstellerfirma Max B. Martin KG]: *akustisches Warnsignal von Polizeiautos, Feuerwehr und Krankenwagen.*

Mar|ti̲|ni, das; - ⟨meist ohne Art.⟩: *Martinstag.*

Mạr|tins|gans, die: *nach altem Brauch am Martinstag gegessener Gänsebraten.*

Mạr|tins|horn, das ⟨Pl. ...hörner⟩: *Martin-Horn.*

Mạr|tins|tag, der: *Fest des heiligen Martin (Bischof von Tours, etwa 316–397) am 11. Nov.*

Mạ̈r|ty|rer, der; -s, - [im 16. Jh. nach lat.-griech. Vorbild für mhd. (md.) merterēre, mhd. marterære, marterer, ahd. martirāri < kirchenlat. martyr < griech. mártyr = (Blut)zeuge]: a) *jmd., der um des christlichen Glaubens willen Verfolgungen, schweres körperliches Leid, den Tod auf sich nimmt:* die frühchristlichen M.; b) (bildungsspr.) *jmd., der sich für seine Überzeugung opfert od. Verfolgungen auf sich nimmt:* jmdn. zum M. machen.

Mạ̈r|ty|re|rin, Märtyrin, die; -, -nen [17. Jh., vgl. Märtyrer; dafür älter nhd. märterin]: w. Formen zu ↑Märtyrer.

Mạ̈r|ty|rer|tod, der: *Tod als Märtyrer[in]:* den M. erleiden.

Mạ̈r|ty|rer|tum, das; -s: *das Märtyrersein.*

Mạ̈r|ty|rin: ↑Märtyrerin.

Mar|ty|ri|um, das; -s, ...ien [kirchenlat. martyrium = Blutzeugnis für die Wahrheit der christl. Religion < griech. martýrion = (Blut)zeugnis]: 1. *schweres Leiden [bis zum Tod] um des Glaubens od. der Überzeugung willen:* ein M. auf sich nehmen; Ü die Ehe war für sie ein einziges M. 2. *Grabkirche eines christlichen Märtyrers, einer christlichen Märtyrerin.*

Mar|ty|ro|lo|gi|um, das; -s, ...ien [mlat. martyrologium] (kath. Kirche): *liturgisches Buch mit Verzeichnis der Märtyrer[innen] u. Heiligen u. ihrer Feste.*

Ma|ru̲n|ke, die; -, -n [aus dem Slaw., vgl. tschech. meruňka = Aprikose, poln. (mundartl.) mierunka, marunka < lat. (prunus) armeniaca = armenische Pflaume] (ostmd.): *Eierpflaume; gelbe Pflaume.*

Mar|xịs|mus, der; -, ...men [nach dem dt. Philosophen u. Nationalökonomen K. Marx (1818–1883)]: 1. ⟨o. Pl.⟩ *von Marx u. Engels begründete Lehre, die auf einer mit der Methode des dialektischen Materialismus erfolgenden Betrachtung der Gesellschaft beruht u. die die revolutionäre Umgestaltung der Klassengesellschaft in eine klassenlose Gesellschaft zum Ziel hat:* die Lehre des M. 2. *aus dem marxistischen Jargon stammendes sprachliches od. stilistisches Element in gesprochenen od. geschriebenen Texten.*

Mar|xịs|mus-Le|ni|nịs|mus, der; -: *von Lenin weiterentwickelter Marxismus mit der Interpretation des zeitgenössischen Kapitalismus als Imperialismus.*

Mar|xịst, der; -en, -en: *Vertreter, Anhänger des Marxismus:* ein überzeugter M.

Mar|xịs|tin, die; -, -nen: w. Form zu ↑Marxist.

mar|xịs|tisch ⟨Adj.⟩: *den Marxismus betreffend, ihm entsprechend:* ein -er Politiker.

mar|xịs|tisch-le|ni|nịs|tisch ⟨Adj.⟩: *den Marxismus-Leninismus betreffend; den Grundsätzen des Marxismus-Leninismus entsprechend:* die -e Staatstheorie.

Ma|ry Jane [ˈmɛəri ˈdʒeɪn], das; - - [nach der Erklärung von ↑Marihuana (engl. marijuana) aus den span. w. Vorn. María (engl. Mary) u. Juana (engl. Jane)] (Jargon verhüllend): *Marihuana.*

Ma|ry|land [ˈmɛərilænd]; -s: Bundesstaat der USA.

Mạ̈rz, der; -[es], (dichter. auch noch:) -en, -e ⟨Pl. selten⟩ [mhd. merz(e), ahd. merzo, marceo < lat. Martius (mensis) = Monat des Kriegsgottes Mars]: *dritter Monat des Jahres.*

Mạ̈rz|be|cher: ↑Märzenbecher.

Mạ̈rz|bier: ↑Märzenbier.

Mạ̈r|zen|be|cher, der: *im frühen Frühjahr blühende Pflanze mit schmalen Blättern u. weißen, hängenden Blüten, deren Blütenblätter an der Spitze einen gelben bzw. grünen Fleck aufweisen.*

Mạ̈r|zen|bier, das [weil es urspr. im März gebraut wurde]: *dunkles Bockbier.*

Mạ̈r|zen|veil|chen, das: *Märzveilchen.*

Mạ̈rz|ge|fal|le|ne, der: *im Zusammenhang mit der Revolution im März 1848 Gefallener.*

Mar|zi|pa̲n [auch: ˈ– – –], das, österr., sonst selten: der; -s, -e [ital. marzapane, H. u.]: *weiche Masse aus fein gemahlenen Mandeln, Puderzucker u. Rosenwasser, aus der Süßigkeiten hergestellt werden.*

Mar|zi|pan|brot, das: *brotähnlich geformtes Gebilde aus Marzipan [mit einem Schokoladenüberzug].*

Mar|zi|pan|kar|tof|fel, die: *kleine, mit Kakao bestäubte Kugel aus Marzipan.*

Mar|zi|pan|schwein, Mar|zi|pan|schwein|chen, das: *aus [rosa eingefärbtem] Marzipan hergestelltes Figürchen in Form eines kleinen Schweins.*

Mar|zi|pan|tor|te, die: *Torte mit einer Füllung u./od. einem Überzug aus Marzipan.*

Mạ̈rz|son|ne, die ⟨o. Pl.⟩: *im Monat März (schon stärker) scheinende Sonne.*

Mạ̈rz|veil|chen, das: *Veilchen* (1).

Mas|ca̲|ra, die; -, -s u. der; -[s], -s [engl. mascara < span. máscara, älter ital. mascara, ↑Maske]: *pastenförmige Wimperntusche.*

Mas|car|po̲|ne, der; -s [ital. mascarpone]: *streichfähiger, milder, sahniger Doppelrahmfrischkäse.*

Mạ|sche, die; -, -n [mhd. masche, ahd. masca, urspr. = Geknüpftes; 3: wohl nach der alten Bed. »Fangnetz, zur Jagd verwendete Schlinge«]: 1. *Schlinge aus Garn, Draht o. Ä., die beim Stricken od. Häkeln od. durch Verknüpfen entsteht:* -n aufnehmen; eine M. fallen lassen *(beim Stricken von der Nadel gleiten lassen);* Ü durch die -n des Gesetzes schlüpfen *(der Bestrafung entgehen).* 2. (österr. u. schweiz.) *Schleife.* 3. (ugs.) *überraschende, schlaue Vorgehensweise [die zur Lösung eines Problems führt]; Trick:* es mit einer neuen M. versuchen.

Mạ|schen|draht, der: *flächiges Drahtgeflecht für Zäune u. Ä.*

Mạ|schen|draht|zaun, der: *Zaun aus Maschendraht.*

mạ|schen|fest ⟨Adj.⟩: *(von Damenstrümpfen) so hergestellt, dass sich keine Laufmaschen bilden können.*

Mạ|schen|mo|de, die: *Strickwarenmode.*

Mạ|schen|stich, der (Handarb.): *Stickstich, der wie eine rechte Masche aussieht.*

Mạ|schen|wa|re, die: *Strick- u. Wirkware.*

Mạ|scherl, das; -s, -n (österr.): *Schleife; Fliege* (2).

-ma|schig: in Zusb., z. B. engmaschig *(aus engen Maschen bestehend).*

Ma|schi̲|ne, die; -, -n [frz. machine < lat. machina = (Kriegs-, Belagerungs)maschine < griech.

(dorisch) māchanā́ für: mēchanḗ, ↑mechanisch]: **1. a)** *mechanische, aus beweglichen Teilen bestehende Vorrichtung, die Kraft od. Energie überträgt u. mit deren Hilfe bestimmte Arbeiten unter Einsparung menschlicher Arbeitskraft ausgeführt werden können:* landwirtschaftliche -n; die M. ist kaputt; eine M. konstruieren; das Zeitalter der M.; sie arbeitet wie eine M. (salopp; *unaufhörlich u. schafft entsprechend viel*); an einer M. arbeiten (*eine Maschine bedienen*); **b)** (ugs.) *Motor eines Autos:* die M. hat 70 PS. **2. a)** *bestimmtes Flugzeug:* eine M. der Lufthansa; **b)** (ugs.) *Motorrad:* eine schwere M.; **c)** (selten) *[Dampf]lokomotive.* **3. a)** kurz für ↑Schreibmaschine: ich schreibe M., habe M. geschrieben; der Chef diktiert [der Sekretärin] einen Brief in die M. (*die Sekretärin tippt den Brief unmittelbar, ohne ein Stenogramm aufzunehmen*); einen Brief mit der M. schreiben; **b)** kurz für ↑Nähmaschine; **c)** kurz für ↑Waschmaschine: drei -n (*Maschinenfüllungen*) Wäsche zu waschen haben. **4.** (salopp) *große, dicke Frau:* ist das eine M.!

ma|schi|ne|ge|schrie|ben: ↑maschinengeschrieben.

ma|schi|nell ⟨Adj.⟩ [nach frz. machinal < lat. machinalis]: **a)** *mithilfe einer Maschine:* die -e Herstellung eines Produktes; eine -e Übersetzung; ein m. (*mit Maschinen als Hilfsmitteln*) modern eingerichteter Betrieb; ein m. lesbarer (*maschinenlesbarer*) Ausweis; die Verpackung der Waren geschieht m.; **b)** *eine Maschine betreffend; in der Art einer Maschine:* er bewegte sich mit -er Gleichmäßigkeit.

Ma|schi|nen|ar|beit, die: *Arbeit mit Maschinen* (1 a).

Ma|schi|nen|bau, der ⟨o. Pl.⟩: **1.** *das Bauen von Maschinen* (1 a). **2.** *Lehrfach an einer technischen Hochschule, in dem die Konstruktion von Maschinen* (1 a) *gelehrt wird:* M. studieren.

Ma|schi|nen|bau|er, der; -s, -: *jmd., der Maschinen* (1 a) *konstruiert od. herstellt.*

Ma|schi|nen|bau|e|rin, die: w. Form zu ↑Maschinenbauer.

Ma|schi|nen|ele|ment, das ⟨meist Pl.⟩ (Technik): *Bauelement, das für die verschiedensten Maschinen* (1) *verwendet wird u. jeweils dem gleichen Zweck dient.*

Ma|schi|nen|fa|brik, die: *Fabrik, in der Maschinen* (1 a) *hergestellt werden.*

ma|schi|nen|ge|schrie|ben, maschinegeschrieben ⟨Adj.⟩: *mit der Schreibmaschine geschrieben:* ein -er Brief.

ma|schi|nen|ge|strickt ⟨Adj.⟩: *mit einer Strickmaschine gestrickt.*

Ma|schi|nen|ge|wehr, das: *auf einer entsprechenden Vorrichtung aufliegende automatische Schnellfeuerwaffe mit langem Lauf, bei der (nach Betätigen des Abzugs) das Laden u. Feuern automatisch erfolgt* (Abk.: MG).

Ma|schi|nen|ge|wehr|feu|er, das: *Feuer* (4) *eines Maschinengewehrs.*

Ma|schi|nen|hal|le, die: vgl. Maschinenraum.

Ma|schi|nen|kraft, die: *Kraft, Leistung einer Maschine* (1).

ma|schi|nen|les|bar ⟨Adj.⟩ (EDV): *für einen Computer o. Ä. lesbar:* ein -er Ausweis.

ma|schi|nen|mä|ßig ⟨Adj.⟩: *maschinell* (b).

Ma|schi|nen|meis|ter, der: **1.** *jmd., der für die Wartung der Maschinen* (1 a) *eines Betriebes verantwortlich ist.* **2.** *jmd., der für die maschinellen Anlagen eines Theaters verantwortlich ist.*

Ma|schi|nen|meis|te|rin, die: w. Form zu ↑Maschinenmeister (1, 2).

Ma|schi|nen|mensch, der (selten): *Roboter* (1 a).

ma|schi|nen|nah ⟨Adj.⟩ (EDV): *Art des Programmierens, die sich weitgehend an der Hardware orientiert.*

Ma|schi|nen|nä|he|rin, die: *Arbeiterin, die in einem Konfektionsbetrieb an einer Nähmaschine arbeitet.*

Ma|schi|nen|öl, das: *Schmieröl für Maschinen* (1 a).

ma|schi|nen|orien|tiert ⟨Adj.⟩ (EDV): *maschinennah.*

Ma|schi|nen|park, der: *Gesamtheit der Maschinen* (1) *eines Betriebes.*

Ma|schi|nen|pis|to|le, die: *automatische Schnellfeuerwaffe mit kurzem Lauf für den Nahkampf* (Abk.: MP, MPi).

Ma|schi|nen|raum, der: *Raum, z. B. auf Schiffen, in dem sich die Maschinen* (1 a) *befinden.*

Ma|schi|nen|satz, der ⟨o. Pl.⟩ (Druckw.): *mit einer Setzmaschine [die ganze Zeilen setzt u. gießt] hergestellter Satz.*

Ma|schi|nen|scha|den, der: *Schaden, Defekt an einer Maschine, bes. an einem Motor, in einem Flugzeug, Schiff, Auto o. Ä.*

Ma|schi|nen|schlos|ser, der: *jmd., der in einem Industriebetrieb große, komplizierte Maschinen zusammensetzt, baut* (Berufsbez.).

Ma|schi|nen|schlos|se|rin, die: w. Form zu ↑Maschinenschlosser.

Ma|schi|nen|schrei|ben, das; -s: *das Schreiben auf einer Schreibmaschine.*

Ma|schi|nen|schrei|ber, der: *jmd., der [gut] auf einer Schreibmaschine schreiben kann.*

Ma|schi|nen|schrei|be|rin, die: w. Form zu ↑Maschinenschreiber.

Ma|schi|nen|schrift, die: *mit einer Schreibmaschine geschriebene Schrift.*

ma|schi|nen|schrift|lich ⟨Adj.⟩: *mit einer Schreibmaschine geschrieben:* ein -er Text.

Ma|schi|nen|spra|che, die (EDV): *Programmiersprache.*

Ma|schi|nen|wä|sche, die: **1.** *das Waschen von Wäsche mit der Waschmaschine.* **2.** ⟨o. Pl.⟩ *Wäsche, die mit der Waschmaschine gewaschen wird.*

Ma|schi|nen|wech|sel, der: *das Auswechseln einer Lokomotive.*

Ma|schi|nen|zeit|al|ter, das: *Zeitalter, das von Existenz u. Einsatz von Maschinen* (1 a) *geprägt ist.*

Ma|schi|ne|rie, die; -, -n [zu ↑Maschine]: **1. a)** *[komplizierte, aus mehreren zusammenarbeitenden Teilen bestehende] maschinelle Einrichtung:* eine genial ausgedachte M.; **b)** (Theater) *maschinelle Bühneneinrichtungen.* **2.** (bildungsspr. abwertend) *System, in dem bestimmte Vorgänge automatisch ablaufen u. ein Eingreifen nur schwer od. gar nicht möglich ist:* in die gnadenlose M. der Justiz geraten.

Ma|schi|ne schrei|ben: s. Maschine (3 a).

Ma|schi|nist, der; -en, -en [frz. machiniste]: **1.** *Facharbeiter, der Maschinen* (1 a) *bedient u. überwacht.* **2.** *Leiter des Personals, das auf Schiffen die Maschinen bedient u. wartet.*

Ma|schi|nis|tin, die; -, -nen: w. Form zu ↑Maschinist (1, 2).

ma|schin|schrei|ben ⟨sw. V.; hat⟩ (österr.): *mit der Schreibmaschine schreiben.*

Ma|schin|schrei|ben, das; -s (österr.): ↑Maschinenschreiben.

Masch.-Schr. = Maschine[n]schreiben.

Ma|sel, das; -s (österr.): [1]*Massel.*

[1]**Ma|ser,** die; -, -n [mhd. maser, ahd. masar, H. u.]: *unregelmäßige, wellige Zeichnung, Musterung in bearbeitetem Holz.*

[2]**Ma|ser** [ˈmeɪzə], der; -s, - [engl. maser, Kurzwort aus: microwave amplification by stimulated emission of radiation] (Physik): *Gerät zur Erzeugung bzw. Verstärkung von Mikrowellen.*

Ma|ser|holz, das: *Holz mit* [1]*Masern.*

ma|se|rig ⟨Adj.⟩: *Maserung aufweisend; gemasert.*

ma|sern ⟨sw. V.; hat; meist im 2. Part.⟩ [mhd. masern, spätahd. masarōn = knorrige Auswüchse bilden]: *mit Maserung versehen:* gemasertes Holz.

Ma|sern ⟨Pl.⟩ [wohl Pl. von ↑[1]Maser, viell. beeinflusst von niederd. maseln = Masern (vgl. mniederd. masel[e] = Pustel, Pickel; mhd. masel, ahd. masala = Furunkel)]: *[im Kindesalter auftretende] Infektionskrankheit mit hohem Fieber u. rotem Hautausschlag.*

Ma|se|rung, die; -, -en: *wellige Musterung in Holz, Marmor, Leder o. Ä.*

Mas|ke, die; -, -n [frz. masque < ital. maschera, älter: mascara, wohl zu arab. masḫara[h] = Verspottung; Possenreißer; drollig]: **1. a)** *vor dem Gesicht getragene, das Gesicht einer bestimmten Figur, einen bestimmten Gesichtsausdruck darstellende [steife] Form aus Pappe, Leder, Holz o. Ä. als Requisit des Theaters, Tanzes, der Magie:* eine M. tragen; sein Gesicht erstarrte zur M. (*wurde maskenhaft starr*); **Ü** er trägt die M. des Unschuldigen (*tut so, sieht so aus, als ob er unschuldig sei*); * **die M. fallen lassen/von sich werfen** (*eine Verstellung aufgeben; sein wahres Gesicht zeigen*); **b)** *maskierte, verkleidete Person:* die M. flüsterte ihm etwas zu; **c)** *mithilfe eines Gipsabdrucks hergestellte Nachbildung eines Gesichts; Gipsmaske; Totenmaske.* **2. a)** *Gegenstand, der zu einem bestimmten Zweck vor dem Gesicht getragen wird* (z. B. Atemmaske, Gasmaske, Schutzmaske); **b)** kurz für ↑Gesichtsmaske (2). **3.** (Theater) *durch Schminke, Bart, Perücke entsprechend seiner Rolle verändertes Gesicht eines Darstellers:* die M. des Mephisto. **4.** (Zool.) *Zeichnung am Kopf von Tieren, die sich farblich deutlich abhebt:* der Hund hat eine schwarze M. **5.** (Fot.) **a)** *Schablone zum Abdecken eines Negativs beim Belichten od. Kopieren;* **b)** *halbdurchlässiger Filter, mit dem die Farb- und Tonwerte bei der Reproduktion von Fotografien korrigiert werden können.* **6.** (Fachspr.) *Kopfhaut des geschlachteten Schweines (die z. B. als Einlage in Sülzen verwendet wird).* **7.** (bes. Fernsehen) *Raum, in dem die vor die Kamera Tretenden geschminkt werden; Schminkraum.* **8.** (EDV) *wie ein Formular aufgebaute Bildschirmoberfläche eines Computers, die zum Eintragen von strukturierten Daten auf den Bildschirm abgerufen werden kann.*

Mas|ken|ball, der: *Ball, bei dem die Teilnehmenden maskiert sind.*

Mas|ken|bild|ner, der: *jmd., der bei Theater, Film, Fernsehen die Schauspieler schminkt u. frisiert* (Berufsbez.).

Mas|ken|bild|ne|rin, die: w. Form zu ↑Maskenbildner.

Mas|ken|fest, das: vgl. Maskenball.

mas|ken|haft ⟨Adj.⟩: *in der Art einer Maske; starr, unbeweglich:* ihr Gesicht war bleich und m.

Mas|ken|kos|tüm, das: *Kostüm* (3 b).

Mas|ken|spiel, das: *Theaterstück, bei dem die Schauspieler[innen] Masken* (1 a) *tragen.*

Mas|ken|ver|leih, der: *Unternehmen, das Kostüme [u. Masken] verleiht.*

Mas|ke|ra|de, die; -, -n [span. mascarada = frz. mascarade < älter ital. mascarata = Maskenzug, zu: mascara, ↑Maske]: **1. a)** (geh. veraltend) *Verkleidung, Kostümierung:* eine fantasievolle M.; **b)** (bildungsspr.) *Verstellung, Heuchelei:* seine Freundlichkeit ist nur M. **2.** (veraltend) *Kostümfest, Maskenball.*

mas|kie|ren ⟨sw. V.; hat⟩ [frz. masquer, zu: masque, ↑Maske]: **1. a)** *das Gesicht [mit einer Maske] verändern od. unkenntlich machen:* ein maskierter Bankräuber; **b)** (landsch.) *kostümieren* (a): die Kinder waren als Indianer maskiert. **2.** *hinter etw. verbergen; verdecken, tarnen:* seine Schwäche mit forschem Auftreten m. **3.** (Kochk.) *eine Speise mit einer Soße, Glasur o. Ä. überziehen.* **4.** (Fot.) *Farb- und Tonwerte mithilfe einer Maske* (5 b) *korrigieren.*

Mas|kie|rung, die; -, -en: **1. a)** *das Verkleiden;* **b)** *die Verkleidung.* **2.** *das Verbergen, Tarnen.*

Mas|kott|chen, das; -s, -, (seltener:) **Mas|kot|te,** die; -, -n [frz. mascotte < provenz. mascoto = Zauberei, zu: masco = Zauberin, Hexe < mlat. masca, wohl aus dem Germ.]: *[als Anhänger verwendete] kleine Figur (z. B. Tier, Püppchen), selten auch Lebewesen, die bzw. das Glück bringen soll:* ein M. haben.

mas|ku|lin ⟨Adj.⟩ [lat. masculinus, zu: masculus = männlichen Geschlechts, Vkl. von: mas = männlich]: **1. a)** (selten) *für den Mann charakteristisch, männlich:* das -e Geschlecht; **b)** *betont männlich; (in Bezug auf die äußere Erschei-*

M

nung) das Männliche betonend: ein -er Typ, Mann; **c)** *als Frau männliche Züge habend, nicht weiblich:* sie ist ein etwas -er Typ. **2.** (Sprachw.) *mit männlichem Geschlecht:* ein -es Substantiv.

Mas|ku|li|num [auch: ...ˈliːnʊm], das; -s, ...na [lat. (genus) masculinum] (Sprachw.): **a)** *Substantiv mit männlichem Geschlecht:* »Hund« und »Stuhl« sind Maskulina; **b)** ⟨o. Pl.⟩ *männliches Geschlecht eines Substantivs.*

Ma|so|chis|mus, der; -, ...men [nach dem österr. Schriftsteller L. v. Sacher-Masoch (1836–1895)]: **a)** ⟨o. Pl.⟩ *Variante des sexuellen Erlebens, bei der die volle sexuelle Befriedigung mit dem Erleiden von Demütigung, Schmerz od. Qual einhergeht;* **b)** *masochistisches* (a) *Verhalten;* **c)** *selbstquälerisches Verhalten.*

Ma|so|chist, der; -en, -en: **a)** *jmd., der nur durch Erleiden von Demütigung, Schmerz od. Qual volle sexuelle Befriedigung erreicht:* M. sein; **b)** *jmd., der zu selbstquälerischem Verhalten neigt:* bei Kopfweh nehme ich eine Tablette, ich bin doch kein M.

Ma|so|chis|tin, die; -, -nen: w. Form zu ↑Masochist.

ma|so|chis|tisch ⟨Adj.⟩: **a)** *den Masochismus* (a) *betreffend; von Masochismus* (a) *bestimmt, geprägt:* m. veranlagt sein; **b)** *selbstquälerisch:* es ist doch m., sich so sehr der Kälte auszusetzen.

maß: ↑messen.

¹Maß, das; -es, -e [spätmhd. māȝ (Neutr.), vermischt aus mhd. māȝe (Fem.), ahd. māȝa = Zu-, Angemessenes; Art und Weise; Mäßigung u. mhd. meȝ (Neutr.) = Ausgemessenes, Richtung, Ziel; zu ↑messen]: **1. a)** *Einheit, mit der die Größe od. Menge von etw. gemessen wird; beim Messen geltende, verwendete Norm:* deutsche, englische -e; der Meter ist das M. für die Bestimmung der Länge; **b)** *genormter Gegenstand (wie Metermaß, Litermaß) zum Messen von Größe od. Menge:* ***ein gerüttelt M. [an/von etw.]** (geh.; *[bezogen auf etw. Negatives, auf etw. als unangenehm, als Zumutung Empfundenes] sehr, ziemlich viel;* nach Luk. 6, 38): dazu gehört ein gerüttelt M. [an/von] Unverschämtheit; **das M. ist voll** *(die Geduld ist zu Ende, es ist genug);* **mit zweierlei M. messen** *(unterschiedliche Maßstäbe anlegen; nicht nach objektiven Gesichtspunkten u. daher ungerecht urteilen).* **2.** ⟨meist Pl.⟩ *durch Messen festgestellte Zahl, Größe:* die -e eines Zimmers; der Schneider hat bei ihm M. genommen *(die Körpermaße festgestellt);* etw. nach M. anfertigen; ***jmdn. M. nehmen** (ugs.: **1.** *jmdn. in scharfem Ton zurechtweisen.* **2.** *jmdn. gehörig verprügeln).* **3.** *Grad* (1 a), *Ausmaß, Umfang* (2): im Essen M. halten *(Mäßigung üben);* ein hohes, höheres, gewisses M. an/von etw.; in höherem, stärkerem Maß[e] *(mehr, stärker),* in zunehmendem -e *(immer mehr, immer stärker);* ***in/mit -en** *(sehr maßvoll, gemäßigt;* zu dem veralteten Femininum Maße).

²Maß, die; -, -[e] ⟨aber: 3 Maß [Bier]⟩ [mhd. māȝe, ↑¹Maß] (bayr., österr.): *Menge von einem Liter Bier.*

Mas|sa|chu|setts [mæsəˈtʃuːsɛts]: Bundesstaat der USA.

Mas|sa|ge [maˈsaːʒə], die; -, -n [frz. massage, zu: masser, ↑¹massieren]: *der Lockerung u. Kräftigung der Muskeln sowie der Förderung der Durchblutung o. Ä. dienende Behandlung des Körpergewebes mit den Händen (durch Kneten, Klopfen, Streichen o. Ä.) od. mit mechanischen Apparaten:* M. bekommen.

Mas|sa|ge|in|sti|tut, das: **1.** *Praxis eines Masseurs, einer Masseurin.* **2.** (verhüll.) vgl. Massagesalon (2).

Mas|sa|ge|öl, das: *Öl, das bei der Massage verwendet wird.*

Mas|sa|ge|sa|lon, der: **1.** (veraltend) vgl. Massageinstitut (1). **2.** (verhüll.) *einem Bordell ähnliche, meist nicht offiziell geführte Einrichtung, in der bes. masturbatorische Praktiken geübt werden.*

Mas|sa|ge|stab, der: *mit Vibration arbeitendes stabförmiges Gerät zur sexuellen Reizung.*

Mas|sai [auch: ˈma...], der; -, -: Angehöriger eines Nomadenvolkes in Ostafrika.

Mas|sa|ker, das; -s, - [frz. massacre, H. u.]: *das Hinmorden einer großen Anzahl [unschuldiger, wehrloser] Menschen; Blutbad:* ein M. anrichten; es gab ein M.; es kam zu einem M.

mas|sa|krie|ren ⟨sw. V.; hat⟩ [frz. massacrer]: **1.** *in grausamer, brutaler Weise umbringen.* **2.** (ugs., meist scherzh.) *quälen.*

Maß|ana|ly|se, die (Chemie): *Analyse zur Bestimmung des quantitativen Gehalts eines in einer Lösung gelösten Stoffes.*

Maß|an|ga|be, die: *Angabe eines Maßes.*

Maß|an|zug, der: *für jmdn. eigens nach seinen Körpermaßen gearbeiteter Anzug.*

Maß|ar|beit, die: *Anfertigung von Möbeln, Kleidung o. Ä. genau nach angegebenen Maßen:* der Frack ist M.; Ü das war M. (ugs.; *sehr gut ausgeführt).*

Maß|be|zeich|nung, die: vgl. Maßangabe.

mä|ße: ↑messen.

Mas|se, die; -, -n [mhd. masse, spätahd. massa < lat. massa < griech. māza = Teig aus Gerstenmehl, Fladen]: **1.** *ungeformter, meist breiiger Stoff; unstrukturierte, meist weiche Materie:* eine zähe M. **2.** *große Anzahl, Menge:* beim Verkauf dieses Artikels macht es nur die M. *(bringt nur die große Menge an Verkauftem einen Vorteil);* eine M. faule[r] Äpfel/von faulen Äpfeln lag/(seltener:) lagen auf dem Boden; die Zuschauer kamen in -n. **3. a)** (oft abwertend) *großer Teil der Bevölkerung bes. im Hinblick auf das Fehlen individuellen, selbstständigen Denkens u. Handelns:* die breite M.; **b)** ⟨Pl.⟩ (marxist.) *unterdrückter Teil der Gesellschaft, der nach Emanzipation strebt u. daher [auf revolutionäre Weise] gesellschaftspolitisch besonders aktiv ist.* **4. a)** (Wirtsch.) kurz für ↑Konkursmasse; Ü einen so teuren Wagen können wir uns mangels M. (scherzh.; *aus Mangel an den notwendigen Geldmitteln)* nicht leisten; **b)** (Rechtsspr.) kurz für ↑Erbmasse. **5.** (Physik) *Eigenschaft der Materie* (1 b), *die Ursache u. Maß der Trägheit eines Körpers u. dessen Fähigkeit ist, durch Gravitation einen anderen Körper anzuziehen od. von ihm angezogen zu werden.*

Maß|ein|heit, die: *Einheit* (2) *zum Messen:* physikalische -en; der Meter als M. der Länge.

Maß|ein|tei|lung, die: *Einteilung nach einer Maßeinheit.*

¹Mas|sel, der, österr.: das; -s [jidd. massel < hebr. mazzạl = Stern; Schicksal] (salopp): *unverdientes, unerwartetes Glück:* sie hat unglaublichen M.

²Mas|sel, die; -, -n [ital. massello, eigtl. Vkl. von: massa < lat. massa, ↑Masse] (Gießerei, Hüttenw.): *durch Gießen in einer Form hergestellter, plattenförmiger Metallblock.*

mas|se|los ⟨Adj.⟩ (Physik, Astron.): *keine Masse* (5) *besitzend:* -e Elementarteilchen.

Mas|sen-: 1. kennzeichnet in Bildungen mit Substantiven etw. als von sehr vielen Leuten gemacht, getan oder in großer Menge erfolgend: Massenkriminalität, -start. **2.** drückt in Bildungen mit Substantiven aus, dass sehr viele Leute von etw. betroffen sind: Massenpsychose, -verhaftung. **3.** drückt in Bildungen mit Substantiven aus, dass etw. für sehr viele Leute bestimmt ist: Massenbedarfsartikel, -unterkunft.

-ma|ßen: wird mit 2. Partizipien und dem Fugenzeichen -er- zur Bildung von Adverbien verwendet/ *was ... ist, wird; wie allgemein ...:* angeborener-, bewusster-, zugegebenermaßen.

Mas|sen|ab|fer|ti|gung, die (oft abwertend): *Abfertigung einer großen Anzahl von Personen ohne Berücksichtigung individueller Unterschiede, Wünsche.*

Mas|sen|ab|satz, der: *Absatz, Verkauf von Waren in großen Mengen.*

Mas|sen|an|drang, der: *Zustrom vieler Menschen an einem Ort:* an der Kasse herrschte M.

Mas|sen|ar|beits|lo|sig|keit, die: *Arbeitslosigkeit, von der eine große Anzahl von Menschen betroffen ist.*

Mas|sen|ar|ti|kel, der: *in großen Mengen hergestellter u. verkaufter Artikel.*

Mas|sen|auf|ge|bot, das: *Aufgebot* (1) *einer großen Anzahl von Menschen, Material o. Ä.:* ein M. an Polizisten.

Mas|sen|be|darfs|ar|ti|kel, der: *Artikel, nach dem eine Nachfrage in großer Menge besteht.*

Mas|sen|be|för|de|rungs|mit|tel, das: *der Beförderung* (1) *von Menschen, Gütern, Waren in großen Mengen dienendes Beförderungs-, Verkehrsmittel.*

Mas|sen|be|we|gung, die: *weltanschauliche o. ä. Bewegung* (3 a), *von der sehr viele Menschen erfasst werden.*

Mas|sen|de|mons|tra|ti|on, die: *Demonstration, an der eine große Zahl von Menschen beteiligt ist.*

Mas|sen|ent|las|sung, die ⟨meist Pl.⟩: *Entlassung einer großen Anzahl von Arbeitnehmern (innerhalb kurzer Zeit):* -en vornehmen.

Mas|sen|fer|ti|gung, die: *[serienmäßige] Fertigung, Herstellung von Waren, Artikeln in großen Mengen.*

Mas|sen|ge|sell|schaft, die (Soziol.): *Gesellschaft, die durch Nivellierung u. anonymes Leben, durch Mangel an Individualität gekennzeichnet ist.*

Mas|sen|grab, das: *Grab, in dem eine große Zahl von Menschen, die einer Ermordung, Erschießung o. Ä. zum Opfer gefallen sind, beigesetzt sind.*

mas|sen|haft ⟨Adj.⟩ (oft emotional): *in großer Zahl, Menge [vorhanden]:* -es Auftreten von Schädlingen; dort wachsen m. (ugs.; *sehr viel)* Pilze.

Mas|sen|her|stel|lung, die: vgl. Massenfertigung.

Mas|sen|hin|rich|tung, die: vgl. Massenmord.

Mas|sen|hys|te|rie, die: *Hysterie* (2), *von der aus gleichem Anlass viele Menschen gleichzeitig od. innerhalb einer kurzen Zeit erfasst werden.*

Mas|sen|ka|ram|bo|la|ge, die: *Karambolage* (1 a), *an der viele Fahrzeuge beteiligt sind.*

Mas|sen|kom|mu|ni|ka|ti|ons|mit|tel, das: *Massenmedium.*

Mas|sen|kund|ge|bung, die: vgl. Massenveranstaltung.

Mas|sen|me|di|um, das ⟨meist Pl.⟩: *Kommunikationsmittel (z. B. Fernsehen, Rundfunk, Zeitung), das auf breite Kreise der Bevölkerung einwirkt:* das M. Fernsehen.

Mas|sen|mord, der: *Ermordung einer großen Anzahl von Menschen.*

Mas|sen|mör|der, der: **a)** *jmd., der mehrere Morde begangen hat;* **b)** *jmd., der sich an einem Massenmord beteiligt hat.*

Mas|sen|or|ga|ni|sa|ti|on, die (bes. DDR): *Organisation, der breite Kreise der Bevölkerung als Mitglieder angehören.*

Mas|sen|pro|duk|ti|on, die: *Produktion in großen Mengen.*

Mas|sen|psy|cho|se, die: *Massenhysterie.*

Mas|sen|quar|tier, das (abwertend): *Quartier für eine große Anzahl von Menschen.*

Mas|sen|schlä|ge|rei, die: *Schlägerei, an der eine größere Zahl von Personen beteiligt ist.*

Mas|sen|sport, der: *Sport, der sehr verbreitet ist, von sehr vielen Menschen betrieben wird.*

Mas|sen|ster|ben, das; -s: *das Sterben, Umkommen vieler gleichartiger Lebewesen innerhalb kurzer Zeit:* das M. von Fischen in verunreinigten Flüssen.

Mas|sen|sze|ne, die: *Szene (in Drama, Oper u. Film) mit einer großen Anzahl von Personen.*

Mas|sen|tier|hal|tung, die: *technisierte Tierhaltung in Großbetrieben zur Gewinnung möglichst vieler tierischer Produkte.*

Mas|sen|tou|ris|mus, der: *in großem Umfang betriebener Tourismus für breite Schichten der Bevölkerung:* die Folgen des M.

Mas|sen|ver|an|stal|tung, die: *Veranstaltung, an der eine große Anzahl von Menschen teilnimmt.*

Mas|sen|ver|haf|tung, die: *Verhaftung einer großen Zahl von Menschen innerhalb kurzer Zeit:* es kam zu -en.
Mas|sen|ver|kehrs|mit|tel, das: *Verkehrsmittel zur Beförderung von Menschen od. Gütern in großen Mengen.*
Mas|sen|ver|nich|tung, die: *Massenmord.*
Mas|sen|ver|nich|tungs|mit|tel, das ⟨meist Pl.⟩: *zu den ABC-Kampfmitteln gehörende Waffe, die in ihrer Wirkung eine herkömmliche Waffe um ein Vielfaches übertrifft u. Zerstörungen großen Ausmaßes anrichtet.*
Mas|sen|wa|re, die: *in großen Mengen produzierte Ware [minderer Qualität].*
mas|sen|wei|se ⟨Adv.⟩: *in großer Zahl, Menge:* dort wachsen m. Pilze; ⟨mit Verbalsubstantiven auch attr.:⟩ die m. Vernichtung von Insekten.
mas|sen|wirk|sam ⟨Adj.⟩: *eine starke Wirkung auf breite Schichten der Bevölkerung ausübend:* -e Reklame.
Mas|sen|wir|kung, die: *Wirkung, die jmd., etw. auf breite Schichten der Bevölkerung ausübt.*
Mas|sen|zahl, die (Physik): *Summe der Anzahl von Neutronen u. Protonen in einem Atom.*
Mas|seur [maˈsøːɐ̯], der; -s, -e [frz. masseur, zu: masser, ↑[1]massieren]: *jmd., der Massagen verabreicht* (Berufsbez.).
Mas|seu|rin [maˈsøːrɪn], die; -, -nen: w. Form zu ↑Masseur.
Mas|seu|se [maˈsøːzə], die; -, -n [1: frz. masseuse]: **1.** (früher) w. Form zu ↑Masseur. **2.** *in einem Massagesalon (2) arbeitende Prostituierte.*
Maß|ga|be, die: in den Fügungen **mit der M.** *(mit der Weisung):* mit der M., sich täglich zu spritzen, durfte der Patient nach Hause; **nach M.** (geh.; *einer Sache entsprechend, gemäß*): nach M. der Gesetze.
maß|ge|ar|bei|tet ⟨Adj.⟩: *eigens nach angegebenen Maßen angefertigt:* ein -er Anzug.
maß|ge|bend ⟨Adj.⟩: *als Richtschnur, Norm, Maß für ein Handeln, Urteil dienend:* eine -e Persönlichkeit; m. an etw. beteiligt sein.
maß|geb|lich ⟨Adj.⟩: *von entscheidender Bedeutung; in bedeutendem Maße:* -en Anteil an etw. haben; m. *(in besonderem Maße, entscheidend)* an etw. beteiligt sein; er hat diese Entwicklung m. *(in besonderer Weise, in hohem Maße)* bestimmt.
maß|ge|recht ⟨Adj.⟩: *in den richtigen Maßen:* ein m. zugeschnittenes Brett.
maß|ge|schnei|dert ⟨Adj.⟩: ↑maßschneidern: ein -er Anzug; ein -es Angebot.
Maß|hal|te|ap|pell, der: (bes. Politik) *Appell, öffentlich ausgesprochene Mahnung zum Maßhalten, zur Mäßigung.*
Maß hal|ten: s. [1]Maß (3).
maß|hal|tig ⟨Adj.⟩ (Technik): *die vorgeschriebenen Maße einhaltend.*
[1]**mas|sie|ren** ⟨sw. V.; hat⟩ [frz. masser, wohl zu arab. massa = berühren, betasten]: *jmds. Körper oder einen Teil davon mit den Händen streichen, kneten, klopfen o. Ä., um bes. die Durchblutung zu fördern, die Muskulatur zu lockern:* jmdn. m.; jmdm. den Rücken m.; sich m. lassen.
[2]**mas|sie|ren** ⟨sw. V.; hat⟩ [frz. masser, zu: masse < lat. massa, ↑Masse]: *(bes. im militärischen Bereich) an einem Ort, an einer Stelle zusammenziehen:* Truppen an wichtigen Orten m.; (Sport:) die Abwehr m.; ⟨häufig im 2. Part.:⟩ auf massierte Abwehr stoßen; massierte *(verstärkte)* Polizeieinsätze.
mas|sig ⟨Adj.⟩ [zu ↑Masse]: **1.** *aufgrund der Größe, des ausladenden Umfangs den Eindruck von lastendem Gewicht vermittelnd; wuchtig:* eine -e Gestalt; die Silhouette der Festung wirkte m. **2.** (ugs.) *massenhaft:* wir haben hier m. Arbeit.
mä|ßig ⟨Adj.⟩ [mhd. mæȥic, ahd. māȥig, zu ↑[1]Maß]: **1.** *das rechte Maß (3) einhaltend; maßvoll:* sie raucht nur m. **2.** *relativ gering; in nicht besonders hohem Maße:* ein -es Einkommen; der Besuch der Veranstaltung war m.; ein m. großer Raum. **3.** *wenig befriedigend, mittelmäßig:* ein -er Schüler; das Essen war ziemlich m. (abwertend; *es hat nicht gut geschmeckt*).
-mä|ßig: 1. drückt in Bildungen mit Substantiven aus, dass die beschriebene Person oder Sache vergleichbar mit jmdm., etw. ist/ *in der Art von jmdm., etw.:* jahrmarkt-, kellner-, robotermäßig. **2.** drückt in Bildungen mit Substantiven aus, dass die beschriebene Person oder Sache auf etw. basiert, beruht, einer Sache folgt/ *aufgrund von etw.:* gewohnheits-, routinemäßig. **3.** drückt in Bildungen mit Substantiven aus, dass einer Sache gemäß gehandelt o. Ä. wird/ *wie es etw. verlangt, vorsieht:* statusmäßig. **4.** bezeichnet in Bildungen mit Substantiven etw. als Mittel oder Ursache/ *mithilfe von, durch etw.:* blut-, willensmäßig. **5.** (ugs.) kennzeichnet in Bildungen mit Substantiven die Zugehörigkeit zu diesen/ *etw. betreffend, in Bezug auf etw.:* arbeitsplatz-, intelligenzmäßig.
mä|ßi|gen ⟨sw. V.; hat⟩ [mhd. mæȥigen, zu ↑mäßig] (geh.): **a)** *auf ein geringeres, das rechte Maß (3) herabmindern; geringer werden lassen; abschwächen; mildern, dämpfen, zügeln:* sein Tempo m.; sein Temperament m.; **b)** ⟨m. + sich⟩ *maßvoller werden, das rechte Maß (3) gewinnen:* du musst dich beim/im Essen und Trinken etwas m.; **c)** ⟨m. + sich⟩ *nachlassen, sich abschwächen:* die Hitze hat sich gemäßigt.
Mas|sig|keit, die; -: *massige (1) Art; massiges Aussehen.*
Mä|ßig|keit, die; -: **1.** *das Maßvollsein; mäßige (1) Lebensweise.* **2.** (selten) *mäßige (3) Qualität.*
Mä|ßi|gung, die; -: *das Mäßigen (a, b):* zur M. mahnen.
mas|siv ⟨Adj.⟩ [frz. massif, zu: masse < lat. massa, ↑Masse]: **1. a)** *nicht nur an der Oberfläche, sondern ganz aus dem gleichen, festen Material bestehend:* ein Ring aus -em Gold; der Schrank ist m. Eiche, ist Eiche m. *(ist ganz aus Eichenholz, nicht mit Eiche furniert)*; **b)** *in Massivbauweise ausgeführt:* ein -er Bau; **c)** *fest, kompakt [u. schwer, wuchtig wirkend]:* ein kräftiger, -er *(stämmig gebauter)* Mann. **2.** *(von etw. Unangenehmem) heftig, scharf, entschieden [u. in grober Weise erfolgend]:* -e/m. Kritik an jmdm. üben. **3.** *sehr nachhaltig, groß (in seinem Umfang):* -e Preissteigerungen; auf -e Ablehnung stoßen.
Mas|siv, das; -s, -e [frz. massif]: **1.** *Gebirge in seiner Gesamtheit; Gebirgsstock:* das M. der Schweizer Alpen. **2.** (Geol.) *durch Hebung u. Abtragung freigelegte Masse alter Gesteine.*
Mas|siv|bau, der ⟨Pl. -ten⟩: **1.** ⟨o. Pl.⟩ *das Bauen mit Beton, Stahlbeton u. Steinen als hauptsächlichen Baustoffen.* **2.** *in Massivbauweise errichteter Bau.*
Mas|siv|bau|wei|se, die; -: *Massivbau* (1).
Mas|si|vi|tät, die; -: *massive (1 c, 2) Art.*
Maß|kon|fek|ti|on, die: *nach individuellen Körpermaßen mit einer Anprobe von einem Konfektionsbetrieb angefertigte Oberbekleidung.*
Maß|krug, der (bes. südd., österr.): *Bierkrug, der eine [2]Maß fasst.*
Maß|lieb [auch: -ˈ-], das; -[e]s, -e, (häufiger:) **Maß|lieb|chen** [auch: -ˈ--], das; -s, - [LÜ von mniederl. matelieve, H. u.; viell. eigtl. = Esslust, nach der angeblich appetitanregenden Wirkung (zum 1. Bestandteil vgl. Mett)]: *Tausendschönchen; Gänseblümchen.*
maß|los ⟨Adj.⟩: **a)** *über das gewöhnliche Maß weit hinausgehend; unmäßig:* -e Forderungen; -er Zorn; ihre Forderungen waren m.; **b)** ⟨intensivierend bei Adj. und Verben⟩ *sehr, über die Maßen; außerordentlich:* sie ist m. eifersüchtig; sich m. über etw. aufregen.
Maß|lo|sig|keit, die; -: *das Maßlossein.*
Maß|nah|me, die [zum 2. Bestandteil vgl. Abnahme]: *Handlung, Regelung o. Ä., die etw. Bestimmtes bewirken soll:* eine unpopuläre M.; geeignete -n gegen etw. treffen.
Maß|nah|men|ka|ta|log, der: *Katalog (2) von Maßnahmen.*
Maß|nah|me|plan, der: *eine bestimmte Maßnahme, bestimmte Maßnahmen betreffender Plan.*
Maß|re|gel, die: *als genau einzuhaltende Richtlinie geltende Maßnahme, Vorschrift, Weisung:* strenge -n treffen.
maß|re|geln ⟨sw. V.; hat⟩: *jmdm. eine offizielle Rüge erteilen, ihn durch bestimmte Maßnahmen bestrafen:* man maßregelte ihn, hat sie wegen ihrer Versäumnisse gemaßregelt.
Maß|re|ge|lung, Maß|reg|lung, die: *das Maßregeln.*
Maß|schnei|der, der: *Schneider, der Oberbekleidung nach Maß anfertigt.*
Maß|schnei|de|rin, die: w. Form zu ↑Maßschneider.
maß|schnei|dern ⟨sw. V.; hat; meist im Inf. u. Part. gebr.⟩: *(als Schneider) nach Maß anfertigen:* ein maßgeschneiderter Anzug; **Ü** ein System m.
Maß|stab, der [spätmhd. mäȝstab = Messlatte, -stab]: **1.** *vorbildhafte Norm, nach der jmds. Handeln, Leistung beurteilt wird:* bei der Auswahl gelten strenge Maßstäbe; einen M. an etw. legen; er hat mit seiner Arbeit Maßstäbe gesetzt *(ein Vorbild geliefert).* **2.** (bes. Geogr.) *Verhältnis zwischen nachgebildeten Größen, bes. Strecken auf einer Landkarte, u. den entsprechenden Größen in der Wirklichkeit:* der M. dieser Karte ist 1 : 100 000; etw. in einem kleineren M. zeichnen. **3.** (selten) *mit der Einteilung nach Einheiten der Längenmaße versehener Stab; Lineal, Band o. Ä. zum Messen von Längen:* ein M. aus Holz.
maß|stab|ge|recht, maßstabsgerecht, **maß|stab|ge|treu,** maßstabsgetreu ⟨Adj.⟩: *dem angegebenen Maßstab genau entsprechend:* etw. m. wiedergeben.
maß|stä|big, (auch:) **maß|stäb|lich** ⟨Adj.⟩: *in einem bestimmten Maßstab [dargestellt].*
maß|stabs|ge|recht: ↑maßstabgerecht.
maß|stabs|ge|treu: ↑maßstabgetreu.
Maß|sys|tem, das: *System, systematische Zusammenfassung der (für bestimmte Bereiche geltenden) Maßeinheiten.*
maß|voll ⟨Adj.⟩: *das rechte Maß einhaltend; das normale Maß nicht übersteigend:* eine -e Lohnpolitik; in allem m. sein.
Maß|werk, das ⟨o. Pl.⟩ (Archit.): *aus geometrischen Formen gebildetes Ornament an gotischen Bauwerken, das bes. der Ausgestaltung von Fensterbögen u. zur Gliederung von Wandflächen, Portalen o. Ä. dient.*
Maß|zahl, die: *in technischen Zeichnungen die Länge der eingezeichneten Strecken angebende Zahl.*
[1]**Mast,** der; -[e]s, -en, auch: -e [mhd., ahd. mast]: **1.** *senkrecht stehendes Rundholz od. Stahlrohr auf Schiffen, an dem die Segel, Ladebäume o. Ä. befestigt sind:* im Sturm brach der M. **2.** *senkrecht stehende Stange aus Holz od. Metall, pfeilerähnlicher Träger aus Metall od. Beton zur Befestigung von Stromleitungen, Fahnen o. Ä.:* der M. eines Zirkuszeltes; die Fahne weht am M.
[2]**Mast,** die; -, -en ⟨Pl. selten⟩ [mhd., ahd. mast, urspr. = von Feuchtigkeit od. Fett Triefendes; verw. mit mhd., ahd. maȝ, ↑Mett]: **1.** *das Mästen bestimmter, zum Schlachten vorgesehener Haustiere:* die M. von Gänsen. **2.** (Jägerspr.) *Nahrung, wie Insektenlarven, Wurzeln o. Ä., die sich Wildschweine aus der Erde wühlen.* **3.** (Forstw.) *Eicheln, Bucheckern als Ertrag eines Jahres:* nicht jedes Jahr bringt eine volle M. von Bucheckern.
Mast|baum, der: [1]*Mast* (1).
Mast|darm, der [spätmhd. masdarm (1. Bestandteil zu mhd. maȝ, ↑Mett), eigtl. = Speisedarm]: *letzter Abschnitt des Dickdarms, der am After endet.*
Mast|darm|spie|gel, der: *Rektoskop.*
Mast|darm|spie|ge|lung, Mast|darm|spieg|lung, die: *Rektoskopie.*
mäs|ten ⟨sw. V.; hat⟩ [mhd., ahd. mesten, zu ↑[2]Mast]: *(bestimmte Schlachttiere) reichlich füttern, mit Mastfutter versorgen, um eine Zunahme an Fleisch, Fett zu bewirken:*

M

Schweine m.; Gänse mit Körnern m.; gemästetes Geflügel; Ü wie kann man nur seine Kinder so m.! (ugs.; *überfüttern*).

Mas|ten|te, die: *gemästete, zur* [2]*Mast* (1) *bestimmte Ente.*

Mas|ter, der; -s, - [engl. master < mengl. maistre < afrz. maistre, ↑Maître]: **1.** englische Anrede für *junger Herr.* **2. a)** ⟨o. Pl.⟩ *(in England u. in den USA) akademischer Grad:* M. of Arts (Abk.: M. A.); **b)** *Inhaber des Grades Master.* **3.** (Sport) *Leiter bei Parforcejagden.* **4.** (Technik) *Teil einer technischen Anlage, der die Arbeitsweise* (2) *eines anderen Teils od. mehrerer anderer Teile od. der gesamten Anlage entscheidend beeinflusst.* **5.** *(bei der Vervielfältigung z. B. von Tonaufnahmen) Kopie des Originals, die zur Herstellung weiterer Kopien verwendet wird.*

-mas|ter [zu [1]Mast] in Zus., z. B. Dreimaster.

Mäs|te|rei, die; -, -en: **1.** ⟨o. Pl.⟩ *[dauerndes] Mästen.* **2.** *Betrieb, in dem bestimmte Schlachttiere gemästet werden.*

Mas|te|rin, die; -, -nen: w. Form zu ↑Master (3).

Mas|ter|plan, der: *übergeordneter, weitreichender Plan:* Skizzen u. Masterpläne; Ü M. für Eurogeld.

Mast|fut|ter, das: *für die* [2]*Mast* (1) *geeignetes Futter.*

Mast|gans, die: vgl. Mastente.

Mast|hähn|chen, das: vgl. Mastente.

Mast|huhn, das: vgl. Mastente.

mas|tig ⟨Adj.⟩ [zu ↑[2]Mast] (landsch.): **a)** *(von Menschen) fett, dick;* **b)** *(von Speisen) fett [u. reichlich], schwer verdaulich;* **c)** *(von bestimmten Pflanzen, Wiesen o. Ä.) feucht, fett, üppig.*

-mas|tig: in Zusb., z. B. zweimastig *(mit zwei Masten ausgerüstet).*

Mas|tix, der; -[es] [spätmhd. mastix < lat. mastix, Nebenf. von: mastic(h)e < griech. mastíchē, zu: masãsthai = kauen, weil dieses Harz im Orient gekaut wurde]: **1.** *Harz des Mastixstrauches, das für Lacke, Kitte, Firnisse u. in der Medizin verwendet wird.* **2.** *bes. als Straßenbelag verwendetes Gemisch aus Steinmehl u. Bitumen.*

Mas|tix|strauch, der: *im Mittelmeerraum kultivierter, immergrüner Strauch, dessen Rinde wertvolle Gerbstoffe u. Harze enthält.*

Mast|korb, der: *am oberen Ende eines* [1]*Mastes* (1) *angebrachte [korbähnliche] Plattform.*

Mast|schwein, das: vgl. Mastente.

Mast|spit|ze, die: *Spitze eines* [1]*Mastes.*

Mäs|tung, die; -, -en ⟨Pl. selten⟩: *das Mästen.*

Mas|tur|ba|ti|on, die; -, -en [zu ↑masturbieren]: **a)** *geschlechtliche Befriedigung der eigenen Person durch manuelle Reizung der Geschlechtsorgane; Onanie;* **b)** *geschlechtliche Befriedigung einer anderen Person durch manuelle Reizung der Geschlechtsorgane.*

mas|tur|ba|to|risch ⟨Adj.⟩: *die Masturbation betreffend, auf ihr beruhend:* -e Praktiken.

mas|tur|bie|ren ⟨sw. V.; hat⟩ [lat. masturbari, wohl zu: manus = Hand u. stuprare = schänden]: **1.** *sich durch Masturbation befriedigen.* **2.** *bei jmdm. die Masturbation* (b) *ausüben.*

Ma|su|ren; -s: Landschaft im südlichen Ostpreußen.

ma|su|risch ⟨Adj.⟩: *Masuren betreffend, von dort stammend.*

Ma|sur|ka: ↑Mazurka.

Ma|ta|dor, der; -s, -e, auch: -en, -en [span. matador, zu: matar = töten < lat. mactare = schlachten]: **1.** *Stierkämpfer, der dem Stier den Todesstoß versetzt.* **2.** *hervorragender, berühmter, wichtigster Mann, führende Person:* -e des Wahlkampfes.

Ma|ta|do|rin, die; -, -nen: w. Form zu ↑Matador.

Match [mɛtʃ], das, auch, schweiz. nur: der; -[e]s, -s; auch: -e [engl. match]: *sportlicher Wettkampf in Form eines Spiels.*

Match|ball, der ([Tisch]tennis, Badminton): *über den Sieg entscheidender* [1]*Ball* (3).

Match|stra|fe, die [nach engl. match penalty (↑Penalty)] (Eishockey): *Ausschluss eines Spielers für den Rest des Spieles.*

Match|win|ner, der; -s, - (Sport Jargon): *Spieler in einem Mannschaftsspiel, der die Entscheidung für einen Sieg herbeiführt.*

Match|win|ne|rin, die; -, -nen: w. Form zu ↑Matchwinner.

[1]**Ma|te,** der; - [span. mate < Quechua (südamerik. Indianerspr.) mati, eigtl. = Gefäß, Korb (zur Aufbewahrung von Tee)]: *aus den gerösteten, koffeinhaltigen Blättern der Matepflanze zubereiteter Tee.*

[2]**Ma|te,** die; -, -n [zu ↑[1]Mate]: *Matepflanze.*

Ma|te|pflan|ze, die: *in Südamerika heimischer, zur Gattung der Stechpalmen gehörender Baum od. Strauch mit immergrünen, elliptischen Blättern, die für Mate verwendet werden.*

Ma|ter, die; -, -n [lat. mater = Mutter]: *Matrize* (1).

Ma|ter do|lo|ro|sa, die; - - [lat. = schmerzerfüllte Mutter, zu ↑Mater u. mlat. dolorosus, ↑doloroso] (Kunstwiss.): *Darstellung der Mutter Jesu in ihrem Schmerz über das Leiden ihres Sohnes.*

ma|te|ri|al ⟨Adj.⟩ [spätlat. materialis, zu lat. materia, ↑Materie]: **1.** (bildungsspr.) *einen Stoff betreffend; stofflich; als Material* (3) *gegeben.* **2.** (Philos.) *das Inhaltliche einer Gegebenheit betreffend, betonend.*

Ma|te|ri|al, das; -s, -ien [mlat. materiale = stoffliche, dingliche Sache, Rohstoff, zu spätlat. materialis, ↑material]: **1.** *Stoff, Werkstoff, Rohstoff, aus dem etw. besteht, gefertigt wird:* hochwertiges M. **2.** *Hilfsmittel, Gegenstände, die für eine bestimmte Arbeit, für die Herstellung von etw., als Ausrüstung o. Ä. benötigt werden:* -ien für die Arbeit im Büro. **3.** *Unterlagen, Belege, Nachweise o. Ä., die bei einer bestimmten Arbeit benötigt, benützt werden:* statistisches M.; belastendes M. *(Beweismittel)* gegen jmdn. beibringen. **4.** *für etw. zur Verfügung stehende, für etw. gebrauchte, zu etw. dienende Personengruppe* (wird oft als inhuman empfunden): er verfügt in dieser Schulklasse über sehr gutes M. *(eine Vielzahl sehr guter Schüler u. Schülerinnen).*

-ma|te|ri|al, das; -s: kennzeichnet in Bildungen mit Substantiven zusammenfassend eine bestimmte Anzahl von Personen als für eine bestimmte Aufgabe o. Ä. zur Verfügung stehend (wird oft als inhuman empfunden): Patienten-, Spielermaterial.

Ma|te|ri|al|aus|ga|be, die: **1.** *das Ausgeben von Material* (2). **2.** *Stelle (in einem Betrieb o. Ä.), an der Material* (2) *ausgegeben wird.*

Ma|te|ri|al|be|schaf|fung, die: *Beschaffung von Material* (2).

Ma|te|ri|al|er|mü|dung, die (Technik): vgl. Ermüdung (2).

Ma|te|ri|al|feh|ler, der: *in einem zur Herstellung von etw. verwendeten Material* (1) *bereits vorhandener Fehler.*

Ma|te|ri|a|li|en|samm|lung, die: *Materialsammlung.*

Ma|te|ri|a|li|sa|ti|on, die; -, -en [zu ↑materialisieren]: **1.** (Physik) *Umwandlung von Strahlungs- od. Bewegungsenergie in materielle Teilchen.* **2.** (Parapsych.) *Bildung einer körperhaften Erscheinung durch Vermittlung eines spiritistischen Mediums.*

ma|te|ri|a|li|sie|ren ⟨sw. V.; hat⟩: **1.** (Physik) **a)** *eine Materialisation* (1) *bewirken;* **b)** ⟨m. + sich⟩ *(von Strahlungs- od. Bewegungsenergie) sich in materielle Teilchen umwandeln.* **2.** (Parapsych.) **a)** *eine Materialisation* (2) *bewirken;* **b)** ⟨m. + sich⟩ *in einer Materialisation* (2) *in Erscheinung treten:* sie glaubte wirklich, der Geist ihrer Mutter habe sich materialisiert.

Ma|te|ri|a|lis|mus, der; - [frz. matérialisme]: **1.** (oft abwertend) *materielle* (2 b), *auf Besitz u. Gewinn bedachte Einstellung dem Leben gegenüber:* blanker, reiner M. **2.** *philosophische Lehre, die alles Wirkliche als Materie interpretiert od. von ihr ableitet:* der englische M.; dialektischer M. *(Lehre des Marxismus, die das Verhältnis des Bewusstseins zur objektiven Realität, die allgemeinen Gesetzmäßigkeiten der Natur, der Gesellschaft u. des Denkens sowie die Stellung des Menschen in der Welt unter dem Blickwinkel der wechselseitigen Durchdringung von Dialektik* (2) *u. Materialismus* (2) *betrachtet).*

Ma|te|ri|a|list, der; -en, -en [frz. matérialiste]: **1.** (oft abwertend) *jmd., der dem Materialismus* (1) *verhaftet ist.* **2.** *Vertreter, Anhänger des Materialismus* (2).

Ma|te|ri|a|lis|tin, die; -, -nen: w. Form zu ↑Materialist.

ma|te|ri|a|lis|tisch ⟨Adj.⟩: **1.** (oft abwertend) *vom Materialismus* (1) *bestimmt.* **2.** *den Materialismus* (2) *betreffend, ihm entsprechend.*

Ma|te|ri|al|kon|stan|te, die (Physik): *Konstante, feste Größe, die vom Material* (1) *eines untersuchten Körpers abhängt* (z. B. die Dichte).

Ma|te|ri|al|kos|ten ⟨Pl.⟩: *(bei der Herstellung von etw.) für das Material* (1, 2) *anfallende Kosten.*

Ma|te|ri|al|prü|fung, die: *Prüfung von Materialien* (1).

Ma|te|ri|al|samm|lung, die: *Zusammenstellung von Material* (3).

Ma|te|ri|al|schlacht, die (Milit.): *Schlacht mit starkem Einsatz von Kriegsmaterial.*

Ma|te|ri|al|wirt|schaft, die: *Bereich der Wirtschaft, der sich mit der Bereitstellung, Beschaffung, Lagerhaltung o. Ä. von Materialien* (1, 2) *befasst.*

Ma|te|rie, die; -, -n [spätmhd. materi, mhd. materje < lat. materia = Stoff; Thema, urspr. = der hervorbringende u. nährende Teil des Baumes (im Gegensatz zur Rinde u. zu den Zweigen), wahrsch. zu: mater, ↑Mater]: **1.** ⟨o. Pl.⟩ **a)** (bildungsspr.) *rein Stoffliches als Grundlage von dinglich Vorhandenem; stoffliche Substanz:* organische M.; **b)** (Physik, Chemie) *Stoff, Substanz ungeachtet des jeweiligen Aggregatzustandes u. im Unterschied zur Energie u. zum Vakuum (bes. im Hinblick auf die atomaren Bausteine makroskopischer Körper).* **2.** ⟨o. Pl.⟩ (Philos.) **a)** *(bes. bei Aristoteles) ewiger, völlig unbestimmter, unterschiedsloser Urstoff, der als Urprinzip der Bewegung dem Werden zugrunde liegt;* **b)** *außerhalb des menschlichen Bewusstseins vorhandene Wirklichkeit im Unterschied zum Geist.* **3.** (bildungsspr.) *Gegenstand, Thema einer Untersuchung, eines Gesprächs o. Ä.:* eine schwierige M.

ma|te|ri|ell ⟨Adj.⟩ [frz. matériel < spätlat. materialis, ↑material]: **1.** *die Materie* (1 a) *betreffend, auf ihr beruhend, von ihr bestimmt; stofflich, dinglich, gegenständlich, körperlich greifbar:* die -e Grundlage alles Geistigen. **2. a)** *die lebensnotwendigen Dinge, Güter betreffend, auf ihnen beruhend, zu ihnen gehörend; wirtschaftlich, finanziell:* -e Bedürfnisse; jmdn. m. unterstützen; **b)** (oft abwertend) *auf Besitz u. Gewinn, auf eigenen Nutzen u. Vorteil bedacht; unempfänglich für geistige, ideelle Werte; materialistisch* (1): m. eingestellt sein. **3.** *das Material* (1) *betreffend:* der -e Wert der Uhr ist gering.

ma|tern ⟨sw. V.; hat⟩ [zu ↑Mater] (Druckw.): *von einem Satz Matern herstellen.*

Ma|te|strauch, der: *Matepflanze.*

Ma|te|tee, der: [1]*Mate.*

Ma|the, die; - ⟨meist o. Art.⟩ [kurz für ↑Mathematik] (Schülerspr.): *Mathematik als Schulfach.*

Ma|the|ar|beit, die (Schülerspr.): *Klassenarbeit in Mathematik.*

Ma|the|ma|tik [matəma'ti:k, auch: ...'tɪk, österr.: ...'matɪk], die; - [lat. (ars) mathematica < griech. mathēmatikḗ (téchnē), zu: máthēma = Gelerntes, Kenntnis]: *Wissenschaft, Lehre von den Zahlen, Figuren, Mengen, ihren Abstraktionen, den zwischen ihnen möglichen Relationen, Verknüpfungen:* höhere M. *(Mathematik, wie sie vor allem in der Hochschule betrieben wird);* numerische, angewandte M. *(Bereich der Mathematik, der sich mit industriellen Anwendungen befasst);* er hat in M. *(im Unterrichtsfach Mathematik)* versagt.

Ma|the|ma|ti|ker, der; -s, - [lat. mathematicus]: *Wissenschaftler auf dem Gebiet der Mathematik.*

M

Ma|the|ma|ti|ke|rin, die; -, -nen: w. Form zu ↑Mathematiker.
Ma|the|ma|tik|leh|rer, der: *Lehrer für das Schulfach Mathematik.*
Ma|the|ma|tik|leh|re|rin, die: w. Form zu ↑Mathematiklehrer.
Ma|the|ma|tik|un|ter|richt, der: *Unterricht im Schulfach Mathematik.*
ma|the|ma|tisch ⟨Adj.⟩: *die Mathematik betreffend, auf ihren Gesetzen beruhend.*
ma|the|ma|ti|sie|ren ⟨sw. V.; hat⟩: *[in verstärktem Maß] mit mathematischen Methoden behandeln, untersuchen.*
Ma|ti|nee, die, -, ...een [frz. matinée, zu: matin = Morgen < lat. matutinum (tempus) = frühe Zeit]: *am Vormittag stattfindende künstlerische Veranstaltung.*
Mat|jes|he|ring, der; -s, -e [niederl. maatjesharing, eigtl. = Mädchenhering]: *gesalzener junger Hering (ohne Milch od. Rogen).*
Ma|trat|ze, die; -, -n [älter ital. materazzo < arab. maṭraḥ = Bodenkissen]: **1. a)** *mit Rosshaar, Seegras o. Ä. gefülltes od. aus Schaumstoff bestehendes, mit festem Stoff überzogenes Polster, das dem Sprungfederrahmen od. dem Lattenrost eines Bettes aufliegt:* *** an der M. horchen** (ugs. scherzh.; *im Bett liegen u. schlafen*); **b)** kurz für ↑Sprungfedermatratze; **c)** kurz für ↑Luftmatratze. **2.** (ugs. scherzh.) **a)** *dichter Vollbart;* **b)** *(bei Männern) dichte Behaarung auf der Brust.*
Mä|tres|se, die; -, -n [frz. maîtresse, eigtl. = Herrin, zu: maître, ↑Maître]: **1.** (früher) *[offizielle] Geliebte eines Fürsten.* **2.** (abwertend) *Geliebte bes. eines verheirateten Mannes.*
ma|tri|ar|chal, ma|tri|ar|cha|lisch ⟨Adj.⟩ [zu lat. mater (Gen.: matris) = Mutter u. griech. archḗ = Herrschaft]: *das Matriarchat betreffend, darauf beruhend:* eine -e Staatsform.
Ma|tri|ar|chat, das; -[e]s, -e: *Gesellschaftsordnung, bei der die Frau eine bevorzugte Stellung in Staat u. Familie innehat u. bei der in Erbfolge u. sozialer Stellung die weibliche Linie ausschlaggebend ist.*
Ma|tri|kel, die; -, -n [spätlat. matricula = öffentliches Verzeichnis, Vkl. von: matrix, ↑Matrix]: **1.** *(in bestimmten Bereichen, bes. an der Universität) amtliches Personenverzeichnis:* jmdn. aus der M. streichen. **2.** (österr.) *Personenstandsregister.*
Ma|trix, die; -, Matrizes u. Matrizen [spätlat. matrix (Gen.: matricis) = öffentliches Verzeichnis, Stammrolle, eigtl. = Gebärmutter]: **1.** (Biol.) **a)** *Hülle der Chromosomen;* **b)** *amorphe Grundsubstanz (z. B. des Bindegewebes);* **c)** *Keimschicht, aus der etwas (z. B. das Nagelbett) entsteht.* **2. a)** (Math.) *System von mathematischen Größen, das in einem Schema von waagerechten Zeilen u. senkrechten Spalten geordnet ist u. zur verkürzten Darstellung linearer Beziehungen in Naturwissenschaften, Technik u. Wirtschaftswissenschaften dient;* **b)** (EDV) *System, das einzelne zusammengehörende Faktoren darstellt u. zur verkürzten Darstellung linearer Beziehungen in Naturwissenschaften, Technik u. Wirtschaftswissenschaften dient.* **3.** (Sprachw.) *Schema zur Zuordnung von Merkmalen zu sprachlichen Einheiten, bes. zur Darstellung der Lautstruktur einer Sprache.*
Ma|trix|satz, der (Sprachw.): *übergeordneter Satz in einem komplexen Satz.*
Ma|tri|ze, die; -, -n [frz. matrice, eigtl. = Gebärmutter < spätlat. matrix, ↑Matrix]: **1.** (Druckw.) **a)** *(in der Schriftgießerei verwendete) Form aus Metall mit seitenverkehrt eingeprägten Buchstaben, die die Lettern liefert;* **b)** *in Pappe, Wachs, Blei od. anderem Werkstoff geprägte Abformung eines Schriftsatzes od. Bildes zur Herstellung einer Druckplatte;* **c)** *Folie, bes. gewachstes Blatt zur Herstellung von Vervielfältigungen.* **2.** (Technik) **a)** *unterer Teil einer Pressform, in dessen Hohlform ein Werkstoff mit einer Patrize hineingedrückt wird;* **b)** *negative Form zum Pressen von Schallplatten.*
Ma|tri|zen: Pl. von ↑Matrix.
Ma|tri|zes: Pl. von ↑Matrix.
Ma|tro|ne, die; -, -n [lat. matrona = verheiratete Frau, zu: mater, ↑Mater]: **1.** *ältere, Gesetztheit u. Würde ausstrahlende Frau.* **2.** (abwertend) *ältere, füllige Frau.*
ma|tro|nen|haft ⟨Adj⟩ (meist abwertend): *von der Art einer Matrone*
Ma|tro|ny|mi|kon: ↑Metronymikon.
Ma|trosch|ka, die; -, -s [russ. matrëška, Vkl. von: mat' (Gen.: materi) = Mutter < lat. mater, ↑Mater]: *aus zwei Teilen zusammengesetzte Figur mit aufgemalter Darstellung einer weiblichen Person, die in ihrem hohlen Inneren mehrere kleinere Exemplare der gleichen Form in Größenabstufungen enthält; Puppe in der Puppe.*
Ma|tro|se, der; -n, -n [niederl. matroos, umgebildet < frz. matelot, altfrz. matenot, wohl < mniederl. mattenoot, eigtl. = Matten-, Schlafgenosse]: **1.** *Seemann der Handelsschifffahrt mit mehrjähriger Ausbildung* (Berufsbez.). **2. a)** ⟨o. Pl.⟩ *unterster Mannschaftsdienstgrad bei der Bundesmarine;* **b)** *Soldat des Dienstgrades Matrose* (2 a).
Ma|tro|sen|an|zug, der: *der Kleidung der Matrosen ähnliches Kleidungsstück für Jungen.*
Ma|tro|sen|kra|gen, der: *für die Kleidung der Matrosen charakteristischer, breiter, umgelegter, auf dem Rücken rechteckig abschließender Kragen.*
Ma|tro|sen|müt|ze, die: *zur Kleidung der Matrosen gehörende runde Mütze, von deren hinterem Rand zwei lange Bänder herunterhängen.*
Ma|tro|sen|uni|form, die: *Uniform der Matrosen.*
matsch ⟨Adj.⟩ [a: zu ↑matschen; c (u. wohl auch b): zu ↑Matsch (1)] (salopp): **a)** *(von Obst o. Ä.) [durch Überreife] weich u. schmierig; faul;* **b)** *völlig erschöpft, schlapp;* **c)** (Kartenspiel, Sport) *verloren, besiegt:* m. werden *(verlieren).*
Matsch, der; -[e]s, -e [1: älter: Martsch, zu ital. marcio = faul, verdorben < lat. marcidus = welk, morsch: nach dem Ausdruck beim (Karten)spiel far (dar) marcio = einen Matsch machen, alle Stiche verlieren; 2: zu ↑matschen]: **1.** (Kartenspiel) *vollständiger Verlust eines Spiels.* **2.** ⟨o. Pl.⟩ (ugs.) **a)** *feuchter, breiiger Schmutz; nasse, schmierige Erde; halb getauter, schlammiger Schnee:* in den M. fallen; **b)** *weiche, breiige Masse:* die Tomaten waren zu M. geworden.
mat|schen ⟨sw. V.; hat⟩ [lautm.] (ugs.): *im Matsch* (2 a) *herumrühren, mit Matsch spielen.*
mat|schig ⟨Adj.⟩ (ugs.): **1. a)** *durch Niederschläge o. Ä. aufgeweicht; schlammig, voller Matsch* (2 a): -e Wege; **b)** *aufgrund von Überreife, beginnender Fäulnis o. Ä. weich u. schmierig:* -e Birnen. **2.** *erschöpft; elend:* ein -es Gefühl.
Matsch|wet|ter, das ⟨o. Pl.⟩ (ugs.): *Wetter mit häufigen Niederschlägen, bei dem die Wege aufgeweicht, die Straßen voll von nassem Schmutz sind.*
matt ⟨Adj.⟩ [mhd. mat = schwach; glanzlos durch roman. Vermittlung (frz. mat, ital. matto, span. mate) < arab. māta = (ist) gestorben, tot, in: šāh māta, ↑schachmatt]: **1. a)** *von Müdigkeit, Erschöpfung o. Ä. schwach; ermattet, zerschlagen:* die -en Glieder ausstrecken; sie war nach der Krankheit ganz m.; **b)** *nicht kräftig, von nur geringer Stärke:* ein -es *(nur angedeutetes)* Lächeln; sie winkte nur m. **2. a)** *ohne [rechten] Glanz; nicht spiegelnd:* sie hatte ganz -e *(trübe, glanzlose)* Augen; m. gebeizte Möbel; **b)** *nur schwach leuchtend, nicht intensiv, gedämpft:* ein -er Lichtschein; die Farben wirkten m.; m. erleuchtete Fenster. **3.** *als Äußerung o. Ä. im Gehalt zu schwach u. daher nicht überzeugend:* eine -e Entschuldigung; er protestierte m. *(ohne Nachdruck).* **4.** *** [Schach und] m.!** (Schachspiel; [von Laien gemachte] Bemerkung, die den Gegner informiert, dass er das Spiel verloren hat); **m. sein** (Schachspiel; *besiegt sein, die Schachpartie verloren haben*); **jmdn. m. setzen** (1. Schachspiel; *den Gegner besiegen.* 2. *jmdm. jede Möglichkeit zum Handeln nehmen, ihn als Gegner ausschalten*).
Matt, das; -s, -s ⟨Pl. selten⟩ (Schachspiel): *das Ende einer Schachpartie bedeutende Stellung, bei der die Bedrohung des Königs durch keinen Zug mehr abgewendet werden kann:* das M. herbeiführen; Ü die Konferenz endete mit einem M.
matt|blau ⟨Adj.⟩: *von einem nicht leuchtenden, nicht intensiven Blau:* der Stoff ist m.
[1]Mat|te, die; -, -n [mhd. matte, ahd. matta < spätlat. matta]: **a)** *Unterlage o. Ä. aus grobem Geflecht od. Gewebe aus Binsen, künstlichen Fasern o. Ä.:* eine M. aus Schilf; **b)** (Sport) *Unterlage aus weichem, federndem Material mit festem Überzug (zur Abschwächung von Sprüngen beim Turnen, als Fläche für die Kämpfe im Ringen o. Ä.):* die Ringer betraten die M.; den Gegner auf die M. werfen; *** auf der M. stehen** (ugs.; 1. *zur Stelle, einsatzbereit sein.* 2. *mit bestimmten Problemen, Forderungen o. Ä. an jmdn. herantreten*).
[2]Mat|te, die; -, -n [mhd. mat(t)e, ahd. matta = Wiese, eigtl. = Wiese, die gemäht wird (im Unterschied zur Weide), zu ↑[2]Mahd, mähen] (schweiz., sonst dichter.): *Bergwiese.*
Mat|ter|horn, das; -[e]s: Berg in den Walliser Alpen.
matt|gelb ⟨Adj.⟩: vgl. mattblau.
Matt|glas, das: *undurchsichtiges, lichtdurchlässiges Glas.*
Matt|gold, das: *matt schimmerndes, stumpfes Gold.*
matt|gol|den ⟨Adj.⟩: *aus Mattgold.*
matt|grün ⟨Adj.⟩: vgl. mattblau.
Mat|thäi: in der Wendung **bei jmdm. ist M. am Letzten** (ugs.; *jmd. ist finanziell od. gesundheitlich am Ende;* wohl in Anspielung auf das in den letzten Worten des Matthäusevangeliums ausgesprochene Ende der Welt, eigtl. = am Ende des Matthäusevangeliums).
Mat|thä|us|evan|ge|li|um, das ⟨o. Pl.⟩: Evangelium (2 b) nach dem Evangelisten Matthäus.
Matt|heit, die; - [zu ↑matt]: *das Mattsein.*
mat|tie|ren ⟨sw. V.; hat⟩ [frz. matir, zu: mat, ↑matt]: *matt* (2 a), *glanzlos, stumpf, undurchsichtig machen:* Holz [durch Beizen] m.; ⟨häufiger im 2. Part.:⟩ mattiertes Glas *(Mattglas).*
Mat|tie|rung, die; -: **1.** *das Mattieren.* **2.** *auf einem Gegenstand aufgebrachte mattierende Schicht; matter Lack o. Ä.*
Mat|tig|keit, die; -: *das Mattsein; Müdigkeit, Erschöpfung.*
Matt|schei|be, die: **1.** *Scheibe aus Mattglas:* die M. in einer Spiegelreflexkamera; *** M. haben** (salopp; *geistig nicht voll aufnahmefähig sein; leicht benommen sein*). **2.** (ugs.) *Bildschirm eines Fernsehgerätes.*
Ma|tu|ra, die; - [zu lat. maturus = reif, tauglich] (österr., schweiz.): *Abitur.*
Ma|tu|rand, der; -en, -en (schweiz., sonst veraltet): *Abiturient.*
Ma|tu|ran|din, die; -, -nen: w. Form zu ↑Maturand.
Ma|tu|rant, der; -en, -en [zu ↑Matura] (österr.): *Abiturient.*
Ma|tu|ran|tin, die; -, -nen: w. Form zu ↑Maturant.
ma|tu|rie|ren ⟨sw. V.; hat⟩ [zu ↑Matura] (österr., schweiz.): *die Matura ablegen.*
Ma|tu|ri|tät, die; - [lat. maturitas = Reife, zu: maturus = reif, tauglich]: **1.** (veraltet) *Reife[zustand]:* geistige M. **2.** (schweiz.) **a)** *Abitur;* **b)** *Hochschulreife.*
Ma|tu|ri|täts|zeug|nis, das (schweiz.): *Abiturzeugnis.*
Ma|tu|rum, das; -s [viell. gek. aus nlat. examen maturum = Reifeprüfung, zu lat. maturus = reif, tauglich] (veraltet): *Abitur.*
Matz, der; -es, -e u. Mätze [landsch. Kosef. des m. Vorn. Matthias] (fam. scherzh.): *niedlicher kleiner Junge.*
Mätz|chen, das; -s, - [wohl zu ↑Matz in der älteren Bed. »dummer, törichter Kerl«] (ugs.): **a)** ⟨Pl.⟩ *Possen, Unsinn:* Kinder, lasst die M.!; **b)** ⟨meist

M

Pl.⟩ *törichte, nicht ernst zu nehmende Handlung, mit der man Eindruck zu machen, eine bestimmte Wirkung zu erzielen sucht; Trick, Kniff:* er hat solche M. nicht nötig.

Mat|ze, (auch:) Mazze, **Mat|zen,** (auch:) Mazzen, der; -s, - [jidd. matzo < hebr. mazzôt (Pl.)]: *(von den Juden während der Passahzeit gegessenes) ungesäuertes Fladenbrot.*

mau ⟨Adj.⟩ [wohl zusgez. aus ↑flau u. ↑matt, viell. auch zu mauen in der älteren Bed. »weinerlich, verdrießlich sein«] (salopp): **1.** *flau, unwohl:* mir ist ganz m. **2.** *schlecht* (2): die Geschäfte gehen m.

Mau|er, die; -, -n [mhd. mūre, ahd. mūra < lat. murus (m.)]: **1. a)** *Wand aus Steinen [u. Mörtel]:* eine hohe M.; eine M. abreißen; in den -n unserer (dichter.; *in unserer*) Stadt; das Grundstück ist von einer M. umgeben; Ü die M. *(die in starker Ablehnung bestehende Schranke)* des Schweigens durchbrechen; **b)** *(von der DDR am 13. 8. 1961 errichtetes) durch Berlin verlaufendes Bauwerk, das die Stadt politisch (in einen östlichen u. einen westlichen Teil) teilte:* die Berliner M.; vor der M. *(vor dem Mauerbau);* nach der M. *(nach dem Mauerbau)* änderte sich für viele das Leben in der DDR; auch Jahre nach der M. *(nach der Öffnung der Grenzen zwischen der DDR und der Bundesrepublik)* sind Ost und West noch nicht zusammengewachsen. **2.** (Pferdesport) *Hindernis aus aufeinander gelegten Holzkästen [u. einem Sockel aus Steinen].* **3.** (Fußball, Handball) *Linie, Kette von Spielern zur Sicherung des Tors bei Freistößen bzw. Freiwürfen:* er schoss durch die M. ins Tor.

Mau|er|ar|beit, die [zu ↑mauern]: *Maurerarbeit.*

Mau|er|bau, der ⟨o. Pl.⟩: *der Bau der Mauer* (1b).

Mau|er|blüm|chen, das [nach dem Vergleich mit einer Blume, die an einer Mauer blüht, wo man sie leicht übersieht; älter Mauerblume = Bez. für den häufig an Gartenmauern entlang gepflanzten Goldlack] (ugs.): **1. a)** *Mädchen, das beim Tanzen nur selten aufgefordert wird;* **b)** *unscheinbares Mädchen, das von Männern kaum beachtet wird.* **2.** *Person od. Sache, der wenig Beachtung, Aufmerksamkeit zuteil wird.*

M

Mau|er|bre|cher, der (früher): *metallbeschlagener Stoßbalken zum Einbrechen von Festungsmauern o. Ä.*

Mau|e|rei, die; - (abwertend): *[dauerndes] Mauern.*

Mau|er|fall, der [nach der Öffnung der Mauer (1b) in dieser Nacht] (ugs.): *Öffnung der Grenzen der DDR zur Bundesrepublik Deutschland am 9. November 1989.*

Mau|er|fu|ge, die: [1]*Fuge* (1) *in einer Mauer.*

Mau|er|kel|le, die [zu: mauern]: *Maurerkelle.*

Mau|er|kro|ne, die: *oberer Abschluss der Mauer.*

Mau|er|loch, das: *Loch in einer Mauer.*

Mau|er|meis|ter, der [zu ↑mauern]: *Maurermeister.*

Mau|er|meis|te|rin, die: w. Form zu ↑Mauermeister.

mau|ern ⟨sw. V.; hat⟩ [1: mhd. mūren, zu ↑Mauer; 2: unter Einfluss von »mauern« (1) u. Mauer (3) viell. zu gaunerspr. maura = Furcht, Angst, wohl zu jidd. mora < hebr. môrā, also eigtl. = sich ängstlich verschanzen]: **1.** *aus [Bau]steinen [u. Mörtel] bauen, errichten:* eine Wand m.; ⟨auch ohne Akk.-Obj.:⟩ sie haben bis in die Nacht hinein gemauert. **2.** (Ballspiele Jargon) *das eigene Tor mit [fast] allen Spielern verteidigen; übertrieben defensiv spielen:* der Tabellenzweite mauerte von Beginn an. **3.** (Kartenspiel Jargon) *trotz guter Karten zurückhaltend spielen, kein Spiel wagen:* einer der Skatspieler mauerte ständig.

Mau|er|ni|sche, die: vgl. Mauerfuge.

Mau|er|öff|nung, vgl. Mauerfall.

Mau|er|pfef|fer, der: *auf Mauern u. Felsen wachsende, gelb blühende Fetthenne, deren Stängel u. Zweige pfefferartig scharf schmecken.*

Mau|er|rest, der: *Rest von einer (verfallenen) Mauer.*

Mau|er|rit|ze, die: vgl. Mauerloch.

Mau|er|schüt|ze, der: *Angehöriger der Nationalen Volksarmee der DDR, der auf DDR-Bürger, die bei einem Fluchtversuch an der Mauer* (1b) *angetroffen wurden, geschossen hat.*

Mau|er|seg|ler, der: *der Schwalbe ähnlicher Vogel mit gegabeltem Schwanz u. sehr langen, sichelförmigen Flügeln, der seine Nester vor allem unter Dachrinnen und in Mauernischen baut.*

Mau|er|specht, der (scherzh.): *jmd., der ein kleines Stück vom Mauerwerk bes. der Mauer* (1b) *zur Erinnerung herausbricht od. herausgebrochen hat.*

Mau|er|stein, der: **1.** *Baustein zur Herstellung von Mauerwerk.* **2.** (Bauw.) *ungebrannter Baustein.*

Mau|e|rung, die; -, -en ⟨Pl. selten⟩: *das Mauern* (1).

Mau|er|vor|sprung, der: *Vorsprung einer Mauer.*

Mau|er|werk, das ⟨Pl. selten⟩: **1.** *(aus Bau-, Mauersteinen) gemauertes Gefüge.* **2.** *Gesamtheit der Mauern eines Gebäudes.*

Mau|er|zie|gel, der: *gebrannter Baustein; Ziegelstein.*

Mau|ke, die; -, -n [mniederd. muke, H. u.]: **1.** *Entzündung am Fesselgelenk (bei Huf- u. Klauentieren).* **2.** (ugs. veraltend) *Gicht, Zipperlein.* **3.** ⟨meist Pl.⟩ (landsch. ugs.): *Fuß:* zieh mal deine -n ein!

Maul, das; -[e]s, Mäuler [mhd. mūl(e), ahd. mūl(a), urspr. lautm.]: **1.** *dem Aufnehmen der Nahrung dienende Öffnung an der Vorderseite des Kopfes bei Tieren:* das M. des Fischs; das M. aufreißen. **2.** (derb abwertend) **a)** [1]*Mund* (1a): gierig schmatzende Mäuler; mach endlich das/dein M. auf! *(rede endlich!);* Ü er hat zehn hungrige Mäuler zu stopfen *(zehn hungrige Kinder zu ernähren);* * **ein großes M. haben/führen** (derb; *großsprecherisch, prahlerisch reden; das große Wort führen*); **sich** ⟨Dativ⟩ **das M. [über jmdn.] zerreißen** (derb; *sich über jmdn. wegen etw. in übler Nachrede ergehen*); **ein großes M. haben** (derb; ↑[1]Mund 1a); **das M. halten** (derb; ↑[1]Mund 1a); **das/sein M. nicht aufkriegen** (derb; ↑[1]Mund 1a); **jmdm. das M. [mit etw.] stopfen** (derb; ↑[1]Mund 1a; nach Ps. 107, 42); **sich** ⟨Dativ⟩ **das M. verbrennen** (derb; ↑[1]Mund 1a); **jmdm. das M. wässrig machen** (↑[1]Mund 1a); **nicht aufs M. gefallen sein** (↑[1]Mund 1a); **jmdm. etw. ums M. schmieren** (derb; *jmdm. etw. Unangenehmes so sagen, dass es verhältnismäßig angenehm klingt*); **b)** *respektlose o. ä. Art zu reden; Mundwerk:* er hat ein loses M.; sie fürchtete die bösen Mäuler (ugs.; *die Leute, die mit Gerede über sie, ihr Tun herfallen*); * **ein ungewaschenes M.** (derb; *ein schändliches Mundwerk*). **3.** (Technik) *einem Maul ähnlicher Teil eines Werkzeugs [der etw. fassen soll]:* das M. des Schraubenschlüssels.

Maul|af|fe, der: in der Wendung **-n feilhalten** (abwertend; *gaffend, untätig herumstehen;* veraltet Maulaffe = Gaffer, urspr. viell. Bez. für einen Fackelhalter in Kopfform, in dessen Maul man die Fackel steckte).

Maul|beer|baum, der [spätmhd. mulberboum, zu mhd. mülber, ↑Maulbeere]: *(als Strauch od. Baum wachsende) Kätzchen tragende Pflanze mit herzförmigen Blättern u. brombeerartigen Früchten.*

Maul|bee|re, die [mhd. mülber, dissimiliert aus ahd. mūrberi, mōrberi, mit dem verdeutlichenden Grundwort -beri = Beere zu lat. morum = Maulbeere, Brombeere]: *brombeerartige Frucht eines bestimmten Maulbeerbaums.*

Maul|beer|sei|den|spin|ner, Maul|beer|spin|ner, der: *(in Ostasien beheimateter) zur Seidengewinnung gezüchteter, grau- bis bräunlich weißer Schmetterling.*

Mäul|chen, das; -s, -, ugs. auch: Mäulerchen: **1.** (bes. fam. scherzh.) Vkl. zu ↑Maul (1, 2a): * **ein M. machen/ziehen** (↑Schippchen). **2.** (landsch. fam.): *Kuss.*

mau|len ⟨sw. V.; hat⟩ [zu ↑Maul] (ugs. abwertend): *verstimmt sein u. sich nur mürrisch äußern; im Ton des Vorwurfs od. der Auflehnung seine Unzufriedenheit, seine Verstimmung, sein Widerstreben zum Ausdruck bringen:* maul nicht, Junge!

Maul|esel, der [spätmhd. mūlesel, verdeutlichende Zus. mit mhd., ahd. mūl, ↑Maultier]: **a)** *aus Pferd u. Esel gekreuztes, eselähnliches Huftier;* **b)** (Fachspr.) *Kreuzung von Pferdehengst u. Eselstute.*

maul|faul ⟨Adj.⟩ (salopp): *mundfaul:* ein -er Mensch.

Maul|held, der (abwertend): *Angeber.*

-mäu|lig in Zusb., z. B. breitmäulig (mit breitem Maul).

Maul|korb, der: *aus schmalen Riemen netzartig geflochtenes korbähnliches Gebilde, das bes. Hunden vors Maul gebunden wird, damit sie nicht beißen können:* Ü jmdm. einen M. anlegen (ugs.; *jmdm. durch Verbote, Zwangsmaßnahmen die freie Meinungsäußerung unmöglich machen*).

Maul|korb|ge|setz, das (ugs.): *Gesetz, das die freie Meinungsäußerung behindert od. unterbindet.*

Maul|korb|zwang, der: *Zwang, Vorschrift, bestimmten Tieren an bestimmten Orten in der Öffentlichkeit einen Maulkorb anzulegen.*

Maul|schel|le, die [zu frühnhd. schellen = schallen] (veraltet, noch landsch.): *Ohrfeige.*

Maul|sper|re, die: **a)** (Tiermed.) *Kieferklemme, Kiefersperre;* **b)** (salopp) *Krampf (der Kinnbacken), bei dem der Mund nicht geschlossen werden kann:* (scherzh.:) bei dem dicken Hamburger kriegt man ja [die] M.

Maul|ta|sche, die: **1.** ⟨Pl.⟩ *schwäbisches Gericht aus Maultaschen* (2). **2.** *mit Farce* (3), *Käse od. Gemüse gefüllte Teigtasche aus Nudelteig, die als Suppeneinlage, mit Zwiebeln o. Ä. gegessen wird.*

Maul|tier, das [verdeutlichende Zus. mit mhd., ahd. mūl = Maultier < lat. mulus]: **1.** *aus Pferd u. Esel gekreuztes, pferdeähnliches Huftier.* **2.** (Fachspr.) *Kreuzung von Eselhengst u. Pferdestute.*

Maul- und Klau|en|seu|che, die: *durch Viren hervorgerufene Krankheit der Wiederkäuer mit Ausschlag an Maul, Klauen* (2) *u. Euter.*

Maul voll: s. Maul (1).

Maul|wurf, der [mhd. mūlwurf, -werf, zu: mūl = Maul u. wurf = das Werfen, volksetym. Umdeutung von: moltwerf, spätahd. mul(t)wurf, eigtl. = Erd(auf)werfer, geb. unter Anlehnung an mhd. molt(e), ahd. molta u. md., mniederd. mul(le) = Erde, Staub zu ahd. mūwerf, mūwurf, eigtl. = Haufen(auf)werfer]: **1.** *unter der Erde lebendes, Insekten u. Regenwürmer fressendes Tier mit kurzhaarigem, dichtem Fell, kleinen Augen u. kurzen Beinen, von denen die vorderen zwei zum Graben ausgebildet sind.* **2.** (Jargon) *Agent, der über lange Zeit im Hinter- od. Untergrund bleibt.*

Maul|wurfs|hü|gel, der: *vom Maulwurf beim Graben aufgeworfener kleiner Erdhügel:* M. einebnen.

Mau-Mau, das; -[s] [nach dem Ruf des das Spiel beendenden Spielers, H. u.]: *Kartenspiel, bei dem in der Farbe od. im Kartenwert bedient werden muss u. derjenige gewonnen hat, der als Erster keine Karte mehr hat.*

maun|zen ⟨sw. V.; hat⟩ [nasalierte Form von ↑mauzen] (ugs.): *[lang gezogene] klägliche Laute von sich geben:* der Kater maunzt.

Mau|re, der; -n, -n: Angehöriger eines nordafrikanischen Mischvolkes.

Mau|rer, der; -s, - [mhd. mūrære, ahd. mūrāri, zu ↑Mauer]: **1.** *Handwerker, der Mauerwerk herstellt* (Berufsbez.): * **pünktlich wie die M.** (ugs. scherzh.; *sehr pünktlich, bes. beim Beenden der Arbeitszeit*). **2.** (ugs.) *Kartenspieler, der mauert* (3). **3.** kurz für ↑Freimaurer.

Mau|rer|ar|beit, die: *üblicherweise von einem Maurer ausgeführte Arbeit.*

Mau|re|rei, die; -: **1.** *Tätigkeit des Mauerns; Maurerhandwerk.* **2.** kurz für ↑Freimaurerei.

Mau|rer|hand|werk, das ⟨o. Pl.⟩: *Handwerk der Maurer u. Maurerinnen.*
Mau|re|rin, die; -, -nen: w. Form zu ↑Maurer.
mau|re|risch ⟨Adj.⟩: kurz für ↑freimaurerisch.
Mau|rer|kel|le, die: *Kelle* (3).
Mau|rer|lehr|ling, der: vgl. Maurermeister.
Mau|rer|meis|ter, der: *Meister* (1) *im Maurerhandwerk.*
Mau|rer|meis|te|rin, die: w. Form zu ↑Maurermeister.
Mau|re|ta|ni|en; -s: Staat in Afrika.
Mau|re|ta|ni|er, der; -s, -: Ew.
Mau|re|ta|ni|e|rin, die; -, -nen: w. Form zu ↑Mauretanier.
mau|re|ta|nisch ⟨Adj.⟩: *Mauretanien, die Mauretanier betreffend; von den Mauretaniern stammend, zu ihnen gehörend.*
Mau|rin, die; -, -nen: w. Form zu ↑Maure.
mau|risch ⟨Adj.⟩: *die Mauren betreffend:* -er Stil.
Mau|ri|ti|er, der; -s, -: Ew.
Mau|ri|ti|e|rin, die; -, -nen: w. Form zu ↑Mauritier.
mau|ri|tisch, (auch:) maurizisch ⟨Adj.⟩: *Mauritius, die Mauritier betreffend; von den Mauritiern stammend, zu ihnen gehörend.*
Mau|ri|ti|us: Insel[staat] im Indischen Ozean.
mau|ri|zisch: ↑mauritisch.
Maus, die; -, Mäuse [mhd., ahd. mūs, viell. urspr. = die Stehlende; 3 a: schon mhd., ahd., nach lat. musculus, Vkl. von: mus, ↑Muskel; 3 b: der Knorpel wird wegen seiner Beweglichkeit mit einer Maus verglichen; 4: viell. entstellt aus ↑Moos (3) od. nach dem Vergleich der (silber)grauen Farbe der Mäuse mit der der Silbermünzen; 5: LÜ von engl. mouse, nach der Form]: **1.** *kleines [graues] Nagetier mit spitzer Schnauze, das [als Schädling] in menschlichen Behausungen, auf Feldern u. in Wäldern lebt:* die Mäuse rascheln; Mäuse fangen; **R** da beißt die M. keinen/(seltener:) keine M. einen Faden ab (ugs.; *daran ist nicht zu rütteln;* H. u., viell. urspr. Versicherung des Schneiders gegenüber dem Kunden, dass dessen Stoff bei ihm gut aufgehoben sei); * **weiße M.** ⟨meist Pl.⟩ (ugs. scherzh. veraltend; *[motorisierter] Verkehrspolizist in teilweise weißer Uniform*); **graue M.** (ugs. abwertend; *unscheinbare Person, die wenig aus sich zu machen versteht, der wenig Beachtung geschenkt wird, die man für farblos hält*); **weiße Mäuse sehen** (ugs.; *[im Delirium] Wahnvorstellungen haben*). **2.** (fam.) Kosewort: du süße M.! **3.** (ugs.) *Handballen unterhalb des Daumens.* **4.** ⟨Pl.⟩ (salopp) **a)** *Geld:* keine Mäuse mehr haben; **b)** *Mark:* leih mir mal hundert Mäuse! **5.** (EDV) *meist auf Rollen gleitendes, über ein Kabel mit einem PC verbundenes Gerät, das auf dem Tisch hin u. her bewegt wird, um den Cursor od. ein anderes Markierungssymbol auf dem Monitor des Computers zu steuern.* **6.** (salopp) *weibliche Scham; Vulva.*
Mau|schel, der; -s, - [zu jidd. Mausche, Mousche < hebr. Mošẹ = Moses (m. Vorn.), urspr. Spottname für einen jüd. Händler] (früher spött.): *[armer] Jude.*
mau|scheln ⟨sw. V.; hat⟩ [urspr. = wie ein jüd. Händler Geschäfte machen, zu ↑Mauschel; 1 b: zu ↑Mauscheln; wohl eigtl. = ein Glücksspiel spielen (u. dabei betrügen); 3 a: eigtl. = wie ein ↑Mauschel reden; b: nach dem für Fremde unverständlichen Jiddisch]: **1.** (ugs. abwertend) **a)** *unter der Hand in undurchsichtiger Weise Vorteile aushandeln, begünstigende Vereinbarungen treffen, Geschäfte machen:* im Gemeinderat wird viel gemauschelt; **b)** (ugs.) *beim [Karten]spiel betrügen.* **2. a)** *Mauscheln spielen;* **b)** *beim Mauscheln das Spiel übernehmen:* ich mausch[e]le!
Mau|scheln, das; -s: *Kartenspiel für drei bis sechs Personen (Glücksspiel).*
Mäus|chen, das; -s, -: **1.** Vkl. zu ↑Maus (1): * **M. sein [wollen], spielen [wollen]** (ugs.; *etw. als heimlich anwesender Beobachter miterleben [wollen]*). **2.** Vkl. zu ↑Maus (2): na, mein M.? **3.** (ugs.) *Musikantenknochen.*
mäus|chen|still ⟨Adj.⟩ (fam. emotional): *ganz still [vor angespannter Erwartung, Aufmerksamkeit]:* es wurde m.
Mäu|se|bus|sard, der: *adlerähnlicher, vorwiegend Mäuse fangender [brauner] Bussard mit kurzem, abgerundetem Schwanz.*
Mau|se|fal|le, (seltener:) **Mäu|se|fal|le,** die: *Falle zum Fangen von Mäusen:* Ü der Stollen wurde für die Überlebenden zur M. (ugs.; *zu einem Raum, aus dem es kein Entrinnen gab*).
Mäu|se|fraß, der: *Fraß* (2) *von Mäusen an Vorräten, Pflanzen, Wurzeln o. Ä.*
Mäu|se|ki|no, das: **1.** (Jargon) *Display im Auto.* **2.** (ugs.) *Fernsehgerät mit sehr kleinem Bildschirm.*
mäu|seln ⟨sw. V.; hat⟩ (Jägerspr.): *die Pfeiflaute der Mäuse [mit einer Pfeife] nachahmen, um den Fuchs anzulocken:* der Jäger mäuselt den Fuchs.
Mau|se|loch, (seltener:) **Mäu|se|loch,** das: *von der Maus genagtes od. gegrabenes Loch, das den Eingang zu ihrem Schlupfwinkel bildet:* die Katze lauert vor dem M.; er hätte sich am liebsten in ein M. verkrochen (ugs.; *hätte sich vor Angst od. Verlegenheit am liebsten versteckt*).
Mäu|se|mel|ken: in der Wendung **es ist zum M.** (salopp; *es ist zum Verzweifeln;* eine Situation ist so verfahren, dass man fast etwas so Unsinniges versuchen könnte, wie eine Maus zu melken).
mau|sen ⟨sw. V.; hat⟩ [mhd. mūsen, zu ↑Maus; 3: zu veraltet mausen = etw. heimlich tun, in Anspielung auf einen heimlichen Ehebruch]: **1.** (fam., meist beschönigend od. scherzh.) *(etw. nicht unbedingt Wertvolles) heimlich an sich nehmen, jmdm. wegnehmen.* **2.** (veraltet, noch landsch.) *(von Tieren) Mäuse fangen.* **3.** (landsch. derb) *koitieren* (a, b).
Mäu|se|pla|ge, die: *sich als Plage auswirkendes gehäuftes Auftreten von Mäusen.*
¹Mau|ser, die; - [älter: Mause, mhd. mūȝe < mlat. muta, zu lat. mutare, ↑mausern]: *jahreszeitlicher Wechsel des Federkleids (bei Vögeln):* der Vogel ist in der M.
²Mau|ser®, die; -, - [nach den dt. Konstrukteuren, den Brüdern P. v. Mauser (1838–1914) u. W. v. Mauser (1834–1882)]: kurz für ↑Mauserpistole.
Mau|se|rei, die; -, -en: **1.** (fam. scherzh.): *[dauerndes] Mausen* (1). **2.** (landsch. derb) *[dauerndes] Mausen* (3).
Mäu|se|rich, der; -s, -e [geb. nach ↑Enterich, Gänserich] (ugs.): *männliche Maus.*
mau|sern, sich ⟨sw. V.; hat⟩ [weitergebildet aus älter: mausen, mhd. mūȝen, ahd. mūȝōn < lat. (pennas) mutare = (die Federn) wechseln]: **1.** *(von Vögeln) das Federkleid wechseln:* die Enten mausern sich [im Herbst]; ⟨auch, bes. Fachspr., ohne »sich«:⟩ mausernde Hühner. **2.** (ugs.) *sich durch eine der Entfaltung der eigenen Anlagen, Möglichkeiten förderliche Entwicklung entscheidend zum Vorteil verändern:* unsere Tochter hat sich sehr gemausert.
Mau|ser|pis|to|le, die [↑²Mauser]: *Selbstladepistole.*
mau|se|tot ⟨Adj.⟩ [unter Anlehnung an »Maus« umgedeutet aus niederd. mu(r)sdōt, morsdōt = ganz tot, zu: murs, mors = gänzlich, plötzlich] (fam. emotional): *ganz u. gar tot, nicht die geringste Lebensregung mehr zeigend:* er war m.
Mau|se|zahn, der: *(bes. bei Kleinkindern) kleiner, spitzer Zahn.*
maus|grau ⟨Adj.⟩: *grau wie das Fell von Mäusen.*
mau|sig ⟨Adj.⟩ [mhd. mūȝic = keck, frech, eigtl. = gemausert, zu: mūȝen, ↑mausern]: in der Verbindung **sich m. machen** (salopp; *sich frech u. vorlaut äußern, benehmen*): mach dich nicht m.!
Maus|klick, der; -s, -s (EDV): *das Anklicken mit der Maustaste.*
Mäus|lein, das; -s, -: Vkl. zu ↑Maus (1).
Mau|so|le|um, das; -s, ...een [lat. Mausoleum < griech. Mausōleion, urspr. = Grabmahl des Königs Mausolos von Karien, gest. um 353 v. Chr.]: *monumentales Grabmal in Form eines Bauwerks.*
Maus|pad [...pɛd], das [aus ↑Maus (5) u. engl. pad, ↑Pad] (EDV): *Unterlage, auf der die Maus (5) bewegt wird.*
Maus|tas|te, die; -, -n (EDV): *eine der Tasten, die auf der Maus (5) angebracht sind.*
Maus|trei|ber, der (EDV): *Treiber (5), mit dem eine Maus (5) gesteuert wird.*
Maut, die; -, -en [älter = Zoll, spätmhd. maut(t), mhd. mūte, ahd. mūta < got. mōta = Zoll(stelle)] (regional, bes. österr.): **a)** *Straßen-, Brückenzoll:* M. bezahlen müssen; **b)** *Dienststelle, auf der eine Maut kassiert wird.*
maut|frei ⟨Adj.⟩ (österr.): *frei von Mautgebühren.*
Maut|ge|bühr, die (österr.): *Maut* (a).
Maut|ner, der; -s, - [älter = Zöllner] (österr.): *jmd., der Mautgebühren einzieht.*
maut|pflich|tig ⟨Adj.⟩ (österr.): *nur gegen Entrichtung von Maut (a) zu benutzen:* -e Straßen.
Maut|stel|le, die (österr.): *Maut* (b).
Maut|stra|ße, die (österr.): *mautpflichtige Straße.*
mau|zen ⟨sw. V.; hat⟩ [Weiterbildung von älterem mauen = miauen, mhd. māwen]: *maunzen.*
Max: in der Fügung **strammer M.** (ugs.; **1.** *Spiegelei auf Schinken u. Brot.* **2.** seltener; *gut gewürztes, mit Eiern gemischtes Gehacktes auf Brot;* Max, m. Vorn., hier = Bursche, Kerl, beachtlicher Gegenstand).
ma|xi ⟨Adj.⟩ [nach lat. maximus = größter, geb. nach ↑mini] (Mode): *(von Röcken, Kleidern, Mänteln) knöchellang.*
¹Ma|xi, das; -s, -s: **1.** ⟨o. Pl.; meist o. Art.⟩ (Mode) **a)** *knöchellange Kleidung:* M. tragen; **b)** *(von Röcken, Kleidern, Mänteln) Länge bis zu den Knöcheln:* Kleider in M. **2.** (ugs.) *Maxikleid.*
²Ma|xi, der; -s, -s (ugs.): *Maxirock.*
³Ma|xi, die; -, -s (ugs.): **1.** *Maxisingle.* **2.** *Maxi-CD.*
Ma|xi-CD, die: *CD mit nur einem od. nur wenigen Titeln bes. der Popmusik.*
Ma|xi|kleid, das: *knöchellanges Kleid.*
Ma|xi|look, der (Mode): *Mode, bei der die Rocklänge bis zum Knöchel reicht.*
Ma|xi|ma: Pl. von ↑Maximum.
ma|xi|mal ⟨Adj.⟩ [zu lat. maximus = größter, bedeutendster, Sup. von: magnus = groß]: **1.** (bildungsspr.) **a)** *größt..., höchst..., stärkst...:* -e Geschwindigkeit; etw. m. *(in höchstem Grade)* ausnutzen; **b)** *im Höchstfall, höchstens [zutreffend, eintretend usw.]:* die m. zulässige Geschwindigkeit. **2.** (schweiz. ugs.) *hervorragend:* das ist ja m.!
Ma|xi|mal|be|trag, der: *Höchstbetrag.*
Ma|xi|mal|do|sis, die (Med.): *höchste Dosis eines Medikaments, die vom Arzt gegeben werden darf* (Abk.: MD).
Ma|xi|mal|for|de|rung, die: *höchstmögliche Forderung.*
Ma|xi|mal|ge|schwin|dig|keit, die: *höchste, höchstmögliche Geschwindigkeit.*
Ma|xi|mal|hö|he, die: *höchst[mögliche] Höhe.*
Ma|xi|mal|stra|fe, die (Rechtsspr.): *höchst[mögliche] Strafe, die das Gesetz zulässt.*
Ma|xi|mal|wert, der: *höchst[möglich]er Wert.*
Ma|xi|me, die; -, -n [frz. maxime < mlat. maxima (regula) = höchste (Regel), zu lat. maximus, ↑maximal] (bildungsspr.): *Leitsatz:* eine politische M.; einer M. folgen.
ma|xi|mie|ren ⟨sw. V.; hat⟩ [zu ↑Maximum] (bildungsspr.): *systematisch bis zum Höchstmaß steigern:* den Gewinn m.
Ma|xi|mum, das; -s, ...ma [lat. maximum, subst. Neutr. von: maximus, ↑maximal]: **1.** ⟨Pl. selten⟩ (bildungsspr.) *größtes Maß; Höchstmaß:* ein M. an Sicherheit bieten; ein, das M. bei etw. erreichen; etw. bleibt unter dem M. **2. a)** (Math.) *oberer Extremwert:* ein absolutes, relatives M.; die Maxima und Minima einer Funktion berechnen; **b)** (Met.) *höchster Wert (bes. der Temperatur) eines Tages, einer Woche, eines Monats, eines Jahres od. einer Beobachtungsreihe.* **3.** (Met.) *Kern eines Hochdruckgebiets:* ein barometrisches M. **4.** (Jugendspr.) *etw. Unüberbietbares:* das ist M.!

Ma|xi|mum-Mi|ni|mum-Ther|mo|me|ter, das: *Thermometer, das jeweils die tiefste u. die höchste gemessene Temperatur festhält.*
Ma|xi|rock, der: *knöchellanger Rock.*
Ma|xi|sin|gle, die: [2]*Single von der Größe einer* [1]*LP.*
Ma|ya, der; -[s], -[s]: Angehöriger eines indianischen Kulturvolkes in Mittelamerika.
May|day [ˈmeɪdeɪ; anglisiert aus frz. m'aidez = helfen Sie mir]: internationaler Notruf im Funksprechverkehr.
Ma|yo, die; -, -s (ugs.): kurz für ↑Mayonnaise: Pommes mit M.
Ma|yon|nai|se [majɔˈnɛːzə; österr.: ...z], Majonäse, die; -, -n [frz. mayonnaise, älter: mahonaise, zu: mahonais = aus Mahón (Stadt auf Menorca)]: *dickflüssige, kalte Soße aus Eigelb, Öl, Zitronensaft (od. Essig) u. Gewürzen.*
MAZ, die; - [Kurzwort für magnetische Bildaufzeichnung] (Ferns.): *Vorrichtung zur Aufzeichnung von Fernsehbildern auf Magnetband.*
Ma|ze|do|ni|en; -s: Republik in Südosteuropa.
Ma|ze|do|ni|er, der; -s, -: Ew.
Ma|ze|do|ni|e|rin, die; -, -nen: w. Form zu ↑Mazedonier.
ma|ze|do|nisch ⟨Adj.⟩: **a)** *Mazedonien, die Mazedonier betreffend; von den Mazedoniern stammend, zu ihnen gehörend;* **b)** *in der Sprache der Mazedonier.*
Ma|ze|do|ni|sch, das -[s] u. ⟨nur mit best. Art.:⟩ **Ma|ze|do|ni|sche,** das; -n: *die mazedonische Sprache.*
Mä|zen, der; -s, -e [zu lat. Maecenas (etwa 70–8 v. Chr.), dem Namen des besonderen Gönners der Dichter Horaz u. Vergil] (bildungsspr.): *vermögender Privatmann, der [einen] Künstler od. Sportler bzw. Kunst, Kultur od. Sport mit finanziellen Mitteln fördert:* einen M. suchen, haben.
Mä|ze|na|ten|tum, das; -s (bildungsspr.): *das Mäzensein:* privates M.
Mä|ze|nin, die; -, -nen: w. Form zu ↑Mäzen.
Ma|ze|ra|ti|on, die; -, -en [lat. maceratio, zu: macerare = ein-, aufweichen]: **1.** (Med., Biol.) *Aufweichung pflanzlicher od. tierischer Gewebe bei längerem Kontakt mit Flüssigkeiten.* **2.** (Biol.) *mikroskopisches Präparationsverfahren zur Isolierung von Gewebsanteilen (z. B. von einzelnen Zellen) unter Erhaltung der Zellstruktur.* **3.** (Biol., Chemie) *Gewinnung von Drogenextrakten durch Ziehenlassen von Pflanzenteilen in Wasser od. Alkohol bei Normaltemperatur.*
Ma|zis, der; -, **Ma|zis|blü|te,** die; -, -n [frz. macis < spätlat. macis für lat. macir = als Gewürz verwendete rot Baumrinde aus Indien]: *als Gewürz u. Heilmittel verwendete getrocknete Samenhülle der Muskatnuss.*
Ma|zur|ka [maˈzʊrka], die; -, ...ken u. -s [poln. mazurek (aus: mazurka), eigtl. = masurischer Tanz]: *(meist lebhafter) polnischer Nationaltanz im Dreiviertel- od. Dreiachteltakt.*
Maz|ze, Maz|zen: ↑Matzen.
mb = Millibar.
MB = Megabyte.
Mba|ba|ne: Hauptstadt von Swasiland.
mbH = mit beschränkter Haftung.
MBit = Megabit.
MByte = Megabyte.
MC, die; -, -[s]: kurz für ↑Musikkassette.
m. c. = mensis currentis (laufenden Monats).
Mc-Job [ˈmækdʒɔp], der [engl. McJob, in Anspielung an den Namen der Fastfoodkette McDonald's] (Jargon): *schlecht bezahlter, ungesicherter Arbeitsplatz.*
Md = Mendelevium.
MD = Musikdirektor.
Md., Mrd. = Milliarde[n].
mdal. = mundartlich.
M. d. B., MdB = Mitglied des Bundestages.
M. d. L., MdL = Mitglied des Landtages.
MDR = Mitteldeutscher Rundfunk.
ME = Mache-Einheit.
m. E. = meines Erachtens.
mea cul|pa [lat.]: *[durch] meine Schuld; ich bin schuldig* (Ausruf im ↑Confiteor).
Me|cha|nik, die; -, -en [lat. (ars) mechanica < griech. mēchanikḗ (téchnē) = die Kunst, Maschinen zu erfinden u. zu bauen, zu: mēchanikós, ↑mechanisch]: **1.** ⟨Pl. selten⟩ (Physik) **a)** *Wissenschaft von der Bewegung der Körper unter dem Einfluss äußerer Kräfte od. Wechselwirkungen:* die Gesetze der M.; die M. der gasförmigen, flüssigen Körper; **b)** *physikalische Gesetze u. Zusammenhänge, wie sie die Mechanik* (1 a) *od. eines ihrer Teilgebiete zum Gegenstand hat:* die M. von Vorgängen dieser Art ist kaum erforscht. **2.** ⟨Pl. selten⟩ (Technik) *Maschinen- u. Gerätekunde.* **3.** (bes. Fachspr.) **a)** *Mechanismus* (1 a); **b)** ⟨o. Pl.⟩ *Mechanismus* (1 b). **4.** ⟨o. Pl.⟩ (bildungsspr.) *monotone Zwangsläufigkeit; selbsttätiger Ablauf:* die M. eines Arbeitsvorgangs.
Me|cha|ni|ker, der; -s, - [lat. mechanicus, zu: mechanicus (Adj.), ↑mechanisch]: *Handwerker od. Facharbeiter, der Maschinen, technische Geräte o. Ä. zusammenbaut, prüft, instand hält u. repariert.*
Me|cha|ni|ke|rin, die; -, -nen: w. Form zu ↑Mechaniker.
me|cha|nisch ⟨Adj.⟩ [lat. mechanicus < griech. mēchanikós = Maschinen betreffend; erfinderisch, zu: mēchanḗ = Hilfsmittel, Werkzeug; Kriegsmaschine, zu: mēchos = (Hilfs)mittel]: **1. a)** (Physik) *der Mechanik* (1) *entsprechend, nach ihren Gesetzen wirkend:* -e Energie; **b)** (bes. Fachspr.) *durch Einflüsse von Körpern, durch deren Bewegung bzw. Hemmung der Bewegung bewirkt od. wirkend:* -e Beanspruchung; -e Reize *(Tastreize usw.).* **2.** *die Mechanik* (2, 3) *betreffend:* ein -es Wunderwerk. **3.** *mithilfe von Mechanismen vor sich gehend, funktionierend, arbeitend; maschinell:* der -e Webstuhl; etw. arbeitet m. **4. a)** *ohne Steuerung durch Willen od. Aufmerksamkeit [vor sich gehend, geschehend]; automatisch:* eine -e Bewegung; m. antworten; **b)** *gleichförmig u. ohne Nach-, Mitdenken, Überlegung vor sich gehend:* eine -e Arbeit; ein Gedicht m. aufsagen.
me|cha|ni|sie|ren ⟨sw. V.; hat⟩ [frz. mécaniser, zu: mécanique < lat. mechanicus, ↑mechanisch]: *auf mechanischen* (3) *Ablauf, Betrieb umstellen:* die Produktion m.
Me|cha|ni|sie|rung, die; -, -en: *das Mechanisieren.*
Me|cha|nis|mus, der; -, ...men [frz. mécanisme]: **1. a)** *gekoppelte Bauelemente (einer Maschine, einer technischen Vorrichtung, eines technischen Geräts, Instruments o. Ä.), die so konstruiert sind, dass jede Bewegung eines Elements eine Bewegung anderer Elemente bewirkt:* der M. der Spieluhr ist abgelaufen; **b)** ⟨o. Pl.⟩ *Funktion [u. Konstruktionsweise] eines Mechanismus* (1 a): der M. wird ausgelöst. **2.** (bildungsspr.) **a)** *in sich selbsttätig, zwangsläufig funktionierendes System:* ein modernes Staatswesen ist ein komplizierter M.; **b)** *automatisches, selbsttätiges, zwangsläufiges Funktionieren [als System], automatischer Ablauf:* ein gestörter, biologischer M. **3.** *Richtung der Naturphilosophie, die Natur[geschehen], Leben u. Verhalten rein mechanisch bzw. kausal erklärt.*
Me|cha|no|the|ra|pie, die; - (Med.): *Therapie mithilfe mechanischer Einwirkung auf den Körper* (bes. Massage, Krankengymnastik o. Ä.).
Me|cha|tro|nik, die; - [Kurzwort aus: **mecha**nisch u. Elek**tronik**]: *interdisziplinäres Gebiet der Ingenieurwissenschaften, das sich mit der Ergänzung u. Erweiterung mechanischer Systeme durch Sensoren u. Mikroprozessoren zur Realisierung intelligenter Produkte (z. B. Roboter) befasst.*
meck ⟨Interj.⟩: lautm. für das Meckern der Ziege: m., m.!
Me|cker|ecke, die (ugs.): *Platz in einer Zeitung od. Zeitschrift, an dem die Leserinnen u. Leser ihrer Unzufriedenheit Ausdruck geben können.*
Me|cke|rei, die; -, -en (ugs. abwertend): *(dauerndes) Meckern* (3).
Me|cke|rer, der; -s, - (ugs. abwertend): *jmd., der ständig meckert* (3).
Me|cker|frit|ze, der (salopp abwertend): *Meckerer.*
Me|cke|rin, die; -, -nen: w. Form zu ↑Meckerer.
Me|cker|lie|se, die (salopp abwertend): vgl. Meckerfritze.
me|ckern ⟨sw. V.; hat⟩ [älter: mecken, spätmhd. mechzen, zu mhd. mecke = Ziegenbock; lautm.]: **1.** *(von Ziegen) [lang gezogene] helle, in schneller Folge stoßweise unterbrochene Laute von sich geben:* die Ziegen meckern. **2.** *mit heller, blecherner Stimme lachen od. sprechen:* ein meckerndes Lachen. **3.** (ugs. abwertend) *an einer Sache etw. auszusetzen haben u. ärgerlich seiner Unzufriedenheit Ausdruck geben:* er hat immer etwas zu m.; gegen, über die Regierung m.
Me|cker|zie|ge, die (salopp abwertend): **1.** vgl. Meckerfritze. **2.** *weibliche Person, die mit meckernder Stimme lacht.*
Meck|len|burg; -s: *westlicher Landesteil von Mecklenburg-Vorpommern.*
[1]**Meck|len|bur|ger,** der; -s, -: Ew.
[2]**Meck|len|bur|ger** ⟨indekl. Adj.⟩: die M. Bucht.
Meck|len|bur|ge|rin, die; -, -nen: w. Form zu ↑Mecklenburger.
meck|len|bur|gisch ⟨Adj.⟩: **a)** *Mecklenburg, die Mecklenburger betreffend; von den Mecklenburgern stammend, zu ihnen gehörend;* **b)** *im Dialekt der Mecklenburger.*
Meck|len|burg-Vor|pom|mer, der: Ew.
Meck|len|burg-Vor|pom|me|rin, die: w. Form zu ↑Mecklenburg-Vorpommer.
meck|len|burg-vor|pom|me|risch ⟨Adj.⟩: *Mecklenburg-Vorpommern, die Mecklenburg-Vorpommern betreffend; von den Mecklenburg-Vorpommern stammend, zu ihnen gehörend.*
Meck|len|burg-Vor|pom|mern; -s: deutsches Bundesland.
Me|dail|le [meˈdaljə], die; -, -n [frz. médaille < ital. medaglia, über das Vlat. zu lat. metallum, ↑Metall]: *(nicht als Zahlungsmittel bestimmte) Münze mit Inschrift od. figürlicher Darstellung zur Erinnerung an eine Persönlichkeit, ein Geschehen, zur Auszeichnung für besondere Leistungen:* sie hat bei den Olympischen Spielen eine M. gewonnen; jmdm. eine M. für etw. verleihen; jmdn. mit einer M. auszeichnen.
Me|dail|len|ge|win|ner, der (Sport): *Gewinner einer Medaille.*
Me|dail|len|ge|win|ne|rin, die: w. Form zu ↑Medaillengewinner.
Me|dail|len|spie|gel, der (Sport): *bei Wettspielen geführte Tabelle, die die augenblickliche Verteilung der Medaillen auf die teilnehmenden Länder anzeigt.*
Me|dail|leur [medalˈjøːɐ̯], der; -s, -e [frz. médailleur] (Berufsbez.): **a)** *Künstler, der Medaillen vom Entwurf bis zur Vollendung herstellt;* **b)** *Handwerker, der Medaillen nach künstlerischem Modell gießt od. prägt.*
Me|dail|leu|rin, die; -, -nen: w. Form zu ↑Medailleur.
Me|dail|lon [medalˈjõː], das; -s, -s [frz. médaillon < ital. medaglione = große Schaumünze, Vgr. von: medaglia, ↑Medaille]: **1.** *(an einem Kettchen getragene) kleine, flache Kapsel, die ein Bild od. ein Andenken enthält.* **2.** (bild. Kunst) *rundes, ovales [in etw. eingearbeitetes] Bildnis, Relief.* **3.** (Gastr.) *kleine, runde od. ovale, kurz gebratene Fleisch-, Fischscheibe (bes. vom Filetstück):* -s vom Kalb.
Me|dia: Pl. von ↑[1]Medium.
Me|dia|ab|tei|lung, die: *Abteilung, die für Auswahl u. Einsatz von Werbemedien, -trägern, -mitteln zuständig ist.*
Me|dia|for|schung, die: *Erforschung demographischer u. statistischer Merkmale von* [1]*Medien* (2 c).
me|di|al ⟨Adj.⟩ [1: zu ↑[1]Medium (4 a); 2: spätlat. medialis = mitten, in der Mitte, zu: medius, ↑[1]Medium]: **1.** (bildungsspr.) *den Kräften u. Fähigkeiten eines* [1]*Mediums* (4 a) *entsprechend:* m. veranlagt sein. **2.** (Med.) *in der Mitte liegend, die Mitte bildend; mittler...* **3.** (Sprachw.) *das*

[1]*Medium (5) betreffend.* 4. (bildungsspr.) *von den Medien (2 a) ausgehend, zu ihnen gehörend.*

Me|dia|man ['mi:diəmən], der; -, ...men [...mən], **Me|dia|mann,** der: *Fachmann der Werbewirtschaft für Auswahl u. Einsatz von Werbemitteln.*

me|di|an ⟨Adj.⟩ [lat. medianus = in der Mitte liegend] (Anat.): *in der Mitte[llinie] eines Körpers od. Organs gelegen.*

Me|di|a|ne, die; -, -n [zu lat. medianus, ↑median] (Geom.): 1. *Seitenhalbierende eines Dreiecks.* 2. *Verbindungslinie von einer Ecke eines Tetraeders zum Schwerpunkt der gegenüberliegenden Seite.*

me|di|at ⟨Adj.⟩ [frz. médiat, rückgeb. aus: immédiat < (spät)lat. immediatus, ↑immediat]: a) (veraltet) *mittelbar;* b) *(im Dt. Reich bis 1806) reichsmittelbar.*

Me|di|a|ti|on, die; -, -en [spätlat. mediatio; 2: engl. mediation]: 1. (Dipl.): *Vermittlung eines Staates in einem Streit zwischen anderen Mächten.* 2. [auch: mi:dɪ'eɪʃn̩] a) (bildungsspr.) *aussöhnende Vermittlung;* b) (Fachspr.) *[Technik zur Bewältigung von Konflikten durch] unparteiische Beratung, Vermittlung zwischen den Interessen verschiedener Personen:* es gibt zu wenige auf M. geschulte Beratungsstellen.

me|di|a|ti|sie|ren ⟨sw. V.; hat⟩ [zu frz. médiat, ↑mediat] (hist.): *(bisher unmittelbar dem Reich unterstehende Herrschaften od. Besitzungen) der Landeshoheit unterwerfen.*

me|di|ä|val ⟨Adj.⟩ [zu nlat. medium aevum = Mittelalter] (Fachspr.): *mittelalterlich.*

Me|di|ä|val [Fachspr. auch: medja'vel], die; - [nach der Ähnlichkeit mit der Schrift ma. Handschriften] (Druck- u. Schriftw.): *Antiqua, bei der die einzelnen Letternteile nahezu gleich sind.*

Me|di|ä|vist, der; -en, -en: *Wissenschaftler auf dem Gebiet der Mediävistik.*

Me|di|ä|vis|tik, die; -: *Wissenschaft von der Geschichte, Kunst, Literatur usw. des europäischen Mittelalters.*

Me|di|ä|vis|tin, die; -, -nen: w. Form zu ↑Mediävist.

Me|di|en: Pl. von [1]Medium.

Me|di|en|bar|te|ring [...ba:tərɪŋ], das; -[s] [zu ↑[1]Medium u. engl. to barter = (ein)tauschen]: *Art Tauschgeschäft, bei dem Industriekonzerne mit eigenen Gesellschaften Fernsehprogramme produzieren, die sie öffentlichen u. bes. privaten Fernsehsendern im Tausch gegen kostenlose Ausstrahlung ihrer Werbespots anbieten.*

Me|di|en|er|eig|nis, das: *spektakuläres Ereignis, über das die Medien äußerst ausführlich (mit Features, Kommentaren, Reportagen, Interviews u. Ä. [über einen längeren Zeitraum hinweg]) berichten.*

Me|di|en|kon|zern, der: *Zusammenschluss mehrerer im Bereich der [1]Medien (2 a) tätigen Unternehmen.*

Me|di|en|land|schaft, die ⟨o. Pl.⟩ (ugs.): *Gesamtheit der Massenmedien in ihrer Vielgestaltigkeit.*

Me|di|en|po|li|tik, die ⟨o. Pl.⟩: *Politik, die die [1]Medien (2 a).*

Me|di|en|prä|senz, die: *erwünschte Präsenz in den Medien.*

Me|di|en|rie|se, der (Jargon): *besonders großes Unternehmen im Bereich der [1]Medien (2 a).*

Me|di|en|rum|mel, der (ugs.): *großes Aufheben, das im Bereich der Medien von etw. gemacht wird.*

Me|di|en|schel|te, die (Jargon): *öffentliche Kritik an den Massenmedien.*

Me|di|en|spek|ta|kel, das (Jargon): *Medienereignis.*

me|di|en|wirk|sam ⟨Adj.⟩: *sich in den Medien besonders wirkungsvoll darstellend.*

Me|di|en|wis|sen|schaft, die ⟨o. Pl.⟩: *Arbeitsgebiet der Literaturwissenschaft, das sich besonders mit den Texten der Massenmedien beschäftigt.*

Me|di|en|zen|trum, das: *kommunales Zentrum, das den Besuchern Einrichtungen u. Erzeugnisse der Informationstechnik verschiedener Medien zur aktiven Benutzung anbietet (Kino, Audio-Video-Technik u. Ä.).*

Me|di|ka|ment, das; -[e]s, -e [lat. medicamentum, zu: medicari = heilen]: *Mittel, das in bestimmter Dosierung der Heilung von Krankheiten, der Vorbeugung od. der Diagnose dient; Arzneimittel:* ein starkes M.; ein M. [gegen Kopfschmerzen] einnehmen.

me|di|ka|men|ten|ab|hän|gig ⟨Adj.⟩: *von Medikamenten abhängig.*

Me|di|ka|men|ten|miss|brauch, der ⟨o. Pl.⟩: *Missbrauch von Medikamenten; Arzneimittelmissbrauch.*

me|di|ka|men|tös ⟨Adj.⟩ [lat. medicamentosus = heilend] (Med.): *mithilfe von Medikamenten; mit Medikamenten verbunden:* eine -e Therapie.

Me|di|ka|ti|on, die; -, -en [spätlat. medicatio = Heilung] (Med.): *Verordnung, Verabreichung, Anwendung eines Medikaments (einschließlich Auswahl u. Dosierung):* unter einer M. stehen.

Me|di|kus, der; -, ...izi, ugs.: -se [lat. medicus = Arzt] (bildungsspr. scherzh.): *Arzt:* ein junger M.

Me|dio, der; -[s], -s (Bankw.): *Monatsmitte (15. des Monats od., wenn dieser ein Samstag, Sonntag od. Feiertag ist, der nachfolgende Werktag):* zum M. getätigte Abschlüsse am Geldmarkt.

me|di|o|ker ⟨Adj.⟩: [frz. médiocre < lat. mediocris] (bildungsspr.): *mittelmäßig:* ein mediokrer Typ.

Me|di|o|thek, die; -, -en [zu ↑[1]Medium (2) u. ↑-thek]: *(meist als Abteilung in öffentlichen Büchereien bereitgestellte) Sammlung audiovisueller [1]Medien (2 a, b).*

Me|di|ta|ti|on, die; -, -en [lat. meditatio = das Nachdenken, zu: meditari, ↑meditieren]: 1. (bildungsspr.) *[sinnende] Betrachtung:* religiöse -en; in M. versinken. 2. (Rel., Psych., Philos.) *mystische, kontemplative Versenkung.*

me|di|ta|tiv ⟨Adj.⟩ [spätlat. meditativus] (bildungsspr., Fachspr.): *die Meditation (2) betreffend:* etw. m. erfassen.

me|di|ter|ran ⟨Adj.⟩ [lat. mediterraneus, eigtl. = mitten im Lande, in den Ländern, zu: medius, ↑[1]Medium u. terra = Land] (bildungsspr., Fachspr.): *dem Mittelmeerraum angehörend, eigen:* die -e Flora.

me|di|tie|ren ⟨sw. V.; hat⟩ [lat. meditari = nachdenken, sinnen, eigtl. = ermessen, geistig abmessen]: 1. (bildungsspr.) *nachsinnen, nachdenken; Betrachtungen anstellen:* lange m. 2. (Fachspr.) *Meditation (2) ausüben:* im Lotussitz m.

me|di|um ['mi:djəm] ⟨indekl. Adj.⟩ [engl.]: 1. [auch: 'me:diʊm] (Kochk.) *(von Fleisch) nicht ganz durchgebraten.* 2. *(als Kleidergröße) mittelgroß.*

[1]Me|di|um, das; -s, ...ien u. ...ia [lat. medium = Mitte, zu: medius = in der Mitte befindlich; 2: engl. medium]: 1. ⟨Pl. selten auch: ...ia⟩ (bildungsspr.) *vermittelndes Element:* Gedanken durch das M. der Sprache ausdrücken. 2. ⟨meist Pl.⟩ a) ⟨Pl. selten auch: ...ia⟩ (bildungsspr.) *Einrichtung, organisatorischer u. technischer Apparat für die Vermittlung von Meinungen, Informationen, Kulturgütern; eines der Massenmedien Film, Funk, Fernsehen, Presse:* die elektronischen Medien; die Medien *(Zeitungen, Rundfunk u. Fernsehen)* haben darüber berichtet; die Sache wurde in den, von den, durch die, über die Medien verbreitet; b) ⟨Pl. selten auch: ...ia⟩ *[Hilfs]mittel, das der Vermittlung von Information u. Bildung dient* (z. B. Buch, Tonband): das akustische Medium Schallplatte; c) ⟨Pl. meist ...ia⟩ (Werbespr.) *für die Werbung benutztes Kommunikationsmittel; Werbeträger.* 3. ⟨Pl. ...ien⟩ (bes. Physik, Chemie) *Träger bestimmter physikalischer, chemischer Vorgänge; Substanz, Stoff:* ein gasförmiges M. 4. ⟨Pl. ...ien⟩ a) (Parapsych.) *jmd., der für Verbindungen zum übersinnlichen Bereich besonders befähigt ist:* sie fungiert als M. bei spiritistischen Sitzungen; b) (Med., Psych.) *jmd., an dem sich aufgrund seiner körperlichen, seelischen Beschaffenheit Experimente, bes. Hypnoseversuche, durchführen lassen:* sie ist ein geeignetes M. für Hypnoseversuche. 5. ⟨Pl. ...ia; selten⟩ (Sprachw.) *Mittelform zwischen Aktiv u. Passiv (bes. im Griechischen), der in anderen Sprachen die reflexive Form entspricht:* dieses Verb kommt nur im M. vor.

[2]Me|di|um, die; - [engl. medium, zu lat. medius, ↑[1]Medium]: *genormter Schriftgrad für die Schreibmaschine.*

Me|di|zi: Pl. von ↑Medikus.

Me|di|zin, die; -, -en [lat. (ars) medicina = Arznei(kunst), Heilkunst, zu: medicus = Arzt]: 1. ⟨o. Pl.⟩ *Wissenschaft vom gesunden u. kranken Organismus des Menschen, von seinen Krankheiten, ihrer Verhütung u. Heilung:* M. studieren; ein Arzt für innere M. *(der zuständig für die Erkrankung der inneren Organe ist).* 2. *[flüssiges] Medikament.*

me|di|zi|nal ⟨Adj.⟩ [lat. medicinalis]: 1. *als Medizin; wie Medizin wirkend.* 2. *medizinisch.*

Me|di|zi|nal|be|am|te, der (Amtsspr.): *Arzt, der im öffentlichen Gesundheitswesen tätig ist.*

Me|di|zi|nal|be|am|tin, die: w. Form zu ↑Medizinalbeamte.

Me|di|zi|nal|rat, der (Amtsspr.): *Medizinalbeamter der ersten Stufe der höheren Laufbahn.*

Me|di|zi|nal|rä|tin, die: w. Form zu ↑Medizinalrat.

Me|di|zi|nal|sta|tis|tik, die: *die Bereiche der Medizin betreffende Statistik.*

Me|di|zi|nal|we|sen, das ⟨o. Pl.⟩: *Gesundheitswesen.*

Me|di|zin|ball, der: *(meist für gymnastische Übungen benutzter, mit Tierhaaren gefüllter) schwerer, größerer Ball [aus Leder].*

Me|di|zi|ner, der; -s, - [mhd. medicīnære]: *jmd., der Medizin studiert [hat].*

Me|di|zi|ne|rin, die; -, -nen: w. Form zu ↑Mediziner.

me|di|zi|nisch ⟨Adj.⟩: 1. *die Medizin (1) betreffend, dazu gehörend:* -e Zeitschriften. 2. *nach den Gesichtspunkten der Medizin (1) hergestellt:* eine -e Zahncreme.

me|di|zi|nisch-tech|nisch ⟨Adj.⟩: *die Medizin in Verbindung mit der Technik betreffend:* -e Assistentin *(weibliche Person, die durch praktisch-wissenschaftliche Arbeit [z. B. im Labor] die Tätigkeit eines Arztes o. Ä. unterstützt;* Berufsbez.; Abk.: MTA).

Me|di|zin|mann, der ⟨Pl. ...männer⟩: 1. *(bei vielen Naturvölkern) als Heiler u. Priester fungierender Mann, der sich der Magie (1 a) bedient.* 2. (salopp scherzh.) *Arzt.*

Me|di|zin|me|te|o|ro|lo|gie, die: *Bereich der Medizin, der sich mit den Einflüssen des Wetters auf das Befinden der Menschen, bes. der Kranken, befasst.*

Me|di|zin|schränk|chen, das: *kleiner [Wand]schrank zur Aufbewahrung von Medikamenten.*

Me|di|zin|stu|dent, der: *Student der Medizin.*

Me|di|zin|stu|den|tin, die: w. Form zu ↑Medizinstudent.

Me|di|zin|stu|di|um, das: *Studium der Medizin.*

Me|di|zin|tech|nik, die ⟨o. Pl.⟩: 1. *Zweig der Forschung u. der Industrie, der sich mit den für die moderne Medizin nötigen technischen Geräten befasst.* 2. *Gesamtheit der für die moderne Medizin nötigen technischen Geräte:* ein OP mit modernster M.

Med|ley ['mɛdlɪ], das; -s, -s [engl. medley, eigtl. = Gemisch < afrz. mesdlee, zu: medler = (ver)mischen < mlat. misculare, zu lat. miscere, ↑mischen]: *Potpourri.*

Me|doc, der; -s, -s [nach der südfrz. Landschaft Médoc]: *französischer Rotwein der Landschaft Médoc.*

Me|dre|se, Me|dres|se, die; -, -n [türk. medrese < arab. madrasa[h]]: 1. *islamische juristisch-theologische Hochschule.* 2. *Koranschule einer Moschee.*

Me|du|se, die; -, -n [nach der Medusa, einem weiblichen Ungeheuer der griech. Sage] (Zool.): *Qualle.*

Me|du|sen|blick, der [der Blick der Medusa ließ

M

alles zu Stein werden]: *fürchterlicher, Schrecken erregender Blick.*
Me|du|sen|haupt, das [der Kopf der Medusa hatte statt Haaren Schlangen]: **1.** vgl. Medusenblick. **2.** (Med.) *Geflecht von Krampfadern im Bereich des Nabels.*
Meer, das; -[e]s, -e [mhd. mer, ahd. meri, eigtl. = Sumpf, stehendes Gewässer]: **1.** *sich weithin ausdehnende, das Festland umgebende Wassermasse, die einen großen Teil der Erdoberfläche bedeckt:* das weite M.; aufs offene M. fahren; die Sonne steigt aus dem M. auf; im M. baden; **Ü** in einem M. der Leidenschaft versinken. **2.** (geh.) *sehr große Anzahl, Menge von etw.; Fülle* (1) (meist in Verbindung mit dem Genitiv od. mit »von«): ein M. blühender Rosen, von Blumen. **3.** *Mare* (in Namen): M. der Ruhe.
Meer|blick, der ⟨o. Pl.⟩: *Blick aufs Meer:* Zimmer mit M.
Meer|bras|se, die, **Meer|bras|sen,** der: *in Küstennähe od. im Brackwasser lebender Fisch mit großem Kopf u. langer Rückenflosse.*
Meer|bu|sen, der (veraltend): *größere Meeresbucht.*
Meer|en|ge, die: *Verengung des Meeres zu einem schmalen Streifen zwischen zwei Meeren od. zwei Teilen eines Meeres.*
Mee|res|ab|la|ge|rung, die: *Ablagerung* (1 b) *am Meeresboden.*
Mee|res|al|ge, die ⟨meist Pl.⟩: *im Meer lebende Alge.*
Mee|res|bio|lo|gie, die: *Zweig der Biologie, der sich mit dem Leben der Tiere u. Pflanzen im Meer beschäftigt.*
Mee|res|blick, der: vgl. Meerblick.
Mee|res|bo|den, der: *Boden* (5) *des Meeres.*
Mee|res|bucht, die: *bogenartig in das Land hineinragender Teil eines Meeres.*
Mee|res|for|schung, die: *Forschung, die sich mit dem Meer beschäftigt.*
Mee|res|früch|te ⟨Pl.⟩ [LÜ von ↑Frutti di Mare] (Kochk.): *zusammen angerichtete Fische, Krebse, Muscheln o. Ä.*
Mee|res|geo|lo|gie, die: *Zweig der Geologie, der sich mit der Erforschung des Meeresbodens beschäftigt.*
Mee|res|gott, der: *Meergott.*
Mee|res|grund, der: *Grund* (3 a) *des Meeres.*
Mee|res|kun|de, die: *Wissenschaft vom Meer u. den Eigenschaften des Meerwassers; Ozeanographie.*
Mee|res|kund|ler, der: *jmd., der Meereskunde studiert [hat].*
Mee|res|kund|le|rin, die; -, -nen: w. Form zu ↑Meereskundler.
mee|res|kund|lich ⟨Adj.⟩: *die Meereskunde betreffend; ozeanographisch.*
Mee|res|küs|te, die: *Küste des Meeres.*
Mee|res|leuch|ten, das; -s: *bes. in tropischen Meeren auftretendes Leuchten des Wassers während der Nacht (das durch das Phosphoreszieren kleiner, im Meer lebender Pflanzen u. Tiere hervorgerufen wird).*
Mee|res|luft, die: **1.** (Met.) *feuchte, milde, vom Nordatlantik kommende Luft.* **2.** *Seeluft.*
Mee|res|ober|flä|che, die: *Oberfläche des Meeres.*
Mee|res|säu|ger, der (Zool.), **Mee|res|säu|ge|tier,** das (Zool.): *im Meer lebendes Säugetier* (z. B. Wal).
Mee|res|schild|krö|te, die: *(meist in tropischen u. subtropischen Meeren lebende) Schildkröte mit abgeplatteten, flossenartigen Gliedmaßen.*
Mee|res|spie|gel, der: **1.** *Spiegel* (2 a) *des Meeres.* **2.** (Fachspr.) *(bestimmte theoretisch angenommene) Wasseroberfläche des Meeres, auf die sich die geodätischen Höhenmessungen beziehen:* Mittenwald liegt 913 Meter über dem M.
Mee|res|strand, der (geh.): *Strand des Meeres.*
Mee|res|stra|ße, die: **1.** *Meerenge.* **2.** *Seeschifffahrtsstraße.*
Mee|res|strö|mung, die: *Strömung im Meer.*
Mee|res|tie|fe, die: *Tiefe des Meeres.*
Mee|res|tier, das: *im Meer lebendes Tier.*
Mee|res|vo|gel, der: *am Meer lebender Vogel.*
Meer|gott, der: *Gott* (2) *des Meeres.*
Meer|göt|tin, die: w. Form zu ↑Meergott.
meer|grün ⟨Adj.⟩: *einen Farbton von hellem Olivgrün bis zu stumpfem Graugrün aufweisend.*
Meer|jung|frau, die (Myth.): *im Wasser, bes. im Meer lebendes weibliches Wesen mit einem Fischschwanz als Unterleib.*
Meer|kat|ze, die [mhd. mer(e)katze, ahd. merikazza; das Tier ähnelt einer Katze u. ist über das Meer nach Europa gebracht worden]: *(im Süden Afrikas heimischer) Affe mit lebhaft gezeichnetem Fell, rundlichem Kopf u. langem Schwanz.*
Meer|neun|au|ge, das: *im Meer lebendes Neunauge; Lamprete.*
Meer|ret|tich, der; -s, -e [mhd. merrettich, ahd. mēr(i)rātich, eigtl. wohl = größerer Rettich (zu ↑mehr), später volksetym. umgedeutet zu: Rettich, der über das Meer zu uns gebracht worden ist]: **1.** *(zu den Kreuzblütlern gehörende) Pflanze mit einer fleischigen Pfahlwurzel.* **2. a)** *scharf u. würzig schmeckende Wurzel des Meerrettichs* (1); **b)** ⟨o. Pl.⟩ *geriebener Meerrettich* (2 a).
Meer|ret|tich|so|ße, die: *Soße mit Meerrettich* (2 b).
Meer|salz, das: *aus dem Meerwasser gewonnenes Kochsalz.*
Meer|schaum, der [LÜ von lat. spuma (maris), urspr. Bez. für die Koralle]: *an erstarrten Schaum erinnerndes, poröses, leichtes (u. daher auf Wasser schwimmendes) weißes, gelbliches, graues od. rötliches Mineral.*
Meer|schaum|pfei|fe, die: *Pfeife mit einem Kopf aus Meerschaum.*
Meer|schaum|spit|ze, die: *Zigarren- od. Zigarettenspitze aus Meerschaum.*
Meer|schwein|chen, das [spätmhd. merswīn, urspr. = Delphin; nach den Grunzlauten; vgl. Meerkatze]: *(aus Südamerika stammendes) kleines Nagetier mit gedrungenem Körper, kurzen Beinen u. einem Stummelschwanz.*
Meer|un|ge|heu|er, das (Myth.): *im Meer lebendes Ungeheuer.*
meer|wärts ⟨Adv.⟩ [↑-wärts]: *in Richtung auf das Meer; dem Meer zu.*
Meer|was|ser, das ⟨o. Pl.⟩: *Wasser des Meeres.*
Meer|was|ser|wel|len|bad, das: *Wellenbad, dessen Becken mit Meerwasser gefüllt ist.*
Mee|ting ['mi:tɪŋ], das; -s, -s [engl. meeting, zu: to meet = begegnen, zusammentreffen] (bildungsspr.): **a)** *Zusammenkunft, Treffen:* ein M. veranstalten; **b)** *Sportveranstaltung [in kleinerem Rahmen]:* ein M. der besten Langstreckler.
meets [mi:ts] [engl., 3. Pers. Sg. von: to meet = treffen (auf)]: nur in der Fügung **etw. m. etw.** (Jargon; *etw. trifft auf etw., vermischt sich mit etw.*): Klassik m. Jazz.
Me|ga-: [griech. mégas = groß]: **1.** (emotional verstärkend) kennzeichnet in Bildungen mit Substantiven jmdn. oder etw. als besonders groß, mächtig, hervorragend, bedeutend (als Steigerung von *Super-*): Megaprojekt. **2.** bedeutet in Maßeinheiten *eine Million …:* Megavolt.
Me|ga|bit, das; -[s], -[s] [↑Mega- (2)]: *1 048 576 Bit* (Zeichen: MBit).
Me|ga|byte [– –'–], das; -[s], -[s] [↑Mega- (2)]: *1 048 576 Byte* (Zeichen: MByte).
Me|ga|elek|tro|nen|volt, das; -[e]s, - [↑Mega- (2)] (Physik): *eine Million Elektronenvolt* (Zeichen: MeV).
Me|ga|fon, (auch:) Megaphon, das; -s, -e [aus ↑Mega- u. ↑-fon]: *Sprachrohr [mit elektrischem Verstärker].*
Me|ga|hertz, das; -, - [↑Mega- (2)] (Physik): *eine Million Hertz* (Zeichen: MHz).
Me|ga|hit, der [↑Mega- (1)] (ugs.): *besonderes Aufsehen erregender Hit.*
me|ga-in [zu griech. mégas = groß u. engl. in = in, ↑in]: in der Verbindung **m. sein** (ugs.; *äußerst gefragt sein*).
Me|ga|lith [auch: ...'lɪt], der; -s od. -en, -e[n] [zu griech. mégas = groß u. ↑-lith]: *(in vorgeschichtlicher Zeit als Monument od. für Grabanlagen verwendeter) großer, roher Steinblock.*
Me|ga|lith|grab, das: *vorgeschichtliches, aus großen Steinen weitläufig angelegtes, ursprünglich von einem Erd- od. Steinhügel bedecktes Grab.*
Me|ga|li|thi|ker [auch: ...'lɪt...], der; -s, -: *Träger der Megalithkultur.*
me|ga|li|thisch [auch: ...'lɪtɪʃ] ⟨Adj.⟩: *aus großen Steinen bestehend.*
Me|ga|lith|kul|tur, die ⟨o. Pl.⟩: *Kultur der Jungsteinzeit, für die Monumente aus Megalithen u. Ornamente an Keramikgefäßen typisch sind.*
Me|ga|lo|po|le, die; -, -n, **Me|ga|lo|po|lis,** die; -, ...olen [engl. megalopolis, zu griech. mégas (megal-) = groß u. pólis, ↑Polis] (bildungsspr.): *[aus einer Zusammenballung von benachbarten Großstädten entstandene] Riesenstadt.*
Me|ga|ohm, Megohm, das; -[s], - [↑Mega- (2)] (Physik): *eine Million Ohm* (Zeichen: MΩ).
me|ga-out [...aut] [zu griech. mégas = groß u. engl. out = aus, ↑out]: in der Verbindung **m. sein** (ugs.; *ganz u. gar aus der Mode sein, vollkommen überholt sein*).
Me|ga|pas|cal, das; -s, -: (Physik): *eine Million Pascal* (Zeichen: MPa).
Me|ga|phon: ↑Megafon.
Me|gä|re, die; -, -n [lat. Megaera, griech. Mégaira = die Missgönnende; in der griech. Sage eine der Erinnyen] (geh.): *wütende, rasende, böse Frau.*
Me|ga|stadt, die; -, ...städte [↑Mega- (1)]: *Großstadt von ausufernden Ausmaßen.*
Me|ga|star, der; -s, -s [↑Mega- (1)] (ugs.): *überaus beliebter, bekannter [2]Star* (1).
Me|ga|ton|ne, die; -, -n [↑Mega- (2)]: *eine Million Tonnen* (Zeichen: Mt).
Me|ga|volt, das; - u. -[e]s, - [↑Mega- (2)] (Physik): *eine Million Volt* (Zeichen: MV).
Me|ga|watt, das; -s, - [↑Mega- (2)] (Physik): *eine Million Watt* (Zeichen: MW).
Me|gil|loth ⟨Pl.⟩ [hebr. mĕgillôt, Pl. von: mĕgillạh = (Buch)rolle]: *die fünf alttestamentlichen Schriften Hohes Lied, Ruth, Klagelieder, Prediger Salomo, Esther, die an jüdischen Festen verlesen werden.*
Meg|ohm: ↑Megaohm.
Mehl, das; -[e]s, (Sorten:) -e [mhd. mel, ahd. melo, eigtl. = Gemahlenes, Zerriebenes, zu ↑mahlen]: **1.** *pulver-, puderförmiges Nahrungsmittel, das durch Mahlen von Getreidekörnern entstanden ist u. vorwiegend zum Backen verwendet wird:* feines M.; das M. klumpt; M. sieben. **2.** *zu Pulver gemahlener od. zerriebener fester Stoff:* Knochenabfälle zu M. verarbeiten.
mehl|ar|tig ⟨Adj.⟩: *in der Art von Mehl* (1); *dem Mehl ähnlich.*
Mehl|bee|re, die: **1. a)** *(als hoher Baum od. Strauch wachsende) Pflanze mit langen, ovalen, auf der Unterseite filzigen, weißen Blättern, weißen, in Dolden wachsenden Blüten u. kleinen, rundlichen Äpfeln ähnlichen, orangefarbenen bis rotbraunen Früchten;* **b)** *Frucht der Mehlbeere* (1 a). **2. a)** *Eberesche;* **b)** *Frucht der Eberesche.*
Mehl|brei, der: *aus Mehl* (1) *hergestellter Brei.*
meh|lig ⟨Adj.⟩: **1.** *mit Mehl bestäubt; bemehlt:* der Bäcker hatte -e Hände. **2.** *fein wie Mehl.* **3.** *nicht saftiges, wässriges, sondern trocken-lockeres Fruchtfleisch habend:* -e Kartoffeln. **4.** *von der stumpfweißen Farbe des Mehls:* eine -e Hautfarbe.
Mehl|kä|fer, der: *kleiner, schwarzbrauner Käfer, der bes. als Schädling im Mehl auftritt.*
Mehl|kleis|ter, der: *Kleister* (1).
Mehl|schwal|be, die: *große Schwalbe mit kurzem, gegabeltem Schwanz u. an Rücken u. Flügeln metallisch blauem, am Bauch kalkweißem Gefieder.*
Mehl|schwit|ze, die (Kochk.): *aus in Butter od. in anderem Fett leicht gebräuntem Mehl bestehende breiige Masse.*
Mehl|sieb, das: *feines Sieb.*
Mehl|sor|te, die: *Mehl einer bestimmten Sorte.*
Mehl|spei|se, die: **1.** *aus Mehl od. einem aus Mehl hergestellten Produkt u. Milch, Butter, Eiern u. a. bereitetes Gericht.* **2.** (österr.) **a)** *Süßspeise;* **b)** *Kuchen.*

Mehl|staub, der: *Staub von Mehl.*
Mehl|sup|pe, die: **1.** vgl. Mehlbrei. **2.** *mit Mehl gebundene Suppe.*
Mehl|tau, der [mhd. miltou, ahd. militou, 2. Bestandteil zu ↑[1]Tau]: *Pflanzenkrankheit, bei der Blätter, Stängel, Knospen u. Früchte aussehen, als seien sie mit Mehl bestäubt.*
Mehl|ty|pe, die: *Kennzeichnung, um anzugeben, wie viel Mineralstoffe eine Sorte Mehl enthält u. wie fein das Mehl gemahlen ist.*
Mehl|wurm, der: *gelbbraune Larve des Mehlkäfers.*
mehr [mhd. mēr(e), ahd. mēr(o); Komp. von ↑viel]: **I.** ⟨Indefinitpron. u. unbest. Zahlwort⟩ drückt aus, dass etw. über ein bestimmtes Maß hinausgeht, eine vorhandene Menge übersteigt: wir brauchen m. Geld; sie plädiert für m. Selbstständigkeit; immer m. Touristen strömen auf die Insel; ein Grund m. aufzuhören; drei oder m. Personen; im Alter von siebzig Jahren und m.; Blumen, Früchte und Ähnliches m.; m. als die Hälfte war/waren erkrankt; m. als genug; ein Buffet mit Kuchen und was der Leckereien m. sind; immer m. verlangen; etwas Geld m.; was willst du [noch] m.?; demnächst m. *(erzähle ich ausführlicher);* da gehört aber ein bisschen m. dazu; die Beweise haben den Verdacht m. als gerechtfertigt *(nicht nur gerechtfertigt, sondern erhärtet);* das Ergebnis der Konferenz war m. als mager *(äußerst mager);* dieser Sherry schmeckt nach m. (ugs.; *schmeckt so gut, dass man noch etwas davon trinken möchte*); R m. sein als scheinen (eine dem Grafen Alfred von Schlieffen [1833–1913] zugeschriebene Äußerung anlässlich seines fünfzigjährigen Dienstjubiläums); je m. er hat, je m. er will (*wenn einer viel hat, dann will er immer noch mehr;* aus dem Lied mit dem Titel »Zufriedenheit« von J. M. Miller [1750–1814]); * **m. und m.** *(immer mehr; in zunehmendem Maße);* **m. oder minder/weniger** *(im großen Ganzen, in gewissem Maße):* das Zusammentreffen war m. oder minder zufällig; **nicht m. und nicht weniger** *(nichts anderes als dieses):* das war eine grobe Fahrlässigkeit, nicht m. und nicht weniger. **II.** ⟨Adv.⟩ **1. a)** *in höherem Maße, stärker:* er liebte sie darum nur noch m.; sie ist mir m. denn je verhasst; sie wird m. geschätzt als ihr Vorgänger; **b)** *angemessener; besser:* du musst m. aufpassen; je besser ich ihn verstehe, desto m. übe ich Nachsicht. **2. a)** *in größerem Umfang:* die Straßen sind m. befahren als üblich; sie raucht m. als ich; **b)** drückt aus, dass etw. zu etw. anderem, Gegensätzlichem tendiert; oft in Korrelation mit »als«; *eher:* die Plastik steht besser m. links; er ist m. Künstler als Gelehrter. **3.** drückt in Verbindung mit einer Negation aus, dass ein Geschehen, ein Zustand, eine Reihenfolge o. Ä. nicht fortgesetzt wird: es war niemand m. da; es bleibt nichts m. übrig; sie wusste nicht m., was sie tun sollte; schließlich bist du doch kein [kleines] Kind m.; er ist nicht m. derselbe wie vor seinem Unfall; ich kann nicht m. *(ich bin am Ende meiner Kräfte);* R ich werd nicht m.! (salopp; *ich bin sprachlos!*); * **nicht m. sein** (verhüll.; *gestorben sein*); **nicht m. werden** (ugs. verhüll.; *nicht mehr gesund werden*); **nicht m. das sein [was jmd./etw. einmal war]** *(nachgelassen, sich verschlechtert haben).* **4.** (österr., sonst landsch.) in Verbindung mit »nur«; *nur noch:* ich besitze nur m. Kleingeld.
Mehr, das; -[s], -e, selten: -en [schon spätmhd. daȝ mēr = Mehrheit]: **1.** ⟨o. Pl.⟩ *eine [größere] Menge, die über ein bestimmtes Maß hinaus zusätzlich vorhanden ist:* ein M. an Zeit aufwenden. **2.** (schweiz.) **a)** ⟨o. Pl.⟩ *[Stimmen]mehrheit;* **b)** *Abstimmungsergebnis, Mehrheitsbeschluss;* **c)** ⟨o. Pl.⟩ *Abstimmung:* ein M. beantragen.
Mehr|ar|beit, die ⟨o. Pl.⟩: **1.** *zusätzliche Arbeit.* **2.** *das Leisten von Überstunden:* Sondertarife für geleistete M. **3.** (marx.) *vom Arbeitnehmer geleistete, über die zum Verdienen des Lebensunterhaltes nötige Arbeit hinausgehende Arbeitsleistung.*
Mehr|auf|wand, der: *zusätzlicher, über die Berechnung, Kalkulation, das übliche Maß hinausgehender Aufwand.*
Mehr|aus|ga|be, die: vgl. Mehraufwand.
mehr|bän|dig ⟨Adj.⟩: *in mehreren [2]Bänden; mehrere [2]Bände umfassend.*
Mehr|be|las|tung, die: vgl. Mehraufwand.
mehr|deu|tig ⟨Adj.⟩: **1.** *aufgrund mehrerer Bedeutungen missverständlich.* **2.** (bes. Fachspr.) *mehrere Deutungen zulassend.*
Mehr|deu|tig|keit, die: *das Mehrdeutigsein.*
mehr|di|men|si|o|nal ⟨Adj.⟩: *auf der Ausdehnung, Entfaltung in mehrere Dimensionen beruhend; von, nach, in mehreren Dimensionen.*
Mehr|ehe, die (Völkerk.): *Ehe mit mehreren Partnern.*
Mehr|ein|kom|men, das: *über das übliche, normale Maß hinausgehendes Einkommen.*
meh|ren ⟨sw. V.; hat⟩ [mhd. mēren, ahd. mērōn] (geh.): **1.** *bewirken, dass etw. zunimmt; vermehren:* den Besitz m. **2.** ⟨m. + sich⟩ **a)** *[immer] mehr, zahlreicher werden:* die Klagen mehrten sich; die Unruhen mehrten sich; **b)** (veraltet) *sich vermehren.*
meh|rer... ⟨Indefinitpron. u. unbest. Zahlw.⟩: **1.** *eine unbestimmte größere Anzahl, Menge; einige, etliche:* ⟨attr.:⟩ sie war mehrere Wochen verreist; Familien mit mehreren Kindern; die Wahl mehrerer Abgeordneter/mehrerer Abgeordneten; mehrere hundert Bücher; ⟨allein stehend:⟩ mehrere von ihnen; sie kamen zu mehreren. **2.** *nicht nur ein, eine; verschiedene:* der Text lässt mehrere Auslegungen zu.
meh|rer|lei ⟨indekl. unbest. Gattungsz.⟩ [↑-lei] (ugs.): *mehrere voneinander abweichende, sich unterscheidende:* m. Möglichkeiten.
mehr|fach ⟨Adj.⟩ [nach frz. multiple]: **1.** *sich in gleicher Form mehrere Male wiederholend; mehrmalig:* -er deutscher Meister im Langlauf; sie ist -e Großmutter; ein -er Preisträger; ein m. vorbestrafter Einbrecher; ⟨subst.:⟩ ein Mehrfaches an Kosten. **2. a)** *(im Hinblick auf Menge, Anzahl) auf verschiedene Weise:* etw. in -er Hinsicht beurteilen; **b)** (ugs.) *mehr als einmal; mehrmals:* sie gehen m. im Jahr in Urlaub.
mehr|fach|be|hin|dert ⟨Adj.⟩ (Amtsspr.): *mehrere unterschiedliche Behinderungen aufweisend:* -e Personen; das Kind ist m.
Mehr|fach|be|hin|der|te, der u. die (Amtsspr.): *Person, die mehrfachbehindert ist.*
Mehr|fach|impf|stoff, der: *Impfstoff, der verschiedene Mittel zur Bildung von Abwehrstoffen gegen mehrere Krankheiten enthält.*
Mehr|fach|spreng|kopf, der: *Sprengkopf einer Rakete, der aus mehreren einzelnen [lenkbaren] Sprengköpfen besteht.*
Mehr|fach|ver|si|che|rung, die (Versicherungsw.): *mehrere Versicherungen gegen die gleiche Gefahr, die von einem Versicherungsnehmer mit verschiedenen Versicherungsgesellschaften abgeschlossen werden.*
Mehr|fa|mi|li|en|haus, das: *Haus für mehrere Familien.*
Mehr|far|ben|druck, der ⟨Pl. -e⟩: vgl. Vierfarbendruck.
mehr|far|big, (österr.:) **mehr|fär|big** ⟨Adj.⟩: *in mehreren Farben; mehrere Farben aufweisend.*
Mehr|ge|bot, das: *(bei einer Auktion) höheres Gebot.*
mehr|ge|schos|sig ⟨Adj.⟩: *mit mehreren Geschossen* (2); *mehrere Geschosse aufweisend.*
mehr|glie|de|rig, mehr|glied|rig ⟨Adj.⟩: *mit mehreren Gliedern* (1b, 3) *versehen.*
Mehr|heit, die; -, -en [nach frz. majorité (↑Majorität), niederl. meerderheit; schon ahd. mērheit für lat. maioritas (↑Majorität)]: **1.** ⟨o. Pl.⟩ **a)** *der größere Teil einer bestimmten Anzahl von Personen als Einheit:* die M. des Volkes; die M. der Abgeordneten stimmte/stimmten zu; es gab keine M. für den Plan; **b)** (selten) *Mehrzahl* (2): sie konnte die M. der Stimmen auf sich vereinigen; * **die schweigende M.** *(die große Zahl derer, die ihre Meinung zu einer Sache nicht äußern wollen od. können;* LÜ von engl. the silent majority). **2. a)** *größerer Teil aller abgegebenen Stimmen:* eine knappe M.; sie wurde mit überwältigender M. gewählt; absolute M. (Politik; *mehr als die Hälfte der stimmberechtigten Stimmen*); einfache/relative M. (Politik; *[bei mehr als zwei zur Wahl stehenden Kandidaten, Parteien o. Ä.] weniger als die Hälfte, aber der größere Teil der Stimmen*); qualifizierte M. (Politik; *absolute Mehrheit, $^2/_3$- od. $^3/_4$-Mehrheit*); es gibt keine klaren -en; **b)** *Gruppe, die den größeren Teil der abgegebenen Stimmen bekommen hat.*
mehr|heit|lich ⟨Adj.⟩: **1.** *in, mit der Mehrheit, Mehrzahl; überwiegend:* etw. m. beschließen. **2.** (schweiz.) *meistens:* m. in den Landzeitungen findet sich diese Ansicht.
Mehr|heits|ak|ti|o|När, der: *Aktionär, der mehr als die Hälfte der Aktien einer Aktiengesellschaft besitzt.*
Mehr|heits|ak|ti|o|nä|rin, die: w. Form zu ↑Mehrheitsaktionär.
Mehr|heits|be|schluss, der: *aufgrund einer Mehrheit gefasster Beschluss.*
Mehr|heits|ent|schei|dung, die: *Entscheidung, die durch eine Mehrheit* (1) *getroffen wird od. wurde.*
mehr|heits|fä|hig ⟨Adj.⟩: *so beschaffen, dass eine Stimmenmehrheit dafür erwartet werden kann:* m. sein.
Mehr|heits|prin|zip, das: *Prinzip, dass der Wille der Mehrheit [des Volkes] ausschlaggebend ist.*
Mehr|heits|wahl, die: *Wahlsystem, bei dem der Kandidat gewählt ist, der die relative, absolute od. qualifizierte Mehrheit hat; Direktwahl* (2).
Mehr|heits|wahl|recht, das ⟨o. Pl.⟩: *Wahlverfahren, bei dem die Mehrheit der abgegebenen Stimmen in einem Wahlbezirk ausschlaggebend ist.*
mehr|jäh|rig ⟨Adj.⟩: **1. a)** *einen Zeitraum von mehreren Jahren umfassend:* eine -e Berufspraxis; **b)** *[bereits] mehrere Jahre dauernd:* eine -e Freundschaft. **2.** (Bot.) *(von Blütenpflanzen, Kräutern) nach einigen Jahren zu einmaliger Blüte u. Fruchtreife gelangend u. danach absterbend.*
Mehr|kampf, der (Sport): *Wettkampf, der aus mehreren Einzeldisziplinen besteht.*
Mehr|kos|ten ⟨Pl.⟩: vgl. Mehraufwand.
Mehr|leis|tung, die: **1.** vgl. Mehraufwand. **2.** *zusätzliche Leistung.*
Mehr|ling, der; -s, -e: *eines von mehreren gleichzeitig ausgetragenen Kindern einer Mutter.*
mehr|ma|lig ⟨Adj.⟩: *mehrere Male geschehend.*
mehr|mals ⟨Adv.⟩: *mehrere Male; des Öfteren:* etw. m. versuchen.
mehr|mas|tig ⟨Adj.⟩: *mit mehreren [1]Masten ausgerüstet.*
Mehr|par|tei|en|sys|tem, das (Politik): *von mehreren Parteien getragenes politisches System.*
Mehr|pha|sen|strom, der (Elektrot.): *Stromart mit mehreren, zeitlich gegeneinander verschobenen Wechselströmen.*
mehr|po|lig ⟨Adj.⟩: *mehrere [1]Pole* (2b) *habend, mit mehreren [1]Polen* (2b) *[versehen].*
mehr|schich|tig ⟨Adj.⟩: *aus mehreren Schichten bestehend.*
mehr|sei|tig ⟨Adj.⟩: *aus mehreren Seiten [bestehend]; mehrere Seiten enthaltend.*
mehr|sil|big ⟨Adj.⟩: vgl. mehrteilig.
mehr|spra|chig ⟨Adj.⟩: **a)** *in mehreren Sprachen [abgefasst]:* ein -es Wörterbuch; **b)** *mehrere Sprachen sprechend.*
Mehr|spra|chig|keit, die: *das Mehrsprachigsein; Fähigkeit, mehrere Sprachen zu sprechen.*
mehr|spu|rig ⟨Adj.⟩: *mehrere Fahrspuren aufweisend.*
mehr|stel|lig ⟨Adj.⟩: *(in Bezug auf Zahlenangaben) aus mehreren Stellen* (3b) *bestehend.*
mehr|stim|mig ⟨Adj.⟩ (Musik): *aus mehreren Stimmen bestehend; von mehreren Stimmen gesungen.*
mehr|stö|ckig ⟨Adj.⟩: *mehrere Stockwerke aufweisend.*
Mehr|stu|fe, die (Sprachw.): *Komparativ.*

Mehr|stu|fen|ra|ke|te, die (Technik): *Rakete aus mehreren Teilen mit je einem Triebwerk.*

mehr|stu|fig ⟨Adj.⟩: **a)** vgl. mehrteilig: eine -e Leiter; **b)** (Technik) *mehrere Teile mit je einem Triebwerk aufweisend:* eine -e Rakete.

mehr|stün|dig ⟨Adj.⟩: *mehrere Stunden dauernd.*

mehr|tä|gig ⟨Adj.⟩: vgl. mehrstündig.

mehr|tei|lig ⟨Adj.⟩: *aus mehreren Teilen bestehend.*

Meh|rung, die; -, -en [mhd. mērunge, ahd. mērunga] ⟨Pl. selten⟩ (geh.): *das Mehren* (1).

Mehr|völ|ker|staat, der: *Nationalitätenstaat.*

Mehr|weg|fla|sche, die: *Flasche, die [als Pfandflasche] vom Händler zurückgenommen wird u. die erneut in Umlauf kommt.*

Mehr|wert, der ⟨o. Pl.⟩: **1.** (Wirtsch.) *Zuwachs an Wert, der durch ein Unternehmen erarbeitet wird.* **2.** (marx.) *den Lohn übersteigender Wert, den die Arbeiterschaft produziert.*

Mehr|wert|steu|er, die (Wirtsch.): *von einem Unternehmen auf den Verkaufspreis eines Produktes aufgeschlagene Umsatzsteuer, die an das Finanzamt abgeführt wird* (Abk.: MwSt., Mw.-St.).

mehr|wö|chig ⟨Adj.⟩: vgl. mehrstündig.

Mehr|zahl, die: **1.** ⟨Pl. selten⟩ (Sprachw.) *Plural.* **2.** ⟨o. Pl.⟩ *größerer Teil einer bestimmten Anzahl.*

mehr|zei|lig ⟨Adj.⟩: vgl. mehrteilig.

mehr|zel|lig ⟨Adj.⟩: vgl. mehrteilig.

Mehr|zweck|ge|rät, das: *Gerät, das verschiedenen Zwecken dient.*

Mehr|zweck|hal|le, die: *für verschiedene Zwecke genutzte Halle.*

Mehr|zweck|mö|bel, das: vgl. Mehrzweckgerät.

mei|den ⟨st. V.; hat⟩ [mhd. mīden, ahd. mīdan, urspr. = (den Ort) wechseln, (sich) verbergen, (sich) fern halten u. verw. mit dem unter ↑Meineid genannten Adj.] (geh.): *jmdm., einer Sache bewusst ausweichen, aus dem Wege gehen; sich von jmdm., etw. fern halten:* jmdn., etw. m.; die beiden meiden sich, einander; Alkohol m. *(keinen Alkohol trinken);* Ü der Schlaf meidet ihn.

Mei|er, der; -s, - [mhd. meier, ahd. meiur, maior, gek. aus spätlat. maior domus, ↑Majordomus; 3: nach dem häufigen Familienn. Meier]: **1.** (hist.) *Verwalter eines Fronhofs.* **2.** (veraltet, noch landsch.) *Pächter, Verwalter eines Gutes.* **3.** * **wenn ..., dann heiß ich M.; ich will M. heißen, wenn ...** (ugs.; *das, was vielleicht vermutet werden könnte, ist bestimmt nicht der Fall*).

Mei|e|rei, die; -, -en [1: spätmhd. meirīe]: **1.** (veraltet) *von einem Meier (2) verwaltetes Gut.* **2.** (landsch.) *Molkerei.*

Mei|e|rin, die; -, -nen: w. Form zu ↑Meier (2).

Mei|le, die; -, -n [mhd. mīle, ahd. mīl(l)a < lat. milia = römische Meile, für: mille (milia) passuum = tausend Doppelschritte]: **1.** *frühere Längeneinheit unterschiedlicher Größe (als Wegemaß):* die preußische, geographische, englische M.; (Leichtathletik:) die M. *(Strecke der englischen Meile von 1 609,30 m)* laufen; tausend -n (dichter.; *sehr weit*) von hier entfernt; * **drei, sieben usw. -n gegen den Wind** (abwertend; *[bes. von Gerüchen] sehr stark u. aufdringlich*): man hört dich drei -n gegen den Wind. **2.** (ugs.) *lange, gerade verlaufende Straße in einer Stadt, wo sich etw. Bestimmtes abspielt;* * **sündige M.** *(Amüsierviertel).*

Mei|len|stein, der: **1.** (früher) vgl. Kilometerstein. **2.** (emotional) *wichtiger Einschnitt, Wendepunkt o. Ä. in einer Entwicklung:* -e der Menschheitsgeschichte.

mei|len|weit [auch: '– –'–] ⟨Adj.⟩ (emotional): *sehr weit:* m. sah man das lodernde Feuer; Ü sie war m. von einer Lösung des Falles entfernt.

[1]**Mei|ler,** der; -s, - [spätmhd. mīler, wohl zu mlat. miliarium = Anzahl von tausend Stück, zu lat. mille = tausend; nach der Vielzahl des aufgeschichteten Holzes]: **1.** kurz für ↑Kohlenmeiler. **2.** kurz für ↑Atommeiler.

[1]**mein** ⟨Possessivpron.⟩ [mhd., ahd. mīn]: bezeichnet die Zugehörigkeit od. Herkunft eines Wesens od. Dinges, einer Handlung od. Eigenschaft zur bzw. von der Person des Sprechers: **1. a)** ⟨vor einem Subst.⟩ m. Bruder; -e Brille; hast du -en Brief bekommen?; von -em Geld; m. Englisch ist nicht sehr gut; m. Husten ist sehr hartnäckig; verblasst in bestimmten Anreden: -e Damen und Herren!; m. liebes Kind; bringt ein auf den Sprecher bezogenes, subjektives Verhältnis o. Ä. zu dem im folgenden Substantiv Genannten zum Ausdruck: abends trinke ich -e fünf Bier; **b)** als Ausdruck einer Gewohnheit, gewohnheitsmäßigen Zugehörigkeit, Regel o. Ä. in Bezug auf die eigene Person: ich mache dieses Jahr wieder -e Kur (ugs.; *die Kur, die ich schon öfter gemacht habe*); ich habe heute -en Zug versäumt (ugs.; *den Zug, den ich gewöhnlich benutze*); **c)** ⟨o. Subst.⟩ ist das deine Brille oder -e?; das dickere der Bücher ist -s, (geh.:) -es. **2.** ⟨subst.⟩ (geh.): sein Stuhl stand unmittelbar neben dem -en; die Meine/(auch:) die -e *(meine Frau);* das Meine/(auch:) das -e *(mein Eigentum);* die Meinen/(auch:) die -en *(meine Familie);* ich habe das Meine/(auch:) das -e *(das, was ich tun konnte)* getan; * **Mein und Dein verwechseln/nicht unterscheiden können** (verhüll.; *sich leicht an fremdem Eigentum vergreifen; im Hinblick auf das Eigentum anderer nicht ganz zuverlässig sein*).

[2]**mein** [mhd., ahd. mīn] (dichter. veraltet): ↑meiner: gedenke m.!; vergiss m. nicht!; erbarme dich m.!

Mein|eid, der; -[e]s, -e [mhd. meineit, ahd. meineid, zu mhd., ahd. mein = falsch, betrügerisch (urspr. = vertauscht, verwechselt) u. ↑Eid]: *Eid, mit dem wissentlich, vorsätzlich etwas Unwahres beschworen wird:* einen M. schwören, leisten; sie wurde wegen -s verurteilt.

mein|ei|dig ⟨Adj.⟩: *einen Meineid schwörend:* ein -er Zeuge; m. werden, sein.

mei|nen ⟨sw. V.; hat⟩ [mhd. meinen, ahd. meinan, H. u.]: **1. a)** *(in Bezug auf jmdn., etw.) eine bestimmte Ansicht, Meinung haben, vertreten:* sie meinte, man könne nicht so verfahren; meinen *(glauben)* Sie, das hätte keiner gemerkt?; er meint *(denkt)* immer, alle müssten sich nach ihm richten; man könnte m. *(den Schluss ziehen),* es wäre alles vergebens gewesen; man sollte m., du hättest mehr Verstand *(es ist unbegreiflich, dass du so ohne Verstand handelst);* meinst du das im Ernst? *(ist das wirklich deine Überzeugung, Meinung?);* als Bekräftigungsformel: das will ich m.! (ugs.; *natürlich ist das so!*); was meinst du zu dieser Sache? *(wie stehst du dazu?);* ⟨auch ohne Akk.-Obj.:⟩ ich meine ja nur [so]! (ugs.; *es war ja nur ein Vorschlag von mir!*); als [erstaunte, verwunderte] Rückfrage auf jmds. Äußerung: meinen Sie?, meinst du?; als einräumende Feststellung: wenn du meinst!; wenn Sie meinen!; **b)** *sagen wollen, zum Ausdruck bringen wollen:* das habe ich nicht gemeint; was hat sie mit ihrer Bemerkung gemeint?; in Fragefloskeln: was meinen Sie? (ugs.; als Rückfrage, wenn jemand die Äußerung eines anderen nicht verstanden hat; *bitte?*); (veraltet od. scherzh.:) wie meinen? **2.** *(bei einer Äußerung, Handlung o. Ä.) im Sinn, im Auge haben:* welches Buch meinst du?; meinen Sie mich?; was meinst du damit? *(willst du damit sagen?);* wie meinst du das? *(wie soll ich deine Äußerung verstehen?).* **3.** (geh.) *im Hinblick auf etw. eines bestimmten Glaubens, einer bestimmten Überzeugung sein; wähnen:* sich im Recht m. **4.** *etw. mit einer bestimmten Absicht, Einstellung o. Ä. sagen od. tun:* etw. ironisch, nicht wörtlich m.; es ehrlich m.; es war nicht böse gemeint; sie hatte es nicht so gemeint (ugs.; *es sollte keine Kränkung sein*); er meinte es gut mit uns *(war uns freundlich gesinnt);* Ü die Sonne meint es heute gut (ugs.; *scheint sehr intensiv*). **5.** *sagen:* »Dann wollen wir mal beginnen«, meinte er.

mei|ner ⟨Gen. des Personalpronomens »ich«⟩: ich war ganz Herr m. selbst.

mei|ner|seits ⟨Adv.⟩ [↑-seits]: *von mir aus, von meiner Seite aus:* ich m. habe/habe m. nichts gegen die Sache unternommen; »Ich freue mich, Sie kennen gelernt zu haben!« – »Ganz m.!« (als Antwortfloskel; *ich freue mich ebenso*).

mei|nes|glei|chen ⟨indekl. Pron.⟩ [eigtl. erstarrter Gen., mhd. mīn gelīche, ahd. mīn gilīcho]: *jmd., Leute meines [Berufs]standes, meiner Art o. Ä.:* ich und m.; ich war dort unter m.; m. *(jemand wie ich)* kann sich das nicht leisten.

mei|net|hal|ben ⟨Adv.⟩ [gek. aus: von meinethalben, mhd. mīn(ent)halben; ↑-halben] (veraltend): *meinetwegen.*

mei|net|we|gen ⟨Adv.⟩ [älter: von meinet (meinen) wegen]: **1.** *aus Gründen, die mich betreffen; mir zuliebe; um meinetwillen:* bist du m. gekommen?; m. brauchst du nicht zu warten. **2.** (ugs.) *von mir aus:* m.! *(ich habe nichts dagegen).* **3.** *zum Beispiel; angenommen:* zunächst absolvierst du ein Studium, m. Maschinenbau.

mei|net|wil|len ⟨Adv.⟩ [älter: umb meinet (meinen) willen, ↑willen]: nur in der Fügung **um m.** *(mit Rücksicht auf mich; mir zuliebe):* um m. brauchst du deine Gewohnheiten nicht zu ändern.

mei|ni|ge, der, die, das; -n, -n ⟨Possessivpron.; immer mit Art.⟩ (geh. veraltend): *der, die, das* [1]*meine* (2): ⟨subst.:⟩ ich werde das Meinige/(auch:) das m. *(mein Teil)* dazu beitragen; sie wird die Meinige/(auch:) die m. *(meine Frau).*

Mei|nung, die; -, -en [mhd. meinunge, ahd. meinunga, zu ↑meinen]: **a)** *persönliche Ansicht, Überzeugung, Einstellung o. Ä., die jmd. in Bezug auf jmdn., etw. hat (u. die sein Urteil bestimmt):* eine vorgefasste M. haben; die -en über den Fall sind geteilt; meine unmaßgebliche M. ist, dass sie nicht infrage kommt; seine M. sagen; sich eine M. bilden *(einen Einblick verschaffen, der ein Urteil ermöglicht);* eine bestimmte M. vertreten; jmds. M. [nicht] teilen [können]; über etw. anderer M. sein; ich bin der Meinung *(bin davon überzeugt),* dass der Termin nicht zu halten ist; eine schlechte, hohe M. *(ein negatives, [sehr] positives Urteil)* von jmdm. haben; an seiner M. festhalten; niemand hatte sie nach ihrer M., um ihre M. gefragt; nach meiner M./meiner M. nach ist die Sache längst entschieden; als Bekräftigungsformel: ganz meine M.! *(so denke ich auch darüber);* * **jmdm. die/** (seltener:) **seine M. sagen/**(salopp:) **geigen** *(jmdm. unmissverständlich seinen Unwillen zu erkennen geben; jmdn. wegen etw. scharf zurechtweisen);* **b)** *im Bewusstsein der Allgemeinheit [vor]herrschende Auffassungen hinsichtlich bestimmter [politischer] Sachverhalte:* die allgemeine M. durch Umfragen zu ermitteln suchen.

Mei|nungs|äu|ße|rung, die: **1.** *das Äußern einer Meinung.* **2.** (seltener) *geäußerte Meinung.*

Mei|nungs|aus|tausch, der: *mündlicher od. schriftlicher Austausch von Meinungen zu einer bestimmten Frage:* ein reger M. über bestimmte Fragen.

mei|nungs|bil|dend ⟨Adj.⟩: *auf das Entstehen einer bestimmten Meinung der Öffentlichkeit Einfluss habend:* -e Autoren.

Mei|nungs|bil|dung, die ⟨Pl. selten⟩ (Kommunikationsf.): *Bildung einer Meinung (zu einer bestimmten Frage) im Einzelindividuum, in der Gesellschaft.*

Mei|nungs|bil|dungs|pro|zess, der (Kommunikationsf.): *Vorgang, Prozess der Meinungsbildung.*

Mei|nungs|for|scher, der: *jmd., der auf dem Gebiet der Meinungsforschung tätig ist.*

Mei|nungs|for|sche|rin, die: w. Form zu ↑Meinungsforscher.

Mei|nungs|for|schung, die: **1.** ⟨o. Pl.⟩ *Forschungsgebiet, das sich mit der Erforschung der in der Gesellschaft herrschenden Meinungen (zu bestimmten Fragen) beschäftigt.* **2.** *Erforschung einer bestimmten herrschenden Meinung mit den Methoden der Meinungsumfrage:* M. betreiben.

Mei|nungs|for|schungs|in|sti|tut, das: *Institut, das Meinungsumfragen durchführt u. auswertet.*

Mei|nungs|frei|heit, die ⟨o. Pl.⟩: *Recht der freien Meinungsäußerung.*

Mei|nungs|streit, der: *Diskussion, in der einander entgegengesetzte Meinungen aufeinander treffen; Kontroverse.*

Mei|nungs|test, der, **Mei|nungs|um|fra|ge,** die: *[systematische] Befragung einer [größeren] Anzahl von Personen nach ihrer Meinung zu einem bestimmten Problem:* eine M. durchführen.

Mei|nungs|ver|schie|den|heit, die: **1.** ⟨meist Pl.⟩ *Unterschiedlichkeit, Gegensätzlichkeit in der Beurteilung, Einschätzung von etw.:* zwischen den Teilnehmern bestanden erhebliche -en. **2.** (verhüll.) *(mit Worten ausgetragener) Streit, Auseinandersetzung.*

Mei|o|se, die; -, -n [griech. meíōsis = das Verringern] (Biol.): *(bei der Zellteilung) in zwei unterschiedlichen Prozessen verlaufende Reduktion des bei der Befruchtung verdoppelten Bestandes an Chromosomen um die Hälfte, um so ihre Zahl pro Zelle konstant zu halten; Reduktionsteilung; Reifeteilung.*

Mei|ran, der; -s, -e (seltener): *Majoran.*

Mei|se, die; -, -n [mhd. meise, ahd. meisa, wahrscheinlich eigtl. = die Kleine, Schmächtige, wohl nach der kleinen Gestalt]: *(in zahlreichen Arten vorkommender) kleiner Singvogel mit spitzem Schnabel u. verschiedenfarbigem Gefieder:* * **eine/'ne M. haben** (salopp; *nicht recht bei Verstand sein*): du hast 'ne M.!

Meis|je, das; -s, -s [niederl. meisje, Vkl. von: meid = Mädchen]: *holländisches Mädchen.*

Mei|ßel, der; -s, - [mhd. meiȝel, ahd. meiȝil, zu mhd. meiȝen, ahd. meiȝan = (ab)schneiden, (ab)hauen]: **1.** *der Bearbeitung bes. von Stein u. Metall dienendes, je nach Verwendungszweck verschieden geformtes Werkzeug aus Stahl, das an einem Ende keilförmig zugespitzt u. mit einer scharfen Schneide versehen ist.* **2.** *in der Chirurgie verwendetes Instrument von der Form eines Flach- od. Hohlmeißels.*

mei|ßeln ⟨sw. V.; hat⟩ [mhd. meiȝeln]: **1. a)** *mit dem Meißel* (1) *arbeiten:* an einer Skulptur m.; **b)** *mit dem Meißel bearbeiten;* **c)** *mithilfe eines Meißels, durch Bearbeitung mit dem Meißel herstellen, schaffen:* eine Statue [aus Marmor] m.; ein Loch [in die Wand] m.; sein Kopf war wie gemeißelt *(war ebenmäßig geformt).* **2.** *einen chirurgischen Eingriff (im Bereich des Knochengerüstes) mit einem Meißel* (2) *vornehmen.*

Mei|ßen: Stadt an der Elbe.

[1]**Mei|ße|ner,** der; -s, -: Ew.

[2]**Mei|ße|ner** ⟨indekl. Adj.⟩: die alten Meißener Porzellanmanufakturen.

Mei|ße|ne|rin, die; -, -nen: w. Form zu ↑[1]Meißener.

Meis|se|ner Por|zel|lan®, das; - -s: *Porzellan der ältesten europäischen Porzellanmanufaktur in Meißen.*

mei|ße|nisch ⟨Adj.⟩: *Meißen, die Meißener betreffend; von den Meißenern stammend, zu ihnen gehörend.*

Meiß|ner: ↑[2]Meißener.

meiß|nisch: ↑meißenisch.

meist ⟨Adv.⟩ [mhd., ahd. meist]: *in der Regel, für gewöhnlich, in der Mehrzahl der Fälle, fast immer, meistens:* die Besucher sind m. junge Leute; es war m. schönes Wetter.

meist... ⟨Indefinitpron. u. unbest. Zahlw.⟩ [mhd., ahd. meist; Sup. von viel]: **1.** *die größte Anzahl, Menge von etw.:* sie hat das meiste Geld; die meiste *(größte)* Angst hatte er. **2.** *der größte Teil (einer bestimmten Anzahl od. Menge); die Mehrzahl* (2): die meiste Zeit des Jahres ist er auf Reisen; ⟨allein stehend:⟩ das meiste war unbrauchbar; die meisten *(die meisten Menschen)* haben kein Interesse daran; die meisten der Kollegen; du hast das meiste/am meisten gegessen; das jüngste Kind liebte sie am meisten *(vor allen anderen, in höchstem Maße);* ⟨vor einem Adj. zur Umschreibung des Sup.:⟩ das am meisten verkaufte Buch der Saison; die am meisten befahrene Straße.

meist|be|güns|tigt ⟨Adj.⟩: *am meisten begünstigt.*

Meist|be|güns|ti|gung, die (Wirtsch.): *Zuerkennung von Vorteilen an einen Außenhandelspartner, die anderen Handelspartnern bereits gewährt werden.*

Meist|be|güns|ti|gungs|klau|sel, die (Wirtsch.): *die Meistbegünstigung betreffende Klausel.*

meist|bie|tend ⟨Adj.⟩ (Kaufmannsspr.): *(bei einem Kauf, einer Versteigerung) das höchste Gebot abgebend:* etw. m. *(gegen höchstes Gebot* 4) versteigern.

Meist|bie|ten|de, der u. die; -n, -n ⟨Dekl. ↑Abgeordnete⟩: *jmd., der bei einem Kauf, einer Versteigerung das höchste Gebot* (4) *abgibt.*

meis|tens ⟨Adv.⟩: *in den meisten Fällen; meist:* m. benutze ich den Bus.

meis|ten|teils ⟨Adv.⟩: *meistens, zum größten Teil.*

Meis|ter, der; -s, - [mhd. meister, ahd. meistar < lat. magister, ↑Magister]: **1. a)** *Handwerker, der seine Ausbildung mit der Meisterprüfung abgeschlossen hat:* der M. und die Gesellen; den/seinen M. machen (ugs.; *die Meisterprüfung in einem Handwerk ablegen*); **b)** *jmd., der als Meister* (1 a) *in einem Betrieb arbeitet u. einem bestimmten Arbeitsbereich vorsteht.* **2.** *Könner auf seinem Gebiet, in seiner Kunst:* er ist ein M. [seines Fachs]; ein M. der Sprache; (iron.:) er ist ein M. im Erfinden von Ausreden; * **seinen M. finden; in jmdm. seinen M. gefunden haben** *(auf jmdn. treffen, getroffen sein, der einem überlegen ist);* **jmds., seiner selbst, einer Sache M. werden/sein** (veraltend; *jmdn., sich selbst, etw. bezwingen, Herr über etw. werden).* **3.** *großer Künstler (bes. im Bereich von bildender Kunst u. Musik):* die alten M. *(die großen europäischen Maler des Mittelalters u. des Barocks);* das Werk stammt von einem unbekannten M.; die großen M. des Barocks; (in Verbindung mit dem Namen eines von ihm geschaffenen Bildwerks für einen namentlich unbekannten Künstler, z. B.:) der M. des Marienlebens. **4.** (geh.) *bewunderter, verehrter, als Vorbild angesehener Lehrer (im Bereich von Wissenschaft od. Kunst); religiöser Führer, Religionsstifter (im Verhältnis zu seinen Jüngern od. Anhängern):* der M. hat seine Schüler um sich versammelt; sie lauschten den Worten des -s; der M. vom Stuhl *(Präsident einer Freimaurerloge).* **5.** (Sport) *Sieger in einer Meisterschaft:* er war deutscher M. im Schwergewicht; der 1. F. C. Kaiserslautern wird wieder M. **6.** (saloppe, vertrauliche Anrede an eine männliche Person, häufig an einen Unbekannten: hallo, M., wie komm ich zum Bahnhof? **7.** * **M. Lampe** *(der Hase im Märchen, in der Fabel;* Kurzf. des m. Vorn. Lamprecht); **M. Petz** *(der Bär im Märchen, in der Fabel;* älter: Betz, Kosef. des m. Vorn. Bernhard); **M. Grimbart** *(der Dachs im Märchen, in der Fabel;* nach dem ahd. m. Vorn. Grimbert); **M. Hämmerlein** (↑Hämmerlein).

Meis|ter-: 1. drückt in Bildungen mit Substantiven aus, dass jmd. als Meister seines Fachs, als großer Könner angesehen wird: Meisterkoch, -spion. **2.** kennzeichnet in Bildungen mit Substantiven etw. als meisterhaft, großartig: Meisterleistung, -schuss.

Meis|ter|bau|er, der (DDR): *Ehrentitel für einen Bauern.*

Meis|ter|be|trieb, der: *Betrieb eines Handwerksmeisters.*

Meis|ter|brief, der: vgl. Gesellenbrief.

Meis|ter|de|tek|tiv, der: *Detektiv, der sein Handwerk meisterhaft beherrscht.*

Meis|ter|elf, die (Fußball): *Mannschaft, die Fußballmeister ist.*

Meis|ter|ge|sang, der ⟨o. Pl.⟩ (Literaturw.): *Kunstrichtung des 15. u. 16. Jh.s mit der von Angehörigen der Zünfte nach festen Regeln hervorgebrachten Dichtung.*

meis|ter|haft ⟨Adj.⟩: **a)** *vollendet (in der Ausführung):* eine -e Arbeit; m. gelingen; **b)** (selten) *(von Personen) Meisterschaft zeigend.*

Meis|te|rin, die; -, -nen: **1.** w. Form zu ↑Meister (1 a, 2, 5). **2.** (veraltend) *Frau des Meisters* (1 a).

Meis|ter|klas|se, die: **1.** *Gruppe von Schülern (einer Kunstakademie od. Musikhochschule), die von einem namhaften Künstler unterrichtet wird.* **2.** (Sport) *höchste Leistungsklasse (in verschiedenen Sportarten).*

Meis|ter|lehr|gang, der: *der Vorbereitung auf die Meisterprüfung dienender Lehrgang.*

Meis|ter|leis|tung, die: *hervorragende, überdurchschnittliche Leistung, die jmd. vollbracht hat.*

meis|ter|lich ⟨Adj.⟩ [mhd. meisterlich, ahd. meistarlīch] (veraltend): *meisterhaft.*

meis|tern ⟨sw. V.; hat⟩ [mhd. meistern, ahd. meistarōn]: **a)** *etw., was Schwierigkeiten bietet, bewältigen; bezwingen:* eine Situation, sein Schicksal m.; **b)** *etw. (bes. eine Emotion) im Zaume halten, beherrschen* (2): seinen Zorn, seine Unruhe m., nicht m. können; ⟨seltener auch m. + sich:⟩ sie konnte sich nicht mehr m. *(sich nicht mehr beherrschen);* **c)** *zu handhaben verstehen; meisterhaft beherrschen* (3 a): ein Instrument m.; **d)** (selten) *schulmeistern;* **e)** (Sport Jargon) *bewältigen; schaffen:* der Torwart meisterte den Schuss *(wehrte ihn ab).*

Meis|ter|prü|fung, die: vgl. Gesellenprüfung.

Meis|ter|sang, der ⟨o. Pl.⟩: *Meistergesang.*

Meis|ter|sang|stro|phe, die (Verslehre): *(bes. von den Dichtern des Meistergesangs verwendete) von Aufgesang u. Abgesang gebildete Strophe.*

Meis|ter|schaft, die; -, -en [mhd. meisterschaft, ahd. meistarscaft]: **1.** ⟨o. Pl.⟩ *meisterhaftes Können (auf einem bestimmten Gebiet):* M. auf einem Gebiet, in etw. erlangen. **2.** (Sport) **a)** *jährlich stattfindender Wettkampf zur Ermittlung der besten Mannschaft od. des besten einzelnen Wettkämpfers in einer bestimmten Disziplin:* eine M., -en gewinnen; **b)** *Sieg in einer Meisterschaft* (2 a): die deutsche M. erringen.

Meis|ter|schaft|ler, der; -s, - (schweiz.): *Teilnehmer an einem Meisterschaftskampf.*

Meis|ter|schaft|le|rin, die: w. Form zu ↑Meisterschaftler.

Meis|ter|schafts|kampf, der (Sport): *Wettkampf um die Meisterschaft* (2 b).

Meis|ter|schuss, der: *besonders guter Schuss.*

Meis|ter|sin|ger, der: *(einer Handwerkerzunft angehörender) Dichter des Meistergesangs.*

Meis|ter|stück, das: **1.** vgl. Gesellenstück. **2.** *etw., was von großer Könnerschaft zeugt, meisterhaft ausgeführt ist o. Ä.:* die Torte ist ein wahres M.; das war ein M. an Diplomatie *(war sehr diplomatisch);* (iron.:) das war wieder mal ein M. von dir.

Meis|ter|ti|tel, der: **1.** *Titel des Meisters* (1) *in einem Handwerksberuf.* **2.** (Sport) *Titel des Meisters* (5) *in einer sportlichen Disziplin.*

Meis|ter|werk, das: **1.** *meisterhaftes, hervorragendes Werk der Kunst:* ein musikalisches, literarisches M.; ein M. der Baukunst. **2.** *Meisterstück* (2): das Uhrwerk ist ein M. an Präzision.

meist|ge|bräuch|lich ⟨Adj.⟩: *am meisten gebräuchlich, am gebräuchlichsten.*

meist|ge|braucht ⟨Adj.⟩: *am meisten, am häufigsten gebraucht.*

meist|ge|kauft ⟨Adj.⟩: *am meisten, am häufigsten gekauft.*

meist|ge|le|sen ⟨Adj.⟩: *am meisten, am häufigsten gelesen.*

Meist|stu|fe, die (Sprachw.): *Superlativ.*

Meit|ne|ri|um, das; -s [nach der österr.-schwed. Physikerin Lise Meitner (1878–1968)]: *radioaktives metallisches Transuran (chemisches Element;* Zeichen: Mt).

[1]**Mek|ka:** Stadt in Saudi-Arabien.

[2]**Mek|ka,** das; -s, -s ⟨Pl. selten⟩ [nach ↑[1]Mekka, der heiligen Stadt des Islams]: *Stelle, Ort, der ein Zentrum für etw. Bestimmtes ist, das bietet, was jmd. für sich erwartet, u. darum eine große Anziehungskraft ausübt:* das M. des Tennissports.

-mek|ka, das; -s, -s: bezeichnet in Bildungen mit Substantiven einen Ort, eine Einrichtung o. Ä., die in einer bestimmten Beziehung eine Konzentration aufweist u. daher von besonderer

Bedeutung ist u. eine große Anziehungskraft ausübt: Mode-, Sex-, Tennismekka.

Me|kong [auch: me'kɔŋ], der; -[s]: Fluss in Südostasien.

Me|kong|del|ta, das: *Delta des Mekongs.*

Me|la|min|harz, das [Kunstwort]: *helles, lichtbeständiges Kunstharz, das zur Herstellung von Gebrauchsartikeln, Pressmassen, Klebstoffen, zur Imprägnierung von Textilien u. a. verwendet wird.*

Me|lan|cho|lie [...ko'li:], die; -, (Psych.:) -n [mhd. melancoli(a), melancolei < spätlat. melancholia < griech. melagcholía, eigtl. = Schwarzgalligkeit, zu: mélas = schwarz u. cholḗ = Galle; nach antiken med. Anschauungen galt die Schwermut als Folge einer durch den Übertritt von verbrannter schwarzer Galle in das Blut verursachten Erkrankung]: *von großer Niedergeschlagenheit, Traurigkeit od. Depressivität gekennzeichneter Gemütszustand:* M. befiel ihn; sie verfiel in M.; etw. erfüllt jmdn. mit M.

Me|lan|cho|li|ker, der; -s, - [zu ↑melancholisch; nach der Typenlehre des altgriech. Arztes Hippokrates]: *jmd., der zu Depressivität u. Schwermütigkeit neigt.*

Me|lan|cho|li|ke|rin, die; -, -nen: w. Form zu ↑Melancholiker.

me|lan|cho|lisch ⟨Adj.⟩ [lat. melancholicus < griech. melagcholikós, eigtl. = schwarzgallig]: **a)** *von Melancholie befallen; niedergedrückt:* ein -er Mensch; der graue Himmel machte m.; **b)** *Melancholie hervorrufend; Düsternis ausstrahlend:* ein -er *(düsterer, trauriger)* Anblick.

Me|la|ne|si|en; -s: westpazifisches Inselgebiet nordöstlich von Australien.

Me|la|ne|si|er, der; -s, -: Ew.

Me|la|ne|si|e|rin, die; -, -nen: w. Form zu ↑Melanesier.

me|la|ne|sisch ⟨Adj.⟩: **a)** *Melanesien, die Melanesier betreffend; von den Melanesiern stammend, zu ihnen gehörend;* **b)** *in der Sprache der Melanesier.*

Me|lan|ge [me'lã:ʒə], die; -, -n [frz. mélange = Mischung, zu: mêler, über das Vlat. zu lat. miscere = mischen] (meist Fachspr.): **1.** *Mischung, Gemisch aus verschiedenen Stoffen o. Ä. (z. B. verschiedener Kaffeesorten).* **2.** *Mischfarbe.* **3. a)** *aus verschiedenfarbigen Fasern hergestelltes Garn;* **b)** *aus Melange (3 a) hergestelltes Gewebe.* **4.** (österr.) *Milchkaffee, der zur Hälfte aus Milch besteht u. im Glas serviert wird.*

Me|la|nin, das; -s, -e [zu griech. mélas (Gen.: mélanos) = schwarz] (Biol.): *vom Organismus gebildeter gelblicher bis brauner od. schwarzer Farbstoff.*

Me|la|nis|mus, der; -, ...men (Biol.): *durch Melanine bewirkte Dunkelfärbung der Körperoberfläche.*

Me|la|nit [auch ...'nɪt], der; -s, -e (Geol.): *bräunlich schwarzer Granat.*

Me|la|nom, das; -s, -e (Med.): *braune bis blauschwarze, bösartige, an Haut u. Schleimhäuten auftretende Geschwulst.*

Me|la|no|se, die; -, -n (Med.): *an Haut u. Schleimhäuten auftretende Dunkelfärbung der Haut.*

Me|la|no|zyt, der; -en, -en ⟨meist Pl.⟩ [zu griech. kýtos = Höhlung, Wölbung] (Med.): *Zelle, in der Melanin gebildet wird.*

Me|las|ma, das; -s, ...men [zu griech. mélas = schwarz] (Med.): *Hautkrankheit mit Bildung schwärzlicher Flecken.*

Me|las|se, die; -, (Arten:) -n [frz. mélasse = Zuckersirup < span. melaza, zu: miel < lat. mel = Honig] (Fachspr.): *bei der Zuckergewinnung anfallender, zähflüssiger brauner Rückstand.*

Me|la|to|nin, das; -s [zu griech. mélas = schwarz u. ↑Tonus] (Biol.): *Hormon, das den Stoffwechsel senkt.*

Mel|bourne [...bɐn]: Stadt in Australien.

Melch|ter, die; -, -n [mhd. nicht belegt, vgl. ahd. (chu)melhtra] (schweiz.): *Melkeimer.*

Mel|de, die; -, -n [mhd. melde, ahd. melda, eigtl. = die (mit Mehl) bestäubte]: *(in vielen Arten vorkommende) Pflanze mit spitz zulaufenden Blättern, die an der Unterseite oft hell bestäubt sind.*

Mel|de|be|hör|de, die: *Einwohnermeldeamt.*

Mel|de|frist, die: *Frist, innerhalb deren eine bestimmte Meldung erfolgt sein muss.*

Mel|de|hund, der (Milit.): *zum Überbringen von Nachrichten abgerichteter Hund.*

mel|den ⟨sw. V.; hat⟩ [mhd. melden, ahd. meldōn, H. u.]: **1.** *(als Nachricht, [offizielle, amtliche] Meldung) bekannt machen, berichten:* die Zeitung meldete einen Flugzeugabsturz; wie bereits [im, vom Fernsehen] gemeldet; wir können bereits die ersten Erfolge m.; * **nichts/nicht viel zu m. haben** (ugs.; ↑bestellen 3 b). **2.** *(einer zuständigen Stelle) mitteilen, zur Kenntnis bringen:* einen Unfall [der Polizei] m.; sich polizeilich m. *(sich anmelden 2)*; er ist als vermisst gemeldet *(er gilt offiziell als vermisst)*; arbeitslos gemeldet sein. **3.** ⟨m. + sich⟩ *sich zur Verfügung stellen; sein Interesse an, seine Bereitwilligkeit zu etw. bekunden:* sich zur Prüfung m. **4.** ⟨m. + sich⟩ *von sich hören lassen, Nachricht geben:* melde dich mal wieder!; der Teilnehmer meldet sich nicht *(nimmt den Telefonhörer nicht ab)*; wir (= das Fernsehen, der Rundfunk) melden uns wieder mit Nachrichten; das Baby meldet sich *(macht sich [durch Weinen] bemerkbar)*; Ü der Winter meldet sich *(kündigt sich an)*. **5.** ⟨m. + sich⟩ *(bes. von Schülern im Unterricht) durch Hochheben des Armes zu erkennen geben, dass man etw. sagen möchte:* die Schüler meldeten sich eifrig. **6.** *(von einem Hund) anschlagen, Laut geben.* **7.** (Jägerspr.) *(vom Hirsch, auch vom Auerhahn) Brunftschreie hören lassen.* **8.** (Sport) *sich anmelden:* der Sprinter hat für den Hürdenlauf gemeldet.

Mel|de|pflicht, die ⟨o. Pl.⟩: *Pflicht des Bürgers, die zuständige Behörde von bestimmten Sachverhalten in Kenntnis zu setzen.*

mel|de|pflich|tig ⟨Adj.⟩: *der Meldepflicht unterliegend:* -e Krankheiten.

Mel|de|stel|le, die: *behördliche Stelle, die für die An- u. Abmeldung meldepflichtiger Personen zuständig ist.*

Mel|de|ter|min, der: *Termin, an dem eine bestimmte Meldung erfolgen muss.*

Mel|de|we|sen, das ⟨o. Pl.⟩: **1.** *Gesamtheit der gesetzlichen Bestimmungen über die Meldepflicht u. die damit befassten Institutionen.* **2.** *(in der Organisation eines Unternehmens) das Abfassen u. Weiterleiten von Berichten über alle wichtigen Vorgänge innerhalb des Betriebes.*

Mel|dung, die; -, -en [mhd. meldunge, ahd. meldunga = Verrat]: **1.** *das Melden* (1–5). **2.** *für die Öffentlichkeit bestimmte [amtliche] (bes. durch die Medien verbreitete) Nachricht:* eine amtliche M.; die M. kam in den Nachrichten; eine M. jagte die andere; die Zeitungen brachten beunruhigende -en; nach unbestätigten -en gab es viele Opfer. **3.** *formelle [dienstliche] Mitteilung:* eine kurze M.; jmdn. zur M. bringen *(jmdn. melden)*.

me|liert ⟨Adj.⟩: [frz. mêler, ↑Melange]: **a)** *(von Geweben, Wolle u. Ä.) aus verschiedenfarbigen Fasern gemischt:* -e Wolle; **b)** *(vom Haar) leicht ergraut:* -es Haar.

Me|li|o|ra|ti|on, die; -, -en [1: spätlat. melioratio, zu: meliorare, ↑meliorieren]: **1.** (bildungsspr. veraltet) *Verbesserung.* **2.** (Landw.) *Bodenmelioration.*

me|li|o|ra|tiv ⟨Adj.⟩ [vgl. engl. meliorative]: **1.** (bildungsspr. selten) *verbessernd.* **2.** (Landw.) *die Bodenmelioration betreffend, auf sie gerichtet:* -e Maßnahmen. **3.** (Sprachw.): *(von Wörtern) einen positiven Bedeutungswandel erfahrend; eine aufwertende Bedeutung besitzend.*

Me|li|o|ra|ti|vum, das; -s, ...va (Sprachw.): *Wort, das einen positiven Bedeutungswandel erfahren hat* (z. B. Marschall = hoher militärischer Dienstgrad, mhd. marschalc = Pferdeknecht).

me|li|o|rie|ren ⟨sw. V.; hat⟩ [1: spätlat. meliorare, zu lat. melior, Komp. von: bonus = gut]: **1.** (bildungsspr. veraltet) *verbessern.* **2.** (Landw.) *Bodenmelioration betreiben.*

Me|lis, der; - [wohl zu griech. méli = Honig]: *weißer Zucker verschiedener Zuckersorten.*

me|lisch ⟨Adj.⟩ [zu ↑Melos] (Musik, Literaturw.): *liedhaft:* -e Poesie *(Lyrik)*.

Me|lis|ma, das; -s, ...men [griech. mélisma = Gesang, Lied] (Musik): *melodische Verzierung, Koloratur.*

Me|lis|ma|tik, die; - (Musik): *Kunst der melodischen Verzierung (beim Gesang).*

Me|lis|se, die; -, -n [mlat. melissa, zu griech. melissóphyllon = Bienenkraut, aus: mélissa = Biene u. phýllon = Blatt, Pflanze]: *(zu den Lippenblütlern gehörende) Pflanze mit unscheinbaren weißen Blüten u. zitronenähnlich duftenden Blättern, die als Heil- u. Gewürzpflanze verwendet wird.*

Me|lis|sen|geist®, der ⟨o. Pl.⟩: *Karmelitergeist.*

melk ⟨Adj.⟩ [mhd. melk, ahd. melch] (veraltet): *Milch gebend:* eine -e Kuh.

Melk|an|la|ge, die: *Anlage zum maschinellen Melken.*

Melk|ei|mer, der: *Eimer, in den die Milch gemolken wird.*

mel|ken ⟨sw. u. st. V.; melkt/(veraltet:) milkt, melkte/(veraltend:) molk, hat gemelkt/(häufiger:) gemolken⟩ [mhd. melken, ahd. melchan, urspr. wohl = abstreifen, wischen]: **1. a)** *(bei einem Milch gebenden Haustier) Milch (durch streichende u. pressende Bewegungen mit den Händen bzw. maschinell) aus dem Euter zum Austreten bringen:* die Kühe, ein Schaf m.; melk[e]/(veraltet:) milk zuerst die Kuh!; ⟨auch ohne Akk.-Obj.:⟩ mit der Hand, von Hand, mit der Melkmaschine m.; **b)** *durch Melken* (1 a) *gewinnen:* zehn Liter Milch m.; frisch gemolkene Milch; **c)** *(von Ameisen) eine zuckerhaltige Ausscheidung von Blattläusen aufsaugen.* **2.** (veraltet) *Milch geben:* die Kuh melkt. **3.** (salopp) *jmdn. auf dreiste Art [immer wieder] anpumpen, jmdn. [immer wieder] um Geld bitten:* seine Eltern schamlos m. **4.** (derb) *onanieren.*

Mel|ker, der; -s, - [spätmhd. melker]: *jmd., der zur Milchgewinnung gehaltene Rinder betreut, melkt u. a.* (Berufsbez.).

Mel|ke|rin, die; -, -nen: w. Form zu ↑Melker.

Melk|ma|schi|ne, die: vgl. Melkanlage.

Melk|sche|mel, der: *Schemel des Melkers.*

Melk|stand, der: vgl. Melkanlage.

Me|lo|di|ca®, die; -, -s: *Blasinstrument mit durchschlagenden Zungen* (3), *schnabelförmigem Mundstück* (1 a) *u. (wie beim Klavier gestalteten) Tasten.*

Me|lo|die, die; -, -n [mhd. melodīe < spätlat. melodia < griech. melōdía = Gesang, Singweise, zu: mélos = Lied u. ōdḗ, ↑Ode]: **1. a)** *singbare, in sich geschlossene Folge von Tönen (in der Vokal- u. Instrumentalmusik):* eine M. trällern; **b)** *Weise, Vertonung (eines Liedes):* das Lied hat eine schöne M.; **c)** ⟨meist Pl.⟩ *einzelnes [in einen größeren Rahmen gehörendes] Musikstück; Gesangsstück:* beliebte -n.; ein Reigen schöner -n. **2.** (Sprachw.) kurz für ↑Satzmelodie.

Me|lo|die|gi|tar|rist, der: *Gitarrist einer Band, der keine begleitende, sondern eine melodieführende Funktion hat.*

Me|lo|die|gi|tar|ris|tin, die: w. Form zu ↑Melodiegitarrist.

Me|lo|die|in|stru|ment, das: *(in einer Jazzband) Instrument, das die Melodie führt.*

Me|lo|di|en|fol|ge, die: *Aufeinanderfolge einzelner Musikstücke aus dem Bereich der Unterhaltungsmusik (in einem Programm).*

Me|lo|dik, die; - (Musik): **1.** *Lehre von der Melodie* (1 a). **2.** *die melodischen Merkmale eines Musikstücks; die melodischen Eigentümlichkeiten [der Werke] eines Komponisten.*

me|lo|di|ös ⟨Adj.⟩ [frz. mélodieux]: *wohlklingend; reich an klanglichen Nuancen.*

me|lo|disch ⟨Adj.⟩: *von einem dem Ohr angenehmen Klang; harmonisch klingend:* eine -e Stimme; m. sprechen.

Me|lo|dist, der; -en, -en [kirchenlat. melodista]: *Verfasser von Melodien für Kirchenlieder.*

Me|lo|dram, das; -s, ...men [frz. mélodrame, zu: mélo- (< griech. mélos = Lied) u. drame < griech. drâma, ↑Drama]: **1.** (Musik) *einzelner melodramatischer Teil einer Bühnenmusik od. Oper.* **2.** *Melodrama.*

Me|lo|dra|ma, das; -s, ...men: **1.** (Literaturw., Musik) *(mit Pathos deklamiertes) Schauspiel mit untermalender Musik; Melodram* (2). **2.** (Theater, Film; oft abwertend) *Schauspiel, Film mit rührenden od. rührseligen u. dramatischen Effekten (in pathetischer Inszenierung); Rührstück.*

Me|lo|dra|ma|tik, die; - (bildungsspr., meist iron.): *das Theatralische, (übertrieben) Pathetische (in einem Verhalten, in einer Situation).*

me|lo|dra|ma|tisch ⟨Adj.⟩ (bildungsspr., oft iron.): *in der Art eines Melodramas; das Melodrama betreffend, kennzeichnend.*

Me|lo|ne, die; -, -n [spätmhd. melone < frz. melon, ital. melone < spätlat. melo, Kurzf. von lat. melopepo < griech. mēlopépōn, eigtl. = reifer Apfel]: **1. a)** *(zu den Kürbisgewächsen gehörende) Pflanze mit großen kugeligen, saftreichen Früchten;* **b)** *Frucht der Melone* (1 a). **2.** (ugs. scherzh.) *Bowler.*

Me|lo|nen|baum, der: *(in tropischen Ländern kultivierter) Baum, an dessen Spitze um den Stamm gebündelt die Papayas* (2) *wachsen.*

Me|los, das; - [lat. melos < griech. mélos = Lied, Singweise]: **1.** (Musik) *gesangliches Element in der Musik; Melodie* (1 a) *im Unterschied zum Rhythmus.* **2.** (Sprachw.) **a)** *Sprachmelodie;* **b)** *klangliche Gestalt einer Dichtung.*

Mel|po|me|ne (griech. Myth.): Muse des Trauerspiels.

Mel|tau, der; -[e]s [urspr. identisch mit ↑Mehltau, dann orthographisch geschieden]: *Honigtau.*

Mel|ton ['mɛltən], der; -[s], -s [nach der engl. Stadt Melton Mowbray]: *weicher Kammgarnstoff in Köperbindung mit leicht verfilzter Oberfläche.*

Mem|bran, (seltener:) **Mem|bra|ne,** die; -, ...nen [mhd. membrāne = Pergament < lat. membrana = Haut, Häutchen, (Schreib)pergament, zu: membrum = Körperglied]: **1.** (Technik) *dünnes Blättchen aus Metall, Papier o. Ä., das durch seine Schwingungsfähigkeit geeignet ist, Schallwellen zu übertragen (z. B. in Mikrofon, Lautsprecher, Telefon).* **2.** (Anat., Biol.) *dünnes, feines Häutchen, das trennende od. abgrenzende Funktion hat.* **3.** (Chemie, Physik) *dünne Haut, die die Funktion eines Filters hat.*

Me|men|to, das; -s, -s [lat. memento! = gedenke!]: **1.** (kath. Kirche) *Fürbitte, Bitte um Fürsprache innerhalb der* [1]*Messe* (1). **2.** (bildungsspr.) *Mahnung.*

Me|men|to mo|ri, das; - -, - - [lat. = gedenke des Todes!] (bildungsspr.): *etw., was an den Tod gemahnt:* ein Mahnmal als M. m. für die Lebenden.

Mem|me, die; -, -n [mhd. memme, mamme = Mutter(brust), urspr. Lallwort der Kinderspr.]: **1.** (veraltend abwertend) *jmd., der furchtsam, verweichlicht ist; Feigling.* **2.** (landsch. derb) ⟨meist Pl.⟩ *weibliche Brust.*

mem|meln ⟨sw. V.; hat⟩ (bayr., österr.): [2]*mummeln* (2).

mem|men|haft ⟨Adj.⟩ (veraltend abwertend): *feige, furchtsam.*

Me|mo, das; -s, -s (Jargon): **1.** Kurzf. von ↑Memorandum. **2.** *Merkzettel.*

Me|moire [me'moa:ɐ̯], das; -s, -s [frz. mémoire, ↑Memoiren]: frz. Bez. für *Memorandum.*

Me|moi|ren [me'moa:rən] ⟨Pl.⟩ [frz. mémoires, Pl. von: mémoire = Erinnerung < lat. memoria = Gedächtnis] (bildungsspr.): *Lebenserinnerungen [in denen neben der Mitteilung des persönlichen Entwicklungsganges ein besonderes Gewicht auf die Darstellung der zeitgeschichtlichen Ereignisse gelegt wird].*

Me|mo|ra|bi|li|en ⟨Pl.⟩ (bildungsspr.): *Denkwürdigkeiten, Erinnerungen.*

Me|mo|ran|dum, das; -s, ...den u. ...da [zu lat. memorandus = erwähnenswert, Gerundiv von: memorare, ↑memorieren] (bildungsspr.): *Denkschrift.*

[1]**Me|mo|ri|al,** das; -s, -e u. -ien [spätlat. memoriale = Erinnerung(szeichen), Denkmal] (veraltet): *Tagebuch.*

[2]**Me|mo|ri|al** [mɪ'mɔ:rɪəl], das; -s, -s [engl. memorial = Gedenkfeier; Denkmal < spätlat. memoriale, ↑[1]Memorial] (bildungsspr.): **1.** *Veranstaltung zum Gedächtnis an jmdn. od etw., bes. an einen bekannten Sportler, eine bekannte Sportlerin.* **2.** *Denkmal* (1).

me|mo|rie|ren ⟨sw. V.; hat⟩ [lat. memorare = in Erinnerung bringen, zu: memor = eingedenk, sich erinnernd] (bildungsspr. veraltend): **a)** *auswendig lernen:* einen Text m.; **b)** (selten) *wieder ins Gedächtnis rufen, an etw. erinnern.*

Me|mo|ry® ['mɛmərɪ], das; -s, -s [engl. memory = Erinnerung, Gedächtnis]: *Gesellschaftsspiel, bei dem die Spieler Karten, die mit Bildern, Symbolen o. Ä. bedruckt u. jeweils doppelt vorhanden sind, zunächst einzeln aufdecken u. dann später aus der Erinnerung das Gegenstück wieder zu finden versuchen.*

Me|mo|ry|ring, der: *Schmuckring, der [häufig zusammen mit dem Trauring] zur Erinnerung an ein bestimmtes persönliches Ereignis getragen wird.*

[1]**Mem|phis:** Stadt in Tennessee (USA).

[2]**Mem|phis:** altägyptische Stadt westlich des Nils.

[3]**Mem|phis,** der; -, - [nach der Stadt Memphis (USA)]: *Modetanz der 60er-Jahre, bei dem die Tanzenden in einer Reihe stehend gemeinsam verschiedene Figuren tanzen.*

Me|na|ge [me'na:ʒə], die; -, -n [frz. ménage = Haushalt, Hausrat < afrz. maisnage, ma[s]nage, über das Galloroman. zu lat. mansio = Bleibe, Wohnung (< frz. maison), zu: manere = bleiben]: **1. a)** *kleines Gestell für Essig, Öl, Pfeffer u. Ä.;* **b)** (veraltet) *Gefäß zum Transportieren einer warmen Mahlzeit.* **2.** (österr., sonst veraltend) *Essen, Verpflegung (bes. bei der Truppe).* **3.** (österr. veraltet) *Haushalt* (1), *Hauswirtschaft* (1 a).

Me|na|ge|rie, die; -, -n [frz. ménagerie, eigtl. = Haus(tier)haltung] (veraltend): *Tierschau; Tiergehege:* der Zirkus zieht mit seiner M. umher.

me|na|gie|ren [mena'ʒi:rən] ⟨sw. V.; hat⟩ [1, 2: zu ↑Menage (2); 3: frz. (se) ménager, ↑Menage]: **1.** (veraltet, noch landsch.) *sich selbst verköstigen.* **2.** (österr.) *Essen fassen (beim Militär).* **3.** ⟨m. + sich⟩ (veraltet) *sich mäßigen.*

Me|nar|che, die; -, -n [zu griech. mēn = Monat u. archḗ = Anfang] (Med.): *Zeitpunkt des ersten Eintretens der Regelblutung.*

Men|de|le|vi|um, das; -s [nach dem russ. Chemiker D. Mendelejew (1834–1907)]: *zu den Transuranen gehörendes chemisches Element* (Zeichen: Md).

Men|de|lis|mus, der; -: *Richtung der Vererbungslehre, die sich auf den Forscher Mendel beruft.*

men|deln ⟨sw. V.; hat⟩ [nach dem Namen des österr. Vererbungsforschers G. Mendel (1822–1884)] (Biol.): *(von bestimmten Erbmerkmalen) nach bestimmten Gesetzmäßigkeiten in den nächsten Generationen wieder in Erscheinung treten.*

Me|ne|te|kel, das; -s, - [nach der Geisterschrift (aram. mĕnē mĕnē tĕqel ûfarsîn) für den babyl. König Belsazar, die im A. T. bei Dan. 5,25 als »gezählt (von den Tagen der Regierung), gewogen (aber zu leicht befunden) u. zerteilt« (Anspielung auf die Zukunft des Reiches) gedeutet wird] (geh.): *geheimnisvolles Anzeichen eines drohenden Unheils; Warnung.*

me|ne|te|keln ⟨sw. V.; hat⟩: *sich in düsteren Prophezeiungen ergehen; unken.*

Men|ge, die; -, -n [mhd. menige, ahd. managī, zu ↑manch]: **1. a)** *bestimmte Anzahl, bestimmtes Quantum:* die doppelte M. [an] Wasser; große -n [von] Waren; etw. nur in kleinen -n anwenden; * **in rauen -n** (ugs.; *sehr viel*); **b)** *große Anzahl; großes Quantum* ⟨oft in Verbindung mit dem unbestimmten Art.⟩: eine M. faule Äpfel/fauler Äpfel/von faulen Äpfeln; eine M. Leute kam/kamen zusammen; eine M. (ugs.; *viele Leute*) haben sich beworben; hier kann man eine M. *(viel)* lernen; es gab eine M. *(viel)* Ärger; * **jede/die M.** (ugs.; *sehr viel*): Arbeit gibt es jede/die M. **2.** (Math.) *Zusammenfassung von bestimmten, unterschiedenen Objekten unserer Anschauung zu einem Ganzen:* a ist in der M. M als Element enthalten ($a \in M$). **3.** *große Zahl von dicht beieinander befindlichen Menschen; Menschenmenge:* eine unübersehbare M.; ein Raunen ging durch die M.; in der M. untertauchen.

men|gen ⟨sw. V.; hat⟩ [aus dem Md., Niederd., mhd. mengen, asächs. mengian, urspr. = kneten]: **1.** (landsch. veraltend): **a)** *verschiedene Stoffe so zusammenbringen, zusammenschütten, ineinander rühren, mischen, dass sich die einzelnen Bestandteile [in lockerer Weise] miteinander verbinden:* die Zutaten in einer Schüssel m. *(verrühren);* **b)** *durch Mengen* (1 a) *einem anderen Stoff hinzufügen, damit vermengen:* Gewürze in/unter den Teig m.; **c)** ⟨m. + sich⟩ *sich mit etw. [ver]mischen:* der Geruch des Kuchens mengte sich mit dem des Kaffees. **2.** ⟨m. + sich⟩ (ugs.) *sich mischen* (5): Flüchtlinge mengten sich unter die Soldaten. **3.** ⟨m. + sich⟩ (ugs.) *sich einmischen* (2).

Men|gen|an|ga|be, die: *die Menge* (1 a) *von etw. betreffende Angabe:* exakte -n.

Men|gen|be|griff, der: vgl. Mengenbezeichnung.

Men|gen|be|zeich|nung, die: *Bezeichnung, durch die eine Menge ausgedrückt wird.*

Men|gen|kon|junk|tur, die (Wirtsch.): *verstärkte Nachfrage bei gleich bleibenden od. fallenden Preisen, sodass größere Mengen einer Ware abgesetzt werden können.*

Men|gen|leh|re, die ⟨o. Pl.⟩ (Math., Logik): *Lehre von den Mengen* (2) *u. ihren Verknüpfungen.*

men|gen|mä|ßig ⟨Adj.⟩: *die Menge betreffend; quantitativ.*

Men|gen|ra|batt, der (Wirtsch.): *beim Bezug größerer Mengen gewährter Rabatt:* M. gewähren.

Meng|sel, das; -s, - [zu ↑mengen] (landsch.): *Gemisch.*

Men|hir ['mɛnhɪr], der; -s, -e [frz. menhir < bret. maen-hir, eigtl. = langer Stein]: *aufrecht stehender [unbehauener] kultischer Stein aus vorgeschichtlicher Zeit, oft mit gleichartigen in langen Reihen stehend.*

Me|nin|ges: Pl. von ↑Meninx.

Me|nin|gi|tis, die; -, ...tiden (Med.): *Hirnhautentzündung.*

Me|ninx, die; -, ...ninges u. ...ningen [griech. mēnigx (Gen.: mḗniggos) = (Hirn)haut] (Med.): *Hirn- u. Rückenmarkshaut.*

Me|nis|kus, der; -, ...ken [1: zu griech. mēnískos = mondförmiger Körper, Vkl. von: mḗnē = Mond; 2, 3: nach der Form eines Meniskus (1)]: **1.** (Anat., Med.) *halbmondförmige, knorpelige Scheibe, bes. im Kniegelenk.* **2.** (Optik) *Linse mit zwei nach derselben Seite gekrümmten Flächen.* **3.** (Physik) *durch das Zusammenwirken von Adhäsion* (1) *u. Kohäsion* (2) *konkav od. konvex gekrümmte Oberfläche einer Flüssigkeit in einem engen Rohr.*

Me|nis|kus|ope|ra|ti|on, die (Med.): *Operation an einem geschädigten Meniskus* (1).

Me|nis|kus|riss, der (Med.): *Verletzung des Meniskus* (1) *durch eine Verdrehung des Kniegelenks bei einem Unfall.*

Me|nis|kus|scha|den, der (Med.): *meist durch Überbeanspruchung entstandener Schaden am Meniskus* (1).

Men|jou|bart ['mɛnʒu...], der; -[e]s, ...bärte, **Men|jou|bärt|chen,** das; -s, - [nach dem amerik.-frz. Filmschauspieler A. Menjou (1890–1963)]: *schmaler, gestutzter Schnurrbart.*

Men|ken|ke, die; - [Wortspielerei zu ↑mengen] (landsch., bes. md.): *Durcheinander; Umstände, Schwierigkeiten:* mach keine M.!

Men|ni|ge, die; - [spätmhd. menige, mhd., ahd. minig < lat. minium = Zinnober; iber. Wort]:

rote Malerfarbe aus Bleioxid, die als Schutzanstrich gegen Rost verwendet wird.*

men|nig|rot ⟨Adj.⟩: *von der hellroten Farbe der Mennige.*

Men|no|nit, der; -en, -en [nach dem dt. Theologen Menno Simons (1496–1561)]: *Angehöriger einer evangelischen Freikirche, die die Erwachsenentaufe pflegt u. Wehrdienst u. Eidesleistung ablehnt.*

Men|no|ni|tin, die; -, -nen: w. Form zu ↑Mennonit.

Me|no|pau|se, die; -, -n [zu griech. mḗn = Monat u. paũsis = Ende] (Med.): *das Aufhören der Regelblutung in den Wechseljahren der Frau.*

Me|no|ra, die; -, - [hebr. mĕnôrậ]: *siebenarmiger kultischer Leuchter der jüdischen Liturgie.*

Me|nor|ca: Insel der Balearen.

Me|nor|rhö, die; -, -en [zu griech. mḗn = Monat u. rhoḗ = das Fließen, Fluss]: *Menstruation.*

me|nor|rhö|isch ⟨Adj.⟩ (Med.): *die Menstruation betreffend.*

Me|nos|ta|se, die; -, -n [zu griech. mḗn = Monat u. stásis = das (Still)stehen] (Med.): *das Ausbleiben der Regelblutung.*

Men|sa, die; -, -s u. ...sen [1: kurz für nlat. Mensa academica, aus lat. mensa = Tisch u. nlat. academicus = akademisch; 2: lat. mensa = Tisch]: **1.** *restaurantähnliche Einrichtung in einer Hochschule od. Universität, in der Studierende verbilligt essen können.* **2.** (kath. Kirche) *Platte des Altars.*

¹Mensch, der; -en, -en [mhd. mensch(e), ahd. mennisco, älter: mannisco, eigtl. = der Männliche, zu ↑Mann]: **a)** *mit der Fähigkeit zu logischem Denken u. zur Sprache, zur sittlichen Entscheidung u. Erkenntnis von Gut u. Böse ausgestattetes höchstentwickeltes Lebewesen:* der schöpferische M.; M. und Tier; eine nur dem -en eigene Fähigkeit; **b)** *menschliches Lebewesen, Individuum:* der moderne M.; die -en verachten; ein M. von Fleisch und Blut *(ein wirklicher, lebendiger Mensch);* etw. als M. *(vom menschlichen Standpunkt aus)* beurteilen; **R** der M. ist ein Gewohnheitstier (scherzh.; *kann sich von seinen Gewohnheiten nicht so leicht lösen);* ***** **kein M. mehr sein** (ugs.; *völlig erschöpft, am Ende seiner Kraft sein);* **nur [noch] ein halber M. sein** *(nicht [mehr] im Vollbesitz seiner Kräfte sein);* **wieder M. sein** (ugs.; *sich wieder in einem menschenwürdigen Zustand befinden);* **c)** *bestimmte Person, Persönlichkeit:* ein gesunder, kranker M.; ein genialer, fröhlicher, vernünftiger M.; er ist ein M. mit sicherem Auftreten; sie hat endlich einen -en *(jmdn., der sie versteht u. dem sie vertrauen kann)* gefunden; für einen -en sorgen; sich nicht nach anderen -en richten; sie geht nicht gern unter -en *(unter die Leute);* **Spr** des -en Wille ist sein Himmelreich; ***** **kein M.** *(niemand);* **wie der erste M.** (ugs.; *sehr unbeholfen, ungeschickt*); **wie der letzte M.** (ugs.; *übel, in übler Weise*); **ein neuer/anderer M. werden** (1. *sich zu seinem Vorteil ändern.* 2. *sich gründlich erholen);* **etw. für den äußeren -en tun** *(sich pflegen u. gut kleiden);* **etw. für den inneren -en tun** *(gut essen u. trinken);* **von M. zu M.** *(im vertraulichen, privaten Zwiegespräch);* **d)** (salopp) als burschikose Anrede, oft auch ohne persönlichen Bezug in Ausrufen des Staunens, Erschreckens, der Bewunderung: M., da hast du aber Glück gehabt!; ***** **M. Meier!** (salopp; Ausruf des Erstaunens).

²Mensch, das; -[e]s, -er [schon mhd. mensch (Neutr.) = der Mensch] (landsch., meist abwertend): *weibliche Person, Frau.*

-mensch, der; -en, -en (salopp): kennzeichnet in Bildungen mit Substantiven – seltener mit Wörtern anderer Wortart – eine männliche Person, die sehr allgemein durch etw. charakterisiert ist oder beruflich mit etw. zu tun hat: Karriere-, Tag-, Zeitungsmensch.

men|scheln ⟨sw. V.; hat; unpers.⟩: *menschliche Schwächen deutlich werden lassen:* es menschelt hier wie überall.

Men|schen|af|fe, der: *großer, entwicklungsgeschichtlich dem Menschen am nächsten stehender Affe mit langen Armen u. dichter Behaarung, der auf dem Boden auch halb aufrecht geht.*

men|schen|ähn|lich ⟨Adj.⟩: *einem Menschen ähnlich.*

Men|schen|al|ter, das: *durchschnittliche Lebenszeit eines Menschen:* vor einem M.

Men|schen|an|samm|lung, die: vgl. Menschenauflauf: er sucht -en zu meiden.

men|schen|arm ⟨Adj.⟩: *wenig besiedelt.*

Men|schen|ar|ti|ge, der; -n, -n (meist Pl.; Dekl. ↑Abgeordnete): *Hominide.*

Men|schen|auf|lauf, der: *Auflauf* (1) *von Menschen.*

Men|schen|bild, das: *Bild, Vorstellung vom Menschen.*

Men|schen|feind, der: *jmd., der die Menschen verachtet; Misanthrop.*

Men|schen|fein|din, die: w. Form zu ↑Menschenfeind.

men|schen|feind|lich ⟨Adj.⟩: **a)** *ungesellig, misanthropisch;* **b)** *inhuman.*

Men|schen|fleisch, das: *Fleisch von Menschen:* Kannibalen essen M.

Men|schen|fres|ser, der [LÜ von lat. anthropophagus < griech. anthrōpophágos] (ugs.): *Kannibale* (1).

Men|schen|fres|se|rin, die: w. Form zu ↑Menschenfresser.

Men|schen|freund, der: *jmd., der die Menschen liebt; Philanthrop.*

Men|schen|freun|din, die: w. Form zu ↑Menschenfreund.

men|schen|freund|lich ⟨Adj.⟩: *die Menschen liebend.*

Men|schen|füh|rung, die ⟨o. Pl.⟩: *[gezielte] Einflussnahme auf andere Menschen (durch Vorgesetzte, Erzieher, soziale Gruppen o. Ä.).*

Men|schen|ge|den|ken: in der Fügung seit M. *(seit undenklichen Zeiten; solange jmd. zurückdenken kann):* das ist seit M. so [gewesen].

Men|schen|ge|schlecht, das ⟨o. Pl.⟩ (geh.): *Menschheit.*

Men|schen|ge|stalt, die: **a)** *äußeres Erscheinungsbild eines Menschen; menschliche Gestalt;* **b)** *Abbild, Wiedergabe eines Menschen.*

Men|schen|hai, der: *großer, lebend gebärender Hai, der vor allem in tropischen Meeren lebt.*

Men|schen|hand, die: **a)** *Hand des Menschen;* **b)** meist in Verbindungen mit bestimmten Präpositionen wie ***** **durch, von M.; in M.** (geh.; *durch, von Menschen [als gestaltende Wesen]; in der Macht o. Ä. der Menschen):* das liegt nicht in M.; von M. geschaffen.

Men|schen|han|del, der (Rechtsspr.): *Handel mit Menschen, die mit Gewalt ins Ausland entführt u. – in Bezug auf Frauen u. Mädchen – zur Prostitution gezwungen werden.*

Men|schen|händ|ler, der: *jmd., der Menschenhandel treibt.*

Men|schen|händ|le|rin, die: w. Form zu ↑Menschenhändler.

Men|schen|hass, der: *Hass gegen die Menschen; Misanthropie.*

Men|schen|ken|ner, der: *jmd., der andere Menschen in ihrem Wesen, ihrem Charakter u. ihren möglichen Reaktionen richtig zu beurteilen, einzuschätzen vermag:* ein [guter, schlechter] M. sein.

Men|schen|ken|ne|rin, die: w. Form zu ↑Menschenkenner.

Men|schen|kennt|nis, die ⟨o. Pl.⟩: *Vermögen, andere Menschen richtig zu beurteilen:* M. haben; es fehlt ihr an M.

Men|schen|ket|te, die: *von einer großen Zahl von Menschen [über eine größere Distanz] gebildete Kette* (2 a) *als Protestaktion:* eine M. bilden.

Men|schen|kind, das: **a)** (selten) *Kind;* **b)** ⟨Pl. selten⟩ *¹Mensch* (c): sie ist ein feines M.

Men|schen|kun|de, die ⟨o. Pl.⟩: *Anthropologie.*

Men|schen|le|ben, das: **1.** *Lebenszeit (eines Menschen):* ein ganzes M. lang. **2.** *lebendiger Mensch:* der Unfall forderte vier M.

men|schen|leer ⟨Adj.⟩: *leer von Menschen, einsam, nicht begangen od. bewohnt:* -e Gegenden.

Men|schen|lie|be, die: *Liebe des Menschen zum Menschen; Nächstenliebe.*

Men|schen|mas|se, die ⟨meist Pl.⟩: *große, unübersehbare Zahl von Menschen.*

Men|schen|ma|te|ri|al, das ⟨o. Pl.⟩ (oft in inhumaner Redeweise): *Anzahl von Menschen in Bezug auf eine bestimmte Aufgabe o. Ä., für die sie zur Verfügung stehen.*

Men|schen|men|ge, die: *Menge* (3).

men|schen|mög|lich ⟨Adj.⟩ [zusgez. aus »menschlich« u. »möglich«]: *in der Macht eines Menschen liegend:* was m. war, wurde getan; ⟨subst.:⟩ der Arzt hat alles Menschenmögliche versucht.

Men|schen|op|fer, das: **1.** *Opferung von Menschen (als kultische Handlung, als Opfergabe).* **2.** *Opfer an Menschenleben (durch Unfall, Krieg o. Ä.):* M. waren nicht zu beklagen.

Men|schen|pflicht, die: *Verantwortung, Pflicht, die ein Mensch seinen Mitmenschen gegenüber hat.*

Men|schen|ras|se, die: *Menschentypus.*

Men|schen|raub, der: *gewaltsames Entführen u. Festhalten von Menschen.*

Men|schen|recht, das ⟨meist Pl.⟩: *unabdingbares Recht auf freie u. allseitige Entfaltung der Persönlichkeit in einem Staatswesen:* die -e schützen.

Men|schen|rechts|er|klä|rung, die: *Deklaration der Menschenrechte (durch die Generalversammlung der Vereinten Nationen am 10. 12. 1948).*

Men|schen|rechts|ver|let|zung, die: *Verstoß gegen die Menschenrechte.*

men|schen|scheu ⟨Adj.⟩: *scheu, abweisend im Umgang mit Menschen.*

Men|schen|schlag, der: *[zu einer gemeinsamen Landschaft gehörende] Gruppe von Menschen, bei denen bestimmte (landschaftliche, stammesmäßige) Merkmale u. Wesenszüge bes. hervortreten:* ein schwerblütiger M.

Men|schen|see|le, die: *Seele, das Innerste eines Menschen:* die Geheimnisse der M.; ***** **keine M.** *(niemand, kein Mensch):* keine M. war zu sehen.

Men|schens|kind!, (auch:) **Men|schens|kin|der!** (salopp): Ausruf, der Erstaunen, Erschrecken, auch einen Vorwurf, eine Zurechtweisung ausdrückt: M.! Nimm dich zusammen!

Men|schen|sohn, der ⟨o. Pl.⟩ [im A. T. urspr. Umschreibung für »Mensch«] (christl. Rel.): Selbstbezeichnung Jesu Christi (die auf seine Menschengestalt, sein menschliches Leiden u. Sterben Bezug nimmt).

Men|schen|ty|pus, der: *durch gleiche od. ähnliche Erbfaktoren (Hautfarbe, Haar, Kopfform u. a.) gekennzeichneter Typus* (1 a).

men|schen|un|wür|dig ⟨Adj.⟩: *die Menschenwürde verletzend; den Menschen nicht angemessen.*

Men|schen|ver|ach|tung, die: *die Menschen verachtende Einstellung.*

Men|schen|ver|stand, der: meist in der Verbindung **der gesunde M.** *(der normale, klare Verstand [eines Menschen]).*

Men|schen|werk, das (geh.): *von Menschen Geschaffenes [u. deshalb Unvollkommenes, Vergängliches].*

Men|schen|wür|de, die ⟨o. Pl.⟩: *geistig-sittliche Würde der Menschen.*

men|schen|wür|dig ⟨Adj.⟩: *den Menschen, der Würde der Menschen entsprechend, angemessen:* m. leben.

Men|sche|wik, der; -en, -en u. -i [russ. men'ševik, eigtl. = Minderheitler, zu: mensche = weniger, minder (da Menschewiken 1903 die Minderheit der russ. Sozialdemokraten bildeten)] (hist.): *Vertreter des Menschewismus.*

Men|sche|wi|kin, die; -, -nen: w. Form zu ↑Menschewik.

Men|sche|wis|mus, der; - (hist.): *gemäßigter russischer Sozialismus.*
Men|sche|wist, der; -en, -en (hist.): *Menschewik.*
Men|sche|wis|tin, die; -, -nen: w. Form zu ↑Menschewist.
men|sche|wis|tisch ⟨Adj.⟩ (hist.): *den Menschewismus betreffend.*
Mensch|heit, die; - [mhd. mensch(h)eit, ahd. mennisgheit, urspr. = menschliche Natur, menschliches Wesen]: *Gesamtheit der Menschen:* zum Wohle der M.
Mensch|heits|ent|wick|lung, die: *Entwicklung der Menschheit.*
Mensch|heits|ge|schich|te, die ⟨o. Pl.⟩: *Geschichte der Menschheit.*
Mensch|heits|traum, der: *etw., was sich die Menschen seit je erträumt haben [u. immer noch erträumen]:* das Fliegen war ein alter M.
mensch|lich ⟨Adj.⟩ [mhd. menschlich, ahd. mannisclīh]: **1. a)** *den Menschen betreffend; zum Menschen gehörend, für ihn charakteristisch:* der -e Geist; ein -es Wesen *(ein Mensch);* -e Freiheit; -e Schwächen; der -e Lebensraum; der Unfall ist auf -es Versagen zurückzuführen; die -e Gesellschaft *(Gesellschaft der Menschen);* sein Zögern ist m. *(ist verständlich);* sie sind sich m. *(persönlich, privat)* näher gekommen; **b)** *menschenwürdig, annehmbar, den Bedürfnissen des Menschen entsprechend:* endlich herrschen wieder -e Verhältnisse. **2.** *tolerant, nachsichtig; human:* ein -er Vorgesetzter; -e Beamte; das ist ein -er Zug an ihr; der Chef hat sich m. gezeigt *(Verständnis gezeigt).*
Mensch|li|che, das; -n ⟨Dekl. ↑[2]Junge, das⟩: **1.** *für den Menschen Typisches, der menschlichen Natur Entsprechendes:* nichts -s war ihr fremd; ihm ist etwas -s *(Peinliches)* passiert. **2.** *gütiges, tolerantes Wesen:* sie hatte etwas beglückend -es an sich.
Mensch|lich|keit, die; -, -en [mhd. menschlīcheit]: **1.** ⟨o. Pl.⟩ **a)** *das Sein, Dasein als Mensch, als menschliches Wesen:* Christus in seiner M.; **b)** *menschliche* (2) *Haltung u. Gesinnung:* M. zeigen; etwas aus reiner M. tun. **2.** ⟨Pl.⟩ (selten) *menschliche Schwäche, Fehlhandlung.*
Mensch|wer|dung, die; -: **1.** *Hominisation.* **2.** (christl. Rel.) *Verkörperung Gottes in Christus.*
Men|ses [...ze:s] ⟨Pl.⟩ [lat. menses, Pl. von: mensis = Monat]: *Menstruation.*
men|sis cur|ren|tis [lat., zu currere = laufen]: *[des] laufenden Monats;* Abk.: m. c.
mens|tru|al ⟨Adj.⟩ [lat. menstrualis = alle Monate geschehend; zu: menstruus = monatlich, zu: mensis = Monat] (Med.): *zur Menstruation gehörend.*
Mens|tru|a|ti|on, die; -, -en [zu ↑menstruieren] (Med.): *(bei Frauen) etwa alle vier Wochen auftretende Blutung aus der Gebärmutter bei Nichtbefruchtung der Eizelle; Monatsblutung.*
mens|tru|ie|ren ⟨sw. V.; hat⟩ [spätlat. menstruare] (Med.): *die Menstruation haben.*
Men|sul: ↑Mensel.
Men|sur, die; -, -en [lat. mensura = das Messen, das Maß, zu: metiri (2. Part.: mensum) = messen]: **1.** (Fechten) *Abstand der beiden Fechtenden:* eine weite M. einnehmen; M. halten; M. schließen, brechen *(den Abstand verringern, vergrößern).* **2.** (Verbindungswesen) *studentischer Zweikampf mit Schläger od. Säbel:* eine M. austragen, schlagen, auspauken. **3.** (Musik) **a)** *Maß, das die Geltungsdauer der einzelnen Notenwerte untereinander bestimmt;* **b)** *Maßverhältnis bei Musikinstrumenten (z. B. Anordnung der Löcher bei Blasinstrumenten).* **4.** (Chemie) *Messzylinder.*
Men|su|ral|mu|sik, die ⟨o. Pl.⟩: *mehrstimmige Musik des 13.–16. Jh.s. mit rhythmisch unterschiedlicher Geltungsdauer der Notenwerte.*
Men|su|ral|no|ta|ti|on, die ⟨o. Pl.⟩: *im 13. Jh. entwickelte Notenschrift, die im Gegensatz zur älteren Notenschrift auch die Tondauer mit rhythmisch differenzierten Noten- u. Pausenzeichen angibt.*
men|tal ⟨Adj.⟩ [mlat. mentalis = geistig, vorgestellt, zu lat. mens (Gen.: mentis) = Geist, Vernunft]: (bes. Fachspr.) *den Bereich des Verstandes betreffend; geistig:* -e Erkenntnisse; die -e Vorbereitung der Sportler.
Men|ta|li|tät, die; -, -en [nach engl. mentality] (bildungsspr.): *Geistes- u. Gemütsart; besondere Art des Denkens und Fühlens:* die M. der Norddeutschen; sich in die M. eines anderen hineinversetzen.
Men|thol, das; -s [zusgez. aus lat. ment(h)a = Minze u. oleum = Öl] (Chemie): *aus dem ätherischen Öl der Pfefferminze gewonnene, weiße kristalline Substanz mit kühlender u. lindernder Wirkung.*
Men|tor, der; -s, ...oren [nach Mentor, dem Freund des Odysseus, für dessen Sohn Telemach er väterlicher Freund u. Erzieher war]: **a)** *Fürsprecher, Förderer, erfahrener Berater;* **b)** (Päd.) *erfahrener Pädagoge, der Studierende u. Lehramtskandidat[inn]en während ihres Schulpraktikums betreut.*
Men|to|rin, die; -, -nen: w. Form zu ↑Mentor.
Me|nu [meˈny:] (schweiz., sonst veraltet): ↑Menü (1).
Me|nü, das; -s, -s [1: frz. menu, eigtl. = Detail, zu: menu = klein, dünn < lat. minutus, ↑Minute; 2: engl. menu < frz. menu]: **1.** *Speisenfolge; aus mehreren Gängen bestehende Mahlzeit.* **2.** (EDV) *auf der Benutzeroberfläche angezeigte Liste der Funktionen eines Programms* (4), *die dem Anwender zur Festlegung der nächsten Arbeitsschritte zur Verfügung stehen.*
Me|nü|bal|ken, der (EDV): *Menüleiste.*
Me|nu|ett, das; -s, -e auch: -s [frz. menuet, eigtl. = Tanz mit kleinen Schritten, zu: menuet = klein, winzig, Vkl. von: menu, ↑Menü]: **1.** *(alter, aus Frankreich stammender) mäßig schneller Tanz im $^3/_4$-Takt.* **2.** (Musik) *[dritter] Satz in einer Sonate od. Sinfonie; Suitensatz.*
Me|nü|leis|te, die (EDV): *Leiste am oberen Rand der Benutzeroberfläche, auf der in Stichworten die verschiedenen Menüs* (2) *eines Arbeitsprogramms aufgeführt sind.*
Me|phis|to, der; -[s], -s [nach der Gestalt des Mephisto in Goethes Faust] (bildungsspr.): *jmd., der seine geistige Überlegenheit in zynisch-teuflischer Weise zeigt u. zur Geltung bringt.*
me|phis|to|phe|lisch ⟨Adj.⟩ (bildungsspr.): *teuflisch, voll boshafter List.*
Me|ran: Stadt in Südtirol.
[1]Me|ra|ner, der; -s, -: Ew.
[2]Me|ra|ner ⟨indekl. Adj.⟩: M. Nüsse.
Me|ra|ne|rin, die; -, -nen: w. Form zu ↑Meraner.
Mer|cal|li|ska|la, die ⟨o. Pl.⟩ [nach dem ital. Vulkanologen G. Mercalli (1850–1914)]: *zwölfstufige Skala, mit der die Stärke eines Erdbebens nach seinen Auswirkungen an der Erdoberfläche gemessen wird.*
Mer|ca|tor|pro|jek|ti|on, die; -, -en [nach dem niederl. Geographen G. Mercator (1512–1594)] (Geogr.): *winkeltreuer Kartennetzentwurf mit rechtwinklig sich schneidenden Längen- u. Breitenkreisen.*
Mer|ce|rie [mɛrsəˈri:], die; -, -n [frz. mercerie, eigtl. = Handelsware, zu lat. merx (Gen.: mercis) = Ware] (schweiz.): **1.** ⟨o. Pl.⟩ *Kurzwaren.* **2.** *Geschäft, das Kurzwaren führt.*
Mer|ce|ri|sa|ti|on usw.: ↑ Merzerisation usw.
Mer|chan|di|sing [ˈmə:tʃəndaɪzɪŋ], das; -s [engl. merchandising, zu: to merchandise = durch Werbung den Absatz steigern, zu: merchant = Kaufmann < afrz. marcheant, zu lat. mercari = Handel treiben] (Wirtsch.): **a)** *Gesamtheit der verkaufsfördernden Maßnahmen u. Aktivitäten des Herstellers einer Ware (Produktgestaltung, Werbung, Kundendienst usw.);* **b)** *Vermarktung bestimmter, mit einem Film, mit Sport o. Ä. in Zusammenhang stehender Produkte.*
mer|ci [mɛrˈsi:; frz., eigtl. = Gunst < lat. merces = Lohn] (bes. schweiz., sonst scherzh.): *danke.*
Mer|gel, der; -s, (Arten:) - [mhd. mergel, spätahd. mergil < mlat. margila, zu lat. marga = Mergel, aus dem Kelt.] (Geol.): *hauptsächlich aus Ton u. Kalk bestehendes Sedimentgestein.*
Mer|gel|gru|be, die: *Grube, in der Mergel gewonnen wird.*
mer|ge|lig, merglig ⟨Adj.⟩: *Mergel enthaltend; mit Mergel vermengt:* -er Ton.
merg|lig: ↑mergelig.
Me|ri|di|an, der; -s, -e [lat. (circulus) meridianus = Äquator, eigtl. = Mittagslinie, dann: Verbindungslinie aller Orte, die gleichzeitig Mittag haben, zu: meridies = Mittag, Süden] (Geogr., Astron.): *über beide Pole laufender u. zum Äquator senkrechter Großkreis auf der Erd- od. Himmelskugel.*
Me|ri|di|an|kreis, der (Astron.): *innerhalb eines Meridians schwenkbares Fernrohr, mit dem der Zeitpunkt, wann ein Gestirn den Meridian durchläuft, festgestellt u. so sein genauer Ort errechnet werden kann.*
me|ri|di|o|nal ⟨Adj.⟩ [spätlat. meridionalis = mittägig] (Geogr.): **a)** *den Meridian betreffend;* **b)** (veraltet) *südlich.*
Me|ri|no, der; -s, -s [span. merino, H. u.; viell. nach dem Namen des Berberstammes der Beni Merin in Nordafrika, der diese Schafe züchtete]: **1.** *Schaf einer spanischen Rasse mit stark gekräuselter, weicher Wolle.* **2.** *Kleiderstoff in Köperbindung aus Merinowolle.*
Me|ri|no|wol|le, die: *sehr feine u. weiche, stark gekräuselte Wolle des Merinos* (1).
Me|ris|tem, das; -s, -e [zu griech. meristós = geteilt, teilbar] (Biol.): *in den Wachstumszonen der Pflanze gelegenes Zellgewebe, das durch fortgesetzte Teilungen neue Pflanzenteile hervorbringen kann.*
Me|ri|ten: Pl. von ↑Meritum.
Me|ri|tum, das; -s, ...iten ⟨meist Pl.⟩ [frz. mérite < lat. meritum, zu: mereri = sich verdient machen] (geh.): *[erworbenes]* [2]*Verdienst:* seine Meriten haben.
mer|kan|til ⟨Adj.⟩ [frz. mercantile < ital. mercantile, zu: mercante = Händler, zu: mercare < lat. mercari = Handel treiben] (bildungsspr.): *den Handel betreffend; kaufmännisch:* eine -e Einstellung; -e Interessen.
Mer|kan|ti|lis|mus, der; - [frz. mercantilisme]: *(in der Zeit des Absolutismus) Wirtschaftspolitik, die bes. den Außenhandel u. die Industrie fördert, um Finanzkraft u. Macht der jeweiligen Staatsmacht zu stärken.*
Mer|kan|ti|list, der; -en, -en: *Vertreter des Merkantilismus.*
Mer|kan|ti|lis|tin, die; -, -nen: w. Form zu ↑Merkantilist.
mer|kan|ti|lis|tisch ⟨Adj.⟩: *dem Merkantilismus entsprechend, auf ihm beruhend:* -e Praktiken.
Mer|kap|tan, das; -s, -e ⟨meist Pl.⟩ [geb. aus mlat. (corpus) mercurium captans = an Mercurium (↑Merkur) gebundene Substanz] (Chemie): *[unangenehm riechende] alkoholartige Verbindung, bei der der Sauerstoff durch Schwefel ersetzt ist.*
merk|bar ⟨Adj.⟩ (seltener): **1.** *deutlich zu spüren; wahrnehmbar:* kaum -e Veränderungen; das Interesse hat m. nachgelassen. **2.** *leicht im Gedächtnis zu behalten:* gut -e Leitsätze.
Merk|blatt, das: *einem Formular, einer Verordnung o. Ä. beigelegtes Blatt mit Erläuterungen [zu einzelnen Punkten].*
mer|ken ⟨sw. V.; hat⟩ [mhd. merken, ahd. merchen, urspr. = kenntlich machen, zu ↑[2]Mark]: **1.** *(etw., was nicht ohne weiteres erkennbar ist) durch Sinneswahrnehmung u. Beobachtung od. durch Eingebung, ahnendes Gefühl erkennen, bemerken, spüren:* etw. sofort m.; sie merkt nicht, hat es noch nicht gemerkt, dass sie betrogen wird; davon habe ich nichts gemerkt; jmds. Absicht m.; es war zu m., dass sie Angst hatte; jmdn. etw. nicht m. lassen *(es in seiner Gegenwart unterdrücken, verbergen o. Ä.);* R merkst du was? (ugs.; *spürst du, dass etw. nicht in Ordnung ist?*); du merkst aber auch alles! (ugs. iron.; *endlich hast du begriffen!*). **2.** ⟨m. + sich⟩ *im Gedächtnis behalten:* sich Zahlen m.; diese

Telefonnummer kann man sich gut m.; diesen Namen muss man sich m. *(er wird noch bekannt werden);* merk dir das! *(richte dich danach!; lass es dir gesagt sein!);* ⟨ugs. auch ohne »sich«:⟩ diese Zahl ist gut zu m. **3.** (veraltend) *aufpassen, hinhören:* auf jmds. Worte m.

Mer|ker, der; -s, - [mhd. merkære]: **1. a)** *kleinlicher Aufpasser u. Neider [bei den Minnesängern];* **b)** *Zensor u. Schiedsrichter bei den Meistersingern.* **2.** (ugs. iron.) *jmd., der etw. endlich merkt u. versteht.*

Mer|ke|rin, die; -, -nen: w. Form zu ↑Merker (1 a, 2).

Merk|fä|hig|keit, die ⟨o. Pl.⟩: *Fähigkeit, sich etw. zu merken, etw. im Gedächtnis zu behalten.*

Merk|heft, das: *Heft für Notizen o. Ä.*

Merk|hil|fe, die: *Gedächtnisstütze.*

merk|lich ⟨Adj.⟩ [mhd. merklich]: *so geartet, dass es bemerkt werden kann, sich erkennen lässt; spürbar, erkennbar:* die Veränderung ist kaum m.; es ist m. kühler geworden.

Merk|mal, das ⟨Pl. -e⟩: *charakteristisches, unterscheidendes Zeichen, an dem eine bestimmte Person, Gruppe od. Sache, auch ein Zustand erkennbar wird:* untrügliche -e; keine besonderen -e; die technischen -e eines Fahrzeugs.

Merk|satz, der: *Merkhilfe in Form eines Satzes.*

Merk|spruch, der: **a)** *in eine einprägsame Sentenz gefasste Lebensweisheit;* **b)** *Merkhilfe in Form eines [gereimten] Spruchs.*

[1]**Mer|kur,** der od. das; -s [nach dem als sehr wendig beschriebenen röm. Götterboten Merkur (lat. Mercurius), wohl nach der großen Flexibilität des Elements]: alchemistische Bez. für *Quecksilber.*

[2]**Mer|kur,** der; -s: (von der Sonne aus gerechnet) erster, innerster Planet unseres Sonnensystems.

Mer|ku|ri|a|lis|mus, der; -: *Quecksilbervergiftung.*

Mer|kur|stab, der: *geflügelter, schlangenumwundener Stab Merkurs als Symbol des Handels.*

Merk|vers, der: *Merkspruch* (b).

Merk|wort, das ⟨Pl. ...wörter⟩ (Theater): *Stichwort für den Einsatz.*

merk|wür|dig ⟨Adj.⟩: *Staunen, Verwunderung, manchmal auch leises Misstrauen hervorrufend; eigenartig, seltsam:* -e Gestalten treiben sich dort herum; sein Verhalten ist m.; ist das nicht m.?; es ist m. still hier; ⟨subst.:⟩ gestern ist mir etwas Merkwürdiges passiert.

merk|wür|di|ger|wei|se ⟨Adv.⟩: *in einer für jmdn. verwunderlichen Weise:* m. hat sie nichts gehört.

Merk|wür|dig|keit, die; -, -en: **a)** ⟨o. Pl.⟩ *merkwürdige, seltsame Art:* die M. ihres Benehmens; **b)** *merkwürdige Erscheinung:* zoologische -en.

Merk|zei|chen, das: *bestimmtes Zeichen, an dem jmd. etw. wieder erkennen, sich etw. merken kann.*

Merk|zet|tel, der: *Zettel mit kurzen Notizen.*

Mer|le, die; -, -n [spätmhd. merle < lat. merula, eigtl. = die Schwarze] (landsch.): *Amsel.*

[1]**Mer|lin** [auch: ˈmɛrliːn]: Zauberer (in der keltischen Sage).

[2]**Mer|lin,** der; -s, -e [engl. merlin < afrz. esmerillon, aus dem Germ.; vgl. Schmerl]: *Zwergfalke mit graublauem Gefieder auf der Oberseite u. breiten schwarzen Querbinden am Kopf.*

Mer|ze|ri|sa|ti|on, die; -, -en [nach dem brit. Chemiker u. Industriellen J. Mercer (1791–1866)] (Textilind.): *das Veredeln von Baumwolle.*

mer|ze|ri|sie|ren ⟨sw. V.; hat⟩: *Baumwolle straff spannen u. mit Natronlauge die Fasern zum Aufquellen bringen, sodass das Gewebe reißfester wird u. die Oberfläche glänzt.*

mes-, Mes-: ↑meso-, Meso-

Me|sal|li|ance [mezaˈli̯ãːs], die; -, -n [...sn̩; frz. mésalliance, zu: mé(s) = miss-, un- u. alliance = Verbindung, Ehe, ↑Allianz]: **1.** (bildungsspr., bes. früher) *nicht standesgemäße Ehe.* **2.** (bildungsspr.) *Ehe, Partnerschaft zwischen nicht zusammenpassenden Partnern.*

Mes|cal|lin: ↑Meskalin.

me|schug|ge ⟨Adj.; -ner, -nste⟩ [jidd. meschuggo < hebr. mĕšugaʿ] (salopp): *nicht bei Verstand; verrückt.*

Mes|dames: Pl. von ↑Madame.

Mes|de|moi|selles: Pl. von ↑Mademoiselle.

Me|sen|chym [...ç...] das; -s, -e [zu griech. énchyma = Aufguss] (Biol., Med.): *aus dem Mesoderm hervorgehendes, lockeres, von Hohlräumen durchsetztes Gewebe, aus dem u. a. Bindegewebe u. Blut entstehen.*

Me|se|ta, die; -, ...ten [span. meseta, Vkl. von: mesa < lat. mensa = Tisch] (Geogr.): span. Bez. für *Hochebene.*

Mes|ka|lin, das; -s [zu span. mescal, mezcal < Nahuatl (mittelamerik. Indianerspr.) mexcalli = ein Getränk]: *Rauschgift, das aus einer mexikanischen Kakteenart gewonnen bzw. synthetisch hergestellt wird.*

Mes|mer: ↑Mesner.

Mes|me|rin, die; -, -nen: w. Form zu ↑Mesmer.

Mes|me|ris|mus, der; - [nach dem dt. Arzt F. Mesmer (1734–1815)]: *Therapie, die sich auf die Annahme stützt, dass dem Menschen innewohnende magnetische Kräfte eine heilende Wirkung auf Kranke, bes. Nervenkranke, haben können.*

Mes|ner (landsch.), Mesmer (schweiz.), der; -s, - [mhd. mesnære, spätahd. mesinäri < mlat. ma(n)sionarius, eigtl. = Haushüter, zu lat. mansio, ↑Menage] *Kirchendiener.*

Mes|ne|rei (landsch.), Mesmerei (schweiz.), die; -, -en: **a)** *Wohnung des Mesners;* **b)** *Amt des Mesners.*

Mes|ne|rin, die; -, -nen: w. Form zu ↑Mesner.

me|so-, Me|so-, (vor Vokalen gelegtl.:) mes-, Mes- [zu griech. mésos = Mitte] ⟨Best. in Zus. mit der Bed.:⟩ *mittlere, mittel..., Mittel..., in der Mitte zwischen ...* (z. B. mesozephal, Mesozoikum, Mesenterium).

Me|so|derm, das; -s, -e [zu griech. dérma = Haut] (Biol., Med.): *(während der Embryonalphase) bei vielzelligen Tieren u. beim Menschen sich zwischen Ektoderm u. Entoderm einschiebende Zellschicht, aus der sich der überwiegende Teil der Körpermasse bildet.*

Me|so|karp, das; -s, -e, **Me|so|kar|pi|um,** das; -s, ...ien [zu griech. karpós = Frucht] (Bot.): *mittlere Schicht der Fruchtwand bei vielen Blütenpflanzen.*

me|so|ke|phal usw.: ↑mesozephal usw.

Me|so|li|thi|kum [auch: ...ˈlɪt...], das; -s [zu griech. líthos = Stein] (Geol.): *Periode der Mittleren Steinzeit zwischen Paläolithikum u. Neolithikum.*

Me|son, das; -s, ...onen ⟨meist Pl.⟩ [engl. meson, für älter ↑Mesotron, zu griech. tò méson = das in der Mitte Befindliche] (Physik): *unstabiles Elementarteilchen, dessen Masse geringer als die eines Protons, jedoch größer als die eines* [2]*Leptons ist.*

Me|so|phy|ti|kum, das; -s [zu griech. phytón = Pflanze, Gewächs] (Paläont.): *(durch das Auftreten der Nacktsamer gekennzeichnetes) Mittelalter der Entwicklung der Pflanzenwelt im Verlauf der Erdgeschichte.*

Me|so|po|ta|mi|en; -s: historische Landschaft im Irak (zwischen Euphrat u. Tigris).

Me|so|sphä|re, die; - (Met.): *in etwa 50–80 km Höhe liegende Schicht der Erdatmosphäre.*

Me|sos|ti|chon, das; -s, ...chen u. ...cha [zu griech. stíchos = Reihe; Vers] (Literaturw.): *Gedicht, bei dem die an bestimmter Stelle in der Mitte des Verses stehenden Buchstaben, von oben nach unten gelesen, ein Wort od. einen Satz ergeben.*

Me|so|tho|ri|um, das; -s: *Zerfallsprodukt des Thoriums* (Zeichen: MsTh).

Me|so|tron, das; -s, ...onen ⟨meist Pl.⟩ [engl. mesotron, 2. Bestandteil zu griech. -tron = Suffix zur Bez. eines Geräts, Werkzeugs] (Physik veraltend): *Meson.*

me|so|ze|phal ⟨Adj.⟩ (Med.): *Mesozephalie aufweisend.*

Me|so|ze|pha|le, der u. die; -n, -n ⟨Dekl. ↑Abgeordnete⟩ (Med.): *jmd., der eine mittelhohe Kopfform hat.*

Me|so|ze|pha|lie, die; -, -n [zu griech. kephalḗ = Kopf] (Med.): *mittelhohe Kopfform.*

Me|so|zo|i|kum, das; -s [zu griech. zōon = Lebewesen, Tier] (Geol.): *erdgeschichtliches Mittelalter, das Trias,* [2]*Jura u. Kreide umfasst; Erdmittelalter.*

me|so|zo|isch ⟨Adj.⟩ (Geol.): *das Mesozoikum betreffend.*

Mes|sage [ˈmɛsɪdʒ], die; -, -s [...dʒɪz; engl. message, eigtl. = Botschaft, zu lat. missum, 2. Part. von: mittere, ↑Mission] (Kommunikationsf.): **1.** *Nachricht, Information, die durch die Verbindung von Zeichen ausgedrückt u. vom Sender zum Empfänger übertragen wird.* **2.** (Jargon) **a)** *Gehalt, Aussage* (3) *eines Kunstwerks;* **b)** *Anliegen; etw., was jmd. als Erkenntnis, Erfahrung o. Ä. weiterreichen möchte:* seine M. ist nicht rübergekommen.

Mes|sa|li|ne, die; - [frz. messaline]: *leichtes, stark glänzendes [Kunst]seidengewebe in Atlasbindung, das als Kleider- u. Futterstoff verwendet wird.*

Mess|band, das ⟨Pl. ...bänder⟩: *Bandmaß.*

mess|bar ⟨Adj.⟩: *sich messen* (1) *lassend.*

Mess|bar|keit, die; -: *das Messbarsein.*

Mess|be|cher, der: *Gefäß mit einer Maßeinteilung, das zum Abmessen bes. von Backzutaten dient.*

Mess|bild, das (Messtechnik, Kartographie): *(vom Flugzeug oder Satelliten aus aufgenommenes) Bild, aus dem ein geometrisch ähnliches Raummodell von einem Teil der Erdoberfläche erstellt wird.*

Mess|brief, der (Seew.): *Urkunde über Abmessungen, Bauweise o. Ä. eines Schiffes.*

Mess|buch, das: *Buch mit Gebetstexten, Lesungen u. liturgischen Gesängen für die* [1]*Messe* (1).

Mess|da|ten ⟨Pl.⟩: *Daten von Messungen.*

Mess|die|ner, der (kath. Kirche): *Ministrant.*

Mess|die|ne|rin, die: w. Form zu ↑Messdiener.

[1]**Mes|se,** die; -, -n [mhd. messe, misse, ahd. messa, missa < kirchenlat. missa, aus der Formel »ite, missa est (concio)« = geht, die (gottesdienstliche) Versammlung ist entlassen]: **1.** *katholischer Gottesdienst mit der Feier der Eucharistie:* die heilige M.; eine M. [für einen Verstorbenen] lesen. **2.** *Komposition als Vertonung der liturgischen Bestandteile der Messe* (1): eine M. von Haydn; eine M. komponieren.

[2]**Mes|se,** die; -, -n [kirchenlat. missa = Heiligenfest (mit feierlicher [1]Messe (1) u. großem Jahrmarkt); zu ↑[1]Messe]: **1.** *große [internationale] Ausstellung von Warenmustern eines od. mehrerer Wirtschaftszweige:* eine internationale M.; die Leipziger M.; auf der M. ausstellen; ein neues Buch zur M. herausbringen; zur M. fahren. **2.** (landsch.) *Jahrmarkt.*

[3]**Mes|se,** die; -, -n [engl. mess, eigtl. = Gericht, Speise, Mahlzeit < afrz. mes (= frz. mets) < lat. missus = (aus der Küche) geschicktes, zu Tisch aufgetragenes ([2]Gericht), zu: mittere, ↑Mission] (Seemannsspr.): **1.** *(auf größeren Schiffen) Speise- u. Aufenthaltsraum der Offiziere, Mannschaften; Schiffskantine.* **2.** *(auf größeren Schiffen) Tischgesellschaft von Offizieren, Mannschaften.*

Mes|se|aus|weis, der: *Ausweis, der zum Betreten des Messegeländes berechtigt.*

Mes|se|ge|län|de, das: *Gelände, auf dem eine* [2]*Messe* (1) *stattfindet.*

Mes|se|hal|le, die: *Ausstellungshalle auf einer* [2]*Messe* (1).

Mes|se|ka|ta|log, der: *Ausstellungskatalog einer* [2]*Messe* (1).

mes|sen ⟨st. V.; hat⟩ [mhd. meʒʒen, ahd. meʒʒan, verw. mit ↑[1]Mal in dessen urspr. Bed. »Abgemessenes«]: **1. a)** *durch Anlegen, Zugrundelegen eines Maßes ermitteln:* die Größe von etw. m.; den Blutdruck m.; [bei jmdm.] Fieber m.; die Geschwindigkeit mit der Stoppuhr m.; sie maß (geh.; *schätzte*) die Entfernung mit den Augen; **b)** *in seinen Maßen, seiner Größe bestimmen:* etw. genau m.; jmdn. [mit dem Metermaß] m.; Flüssigkeiten misst man nach Litern. **2.** *eine* *bestimmte Größe, ein bestimmtes Maß haben:* er misst 1,85 m; sie misst 5 cm mehr als du; das Zimmer misst 2,50 m in der Höhe. **3. a)** ⟨m. + sich⟩ (geh.) *in einem Wettstreit o. Ä. seine Fähigkeiten, Kräfte mit etw., mit denen eines anderen erprobend vergleichen; konkurrieren, in einen Wettbewerb treten:* sich im sportlichen Wettkampf mit jmdm. m.; **b)** *an jmdn., etw. einen bestimmten Maßstab anlegen; nach jmdm., etw. beurteilen:* eine Leistung am Erfolg m. **4.** (geh.) *abschätzend ansehen.*

Mẹs|se|neu|heit, die: *auf einer* [2]*Messe (1) vorgeführte Neuheit* (2).

[1]**Mẹs|ser,** das; -s, - [mhd. meʒʒer, ahd. meʒʒira(h)s, meʒʒisahs; 1. Bestandteil zu mhd., ahd. maʒ (↑Mett), 2. Bestandteil zu mhd., ahd. sahs = (kurzes) Schwert]: **a)** *aus einer Klinge, die mit einer Schneide versehen ist, u. einem Griff bestehendes Gerät zum Schneiden:* ein rostfreies M.; ein M. schleifen; der Rücken eines -s; etw. mit dem M. zerkleinern; jmdn. mit dem M. bedrohen; sich mit dem M. *(Rasiermesser)* rasieren; **R** auf dem M. kann man [nach Rom] reiten (ugs. scherzh.; *das Messer ist äußerst stumpf*); * **jmdm. geht das M. in der Tasche/im Sack auf** (salopp; *jmd. gerät über etw. in großen Zorn*); **jmdm. sitzt das M. an der Kehle** (ugs.; *jmd. ist in äußerster Bedrängnis, Geldnot o. Ä., sodass er gezwungen ist, etw. Bestimmtes zu tun*); **jmdm. das M. an die Kehle setzen** (ugs.; *jmdn. durch Drohungen so unter Druck setzen, dass er gezwungen ist zu tun, was von ihm verlangt wird*); **jmdm. [selbst] das M. in die Hand geben** (ugs.; *seinem Gegner selbst die Argumente liefern*); **jmdn. ans M. liefern** (ugs.; *jmdn. durch Verrat ausliefern, preisgeben*); **bis aufs M.** (ugs.; *mit allen Mitteln*): ein Kampf bis aufs M.; **jmdn. ins [offene] M. laufen/rennen** (ugs.; *aus Unachtsamkeit, ohne eine drohende Gefahr od. jmds. List zu erkennen, sich jmdm. ausliefern*); **b)** *Skalpell:* jmdn. unters M. nehmen (ugs.; *jmdn. operieren, zu operieren beginnen*); unters M. müssen (ugs.; *sich operieren lassen müssen*); sie blieb unter dem M. (ugs.; *starb während der Operation*); **c)** (Technik) *mit einer Schneide versehene Leiste od. Platte aus gehärtetem Stahl:* die M. des Rasenmähers.

[2]**Mẹs|ser,** der; -s, -: **a)** *Messender;* **b)** *Messgerät.*

Mẹs|ser|form|schnitt, der: *kurzer Haarschnitt, bei dem das nasse Haar mit dem Rasiermesser geschnitten [u. mit dem Föhn in Form gebracht] wird.*

Mẹs|ser|held, der (abwertend): *Messerstecher.*

Mẹs|se|rin, die; -, -nen: w. Form zu ↑[2]Messer (a).

Mẹs|ser|klin|ge, die: *Klinge eines Messers.*

Mẹs|ser|rü|cken, der: *der Schneide gegenüberliegende, stumpfe Seite der Messerklinge.*

mẹs|ser|scharf ⟨Adj.⟩: (emotional) *scharf wie ein Messer; sehr scharf:* -e Kanten; **Ü** sie hat einen -en Verstand; m. auf etw. schließen.

Mẹs|ser|spit|ze, die: **1.** *Spitze der Messerklinge.* **2.** *kleine Menge einer pulverigen Substanz [die mit der Messerspitze (1) aufgenommen werden kann]:* eine M. Salz.

Mẹs|ser|ste|cher, der (abwertend): *jmd., der gern Streit anfängt u. dabei mit dem Messer zusticht.*

Mes|ser|ste|che|rei, die; -, -en (abwertend): *tätliche Auseinandersetzung mit Messern als Waffen.*

Mẹs|ser|stich, der: *Stich mit dem Messer.*

Mẹs|ser|wer|fer, der: *Artist, der mit Messern wirft.*

Mẹs|ser|wer|fe|rin, die: w. Form zu ↑Messerwerfer.

Mẹs|se|stadt, die: *Stadt, in der häufig* [2]*Messen (1) stattfinden.*

Mẹs|se|stand, der: *Stand* (3 a) *auf einer* [2]*Messe* (1).

Mẹss|füh|ler, der: *Teil eines elektronischen Messgeräts, der in direkter Verbindung zu dem zu messenden Medium steht; Sensor* (1).

Mẹss|ge|rät, das: *Gerät zum Messen von direkt nicht zugänglichen Erscheinungen u. Eigenschaften* (z. B. in der Chemie).

Mẹss|ge|wand, das: *Kasel.*

Mẹss|glas, das (Pl. ...gläser): *Glasgefäß mit einer Maßeinteilung zum Abmessen von Flüssigkeiten.*

Mẹss|grö|ße, die (Messtechnik): *gemessene od. zu messende Größe* (2).

Mes|si|a|de, die; -, -n [zu ↑Messias]: *geistliches Epos über Leben u. Leiden Jesu Christi als Messias.*

mes|si|a|nisch ⟨Adj.⟩: **1.** *den Messias betreffend:* -en Prophezeiungen im Alten Testament. **2.** *den Messianismus betreffend, kennzeichnend:* -e Bewegungen.

Mes|si|a|nis|mus, der; -: *geistige Bewegung, die die religiöse od. politische Erlösung von einem Messias erwartet.*

Mes|si|as, der; -, -se [kirchenlat. Messias < griech. messías < hebr. mašîaḥ = der Gesalbte]: **1.** ⟨o. Pl.⟩ *im Alten Testament verheißener königlicher Heilsbringer.* **2.** *Befreier, Erlöser aus religiöser, sozialer o. ä. Unterdrückung.*

Mes|sieurs: Pl. von ↑Monsieur.

Mẹs|sing, das; -s, (Sorten:) -e [mhd. messinc, H. u.]: *hell- bis rotgelbe Legierung aus Kupfer u. Zink, die u. a. zu Schmuckwaren, Kunstgegenständen, Rohren, Armaturen, Konstruktionsteilen verarbeitet wird:* M. gießen; Klinken aus M.

Mẹs|sing|draht, der: *Draht aus Messing.*

mẹs|sin|gen ⟨Adj.⟩ [mhd. messing(en)]: *aus Messing:* messing[e]ne Beschläge.

mẹs|sing|gelb ⟨Adj.⟩: *gelb wie Messing.*

Mẹs|sing|griff, der: *Griff* (2) *aus Messing.*

Mẹs|sing|klin|ke, die: *Klinke aus Messing.*

Mẹs|sing|leuch|ter, der: *Leuchter aus Messing.*

Mẹs|sing|schild, das ⟨Pl. -er⟩: *Schild aus Messing.*

Mẹss|in|stru|ment, das: *Messgerät.*

Mẹss|kelch, der: *bei der* [1]*Messe (1) verwendeter Kelch.*

Mẹss|lat|te, die: *zur Geländevermessung verwendeter hölzerner Messstab.*

Mẹss|op|fer, das (kath. Kirche): *Vergegenwärtigung des Opfertodes Jesu in der Feier der Eucharistie.*

Mẹss|schie|ber, der (Messtechnik): *Schieblehre.*

Mẹss|schrau|be, die: *Messgerät zur Messung kleinerer Längen od. Abstände mittels einer Spindel, wobei die zu messende Länge jeweils einer bestimmten Anzahl von Spindelumdrehungen entspricht; Mikrometerschraube.*

Mẹss|sen|der, der (Messtechnik): *Sender mit genau einstellbarer Frequenz zum Prüfen u. Abgleichen (3) von Rundfunk- u. Fernsehapparaten, für Frequenzmessungen o. Ä.*

Mẹss|stab, der: *Stab mit Maßeinteilung.*

Mẹss|stre|cke, die: *Strecke (von bestimmter Länge), auf der Messungen vorgenommen werden* (z. B. der Geschwindigkeit eines Fahrzeugs).

Mẹss|tech|nik, die ⟨o. Pl.⟩: *Gesamtheit der Verfahren u. Geräte zur Messung zahlenmäßig erfassbarer Größen in Wissenschaft u. Technik.*

Mẹss|tisch, der: *(drehbar auf einem Stativ angebrachte) Zeichenplatte, auf der anhand von eingetragenen Festpunkten Geländepunkte für topographische Karten aufgenommen werden.*

Mẹss|tisch|blatt, das: *Karte im großen Maßstab 1 : 25 000.*

Mẹss- und Re|gel|tech|nik, die ⟨o. Pl.⟩: *Überwachung u. Steuerung technischer Vorgänge durch Regelung nach Messwerten.*

Mẹs|sung, die; -, -en: **1.** *das Messen* (1): -en durchführen. **2.** *Ergebnis einer Messung.*

Mẹss|wa|gen, der: *Kraftfahrzeug, das mit bestimmten Instrumenten u. Ä. zum Messen der Umweltbelastung (bes. der Luft) ausgestattet ist.*

Mẹss|wein, der (kath. Kirche): *bei der* [1]*Messe* (1) *verwendeter Wein.*

Mẹss|werk, das: *mechanisch beweglicher Teil (z. B. Zeiger) eines Messgeräts, der die Anzeige (3 a) bewirkt.*

Mẹss|wert, der: *aus einer od. zwei Anzeigen* (3 a) *ermittelter Wert einer Messgröße.*

Mẹss|zy|lin|der, der: *zylinderförmiges Glasgefäß mit einer Milliliterskala zur Abmessung von Flüssigkeiten bes. im Labor.*

Mes|ti|ze, der; -n, -n [span. mestizo < spätlat. mixticius = Mischling, zu lat. miscere = mischen]: *Nachkomme eines weißen u. eines indianischen Elternteils.*

Mes|ti|zin, die; -, -nen: w. Form zu ↑Mestize.

MESZ = mitteleuropäische Sommerzeit.

Mẹt, der; -[e]s [mhd. met(e), ahd. metu, urspr. = Honig[wein]: *(bes. bei den Germanen beliebtes) alkoholisches Getränk aus vergorenem, mit Wasser verdünntem Honig u. Würzstoffen.*

met-, Met-: ↑meta-, Meta- (1).

me|ta-, Me|ta-, (vor Vokalen u. vor h:) met-, Met- [met(a)-, auch: mɛt(a)-; griech. metá]: **1.** bedeutet in Bildungen mit Adjektiven od. Substantiven *zwischen, inmitten, nach, nachher, später, ver... (im Sinne der Umwandlung, des Wechsels):* metaphysisch, metonymisch; Metamorphose, Methämoglobin. **2.** drückt in Bildungen mit Substantiven aus, dass sich etw. auf einer höheren Stufe, Ebene befindet, darüber geordnet ist oder hinter etw. steht: Metamarketing, -theorie.

me|ta|bol: ↑metabolisch.

Me|ta|bo|lie, die; -, -n: **1.** (Zool.) *Metamorphose* (2). **2.** (Biol.) *Formveränderung bei Einzellern.* **3.** (Biol., Med.) *auf Stoffwechsel beruhende Veränderung eines Organismus.*

me|ta|bo|lisch ⟨Adj.⟩: **1.** (Biol.) *veränderlich* (z. B. in Bezug auf die Gestalt von Einzellern). **2.** (Biol., Med.) *im Stoffwechselprozess entstanden.*

Me|ta|bo|lis|mus, der; -: **1.** *Umwandlung, Veränderung.* **2.** (Biol., Med.) *Stoffwechsel.*

Me|ta|chro|nis|mus, der; -, ...men [zu griech. metáchronos = später geschehen] (bildungsspr.): *irrtümliche Einordnung eines Ereignisses in eine zu späte Zeit.*

Me|ta|ge|ne|se, die; -, -n [↑Genese] (Biol.): *besondere Form des Generationswechsels bei vielzelligen Tieren (z. B. Hohltieren), wobei auf eine sich ungeschlechtlich (z. B. durch Teilung) fortpflanzende Generation eine sich geschlechtlich fortpflanzende folgt.*

me|ta|ge|ne|tisch ⟨Adj.⟩ (Biol.): *die Metagenese betreffend.*

Me|ta|ge|schäft, das; -[e]s, -e [zu ↑a metà] (Kaufmannsspr.): *gemeinsames Waren- od. Bankgeschäft zweier Firmen mit gleichmäßiger Verteilung von Gewinn u. Verlust.*

Me|ta|kom|mu|ni|ka|ti|on, die; - [geb. nach ↑Metaphysik] (Kommunikationsf.): **a)** *über die verbale Verständigung hinausgehende Kommunikation, wie Gesten, Mimik o. Ä.;* **b)** *Kommunikation über einzelne Ausdrücke, Aussagen od. die Kommunikation selbst.*

Me|ta|kri|tik, die; - (Philos.): *der Kritik folgende Kritik.*

Me|ta|lep|se, Me|ta|lep|sis, die; -, ...epsen [griech. metálēpsis] (Rhet., Stilk.): *rhetorische Figur, bei der das Nachfolgende mit dem Vorhergehenden vertauscht* (z. B. »Grab« statt »Tod«) *od. ein mehrdeutiges Wort durch das Synonym zu einer im Kontext nicht gemeinten Bedeutung ersetzt wird* (z. B. »Geschickter« statt »Gesandter«).

Me|ta|le|xi|ko|gra|phie, die; -: *Bereich der Sprachwissenschaft, der sich mit der Erforschung lexikographischer Nachschlagewerke befasst.*

Me|ta|lin|gu|is|tik, die; - (Sprachw.): **1.** *Zweig der Linguistik, der sich mit den Beziehungen der Sprache zu außersprachlichen Phänomenen beschäftigt.* **2.** *Wissenschaft von den Metasprachen.*

Me|tall, das; -s, -e [mhd. metalle < lat. metallum < griech. métallon = [1]Mine; Schacht; Metall, H. u.]: *chemisches Element, das sich durch charakteristischen Glanz, Undurchsichtigkeit u. die Fähigkeit, Legierungen zu bilden sowie Wärme u. Elektrizität zu leiten, auszeichnet:* ein hartes M.; flach gewalzte -e; das M. erwärmt sich; das flüssige M. in Formen gießen; M. veredeln; M.

aus dem Erz herausschmelzen; die M. verarbeitende Industrie.

Me|tall|ar|beit, die: *Erzeugnis, Produkt, Kunstwerk aus Metall.*

Me|tall|be|ar|bei|tung, die: *Verfahren, durch das metallische Werkstücke bestimmte Formen u. Eigenschaften erhalten.*

Me|tall|block, der ⟨Pl. ...blöcke⟩: *Block* (1) *aus Metall.*

me|tal|len ⟨Adj.⟩: 1. *aus Metall hergestellt, bestehend:* -e Haken. 2. (geh.) *metallisch* (2 a): eine -e Stimme.

Me|tall|fa|brik, die: *Fabrik, in der Metall verarbeitet wird.*

Me|tall|fo|lie, die: *Folie aus Metall.*

Me|tall|ge|fäß, das: *Gefäß aus Metall.*

Me|tall|geld, das ⟨o. Pl.⟩: *aus Metall hergestelltes Geld; Hartgeld.*

Me|tall|gie|ße|rei, die: *Gießerei.*

Me|tall|guss, der: *Guss* (1).

me|tall|hal|tig ⟨Adj.⟩: *Metall enthaltend.*

Me|tall|hüt|ten|werk, das: *Hüttenwerk, in dem aus Erzen Metall gewonnen u. teilweise weiterverarbeitet wird.*

me|tal|lic ⟨indekl. Adj.⟩ [engl. metallic]: *metallisch schimmernd u. dabei von einem gewissen matten Glanz.*

Me|tal|lic|la|ckie|rung, die: *Lackierung, bei der dem Lack kleine Teilchen aus Bronze od. Aluminium zugesetzt werden.*

Me|tall|in|dus|trie, die: *Metall verarbeitende Industrie.*

me|tal|lisch ⟨Adj.⟩: 1. *aus Metall bestehend; die Eigenschaften eines Metalls besitzend, sich wie ein Metall verhaltend:* ein -er Überzug. 2. a) *hart klingend; im Klang hell u. durchdringend:* eine -e Stimme; b) *in seinem optischen Eindruck wie Metall, an Metall erinnernd:* ein -er Glanz.

me|tal|li|sie|ren ⟨sw. V.; hat⟩ [frz. métalliser] (Technik): *einen Stoff in einem bestimmten Verfahren mit einer metallischen Schicht überziehen.*

Me|tal|li|sie|rung, die; -, -en (Technik): *das Metallisieren.*

Me|tall|kle|ber, der: *Klebstoff zum Kleben von Metall.*

Me|tall|kun|de, die ⟨o. Pl.⟩: *Wissenschaft von Aufbau u. Eigenschaften der Metalle u. Legierungen u. ihrer Verwendung in Technik u. Wirtschaft; Metallogie.*

Me|tall|le|gie|rung, die: *durch Zusammenschmelzen entstandene Mischung von Metallen.*

Me|tal|lo|chro|mie, die; - [zu griech. chrõma = Farbe] (Technik): *Färbung von Metallen im galvanischen od. in einem anderen speziellen Verfahren.*

Me|tal|lo|gie, die; - [↑-logie]: *Metallkunde.*

Me|tal|lo|graph, der; -en, -en [zu griech. gráphein = schreiben]: 1. *jmd., der mikroskopische Werkstoffkontrollen durchführt* (Berufsbez.). 2. *Wissenschaftler auf dem Gebiet der Metallographie.*

Me|tal|lo|gra|phie, die; - [↑-graphie]: *Teilgebiet der Metallkunde, das mit mikroskopischen Methoden Struktur u. Eigenschaften der Metalle untersucht.*

Me|tal|lo|gra|phin, die; -, -nen: w. Form zu ↑Metallograph.

Me|tal|lo|phon, das; -s, -e [zu griech. phōnḗ = Stimme, Ton, Schall]: *mit einem Hammer geschlagenes, aus aufeinander abgestimmten Metallplatten bestehendes Glockenspiel.*

Me|tall|oxid, das; -s, -e: *Verbindung eines Metalls mit Sauerstoff.*

Me|tall|plat|te, die: *Platte aus Metall.*

Me|tall|ring, der: *Ring aus Metall.*

Me|tall|salz, das: *chemische Verbindung aus einer Säure mit einem Metall.*

Me|tall|schei|be, die: *Scheibe aus Metall.*

Me|tall|schnitt, der: 1. ⟨o. Pl.⟩ *als Druckstock verwendete weiche Metallplatte, in die eine bildliche Darstellung eingeschnitten ist.* 2. *Abzug eines Metallschnitts* (1). 3. *mit Blattgold o. Ä. versehene Schnittflächen eines Buches.*

Me|tall|stab, der: *Stab* (1 a) *aus Metall.*

Me|tall|stift, der: [1]*Stift* (1) *aus Metall.*

Me|tall|strei|fen, der: *Streifen aus Metall.*

Me|tall|stück, das: *Stück eines Metalls.*

Me|tall|teil, das: *Teil aus Metall.*

Me|tal|lurg, der; -en, -en, **Me|tal|lur|ge,** der; -n, -n: *Wissenschaftler auf dem Gebiet der Metallurgie.*

Me|tal|lur|gie, die; - [frz. métallurgie, zu griech. metallourgeĩn = Metalle verarbeiten]: *Wissenschaft von der Gewinnung der Metalle aus Erzen.*

Me|tal|lur|gin, die; -, -nen: w. Form zu ↑Metallurg.

me|tal|lur|gisch ⟨Adj.⟩: *die Metallurgie betreffend.*

Me|tall ver|ar|bei|tend: s. Metall.

Me|tall|wäh|rung, die: *durch die Bindung des Geldes an ein od. mehrere Edelmetalle gekennzeichnetes Währungssystem.*

Me|tall|zeit, die: *vorgeschichtliche Periode nach der Steinzeit.*

Me|ta|ma|the|ma|tik, die; - [aus ↑meta-, Meta- (2) u. ↑Mathematik; geb. nach ↑Metaphysik]: *mathematische Theorie, mit der die Mathematik selbst (als Gesamtheit von axiomatischen Theorien) untersucht wird.*

me|ta|morph, (selten:) **me|ta|mor|phisch** ⟨Adj.⟩ [zu ↑Metamorphose] (Fachspr.): *seine Gestalt, seinen Zustand wandelnd.*

Me|ta|mor|pho|se, die; -, -n [lat. metamorphosis < griech. metamórphōsis, zu: metá = ver- u. morphḗ = Gestalt]: 1. (bildungsspr.) *Umgestaltung, Verwandlung:* eine M. durchmachen. 2. (Zool.) *Entwicklung vom Ei zum geschlechtsreifen Tier über selbstständige Larvenstadien (bes. bei Insekten).* 3. (Bot.) *Umbildung der Grundform eines pflanzlichen Organs zu einem Organ mit besonderer Funktion im Verlauf der Stammesgeschichte.* 4. (Geol.) *Umwandlung u. Umformung eines Gesteins in ein anderes als Folge einer Veränderung von Druck u. Temperatur, denen das Gestein ausgesetzt ist.* 5. (Myth., Dichtung) *Verwandlung eines Menschen in Tier, Pflanze, Quelle, Stein o. Ä.* 6. ⟨nur Pl.⟩ (Musik): *Veränderungen eines Themas in seiner Grundform (im Unterschied zur Variation eines vorgegebenen Themas).*

me|ta|mor|pho|sie|ren ⟨sw. V.; hat⟩ (bildungsspr.): *verwandeln, umwandeln; die Gestalt ändern.*

Me|ta|mu|sik, die: *Musik, die Elemente von Rock- u. Popmusik u. Jazz sowie Formen außereuropäischer u. asiatischer Musik kombiniert.*

Me|ta|pher, die; -, -n [lat. metaphora < griech. metaphorá, zu: metaphérein = anderswohin tragen] (Stilk.): *(bes. als Stilmittel gebrauchter) sprachlicher Ausdruck, bei dem ein Wort (eine Wortgruppe) aus seinem eigentümlichen Bedeutungszusammenhang in einen anderen übertragen wird, ohne dass ein direkter Vergleich die Beziehung zwischen Bezeichnendem u. Bezeichnetem verdeutlicht; bildliche Übertragung* (z. B. das Gold ihrer Haare).

Me|ta|pho|rik, die; - (Stilk.): a) *das Bilden, der Gebrauch von Metaphern (als Stilmittel);* b) *in einem Text verwendete Gesamtheit von Metaphern.*

me|ta|pho|risch ⟨Adj.⟩ [griech. metaphorikós] (Stilk.): a) *durch die Verwendung von Metaphern gekennzeichnet; Metaphern enthaltend;* b) *als Metapher gebraucht; eine Metapher darstellend.*

Me|ta|phra|se, die; -, -n [griech. metáphrasis = Umschreibung]: 1. (Literaturw.) *wortgetreue Übertragung einer Versdichtung in Prosa.* 2. (Stilk.) *erläuternde Wiederholung eines Wortes durch ein Synonym.*

me|ta|phras|tisch ⟨Adj.⟩ [2: griech. metaphrastikós]: 1. (Literaturw., Stilk.) *die Metaphrase betreffend.* 2. (bildungsspr.) *umschreibend.*

Me|ta|phy|sik, die; -, -en [mlat. metaphysica, zu griech. tà metà tà physiká = das, was hinter der Physik steht, Titel für die philos. Schriften des Aristoteles, die in einer Ausgabe des 1. Jh.s v. Chr. hinter den naturwissenschaftlichen Schriften angeordnet waren]: 1. a) ⟨Pl. selten⟩ *philosophische Disziplin od. Lehre, die das hinter der sinnlich erfahrbaren, natürlichen Welt Liegende, die letzten Gründe u. Zusammenhänge des Seins behandelt:* die M. Platons; b) *die Metaphysik* (a) *darstellendes Werk.* 2. ⟨o. Pl.⟩ (Philos.) *(im Marxismus) der Dialektik entgegengesetzte Denkweise, die die Erscheinungen als isoliert u. als unveränderlich betrachtet.*

Me|ta|phy|si|ker, der; -s, -: *Philosoph auf dem Gebiet der Metaphysik* (1 a): Kant als M.

Me|ta|phy|si|ke|rin, die: w. Form zu ↑Metaphysiker.

me|ta|phy|sisch ⟨Adj.⟩: 1. *die Metaphysik* (1 a) *betreffend; jede mögliche Erfahrung überschreitend.* 2. *die Metaphysik* (2) *betreffend.*

Me|ta|psy|chik, die; - [zu griech. psychḗ (↑Psyche), geb. nach ↑Metaphysik]: *Parapsychologie.*

me|ta|psy|chisch ⟨Adj.⟩: *die Metapsychik betreffend.*

Me|ta|psy|cho|lo|gie, die; -: 1. *(von S. Freud begründete) psychologische Lehre in ihrer ausschließlich theoretischen Dimension.* 2. *Parapsychologie.*

Me|ta|säu|re, die; -, -n (Chemie): *anorganische Säure der wasserärmsten Form.*

Me|ta|spra|che, die; -, -n [geb. nach ↑Metaphysik] (Sprachw., Math., Kybernetik): *Sprache od. Symbolsystem, das dazu dient, eine andere Sprache od. ein Symbolsystem zu beschreiben od. zu analysieren; Sprache, mit der die Objektsprache (Sprache als Gegenstand der Betrachtung) beschrieben wird.*

me|ta|sprach|lich ⟨Adj.⟩: *die Metasprache betreffend.*

Me|tas|ta|se, die; -, -n [griech. metástasis = Wanderung]: (Med.) *Tumor, der sich durch Verschleppung von kranken Zellen bes. einer bösartigen Geschwulst an einer anderen, vom Ursprungsort entfernt gelegenen Körperstelle bildet; Tochtergeschwulst.*

me|tas|ta|sie|ren ⟨sw. V.; hat⟩ (Med.): *Metastasen* (1) *bilden; absiedeln.*

me|tas|ta|tisch ⟨Adj.⟩ (Med.): *(von Tumoren o. Ä.) durch Metastase entstanden.*

Me|ta|the|se, Me|ta|the|sis, die; -, ...thesen [lat. metathesis < griech. metáthesis] (Sprachw.): *Lautumstellung in einem Wort* (z. B. Born–Bronn).

Me|ta|tro|pis|mus, der; - [aus griech. metá (↑meta-, Meta- 1) u. ↑Tropismus] (Psych.): *anderes geschlechtliches Empfinden; Vertauschung der Rollen von Mann u. Frau.*

me|ta|zen|trisch ⟨Adj.⟩ (Schiffbau): *das Metazentrum betreffend.*

Me|ta|zen|trum, das; -s, ...ren [zu griech. metá = (in)mitten u. ↑Zentrum] (Schiffbau): *Schnittpunkt der Auftriebsrichtung mit der vertikalen Symmetrieachse eines geneigten Schiffes, der für die Stabilität wichtig ist.*

Me|tem|psy|cho|se, die; -, -n [griech. metempsýchōsis]: *Seelenwanderung.*

Me|te|or [auch: ˈme:...], der, selten: das; -s, ...ore [griech. metéōron = Himmels-, Lufterscheinung] (Astron.): *Leuchterscheinung, die durch in die Erdatmosphäre eindringende feste kosmische Körper, Partikeln hervorgerufen wird.*

Me|te|or|ei|sen, das: *Eisen bestimmter Zusammensetzung, das von einem Meteoriten stammt.*

me|te|or|haft ⟨Adj.⟩: *in seinem Aufstieg, seiner plötzlichen Bedeutung o. Ä. einem Meteor vergleichbar:* ein -er Aufstieg.

me|te|o|risch ⟨Adj.⟩: 1. (Met.) *die Lufterscheinungen u. Luftverhältnisse betreffend:* -e Blüte (Bot.; *Blüte, deren Öffnung von den Wetterverhältnissen abhängt*). 2. a) *meteoritisch* (1); b) *meteorhaft.*

Me|te|o|rit [auch: ...ˈrɪt], der; -en u. -s, -e[n] (Astron.): *in die Erdatmosphäre eindringender kosmischer Körper, der unter vollständiger od. teilweiser Verdampfung die Leuchterscheinung eines Meteors hervorruft:* Schwärme von -en.

me|te|o|ri|tisch ⟨Adj.⟩ (Astron.): 1. *von einem*

Meteor stammend. 2. *von einem Meteoriten stammend.*

Me|te|o|ro|lo|ge, der; -n, -n [↑-loge]: *Wissenschaftler auf dem Gebiet der Meteorologie.*

Me|te|o|ro|lo|gie, die; - [griech. meteōrología = die Lehre von den Himmelserscheinungen]: *Teilgebiet der Geophysik, das die Vorgänge u. Gesetzmäßigkeiten in der Lufthülle der Erde sowie Wetterkunde u. Klimatologie umfasst.*

Me|te|o|ro|lo|gin, die; -, -nen: w. Form zu ↑Meteorologe.

me|te|o|ro|lo|gisch ⟨Adj.⟩: 1. *die Meteorologie betreffend, zu ihr gehörend.* 2. *das Wetter betreffend; wettermäßig.*

Me|te|or|stein, der: *auf die Erdoberfläche gelangtes Reststück eines Meteoriten.*

Me|ter, der, auch: das; -s, - [frz. mètre < lat. metrum < griech. métron = (Vers)maß, Silbenmaß]: *Maßeinheit der Länge:* ein M. englisches Tuch/(geh.:) englischen Tuchs; der Preis eines -s Stoff/eines M. Stoffes; drei M. Stoff reichen für diesen Anzug; mit den drei -n/mit drei M. Stoff kommen wir nicht aus; nach -n messen; sie mussten sich M. um/für M. vorkämpfen; ein Zaun von zwei M. Höhe; Zeichen: m; * **laufende M./am laufenden M.** (salopp; *immer wieder, in einem fort*).

-me|ter [1: griech. métron = Maß; 2: griech. -métrēs; 3: griech. -metros, zu: métron = (Vers)maß]: 1. ⟨das; -s, -; Grundwort in Zus. mit der Bed.⟩: *Messgerät,* [2]*Messer* (z. B. Aerometer, Barometer). 2. ⟨der; -s, -; Grundwort in Zus. mit der Bed.⟩: *Person, die Messungen ausführt* (z. B. Geometer). 3. ⟨der; -s, -; Grundwort in Zus. mit der Bed.⟩: *ein bestimmtes Maß Enthaltendes; etw. Bestimmtes Messendes* (z. B. Hexameter, Parameter).

me|ter|hoch ⟨Adj.⟩: *[über] einen Meter u. damit sehr hoch:* meterhohe Schneeverwehungen; das Geröll lag m.

Me|ter-Ki|lo|gramm-Se|kun|de-Sys|tem, das ⟨o. Pl.⟩: *MKS-System.*

Me|ter|ki|lo|pond, das: *Kilopondmeter.*

me|ter|lang ⟨Adj.⟩: vgl. meterhoch.

Me|ter|maß, das: *Band od. Stab mit einer Einteilung in Zentimeter u. Millimeter zum Messen von Längen.*

Me|ter|se|kun|de, die: *Geschwindigkeit in Metern je Sekunde* (Zeichen: m/s, älter auch: m/sec).

Me|ter|wa|re, die ⟨o. Pl.⟩: *nach Metern verkaufte Ware:* Stoff als M. kaufen.

me|ter|wei|se ⟨Adv.⟩: *in Metern [u. damit in großer Menge].*

me|ter|weit ⟨Adj.⟩: vgl. meterhoch.

Me|than, das; -s [zu ↑Methyl]: *farb- u. geruchloses Gas (Kohlenwasserstoff aus der Gruppe der Paraffine), das technisch bes. aus Erdgas gewonnen u. als Heizgas verwendet wird.*

Me|than|gas, das: *Methan.*

Me|tha|nol, das; -s [Kurzwort aus ↑Methan u. ↑Alkohol]: *farbloser, brennend schmeckender, giftiger Alkohol, der bes. als Treib- u. Brennstoff verwendet wird; Methylalkohol.*

Me|the|xis, die; - [griech. méthexis = (An)teilnahme] (Philos.): *(in der platonischen Philosophie) Verhältnis des Abbildes zu seinem Urbild.*

Me|tho|de, die; -, -n [spätlat. methodus < griech. méthodos = Weg od. Gang einer Untersuchung, eigtl. = Weg zu etw. hin]: 1. *auf einem Regelsystem aufbauendes Verfahren zur Erlangung von [wissenschaftlichen] Erkenntnissen od. praktischen Ergebnissen:* eine technische M.; komplizierte -n; eine M. anwenden; nach einer M. arbeiten. 2. *Art u. Weise eines Vorgehens:* raue -n; eine sichere M.; ihre -n gefallen mir nicht; M. *(Planmäßigkeit, sinnvolle Ordnung)* in etw. bringen; (oft iron.:) nach bewährter M.; * **M. haben** *(auf einem genauen Plan beruhen; durchdacht sein):* sein Vorgehen hat M.

Me|tho|dik, die; -, -en [griech. methodikē (téchnē) = Kunst des planmäßigen Vorgehens, zu: methodikós, ↑methodisch]: 1. *Wissenschaft von der Verfahrensweise einer Wissenschaft.* 2. ⟨o. Pl.⟩ *Wissenschaft von den Lehr- u. Unterrichtsmethoden:* er ist Professor für M. und Didaktik. 3. *festgelegte Art des Vorgehens:* die politische M.

Me|tho|di|ker, der; -s, -: 1. *jmd., der planmäßig, nach einer bestimmten Methode vorgeht.* 2. *Begründer einer Methode* (1).

Me|tho|di|ke|rin, die; -, -nen: w. Form zu ↑Methodiker.

me|tho|disch ⟨Adj.⟩ [spätlat. methodicus < griech. methodikós]: 1. *die Methode* (1) *betreffend:* eine m. wichtige Unterscheidung; etw. m. begründen. 2. *eine Methode zugrunde legend, nach einer Methode vorgehend:* m. vorgehen; etw. m. vorbereiten.

me|tho|di|sie|ren (sw. V.; hat) (bildungsspr.): *Methode* (1) *in etw. hineinbringen.*

Me|tho|dis|mus, der; - [engl. methodism, zu: method = Methode]: *(aus der anglikanischen Kirche im 18. Jh. hervorgegangene) evangelische Erweckungsbewegung, die durch Bibelfrömmigkeit, Betonung der persönlichen Glaubensbindung u. Laienmitarbeit gekennzeichnet ist.*

Me|tho|dist, der; -en, -en [engl. methodist]: *Mitglied einer methodistischen Kirchengemeinde.*

Me|tho|dis|ten|kir|che, die: 1. *kirchlicher Versammlungsort der Methodisten.* 2. *methodistische Kirche:* einer M. angehören.

Me|tho|dis|tin, die; -, -nen: w. Form zu ↑Methodist.

me|tho|dis|tisch ⟨Adj.⟩ [engl. methodistic]: *den Methodismus betreffend:* die -e Kirche.

Me|tho|do|lo|gie, die; -, -n [zu ↑Methode u. ↑-logie]: a) *Lehre, Theorie der wissenschaftlichen Methoden;* b) *Methodik* (1).

me|tho|do|lo|gisch ⟨Adj.⟩: a) *die Methodologie* (a) *betreffend;* b) *die Methodologie* (b), *die Methodik* (1) *betreffend.*

Me|thu|sa|lem, der; -[s], -s [nach dem biblischen Urvater, der (nach 1. Mos. 5, 25 ff.) 969 Jahre alt gewesen sein soll] (ugs.): *sehr alter Mann:* er ist ein M.; * **[so] alt wie M. sein** *([in Bezug auf eine männliche Person] sehr alt sein).*

Me|thyl, das; -s [frz. méthyle, rückgeb. aus ↑Methylen] (Chemie): *einwertiger Rest des Methans in zahlreichen organisch-chemischen Verbindungen.*

Me|thyl|al|ko|hol, der ⟨o. Pl.⟩: *Methanol.*

Me|thyl|a|min, das: *gasförmiges, wasserlösliches u. brennbares Amin von ammoniakähnlichem Geruch.*

Me|thy|len, das; -s [frz. méthylène, zu griech. méthy = Wein u. hýlē = Holz]: *Atomgruppe CH_2 als Teil einer Verbindung od. als unbeständiges Molekül mit zweiwertigem Kohlenstoff.*

Me|ti|er [me'tie:], das; -s, -s [frz. métier < afrz. me(ne)stier < lat. ministerium, ↑Ministerium]: *bestimmte berufliche o. ä. Tätigkeit als jmds. Aufgabe, die er durch die Beherrschung der dabei erforderlichen Fertigkeiten erfüllt:* sein M. beherrschen; das ist nicht mein M. *(davon verstehe ich nichts).*

Me|tö|ke, der; -n, -n [spätlat. metoecus < griech. métoikos, eigtl. = Mitbewohner, zu: metá = mit u. oĩkos = Haus]: *(in den Städten des antiken Griechenlands) ortsansässiger Fremder ohne politische Rechte.*

Me|to|no|ma|sie, die; -, -n [griech. metonomasía, zu: metá = (da)nach, später (bezogen auf einen Wechsel) u. onomasía = Benennung] (Rhet., Stilk.): *Veränderung eines Eigennamens durch Übersetzung in eine fremde Sprache* (z. B. Schwarzerd, griech. = Melanchthon).

Me|to|ny|mie, die; -, -n [spätlat. metonymia < griech. metōnymía = Namensvertauschung, zu metá = (da)nach, später (bezogen auf einen Wechsel) u. ónyma (ónoma) = Name] (Rhet., Stilk.): *Ersetzung des eigentlichen Ausdrucks durch einen andern, der in naher sachlicher Beziehung zum ersten steht* (z. B. Stahl statt Dolch).

me|to|ny|misch ⟨Adj.⟩ [spätlat. metonymicus < griech. metōnymikós] (Rhet., Stilk.): *in der Art der Metonymie; die Metonymie betreffend.*

Me|to|pe, die; -, -n [lat. metopa < griech. metópē, zu: metá = zwischen u. opḗ = Öffnung] (Archit.): *im Gebälkfries des dorischen Tempels mit Triglyphen wechselnde, fast quadratische, bemalte od. mit Reliefs verzierte Platte aus gebranntem Ton od. Stein.*

Me|tra, Me|tren: Pl. von ↑Metrum.

-me|trie [griech. -metría zu: metreĩn = messen, zu: métron, ↑Meter] ⟨in Zus. Grundwort mit der Bed.⟩: *[Ver]messung* (z. B. Ergometrie, Geometrie).

Me|trik, die; -, -en [lat. (ars) metrica < griech. metrikḗ (téchnē), zu: metrikós, ↑metrisch]: 1. (Verslehre) a) *Lehre von den Gesetzmäßigkeiten des Versbaus u. den Versmaßen; Verslehre;* b) *die Metrik* (1 a) *darstellendes Werk.* 2. (Musik) *Lehre vom Takt u. von der Taktbetonung.*

me|trisch ⟨Adj.⟩ [lat. metricus < griech. metrikós = das (Silben)maß betreffend, zu: métron, ↑Metrum, Meter]: 1. (Verslehre) *die Metrik* (1 a) *betreffend, ihr entsprechend.* 2. (Musik) *die Metrik* (2) *betreffend, ihr entsprechend.* 3. *auf den Meter als Maßeinheit bezogen:* -es System *(urspr. auf dem Meter, dann auf Meter u. Kilogramm beruhendes Maß- u. Gewichtssystem).*

Me|tro, die; -, -s [frz. métro, Kurzf. von (chemin de fer) métropolitain = Stadtbahn]: *Untergrundbahn (bes. in Paris, Moskau).*

Me|tro|lo|gie, die; - [griech. metrología]: *Lehre u. Wissenschaft vom Messen, von den Maßsystemen u. deren Einheiten.*

Me|tro|nom, das; -s, -e [zu griech. métron = Maß u. nómos = Gesetz, Regel] (Musik): *Gerät mit einer Skala, das im zahlenmäßig vorgeschriebenen u. eingestellten Tempo zur Kontrolle mechanisch den Takt schlägt:* mit M. üben; * **Mälzels M./M. Mälzel** (in Verbindung mit einer Zahlangabe Bez. des genauen Tempos; Abk.: M. M.; nach dem Erfinder J. N. Mälzel, 1772–1838).

Me|tro|ny|mi|kon, Matronymikon, das; -s, ...ka [zu griech. mētrōnymikós = nach der Mutter benannt, zu: mḗtēr = Mutter u. ónyma = Name] (Sprachw.): *vom Namen der Mutter abgeleiteter Name* (z. B. Niobide = Kind der Niobe).

Me|tro|po|le, die; -, -n [lat. metropolis < griech. mētrópolis, eigtl. = Mutterstadt, aus: mḗtēr = Mutter u. pólis = Stadt] (bildungsspr.): a) *Weltstadt; Hauptstadt (mit weltstädtischem Charakter):* München, die M. Bayerns; b) (früher) *Mutterland (von Kolonien).*

Me|tro|po|lit, der; -en, -en [kirchenlat. metropolita = Bischof in der Hauptstadt < griech. mētropolítēs]: a) (kath. Kirche) *Vorsteher einer Kirchenprovinz; Erzbischof;* b) (orthodoxe Kirche) *Leiter einer unabhängigen Landeskirche.*

Me|tro|po|li|tan|kir|che, die: *Kirche eines Metropoliten.*

Me|trum, das; -s, ...tren, älter: ...tra [lat. metrum = Versmaß, Vers, ↑Meter]: 1. (Verslehre) *Versmaß; metrisches Schema eines Verses.* 2. (Musik) a) *Zeitmaß, Tempo;* b) *Taktart.*

Mett, das; -[e]s [aus dem Niederd. < mniederd. met = (gehacktes) Schweinefleisch ohne Speck < asächs. meti = Speise; vgl. mhd., ahd. maȥ = Speise]: *Hackfleisch vom Schwein, das (mit Gewürzen vermischt) roh gegessen wird.*

Met|te, die; -, -n [mhd. met(t)en, mettin(e), spätahd. mettīna, mattīna < kirchenlat. mattina, für: matutina (hora) = Morgenstunde] (kath. u. ev. Kirche): *mitternächtlicher od. frühmorgendlicher Gottesdienst vor einem hohen kirchlichen Fest.*

Met|teur [mɛ'tø:ɐ̯], der; -s, -e [frz. metteur (en pages) = (Seiten)zurichter, zu: mettre = setzen, stellen, zurichten < lat. mittere = schicken] (Druckw.): *Schriftsetzer, der die Satzspalten zu Seiten umbricht.*

Mett|wurst, die [zu ↑Mett]: *[geräucherte] Wurst aus gewürztem Hackfleisch vom Rind od. Schwein.*

[1]**Met|ze,** die; -, -n, Metzen [mhd. metze, spätahd. mezzo] (früher): *alte Maßeinheit von unterschiedlicher Größe, bes. für Getreide.*

[2]**Met|ze,** die; -, -n [(spät)mhd. metze, urspr. =

M

Mädchen (geringeren Standes); eigtl. mhd. Kosef. der w. Vorn. Mechthild, Mathilde] (veraltet): *Prostituierte.*

Met|ze|lei, die; -, -en [zu ↑metzeln] (abwertend): *Gemetzel.*

met|zeln ⟨sw. V.; hat⟩ [spätmhd. metzel(e)n < mlat. macellare = schlachten, zu lat. macellum = Fleisch(markt) < griech. mákellon = Gehege, aus dem Hebr.]: **a)** (selten) *niedermachen, morden* (1 a); **b)** (landsch.) *schlachten.*

Met|zen, der; -s, -: [1]*Metze.*

Metz|ger, der; -s, - [mhd. metzjer, metzjære, wahrsch. zu mlat. matiarius = jmd., der mit Därmen handelt, zu lat. mattea < griech. mattýa = feine Fleischspeise] (bes. westmd., südd.): *Fleischer.*

Metz|ge|rei, die; -, -en (westmd., südd., schweiz.): *Fleischerei.*

Metz|ger|gang, Metzgersgang, der [wohl nach dem Umstand, dass früher die Metzger oft vergeblich über Land gingen, um Schlachtvieh zu kaufen] (landsch.): *vergeblicher Gang; erfolgloses Unternehmen:* *** einen M. machen** *(keinen Erfolg haben).*

Metz|ger|meis|ter, der (westmd., südd., schweiz.): *Fleischermeister.*

Metz|gers|gang: ↑Metzgergang.

Metz|ge|te, die; -, -n (schweiz.): **a)** *Schlachtfest;* **b)** *Schlachtplatte.*

Metz|ler, der; -s, - [mhd. metz(e)ler, ahd. mezelāri < mlat. macellarius, zu lat. macellum, ↑metzeln] (rhein.): *Fleischer.*

Meu|chel|mord, der; -[e]s, -e [mhd. miuchel- = (in Zus.) heimlich, zu ↑meucheln] (abwertend): *heimtückischer Mord.*

Meu|chel|mör|der, der; -s, - (abwertend): *jmd., der einen Meuchelmord begangen hat.*

meu|cheln ⟨sw. V.; hat⟩ [älter = heimlich handeln, zu mhd. müchen, ahd. mūhhōn = (sich) verbergen, wegelagern] (emotional abwertend): *heimtückisch ermorden.*

meuch|le|risch ⟨Adj.⟩: (abwertend) *in der Weise eines Meuchelmörders [ausgeführt]; hinterrücks, heimtückisch:* -e Anschläge.

meuch|lings ⟨Adv.⟩ [mhd. miuchelingen] (geh. abwertend): *aus dem Hinterhalt.*

Meu|te, die; -, -n ⟨Pl. selten⟩ [frz. meute < afrz. muete, eigtl. = Bewegung, Aufruhr, über das Vlat. zu lat. movere = bewegen]: **1.** (Jägerspr.) *(zur Parforcejagd bzw. zur Saujagd verwendete) Gruppe von Jagdhunden.* **2.** (ugs.; häufig abwertend) *eine größere Zahl, Gruppe von Menschen, die gemeinsam auftreten, agieren o. Ä.:* eine johlende M. zog durch die Straßen.

Meu|te|rei, die; -, -en [wohl unter Einfluss von mniederd. moiterie, mniederl. moyterie, meuterie zu frz. meute, ↑Meute]: *Auflehnung einer größeren Zahl von Menschen gegenüber einem Vorgesetzten (bes. bei Soldaten, Gefangenen, Seeleuten):* die M. wurde unterdrückt.

Meu|te|rer, der; -s, -: *jmd., der meutert.*

Meu|te|rin, die; -, -nen: w. Form zu ↑Meuterer.

meu|tern ⟨sw. V.; hat⟩ [unter Einfluss von Meuter(er) zu älterem meuten = sich empören, zu frz. meute, ↑Meute]: **a)** *sich gegen einen Vorgesetzten, gegen Anordnungen, Zustände auflehnen; rebellieren:* die Truppe meuterte [gegen die Offiziere]; **b)** (ugs.) *Unwillen, Unzufriedenheit, Missfallen über etw. äußern; aufbegehren.*

MeV = Megaelektronenvolt.

Me|xi|ka|ner, der; -s, -: Ew. zu ↑[1]Mexiko.

Me|xi|ka|ne|rin, die; -, -nen: w. Form zu ↑Mexikaner.

me|xi|ka|nisch ⟨Adj.⟩: *Mexiko, die Mexikaner betreffend; von den Mexikanern stammend, zu ihnen gehörend.*

[1]**Me|xi|ko;** -s: Staat in Mittelamerika.

[2]**Me|xi|ko:** Mexiko-Stadt.

Me|xi|ko-Stadt: Hauptstadt von [1]Mexiko.

MEZ = mitteleuropäische Zeit (die Zonenzeit des 15. Längengrades östl. von Greenwich, die eine Stunde vor der Weltzeit liegt).

Mez|za|nin, der u. das; -s, -e [frz. mezzanine < ital. mezzanino, zu: mezzano = mittlerer < lat. medianus, zu: medius, ↑[1]Medium]: *niedriges Zwischengeschoss, meist zwischen Erdgeschoss u. erstem Obergeschoss od. unmittelbar unter dem Dach (bes. in der Baukunst der Renaissance, des Barocks, des Klassizismus).*

mez|za vo|ce [- 'vo:tʃə] [ital.] (Musik): *mit gedämpfter Stimme, halblaut [zu singen, zu spielen]* (Abk.: m. v.).

mez|zo|for|te ⟨Adv.⟩ [aus ital. mezzo = mittel- u. ↑forte]: *in, mit mittlerer, halblauter Tonstärke* (Abk.: mf).

Mez|zo|for|te, das: *mittlere, halblaute Tonstärke.*

mez|zo|pi|a|no ⟨Adv.⟩ [aus ital. mezzo = mittel- u. ↑piano]: *nicht zu leise* (Abk.: mp).

Mez|zo|pi|a|no, das: *gedämpfte, aber nicht zu leise Tonstärke.*

Mez|zo|so|pran [auch: – – –'–], der: *Frauenstimme in der mittleren Lage zwischen Alt u. Sopran.*

Mez|zo|tin|to, das; -[s], -s u. ...ti [ital. mezzotinto = halb gefärbt] (Kunstwiss.): **a)** ⟨o. Pl.⟩ *Schabkunst;* **b)** *Produkt der Schabkunst.*

mf = mezzoforte.

μF = Mikrofarad.

MfS = Ministerium für Staatssicherheit (ehem. DDR).

mg = Milligramm.

Mg = Magnesium.

MG, das; -[s], -[s]: Kurzwort für ↑Maschinengewehr.

μg = Mikrogramm.

Mgr. = Monseigneur; Monsignore.

mhd. = mittelhochdeutsch.

MHz = Megahertz.

mi [ital.]: *Silbe, auf die beim Solmisieren der Ton e gesungen wird.*

Mi. = Mittwoch.

Mia. = Milliarde[n].

Mi|a|mi [maɪ'æmɪ]: Stadt in Florida.

Mi|as|ma, das; -s, ...men [griech. míasma = Verunreinigung]: *(einer früheren Annahme entsprechend) Krankheiten auslösender Stoff in der Luft od. in der Erde; [aus dem Boden ausdünstender] Gift-, Pesthauch.*

mi|as|ma|tisch ⟨Adj.⟩: *giftig.*

mi|au ⟨Interj.⟩: lautm. für den Laut der Katze: die Katze macht m.

mi|au|en ⟨sw. V.; hat⟩: *(von Katzen) einen wie »miau« klingenden Laut von sich geben:* die Katze miaute.

mich [mhd. mich, ahd. mih]: **1.** ⟨Akk. des Personalpron. ↑ich⟩: sie mag m. nicht. **2.** ⟨Akk. des Reflexivpron. der 1. Person, ↑sich⟩: ich entschuldige m.

Mi|cha|e|li[s], das; - ⟨meist o. Art.⟩: *Michael[i]stag.*

Mi|cha|e|lis|tag: ↑Michaelstag.

Mi|cha|els|fest, das: *christliches Fest, das an Michaeli begangen wird.*

Mi|cha|els|tag, der: *Tag, der dem Erzengel Michael geweiht ist (29. 9.).*

Mi|chel, der; -s, - [eigtl. = Kurzf. des m. Vorn. Michael, 1541 in der Verbindung »der teutsch Michel« erstmals in den Sprichwortbüchern des dt. Dichters S. Franck (1499–1542/43)] (abwertend): **1.** *einfältig-naiver Mensch;* *** deutscher M.** *(weltfremder, unpolitischer, etwas schlafmütziger Deutscher).* **2.** Bez. für *Deutscher.*

Mi|chi|gan ['mɪʃɪgən]; -s: Bundesstaat der USA.

mi|cke|rig: ↑mickrig.

Mi|cke|rig|keit: ↑Mickrigkeit.

mick|rig, (selten:) mickerig ⟨Adj.⟩ [urspr. (ost)niederd., zu: mikkern = schwach (von Gestalt), zurückgeblieben sein] (ugs. abwertend): *im Vergleich zu anderen in Größe, Menge o. Ä. kümmerlich, zurückgeblieben wirkend:* ein kleiner, -er Kerl; aus dem -en Gewächs wird nichts.

Mick|rig|keit, (selten:) Mickerigkeit, die; -: *das Mickrigsein.*

Mi|cky|maus, die; -, ...mäuse [engl. Mickey Mouse, 1928 von dem amerik. Trickfilmzeichner u. -produzenten W. Disney erfundene Figur]: *Figur des Trickfilms u. der Comics in Gestalt einer Maus, die menschliche Eigenschaften aufweist.*

mi|cro-, Mi|cro-: ↑mikro-, Mikro-.

Mi|cro|burst ['maɪkrəʊbə:st], der; -[s], -s [engl. microburst, aus: micro- = klein, begrenzt (< griech. mikrós, ↑mikro-, Mikro-) u. burst = Schlag, Stoß; Ausbruch, zu: to burst = platzen, (auf)brechen), verw. mit ↑bersten] (Flugw.): *den Start- od. Landevorgang von Flugzeugen gefährdende Fallbö.*

Mid|gard, der; - [anord. miðgarðr, eigtl. = (die Menschen) umgebender Wall] (germ. Myth.): den Mittelpunkt der Welt bildender Lebensraum der Menschen.

Mid|gard|schlan|ge, die; - (nord. Myth.): Ungeheuer, das Midgard umschlingt (als Sinnbild für das die Erde umgebende Meer).

mi|di ⟨Adj.⟩ [wahrsch. Fantasiebildung zu engl. middle = Mitte, geb. nach ↑mini] (Mode): *(von Mänteln, Kleidern, Röcken) bis zur Mitte der Waden reichend:* der Rock ist m.

[1]**Mi|di,** das; -s ⟨meist o. Art.⟩ (Mode): **a)** *halblange Kleidung:* M. tragen; **b)** *(von Mänteln, Kleidern, Röcken) Länge, die bis zur Mitte der Waden reicht.*

[2]**Mi|di,** der; -s, -s: *Midirock.*

Mi|di|rock, der: *Rock in einer bis zur Mitte der Wade reichenden Länge.*

Mid|life-Cri|sis, Mid|life|cri|sis ['mɪdlaɪf'kraɪsɪs], die; - [engl. midlife crisis] (bildungsspr.): *(vor allem in Bezug auf Männer) krisenhafte Phase in der Mitte des Lebens, in der jmd. sein bisheriges Leben kritisch überdenkt, gefühlsmäßig in Zweifel zieht; Krise des Übergangs vom verbrachten zum verbleibenden Leben.*

Mi|drasch, der; -, ...schim [hebr. midraš = Forschung, Auslegung]: **1.** *Auslegung des Alten Testaments nach den Regeln der jüdischen Schriftgelehrten.* **2.** *Sammlung von Auslegungen der Heiligen Schrift.*

mied: ↑meiden.

Mie|der, das; -s, - [mhd. müeder = Leibchen; Nebenf. von mhd. muoder, ahd. muodar = Bauch]: **1.** *Teil der Unterkleidung für Frauen [aus elastischem Material] mit stützender u. formender Wirkung.* **2.** *eng anliegendes [vorn geschnürtes], ärmelloses Oberteil eines Trachten- od. Dirndlkleids.*

Mie|der|hös|chen, das, **Mie|der|ho|se,** die: *aus elastischem Material bestehender, wie ein Schlüpfer zu tragender, die Figur formender Teil der Unterkleidung.*

Mie|der|rock, der: *Rock mit einem breiten, eng anliegenden* [1]*Bund (2), der die Taille betont.*

Mie|der|wa|ren ⟨Pl.⟩: *Unterkleidung mit stützender u. formender Wirkung für Frauen.*

Mief, der; -[e]s [urspr. wohl Soldatenspr., wahrsch. zu ↑[1]Muff] (salopp abwertend): *schlechte verbrauchte, stickige Luft (in einem Raum):* in dem Zimmer ist ein fürchterlicher M.

mie|fen ⟨sw. V.; hat⟩ (ugs. abwertend): *schlechten, als unangenehm empfundenen Geruch verbreiten.*

mie|fig ⟨Adj.⟩: *nach Mief riechend:* eine -e Bar.

Mie|ne, die; -, -n [frz. mine, H. u.; viell. zu bret. min = Schnauze, Schnabel]: *in einer bestimmten Situation bestimmte Gefühle ausdrückendes Aussehen des Gesichts; Gesichtsausdruck:* ihre M. hellte sich auf; eine eisige M. aufsetzen; eine vergnügte M. zur Schau tragen; eine gekränkte M. machen; mit unbewegter M. hörte er das Gerichtsurteil; *** M. machen, etw. zu tun** *(sich anschicken, etw. zu tun);* **gute M. zum bösen Spiel machen** *(etw. wohl od. übel geschehen lassen, sich den Ärger nicht anmerken lassen;* viell. nach frz. faire bonne mine à mauvais jeu [mit Bezug auf das Glücksspiel]).

Mie|nen|spiel, das: *das Sichwiderspiegeln von Gedanken, Gefühlen in der Mimik:* ein lebhaftes M. haben.

Mie|re, die; -, -n [spätmhd. myer, mniederd. mir]: *(zu den Nelkengewächsen gehörende) in vielen Arten vorkommende Pflanze mit weißen, auch roten Blüten in Trugdolden.*

mies ⟨Adj.⟩ [jidd. mis < hebr. mĕ'is = schlecht; verächtlich] (ugs.): **1.** (abwertend) **a)** *in Verdruss, Ärger, Ablehnung hervorrufender Weise schlecht; unter dem zu erwartenden Niveau:* ein -er Job; -es Wetter; eine -e Bruchbude; aus einer -en Situation das Beste machen; sie hatte -e Laune; die Bezahlung ist m.; **b)** *von niedriger Gesinnung; gemein, hinterhältig:* ein -er Typ; er hat sich ganz m. benommen in der Angelegenheit. **2.** *(im Hinblick auf die gesundheitliche Verfassung) unwohl, elend:* sich m. fühlen.

Mie|se, ⟨Pl.⟩ [zu ↑mies] (salopp): *Minuspunkte; Minusbetrag; Defizit:* M. [auf dem Konto] haben; *** in den -n sein** (1. *das Bankkonto überzogen haben.* 2. *[von bestimmten (Karten)spielen] Minuspunkte haben*); **in die -n kommen** (1. *dabei sein, sich zu verschulden.* 2. *beim [Karten]spiel Minuspunkte bekommen*).

Mie|se|pe|ter, der; -s, - [zu ↑mies; zum 2. Bestandteil vgl. Heulpeter] (ugs.): *jmd., der ständig unzufrieden u. übellaunig ist.*

mie|se|pe|te|rig, mie|se|pet|rig ⟨Adj.⟩ (ugs.): *verdrießlich; schlecht gelaunt:* -e Patienten; m. dreinschauen.

Mies|ling, der; -s, -e (ugs. abwertend): *Mensch von unsympathischem Wesen.*

mies ma|chen: s. mies (1 a).

Mies|ma|cher, der (ugs. abwertend): *jmd., der Nachteiliges über jmdn., etw. sagt, der jmdn., etw. herabsetzt.*

Mies|ma|che|rei, die; - (ugs. abwertend): *dauerndes Miesmachen.*

Mies|ma|che|rin, die: w. Form zu ↑Miesmacher.

Mies|mu|schel, die; -, -n [zu mhd. mies, ahd. mios, Ablautform von ↑Moos, also eigtl. = Moos-, Sumpfmuschel]: *längliche, blauschwarze, bes. im Atlantik vorkommende Muschel, die sich an Steinen, Pfählen festsetzt; Pfahlmuschel.*

Miet|an|stieg, der: *das Ansteigen der* [1]*Miete* (1).

Miet|aus|fall, der: *das Ausfallen der* [1]*Miete* (1).

Miet|au|to, das: **1.** *Taxi.* **2.** *auf Zeit gemietetes Auto.*

Miet|block, der ⟨Pl. -s, selten: ...blöcke⟩: *Häuserblock mit Mietwohnungen.*

[1]**Mie|te,** die; -, -n [mhd. miet[e], ahd. miata, urspr. = Lohn]: **1.** *(bes. von Wohnungen o. Ä.) Preis, den jmd. für das* [1]*Mieten von etw., für das vorübergehende Benutzen, den Gebrauch bestimmter Einrichtungen, Gegenstände zahlen muss:* eine hohe M. für eine Wohnung; kalte M. (ugs.; *Miete ohne Heizkosten*); warme M. (ugs.; *Miete einschließlich Heizkosten*); die M. ist fällig; die M. überweisen; *** die halbe M. sein** (ugs.; *ein großer Vorteil sein; schon fast zum Erfolg führen*). **2.** ⟨o. Pl.⟩ *das* [1]*Mieten:* Kauf ist vorteilhafter als M.; [bei jmdm.] in, zur M. wohnen *(Mieter sein).*

[2]**Mie|te,** die; -, -n [aus dem Niederd. < mniederl. mīte = aufgeschichteter Heu- od. Holzhaufen < lat. meta = kegelförmig aufgeschichteter Heuhaufen] (Landw.): **a)** *mit Stroh, Erde abgedeckte Grube, in der Feldfrüchte o. Ä. zum Schutz gegen Frost aufbewahrt werden;* **b)** *Feime.*

[1]**mie|ten** ⟨sw. V.; hat⟩ [mhd. mieten, ahd. mietan]: **1.** *(bes. von Wohnungen o. Ä.) gegen Bezahlung (das Eigentum eines anderen) in Benutzung nehmen:* [sich ⟨Dativ⟩] ein Boot m. **2.** (veraltet) *gegen Bezahlung, Lohn vorübergehend in Dienst nehmen:* [sich ⟨Dativ⟩] einen Diener m.

[2]**mie|ten** ⟨sw. V.; hat⟩ (landsch.): [2]*einmieten.*

Mie|ten|re|ge|lung, Mietregelung, die: *die* [1]*Miete betreffende Regelung.*

Mie|ter, der; -s, -: *jmd., der etw. gemietet hat.*

Miet|er|hö|hung, die: *Erhöhung des Mietpreises.*

Mie|te|rin, die; -, -nen: w. Form zu ↑Mieter.

Mie|ter|schutz, der: *gesetzlich geregelter Schutz des Mieters vor willkürlichen Maßnahmen des Vermieters.*

Mie|ter|schutz|ge|setz, das: *den Mieterschutz regelndes Gesetz.*

Miet|er|trag, der: *Ertrag aus* [1]*Miete[n]* (1).

miet|frei ⟨Adj.⟩: *ohne eine* [1]*Miete* (1) *bezahlen zu müssen:* m. wohnen.

Miet|ge|setz, das: *Gesetz, das Rechte u. Pflichten des Vermieters u. des Mieters festlegt.*

Miet|haus: ↑Mietshaus.

Miet|kauf, der (Wirtsch.): *Mietvertrag, bei dem der Vermieter dem Mieter das Recht einräumt, innerhalb einer bestimmten Frist das Gemietete zu kaufen, wobei die bis dahin gezahlte* [1]*Miete* (1) *ganz od. zum Teil auf den Kaufpreis angerechnet wird; Leihkauf.*

Miet|ling, der; -s, -e [b: mhd. (md.) miet(e)linc]: **a)** (abwertend selten) *männliche Person, die sich für entsprechende Vergünstigungen o. Ä. bereit findet, eines anderen [politische] Ziele, Interessen zu vertreten;* **b)** (früher) *Knecht, Dienstbote o. Ä.*

Miet|par|tei, die: *Mieter einer bestimmten Wohnung o. Ä. in einem Mietshaus:* in diesem Haus wohnen vier -en.

Miet|preis, der: [1]*Miete.*

Miet|recht, das ⟨o. Pl.⟩: *Gesamtheit der Gesetze, die Rechte u. Pflichten des Vermieters u. des Mieters festlegen.*

Miet|re|ge|lung: ↑Mietenregelung.

Miet|rück|stand, der: *Rückstand in Bezug auf die* [1]*Miete* (1).

Miet|schuld, die: *Verpflichtung zur Zahlung einer* [1]*Miete* (1).

Miet|schul|den ⟨Pl.⟩: *Schulden aus noch nicht bezahlter* [1]*Miete* (1).

Miets|haus, das: *[größeres] Wohnhaus, in dem jmd. zur* [1]*Miete* (2) *wohnt.*

Miet|spie|gel, der: *Tabelle, aus der der in einer Gemeinde bzw. in einem Wohnbezirk übliche Mietpreis für Wohnraum mit vergleichbarer Ausstattung zu ersehen ist.*

Miets|stei|ge|rung, Miet|stei|ge|rung, die: *Mieterhöhung.*

Miet|strei|tig|kei|ten ⟨Pl.⟩: *Auseinandersetzung[en] zwischen Mieter u. Vermieter.*

Miet|ver|hält|nis, das (Amtsspr.): *Verhältnis, das sich aus dem Umstand ergibt, dass jmd. etw. gemietet od. vermietet hat.*

Miet|ver|trag, der: *Vertrag zwischen Mieter u. Vermieter über die Bedingungen der Vermietung.*

Miet|woh|nung, die: *Wohnung, in der jmd. gegen* [1]*Miete* (1) *wohnt.*

Miet|wu|cher, der (abwertend): *das Fordern einer unverhältnismäßig hohen* [1]*Miete* (1).

Miet|zah|lung, die: *Zahlung der* [1]*Miete* (1).

Miet|zins, der (Pl. -e) (südd., österr., schweiz.): [1]*Miete* (1).

miez, miez ⟨Interj.⟩: Lockruf für die Katze.

Mie|ze, die; -, -n [aus dem Lockruf mi(-mi-mi)]: **1.** (fam.) *Katze.* **2.** (salopp) *junges Mädchen, Frau (im Hinblick auf ihre geschlechtsspezifische Rolle).*

Mie|ze|kätz|chen, das, **Mie|ze|kat|ze,** die (fam.): *Katze.*

Mi|gnon [mɪn'jõ:, 'mɪnjõ], der; -s, -s [frz. mignon, zu afrz. mignot = zierlich] (veraltet): *Liebling, Günstling.*

Mi|gnon|zel|le, die: *dünne Babyzelle.*

Mi|grä|ne, die; -, -n [frz. migraine, zu lat. hemicrania < griech. hēmikrānía = halbseitiger Kopfschmerz, aus: hēmi- = halb u. krānίon = Schädel]: *[oft mit Erbrechen u. Sehstörungen verbundener] starker, meist auf einer Seite des Kopfes auftretender Schmerz:* [eine] M. haben.

Mi|grant, der; -en, -en [zu lat. migrans, migrantis = wandernd]: **1.** (Soziol.) *jmd., der eine Migration* (b) *vornimmt.* **2.** (Zool.) *Tier, das in ein Land, eine Gegend einwandert bzw. daraus abwandert.*

Mi|gran|tin, die; -, -nen: w. Form zu ↑Migrant (1).

Mi|gra|ti|on, die; -, -en [lat. migratio = (Aus)wanderung, zu: migrare = wandern, wegziehen]: **a)** (Biol., Soziol.) *Wanderung od. Bewegung bestimmter Gruppen von Tieren od. Menschen;* **b)** (Soziol.) *Abwanderung von jmdm. in ein anderes Land, in eine andere Gegend, an einen anderen Ort; Auswanderung.*

Mijn|heer [mə'ne:ɐ̯], der; -s, -s [1: niederl. mijnheer = mein Herr]: **1.** ⟨o. Art.⟩ niederländische Anrede eines Herrn. **2.** (scherzh.) *Niederländer.*

[1]**Mi|ka|do,** das; -s, -s [jap. mikado = frühere Bez. für den jap. Kaiser; das Spiel ist nach dem Stäbchen mit dem höchsten Zahlenwert benannt]: *Geschicklichkeitsspiel, bei dem dünne Stäbchen durcheinander geworfen werden u. dann jeweils ein Stäbchen aus dem Gewirr herausgezogen werden muss, ohne dass ein anderes sich bewegt:* M. spielen.

[2]**Mi|ka|do,** der; -s, -s: **1.** frühere Bezeichnung für den japanischen Kaiser. **2.** *Stäbchen im* [1]*Mikado mit dem höchsten Wert.*

mikr-, Mikr-: ↑mikro-, Mikro- (1).

Mi|krat, das; -[e]s, -e [Kunstwort] (Dokumentation, Informationst.): *sehr stark verkleinerte Wiedergabe einer Schrift- od. Bildvorlage (etwa im Verhältnis 1 : 200).*

mi|kro-, Mi|kro-, (vor Vokalen meist:) mikr-, Mikr- [griech. mikrós]: **1.** bedeutet in Bildungen mit Adjektiven od. Substantiven *klein, fein, gering:* mikroskopisch; Mikroskop. **2.** bedeutet in Bildungen mit Substantiven od. Adjektiven *klein, kleiner als normal, sehr klein:* Mikrochip; mikrosozial. **3.** bedeutet in Maßeinheiten *ein[e] millionstel ...:* Mikrosekunde.

Mi|kro|ana|ly|se, die; -, -n (Chemie): *chemische Analyse, bei der nur sehr geringe Substanzmengen (meist weniger als 10 mg) eingesetzt werden.*

Mi|kro|be, die; -, -n ⟨meist Pl.⟩ [frz. microbe, zu griech. mikrós (↑mikro-, Mikro-) u. bíos = Leben]: *Mikroorganismus.*

mi|kro|bi|ell ⟨Adj.⟩ (Biol., Med.): **a)** *die Mikroben betreffend;* **b)** *durch Mikroben hervorgerufen, erzeugt.*

Mi|kro|bio|lo|ge, der; -n, -n: *Wissenschaftler auf dem Gebiet der Mikrobiologie.*

Mi|kro|bio|lo|gie, die; -: *Wissenschaft von den Mikroorganismen.*

Mi|kro|bio|lo|gin, die; -, -nen: w. Form zu ↑Mikrobiologe.

Mi|kro|bi|on, das; -s, ...ien ⟨meist Pl.⟩ [zu griech. bioũn = leben]: *Mikroorganismus.*

Mi|kro|che|mie [auch: 'mi:kro...], die; -: *Zweig der Chemie, der die Analyse kleinster Substanzmengen zum Gegenstand hat.*

Mi|kro|chip, der (Elektrot.): *Chip* (3).

Mi|kro|chi|rur|gie [auch: 'mi:kro...], die; - (Med.): *Teilgebiet der Chirurgie, das sich mit Operationen (z. B. Augenoperationen) unter dem Mikroskop befasst.*

Mi|kro|com|pu|ter, der: *in extrem verkleinerter Bauweise hergestellter Computer.*

Mi|kro|do|ku|men|ta|ti|on, die; -, -en (Dokumentation, Informationst.): *Verfahren zur Raum sparenden Archivierung von Schrift- od. Bilddokumenten durch ihre fotografische Reproduktion im stark verkleinerten Maßstab.*

Mi|kro|elek|tro|nik [auch: 'mi:kro...], die; -: *Zweig der Elektronik, der den Entwurf u. die Herstellung von integrierten elektronischen Schaltungen mit hoher Dichte der sehr kleinen Bauelemente zum Gegenstand hat.*

mi|kro|elek|tro|nisch [auch: 'mi:kro...] ⟨Adj.⟩: *die Mikroelektronik betreffend, zu ihr gehörend.*

Mi|kro|fa|rad, das; -[s], - [zu griech. mikrós = klein (zur Bez. des 10^6ten Teils einer physikalischen Einheit) u. ↑Farad] (Physik): *ein millionstel Farad* (Zeichen: µF).

Mi|kro|fa|ser, die; -, -n [↑mikro-, Mikro-] (Textilind.): *für Stoffe der Oberbekleidung verwendete Faser aus Polyester, die aus feinsten Strukturen besteht u. dadurch Luft einschließen kann, sodass die Stoffe wärme- u. feuchtigkeitsregulierend, luftdurchlässig u. sehr leicht sind.*

Mi|kro|fiche [...'fi:ʃ, auch: 'mi:kro...], das od. der; -s, -s [frz. microfiche, zu: fiche = Karteikarte] (Dokumentation, Informationst.): *Mikrofilm mit reihenweise angeordneten Mikrokopien.*

Mi|kro|film, der; -[e]s, -e (Dokumentation, Informationst.): *Film mit Mikrokopien.*

Mi|kro|fon, (auch:) Mikrophon, das; -s, -e [engl. microphone]: *Gerät, durch das Akustisches auf*

M

Tonband, Kassette od. über Lautsprecher übertragen werden kann: vor der Sendung wurde ein M. an seinem Jackett befestigt; jmdn. ans M. bitten; ins M. sprechen; vor dem M. stehen; jmdn. vors M. holen.

Mi|kro|fo|to|gra|fie [auch: ˈmiːkro...], die; -, -n: 1. ⟨o. Pl.⟩ *fotografisches Aufnehmen mithilfe eines Mikroskops.* 2. *mithilfe eines Mikroskops gemachte fotografische Aufnahme.*

Mi|kro|fo|to|ko|pie [auch: ˈmiːkro...], die; -, -n: *Mikrokopie.*

Mi|kro|gramm, das; -s, -e: *ein millionstel Gramm.*

mi|kro|ke|phal usw.: ↑mikrozephal usw.

Mi|kro|kli|ma, das; -s, -s u. ...mate: 1. *Mesoklima.* 2. *Klima der bodennahen Luftschicht.*

Mi|kro|ko|pie, die; -, -n (Dokumentation, Informationst.): *stark verkleinerte, nur mit Lupe o. Ä. lesbare fotografische Reproduktion von Schrift- od. Bilddokumenten.*

mi|kro|ko|pie|ren ⟨sw. V.; hat⟩ (Dokumentation, Informationst.): *eine Mikrokopie anfertigen.*

mi|kro|kos|misch [auch: ˈmiːkro...] ⟨Adj.⟩: *den Mikrokosmos betreffend; zum Mikrokosmos gehörend.*

Mi|kro|kos|mos, Mi|kro|kos|mus [auch: ˈmiːkro...], der; -: 1. (Biol.) *Gesamtheit der Kleinlebewesen.* 2. (Philos.) *kleine Welt des Menschen als verkleinertes Abbild des Universums.* 3. (Physik) *mikrophysikalischer Bereich.*

mi|kro|kris|tal|lin, (veraltend:) **mi|kro|kris|tal|li|nisch** ⟨Adj.⟩: *(von Gesteinen) aus sehr kleinen Kristallen bestehend.*

Mi|kro|me|ter, das; -s, - [vgl. Mikrofarad]: 1. *Feinmessgerät.* 2. *ein millionstel Meter* (Zeichen: µm).

Mi|kro|me|ter|schrau|be, die: *Messschraube.*

Mi|kron, das; -s, - (veraltet): *Mikrometer* (2) (Abk.: My; Zeichen: µ).

Mi|kro|ne|si|en; -s: Inselgruppe im Pazifischen Ozean.

Mi|kro|ne|si|er, der; -s, -: Ew.

Mi|kro|ne|si|e|rin, die; -, -nen: w. Form zu ↑Mikronesier.

mi|kro|ne|sisch ⟨Adj.⟩: a) *Mikronesien, die Mikronesier betreffend; von den Mikronesiern stammend, zu ihnen gehörend;* b) *in der Sprache der Mikronesier.*

Mi|kro|or|ga|nis|mus [auch: ˈmiːkro...], der; -, ...men ⟨meist Pl.⟩ (Biol.): *mikroskopisch kleiner, einzelliger pflanzlicher od. tierischer Organismus* (z. B. Bakterie).

Mi|kro|phon: ↑Mikrofon.

mi|kro|pho|nisch: ↑mikrofonisch.

Mi|kro|pho|to|gra|phie: ↑Mikrofotografie.

Mi|kro|phy|sik [auch: ˈmiːkro...], die; -: *Teilbereich der Physik, der sich mit dem atomaren Aufbau der Materie befasst, ihn mit berücksichtigt.*

mi|kro|phy|si|ka|lisch [auch: ˈmiːkro...] ⟨Adj.⟩: *die Mikrophysik betreffend, zu ihr gehörend.*

Mi|kro|pro|zes|sor [auch: ˈmiːkro...], der; -s, ...oren [engl. microprocessor] (Technik): *standardisierter Baustein eines Mikrocomputers, der Rechen- u. Steuerfunktion in sich vereint.*

Mi|kro|skop, das; -s, -e [zu griech. skopeĩn = betrachten, (be)schauen]: *optisches Gerät, mit dem sehr kleine Objekte aus geringer Entfernung stark vergrößert betrachtet werden können.*

Mi|kro|sko|pie, die; -: *Gesamtheit der Verfahren zur Beobachtung von kleinen Objekten mithilfe des Mikroskops.*

mi|kro|sko|pie|ren ⟨sw. V.; hat⟩: *mit dem Mikroskop arbeiten.*

mi|kro|sko|pisch ⟨Adj.⟩: 1. *nur mithilfe des Mikroskops erkennbar.* 2. *verschwindend klein, winzig.* 3. a) *die Mikroskopie betreffend;* b) *mithilfe des Mikroskops.*

Mi|kro|so|zi|o|lo|gie [auch: ˈmiːkro...], die; -: *Teilbereich der Soziologie, in dem kleinste soziologische Gebilde untersucht werden.*

Mi|kro|tom, der od. das; -s, -e [zu griech. tomḗ = Schnitt] (bes. Biol., Med.): *Präzisionsgerät zur Herstellung feinster Schnitte für mikroskopische Untersuchungen.*

Mi|kro|wel|le, die; -, -n (Elektrot.): 1. ⟨meist Pl.⟩ *(bes. zur Wärmeerzeugung eingesetzte) elektromagnetische Welle mit geringer Wellenlänge.* 2. ⟨o. Pl.⟩ *Bestrahlung mit Mikrowellen* (1). 3. (ugs.) Kurzf. von Mikrowellenherd: eine Pizza in die M. schieben.

Mi|kro|wel|len|herd, der: *Herd zum Auftauen, Erwärmen, Garen von Speisen in kurzer Zeit mithilfe von Mikrowellen.*

mi|kro|ze|phal ⟨Adj.⟩ [zu griech. kephalḗ = Kopf] (Med.): *einen abnorm kleinen Kopf aufweisend.*

Mi|kro|ze|pha|lie, die; -, -n (Med.): *abnorme Kleinheit des Kopfes.*

Mi|lan [auch: miˈlaːn], der; -s, -e [frz. milan < provenz. milan, über das Vlat. zu lat. miluus]: *Greifvogel mit dunkel- bis rotbraunem Gefieder, langen, schmalen Flügeln u. einem langen, gegabelten Schwanz:* Roter M. *(Gabelweihe);* Schwarzer M. *(Milan mit dunkler Färbung u. schwach gegabeltem Schwanz).*

Mi|la|no: italienischer Name von ↑Mailand.

Mil|be, die; -, -n [mhd. milwe, ahd. mil[i]wa, eigtl. = Mehl, Staub machendes Tier]: *(in zahlreichen Arten vorkommendes) oft parasitäres od. Blut saugendes, meist winziges, zu den Spinnentieren gehörendes Tier.*

Milch, die; -, (Fachspr.:) -e[n] [mhd. milch, ahd. miluh, zu ↑melken; 4: wohl nach engl. milk]: 1. a) *aus dem Euter von Kühen (auch Schafen, Ziegen u. a. säugenden Haustieren) stammende, durch Melken gewonnene weiße, leicht süße u. fetthaltige Flüssigkeit, die als wichtiges Nahrungsmittel, bes. als Getränk, verwendet wird:* saure, kondensierte M.; gestandene M. (↑gestanden 3); M. gerinnt; Kühe geben M.; -e mit hohem Anteil an pflanzlichem Eiweiß; M. in den Kaffee gießen; die M. abkochen, entrahmen; M. gebende Ziegen; ein kleiner M. spendender Behälter; * **die M. der frommen Denkart/Denkungsart** (geh.; *freundliche Gesinnung;* nach Schiller, Tell IV, 3); **aussehen wie M. und Blut** (*frisch u. jung aussehen;* seit ältester Zeit gebr. Sinnbild der weibl. Schönheit, in Anspielung auf die als vornehm erachtete Blässe der Haut u. das Rot der Lippen od. des Blutes); **nicht viel in die M. zu brocken haben** (nordd.; *bescheiden leben müssen, arm sein*); b) *in den Milchdrüsen von Frauen u. weiblichen Säugetieren nach dem Gebären sich bildende weißliche, nahrhafte Flüssigkeit, die von dem Neugeborenen od. Jungen als Nahrung aufgenommen wird:* genug M. haben; die M. abpumpen. 2. *milchiger Saft bestimmter Pflanzen:* die M. des Löwenzahns, der Kokosnuss. 3. *weißliche Samenflüssigkeit des männlichen Fisches; Fischmilch.* 4. *kosmetisches Präparat aus milchiger Flüssigkeit.* 5. *(von Tauben) käsige Masse, die sich als Nahrung für die Jungen im Kropf bildet.*

Milch|bar, die: *kleineres Lokal, in dem bes. Milchmixgetränke angeboten werden.*

Milch|bart, der [nach den hellen ersten Barthaaren] (leicht abwertend): *junger, unerfahrener Mann.*

Milch|be|cher, der: *Trinkbecher für Milch* (1 a).

Milch|bon|bon, der od. das: *aus Milch* (1 a) *u. Sahne hergestellter Bonbon.*

Milch|brei, der: *Brei, der mit Milch* (1 a) *zubereitet wird.*

Milch|bröt|chen, das: *Brötchen, dessen Teig mit Milch* (1 a) *angerührt ist.*

Milch|di|ät, die: *Diät, bei der Milch[produkte] die Hauptnahrung sind.*

Milch|drü|se, die: *Milch* (1 b) *absondernde Drüse bei der Frau u. den weiblichen Säugetieren.*

Milch|eis, das: *mit Milch* (1 a) *hergestelltes Speiseeis.*

Milch|ei|weiß, das (Biol.): *in der Milch* (1) *enthaltenes bestimmtes Eiweiß.*

[1]mil|chen ⟨sw. V.; hat⟩ [zu ↑Milch] (landsch.): *Milch* (1 a) *geben:* ein milchendes Rind.

[2]mil|chen ⟨Adj.⟩: *aus Milch* (1 a) *bestehend.*

Milch|fett, das: *in der Milch* (1 a, b) *enthaltenes Fett.*

Milch|fla|sche, die: a) *Flasche mit Gummisauger, mit deren Hilfe dem Säugling die Nahrung verabreicht wird;* b) *Flasche, in die Milch* (1 a) *[für den Verkauf] abgefüllt wird.*

Milch ge|bend: s. Milch (1 a).

Milch|ge|biss, das: *aus den Milchzähnen bestehendes Gebiss.*

Milch|ge|schäft, das: *Geschäft* (2 b), *in dem vorwiegend Milchprodukte verkauft werden.*

Milch|ge|sicht, das: 1. (leicht abwertend) *Milchbart.* 2. *zartes, blasses Gesicht.*

Milch|glas, das: 1. *dickeres weißliches Glas* (1). 2. *Trinkglas für Milch* (1 a).

Milch|glas|schei|be, die: *Scheibe* (3) *aus Milchglas.*

mil|chig ⟨Adj.⟩: 1. *eine weißlich trübe Farbe besitzend:* eine -e Brühe. 2. *zart u. von heller Farbe (in Bezug auf etw., was erst im Anflug vorhanden od. noch jung ist):* der -e Ansatz eines Bartes.

Milch|kaf|fee, der: *Kaffee mit viel Milch* (1 a).

Milch|kalb, das: *Kalb, das noch gesäugt wird.*

Milch|känn|chen, das: *(zum Kaffeegeschirr gehörendes) Kännchen für Milch* (1 a).

Milch|kuh, die: *Kuh, die bes. wegen der Produktion von Milch* (1 a) *gehalten wird.*

Milch|leis|tung, die: *bestimmte Menge Milch* (1 a), *die eine od. mehrere Kühe o. Ä. in einer bestimmten Zeit abgeben.*

Milch|ling, der; -s, -e: 1. *essbarer Blätterpilz mit meist weißem Milchsaft u. trichterförmigem Hut.* 2. (landsch.) *Milchner.*

Milch|mäd|chen|rech|nung, die: *Rechnung, Erwartung, die auf Trugschlüssen, Illusionen o. Ä. aufgebaut ist.*

Milch|misch|ge|tränk, Milch|mix|ge|tränk, das: *hauptsächlich aus Milch* (1 a) *bestehendes Mixgetränk.*

Milch|ner, der; -s, - (Zool.): *[geschlechtsreifer] männlicher Fisch.*

Milch|pro|dukt, das: *aus Milch* (1 a) *gewonnenes Nahrungsmittel.*

Milch|pul|ver, das: *Trockenmilch.*

Milch|pum|pe, die: *Gerät zum Abpumpen der Muttermilch.*

Milch|reis, der: *in Milch* (1 a) *gekochter Reis.*

Milch|saft, der: *Milch* (2).

Milch|säu|re, die (Chemie): *organische Säure, die unter Einwirkung von Bakterien aus Milch- od. Traubenzucker entsteht.*

Milch|säu|re|bak|te|rie ⟨meist Pl.⟩: *Bakterie, die Milchzucker u. andere Kohlehydrate in Milchsäure verwandelt.*

Milch|schaf, das: vgl. Milchkuh.

Milch|scho|ko|la|de, die: *Schokolade mit besonders hohem Anteil an Milch* (1 a).

Milch|schorf, der: *krustiger Ausschlag im Gesicht von Säuglingen.*

Milch|spei|se, die: *Speise, die hauptsächlich aus Milch[produkten] zubereitet ist.*

Milch spen|dend: s. Milch (1 a).

Milch|stra|ße, die; -: aus einer großen Zahl von Sternen bestehender, breiterer, heller Streifen am Himmel.

Milch|stra|ßen|sys|tem, das (Astron.): *Galaxis.*

milch|trei|bend ⟨Adj.⟩: *die Sekretion von Muttermilch fördernd:* -e Mittel.

Milch|tü|te, die: *Behältnis aus Verbundstoff, in dem Milch* (1 a) *zum Verkauf angeboten wird.*

milch|ver|glast ⟨Adj.⟩: *mit Milchglas verglast:* -e Fenster.

Milch|wirt|schaft, die: *Erzeugung u. Verarbeitung von Milch* (1 a).

Milch|zahn, der: *Zahn aus dem ersten Gebiss des Kindes, das nach einer bestimmten Zeit nach u. nach ausfällt.*

Milch|zen|tri|fu|ge, die: *Gerät, das durch Schleudern der Milch* (1 a) *Rahm u. Magermilch voneinander trennt.*

Milch|zie|ge, die: vgl. Milchkuh.

Milch|zu|cker, der: *bestimmte Zuckerart, die in der Milch* (1 b) *enthalten ist.*

M

mild: ↑ milde.

mil|de, (seltener:) mild ⟨Adj.; milder, mildeste⟩ [mhd. milde, ahd. milti, urspr. = zerrieben; fein, zart]: **1. a)** *gütig; nicht streng; nicht hart:* ein milder Richter; das Urteil ist sehr mild, ist milde ausgefallen; man ist sehr mild[e] gegen sie vorgegangen; **b)** *Verständnis für die Schwächen des Gegenübers zeigend; nachsichtig:* er fand trotz allem milde Worte; jmdn. milde stimmen; **c)** *freundlich im Wesen od. im Benehmen u. frei von allem Schroffen, Verletzenden:* mild[e] lächeln. **2. a)** *keine extremen Temperaturen aufweisend; nicht rau:* ein mildes Klima; milde *(linde)* Luft; milde Winter; die Nacht war mild[e]; **b)** *nicht grell u. kontrastreich; gedämpft, sanft:* das milde Licht der Kerzen; mild schimmern. **3. a)** *(bes. von Speisen) nicht stark gewürzt, nicht scharf; nicht sehr kräftig od. ausgeprägt im Geschmack:* milde Speisen; **b)** *(bes. von bestimmten Chemikalien) nicht scharf, etw. nicht angreifend:* eine milde Seife. **4.** (veraltend) *bereit, Bedürftigen zu geben, Wohltaten zu erweisen:* eine milde Gabe *(Almosen).* **5.** (selten) *gelinde* (2): milde gesagt, ihr Verhalten war eine Dreistigkeit.

Mil|de, die; - [mhd. milde, ahd. miltī]: **1. a)** *das Mildesein* (1 a); *Güte:* die M. des Richters; M. walten lassen; **b)** *verzeihendes Verständnis; Nachsicht:* hier ist M. am Platz; deine M. gegen ihn war nicht angebracht. **2. a)** *ausgeglichene, keine extremen Temperaturen aufweisende Beschaffenheit:* die M. des Klimas; **b)** *grelle Kontraste meidende Gedämpftheit:* die M. des Abendlichts. **3.** *(bes. von alkoholischen Getränken o. Ä.) milder* (3 a) *Geschmack od. Geruch:* ein Kognak von besonderer M. **4.** (veraltend) *aus Barmherzigkeit geübte Wohltätigkeit:* jmds. M. gegen die Armen.

mil|dern ⟨sw. V.; hat⟩ [zum Komp. milder]: **1.** *die Schroffheit, Härte o. Ä. von etw. nehmen; (ein Urteil, einen Tadel, eine Strafe o. Ä.) durch tolerante, verständnisvolle Gesinnung auf ein geringeres Maß bringen, herabmindern:* ein Urteil m. **2. a)** *auf jmds. Emotionen o. Ä. einwirken, um sie abzuschwächen, zu dämpfen:* jmds. Zorn m.; **b)** ⟨m. + sich⟩ *maßvoller werden; geringer werden:* ihr Zorn milderte sich. **3. a)** *(eine Wirkung, einen Eindruck o. Ä.) nicht mehr so stark hervortreten lassen, abschwächen:* Gegensätze m.; **b)** ⟨m. + sich⟩ *(von einer Wirkung, einem Eindruck) nicht mehr so stark hervortreten; sich abschwächen:* die Verwunderung wird sich m. **4. a)** *lindern:* die Armut der Flüchtlinge m.; **b)** ⟨m. + sich⟩ *(von Schmerzen o. Ä.) erträglich[er] werden, zurückgehen.* **5.** ⟨m. + sich⟩ *(vom Wetter o. Ä.) milder* (2 a) *werden.*

Mil|de|rung, die: *das Mildern* (1, 2 a, 3 a, 4 a, 5).

Mil|de|rungs|grund, der: *Grund, etw. milder, nachsichtiger zu beurteilen.*

mild|her|zig ⟨Adj.⟩ (selten): *von sanfter u. mitfühlender Gemütsart (u. deshalb bereit, sich der Not anderer anzunehmen).*

mild|tä|tig ⟨Adj.⟩ (geh.): *sich Notleidender tatkräftig annehmend.*

Mi|le|si|er, der; -s, -: Ew. zu ↑ Milet.

Mi|le|si|e|rin, die; -, -nen: w. Form zu ↑ Milesier.

Mi|let: altgriechische Stadt.

Mi|li|eu [mi'liø:], das; -s, -s [frz. milieu, aus: mi- < lat. medius = mitten u. lieu < lat. locus = Ort, Stelle]: **1.** *soziales Umfeld, Umgebung, in der ein Mensch lebt u. die ihn prägt:* das soziale M.; in einem kleinbürgerlichen M. aufwachsen. **2.** (bes. Biol.) *Lebensraum von Pflanzen, Tieren, Kleinstlebewesen u. Ä. (in dem sie gedeihen, wachsen, der für sie lebensnotwendig ist).* **3. a)** (bes. schweiz.) *Lebensbereich, Welt der Prostituierten u. Zuhälter;* **b)** *Stadtteil, Bereich, in dem Prostitution betrieben wird.* **4.** (österr. veraltend) *kleine Tischdecke.*

Mi|li|eu|for|schung, die: *Forschungsrichtung, die den Einfluss untersucht, den Umwelt u. Umgebung auf die Entwicklung des Menschen haben.*

mi|li|eu|ge|schä|digt ⟨Adj.⟩: *einen Milieuschaden aufweisend:* -e Jugendliche.

Mi|li|eu|scha|den, der (Psych.): *psychische Schädigung, die auf ungünstige Einflüsse durch das Milieu* (1) *zurückzuführen ist.*

Mi|li|eu|schil|de|rung, die: *(bes. in Romanen) wirklichkeitsgetreue Schilderung eines bestimmten Milieus.*

Mi|li|eu|stu|die, die: vgl. Milieuschilderung.

Mi|li|eu|the|o|rie, die (Psych.): *Theorie, nach der das Milieu, in dem ein Mensch aufwächst, allein od. vorwiegend für seine seelische Entwicklung ausschlaggebend ist.*

Mi|li|eu|wech|sel, der: *Wechsel, Änderung des Milieus.*

mi|li|tant ⟨Adj.⟩ [zu lat. militans (Gen.: militantis), 1. Part. von: militare = Kriegsdienst leisten]: *mit bewusst kämpferischem Anstrich für eine Überzeugung eintretend:* eine -e Gesinnung; -e Gruppen.

Mi|li|tanz, die; -: *militantes Auftreten, Handeln.*

[1]Mi|li|tär, das; -s [frz. militaire, zu lat. militaris = den Kriegsdienst betreffend; soldatisch, zu: miles = Soldat]: **1.** *Streitkräfte, Gesamtheit der Soldaten eines Landes:* das britische M.; er ist beim M.; zum M. müssen *(Soldat werden müssen).* **2.** *(eine bestimmte Anzahl von) Soldaten:* gegen die Streikenden wurde [das] M. eingesetzt.

[2]Mi|li|tär, der; -s, -s ⟨meist Pl.⟩ [frz. militaire]: *hoher Offizier.*

Mi|li|tär|ad|mi|nis|tra|ti|on, die: **1.** *zeitweilige Verwaltung eines besetzten Territoriums durch das Militär eines anderen Staates.* **2.** *Gebäude, in dem sich eine Militäradministration* (1) *befindet.*

Mi|li|tär|aka|de|mie, die: *Akademie für militärische Führungskräfte.*

Mi|li|tär|at|ta|ché, der: *Offizier in diplomatischen Diensten, der seiner Botschaft als militärischer Sachverständiger angehört.*

Mi|li|tär|ba|sis, die: *Militärstützpunkt.*

Mi|li|tär|bünd|nis, das: *Bündnis zwischen Staaten, das eine militärische Zusammenarbeit garantiert.*

Mi|li|tär|dienst, der ⟨o. Pl.⟩: *Wehrdienst.*

Mi|li|tär|dik|ta|tur, die: *Diktatur von Militärs.*

Mi|li|tär|flug|platz, der: *Flugplatz, der ausschließlich für militärische Zwecke verwendet wird.*

Mi|li|tär|flug|zeug, das: *zur Luftwaffe gehörendes Flugzeug.*

Mi|li|tär|ge|fäng|nis, das: *Gefängnis für Militärpersonen.*

Mi|li|tär|geist|li|che, der: *Geistlicher, der für die Militärseelsorge zuständig ist.*

Mi|li|tär|ge|richt, das: *Gericht, das für die Rechtsprechung im militärischen Bereich zuständig ist.*

Mi|li|tär|ge|richts|bar|keit, die: *Gerichtsbarkeit* (2) *im Bereich des Militärs* (1).

Mi|li|tär|herr|schaft, die ⟨o. Pl.⟩: vgl. Militärdiktatur.

Mi|li|tär|hos|pi|tal, das: *Lazarett.*

Mi|li|tär|hub|schrau|ber, der: vgl. Militärflugzeug.

Mi|li|ta|ria ⟨Pl.⟩ [zu lat. militaris, ↑ [1]Militär]: **1.** (Buchw.): *Bücher über das Militärwesen.* **2.** *Sammelobjekte verschiedenster Art aus dem militärischen Bereich.*

mi|li|tä|risch ⟨Adj.⟩ [frz. militaire]: **1.** *das Militär betreffend:* -e Geheimnisse; eine -e Ausbildung erhalten; m. stark sein. **2.** *den Gepflogenheiten des Militärs entsprechend; soldatisch:* -e Disziplin.

mi|li|ta|ri|sie|ren ⟨sw. V.; hat⟩ [frz. militariser]: **1. a)** *(in einem Land o. Ä.) militärische* (1) *Anlagen errichten, Truppen aufstellen.* **b)** *das Heerwesen (eines Landes) organisieren.* **2.** *in den Dienst des Militarismus stellen.*

Mi|li|ta|ri|sie|rung, die; -: **1.** *das Militarisieren* (1 a, b). **2.** *das Militarisieren* (2).

Mi|li|ta|ris|mus, der; - (abwertend): *Vorherrschen militärischen Denkens in der Politik u. Beherrschung des zivilen Lebens in einem Staat durch militärische Institutionen.*

mi|li|ta|ris|tisch ⟨Adj.⟩: *militärische Macht überbetonend:* -e Kreise, Gesinnung; m. denken.

Mi|li|tär|jun|ta, die: *von meist rechtsgerichteten Offizieren [nach einem Putsch] gebildete Regierung.*

Mi|li|tär|ka|pel|le, die: *Musikkorps (eines Heeres).*

Mi|li|tär|kleid, das (schweiz.): *Uniform.*

Mi|li|tär|kran|ken|haus, das: *Lazarett.*

Mi|li|tär|marsch, der: *Marsch* (2), *der vor allem beim Militär zum Marschieren bei Paraden gespielt wird.*

Mi|li|tär|ma|schi|ne, die: *Militärflugzeug.*

Mi|li|tär|mis|si|on, die: **a)** *ins Ausland entsandte Gruppe von Offizieren, die andere Staaten in militärischen Fragen beraten;* **b)** *Gebäude einer Militärmission* (a).

Mi|li|tär|mu|sik, die: *beim Militär gespielte Musik* (z. B. Märsche).

Mi|li|tär|pa|ra|de, die: *Vorbeimarsch militärischer Verbände.*

Mi|li|tär|pa|trouil|le, die: *Militärstreife.*

Mi|li|tär|per|son, die: *Angehörige[r] des Militärs, der Streitkräfte.*

Mi|li|tär|pflicht: usw. ↑ Wehrpflicht usw.

Mi|li|tär|po|li|zei, die: *militärischer Verband mit polizeilicher Funktion.*

Mi|li|tär|po|li|zist, der: *Angehöriger der Militärpolizei.*

Mi|li|tär|po|li|zis|tin, die: w. Form zu ↑ Militärpolizist .

Mi|li|tär|putsch, der: *vom Militär durchgeführter Putsch.*

Mi|li|tär|re|gie|rung, die: **1.** *von einer Besatzungsmacht in einem besetzten Gebiet als Regierung eingesetzte oberste militärische Behörde.* **2.** *Militärjunta.*

Mi|li|tär|re|gime, das: *Militärdiktatur.*

Mi|li|tär|seel|sor|ge, die: *Betreuung der Angehörigen des Militärs durch Geistliche.*

Mi|li|tär|spiel, das (schweiz.): *Spielmannszug des Musikkorps.*

Mi|li|tär|spi|tal, das (schweiz.): *Lazarett.*

Mi|li|tär|stütz|punkt, der: *militärischer Stützpunkt der Streitkräfte eines Staates [in einem anderen Land].*

Mi|li|tär|taug|lich|keit, die: *Wehrdiensttauglichkeit.*

Mi|li|tär|we|sen, das ⟨o. Pl.⟩: *Gesamtheit dessen, was mit dem Militär, seinen Gesetzen, Gebräuchen o. Ä. zusammenhängt.*

Mi|li|tär|wis|sen|schaft, die: *Wissenschaft, die sich mit der Entwicklung des Militär- u. Kriegswesens befasst.*

Mi|li|ta|ry ['mɪlɪtərɪ], die; -, -s [älter engl. military = Militär(wettkampf)] (Reiten): *Vielseitigkeitsprüfung, die aus Geländeritt, Dressurprüfung u. Jagdspringen besteht.*

Mi|li|tär|zeit, die: *Dienstzeit* (1) *beim Militär.*

Mi|liz, die; -, -en [lat. militia = Gesamtheit der Soldaten, zu: miles = Soldat; 2: nach russ. milicija]: **1. a)** (veraltet) *Heer;* **b)** *Streitkräfte, deren Angehörige eine nur kurzfristige militärische Ausbildung haben u. erst im Kriegsfall einberufen werden.* **2.** *(bes. in ehem. sozialistischen Staaten) militärisch organisierte Polizei o. Ä.* **3.** (schweiz.) *Streitkräfte (der Schweiz).*

Mi|liz|heer, das: *aus der Miliz* (1 b) *gebildetes Heer.*

Mi|li|zi|o|när, der; -s, -e [1: geb. nach ↑ Legionär; 2: russ. milicioner]: **1.** *Angehöriger einer Miliz* (1 b, 3). **2.** *(in einigen sozialistischen Staaten) Polizist.*

Mi|liz|par|la|ment, das (schweiz.): *Bundesversammlung (der Schweiz), deren Abgeordnete nur im Nebenberuf Politiker sind.*

Mi|liz|sol|dat, der: *Angehöriger der Miliz* (1 b).

milk!, milkst, milkt: ↑ melken.

Mill. = Million[en].

Mil|le, die; -, - ⟨meist Pl.⟩ [lat. mille = tausend] (ugs.): *tausend Mark.*

Mil|le|fi|o|ri|glas, das [ital. mille fiori = tausend Blumen]: *vielfarbiges Kunstglas aus verschiedenfarbigen Glasstäben, die miteinander verschmolzen u. in Scheiben geschnitten werden.*

M

Mil|len|ni|um, das; -s, ...ien [...i̯ən; zu lat. mille = tausend u. annus = Jahr]: **1.** *Jahrtausend.* **2.** (Rel.) *Tausendjähriges Reich der Offenbarung Johannis.*

Mil|len|ni|um|fei|er, Mil|len|ni|ums|fei|er, die: *Tausendjahrfeier.*

Mil|li|am|pere [auch: ...amˈpeːɐ̯], das (Physik): $^1/_{1000}$ *Ampere* (Zeichen: mA).

Mil|li|ar|de, die; -, -n [frz. milliard, zu million, ↑Million] (in Ziffern: 1 000 000 000): *tausend Millionen:* rund 2 -n Bewohner; Abk.: Md., Mrd.

Mil|li|ar|den|be|trag, der: *Betrag von einer od. mehreren Milliarden [Mark o. Ä.].*

Mil|li|ar|den|hö|he: in der Fügung in M. *(in Höhe von einer od. mehreren Milliarden).*

mil|li|ardst... ⟨Ordinalz. zu ↑Milliarde⟩: vgl. acht...

mil|li|ards|tel ⟨Bruchz.⟩: vgl. achtel.

Mil|li|ards|tel, das, schweiz. meist: der; -s, -: vgl. Achtel.

Mil|li|bar [auch: ...ˈbaːɐ̯], das (Met.): $^1/_{1000}$ *Bar;* Zeichen: mbar (Met. nur: mb).

Mil|li|gramm [auch: ...ˈgram], das: $^1/_{1000}$ *Gramm* (Zeichen: mg).

Mil|li|li|ter [auch: ...ˈliːtɐ], der, auch: das: $^1/_{1000}$ *Liter* (Zeichen: ml).

Mil|li|me|ter [auch: ...ˈmeːtɐ], der, auch: das: $^1/_{1000}$ *Meter* (Zeichen: mm).

mil|li|me|ter|ge|nau ⟨Adj.⟩: *auf den Millimeter genau; ganz genau:* etw. m. einpassen.

Mil|li|me|ter|pa|pier, das: *(bes. für grafische Darstellungen vorgesehenes) Papier mit einem aufgedruckten Netz von Geraden, die jeweils einen Millimeter Abstand haben.*

Mil|li|on, die; -, -en [ital. mil(l)ione, eigtl. = Großtausend, zu: mille < lat. mille = tausend] (in Ziffern: 1 000 000): **1.** *tausend mal tausend:* eine halbe M.; eine dreiviertel M.; die Baukosten betragen 1,8 -en Mark; etwa eine M. Menschen war/waren auf der Flucht; Abk.: Mill., Mio. **2.** ⟨Pl.⟩ **a)** *unbestimmte, sich nach Millionen bemessende Anzahl:* -en u. -en mussten ihr Leben lassen; -en hungernder Kinder/von hungernden Kindern; **b)** *eine unbestimmte, sich nach Millionen bemessende Summe:* die Kosten für das Projekt gehen in die -en.

Mil|li|o|när, der; -s, -e: *Besitzer eines Vermögens im Wert von mindestens einer Million.*

Mil|li|o|nä|rin, die; -, -nen: w. Form zu ↑Millionär.

Mil|li|o|nen|auf|la|ge, die (Buchw.): *Auflage* (1 a) *von [mehr als] einer Million Exemplaren.*

Mil|li|o|nen|auf|trag, der: *Auftrag* (2) *in Höhe von [mehr als] einer Million [Mark].*

Mil|li|o|nen|ding, das (ugs.): *Unternehmung, Geschäft o. Ä., bei dem es um [mehr als] eine Million [Mark] geht.*

mil|li|o|nen|fach ⟨Vervielfältigungsz.⟩: vgl. achtfach.

Mil|li|o|nen|ge|schäft, das: *Geschäft in Millionenhöhe.*

Mil|li|o|nen|heer, das: *sich nach Millionen bemessende Zahl von (unter einem bestimmten Aspekt gleich gearteten) Menschen:* das M. der Arbeitslosen.

Mil|li|o|nen|hö|he: in der Fügung in M. (vgl. Milliardenhöhe).

Mil|li|o|nen Mal: s. Million (2 a).

Mil|li|o|nen|scha|den, der: *Schaden in Millionenhöhe:* ein Unfall mit M.

Mil|li|o|nen|stadt, die: *Stadt mit [mehr als] einer Million Einwohnern.*

Mil|li|o|nen|ver|mö|gen, das: *Vermögen, das sich nach Millionen bemisst.*

mil|li|onst... ⟨Ordinalz. zu ↑Million⟩: vgl. acht...

mil|li|ons|tel ⟨Bruchz.⟩: vgl. achtel.

Mil|li|ons|tel, das, schweiz. meist: der; -s, -: vgl. Achtel.

Milz, die; - [mhd. milze, ahd. milzi; eigtl. = die Weiche od. die Auflösende (man glaubte, sie wirke bei der Verdauung mit)]: *(bei Wirbeltieren u. beim Menschen) Organ im Bauchraum, in dem u. a. Abwehrstoffe produziert, weiße Blutkörperchen aufgebaut u. rote Blutkörperchen abgebaut werden.*

Milz|brand, der ⟨o. Pl.⟩: *(hauptsächlich bei Pflanzenfressenden Tieren auftretende) mit Koliken, Atemnot u. meist vergrößerter Milz einhergehende gefährliche Infektionskrankheit.*

Milz|quet|schung, die: *(durch einem Unfall verursachte) Quetschung der Milz.*

Milz|riss, der: *Riss der Milz.*

Mi|me, der; -n, -n [lat. mimus < griech. mĩmos] (veraltend): *(bedeutender) Schauspieler:* ein begnadeter M.

mi|men ⟨sw. V.; hat⟩: **1.** (selten) *[schauspielerisch] darstellen:* den Tell m. **2.** (ugs. abwertend) **a)** *ein Gefühl o. Ä. zeigen, das in Wirklichkeit nicht vorhanden ist; vortäuschen:* Bewunderung m.; **b)** *vorgeben jmd., etw. zu sein:* den starken Mann m.

Mi|men: Pl. von Mime, Mimus.

Mi|me|se, die; -, -n: **1.** (bildungsspr.) *Mimesis.* **2.** (Zool.) *Fähigkeit bestimmter Tiere, sich zu tarnen, indem sie sich in Färbung, Gestalt o. Ä. der belebten u. unbelebten Umgebung anpassen.*

Mi|me|sis, die; -, ...esen [spätlat. mimesis < griech. mímēsis] (bildungsspr.): **1. a)** *(in der Antike) nachahmende Darstellung der Natur im Bereich der Kunst;* **b)** *(in der platonischen Philosophie) Kennzeichnung der Methexis als bloße Nachahmung einer Idee* (2). **2.** (antike Rhet.) **a)** *spottende Wiederholung der Rede eines anderen;* **b)** *Nachahmung eines Charakters mit Worten, die diesen Charakter besonders gut kennzeichnen.*

Mi|mik, die; - [lat. (ars) mimica, ↑mimisch]: *Mienenspiel, Wechsel im Ausdruck des Gesichts u. in den Gebärden als Nachahmung fremden od. als Ausdruck eigenen Erlebens.*

Mi|mi|ker, der; -s, -: *Mimus* (1).

Mi|mi|kry [...kri], die; - [engl. mimicry, eigtl. = Nachahmung, zu: mimic = fähig nachzuahmen]: **1.** (Zool.) *Fähigkeit bestimmter Tiere, sich zu schützen, indem sie sich der Gestalt od. Farbe solcher Tiere anpassen, die von ihren Feinden gefürchtet werden bzw. sich auf irgendeine Art gegen Feinde schützen können.* **2.** (bildungsspr.) *Anpassung, die der Täuschung od. dem eigenen Schutz dient.*

Mi|min, die; -, -nen: w. Form zu ↑Mime.

mi|misch ⟨Adj.⟩ [lat. mimicus < griech. mĩmikós] (bildungsspr.): **a)** *die Mimik betreffend; mithilfe der Mimik [ausgedrückt]:* -e Ausdruckskraft; etw. m. ausdrücken; **b)** *schauspielerisch.*

Mi|mo|se, die; -, -n [zu lat. mimus (↑Mime), wohl wegen der Reaktion der Pflanze bei Berührung, die mit der eines empfindsamen Mimen verglichen wird]: **1.** *hoher Baum mit gefiederten Blättern u. gelben, kugeligen Blüten an Rispen.* **2.** *(im tropischen Brasilien) als großer Strauch wachsende, rosaviolett blühende Pflanze, die ihre gefiederten Blätter bei der geringsten Erschütterung abwärts klappt.* **3.** (oft abwertend) *sehr empfindsamer Mensch:* sie ist eine M.

mi|mo|sen|haft ⟨Adj.⟩ (oft abwertend): *überaus empfindlich; übertrieben auf Einflüsse von außen reagierend.*

Mi|mo|sen|haf|tig|keit, die; - (oft abwertend): *das Mimosenhaftsein.*

Mi|mus, der; -, Mimen [lat. mimus] (Literaturw.): **1.** *(in der Antike) Darsteller in Mimen* (2). **2.** *(in der Antike) derbkomische Szene aus dem Alltagsleben.*

min (Astron.: ...^{m}), **Min.** = Minute.

Mi|na|rett, das; -s, -e u. -s [frz. minaret, über türk. minäre(t) < arab. manāra^h, eigtl. = Leuchtturm]: *Turm einer Moschee.*

min|der ⟨Adv.⟩ [mhd. minder, minner, ahd. minniro; urspr. Komp. zu einem Wort mit der Bed. »klein«] (geh.): *in geringerem Grade; nicht so sehr:* jmd., etw. ist m. angesehen; nicht m. *(nicht weniger; ebenso)* freundlich.

min|der... ⟨Adj.; Sup. mindest...⟩: *(bezogen auf Wert, Bedeutung, Qualität, Ansehen) nicht besonders hoch; gering:* eine mindere Qualität; eine Sache von minderer Wichtigkeit.

min|der|be|mit|telt ⟨Adj.⟩: *wenig finanzielle Mittel habend:* eine -e Familie; Ü geistig m. sein (salopp abwertend; *im Hinblick auf seine Intelligenz unter dem Durchschnitt liegen*).

Min|der|bru|der, der: *Franziskaner.*

Min|der|ge|bot, das: *(bei Auktionen) geringeres Gebot als erwartet.*

Min|der|heit, die; -, -en [für ↑Minorität; schon ahd. minnerheit für mlat. minoritas]: **1.** ⟨o. Pl.⟩ **a)** *kleinerer Teil (einer bestimmten Anzahl von Personen):* eine M. ist gegen diesen Entwurf; die Gegner des Planes bilden eine M.; **b)** *zahlenmäßig unterlegene [u. darum machtlose] Gruppe (in einer Gemeinschaft, einem Staat o. Ä.):* eine ethnische M.; die Unterdrückung von -en. **2.** *(bei Wahlen, Abstimmungen o. Ä.) Gruppe, die den geringeren Teil aller abgegebenen Stimmen bekommen hat.*

Min|der|hei|ten|fra|ge, die: *Problemkreis, der die Lebensbedingungen von od. das Zusammenleben mit Minderheiten beinhaltet.*

Min|der|hei|ten|recht, das ⟨meist Pl.⟩: *Recht, das einer Minderheit* (1 b) *in einem Staat, in einer Gesellschaft o. Ä. eingeräumt wird.*

Min|der|hei|ten|schutz, der: *Schutz der Minderheit* (1) *durch Minderheitenrechte.*

Min|der|heits|recht, das ⟨meist Pl.⟩: *Minderheitenrecht.*

Min|der|heits|re|gie|rung, die: *Regierung, die aus der Minderheit* (2) *des Parlaments gebildet ist.*

min|der|jäh|rig ⟨Adj.⟩ (Rechtsspr.): *(von Jugendlichen) noch nicht volljährig, nicht mündig.*

Min|der|jäh|ri|ge, der u. die ⟨Dekl. ↑Abgeordnete⟩ (Rechtsspr.): *jmd., der minderjährig ist.*

Min|der|jäh|rig|keit, die; -: *das Minderjährigsein.*

min|dern ⟨sw. V.; hat⟩ [mhd. minnern, ahd. minnirōn] (geh.): **1.** *geringer werden, erscheinen lassen; vermindern, verringern:* den Wert einer Leistung m.; etw. in seinem Wert m.; eine Gefahr m. **2.** ⟨m. + sich⟩ *[immer] weniger werden; sich verringern:* die Anziehungskraft der Organisation mindert sich mit der Zeit.

min|der|sin|nig ⟨Adj.⟩ (schweiz.): *nicht wohlgesinnt.*

Min|de|rung, die; -, -en [mhd. minnerunge]: *das Mindern, Sichmindern.*

min|der|wer|tig ⟨Adj.⟩: *von geringer Qualität:* dies Material ist m.

Min|der|wer|tig|keit, die ⟨o. Pl.⟩: *das Minderwertigsein.*

Min|der|wer|tig|keits|ge|fühl, das ⟨meist Pl.⟩ (Psych.): *Gefühl eigener körperlicher, geistiger, materieller od. sozialer Unterlegenheit gegenüber anderen.*

Min|der|wer|tig|keits|kom|plex, der (Psych.): *durch ein gesteigertes Minderwertigkeitsgefühl hervorgerufener Komplex* (2): einen M. haben.

Min|der|zahl, die ⟨o. Pl.⟩: *Minderheit* (1 a): in der M. sein *(zahlenmäßig unterlegen sein).*

min|dest... ⟨Adj.⟩ [mhd. minnest, ahd. minnist, Sup. von minder...]: drückt aus, dass etwas nur in geringstem Maße vorhanden ist; *geringst:* ohne den mindesten Zweifel; nicht die mindeste Ahnung von etw. haben; ⟨subst.:⟩ das ist das Mindeste/(auch:) mindeste, was man erwarten kann; * **nicht das Mindeste/(auch:) mindeste** *(gar nichts):* sie versteht nicht das Mindeste/(auch:) mindeste vom Kochen; **nicht im Mindesten/(auch:) mindesten** *(überhaupt nicht):* das berührt mich nicht im Mindesten/(auch:) mindesten; **zum Mindesten/(auch:) mindesten** *(wenigstens, zumindest):* er hätte sich zum Mindesten/(auch:) mindesten entschuldigen können.

Min|dest|ab|stand, der: *geringster nötiger Abstand.*

Min|dest|al|ter, das: *(in einem bestimmten Zusammenhang) niedrigstes [mögliches] Alter.*

Min|dest|an|for|de|rung, die: *geringste Anforderung, die auf jeden Fall erfüllt werden muss.*

Min|dest|an|zahl, die: vgl. Mindestabstand.

Min|dest|be|trag, der: vgl. Mindestabstand.

Min|dest|bie|ten|de, der u. die; -n, -n ⟨Dekl. ↑Abgeordnete⟩: *jmd., der bei einem Verkauf, bei einer Versteigerung das niedrigste [mögliche] Gebot macht.*

M

min|des|tens ⟨Adv.⟩: **a)** *(auf etwas zahlenmäßig Erfassbares bezogen) auf keinen Fall weniger als:* es dauert m. 3 Stunden; **b)** *auf jeden Fall; wenigstens, zumindest:* du hättest dich m. entschuldigen müssen.
Min|dest|for|de|rung, die: *niedrigste, geringste Forderung.*
Min|dest|ge|bot, das: *niedrigstes zulässiges Gebot bei einer öffentlichen Versteigerung.*
Min|dest|halt|bar|keits|da|tum, das: *auf die Lebensmittelverpackung aufgedrucktes Datum, bis zu dem das Lebensmittel mindestens haltbar sein soll.*
Min|dest|hö|he, die: vgl. Mindestabstand.
Min|dest|lohn, der: *niedrigster (gesetzlich zulässiger) Lohn.*
Min|dest|maß, das: *sehr geringer, niedriger Grad; Minimum:* ein M. an Rücksicht.
Min|dest|preis, der: *Verkaufspreis, der zur Verhinderung ruinöser Konkurrenz nicht unterschritten werden darf.*
Min|dest|sa|lär, das (schweiz.): *Anfangsgehalt.*
Min|dest|satz, der: *niedrigster Betrag, Tarif.*
Min|dest|stra|fe, die: *geringste [mögliche] Strafe.*
Mind|map, (auch:) **Mind-Map** ['maɪntmɛp], die; -, -s od. das; -s, -s [engl. mind map, aus: mind = Gedanken u. map = grafische Darstellung]: *aus Mindmapping gewonnene grafische Darstellung.*
Mind|map|ping, (auch:) **Mind-Map|ping** ['maɪntmɛpn̩], das; -s [engl. mind mapping, aus: mind = Gedanken u. mapping = das Aufzeichnen, Darstellen]: *Methode, Gedanken in Form von Schlagwörtern od. Bildern aufzuzeichnen, zu sammeln, zu ordnen u. zu gliedern.*
[1]**Mi|ne,** die; -, -n [frz. mine < mlat. mina, eigtl. = Erzader, urspr. = Pulvergang, Sprenggang bei Belagerungen, H. u.]: **1. a)** *(wirtschaftlich genutztes) unterirdisches Erzlager; Bergwerk:* eine M. stilllegen; **b)** *unterirdischer Gang, Stollen.* **2.** *Sprengkörper, der durch einen Zünder zur Explosion gebracht u. sowohl im Gelände als auch im Wasser in Form von Sperren verlegt wird:* -n entschärfen; das Schiff lief auf eine M. **3.** *dünnes Stäbchen aus Graphit od. einem anderen Farbe enthaltenden Material (in einem Bleistift, Kugelschreiber o. Ä.), das das Schreiben ermöglicht:* eine M. einsetzen. **4.** (Biol.) *Hohlraum in Pflanzenteilen, der durch Fraß von Insekten od. Larven entsteht.*
[2]**Mi|ne,** die; -, -n [lat. mina < griech. mnā, aus dem Semit.]: **1.** *Gewichtseinheit mit unterschiedlichen Maßen im antiken Griechenland u. im Vorderen Orient der Antike.* **2.** *Münze im antiken Griechenland.*
Mi|nen|feld, das: *Gebiet im Gelände od. im Wasser, in dem* [1]*Minen (2) verlegt sind.*
Mi|nen|räum|boot, das (Milit.): *kleines Minensuchboot mit geringem Tiefgang.*
Mi|nen|such|boot, das (Milit.): *kleineres Schiff zum Aufspüren u. Beseitigen von* [1]*Minen (2).*
Mi|ne|ral, das; -s, -e u. -ien [mlat. (aes) minerale = Grubenerz, zu: minera = Erzgrube]: *(in der Erdkruste vorkommende) anorganische, homogene, meist kristallisierte Substanz.*
Mi|ne|ral|bad, das: *Kurort mit heilkräftiger Mineralquelle.*
Mi|ne|ral|dün|ger, der: *aus Mineralien gewonnenes Düngemittel.*
Mi|ne|ral|fa|ser, die: *natürlich bzw. künstlich hergestellte faserige Substanz, die bes. beim Bauen Verwendung findet.*
Mi|ne|ra|li|sa|ti|on, die; -, -en (Biol., Geol.): *Umwandlung organischer Substanzen in anorganische (im Boden u. an der Erdoberfläche).*
mi|ne|ra|lisch ⟨Adj.⟩: *aus Mineralien bestehend; Mineralien enthaltend.*
mi|ne|ra|li|sie|ren ⟨sw. V.⟩: **a)** *zum Mineral werden* ⟨ist⟩; **b)** *die Mineralbildung bewirken* ⟨hat⟩.
Mi|ne|ra|lo|ge, der; -n, -n [↑-loge]: *Wissenschaftler auf dem Gebiet der Mineralogie.*
Mi|ne|ra|lo|gie, die; - [↑-logie]: *Wissenschaft von der Zusammensetzung der Mineralien u. Gesteine, ihrem Vorkommen u. ihren Lagerstätten.*
Mi|ne|ra|lo|gin, die; -, -nen: w. Form zu ↑Mineraloge.
mi|ne|ra|lo|gisch ⟨Adj.⟩: *die Mineralogie betreffend.*
Mi|ne|ral|öl, das: **a)** *Erdöl;* **b)** *durch Destillation von Erdöl gewonnenes Produkt* (z. B. Heiz-, Schmieröl).
Mi|ne|ral|öl|ge|sell|schaft, die: *Handelsgesellschaft, die Mineralöl vertreibt.*
Mi|ne|ral|öl|in|dus|trie, die: *Industriezweig, der die Gewinnung u. Verarbeitung von Mineralöl umfasst.*
Mi|ne|ral|öl|steu|er, die: *Steuer, die für die Herstellung od. den Import von Mineralöl erhoben wird.*
Mi|ne|ral|quel|le, die: *Quelle, in deren Wasser eine bestimmte Menge an Mineralstoffen od. Kohlensäure gelöst ist.*
Mi|ne|ral|säu|re, die (Chemie): *anorganische Säure* (z. B. Schwefelsäure).
Mi|ne|ral|stoff, der: *anorganisches Salz, das in der Natur vorkommt od. künstlich hergestellt wird (u. das dem Körper bes. mit der Nahrung zugeführt wird bzw. zur Verhinderung von Mangelerscheinungen künstlich zugeführt werden muss).*
Mi|ne|ral|was|ser, das ⟨Pl. ...wässer⟩: **a)** *Wasser einer Mineralquelle;* **b)** *mit Mineralen u. Kohlensäure angereichertes Wasser.*
Mi|ner|va (röm. Myth.): Göttin des Handwerks, der Weisheit u. der schönen Künste.
Mi|nes|tra, die; -, ...stren [ital. minestra, zu: minestrare < lat. ministrare, ↑Ministrant] (Kochk.): *Gemüsesuppe mit Reis u. Parmesankäse.*
Mi|nes|tra|sup|pe, die (österr.): *Kohlsuppe.*
Mi|nes|tro|ne, die; -, -n [ital. minestrone, Vgr. von: minestra]: *Minestra.*
mi|ni ⟨Adj.⟩ [engl. mini, Kurzf. von: miniature < ital. miniatura, ↑Miniatur]: **1.** (Mode) *(von Röcken, Kleidern, Mänteln) [weit] oberhalb des Knies endend:* der Rock ist m. **2.** (ugs.) *sehr klein:* die Tasche ist total m.
[1]**Mi|ni,** das; -s, -s: ⟨o. Pl.; meist o. Art.⟩ (Mode) **a)** *[weit] oberhalb des Knies endende, sehr kurze Kleidung;* **b)** *(von Röcken, Kleidern, Mänteln) Länge, die [weit] oberhalb des Knies endet.*
[2]**Mi|ni,** der; -s, -s (ugs.): *Minirock.*
Mi|ni-: 1. kennzeichnet in Bildungen mit Substantiven etw. als klein, winzig, niedrig: Minipartei, -preis. **2.** kennzeichnet in Bildungen mit Substantiven etw. (ein Kleidungsstück) als [sehr] kurz: Minirock.
Mi|ni|a|tur, die; -, -en [ital. miniatura = Kunst, mit Zinnober zu malen < mlat. miniatura = mit Zinnober gemaltes Bild, zu lat. miniare = rot bemalen, zu: minium (↑Mennige); unter Einfluss von lat. minor (= kleiner) Entwicklung zur Bed. »zierliche Malerei«]: **1.** (Malerei) *Bild od. Zeichnung als Illustration einer Handschrift (3) od. eines Buches.* **2.** (Malerei) *kleines Bild (meist auf Holz, Pergament, Porzellan od. Elfenbein).* **3.** (Problemschach) *Schachproblem, das aus höchstens sieben Figuren gefügt ist.*
Mi|ni|a|tur|aus|ga|be, die: *Ausgabe von etw. in kleine[re]m Format.*
mi|ni|a|tu|ri|sie|ren ⟨sw. V.; hat⟩ (Elektrot.): *(elektronische Elemente) verkleinern.*
Mi|ni|a|tu|ri|sie|rung, die; -, -en (Elektrot.): *Entwicklung u. Herstellung kleinster elektronischer Geräte, die eine Vielzahl elektronischer Bauelemente enthalten.*
Mi|ni|a|tur|ma|le|rei, die: *das Malen von Miniaturen.*
Mi|ni|bi|ki|ni, der: *sehr knapp geschnittener Bikini.*
Mi|nier|flie|ge, die: *Fliege, deren Larve* [1]*Minen (4) in Pflanzen fressen.*
Mi|ni|golf, das: *Spiel, bei dem der Ball mit einem Schläger auf abgegrenzten Bahnen od. Spielfeldern mit verschiedenen Hindernissen durch möglichst wenig Schläge ins Zielloch geschlagen werden muss.*
Mi|ni|ki|ni, der; -s, -s: *einteiliger, die Brust frei lassender Badeanzug.*
mi|nim ⟨Adj.⟩ (schweiz., sonst veraltet): *minimal.*
[1]**Mi|ni|ma,** die; -, ...mae u. ...men [zu lat. minimus, ↑Minimum] (Musik): *kleinerer Notenwert der Mensuralmusik.*
[2]**Mi|ni|ma:** Pl. von ↑Minimum.
mi|ni|mal ⟨Adj.⟩: *ein sehr geringes Ausmaß an Größe, Stärke o. Ä. aufweisend; sehr klein, sehr gering:* der Vorsprung war m.
Mi|ni|mal Art ['mɪnɪməl 'ɑːt], die; - -, (auch:) **Mi|ni|mal|art,** die; - [engl. minimal art, aus: minimal = gering u. art = Kunst] (Kunstwiss.): *Kunstrichtung (in den USA), die mit einfachen (geometrischen) Grundformen arbeitet.*
mi|ni|ma|li|sie|ren ⟨sw. V.; hat⟩: **1.** (Fachspr.) *so klein wie möglich machen; sehr stark reduzieren, vereinfachen:* eine Gleichung m. **2.** (bildungsspr.) *abwerten, wenig od. gar nicht achten.*
Mi|ni|mal|kon|sens, der (Politik): *Konsens (1) auf einer Basis, die trotz unterschiedlicher Weltanschauung od. politischer Richtung als kleinstmögliche Grundlage für ein gemeinsames Handeln dienen kann.*
Mi|ni|mal Mu|sic ['mɪnɪməl 'mjuːzɪk], die; - -, (auch:) **Mi|ni|mal|mu|sic,** die; - [engl. minimal music, aus: minimal = gering u. music = Musik]: *Musik[form], die in einer unendlichen Wiederholung kleinster, nur wenig variierter Klangeinheiten besteht.*
Mi|ni|mal|paar, das (Sprachw.): *zwei sprachliche Einheiten, die nur durch ein einziges, den Bedeutungsunterschied bewirkendes Merkmal unterschieden sind* (z. B.: Wal – Wall).
mi|ni|mie|ren ⟨sw. V.; hat⟩: **1.** (bildungsspr.) *auf ein Minimum senken, vermindern, verringern.* **2.** (bes. Math.) *durch Minimieren (1) auf den geringsten Wert festlegen.*
Mi|ni|mo|de, die ⟨o. Pl.⟩: *Mode, bei der die Kleidungsstücke eine Länge haben, die [weit] oberhalb des Knies endet.*
Mi|ni|mum, das; -s; ...ma [lat. minimum = das Geringste, Mindeste, subst. Neutr. von: minimus = kleinster, Sup. von: minus, ↑minus]: **1.** ⟨Pl. selten⟩ (bildungsspr.) *geringstes, niedrigstes Maß; Mindestmaß.* **2. a)** (Math.) *unterer Extremwert;* **b)** (Met.) *niedrigster Wert (bes. der Temperatur) eines Tages o. Ä.* **3.** *Kern eines Tiefdruckgebiets.*
Mi|ni|mum|ther|mo|me|ter, das, österr., schweiz. auch: der: *Thermometer, mit dem der niedrigste Wert zwischen zwei Messungen festgestellt wird.*
Mi|ni|rock, der: *[weit] oberhalb des Knies endender, sehr kurzer Rock.*
Mi|ni|ski, der: *kurzer Ski für Anfänger.*
Mi|ni|slip, der: *eng anliegender, sehr kleiner Slip (1).*
Mi|nis|ter, der; -s, - [frz. ministre, eigtl. = Diener (des Staates) < lat. minister = Diener, Gehilfe]: *Mitglied der Regierung eines Staates od. Landes, das einen bestimmten Geschäftsbereich verwaltet:* der M. des Inneren *(Innenminister);* der M. des Äußeren *(Außenminister);* das Wort hat Frau M. Schulz; er wurde zum M. ernannt.
Mi|nis|ter|amt, das: *Amt (1 a) eines Ministers.*
Mi|nis|ter|bank, die ⟨Pl. ...bänke⟩: *Platz für die Regierungsmitglieder (z. B. Minister, Staatssekretäre) im Parlament.*
Mi|nis|ter|ebe|ne: in der Fügung **auf M.** *(im Kreise der zuständigen Minister).*
mi|nis|te|ri|al ⟨Adj.⟩ [spätlat. ministerialis = den Dienst beim Kaiser betreffend]: *von einem Minister, Ministerium ausgehend, zu ihm gehörend.*
Mi|nis|te|ri|al|be|am|te, der: *Beamter in einem Ministerium.*
Mi|nis|te|ri|al|be|am|tin, die: w. Form zu ↑Ministerialbeamte.
Mi|nis|te|ri|al|di|rek|tor, der: *Abteilungsleiter in einem Ministerium.*

M

Mi|nis|te|ri|al|di|rek|to|rin, die: w. Form zu ↑Ministerialdirektor.

Mi|nis|te|ri|al|di|ri|gent, der: *Referatsleiter in einem Ministerium.*

Mi|nis|te|ri|al|di|ri|gen|tin, die: w. Form zu ↑Ministerialdirigent.

Mi|nis|te|ri|a|le, der; -n, -n ⟨Dekl. ↑Abgeordnete⟩ [mlat. ministerialis < spätlat. ministeriales (Pl.) = kaiserliche Beamte]: **1.** *Angehöriger des Dienstadels im Mittelalter.* **2.** *Angehöriger eines Ministeriums:* die Bonner -n.

Mi|nis|te|ri|al|rat, der: *Beamter des höheren Dienstes in einem Ministerium od. in einer obersten Bundesbehörde [mit den Aufgaben eines Ministerialdirigenten].*

Mi|nis|te|ri|al|rä|tin, die: w. Form zu ↑Ministerialrat.

mi|nis|te|ri|ell ⟨Adj.⟩ [frz. ministériel < spätlat. ministerialis]: **a)** *ministerial;* **b)** *von einem Minister ausgehend.*

Mi|nis|te|rin, die; -, -nen: w. Form zu ↑Minister.

Mi|nis|te|ri|um, das; -s, ...ien [frz. ministère < lat. ministerium = Dienst, Amt]: **1.** *höchste Verwaltungsbehörde eines Landes mit einem bestimmten Aufgabenbereich.* **2.** *Gebäude, in dem sich ein Ministerium* (1) *befindet.*

Mi|nis|ter|prä|si|dent, der: **1.** *Leiter einer Landesregierung in der Bundesrepublik Deutschland.* **2.** *Leiter der Regierung in verschiedenen Staaten; Premierminister.*

Mi|nis|ter|prä|si|den|tin, die: w. Form zu ↑Ministerpräsident.

Mi|nis|ter|rat, der: *Regierung (in verschiedenen Staaten, z. B. in der ehem. DDR, in Frankreich).*

Mi|nis|ter|ses|sel, der (Jargon): *Ministeramt:* sein M. wackelt.

Mi|nis|trant, der; -en, -en [zu lat. ministrans (Gen.: ministrantis), 1. Part. von: ministrare = bedienen] (kath. Kirche): *Junge, der dem Priester während der* [1]*Messe* (1) *bestimmte Handreichungen macht; Messdiener.*

Mi|nis|tran|tin, die; -, -nen: w. Form zu ↑Ministrant.

mi|nis|trie|ren ⟨sw. V.; hat⟩ (kath. Kirche): *als Ministrant, Ministrantin tätig sein.*

Mink, der; -s, -e [engl. mink]: **1.** *(in Nordamerika heimischer) Nerz mit tiefbraunem Fell u. weißem Fleck am Kinn, der wegen seines wertvollen Fells auch gezüchtet wird.* **2.** *Fell des Minks.*

Min|na, die; -, -s [nach dem (früher häufigen) w. Vorn. Minna, Kurzf. von Wilhelmine] (ugs. veraltet): *Hausangestellte, Dienstmädchen:* *** jmdn. zur M. machen** (ugs.; *jmdn. unverhältnismäßig grob u. heftig tadeln*); **die grüne M.** (ugs.; *Polizeiwagen zum Gefangenentransport;* H. u.).

Min|ne, die; - [mhd. minne, ahd. minna, eigtl. = (liebevolles) Gedenken]: **1.** *(im MA.) verehrende, dienende Liebe eines höfischen Ritters zu einer meist verheirateten, höher gestellten Frau.* **2.** (altertümelnd) *Liebe* (1 b).

Min|ne|dienst, der: *(im MA.) höfischer Dienst des Ritters für die verehrte Frau:* Ü M. haben/zum M. gehen (ugs. scherzh.; *sich mit seiner Freundin, Geliebten treffen; ein Rendezvous haben*).

Min|ne|lied, das (Literaturw.): *lyrisches Gedicht (bes. Liebeslied) des Minnesangs.*

Min|ne|sang, der [mhd. minnesanc] (Literaturw.): *höfische Liebeslyrik.*

Min|ne|sän|ger, der [mhd. minnesenger]: *(im MA.) Vertreter des Minnesangs.*

Min|ne|sin|ger, der: *Minnesänger.*

Min|ne|so|ta; -s: Bundesstaat der USA.

mi|no|isch ⟨Adj.⟩ [nach dem Sagenkönig Minos]: *die vorgriechische Kultur Kretas betreffend:* Funde aus -er Zeit.

Mi|no|rat, das; -[e]s, -e [zu lat. minor, ↑minus] (Rechtsspr.): **1.** *Vorrecht des Jüngsten auf das Erbgut.* **2.** *nach dem Minorat* (1) *zu vererbendes Gut.*

mi|no|renn ⟨Adj.⟩ [mlat. minorennis, zu lat. minor (↑minus) u. annus = Jahr] (Rechtsspr. veraltet): *minderjährig, unmündig.*

Mi|no|rit, der; -en, -en [zu mlat. minoritas = Armut]: *Angehöriger eines selbstständigen Zweiges des Franziskanerordens.*

Mi|no|ri|tät, die; -, -en [frz. minorité < mlat. minoritas]: *Minderheit, Minderzahl, die sich für od. gegen etw. entscheidet:* einer M. angehören.

Mi|no|ri|tin, die; -, -nen: *Angehörige eines weiblichen Zweiges der Minoriten.*

Mi|no|taur, der; -s, **Mi|no|tau|rus,** der; - (griech. Myth.): *halb als Mensch, halb als Stier gestaltetes Ungeheuer.*

Minsk: Hauptstadt von Weißrussland.

mint ⟨indekl. Adj.⟩ [zu engl. mint = Minze, nach der Farbe der Blätter]: *von einem blassen, leicht blaustichigen Grün.*

Mint|so|ße, die; -, -n [engl. mint sauce, aus: mint = Minze u. sauce = Soße] (Kochk.): *(bes. in England beliebte) würzige Soße aus Grüner Minze.*

Mi|nu|end, der; -en, -en [zu lat. minuendus, Gerundiv von: minuere = verringern] (Math.): *Zahl, von der eine andere abgezogen werden soll.*

mi|nus [lat. minus = weniger, Neutr. von: minor = kleiner, geringer]: **I.** ⟨Konj.⟩ (Math.) drückt aus, dass die folgende Zahl von der vorangehenden abgezogen wird; *weniger:* fünf m. drei ist, macht, gibt zwei (Zeichen: –). **II.** ⟨Präp. mit Gen.⟩ (Kaufmannsspr.) drückt aus, dass etw. um eine bestimmte Summe vermindert ist: dieser Betrag m. der üblichen Abzüge. **III.** ⟨Adv.⟩ **1.** (bes. Math.) drückt aus, dass eine Zahl, ein Wert negativ, kleiner als null ist: m. drei; die Temperatur beträgt m. fünf Grad/fünf Grad m. (Zeichen: –). **2.** (Elektrot.) drückt aus, dass eine negative Ladung vorhanden ist: der Strom fließt von plus nach m. (Zeichen: –). **3.** verschlechtert eine (in Ziffern ausgedrückte) Zensur um ein Viertel: sie hat eine Zwei minus bekommen, geschrieben (Zeichen: –).

Mi|nus, das; -: **1.** *etw., was bei der [End]abrechnung fehlt:* M. machen; die Bilanz weist ein M. auf. **2.** *Nachteil, der durch einen* [1]*Mangel* (2) *hervorgerufen wird.*

Mi|nus|be|trag, der: *Betrag, der bei der [End]abrechnung fehlt.*

Mi|nus|ge|schäft, das: *Verlustgeschäft.*

Mi|nus|kel, die; -, -n [lat. minusculus = etwas kleiner, Vkl. von: minor, ↑minus] (Druckw.): *Kleinbuchstabe (bei einer lateinischen Schrift):* in -n schreiben.

Mi|nus|kel|schrift, die (Druckw.): *gedruckte Schrift, die nur aus Kleinbuchstaben besteht.*

Mi|nus|mann, der ⟨Pl. ...männer⟩ (ugs. abwertend): *Mann mit vorwiegend negativen Eigenschaften.*

Mi|nus|pol, der: **a)** (Elektrot.) *Pol, der eine negative Ladung aufweist;* **b)** (Physik) *negativer Pol eines Magneten.*

Mi|nus|punkt, der: **1.** *negativer Punkt in einem System zur Bewertung von Leistungen.* **2.** *Minus* (2).

Mi|nus|re|kord, der (Jargon): *Rekord* (2) *in negativem Sinn (in einem bestimmten Zusammenhang).*

Mi|nus|stun|de, die: *(bei Gleitzeit) Stunde, die an der vollen Arbeitszeit fehlt.*

Mi|nus|typ, der (ugs. abwertend): *Person mit negativen Eigenschaften.*

Mi|nus|zei|chen, das: *Zeichen in Form eines waagrechten Strichs, das für minus (I, III) steht.*

Mi|nu|te, die; -, -n [mlat. minuta, gek. aus lat. pars minuta prima (eigtl. = der erste verminderte Teil) = erste Unterteilung der Stunde nach dem Sechzigersystem des ägypt. Astronomen Ptolemäus (um 100 bis etwa 160), zu: minutum, 2. Part. von: minuere = vermindern]: **1. a)** *Zeitraum von sechzig Sekunden; der sechzigste Teil einer Stunde:* eine ganze M.; es blieben ihm nur noch ein paar -n; es ist genau zehn -n vor/nach zwölf; sie kam [pünktlich] auf die M. *(ganz pünktlich);* tausend Umdrehungen in der M.; *** fünf -n vor zwölf** (↑fünf); Zeichen: min, (bei Angabe eines Zeitpunktes:) ^{m}, (veraltet:) m; **b)** *Augenblick, Moment:* jede freie M. nutzen; sie kam in letzter M.; von M. zu M. wurde es dunkler. **2.** (Fachspr.) *sechzigster Teil eines Grades:* (Zeichen: ′).

mi|nu|ten|lang ⟨Adj.⟩: *einige, mehrere Minuten lang:* -er Applaus.

Mi|nu|ten|zei|ger, der: *meist längerer Zeiger der Uhr, der den Ablauf der Minuten anzeigt.*

-mi|nu|tig, -mi|nü|tig [zu ↑Minute (1)]: in Zusb., z. B. zweiminutig *(zwei Minuten dauernd),* mehrminütig *(mehrere Minuten dauernd).*

mi|nu|ti|ös, (auch:) minuziös ⟨Adj.⟩ [frz. minutieux, zu: minutie = (peinliche) Genauigkeit < lat. minutia, zu: minutus, ↑Minute] (bildungsspr.): **1.** *peinlich genau:* eine -e Schilderung; etw. m. darstellen. **2.** (veraltet) *kleinlich.*

mi|nüt|lich ⟨Adj.⟩: *jede Minute (stattfindend).*

mi|nu|zi|ös: ↑minutiös.

Min|ze, die; -, -n [mhd. minz(e), ahd. minza < lat. menta, ↑Menthol]: *Pflanze mit vierkantigem Stängel u. kleinen Blüten, deren Stängel u. Blätter stark duftende ätherische Öle enthalten.*

Mio. = Million[en].

Mi|o|zän, das; -s [zu griech. meĩon = kleiner, weniger u. kainós = neu, eigtl. = die weniger junge Abteilung (im Vergleich zum Pliozän) (Geol.): *zweitjüngste Abteilung des Tertiärs.*

mir [mhd., ahd. mir]: **1.** ⟨Dativ Sg. des Personalpron. ↑ich⟩: gib m. das Messer!; *** m. nichts, dir nichts** (ugs.; *von einem Augenblick auf den anderen u. ohne zu zögern; einfach so;* entstanden als Ellipse aus zwei aneinander gereihten Sätzen: [es schadet] m. nichts, [es schadet] dir nichts): m. nichts, dir nichts abhauen. **2.** ⟨Dativ Sg. des Reflexivpron. der 1. Person⟩: ich kämme m. die Haare.

Mi|ra|bel|le, die; -, -n [frz. mirabelle, H. u.]: *kleine, runde, gelbe od. grünliche, sehr süße u. aromatische Steinfrucht.*

Mi|ra|bel|len|baum, der: *weiß blühender Obstbaum mit Mirabellen als Früchten.*

Mi|ra|bel|len|geist, der: *aus Mirabellen gebrannter Branntwein.*

mi|ra|bell|far|ben ⟨Adj.⟩: *von der Farbe reifer Mirabellen.*

Mi|rage [mi'ra:ʒ], die; -, -n [frz. mirage, zu: (se) mirer = sich spiegeln < lat. mirari = sich wundern; bewundern]: **1.** (Met.) *Luftspiegelung.* **2.** ⟨Pl. -s⟩ *Name einer Reihe französischer Kampfflugzeuge.*

Mi|ra|kel, das; -s, - [lat. miraculum = Wunder, zu: mirari = sich wundern]: **1.** (geh.) *Wunder, wunderbare Begebenheit.* **2.** *Mirakelspiel.*

Mi|ra|kel|spiel, das (Literaturw.): *geistliches Drama des Mittelalters über das Leben u. die Wundertaten Marias u. der Heiligen.*

mi|ra|ku|lös ⟨Adj.⟩ [frz. miraculeux, zu: miracle < lat. miraculum, ↑Mirakel] (bildungsspr. veraltend): *wie durch ein Wunder bewirkt, wunderbar.*

Mir|za, der; -s, -s [pers. mīrzā = Fürstensohn, aus: mīr (Kurzform von arab.-pers. amīr, ↑Emir = Fürst, Herrscher u. zā (verkürzt aus: zāda) = geboren; Sohn, zu zādan = gebären; geboren werden]: *persischer Ehrentitel* (vor dem Namen: Herr; hinter dem Namen: Prinz).

mis-, Mis-: ↑miso-, Miso-.

Mi|san|drie, die; - [griech. misandría, zu: mĩsos (↑miso-, Miso-) u. anḗr (Gen.: andrós) = Mann] (Med., Psych.): *krankhafter Hass von Frauen gegenüber Männern.*

Mi|san|throp, der; -en, -en [griech. misánthrōpos, zu: mĩsos (↑miso-, Miso-) u. ánthrōpos = Mensch] (bildungsspr.): *Menschenfeind.*

Mi|san|thro|pie, die; - [griech. misanthrōpía] (bildungsspr.): *Menschenhass.*

Mi|san|thro|pin, die; -, -nen: w. Form zu ↑Misanthrop.

mi|san|thro|pisch ⟨Adj.⟩ (bildungsspr.): *menschenfeindlich.*

misch-, Misch-: drückt in Bildungen mit Substantiven – seltener mit Adjektiven oder Verben – aus, dass etw. aus einer Mischung von Teilen, Substanzen o. Ä. besteht: Mischarbeitsplatz, -bauweise, -volk; mischerbig; mischfinanzieren.

misch|bar ⟨Adj.⟩: *sich mit etw. anderem mischen lassend.*
Misch|bat|te|rie, die: *Armatur* (c) *an Waschbecken, Duschen, Badewannen o. Ä., die Wasserleitungen mit heißem u. kaltem Wasser verbindet u. eine stufenlose Regulierung der Wassertemperatur ermöglicht.*
Misch|brot, das: *Brot aus Roggen- u. Weizenmehl.*
Misch|ehe, die: 1. *Ehe zwischen Partnern verschiedener Konfession, Religionszugehörigkeit od. Nationalität.* 2. (nationalsoz.) *Ehe zwischen sog. Ariern* (2) *u. Juden.*
mi|schen ⟨sw. V.; hat⟩ [mhd. mischen, ahd. miscan, wohl < lat. miscere = (ver)mischen]: **1. a)** *verschiedene Substanzen [in einem bestimmten Verhältnis] zusammenbringen u. so durcheinander rühren, schütteln o. Ä., dass eine [einheitliche] Masse, Substanz, ein Gemisch entsteht:* Wasser und Wein m.; **b)** *eine [kleine Menge einer] Substanz zu einer anderen hinzufügen u. mit ihr vermischen;* **c)** *durch Mischen* (1 a) *entstehen lassen, zubereiten:* sich einen Drink m.; Gift m. **2.** ⟨m. + sich⟩ **a)** *sich mit etw. vermischen:* Wasser mischt sich nicht mit Öl; Ü Ekel und Verzweiflung mischten sich; **b)** *zu etw. hinzukommen u. sich damit vermischen:* in meine Freude mischte sich Angst. **3.** *(Spielkarten) vor dem Spiel in eine absichtlich ungeordnete Reihenfolge bringen:* die Karten m. **4.** ⟨m. + sich⟩ *sich einmischen* (2). **5.** ⟨m. + sich⟩ *sich [aus einer exponierten Stellung heraus] zu einer Anzahl von Menschen begeben, um [unerkannt, unauffällig] mit ihnen zusammen zu sein od. um sich in der Menge zu verstecken:* sich unters Volk m. **6.** (Film, Funk, Ferns.) *an einem Mischpult Sprache, Musik, Geräusche zu einem einheitlichen Klangbild vereinigen.*
Mi|scher, der; -s, -: *Mischmaschine, Mischtrommel.*
misch|er|big ⟨Adj.⟩: *heterozygot.*
Misch|far|be, die: *Farbe, die durch Mischen von reinen Spektralfarben entsteht.*
Misch|form, die: *etw., was aus verschiedenen Elementen besteht od. entstanden ist [u. eine neue Einheit bildet].*
Misch|ge|mü|se, das: *gemischtes Gemüse (als Beilage).*
Misch|ge|we|be, das: *aus verschiedenen Fasern bestehendes Gewebe.*
Misch|kal|ku|la|ti|on, die (Wirtsch.): *Kalkulation, bei der die Preise für einzelne Güter von den tatsächlichen Kosten nach oben od. unten abweichend so festgesetzt werden, dass insgesamt mindestens kostendeckend verkauft wird.*
Misch|kon|zern, der (Wirtsch.): *Konzern, in dem Unternehmen verschiedener Wirtschaftszweige vereinigt sind.*
Misch|kost, die: *Kost* (a), *die pflanzliche u. tierische Produkte gleichermaßen enthält.*
Misch|ling, der; -s, -e: **1.** *Person, deren Elternteile verschiedenen Menschentypen angehören* (heute weitgehend als abwertend empfunden). **2.** (Biol.) *Hybride.*
Misch|masch, der; -[e]s, -e [verdoppelnde Bildung mit Ablaut zu ↑mischen] (ugs., meist abwertend): *Gemisch aus nicht Zusammenpassendem, nicht Zusammengehörendem.*
Misch|ma|schi|ne, die (Bauw.): *Maschine, in der Sand, Kies, Zement, Wasser zu Beton, Mörtel vermischt werden; Betonmischmaschine.*
Misch|na, die; - [hebr. mišnạ = Lehre]: *grundlegender Teil des Talmuds.*
Misch|po|che: ↑Mischpoke.
Misch|po|ke, Muschpoke, Mischpoche, die; - [jidd. mischpocho = Familie < hebr. mišpạḥạ = Stamm, Genossenschaft] (salopp abwertend): **a)** *jmds. Familie, Verwandtschaft:* meine M.; **b)** *üble Gesellschaft, Gruppe von unangenehmen Leuten:* so eine M.!
Misch|pult, das: *Gerät, mit dessen Hilfe Musik, Sprache, Geräusche, die aus verschiedenen Quellen stammen, zu einem einheitlichen Klangbild vereinigt werden.*
Misch|spra|che, die (Sprachw.): *Sprache od. Sprachform, die Bestandteile aus zwei od. mehreren Sprachen od. Dialekten enthält.*
Misch|trom|mel, die: *Trommel zum Mischen.*
Mi|schung, die; -, -en [mhd. mischunge, ahd. miscunga]: **1.** *das Mischen* (1): durch die M. der beiden Farben entstand ein dunkles Grün. **2. a)** *Gemischtes, Gemisch:* eine gute M., eine M. Pralinen; **b)** *etw., was [noch deutlich erkennbare] Bestandteile, Elemente, Eigenschaften von Verschiedenem, Gegensätzlichem, normalerweise nicht zusammen Vorkommendem enthält, aus Gegensätzlichem besteht:* ihr Kleid ist eine M. aus Cocktailkleid und Dirndl; sie sah ihn mit einer M. aus, (seltener:) von Abneigung und Mitleid an.
Mi|schungs|ver|hält|nis, das: *mengenmäßiges Verhältnis der Anteile, Zutaten einer Mischung zueinander.*
Misch|wald, der: *Wald, in dem Nadel- u. auch Laubbäume wachsen.*
Mi|se, die; -, -n [frz. mise, subst. w. Form des 2. Part. von: mettre = (ein)setzen, stellen, legen]: **1.** *einmalige Prämie bei der Lebensversicherung.* **2.** *Einsatz bei Glücksspielen.*
mi|se|ra|bel ⟨Adj.; ...bler, -ste⟩ [frz. misérable < lat. miserabilis = jämmerlich, kläglich, zu: miserari = beklagen, bejammern, zu: miser, ↑Misere] (emotional): **a)** *auf ärgerliche Weise sehr schlecht:* der Wein ist m.; **b)** *erbärmlich* (1 a): ich fühle mich m.; **c)** *niederträchtig, gemein.*
Mi|se|re, die; -, -n [frz. misère < lat. miseria = Elend, zu: miser = elend] (bildungsspr.): *unglückliche Situation, bedauernswerte Lage, Notlage:* eine persönliche M.; die M. im Schulwesen.
Mi|se|re|or, das; -[s] [lat. misereor = ich erbarme mich]: *(1959 gegründete) katholische Organisation, die mit einem jährlichen Fastenopfer der deutschen Katholiken den Menschen in den Entwicklungsländern helfen will.*
Mi|se|ri|cor|di|as Do|mi|ni ⟨o. Art.; indekl.⟩ [lat. = die Barmherzigkeit des Herrn, nach den ersten Worten des Eingangsverses der Liturgie, Ps. 89, 2] (ev. Kirche): *zweiter Sonntag nach Ostern.*
Mi|so, das; -s, -s [jap.]: *(aus Japan kommende) Paste aus fermentierten Sojabohnen.*
mi|so-, Mi|so-, (vor Vokalen): mis-, Mis- [griech. mĩsos] ⟨Best. in Zus. mit der Bed.⟩: *Feindschaft, Hass, Verachtung* (z. B. Misogyn, misanthropisch).
mi|so|gyn ⟨Adj.⟩ [griech. misogýnēs, zu: gynḗ = Frau] (bildungsspr.): *frauenfeindlich:* -e Tendenzen.
Mi|so|gyn, der; -s u. -en, -e[n] [griech. misogýnēs, subst. aus: misogýnēs, ↑misogyn] (Med., Psych.): *jmd., der Frauen verachtet, hasst, keinerlei Kontakt mit ihnen haben will.*
Mi|so|gy|nie, die; - [griech. misogynía, zu: misogýnēs, ↑misogyn]: **1.** (Med., Psych.): *krankhafter Hass von Männern gegenüber Frauen.* **2.** (bildungsspr.) *Frauen entgegengebrachte Verachtung, Geringschätzung; Frauenfeindlichkeit.*
Mis|pel, die; -, -n [mhd. mispel, ahd. mespila < lat. mespilus < griech. méspilon]: **1.** *(zu den Rosengewächsen gehörende) als Strauch od. kleiner Baum wachsende Pflanze mit langen, schmalen Blättern u. kleinen, grünen od. bräunlichen, birnenförmigen Früchten, die im überreifen Zustand essbar sind.* **2.** *Frucht der Mispel* (1).
miss: ↑messen.
Miss, die; -, -es [engl. miss, Kurzf. von: mistress, ↑Mistress]: **1.** ⟨o. Art.⟩ engl. Anrede für eine (meist unverheiratete) Frau. **2. a)** *Schönheitskönigin* (häufig in Verbindung mit einem Orts- od. Ländernamen): sie ist [die neue] M. Germany, M. Westerland; **b)** (scherzh.) Titel für eine Frau, die die Verkörperung von etw. darstellt: M. Tagesschau.
miss-, Miss- [mhd. mis-, misse-, ahd. missa-]: **1.** drückt in Bildungen mit Substantiven oder Verben aus, dass etw. falsch, nicht richtig oder nicht gut ist bzw. getan wird: Misseinschätzung, -ergebnis; missinterpretieren. **2.** drückt in Bildungen mit Substantiven oder Verben das Gegenteil von etw. aus: Misserfolg, -verstand; missglücken. **3. a)** gibt in Bildungen mit Adjektiven (meist Partizipien) diesen eine negative Bedeutung: missfarbig, -gelaunt, -tönend; **b)** verneint in Bildungen mit Adjektiven deren Bedeutung: missvergnügt, -zufrieden.
Mis|sa, die; -, Missae: kirchenlat. Bez. der [1]*Messe:* M. solemnis *(feierliches Hochamt).*
miss|ach|ten ⟨missachtete, hat missachtet⟩: **1.** *[absichtlich] nicht beachten, nicht befolgen.* **2.** *jmdn., etw. nicht achten* (1).
Miss|ach|tung, die; -: *das Missachten; Geringschätzung, die jmdm., einer Sache entgegengebracht wird.*
[1]Mis|sal, die; - [zu ↑[2]Missal; die Schrift wurde bes. für liturgische Bücher verwendet] (veraltet): *Schriftgrad von 48 bzw. 60 Punkt.*
[2]Mis|sal, das; -s, -e, **Mis|sa|le,** das; -s, -n u. ...alien [mlat. missale]: *Messbuch:* Missale Romanum *(amtliches Messbuch der römisch-katholischen Kirche).*
miss|be|ha|gen ⟨sw. V.; hat⟩ (selten): *nicht behagen:* das missbehagt mir.
Miss|be|ha|gen, das; -s: *unangenehmes Gefühl, Unbehagen:* etw. mit M. beobachten.
Miss|bil|dung, die; -, -en: *vom Normalen abweichende Bildung, Ausgestaltung eines Körperteils od. Organs.*
miss|bil|li|gen ⟨sw. V.; missbilligte, hat missbilligt⟩: *sein Unverständnis, sein ablehnendes Urteil in Bezug auf etw. deutlich, meist in Form eines Tadels, zum Ausdruck bringen.*
Miss|bil|li|gung, die; -, -en ⟨Pl. selten⟩: *das Missbilligen.*
Miss|brauch, der; -[e]s, ...bräuche: **1. a)** *das Missbrauchen* (1 a): der M. der Macht; M. mit etw. treiben; **b)** *übermäßiger Gebrauch; Abusus:* der M. von Medikamenten. **2.** (seltener) *Vergewaltigung, Notzucht.*
miss|brau|chen ⟨sw. V.; missbrauchte, hat missbraucht⟩: **1. a)** *falsch, nicht seiner eigentlichen Bestimmung od. seinem eigentlichen Verwendungszweck entsprechend gebrauchen, benutzen; in unredlicher, unerlaubter Weise [für eigennützige Zwecke] gebrauchen, benutzen:* seine Macht m.; **b)** *etw. in übermäßigem, sich schädlich auswirkendem Maß zu sich nehmen, anwenden:* Drogen m. **2.** (geh.) *vergewaltigen.*
miss|bräuch|lich ⟨Adj.⟩: *absichtlich falsch, unerlaubt:* etw. m. benutzen.
miss|deu|ten ⟨sw. V.; missdeutete, hat missdeutet⟩: *falsch deuten, auslegen, erklären:* jmds. Worte m.
Miss|deu|tung, die; -, -en: *falsche Deutung, Auslegung, Erklärung.*
mis|sen ⟨sw. V.; hat⟩ [mhd., ahd. missen, urspr. = verwechseln, verfehlen] (geh.): **1.** ⟨meist Verbindung mit einem Modalverb⟩ *entbehren* (1 b) *[müssen]:* wir mussten alle Annehmlichkeiten m. **2.** (selten) *vermissen* (1).
Miss|er|folg, der; -[e]s, -e: *[unerwartet] schlechter, enttäuschender, negativer Ausgang einer Unternehmung o. Ä.*
Miss|ern|te, die; -, -n: *sehr schlechte Ernte:* -n erleben.
Mis|ses: Pl. von ↑Miss.
Mis|se|tat, die; -, -en [mhd. missetāt, ahd. missitāt] (geh. veraltend): *verwerfliche Tat (die im Widerspruch zu Moral u. Recht steht):* eine M. begehen.
Mis|se|tä|ter, der; -s, - (geh. veraltend): *jmd., der eine Missetat begangen hat.*
Mis|se|tä|te|rin, die: w. Form zu ↑Missetäter.
miss|fal|len ⟨st. V.; missfiel, hat missfallen⟩ (geh.): *Missfallen auslösen, hervorrufen:* ihr Benehmen missfällt mir.
Miss|fal|len, das; -s: *Unzufriedenheit, Nicht-einverstanden-Sein mit einem Vorgang, einer Verhaltensweise o. Ä.*
Miss|fal|lens|äu|ße|rung, die: *Missfallen ausdrückende Äußerung.*
miss|far|ben ⟨Adj.⟩ (seltener): *von undefinierbarer, hässlicher Farbe.*
miss|ge|bil|det ⟨Adj.⟩: vgl. missgestaltet.

Miss|ge|burt, die; -, -en: **a)** (veraltend) *mit schweren Fehlbildungen geborenes Lebewesen;* **b)** (derb abwertend, oft als Schimpfwort) *jmd., der als niederträchtig, bösartig angesehen wird;* **c)** (ugs.) *etw., was völlig misslungen ist, was nicht funktioniert:* der Kuchen ist die reinste M.

miss|ge|launt ⟨Adj.⟩ (geh.): *schlecht gelaunt.*

Miss|ge|schick, das; -[e]s, -e: *[durch Ungeschicklichkeit, Unvorsichtigkeit hervorgerufener] peinlicher, ärgerlicher Vorfall:* jmdm. passiert ein M.

Miss|ge|stalt, die; -, -en: *missgestalteter, hässlicher Mensch.*

miss|ge|stal|tet ⟨Adj.⟩: *von deformierter, von der Norm abweichender Form, Gestalt:* ein -er Körper.

miss|ge|stimmt ⟨Adj.⟩: vgl. missgelaunt.

miss|glü|cken ⟨sw. V.; missglückte, ist missglückt⟩: *nicht glücken, misslingen:* der erste Versuch missglückte.

miss|gön|nen ⟨sw. V.; missgönnte, hat missgönnt⟩: *jmdm. einen Erfolg, eine Vergünstigung o. Ä. nicht gönnen [ohne selbst daran interessiert zu sein]:* jmdm. seine gute Stellung m.

Miss|griff, der; -[e]s, -e: *sich als falsch erweisende Entscheidung, Handlung.*

Miss|gunst, die; -: *aus einer ablehnenden Haltung, Einstellung jmdm. gegenüber entspringendes Gefühl, diesem einen Erfolg, Vorteile o. Ä. nicht zu gönnen.*

miss|güns|tig ⟨Adj.⟩: *Missgunst empfindend, zeigend, äußernd.*

[1]miss|han|deln ⟨sw. V.; misshandelte, hat misshandelt⟩ [mhd. missehandeln]: *einem Menschen, einem Tier in roher, brutaler Weise körperlichen [u. seelischen] Schaden zufügen:* sein Kind brutal m.; Ü (scherzh.:) sein Auto m.

Miss|hand|lung, die; -, -en: *das Misshandeln; das Misshandeltwerden.*

Miss|hel|lig|keit, die; -, -en ⟨meist Pl.⟩: *nicht sehr ernsthaftes Zerwürfnis:* es gab kleine, schwere -en zwischen ihnen.

Mis|sile [ˈmɪsaɪl, auch: ˈmɪsl̩], das; -s, -s [engl. missile, zu lat. missilis = zum Werfen, Schleudern geeignet] (Milit.): kurz für ↑Cruise-Missile.

Mis|sing Link, das; - -, (auch:) **Mis|sing|link,** das; - [engl. missing link, zu: to miss = nicht haben u. link = Glied] (Biol.): *fehlende, nicht nachgewiesene Übergangsform von etw.:* das M. zwischen Affe u. Mensch.

mis|singsch ⟨Adj.⟩ [niederd. missingsch, älter: missensch, mißensch, eigtl. = meißnisch, aus Meißen; nach der von der meißnischen Kanzlei ausgehenden einheitlichen nhd. Schriftsprache]: *auf Missingsch, in Missingsch; zum Missingsch gehörend:* m. sprechen.

Mis|singsch, das; -[s]: *in Norddeutschland gesprochene Sprache, bestehend aus einer Mischung von Hoch- u. Niederdeutsch.*

Mis|si|on, die; -, -en [kirchenlat. missio = das Entsenden christlicher Glaubensboten < lat. missio = das Entsenden, zu: mittere (2. Part.: missum) = entsenden]: **1.** (bildungsspr.) *[mit einer Entsendung verbundener] Auftrag; Sendung:* eine gefährliche, politische M.; ihre M. ist erfüllt, gescheitert, beendet. **2.** (bildungsspr.) *[ins Ausland] entsandte Personengruppe mit besonderem Auftrag:* eine M. entsenden. **3.** (bildungsspr.) *diplomatische Vertretung.* **4.** ⟨o. Pl.⟩ *Verbreitung einer religiösen Lehre unter Andersgläubigen, bes. der christlichen Lehre unter Heiden:* M. betreiben; die Innere M. *(Organisation für religiöse Erneuerung u. Sozialarbeit unter Christen).*

Mis|si|o|nar, der; -s, -e: *in der [christlichen] Mission* (4) *tätiger Geistlicher od. Laie:* er ist, arbeitet als M. in Afrika.

Mis|si|o|na|rin, die; -, -nen: w. Form zu ↑Missionar.

mis|si|o|na|risch ⟨Adj.⟩: *die Mission* (4) *betreffend; auf [christliche] Bekehrung hinzielend:* m. tätig sein; Ü mit -em Eifer.

Mis|si|o|nars|stel|lung, die (ugs.): *Stellung beim Geschlechtsverkehr, bei der die Frau unten liegt.*

mis|si|o|nie|ren ⟨sw. V.; hat⟩: **a)** *eine Glaubenslehre, bes. das Christentum, unter Andersgläubigen verbreiten:* in Afrika m.; **b)** *jmdn. eine Glaubenslehre, bes. das Christentum, verkünden u. ihn bekehren:* afrikanische Völker, Heiden m.

Mis|si|o|nie|rung, die; -, -en: *das Missionieren.*

Mis|si|ons|chef, der: *Leiter einer Mission* (3).

Mis|si|ons|che|fin, die: w. Form zu ↑Missionschef.

Mis|si|ons|ge|biet, das: *Gebiet, in dem Mission* (4) *betrieben wird.*

Mis|si|ons|haus, das: *Ausbildungsstätte für Missionare.*

Mis|si|ons|sta|ti|on, die: *von Missionaren eingerichtete Station mit Schule, Krankenhaus u. Ä.*

[1]Mis|sis|sip|pi, der; -[s]: nordamerikanischer Strom.

[2]Mis|sis|sip|pi; -s: Bundesstaat der USA.

Miss|klang, der; -[e]s, ...klänge: *als unharmonisch, unschön empfundenes Zusammenklingen von Tönen; Dissonanz:* ein M. aus dem Orchester; Ü in ihrer Beziehung gab es Missklänge *(Unstimmigkeiten).*

Miss|kre|dit, der: in den Wendungen **in M. bringen** *(in schlechten Ruf bringen);* **in M. kommen/geraten** *(an Ansehen verlieren; in Verruf kommen).*

miss|lang, miss|län|ge: ↑misslingen.

miss|lau|nig ⟨Adj.⟩: *missgelaunt.*

miss|lich ⟨Adj.⟩ [älter = was verschiedenartig ausgehen kann, mhd. misselich, ahd. missalîh = verschiedenartig]: *Ärger, Unannehmlichkeiten bereitend, unangenehm, unerfreulich:* eine -e Situation; in einer -en Lage sein.

Miss|lich|keit, die; -, -en: *missliche Angelegenheit, Situation, Unannehmlichkeit.*

miss|lie|big ⟨Adj.⟩: *unbeliebt:* eine -e Person; sich m. machen.

Miss|lie|big|keit, die; -: *Unbeliebtheit.*

miss|lin|gen ⟨st. V.; misslang, ist misslungen⟩ [mhd. misselingen, ↑gelingen]: *nicht den Bemühungen od. der Absicht gemäß gelingen:* all ihre Bemühungen misslangen; ein misslungener Versuch.

Miss|lin|gen, das; -s: *das Nichtgelingen; Misserfolg.*

miss|lun|gen: ↑misslingen.

Miss|ma|nage|ment, das; -s (Wirtsch.): *schlechtes, falsches Management.*

Miss|mut, der; -[e]s: *durch eine Enttäuschung, einen Misserfolg o. Ä. ausgelöste, verursachte schlechte Laune, Verdrießlichkeit:* mit M. ging sie an die Arbeit.

miss|mu|tig ⟨Adj.⟩: *schlecht gelaunt, verdrießlich:* ein -er Mensch; ein -es Gesicht machen; jmdn. m. anschauen.

[1]Mis|sou|ri [...ˈsu:...], der; -[s]: rechter Nebenfluss des Mississippi.

[2]Mis|sou|ri; -s: Bundesstaat der USA.

miss|ra|ten ⟨st. V.; missriet, ist missraten⟩: *nicht den Vorstellungen, der Absicht gemäß ausfallen, geraten:* die Zeichnung ist missraten; der Kuchen ist mir missraten; Ü ein missratenes *(schwieriges)* Kind.

Miss|stand, der; -[e]s, ...stände: *schlimmer, nicht der Ordnung, den Vorschriften o. Ä. entsprechender Zustand:* einen M. anprangern, abstellen, beseitigen; Missstände in der Verwaltung wurden aufgedeckt; auf vorhandene Missstände hinweisen.

Miss|stim|mung, die; -, -en: *gedrückte, gereizte Stimmung.*

misst: ↑messen.

Miss|ton, der; -[e]s, ...töne: *unharmonischer Ton:* ein schriller M.; Ü ihre Vorwürfe brachten Misstöne in die Unterhaltung.

miss|tö|nend ⟨Adj.⟩: *unharmonisch klingend:* -er Gesang.

miss|tö|nig ⟨Adj.⟩ (selten): *misstönend.*

miss|trau|en ⟨sw. V.; misstraute, hat misstraut⟩: *nicht trauen:* jmdm., jmds. Worten, Versprechungen m.; sie misstraute sich selbst, ihren eigenen Fähigkeiten.

Miss|trau|en, das; -s: *kritische, das Selbstverständliche bezweifelnde Einstellung gegenüber einem Sachverhalt, das Zweifeln an der Vertrauenswürdigkeit einer Person; Argwohn, Skepsis:* leises, tiefes M.; das M. [gegen ihn] war unbegründet; M. säen; ein gesundes M., eine Portion M. haben; M. gegen jmdn. haben, hegen; jmdm., einer Sache großes M. entgegenbringen; voller M. sein.

Miss|trau|ens|vo|tum, das: **a)** (Parl.) *Mehrheitsbeschluss eines Parlaments, eines Gremiums, einem od. mehreren gewählten Vertretern das Vertrauen zu entziehen [u. dessen bzw. deren Rücktritt zu erwirken]:* ein konstruktives M. (↑konstruktiv); **b)** *Erklärung, mit der jmd. seinen Mangel an Vertrauen in jmdn. ausdrückt:* das ist ein M. gegen meine Arbeit; etw. als M. auffassen.

miss|trau|isch ⟨Adj.⟩: *voller Misstrauen; Misstrauen hegend:* ein -er Mensch, Blick; m. sein, werden; m. blicken; m. nach etw. fragen; etw. macht jmdn. m.

miss|ver|gnügt ⟨Adj.⟩ (geh.): *verärgert, verdrießlich.*

Miss|ver|hält|nis, das; -ses, -se: *nicht richtiges, nicht passendes Verhältnis:* zwischen seinen Forderungen und seiner Leistung besteht ein krasses M.

miss|ver|ständ|lich ⟨Adj.⟩: *leicht zu einem Missverständnis führend; nicht klar u. eindeutig:* eine -e Äußerung; der Text, die Formulierung ist m.; etw. m. darstellen.

Miss|ver|ständ|nis, das; -ses, -se: *[unbeabsichtigte] falsche Deutung, Auslegung einer Aussage od. Handlung:* ein folgenschweres, fatales, bedauerliches M.; das muss ein M. sein; hier liegt wohl ein M. vor; ein M. beseitigen, aufklären, aus der Welt schaffen, ausräumen; keine -se aufkommen lassen; etw. beruht auf einem M.

miss|ver|ste|hen ⟨unr. V.; missverstand, hat missverstanden⟩: *eine Aussage, eine Handlung [unbeabsichtigt] falsch deuten, auslegen:* jmdn., etw. m.; sie missversteht mich absichtlich; du hast mich, meine Frage missverstanden; die Bemerkung war nicht misszuverstehen; er fühlt sich missverstanden; verstehen Sie mich bitte nicht miss (ugs. scherzh.; *verstehen Sie mich nicht falsch*); eine nicht misszuverstehende *(eine eindeutige)* Handbewegung.

Miss|wahl, die [zu ↑Miss (3)]: *Veranstaltung, auf der eine Schönheitskönigin gewählt wird.*

Miss|wei|sung, die; -, -en (Physik): *Deklination* (3).

Miss|wirt|schaft, die; -, -en ⟨Pl. selten⟩: *schlechtes, zu Verlusten führendes Wirtschaften:* M. treiben.

Miss|wuchs, der; -es: *(von Pflanzen) Missbildung.*

[1]Mist, der; -[e]s [mhd., ahd. mist, urspr. = Harn, Kot]: **1. a)** *mit Stroh, Streu vermischte Exkremente bestimmter Haustiere, die als Dünger verwendet werden:* eine Fuhre M.; M. fahren, ausbreiten, streuen; *** nicht auf jmds. M. gewachsen sein** (ugs.; *nicht von jmdm. stammen, von jmdm. erarbeitet, ausgedacht sein*): das ist doch nicht auf deinem M. gewachsen!; **b)** kurz für ↑Misthaufen: der Hahn steht auf dem M.; Ü die alten Kleider kannst du ruhig auf den M. werfen *(wegwerfen);* **c)** (österr.) *Müll.* **2.** (ugs. abwertend) **a)** *als wertlos, unnütz, lästig angesehene Gegenstände, Sachen:* ich werfe den ganzen M. weg; **b)** *Unsinn, dummes Zeug:* er redet den ganzen Tag nur M.; **c)** *lästige, ärgerliche, dumme Angelegenheit, Sache:* M. machen, verzapfen, produzieren, bauen (salopp; *[einen] Fehler machen*); (in Flüchen:) so ein M.!; [verfluchter] M.!

[2]Mist, der; -s, -e [engl. mist] (Seemannsspr.): *leichter Nebel.*

Mist|beet, das: *Frühbeet mit einer Lage [Pferde]mist, der bei der Zersetzung Wärme abgibt:* Salat aus dem M.

Mis|tel, die; -, -n [mhd. mistel, ahd. mistil, wahrsch. zu ↑[1]Mist; der Same wird durch Vogelmist auf die Bäume gebracht]: *auf Bäumen* *schmarotzende Pflanze mit gelbgrünen, länglichen, ledrigen Blättern, kleinen gelben Blüten u. weißen, beerenartigen Früchten.*

Mịs|tel|zweig, der: *Zweig der Mistel:* einen M. über die Tür hängen.

[1]mịs|ten ⟨sw. V.; hat⟩ [mhd. misten, ahd. mistōn]: **1.** *ausmisten* (1): den Stall m. **2.** *mit* [1]*Mist düngen:* den Acker m. **3.** (Fachspr.) *(von bestimmten Tieren) den Darm entleeren:* das Pferd mistet.

[2]mịs|ten ⟨sw. V.; hat⟩ [engl. to mist, zu ↑[2]Mist] (Seemannsspr.): *leicht nebeln.*

Mịs|ter ⟨o. Art.⟩ [engl., Nebenf. von: master, ↑Master]: **1.** engl. Anrede für einen Mann in Verbindung mit dem Namen; (Abk.: Mr., engl. Mr). **2. a)** ⟨in Verbindung mit einem Orts- od. Ländernamen⟩: Titel für den Sieger in einem Schönheitswettbewerb: M. Universum; **b)** (scherzh.) Titel für einen Mann, der die Verkörperung von etw. darstellt: M. Tagesschau.

mis|te|ri|o̲|so ⟨Adv.⟩ [ital. misterioso, zu: mistero = Geheimnis < lat. mysterium, ↑Mysterium] (Musik): *geheimnisvoll.*

Mịst|fink, der (derb abwertend, oft als Schimpfwort): **a)** *unsauberer, schmutziger Mensch;* **b)** *gemeiner, niederträchtiger Mann.*

Mịst|for|ke, die (nordd.): *Mistgabel.*

Mịst|fuh|re, die: *Fuhre Mist.*

Mịst|ga|bel, die: *Gerät mit langem Stiel u. drei od. vier Zinken zum Auf-, Abladen von Mist.*

Mịst|hau|fen, der: *Sammelplatz für Mist auf einem Bauernhof.*

Mịst|hund, der (derb abwertend, oft als Schimpfwort): *Mistkerl.*

[1]mịs|tig ⟨Adj.⟩: **1.** *voller Mist, schmutzig.* **2.** (salopp) *sehr schlecht:* -es Wetter.

[2]mịs|tig ⟨Adj.⟩ [zu ↑[2]Mist] (Seemannsspr.): *neblig.*

Mịst|kä|fer, der: *metallisch blau, grün od. violett schillernder Käfer, der von den Exkrementen von Pflanzenfressern lebt.*

Mịst|kerl, der (derb abwertend, oft als Schimpfwort): *Mann, der als gemein, niederträchtig angesehen wird.*

Mịst|kü|bel, der (österr.): *Abfalleimer.*

Mis|tra̲l, der; -s, -e [frz. mistral < provenz. mistral, älter: maestral, zu: maestre (= frz. maître), ↑Magister; eigtl. = Hauptwind]: *kalter Nord[west]wind im Rhonetal, in der Provence u. an der französischen Mittelmeerküste.*

Mịst|sta|pel, der: *Misthaufen.*

Mịst|stock, der (schweiz.): *Misthaufen.*

Mịst|stück, das (derb abwertend, oft als Schimpfwort): *jmd., der als gemein, betrügerisch, verachtenswert angesehen wird:* das M. hat mich mit meinem besten Freund betrogen; du elendes M.!

Mịst|vieh, das (derb abwertend, oft als Schimpfwort): **a)** *Tier, auf das jmd. wütend ist [weil es nicht gehorcht o. Ä.];* **b)** *Mistkerl.*

Mịst|wet|ter, das ⟨o. Pl.⟩ (salopp): *sehr schlechtes Wetter:* bei so einem M. schickt man niemanden nach draußen.

Mis|zel|la|ne|en [auch: ...ˈla:neən; lat. miscellanea, zu: miscellaneus = vermischt, zu: miscellus = gemischt, zu: miscere = mischen], **Mis|zẹl|len** ⟨Pl.⟩ (bildungsspr.): *kleine Aufsätze verschiedenen Inhalts, bes. in wissenschaftlichen Zeitschriften.*

mịt [mhd. mit(e), ahd. mit(i)]: **I.** ⟨Präp. mit Dativ⟩: **1. a)** drückt die Gemeinsamkeit, das Zusammensein, Zusammenwirken mit einem od. mehreren anderen bei einer Tätigkeit o. Ä. aus: sie war m. uns in der Stadt; willst du m. uns essen?; **b)** drückt die Wechselseitigkeit bei einer Handlung aus: sich m. jmdm. streiten, austauschen, besprechen; **c)** drückt eine aktive od. passive Beteiligung an einer Handlung, einem Vorgang aus: Verkehrsunfälle m. Kindern *(in die Kinder verwickelt sind).* **2. a)** drückt eine Zugehörigkeit aus: eine Flasche m. Schraubverschluss; ein Haus m. Garten; Sprudel m. [Geschmack]; Familien m. und ohne Kinder; Herr Müller m. Frau; **b)** drückt ein Einbezogensein aus; *einschließlich; samt:* der Preis beträgt 50 Mark m. Bedienung; m. Pfand; m. mir waren es acht Gäste; die Jahrgänge bis und m. (schweiz.; *bis einschließlich*) 1940. **3.** drückt aus, dass ein Behältnis verschiedenster Art etw. enthält: ein Glas m. Honig; ein Sack m. Kartoffeln. **4.** gibt die Begleitumstände, die Art u. Weise o. Ä. einer Handlung an: sie aßen m. Appetit; das hat er m. Absicht getan; sie lag m. Fieber im Bett. **5.** bezeichnet das [Hilfs]mittel od. Material, mit dem etw. ausgeführt wird, das für etw. verwendet wird: m. dem Hammer, m. Kleister; sich die Hände m. Seife waschen; sie kocht alles m. Butter *(verwendet für alles Butter zum Kochen);* er hat m. Devisen bezahlt; sie ist m. der Bahn, m. dem Auto gefahren. **6. a)** stellt einen bestimmten allgemeinen Bezug zwischen Verb u. Objekt her: was ist los m. dir?; es geht langsam voran m. der Arbeit; es geht bergauf m. ihm; raus m. euch!; **b)** ⟨oft als Teil eines präpositionalen Attr.⟩ (ugs.) *in Bezug (auf etw., jmdn.), in Anbetracht (einer Sache):* sie m. ihren schwachen Nerven; der ist ja verrückt m. seinen vielen neuen Autos *(dass er sich dauernd neue Autos kauft).* **7.** bezeichnet eine gleichlaufende Bewegung o. Ä.: m. der Strömung rudern; sie gehen m. der Zeit *(passen sich der Zeitströmung, ihren Veränderungen an).* **8.** kennzeichnet das Zusammenfallen eines Vorganges, Ereignisses o. Ä. mit einem anderen; m. [dem] *(bei)* Einbruch der Dunkelheit; m. 20 Jahren *(im Alter von 20 Jahren)* machte er sein Examen; sie starb m. 80 Jahren; m. dem heutigen Tag ist die Frist abgelaufen. **II.** ⟨Adv.⟩ **1.** *neben anderem, neben [einem, mehreren] anderen; auch; ebenfalls:* das gehört m. zu deinen Aufgaben; es lag m. an ihr, dass alles so blieb, wie es war; das musst du m. berücksichtigen. **2.** (ugs.) ⟨in Verbindung mit einem Sup.:⟩ das ist m. das wichtigste der Bücher *(eines der wichtigsten).* **3.** selbstständig in Verbindung mit Verben, wenn nur eine vorübergehende Beteiligung ausgedrückt wird: kannst du ausnahmsweise einmal m. anfassen?; warst du auch m. (ugs.; *warst du auch dabei, bist du auch mitgegangen, mitgefahren*)?; ich bin auch m. gewesen. **4.** (ugs., bes. nordd.) als abgetrennter Teil von Adverbien wie »damit, womit« in Verbindung mit einem Verb: da habe ich nichts m. zu schaffen (statt: damit habe ich nichts zu schaffen).

Mịt-: kennzeichnet in Bildungen mit Substantiven eine Person als jmdn., der zusammen mit einer anderen Person gesehen wird: Mithäftling, -musiker, -patient.

Mịt|an|ge|klag|te, der u. die; -n, -n ⟨Dekl. ↑Abgeordnete⟩: *jmd., der mit einem od. mehreren anderen des gleichen Deliktes wegen angeklagt ist.*

Mịt|ar|beit, die; -: **a)** *das Tätigsein, die Arbeit mit anderen zusammen in einem bestimmten Bereich, an einem bestimmten Projekt o. Ä.:* eine aktive, freiwillige M.; eurer M. *(Mithilfe)* haben wir die rasche Fertigstellung zu verdanken; jmdn. zur M. auffordern; **b)** *das geistige Mitarbeiten, die Beteiligung (des Schülers am Unterricht).*

mịt|ar|bei|ten ⟨sw. V.; hat⟩: **a)** *(in einem bestimmten Bereich, an einem bestimmten Projekt o. Ä.) mit anderen zusammen tätig sein:* an einem Werk, bei einem Projekt, im elterlichen Geschäft m.; **b)** *sich am Unterricht beteiligen:* der Junge müsste im Unterricht, in der Schule besser m.

Mịt|ar|bei|ter, der; -s, -: **a)** *Angehöriger eines Betriebes, Unternehmens o. Ä.; Beschäftigter:* langjährige, treue, tüchtige M.; das Unternehmen, die Firma hat 2 000 M.; ein Rundschreiben an alle M.; meine M. (zusammen mit dem Possessivpron. nur von der Seite des Vorgesetzten o. Ä.; eigtl.: *meine Untergebenen*); **b)** *jmd., der bei einer Institution, bei einer Zeitung o. Ä. mitarbeitet* (a), *[wissenschaftliche] Beiträge liefert:* ein wissenschaftlicher M.; er arbeitet als freier, ständiger M. einer Zeitung, an, bei einer Zeitung; **c)** *jmd., der [in abhängiger Stellung] mit einem anderen zusammenarbeitet, ihm zuarbeitet:* er hat einen Stab von -n.

Mịt|ar|bei|te|rin, die; -, -nen: w. Form zu ↑Mitarbeiter.

Mịt|ar|bei|ter|stab, der: *Stab* (2b) *von Mitarbeitern.*

Mịt|au|tor, der; -s, -en: *mitbeteiligter Autor.*

Mịt|au|to|rin, die; -, -nen: w. Form zu ↑Mitautor.

Mịt|be|grün|der, der; -s, -: *jmd., der mit anderen zusammen etw. begründet hat.*

Mịt|be|grün|de|rin, die; -, -nen: w. Form zu ↑Mitbegründer.

mịt|be|kom|men ⟨st. V.; hat⟩: **1.** *als Ausstattung o. Ä. bekommen:* ein Lunchpaket m.; sie hat nichts, einiges bei ihrer Heirat mitbekommen. **2.** *etw., was eigentlich nicht für einen bestimmt ist, [unbeabsichtigt] hören, wahrnehmen; aufschnappen* (3): die Kinder haben den ganzen Streit mitbekommen. **3.** *eine Äußerung o. Ä. akustisch bzw. in ihrer Bedeutung erfassen, aufnehmen:* es war so laut, er war so müde, dass er nur die Hälfte mitbekam. **4.** *bei etw. anwesend sein u. daran teilhaben:* sie hat von den Ereignissen nichts, nur wenig mitbekommen.

mịt|be|nut|zen, (regional:) **mịt|be|nüt|zen** ⟨sw. V.; hat⟩: *zusammen, gemeinsam, mit einem od. mehreren anderen benutzen.*

Mịt|be|sitz, der; -es: vgl. Miteigentum.

mịt|be|stim|men ⟨sw. V.; hat⟩: *an etw., bes. an bestimmten, für einen selbst wichtigen Entscheidungen [im öffentlichen Bereich], mitwirken, seinen Einfluss bei etw. geltend machen:* die Kinder sollen m., wohin die Ferienreise geht; die Arbeitnehmer wollen in Fragen der Rationalisierung m.; ein mitbestimmtes Unternehmen (Jargon; *Unternehmen, in dem die Mitbestimmung der Arbeitnehmer praktiziert wird*).

Mịt|be|stim|mung, die; - (bes. Wirtsch.): *das Mitbestimmen, Teilhaben, Beteiligtsein an einem Entscheidungsprozess (bes. die Teilnahme der Arbeitnehmer an Entscheidungsprozessen in der Wirtschaft):* eine einfache, qualifizierte, paritätische M.; die betriebliche M. *(Mitbestimmung innerhalb eines Unternehmens);* M. am Arbeitsplatz, im Betrieb.

Mịt|be|stim|mungs|ge|setz, das: *Gesetz, durch das das Recht der Arbeitnehmer auf Mitbestimmung festgelegt ist.*

mịt|be|stim|mungs|pflich|tig ⟨Adj.⟩ (Wirtsch.): *der Mitbestimmung unterliegend:* eine -e Maßnahme.

Mịt|be|stim|mungs|recht, das: *Recht auf Mitbestimmung.*

Mịt|be|wer|ber, der; -s, -: vgl. Mitangeklagte.

Mịt|be|wer|be|rin, die; -, -nen: w. Form zu ↑Mitbewerber.

Mịt|be|woh|ner, der; -s, -: *jmd., der ein Haus, eine Wohnung, ein Zimmer o. Ä. mit anderen gemeinsam bewohnt.*

Mịt|be|woh|ne|rin, die; -, -nen: w. Form zu ↑Mitbewohner.

mịt|brin|gen ⟨unr. V.; hat⟩: **a)** *(mit sich tragend, bei sich habend) an einen bestimmten Ort, eine bestimmte Stelle bringen:* den Kindern etwas m.; hast du Brot, etwas zu essen mitgebracht *(beim Einkaufen besorgt)*?; Gäste m. *(mit nach Hause bringen);* Ü eine Neuigkeit m. *(zu berichten wissen);* die Kinder haben von dem Spaziergang großen Hunger mitgebracht *(sind sehr hungrig nach Hause gekommen);* **b)** *als Voraussetzung haben, aufweisen, bei etw. einbringen:* für eine Arbeit bestimmte Fähigkeiten m.

Mịt|bring|sel, das; -s, - (fam.): *kleines Geschenk, das jmd. für einen anderen mitbringt:* Schokolade als M. einkaufen.

Mịt|bür|ger, der; -s, - (Amtsdt.): *jmd., der dem gleichen Staat angehört od. der in der gleichen Stadt lebt, wohnt:* liebe Mitbürgerinnen und M.!; die ausländischen M. *(bes. die ausländischen Arbeitnehmer u. ihre Familien).*

Mịt|bür|ge|rin, die; -, -nen: w. Form zu ↑Mitbürger.

mịt|den|ken ⟨unr. V.; hat⟩: *etw. denkend [mit anderen] bei einer Tätigkeit nachvollziehen; nicht gedankenlos, sondern mit Überlegung vorgehen:* er ist in der Lage mitzudenken.

mịt|dür|fen ⟨unr. V.; hat⟩ (ugs.): *mitgehen, mitkommen, mitfahren u. Ä. dürfen.*

Mịt|ei|gen|tum, das; -s (Rechtsspr.): *Eigentum, das jmd. mit anderen gemeinsam besitzt.*

Mịt|ei|gen|tü|mer, der; -s, - (Rechtsspr.): *jmd., der an etw. ein Miteigentum besitzt:* er ist M. von dieser Fabrik.

Mịt|ei|gen|tü|me|rin, die; -, -nen: w. Form zu ↑Miteigentümer.

mit|ei|nạn|der ⟨Adv.⟩ [mhd. mit einander]: 1. *einer, eine, eines mit dem, der anderen:* m. sprechen, beraten, konkurrieren; sich m. vertragen; m. in Verbindung stehen; die beiden sind m. verheiratet; die beiden haben etwas m. (ugs.; *sind liiert*); die beiden können nicht m. (ugs.; *sie verstehen sich nicht*). 2. *gemeinsam, zusammen, im Zusammenwirken o. Ä.:* m. nach Hause gehen; ihr könnt mich alle m. *(alle ohne Ausnahme)* gerne haben.

Mit|ei|nạn|der [auch: ˈ– – – –], das; -[s]: *das Miteinanderbestehen, -leben, -wirken usw.:* ein harmonisches M.

mịt|emp|fin|den ⟨st. V.; hat⟩: *etw., was ein anderer empfindet, nachvollziehen (u. ihn dadurch verstehen) können:* jmds. Enttäuschung, Freude m.

Mịt|er|be, der; -n, -n: *jmd., der mit anderen zusammen Erbe von etw. ist.*

Mịt|er|bin, die; -, -nen: w. Form zu ↑Miterbe.

mịt|er|le|ben ⟨sw. V.; hat⟩: **a)** *bei etw. dabei sein, etw. aus unmittelbarer Nähe mitbekommen:* sie hat die Ereignisse [aus nächster Nähe, hautnah] miterlebt; ein Fußballspiel im Fernsehen m. *(am Bildschirm verfolgen)* können; **b)** *(als Zeitgenosse, als noch Lebender) erleben* (3): er hat den Krieg noch, nicht mehr miterlebt.

mịt|es|sen ⟨unr. V.; hat⟩: 1. *(auf eine spontan ausgesprochene Einladung hin) mit [einem] anderen zusammen essen:* wir haben genug gekocht, du kannst m.; R die Augen essen mit *(das Aufgetischte wird auch nach der Art, wie es angerichtet ist, beurteilt).* 2. *(als Teil von etw.) ebenfalls verzehren:* die Schale kann man nicht m.

Mịt|es|ser, der; -s, - [1: LÜ von (m)lat. comedo, nach dem alten Volksglauben, es handle sich um Würmer, die von der Nahrung mitäßen]: 1. *Talgabsonderung in einer Pore bes. der Gesichtshaut.* 2. (ugs. scherzh.) *jmd., der bei anderen als Gast isst.*

Mịt|es|se|rin, die; -, -nen: w. Form zu ↑Mitesser (2).

mịt|fah|ren ⟨st. V.; ist⟩: *mit anderen zusammen [in deren Fahrzeug] fahren:* du kannst [bei mir] m.

Mịt|fah|rer, der; -s, -: *jmd., der bei jmdm., in einem Fahrzeug mitfährt.*

Mịt|fah|re|rin, die; -, -nen: w. Form zu ↑Mitfahrer.

Mịt|fahrt, die; -, -en: *das Mitfahren.*

Mịt|fahr|zen|tra|le, die: *Unternehmen, das die Möglichkeit vermittelt, von privaten Fahrzeugen unter Kostenbeteiligung mitgenommen zu werden.*

mịt|fi|nan|zie|ren ⟨sw. V.; hat⟩: *sich an der Finanzierung von etw. beteiligen.*

mịt|flie|gen ⟨st. V.; ist⟩: vgl. mitfahren.

mịt|füh|len ⟨sw. V.; hat⟩: *(in Bezug auf etw.) teilnehmend mit [einem] anderen fühlen:* mit jmdm. m.

mịt|füh|lend ⟨Adj.⟩: *Mitgefühl habend, zeigend:* ein -er Mensch; -e Worte.

mịt|füh|ren ⟨sw. V.; hat⟩: **a)** (bes. Amtsspr.) *bei sich tragen, haben:* der Ausweis ist immer mitzuführen; **b)** *(von einem fließenden Gewässer) Geröll u. a. transportieren:* der Fluss führt Sand, Geröll mit.

mịt|ge|ben ⟨st. V.; hat⟩: **a)** *jmdm. bei seinem Weggang zum Mitnehmen mit auf seinen Weg geben:* dem Kind etwas zu essen m.; **b)** *jmdm. als, zur Begleitung geben, zuteilen:* jmdm. einen Bewacher m.; **c)** *jmdm. zuteil werden lassen:* seinen Kindern eine gute Ausbildung m.;

mịt|ge|fan|gen: vgl. mitgehen.

Mịt|ge|fan|ge|ne, der u. die; -n, -n ⟨Dekl. ↑Abgeordnete⟩: *jmd., der mit anderen zusammen eine Gefängnisstrafe verbüßt.*

Mịt|ge|fühl, das; -[e]s ⟨o. Pl.⟩: *Anteilnahme am Leid, an der Not o. Ä. anderer:* M. haben, zeigen, empfinden; jmdm. sein M. ausdrücken, bezeigen.

mịt|ge|gan|gen: vgl. mitgehen.

mịt|ge|hen ⟨unr. V.; ist⟩: 1. *gemeinsam mit jmdm. [an einen bestimmten Ort] gehen; jmdn. [an einen bestimmten Ort] begleiten:* willst du m. [ins Kino]?; zum Bahnhof m.; R mitgegangen, [mitgefangen,] mitgehangen *(wer bei etwas mitmacht, muss auch die Folgen mit tragen);* * **etw. m. lassen/(selten:) heißen** (ugs.; *fremdes Eigentum unbemerkt an sich bringen u. mitnehmen*): er hatte wertvolle Gegenstände m. lassen. 2. *(zusammen mit anderem) weggerissen, weggespült o. Ä. werden:* bei dem Hochwasser ging viel Geröll mit. 3. *einem Vortragenden o. Ä. aufmerksam zuhören, sich von ihm mitreißen lassen:* die Zuhörer gingen begeistert mit.

mịt|ge|nom|men: 1. ↑mitnehmen. 2. ⟨Adj.⟩ (ugs.) *[durch wenig sorgsamen Gebrauch o. Ä.] beschädigt, ramponiert.*

Mịt|gift, die; -, -en [spätmhd. mitegift, zu ↑mit u. mhd., ahd. gift, ↑Gift] (veraltend): *Vermögen, Aussteuer in Form von Geld u. Gut, das einem Mädchen bei der Heirat von den Eltern mitgegeben wird.*

Mịt|glied, das; -[e]s, -er: 1. *Angehöriger einer Gemeinschaft, eines Familienverbandes o. Ä.:* ein M. der Familie, des Königshauses. 2. **a)** *jmd., der einer Organisation, einem Verein, einer Partei o. Ä. beigetreten ist, aufgrund einer Aufforderung, Wahl o. Ä. angehört:* ein aktives, passives, zahlendes M. eines Vereins, in einem V. sein; er ist korrespondierendes *(auswärtiges)* M. der Akademie der Wissenschaften; -er werben; die -er *(Mitgliedstaaten)* der Europäischen Union; **b)** *Angehörige[r] einer Regierung o. Ä.:* die -er der Regierung, des Parlamentes, des Untersuchungsausschusses; M. des Landtages (Abk.: M. d. L., MdL); M. des Bundestages (Abk.: M. d. B., MdB).

Mịt|glie|der|schwund, der: *[starkes] Abnehmen der Mitgliederzahl.*

Mịt|glie|der|ver|samm|lung, die: *Versammlung der Mitglieder.*

Mịt|glie|der|ver|zeich|nis, das: *Verzeichnis der Mitglieder.*

Mịt|glie|der|zahl, die: *Zahl der Mitglieder.*

Mịt|glieds|aus|weis, der: *Ausweis über jmds. Mitgliedschaft.*

Mịt|glieds|bei|trag, der: *Geldbeitrag, den Mitglieder einer Organisation, eines Vereins, einer Partei o. Ä. regelmäßig zu zahlen haben.*

Mịt|glied|schaft, die; -, -en: *das Mitgliedsein; die Angehörigkeit als Mitglied bes. einer Organisation, eines Vereins, einer Partei.*

Mịt|glieds|kar|te, die: vgl. Mitgliedsausweis.

Mịt|glieds|land, das ⟨Pl. ...länder⟩: *Land, das Mitglied einer bestimmten Organisation o. Ä. ist.*

Mịt|glieds|staat, Mịt|glied|staat, der: vgl. Mitgliedsland.

mịt|ha|ben ⟨unr. V.; hat⟩ (ugs.): *bei sich führen, haben:* den Ausweis nicht m.

Mịt|häft|ling, der; -s, -e: vgl. Mitgefangene.

mịt|hal|ten ⟨st. V.; hat⟩: *bei etw. mitmachen, sich beteiligen u. sich dabei den gleichen Anforderungen o. Ä. gewachsen zeigen wie andere Beteiligte:* er war nicht in der Lage, bei dem Wettbewerb mitzuhalten.

mịt|hel|fen ⟨st. V.; hat⟩: *sich helfend an etw. beteiligen, bei etw. helfen:* im Haushalt m.

Mịt|he|raus|ge|ber, der; -s, -: *mitbeteiligter Herausgeber.*

Mịt|he|raus|ge|be|rin, die; -, -nen: w. Form zu ↑Mitherausgeber.

mit|hịl|fe (auch: mit Hilfe): I. ⟨Präp. mit Gen.⟩ 1. *mit Unterstützung:* m. ihrer Freunde. 2. *unter Zuhilfenahme, Verwendung:* m. geeigneter Methoden. II. ⟨Adv. in Verbindung mit »von«⟩ 1. *mit Unterstützung:* m. von bestimmten Leuten. 2. *unter Zuhilfenahme, Verwendung:* Abgase m. von Katalysatoren entgiften.

Mịt|hil|fe, die; - ⟨o. Pl.⟩: *das Mithelfen; Hilfe, die jmd. [einem] anderen bei etw. leistet:* auf M. angewiesen sein.

mit|hịn ⟨Adv.⟩: *folglich, dementsprechend, also:* er ist volljährig, m. für sein Tun selbst verantwortlich.

mịt|hö|ren ⟨sw. V.; hat⟩: **a)** *zufällig Ohrenzeuge von etw. werden, was eigentlich nur für andere bestimmt ist; etw. mit anhören:* zufällig [alles] m.; **b)** *[heimlich] in der Absicht, jmdn., etw. zu überwachen, etw. mit anhören:* jedes Wort m.; ⟨auch ohne Akk.:⟩ man muss hier immer fürchten, dass mitgehört wird; R (scherzh.:) [Vorsicht,] Feind hört mit!; **c)** *[mit einem zusätzlichen Hörer o. Ä.] ein Telefongespräch eines andern verfolgen:* der Zeuge hat die Drohung des Anrufers mitgehört.

Mịt|hö|rer, der; -s, -: *jmd., der etw. mithört.*

Mịt|hö|re|rin, die; -, -nen: w. Form zu ↑Mithörer.

Mị|thra, Mị|thras: altiranischer Lichtgott.

Mịt|in|ha|ber, der; -s, -: vgl. Miteigentümer.

Mịt|in|ha|be|rin, die; -, -nen: w. Form zu ↑Mitinhaber.

mịt|kämp|fen ⟨sw. V.; hat⟩: *mit anderen gemeinsam an einem Kampf, am Krieg o. Ä. teilnehmen.*

mịt|klin|gen ⟨st. V.; hat⟩: vgl. mitschwingen.

mịt|kom|men ⟨st. V.; ist⟩: 1. **a)** *gemeinsam mit anderen an einen bestimmten Ort kommen;* **b)** *sich gemeinsam mit anderen an einen bestimmten Ort begeben; mitgehen* (1): kommst du mit [ins Kino]?; ich komme noch mit *(begleite dich)* bis zur Haustür; **c)** *mit etw. anderem zusammen ankommen:* die Koffer sind [mit dem Flugzeug] nicht mitgekommen. 2. (ugs.) **a)** *(bei einer Tätigkeit, bes. beim Gehen, Laufen o. Ä.) mit anderen Schritt halten:* bei diesem Tempo komme ich nicht mehr mit; Ü da komme ich nicht mehr mit! *(das, dieses Verhalten o. Ä., kann ich nicht begreifen, das ist mir unverständlich);* **b)** *(in der Schule, im Unterricht o. Ä.) den Anforderungen gewachsen sein:* der Schüler kommt gut, nicht mit.

mịt|kön|nen ⟨unr. V.; hat⟩ (ugs.): 1. vgl. mitdürfen. 2. *(bei einem bestimmten Aufwand o. Ä.) mithalten können.*

mịt|krie|gen ⟨sw. V.; hat⟩ (ugs.): *mitbekommen.*

mịt|las|sen ⟨st. V.; hat⟩ (ugs.): *mitgehen, mitkommen, mitfahren lassen.*

mịt|lau|fen ⟨st. V.; ist⟩: 1. vgl. mitgehen (1). 2. (ugs.) *neben anderer Arbeit mit erledigt werden:* etw. läuft am Rande *(nebenbei)* mit.

Mịt|läu|fer, der; -s, - (abwertend): *jmd., der bei etw. mitmacht, ohne sich besonders zu engagieren, u. der dabei nur eine passive Rolle spielt.*

Mịt|läu|fe|rin, die; -, -nen: w. Form zu ↑Mitläufer.

Mịt|laut, der; -[e]s, -e [LÜ von lat. (littera) consonans]: *Konsonant.*

Mịt|leid, das; -[e]s [älter: Mitleiden, mhd. mitelīden, LÜ von spätlat. compassio, LÜ von griech. sympátheia, ↑Sympathie]: *starke (sich in einem Impuls zum Helfen, Trösten o. Ä. äußernde) innere Anteilnahme am Leid, an der Not o. Ä. anderer:* M. empfinden; [jmds.] M. erregen; M. mit jmdm. haben; kein M. haben, kennen *(völlig gefühllos, hart, ohne Erbarmen sein);* aus M. handeln.

mịt|lei|den ⟨unr. V.; hat⟩: *fremdes Leiden, fremde Not o. Ä. zutiefst mitempfinden, mitfühlen.*

Mịt|lei|den|schaft, die: nur in den Wendungen **etw. in M. ziehen** *(etw. mit anderem zugleich beeinträchtigen, beschädigen);* **jmdn. in M. ziehen** *(jmdn. bei etw., was ihn selbst nicht unmittelbar betrifft, mit beeinträchtigen, ihm dabei ebenfalls Schaden zufügen).*

mịt|leid|er|re|gend ⟨Adj.⟩: *so aussehend, beschaffen, dass jmds. Mitleid erregt wird:* ein äußerst -es Schicksal.

mịt|lei|dig ⟨Adj.⟩: *voller Mitleid.*

mịt|leid|los, mịt|leids|los ⟨Adj.⟩: *hart u. ohne Mitleid, ohne Mitgefühl; herzlos.*

mit|leids|voll, mit|leid|voll ⟨Adj.⟩: *voll Mitleid, voll Erbarmen.*
mit|lie|fern ⟨sw. V.; hat⟩: *etw. gleichzeitig mit etw. anderem liefern* (1).
mit|ma|chen ⟨sw. V.; hat⟩: **1. a)** *bei etw. (mit) dabei sein; an etw. [aktiv] teilnehmen:* ein Fest, einen Ausflug m.; sie macht jede Mode mit; **b)** *sich einer Unternehmung anschließen, sich an etw. beteiligen:* willst du m.?; da mache ich nicht mehr mit *(das kann ich nicht mehr vertreten, nicht billigen);* Ü er wirds nicht mehr lange m. (salopp; *er wird bald sterben*); **c)** *(als Lernender o. Ä.) an etw. teilnehmen:* einen Lehrgang m. **2.** (ugs.) *etw. für einen anderen, anstelle eines anderen auch noch machen, erledigen.* **3.** (ugs.) *(Schweres, Schwieriges o. Ä.) durchmachen* (2), *durchstehen, erleiden:* er hat im letzten Stadium seiner Krankheit viel mitgemacht *(hatte sehr schwer zu leiden);* R [ich kann dir sagen,] da machst du [vielleicht] was mit!
mit|mar|schie|ren ⟨sw. V.; ist⟩: vgl. mitgehen.
Mit|mensch, der; -en, -en ⟨meist Pl.⟩: *Mensch als Geschöpf, das mit andern in der Gemeinschaft lebt, den Lebenraum mit andern teilt:* (iron.:) die lieben -en.
mit|mi|schen ⟨sw. V.; hat⟩ (ugs.): *ohne eigentlich dazuzugehören, sich bei etw. beteiligen, sich einmischend bei etw. Einfluss nehmen:* er will immer überall m.
mit|müs|sen ⟨unr. V.; hat⟩ (ugs.): vgl. mitdürfen.
Mit|nah|me, die; - (Papierdt.): *das Mitnehmen* (1 a).
Mit|nah|me|preis, der (Kaufmannsspr.): *reduzierter Preis für einen größeren Gegenstand, den der Kunde selbst abtransportiert:* Sessel zum M. von 300 Mark.
mit|neh|men ⟨st. V.; hat⟩: **1. a)** *(auf einen Weg o. Ä.) mit sich nehmen:* [sich] ein Frühstück m.; **b)** *(auf seinem Weg o. Ä.) mitgehen, -fahren lassen; jmdn. an etw. teilhaben lassen:* jmdn. auf die Reise m.; **c)** *von einem Ort mit fortnehmen;* **d)** (ugs.) *im Vorbeigehen kaufen;* **e)** (ugs., oft scherzh.) *dicht an etw. vorbeistreifen [sodass etw. sich ablöst, weggerissen wird]:* der Bus hat fast die Hausecke mitgenommen; **f)** (ugs.) *an etw. bei sich bietender Gelegenheit teilnehmen, es wahrnehmen, dabei mitmachen.* **2.** *jmdm. psychisch od. physisch sehr zusetzen:* die Aufregungen haben sie sehr mitgenommen.
mit|nich|ten ⟨Adv.⟩ (veraltend): *keineswegs, gewiss nicht; auf keinen Fall.*
Mi|to|se, die; -, -n [zu griech. mítos = Faden] (Biol.): *(der Zellteilung vorausgehende) Teilung des Zellkerns.*
mi|to|tisch ⟨Adj.⟩ (Biol.): *die Mitose betreffend.*
mit|pfei|fen ⟨st. V.; hat⟩: vgl. mitsingen.
Mi|tra, die; -, ...ren [mlat. mitra < lat. mitra < griech. mítra = Gürtel, Binde]: **1.** (kath. Kirche) *Bischofsmütze, Kopfbedeckung für Bischöfe u. andere hohe Würdenträger aus zwei schildförmigen, um Stirn u. Hinterkopf gebogenen, oben dreieckig-spitz zulaufenden Teilen, die durch Stoff u. Zierbänder verbunden sind.* **2.** (Med.) *haubenförmiger Kopfverband.*
mit|rau|chen ⟨sw. V.; hat⟩: **1.** *mit anderen zusammen rauchen:* willst du eine m.? **2.** *(als nicht Rauchender) den Zigarettenrauch anderer zwangsläufig einatmen:* (subst.:) passives Mitrauchen.
mit|rech|nen ⟨sw. V.; hat⟩: **a)** *[um das Ergebnis zu kontrollieren] gleichzeitig mit einem anderen eine Rechnung ausführen;* **b)** *jmdn., etw. in eine Rechnung, Überlegung einbeziehen.*
mit|re|den ⟨sw. V.; hat⟩: **a)** *(in einem Gepräch o. Ä.) etw. Sinnvolles zu einem Thema o. Ä. beisteuern* (meist in Verbindung mit »können«): er ist zu jung, zu unerfahren, um m. zu können; **b)** *an einer Entscheidung beteiligt sein:* er hat keine Ahnung, muss aber überall m.; Ü wir hoffen, vorne m. zu können (Sport; *beim Kampf um die ersten Plätze erfolgreich zu sein*).
mit|re|gie|ren ⟨sw. V.; hat⟩: *mit anderen zusammen regieren.*
mit|rei|sen ⟨sw. V.; ist⟩: vgl. mitfahren.
Mit|rei|sen|de, der u. die; -n, -n: *jmd., der mit [einem] anderen im gleichen Zug o. Ä. reist.*
mit|rei|ßen ⟨st. V.; hat⟩: **1.** *(von einer Stelle durch die eigene Bewegung o. Ä.) mit sich fortreißen, wegreißen:* er wurde von der Strömung mitgerissen. **2.** *durch seinen Schwung, seine Überzeugungskraft o. Ä. anstecken, begeistern:* der Redner reißt die Zuhörer, die Massen mit; ⟨häufig im 1. Part.:⟩ ein mitreißendes Spiel.
mit|samt ⟨Präp. mit Dativ⟩ [mhd. mit sam(e)t] (verstärkend): *zusammen mit, samt:* das Schiff sank m. der Ladung.
mit|schi|cken ⟨sw. V.; hat⟩: **a)** *etw. mit anderem zusammen schicken:* ein Foto im Brief m.; **b)** *jmdn. als Begleitung mitgehen lassen:* jmdm. einen Begleiter m.
mit|schlei|fen ⟨sw. V.; hat⟩: vgl. mitreißen (1): der Zug hat das Auto mitgeschleift.
mit|schlep|pen ⟨sw. V.; hat⟩ (ugs.): **1.** *[etw. Schweres, Unnötiges, Ballast] mitnehmen* (1 a), *mit sich tragen:* zu viele Sachen in den Urlaub m. **2.** *jmdn., der noch unentschlossen ist u. eigentlich keine Lust hat, irgendwohin mitnehmen, an etw. teilhaben lassen:* jmdn. ins Kino m.
mit|schnei|den ⟨unr. V.; hat⟩ (bes. Rundf., Ferns.): *(eine Sendung o. Ä. zum Zwecke beliebiger Reproduzierbarkeit) aufzeichnen, auf Magnetband aufnehmen:* eine Sendung, ein Konzert m.
Mit|schnitt, der; -[e]s, -e (bes. Rundf., Ferns.): *durch Mitschneiden hergestellte Aufzeichnung:* der M. eines Konzertes.
mit|schrei|ben ⟨st. V.; hat⟩: **1.** *etw. anhören u. zugleich niederschreiben:* den Vortrag m.; ⟨auch ohne Akk.-Obj.:⟩ er versuchte mitzuschreiben. **2.** *an einer schriftlichen [Prüfungs]arbeit teilnehmen:* die Prüfungsarbeit m.
Mit|schrift, die; -, -en: *Aufzeichnung von mündlich Vorgetragenem; Protokoll:* die M. einer Vorlesung.
Mit|schuld, die; -: *Teilhabe an der Schuld eines anderen.*
mit|schul|dig ⟨Adj.⟩: *eine Mitschuld an etw. tragend:* an etw. m. sein, werden.
Mit|schul|di|ge, der u. die; -n, -n [nach spätlat. correus]: *jmd., der eine Mitschuld an etw. trägt.*
Mit|schü|ler, der; -s, -: *Schüler, der (mit anderen zusammen) die gleiche Klasse od. Schule besucht.*
Mit|schü|le|rin, die; -, -nen: w. Form zu ↑Mitschüler.
mit|schwin|gen ⟨st. V.; hat⟩: **1.** *mit etw. anderem in Schwingung Befindlichen zugleich in Schwingung geraten:* Töne schwingen mit. **2.** *in jmds. Äußerung o. Ä. mit zum Ausdruck kommen:* Skepsis, Freude schwang in seinen Worten mit.
mit sein: s. mit (II, 3).
mit|sin|gen ⟨st. V.; hat⟩: *mit anderen zusammen singen:* [ein Lied] leise m.
mit|sol|len ⟨unr. V.; hat⟩: vgl. mitdürfen.
mit|spie|len ⟨sw. V.; hat⟩ [3: mhd. (iemanne) mite spiln = (mit jmdm.) im Kampfspiel derb umgehen]: **1. a)** *bei einem Spiel mitmachen, sich beteiligen:* darf ich m.?; Ü (ugs.:) das Wetter hat nicht mitgespielt *(es war schlechtes Wetter bei der Unternehmung, dem Fest o. Ä.);* **b)** *(als Mitwirkender) bei etw. dabei sein:* er hat in vielen Filmen mitgespielt. **2.** *bei etw. mit eine Rolle spielen, mit im Spiel sein, sich mit auswirken:* der Zufall hat hier mitgespielt. **3.** *schlimm mit jmdm. umgehen:* jmdm. übel m.
Mit|spie|ler, der; -s, -: *jmd., der bei etw. mitspielt.*
Mit|spie|le|rin, die; -, -nen: w. Form zu ↑Mitspieler.
Mit|spra|che, die; -: *das Mitsprechen bei bestimmten Entscheidungen o. Ä.:* ein Recht auf M. haben.
mit|spre|chen ⟨st. V.; hat⟩: **1.** *etw. mit anderen gemeinsam sprechen:* ein Gebet, eine Eidesformel m. **2. a)** *mitreden* (a): bei etw. nicht m. können; **b)** *mitreden* (b): sie möchten gefragt werden, möchten m., wenn es um ihre Sache geht. **3.** *mit eine Rolle spielen; mitspielen* (2): bei etw. sprechen verschiedene Faktoren, Gründe, Interessen mit.
Mit|strei|ter, der; -s, -: *jmd., der mit anderen zusammen für od. gegen etw. eintritt, sich einsetzt, kämpft.*
Mit|strei|te|rin, die; -, -nen: w. Form zu ↑Mitstreiter.
[1]Mit|tag, der; -s, -e [mhd. mittetac, ahd. mittitac zusgez. aus: mitti tag = mittlerer Tag; 3: nach lat. meridies, ↑Meridian]: **1. a)** *Zeit um die Mitte des Tages (gegen u. nach 12 Uhr); Mittagszeit* (1 a): gestern, heute, morgen M.; jeden M.; eines [schönen] -s *(an einem nicht näher bestimmten Mittag);* des -s (geh.; *mittags*); es geht auf M. *(auf 12 Uhr)* zu; gegen M. *(gegen 12 Uhr);* über M. *(in der Mittagszeit);* Ü im M. des Lebens *(auf dessen Höhepunkt, in der Periode der höchsten Schaffenskraft)* stehen; *** zu M. essen** *(die Mittagsmahlzeit einnehmen);* **b)** (landsch.) *Nachmittag:* er will morgen M. um 3 Uhr kommen. **2.** ⟨o. Pl.⟩ (ugs.) *Mittagspause:* M. machen. **3.** ⟨o. Pl.⟩ (veraltet) *Süden:* gegen, gen M.
[2]Mit|tag, das; -s (ugs.): *Mittagessen.*
Mit|tag|brot, das ⟨o. Pl.⟩ (landsch.): *Mittagessen.*
mit|tag|es|sen ⟨sw. V.; nur im Inf. u. 2. Part. gebr.⟩ (österr.): *zu Mittag essen:* wir gehen m.; habt ihr mittaggegessen?
Mit|tag|es|sen, das: **1.** ⟨o. Pl.⟩ *das Einnehmen der Mittagsmahlzeit:* jmdn. zum M. einladen. **2.** *um die Mittagszeit gerichte [warme] Mahlzeit.*
mit|tä|gig ⟨Adj.⟩ [spätmhd. mittegig, ahd. mittitagīg]: *den Mittag über dauernd, vorhanden, stattfindend.*
mit|täg|lich ⟨Adj.⟩ [mhd. mittaglich, ahd. mittitagalīh]: **a)** *jeden Mittag [vorhanden, stattfindend]:* die -e Pause; **b)** *für den Mittag kennzeichnend:* die -e Hitze.
mit|tags ⟨Adv.⟩ [erstarrter Gen. Sg.]: *am Mittag, zur Mittagszeit:* von morgens bis m.
Mit|tags|brot, das: vgl. Frühstücksbrot.
Mit|tag|schicht: ↑Mittagsschicht.
Mit|tags|hit|ze, die: *mittägliche Hitze.*
Mit|tags|mahl, das (geh.): *Mittagessen:* das M. einnehmen.
Mit|tags|mahl|zeit, die: *am Mittag eingenommene [Haupt]mahlzeit.*
Mit|tags|pau|se, die: *[zeitlich genau festgelegte] Arbeitspause um die Mittagszeit:* es ist M.; M. haben, machen.
Mit|tags|ru|he, die: **a)** *Ausruhen in der Mittagsstunde od. nach dem Mittagessen:* M. halten; **b)** *mittägliche Ruhe, Zeit am frühen Nachmittag, etwa von 13 bis 15 Uhr:* die M. einhalten, stören.
Mit|tags|schicht, die: **1.** *um die Mittagszeit beginnende Arbeitsschicht.* **2.** *Gesamtheit der in der Mittagsschicht* (1) *Arbeitenden.*
Mit|tags|schlaf, der: *[kurzer] Schlaf nach dem Mittagessen:* einen M. machen; seinen M. halten.
Mit|tags|son|ne, die: *mittägliche, auf ihrem höchsten Stand stehende Sonne.*
Mit|tags|stun|de, die: *Zeitspanne von etwa einer Stunde um 12 Uhr herum.*
Mit|tags|tisch, der: **1.** *zum Mittagessen gedeckter Tisch:* am M. sitzen *(am Tisch sitzen u. zu Mittag essen).* **2.** (veraltend) *Mittagsmahlzeit [für einen mehr od. weniger festen Personenkreis in einem Restaurant].*
Mit|tags|zeit, die ⟨o. Pl.⟩: *Zeit gegen und nach 12 Uhr.*
Mit|tä|ter, der; -s, -: *jmd., der mit anderen eine Straftat begangen hat.*
Mit|tä|te|rin, die; -, -nen: w. Form zu ↑Mittäter.
Mitt|drei|ßi|ger, der; -s, -: *Mann in der Mitte der Dreißigerjahre.*
Mitt|drei|ßi|ge|rin, die; -, -nen: w. Form zu ↑Mittdreißiger.
Mit|te, die; -, -n ⟨Pl. selten⟩ [mhd. mitte, ahd. mitta, zu: mitti, ↑mitten]: **1. a)** *Punkt od. Teil von etw., der von allen Enden od. Begrenzungen gleich weit entfernt ist:* die M. des Kreises, der Strecke, des Raumes; jmdn. in die M. *(zwischen sich)* nehmen; er wohnt im 3. Stock M. *(in der mittleren Wohnung);* Ü Rom war einst die M. der Welt; eine Politik der M. *(des Ausgleichs);*

*** die goldene M.** *(der angemessene, zwischen den Extremen liegende Standpunkt od. die entsprechende Entscheidung);* **ab durch die M.!** (ugs.; *weg, fort!*); **in, aus unserer, eurer** usw. **M.** *(in, aus unserem, eurem usw. Kreis):* er wurde, der Tod hat ihn aus unserer M. gerissen; **b)** *Zeitpunkt, Zeitraum, der von zwei Begrenzungen etwa gleich weit entfernt ist:* M. des Jahres; M. Mai *(um den 15. Mai herum).* **2.** (Politik) *Partei, Gruppierung zwischen rechts und links:* er hat immer zur M. tendiert.

mit|tei|len ⟨sw. V.; hat⟩ [mhd. mite teilen = etw. mit jmdm. teilen, einem etw. zukommen lassen]: **1.** *jmdn. von etw., wovon man glaubt, dass es für ihn wichtig ist, in Kenntnis setzen; jmdn. über etw. informieren, ihn etw. wissen lassen:* jmdm. etw. brieflich, telefonisch, schonend, vertraulich m.; jmdm. eine Absicht, eine Neuigkeit, seine Bedenken m. **2.** (geh.) **a)** *etw. an etw., jmdn. weitergeben, auf etw., jmdn. übertragen:* der Ofen teilte die Wärme dem Raum mit; **b)** ⟨m. + sich⟩ *sich auf jmdn., etw. übertragen:* die Stimmung teilte sich uns allen mit. **3.** (geh.) ⟨m. + sich⟩ *sich jmdm. im Gespräch anvertrauen, mit anderen von sich selbst sprechen:* sich jmdm. m. wollen.

mit|teil|lens|wert ⟨Adj.⟩: *wert, mitgeteilt zu werden:* ein -er Umstand.

mit|teil|sam ⟨Adj.⟩: *gesprächig, von großem Mitteilungsbedürfnis.*

Mit|tei|lung, die; -, -en: *etw., was jmdm. mitgeteilt* (1) *wird, wovon jmdm. Kenntnis gegeben wird:* eine briefliche, vertrauliche, amtliche M.; jmdm. eine M. [über, von etw.] machen *(etw. förmlich mitteilen);* nach M. der Behörden.

Mit|tei|lungs|be|dürf|nis, das ⟨o. Pl.⟩: *jmds. starkes Bedürfnis, sich anderen mitzuteilen:* er hatte [kein] großes M.

mit|tel ⟨Adj.⟩ [mhd. mittel, ahd. mittil, zu: mitti, ↑Mitte] (ugs.): *mäßig, nicht besonders gut u. nicht besonders schlecht, durchschnittlich.*

[1]Mit|tel, das; -s, - [urspr. = das zwischen zwei Dingen Befindliche; mhd. mittel = (in der) Mitte (befindlicher Teil), Subst. von ↑mittel]: **1.** *etw., was zur Erreichung eines Zieles dient, was dazu geeignet ist, etw. Bestimmtes zu bekommen, zu erreichen:* ein wirksames, untaugliches M.; mit allen -n arbeiten, kämpfen *(alle Hilfsmittel [u. Tricks] einsetzen);* zum letzten, äußersten M. greifen; *** [nur] M. zum Zweck sein** *(als Person od. Sache von jmd. anderem für dessen Zwecke benutzt od. ausgenutzt werden);* **M. und Wege finden, suchen** *(Möglichkeiten, Methoden zur Lösung eines Problems, zur Hilfe in einer schwierigen Situation ausfindig machen, ausfindig zu machen suchen);* **sich [für jmdn.] ins M. legen** (geh. veraltend; *sich [für jmdn.] einsetzen; vermitteln;* älter: »sich ins M. schlagen« = sich in die Mitte zwischen zwei Streitende werfen). **2. a)** *(nicht näher bezeichnetes) Heilmittel, Medikament o. Ä.:* ein wirksames, harmloses M.; ein M. einnehmen, schlucken; **b)** *(nicht näher bezeichnete) [chemische] Substanz, die zu einem bestimmten Zweck dient:* ein M. für die Reinigung, gegen Ungeziefer. **3.** ⟨Pl.⟩ *[zur Verfügung stehende] Gelder, Kapital, Geldmittel:* meine [geringen] M. sind erschöpft; er steht ohne M. da *(ist völlig mittellos, verarmt).* **4.** *mittlerer Wert, Durchschnittswert:* das arithmetische M. (Math.; *Quotient aus dem Zahlenwert einer Summe u. der Anzahl der Summanden; Durchschnittswert*).

[2]Mit|tel, die; - (Druckw. veraltet): *Schriftgrad von 14 Punkt.*

Mit|tel|ach|se, die: *mittlere, in der Mitte liegende Achse; Symmetrieachse.*

Mit|tel|al|ter, das ⟨o. Pl.⟩ [urspr. = mittleres Lebensalter; dann als LÜ von nlat. medium aevum = mittleres Zeitalter]: **1.** *Zeitraum zwischen Altertum u. Neuzeit (in der europäischen Kultur):* im hohen, frühen, späten M. (Abk.: MA.). **2.** (ugs. scherzh.) *Einzelperson, Leute mittleren Alters:* er ist, sie sind M.

mit|tel|al|ter|lich ⟨Adj.⟩: **1.** *zum Mittelalter* (1) *gehörend, daraus stammend, es betreffend:* -e Kunst, Dichtung; der -e Mensch *(Mensch des Mittelalters* 1); Ü m. leben, denken. **2.** *im mittleren Lebensalter stehend.*

Mit|tel|ame|ri|ka; -s: Teil Amerikas, der den Übergang zwischen Nord- u. Südamerika bildet.

Mit|tel|ame|ri|ka|ner, der: Ew.

Mit|tel|ame|ri|ka|ne|rin, die: w. Form zu ↑Mittelamerikaner.

mit|tel|ame|ri|ka|nisch ⟨Adj.⟩: *die Mittelamerikaner, Mittelamerika betreffend; von den Mittelamerikanern stammend, zu ihnen gehörend.*

mit|tel|bar ⟨Adj.⟩: *indirekt, über Zwischenglieder, Mittelspersonen [bewirkt].*

Mit|tel|bau, der ⟨Pl. -e u. -ten⟩: **1.** ⟨Pl. -ten⟩ *mittlerer Teil eines aus mehreren Flügeln bestehenden Gebäudes:* im M. des Schlosses. **2.** ⟨Pl. -e; selten⟩ *mittlere Ebene in einem hierarchischen Aufbau:* er hat eine Position im akademischen M.

Mit|tel|be|trieb, der: *mittelgroßer Betrieb.*

Mit|tel|chen, das; -s, - (fam.): *Mittel* (2).

Mit|tel|deck, das: *mittleres Deck [auf Schiffen].*

mit|tel|deutsch ⟨Adj.⟩: **1.** *Mitteldeutschland* (1, 2) *betreffend.* **2.** (Sprachw.) *die Mundarten in den Gebieten Mitteldeutschlands* (1) *betreffend* (Abk.: md.).

Mit|tel|deutsch, das u. ⟨nur mit best. Art.:⟩ **Mit|tel|deut|sche,** das: *mitteldeutsche Sprache.*

Mit|tel|deutsch|land; -s: **1.** mittlerer Teil Deutschlands. **2.** der thüringisch-obersächsische Raum.

Mit|tel|ding, das ⟨Pl. -e, selten⟩ (ugs.): *etw., was zwischen zwei Dingen, Gestalten, Begriffen, Möglichkeiten liegt, was von jedem bestimmte Eigenschaften hat, aber doch keines von beiden ist:* nur ein Ja oder Nein, kein M.

Mit|tel|eu|ro|pa; -s: mittlerer Teil Europas.

Mit|tel|eu|ro|pä|er, der: Ew.

Mit|tel|eu|ro|pä|e|rin, die: w. Form zu ↑Mitteleuropäer.

mit|tel|eu|ro|pä|isch ⟨Adj.⟩: *Mitteleuropa, die Mitteleuropäer betreffend, von den Mitteleuropäern stammend, zu ihnen gehörend; aus Mitteleuropa stammend.*

mit|tel|fein ⟨Adj.⟩: **a)** *von mittlerer Stärke:* -es Papier; **b)** (Kaufmannsspr.) *von mittlerer Größe u. Qualität:* junge Erbsen m.

Mit|tel|feld, das: **1. a)** ⟨o. Pl.⟩ (Sport, bes. Fußball) *mittlerer Teil des Spielfeldes:* das M. verteidigen; **b)** (Sport) *Gruppe von Sportlern (z. B. Läufer, Rennfahrer) od. von Mannschaften, die im Wettkampf od. in der Wertung hinter den Spitzenkräften kommen:* im M. liegen. **2.** (Sprachw.) *Mitte, Kernstück eines Satzes.*

Mit|tel|feld|spie|ler, der (bes. Fußball): *Spieler, der die Verbindung zwischen Abwehr u. Angriff herstellt.*

Mit|tel|feld|spie|le|rin, die: w. Form zu ↑Mittelfeldspieler.

Mit|tel|fin|ger, der: *mittlerer Finger der Hand zwischen Zeige- u. Ringfinger.*

mit|tel|fris|tig ⟨Adj.⟩ (bes. Wirtsch., Bankw.): *über eine mittlere Frist laufend, eine mittlere Zeitspanne umfassend:* -e Kredite; m. planen.

Mit|tel|fuß, der (Anat.): *(bei Mensch u. Wirbeltieren) Teil des Fußes zwischen den Zehen u. der Fußwurzel.*

Mit|tel|fuß|kno|chen, der (Anat.): *Knochen des Mittelfußes.*

Mit|tel|gang, der: **a)** *mittlerer von mehreren Gängen* (7 a, b); **b)** *mitten durch etw. hindurchführender Gang:* ein Eisenbahnwagen mit M.

Mit|tel|ge|bir|ge, das: *Gebirge mit meist abgerundeten Bergrücken u. Höhenunterschieden unter tausend Metern.*

Mit|tel|ge|wicht, das [LÜ von engl. middleweight] (Schwerathletik): **1.** ⟨o. Pl.⟩ *Körpergewichtsklasse zwischen Weltergewicht u. Halbschwergewicht.* **2.** *Sportler der Körpergewichtsklasse Mittelgewicht.*

mit|tel|groß ⟨Adj.⟩: *von mittlerer Größe.*

Mit|tel|grund, der (Malerei): *zwischen Vorder- u. Hintergrund liegender Bereich eines Bildes.*

mit|tel|gut ⟨Adj.⟩ (ugs.): *von durchschnittlicher Qualität:* ein -es Examen.

Mit|tel|hand, die: **1.** (Anat.) *den Handteller bildender, mittlerer Teil der Hand.* **2.** *(bei größeren Säugetieren, bes. beim Pferd) Teil des Körpers zwischen Vorhand u. Hinterhand; Rumpf.* **3.** (Skat) *Spieler, der nach dem Ausspielenden als Erster das Spiel weiterführt.*

mit|tel|hoch|deutsch ⟨Adj.⟩: *das Mittelhochdeutsche betreffend; in Mittelhochdeutsch [geschrieben, schreibend]* (Abk.: mhd.).

Mit|tel|hoch|deut|sch, das u. ⟨nur mit best. Art.:⟩ **Mit|tel|hoch|deut|sche,** das: *mittlere, von der Mitte des 11. bis zur Mitte des 14. Jh.s reichende Stufe* (2 a) *in der Entwicklung der hochdeutschen Sprache.*

Mit|te-links-Bünd|nis, das (Politik): *[Regierungs]bündnis von Parteien der Mitte* (2) *u. Parteien der Linken* (2).

Mit|tel|klas|se, die: **1.** vgl. Mittelschicht: die gehobene M. **2.** *mittlere Qualitätsstufe, mittlere Güteklasse; mittlere Klasse* (7 a): ein Hotel der M. **3.** ⟨meist Pl.⟩ *Schulklasse der Mittelstufe.*

Mit|tel|klas|se|ho|tel, das: *Hotel der Mittelklasse* (2).

Mit|tel|kreis, der (Fußball, Eishockey u. a.): *Kreis um den Mittelpunkt des Spielfeldes.*

Mit|tel|la|ge, die: **1. a)** *mittlere [geographische] Lage eines Ortes, Landes o. Ä.;* **b)** *mittlere Höhenlage.* **2.** (Musik) *mittlere Stimmlage.*

Mit|tel|län|di|sche Meer, das; -n -[e]s: Mittelmeer.

Mit|tel|land|ka|nal, der; -s: Kanal zwischen Ems u. Elbe.

Mit|tel|la|tein, das: *Latein des Mittelalters (von etwa 500 bis 1500).*

mit|tel|la|tei|nisch ⟨Adj.⟩: *das Mittellatein betreffend; in Mittellatein [geschrieben, schreibend]* (Abk.: mlat.).

Mit|tel|li|nie, die: **1.** (Mannschaftssport) *Linie in der Mitte des Spielfeldes.* **2.** (Verkehrsw.) *weiße Linie, die die Fahrbahnen trennt.*

mit|tel|los ⟨Adj.⟩: *ohne Geldmittel, arm.*

Mit|tel|maß, das ⟨Pl. selten⟩ (oft abwertend): *mittleres Maß einer Größe, Qualität o. Ä.; Durchschnitt:* seine Leistung war gutes M.

mit|tel|mä|ßig ⟨Adj.⟩ (meist abwertend): *nicht eigentlich schlecht, aber auch nicht bes. gut; nicht über ein Mittelmaß hinausgehend; nur durchschnittlich:* diese Leistung war sehr m. (verhüll.; *war ziemlich schlecht*).

Mit|tel|mä|ßig|keit, die (meist abwertend): *mittelmäßige Qualität, Beschaffenheit.*

Mit|tel|meer, das; -[e]s: Nebenmeer des Atlantischen Ozeans zwischen Südeuropa, Vorderasien u. Nordafrika.

Mit|tel|meer|ge|biet, das ⟨o. Pl.⟩: vgl. Mittelmeerraum.

Mit|tel|meer|län|der ⟨Pl.⟩: *das Mittelmeer umschließende Länder Südeuropas, Vorderasiens u. Nordafrikas.*

Mit|tel|meer|raum, der ⟨o. Pl.⟩: *[Kultur]raum um das Mittelmeer.*

mit|teln ⟨sw. V.; hat⟩: *auf den Durchschnitt, den Mittelwert bringen.*

mit|tel|nie|der|deutsch ⟨Adj.⟩: *das Mittelniederdeutsche betreffend; in Mittelniederdeutsch [geschrieben, schreibend]* (Abk.: mnd., mniederd.).

Mit|tel|nie|der|deutsch, das u. ⟨nur mit best. Art.:⟩ **Mit|tel|nie|der|deut|sche,** das: *mittlere, etwa vom 13. bis zum 15. Jh. reichende Stufe* (2 a) *in der Entwicklung der niederdeutschen Sprache.*

Mit|tel|ohr, das (Anat.): *mittlerer Teil des [menschlichen] Gehörorgans mit Hammer* (4), *Amboss* (2) *u. Steigbügel* (2).

Mit|tel|ohr|ent|zün|dung, die (Med.): *Entzündung des Mittelohrs.*

mit|tel|präch|tig ⟨Adj.⟩ (ugs. scherzh.): *mittelmäßig, nicht besonders gut.*

Mit|tel|punkt, der [mhd. der mittel punct]: **1.** (Geom.) *Punkt auf einer Strecke, in einem Kreis, einer Kugel o. Ä., von dem die Endpunkte* *bzw. alle Punkte des Umfangs, der Oberfläche gleich weit entfernt sind:* der M. der Erde. **2.** *im Zentrum des Interesses stehende Person od. Sache:* sie war der M. des Abends; er will immer M. sein.

mịt|tels, (veraltend:) mittelst ⟨Präp. mit Gen.⟩ [erstarrter Gen. Sg. von ↑¹Mittel] (Papierdt.): *mithilfe von; durch:* m. eines Flaschenzuges; ⟨ein stark dekliniertes Subst. im Sg. bleibt ungebeugt, wenn es ohne Art. od. Attr. steht:⟩ m. Flaschenzug; ⟨im Pl. üblicherweise mit dem Dativ, wenn der Gen. nicht erkennbar ist:⟩ m. Lautsprechern.

Mịt|tel|schei|tel, der: *von der Mitte der Stirn gerade nach hinten verlaufender Scheitel.*

Mịt|tel|schicht, die (Soziol.): *mittlere Bevölkerungsschicht mit einem gewissen Status an Kultur, Bildung, ökonomischer Sicherheit.*

Mịt|tel|schiff, das (Archit.): *bei einer Kirche mittleres Schiff des Langhauses.*

Mịt|tel|schmerz, der: *zwischen zwei Menstruationen durch den Follikelsprung kurzzeitig auftretender Schmerz im Unterleib.*

Mịt|tel|schu|le, die: **1.** *in Bildungsangebot u. Lernziel zwischen Hauptschule u. Gymnasium rangierende Schule; Realschule.* **2.** (österr. veraltet, schweiz.) *höhere Schule, Gymnasium.*

mịt|tel|schwer ⟨Adj.⟩: *von mittlerem Gewicht, mittlerer Stärke, Härte od. mittlerem Schwierigkeitsgrad.*

Mịt|tel|schwer|ge|wicht, das (Gewichtheben): **1.** ⟨o. Pl.⟩ *Körpergewichtsklasse zwischen Leichtschwergewicht u. Schwergewicht.* **2.** *Sportler der Körpergewichtsklasse Mittelschwergewicht.*

Mịt|tels|mann, der ⟨Pl. …männer u. …leute⟩ [eigtl. = der in der Mitte befindliche Mann]: *Vermittler, Unterhändler, der wechselseitig Vorschläge überbringt, wenn Verhandlungspartner sich nicht direkt treffen können od. wollen:* über einen M. Kontakt aufnehmen.

Mịt|tels|per|son, die: vgl. Mittelsmann.

mịt|telst: ↑mittels.

mịt|telst... ⟨Adj.; Sup. zu ↑mittler...⟩.

Mịt|tel|stand, der ⟨o. Pl.⟩: *Gesamtheit der zur Mittelschicht Gehörenden.*

mịt|tel|stän|disch ⟨Adj.⟩: *den Mittelstand betreffend, zu ihm gehörend:* -e Unternehmen.

Mịt|tel|stän|dler, der; -s, -: *Angehöriger des Mittelstandes.*

Mịt|tel|stän|d|le|rin, die; -, -nen: w. Form zu ↑Mittelständler.

Mịt|tel|stel|lung, die: *mittlerer Standort, Standpunkt.*

Mịt|tel|stre|cke, die: **a)** (bes. Verkehrsw.) *mittlere Strecke, Entfernung;* **b)** (Sport) *(bei bestimmten Laufwettbewerben zurückzulegende) Strecke von mittlerer Länge.*

Mịt|tel|stre|cken|flug, der: *Flug über eine mittlere Entfernung (von etwa 1500 bis 3000 km).*

Mịt|tel|stre|cken|lauf, der (Sport): *Laufwettbewerb über eine Mittelstrecke.*

Mịt|tel|stre|cken|ra|ke|te, die: *Rakete mit mittlerer Reichweite.*

Mịt|tel|strei|fen, der: *Grünstreifen zwischen den Fahrbahnen der beiden Fahrtrichtungen, bes. auf Autobahnen.*

Mịt|tel|stück, das: *mittleres Stück.*

Mịt|tel|stu|fe, die: *(bes. das 8.–10. Schuljahr umfassende) mittlere Jahrgänge, Schulklassen höherer Schulen.*

Mịt|tel|stür|mer, der (Mannschaftssport): *in der Mitte des Sturms eingesetzter Spieler.*

Mịt|tel|stür|me|rin, die (Mannschaftssport): w. Form zu ↑Mittelstürmer.

Mịt|tel|teil, der: *mittlerer Teil.*

Mịt|tel|tür, die: *mittlere Tür.*

Mịt|tel|was|ser, das ⟨Pl. …wasser⟩ (Fachspr.): **1.** *Wasserstand in der Mitte einer Tide* (a). **2.** *mittlerer, durchschnittlicher Wasserstand eines Gewässers.*

Mịt|tel|weg, der: **1.** *Weg, der die Mitte eines Terrains durchquert; mittlerer von mehreren parallel verlaufenden Wegen.* **2.** *zwischen zwei Extremen liegende Möglichkeit des Handelns, Kompromiss:* einen M. suchen, finden, gehen; * **der goldene M.** *(angemessene, vermittelnde, die Extreme meidende Lösung eines Problems, eines Konflikts;* nach lat. aurea mediocritas; Horaz, Oden II, 10, 5).

Mịt|tel|wel|le, die: **a)** (Physik, Funkt., Rundf.) *elektromagnetische Welle mit mittlerer Wellenlänge;* **b)** (Rundf.) *Wellenbereich der Mittelwellen* (a): den Sender bekommt man nur auf M.

Mịt|tel|wert, der: (Math.) *arithmetisches Mittel, Durchschnittswert aus mehreren Zahlen.*

Mịt|tel|wort, das ⟨Pl. …wörter⟩ [seit dem 17. Jh. Ersatzwort für ↑Partizip; diese Wortform zeigt Merkmale des Verbs wie des Adjektivs] (Sprachw.): *Partizip:* M. der Gegenwart *(erstes Partizip);* M. der Vergangenheit *(zweites Partizip).*

Mịt|tel|wort|satz, der: *Partizipialsatz.*

mịt|ten ⟨Adv.⟩ [mhd., ahd. mitten; erstarrter Dativ Pl. des Adj. mhd. mitte, ahd. mitti = in der Mitte (befindlich); vgl. lat. medius = mittlerer]: *in der Mitte; in die Mitte:* m. hineingehen; m. in der Nacht; sie hat sich m. unter die Leute gemischt.

mit|ten|drịn ⟨Adv.⟩ **a)** *in der Mitte von etw., zwischen anderem, anderen;* **b)** *gerade dabei (bei einer Tätigkeit).*

mit|ten|dụrch ⟨Adv.⟩: *quer durch etw., in der Mitte durch etw. hindurch.*

mit|ten|mang ⟨Adv.⟩ (nordd., bes. berlin. ugs.): *mittendrin;* m. sitzen.

Mịt|te-rẹchts-Bünd|nis, das: vgl. Mitte-links-Bündnis.

Mịt|ter|nacht, die; - [mhd. mitternaht, geb. aus: ze mitter naht = mitten in der Nacht]: **1.** *[Zeitpunkt um] 12 Uhr nachts, 24 Uhr:* es ist, schlägt M.; gegen, nach M.; um [die] M. **2.** (veraltet) *Norden:* gegen, gen M.

mịt|ter|nächt|lich ⟨Adj.⟩: *in die Zeit der Mitternacht fallend; gegen Mitternacht geschehend:* zur -en Stunde.

mịt|ter|nachts ⟨Adv.⟩: *um Mitternacht.*

Mịt|ter|nachts|son|ne, die ⟨o. Pl.⟩: *die (jenseits der Polarkreise bis zu den Polen) jeweils im Sommer auch nachts nicht ganz unter dem Horizont verschwindende Sonne.*

Mịt|ter|nachts|stun|de, die: *Stunde um Mitternacht.*

Mịt|te|strich, der (Texterfassung): *Spiegelstrich.*

Mịtt|fas|ten ⟨Pl.⟩ (kath. Kirche): **a)** *Mitte der Fastenzeit, etwa von Mittwoch vor Lätare bis zum Sonntag Lätare;* **b)** *einzelner Tag der Mittfasten* (a).

Mịtt|fünf|zi|ger, der; -s, -: vgl. Mittdreißiger.

Mịtt|fünf|zi|ge|rin, die; -, -nen: w. Form zu ↑Mittfünfziger.

mịt|tig ⟨Adj.⟩ (Fachspr.): *in der Mitte [liegend, auftreffend]; durch die Mitte gehend:* m. geteilte Fenster.

Mịtt|ler, der; -s, - (geh.): *helfender Vermittler, Mittelsmann [ohne geschäftliche Eigeninteressen]; jmd., der vermittelnd zwischen verschiedenen Personen, Parteien o. Ä. auftritt:* sich als M. anbieten; Ü Sprachen sind die M. zu anderen Völkern und Kulturen.

mịtt|ler... ⟨Adj.; Sup.: ↑mittelst...⟩ [Komp. zu ↑mittel]: **a)** *in der Mitte zwischen anderem befindlich:* das mittlere Fenster öffnen; **b)** *in Größe, Ausmaß, Zeitraum, Rang o. Ä. in der Mitte angesiedelt; einen Mittelwert darstellend:* eine mittlere Geschwindigkeit, Temperatur, Größe; die mittlere *(zwischen einfachem u. gehobenem Dienst liegende)* Beamtenlaufbahn; ein mittlerer *(mittelgroßer)* Betrieb.

Mịtt|ler|funk|ti|on, die: vgl. Mittlerrolle: eine M. erfüllen, übernehmen.

Mịtt|le|rin, die; -, -nen (geh.): w. Form zu ↑Mittler.

Mịtt|ler|rol|le, die: *Rolle des Mittlers, vermittelnde Rolle.*

Mịtt|ler|spra|che, die: *allen Seiten geläufige Fremdsprache, die als Vermittler zwischen Personen od. Völkern verschiedener Sprachen dient.*

mịtt|ler|wei|le ⟨Adv.⟩ [älter: mittler Weile (Dativ Sg.)]: **a)** *im Laufe der Zeit, inzwischen, allmählich:* du hast es m. gelernt; **b)** *währenddessen, unterdessen, in der Zwischenzeit:* m. wussten sie Bescheid.

mịtt|schiffs ⟨Adv.⟩ (Seemannsspr.): *in der Mitte des Schiffes [befindlich].*

Mịtt|sech|zi|ger, der: vgl. Mittdreißiger.

Mịtt|sech|zi|ge|rin, die; -, -nen: w. Form zu ↑Mittsechziger.

Mịtt|sieb|zi|ger, der: vgl. Mittdreißiger.

Mịtt|sieb|zi|ge|rin, die; -, -nen: w. Form zu ↑Mittsiebziger.

Mịtt|som|mer, der; -s, - [wohl LÜ von engl. midsummer]: *Zeit der Sommersonnenwende.*

Mịtt|som|mer|nacht, die: **1.** *kurze, helle Nacht im Mittsommer.* **2.** *Nacht der Sommersonnenwende.*

mit|tun ⟨unr. V.; hat⟩ (landsch.): vgl. mitmachen.

Mịtt|vier|zi|ger, der; -s, -: vgl. Mittdreißiger.

Mịtt|vier|zi|ge|rin, die; -, -nen: w. Form zu ↑Mittvierziger.

Mịtt|win|ter, der; -s, -: *Zeit der Wintersonnenwende.*

Mịtt|woch, der; -[e]s, -e [mhd. mit(te)woche, spätahd. mittawehha, LÜ von kirchenlat. media hebdomas für die germ. Bez. »Wodanstag«; zu mhd. mitti (↑mitten) u. ↑Woche]: *dritter Tag der mit Montag beginnenden Woche;* vgl. Dienstag.

Mịtt|woch|abend usw.: vgl. Dienstagabend usw.

mịtt|wochs: vgl. dienstags.

Mịtt|zwan|zi|ger, der: vgl. Mittdreißiger.

Mịtt|zwan|zi|ge|rin, die; -, -nen: w. Form zu ↑Mittzwanziger.

mit|ụn|ter ⟨Adv.⟩: *manchmal, bisweilen, gelegentlich, von Zeit zu Zeit.*

Mịt|un|ter|zeich|ne|te, der u. die: *jmd., der als Verantwortlicher in einer bestimmten Funktion ein Schriftstück neben anderen Unterzeichnenden unterzeichnet.*

mịt|ver|ant|wort|lich ⟨Adj.⟩: *mit anderen gemeinsam verantwortlich, an der Verantwortung teilhabend.*

Mịt|ver|ant|wor|tung, die; -: *jmds. Teilhabe an der Verantwortung für jmdn., etw.*

mịt|ver|die|nen ⟨sw. V.; hat⟩: *(neben anderen Familienmitgliedern) einer bezahlten Arbeit nachgehen.*

Mịt|ver|fas|ser, der; -s, -: vgl. Mitautor.

Mịt|ver|fas|se|rin, die; -, -nen: w. Form zu ↑Mitverfasser.

Mịt|ver|schul|den, das; -s: *Teilhabe an der Schuld anderer.*

Mịt|welt, die; -: *Gesamtheit der Mitmenschen, Zeitgenossen.*

mit|wir|ken ⟨sw. V.; hat⟩: **1. a)** *mit [einem] anderen zusammen bei der Durchführung o. Ä. von etw. wirken, tätig sein; mitarbeiten;* **b)** vgl. mitspielen (1 b): in einem Theaterstück m. **2.** *bei etw. mit eine Rolle spielen, mit eine Wirkung haben:* bei der Entscheidung wirkten verschiedene Faktoren mit.

Mịt|wir|ken|de, der u. die; -n, -n ⟨Dekl. ↑Abgeordnete⟩: *mitwirkende Person.*

Mịt|wir|kung, die; -: *das Mitwirken.*

Mịt|wis|ser, der; -s, -: *jmd., der von einer [unrechtmäßigen o. ä.] Handlung, von einem Geheimnis eines anderen Kenntnis hat:* M. sein.; er hat zu viele M.

Mịt|wis|se|rin, die; -, -nen: w. Form zu ↑Mitwisser.

mit|wol|len ⟨unr. V.; hat⟩ (ugs.): vgl. mitdürfen.

mit|zäh|len ⟨sw. V.; hat⟩: **1.** *bei einer Zählung auch berücksichtigen.* **2.** *mit eingerechnet werden:* Feiertage zählen nicht mit.

mit|zie|hen ⟨unr. V.⟩: **1.** *sich einem Zug von Marschierenden o. Ä. anschließen* ⟨ist⟩: sie zogen ein Stück weit [mit dem Festzug] mit. **2.** ⟨hat⟩ **a)** (ugs.) *bei etw. mitmachen, sich einer Handlung eines anderen anschließen:* ein Schülervater reichte eine Klage ein, mehrere Eltern zogen mit; **b)** (Sport) *in einem Laufwettbewerb mit einem andern Läufer mithalten:* der Finne stößt vor, der Däne zieht mit.

Mịtz|wa, die; -, …woth u. -s [jidd. mitzwa < hebr.

misṣwā = Gebot] (jüd. Rel.): *gute, gottgefällige Tat.*

Mix, der; -, -e (Fachspr. Jargon): *Gemisch, spezielle Mischung:* ein M. aus Jazz u. Pop.

Mix|be|cher, der: *verschließbarer Becher zum Schütteln bzw. Mischen von alkoholischen Getränken; Shaker.*

Mixed [mɪkst], das; -[s], -[s] [engl. mixed, eigtl. = gemischt < (a)frz. mixte < lat. mixtum, 2. Part. von: miscere = mischen] (Tennis, Tischtennis, Badminton): **1.** *Spiel zweier aus je einem männlichen u. einem weiblichen Spieler bestehender Mannschaften gegeneinander; gemischtes Doppel:* das M., im M. gewinnen. **2.** *Mannschaft für das Mixed* (1).

Mixed Drink ['mɪkst 'drɪŋk], der; - -[s], - -s, (auch:) **Mixed|drink,** der; -[s], -[s] [engl. mixed drink, zu: to mix = mischen u. drink = Getränk]: *alkoholisches Mischgetränk.*

Mixed Me|dia [- 'mi:djə], (auch:) **Mixed|me|dia** ⟨Pl.⟩ [engl. mixed media, zu: to mix = mischen u. media = Medien]: *Kombination verschiedener* [1]*Medien* (2 a) *in künstlerischer Absicht.*

Mixed Pickles [- 'pɪkḷs], (auch:) **Mixed|pickles,** Mixpickles ['mɪkspɪkḷs] ⟨Pl.⟩ [engl. mixed pickles, zu: to mix = mischen u. pickles = Pökel, Eingemachtes] (Kochk.): *in gewürzten Essig roh eingelegtes gemischtes Gemüse.*

mi|xen ⟨sw. V.; hat⟩ [engl. to mix = mischen]: **1. a)** *(bes. ein Getränk) mischen:* [sich] einen Drink m.; Ü ein bunt gemixtes Unterhaltungsprogramm; **b)** *im Mixer* (2) *[zerkleinern u.] mischen:* einen Drink m. **2.** (Film, Funk, Ferns.) *mischen* (6). **3.** (Eishockey) *den Puck* (2) *mit dem Schläger schnell hin u. her schieben.*

Mi|xer, der; -s, - [engl. mixer, zu: to mix, ↑mixen]: **1.** *jmd., der alkoholische Getränke mischt; Barmixer.* **2.** *elektrisches Gerät zum Zerkleinern u. Mischen:* Eier im M. verquirlen. **3. a)** (Film, Funk, Ferns.) *Tonmischer;* **b)** (Funkt.) *Gerät zum Mischen* (6).

Mi|xe|rin, die; -, -nen: w. Form zu ↑Mixer (1, 3 a).

Mix|ge|tränk, das: *gemixtes Getränk.*

Mix|pickles: ↑Mixed Pickles.

Mix|tur, die; -, -en [mhd. mixture < lat. mixtura = Mischung]: **1.** (Pharm.; bildungsspr.) *zu bestimmten Zwecken hergestellte Mischung von Flüssigkeiten, bes. Arzneien:* eine M. aus verschiedenen Essenzen herstellen. **2.** (Musik) *bei der Orgel zu einem Register* (3 a) *zusammengefasste Bündelung bestimmter Töne.*

Mjöll|nir, der; -s (germ. Myth.): Hammer des Gottes Thor.

mk = Markka.

MKS-Sys|tem, das; -s (Fachspr.): Maßsystem, das auf den Grundeinheiten Meter, Kilogramm u. Sekunde aufgebaut ist; Meter-Kilogramm-Sekunde-System.

ml = Milliliter.

mlat. = mittellateinisch.

Mlle. ⟨schweiz. (nach frz. Regel) meist ohne Punkt⟩ = Mademoiselle.

Mlles. ⟨schweiz. (nach frz. Regel) meist ohne Punkt⟩ = Mesdemoiselles.

mm = Millimeter.

µm = Mikrometer.

mm² (früher auch: qmm) = Quadratmillimeter.

mm³ (früher auch: cmm) = Kubikmillimeter.

MM. = Messieurs (vgl. Monsieur).

m. m. = mutatis mutandis.

M. M. = Mälzels Metronom, Metronom Mälzel.

Mme. ⟨schweiz. (nach frz. Regel) meist ohne Punkt⟩ = Madame.

Mmes. ⟨schweiz. (nach frz. Regel) meist ohne Punkt⟩ = Mesdames.

Mn = Mangan.

mnd. = mittelniederdeutsch.

Mne|mo|nik, die; - [spätlat. mnemonica (Pl.) < griech. mnēmoniká (Pl.) = (Regeln der) Gedächtniskunst] (Fachspr.): *Mnemotechnik.*

Mne|mo|sy|ne (griech. Myth.): Göttin des Gedächtnisses, Mutter der Musen.

Mne|mo|tech|nik, die; -, -en (Fachspr.): *Technik, Verfahren, seine Gedächtnisleistung zu steigern, vor allem durch systematische Übung od. Lernhilfen wie Merkverse o. Ä.; Gedächtniskunst.*

mne|mo|tech|nisch ⟨Adj.⟩ (Fachspr.): *die Mnemotechnik betreffend, ihr eigentümlich.*

mniederd. = mittelniederdeutsch.

Mo = Molybdän.

MΩ = Megaohm.

Mo. = Montag.

Moa, der; -[s], -s [Maori (Sprache Neuseelands) moa]: *ausgestorbener, straußenähnlicher neuseeländischer Laufvogel.*

Mo|ab; -s: Landschaft östlich des Jordans.

Mob, der; -s [engl. mob, eigtl. = aufgewiegelte Volksmenge, gek. aus lat. mobile vulgus] (abwertend): **1.** *Pöbel.* **2.** *kriminelle Bande, organisiertes Verbrechertum.*

mob|ben ⟨sw. V.; hat⟩ [engl. to mob = über jmdn. herfallen, sich auf jmdn. stürzen, zu: mob, ↑Mob] (Jargon): *einen Arbeitskollegen ständig schikanieren, quälen, verletzen [mit der Absicht, ihn aus der Firma o. Ä. zu vertreiben].*

Mob|bing, das; -s [anglisierende Bildung zu ↑mobben] (Jargon): *das Mobben.*

Mö|bel, das; -s, -, schweiz. auch: -n [frz. meuble = bewegliches Gut; Hausgerät; Einrichtungsgegenstand < mlat. mobile = bewegliches Hab und Gut, zu lat. mobilis, ↑mobil]: **1.** ⟨meist Pl.⟩ *Einrichtungsgegenstand, mit dem ein Raum ausgestattet ist, damit er benutzt u. bewohnt werden kann, der zum Sitzen, Liegen, Aufbewahren von Kleidung, Wäsche, Hausrat dient:* schwere, geschnitzte M.; M. aus Eiche; ein zweckdienliches M.; M. rücken; die M. aufstellen; * **jmdm. die M. gerade rücken, stellen** (salopp; *jmdn. heftig zurechtweisen*). **2.** ⟨o. Pl.⟩ (ugs. scherzh.) *großer, unhandlicher od. ungefüger [lästiger] Gegenstand.*

Mö|bel|fa|brik, die: *Fabrik, in der Möbel hergestellt werden.*

Mö|bel|ge|schäft, das: *Geschäft, in dem Möbel verkauft werden.*

Mö|bel|händ|ler, der: *Geschäftsmann, der mit Möbeln handelt.*

Mö|bel|händ|le|rin, die: w. Form zu ↑Möbelhändler.

Mö|bel|la|ger, das: *Lager für Möbel.*

Mö|bel|pa|cker, der: *Angestellter einer Spedition, der bei einem Umzug Möbel u. Hausrat verpackt u. transportiert.*

Mö|bel|po|li|tur, die: *Politur für Möbel.*

Mö|bel|spe|di|teur, der: *Spediteur für die Durchführung von Umzügen u. den Transport von Möbeln.*

Mö|bel|stoff, der: *Bezugstoff für Polstermöbel.*

Mö|bel|stück, das: *(einzelnes) Möbel* (1).

Mö|bel|tisch|ler, der: *auf Herstellung u. Reparatur von Möbeln spezialisierter Tischler.*

Mö|bel|tisch|le|rin, die: w. Form zu ↑Möbeltischler.

Mö|bel|trä|ger, der: *jmd., der bei Transporten u. Umzügen Möbel, Kisten usw. trägt bzw. ein- u. auslädt.*

Mö|bel|wa|gen, der: *sehr geräumiger, geschlossener (Kraft)wagen für den Transport von Möbeln u. Hausrat, bes. bei Umzügen.*

mo|bil ⟨Adj.⟩ [frz. mobile = beweglich, marschbereit < lat. mobilis = beweglich, zu: movere, ↑Motor]: **1.** (bildungsspr.) **a)** *beweglich, nicht an einen festen Standort gebunden:* -e Büchereien *(Fahr-, Wanderbüchereien);* -er (Rechtsspr., Wirtsch.; *transportierbarer*) Besitz; m. *(mit dem Mobiltelefon)* telefonieren; **b)** (bes. Wirtsch.) *nicht festliegend, nicht gebunden:* -e Werte; **c)** (bes. Soziol.) *durch Mobilität* (2) *gekennzeichnet, bes. zu Wechsel von Wohnsitz, Arbeitsplatz bereit, in der Lage, fähig.* **2.** (bes. Milit.) *für den militärischen, polizeilichen o. ä. Einsatz bereit; einsatzbereit u. beweglich:* * **jmdn. m. machen** (ugs. *jmdn. antreiben, aufscheuchen*); **etw. m. machen** (ugs.; *etw. aktivieren, einsetzen, mobilisieren* 2 b). **3.** (ugs.) *munter, rege:* der Kaffee hat mich m. gemacht; die alte Dame ist noch sehr m. *(rüstig).*

Mo|bil, das; -s, -e [gek. aus ↑Automobil] (ugs., oft scherzh.): *Auto; Fahrzeug.*

mo|bi|le ⟨Adj.⟩ [ital. mobile, ↑Mobile] (Musik): *beweglich, nicht steif.*

Mo|bi|le, das; -s, -s [engl. mobile, zu ital. mobile < lat. mobilis, ↑mobil]: *hängend befestigtes, mehrfach beweglich gestaltetes Gebilde aus Fäden od. Stäben u. Figuren o. Ä., das durch Anstoßen od. Luftzug in Bewegung gerät.*

Mo|bil|funk, der: *Funk, Funksprech- bzw. Funktelefonverkehr zwischen mobilen od. zwischen mobilen u. festen Stationen.*

Mo|bi|li|ar, das; -s, -e ⟨Pl. selten⟩ [zu ↑Mobilien]: *Gesamtheit der Möbel u. Einrichtungsgegenstände einer Wohnung.*

Mo|bi|li|en ⟨Pl.⟩ [mlat. mobilia, zu lat. mobilis, ↑mobil]: **1.** (veraltet) *Mobiliar.* **2.** (Rechtsspr., Wirtsch.) *bewegliche Sachen, beweglicher Besitz (im Unterschied zu den Immobilien).*

Mo|bi|li|sa|ti|on, die; -, -en [frz. mobilisation] (bes. Fachspr.): *das Mobilisieren* (1, 2 b, 4).

mo|bi|li|sie|ren ⟨sw. V.; hat⟩ [frz. mobiliser]: **1.** *mobil machen; für den [Kriegs]einsatz bereitstellen, verfügbar machen:* das Heer m. **2. a)** *dazu bringen, (in einer Angelegenheit) [politisch, sozial] aktiv zu werden, sich kräftig einzusetzen:* jmdn. m.; **b)** *mobil* (3) *machen, aktivieren, rege bzw. verfügbar u. wirksam machen:* alle Kräfte [für etw.] m.; Kaffee mobilisiert *(weckt)* die Lebensgeister. **3.** (Wirtsch.) *mobil* (1 b), *verfügbar machen:* Kapital m. **4.** (Med.) **a)** *(ein Gelenk, einen Körperteil o. Ä.) [wieder] beweglich machen;* **b)** *jmdn. durch Bewegungstherapie o. Ä. wieder bewegungsfähig machen.*

Mo|bi|li|sie|rung, die; -, -en: *das Mobilisieren.*

Mo|bi|li|tät, die; - [lat. mobilitas, zu: mobilis, ↑mobil]: **1.** (bildungsspr.) *[geistige] Beweglichkeit.* **2.** (Soziol.) *Beweglichkeit (in Bezug auf den Beruf, die soziale Stellung, den Wohnsitz):* eine Gesellschaft mit hoher M.

mo|bil|ma|chen ⟨sw. V.; hat⟩: **1.** *die Streitkräfte u. den ganzen Staat in den Kriegszustand versetzen, auf das Eintreten in einen bevorstehenden Krieg vorbereiten:* die Regierung machte mobil, ließ m. **2.** *große Anstrengungen machen, die Anstrengungen verstärken, um etw. in Angriff zu nehmen, etw. durchzusetzen.*

Mo|bil|ma|chung, die; -, -en (Milit.): *das Mobilmachen:* die M. anordnen.

Mo|bil|sta|ti|on, die: *mobile* (1 a) *Station beim Mobilfunk.*

Mo|bil|te|le|fon, das: *ohne Kabel funktionierendes Telefon* (z. B. Autotelefon).

mö|blie|ren ⟨sw. V.; hat⟩ [frz. meubler, zu: meuble, ↑Möbel]: *mit Möbeln ausstatten, einrichten:* eine Wohnung neu, modern m.; möbliert *(in einem möblierten Zimmer, in einer möblierten Wohnung zur Miete)* wohnen; * **möblierter Herr** (↑Herr 1 a).

Mö|blie|rung, die; -, -en: **1.** *das Möblieren; Ausstattung mit Möbeln.* **2.** *Gesamtheit der Möbel, mit denen etw. möbliert, ausgestattet ist.*

Mo|çam|bique [mosam'bi:k] usw.: ↑Mosambik usw.

Moc|ca: ↑Mokka.

Moc|ca dou|ble ['mɔka 'du:bḷ], der; - -, -s -s ['mɔka 'du:bḷ] [zu frz. double = doppelt; eigtl. = doppelter Mokka] (Gastr.): *besonders starker Kaffee.*

moch|te, möch|te: ↑mögen.

Möch|te|gern, der; -[s], -e od. -s (ugs. spött.): *jmd., der sich gern aufspielt, gern mehr sein od. scheinen möchte, als er ist.*

Möch|te|gern- (ugs. spött.): drückt in Bildungen mit Substantiven aus, dass eine Person sehr gern etw. sein möchte, sich auch dafür hält, es aber nicht oder nur schlecht ist, weil ihr die Fähigkeiten dazu fehlen: Möchtegerncasanova, -rennfahrer, -schriftsteller.

mod. = moderato.

mo|dal ⟨Adj.⟩ [zu lat. modus, ↑Modus]: **1.** (Sprachw.) *die Art u. Weise bezeichnend:* -e

Konjunktion. **2.** (Musik) *die Modalnotation betreffend, in Modalnotation notiert.*
Mo|dal|ad|verb, das (Sprachw.): *Adverb der Art u. Weise.*
Mo|dal|be|stim|mung, die (Sprachw.): *Umstandsbestimmung der Art u. Weise.*
Mo|da|li|tät, die; -, -en [zu ↑modal]: **1.** ⟨meist Pl.⟩ (bildungsspr.) *Art u. Weise, näherer Umstand, Bedingung, Einzelheit der Durchführung, Ausführung, des Geschehens o. Ä.:* alle -en in Betracht ziehen. **2. a)** (Philos.) *das Wie (Wirklichkeit, Möglichkeit od. Notwendigkeit) des Seins, Geschehens, Werdens o. Ä.;* **b)** (Logik) *Grad der Bestimmtheit einer Aussage bzw. der Gültigkeit eines Urteils.* **3.** (Sprachw.) *(in unterschiedlicher sprachlicher Form ausdrückbares) Verhältnis des Sprechers zur Aussage bzw. der Aussage zur Realität od. Realisierung.*
Mo|dal|lo|gik, die: *Zweig der formalen Logik, in dem zur Bildung von Aussagen auch die Modalitäten herangezogen werden.*
Mo|dal|no|ta|ti|on, die (Musik): *vorwiegend der Unterscheidung verschiedener Rhythmen dienende Notenschrift des 12. u. 13. Jh.s.*
Mo|dal|par|ti|kel, die (Sprachw.): *Abtönungspartikel.*
Mo|dal|satz, der (Sprachw.): *Adverbialsatz der Art u. Weise.*
Mo|dal|verb, das (Sprachw.): *Verb, das in Verbindung mit einem reinen Infinitiv ein anderes Sein od. Geschehen modifiziert* (z. B. er darf, kann, will fahren).
Mod|der, der; -s [mniederd. modder, zu ↑Moder] (nordd. ugs.): *schlammiger Schmutz; Schlamm, Morast.*
mod|de|rig, modd|rig ⟨Adj.⟩ (nordd. ugs.): *schlammig; morastig.*
mode [mo:t] ⟨indekl. Adj.⟩ [engl. mode = eine Art Grau; eigtl. = Mode(farbe), zu: mode < frz. mode, ↑[1]Mode]: *gedeckt braun.*
[1]Mo|de, die; -, -n [frz. mode < lat. modus, ↑Modus]: **1. a)** *in einer bestimmten Zeit, über einen bestimmten Zeitraum bevorzugte, als zeitgemäß geltende Art, sich zu kleiden, zu frisieren, sich auszustatten:* die neueste, herrschende M.; jede M. mitmachen; etw. ist [ganz] aus der M. [gekommen]; etw. ist [in] M. *(gehört [ganz besonders] zur geltenden bzw. neuesten Mode);* mit der M. gehen *(der jeweiligen Mode folgen);* **b)** ⟨Pl.⟩ *elegante Kleidungsstücke, die nach der herrschenden, neuesten Mode angefertigt sind:* die neuesten -n tragen, vorführen. **2.** *etw., was dem gerade herrschenden, bevorzugten Geschmack, dem Zeitgeschmack entspricht; etw., was einem zeitbedingten verbreiteten Interesse, Gefallen, Verhalten entspricht:* diese Sportarten sind jetzt [große] M.; was sind denn das für neue -n? (ugs.; *was soll denn das auf einmal?*); es ist zur M. (abwertend; *zur neuerdings weit verbreiteten Gepflogenheit*) geworden, von Sparmaßnahmen zu sprechen.
[2]Mo|de, der; -[s], -n od. die; -, -n [engl. mode < lat. modus, ↑Modus] (Elektrot.): *Schwingungsform elektromagnetischer Wellen bes. in Hohlleitern.*
Mo|de|ar|ti|kel, der: **1.** *zur Mode gehörender Artikel* (3), *bes. modisches Zubehör.* **2.** *Artikel* (3), *der eine bestimmte Zeit lang gern gekauft wird.*
Mo|de|aus|druck, der: vgl. Modewort.
Mo|de|be|ruf, der: *Beruf, der in Mode ist.*
mo|de|be|wusst ⟨Adj.⟩: *sich bewusst nach der Mode richtend.*
Mo|de|blatt, das: vgl. Modezeitschrift.
Mo|de|bran|che, die: *den Bereich der Mode umfassende Branche.*
Mo|de|de|si|gner, der: *im Zeichnen u. Beurteilen von Entwürfen, Modellen u. in damit zusammenhängenden kaufmännischen Tätigkeiten ausgebildete Fachkraft auf dem Gebiet der Mode* (Berufsbez.).
Mo|de|de|si|gne|rin, die: w. Form zu ↑Modedesigner.
Mo|de|dro|ge, die: *Droge, die in Mode, nach Art einer Mode verbreitet ist u. bevorzugt konsumiert wird.*
Mo|de|fan, der: *jmd., der jede neue Mode* (1 a) *begeistert mitmacht.*
Mo|de|far|be, die: vgl. Modeberuf.
Mo|de|fim|mel, der (ugs. abwertend): *übertriebene Vorliebe für modische Kleidung.*
Mo|de|fo|to|graf, der: *berufsmäßiger Fotograf, der Erzeugnisse der Mode u. Modelle, die sie vorführen, fotografiert.*
Mo|de|fo|to|gra|fin, die; -, -nen: w. Form zu ↑Modefotograf.
Mo|de|ge|schäft, das: *Geschäft für meist modische Kleidung u. Zubehör bes. für Damen.*
Mo|de|ge|stal|ter, der: vgl. Modeschöpfer.
Mo|de|ge|stal|te|rin, die: w. Form zu ↑Modegestalter.
Mo|de|haus, das: **1.** *größeres Modegeschäft.* **2.** *Unternehmen der Modebranche, das Modelle entwirft u. herstellt.*
Mo|de|in|dus|trie, die: vgl. Modebranche.
Mo|de|jour|nal, das: vgl. Modezeitschrift.
Mo|de|krank|heit, die: *nach Art einer Mode verbreitete Krankheit (mit eingebildeten od. unklaren Symptomen).*
[1]Mo|del, der; -s, - [mhd. model, ahd. modul < lat. modulus, ↑[1]Modul]: **1.** ⟨auch: die; -, -n⟩ (landsch.) *Holzform mit eingekerbten überlieferten Mustern, mit der Backwerk geformt wird.* **2.** *Hohlform für das Gießen von Wachs.* **3.** (Fachspr.) *erhabene Druckform (wie Druckplatte, Walze) zum Bedrucken von Stoffen, Tapeten o. Ä.* **4.** (Handarb.) *[von Holzstöcken gedruckte] Vorlage für Stick- u. Wirkarbeiten.*
[2]Mo|del, das; -s, -s [engl. model < mfrz. modelle < (a)ital. modello, ↑Modell] (Fachspr.): **a)** *Person, bes. Frau, die Modekollektionen, [Modell]kleider auf Modeschauen vorführt; Mannequin;* **b)** *Fotomodell.*
Mo|dell, das; -s, -e [ital. modello = Muster, Entwurf, zu lat. modulus, ↑[1]Modul]: **1. a)** *Form, Beschaffenheit, Maßverhältnisse veranschaulichende Ausführung eines vorhandenen od. noch zu schaffenden Gegenstandes in bestimmtem (bes. verkleinerndem) Maßstab:* das M. eines Schiffes, Flugzeugs, einer Burg, Fabrik; ein M. entwerfen, bauen; **b)** (Technik, bild. Kunst) *Muster, Entwurf einer Plastik, eines technischen o. ä., durch Guss herzustellenden Gegenstandes, nach dem die Guss- bzw. Gipsform hergestellt wird:* das M. einer Plastik; **c)** (Wissensch.) *innere Beziehungen u. Funktionen von etw. abbildendes bzw. [schematisch] veranschaulichendes [u. vereinfachendes, idealisierendes] Objekt, Gebilde:* ein M. des Atomkerns; **d)** (math. Logik) *Interpretation eines Axiomensystems, nach der alle Axiome des Systems wahre Aussagen sind.* **2. a)** *als Gegenstand der bildnerischen, künstlerischen o. ä. Darstellung od. Gestaltung benutztes Objekt, Lebewesen usw.;* **b)** *Person, die sich [berufsmäßig] als Gegenstand bildnerischer od. fotografischer Darstellung, Gestaltung zur Verfügung stellt:* als M. arbeiten; ***[jmdm.] M. sitzen/stehen** *(jmds. Modell sein):* sie hat dem Maler für dieses Bild M. gesessen; **c)** *[2]Model* (a); **d)** (verhüll.) *Hostess* (3). **3. a)** *(Gegenstand als) Entwurf, Muster, Vorlage für die (serienweise) Herstellung von etw.;* **b)** *Typ, Art der Ausführung eines Fabrikats;* **c)** (Rechtsspr.) *durch Gesetz urheberrechtlich geschützte Gestaltungsform eines Gebrauchsgegenstandes.* **4.** (Mode) *[Kleidungs]stück, das eine Einzelanfertigung ist [u. ungefähr als Muster, Vorlage od. Anhaltspunkt für die serienweise Herstellung bzw. Konfektion dienen kann]:* ein Pariser M. **5.** (bildungsspr.) **a)** *etw., was (durch den Grad seiner Perfektion, Vorbildlichkeit o. Ä.) für anderes od. für andere Vorbild, Beispiel, Muster sein kann:* etw. nach dem M. von etw. gestalten; **b)** *als Muster gedachter Entwurf:* das M. eines neuen Gesetzes.
Mo|dell|bau|er, der; -s, -: *Handwerker, der Gießmodelle u. a. anfertigt u. repariert* (Berufsbez.).
Mo|dell|bau|e|rin, die; -, -nen: w. Form zu ↑Modellbauer.
Mo|dell|cha|rak|ter, der: *Eigenschaft, als Modell* (5) *dienen zu können:* das Projekt hat M.
Mo|dell|ei|sen|bahn, die: *Spielzeugeisenbahn, deren einzelne Teile möglichst wirklichkeitsgetreu nachgebildet sind.*
Mo|del|leur [...'lø:ɐ̯], der; -s, -e [frz. modeleur]: *Facharbeiter od. [Kunst]handwerker, der Modelle* (3 a) *entwirft.*
Mo|del|leu|rin, die; -, -nen: w. Form zu ↑Modelleur.
Mo|dell|fall, der: **a)** *Fall, der als Modell* (5 a) *gelten kann:* ein M. für Stadtsanierung; **b)** *typisches Beispiel für etw., jmdn.:* das war ein M. für falsches Verhalten.
Mo|dell|flug|zeug, das: vgl. Modelleisenbahn.
mo|dell|haft ⟨Adj.⟩ (bildungsspr.): **1.** *ein Vorbild, Muster, Modell* (5) *darstellend:* der Schulversuch ist m. für das ganze Land. **2.** *in Form od. nach Art eines Modells* (1 b); *ein Modell* (1 b) *bildend:* eine -e Darstellung der Venus von Milo. **3.** *in der Art, anhand eines Modells* (1 c): den Aufbau eines Atoms m. erklären.
mo|del|lie|ren ⟨sw. V.; hat⟩ [ital. modellare, zu: modello, ↑Modell]: **1. a)** *(formbares Material) plastisch formen, gestalten; formend, gestaltend bearbeiten:* [das] Wachs m.; m. lernen; an einer Plastik m.; **b)** *durch Modellieren* (1 a) *bilden, formen:* eine Vase m.; jmdn. in Ton, Gips m. *(plastisch nachbilden).* **2.** (Wissensch.) *von etw. ein Modell* (1 c) *herstellen, bilden:* wirtschaftliche Prozesse in einem Computer m. **3.** *in bestimmter Weise (bes. in bestimmter Form, Farbe o. Ä.) als Modell* (3, 4) *gestalten; nach entsprechendem Modell* (3, 4) *in bestimmter Weise gestalten.*
Mo|del|lie|rer, der; -s, -: *Modelleur.*
Mo|del|lie|re|rin, die; -, -nen: w. Form zu ↑Modellierer.
Mo|del|lier|holz, das: *[Bildhauer]werkzeug zum Modellieren.*
Mo|del|lie|rung, die; -, -en: **1.** *das Modellieren.* **2.** *durch Modellieren* (1 a, 3) *geschaffene Gestalt, Form, Beschaffenheit.*
mo|del|lig ⟨Adj.⟩ (Mode): *in der Art eines Modells* (4): -e Kleider.
Mo|del|list, der; -en, -en (Mode): *Modelleur.*
Mo|del|lis|tin, die; -, -nen (Mode): w. Form zu ↑Modellist.
Mo|dell|kleid, das: *Kleid, das als Modell* (4) *angefertigt wurde.*
Mo|dell|pro|jekt, das: *Projekt, das modellhaften Charakter hat.*
Mo|dell|pup|pe, die: **1.** *Schneiderpuppe.* **2.** *Schaufensterpuppe.*
Mo|dell|schutz, der ⟨o. Pl.⟩ (Rechtsspr.): *[patent]rechtlicher Schutz für ein Modell* (3 c).
Mo|dell|tisch|ler, der: *Tischler, der Modelle* (1 a) *anfertigt u. repariert.*
Mo|dell|tisch|le|rin, die: w. Form zu ↑Modelltischler.
Mo|dell|ver|such, der: **1.** (bildungsspr.) *Versuch, der ein Muster für etw. liefern soll:* ein M. zur Einführung der Gesamtschule. **2.** (Wissensch., Technik) *Experiment an einer maßstabgetreuen Nachbildung, einer simulierten Situation o. Ä. zur Erlangung von Aufschlüssen über den originalen Gegenstand, Prozess.*
Mo|dell|zeich|nung, die: *Zeichnung, die ein Modell* (1 a, 2 a, 3 a, 4) *zum Gegenstand hat.*
[1]mo|deln ⟨sw. V.; hat⟩ [mhd. modelen, zu ↑[1]Model]: **1.** (bildungsspr.) *[durch Veränderungen] gestalten, formen; umformen, umgestalten:* etw. nach seinen Wünschen m.; an etw. m. *(hier u. dort kleine Veränderungen anbringen);* Ü er lässt sich nicht m. *(in Einzelheiten des Charakters, der Persönlichkeit beliebig ändern).* **2.** (Handw. südd.) *mit dem [1]Model (1) prägen.*
[2]mo|deln ⟨sw. V.; hat⟩ [zu ↑[2]Model] (Jargon): *als [2]Model arbeiten:* sie studiert und modelt gelegentlich bei Modeschauen.
Mo|de|lung, die; -, -en: *das [1]Modeln.*
Mo|dem, der, auch: das; -s, -s [geb. aus engl. **mo**dulator (↑Modulator) u. **dem**odulator

(↑Demodulator)]: *elektronisches Gerät für die Datenübertragung auf Fernsprechleitungen.*

Mo|de|ma|cher, der: *jmd., der berufsmäßig Mode entwirft u. in Kollektionen auf den Markt bringt.*

Mo|de|ma|che|rin, die: w. Form zu ↑Modemacher.

Mo|de|narr, der (abwertend): *Modegeck.*

Mo|de|när|rin, die: w. Form zu ↑Modenarr.

Mo|den|blatt: ↑Modeblatt.

Mo|den|ge|schäft: ↑Modegeschäft.

Mo|den|haus: ↑Modehaus (1).

Mo|den|jour|nal: ↑Modejournal.

Mo|den|schau, die: *Veranstaltung, bei der die neuesten Moden vorgeführt werden:* eine M. veranstalten.

Mo|den|zeit|schrift: ↑Modezeitschrift.

Mo|den|zei|tung: ↑Modezeitung.

Mo|de|pup|pe, die (ugs. abwertend): *übertrieben modisch gekleidete weibliche Person.*

Mo|der, der; -s [spätmhd. (md.) moder, urspr. = Feuchtigkeit; Schlamm, Schmutz; Schimmel(belag), verw. mit ↑Moos]: **1.** *durch Fäulnis u. Verwesung entstandene Stoffe.* **2.** (landsch.) *schlammiger Schmutz; Morast.*

mo|de|rat ⟨Adj.⟩ [lat. moderatus, zu: moderari, ↑moderieren] (bildungsspr.): *gemäßigt, maßvoll:* -e Worte; -e Politiker; ein -er Tarifabschluss; sich m. geben.

Mo|de|ra|ti|on, die; -, -en [lat. moderatio]: **1.** (Rundf., Ferns.) *das Moderieren:* die M. einer Sendung übernehmen; Ü ein Friedensvertrag kam unter der M. *(der vermittelnden Lenkung, Leitung, der Regie)* der UNO zustande. **2.** (bildungsspr. veraltet) *gemäßigte Haltung; Mäßigung.*

mo|de|ra|to ⟨Adv.⟩ [ital., zu: moderare < lat. moderari, ↑moderieren] (Musik): *gemäßigt, mäßig schnell* (Abk.: mod.).

Mo|de|ra|to, das; -s, -s u. ...ti: *moderato gespieltes Musikstück.*

Mo|de|ra|tor, der; -s, ...oren [lat. moderator = Mäßiger, Leiter]: **1.** (Rundf., Ferns.) *jmd., der eine Sendung moderiert* (1): die -en der Sportschau; Ü der Minister tritt als M. *(als lenkender Vermittler)* bei den Gesprächen zwischen Unternehmen und Banken auf. **2.** (Kerntechnik) *Stoff, der Neutronen hoher Energie abbremst.*

Mo|de|ra|to|rin, die; -, -nen: w. Form zu ↑Moderator (1).

Mo|der|ge|ruch, der: *Geruch nach Moder.*

Mo|de|rich|tung, die: **1.** *Richtung der Mode* (1 a): die herrschende M. **2.** *Richtung, [geistige] Strömung, die in Mode ist:* die neueste M. in der Kunst.

mo|de|rie|ren ⟨sw. V.; hat⟩ [spätlat. moderare, lat. moderari = mäßigen, regeln, lenken, zu: modus, ↑Modus]: **1.** (Rundf., Ferns.) *(eine Sendung) durch einführende Worte u. verbindende Kommentare in ihrem Ablauf betreuen:* ein politisches Magazin m.; Ü eine Selbsthilfegruppe m. *(leitend mit der Gruppe arbeiten);* in der Verhandlung zwischen Banken und Unternehmen soll der Minister m. *(lenkend vermitteln).* **2.** (bildungsspr. veraltet) *mäßigen, mildern; einschränken.*

mo|de|rig, modrig ⟨Adj.⟩: *von Moder bzw. Modergeruch erfüllt:* ein -er Keller; die Luft ist m.; m. riechen.

¹mo|dern ⟨sw. V.; hat/ist⟩: *Moder* (1) *ansetzen; in Moder übergehen:* das Laub modert; im Keller modern *(liegen vergessen [modernde])* Bücher.

²mo|dern ⟨Adj.⟩ [frz. moderne < lat. modernus = neu(zeitlich), zu: modo = eben erst, zu: modus, ↑Modus]: **1.** *der herrschenden bzw. neuesten Mode* (1 a, 2) *entsprechend:* ein -es Kleid; solche Handtaschen sind nicht mehr m.; sich m. kleiden. **2. a)** *dem neuesten Stand der geschichtlichen, gesellschaftlichen, kulturellen, technischen o. ä. Entwicklung entsprechend; neuzeitlich, heutig, zeitgemäß:* die -e Technik; -e Strategien; m. wohnen; **b)** *an der Gegenwart, ihren Problemen u. Auffassungen orientiert, dafür aufgeschlossen; in die jetzige Zeit passend:* ein -er Mensch; eine -e Ehe führen; m. denken. **3.** *der neueren od. neuesten Zeit zuzurechnen:* -e Kunst, Musik, Literatur; die -en Diktaturen; m. *(im modernen Stil)* komponieren.

Mo|der|ne, die; - (bildungsspr.): **1.** *die moderne, neue od. neueste Zeit [u. ihr Geist].* **2.** *moderne Richtung in Literatur, Kunst od. Musik:* ein Vertreter der M.

mo|der|ni|sie|ren ⟨sw. V.; hat⟩ [frz. moderniser]: **1.** *durch Veränderungen, Umgestaltung der neuen Mode angleichen:* die Kleidung, Ausstattung m. **2. a)** *durch Veränderungen, Umgestaltung technisch o. ä. auf einen neuen Stand bringen:* ein Labor, die Verwaltung [technisch] m.; **b)** ⟨m. + sich⟩ *sich durch Veränderungen, Umgestaltung den neuen, zeitgemäßen Anforderungen anpassen:* den Lehrplan m. **3.** (bes. Literatur) *durch Veränderungen, Umgestaltung den Ausdrucks-, Äußerungsformen der modernen Zeit angleichen:* einen Text m.

Mo|der|ni|sie|rer, der; -s, - (oft leicht abwertend): *Neuerer* (1): er gilt als der M. seiner Partei.

Mo|der|ni|sie|re|rin, die; -, -nen: w. Form zu ↑Modernisierer.

Mo|der|ni|sie|rung, die; -, -en: *das Modernisieren.*

Mo|der|nis|mus, der; -, ...men: **1.** ⟨o. Pl.⟩ *Bejahung des Modernen, Streben nach Modernität [in Kunst u. Literatur].* **2.** (Sprachw., Stilk., Kunstwiss.) *modernes Stilelement.* **3.** ⟨o. Pl.⟩ *(zu Beginn des 20. Jh.s entstandene) Richtung in der katholischen Theologie, die sich bes. gegen die Beeinflussung des geistigen Lebens durch einen starren Kurialismus wendet.*

mo|der|nis|tisch ⟨Adj.⟩: **1.** *den Modernismus betreffend, zu ihm gehörend:* ein -er Schriftsteller. **2.** (oft abwertend) *sich modern gebend, übertrieben modern:* eine -e Architektur.

Mo|der|ni|tät, die; -, -en ⟨Pl. selten⟩ [frz. modernité] (bildungsspr.): *moderne Beschaffenheit, modernes Gepräge, Verhalten o. Ä.*

Modern Jazz [ˈmɔdən ˈdʒæz], der; - -, (auch:) **Modern|jazz,** der; - [engl. modern jazz]: *(etwa seit 1945) stilistisch weiterentwickelter Jazz.*

Mo|de|sa|che: in der Wendung **etw. ist [eine] M.** *(etw. ist eine reine Angelegenheit der Mode, Ausdruck eines bestimmten Zeitgeschmacks).*

Mo|de|sa|lon, der: *Geschäft für Anfertigung eleganter Damenkleidung.*

Mo|de|schaf|fen, das: *das Schaffen, schöpferische Leistungen auf dem Gebiet der Mode.*

Mo|de|schau: ↑Modenschau.

Mo|de|schmuck, der: *modischer Schmuck aus nicht sehr wertvollem Material.*

Mo|de|schöp|fer, der: *jmd., der zur durch Entwerfen von Modellen, Kollektionen zur Gestaltung der Mode beiträgt.*

Mo|de|schöp|fe|rin, die: w. Form zu ↑Modeschöpfer.

Mo|de|schöp|fung, die: *von einem Modeschöpfer, einer Modeschöpferin geschaffenes Kleidungsstück; Kreation* (1) *eines Modeschöpfers, einer Modeschöpferin.*

Mo|de|strö|mung, die: vgl. Moderichtung.

Mo|de|tanz, der: *Tanz, der eine bestimmte Zeit lang in Mode ist.*

Mo|de|trend, der: *Trend in der Mode.*

Mo|de|welt, die ⟨o. Pl.⟩: *Welt* (4) *der Mode* (1) *u. der mit ihr befassten Personen.*

Mo|de|wort, das ⟨Pl. ...wörter⟩: *neues Wort; Wort in abgewandelter od. neuer Bedeutung, das eine begrenzte Zeit lang in Mode ist.*

Mo|de|zar, der (Jargon scherzh.): *führender Modeschöpfer.*

Mo|de|za|rin, die: w. Form zu ↑Modezar.

Mo|de|zeich|ner, der: *Modedesigner.*

Mo|de|zeich|ne|rin, die: w. Form zu ↑Modezeichner.

Mo|de|zeit|schrift, die: *Zeitschrift mit Bildern u. Berichten zur neuesten Mode* (1 a).

Mo|de|zei|tung, die: vgl. Modezeitschrift.

Mo|di: Pl. von ↑Modus.

Mo|di|fi|ka|ti|on, die; -, -en [mlat. modificatio < lat. modificatio = das Abmessen, Abwägen, zu: modificare, ↑modifizieren]: **1.** (bildungsspr.) **a)** *das Modifizieren; Abwandlung, Abänderung:* -en vornehmen; der Austragungsmodus hat im Laufe der Jahre viele -en erfahren *(ist oft modifiziert worden);* **b)** *modifizierte Form, Ausführung:* der Text liegt in mehreren -en vor. **2.** (Biol.) *durch äußere Faktoren bedingte nicht erbliche Abweichung einer Eigenschaft; abweichende Ausprägung eines Merkmals.* **3.** (Chemie) *jeweils durch die Kristallstruktur gekennzeichnete unterschiedliche Zustandsform, in denen ein Stoff vorkommen kann.* **4.** (Psych.) *durch Umwelteinfluss hervorgerufene, vorübergehende, geringfügige Veränderung der Konstitution.*

Mo|di|fi|ka|tor, der; -s, ...oren [spätlat. modificator = jmd., der etw. ordnungsgemäß einrichtet] (bildungsspr., Fachspr.): *etw., was abschwächende od. verstärkende Wirkung hat:* bestimmte Gene wirken als -en.

mo|di|fi|zier|bar ⟨Adj.⟩ (bildungsspr.): *sich modifizieren lassend.*

Mo|di|fi|zier|bar|keit, die; - (bildungsspr.): *das Modifizierbarsein.*

mo|di|fi|zie|ren ⟨sw. V.; hat⟩ [lat. modificare = richtig abmessen; mäßigen, zu: modus (↑Modus) u. -ficare = machen] (bildungsspr., Fachspr.): **1.** *in einer od. mehreren Einzelheiten anders gestalten, umgestalten, [ab]ändern, abwandeln:* eine These m.; sein Verhalten m.; ein modifizierter (Rennsport; *für sportliche Zwecke veränderter)* Serienmotor. **2.** *in einer od. mehreren Einzelheiten eine [Ab]änderung, Abwandlung, eigentümliche Ausprägung bewirken:* etw. modifiziert den Zustand von etw.; etw. kehrt in modifizierter Form wieder; modifizierende *(nähere, einschränkende)* Bestimmungen; ein modifizierendes Verb (Sprachw.; *Verb, das ein durch einen Infinitiv mit »zu« ausgedrücktes Sein od. Geschehen modifiziert,* z. B. »pflegen« in dem Satz »Er pflegt lange zu schlafen«).

Mo|di|fi|zie|rung, die; -, -en (bildungsspr., Fachspr.): *das Modifizieren.*

mo|disch ⟨Adj.⟩ [zu ↑¹Mode]: **1. a)** *der herrschenden od. neuesten Mode* (1 a) *entsprechend, folgend:* eine -e Frisur; -e Kleidung; -e Effekte; sich m. kleiden; **b)** *die geltende od. neueste Mode* (1 a) *betreffend:* sich dem -en Trend anpassen. **2.** *der herrschenden od. neuesten Mode* (2) *entsprechend, folgend:* es ist heute m., nicht zu heiraten.

Mo|dis|tin, die; -, -nen: *Hutmacherin* (Berufsbez.).

mod|rig: ↑moderig.

¹Mo|dul, der; -s, -n [lat. modulus = Maß, Vkl. von: modus, ↑Modus]: **1.** (Math.) **a)** *(in verschiedenen Zusammenhängen) zugrunde liegendes Verhältnis, zugrunde liegende Verhältniszahl;* **b)** *Divisor (als natürliche Zahl), in Bezug auf den zwei ganze Zahlen kongruent* (2 b) *sind (d. h. bei der Division den gleichen Rest liefern).* **2. a)** (Physik, Technik) *(in verschiedenen Zusammenhängen) Materialkonstante;* **b)** (Technik) *Maß für die Berechnung der Zahngröße bei Zahnrädern.*

²Mo|dul, das; -s, -e [engl. module < lat. modulus, ↑¹Modul] (Fachspr., bes. EDV, Elektrot.): *austauschbares, komplexes Element innerhalb eines Gesamtsystems, eines Gerätes od. einer Maschine, das eine geschlossene Funktionseinheit bildet:* ein defektes M. austauschen; Ü das Programm des Festivals besteht aus unterschiedlichen -en.

mo|du|lar ⟨Adj.⟩ [engl. modular] (Fachspr.): *in der Art eines ²Moduls; wie ein Bauelement beschaffen.*

Mo|du|la|ti|on, die; -, -en [lat. modulatio = Maß; das Melodische, Rhythmische, zu: modulari, ↑modulieren]: *das Modulieren.*

Mo|du|la|ti|ons|fä|hig|keit, die ⟨o. Pl.⟩ (bes. Musik, Rhet.): *Wandlungsfähigkeit (des Klangs, der Sprache, der menschlichen Stimme).*

Mo|du|la|tor, der; -s, ...oren (Nachrichtent.): *Gerät, Vorrichtung zum Modulieren* (3).

mo|du|la|to|risch ⟨Adj.⟩: *die Modulation betreffend.*

mo|du|lie|ren ⟨sw. V.; hat⟩ [lat. modulari = abmessen, einrichten]: **1. a)** (bildungsspr.) *gestaltend abwandeln, abwandelnd gestalten;* **b)** (bes. Musik, Rhet.) *(den Klang, die Stimme, Sprache, Intonation usw.) zum Zweck des [kunstgerechten] Ausdrucks abwandeln, abwandelnd gestalten:* den Ton m. **2.** (Musik) **a)** *beim Spiel, Vortrag von einer Tonart in die andere überleiten:* der Organist modulierte von C-Dur nach F-Dur; **b)** *von einer Tonart in die andere übergehen:* am Ende modulierte die kurze Improvisation von a-Moll nach C-Dur. **3.** (Nachrichtent.) *eine Frequenz zum Zweck der Nachrichtenübermittlung beeinflussen:* das Signal moduliert die Trägerwelle; modulierende, modulierte Signale.

Mo|dus [auch: ˈmɔdʊs], der; -, Modi [lat. modus = Maß; Art, (Aussage)weise, Melodie, eigtl. = Gemessenes, Erfasstes]: **1. a)** (bildungsspr.) *Verfahrensweise, Form [des Vorgehens], Weg:* nach einem bestimmten M. vorgehen; **b)** (bes. Philos.) *Art u. Weise [des Seins, Geschehens]; [Da]seinsweise:* die Modi des Seins. **2.** (Sprachw.) *grammatische Kategorie des Verbs zum Ausdruck der Modalität* (3) *(z. B. Indikativ, Konjunktiv, Imperativ).* **3.** (mittelalterliche Musik) **a)** *Melodie;* **b)** *Kirchentonart;* **c)** *im Rhythmus u. in der Verteilung der Zeitwerte festgelegte Gruppierung von Noten (als eine von sechs solcher Gruppierungen in der Modalnotation);* **d)** *Verhältnis (1 : 3 od. 1 : 2) der größten Notenwerte (Zeitwerte) zu den nächstkleineren (in der Mensuralnotation).* **4.** (Statistik) *statistischer Mittelwert; Wert, der in einer Reihe am häufigsten vorkommt.*

Mo|dus Ope|ran|di, der; - -, Modi - [lat. modus operandi, zu: operari, ↑operieren] (bildungsspr.): *Art u. Weise des Handelns, Tätigwerdens.*

Mo|dus Vi|ven|di, der; - -, Modi - [lat. modus vivendi, zu: vivere = leben] (bildungsspr.): *Form eines erträglichen Zusammenlebens zweier od. mehrerer Parteien [ohne Rechtsgrundlage].*

Mo|fa, das; -s, -s [Kurzwort für: **Mo**tor**fa**hrrad]: *Kleinkraftrad mit einer Höchstgeschwindigkeit von 25 km/h.*

Mo|ga|di|schu: Hauptstadt von Somalia.

Mo|ge|lei, die; -, -en (ugs.): **1.** ⟨o. Pl.⟩ *[dauerndes] Mogeln.* **2.** *Handlung des Mogelns:* kleine -en.

mo|geln ⟨sw. V.; hat⟩ [H. u., viell. Nebenf. von mundartl. maucheln = betrügen, verw. mit ↑meucheln] (ugs.): **1.** *(in kleinen Dingen, bes. zu persönlichen Zwecken) unehrlich handeln, kleine, Täuschung bezweckende Kniffe anwenden, Unwahrheiten sagen:* beim Kartenspiel m. **2.** *durch Tricks irgendwohin bringen.*

Mo|gel|pa|ckung, die (Wirtsch. Jargon): *Packung, die durch ihre Größe, Aufmachung o. Ä. mehr Inhalt vortäuscht, als darin enthalten ist:* Ü der Maßnahmenkatalog der Regierung ist eine M.

mö|gen ⟨unr. V.; hat⟩ [mhd. mügen, ahd. mugan, eigtl. = können, vermögen]: **1.** ⟨mit Inf. als Modalverb; mochte, hat ... mögen⟩ **a)** zum Ausdruck der Vermutung; *vielleicht, möglicherweise sein, geschehen, tun, denken:* was mag er wohl denken?; es mochten dreißig Leute sein *(es waren schätzungsweise dreißig Leute);* »Kommt sie?« – »[Das] mag sein« *([das] kann sein; vielleicht);* das möchte sein (landsch.; *das könnte sein; vielleicht*); was mag das bedeuten *(was kann das bedeuten, was bedeutet das wohl)*?; Müller, Meier und wie sie alle heißen mögen; **b)** zum Ausdruck der Einräumung od. des Zugeständnisses: sie mag es [ruhig] tun; er mag tun, was er will *(was er auch [immer] tut),* es gelingt ihm nichts; **c)** (schweiz., sonst landsch.) *können, imstande sein, die Möglichkeit haben od. enthalten:* es mochte nichts helfen *(nichts half);* **d)** ⟨Konjunktiv Prät. meist in der Bed. eines Indik. Präs.⟩ *den Wunsch haben:* ich möchte [gern] kommen; ich möchte wissen *(wüsste gern),* was er jetzt tut; sie möchte Herrn Meier sprechen *(würde gern Herrn Meier sprechen);* das möchte *(will)* ich überhört haben; ich möchte das hervorheben *(hebe das ausdrücklich hervor);* man möchte meinen *(ist, wäre geneigt anzunehmen),* dass er es absichtlich getan hat; ja, ich möchte sagen *(meine sagen zu können),* es ist fast so wie früher; **e)** *wollen, geneigt sein, die Neigung u. die Möglichkeit haben* (bes. verneint): ich mag nicht [gern] weggehen, mochte nicht weggehen, habe nicht weggehen m.; ich mag keinen Fisch essen; Bier hat sie noch nie trinken m.; **f)** zum Ausdruck der [Auf]forderung o. Ä.; *sollen:* er mag sich ja in Acht nehmen!; dieser Hinweis mag *(sollte)* genügen; möge, möchte es so bleiben *(es ist, wäre wünschenswert, dass es so bleibt).* **2.** ⟨Vollverb; mochte, hat gemocht⟩ **a)** *für etw. eine Neigung, Vorliebe haben; etw. nach seinem Geschmack finden, gern haben:* sie mag [gern] *(isst gern)* Rinderbraten; er mag klassische Musik *(ist ein Freund klassischer Musik);* **b)** *für jmdn. Sympathie od. Liebe empfinden; leiden mögen, gern haben:* jmdn. m.; die beiden mögen sich, einander nicht; niemand hat ihn [so recht] gemocht; **c)** *den Wunsch nach etw. haben:* ich mag nicht nach Hause; ich mag einfach nicht mehr *(ich habe genug, mir reicht es);* ich möchte *(will)* ins Kino; **d)** *nach etw. Verlangen haben, etw. erstreben:* magst du einen Kaffee?; sie möchte *(hätte gern)* ein Fahrrad zu Weihnachten; ich möchte *(will)* nicht, dass er es erfährt.

Mog|ler, der; -s, - (ugs.): *jmd., der mogelt.*

Mog|le|rin, die; -, -nen: w. Form zu ↑Mogler.

mög|lich ⟨Adj.⟩ [mhd. müg(e)lich, zu ↑mögen]: **1.** *(aufgrund der bestehenden Zusammenhänge, der bestehenden [Sach]lage o. Ä.) ausführbar, erreichbar, zu verwirklichen:* die nur im Sommer -e Überquerung des Gebirges; jmdm. ist etw. m. *(jmd. ist zu etw. in der Lage);* morgen ist es mir besser, eher m.; so rasch, so bald wie/(seltener:) als m. *(möglichst rasch, bald);* so viel wie/(seltener:) als m.; kannst du es m. machen *(ermöglichen),* morgen zu kommen?; wo m. (veraltend; *wenn möglich*); ⟨subst.:⟩ das Mögliche, alles Mögliche *(alle Möglichkeiten)* bedenken; sein Möglichstes tun. **2.** *denkbar, infrage, in Betracht kommend:* ein immerhin -er Fall; -e *(etwaige)* Zwischenfälle einkalkulieren; alle -en *(die verschiedensten)* Einwände; [es ist] gut, leicht, sehr wohl m., dass er kommt *(vielleicht kommt er);* bei ihm ist alles m. *(muss man mit allem rechnen);* »Glaubst du, dass er gewinnt?« – »Schon m.«; man sollte es nicht für m. halten *(es ist doch unglaublich);* [das ist doch] nicht m.! (als Ausdruck der Entrüstung, des Erstaunens); ⟨subst.:⟩ auf dem Flohmarkt kann man alles Mögliche (ugs.; *vielerlei, die unterschiedlichsten, alle nur denkbaren Dinge*) kaufen.

mög|li|chen|falls ⟨Adv.⟩ (seltener): *wenn es geht, möglich ist.*

mög|li|cher|wei|se ⟨Adv.⟩: *vielleicht, unter Umständen.*

Mög|lich|keit, die; -, -en [mhd. müg(e)lichkeit]: **1. a)** *etw. Mögliches; mögliches Verhalten, Vorgehen, Verfahren; möglicher Weg:* es bleiben noch viele -en [offen]; es besteht keine andere M., das Problem zu lösen; nach M. *(wenn möglich; möglichst);* du musst zwischen diesen beiden -en wählen; **b)** ⟨o. Pl.⟩ *das Möglichsein, Sichverwirklichen-Lassen:* es besteht die M. *(es ist möglich, lässt sich einrichten),* dass wir mitfahren können; **c)** *das Denkbarsein:* wir zweifeln nicht an der M., dass er es war; **R** ist es die M.!, ist [denn] das die M.! (ugs.; Ausrufe der Entrüstung od. des Erstaunens). **2.** *etw. eröffnende Gelegenheit od. Chance:* sich bietende, ungeahnte, vertane -en; die wirtschaftlichen -en *(Entwicklungsmöglichkeiten)* eines Landes; die M., etw. zu wählen; die M. zu gewinnen; alle erdenklichen -en haben; ich habe die M. *(es ist mir möglich),* etw. zu tun; die Stürmer vergaben die besten -en (Sport; *Chancen, Tore zu schießen*). **3.** ⟨Pl.⟩ *Fähigkeiten, Mittel:* diese Wohnung übersteigt seine [finanziellen] -en; jmd. bleibt unter seinen -en *(sein Handeln entspricht nicht seinen eigentlichen Fähigkeiten).*

Mög|lich|keits|form, die (Sprachw.): *Konjunktiv.*

mög|lichst ⟨Adv.⟩ [Sup. von ↑möglich]: **1. a)** *so viel, so sehr wie möglich, wie sich ermöglichen lässt:* sich m. zurückhalten; **b)** *wenn möglich, wenn es sich ermöglichen lässt:* m. heute noch. **2.** *so, in dem Grade ... wie [nur] möglich, wie es sich ermöglichen lässt:* ich brauche einen m. großen Briefumschlag *(einen Briefumschlag, der so groß wie möglich ist);* wir suchen für diese Arbeit m. junge Leute.

Mo|gul [auch: –ˈ–], der; -s, -n [engl. Mogul < pers. muġul, eigtl. = der Mongole]: *Herrscher einer muslimischen Dynastie mongolischer Herkunft in Indien.*

-mo|gul, der; -s, -n: kennzeichnet in Bildungen mit Substantiven jmdn. als (bes. in wirtschaftlicher Hinsicht) sehr mächtig, einflussreich auf einem bestimmten Gebiet: Bau-, Film-, Medienmogul.

Mo|hair [moˈhɛːɐ̯], (auch:) Mohär, der; -s, (Sorten:) -e [engl. mohair < arab. muḫayyar = Stoff aus Ziegenhaar]: **1.** *Angorawolle.* **2.** *Gewebe aus Angorawolle.*

Mo|hair|wol|le, die: *Angorawolle.*

Mo|ham|med: Stifter des Islams.

Mo|ham|me|da|ner, der; -s, - (ugs. veraltend): *Moslem.*

Mo|ham|me|da|ne|rin, die; -, -nen: w. Form zu ↑Mohammedaner.

mo|ham|me|da|nisch ⟨Adj.⟩ (bes. volkst.): *moslemisch.*

Mo|ham|me|da|nis|mus, der; - (bes. Fachspr.): *Islam.*

Mo|här: ↑Mohair.

Mo|hi|ka|ner, der; -s, -: Angehöriger eines ausgestorbenen nordamerikanischen Indianerstamms: *** der letzte M./(seltener:) der Letzte,** auch **letzte der M.** (ugs. scherzh.; *jmd., der von vielen bzw. etw., was von vielem übrig geblieben ist; der od. das Letzte;* nach dem 1826 erschienenen Roman »The last of the Mohicans« von J. F. Cooper).

Mohn, der; -[e]s, (Sorten:) -e [mhd. mān, māhen, ahd. māho, mago, wahrsch. aus einer Mittelmeerspr.]: **1. a)** *Milchsaft enthaltende Pflanze mit roten, violetten, gelben od. weißen Blüten u. Kapselfrüchten, aus deren ölhaltigen Samen beruhigende u. betäubende Stoffe gewonnen werden:* M. anbauen; **b)** *Klatschmohn:* am Wegrand wächst [der rote] M. **2.** *Samen des Mohns* (1 a): mit M. bestreute Brötchen.

Mohn|beu|gel, das (österr.): *Beugel mit einer Füllung aus Mohn* (2).

Mohn|blu|me, die: *Mohn* (1).

Mohn|bröt|chen, das: *mit Mohn* (2) *bestreutes Brötchen.*

Mohn|ku|chen, der: *mit Mohn* (2) *gebackener Kuchen.*

Mohn|öl, das: *aus Mohnsamen ausgepresstes Speiseöl.*

Mohn|saft, der: *Milchsaft des Mohns* (1 a).

Mohn|sa|men, der: *Samen des Mohns* (1 a).

Mohn|zopf, der: *mit Mohn* (2) *bestreuter Zopf aus Hefeteig.*

Mohr, der; -en, -en [mhd., ahd. mōr < lat. Maurus = dunkelhäutiger Bewohner von Mauretania (= Gebiet in Nordwestafrika, etwa das heutige Marokko)] (veraltet): *Schwarzer:* der Kleine kam schwarz wie ein M. (fam.; *sehr schmutzig*) nach Hause; sie kehrte schwarz wie ein M. (fam.; *tief gebräunt*) aus Tunesien zurück; **R** der M. hat seine Schuldigkeit getan, der M. kann gehen (*jmd. war für andere eine Zeit lang sehr nützlich, hat alles getan, was zu tun war, u. fühlt sich jetzt, nachdem er nicht mehr gebraucht wird, ungerecht behandelt u. überflüssig;* nach Schiller, Fiesco III, 4); *** einen -en weiß waschen wollen** (*Unmögliches, Widersprüchliches versuchen, bes. einen offensichtlich Schuldigen als Unschuldigen hinstellen wollen;* wohl nach Jer. 13, 23).

Möh|re, die; -, -n [mhd. mörhe, morhe, ahd. mor[a]ha, H. u.]: **1.** *Pflanze mit mehrfach gefiederten Blättern u. orangefarbener, spindelförmiger, kräftiger Wurzel, die bes. als Gemüse gegessen wird:* die -n blühen. **2.** *Wurzel der Möhre* (1).

Moh|ren|kopf, der: **1.** *kugelförmiges Gebäckstück aus Biskuitteig, das mit Schokolade überzogen u. mit Sahne od. Creme gefüllt ist.* **2.** *Schokokuss.*

Möh|ren|saft, der: *ausgepresster Saft von Möhren* (2).

Moh|ren|wä|sche, die (oft scherzh.): *Versuch, einen offensichtlich Schuldigen durch scheinbare Beweise reinzuwaschen.*

Mohr|rü|be, die; -, -n [Zus. aus ↑Möhre u. ↑Rübe] (nordd.): *Möhre.*

Mohr|rü|ben|saft, der (nordd.): *Möhrensaft.*

Moi|ra, die; -, ...ren [griech. moĩra, eigtl. = (An)teil, zu: meíromai = als Anteil erhalten; aufteilen] (griech. Myth.): **1.** ⟨Pl.⟩ die drei Schicksalsgöttinnen. **2.** ⟨o. Pl.⟩ *(Göttern u. Menschen zugeteiltes) Schicksal.*

Moi|ré [mo̯aˈreː], das; -s, -s [frz. moiré, zu: moire < engl. mohair, ↑Mohair; nach dem Glanz der Mohairwolle]: **1. a)** *matt schimmerndes Muster auf Stoffen, das feinen, bewegten Wellen od. einer Holzmaserung ähnelt;* **b)** ⟨auch: der⟩ *moirierter Stoff.* **2. a)** (Druckw.) *(bes. beim Mehrfarbendruck auftretendes) störendes Muster durch Überlagerung mehrerer Raster in engen Winkeln;* **b)** (Ferns.) *störendes Muster von nebeneinander liegenden, mehr od. weniger welligen Streifen im Fernsehbild.*

Moi|ren: Pl. von ↑Moira.

moi|rie|ren [mo̯a...] ⟨sw. V.; hat⟩ [frz. moirer] (Textilind.): *mit Moiré* (1 a) *versehen.*

mo|kant ⟨Adj.⟩ [frz. moquant, 1. Part. von: se moquer, ↑mokieren] (bildungsspr.): *spöttisch:* m. lächeln.

Mo|kas|sin [auch: ˈmɔk...], der; -s, -s, auch: -e [engl. moccasin < Algonkin (nordamerik. Indianerspr.) mockasin]: **1.** *[farbig bestickter] absatzloser Wildlederschuh der nordamerikanischen Indianer.* **2.** *leichter, weicher, bequemer Lederschuh mit durchgehender, sehr elastischer Sohle.*

Mo|kett, (auch:) Moquette, der; -s [frz. moquette, H. u.]: *bunt gemusterter od. bedruckter Möbelstoff aus [Baum]wolle.*

Mo|kick, das; -s, -s [Kurzwort aus Moped u. Kickstarter]: *Kleinkraftrad mit Kickstarter mit einer Höchstgeschwindigkeit von 40 km/h.*

mo|kie|ren, sich ⟨sw. V.; hat⟩ [frz. se moquer, H. u.] (bildungsspr.): *sich über jmdn., etw. lustig machen, sich abfällig od. spöttisch äußern:* sich über jmdn. m.

Mok|ka, (österr. meist:) Mocca, der; -s, (Sorten:) -s [engl. mocha (coffee), nach dem jemenitischen Hafen Al-Muḫā (= Mokka) am Roten Meer, dem früheren Hauptausfuhrhafen bes. für den Mokka]: **1.** *Kaffee* (2) *einer besonders aromatischen Sorte mit kleinen, halbkugelförmigen Bohnen.* **2.** *sehr starker [aus Mokka* (1) *zubereiteter] Kaffee, der gewöhnlich aus kleinen Tassen getrunken wird.*

Mok|ka|tas|se, die: *kleine Kaffeetasse für Mokka.*

Mol, das; -s, -e ⟨aber: 1 000 Mol⟩ [Kurzf. von ↑Molekulargewicht] (Chemie): *Menge eines chemisch einheitlichen Stoffes, die seinem relativen Molekulargewicht in Gramm entspricht.*

mo|lar ⟨Adj.⟩ (Chemie): *das Mol betreffend.*

Mo|lar, der; -s, -en [spätlat. molaris, zu lat. mola = Mühle] (Med.): *Mahlzahn.*

Mo|lar|zahn, der [zu ↑Molar] (Med.): *Molar.*

Mo|las|se, die; - [zu frz. mol(l)asse = schlaff, sehr weich, zu: mou (vor Vokalen: mol, molle) < lat. mollis = weich] (Geol.): *aus dem Tertiär stammende kalkige od. sandige Schichten im Alpenvorland.*

Molch, der; -[e]s, -e [1 a: spätmhd. molch, zu mhd. mol(le), ahd. mol = Salamander, Eidechse, H. u.]: **1. a)** *im Wasser lebender Schwanzlurch;* **b)** (veraltend, oft abwertend) *Mann, Kerl:* ein verstaubter M. **2.** (Technik Jargon) *pfropfenartiges Gerät zur Reinigung von Rohrleitungen, das vom Flüssigkeitsstrom mitgerissen wird.*

¹Mol|dau, die; -: linker Nebenfluss der Elbe.

²Mol|dau; -s: Staat in Osteuropa; Republik Moldau; Moldawien.

Mol|da|wi|en; -s: Staat in Osteuropa; Republik Moldau.

Moldova; -s (österr., schweiz.): Republik Moldau; Moldawien.

¹Mo|le, die; -, -n [ital. molo < spätgriech. mõlos < lat. moles = Damm]: *Hafenmole.*

²Mo|le, die; -, -n [lat. mola < griech. mýlē = Missgeburt] (Med.): *durch genetische Schäden, Strahlenschäden, Sauerstoffmangel o. Ä. fehlentwickeltes Ei, das schon während der ersten Schwangerschaftswochen zugrunde geht.*

Mo|le|kel, die; -, -n, österr. auch: das; -s, -: *Molekül.*

Mo|lek|tro|nik, die; - [Kurzwort aus: **molek**ular u. Elek**tronik**]: *Molekularelektronik.*

Mo|le|kül, das; -s, -e [frz. molécule, zu lat. moles = Masse] (Chemie): *kleinste, aus verschiedenen Atomen bestehende Einheit einer chemischen Verbindung, die noch die charakteristischen Merkmale dieser Verbindung aufweist.*

mo|le|ku|lar ⟨Adj.⟩ [frz. moléculaire] (Chemie): *die Moleküle betreffend.*

Mo|le|ku|lar|be|we|gung, die (Physik, Chemie): *Bewegung der Moleküle einer chemischen Verbindung gegeneinander.*

Mo|le|ku|lar|bio|lo|gie, die: *Zweig der Biologie, der sich (in Zusammenarbeit mit Physik u. Chemie) mit biologischen Problemen auf molekularer Ebene beschäftigt.*

Mo|le|ku|lar|elek|tro|nik, die ⟨o. Pl.⟩: *Teilgebiet der Mikroelektronik, die mit Halbleitern kleinster Größe arbeitet.*

Mo|le|ku|lar|ge|ne|tik, die: *Teilgebiet der Genetik, das sich mit den Zusammenhängen zwischen Vererbung u. den chemischen u. physikalischen Eigenschaften der Gene befasst.*

Mo|le|ku|lar|ge|wicht, das: *aus der Summe der Atomgewichte aller zu einem Molekül eines Stoffes verbundenen Atome errechnete Vergleichszahl.*

Mo|len|kopf, der: *äußerstes Ende einer ¹Mole.*

Mole|skin [ˈmoːlskɪn, engl.: ˈmoʊl...], der od. das; -s, -s [engl. moleskin, eigtl. = Maulwurfsfell, aus: mole = Maulwurf u. skin = Haut] (Textilind.): *kräftiger [Futter]stoff aus Baumwolle.*

Mo|le|tro|nik, die; - [Kurzwort aus: **mole**kular u. Elek**tronik**]: *Molekularelektronik.*

Mo|li: Pl. von ↑Molo.

molk, möl|ke: ↑melken.

Mol|ke, die; - [mhd. molken, urspr. = Gemolkenes]: *beim Gerinnen der Milch sich absondernde, grünlich gelbe, nur noch geringe Mengen von Eiweiß enthaltende Flüssigkeit.*

Mol|ken, der; -s (landsch.): *Molke.*

Mol|ken|kur, die: *Naturheilverfahren, bei dem Molke als Heilmittel angewendet wird.*

Mol|ke|rei, die; -, -en [zu Molke in der alten Bed. »(aus) Milch (Bereitetes)«]: *Betrieb, in dem frische Milch aus den umliegenden Gebieten zum Verkauf bearbeitet od. zu Butter, Käse o. Ä. weiterverarbeitet wird.*

Mol|ke|rei|ge|nos|sen|schaft, die: *genossenschaftlich betriebene Molkerei.*

Mol|ke|rei|pro|dukt, das ⟨meist Pl.⟩: *in einer Molkerei hergestelltes Produkt.*

mol|kig ⟨Adj.⟩: *(von Flüssigkeiten) wie Molke aussehend, weißlich trübe.*

¹Moll, das; - [mhd. bēmolle < mlat. b molle, zu lat. mollis = weich; nach der als »weich« empfundenen kleinen Terz im Dreiklang; vgl. Dur] (Musik): *Tongeschlecht aller Tonarten mit einem Halbton zwischen der zweiten u. dritten Stufe, sodass der Dreiklang der Tonika mit einer kleinen Terz beginnt:* eine Rhapsodie in M. *(in einer Molltonart);* * **auf M. gestimmt sein** *(sehr traurig u. gedrückt sein).*

²Moll, der; -[e]s, -e u. -s: *Molton.*

Moll|ak|kord, der (Musik): *Akkord in Moll.*

Moll|drei|klang, der (Musik): *Dreiklang in Moll (aus Grundton, kleiner Terz u. Quinte).*

Mol|le, die; -, -n [mniederd. molle, Nebenf. von ↑Mulde]: **1.** (berlin.) *Glas Bier:* * **mit -n gießen** (berlin.; *stark regnen*). **2.** (sächs.) *Bett.* **3.** (nordd.) *Mulde, Backtrog.*

mol|lert ⟨Adj.⟩ (bayr., österr. ugs.): *mollig* (1).

Mol|li, der; -s, -s [↑-i (2 c)] (Jargon): *Molotowcocktail.*

mol|lig ⟨Adj.⟩ [urspr. Studentenspr.; wahrscheinl. zu frühnhd. mollicht = weich, locker, in Anlehnung an lat. mollis = weich]: **1.** *(bes. von Frauen) weiche, runde Körperformen aufweisend, rundlich vollschlank:* ein -er Typ; sie ist m. (verhüll.; *dick*) geworden; ⟨subst.:⟩ Kleider für Mollige *(mollige Frauen).* **2. a)** *(auf die Temperatur in Innenräumen bezogen) behaglich warm:* eine -e *(angenehme, behagliche)* Wärme; **b)** *(von Kleidungsstücken) weich u. wärmend:* ein -er Mantel.

Moll|ton|art, die (Musik): *Tonart in Moll.*

Moll|ton|lei|ter, die (Musik): *Tonleiter in Moll.*

Mol|lus|ke, die; -, -n ⟨meist Pl.⟩ [zu lat. molluscus = weich, zu: mollis = weich] (Zool.): *Weichtier.*

Mo|lo, der; -s, Moli (österr.): *¹Mole.*

Mo|loch [auch: ˈmɔlɔx], der; -s, -e [nach der Bez. für ein Opfer, bes. Kinderopfer, bei den Puniern u. im A. T., griech. molóch, hebr. molęk, die als Name eines Gottes missdeutet wurde, seit dem 17. Jh. appellativisch gebraucht] (geh.): *grausame Macht, die immer wieder neue Opfer fordert u. alles zu verschlingen droht:* der M. Krieg.

Mo|lo|tow|cock|tail [ˈmɔlotɔf...], der; -s, -s [benannt nach dem früheren sowj. Außenminister W. M. Molotow (1890–1986)]: *mit Benzin u. Phosphor gefüllte Flasche, die wie eine Handgranate verwendet wird.*

molsch: ↑mulsch.

mol|to, di molto ⟨Adv.⟩ [ital. (di) molto < lat. multum = viel] (Musik): *sehr, in verstärktem Maße, äußerst* (meist in Verbindung mit einer Tempobezeichnung od. Vortragsanweisung): m. adagio, adagio m., adagio di m. *(sehr langsam).*

Mol|ton, der; -s, -s [frz. molton, zu: mollet = weich]: *weiches, meist beidseitig gerautes [Baumwoll]gewebe.*

Mol|to|pren ®, das; -s, -e [Kunstwort]: *sehr leichter, druckfester, schaumartiger Kunststoff.*

Mo|luk|ken ⟨Pl.⟩: indonesische Inselgruppe.

Mo|luk|ker, der; -s, -: Ew.

Mo|luk|ke|rin, die; -, -nen: w. Form zu ↑Molukker.

mo|luk|kisch ⟨Adj.⟩: *die Molukken, die Molukker betreffend, von den Molukkern stammend, zu ihnen gehörend.*

Mo|lyb|dän, das; -s [zu griech. molýbdaina = Bleimasse, -kugel, zu: mólybdos = Blei]: *silberweißes, mit vielen Metallen legierbares Schwermetall* (*chemisches Element;* Zeichen: Mo).

Mom|ba|sa: Hafenstadt in Kenia.

¹Mo|ment, der; -[e]s, -e [mhd. diu mōmente = Augenblick < lat. momentum = (entscheidender) Augenblick (Genuswechsel unter Einfluss von frz. le moment), ↑²Moment]: **a)** *Zeitraum von sehr kurzer Dauer; Augenblick:* einen M. zögern; einen M. bitte!; **b)** *Zeitpunkt:* der geeignete M.; * **jeden M.** *(schon im nächsten Augenblick, sofort):* die Bombe kann jeden M. explodieren; **M. [mal]!** (Floskel, durch die ein anderer Aspekt o. Ä. in einen Gedankengang gebracht werden soll): M. [mal], das stimmt ja gar nicht; **einen lichten M. haben** (↑Augenblick); im M. *(momentan, zum gegenwärtigen Zeitpunkt):* im M. habe ich keine Schmerzen.

²Mo|ment, das; -[e]s, -e [lat. momentum, urspr. = Übergewicht, das den Ausschlag am Waagebalken ergibt, zu: movere = bewegen]: **1.** *ausschlaggebender Umstand, Gesichtspunkt:* ein psychologisches M.; das auslösende M.; das erregende, retardierende M. (Literaturw.; *Szene im Drama, die zum Höhepunkt des Konflikts hinleitet od. die durch absichtliche Verzögerung des Handlungsablaufs die Spannung erhöht*).

2. (Physik) *Produkt aus zwei Größen, deren eine meist eine Kraft ist* (z. B. Kraft × Hebelarm).

mo|men|tan ⟨Adj.⟩ [lat. momentaneus, zu momentum, ↑[1]Moment]: **a)** *augenblicklich, jetzig, gegenwärtig, zurzeit [herrschend]:* die -e Lage; er ist m. arbeitslos; **b)** *vorübergehend, nur kurz andauernd, flüchtig:* eine -e Übelkeit.

Mo|men|tan|laut, der; -[e]s, -e (Sprachw.): *Verschlusslaut mit nur ganz kurz währender Sprengung* (z. B. p).

Mo|ment|auf|nah|me, die (Fot.): *Aufnahme* (7 a) *mit kurzer Belichtungszeit:* eine gelungene M.; Ü der Bericht konnte nur eine M. der gegenwärtigen Lage sein.

Mo|ment|sa|che, die: *Augenblickssache.*

mo|ment|wei|se ⟨Adv.⟩: *für kurze Augenblicke.*

[1]Mo|na|co [auch: ...ˈnako]; -s: Fürstentum an der Côte d'Azur.

[2]Mo|na|co [auch: ...ˈnako]: Stadtbezirk (mit Verwaltungssitz) von [1]Monaco.

Mo|na|de, die; -, -n [lat. monas (Gen.: monadis) < griech. monás = Einheit, das Einfache] (Philos.): **1.** ⟨o. Pl.⟩ *das Einfache, nicht Zusammengesetzte, Unteilbare.* **2.** *(bei Leibniz) letzte, in sich geschlossene, vollendete, nicht mehr auflösbare Ureinheit.*

Mo|na|den|leh|re, die ⟨o. Pl.⟩: *(in der Philosophie von Leibniz) Lehre von den Monaden.*

Mo|na|dis|mus, der; -: *Monadologie.*

Mo|na|do|lo|gie, die; - [zu ↑Monade u. ↑-logie]: *Monadenlehre.*

mo|na|do|lo|gisch ⟨Adj.⟩: *die Monadologie betreffend.*

Mo|na|ko: ↑[1,2]Monaco.

Mo|narch, der; -en, -en [mlat. monarcha < griech. mónarchos = Alleinherrscher, zu: mónos = allein, einzig u. árchein = der Erste sein, herrschen]: *gekrönter Herrscher (Kaiser, König o. Ä.) in einem Staat mit entsprechender Verfassung.*

Mo|nar|chie, die; -, -n [spätlat. monarchia < griech. monarchía = Alleinherrschaft]: **a)** ⟨o. Pl.⟩ *Staatsform mit einem durch seine Herkunft legitimierten Herrscher an der Spitze:* ein Anhänger der M. sein; **b)** *Staat mit der Monarchie* (a) *als Staatsform:* in einer M. leben.

Mo|nar|chin, die; -, -nen: w. Form zu ↑Monarch.

mo|nar|chisch ⟨Adj.⟩ [griech. monarchikós]: *die Monarchie, einen Monarchen betreffend.*

Mo|nar|chis|mus, der; -: *das Eintreten für die Monarchie* (a).

Mo|nar|chist, der; -en, -en [engl. monarchist, frz. monarchiste]: *Anhänger der Monarchie* (a).

Mo|nar|chis|tin, die; -, -nen: w. Form zu ↑Monarchist.

mo|nar|chis|tisch ⟨Adj.⟩: *für die Monarchie* (a) *eintretend, sie erstrebend.*

Mo|nas|te|ri|um, das; -s, ...ien [kirchenlat. monasterium, ↑[1]Münster]: *Kloster; Klosterkirche, Münster.*

mo|nas|tisch ⟨Adj.⟩ [spätlat. monasticus < griech monastikós, zu: monastḗs = Mönch] (bildungsspr.): *mönchisch, klösterlich.*

Mo|nat, der; -[e]s, -e [mhd. mānōt, mānōt, ahd. mānōd, zu ↑Mond, nach der germ. Zeitbestimmung des Monats nach den Mondphasen]: *zwölfter Teil eines Jahres, Zeitraum von etwa 30 Tagen:* ein heißer M.; es hat Wochen und -e *(sehr lange)* gedauert; er bekam acht -e (ugs.; *wurde zu acht Monaten Haft verurteilt*); sie ist im vierten M. (ugs.; *im vierten Monat schwanger*); M. für M. *(immer wieder in regelmäßiger Folge)*; der Baubeginn wurde von M. zu M. *(immer wieder neu, von einem Monat zum anderen)* verschoben.

mo|na|te|lang ⟨Adj.⟩: *viele Monate dauernd, anhaltend.*

-mo|na|tig: in Zusb., z. B. achtmonatig, (mit Ziffer:) 8-monatig *(acht Monate alt, dauernd).*

mo|nat|lich ⟨Adj.⟩ [mhd. mānetlich, ahd. mānōdlīh]: *in jedem Monat geschehend, erfolgend, fällig:* die -e Abrechnung; ein Beitrag von acht Mark m. *(pro Monat).*

-mo|nat|lich: in Zus., z. B. achtmonatlich, (mit Ziffer:) 8-monatlich *(alle acht Monate wiederkehrend, stattfindend).*

Mo|nats|an|fang, der: *Anfang eines Monats.*

Mo|nats|bei|trag, der: *monatlich zu zahlender Beitrag* (1).

Mo|nats|bin|de, die: *Damenbinde.*

Mo|nats|blu|tung, die: *Menstruation.*

Mo|nats|en|de, das: *Ende eines Monats.*

Mo|nats|ers|te, der: *erster Tag eines Monats.*

Mo|nats|ge|halt, das: *monatliches* [2]*Gehalt:* ein dreizehntes M. *(ein zusätzliches, meist als Weihnachtsgeld gezahltes Gehalt).*

Mo|nats|heft, das: *einmal monatlich erscheinendes Heft einer Zeitschrift.*

Mo|nats|kar|te, die: *jeweils für einen Kalendermonat gültige Karte* (4 a, b).

Mo|nats|letz|te, der: vgl. Monatserste.

Mo|nats|lohn, der: vgl. Monatsgehalt.

Mo|nats|mie|te, die: *monatliche [Wohnungs]miete.*

Mo|nats|mit|te, die: *Mitte eines Monats.*

Mo|nats|mit|tel, das: *Durchschnittswert für einen Monat.*

Mo|nats|pro|duk|ti|on, die (Wirtsch.): *monatliche Produktion.*

Mo|nats|ra|te, die: *monatliche Rate:* zahlbar in acht -n.

Mo|nats|sa|lär, das (schweiz., sonst veraltet, noch iron.): *Monatsgehalt, Monatslohn.*

mo|nats|wei|se, monatweise ⟨Adv.⟩: *je von Monat zu Monat [geschehend]; jeweils für einen Monat:* m. abrechnen; ⟨mit Verbalsubstantiv auch attr.:⟩ eine m. Abrechnung.

Mo|nats|zins, der (südd., österr., schweiz.): *Monatsmiete.*

mo|nat|wei|se: ↑monatsweise.

Mönch, der; -[e]s, -e [mhd. mün[e]ch (md. mön[ni]ch), ahd. munih, über das Vlat. < kirchenlat. monachus < griech. monachós = Einsiedler, Mönch, zu: mónos = allein]: **1.** *Mitglied eines Männerordens:* buddhistische -e; wie ein Mönch *([sexuell] enthaltsam)* leben. **2.** (Bauw.) *gewölbter Dachziegel, der mit der Wölbung nach oben in der Mitte auf zwei rinnenförmig nach unten gewölbte Nonnen* (3) *gelegt wird.* **3.** (Technik) *Vorrichtung zum Ablassen, Regulieren des Wassers bei Teichen, Becken o. Ä.* **4.** (Jägerspr.) *Kahlhirsch.*

Mön|chen|glad|bach: Stadt in Nordrhein-Westfalen.

mön|chisch ⟨Adj.⟩ [kirchenlat. monachicus < griech. monachikós, zu: monachós, ↑Mönch]: *von einem Mönch ausgehend, zu ihm gehörend; wie ein Mönch.*

Mönchs|klos|ter, das: *Kloster eines Mönchsordens.*

Mönchs|kut|te, die: *Kutte* (1).

Mönchs|la|tein, das: *schlechtes Latein (wie z. B. in den Klöstern im späten Mittelalter üblich).*

Mönchs|or|den, der: *Orden* (1) *für Mönche.*

Mönchs|tum, Mönchtum, das; -s: **a)** *mönchisches Wesen, mönchisches Gedankengut:* christliches M.; **b)** *das Mönchsein.*

Mönchs|zel|le, die: *Zelle* (1) *eines Mönches.*

Mönch|tum: ↑Mönchstum.

Mond, der; -[e]s, -e [mhd. mān(e), ahd. māno, urspr. wohl = Wanderer (am Himmel)]: **1. a)** ⟨o. Pl.⟩ *die Erde umkreisender natürlicher, an bestimmten Tagen sichtbarer Himmelskörper:* der aufgehende M.; auf dem M. landen; zum M. fliegen; *** den M. anbellen** (ugs.; *heftig schimpfen, ohne damit etwas zu erreichen;* bezogen darauf, dass Hunde gelegentlich nachts den Vollmond anbellen); **vom M. kommen/gefallen sein** (ugs.; *weltfremd sein, nicht Bescheid wissen*); **jmdn. auf den/zum M. schießen können/mögen** (salopp; *auf jmdn. wütend sein; jmdn. weit weg wünschen*); **auf/hinter dem M. leben** (ugs.; *über die neuesten Ereignisse nicht informiert sein, nichts davon mitbekommen*); **in den M. gucken** (ugs.; *bei etw. das Nachsehen haben, leer ausgehen;* H. u.; viell. nach der abergläubischen Vorstellung, dass jmd., der zu lange den Mond ansieht, dadurch ungeschickt u. dumm wird); **etw. in den M. schreiben** (ugs.; *etw. als verloren betrachten*); **nach dem M. greifen** (↑[2]Stern 1 a); **nach dem M. gehen** (ugs.; *[von einer Uhr] falsch gehen, sehr ungenau die Zeit anzeigen*); **b)** (Astron.) *einen Planeten umkreisender Himmelskörper; Satellit:* die -e des Jupiter; künstliche -e der Erde *(auf eine Erdumlaufbahn gebrachte Satelliten).* **2.** *etw., was die Form des vollen Mondes od. einer Mondsichel hat:* kleine -e backen. **3.** (dichter. veraltet) *Monat.*

mon|dän ⟨Adj.⟩ [frz. mondain < lat. mundanus = weltlich, zu: mundus = Welt]: *eine extravagante Eleganz zeigend, zur Schau tragend:* ein -er Badeort; ein -es Publikum.

Mon|dä|ni|tät, die; -: *das Mondänsein.*

Mond|auf|gang, der: *das Aufgehen, Erscheinen des Mondes* (1 a) *über dem Horizont.*

Mond|au|to, das (Raumf.): *Mondmobil.*

Mond|bahn, die: *(scheinbare) Bahn eines Mondes* (1 b) *um seinen Planeten, bes. des Mondes* (1 a) *um die Erde.*

mond|be|schie|nen ⟨Adj.⟩ (dichter.): *vom Mond* (1 a) *beschienen.*

Mon|den|schein, der (dichter.): *Mondschein.*

Mon|des|fins|ter|nis, die (österr.): *Mondfinsternis.*

Mon|des|glanz, der (dichter.): *Glanz des Mondes* (1 a); *Mondlicht.*

Mon|des|licht, das ⟨o. Pl.⟩ (dichter.): *Mondlicht.*

Mond|fäh|re, die: *Mondlandefähre.*

Mond|fins|ter|nis, die (Astron.): *Finsternis* (2), *die eintritt, wenn der volle Mond* (1 a) *in den Schatten der Erde eintritt:* eine partielle, totale M.

Mond|fleck, der: *Mare auf dem Mond* (1 a).

Mond|flug, der: *Raumflug zum Mond* (1 a).

Mond|ge|sicht, das: **a)** *rundes, volles Gesicht:* das M. (Med. Jargon; *das runde aufgedunsene Gesicht*) nach der Chemotherapie hatte sich auch bei ihm eingestellt; **b)** (scherzh.) *Person mit einem runden Gesicht.*

Mond|ge|stein, das: *von einer Mondlandung mitgebrachtes Gestein vom Mond* (1 a).

Mond|glo|bus, der: *Globus, auf dem die Struktur der gesamten Mondoberfläche einschließlich der von der Erde aus nicht sichtbaren Seite dargestellt ist.*

mond|hell ⟨Adj.⟩ (geh.): *vom Mond* (1 a) *erhellt, beschienen:* die Nacht war m.

mon|di|al ⟨Adj.⟩ [frz. mondial, zu: monde < lat. mundus = Welt] (bildungsspr.): *weltweit, weltumspannend.*

mon dieu [mõ ˈdjø] [frz. = mein Gott] (bildungsspr.): Ausruf der Bestürzung.

Mond|jahr, das: *den Zeitraum von zwölf Umläufen des Mondes* (1 a) *um die Erde umfassendes Jahr des altrömischen Kalenders.*

Mond|kalb, das [urspr. von einem fehlgebildeten Kalb, weil man solche Fehlbildungen dem schädlichen Einfluss des Mondes (1 a) zuschrieb] (salopp): *dummer, einfältiger Mensch.*

Mond|kra|ter, der: *wie ein vulkanischer Krater wirkende Vertiefung in der Mondoberfläche.*

Mond|lan|de|fäh|re, die: *kleines Raumfahrzeug für die Landung auf dem Mond* (1 a) *u. den Wiederaufstieg zum großen Raumschiff.*

Mond|land|schaft, die: **1.** *Mondoberfläche, wie sie sich dem Beschauer bietet.* **2.** *Landschaft im Mondlicht.* **3.** *kahle, vegetationslose, mit ihren oft ungewöhnlichen Formationen an die Mondoberfläche erinnernde Landschaft.*

Mond|lan|dung, die: *Landung eines Raumfahrzeugs auf dem Mond* (1 a).

Mond|licht, das ⟨o. Pl.⟩: *vom Mond* (1 a) *ausgehendes Licht:* der See glitzerte im M.

mond|los ⟨Adj.⟩: *keinen sichtbaren Mond* (1 a) *aufweisend:* eine -er Himmel.

Mond|mo|bil, das; -s, -e (Raumf.): *für die Fortbewegung auf der Mondoberfläche konstruiertes Fahrzeug.*

Mond|nacht, die: *mondhelle Nacht.*

Mond|ober|flä|che, die: *Oberfläche des Mondes* (1 a).

M

Mond|pha|se, die: *periodisch wechselnde Erscheinungsform des Mondes* (1 a).
Mond|preis, der (Jargon): *willkürlich angesetzter [überhöhter] Preis* (1).
Mond|ra|ke|te, die: *aus mehreren Raketenstufen bestehende Mondsonde.*
Mond|schein, der ⟨o. Pl.⟩: *Licht, Schein des Mondes* (1 a): ein Spaziergang bei, im M.; R der kann, du kannst mir [mal] im M. begegnen (salopp; *ich will von ihm, dir in Ruhe gelassen werden, ich will nichts mit dir, ihm zu tun haben*).
Mond|schein|ta|rif, der: *(bis 1980) Tarif, der nachts stark verbilligte Telefongespräche über beliebige Entfernungen im Inland ermöglicht.*
Mond|si|chel, die: *bei zu- od. abnehmendem Mond* (1 a) *sichtbares, sichelförmiges Teilstück des Mondes.*
Mond|son|de, die: *unbemanntes Raumfahrzeug für die Erkundung des Mondes* (1 a).
Mond|stein, der [LÜ von griech. selēnítēs (líthos); man sah das Abbild des Mondes (1 a) in dem Stein]: *Adular.*
Mond|sucht, die ⟨o. Pl.⟩: *Mondsüchtigkeit.*
mond|süch|tig ⟨Adj.⟩ [LÜ von lat. lunaticus]: *an Schlafwandeln leidend; somnambul.*
Mond|süch|ti|ge, der u. die: *jmd., der mondsüchtig ist.*
Mond|süch|tig|keit, die: *(bes. in hellen Mondnächten auftretendes) Schlafwandeln.*
Mond|um|lauf|bahn, die: *Orbit um den Mond* (1 a).
Mond|un|ter|gang, der: *Untergang* (1) *des Mondes* (1 a).
Mond|wech|sel, der: *Zeitspanne um Voll- od. Neumond, wenn der Mond* (1 a) *wieder ab- od. zuzunehmen beginnt.*
Mo|ne|gas|se, der; -n, -n: Ew. zu ↑Monaco.
Mo|ne|gas|sin, die; -, -nen: w. Form zu ↑Monegasse.
mo|ne|gas|sisch ⟨Adj.⟩: *Monaco, die Monegassen betreffend, von den Monegassen stammend, zu ihnen gehörend.*
M
mo|ne|tär ⟨Adj.⟩ [frz. monétaire < lat. monetarius, zu: moneta, ↑Münze] (Wirtsch.): *die Finanzen betreffend; geldlich:* in -er Hinsicht waren sie abgesichert; -e Stabilität.
Mo|ne|tär|sys|tem, das; -s, -e: *Währungssystem.*
Mo|ne|ten ⟨Pl.⟩ [urspr. Studentenspr., zu lat. moneta, ↑Münze] (ugs.): *Geld.*
mo|ne|ti|sie|ren ⟨sw. V.; hat⟩ (Wirtsch.): *in Geld, Kaufkraft umwandeln:* Sachwerte m.
Mo|ne|ti|sie|rung, die; -, -en (Wirtsch.): *das Monetisieren.*
Mo|ney|ma|ker [ˈmʌnɪmeɪkə], der; -s, - [engl. moneymaker = einträgliches Geschäft, eigtl. = etwas, was Geld macht, aus: money = Geld u. to make = machen] (ugs. abwertend): *cleverer Geschäftsmann; Großverdiener.*
Mon|go|le, der; -n, -n [mong. mongol] (Anthrop.): Angehöriger einer zum mongoliden Menschentypus gehörenden Völkergruppe in Zentralasien.
Mon|go|lei, die; -: Hochland u. Staat in Zentralasien.
Mon|go|len|fal|te, die: (Anthrop.) *als typisches Merkmal des mongoliden Menschentypus geltende schräge Hautfalte im oberen Augenlid.*
mon|go|lid ⟨Adj.⟩ (Anthrop.): *zu dem hauptsächlich in Asien, Indonesien, Ozeanien u. der Arktis verbreiteten Menschentypus gehörend, dessen Merkmale aufweisend.*
Mon|go|li|de, der u. die; -n, -n ⟨Dekl. ↑Abgeordnete⟩: *die mongoliden Merkmale aufweisender Mensch.*
Mon|go|lin, die; -, -nen: w. Form zu ↑Mongole.
mon|go|lisch ⟨Adj.⟩: a) *die Mongolei, die Mongolen betreffend, zu ihnen gehörend;* b) *in einer der Sprachen der Mongolen [verfasst].*
Mon|go|lisch, das; -[s] u. ⟨nur mit best. Art.:⟩
Mon|go|li|sche, das; -n: *Sprache der Mongolen.*
Mon|go|lis|mus, der; - [nach der Kopf- u. Gesichtsbildung, die dem äußeren Erscheinungsbild eines Mongoliden gleicht] (veraltend): *Downsyndrom.*
Mon|go|lis|tik, die; -: *Wissenschaft von der Sprache, Kultur u. Geschichte der die mongolischen Sprachen sprechenden Völkerschaften.*
mon|go|lo|id ⟨Adj.⟩ [zu ↑Mongole u. griech. -oeidḗs = ähnlich]: *den Mongolen ähnlich:* -es Aussehen.
Mon|go|lo|i|de, der u. die; -n, -n ⟨Dekl. ↑Abgeordnete⟩: *Angehöriger bzw. Angehörige eines nicht [rein] mongoliden Menschentypus mit den für Mongolide typischen Gesichtsmerkmalen.*
mo|nie|ren ⟨sw. V.; hat⟩ [lat. monere = (er)mahnen]: *bemängeln, beanstanden:* schlechtes Essen m.; die Teilnehmer monierten die schlechte Organisation.
Mo|nie|rung, die; -, -en: *das Monieren.*
Mo|nis|mus, der; - [zu griech. mónos = allein]: *philosophisch-religiöse Lehre von der Existenz nur eines einheitlichen Grundprinzips des Seins u. der Wirklichkeit.*
Mo|nist, der; -en, -en: *Anhänger des Monismus.*
Mo|nis|tin, die; -, -nen: w. Form zu ↑Monist.
mo|nis|tisch ⟨Adj.⟩: *den Monismus betreffend.*
Mo|ni|ta: Pl. von ↑Monitum.
Mo|ni|tor, der; -s, ...oren, auch: -e [engl. monitor, eigtl. = Aufseher < lat. monitor, zu: monere (2. Part.: monitum), ↑monieren]: **1.** (Ferns.) *Bildschirm zur direkten Kontrolle, Kommentierung od. Weitergabe von Bildern:* das Geschehen am, auf dem M. verfolgen. **2. a)** (Technik) *Kontrollgerät zur Überwachung elektronischer Anlagen;* **b)** (Med.) *Kontrollgerät zur Überwachung der Herztätigkeit, Temperatur usw. bei gefährdeten Patienten;* **c)** *Bildschirm eines Personalcomputers o. Ä.* **3.** (Physik) *Gerät zur Messung radioaktiver Strahlen.*
Mo|ni|tum, das; -s, ...ta [zu lat. monita (Pl.) = Ermahnungen, subst. 2. Part. Neutr. von: monere, ↑monieren] (bildungsspr.): *Beanstandung; Rüge.*
mo|no [auch: ˈmɔno] (Jargon): Kurzf. von ↑monophon.
Mo|no, das; -s (Jargon): Kurzf. von ↑Monophonie.
mo|no-, Mo|no-, (vor Vokalen:) mon-, Mon- [griech. mónos] ⟨Best. in Zus. mit der Bed.:⟩ *einzig, allein, einzeln; ein..., Ein...* : monosem; Monogamie.
Mo|no|chord, das; -[e]s, -e [mlat. monochordum < spätlat. monochordon < griech. monóchordon, zu: chórda = Saite] (Musik): *Instrument bes. zur Intervallmessung, das aus einem länglichen Resonanzkasten mit einer Saite besteht.*
mo|no|chrom ⟨Adj.⟩ [zu griech. chrōma = Farbe] (Malerei, Fot.): *einfarbig:* -e Aufnahmen.
Mo|no|chrom, das; -s, -en (Malerei): *einfarbiges Gemälde.*
Mo|no|chro|ma|sie, die; - (Med.): *völlige Farbenblindheit.*
mo|no|chro|ma|tisch ⟨Adj.⟩ (Physik): *zu nur einer Spektrallinie gehörend; einfarbig.*
Mo|no|chro|mie, die; -: [mlat. monochroma = einfarbiges Bild] (Malerei, Fot.): *Einfarbigkeit.*
mo|no|co|lor ⟨Adj.⟩ [zu lat. color = Farbe, vgl. Couleur] (österr.): *von einer Partei gebildet.*
Mo|no|coque [...ˈkɔk], das; -[s], -s [engl. monocoque < frz. monocoque, aus: mono- < griech. mónos (↑mono-, Mono-) u. coque = Muschel, nach der Form]: *spezielle Konstruktion bes. in Rennwagen, die das Chassis* (1) *u. den Rahmen* (2) *ersetzt.*
mo|no|cyc|lisch: ↑monozyklisch.
Mo|no|die, die; - [spätlat. monodia < griech. monōdía, zu: ōdḗ = Gesang, Lied] (Musik): **1.** *einstimmiger Gesang.* **2.** *Sologesang [mit Generalbassbegleitung].*
mo|no|disch ⟨Adj.⟩: a) *die Monodie betreffend;* b) *im Stil der Monodie; einstimmig.*
Mo|no|emp|fän|ger [auch: ˈmɔno...], der (Rundfunkt.): *für monophonen Empfang eingerichtetes Rundfunkgerät.*
mo|no|fil ⟨Adj.⟩ [zu lat. filum = Faden] (Textilind.): *aus einer einzigen Faser bestehend.*
Mo|no|fil, das; -[s] (Textilind.): *aus einer einzigen Faser bestehender vollsynthetischer Faden.*
mo|no|fon, Mo|no|fo|nie: ↑monophon, ↑Monophonie.
mo|no|gam ⟨Adj.⟩ [zu griech. gámos = Ehe]: a) *von der Anlage her auf nur einen Geschlechtspartner bezogen:* m. sein; b) (Völkerk.) *nur die Einehe kennend:* -e Kulturen.
Mo|no|ga|mie, die; -: *Zusammenleben mit nur einem Partner, einer Partnerin:* in M. leben.
mo|no|ga|misch ⟨Adj.⟩: a) *die Monogamie betreffend;* b) *monogam.*
mo|no|gen ⟨Adj.⟩ [↑-gen]: **1.** (Biol.) *(von einem Erbvorgang) durch nur ein Gen bestimmt.* **2.** (Geol.) *aus einer einmaligen Ursache entstanden:* -er Vulkan *(durch einen einzigen Ausbruch entstandener Vulkan).*
Mo|no|ge|ne|se, Mo|no|ge|ne|sis, die; -, ...nesen (Biol.): **1.** ⟨o. Pl.⟩ *Theorie von der Herleitung jeder gegebenen Gruppe von Lebewesen aus je einer gemeinsamen Urform.* **2.** *ungeschlechtliche Fortpflanzung.*
mo|no|ge|ne|tisch ⟨Adj.⟩ (Biol.): *aus einer Urform entstanden.*
Mo|no|ge|nie, die; -, -n [zu griech. genḗ = Abstammung] (Biol.): **1.** *(bei bestimmten Tieren als Sonderfall) Hervorbringung nur männlicher od. nur weiblicher Nachkommen.* **2.** *Ausbildung eines Merkmals eines Phänotypus, an der nur ein Gen beteiligt ist.*
mo|no|glott ⟨Adj.⟩ [griech. monóglōttos, zu: glōtta, glōssa = Zunge, Sprache] (bildungsspr.): *nur eine Sprache sprechend.*
Mo|no|go|nie, die; -, -n [zu griech. gonḗ = (Er)zeugung] (Biol.): *Monogenese* (2).
Mo|no|gra|fie usw.: ↑Monographie usw.
Mo|no|gramm, das [spätlat. monogramma, zu griech. grámma = Schriftzeichen, Buchstabe; ↑-gramm]: *Namenszeichen, meist aus den Anfangsbuchstaben von Vor- u. Familiennamen:* -e in die Wäsche sticken; R (salopp:) ich könnte mir ein M. in den Bauch/in den Hintern beißen! *(sich über die Maßen ärgern).*
mo|no|gram|mie|ren ⟨sw. V.; hat⟩ (Kunstwiss.): *als Signatur nur mit einem Monogramm versehen.*
Mo|no|gra|phie, (auch:) Monografie, die; -, -n [↑-graphie]: *größere, wissenschaftliche Einzeldarstellung:* eine M. über Goethe, über den Expressionismus in Deutschland.
mo|no|gra|phisch, (auch:) monografisch ⟨Adj.⟩: *ein einzelnes Problem od. eine Einzelpersönlichkeit untersuchend u. darstellend.*
mo|no|kau|sal ⟨Adj.⟩ (bildungsspr.): *auf nur eine Ursache zurückgehend, sich auf nur eine Grundlage stützend.*
Mo|no|kel, das; -s, - [frz. monocle, zu spätlat. monoculus = einäugig, zu lat. oculus = Auge]: *(zur Korrektur eines Sehfehlers auf einem Auge) anstelle einer Brille getragenes einzelnes, rundes optisches Glas.*
Mo|no|ki|ni, der; -s, -s (veraltend): *Minikini.*
mo|no|klin ⟨Adj.⟩ [zu griech. klínē = (Ehe)bett, zu: klínein = biegen, anlehnen, sich niederlegen]: **1.** (Physik) *die Kristallform eines Kristallsystems betreffend, bei dem eine Kristallachse schiefwinklig zu den beiden anderen, aufeinander senkrecht stehenden Achsen steht.* **2.** (Bot.) *zweigeschlechtig.*
Mo|no|kli|ne, die; -n, -n (Geol.): *nach einer Richtung geneigte Gesteinsschicht.*
mo|no|klo|nal ⟨Adj.⟩ [zu ↑Klon] (Biol.): *(von Zellen) nur ein Klon enthaltend:* -e Antikörper (Med.; *Immunglobuline, die aus einem einzigen Zellklon gebildet u. zur Diagnose u. Therapie verschiedener Krankheiten verwendet werden).*
Mo|no|kra|tie, die; -, -n [zu griech. kratein = herrschen]: *Alleinherrschaft; Herrschaft eines Einzelnen.*
mo|no|kra|tisch ⟨Adj.⟩: *in der Form einer Monokratie; die Monokratie betreffend:* -es System *(Leitung eines Amtes durch einen Einzelnen, der mit alleinigem Entscheidungsrecht ausgestattet ist).*
mo|no|ku|lar ⟨Adj.⟩ [zu lat. oculus = Auge]

(Fachspr., bes. Med.): *mit einem Auge; ein Auge betreffend.*
Mo|no|kul|tur, die [auch: ˈmɔno...] (Landw.): **1.** ⟨o. Pl.⟩ *Anbau immer der gleichen Pflanzenart auf einer Bodenfläche.* **2.** *in Monokultur* (1) *bewirtschafteter Boden:* riesige -en von Raps.
mo|no|la|te|ral ⟨Adj.⟩ [zu ↑lateral] (Med.): *nur eine Seite des Körpers betreffend; einseitig.*
Mo|no|la|trie, die; - [zu griech. latreía = Gottesverehrung] (Rel.): *Verehrung nur eines Gottes.*
mo|no|lith [auch: ...ˈlɪt]: *monolithisch.*
Mo|no|lith [auch: ...ˈlɪt], der; -s u. -en, -e[n] [↑-lith]: *Steinsäule, Obelisk o. Ä. aus einem einzigen großen Steinblock.*
mo|no|li|thisch [auch: ...ˈlɪtɪʃ] ⟨Adj.⟩: **1.** (Fachspr.) *aus einem Stück bestehend; zusammenhängend u. fugenlos:* -e Betonbauten. **2.** (Elektronik) *aus sehr kleinen elektronischen Bauelementen untrennbar zusammengesetzt.*
Mo|no|log, der; -[e]s, -e [frz. monologue, zu griech. monológos = allein, mit sich selbst redend, zu: lógos, ↑Logos] (Literaturw.): *laut geführtes Selbstgespräch einer Figur auf der Bühne:* einen M. sprechen; innerer M. *(in Roman od. Erzählung in der Ichform wiedergegebene, in Wirklichkeit nicht laut ausgesprochene Gedanken, Überlegungen, Augenblicksregungen einer Person);* Ü er hielt endlose -e *(ließ keinen zu Wort kommen, sprach dauernd).*
mo|no|lo|gisch ⟨Adj.⟩ (bildungsspr.): *den Monolog betreffend, in der Art eines Monologs.*
mo|no|lo|gi|sie|ren ⟨sw. V.; hat⟩: *[innerhalb eines Gesprächs] längere Zeit allein reden.*
mo|no|man ⟨Adj.⟩ (Psych., Med.): *von einer Zwangsvorstellung besessen, mit einer fixen Idee behaftet; an Monomanie leidend.*
Mo|no|ma|ne, der; -n, -n: *jmd., der an Monomanie leidet.*
Mo|no|ma|nie, die; -, -n (Psych., Med.): *krankhaftes Besessensein von einer Wahn- od. Zwangsvorstellung.*
Mo|no|ma|nin, die; -, -nen: w. Form zu ↑Monomane.
mo|no|ma|nisch: ↑monoman.
mo|no|mer ⟨Adj.⟩ [zu griech. méros = (An)teil] (Chemie): *aus einzelnen, voneinander getrennten, selbstständigen Molekülen bestehend.*
Mo|no|mer, das; -s, -e, **Mo|no|me|re,** das; -n, -n ⟨meist Pl.⟩ (Chemie): *Stoff mit monomeren Molekülen.*
mo|no|misch, mononomisch ⟨Adj.⟩ (Math.): *(von mathematischen Ausdrücken) aus nur einem Glied bestehend.*
mo|no|no|misch: ↑monomisch.
mo|no|phon, (auch:) monofon ⟨Adj.⟩ [zu griech. phōnē, ↑Phon] (Akustik, Rundfunkt.): *(von Schallübertragungen) über nur einen Kanal laufend:* -e Wiedergabe; eine stereophone Sendung kann auch m. empfangen werden.
Mo|no|pho|nie, (auch:) Monofonie, die; -: *Schallübertragung auf einem Kanal.*
Mo|noph|thong, der; -s, -e [griech. monóphthoggos, eigtl. = allein tönend, zu: phthóggos = Ton, Laut] (Sprachw.): *einfacher Vokal* (z. B. a, e, i).
mo|noph|thon|gie|ren ⟨sw. V.; hat⟩ (Sprachw.): **a)** *(einen Diphthong) zum Monophthong umbilden;* **b)** *(von Diphthongen) zum Monophthong werden.*
Mo|noph|thon|gie|rung, die; -, -en (Sprachw.): *das Monophthongieren; das Monophthongiertsein.*
mo|noph|thon|gisch ⟨Adj.⟩ (Sprachw.): **a)** *einen Monophthong enthaltend;* **b)** *als Monophthong [gesprochen].*
mo|no|plo|id ⟨Adj.⟩ [2. Bestandteil geb. nach ↑haploid] (Biol.): *haploid.*
mo|no|po|disch ⟨Adj.⟩ (Verslehre): *aus nur einem Versfuß bestehend.*
Mo|no|pol, das; -s, -e [lat. monopolium < griech. monopṓlion = (Recht auf) Alleinverkauf, zu: pōleīn = Handel treiben]: **1.** *Vorrecht, alleiniger Anspruch, alleiniges Recht, bes. auf Herstellung u. Verkauf eines bestimmten Produktes:* ein M. ausüben, auf etw. haben. **2.** (Wirtsch.) *marktbeherrschendes Unternehmen od. Unternehmensgruppe, die auf einem Markt als alleiniger Anbieter od. Nachfrager auftritt u. damit die Preise diktieren kann:* ein M. errichten.
mo|no|pol|ar|tig ⟨Adj.⟩: *wie ein Monopol geartet; in der Art eines Monopols:* eine -e Stellung in seiner Branche einnehmen.
Mo|no|pol|in|ha|ber, der: *jmd., der ein Monopol auf etw. hat.*
Mo|no|pol|in|ha|be|rin, die: w. Form zu ↑Monopolinhaber.
mo|no|po|li|sie|ren ⟨sw. V.; hat⟩ [frz. monopoliser] (Wirtsch.): *zu einem Monopol ausbauen; Monopole entwickeln:* die Zündholzherstellung m.; eine monopolisierte Presse.
Mo|no|po|li|sie|rung, die; -, -en (Wirtsch.): *das Monopolisieren:* die M. der Wirtschaft.
Mo|no|po|lis|mus, der; (Wirtsch.): *auf Marktbeherrschung gerichtetes wirtschaftspolitisches Streben.*
Mo|no|po|list, der; -en, -en (Wirtsch.): **a)** *Unternehmen, das auf einem Gebiet Marktbeherrschung anstrebt od. hat;* **b)** *Inhaber eines monopolistischen Unternehmens.*
Mo|no|po|lis|tin, die; -, -nen: w. Form zu ↑Monopolist.
mo|no|po|lis|tisch ⟨Adj.⟩ (Wirtsch.): *den Monopolismus betreffend, nach Monopolen strebend.*
Mo|no|pol|ka|pi|tal, das ⟨o. Pl.⟩ (abwertend): **1.** *in Monopolen* (2) *arbeitendes Kapital.* **2.** *Gesamtheit monopolistischer Unternehmen.*
Mo|no|pol|ka|pi|ta|lis|mus, der ⟨o. Pl.⟩ (abwertend): *Kapitalismus, der durch immer stärkere monopolartige Unternehmenszusammenschlüsse geprägt ist.*
Mo|no|pol|ka|pi|ta|list, der (abwertend): *Eigentümer eines marktbeherrschenden Unternehmens.*
Mo|no|pol|ka|pi|ta|lis|tin, die: w. Form zu ↑Monopolkapitalist.
mo|no|pol|ka|pi|ta|lis|tisch ⟨Adj.⟩ (abwertend): *den Monopolkapitalismus betreffend.*
Mo|no|pol|stel|lung, die: *marktbeherrschende Stellung, wirtschaftliche Vormachtstellung:* das Unternehmen hat eine M.
Mo|no|po|ly® [...li], das; - [nach engl. monopoly = Monopol]: *Gesellschaftsspiel, bei dem mithilfe von Würfeln, Spielgeld, Anteilscheinen u. Ä. Grundstücksspekulation simuliert wird.*
Mo|no|pos|to, der; -s, -s [ital. monoposto, aus: mono = allein u. posto = Platz] (Automobilsport): *einsitziger Rennwagen mit unverkleideten Rädern.*
Mo|no|sac|cha|rid, Mo|no|sa|cha|rid, das (Biochemie): *einfach gebauter Zucker, der sich nicht weiter aufspalten lässt* (z. B. Traubenzucker).
Mo|no|se, die; -, -n (Biochemie): *Monosaccharid.*
mo|no|sem ⟨Adj.⟩ [griech. monósēmos] (Sprachw.): *(von Wörtern) nur eine Bedeutung habend.*
Mo|no|se|man|ti|kon, das; -s, ...ka [zu griech. sēmantikós, ↑semantisch] (Sprachw.): *Wort für eine nur einmal vorkommende Sache* (z. B. Weltall).
mo|no|se|man|tisch ⟨Adj.⟩ (Sprachw.): *monosem.*
Mo|no|se|mie, die; - [zu griech. sēma, ↑Sem] (Sprachw.): **1.** *Vorhandensein nur einer Bedeutung bei einem Wort* (z. B. Butter). **2.** *Eindeutigkeit zwischen einem Wort u. einer zugehörigen Bedeutung.*
Mo|no|sper|mie, die; -, -n [zu griech. spérma, ↑Sperma] (Biol.): *Besamung einer Eizelle durch nur eine männliche Geschlechtszelle.*
Mo|no|sti|cha: Pl. von ↑Monostichon.
mo|no|sti|chisch, mo|no|sti|chi|tisch ⟨Adj.⟩: **1.** *das Monostichon betreffend.* **2.** (Verslehre) *aus metrisch gleichen Einzelversen bestehend.*
Mo|no|sti|chon, das; -s, ...cha [griech. monóstichon, zu: stíchos = Reihe; Vers] (Verslehre): *einzelner Vers.*
mo|no|syl|la|bisch ⟨Adj.⟩ (Sprachw.): *einsilbig* (1): -e Wörter; -e Sprachen (*Sprachen, die nur od. überwiegend aus einsilbigen Wörtern bestehen;* z. B. Chinesisch).
Mo|no|syl|la|bum, das; -s, ...ba [lat. monosyllabum, zu: monosyllabus < griech. monosýllabos = einsilbig, zu: syllabē = Silbe] (Sprachw.): *einsilbiges Wort.*
Mo|no|the|is|mus, der; -: *Glaube an einen einzigen Gott, der die Existenz anderer Götter ausschließt.*
mo|no|the|is|tisch ⟨Adj.⟩: *den Monotheismus betreffend.*
mo|no|ton ⟨Adj.⟩ [frz. monotone < spätlat. monotonus < griech. monótonos, zu: teínein = spannen]: **1.** *gleichförmig, gleichmäßig [wiederkehrend], eintönig u. dadurch oft ermüdend, langweilig:* -es Klopfen; die Arbeit ist ihm zu m. **2.** (Math.) *immer steigend od. immer fallend:* eine -e Funktion.
Mo|no|to|nie, die; -, -n [frz. monotonie < griech. monotonía]: *Gleichförmigkeit, Eintönigkeit.*
Mo|no|tro|pie, die; - (Chemie): *nur in einer Richtung mögliche Umwandelbarkeit der Zustandsform eines Stoffes in eine andere.*
Mo|no|type® [ˈmɔnotaip], die; -, -s [engl. Monotype; zu ↑Type] (Druckw.): *Gieß- u. Setzmaschine für Einzelbuchstaben.*
Mo|no|ty|pie, die; -, -n [↑Type] (Grafik): **1.** *Verfahren, bei dem von einer Platte nur ein Abzug hergestellt wird.* **2.** *im Verfahren der Monotypie* (1) *hergestellte Reproduktion.*
mo|no|va|lent ⟨Adj.⟩ [zu lat. valens (Gen.: valentis), 1. Part. von: valere, ↑Valenz] (Chemie): *einwertig.*
Mon|oxid [auch: ˈmɔn...], (auch:) **Mon|oxyd,** das (Chemie): *Oxid, das ein Sauerstoffatom enthält.*
Mo|no|zel|le [auch: ˈmɔno...], die (Elektrot.): *kleines, aus nur einer Zelle bestehendes elektrochemisches Element als Stromquelle für Kofferradios o. Ä.*
mo|nö|zisch ⟨Adj.⟩ [zu griech. oĩkos = Haus] (Bot.): *einhäusig.*
mo|no|zy|got ⟨Adj.⟩ [zu ↑Zygote] (Biol., Med.): *eineiig.*
mo|no|zyk|lisch [auch: ...ˈtsʏk...], (auch:) monocyclisch ⟨Adj.⟩ (Chemie): *(von organischen chemischen Verbindungen) nur einen Ring miteinander verbundener Atome im Molekül aufweisend.*
Mo|no|zyt, der; -en, -en ⟨meist Pl.⟩ [zu griech. kýtos = Höhlung, Wölbung] (Med.): *größtes weißes Blutkörperchen.*
Mon|ro|via: Hauptstadt von Liberia.
Mon|sei|gneur [mõsɛnˈjøːɐ̯], der; -s, -e u. -s [frz. monseigneur, eigtl. = mein Herr, über das Galloroman. aus lat. meus = mein u. senior, ↑Senior]: **a)** ⟨o. Pl.⟩ *(in Frankreich) Titel u. Anrede hoher Geistlicher, Adliger u. hoch gestellter Personen;* **b)** *Träger dieses Titels* (Abk.: Mgr.).
Mon|sieur [məˈsjøː, frz.: məˈsjø], der; -[s], Messieurs [mɛˈsjøː, frz.: meˈsjø] ⟨meist o. Art.⟩ [frz. monsieur, eigtl. = mein Herr]: titelähnlich od. als Anrede gebrauchte frz. Bez. für *Herr* (Abk.: M., Pl.: MM.).
Mon|si|gno|re [mɔnzɪnˈjoːrə], der; -, ...ri [ital. monsignore, eigtl. = mein Herr]: **a)** ⟨o. Pl.⟩ *Titel u. Anrede von Prälaten der katholischen Kirche, bes. der Kurie;* **b)** *Träger dieses Titels* (Abk.: Mgr., Msgr.).
Mons|ter, das; -s, - [engl. monster < (a)frz. monstre, ↑Monstrum]: *Furcht erregendes, hässliches Fabelwesen, Ungeheuer von fantastischer, meist riesenhafter Gestalt:* in dem Film bedroht ein M. eine Stadt; Ü diese kleinen M. (scherzh.; *frechen, lauten Kinder).*
Mons|ter- (emotional verstärkend): drückt in Bildungen mit Substantiven aus, dass etw. als monströs (2), als überaus groß und auffallend empfunden wird: Monsterschau, -veranstaltung.
Mons|tra: Pl. von ↑Monstrum.
Mons|tranz, die; -, -en [mhd. monstranz(e) < mlat. monstrantia, zu lat. monstrare = zeigen] (kath. Kirche): *kostbar verziertes Behältnis, in dem die Hostie [zur Verehrung] gezeigt wird.*
Mons|tren: Pl. von ↑Monstrum.

M

mons|trös ⟨Adj.⟩ [frz. monstrueux < lat. monstr(u)osus]: 1. (bildungsspr.) *wie ein Monster beschaffen, wirkend; von scheußlichem, Furcht erregendem Aussehen [u. unförmiger, übergroßer Gestalt]:* -e Fabelwesen, Ungeheuer; der Körper der riesigen Echse war hässlich und m. 2. (meist emotional) *in seinem Ausmaß, Umfang, Aufwand übersteigert, übermäßig groß, überaus aufwendig [u. daher erschreckend, bedrohlich, erdrückend wirkend]:* ein -es Denkmal. 3. (bildungsspr., meist abwertend) *ungeheuerlich, unglaublich, empörend:* -e Verirrungen.

Mons|tro|si|tät, die; -, -en [spätlat. monstrositas]: *das Monströssein.*

Mons|trum, das; -s, ...ren, seltener: ...ra [lat. monstrum, eigtl. = Mahnzeichen, zu: monere, ↑monieren]: 1. *Monster, Ungeheuer:* Geschichten von Hexen und Monstren; Ü dieses M. (emotional; *Ungeheuer von einem Menschen*) hat zehn Menschen umgebracht. 2. (meist emotional) *etw. von großen, als zu gewaltig empfundenen Ausmaßen; Ungetüm:* der Schrank war ein hässliches M.

Mon|sun, der; -s, -e [engl. monsoon < port. monção < arab. mawsim = (für die Seefahrt geeignete) Jahreszeit] (Geogr.): *beständig wehender, halbjährlich die Richtung wechselnder Wind bes. Süd- u. Ostasiens.*

mon|su|nisch ⟨Adj.⟩: *den Monsun betreffend.*

Mon|sun|re|gen, der (Geogr.): *durch den feuchten Monsun im Sommer verursachter, lang anhaltender Regen.*

Mon|sun|wald, der (Geogr.): *Wald der tropischen Gebiete [mit ausgeprägter Regen- u. Trockenzeit], dessen Bäume das Laub in der Trockenzeit größtenteils abwerfen.*

Mon|tag, der; -[e]s, -e [mhd. mōntac, māntac, ahd. mānetac, eigtl. = Tag des Mondes, LÜ von lat. dies Lunae = Tag der Mondgöttin Luna, LÜ von griech. hēméra Selḗnēs = Tag der Mondgöttin Selene]: *erster Tag der Kalenderwoche:* ein arbeitsreicher M.; ***blauer M.** (ugs.; *Montag, an dem jmd. [ohne triftigen Grund] nicht zur Arbeit geht;* urspr. wohl nach dem arbeitsfreien Montag vor Beginn der Fastenzeit u. der für diesen Tag vorgeschriebenen liturgischen Farbe Blau); vgl. Dienstag.

Mon|tag|abend usw.: vgl. Dienstagabend usw.

Mon|ta|ge [mɔnˈtaːʒə, auch: mõ...], die; -, -n [frz. montage, zu: monter, ↑montieren]: 1. *das Aufstellen, Zusammensetzen, Anschließen einer Maschine o. Ä.; Zusammenbau einzelner vorgefertigter Teile zu einer funktionsfähigen Maschine, technischen Anlage o. Ä.:* die M. einer Brücke, Maschine; ***auf M.** (ugs.; *unterwegs, auswärts wegen Montagearbeiten*): er ist häufig auf M. 2. (graf. Technik) a) *Zusammenstellung einzelner vorgefertigter Vorlagen von Kopien zu einer Druckform;* b) *Abteilung in einem Unternehmen, in der Montagen (2 a) hergestellt werden:* er arbeitet in der M. 3. (Film) a) *endgültige Gestaltung eines Films durch das Schneiden, Auswählen, Zusammenstellen der Bildfolgen;* b) *durch Montage (3 a) hergestellte Filmpassage.* 4. (bild. Kunst) a) *mit dem Zusammenfügen verschiedenartiger Bestandteile, Objekte arbeitendes künstlerisches Gestalten;* b) *durch Montage (4 a) hergestelltes Kunstwerk.* 5. (Literaturw.) *mit dem Zusammenfügen, Nebeneinandersetzen sprachlicher, stilistischer, inhaltlicher Teile unterschiedlicher Herkunft arbeitende literarische Technik.*

Mon|ta|ge|ar|beit, die: *bei der Montage (1) anfallende, geleistete Arbeit.*

Mon|ta|ge|band, das ⟨Pl. ...bänder⟩: *Fließband.*

Mon|ta|ge|bau, der: 1. ⟨o. Pl.⟩ *auf der Montage vorgefertigter Teile beruhende Bauweise:* das Gebäude wurde im M. errichtet. 2. ⟨Pl. -ten⟩ *in Montagebauweise errichteter Bau.*

Mon|ta|ge|bau|wei|se, die: *Montagebau (1).*

Mon|ta|ge|be|trieb, der: *Betrieb, der auf die Montage (1) von Maschinen, maschinellen Anlagen o. Ä. spezialisiert ist.*

Mon|ta|ge|hal|le, die: *Halle eines Montagebetriebs.*

mon|tä|gig ⟨Adj.⟩: vgl. dienstägig.

mon|täg|lich ⟨Adj.⟩: vgl. dienstäglich.

mon|tags ⟨Adv.⟩: vgl. dienstags.

Mon|tags|au|to, das [in Anspielung darauf, dass am Montag weniger konzentriert u. daher fehlerhaft gearbeitet wird] (oft scherzh.): *Auto, das von Anfang an relativ viele Mängel aufweist.*

Mon|tags|de|mons|tra|ti|on, die: *(von September 1989 bis März 1990) jeden Montagabend im Anschluss an die Friedensgebete in der Nikolaikirche in Leipzig stattfindende Massendemonstration (die wesentlich zum Sturz des SED-Regimes und zur Herstellung der deutschen Einheit beitrug).*

mon|tan ⟨Adj.⟩ [lat. montanus = Berge, Gebirge betreffend, zu: mons (Gen.: montis) = Berg, Gebirge] (Fachspr.): 1. *Bergbau u. Hüttenwesen betreffend, dazu gehörend:* die -e Industrie. 2. *das Gebirge, die Bergwelt betreffend, dazu gehörend, dort vorkommend, heimisch:* die -e Vegetation.

Mon|ta|na; -s: Bundesstaat der USA.

Mon|tan|ge|sell|schaft, die: *Gesellschaft für den Bergbau.*

Mon|tan|in|dus|trie, die: *Bergbau u. Hüttenwesen umfassende Industrie.*

mon|ta|nis|tisch ⟨Adj.⟩: *montan (1).*

Mon|tan|uni|on, die; -: Europäische Gemeinschaft für Kohle und Stahl.

Mont|blanc [mõˈblã], der; -[s]: höchster Berg der Alpen.

Mon|te Car|lo: Stadtbezirk von [1]Monaco.

Mon|te|ne|gri|ner, der; -s, -: Ew.

Mon|te|ne|gri|ne|rin, die; -, -nen: w. Form zu ↑Montenegriner.

mon|te|ne|gri|nisch ⟨Adj.⟩ *Montenegro, die Montenegriner betreffend; von den Montenegrinern stammend, zu ihnen gehörend.*

Mon|te|ne|gro; -s: Gliedstaat Jugoslawiens.

Mon|teur [mɔnˈtøːɐ̯, auch: mõ...], der; -s, -e [frz. monteur, zu: monter, ↑montieren]: *[Fach]arbeiter, der Montagen (1) ausführt.*

Mon|teur|an|zug, der: *Arbeitsanzug für Monteure.*

Mon|teu|rin, die; -, -nen: w. Form zu ↑Monteur.

Mon|te|vi|deo: Hauptstadt von Uruguay.

Mont|gol|fi|e|re [mõgɔl...], die; -, -n [nach den Brüdern Montgolfier, die 1783 in Frankreich den ersten Heißluftballon aufsteigen ließen]: *mit erhitzter Luft betriebener Ballon (1 b).*

mon|tier|bar ⟨Adj.⟩: *sich montieren (1) lassend.*

mon|tie|ren [auch: mõ...] ⟨sw. V.; hat⟩ [frz. monter = montieren, anbringen; ausrüsten; aufstellen, auch = hinaufbringen, aufwärts steigen, eigtl. = auf einen Berg steigen, über das Vlat. zu lat. mons (Gen.: montis) = Berg; schon mhd. muntieren = einrichten, ausrüsten]: 1. a) *aus Einzelteilen zusammenbauen, aufstellen, anschließen, betriebsbereit machen:* eine technische Anlage m.; Fertighäuser aus Betonelementen m.; b) *mit technischen Hilfsmitteln an einer bestimmten Stelle anbringen, befestigen:* eine Lampe an die/der Decke m.; c) ⟨seltener⟩ *abmontieren.* 2. (graf. Technik) *einzelne vorgefertigte Vorlagen von Kopien zu einer Druckform zusammenstellen.* 3. (Film) *durch Schneiden, Auswählen, Zusammenstellen der Bildfolgen endgültig gestalten:* einen Kurzfilm m. 4. (bes. bild. Kunst) *aus verschiedenartigen Einzelteilen, Objekten zusammensetzen:* eine Collage m. 5. *Edelsteine fassen (8).*

Mon|tie|rer, der; -s, -: 1. *jmd., der in der Montage (2 b) beschäftigt ist.* 2. *jmd., der vorgefertigte Einzelteile in meist mechanischen Arbeitsgängen zusammensetzt.*

Mon|tie|re|rin, die; -, -nen: w. Form zu ↑Montierer.

Mon|tie|rung, die; -, -en: 1. *das Montieren.* 2. *etw., was an, auf etw. montiert ist.*

Mont|re|al: Stadt in Kanada.

Mon|treux [mõˈtrø]: Stadt am Genfer See.

Mon|tur, die; -, -en [frz. monture = Ausrüstung, zu: monter, ↑montieren]: 1. (veraltend) *Uniform, Dienstkleidung.* 2. (ugs., oft scherzh.) *Kleidung, bes. als Ausrüstung für einen bestimmten Zweck:* Motorradfahrer in ledernen -en. 3. *Fassung (1 a) für Edelsteine.*

Mo|nu|ment, das; -[e]s, -e [lat. monumentum, zu: monere, ↑monieren]: 1. *großes Denkmal, Ehren-, Mahnmal:* ein gewaltiges M.; ein M. für die Gefallenen errichten. 2. (bildungsspr.) *etw. (bes. künstlerisches Werk), was als historisches Zeugnis vergangener Kulturen erhalten ist; Kulturdenkmal.*

mo|nu|men|tal ⟨Adj.⟩ (bildungsspr.): *in großen Dimensionen gehalten u. daher beeindruckend; den Eindruck gewaltiger Größe, Wucht erweckend; ins Gewaltige, Übermächtige gesteigert:* -e Gemälde, Bauwerke; die -e Naturkulisse der Alpen; eine m. gestaltete Theateraufführung; Ü Ursache sind -e Fehler in der Außenpolitik.

Mo|nu|men|tal|film, der: *Kolossalfilm.*

Mo|nu|men|tal|ge|mäl|de, das: *monumentales Gemälde.*

Mo|nu|men|ta|li|tät, die; -: *eindrucksvolle Größe, Stärke, Wucht.*

Mo|nu|men|tal|schin|ken, der (ugs.): 1. *Kolossalgemälde.* 2. *Kolossalfilm.*

Moon|boot [ˈmuːnbuːt], der; -s, -s ⟨meist Pl.⟩ [engl. moon boot, aus: moon = Mond u. boot = Stiefel, also eigtl. = Mondstiefel; die Form erinnert an die Fußbekleidung der auf dem Mond gelandeten Astronauten]: *dick gefütterter [Winter]stiefel aus synthetischem Material.*

Moor, das; -[e]s, -e [aus dem Niederd. < mniederd., asächs. mōr = Sumpf(land), verw. mit ↑Meer]: *sumpfähnliches Gelände mit weichem, schwammartigem, großenteils aus unvollständig zersetzten Pflanzen bestehendem Boden u. einer charakteristischen Vegetation:* durchs M. gehen; im M. versinken.

Moor|bad, das: 1. *medizinisches Bad aus Moorerde u. Wasser [einer Heilquelle]:* der Arzt verordnete ihr Moorbäder. 2. *Kurort für Moorbäder (1).*

moor|ba|den ⟨sw. V.; nur im Inf.⟩: *ein Moorbad (1) nehmen.*

Moor|bo|den, der: *Boden eines Moores.*

Moor|ei|che, die ⟨o. Pl.⟩: *grüngrau bis blauschwarz verfärbtes, für hochwertige Möbel verwendetes Holz von Eichen, die jahrhundertelang im Moor gelegen haben.*

Moor|er|de, die: *aus Mooren gewonnene Heilerde.*

Moor|huhn das [LÜ von engl. moorhen]: *Moorschneehuhn (2).*

Moor|huhn|jagd, die: *Computerspiel, das eine Jagd auf fliegende Moorschneehühner simuliert.*

moo|rig ⟨Adj.⟩: *zu einem Moor gehörend, Moorboden aufweisend; aus Moorerde bestehend:* -er Grund.

Moor|lei|che, die: *aus einem Moor geborgene Leiche, bes. als Fund aus früheren Zeiten.*

Moor|pa|ckung, die: *medizinische Packung mit heißer Moorerde.*

Moor|schnee|huhn, das: 1. *(in Irland u. Großbritannien heimisches) Schneehuhn mit dunkelbraunen Flügeln u. auch im Winter dunklem Gefieder.* 2. *bildliche Darstellung eines stilisierten Moorschneehuhns (1) (bes. im Computerspiel Moorhuhnjagd).*

Moos, das; -es, -e u. Möser [1, 2: mhd., ahd. mos = Moos; Sumpf, Morast, verw. mit ↑Moder; 3: aus der Gaunerspr. < jidd. moos < hebr. maʿôt = Kleingeld, Münzen]: 1. a) ⟨Pl. -e⟩ *einfach gebaute, wenig gegliederte, wurzellose Sporenpflanze mit Generationswechsel (2):* eine Sammlung seltener -e; b) ⟨o. Pl.⟩ *den Boden, Baumstämme o. Ä. überziehende immergrüne, oft als Polster (2 b) wachsende Pflanzendecke aus Moospflanzen an vorwiegend feuchten, schattigen Stellen:* weiches M.; die Steine haben M. angesetzt *(sind mit Moos bewachsen);* der Waldboden ist mit/von M. bedeckt; ***M. ansetzen** (ugs.; *alt werden, veralten, an Aktualität verlieren*). 2. ⟨Pl. -e, auch: Möser⟩ (südd., österr.,

M

schweiz.) *Sumpf, Moor.* **3.** ⟨o. Pl.⟩ (salopp) *Geld:* kein M. mehr haben.

moos|be|deckt ⟨Adj.⟩: *mit Moos bedeckt, bewachsen.*

Moos|flech|te, die: *bes. auf der Rinde frei stehender Bäume wachsende, gelbe Flechte.*

moo|sig ⟨Adj.⟩ [mhd. mosec]: **1.** *moosbedeckt.* **2.** (südd., österr., schweiz.) *sumpfig, morastig.*

Moos|pflan|ze, die: *einzelne Pflanze des Mooses.*

Moos|pols|ter, das: *von Moos gebildetes Polster* (2 b).

Moos|tier|chen, das ⟨meist Pl.⟩: *kleines, in sehr vielen Arten im Wasser, bes. im Meer lebendes Lebewesen, das sich durch Knospung vermehrt u. fest sitzende, moosähnlich verästelte Kolonien bildet.*

Mo|ped [ˈmoːpɛt, auch: ...peːt], das; -s, -s [zusgez. aus Motorveloziped od. Motor u. Pedal]: *Kleinkraftrad mit geringem Hubraum u. begrenzter Höchstgeschwindigkeit.*

Mopp, der; -s, -s [engl. mop, H. u., viell. < frz. mappe < lat. mappa = Tuch, ↑Mappe]: *einem Besen ähnliches Gerät mit langen [in einem Öl getränkten] Fransen zum Aufnehmen des Staubes auf dem Fußboden.*

mop|pen ⟨sw. V.; hat⟩ [engl. to mop, zu: mop, ↑Mopp]: *mit dem Mopp von Staub befreien:* den Fußboden m.; ⟨auch ohne Akk.-Obj.:⟩ hast du schon gemoppt?

Mops, der; -es, Möpse [1, 2: niederd., niederl. mops, zu niederl. moppen = murren, mürrisch sein, niederd. mopen = den Mund verziehen, wegen des mürrisch-verdrießlichen Gesichtsausdrucks der Hunderasse; 3: H. u.]: **1.** *kleiner, kurzhaariger Hund mit gedrungenem Körper u. rundlichem Kopf mit kurzen Hängeohren.* **2.** (salopp) *dicke kleine[re] Person:* er ist ein widerlicher M. **3.** ⟨Pl.⟩ (salopp): *Geldstücke, Mark:* die paar Möpse wirst du ja noch irgendwo auftreiben können. **4.** ⟨Pl.⟩ (salopp) *weibliche Brüste.*

mop|sen ⟨sw. V.; hat⟩ [1: wohl zu ↑Mops (1, 2); 2: H. u.]: **1.** ⟨m. + sich⟩ (ugs.) *sich langweilen:* du hast dich wohl gemopst? **2.** (fam.) *(kleinere Dinge von meist geringerem Wert) heimlich an sich nehmen, sich unbemerkt aneignen:* [jmdm.] einen Bleistift m.

mops|fi|del ⟨Adj.⟩ (ugs.): *sehr vergnügt, lustig, ausgelassen.*

Mo|quette [moˈkɛt]: ↑Mokett.

[1]Mo|ra, die; -, ...ren, More, die; -, -n [lat. mora = das Verweilen; Zeitraum]: **1.** (Verslehre) *kleinste metrische Zeiteinheit im Verstakt:* eine metrische Länge besteht aus zwei Moren. **2.** (veraltet) *[Zahlungs-, Weisungs]verzug.*

[2]Mo|ra, die; - [ital. mor(r)a, H. u.]: *italienisches Fingerspiel.*

Mo|ral, die; -, -en ⟨Pl. selten⟩ [frz. morale < lat. (philosophia) moralis = die Sitten betreffend(e Philosophie), zu: mos, ↑Mores]: **1. a)** *Gesamtheit von ethisch-sittlichen Normen, Grundsätzen, Werten, die das zwischenmenschliche Verhalten einer Gesellschaft regulieren, die von ihr als verbindlich akzeptiert werden:* die öffentliche M.; gegen die herrschende M. verstoßen; **b)** *sittliches Empfinden, Verhalten eines Einzelnen, einer Gruppe; Sittlichkeit:* eine brüchige M.; jmdm. doppelte M. vorwerfen *(jmdm. vorwerfen, dass er je nach Situation unterschiedliche Maßstäbe anlegt);* * **[jmdm.] M. predigen** (abwertend; *in aufdringlicher Weise jmdm. Vorhaltungen machen*). **2.** (Philos.) *(bes. bei Kant) Lehre vom sittlichen Verhalten des Menschen; Ethik* (1 a). **3.** ⟨o. Pl.⟩ *Bereitschaft, sich einzusetzen; Disziplin, Zucht; gefestigte innere Haltung, Selbstvertrauen:* die M. der Mannschaft ist gut; jmds. M. stärken. **4.** ⟨o. Pl.⟩ *lehrreiche Nutzanwendung; Lehre, die aus etw. gezogen wird:* die M. einer Fabel.

Mo|ral|apos|tel, der (abwertend): *jmd., der ständig u. allzu eifrig Moral predigt.*

Mo|ral|be|griff, der: *Auffassung, Vorstellung von Moral* (1), *die jmd. besitzt, die irgendwo herrscht.*

Mo|ral|hü|ter, der (abwertend): *jmd., der ständig auf das Einhalten von Moral bedacht ist.*

Mo|ral|hü|te|rin, die: w. Form zu ↑Moralhüter.

Mo|ra|lin, das; -s [gepr. von dem dt. Philosophen F. Nietzsche (1844–1900) in der Fügung »moralinfreie Tugend« nach Bildungen der chem. Fachspr. auf -in] (abwertend od. scherzh.): *enge, spießbürgerliche Auffassung von Sittlichkeit, Moral.*

mo|ra|lin|sau|er ⟨Adj.⟩ (abwertend od. scherzh.): *in übertriebener, aufdringlicher Weise sittenstreng, moralisierend.*

mo|ra|lisch ⟨Adj.⟩: **1.** *die Moral* (1) *betreffend, darauf beruhend, dazu gehörend; der Sitte, Moral* (1) *entsprechend; sittlich:* -e Bedenken haben; der -e Zerfall eines Volkes; -en Druck ausüben; es ist deine -e Pflicht, ihr zu helfen; seine Antwort war eine -e Ohrfeige *(ein Tadel, der jmdn. innerlich treffen, bei der Ehre packen soll);* er ist m. dazu verpflichtet; * **einen/den Moralischen haben** (ugs.; *niedergeschlagen sein, Gewissensbisse haben, Reue empfinden, bes. nach Ausschweifungen, nach einem Misserfolg o. Ä.*). **2.** *Sitte u. Moral genau einhaltend, danach ausgerichtet; sittlich einwandfrei; tugendhaft, sittenstreng:* ein -er Mensch; nach all diesem wollte er mir auch noch m. kommen (ugs.; *moralisierend auf mich einwirken*). **3.** *die Moral* (3), *gefestigte innere Haltung, Disziplin betreffend, auf ihr beruhend, zu ihr gehörend:* die -e Einstellung der Mannschaft ist gut; bei ihm fand er -e Unterstützung. **4.** (seltener) *die Moral* (4) *betreffend, sie beinhaltend; lehrreich:* eine -e Erzählung. **5.** (veraltet) *geistig, nur gedanklich, nicht körperlich.*

mo|ra|li|sie|ren ⟨sw. V.; hat⟩ [frz. moraliser]: **1.** (bildungsspr.) *die Moral* (1 a) *betreffende Betrachtungen anstellen:* er liebt es, in seinen Essays zu m. **2.** (oft abwertend) *Moral predigen:* auf unangenehme, übertriebene Weise m.

Mo|ra|lis|mus, der; - (bildungsspr.): **1.** *Haltung, die die Moral* (1 a) *als verbindliche Grundlage des zwischenmenschlichen Verhaltens anerkennt.* **2.** *übertreibende Beurteilung der Moral* (1) *als alleiniger Maßstab für das zwischenmenschliche Verhalten.*

Mo|ra|list, der; -en, -en [frz. moraliste]: **1.** (bildungsspr.) *jmd., der, bes. als Literat, Philosoph o. Ä., den Moralismus* (1) *vertritt.* **2.** (oft abwertend) *jmd., der alle Dinge in übertriebener Weise moralisierend* (2) *beurteilt.*

Mo|ra|lis|tin, die; -, -nen: w. Form zu ↑Moralist.

mo|ra|lis|tisch ⟨Adj.⟩: **1.** (bildungsspr.) *den Moralismus* (1) *betreffend; einem Moralisten* (1) *gemäß, von ihm stammend:* -e Äußerungen. **2.** (oft abwertend) *den Moralismus* (2) *betreffend, für ihn charakteristisch; einem Moralisten* (2) *gemäß:* etw. m. eng betrachten.

Mo|ra|li|tät, die; -, -en [frz. moralité < spätlat. moralitas]: **1.** ⟨o. Pl.⟩ (bildungsspr.) *moralische* (1) *Haltung; sittliches Empfinden, Verhalten; Sittlichkeit* (2). **2.** (Literaturw.) *mittelalterliches Drama von lehrhafter Tendenz u. mit Personifizierung u. allegorisierte Darstellung abstrakter Begriffe wie Tugend, Laster, Leben, Tod o. Ä.*

Mo|ral|ko|dex, der: *Kodex moralischen Verhaltens.*

Mo|ral|leh|re, die: *Moralphilosophie.*

Mo|ral|pau|ke, die (ugs.): *Moralpredigt.*

Mo|ral|phi|lo|soph, der: *Philosoph, der eine Moralphilosophie begründet, vertritt.*

Mo|ral|phi|lo|so|phie, die: *philosophische Lehre von den Grundlagen, dem Wesen der Sittlichkeit, dem sittlichen Verhalten des Menschen; Ethik* (1 a).

Mo|ral|phi|lo|so|phin, die: w. Form zu ↑Moralphilosoph.

Mo|ral|pre|digt, die (oft abwertend): *in meist aufdringlicher, belehrender Weise vorgebrachte Ermahnung zu richtigem Verhalten in sittlicher, moralischer Hinsicht:* deine -en kannst du dir sparen.

Mo|ral|the|o|lo|gie, die: *Disziplin der katholischen Theologie, die sich mit dem sittlichen Verhalten, Handeln des Menschen angesichts der in der Bibel geoffenbarten Heilsordnung befasst.*

Mo|ral|vor|stel|lung, die ⟨meist Pl.⟩: *Vorstellung von Moral* (1), *die jmd. besitzt, die irgendwo herrscht.*

Mo|rä|ne, die; -, -n [frz. moraine, H. u.] (Geol.): *von einem Gletscher bewegte und abgelagerte Masse von Gestein, Geröll.*

Mo|rast, der; -[e]s, -e u. Moräste [aus dem Niederd. < mniederd. moras, maras, mniederl. marasch < afrz. maresc, verw. mit ↑[2]Marsch]: **a)** *schlammiges Stück Land; sumpfiges Gelände; Sumpf[land]:* ein ausgedehnter M.; das Land ist voller Sümpfe und -e/Moräste; **b)** ⟨o. Pl.⟩ *schlammiger Boden; Schlamm:* dunkler M.; im M. versinken; Ü sie sah sich umgeben von einem M. an Neid und Missgunst.

mo|ras|tig ⟨Adj.⟩ [mniederd. morastich]: *voll von Morast* (b), *feuchtem Schmutz, Schlamm; schlammig, sumpfig:* -es Gelände.

Mo|ra|to|ri|um, das; -s, ...ien [zu spätlat. moratorius = säumend] (Fachspr.): *vertraglich vereinbarter od. gesetzlich angeordneter Aufschub:* jmdm. ein M. [für die Tilgung seiner Schulden] gewähren; ein M. für Kernkraftwerke, für Embryonenforschung fordern.

Mor|bi: Pl. von ↑Morbus.

mor|bid ⟨Adj.; nicht adv.⟩ [frz. morbide < lat. morbidus = krank (machend), zu: morbus = Krankheit] (bildungsspr.): **1.** *(vom körperlichen Zustand) nicht sehr widerstandsfähig; kränklich, angekränkelt:* ein -es Adelsgeschlecht; die -e *(auf eine Krankheit schließen lassende)* Blässe ihres Gesichtes; Ü -e *(blasse, weiche, zarte)* Farbtöne. **2.** *(vom inneren, sittlichen, moralischen Zustand) im Verfall begriffen, brüchig:* eine -e Gesellschaft.

Mor|bi|dez|za, die; - [ital. morbidezza, zu: morbido = weich < lat. morbidus, ↑morbid]: **1.** (bes. Malerei) *Weichheit, Zartheit [der Farben].* **2.** (bildungsspr.) *(im Hinblick auf Sittlichkeit u. Moral) Brüchigkeit, Morschheit.*

Mor|bi|di|tät, die; -: **a)** (bildungsspr.) *morbider* (1) *Zustand; das Morbidesein;* **b)** (Med.) *Häufigkeit der Erkrankungen innerhalb einer Bevölkerungsgruppe:* statistische Ergebnisse über M. und Mortalität auswerten.

Mor|bo|si|tät, die; - [spätlat. morbositas, zu lat. morbosus = mit Krankheit behaftet] (Med.): *das Kränklichsein; Siechtum.*

Mor|bus, der; -, ...bi [lat.] (Med.): *Krankheit.*

Mor|bus Ba|se|dow [- ˈbaːzədo], der; - -: (Med.): *Basedowkrankheit.*

Mor|chel, die; -, -n [mhd. morchel, spätahd. morhala, eigtl. = Möhre]: *Pilz mit weißlichem Stiel u. kegel- bis birnenförmigem, bräunlichem, wabenartig gezeichnetem Hut (von dem einige Arten als Speisepilz beliebt sind).*

Mord, der; -[e]s, -e [mhd. mort, ahd. mord, urspr. = Tod (verw. mit lat. mors, Gen.: mortis = Tod)]: *vorsätzliche Tötung eines od. mehrerer Menschen aus niedrigen Beweggründen:* ein bestialischer, feiger, grausamer, heimtückischer, politischer M.; ein perfekter M.; mehrfacher M. *(Mord an mehreren Personen gleichzeitig);* einen M. begehen, aufklären, sühnen; er wird wegen dreier -e *(Morde, die bei verschiedener Gelegenheit begangen wurden)* gesucht; Ü die Erschießung der Gefangenen war M. (emotional abwertend; *war ein Verbrechen, kommt einem Mord gleich*); das ist [(ja) der reine, glatte] M.! (ugs.; *das ist eine sehr anstrengende, gefährliche Angelegenheit*); es gibt M. und Totschlag (ugs.; *es gibt heftigen Streit*).

Mord|an|kla|ge, die: *Anklage* (1 a) *wegen Mordes:* unter M. stehen.

Mord|an|schlag, der: *Anschlag, der auf einen Mord abzielt:* der Präsident fiel einem M. zum Opfer.

mor|den ⟨sw. V.; hat⟩ [mhd. morden, ahd. murdan]: **1. a)** *einen Mord, Morde begehen:* er hat mehrfach, aus Rache gemordet; **b)** (seltener) *ermorden:* er mordete kaltblütig mehrere Familien. **2.** (emotional) *jmds. Tod verursachen:* wir wollen nicht, dass unsere Söhne auf den Schlachtfeldern gemordet werden.

Mör|der, der; -s, - [mhd. mordære, zu ↑ morden]: *jmd., der gemordet, einen Mord begangen hat:* der mutmaßliche M.; den M. überführen; zum M. werden.

Mör|der|ban|de, die: *Bande* (1) *von Mördern.*

Mör|der|hand: in den Verbindungen **durch/von** M. (geh.; *durch einen Mörder, von einem Mörder*): durch M. sterben.

Mör|de|rin, die; -, -nen [mhd. mordærinne]: w. Form zu ↑ Mörder.

mör|de|risch ⟨Adj.⟩ [für mhd. mordisch]: **1.** *in grausamer, verbrecherischer Weise tötend, mordend, Leben vernichtend:* das -e Treiben einer Bande. **2.** (ugs.) **a)** *in hohem Maße unangenehm; abscheulich, furchtbar:* eine -e Hitze, Kälte; **b)** *sehr stark; heftig, mächtig, gewaltig:* ich habe -en Hunger; er fluchte m.; **c)** ⟨intensivierend bei Adj.⟩ *sehr, überaus, äußerst:* es war m. heiß, kalt.

Mord|fall, der: *[1]Fall* (3), *bei dem ein Mord im Mittelpunkt steht:* einen M. aufklären.

Mord|gier, die: *wilder Drang, heftiges Verlangen zum Töten, Morden.*

mord|gie|rig ⟨Adj.⟩: *voller Mordgier; Mordgier zeigend.*

Mord|in|stru|ment, das: **1.** *Instrument, das bei einem Mord verwendet wurde; Mordwaffe.* **2.** (oft scherzh.) *gefährlich aussehender Gegenstand:* mit diesem M. *(mit diesem großen u. scharfen Messer)* schneidet sie immer das Brot.

Mord|kom|mis|si|on, die: *Kommission, Abteilung der Kriminalpolizei, die für die Aufklärung von Mordfällen zuständig ist.*

Mord|lust, die: *wilder Drang, heftiges Verlangen zum Töten, Morden.*

mord|lus|tig ⟨Adj.⟩: *voller Mordlust; Mordlust zeigend.*

mords-, Mords- (ugs. emotional verstärkend): **1.** drückt in Bildungen mit Adjektiven eine Verstärkung aus / *sehr:* mordsfidel, -gemütlich. **2.** drückt in Bildungen mit Substantiven einen besonders hohen Grad von etw. aus: Mordsangst, -wut. **3.** drückt in Bildungen mit Substantiven aus, dass jmd. oder etw. als ausgezeichnet, hervorragend, bewundernswert angesehen wird: Mordsstimme, -weib.

Mord|sa|che, die (bes. Rechtsspr.): *Sache* (2 b), *bei der ein Mord im Mittelpunkt steht.*

Mords|ding, das ⟨Pl. -er⟩ (ugs. emotional verstärkend): *sehr großes, riesenhaftes Ding:* sie trug ein M. von Brille.

Mords|durst, der (ugs. emotional verstärkend): *sehr großer, mächtiger Durst.*

Mords|gau|di, die, (auch:) das (ugs. emotional verstärkend): vgl. Mordsspaß.

Mords|hit|ze, die (ugs. emotional verstärkend): *sehr große, starke Hitze* (1).

Mords|hun|ger, der (ugs. emotional verstärkend): vgl. Mordsdurst.

Mords|kerl, der (ugs. emotional verstärkend): **1.** *sehr großer, breiter, kräftiger Mann.* **2.** *sehr tüchtiger, mutiger, anständiger Mann.*

Mords|krach, der (ugs. emotional verstärkend): **1.** *sehr lauter Lärm, Krach.* **2.** *sehr heftiger Streit.*

mords|mä|ßig ⟨Adj.⟩ (ugs. emotional verstärkend): **a)** *sehr stark, heftig:* ein -er Lärm; **b)** ⟨intensivierend bei Adj. u. Verben⟩ *sehr, gewaltig, überaus:* es war m. kalt; er hat m. geschrien.

Mords|schreck, der, **Mords|schre|cken,** der (ugs. emotional verstärkend): *sehr großer, mächtiger Schreck.*

Mords|spaß, der ⟨o. Pl.⟩ (ugs. emotional verstärkend): *sehr großer Spaß* (2).

Mords|wut, die (ugs. emotional verstärkend): *sehr große, heftige Wut* (1): er hatte, ihn packte eine M.

Mord|tat, die: *Gewalttat, bei der ein Mord verübt wird; Mord:* er wurde unmittelbar nach der M. gefasst.

Mord|ver|dacht, der: *gegen jmdn. gerichteter Verdacht auf Mord:* unter M. stehen.

mord|ver|däch|tig ⟨Adj.⟩: *unter Mordverdacht stehend.*

Mord|ver|such, der: *Versuch, jmdn. zu ermorden:* sie ist wegen -s angeklagt.

Mord|waf|fe, die: *Waffe, die bei einem Mord verwendet wurde.*

Mo|re: ↑ [1]Mora.

Mo|rel|le, Marelle, die; -, -n [frz. morelle < spätlat. maurella, zu lat. maurus, ↑ Mohr; nach der dunklen Farbe]: *Süßweichsel.*

Mo|ren: Pl. von ↑ [1]Mora.

mo|ren|do ⟨Adv.⟩ [ital., zu: morire < lat. mori = sterben] (Musik): *verhauchend.*

Mo|res ['mo:re:s] ⟨Pl.⟩ [lat. mores = Denkart, Charakter, Pl. von: mos = Sitte, Brauch]: in der Wendung **jmdn. M. lehren** (ugs.: *jmdm. gegenüber seine Macht ausspielen, ihm gehörig die Meinung sagen, ihn energisch zurechtweisen*): er wird den Frechdachs schon M. lehren.

mor|gen ⟨Adv.⟩ [mhd. morgene, ahd. morgane, eigtl. erstarrter Dativ von ↑ Morgen]: **1.** *am folgenden, kommenden Tag; an dem Tag, der dem heutigen Tag unmittelbar folgt:* m. ist ein Feiertag; m. früh/(auch:) Früh; m. Mittag, Abend; sie will nicht bis m. warten; **R** m. ist auch [noch] ein Tag *(das hat Zeit bis morgen, muss nicht heute erledigt werden);* **Spr** m., m., nur nicht heute, sagen alle faulen Leute (nach dem Anfang eines Liedes von Chr. Weiße, 1726–1804). **2.** *in nächster, in der zukünftigen Zeit; in Zukunft, künftig:* m. so wenig wie heute; das ist der Stil von m. *(der Zukunft);* ⟨subst.:⟩ an das Morgen *(an die Zukunft)* glauben.

Mor|gen, der; -s, - [mhd. morgen, ahd. morgan, eigtl. = Schimmer, Dämmerung; 3: urspr. = so viel Land, wie ein Mann mit einem Gespann an einem Morgen pflügen kann]: **1.** *Tageszeit um das Hellwerden nach der Nacht; früher Vormittag:* ein heiterer, warmer, nebliger M.; es wird schon M.; den nächsten, folgenden M. (seltener; *am nächsten, folgenden Morgen*) erwachte sie sehr früh; des -s (geh.; *morgens, am Morgen*); des -s früh (geh.; *frühmorgens, am frühen Morgen*) pflegt er einen Spaziergang zu machen; eines [schönen] -s *(an einem nicht näher bestimmten Morgen)* war er verschwunden; heute, gestern M. *(heute, gestern am Morgen);* früh, zeitig am M.; am M. früh brachen sie auf; am frühen, späten M.; am M. seiner Abreise *(an dem Morgen, an dem er abreiste);* M. für M. *(jeden Morgen);* gegen M. erst schlief sie ein; **Ü** der M. (dichter.; *der Beginn, Anfang*) der Freiheit; am M. des Lebens (dichter.; *am Beginn der Entwicklung des Lebens, eines Menschen*); * **guten M.** (Grußformel): [zu] jmdm. guten M. sagen; **schön/frisch wie der junge M.** (meist scherzh.; *jugendfrisch, blühend, schön u. strahlend*). **2.** ⟨o. Pl.⟩ (veraltet) *Osten.* **3.** (veraltend) *Feldmaß (mit dem je nach Landschaft unterschiedlich große Flächen bezeichnet werden):* zehn M. Land.

Mor|gen|an|dacht, die: *Andacht* (2) *am Morgen.*

Mor|gen|aus|ga|be, die: *am Morgen, Vormittag erscheinende Ausgabe einer Zeitung.*

mor|gend ⟨Adj.⟩ (veraltet, noch dichter.): *morgig.*

Mor|gen|däm|me|rung, die: *Dämmerung am Morgen.*

mor|gend|lich ⟨Adj.⟩ [mhd. morgenlich, ahd. morganlîh]: *in die Zeit am Morgen fallend; zur Zeit des Morgens; am Morgen [vorhanden, sich abspielend]:* der -e Berufsverkehr.

mor|gen|frisch ⟨Adj.⟩: *frisch wie am Morgen üblich:* eine -e Brise.

Mor|gen|frü|he, die: *früher Morgen:* in der, in aller M. *([sehr] früh am Morgen).*

Mor|gen|ga|be, die (früher): *Geschenk des Mannes an die Ehefrau am Morgen nach der Hochzeitsnacht.*

Mor|gen|ge|bet, das: *Gebet zu Beginn des Tages.*

Mor|gen|grau|en, das: *Morgendämmerung, Tagesanbruch:* beim, im M.

Mor|gen|kaf|fee, der: **1.** *kleine Mahlzeit am Morgen; Frühstück mit Kaffee:* beim M. sitzen. **2.** *Kaffee, der beim Morgenkaffee* (1) *getrunken wird.*

Mor|gen|land, das ⟨o. Pl.⟩ (veraltet): *Orient.*

mor|gen|län|disch ⟨Adj.⟩ (veraltet): *orientalisch.*

Mor|gen|licht, das ⟨o. Pl.⟩: *Beleuchtung, Lichtverhältnisse am Morgen:* ein rötliches M.; im hellen M.

Mor|gen|luft, die: *frische, kühle Luft am Morgen:* * **M. wittern** (oft scherzh.; *eine Chance, die Möglichkeit eines Vorteils sehen;* nach engl. methinks, I scent the morning air = mich dünkt, ich wittre Morgenluft, den Worten, die in Shakespeares Hamlet I, 5 der Geist von Hamlets Vater angesichts des heranbrechenden Tages spricht).

Mor|gen|man|tel, der: *Morgenrock.*

Mor|gen|muf|fel, der (ugs., oft scherzh.): *jmd., der morgens nach dem Aufstehen meist keine besonders gute Laune hat, mürrisch u. wortkarg ist.*

Mor|gen|ne|bel, der: *Frühnebel.*

Mor|gen|rock, der: *[langes] einem Mantel ähnliches, leichtes, bequemes Kleidungsstück, das im Haus bes. morgens nach dem Aufstehen getragen wird.*

Mor|gen|rot, das ⟨o. Pl.⟩ [mhd. morgenrôt, spätahd. morganrôt], **Mor|gen|rö|te,** die ⟨o. Pl.⟩ [mhd. morgenrœte]: *rote, rötliche Färbung des Himmels bei Sonnenaufgang:* **Ü** das Morgenrot (dichter.; *der verheißungsvolle Beginn*) der Freiheit.

mor|gens ⟨Adv.⟩ [mhd. morgen(e)s, eigtl. erstarrter Genitiv von ↑ Morgen]: *zur Zeit des Morgens; am Morgen, jeden Morgen:* m. um sieben Uhr; um sieben Uhr m.; dienstags m.

Mor|gen|son|ne, die: *morgendliche Sonne.*

Mor|gen|stern, der [mhd. morgenstern(e)]: **1.** ⟨o. Pl.⟩ als auffallend hell leuchtender Stern erscheinender Planet Venus am östlichen Himmel vor Sonnenaufgang. **2.** *(im Mittelalter verwendete) Schlagwaffe, meist in Gestalt einer Keule, deren oberes kugeliges Ende mit eisernen Stacheln besetzt ist.*

Mor|gen|stun|de, die ⟨meist Pl.⟩: *Zeit am frühen Morgen, Vormittag:* **Spr** M. hat Gold im Munde *(frühes Aufstehen ist lohnend, am Morgen lässt es sich gut arbeiten).*

Mor|gen|toi|let|te, die: *morgendliche Toilette* (1 a).

mor|gig ⟨Adj.⟩ [spätmhd. morgig, gek. aus: morgenic]: *morgen, am folgenden Tag stattfindend, geschehend; von morgen:* das -e Datum; am -en Tag *(morgen).*

mo|ri|bund ⟨Adj.⟩ [lat. moribundus, zu: moriri = sterben] (Med.): *im Sterben liegend, dem Tode nah:* -e Patienten; ⟨subst.:⟩ das Krankenzimmer für die Moribunden.

Mo|ri|on, der; -s [wohl verkürzt aus lat. mormorion]: *brauner bis fast schwarzer Bergkristall.*

Mo|ris|ke, der; -n, -n ⟨meist Pl.⟩ [span. morisco = (getaufter) Maure]: *nach der arabischen Herrschaft in Spanien zurückgebliebener Maure, der [nach außen hin] Christ war.*

Mo|ri|tat, die; -, -en [auch: mori'ta:t̮n; wohl durch zerdehnendes Singen des Wortes »Mordtat« entstanden]: **1.** *von einem Bänkelsänger (mit Drehorgelbegleitung) vorgetragenes Lied mit meist eintöniger Melodie, das eine schauerliche od. rührselige (auf einer Tafel in Bildern dargestellte) Geschichte zum Inhalt hat [u. mit einer belehrenden Moral endet].* **2.** *in der Art einer Moritat* (1) *verfasstes Gedicht, Lied.*

Mo|ri|ta|ten|sän|ger, der: *Bänkelsänger* (1).

Mo|ri|ta|ten|sän|ge|rin, die: w. Form zu ↑ Moritatensänger.

Mo|ritz [wohl nach einer Figur des dt. Karikaturisten u. Malers A. Oberländer (1845–1923)]: in der Wendung **wie sich der kleine M. etw. vorstellt** (ugs. scherzh.; *der naiven, kindlichen Vorstellung, die sich jmd. von etw. macht, entsprechend*).

Mor|mo|ne, der; -n, -n [nach dem Buch Mormon (= Personenname in diesem Buch) des Stifters der Religionsgemeinschaft J. Smith

(1805–1844)]: *Angehöriger einer chiliastischen Religionsgemeinschaft (bes. in Nordamerika), die sich selbst als Kirche Jesu Christi der Heiligen der letzten Tage bezeichnet.*
Mor|mo|nin, die; -, -nen: w. Form zu ↑ Mormone.
Mo|ro|ni: Hauptstadt der Komoren.
Morph, das; -s, -e [zu griech. morphḗ, ↑ Morphe] (Sprachw.): *kleinstes formales, bedeutungstragendes Bauelement der gesprochenen Sprache.*
morph-, Morph-: ↑ morpho-, Morpho-.
-morph [zu griech. morphḗ, ↑ Morphe] ⟨bei Adjektiven auftretendes Suffix mit der Bed.⟩: *die Gestalt betreffend, ...förmig* (z. B. amorph, heteromorph).
Mor|phe, die; - [griech. morphḗ = Gestalt, Form]: *Eidos* (1).
Mor|phem, das; -s, -e [frz. morphème, zu griech. morphḗ, ↑ Morphe] (Sprachw.): *kleinste bedeutungstragende Einheit im Sprachsystem; Sprachsilbe:* freie u. gebundene -e.
Mor|phe|ma|tik, Morphemik, die; - (Sprachw.): *Teilgebiet, das sich mit den Morphemen, mit ihrer Funktion bei der Wortbildung befasst.*
mor|phe|ma|tisch, morphemisch ⟨Adj.⟩: **a)** *die Morphematik betreffend;* **b)** *die Morpheme betreffend.*
Mor|phe|mik: ↑ Morphematik.
mor|phe|misch: ↑ morphematisch.
mor|phen ⟨sw. V.; hat⟩ [engl. to morph, geb. zu: metamorphosi < lat. metamorphosis, ↑ Metamorphose] (Film, EDV): *mithilfe eines Computerprogramms ein Bild fließend (in einem wahrnehmbaren Prozess ohne abrupte Übergänge) so verändern, dass ein völlig neues Bild entsteht.*
Mor|pheus [griech. Gott des Schlafes]: in Wendungen wie **in M.' Armen ruhen, liegen, schlafen** (geh.; *ruhig, angenehm, gut schlafen*); **in M.' Arme sinken** (geh.; *ruhig einschlafen, in einen angenehmen Schlaf fallen*); **aus M.' Armen gerissen werden** (geh.; *jäh aus tiefem Schlaf gerissen werden*).
Mor|phin, das; -s [nach dem griech. Gott Morpheus] (Chemie, Med.): *Morphium.*
Mor|phing, das; -s [engl. morphing, zu: to morph, ↑ morphen] (Film, EDV): *auf einem Computerprogramm beruhendes Verfahren, ein Bild fließend (in einem wahrnehmbaren Prozess ohne abrupte Übergänge) so zu verändern, dass ein völlig neues Bild entsteht.*
Mor|phi|nis|mus, der; - (Med.): *Morphiumsucht.*
Mor|phin|sucht, die ⟨o. Pl.⟩ (Med.): *Morphiumsucht.*
Mor|phi|um, das; -s: *aus Opium gewonnenes Rauschgift, das in der Medizin bes. als schmerzlinderndes Mittel eingesetzt wird.*
Mor|phi|um|sucht, die ⟨o. Pl.⟩: *Sucht nach Morphium.*
mor|phi|um|süch|tig ⟨Adj.⟩: *von einer krankhaften Sucht nach Morphium befallen.*
Mor|phi|um|süch|ti|ge, der u. die: *jmd., der morphiumsüchtig ist.*
mor|pho-, Mor|pho-, (vor Vokalen auch:) morph-, Morph- [zu griech. morphḗ, ↑ Morphe] ⟨Best. in Zus. mit der Bed.⟩: *Gestalt, Form* (z. B. morphologisch, Morphologie).
Mor|pho|ge|ne|se, Mor|pho|ge|ne|sis, die; -, ...nesen (Biol.): *Ausgestaltung u. Entwicklung von Organen od. Geweben eines pflanzlichen od. tierischen Organismus.*
mor|pho|ge|ne|tisch ⟨Adj.⟩ (Biol.): *die Morphogenese betreffend.*
Mor|pho|ge|nie, die; -, -n [zu griech. genḗ = Abstammung] (Biol.): *Morphogenese.*
Mor|pho|lo|ge, der; -n, -n [↑ -loge]: **1.** *Wissenschaftler, Forscher, Fachmann auf dem Gebiet der Morphologie.* **2.** kurz für ↑ Geomorphologe.
Mor|pho|lo|gie, die; - [↑ -logie]: **1.** (bes. Philos.) *Wissenschaft, Lehre von den Gestalten, Formen (bes. hinsichtlich ihrer Eigenarten, Entwicklungen, Gesetzlichkeiten).* **2.** (Biol., Med.) *Wissenschaft, Lehre von der äußeren Gestalt, Form der Lebewesen, der Organismen u. ihrer Teile.* **3.** kurz für ↑ Geomorphologie. **4.** (Sprachw.) *Formenlehre* (1). **5.** (Soziol.) *Teilgebiet der Soziologie, das sich mit der Struktur der Gesellschaft befasst.*
Mor|pho|lo|gin, die; -, -nen: w. Form zu ↑ Morphologe.
mor|pho|lo|gisch ⟨Adj.⟩: *die Morphologie betreffend, auf ihr beruhend, zu ihr gehörend; die äußere Gestalt, Form, den Bau betreffend; der Form nach.*
Mor|pho|se, die; -, -n [spätgriech. mórphōsis = das Gestalten] (Biol.): *nicht erbliche Variation der Gestalt der Organismen bzw. einzelner Organe, die durch Umwelteinflüsse verursacht wird.*
morsch ⟨Adj.⟩ [aus dem Ostmd.; älter: mursch, niederd. murs, verw. mit ↑ mürbe]: *bes. durch Fäulnis, auch durch Alter, Verwitterung o. Ä. brüchig, leicht zerfallend:* -es Holz; -e Balken; -es Mauerwerk; das Laken war schon m.; (auch scherzh.:) meine Knochen sind schon m. *(ich bin schon alt u. nicht mehr sehr beweglich).*
Morsch|heit, die; -: *das Morschsein.*
Mor|se|al|pha|bet, das [nach dem amerik. Erfinder S. Morse (1791–1872)]: *dem Alphabet entsprechende Folge von Zeichen, die beim Morsen verwendet werden u. aus Kombinationen von Punkten u. Strichen bzw. kurzen u. langen Stromimpulsen bestehen.*
Mor|se|ap|pa|rat, der: *Gerät zur telegrafischen Übermittlung von Nachrichten mithilfe von Morsezeichen.*
mor|sen ⟨sw. V.; hat⟩ [nach S. Morse, ↑ Morsealphabet]: **a)** *mit dem Morseapparat Morsezeichen geben, eine Nachricht übermitteln:* der Funker morst; **b)** *in Morsezeichen übermitteln:* eine Nachricht, SOS m.
Mör|ser, der; -s, - [1: mhd. mörser, morsære, ahd. morsāri, mortāri < lat. mortarium, ↑ Mörtel; 2: wohl nach der Form]: **1.** *dickwandiges, schalenförmiges Gefäß mit gerundetem innerem Boden zum Zerstoßen, Zerreiben von festen Substanzen mithilfe eines Stößels.* **2.** (Milit.) **a)** (früher) *schweres Geschütz mit kurzem, großkalibrigem Rohr;* **b)** *Granatwerfer.*
Mor|se|zei|chen, das: *Zeichen des Morsealphabets.*
Mors, Mors: ↑ ²Hummel.
Mor|ta|del|la, die; -, -s [ital. mortadella, zu lat. murtatum (farcimen) = mit Myrte gewürzte Wurst]: *mit Pistazien o. Ä. gewürzte, dickere, gebrühte Wurst aus Schweine- u. Kalbfleisch.*
Mor|ta|li|tät, die; - [lat. mortalitas = Sterblichkeit, zu: mortalis = sterblich, zu: mors (Gen.: mortis) = Tod] (Med.): *Verhältnis der Zahl der Todesfälle zur Zahl der statistisch berücksichtigten Personen.*
Mör|tel, der; -s, (Sorten:) - [mhd. mortel, morter < lat. mortarium = (Gefäß für die Zubereitung von) Mörtel, eigtl. = Mörser (1)]: *breiartiges, innerhalb kürzerer Zeit erhärtendes Gemisch aus Wasser, Sand u. Zement, Kalk, Gips o. Ä., das als Bindemittel bei Bausteinen od. zum Verputzen von Wänden u. Decken dient:* der alte M. bröckelt von der Wand; M. mischen.
mör|teln ⟨sw. V.; hat⟩: **a)** *mit Mörtel arbeiten;* **b)** *mit Mörtel versehen, verbinden, verputzen:* eine Wand m.
Mo|ru|la, die; -, ...lae [...lɛ; zu lat. morum = Maulbeere, nach der kugeligen Form] (Zool., Med.): *kugeliger, durch Furchung des befruchteten Eis entstandener Verband von Zellen, der ein frühes Stadium der embryonalen Entwicklung darstellt.*
Mo|sa|ik, das; -s, -en, auch: -e [frz. mosaïque < ital. mosaico, musaico < mlat. musaicum < lat. musivum (opus), zu griech. moũsa, ↑ Muse]: *aus kleinen bunten Steinen, Glasstücken o. Ä. zusammengesetztes Bild, Ornament zur Verzierung von Wänden, Gewölben, Fußböden:* ein antikes M.; mit -en auslegen; Ü die einzelnen Beweisstücke fügten sich zu einem M.
Mo|sa|ik|ar|beit, die: *als Mosaik ausgeführte Arbeit* (4 a).
mo|sa|ik|ar|tig ⟨Adj.⟩: *in der Art eines Mosaiks, wie ein Mosaik zusammengesetzt, aussehend.*
Mo|sa|ik|stein, der: *einzelner Stein eines Mosaiks.*
mo|sa|isch ⟨Adj.⟩ [zu ↑ ¹Moses]: *jüdisch, israelitisch (im Hinblick auf die Religion des Alten Testaments):* die -e Religion.
Mo|sa|is|mus, der; - [zu ↑ Moses] (veraltet): *Judentum.*
mo|sa|is|tisch ⟨Adj.⟩: *Mosaiken betreffend.*
Mo|sa|i|zist, der; -en, -en: *Künstler, der mit Musivgold arbeitet od. Mosaiken herstellt.*
Mo|sa|i|zis|tin, die; -, -nen: w. Form zu ↑ Mosaizist.
Mo|sam|bik [mozam'bi:k]: **1.** Staat in Ostafrika. **2.** Hafenstadt in Mosambik (1).
Mo|sam|bi|ka|ner, der; -s, -: Ew.
Mo|sam|bi|ka|ne|rin, die; -, -nen: w. Form zu ↑ Mosambikaner.
mo|sam|bi|ka|nisch ⟨Adj.⟩: *Mosambik, die Mosambikaner betreffend; von den Mosambikanern stammend, zu ihnen gehörend.*
Mo|sam|bi|ker, der: *Mosambikaner.*
Mo|sam|bi|ke|rin, die; -, -nen: w. Form zu ↑ Mosambiker.
mo|sam|bi|kisch ⟨Adj.⟩: *mosambikanisch.*
Mo|schaw, der; -s, ...wim [hebr. môšāv, eigtl. = Sitz]: *(in Israel) genossenschaftliche Siedlung von Kleinbauern mit Privatbesitz.*
Mo|schee, die; -, -n [frz. mosquée < ital. moschea < span. mezquita < arab. masǧid]: *islamisches Gotteshaus.*
Mo|schus, der; - [spätlat. muscus < griech. móschos < pers. mušk < sanskr. muṣka = Hode, Hodensack (mit dem der Moschusbeutel verglichen wurde)]: **a)** *stark riechendes Sekret der männlichen Moschustiere, das bes. bei der Herstellung von Parfums verwendet wird;* **b)** *aus Moschus* (a) *gewonnener od. ähnlicher synthetisch hergestellter Duftstoff.*
mo|schus|ar|tig ⟨Adj.⟩: *wie Moschus riechend.*
Mo|schus|beu|tel, der: *Moschus enthaltender Beutel an der Bauchseite männlicher Moschustiere.*
Mo|schus|ge|ruch, der: *Geruch nach Moschus.*
Mo|schus|och|se, der: *(bes. im Nordpolargebiet heimisches) großes Säugetier mit langhaarigem, fast schwarzem Fell, kurzen Beinen u. hakenförmigen Hörnern, dessen männliche Tiere während der Paarungszeit ein Sekret von durchdringendem Geruch absondern.*
Mo|schus|tier, das: *(in Asien heimisches, zu den Hirschen gehörendes) Tier ohne Geweih, bei dem das männliche Tier einen Moschusbeutel aufweist.*
Mo|se: ↑ ¹Moses.
Mö|se, die; -, -n [gaunerspr. Moß, Muß = Frau, Geliebte, Dirne, unter Einfluss von spätmhd. mutze = Vulva] (derb): *weibliches Geschlechtsteil; Vagina, Vulva.*
Mo|sel, die; -: linker Nebenfluss des Rheins.
Mo|sel|wein, der: *an der Mosel angebaute Wein.*
Mö|ser: Pl. von ↑ Moos (2).
mo|sern ⟨sw. V.; hat⟩ [H. u.] (ugs.): *[ständig] etw. zu beanstanden haben u. seinem Ärger, seiner Unzufriedenheit durch [fortgesetztes] Schimpfen Ausdruck geben; nörgeln:* über das Essen m.
¹Mo|ses, (ökum.:) Mose: Stifter der israelitischen Religion: die fünf Bücher Mosis *(des Moses)* od. Mose.
²Mo|ses, der; -, - [nach ¹Moses, der als Säugling angeblich in einem kleinen Körbchen ausgesetzt wurde] (Seemannsspr.): **1.** (spöttisch) *jüngstes Besatzungsmitglied; Schiffsjunge.* **2.** *Beiboot einer Jacht.*
Mos|kau: Hauptstadt von Russland.
¹Mos|kau|er, der; -s, -: Ew.
²Mos|kau|er ⟨indekl. Adj.⟩: M. Zeit (Zonenzeit im westlichen Teil Russlands bis zum 40. Längengrad östl. von Greenwich; entspricht MEZ + 2 Stunden).
Mos|kau|e|rin, die; -, -nen: w. Form zu ↑ ¹Moskauer.
mos|kau|isch ⟨Adj.⟩: *Moskau, die Moskauer betreffend; von den Moskauern stammend, zu ihnen gehörend.*

M

Mos|ki|to, der; -s, -s ⟨meist Pl.⟩ [span. mosquito, zu: mosca < lat. musca = Fliege]: **1.** *tropische Stechmücke, die gefährliche Krankheiten (z. B. Malaria) übertragen kann:* die -s bekämpfen; von -s gestochen werden. **2.** (Fachspr., sonst selten) *Stechmücke.*

Mos|ki|to|netz, das: *feinmaschiges, tüllartiges Gewebe, das zum Schutz gegen das Eindringen von Moskitos (1) über Betten, vor Fenster o. Ä. gehängt wird.*

[1]Mosk|wa, die; -: Fluss in Russland.

[2]Mosk|wa: russ. Name von ↑Moskau.

Mos|lem, der; -s, -s, Muslim, der; -[s], -e u. -s [arab. muslim, eigtl. = der sich Gott unterwirft]: *Anhänger des Islams.*

Mos|le|min, die; -, -nen: w. Form zu ↑Moslem.

mos|le|misch, muslimisch ⟨Adj.⟩: *die Moslems, ihren Glauben, ihren Herrschaftsbereich betreffend.*

mos|so ⟨Adv.⟩ [ital., adj. 2. Part. von: muovere < lat. movere = bewegen] (Musik): *bewegt, lebhaft.*

Most, der; -[e]s, -e [mhd., ahd. most = Obstwein < lat. (vinum) mustum = junger, neuer (Wein)]: **1. a)** *zur Gärung bestimmter Saft aus gekelterten Trauben:* M. machen; **b)** (landsch.) *Federweißer.* **2.** (landsch.) *unvergorener, trüber Fruchtsaft.* **3.** (südd., schweiz., österr.) *Obstwein.*

Most|ap|fel, der: *[saurer] Apfel zum Mosten.*

mos|ten ⟨sw. V.; hat⟩: **a)** *Most machen:* morgen wollen wir anfangen zu m.; **b)** *zu Most verarbeiten:* Äpfel m.

Mos|te|rei, die; -, -en: *Betrieb, in dem Most gemacht wird.*

Mos|tert, der; -s [mhd. mostert, musthart < afrz. mostarde = mit Most hergestellter Senf] (landsch., bes. nordwestd.): *Senf.*

Most|rich, der; -s (landsch., bes. nordostd.): *Senf.*

Mo|tel [auch: mo'tɛl], das; -s, -s [engl. motel, aus: motor u. hotel]: *an Autobahnen o. Ä. gelegenes Hotel [für Autoreisende].*

Mo|tet|te, die; -, -n [ital. motetto < mlat. motetum, zu spätlat. muttum, ↑Motto]: *in mehrere Teile gegliederter, mehrstimmiger [geistlicher] Chorgesang [ohne Instrumentalbegleitung].*

Mo|ti|li|tät, die; - [wohl unter Einfluss von frz. motilité zu lat. motum, ↑Motor]: **1.** (Med.) *Gesamtheit der nicht bewusst gesteuerten Bewegungen des menschlichen Körpers u. seiner Organe.* **2.** (Biol.) *Bewegungsvermögen von Organismen u. Zellorganellen.*

Mo|ti|on, die; -, -en [frz. motion, eigtl. = Bewegung < lat. motio]: **1.** (schweiz.) *schriftlicher Antrag in einem Parlament.* **2.** (bildungsspr.) *Bewegung.* **3.** (Sprachw.) **a)** *Bildung einer weiblichen Personen-, Berufs- od. Tierbezeichnung mit einem Suffix von einer männlichen Form* (z. B. Ministerin von Minister); **b)** *Beugung des Adjektivs nach dem Geschlecht des zugehörigen Substantivs.*

Mo|ti|o|när, der; -s, -e (schweiz.): *jmd., der eine Motion (1) einreicht.*

Mo|ti|o|nä|rin, die; -, -nen: w. Form zu ↑Motionär.

Mo|tion-Pic|ture ['moʊʃən 'pɪktʃə], (auch:) **Mo|tion|pic|ture,** das; -[s], -s [engl. motion picture, eigtl. = bewegtes Bild, aus: motion = Bewegung u. picture = Bild]: engl. Bez. für *Film, Spielfilm.*

Mo|tiv, das; -s, -e [1: mlat. motivum, zu spätlat. motivus = bewegend, antreibend, zu lat. motum, ↑Motor; 2: frz. motif]: **1.** (bildungsspr.) *Überlegung, Gefühlsregung, Umstand o. Ä., durch den sich jmd. bewogen fühlt, etw. Bestimmtes zu tun; Beweggrund; Triebfeder:* ein politisches M.; kein M. haben; vom wirklichen M. ablenken. **2. a)** *[bekanntes] allgemeines Thema o. Ä., Bild od. bestimmte Form [als typischer, charakterisierender Bestandteil] eines Werkes der Literatur, bildenden Kunst o. Ä.:* ein literarisches M.; das M. der bösen Fee im Märchen; **b)** (Musik) *kleinste, durch eine bestimmte Tonfolge, einen bestimmten Rhythmus o. Ä. erkennbare Einheit einer Melodie, eines Themas o. Ä., die für eine bestimmte Komposition charakteristisch ist:* einzelne -e der Ouvertüre klingen im dritten Akt der Oper wieder an. **3.** *zur [künstlerischen] Gestaltung, Wiedergabe anregender Gegenstand:* dieser Maler bevorzugt ländliche -e.

Mo|ti|va|ti|on, die; -, -en: **1.** (Psych., Päd.) *Gesamtheit der Beweggründe, Einflüsse, die eine Entscheidung, Handlung o. Ä. beeinflussen, zu einer Handlungsweise anregen:* politische M.; ihre M. *(ihr Antrieb, ihre Bereitschaft)* zur Umschulung ist eher gering. **2.** (Sprachw.) *das Motiviertsein.*

Mo|ti|va|ti|ons|schub, der: *Impuls, der jmds. Motivation einen kräftigen Anstoß verleiht:* die erfolgreiche Wettkampfteilnahme löste einen M. aus.

Mo|tiv|for|schung, die: *Teil der Marktforschung, der die Beweggründe für das Verhalten von Käufern untersucht.*

mo|ti|vie|ren ⟨sw. V.; hat⟩ [frz. motiver]: **a)** *begründen:* einen Antrag [mit etw.] m.; Entscheidungen, die rational nicht motiviert werden können; **b)** *jmds. Interesse für etw. wecken, ihn zu etw. anregen, veranlassen:* Schüler, die Spieler einer Mannschaft m.; jmdn. zur Arbeit m.

mo|ti|viert ⟨Adj.⟩: **1.** (bildungsspr.) *[starken] Antrieb zu etw. habend; [großes] Interesse zeigend, etw. zu tun:* die Spieler waren stark m. und gewannen letztlich verdient. **2.** (Sprachw.) *(von Wörtern) in der formalen od. inhaltlichen Beschaffenheit durchschaubar, aus sich selbst verständlich.*

Mo|ti|viert|heit, die: *Motivation.*

Mo|ti|vie|rung, die; -, -en (bildungsspr.): **1.** *Motivation.* **2.** *das Motivieren* (b).

Mo|ti|vik, die; - (bildungsspr.): *Gesamtheit der Motive (2), die in einem Kunstwerk verarbeitet sind.*

mo|ti|visch ⟨Adj.⟩: **a)** *das Motiv betreffend;* **b)** *die Motivik betreffend.*

Mo|tiv|wa|gen, der: *(bei Festumzügen o. Ä.) Wagen (1 a), auf dem eine Szene dargestellt ist, die eine Anspielung auf ein bestimmtes Ereignis od. eine bestimmte Person enthält.*

Mo|to, das; -s, -s (schweiz.): Kurzf. von ↑Motorrad.

Mo|to|cross, (auch:) **Mo|to-Cross,** das; -, -e ⟨Pl. selten⟩ [engl. moto-cross < frz. motocross, aus: moto- (in Zus.) = Motor- u. cross(-country), ↑Crosscountry]: *Motorradrennen auf einer abgesteckten Rundstrecke im Gelände.*

Mo|to|drom, das; -s, -e [ital. motodromo, zu: motore = Motor u. griech. drómos = Lauf; Rennbahn]: *meist ovale Rennstrecke für Motorsportveranstaltungen.*

Mo|to|lo|ge, der; -n, -n [↑-loge] (Med., Päd.): *Fachmann auf dem Gebiet der Motologie.*

Mo|to|lo|gie, die; - [↑-logie] (Med., Päd.): *Lehre von der menschlichen Motorik u. deren Anwendung in Erziehung u. Therapie.*

Mo|to|lo|gin, die; -, -nen: w. Form zu ↑Motologe.

Mo|tor [in nicht übertr. Bed. auch: mo'to:ɐ̯], der; -s, ...oren, (bei Betonung auf der 2. Silbe auch:) ...ore [lat. motor = Beweger, zu: motum, 2. Part. von: movere = bewegen]: *Maschine, die durch Umwandlung von Energie Kraft zum Antrieb (z. B. eines Fahrzeugs) erzeugt:* ein schwacher, starker M.; der M. ist kalt, setzt aus, blockiert, streikt, ist abgesoffen, springt leicht an, läuft ruhig, auf vollen Touren, dröhnt, tuckert, klopft, heult [auf]; die -en des Schiffes bringen zusammen eine Leistung von 5 000 PS; den M. anlassen, anstellen, abstellen; den M. eines Wagens warmlaufen, schonen, strapazieren, abwürgen, waschen; Ü er ist der eigentliche M. *(die treibende Kraft)* des Unternehmens.

Mo|tor|auf|hän|gung, die (Kfz-T.): *Halterung des Motors im Fahrgestell.*

Mo|tor|boot, das: *Boot, das durch einen Motor angetrieben wird.*

Mo|tor|dreh|zahl, die (Kfz-T.): *Anzahl der Umdrehungen der Kurbelwelle von Verbrennungsmotoren in der Minute.*

Mo|to|ren|lärm, der: *Lärm von Motoren.*

Mo|to|ren|öl, das: ↑Motoröl.

Mo|tor|fah|rer, der (schweiz. Amtsspr.): *Kraftwagenfahrer.*

Mo|tor|fah|re|rin, die: w. Form zu ↑Motorfahrer.

Mo|tor|fahr|rad, das: *Mofa.*

Mo|tor|fahr|zeug, das: **a)** (schweiz. Amtsspr.) *Kraftfahrzeug;* **b)** *Fahrzeug, das mit einem Motor angetrieben wird.*

Mo|tor|fahr|zeug|steu|er, die (schweiz. Amtsspr.): *Kraftfahrzeugsteuer.*

Mo|tor|flug|zeug, das: vgl. Motorboot.

Mo|tor|ge|räusch, das: *für einen Motor typisches Geräusch.*

Mo|tor|hau|be, die (Kfz-W.): *den Motor schützender, hochklappbarer Deckel am Auto.*

-mo|to|rig: in Zusb., z. B. einmotorig *(mit nur einem Motor ausgestattet).*

Mo|to|rik, die; -: **1.** (Med.) *Gesamtheit der aktiven, vom Gehirn aus gesteuerten, koordinierten Bewegungen des menschlichen Körpers.* **2.** (Med.) *Lehre von den Funktionen der Bewegung des menschlichen Körpers u. seiner Organe.* **3.** (bildungsspr.) *gleichmäßiger, keinen od. nur geringfügigen Schwankungen unterliegender Bewegungsablauf, Rhythmus.*

mo|to|risch ⟨Adj.⟩: **1.** (Med.) *die Motorik (1) betreffend, auf ihr beruhend, ihr dienend:* -e Reflexe. **2.** (bildungsspr.) **a)** *den Motor betreffend; im Hinblick auf den Motor:* die -e Überlegenheit eines Rennwagens; **b)** *von einem Motor angetrieben:* eine Kamera mit -em Filmtransport. **3.** (bildungsspr.) *(von Bewegungsabläufen, Rhythmen o. Ä.) gleichmäßig, ohne od. nur mit geringfügigen Schwankungen.*

mo|to|ri|sie|ren ⟨sw. V.; hat⟩: **1.** *auf Maschinen od. Motorfahrzeuge umstellen; mit Maschinen od. Motorfahrzeugen ausrüsten:* die Landwirtschaft m.; motorisierte Besucher *(Besucher, die ein Kraftfahrzeug haben).* **2.** *in etw. einen Motor einbauen; mit einem Motor versehen:* ein Boot m. **3.** ⟨m. + sich⟩ (ugs.) *sich ein Kraftfahrzeug anschaffen:* wir haben uns motorisiert.

Mo|to|ri|sie|rung, die; -, -en ⟨Pl. selten⟩: *das Motorisieren* (1, 2).

Mo|tor|jacht, die: vgl. Motorboot.

Mo|tor|leis|tung, die (Technik): *Kraft (5), die ein Motor entwickelt, um ein Fahrzeug od. eine andere Maschine anzutreiben.*

Mo|tor|öl, das (Kfz-W.): *Öl zur Schmierung der beweglichen Teile eines Motors.*

Mo|tor|rad, das: *im Reitsitz zu fahrendes, einspuriges, zweirädriges Kraftfahrzeug mit einem Tank zwischen Sitz u. Lenker; Kraftrad.*

Mo|tor|rad|fah|rer, der: *jmd., der Motorrad fährt.*

Mo|tor|rad|fah|re|rin, die: w. Form zu ↑Motorradfahrer.

Mo|tor|rad|ren|nen, das: *mit Motorrädern ausgetragenes Rennen.*

Mo|tor|rad|sport, der: vgl. Motorradrennen.

Mo|tor|rol|ler, der: *dem Motorrad ähnliches Kraftfahrzeug mit freiem Durchstieg zwischen den Rädern u. einer Verkleidung aus Blech, die vorn dem Schutz vor Schmutz dient.*

Mo|tor|scha|den, der: *Schaden am Motor.*

Mo|tor|schiff, das: vgl. Motorboot.

Mo|tor|schlep|per, der (Technik): *Traktor.*

Mo|tor|schlit|ten, der: vgl. Motorboot.

Mo|tor|seg|ler, der: *Segelflugzeug mit Hilfsmotor.*

Mo|tor|sport, der: *sportliche Wettbewerbe mit Motorfahrzeugen* (b).

Mo|tor|sport|ver|an|stal|tung, die: *Sportveranstaltung mit Motorfahrzeugen.*

Mo|tor|wä|sche, die: *äußerliche Reinigung des Motors.*

Mot|sche|kieb|chen, Mot|sche|küh|chen, das; -s, - [eigtl. = Muhkuh; Kuhkälbchen, 1. Bestandteil = das Muhen nachahmender Lockruf für Kühe, -kiebchen mundartl. umgeb. aus »Kühchen«; geb. nach dem Vorbild anderer (kindersprachlicher) Kosenamen für Haustiere] (ostmd.): *Marienkäfer.*

Mot|te, die; -, -n [spätmhd. motte, mniederd. motte, mutte, H. u.]: **1.** *(in zahlreichen Arten* *vorkommender) kleiner Schmetterling mit dicht behaartem Körper, dessen Raupen bes. Wollstoffe, Pelze o. Ä. zerfressen:* in dem Pelz sind [die] -n; von etw. angezogen werden wie die -n vom Licht; die Kleider waren von -n zerfressen; * **die -n haben** (salopp; *an Lungentuberkulose leiden;* nach dem Vergleich des angegriffenen Organs mit einem von Motten zerfressenen Stoff); **[ach,] du kriegst die -n!** (ugs., bes. berlin.; Ausruf des Erstaunens, der Bestürzung); **-n [im Kopf] haben** (ugs.; *merkwürdige Einfälle, verrückte Gedanken haben*). 2. (ugs. veraltet) a) *Mädchen, junge [leichtlebige] Frau:* eine tolle M.; b) *jmd., der sehr lustig, jederzeit zu Späßen aufgelegt ist:* der ist vielleicht 'ne M.!

mọt|ten ⟨sw. V.; hat⟩ [wohl zu mhd. mot = Torf] (südd., schweiz.): *schwelen, glimmen.*

mọt|ten|echt ⟨Adj.⟩: *mottenfest.*

mọt|ten|fest ⟨Adj.⟩: *sicher gegen Mottenfraß.*

Mọt|ten|fraß, der ⟨Pl. selten⟩: *das Zerfressen von Wollstoffen, Pelzen o. Ä. durch Motten.*

Mọt|ten|kis|te, die (bes. früher): *Behälter, in dem Kleidung vor Motten geschützt aufbewahrt wird:* die Kostüme in einer M. verstauen; Ü Filme aus der M. (ugs.; *sehr alte Filme*); etw. riecht nach M., stammt aus der M. *(ist überaltert, unmodern, inaktuell).*

Mọt|ten|ku|gel, die: *stark riechendes, giftiges Mittel in Form einer kleinen Kugel zur Bekämpfung von Motten.*

Mọt|ten|pul|ver, das: vgl. Mottenkugel.

Mọt|to, das; -s, -s [ital. motto = Wahlspruch < spätlat. muttum = Mucker, lautm.]: **a)** *Wahlspruch:* das M. seines Handelns heißt ...; nach einem bestimmten M. leben; etw. steht unter einem bestimmten M.; **b)** *Satz mit einer bestimmten zusammenfassenden Aussage, der einem Buch, Kapitel o. Ä. zur Kennzeichnung des Inhalts od. der Absicht, die der Verfasser verfolgt, vorangestellt wird.*

Mo|tu|pro̲|prio, das; -s, -s [lat. motu proprio = aus eigenem Antrieb] (kath. Kirche): *Erlass, der aufgrund persönlicher Initiative des Papstes ergeht.*

mọt|zen ⟨sw. V.; hat⟩ [Nebenf. von ↑mucksen]: a) (ugs.) *mit etw. nicht einverstanden sein u. seinen Unmut darüber äußern, nörgelnd schimpfen:* ständig über die Preise m.; b) (landsch.) *schmollen:* er motzt schon seit drei Tagen.

Mot|ze|re̲i, die; -, -en (ugs.): *dauerndes Motzen.*

Mouche [muʃ], die; -, -s [muʃ; frz. mouche < lat. musca = Fliege, lautm.]: 1. (bildungsspr.) *Schönheitspflästerchen.* 2. (Sport) *Treffer in den absoluten Mittelpunkt der Zielscheibe beim Schießen.*

Mouches vo|lantes [muʃvoˈlãːt] ⟨Pl.⟩ [frz., eigtl. = fliegende Fliegen] (Med.): *Sehstörung, bei der gegen einen hellen Hintergrund kleine schwarze Flecken gesehen werden.*

mouil|lie|ren [muˈjiːrən] ⟨sw. V.; hat⟩ [frz. mouiller < vlat. molliare = weich machen, zu lat. mollis = weich] (Sprachw.): *bestimmte Konsonanten mithilfe von j erweichen:* »brillant« wird mit mouilliertem l ausgesprochen.

Mouil|lie̲|rung, die; -, -en (Sprachw.): *das Mouillieren, Mouilliertwerden.*

Mou|li|né [...ˈneː], der; -s, -s [frz. mouliné] (Textilind.): 1. *Zwirn aus verschiedenfarbigen Garnen.* 2. *Gewebe aus Mouliné* (1).

mou|li|nie̲|ren ⟨sw. V.; hat⟩ [frz. mouliner, eigtl. = mahlen, zu: moulin < spätlat. molinum = Mühle] (Textilind.): *Seide zwirnen.*

Mount [maʊnt], der; -s, -s [engl. mount < mengl. mont, mount < aengl. munt < afrz. mont < lat. mons (Gen.: montis) = Berg]: engl. Bez. für *Berg.*

Moun|tain|bike [ˈmaʊntɪnbaɪk], das; -s, -s [engl. mountain bike, aus: mountain = Berg; Gebirgs- u. bike = Fahrrad (↑Bike)]: *leichtes, geländegängiges, für den Straßenverkehr nachrüstbares Fahrrad.*

moun|tain|bi|ken ⟨sw. V.; ist⟩: *mit dem Mountainbike fahren.*

Moun|tain|bi|ker, der; -s, -: *jmd., der Mountainbike fährt.*

Moun|tain|bi|ke|rin, die; -, -nen: w. Form zu ↑Mountainbiker.

Mount Eve|rest [ˈmaʊnt ˈɛvərɪst], der; - -: höchster Berg der Erde im Himalaja.

Mousse [mʊs], die; -, -s [mʊs; frz. mousse = Schaum < lat. mulsum = mit Honig vermischter Wein] (Kochk.): **a)** *kalte Vorspeise aus püriertem, in kleine Förmchen gefülltem Schinken, zartem Fleisch o. Ä.;* **b)** *(meist mit Schokolade hergestellte) schaumige Süßspeise.*

Mousse au Cho|co|lat [mʊsoʃokoˈla], die; - - -, -s - - [mʊs--; frz., zu: chocolat = Schokolade]: *mit Schokolade hergestellte Mousse.*

Mous|se|ron, Musseron [mʊsəˈrõː], der; -s, -s [frz. mousseron, H. u.]: *kleiner Lamellenpilz mit dünnem, rotbraunem Stiel, der getrocknet zum Würzen verwendet wird.*

mous|sie|ren [mʊˈsiːrən] ⟨sw. V.; hat⟩ [frz. mousser, zu: mousse, ↑Mousse]: *(von Wein od. Sekt) perlen; in Bläschen schäumen:* Ü moussierende gute Laune.

Mo|vie [ˈmuːvi], das; -[s], -s ⟨meist Pl.⟩ [engl.-amerik. movie, gek. aus: moving pictures = bewegte Bilder]: amerik. Bez. für *Film* (3 a); *Kino.*

mo|vie̲|ren ⟨sw. V.; hat⟩ [zu lat. movere, ↑Motor] (Sprachw.): *eine Motion* (3) *vornehmen.*

Mo|vie̲|rung, die; -, -en: *Motion* (3).

Mö̲|we, die; -, -n [aus dem Niederd. < mnd. mēwe, H. u.; wohl lautm.]: *(am Meer u. an Seen od. Flüssen lebender) mittelgroßer Vogel mit vorwiegend weißem Gefieder u. Schwimmhäuten zwischen den Vorderzehen, der gut laufen, fliegen u. schwimmen kann.*

Mö̲|wen|vo|gel, der (Zool.): *(in zahlreichen Arten vorkommender) am Meer u. an Seen lebender mittelgroßer Vogel mit schmalen, langen Flügeln.*

Mọ|xa, die; -, ...xen [engl. moxa < jap. moguso]: 1. *(in Ostasien, bes. in Japan) bei bestimmten Heilmethoden verwendete Beifußwolle.* 2. *Moxibustion.*

Mo|xi|bus|ti|o̲n, die; - [engl. moxibustion, zu: moxa (↑Moxa) u. zu spätlat. combustio = das Verbrennen, zu lat. comburere = verbrennen]: *ostasiatische Heilmethode, die durch Einbrennen von Moxa* (1) *in bestimmte Stellen der Haut eine Erhöhung der allgemeinen Abwehrreaktion bewirkt.*

Moz|a̲ra|ber [auch: moˈtsar...] ⟨Pl.⟩ [span. mozárabe < arab. mustaʿrib = zum Araber gewordene]: *vom 8. bis zum 15. Jh. unter arabischer Herrschaft lebende spanische Christen.*

moz|ara̲|bisch ⟨Adj.⟩: *die Mozaraber, ihre Kunst, Kultur u. Sprache betreffend.*

mo̲|zar|tisch ⟨Adj.⟩: *in der Art [der Musik] Mozarts; von Mozart stammend.*

Mo̲|zart|ku|gel, die [das Konfekt wurde zuerst in Salzburg, der Geburtsstadt Mozarts, hergestellt u. nach ihm benannt]: *Süßigkeit in Form einer Kugel, die außen mit Schokolade überzogen u. innen mit einem Gemisch aus von Rum getränktem Marzipan u. Nougat gefüllt ist.*

Mo̲|zart|zopf, der [nach den Darstellungen bes. des jungen Mozarts mit dieser für das 18. Jh. charakteristischen Frisurenmode]: *am Hinterkopf mit einer Schleife zusammengebundener kurzer Zopf.*

Moz|za|rẹl|la, der; -s, -s [ital. mozzarella, Vkl. von: mozza = Frischkäse]: *italienischer Frischkäse aus Büffel- od. Kuhmilch mit leicht säuerlichem Geschmack.*

mp = mezzopiano.

m. p. = manu propria.

MP, MPi [ɛmˈpiː], die; -, -s: Kurzwort für ↑Maschinenpistole.

MPa = Megapascal.

MPU = medizinisch-psychologische Untersuchung *(Verfahren zur Ermittlung der Eignung zum Führen von Kraftfahrzeugen).*

Mr = Mister.

Mrd. = Milliarde[n].

Mrs = Mistress.

MS = Motorschiff; multiple Sklerose.

Ms. = Manuskript.

m/s = Meter je Sekunde.

MS-DOS®, das; - [Kurzwort aus: MicroSoft Disc Operating System; die Herstellerfirma Microsoft stellt den Namen aller von ihr produzierten Programme ein »MS« voran] (EDV): *Betriebssystem für Personalcomputer.*

Msgr. = Monsignore.

Mskr. = Manuskript.

MS-Kran|ke, der u. die: *jmd., der an multipler Sklerose leidet.*

Mss. = Manuskripte.

Mt = Megatonne, Meitnerium.

MTA = medizinisch-technische Assistentin.

Much|ta̲r, der; -s, -s [türk. muhtar, zu arab. muḫtār = gewählt, auserlesen]: *türkischer Dorfschulze, Ortsvorsteher.*

[1]Mụ|cke, die; -, -n [2: viell. (mit späterer Anlehnung an Mucke 1) urspr. zu ↑mucken]: 1. (südd.) ↑Mücke. 2. ⟨Pl.⟩ (ugs.) *unangenehme Eigenart, Eigensinnigkeit, merkwürdige, eigensinnige Laune, die als unangenehm empfunden wird:* [seine] -n haben; jmdm. seine -n austreiben; Ü das Auto, der Motor hat [seine] -n *(funktioniert nicht so, wie es sein soll);* die Angelegenheit hat ihre -n *(ist nicht ganz einfach, bereitet Schwierigkeiten).*

[2]Mụ|cke, die; -, -n [engl. muck, eigtl. = Dreck; Dreckarbeit (a)] (Musik Jargon): *Auftritt eines [Orchester]musikers für einen Abend als Nebentätigkeit außerhalb seiner festen Anstellung.*

Mụ̈|cke, die; -, -n [mhd. mücke, ahd. mucka, urspr. lautm.; 3: H. u.]: 1. *(in vielen Arten vorkommendes) kleines [Blut saugendes] Insekt, das oft in größeren Schwärmen auftritt:* die -n tanzen, stechen, umschwirren das Licht; die -n fressen mich noch auf (ugs. emotional; *belästigen u. stechen mich sehr*); * **aus einer M. einen Elefanten machen** (ugs.; *etw. maßlos übertreiben*); **die, eine M. machen** (salopp; ↑Fliege 1). 2. (landsch.) *Fliege* (1). 3. ⟨Pl.⟩ (salopp) *Maus* (4).

Mụ|cke|fuck, der; -s [aus rhein. Mucken = braune Stauberde, verwestes Holz u. fuck = faul] (ugs.): *dünner, schlechter Kaffee; Kaffee-Ersatz.*

mụ|cken ⟨sw. V.; hat⟩ [aus dem Niederd. < mniederd. mucken, urspr. lautm.] (ugs.): *Widerspruch erheben, aufbegehren:* sie nahm das hin, ohne zu m.; ⟨subst.:⟩ er führte den Auftrag ohne Mucken aus.

Mụ̈|cken|dreck, der: 1. *Fliegendreck.* 2. (ugs. abwertend) *lächerliche Angelegenheit, Kleinigkeit:* sich über jeden M. aufregen.

Mụ̈|cken|pla|ge, die: *starke Belästigung durch viele Mücken.*

Mụ̈|cken|schiss, der (salopp): *Mückendreck.*

Mụ̈|cken|stich, der: *Stich einer Mücke.*

Mụ|ckis ⟨Pl.⟩ [wohl scherzh. Bez. für ↑Muskel nach dem Kosew. Muckel] (ugs., meist scherzh.): *Muskeln.*

Mụcks, der; -es, -e ⟨Pl. selten⟩ (ugs.): *kurze, kaum vernehmbare, halb unterdrückte Äußerung [u. Regung] (als Ausdruck des Aufbegehrens):* auf jeden M. achten; keinen M. tun, von sich geben; ich will jetzt keinen M. *(kein Wort)* mehr hören!; Ü der Motor sagt keinen M. *(ist kaputt).*

mụck|schen ⟨sw. V.; hat⟩ (landsch., bes. ostmd.): *verärgert, mürrisch sein u. abweisend schweigen.*

mụck|sen ⟨sw. V.; hat⟩ [mhd. muchzen, ahd. in: irmuccazzan] (ugs.): 1. *sich durch einen Laut od. eine Bewegung bemerkbar machen:* sie hat beim Zahnarzt nicht gemuckst; ⟨meist m. + sich:⟩ in der Schulstunde durften wir uns nicht m. 2. *Widerspruch erheben, aufbegehren:* keiner wagte zu m.; ⟨meist m. + sich:⟩ nach der Verwarnung muckste er sich nicht mehr.

Mụck|ser, der; -s, - (ugs.): *Mucks.*

mụcks|mä̲us|chen|stịll ⟨Adj.⟩ (ugs. emotional verstärkend): *so still [vor angespannter Erwartung, Aufmerksamkeit], dass nicht das geringste Geräusch zu hören ist.*

mü̲|de ⟨Adj.⟩ [mhd. müede, ahd. muodi, urspr. =

sich gemüht habend]: a) *in einer Verfassung, einem Zustand, der Schlaf erfordert; nach Schlaf verlangend:* die -n Kinder ins Bett bringen; sie war so m., dass sie sofort einschlief; angenehm, unbeschreiblich, wahnsinnig (ugs.; *sehr*), rechtschaffen (geh.; *sehr*) m. sein; ich bin zum Umfallen, Umsinken, Sterben (ugs.; *sehr*) m.; b) *[nach Anstrengung, übermäßiger Beanspruchung o. Ä.] erschöpft, ohne Kraft od. Schwung [etw. zu tun]:* ein -r Wanderer; sie war m. von der schweren Arbeit; ihr Gesicht sah m. aus; Ü für diese Behauptung hatte er nur ein -s *(schwaches)* Lächeln; sie ging mit -n *(langsamen, schleppenden)* Schritten auf das Haus zu; dafür gebe ich keine m. (salopp; *einzige*) Mark aus; * **jmds., einer Sache/(seltener:) jmdn., etw. m. sein/werden** *(jmds., einer Sache überdrüssig sein/werden):* ich bin es m., immer hinter ihm herzulaufen; **nicht m. werden, etw. zu tun** *(nicht aufhören, sich nicht davon abbringen lassen, etw. zu tun):* sie wurde nicht m., immer wieder ihre Unschuld zu beteuern.

-mü|de: drückt in Bildungen mit Substantiven aus, dass die beschriebene Person keine Freude mehr an etw. hat, einer Sache überdrüssig ist: ehe-, europamüde.

Mü̲|dig|keit, die; - [mhd. müdecheit]: a) *Verfassung, Zustand, der Schlaf erfordert:* eine tiefe, bleierne M.; ihre M. war verflogen; die M. überwinden; von M. übermannt werden; * **[nur] keine M. vorschützen!** (ugs.; *keine Ausflüchte!*); b) *Zustand der Erschöpfung, Abgespanntheit:* aus seinem Gesicht wich jede M.

-mü|dig|keit, die; -: Grundwort in Zus. mit der Bed. *Überdruss; Verdruss,* z. B. Staatsmüdigkeit, Zivilisationsmüdigkeit.

Mu|di̲r, der; -s, -e [türk. müdür < arab. mudīr]: 1. *Leiter eines Verwaltungsbezirks in Ägypten.* 2. a) ⟨o. Pl.⟩ *Beamtentitel in orientalischen Ländern;* b) *Träger dieses Titels.*

Mu̲|dra, die; -, -s [sanskr. mudrā = Siegel, Zeichen]: *magisch-symbolische Stellung der Finger u. Hände in tandrischen Ritualen.*

Mud|scha|he̲d, der; -, ...di̲n [arab. muǧāhid = Kämpfer]: *Freischärler (im islamischen Raum).*

Mü̲|es|li, das; -s [schweiz. Vkl. von Mues = ↑Mus] (schweiz.): ↑Müsli.

Mu|e̲z|zin [...i:n, auch, österr. nur: ˈ– – –], der; -s, -s [arab. muʼaḏḏin, eigtl. = der (zum Gebet) Aufrufende] (islam. Religion): *Ausrufer, der vom Minarett die Zeiten zum Gebet verkündet.*

[1]Muff, der; -[e]s [H. u.] (nordd.): *modriger, dumpfer Geruch:* im Keller ist ein schrecklicher M.; Ü in dieser Schrift erkennt man den M. vergangener Tage.

[2]Muff, der; -[e]s, -e [älter: Muffel, mniederl. muffel < (a)frz. moufle = Fausthandschuh < mlat. muffula, wohl aus dem Germ.]: *(meist von Frauen getragene) längliche Hülle aus Pelz o. Ä., in die man zum Schutz vor Kälte die Hände von links u. rechts hineinsteckt.*

Müff|chen, das; -s, -: Vkl. zu ↑[2]Muff.

Mụf|fe, die; -, -n [eigtl. niederd. Nebenf. von ↑[2]Muff, nach der Form]: 1. (Technik) a) *Verbindungsstück (in Form eines Hohlzylinders), durch das zwei Rohre verbunden werden;* b) *auf eine Welle, Achse aufgeschobenes, rohrförmiges Stück, das nicht an der Drehung der Welle, Achse teilnimmt.* 2. * (ugs.) **jmdm. geht die M. [eins zu hunderttausend]** *(jmd. schlottert vor Angst):* **M. haben** *(Angst haben).* 3. (derb) *Vulva.*

[1]Mụf|fel, der; -s, - [zu ↑[1]muffeln]: 1. (ugs.) a) *mürrischer, unfreundlicher Mensch:* du bist ein richtiger M.; b) *jmd., der einer bestimmten Sache gleichgültig, desinteressiert gegenübersteht:* Männer gelten als M. in Sachen Mode. 2. (Jägerspr.) *Maul u. Umgebung der Nasenlöcher bei Wiederkäuern.* 3. (Zool.) *Nasenspiegel* (2).

[2]Mụf|fel, die; -, -n [zu ↑[2]Muff, nach der Form] (Technik): *feuerfestes, von außen beheiztes Gefäß zur Destillation* (1), *zum Härten von Stahlwerkzeugen, zum Emaillieren o. Ä.*

[3]Mụf|fel, das; -s, -: *Mufflon.*

[4]Mụf|fel, der; -s, - [eigtl. = ein Mund voll] (md.): *kleiner Bissen, Häppchen.*

-muf|fel, der; -s, - (ugs.): kennzeichnet in Bildungen mit Substantiven eine Person, die einer Sache gleichgültig, desinteressiert gegenübersteht: Ehe-, Modemuffel.

[1]mụf|fe|lig, mufflig ⟨Adj.⟩ [zu ↑[1]muffeln] (ugs., meist abwertend): *mürrisch, unfreundlich u. dabei ein sehr unfreundliches Gesicht machend.*

[2]mụf|fe|lig, mufflig ⟨Adj.⟩ [zu ↑[2]muffeln] (ugs. abwertend): *nach* [1]*Muff riechend.*

[1]mụf|feln ⟨sw. V.; hat⟩ [wohl verw. mit niederl. moppen, niederd. mopen, ↑Mops] (ugs.): 1. [1]*muffelig sein.* 2. *ständig [mit sehr vollem Mund] kauen, essen.*

[2]mụf|feln, mụ̈f|feln ⟨sw. V.; hat⟩ [spätmhd. müffeln] (landsch. ugs.): [1]*muffig riechen:* im Keller muffelt es.

Mụf|fel|wild, das (Jägerspr.): *Mufflon.*

[1]mụf|fig ⟨Adj.⟩ [zu ↑[1]Muff]: *nach* [1]*Muff riechend; dumpf, modrig:* -e Amtsstuben.

[2]mụf|fig ⟨Adj.⟩ [zu ↑[1]muffeln] (ugs., meist abwertend): *mürrisch, unfreundlich.*

Muf|fin [mʌfɪn], der; -s, -s [engl. muffins, H. u.]: *in einem kleinen Förmchen gebackenes Kleingebäck.*

[1]mụff|lig: ↑[1]muffelig.

[2]mụff|lig: ↑[2]muffelig.

Mụff|lon, der; -s, -s [frz. mouflon < ital. muflone, aus dem Altsardischen]: *braunes Wildschaf mit beim männlichen Tier großen, nach hinten gebogenen, beim weiblichen Tier kurzen, nach oben gerichteten Hörnern.*

Mụf|ti, der; -s, -s [arab. muftī]: *islamischer Rechtsgelehrter.*

Mu̲|gel, der; -s, -[n] [spätmhd. mugel = Klumpen] (österr.): *kleiner Hügel.*

Mụg|ge, die; -, -n (landsch.): [2]*Mucke.*

mu̲h ⟨Interj.⟩ (Kinderspr.): lautm. für das Brüllen des Rindes: m. machen.

Mü̲|he, die; -, -n [mhd. müe(je), ahd. muohī]: *mit Schwierigkeiten, Belastungen verbundene Anstrengung; zeitraubender [Arbeits]aufwand:* das ist verlorene M. *(das ist vergeblich, nützt nichts);* er hatte alle M. *(es kostete ihn einige Anstrengung),* die Sache wieder in Ordnung zu bringen; etw. bereitet M.; er scheute keine M., sein Ziel zu erreichen; machen Sie sich bitte keine M.! *(keine Umstände, bitte!);* die M. kannst du dir sparen *(es ist zwecklos; das lohnt nicht; du erreichst nichts);* mit äußerster M. etwas schaffen; * **sich M. geben** *(sich bemühen, anstrengen);* **der/(seltener:) die M. wert sein** *(sich lohnen):* die Sache ist nicht der M. wert; **mit Müh und Not** *(mit großen Schwierigkeiten; gerade noch).*

mü̲|he|los ⟨Adj.⟩: *ohne Mühe, die geringste Schwierigkeit:* etwas m. schaffen.

Mü̲|he|lo|sig|keit, die; -: *das Mühelossein.*

mu̲|hen ⟨sw. V.; hat⟩ [lautm.]: *(vom Rind) brüllen.*

mü̲|hen, sich ⟨sw. V.; hat⟩ [mhd. mue(je)n, ahd. muoen] (meist geh.): 1. *sich anstrengen* (1 a). 2. *sich um jmdn., etw. bemühen* (1 b).

mü̲|he|voll ⟨Adj.⟩: *große Mühe u. Anstrengung erfordernd:* etw. in -er Kleinarbeit aufbauen.

Mü̲|he|wal|tung, die; - (Papierdt.): *Mühe; freundliches Entgegenkommen* (meist als Grußformel im Brief): für Ihre M. dankend, verbleiben wir ...

Mu̲h|kuh, die (Kinderspr.): *Kuh.*

Mü̲hl|bach, der: *Bach, der das Mühlrad einer Wassermühle treibt.*

Mü̲h|le, die; -, -n [mhd. mül(e), ahd. mulī, mulin < spätlat. molina, zu lat. molere = mahlen]: 1. a) *durch Motorkraft, Wind od. Wasser betriebene Anlage zum Zermahlen, Zerkleinern von körnigem, bröckligem Material, bes. zum Mahlen von Getreide:* Ü in die M. der Justiz *(in eine langwierige, schleppende [u. aussichtslos erscheinende] juristische Angelegenheit)* geraten; b) *Haushaltsgerät zum Zermahlen von Kaffee, Gewürzen o. Ä.* 2. *Haus mit einer Mühle* (1 a): eine idyllisch gelegene M. 3. a) ⟨o. Pl.; o. Art.⟩ *Brettspiel für zwei Personen, die je 9 Spielsteine auf ein mit Punkten versehenes Liniensystem setzen u. dabei versuchen, eine Mühle* (3 b) *zu bilden; Mühlespiel:* M. spielen; b) *Figur aus drei nebeneinander liegenden Spielsteinen beim Mühlespiel, durch die dem Gegner Spielsteine weggenommen werden können:* die M. öffnen, schließen. 4. (ugs., oft abwertend) *[altes] motorisiertes Fahr- od. Flugzeug.*

Mü̲h|len|bau|er, der; -s, -: *Handwerker, der Mühlen* (1 a) *baut* (Berufsbez.).

Mü̲h|len|bau|e|rin, die; -, -nen: w. Form zu ↑Mühlenbauer.

Mü̲h|len|flü|gel, der: *Flügel einer Windmühle.*

Mü̲h|len|rad: ↑Mühlrad.

Mü̲h|len|stein: ↑Mühlstein.

Mü̲h|len|wehr: ↑Mühlwehr.

Mü̲h|le|spiel, das: *Mühle* (3 a).

Mü̲hl|gang, der: *Mahlgang.*

Mü̲hl|rad, das: *Treibrad einer Wassermühle:* R mir geht [es wie] ein M. im Kopf herum (ugs.; *ich bin ganz konfus, verwirrt*).

Mü̲hl|stein, der: *großer Stein von der Form eines Rades zum Zermahlen von Getreide.*

Mü̲hl|wehr, das: [2]*Wehr für den Mühlbach.*

Mü̲hl|werk, das: *Getriebe einer Mühle.*

Mu̲hm|chen, das; -s, -: Vkl. zu ↑Muhme.

Mu̲h|me, die; -, -n [mhd. muome, ahd. muoma, urspr. = Schwester der Mutter] (veraltet): *Tante.*

Mü̲h|sal, die; -, -e [mhd. müesal] (geh.): *große Mühe, Anstrengung.*

mü̲h|sam ⟨Adj.⟩: *mit großer Mühe, Anstrengung verbunden:* -e Kleinarbeit; m. gehen.

mü̲h|se|lig ⟨Adj.⟩ [mhd. müesalic, spätahd. muosalig]: *beschwerlich, strapaziös u. oft sehr zeitraubend; mit viel Mühe, Anstrengung verbunden:* ein -es Leben; sich m. erheben.

mu|kö̲s ⟨Adj.⟩ [lat. mucosus] (Med.): *schleimig.*

Mu|ko|vis|zi|do̲|se, die; -, -n [zu lat. viscidus = zähflüssig, klebrig] (Med.): *Erbkrankheit mit Funktionsstörungen der Sekrete produzierenden Drüsen.*

Mu|lạt|te, der; -n, -n [span. mulato, zu: mulo (< lat. mulus) = Maultier, nach dem Vergleich mit dem Bastard aus Pferd u. Esel]: *(männlicher) Nachkomme eines negriden u. eines europiden Elternteils* (heute oft als abwertend empfunden).

Mu|lạt|tin, die; -, -nen: w. Form zu ↑Mulatte.

Mulch, der; -[e]s, -e [engl. mulch, verw. mit ↑mulsch, molsch] (Landw., Gartenbau): *Bodenbedeckung aus Stroh, Gras o. Ä. zur Förderung der Bodengare, zum Schutz o. Ä.*

Mulch|blech, das: *Vorrichtung an Rasenmähern zum Zerkleinern von Laub.*

mul|chen ⟨sw. V.; hat⟩ (Landw., Gartenbau): *den Boden mit Mulch bedecken.*

Mụl|de, die; -, -n [2: mhd. mulde, wohl umgebildet aus mhd. mu(o)lter, ahd. muolt(e)ra, mulhtra < lat. mulctra = Melkkübel]: 1. *leichte [natürliche] Vertiefung im Boden, in einem Gelände.* 2. (landsch.) *großes, längliches Gefäß, Trog.*

Mu|le̲|ta, die; -, -s [span. muleta, Vkl. von: mula = weiblicher Maulesel < lat. mulus, ↑Mulus]: *rotes Tuch der Stierkämpfer.*

Mu̲|li, das; -s, -[s] [zu lat. mulus, ↑Mulus]: *Maulesel.*

[1]Mull, der; -[e]s, (Arten:) -e [engl. mull, gek. aus: mulmull < Hindi malmal, eigtl. = sehr weich]: *leichtes, weitmaschiges Gewebe aus Baumwolle.*

[2]Mull, der; -[e]s, -e [mniederd. mul(l), vgl. Müll] (nordd.): *weicher, lockerer Humusboden.*

Müll, der; -s [aus dem Niederd. < mniederd. mül, zu mhd. müllen, ahd. mullen = zerreiben]: *fester Abfall eines Haushalts, Industriebetriebs o. Ä., der in bestimmten Behältern gesammelt [u. von der Müllabfuhr abgeholt] wird:* radioaktiver M.; Ü der redet doch bloß M. (ugs.; *Unsinn*).

Mul|la: ↑Mullah.

Müll|ab|fuhr, die: 1. *Abtransport von Müll durch eine kommunale Anstalt.* 2. *für die Müllabfuhr* (1) *zuständige kommunale Anstalt:* die städtische M.

Müll|ab|la|de|platz, der: *Platz zum Abladen u. Lagern von Müll.*
Mul|lah, Mulla, der; -s, -s [türk. molla < pers. mūlā < arab. al-mawlā = Patron, Herr]: a) ⟨o. Pl.⟩ *[Ehren]titel für einen islamischen Rechts-, Religionslehrer;* b) *Träger des Titels Mullah* (a).
Müll|auf|be|rei|tung, die: *das Aufbereiten* (1) *von Müll.*
Müll|au|to, das: *Müllwagen.*
Müll|beu|tel, der: *[in einen Mülleimer eingehängter] Plastikbeutel für Müll.*
Mull|bin|de, die: *Binde* (1 a) *aus Mull.*
Müll|con|tai|ner, der: *im Freien aufgestellter, großer Container für Müll.*
Müll|de|po|nie, die (Amtsspr.): *Platz zur Ablagerung von Müll.*
Müll|ei|mer, der: *Eimer für [Haushalts]müll.*
Müll|ent|sor|gung, die: a) *Entsorgung;* b) *Anlage zur Müllentsorgung* (a).
Mül|ler, der; -s, - [mhd. müller, älter: mülner, mülnære, ahd. mulināri < spätlat. molinarius, zu spätlat. molina, ↑Mühle]: *Handwerker, der in einer Mühle [mithilfe automatischer Anlagen] besonders Getreide mahlt* (Berufsbez.).
Mül|ler|bur|sche, der (veraltet): *Lehrling od. Geselle in einer Mühle.*
Mül|le|rei, die; -: *Gewinnung von Mehl in der Mühle.*
Mül|le|rin, die; -, -nen: **1.** weibl. Form zu ↑Müller. **2.** (veraltet) *Frau eines Müllers, Mühlenbesitzers.*
Mül|le|rin|art: in der Verbindung **auf/nach M.** (Gastr.; *[von Fischen] in Mehl gewendet, in Butter gebraten u. mit brauner Butter übergossen*).
Mül|ler-Thur|gau [auch: -ˈtuːɐ̯...], der; -, - [nach dem Schweizer Pflanzenphysiologen H. Müller aus dem Thurgau (1850–1927)]: a) ⟨o. Pl.⟩ *Rebsorte aus einer Kreuzung zwischen Riesling u. Silvaner, die einen milden, säurearmen Wein liefert;* b) *Wein der Rebsorte Müller-Thurgau* (a).
Müll|frau, die (ugs.): *Müllwerkerin.*
Mull|gar|di|ne, die: vgl. Mullbinde.
Müll|gru|be, die: *Grube zum Abladen u. Lagern von Müll.*
Müll|hal|de, die: *Halde* (2) *von Müll.*
Müll|kip|pe, die: *Platz zum Abladen u. Lagern von Müll.*
Mull|läpp|chen, das: vgl. Mullbinde.
Müll|mann, der ⟨Pl. ...männer, selten: Müllleute⟩ (ugs.): *Müllwerker.*
Müll|sack, der: *Plastiksack für Müll.*
Müll|schlu|cker, der: *schachtartige Vorrichtung [im Hausflur eines größeren Wohnhauses], durch die der Müll direkt in einen großen Behälter o. Ä. geleitet wird.*
Müll|ton|ne, die: vgl. Mülleimer.
Müll|tren|nung, die ⟨o. Pl.⟩: *Sortierung des Mülls nach der unterschiedlichen Verwertbarkeit der Abfallstoffe.*
Müll|ver|bren|nung, die ⟨o. Pl.⟩: *Verbrennung von Müll.*
Müll|ver|bren|nungs|an|la|ge, die: *Anlage zur Verbrennung von Müll.*
Müll|ver|mei|dung, die: *das Vermeiden der Erzeugung von Müll.*
Müll|ver|wer|tung, die: *Verwertung von Müll.*
Müll|wa|gen, der: *Wagen zum Abtransport von Müll.*
Müll|wer|ker, der: *Arbeiter der Müllabfuhr* (2), *der Mülltonnen o. Ä. entleert od. auf Müllabladeplätzen o. Ä. tätig ist* (Berufsbez.).
Müll|wer|ke|rin, die; -, -nen: w. Form zu ↑Müllwerker.
Mull|win|del, die: vgl. Mullbinde.
Mulm, der; -[e]s [niederd. molm, ↑Malm] (Fachspr.): a) *pulveriger Humusboden;* b) *verfaultes, getrocknetes u. zu Pulver zerfallenes Holz.*
mul|men ⟨sw. V.⟩ (Fachspr.): **1.** *zu Mulm machen* ⟨hat⟩. **2.** *in Mulm zerfallen* ⟨ist/(auch:) hat⟩.
mul|mig ⟨Adj.⟩: **1.** a) (Fachspr.) *(von Humusboden) pulverig locker;* b) (landsch.) *faulig, morsch:* eine -e Holztreppe. **2.** (ugs.) a) *für jmdn. unbehaglich, bedenklich, gefährlich:* das ist eine [ganz] -e Situation; b) *unbehaglich, übel in Bezug auf jmds. Befinden:* jmdm. ist, wird m.
mulsch, molsch, **mul|schig** ⟨Adj.⟩ [vgl. mhd. molwic = weich, ahd. molawēn = weich machen] (landsch., bes. nordd.): *von Fäulnis befallen u. weich:* -e Birnen.
Mul|ti, der; -s, -s [gek. aus ↑multinational] (Jargon): *multinationaler Konzern.*
mul|ti-, Mul|ti-: bedeutet in Bildungen mit Substantiven, Adjektiven und Verben *vielfach, Vielfach..., mehrer..., viel.../Viel...:* Multiinstrumentalist, -talent; multimedial.
mul|ti|di|men|si|o|nal ⟨Adj.⟩ [zu lat. multus = viel]: *mehrere Dimensionen umfassend, vielschichtig.*
mul|ti|dis|zi|pli|när ⟨Adj.⟩: *sehr viele Disziplinen* (2, 3) *umfassend, die Zusammenarbeit vieler Disziplinen betreffend.*
mul|ti|fak|to|ri|ell ⟨Adj.⟩: *durch viele Faktoren, Einflüsse bedingt.*
mul|ti|funk|ti|o|nal ⟨Adj.⟩: *vielen Funktionen* (1 c) *gerecht werdend, viele Bedürfnisse befriedigend.*
Mul|ti|funk|ti|ons|an|zei|ge, die (Kfz-T.): *elektronische Anzeige* (3 b) *am Armaturenbrett eines Wagens, die bestimmte Funktionen bzw. Fehlfunktionen anzeigt.*
Mul|ti|funk|ti|ons|dis|play, das: *multifunktionales Display.*
mul|ti|kul|ti ⟨Adj.⟩ [(wohl unter Einfluss von gleichbed. engl.-amerik. multiculti) gek. aus ↑multikulturell] (ugs.): *viele Kulturen* (1 b) *umfassend, beinhaltend:* das Publikum ist sehr gemischt u. m.
Mul|ti|kul|ti, das; -, - (ugs.) [gek. aus ↑Multikulturalität]: *Multikulturalität:* das M. in der Hauptstadt.
Mul|ti|kul|tu|ra|li|tät, die; -: *das Vorhandensein von Einflüssen mehrerer Kulturen; kulturelle Vielfalt:* ein Aufruf zu Toleranz u. M.
mul|ti|kul|tu|rell ⟨Adj.⟩: *mehrere Kulturen* (1b), *Angehörige mehrerer Kulturkreise umfassend, aufweisend:* eine -e Gesellschaft.
mul|ti|la|te|ral ⟨Adj.⟩ (bes. Politik): *mehrere Seiten, mehr als zwei Vertragspartner betreffend; mehrseitig:* ein -es Abkommen; -e Gespräche.
mul|ti|lin|gu|al ⟨Adj.⟩ (Fachspr., bildungsspr.): a) *mehrsprachig* (b); b) *mehrsprachige Äußerungen, Mehrsprachigkeit betreffend, darauf bezogen.*
Mul|ti|me|dia, das; -[s] ⟨meist o. Art.⟩ [engl. multimedia]: *das Zusammenwirken, die Anwendung von verschiedenen Medien (Texten, Bildern, Computeranimationen, -grafiken, Musik, Ton) [mithilfe von Computern].*
mul|ti|me|di|al ⟨Adj.⟩: *viele* [1]*Medien* (2 a, b) *betreffend, berücksichtigend, für sie bestimmt, aus ihnen bestehend, zusammengesetzt:* ein -es Happening.
Mul|ti|me|dia|show, die: [aus engl. multimedia = multimedial u. ↑Show]: *Multimediaveranstaltung.*
Mul|ti|me|dia|sys|tem, das (Päd.): *Informations- u. Unterrichtssystem, das mehrere* [1]*Medien* (2 a, b) *(z. B. Fernsehen, Dias, Bücher) verwendet.*
Mul|ti|me|dia|ver|an|stal|tung, die (moderne Kunst): *Veranstaltung, die beabsichtigt, die verschiedenen Kunstarten u. ihre Mischformen unter Einbeziehung der verschiedensten Medien in Abfolge oder auch simultan darzustellen.*
Mul|ti|mil|li|o|när, der: *mehrfacher, vielfacher Millionär.*
Mul|ti|mil|li|o|nä|rin, die: w. Form zu ↑Multimillionär.
mul|ti|na|ti|o|nal ⟨Adj.⟩ (Politik, Wirtsch.): *mehrere Nationen betreffend, einbeziehend:* -e *(in mehreren Ländern Produktionsstätten besitzende)* Konzerne.
Mul|ti|pack, das, auch: der; -s, -s [zu lat. multus = viel u. ↑[1]Pack]: *mehrere Waren der gleichen Art, die zusammen in einer Verpackung verkauft werden:* verschiedene Schokoladesorten im M.
mul|ti|pel ⟨Adj.⟩ [lat. multiplex] (Fachspr., sonst bildungsspr.): *vielfältig, vielfach:* multiple Sklerose (Med.; *Erkrankung des Gehirns u. Rückenmarks mit Bildung zahlreicher Verhärtungen von Gewebe, Organen od. Organteilen*).
Mul|ti|ple-Choice-Ver|fah|ren, (auch:) **Mul|ti|ple|choice|ver|fah|ren** [ˈmʌltɪpl ˈtʃɔɪs-], das [nach engl. multiple-choice test] (Psych., Päd.): *Prüfungsmethode od. Test, bei dem der Prüfling unter mehreren vorgegebenen Antworten eine od. mehrere als richtig kennzeichnen muss.*
mul|ti|plex ⟨Adj.⟩ (veraltet): *vielfältig.*
Mul|ti|plex, das; -[es], -e [engl. multiplex, nach der Bez. für ein Verfahren zur gleichzeitigen Vorführung eines Filmes auf mehreren Leinwänden]: *großes Kinozentrum.*
Mul|ti|plex|be|trieb, der ⟨o. Pl.⟩ (Nachrichtent.): *Betrieb von Systemen zur Nachrichtenübertragung in der Weise, dass jeder Kanal mehrfach ausgenutzt wird.*
Mul|ti|pli|kand, der; -en, -en [lat. multiplicandus (numerus) = der zu multiplizierende (Wert), Gerundivum von: multiplicare, ↑multiplizieren] (Math.): *Zahl, die mit einer anderen multipliziert werden soll.*
Mul|ti|pli|ka|ti|on, die; -, -en [lat. multiplicatio] (Math.): *Vervielfachung einer Zahl um eine andere:* schwierige -en und Divisionen durchführen.
Mul|ti|pli|ka|ti|ons|zei|chen, das: *Malzeichen.*
Mul|ti|pli|ka|ti|vum, das; -s, ...va (Sprachw.): *Zahlwort, das angibt, wievielmal etw. vorkommt; Wiederholungs-, Vervielfältigungszahlwort* (z. B. zweimal, dreifach).
Mul|ti|pli|ka|tor, der; -s, ...oren [spätlat. multiplicator]: **1.** (Math.) *Zahl, mit der eine vorgegebene Zahl multipliziert wird.* **2.** (bildungsspr.) *Person, Einrichtung, die Wissen od. Information weitergibt u. zu deren Verbreitung, Vervielfältigung beiträgt.*
mul|ti|pli|zie|ren ⟨sw. V.; hat⟩ [lat. multiplicare]: **1.** (Math.) *um eine bestimmte Zahl vervielfachen; malnehmen:* eine Zahl mit einer anderen m. **2.** (bildungsspr.) a) *vervielfältigen; [steigernd] zunehmen lassen, vermehren:* die Abwehrkräfte des Körpers durch Vitamine m.; b) ⟨m. + sich⟩ *sich steigernd zunehmen:* die Ausgaben multiplizieren sich.
Mul|ti|ta|lent, das: *jmd., der mehrere bes. künstlerische Talente besitzt.*
Mul|ti|tas|king [mʌltɪˈtaːskɪŋ], das; -[s] [engl. multitasking, zu: task = Aufgabe] (EDV): *gleichzeitiges Abarbeiten mehrerer Tasks* (2) *in einem Computer.*
mul|ti|va|lent ⟨Adj.⟩ (bes. Psych.): *(von psychischen Eigenschaften, Tests o. Ä.) mehrwertig, vielwertig; mehrere Deutungen bzw. Lösungen zulassend.*
Mul|ti|vi|si|on, die; - (Fachspr.): *Technik der gleichzeitigen Projektion von Dias auf eine Leinwand, wobei jedes Dia entweder ein eigenes Motiv od. einen Bildausschnitt darstellen kann.*
Mul|ti|vi|si|ons|wand, die: *Projektionswand für Multivision.*
Mu|lus, der; -, Muli [lat. mulus]: lat. Bez. für *Maulesel, -tier.*
Mu|mie, die; -, -n [ital. mummia < arab. mūmiya^{h}, zu pers. mūm = Wachs; die Perser u. Babylonier pflegten ihre Toten mit Wachs zu überziehen]: *durch Austrocknung od. Einbalsamierung vor Verwesung geschützte Leiche:* eine ägyptische M.
Mu|mi|en|bild|nis, das: *(bes. 1. bis 4. Jh. in Ägypten) das Gesicht der Mumie bedeckendes, auf Holz od. Leinwand gemaltes Porträt.*
mu|mi|en|haft ⟨Adj.⟩: *einer Mumie vergleichbar.*
Mu|mi|fi|ka|ti|on, die; -, -en: **1.** *das Mumifizieren* (1). **2.** (Med.) *das Mumifizieren* (2).
mu|mi|fi|zie|ren ⟨sw. V.⟩: **1.** *(einen toten Körper od. Teile davon, Organe) durch Austrocknung od. Einbalsamierung vor Verwesung schützen* ⟨hat⟩. **2.** (Med.) a) *(Gewebe) eintrocknen, absterben lassen* ⟨hat⟩; b) *(von Gewebe) eintrocknen, absterben* ⟨ist⟩.
Mu|mi|fi|zie|rung, die; -, -en: *das Mumifizieren* (1).
Mumm, der; -s [wahrsch. in der Studentenspr.

gek. aus lat. animum (in der Wendung: keinen Animum haben), Akk. von: animus, ↑Animus] (ugs.): **a)** *Entschlossenheit u. Tatkraft, wenn es darum geht, sich zu einem Wagnis aufzuraffen:* dazu fehlt ihm der M.; **b)** *körperliche Kraft:* Fleisch gibt M.

Mụm|mel, die; -, -n [urspr. Name eines w. Wassergeistes]: *Teichrose.*

Mụm|mel|greis, der [zu ↑[2]mummeln] (ugs. abwertend): *kraftloser alter Mann.*

Mụ̈m|mel|mann, der ⟨Pl. ...männer⟩ [zu ↑mümmeln (1 b)] (fam. scherzh.): *Hase.*

[1]mụm|meln ⟨sw. V.; hat⟩ [zu veraltet Mumme = Maske, verkleidete Gestalt, wohl Lallwort] (landsch. fam.): *fest in etw. einhüllen u. dadurch eine behagliche Wärme schaffen:* sich in eine Decke m.

[2]mụm|meln ⟨sw. V.; hat⟩ [aus dem Niederd. < mniederd. mummelen, lautm.] (landsch.): **1. a)** *mümmeln* (1 a); **b)** *mümmeln* (1 b). **2.** *unverständlich murmeln.*

mụ̈m|meln ⟨sw. V.; hat⟩ [lautm.] (landsch. fam.): **1. a)** *mit kleinen, meist schnelleren Bewegungen über eine längere Zeit kauen:* ein Stück Brot, an einem Apfel m.; **b)** *(bes. von Hasen) [mit den Vorderzähnen] mit schnellen Bewegungen fressen, Nahrung zerkleinern:* der Hase mümmelt im Gras. **2.** *[2]mummeln* (2).

Mụm|men|schanz, der; -es [urspr. = von vermummten Personen während der Fastnachtszeit gespieltes Würfelspiel; vgl. [2]Schanze] (veraltend): **a)** *Maskenfest:* ein barocker M.; **b)** *Verkleidung zum Mummenschanz* (a).

Mụm|my [ˈmʌmɪ], der; -s, -s [engl. mummy = Mumie]: *Auftraggeber eines Ghostwriters.*

Mụmpf, der; -[e]s [wohl zu veraltet mumpfen = mit vollem Mund kauen] (schweiz.): ↑Mumps.

Mụm|pitz, der; -es [im Berliner Börsenjargon = unsinniges Gerede; älter: Mummelputz = Vogelscheuche, (vermummte) Schreckgestalt, zu ↑[1]Butz] (ugs. abwertend): *Unsinn, den man nicht zu beachten braucht:* der reine M.

Mụmps, der, landsch. auch: die; - [engl. mumps, Pl. von: mump = Grimasse, wohl nach dem angeschwollenen Gesicht]: *fieberhafte Infektionskrankheit mit schmerzhafter [einseitiger] Schwellung der Ohrspeicheldrüse; Ziegenpeter; Parotitis.*

Mụ̈n|chen: Stadt an der Isar; Landeshauptstadt von Bayern.

[1]Mụ̈n|che|ner, Münchner, der; -s, -: Ew.

[2]Mụ̈n|che|ner, Münchner ⟨indekl. Adj.⟩.

Mụ̈n|che|ne|rin, Münchnerin, die; -, -nen: w. Form zu ↑Münchener.

Mụ̈nch|hau|sen, der; -, - [nach dem Freiherrn von Münchhausen (1720–1797), dessen Lügengeschichten bes. durch die von G. A. Bürger besorgte Ausgabe weite Verbreitung fanden]: *jmd., der sehr prahlt; Aufschneider.*

Mụ̈nch|hau|se|ni|a|de, Mụ̈nch|hau|si|a|de, die; -, -n [↑-ade]: *Erzählung in der Art Münchhausens.*

[1]Mụ̈nch|ner: ↑[1]Münchener.

[2]Mụ̈nch|ner: ↑[2]Münchener.

Mụ̈nch|ne|rin: ↑Münchenerin.

[1]Mụnd, der; -[e]s, Münder, selten auch: -e, Münde [mhd. munt, ahd. mund]: **1. a)** *durch Unter- u. Oberkiefer gebildete, durch die Lippen verschließbare Öffnung im unteren Teil des menschlichen Gesichts, die zur Nahrungsaufnahme u. zur Hervorbringung sprachlicher Laute dient:* ein großer, voller, sinnlicher, zahnloser, roter, lächelnder M.; ein bitterer M.; vor Staunen blieb ihr der M. offen stehen; sein M. ist für immer verstummt (geh.; *er ist gestorben*); den M. öffnen, [zu einer Grimasse, vor Schmerz] verziehen, aufreißen; er küsste ihren M.; stopf dir doch den M. nicht so voll! (ugs.; *iss nicht so gierig!*); einige M. voll Kartoffelbrei essen; er küsste sie auf den M.; aus dem M. riechen *(einen üblen Mundgeruch haben);* das höre ich aus deinem M. *(von dir)* zum ersten Mal; mit offenem M. *(erstaunt)* zuhören; sie hat einen herben Zug um den M.; der Verunglückte wurde von M. zu M. beatmet; der Kranke hatte Schaum vor dem M.; R du hast wohl deinen M. zu Hause gelassen! (scherzh.; *warum bist du hier bei anderen so schweigsam?*); Ü sie hat vier hungrige Münder zu stopfen (ugs.; *vier Kinder zu versorgen*); ***** **jmds. M. steht nicht still** (ugs.; *jmd. hat unaufhörlich etw. zu erzählen*); **den M. nicht aufbekommen/aufkriegen** (ugs.; *nicht reden, sich zu etw. nicht äußern können*); **den Mund [zu] voll nehmen** (ugs.; *großsprecherisch sein*); **den M. [nicht] aufmachen/auftun** (ugs.; *sich zu etw. [nicht] äußern; etwas/nichts sagen*); **M. und Augen/Nase aufreißen/aufsperren** (ugs.; *fassungslos erstaunt sein*); **einen großen M. haben** (ugs.; *ein Prahler u. vorlaut sein*); **den M. halten** (ugs.; 1. *schweigen [u. dabei etw. unterdrücken, was man sagen wollte].* 2. *ein Geheimnis nicht verraten*); **seinen M. halten** (ugs.; *nichts von einer Sache verraten*); **sich ⟨Dativ⟩ den M. fransig/fusselig reden** (ugs.; *lange [vergeblich] auf jmdn. einreden*); **jmdm. [mit etw.] den M. stopfen** (ugs.; *jmdn. durch etw. zum Schweigen bringen*); **jmdm. den M. verbieten** *(jmdm. untersagen, seine Meinung zu äußern);* **sich ⟨Dativ⟩ den M. verbrennen** (ugs.; *sich durch unbedachtes Reden schaden*); **jmdm. den M. wässrig machen** (ugs.; *jmds. Verlangen erregen*); **nicht auf den M. gefallen sein** (ugs.; *schlagfertig sein*); **aus berufenem -e** *(aus sicherer Quelle, von kompetenter Seite);* **etw., jmdn. dauernd im M. führen** *(etw., jmds. Namen ständig im Gespräch erwähnen, als Wort gebrauchen);* **in aller -e sein** *(sehr bekannt, populär sein);* **jmdm. etw. in den M. legen** (1. *jmdn. bestimmte Worte sagen lassen.* 2. *jmdn. auf eine bestimmte Antwort hinlenken.* 3. *jmdm. etw. zuschreiben, was er nicht gesagt hat*); **jmdm. nach dem/zum -e reden** *(jmdm. immer zustimmen, das sagen, was der andere gern hören will);* **jmdm. über den M. fahren** (ugs.; *jmdm. das Wort abschneiden, jmdm. scharf antworten*); **von M. zu M. gehen** *(durch Weitererzählen verbreitet werden);* **sich ⟨Dativ⟩ etw. vom/(selten) am Mund[e] absparen** *(sich etw. unter Opfern, durch persönliche Einschränkung ersparen);* **b)** (Zool.) *Mundöffnung.* **2.** (Bergmannsspr.) kurz für ↑Mundloch.

[2]Mụnd, Munt, die; - [mhd., ahd. munt = (Rechts)schutz, Schirm]: *im germanischen Recht Gewalt des Hausherrn über die in der Hausgemeinschaft lebenden, von ihm zu schützenden Personen.*

mun|dan ⟨Adj.⟩ [lat. mundanus, zu: mundus = Welt] (Philos.): *die Welt, das Weltganze betreffend, dazu gehörend.*

Mụnd|art, die [für ↑Dialekt]: *innerhalb einer Sprachgemeinschaft auf ein engeres Gebiet beschränkte, von der Hochsprache in verschiedener Hinsicht abweichende, ursprüngliche, meist nur gesprochene Sprache; Dialekt.*

Mụnd|art|dich|ter, der: *jmd., der in einer bestimmten Mundart dichtet.*

Mụnd|art|dich|te|rin, die: w. Form zu ↑Mundartdichter.

Mụnd|art|dich|tung, die: **1.** ⟨o. Pl.⟩ *dichterisches Schaffen in einer bestimmten Mundart.* **2.** *einzelne Dichtung in einer bestimmten Mundart.*

Mụnd|ar|ten|for|schung, Mụnd|art|for|schung, die ⟨o. Pl.⟩: *sprachwissenschaftliche Disziplin, die sich mit der Erforschung der Mundarten befasst.*

Mụnd|art|geo|gra|phie, die: *Dialektgeographie.*

mụnd|art|lich ⟨Adj.⟩: *die Mundart betreffend, dazu gehörend* (Abk.: mdal.).

Mụnd|art|spre|cher, der: *jmd., der fast ausschließlich Mundart spricht.*

Mụnd|art|spre|che|rin, die: w. Form zu ↑Mundartsprecher.

Mụnd|art|wör|ter|buch, das: *Wörterbuch einer einzelnen Mundart.*

Mụ̈nd|chen, das; -s, -: Vkl. zu ↑Mund (1 a).

Mụnd|du|sche, die: *in der Art einer Dusche funktionierendes Gerät, dessen Düse die Zwischenräume zwischen den Zähnen reinigt [u. das Zahnfleisch massiert].*

Mụ̈n|del, das, BGB: der; -s, -, in Bezug auf eine w. Pers. selten auch: die; -, -n [zu ↑[2]Mund]: *Person, die unter Vormundschaft steht.*

Mụ̈n|del|geld, das: *zum Vermögen eines Mündels gehörendes Geld, das der Vormund verwaltet.*

mụ̈n|del|si|cher ⟨Adj.⟩ (Bankw.): *für die Anlage von Mündelgeldern zugelassen:* -e Wertpapiere.

Mụ̈n|del|si|cher|heit, die ⟨o. Pl.⟩ (Bankw.): *Sicherheit, die für die Anlage von Mündelgeldern gesetzlich erforderlich ist.*

mụn|den ⟨sw. V.; hat⟩ [zu ↑[1]Mund (1 a)] (geh.): *beim Genuss jmds. Geschmackssinn auf besonders angenehme Weise ansprechen; gut schmecken:* das mundet aber!; Ü die Arbeit mundet dir wohl nicht so recht?

mụ̈n|den ⟨sw. V.; ist/hat⟩ [zu ↑Mündung]: **1. a)** *in etw. hineinfließen:* der Fluss mündet ins Meer; **b)** *an einer bestimmten Stelle in etw. anderes übergehend enden, auslaufen:* der Gang mündete in eine/(auch:) einer Halle. **2.** *in etw. übergehen u. darin enden; auf etw. hinauslaufen; in etw. schließlich seinen Ausdruck finden:* die Erörterungen schienen mir in diese/(auch:) dieser Frage zu m.

mụnd|faul ⟨Adj.⟩ (ugs.): *aus einer wortkargen, bequemen od. unfreundlichen Haltung heraus nicht willig zu reden:* ein -er Mensch.

Mụnd|fäu|le, die (Med.): *eitrige Entzündung der Mundschleimhaut durch Infektion.*

Mụnd|flo|ra, die (Med.): *Gesamtheit der in der Mundhöhle lebenden Bakterien u. Pilze.*

mụnd|ge|bla|sen ⟨Adj.⟩: *handwerklich, vom Glasbläser hergestellt:* -e Gläser.

mụnd|ge|recht ⟨Adj.⟩: *in kleine Stücke zerteilt od. geschnitten u. dadurch bequem zu essen:* Ü jmdm. eine Sache m. machen *(sie so darstellen, dass er sie ohne Gegenwehr hinnimmt).*

Mụnd|ge|ruch, der ⟨Pl. selten⟩: *[übler] Geruch aus dem Mund:* an M. leiden.

Mụnd|glied|ma|ße, die ⟨meist Pl.⟩ (Zool.): *für die Nahrungsaufnahme umgebildete Gliedmaße (am Kopf) der Gliederfüßer.*

Mụnd|har|mo|ni|ka, die: *volkstümliches Musikinstrument, bei dem die Töne durch frei schwingende metallene Zungen in einem länglichen, flachen, zwischen den Lippen angeblasenen Kästchen erzeugt werden.*

Mụnd|höh|le, die: *(beim menschlichen Mund) durch Zähne u. Rachen, Zunge u. Gaumen begrenzter Hohlraum.*

mụn|dig ⟨Adj.⟩ [zu ↑[1]Mund] (bes. schweiz.): *mundend.*

mụ̈n|dig ⟨Adj.⟩ [mhd. mündec, zu ↑[2]Mund]: **a)** *nach Erreichung eines bestimmten Alters gesetzlich zur Vornahme von Rechtshandlungen berechtigt:* mit 18 Jahren m. werden; ***** **jmdn. m. sprechen** *(für mündig erklären);* **b)** *als erwachsener Mensch zu eigenem Urteil, selbstständiger Entscheidung befähigt:* der -e Bürger.

Mụ̈n|dig|keit, die; -: *das Mündigsein.*

mụ̈n|dig spre|chen: s. mündig (a).

Mụ̈n|dig|spre|chung, die; -, -en: *das Mündigsprechen.*

Mụnd|kom|mu|ni|on, die (kath. Kirche): *Kommunion* (1), *bei der die Hostie auf die Zunge der Kommunizierenden gelegt wird.*

mụ̈nd|lich ⟨Adj.⟩ [zu ↑[1]Mund]: *in der Form des Gesprächs stattfindend, sich vollziehend; gesprächsweise:* -e Überlieferung; etw. m. vereinbaren.

Mụ̈nd|lich|keit, die; -: *mündliche Form.*

Mụnd|loch, das (Bergbau): *Öffnung eines Stollens, Schachtes an der Erdoberfläche.*

Mụnd|öff|nung, die (Zool.): *durch Muskeln verschließbarer, durch die Kiefer begrenzter Eingang zum Darmtrakt bei Tier u. Mensch.*

Mụnd|par|tie, die: *Gesichtspartie um den Mund.*

Mụnd|pfle|ge, die: *Pflege der Zähne u. der Mundhöhle.*

Mụnd|pro|pa|gan|da, die: *mündliche Weitergabe, Weiterempfehlung.*

Mụnd|raub, der (Rechtsspr. früher): *Diebstahl od. Unterschlagung von wenigen Nahrungsmitteln od. Verbrauchsgegenständen von geringem Wert.*

Mụnd|schenk, der (früher): *an Fürstenhöfen für die Getränke verantwortlicher Hofbeamter:* Ü er macht hier den -en *(bedient mit Getränken).*
Mụnd|schleim|haut, die: *Schleimhaut, mit der die Mundhöhle ausgekleidet ist.*
Mụnd|schutz, der ⟨Pl. -e; selten⟩: 1. *bes. bei Operationen vom Arzt u. von den Schwestern getragene Schutzvorrichtung aus sterilem Material, die Mund u. Nase zur Verhinderung einer Infizierung des Patienten abdeckt od. die jmdn. vor dem Einatmen giftiger Stoffe o. Ä. schützen soll.* 2. (Boxen) *aus Hartgummi od. Plastik bestehende Schutzvorrichtung für das Gebiss.*
M-und-S-Rei|fen, der [kurz für: Matsch-und-Schnee-Reifen]: *Autoreifen mit besonderem Profil für Schneematsch u. Pulverschnee.*
Mụnd|stück, das: **1. a)** *Vorrichtung zum Blasen bei bestimmten Blasinstrumenten;* **b)** *in den Mund zu nehmendes Ende eines Gebrauchsgegenstandes o. Ä.:* das M. einer Tabakpfeife. 2. *Stück des Zaumzeugs, das einem Zugtier, bes. dem Pferd, ins Maul gelegt wird.*
mụnd|tot ⟨Adj.⟩ [zu ↑²Mund; urspr. = unfähig, Rechtshandlungen vorzunehmen, volksetym. nach ¹Mund umgedeutet]: meist in der Wendung **jmdn. m. machen** *(jmdm., der einem unbequem u. hinderlich ist, auf rücksichtslose, unerlaubte Weise die Gelegenheit zur Äußerung, zur Entfaltung nehmen).*
Mụnd|tuch, das ⟨Pl. …tücher⟩ (veraltend): *Serviette.*
Mụ̈n|dung, die; -, -en: **1. a)** *Stelle, an der ein Fluss o. Ä. mündet:* an der M. ist der Fluss am breitesten; **b)** *Stelle, an der eine Straße o. Ä. mündet.* 2. *vorderes Ende des Laufs od. Rohrs einer Feuerwaffe:* die M. einer Pistole.
Mụ̈n|dungs|feu|er, das: *durch brennende Pulvergase entstehender kurzer Feuerstrahl, der beim Abgeben eines Schusses aus der Mündung entweicht.*
Mụ̈n|dungs|ge|biet, das: *Gebiet, in dem ein Fluss o. Ä. mündet.*
Mụ̈n|dungs|trich|ter, der: *Trichtermündung.*
Mụnd|ver|kehr, der: *Oralverkehr.*
Mụnd voll: s. Mund (1 a).
Mụnd|vor|rat, der: *Proviant.*
Mụnd|was|ser, das ⟨Pl. …wässer⟩: *desodorierend, desinfizierend wirkendes Mittel zur Mundpflege.*
Mụnd|werk, das ⟨o. Pl.⟩ (ugs.): *oft tadelnswerte Redefreudigkeit, gleichsam maschinell funktionierende Fähigkeit zu vorwitzigen, schlagfertigen, respektlosen Reden:* ein loses M.; * **ein großes M. haben** (↑¹Mund 1 a).
Mụnd|werk|zeug, das ⟨meist Pl.⟩ (Zool.): *Mundgliedmaßen.*
Mụnd|win|kel, der: *Stelle, an der Ober- u. Unterlippe ineinander übergehen:* ihre M. zitterten.
Mụnd-zu-Mụnd-Be|at|mung, die: *Beatmung von Mund zu Mund.*
Mụnd-zu-Nạ|se-Be|at|mung, die: *Beatmung von Mund zu Nase.*
Mụn|go, der; -s, -s [engl. mungo, mongoose < Tamil mangūs]: *(in Arabien, Indien u. auf Sri Lanka lebende) bräunliche, silbergrau gesprenkelte Schleichkatze.*
Mụ|ni, der; -s, - [H. u., viell. lautm.] (schweiz.): *Zuchtstier.*
Mu|ni|ti|ọn, die; -, -en [frz. munition (de guerre) < lat. munitio = Befestigung, Schanzwerk, zu: munire = aufmauern; befestigen, verschanzen]: *aus Geschossen, Sprengladungen, Zünd- u. Leuchtsätzen bestehendes Schießmaterial für Feuerwaffen sowie Handgranaten, Bomben, Sprengladungen von Raketen, Minen u. pyrotechnische Signalmittel:* scharfe M.; seine M. verschossen haben; Ü seinen Kritikern M. liefern.
mu|ni|ti|o|nie|ren ⟨sw. V.; hat⟩: *mit Munition ausrüsten, versehen.*
Mu|ni|ti|ọns|de|pot, das: *Depot (1 a), in dem Munition gelagert wird.*
Mu|ni|ti|ọns|fa|brik, die: *Fabrik, in der Munition hergestellt wird.*
Mu|ni|ti|ọns|la|ger, das: *Munitionsdepot.*
Mu|ni|ti|ọns|trans|port, der: *Transport (1, 2) von Munition.*
Mu|ni|ti|ọns|zug, der: *Eisenbahnzug, der Munition befördert.*
Mu|ni|zi|pi|um, das; -s, …ien [lat. municipium]: 1. (hist.) *[selbstständige] altrömische Stadtgemeinde.* 2. (veraltet) *Stadtverwaltung.*
Mun|ke|lei, die; -, -en (ugs.): *[dauerndes] Munkeln.*
mụn|keln ⟨sw. V.; hat⟩ [aus dem Niederd. < mniederd. munkel(e)n, wohl lautm.] (ugs.): *im Geheimen reden, erzählen:* man munkelt so allerlei.
¹Mụ̈ns|ter, das; selten: der; -s, - [mhd. münster, ahd. munist(i)ri, über das Vlat. zu kirchenlat. monasterium < griech. monastḗrion = Einsiedelei; Kloster, zu: monázein = allein leben]: *große Kirche eines Klosters od. Domkapitels; Stiftskirche:* das Straßburger M.
²Mụ̈ns|ter: Stadt im Münsterland.
³Mụ̈ns|ter, der; -s (Sorten:) -: kurz für ↑Münsterkäse.
Mụ̈ns|te|ra|ner, der; -s, -: Ew.
Mụ̈ns|te|ra|ne|rin, die; -, -nen: w. Form zu ↑Münsteraner.
Mụ̈ns|ter|bau, der ⟨Pl. …bauten⟩: *¹Münster.*
Mụ̈ns|ter|kä|se, der; -s, - [nach der frz. Stadt Munster im Elsass]: *Weichkäse von feinem, mild-würzigem Geschmack.*
Mụ̈ns|ter|land, das; -[e]s: Teil der Westfälischen Bucht.
Mụ̈ns|ter|turm, der: *Turm eines ¹Münsters.*
Mụnt: ↑²Mund.
mụn|ter ⟨Adj.⟩ [mhd. munter, ahd. munter, eigtl. = aufmerksam, aufgeregt]: **1. a)** *heiter, gut gelaunt, aufgeweckt u. lebhaft; von Heiterkeit, Fröhlichkeit, Lebhaftigkeit zeugend:* ein -es Kind; ihre -en Augen; ihre Fröhlichkeit stimmte auch die andern m.; **b)** *unbekümmert, ungehemmt [u. mit Lust an der Sache]:* beim Kaufmann m. anschreiben lassen; Ü der Wasserkessel kochte m. vor sich hin; **c)** *[wieder] in guter gesundheitlicher Verfassung:* er ist wieder [gesund und] m. 2. *wach; nicht mehr od. noch nicht schläfrig:* zeitig m. werden.
Mụn|ter|keit, die; -: *muntere (1 a, 2) Art; das Muntersein.*
Mụn|ter|ma|cher, der (ugs. scherzh.): *etw., was munter (1 a, 2) macht; Anregungsmittel.*
Mụ̈nz|amt, das, **Mụ̈nz|an|stalt,** die: *Münzstätte.*
Mụ̈nz|ap|pa|rat, der: *Münzfernsprecher.*
Mụ̈nz|au|to|mat, der: *Automat (1 a).*
Mụ̈nz|be|am|te, der: *Beamter an einer Münzstätte.*
Mụ̈nz|be|am|tin, die: w. Form zu ↑Münzbeamte.
Mụ̈nz|de|likt, das (Rechtsspr.): *Verstoß gegen die Gesetze zum Schutz des staatlichen u. internationalen Geldverkehrs.*
Mụ̈n|ze, die; -, -n [mhd. münze, ahd. munizza < lat. moneta = Münzstätte; Münze]: **1.** *aus Metall hergestelltes, scheibenförmiges Geldstück von bestimmtem Gewicht u. Feingehalt u. mit beidseitigem Gepräge:* eine alte M.; ausländische -n; eine M. aus Gold; -n prägen, sammeln; neue -n in Umlauf setzen; -n einziehen, aus dem Verkehr ziehen; eine M. werfen *(eine Münze hochwerfen, um die Entscheidung zwischen zwei Möglichkeiten davon abhängig zu machen, welche Seite nach oben zu liegen kommt);* * **klingende M.** (geh.; *bares Geld; Geld, aus dem man Nutzen od. Gewinn ziehen kann*): eine Idee in klingende M. umsetzen; **etw. für bare M. nehmen** *(an der Ernsthaftigkeit von jmds. Äußerung törichterweise nicht zweifeln);* **jmdm. etw. in/mit gleicher M. heimzahlen** *(jmdm. etw. auf die gleiche üble Art vergelten).* 2. *Münzstätte.*
Mụ̈nz|ein|heit, die: *Einheit (2) für das Geld einer bestimmten Münze.*
mụ̈n|zen ⟨sw. V.; hat⟩ [mhd. münzen, ahd. munizzōn]: 1. *Metall zu Münzen prägen:* Gold m. 2. * **auf jmdn., etw. gemünzt sein** *(sich auf jmdn., etw. beziehen; sich gegen jmdn., etw. richten;* wohl nach den früher hergestellten Gedenkmünzen mit eingeprägten, versteckten satirischen Anspielungen).
Mụ̈n|zen|samm|lung: ↑Münzsammlung.
Mụ̈nz|fäl|scher, der: *Falschmünzer.*
Mụ̈nz|fäl|sche|rin, die: w. Form zu ↑Münzfälscher.
Mụ̈nz|fäl|schung, die: *Falschmünzerei.*
Mụ̈nz|fern|spre|cher, der: *öffentlicher Fernsprechapparat, der nach Einwurf einer od. mehrerer Münzen benutzt werden kann.*
Mụ̈nz|fuß, der: *gesetzlich festgelegtes Verhältnis zwischen Gewicht u. Feingehalt bei Münzen.*
Mụ̈nz|ge|wicht, das: *durch den Münzfuß geregeltes Gewicht einer Münze im Unterschied zum Feingehalt.*
Mụ̈nz|ho|heit, die ⟨Pl. selten⟩: *Recht [des Staates], Münzen zu prägen.*
Mụ̈nz|ka|bi|nett, das: **1. a)** *Raum zur Aufbewahrung einer Münzsammlung;* **b)** (früher) *mit vielen Fächern versehenes Schränkchen zur Aufnahme gesammelter Münzen.* 2. *Münzsammlung.*
Mụ̈nz|kun|de, die: 1. ⟨o. Pl.⟩ *Numismatik.* 2. *Lehrbuch der Numismatik.*
Mụ̈nz|kund|ler, der; -s, -: *Numismatiker.*
Mụ̈nz|kund|le|rin, die; -, -nen: w. Form zu ↑Münzkundler.
mụ̈nz|kund|lich ⟨Adj.⟩: *numismatisch.*
Mụ̈nz|meis|ter, der: *verantwortlicher Leiter einer Münzstätte.*
Mụ̈nz|meis|te|rin, die: w. Form zu ↑Münzmeister.
Mụ̈nz|prä|gung, die: *das Prägen von Münzen in einer Münzstätte.*
Mụ̈nz|recht, das ⟨o. Pl.⟩: 1. *Münzhoheit.* 2. *rechtliche Bestimmungen eines Staates zur Regelung des Münzwesens.*
Mụ̈nz|samm|lung, die: *Sammlung von [alten] Münzen u. Medaillen.*
Mụ̈nz|stät|te, die: *Werkstatt od. Fabrik, in der Münzen geprägt werden.*
Mụ̈nz|stem|pel, der: *Werkzeug, mit dem das Rohprodukt der Münze mit dem Gepräge versehen wird.*
Mụ̈nz|tank, Mụ̈nz|tank|au|to|mat, der: *Automat zum Selbsttanken.*
Mụ̈nz|tank|stel|le, die: *Tankstelle mit Münztank.*
Mụ̈nz|ver|ge|hen, das: vgl. Münzdelikt.
Mụ̈nz|wechs|ler, der: *Automat, der größere Münzen in kleinere umtauscht.*
Mụ̈nz|we|sen, das ⟨o. Pl.⟩: *Gesamtheit der Einrichtungen für die Herstellung u. den Umlauf von Münzen.*
Mụ̈nz|wis|sen|schaft, die ⟨o. Pl.⟩: *Numismatik.*
Mụ̈nz|zäh|ler, der: *Automat, der nach Einwurf einer Münze eine bestimmte Menge Gas od. Strom abgibt.*
Mu|rä|ne, die; -, -n [spätmhd. murēn < lat. murena < griech. mýraina]: *(in warmen Meeren heimischer) gelbbrauner, z. T. lebhaft gezeichneter Fisch.*
Mu|ra|no|glas, das ⟨o. Pl.⟩: *(auf der Insel Murano bei Venedig hergestelltes) künstlerisches Glas von besonderer Feinheit; venezianisches Glas.*
mürb (bes. südd., österr.), **mụ̈r|be** ⟨Adj.⟩ [mhd. mür(w)e, ahd. mur(u)wi = zermalmt, zerrieben, weich]: 1. *sich leicht kauen lassend u. leicht in seine Teile zerfallend:* mürbes Gebäck; das Fleisch mürb klopfen. 2. *durch Alter, Abnutzung die Festigkeit seiner Substanz verloren habend:* mürbe Taue; ein mürbes *(brüchiges, durchgescheuertes)* Gewebe. 3. *seine Spannkraft u. Widerstandskraft durch anhaltende negative Einwirkung verloren habend:* völlig mürbe sein; den Gegner mürbe machen *(zwingen, seinen Widerstand aufzugeben).*
Mụ̈r|be, die; -: *Mürbheit.*
Mụ̈r|be|bra|ten, der: **a)** (nordd.) *Lendenbraten;* **b)** (Jägerspr.) *Lendenstück beim Rotwild.*
Mụ̈r|be|teig, der: *gekneteter Kuchenteig aus Zucker, Fett, Eiern, Mehl u. wenig Milch od. Wasser.*
Mürb|heit, die; -: *das Mürbesein.*
Mu|re, die; -, -n [aus dem Bayer., Tirol., viell. verw. mit ↑morsch, mürbe]: *in Gebirgsgegenden durch*

starken Regen od. Schneeschmelze hervorgerufener Strom (1 b) von Schlamm u. Gesteinsschutt.

mu̲|ren ⟨sw. V.; hat⟩ [engl. to moor] (Seew.): *(ein Schiff) mit einer Muring verankern.*

mu̲|rig ⟨Adj.⟩: *regelmäßig von einer Mure, von Muren überflutet:* ein -es Gelände.

Mu̲|ring, die; -, -e [engl. mooring, zu: to moor, ↑muren] (Seew.): *Vorrichtung zum Verankern eines Schiffes mit zwei Ankern.*

Mu̲|ring|bo|je, Mu̲|rings|bo|je, die (Seew.): *Boje, die über der Stelle gesetzt wird, an der eine Muring gelegt worden ist.*

Mü̲|ritz, die; -: in Mecklenburg-Vorpommern gelegener größter See Deutschlands.

Mụr|kel, der; -s, - [Vkl. von älter: Murk = Brocken; Krümel, Knirps, viell. zu veraltet murkeln = zerbröseln] (landsch. ugs.): *kleines Kind.*

mụr|keln ⟨sw. V.; hat⟩ [landsch. Nebenf. von ↑murksen] (landsch.): *zerdrücken, zerbrechen, unordentlich zusammenlegen, -drücken o. Ä.:* Papier m.

Mụrks, der; -es [rückgeb. aus ↑murksen] (salopp abwertend): *unsachgemäß, fehlerhaft, schlecht ausgeführte Arbeit.*

mụrk|sen ⟨sw. V.; hat⟩ [zu älter Murk, ↑Murkel] (salopp abwertend): *[ohne sichtbaren Erfolg] sich mit etw. beschäftigen, unsachgemäß an etw. arbeiten:* er murkst schon drei Stunden im Keller.

Mụr|mel, die; -, -n [niederd. Nebenf. von ↑¹Marmel] (landsch.): *kleine [Glas]kugel zum Spielen.*

Mụr|mel|laut, der (Sprachw.): *Schwa.*

¹mụr|meln ⟨sw. V.; hat⟩ [mhd. murmeln, ahd. murmulōn, lautm.]: *mit gedämpfter Stimme [in tiefer Tonlage], meist nicht sehr deutlich etw. sagen, was oft nicht für andere bestimmt ist:* etwas Unverständliches [vor sich hin] m.; ⟨subst.:⟩ ein leises Murmeln.

²mụr|meln ⟨sw. V.; hat⟩ (landsch.): *mit Murmeln spielen.*

Mụr|mel|tier, das [1. Bestandteil ahd. murmunto, murmuntīn, zu spätlat. mus (Gen.: muris) montis = Bergmaus, volksetym. an ¹murmeln angelehnt]: *(vor allem im Hochgebirge vorkommendes) einen Winterschlaf haltendes, kleines Nagetier mit kurzem, buschigem Schwanz:* schlafen wie ein M. (emotional; *fest u. lange schlafen).*

mụr|ren ⟨sw. V.; hat⟩ [mhd. murren; lautm., verw. mit ↑¹murmeln]: *seine Unzufriedenheit, Auflehnung mit brummender Stimme u. unfreundlichen Worten zum Ausdruck bringen:* ständig leise m.; ⟨subst.:⟩ sie ertrug alles ohne Murren.

mụ̈r|risch ⟨Adj.⟩: *Unzufriedenheit od. schlechte Laune im Gesichtsausdruck od. durch eine unfreundliche, einsilbige, abweisende Art erkennen lassend:* ein -es Gesicht machen; m. grüßen.

Mu̲s, das, (landsch.) auch: der ; -es, -e [mhd., ahd. muos = Speise, Essen]: *aus gekochtem Obst, aus gekochten Kartoffeln o. Ä. hergestellter Brei:* Ü er wurde im Bus förmlich zu M. gedrückt (ugs.; *wurde in der Enge sehr gedrückt);* *** jmdn., etw. zu M. machen/schlagen** o. Ä. (ugs.; *jmdn., etw. zusammenschlagen).*

Mu|sa|ge̲t, der; -en, -en [griech. Mousagétēs = Vorsteher der Musen, Beiname von Apoll u. Herakles] (veraltet): *Freund u. Förderer der Künste u. Wissenschaften.*

Mu̲|sche: ↑Mouche (1).

Mụ|schel, die; -, -n [mhd. muschel, ahd. muscula, < lat. musculus, eigtl. = Mäuschen, wohl nach der Ähnlichkeit in Form u. Farbe mit einer Maus]: **1. a)** *in zahlreichen Arten in Gewässern lebendes, z. T. essbares Weichtier, dessen Körper von zwei durch Muskeln verschließbaren Kalkschalen umschlossen ist;* **b)** *Schale von Muscheln* (1 a). **2. a)** kurz für ↑Hörmuschel; **b)** kurz für ↑Sprechmuschel. **3.** (selten) kurz für ↑Ohrmuschel. **4.** (salopp) *Vagina.* **5.** (österr. ugs.) *Toilettenbecken.*

Mụ|schel|bank, die ⟨Pl. ...bänke⟩: *[natürliche] Massenansiedlung von im Meer lebenden Muscheln.*

Mụ|schel|chen, das; -s, -: Vkl. zu ↑Muschel (1).

mụ|schel|för|mig ⟨Adj.⟩: *die Form einer Muschel (1) aufweisend.*

Mụ|schel|geld, das: *bei Naturvölkern bes. des Südseeraumes verwendetes Zahlungsmittel in Form von Muschelschalen od. Schneckenhäusern.*

mụ|sche|lig, (auch:) muschlig ⟨Adj.⟩: *muschelförmig.*

Mụ|schel|kalk, der ⟨o. Pl.⟩ (Geol.): *mittlere Abteilung (3) der Trias.*

Mụ|schel|krebs, der: *(in vielen Arten im Meer u. im Süßwasser vorkommender) kleiner Krebs, dessen Körper von zwei Schalen völlig umschlossen ist.*

Mụ|schel|samm|lung, die: *Sammlung von Muschelschalen.*

Mụ|schel|scha|le, die: *Schale einer Muschel (1 a).*

Mụ|schel|sei|de, die: *von bestimmten Muschelarten gebildete, glänzende, bräunliche Fäden, die als Fasern zu hochwertigen Geweben mit warmem Goldglanz verarbeitet werden.*

Mụ|schel|werk, das ⟨o. Pl.⟩ (Kunstwiss.): *meist asymmetrisch rahmendes Ornament in ausschwingenden, muschelförmigen Gebilden als wichtigstes Dekorationselement des Rokokos [für Innenräume].*

Mụ|schi [auch: ˈmuːʃi], die; -, -s: **1.** (Kinderspr.) *Katze.* **2.** (salopp) *Vulva.*

Musch|ko|te, der; -n, -n [entstellt aus ↑Musketier] (Soldatenspr. veraltend, oft abwertend): *Soldat [ohne Rang]; einfacher Mensch.*

musch|lig: ↑muschelig.

Musch|po|ke: ↑Mischpoke.

Mu̲|se, die; -, -n [lat. musa < griech. moũsa = (Beschäftigung mit der) Kunst; Muse] (griech. Myth.): *eine der neun Töchter des Zeus u. der Mnemosyne, der Schwestern im Gefolge des Apoll als Schutzgöttinnen der Künste:* *** die leichte M.** *(die unterhaltende Kunst, bes. die Operette);* **die M. küsst jmdn.** (scherzh.; *jmd. hat die Inspiration zu einem dichterischen Werk).*

mu|se|a̲l ⟨Adj.⟩: **1.** *das Museum betreffend, dazu gehörend:* eine -e Attraktion. **2.** *Vorstellungen von etw. weckend, was im Museum als Relikt vergangener Zeiten aufbewahrt wird:* -e Kulturgüter.

Mu|se|en: Pl. von ↑Museum.

Mu|sel|man, der; -en, -en [...maːnən, auch: – –ˈ– –; ital. musulmano, türk. müslüman < pers. musalmān; vgl. Moslem] (veraltet, noch scherzh.): *Moslem.*

Mu|sel|ma|nin [auch: – –ˈ– –], die; -, -nen: w. Form zu ↑Muselman.

mu|sel|ma|nisch [auch: – –ˈ– –] ⟨Adj.⟩ (veraltet, noch scherzh.): *moslemisch.*

Mu|sen|al|ma|nach, der: *(im 18. u. 19. Jh.) jährlich erscheinende Anthologie meist noch unveröffentlichter Dichtungen.*

Mu|sen|tem|pel, der (veraltet, noch scherzh.): *Theater.*

Mu|sette [myˈzɛt], die; -, -s [frz. musette, zu afrz. muse = Dudelsack, zu: muser = dudeln]: **1.** *französische Sackpfeife im 17./18. Jh.* **2.** *(in Frankreich im 17./18. Jh.) [von der Musette (1) begleiteter] langsamer Tanz im $^6/_8$-, $^3/_4$- od. $^2/_4$-Takt (der auch Eingang in die Kunstmusik fand).*

Mu|se̲|um, das; -s, Muse̲en [lat. museum = Ort für gelehrte Beschäftigung < griech. mouseĩon = Musensitz, -tempel, zu: moũsa, ↑Muse]: *Institut, in dem Kunstwerke sowie kunstgewerbliche, wissenschaftliche, technische Sammlungen aufbewahrt u. ausgestellt werden.*

Mu|se̲|ums|füh|rer, der: **1.** *Führer (1 b) durch ein Museum.* **2.** *Führer (2) zur Besichtigung eines Museums.*

Mu|se̲|ums|füh|re|rin, die: w. Form zu ↑Museumsführer (1).

Mu|se̲|ums|kä|fer, der: *sehr kleiner, schwarzgelber Käfer, der als Schädling u. a. an Pelzen u. Wolle auftritt.*

Mu|se̲|ums|ka|ta|log, der: *Katalog über eine einzelne od. alle Sammlungen eines Museums.*

Mu|se̲|ums|pä|da|go|gik, die: *auf Kinder u. Erwachsene bezogene pädagogische Arbeit im Museum.*

mu|se̲|ums|reif ⟨Adj.⟩ (ugs. iron.): *in heutiger Zeit völlig unüblich geworden od. aus dem Gebrauch gekommen:* ihr Hut ist fast m.

Mu|se̲|ums|stück, das: *in einem Museum aufbewahrter [einzelner] wertvoller [Ausstellungs]gegenstand, Exponat.*

Mu|se̲|ums|wär|ter, der: *jmd., der in einem Museum die Aufsicht führt* (Berufsbez.).

Mu|se̲|ums|wär|te|rin, die: w. Form zu ↑Museumswärter.

Mu|se̲|ums|wert, der ⟨o. Pl.⟩: fast nur in der Verbindung **M. haben** (ugs., meist scherzh.; *besonders wertvoll sein):* dein Wagen hat ja schon M. *(ist sehr alt, ist kaum noch zu gebrauchen).*

Mu|si|ca, die; - [lat. (ars) musica < griech. mousikḗ (téchnē), eigtl. = Musenkunst]: *Musik als eine der Artes liberales:* Frau M. (altertümelnd, scherzh.; *die Musik);* M. antiqua *(alte Musik).*

Mu|si|cal [ˈmjuːzɪkl], das; -s, -s [engl. musical (comedy), eigtl. = musikalische Komödie]: **a)** ⟨o. Pl.⟩ *populäre Gattung des Musiktheaters mit Elementen aus Drama, Operette, Revue u. Varieté;* **b)** *einzelnes Stück der Gattung Musical* (a).

Mu|si|cal|clown, der: *Unterhaltungskünstler, der als Hauptbestandteil seiner Darbietung auf ungewöhnlich aussehenden Musikinstrumenten spielt u. damit eine komische Wirkung erreicht.*

Mu|sic|box [ˈmjuːzɪk-], die; -, -en u. -es [...ɪz]: ↑Musikbox.

mu|siert ⟨Adj.⟩ (Fachspr.) *musivisch.*

Mu|si̲k, die; -, -en [mhd. music, ahd. musica < lat. musica, ↑Musica; Betonungsänderung u. Bedeutungserweiterung unter Einfluss von frz. musique]: **1. a)** ⟨o. Pl.⟩ *Kunst, Töne in bestimmter (geschichtlich bedingter) Gesetzmäßigkeit hinsichtlich Rhythmus, Melodie, Harmonie zu einer Gruppe von Klängen u. zu einer stilistisch eigenständigen Komposition zu ordnen; Tonkunst:* klassische, moderne, elektronische M.; die M. des Barock; ein [poppige] M. liebender Mensch; er versteht nichts von M.; *** neue M.** *(Richtung in der Musik des 20. Jh.s, die sich durch Freiheit im Gebrauch der musikalischen Mittel auszeichnet);* **M. im Blut haben** (emotional; *eine angeborene Musikalität besitzen u. sich [auf dem Gebiet der Unterhaltungsmusik] entsprechend talentiert zeigen);* **b)** *Erzeugnis[se], Werk[e] der Musik* (1 a): M. [von Bach] erklingt; aus dem Radio kam laute M.; die M. brach ab; M. hören; jmds. M. aufführen; ein [klassische] M. liebender Mensch; er komponiert die M. zu diesem Film; M. machen *(musizieren; für ein Publikum spielen);* R mit M. geht alles besser; *** M. in jmds. Ohren sein** (ugs.; *eine äußerst angenehme u. willkommene Äußerung, Neuigkeit o. Ä. für jmdn. sein).* **2.** ⟨Pl. seltener⟩ (ugs.) *Musikkapelle.*

Mu|sik|aka|de|mie, die: *Musikhochschule.*

Mu|si|ka̲|li|en ⟨Pl.⟩ [zu mlat. musicalis = musikalisch]: *musikalische Werke in Form von gedruckten Noten, seltener als Handschriften.*

Mu|si|ka̲|li|en|hand|lung, die: *Geschäft, in dem Musikalien verkauft werden.*

mu|si|ka̲|lisch ⟨Adj.⟩ [mlat. musicalis]: **1.** *die Musik (1) betreffend, in ihren Bereich gehörend:* eine -e Begabung; die -e Umrahmung einer Feier; m. veranlagt sein. **2.** *mit Empfinden, Verständnis, Begabung für Musik (1) ausgestattet:* ein -er Mensch. **3.** *wie Musik (1 b) wirkend; klangvoll:* eine -e Sprache.

Mu|si|ka|li|tä̲t, die; -: **1.** *Empfinden, Verständnis, Begabung für Musik* (1). **2.** *Wirkung wie Musik* (1 b): die M. der Gedichte Brentanos.

Mu|si|kạnt, der; -en, -en [zu mlat. musicans (Gen.: musicantis), 1. Part. von: musicare = musizieren]: *Instrumentalist, der zu bestimmten Gelegenheiten, bes. zum Tanz, bei Umzügen, spielt.*

Mu|si|kạn|ten|kno|chen, der [H. u.]: *Höcker am Ellbogen, an dem der Nerv an der Oberfläche* *liegt, sodass diese Stelle besonders schmerzempfindlich ist.*

Mu|si|kan|tin, die; -, -nen: w. Form zu ↑Musikant.

mu|si|kan|tisch ⟨Adj.⟩: *mit Begeisterung u. der Musik adäquatem Schwung [spielend]:* das Quartett spielte m.

Mu|sik|au|to|mat, der: **a)** *Apparat, der mit mechanischer Antriebsvorrichtung ein od. mehrere Musikstücke abspielt;* **b)** *Musikbox.*

mu|sik|be|gabt ⟨Adj.⟩: *für Musik (1 a) begabt:* eine -e Schülerin.

Mu|sik|bi|bli|o|thek, die: *[öffentliche] Sammlung von Musikalien, Literatur über Musik [u. Musik auf Tonträgern].*

Mu|sik|box, die: *[in Gaststätten aufgestellter] Automat mit einem Magazin von Schallplatten, die nach Einwurf von Münzen abgespielt werden können.*

Mu|sik|clown, der: *Musicalclown.*

Mu|sik|di|rek|tor, der (Abk.: MD): **a)** ⟨o. Pl.⟩ *an den Leiter einer städtischen, kirchlichen o. ä. musikalischen Institution verliehener Titel;* **b)** *Träger des Titels Musikdirektor (a).*

Mu|sik|di|rek|to|rin, die: w. Form zu ↑Musikdirektor.

Mu|sik|dra|ma, das: **a)** ⟨o. Pl.⟩ *(bes. im Hinblick auf die Werke R. Wagners) musikalisches Bühnenwerk (als Gattung, bei dem sich die Musik den Anforderungen des Dramas fügt);* **b)** *einzelnes Werk der Gattung Musikdrama (a).*

Mu|si|ker, der; -s, - (Berufsbez.): **a)** *jmd., der beruflich Musik (1), eine Tätigkeit im musikalischen Bereich ausübt;* **b)** *Mitglied eines Orchesters; Orchestermusiker.*

Mu|si|ke|rin, die; -, -nen: w. Form zu ↑Musiker.

Mu|sik|er|zie|her, der: *Musiklehrer.*

Mu|sik|er|zie|he|rin, die: w. Form zu ↑Musikerzieher.

Mu|sik|er|zie|hung, die ⟨o. Pl.⟩: *Musik (1 a) als Schulfach.*

Mu|sik|fest|spie|le ⟨Pl.⟩: *musikalische Festspiele mit einer Folge von Aufführungen.*

Mu|sik|film, der: *Film mit vielen musikalischen Darbietungen.*

Mu|sik|freund, der: *Freund (3 a) der Musik.*

Mu|sik|freun|din, die: w. Form zu ↑Musikfreund.

Mu|sik|ge|schich|te, die: **1.** ⟨o. Pl.⟩ **a)** *geschichtliche Entwicklung der Musik;* **b)** *Wissenschaft von der geschichtlichen Entwicklung der Musik als Teil der Musikwissenschaft.* **2.** *Werk, das die Musikgeschichte (1 a) zum Thema hat.*

Mu|sik|hoch|schu|le, die: *[Fach]hochschule für die musikalische Ausbildung.*

Mu|sik|in|stru|ment, das: *Instrument, mit dem Töne hervorgebracht werden, auf dem Musik gespielt wird.*

Mu|sik|ka|pel|le, die: *[2]Kapelle (2).*

Mu|sik|kas|set|te, die: *mit Musik bespielte Kassette (3).*

Mu|sik|kon|ser|ve, die (oft abwertend): *Schallplatte, Tonband, Kassette, worauf Musik gespeichert ist.*

Mu|sik|korps, das: *Musikkapelle als militärische Einheit.*

Mu|sik|kri|tik, die: **a)** ⟨o. Pl.⟩ *publizistische kritische Beschäftigung mit Musik od. Erscheinungen im Bereich der Musik;* **b)** *einzelne publizistische Äußerung über ein musikalisches Ereignis, ein Werk u. seine Aufführung.*

Mu|sik|kri|ti|ker, der: *Publizist auf dem Gebiet der Musikkritik (a).*

Mu|sik|kri|ti|ke|rin, die: w. Form zu ↑Musikkritiker.

Mu|sik|le|ben, das ⟨o. Pl.⟩: *musikalisches Geschehen in einem bestimmten geographischen Bereich:* die Münchener Oper ist eines der Zentren europäischen -s.

Mu|sik|leh|re, die: **a)** ⟨o. Pl.⟩ *allgemeine Lehre von der Musik in Bezug auf die Grundbegriffe der Akustik, Notation, Melodie, Harmonik, der Formen u. a.;* **b)** *Werk, Lehrbuch, das eine Darstellung der Musiklehre enthält.*

Mu|sik|leh|rer, der: *Lehrer im Unterrichtsfach Musik.*

Mu|sik|leh|re|rin, die: w. Form zu ↑Musiklehrer.

Mu|sik|le|xi|kon, das: *Lexikon der Musik (1).*

Mu|sik|lie|be, die: *Liebe zur Musik (1).*

Mu|sik lie|bend: s. Musik (1).

Mu|sik|li|te|ra|tur, die ⟨o. Pl.⟩: *die Musik (1) betreffende Literatur (1 b, c).*

Mu|si|ko|lo|gie, die; - [↑-logie]: *Musikwissenschaft.*

Mu|sik|pä|da|go|ge, der: **a)** *Pädagoge, der Musikunterricht erteilt;* **b)** *Wissenschaftler auf dem Gebiet der Musikpädagogik.*

Mu|sik|pä|da|go|gik, die: *Pädagogik der Musikinstrumente.*

Mu|sik|pä|da|go|gin, die: w. Form zu ↑Musikpädagoge.

Mu|sik|pfle|ge, die ⟨o. Pl.⟩: *das Bemühen um die Erhaltung u. Förderung der Musik, indem man sie ausübt.*

Mu|sik|preis, der: *[aufgrund eines musikalischen Wettbewerbs] zur Anerkennung, Förderung junger Musiker verliehener Preis.*

Mu|sik|pro|du|zent, der: *jmd., der die Herstellung von musikalischen Aufnahmen (8) finanziert.*

Mu|sik|pro|du|zen|tin, die: w. Form zu ↑Musikproduzent.

Mu|sik|pro|fes|sor, der (ugs.): **a)** *Professor an einer Musikhochschule;* **b)** *Professor der Musikwissenschaft.*

Mu|sik|pro|fes|so|rin, die: w. Form zu ↑Musikprofessor.

Mu|sik|saal, der: **a)** *Saal, in dem musiziert wird, musikalische Veranstaltungen stattfinden;* **b)** *für den Musikunterricht eingerichteter Raum bes. in Schulen.*

Mu|sik|schu|le, die: *städtische od. private musikalische Ausbildungsstätte für Laien- od. Berufsausbildung.*

Mu|sik|stück, das: *einzelnes, nicht näher bezeichnetes Werk, bes. der Instrumentalmusik, von kurzer Spieldauer.*

Mu|sik|sze|ne, die ⟨o. Pl.⟩: *kultureller Bereich, in dem sich das Musikleben abspielt.*

Mu|sik|the|a|ter, das ⟨o. Pl.⟩: **1.** *Einheit aus Theaterstück u. Musik als Gattung.* **2.** *dramatisch sinnvolle, darstellerisch glaubwürdige Inszenierung musikalisch-szenischer Werke.*

Mu|sik|the|o|rie, die ⟨o. Pl.⟩: **a)** *begriffliche Erfassung u. systematische Darstellung musikalischer Sachverhalte;* **b)** *Musiktheorie (a) als Lehrfach, das allgemeine Musiklehre, Harmonielehre, Kontrapunkt u. Formenlehre umfasst.*

Mu|sik|the|ra|pie, die (Psych.): *Therapie mithilfe von Musik.*

Mu|sik|tru|he, die: *truhenartiges Möbelstück, in das ein Radiogerät, oft in Verbindung mit einem Plattenspieler, Tonbandgerät [u. Fernsehapparat], eingebaut ist.*

Mu|sik|un|ter|richt, der: *Unterricht in Musik.*

Mu|si|kus, der; -, ...izi, auch: -se [lat. musicus = Tonkünstler] (veraltet, noch scherzh. od. iron.): *Musiker.*

Mu|sik|ver|lag, der: *Verlag, der musikalische Werke u. Bücher über Musik verlegt.*

Mu|sik|vi|deo, das: *Videoclip.*

Mu|sik|werk, das: **1.** *musikalisches Werk; größer angelegte Komposition.* **2.** *Musikautomat (a).*

Mu|sik|wis|sen|schaft, die ⟨o. Pl.⟩: *Wissenschaft von der Musik, ihrem Wesen, ihrer Geschichte u. ihren verschiedenen Erscheinungsformen.*

Mu|sik|wis|sen|schaft|ler, der: *Wissenschaftler auf dem Gebiet der Musikwissenschaft.*

Mu|sik|wis|sen|schaft|le|rin, die: w. Form zu ↑Musikwissenschaftler.

Mu|sik|zeit|schrift, die: *den Bereich der Musik behandelnde Fachzeitschrift.*

mu|sisch ⟨Adj.⟩ [griech. mousikós, zu: moũsa, ↑Muse]: **1.** *die schönen Künste betreffend, darauf gerichtet:* die -en Fächer *(Kunsterziehung, Musik als Schulfächer).* **2.** *künstlerisch begabt; den Künsten gegenüber aufgeschlossen:* ein -er Mensch.

mu|siv: ↑musivisch.

Mu|siv|ar|beit, die: *Mosaik.*

Mu|siv|gold, das: *goldglänzendes, schuppiges Pulver, das bes. früher in der Malerei für bronzene Farbtöne u. zur Vergoldung von Spiegel- u. Bilderrahmen verwendet wurde.*

mu|si|visch, musiv ⟨Adj.⟩ [lat. musivus = zur Musivarbeit gehörend; vgl. Mosaik] (Fachspr.): *mit Steinen od. Glasstücken eingelegt.*

Mu|si|zi: Pl. von ↑Musikus.

mu|si|zie|ren ⟨sw. V.; hat⟩ [mlat. musicare]: *[mit jmdm. zusammen] Musik spielen, zu Gehör bringen:* gemeinsam m.

Mus|kat, der; -[e]s, -e [mhd. muscât < afrz. muscate < mlat. (nux) muscata, zu: muscatus = nach Moschus duftend, zu spätlat. muscus, ↑Moschus]: *als Gewürz verwendeter Samenkern der Muskatfrucht.*

Mus|kat|blü|te, die: *als Gewürz verwendete Samenhülle der Muskatfrucht.*

Mus|ka|tel|ler, der; -s, - [ital. moscatello < mlat. muscatellum]: **a)** ⟨o. Pl.⟩ *Traubensorte mit dem Muskat ähnlichem Geschmack;* **b)** *Wein aus Muskateller (a).*

Mus|kat|nuss, die: *getrockneter, dunkelbrauner, gerieben als Gewürz verwendeter Samenkern der Muskatfrucht.*

Mus|kat|nuss|baum, der: *tropischer immergrüner Baum mit pfirsichähnlichen Steinfrüchten, deren ölhaltiger Samen als Gewürz dient.*

Mus|kat|rei|be, die: *Reibe für Muskatnüsse.*

Mus|kel, der; -s, -n [lat. musculus, eigtl. = Mäuschen, viell. nach einem Vergleich des unter der Haut zuckenden Muskels mit einer laufenden Maus]: *[an den Knochen angewachsener] Teil des menschlichen u. tierischen Körpers, der aus von Bindegewebe umhüllten Fasern besteht u. der Bewegung von Gliedmaßen u. Körperteilen dient:* gut trainierte -n; er hat sich beim Springen einen M. gezerrt.

Mus|kel|ar|beit, die ⟨o. Pl.⟩: *Arbeit, die ein Muskel leistet.*

Mus|kel|atro|phie, die (Med.): *Muskelschwund.*

mus|kel|be|packt ⟨Adj.⟩ (ugs.): *muskulös:* ein -er Körper.

Mus|kel|dys|tro|phie, die (Med.): *langsam fortschreitender Muskelschwund.*

Mus|kel|ent|zün|dung, die (Med.): *schmerzhafte Entzündung von Muskeln.*

Mus|kel|fa|ser, die: *kontraktile Faser mit mehreren Kernen, die zusammen mit anderen, gleichartigen Fasern einen Muskel bildet.*

Mus|kel|fa|ser|riss, der: *Riss einer Muskelfaser quer zur Richtung der Faser.*

Mus|kel|fleisch, das: *nur aus Muskeln bestehendes Fleisch (3).*

Mus|kel|ge|schwulst, die: *Myom.*

Mus|kel|ge|we|be, das: *die Muskeln bildendes Gewebe.*

Mus|kel|ka|ter, der: *durch Verhärtung der Muskeln auftretende Schmerzen nach [ungewohnter] körperlicher Anstrengung.*

Mus|kel|kon|trak|ti|on, die (Med.): *Kontraktion des Muskels.*

Mus|kel|kraft, die: *Kraft der Muskeln; Körperkraft.*

Mus|kel|krampf, der: *schmerzhafte Zusammenziehung eines Muskels.*

Mus|kel|mann, der ⟨Pl. ...männer⟩ (ugs.): *sehr starker Mann mit deutlich sichtbaren Muskeln.*

Mus|kel|pa|ket, das (ugs.): **a)** *starke, kräftige Muskeln;* **b)** *Muskelmann.*

Mus|kel|protz, der (ugs.): *Mann, der mit seinen Muskeln u. seiner Stärke prahlt.*

Mus|kel|riss, der (Med.): *Riss in einem Muskel.*

Mus|kel|schmerz, der: *Schmerz im Muskel; Myalgie.*

Mus|kel|schwä|che, die (Med.): *krankhafte Schwäche od. Ermüdbarkeit der Muskeln; Myasthenie.*

Mus|kel|schwund, der (Med.): *Verkümmerung der Muskulatur.*

Mus|kel|star|re, die (Med.): *Bewegungsunfähigkeit von Muskeln.*

Mus|kel|strang, der: *aus mehreren Muskelfasern zusammengesetzter Strang.*

Mus|kel|to|nus, der: *normaler Spannungszustand eines Muskels.*

M

Mụs|kel|trai|ning, das: *Training der Muskeln, eines Muskels.*

Mụs|kel|zer|rung, die (Med.): *[schmerzhafte] Zerrung eines Muskels.*

Mụs|kel|zu|ckung, die: *zuckende Kontraktion eines Muskels.*

Mus|ke|te, die; -, -n [frz. mousquet < ital. moschetto, eigtl. = wie mit Fliegen gesprenkelter Sperber (zu: mosca < lat. musca = Fliege), dann: bei der Jagd auf Sperber gebrauchte (Schuss)waffe]: *alte Handfeuerwaffe großen Kalibers, die mit einer Lunte gezündet wird.*

Mus|ke|tier, der; -s, -e (früher): *[mit einer Muskete bewaffneter] Fußsoldat.*

mus|ku|lär ⟨Adj.⟩ (Med.): *zu den Muskeln gehörend, die Muskulatur betreffend.*

Mus|ku|la|tur, die; -, -en: *Gesamtheit der Muskeln einer Körperpartie od. des ganzen Körpers:* die M. der Beine.

mus|ku|lös ⟨Adj.⟩ [frz. musculeux < lat. musculosus]: *mit starken Muskeln versehen; äußerst kräftig:* -e Arme.

Müs|li, (schweiz.:) Müesli, das; -s, - [↑Müesli]: *Rohkostgericht aus rohen Haferflocken, [getrocknetem] Obst, Rosinen, geriebenen Nüssen, Milch o. Ä.*

Mụs|lim, der; -s, -e u. -s, Moslem, der; -s, -s [arab. muslim, eigtl. = der sich Gott unterwirft]: *Anhänger des Islams.*

Mus|li|min, die; -, -nen: w. Formen zu ↑Muslim.

mus|li|misch, moslemisch ⟨Adj.⟩: *die Muslime, ihren Glauben, ihren Herrschaftsbereich betreffend.*

Müs|li|rie|gel, der: *Riegel* (3) *aus Zutaten für ein Müsli.*

Mus|pell|heim, das; -[e]s ⟨meist o. Art.⟩ [anord. muspell(sheimr)] (germ. Myth.): Land des Feuers, Reich der Feuerriesen.

muss: ↑müssen.

Mụss, das; - [subst. 3. Pers. Sg. von ↑müssen]: *Zwang, Notwendigkeit:* etw. ist ein [absolutes] M.

Mụss|be|stim|mung, die: *Regelung, nach der im einzelnen Fall verfahren werden muss.*

Mu|ße, die; - [mhd. muoʒe, ahd. muoʒa, verw. mit ↑müssen] (geh.): *freie Zeit u. [innere] Ruhe, um etwas zu tun, was den eigenen Interessen entspricht:* [Zeit und] M. [zu etw.] haben; etw. in, mit M. tun.

Mụss|ehe, die (ugs.): *Ehe, die geschlossen wird, weil die Frau ein Kind erwartet.*

Mus|se|lin, der; -s, -e [frz. mousseline < ital. mussolina, nach dem Namen der Stadt Mossul (Irak)]: *feines, locker gewebtes Baumwoll- od. Wollgewebe.*

mus|se|li|nen ⟨Adj.⟩: *aus Musselin.*

müs|sen ⟨unr. V.; hat⟩ [mhd. müeʒen, ahd. muoʒan, eigtl. = sich etw. zugemessen haben, Zeit, Raum, Gelegenheit haben, um etw. tun zu können]: **1.** ⟨mit Inf. als Modalverb; musste, hat ... müssen⟩ **a)** *einem [von außen kommenden] Zwang unterliegen, gezwungen sein, etw. zu tun; zwangsläufig notwendig sein, dass etw. Bestimmtes geschieht:* sie muss um 8 Uhr im Büro sein; wir mussten lachen; **b)** *aufgrund gesellschaftlicher Normen, einer inneren Verpflichtung nicht umhinkönnen, etw. zu tun; verpflichtet sein, sich verpflichtet fühlen, etw. Bestimmtes zu tun:* sie musste heiraten *(sah sich dazu gezwungen, weil sie ein Kind erwartete);* **c)** *aufgrund bestimmter vorangegangener Ereignisse, aus logischer Konsequenz o. Ä. notwendig sein, dass etw. Bestimmtes geschieht:* der Brief muss heute noch abgeschickt werden; das musst du doch verstehen; was habe ich da über dich hören m. (geh.; *was hast du denn schon wieder angestellt*)!; **d)** (nordd.) *dürfen, sollen* (verneint): ihr müsst das nicht so ernst nehmen; **e)** drückt eine hohe, sich auf bestimmte Tatsachen stützende Wahrscheinlichkeit aus; drückt aus, dass man etwas als ziemlich sicher annimmt: er muss jeden Moment kommen; **f)** ⟨nur 2. Konj.⟩ drückt aus, dass etwas erstrebenswert, wünschenswert ist: so müsste es immer sein. **2.** ⟨Vollverb; musste, hat gemusst⟩ **a)** *gezwungen sein, etw. zu tun, sich irgendwohin zu begeben:* »Unterschreibe bitte hier!« – »Muss ich das wirklich?«; er hat gemusst, ob er wollte oder nicht; ich muss noch zum Arzt; ich muss mal (fam.; *muss zur Toilette*); **b)** *notwendig sein, dass etw. Bestimmtes geschieht:* der Brief muss zur Post.

Mus|se|ron: ↑Mousseron.

Mu|ße|stun|de, die: *ruhige, beschauliche Stunde; Zeitspanne, Zeitraum der Muße.*

Mụss|hei|rat, die (ugs.): *Mussehe.*

mü|ßig ⟨Adj.⟩ [mhd. müeʒec, ahd. muoʒīg, ↑zu Muße] (geh.): **1. a)** *keiner [sinnvollen] Beschäftigung nachgehend; [auf gelangweilte Weise] untätig:* ein -es Leben führen; er ist nie m.; m. gehen (geh.; *faulenzen*); **b)** *Muße bietend:* -e Stunden. **2.** *überflüssig, unnütz, zwecklos:* eine -e Frage; es ist m., darüber zu reden.

Mü|ßig|gang, der ⟨o. Pl.⟩ [mhd. müeʒecganc] (geh.): *das Müßigsein* (1 a): **Spr** M. ist aller Laster Anfang.

Mü|ßig|gän|ger, der; -s, - [mhd. müeʒecgenger] (geh.): *jmd., der müßig* (1 a) *ist.*

Mü|ßig|gän|ge|rin, die; -, -nen: w. Form zu ↑Müßiggänger.

mü|ßig|gän|ge|risch ⟨Adj.⟩ (geh.): *keiner [sinnvollen] Beschäftigung nachgehend.*

mü|ßig ge|hen: s. müßig (1 a).

Mus|sprit|ze, die [nach der Ähnlichkeit mit dem Spritzbeutel für Torten u. a.] (ugs. scherzh.): *Regenschirm, bes. Stockschirm.*

muss|te, müss|te: ↑müssen.

Mus|tang, der; -s, -s [engl. mustang < span. (mex.) mestengo, mesteño, eigtl. = herrenlos(es) Pferd)]: *wild lebendes Präriepferd in Nordamerika.*

Mụs|ter, das; -s, - [spätmhd. muster, mustre < älter ital. mostra = Ausstellung(sstück), zu: mostrare = zeigen, weisen < lat. monstrare]: **1.** *Vorlage, Zeichnung, nach der etw. hergestellt, gemacht wird:* etw. dient als M.; **Ü** ein Justizwesen nach angelsächsischem M. **2.** *etw. in seiner Art Vollkommenes, nachahmenswertes, beispielhaftes Vorbild in Bezug auf etw. Bestimmtes:* sie war ein M. an Geduld. **3.** *aus der Kombination von einzelnen Motiven bestehende [regelmäßige], sich wiederholende, flächige Verzierung, Zeichnung auf Papier, Stoff o. Ä.:* ein auffallendes M.; ein M. entwerfen; **Ü** das läuft hier doch immer nach dem gleichen M. *(Schema)* ab. **4.** *kleines Stück, kleine Menge einer Ware, an der man die Beschaffenheit des Ganzen erkennen kann:* M. von Tapeten, Wolle; M. anfordern; M. ohne Wert (Postw. veraltend; *Warensendung*).

Mụs|ter|band, der ⟨Pl. ...bände⟩: *als Muster* (4) *dienender* [2]*Band.*

Mụs|ter|bei|spiel, das: *exemplarisches Beispiel für etw. Bestimmtes.*

Mụs|ter|be|trieb, der: *besonders vorbildlich geführter Betrieb.*

Mụs|ter|bild, das: *Person,* (selten:) *Sache, die in ihrer Art den Idealvorstellungen entspricht.*

Mụs|ter|brief, der: *Brief, der als Vorlage für andere Briefe dient.*

Mụs|ter|buch, das: **1.** (Kunstwiss.) *Sammlung von Zeichnungen, Motiven, die dem mittelalterlichen Künstler als Vorlage dienten.* **2.** *wie ein Buch gebundene größere Anzahl von Tapeten- od. Stoffmustern.*

Mụs|ter|ehe, die: *vorbildliche Ehe.*

Mụs|ter|exem|plar, das: **1.** *als Muster* (4) *dienendes Exemplar.* **2.** (oft iron.) *beispielhaftes Exemplar.*

Mụs|ter|gat|te, der (scherzh., oft iron.): *vorbildlicher Ehemann.*

mụs|ter|gül|tig ⟨Adj.⟩: *als Muster* (2), *als Beispiel gelten könnend; vorbildlich:* ein -es Verhalten; die Firma ist m. geführt.

Mụs|ter|gül|tig|keit, die: *mustergültige Art.*

mụs|ter|haft ⟨Adj.⟩: *in seiner Art vollkommen, nachahmenswert; beispielhaft:* eine -e Ordnung; sich m. benehmen.

Mụs|ter|kna|be, der (abwertend): *jmd., der sich immer so verhält, wie Lehrer, Vorgesetzte o. Ä. es wünschen u. erwarten [u. damit bei anderen Unwillen hervorruft].*

Mụs|ter|kof|fer, der: *Koffer für Warenmuster od. mit Warenmustern.*

Mụs|ter|kol|lek|ti|on, die: *Kollektion* (a) *von Warenmustern.*

Mụs|ter|land, das ⟨Pl. ...länder⟩: *Land, das in irgendeiner Hinsicht als vorbildlich gilt.*

Mụs|ter|mes|se, die: *Messe, auf der Warenmuster gezeigt u. Abschlüsse zwischen Herstellern u. Wiederverkäufern getätigt werden.*

mụs|tern ⟨sw. V.; hat⟩: **1. a)** *gründlich, kritisch, prüfend ansehen, betrachten:* jmdn. [abschätzend] von Kopf bis Fuß m.; eine Ware m.; **b)** (Milit.) *inspizieren.* **2.** *Wehrpflichtige auf ihre Wehrtauglichkeit hin untersuchen.* **3.** *mit einem Muster* (3) *versehen:* eine Decke m.; ⟨meist im 2. Part.:⟩ eine gemusterte Bluse; der Teppich ist auffallend gemustert. **4.** (landsch. abwertend) *geschmacklos, unpassend kleiden:* hat der sich heute wieder gemustert!

Mụs|ter|pro|zess, der: *Gerichtsprozess, in dem die Rechtslage zu einem Fall [erstmalig] geklärt werden soll u. der als Beispiel für ähnliche Fälle dienen soll.*

Mụs|ter|rol|le, die (Seew.): *Verzeichnis aller an Bord eines Schiffes Beschäftigten.*

Mụs|ter|samm|lung, die: *Musterkollektion.*

Mụs|ter|schü|ler, der: *vorbildlicher Schüler.*

Mụs|ter|schü|le|rin, die: w. Form zu ↑Musterschüler.

Mụs|ter|sen|dung, die: *Sendung von Warenmustern.*

Mụs|ter|tuch, das ⟨Pl. ...tücher⟩ (Handarb.): *Tuch mit verschiedenen Stick- od. Wirkmustern, das zur Übung angefertigt wird u. als Vorlage zum Sticken od. Wirken dient.*

Mụs|te|rung, die; -, -en: **1. a)** *das Mustern* (1 a): eine eingehende M.; etw. einer genauen M. unterziehen; **b)** (veraltet) *Inspektion.* **2.** *das Mustern* (2). **3.** *das Gemustertsein* (3); *Muster* (3): eine aparte M.

Mụs|te|rungs|be|scheid, der: *Aufforderung, sich mustern* (2) *zu lassen.*

Mụs|ter|zeich|ner, der: *jmd., der Vorlagen für Druckstöcke o. Ä. zeichnet* (Berufsbez.).

Mu|ster|zeich|ne|rin, die: w. Form zu ↑Musterzeichner.

Mụs|ter|zeich|nung, die: *Zeichnung, Entwurf eines Musters* (3).

Mus|topf, der: *irdener Topf für, mit Mus.*

Mut, der; -[e]s [mhd., ahd. muot = Gemüt(szustand); Leidenschaft; Entschlossenheit, Mut]: **1. a)** *Fähigkeit, in einer gefährlichen, riskanten Situation seine Angst zu überwinden; Furchtlosigkeit angesichts einer Situation, in der man Angst haben könnte:* großer M.; es gehört viel M. dazu; all seinen M. zusammennehmen; sich gegenseitig M. machen; mit dem M. der Verzweiflung *(mit einer Furchtlosigkeit, die aus einer ausweglos scheinenden Situation erwächst);* **b)** *[grundsätzliche] Bereitschaft, angesichts zu erwartender Nachteile etw. zu tun, was man für richtig hält:* politischer M.; M. fassen; nur M.! (aufmunternder Zuruf); wieder M. bekommen *(wieder zuversichtlich werden);* den M. sinken lassen *(verzagen).* **2.** in Fügungen wie **guten, frischen, frohen** o. ä. **-es** (geh.; *in froher, zuversichtlicher Stimmung*).

Mu|ta, die; -, ...tä [zu lat. mutus = stumm] (Sprachw.): *Explosivlaut:* M. cum Liquida *(Verbindung von Explosivlaut u. Liquida).*

mu|ta|bel ⟨Adj.⟩ [lat. mutabilis, zu: mutare, ↑mutieren] (bes. Biol., bildungsspr.): *veränderlich, wandelbar:* mutable Merkmale.

mu|ta|gen ⟨Adj.⟩ [↑-gen] (Biol.): *Mutationen* (1) *auslösend:* -e Substanzen.

Mu|ta|gen, das; -s, -e ⟨meist Pl.⟩ (Biol.): *chemischer od. physikalischer Faktor, der Mutationen* (1) *auslöst.*

Mu|tant, der; -en, -en [zu lat. mutans (Gen.: mutantis), 1. Part. von: mutare, ↑mutieren]: **1.** (Biol.) *durch Mutation* (1) *verändertes Individuum.* **2.** (österr.) *Junge, der im Stimmbruch ist.*

Mu|tan|te, die; -, -n (Biol.): *Mutant* (1).
Mu|ta|ti|on, die; -, -en [lat. mutatio = (Ver)änderung]: 1. (Biol.) *spontane od. künstlich erzeugte Veränderung im Erbbild.* 2. (Med.) *Stimmwechsel.* 3. (schweiz., sonst veraltend) *Änderung, Wandlung.*
mu|ta|tis mu|tan|dis [lat.] (bildungsspr.): *mit den nötigen Abänderungen;* Abk.: m. m.
Müt|chen: in der Wendung **sein M. [an jmdm.] kühlen** *(seinen Zorn [an jmdm.] auslassen).*
mu|ten ⟨sw. V.; hat⟩ [mhd. muoten, ahd. muotōn = begehren, zu ↑Mut]: 1. (Bergmannsspr.) *die Genehmigung zum Abbau beantragen.* 2. (veraltet) *um die Erlaubnis nachsuchen, das Meisterstück zu machen.* 3. (Jargon) *mit einer Wünschelrute nach Wasser- od. Erzadern suchen.*
Mu|ter, der; -s, -: 1. (Bergmannsspr.) *jmd., der eine Mutung* (1) *beantragt.* 2. (Jargon) *Wünschelrutengänger.*
mut|er|füllt ⟨Adj.⟩ (geh.): *von Mut erfüllt.*
mu|tie|ren ⟨sw. V.; hat⟩ [lat. mutare = wechseln, (ver)ändern]: 1. (Biol.) *sich spontan im Erbbild ändern:* mutierende Lebewesen. 2. (Med.) *sich im Stimmwechsel befinden.*
mu|tig ⟨Adj.⟩ [mhd. muotec]: **a)** *Mut* (1 a) *besitzend; von Mut* (1 a) *zeugend:* ein -er Mensch; sie war sehr m.; **b)** *Mut* (1 b) *zeigend, beweisend; von Mut* (1 b) *zeugend:* ein -er Entschluss; m. seine Meinung vertreten.
-mütig: in Zusb. u. Abl., z. B. einmütig, wankelmütig.
mut|los ⟨Adj.⟩: *ohne Mut* (1 b) *u. Zuversicht, niedergeschlagen:* m. sein.
Mut|lo|sig|keit, die; -: *das Mutlossein.*
mut|ma|ßen ⟨sw. V.; hat⟩ [mhd. muotmaȝen, zu: muotmaȝe = Schätzung]: *vermuten, annehmen:* er mutmaßt, dass es so gewesen ist.
mut|maß|lich ⟨Adj.⟩ (geh.): *aufgrund bestimmter Tatsachen, Anzeichen möglich, wahrscheinlich:* der -e *(in Verdacht stehende)* Täter.
Mut|ma|ßung, die; -, -en: *Vermutung:* -en anstellen.
Mut|pro|be, die: *Handlung, mit der man seinen Mut* (1 a) *beweisen soll:* eine M. ablegen.
Mut|schein, der [zu ↑muten (1)] (Bergmannsspr.): *Urkunde über die Genehmigung zum Abbau.*
Mütt|chen, das; -s, -: Kosef. zu [1]Mutter (1 a).
[1]Mut|ter, die; -, Mütter [mhd., ahd. muoter, urspr. Lallwort der Kinderspr.]: 1. **a)** *Frau, die ein od. mehrere Kinder geboren hat:* die eigene M.; allein erziehende Mütter; eine werdende M. *(Schwangere);* M. Gottes (kath. Rel.; *Maria, die Mutter Jesu*); sie ist M. von fünf Kindern; sie ist ganz die M. *(ist, sieht ihr sehr ähnlich);* grüßen Sie Ihre [Frau] M.!; an den Rockschößen der M. hängen *(unselbstständig sein);* (fam. auch als Eigenname:) M. hat dich gerufen; -s Geburtstag; * **bei M. Grün schlafen** (ugs.; *im Freien übernachten*); M. Natur (geh.; *die Natur*); **b)** *Frau, die in der Rolle einer [1]Mutter (1a) ein od. mehrere Kinder versorgt, erzieht:* es wäre gut, wenn die Kinder wieder eine M. hätten; **c)** *(bei bestimmten Schwesternorden) [Titel der] Oberin, Vorsteherin eines Klosters, eines geistlichen Stifts o. Ä.:* in der Anrede: M. Oberin, M. Donata. 2. *weibliches Tier, das [gerade] ein od. mehrere Junge geworfen hat.* 3. (Technik) *Matrize* (2 b). 4. (Jargon) kurz für ↑Muttergesellschaft.
[2]Mut|ter, die; -, -n [nach dem Vergleich mit dem Mutterschoß od. der Gebärmutter, die ein werdendes Kind umschließt]: kurz für ↑Schraubenmutter.
Müt|ter|be|ra|tung, die: *Beratung von Schwangeren u. Müttern mit Säuglingen.*
Müt|ter|be|ra|tungs|stel|le, die: *öffentliche Einrichtung zur Mütterberatung.*
Mut|ter|bild, das (Psych., Soziol.): *Vorstellung, Bild, das jmd. von einer Mutter hat.*
Mut|ter|bin|dung, die (Psych.): *emotionale Bindung an die Mutter.*
Mut|ter|bo|den, der: *oberste, humusreiche Schicht des Bodens.*
Müt|ter|chen, das; -s, -: 1. Vkl. zu ↑[1]Mutter (1 a). 2. *kleine, alte Frau.*
Mut|ter|er|de, die: *Mutterboden.*
Mut|ter|freu|den ⟨Pl.⟩: in den Wendungen **M. entgegensehen** (geh.; *schwanger sein*); **M. genießen** (geh.; *gerade ein Kind geboren haben*).
Müt|ter|ge|ne|sungs|heim, das: *Erholungsheim für Mütter.*
Mut|ter|ge|sell|schaft, die (Wirtsch.): *Kapitalgesellschaft, die [innerhalb eines Konzerns] die Aktienmehrheit anderer Gesellschaften besitzt.*
Mut|ter|ge|stein, das (Geol.): 1. *aus festem Gestein bestehender Untergrund des Bodens.* 2. *Gestein, in dem sich Erdöl u. Erdgas gebildet hat.*
Mut|ter|glück, das (geh.): *Glücksgefühl, Mutter zu sein, ein Kind zu haben.*
Mut|ter|got|tes, die; - (kath. Rel.): *Maria, die Mutter Jesu:* zur M. beten
Mut|ter|got|tes|bild, das (kath. Rel., Kunst): *Marienbild.*
Mut|ter|haus, das: 1. *Ausbildungsstätte für [kirchliche] Krankenschwestern u. Diakonissen.* 2. *Kloster, von dem aus andere Klöster gegründet wurden.* 3. *Sitz einer Muttergesellschaft.*
Müt|ter|heim, das: *Wohnheim für [ledige] Mütter mit Kind.*
Mut|ter|herr|schaft, die: *Matriarchat.*
Mut|ter-Kind-Pass, der (österr.): *Mutterpass.*
Mut|ter|kir|che, die (kath. Kirche): *Kirche, Pfarrei, der andere Kirchen, Filialkirchen unterstehen, von der aus andere Kirchen gegründet wurden.*
Mut|ter|kom|plex, der: 1. *übermäßig starke Bindung eines Kindes, bes. eines Sohnes, an die Mutter.* 2. *übertriebenes Bedürfnis einer Frau, andere zu bemuttern.*
Mut|ter|korn, das ⟨Pl. -e⟩ [nach der Verwendung als Heilmittel bei Schmerzen in der Gebärmutter]: *durch einen Pilz entstehendes, schwarzviolettes, kornartiges Gebilde an Getreideähren, das gefährliche Giftstoffe enthält, die auch als Heilmittel verwendet werden.*
Mut|ter|kreuz, das (nationalsoz.): *Orden, der an Frauen, die viele Kinder bekommen hatten, verliehen wurde.*
Mut|ter|ku|chen, der (Med.): *Plazenta.*
Mut|ter|land, das ⟨Pl. ...länder⟩: 1. *Land, Staat im Verhältnis zu seinen Kolonien.* 2. *Land, in dem etw. heimisch ist, seinen Ursprung hat u. eine weite Verbreitung gefunden hat:* England, das M. des Parlamentarismus.
Mut|ter|leib, der ⟨o. Pl.⟩: *Leib* (2) *der Mutter im Hinblick auf die darin sich entwickelnde Frucht:* Schädigungen des Embryos im M.
müt|ter|lich ⟨Adj.⟩ [mhd. müeterlich, ahd. muoterlīh]: 1. *der Mutter zugehörend; von der Mutter kommend, stammend:* das -e Erbteil. 2. *in der Art einer Mutter; fürsorglich, liebevoll:* ein -er Typ.
müt|ter|li|cher|seits ⟨Adv.⟩: *(in Bezug auf verwandtschaftliche Beziehungen) von der Mutter her:* mein Großvater m.
Müt|ter|lich|keit, die; - [mhd. muoterlīchkeit]: *mütterliche* (2) *Art, mütterliches* (2) *Wesen.*
Mut|ter|lie|be, die: *fürsorgliche, opferbereite Liebe einer Mutter zu ihrem Kind.*
mut|ter|los ⟨Adj.⟩: *keine Mutter habend, ohne Mutter:* ein -es Kind; m. aufwachsen.
Mut|ter|mal, das [zu ↑[2]Mal (1)]: *angeborener, brauner od. [dunkel]roter Fleck auf der Haut.*
Mut|ter|milch, die: *nach der Geburt eines Kindes in den Drüsen der weiblichen Brust gebildete Milch:* * **etw. mit der M. einsaugen** *(etw. von frühester Jugend an lernen, erfahren, sich zu Eigen machen;* nach Augustinus, Confessiones III, 4).
Mut|ter|mund, der (Med.) ⟨o. Pl.⟩: *innere u. äußere Öffnung des den Hals der Gebärmutter durchziehenden Kanals.*
Mut|tern|schlüs|sel, der: *Schraubenschlüssel für [2]Muttern.*
Mut|ter|par|tei, die: *politische Partei im Hinblick auf ihr angeschlossene spezielle Organisationen.*
Mut|ter|pass, der: *vom Arzt ausgestellter Ausweis für werdende Mütter, in dem u. a. die Befunde der Vorsorgeuntersuchungen sowie die Angaben über Verlauf von Entbindung u. Wochenbett eingetragen werden.*
Mut|ter|pflan|ze, die (Landw.): *Pflanze, deren Samen od. Ableger zur Vermehrung verwendet werden.*
Mut|ter|pflicht, die ⟨meist Pl.⟩: *Aufgabe, die eine Mutter ihrem Kind gegenüber zu erfüllen hat.*
Mut|ter|recht, das (Völkerk.): *rechtliche Ordnung, in der Abstammung u. Erbfolge der mütterlichen Linie folgen.*
mut|ter|recht|lich ⟨Adj.⟩: *das Mutterrecht betreffend, darauf beruhend.*
Mut|ter|ring, der: *Pessar.*
Mut|ter|schaf, das: vgl. Muttertier.
Mut|ter|schaft, die; -: *das Muttersein:* eine glückliche M.
Mut|ter|schafts|hil|fe, die: *Gesamtheit der Leistungen (aus der Sozialversicherung), die Frauen vor u. nach einer Geburt erhalten.*
Mut|ter|schiff, das: *größeres Schiff, das kleinere Schiffe auf See begleitet u. als Stützpunkt zur Versorgung, für Reparaturen o. Ä. dient.*
Mut|ter|schoß, der (geh.): vgl. Mutterleib.
Mut|ter|schutz, der (Rechtsspr.): *Gesamtheit der Gesetze u. Vorschriften zum Schutz erwerbstätiger werdender Mütter u. Wöchnerinnen.*
Mut|ter|schutz|ge|setz, das: vgl. Mutterschutz.
Mut|ter|schwein, das [mhd. muoterswīn]: vgl. Muttertier.
mut|ter|see|len|al|lein ⟨Adj.⟩ [zu älter Mutterseele = Menschenseele, Mensch, eigtl. = menschenallein, von allen Menschen verlassen] (emotional): *ganz allein, verlassen:* ich war m. [zu Hause].
Mut|ter|söhn|chen, das (ugs. abwertend): *verwöhnter, unselbstständiger Junge od. junger Mann.*
Mut|ter|spra|che, die [wohl nach mlat. lingua materna]: *Sprache, die ein Mensch als Kind (von den Eltern) erlernt [u. primär im Sprachgebrauch] hat:* seine M. ist Deutsch.
Mut|ter|sprach|ler, der; -s, - (Sprachw.): *jmd., der eine Sprache als Muttersprache beherrscht.*
Mut|ter|sprach|le|rin, die; -, -nen (Sprachw.): w. Form zu ↑Muttersprachler.
mut|ter|sprach|lich ⟨Adj.⟩: *die Muttersprache betreffend, in der Muttersprache:* -er Unterricht.
Mut|ter|stel|le: in der Wendung **bei, an jmdm. M. vertreten** *(wie eine Mutter für jmdn. sorgen).*
Müt|ter|sterb|lich|keit, die: *Sterblichkeitsziffer bei Müttern bei der Geburt eines Kindes.*
Mut|ter|tag, der [LÜ von amerik. Mother's Day]: *offizieller Ehrentag der Mütter (am zweiten Sonntag im Mai), an dem sie von ihren Kindern beschenkt o. Ä. werden.*
Mut|ter|tier, das: 1. (Landw.) *weibliches Zuchttier.* 2. *weibliches Tier, das gerade Junge geboren hat [u. sie säugt u. betreut].*
Mut|ter|witz, der ⟨o. Pl.⟩ [zu ↑Witz in der alten Bed. »Verstand, Klugheit«]: *in Pfiffigkeit, Schlagfertigkeit sich äußernder gesunder Menschenverstand.*
Mut|ti, die; -, -s: **a)** (fam.) *[1]Mutter* (1); **b)** (ugs.) *mütterlich, hausfraulich wirkende [Ehe]frau.*
Mu|tung, die; -, -en [zu ↑muten (1)]: 1. (Bergmannsspr.) *Antrag auf Erteilung des Abbaurechts.* 2. (Jargon) *das Muten* (3).
Mut|wil|le, der ⟨o. Pl.⟩ [mhd. muotwille, ahd. muotwillo = freier Entschluss]: *absichtliche, bewusste, vorsätzliche Boshaftigkeit, Leichtfertigkeit:* etw. aus -n tun.
mut|wil|lig ⟨Adj.⟩ [mhd. muotwillec]: **a)** *aus Mutwillen [geschehend, herbeigeführt]:* -e Beschädigung; etw. m. beschädigen; **b)** (veraltend) *leichtsinnig, leichtfertig:* -e Konzessionen.
Mut|wil|lig|keit, die; -: *Mutwille.*
Mutz, der; -es, -e [zu mniederd. mutten = stutzen] (landsch.): *Tier mit gestutztem Schwanz.*
Mütz|chen, das; -s, -: Vkl. zu ↑Mütze.
Müt|ze, die; -, -n [spätmhd. mutze, mütze, mhd. almuȝ, armuȝ < mlat. almutium, almutia = Um-

hang um Schultern und Kopf des Geistlichen, H. u.]: *in verschiedenen Formen gefertigte, überwiegend aus weichem Material bestehende Kopfbedeckung mit od. ohne Schirm:* eine schicke M.; die M. aufsetzen; eine M. tragen; zum Gruß die M. ziehen; * **eine M. voll Schlaf** (ugs.; *ein wenig Schlaf, ein Schläfchen*); **etwas/eins auf die M. bekommen, kriegen** (ugs.; ↑Deckel 3).

Müt|zen|schirm, der: *Schirm* (3b).

Mu|zak ['mju:zæk], die; - [engl. Muzac®, wohl in Anlehnung an den Firmennamen Kodak, geb. zu: music = Musik] (Jargon): *[anspruchslose, gefällige] Hintergrundmusik für Büros, Einkaufszentren, Flughäfen o. Ä.*

MV = Megavolt.

m. v. = mezza voce.

MVA = Müllverbrennungsanlage.

MW = Megawatt.

MwSt., Mw.-St. = Mehrwertsteuer.

My, das; -[s], -s [griech. mỹ, aus dem Semit., vgl. hebr. mêm]: **1.** *zwölfter Buchstabe des griech. Alphabets* (M, μ). **2.** ⟨o. Pl.⟩ kurz für ↑Mikron (Zeichen: μ).

My|al|gie, die; -, -n [zu griech. mỹs (↑myo-, Myo-) u. álgos = Schmerz] (Med.): *Muskelschmerz.*

My|an|mar ['mijanma:ɐ]; -s: Staat in Hinterindien (bis 1989 Birma).

My|an|ma|re, der; -n, -n: Ew.

My|an|ma|rin, die; -, -nen: w. Form zu ↑Myanmare.

my|an|ma|risch ⟨Adj.⟩: *Myanmar, die Myanmaren betreffend; aus Myanmar stammend.*

My|as|the|nie, die [zu griech. mỹs (↑myo-, Myo-) u. ↑Asthenie] (Med.): *Muskelschwäche.*

My|a|to|nie, die (Med.): *angeborene Atonie der Muskulatur der Extremitäten (bes. der Beine).*

my|el-, My|el-: myelo-, Myelo-.

My|e|li|tis, die; -, ...itiden [zu griech. myelós (↑myelo-, Myelo-) u. ↑-itis] (Med.): *Entzündung des Rücken- od. Knochenmarks.*

my|e|lo-, My|e|lo-, vor Vokalen: myel-, Myel- [griech. myelós = Knochen-, Rückenmark] ⟨Best. in Zus. mit der Bed.⟩: **1.** *das Knochenmark betreffend* (z. B. Myelopathie). **2.** *das Nerven-, bes. das Rückenmark betreffend* (z. B. Myelomalazie).

My|e|lo|pa|thie, die; -, -n [↑-pathie] (Med.): *Erkrankung des Rücken- od. Knochenmarks.*

My|e|lo|se, die; -, -n (Med.): *Wucherung des Markgewebes, bes. bei Leukämie.*

myk-, Myk-: ↑myko-, Myko-.

My|ke|nä, My|ke|ne: griechischer Ort u. antike Ruinenstätte.

my|ke|nisch ⟨Adj.⟩: *die griechische Kunst, Kultur, Sprache der Bronzezeit betreffend, zu ihr gehörend:* die -e Kultur.

my|ko-, My|ko-, (vor Vokalen:) myk-, Myk- [griech. mýkēs = Pilz] ⟨Best. in Zus. mit der Bed.⟩: *Pilze betreffend, Pilz-* (z. B. Mykologie).

My|ko|lo|ge, der; -n, -n [↑-loge]: *Fachmann auf dem Gebiet der Mykologie.*

My|ko|lo|gie, die; - [↑-logie]: *Pilzkunde.*

My|ko|lo|gin, die; -, -nen: w. Form zu ↑Mykologe.

my|ko|lo|gisch ⟨Adj.⟩: *die Mykologie betreffend.*

My|kor|rhi|za, die; -, ...zen [zu griech. rhíza = Wurzel] (Bot.): *Lebensgemeinschaft zwischen den Wurzeln höherer Pflanzen u. Pilzen.*

My|ko|se, die; -, -n (Med.): *Pilzkrankheit.*

My|ko|to|xin, das; -s, -e (Biol., Med.): *von bestimmten Pilzen ausgeschiedenes Stoffwechselprodukt, das beim Menschen tödliche Vergiftungen hervorrufen kann.*

My|la|dy [mi'le:di, engl.: mɪ'leɪdɪ; engl. mylady, eigtl. = meine Dame]: (in Großbritannien bes. von Dienstboten gebrauchte) Anrede an eine Trägerin des Titels Lady (a).

My|lo|nit [auch: ...'nɪt], der; -s, -e [zu griech. mýlos = Mühle] (Geol.): *durch Druck an tektonischen Bewegungsflächen zerriebenes Gestein.*

My|lord [mi'lɔrt, engl.: mɪ'lɔ:d; engl. mylord, eigtl. = mein Herr] (in Großbritannien): **1.** Anrede an einen Träger des Titels Lord. **2.** Anrede an einen Richter.

my-, My-: ↑myo-, Myo-.

Myn|heer: ↑Mijnheer.

myo-, Myo-, (vor Vokalen:) my-, My- [griech. mỹs (Gen.: myós)] ⟨Best. in Zus. mit der Bed.⟩: *Muskel* (z. B. Myokard, Myalgie).

my|o|elek|trisch ⟨Adj.⟩: *(von Prothesen) mit einer Batterie betrieben u. durch die Kontraktion eines Muskels in Bewegung gesetzt:* eine -e Unterarmprothese.

My|o|glo|bin, das; -s (Med.): *in der Muskulatur vorhandener, als Sauerstoffspeicher dienender roter Farbstoff.*

My|o|kard, das; -[e]s, -e [zu griech. kardía = Herz] (Anat.): *Herzmuskel.*

My|o|kar|die, die; -, -n (Med.): *nicht entzündliche Erkrankung des Herzmuskels.*

My|o|kard|in|farkt, der (Med.): *Herzinfarkt.*

My|o|kar|di|tis, die; -, ...itiden (Med.): *bes. bei bestimmten Infektionskrankheiten, bei Rheuma u. Ä. auftretende akute od. chronische Entzündung des Herzmuskels.*

My|o|kar|do|se, die; -, -n (Med.): *Myokardie.*

My|o|kard|scha|den, der (Med.): *in einer Funktionsminderung des Herzmuskels sich äußernder Schaden.*

My|o|lo|gie, die; - [↑-logie] (Med.): *Wissenschaft von den Muskeln, ihren Krankheiten u. deren Behandlung.*

My|om, das; -s, -e (Med.): *gutartige Geschwulst des Muskelgewebes; Muskelgeschwulst.*

My|on, das; -s, ...onen: **1.** (Physik) *zu den Leptonen gehörendes Elementarteilchen.* **2.** (Med.) *kleinste Funktionseinheit eines Muskels, die aus einer Nervenfaser mit Muskelfasern besteht.*

my|op, (auch:) myopisch ⟨Adj.⟩ [griech. mýōps (Gen.: mýōpos), zu: mýein = (von Lippen u. Augen) sich schließen] (Med.): *Myopie aufweisend, auf ihr beruhend; kurzsichtig.*

My|o|pa|ra|ly|se, die; -, -n [zu ↑myo-, Myo- u. ↑Paralyse] (Med.): *Muskellähmung.*

My|o|pa|thie, die; -, -n [↑-pathie] (Med.): *Muskelerkrankung.*

My|o|pe, der u. die; -n, -n ⟨Dekl. ↑Abgeordnete⟩ (Med.): *jmd., der myop ist.*

My|o|pie, die; - [spätgriech. myōpía, zu griech. mýōps, ↑myop] (Med.): *Kurzsichtigkeit* (1).

my|o|pisch: ↑myop.

My|o|sin, das; -s: *in den Muskeln enthaltenes Eiweiß (wichtiger Baustein der Muskelfasern).*

My|o|si|tis, die; -, ...itiden (Med.): *Muskelentzündung.*

My|o|spas|mus, der; -, ...men (Med.): *Muskelkrampf.*

My|o|to|mie, die; -, -n [zu griech. tomḗ = Schnitt] (Med.): *operative Durchtrennung eines Muskels.*

My|o|to|nie, die; -, -n [zu ↑Tonus] (Med.): *Muskelkrampf.*

My|ri|a|de, die; -, -n ⟨meist Pl.⟩ [engl. myriad < lat. myrias (Gen.: myriadis) < griech. myriás (Gen.: myriádos) = Anzahl von zehntausend] (geh.): *sehr große Anzahl, ungezählte, unzählig große Menge:* -n Sterne/von Sternen.

My|ri|a|gramm, das; -s, -e ⟨aber: 2 Myriagramm⟩: *10 000 Gramm.*

My|ri|a|me|ter, der; -s, -: **1.** *10 000 Meter.* **2.** *Kilometerstein, der alle zehntausend Meter rechts u. links des Rheins zwischen Basel u. Rotterdam angebracht ist.*

My|ri|a|po|de, Myriopode, der; -n, -n ⟨meist Pl.⟩ [zu griech. poũs (Gen.: podós) = Fuß]: *Tausendfüßler.*

My|ri|o|po|de: ↑Myriapode.

Myr|me|ko|lo|gie, die; - [↑-logie]: *Wissenschaft von den Ameisen.*

Myr|rhe, die; -, -n [mhd. mirre, ahd. myrra, mirra < lat. myrrha < griech. mýrrha, aus dem Semit.]: *(aus verschiedenen Bäumen des tropischen Afrika u. Indien gewonnenes) wohlriechendes Gummiharz, das bes. als Mittel zum Räuchern u. für Arzneien verwendet wird.*

Myr|rhen|tink|tur, die: *alkoholischer Auszug aus Myrrhe zur Zahnfleischbehandlung.*

Myr|te, die; -, -n [lat. myrtus < griech. mýrtos, aus dem Semit.; vgl. mhd. mirtelboum, ahd. mirtilboum]: *(bes. in Südamerika heimische) als Strauch od. kleiner Baum wachsende Pflanze mit ledrigen Blättern u. weißen, einzeln od. in kleinen Trauben stehenden Blüten, deren Zweige zum Binden eines Brautkranzes verwendet werden.*

Myr|ten|ge|wächs, das: *Pflanze einer Familie mit vielen als immergrüne Bäume od. Sträucher mit lederartigen Blättern wachsenden Arten.*

Myr|ten|kranz, der: *Brautkranz aus Myrtenzweigen.*

Myr|ten|zweig, der: *Zweig einer Myrte.*

Mys|te|ri|en [2: griech. mystḗria]: **1.** Pl. von ↑Mysterium. **2.** *bestimmten Gottheiten geweihte Geheimkulte, kultische Feiern zu Ehren einer Gottheit in der Antike.*

Mys|te|ri|en|spiel, das: *auf biblischen Erzählungen beruhendes geistliches Spiel des MA.*

mys|te|ri|ös ⟨Adj.⟩ [frz. mystérieux, zu: mystère < lat. mysterium, ↑Mysterium]: *seltsam u. unerklärlich; nicht zu durchschauen od. zu erklären; geheimnisvoll:* -e Vorfälle; ein -er Anruf; die Sache ist m., wird immer -er, begann, endete äußerst m.

Mys|te|ri|um, das; -s, ...ien [lat. mysterium < griech. mystḗrion, zu: mýstēs, subst. Adj. u. eigtl. = der Verschwiegene, zu: mýein, ↑myop]: **1.** (bildungsspr.) *geheimnisvolles, mit dem Verstand nicht ergründbares Geschehen; unergründliches Geheimnis bes. religiöser Art:* das M. der Offenbarung einer Gottheit. **2.** (selten) *Mysterienspiel.*

Mys|te|ry [mɪstəri], die; -, -s od. das; -s, -s ⟨meist o. Art.⟩ [engl. mystery, eigtl. = Geheimnis] (Film, Ferns., Literaturw.): *Film, Fernsehfilm, Roman o. Ä. mit geheimnisvoller, schauriger Darstellung von mysteriösen, meist nicht mit natürlichen Phänomenen erklärbaren Verbrechen, bes. Morden.*

Mys|te|ry|se|rie die (bes. Ferns.): *Serie* (2) *von Mysterys.*

Mys|ti|fi|ka|ti|on, die; -, -en [frz. mystification] (bildungsspr.): **1.** *das Mystifizieren* (1): der Zauberer lebt von der M. natürlicher Vorgänge. **2.** (veraltet) *das Mystifizieren* (2); *Täuschung, Irreführung.*

mys|ti|fi|zie|ren ⟨sw. V.; hat⟩ (bildungsspr.): **1.** *einer Sache ein geheimnisvolles Gepräge geben, sie mystisch betrachten:* die Natur m. **2.** (veraltet) *täuschen, irreführen.*

Mys|ti|fi|zie|rung, die; -, -en (seltener): *Mystifikation.*

Mys|tik, die; - [zu lat. mysticus = geheimnisvoll < griech. mystikós]: *Form der Religiosität, religiöse Anschauung, bei der durch Versenkung, Hingabe, Askese o. Ä. eine persönliche, erfahrbare Verbindung mit der Gottheit, mit dem Göttlichen [bis zu einer ekstatischen Vereinigung] gesucht wird:* christliche M.

Mys|ti|ker, der; -s, -: *Vertreter, Anhänger der Mystik, einer mystischen* (1) *religiösen Strömung.*

Mys|ti|ke|rin, die; -, -nen: w. Form zu ↑Mystiker.

mys|tisch ⟨Adj.⟩: **1.** *die Mystik betreffend, auf ihr beruhend, zu ihr gehörend, für sie charakteristisch:* -e Versenkung, Hingabe. **2. a)** *dunkel, geheimnisvoll; rätselhaft, unergründlich:* -e Beziehungen; etw. m. verhüllen; **b)** (ugs.) *unklar, unverständlich, nicht recht durchschaubar:* eine ziemlich -e Angelegenheit; die Sache kommt mir m. vor.

Mys|ti|zis|mus, der; -, ...men (bildungsspr.): **1.** ⟨o. Pl.⟩ *schwärmerische, auf mystischen Gedanken beruhende, rational nicht begründete Einstellung, Weltanschauung.* **2.** *auf Mystizismus* (1) *beruhende Vorstellung, mystischer* (1) *Gedanke, Gedankengang.*

mys|ti|zis|tisch ⟨Adj.⟩ (bildungsspr.): *den Mystizismus betreffend; religiös-schwärmerisch:* -e Ideen.

My|the, die; -, -n (veraltend): *Mythos* (1).

My|then: Pl. von ↑Mythos, Mythus.

My|then|bil|dung, die: *Entstehung von Mythen* (1).

my|then|haft ⟨Adj.⟩: *mythisch.*

my|thisch ⟨Adj.⟩ [griech. mythikós]: **1.** *die Mythen* *betreffend, zu ihnen gehörend, für sie charakteristisch; einem Mythos* (1) *angehörend, entstammend:* -e Gestalten; aus -er Vorzeit stammen; -e Überlieferungen. **2.** *zu einem Mythos* (2) *geworden, legendär:* -er Ruhm.

my|thi|sie|ren ⟨sw. V.; hat⟩ (bildungsspr.): *mythologisieren.*

My|tho|graph, der; -en, -en [zu griech. gráphein = schreiben]: *jmd., der Mythen* (1) *aufschreibt u. sammelt.*

My|tho|lo|ge, der; -n, -n [↑-loge]: *Wissenschaftler, Forscher auf dem Gebiet der Mythologie* (2).

My|tho|lo|gie, die; -, -n [griech. mythología = das Erzählen von Götter- u. Sagengeschichten]: **1.** ⟨Pl. selten⟩ *Gesamtheit der mythischen Überlieferungen, der Mythen, Sagen, Dichtungen aus der Vorzeit eines Volkes:* die deutsche, antike, heidnische M. **2.** *wissenschaftliche Erforschung, Darstellung der Mythologie* (1): M. betreiben.

My|tho|lo|gin, die; -, -nen: w. Form zu ↑Mythologe.

my|tho|lo|gisch ⟨Adj.⟩: *die Mythologie betreffend, zu ihr gehörend, ihr entstammend:* -e Figuren, Überlieferungen, Erzählungen.

my|tho|lo|gi|sie|ren ⟨sw. V.; hat⟩ (bildungsspr.): *in mythischer* (1) *Form darstellen, in mythologische Form kleiden.*

My|tho|ma|nie, die; -, -n [↑Manie] (Med.): *krankhafte Lügensucht.*

My|thos, (auch:) **My|thus,** der; -, ...then [spätlat. mythos < griech. mỹthos = Fabel, Sage, Rede, Erzählung, zu: mytheĩsthai = reden, sagen, erzählen, urspr. wohl lautm.] (bildungsspr.): **1.** *Überlieferung, überlieferte Dichtung, Sage, Erzählung o. Ä. aus der Vorzeit eines Volkes (die sich bes. mit Göttern, Dämonen, Entstehung der Welt, Erschaffung der Menschen befasst):* ein alter heidnischer M. **2.** *Person, Sache, Begebenheit, die (aus meist verschwommenen, irrationalen Vorstellungen heraus) glorifiziert wird, legendären Charakter hat:* Gandhi ist schon zu seinen Lebzeiten zum M. geworden.

My|ti|le|ne: Hauptstadt von Lesbos.

Myx|ödem, das [zu griech. mýxa = Schleim u. ↑Ödem] (Med.): *auf einer Unterfunktion der Schilddrüse beruhendes Krankheitsbild mit Schwellungen der Weichteile* (a) *sowie körperlichen u. geistigen Störungen.*

My|xom, das; -s, -e [zu griech. mýxa = Schleim] (Med.): *gutartige Geschwulst aus Bindegewebe.*

My|xo|ma|to|se, die; -, -n [nach den Myxomen, die sich an allen natürlichen Körperöffnungen bilden] (Tiermed.): *tödlich verlaufende Viruskrankheit bei Hasen u. Kaninchen.*

My|xo|my|zet, der; -en, -en [zu griech. mýxa = Schleim u. mýkēs = Pilz]: *Schleimpilz.*

My|zel, My|ze|li|um, das; -s, ...lien [zu griech. mýkēs = Pilz u. hẽlos = Nagel] (Bot.): *Gesamtheit der Pilzfäden eines höheren Pilzes.*

My|zet, der; -en, -en (Biol. selten): *Pilz.*

n, N [ɛn], das; - (ugs.: -s), - (ugs.: -s) [mhd., ahd. n]: *vierzehnter Buchstabe des Alphabets; ein Konsonant:* ein kleines n, ein großes N schreiben.

n = Nano...; Neutron; (Math.:) Zeichen für eine endliche Zahl von Einheiten: ein Vieleck mit n Ecken.

N = Nationalstraße; Newton; Nitrogenium; Nord[en].

ν, N: ↑Ny.

'n [n̩] (ugs.): **a)** *ein* (↑¹ein III): sie kriegt 'n Kind; **b)** *einen* (↑¹ein III): er sucht 'n Job.

Na = Natrium.

na ⟨Interj.⟩ [viell. abgeschwächtes ↑nu] (ugs.): geht als Gesprächspartikel einem [verkürzten] Satz voraus u. bildet damit den emotionalen Übergang von etw., was als Geschehen, Gesprochenes od. Gedachtes vorausgegangen ist, zu einer daraus sich ergebenden Äußerung, die persönliche Gefühle, vor allem Ungeduld, Unzufriedenheit, Resignation, Ablehnung, aber auch Überraschung, eine Aufforderung, Zuspruch, Freude enthalten kann: na, na, na!; na [ja] gut; na schön; na, wenn du meinst; na, warum eigentlich nicht?; na, dann mal los; na, so was!; na, der wird staunen [wenn er das sieht, hört]!; na, was soll denn das?; na, endlich hast du kapiert, worum es geht; na, das wird schon werden; na, wer wird denn weinen?; na, wo bleibst du denn?; na, das verbitte ich mir aber!; na, dann eben nicht; na, trinken wir erst mal ein Gläschen; (in vertraulicher Anrede:) na, wie geht es denn?; na, Kleiner?; na und? (provokante [Gegen]frage, mit der ausgedrückt werden soll, dass man sich jmds. negativer Wertung von etw. nicht anschließt, dass man etw. nicht für besonders wichtig, aufregend, schlimm o. ä. hält).

na, na ⟨Interj.⟩: ↑na.

Naab, die; -: linker Nebenfluss der Donau.

Nab|burg: Stadt an der Naab.

Na|be, die; -, -n [mhd. nabe, ahd. naba, eigtl. = Nabel] (Fachspr.): *hülsenförmiges Mittelstück eines Rades, einer Drehscheibe o. Ä., durch den die Achse o. Ä. geschoben ist [u. in dem die Speichen befestigt sind].*

Na|bel, der; -s, - [mhd. nabel, ahd. nabalo, verw. mit ↑Nabe]: *(bei Mensch u. Säugetier) kleine, runde Vertiefung mit einer mehr od. weniger wulstigen Vernarbung darin in der Mitte des Bauches, wo ursprünglich die Nabelschnur ansetzte;* * **der N. der Welt** (geh.; *das Wichtigste, der Mittelpunkt, um den sich alles dreht*).

Na|bel|bin|de, die: *Binde, die Neugeborenen angelegt wird, um die Wunde der durchtrennten Nabelschnur vor Verschmutzung u. Infektion zu schützen.*

Na|bel|bruch, der (Med.): *Bruch* (2b) *im Bereich des Nabels.*

na|bel|frei ⟨Adj.⟩: *(von Kleidungsstücken) den Nabel frei lassend.*

Na|bel|schau, die (salopp): **1.** *übertriebene, narzisstische Beschäftigung mit der eigenen Person, Gruppe, Institution o. Ä.:* N. betreiben. **2.** *Zurschaustellung des Körpers durch wenige Kleidungsstücke od. tiefe Dekolletés bei einer bestimmten Gelegenheit.*

Na|bel|schnur, die ⟨Pl. ...schnüre⟩: *(bei Mensch u. Säugetier) Strang aus gallertigem Gewebe, durch den der Embryo im Mutterleib mit dem mütterlichen Organismus verbunden ist:* die N. durchtrennen.

Na|ben|boh|rer, der: *zur Herstellung hölzerner Naben benötigtes Werkzeug der Stellmacher.*

Na|ben|schal|tung, die: *(beim Fahrrad) Schaltung* (3), *bei der der Mechanismus sich in der Nabe des Hinterrades befindet.*

Na|bob, der; -s, -s [engl. nabob < Hindi nabāb, nawwāb < arab. nuwwāb]: **1.** *Provinzgouverneur in Indien.* **2.** (oft abwertend) *sehr reicher Mann.*

nach [mhd. nāch, ahd. nāh, verw. mit ↑nah]: **I.** ⟨Präp. mit Dativ⟩ **1.** (räumlich) **a)** bezeichnet eine bestimmte Richtung: n. oben, hinten; n. außen; n. links; von links n. rechts schreiben; es spritzte n. allen Richtungen; das Zimmer geht n. der Straße *(liegt auf der Seite, wo die Straße ist);* **b)** bezeichnet ein bestimmtes Ziel: n. Amerika fliegen; n. Hause gehen; der Zug fährt von Hamburg n. München; **c)** (landsch.) *zu ... hin, in:* n. dem *(in den)* Süden fahren; n. *(zur)* Oma gehen. **2.** (zeitlich) drückt aus, dass etw. dem genannten Zeitpunkt od. Vorgang [unmittelbar] folgt: n. wenigen Minuten; n. Ablauf der Frist; sie fährt erst n. Weihnachten; er starb n. langem, schwerem Leiden; n. langem Hin und Her einigten sie sich; n. drei Wochen; fünf [Minuten] n. drei. **3.** in Verbindung mit zwei gleichen Substantiven als Ausdruck für ein kontinuierliches Nacheinander: Schritt n. Schritt zurückweichen. **4.** in Abhängigkeit von bestimmten Verben: n. etwas greifen; n. jmdm. fragen; n. etwas streben; sich n. jmdm. sehnen. **5.** zur Angabe einer Reihenfolge od. Rangfolge: wer war n. Ihnen dran?; eins n. dem andern; bitte, n. Ihnen! (Höflichkeitsfloskel, mit der man jmdm. den Vortritt 1 lässt). **6. a)** *so wie ... ist; entsprechend, gemäß:* meiner Meinung n., n. meiner Meinung; aller Wahrscheinlichkeit n.; [ganz] n. Wunsch; n. menschlichem Ermessen; **b)** bezeichnet das Muster, Vorbild o. Ä. für etw.: [frei] n. Goethe; n. der neuesten Mode gekleidet sein; Spaghetti n. Bologneser Art; n. Vorschrift, geltendem Recht; seinem Wesen n. ist er eher ruhig; sie hat dem Sinn n. Folgendes gesagt; n. der Sage/der Sage n.; jmdn. nur dem Namen n. *(nicht persönlich)* kennen; ein Glas kostet etwa zwölf Pfennig n. unserem Geld *(in unserer Währung).* **7. a)** in Verbindung mit Fragepronomen: n. wem hat sie gefragt?; **b)** in relativer Verbindung: das Mädchen, n. dem er gefragt hat; er hat erreicht, n. was (ugs.; *wonach*) er verlangte. **II.** ⟨Adv.⟩ **a)** drückt aus, dass jmd. jmdm., einer Sache folgt, nachgeht: mir n.!; **b)** ⟨in Wortpaaren⟩ n. und n. *(allmählich, langsam fortschreitend; schrittweise erfolgend);* n. wie vor *(noch immer [in gleicher Weise fortbestehend]);* **c)** ⟨als abgetrennter Teil von Adverbien wie »danach, wonach«⟩ (nordd.): da kannst du nicht n. gehen.

nach-, Nach-: 1. bedeutet in Bildungen mit Verben so viel wie *hinterher:* nacheilen, -fahren, -starren. **2.** kennzeichnet in Bildungen mit Adjektiven, Verben oder Substantiven etw. als zeitlich später liegend, erfolgend: nachklassisch; nachfeiern; Nachsaison. **3.** drückt in Bildungen mit Verben oder Substantiven aus, dass etw. noch einmal (zur Verbesserung od. zur Kontrolle) getan wird, erfolgt: nachfärben; Nachmessung. **4.** drückt in Bildungen mit Verben aus, dass etw., einem Muster, Vorbild, einer Vorlage folgend, getan wird: nachfühlen, -kochen. **5.** drückt in Bildungen mit Verben oder Substantiven eine Fortdauer oder Verlängerung von etw. aus: nachspielen, -wirken; Nachhall. **6.** drückt in Bildungen mit Verben oder Substantiven aus, dass etw. intensiv getan wird: nachgrübeln; Nachforschung.

nach|äf|fen ⟨sw. V.; hat⟩ (abwertend): **1.** *die Sprechweise, bestimmte Bewegungen, Eigenheiten o. Ä. anderer in übertriebener, grotesk-verzerrender Weise nachahmen:* den Lehrer, jmds. Stimme, jmds. Gang n. **2.** *jmdn., etw. in einfallsloser, törichter Weise nachahmen* (2).

Nach|äf|fe|rei, die; -, -en (abwertend): **1.** ⟨o. Pl.⟩ *[dauerndes] Nachäffen.* **2.** *nachäffende Handlung.*

nach|ah|men ⟨sw. V.; hat⟩ [zu mhd. āmen = ausmessen (zu āme = Flüssigkeitsmaß), also eigtl. = nachmessend gestalten]: **1.** *jmdn., etw. in seiner Eigenart, in einem bestimmten Verhalten o. Ä. möglichst genau kopieren:* jmd., etw. ist schwer, leicht nachzuahmen; einen Vogelruf n.; er versuchte, die Unterschrift des Chefs nachzuahmen. **2.** *sich jmdn., etw. als Vorbild nehmen u. sich eifrig bemühen, es ihm gleichzutun:* die Tüchtigkeit des Vaters n.

nach|ah|mens|wert ⟨Adj.⟩: *wert, nachgeahmt zu werden; vorbildlich:* eine -e Haltung.

Nach|ah|mer, der; -s, -: *jmd., der jmdn., etw. nachahmt.*

Nach|ah|me|rin, die; -, -nen: w. Form zu ↑Nachahmer.

Nach|ah|mung, die; -, -en: **1.** ⟨o. Pl.⟩ *das Nachahmen.* **2.** *nachgeahmter, nachgebildeter Gegenstand:* die N. eines griechischen Rundtempels.

Nach|ah|mungs|trieb, der (Verhaltensf., Psych.): *Trieb, der alle Verhaltensweisen auslöst u. steuert, jmdn., etw. nachzuahmen.*

Nach|ar|beit, die; -, -en: *nachträglich zu leistende Arbeit, durch die etw. verbessert, ergänzt o. Ä. wird.*

nach|ar|bei|ten ⟨sw. V.; hat⟩: **1.** *versäumte*

Arbeit[szeit] zu einem späteren Zeitpunkt [durch vermehrte Arbeit] nachholen. **2.** *nachträglich bearbeiten u. dadurch verbessern, ergänzen.* **3.** *nach einem Modell gestalten; nachbilden.* **4.** (veraltend) *sich jmdn. als Vorbild nehmen u. dessen Leistung anstreben:* dem Meister n.

Nach|auf|la|ge, die; -, -n (Buchw.): *im Anschluss an eine vorangegangene vergriffene Auflage als Nachdruck hergestellte Auflage.*

Nach|bar, der; -n, selten: -s, -n [mhd. nāchgebūr(e), ahd. nāhgibūr(o), aus ↑nahe u. ↑[1]Bauer, eigtl. = nahebei Wohnender]: **a)** *jmd., der in jmds. [unmittelbarer] Nähe wohnt, dessen Haus, Grundstück in der [unmittelbaren] Nähe von jmds. Haus, Grundstück liegt:* wir haben neue -n bekommen; in -s Garten; (ugs.:) bei -s geht es heute hoch her; **b)** *jmd., der sich in jmds. [unmittelbarer] Nähe befindet:* Ü gute Beziehungen zu den östlichen, westlichen -n *(Nachbarländern)* haben.

Nach|bar|dorf, das: *benachbartes Dorf.*

Nach|bar|ge|biet, das: vgl. Nachbardorf.

Nach|bar|haus, das: vgl. Nachbardorf.

Nach|ba|rin, die; -, -nen: w. Form zu ↑Nachbar.

Nach|bar|land, das ⟨Pl. ...länder⟩: vgl. Nachbardorf.

nach|bar|lich ⟨Adj.⟩: **1.** *dem Nachbarn gehörend:* das -e Haus. **2.** *unter Nachbarn üblich; in der Art von Nachbarn:* -e Hilfe leisten.

Nach|bar|ort, der ⟨Pl. -e⟩: vgl. Nachbardorf.

Nach|bar|recht, das ⟨o. Pl.⟩ (Rechtsspr.): *Gesamtheit der Vorschriften, die das Verfügungsrecht des Eigentümers über sein Grundstück im Interesse benachbarter Grundstückseigentümer beschränken.*

Nach|bar|schaft, die; -, -en ⟨Pl. selten⟩: **1. a)** *Gesamtheit der Nachbarn:* die ganze N. konnte das Geschrei hören; **b)** *Verhältnis zwischen Nachbarn:* [eine] gute N. halten. **2.** *unmittelbare räumliche Nähe zu jmdm., etw.:* in der N. wohnen.

nach|bar|schaft|lich ⟨Adj.⟩: *nachbarlich* (2).

Nach|bar|schafts|haus, das: *Haus, in dem die Bevölkerung eines kleineren Wohngebiets, eines Stadtteils zu Meinungsaustausch, Unterhaltung o. Ä. zusammenkommt u. in dem auch kulturelle Veranstaltungen stattfinden.*

Nach|bar|schafts|hil|fe, die: *gegenseitige nachbarliche* (2) *Hilfe.*

Nach|bars|fa|mi|lie, die: *Familie, die in jmds. [unmittelbarer] Nähe wohnt, deren Haus, Grundstück in der [unmittelbaren] Nähe von jmds. Haus, Grundstück liegt.*

Nach|bars|frau, die: *Nachbarin.*

Nach|bars|kind, das: *Kind des Nachbarn.*

Nach|bars|leu|te ⟨Pl.⟩: *Leute aus der Nachbarschaft; Nachbarinnen u. Nachbarn.*

Nach|bar|staat, der: vgl. Nachbardorf.

Nach|bar|stadt, die: vgl. Nachbardorf.

Nach|bar|tisch, der: *Nebentisch.*

Nach|bar|volk, das: *Volk eines Nachbarlandes.*

Nach|bar|wis|sen|schaft, die ⟨meist Pl.⟩: *Wissenschaft, die an [eine] andere angrenzt.*

Nach|bar|zim|mer, das: *nebenan liegendes Zimmer.*

nach|bau|en ⟨sw. V.; hat⟩: *nach einem Modell, Muster, Original, nach einer Vorlage bauen.*

Nach|be|ben, das; -s, -: *einem Erdbeben nachfolgendes, leichteres Beben.*

nach|be|han|deln ⟨sw. V.; hat⟩: **1.** *(einen Gegenstand, ein Material) nach einer bereits erfolgten Behandlung nochmals behandeln:* Flecken n. **2.** *nach einem medizinischen Eingriff, nach anderweitiger ärztlicher Behandlung o. Ä. weiter ärztlich versorgen.*

Nach|be|hand|lung, die; -, -en: *das Nachbehandeln.*

nach|be|kom|men ⟨st. V.; hat⟩ (ugs.): **a)** *von etw. noch mehr, noch ein zweites Mal bekommen;* **b)** *etw. nachkaufen können.*

nach|be|rech|nen ⟨sw. V.; hat⟩: *im Nachhinein noch zusätzlich eine bestimmte Summe in Rechnung stellen.*

nach|be|rei|ten ⟨sw. V.; hat⟩ (bes. Päd.): *(ein Thema) zur Steigerung u. Festigung des Unterrichtserfolges noch einmal durchgehen.*

Nach|be|rei|tung, die; -, -en (bes. Päd.): *das Nachbereiten.*

nach|bes|sern ⟨sw. V.; hat⟩: **a)** *ausbessern;* **b)** *nachträglich verbessern:* einen Gesetzentwurf n.

Nach|bes|se|rung, Nach|bess|rung, die; -, -en: *das Nachbessern.*

nach|be|stel|len ⟨sw. V.; hat⟩: *nachträglich, zusätzlich bestellen.*

Nach|be|stel|lung, die; -, -en: *das Nachbestellen.*

nach|be|ten ⟨sw. V.; hat⟩: **1.** (selten) *ein Gebet nachsprechen.* **2.** (ugs. abwertend) *(Worte u. Gedanken anderer) kritiklos übernehmen u. (als eigene Meinung) wiedergeben.*

nach|bil|den ⟨sw. V.; hat⟩: *nach einem Muster, Vorbild gestalten:* etw. historisch getreu n.

Nach|bil|dung, die; -, -en: **1.** ⟨o. Pl.⟩ *das Nachbilden.* **2.** *etw., was nachgebildet wurde.*

nach|bli|cken ⟨sw. V.; hat⟩: *nachsehen* (1).

nach|blu|ten ⟨sw. V.; hat⟩: *(von einer Wunde o. Ä.) erneut bluten, nachdem das Blut bereits gestillt wurde.*

Nach|blu|tung, die; -, -en: *das Nachbluten.*

nach|boh|ren ⟨sw. V.; hat⟩: **1.** *nochmals bohren [u. dadurch verbessern].* **2.** (ugs.) *hartnäckig versuchen, von jmdm. eine [korrekte] Antwort zu bekommen:* die Interviewerin bohrte nach.

Nach|bör|se, die; -, -n (Börsenw.): *Abschlüsse u. Geschäfte nach der offiziellen Börsenzeit.*

nach|börs|lich ⟨Adj.⟩ (Börsenw.): *nach der offiziellen Börsenzeit (stattfindend).*

nach|brin|gen ⟨unr. V.; hat⟩: *jmdm. (der bereits fortgegangen ist) etw. [was ihm gehört] bringen.*

nach|brum|men ⟨sw. V.; hat⟩ (Schülerspr.): *(in der Schule) nachsitzen.*

nach|christ|lich ⟨Adj.⟩: *nach Christi Geburt:* die ersten -en Jahrhunderte.

nach|da|tie|ren ⟨sw. V.; hat⟩: **a)** *(auf einen Brief, ein Schriftstück o. Ä.) ein früheres, zurückliegendes Datum schreiben;* **b)** (selten) *(auf einen Brief, ein Schriftstück o. Ä.) nachträglich das richtige Datum schreiben.*

nach|dem ⟨Konj.⟩: **1.** (zeitlich) **a)** drückt die Vorzeitigkeit des Geschehens im Gliedsatz aus: n. ich gegessen hatte, legte ich mich hin; **b)** *nach dem Zeitpunkt, als:* gleich n. sie angerufen hatte, waren sie aufgebrochen. **2.** (landsch.) (kausal mit gleichzeitig temporalem Sinn): drückt eine Begründung des Geschehens im Gliedsatz aus: n. sich die Sache verzögerte, verloren viele das Interesse daran.

nach|den|ken ⟨unr. V.; hat⟩: **1.** *sich in Gedanken eingehend mit jmdm., etw. beschäftigen; versuchen, sich in Gedanken über jmdn., über einen Sachverhalt klar zu werden:* lange, gründlich, tief [über etw.] n.; über ein Problem n.; denk mal scharf nach, dann wird es dir schon einfallen; ⟨subst.:⟩ in tiefes Nachdenken versunken sein. **2.** (selten) *in Gedanken nachvollziehen:* sie dachte den Unfall nach.

nach|denk|lich ⟨Adj.⟩: **1. a)** *mit etw. in Gedanken beschäftigt, in Gedanken versunken; Nachdenklichkeit zeigend:* ein -es Gesicht machen; n. dreinschauen; als er von der Sache erfuhr, wurde er n. *(begann er, darüber nachzudenken);* **b)** *zum Nachdenken* (1) *geneigt, davon erfüllt:* sie ist sehr ernst und n. **2.** (geh.) *zum Nachdenken anregend; wert, darüber nachzudenken:* eine -e Geschichte.

Nach|denk|lich|keit, die; -: *das Nachdenklichsein.*

nach|dich|ten ⟨sw. V.; hat⟩: *(ein literarisches Werk) aus einer Fremdsprache frei übersetzen u. bearbeiten.*

Nach|dich|tung, die; -, -en: **a)** ⟨o. Pl.⟩ *das Nachdichten;* **b)** *nachgedichtetes Werk o. Ä.*

nach|dop|peln ⟨sw. V.; hat⟩ (schweiz.): *(beim Schützenfest) den Einsatz wiederholen u. nochmals eine Serie schießen.*

nach|drän|gen ⟨sw. V.; hat/ist⟩: *andere vor sich her drängen, schieben in dem Bestreben, in einen überfüllten Raum o. Ä. hineinzukommen.*

nach|dre|hen ⟨sw. V.; hat⟩ (Film): *(eine Szene o. Ä.) noch einmal drehen, wiederholen:* einige Szenen n. müssen.

[1]Nach|druck, der; -[e]s, -e [zu ↑nachdrucken] (Druckw.): **1. a)** *nach einer unveränderten Satzvorlage hergestellter Druck:* ein durchgesehener N.; **b)** *das Nachdrucken eines bereits gedruckten Werkes, Textes o. Ä.:* N. [auch auszugsweise] verboten! **2.** *(durch ein bestimmtes Druckverfahren möglicher) neuer Druck eines alten Werkes, Textes o. Ä. [in der Originalausgabe].*

[2]Nach|druck, der; -[e]s [eigtl. = [1]Druck, der einem vorangegangenen nachfolgt]: *besonders starke Betonung, durch die die Wichtigkeit, Dringlichkeit einer Sache hervorgehoben wird:* seinen Worten N. verleihen; mit N. auf etw. hinweisen; sich mit N. *(mit Entschlossenheit u. dem Willen, sich nicht von seinem Plan abbringen zu lassen)* für etw. einsetzen.

nach|dru|cken ⟨sw. V.; hat⟩: *einen [1]Nachdruck (1 a, 2) anfertigen, herstellen.*

Nach|druck|er|laub|nis, die: *Erlaubnis, einen Text, ein Werk o. Ä. nachzudrucken.*

nach|drück|lich ⟨Adj.⟩: **1.** *mit [2]Nachdruck, Eindringlichkeit:* eine -e Ermahnung; etw. n. verlangen; jmdn. n. auf etw. hinweisen. **2.** (selten) *nachhaltig.*

Nach|drück|lich|keit, die; -: *das Nachdrücklichsein.*

Nach|druck|ver|fah|ren, das (Druckw.): *Verfahren, mit dem ein [1]Nachdruck (2) hergestellt wird.*

nach|dun|keln ⟨sw. V.; ist/hat⟩: *im Laufe der Zeit im Farbton allmählich dunkler werden.*

nach|dür|fen ⟨unr. V.; hat⟩ (ugs.): vgl. nachwollen.

nach|ei|fern ⟨sw. V.; hat⟩: *eifrig bemüht sein, es jmdm., den man als Vorbild hat, gleichzutun:* jmdm. [in etw.] n.

nach|ei|ferns|wert ⟨Adj.⟩: *des Nacheiferns wert, ein Nacheifern verdienend.*

Nach|ei|fe|rung, die; -: *das Nacheifern.*

nach|ei|len ⟨sw. V.; ist⟩: *eilig folgen.*

Nach|ei|lung, die; - (Technik): *das Anzeigen eines geringeren anstelle des tatsächlichen Wertes bei einem Messgerät.*

nach|ei|nan|der ⟨Adv.⟩: **1. a)** *in kurzen räumlichen Abständen; einer, eine, eines hinter dem anderen:* sie betraten n. den Saal; **b)** *der Reihe nach:* n. reichte sie ihnen die Hand. **2.** *in kurzen zeitlichen Abständen voneinander; [unmittelbar] aufeinander folgend:* die Flugzeuge starteten kurz n. **3.** *(wechselseitig) einer nach dem anderen:* sich n. sehnen.

nach|eis|zeit|lich ⟨Adj.⟩: *nach der Eiszeit [eingetreten o. Ä.]; postglazial.*

nach|emp|fin|den ⟨st. V.; hat⟩: **1.** *sich so in einen anderen Menschen hineinversetzen, dass man das Gleiche empfindet wie er; etw., was ein anderer empfindet, in gleicher Weise empfinden (u. darum verstehen):* jmds. Trauer, Verzweiflung n.; kannst du n., was in mir vorgeht? **2.** *(ein Kunstwerk o. Ä.) in Anlehnung an das Werk eines [berühmten] Künstlers gestalten:* ein Gedicht, Kunstwerk n.; diese Dichtung ist Goethe nachempfunden.

Nach|emp|fin|dung, die; -, -en: **a)** ⟨o. Pl.⟩ *das Nachempfinden;* **b)** *nachempfundenes* (2) *Kunstwerk o. Ä.*

Na|chen, der; -s, - [mhd. nache, ahd. nahho, viell. urspr. = (ausgehöhlter) Einbaum] (dichter.): *kleines Boot.*

Nach|ent|gelt, das; -[e]s, -e (Postw.): *Entgelt, das der Empfänger einer Postsendung nachträglich bezahlen muss, wenn die Sendung nicht ausreichend frankiert ist.*

Nach|er|be, der; -n, -n (Rechtsspr.): *(durch ein Testament bestimmter) zweiter gleichberechtigter Erbe nach dem Vorerben.*

Nach|er|bin, die: w. Form zu ↑Nacherbe.

nach|er|le|ben ⟨sw. V.; hat⟩: **1.** *etw. [was ein anderer erlebt hat] zu einem späteren Zeitpunkt in ähnlicher Weise erleben:* (auf einer Reise) alte Kulturen n. **2.** (seltener) *durch Erinnerung o. Ä. etw. im Geiste, in Gedanken noch einmal erleben:* schöne Stunden n.

Nach|ern|te, die; -, -n: **a)** *das Ernten dessen, was übrig bleibt, nachdem die eigentliche Ernte erfolgt ist;* **b)** *Ertrag der Nachernte* (a).
nach|er|zäh|len ⟨sw. V.; hat⟩: *(etw. Gelesenes, Gehörtes) in eigenen Worten wiedergeben.*
Nach|er|zäh|lung, die; -, -en: *in eigenen Worten verfasste Niederschrift von einer Geschichte o. Ä., die man gelesen, gehört hat.*
Nachf. = Nachfolger[in].
Nach|fahr, der; -en, -en, **Nach|fah|re,** der; -n, -n [mhd. nāchvar] (geh.): *Nachkomme.*
nach|fah|ren ⟨st. V.⟩: **1.** ⟨ist⟩ **a)** *mit einem Fahrzeug folgen, später nachkommen:* an den Urlaubsort n.; **b)** *(von einem Fahrzeug) hinterherfahren.* **2.** *auf einer Vorlage o. Ä. den Linien, Buchstaben o. Ä. mit einem Stift o. Ä. genau folgen* ⟨hat/ist⟩: zur Übung das Geschriebene n. **3.** (Jägerspr.) *(von einem Hund) einer Fährte folgen* ⟨ist⟩.
Nach|fah|rin, die; -, -nen: w. Form zu ↑Nachfahr[e].
nach|fal|len ⟨st. V.; ist⟩ (Jägerspr.): *(von Flugwild) sich dort niederlassen, wo sich bereits Flugwild niedergelassen hat.*
nach|fär|ben ⟨sw. V.; hat⟩: *durch zusätzliches Färben eine gewünschte Farbe erreichen:* den Haaransatz n.
nach|fas|sen ⟨sw. V.; hat⟩: **1.** *einen Griff korrigieren, indem man ihn kurz lockert od. indem man loslässt und noch einmal zufasst:* der Tormann musste n. (Ballspiele; *erneut nach dem abgewehrten Ball greifen u. versuchen, ihn festzuhalten*). **2.** (bes. Soldatenspr.) *noch einmal fassen* (6 b), *sich ein zweites Mal zuteilen lassen:* Verpflegung, Suppe n. **3.** (ugs.) *versuchen, durch anschließende weitere Fragen einer Sache auf den Grund zu gehen, Genaueres zu erfahren:* mehrere Zeitungen hatten [in der Angelegenheit] am folgenden Tag nachgefasst.
nach|fe|dern ⟨sw. V.; hat⟩: **1.** (bes. Turnen) *nach einer Bewegung den Schwung abfangen, indem man in Armen u. Beinen federt* (1). **2.** *(von einem Sprungbrett o. Ä.) nach einem Absprung o. Ä. noch einige Zeit federn.*
Nach|fei|er, die; -, -n: **a)** *nachträgliche Feier* (a); **b)** *zusätzliche, zweite Feier* (a), *die einige Zeit nach der eigentlichen Feier stattfindet.*
nach|fei|ern ⟨sw. V.; hat⟩: *eine Nachfeier veranstalten.*
Nach|feld, das; -[e]s, -er (Sprachw.): *alle Teile eines Aussagesatzes, die hinter der Satzklammer stehen.*
nach|fi|nan|zie|ren ⟨sw. V.; hat⟩: *nachträglich finanzieren, Lücken in der Finanzierung schließen.*
Nach|fi|nan|zie|rung, die; -, -en: *das Nachfinanzieren.*
Nach|fol|ge, die; - [mhd. nāchvolge]: *Übernahme eines Amtes, eines Ranges o. Ä. von einem Vorgänger; Nachfolgerschaft:* jmds. N. antreten; die Frage der N. in der Parteiführung beraten, regeln.
nach|fol|gen ⟨sw. V.; ist⟩ [mhd. nāch volgen]: **1.** (geh.) *Anhänger, getreuer Gefolgsmann von jmdm. sein:* Christus n. **2.** (meist nachdrücklicher) *folgen* (1 a, b, 3): ⟨häufig im 1. Part.:⟩ den nachfolgenden Verkehr beobachten; ⟨subst.:⟩ Einzelheiten werden im Nachfolgenden behandelt.
Nach|fol|ger, der; -s, - [mhd. nāchvolgære, -volger]: *jmd., der jmds. Nachfolge antritt:* jmds. N. sein, werden; keinen N. haben.
Nach|fol|ge|rin, die; -, -nen [mhd. nāchvolgærinne]: w. Form zu ↑Nachfolger.
Nach|fol|ger|schaft, die; -: *das Nachfolgen in einem Amt o. Ä.; Nachfolge.*
Nach|fol|ge|staat, der ⟨meist Pl.⟩: *auf dem Gebiet eines ehemals großen Staates entstandener kleinerer Staat.*
nach|for|dern ⟨sw. V.; hat⟩: *nachträglich [zusätzlich] fordern.*
Nach|for|de|rung, die; -, -en: **1.** ⟨o. Pl.⟩ *das Nachfordern.* **2.** *nachträgliche [zusätzliche] Forderung, Rechnung o. Ä.*
nach|for|men ⟨sw. V.; hat⟩: *nach einem Modell, nach einer Vorlage formen.*
nach|for|schen ⟨sw. V.; hat⟩: **a)** *durch intensive Bemühungen versuchen, etw. herauszufinden, sich genaue Informationen, Kenntnisse über jmdn., etw. zu verschaffen; Nachforschungen, Ermittlungen anstellen:* sie forschten [lange, vergebens] nach, wo er sich aufgehalten hatte/ wie sich der Vorfall zugetragen hatte; **b)** (geh.) *einer Sache zum Zwecke ihrer [Auf]klärung o. Ä. nachgehen:* einem Geheimnis n.
Nach|for|schung, die; -, -en ⟨meist Pl.⟩: *das Nachforschen:* -en anstellen (*nachforschen* a).
Nach|fra|ge, die; -, -n: **1.** (veraltend) *das Nachfragen* (1 a); *Erkundigung;* * **danke der [gütigen] N./für die [gütige] N.** (veraltend, sonst mit scherzhaft-ironischem Unterton als Dankesformel auf jmds. Frage nach dem Ergehen). **2.** (Kaufmannsspr.) *Bereitschaft zum Kauf bestimmter Waren:* lebhafte, starke, geringe N.; die N. geht zurück. **3.** (selten) *zusätzliche, weitere Frage als Folge einer unzureichenden Antwort:* insistierende -n. **4.** (Statistik) *Verfahren zur schnellen Ermittlung des wahrscheinlichen Wahlausgangs, wobei in repräsentativen Bezirken z. B. jeder 10. Wähler, der aus dem Wahllokal kommt, nochmals die gleiche Stimme abgibt wie in der Wahlkabine.*
nach|fra|gen ⟨sw. V.; hat⟩: **1. a)** *sich nach etw. erkundigen:* fragen Sie doch bitte morgen einmal nach; **b)** *sich an jmdn. wenden, um etw. zu erbitten; nachsuchen* (2): um Genehmigung n. **2.** (Kaufmannsspr.) *(von Käufern, Interessenten) bestimmte Waren o. Ä. verlangen:* dieser Artikel wird kaum noch nachgefragt. **3.** *noch einmal, wiederholt fragen, um eine zufrieden stellende Antwort zu bekommen:* er musste mehrmals n., bis sie antwortete.
nach|fra|ge|ori|en|tiert ⟨Adj.⟩ (Wirtsch.): *an der Nachfrage* (2) *ausgerichtet.*
Nach|fra|ger, der; -s, - (Wirtsch.): *Vertreter der Nachfrage in der vom Gegensatz zwischen Angebot u. Nachfrage bestimmten Marktwirtschaft.*
Nach|fra|ge|rin, die (Wirtsch.): w. Form zu ↑Nachfrager.
Nach|fra|ge|schwan|kung, die: *das Schwanken in der Nachfrage* (2).
nach|füh|len ⟨sw. V.; hat⟩: vgl. nachempfinden (1).
nach|füh|ren ⟨sw. V.; hat⟩ (schweiz.) *aktualisieren, auf den neuesten Stand bringen.*
nach|fül|len ⟨sw. V.; hat⟩: **1.** *etw., was [zum Teil] leer geworden ist, wieder füllen:* die Gläser n. **2.** *etw. wieder in etw., was [zum Teil] leer geworden ist, füllen:* Benzin n.; Bonbons [in eine Dose] n.
Nach|für|sor|ge, die; -, -n (schweiz.): *Nachbehandlung durch den Arzt.*
Nach|gang: in der Verbindung **im N.** (Amtsdt.; *als Nachtrag*): die Genehmigung erfolgte erst im N.
nach|gä|ren ⟨sw. u. st. V.; gärte/(auch:) gor nach, hat/ist nachgegärt/(auch:) nachgegoren⟩: *nach der eigentlichen Gärung langsam gären (damit sich die Reste des Zuckers zersetzen).*
Nach|gä|rung, die; -, -en: *das Nachgären.*
nach|ge|ben ⟨st. V.; hat⟩ [spätmhd. nachgeben]: **1.** *jmdm. noch mehr von etw. geben:* sich Suppe n. lassen. **2. a)** *dem Willen od. den Forderungen eines anderen nach anfänglichem Widerstand entsprechen; schließlich doch zustimmen:* er gibt nie nach; jmds. Bitten n.; **b)** *einer Stimmung o. Ä. erliegen, sich ihr überlassen:* seiner Laune, einer Verlockung n. **3.** *einem Druck nicht standhalten:* der Boden gibt nach; seine Knie gaben nach *(er wurde schwach in den Knien).* **4.** *jmdm., einer Sache gleichkommen* (meist verneint): er gibt seinen Kameraden im Schwimmen nichts nach. **5.** (Bankw., Wirtsch.) *im Wert geringer werden:* die Kurse geben [nicht] nach.
nach|ge|bo|ren ⟨Adj.⟩ [mhd. nāchgeborn]: **1.** (selten) *nach dem Tode des Vaters geboren.* **2.** *[lange] nach dem ersten Kind geboren:* ein -er Sohn.
Nach|ge|bo|re|ne, der u. die; -n, -n ⟨Dekl. ↑Abgeordnete⟩: **1.** *nach dem Tod des Vaters Geborene[r].* **2.** *Nachkömmling.* **3.** ⟨Pl.⟩ (geh.) *(vom Blickpunkt des Sprechers aus gesehen) spätere Generationen.*
Nach|ge|bühr, die; -, -en (Postw. früher): *Nachentgelt.*
Nach|ge|burt, die; -, -en ⟨Pl. selten⟩: **a)** *(bei Mensch u. Säugetier) Vorgang der Ausstoßung des Mutterkuchens u. anderen Gewebes nach der Geburt;* **b)** *(bei Mensch u. Säugetier) das bei der Nachgeburt* (a) *ausgestoßene Gewebe einschließlich Mutterkuchen:* die N. muss noch kommen.
nach|ge|burt|lich ⟨Adj.⟩ (Med.): *postnatal.*
Nach|ge|fühl, das; -s, -e (geh.): *Gefühl, das von einem Erlebnis o. Ä. zurückbleibt.*
nach|ge|hen ⟨unr. V.; ist⟩ [1–3: mhd. nāchgān]: **1. a)** *hinter jmdm., einer Sache hergehen; jmdm., einer Sache folgen* (1): er ging ihr in die Küche nach; einer Spur n.; sie gingen dem Wimmern nach *(gingen in die Richtung, aus der das Wimmern kam, um zu sehen, was es damit auf sich hat);* **b)** *etw. genau überprüfen, in seinen Einzelheiten zu klären, zu ergründen suchen:* einem Hinweis n. **2.** *jmdn. in Gedanken, im Geiste nachträglich noch längere Zeit beschäftigen:* seine Worte gingen ihr noch lange nach. **3.** *eine [berufliche] Tätigkeit regelmäßig ausüben, sich einer Tätigkeit, Sache widmen:* seiner Arbeit, dem Vergnügen n. **4.** *(von Messgeräten o. Ä.) zu wenig anzeigen, zu langsam gehen:* die Uhr geht nach.
nach|ge|hend ⟨Adj.⟩: *(bes. im Rahmen von Sozialarbeit) als sozialpädagogische, medizinische o. ä. Maßnahme nachträglich erfolgend:* eine -e Betreuung jugendlicher Straftäter.
nach|ge|las|sen ⟨Adj.⟩: *aus dem unveröffentlichten Nachlass stammend:* -e Werke.
nach|ge|ord|net ⟨Adj.⟩ (Amtsspr.): *dem Rang, der Befugnis nach untergeordnet; unterstellt:* -e Dienststellen.
nach|ge|ra|de ⟨Adv.⟩ [aus dem Niederd. < mniederd. nāgerade; wahrsch. zu: rāt = Reihe, also eigtl. = nach der Reihe]: **1.** *nach u. nach; mit der Zeit; allmählich:* die Hoffnung auf etw. n. aufgeben. **2.** *geradezu* (1): er wurde n. ausfallend, unverschämt.
nach|ge|ra|ten ⟨st. V.; ist⟩ (geh.): [1]*geraten* (3).
Nach|ge|schmack, der; -[e]s: *Geschmack, der im Mund zurückbleibt, nachdem man etw. gegessen, getrunken hat:* ein bitterer, schlechter N.; Ü der Vorfall hat einen unangenehmen N. *(ein unangenehmes Gefühl, eine unangenehme Erinnerung)* [bei mir] hinterlassen.
nach|ge|stal|ten ⟨sw. V.; hat⟩ (seltener): *nachbilden.*
nach|ge|stellt: ↑nachstellen (2).
nach|ge|wie|se|ner|ma|ßen ⟨Adv.⟩: *einem Nachweis zufolge:* der Schiedsrichter war n. bestochen.
nach|gie|big ⟨Adj.⟩: **1.** (seltener) *einem Druck nachgebend* (3); *weich:* ein -es Material. **2.** *so veranlagt, dass man schnell bereit ist, nachzugeben* (2 a): jmdm. gegenüber zu n. sein.
Nach|gie|big|keit, die; -: **1.** *Eigenschaft, einem Druck nachzugeben* (3). **2.** *Bereitschaft, nachzugeben* (2 a); *das Nachgiebigsein:* zu allzu großer N. neigen.
nach|gie|ßen ⟨st. V.; hat⟩: **a)** *in ein zum Teil leer gewordenes Gefäß gießen (um es wieder zu füllen):* er goss mir [Kognak] nach; **b)** *ein Gefäß, das [zum Teil] leer geworden ist, wieder füllen:* jmds. Glas n.
nach|grei|fen ⟨st. V.; hat⟩ (bes. Turnen): *nachfassen* (1).
nach|grü|beln ⟨sw. V.; hat⟩: *unablässig grübelnd über etw. nachdenken (um eine Lösung für etw. zu finden o. Ä.):* über ein Problem n.; (geh. auch mit Dativ:) er grübelte ihren Worten lange nach.
nach|gu|cken ⟨sw. V.; hat⟩ (landsch.): *nachsehen* (1–3).
nach|ha|ken ⟨sw. V.; hat⟩ **1.** (ugs.) *jmds. Gespräch, Rede unterbrechen, um zu einem bestimmten*

Punkt noch eine [weitere] Frage zu stellen: bei ihrer Schilderung des Tathergangs hakte das Gericht immer wieder nach; in der Sache musst du noch einmal n. *(ihr nachgehen, um ihr auf den Grund zu kommen).* **2.** (Fußball) *einem Gegner von hinten mit angewinkeltem Fuß ein Bein od. beide Beine wegziehen.*

Nach|hall, der; -[e]s, -e ⟨Pl. selten⟩: *langsam leiser werdendes Weiterklingen eines Tones.*

nach|hal|len ⟨sw. V.; hat/ist⟩: *weiterklingen u. dabei langsam leiser werden:* das Echo hallte lange nach.

nach|hal|ten ⟨st. V.; hat⟩: *längere Zeit anhalten* (3), *bleiben.*

nach|hal|tig ⟨Adj.⟩: **1.** *sich auf längere Zeit stark auswirkend:* einen -en Eindruck hinterlassen; etw. wirkt sich n. aus; jmdn. n. beeinflussen. **2.** (Forstw.) *die Nachhaltigkeit* (2) *betreffend, auf ihr beruhend:* -e Forstwirtschaft.

Nach|hal|tig|keit, die; -: **1.** *längere Zeit anhaltende Wirkung.* **2.** (Forstw.) *forstwirtschaftliches Prinzip, nach dem nicht mehr Holz gefällt werden darf, als jeweils nachwachsen kann.*

Nach|hau|se|weg, der: *Heimweg.*

nach|hel|fen ⟨st. V.; hat⟩: *helfen, dass etw. besser funktioniert:* dem Fortgang der Arbeiten n.; er hatte dem Glück [ein wenig] n. wollen *(wollte [mit unerlaubten Mitteln] erreichen, dass sich alles nach Wunsch fügt);* bei ihm muss man ab und zu mal [kräftig] n. *(man muss ihn antreiben).*

nach|her [auch: ˈ– –] ⟨Adv.⟩: **1.** *[unmittelbar] nach einem bestimmten Geschehen, danach:* jetzt mache ich erst mal meine Arbeit fertig, n. kann ich dir helfen; wir sind ins Kino gegangen, und n. haben wir noch ein Eis gegessen. **2. a)** *in näherer, nicht genau bestimmter Zukunft; später:* ich komme n. noch bei dir vorbei; **b)** *dann, wenn etw. vorbei ist; hinterher, nachträglich:* ob das richtig war, wirst du erst n. feststellen. **3.** (landsch.) *womöglich; letztendlich, schließlich, am Ende:* wenn ich nicht gehe, fährt mir n. der Zug davon.

nach|he|rig ⟨Adj.⟩ (seltener): *nachher geschehend, erfolgend.*

Nach|hil|fe, die; -, -n: **1.** (selten) *das Nachhelfen.* **2.** kurz für ↑Nachhilfestunde, Nachhilfeunterricht: N. bekommen.

Nach|hil|fe|leh|rer, der: *jmd., bes. ein Lehrer, der Nachhilfe* (2) *erteilt.*

Nach|hil|fe|leh|re|rin, die: w. Form zu ↑Nachhilfelehrer.

Nach|hil|fe|schü|ler, der: *Schüler, dem jmd. Nachhilfeunterricht gibt.*

Nach|hil|fe|schü|le|rin, die: w. Form zu ↑Nachhilfeschüler.

Nach|hil|fe|stun|de, die, **Nach|hil|fe|un|ter|richt,** der: *privater [gegen Entgelt erteilter] zusätzlicher Unterricht für schwache Schüler.*

Nach|hi|nein ⟨Adv.⟩: in der Fügung **im N.** (1. *nachträglich, hinterher:* etw. im N. anerkennen. 2. *nachher; hinterher:* der Verdacht erwies sich im N. als falsch).

Nach|hol|be|darf, (auch:) **Nach|ho|le|be|darf,** der: *Bedürfnis, etw., was man lange Zeit entbehrt, nicht [genügend] gehabt hat, nachzuholen* (2): einen N. an Schlaf, Liebe haben; einen großen N. haben.

nach|ho|len ⟨sw. V.; hat⟩: **1.** *nachträglich an einen bestimmten Ort holen:* seine Familie an den neuen Wohnort n. **2.** *(Versäumtes od. bewusst Ausgelassenes) nachträglich machen:* etw. schnell n.; er hat viel nachzuholen; eine Prüfung n.

Nach|hol|spiel, das (Ballspiele): *Spiel, das zu einem späteren Zeitpunkt ausgetragen wird, das nachgeholt* (2) *wird.*

Nach|hut, die; -, -en [mhd. nāchhuote, zu ↑²Hut] (Milit.): *Truppenteil, der die Truppe beim Rückmarsch nach hinten (gegen den Gegner) sichert.*

nach|imp|fen ⟨sw. V.; hat⟩: **1.** *zum zweiten Mal impfen.* **2.** *später nochmals impfen (um eine Impfung aufzufrischen).*

Nach|imp|fung, die; -, -en: *das Nachimpfen.*

nach|ja|gen ⟨sw. V.⟩: **1.** *sehr schnell hinterherlaufen* (1), *hinterherfahren (um jmdn., etw. einzuholen)* ⟨ist⟩: einem Ausbrecher n.; Ü dem Glück n. **2.** (ugs.) *eilends nachschicken* ⟨hat⟩: jmdm. ein Telegramm n.

nach|jus|tie|ren ⟨sw. V.; hat⟩: *(von technischen Geräten o. Ä.) nachträglich, noch einmal [genauer] einstellen; nachstellen* (4).

nach|kar|ten ⟨sw. V.; hat⟩ (ugs.): *etwas, was eigentlich als abgeschlossen gilt, noch einmal aufgreifen, nachträglich zur Sprache bringen.*

nach|kau|fen ⟨sw. V.; hat⟩: *nachträglich, zusätzlich kaufen.*

Nach|klang, der; -[e]s, Nachklänge [mhd. nāchklanc]: **1.** *Klang, der im Ohr zurückbleibt, nachdem man sehr laute Töne o. Ä. gehört hat:* der N. der Musik. **2.** *Wirkung, Eindruck, der von einem Erlebnis o. Ä. zurückbleibt.*

Nach|klapp, der; -s, -s (ugs.): *Nachtrag.*

nach|klin|gen ⟨st. V.; ist⟩: **1.** *noch kurze Zeit leise zu hören sein:* die Glocke klang noch einige Zeit nach. **2.** *(von einem Erlebnis o. Ä.) als Wirkung, Eindruck zurückbleiben:* die Begegnung klang lange in ihr nach.

Nach|kom|me, der; -n, -n [mhd. nāchkome, auch = Nachfolger]: *Lebewesen (bes. Mensch), das in gerader Linie von einem anderen Lebewesen abstammt:* keine, viele -n haben; er ist ohne -n gestorben.

nach|kom|men ⟨st. V.; ist⟩ [1, 2: mhd. nāch komen]: **1. a)** *später kommen:* geht schon vor, wir werden [gleich] n.; er ließ seine Familie nach Schottland n.; da kann noch etw. n. *(das kann noch Komplikationen, Ärger geben);* **b)** *hinter jmdm. hergehen, herfahren:* er kam ihr nach. **2.** (geh.) *etw., was ein anderer von einem wünscht od. verlangt, erfüllen od. vollziehen:* einer Bitte n.; seinen Verpflichtungen n. **3.** *etw. schnell genug tun, um Schritt halten zu können:* bei diesem Tempo kommt keiner nach. **4.** (landsch.) *jmdm. nachschlagen* (2): der Sohn kommt ganz dem Vater nach.

Nach|kom|men|schaft, die; -: *Gesamtheit aller Nachkommen.*

Nach|kömm|ling, der; -s, -e [mhd. nāchkomelinc]: *lange nach den Geschwistern geborenes Kind.*

nach|kön|nen ⟨unr. V.; hat⟩ (ugs.): vgl. nachwollen.

Nach|kon|trol|le, die; -, -n: *spätere zusätzliche Kontrolle.*

nach|kon|trol|lie|ren ⟨sw. V.; hat⟩: *[noch einmal, wiederholt] kontrollieren:* die Papiere, das Gepäck der Reisegruppe n.

Nach|kriegs|ära, die: vgl. Nachkriegszeit.

Nach|kriegs|er|schei|nung, die: *unmittelbar nach dem Krieg auftretende Erscheinung* (1).

Nach|kriegs|ge|ne|ra|ti|on, die: *Altersgruppe von Menschen, die unmittelbar nach dem Krieg geboren od. aufgewachsen sind.*

Nach|kriegs|jahr, das: vgl. Nachkriegszeit.

Nach|kriegs|wir|ren ⟨Pl.⟩: *Wirren in der Nachkriegszeit.*

Nach|kriegs|zeit, die: *sich unmittelbar an das Kriegsende anschließende Zeitspanne.*

Nach|kur, die; -, -en: *Zeit, die der Erholung u. Umstellung im Anschluss an eine Kur dient.*

nach|la|den ⟨st. V.; hat⟩: *(eine Schusswaffe) erneut laden.*

Nach|lass, der; -es, -e u. ...lässe: **1.** *alles, was ein Verstorbener an Gütern [u. Verpflichtungen] hinterlässt:* der literarische N.; jmds. N. verwalten; Schriften aus dem N. veröffentlichen. **2.** (Kaufmannsspr.) *bestimmte Summe, die einem vom Preis von etw. nachgelassen wird:* beim Kauf eines Autos N. fordern. **3.** (selten) *das Nachlassen* (3); *Erlass* (2): der N. einer Schuld.

nach|las|sen ⟨st. V.; hat⟩ [spätmhd. nāchlāʒen = aufgeben; versäumen; nicht beachten]: **1.** *allmählich an Stärke, Intensität verlieren; weniger, schwächer werden:* der Sturm hat nachgelassen; das Fieber hat [an Heftigkeit] nachgelassen; der Druck lässt nach; sein Gehör lässt immer mehr nach; sein Eifer ließ bald nach; die Schüler lassen [in den Leistungen] gegen Ende des Schuljahrs nach *(ihre Leistungen werden schlechter);* nicht n.! *(aufmunternder Zuruf).* **2.** (Kaufmannsspr.) *weniger berechnen:* die Hälfte des Preises/vom Preis n. **3.** *erlassen* (2). **4.** (landsch.) *von einem bestimmten Tun ablassen:* mit seinen Quengeleien n. **5.** *etw., worauf Spannung od. Druck ausgeübt wird, lockern:* die Zügel n. **6.** (Jägerspr.) **a)** *(den Hund) zum Hetzen* (1 a) *von der Leine lassen;* **b)** *(vom Hund) aufhören zu hetzen* (1 a).

Nach|lass|ge|richt, das (Rechtsspr.): *Amtsgericht, das alle Maßnahmen zur Regelung des Nachlasses* (1) *trifft.*

nach|läs|sig ⟨Adj.⟩ [im 15. Jh. nachlessig]: **1. a)** *ohne die nötige Sorgfalt, unordentlich:* eine -e Arbeit; -es Personal; der Schüler ist sehr n.; **b)** *nicht in der Art, wie es erwartet wird, den Konventionen entspricht; ohne Rücksicht auf Formen:* -es Benehmen; n. gekleidet sein. **2.** *weder Interesse noch [innere] Anteilnahme zeigend; gleichgültig; teilnahmslos:* jmdn. n. grüßen.

nach|läs|si|ger|wei|se ⟨Adv.⟩: *aus Nachlässigkeit.*

Nach|läs|sig|keit, die; -, -en: **1.** ⟨o. Pl.⟩ *das Nachlässigsein, nachlässiges Wesen.* **2.** *einzelne nachlässige Handlung.*

Nach|lass|pfle|ger, der (Rechtsspr.): *jmd., der vom Nachlassgericht eingesetzt ist, einen Nachlass* (1) *zu sichern, bis die Erbschaft angenommen worden ist.*

Nach|lass|pfle|ge|rin, die: w. Form zu ↑Nachlasspfleger.

Nach|lass|ver|wal|ter, der (Rechtsspr.): *gerichtlich Bevollmächtigter, der den Nachlass* (1) *verwaltet u. die Gläubiger befriedigt.*

Nach|lass|ver|wal|te|rin, die: w. Form zu ↑Nachlassverwalter.

nach|lau|fen ⟨st. V.; ist⟩: **1.** *jmdm., einer Sache [eilig] zu Fuß folgen:* mir ist ein Hund bis hierher nachgelaufen; Ü einer Illusion n. **2.** (ugs.) *hinterherlaufen* (3). **3.** (ugs.) **a)** (oft abwertend) *(in oft unkritischer, leichtgläubiger Weise) als Anhänger folgen:* einem falschen Messias n.; **b)** *sich um jmdn., jmds. Zuneigung sehr bemühen:* einer Klassenkameradin n. **4.** *zulaufen* (6). **5.** *(von Messgeräten o. Ä.) zu wenig anzeigen, zu langsam gehen:* die Uhr läuft nach.

Nach|läu|fer, der; -s, -: **1.** (oft abwertend) *leichtgläubiger, unkritischer Anhänger* (1). **2.** (Billard) *Ball, der, nachdem er einen anderen voll getroffen hat, trotzdem noch weiterrollt.*

Nach|läu|fe|rin, die; -, -nen: w. Form zu ↑Nachläufer (1).

nach|le|ben ⟨sw. V.; hat⟩: *gemäß einem Vorbild, einer Vorschrift o. Ä. leben:* seinem Lehrer, den Geboten n.

Nach|le|ben, das; -s: *Leben eines Verstorbenen in der Erinnerung der Hinterbliebenen.*

nach|le|gen ⟨sw. V.; hat⟩: *noch einmal, wiederholt auflegen* (1 a): Holz n.; jmdm. ein Stück Torte n.; ⟨auch ohne Akk.-Obj.:⟩ darf ich dir noch n.?

nach|ler|nen ⟨sw. V.; hat⟩: *später lernen, um etw. nachzuholen:* versäumte Lektionen n.

Nach|le|se, die; -, -n: **1.** vgl. Nachernte. **2.** (geh.) *Nachtrag zu einer Auswahl aus dichterischen Werken:* Ü das Fernsehen bringt zu Silvester eine N. aus den Shows des Jahres.

¹nach|le|sen ⟨st. V.; hat⟩: *(eine bestimmte Stelle) [noch einmal] lesen od. etw., was man gehört hat, durch ¹Lesen* (1 a) *überprüfen:* ich muss das noch einmal n.; den Text der Rede n.

²nach|le|sen ⟨st. V.; hat⟩: **a)** *Nachlese* (1) *halten;* **b)** *noch einmal ²lesen* (b), *verlesen.*

nach|lie|fern ⟨sw. V.; hat⟩: **a)** *zu einem späteren Zeitpunkt [als dem abgesprochenen Termin] liefern:* der Rest der Ware wird nachgeliefert; **b)** *zu einer vorausgegangenen Lieferung als Ergänzung liefern:* die folgenden Bände des Lexikons werden regelmäßig nachgeliefert.

Nach|lie|fe|rung, die; -en: **1.** *das Nachliefern.* **2.** *nachgelieferte Ware.*

nach|lö|sen ⟨sw. V.; hat⟩: *eine Fahrkarte nach Antritt der Fahrt lösen:* im Zug [einen Zuschlag] n.

nach|ma|chen ⟨sw. V.; hat⟩ (ugs.): **1. a)** *genau das* *machen, was ein anderer tut:* jmdm. etw. n.; das Kind macht den Geschwistern alles nach; das soll [mir] erst mal einer n. *(genauso gut machen);* **b)** *nachahmen; kopieren; imitieren:* die Kinder machten den Lehrer nach; Tierstimmen n.; **c)** *nach einer Vorlage ganz genauso herstellen:* Stilmöbel n.; die Unterschrift war sehr schlecht nachgemacht; nachgemachtes *(gefälschtes)* Geld. **2.** *(Versäumtes) zu einem späteren Zeitpunkt machen:* die Hausaufgaben n.

Nach|mahd, die; - (landsch.): *Grummet.*

nach|ma|len ⟨sw. V.; hat⟩: **1.** *(eine Vorlage) durch Malen wiedergeben, abmalen* (1): etw. aus der Erinnerung n. **2. a)** *durch nochmaliges Malen auffrischen, intensivieren:* Konturen n.; **b)** (ugs.) *nochmals schminken.*

nach|ma|lig ⟨Adj.⟩ (veraltend): *später* (1b): der -e Präsident.

nach|mes|sen ⟨st. V.; hat⟩: *zur Überprüfung der Maße [noch einmal] messen.*

Nach|mes|sung, die; -, -en: *das Nachmessen.*

Nach|mie|ter der; -s, -: *jmd., der nach einem anderen Mieter, wenn dieser ausgezogen ist, eine Wohnung o. Ä. mietet:* einen N. suchen.

Nach|mie|te|rin, die: w. Form zu ↑Nachmieter.

Nach|mit|tag, der; -s, -e [subst. aus älter: nach Mittag]: **1.** *Zeit vom* [1]*Mittag* (1 a) *bis zum Beginn des Abends:* es war schon später N.; sie hat heute ihren freien N.; jeden N.; heute N.; des -s (geh.; *nachmittags*); er kommt [spät] am N.; er wollte im Laufe des -s anrufen. **2.** *Nachmittagsveranstaltung:* wir laden Sie zu unserem bunten N. ein.

nach|mit|tä|gig ⟨Adj.⟩: *den ganzen Nachmittag dauernd:* die -e Ruhe.

nach|mit|täg|lich ⟨Adj.⟩: *immer in die Nachmittagszeit fallend; jeden Nachmittag wiederkehrend:* sie trafen sich zum -en Tanz im Café.

nach|mit|tags ⟨Adv.⟩: *am Nachmittag, zur Nachmittagszeit; während des Nachmittags.*

Nach|mit|tags|kaf|fee, der: *Kaffee, den man, meist mit Kuchen o. Ä., am Nachmittag zu sich nimmt.*

Nach|mit|tags|kleid, das: *[elegantes] Kleid für den [späten] Nachmittag.*

Nach|mit|tags|schlaf, der, **Nach|mit|tags|schläf|chen,** das: vgl. Mittagsschlaf.

Nach|mit|tags|son|ne, die: *nachmittägliche, in ihrer Kraft langsam abnehmende Sonne.*

Nach|mit|tags|stun|de, die: *bestimmte Stunde, Uhrzeit am Nachmittag:* zur frühen N. *(am frühen Nachmittag).*

Nach|mit|tags|un|ter|richt, der: vgl. Nachmittagsveranstaltung.

Nach|mit|tags|ver|an|stal|tung, die: *am Nachmittag stattfindende Veranstaltung.*

Nach|mit|tags|vor|stel|lung, die: vgl. Nachmittagsveranstaltung.

Nach|mit|tags|zeit, die: *Zeitspanne vom Mittag bis zum Abend.*

nach|müs|sen ⟨unr. V.; hat⟩ (ugs.): vgl. nachwollen.

Nach|nah|me, die; -, -n [zum 2. Bestandteil vgl. Abnahme]: **1.** *Einziehen* (8 a) *eines Rechnungsbetrags durch die Post bei Aushändigung der Ware.* **2.** *Nachnahmesendung.*

Nach|nah|me|ge|bühr, die: *Gebühr, die für eine Nachnahme* (2) *erhoben wird.*

Nach|nah|me|sen|dung, die: *Postsendung, die per Nachnahme zugestellt wird.*

Nach|na|me, der; -ns, -n: *Familienname [mit vorangestelltem Geburtsnamen].*

nach|neh|men ⟨st. V.; hat⟩: **1.** *sich noch einmal nehmen:* nimm dir doch Tee nach! **2.** (Amtsspr.) *(einen Betrag) per Nachnahme* (1) *erheben:* der Betrag ist nachzunehmen.

Nach|ope|ra|ti|on, die: *nach einer Operation* (1) *nötig gewordene weitere Operation.*

nach|ope|rie|ren ⟨sw. V.; hat⟩: *eine Nachoperation vornehmen:* n. müssen.

nach|plap|pern ⟨sw. V.; hat⟩ (ugs. oft abwertend): *etw., was ein anderer gesagt hat, genauso [u. auf kindliche Weise] wiedergeben, ohne es inhaltlich erfasst zu haben:* die Kinder plappern alles nach.

nach|po|lie|ren ⟨sw. V.; hat⟩: *noch einmal zusätzlich polieren.*

Nach|por|to, das; -s, -s u. ...ti: *Nachentgelt.*

nach|prä|gen ⟨sw. V.; hat⟩: **a)** *später, zusätzlich prägen:* Münzen n.; **b)** *nach einer Vorlage neu prägen.*

Nach|prä|gung, die; -, -en: **a)** *das Nachprägen;* **b)** *das Nachgeprägte.*

nach|prüf|bar ⟨Adj.⟩: *sich nachprüfen lassend:* diese Angaben sind nicht n.

nach|prü|fen ⟨sw. V.; hat⟩: **1.** *zum Zweck der Kontrolle [noch einmal] prüfen; überprüfen:* die Richtigkeit der Angaben, die Angaben n.; jmds. Alibi n. **2.** *(jmdn.) zu einem späteren Zeitpunkt als vereinbart prüfen* (3 a): die Examenskandidatin wurde nachgeprüft.

Nach|prü|fung, die; -, -en: *das Nachprüfen; das Nachgeprüftwerden.*

nach|ran|gig ⟨Adj.⟩: *im Rang untergeordnet, niedriger.*

Nach|raum, der; -[e]s (Forstw.): *Ausschuss* (3).

nach|räu|men ⟨sw. V.; hat⟩ (ugs.): *aufräumen, was jmd. liegen gelassen hat.*

nach|re|cher|chie|ren ⟨sw. V.; hat⟩: *[noch einmal] recherchieren.*

nach|rech|nen ⟨sw. V.; hat⟩: **1.** *(zur Kontrolle) noch einmal rechnen.* **2.** *etw. zurückverfolgen u. dabei die vergangene Zeit berechnen:* er wusste nicht mehr, wie viele Jahre vergangen waren, und musste erst n.

Nach|re|de, die; -, -n [mhd. nāchrede]: **1.** (veraltend) *Nachwort, Epilog* (b). **2.** *unzutreffende, meist abfällige Äußerungen über jmdn., der nicht anwesend ist:* üble N. (Rechtsspr.; *Verbreitung einer beleidigenden u. unzutreffenden Behauptung, die einem anderen Menschen schadet*); üble N. über jmdn. führen; in üble N. kommen.

nach|re|den ⟨sw. V.; hat⟩: **1.** *das, was andere gesagt haben, kritiklos übernehmen u. wiederholen:* er redet ihr alles nach. **2.** (selten) *Nachreden (über jmdn.) verbreiten:* man redete ihm übel nach. **3.** *nachsagen* (2).

nach|rei|chen ⟨sw. V.; hat⟩: *nach dem vereinbarten Zeitpunkt [ergänzend] einreichen:* Unterlagen n.

Nach|rei|fe, die; -: *das Reifen (von Obst o. Ä., das bei der Ernte noch nicht ganz reif war) während der Zeit der Lagerung.*

nach|rei|fen ⟨sw. V.; ist⟩: *nach der Ernte reifen.*

nach|rei|sen ⟨sw. V.; ist⟩: *kurz nach jmdm. an den gleichen Ort reisen; jmdm. (auf einer Reise) folgen.*

nach|ren|nen ⟨unr. V.; ist⟩ (ugs.): *nachlaufen* (1, 2).

Nach|richt, die; -, -en [seit dem 17. Jh. für älter Nachrichtung = das, wonach man sich zu richten hat, Anweisung (2), dann: Mitteilung (die Anweisungen enthält), Botschaft; Neuigkeit]: **1.** *Mitteilung, die jmdm. in Bezug auf jmdn. od. etw. [für ihn persönlich] Wichtiges die Kenntnis des neuesten Sachverhalts vermittelt:* lokale -en; -en aus aller Welt; eine erfreuliche N.; die N. von seinem Tode traf alle sehr; N. erhalten; [keine] N. von jmdm. haben; -en dementieren; eine N. im Rundfunk bringen; auf N. warten; ohne N. sein. **2.** ⟨Pl.⟩ *Nachrichtensendung:* die -en haben nichts über das Unglück gebracht; [die] -en hören, sehen.

Nach|rich|ten|agen|tur, die: *Unternehmen, das Nachrichten (bes. aus der Politik) sammelt u. an Presse, Funk u. Fernsehen weiterleitet.*

Nach|rich|ten|dienst, der: **1.** *staatlicher Geheimdienst zur Beschaffung geheimer Informationen bes. im militärischen, politischen, wirtschaftlichen Bereich.* **2. a)** *Nachrichtenagentur;* **b)** (veraltend) *Nachrichtensendung.*

nach|rich|ten|dienst|lich ⟨Adj.⟩: *den Nachrichtendienst* (1) *betreffend:* -e Tätigkeit.

Nach|rich|ten|ka|nal, der: *Kanal* (4) *des Fernsehens od. Rundfunks, auf dem fast ausschließlich Nachrichtensendungen ausgestrahlt werden.*

Nach|rich|ten|ma|ga|zin, das [wohl LÜ von engl. news magazine]: *Zeitschrift, die Nachrichten bringt u. kommentiert sowie aktuelle Themen behandelt.*

Nach|rich|ten|sa|tel|lit, der: *Kommunikationssatellit.*

Nach|rich|ten|sen|dung, die: *Sendung des Fernsehens od. des Rundfunks, in der Nachrichten von wichtigen aktuellen, bes. politischen Ereignissen übermittelt werden.*

Nach|rich|ten|sper|re, die: *Verbot, Rundfunk, Fernsehen, Presse u. Öffentlichkeit zu informieren:* eine totale N.

Nach|rich|ten|spre|cher, der: *jmd., der in Funk od. Fernsehen die Nachrichten spricht.*

Nach|rich|ten|spre|che|rin, die: w. Form zu ↑Nachrichtensprecher.

Nach|rich|ten|sys|tem, das: *System zur Übermittlung von Nachrichten.*

Nach|rich|ten|tech|nik, die: *Teilgebiet der Elektrotechnik, das sich mit den Möglichkeiten zur Übermittlung u. Verbreitung von Nachrichten durch die Technik* (z. B. Telefon, Rundfunk) *befasst.*

Nach|rich|ten|über|mitt|lung, die: *Übermittlung von Nachrichten (bes. in Funk u. Fernsehen).*

Nach|rich|ten|ver|bin|dung, die: *[Funk]verbindung zur Übermittlung von Nachrichten.*

Nach|rich|ten|we|sen, das ⟨o. Pl.⟩: *alles, was die Übermittlung u. Verbreitung von Nachrichten betrifft einschließlich Organisation u. Verwaltung.*

nach|richt|lich ⟨Adj.⟩: *Nachrichten* (1) *betreffend, auf einer Nachricht beruhend; in Form einer Nachricht, als Nachricht:* -e Sendungen des Hörfunks.

nach|rü|cken ⟨sw. V.; ist⟩: **1. a)** *aufrücken* (1): würden Sie bitte etwas n.?; **b)** *(von militärischen Einheiten o. Ä.) langsam u. geordnet nachfolgen:* sie rückten der kämpfenden Truppe nach. **2.** *jmds. Posten, Amt einnehmen:* auf den Posten des Direktors n.

Nach|rü|cker, der; -s, -: *auf einen Posten, Platz Nachrückender.*

Nach|rü|cke|rin, die; -, -nen: w. Form zu ↑Nachrücker.

Nach|ruf, der; -[e]s, -e [zuerst im 17. Jh. als Ersatzwort für ↑Echo, dann = Abschiedsworte, die heutige Bed. seit dem 19. Jh.]: *einem kürzlich Verstorbenen gewidmete [mit einem Rückblick auf sein Leben verbundene] Worte der Würdigung.*

nach|ru|fen ⟨st. V.; hat⟩: *jmdm., der sich bereits entfernt hat, etw. hinterherrufen.*

Nach|ruhm, der; -[e]s: *Ruhm, den jmd. nach dem Tod, den jmds. Werk bei der Nachwelt genießt.*

nach|rüh|men ⟨sw. V.; hat⟩: *rühmend nachsagen* (2): jmdm. Wundertaten n.

nach|rüs|ten ⟨sw. V.; hat⟩ (Technik): **1.** *nachträglich mit einem passenden zusätzlichen Gerät versehen, um eine bessere Leistung zu erzielen:* eine Stereoanlage für quadrophonische Wiedergabe n. **2.** *das militärische Waffenpotenzial ergänzen, vergrößern.*

Nach|rüs|tung, die; -, -en: **1.** (Technik) *das Nachrüsten* (1). **2.** *das Nachrüsten* (2).

nach|sa|gen ⟨sw. V.; hat⟩: **1.** *(etw., was ein anderer sagt) wiederholen; nachsprechen:* das Kind sagt alles nach, was es hört. **2.** *von jmdm. in dessen Abwesenheit sagen, behaupten, über ihn verbreiten:* jmdm. Hochmut n.; man kann ihm nichts n. *(man hat keine Handhabe, ihn zu verdächtigen).*

Nach|sai|son, die; -, -s, südd., österr. auch: -en: *Zeitabschnitt nach der Hauptsaison.*

nach|sal|zen ⟨unr. V.; salzte nach, hat nachgesalzen/(seltener auch:) nachgesalzt⟩: *nach der eigentlichen Zubereitung zusätzlich salzen:* die Suppe, Soße n.

Nach|satz, der; -es, Nachsätze: **1.** *nachgetragene, einer [schriftlichen] Äußerung angehängte Bemerkung, Ergänzung:* etw. beiläufig in einem N. erwähnen. **2.** (Sprachw.) *nachgestellter Satz; am Ende eines Satzgefüges stehender Satz.*

Nach|schau: in der Verbindung **N. halten** (geh.; *nachsehen* 2): ich will N. halten, ob er kommt.

nach|schau|en ⟨sw. V.; hat⟩ (bes. südd., österr., schweiz.): *nachsehen* (1–3).

nach|schen|ken ⟨sw. V.; hat⟩ (geh.): vgl. nachgießen (a).

nach|schi|cken ⟨sw. V.; hat⟩: **a)** *jmdm., dessen Adresse sich [vorübergehend] geändert hat, etw. an seine neue Adresse schicken:* sich die Post an den Urlaubsort n. lassen; **b)** *hinterherschicken.*

nach|schie|ben ⟨st. V.; hat⟩ (Jargon): *an eine Veröffentlichung, Äußerung, Mitteilung, Frage o. Ä. noch eine weitere anschließen:* einen Antrag n.

Nach|schlag, der; - [e]s, Nachschläge: **1.** (Musik) **a)** *musikalische Verzierung aus einer od. zwei Noten, die an eine vorausgehende gebunden werden;* **b)** *verzierender Abschluss eines Trillers.* **2.** (bes. Soldatenspr.) *zusätzliche Portion bei einer Essenausgabe:* einen N. verlangen.

nach|schla|gen ⟨st. V.⟩ [2: mhd. (md.) nāch slahen]: **1.** ⟨hat⟩ **a)** *um etw. Bestimmtes zu erfahren, ein Buch an der entsprechenden Stelle aufschlagen u. sich dort informieren:* in einem Wörterbuch n.; **b)** *in einem Buch aufsuchen u. lesen:* ein Zitat n. **2.** (geh.) *nach jmdm. geraten; jmdm. in der Art, im Wesen ähnlich werden* ⟨ist⟩: er schlägt dem Vater nach.

Nach|schla|ge|werk, das: *Buch (bes. Lexikon, Wörterbuch), das in übersichtlicher, meist alphabetischer Anordnung der schnellen Orientierung über etw. dient.*

nach|schlei|chen ⟨st. V.; ist⟩: *schleichend (a) folgen.*

Nach|schlüs|sel, der; -s, -: *Schlüssel, der einem anderen [ohne Erlaubnis, heimlich] nachgearbeitet worden ist.*

Nach|schlüs|sel|dieb|stahl, der (Rechtsspr.): *mithilfe eines Nachschlüssels ausgeführter Diebstahl.*

nach|schme|cken ⟨sw. V.; hat⟩: **1.** *einen Nachgeschmack haben.* **2.** (scherzh.) *noch einmal genießen, genussvoll nacherleben.*

nach|schmei|ßen ⟨st. V.; hat⟩ (ugs.): *nachwerfen.*

nach|schmin|ken ⟨sw. V.; hat⟩: *korrigierend, auffrischend noch einmal schminken.*

nach|schnei|den ⟨unr. V.; hat⟩: *durch nochmaliges Schneiden in die gewünschte Form bringen:* die Haare n.

nach|schnüf|feln ⟨sw. V.; hat⟩ (ugs.): vgl. nachspionieren.

nach|schrei|ben ⟨st. V.; hat⟩: **1.** *nach einem Muster, einer Vorlage, nach Gehör [in Stichworten] aufschreiben:* einen Vortrag n. **2.** *(von Tests o. Ä.) zu einem späteren Zeitpunkt als vereinbart schreiben.*

nach|schrei|en ⟨st. V.; hat⟩: vgl. nachrufen.

Nach|schrift, die; -, -en [2: LÜ von ↑Postskriptum]: **1.** *etw. Nachgeschriebenes, schriftlich [in Stichworten] Wiedergegebenes.* **2.** vgl. Nachsatz (1): der Brief hatte noch eine N. (Abk.: NS).

Nach|schub, der; -[e]s, Nachschübe ⟨Pl. selten⟩ [spätmhd. nāchschup] (Milit.): **a)** *das Versorgen von Truppen, bes. an der Front, mit neuem Material:* N. an Munition; Ü bei der Party war er für den N. an alkoholischen Getränken verantwortlich; **b)** *neues Material, mit dem Truppen, bes. an der Front, versorgt werden:* N. anfordern.

Nach|schub|trup|pe, die: *Logistiktruppe, die für die Bereitstellung, den Transport o. Ä. des Nachschubs verantwortlich ist.*

nach|schu|len ⟨sw. V.; hat⟩: *in einem Fortbildungskurs o. Ä. nachträglich zusätzlich schulen (a).*

Nach|schu|lung, die: *das Nachschulen.*

Nach|schur, die; -, -en (Landw.): *zweite, im Herbst vorgenommene Schur der Schafe.*

Nach|schuss, der; -es, ...schüsse: **1.** (Wirtsch.) *über die eigentliche (als Beteiligung an einem Unternehmen eingebrachte) Einlage hinaus zu leistende, zusätzliche Einzahlung.* **2.** (bes. Fußball, Eishockey) *erneuter Schuss auf das Tor mit dem abgewehrten od. vom Tor abgeprallten Ball.*

nach|schüt|ten ⟨sw. V.; hat⟩: *zusätzlich in, an, auf etw. schütten:* Kohlen n.

nach|schwin|gen ⟨st. V.; hat⟩: **1.** *nachträglich noch kurze Zeit in Schwingung, in schwingender Bewegung sein.* **2.** (geh.) *nachträglich noch zum Ausdruck kommen, als Empfindung, Gefühl o. Ä. vorhanden sein; eine Nachwirkung hinterlassen.*

nach|se|hen ⟨st. V.; hat⟩ [1: mhd. nāch sehen]: **1.** *mit den Blicken folgen; zusehen, wie sich jmd., etw. entfernt; hinterherblicken, -sehen:* jmdm. sinnend n.; den Schiffen n. **2. a)** *sich mit prüfenden Blicken über einen bestimmten Sachverhalt informieren; kontrollierend nach etw. sehen:* sieh mal nach, ob die Kinder schlafen/wer an der Tür ist; **b)** *nachschlagen (1 a);* **c)** *in einem Buch aufsuchen u. lesen; nachschlagen (1 b).* **3.** *kontrollierend, überprüfend auf Fehler, Mängel hin durchsehen:* [jmdm.] die Schularbeiten n. **4.** *mit jmdm. in Bezug auf etw. sonst Beanstandens-, Tadelnswertes nachsichtig sein, nicht übel nehmen:* er sieht den Kindern alle Unarten nach.

Nach|se|hen: in der Wendung **das N. haben** *(nichts mehr, nur noch das Schlechtere [ab]bekommen).*

nach|sen|den ⟨unr. V.; sandte/(seltener:) sendete nach, hat nachgesandt/(seltener:) nachgesendet⟩ (bes. Postw.): *nachschicken (a).*

nach|set|zen ⟨sw. V.; hat⟩: *sehr schnell folgen; jmdn. in großem Tempo verfolgen.*

Nach|sicht, die; -: *das Nachsehen (4); verzeihendes Verständnis für die Unvollkommenheiten, Schwächen von jmdm., einer Sache:* mit jmdm. N. haben; N. üben; keine N. kennen; jmdn. um N. bitten.

nach|sich|tig ⟨Adj.⟩: *Nachsicht zeigend; voller Nachsicht:* -e Eltern; eine -e Beurteilung; er war immer [zu] n. gegen ihn, ihm gegenüber, mit ihm; jmdn. n. behandeln.

Nach|sich|tig|keit, die; - (seltener): *das Nachsichtigsein.*

Nach|sil|be, die; -, -n (Sprachw.): *Suffix.*

nach|sin|gen ⟨st. V.; hat⟩: *(etw., was ein anderer vorsingt, vorspielt) singend wiederholen.*

nach|sin|nen ⟨st. V.; hat⟩: **a)** (geh.) *sinnend nachdenken, Betrachtungen anstellen:* über ein Problem n.; **b)** *sich [nachträglich] in Gedanken mit etw. beschäftigen; in Gedanken einer Sache nachhängen:* sie sann seinen Worten lange nach.

nach|sit|zen ⟨unr. V.; hat; südd., österr., schweiz. auch: ist⟩: *zur Strafe außerhalb des Unterrichts noch in der Schule bleiben* (meist in Verbindung mit »müssen«): er war frech gewesen und musste n.

Nach|som|mer, der; -s, -: *Tage im späten Sommer od. im frühen Herbst, an denen bei freundlichem, sonnigem Wetter noch einmal eine mildsommerliche Atmosphäre entsteht.*

Nach|sor|ge, die; - (Med.): *ärztliche Betreuung eines Patienten nach einer Krankheit, einer Operation:* ambulante N.

Nach|spann, der; -[e]s, -e u. Nachspänne (Film, Ferns.): **a)** *kurzer Text, der dem eigentlichen Text eines Artikels o. Ä. nachgestellt ist;* **b)** *einem Film, einer Fernsehsendung folgende Angaben über die Mitwirkenden, den Autor o. Ä.*

Nach|spei|se, die; -, -n: *meist aus einer süßen Speise, aus Obst, Käse o. Ä. bestehender, der Hauptmahlzeit folgender letzter Gang.*

Nach|spiel, das; -[e]s, -e: **1.** *einem Bühnenwerk, Musikstück o. Ä. nachgestelltes kleineres, abschließendes Stück.* **2.** *(beim Geschlechtsverkehr) dem eigentlichen Geschlechtsakt folgender, ihn abschließender Austausch von Zärtlichkeiten.* **3.** *aus einem bestimmten Geschehen, Vorgang, einer Angelegenheit erwachsende unangenehme Folgen:* die Sache wird noch ein N. haben *(ist noch nicht erledigt, nicht ausgestanden).*

nach|spie|len ⟨sw. V.; hat⟩: **1. a)** *etw., was jmd. vorgespielt hat, danach genauso spielen;* **b)** *mit darstellerischen Mitteln nachahmen, nachmachen.* **2.** *(ein von einem Theater uraufgeführtes Theaterwerk) in einem anderen Theater auch spielen, auf eine andere Bühne übernehmen.* **3.** (Kartenspiel) *(eine bestimmte Karte) nach einem vorher an sich gebrachten Stich ausspielen:* Kreuzass n. **4.** (Ballspiele, bes. Fußball) *(durch Unterbrechungen verlorene Zeit) nach Ablauf der regulären Spielzeit durch zeitlich entsprechende Verlängerung nachholen.*

nach|spi|o|nie|ren ⟨sw. V.; hat⟩: *jmdm. spionierend folgen; jmdn. heimlich kontrollieren.*

nach|spre|chen ⟨st. V.; hat⟩: vgl. nachsagen (1): ein Gebet n.

nach|spü|len ⟨sw. V.; hat⟩: **1.** *nachträglich noch einmal abspülen (b), ausspülen (1 b).* **2.** *durch Nachschütten, -gießen einer Flüssigkeit spülen.* **3.** (ugs.) *etw. gerade Genossenem, Hinuntergeschlucktem schnell ein Getränk folgen lassen; nachträglich noch schnell etw. trinken:* er trank einen Schnaps und spülte ein Bier nach; ⟨ohne Akk.-Obj.:⟩ er spülte mit Wasser nach.

nach|spü|ren ⟨sw. V.; hat⟩ (geh.): **1.** *vorsichtig u. aufmerksam erkundend folgen, nachgehen:* einer Fährte n. **2.** *etw. forschend zu erkunden, entdecken, ergründen suchen:* einem Geheimnis n.

nächst ⟨Präp. mit Dativ⟩ [mhd. (md.) nehest] (geh.): **1.** (selten) *(räumlich) unmittelbar an, bei:* er wartete n. dem Bahnhof. **2.** *(dem Rang, der Ordnung, dem Wert nach) unmittelbar nach; neben:* n. der Arbeitslosigkeit ist dies das derzeit größte Problem.

nächst... ⟨Adj.⟩ [mhd. næh(e)st, ahd. nahist]: **1.** Sup. zu ↑nahe. **2. a)** *räumlich als Erstes kommend, in der räumlichen Reihenfolge unmittelbar folgend:* die nächste Straße links einbiegen; *** der, die, das nächste Beste** (↑erst... a); **b)** *zeitlich zuerst, als Erstes folgend, im zeitlichen Ablauf zuerst kommend; unmittelbar bevorstehend, folgend:* nächste Woche; nächsten Montag/am nächsten Montag; bei nächster/bei der nächsten Gelegenheit; ⟨subst.:⟩ der Nächste, bitte!; *** fürs Nächste** (↑erst... a).

nächst|bes|ser ⟨Adj⟩: *dem besseren, höheren Rang nach, der besseren Qualität, Kategorie o. Ä. nach unmittelbar folgend.*

nächst|bes|te ⟨Adj.⟩: in der Verbindung **der, die, das n. ...** *(der, die, das erste beste ...):* bei der -n Gelegenheit; ⟨subst.:⟩ das Nächstbeste, was sich ihm bietet.

nächst|dem ⟨Adv.⟩: *unmittelbar darauf, gleich danach.*

Nächs|te, der; -n, -n [mhd. næh(e)ste, ahd. nahisto = Nachbar, Subst. zu ↑nächst...] (geh.): *Mitmensch:* seinem -n helfen; **R** jeder ist sich selbst der N. *(jeder denkt zuerst an sich selbst).*

nach|ste|hen ⟨unr. V.; hat; südd., österr., schweiz. auch: ist⟩ [mhd. nāch stān = hinter jmdm., etw. stehen; nachfolgen]: **1.** (veraltend) *gegenüber einem andern benachteiligt sein; hinter jmdm. zurückstehen:* er stand seinem geschäftstüchtigen Bruder immer nach. **2.** *einem andern in bestimmter Hinsicht unterlegen sein, nicht gleichkommen* ⟨meist verneint⟩: sie steht ihm in nichts nach *(ist ihm in jeder Hinsicht ebenbürtig).*

nach|ste|hend ⟨Adj.⟩: *an späterer Stelle im Text, weiter unten stehend; folgend:* die -en Bemerkungen.

nach|stei|gen ⟨st. V.; ist⟩ (ugs.): *bes. einem Mädchen hartnäckig folgen u. um es werben.*

nach|stel|len ⟨sw. V.; hat⟩ [vom Fallenstellen des Jägers gesagt]: **1.** *einer Vorlage, einem Vorbild entsprechend aufstellen, darstellen:* eine Szene n. **2.** (Sprachw.) *(ein Wort, Satzglied) im Satz weiter nach hinten, hinter ein anderes Wort, Satzglied stellen:* ⟨meist im 2. Part.:⟩ ein nachgestelltes Attribut. **3.** *(bei einer Uhr) die Zeiger zurückdrehen; zurückstellen (3).* **4.** *nachträglich, nach einer gewissen Zeit neu einstellen, noch einmal genauer einstellen:* die Bremse n. **5. a)** (geh.) *jmdn., ein Tier hartnäckig, mit List verfolgen, zu fangen, in seine Gewalt zu bekommen suchen:* dem Wild n.; **b)** *nachsteigen.*

Nach|stel|lung, die; -, -en: **1.** (Sprachw.) *das Nachstellen (2).* **2. a)** *das Nachstellen (5 a);* **b)** *das Nachsteigen.*

Nächs|ten|lie|be, die; -: *innere Einstellung, aus der heraus jmd. bereit ist, seinen Mitmenschen zu helfen, für sie Opfer zu bringen:* etw. aus [reiner, christlicher] N. tun.

nạ̈chs|tens ⟨Adv.⟩: **1.** *bald, in nächster Zeit einmal; in Kürze; demnächst.* **2.** (ugs.) *wenn das so weitergeht, ...; am Ende, schließlich:* er lässt sich von ihr immer bedienen, n. bindet sie ihm noch die Schuhe.
nạ̈chst|fol|gend ⟨Adj.⟩: *unmittelbar folgend, sich anschließend:* in der -en Zeit.
nạ̈chst|ge|le|gen ⟨Adj.⟩: *räumlich am nächsten gelegen, am wenigsten weit entfernt:* der -e Ort.
nạ̈chst|hö̱|her ⟨Adj.⟩: *der Höhe nach, einem höheren Rang nach unmittelbar folgend:* die -e Klasse.
nạ̈chst|lie|gend: *sich beim Überlegen sofort einstellend, sich zuerst anbietend; sehr einleuchtend, sehr nahe liegend:* die -e Lösung; auf das Nächstliegende bin ich nicht gekommen.
nạ̈chst|mög|lich ⟨Adj.⟩: *sich als nächste Möglichkeit bietend, als allererste Möglichkeit ergebend:* der -e Termin.
na̱ch|sto|ßen ⟨st. V.⟩: **1.** *anderen folgend in gleicher Richtung, in dasselbe Gebiet vordringen* ⟨ist⟩: der Gegner stößt nach. **2.** (ugs.) *(bei einer Diskussion, einem Interview o. Ä.) in eindringlicher Weise eine weitere Frage stellen, ein weiteres Argument vorbringen* ⟨hat⟩: er stieß mit immer neuen Fragen nach.
na̱ch|stre|ben ⟨sw. V.; hat⟩ (geh.): vgl. nacheifern.
na̱ch|stür|zen ⟨sw. V.; ist⟩: **1.** *nachträglich noch herunterstürzen, herunterbrechen:* Erdmassen stürzten nach. **2.** *in großer Eile, Hast nachlaufen:* er stürzt ihr nach, um sie zurückzuhalten.
na̱ch|su|chen ⟨sw. V.; hat⟩: **1.** *intensiv nach etw. suchen; nachsehen:* ich muss noch einmal n. **2.** (geh.) *(um etw.) förmlich bitten; etw. in aller Form, offiziell beantragen:* um Bedenkzeit n.
Nạcht, die; -, Nächte [mhd., ahd. naht, urspr. Bez. für den gesamten Zeitraum von Sonnenuntergang bis Sonnenuntergang]: *Zeitraum etwa zwischen Sonnenuntergang u. Sonnenaufgang, zwischen Einbruch der Dunkelheit u. Beginn der Morgendämmerung:* eine mondhelle N.; die Nächte sind jetzt schon kühl; die N. kommt, bricht an; eine N. im Freien verbringen; die Patientin hatte eine schlechte N.; etw. bereitet jmdm. schlaflose Nächte *(regt jmdn. so sehr auf, ärgert ihn so sehr, dass er nächtelang nicht schlafen kann);* zwei Nächte lang; heute N. *(in der Nacht von gestern auf heute od. von heute auf morgen);* im Schutz, bei Einbruch der N.; eines -s (geh.; *in, während einer Nacht);* bis spät in die N./bis in die späte N. [hinein] arbeiten; ein Quartier für eine N.; N. für N. *(jede Nacht);* in der N. von Sonntag auf Montag; in der N. auf/zum Montag; er kam spät/mitten in der N.; sie fuhren in die N. hinaus; bei jmdm. über N. bleiben; zur N. (geh.; *nachts, zur Nachtzeit);* ***Heilige N.** *(Nacht zum ersten Weihnachtstag);* **die Zwölf Nächte** *(die Nächte zwischen Weihnachten u. Dreikönigstag);* **gute N.!** (Grußformel vor dem Schlafengehen, Einschlafen): [zu] jmdm. Gute, (auch:) gute N. sagen; **na, dann gute N.!** (ugs.; Ausruf der Enttäuschung, der Resignation); **die N. der langen Messer** (salopp; 1. *grausames Morden; Gemetzel, das an einer gegnerischen Gruppe begangen wird.* 2. *Gelegenheit o. Ä., bei der durch politischen Machtwechsel o. Ä. eine Anzahl nicht mehr erwünschter Personen kurzerhand ihres Wirkungsbereichs, Einflusses beraubt, wirtschaftlich, beruflich o. ä. zugrunde gerichtet werden);* **schwarz wie die N.** (emotional; *tiefschwarz, sehr dunkel);* **hässlich wie die N.** (emotional; *sehr hässlich);* **die N. zum Tage machen** *(sich nicht schlafen legen, die ganze Nacht durcharbeiten, durchfeiern o. Ä.);* **sich** ⟨Dativ⟩ **die N. um die Ohren schlagen** (ugs.; *sich aus irgendeinem Grund nachts nicht schlafen legen);* **bei N. und Nebel** *(ganz heimlich [u. bei Nacht]).*
Nạcht|ab|sen|kung, die: *automatische Drosselung einer Zentralheizung während der Nacht.*
nạcht|ak|tiv ⟨Adj.⟩ (Zool.): *(von bestimmten Tieren) während der Nacht die zum Leben notwendigen Aktivitäten entwickelnd u. tagsüber schlafend:* -e Tiere.
Nạcht|tanz, der; -[e]s, ...tänze (Musik): *auf einen langsamen Schreittanz in geradem Takt folgender schneller Springtanz in ungeradem Takt.*
Nạcht|ar|beit, die ⟨o. Pl.⟩: *Arbeit, Erwerbstätigkeit während der Nacht, zwischen 23 u. 6 Uhr.*
Nạcht|asyl, das: *Asyl (1) für die Übernachtung (von Obdachlosen o. Ä.).*
Nạcht|aus|ga|be, die: *am [späten] Abend erscheinende Ausgabe einer Zeitung.*
Nạcht|bar, die: *bis spät in die Nacht, bis zum frühen Morgen geöffnete* [1]*Bar (1 a).*
nạcht|blau ⟨Adj.⟩: *von der Farbe des nächtlichen Himmels, tief dunkelblau, schwarzblau.*
nạcht|blind ⟨Adj.⟩: *nicht fähig, bei Dämmerung od. in der Dunkelheit etw. zu sehen, genau zu erkennen.*
Nạcht|blind|heit, die: *das Nachtblindsein.*
Nạcht|creme, die (Kosmetik): *Gesichtscreme für die Nacht.*
Nạcht|dienst, der: *Dienst (1 a) während der Nacht.*
nạcht|dun|kel ⟨Adj.⟩ (geh.): *von der Nacht dunkel:* der nachtdunkle Wald, Garten.
Na̱ch|teil, der; -[e]s, -e [geb. als Ggs. zu ↑Vorteil]: *etw. (Umstand, Lage, Eigenschaft o. Ä.), was sich für jmdn. gegenüber anderen negativ auswirkt, ihn beeinträchtigt, ihm schadet:* ein großer N.; finanzielle -e; daraus erwachsen, entstehen [uns] einige -e; sie ist, befindet sich [den anderen gegenüber] im N. *(ist benachteiligt).*
na̱ch|tei|lig ⟨Adj.⟩: *Nachteile mit sich bringend; ungünstig, schädlich:* -e Folgen; etw. wirkt sich n. aus; ⟨subst.:⟩ es ist nichts Nachteiliges über ihn bekannt.
nạ̈ch|te|lang ⟨Adj.⟩: *mehrere, viele Nächte dauernd, anhaltend; während mehrerer, vieler Nächte:* sich n. herumtreiben.
nạch|ten ⟨sw. V.; hat; unpers.⟩ [mhd. nahten, ahd. nahtēn] (schweiz., sonst dichter.): *Nacht werden, dunkel werden.*
Nạcht|es|sen, das (bes. südd., schweiz.): *Abendessen.*
Nạcht|eu|le, die (ugs. scherzh.): *jmd., der gerne bis spät in die Nacht hinein aufbleibt.*
Nạcht|fahrt, die: vgl. Nachtflug.
Nạcht|fahr|ver|bot, das: *(für eine befristete Zeit geltendes) Fahrverbot für Kraftfahrzeuge.*
Nạcht|fal|ter, der: **1.** *Falter, Schmetterling, der in der Dämmerung u. Dunkelheit fliegt.* **2.** (scherzh.) *Nachtschwärmer (2).*
Nạcht|flug, der: *während der Nacht stattfindender Flug (2).*
Nạcht|flug|ver|bot, das: vgl. Nachtfahrverbot.
Nạcht|frost, der: *während der Nacht auftretender Frost.*
Nạcht|ge|bet, das: *Abendgebet.*
Nạcht|ge|schirr, das (veraltet): *Nachttopf.*
Nạcht|ge|spenst, das: *nachts erscheinendes Gespenst:* wie ein N. aussehen (ugs.; *blass, übernächtigt aussehen).*
Nạcht|hemd, das: *im Bett getragenes, [längeres] einem Hemd (2) ähnliches Wäschestück.*
Nạcht|him|mel, der ⟨o. Pl.⟩: *nächtlicher Himmel.*
Nạch|ti|gall, die; -, -en [mhd. nahtegal, ahd. nahtagala, eigtl. = Nachtsängerin; 2. Bestandteil zu ↑gellen]: *(bes. in Laubwäldern u. dichtem Gebüsch versteckt lebender) unscheinbar rötlich brauner Singvogel, dessen besonders nachts ertönender Gesang sehr melodisch klingt:* die N. schlägt; R N., ick hör dir trapsen (salopp, bes. berlin.; *man merkt deutlich, was beabsichtigt ist, worauf die Sache hinausläuft).*
Nạch|ti|gal|len|schlag, der: *Gesang der Nachtigall.*
nạ̈ch|ti|gen ⟨sw. V.; hat⟩: **a)** *mangels einer üblichen Schlafgelegenheit irgendwo die Nacht verbringen:* unter freiem Himmel n.; **b)** (österr.) *übernachten.*
Nạ̈ch|ti|gung, die; -, -en (österr.): *Übernachtung.*
Na̱ch|tisch, der; -[e]s: *Nachspeise:* den N. servieren; als, zum N. gibt es Eis.
Nạcht|käst|chen, das, **Nạcht|kas|ten,** der (südd., österr.): *Nachttisch.*
Nạcht|ker|ze, die: *Pflanze mit verzweigtem Stängel, ovalen bis lanzettförmigen Blättern u. oft in Trauben od. Ähren wachsenden, großen, gelben Blüten.*
Nạcht|kli|nik, die: *[psychiatrische] Klinik, in der berufstätige Patienten übernachten u. behandelt werden.*
Nạcht|klub, der: vgl. Nachtbar.
Nạcht|la|ger, das ⟨Pl. ...lager⟩: **1.** (geh.) *Schlafstätte zum Übernachten.* **2.** *Biwak.*
Nạcht|le|ben, das ⟨o. Pl.⟩: **1.** *nächtlicher Vergnügungsbetrieb in einem Ort, bes. einer Großstadt:* das Pariser N. **2.** (meist scherzh.) *Vergnügungen, denen jmd. während der Nacht nachgeht:* ein anstrengendes N. haben.
nạ̈cht|lich ⟨Adj.⟩ [spätmhd. nachtlich, ahd. nahtlīh]: *in der Nacht [vorhanden, stattfindend]; während der Nacht:* -e Stille; -e Störungen; ein -er Überfall.
Nạcht|licht, das: *während der Nacht brennendes gedämpftes Licht.*
Nạcht|lo|kal, das: vgl. Nachtbar.
Nạcht|luft, die ⟨o. Pl.⟩: *kühle o. ä. Luft zur Nachtzeit.*
Nạcht|mahl, das (österr., auch südd.): *Abendessen.*
nạcht|mah|len ⟨sw. V.; hat⟩ (österr.): *zu Abend essen;* sie nachtmahlen, haben gerade genachtmahlt.
Nạcht|mahr, der: **1.** *Nachtgespenst.* **2.** [1]*Alb (2).*
Nạcht|mensch, der: *jmd., der gerne bis spät in die Nacht aufbleibt, nachts aktiv wird.*
Nạcht|mu|sik, die (selten): *Serenade, Abendmusik.*
Nạcht|müt|ze, die: **1.** (früher) *Schlafmütze (1).* **2.** (ugs. abwertend) *Schlafmütze (2 b).*
Nạcht|por|ti|er, der: *Portier, der nachts den Dienst versieht.*
Nạcht|pro|gramm, das: *spät am Abend beginnendes, während der Nacht gesendetes Rundfunk-, Fernsehprogramm.*
Nạcht|quar|tier, das: *Quartier (1) für eine Nacht.*
Na̱ch|trag, der; -[e]s, Nachträge: *schriftliche Ergänzung; nachträglicher schriftlicher Zusatz.*
na̱ch|tra|gen ⟨st. V.; hat⟩: **1.** *hinter jmdm. hertragen; jmdm. tragend nachbringen:* jmdm. den Koffer n. **2. a)** *nachträglich schriftlich ergänzen, ein-, hinzufügen (1):* Daten n.; **b)** *nachträglich sagen, bemerken, hinzufügen (2):* nachzutragen wäre noch, dass ... **3.** *jmdn. längere Zeit seine Verärgerung über eine von ihm erfahrene Beleidigung o. Ä. spüren lassen; nicht verzeihen können:* jmdm. eine Äußerung n.; sie trägt nichts nach *(ist nicht nachtragend).*
na̱ch|tra|gend ⟨Adj.⟩: *dazu neigend, jmdm. etw. nachzutragen (3):* sei nicht so n.!
na̱ch|träg|lich ⟨Adj.⟩: *hinterher geschehend, erfolgend; später, danach:* -e Glückwünsche.
Na̱ch|trags|etat, der (Wirtsch.): vgl. Nachtragshaushalt.
Na̱ch|trags|haus|halt, der (Wirtsch.): *(durch Mehrausgaben erforderlich werdender) zusätzlich zu dem bereits vorhandenen Haushaltsplan zu erstellender Haushalt (3).*
na̱ch|trau|ern ⟨sw. V.; hat⟩: **1.** *den Verlust, das Nicht-mehr-vorhanden-Sein einer Person od. Sache sehr bedauern, sehnsüchtig an sie zurückdenken:* den alten Zeiten n. **2.** (selten) *um einen Verstorbenen trauern:* einem verstorbenen Freund n.
Nạcht|ru|he, die: *nächtliches Ruhen, nächtlicher Schlaf:* jmds. N., jmdn. in seiner N. stören.
Na̱ch|trupp, der; -s, -s: vgl. Nachhut.
nạchts ⟨Adv.⟩ [mhd., ahd. nahtes, Analogiebildung zu ↑tags]: *in der Nacht, während der Nacht:* n. spät/spät n. nach Hause kommen.
Nạcht|schat|ten|ge|wächs, das [zu mhd. nahtschate, ahd. nahtscato, wohl nach den dunkelblauen Blüten od. den schwarzen Beeren bestimmter Arten der Pflanze]: *(in vielen Arten hauptsächlich in Amerika heimische, als Gemüse- od. Giftpflanze vorkommende) als Kraut, Strauch od. Baum wachsende Pflanze* (z. B. Kartoffel, Tomate, Eierpflanze).
Nạcht|schicht, die: **a)** *Schichtarbeit während der*

Nacht: N. haben; **b)** *nachts arbeitende Schicht* (3b): sie wurden von der N. abgelöst.
Nacht|schlaf, der: *nächtlicher Schlaf.*
nacht|schla|fend ⟨Adj.⟩: ↑Zeit (2a).
Nacht|schmet|ter|ling, der: *Nachtfalter.*
Nacht|schränk|chen, das: *Nachttisch.*
Nacht|schwär|mer, der: **1.** vgl. Nachtfalter (1). **2.** (scherzh.) *jmd., der sich gerne bis spät in die Nacht hinein vergnügt.*
nacht|schwarz ⟨Adj.⟩ (geh.): *ganz u. gar schwarz, sehr dunkel.*
Nacht|schwes|ter, die: *Krankenschwester, die den Nachtdienst versieht.*
Nacht|sich|tig|keit, die; -: *Sehschwäche bei hellem Licht; Tagblindheit.*
Nacht|spei|cher|ofen, der: *elektrischer Ofen, der die durch billigeren Strom in der Nacht gewonnene Wärme speichert u. sie tagsüber abgibt.*
Nacht|strom, der ⟨o. Pl.⟩: *elektrischer Strom, der in bestimmten Stunden während der Nacht verbilligt genutzt werden kann.*
Nacht|stuhl, der: *Stuhl mit eingebautem Nachttopf o. Ä. für Kranke, Gehbehinderte.*
nachts|über ⟨Adv.⟩: *während der Nacht.*
Nacht|ta|rif, der: *besonderer Tarif für Dienstleistungen o. Ä. während der Nacht.*
Nacht|tier, das: *nachtaktives Tier.*
Nacht|tisch, der: *neben dem Bett stehendes, niedriges Schränkchen, Tischchen.*
Nacht|tisch|lam|pe, die: *kleine Stehlampe für den Nachttisch.*
Nacht|topf, der: *topfartiges Gefäß mit einem Henkel, das der Verrichtung der Notdurft während der Nacht dient.*
Nacht|tre|sor, der: *Tresor einer Bank zum Einwurf von Geldbomben nach Schalterschluss.*
Nacht|übung, die: *während der Nacht stattfindende [militärische] Übung.*
nach|tun ⟨unr. V.; hat⟩: *nachmachen* (1a).
Nacht-und-Ne|bel-Ak|ti|on, die: *überraschend u. in aller Heimlichkeit [bei Nacht] durchgeführte [Polizei]aktion, Maßnahme (mit der meist bestimmte Vorschriften, Gesetze o. Ä. umgangen werden):* die Beschlagnahme der Akten war eine regelrechte N., geschah in einer N.
N **Nacht|vo|gel,** der: **a)** vgl. Nachttier; **b)** (scherzh.) *Nachteule.*
Nacht|vor|stel|lung, die: *spätabends, nachts stattfindende Vorstellung eines Kinos, Theaters, Kabaretts o. Ä.*
Nacht|wa|che, die: **1.** *Nachtdienst, bei dem Wache gehalten werden muss; Wachdienst während der Nacht.* **2.** *jmd., der Nachtwache* (1) *hat, hält.*
Nacht|wäch|ter, der [4: urspr. der Kothaufen, der jmdm. nachts vor die Haustür gesetzt wurde u. der das Haus anstelle des Nachtwächters (1) »bewachte«]: **1.** (früher) *in kleineren Städten angestellter Wächter, der während der Nacht in den Straßen für Ruhe sorgte u. rufend od. singend die einzelnen Stunden verkündete.* **2.** *jmd., der einen Betrieb, eine Firma o. Ä. nachts bewacht.* **3.** (salopp) *jmd., der sehr träge, nicht aufmerksam ist u. eine Situation nicht richtig zu erkennen u. zu nutzen weiß; Versager.* **4.** (ugs. scherzh. verhüll.) *Haufen Kot* (1) *am Wegrand, im Wald o. Ä.*
Nacht|wäch|te|rin, die: w. Form zu ↑Nachtwächter (2).
Nacht|wäch|ter|lied, das: *Lied eines Nachtwächters* (1).
nacht|wan|deln ⟨sw. V.; hat/(auch:) ist⟩: *schlafwandeln.*
Nacht|wan|de|rung, die: *Wanderung bei Nacht.*
Nacht|wand|ler, der: *Schlafwandler.*
Nacht|wand|le|rin, die; -, -nen: w. Form zu ↑Nachtwandler.
nacht|wand|le|risch ⟨Adj.⟩: *schlafwandlerisch.*
Nacht|wä|sche, die: *nachts, zum Schlafen getragene Wäsche.*
Nacht|wol|ke, die ⟨meist Pl.⟩: *Wolke am nächtlichen Himmel.*
Nacht|zeit, die: *Zeit in der Nacht, nächtliche Stunde:* zu später N.

Nacht|zeug, das: *zum Übernachten notwendige Dinge.*
Nacht|zug, der: *während der Nacht fahrender Zug.*
Nacht|zu|schlag, der: vgl. Nachttarif.
nach|un|ter|su|chen ⟨sw. V.; hat⟩: *bei jmdm. eine Nachuntersuchung vornehmen.*
Nach|un|ter|su|chung, die; -, -en: *der Kontrolle dienende [letzte] ärztliche Untersuchung nach einer Krankheit, Operation o. Ä.*
Nach|ver|an|la|gung, die; -, -en (Steuerw.): *nachträglich erforderliche Steuerveranlagung.*
Nach|ver|si|che|rung, die; -, -en (Versicherungsw.): **1.** *nachträgliche Versicherung bisher nicht versicherter Personen in der gesetzlichen Rentenversicherung.* **2.** *Erweiterung einer bereits bestehenden Versicherung bestimmter Dinge.*
nach|ver|steu|ern ⟨sw. V.; hat⟩: *nachträglich versteuern.*
nach|voll|zieh|bar ⟨Adj.⟩: *sich nachvollziehen lassend:* ein leicht -er Gedanke.
nach|voll|zie|hen ⟨unr. V.; hat⟩: *sich in jmds. Gedanken, Vorstellungen, Handlungsweise o. Ä. hineinversetzen u. sie sich [geistig] zu Eigen machen, sie so verstehen, als hätte man selbst so gedacht, gehandelt:* jmds. Gedankengänge nachzuvollziehen versuchen.
[1]**nach|wach|sen** ⟨st. V.; ist⟩: *nach Kürzung, Entfernung o. Ä. wieder wachsen:* sein Bart, der Rasen ist schnell wieder nachgewachsen; die Produktion auf nachwachsende *(durch Anbau immer wieder neu zu gewinnende)* Rohstoffe umstellen.
[2]**nach|wach|sen** ⟨sw. V.; hat⟩ [zu ↑Wachs]: *nachträglich noch einmal* [2]*wachsen.*
Nach|wahl, die; -, -en: **1.** *Wahl, mit der eine aus bestimmten Gründen nicht termingemäß durchgeführte Wahl in einem Wahlkreis od. -bezirk nachgeholt wird.* **2.** *aus bestimmten Gründen nach einer bereits durchgeführten Wahl notwendig gewordene weitere Wahl.*
Nach|we|hen ⟨Pl.⟩: **1.** (Med.) *nach der Entbindung auftretende, wehenartige Kontraktionen der Gebärmutter.* **2.** (geh.) *unangenehme Folgen, unerfreuliche Nachwirkungen einer Sache:* die N. einer durchzechten Nacht.
nach|wei|nen ⟨sw. V.; hat⟩: *nachtrauern* (2).
Nach|weis, der; -es, -e: *Darlegung, durch die das Sosein eines Sachverhalts, die Richtigkeit einer Behauptung, Vermutung bestätigt wird; eindeutige Feststellung der Richtigkeit, des Vorhandenseins einer Sache:* der unwiderlegbare N.; den N. für etw. erbringen, führen, liefern *(etw. nachweisen).*
nach|weis|bar ⟨Adj.⟩: *sich nachweisen lassend:* -e Mängel.
nach|wei|sen ⟨st. V.; hat⟩: **1.** *den Nachweis für etw. erbringen; die Richtigkeit, das Vorhandensein von etw. eindeutig feststellen:* etw. streng wissenschaftlich n.; jmdm. einen Fehler n. *(nachweisen, dass er einen Fehler begangen hat).* **2.** (Amtsspr.) *jmdm. etw., was man ihm vermittelt, angeben u. ihn mit den entsprechenden Informationen darüber versehen:* jmdm. eine Arbeitsstelle n.
nach|weis|lich ⟨Adj.⟩: *durch Nachweis bestätigt, belegt; wie nachgewiesen wurde:* eine -e Falschmeldung; das ist n. richtig.
Nach|welt, die; -: *später lebende, kommende Generationen; Gesamtheit der später lebenden Menschen:* etw. der N. überliefern.
Nach|wen|de|zeit, die; -: *Zeit (bes. in den neuen Bundesländern) nach dem Fall der Mauer.*
nach|wer|fen ⟨st. V.; hat⟩: **1.** *jmdn., der sich entfernt, mit etw. bewerfen.* **2.** (ugs. übertreibend) *jmdm. das Erwerben, Beschaffen von etw. sehr leicht machen; jmdm. etw. geben, überlassen, ohne eine entsprechende Gegenleistung dafür zu verlangen:* er hat ihr ja den Schmuck nur so nachgeworfen. **3.** *zusätzlich, noch einmal irgendwohin werfen, hineinwerfen:* beim Telefonieren ein paar Münzen n.
nach|wie|gen ⟨st. V.; hat⟩: *zur Überprüfung des Gewichts noch einmal wiegen.*

nach|win|ken ⟨sw. V.; hat⟩: *jmdm., der weggeht, wegfährt, winken* (1a).
Nach|win|ter, der; -s, -: *Tage im Frühjahr, in denen noch einmal winterliches Wetter herrscht.*
nach|win|ter|lich ⟨Adj.⟩: *nach dem Winter noch einmal winterlich, wie im Winter.*
nach|wir|ken ⟨sw. V.; hat⟩: *noch lange Zeit (über die eigentliche Ursache hinaus) wirken; eine lang anhaltende Wirkung haben:* das Mittel wirkt noch [einige Zeit] nach.
Nach|wir|kung, die; -, -en: *das Nachwirken; Folgen.*
nach|wol|len ⟨unr. V.; hat⟩ (ugs.): *jmdm. folgen, nachgehen* (1a) *wollen.*
Nach|wort, das; -[e]s, -e: *einem Schriftwerk, einer größeren schriftlichen Arbeit nachgestellter, ergänzender, erläuternder Text.*
Nach|wuchs, der; -es: **1.** (fam.) *Kind[er] (in einer Familie):* was macht der N.?; bei ihnen ist N. angekommen *(sie haben ein Kind bekommen).* **2.** *junge, heranwachsende Kräfte eines bestimmten Arbeits-, Fachbereichs o. Ä.:* musikalischer N.; in dieser Branche fehlt es an N. **3.** (selten) *das Nachwachsen[de].*
Nach|wuchs|au|tor, der: vgl. Nachwuchskraft.
Nach|wuchs|au|to|rin, die: w. Form zu ↑Nachwuchsautor.
Nach|wuchs|be|darf, der: *Bedarf an Nachwuchskräften auf einem bestimmten Gebiet.*
Nach|wuchs|fah|rer, der (bes. Rennsport): vgl. Nachwuchskraft.
Nach|wuchs|fah|re|rin, die: w. Form zu ↑Nachwuchsfahrer.
Nach|wuchs|för|de|rung, die: *Förderung des Nachwuchses* (2).
Nach|wuchs|kraft, die: *jmd., der auf einem bestimmten Gebiet zum Nachwuchs* (2) *gehört.*
Nach|wuchs|man|gel, der: vgl. Nachwuchsbedarf.
Nach|wuchs|schau|spie|ler, der: vgl. Nachwuchskraft.
Nach|wuchs|schau|spie|le|rin, die: w. Form zu ↑Nachwuchsschauspieler.
Nach|wuchs|sor|gen ⟨Pl.⟩: *Sorgen, die sich aus dem Mangel an Nachwuchs auf einem bestimmten Gebiet ergeben.*
Nach|wuchs|spie|ler, der (Sport): vgl. Nachwuchskraft.
Nach|wuchs|spie|le|rin, die: w. Form zu ↑Nachwuchsspieler.
Nach|wuchs|ta|lent, das: *auf einem bestimmten Gebiet zum Nachwuchs* (2) *gehörendes Talent* (1b).
nach|wür|zen ⟨sw. V.; hat⟩: vgl. nachsalzen.
nach|zah|len ⟨sw. V.; hat⟩: *nachträglich, zu einem späteren Termin [zusätzlich] zahlen.*
nach|zäh|len ⟨sw. V.; hat⟩: *zur Kontrolle [noch einmal] zählen:* das Geld n.
Nach|zah|lung, die; -, -en: **1.** *das Nachzahlen; nachträgliche Zahlung.* **2.** *nachgezahlte, nachzuzahlende Geldsumme:* eine N. bekommen.
nach|zeich|nen ⟨sw. V.; hat⟩: *nach einer Vorlage zeichnen; abzeichnend wiedergeben:* ein Bild n.; Ü er versuchte, in wenigen Sätzen den Werdegang des Jubilars nachzuzeichnen *(aufzuzeigen, zu schildern).*
Nach|zeich|nung, die; -, -en: **a)** *das Nachzeichnen;* **b)** *nachgezeichneter Gegenstand o. Ä.*
Nach|zei|tig|keit, die; - (Sprachw.): *Verhältnis verschiedener grammatischer Zeiten in Haupt- u. Gliedsatz, bei dem die Handlung des Gliedsatzes nach der des Hauptsatzes spielt.*
nach|zot|teln ⟨sw. V.; ist⟩ (ugs.): *zottelnd* (1) *folgen.*
Nach|zucht, die; -: **1.** *weiteres Züchten, erneute Aufzucht:* den Bullen will der Bauer zur N. behalten. **2.** *Nachkommen eines Tieres, bes. eines zur Zucht benutzten Haustieres:* die N. eines Rennpferdes.
Nach|zug, der; -[e]s, Nachzüge: **1.** (Eisenb.) *zur Entlastung eines fahrplanmäßigen Zuges zusätzlich eingesetzter Zug, der einige Minuten nach diesem fährt.* **2.** *das Ziehen an einen Wohnort, nach dem ein od. mehrere Familienmitglieder bereits umgezogen sind.*

Nach|züg|ler, der; -s, - [1: zu veraltet Nachzug = Nachhut]: **1.** *jmd., der verspätet ankommt, später als die andern irgendwo eintrifft.* **2.** *Nachkömmling.*

Nach|züg|le|rin, die; -, -nen: w. Form zu ↑Nachzügler.

Na|cke|dei, der; -s, -s [urspr. niederd., zu ↑nackt]: **1.** (fam. scherzh.) *nacktes kleines Kind.* **2.** (ugs. scherzh.) *nackte Person.*

Na|cke|do|ni|en; -s [erfundener Ortsn., scherzh. geb. nach ↑Makedonien] (ugs. scherzh.): *Nacktbadestrand.*

Na|cken, der; -s, - [mhd. nac(ke), ahd. (h)nach, ablautende Bildung zu mhd. nec(ke); vgl. Genick]: *(beim Menschen u. bei bestimmten Wirbeltieren) hinterer Teil des Halses; Genick:* einen steifen N. haben; den Kopf in den N. werfen *(zurückbeugen);* *** den N. steif halten** (↑Ohr); **jmdm. den N. beugen** (geh.; *jmdn. demütigen, gefügig machen, unterwerfen*); **jmdm. im N. sitzen** (1. *jmdn. verfolgen, dicht hinter jmdm. her sein:* der Feind saß uns im N. 2. *jmdn. stark bedrängen, jmdm. zusetzen:* die Konkurrenz sitzt uns im N. 3. *jmdn. erfüllen, beherrschen:* die Angst saß ihm im N. *[er hatte große Angst]*); **jmdn. im N. haben** *(von jmdm. verfolgt u. bedrängt werden).*

Na|cken|haar, das ⟨meist Pl.⟩: *Haar im Nacken.*

Na|cken|he|bel, der (Ringen): *im Nacken angesetzter Hebelgriff.*

Na|cken|kis|sen, das: *kleineres, als Nackenstütze dienendes Kissen, das man meist zusätzlich zum Kopfkissen benutzt.*

Na|cken|rol|le, die: vgl. Nackenkissen.

Na|cken|schlag, der: **1.** *Schlag in den Nacken.* **2.** *etw., was jmdm. zugefügt wird u. ihn empfindlich trifft:* schwere Nackenschläge einstecken müssen.

Na|cken|stand, der (Turnen): *Übung, bei der der senkrecht nach oben gerichtete Körper auf dem Nacken ruht [u. von den Händen zusätzlich abgestützt wird]; Genickstand, Kerze* (3).

Na|cken|star|re, die (Med.): *Starre, Steifheit des Nackens (bes. bei Meningitis).*

Na|cken|stüt|ze, die: *Stütze für Kopf u. Nacken [an Autositzen, Sesseln o. Ä.].*

Na|cken|wir|bel, der: *Wirbel in der Gegend des Nackens.*

Nack|frosch, der (selten): ↑Nacktfrosch.

na|ckicht ⟨Adj.⟩ (landsch., bes. nordd. ugs.), **na|ckig** ⟨Adj.⟩ (landsch., bes. md. ugs.): *nackt* (1).

nackt ⟨Adj.⟩ [mhd. nacket, ahd. nachot, altes idg. Adj.]: **1.** *ohne Bekleidung, Bedeckung (soweit sie im Allgemeinen üblich ist); unbekleidet, unbedeckt:* -e Arme; mit -em Oberkörper arbeiten; halb n., völlig n. sein; sich n. ausziehen; das Kind lag n. und bloß *(ganz nackt)* da. **2. a)** *(beim Menschen von Körperstellen, die normalerweise von Haaren bedeckt sind, von bestimmten neugeborenen Tieren) kahl* (1 a): ein -er Schädel; die jungen Mäuse sind noch n.; **b)** *(von einzelnen Pflanzen[teilen]) ohne Blätter, Äste; kahl* (1 b): ein -er Ast; **c)** *ohne Pflanzenwuchs; kahl* (1 c): ein -er Felsen; **d)** *schmucklos, kahl* (2): -e Wände. **3.** *unbedeckt, blank, bloß:* auf dem -en Boden *(ohne Unterlage)* schlafen. **4. a)** *unverhüllt:* das sind die -en Tatsachen; etw. mit -en *(unverblümten, nüchternen)* Worten sagen; **b)** *nichts anderes als, bloß* (2): die -e Existenz retten.

nackt|ar|mig ⟨Adj.⟩: *mit nackten Armen.*

Nackt|ba|den, das; -s: *das Baden ohne Badeanzug.*

Nackt|ba|der, der: *jmd., der nackt badet.*

Nackt|ba|de|rin, die: w. Form zu ↑Nacktbader.

Nackt|ba|de|strand, der: *Strand zum Nacktbaden.*

Nackt|fo|to, das: *(moralische Freizügigkeit bezeugendes bzw. erotisches) Foto einer nackten Person.*

Nackt|frosch, (selten:) Nackfrosch, der (fam. scherzh.): *nacktes kleines Kind.*

Nackt|heit, die; -: *das Nacktsein, Unbekleidetsein.*

Nackt|kul|tur, die ⟨o. Pl.⟩ (volkst.): *Freikörperkultur.*

Nackt|mo|dell, das: *Modell für, von Nacktfotos.*

Nackt|sa|mer, der; -s, - ⟨meist Pl.⟩ (Bot.): *Pflanze, deren Samenanlage nicht von einem Fruchtknoten umschlossen ist.*

nackt|sa|mig ⟨Adj.⟩ (Bot.): *zu den Nacktsamern gehörend:* -e Pflanzen.

Nackt|schne|cke, die: *Schnecke mit weitgehend rückgebildetem bzw. ganz fehlendem Gehäuse.*

Nackt|tän|zer, der: vgl. Nackttänzerin.

Nackt|tän|ze|rin, die: *Tänzerin, die nackt auftritt.*

Na|del, die; -, -n [mhd. nādel(e), ahd. nād(a)la, zu ↑nähen]: **1.** *mehr od. weniger feiner, spitzer Gegenstand bzw. Werkzeug bes. aus Metall mit verschiedenen Funktionen:* eine spitze N. **2. a)** kurz für ↑Nähnadel: die N. *(den Faden in das Nadelöhr)* einfädeln; *** mit heißer/mit der heißen N. genäht sein** (ugs.; 1. *sehr flüchtig genäht sein.* 2. *hastig u. darum unsorgfältig ausgeführt sein*); **b)** kurz für ↑Stecknadel; *** [wie] auf -n sitzen** (↑Kohle 1 b); **c)** kurz für ↑Anstecknadel; **d)** kurz für ↑Haarnadel; **e)** kurz für ↑Injektionsnadel; *** an der N. hängen** (Jargon; *von Drogen abhängen, die injiziert werden; heroinsüchtig sein*); **f)** kurz für ↑Radiernadel: mit der kalten N. (bild. Kunst; *Kaltnadel*) arbeiten; **g)** kurz für ↑Grammophonnadel: die N. vorsichtig aufsetzen; **h)** kurz für ↑Hutnadel. **3.** kurz für ↑Stricknadel, Häkelnadel. **4.** (bes. Technik) *nadelförmiges Teil (mit unterschiedlicher Funktion):* die N. eines Ventils. **5.** *beweglicher Zeiger eines Messinstruments:* die N. zittert, steht still; die N. *(Kompassnadel)* zeigt nach Norden. **6.** *nadelförmiges, meist immergrünes Blatt eines Nadelbaumes:* die Fichte wirft die -n ab. **7.** kurz für ↑Felsnadel.

Na|del|ar|beit, die: *Handarbeit* (3,4).

Na|del|baum, der: *[immergrüner] Baum, der Nadeln* (6) *trägt.*

Na|del|brief, der: *kleiner Umschlag aus Papier mit Nähnadeln.*

Na|del|büch|se, die: *kleine Büchse zum Aufbewahren von Steck-, Nähnadeln.*

Nä|del|chen, das; -s, -: Vkl. zu ↑Nadel (1).

na|del|fein ⟨Adj.⟩: *fein, dünn wie eine Nadel:* -e Eiskristalle.

na|del|för|mig ⟨Adj.⟩: *in seiner Form einer Nadel* (1) *ähnlich.*

Na|del|ge|hölz, das ⟨meist Pl.⟩: *Nadelholz* (2).

Na|del|holz, das: **1.** *Holz von Nadelbäumen:* Möbel aus N. **2.** ⟨meist Pl.⟩ *Nadeln* (6) *tragendes [immergrünes] Gehölz:* schnell wachsende Nadelhölzer anbauen.

Na|del|kis|sen, das: *kleines Kissen, in das verfügbar zu haltende Näh- u. Stecknadeln gesteckt werden können.*

Na|del|ma|le|rei, die (Handarb.): *figürliche, bunte Plattstickerei.*

na|deln ⟨sw. V.; hat⟩: *(von Nadelbäumen) [die] Nadeln abwerfen, verlieren.*

Na|del|öhr, das: *Öhr der Nähnadel.*

Na|del|spitz, der (schweiz.): [1]*Nadelspitze.*

[1]Na|del|spit|ze, die: *Spitze einer Nadel.*

[2]Na|del|spit|ze, die: *(bes. im Unterschied zur Klöppelspitze) mit Nadel u. Faden gearbeitete Spitze.*

Na|del|stich, der: **1.** *mit einer Nadel ausgeführter Stich* (1): Ü jmdm. -e versetzen *(versteckte Bosheiten gegen jmdn. vorbringen).* **2.** *durch einen Stich mit der Nadel hervorgerufenes kleines Loch.* **3.** *mit einer Nadel ausgeführter Stich* (4 a).

Na|del|strei|fen, der: **1.** ⟨meist Pl.⟩ *(in [Anzugs-, Kostüm]stoffen) einer der in mäßig breitem Abstand parallel laufenden, sehr schmalen Längsstreifen, die sich scharf von der Grundfarbe abheben.* **2.** *Anzug mit Nadelstreifen* (1).

Na|del|strei|fen|an|zug, der: *Nadelstreifen* (2).

Na|del|wald, der: *Wald aus Nadelbäumen.*

Na|dir [auch: ˈ- -], der; -s [arab. naẓīr (as-samt) = (dem Zenit) entgegengesetzt] (Astron.): *der dem Zenit genau gegenüberliegende Punkt der Himmelskugel.*

NAFTA, die; - [Kurzw. aus engl. North American Free Trade Agreement od. Area]: Freihandelsabkommen od. -zone zwischen den USA, Kanada u. Mexiko.

Na|ga|sa|ki: Stadt in Japan.

Na|gel, der; -s, Nägel [mhd. nagel, ahd. nagal, urspr. nur = Finger-, Zehennagel, Kralle, Klaue; 1: nach Nagel (3), wegen der Ähnlichkeit mit einer spitzen Kralle]: **1.** *am unteren Ende zugespitzter, am oberen Ende abgeplatteter od. abgerundeter [Metall]stift, der in etw. hineingetrieben wird (u. zum Befestigen von etw. od. zum Verbinden bes. von Holzteilen dient):* ein rostiger N.; einen N. einschlagen; die Jacke an einen N. hängen; eine Kiste mit Nägeln zunageln; in einen N. treten; *** ein N. zu jmds. Sarg sein** (salopp; *jmdm. schweren, am Leben zehrenden Ärger, Kummer bereiten*); **den N. auf den Kopf treffen** (ugs.; *den Kernpunkt von etw. treffen, erfassen;* H. u.); **Nägel mit Köpfen machen** (ugs.; *sich nicht mit Halbheiten begnügen, etw. richtig anfangen, konsequent durchführen;* bezogen auf den gewöhnlichen Nagel, der ohne Kopf fehlerhaft ist); **etw. an den N. hängen** (ugs.; *etw. aufgeben, künftig nicht mehr machen;* geht wohl darauf zurück, dass man früher sein Arbeitsgerät, seine Dienstkleidung o. Ä. in einer Baubude, Baracke o. Ä. ordentlich an einem Nagel aufhängte, wenn man eine Arbeit od. die Ausübung eines Berufes beendet hatte). **2.** (Verkehrsw.) *großer Nagel mit breitem, leicht gewölbtem Kopf, der (in Reihen angeordnet) der Fahrbahnmarkierung dient.* **3.** *kleine, schildförmige Platte aus Horn auf dem vordersten Finger- bzw. Zehenglied:* der N. ist eingerissen; Schmutz unter den Nägeln haben; *** jmdm. auf/unter den Nägeln brennen** (ugs.; *für jmdn. sehr dringlich sein;* H. u., vielleicht bezogen auf eine entsprechende Foltermethode); **sich** ⟨Dativ⟩ **etw. unter den N. reißen** (salopp; *sich etw. auf nicht ganz korrekte Weise aneignen*); **nicht das Schwarze unter dem/unterm N.** (ugs.; *überhaupt nichts*).

Na|gel|bett, das ⟨Pl. -en, seltener: -e⟩: *vom Nagel bedeckte Stelle des vordersten Finger- bzw. Zehengliedes.*

Na|gel|brett, das: *mit vielen herausragenden spitzen Nägeln versehenes Brett, auf dem Fakire ihre Schmerzunempfindlichkeit demonstrieren.*

Na|gel|bürs|te, die: *zum Reinigen der Nägel geeignete kleine Bürste mit kurzen, festen Borsten.*

Nä|gel|chen, das; -s, -: Vkl. zu ↑Nagel (1).

Na|gel|ei|sen, das (Handw.): *Geißfuß* (2).

Na|gel|fei|le, die: *feine Feile zum Abfeilen der Nägel.*

na|gel|fest: ↑niet- und nagelfest.

Na|gel|haut, die: *ständig nachwachsende Haut, die den Nagel vom Nagelwulst aus am Rand bedeckt.*

Na|gel|häut|chen, das: *Nagelhaut.*

Nä|gel|kau|en, das; -s: *[krankhafte] Angewohnheit (bes. von Kindern), an den Fingernägeln zu kauen.*

Na|gel|lack, der: *kosmetischer Lack, mit dem die Nägel überzogen werden:* N. auftragen.

Na|gel|lack|ent|fer|ner, der; -s, -: *Mittel zum Weichmachen u. Entfernen des Nagellacks.*

na|geln ⟨sw. V.; hat⟩ [mhd. nagelen, ahd. nagalen]: **1. a)** *mit einem Nagel, mit Nägeln an, auf etw. befestigen:* ein Schild an die Wand n.; **b)** ⟨meist im 2. Part.⟩ *mit Nägeln versehen, beschlagen:* genagelte Schuhe; **c)** *durch Nageln (1 a) zusammenfügen:* eine Kiste aus Brettern n.; **d)** *Nägel einschlagen:* den ganzen Morgen n. **2.** (Med.) *durch Einsetzen eines Nagels (wieder) zusammenfügen:* der Knochen muss genagelt werden.

na|gel|neu ⟨Adj.⟩ [spätmhd. nagelniuwe, urspr. von neu genagelten Gegenständen] (ugs.): *gerade erst hergestellt od. erworben u. noch vollkommen neu.*

Na|gel|pfle|ge, die: *Pflege der Nägel* (3).

Na|gel|pro|be, die [alte Trinksitte, das geleerte Trinkgefäß zum Beweis dafür, dass es vollständig geleert ist, über dem Daumennagel umzustülpen]: *genaue Prüfung, in der sich etw. erweisen muss:* das war die N. für unsere Freundschaft.

N

Na|gel|sche|re, die: *kleine, vorn gebogene Schere zum Beschneiden der Nägel.*

Na|gel|schuh, der: *Schuh, dessen Sohle mit Nägeln beschlagen ist.*

Na|ge|lung, die; -, -en: *das Nageln* (2).

Na|gel|wulst, der od. die: *Hautwulst, der den Nagel an der Wurzel u. am seitlichen Rand bedeckt.*

na|gen ⟨sw. V.; hat⟩ [mhd. nagen, ahd. (g)nagan]: **1. a)** *(bes. von bestimmten Tieren) [mit den Schneidezähnen] von etw. [Hartem] sehr kleine Stücke abbeißen:* der Hund nagt an einem Knochen; **b)** *nagend von etw. abbeißen:* das Wild hat die Rinde von den Bäumen genagt; **c)** *durch Nagen hervorbringen:* die Ratten haben Löcher [ins Holz] genagt; **d)** ⟨n. + sich⟩ *sich nagend in etw. hinein-, durch etw. hindurchfressen:* die Mäuse haben sich durch die Holzwand genagt. **2.** *quälend, peinigend, zehrend einwirken:* Zweifel nagen an ihm; ⟨unpers.:⟩ es nagte an ihm, dass man ihn nicht eingeladen hatte; ein nagendes Hungergefühl.

Na|ger, der; -s, - (Zool.): *Nagetier.*

Na|ge|tier, das: *kleineres, Pflanzen fressendes Säugetier mit je zwei zum Nagen ausgebildeten Zähnen in Ober- u. Unterkiefer.*

Näg|lein, das; -s, - [vgl. Nelke] (veraltet): *Nelke.*

nah: ↑nahe.

-nah: 1. drückt in Bildungen mit Substantiven aus, dass die beschriebene Sache auf jmdn., etw. ausgerichtet ist, sich an jmdm., etw. orientiert: patienten-, verbrauchernah. **2.** drückt in Bildungen mit Substantiven aus, dass sich die beschriebene Sache in der Nähe von etw., dicht an etw. befindet: city-, front-, uninah. **3.** drückt in Bildungen mit Substantiven aus, dass die beschriebene Person oder Sache in enger Beziehung zu jmdm., etw. steht oder jmdm., etw. ähnelt: gewerkschaftsnah; SPD-nah.

Näh|ar|beit, die: *etw. in Arbeit Befindliches, das mit der Maschine od. Hand genäht wird.*

Nah|auf|nah|me, die: **a)** (Fot.) *Aufnahme im Maßstab 1 : 10 bis 1 : 1;* **b)** (Film) *Einstellung, in der ein Objekt aus der Nähe gefilmt wird, ohne dass es jedoch das ganze Bild beherrscht.*

N

Nah|be|reich, der: *in unmittelbarer Nähe liegender Bereich:* eine Fahrkarte für den N.

Nah|bril|le, die (ugs.): *Brille, die den Sehfehler der [Alters]weitsichtigkeit korrigiert u. dadurch ein besseres Sehen im Nahbereich ermöglicht.*

na|he [mhd. nāch, ahd. nāh, H. u.]: **I.** ⟨Adj.; näher, nächste⟩ **1.** *nicht weit entfernt; leicht erreichbar:* der n. Wald; in der näheren Umgebung der Stadt; wo ist denn hier das nächste Kino?; dieser Weg ist näher (ugs.; *kürzer, führt schneller ans Ziel*); ein n. gelegener Ort; komm mir nicht zu n.! *(fass mich nicht an!; halte Abstand von mir!)*; n. beim Fluss; Ü diese Summe kam unseren Vorstellungen n. *(näherte sich unseren Vorstellungen an)*; die Vermutung liegt n. *(kommt sogleich in den Sinn, stellt sich beim Überlegen sogleich ein, bietet sich an)*, dass ...; n. liegende Gründe; dass er abreisen würde, war n. liegend; ich denke, dass es näher liegt *(eher in den Sinn kommt, sich eher anbietet)* zu gehen, als weiter zu warten; was war näher liegend, als seine Wohnung zu durchsuchen; einem Plan, Vorschlag näher treten *(sich damit befassen)*; ***** **aus/von nah und fern; aus/von fern und nah** (geh.; *von überall her*); **von nahem** *(aus geringer Entfernung; in direkter Anschauung)*; **jmdm. zu n. treten** *(jmdn. durch eine Äußerung, ein Verhalten kränken, verletzen)*; **jmdm. etw. n. bringen** *(jmdm. bestimmte Kenntnisse vermitteln u. bei ihm Interesse, Verständnis für die Sache wecken)*; **jmdm. n. gehen** *(jmdn. innerlich stark treffen, einen tiefen Schmerz in jmdm. auslösen)*: der Tod des Vaters ist ihm n. gegangen; **jmdm. etw. n. legen** *(jmdn. [indirekt] zu etw. auffordern, auf etw. hinlenken)*: jmdm. den Rücktritt n. legen. **2.** *bald, in absehbarer Zeit erfolgend, eintretend, bevorstehend; nicht mehr fern:* die n. Abreise; in -r, nächster Zukunft; Rettung war n.; er ist n. an achtzig (ugs.: *fast 80 Jahre alt*); der Termin rückte [immer] näher; ***** **einer Sache n. sein** *(fast von etw. überwältigt, erfasst werden)*: dem Weinen n. sein; dem Wahnsinn n., stürzte er davon. **3. a)** *in enger, direkter Beziehung zu jmdm., etw. stehend:* ein -r Angehöriger; nah mit jmdm. verwandt sein *(mit jmdm. in einem engen Verwandtschaftsverhältnis stehen)*; sie sind sich/(geh.:) einander in der letzten Zeit [wieder] näher gekommen *(zueinander in eine engere Beziehung getreten, vertrauter miteinander geworden)*; jmdm., einer Partei n. stehen *(zu jmdm., einer Partei in enger Beziehung stehen)*; **b)** *aufgrund der Eigenart, bestimmter Merkmale in die Nähe einer Sache gehören, ihr benachbart sein:* ⟨häufig im 1. Part.:⟩ sich n. stehende *(benachbarte)* Pflanzengattungen. **II.** ⟨Präp. mit Dativ⟩ (geh.) *in der Nähe (einer Sache, Person)*: n. der Stadt.

Na|he, die; -: linker Nebenfluss des Rheins.

Nä|he, die; - [mhd. næhe, ahd. nāhī]: **1.** *geringe Entfernung:* etw. aus der N. betrachten; in der N. der Stadt; in jmds. N. bleiben; [ganz] hier in der N. *(nicht weit von hier)*; Ü aus der N. betrachtet *(wenn man sich genau damit befasst)*, ist die Sache ganz anders. **2.** *geringe zeitliche Entfernung [von etw. Bevorstehendem]:* das Ziel war in greifbarer N. **3.** *jmds. Nahsein; enge Beziehung:* jmds. N. suchen.

na|he|bei ⟨Adv.⟩: *nicht weit entfernt, nahe bei einer Stelle, einem Ort; in der Nähe:* er hatte sein Auto n. geparkt.

na|he brin|gen: s. nahe (I 1, 3 a).

na|he ge|hen: s. nahe (I 1).

Nah|ein|stel|lung, die: **a)** (Fot.) *Einstellung der Kamera für Nahaufnahmen;* **b)** (Film) *Nahaufnahme* (b).

na|he kom|men: s. nahe (I 1, 3 a).

na|he le|gen, na|he lie|gen: s. nahe (I 1).

na|he lie|gend: s. nahe (I 1).

na|hen ⟨sw. V.⟩ [mhd. nāhen] (geh.): **1.** ⟨n. + sich⟩ (geh. veraltend) *sich nähern* ⟨hat⟩: sich [jmdm.] ehrerbietig n. **2.** *[zeitlich] in unmittelbare Nähe rücken* ⟨ist⟩: der Abschied nahte; ein nahendes Gewitter.

nä|hen ⟨sw. V.; hat⟩ [mhd. næjen, ahd. nājen, urspr. = knüpfen, weben]: **1.** *Teile von Textilien, Leder o. Ä. mit Nadel u. Faden, mit der Nähmaschine zusammenfügen:* n. lernen; sie näht für ihre Kinder; sie hat den ganzen Tag [an dem Mantel] genäht. **2. a)** *durch Nähen* (1) *herstellen:* aus dem Stoffrest hat sie mir/für mich eine Bluse genäht; **b)** *durch Nähen* (1) *an, auf etw. befestigen:* Knöpfe an das Kleid n. **3.** *(bei jmdm.) Hautgewebeteile durch Nähen* (1) *wieder zusammenfügen:* eine Wunde n.; (ugs.:) der Patient musste genäht werden.

nä|her ⟨Adj.⟩: **1.** ⟨absoluter Komp.⟩ *sich genauer, ins Einzelne gehend mit einer Sache befassend:* die -en Umstände; bei -em Hinsehen; etw. n. betrachten; ⟨subst.:⟩ sie wusste bereits alles Nähere; ***** **des Näheren** *(genauer, im Einzelnen)*; **jmdm. etw. n. bringen** *(jmdn. mit etw. vertraut machen)*. **2.** Komp. zu ↑nahe (I).

nä|her brin|gen: s. näher (1).

Nä|he|rei, die; -, -en: **1.** (o. Pl.) (oft abwertend) *[dauerndes] Nähen.* **2.** *Näharbeit.*

Nah|er|ho|lungs|ge|biet, das: *Erholungsgebiet in der Nähe einer Großstadt.*

Nä|he|rin, die; -, -nen: *weibliche Person, die beruflich, zu Erwerbszwecken näht.*

nä|her kom|men: s. nahe (I 3 a).

nä|her lie|gen: s. nahe (I 1).

nä|her lie|gend: s. nahe (I 1).

nä|hern ⟨sw. V.; hat⟩ [mhd. næhern]: **1.** ⟨n. + sich⟩ **a)** *sich näher auf jmdn., etw. zubewegen; näher herankommen:* sich rasch n.; Schritte näherten sich; Ü die Temperatur nähert sich dem Gefrierpunkt; **b)** *in zeitliche Nähe von etw. kommen; eine bestimmte Zeit bald erreichen:* er nähert sich den Dreißig *(er ist fast dreißig Jahre alt)*; **c)** *in bestimmter Absicht mit jmdm. Kontakt aufnehmen, zu jmdm. in Beziehung treten:* sich einer Frau n.; **d)** *sich in eine bestimmte Richtung entwickeln u. sich dabei bis zur Identität angleichen:* ihre Begeisterung näherte sich der Hysterie. **2. a)** *an etw., jmdn. heranbringen:* er näherte seinen Mund dem ihren; **b)** (geh.) *annähern* (2).

nä|her ste|hen: s. nahe (I 3 a).

nä|her tre|ten: s. nahe (I 1).

Nä|he|rung, die; -, -en (Math.): *Annäherung an einen exakten Wert.*

nä|he|rungs|wei|se ⟨Adv.⟩: *annäherungsweise, ungefähr:* das Alter eines Fundes n. bestimmen.

Nä|he|rungs|wert, der (Math.): *Wert, der eine Annäherung an den exakten Wert darstellt.*

na|he ste|hen: s. nahe (I 3 a, b).

na|he tre|ten: s. nahe (I 1).

na|he|zu ⟨Adv.⟩: *in Quantität od. Grad der genannten Angabe ziemlich nahe kommend; fast.*

Näh|fa|den, der: *Nähgarn.*

Näh|garn, das: *zum Nähen verwendetes Garn aus unterschiedlichem Material.*

Nah|kampf, der: **1.** *militärischer Kampf Mann gegen Mann mit Hieb- u. Stichwaffen, Handfeuerwaffen o. Ä.* **2.** (Boxen, Fechten) *Kampf, bei dem sich die Gegner in geringer Entfernung gegenüberstehen.*

Näh|käst|chen, das: Vkl. zu ↑Nähkasten: ***** **aus dem N. plaudern** (ugs.; *etwas verraten; Einblick in Dinge gewähren, die anderen sonst nicht zugänglich sind*).

Näh|kas|ten, der: *Kasten mit verschiedenen Fächern zur Aufbewahrung von Nähgarn, Nähnadeln u. anderen Nähzutaten.*

Näh|korb, der: **a)** *Behälter aus Korbgeflecht o. Ä. mit einem oben angesetzten, beutelartig zusammenziehbaren Stoffteil zur Aufbewahrung von Nähgarn, Nähnadeln u. anderen Nähzutaten;* **b)** *Korb für Näharbeiten.*

nahm: ↑nehmen.

Näh|ma|schi|ne, die [LÜ von engl. sewing-machine]: *Maschine mit Hand-, Fuß- od. elektrischem Antrieb zum Nähen:* eine elektrische, versenkbare N.; ein Kleid mit der N. nähen.

näh|me: ↑nehmen.

-nah|me, die; -, -n [↑Abnahme]: in Zus. u. Zusb., z. B. Abnahme, Einflussnahme.

Näh|na|del, die: *beim Nähen verwendete [feine] Nadel mit Öhr.*

Nah|ost (o. Art.): *der Nahe Osten.*

Nähr|bo|den, der: *Substanz aus flüssigen od. festen Stoffen als Untergrund für Pilz- od. Bakterienkulturen sowie zur Anzucht von Zellgewebe.*

Nähr|creme, die: *der Haut Nährstoffe zuführende Creme.*

näh|ren ⟨sw. V.; hat⟩ [mhd. ner(e)n, ahd. nerian, urspr. = retten, am Leben erhalten]: **1. a)** *auf eine bestimmte Weise ernähren* (1 a): sie nährt ihr Kind selbst *(stillt es)*; **b)** ⟨n. + sich⟩ (geh.) *sich ernähren* (1 b). **2.** (geh.) **a)** *ernähren* (2 a); **b)** *sich ernähren* (2 b). **3.** *nahrhaft sein:* Zucker nährt. **4.** (geh.) *in sich, jmdm. entstehen lassen u. aufrechterhalten:* eine Hoffnung n.

Nähr|ge|biet, das (Fachspr.): *Teil des Gletschers oberhalb der Schneegrenze, in dem der Niederschlag größer ist als die Abschmelzung.*

nahr|haft ⟨Adj.⟩ [spätmhd. narhaft, zu mhd. nar, ahd. nara = Heil; Nahrung]: *Nährwert besitzend:* -e Kost; Kohlehydrate sind sehr n.

Nähr|he|fe, die: *Hefe mit hohem Gehalt an Vitaminen u. Eiweiß.*

Nähr|lö|sung, die: **a)** *flüssiger Nährboden;* **b)** *in der Hydrokultur verwendete Lösung mit Nährsalzen;* **c)** (Med.) *Infusionslösung für die künstliche Ernährung.*

Nähr|mit|tel, das ⟨meist Pl.⟩: *aus Getreide gewonnene Produkte außer Mehl* (z. B. Grieß, Haferflocken, Teigwaren, Puddingpulver).

Nähr|prä|pa|rat, das: *mit bestimmten Nährstoffen angereichertes Produkt, das sich bes. zur Ernährung von Kindern u. Kranken eignet.*

Nähr|salz, das: *für die pflanzliche Ernährung wichtiger Mineralstoff.*

Nähr|stoff, der ⟨meist Pl.⟩: *für Aufbau u. Erhaltung von Organismen notwendiger Stoff.*

nähr|stoff|arm ⟨Adj.⟩: *arm an Nährstoffen.*

Nähr|stoff|ge|halt, der: *Gehalt an Nährstoffen.*
nähr|stoff|reich: *reich an Nährstoffen.*
Nah|rung, die; -, (Fachspr.:) -en [mhd. narunge, zu: nar, ↑nahrhaft]: *Essbares, Trinkbares, das ein Lebewesen zur Ernährung, zu Aufbau u. Erhaltung des Organismus braucht u. zu sich nimmt:* pflanzliche N.; die N. verweigern *(sich weigern, Nahrung zu sich zu nehmen);* etw. dient jmdm. als/zur N.; * **einer Sache [neue] N. geben** *(etw. verstärken, wieder aufleben lassen):* [mit etw.] dem Argwohn N. geben; **N. bekommen/finden** *(unterstützt, bestärkt werden):* ihr Misstrauen fand N.
Nah|rungs|auf|nah|me, die ⟨o. Pl.⟩: *das Zusichnehmen von Nahrung.*
Nah|rungs|be|darf, der: *Bedarf an Nahrung.*
Nah|rungs|ket|te, die (Biol.): *Gruppe von Organismen, die (im Hinblick auf ihre Eigenschaft als Nahrung füreinander) in einer bestimmten Stufenfolge voneinander abhängen.*
Nah|rungs|man|gel, der: *Mangel an Nahrung.*
Nah|rungs|mit|tel, das ⟨meist Pl.⟩: *der menschlichen Ernährung dienender, roh od. zubereitet genossener Stoff.*
Nah|rungs|mit|tel|al|ler|gie, die: *Allergie, die durch bestimmte Nahrungsmittel hervorgerufen wird.*
Nah|rungs|mit|tel|in|dus|trie, die: *Industriezweig, der Nahrungsmittel produziert.*
Nah|rungs|mit|tel|ver|gif|tung, die (Med.): *Lebensmittelvergiftung.*
Nah|rungs|quel|le, die: *sich in der Natur bietende Möglichkeit, sich die tägliche Nahrung zu verschaffen.*
Nah|rungs|su|che, die: *(von wild lebenden Tieren) die Suche nach der täglichen Nahrung:* auf N. gehen.
Nah|rungs|ver|wei|ge|rung, die: *Verweigerung der Nahrungsaufnahme.*
Nah|rungs|vor|rat, der: *Vorrat an Nahrung.*
Nah|rungs|zu|fuhr, die: *das Zuführen von Nahrung.*
Nähr|wert, der: *Wert eines bestimmten Nährstoffs für die Aufrechterhaltung der Körperfunktionen:* * **keinen N. haben** (ugs; *sinnlos sein; keinen Wert haben*).
Näh|sei|de, die: *beim Nähen verwendete gezwirnte Seidenfaser.*
Naht, die; -, Nähte [mhd., ahd. nāt, zu ↑nähen]: 1. a) *beim Nähen entstehende Verbindungslinie, Verbindungsstelle:* eine N. auftrennen; * **eine N.** (salopp; *viel;* H. u.): eine N. schlafen; **eine N. beziehen** (salopp; *eine Tracht Prügel bekommen*); **jmdm. auf den Nähten knien, jmdm. auf die Nähte gehen/rücken** (salopp; *jmdm. zusetzen, jmdn. bedrängen*); **aus den/allen Nähten platzen** (ugs.; 1. *zu dick, zu umfangreich werden.* 2. *zu voll werden, den Inhalt nicht mehr fassen können*); b) (Med.) *Stelle, an der Wundränder o. Ä. auf chirurgischem Wege zusammengefügt wurden:* die N. ist gut verheilt. 2. (Technik) *durch Zusammenschweißen entstehende Verbindungslinie:* Nähte schweißen. 3. (Milit.) *gemeinsame Grenze des Verantwortungsbereichs benachbarter Verbände* (3 a). 4. (Anat.) *Sutur.*
Näh|tisch, der: *kleiner Tisch mit Fächern für Nähgarn, Nähnadeln o. Ä.*
naht|los ⟨Adj.⟩: 1. a) *ohne [Strumpf]naht:* -e Strümpfe; b) (Technik) *ohne Schweißnaht.* 2. *sich ohne Schwierigkeiten mit etw. verbindend:* n. ineinander übergehen.
Naht|stel|le, die: 1. (Technik) *Stelle, an der sich eine Schweißnaht befindet.* 2. *Stelle, an der zwei verschiedene Dinge, Bereiche o. Ä. aufeinander treffen.*
Nah|ver|kehr, der: *Eisenbahn- u. Fahrzeugverkehr über kürzere Entfernungen.*
Nah|ver|kehrs|mit|tel, das: vgl. Nahverkehrszug.
Nah|ver|kehrs|zug, der: *Personenzug des Nahverkehrs.*
nah ver|wandt: s. nahe (I 3 a).
Näh|zeug, das: 1. *Zubehör u. Zutaten zum Nähen* (z. B. Garn, Nadeln, Schere). 2. *Näharbeit.*
Nah|ziel, das: 1. *für die nahe Zukunft angestrebtes Ziel.* 2. (selten) *in kürzerer Entfernung liegender Zielpunkt einer Wanderung, Fahrt, Reise o. Ä.*
Näh|zu|ta|ten ⟨Pl.⟩: *zum Nähen verwendete Zutaten* (z. B. Garn, Knöpfe, Reißverschlüsse).
Nai|ro|bi: Hauptstadt von Kenia.
na|iv ⟨Adj.⟩ [frz. naïf < lat. nativus = durch Geburt entstanden; angeboren, natürlich, zu: nasci (2. Part.: natum) = geboren werden, entstehen]: 1. a) *von kindlich unbefangener, direkter u. unkritischer Gemüts-, Denkart [zeugend]; treuherzige Arglosigkeit beweisend:* ein -es Gemüt; -e *(von Laien ohne entsprechende Vorbildung ausgeübte)* Malerei; b) (oft abwertend) *wenig Erfahrung, Sachkenntnis od. Urteilsvermögen erkennen lassend u. entsprechend einfältig, töricht [wirkend]:* er wirkt ein wenig n. 2. (Literaturw.) *in vollem Einklang mit Natur u. Wirklichkeit stehend:* -e Dichtung.
Na|i|ve, die; -n, -n ⟨Dekl. ↑Abgeordnete⟩: *Schauspielerin, die das Rollenfach der jugendlichen Liebhaberin vertritt.*
Na|i|vi|tät, die; - [frz. naïveté]: a) *naive* (1 a) *Art;* b) (oft abwertend) *naive* (1 b) *Art.*
Na|iv|ling, der; -s, -e (ugs. abwertend): *naiver* (1 b) *Mensch.*
Na|ja|de, die; -, -n [lat. Naias < griech. naïás (Gen.: naïádos)]: (griech.-röm. Myth.) *in Quellen u. Gewässern wohnende Nymphe.*
Na|me, der; -ns, -n, (veraltet auch:) Namen, der; -s, - [mhd. name, ahd. namo, altes idg. Wort]: 1. *Bezeichnung, Wort, mit dem etwas als [Vertreter einer] Art, Gattung von gleichartigen Gegenständen, Lebewesen o. Ä. benannt wird; Gattungsname, Appellativ:* Buschwindröschen ist ein anderer N. für Anemone; * **etw. beim -n nennen** *(etw. ohne Beschönigung aussprechen; etw. [Negatives] ganz klar als das bezeichnen, was es ist):* das Unrecht beim -n nennen. 2. a) *kennzeichnende Benennung eines Einzelwesens, Ortes od. Dinges, durch die es von anderen seiner Art unterschieden wird; Eigenname:* ein häufiger N.; mein N. ist *(ich heiße)* Maier; dieser N. bürgt für Qualität; einen passenden -n [für etw.] finden; sich einen anderen -n zulegen; der Ort hat oft seinen -n gewechselt *(wurde mehrfach umbenannt);* sein N. hat in Fachkreisen einen guten Klang *(er ist bekannt, wird geschätzt);* jmdn. nur dem -n nach *(nicht persönlich)* kennen; der Hund hört auf den -n *(hat den Namen)* Rex; das Auto ist auf den -n, unter dem -n seiner Frau gemeldet; er wohnt hier unter falschem -n; R N. ist Schall und Rauch (Goethe, Faust I); mein N. ist Hase [ich weiß von nichts] (ugs. scherzh.; *ich weiß nichts von der Sache, will nichts damit zu tun haben;* nach der angeblichen Aussage eines Studenten namens Victor v. Hase vor Gericht); in dem Gespräch fiel auch dein N. *(wurdest auch du genannt);* den -n Gottes *(Gott)* anrufen; * **in jmds., einer Sache -n, im -n [von]** *(im Auftrag, stellvertretend für):* viele Grüße, auch im -n meiner Eltern (Schlussfloskel in Briefen); im -n des Volkes (Formel bei der Urteilsverkündung); b) *Ruf, Renommee:* einen guten -n zu verlieren haben; * **sich** ⟨Dativ⟩ **einen -n machen** *(bekannt, berühmt werden).*
Name|drop|ping [ˈneɪmdrɔpɪŋ], das; -s, -s [engl. name-dropping, zu: name = Name u. to drop = (eine Bemerkung) fallen lassen] (bildungsspr.): *geschicktes Einflechten von Namen berühmter od. hoch gestellter Persönlichkeiten, mit denen man angeblich selbst bekannt ist (in der Absicht, Eindruck zu machen).*
Na|men, der; -s, - (veraltet): ↑Name.
Na|men|än|de|rung (seltener): ↑Namensänderung.
Na|men|for|schung, die: a) vgl. Genealogie; b) *Namenkunde.*
Na|men|ge|bung, die; -, -en: a) *Benennung einer Person od. Sache mit einem eigens hierfür ausgewählten Namen;* b) (DDR) *Namensweihe.*
Na|men|kun|de, die ⟨o. Pl.⟩: *Wissenschaft von den Eigennamen, ihrer Herkunft, Geschichte, Verbreitung; Onomastik, Onomatologie.*
Na|men|lis|te, die: *Liste, in der Namen verzeichnet sind.*
na|men|los ⟨Adj.⟩: 1. *dem Namen nach nicht bekannt, sich nicht als Einzelpersönlichkeit aus einer größeren Zahl heraushebend:* die -n Toten. 2. (geh.) a) *sehr groß, sehr stark, sodass man es nicht benennen, nicht mit Worten beschreiben kann:* -es Elend; b) ⟨intensivierend bei Adjektiven u. Verben⟩ *sehr, überaus:* sich n. fürchten.
Na|men|lo|sig|keit, die; -: *das Namenlossein* (1, 2 a).
Na|men|nen|nung: ↑Namensnennung.
Na|men|re|gis|ter, das: vgl. Namenliste.
na|mens [erstarrter Gen. von ↑Name]: I. ⟨Adv.⟩ *mit [dem] Namen:* ein Mann n. Maier. II. ⟨Präp. mit Gen.⟩ (Amtsspr.): *im Namen, im Auftrag.*
Na|mens|ak|tie, die (Wirtsch.): vgl. Namenspapier.
Na|mens|än|de|rung, Namenänderung, die: *Änderung des Namens (bes. des Familiennamens).*
Na|mens|form, die: *(sprachliche) Form eines Namens.*
Na|mens|for|schung, die (seltener): ↑Namenforschung (a).
Na|mens|ge|bung, die (seltener): ↑Namengebung.
Na|mens|nen|nung, Namennennung, die: *Angabe, Nennung des [eigenen] Namens.*
Na|mens|pa|pier, das (Bankw.): *Wertpapier, das auf den Namen des Eigentümers eingetragen ist.*
Na|mens|pa|tron, der: *Heiliger, nach dem jmd. benannt ist.*
Na|mens|pa|tro|nin, die: w. Form zu ↑Namenspatron.
Na|mens|schild, das: a) *an der Haus- od. Wohnungstür angebrachtes Schildchen mit dem Namen des Wohnungsinhabers;* b) *am Revers o. Ä. getragene kleine Karte mit dem Namen.*
Na|mens|stem|pel, Namenstempel, der: *Stempel mit jmds. Namen [u. Anschrift] od. mit der Wiedergabe seiner Unterschrift.*
Na|mens|tag, der (kath. Kirche): *Festtag eines Heiligen, der von dem Namensträger in manchen Gegenden statt des eigenen Geburtstags od. wie dieser gefeiert wird:* ich habe es gern, wenn der N. gefeiert wird.
Na|men|stem|pel: ↑Namensstempel.
Na|mens|trä|ger, der: *Träger eines bestimmten Namens.*
Na|mens|trä|ge|rin, die: w. Form zu ↑Namensträger.
Na|mens|ver|wechs|lung (seltener): ↑Namenverwechslung.
Na|mens|vet|ter, der: *jmd., der den gleichen Familiennamen hat wie ein anderer, ohne dass ein Verwandtschaftsverhältnis zwischen beiden besteht.*
Na|mens|wei|he, die (DDR): *feierliche Namengebung bei einem Neugeborenen als Ersatz für die christliche Taufe.*
Na|mens|zei|chen, das: *persönliches Kürzel des Namens, mit dem jmd. z. B. ein Schriftstück abzeichnet.*
Na|mens|zug, der: 1. *jmds. Unterschrift (in ihrer charakteristischen Form).* 2. (veraltend) *kunstvoll gestaltete Initialen.*
na|ment|lich [mhd. name(n)lich]: I. ⟨Adj.⟩ *mit Namen [geschehend, genannt], nach Namen geordnet.* II. ⟨Adv.⟩ *besonders, vor allem, hauptsächlich:* der Weg ist kaum passierbar, n. nach Regen.
Na|men|ver|wechs|lung, Namensverwechslung, die: *Verwechslung von Namen.*
Na|men|ver|zeich|nis, das: *Namenliste.*
nam|haft ⟨Adj.⟩ [mhd. namehaft, ahd. namohaft]: 1. *(bes. als Künstler, Wissenschaftler o. Ä.) einen bekannten Namen habend; bekannt, berühmt.* 2. *groß, nennenswert, ansehnlich:* eine -e Summe. 3. * **jmdn., etw. n. machen** (Papierdt.; *jmdn., etw. ausfindig machen u. [be]nennen*).
Na|mi|bia; -s: Republik in Südwestafrika.

Na|mi|bi|er, der; -s, -: Ew.
Na|mi|bi|e|rin, die; -, -nen: w. Form zu ↑Namibier.
na|mi|bisch ⟨Adj.⟩: *Namibia, die Namibier betreffend; aus Namibia stammend.*
näm|lich [mhd. nemelîche (Adv.), zu: namelich, ahd. namolîh = mit Namen genannt, ausdrücklich]: **I.** ⟨Adj.⟩ (geh. veraltend): *der-, die-, dasselbe:* die -en Leute. **II.** ⟨Adv.⟩ **1.** drückt nachgestellt eine Begründung für die vorangehende Aussage aus; *denn:* sonntags n. *(denn sonntags)* gehen wir immer spazieren; ⟨oft verblasst zu einem bloßen Füllwort:⟩ das war n. ganz anders. **2.** dient der näheren Erläuterung; *und zwar, genauer gesagt:* die Tatsache n., dass …
Nan|cy [nã'si]: Stadt in Ostfrankreich.
Nan|du, der; -s, -s [span. ñandú < Tupi (südamerik. Indianerspr.) nhandu]: *straußenähnlicher Laufvogel in den Steppen u. Savannen Südamerikas.*
Nan|king: Stadt in der Volksrepublik China.
nann|te: ↑nennen.
Na|no- [zu griech. nãnos = Zwerg] ⟨Best. in Zus. mit der Bed.⟩: *der 10^9te Teil einer physikalischen Einheit* (Zeichen: n).
Na|no|fa|rad, das; -[s], -: *ein milliardstel Farad* (Zeichen: nF).
Na|no|gramm, das; -s, -e: *ein milliardstel Gramm* (Zeichen: ng).
Na|no|me|ter, der od. das; -s, -: *ein milliardstel Meter* (Zeichen: nm).
Nan|sen|pass, der [nach dem norw. Polarforscher u. Friedensnobelpreisträger F. Nansen (1861–1930)]: *Ausweis, Pass für einen Staatenlosen.*
na|nu ⟨Interj.⟩ [aus dem Niederd.]: Ausruf der Verwunderung.
Na|palm®, das; -s [Kurzwort aus Naphthensäure u. Palmitinsäure]: *Gemisch aus Benzin u. bestimmten Verdickungsmitteln, das als Füllung von Brandbomben verwendet wird.*
Na|palm|bom|be, die: *mit Napalm gefüllte Brandbombe, die bei der Explosion extrem hohe Temperaturen erzeugt u. dadurch verheerende Wirkung hat.*
Napf, der; -[e]s, Näpfe [mhd. napf, ahd. (h)napf; H. u.] (regional): *kleine [flache] runde Schüssel (bes. als Gefäß für das Futter von Haustieren, auch als einfaches Essgefäß).*
Näpf|chen, das; -s, -: Vkl. zu ↑Napf.
Napf|ku|chen, der: *in einer bestimmten runden Form gebackener [Rühr]kuchen aus Backpulver- od. Hefeteig.*
Naph|tha, das; -s, selten: die; - [lat. naphtha < griech. náphtha, pers. Wort]: **1.** (Technik) *Schwerbenzin als wichtiger Rohstoff für die petrochemische Industrie.* **2.** (veraltet) *Erdöl.*
Naph|tha|lin, das; -s: *aus Steinkohlenteer gewonnener, durchdringend riechender aromatischer Kohlenwasserstoff.*
na|po|le|o|nisch ⟨Adj.⟩ [nach Napoleon I. (1769–1821)]: *auf die Zeit Napoleons I. bezogen.*
Na|po|li: italienische Form von ↑Neapel.
Na|po|li|tain [napoli'tɛ̃:], das; -s, -s [frz., eigtl. = Neapolitaner, nach der ital. Stadt Napoli (Neapel)]: *kleines Schokoladentäfelchen.*
Nap|pa, das; -[s], (Sorten:) -s, **Nap|pa|le|der,** das [engl. nap(p)a (leather), nach der kalifornischen Stadt Napa]: *feines u. weiches Leder.*
Nar|be, die; -, -n [mhd. narwe, narwa, urspr. = Verengung (der Wundränder)]: **1.** *auf der Hautoberfläche sichtbare Spur einer verheilten Wunde:* sein Arm war mit -n bedeckt, war voller -n. **2.** (Gerberei) *Narben.* **3.** (Bot.) *(bei Blütenpflanzen) oberster, meist auf einem Griffel (2) sitzender Teil des Fruchtknotens, der den bestäubenden Pollen aufnimmt.* **4.** kurz für ↑Grasnarbe.
nar|ben ⟨sw. V.; hat⟩ (Gerberei): **a)** *(von Fellen) enthaaren, sodass der Narben zum Vorschein kommt;* **b)** *den Narben mit einem besonders geformten Holz od. mit einer Maschine so bearbeiten, dass die natürliche Narbung hervorgehoben wird:* genarbtes Leder.
Nar|ben, der; -s, - (Gerberei): *äußere Seite eines Tierfelles, die nach Lösen der Haare, Borsten o. Ä. eine für jede Tierart typische Narbung zeigt; Narbe (2).*
Nar|ben|bil|dung, die: *das Sichbilden von Narben nach Verletzungen.*
Nar|ben|bruch, der (Med.): [1]*Bruch (2b) im Bereich einer [noch nicht abgeheilten] Operationsnarbe.*
Nar|ben|ge|we|be, das (Med.): *an der Stelle einer Verletzung o. Ä. entstehendes, derbes Bindegewebe, das allmählich schrumpft.*
Nar|ben|le|der, das (Gerberei): *genarbtes Leder.*
nar|big ⟨Adj.⟩: *mit Narben bedeckt, voller Narben:* ein -es Gesicht.
Nar|bonne [nar'bɔn]: Stadt in Südfrankreich.
Nar|bung, die; -, -en (Gerberei): *äußere Zeichnung eines genarbten Leders.*
Nar|gi|leh [auch: nar'gi:le], die; -, -[s] od. das, -s, -s [pers. nārgīlah]: *orientalische Wasserpfeife.*
Nar|ko|se, die; -, -n [griech. nárkōsis = Erstarrung, zu: nárkē = Krampf, Lähmung, Erstarrung]: *(bei einer Operation) durch ein Narkosemittel bewirkter schlafähnlicher Zustand mit Ausschaltung des Bewusstseins u. damit der Schmerzempfindung:* eine leichte N.; die N. einleiten; aus der N. erwachen.
Nar|ko|se|ap|pa|rat, der: *Apparat, der alle zur Durchführung u. Überwachung einer Narkose notwendigen Einzelgeräte enthält.*
Nar|ko|se|arzt, der: *Anästhesist.*
Nar|ko|se|ärz|tin, die; -, -nen: w. Form zu ↑Narkosearzt.
Nar|ko|se|ge|wehr, das (Tiermed.): *Gewehr, mit dem einem Tier ein Betäubungsmittel (in einem Geschoss mit einer Kanüle) unter die Haut geschossen wird.*
Nar|ko|se|mas|ke, die: *Atemmaske zum Inhalieren eines Narkosemittels.*
Nar|ko|se|mit|tel, das: *Mittel, mit dem eine Narkose erzeugt wird.*
Nar|ko|ti|kum, das; -s, …ka: **1.** *Narkosemittel.* **2.** *schmerzlinderndes Mittel, dessen Missbrauch zur Sucht führen kann* (z. B. Kokain, Morphium, Opium).
nar|ko|tisch ⟨Adj.⟩ [griech. narkōtikós = erstarren machend]: **a)** (Med.) *in Narkose versetzend:* -e Mittel; **b)** *betäubend, berauschend.*
Nar|ko|ti|seur […'zøːɐ], der; -s, -e [zu ↑narkotisieren]: *Narkosearzt.*
nar|ko|ti|sie|ren ⟨sw. V.; hat⟩ (Med.): *in Narkose versetzen:* einen Patienten n.
Nar|ko|tis|mus, der; -: *Sucht nach Narkotika.*
Narr, der; -en, -en [mhd. narre, ahd. narro; H. u.]: **1.** (veraltend) *törichter Mensch, der sich in lächerlicher Weise täuschen, irreführen lässt:* ein eingebildeter N. **2.** (früher) *Spaßmacher [an Fürstenhöfen, im Theater (bes. bei der Commedia dell'Arte)] (meist in bunter Kleidung, mit Schellen u. Narrenkappe auftretend):* **Spr** jedem -en gefällt seine Kappe; *** jmdn. zum -en haben/halten; (veraltet:) sich ⟨Dativ⟩ aus jmdm. einen -en machen** *(jmdn. anführen, [im Scherz] irreführen, täuschen u. veralbern;* eigtl. = jmdn. als Narren behandeln); **sich zum -en machen** *(sich lächerlich machen);* **einen -en an jmdm., etw. gefressen haben** (ugs.; *jmdn., etw. in übertriebener Weise gern mögen;* nach der alten Vorstellung, jmd. habe einen Dämon in seinem Innern stecken). **3.** *jmd., der ausgelassen [in Verkleidung] Karneval feiert; Karnevalist, Fastnachter.*
nar|ra|tiv ⟨Adj.⟩ [spätlat. narrativus, zu lat. narrare = erzählen] (Sprachw.): *erzählend, in erzählender Form darstellend:* -e Strukturen.
Nar|ra|ti|vik, die; -: *Technik u. Theorie des Erzählens.*
Nar|ra|ti|vum, das; -s, …va [lat. (tempus) narrativum] (Sprachw.): *vorwiegend bei der Erzählung verwendetes Tempus (z. B. das Imperfekt im Deutschen).*
nar|ra|to|risch ⟨Adj.⟩ [spätlat. narratorius] (Literaturw.): *den Erzähler, die Erzählung betreffend; erzählerisch.*
Närr|chen, das; -s, -: Vkl. zu ↑Narr (1).
nar|ren ⟨sw. V.; hat⟩ [mhd. (er)narren, ahd. irnarrēn = zum Narren werden, sich wie ein Narr benehmen] (geh.): *anführen, irreführen, täuschen.*
Nar|ren|frei|heit, die: *jmdm. (den man nicht ganz ernst nimmt od. dem man eine gewisse Sonderstellung einräumt) zugestandene Freiheit, bestimmte Dinge zu tun od. zu sagen.*
Nar|ren|kap|pe, die: **a)** (früher) *eng anliegende Kappe mit Hörnern (1) aus Stoff u. kleinen Schellen;* **b)** *bunte karnevalistische Kopfbedeckung.*
Nar|ren|pos|se, Narrensposse, die ⟨meist Pl.⟩ (geh. veraltend): *[dummer, unsinniger] Scherz; etw., was nicht ernst genommen wird:* das sind doch -n! *(das ist doch Unsinn!).*
nar|ren|si|cher ⟨Adj.⟩ (ugs. scherzh.): *(von Geräten, Maschinen u. Ä.) so sicher konstruiert, so einfach zu bedienen, dass selbst der Ungeschickteste nichts falsch machen, nichts verderben kann.*
Nar|rens|pos|se: ↑Narrenposse.
Nar|ren|streich, der (veraltend): *übermütiger Streich.*
Nar|ren|zep|ter, das: *zur Tracht der Hofnarren gehörendes Zepter (als Zeichen ihres Amtes, ihrer Macht):* Prinz Karneval führt das N. *(es ist Karneval[szeit]).*
Nar|re|tei, die; -, -en [gek. aus älterem Narrenteiding = Narrenstreich; 2. Bestandteil mhd. teidinc, älter: tagedinc, ↑verteidigen] (geh.): **a)** *Scherz, übermütiges Tun, närrischer Spaß;* **b)** *Unsinn, törichte Handlung od. Vorstellung.*
Narr|hal|la|marsch, der ⟨o. Pl.⟩ [1. Bestandteil zu ↑Narr (3), 2. Bestandteil wohl gek. aus ↑Walhall(a)]: *auf Karnevalssitzungen gespielter Marsch.*
Narr|heit, die; -, -en: **a)** ⟨o. Pl.⟩ *Dummheit, Einfalt, Naivität;* **b)** *närrischer Streich:* jmdn. mit allerhand -en necken.
När|rin, die; -, -nen: w. Form zu ↑Narr.
När|risch ⟨Adj.⟩ [mhd. nerrisch]: **1. a)** *unvernünftig u. daher den Spott anderer herausfordernd; skurril:* ein -er Kauz; -e Einfälle haben; **b)** (ugs. emotional) *sehr, übermäßig [groß]:* -e Freude; *** auf jmdn., etw./(seltener:) nach jmdm., etw. n. sein** *(jmdn., etw. sehr gern mögen, haben wollen).* **2.** *karnevalistisch, faschingsmäßig:* -es Treiben.
Nar|vik: norwegische Hafenstadt.
Nar|wal ['narva(ː)l], der; -[e]s, -e [dän. narhval, schwed. narval < anord. nárhvalr, 1. Bestandteil H. u., 2. Bestandteil anord. hvalr = Wal]: *in arktischen Gewässern lebender grauweißer, dunkelbraun gefleckter Wal mit langem Stoßzahn, der dem Männchen als Waffe dient.*
Nar|ziss, der; - u. -es, -e [nach lat. Narcissus, griech. Nárkissos, einem schönen Jüngling der griech. Sage, der sich in sein Spiegelbild verliebte u. nach seinem Tod in eine Narzisse verwandelt wurde] (bildungsspr.): *ganz auf sich selbst bezogener Mensch, der sich selbst bewundert und liebt:* er ist ein N.
Nar|zis|se, die; -, -n [lat. narcissus < griech. nárkissos, wahrsch. volksetym. angelehnt an nárkē (↑Narkose) wegen des starken, betäubenden Duftes]: *im Frühling blühende Blume mit langen, schmalen Blättern u. meist glockenförmigen, großen, duftenden, gelben od. weißen Blüten auf hohen Stielen.*
Nar|ziss|mus, der; -: *übersteigerte Selbstliebe, Ichbezogenheit.*
Nar|zisst, der; -en, -en: *jmd., der [erotisch] nur auf sich selbst bezogen ist.*
Nar|ziss|tin, die; -, -nen: w. Form zu ↑Narzisst.
nar|ziss|tisch ⟨Adj.⟩: **a)** *eigensüchtig, voller Eigenliebe;* **b)** *den Narzissmus betreffend, auf ihn beruhend.*
NASA, die; - [Abk. für engl. National Aeronautics and Space Administration]: Nationale Luft- u. Raumfahrtbehörde der USA.
na|sal ⟨Adj.⟩ [zu lat. nasus = Nase]: **1.** (Med.) *die Nase betreffend; zur Nase gehörend.* **2.** *durch die Nase gesprochen:* dieses n muss n.

(Sprachw.; *als Nasal*) gesprochen werden. 3. *[unabsichtlich] durch die Nase sprechend:* eine -e Aussprache.

Na|sal, der; -s, -e (Sprachw.): *Laut, bei dessen Aussprache die Luft [zum Teil] durch die Nase entweicht* (z. B. m, ng).

na|sa|lie|ren ⟨sw. V.; hat⟩ (Sprachw.): *einen Laut nasal aussprechen.*

Na|sa|lie|rung, die; -, -en (Sprachw.): *das Nasalieren.*

Na|sal|laut, der (Sprachw.): *Nasal.*

Na|sal|vo|kal, der (Sprachw.): *nasalierter Vokal.*

na|schen ⟨sw. V.; hat⟩ [mhd. naschen, ahd. nascōn, urspr. = knabbern, schmatzen, lautm.]: **1.** *Süßigkeiten o. Ä. [Stück für Stück] genießerisch verzehren.* **2.** *[heimlich] kleine Mengen von etw. [wegnehmen u.] essen.*

Näs|chen, das; -s, -: Vkl. zu ↑Nase (1 a).

Na|scher, (seltener:) **Nä|scher,** der; -s, -: *jmd., der gerne nascht.*

Na|sche|rei, die; -: *[dauerndes] Naschen.*

Na|sche|rin, Nä|sche|rin, die; -, -nen: w. Form zu ↑Nascher, Näscher.

nasch|haft ⟨Adj.⟩: *gerne u. oft naschend.*

Nasch|sucht, die ⟨o. Pl.⟩: *suchthaftes Verlangen zu naschen.*

nasch|süch|tig ⟨Adj.⟩: *sehr naschhaft.*

Na|se, die; -, -n [mhd. nase, ahd. nasa, urspr. wahrsch. = Nasenloch]: **1. a)** *Geruchsorgan (von Menschen u. Tieren):* eine knollige N.; der Hund hat eine feuchte N. *(Schnauze);* jmdm. blutet die N.; jmdm. läuft die N. (ugs.; *jmd. hat Schnupfen*); die N. ist verstopft; sich die N. putzen; die N. rümpfen; das Kind ist auf die N. gefallen (ugs., *hingefallen*); durch die N. atmen; * **jmdm. passt/gefällt jmds. N. nicht** (ugs.: *jmd. kann jmdn. nicht leiden*); **von jmdm., etw. die N. [gestrichen] voll haben** (ugs.; *jmds., einer Sache [gänzlich] überdrüssig sein*); **die N. vorn haben** (ugs.; *bei etw. dabei sein, gewinnen*); **seine N. in etw./in alles [hinein]stecken** (ugs.; *sich neugierig um etw./um alles kümmern, [was einen nichts angeht]*); **nicht weiter sehen als seine N. [reicht]** (ugs.; *engstirnig sein*); **die N. hängen lassen** (↑Kopf 1); **die N. hoch tragen** (↑Kopf 1); **die N. rümpfen** *(jmdn., etw. gering schätzen, auf jmdn./etw. verächtlich herabsehen);* **sich ⟨Dativ⟩ die N. begießen** (ugs.; *Alkohol trinken*); **die N. zu tief ins Glas stecken** (ugs.; *sich betrinken*); **sich ⟨Dativ⟩ eine goldene N. verdienen** (ugs.; *sehr viel Geld bei etw. verdienen*); **die/seine N. in ein Buch stecken** (ugs.; *eifrig lernen*); **jmdm. eine [lange] N. drehen/machen** (ugs.; *jmdn. auslachen, verspotten*); **die/jmds. N. beleidigen** (ugs.; *schlecht riechen*); **immer der N. nach** (ugs.; *immer geradeaus*); **jmdm. etw. an der N. ansehen** (ugs.; ↑Nasenspitze); **sich an die eigene N. fassen/(selten:) an der eigenen N. zupfen** (ugs.; *sich um die eigenen Fehler u. Schwächen kümmern*); **jmdn. an der N. herumführen** (ugs.; *jmdn. täuschen, irreführen*; nach dem Bild des an einem Nasenring gezogenen Tieres); **auf der N. liegen** (ugs.; *krank sein*); **auf die N. fallen** (ugs.; *einen Misserfolg erleben*); **jmdm. etw. auf die N. binden** (ugs.; *jmdm. etw. erzählen, was für ihn nicht bestimmt ist*); **jmdm. auf der N. herumtanzen** (↑Kopf 1); **jmdm. eins/was auf die N. geben** (ugs.; 1. *jmdn. verprügeln.* 2. *jmdn. tadeln, zurechtweisen*); **jmdm. etw. aus der N. ziehen** (ugs.; *jmdn. nur durch wiederholtes, geschicktes Fragen dazu bringen, etw. zu erzählen [was er nicht erzählen will od. sollte]*); **jmdm. in die N. fahren** (ugs.; *jmdn. ärgern*); **jmdn. mit der N. auf etw. stoßen** (ugs.; *jmdn. deutlich auf etw. hinweisen*); **immer mit der N. vorneweg sein** (ugs.; *vorwitzig sein*); **nach jmds. N. gehen** (ugs.; *jmds. Vorstellungen entsprechend verlaufen*); **pro N.** (ugs.; *pro Person*); **jmdm. etw. unter die N. reiben** (ugs.; *jmdm. wegen etw. Vorhaltungen machen; jmdm. [unverblümt] etw. Unangenehmes sagen;* **jmdm. etw. unter die N. halten** (ugs.; *jmdm. etw. so vors Gesicht halten, dass er es sehen muss*); **jmdm. vor der N. wegfahren** (ugs.; *abfahren, kurz bevor jmd. das Fahrzeug erreicht*); **jmdm. jmdn. vor die N. setzen** (ugs.; *jmdm. jmdn. überordnen, zum Vorgesetzten machen*); **jmdm. etw. vor der Nase wegschnappen** (ugs.; *etw. schnell an sich bringen, bevor ein anderer es bekommen kann*); **etw. vor der N. haben** (ugs.; *etw. in unmittelbarer Nähe haben*); **b)** *Geruchssinn:* der Hund hat eine gute N.; **c)** *Spürsinn, Gespür:* seine N. hat ihn getäuscht. **2. a)** (scherzh.) *Bug eines Schiffes, Flugzeugs; Vorderteil eines Autos:* die N. des Bootes hob sich aus den Wellen; **b)** *Vorsprung an einer Felswand od. einem Gebäude;* **c)** *hakenförmiger Ansatz an einem Dachziegel, Hobel o. Ä.* **3.** (ugs.) *herablaufender Farb-, Lacktropfen.* **4.** *in Flüssen lebender, relativ großer Karpfenfisch mit einem einer Nase (1 a) ähnlichen Oberkiefer.*

na|se|lang, naslang ⟨Adv.⟩: in der Verbindung **alle n.** (ugs.; *sich in kurzen zeitlichen Abständen wiederholend*).

nä|seln ⟨sw. V.; hat⟩ [15. Jh., im subst. 1. Part. schon spätmhd. neselnder, ahd. neselenter]: *durch die Nase, nasal sprechen.*

Na|sen|bär, der: *(in Mittel- u. Südamerika heimischer) kleiner Bär mit langem, buschigem Schwanz, länglichem Kopf u. langer, rüsselartiger Nase.*

Na|sen|blu|ten, das; -s: *Blutung aus der Nase:* N. haben.

Na|sen|boh|rer, der (ugs. scherzh.): **1.** *jmd., der [dauernd] in der Nase bohrt.* **2.** *jmd., den man nicht ganz für voll, nicht ganz ernst nimmt.*

Na|sen|du|sche, die (Med.): *Spülung der Nase mit einer medizinisch wirksame Substanzen enthaltenden Kochsalzlösung.*

Na|sen|fahr|rad, das (ugs. scherzh.): *Brille.*

Na|sen|flü|gel, der: *fleischige Außenwand der menschlichen Nase.*

Na|sen|gruß, der (Völkerk.): *bei bestimmten Völkern übliche Form des Grußes, bei der man sich gegenseitig mit der Nase berührt.*

Na|sen|heil|kun|de, die: *Spezialgebiet der Medizin, das sich mit den Krankheiten der Nase beschäftigt.*

Na|sen|höh|le, die (Anat.): *Innenraum der Nase.*

Na|sen|klam|mer, die (Buch- u. Schriftw.): *geschweifte Klammer.*

Na|sen|kor|rek|tur, die: *durch einen chirurgischen Eingriff vorgenommene Veränderung der äußeren Form der Nase.*

na|sen|lang: ↑naselang.

Na|sen|län|ge, die: **a)** *kleiner [entscheidender] Vorsprung:* jmdn. um eine N. schlagen; **b)** (Pferdesport) *Länge eines Pferdekopfes:* der Favorit gewann mit zwei -n.

Na|sen|laut, der (Sprachw.): *Nasal.*

Na|sen|loch, das: *(zweifach vorhandene) äußere Öffnung der Nase;* * **[jmdm.] verliebte Nasenlöcher machen** (ugs.; *jmdn. verliebt ansehen, mit ihm flirten*); **freundliche Nasenlöcher machen** (ugs.; *eine freundliche Miene machen*).

Na|sen|ne|ben|höh|le, die (Anat.): *Nebenhöhle.*

Na|sen|ra|chen|raum, der (Med.): *oberer Abschnitt des Rachenraumes im Anschluss an die Nasenhöhlen.*

Na|sen-Ra|chen-Raum, der (Med.): *Bereich von Nase u. Rachen.*

Na|sen|ring, der: **1.** *durch die Nasenscheidewand von Bullen gezogener Eisenring zum Führen.* **2.** (Völkerk.) *Metallring als Nasenschmuck.*

Na|sen|rü|cken, der: *oberer Teil der Nase, der von der Nasenwurzel bis zur Nasenspitze reicht.*

Na|sen|sat|tel, der: *oberer Teil des Nasenrückens.*

Na|sen|schei|de|wand, die: *aus Knorpel bestehende Trennwand, die das Innere der Nase in zwei Hälften teilt.*

Na|sen|schleim, der: *schleimige Flüssigkeit in der Nase, die die Atemluft befeuchtet u. Staubteilchen o. Ä. aufnimmt.*

Na|sen|schleim|haut, die: *die Innenwände der Nase auskleidende Schleimhaut.*

Na|sen|schmuck, der (Völkerk.): *(bei Naturvölkern) an der Nase getragener Schmuck.*

Na|sen|spie|gel, der: **1.** (Med.): *Instrument zur Untersuchung der Nasenhöhle; Rhinoskop.* **2.** (Zool.) *unbehaarter Hautteil im Bereich der Nase bei manchen Säugetieren.*

Na|sen|spit|ze, die: *vorderes Ende der Nase:* * **nicht weiter sehen, als die N. reicht** (ugs.; *sehr engstirnig sein*); **jmdm. etw. an der N. ansehen** (ugs. scherzh.; *etw. aus jmds. Miene erraten*).

Na|sen|spray, der od. das: *medizinischer Spray, der bei Schnupfen ein Abschwellen der Schleimhaut bewirkt.*

Na|sen|stü|ber, der: **1.** *leichter Stoß gegen die Nase:* jmdm. einen N. geben. **2.** (landsch.) *Tadel, Verweis.*

Na|sen|trop|fen ⟨Pl.⟩: *Flüssigkeit zum Einträufeln in die Nase bes. bei Schnupfen.*

Na|sen|wur|zel, die: *Ansatzstelle der Nase an der Stirn.*

Na|se|rümp|fen, das; -s: *[das Rümpfen der Nase als] Ausdruck der Ablehnung, der Verachtung.*

na|se|rümp|fend ⟨Adj.⟩: *Ablehnung, Verachtung zum Ausdruck bringend.*

na|se|weis ⟨Adj.⟩ [mhd. nasewīse = scharf witternd (vom Jagdhund)]: *(meist von Kindern) vorlaut sich einmischend, fragend.*

Na|se|weis, der; -es, -e (fam.): *jmd., der naseweis ist:* sie ist ein kleiner N.

nas|füh|ren ⟨sw. V.; hat⟩: *anführen, foppen:* die Leute n.

Nas|horn, das [LÜ von lat. rhinoceros, ↑Rhinozerus]: *großes Säugetier von plumpem Körperbau u. mit dicker Haut, das ein od. zwei Hörner auf der Nase trägt.*

Nas|horn|kä|fer, der: *großer, brauner od. schwarzer Käfer mit einem nach rückwärts gebogenen Horn auf dem Kopf.*

Nas|horn|vo|gel, der: *großer, in tropischen Gebieten lebender Vogel mit einem Horn auf dem Schnabel.*

-na|sig: in Zusb., z. B. breitnasig.

Na|si|go|reng, das; -[s], -s [indon. nasi goreng, eigtl. = gebratener Reis, aus: nasi = Reis(speise) u. goreng = gebraten, geröstet]: *indonesisches Gericht aus Reis, Gemüse, Fleisch u. Krabben.*

nas|lang: ↑naselang.

nass ⟨Adj.; nasser, auch: nässer, nasseste, auch: nässeste⟩ [mhd., ahd. naʒ, H. u.]: **1.** *von Feuchtigkeit, bes. Wasser, durchtränkt od. von außen, an der Oberfläche damit benetzt, bedeckt:* nasse Haare; nasses Holz brennt schlecht; sie bekamen nasse Füße; n. geschwitzt sein; die Wäsche ist n.; die Farbe ist noch n. *(noch nicht getrocknet);* der Schnee war n. *(halb getaut);* er hat mich n. gespritzt; das Kind hat das Bett n. gemacht *(in das Bett uriniert);* **R** ich werde mich n. machen (landsch. ugs.; *ich werde mich hüten [das zu tun]*); * **genauso n. [wie vorher] sein** *(genauso klug [wie vorher] sein);* **jmdn. n. machen** (Jargon; *jmdn. fertig machen*); **Geld, Scheine o. Ä. n. machen** (landsch. ugs.; *Geld o. Ä. vertrinken*). **2.** *regenreich, verregnet:* ein nasser Sommer; nasses Wetter. **3.** * **für n.** (landsch. ugs.; *umsonst, ohne Eintrittsgeld;* frühnhd. nass = liederlich, auch: ohne Geld).

Nass, das; -es [mhd. naʒ] (dichter.): **a)** *Wasser (in dem man schwimmt);* * **gut N.!** (Gruß der Schwimmer); **b)** *Regen;* **c)** *Getränk, z. B. Wein, Bier o. Ä.:* verschütte nicht das kostbare N.!; **d)** *Wasser für den Verbrauch.*

[1]Nas|sau; -s: ehemaliges Herzogtum.

[2]Nas|sau ['næsɔː]: Hauptstadt der Bahamas.

[1]Nas|sau|er, der; -s, -: Ew.

[2]Nas|sau|er, der; -s, - [zu ↑Nass unter scherzh. Anlehnung an ↑[1]Nassau; 2: zu ↑nass (3)]: **1.** (ugs. scherzh.) *[heftiger] Regenschauer, Regenguss.* **2.** (ugs., meist abwertend) *jmd., der auf Kosten anderer lebt, gern bei anderen mitisst o. Ä.*

Nas|sau|e|rin, die; -, -nen: w. Form zu ↑[1]Nassauer.

nas|sau|ern ⟨sw. V.; hat⟩ (ugs., meist abwertend): *sich wie ein [2]Nassauer (2) verhalten.*

nas|sau|isch ⟨Adj.⟩: *[1,2]Nassau, die [1]Nassauer betreffend; aus [1,2]Nassau stammend.*

Näs|se, die; - [mhd. neʒʒe, ahd. naʒʒi]: *nasse*

Beschaffenheit, das Nasssein; starke Feuchtigkeit: die N. dringt durch die Kleider; etwas vor N. schützen.

nạs|sen ⟨sw. V.; hat⟩: **1.** (geh.) *nass machen:* der Dampf nässt die Scheiben; das Bett n. (geh.; *ins Bett urinieren*). **2. a)** *Flüssigkeit, Feuchtigkeit absondern:* die Wunde nässt; **b)** (Jägerspr.) *(vom Wild) urinieren:* der Hirsch nässt.

nạss|fest ⟨Adj.⟩ (Fachspr.): *auch im nassen Zustand Festigkeit besitzend.*

nạss|forsch ⟨Adj.⟩ [wohl zu landsch. nass = betrunken, also eigtl. = in betrunkenem Zustand forsch] (ugs., meist abwertend): *übertrieben forsch:* n. auftreten.

nạss ge|schwitzt: s. nass (1).

Nạss-in-Nạss-Druck, der (Druckw.): *unmittelbar aufeinander folgendes Drucken von zwei od. mehreren Farben.*

nạss|kalt ⟨Adj.⟩: *regnerisch u. kalt:* -es Wetter.

Nạss|ra|sie|rer, der: **1.** *jmd., der sich mit Wasser, Seife u. Rasierklinge rasiert.* **2.** *Rasierapparat für die Nassrasur.*

Nạss|ra|sur, die: *Rasur mit Wasser, Seife u. Rasierklinge.*

Nạss|schlei|fen, das; -s: *das Schleifen von Lacken o. Ä. mit Schleifpapier u. einer Flüssigkeit.*

Nạss|schnee, der: *halb getauter Schnee.*

Nạss|zel|le, die (Bauw.): *Raum in einer Wohnung, einem Gebäude, in dem Wasserleitungen liegen* (z. B. Bad, Dusche).

Nạs|tuch, das ⟨Pl. ...tücher⟩ (südd., schweiz.): *Taschentuch.*

nas|zie̲|rend ⟨Adj.⟩ [zu lat. nasci, ↑Natur]: *(bes. von chemischen Stoffen) entstehend.*

Na|ta|li|tä̲t, die; - [zu lat. natalis = zur Geburt gehörend] (Statistik): *Anzahl der lebend Geborenen bezogen auf eine bestimmte Zahl an Personen u. einen bestimmten Zeitraum; Geburtenhäufigkeit.*

Na|ti|o̲n, die; -, -en [frz. nation < lat. natio = das Geborenwerden; Geschlecht; Volk(sstamm), zu: natum, ↑Natur]: **a)** *große, meist geschlossen siedelnde Gemeinschaft von Menschen mit gleicher Abstammung, Geschichte, Sprache, Kultur, die ein politisches Staatswesen bilden:* die deutsche N.; eine geteilte N.; **b)** *Staat, Staatswesen:* die Vereinten -en (*Organisation, in der sich viele Staaten zur Erhaltung des Weltfriedens zusammengeschlossen haben;* Abk.: VN); **c)** (ugs.) *Menschen, die zu einer Nation gehören; Volk:* er ist der Liebling der N.

na|ti|o|na̲l ⟨Adj.⟩ [frz. national, zu: nation, ↑Nation]: **a)** *eine Nation betreffend; zur Nation gehörend:* -e Interessen vertreten; **b)** *überwiegend die Interessen der eigenen Nation vertretend; patriotisch gesinnt:* eine -e Gruppe; n. fühlen.

Na|ti|o|na̲l|bank, die ⟨Pl. -en⟩: *zentrale Notenbank eines Staates.*

na|ti|o|na̲l|be|wusst ⟨Adj.⟩: *Nationalbewusstsein besitzend.*

Na|ti|o|na̲l|be|wusst|sein, das: *Gefühl der Zugehörigkeit zu einer Nation.*

Na|ti|o|na̲l|bi|bli|o|thek, die: *staatlich unterhaltene Bibliothek, die das Schrifttum eines Staates sammelt.*

Na|ti|o|na̲l|cha|rak|ter, der: *den Angehörigen einer Nation zugeschriebener besonderer Charakter.*

na|ti|o|na̲l|de|mo|kra|tisch ⟨Adj.⟩: **a)** *nationalistische u. demokratische Ziele verfolgend:* -e Politik; **b)** *einer nationaldemokratischen* (a) *Partei angehörend, sie unterstützend.*

Na|ti|o|na̲|le, das; -s, - (österr.): **a)** *Angaben zur Person:* das N. aufnehmen; **b)** *Formular, Fragebogen für Angaben zur Person.*

Na|ti|o|na̲l|ein|kom|men, das: *Volkseinkommen.*

Na|ti|o|na̲l|elf, die (Fußball): vgl. Nationalmannschaft.

Na|ti|o|na̲l|epos, das: *[Helden]epos, das für eine Nation von besonderer Wichtigkeit ist.*

Na|ti|o|na̲l|far|be, die ⟨meist Pl.⟩: *Farbe, die ein Staat auf Fahnen, Wappen, Abzeichen o. Ä. verwendet.*

Na|ti|o|na̲l|fei|er|tag, der: *[gesetzlicher] Feiertag zur Erinnerung an ein für die Nation wichtiges politisches Ereignis.*

Na|ti|o|na̲l|flag|ge, die: *Flagge als Hoheits- od. Ehrenzeichen eines Staates.*

Na|ti|o|na̲l|ga|le|rie, die: vgl. Nationalmuseum.

Na|ti|o|na̲l|gar|de, die: **1.** *in der Französischen Revolution gebildete Bürgerwehr.* **2.** *Miliz in den Vereinigten Staaten, die bei inneren Unruhen eingesetzt wird.*

Na|ti|o|na̲l|gar|dist, der: *Angehöriger der Nationalgarde.*

Na|ti|o|na̲l|ge|fühl, das: vgl. Nationalbewusstsein.

Na|ti|o|na̲l|ge|richt, das: *für ein Land typisches u. dort besonders häufig gegessenes Gericht.*

Na|ti|o|na̲l|hei|lig|tum, das: *Heiligtum einer Nation.*

Na|ti|o|na̲l|hym|ne, die: *Lied, das als Ausdruck des Nationalbewusstseins bei feierlichen Anlässen gesungen od. gespielt wird.*

na|ti|o|na|li|sie|ren ⟨sw. V.; hat⟩: **1.** *verstaatlichen.* **2.** *einbürgern* (1).

Na|ti|o|na|lịs|mus, der; - [frz. nationalisme]: **a)** (meist abwertend) *übersteigertes Nationalbewusstsein:* ein engstirniger N.; **b)** (selten) *erwachendes Selbstbewusstsein einer Nation mit dem Bestreben, einen eigenen Staat zu bilden.*

Na|ti|o|na|lịst, der; -en, -en: *Anhänger des Nationalismus* (a).

Na|ti|o|na|lịs|tin, die; -, -nen: w. Form zu ↑Nationalist.

na|ti|o|na|lịs|tisch ⟨Adj.⟩: *den Nationalismus* (a) *betreffend, für ihn charakteristisch.*

Na|ti|o|na|li|tä̲t, die; -, -en [frz. nationalité] (bildungsspr.): **a)** *Staatsangehörigkeit, Staatszugehörigkeit:* englischer N. sein; die N. eines Schiffes feststellen; **b)** *ethnische Zugehörigkeit, Volkszugehörigkeit.*

Na|ti|o|na|li|tä̲|ten|staat, der: *Staat, in dem mehrere, viele Nationen zusammenleben; Mehrvölkerstaat, Vielvölkerstaat.*

Na|ti|o|na|li|tä̲ts|kenn|zei|chen, das: *Kennzeichen* (2 b)*, das angibt, in welchem Land ein Kraftfahrzeug zugelassen ist.*

Na|ti|o|na|li|tä̲ts|prin|zip, das ⟨o. Pl.⟩ (Rechtsspr.): *Prinzip, nach dem bestimmte Rechtsordnungen nur für die Staatsangehörigen u. nicht für alle innerhalb der Staatsgrenzen lebenden Menschen gelten.*

Na|ti|o|na̲l|kir|che, die: *auf den Bereich einer Nation begrenzte, rechtlich selbstständige Kirche.*

Na|ti|o|na̲l|kom|mu|nis|mus, der: *Ausprägung kommunistischer Ideologie, Politik u. Herrschaft, bei der die nationalen Interessen u. Besonderheiten im Vordergrund stehen.*

na|ti|o|na̲l|li|be|ral ⟨Adj.⟩: **a)** *nationalistische u. liberale Ziele verfolgend:* -e Ideen; **b)** *einer nationalliberalen* (a) *Partei angehörend, sie unterstützend.*

Na|ti|o|na̲l|li|te|ra|tur, die: *Gesamtheit der schöngeistigen Literatur eines Volkes.*

Na|ti|o|na̲l|mann|schaft, die: *Auswahl der besten Sportler, Sportlerinnen eines Landes in einer Sportart für internationale Wettkämpfe.*

Na|ti|o|na̲l|mu|se|um, das: *[staatliches] Museum, in dem die für eine Nation besonders wichtigen Kunst- u. Kulturgüter gesammelt u. ausgestellt werden.*

Na|ti|o|na̲l|öko|nom, der: *Volkswirtschaftler.*

Na|ti|o|na̲l|öko|no|mie, die: *Volkswirtschaftslehre.*

Na|ti|o|na̲l|öko|no|min, die: w. Form zu ↑Nationalökonom.

Na|ti|o|na̲l|park, der: *staatlicher Naturpark.*

Na|ti|o|na̲l|preis, der (DDR): *hohe staatliche Auszeichnung, die für besondere Leistungen auf technischem, wissenschaftlichem, künstlerischem Gebiet verliehen wurde.*

Na|ti|o|na̲l|rat, der: **1.** *die aus Wahlen hervorgegangene Volksvertretung in Österreich u. der Schweiz.* **2.** *Mitglied des Nationalrats* (1).

Na|ti|o|na̲l|rä|tin, die: w. Form zu ↑Nationalrat (2).

Na|ti|o|na̲l|so|zi|a|lis|mus, der: **1.** *nach dem Ersten Weltkrieg in Deutschland aufgekommene, extrem nationalistische, imperialistische und rassistische politische Bewegung.* **2.** *auf der Ideologie des Nationalsozialismus* (1) *basierende faschistische Herrschaft von A. Hitler in Deutschland von 1933 bis 1945.*

Na|ti|o|na̲l|so|zi|a|list, der: *Vertreter, Anhänger des Nationalsozialismus.*

Na|ti|o|na̲l|so|zi|a|lis|tin, die: w. Form zu ↑Nationalsozialist.

na|ti|o|na̲l|so|zi|a|lis|tisch ⟨Adj.⟩: *den Nationalsozialismus betreffend, auf ihm beruhend.*

Na|ti|o|na̲l|spie|ler, der (Sport): *Spieler, der in einer Nationalmannschaft spielt.*

Na|ti|o|na̲l|spie|le|rin, die: w. Form zu ↑Nationalspieler.

Na|ti|o|na̲l|spra|che, die (Sprachw.): *nationale* (a) *Standardsprache.*

Na|ti|o|na̲l|staat, der: *Staat, dessen Bürger einer Nation angehören.*

na|ti|o|na̲l|staat|lich ⟨Adj.⟩: *den Nationalstaat betreffend, für ihn charakteristisch.*

Na|ti|o|na̲l|stolz, der: *Gefühl des Stolzes, einer bestimmten Nation anzugehören.*

Na|ti|o|na̲l|stra|ße, die: schweiz. Bez. für *Autobahn, -straße.*

Na|ti|o|na̲l|tanz, der: vgl. Volkstanz.

Na|ti|o|na̲l|the|a|ter, das: *Theater, das vor allem das nationale Drama pflegt.*

Na|ti|o|na̲l|tracht, die: vgl. Volkstracht.

Na|ti|o|na̲l|trai|ner, der (Sport): *Trainer einer Nationalmannschaft.*

Na|ti|o|na̲l|trai|ne|rin, die (Sport): w. Form zu ↑Nationaltrainer.

Na|ti|o|na̲l|tri|kot, das (Sport): *Trikot einer Nationalmannschaft.*

Na|ti|o|na̲l|ver|samm|lung, die: **1.** Bez. für *Parlament* (in einigen Staaten). **2.** *gewählte Volksvertretung, die über die Grundfragen einer Nation, vor allem über eine Verfassung, berät u. beschließt:* die Frankfurter N. von 1848/49.

Na|ti|vịs|mus, der; -: **1.** (Psych.) *Theorie, nach der dem Menschen bestimmte Vorstellungen, Begriffe, Grundeinsichten (z. B. Raum- u. Zeitvorstellungen) angeboren sind.* **2.** (Völkerk.) *betontes Festhalten an bestimmten Elementen der eigenen Kultur infolge ihrer Bedrohung durch eine überlegene fremde Kultur.*

na|ti|vịs|tisch ⟨Adj.⟩: **1.** *den Nativismus betreffend, darauf beruhend.* **2.** (Med., Biol.) *auf Vererbung beruhend.*

Na|ti|vi|tä̲t, die; -, -en [lat. nativitas = Geburt] (Astrol.): *Stand der Gestirne bei der Geburt eines Menschen.*

NATO, (auch:) **Na̲to,** die; - [Kurzwort für engl. North Atlantic Treaty Organization]: *westliches Verteidigungsbündnis.*

Na̲|tri|um, das; -s [zu ↑Natron]: *sehr weiches, an Schnittstellen silberweiß glänzendes Alkalimetall, das sehr reaktionsfähig ist u. in der Natur fast nur in Verbindungen vorkommt (chemisches Element;* Zeichen: Na).

Na̲|tri|um|chlo|rid, das: *farblose bis weiße, würfelförmige Kristalle bildende chemische Verbindung von Natrium mit Chlor; Kochsalz.*

Na̲|tri|um|kar|bo|nat, das: *Soda.*

Na̲|tri|um|ni|trat, das: *Natriumsalz der Salpetersäure, das bes. als Düngemittel u. Oxidationsmittel verwendet wird.*

Na̲|tri|um|salz, das: *Salz des Natriums.*

Na̲|tri|um|sul|fat, das: *aus Natrium u. Schwefelsäure entstehendes Salz, das in der Natur u. a. als Glaubersalz vorkommt u. bes. in der Holz- u. Glasindustrie verwendet wird.*

Na̲|tron, das; -s [wohl unter Einfluss von frz. natron, engl. natron < span. natrón < arab. naṭrūn < ägypt. ntr(j), ↑Nitrum]: *weißes, kristallines Natriumsalz der Kohlensäure, das wegen seiner Gas erzeugenden Wirkung in Back- u. Brausepulver sowie als Arzneimittel gegen Sodbrennen verwendet wird.*

Na|tron|lau|ge, die: *farblose, stark ätzende Lösung, die bei der Seifenherstellung u. in der Textilindustrie verwendet wird.*

Nat|ter, die; -, -n [mhd. nāter, ahd. nāt[a]ra, viell. eigtl. = die Sichwindende]: *(in vielen Arten vorkommende) meist ungiftige Schlange mit deutlich vom Hals abgesetztem Kopf:* *** eine N. am Busen nähren** (↑Schlange 1).

Nat|tern|brut, die (abwertend): *üble Gesellschaft.*

Nat|tern|hemd, das (Zool.): *abgestreifte Haut einer Schlange.*

Na|tur, die; -, -en [mhd. natūre, ahd. natūra < lat. natura = Geburt; natürliche Beschaffenheit; Schöpfung, zu: natum, 2. Part. von: nasci = geboren werden, entstehen]: **1.** ⟨o. Pl.⟩ *alles, was an organischen u. anorganischen Erscheinungen ohne Zutun des Menschen existiert od. sich entwickelt:* die unbelebte N.; die N. beobachten; die Wunder der N.; Ü die N. hat sie stiefmütterlich bedacht *(sie hat ein Gebrechen, ist hässlich).* **2.** ⟨o. Pl.⟩ *[Gesamtheit der] Pflanzen, Tiere, Gewässer u. Gesteine als Teil der Erdoberfläche od. eines bestimmten Gebietes [das nicht od. nur wenig von Menschen besiedelt od. umgestaltet ist]:* die blühende N.; in die freie N. *(ins Freie)* hinauswandern; [etw.] nach der N. *(nach einem realen Vorbild)* zeichnen. **3. a)** ⟨Pl. selten⟩ *geistige, seelische, körperliche od. biologische Eigentümlichkeit, Eigenart von [bestimmten] Menschen od. Tieren, die ihr spontanes Verhalten o. Ä. entscheidend prägt:* die tierische N.; sie hat eine gesunde, kräftige, eiserne (ugs.; *sehr stabile)* N. *(Konstitution);* er kann seine N. nicht verleugnen *(er kann sich nicht verstellen);* das liegt nicht in seiner N. *(entspricht nicht seiner Art);* sein Verhalten ist wider die N. *(verstößt gegen die ungeschriebenen Gesetze menschlichen Verhaltens, Empfindens o. Ä.);* R die N. verlangt ihr Recht *(ich muss einem Bedürfnis nachgeben, einen Trieb befriedigen);* er ist von N. [aus/her] *(seinem Wesen nach)* ein gutmütiger Mensch; *** jmdm. gegen/wider die N. gehen/sein** *(jmdm. sehr widerstreben);* **jmdm. zur zweiten N. werden** *(jmdm. selbstverständlich, zur festen Gewohnheit werden);* **b)** *Mensch im Hinblick auf eine bestimmte, typische Eigenschaft, Eigenart:* er ist eine kämpferische N.; sie sind einander widersprechende -en. **4.** ⟨o. Pl.⟩ *(einer Sache o. Ä.) eigentümliche Beschaffenheit:* Fragen [von] grundsätzlicher N.; *** in der N. von etw. liegen** *(untrennbar zur besonderen Beschaffenheit, zum Wesen von etw. gehören):* das liegt in der N. der Sache. **5.** ⟨o. Pl.⟩ *natürliche, ursprüngliche Beschaffenheit, natürlicher Zustand von etw.:* ein Schlafzimmer in Birke N. *(Schlafzimmermöbel in naturfarbenem Birkenholz);* *** N. sein** *(echt, nicht künstlich sein).*

Na|tu|ral|ab|ga|ben ⟨Pl.⟩: *Abgaben in Form von Naturalien anstelle von Geld.*

Na|tu|ral|be|zü|ge ⟨Pl.⟩: *Bezüge in Form von Naturalien (1).*

Na|tu|ra|li|en ⟨Pl.⟩ [lat. naturalia, Neutr. Pl. von: naturalis = zur Natur gehörig, natürlich]: *landwirtschaftliche Produkte, Rohstoffe, die als Zahlungsmittel od. zum Tauschen verwendet werden:* er nimmt lieber N. statt Geld; in N. bezahlen.

Na|tu|ra|li|en|samm|lung, die: *naturwissenschaftliche Sammlung (3 a).*

Na|tu|ra|li|sa|ti|on, die; -, -en [frz. naturalisation]: **1.** *Einbürgerung.* **2.** *das Naturalisieren (3).*

na|tu|ra|li|sie|ren ⟨sw. V.; hat⟩ [frz. naturaliser]: **1.** *einbürgern (1).* **2.** (Biol.) *einbürgern (2).* **3.** (selten) *naturgetreu präparieren* (z. B. die Tierköpfe bei Fellen).

Na|tu|ra|lis|mus, der; -, ...men [frz. naturalisme]: **1. a)** ⟨o. Pl.⟩ *(bes. in Literatur u. Kunst) Wirklichkeitstreue, -nähe in der Darstellung;* **b)** *naturalistisches Element [in einem Kunstwerk].* **2.** ⟨o. Pl.⟩ *europäischer Kunststil zu Ende des 19. u. am Beginn des 20. Jh.s, der eine möglichst naturgetreue Darstellung der Wirklichkeit (bes. auch des Hässlichen u. des Elends) erstrebte u. auf jegliche Stilisierung verzichtete.* **3.** *philosophische Weltanschauung, nach der alles aus der Natur u. diese allein aus sich selbst erklärbar ist.*

Na|tu|ra|list, der; -en, -en [frz. naturaliste]: *Vertreter des Naturalismus (2).*

Na|tu|ra|lis|tin, die; -, -nen: w. Form zu ↑Naturalist.

na|tu|ra|lis|tisch ⟨Adj.⟩: **1.** (bildungsspr.) *(von künstlerischen Darstellungen) wirklichkeitsnah, naturgetreu:* n. gemalte Tiere. **2.** *den Naturalismus (2) betreffend, ihm entsprechend:* der -e Roman.

Na|tu|ral|lohn, der: vgl. Naturalbezüge.

Na|tu|ral|wirt|schaft, die: *Wirtschaftsform, bei der nur Waren gegen Waren getauscht werden.*

Na|tur|arzt, der: *Arzt, der Vertreter der Naturheilkunde ist.*

Na|tur|ärz|tin, die: w. Form zu ↑Naturarzt.

na|tur|be|las|sen ⟨Adj.⟩: **a)** *in seiner natürlichen Substanz unverändert; ohne fremden Zusatz;* **b)** *in seinem natürlichen Zustand belassen.*

Na|tur|be|o|bach|tung, die: *Beobachtung, Betrachtung der Natur (2).*

Na|tur|be|schrei|bung, die: *Beschreibung, Darstellung der Natur.*

na|tur|blond ⟨Adj.⟩: *(vom Haar) von Natur blond, nicht blond gefärbt.*

Na|tur|bur|sche, der [urspr. Bez. für ein Rollenfach beim Theater]: *im Hinblick auf sein Äußeres, seine Lebensform unbekümmerter, unkomplizierter [junger] Mann.*

Na|tur|darm, der: *Wursthülle aus natürlichem Darm (2).*

Na|tur|denk|mal, das: *von der Natur hervorgebrachtes, besonders imposantes Gebilde, das wegen seiner Seltenheit, Schönheit o. Ä. unter besonderen Schutz gestellt ist.*

Na|tur|dün|ger, der: *Dünger aus natürlichen Bestandteilen.*

na|ture [na'ty:ɐ̯] ⟨indekl. Adj.; meist nachgestellt⟩ [frz. nature] (Gastr.): *ohne besondere Zutaten, Zusätze:* ein Schnitzel n. *(ohne Panade).*

na|tu|rell ⟨indekl. Adj.; meist nachgestellt⟩ [frz. naturel]: **1.** (Gastr.) *nature.* **2.** *ungefärbt, unbearbeitet.*

Na|tu|rell, das; -s, -e [frz. naturel (subst. Adj.) < lat. naturalis = natürlich] (bildungsspr.): *Veranlagung, Wesensart.*

Na|tur|er|eig|nis, das: *außergewöhnliches Ereignis in der Natur (1, 2), das ohne Zutun des Menschen abläuft.*

Na|tur|far|be, die: **1.** *(von Naturprodukten) natürliche, unveränderte Farbe.* **2.** *natürlicher Farbstoff.*

na|tur|far|ben ⟨Adj.⟩: *(von Naturprodukten) ungefärbt, meist hell, beige od. bräunlich.*

Na|tur|fa|ser, die: *natürliche, nicht synthetisch hergestellte Faser.*

Na|tur|film, der: *Film (3 a), in dem vorwiegend Aufnahmen aus [bestimmten Bereichen] der Natur (2) gezeigt werden.*

Na|tur|for|scher, der: *jmd., der [wissenschaftlich] bestimmte Erscheinungen der Natur (2) erforscht.*

Na|tur|for|sche|rin, die: w. Form zu ↑Naturforscher.

Na|tur|for|schung, die: *[wissenschaftliche] Erforschung der Natur (2).*

Na|tur|freund, der: *naturverbundener Mensch.*

Na|tur|freun|de|haus, das: *Haus (1 b) des Vereins der Naturfreunde.*

Na|tur|freun|din, die: w. Form zu ↑Naturfreund.

Na|tur|gas, das: *Erdgas.*

Na|tur|ge|fühl, das: **1.** *Gefühl der Verbundenheit mit der Natur.* **2.** *Einstellung zur Natur, Auffassung vom Verhältnis des Menschen zur Natur.*

na|tur|ge|ge|ben ⟨Adj.⟩: *unabwendbar, vom menschlichen Willen nicht beeinflussbar.*

na|tur|ge|mäß: I. ⟨Adj.⟩ *den besonderen Bedingungen der Natur (2) entsprechend, angepasst:* eine -e Lebensweise; n. leben. **II.** ⟨Adv.⟩ *aufgrund der besonderen Beschaffenheit einer Sache sich wie von selbst ergebend.*

Na|tur|ge|schich|te, die ⟨o. Pl.⟩: **1.** (veraltet) *Naturkunde.* **2.** *Entwicklungsgeschichte (b).*

na|tur|ge|schicht|lich ⟨Adj.⟩: *die Naturgeschichte betreffend, zu ihr gehörend.*

Na|tur|ge|setz, das: *Gesetz (2).*

na|tur|ge|treu ⟨Adj.⟩: *so nachgebildet, wiedergegeben, wie es im natürlichen Zustand, in der Wirklichkeit aussieht, vorkommt:* eine -e Darstellung von etw.

Na|tur|ge|walt, die ⟨meist Pl.⟩: *elementare Kraft [bestimmter Erscheinungen] der Natur (1).*

Na|tur|gott|heit, die (Rel.): *Gottheit einer Naturreligion.*

Na|tur|haar, das: vgl. Naturfaser.

na|tur|haft ⟨Adj.⟩ (selten): *von der Natur her gegeben, vorhanden.*

Na|tur|haus|halt, der: *Haushalt der Natur:* Eingriffe in den N. [der Antarktis].

Na|tur|heil|kun|de, die ⟨o. Pl.⟩: *Heilkunde, die Therapien mit natürlichen Mitteln, [weitgehend] ohne pharmazeutische Arzneimittel vertritt.*

Na|tur|heil|kun|di|ge, der u. die: *jmd., der Erfahrungen auf dem Gebiet der Naturheilkunde besitzt.*

na|tur|heil|kund|lich ⟨Adj.⟩: *die Naturheilkunde betreffend, zu ihr gehörend.*

Na|tur|heil|ver|fah|ren, das: vgl. Naturheilkunde.

Na|tur|horn, das: **1.** ⟨Pl. -e⟩ vgl. Naturfaser. **2.** ⟨Pl. ...hörner⟩ (Musik) *Horn (3 a) ohne Klappen od. Ventile, auf dem nur die Naturtöne gespielt werden können.*

na|tur|iden|tisch ⟨Adj.⟩: *bei synthetischer Herstellung mit einem entsprechenden natürlich vorkommenden Stoff identisch:* -e Aromastoffe.

Na|tur|ka|ta|stro|phe, die: *Naturereignis mit katastrophalen Auswirkungen für den Menschen.*

Na|tur|kaut|schuk, der: vgl. Naturfaser.

Na|tur|kon|stan|te, die (Physik): *Größe (2), die unveränderlich ist od. unter bestimmten Bedingungen unveränderlich gehalten wird.*

Na|tur|kraft, die ⟨meist Pl.⟩: *der Natur (1) innewohnende Kraft.*

Na|tur|krau|se, die: *natürliche Krause (2).*

Na|tur|kun|de, die ⟨o. Pl.⟩ (veraltet): *Biologie (1), Geologie u. Mineralogie [als Teil des naturwissenschaftlichen Unterrichts an Schulen].*

na|tur|kund|lich ⟨Adj.⟩: *die Naturkunde betreffend, zu ihr gehörend.*

Na|tur|land|schaft, die: *vom Menschen nicht veränderte, unberührte Landschaft.*

Na|tur|lehr|pfad, der: *Wanderweg mit Schildern an Bäumen o. Ä., auf denen genaue Bezeichnungen von Pflanzen, Tieren etc. angegeben sind.*

na|tür|lich [mhd. natiurlich, ahd. natūrlīh]: **I.** ⟨Adj.⟩ **1. a)** *zur Natur (1, 2) gehörend; in der Natur (1, 2) vorkommend, nicht künstlich vom Menschen nachgebildet, hergestellt:* -e Heilquellen; **b)** *sich aus den Gesetzen der Natur ergebend:* -e Geburt *(nur durch die Geburtskräfte von Mutter u. Kind erfolgende Geburt);* eines -en *(nicht gewaltsamen)* Todes sterben; **c)** *dem Vorbild in der Wirklichkeit entsprechend:* ihr Make-up wirkt n. **2.** *angeboren:* eine -e Begabung; ihre -e Haarfarbe ist schwarz. **3.** *in der Natur (3 a) des Menschen begründet:* einen -en Widerwillen gegen etwas haben. **4.** *in der Natur (4) von etw. begründet; folgerichtig:* es ist ganz n., dass er traurig ist. **5.** *unverbildet, ungezwungen, nicht gekünstelt:* sie ist sehr n. geblieben. **II.** ⟨Adv.⟩ **1.** *selbstverständlich:* du hast n. recht mit deiner Kritik. **2.** drückt aus, dass etwas so geschieht, wie man es erwartet, vorausgesehen, geahnt hat: er kam n. wieder zu spät. **3.** drückt die Einschränkung einer Aussage aus: ich freue mich n. *(zwar),* wenn du kommst, aber ...

na|tür|li|cher|wei|se ⟨Adv.⟩: *selbstverständlich, natürlich.*

Na|tür|lich|keit, die; - [mhd. natürlicheit]: **a)** *das Natürlichsein (1 c);* **b)** *Selbstverständlichkeit;* **c)** *das Natürlichsein (5).*

Na|tur|lo|cken ⟨Pl.⟩: *(von Natur) lockiges Haar.*

Na|tur|mensch, der: 1. vgl. Naturbursche. 2. *Naturfreund.* 3. *Angehöriger eines Naturvolks.*

na|tur|nah ⟨Adj.⟩: *der Natur (2) entsprechend, ihre Bedingungen berücksichtigend:* -er Anbau.

Na|tur|nä|he, die: *Natürlichkeit* (a).

na|tur|not|wen|dig ⟨Adj.⟩: *sich notwendig ergebend, zwingend.*

Na|tur|park, der: *in sich geschlossener, größerer Landschaftsbereich, der sich durch natürliche Eigenart u. Schönheit auszeichnet u. in seinem Zustand unverändert erhalten bleiben soll.*

Na|tur|phi|lo|soph, der: *Vertreter der Naturphilosophie.*

Na|tur|phi|lo|so|phie, die: *Richtung innerhalb der [klassischen] Philosophie, die sich erkenntnistheoretisch auf die objektive Gesetzmäßigkeit der Natur (1) stützt.*

Na|tur|phi|lo|so|phin, die: w. Form zu ↑Naturphilosoph.

na|tur|phi|lo|so|phisch ⟨Adj.⟩: *die Naturphilosophie betreffend, zu ihr gehörend.*

Na|tur|pro|dukt, das: *(bes. landwirtschaftliches) Erzeugnis, Produkt, das die Natur liefert.*

Na|tur|recht, das ⟨o. Pl.⟩ (Ethik): *Recht, das unabhängig von der gesetzlich fixierten Rechtsauffassung eines bestimmten Staates o. Ä. in der Vernunft des Menschen begründet ist.*

Na|tur|reich|tum, der ⟨meist Pl.⟩: *für den Menschen nutzbare Produkte der Natur (1), bes. Bodenschätze o. Ä.*

na|tur|rein ⟨Adj.⟩: *(von Lebensmitteln) in seiner natürlichen Beschaffenheit unverändert; ohne fremden Zusatz.*

Na|tur|reis, der: *unbehandelter Reis.*

Na|tur|re|li|gi|on, die: *Religion [der Naturvölker], deren Gottheiten als Mächte begriffen werden, die in engem Zusammenhang mit den Erscheinungen der Natur (1, 2) stehen.*

Na|tur|schau|spiel, das: *eindrucksvolles Naturereignis.*

Na|tur|schön|heit, die ⟨meist Pl.⟩: *Erscheinung der Natur (2), die als schön empfunden wird.*

Na|tur|schutz, der: *[gesetzliche] Maßnahmen zum Schutz, zur Pflege u. Erhaltung von Naturlandschaften, Naturdenkmälern o. Ä. od. von seltenen, in ihrem Bestand gefährdeten Pflanzen u. Tieren:* ein Gebiet unter N. stellen.

Na|tur|schüt|zer, der; -s, -: *jmd., der für den Naturschutz eintritt.*

Na|tur|schüt|ze|rin, die; -, -nen: w. Form zu ↑Naturschützer.

Na|tur|schutz|ge|biet, das: *Gebiet, das unter Naturschutz steht.*

Na|tur|schutz|ge|setz, das: *Gesetz zum Schutz der Natur.*

Na|tur|schwär|me|rei, die: *Schwärmerei für die Natur.*

Na|tur|sei|de, die: vgl. Naturfaser.

Na|tur|spiel, das (selten): *natürliches Gebilde, das durch seine ungewöhnliche Form o. Ä. wie eine spielerische Unregelmäßigkeit der Natur wirkt.*

Na|tur|stein, der: *aus natürlichen Vorkommen, bes. Steinbrüchen, gewonnener [unbehauener] Baustein o. Ä.*

Na|tur|stoff, der: *in der Natur vorkommende pflanzliche, tierische od. mineralische Substanz.*

Na|tur|ton, der (Musik): *Ton, der allein durch bestimmtes Anblasen (ohne Zuhilfenahme von Klappen, Ventilen od. Grifflöchern) auf Blasinstrumenten erzeugt wird.*

Na|tur|treue, die: *das Naturgetreue in der Nachbildung, Wiedergabe von etw.*

na|tur|ver|bun|den ⟨Adj.⟩: *ein enges Verhältnis zur Natur (2) habend.*

Na|tur|ver|bun|den|heit, die: *Liebe zur Natur* (2).

Na|tur|volk, das ⟨meist Pl.⟩ (Völkerk. veraltend): *Volk, Volksstamm, der (abseits von der Zivilisation) auf einer primitiven (1 a) Kulturstufe lebt.*

na|tur|wid|rig ⟨Adj.⟩: *unnatürlich.*

Na|tur|wis|sen|schaft, die ⟨meist Pl.⟩: **a)** *Gesamtheit der exakten Wissenschaften, die die verschiedenen Gebiete der Natur (1) zum Gegenstand haben;* **b)** *einzelne Wissenschaft, die ein bestimmtes Gebiet der Natur (1) zum Gegenstand hat.*

Na|tur|wis|sen|schaft|ler, der: *Wissenschaftler od. Student auf dem Gebiet der Naturwissenschaften.*

Na|tur|wis|sen|schaft|le|rin, die: w. Form zu ↑Naturwissenschaftler.

na|tur|wis|sen|schaft|lich ⟨Adj.⟩: *die Naturwissenschaft betreffend, zu ihr gehörend.*

na|tur|wüch|sig ⟨Adj.⟩: **a)** (bes. marx. Philos.) *sich ohne Reglementierung, ohne äußeren Einfluss aus sich selbst heraus ergebend, entwickelnd;* **b)** *unverbildet natürlich.*

Na|tur|wun|der, das: *[scheinbar unerklärliches] faszinierendes Naturereignis o. Ä.*

Na|tur|zu|stand, der ⟨o. Pl.⟩: *natürlicher, vom Menschen nicht beeinflusster od. veränderter Zustand.*

'nauf (landsch., bes. südd.): *hinauf.*

Naum|burg: Stadt an der Saale.

Na|u|ru, -s: Inselrepublik im Stillen Ozean.

Na|u|ru|er, der; -s, -: Ew.

Na|u|ru|e|rin, die; -, -nen: w. Form zu ↑Nauruer.

na|u|ru|isch ⟨Adj.⟩: *Nauru, die Nauruer betreffend.*

'naus (landsch., bes. südd.): *hinaus.*

-naut [zu griech. naútēs = Seemann, zu: naũs = Schiff] in Zus., z. B. Astronaut, Kosmonaut.

Nau|tik, die; - [(wohl über engl. nautics, frz. (art, science) nautique < lat. nauticus <) griech. nautikḗ (téchnē)]: *Schifffahrtskunde.*

Nau|ti|ker, der; -s, - (Seew.): *Schiffsoffizier, der die Navigation beherrscht.*

Nau|ti|lus, der; -, - u. -se [lat. nautilus < griech. nautílos, eigtl. = Seefahrer, zu: naũs = Schiff]: *(in den tropischen Meeren lebender) Kopffüßer mit spiraligem Gehäuse u. zahlreichen Fangarmen.*

nau|tisch ⟨Adj.⟩ [lat. nauticus < griech. nautikós, zu: naũs = Schiff] (Seew.): *die Nautik (1) betreffend, zu ihr gehörend.*

Na|va|ho, Na|va|jo [engl. 'nævəhoʊ, auch: na'vaxo], der; -[s], -[s]: Angehöriger eines nordamerikanischen Indianerstammes.

Na|vel ['neɪvəl], die; -, -s u. **Na|vel|oran|ge,** die [engl. navel orange, eigtl. = Nabelorange]: *kernlose Orange mit nabelförmiger Nebenfrucht.*

Na|vi|ga|ti|on, die; - [lat. navigatio = Schifffahrt, zu: navigare = fahren, segeln, zu: navis = Schiff] (Seew., Flugw.): *bei Schiffen, Luft- u. Raumfahrzeugen Gesamtheit der Maßnahmen zur Bestimmung des Standorts u. zur Einhaltung des gewählten Kurses.*

Na|vi|ga|ti|ons|feh|ler, der (Seew., Flugw.): *Fehler in der Navigation.*

Na|vi|ga|ti|ons|kar|te, die: *Karte für die Navigation.*

Na|vi|ga|ti|ons|of|fi|zier, der (Seew., Flugw.): *Nautiker.*

Na|vi|ga|ti|ons|schu|le, die: *Schule für die theoretische Ausbildung in Navigation.*

Na|vi|ga|tor, der; -s, ...oren [lat. navigator = Seemann] (Seew., Flugw.): *für die Navigation verantwortliches Mitglied einer Flugzeug- od. Schiffsbesatzung.*

Na|vi|ga|to|rin, die; -, -nen: w. Form zu ↑Navigator.

na|vi|ga|to|risch ⟨Adj.⟩ (Seew., Flugw.): *die Navigation betreffend, mit ihr zusammenhängend.*

na|vi|gie|ren ⟨sw. V.; hat⟩: **a)** (Seew., Flugw.) *den Standort eines Schiffes od. Flugzeugs bestimmen u. es auf dem richtigen Kurs halten;* **b)** (EDV) *(z. B. bei der Suche nach Informationen im Internet) [gezielt] ein Programm od. einen Programmpunkt nach dem anderen aktivieren.*

Na|xos; Naxos': griechische Insel.

Na|za|re|ner, der; -s, - [lat Nazarenus = aus Nazareth Stammender]: **1.** ⟨o. Pl.⟩ *Beiname Jesu im Neuen Testament.* **2.** *Anhänger Jesu.* **3.** *Angehöriger einer adventistischen Glaubensgemeinschaft des 19. Jahrhunderts in Südwestdeutschland u. der Schweiz.* **4.** *Angehöriger einer Gruppe in Rom lebender Maler der Romantik, die eine Erneuerung der christlichen Kunst anstrebten.*

Na|za|reth: Stadt in Israel.

Na|zi, der; -s, -s (ugs. abwertend): kurz für ↑Nationalsozialist.

Na|zi|gold, das (ugs.): *von den Nationalsozialisten unrechtmäßig in Besitz genommenes [Gold]vermögen aus vorwiegend jüdischem Besitz.*

Na|zi|herr|schaft, die ⟨o. Pl.⟩ (ugs. abwertend): *NS-Herrschaft.*

Na|zi|re|gime, das ⟨o. Pl.⟩ (ugs. abwertend): *NS-Regime.*

Na|zis|mus, der; - (ugs. abwertend): kurz für ↑Nationalsozialismus.

na|zis|tisch ⟨Adj.⟩ (abwertend): kurz für ↑nationalsozialistisch.

Na|zi|ver|bre|chen, das ⟨meist Pl.⟩ (ugs. abwertend): *NS-Verbrechen.*

Na|zi|zeit, die ⟨o. Pl.⟩ (ugs. abwertend): *NS-Zeit.*

NB = notabene.

n. Br. = nördlicher Breite.

Nchf. = Nachfolger.

n. Chr. = nach Christus/Christo.

n. Chr. G. = nach Christi Geburt.

nd. = niederdeutsch.

NDB = Neue Deutsche Biographie.

n-di|men|si|o|nal ⟨Adj.⟩ [aus n = math. Formelzeichen für eine beliebige reelle Zahl u. ↑dimensional] (Math.): *mehr als drei Dimensionen betreffend.*

N'Dja|me|na [ndʒame'na] = Hauptstadt von Tschad.

NDPD = National-Demokratische Partei Deutschlands (DDR).

NDR [ɛnde:'|ɛr], der; -[s]: Norddeutscher Rundfunk.

ne, nee (ugs.): *nein.*

ne [nə] ⟨Fragepartikel⟩ (ugs.): drückt eine Bekräftigung des vorher Gesagten aus; *nicht [wahr].*

Ne = Neon.

'ne [nə] (ugs.): *eine.*

Ne|an|der|ta|ler, der; -s, - [nach dem Fundort im Neandertal bei Düsseldorf] (Anthrop.): *(durch Skelettfunde bezeugter) Mensch der Altsteinzeit.*

Ne|a|pel: Stadt in Italien.

Ne|a|pe|ler: ↑[1]Neapolitaner.

Ne|a|pe|le|rin, die; -, -nen: w. Form zu ↑Neapeler.

Ne|ap|ler usw.: ↑Neapeler usw.

[1]Ne|a|po|li|ta|ner, der; -s, -: Ew.

[2]Ne|a|po|li|ta|ner ⟨indekl. Adj.⟩: der N. Hafen.

[3]Ne|a|po|li|ta|ner, der; -s, - [urspr. wurde für die Füllung eine Creme aus Haselnüssen aus der Umgebung von Neapel verwendet] (österr.): *gefüllte Waffel.*

Ne|a|po|li|ta|ne|rin, die; -, -nen: w. Form zu ↑[1]Neapolitaner.

Ne|a|po|li|ta|ner|schnit|te, die: [3]*Neapolitaner.*

ne|a|po|li|ta|nisch ⟨Adj.⟩: *Neapel, die [1]Neapolitaner betreffend; von den [1]Neapolitanern stammend, zu ihnen gehörend.*

Ne|ark|tis, die; - [zu griech. néos = neu; jung u. ↑Arktis]: *Verbreitungsraum der Tiere, der kalte, gemäßigte u. subtropische Klimate Nordamerikas u. Grönlands umfasst.*

neb|bich ⟨Interj.⟩ [H. u.]: **1.** (Gaunerspr.) *leider; schade.* **2.** (salopp) *nun, wenn schon; was macht das schon.*

Neb|bich, der; -s, -e [jidd. nebbich, eigtl. = armes Ding] (abwertend): *unbedeutender Mensch.*

Ne|bel, der; -s, - [mhd. nebel, ahd. nebul, urspr. = Feuchtigkeit, Wolke]: **1.** *dichter, weißer Dunst über dem Erdboden; für das Auge undurchdringliche Trübung der Luft (durch Konzentration kleinster Wassertröpfchen):* dichter N.; ziehende N. *(Nebelschwaden);* es kommt N. auf; es herrschte N. mit Sichtweiten unter 50 Metern; bei N., im N.; die Berge sind in N. gehüllt; Ü in einem N. von Unwissenheit *(in völliger Unwissenheit)* leben; * **ausfallen wegen N./-s** (ugs. scherzh.; *überraschend nicht stattfinden, nicht ausgeführt werden).* **2.** (Astron.) *[aus einer Anhäufung von Sternen bestehendes] schwach* *leuchtendes, nicht scharf umgrenztes, flächenhaft erscheinendes Gebilde am Himmel.*

Ne̱|bel|bank, die ⟨Pl. …bänke⟩: *größere zusammenhängende Masse von Nebel, die über einem Bereich lagert.*

Ne̱|bel|bil|dung, die: *das Sichbilden von Nebel.*

Ne̱|bel|bo|je, die: (Seew.) *Boje, die bei Nebel akustische Signale aussendet.*

Ne̱|bel|bom|be, die (Milit.): *Bombe, die künstlichen Nebel erzeugt.*

Ne̱|bel|de|cke, die: *dichter, wie eine Decke über einem Gebiet ausgebreiteter Nebel.*

Ne̱|bel|dü|se, die: *Düse, mit der Wasser fein versprüht werden kann.*

Ne̱|bel|feld, das: *in kleineren Bereichen flächenartig auftretender Nebel.*

Ne̱|bel|fet|zen, der: *[Rest von] Nebel, der in der Luft hängt, über Land od. Wasser zieht.*

ne̱|bel|feucht ⟨Adj.⟩: *durch Nebel feucht geworden:* -e Straßen.

ne̱|bel|frei ⟨Adj.⟩: *ohne Nebel.*

ne̱|bel|grau ⟨Adj.⟩: *durch Nebel trübe u. grau:* ein -er Himmel.

ne̱|bel|haft ⟨Adj.⟩: **1.** (selten) *neblig:* das Wetter war n. **2.** *undeutlich, verschwommen, nicht fest umrissen (in jmds. Vorstellung, Bewusstsein o. Ä. vorhanden).*

Ne̱|bel|hau|fen, der (Astron.): *Ansammlung räumlich zusammengehörender Sternsysteme.*

Ne̱|bel|horn, das ⟨Pl. …hörner⟩ (Seew.): *bei Nebel verwendetes akustisches Signalgerät mit weit hörbarem, tiefem Ton.*

ne̱|be|lig: ↑neblig.

Ne̱|bel|kam|mer, die (Atomphysik): *Gerät zum Nachweis u. zur Sichtbarmachung der Bahnen ionisierender Teilchen.*

Ne̱|bel|kap|pe, die (Myth.): *Tarnkappe.*

Ne̱|bel|krä|he, die: *Krähe mit grauem Gefieder auf dem Rücken u. auf der Unterseite.*

Ne̱|bel|lam|pe, die, **Ne̱|bel|leuch|te,** die: *Nebelscheinwerfer.*

Ne̱|bel|mo|nat, Ne̱|bel|mond, der (veraltet): *November.*

ne̱|beln ⟨sw. V.; hat⟩ [mhd. nebelen, ahd. nibulen]: **1.** (geh.) **a)** ⟨unpers.⟩ *neblig sein, werden;* **b)** *Nebel entstehen lassen:* nebelnde Wiesen. **2.** (Fachspr.) *(flüssige Pflanzenschutzmittel od. Wasser zur Beregnung) in feinster Verteilung versprühen.*

Ne̱|bel|näs|se, die: *durch Nebel verursachte Nässe.*

Ne̱|bel|schein|wer|fer, der ⟨meist Pl.⟩ (Kfz-T.): *Scheinwerfer beim Kraftfahrzeug, der durch breite Streuung des Lichtes den unmittelbar vor dem Fahrzeug liegenden Teil der Fahrbahn bei Nebel zusätzlich ausleuchten soll.*

Ne̱|bel|schlei|er, der (geh.; dichter.): *feiner, leichter Nebel.*

Ne̱|bel|schluss|leuch|te, die (Kfz-T.): *rotes Rücklicht (mit hoher Lichtstärke), das besonders bei Nebel eingeschaltet wird, um das Fahrzeug nach hinten abzusichern.*

Ne̱|bel|schwa|den, der ⟨meist Pl.⟩: *Schwaden von Nebel.*

Ne̱|be|lung, Neblung, der; -s, -e (veraltet): *November.*

ne̱|bel|ver|han|gen ⟨Adj.⟩ (geh.): *von Nebel ganz eingehüllt:* -e Berge.

Ne̱|bel|wald, der (Geogr.): *tropischer Regenwald mit häufiger Nebelbildung.*

Ne̱|bel|wand, die: *wie eine Wand aufragender, dichter, undurchdringlicher Nebel.*

ne̱|ben [mhd., ahd. neben, gek. aus mhd. eneben, ahd. ineben = auf gleiche Weise; zusammen, nebeneinander, aus adverbiell gebr. Fügungen mit ahd. ebanī = Gleichheit (↑Ebene)]: ⟨Präp. mit Dativ u. Akk.⟩ **1. a)** ⟨mit Dativ⟩ *unmittelbar an der Seite von; dicht bei:* er sitzt n. seinem Bruder; in Verbindungen mit zwei gleichen Substantiven zur Angabe der Aufeinanderfolge ohne Auslassung: auf dem Parkplatz steht Auto n. Auto *(ein Auto dicht neben dem anderen);* Ü er duldet keinen Konkurrenten n. sich; **b)** ⟨mit Akk.⟩ *unmittelbar an die Seite von; dicht bei:* er stellt den Stuhl n. mich; in Verbindung mit zwei gleichen Substantiven zur Angabe der Aufeinanderfolge ohne Auslassung: sie bauten Bungalow n. Bungalow *(einen Bungalow dicht neben den anderen).* **2.** ⟨mit Dativ⟩ *zugleich mit; außer:* n. ihrem Beruf hat sie einen großen Haushalt zu versorgen; wir brauchen n. *(zusätzlich zu)* Papier und Schere auch Leim. **3.** ⟨mit Dativ⟩ *verglichen mit; im Vergleich zu:* n. ihm bist du ein Waisenknabe.

Ne̱|ben|ab|re|de, die (Rechtsspr.): *einen Vertrag ergänzende [mündliche] Abmachung.*

Ne̱|ben|ab|sicht, die: *[heimlich verfolgte] zusätzliche Absicht:* er verfolgt dabei keine N.

Ne̱|ben|ach|se, die: *(außer der Hauptachse vorhandene [quer zu ihr verlaufende]) [weniger wichtige] weitere Achse.*

Ne̱|ben|ak|zent, der (Sprachw.): *(neben dem Hauptakzent vorhandener) schwächerer weiterer Akzent.*

Ne̱|ben|al|tar, der: *Seitenaltar.*

Ne̱|ben|amt, das: *Amt, das jmd. neben seinem Hauptamt innehat.*

ne̱|ben|amt|lich ⟨Adj.⟩: *im Nebenamt.*

ne|ben|a̱n ⟨Adv.⟩: *in unmittelbarer Nachbarschaft:* er ist n.; die Wohnung n. steht leer; die Kinder von n. (ugs.; *die Nachbarskinder*).

Ne̱|ben|an|schluss, der: *an einen Hauptanschluss gekoppelter Telefonanschluss.*

Ne̱|ben|ar|beit, die: **1.** vgl. Nebenbeschäftigung. **2.** *bei der Erledigung einer bestimmten Arbeit zusätzlich anfallende [kleinere] Arbeit* (1 a). **3.** *neben dem Hauptwerk vorliegende, weniger wichtige Arbeit* (4 a).

Ne̱|ben|arm, der: *Seitenarm eines Gewässers.*

Ne̱|ben|aus|ga|be, die: **1.** ⟨meist Pl.⟩ *zu einer Geldausgabe hinzukommende, zusätzliche Ausgabe.* **2.** *regionale Ausgabe* (5 a) *einer Zeitung.*

Ne̱|ben|aus|gang, der: *neben dem [zentralen] wichtigsten Ausgang bestehender weiterer [seitlicher] Ausgang* (2 a).

Ne̱|ben|bahn, die: *von der Hauptbahn abzweigende Eisenbahnstrecke von geringerer Bedeutung.*

Ne̱|ben|bau, der ⟨Pl. -ten⟩: *Nebengebäude.*

Ne̱|ben|be|deu|tung, die: *zu der eigentlichen Bedeutung noch hinzukommende weitere, weniger wichtige Bedeutung bes. eines Wortes.*

ne|ben|be̱i ⟨Adv.⟩: **1.** *noch außerdem, neben einer anderen Tätigkeit; nebenher:* er arbeitet n. als Kellner; er erledigt die Schule so n. **2.** *(in Bezug auf eine Äußerung, Bemerkung) ohne besonderen Nachdruck, beiläufig:* eine Bemerkung [so] n. fallen lassen.

Ne̱|ben|be|mer|kung, die: *beiläufig gemachte Bemerkung.*

Ne̱|ben|be|ruf, der: *Beruf, den jmd. neben seinem Hauptberuf [zum Zweck des zusätzlichen Erwerbs] ausübt:* er ist im N. Landwirt.

ne̱|ben|be|ruf|lich ⟨Adj.⟩: *im Nebenberuf:* eine -e Tätigkeit.

Ne̱|ben|be|schäf|ti|gung, die: *Tätigkeit, die jmd. neben seiner eigentlichen Tätigkeit ausübt.*

Ne̱|ben|blatt, das (Bot.): *einem Blatt ähnliche Bildung an der Ansatzstelle des Blattstieles.*

Ne̱|ben|buh|ler, der: **1.** *jmd., der im Werben um die Gunst einer Frau als Rivale eines andern auftritt (im Verhältnis zu diesem).* **2.** (Zool.) *männliches Tier, das im Kampf um ein Revier od. um ein weibliches Tier als Rivale eines anderen auftritt (im Verhältnis zu diesem).* **3.** (ugs.) *Konkurrent.*

Ne̱|ben|buh|le|rin, die: w. Form zu ↑Nebenbuhler (1).

Ne̱|ben|ef|fekt, der: *weniger wichtiger, zusätzlicher Effekt* (1).

ne|ben|ei|na̱n|der ⟨Adv.⟩: **1.** *einer, eine, eines neben dem, der anderen; einen, eine, eines neben den, die, das andere:* n. liegen, wohnen; etw. n. hinlegen; etw. n. halten, legen; sich n. stellen; Ü hier leben Menschen aller Hautfarben friedlich n. *(zusammen).* **2.** *gleichzeitig mit etw. anderem bestehend, sich ereignend o. Ä.:* hier sieht man Altes und Neues n.

ne|ben|ei|na̱n|der hal|ten s. nebeneinander (1).

ne|ben|ei|nan|der|he̱r ⟨Adv.⟩: *einer, eine, eines neben dem, der anderen her:* die Gleise verlaufen n.; Ü die beiden leben n. *(sie haben keine innere Beziehung mehr zueinander).*

ne|ben|ei|na̱n|der le|gen, ne|ben|ei|na̱n|der liegen usw.: s. nebeneinander (1).

Ne̱|ben|ein|gang, der: *neben dem Haupteingang bestehender weiterer [seitlicher] Eingang* (2 a).

Ne̱|ben|ein|künf|te ⟨Pl.⟩: *Einnahme, die jmd. zusätzlich zu denjenigen aus seiner Haupteinnahmequelle noch hat.*

Ne̱|ben|er|schei|nung, die: vgl. Nebeneffekt.

Ne̱|ben|er|werb, der: *nebenberufliche Tätigkeit.*

Ne̱|ben|er|werbs|land|wirt|schaft, die: **1.** ⟨o. Pl.⟩ *als Nebenerwerb betriebene Landwirtschaft.* **2.** *landwirtschaftlicher Betrieb als Nebenerwerb.*

Ne̱|ben|fach, das: *Fach von untergeordneter Bedeutung.*

Ne̱|ben|fi|gur, die: *weniger wichtige Figur* (5 a, c).

Ne̱|ben|fluss, der (Geogr.): *Fluss, der in einen anderen, größeren Fluss mündet.*

Ne̱|ben|form, die: *weniger häufige Variante von etw.*

Ne̱|ben|frau, die: *(bei Völkern mit Polygynie) mit weniger Rechten ausgestattete Frau, die ein Mann neben einer od. mehreren anderen hat.*

Ne̱|ben|gas|se, die: *Seitengasse.*

Ne̱|ben|ge|bäu|de, das: **1.** *(in Funktion, Größe, Lage o. Ä.) dem Hauptgebäude eines Gebäudekomplexes untergeordneter Bau:* das Schloss und seine zahlreichen N. **2.** *unmittelbar benachbartes Gebäude.*

Ne̱|ben|ge|dan|ke, der: vgl. Nebenabsicht.

Ne̱|ben|ge|gen|stand, der (österr.): *Nebenfach (in der Schule).*

Ne̱|ben|ge|räusch, das: *unerwünschtes, meist störendes [einen Fehler o. Ä. anzeigendes] Geräusch, das zusätzlich bei akustisch Wahrnehmbarem auftritt.*

Ne̱|ben|ge|stein, das (Geol.): *Gestein, das ein anderes (das Gegenstand der Betrachtung ist) umgibt, begleitet.*

Ne̱|ben|gleis, das (Eisenb.): *nicht dem Hauptverkehr dienendes Gleis.*

Ne̱|ben|hand|lung, die: *(in einer Dichtung) neben der eigentlichen Handlung herlaufende Handlung.*

Ne̱|ben|haus, das: *benachbartes Haus.*

ne|ben|he̱r ⟨Adv.⟩: **1.** *nebenbei* (1). **2.** (selten) *nebenbei* (2).

ne|ben|he̱r|fah|ren ⟨st. V.; ist⟩: *neben jmdm., etw. [begleitend] fahren.*

ne|ben|he̱r|ge|hen ⟨st. V.; ist⟩: vgl. nebenherfahren.

ne|ben|he̱r|lau|fen ⟨st. V.; ist⟩: **1.** vgl. nebenherfahren. **2.** *zugleich mit etw. anderem ablaufen.*

ne|ben|hi̱n ⟨Adv.⟩ (seltener): *nebenbei* (2).

Ne̱|ben|ho|den, der ⟨meist Pl.⟩ (Anat.): *den Samen speicherndes u. ableitendes Organ des männlichen Geschlechtsapparates.*

Ne̱|ben|höh|le, die ⟨meist Pl.⟩ (Anat.): *an die Nasenhöhle angrenzender, mit Schleimhaut ausgekleideter Hohlraum.*

Ne̱|ben|kla|ge, die (Rechtsspr.): *Klage, mit der sich jmd. (als Betroffener) dem öffentlichen, durch den Staatsanwalt eingeleiteten Strafverfahren anschließt.*

Ne̱|ben|klä|ger, der (Rechtsspr.): *jmd., der sich (als Betroffener) der durch den Staatsanwalt erhobenen Klage anschließt.*

Ne̱|ben|klä|ge|rin, die (Rechtsspr.): w. Form zu ↑Nebenkläger.

Ne̱|ben|kos|ten ⟨Pl.⟩: *zusätzlich anfallende Kosten.*

Ne̱|ben|kra|ter, der (Geogr.): *am Hang eines größeren Vulkans entstandener weiterer Krater.*

Ne̱|ben|kriegs|schau|platz, der: *weiterer, weniger wichtiger Kriegsschauplatz.*

Ne̱|ben|leu|te: Pl. von ↑Nebenmann.

Ne̱|ben|li|nie, die: **1.** (Eisenb.) vgl. Nebenbahn. **2.** (Genealogie) *Linie der Nachkommen eines nicht erstgeborenen Sohnes.*

Ne|ben|mann, der ⟨Pl. ...männer, ...leute⟩: *jmd., der (in einer Reihe, Gruppe o. Ä.) neben einem anderen steht, geht, sitzt; Nachbar* (b).

Ne|ben|meer, das (Geogr.): *durch seine Lage vom offenen Ozean abgetrenntes Meer.*

Ne|ben|me|tall, das: *(in einem Erz) neben dem hauptsächlich enthaltenen in geringerer Menge außerdem enthaltenes Metall.*

Ne|ben|nie|re, die ⟨meist Pl.⟩ (Anat.): *Drüse am oberen Pol der Niere, die verschiedene Hormone produziert.*

Ne|ben|nie|ren|hor|mon, das: *von der Nebenniere produziertes Hormon.*

Ne|ben|nie|ren|rin|de, die (Anat.): *äußeres Gewebe der Nebenniere, in dem bestimmte Hormone gebildet werden.*

Ne|ben|nie|ren|rin|den|hor|mon, das: *in der Nebennierenrinde gebildetes Hormon.*

ne|ben|ord|nen ⟨sw. V.; hat⟩ (Sprachw.): *(Wörter, Sätze, Satzteile) gleichrangig nebeneinander stellen; beiordnen* (3): ⟨meist im 1. od. 2. Part.:⟩ eine nebenordnende Konjunktion; nebengeordnete Sätze.

Ne|ben|ord|nung, die; -, -en (Sprachw.): *das Nebenordnen.*

Ne|ben|pro|dukt, das: *bei der Herstellung von etw. nebenher anfallendes Produkt.*

Ne|ben|raum, der: **1.** *einem anderen Raum benachbarter Raum.* **2.** *(zu einer Wohnung o. Ä. gehörender) kleinerer, nicht als eigentlicher Wohnraum vorgesehener Raum (z. B. Bad, Abstellkammer).*

Ne|ben|rol|le, die: *kleinere Rolle in einem Bühnenstück od. Film:* auch die -n sind hervorragend besetzt.

Ne|ben|sa|che, die: *etw., was in einem bestimmten Zusammenhang von geringerer Wichtigkeit od. Bedeutung ist:* ob dir das passt oder nicht, ist N. (ugs.; *du wirst nicht danach gefragt*).

ne|ben|säch|lich ⟨Adj.⟩: *weniger wichtig, unwichtig, bedeutungslos.*

Ne|ben|säch|lich|keit, die; -, -en: **1.** ⟨o. Pl.⟩ *das Nebensächlichsein.* **2.** *etw., was nebensächlich ist.*

Ne|ben|sai|son, die: *Zeit außerhalb der Hauptreisezeit.*

Ne|ben|satz, der: **1.** (Sprachw.) *untergeordneter Satz, Gliedsatz.* **2.** *beiläufig gemachte Bemerkung.*

ne|ben|schal|ten ⟨sw. V.; hat⟩ (Elektrot.): *parallel schalten.*

Ne|ben|schal|tung, die (Elektrot.): *Parallelschaltung.*

Ne|ben|schild|drü|se, die ⟨meist Pl.⟩ (Anat.): *neben der Schilddrüse befindliche kleine Drüse.*

Ne|ben|sinn, der: vgl. Nebenbedeutung.

Ne|ben|spie|ler, der (Mannschaftsspiele): *Mitspieler in unmittelbar benachbarter Position auf dem Spielfeld.*

Ne|ben|spie|le|rin, die (Mannschaftsspiele): w. Form zu ↑Nebenspieler.

ne|ben|ste|hend ⟨Adj.⟩: *neben dem Text stehend:* die -e Abbildung.

Ne|ben|stel|le, die: **1.** *Nebenanschluss.* **2.** *Filiale, Zweigstelle.*

Ne|ben|stel|len|an|la|ge, die: *Telefonanlage mit Nebenstellen.*

Ne|ben|stra|fe, die (Rechtsspr.): *Strafe, die nur in Verbindung mit einer Hauptstrafe verhängt werden kann.*

Ne|ben|stra|ße, die: *(von einer Hauptstraße abgehende) Straße untergeordneter Bedeutung.*

Ne|ben|stre|cke, die: **1.** *Nebenbahn.* **2.** *über Nebenstraßen, kleinere Straßen führende Strecke.* **3.** *weniger wichtige Fluglinie* (a).

Ne|ben|tä|tig|keit, die: *Nebenbeschäftigung.*

Ne|ben|tisch, der: *benachbarter Tisch.*

Ne|ben|ton, der: *Nebenakzent.*

Ne|ben|um|stand, der: *Umstand, der zu den eigentlichen Gegebenheiten, Umständen begleitend hinzutritt.*

Ne|ben|ver|dienst, der: vgl. Nebeneinkünfte.

Ne|ben|vor|stel|lung, die: vgl. Nebenbedeutung.

Ne|ben|win|kel, der (Geom.): *Winkel, der einen benachbarten Winkel zu einem gestreckten Winkel ergänzt.*

Ne|ben|wir|kung, die ⟨meist Pl.⟩: *zusätzliche Wirkung, die etw. [unerwarteter- od. unerwünschtermaßen] hat.*

Ne|ben|wohn|sitz, der: *zweiter Wohnsitz.*

Ne|ben|woh|nung, die (selten): **1.** *als Nebenwohnsitz gemeldete Wohnung, Zweitwohnung.* **2.** *benachbarte Wohnung.*

Ne|ben|zim|mer, das: vgl. Nebenraum.

Ne|ben|zweck, der: vgl. Nebenabsicht.

neb|lig, nebelig ⟨Adj.⟩: *von Nebel erfüllt, durch Nebel gekennzeichnet:* -es Wetter.

Neb|lung: ↑Nebelung.

Ne|bras|ka; -s: Bundesstaat der USA.

nebst ⟨Präp. mit Dativ⟩ [zu ↑neben] (veraltend): *[zusammen] mit; sowie, samt.*

nebst|bei ⟨Adv.⟩ (österr.): *nebenbei.*

nebst|dem ⟨Adv.⟩ (schweiz.): *außerdem.*

ne|bu|los, ne|bu|lös ⟨Adj.⟩ [(frz. nébuleux <) lat. nebulosus = neblig; dunkel] (bildungsspr.): *(in Bezug auf Vorstellungen, Ideen u. Ä.) verschwommen, unklar.*

Ne|ces|saire [nesɛˈsɛ:ɐ̯], das; -s, -s [frz. nécessaire < lat. necessarius = notwendig]: **1.** *Reisenecessaire.* **2.** *kleiner Behälter, Beutel für Nähzeug o. Ä.*

Neck, der; -en, -en [schwed. näck]: *Nöck.*

Ne|ckar, der; -s: rechter Nebenfluss des Rheins.

Neck|ball, der ⟨o. Pl.⟩ [zu ↑necken]: *[Kinder]spiel, bei dem ein Spieler den Ball abzufangen versucht, den sich die Mitspieler zuwerfen.*

ne|cken ⟨sw. V.; hat⟩ [mhd. (md.) necken = reizen, quälen, Intensivbildung zu ↑nagen]: *durch scherzende, spottende, stichelnde Bemerkungen, Anspielungen o. Ä. seinen Scherz mit jmdm. treiben:* die beiden necken sich gern; die Kinder neckten den Hund.

Ne|cken, der; -s, -: *Nöck.*

Ne|cke|rei, die; -, -en: **1.** *[dauerndes] Necken.* **2.** *Scherz o. Ä., mit dem man jmdn. neckt.*

Ne|cking, das; -[s], -s [engl. necking, zu: to neck = knutschen, eigtl. = umhalsen, zu: neck = Hals]: *Austausch von Zärtlichkeiten, erotisch-sexuelle Stimulierung durch körperlichen Kontakt ohne Berührung der Genitalien.*

ne|ckisch ⟨Adj.⟩ [mhd. (md.) neckisch = boshaft]: **1.** *voll Neckerei:* ein -es Geplänkel; -e Späße, Scherze, Spielchen; n. lachen. **2.** *sichtlich auf eine lustige, belustigende, witzige o. ä. Wirkung abzielend [tatsächlich aber eher dumm, albern, kindisch o. ä. wirkend]:* ein -es Hütchen.

Neck|na|me, der (selten): *spöttischer, neckender Beiname, Spottname.*

nee: ↑ne.

Neer, die; -, -en [viell. zu niederd. neer (in Zus.) = nieder-] (nordd.): *Wasserstrudel mit starker Gegenströmung* (1).

Neer|strom, der, **Neer|strö|mung,** die (nordd.): *in Buchten, zwischen Buhnen o. Ä. entstehende Gegenströmung.*

Nee|se (berlin.): in den Fügungen **N. sein** *(leer ausgehen, das Nachsehen haben)*; **jmdm. N. sein** (*jmdn. nicht kümmern;* berlin. Neese = Nase).

Ne|fas [ˈne:fa(:)s], das; - [lat. nefas, zu: fas, ↑Fas]: *in der römischen Antike das durch Götter Verbotene.*

Nef|fe, der; -n, -n [mhd. neve, ahd. nevo, wohl eigtl. = Unmündiger, verw. mit lat. nepos, ↑Nepotismus]: *Sohn von jmds. Schwester, Bruder, Schwägerin od. Schwager.*

Ne|ga|ti|on, die; -, -en [lat. negatio, zu: negare, ↑negieren]: **1. a)** (bildungsspr.) *Ablehnung (einer Richtung, Ordnung, eines Wertes o. Ä.):* die N. der geltenden Moral; **b)** (Philos.) *Aufhebung (von etw. durch etw. Entgegengesetztes):* der Tod als N. des Lebens. **2.** (Logik) *Verneinung (einer Aussage).* **3.** (Sprachw.) **a)** *Verneinung (einer Aussage);* **b)** *Wort, das eine Verneinung ausdrückt.*

Ne|ga|ti|ons|wort, das ⟨Pl. ...wörter⟩: *Negation* (3 b).

ne|ga|tiv [ˈne:gati:f, auch: negaˈti:f, ˈnɛgati:f] ⟨Adj.⟩ [lat. negativus = verneinend]: **1. a)** *Ablehnung ausdrückend, enthaltend; ablehnend:* eine -e Antwort; jmdm. n. gegenüberstehen; **b)** (Logik) *verneint.* **2. a)** *ungünstig, nachteilig, nicht wünschenswert:* eine -e Entwicklung; sich n. auswirken; **b)** *im unteren Bereich einer Werteordnung angesiedelt, schlecht:* -e Leistungen; etw. n. bewerten. **3.** (bes. Math.) *im Bereich unter null liegend:* -e Zahlen. **4.** (Physik) *eine der beiden Formen elektrischer Ladung betreffend:* der -e Pol; n. geladen sein. **5.** (bes. Fot.) *gegenüber dem Gegenstand der Aufnahme spiegelverkehrt u. in den Verhältnissen von Hell und Dunkel umgekehrt od. in den Farben komplementär.* **6.** (bes. Med.) *einen als möglich ins Auge gefassten Sachverhalt als nicht gegeben ausweisend:* ein -er Befund.

Ne|ga|tiv [ˈne:gati:f, auch: negaˈti:f, ˈnɛgati:f], das; -s, -e [frz. négatif, engl. negative < lat. negativus, ↑negativ] (Fot.): *aus dem belichteten Film o. Ä. entwickeltes negatives* (5) *Bild, von dem Abzüge* (2 a) *hergestellt werden:* ein N. fixieren.

Ne|ga|tiv- ⟨Best. in subst. Zus.⟩: drückt aus, dass das im Grundwort Genannte negativ, ungünstig od. ganz anders als üblich od. erwartet, ins Gegenteil verkehrt ist: Negativbewertung, -fußball, -leistung, -werbung.

Ne|ga|tiv|bei|spiel, das: *negatives* (2) *Beispiel; Beispiel, das zeigt, wie etw. nicht sein soll, wie etw. nicht durchgeführt o. Ä. werden soll.*

Ne|ga|tiv|bild, das (bes. Fot.): *negatives* (5) *Bild.*

Ne|ga|tiv|druck, der ⟨Pl. -e⟩: **1.** ⟨o. Pl.⟩ *Druckverfahren, bei dem Schrift od. Zeichnung dadurch sichtbar wird, dass ihre Umgebung mit Farbe bedruckt wird, sie selbst jedoch ausgespart bleibt.* **2.** *im* [2]*Hochdruck* (1) *hergestellter* [2]*Druck* (1 b).

Ne|ga|ti|ve [negaˈti:və, auch: ˈne:gati:və, ˈneg...], die; -, -n (selten): *Verneinung, Ablehnung:* in der N. antworten.

Ne|ga|tiv|farb|film, der: vgl. Negativfilm.

Ne|ga|tiv|film, der: *Film, aus dem, wenn er belichtet u. entwickelt wird, Negative entstehen.*

Ne|ga|tiv|image, das: *durch ein allgemein als negativ bewertetes Verhalten, Äußeres geprägtes Image.*

Ne|ga|ti|vis|mus, der; - (Psych.; Psychiatrie): *sinn- u. antriebswidriges Verhalten als Trotzverhalten Jugendlicher.*

Ne|ga|ti|vi|tät, die; -: *Eigenschaft, negativ zu sein.*

Ne|ga|tiv|lis|te, die: *Verzeichnis der Arzneimittel, deren Kosten von der gesetzlichen Krankenversicherung nicht übernommen werden.*

Ne|ga|ti|vum, das; -s, ...va (bildungsspr.): *etw. Negatives.*

Ne|geb, Negev, der, auch: die; -: Wüstenlandschaft im Süden Israels.

Ne|ger, der; -s, - [frz. nègre < span., port. negro = Neger; schwarz < lat. niger = schwarz]: **1.** [1]*Schwarzer* (1) (wird heute meist als abwertend empfunden): er kam schwarz wie ein N. (ugs. scherzh.; *ganz braun gebrannt*) aus dem Urlaub zurück; *** angeben wie zehn nackte N.** (salopp; *fürchterlich angeben, prahlen*). **2.** (Fachjargon) *schwarze Tafel, mit deren Hilfe die Lichtverhältnisse in einem Fernsehstudio verändert werden können.* **3.** (Ferns. Jargon) *Tafel, von der ein Schauspieler od. Sänger (im Fernsehstudio) seinen Text ablesen kann.* **4. a)** (ugs.) *jmd., der für bestimmte Dienste von einem andern ausgenutzt wird;* **b)** (Jargon) *Ghostwriter.*

Ne|ge|rin, die; -, -nen: w. Form zu ↑Neger (1, 4).

Ne|ger|kuss, der (veraltend): *Schokokuss.*

Ne|ger|sän|ger, der (veraltet): *schwarzer Sänger, bes. einer, der Blues, Spirituals, Gospels singt.*

Ne|ger|sän|ge|rin, die: w. Form zu ↑Negersänger.

Ne|ger|stamm, der (veraltet): vgl. Negervolk.

Ne|ger|volk, das (veraltet): *Volk, dessen Angehörige* [1]*Schwarze* (1) *sind.*

Ne|gev: ↑Negeb.

ne|gie|ren ⟨sw. V.; hat⟩ [lat. negare, zu: nec = nein, nicht]: **1.** (bildungsspr.) **a)** *abstreiten; leugnen:* seine Schuld n.; **b)** *eine ablehnende Hal-*

tung einer Sache gegenüber einnehmen: jmds. Ansicht n.; **c)** *als nicht existent betrachten; ignorieren.* **2.** (Sprachw.) *mit einer Negation* (3 b) *versehen, verneinen:* einen Satz n.

Ne|gli|gé, (auch:) **Ne|gli|gee,** (schweiz.:) **Né|gli|gé** [...'ʒe:], das; -s, -s [frz. (habillement) négligé, eigtl. = lässige Kleidung, zu: négliger, ↑negligieren]: *leichter, eleganter Morgenmantel:* [noch] im N. sein *([noch] nicht fertig angezogen sein).*

ne|gli|gie|ren [...'ʒi:rən] ⟨sw. V.; hat⟩ [frz. négliger < lat. negligere, eigtl. = nicht auswählen, zu: nec = nicht u. legere, ↑Lektion] (bildungsspr.): *vernachlässigen, nicht beachten.*

Ne|go|zi|a|ti|on, die; -, -en [frz. négociation] (Bankw.): **1.** *Verkauf von Wertpapieren durch feste Übernahme dieser Wertpapiere durch eine Bank.* **2.** *Verkauf eines Wechsels durch Weitergabe.*

ne|grid ⟨Adj.⟩ [zu span. negro, ↑Neger] (Anthrop.): *zum Menschentypus der Negriden gehörend:* ein -es Volk.

Ne|gri|de, der u. die; -n, -n ⟨Dekl. ↑Abgeordnete⟩ (Anthrop.): *Angehörige[r] des auf dem afrikanischen Kontinent beheimateten Menschentypus, dessen hauptsächliche Kennzeichen eine dunkelbraune bis schwarze Hautfarbe u. krauses schwarzes Haar sind.*

Ne|gri|to, der; -[s], -[s] [span. negrito, Vkl. von: negro, ↑Neger]: *Angehöriger eines kleinwüchsigen, dunkelhäutigen Menschentypus in Südostasien.*

Ne|gri|tude [...'tyd], die; - [frz. négritude, zu: nègre, ↑Neger]: *aus der Rückbesinnung der Afrikaner u. Afroamerikaner auf afrikanische Kulturtraditionen erwachsene Ideologie.*

ne|gro|id ⟨Adj.⟩ [zu span. negro (↑Neger) u. griech. -oeidēs = ähnlich] (Anthrop.): *den Negriden ähnliche Rassenmerkmale aufweisend.*

Ne|gro|i|de, der u. die; -n, -n ⟨Dekl. ↑Abgeordnete⟩ (Anthrop.): *Angehörige[r] eines negroiden Menschentypus.*

Ne|gro|spi|ri|tu|al ['ni:groʊ 'spɪrɪtjʊəl], das, auch: der; --s, --s [engl. (negro) spiritual, ↑[2]Spiritual]: *geistliches Volkslied der Schwarzen im Süden Nordamerikas.*

Ne|gus, der; -, - u. -se [amharisch n'gus = (der zum) König (Ernannte)]: *früherer abessinischer Herrschertitel.*

neh|men ⟨st. V.; hat⟩ [mhd. nemen, ahd. neman, urspr. = (sich selbst) zuteilen]: **1. a)** *mit der Hand greifen, erfassen u. festhalten:* er nahm seinen Mantel und ging; sie nahm *(ergriff)* die dargebotene Hand; **b)** *[ergreifen u.] an sich, in seinen Besitz bringen:* er nahm, was er bekommen konnte; den Läufer n. (Schach; *schlagen*); R woher n. und nicht stehlen? **2.** *(etw. Angebotenes) annehmen:* nehmen Sie meinen herzlichsten Dank (geh.; *ich danke Ihnen sehr herzlich*). **3. a)** *(fremdes Eigentum) in seinen Besitz bringen:* die Einbrecher nahmen alles, was ihnen wertvoll erschien; Ü der Krieg, der Tod hat ihr den Mann genommen; **b)** *jmdm. um etw. bringen; entziehen:* jmdm. die Sicht n.; Ü jmdm. die Hoffnung n.; das nimmt der Sache den ganzen Reiz; * **sich** ⟨Dativ⟩ **nicht n. lassen, etw. zu tun** *(sich nicht davon abhalten lassen, etw. zu tun):* sie ließ es sich nicht n., persönlich zu gratulieren; **c)** *bewirken, dass sich jmd. von etw. Unangenehmem befreit fühlt:* die Angst von jmdm. n. **4.** *(für einen bestimmten Zweck) benutzen, verwenden:* sie nimmt nur Öl zum Braten; Ü einen anderen Weg n. **5. a)** *[ergreifen u.] an eine [bestimmte] Stelle bei sich bringen, bewegen:* er hat das Kind auf den Schoß genommen; sie nahmen den Vater in die Mitte *(gingen links u. rechts vom Vater);* das Schiff nimmt *(lädt)* Kohle; **b)** *aus einem bestimmten Anlass ergreifen u. von etw. weg-, aus etw. herausbringen:* Geld aus der Brieftasche n.; die Gläser vom Tisch n.; als das Baby weinte, nahm sie es aus dem Wagen. **6.** *sich (einer Person od. Sache) bedienen:* [sich] einen Anwalt n.; er nahm ein Taxi. **7.** *für seine Zwecke aussuchen, sich (für jmdn., etw.) entscheiden:* sie nahm die angebotene Stelle; diese Wohnung nehmen wir. **8.** *bei sich unterbringen, aufnehmen:* sie nahm ihre alte Mutter zu sich. **9.** * **etw. auf sich n.** *(etw. übernehmen):* alle Schuld auf sich n. **10.** *in Anspruch nehmen, sich geben lassen:* Urlaub n.; ich habe mir [einen Tag] frei genommen. **11.** *als Preis fordern:* was nehmen Sie für eine Stunde? **12.** (geh.) **a)** *(eine Mahlzeit o. Ä.) einnehmen:* das Abendmahl n. *(das Altarsakrament empfangen);* **b)** *(Speisen, Getränke o. Ä.) dem Körper zuführen:* einen Kognak n.; ich habe heute noch nichts zu mir genommen; * **einen n.** (ugs.; *etw. Alkoholisches trinken*). **13.** *(ein Medikament) [regelmäßig, über einen bestimmten Zeitraum] einnehmen:* sie nimmt die Pille. **14. a)** *als etw. ansehen, auffassen, verstehen:* etw. als gutes Zeichen n.; **b)** *in einer bestimmten Weise betrachten, auffassen, bewerten, einschätzen:* etw. [sehr] ernst n.; sie nimmt dich nicht ernst; R wie mans nimmt (ugs.; *man kann die Sache verschieden, auch anders auffassen*); * **jmdn. nicht für voll n.** (ugs.; *jmdn. u. das, was er sagt od. tut, gering einschätzen*). **15.** *in seiner Art akzeptieren, hinnehmen* (1): du musst den Menschen n., wie er ist. **16.** *sich vorstellen, denken:* nehmen wir einmal eine Gestalt wie Caesar. **17.** *(mit jmdm.) auf eine bestimmte Weise umgehen; (auf jmdn.) auf eine bestimmte Art reagieren:* jmdn. zu n. wissen. **18. a)** *sich (über etw.) hinwegbewegen, (ein Hindernis o. Ä.) überwinden:* das Pferd hat den Graben [ohne Fehler] genommen; **b)** (Milit.) *erobern, einnehmen:* eine Stadt n. **19.** *(mit einer Frau) koitieren:* er nahm sie mit Gewalt. **20. a)** *aufnehmen* (10 c): ein Konzert auf Band n.; **b)** *aufnehmen* (10 b). **21.** (Ballspiele) *grob foulen:* der Stürmer wurde hart genommen. **22.** (Ballspiele) *annehmen* (12). **23.** (Boxen) *(Schläge u. Treffer) hinnehmen [müssen]:* er musste mehrere Haken n. **24.** (verblasst) den, seinen Abschied n. (geh.; *entlassen werden, aus dem Amt scheiden*); etw. in Arbeit n. *(beginnen, an etw. zu arbeiten);* einen steilen Aufschwung n. (bes. Wirtsch.; *sich lebhaft fortentwickeln*); auf etw. Einfluss n. *(etw. beeinflussen);* eine beachtliche Entwicklung n. *(sich gut entwickeln);* seinen Fortgang n. *(fortgeführt werden);* seinen Rücktritt n. *([von einem Amt] zurücktreten);* jmdn. ins Verhör n. *(verhören).*

Neh|mer|qua|li|tä|ten ⟨Pl.⟩ (Boxen): *Fähigkeit, gegnerische Treffer hinzunehmen, ohne deren Wirkung erkennen zu lassen.*

Neh|rung, die; -, -en [16. Jh., eigtl. = die Enge, verw. mit ↑Narbe (urspr. = Verengung)]: *schmaler, lang gestreckter Landstreifen, der ein Haff od. eine Lagune vom offenen Meer trennt.*

Neid, der; -[e]s [mhd. nīt, ahd. nīd, urspr. = Hass, Groll, H. u.]: *Empfindung, Haltung, bei der jmd. einem andern dessen Besitz od. Erfolg nicht gönnt u. selbst haben möchte:* N. empfinden; jmdn. voll[er] N. ansehen; von N. erfüllt sein; blass vor N. sein (emotional; *sich seinen Neid deutlich ansehen lassen*); R das ist [nur] der N. der Besitzlosen; nur kein N. [wer hat, der hat]!; * **vor N. erblassen** *(plötzlich sehr neidisch werden).*

nei|den ⟨sw. V.; hat⟩ [mhd. nīden, ahd. nīden, nīdōn]: *(jmdm. etw., was man selbst gern hätte) nicht gönnen.*

Nei|der, der; -s, - [mhd. nīdære]: *jmd., der jmdm. etw. neidet:* er hat viele N.

neid|er|füllt ⟨Adj.⟩: *von Neid erfüllt.*

Nei|de|rin, die; -, -nen: w. Form zu ↑Neider.

neid|er|re|gend ⟨Adj.⟩: *Neid hervorrufend:* eine äußerst -e Karriere.

Neid|ge|fühl, das ⟨meist Pl.⟩: *Gefühl des Neides:* -e kamen in mir auf.

neid|haft ⟨Adj.⟩ (schweiz.): *neidisch.*

Neid|haf|tig|keit, die; - (schweiz.): *das Neidischsein.*

Neid|ham|mel, der (salopp abwertend): *neidischer Mensch.*

nei|disch ⟨Adj.⟩ [mhd. (md.) nīdisch]: *von Neid bestimmt, geleitet od. eine entsprechende Haltung erkennen lassend:* ein -er Kollege; -e Blicke; auf jmdn. n. sein, werden.

neid|los ⟨Adj.⟩: *ohne jeden Neid [seiend].*

Neid|na|gel, der (selten): *Niednagel.*

neid|voll ⟨Adj.⟩: *voller Neid:* -e Blicke.

Nei|ge, die; -, -n ⟨Pl. selten⟩ [mhd. neige = Neigung, Senkung; Tiefe, zu ↑neigen] (geh.): *Rest des Inhalts eines Gefäßes:* er hat sein Glas bis zur, bis auf die N. *(ganz, völlig)* geleert; * **auf die/zur N. gehen** (geh.; **1.** *[von einer kleiner werdenden Menge] zu Ende gehen:* der Vorrat geht allmählich zur N. **2.** *[von einem Zeitabschnitt] zu Ende gehen:* der Tag geht zur N.).

nei|gen ⟨sw. V.; hat⟩ [mhd. neigen, ahd. hneigan, Kausativ zu mhd. nīgen, ahd. hnīgan = sich neigen, sich beugen; vgl. [1]nicken]: **1. a)** *aus der senkrechten od. waagerechten in eine schräge Lage bringen, schräg halten:* die Flasche n.; **b)** *aus der senkrechten od. waagerechten Lage [leicht] nach unten beugen, biegen, senken:* den Kopf zum Gruß n. **2.** ⟨n. + sich⟩ **a)** *sich aus der senkrechten od. waagerechten in eine schräge Lage bringen; sich schräg legen:* die Waagschale neigt sich *(sinkt)* [nach unten]; **b)** *sich aus der senkrechten od. waagerechten Lage [leicht] nach unten beugen, biegen, senken:* die Zweige neigten sich unter der Last. **3.** ⟨n. + sich⟩ *schräg abfallen; leicht abschüssig sein:* eine geneigte Fläche. **4.** ⟨n. + sich⟩ (geh.) *(von einem Zeitabschnitt) zu Ende gehen:* der Tag hat sich geneigt. **5. a)** *einen Hang zu etw. haben:* sie neigt zu Erkältungen, zur/zu Schwermut; **b)** *im Denken u. Handeln eine bestimmte Richtung einschlagen, vertreten:* ich neige dazu, ihm Recht zu geben.

Nei|ge|tech|nik, die: *Einrichtung in Schienenfahrzeugen, mit der bei schnellerem Durchfahren von Kurven (durch seitliche Neigung) die Fliehkraft in den Fahrgasträumen begrenzt wird.*

Nei|gung, die; -, -en [5: mhd. neigunge]: **1.** ⟨o. Pl.⟩ *das Neigen* (1). **2.** *das Geneigtsein, das Schrägabfallen:* die Straße weist eine leichte N. *(ein leichtes Gefälle)* auf. **3.** *besonderes Interesse (für bestimmte Dinge, an bestimmten Betätigungen), Vorliebe:* sie hat ausgefallene -en; nur seinen -en leben; etw. aus N. tun. **4.** ⟨o. Pl.⟩ **a)** *das Anfälligsein für etw., Hang zu etw.:* die N. zur Korpulenz; **b)** *das Einschlagen einer bestimmten Richtung im Denken und Handeln:* er zeigte wenig N. *(Lust),* diesem Plan zuzustimmen. **5.** ⟨Pl. selten⟩ *herzliches Gefühl des Hingezogenseins zu einem anderen Menschen:* jmds. N. erwacht; er gewann ihre N.; sie erwiderte seine N. nicht.

Nei|gungs|ehe, die: *auf gegenseitiger Zuneigung basierende Ehe.*

Nei|gungs|win|kel, der: *Winkel, durch den die Neigung* (2) *einer Geraden o. Ä. bestimmt wird.*

nein [mhd., ahd. nein, aus ahd. ni = nicht u. ↑[1]ein, eigtl. = nicht eins] ⟨Partikel⟩: **1. a)** drückt eine verneinende Antwort [auf eine Entscheidungsfrage] aus: n. danke; »Bist du fertig?« – »Nein«; * **Nein/**(auch:) **n. [zu etw.] sagen** *([eine Sache] ablehnen);* **nicht Nein/**(auch:) **n. sagen können** *(zu gutmütig sein, um etw. abzulehnen);* **b)** drückt [in Verbindung mit (Modal)partikeln] eine Bekräftigung der Ablehnung aus: aber n.!; o n.! **2.** ⟨betont⟩ nachgestellt als [rhetorische] Frage bei verneinten Sätzen, auf die eine zustimmende Antwort erwartet wird, als Bitte od. Ausdruck leisen Zweifels; *nicht wahr?:* du gehst doch jetzt noch nicht, n.? **3.** ⟨unbetont⟩ leitet einen Ausruf des Erstaunens, der Überraschung, Freude o. Ä. ein: n., so was! **4.** ⟨unbetont⟩ zur steigernden Anreihung von Sätzen od. Satzteilen; *mehr noch, sogar:* Hunderte, n. Tausende von Kilometern. **5.** ⟨betont od. unbetont⟩ schließt einen Satzteil od. Satz an, in dem die vorangegangene Aussage verneint wird [u. verstärkt diese Verneinung]: n., das ist unmöglich. **6.** ⟨allein stehend; betont⟩ (ugs.) drückt einen Zweifel aus; drückt aus, dass man etw. nicht glauben will; *das ist doch nicht möglich:* n., das darf nicht wahr sein!

Nein, das; -[s], -[s]: *verneinende Antwort auf eine Entscheidungsfrage; Ablehnung:* ein eindeutiges N.; bei seinem N. bleiben.
'nein (landsch., bes. südd.): *hinein.*
Nein|stim|me, die: *(bei einer Wahl o. Ä.) abgegebene Stimme, die gegen das zur Entscheidung Stehende votiert hat.*
Nei|ße, die; -: 1. Nebenfluss der mittleren Oder (Lausitzer Neiße). 2. Nebenfluss der oberen Oder (Glatzer Neiße).
nekr-, Nekr-: ↑nekro-, Nekro-.
ne|kro-, Ne|kro-, (vor Vokalen:) nekr-, Nekr- [griech. nekrós] ⟨Best. von Zus. mit der Bed.⟩: *Toter, Leiche* (z. B. Nekromantie, Nekrophilie).
Ne|kro|log, der; -[e]s, -e [zu griech. lógos = Wort, Rede] (bildungsspr.): *Nachruf:* ein N. auf jmdn.; jmdm. einen N. halten.
Ne|kro|mant, der; -en, -en [spätlat. necromantius < griech. nekrómantis]: *(bes. im Altertum) jmd., der Geister [von Toten] beschwört.*
Ne|kro|man|tie, die; - [spätlat. necromantia < griech. nekromanteía]: *Weissagung durch die Beschwörung von Geistern [Toter].*
Ne|kro|phi|lie, die; - [zu griech. philía = Zuneigung] (Psych., Sexualk.): *auf Leichen gerichteter Sexualtrieb.*
Ne|kro|po|le, Ne|kro|po|lis, die; -, ...polen [griech. nekrópolis, eigtl. = Totenstadt, zu: pólis = Stadt]: *große Begräbnisstätte der Antike od. der Vorgeschichte.*
Nek|tar, der; -s, -e [lat. nectar < griech. néktar, H. u.]: 1. ⟨o. Pl.⟩ (griech. Myth.) *ewige Jugend, Unsterblichkeit spendender Trank der Götter:* N. und Ambrosia. 2. (Bot.) *von einer haarähnlichen Drüse, die sich innerhalb einer Blüte an einem Blattstiel od. Nebenblatt befindet, ausgeschiedene zuckerhaltige, süß duftende Flüssigkeit.* 3. (Fachspr.) *Getränk aus zu Mus zerdrücktem, gezuckertem u. mit Wasser [u. Säure] verdünntem Fruchtfleisch.*
Nek|ta|ri|ne, die; -, -n [geb. zu ↑Nektar (2) mit der Endung -ine wie in Apfelsine, Mandarine]: *glatthäutiger, gelblich dunkelroter Pfirsich.*
Nek|ton, das, -s [griech. nēktón = das Schwimmende] (Zool.): *Gesamtheit der im Wasser lebenden, aktiv schwimmenden Tiere.*

N

Nel|ke, die; -, -n [1: nach dem der Nelke (2) ähnlichen Duft; 2: älter: neilke, mniederd. negelke, mhd. negellīn, eigtl. = kleiner Nagel, nach der Form]: 1. *(in zahlreichen Arten vorkommende) Pflanze mit schmalen Blättern an knotigen Stängeln u. würzig duftenden Blüten mit gefransten od. geschlitzten Blütenblättern (von weißer bis tiefroter Farbe):* ein Strauß -n. 2. *Gewürznelke.*
Nel|ken|ge|wächs, das ⟨meist Pl.⟩ (Bot.): *(als Kraut oder Halbstrauch vorkommende) Pflanze mit schmalen Blättern u. unterschiedlichen Blütenständen.*
Nel|ken|öl, das: *aus Nelken (2) gewonnenes, stark würzig riechendes ätherisches Öl.*
Nel|ken|pfef|fer, der: *Piment.*
Nel|ken|wurz, die: *Pflanze mit gefiederten Blättern, meist in Dolden wachsenden großen, gelben, roten od. weißen Blüten u. nussähnlichen Früchten.*
Nell, das; -s [niederl. nel < älter niederl. menel < frz. manill < span. malilla, zu älter: mala < lat. mala, Fem. von: malus = schlecht] (schweiz.): *Trumpfneun beim Jass:* * **jmdm. das N. abstechen** (schweiz.; *jmdm. überlegen sein*).
Nel|son, der; -[s], -s [engl. nelson, viell. nach einem Personennamen] (Ringen): *Nackenhebel.*
Ne|ma|to|de, der; -n, -n ⟨meist Pl.⟩ [zu griech. nēma (Gen.: nḗmatos) = Faden] (Zool.): *Fadenwurm.*
Ne|me|sis [auch: 'nɛ...], die; - [griech. Némesis = Göttin der ausgleichenden Gerechtigkeit, personifiziert aus: némesis = Unwille, eigtl. = das (rechte) Zuteilen] (bildungsspr.): *ausgleichende, vergeltende, strafende Gerechtigkeit.*
NE-Me|tall [ɛn|'e: ...], das: *Nichteisenmetall.*
'nen [nən] (ugs.): *einen* (↑[1]ein III).
nenn|bar ⟨Adj.⟩: *in Worte fassbar.*
nen|nen ⟨unr. V.; hat⟩ [mhd. nennen, ahd. nemnen, zu ↑Name]: 1. a) *mit einem bestimmten Namen bezeichnen; (jmdm.) einen bestimmten Namen geben:* wie wollt ihr das Kind n.?; b) *als etw. bezeichnen:* jmdn. einen Lügner n.; c) *(einem [Kunst]werk) einen Titel geben:* ich nannte das Buch »Okabi«; d) *mit einer bestimmten Anrede ansprechen:* sie nannte ihn beim, bei seinem/mit seinem Vornamen. 2. a) *angeben* (1 a): er nannte den Preis; b) *erwähnen, anführen:* können Sie Beispiele n.?; c) *benennen* (2): die Partei nannte ihre Kandidaten für die Wahl. 3. ⟨n. + sich⟩ a) *einen bestimmten Namen haben; heißen;* b) *für sich in Anspruch nehmen, behaupten, [von Beruf] zu sein; im Widerspruch zu seinem Verhalten od. seiner Beschaffenheit eine bestimmte [auszeichnende] Bezeichnung tragen:* er nennt sich freier Schriftsteller. 4. (Sport) *(zu einem Wettkampf) anmelden.*
nen|nens|wert ⟨Adj.⟩: *ins Gewicht fallend, bedeutend u. darum erwähnenswert.*
Nen|ner, der; -s, - [LÜ von mlat. denominator] (Math.): *(bei Brüchen) Zahl, Ausdruck unter dem Bruchstrich:* der N. eines Bruchs; Brüche auf einen N. bringen; * **einen [gemeinsamen] N. finden** *(eine gemeinsame Grundlage, auf der man aufbauen, auf die man sich stützen kann, finden);* **etw. auf einen [gemeinsamen] N. bringen** *(bestimmte Gegensätze ausgleichen u. in Übereinstimmung bringen).*
Nenn|form, die (Sprachw.): *Infinitiv.*
Nenn|geld, das (Sport): *Betrag, der bei der Meldung einer Mannschaft, eines Spielers zu einem Wettbewerb zu zahlen ist.*
Nenn|leis|tung, die (Technik): *Leistung, für die eine Maschine, ein Gerät konstruiert ist.*
Nenn|on|kel, der: *jmd., den jmd. Onkel nennt, ohne dass er sein* [1]*Onkel* (1) *wäre.*
Nenn|tan|te, die: vgl. Nennonkel.
Nen|nung, die; -, -en: *das Nennen* (2, 4).
Nenn|wert, der (Wirtsch.): *auf Münzen, Banknoten o. Ä. angegebener Wert.*
Nenn|wort, das ⟨Pl. ...wörter⟩ (Sprachw.): *Substantiv.*
neo-, Neo- [zu griech. néos = neu]: 1. bedeutet in Bildungen mit Adjektiven od. Substantiven *neu, erneuert; jung:* neolithisch; Neologismus. 2. drückt in Bildungen mit Substantiven od. Adjektiven aus, dass etw. (eine Ideologie, Kunstrichtung o. Ä.) eine Wiederbelebung erfährt oder dass an Früheres angeknüpft wird: Neobarock; neokonservativ, -stalinistisch.
Neo|fa|schis|mus, der; -: *rechtsradikale Bewegung, die in Zielsetzung u. Ideologie an die Epoche des Faschismus anknüpft.*
Ne|o|gen, das; -s [zu griech. néos = neu, später u. ↑-gen] (Geol.): *späte Formation des Tertiärs.*
Neo|klas|si|zis|mus, der; -: *sich bes. in kolossalen Säulenordnungen ausdrückende formalistische u. historisierende Tendenzen in der Architektur des 20. Jh.s.*
neo|klas|si|zis|tisch ⟨Adj.⟩: *den Neoklassizismus betreffend, zu ihm gehörend.*
Neo|ko|lo|ni|a|lis|mus, der; -: *Politik entwickelter Industrienationen, ehemalige Kolonien, Entwicklungsländer wirtschaftlich u. politisch abhängig zu halten.*
Ne|o|kom, Ne|o|ko|mi|um, das: -s [nach Neocomium, dem latinis. Namen von Neuenburg (Schweiz)] (Geol.): *die vier älteren Stufen der unteren Kreide* (3).
Neo|li|be|ra|lis|mus, der; - (Wirtsch.): *an den Liberalismus anknüpfende neuere Richtung in der Volkswirtschaftslehre.*
Ne|o|li|thi|kum [auch: ...'lɪt...], das; -s [zu griech. líthos = Stein]: *Epoche des vorgeschichtlichen Menschen, die mit dem Beginn des Anbaus von Kulturpflanzen u. der Haltung von Haustieren gleichgesetzt wird; Jungsteinzeit.*
ne|o|li|thisch [auch: ...'lɪtɪʃ] ⟨Adj.⟩ (Prähist.): *zum Neolithikum gehörend.*
Ne|o|lo|gis|mus, der; -, ...men [frz. néologisme, zu griech. néos = neu u. lógos, ↑Logos]: 1. (Sprachw.) *in den allgemeinen Gebrauch übergegangene sprachliche Neuprägung* (2) (Neuwort od. Neubedeutung). 2. ⟨o. Pl.⟩ *Neuerungssucht (bes. auf religiösem od. sprachlichem Gebiet).*
Neo|mar|xis|mus, der; -: *Gesamtheit der wissenschaftlichen u. literarischen Versuche, die marxistische Theorie angesichts der veränderten wirtschaftlichen u. politischen Gegebenheiten neu zu überdenken.*
neo|mar|xis|tisch ⟨Adj.⟩: *den Neomarxismus betreffend, darauf beruhend.*
Ne|on, das; -s [engl. neon, zu griech. néon = das Neue, 1898 gepr. von dem brit. Chemiker W. Ramsey (1852–1916)] (Chemie): *farb- u. geruchloses Gas, das bes. für Leuchtröhren verwendet wird (chemisches Element;* Zeichen: Ne).
Neo|na|zi, der; -s, -s: *Anhänger des Neonazismus.*
Neo|na|zis|mus, der; -: *Bestrebungen (nach 1945) zur Wiederbelebung des Nationalsozialismus* (1).
neo|na|zis|tisch ⟨Adj.⟩: *den Neonazismus betreffend, auf ihm beruhend.*
Ne|on|fisch, der: *winzig kleiner Fisch mit einem gelbgrünen bis türkisfarbenen, längs verlaufenden Streifen an der Seite.*
Ne|on|lam|pe, die: *Lampe mit einer od. mehreren Neonröhren.*
Ne|on|licht, das: *charakteristisches Licht von Neonröhren.*
Ne|on|röh|re, die: *mit Neon gefüllte Leuchtstoffröhre.*
Ne|o|phyt, der; -en, -en [1: spätgriech. neóphytos, eigtl. = neu gepflanzt]: 1. (christl. Rel.) *im Erwachsenenalter Getaufter.* 2. *Adventivpflanze.*
Neo|plas|ma, das; -s, ...men (Med.): *Neubildung von Gewebe in Form einer Geschwulst.*
Neo|po|si|ti|vis|mus, der; -: *Richtung naturwissenschaftlich orientierter Wissenschaftstheorie, die die grundlegenden Probleme des älteren Positivismus mit den Mitteln der formalen Logik u. der analytischen Philosophie zu lösen versucht.*
Ne|o|pren®, das; -s [Kunstwort]: *durch Polymerisation einer bestimmten Chlorverbindung synthetisch hergestellter Kautschuk.*
Ne|o|pren|an|zug, der: *(u. a. von Tauchern, Schwimmern, Surfern benutzter) vor Kälte schützender Anzug aus Neopren.*
Ne|o|te|ri|ker, der; -s, - [spätlat. neoterici (Pl.), eigtl. = die Neueren < spätgriech. neōterikoí, zu: neōterikós = neuartig]: *Angehöriger eines Dichterkreises im alten Rom (1. Jh. v. Chr.), der einen neuen literarischen Stil vertrat.*
Neo|ve|ris|mus, der; - [ital. neoverismo, zu: verismo, ↑Verismus]: *(bes. nach dem Zweiten Weltkrieg dominante) Richtung der italienischen Literatur u. Filmkunst mit realistischer Darstellung der technisierten Welt, der durch die Einbeziehung des Hässlichen neuartige ästhetische Aspekte abgewonnen werden.*
Neo|zo|i|kum, das; -s [zu griech. zōon = Lebewesen] (Geol.): *Känozoikum.*
Ne|pal [auch: 'ne:...]; -s: Staat in Zentralasien.
Ne|pa|ler, der; -s, -: Ew.
Ne|pa|le|se, der; -n, -n: Ew.
Ne|pa|le|sin, die; -, -nen: w. Form zu ↑Nepalese.
ne|pa|le|sisch ⟨Adj.⟩: *Nepal, die Nepaler betreffend; von den Nepalern stammend, zu ihnen gehörend.*
Ne|pa|li, das; -: *Amtssprache in Nepal.*
Ne|per, das; -, - [nach dem schott. Mathematiker J. Neper (1550–1617)] (Physik): *Maßeinheit der Dämpfung bei elektrischen u. akustischen Schwingungen* (Zeichen: Np).
Ne|phe|lin, der; -s, -e [zu griech. nephélē = Nebel, Wolke]: *farblos-durchsichtiges bis weißes od. graues Mineral.*
Ne|phe|lo|me|ter, das; -s, - [↑-meter (1)] (Chemie): *optisches Gerät zur Messung der Trübung von Flüssigkeiten od. Gasen.*
Ne|phe|lo|me|trie, die; - [↑-metrie] (Chemie): *Messung mithilfe eines Nephelometers.*
Ne|pho|graph, der; -en, -en [↑-graph] (Met.):

Gerät zur fotografischen Aufzeichnung [der Dichte] von Wolken.

nephr-, Nephr-: ↑nephro-, Nephro-.

Ne|phri̱t [auch: ne'frɪt], der; -s, -e [der Stein soll gegen Nierenleiden helfen] (Mineral.): *grüner bis graugrüner, durchscheinender Stein, der zu Schmuck o. Ä. verarbeitet wird.*

Ne|phri̱|tis, die; -, ...iti̱den (Med.): *Nierenentzündung.*

ne|phro-, Ne|phro-, (vor Vokalen:) nephr-, Nephr- [griech. nephrós] ⟨Best. von Zus. mit der Bed.⟩: *Niere.*

Ne|phro̱m, das; -s, -e (Med.): *[bösartige] Nierengeschwulst.*

Ne|phro̱|se, die; -, -n (Med.): *nicht entzündliche Nierenerkrankung mit Gewebeschädigung.*

Ne|po|tịs|mus, der; - [ital. nepotismo, zu lat. nepos (Gen.: nepotis) = Enkel, Neffe] (bildungsspr.): *Vetternwirtschaft.*

ne|po|tịs|tisch ⟨Adj.⟩: *den Nepotismus betreffend; durch Nepotismus begünstigt.*

Nẹpp, der; -s (ugs. abwertend): *das Neppen:* das ist der reinste N.!

nẹp|pen ⟨sw. V.; hat⟩ [aus der Gaunerspr., H. u.] (ugs. abwertend): *durch überhöhte Preisforderungen übervorteilen:* in dem Lokal wird man geneppt.

Nep|pe|rei̱, die; -, -en (ugs. abwertend): *[dauerndes] Neppen.*

Nẹpp|lo|kal, das (ugs. abwertend): *Lokal, in dem der Gast geneppt wird.*

¹Nep|tu̱n (röm. Myth.): Gott des Meeres: *** [dem] N. opfern** (scherzh.; *[auf einem Schiff], sich, über die Reling gebeugt, übergeben*).

²Nep|tu̱n, der; -s: (von der Sonne aus gerechnet) achter Planet unseres Sonnensystems.

Nep|tu̱|ni|um, das; -s [engl. neptunium, nach dem Planeten Neptun] (Chemie): *künstlich hergestelltes Transuran (chemisches Element;* Zeichen: Np).

Ne|re|i̱|de, die; -, -n ⟨meist Pl.⟩ [lat. Nereis (Gen.: Nereidas) < griech. Nērēís, eigtl. = Tochter des (Meergottes) Nereus] (griech. Myth.): *im Meer lebende Nymphe.*

Ne̱|reus (griech. Myth.): Meergott.

Nẹrnst|lam|pe, die [nach dem dt. Physiker u. Chemiker W. Nernst (1864–1941)] (Physik): *elektrische Glühlampe, die sehr helles Licht gibt.*

Ne|ro̱|li|öl, das; -[e]s, -e [nach der Frau des Fürsten Nerola (17. Jh.), die dieses Öl zuerst verwendet od. für seine Verbreitung gesorgt haben soll]: *aus Orangenblüten gewonnenes ätherisches Öl mit zartem, blumigem Duft (für Parfums, Liköre o. Ä.).*

Nẹr|thus (germ. Myth.): Göttin der Fruchtbarkeit u. des Reichtums.

Nẹrv, der; -s, -en [...fn̩; im 16. Jh. = Sehne, Flechse < lat. nervus, ↑Nervus; die med. Bed. seit dem 18. Jh. wohl unter Einfluss von gleichbed. engl. nerve]: **1.** *aus parallel angeordneten Fasern bestehender, in einer Bindegewebshülle liegender Strang, der der Reizleitung zwischen Gehirn, Rückenmark u. Körperorgan od. -teil dient:* vegetative -en; den N. [im Zahn] töten; *** den N. haben, etw. zu tun** (ugs.; *den Mut, die Frechheit besitzen, etw. zu tun*); **jmdm. den [letzten] N. rauben/töten** (ugs.; *jmdn. durch sein Verhalten belästigen, nervös machen*). **2.** *das, was das Wesen einer Sache, Person ausmacht.* **3.** ⟨Pl.⟩ *nervliche Konstitution:* starke -en; meine -en halten das nicht aus; seine -en haben versagt; seine -en waren zum Zerreißen gespannt *(er war in einem Zustand äußerster Anspannung);* sie hat die besseren -en; das kostet -en *(greift die nervliche Konstitution an);* für, zu etw. nicht die -en *(die erforderliche nervliche Konstitution)* haben; die -en behalten *(ruhig u. beherrscht bleiben);* dieser Film geht an die -en; der Lärm zerrt an meinen -en; völlig mit den -en fertig sein; *** [vielleicht] -en haben** (ugs. emotional; *in seinem Verhalten, seiner Handlungsweise, seinen Forderungen o. Ä. auf seltsame Ideen kommen*); **-en haben wie Drahtseile/Stricke** (ugs. emotional; *über eine äußerst robuste, jeder Belastung standhaltende nervliche Konstitution verfügen*); **-en zeigen** (ugs.; *die bisher gezeigte Konzentration, Beherrschung, Kontrolle über sich selbst zu verlieren beginnen; nervös werden*); **jmdm. auf die -en gehen/fallen** (ugs.; *jmdm. äußerst lästig werden*). **4. a)** (Bot.) *Blattader;* **b)** (Zool.) *Ader* (3b).

ner|va̱l [nɛrˈva:l] ⟨Adj.⟩ [lat. nervalis = zu den Nerven gehörig] (Med.): **a)** *das Nervensystem betreffend;* **b)** *durch die Funktion der Nerven bewirkt.*

Ner|va|tu̱r [...va...], die; -, -en: **a)** (Bot.) *Aderung im Blatt;* **b)** (Zool.) *Aderung der Insektenflügel.*

nẹr|ven [...fn̩] ⟨sw. V.; hat⟩ (salopp): **a)** *(jmdm.) äußerst lästig werden:* der Kerl nervt mich; **b)** *nervlich strapazieren, anstrengen; an die Nerven gehen;* **c)** *hartnäckig bedrängen, (jmdm.) in zermürbender Weise zusetzen:* das Kind hat seine Eltern genervt.

Nẹr|ven|an|span|nung, die: **a)** *Anspannung* (1) *der Nerven;* **b)** *nervliche Anspannung* (2).

nẹr|ven|auf|peit|schend ⟨Adj.⟩: *die Nerven aufpeitschend:* ein -er Thriller.

nẹr|ven|auf|rei|bend ⟨Adj.⟩: *die Nerven in äußerstem Maße beanspruchend:* eine -e Tätigkeit.

Nẹr|ven|bahn, die (Anat., Physiol.): *Erregungsimpulse leitender u. übertragender Abschnitt des Zentralnervensystems.*

Nẹr|ven|be|las|tung, die: *nervliche Belastung.*

nẹr|ven|be|ru|hi|gend ⟨Adj.⟩: *die Nerven beruhigend:* die Tropfen wirken n.

Nẹr|ven|bün|del, das: **1.** (Anat.) *Nervenstrang.* **2.** (ugs.) *nervlich überlasteter, äußerst nervöser Mensch.*

Nẹr|ven|chi|rur|gie, die: *Neurochirurgie.*

Nẹr|ven|ent|zün|dung, die: *Entzündung eines od. mehrerer Hirn- od. Körpernerven.*

Nẹr|ven|fa|ser, die: *längerer Fortsatz einer Nervenzelle.*

Nẹr|ven|gas, das: *die Nerven schädigender Kampfstoff.*

Nẹr|ven|gift, das: *Gift, das in erster Linie das Nervensystem angreift.*

Nẹr|ven|heil|kun|de, die: **a)** *Neurologie;* **b)** *Neurologie u. Psychiatrie.*

Nẹr|ven|kern, der (Anat., Physiol.): *Anhäufung von Nervenzellen im Zentralnervensystem; Nukleus* (2).

Nẹr|ven|kit|zel, der (ugs.): *[mit angenehmen Gefühlen verbundene] Erregung der Nerven durch die Gefährlichkeit, Spannung einer Situation:* einen N. verspüren.

Nẹr|ven|kli|nik, die: **a)** *Klinik für Erkrankungen des Nervensystems;* **b)** (ugs.) *psychiatrische Klinik.*

Nẹr|ven|kos|tüm, das (ugs. scherzh.): *Nervensystem im Hinblick auf seine Belastbarkeit:* ein schwaches N. haben.

nẹr|ven|krank ⟨Adj.⟩: *an einer Nervenkrankheit leidend.*

Nẹr|ven|kran|ke, der u. die: *jmd., der nervenkrank ist.*

Nẹr|ven|krank|heit, die: **a)** *Erkrankung des Nervensystems* (z. B. Lähmung, Neuralgie); **b)** *Geisteskrankheit; Neurose.*

Nẹr|ven|krieg, der (emotional): *auf eine Strapazierung der Nerven des Gegners angelegte Auseinandersetzung über einen längeren Zeitraum hin.*

Nẹr|ven|kri|se, die: **1.** (Med.) *krisenhafte Nervenschmerzen.* **2.** *Phase, in der man auf etw. seelisch heftig reagiert.*

Nẹr|ven|läh|mung, die: *in den Nervenzellen entstehende Lähmung.*

Nẹr|ven|müh|le, die (salopp): **a)** *nervenaufreibende Tätigkeit;* **b)** *nervenaufreibender Arbeitsplatz, Betrieb.*

Nẹr|ven|nah|rung, die: *der Stärkung der Nerven dienender Stoff.*

Nẹr|ven|pro|be, die: *starke [bis an die Grenze der Belastbarkeit gehende] Beanspruchung der Nerven.*

Nẹr|ven|schmerz, der ⟨meist Pl.⟩: *nervlich bedingter Schmerz; Neuralgie.*

Nẹr|ven|schock, der: *durch starke Erregung, z. B. heftiges Erschrecken, hervorgerufener psychischer Schock.*

Nẹr|ven|schwä|che, die: **a)** *Neurasthenie;* **b)** *geringe nervliche Belastbarkeit.*

Nẹr|ven|strang, der (Anat.): *zu einem Bündel vereinigte Nervenfasern.*

Nẹr|ven|sys|tem, das (Anat., Physiol.): *Nerven[gewebe] als funktionelle Einheit.*

Nẹr|ven|zel|le, die (Anat., Physiol.): *Erregungen aufnehmende, verarbeitende, leitende Zelle (in Zentralnervensystem, Ganglien u. Sinnesorganen).*

Nẹr|ven|zen|trum, das (Anat., Physiol.): *bestimmter Bezirk in Gehirn u. Rückenmark, der bestimmte Erregungen aufnimmt, verarbeitet u. dadurch Reaktionen u. Funktionen des Organismus reguliert.*

Nẹr|ven|zu|cken, das; -s: *nervlich bedingtes Zucken in einem Muskel od. einer Muskelgruppe.*

Nẹr|ven|zu|sam|men|bruch, der: *nervliches Versagen infolge körperlicher, seelischer od. geistiger Überbeanspruchung.*

nẹr|vig [...fɪç, auch: ...vɪç] ⟨Adj.⟩: **1.** *den Eindruck angespannter Kraft vermittelnd.* **2.** (ugs.) *störend, lästig, unangenehm.*

nẹrv|lich ⟨Adj.⟩: *das Nervensystem betreffend.*

ner|vö̱s [nɛrˈvø:s] ⟨Adj.⟩ [frz. nerveux, engl. nervous < lat. nervosus = sehnig, nervig]: **1.** *aufgrund geringerer Belastbarkeit, infolge psychischer Belastung von innerer Unruhe, Zerfahrenheit u. Unsicherheit erfüllt od. auf eine entsprechende Verfassung hindeutend:* sie ist etw. n. **2.** (bes. Med.) *das Nervensystem betreffend, dadurch bewirkt; nervlich:* -e Zuckungen.

Ner|vo|si|tä̱t, die; - [frz. nervosité < lat. nervositas = Stärke (einer Faser)]: *nervöser* (1) *Zustand, nervöse Art:* im Betrieb herrschte N.

nẹrv|tö|tend ⟨Adj.⟩: *die Nerven strapazierend; an die Nerven gehend.*

Nẹr|vus [ˈnɛrvʊs], der; -, ...vi [lat. nervus = Sehne, Flechse; (Muskel)band, verw. mit griech. neũron, ↑neuro-, Neuro-] (Med.): *Nerv.*

Nẹr|vus Re̱|rum, der; - - [lat. nervus rerum = Nerv der Dinge] (bildungsspr.): *[Geld als] Zielpunkt allen Strebens, wichtigste Grundlage.*

Nẹrz, der; -es, -e [im 15. Jh. nerz, nörz < ukrain. noryca = Nerz(fell), eigtl. = Taucher]: **1.** *(zu den Mardern gehörendes) in sumpfigem Gelände bes. Nordasiens u. Nordamerikas lebendes kleines Raubtier mit braunem Fell u. Schwimmhäuten zwischen den Zehen, das wegen seines wertvollen Fells auch gezüchtet wird.* **2. a)** *Fell des Nerzes* (1): -e verarbeiten; **b)** *Pelz aus Fellen des Nerzes.*

Nẹrz|farm, die: *Betrieb, in dem Nerze gezüchtet werden.*

Nẹrz|man|tel, der: *Mantel aus Nerz* (2a).

¹Nẹs|sel, die; -, -n [mhd. neʒʒel, ahd. neʒʒila, zu: naʒʒa = Nessel, eigtl. = Gespinstpflanze, verw. mit ↑Netz u. ↑nesteln]: **1.** *Brennnessel:* *** wie auf -n sitzen** (ugs.; *unruhig, ungeduldig sitzen, bei etw. sein*); **sich [mit etw.] in die -n setzen** (ugs.; *sich mit etw. Unannehmlichkeiten bereiten*). **2.** *nesselähnliche Pflanze* (z. B. Goldnessel).

²Nẹs|sel, der; -s, - [urspr. aus Nesselfasergarn hergestellt]: *grobes, meist aus ungebleichtem Baumwollgarn hergestelltes, nicht gefärbtes u. behandeltes Gewebe in Leinenbindung.*

Nẹs|sel|aus|schlag, der [der Ausschlag ähnelt der Hautreaktion nach Berührung mit einer Brennnessel]: *juckender, roter allergischer Hautausschlag.*

Nẹs|sel|fa|den, der (Zool.): *schlauchartiges, dünnes Organ der Nesseltiere, aus dem eine brennende, auf kleinere Tiere lähmend wirkende Flüssigkeit entleert wird.*

Nẹs|sel|fa|ser, die: *Faser von Nesselgewächsen.*

Nẹs|sel|garn, das: *aus den Fasern bestimmter Nesselgewächse od. aus Baumwolle hergestelltes Garn.*

Nẹs|sel|ge|wächs, das ⟨meist Pl.⟩ (Bot.): *in zahlreichen Arten bes. in den Tropen verbreitete Pflanze mit unscheinbaren Blüten u. Bastfasern im Stängel.*

Nẹs|sel|qual|le, die: *in der Nordsee vorkommende blaue Qualle.*

Nẹs|sel|tier, das ⟨meist Pl.⟩: *(als Polyp od. Qualle) meist in Meeren vorkommendes Hohltier mit Nesselfäden.*

Nẹst, das; -[e]s, -er [mhd., ahd. nest, urspr. Zus. mit der Bed. »Stelle zum Niedersitzen«, 1. Bestandteil verw. mit ↑nieder, 2. Bestandteil verw. mit ↑sitzen]: **1.** *aus Zweigen, Gräsern, Moos, Lehm o. Ä. meist rund geformte Wohn- u. Brutstätte bes. von Vögeln, Insekten u. kleineren Säugetieren:* ein leeres N.; das N. des Storchs, des Stichlings; im N. lagen vier Eier; ***das eigene/sein eigenes N. beschmutzen** *(schlecht über die eigene Familie, die Gruppe, der man selber angehört, reden);* **sich ins warme/gemachte N. setzen** (ugs.; 1. *in gute Verhältnisse einheiraten.* 2. *von den Vorarbeiten anderer profitieren).* **2.** (fam.) *Bett.* **3.** (ugs. abwertend) *kleiner, abgelegener Ort.* **4. a)** (emotional) *gut getarnte Unterkunft von Kriminellen o. Ä.; Schlupfwinkel;* **b)** (Milit.) *gut getarnter militärischer Stützpunkt.* **5. a)** *etw. eng Zusammenstehendes, Verflochtenes, Zusammengeballtes;* **b)** (Bergbau, Geol.) *kleines, unregelmäßig geformtes Mineralvorkommen; in eine andersartige Gesteinsschicht eingebettete Schicht aus Sand, Ton o. Ä.* **6.** *Haartracht, bei der das zusammengeschlungene, geflochtene Haar auf dem Kopf aufgesteckt ist.*

Nẹst|bau, der ⟨Pl. -ten⟩: **1.** ⟨o. Pl.⟩ *Bau* (1) *eines Nests.* **2.** *[größeres, komplizierteres] Nest.*

Nẹst|chen, das; -s, - u. Nesterchen: Vkl. zu ↑Nest (1).

Nẹs|tel, die; -, -n [mhd. nestel, ahd. nestila, verw. mit ↑[1]Nessel, ↑Netz] (landsch.): *Band, Schnur zum Zubinden.*

nẹs|teln ⟨sw. V.; hat⟩ [mhd. nesteln, ahd. nestilen, zu ↑Nestel]: **a)** *sich mit den Fingern an etw. zu schaffen machen;* **b)** *nestelnd* (a) *von einer Stelle entfernen, irgendwohin bringen.*

Nẹs|ter|chen: Pl. von ↑Nestchen.

Nẹst|flüch|ter, der; -s, - (Zool.): *in weit entwickeltem Zustand geborenes Tier (bes. Vogel), das das Nest nach kurzer Zeit zur Nahrungssuche verlässt.*

Nẹst|ho|cker, der (Zool.): *in unvollkommen entwickeltem Zustand geborenes Tier, das noch besonderer Pflege im Nest bedarf.*

Nẹst|ling, der, -s, -e: *noch nicht flügger Vogel.*

Nẹst|treue, die: *Anhänglichkeit eines Tiers an das eigene Nest.*

nẹst|warm ⟨Adj.⟩: *(von Eiern) noch vom Nest warm.*

Nẹst|wär|me, die: *Geborgensein eines Kindes im familiären Kreis.*

Nẹt, das; -s [engl. net = Netz]: Kurzf. von ↑Internet.

Ne|ti|quet|te [...k...], die; - [engl. netiquette, zusgez. aus: net = Netz (kurz für ↑Internet) u. etiquette = [2]Etikette]: *Gesamtheit der Regeln für soziales Kommunikationsverhalten im Internet.*

nett ⟨Adj.⟩ [spätmhd. (niederrhein.) nett < mniederl. net < frz. net, ital. netto, ↑netto]: **1. a)** *freundlich u. liebenswert, im Wesen angenehm:* ein -er Mensch; alle waren sehr n. zu ihm; ⟨subst.:⟩ er wollte ihr was Nettes sagen; **b)** *hübsch u. ansprechend, sodass es jmdm. gefällt:* ein -es kleines Mädchen; ein -es Kleid; es war ein -er Abend; sich n. unterhalten; ⟨subst.:⟩ ich habe etwas Nettes erlebt. **2.** (ugs.) **a)** *ziemlich groß, beträchtlich:* ein -er Batzen Geld; **b)** ⟨intensivierend bei Verben⟩ *sehr, ziemlich.* **3.** (ugs. iron.) *unangenehm; wenig erfreulich:* das kann ja n. werden!

Nẹt|tig|keit, die; -, -en: **1.** ⟨o. Pl.⟩ *nettes* (1 a) *Wesen; nette Art.* **2.** ⟨meist Pl.⟩ **a)** *etw. Nettes* (1 a), *was jmd. gern hört; Äußerung, mit der man jmdm. schmeicheln will;* **b)** *etw. Nettes* (1 b).

nẹt|to ⟨Adv.⟩ [ital. netto, eigtl. = rein, klar < lat. nitidus = glänzend, zu: nitere = glänzen] (Kaufmannsspr.): **a)** *ohne Verpackung:* das Gewicht beträgt n. 500 kg; **b)** *nach Abzug der Kosten od. Steuern;* Abk.: nto.

Nẹt|to|ein|kom|men, das: *Einkommen nach Abzug von Steuern u. sonstigen Abgaben.*

Nẹt|to|er|trag, der: *Reinertrag.*

Nẹt|to|ge|wicht, das: *Gewicht des Inhalts einer Verpackung.*

Nẹt|to|preis, der: *Preis nach Abzug eventueller Rabatte.*

Nẹt|to|raum|zahl, die (Seew.): *Einheit zur Errechnung des Lade-, Nutzraums eines Schiffes* (Abk.: NRZ).

Nẹt|to|re|gis|ter|ton|ne, die (Seew. veraltend): *Nettoraumzahl* (Abk.: NRT).

Nẹt|work [ˈnɛtwəːk], das; -[s], -s [engl. network, eigtl. = Netzwerk, aus: net = Netz u. work = Arbeit, Werk]: **1.** *Vernetzung mehrerer Sender* (b) *zur großflächigen Verteilung von Rundfunk- u. Fernsehprogrammen od. Einzelsendungen.* **2.** (EDV) *Vernetzung mehrerer voneinander unabhängiger Rechner* (2), *die den Datenaustausch zwischen diesen ermöglicht.*

Nẹtz, das; -es, -e [mhd. netze, ahd. nezzi, eigtl. = Geknüpftes, verw. mit ↑[1]Nessel u. ↑nesteln]: **1. a)** *Gebilde aus geknüpften Fäden, Schnüren o. Ä., deren Verknüpfungen meist rautenförmige Maschen bilden:* ein feines N.; ein N. knüpfen; der Puck zappelte im N. (*Netz des Tores* 2 a); Ü ein N. von Beziehungen knüpfen; **b)** *Gerät zum Fangen von Tieren, besonders zum Fischfang; Fischernetz:* die -e reißen; die -e trocknen; Fische im N., mit dem N. fangen; sie lockten den Leguan ins N.; Ü seine -e auswerfen *(mit Tricks, Machenschaften o. Ä. versuchen, jmdn. in seine Gewalt zu bekommen, Einfluss auf jmdn. zu nehmen);* ***jmdm. durchs Netz gehen** *(entkommen):* der Polizei durchs N. gehen; **jmdm. ins N. gehen** *(von jmdm. gestellt, gefasst werden):* die Diebe sind der Polizei ins N. gegangen; **sich im eigenen N./in den eigenen -en verstricken** *(sich durch Lügen, üble Machenschaften o. Ä. selbst in eine ausweglose Lage bringen);* **c)** *geknüpfter Beutel besonders zum Einkaufen; Einkaufsnetz;* **d)** *Haarnetz:* das Haar in einem N. tragen; **e)** *Gepäcknetz;* **f)** ([Tisch]tennis, Volleyball, Badminton) *zwischen den beiden Spielfeldhälften gespanntes netzartiges Band:* N.! *(der Ball hat das Netz berührt);* gut, schlecht am N. sein; **g)** *(aus einem gespannten Netz 1 a bestehende) Schutzvorrichtung der Artisten:* ins N. stürzen; ***ohne N. und doppelten Boden** (ugs.; *ohne Absicherung);* **h)** *von der Spinne gesponnenes netzartiges Gebilde, in dem sie ihre Beute fängt; Spinnennetz:* die Spinne sitzt im N. **2. a)** *System von netzartig verzweigten Verteilungsleitungen mit den dazugehörenden Einrichtungen für die Versorgung mit Strom, Wasser, Gas, Öl, für die Kanalisation, für die Nachrichtenübermittlung:* das öffentliche N. ist stark belastet; ein Gerät ans N. anschließen; das Kraftwerk liefert Strom für das N. in Norddeutschland; das Kernkraftwerk geht ans N., wird vom N. genommen; **b)** *System von netzartig verzweigten, dem Verkehr dienenden Linien od. Anlagen:* das N. der Verkehrswege ausbauen; **c)** (bes. Geogr.) *System sich schneidender Linien auf einer [Land]karte;* **d)** *[systematisch über einen bestimmten Raum, Bereich verteilte] Personen, Einrichtungen, Dinge gleicher Funktion; vielfältig verflochtenes System:* ein sehr weit verzweigtes N. von Radarstationen; ein N. von Agenten aufbauen. **3. a)** (Geom.) *in eine Ebene geklappte Begrenzungsflächen eines (an den Kanten aufgeschnittenen) geometrischen Körpers:* das N. eines Würfels; **b)** (Math.) *System von zwei od. mehreren sich schneidenden Kurvenscharen auf einer Fläche* (z. B. Koordinatennetz).

Nẹtz|an|schluss, der: *Anschlussmöglichkeit eines Elektrogerätes an das Stromnetz.*

nẹtz|ar|tig ⟨Adj.⟩: *einem Netz ähnlich.*

Nẹtz|ball, der ([Tisch]tennis, Badminton, Volleyball): *Ball, der nach Berühren der oberen Kante des Netzes ins gegnerische Spielfeld geht.*

nẹt|zen ⟨sw. V.; hat⟩ [mhd. netzen, ahd. nezzen, zu ↑nass u. eigtl. = nass machen]: **1. a)** (geh.) *befeuchten, [ein wenig] nass machen:* Tränen netzten ihre Wangen; **b)** (landsch.): *gießen* (2). **2.** (Textilind.) *(zur Steigerung der Aufnahmefähigkeit von Farbstoffen u. Appreturen) anfeuchten, befeuchten.*

Nẹtz|flüg|ler, der; -s, - (Zool.): *in zahlreichen Arten auf der ganzen Erde verbreitetes Insekt mit vier großen, meist netzartig geäderten, zusammenlegbaren Flügeln.*

Nẹtz|fre|quenz, die (Elektrot.): *Frequenz des Wechselstroms in einem Stromversorgungsnetz.*

Nẹtz|ge|rät, das (Elektrot.): *Gerät, das den von einem Stromversorgungsnetz gelieferten elektrischen Strom den für den Betrieb eines elektronischen Geräts erforderlichen Bedingungen anpasst.*

Nẹtz|ge|wöl|be, das (Kunstwiss.): *[Tonnen]gewölbe [der Spätgotik], dessen Rippen ein netzartiges Muster bilden.*

Nẹtz|gleich|rich|ter, der (Elektrot.): *Gleichrichter für den Anschluss an ein Dreh- od. Wechselstromnetz.*

Nẹtz|haut, die: *innerste, mehrschichtige, lichtempfindliche Haut des Augapfels.*

Nẹtz|haut|ab|lö|sung, die: *Erkrankung des Auges, bei der sich die Netzhaut von der hinter ihr liegenden Haut löst.*

Nẹtz|kar|te, die: *Fahrkarte für beliebig viele Fahrten innerhalb eines bestimmten Verkehrs-, Eisenbahnnetzes während einer befristeten Zeit.*

Nẹtz|ma|gen, der (Zool.): *durch netzartige Falten gekennzeichneter, zwischen Pansen u. Blättermagen liegender Abschnitt des Magens von Wiederkäuern.*

Nẹtz|plan, der (Wirtsch.): *mithilfe der Netzplantechnik erstellter Plan in grafischer Darstellung, wobei die Einzeltätigkeiten in ihrer zeitlichen Reihenfolge durch Kreise (bzw. Punkte) u. Strecken abgebildet werden.*

Nẹtz|plan|tech|nik, die ⟨o. Pl.⟩ (Wirtsch.): *mit grafischen Darstellungen arbeitende Verfahrenstechnik zur Analyse u. zeitlichen Planung von komplexen Arbeitsabläufen u. Projekten.*

Nẹtz|span|nung, die (Elektrot.): *elektrische Spannung in einem Stromnetz.*

Nẹtz|spie|ler, der: **1.** (Volleyball) *einer der drei vorderen am Netz postierten Spieler.* **2.** (Tennis) *Spieler, der das Spiel am Netz bevorzugt.*

Nẹtz|spie|le|rin, die: w. Form zu ↑Netzspieler.

Nẹtz|ste|cker, der (Elektrot.): *Stecker für den Anschluss eines elektrischen Geräts an ein Stromnetz.*

Nẹtz|strumpf, der: *Strumpf mit netzartiger Maschenbildung.*

Nẹtz|teil, das (EDV, Elektrot.): *Netzgerät, das die Netzspannung auf die von einem Rechner* (2) *benötigte Spannungsstärke vermindert.*

Nẹtz|werk, das: **1.** *netzartig verbundene Leitungen, Drähte, Linien, Adern o. Ä.:* Ü ein N. von Beziehungen. **2.** (Elektrot.) *Zusammenschaltung einer beliebigen Anzahl Energie liefernder u. Energie speichernder od. umwandelnder Bauteile od. Schaltelemente, die mindestens zwei äußere Anschlussklemmen aufweist.* **3.** (Wirtsch.) *Netzplan.* **4.** *(im New Age) Netz* (2 d) *autonomer, durch gemeinsame Werte od. Interessen verbundener Teilnehmer.*

Nẹtz|werk|ana|ly|se, Nẹtz|werk|tech|nik, die ⟨o. Pl.⟩ (Wirtsch.): *Netzplantechnik.*

neu ⟨Adj.; neuer, neu[e]ste⟩ [mhd. niuwe, ahd. niuwi, altes idg. Adj.]: **1.** *erst vor kurzer Zeit hergestellt o. Ä., noch nicht gebraucht o. Ä.:* -e Kleider. **2.** *aus der kürzlich eingebrachten Ernte stammend:* -e Kartoffeln; ⟨subst.:⟩ Neuen *(neuen Wein)* trinken. **3. a)** *erst seit kurzem vorhanden, bestehend; vor kurzer Zeit entstanden, begründet; davor noch nicht da gewesen [u. anders als bisher, als früher]:* -e Erkenntnisse;

das Buch ist [ganz] n. erschienen; ein n. geprägtes Wort; ⟨subst.:⟩ allem Neuen ablehnend gegenüberstehen; **b)** *seit kurzer Zeit (zu einem bestimmten Kreis, einer Gruppe o. Ä.) dazugehörend:* -e Mitglieder; ⟨subst.:⟩ das ist die Neue (ugs.; *die neue Mitarbeiterin, Kollegin, Mitschülerin usw.*); **c)** *bisher noch nicht bekannt gewesen:* -e Nachrichten; ⟨subst.:⟩ was gibt es Neues? **4.** *noch zur Gegenwart gehörend od. nicht lange zurückliegend; [aus] einer Zeit, die [noch] zur Gegenwart gehört od. nicht lange zurückliegt;* in -er, -erer, -ester Zeit; *** seit neuestem** *(seit kurzem, neuerdings).* **5. a)** *seit kurzem an die Stelle einer anderen Person od. Sache getreten; das Bisherige durch Neues ersetzend; als etw. Neues gerade erst:* wir haben einen -en Englischlehrer; etw. n. formulieren; ⟨subst.:⟩ etwas Neues anfangen; **b)** *[seit kurzem] hinzukommend; weiter...:* ein -es Buch schreiben; *** aufs Neue** *(erneut);* **auf ein Neues!** (ermunternde Aufforderung, noch einmal von vorne zu beginnen, sich aufzuschwingen, mit etw. Bestimmtem fortzufahren); **von neuem** *(noch einmal, von vorn);* **c)** *noch einmal, wieder:* ein Buch n. auflegen.

Neu|an|fer|ti|gung, die: **1.** *Anfertigung, durch die etw. neu hergestellt wird:* N. von Kleidern. **2.** *neu Angefertigtes.*

Neu|an|kömm|ling, der: *gerade erst Ankommende[r], Angekommene[r].*

Neu|an|schaf|fung, die: **1.** *Vorgang, der darin besteht, dass etw. neu angeschafft wird.* **2.** *etw. neu Angeschafftes.*

neu|apos|to|lisch ⟨Adj.⟩ (christl. Rel.): *dem Bekenntnis einer aus der Katholisch-Apostolischen Gemeinde hervorgegangenen Religionsgemeinschaft angehörend, anhängend, diesem Bekenntnis eigentümlich, gemäß.*

neu|ar|tig ⟨Adj.⟩: *neu, von neuer Art; anders als bisher:* -e Instrumente.

Neu|auf|la|ge, die: **a)** *erneutes Auflegen eines Druckwerks:* die N. eines Buches besorgen; **b)** *erneute Auflage eines Druckwerks:* von diesem Buch erscheint eine N.

Neu|auf|nah|me, die: **1.** *Aufnahme, durch die jmd., etw. irgendwo neu hinzukommt:* die N. von Wörtern in ein Wörterbuch. **2.** *Person, Sache usw., die Gegenstand der Neuaufnahme* (1) *ist:* die -n registrieren. **3.** *erneute Aufnahme* (7 a, 8 a).

Neu|bau, der: **1.** ⟨o. Pl.⟩ **a)** *das Bauen, Errichten (eines neuen Bauwerks);* **b)** *das Wiedererrichten eines schon einmal vorhanden gewesenen Bauwerks:* Ü ein durchdachter N. des Staates. **2.** ⟨Pl. -ten⟩ **a)** *im Bau befindliches Gebäude:* der N. ist kein Spielplatz!; **b)** *neu gebautes od. verhältnismäßig neues Gebäude:* in einem N. wohnen; **c)** ⟨Pl. auch: -e⟩ (Technik) *neu gebautes Modell.*

Neu|bau|vier|tel, das: *[hauptsächlich] aus Neubauten* (2 b) *bestehendes Viertel.*

neu be|ar|bei|tet: s. neu (5 c).

Neu|be|ar|bei|tung, die: **1.** *das erneute Bearbeiten.* **2.** *neue Bearbeitung* (2), *Fassung:* ein Theaterstück in einer N. bringen.

Neu|be|deu|tung, die (Sprachw.): *neue, neu hinzukommende Bedeutung eines Wortes.*

Neu|be|ginn, der: *neuer, erneuter Beginn, bei dem [man mit] etwas noch einmal von vorn anfängt.*

neu be|kehrt: s. neu (3 a).

Neu|be|kehr|te, der u. die; -n, -n ⟨Dekl. ↑Abgeordnete⟩: *jmd., der neu bekehrt ist.*

Neu|be|set|zung, die: *Besetzung* (2 a) *mit einer neuen, anderen Person.*

Neu|bil|dung, die: **1. a)** *Bildung, Entstehung von etw. Neuem:* die N. von Gewebe; **b)** *Umbildung;* **c)** *die Bildung, das Schaffen, Hervorbringen von etw. Neuem:* die N. von Wörtern. **2. a)** *neu Gebildetes, neu Entstandenes;* **b)** (Sprachw.) *neue Bildung* (5).

Neu|bran|den|burg: Stadt in Mecklenburg-Vorpommern.

Neu|châ|tel [nøʃa'tɛl]: frz. Form von ↑Neuenburg.

Neu-De|lhi: südlicher Stadtteil von Delhi (Regierungssitz der Republik Indien).

neu|deutsch ⟨Adj.⟩ (meist abwertend): **a)** *einer neu aufgekommenen Lebensform, Verhaltensweise in Deutschland entsprechend, für sie charakteristisch:* die -e Industriegesellschaft; **b)** *für die jüngere Entwicklung der deutschen Gegenwartssprache charakteristisch.*

Neu|druck, der ⟨Pl. -e⟩: *im Wesentlichen unveränderte Neuauflage* (1).

Neu|ein|kauf, der (Sport): **1.** *das Einkaufen neuer Spieler[innen].* **2.** *neu eingekaufte[r] Spieler[in].*

Neu|en|burg: Stadt u. Kanton in der Westschweiz.

[1]Neu|en|bur|ger, der; -s, -: Ew.

[2]Neu|en|bur|ger ⟨indekl. Adj.⟩: der N. See.

Neu|en|bur|ge|rin, die; -, -nen: w. Form zu ↑[1]Neuenburger.

Neu|eng|land; -s: Gebiet im Nordosten der USA.

neu|eng|lisch ⟨Adj.⟩: *in heutigem Englisch* (a).

Neu|ent|de|ckung, die: **1. a)** *Entdeckung von etw. Neuem;* **b)** *neu, gerade erst entdeckte Sache:* Ü die Sängerin ist eine N. **2.** *erneute Entdeckung, Wiederentdeckung.*

Neu|ent|wick|lung, die: **1.** *das Entwickeln von etw. Neuem:* die N. von Maschinen, Medikamenten. **2.** *etw. neu Entwickeltes:* technische -en vorführen.

neu|er|dings ⟨Adv.⟩: **1.** *seit kurzem, im Unterschied zu früher:* n. liest sie sehr viel. **2.** (südd., österr., schweiz., sonst veraltend) *erneut, nochmals, wiederum.*

Neu|e|rer, der; -s, -: *jmd., der etw. Neues einführen will, die Änderung, Umgestaltung von Bestehendem anstrebt, durchsetzt.*

neu|er|lich ⟨Adj.⟩: *(nach einer Weile, einem gewissen Zeitraum) erneut [geschehend]:* -e Erfolge.

neu|ern ⟨sw. V.; hat⟩ [mhd. niuwern] (selten): *Neuerungen* (1), *Neues einführen; sich als Neuerer betätigen.*

neu er|öff|net: s. neu (3 a, 5 c).

Neu|er|öff|nung, die: **1.** *Eröffnung (von etw. Neuem).* **2.** *Wiedereröffnung.*

Neu|er|schei|nung, die: *gerade Erscheinendes, gerade erst Herausgegebenes, Veröffentlichtes.*

Neu|e|rung, die; -, -en [mhd. niuwerunge]: **1.** *Neues, dessen Einführung eine Änderung, Neugestaltung des Bisherigen bedeutet.* **2.** ⟨o. Pl.⟩ *das Neuern.*

Neu|e|rungs|sucht, die ⟨o. Pl.⟩ (abwertend): *krampfhaftes Bemühen, ständig Neuerungen zu schaffen.*

Neu|fund|land; -[s]: kanadische Provinz.

Neu|fund|län|der, der; -s, - [2: Hunde dieser Rasse wurden von frz. u. engl. Seeleuten aus Neufundland nach Europa gebracht]: **1.** Ew. **2.** *großer Hund mit breitem, kräftigem Kopf, Hängeohren, langem, buschigem Schwanz u. dichtem, langhaarigem, meist schwarzem Fell.*

Neu|fund|län|de|rin, -, -nen: w. Form zu ↑Neufundländer (1).

neu|fund|län|disch ⟨Adj.⟩: *Neufundland, die Neufundländer* (1) *betreffend; von den Neufundländern* (1) *stammend, zu ihnen gehörend.*

neu ge|ba|cken: s. neu (3 a).

neu|ge|bo|ren ⟨Adj.⟩: *gerade geboren;* ⟨subst.:⟩ das Neugeborene *(das neugeborene Kind, Tier).*

Neu|ge|bo|re|ne, das; -n, -n ⟨Dekl. ↑[2]Junge, das⟩: *neugeborenes Kind.*

Neu|ge|burt, die (geh.): *das Wiedererstehen in neuer, anderer Form; Erneuerung.*

neu ge|schaf|fen: s. neu (3 a).

Neu|ge|stal|tung, die: *das Neugestalten:* die N. eines Stadtviertels.

Neu|gier, Neu|gier|de, die; -: *Beherrschtsein von dem Wunsch, etw. Bestimmtes zu erfahren, in Angelegenheiten, Bereiche einzudringen, die bes. andere Menschen u. deren Privatleben o. Ä. betreffen:* jmdn. packt die N.; seine N. befriedigen, zähmen; er kam aus reiner N.

neu|gie|rig ⟨Adj.⟩: *voller Neugier, Neugier erkennen lassend:* -e Blicke; n. fragen.

Neu|glie|de|rung, die: *neue, andersartige Gliederung, Aufteilung.*

Neu|go|tik, die (Archit.): *Stilrichtung des 18. und 19. Jh.s, die sich stark an die Gotik anlehnt.*

neu|go|tisch ⟨Adj.⟩: *die Neugotik betreffend.*

Neu|grad, der (Math.): ältere Bez. für ↑Gon (Zeichen: ^{g}).

neu|grie|chisch ⟨Adj.⟩: *in der Sprache der heutigen Griechen.*

Neu|grie|chisch, das u. ⟨nur mit best. Art.:⟩ **Neu|grie|chi|sche,** das: *die neugriechische Sprache.*

Neu|grün|dung, die: **1. a)** *Gründung von etw. Neuem;* **b)** *etw. neu Gegründetes.* **2.** *erneute Gründung.*

Neu|gui|nea [...gi...]; -s: Insel nördl. von Australien.

neu|he|brä|isch ⟨Adj.⟩: *in heutigem Hebräisch.*

Neu|he|brä|isch, das u. ⟨nur mit best. Art.:⟩ **Neu|he|brä|i|sche,** das; -n: *die neuhebräische Sprache.*

Neu|he|ge|li|a|ner, der: *Anhänger, Vertreter des Neuhegelianismus.*

Neu|he|ge|li|a|ne|rin, die: w. Form zu ↑Neuhegelianer.

Neu|he|ge|li|a|nis|mus, der: *philosophische Richtung des 20. Jh.s, die eine Erneuerung bestimmter Seiten des Hegelianismus anstrebt.*

Neu|heit, die; -, -en [spätmhd. (md.) nûweheit]: **1.** ⟨o. Pl.⟩ *das Neusein.* **2.** *Neues, Neuartiges, insbesondere neues Produkt.*

neu|hoch|deutsch ⟨Adj.⟩: *das Neuhochdeutsche betreffend;* Abk.: nhd.

Neu|hoch|deut|sch, das u. ⟨nur mit best. Art.:⟩ **Neu|hoch|deut|sche,** das [gepr. 1819 von dem dt. Sprach- u. Literaturwissenschaftler J. Grimm (1785–1863)]: *neuerer u. neuester (etwa vom 17. Jh. an rechnender) hochdeutscher Sprachzustand.*

Neu|hu|ma|nis|mus, der: *um die Mitte des 18. Jh.s einsetzende, auf Erneuerung des Humanismus zielende philosophisch-pädagogische Richtung, deren Humanitätsideal am Bild des griechischen Menschen u. seiner Kultur orientiert ist.*

Neu|ig|keit, die; -, -en [mhd. niuwekeit]: **1.** *Begebenheit, die noch nicht [allgemein] bekannt ist, neue Nachricht:* interessante -en. **2. a)** ⟨o. Pl.⟩ (selten) *das Neusein;* **b)** (Fachspr.; sonst selten) *Neuheit* (2).

Neu|in|sze|nie|rung, die (Theater): *neue Inszenierung eines Stücks.*

Neu|jahr [auch: -'-], das: *[als Feiertag begangener] erster Tag des neuen Jahres:* N. fällt auf einen Sonntag; *** prosit N.!** (Gruß u. Glückwunsch zum Jahreswechsel).

Neu|jahrs|abend, der: *Vorabend von Neujahr.*

Neu|jahrs|an|spra|che, die: *Ansprache zu Neujahr.*

Neu|jahrs|fest, das: *anlässlich des Jahreswechsels begangenes Fest.*

Neu|jahrs|gruß, der ⟨meist Pl.⟩: *Gruß* (2) *zu Neujahr.*

Neu|jahrs|kar|te, die: *Glückwunschkarte mit Neujahrsgrüßen u. -wünschen.*

Neu|jahrs|tag, der: *Neujahr.*

Neu|ka|le|do|ni|en; -s: Inselgruppe östlich von Australien.

Neu|kan|ti|a|ner, der: *Anhänger, Vertreter des Neukantianismus.*

Neu|kan|ti|a|ne|rin, die: w. Form zu ↑Neukantianer.

Neu|kan|ti|a|nis|mus, der; -: *(in der 2. Hälfte des 19. u. am Anfang des 20. Jh.s.) an Kant anknüpfende, gegen den Materialismus gerichtete philosophische Richtung.*

Neu|klas|si|zis|mus, der: **1.** *an die klassische Tradition anknüpfende Strömung der deutschen Literatur um 1900.* **2.** (seltener) *Neoklassizismus.*

Neu|land, das ⟨o. Pl.⟩: **1.** *für die Besiedlung od. wirtschaftliche Nutzung neu gewonnenes Land:* N. gewinnen, unter den Pflug nehmen. **2. a)** (seltener) *neues, bisher unbekanntes, unerforschtes Land, Gebiet:* N. entdecken; **b)** *neues [bisher unbekanntes] Gebiet, auf dem noch keine Erfahrungen, Erkenntnisse gewonnen worden sind.*

Neu|land|ge|win|nung, die: *Gewinnung von Neuland* (1) *(bes. im Bereich des Watts).*

neu|la|tei|nisch ⟨Adj.⟩: *lateinisch in der neuzeitli-*

chen Form, wie sie von den Humanisten nach dem Vorbild des klassischen Latein begründet wurde.

neu|lich ⟨Adv.⟩ [mhd. niuweliche]: *vor nicht langer Zeit, vor kurzem, kürzlich.*

Neu|ling, der; -s, -e: *jmd., der in einem Kreis, auf einem Gebiet o. Ä. neu ist u. sich noch nicht richtig auskennt, noch unerfahren ist:* darin bin ich N.

neu|mo|disch ⟨Adj.⟩ (oft abwertend): *einer neuen Mode entsprechend.*

Neu|mond, der ⟨o. Pl.⟩: *Mondphase, während deren die der Erde zugewandte Mondseite nicht von der Sonne beleuchtet wird, unsichtbar ist:* heute ist N.

neun ⟨Kardinalz.⟩ [mhd., ahd. niun, viell. verw. mit ↑neu u. dann eigtl = neue Zahl (der dritten Viererreihe)] (als Ziffer: 9): vgl. acht: die n. Musen.

Neun, die; -, -en: **a)** *Ziffer 9;* **b)** *Spielkarte mit neun Zeichen;* **c)** (ugs.) *Wagen, Zug der Linie 9.*

Neun|au|ge, das: *fischähnliches Wirbeltier mit lang gestrecktem, einem Aal ähnlichen Körper.*

Neun|eck, das: *Figur mit neun Ecken; Nonagon.*

neun|ein|halb ⟨Bruchz.⟩ (in Ziffern: $9\frac{1}{2}$): vgl. achteinhalb.

neu|ner|lei ⟨bestimmtes Gattungsz.; indekl.⟩ [↑-lei]: vgl. achterlei.

neun|fach ⟨Vervielfältigungsz.⟩ (mit Ziffer: 9fach): vgl. achtfach.

Neun|fa|che, das; -n ⟨Dekl. ↑[2]Junge, das⟩: vgl. Achtfache.

neun|hun|dert ⟨Kardinalz.⟩ (in Ziffern: 900): vgl. hundert.

neun|mal ⟨Wiederholungsz.; Adv.⟩: vgl. achtmal.

neun|ma|lig ⟨Adj.⟩ (mit Ziffer: 9-malig): vgl. achtmalig.

neun|mal|klug ⟨Adj.⟩ (spöttisch): *sich für sehr viel gescheiter, klüger als andere haltend; alles besser wissen wollend.*

neun|mo|na|tig ⟨Adj.⟩: vgl. achtmonatig.

neun|mo|nat|lich ⟨Adj.⟩: vgl. achtmonatlich.

neun|schwän|zig ⟨Adj.⟩: ↑Katze (6).

neunt: in der Fügung **zu n.** *(als Gruppe von neun Personen).*

neunt... ⟨Ordinalz. zu ↑neun⟩ [mhd. niunte, ahd. niunto] (als Ziffer: 9.): vgl. acht...

neun|tä|gig ⟨Adj.⟩: vgl. achttägig.

neun|täg|lich ⟨Adj.⟩: vgl. achttäglich.

neun|tau|send ⟨Kardinalz.⟩ (in Ziffern: 9 000): vgl. tausend.

neun|tel ⟨Bruchz.⟩ (als Ziffer: $\frac{1}{9}$): vgl. achtel.

Neun|tel, das, schweiz. meist: der; -s, -: vgl. Achtel (a).

neun|tens ⟨Adv.⟩ (als Ziffer: 9.): vgl. achtens.

neun|zehn ⟨Kardinalzahl⟩ (in Ziffern: 19): vgl. acht.

neun|zehn|hun|dert ⟨Kardinalz.⟩ (in Ziffern: 1900): *eintausendneunhundert.*

neun|zig ⟨Kardinalz.⟩ [mhd. niunzec, ahd. niunzug] (in Ziffern: 90): vgl. achtzig.

Neun|zig, die; -: vgl. Achtzig.

[1]Neun|zi|ger, der; -s, -: vgl. [1]Achtziger.

[2]Neun|zi|ger, die; -, -: vgl. [2]Achtziger.

Neun|zi|ge|rin, die; -, -nen: vgl. Achtzigerin.

Neun|zi|ger|jah|re ⟨Pl.⟩: vgl. Achtzigerjahre.

neun|zig|jäh|rig ⟨Adj.⟩: vgl. achtjährig.

neun|zigst... ⟨Ordinalz. zu ↑neunzig⟩ (in Ziffern: 90.): vgl. neunt...

neun|zigs|tel ⟨Bruchz.⟩ (in Ziffern: $\frac{1}{90}$): vgl. achtel.

Neun|zigs|tel, das, schweiz. meist: der; -s, -: vgl. Achtel.

Neu|ord|nung, die: *neue, andersartige Ordnung.*

Neu|phi|lo|lo|ge, der: *Philologe auf dem Gebiet der Neuphilologie.*

Neu|phi|lo|lo|gie, die: *Philologie der neueren europäischen Sprachen u. Literaturen.*

Neu|phi|lo|lo|gin, die: w. Form zu ↑Neuphilologe.

Neu|pla|to|ni|ker, der: *Anhänger, Vertreter des Neuplatonismus.*

Neu|pla|to|ni|ke|rin, die: w. Form zu ↑Neuplatoniker.

neu|pla|to|nisch ⟨Adj.⟩: vgl. platonisch (1).

Neu|pla|to|nis|mus, der: *an die Philosophie Platons anknüpfende philosophische Strömung des 3. bis 6. Jh.s n. Chr.*

Neu|prä|gung, die (Sprachw.): **1.** *Prägung eines neuen Worts, Ausdrucks.* **2.** *neu geprägtes Wort, neu geprägter Ausdruck.*

neur-, Neur-: ↑neuro-, Neuro-.

Neu|ral|gie, die; -, -n [zu griech. álgos = Schmerz] (Med.): *anfallsweise auftretende Schmerzen im Bereich sensibler Nerven.*

neu|ral|gisch ⟨Adj.⟩: **1.** (Med.): *auf einer Neuralgie beruhend, auf eine Neuralgie hindeutend, für sie charakteristisch.* **2.** (bildungsspr.): *besonders empfindlich, anfällig für Störungen.*

Neu|ras|the|nie, die; -, -n [↑Asthenie] (Med.): **1.** ⟨o. Pl.⟩ *leichte Erregbarkeit des Nervensystems infolge körperlicher u. seelischer Überforderung; Nervenschwäche.* **2.** *nervöser Erschöpfungszustand.*

neu|ras|the|nisch ⟨Adj.⟩ (Med.): *die Neurasthenie betreffend, auf ihr beruhend.*

Neu|re|ge|lung, Neu|reg|lung, die: vgl. Neuordnung.

neu|reich ⟨Adj.⟩ (abwertend): *zu Reichtum gekommen u. damit in die höhere Gesellschaft aufgestiegen, ohne jedoch deren gesellschaftliche Formen zu beherrschen u. mit dem Bedürfnis, seinen Reichtum in vielen äußeren Dingen zu zeigen:* eine -e Familie.

Neu|ries, das (Fachspr.): *Menge von 1 000 Bogen Papier.*

Neu|rin, das; -s [zu griech. neũron = Nerv]: *bei Fäulnis entstehendes starkes Gift.*

Neu|ri|tis, die; -, ...tiden (Med.): *Nervenentzündung.*

neu|ro-, Neu|ro-, (vor Vokalen auch:) neur-, Neur- [griech. neũron = Nerv] ⟨Best. in Zus. mit der Bed.⟩: *nerven-, Nerven-, Nervensytem, Nervenstrang* (z. B. Neurologie, Neuralgie).

Neu|ro|chi|rurg, der; -en, -en: *Facharzt auf dem Gebiet der Neurochirurgie.*

Neu|ro|chi|rur|gie, die; -: *Spezialgebiet der Chirurgie, das alle operativen Eingriffe am zentralen u. peripheren Nervensystem umfasst.*

Neu|ro|chi|rur|gin, die; -, -nen: w. Form zu ↑Neurochirurg.

Neu|ro|der|mi|tis, die; -, ...itiden [zu griech. dérma (Gen.: dérmatos) = Haut] (Med.): *zu den Ekzemen zählende, durch verschiedene Faktoren bedingte, entzündliche, chronische Hauterkrankung mit Bläschenbildung u. a.*

neu|ro|gen ⟨Adj.⟩ [↑-gen] (Med.): *von einem Nerv, einer Nervenzelle od. vom Nervensystem ausgehend.*

Neu|ro|lin|gu|is|tik, die; -: *Wissenschaft von den biologisch-neurologischen Grundlagen der Sprachfähigkeit sowie deren Störungen u. Behandlung.*

Neu|ro|lo|ge, der; -n, -n [↑-loge]: *Fachmann für Neurologie.*

Neu|ro|lo|gie, die; - [↑-logie]: **1.** *Wissenschaft vom Aufbau u. der Funktion des Nervensystems.* **2.** *Fachrichtung in der Medizin, die sich mit den Nervenkrankheiten befasst.*

Neu|ro|lo|gin, die; -, -nen: w. Form zu ↑Neurologe.

neu|ro|lo|gisch ⟨Adj.⟩: **1.** *zur Neurologie (1) gehörend:* -e Untersuchungen. **2.** *zur Neurologie (2) gehörend, auf ihr beruhend:* eine -e Klinik.

Neu|rom, das; -s, -e (Med.): *aus einer Wucherung der Nervenfasern, -zellen entstandene Geschwulst.*

Neu|ro|man|tik, die: **1.** *an die Romantik anknüpfende literarische Strömung in Deutschland um die Jahrhundertwende.* **2.** *an die Romantik anknüpfende Stilrichtung in der neueren Musik.*

Neu|ro|man|ti|ker, der: *Vertreter der Neuromantik.*

Neu|ro|man|ti|ke|rin, die: w. Form zu ↑Neuromantiker.

neu|ro|man|tisch ⟨Adj.⟩: *die Neuromantik betreffend.*

Neu|ron, das; -s, ...one u. ...onen [zu griech. neũron = Nerv] (Anat., Physiol.): *Nervenzelle mit allen Fortsätzen.*

Neu|ro|pa|thie, die; -, -n [↑-pathie (1)] (Med.): *nervliches Leiden, bes. Anfälligkeit für Störungen im Bereich des vegetativen Nervensystems.*

neu|ro|pa|thisch ⟨Adj.⟩ (Med.): **a)** *die Neuropathie betreffend;* **b)** *nervenleidend.*

Neu|ro|pa|tho|lo|gie, die; -: *Teilgebiet der Pathologie, das die Lehre von den Erkrankungen des Nervensystems umfasst.*

Neu|ro|phy|si|o|lo|gie, die; -: *Physiologie des Nervensystems.*

Neu|ro|se, die; -, -n [engl. neuroses (Pl.; im Sg. neurosis), 1776 geb. von dem schott. Arzt W. Cullen (1710–1790) zur Bez. aller nicht entzündlichen Nervenkrankheiten, zu griech. neũron = Nerv] (Med., Psych.): *hauptsächlich durch unverarbeitete Erlebnisse entstandene psychische Störung, die sich auch in körperlichen Funktionsstörungen äußern kann:* eine leichte N.; eine N. behandeln; -n haben.

Neu|ro|ti|ker, der; -s, -: *jmd., der an einer Neurose leidet.*

Neu|ro|ti|ke|rin, die; -, -nen: w. Form zu ↑Neurotiker.

neu|ro|tisch ⟨Adj.⟩ (Med., Psych.): **a)** *im Zusammenhang mit einer Neurose stehend, erfolgend; durch eine Neurose bedingt:* -es Verhalten; **b)** *an einer Neurose leidend:* ein -er Mensch.

Neu|ro|to|mie, die; -, -n [zu griech. tomḗ = Schnitt] (Med.): *operative Durchtrennung eines Nervs (zur Schmerzausschaltung, bes. bei einer Neuralgie).*

Neu|ro|to|xi|ko|se, die; -, -n (Med.): *auf Gifteinwirkung beruhende Schädigung des Nervensystems.*

Neu|ro|zyt, der; -en, -en ⟨meist Pl.⟩ [zu griech. kýtos = Höhlung, Wölbung] (Med.): *Nervenzelle.*

Neu|satz, der ⟨o. Pl.⟩ (Druckw.): **1.** *(Schrift)satz, bei dem etw. neu gesetzt wird.* **2.** *beim Neusatz (1) Gesetztes:* den N. korrigieren.

Neu|schnee, der: *frisch gefallener Schnee.*

Neu|scho|las|tik, die: *die Erneuerung der Philosophie der Scholastik anstrebende philosophisch-theologische Richtung in der 2. Hälfte des 19. u. im 20. Jh. in Deutschland.*

Neu|schöp|fung, die: **1.** vgl. Neuanfertigung. **2.** (Sprachw.) *Neuprägung.*

Neu|see|land; -s: Inselstaat im Pazifischen Ozean.

[1]Neu|see|län|der, der; -s, -: Ew.

[2]Neu|see|län|der ⟨indekl. Adj.⟩ (selten).

Neu|see|län|de|rin, die; -, -nen: w. Form zu ↑[1]Neuseeländer.

neu|see|län|disch ⟨Adj.⟩: *Neuseeland, die Neuseeländer betreffend; von den Neuseeländern stammend, zu ihnen gehörend.*

Neu|siedl: Stadt in Österreich.

[1]Neu|sied|ler, der; -s, -: Ew.

[2]Neu|sied|ler ⟨indekl. Adj.⟩: der N. See.

[3]Neu|sied|ler, der: *Siedler in bis dahin nicht besiedeltem, neu besiedeltem od. neu zu besiedelndem Gebiet.*

[1]Neu|sied|le|rin, die: w. Form zu ↑[1]Neusiedler.

[2]Neu|sied|le|rin, die; -, -nen: w. Form zu ↑[3]Neusiedler.

Neu|sil|ber, das: *wie Silber aussehende Legierung aus Kupfer, Nickel u. Zink.*

neu|sprach|lich ⟨Adj.⟩: *die neueren europäischen Fremdsprachen betreffend.*

Neu|stadt, die (seltener): *neuer Teil einer Stadt (im Unterschied zur Altstadt).*

neu|tes|ta|ment|lich ⟨Adj.⟩: vgl. alttestamentlich.

Neu|tra: Pl. von ↑Neutrum.

neu|tral ⟨Adj.⟩ [mlat. neutralis = keiner Partei angehörend < lat. neutralis = sächlich, zu: neuter, ↑Neutrum]: **1. a)** (Völkerrecht) *keiner der Krieg führenden Parteien angehörend, keine von diesen unterstützend:* ein -es Land; sich n. verhalten; **b)** *keiner der gegnerischen Parteien angehörend, nicht an eine Partei, Interessengruppe gebunden; unparteiisch:* ein -er Beobachter; das Fußballspiel findet auf -em Platz statt; der Bericht ist n. **2.** *nichts Hervorstechendes, Besonderes aufweisend u. daher mit ande-*

rem harmonierend: eine -e Farbe. **3. a)** (Chemie) *weder sauer noch basisch:* n. reagieren; **b)** (Physik) *weder positiv noch negativ; nicht elektrisch geladen:* ein -es Elementarteilchen. **4.** (Sprachw.): *sächlich.* **5.** *frei von einer möglichen Beeinträchtigung, Beeinflussung o. Ä.*

-neu|tral: 1. drückt in Bildungen mit Substantiven aus, dass die beschriebene Sache von etw. nicht betroffen, bestimmt ist, etw. nicht hat: geruchs-, geschlechtsneutral. **2.** drückt in Bildungen mit Substantiven aus, dass die beschriebene Sache sich nicht auf etw. auswirkt: kosten-, produktneutral.

Neu|tra|le, der u. die; -n, -n ⟨Dekl. ↑Abgeordnete⟩ (Sport Jargon): *Schiedsrichter[in].*

Neu|tra|li|sa|ti|on, die; -, -en [frz. neutralisation]: **1.** *das Neutralisieren* (1, 2, 4). **2.** (Chemie) *Reaktion zwischen einer Säure u. einer Base, bei der sich saure u. basische Wirkung gegenseitig aufheben.* **3.** (Sport) *Unterbrechung des Wettkampfes, während deren die Wertung ausgesetzt wird.*

neu|tra|li|sie|ren ⟨sw. V.; hat⟩ [frz. neutraliser]: **1.** *neutral* (1 a) *machen:* ein Land n. **2.** (bildungsspr.) *eine Wirkung von etwas durch etw. anderes aufheben.* **3.** (Chemie) *einer sauren Lösung so lange eine Base bzw. umgekehrt einer alkalischen Lösung so lange eine Säure zusetzen, bis die Lösung neutral* (3 a) *ist:* alkalische Abwässer n. **4.** (Sport) *(ein Rennen) unterbrechen und die Wertung aussetzen.* **5.** (Elektrot.) *[unerwünschte] elektrische Rückkoppelungen ausschalten.*

Neu|tra|li|sie|rung, die; -, -en: *das Neutralisieren; das Neutralisiertwerden.*

Neu|tra|lis|mus, der; -: *vom Prinzip der Nichteinmischung bestimmte politische Grundanschauung.*

neu|tra|lis|tisch ⟨Adj.⟩: *zum Neutralismus gehörend, von ihm bestimmt.*

Neu|tra|li|tät, die; -, -en ⟨Pl. selten⟩ [wohl unter Einfluss von frz. neutralité < mlat. neutralitas]: **1. a)** *neutraler* (1 a) *Status eines Staates:* strikte N. einhalten; **b)** *neutrale* (1 b) *Haltung, neutrales* (1 b) *Verhalten.* **2.** *neutrale* (2, 3) *Beschaffenheit.*

Neu|tra|li|täts|ab|kom|men, das: *Abkommen, in dem sich ein Staat zur Neutralität verpflichtet.*

Neu|tra|li|täts|ver|let|zung, die: *Verletzung der Neutralität* (1 a) *eines Staates.*

Neu|tren: Pl. von ↑Neutrum.

Neu|tri|no, das; -s, -s [ital. neutrino = kleines Neutron] (Kernphysik): *(masseloses) Elementarteilchen ohne elektrische Ladung.*

Neu|tron, das; -s, ...onen [engl. neutron, geb. nach: electron, ↑Elektron] (Kernphysik): *Elementarteilchen ohne elektrische Ladung als Baustein des Atomkerns.*

Neu|tro|nen|be|schuss, der (Kernphysik): *das Auftreffenlassen von Neutronen auf Atomkerne.*

Neu|tro|nen|strah|lung, die: *Emission von Neutronen.*

Neu|tro|nen|waf|fe, die: *Kernwaffe, die bei relativ geringer Sprengwirkung eine extrem starke Neutronenstrahlung auslöst u. dadurch bes. Lebewesen schädigt od. tötet, Objekte dagegen weitgehend unbeschädigt lässt.*

Neu|trum, das; -s, ...tra (österr. nur so), auch: ...tren [lat. neutrum (genus) = keines von beiden (Geschlechtern), zu: neuter = keiner von beiden]: **1.** (Sprachw.) **a)** ⟨o. Pl.⟩ *sächliches Geschlecht;* **b)** *sächliches Substantiv, sächliche Form eines Wortes.* **2. a)** (bildungsspr., oft abwertend) *jmd., der keinerlei erotische Ausstrahlung hat (aus der Sicht eines Andersgeschlechtlichen);* **b)** *jmd., der (aus Opportunismus, Eigennutz o. Ä.) einer Entscheidung ausweicht.*

neu|ver|mählt ⟨Adj.⟩: *erst vor kurzem vermählt:* das -e Paar war auf dem Weg in die Flitterwochen.

Neu|ver|mähl|te, der u. die; -n, -n (meist Pl.) ⟨Dekl. ↑Abgeordnete⟩ (geh.): *jmd., der gerade erst geheiratet hat.*

Neu|ver|schul|dung, die: *zu einer bestehenden neu hinzukommende Verschuldung [eines Gemeinwesens] in bestimmter Höhe.*

Neu|wa|gen, der: *(beim Verkauf) neuer Wagen.*

Neu|wahl, die: *erneute Wahl.*

Neu|wert, der: *Wert eines Gegenstands in neuem, nicht abgenutztem Zustand.*

neu|wer|tig ⟨Adj.⟩: *so gut wie neu u. daher (beim Verkauf) Neuwert* (1) *besitzend:* -e Schrankwand zu verkaufen.

Neu|wert|ver|si|che|rung, die: *Sachversicherung, bei der im Schadensfall der Neuwert ersetzt wird.*

Neu|wort, das ⟨Pl.: ...wörter⟩ (Sprachw.): *in einer Sprache neu, in jüngster Zeit aufgekommenes Wort.*

Neu|zeit, die ⟨o. Pl.⟩: **1.** *die auf das Mittelalter folgende Zeit (etwa seit 1500).* **2.** (selten) *moderne, fortschrittliche Gegenwart.*

neu|zeit|lich ⟨Adj.⟩: **1.** *zur Neuzeit* (1) *gehörend, der Neuzeit* (1) *eigentümlich.* **2.** *modern:* ein -es Heim.

Neu|zu|gang, der: **1.** *neues Hinzukommen:* der N. von Waren. **2.** *neu hinzukommende od. gekommene Person od. Sache:* die Neuzugänge registrieren.

Neu|zu|las|sung, die (Amtsspr.): **1.** *(von Kraftfahrzeugen) neue, erstmalige Zulassung.* **2.** *neu zugelassenes Kraftfahrzeug.*

Neu|zu|stand, der ⟨o. Pl.⟩: *das Neusein, [so gut wie] Unbenutztsein.*

Ne|va|da; -s: Bundesstaat der USA.

New Age [ˈnjuː ˈeɪdʒ], das; - - [engl. new age = neues Zeitalter]: *neues Zeitalter als Inbegriff eines von verschiedenen Forschungsrichtungen u. alternativen Bewegungen vertretenen neuen integralen Weltbildes.*

New|co|mer [ˈnjuːkʌmə], der; -[s], -[s] [engl. newcomer = Neuankömmling, Neuling]: *jmd., der in einer Branche, einem Geschäft o. Ä. neu ist, noch nicht viel Erfahrung [aber schon einen gewissen Erfolg] hat:* ein N. im Schlagergeschäft.

New Del|hi [njuːˈdeli]: ↑Neu-Delhi.

New Hamp|shire [njuːˈhæmpʃə]; - -s: Bundesstaat der USA.

New Jer|sey [njuːˈdʒəːzɪ]; - -s: Bundesstaat der USA.

New Look [ˈnjuː ˈlʊk], der od. das; - -[s] [engl. new look = neues Aussehen] (bildungsspr.): *neue Linie, neuer Stil.*

New Me|xi|co [njuːˈmɛksɪkoʊ]; - -s: Bundesstaat der USA.

New Or|leans [njuːˈɔːlɪənz, njuːɔːˈliːnz]: Stadt in Louisiana.

New-Or|leans-Jazz, der; -: *frühester, improvisierender Jazzstil der nordamerikanischen Schwarzen in u. um New Orleans.*

News [njuːz] ⟨Pl.⟩ [engl. news = Nachricht, Neuigkeit(en)] (Jargon): *Nachrichten, Neuigkeiten.*

News|group [ˈnjuːsgruːp], die; -, -s [engl. newsgroup, zu: group = Gruppe] (EDV): *zu einem bestimmten Thema im Internet eingerichtete öffentliche Diskussionsrunde:* moderierte, unmoderierte -s.

News|let|ter [ˈnjuːs...], der; -[s], -[s] [engl. newsletter, zu: letter = Brief, Schreiben]: *regelmäßig erscheinendes Informationsblatt, -heft; regelmäßig erscheinender Internetbeitrag o. Ä.*

New|ton [ˈnjuːtn̩], das; -s, - [nach dem engl. Physiker Sir Isaac Newton (1643–1727)] (Physik): *physikalische Einheit der Kraft* (Zeichen: N).

New|ton|me|ter [ˈnjuːtn̩...], der, auch: das: *physikalische Einheit der Energie* (Zeichen: Nm).

New Wave [ˈnjuː ˈweɪv], der; - - [engl., eigtl. = neue Welle]: *(Mitte der 70er-Jahre in den USA aufgekommene) Richtung in der Rockmusik, die durch einfachere Formen (z. B. in der Instrumentierung, im Arrangement), durch Verzicht auf Perfektion u. durch zeitgemäße Texte gekennzeichnet ist.*

[1]New York [ˈnjuːˈjɔːk]: Stadt in den USA.

[2]New York; - -s: Bundesstaat der USA.

[1]New-Yor|ker, der; -s, -, (auch:) **New Yor|ker,** der; - -s, - -: Ew.

[2]New-Yor|ker, (auch:) **New Yorker** ⟨indekl. Adj.⟩.

New-Yor|ke|rin, die; -, -nen, (auch:) **New Yor|kerin,** die; - -, - -nen: w. Form zu ↑[1]New Yorker.

nF = Nanofarad.

NF = Neues Forum.

N. F. = Neue Folge.

n-fach ⟨Vervielfältigungsz.⟩ (Math.): vgl. achtfach.

nhd. = neuhochdeutsch.

Ni = Nickel.

Nia|mey [njaˈmɛ]: Hauptstadt von Niger.

nib|beln ⟨sw. V.; hat⟩ [zu engl. to nibble = (ab)knabbern] (Fachspr.): *(Bleche o. Ä.) schneiden, abtrennen.*

Nibble [ˈnɪbl], das; -[s], -[s] [engl. nibble, eigtl. = das Knabbern; Bissen, Happen] (EDV): *Hälfte eines Bytes bzw. Gruppe von vier Bits.*

Nibb|ler, der; -s, - (Fachspr.): *Gerät zum Nibbeln.*

Ni|be|lun|gen ⟨Pl.⟩: germanisches Sagengeschlecht.

Ni|ca|ra|gua; -s: Staat in Mittelamerika.

Ni|ca|ra|gu|a|ner, der; -s, -: Ew.

Ni|ca|ra|gu|a|ne|rin, die; -, -nen: w. Form zu ↑Nicaraguaner.

ni|ca|ra|gu|a|nisch ⟨Adj.⟩: *Nicaragua, die Nicaraguaner betreffend; aus Nicaragua stammend.*

Nice [nis]: frz. Form von ↑Nizza.

nicht [mhd. niht, ahd. niwiht, aus: ni (eo) wiht = nicht (irgend)etwas, 2. Bestandteil ahd. wiht, ↑Wicht]: **I.** ⟨Adv.⟩ **1.** drückt eine Verneinung aus: n. amtliche Nachrichtenagenturen; n. berufstätige Frauen; n. eheliche Kinder; n. öffentlich; n. selbstständige Arbeit; Geld hatte sie n.; (verstärkt:) gar n.; (emotional:) er kann [noch] n. [ein]mal seinen Namen schreiben *(sogar seinen Namen kann er nicht schreiben);* (in mehrteiligen Konj.:) n. nur ..., sondern [auch]. **2.** (vor einem Adj. mit negativer Bedeutung) drückt eine bedingt positive Einstellung od. auch Anerkennung des Sprechers aus: sie ist n. unfreundlich *(ist ganz freundlich);* er ist gar n. dumm *(ist klüger als erwartet).* **II.** ⟨Partikel; meist unbetont⟩ dient zur Bekräftigung u. Bestätigung in Fragesätzen, die eine positive Antwort herausfordern, in Ausrufen o. Ä., die Zustimmung wünschen: ist es n. herrlich hier?

nicht-, Nicht-: verneint in Bildungen mit Adj. u. Subst. deren Bedeutung: nichtamtlich, nichtberufstätig, Nichtbeteiligung, Nichteignung, Nichtlieferung.

Nicht|ach|tung, die: **1.** *das Nichtachten, -beachten.* **2.** *Geringschätzung, Mangel an Achtung, Respekt.*

nicht|amt|lich ⟨Adj.⟩: *nicht von amtlicher Seite ausgehend:* eine -e Darstellung der Vorgänge.

nicht ar|bei|tend: s. arbeiten (1 b).

nicht be|am|tet: s. beamtet.

nicht|be|rufs|tä|tig ⟨Adj.⟩: *nicht berufstätig seiend:* -e Hausfrauen.

Nicht|be|rufs|tä|ti|ge, der u. die: *jmd., der nicht berufstätig ist.*

nicht|christ|lich ⟨Adj.⟩: *nicht christlich seiend.*

Nich|te, die; -, -n [aus dem Niederd. < mniederd. nichte, verw. mit ahd. nift (niederd. -cht- entspricht hochd. -ft-, vgl. Schacht) = Nichte, verw. mit lat. nepos, ↑Nepotismus]: *Tochter von jmds. Schwester, Bruder, Schwägerin od. Schwager.*

nicht|ehe|lich ⟨Adj.⟩ (bes. Rechtsspr.): *nicht innerhalb einer Ehe gezeugt.*

Nicht|ein|hal|tung, die (Amtsspr.): *das Nichteinhalten:* die N. der Vorschriften.

Nicht|ein|mi|schung, die (Völkerr.): *das Sich-nicht-Einmischen eines Staates in die Angelegenheiten eines anderen Staates.*

Nicht|ei|sen|me|tall, das: *ein Metall, das nicht Eisen ist.*

Nicht|er|fül|lung, die: *das Nichterfüllen:* bei N. der Bedingungen.

nicht|flek|tier|bar ⟨Adj.⟩ (Sprachw.): *sich nicht flektieren lassend.*

Nicht-Ich, das (Philos.): *(bei J. G. Fichte) Dingwelt, Welt der Objekte.*

nich|tig ⟨Adj.⟩: **1.** (geh.) **a)** *gering einzuschätzend;*

N

ohne Wert, ohne Gewicht (3), *ohne innere Substanz:* -e Dinge; **b)** *gänzlich unwichtig, belanglos.* **2.** (Rechtsspr.) *ungültig.*
Nịch|tig|keit, die; -, -en: **1.** (geh.) ⟨o. Pl.⟩ *das Nichtigsein* (1). **2.** *etw. Nichtiges* (1). **3.** ⟨o. Pl.⟩ (Rechtsspr.) *Ungültigkeit.*
nịcht|kom|mu|nis|tisch ⟨Adj.⟩: vgl. nichtchristlich.
nịcht lei|tend: s. nicht (I 1).
Nịcht|lei|ter, der (Physik): *Stoff, der Elektrizität nicht leitet.*
Nịcht|me|tall, das: *chemisches Element, das kein Metall ist.*
Nịcht|mit|glied, das: *jmd., der nicht Mitglied ist.*
nịcht|öf|fent|lich ⟨Adj.⟩: *unter Ausschluss der Öffentlichkeit stattfindend.*
nịcht or|ga|ni|siert: s. organisieren (2 b).
Nịcht|rau|cher, der: **1.** *jmd., der nicht raucht* (2 b). **2.** ⟨o. Art.⟩ (ugs.) kurz für ↑Nichtraucherabteil.
Nịcht|rau|cher|ab|teil, das: *Eisenbahnabteil, in dem nicht geraucht werden darf.*
Nịcht|rau|che|rin, die: w. Form zu ↑Nichtraucher (1).
nịcht ros|tend: s. rosten.
nịcht ru|ßend: s. rußen (1).
nịchts ⟨Indefinitpron.⟩ [mhd. niht(e)s, eigtl. Gen. Sg. von: niht (↑nicht), entstanden aus der Verstärkung mhd. nihtes niht = nichts von nichts]: **a)** bringt die vollständige Abwesenheit, das absolute Nicht-vorhanden-Sein von etw. zum Ausdruck; *nicht das Mindeste, Geringste:* n. sagen; n. hören können; n. wollen; alles oder n.; (verstärkt:) überhaupt n.; absolut n.; n. von alledem; R von n. kommt n.; *** n. da!** (ugs.; *das kommt nicht infrage!*); **b)** *kein Ding, keine Sache:* es gibt n. Neues; n. dergleichen; n. weiter.
Nịchts, das; -, -e: **1.** ⟨o. Pl.⟩ **a)** (Philos.) *absolutes Nichtsein; Gegensatz zum Sein u. zum Seienden:* das reine N.; **b)** *als leer gedachter Raum [des Alls]:* sie war wie aus dem N. aufgetaucht *(man hatte sie nicht kommen sehen).* **2.** ⟨o. Pl.⟩ *verschwindend geringe Menge, Anzahl (von etw. Bestimmtem);* *** vor dem N. stehen** *(plötzlich, durch einen bestimmten Umstand mittellos geworden sein, allen Besitz verloren haben):* ein **N. an/von etw. sein** *(in seiner Ausführung, Form, Gestalt o. Ä. sehr klein, unscheinbar o. ä. sein):* sie trug ein N. von einem Bikini. **3.** (abwertend) *Mensch, der keinerlei Achtung genießt, den keiner respektiert, der keine soziale Stellung hat o. Ä.*
nịchts ah|nend: s. [1]ahnen (1).
[1]Nịcht|schwim|mer, der: *jmd., der nicht schwimmen kann.*
Nịcht|schwim|mer|be|cken, das: *Schwimmbecken mit geringer Wassertiefe bes. für Nichtschwimmer.*
Nịcht|schwim|me|rin, die: w. Form zu ↑[1]Nichtschwimmer.
nichts|des|to|we̱|ni|ger ⟨Adv.⟩: *trotzdem.*
Nịcht|sein, das: *das Nichtexistieren, Nicht-vorhanden-Sein.*
nịcht|selbst|stän|dig, (auch:) nichtselbständig ⟨Adj.⟩: vgl. nichtberufstätig.
Nịcht|sess|haf|te, der u. die; -n, -n ⟨Dekl. ↑Abgeordnete⟩ (Amtsspr.): *jmd., der nicht sesshaft* (a) *ist.*
Nịchts|nutz, der; -es, -e (veraltend abwertend; oft als Schimpfwort): *nichtsnutziger Mensch:* du bist ein N.
nịchts|nut|zig ⟨Adj.⟩ (veraltend abwertend): *nichts Nützliches, nichts Sinnvolles tuend, nichts leistend.*
nịchts sa|gend: s. sagen (5 b).
Nịchts|tu|er, der; -s, - (abwertend): *jmd., der seine Zeit mit Nichtstun* (b) *verbringt; Faulenzer:* ein reicher N.
Nịchts|tu|e|rin, die; -, -nen: w. Form zu ↑Nichtstuer.
nịchts|tu|e|risch ⟨Adj.⟩: *für einen Nichtstuer kennzeichnend.*
Nịchts|tun, das: **a)** *Untätigkeit:* das N. war für ihn schwer erträglich; **b)** *das Faulenzen; Müßiggang, dem sich jmd. hingibt:* sie gaben sich dem [süßen] N. hin.
nịchts|wür|dig ⟨Adj.⟩ (geh. abwertend): *von niedriger Gesinnung [zeugend]; verächtlich; gemein* (1 b): ein -er Kerl.
Nịchts|wür|dig|keit, die; -, -en (geh. abwertend): **1.** ⟨o. Pl.⟩ *das Nichtswürdigsein.* **2.** *nichtswürdige Handlung.*
Nịcht|tän|zer, der: **a)** *jmd., der nicht tanzen kann;* **b)** *jmd., der nicht tanzt od. nicht tanzen möchte, während andere gerade tanzen.*
Nịcht|tän|ze|rin, die: w. Form zu ↑Nichttänzer.
Nịcht|wäh|ler, der: *jmd., der nicht zur Wahl* (2 a) *geht.*
Nịcht|wäh|le|rin, die: w. Form zu ↑Nichtwähler.
Nịcht|wei|ter|ga|be, die: vgl. Nichterfüllung: die N. von Atomwaffen.
nịcht|zie|lend, (auch:) **nịcht zie|lend** ⟨Adj.⟩ (Sprachw.): *intransitiv.*
Nịcht|zu|tref|fen|de, das; -n ⟨Dekl. ↑[2]Junge, das⟩: *etw., was nicht zutrifft:* -s bitte streichen.
Nị|ckel, das; -s [schwed. nickel, gek. aus: kopparnickel = Kupfernickel (= Rotnickelkies), da in diesem Erz Nickel am häufigsten vorkam; urspr. glaubte man, das Erz sei wertlos u. ein »Nickel« (= ältere Bez. für Kobold) habe es unter die wertvolleren Erze gemischt]: *silberweiß glänzendes Schwermetall (chemisches Element;* Zeichen: Ni).
Nị|ckel|bril|le, die: *Brille mit dünnem Metallgestell.*
Nị|ckel|erz, das: [1]*Nickel enthaltendes Erz.*
Nị|ckel|geld, das: vgl. Nickelmünze.
Nị|ckel|mün|ze, die: *Münze aus* [1]*Nickel.*
Nị|ckel|stahl, der: *Legierung aus Eisen u.* [1]*Nickel.*
nị|cken ⟨sw. V.; hat⟩ [mhd. nicken, ahd. nicchen, Intensiv-Iterativ-Bildung zu ↑neigen; 2: mhd. nücken, eigtl. = nicken; stutzen; an ↑nicken (1) angelehnt, nach den Kopfbewegungen]: **1. a)** *(zum Zeichen der Bejahung, Zustimmung, des Beifalls, Verstehens o. Ä. od. als Gruß) den Kopf [mehrmals] kurz senken u. wieder heben:* alle Köpfe nickten zustimmend; eine nickende Kopfbewegung; (subst.:) ein stummes Nicken; Ü (dichter.:) die reifen Ähren nicken im Wind; **b)** (geh.) *durch Nicken* (1 a) *zum Ausdruck bringen:* jmdm. Beifall n.; **c)** (Fußball Jargon) *(den Ball) mit einem Nicken des Kopfes irgendwohin köpfen* (2 a); **d)** *(von Tieren, bes. von Pferden) beim Gehen taktmäßig nickende* (1 a) *Kopfbewegungen machen;* **e)** (Technik) *(von Fahrzeugen) sich während der Fortbewegung pendelnd um die horizontale Querachse bewegen.* **2.** (fam.) *[im Sitzen zwischendurch] kurze Zeit leicht schlafen.*
Nị|cker, der; -s, -: **1.** (ugs.) *einmaliges Kopfnicken.* **2.** (fam. selten) *Nickerchen.*
Nị|cker|chen, das; -s, - (fam.): *leichter, kurzer Schlaf [im Sitzen]:* ein [kleines] N. machen, halten.
Nị|cki, der; -[s], -s [nach der Kurzf. des m. Vorn. Nikolaus]: *Pullover aus plüschartigem [Baumwoll]material.*
Nị|cki|hemd, das: vgl. Nicki.
Ni|co|sia: ↑Nikosia.
Ni|co|ti̱n: ↑Nikotin.
Ni|da|ti|o̱n, die; -, -en [zu lat. nidus = Nest] (Med.): *das Sicheinbetten eines befruchteten Eis in der Gebärmutterschleimhaut; Einnistung.*
Ni|da|ti|o̱ns|hem|mer, der; -s, - (Med.): *Empfängnisverhütungsmittel, dessen Wirkung darin besteht, eine Nidation zu verhindern.*
Ni̱|del, der; -s od. die; -, auch: **Nịd|le,** die; - [H. u.; vgl. mhd. nidelen = absahnen (1)] (schweiz.): *Sahne.*
Nịd|wal|den: ↑Unterwalden.
nie̱ ⟨Adv.⟩ [mhd. nie, ahd. nio, zusgez. aus: ni = nicht u. io, eo = immer, irgendeinmal]: **a)** *zu keiner Zeit:* er hat sie n. verstanden; das wird er n. vergessen; **b)** *kein einziges Mal; überhaupt nicht:* n. mehr!; n. wieder Krieg!; **c)** *auf keinen Fall; unter keinen Umständen:* das schafft er n.; *** n. und nimmer** *(auf gar keinen Fall).*
nie̱|der [mhd. nider, ahd. nidar, urspr. Komparativbildung]: **I.** ⟨Adj.⟩ **1.** (landsch.) *niedrig* (1, 2). **2. a)** *in einer Rangordnung, Hierarchie unten stehend:* -e Beamte; **b)** *niedrig* (3): das -e Volk. **3.** (selten) *niedrig* (4): -e Triebe. **4.** (Fachspr.) *nicht sehr hoch entwickelt; einfach:* -e Eiweiße. **II.** ⟨Adv.⟩ *hinunter, abwärts, zu Boden:* n. mit den Waffen.
nie̱|der|beu|gen ⟨sw. V.; hat⟩ (geh.): *nach unten beugen:* den Kopf n.
nie̱|der|bre|chen ⟨st. V.⟩ (geh.): **a)** *zum Einsturz bringen* ⟨hat⟩: eine Mauer n.; **b)** *einstürzen, herunterbrechen* ⟨ist⟩; **c)** *zu Boden stürzen* ⟨ist⟩.
nie̱|der|bren|nen ⟨unr. V.⟩: **1.** *herunterbrennen* ⟨ist⟩: die Kerze ist niedergebrannt. **2.** *durch Feuer, Brand zerstören* ⟨hat⟩.
nie̱|der|brin|gen ⟨unr. V.; hat⟩ (Bergmannsspr.): *(einen Schacht, ein Bohrloch o. Ä.) herstellen.*
nie̱|der|brül|len ⟨sw. V.; hat⟩ (ugs.): *durch Brüllen am [Weiter]reden hindern.*
nie̱|der|deutsch ⟨Adj.⟩ (Sprachw.): *die Mundarten betreffend, die im nördlichen Deutschland gesprochen werden u. die nicht von der zweiten Lautverschiebung betroffen wurden.*
Nie̱|der|deutsch, das u. ⟨nur mit best. Art.:⟩ **Nie̱|der|deut|sche,** das: *die niederdeutsche Sprache.*
nie̱|der|don|nern ⟨sw. V.⟩: *mit lautem Krach nach unten stürzen* ⟨ist⟩: die Lawine ist ins Tal niedergedonnert.
Nie̱|der|druck, der ⟨Pl. ...drücke⟩ (Technik): *geringer Gas- od. Dampfdruck.*
nie̱|der|drü|cken ⟨sw. V.; hat⟩: **1.** *herunterdrücken* (1): die Türklinke n. **2.** (geh.) *bedrücken, deprimieren.*
nie̱|der|drü|ckend ⟨Adj.⟩: *deprimierend.*
Nie̱|der|druck|hei|zung, die: *mit Niederdruck betriebene Dampfheizung.*
nie̱|der|fah|ren ⟨st. V.; ist⟩ (geh.): *herunterfahren:* ein Blitz fuhr nieder.
nie̱|der|fal|len ⟨st. V.; ist⟩ (geh.): *nach unten fallen.*
Nie̱|der|flur|wa|gen, der (Technik): *Straßenbahnwagen mit niedrigem Boden u. ohne Trittbrett.*
nie̱|der|fre|quent ⟨Adj.⟩ (Physik): *mit niedriger Frequenz.*
Nie̱|der|fre|quenz, die (Physik): *relativ niedrige Frequenz.*
Nie̱|der|gang, der: **1.** ⟨o. Pl.⟩ (geh.) *Untergang, Verfall:* der N. des Römischen Reiches. **2.** (Seemannsspr.) *[schmale, steile] Treppe auf einem Schiff.*
nie̱|der|ge|drückt ⟨Adj.⟩: *deprimiert, niedergeschlagen.*
nie̱|der|ge|hen ⟨unr. V.; ist⟩: **1.** *landen.* **2. a)** *mit Heftigkeit [vom Himmel] fallen:* eine Lawine ging ins Tal nieder; **b)** (selten) *sich herabsenken, [langsam] fallen:* der Theatervorhang geht nieder; **c)** (selten) *untergehen.* **3.** (Boxen) *zu Boden stürzen.*
Nie̱|der|ge|las|se|ne, der u. die; -n, -n ⟨Dekl. ↑Abgeordnete⟩ (schweiz.): *jmd., der in einer Stadt o. Ä. seinen ständigen Wohnsitz hat.*
nie̱|der|ge|schla|gen ⟨Adj.⟩: *durch einen Misserfolg, eine Enttäuschung ratlos, mutlos, traurig:* er wirkt n.
Nie̱|der|ge|schla|gen|heit, die; -: *das Niedergeschlagensein.*
nie̱|der|ha|geln ⟨sw. V.; ist⟩: *wie ein Hagel niedergehen.*
nie̱|der|hal|ten ⟨st. V.; hat⟩: **1.** *am Boden, unten halten.* **2. a)** *jmdn. [gewaltsam] daran hindern, sich frei zu entfalten, unabhängig zu sein; unterdrücken:* ein Volk n.; **b)** *verhindern, dass sich etw. entwickelt; nicht hochkommen lassen:* den Widerstand n.
nie̱|der|hau|en ⟨unr. V.; hat⟩: vgl. niederschlagen.
nie̱|der|ho|len ⟨sw. V.; hat⟩: *einziehen, einholen:* eine Flagge, ein Segel n.
Nie̱|der|jagd, die (Jägerspr.): *niedere Jagd.*
nie̱|der|kämp|fen ⟨sw. V.; hat⟩: **a)** (selten) *kämpfend besiegen;* **b)** *(Gefühle o. Ä.) unter [Willens]anstrengung zurückhalten, bezwingen:* Ärger n.
nie̱|der|kau|ern, sich ⟨sw. V.; hat⟩: *sich kauern* (2).

nie|der|knal|len ⟨sw. V.; hat⟩ (salopp): *niederschießen.*
nie|der|kni|en ⟨sw. V.⟩: **a)** *knien* (1 a) ⟨ist⟩: am Altar n.; **b)** ⟨n. + sich⟩ *sich knien* (1 b) ⟨hat⟩.
nie|der|knüp|peln ⟨sw. V.; hat⟩: *mit Knüppeln niederschlagen.*
nie|der|kom|men ⟨st. V.; ist⟩: (geh. veraltend) *gebären.*
Nie|der|kunft, die; -, ...künfte (geh. veraltend): *Geburt.*
Nie|der|la|ge, die: **1.** *das Besiegtwerden, Unterliegen in einem [Wett]kampf, einer Auseinandersetzung:* eine persönliche N.; jmdm. eine N. bereiten. **2.** *[Zwischen]lager, bes. für Bier.* **3.** (veraltend) *Zweiggeschäft.*
Nie|der|lan|de ⟨Pl.⟩: Staat in Westeuropa.
Nie|der|län|der, der; -s, -: Ew.
Nie|der|län|de|rin, die; -, -nen: w. Form zu ↑Niederländer.
nie|der|län|disch ⟨Adj.⟩: *die Niederlande, die Niederländer betreffend; von den Niederländern stammend, zu ihnen gehörend.*
Nie|der|län|disch, das; -[s] u. ⟨nur mit best. Art.:⟩ **Nie|der|län|di|sche,** das; -n: *die niederländische Sprache.*
nie|der|las|sen ⟨st. V.; hat⟩: **1.** (veraltend) *herunterlassen.* **2.** ⟨n. + sich⟩ (geh.) *sich setzen:* sich auf die Knie n. *(sich niederknien).* **3.** ⟨n. + sich⟩ *sich irgendwo ansiedeln, [mit einem Geschäft o. Ä.] ansässig werden; sich etablieren:* sich in Bonn als Arzt n.; niedergelassener Arzt *(Arzt mit eigener Praxis im Unterschied zum Krankenhaus-, Institutsarzt o. Ä.).*
Nie|der|las|sung, die; -, -en: **1.** ⟨o. Pl.⟩ *das Sichniederlassen* (3). **2.** (Wirtsch.) *Ort, an dem ein Gewerbebetrieb betrieben wird.* **3.** (Wirtsch.) *selbstständig arbeitender Teil eines Betriebes, Geschäftsstelle o. Ä. an einem anderen Ort als dem des Hauptbetriebes.*
Nie|der|lau|sitz, die; -: Gebiet um Cottbus.
nie|der|le|gen ⟨sw. V.; hat⟩: **1.** (geh.) *aus der Hand, auf den Boden legen; hinlegen:* einen Kranz am Ehrenmal n.; Ü die Soldaten legten die Waffen nieder *(hörten auf zu kämpfen).* **2.** (geh.) *zur Ruhe, schlafen legen; hinlegen:* das Kind n.; er legte sich auf das/auf dem Sofa nieder. **3.** *etw. nicht weitermachen, ausüben:* das Amt n. **4.** (selten) *(ein Gebäude o. Ä.) abbrechen, einreißen:* ein Haus n. **5.** (geh.) *schriftlich festhalten:* etw. schriftlich n.; der im Testament niedergelegte letzte Wille. **6.** (veraltet) *hinterlegen.*
Nie|der|le|gung, die; -, -en: *das Niederlegen* (1, 3, 4, 6).
nie|der|ma|chen ⟨sw. V.; hat⟩ (ugs.): **1.** *[eine größere Anzahl von wehrlosen Menschen] kaltblütig töten, umbringen.* **2.** *(jmdn. od. etw.) herabsetzen, seinen Wert nicht anerkennen.*
nie|der|mä|hen ⟨sw. V.; hat⟩: *(eine größere Anzahl von Menschen) [reihenweise] erschießen.*
nie|der|met|zeln ⟨sw. V.; hat⟩: vgl. niedermachen.
nie|der|oh|mig ⟨Adj.⟩ [zu ↑²Ohm] (Elektrot.): *von geringem elektrischem Widerstand:* -e Leitungen.
Nie|der|ös|ter|reich; -s: Bundesland Österreichs.
nie|der|pras|seln ⟨sw. V.; ist⟩: *mit Heftigkeit, prasselnd herunterkommen, niederfallen.*
nie|der|reg|nen ⟨sw. V.; ist⟩: *wie ein Regen niedergehen.*
nie|der|rei|ßen ⟨st. V.; hat⟩: **1.** *ein Gebäude zerstören, einzelne Steine, Bestandteile des Bauwerks herauslösen, sodass der Bau einstürzt.* **2.** (selten) *zu Boden reißen.*
Nie|der|rhein, der: Unterlauf des Rheins.
nie|der|rhei|nisch ⟨Adj.⟩: *den Niederrhein betreffend, vom Niederrhein stammend, zu ihm gehörend.*
Nie|der|sach|se, der; -n, -n: Ew.
Nie|der|sach|sen; -s: deutsches Bundesland.
Nie|der|säch|sin, die; -, -nen: w. Form zu ↑Niedersachse.
nie|der|säch|sisch ⟨Adj.⟩: *Niedersachsen, die Niedersachsen betreffend; von den Niedersachsen stammend, zu ihnen gehörend.*
nie|der|schie|ßen ⟨st. V.; hat⟩: **1.** *[kaltblütig] auf jmdn., der wehrlos ist, schießen, sodass er [tot] zu Boden stürzt* ⟨hat⟩. **2.** *mit großer Geschwindigkeit herabfliegen, -sinken o. Ä.* ⟨ist⟩.
Nie|der|schlag, der: **1.** (Met.) *Wasser, das in flüssiger od. fester Form aus der Atmosphäre auf die Erde fällt:* geringe Niederschläge. **2. a)** (Chemie) *fester Stoff, der sich aus einer Lösung abscheidet u. sich absetzt; Bodensatz;* **b)** (selten) *dünne Schicht von Wasserdampf o. Ä., die sich beim Beschlagen* (2 a) *auf etw. bildet.* **3.** (Boxen) *Schlag, Treffer, der den Boxer zu Boden zwingt.* **4.** *schriftlich niedergelegter Ausdruck von Gedanken, Ideen, Vorstellungen o. Ä.:* die Jugenderlebnisse des Autors haben in diesem Roman ihren N. gefunden.
nie|der|schla|gen ⟨st. V.; hat⟩: **1. a)** *zu Boden schlagen;* **b)** *zu Boden drücken:* der Regen hat das Getreide niedergeschlagen. **2.** *etw. Unerwünschtes [gewaltsam] beenden, am Sichausbreiten, an der Entwicklung hindern.* **3.** (Rechtsspr.) **a)** *nicht weiter behandeln; einstellen* (4): ein Verfahren n.; **b)** *erlassen* (2); **c)** (selten) *entkräften:* einen Verdacht n. **4.** *(den Blick o. Ä.) senken:* beschämt schlug er den Blick nieder. **5.** (veraltend) *beruhigen, besänftigen:* das Fieber n. *(herunterdrücken);* ein niederschlagendes Arzneimittel. **6.** ⟨n. + sich⟩ *als Niederschlag* (2 b) *auf etw. entstehen:* Dampf schlägt sich auf den Scheiben nieder. **7.** ⟨n. + sich⟩ *seinen Niederschlag* (4) *finden:* die Auseinandersetzungen im Kabinett schlugen sich in der Presse nieder. **8.** (Chemie) *ausfällen* (1).
nie|der|schlags|arm ⟨Adj.⟩: *arm an Niederschlägen* (1): ein -es Klima.
nie|der|schlags|frei ⟨Adj.⟩: *frei von Niederschlägen* (1).
Nie|der|schlags|men|ge, die (Met.): *Menge von Niederschlägen.*
Nie|der|schlags|mes|ser, der (Met.): *Gerät zur Messung der Niederschlagsmenge.*
Nie|der|schla|gung, die; -, -en: **1.** *das Niederschlagen* (2). **2.** (Rechtsspr.) *das Niederschlagen* (3).
nie|der|schmet|tern ⟨sw. V.; hat⟩: **1.** *heftig, brutal niederschlagen* (1 a): jmdn. mit einem Faustschlag n. **2.** *sehr heftig erschüttern u. mutlos, ratlos machen:* das Ergebnis war niederschmetternd.
nie|der|schrei|ben ⟨st. V.; hat⟩: *(etw., was man erlebt hat, durchdacht hat o. Ä.) aufschreiben, um es damit für sich od. andere festzuhalten.*
Nie|der|schrift, die: **1.** *das Niederschreiben.* **2.** *das Niedergeschriebene.*
nie|der|set|zen ⟨sw. V.; hat⟩: **1.** ⟨n. + sich⟩ *sich setzen, sich hinsetzen:* sich zum Abendbrot n. **2.** *etw. absetzen* (2), *abstellen:* einen Koffer n.
nie|der|sin|ken ⟨st. V.; ist⟩: **1.** *nach unten, zu Boden sinken:* [ohnmächtig] in einen Sessel n.; auf die Knie n. **2.** (selten) *versinken:* im Wasser n.
nie|der|sit|zen ⟨unr. V.; ist⟩ (südd., österr., schweiz.): *sich niedersetzen.*
nie|der|stei|gen ⟨st. V.; ist⟩ (geh.): *heruntersteigen.*
nie|der|stel|len ⟨sw. V.; hat⟩: vgl. niedersetzen (2).
nie|der|stim|men ⟨sw. V.; hat⟩: *[mit großer Mehrheit, nach längeren Auseinandersetzungen] durch Abstimmung ablehnen:* einen Antrag n.
nie|der|sto|ßen ⟨st. V.⟩: **1.** (geh.) *mit einem heftigen Stoß zu Boden werfen* ⟨hat⟩: einen Angreifer n. **2.** *mit großer Geschwindigkeit herabfliegen* ⟨ist⟩: der Vogel stößt auf die Beute nieder.
nie|der|stre|cken ⟨sw. V.; hat⟩ (geh.): **1.** *mit einer Schusswaffe, einem Messer o. Ä., durch Schläge schwer verletzen u. zu Boden stürzen lassen:* der Tiger wurde durch mehrere Schüsse niedergestreckt. **2.** ⟨n. + sich⟩ *sich hinlegen, ausstrecken:* sich auf dem/auf das Sofa n.
nie|der|stür|zen ⟨sw. V.; ist⟩ (geh.): **1.** *zu Boden stürzen.* **2.** *herabstürzen:* niederstürzende Steinbrocken.
nie|der|tou|rig [...tu:rɪç] ⟨Adj.⟩ (Technik): *mit niedriger Drehzahl laufend.*
Nie|der|tracht, die; - [rückgeb. aus ↑niederträchtig] (geh.): **a)** *niederträchtige* (1 a) *Gesinnung:* etw. aus N. tun; **b)** *in niederträchtiger Gesinnung begründete Tat:* eine N. [gegen jmdn.] begehen.
nie|der|träch|tig ⟨Adj.⟩ [spätmhd. nidertrehtic = gering geschätzt, verächtlich, 2. Bestandteil zu mhd. sich tragen = sich benehmen]: **1. a)** *in niedriger, gemeiner Weise danach trachtend, anderen Übles, Schaden zuzufügen:* er ist n.; **b)** *von niederträchtiger* (1 a) *Gesinnung zeugend, ihr entsprechend:* eine -e Unterstellung. **2.** (ugs.) **a)** *unangenehm groß, stark:* eine -e Kälte; die Schmerzen waren n.; **b)** ⟨intensivierend bei Adj. u. Verben⟩ *sehr, überaus:* n. wehtun.
Nie|der|träch|tig|keit, die; -, -en: **a)** ⟨o. Pl.⟩ *niederträchtiges* (1 a) *Wesen, das Niederträchtigsein;* **b)** *niederträchtige* (1 b) *Tat:* das war wieder eine seiner -en.
nie|der|tram|peln ⟨sw. V.; hat⟩ (ugs.): *niedertreten* (1).
nie|der|tre|ten ⟨st. V.; hat⟩: **1.** *etw. Aufrechtes durch Darauftreten umknicken, flach machen:* Blumen n. **2.** (selten) *festtreten.* **3.** (geh.) *abtreten* (4 a, b).
Nie|de|rung, die; -, -en [zu ↑nieder]: *tief liegendes Land, Gebiet, bes. an Flussläufen u. Küsten.*
Nie|de|rungs|moor, das: *Flachmoor.*
Nie|der|wald, der (Forstw.): *Laubwald, der sich durch Austrieb aus Stöcken od. aus den Wurzeln gefällter Bäume erneuert.*
nie|der|wal|zen ⟨sw. V.; hat⟩: *durch Walzen flach machen, einebnen, zerstören.*
nie|der|wer|fen ⟨st. V.; hat⟩: **1.** ⟨n. + sich⟩ *sich zu Boden werfen.* **2.** (geh.) *besiegen:* den Feind n. **3.** (geh.) *niederschlagen* (2): einen Aufstand n. **4.** (geh.) **a)** *bettlägerig, schwach machen;* **b)** *schwer erschüttern* (2).
Nie|der|wer|fung, die; -, -en: *das Niederwerfen.*
Nie|der|wild, das [vgl. niedere ↑Jagd (1 a)] (Jägerspr.): *Wild, das zur niederen Jagd gehört* (z. B. Rehwild, Hase).
nie|der|zie|hen ⟨unr. V.; hat⟩: *nach unten ziehen.*
nie|der|zi|schen ⟨sw. V.; hat⟩ (ugs.): vgl. niederbrüllen.
nie|der|zwin|gen ⟨st. V.; hat⟩ (geh.): *zu Boden zwingen [u. damit besiegen]:* Ü seine Wut n.
nied|lich ⟨Adj.⟩ [aus dem Niederd. < mniederd. nīdeliken (Adv.), asächs. niudlīko (Adv.) = eifrig]: **a)** *durch seine hübsche Kleinheit, Zierlichkeit, durch zierliche, anmutige Bewegungen o. Ä. Gefallen erregend, Entzücken hervorrufend; lieb, goldig, reizend:* ein -es Kind; n. aussehen; **b)** (landsch., oft scherzh.) *im Verhältnis zu anderem sehr klein, fast zu klein; winzig.*
Nied|lich|keit, die; -: *das Niedlichsein.*
Nied|na|gel, der; -s, ...nägel [nach niederl. nijdnagel = Neidnagel; nach dem Volksglauben, ein Niednagel entstehe, wenn man von einem neidischen Blick getroffen wird]: *losgelöster, aber noch fest sitzender Teil eines Fingernagels, der Haut um den Fingernagel.*
nied|rig ⟨Adj.⟩ [zu ↑nieder]: **1. a)** *von geringer Höhe:* ein -es Haus; **b)** *sich in geringer Höhe befindend:* ein -es Dach; ein n. fliegendes Flugzeug; **c)** *an Höhe unter dem Durchschnitt od. einem Vergleichswert liegend; relativ wenig nach oben ausgedehnt:* -es Gras. **2.** *zahlen- od. mengenmäßig gering, wenig:* -e Preise. **3.** *von geringem gesellschaftlichem, entwicklungsmäßigem Rang; gesellschaftlich gering, wenig geachtet:* die Arbeit war ihr zu n. **4.** *(meist von menschlicher Gesinnung od. Handlungsweise) moralisch, sittlich tief stehend:* -e Triebe.
Nied|rig|ener|gie|haus, das: *Haus, bei dem der Energieverbrauch durch eine gute Isolierung, Energie sparende technische Vorrichtungen o. Ä. gering gehalten wird.*
Nied|rig|keit, die; -, -en: **1.** ⟨o. Pl.⟩ *das Niedrigsein.* **2.** *etw. Niedriges* (4).
Nied|rig|lohn, der: *niedriger Lohn.*
Nied|rig|lohn|land, das: *Land, in dem vergleichsweise niedrige Löhne gezahlt werden.*
nied|rig ste|hend: s. niedrig (3).

Nied|rig|was|ser, das ⟨Pl. ...wasser⟩: **a)** *niedriger Wasserstand von Flüssen u. Seen;* **b)** *niedrigster Wasserstand bei Ebbe:* um 16 Uhr ist N.

ni|el|lie|ren [niɛ...] ⟨sw. V.; hat⟩ [ital. niellare] (Kunstwiss.): *in Metall gravierte Zeichnungen mit Niello* (1) *ausfüllen.*

Ni|el|lo, das; -[s], -s u. ...len, bei Kunstwerken auch: ...li [ital. niello, zu lat. nigellus = schwärzlich] (Kunstwiss.): **1.** *Masse aus Blei, Kupfer, Schwefel u. a., die zum Ausfüllen einer in Metall eingravierten Zeichnung dient u. sich als schwarze Verzierung vom Metall abhebt.* **2.** *mit Niello* (1) *verzierter Metallgegenstand (meist aus Gold od. Silber).* **3.** *Abdruck einer zur Aufnahme von Niello* (1) *bestimmten gravierten Platte auf Papier.*

nie|mals ⟨Adv.⟩ [zu ↑nie u. [1]Mal] (nachdrücklich): *nie:* n.! (Ausruf der Ablehnung).

nie|mand ⟨Indefinitpron.⟩ [mhd. nieman, ahd. nioman, zusgez. aus: nio = nie u. man = Mann, Mensch]: **a)** *kein Mensch, keine einzige Person, überhaupt keiner:* das weiß n. besser als er; ⟨subst.:⟩ ein Niemand sein *(völlig unbedeutend sein);* **b)** *nicht einer, nicht ein Einziger aus einer bestimmten Menge:* er hat mit n./-em von uns reden wollen.

Nie|mands|land, das ⟨o. Pl.⟩: **1.** *zwischen zwei Fronten* (2 a) *gelegenes Land, gelegener Geländestreifen.* **2.** (selten) *unbekanntes, noch unerschlossenes, unbesiedeltes Land.*

Nie|re, die; -, -n [mhd. nier(e), ahd. nioro, altes idg. Wort, urspr. auch = Hoden]: **a)** *paariges, beim Menschen bohnenförmiges, hinten in der oberen Bauchhöhle gelegenes Organ, das der Bildung u. Ausscheidung des Harns dient:* ihre -n haben versagt; Ü künstliche N. *(Dialysegerät);* *** jmdm. an die -n gehen** (ugs.; *jmdn. sehr angreifen, aufregen, mitnehmen);* **b)** ⟨meist Pl.⟩ *als Speise dienende od. zubereitete Niere* (a) *bestimmter Schlachttiere.*

Nie|ren|be|cken, das (Anat.): *Teil der Niere, in dem der Harn gesammelt u. in den Harnleiter weitergeleitet wird.*

Nie|ren|be|cken|ent|zün|dung, die: *Entzündung des Nierenbeckens.*

Nie|ren|ent|zün|dung, die: *Entzündung der Niere.*

Nie|ren|fett, das: *Fett im Bereich der Nieren (das bei Schlachttieren u. a. zur Herstellung von Schmalz verwendet wird).*

nie|ren|för|mig ⟨Adj.⟩: *in der Form einer Niere ähnlich:* ein -er Tisch.

Nie|ren|ko|lik, die: *von einer Niere ausgehende Kolik.*

nie|ren|krank ⟨Adj.⟩: *an einer Nierenkrankheit leidend.*

Nie|ren|krank|heit, die: *Erkrankung der Nieren.*

Nie|ren|scha|le, die (Med.): *flache, nierenförmige Schale zum Auffangen von Flüssigkeiten* (Blut, Erbrochenes o. Ä.) *u. Ablegen von Geräten o. Ä.*

Nie|ren|sen|kung, die (Med.): *abnorme Verlagerung der Niere nach unten.*

Nie|ren|stein, der: *in der Niere entstandene steinartige Bildung, die zu schmerzhaften Störungen der Funktion der Niere führen kann.*

Nie|ren|tisch, der: *niedriger Tisch mit nierenförmiger Platte.*

Nie|ren|trans|plan|ta|ti|on, die: *Transplantation einer Niere.*

Nie|ren|tu|ber|ku|lo|se, die: *die Nieren befallende Tuberkulose.*

nie|seln ⟨sw. V.; hat; unpers.⟩ [aus dem (Ost)md.]: *leicht, in feinen [dicht fallenden] Tropfen regnen:* es nieselt.

Nie|sel|re|gen, der: *leichter Regen in feinen [dichten] Tropfen.*

nie|sen ⟨sw. V.; hat⟩ [mhd. niesen, ahd. niosan, lautm.]: *(infolge einer Reizung der Nasenschleimhaut) die Luft ruckartig u. mit einem lauten Geräusch durch Nase u. Mund ausstoßen.*

Nies|pul|ver, das: *Pulver, das die Nasenschleimhaut reizt u. damit ein Niesen auslöst.*

Nies|reiz, der: *ein Niesen auslösender Reiz der Nasenschleimhaut.*

Nieß|brauch, der; -[e]s [LÜ von lat. ususfructus] (Rechtsspr.): *Nutzungsrecht.*

[1]Nie|te, die; -, -n [niederl. niet, eigtl. = Nichts, subst. aus: niet = nicht]: **1.** *Los, das keinen Gewinn bringt.* **2.** (ugs.) *jmd., der zu nichts taugt; unfähiger Mensch.*

[2]Nie|te, die; -, -n [mhd. niet(e) = breit geschlagener Nagel]: *Bolzen aus Metall mit einem verdickten Ende, der dazu dient, [metallene] Werkstücke fest miteinander zu verbinden (wobei das freie, nicht verdickte Ende durch Schlag od. Druck in die Breite verformt wird):* -n in die Schiffswand schlagen.

nie|ten ⟨sw. V.; hat⟩ [mhd. nieten = einen Nagel umschlagen, breit schlagen]: *mit Nieten verbinden, befestigen.*

Niet|ham|mer, der: *Hammer zum Nieten.*

Niet|ho|se, die; -, -n: *Hose (im Stil von Jeans) mit einer Art von Nieten an verschiedenen Nähten, bes. an Bund u. Taschen.*

Niet|kopf, der: *verdicktes Ende einer Niete.*

Niet|pres|se, die: vgl. Niethammer.

niet- und na|gel|fest: in der Verbindung **[alles,] was nicht niet- und nagelfest ist** (ugs.; *[alles,] was man mitnehmen kann, was sich wegtragen lässt).*

Ni|fe [ˈniːfə, auch: ...fe], das; - [Kurzwort aus Nickel u. lat. ferrum = Eisen] (Geol.): *wahrscheinlich aus Nickel u. Eisen bestehender Erdkern.*

Nifl|heim [auch: ˈnɪfl̩...], das; -[e]s ⟨meist o. Art.⟩ [anord. niflheimr, aus: nifl- = Nebel- u. heimr = Heim, Wohnung] (germ. Myth.): *im Norden gelegenes Reich der Kälte, des Nebels, der Finsternis; Reich der nicht im Krieg umgekommenen Toten.*

[1]Ni|ger, der; -[s]: Fluss in Afrika.

[2]Ni|ger; -s, (auch:) der; -[s]: Staat in Westafrika.

Ni|ge|ria; -s: Staat in Westafrika.

ni|ge|ri|a|nisch ⟨Adj.⟩: *Nigeria, die Nigerianer betreffend; von den Nigerianern stammend, zu ihnen gehörend.*

Ni|g|ger, der; -s, - [engl. nigger, älter (mundartl.) ne(e)ger < frz. nègre < span. negro, ↑Neger] (veraltetes Schimpfwort): *Schwarzer.*

Night|club [ˈnaɪtklʌb], der; -s, -s [engl. night club, aus: night = Nacht u. club = Klub, Verein]: *Nachtbar, Nachtlokal.*

Night|ska|ting, das; -s, -s [aus engl. night = Nacht u. skating = das Rollschuhlaufen (zu to skate, ↑[2]skaten)]: *gemeinsames Inlineskaten bei Nacht (auf dafür vorgesehenen, für den öffentlichen Verkehr gesperrten Straßen).*

Ni|hi|lis|mus, der; - [zu lat. nihil = nichts] (bildungsspr.): **a)** *philosophische Anschauung von der Nichtigkeit, Sinnlosigkeit alles Bestehenden, des Seienden;* **b)** *weltanschauliche Haltung, die alle positiven Zielsetzungen, Ideale, Werte ablehnt; völlige Verneinung aller Normen u. Werte.*

Ni|hi|list, der; -en, -en (bildungsspr.): **a)** *Vertreter des Nihilismus* (a); **b)** *jmd., der nihilistisch* (b) *eingestellt ist.*

Ni|hi|lis|tin, die; -, -nen: w. Form zu ↑Nihilist.

ni|hi|lis|tisch ⟨Adj.⟩ (bildungsspr.): **a)** *den Nihilismus* (a) *betreffend, auf ihm beruhend;* **b)** *alle positiven Zielsetzungen, Ideale, Werte, Normen bedingungslos ablehnend:* -e Tendenzen; sich n. äußern.

Ni|ka|ra|gua usw.: ↑Nicaragua usw.

Ni|ke (griech. Myth.): Siegesgöttin.

Ni|ko|laus [auch: ˈniːko...], der; -, -e, ugs. oft scherzh. auch: ...läuse [nach einem als Heiliger verehrten Bischof von Myra (wohl 4. Jh.)]: **1.** *volkstümliche Gestalt mit großer Mütze, langem Gewand u. wallendem Bart, die nach einem alten Brauch den Kindern am 6. Dezember Geschenke bringt.* **2.** *Nikolaustag.*

Ni|ko|laus|tag, der: *Tag (6. Dezember), an dem die Kinder vom Nikolaus beschenkt werden.*

Ni|ko|sia [auch: ...ˈkoː...]: Hauptstadt von Zypern.

Ni|ko|tin, (chem. Fachspr.:) Nicotin, das; -s [frz. nicotine, zu älter frz. nicotiane = Tabakpflanze, nlat. herba Nicotiana, nach dem frz. Gelehrten J. Nicot (etwa 1530–1600)]: *bes. in der Tabakpflanze enthaltener öliger, farbloser, sehr giftiger Stoff, der beim Tabakrauchen als anregendes Genussmittel dient.*

ni|ko|tin|frei ⟨Adj.⟩: *kein Nikotin enthaltend.*

ni|ko|tin|hal|tig ⟨Adj.⟩: *Nikotin enthaltend:* stark -er Tabak.

Ni|ko|tin|ver|gif|tung, die: *Vergiftung durch Nikotin:* akute, chronische N.

Nil, der; -[s]: Fluss in Afrika.

Nil|gans, die: *(in Afrika heimischer) gelblich brauner Schwimmvogel mit rötlichem Schnabel u. rötlichen Füßen.*

Nil|gau, der; -[e]s, -e [Hindi nīlgāw]: *in Indien heimische Antilope.*

Ni|lo|te, der; -n, -n: Angehöriger negrider Völker am oberen Nil.

ni|lo|tisch ⟨Adj.⟩: *die Niloten betreffend, von ihnen stammend, zu ihnen gehörend:* -e Sprachen.

Nil|pferd, das: *großes, massiges Flusspferd.*

Nil|pferd|peit|sche, die: *aus der Haut von Nilpferden hergestellte Peitsche.*

Nim|bus, der; -, -se [mlat. nimbus = Heiligenschein, Strahlenglanz < lat. nimbus = Regenwolke; Nebelhülle, die die Götter umgibt]: **1.** ⟨o. Pl.⟩ (bildungsspr.) *besonderes Ansehen, glanzvoller Ruhm:* sein N. als großer Dichter. **2.** (bes. bild. Kunst) *Heiligenschein, Gloriole.*

nimm: ↑nehmen.

nim|mer ⟨Adv.⟩ [mhd. nimmer, niemēr, ahd. niomēr = nie mehr]: **1.** (veraltend) *zu keiner Zeit; niemals, nie.* **2.** (südd., österr.) *nicht mehr.*

Nim|mer|leins|tag: ↑Sankt-Nimmerleins-Tag.

nim|mer|mehr ⟨Adv⟩: (veraltend) *zu gar keiner Zeit, niemals, nie.*

nim|mer|mü|de ⟨Adj.⟩ (geh.): *nie ermüdend, nie erlahmend:* ein -r Helfer.

nim|mer|satt ⟨Adj.⟩ (fam.): *nie satt werdend; immer hungrig.*

Nim|mer|satt, der; - u. -[e]s, -e: (fam.) *jmd., der nie satt wird, immer hungrig ist:* er ist ein rechter N.

Nim|mer|wie|der|se|hen: nur in der Fügung **auf N.** (ugs., oft scherzh.; *für immer wegbleibend, ohne je wiederzukehren):* auf N. verschwinden.

nimmst, nimmt: ↑nehmen.

nin|geln ⟨sw. V.; hat⟩ [wohl lautm.] (mitteld.): *kläglich jammern.*

Ni|ni|ve: Hauptstadt des antiken Assyrerreichs.

Ni|ob, Niobium, das; -s [nach ↑Niobe, der Tochter des Tantalus (nach dem gemeinsamen Vorkommen mit ↑Tantal)]: *hellgraues, glänzendes Metall, das sich gut walzen u. schmieden lässt (chemisches Element;* Zeichen: Nb).

Ni|o|be [...be:] (griech. Myth.): Tochter des Tantalus.

Ni|o|bi|de, der u. die; -n, -n: *Kind der Niobe.*

Nip|pel, der; -s, - [wahrsch. < engl. nipple, eigtl. = (Brust)warze]: **1.** (Technik) *kurzes Stück Rohr mit Gewinde zum Verbinden von Rohren.* **2.** (ugs.) *kurzes, ab- od. vorstehendes [Anschluss]stück.* **3.** *Schmiernippel.*

nip|pen ⟨sw. V.; hat⟩ [niederd. (md.), wohl Intensivbildung zu mniederd. nipen = kneifen, auf das Zusammenpressen der Lippen am Gefäßrand bezogen]: *mit nur kurz geöffneten Lippen ein klein wenig trinken, einen kleinen Schluck nehmen.*

Nip|pes [auch: nɪps, nɪp] ⟨Pl.⟩ [älter frz. nippes = Kleidungsstücke, Pl. von: nippe = Beiwerk, Zierrat, H. u.]: *kleine Gegenstände, Figuren [aus Porzellan], die zur Zierde aufgestellt werden.*

Nipp|fi|gur, die; -, -en: vgl. Nippes.

Nip|pon; -s: japanischer Name für ↑Japan.

Nipp|sa|chen ⟨Pl.⟩: *Nippes.*

nir|gend ⟨Adv.⟩ [mhd. ni(e)rgen(t), ahd. ni io wergin, ↑irgend] (veraltend): *nirgends.*

nir|gend|her ⟨Adv.⟩: *von keinem Ort, aus keiner Richtung.*

nir|gend|hin ⟨Adv.⟩: *an keinen Ort, in keine Richtung.*

nir|gends ⟨Adv.⟩: *an keinem Ort, Platz; an keiner Stelle.*

nir|gends|hin ⟨Adv.⟩ (selten): *nirgendhin.*

nir|gends|wo (selten): ↑nirgendwo.

nir|gend|wo ⟨Adv.⟩: *nirgends.*

nir|gend|wo|her ⟨Adv.⟩: *nirgendher.*

nir|gend|wo|hin ⟨Adv.⟩: *nirgendhin.*

Ni|ros|ta®, der; -s [Kurzwort aus: **ni**chtrostender **Sta**hl]: *rostfreier Stahl.*

Nir|wa|na, das; -[s] [sanskr. nirvāna, eigtl. = das Erlöschen, Verwehen]: *(im Buddhismus) Endziel des Lebens als Zustand völliger Ruhe.*

Ni|sche, die; -, -n [frz. niche, zu afrz. nichier = ein Nest bauen, über das Vlat. zu lat. nidus = Nest]: **a)** *flache Einbuchtung, Vertiefung in einer Wand, Mauer;* **b)** *kleine Erweiterung eines Raumes.*

Ni|schen|al|tar, der: *in einer Nische* (b) *stehender Altar.*

Nis|se, die; -, -n [mhd. niʒ(ʒe), ahd. (h)niʒ]: *Ei einer Laus (das an den Haaren festgeklebt ist).*

nis|ten ⟨sw. V.; hat⟩ [mhd., ahd. nisten, zu ↑Nest]: *(von Vögeln) ein Nest bauen u. darin Eier legen, ausbrüten, die Jungen aufziehen.*

Nist|kas|ten, der: *mit einem Flugloch versehener kleiner Kasten o. Ä., der im Freien aufgehängt wird, sodass darin Vögel nisten können.*

Ni|trat, das; -[e]s, -e [zu ↑Nitrum]: *Salz der Salpetersäure.*

Ni|trid, das; -s, -e: *chem. Verbindung von Stickstoff mit einem Metall.*

ni|trie|ren ⟨sw. V.; hat⟩ [zu ↑Nitrum]: **1.** (Chemie) *(eine organische Verbindung) mit Salpetersäure behandeln, reagieren lassen.* **2.** (Technik) *nitrierhärten.*

ni|trier|här|ten ⟨sw. V.; hat; nur im Inf. u. Part. gebr.⟩ (Technik): *(die Oberfläche von Stahl) durch Reaktion mit Substanzen, die Stickstoff abgeben, härten.*

Ni|tri|fi|ka|ti|on, die; -, -en [frz. nitrification] (Chemie, Landw.): *Bildung von Salpeter durch Oxidation, die von Bakterien im Boden bewirkt wird.*

ni|tri|fi|zie|ren ⟨sw. V.; hat⟩ (Chemie, Landw.): *durch Oxidation Salpeter im Boden bilden:* nitrifizierende Bakterien.

Ni|tril, das; -s, -e ⟨meist Pl.⟩ (Chemie): *organische Verbindung mit einer Zyangruppe.*

Ni|trit [auch: ni'trɪt], das; -s, -e: *farbloses, in Wasser meist leicht lösliches Salz der salpetrigen Säure.*

Ni|tro- [zu ↑Nitrogen] ⟨Best. in Zus. mit der Bed.⟩: *die Nitrogruppe enthaltend, betreffend* (z. B. Nitrozellulose).

Ni|tro|farb|stof|fe ⟨Pl.⟩ [zu ↑Nitrogen] (Chemie, Textilind.): *Nitrogruppen enthaltende, gelbe od. orangefarbene bis braune synthetische Farbstoffe.*

Ni|tro|gen, Ni|tro|ge|ni|um, das; -s [frz. nitrogène, eigtl. = Salpeter bildend, zu: nitre (< lat. nitrum, ↑Nitrum) u. -gène < griech. -genēs = hervorbringend; Salpeter(säure) leitet sich von Stickstoff her]: *Stickstoff* (Zeichen: N).

Ni|tro|gly|ze|rin [auch: ...'ri:n], das; -s: *ölige, farblose bis schwach bräunliche, geruchlose, sehr leicht u. heftig explodierende Flüssigkeit, die zur Herstellung von Sprengstoffen u. in der Medizin als gefäßerweiterndes Mittel verwendet wird.*

Ni|tro|grup|pe, die; -, -n (Chemie): *als Bestandteil zahlreicher organischer Verbindungen auftretende einwertige Gruppe, die ein Stickstoff- u. zwei Sauerstoffatome enthält.*

Ni|tro|sa|min, das; -s, -e (Chemie): *bestimmte Stickstoffverbindung, die u. a. beim Räuchern, Rösten entsteht u. Krebs erregend sein kann.*

Ni|tro|zel|lu|lo|se, die; - (Chemie): *durch Nitrieren von Zellulose hergestellte, weiße, faserige Masse, die beim Entzünden sehr rasch verbrennt u. für die Herstellung von Lacken u. Zelluloid od. für Sprengstoffe verwendet wird.*

Ni|trum, das; -s [lat. nitrum < griech. nítron = Soda, Natron < ägypt. nṯr(j)] (veraltet): *Salpeter.*

ni|val ⟨Adj.⟩ [lat. nivalis, zu: nix (Gen.: nivis) = Schnee] (Met.): *(von Niederschlägen:) in fester Form von Schnee, Eis, Eisregen geprägt:* -es Klima; -es Abflussregime *(bei einem Fluss geringer Wasserstand im Winter u. Hochwasser nach der Schneeschmelze).*

Ni|val, das; -s, - (Geogr.): *Gebiet mit dauernder od. langfristiger Schnee- od. Eisdecke.*

Ni|veau [ni'vo:], das; -s, -s [urspr. = Wasserwaage < frz. niveau, dissimiliert aus afrz. livel < lat. libella, ↑Libelle]: **1.** *waagerechte, ebene Fläche in bestimmter Höhe* (1 b): Straße und Bahnlinie haben das gleiche N.; das N. des Flusses *(den Wasserspiegel)* absenken. **2.** *Stufe in einer Skala* (2) *bestimmter Werte, auf der sich etw. bewegt:* das N. der Preise. **3.** *geistiger Rang; Stand, Grad, Stufe der bildungsmäßigen, künstlerischen, sittlichen o. ä. Ausprägung:* das geistige N.; das N. halten, heben; etw. hat kein, wenig N. *(ist geistig anspruchslos).* **4.** *feine Wasserwaage an geodätischen u. astronomischen Instrumenten.* **5.** (Graphologie) *Gesamtbild einer persönlich gestalteten, ausdrucksfähigen Handschrift.*

ni|veau|los ⟨Adj.⟩: *sich auf einem niedrigen Niveau* (3) *bewegend; geistig anspruchslos:* eine -e Unterhaltungssendung.

Ni|veau|un|ter|schied, der: **1.** *unterschiedliche Höhe des Niveaus* (1). **2.** *unterschiedlicher Grad des Niveaus* (3).

ni|veau|voll ⟨Adj.⟩: *sich auf einem hohen Niveau* (3) *bewegend; geistig anspruchsvoll.*

Ni|vel|le|ment [nivɛl(ə)'mã:], das; -s, -s [frz. nivellement]: **1.** (bildungsspr.) *das Nivellieren* (1). **2.** (Vermessungsw.) **a)** *Messung u. Bestimmung von Höhenunterschieden im Gelände mithilfe des Nivelliergeräts;* **b)** *Ergebnis des Nivellements* (2 a).

ni|vel|lie|ren ⟨sw. V.; hat⟩ [frz. niveler]: **1.** (bildungsspr.) *(Unterschiede) durch Ausgleichung aufheben, mildern.* **2.** (Vermessungsw.) *Höhenunterschiede in einem Gelände mithilfe eines Nivelliergerätes bestimmen.* **3.** (selten) *ebnen, planieren:* das Gelände n.

Ni|vel|lier|ge|rät, das (Vermessungsw.): *Messgerät mit einem Zielfernrohr zum Bestimmen der Höhenunterschiede in einem Gelände.*

Ni|vel|lie|rung, die; -, -en: *das Nivellieren.*

nix ⟨Indefinitpron.⟩ (ugs.): *nichts.*

Nix, der; -es, -e [mhd. nickes, ahd. nicchus, urspr. = badendes (= im Wasser lebendes) Wesen] (germ. Myth.): *Wassergeist, der versucht, Menschen ins Wasser hinabzuziehen.*

Ni|xe, die; -, -n [mhd. nickese, ahd. nicchessa] (germ. Myth.): *weiblicher Wassergeist (mit einem in einem Fischschwanz endenden Unterkörper);* Ü die -n (scherzh.; *badenden Mädchen)* am Strand.

Niz|za: französische Stadt.

n. J. = nächsten Jahres.

nkr = norwegische Krone.

N. L. = Niederlausitz.

nlat. = neulateinisch.

nm = Nanometer.

Nm = Newtonmeter.

N. N. = nomen nescio [lat. = den Namen weiß ich nicht] (Name unbekannt) od. nomen nominandum [lat. = der zu nennende Name] (z. B. Herr N. N.).

N. N., NN = Normalnull.

NNO = Nordnordost[en].

NNW = Nordnordwest[en].

No = Nobelium.

No, das; -: *No-Spiel.*

NO = Nordost[en].

No., N° = Numero.

no|bel ⟨Adj.; nobler, -ste⟩ [frz. noble < lat. nobilis, eigtl. = bekannt]: **1.** (geh.) *in bewundernswerter Weise großmütig, edel [gesinnt], menschlich vornehm:* eine noble Geste. **2.** (öfter spött.) *elegant [wirkend]; luxuriös:* ein nobles *(hohen Ansprüchen genügendes, teures)* Hotel. **3.** (ugs.) *großzügig* (2), *freigebig:* ein nobles Trinkgeld.

No|bel- (öfter spött.): drückt in Bildungen mit Substantiven aus, dass jmd. oder etw. als elegant, vornehm, exklusiv angesehen wird: Nobeldisko, -villa.

No|bel|ge|gend, die (öfter spött.): *vornehme Wohngegend.*

No|bel|her|ber|ge, die (spött.): *Nobelhotel.*

No|bel|ho|tel, das (öfter spött.): *vornehmes [Luxus]hotel.*

No|be|li|um, das; -s [nach dem schwed. Chemiker A. Nobel; vgl. Nobelpreis]: *radioaktives metallisches Transuran (chemisches Element;* Zeichen: No).

No|bel|preis, der; -es, -e: *von dem schwed. Chemiker u. Industriellen A. Nobel (1833–1896) gestifteter, jährlich für hervorragende kulturelle, wissenschaftliche Leistungen auf verschiedenen Gebieten verliehener Geldpreis.*

No|bel|preis|trä|ger, der: *jmd., der einen Nobelpreis erhalten hat.*

No|bel|preis|trä|ge|rin, die: w. Form zu ↑Nobelpreisträger.

No|bi|li|ta|ti|on, die; -, -en [mlat. nobilitatio, zu lat. nobilitare, ↑nobilitieren] (bildungsspr.): *Adelung.*

no|bi|li|tie|ren ⟨sw. V.; hat⟩ [lat. nobilitare = berühmt machen] (bildungsspr.): *adeln.*

No|bles|se [auch: nɔ'blɛs], die; -, -n [...sn; frz. noblesse, zu: noble, ↑nobel]: **1.** (veraltet) *Adel* (1, 2). **2.** ⟨o. Pl.⟩ (bildungsspr.) **a)** *noble* (1) *Art;* **b)** *vornehme, elegante Erscheinung, Wirkung:* die [natürliche] N. seines Auftretens.

no|blesse ob|lige [nɔblɛsɔ'bli:ʒ; frz. = Adel verpflichtet] (bildungsspr., oft scherzh.): *eine höhere gesellschaftliche Stellung verpflichtet zu Verhaltensweisen, die von anderen nicht unbedingt erwartet werden.*

No|bo|dy [...di], der; -[s], -s [engl. nobody]: *jmd., der [noch] ein Niemand ist.*

noch [I. mhd. noch, ahd. noh, aus: nu (↑nun) u. -h (in Zus.) = auch, und, eigtl. = jetzt auch; II. mhd. noch, ahd. noh, zusgez. aus: ne = nicht u. ouh = auch, eigtl. = auch nicht]: **I.** ⟨Adv.⟩ **1. a)** drückt aus, dass ein Zustand, Vorgang weiterhin anhält [aber möglicherweise bald beendet sein wird]: sie ist n. wach; das gibt es n. heute/heute n.; es regnet kaum n. *(fast nicht mehr);* (betont, meist in Spitzenstellung:) n. regnet es nicht *(es regnet jetzt noch nicht, aber [vielleicht, wahrscheinlich] bald);* **b)** (unbetont, in Verbindung mit einer Mengenangabe o. Ä.) drückt aus, dass es sich um etw. handelt, was von etw. übrig geblieben ist: ich habe [nur] n. zwei Mark. **2. a)** *bevor etw. anderes geschieht:* ich muss [erst] n. duschen; **b)** drückt aus, dass etw. nach der Überzeugung des Sprechers, der Sprecherin (zu einem unbestimmten Zeitpunkt) in der Zukunft eintreten wird: *irgendwann später einmal, zu gegebener Zeit; schließlich:* er wird n. kommen; **c)** *wenn nichts geschieht, es zu verhindern; womöglich [sogar]:* du kommst n. zu spät [wenn du so trödelst]. **3. a)** (in Verbindung mit einer Zeitangabe oder einer Ortsangabe, die eine Zeitangabe ersetzt) drückt aus, dass der genannte Zeitpunkt relativ kurz vor einem bestimmten anderen [an dem die jeweilige Situation entscheidend verändert ist] liegt: gestern habe ich n./n. gestern habe ich mit ihm gesprochen; n. in Köln *(als wir in Köln waren)* lief der Motor einwandfrei; **b)** (in Verbindung mit einer Zeitangabe od. einer Ortsangabe, die eine Zeitangabe ersetzt) räumt ein, dass es sich um einen den Umständen nach sehr frühen Zeitpunkt, sehr begrenzten Zeitraum handelt, u. betont gleichzeitig die Zeit- bzw. Ortsangabe: er wurde n. am Unfallort operiert; **c)** drückt aus, dass ein bestimmtes Geschehen, ein Umstand einige Zeit später nicht mehr möglich [gewesen] wäre: er hat seinen Urgroßvater n. gekannt; **d)** drückt aus, dass der Endpunkt einer Entwicklung nicht erreicht ist, dass sich etw. im Rahmen des Akzeptablen, Möglichen o. Ä. hält, obwohl zum Gegenteil nur wenig fehlt: das geht n.; das ist ja n. [ein]mal gut gegangen. **4. a)** drückt aus, dass etw. [Gleiches] zu etw. anderem, bereits Vorhandenem hinzukommt, oft als Verstärkung anderer Adverbien (wie *außerdem, zusätzlich, dazu*): wer war n. da?; er hat [auch, außerdem] n. ein Fahrrad; hinzu kommt n., dass ...; n. [ein]mal so lang wie *(doppelt so lang wie);* (betont:) was soll ich denn n. tun?; * **n. und n./**(ugs. scherzh.:) **n. und nöcher** *(in großer Menge, Anzahl; in hohem Maße; sehr viel):* er hat Geld n. und nöcher; **n. und nochmals/n. und n. einmal** *(immer wieder);* **b)** (in Verbindung mit einem Komparativ o. Ä.) betont den höheren Grad o. Ä.: es ist heute n. wärmer als gestern; (nachgestellt, geh.:) sie ist schöner n. als Aphrodite. **5.** (n. + so) verstärkt das folgende Wort u. zeigt ein konzessives Verhältnis an: du kannst n. so [sehr] bitten, es wird dir nichts nützen. **II.** ⟨Konj.⟩ schließt in Korrelation mit einer Negation ein zweites Glied [u. weitere Glieder] einer Aufzählung an: *und auch nicht:* er kann weder lesen n. schreiben; (geh.:) sie hat keine Verwandten/nicht Verwandte n. Freunde. **III.** ⟨Partikel; unbetont⟩ **1.** drückt in Aussagesätzen eine Verstärkung aus, wobei der Sprecher andeutet, dass er eine Bestätigung, Zustimmung seines Gesprächspartners erwartet od. voraussetzt: auf ihn kann man sich n. verlassen. **2.** drückt in Aussage- od. Ausrufesätzen eine gewisse Erregung o. Ä. aus, wobei der Sprecher seinen Gesprächspartner [mit drohendem Unterton] auf zu erwartende Konsequenzen in Bezug auf dessen Äußerungen, Handlungen o. Ä. hinweisen will: das wirst du n. bereuen!; der wird sich n. wundern! **3.** drückt in Aussagesätzen od. [rhetorischen] Fragesätzen Empörung, Erstaunen o. Ä. aus (oft in Verbindung mit »doch« III): man wird [doch] n. fragen dürfen. **4.** drückt in Aussagesätzen aus, dass der Sprecher einen Sachverhalt o. Ä. als nicht schwerwiegend, als etwas nicht besonders Beachtenswertes o. Ä. ansieht (immer in Verbindung mit einer Negation): das kostet n. keine fünf Mark. **5.** *doch* (III 4): wie hieß er n. gleich?

Noch- (in Verbindung mit Personenbezeichnungen iron.): *einen bestimmten Rang, Status o. Ä. nicht mehr lange innehabend,* z. B. Nochintendant, -vorsitzende.

noch|ma|lig ⟨Adj.⟩: *nochmals geschehend, vorgenommen:* eine -e Überprüfung.

noch|mals ⟨Adv.⟩: **a)** *ein weiteres Mal, noch einmal:* ich möchte das n. betonen; n. *(ich frage noch einmal):* wo waren Sie zwischen 19 und 20 Uhr?; **b)** drückt aus, dass ein Vorgang, Zustand unterbrochen, eine schon abgeschlossene Angelegenheit wieder aufgenommen wird: sie war schon im Flur, da kam sie n. zurück.

¹Nock, das; -[e]s, -e, auch: die; -, -en [aus dem Niederd., urspr. wohl = hervorstehendes Ende von etw.] (Seemannsspr.): **a)** *Ende einer Spiere;* **b)** *seitlich hervorragender Teil einer Kommandobrücke.*

²Nock, der; -s, -e (bayr., österr.): *(in Bergnamen) Felskuppe; Hügel.*

Nöck, der; -en, -en [dän. nøk, schwed. näck, ↑Nix] (germ. Myth.): *alter, hässlicher männlicher Wassergeist, der durch Gesang Menschen ins Wasser zu locken versucht.*

No|cken, der; -s, - [wohl zu ↑¹Nock] (Technik): *Vorsprung an einer Welle, Scheibe od. fest auf einer Welle o. Ä. sitzender, (im Querschnitt) an einer Stelle eine Ausbuchtung aufweisender Ring zur Übertragung von Impulsen auf ein anderes Maschinenteil.*

No|cken|wel|le, die (Technik): *mit Nocken versehene Welle.*

Noc|turne [nɔkˈtyrn], das; -s, -s od. die; -, -s [frz. nocturne, eigtl. = nächtlich < lat. nocturnus, ↑Notturno] (Musik): **1.** *elegisches od. träumerisches Charakterstück.* **2.** *Notturno.*

No|e|ma, das; -s, Noemata [griech. nóēma = Gedanke, Sinn] (Philos.): **1.** *Gegenstand des Denkens; Gedanke.* **2.** *(in der Phänomenologie) Inhalt eines Gedankens im Unterschied zum Denkvorgang.*

No|e|sis, die; - [griech. nóēsis = das Denken] (Philos.): **1.** *geistige Tätigkeit; das Denken.* **2.** *(in der Phänomenologie) Denkvorgang im Unterschied zum Inhalt eines Gedankens.*

No|e|tik, die; - (Philos.): *Lehre vom Denken, vom Erkennen geistiger Gegenstände.*

no|e|tisch ⟨Adj.⟩: **1.** *die Noetik betreffend.* **2.** *die Noesis betreffend.*

no fu|ture [ˈnoʊ ˈfjuːtʃə; engl., aus: no = nicht; kein u. future = Zukunft]: Schlagwort als Ausdruck der Hoffnungslosigkeit, als Ausdruck dafür, dass es keine Zukunft für jmdn. (bes. arbeitslose Jugendliche), etw. gibt.

No-Fu|ture-Ge|ne|ra|ti|on, die ⟨o. Pl.⟩: *junge Generation ohne Zukunftsaussichten zu Beginn der 80er-Jahre in den westeuropäischen Industriestaaten.*

Noir [noaːɐ̯], das; -s [frz. noir]: *Schwarz als Farbe u. Gewinnmöglichkeit beim Roulette.*

no iron [ˈnoʊˈaɪən; nach engl. non-iron = bügelfrei] (Textilind.): *bügelfrei (als Hinweis in Kleidungsstücken).*

No-iron-Blu|se, die: *bügelfreie Bluse.*

Noi|sette [noaˈzɛt], die; -, -s [noaˈzɛt; frz. noisette, eigtl. = Haselnuss, Vkl. von: noix < lat. nux = Nuss]: **1.** kurz für ↑Noisetteschokolade. **2.** ⟨meist Pl.⟩ *Nüsschen* (2).

Noi|sette|scho|ko|la|de, die: *Milchschokolade mit fein gemahlenen Haselnüssen.*

NOK [ɛnloːˈkaː], das; -[s], -s: Nationales Olympisches Komitee.

Nok|tam|bu|lis|mus, der; - [zu lat. noctu = nachts u. ambulare = herumgehen] (Med.): *Somnambulismus.*

Nok|tur|ne, die; -, -n (Musik): *Nocturne.*

no|lens vo|lens [lat. = nicht wollend wollend] (bildungsspr.): *wohl oder übel.*

No|li|me|tan|ge|re, das; -, - [1: lat. = berühre mich nicht!; 2: nach Joh. 20, 17]: **1.** (Bot.) *Rührmichnichtan.* **2.** (Kunstwiss.) *Darstellung der biblischen Szene, in der der auferstandene Jesus Maria Magdalena erscheint.*

Nom. = Nominativ.

No|ma|de, der; -n, -n [lat. Nomades (Pl.) < griech. nomádes (Pl.), zu: nomás = Viehherden weidend u. mit ihnen umherziehend, zu: nomḗ, nomós = Weide(platz)]: *Angehöriger eines [Hirten]volkes, das innerhalb eines begrenzten Gebietes umherzieht.*

No|ma|den|da|sein, das: *durch Umherziehen gekennzeichnete Lebensweise eines Menschen.*

no|ma|den|haft ⟨Adj.⟩: *in der Art eines Nomaden [umherziehend].*

No|ma|den|tum, das; -s: **1.** *Nomadismus* (1). **2.** *Nomadendasein.*

No|ma|den|volk, das: *Volk von Nomaden.*

No|ma|din, die; -, -nen: w. Form zu ↑Nomade.

no|ma|disch ⟨Adj.⟩ [griech. nomadikós]: *die Nomaden betreffend; zu den Nomaden gehörend:* -e Weidegebiete.

no|ma|di|sie|ren ⟨sw. V.; hat⟩: **a)** *als Nomade leben, umherziehen:* nomadisierende Stämme; **b)** *zu Nomaden machen:* bereits sesshafte Stämme wurden durch die Ausbreitung des Islams wieder nomadisiert.

No|ma|dis|mus, der; -: **1.** *nomadische Wirtschafts-, Gesellschafts- u. Lebensform.* **2.** (Zool.) *[durch Nahrungssuche u. arteigenen Bewegungstrieb bedingte] ständige [Gruppen]wanderungen von Tierarten.*

Nom de Guerre [nõdˈgɛːr], der; - - -, -s - - [nõdˈgɛːr; frz., urspr. = Name, den jeder beim Eintritt in die Armee annahm]: frz. Bez. für *Deck-, Künstler-,* auch *Spottname.*

No|men, das; -s, Nomina, auch: - [lat. nomen = Name] (Sprachw.): **1.** *Substantiv.* **2.** *deklinierbares Wort, das weder Pronomen noch Artikel ist* (zusammenfassende Bez. für Substantiv u. Adjektiv).

No|men Ac|ti, das; - -, Nomina - (Sprachw.): *von einem Verb abgeleitetes Substantiv, das das Ergebnis eines Geschehens bezeichnet* (z. B. »Bruch« zu »brechen«).

No|men Ac|ti|o|nis, das; - -, Nomina - (Sprachw.): *von einem Verb abgeleitetes Substantiv, das ein Geschehen bezeichnet* (z. B. »Schlaf« zu »schlafen«).

No|men Agen|tis, das; - -, Nomina - (Sprachw.): *von einem Verb abgeleitetes Substantiv, das das [handelnde] Subjekt eines Geschehens bezeichnet* (z. B. »Fahrer« zu »fahren«).

no|men est omen [lat.] (bildungsspr.): *der Name deutet schon darauf hin:* Rolf Bäcker hat – n. e. o. – eine Stelle in einer Brotfabrik angetreten.

No|men In|stru|men|ti, das; - -, Nomina - (Sprachw.): *von einem Verb abgeleitetes Substantiv, das ein Gerät od. Werkzeug, das Mittel einer Tätigkeit bezeichnet* (z. B. »Bohrer« zu »bohren«).

no|men|kla|to|risch ⟨Adj.⟩ (Wissensch.): *eine Nomenklatur betreffend, darauf beruhend.*

No|men|kla|tur, die; -, -en [lat. nomenclatura = Namenverzeichnis]: **a)** *System der Namen u. Fachbezeichnungen, die für ein bestimmtes Fachgebiet, einen bestimmten Wissenschaftszweig o. Ä. [allgemeine] Gültigkeit haben:* die N. der Chemie; **b)** *Verzeichnis der für ein bestimmtes Fachgebiet, einen bestimmten Wissenschaftszweig gültigen Namen u. Bezeichnungen:* in der N. nachschlagen.

No|men|kla|tu|ra, die; - [russ. nomenklatura] (in der UdSSR): **1.** *Verzeichnis der wichtigsten Führungspositionen.* **2.** *Führungsschicht, herrschende Klasse.*

No|men pro|pri|um, das; - -, Nomina propria (Sprachw.): *Eigenname.*

No|mi|na: Pl. von ↑Nomen.

no|mi|nal ⟨Adj.⟩ [frz. nominal < lat. nominalis = zum Namen gehörig, namentlich]: **1. a)** (Sprachw.) *das Nomen* (2) *betreffend; zur Wortart Nomen gehörend;* **b)** *substantivisch:* -er Stil *(Nominalstil).* **2.** (Wirtsch.) *dem Nennwert nach; zahlenmäßig:* -e Lohnerhöhungen.

No|mi|nal|abs|trak|tum, das (Sprachw.): *von einem Nomen* (2) *abgeleitetes Abstraktum* (2) (z. B. »Schwärze« zu »schwarz«).

No|mi|nal|de|fi|ni|ti|on, die (Philos.): *Angabe der Bedeutung eines Wortes, einer Bezeichnung.*

No|mi|nal|ein|kom|men, das (Wirtsch.): *(in Form einer bestimmten Summe angegebenes) Einkommen, dessen Höhe allein nichts über seine Kaufkraft aussagt.*

No|mi|nal|form, die (Sprachw.): *infinite Form eines Verbs* (z. B. erwachend).

No|mi|nal|grup|pe, die (Sprachw.): *Nominalphrase.*

no|mi|na|li|sie|ren ⟨sw. V.; hat⟩ [zu ↑nominal (1)] (Sprachw.): **1.** *substantivieren.* **2.** *einen ganzen Satz in eine Nominalphrase verwandeln* (z. B. der Hund bellt – das Bellen des Hundes).

No|mi|na|li|sie|rung, die; -, -en (Sprachw.): *das Nominalisieren* (1, 2).

No|mi|na|lis|mus, der; -: **1.** (Philos.) *Denkrichtung, nach der die Begriffe nur als Namen, Bezeichnungen für einzelne Erscheinungen der Wirklichkeit fungieren, d. h. als Allgemeinbegriffe nur im Denken existieren u. keine Entsprechungen in der Realität haben.* **2.** (Wirtsch.) *volkswirtschaftliche Theorie, nach der das Geld einen Wert nur symbolisiert.*

No|mi|nal|lohn, der (Wirtsch.): vgl. Nominaleinkommen.

No|mi|nal|phra|se, die (Sprachw.): *Wortgruppe in einem Satz mit einem Nomen* (2) *als Kernglied; syntaktische Konstituente, die aus einem [von weiteren Elementen modifizierten] Nomen* (2) *besteht.*

No|mi|nal|prä|fix, das (Sprachw.): *Präfix, das vor ein Nomen* (2) *tritt* (z. B. Ur-, ur- in Urbild, uralt).

No|mi|nal|satz, der (Sprachw.): **a)** *aus einem od. mehreren Nomina bestehender Satz ohne Verb* (z. B. Viel Feind', viel Ehr'!); **b)** *Satz, dessen Prädikat aus Kopula* (b) *u. Prädikatsnomen besteht* (z. B. sie ist Lehrerin).

No|mi|nal|stil der ⟨o. Pl.⟩ (Sprachw.): *sprachlicher Stil, der durch eine [als unschön empfundene] Häufung von Substantiven [die von Verben abgeleitet sind] gekennzeichnet ist.*

No|mi|nal|wert, der (Wirtsch.): *Nennwert.*

No|mi|na|ti|on, die; -, -en [lat. nominatio = Benennung]: **a)** (kath. Kirchenrecht) *Ernennung eines bischöflichen Beamten;* **b)** (hist.) *Benen-*

nung eines Bewerbers für ein Bischofsamt (durch eine Landesregierung); **c)** (selten) *Nominierung.*

No|mi|na|tiv, der; -s, -e [spätlat. (casus) nominativus = zur Nennung gehörend(er Fall)] (Sprachw.): **1.** ⟨o. Pl.⟩ *Kasus, in dem vor allem die den Kern eines grammatischen Subjekts bildenden deklinierbaren Wörter stehen u. dessen [singularische] Formen als Grundformen der deklinierbaren Wörter gelten; Werfall, erster Fall:* das Substantiv steht im N. [Plural]; Abk.: Nom. **2.** *Wort, das im Nominativ (1) steht:* »er« ist [ein] N. Singular; absoluter N. *(außerhalb eines syntaktischen Gefüges stehender, nur etwas nennender Nominativ).*

no|mi|na|ti|visch ⟨Adj.⟩ (Sprachw.): *den Nominativ betreffend; im Nominativ [stehend, gebraucht].*

no|mi|nell ⟨Adj.⟩ [mit französierender Endung zu frz. nominal, ↑nominal]: **1.** (bildungsspr.) *[nur] dem Namen nach [bestehend, vorhanden]; nur nach außen hin so bezeichnet:* der Verein hat 200 -e Mitglieder. **2.** (Wirtsch.) *nominal* (2).

no|mi|nie|ren ⟨sw. V.; hat⟩ [lat. nominare = (be)nennen]: *(als Kandidaten bei einer Wahl, als Anwärter auf ein Amt, als Teilnehmer an einem Wettkampf o. Ä.) bestimmen, benennen:* jmdn. für die Wahl zum Bürgermeister n.; einen Fußballspieler [für ein Spiel] n. (Sport; *aufstellen*).

No|mi|nie|rung, die; -, -en: *das Nominieren; das Nominiertwerden.*

No|mo|gramm, das; -s, -e [zu ↑Nomos u. griech. gráphein = schreiben] (Math.): *Schaubild, Zeichnung als Hilfsmittel zum grafischen Rechnen:* ein N. aufstellen, zeichnen.

No|mo|gra|phie, (auch:) Nomografie, die; -: *Teilgebiet der Mathematik, das die verschiedenen Verfahren zur Aufstellung von Nomogrammen u. deren Anwendung zum Gegenstand hat.*

No|mos, der; -, Nomoi [griech. nómos]: **1.** (Philos.) *menschliche Ordnung, von Menschen gesetztes Recht (im Unterschied zum Naturrecht, göttlichen Recht).* **2.** (Musik) *nach festen, ursprünglich für kultische Zwecke entwickelten Modellen, Regeln komponierte [gesungene] Weise der altgriechischen Musik.*

No|mo|syn|tax, die; - (Sprachw.): *Syntax des Inhalts eines Satzes.*

Non, die; -, -en: *None* (1).

No|na|gon, das; -s, -e [zu lat. nonus = der neunte u. griech. gōnía = Winkel] (Math.): *Neuneck.*

No-Name-Pro|dukt [noʊ'neɪm...], das; -[e]s, -e [engl. no name = kein Name]: *neutral verpackte Ware ohne Marken- od. Firmenzeichen:* wegen der meist guten Qualität werden -e immer beliebter.

Non-Book [nɔn'bʊk], das; -[s], -s [zu engl. nonbook = kein Buch (seiend)]: *Non-Book-Artikel.*

Non-Book-Ar|ti|kel, der: *in einer Buchhandlung angebotener Artikel, der kein Buch ist* (z. B. Spiele, CDs).

Non|cha|lance [nõʃa'lã:s], die; - [frz. nonchalance, ↑nonchalant] (bildungsspr.): *[liebenswürdige] Lässigkeit, Ungezwungenheit, Unbekümmertheit:* jmdm. mit gespielter N. entgegentreten.

non|cha|lant [nõʃa'lã:; bei attr. Gebrauch: nõʃa'lant...] ⟨Adj.⟩ [frz. nonchalant, aus: non- = nicht- u. (a)frz. chalant, 1. Part. von: chaloir < lat. calere = sich erwärmen für jmdn., etw.] (bildungsspr.): *[liebenswürdig] ungezwungen, unbekümmert, lässig:* n. über etw. hinweggehen.

No|ne, die; -, -n [1: mlat. nona < lat. nona (hora) = die 9. Stunde; 2: zu lat. nonus = der neunte]: **1.** (kath. Kirche) *Hore* (a) *des Stundengebets (um 15 Uhr).* **2.** (Musik) **a)** *neunter Ton einer diatonischen Tonleiter;* **b)** *Intervall von neun diatonischen Tonstufen.*

No|nen ⟨Pl.⟩ [lat. Nonae (dies)]: *(im altrömischen Kalender) neunter Tag vor den Iden.*

No|nen|ak|kord, der [zu ↑None (2)] (Musik): *aus vier Terzen bestehender Akkord.*

Non-Es|sen|tials [nɔnɪ'sɛnʃlz] ⟨Pl.⟩ [engl. non-essentials, aus: non = nicht u. essential = das Notwendigste, Wesentliche] (Wirtsch.): *nicht lebensnotwendige Güter.*

No|nett, das; -[e]s, -e [ital. nonetto, zu: nono = der neunte, geb. nach ↑Duett, Quartett] (Musik): **a)** *Komposition für neun Soloinstrumente;* **b)** *aus neun Instrumentalsolisten bestehendes Ensemble.*

Non-Fic|tion [nɔn'fɪkʃən], das; -[s], -s [engl. nonfiction = nicht Erdachtes] (bildungsspr.): *Sach- od. Fachbuch.*

non|fi|gu|ra|tiv ⟨Adj.⟩ [aus lat. non = nicht u. ↑figurativ] (bild. Kunst): *nicht gegenständlich; gegenstandslos* (2).

Non-Food [nɔn'fu:d], das; -[s], -s [engl. nonfood = kein Lebensmittel (seiend)]: *Non-Food-Artikel.*

Non-Food-Ar|ti|kel, der: *in einer Abteilung eines Supermarkts angebotener Artikel, der nicht zur Kategorie der Lebensmittel gehört* (z. B. Elektrogeräte).

non-iron [nɔn'aɪən] (Textilind.): *no iron.*

No|ni|us, der; -, Nonien, auch: -se [nach dem latinis. Namen des port. Mathematikers P. Nunes (1492–1577)]: *verschiebbarer zusätzlicher Messstab (z. B. an Schieblehren o. Ä.), der das Ablesen von Bruchteilen der Einheiten des eigentlichen Messstabes ermöglicht.*

Non|kon|for|mis|mus, der; - [engl. nonconformism] (bildungsspr.): *von der herrschenden Meinung, den bestehenden Verhältnissen unabhängige Einstellung, Auffassung.*

Non|kon|for|mist, der; -en, -en [2: engl. nonconformist]: **1.** (bildungsspr.) *jmd., der sich nicht konformistisch* (1 a) *verhält.* **2.** *Anhänger einer der britischen protestantischen Kirchen, die die (anglikanische) Staatskirche ablehnen.*

Non|kon|for|mis|tin, die; -, -nen: w. Form zu ↑Nonkonformist.

non|kon|for|mis|tisch ⟨Adj.⟩: **1.** (bildungsspr.) **a)** *den Nonkonformismus* (1) *betreffend;* **b)** *als Nonkonformist* (1) *denkend, handelnd.* **2. a)** *nicht im Sinne der britischen (anglikanischen) Staatskirche;* **b)** *als Nonkonformist* (2) *denkend, handelnd.*

Non|kon|for|mi|tät, die; - (bildungsspr.): **1.** *Nichtübereinstimmung; mangelnde Anpassung.* **2.** *Nonkonformismus.*

Non|ne, die; -, -n [mhd. nonne, nunne, ahd. nunna < kirchenlat. nonna < spätlat. nonna = Amme; 2: die Färbung erinnert an die Tracht einer Nonne]: **1.** *Angehörige eines Frauenordens:* sie wollte als junges Mädchen eine N. werden; sie lebt wie eine N. *(zurückgezogen, sexuell enthaltsam).* **2.** *Nachtfalter mit grauen Hinterflügeln u. weißlichen, schwarz gemusterten Vorderflügeln (dessen stark behaarte Raupen als Forstschädlinge auftreten).* **3.** (Bauw.) *rinnenförmig nach unten gewölbter Dachziegel, der in Verbindung mit entgegengesetzt gewölbten Mönchen* (2) *verwendet wird.*

Non|nen|klos|ter, das: *Kloster eines Frauenordens.*

Non|nen|tracht, die: vgl. Tracht (1).

non olet [lat.; vgl. Geld (1)] (bildungsspr.): *Geld stinkt nicht.*

Non|pa|reille [nõpa'rɛ:j], die; - [frz. nonpareille = die Unvergleichliche, zu: non = nicht, un- u. pareil = gleich]: **1.** *kleine, farbige Zuckerkörner zum Bestreuen von Backwerk o. Ä.* **2.** (Druckw.) *Schriftgrad von 6 Punkt.* **3.** (veraltet) *leichtes Wollgewebe.*

Non|plus|ul|tra, das; - [lat. non plus ultra = nicht noch weiter] (oft scherzh. od. spött.): *etw., was nicht besser sein könnte, als es ist:* es gab viele Geschenke, aber das N. war das Handy.

Non|pro|li|fe|ra|tion [nɔnproʊlɪfə'reɪʃən], die; - [engl. non-proliferation, aus: non = nicht u. proliferation = Vermehrung] (Politik): *Nichtweitergabe [von Atomwaffen].*

non scho|lae, sed vi|tae dis|ci|mus [- 'sço:lɛ - - -, auch: - 'sko:lɛ - - -; lat. = nicht für die Schule, sondern für das Leben lernen wir; belehrend umgekehrt zitiert nach dem römischen Autor Seneca (4 v. Chr. bis 65 n. Chr.) im 106. Brief an seinen Freund Lucilius: Non vitae, sed scholae discimus = leider nicht für das Leben, sondern für die Schule lernen wir] (bildungsspr.): *was man lernt, lernt man für sich selbst.*

Non|sens, der; -, auch: -es [engl. nonsense, aus: non = nicht, un- u. sense = Sinn]: *[ärgerlicher] Unsinn:* N. reden.

non|stop [nɔn'stɔp, auch: nɔn'ʃtɔp] ⟨Adv.⟩ [engl. non-stop]: *ohne Unterbrechung, Pause:* das Kino spielt n.; n. *(ohne Zwischenlandung)* fliegen.

Non|stop, der; -s, -s: *Non-Stop-Flug.*

Non-Stop-Flug, (auch:) **Non|stop-Flug,** (auch:) **Non|stop|flug,** der: *Flug ohne Zwischenlandung.*

Non-Stop-Ki|no, (auch:) **Non|stop-Ki|no,** (auch:) **Non|stop|ki|no,** das: *Kino, in dem bei durchgehendem Einlass ununterbrochen Filme gezeigt werden.*

non|ver|bal [auch: 'nɔn...] ⟨Adj.⟩ [aus lat. non = nicht u. ↑verbal] (Fachspr.): *nicht mithilfe der Sprache, sondern durch Gestik, Mimik od. optische Zeichen vermittelt:* -e Kommunikation.

Noor, das; -[e]s, -e [dän. nor, zu: narv = Narbe, Vertiefung]: (nordd.): *Haff.*

Nop|pe, die; -, -n ⟨meist Pl.⟩ [spätmhd., mniederd. noppe = Knötchen im Gewebe, Wollflocke]: **1.** *knotenartige Verdickung in einem Garn, Gewebe:* -n. stricken. **2.** *höckerartige Erhebung auf einer Oberfläche:* die Gummimatte hat an der Unterseite -n.

nop|pen ⟨sw. V.; hat⟩ [a: spätmhd. noppen] (Fachspr.): **a)** *aus einem Gewebe Noppen auszupfen:* einen Stoff n.; **b)** *mit Noppen* (1, 2) *versehen:* ein Garn beim Spinnen n.; ein genoppter Pullover.

Nor, das; -s [gek. aus Noricum = röm. Provinz in den Ostalpen] (Geol.): *Stufe der oberen Trias* (2).

Nord, der; -[e]s, -e [mhd. nort, ahd. nord, urspr. = weiter nach unten (Gelegenes)]: **1.** ⟨o. Pl.; unflekt.; o. Art.⟩ **a)** (bes. Seemannsspr., Met.) *Norden* (1) (gewöhnlich in Verbindung mit einer Präp.): der Wind kommt aus N., von N.; Menschen aus N. und Süd; **b)** (nachgestellte nähere Bestimmung bei geographischen Namen o. Ä.) als Bezeichnung des nördlichen Teils od. zur Kennzeichnung der nördlichen Lage, Richtung: er wohnt in Ludwigshafen (N.)/Ludwigshafen-N.; (Abk.: N). **2.** ⟨Pl. selten⟩ (Seemannsspr., dichter.) *Nordwind.*

N

Nord|afri|ka; -s: nördlicher Teil Afrikas.

nord|afri|ka|nisch ⟨Adj.⟩: *Nordafrika betreffend, aus Nordafrika stammend, zu Nordafrika gehörend.*

Nord|ame|ri|ka; -s: nördlicher Teil Amerikas (1).

nord|ame|ri|ka|nisch ⟨Adj.⟩: *Nordamerika betreffend, aus Nordamerika stammend, zu Nordamerika gehörend.*

Nord|at|lan|tik|pakt, der: ↑NATO.

Nord|da|ko|ta; -s: Bundesstaat der USA.

nord|deutsch ⟨Adj.⟩: **a)** *zu Norddeutschland gehörend, aus Norddeutschland stammend:* die -e Bevölkerung; **b)** *für Norddeutschland, die Norddeutschen charakteristisch:* er sprach mit -em Akzent.

Nord|deutsch|land; -s: nördlicher Teil Deutschlands.

Nor|den, der; -s [mhd. norden, ahd. nordan]: **1.** ⟨meist o. Art.⟩ *dem Süden entgegengesetzte Himmelsrichtung, in der die Sonne nachts ihren tiefsten Stand erreicht* (gewöhnlich in Verbindung mit einer Präp.): der Wind weht aus N. (Abk.: N). **2. a)** *gegen Norden* (1), *im Norden gelegener Bereich, Teil (eines Landes, Gebiets, einer Stadt o. Ä.):* der N. des Landes; **b)** *Gebiet der nördlichen Länder; nördlicher Bereich der Erde, bes. Skandinavien:* das raue Klima des -s; der hohe, höchste N. *(die weit nördlich gelegenen Gebiete der Erde).*

Nord|eu|ro|pa; -s: nördlicher Teil Europas.

nord|eu|ro|pä|isch ⟨Adj.⟩: *Nordeuropa betreffend, aus Nordeuropa stammend, zu Nordeuropa gehörend.*

Nord|flan|ke, die: vgl. Nordseite: an der N. des Hochs strömt kalte Meeresluft ein.

Nọrd|flü|gel, der: **a)** *nördlicher Flügel* (4) *eines Gebäudes;* **b)** *nördlicher Flügel* (3 a) *einer Armee o. Ä.*

nord|frie|sisch ⟨Adj.⟩: *Nordfriesland betreffend, aus Nordfriesland stammend, zu Nordfriesland gehörend:* die Nordfriesischen Inseln.

Nọrd|fries|land; -s: Gebiet im nordwestlichen Schleswig-Holstein.

Nọrd|ger|ma|ne, der: Angehöriger des nördlichen Zweiges der Germanen in Dänemark, Norwegen, Schweden, Island u. Grönland.

Nọrd|ger|ma|nin, die: w. Form zu ↑Nordgermane.

nọrd|ger|ma|nisch ⟨Adj.⟩: *die Nordgermanen betreffend, zu ihnen gehörend.*

Nọrd|halb|ku|gel, die: *nördliche Hälfte der Erde.*

Nọrd|ir|land; -s: nördlicher, zu Großbritannien gehörender Teil Irlands.

nọr|disch ⟨Adj.⟩: **1.** *zum Norden* (2 b) *gehörend, daher stammend:* die -en Sagen; die -en Sprachen *(Norwegisch, Schwedisch, Dänisch, Isländisch).* **2.** (nationalsoz.) *(in der rassistischen Ideologie des Nationalsozialismus) einem Menschentypus angehörend, entsprechend, der bes. in Nordeuropa vorkommt u. für den schlanker, hoher Wuchs, blondes Haar u. blaue Augen typisch sind.*

Nor|dis|tik, die; -: *Wissenschaft, die die nordischen Sprachen u. Literaturen zum Gegenstand hat.*

Nord|ka|ro|li|na; -s: Bundesstaat der USA.

Nọrd|ko|rea; -s: Staat im nördlichen Teil der Halbinsel Korea.

Nọrd|küs|te, die: vgl. Nordseite.

Nọrd|land, das ⟨Pl. ...länder; meist Pl.⟩ (selten): *nördliches, bes. skandinavisches Land; Gebiet im Norden.*

nọrd|län|disch ⟨Adj.⟩: *zu den nördlichen Ländern gehörend, daher stammend, dafür charakteristisch.*

Nọrd|land|rei|se, die: *Reise in die nördlichen Länder.*

nörd|lich: I. ⟨Adj.⟩ **1.** *im Norden* (1) *gelegen:* die -e Halbkugel; am -en Himmel *(am Himmel in nördlicher Richtung).* **2. a)** *nach Norden* (1) *gerichtet:* in -er Richtung; **b)** *aus Norden* (1) *wehend:* -e Winde. **3.** (selten) **a)** *zum Norden* (2 b) *gehörend, daher stammend;* **b)** *für den Norden* (2 b), *seine Bewohner charakteristisch:* ein kühles, -es Temperament. II. ⟨Präp. mit Gen.⟩ *nördlich von; weiter im, gegen Norden [gelegen] als:* [20 km] n. der Grenze; n. Hamburgs (selten; *nördlich von Hamburg).* III. ⟨Adv.⟩ *im Norden:* das Dorf liegt n. von hier, von Köln.

Nọrd|licht, das ⟨Pl. ...lichter⟩ [1: LÜ von dän., norw. nordlys]: **1.** *im Norden auftretendes Polarlicht.* **2.** (scherzh., auch abwertend; aus süddeutscher, bes. bayrischer Sicht) *aus Norddeutschland stammende Persönlichkeit des öffentlichen Lebens, bes. der Politik.*

Nord|nord|ọst, der: **1.** ⟨o. Pl.; unflekt.; o. Art.⟩ (Seemannsspr., Met.) *Nordnordosten* (gewöhnlich in Verbindung mit einer Präp.; Abk.: NNO). **2.** ⟨Pl. selten⟩ (Seemannsspr.) vgl. Nord (2).

Nord|nord|ọs|ten, der ⟨meist o. Art.⟩: *Richtung zwischen Norden u. Nordosten* (gewöhnlich in Verbindung mit einer Präp.; Abk.: NNO).

Nord|nord|wẹst, der: **1.** ⟨o. Pl.; unflekt.; o. Art.⟩ (Seemannsspr., Met.) *Nordnordwesten* (gewöhnlich in Verbindung mit einer Präp.; Abk.: NNW). **2.** ⟨Pl. selten⟩ (Seemannsspr.) vgl. Nord (2).

Nord|nord|wẹs|ten, der ⟨meist o. Art.⟩: *Richtung zwischen Norden u. Nordwesten* (gewöhnlich in Verbindung mit einer Präp.; Abk.: NNW).

Nord|ọst, der: **1.** ⟨o. Pl.; unflekt.; o. Art.⟩ **a)** (bes. Seemannsspr., Met.) *Nordosten* (1) (gewöhnlich in Verbindung mit einer Präp.; Abk.: NO); **b)** (als nachgestellte nähere Bestimmung vor allem bei geographischen Namen) vgl. Nord (1 b). **2.** ⟨Pl. selten⟩ (Seemannsspr., dichter.) vgl. Nord (2).

Nord|ọs|ten, der: **1.** ⟨meist o. Art.⟩: *Richtung zwischen Norden u. Osten* (gewöhnlich in Verbindung mit einer Präp.; Abk.: NO). **2.** vgl. Norden (2 a).

nord|ọst|lich: I. ⟨Adj.⟩ vgl. nördlich (I 1, 2). II. ⟨Präp. mit Gen.⟩ vgl. nördlich (II). III. ⟨Adv.⟩ vgl. nördlich (III).

Nord|ọst|wind, der: vgl. Nordwind.

Nọrd|pol, der: **1.** *nördlicher Pol eines Planeten (bes. der Erde) u. der Himmelskugel* (1). **2.** *Pol eines Magneten, der das natürliche Bestreben hat, sich nach Norden auszurichten.*

Nord|po|lar|ge|biet, das: *im Bereich des Nordpols liegendes Gebiet.*

Nord|po|lar|meer, das; -[e]s: arktisches Nebenmeer des Atlantischen Ozeans.

Nọrd|rand, der: *nördlicher Rand (bes. eines Gebietes, eines Gebirges, einer Stadt).*

Nord|rhein-West|fa|len; -s: deutsches Bundesland.

nord|rhein-west|fä|lisch ⟨Adj.⟩: *Nordrhein-Westfalen betreffend, aus Nordrhein-Westfalen stammend.*

Nọrd|see, die; -: nordöstliches Randmeer des Atlantischen Ozeans.

Nọrd|sei|te, die: *nach Norden gelegene Seite:* die N. des Hauses.

Nọrd-Süd-Ge|fäl|le, das ⟨o. Pl.⟩ (Politik): *wirtschaftliches Gefälle* (2) *zwischen den Industriestaaten (auf der nördlichen Halbkugel) u. den Entwicklungsländern (auf der südlichen Halbkugel).*

Nọrd-Süd-Kon|flikt, der ⟨o. Pl.⟩ (Politik): *Gegensätze, die sich aus dem wirtschaftlich-sozialen u. politisch-kulturellen Gefälle zwischen den Industriestaaten der nördlichen Halbkugel u. den Entwicklungsländern der südlichen Halbkugel der Erde ergeben haben.*

nord|süd|lich ⟨Adj.⟩: *von Norden nach Süden [verlaufend]:* in -er Richtung.

Nọrd|wand, die: *nördliche Wand (z. B. eines Berges).*

nord|wärts ⟨Adv.⟩ [↑-wärts]: **a)** *in nördliche[r] Richtung, nach Norden;* **b)** (selten) *im Norden.*

Nord|wẹst, der: **1.** ⟨o. Pl.; unflekt.; o. Art.⟩ **a)** (bes. Seemannsspr., Met.) *Nordwesten* (1) (gewöhnlich in Verbindung mit einer Präp.; Abk.: NW); **b)** (als nachgestellte nähere Bestimmung vor allem bei geographischen Namen) vgl. Nord (1 b). **2.** ⟨Pl. selten⟩ (Seemannsspr., dichter.) vgl. Nord (2).

Nord|wẹs|ten, der: **1.** ⟨meist o. Art.⟩: *Richtung zwischen Norden u. Westen* (gewöhnlich in Verbindung mit einer Präp.; Abk.: NW). **2.** vgl. Norden (2 a).

nord|wẹst|lich: I. ⟨Adj.⟩ vgl. nördlich (I 1, 2). II. ⟨Präp. mit Gen.⟩ vgl. nördlich (II). III. ⟨Adv.⟩ vgl. nördlich (III).

Nord|west|wind, der: vgl. Nordwind.

Nọrd|wind, der: *aus Norden wehender Wind.*

Nör|ge|lei, die; -, -en (abwertend): **1.** ⟨o. Pl.⟩ *[dauerndes] Nörgeln.* **2.** ⟨meist Pl.⟩ *nörgelnde Äußerung, Bemerkung.*

nör|ge|lig, nörglig ⟨Adj.⟩ (abwertend): *zum Nörgeln neigend.*

nör|geln ⟨sw. V.; hat⟩ [lautm., urspr. = murren; brummen] (abwertend): *mit nichts zufrieden sein u. an Dingen u. Menschen griesgrämig u. kleinlich Kritik üben:* an jmdm., allem, über alles n.

Nörg|ler, der; -s, - (abwertend): *jmd., der nörgelt.*

Nörg|le|rin, die; -, -nen: w. Form zu ↑Nörgler.

nörg|le|risch ⟨Adj.⟩ (abwertend): *von, in der Art eines Nörglers.*

nörg|lig: ↑nörgelig.

Nọrm, die; -, -en [mhd. norme < lat. norma = Winkelmaß; Regel, wahrsch. über das Etrusk. < griech. gnṓmōn = Kenner; Maßstab]: **1.** ⟨meist Pl.⟩ *allgemein anerkannte, als verbindlich geltende Regel für das Zusammenleben der Menschen:* ethische -en; sprachliche -en *(Sprachnormen).* **2.** *übliche, den Erwartungen entsprechende Beschaffenheit, Größe o. Ä.; Durchschnitt.* **3.** *festgesetzte, vom Arbeitnehmer geforderte Arbeitsleistung.* **4.** (Sport) *(von einem Sportverband) als Voraussetzung zur Teilnahme an einem Wettkampf vorgeschriebene Mindestleistung.* **5.** *(in Wirtschaft, Industrie, Technik, Wissenschaft) Vorschrift, Regel, Richtlinien o. Ä. für die Herstellung von Produkten, die Durchführung von Verfahren, die Anwendung von Fachtermini o. Ä.* **6.** (Buchw.) *klein auf den unteren Rand der ersten Seite eines Druckbogens gedruckter Titel [u. Verfassername] eines Buches [in verkürzter od. verschlüsselter Form].*

nor|mal ⟨Adj.⟩ [lat. normalis = nach dem Winkelmaß gemacht, zu: norma, ↑Norm]: **1. a)** *der Norm* (2) *entsprechend; vorschriftsmäßig:* der Puls ist n.; **b)** *so [beschaffen, geartet], wie es sich die allgemeine Meinung als das Übliche, Richtige vorstellt:* unter -en Verhältnissen; **c)** ⟨nicht standardspr.⟩ (ugs.) *normalerweise.* **2.** *in [geistiger] Entwicklung u. Wachstum keine ins Auge fallenden Abweichungen aufweisend:* der Junge ist [geistig] vollkommen n.; bist du noch n.? (ugs.; Ausruf des Ärgers, der Entrüstung über jmds. Verhalten o. Ä.).

Nor|mal, das; -s, -e: **1.** (Fachspr.) *mit besonderer Genauigkeit hergestellter Maßstab, der zur Kontrolle für andere verwendet wird.* **2.** ⟨meist o. Art.; o. Pl.⟩ Kurzf. von ↑Normalbenzin.

Nor|mal|be|din|gung, die ⟨meist Pl.⟩ (Physik, Technik): *festgelegte physikalische Bedingung (z. B. Druck, Temperatur) für einen bestimmten Zustand eines Stoffes.*

Nor|mal|ben|zin, das: *Benzin mit geringerer Klopffestigkeit, mit niedriger Oktanzahl.*

Nor|mal|bür|ger, der: *Durchschnittsbürger.*

Nor|mal|bür|ge|rin, die: w. Form zu ↑Normalbürger.

Nor|ma|le, die; -[n], -n (Math.): *auf einer Ebene od. Kurve in einem vorgegebenen Punkt errichtete Senkrechte; Tangentenlot.*

nor|ma|ler|wei|se ⟨Adv.⟩: *unter normalen Umständen; im Allgemeinen.*

Nor|mal|fall, der: *normalerweise eintretender, vorliegender Fall.*

Nor|mal|film, der: *Film von 35 mm Breite.*

Nor|mal|ge|wicht, das: *einer bestimmten Norm entsprechendes Gewicht [einer Person].*

nor|ma|li|sie|ren ⟨sw. V.; hat⟩ [frz. normaliser]: **a)** *wieder auf die allgemein übliche Weise gestalten:* wir konnten die Beziehungen n.; **b)** ⟨n. + sich⟩ *wieder normal* (1 b) *werden; wieder in einen allgemein üblichen Zustand zurückkehren:* die Verhältnisse in der Stadt haben sich normalisiert.

Nor|ma|li|sie|rung, die; -, -en: *das [Sich]normalisieren.*

Nor|ma|li|tät, die; -: **1.** *normaler Zustand, normale Beschaffenheit.* **2.** (selten) *Vorschriftsmäßigkeit.*

Nor|mal|maß, das: **1.** *normales* (1 b), *übliches Maß.* **2.** *geeichtes Maß, nach dem die Maßeinheiten ausgerichtet sind.*

Nor|mal|null, das ⟨o. Pl.⟩ (Geodäsie): *festgelegte Höhe, auf die sich die Höhenmessungen beziehen;* Abk.: NN, N. N.

Nor|ma|lo, der; -s, -s (bes. Jugendspr.): *jmd., der in seiner äußeren Erscheinung, seinem Verhalten, seinen Einstellungen o. Ä. den allgemeinen Vorstellungen, Erwartungen entspricht, nicht auffällt.*

Nor|mal|schu|le, die (schweiz.): **1.** *pädagogische Hochschule.* **2.** *staatliches Lehrerseminar.*

Nor|mal|spur, die ⟨o. Pl.⟩: *(für Mitteleuropa) einheitlich festgelegte Weite der Spur der Eisenbahnschienen.*

Nor|mal|sterb|li|che, der u. die: *gewöhnlicher Mensch, Durchschnittsmensch.*

Nor|mal|tem|pe|ra|tur, die: vgl. Normalbedingung.

Nor|mal|uhr, die: **1.** *genau gehende Uhr, deren Zeitanzeige maßgebend für die Zeitanzeige anderer Uhren ist.* **2.** *auf Straßen u. Plätzen o. Ä. stehende elektrische Uhr, die die Normalzeit anzeigt.*

Nor|mal|ver|brau|cher, der: **a)** *jmd., der eine durchschnittliche Menge von Konsumgütern verbraucht; durchschnittlicher Verbraucher;* **b)** (leicht abwertend) *jmd., dessen [geistige]*

Ansprüche nicht über den Durchschnitt hinausgehen.

Nor|mal|ver|brau|che|rin, die: w. Form zu ↑Normalverbraucher.

Nor|mal|ver|die|ner, der: *jmd., der einen durchschnittlichen Verdienst hat.*

Nor|mal|ver|die|ne|rin, die: w. Form zu ↑Normalverdiener.

Nor|mal|zeit, die: *für ein bestimmtes größeres Gebiet geltende Einheitszeit.*

Nor|mal|zu|stand, der: **1.** *normaler* (1 b) *Zustand.* **2.** (Fachspr.) *Zustand unter Normalbedingungen.*

Nor|man|die [auch: ...mã'di:], die; -: Landschaft in Nordwestfrankreich.

Nor|man|ne, der; -n, -n: Angehöriger eines nordgermanischen Volkes.

Nor|man|nin, die; -, -nen: w. Form zu ↑Normanne.

nor|man|nisch ⟨Adj.⟩: *die Normannen betreffend, von ihnen stammend, zu ihnen gehörend.*

nor|ma|tiv ⟨Adj.⟩ (bildungsspr.): *als Richtschnur, Norm dienend; eine Regel, einen Maßstab für etw. darstellend, abgebend.*

Norm|blatt, das: *(vom Deutschen Institut für Normung herausgegebenes) Verzeichnis mit normativen Festlegungen (z. B. im Hinblick auf Größen in der Technik).*

nor|men ⟨sw. V.; hat⟩ (Fachspr.): *(zur Vereinheitlichung) für etw. eine Norm* (5) *aufstellen:* Papierformate n.; genormte *(einer Norm 5 entsprechende)* Maschinenteile.

Nor|men|aus|schuss, der: *Ausschuss* (2), *der Normen* (5) *aufstellt, festlegt.*

Nor|men|kon|trol|le, die (Rechtsspr.): *durch ein Gericht vorgenommene Prüfung u. Entscheidung der Frage, ob eine Rechtsnorm (z. B. ein Gesetz) einer anderen übergeordneten (z. B. der Verfassung) widerspricht od. nicht.*

Nor|men|kon|troll|kla|ge, die (Rechtsspr.): *Klage der Bundes- od. einer Landesregierung od. eines Drittels der Mitglieder des Bundestages beim Bundesverfassungsgericht zur Klärung der Vereinbarkeit eines Bundes- od. Landesgesetzes mit dem Grundgesetz od. eines Landesgesetzes mit dem Bundesrecht.*

norm|ge|recht ⟨Adj.⟩: *der Norm* (3, 5) *entsprechend.*

nor|mie|ren ⟨sw. V.; hat⟩ [frz. normer < lat. normare = korrekt einrichten] (bildungsspr.): **a)** *nach einem einheitlichen Schema, in einer bestimmten Weise festlegen;* **b)** *normen:* normierte Größen.

Nor|mie|rung, die; -, -en: *das Normieren; das Genormtwerden.*

Nor|mung, die; -, -en (Fachspr.): **a)** *das Normen;* **b)** *das Genormtsein.*

norm|wid|rig ⟨Adj.⟩: *der Norm zuwiderlaufend, nicht entsprechend.*

North Ca|ro|li|na ['nɔ:θ kærə'laɪnə]; -s: Bundesstaat der USA.

North Da|ko|ta ['nɔ:θ də'koʊtə]; -s: engl. Form von ↑Norddakota.

Nor|ther ['nɔ:ðə], der; -s, - [engl. norther, zu: north]: **1.** *heftiger, kalter Nordwind in Nord- u. Mittelamerika.* **2.** *heißer, trockener Wüstenwind an der Südküste Australiens.*

Nor|we|gen; -s: Land in Nordeuropa.

¹Nor|we|ger, der; -s, -: Ew.

²Nor|we|ger ⟨indekl. Adj.⟩ (seltener): die N. Fjorde.

Nor|we|ge|rin, die; -, -nen: w. Form zu ↑¹Norweger.

Nor|we|ger|mus|ter, das; -s, - (Handarb.): *Muster von Tieren, Sternen, Eiskristallen o. Ä. in einem sich von der Grundfarbe abhebenden Garn.*

nor|we|gisch ⟨Adj.⟩: *Norwegen, die Norweger betreffend; aus Norwegen stammend.*

Nor|we|gisch, das; -[s] u. ⟨nur mit best. Art.:⟩ **Nor|we|gi|sche,** das; -n: *die norwegische Sprache.*

No|so|lo|gie, die; - [zu griech. nósos = Krankheit u. ↑-logie] (Med.): *Lehre von den Krankheiten; systematische Beschreibung u. Einordnung der Krankheiten.*

No-Spiel, das; -[e]s, -e [jap. nō, eigtl. = Talent]: *streng stilisiertes japanisches Bühnenspiel mit Musik, Tanz, Gesang u. Pantomime.*

nos|tal|gi|co [nɔs'taldʒiko] ⟨Adv.⟩ [ital. nostalgico] (Musik): *sehnsüchtig.*

Nos|tal|gie, die; -, ...ien ⟨Pl. selten⟩ [nlat. nostalgia = Heimweh, zu griech. nóstos = Rückkehr (in die Heimat) u. álgos = Schmerz; die heutige Bed. wohl beeinflusst von gleichbed. engl. nostalgia]: **1.** (bildungsspr.) *vom Unbehagen an der Gegenwart ausgelöste, von unbestimmter Sehnsucht erfüllte Gestimmtheit, die sich in der Rückwendung zu einer vergangenen, in der Vorstellung verklärten Zeit äußert, deren Mode, Kunst, Musik o. Ä. man wieder belebt:* ein Fest im Zeichen der N. **2.** (bildungsspr. veraltend) *[krank machendes] Heimweh.*

Nos|tal|gi|ker, der; -s, -: *jmd., der sich der Nostalgie* (1) *überlässt.*

Nos|tal|gi|ke|rin, die; -, -nen: w. Form zu ↑Nostalgiker.

nos|tal|gisch ⟨Adj.⟩: **1.** *der Nostalgie* (1) *gemäß:* -e Mode; eine -e *(von Nostalgie 1 erfüllte)* Stimmung. **2.** (bildungsspr. veraltend) *an Nostalgie* (2) *leidend.*

Not, die; -, Nöte [mhd., ahd. nōt, H. u.]: **1.** ⟨Pl. selten⟩ *besonders schlimme Lage, in der jmd. dringend Hilfe braucht:* Rettung aus, in höchster N.; sie waren in diesem Moment wirklich in N. *(befanden sich in einer Notsituation);* **Spr** wenn die N. am größten, ist Gottes Hilfe am nächsten; *** in N. und Tod** (geh.; *auch unter schwierigsten Umständen, in größter Gefahr).* **2.** ⟨o. Pl.⟩ *Mangel an lebenswichtigen Dingen; Elend, äußerste Armut:* unverschuldete, wirtschaftliche N.; jmds. N. lindern; jmdm. [mit etw.] aus der N. helfen; er kennt keine N. *(ihm geht es wirtschaftlich gut);* (geh.:) N. leiden; die N. leidende Bevölkerung; die N. Leidenden umsorgen; **R** N. macht erfinderisch *(wenn wichtige Dinge fehlen, hat man Ideen, wie man sich ohne sie helfen kann);* in der N. frisst der Teufel Fliegen (ugs.; *wenn man überhaupt nichts hat, begnügt man sich mit Dingen, die man sonst verschmäht).* **3. a)** ⟨o. Pl.⟩ *durch ein Gefühl von Ausweglosigkeit, durch Verzweiflung, Angst gekennzeichneter seelischer Zustand, unter dem der davon Betroffene sehr leidet; Bedrängnis:* innere, seelische N.; in ihrer N. wusste sie sich nicht anders zu helfen; **b)** ⟨meist Pl.⟩ *belastendes [Not* (3 a) *verursachendes] Problem; Schwierigkeit, Sorge:* die Ängste und Nöte des kleinen Mannes; in [höchsten, tausend] Nöten sein *(große Schwierigkeiten, viele Sorgen haben).* **4.** *durch etw., jmdn. verursachte Mühe:* seine [liebe] N. mit jmdm., etw. haben *(mit jmdm., etw. große Schwierigkeiten, viel Mühe haben);* *** mit knapper/(seltener:) genauer N.** *(nur mit Mühe; gerade noch).* **5.** ⟨o. Pl.⟩ (veraltend) *äußerer Zwang, Notwendigkeit, Unvermeidlichkeit:* tun, was die N. gebietet; damit hat es keine N. *(das ist nicht dringend, das eilt nicht);* **R** der N. gehorchend [nicht dem eignen Trieb(e)] (geh.; *notgedrungen;* nach Schiller, Die Braut von Messina, Vers 1); *** N. tun/sein, werden** (geh. veraltend, noch landsch.; *nötig, vonnöten sein, werden):* Hilfe tut N.; das tut doch nicht N.! *(das brauchst du nicht zu tun!, das muss nicht sein!);* **jmdm. N. tun** (veraltend; *für jmdn. nötig sein):* ihm tut Beistand N.; **wenn, wo N. am Mann ist** *(wenn, wo etw. [Bestimmtes] dringend getan werden, geschehen muss; wenn jmd. gebraucht wird, der mithilft);* **aus der N. eine Tugend machen** *(eine missliche Situation zu seinem Vorteil nutzen;* nach dem Kirchenvater Hieronymus, Epistolae 54,6: »fac de necessitate virtutem«); **ohne N.** (geh.; *ohne dazu gezwungen zu sein, ohne zwingenden Grund);* **zur N.** *(wenn es nicht anders geht).*

No|ta|beln ⟨Pl.⟩ [frz. notables] (früher): *durch Bildung, Rang u. Vermögen ausgezeichnete Mitglieder der bürgerlichen Oberschicht in Frankreich.*

no|ta|be|ne ⟨Adv.⟩ [lat. nota bene] (bildungsspr.): *wohlgemerkt; übrigens.*

No|ta|be|ne, das; -[s], -[s] (bildungsspr. selten): *Merkzeichen, Vermerk.*

No|ta|bi|li|tät, die; -, -en [spätlat. notabilitas]: **1.** ⟨o. Pl.⟩ (veraltet) *Vornehmheit.* **2.** ⟨meist Pl.⟩ (geh.) *vornehme, berühmte Persönlichkeit.*

Not|abi|tur, das: *(in Kriegszeiten) vorgezogene Reifeprüfung für Oberschüler, die zum Wehrdienst einberufen worden sind.*

Not|an|ker, der: **1.** (Seew.) *zusätzlicher Anker; Reserveanker.* **2.** *jmd., etw. als jmds. letzter Halt.*

No|tar, (österr. ugs. veraltend:) **No|tär,** der; -s, -e [mhd. noder, notari(e), ahd. notāri < mlat. notarius = öffentlicher Schreiber < lat. notarius = Schnellschreiber, zu: notarius = zum (Schnell)schreiben gehörig, zu: nota, ↑Note]: *Jurist, der Beglaubigungen u. Beurkundungen von Rechtsgeschäften vornimmt.*

No|tar|ge|hil|fe, der: *Notariatsgehilfe* (Berufsbez.).

No|tar|ge|hil|fin, die: w. Form zu ↑Notargehilfe.

No|ta|ri|at, das; -[e]s, -e [mlat. notariatus]: **a)** *Amt eines Notars;* **b)** *Kanzlei eines Notars.*

No|ta|ri|ats|ge|hil|fe, der: *Angestellter in einem Notariat* (b) (Berufsbez.).

No|ta|ri|ats|ge|hil|fin, die: w. Form zu ↑Notariatsgehilfe.

no|ta|ri|ell ⟨Adj.⟩ (Rechtsspr.): *durch einen Notar [beurkundet, ausgefertigt o. Ä.]:* etw. n. beglaubigen lassen.

No|ta|rin, die; -, -nen: w. Form zu ↑Notar.

Not|arzt, der: **a)** *Arzt, der Bereitschaftsdienst hat;* **b)** *Arzt, der in Notfällen mit einem besonders ausgerüsteten Fahrzeug zum Patienten, Unfallopfer kommt.*

Not|ärz|tin, die: w. Form zu ↑Notarzt.

Not|arzt|wa|gen, der: *von einem Notarzt* (b) *benutzter Einsatzwagen.*

No|ta|ti|on, die; -, -en [lat. notatio = Bezeichnung, Beschreibung]: **1.** (Fachspr.) *Aufzeichnung; System von Zeichen od. Symbolen einer Metasprache.* **2.** (Musik) **a)** ⟨o. Pl.⟩ *das Aufzeichnen von Musik in Notenschrift;* **b)** *Notenschrift.* **3.** (Schach) *Aufzeichnung der einzelnen Züge einer Schachpartie.*

Not|auf|nah|me, die: **1.** (früher) **a)** *Aufnahme von Flüchtlingen aus der DDR od. Berlin (Ost) in die Bundesrepublik Deutschland od. Berlin (West):* die N. beantragen; **b)** *Stelle, in der die Notaufnahme* (1 a) *erfolgt.* **2. a)** *Aufnahme in ein Krankenhaus in einem Notfall;* **b)** *Station, Raum für Notaufnahmen* (2 a): er liegt noch in der N.

Not|auf|nah|me|la|ger, das: *Lager, in dem Flüchtlinge, die die Notaufnahme* (1 a) *beantragen, aufgenommen werden, bis sie einen neuen Wohnsitz zugeteilt bekommen.*

Not|aus|gang, der: *(bes. bei öffentlichen Gebäuden) Ausgang, der bei Gefahr, Feuer o. Ä. benutzt werden kann.*

Not|be|helf, der: *etw. für einen bestimmten Zweck nur bedingt Geeignetes, was ersatzweise benutzt wird, wenn etw. Besseres nicht verfügbar ist; Behelf:* etw. dient als N.

Not|be|leuch|tung, die: *schwächere Beleuchtung, die eingeschaltet werden kann, wenn die eigentliche Beleuchtung ausfällt.*

Not|brem|se, die: **1.** *Bremse in Eisenbahn-, Straßenbahnwagen o. Ä., die bei Gefahr von den Fahrgästen betätigt werden kann;* **Ü** als der Linksaußen auf den Torwart zustürmte, zog der bereits überspielte Libero die N. (Sport Jargon; *brachte ihn, um ein unmittelbar drohendes Tor zu verhindern, zu Fall);* die Bundesregierung zieht die N. (ugs.; *stoppt eine gefährliche Entwicklung)* und beschließt einen drastischen Subventionsabbau. **2.** *Bremse eines Aufzugs für den Notfall.*

Not|brem|sung, die: *plötzliches [hartes] Bremsen zur Abwendung einer Gefahr.*

Not|brü|cke, die: *behelfsmäßige Brücke.*

Not|dienst, der: *Bereitschaftsdienst.*

Not|durft, die; - [mhd. nōtdurft, ahd. nōtdur(u)ft, zum 2. Bestandteil vgl. dürftig]: **1.** (geh.)

menschliche Ausscheidungen; * **seine [große, kleine] N. verrichten** (geh.; *den Darm, die Blase entleeren*). 2. (geh.) *[zum Leben] Unentbehrliches; Bedarf am Notwendigsten:* des Leibes Nahrung und N.

not|dürf|tig ⟨Adj.⟩ [mhd. nōtdürfic = notwendig; bedürftig]: *kaum ausreichend (für etw.); nur in kümmerlicher Weise vorhanden:* das ist nur ein -er Sonnenschutz; etw. n. reparieren.

No|te, die; -, -n [mhd. nōte < mlat. nota = Note (1 a) < lat. nota = Merkzeichen; Schriftstück]: **1. a)** *(in der Musik) für einen Ton stehendes grafisches Zeichen in einem System von Linien; Notenzeichen:* ganze, halbe -n; -n lernen, lesen, schreiben, stechen; Gedichte in -n setzen (veraltend; *vertonen*); **b)** ⟨Pl.⟩ *Notentext; Notenblatt:* die -n liegen auf dem Klavier; nach, ohne -n singen, spielen. **2. a)** *in einer Ziffer, einem Wort od. einer Punktzahl ausgedrückte Bewertung einer schulischen Leistung; Zensur, Zeugnisnote:* seine N. in Latein war mäßig; die mündliche, schriftliche N. *(Note für die mündliche, schriftliche Leistung);* Ü er teilt gern schlechte -n aus *(übt gern Kritik);* **b)** *(im Sport) in Punkten ausgedrückte Bewertung einer sportlichen Leistung:* die Kampfrichter zogen hohe -n. **3.** (meist Pl.) (Bankw.) kurz für ↑Banknote. **4.** (Völkerrecht) *förmliche schriftliche Mitteilung im diplomatischen Verkehr zwischen Regierungen:* eine diplomatische N.; -n [über etw.] austauschen. **5.** (bildungsspr. selten) *Notiz; kurze Aufzeichnung.* **6.** ⟨o. Pl.⟩ *Merkmal, Eigenschaft o. Ä., die einer Person od. Sache ihr Gepräge gibt:* sie hat ihre eigene, individuelle N.; ein Anzug mit sportlicher N.; ein Parfüm mit einer betont weiblichen N.

Note|book ['noʊtbʊk], das; -s, -s [engl. notebook, eigtl. = Notizbuch, aus: engl. note (< [a]frz. note < lat. nota, ↑Note) u. book = Buch]: *tragbarer, leichter Personalcomputer, bei dem Bildschirm, Tastatur, Laufwerk usw. in das aufklappbare Gehäuse integriert sind.*

No|ten|bank, die ⟨Pl.: ...banken⟩: *Bank, die zur Ausgabe von Banknoten berechtigt ist.*

No|ten|blatt, das: *einzelnes Blatt mit Noten* (1 b).

No|ten|druck, der ⟨o. Pl.⟩: **1.** *Druck von Banknoten.* **2.** *Druck von Musikalien.*

No|ten|durch|schnitt, der: *[Examens]note, die sich als Mittelwert aus der Gesamtheit der einzelnen Noten* (2) *ergibt:* sie hat einen N. von 1,5.

No|ten|ge|bung, die; -, -en: *das Erteilen von Noten* (2 a, b).

No|ten|heft, das: [2]*Heft* (a), *dessen Papier mit Notenlinien bedruckt ist.*

No|ten|li|nie, die ⟨meist Pl.⟩: *eine der fünf Linien, in die die Notenschrift eingetragen ist.*

No|ten|pult, das: vgl. Notenständer.

No|ten|schlüs|sel, der: *Schlüssel* (4 a).

No|ten|schrift, die: *System von Zeichen, mit deren Hilfe Musik aufgezeichnet wird.*

No|ten|stän|der, der: *Ständer zum Auflegen der Noten für den Musizierenden.*

No|ten|ste|cher, der: *jmd., der Druckformen vorwiegend von Noten* (1 a) *auf Kupferplatten o. Ä. sticht* (Berufsbez.).

No|ten|ste|che|rin, die: w. Form zu ↑Notenstecher.

No|ten|sys|tem, das: **1.** *System* (6 b) *von Notenlinien.* **2.** *System* (2) *von Noten* (2) *zur Bewertung einer [schulischen] Leistung.*

No|ten|text, der ⟨Pl. selten⟩: *in Notenschrift aufgezeichnete Musik* (1 b).

No|ten|wert, der (Musik): *Dauer eines durch die entsprechende Note* (1 a) *bezeichneten Tons.*

No|ten|zei|chen, das (Musik): *Note* (1 a).

Note|pad ['noʊtpɛt], das; -s, -s [engl. notepad, eigl. = Notizblock]: *kleiner Computer vom Format eines Notizblocks mit Bildschirm u. Tastatur, der zur Speicherung u. Übertragung von Notizen, Adressen, Terminen o. Ä. dient.*

Not|fall, der: **a)** *Situation, in der dringend Hilfe benötigt wird:* bei Notfällen erste Hilfe leisten; **b)** *Lage, Situation, in der etw. Bestimmtes nötig ist, gebraucht od. notwendig wird:* das habe ich mir für den äußersten N. aufgehoben; im N. *(notfalls)* kannst du bei mir übernachten.

Not|fall|aus|weis, der (Rettungswesen): *vom Arzt ausgestelltes Papier mit medizinischen Informationen über den Inhaber, die bei Notfällen von Bedeutung sein können.*

Not|fall|dienst, der (bes. Gesundheitswesen): *[ärztlicher] Bereitschaftsdienst.*

Not|fall|me|di|zin, die: *Teilgebiet der Medizin, das sich mit der Betreuung medizinischer Notfälle befasst.*

Not|fall|me|di|zi|ner, der: *Arzt, der überwiegend auf dem Gebiet der Notfallmedizin tätig ist.*

Not|fall|me|di|zi|ne|rin, die: w. Form zu ↑Notfallmediziner.

not|falls ⟨Adv.⟩: *wenn es keine andere Möglichkeit gibt:* n. habe ich auch noch eine Luftmatratze.

Not|fall|sta|ti|on, die (schweiz.): *Unfallstation.*

Not|feu|er, das: **a)** *als Notsignal angezündetes Feuer;* **b)** *(im Volksglauben) Feuer, dem heilende Kraft zugeschrieben wird.*

Not|fre|quenz, die (Funkw.): *Funkfrequenz, auf der in Not geratene Schiffe, Flugzeuge o. Ä. Hilfe anfordern können.*

not|ge|drun|gen ⟨Adj.⟩: *nicht freiwillig, sondern durch die Situation dazu gezwungen.*

Not|geld, das (Geldw.): *bei einem Mangel an Zahlungsmitteln, z. B. durch Inflation, ersatzweise in Umlauf gesetztes Geld.*

Not|ge|mein|schaft, die: **a)** *Vereinigung von Leuten, die sich zusammengeschlossen haben, um einer Not, einem Missstand o. Ä. abzuhelfen;* **b)** *Gemeinschaft von Menschen, die sich in einer gemeinsamen Notlage befinden.*

Not|ge|setz, das: *Gesetz, das einer Notlage, einem Notstand entgegenwirken soll.*

Not|gro|schen, der: *Geld, das man spart, zurücklegt, um in Notfällen, in unvorhergesehenen Situationen darauf zurückgreifen zu können:* seinen N. [nicht] antasten.

Not|hel|fer, der: **a)** *Helfer in einer Notlage;* **b)** (kath. Rel.) *einer bzw. eine von 14 Heiligen, die man in einer bestimmten Notlage um Hilfe anruft.*

Not|hel|fe|rin, die: w. Form zu ↑Nothelfer (a).

Not|hil|fe, die (Rechtsspr.): *Hilfeleistung gegenüber jmdm., der sich in Not, Gefahr befindet.*

no|tie|ren ⟨sw. V.; hat⟩ [lat. notare = kennzeichnen, anmerken; schon mhd. notieren < mlat. notare = in Notenschrift aufzeichnen, zu lat. nota, ↑Note]: **1.** *[sich] etw., was man nicht vergessen möchte o. Ä., aufschreiben; [sich] von etw. eine Notiz machen; [sich] etw. (als Gedächtnisstütze) in Stichworten o. Ä. festhalten:* [sich] etw. genau, sorgfältig n.; ein Musikstück n. *(in Notenschrift aufzeichnen);* die Polizei hat den Fahrer *(seine Personalien)* notiert; jmdn. für etw. n. *(vormerken);* Ü sie hat die Vorgänge überhaupt nicht notiert *(zur Kenntnis genommen).* **2.** (Börsenw.; Wirtsch.) **a)** *den Kurs, Preis von etw. ermitteln u. festsetzen:* die Börse notiert die Aktie mit 50 Mark; **b)** *einen bestimmten Kurswert, Preis haben:* der Dollar notierte zum Vortageskurs.

No|tie|rung, die; -, -en: **1. a)** ⟨o. Pl.⟩ *das Notieren;* **b)** *Notation* (1). **2.** *Notation* (2). **3.** *Notation* (3). **4.** (Börsenw.; Wirtsch.) **a)** *das Notieren* (2 a); **b)** *notierter Kurs, Preis:* die amtliche N. [für Öl].

No|ti|fi|ka|ti|on, die; -, -en [frz. notification, zu: notifier < lat. notificare, ↑notifizieren]: **1.** (veraltet) *Anzeige; Benachrichtigung.* **2.** (Dipl.) *Übergabe einer diplomatischen Note.*

no|ti|fi|zie|ren ⟨sw. V.; hat⟩ [lat. notificare]: **1.** (veraltet) *anzeigen; benachrichtigen.* **2.** (Dipl.) *in einer Note* (4) *mitteilen.*

nö|tig ⟨Adj.⟩ [mhd. nœtic, nōtec, ahd. nōtag, zu ↑Not]: *(für etw.) erforderlich; eine unerlässliche Voraussetzung für etw. [bildend]; so beschaffen, dass man es braucht, dass man seiner zur Erreichung eines Zweckes bedarf:* die -en Schritte einleiten; das war einfach n.; zwei Stunden oder, wenn n., auch länger; nicht mehr als unbedingt n.; deine Aufregung war gar nicht n. *(du hättest dich gar nicht aufzuregen brauchen);* etw. für n. halten; die Lage macht sofortige Schritte n.; etw., jmdn. n. haben *(etw., jmdn. brauchen, darauf, auf ihn angewiesen sein);* sie hat es nicht n. anzugeben *(muss nicht angeben);* er hat es von allen am -sten (ugs.; *er bedarf der Hilfe, der Zuwendung o. Ä. am dringendsten*); er hat es manchmal n., dass man ihm die Meinung sagt (ugs.; *man muss ihm manchmal die Meinung sagen*); sie hielt es nicht einmal für n., sich zu entschuldigen *(sie hat sich nicht einmal entschuldigt);* sie braucht n. *(dringend)* Ruhe; das ist doch nicht n., das wäre doch nicht n. gewesen! (Höflichkeitsfloskel bei der Entgegennahme eines Geschenks o. Ä.); gerade du hast es/du hast es gerade n.! *(du kannst es dir am allerwenigsten leisten;* als Ausdruck ärgerlicher od. empörter Kritik); hast du das n.? *(das brauchst du doch eigentlich gar nicht zu tun);* ⟨subst.:⟩ ich werde das Nötige veranlassen, alles Nötige mitbringen.

nö|ti|gen ⟨sw. V.; hat⟩ [mhd. nötigen, ahd. nōtigōn]: **1.** *jmdn. gegen seinen Willen (mithilfe von Gewalt, Drohung o. Ä.) zu etw. veranlassen; zwingen:* er nötigte ihn, das Papier zu unterschreiben. **2.** *(von einem Sachverhalt, Umstand o. Ä.) jmdn. zu einem bestimmten Verhalten, Tun o. Ä. zwingen:* die Umstände nötigen mich zu dieser Maßnahme; [durch etw.] zu etw. genötigt sein; sich zu etw. genötigt sehen. **3. a)** *durch eindringliches Zureden, Auffordern, Ermuntern zu etw. [zu] veranlassen [suchen]:* er nötigte uns zum Bleiben; sie nötigte den Besucher, Platz zu nehmen, einzutreten; (landsch.:) genötigt wird bei uns nicht *(jeder möge sich unaufgefordert von dem Aufgetischten nehmen);* lass dich nicht [lange] n.!; **b)** *jmdn. durch Zureden [zu] veranlassen [suchen], sich an einen bestimmten Ort zu begeben:* er nötigte uns in die Bar, ins Wohnzimmer.

nö|ti|gen|falls ⟨Adv.⟩: *falls es nötig ist.*

Nö|ti|gung, die; -, -en: **1.** ⟨Pl. selten⟩ (bes. Rechtsspr.) *das Nötigen* (1); *(strafbare) Handlung, Tat, die darin besteht, dass jmd. einen anderen mit rechtswidrigen Mitteln zu einem bestimmten Verhalten zwingt:* N. zur Unzucht; jmdn. wegen N. verurteilen. **2.** ⟨o. Pl.⟩ (geh.) *das Genötigtsein; Notwendigkeit, Veranlassung, Zwang:* aus einer inneren N. heraus musste sie sich so verhalten. **3.** *das Nötigen* (3); *das Genötigtwerden:* die fast schon aufdringlichen -en der Gastgeberin.

No|tiz, die; -, -en [lat. notitia = Kenntnis, Nachricht, zu: notum, 2. Part. von: noscere = kennen lernen, erkennen]: **1.** ⟨meist Pl.⟩ *kurze, stichwortartige schriftliche Aufzeichnung (die jmdm. als Gedächtnisstütze dienen soll):* seine -en ordnen; sich bei einem Vortrag -en machen. **2.** ⟨meist Sg.⟩ *kurze Zeitungsmeldung:* in der Zeitung fand sich nur eine knappe N. über den Vorfall. **3.** (Börsenw.) *Notierung* (4). **4.** * **N. von jmdm., etw. nehmen** *(jmdm., einer Sache Beachtung schenken).*

No|tiz|block, der ⟨Pl. ...blöcke u. ...blocks⟩: *kleinerer Block* (5) *für Notizen.*

No|tiz|buch, das: *kleines Buch* (2), *Heft mit, für Notizen.*

No|tiz|zet|tel, der: *Zettel mit, für Notizen.*

Not|la|ge, die: *aufgrund äußerer Umstände eingetretene schwierige Situation, in der sich jmd. befindet:* jmds. [augenblickliche] N. ausnutzen; aus einer N. herauskommen; jmdn. aus einer N. befreien; in einer N. sein.

Not|la|ger, das: **1.** *behelfsmäßiger Schlafplatz.* **2.** *Flüchtlingslager.*

not|lan|den ⟨sw. V.; notlandete, notgelandet, notzulanden⟩: **a)** *eine Notlandung vornehmen* ⟨ist⟩: die Pilotin musste n.; **b)** *durch eine Notlandung zur Erde bringen* ⟨hat⟩: der Pilot hat das Flugzeug notgelandet.

Not|lan|dung, die: *durch eine Notsituation notwendig gewordene vorzeitige Landung [an einem nicht dafür vorgesehenen Ort].*

Not lei|dend: s. Not (2).

Not|lei|den|de, der u. die; -n, -n: *jmd., der unter Not (2) leidet:* den -n helfen.
Not|lö|sung, die: *nicht ganz zufrieden stellende, aber unter den gegebenen Umständen nicht anders mögliche Lösung für etw.*
Not|lü|ge, die: *Lüge aufgrund einer Notsituation (um jmdn. zu schonen, etw. Schlimmes zu vermeiden):* zu einer N. greifen.
Not|maß|nah|me, die: *Maßnahme, zu der man in einer Notlage greift, durch die man eine Notsituation abzuwenden sucht.*
Not|na|gel, der (ugs. abwertend): *jmd., etw., mit dem man [aufgrund einer Notlage] (anstelle eines anderen, eigentlich für eine bestimmte Tätigkeit o. Ä. Vorgesehenen) vorlieb nimmt.*
Not|ope|ra|ti|on, die: *zur Abwendung akuter Lebensgefahr vorgenommene Operation.*
not|ope|rie|ren ⟨sw. V.; notoperierte, hat notoperiert, notzuoperieren⟩: *eine Notoperation vornehmen; einer Notoperation unterziehen.*
Not|op|fer, das (Steuerw.): *zeitweilig erhobene Sondersteuer zur Behebung eines bestimmten Notstands o. Ä.*
no|to|risch ⟨Adj.⟩ [spätlat. notorius = anzeigend, kundtuend, zu lat. notus, ↑Notiz]: **a)** (bildungsspr. abwertend) *für eine negative Eigenschaft, Gewohnheit bekannt; gewohnheitsmäßig, ständig:* ein -er Lügner; **b)** (bildungsspr. veraltend) *allbekannt, offenkundig:* ein -er Gegner der Entspannungspolitik; **c)** (Rechtsspr.) *gerichtsnotorisch.*
Not|quar|tier, das: *Notunterkunft.*
Not|recht, das (schweiz. Verfassungsw.): *Notstandsrecht.*
No|tre-Dame [nɔtrəˈdam], die; - [frz., eigtl. = unsere Herrin]: **1.** frz. Bez. für *Jungfrau Maria.* **2.** Name französischer Kirchen.
not|reif ⟨Adj.⟩ (Landw.): *im Zustand der Notreife befindlich:* -es Getreide, Obst.
Not|rei|fe, die (Landw.): *Reife, die eintritt, bevor die Frucht voll ausgebildet ist.*
Not|ruf, der: **1. a)** *(meist telefonisch oder per Funk übermittelter) Hilferuf [bei Gefahr für Menschenleben];* **b)** *Notrufnummer.* **2.** *Ruf eines in Gefahr befindlichen Tieres (bes. eines [jungen] Vogels).*
Not|ruf|an|la|ge, die: vgl. Notrufsäule.
Not|ruf|num|mer, die: *Telefonnummer, unter der man Polizei u. Feuerwehr erreichen kann.*
Not|ruf|säu|le, die: *Rufsäule zum Übermitteln von Notrufen an die Polizei, die Straßenmeisterei o. Ä.*
Not|rut|sche, die: *Rutsche (1), über die Passagiere ein verunglücktes Flugzeug verlassen können.*
Not|schal|ter, der: *Schalter, mit dem im Notfall, bei Gefahr eines Brandes o. Ä., eine Maschine o. Ä. ausgeschaltet werden kann.*
not|schlach|ten ⟨sw. V.; notschlachtete, hat notgeschlachtet, notzuschlachten⟩: *ein Tier, weil es krank oder verletzt [und nicht mehr heilbar] ist, vorzeitig schlachten.*
Not|schlach|tung, die: *das Notschlachten.*
Not|sen|der, der: *Sender zur [automatischen] Übermittlung von Notrufen.*
Not|si|gnal, das: *Signal, das anzeigt, dass sich jmd. in [Lebens]gefahr, in Not (1) befindet;* Ü die -e von selbstmordgefährdeten Menschen werden oft nicht wahrgenommen.
Not|si|tu|a|ti|on, die: *Notlage.*
Not|sitz, der: *(in Fahrzeugen, Sälen o. Ä.) [ausklappbarer] einfacher Sitz, der nur bei Platzmangel gebraucht wird.*
Not|stand, der: **a)** *Notlage:* dem N. im Bildungswesen abhelfen; politischer N. *(Situation, in der ein oberstes Staatsorgan nicht funktioniert);* **b)** (Staatsrecht) *Situation, in der ein Staat in Gefahr ist:* äußerer *(durch Bedrohung von außen verursachter)* N.; innerer *(durch Vorgänge im Innern verursachter)* N.; den [nationalen] N. ausrufen, verkünden.
Not|stands|ge|biet, das: *Gebiet, in dem ein Notstand (a) herrscht.*
Not|stands|ge|setz, das ⟨meist Pl.⟩: *Gesetz, das im Notstand (b) wirksam ist.*
Not|stands|recht, das: *Gesamtheit der Gesetze u. gesetzlichen Normen, die den Notstand betreffen.*
Not|strom|ag|gre|gat, das: *Aggregat (1) zur Erzeugung von Strom bei Ausfall der zentralen Versorgung.*
Not|tau|fe, die: *[von einer nicht geistlichen Person vorgenommene] Taufe bei Todesgefahr für den Täufling.*
not|tau|fen ⟨sw. V.; nottaufte, hat notgetauft, notzutaufen⟩: *an jmdm. eine Nottaufe vornehmen.*
Not|tur|no, das; -s, -s u. ...ni [ital. notturno = Nachtstück; nächtlich < lat. nocturnus = nächtlich, zu: noctu = nachts, zu: nox (Gen.: noctis) = Nacht] (Musik): **1. a)** *[zur nächtlichen Aufführung im Freien komponiertes] stimmungsvolles Musikstück in mehreren Sätzen;* **b)** *einem Ständchen ähnliches Musikstück für eine od. mehrere Singstimmen [mit Begleitung].* **2.** (seltener) *Nocturne* (1).
Not|un|ter|kunft, die: *behelfsmäßige Unterkunft.*
Not|ver|band, der: *behelfsmäßiger Verband* (1 a).
Not|ver|kauf, der: *Verkauf aufgrund einer Notlage.*
Not|ver|ord|nung, die (Verfassungsw.): *zur Überwindung eines Notstands [von der Regierung] erlassene Verordnung.*
not|voll ⟨Adj.⟩ (geh.): *voller Not* (1, 2).
Not|vor|rat, der: *[Lebensmittel]vorrat für Notzeiten.*
not|was|sern ⟨sw. V.; notwasserte, notgewassert, notzuwassern⟩ (Flugw.): **a)** *eine Notwasserung vornehmen* ⟨ist⟩: das Flugzeug musste n.; **b)** *durch eine Notwasserung landen* (3 a) ⟨hat⟩.
Not|was|se|rung, (selten:) **Not|wass|rung,** die (Flugw.): *Notlandung eines Flugzeugs o. Ä. auf dem Wasser.*
Not|wehr, die ⟨o. Pl.⟩ [mhd. nōtwer] (Rechtsspr.): *Gegenwehr, deren an sich strafbare Folgen straffrei bleiben, weil man durch tätliche, gefährliche Bedrohung dazu gezwungen worden ist:* aus, in N. handeln; sie hat ihn in N. getötet.
not|wen|dig [auch: -ˈ- -] ⟨Adj.⟩ [eigtl. = die Not wendend]: **1. a)** *im Zusammenhang mit etw. nicht zu umgehen; von der Sache selbst gefordert; unbedingt erforderlich; unerlässlich:* -e Maßnahmen; sie hat nicht die dazu, dafür -en Fertigkeiten; wir nahmen nur die -sten Dinge mit; etw. ist [für jmdn.] n.; ⟨subst.:⟩ sich auf das Notwendige beschränken; es fehlte ihnen am Notwendigsten; **b)** *unbedingt, unter allen Umständen:* etw. n. brauchen, tun müssen. **2.** *in der Natur einer Sache liegend, zwangsläufig:* das war die -e Folge, Konsequenz.
not|wen|di|gen|falls ⟨Adv.⟩: *falls es notwendig* (1) *ist.*
not|wen|di|ger|wei|se ⟨Adv.⟩: *zwangsläufig; ohne dass es sich vermeiden, ändern ließe:* sich n. daraus ergeben.
Not|wen|dig|keit [auch: -ˈ- - -], die; -, -en: **1.** ⟨o. Pl.⟩ *das Notwendigsein:* dazu besteht [für jmdn.] keine N.; etw. aus [zwingender] N. tun. **2.** *etw., was notwendig ist:* 8 Stunden Schlaf sind für sie eine N.
Not|woh|nung, die: *behelfsmäßige Wohnung.*
Not|zeit, die ⟨meist Pl.⟩: *Zeit der Not* (2): für -en sparen.
Not|zucht, die ⟨o. Pl.⟩ [rückgeb. aus spätmhd. nōtzücht[i]gen = schänden, vergewaltigen] (Rechtsspr. früher): *Vergewaltigung.*
Nou|ak|chott [nwakˈʃɔt]: Hauptstadt von Mauretanien.
Nou|gat usw.: ↑Nugat usw.
Nou|veau Ro|man [nuvoroˈmã], der; - - [frz. = neuer Roman, aus: nouveau = neu (< lat. novellus, ↑Novelle) u. roman, ↑Roman] (Literaturw.): *(nach 1945 in Frankreich entstandene) experimentelle Form des Romans, die unter Verzicht auf den allwissenden Erzähler die distanzierte Beschreibung einer eigengesetzlichen Welt in den Vordergrund stellt.*
Nou|velle Cui|sine [nuˈvɛl kɥiˈziːn], die; - - [frz., eigtl. = neue Küche, aus: nouvelle, w. Form von: nouveau (↑Nouveau Roman) u. cuisine < vlat. cocina, ↑Küche]: *moderne Richtung der Kochkunst, die den Eigengeschmack eines Nahrungsmittels nicht überdecken, sondern vielmehr durch entsprechende Gewürze verstärken will u. bes. die Verwendung frischer Ware bei kurzer Kochzeit vorsieht.*
[1]No|va, die; -, Novä [lat. nova (stella) = neuer (Stern), zu: novus, ↑Novum] (Astron.): *Stern, der aufgrund innerer Explosionen plötzlich stark an Helligkeit zunimmt.*
[2]No|va: Pl. von Novum.
No|va|ti|on, die; -, -en [spätlat. novatio = Erneuerung, zu lat. novare = erneuern, zu: novus, ↑Novum] (Rechtsspr.): *vertragliche Ersetzung eines bestehenden Schuldverhältnisses durch Schaffung eines neuen.*
No|ve|cen|to [noveˈtʃɛnto], das; -[s] [ital. novecento = 20. Jahrhundert, kurz für: mille novecento = 1900]: *das 20. Jh. in Italien als Stilbegriff.*
No|vel Food, (auch:) **No|vel|food** [ˈnɔvlfuːd], das; -[s] [engl. novel food = neuartiges Nahrungs-, Lebensmittel]: *Lebensmittel, die aus gentechnisch veränderten Organismen bestehen od. mit deren Hilfe hergestellt werden.*
No|vel|le, die; -, -n [1: ital. novella, zu lat. novellus, Vkl. von: novus, ↑Novum; 2: lat. novella (lex) = neues (Gesetz)]: **1.** *Erzählung kürzeren od. mittleren Umfangs, die von einem einzelnen Ereignis handelt u. deren geradliniger Handlungsablauf auf ein Ziel hinführt.* **2.** (Politik, Rechtsspr.) *Gesetz, das in einem ergänzenden od. abändernden Nachtrag zu einem bereits geltenden Gesetz besteht:* eine N. zum Bundesbaugesetz; eine N. einbringen, verabschieden.
No|vel|len|zy|klus, der: *Zyklus von Novellen.*
[1]No|vel|let|te, die; -, -n [ital. novelletta, Vkl. von: novella, ↑Novelle] (Literaturw.): *kleine Novelle* (1).
[2]No|vel|let|te, die; -, -n [von Robert Schumann nach dem Namen der engl. Sängerin Clara Novello (1818–1908) geprägt] (Musik): *Charakterstück mit mehreren aneinander gereihten [heiteren] Themen.*
no|vel|lie|ren ⟨sw. V.; hat⟩ [zu ↑Novelle (2)] (Politik, Rechtsspr.): *durch eine Novelle* (2) *ändern, ergänzen:* ein Gesetz n.
No|vel|lie|rung, die; -, -en (Politik; Rechtsspr.): *das Novellieren.*
No|vel|list, der; -en, -en: *Schriftsteller, der Novellen* (1) *verfasst.*
No|vel|lis|tik, die; -: **1.** *Kunst der Novelle* (1). **2.** *Gesamtheit der Novellendichtung.*
No|vel|lis|tin, die; -, -nen: w. Form zu ↑Novellist.
no|vel|lis|tisch ⟨Adj.⟩: **a)** *die Novellistik betreffend, dazu gehörend;* **b)** *der Novellistik eigentümlich;* **c)** *nach, in der Art einer Novelle* (1).
No|vem|ber, der; -[s], - [lat. (mensis) November = neunter Monat (des römischen Kalenders), zu: novem = neun]: *elfter Monat des Jahres;* Abk.: Nov.
No|vem|ber|ne|bel, der: *Nebel, wie er im November häufig auftritt.*
No|vem|ber|re|vo|lu|ti|on, die ⟨o. Pl.⟩: *Revolution im Deutschen Reich u. in Österreich im November 1918.*
No|ven|di|a|le, das; -, -n [ital. novendiale = neun Tage dauernd] (kath. Kirche): *die neuntägige Trauerfeier (in der Peterskirche in Rom) für einen verstorbenen Papst.*
No|vi|lu|ni|um, das; -s, ...ien [spätlat. novilunium, zu lat. novus (↑Novum) u. luna = Mond] (Astron.): *das erste Sichtbarwerden der Mondsichel nach Neumond.*
No|vi|tät, die; -, -en [lat. novitas = Neuheit, zu: novus, ↑Novum]: **1.** *etw. Neues [u. Neuartiges] (in Literatur, Kunst, Mode o. Ä.), das an die Öffentlichkeit gebracht wird:* -en unseres Verlags. **2.** (veraltend) *Neuigkeit* (1): -en zu berichten haben.
[1]No|vi|ze, der; -n, -n [mlat. novicius < lat. novicius = neu, jung; Neuling, zu: novus, ↑Novum] (kath. Kirche): *jmd., der in einem Kloster eine*

N

Vorbereitungszeit verbringt, bevor er die öffentlichen Gelübde ablegt.

²No|vi|ze, die; -, -n (kath. Kirche): *Novizin.*

No|vi|zi|at, das; -[e]s, -e (kath. Kirche): 1. *Vorbereitungs-, Probezeit der Novizen; Dienst, den die Novizen versehen.* 2. *Wohn- u. Ausbildungsstätte für die Novizen.*

No|vi|zin, die; -, -nen: w. Form zu ↑¹Novize.

No|vo|ca|in®, das; -s [geb. aus lat. novus (↑Novum) u. ↑Kokain]: *Procain.*

No|vum, das; -s, Nova ⟨Pl. selten⟩ [lat. novum, subst. Neutr. von: novus = neu; vgl. neu] (bildungsspr.): *etw. Neues, noch nicht Dagewesenes:* ein N. darstellen.

Np = Neptunium; Neper.

NPD = Nationaldemokratische Partei Deutschlands.

Nr. = Nummer.

Nrn. = Nummern.

NRT = Nettoregistertonne.

ns = Nanosekunde.

NS = Nachschrift; (auf Wechseln:) nach Sicht; Nationalsozialismus.

NSDAP = Nationalsozialistische Deutsche Arbeiterpartei.

NS-Dik|ta|tur [ɛn|ɛs...], die: *Zeit der nationalsozialistischen Herrschaft.*

NSG = Naturschutzgebiet.

NS-Herr|schaft [ɛn|ɛs...], die: *Herrschaft* (1) *der Nationalsozialisten.*

NS-Re|gime [ɛn|ɛs reˈʒiːm], das ⟨o. Pl.⟩: *nationalsozialistisches Regime* (1).

n. St. = neuen Stils (Zeitrechnung: nach dem gregorianischen Kalender).

NS-Ver|bre|chen [ɛnˈɛs...], das ⟨meist Pl.⟩: *Verbrechen der Nationalsozialisten.*

NS-Zeit [ɛnˈɛs...], die ⟨o. Pl.⟩: *Zeit der nationalsozialistischen Herrschaft.*

N. T. = Neues Testament.

n-t... [ˈɛnt...] ⟨Ordinalz. zu ↑n⟩ (Math.): vgl. x-te.

nu ⟨Adv.⟩ [mhd. nū, ↑nun] (landsch. ugs.): *nun* (I 1): na, nu mach mal halblang!

Nu, der od. das; -s [mhd. nū, Substantivierung von: nū, ↑nu]: meist in der Fügung **im Nu/in einem Nu** (ugs.; *in kürzester Zeit; sehr schnell*): ich bin im Nu zurück!

Nu|an|ce [ˈnyɑ̃ːsə], die; -, -n [frz. nuance, wohl zu: nue (über das Vlat. zu lat. nubes = Wolke) = Wolke od. zu: nuer (Abl. von: nue) = bewölken; abschattieren]: 1. *feiner gradueller Unterschied:* eine kaum merkliche N. zwischen Blassblau und Weißblau. 2. *ein wenig, eine Kleinigkeit [von etw. abweichend]:* dieser Wein ist [um] eine N. herber, zu herb. 3. *(innerhalb eines Kunstwerks o. Ä.) besonders fein gestaltete Einzelheit; Feinheit:* sprachliche, stilistische -n.

nu|an|cen|reich ⟨Adj.⟩: *kaum merklich abwandelnd; reich an Nuancen.*

nu|an|cie|ren [nyɑ̃ˈsiːrən] ⟨sw. V.; hat⟩ [frz. nuancer]: a) *sehr fein graduell abstufen:* Farben n.; b) *in seinen Feinheiten, feinen Unterschieden erfassen, darstellen:* Begriffe n.; ⟨oft im 2. Part.:⟩ eine nuancierte dichterische Sprache; die Pianistin spielte das Larghetto sehr nuanciert *(äußerst differenziert, subtil).*

Nu|an|ciert|heit, die: *das Nuanciertsein.*

Nu|an|cie|rung, die; -, -en: *das Nuancieren.*

ʼnü|ber ⟨Adv.⟩ (landsch., bes. südd.): *hinüber.*

Nu|bi|en; -s: Landschaft in Nordafrika.

Nu|bi|er, der; -s, -: Ew.

Nu|bi|e|rin, die; -, -nen: w. Form zu ↑Nubier.

nu|bisch ⟨Adj.⟩: *Nubien, die Nubier betreffend; aus Nubien, von den Nubiern stammend.*

Nu|buk, das; -[s] [engl. nubuck]: *bes. Kalb- od. Rindleder, das aufgrund entsprechender Bearbeitung eine samtartige Oberfläche hat.*

nüch|tern ⟨Adj.⟩ [mhd. nüehter(n), ahd. nuohturn, nuohtarnīn < lat. nocturnus = nächtlich, urspr. = vor dem Frühgottesdienst noch nichts gegessen habend]: 1. *nicht betrunken; keinen Alkohol getrunken habend:* er machte einen -en Eindruck *(wirkte [trotz Alkoholgenuss] nicht betrunken);* nicht mehr [ganz] n. *(leicht betrunken)* sein. 2. *ohne (nach dem nächtlichen Schlaf) schon etw. gegessen, getrunken zu haben:* die Tabletten morgens auf -en Magen einnehmen; Ü das war ein Schreck auf -en Magen (salopp; *traf mich völlig unvorbereitet*). 3. a) *sich auf das sachlich Gegebene, Zweckmäßige beschränkend; sachlich:* eine -e Politikerin; eine -e Einschätzung der Lage; -e Zahlen, Tatsachen; etw. n. beurteilen; ein n. denkender Mensch; b) *auf das Zweckmäßige ausgerichtet; ohne schmückendes Beiwerk:* -e *(schmucklose)* Fassaden; -e *(kahle)* Wände; ein -er *(nicht anheimelnder, keine Behaglichkeit verbreitender)* Raum; das Neonlicht wirkt n. *(kalt).* 4. (veraltet, noch landsch.) *ohne Würze, nicht genügend gesalzen:* die Suppe ist, schmeckt n.

Nüch|tern|heit, die; - [spätmhd. nuchternheit]: 1. *nüchterner* (1, 2) *Zustand.* 2. *nüchterne* (3) *Art.*

Nu|cke, (auch:) **Nü|cke,** die; -, -n ⟨meist Pl.⟩ [aus dem Niederd. < mniederd. nuck(e)] (landsch., bes. nordd. ugs.): *nicht vorauszuahnende, unangenehme Eigenheit, Schwierigkeit, die im Umgang mit einer Sache, Person Ungelegenheit bereitet;* *** seine Nücken und Tücken haben; voller Nücken und Tücken stecken** *(nicht richtig in Ordnung sein, funktionieren).*

Nu|ckel, der; -s, - [eigtl. wohl = kleine, rundliche Erhöhung, viell. Vkl. von ↑¹Nock] (landsch. fam.): *Schnuller.*

nu|ckeln ⟨sw. V.; hat⟩ [lautm.] (ugs.): 1. *(von Säuglingen u. kleineren Kindern) an etw., was mit einem Ende in den Mund gesteckt worden ist, saugen:* am Schnuller, Daumen n.; an der Pfeife n.; unser Fünfjähriger nuckelt immer noch *(hat noch immer die Gewohnheit zu nuckeln);* ⟨auch mit Akk.-Obj.:⟩ ständig nuckelte sie Lollis. 2. *durch die fast geschlossenen Lippen langsam in kleinen Schlucken [aus einer Flasche o. Ä.] trinken:* er nuckelte eine Limonade; ⟨auch mit Präp.-Obj.:⟩ jeder nuckelte an seinem Bier.

Nu|ckel|pin|ne, die; -, -n [H. u., viell. zu ↑nuckeln (wegen der langsamen Bewegung) u. ↑Pinne im Sinne von »etwas Kleines; kleiner Teil o. Ä.«] (salopp): *kleineres Fahrzeug, Auto mit schwachem Motor.*

nud|deln ⟨sw. V.⟩ [landsch. auch: notteln, nötteln, nütteln, mhd. nütteln, zu: notten = sich hin u. her bewegen] (landsch. ugs.): 1. *drehen* ⟨hat⟩: am Radio n. 2. *dudeln* ⟨hat⟩: das Radio nuddelt den ganzen Tag. 3. *sich nur langsam fortbewegen* ⟨ist⟩: der Bummelzug nuddelt von Station zu Station. 4. *nuckeln* (1) ⟨hat⟩.

Nu|del, die; -, -n [16. Jh., H. u.]: 1. ⟨meist Pl.⟩ *Teigware von verschiedenartiger Form, die vor dem Verzehr gekocht wird:* -n kochen, abgießen. 2. *fingerstarkes Röllchen aus Teig zum Mästen bes. von Gänsen.* 3. ⟨meist Pl.⟩ (landsch.) *in schwimmendem Fett gebackenes Hefegebäck.* 4. (ugs.) (meist verbunden mit einem Adjektivattribut) *[weibliche] Person, die der Sprecher [wohlwollend od. spöttisch] in einer bestimmten Verhaltensweise o. Ä. charakterisiert:* eine ulkige N.

-nu|del, die; -, -n (ugs.): kennzeichnet in Bildungen mit Substantiven eine [weibliche] Person, die sehr allgemein durch etw. charakterisiert ist, als aktiv, betriebsam, geschäftig: Ulknudel.

nu|del|dick ⟨Adj.⟩ (ugs.): *(bes. auf Personen bezogen) sehr dick.*

Nu|del|ge|richt, das: *²Gericht aus Nudeln.*

Nu|del|holz, das: *walzenförmiges, an beiden Enden mit einem Griff versehenes Küchengerät aus Holz od. Kunststoff, das zum Ausrollen von [Nudel]teig dient; Teigrolle.*

nu|deln ⟨sw. V.; hat⟩: 1. *(Geflügel, bes. Gänse) mit Nudeln* (2) *mästen:* ich bin wie genudelt (ugs.; *mehr als satt*). 2. (veraltet) *(Nudelteig) ausrollen.* 3. (landsch.) *liebkosend [an sich] drücken:* ein Kind n.

Nu|del|teig, der: *Teig, aus dem Nudeln bereitet werden.*

Nu|del|wal|ker, der (österr., bayr.): *Nudelholz.*

Nu|dis|mus, der; - [zu lat. nudus = nackt]: *Lebensanschauung, nach der die gemeinsame [sportliche] Betätigung beider Geschlechter im Freien ohne Bekleidung der physischen u. psychischen Gesundung des Menschen dient; Freikörperkultur.*

Nu|dist, der; -en, -en: *Anhänger des Nudismus.*

Nu|dis|tin, die; -, -nen: w. Form zu ↑Nudist.

nu|dis|tisch ⟨Adj.⟩: *den Nudismus, die Nudisten betreffend, zum Nudismus, zu den Nudisten gehörend.*

Nu|gat, (auch:) Nougat, der od. das; -s, (Sorten:) -s [frz. nougat, über das Provenz. u. Vlat. zu lat. nux (Gen.: nucis) = Nuss]: *aus fein zerkleinerten gerösteten Nüssen od. Mandeln, Zucker u. Kakao zubereitete Masse (als Süßware bzw. als Füllung für Süßwaren).*

Nu|gat|scho|ko|la|de, die: *mit Nugat gefüllte Schokolade.*

Nug|get [ˈnagɪt], das; -[s], -s [engl. nugget, zusgez. aus: an ingot = ein Barren]: *(in der Natur vorkommendes) Klümpchen reines Gold.*

nu|kle|ar ⟨Adj.⟩ [engl. nuclear, zu lat. nucleus, ↑Nukleus]: 1. (Kernphysik) *den Atomkern betreffend:* -e Versuche. 2. (Kerntechnik) *auf Kernenergie beruhend, die Kernenergie betreffend:* eine -e Explosion; n. angetrieben werden. 3. (bildungsspr.) a) *die Kernwaffen betreffend:* die -e Strategie; -er Winter *(mögliche Abkühlung der erdnahen Atmosphäre nach dem Einsatz von Kernwaffen);* n. bedroht sein; b) *mit Kernwaffen ausgerüstet:* -e Streitkräfte.

Nu|kle|ar|kri|mi|na|li|tät, die; -: *Gesamtheit der kriminellen Handlungen, die mit nuklearen Stoffen in Zusammenhang stehen.*

Nu|kle|ar|macht, die: *Atommacht* (1, 2).

Nu|kle|ar|me|di|zin, die: *Teilgebiet der Medizin, das sich mit der Anwendung radioaktiver Stoffe für die Erkennung u. Behandlung von Krankheiten befasst.*

nu|kle|ar|me|di|zi|nisch ⟨Adj.⟩: a) *die Nuklearmedizin betreffend;* b) *auf den Erkenntnissen der Nuklearmedizin beruhend, diese anwendend.*

Nu|kle|ar|spreng|kopf, der: *Atomsprengkopf.*

Nu|kle|ar|waf|fe, die: *Atomwaffe.*

Nu|kle|a|se, die; -, -n [zu lat. nucleus, ↑Nukleus] (Biochemie): *Enzym, das Nukleinsäuren aufspaltet.*

Nu|kle|in, das; -s, -e (Biochemie veraltet): *Nukleoproteid.*

Nu|kle|in|säu|re, die (Biochemie): *(bes. im Zellkern u. in den Ribosomen vorkommende) aus Nukleotiden aufgebaute polymere Verbindung, die als Grundsubstanz der Vererbung fungiert.*

Nu|kle|o|le, die; -, -n, **Nu|kle|o|lus,** der; -, ...li u. ...olen [lat. nucleolus, Vkl. von: nucleus, ↑Nukleus] (Biochemie): *Kernkörperchen.*

Nu|kle|on, das; -s, ...onen (Kernphysik): *Baustein des Atomkerns (Proton od. Neutron).*

Nu|kle|o|nik, die -: *Lehre, Wissenschaft von den Atomkernen.*

Nu|kle|o|pro|te|id, das; -[e]s, -e (Biochemie): *aus Protein u. Nukleinsäure zusammengesetzte Verbindung.*

Nu|kle|o|tid, das; -[e]s, -e (Biochemie): *aus einem Phosphatrest, [Desoxy]ribose u. einem basischen Bestandteil zusammengesetzte Verbindung.*

Nu|kle|us, der; -, ...ei [lat. nucleus = (Frucht)kern]: 1. (Biol.) *Zellkern.* 2. (Anat., Physiol.) *Nervenkern.* 3. (Prähistorie) *[Feuer]steinblock, von dem Abschläge* (4) *gewonnen wurden.* 4. (Sprachw.) *Kern, Kernglied einer sprachlich zusammengehörenden Einheit.*

Nu|klid, das; -[e]s, -e (Kernphysik): *durch bestimmte Ordnungs- u. Massenzahl gekennzeichnete Art von Atomen.*

Nu|ku|a|lo|fa: Hauptstadt von Tonga.

null [im 16. Jh. in der Bed. »nichtig« < lat. nullus = keiner; 2: über das Engl.]: 1. ⟨Kardinalz.⟩ (als Ziffer: 0): vgl. acht: unsere Mannschaft verlor drei zu n.; sie haben wieder zu n. gespielt (Sport Jargon; *kein Tor hinnehmen müssen*); wir kamen mit plus/minus n. *(ohne Gewinn u. ohne Verlust)* aus der Sache heraus; beim letzten Ton des Zeitzeichens war es n. Uhr (Amtsdt.; *12 Uhr* nachts*); n. Fehler *(kein Fehler);* den Schalter eines elektrischen Gerätes auf n. stellen *(das Gerät abschalten);* Temperaturen über, unter n. *(über, unter dem Gefrierpunkt liegende Temperaturen);* Ü (ugs.) wir müssen wieder bei [Punkt] n. *(ganz von vorne, am Nullpunkt)* anfangen; jmds. Stimmung sinkt unter n.; * **n. und nichtig** (emotional verstärkend; *[rechtlich] ungültig*): n. und nichtig sein; * **gleich n. sein** (ugs.; *sich wegen seiner Geringfügigkeit als Wert, Ergebnis gar nicht feststellen lassen, so gut wie nicht vorhanden sein*): die Erfolgsaussichten waren gleich n.; **n. für n. aufgehen** *(sich als richtig, zutreffend erweisen):* seine Vermutungen gingen n. für n. auf; **n. Komma nichts** (ugs.; *überhaupt nichts;* nach der Schreibung des Bruches 0,0 in Ziffern); **in n. Komma nichts** (ugs.; *überraschend, sehr schnell*); **2.** ⟨indekl. Adj.⟩ (bes. Jugendspr.) *kein* (1 a): n. Ahnung haben; n. Bock auf Arbeit haben; n. Problemo (Jugendspr.; *kein Problem;* aus der deutschen Synchronisation der amerikanischen Fernsehserie »Alf«).

[1]**Null**, die; -, -en [ital. nulla (figura), eigtl. = Nichts (< lat. nullus, ↑null), als Zahlzeichen LÜ von arab. ṣifr, ↑Ziffer]: **1.** *Ziffer 0:* eine N. malen; da musst du noch einige -en anhängen (scherzh.; *die Summe ist um ein Vielfaches größer, als du denkst*). **2.** (ugs. abwertend) *gänzlich unfähiger Mensch; Versager.*

[2]**Null**, der, (auch:) das; -[s], -s (Skat): *Spiel, bei dem der Spieler gewinnt, wenn er keinen Stich macht; Nullspiel:* * **N. Hand** *(Nullspiel, bei dem der Skat nicht aufgenommen werden darf);* vgl. Null ouvert.

Null-: drückt in Bildungen mit Substantiven aus, dass etw. nicht vorhanden, dass etw. aufgehoben ist: Nullkomfort, -kompetenz.

null|acht|fünf|zehn ⟨indekl. Adj.⟩ [aus der Soldatenspr.; übertr. von dem im Jahr 1908 im dt. Heer eingeführten u. 1915 veränderten Maschinengewehr auf das Einerlei des sich ständig wiederholenden Unterrichts an dieser Waffe] (in Ziffern: 08/15) (ugs. abwertend): *bar jeglicher Originalität, persönlichen Note; auf ein alltäglich gewordenes Muster festgelegt u. deshalb Langeweile od. Überdruss erzeugend:* n. gekleidet sein.

Null|acht|fünf|zehn- (ugs. leicht abwertend): drückt in Bildungen mit Substantiven aus, dass jmd. oder etw. ohne Originalität ist, nichts Außergewöhnliches, sondern nur Mittelmaß darstellt: Nullachtfünfzehn-Frisur, -Soße.

Null-Bock-Ge|ne|ra|ti|on, die ⟨o. Pl.⟩: *Generation von Jugendlichen (bes. der Achtzigerjahre), die durch Unlust u. völliges Desinteresse (»null Bock«) gekennzeichnet ist.*

Null|di|ät, die (Med.): *verordneter Verzicht auf Nahrung, wobei der Fastende nur Wasser, Mineralstoffe u. Vitamine zu sich nimmt.*

nul|len ⟨sw. V.; hat⟩: **1.** (ugs. scherzh.) *ein neues Lebensjahrzehnt beginnen:* sie nullt in diesem Jahr; ⟨auch n. + sich:⟩ sein Geburtstag hat sich genullt *(mit seinem Geburtstag beginnt für ihn ein neues Lebensjahrzehnt).* **2.** (Elektrot.) *eine elektrische Maschine mit dem Nullleiter des Verteilungssystems verbinden.*

Null|lei|ter, der (Elektrot.): *geerdeter Leiter eines Stromnetzes od. eines elektrischen Gerätes.*

Null|me|ri|di|an, der ⟨o. Pl.⟩ (Geogr.): *Meridian von Greenwich, der Ausgangspunkt der Zählung der Meridiane ist.*

Null|mor|phem, das (Sprachw.): *(in der Flexion) phonologisch nicht ausgedrücktes, inhaltlich aber vorhandenes Morphem* (z. B. im Imperativ *lauf!;* im Plural (die) *Schlüssel*); Zeichen: ∅.

Null|num|mer, die (Druckw.): *vor der ersten Nummer* (1 b) *erscheinendes, kostenloses Exemplar einer neuen Zeitschrift od. Zeitung.*

Null ou|vert [- uˈvɛːɐ̯], der, auch: das; - -[s], - -s [zu [2]Null u. frz. ouvert = offen] (Skat): [2]*Null, bei dem der Spieler seine Karten nach der ersten Runde offen hinlegen muss:* * **N. o. Hand** *(Null ouvert, bei dem der Skat nicht aufgenommen werden darf).*

Null|punkt, der: *Punkt auf einer Skala o. Ä., der den Wert null angibt:* die Temperatur ist auf den N. *(Gefrierpunkt)* abgesunken; absoluter N. (↑absolut 4); Ü unsere Stimmung erreichte den N., sank auf den N. (ugs.; *Tiefpunkt*).

Null|run|de, die (Jargon): *Lohnrunde ohne [reale] Lohnerhöhung.*

Null|se|rie, die (Industrie): *zur Erprobung der rationellen Fertigung u. Funktionstüchtigkeit in niedriger Stückzahl hergestellte Serie eines neu entwickelten, für die Serienproduktion vorgesehenen Artikels.*

Null|spiel, das (Skat): [2]*Null.*

Null|stel|lung, die: *bei Messinstrumenten der Stand des Zeigers auf dem Nullpunkt.*

Null|sum|men|spiel, das: *Spiel, bei dem die Summe der Einsätze, Verluste u. Gewinne gleich null ist.*

nullt... ⟨Ordinalz. zu ↑null⟩ (als Ziffer: 0.) (Naturw., bes. Math.): *in einer Reihe, Folge, auf einer Skala o. Ä. den Ausgangspunkt betreffend.*

Null|ta|rif, der: *kostenlose Gewährung bestimmter, üblicherweise nicht unentgeltlicher Leistungen:* N. bei öffentlichen Verkehrsmitteln; Umweltschutz gibt es nicht zum N. *(ohne dass man dafür bezahlen muss).*

Null|wachs|tum, das [viell. nach engl. zero growth] (Wirtsch.): *Stillstand des Wachstums, der Entwicklung von etw.*

Nul|pe, die; -, -n [H. u., viell. unter Anlehnung an »Null« zu (west)md. Nuppel = Gummisauger] (ugs. abwertend): *dummer, langweiliger, unbedeutender Mensch.*

Nu|men, das; -s [lat. numen, zu: nuere (in Zus.) = nicken; winken, eigtl. = der durch Nicken (mit dem Kopf) angedeutete Wille] (Theol.): *göttliches Wesen als wirkende Kraft.*

Nu|me|ra|le, das; -s, ...lien u. ...lia [spätlat. (nomen) numerale] (Sprachw.): *Zahlwort.*

Nu|me|ri [auch: ˈnuːm...]: **1.** Pl. von ↑Numerus. **2.** ⟨Pl.⟩ 4. Buch Mose.

nu|me|risch ⟨Adj.⟩: **a)** *zahlenmäßig, der [An]zahl nach:* -e Überlegenheit; eine n. schwache Gruppe; **b)** *unter Verwendung von [bestimmten] Zahlen, Ziffern erfolgend:* -es Rechnen; **c)** (EDV) *sich nur aus Ziffern zusammensetzend:* ein -er Code.

Nu|me|ro [auch: ˈnuːm...], das; -s, -s [ital. numero, ↑Nummer] (veraltend): *Nummer* (in Verbindung mit einer Zahl): das ist N. zwei (Abk.: No., N°).

Nu|me|ro|lo|gie, die; - [↑-logie]: *Zahlenmystik (im Bereich des Aberglaubens).*

Nu|me|rus [auch: ˈnuːm...], der; -, ...ri [lat. numerus = (An)zahl, Menge; Teil (eines Ganzen), eigtl. = das Zugeteilte]: **1.** (Sprachw.) *grammatische Kategorie beim Nomen u. Verb, die durch Flexionsformen die Anzahl der bezeichneten Gegenstände od. Personen bzw. die der Handelnden angibt:* die Numeri Singular und Plural. **2.** (Math.) *Zahl, zu der der Logarithmus gesucht wird.* **3.** (Rhet., Stilk.) *Bau eines Satzes in Bezug auf Gliederung, Länge od. Kürze der Wörter, Verteilung der betonten od. unbetonten Wörter, in Bezug auf die Klausel* (2) *u. die Pausen, d. h. die Verteilung des gesamten Sprachstoffes im Satz.*

Nu|me|rus clau|sus, der; - - [nlat. = geschlossene (An)zahl, zu lat. clausus, adj. 2. Part. von: claudere, ↑Klause]: *zahlenmäßige Beschränkung der Zulassung zu einem bestimmten Studienfach o. Ä.*

nu|mi|nos ⟨Adj.⟩ [zu lat. numen (Gen.: numinis), ↑Numen] (Theol.): *(in Bezug auf das Göttliche) schaudervoll u. anziehend zugleich.*

Nu|mis|ma|tik, die; - [frz. numismatique, zu lat. numisma, nomisma = Münze < griech. nómisma, eigtl. = das durch Gebrauch u. Sitte Anerkannte]: *Beschäftigung mit [alten] Münzen als Wissenschaftler, Forscher od. Sammler; Münzkunde* (1).

Nu|mis|ma|ti|ker, der; -s, -: *jmd., der sich [wissenschaftlich] mit Numismatik beschäftigt; Münzkundler.*

Nu|mis|ma|ti|ke|rin, die; -, -nen: w. Form zu ↑Numismatiker.

nu|mis|ma|tisch ⟨Adj.⟩: *die Numismatik betreffend.*

Num|mer, die; -, -n [ital. numero < lat. numerus, ↑Numerus]: **1. a)** *Zahl, die etw. kennzeichnet, eine Reihenfolge o. Ä. angibt:* eine hohe, niedrige, laufende N.; ein Wagen mit Münchner N. *(Nummernschild* a); die N. *(Hausnummer)* auf der Adresse stimmt nicht; ich wohne im zweiten Stock, N. *(Zimmernummer)* sieben; ich bin unter dieser N. *(Telefonnummer)* zu erreichen; der Spieler mit der N. *(Rückennummer)* elf wurde verwarnt; * **[nur] eine N. sein** *(nicht als Individuum behandelt werden);* **N. eins** (ugs.; *auf einem Gebiet führende Person, Firma, führendes Produkt o. Ä.*); **bei jmdm. eine große/gute/dicke N. haben** (ugs.; *von jmdm. sehr geschätzt werden;* geht auf die Schulzensuren zurück: eine »gute Nummer« bedeutete urspr. »eine gute Zeugnisnote«); **auf N. Sicher/**(auch:) **sicher sein/sitzen** (ugs.; *im Gefängnis sein;* bezieht sich darauf, dass Gefängniszellen nummeriert sind u. die Inhaftierten darin »sicher« verwahrt sind); **auf N. Sicher/** (auch:) **sicher gehen** (ugs.; *nichts unternehmen, ohne sich abzusichern*); **b)** *Ausgabe* (5 a) *einer fortlaufend erscheinenden Zeitung, Zeitschrift:* der Artikel stand in der letzten N.; **c)** *(bei Schuhen, Kleidungsstücken o. Ä.) die Größe angebende Zahl:* haben Sie die Schuhe eine N. größer?; * **eine N./einige, ein paar -n zu groß [für jmdn.] sein** (ugs.; *über jmds. Verhältnisse, Möglichkeiten, Fähigkeiten gehen*); **d)** (landsch.) *Zensur.* **2. a)** *einzelne Darbietung eines Zirkus-, Kabarett-, Varietéprogramms:* eine sensationelle N.; **b)** (ugs.) *Musikstück (der Unterhaltungsmusik):* auf der CD sind nur wenige gute -n. **3.** (ugs.) *auf bestimmte Weise besonderer Mensch, Person:* eine ulkige N.; er war eine große N. im Verkauf *(guter Verkäufer);* er ist eine N. für sich *(ein merkwürdiger Mensch).* **4.** (salopp) *Koitus:* eine N. schieben (*koitieren;* viell. nach der früher üblichen Ausgabe von Nummern in Bordellen).

num|me|rie|ren ⟨sw. V.; hat⟩ [lat. numerare, zu: numerus, ↑Numerus]: *mit [fortlaufenden] Nummern versehen, um eine bestimmte Ordnung od. Reihenfolge festzulegen:* die Seiten eines Manuskripts n.; Banknoten serienweise n.; nummerierte Plätze.

Num|me|rie|rung, die; -, -en: **1.** *das Nummerieren.* **2.** *Nummer, die ein Platz, eine Eintrittskarte o. Ä. bei einer Nummerierung* (1) *erhält.*

num|me|risch, (seltener): *numerisch.*

Num|mern|girl, das: *Frau, die im Zirkus, Varieté eine Tafel trägt, auf der die jeweilige nächste Nummer* (2 a) *angekündigt wird.*

Num|mern|kon|to, das (Bankw.): *Konto, das nicht auf den Namen des Inhabers lautet, sondern nur durch eine Nummer gekennzeichnet ist.*

Num|mern|schei|be, die: *Wählscheibe beim Telefon.*

Num|mern|schild, das: **a)** *Schild mit Zahlen [u. Buchstaben] zur Kennzeichnung von Kraftfahrzeugen;* **b)** *Schild mit einer Nummer.*

Num|mern|schlüs|sel, der (EDV): *Code* (1) *zur Identifizierung u. Klassifizierung von Gegenständen od. Daten.*

Num|mern|stem|pel, der: *Stempel zur Nummerierung.*

nun [mhd. nū̆(n), ahd. nū̆, wahrscheinlich ablautend verwandt mit ↑neu; vgl. griech. ný, nŷn = jetzt]: **I.** ⟨Adv.⟩ **1.** bezeichnet den gegenwärtigen od. einen vom Sprecher als gegenwärtig gesetzten Zeitpunkt, zu dem etw. eintritt, einsetzt; *jetzt:* ich muss n. gehen; von n. an waren sie Freunde. **2.** bezeichnet den gegenwärtigen od. einen vom Sprecher als gegenwärtig gesetzten Zeitpunkt mit seinen durch ein vorausgegangenes Geschehen bestimmten Gegebenheiten, die jmds. Handeln, Zustand o. Ä. bedingen; *unter diesen Umständen:* was n.? *(was können wir in* *dieser Situation tun?);* n. gerade! *(jetzt erst recht!).* **3.** bezeichnet den gegenwärtigen od. einen vom Sprecher als gegenwärtig gesetzten Zeitpunkt, zu dem ein bestimmter Vorgang als abgeschlossen od. ein früher eingetretener Zustand als noch bestehend konstatiert wird; *inzwischen, mittlerweile:* die Lage hat sich n. stabilisiert. **4.** bezeichnet die gegenwärtige od. eine vom Sprecher als gegenwärtig gesetzte Zeit, sofern sie sich in bestimmter Hinsicht gegen die Vergangenheit abhebt; *heute* (2), *heutzutage.* **II.** ⟨Partikel⟩ **1.** ⟨unbetont⟩ drückt im Aussagesatz einen Gegensatz zwischen Erwartung u. eingetretener Wirklichkeit, zwischen Behauptung u. tatsächlichem Sachverhalt o. Ä. aus; *aber, jedoch:* inzwischen hat sich n. herausgestellt, dass ... **2.** ⟨unbetont⟩ schließt in einer Entscheidungsfrage eine negative Antwort ein [u. soll dem Gesprächspartner eine solche suggerieren]; *etwa, vielleicht:* hat sich das n. gelohnt? **3.** ⟨unbetont⟩ **a)** drückt in Aussagesätzen, meist in Verbindung mit »[ein]mal«, die Einsicht in einen Tatbestand aus, der für unabänderlich gehalten wird; *eben, halt:* siehst du, so ist das n.; **b)** in Aussagesätzen in Korrelation zu vorangehendem »da« als Ausdruck der Ratlosigkeit, Resignation o. Ä.: da stehe ich n. und weiß nicht weiter. **4.** ⟨unbetont⟩ dient in Verbindung mit bestimmten Modaladverbien od. -partikeln der Nachdrücklichkeit: muss das n. ausgerechnet jetzt sein; solche Zweifel waren n. doch wirklich unberechtigt. **5.** ⟨betont⟩ leitet in isolierter Stellung am Satzanfang eine als wichtig erachtete Aussage, eine Folgerung, eine resümierende Feststellung o. Ä. ein od. bildet den Auftakt zu einer situationsbedingten Frage; *also:* n., wie stehts?; n., n.! (als Ausdruck der Beschwichtigung od. des Einwandes); n. denn! *(also, dann wollen wir beginnen!);* n. denn, viel Spaß!; n. gut! *(meinetwegen, einverstanden!);* n. ja (als Ausdruck zögernden Einverständnisses, Eingeständnisses; *na ja*). **6.** ⟨unbetont⟩ situationsbedingt emotional verstärkend als Ausdruck der Ungeduld, Befürchtung, Enttäuschung o. Ä.: kommst du n. mit oder nicht? **7.** ⟨unbetont⟩ dient der Verknüpfung u. Weiterführung der Rede: n. muss man hinzufügen, dass sie es nicht gern getan hat. **III.** ⟨Konj.⟩ (geh. veraltend) **1.** ⟨temporal mit kausaler Tönung⟩ *nachdem, da:* n. sie so lange krank war, muss sie sich noch schonen. **2.** ⟨temporal⟩ *als:* n. sie es erfuhr, war es zu spät.

N

nun|mehr ⟨Adv.⟩ [mhd. nū mēre] (geh.): *jetzt, nun* (I 1); *von jetzt an:* der Krieg dauert n. drei Jahre; wir wollen n. in Frieden leben.

nun|meh|rig ⟨Adj.⟩ (geh.): *jetzig.*

'nun|ter ⟨Adv.⟩ (landsch., bes. südd.): *hinunter.*

Nun|ti|a|tur, die; -, -en [ital. nunziatura, zu: nunziare = verkündigen < lat. nuntiare, zu: nuntius, ↑Nuntius]: **a)** *Amt eines Nuntius;* **b)** *Sitz eines Nuntius.*

Nun|ti|us, der; -, ...ien [mlat. nuntius curiae < lat. nuntius = Bote]: *ständiger diplomatischer Vertreter des Papstes bei einer Staatsregierung.*

nur [mhd. (md.) nūr, älter: newære, ahd. niwāri = (wenn ...) nicht wäre]: **I.** ⟨Adv.⟩ **1. a)** drückt aus, dass sich etw. ausschließlich auf das Genannte beschränkt; *nichts weiter als; lediglich:* das war n. ein Versehen; ich bin auch n. ein Mensch; ich bin nicht krank, n. müde; ich wollte n. sagen, dass ...; **b)** drückt aus, dass etw. auf ein bestimmtes Maß beschränkt ist; *nicht mehr als:* ich habe n. [noch] 10 DM; sie ist n. mäßig begabt. **2.** drückt eine Ausschließlichkeit aus; *nichts anderes als; niemand, nicht anders als:* da kann man n. staunen; man konnte n. Gutes über ihn berichten; n. der Fachmann kann das beurteilen; n. [dann], wenn ...; ⟨in mehrteiligen Konj.:⟩ nicht n. ..., [sondern] auch. **3.** ⟨in konjunktionaler Verwendung⟩ schränkt die Aussage des vorangegangenen Hauptsatzes ein; *jedoch, allerdings, aber:* sie ist ganz hübsch, n. müsste sie etwas schlanker sein. **II.** ⟨Partikel; meist unbetont⟩ **1.** gibt einer Frage, Aussage, Aufforderung od. einem Wunsch eine bestimmte Nachdrücklichkeit: warum hat er das n. gemacht?; ich tue das n. ungern; (an der Spitze von [verkürzten] Aufforderungssätzen:) n. Mut!; n. [immer] mit der Ruhe!; n. zu! **2.** drückt in Aussage- u. Aufforderungssätzen eine Beruhigung, auch eine Ermunterung aus: nimm dir n., was du brauchst!; iss n.! **3.** drückt in Fragesätzen innere Anteilnahme, Beunruhigung, Verwunderung o. Ä. aus: was hat er n.? **4.** drückt in Ausrufe- u. Wunschsätzen eine Verstärkung aus: wenn er n. käme! **5.** drückt eine Steigerung, die Häufigkeit od. Intensität eines Vorganges o. Ä. aus: ich helfe ihm, sooft ich n. kann; sie schlug die Tür zu, dass es n. so knallte. **6.** drückt in Verbindung mit »noch« bei einem Komparativ eine Steigerung aus: er wurde n. noch frecher. **7.** drückt in Verbindung mit »zu« bei Adverbien eine Steigerung aus: ich weiß es n. zu gut.

Nur-: (in Verbindung mit Personenbezeichnungen) *nichts anderes als, ausschließlich:* Nurkomiker, -künstler.

Nur|haus|frau, die: *Hausfrau, die nicht zusätzlich noch erwerbstätig ist.*

Nürn|berg: Stadt in Mittelfranken.

¹Nürn|ber|ger, der; -s, -: Ew.

²Nürn|ber|ger ⟨indekl. Adj.⟩: N. Lebkuchen.

Nürn|ber|ge|rin, die; -, -nen: w. Form zu ↑¹Nürnberger.

nu|scheln ⟨sw. V.; hat⟩ [zu ↑Nase u. eigtl. = durch die Nase sprechen] (ugs.): **a)** *undeutlich sprechen;* **b)** *etw. nuschelnd* (a) *sagen.*

Nuss, die; -, Nüsse [mhd. nuȥ, ahd. (h)nuȥ, verw. mit lat. nux = Nuss; urspr. = Haselnuss]: **1. a)** (Bot.) *rundliche Frucht mit harter, holziger Schale, die einen ölhaltigen, meist essbaren Kern umschließt;* **b)** kurz für ↑Walnuss, Haselnuss: Nüsse knacken; Ü etw. ist eine taube N. *(stellt sich als völlig wertlos heraus);* * **[für jmdn.] eine harte N. sein** (ugs.; *[für jmdn.] eine schwierige Aufgabe, ein großes Problem darstellen*); **manche, eine harte N. zu knacken haben, bekommen** (ugs.; *eine schwierige Aufgabe, ein schweres Problem zu bewältigen haben*); **c)** *essbarer Kern der Nuss* (b): kandierte Nüsse. **2.** (in Verbindung mit bestimmten Adj.) (Schimpfwort) *Mensch:* du blöde N.! **3.** (landsch.) *Kopfnuss* (1). **4.** (Kochk.) *rundes Fleischstück aus der Keule von bestimmten Schlachttieren.* **5.** (Jägerspr.) *(vom Hund, Fuchs, Wolf o. Ä.) weibliches Geschlechtsteil.* **6.** (Technik) *auswechselbarer Kopf eines Steckschlüssels.* **7.** * **jmdm. eins auf die N. geben** (salopp; *jmdm. auf den Kopf schlagen*).

Nuss|baum, der: **a)** kurz für ↑Walnussbaum; **b)** ⟨o. Pl.⟩ *Holz des Nussbaums* (a).

nuss|braun ⟨Adj.⟩: *braun wie eine [Hasel]nuss.*

Nüss|chen, das; -s, -: **1.** Vkl. zu ↑Nuss (1). **2.** (Kochk.) *Nuss* (4).

Nuss|fül|lung, die: *Füllung* (2 a) *aus geriebenen Nüssen u. anderen Zutaten.*

nus|sig ⟨Adj.⟩: *nach Nüssen schmeckend, riechend.*

Nuss|kern, der: *Nuss* (1 c).

Nuss|kna|cker, der: **1. a)** *zangenähnliches Gerät zum Aufknacken von Nüssen* (1 b); **b)** *bunt bemaltes hölzernes Männchen, das mit eingearbeiteter Mechanik in seinem Mund Nüsse knackt.* **2.** (ugs.) *[alter] Mann [mit grimmigem Gesicht].*

Nuss|ku|chen, der: *Kuchen mit [einer Füllung aus] geriebenen Nüssen.*

Nuss|scha|le, die: *Schale der Nuss* (1 b): Ü das Schiff war eine N. (iron.; *sehr klein*).

Nuss|schin|ken, der: *Schinken aus der Nuss* (4).

Nuss|scho|ko|la|de, die: *Schokolade mit Haselnüssen.*

Nuss|tor|te, die: vgl. Nusskuchen.

Nüs|ter [auch: 'ny:stɐ], die; -, -n ⟨meist Pl.⟩ [aus dem Niederd. < mniederd. nuster, nöster; verw. mit ↑Nase]: *Nasenloch (bei größeren Tieren, bes. beim Pferd):* mit bebenden -n *(nervös, aufgeregt u. gespannt).*

Nut, die; -, -en [mhd., ahd. nuot, zu mhd. nüejen, ahd. nuoen = genau zusammenfügen] (Fachspr.): *längliche Vertiefung in einem Werkstück zur Einpassung eines in der Form korrespondierenden Teils:* Bretter auf N. einschieben.

Nu|te, die; -, -n (in nicht fachspr. Verwendung): *Nut.*

Nut|ei|sen, das: *Werkzeug zum Herstellen einer Nut.*

nu|ten ⟨sw. V.; hat⟩: *mit einer Nut versehen.*

¹Nu|tria, die; -, -s [span. nutria, galicisch nudra, ludra = Fischotter < lat. lutra]: *(in Südamerika heimisches) Nagetier mit dichtem, weichem, graubraunem Fell, das wegen seines wertvollen Fells auch gezüchtet wird; Biberratte.*

²Nu|tria, der; -s, -s: **a)** *Fell der ¹Nutria;* **b)** *Pelz[mantel] aus ²Nutria* (a).

Nu|tri|ment, das; -[e]s, -e, **Nu|tri|men|tum,** das; -s, ...ta [lat. nutrimentum] (Med.): *Nahrungsmittel.*

Nu|tri|ti|on, die; - [spätlat. nutritio] (Med.): *Ernährung [des Menschen].*

Nutsch, der; -[e]s, -e (landsch.): *Schnuller.*

nut|schen ⟨sw. V.; hat⟩ [lautm.]: (landsch.) *saugen, lutschen.*

Nut|te, die; -, -n [urspr. berlin., eigtl. = Ritze (der Vagina); zu ↑Nut] (salopp abwertend): *Prostituierte:* eine miese, kleine N.

nut|ten|haft ⟨Adj.⟩ (salopp abwertend): *von, in der Art einer Nutte.*

nut|tig ⟨Adj.⟩ (salopp abwertend): *wie eine Nutte, in der Art einer Nutte; ordinär, billig.*

nutz: ↑nütze.

Nutz|an|wen|dung, die: *nutzbringende Anwendung.*

nutz|bar ⟨Adj.⟩ [mhd. nutzebære]: *sich für bestimmte Zwecke verwenden, nutzen lassend:* -e Stoffe; für Wirtschaft und Industrie -e Energie; für etwas n. sein; den Boden n. machen *(so bearbeiten, dass er landwirtschaftlich genutzt werden kann).*

Nutz|bar|keit, die; -: *das Nutzbarsein.*

Nutz|bar|ma|chung, die; -, -en ⟨Pl. selten⟩: *das Nutzbarmachen.*

Nutz|bau, der ⟨Pl. ...ten⟩ (seltener): *Zweckbau.*

nutz|brin|gend ⟨Adj.⟩: *sachlichen Nutzen bringend:* eine -e Einrichtung; die Zusammenarbeit war für alle n.

nüt|ze, (südd., österr. auch:) nutz [mhd. nütze, ahd. nuzzi, zu ↑genießen u. eigtl. = etwas, was gebraucht werden kann]: nur in der Wendung **[zu] etw. n. sein** *([zu] etw. taugen, brauchbar, nützlich sein, zu gebrauchen sein):* den Rest kannst du wegwerfen, er ist [zu] nichts n.

Nutz|ef|fekt, der: *nutzbringender Effekt:* einen hohen N. haben.

nut|zen ⟨sw. V.; hat⟩ [mhd. nutzen, ahd. nuzzōn, zu: nuzza, Nebenf. von: nuz, ahd. nuz(za), verw. mit ↑genießen] (bes. nordd.), **nüt|zen** [mhd. nützen, ahd. nuzzen] (bes. südd.): **1.** *bei etw. von Nutzen sein; für die Erreichung eines Ziels geeignet sein; [jmdm.] einen Vorteil, Erfolg, Nutzen bringen, sich zugunsten von jmdm., seiner Unternehmungen o. Ä. auswirken:* das Mittel nützt gar nichts; dein Leugnen nutzt jetzt auch nichts mehr; alle Vorsicht hat nichts genützt *(war umsonst);* es nutzt alles nichts (ugs.; *man kann nicht länger zögern, ausweichen*), die Sache muss jetzt angepackt werden; das nutzt niemandem; seine Sprachkenntnisse haben ihm sehr genützt. **2. a)** *nutzbringend, zu seinem Nutzen verwerten; aus etw. durch entsprechende Anwendung od. Verwertung Nutzen ziehen:* etw. industriell nutzen; der Boden wird landwirtschaftlich voll genutzt; **b)** *von einer bestehenden Möglichkeit Gebrauch machen, sie ausnutzen, sich zunutze machen; etw. zu einem bestimmten Zweck benutzen, verwenden:* einen Vorteil geschickt nutzen; die Gunst der Stunde nutzen; er nutzt jede freie Minute zum Training; sie nützt jede Gelegenheit, sich hervorzutun.

Nut|zen, der; -s [aus älterem, stark gebeugtem Nutz unter Einfluss des schwach gebeugten frühnhd. Nutze, mhd. nutze]: *Vorteil, Gewinn,*

Ertrag, den man von einer Tätigkeit, dem Gebrauch von etw., der Anwendung eines Könnens o. Ä. hat: ein geringer N.; [keinen] N. von etw. haben; die Sache bringt wenig N.; aus etw. N. ziehen; es wäre von N. *(nützlich, hilfreich, vorteilhaft),* wenn du dabei wärst.

Nut|zen-Kos|ten-Ana|ly|se, die (Wirtsch.): *Analyse des Verhältnisses von Nutzen u. Kosten bei Investitionsvorhaben.*

Nut|zer, der; -s, -: **a)** (Amtsspr.): *juristische Person, die die Berechtigung hat, etw. zu nutzen* (2 a); die Stadt als der N. des Gebäudes; **b)** *jmd., der etw. nutzt* (2 b): der N. eines einsprachigen Wörterbuchs.

Nut|ze|rin, die; -, -nen: w. Form zu ↑Nutzer.

Nutz|fahr|zeug, das (Verkehrsw.): *Kraftfahrzeug, das zur Beförderung von Gütern od. Personen genutzt wird.*

Nutz|flä|che, die: *nutzbare Fläche des Erdbodens, eines Raumes, Gebäudes:* die landwirtschaftliche N.

Nutz|gar|ten, der: *Garten, in dem (im Unterschied zum Ziergarten) lediglich Nutzpflanzen, bes. Gemüse u. Obst, gezogen werden.*

Nutz|holz, das (bes. Forstw.): *Holz, das (im Unterschied zum Brennholz) technisch, handwerklich verwertbar ist, genutzt wird.*

Nutz|land, das (o. Pl.): *nutzbares Land* (2).

Nutz|last, die (Fachspr.): **1.** *Last, die ein Transportfahrzeug als Fracht aufnehmen kann.* **2.** *Last, die ein Gebäude zusätzlich zum eigenen Gewicht tragen, aufnehmen kann.*

Nutz|leis|tung, die (Technik): *von einer Kraftmaschine erzeugte nutzbare Leistung.*

nütz|lich ⟨Adj⟩ [mhd. nützelich]: *für einen bestimmten Zweck sehr brauchbar; Nutzen bringend:* -e Dinge; -e Pflanzen, Tiere; einer -en *(sinnvollen)* Beschäftigung nachgehen; die Erfindung ist sehr n., hat sich als recht n. erwiesen; ⟨subst.:⟩ versuchen, das Angenehme mit dem Nützlichen zu verbinden; * **sich n. machen** *(etw. Nutzbringendes tun, bei etw. helfen).*

Nütz|lich|keit, die; -: *das Nützlichsein.*

Nütz|lich|keits|den|ken, das; -s: *Denken, bei dem das Erreichen eines praktischen Nutzens im Vordergrund steht.*

Nütz|lich|keits|er|wä|gung, die ⟨meist Pl.⟩: vgl. Nützlichkeitsdenken.

Nütz|lich|keits|prin|zip, das ⟨o. Pl.⟩ (Philos.): *Utilitarismus.*

Nütz|ling, der; -s, -e (bes. Landw., Forstw.): *Tier, das für den Menschen bes. dadurch nützlich ist, dass es schädliche Tiere vernichtet.*

nutz|los ⟨Adj.⟩: *keinen Nutzen, Gewinn, Vorteil bringend; ohne Nutzen, ohne positives Ergebnis; vergeblich:* -e Versuche; ein -es Unterfangen; es ist ganz n., das zu probieren; sich n. *(überflüssig)* fühlen.

Nutz|lo|sig|keit, die: *das Nutzlossein.*

nutz|nie|ßen ⟨sw. V.; hat; fast nur im Inf. od. 1. Part. gebr.⟩ (geh.): *einen Nutzen, Vorteil, Profit von etw. haben; profitieren.*

Nutz|nie|ßer, der; s, -: *jmd., der den Nutzen von etw. hat, einen Vorteil aus etw. zieht, was ein anderer erarbeitet o. Ä. hat.*

Nutz|nie|ße|rin, die; -, -nen: w. Form zu ↑Nutznießer.

Nutz|nie|ßung, die; -, -en: **1.** (geh.) *das Nutznießen.* **2.** ⟨o. Pl.⟩ (Rechtsspr.) *Nießbrauch.*

Nutz|pflan|ze, die: *Pflanze, die vom Menschen als Nahrungsmittel, Viehfutter od. für technische Zwecke genutzt wird.*

Nutz|tier, das: *Tier, das vom Menschen wirtschaftlich genutzt wird.*

Nut|zung, die; -, -en ⟨Pl. selten⟩: *das Nutzen* (2 a): die landwirtschaftliche N. eines Gebietes; die friedliche N. der Kernenergie.

Nut|zungs|recht, das (Rechtsspr.): *Recht zur Nutzung einer Sache; Berechtigung, Befugnis, ein fremdes Eigentum in bestimmter Weise zu nutzen* (2 a).

Nutz|wert, der: *Gebrauchswert.*

Nutz|wild, das: *Wild, das vom Menschen als Nahrungsmittel genutzt wird.*

Nuuk: Hauptstadt von Grönland.

NVA = Nationale Volksarmee (Streitkräfte der DDR).

NW = Nordwest[en] (Himmelsrichtung).

Ny, das; -[s], -s [griech. ný < hebr. nûn]: *dreizehnter Buchstabe des griechischen Alphabets* (N, ν).

Nyk|tal|gie, die; -, -n [zu griech. nýx (Gen.: nyktós) = Nacht u. álgos = Schmerz] (Med.): *körperlicher Schmerz, der nur zur Nachtzeit auftritt.*

Ny|lon® ['nailɔn], das; -s [engl. nylon, Kunstwort]: *überwiegend zur Herstellung von Textilien verwendete, besonders reißfeste Chemiefaser.*

Ny|lon|strumpf, der ⟨meist Pl.⟩: *Damenstrumpf aus Nylon.*

Nymph|chen, das; -s, -: *Kindfrau* (1).

Nym|phe, die; -, -n [lat. Nymphe < griech. nýmphē = Braut; Jungfrau]: **1.** (griech.-röm. Myth.) *anmutige weibliche Naturgottheit.* **2.** (Zool.) *als letztes Entwicklungsstadium bestimmter Insekten auftretende Larve, die bereits Anlagen zu Flügeln besitzt.* **3.** (seltener) *Nymphchen.*

nym|phen|haft ⟨Adj.⟩: *anmutig, zart, leicht wie eine Nymphe* (1).

Nym|phen|sit|tich, der: *[als Käfigvogel gehaltener] vorwiegend bräunlich grauer australischer Sittich.*

nym|pho|man, nymphomanisch ⟨Adj.⟩ (Med., Psych.): *(von weiblichen Personen) von einem (krankhaft) gesteigerten Geschlechtstrieb beherrscht.*

Nym|pho|ma|nie, die; - [zu griech. nýmphē = (verhüll.) Klitoris u. ↑Manie] (Med., Psych.): *das Nymphomansein.*

Nym|pho|ma|nin, die; -, -nen (Med., Psych.): *an Nymphomanie leidende Frau.*

nym|pho|ma|nisch: ↑nymphoman.

Ny|norsk, das; - [norw., eigtl. = Neunorwegisch]: *mit dem Bokmål gleichberechtigte, aber im Gegensatz zu diesem auf Dialekten beruhende norwegische Schriftsprache.*

o, O [oː], das; - (ugs.: -s), - (ugs.: -s) [mhd., ahd. o]: *fünfzehnter Buchstabe des Alphabets:* ein kleines o, ein großes O schreiben.

ö, Ö [øː], das; - (ugs.: -s), - (ugs.: -s) [mhd. œ, ö]: *Umlaut aus o, O.*

o ⟨Interj.⟩ [mhd. ō]: Ausruf der Freude, der Sehnsucht, des Schreckens o. Ä., meist in Verbindung mit einem anderen Wort: o weh!; o Gott!; o wäre sie doch schon hier!; in der Anrede in Verbindung mit Namen: o Maria!

O = Osten; Oxygenium.

o, O = ↑Omikron.

ω, Ω: ↑Omega.

Ω = [2]Ohm.

O': Bestandteil irischer Namen (z. B. O'Neill).

-o, der; -s, -s (Jargon): wird zum Abkürzen oder Erweitern von Substantiven oder Adjektiven verwendet und kennzeichnet eine männliche Person, die sehr allgemein durch etw. charakterisiert ist: Fundamentalo, Prolo, Realo.

o. a. = oben angeführt.

o. ä. = oder ähnlich.

o. Ä. = oder Ähnliche[s].

ÖAMTC = Österreichischer Automobil-, Motorrad- und Touring-Club.

OAPEC, die; - [Abk. von engl. Organization of the Arab Petroleum Exporting Countries]: Organisation der arabischen Erdöl exportierenden Länder.

Oa|se, die; -, -n [spätlat. oasis < griech. óasis, eigtl. = bewohnter Ort, aus dem Semit.]: *Stelle mit einer Quelle, mit Wasser u. üppiger Vegetation inmitten einer Wüste:* die Karawane erreichte die O.; Ü dieser Ort ist eine O. des Friedens.

OAU, die; - [Abk. von engl. Organization of African Unity]: Organisation für afrikanische Einheit.

OAU-Staa|ten ⟨Pl.⟩: *der OAU angehörende Staaten.*

[1]ob ⟨Konj.⟩ [mhd. ob(e), ahd. obe, H. u.]: **1.** leitet einen indirekten Fragesatz, Sätze, die Ungewissheit, Zweifel ausdrücken, ein: er fragte sie, ob sie noch käme; ob es wohl regnen wird? **2.** in Verbindung mit »als« zur Einleitung einer irrealen vergleichenden Aussage; vgl. als (II 2). **3.** (veraltend) in Verbindung mit »auch«; *selbst wenn:* er will es so, ob es ihm auch schadet. **4. a)** in Verbindung mit »oder«; *sei es [dass]:* sie mussten sich fügen, ob es ihnen passte oder nicht; **b)** als Wortpaar; *sei es, es handele sich um … oder um …:* ob Arm, ob Reich, ob Mann, ob Frau, alle waren betroffen. **5.** in Verbindung mit »und« zum Ausdruck einer nachdrücklichen Bejahung, einer Bekräftigung: »Kommst du mit?« – »Und ob!«

[2]ob ⟨Präp.⟩ [mhd. ob(e), ahd. oba, verw. mit ↑auf]: **1.** ⟨mit Gen., selten auch Dativ⟩ (geh.): *wegen, über:* sie fielen ob ihrer sonderbaren Kleidung auf; er war ganz gerührt ob solcher Zuneigung. **2.** ⟨mit Dativ⟩ (schweiz., sonst veraltet) *über* (I 1 a), *oberhalb von:* ob dem Podium.

Ob, der; -[s]: Fluss in Sibirien.

[1]OB [oˈbeː], der; -[s], -s, selten: -: Oberbürgermeister.

[2]OB [oˈbeː], die; -, -s, selten: -: Oberbürgermeisterin.

o. B. = ohne Befund.

Obacht, die; - [aus ↑[2]ob (2) u. ↑[3]Acht, eigtl. = Acht über etwas] (südd.): *Vorsicht, Achtung:* O., da kommt ein Auto; * **auf jmdn., etw. O. geben,** (seltener:) **haben** *(auf jmdn., etw. achten, aufpassen).*

ÖBB = Österreichische Bundesbahnen.

obd. = oberdeutsch.

Ob|dach, das; -[e]s [mhd., ahd. ob(e)dach = Überdach, (Vor)halle, aus ↑[2]ob (2) u. ↑Dach] (Amtsspr., sonst veraltend): *[vorübergehende] Unterkunft, Wohnung:* kein O. haben.

ob|dach|los ⟨Adj.⟩: *[vorübergehend] ohne Wohnung:* -e Flüchtlinge.

Ob|dach|lo|se, der u. die; -n, -n ⟨Dekl. ↑Abgeordnete⟩: *jmd., der obdachlos ist.*

Ob|dach|lo|sen|asyl, das: *Heim, Unterkunft für Obdachlose.*

Ob|dach|lo|sen|für|sor|ge, die: *staatliche Fürsorge für Obdachlose.*

Ob|dach|lo|sig|keit, die; -: *das Obdachlossein.*

Ob|duk|ti|on, die; -, -en [lat. obductio = das Verhüllen, Bedecken, zu: obducere, ↑obduzieren; wohl nach dem Verhüllen der Leiche nach dem Eingriff] (Med.): *[gerichtlich angeordnete] Öffnung einer Leiche zur Feststellung der Todesursache:* eine O. anordnen.

Ob|duk|ti|ons|be|fund, der: *Befund einer Obduktion.*

Ob|du|zent, der; -en, -en (Med.): *Arzt, der eine Obduktion vornimmt.*

Ob|du|zen|tin, die; -, -nen: w. Form zu ↑Obduzent.

ob|du|zie|ren ⟨sw. V.; hat⟩ [lat. obducere (2. Part.: obductum) = verhüllen, bedecken] (Med.): *eine Obduktion vornehmen:* eine Leiche o.

Ob|e|di|enz, Obödienz, die; - [lat. oboedientia = Gehorsam] (kath. Kirche): **1.** *Gehorsamspflicht eines Klerikers gegenüber den geistlichen Oberen.* **2.** *Anhängerschaft eines Papstes während des Schismas* (a).

O-Bei|ne ⟨Pl.⟩ (ugs.): *stark nach außen gebogene Beine.*

o-bei|nig, (auch:) **O-bei|nig** ⟨Adj.⟩ (ugs.): *O-Beine habend.*

Obe|lisk, der; -en, -en [lat. obeliscus < griech. obelískos, zu: obelós = Spitzsäule; (Brat)spieß; vgl. Obolus]: *frei stehende, rechteckige, spitz zulaufende Säule.*

oben ⟨Adv.⟩ [mhd. oben(e), ahd. obana = von oben her]: **1. a)** *an einer höher gelegenen Stelle, an einem [vom Sprechenden aus] hoch gelegenen Ort:* o. links; o. auf dem Dach; er schaute nach o.; der Taucher kam wieder nach o. *(an die Oberfläche);* R o. hui und unten pfui (↑ außen 1); *** o. ohne** (ugs. scherzh.; *mit unbedecktem Busen*): o. ohne herumlaufen; **nicht [mehr] wissen, wo/was o. und unten ist** (ugs.; ↑ hinten); **von o. bis unten** *(ganz u. gar);* **von o. herab** *(in überheblicher, herablassender Weise);* **b)** *am oberen Ende:* den Sack o. zubinden; **c)** *an der Oberseite:* der Tisch ist o. furniert; **d)** *von einer Unterlage abgewandt:* die glänzende Seite des Papiers muss o. sein; **e)** *in großer Höhe:* hoch o. am Himmel flog ein Adler; **f)** *in einem vom Sprecher aus höheren Stockwerk:* sie ist noch o. **2.** (ugs.) *im Norden* (orientiert an der aufgehängten Landkarte): in Dänemark o. **3. a)** (ugs.) *an einer höheren Stelle in einer Hierarchie:* die da o. haben doch keine Ahnung; der Befehl kam von o.; R nach o. buckeln und nach unten treten; **b)** *an einer hohen Stelle in einer gesellschaftlichen o. ä. Rangordnung:* er wollte nach o.; der Weg nach o. war jetzt offen. **4.** *weiter vorne in einem Text:* siehe o.; wie bereits o. erwähnt; die o. erwähnte, genannte, stehende Summe; das o. Genannte; o. Stehendes bitte beachten.

oben|an ⟨Adv.⟩: *an der Spitze:* sein Name steht o. auf der Liste.

oben|auf ⟨Adv.⟩: **1.** (landsch.) *obendrauf:* einen Zettel o. legen. **2. a)** *gesund, guter Laune:* nach der Krankheit ist er jetzt wieder ganz o.; **b)** *sich seiner Stärke bewusst, selbstbewusst:* sie ist immer o.

oben|drauf ⟨Adv.⟩: *auf alles andere, auf allem anderen:* das Buch liegt o.

oben|drein ⟨Adv.⟩: *überdies, außerdem, noch dazu:* das Kind hat mich o. noch ausgelacht.

oben|drü|ber ⟨Adv.⟩: *über etw. darüber:* o. streichen.

oben|durch ⟨Adv.⟩: *oben durch etw. hindurch.*

oben er|wähnt: s. oben (4).

Oben|er|wähn|te, das; -n ⟨Dekl. ↑ [2]Junge⟩: vgl. Obenstehende.

oben ge|nannt: s. oben (4).

Oben|ge|nann|te, das; - ⟨Dekl. ↑ [2]Junge⟩: vgl. Obenstehende.

oben|he|rum ⟨Adv.⟩ (ugs.): *im oberen Teil eines Ganzen, bes. im Bereich der oberen Körperpartie:* sie ist o. füllig.

oben|hin ⟨Adv.⟩: **1.** *flüchtig, oberflächlich:* etw. o. sagen; ich hatte die Frage nur o. *(beiläufig)* gestellt. **2. * jmdn./etw. bis o. haben** (ugs.; *jmdn. nicht mehr leiden können, etw. leid sein*).

oben|hi|naus ⟨Adv.⟩: in der Wendung **o. wollen** (↑ hinauswollen).

Oben-oh|ne-Be|die|nung, die: *Kellnerin, die mit unbedecktem Busen bedient.*

Oben-oh|ne-Lo|kal, das: *Lokal mit Oben-ohne-Bedienung.*

oben|rum ⟨Adv.⟩ (ugs.): *obenherum.*

oben ste|hend: s. oben (4).

Oben|ste|hen|de, das; -n ⟨Dekl. ↑ [2]Junge⟩: *etw., was weiter oben im Text steht, genannt, erwähnt, zitiert wird.*

oben zi|tiert: s. oben (4).

Oben|zi|tier|te, das; -n ⟨Dekl. ↑ [2]Junge⟩: vgl. Obenstehende.

Ober, der; -s, - [1: gek. aus ↑ Oberkellner]: **1.** *Kellner:* Herr O., bitte zahlen! **2.** *der Dame entsprechende Spielkarte im deutschen Kartenspiel.*

ober... ⟨Adj.⟩ [mhd. obere, ahd. obaro, Komp. von ↑ [2]ob]: **1. a)** *(von zwei od. mehreren Dingen) über dem/den anderen gelegen, befindlich; [weiter] oben liegend, gelegen:* die oberen Luftschichten der Atmosphäre; Ü die Wahrheit ist oberstes *(wichtigstes, höchstes)* Gebot; *** das Oberste zuunterst kehren** (ugs.; *alles durchwühlen, durcheinander bringen*); **b)** *der Quelle näher gelegen:* die obere Elbe. **2.** *dem Rang nach, in einer Hierarchie o. Ä. über anderem, anderen stehend:* die oberen Schichten der Gesellschaft. **3.** *der Unterseite abgekehrt:* die obere Seite von etw. **4.** *oben* (1 b) *befindlich:* sie sitzt am oberen Ende des Tischs.

ober-, Ober-: 1. (ugs. emotional verstärkend) drückt in Bildungen mit Adjektiven eine Verstärkung aus/*besonders, höchst:* oberdoof, -mies. **2.** (ugs. emotional verstärkend) kennzeichnet in Bildungen mit Substantiven eine Person als über anderen stehend, als etw. in besonderem, nicht zu übertreffendem Maße seiend: Obergauner, -langweilerin. **3.** bezeichnet in Bildungen mit Substantiven eine Person, die einen höheren oder den höchsten Rang einnimmt: Oberbibliotheksdirektorin, -kriminalrat.

Ober|am|mer|gau: Ort in Bayern.

Ober|arm, der; -[e]s, -e: *Teil des Arms vom Ellenbogen bis zur Schulter.*

Ober|arzt, der; -[e]s, ...ärzte: *Arzt, der an einem Krankenhaus den Chefarzt vertritt od. eine spezielle Abteilung leitet.*

Ober|ärz|tin, die; -, -nen: w. Form zu ↑ Oberarzt.

Ober|auf|sicht, die; -, -en: *höchste, übergeordnete Aufsicht* (1).

Ober|bau, der; -[e]s, -ten: **1.** *oberer Teil eines Bauwerks o. Ä.* **2. a)** (Straßenbau) *Tragschichten u. Belag einer Straße;* **b)** (Eisenb.) *Schienen, Schwellen u. Bettung von Eisenbahngleisen.*

Ober|bauch, der; -[e]s, ...bäuche (Pl. selten): *oberhalb des Nabels gelegener Teil des Bauches.*

Ober|be|fehl, der; -s: *höchste militärische Befehlsgewalt:* den O. haben.

Ober|be|fehls|ha|ber, der; -s, - (Milit.): *höchster Befehlshaber.*

Ober|be|fehls|ha|be|rin, die; -, -nen: w. Form zu ↑ Oberbefehlshaber.

Ober|be|griff, der; -[e]s, -e: *übergeordneter, alles Untergeordnete umfassender Begriff.*

Ober|be|klei|dung, die; -, -en: *über der Unterwäsche getragene Kleidung.*

Ober|berg|amt, das; -[e]s, ...ämter: *höchste Dienststelle der Bergbehörde.*

Ober|bett, das; -[e]s, -en: *Deckbett, Federbett.*

Ober|bun|des|an|walt [auch: - -'- - - - -], der; -[e]s, ...anwälte (Bundesrepublik Deutschland): *oberster Bundesanwalt.*

Ober|bun|des|an|wäl|tin [auch: - -'- - - - - -], die; -, -nen: w. Form zu ↑ Oberbundesanwalt.

Ober|bür|ger|meis|ter [auch: - -'- - - -], der; -s, -: *hauptverantwortlicher Bürgermeister in größeren Städten.*

Ober|bür|ger|meis|te|rin [auch: - -'- - - - -], die; -, -nen: w. Form zu ↑ Oberbürgermeister.

Ober|deck, das; -s, -s: **a)** *Deck, das einen Schiffsrumpf nach oben abschließt;* **b)** *Obergeschoss eines zweistöckigen Omnibusses.*

ober|deutsch ⟨Adj.⟩ (Sprachw.): *die Mundarten betreffend, die in Süddeutschland, Österreich u. der Schweiz gesprochen werden.*

Ober|deutsch, das; -[s] u. ⟨nur mit best. Art.:⟩ **Ober|deut|sche,** das; -n: *die oberdeutsche Sprache.*

Ober|dorf, das; -[e]s, ...dörfer: *höher gelegener od. als weiter oben* (2, 3 b) *empfundener Teil eines Dorfes.*

Obe|re, der u. die; -n, -n ⟨Dekl. ↑ Abgeordnete⟩: **1.** *jmd., der in einer Hierarchie an hoher Stelle steht:* sich den -n beugen. **2.** *Geistliche[r] in leitender, bestimmender Position:* er wurde -r eines Klosters.

ober|faul ⟨Adj.⟩ (ugs. emotional verstärkend): *sehr anrüchig, bedenklich.*

Ober|flä|che, die; -, -n: **1.** *Fläche als obere Begrenzung einer Flüssigkeit:* Blasen steigen an die O.; Ü das Gespräch plätscherte an der O. dahin *(ging nicht sehr in die Tiefe).* **2.** *Gesamtheit der Flächen, die einen Körper von außen begrenzen:* eine raue O.; die O. des Mondes.

ober|flä|chen|ak|tiv ⟨Adj.⟩ (Chemie, Physik): **1.** *eine aufgrund großer Oberfläche große Adsorptionsfähigkeit besitzend.* **2.** *(von gelösten Stoffen) die Fähigkeit besitzend, die Oberflächenspannung bes. des Wassers herabzusetzen.*

Ober|flä|chen|be|hand|lung, die: *spezielle Bearbeitung der Oberfläche* (2) *von etw.*

Ober|flä|chen|be|schaf|fen|heit, die: *Beschaffenheit einer Oberfläche.*

Ober|flä|chen|span|nung, die: *Spannung an der Oberfläche von Flüssigkeiten.*

Ober|flä|chen|struk|tur, die: **1.** *Struktur einer Oberfläche.* **2.** (Sprachw.) *Form eines Satzes, wie sie in der konkreten Äußerung erscheint.*

Ober|flä|chen|was|ser, das ⟨o. Pl.⟩: *(im Unterschied zum Grundwasser) Wasser, das an der Erdoberfläche (als stehendes od. fließendes Gewässer) vorhanden ist.*

ober|fläch|lich ⟨Adj.⟩: **1.** (meist Fachspr.) *sich an od. auf der Oberfläche befindend:* ein -er Bluterguss. **2. a)** *nicht gründlich, flüchtig:* bei -er Betrachtung; etw. o. lesen; **b)** *am Äußeren haftend; ohne geistig-seelische Tiefe:* ein -er Mensch.

Ober|fläch|lich|keit, die; -, -en ⟨Pl. selten⟩: *das Oberflächlichsein.*

Ober|förs|ter, der; -s, - (früher): vgl. Revierförster.

ober|gä|rig ⟨Adj.⟩: *(von Hefe) bei geringer Temperatur gärend u. nach oben steigend:* -e Hefe; -es Bier *(mit obergäriger Hefe gebrautes Bier).*

Ober|ge|frei|te, der u. die; -n, -n (Milit.): **a)** ⟨o. Pl.⟩ *zweithöchster Dienstgrad in der Gruppe der Mannschaften;* **b)** *Gefreite[r] mit dem Dienstgrad Hauptgefreite[r]* (a).

Ober|ge|richt, das; -[e]s, -e (schweiz.): *Kantonsgericht.*

Ober|ge|schoss, das; -es, -e: *Stockwerk, das höher als das Erdgeschoss liegt.*

Ober|ge|wand, das; -[e]s, ...gewänder (geh.): vgl. Oberbekleidung.

Ober|gren|ze, die; -, -n: *obere Grenze* (2).

ober|halb [mhd. oberhalbe, eigtl. = (auf der) obere(n) Seite; vgl. -halben]: **I.** ⟨Präp. mit Gen.⟩ *höher als etw. gelegen, über:* o. des Dorfes beginnt der Wald. **II.** ⟨Adv.⟩ (in Verbindung mit »von«) *über etw., höher als etw. gelegen:* das Schloss liegt o. von Heidelberg.

Ober|hand, die [mhd. oberhant, aus: diu obere hant = Hand, die den Sieg davonträgt]: in den Wendungen **die O. gewinnen/bekommen/erhalten** *(sich als stärker erweisen, sich gegen etw., jmdn. durchsetzen).*

Ober|haupt, das; -[e]s, ...häupter (geh.): *jmd., der als Führer, Leiter, höchste Autorität an der Spitze von etw. steht:* das O. der Familie.

Ober|haus, das; -es, ...häuser [b: engl. the Upper House]: **a)** *erste Kammer eines aus zwei Kammern bestehenden Parlaments:* in das O. gewählt werden; **b)** ⟨o. Pl.⟩ *erste Kammer des britischen Parlaments.*

Ober|haut, die; - (Biol., Med.): *Epidermis.*

Ober|hemd, das; -[e]s, -en: *Hemd* (1 a).

Ober|herr|schaft, die; -: *oberste Herrschaft* (1).

Ober|hir|te, der; -n, -n (geh.): *über anderen stehender kirchlicher Würdenträger.*

Ober|hit|ze, die; -: *von oben kommende Hitze in einem Backofen.*

Ober|ho|heit, die; -: vgl. Oberherrschaft.

Obe|rin, die; -, -nen: **1.** *Oberschwester.* **2.** *Leiterin eines Nonnenklosters, eines von Ordensschwestern geführten Heimes o. Ä.*

Ober|in|ge|ni|eur, der; -s, -e: *leitender Ingenieur.*

Ober|in|ge|ni|eu|rin, die; -, -nen: w. Form zu ↑ Oberingenieur.

Ober|in|spek|tor, der; -s, ...oren: *im Rang über dem Inspektor* (1) *stehender Beamter des gehobenen Dienstes.*

Ober|in|spek|to|rin, die; -, -nen: w. Form zu ↑ Oberinspektor.

ober|ir|disch ⟨Adj.⟩: *über dem Erdboden liegend; sich über dem Erdboden befindend:* die -en Teile einer Pflanze; Kabel o. verlegen.

Ober|ita|li|en; -s: das nördliche Italien.

Ober|kan|te, die; -, -en: *obere Kante.*

Ober|kell|ner, der; -s, -: *Kellner, der mit den Gästen abrechnet; Zahlkellner.*

Ober|kell|ne|rin, die; -, -nen: w. Form zu ↑Oberkellner.
Ober|kie|fer, der; -s, -: *oberer Teil des* [1]*Kiefers.*
Ober|kir|chen|rat [auch: – – ' – – –], der; -[e]s, ...räte: **a)** *höchstes Verwaltungsorgan verschiedener evangelischer Landeskirchen;* **b)** *Mitglied eines Oberkirchenrats (a).*
Ober|kir|chen|rä|tin [auch: – – ' – – – –], die; -, -nen: w. Form zu ↑Oberkirchenrat (b).
Ober|klas|se, die; -, -n: **1.** *obere Schulklasse.* **2.** *Oberschicht* (1).
Ober|kom|man|die|ren|de, der u. die; -n, -n ⟨Dekl. ↑Abgeordnete⟩: vgl. Oberbefehlshaber.
Ober|kom|man|do, das; -s, -s: **a)** ⟨o. Pl.⟩: *höchste militärische Befehlsgewalt:* das O. erhalten, ausüben; **b)** *oberster militärischer Führungsstab einer Armee.*
Ober|kör|per, der; -s, -: *oberer Teil des menschlichen Körpers:* er musste den O. frei machen; mit nacktem O.
Ober|land, das; -[e]s: *höher gelegener Teil eines Landes* (meist nur noch in Namen): das Berner O.
Ober|län|der, der; -s, -: *Bewohner des Oberlandes.*
Ober|län|de|rin, die; -, -nen: w. Form zu ↑Oberländer.
Ober|lan|des|ge|richt [auch: – – ' – – – –], das: *oberes Gericht der Länder in der Bundesrepublik Deutschland.*
Ober|län|ge, die; -, -n (Schriftw.): *Teil eines Buchstabens, der über die obere Grenze bestimmter Kleinbuchstaben hinausragt.*
Ober|lauf, der; -[e]s, ...läufe: *der Quelle am nächsten verlaufender Teil eines Flusses:* am O. des Mains.
Ober|lau|sitz, die; -: Gebiet um Bautzen u. Görlitz.
Ober|le|der, das; -s, -: *Leder des Oberteils eines Schuhs.*
Ober|leh|rer, der; -s, -: **1.** (früher) *Studienrat.* **2. a)** ⟨o. Pl.⟩ (früher) *Titel für ältere Volksschullehrer;* **b)** ⟨o. Pl.⟩ (DDR) *Ehrentitel für einen Lehrer;* **c)** *Träger dieses [Ehren]titels.* **3.** (ugs. abwertend) *Schulmeister* (2).
ober|leh|rer|haft ⟨Adj.⟩: *kleinlich krittelnd u. belehrend.*
Ober|leh|re|rin, die; -, -nen: w. Form zu ↑Oberlehrer.
Ober|lei|tung, die; -, -en: **1.** *oberste Leitung.* **2.** *über der Fahrbahn aufgehängte elektrische Leitung für Straßenbahnen u. Busse.*
Ober|lei|tungs|om|ni|bus, der: *Omnibus mit Elektromotor, der seine Energie durch eine Oberleitung* (2) *erhält;* Kurzwort: Obus.
Ober|leut|nant, der; -s, -s: **a)** ⟨o. Pl.⟩ *Offiziersrang zwischen Leutnant u. Hauptmann;* **b)** *Offizier dieses Ranges.*
Ober|licht, das; -[e]s, -er u. -e: **a)** ⟨o. Pl.⟩ *von oben in einen Raum einfallendes Licht;* **b)** ⟨Pl. -er, seltener: -e⟩ *oben in einem Raum befindliches Fenster;* **c)** ⟨Pl. -er⟩ *Deckenlampe.*
Ober|lid, das; -[e]s, -er: *oberes Lid.*
Ober|li|ga, die; -, ...ligen (Sport): **1.** *Spielklasse unter der [zweiten] Bundesliga.* **2.** (DDR) *höchste Spielklasse.*
Ober|li|gis|tin, die; -, -nen: w. Form zu ↑Oberligist.
Ober|lip|pe, die; -, -n: *obere Lippe des Mundes.*
Ober|lip|pen|bart, der: *Schnurrbart.*
Ober|maat, der; -[e]s, -e u. -en: **a)** ⟨o. Pl.⟩ *Unteroffiziersrang bei der Kriegsmarine;* **b)** *Unteroffizier dieses Ranges.*
Ober|ma|te|ri|al, das; -s, ...alien: *Material, aus dem das Oberteil eines Schuhs besteht:* O. Leder.
Ober|ös|ter|reich; -s: österreichisches Bundesland.
Ober|pfalz, die; -: Regierungsbezirk des Freistaates Bayern.
Ober|post|di|rek|ti|on [auch: – – ' – – – – – –], die; -, -en: *dem Postminister unterstellte Verwaltungsbehörde.*
Ober|pries|ter, der; -s, -: *hoher, oberster Priester.*
Ober|pries|te|rin, die; -, -nen: w. Form zu ↑Oberpriester.
Ober|pri|ma [auch: – – ' – –], die; -, ...primen (veraltend): *letzte Klasse des Gymnasiums.*
Ober|rhein, der: Oberlauf des Rheins.
ober|rhei|nisch ⟨Adj.⟩: vgl. rheinisch.
Obers, das; - [subst. Neutr. von: ober..., eigtl. = das Obere (der Milch), das oben (auf der Milch) Befindliche] (bayr., österr.): *süße Sahne.*
Ober|schen|kel, der; -s, -: *Teil des Beins zwischen Hüfte u. Knie.*
Ober|schen|kel|hals, der (Anat.): *oberer Teil des Oberschenkelknochens.*
Ober|schen|kel|hals|bruch, der (Med.): *Bruch* (2 a) *des Oberschenkelhalses.*
Ober|schen|kel|kno|chen, der (Anat.): *Knochen des Oberschenkels.*
Ober|schen|kel|kopf, der (Anat.): *rundliche Verdickung am oberen Ende des Oberschenkelknochens.*
Ober|schicht, die; -, -en: **1.** *Bevölkerungsgruppe, die das höchste gesellschaftliche Prestige genießt.* **2.** (seltener) *obere Schicht von etw.*
ober|schläch|tig ⟨Adj.⟩ [zu ↑schlagen] (Fachspr.): *(von einem Wasserrad) von oben her angetrieben.*
ober|schlau ⟨Adj.⟩ (ugs. iron.): *sich für besonders schlau, pfiffig haltend, ohne es zu sein.*
Ober|schu|le, die; -, -n: **1.** (meist ugs.) *höhere Schule.* **2.** (DDR) *für alle Kinder verbindliche, allgemein bildende Schule:* polytechnische, erweiterte O.
Ober|schü|ler, der; -s, -: *Schüler einer Oberschule.*
Ober|schü|le|rin, die; -, -nen: w. Form zu ↑Oberschüler.
Ober|schul|rat, der: *hoher Beamter der Schulaufsichtsbehörde.*
Ober|schul|rä|tin, die; -, -nen: w. Form zu ↑Oberschulrat.
Ober|schwes|ter, die; -, -n: *leitende Krankenschwester eines Krankenhauses od. einer Station.*
Ober|sei|te, die; -, -n: *nach oben gewandte, sichtbare Seite:* die raue, glatte, glänzende O. eines Stoffes.
ober|seits ⟨Adj.⟩ [↑-seits]: *an der Oberseite.*
Ober|se|kun|da [auch: – – – ' – –], die; -, ...den (veraltend): *siebte Klasse des Gymnasiums.*
Oberst, der; -en u. -s, -en, seltener: -e: **a)** ⟨o. Pl.⟩ *höchster Dienstgrad der Stabsoffiziere;* **b)** *Offizier dieses Dienstgrades.*
oberst... ⟨Adj.; Sup. von ober...⟩: ↑ober....
Ober|stabs|feld|we|bel [auch: – – ' – – – –], der; -s, -: **a)** ⟨o. Pl.⟩ *höchster Unteroffiziersrang;* **b)** *Unteroffizier dieses Ranges.*
Ober|stadt, die; -, ...städte: vgl. Oberdorf.
Obers|te, das; -n: ↑ober....
Ober|stei|ger, der; -s, - (Bergbau): *leitender Steiger.*
Ober|stim|me, die; -, -n (Musik): *höchste Stimme eines mehrstimmigen musikalischen Satzes.*
Oberst|leut|nant [auch: – – ' – –], der: **a)** ⟨o. Pl.⟩ *Offiziersrang zwischen Major u. Oberst;* **b)** *Offizier dieses Ranges.*
Ober|stock, der; -[e]s, ...stöcke: *Obergeschoss.*
Ober|stüb|chen, das; -s, - (ugs.): *Kopf* (3): * **nicht [ganz] richtig im O. sein** (ugs.; ↑richtig 2 b).
Ober|stu|di|en|rat [auch: – – ' – – – –], der; -[e]s, ...räte: **1.** *Studienrat einer höheren Rangstufe.* **2.** (DDR, österr.) **a)** ⟨o. Pl.⟩ *Ehrentitel für einen Lehrer;* **b)** *Träger dieses Titels.*
Ober|stu|di|en|rä|tin [auch: – – ' – – – – –], die; -, -nen: w. Form zu ↑Oberstudienrat.
Ober|stu|fe, die; -, -n: *obere Klassen in Realschulen u. Gymnasien.*
Ober|tas|se, die; -, -n: *Tasse im Gegensatz zur Untertasse.*
Ober|tas|te, die; -, -n: *schwarze Taste bei Tasteninstrumenten.*
Ober|teil, das od. der; -s, -e: *oberes, oberer Teil.*
Ober|ter|tia [auch: – – ' – –], die; -, ...tertien (veraltend): *fünfte Klasse des Gymnasiums.*
Ober|ton, der; -[e]s, ...töne (Physik, Musik): *über dem Grundton liegender u. kaum hörbar mitklingender Ton, der die Klangfarbe bestimmt.*
Ober|ver|wal|tungs|ge|richt [auch: – – – ' – – – – –], das; -[e]s, -e: *übergeordnetes Verwaltungsgericht.*
Ober|vol|ta; -s: früherer Name von ↑Burkina Faso.
Ober|was|ser, das; -s: *oberhalb einer Schleuse, eines [Mühl]wehrs gestautes Wasser:* * **[wieder] O. haben** (ugs.; *[wieder] im Vorteil, obenauf sein*); **[wieder] O. bekommen** (ugs.; *[wieder] in eine günstige Lage kommen*).
Ober|wei|te, die; -, -n: **1.** *Brustumfang:* die O. messen. **2.** (ugs. scherzh.) *Busen* (1).
Ober|zei|le, die; -, -n: *Dachzeile.*
Ob|frau, die; -, -en: vgl. Obmann.
ob|ge|nannt ⟨Adj.⟩ (österr. Amtsspr.): *oben genannt.*
ob|gleich ⟨Konj.⟩: *obwohl:* sie kam sofort, o. sie nicht viel Zeit hatte.
Ob|hut, die; - [aus ↑[2]ob (2) u. ↑[2]Hut] (geh.): *fürsorglicher Schutz, Aufsicht:* bei ihm sind die Kinder in guter O.
Obi, der od. das; -[s], -s [jap. obi]: **1.** *zum japanischen Kimono getragener breiter Gürtel.* **2.** (Judo) *Gürtel der Kampfbekleidung.*
obig ⟨Adj.⟩ [zu ↑[2]ob (2)] (Papierdt.): *oben erwähnt, genannt:* schicken Sie die Ware bitte an -e Adresse; die -e Beschreibung ist genau zu beachten; ⟨subst.:⟩ das ist bereits im -en *(weiter oben)* dargelegt worden; der, die Obige (Unterschrift unter einer Nachschrift im Brief; Abk.: d. O.).
Ob.-Ing. = Oberingenieur, Oberingenieurin.
Ob.-Insp. = Oberinspektor, Oberinspektorin.
Obi|ter Dic|tum, das; - -, - ...ta [lat. = das nebenbei Gesagte] (Rechtsspr.): *(in einem Urteil eines obersten Gerichts) rechtliche Ausführungen zur Urteilsfindung, die über das Erforderliche hinausgehen u. auf denen das Urteil dementsprechend nicht beruht.*
Obi|tu|a|ri|um, das; -s, ...ia u. ...ien [mlat. obituarius, zu lat. obitus = Tod]: *kalender- od. annalenartiges Verzeichnis der verstorbenen Mitglieder, Wohltäter u. Stifter einer mittelalterlichen kirchlichen Gemeinschaft für die jährlich an ihrem Todestag stattfindende Gedächtnisfeier.*
Ob|jekt, das; -[e]s, -e [1: mlat. obiectum, subst. 2. Part. von lat. obicere = entgegenwerfen, vorsetzen]: **1. a)** *Gegenstand, auf den das Interesse, das Denken, das Handeln gerichtet ist:* ein lohnendes O.; etw. am lebenden O. demonstrieren; Ü Frauen waren nur -e für ihn; jmdn. zum O. seiner Aggressionen machen; **b)** (Philos.) *unabhängig vom Bewusstsein existierende Erscheinung der materiellen Welt, auf die sich das Erkennen, die Wahrnehmung richtet.* **2. a)** (bes. Kaufmannsspr.) *etw. mit einem bestimmten Wert, das angeboten, verkauft wird; Gegenstand eines Geschäfts, eines [Kauf]vertrages, bes. ein Grundstück, Haus o. Ä.:* ein günstiges O.; **b)** (österr. Amtsspr.) *Gebäude;* **c)** (bes. DDR) *für die Allgemeinheit geschaffene Einrichtung, betriebswirtschaftliche Einheit, bes. Verkaufsstelle, Gaststätte o. Ä.;* **d)** (DDR) *Gebäude o. Ä., das vom Staatssicherheitsdienst beansprucht, benutzt wird.* **3.** (Kunstwiss.) *aus verschiedenen Materialien zusammengestelltes plastisches Werk der modernen Kunst:* die Künstlerin stellt Zeichnungen und -e aus. **4.** (Sprachw.) *Satzglied, das von einem Verb als Ergänzung gefordert wird:* direktes O. *(Akkusativobjekt);* ein Satz mit mehreren -en.
ob|jek|tiv ⟨Adj.⟩ (bildungsspr.): **1.** *unabhängig von einem Subjekt u. seinem Bewusstsein existierend; tatsächlich:* die -en Tatsachen. **2.** *nicht von Gefühlen, Vorurteilen bestimmt; sachlich, unvoreingenommen, unparteiisch:* eine -e Berichterstatterin; sein Urteil ist nicht o.; etw. o. betrachten.
Ob|jek|tiv, das; -s, -e: *dem zu beobachtenden Gegenstand zugewandte Linse[n] eines optischen Gerätes:* das O. [einer Kamera] auf etwas richten.

ob|jek|ti|vier|bar ⟨Adj.⟩ (Physik): *sich objektivieren (2) lassend.*

ob|jek|ti|vie|ren ⟨sw. V.; hat⟩: **1.** (bildungsspr.) *in eine bestimmte, der objektiven Betrachtung zugängliche Form bringen; von subjektiven, emotionalen Einflüssen befreien:* Wahrnehmungsprozesse o. **2.** (Physik) *etw. so darstellen, wie es wirklich ist, unbeeinflusst vom Messinstrument od. vom Beobachter:* physikalische Vorgänge o.

Ob|jek|ti|vie|rung, die; -, -en: *das Objektivieren.*

Ob|jek|ti|vis|mus, der; -: **1.** (Philos.) *erkenntnistheoretische Denkrichtung, die davon ausgeht, dass es vom erkennenden u. wertenden Subjekt unabhängige Wahrheiten u. Werte gibt.* **2.** (marx. abwertend) *wissenschaftliches Prinzip, das davon ausgeht, dass wissenschaftliche Objektivität unabhängig von den Wertvorstellungen des Betrachters, von gesellschaftlichen Realitäten existieren kann.*

ob|jek|ti|vis|tisch ⟨Adj.⟩: *dem Objektivismus eigentümlich, in der Art des Objektivismus.*

Ob|jek|ti|vi|tät, die; -: *objektive (2) Darstellung, Beurteilung o. Ä.:* wissenschaftliche O.

Ob|jekt|kunst, die: *moderne Kunstrichtung, die sich mit der Gestaltung von Objekten (3) befasst.*

Ob|jekt|künst|ler, der: *jmd., der Objektkunst gestaltet.*

Ob|jekt|künst|le|rin, die: w. Form zu ↑Objektkünstler.

Ob|jekt|li|bi|do, die (Psych.): *auf Personen u. Gegenstände, nicht auf das eigene Ich gerichtete Libido.*

Ob|jekt|psy|cho|tech|nik, die; -: *Anpassung der objektiven Forderungen des Berufslebens an die subjektiven Erfordernisse des im Beruf stehenden Menschen* (z. B. Wahl der Beleuchtung, Gestaltung des Arbeitsplatzes).

Ob|jekt|satz, der (Sprachw.): *Objekt (4) in Form eines Gliedsatzes.*

Ob|jekt|schutz, der: *polizeilicher, militärischer o. ä. Schutz für Objekte (Gebäude, Anlagen usw.).*

Ob|jekt|spra|che, die (Sprachw.): *Sprache als Gegenstand der Betrachtung, die mit der Metasprache beschrieben wird.*

Ob|jekt|tisch, der: *Teil des Mikroskops zum Auflegen, Befestigen des Präparats.*

Ob|jekt|trä|ger, der: *Glasplättchen, auf das ein zu mikroskopierendes Objekt gelegt wird.*

Ob|last, die; -, -e [russ. oblast']: *größeres Verwaltungsgebiet in der Sowjetunion.*

^{1}**Ob|la|te,** die; -, -n [mhd., ahd. oblāte < mlat. oblata (hostia) = (als Opfer) dargebrachtes (Abendmahlsbrot), zu lat. offerre (↑offerieren) u. hostia, ↑Hostie]: **1.** *dünne, aus einem Teig aus Mehl u. Wasser gebackene Scheibe, die bes. in der katholischen Kirche als Abendmahlsbrot gereicht wird.* **2. a)** *dünne Scheibe aus einem Teig aus Mehl u. Wasser, die als Unterlage für verschiedenes Gebäck verwendet wird;* **b)** *waffelähnliches, flaches, rundes Gebäck:* Karlsbader -n.

^{2}**Ob|la|te,** der; -n, -n [nach lat. pueri oblati = dargebrachte Knaben; in der alten u. ma. Kirche Bez. für Kinder, die von ihren Eltern für das Leben im Kloster bestimmt worden waren] (kath. Kirche): **1.** *Mitglied einer neueren Ordensgemeinschaft.* **2.** *jmd., der sich einem Orden od. Kloster angeschlossen hat, ohne Vollmitglied zu sein.*

Ob|la|ti|on, die; -, -en [spätlat. oblatio = das Darbringen] (kath. Kirche): *Teil des Hochgebets.*

Ob|leu|te ⟨Pl.⟩: **1.** Pl. von ↑Obmann. **2.** *Gesamtheit der Obfrauen und Obmänner.*

ob|lie|gen [auch: -ˈ- -] ⟨st. V.; liegt ob/(auch:) obliegt, lag ob/(auch:) oblag, hat obgelegen/(auch:) oblegen, obzuliegen/ (auch:) zu obliegen⟩ [mhd. obe ligen, ahd. oba ligan = oben liegen, überwinden]: **a)** (geh.) *jmdm. als Pflicht, Aufgabe zufallen:* die Beweislast liegt dem Kläger ob/obliegt dem Kläger; die Pflichten hatten ihr obgelegen/(auch:) oblegen; ⟨unpers.:⟩ es obliegt ihm, dies zu tun; **b)** (veraltet) *sich einer Sache, Aufgabe widmen, sich mit einer Sache eingehend beschäftigen:* sie lagen dem Spiel ob.

Ob|lie|gen|heit [auch: -ˈ- - -], die; -, -en (geh.): *Pflicht, Aufgabe:* seine -en zur Zufriedenheit aller erfüllen; das zählt zu ihren -en.

obli|gat ⟨Adj.⟩ [lat. obligatus = verpflichtet; gebunden, adj. 2. Part. von: obligare = an-, verbinden, verpflichten]: **1. a)** (bildungsspr.) **a)** (veraltend) *unerlässlich, erforderlich;* **b)** (meist spött.) *regelmäßig dazugehörend, mit etw. auftretend; üblich, unvermeidlich:* der -e Blumenstrauß. **2.** (Musik) *als selbstständig geführte Stimme für eine Komposition unentbehrlich:* eine Arie mit -er Violine.

Obli|ga|ti|on, die; -, -en [1: lat. obligatio]: **1.** (Rechtsspr. veraltet) *Verpflichtung, persönliche Verbindlichkeit.* **2.** (Wirtsch.) *von einem Unternehmen od. einer Gemeinde ausgegebenes festverzinsliches Wertpapier.*

Obli|ga|ti|o|nen|recht, das; -[e]s, (schweiz.): *Schuldrecht* (Abk.: OR).

obli|ga|to|risch ⟨Adj.⟩ [1: lat. obligatorius] (bildungsspr.): **1.** *durch ein Gesetz o. Ä. vorgeschrieben, verbindlich:* -e Vorlesungen; für diese Ausbildung ist das Abitur o.; o. zu belegende Fächer. **2.** (meist spött.) *obligat* (1 b).

Obli|ga|to|ri|um, das; -s, ...ien (schweiz.): *Verpflichtung, Pflichtfach, -leistung.*

Obli|go [auch: ˈɔb...], das; -s, -s [ital. ob(b)ligo, zu: ob(b)ligare < lat. obligare = (an)binden] (Wirtsch.): **1.** *Verpflichtung:* im O. sein, stehen. **2.** *Gewähr:* O. für etw. übernehmen; ohne O. (Abk. o. O.).

oblique [oˈbliːk, attr.: ...kvə]: meist in der Fügung -r Kasus (Sprachw.; *Casus obliquus*).

Ob|li|te|ra|ti|on, die; -, -en [1: lat. obliteratio = das Vergessen; 2: zu lat. oblitum, 2. Part. von: oblinere = verstopfen]: **1.** (Wirtsch.) *Tilgung.* **2.** (Med.) *durch entzündliche Veränderungen o. Ä. entstandene Verstopfung von Hohlräumen, Gefäßen des Körpers.*

Ob|lo|mo|we|rei, die; -, -en [für russ. oblomovščina, nach dem Titelhelden Oblomow eines Romans des russ. Dichters I. A. Gontscharow (1812–1891)] (bildungsspr.): *lethargische (1) Haltung; tatenloses Träumen.*

ob|long ⟨Adj.⟩ [lat. oblongus] (veraltet): **a)** *länglich;* **b)** *rechteckig.*

Ob|long|ta|blet|te, die (Pharm.): *längliche Tablette.*

Oblt. = Oberleutnant.

OBM = Oberbürgermeister, Oberbürgermeisterin.

Ob|mann, der; -[e]s, ...männer u. ...leute [mhd. obeman = Schiedsrichter, aus: obe (↑^{2}ob 2) u. man, ↑Mann]: **1.** *Vorsitzender eines Vereins, eines Ausschusses o. Ä.* **2.** (Sport) *Vorsitzender des Kampfgerichts.* **3.** *jmd., der die Interessen einer bestimmten Gruppe o. Ä. vertritt; Vertrauensmann.*

Ob|ö|di|enz: ↑Obedienz.

Oboe, die; -, -n [ital. oboe < frz. hautbois, eigtl. = hohes (= hoch klingendes) Holz]: **1.** *leicht näselnd klingendes, an Obertönen reiches Holzblasinstrument mit einem Mundstück aus Rohrblättern u. dreiteiliger, konisch gebohrter Röhre, dessen Tonlöcher mit Klappen geschlossen werden.* **2.** *im Klang der Oboe (1) ähnelndes Orgelregister.*

Obo|ist, der; -en, -en: *jmd., der berufsmäßig Oboe spielt.*

Obo|is|tin, die; -, -nen: w. Form zu ↑Oboist.

Obo|lus, der; -, - u. -se [lat. obolus < griech. obolós, mundartl. Form von: obelós = [Brat]spieß (↑Obelisk); wahrscheinlich waren die ersten Münzen dieser Art kleine, spitze Metallstücke]: **1.** *kleine altgriechische Münze.* **2.** (bildungsspr.) *kleinerer Betrag, kleine Geldspende für etw.:* seinen O. entrichten.

Obo|trit, der; -en, -en: Angehöriger eines westslawischen Volksstammes.

Obo|tri|tin, die; -, -nen: w. Form zu ↑Obotrit.

Ob|rig|keit, die; -, -en [spätmhd. oberecheit, zu ↑ober...]: *Träger weltlicher od. geistlicher Macht; Träger der Regierungsgewalt:* die weltliche, geistliche O.

ob|rig|keit|lich ⟨Adj.⟩ (veraltend): *die Obrigkeit betreffend, von ihr ausgehend:* -e Verordnungen; die -e Willkür.

Ob|rig|keits|den|ken, das; -s: *Denkweise, die eine Obrigkeit kritiklos anerkennt.*

ob|rig|keits|hö|rig ⟨Adj.⟩: *der Obrigkeit hörig:* -e Beamte.

Ob|rig|keits|staat, der: *absolutistischer, monarchistischer, undemokratisch regierter Staat.*

Obrist, der; -en, -en [eigtl. veraltete Form von ↑Oberst]: **1.** (veraltet) *Oberst.* **2.** (abwertend) *Mitglied einer Militärjunta.*

ob|schon ⟨Konj.⟩ (geh.): *obwohl:* sie kam, o. sie krank war.

ob|se|quent ⟨Adj.⟩ [lat. obsequens (Gen.: obsequentis), 1. Part. von: obsequi = folgen, sich nach jmdm. richten] (Geogr.): *(von Flüssen) der Fallrichtung der Gesteinsschichten entgegengesetzt fließend.*

ob|ser|vant ⟨Adj.⟩ [lat. observans (Gen.: observantis), 1. Part. von: observare, ↑observieren] (bildungsspr. selten): *sich streng an die Regeln haltend.*

Ob|ser|va|ti|on, die; -, -en [lat. observatio]: **1.** *wissenschaftliche Beobachtung [in einem Observatorium].* **2.** *das Observieren (1).*

Ob|ser|va|to|ri|um, das; -s, ...ien [zu lat. observator = Beobachter]: *astronomische, meteorologische od. geophysikalische Beobachtungsstation; Stern-, Wetterwarte.*

ob|ser|vie|ren ⟨sw. V.; hat⟩ [lat. observare]: **1. a)** *der Verfassungsfeindlichkeit, eines Verbrechens verdächtige Personen od. entsprechende Objekte polizeilich überwachen:* jmdn. o. [lassen]; eine Wohnung o.; **b)** *Personen, Gebäude o. Ä. über einen längeren Zeitraum [zu einem bestimmten Zweck] beobachten.* **2.** (veraltet) *[wissenschaftlich] beobachten.*

Ob|ser|vie|rung, die; -, -en: *das Observieren (1).*

Ob|ses|si|on, die; -, -en [lat. obsessio = das Besetztsein; Blockade] (Psych.): *[mit einer bestimmten Furcht verbundene] Zwangsvorstellung od. -handlung.*

ob|ses|siv ⟨Adj.⟩ [engl. obsessive] (Psych.): *in der Art einer Obsession.*

Ob|si|di|an, der; -s, -e [lat. (lapis) Obsianus, nach dem röm. Reisenden Obsius, der das Gestein in Äthiopien entdeckte]: *dunkles, viel Kieselsäure enthaltendes, glasiges Gestein.*

ob|sie|gen [auch: ˈ- - -] ⟨sw. V.; obsiegt/(auch:) siegt ob, obsiegte/(auch:) siegte ob, hat obsiegt/(auch:) obgesiegt, zu obsiegen (österr. nur so)/(auch:) obzusiegen⟩ [aus ↑^{2}ob (2) u. ↑siegen] (veraltend): *siegen, siegreich sein:* die Kräfte des Guten obsiegten.

obs|kur ⟨Adj.⟩ [lat. obscurus, eigtl. = bedeckt] (bildungsspr.): *[nicht näher bekannt u. daher] fragwürdig, anrüchig, zweifelhaft:* eine -e Gestalt; ein -es Lokal; diese Geschichte ist ziemlich o.

Obs|ku|ran|tis|mus, der; - [zu lat. obscurare = verdunkeln; verbergen, verhehlen] (bildungsspr.): *Bestreben, die Menschen bewusst in Unwissenheit zu halten, ihr selbstständiges Denken zu verhindern u. sie an Übernatürliches glauben zu lassen.*

obs|ku|ran|tis|tisch ⟨Adj.⟩ (bildungsspr.): *den Obskurantismus betreffend, ihm entsprechend.*

ob|so|let ⟨Adj.⟩ [lat. obsoletus] (bildungsspr.): **1.** *nicht mehr gebräuchlich, nicht mehr üblich; veraltet:* ein -es Wort. **2.** *überflüssig.*

Obst, das; -[e]s [mhd. obeȥ, ahd. obaȥ, eigtl. = Zukost, zu ↑^{2}ob u. ↑essen]: *essbare, meist saftige Früchte bestimmter Bäume u. Sträucher:* frisches, saftiges, [un]reifes, rohes O.; O. pflücken, ernten, schälen; eine Schale mit O.; R [ich] danke für O. und Südfrüchte (ugs.; *davon will ich nichts wissen*).

Obst|an|bau, der ⟨o. Pl.⟩, **Obst|bau,** der ⟨o. Pl.⟩: *Anbau von Obst.*

Obst|baum, der: *Baum, der Obst trägt.*

Obst|blü|te, die: *das Blühen, Blütezeit der Obstbäume.*
Obst|ern|te, die: 1. *das Ernten des Obstes.* 2. *Gesamtheit des geernteten Obstes.*
Obst|es|sig, der: *Essig aus bestimmten Obstsorten, wie Äpfeln, Birnen.*
Obs|te|trik, die; - [zu lat. obstetrix = Hebamme] (Med.): *Geburtshilfe* (2).
Obst|gar|ten, der: *Garten, in dem überwiegend Obstbäume wachsen.*
Obst|geist, der ⟨Pl. -e⟩: *Obstwasser.*
Obst|han|del, der: *Handel mit Obst.*
Obst|händ|ler, der: *jmd., der mit Obst [Gemüse o. Ä.] handelt.*
Obst|händ|le|rin, die: w. Form zu ↑Obsthändler.
Obst|hor|de, die: [1]*Horde (a) für Obst.*
obs|ti|nat ⟨Adj.⟩ [lat. obstinatus = darauf bestehend, hartnäckig] (bildungsspr.): *starrsinnig, unbelehrbar:* eine -e Haltung.
Obs|ti|pa|ti|on, die; -, -en [spätlat. obstipatio = das Gedrängtsein] (Med.): *Stuhlverstopfung.*
obs|ti|pie|ren ⟨sw. V.; hat⟩ (Med.): *zu Stuhlverstopfung führen.*
Obst|kern, der: *Kern* (1 a), *Stein* (6) *von Obst.*
Obst|korb, der: *Korb für, mit Obst.*
Obst|ku|chen, der: *mit Obst belegter [u. mit Tortenguss überzogener] Kuchen.*
Obst|ler, der; -s, - (landsch.): 1. *Obstwasser.* 2. *Obsthändler.*
Obst|le|rin, die; -, -nen: w. Form zu ↑Obstler (2).
Obst|mes|ser, das: *kleines Messer zum Schälen u. Schneiden von Obst.*
Obst|pflü|cker, der: 1. *langstieliges Gerät zum Pflücken von Baumobst.* 2. *jmd., der [gegen Bezahlung] Obst pflückt.*
Obst|pflü|cke|rin, die: w. Form zu ↑Obstpflücker (2).
Obst|plan|ta|ge, die: *Plantage, in der Obst angebaut wird.*
obst|reich ⟨Adj.⟩: *reich an Obst:* ein -es Jahr.
ob|stru|ie|ren ⟨sw. V.; hat⟩ [lat. obstruere = versperren]: 1. (bildungsspr.) *etw. zu verhindern suchen; hemmen.* 2. (Parl.) *die Arbeit eines Parlaments durch Dauerreden, zahllose Anträge o. Ä. erschweren u. dadurch Beschlüsse verhindern.* 3. (Med.) *verstopfen.*
Ob|struk|ti|on, die; -, -en [lat. obstructio]: (bildungsspr.) *das Obstruieren.*
Ob|struk|ti|ons|po|li|tik, die: *durch Obstruktion gekennzeichnete Politik.*
ob|struk|tiv ⟨Adj.⟩: (bildungsspr.) *hemmend, verschleppend.*
Obst|saft, der: *aus Obst gewonnener Saft.*
Obst|sa|lat, der: *Salat aus verschiedenen Obstsorten.*
Obst|scha|le die: 1. *Schale* (1) *bestimmter Früchte.* 2. *Schale* (2) *für, mit Obst.*
Obst|sekt, der: vgl. Obstwein.
Obst|sor|te, die: *Sorte von Obst.*
Obst|spa|lier, das: *Spalier für Obstbäume.*
Obst|tel|ler, der: *kleiner Teller, von dem Obst gegessen wird.*
Obst|tor|te, die: vgl. Obstkuchen.
Obst|was|ser, das ⟨Pl. ...wässer⟩: *aus vergorenem Obst hergestellter Branntwein.*
Obst|wein, der: *Wein aus Beeren-, Kern- od. Steinobst.*
obs|zön ⟨Adj.⟩ [lat. obscoenus, obscenus, H. u.]: 1. (bildungsspr.) *in das Schamgefühl verletzender Weise auf den Sexual-, Fäkalbereich bezogen; unanständig, schlüpfrig:* -e Witze; ein -es Foto; etw. o. darstellen; o. reden. 2. (Jargon) *[moralisch-sittliche] Entrüstung hervorrufend:* der Laden hat -e Preise.
Obs|zö|ni|tät, die; -, -en: 1. ⟨o. Pl.⟩ *das Obszönsein.* 2. *obszöne Darstellung, Äußerung:* ein Buch voller -en.
Obus, der; -ses, -se: Kurzwort für ↑Oberleitungsomnibus.
Ob|wal|den: ↑Unterwalden.
ob|wal|ten [auch: -'- -] ⟨sw. V.; waltet ob/obwaltet, waltete ob/obwaltete, hat obwaltet/(auch:) obgewaltet, zu obwalten/(auch:) obzuwalten⟩ [aus ↑[2]ob (2) u. ↑walten] (veraltend): *vorhanden, gegeben sein, bestehen:* ⟨häufig im 1. Part.:⟩ unter den obwaltenden Umständen.
ob|wohl ⟨Konj.⟩ [zu ↑[2]ob (2) u. ↑wohl]: leitet einen konzessiven Gliedsatz ein; *wenn auch; ungeachtet der Tatsache, dass ...:* o. es regnete, ging er spazieren; sie trat, o. erkältet, auf.
ob|zwar ⟨Konj.⟩ (geh.): *obwohl.*
Oc|ca|mis|mus: ↑Ockhamismus.
Oc|ca|si|on (österr., schweiz.): *Okkasion* (2).
Oc|chi ['ɔki], das; -[s], -s: kurz für ↑Occhispitze.
Oc|chi|ar|beit ['ɔki...], die [zu ital. occhi = Knospen, eigtl. = Augen, nach den Knoten]: *mit Schiffchen ausgeführte Handarbeit, bei der aus kleinen, auf Fadenschlingen dicht nebeneinander aufgereihten Knoten Bogen u. Ringe gebildet werden, die zu einer Spitze vereinigt werden.*
Oc|chi|spit|ze ['ɔki...], die: *als Occhiarbeit hergestellte Spitze.*
och ⟨Interj. u. Partikel⟩ (ugs.): *ach.*
Och|lo|kra|tie, die; -, -n [griech. ochlokratía, zu: óchlos = Pöbel u. krateīn = herrschen]: *Pöbelherrschaft (als eine entartete Form der Demokratie).*
Ochs, der; -en, -en (südd., österr., schweiz. u. ugs.): *Ochse.*
Och|se, der; -n, -n [mhd. ohse, ahd. ohso, urspr. = Samenspritzer u. Bez. für den [Zucht]stier]: 1. *kastriertes männliches Rind:* mit -n pflügen; **R** die -n kälbern (südd., österr.; *etw. sehr Unwahrscheinliches geschieht*); **Spr** du sollst dem -n, der [da] drischt, nicht das Maul verbinden (*jmdm., der eine schwere Arbeit verrichtet, sollte man auch Erleichterungen zugestehen;* nach 5. Mos. 25, 4); *** dastehen wie der O. vorm neuen Tor/vorm Scheunentor/vorm Berg** (↑Kuh 1 a); **zu etw. taugen wie der O. zum Seiltanzen** (ugs.; *für eine bestimmte Sache nicht zu gebrauchen sein*); **den -n hinter den Pflug spannen/den Pflug vor die -n spannen** (ugs.; *eine Sache verkehrt anfangen*). 2. (Schimpfwort, meist für eine männliche Person) *Dummkopf, dummer Mensch:* du blöder O.!
och|sen ⟨sw. V.; hat⟩ [urspr. Studentenspr., eigtl. = schwer arbeiten wie ein als Zugtier verwendeter Ochse] (ugs.): *mit Fleiß u. [stumpfsinniger] Ausdauer etw. lernen, was man nicht ohne Schwierigkeiten begreift; büffeln:* für sein Examen o.
Och|sen|au|ge, das [1: LÜ von frz. œil-de-bœuf; 3: LÜ von griech. boúphthalmon, nach der Form der Blüte]: 1. (Archit.) *rundes od. ovales Dachfenster, bes. an Bauten der Barockzeit.* 2. (landsch.) a) *Spiegelei;* b) *mit einer halbierten Aprikose belegtes Gebäckstück.* 3. *(zu den Korbblütlern gehörende) Pflanze mit unverzweigtem Stängel u. einer großen, gelben Blüte.*
Och|sen|blut, das: *Blut vom Ochsen.*
Och|sen|fleisch, das: *Fleisch vom Ochsen.*
Och|sen|frosch, der: *(in Nord-, Südamerika u. Indien lebender) sehr großer Frosch, der mithilfe einer bes. Schallblase laute Brülltöne hervorbringt.*
Och|sen|ge|spann, das: *Gespann* (1) *mit Ochsen.*
Och|sen|kar|ren, der: *von einem od. zwei Ochsen gezogener Karren.*
Och|sen|maul, das: *Fleisch der Lefzen des Ochsen.*
Och|sen|maul|sa|lat, der (Kochk.): *Salat aus dünnen Scheiben od. Streifen von gepökeltem, gekochtem Ochsenmaul.*
Och|sen|schwanz, der: *(Fleisch vom) Schwanz des Ochsen.*
Och|sen|schwanz|sup|pe, die [LÜ von engl. oxtail soup] (Kochk.): *Suppe aus gekochtem, klein geschnittenem Ochsenschwanz, angeröstetem Mehl u. Gewürzen.*
Och|sen|tour, die (ugs.): a) *mühevolle, anstrengende Arbeit.* b) *langsamer beruflicher Aufstieg, mühevolle Laufbahn (bes. eines Politikers).*
Och|sen|zie|mer, der [2. Bestandteil das entw. umgeb. aus: Sehnader = Glied des Ochsen od. zu ↑Ziemer = Rückenstück (vom Wild); Glied (des Ochsen)] (früher): *Schlagstock.*
Och|sen|zun|ge, die (Kochk.): *als Speise zubereitete Zunge des Ochsen:* O. in Madeira.
Och|se|rei, die; -, -en (ugs.): a) *dauerndes Ochsen;* b) *Dummheit, Eselei.*
och|sig ⟨Adj.⟩ (ugs.): *wie ein Ochse* (2); *grob, plump.*
Öchs|le, das; -s, - (Winzerspr.): *Öchslegrad:* der Most hat 75 [Grad] Ö.
Öchs|le|grad, das, auch: der [nach dem dt. Mechaniker F. Öchsle (1774–1852)] (Winzerspr.): *Maßeinheit für das spezifische Gewicht des Mostes:* der diesjährige Most hatte fünf -e mehr; Zeichen: °O
ocker ⟨Adj.⟩: *von der Farbe des Ockers; gelbbraun.*
Ocker, der od. das; -s, (Arten:) - [mhd. ocker, ogger, ahd. ogar < spätlat. ochra < griech. ōchra, zu ōchrós = (blass)gelb]: a) *aus bestimmten eisenoxidhaltigen Mineralien gewonnenes gelbbraunes Gemisch;* b) *gelbbraune Malerfarbe;* c) *gelbbraune Farbe.*
ocker|far|ben, ocker|far|big ⟨Adj.⟩: *ocker.*
Ock|ha|mis|mus [ɔka..., auch: ɔkɛ...], der; - (Philos.): *Lehre des englischen Theologen W. v. Ockham (1285–1350).*
Ocki|ar|beit, die: *Occhiarbeit.*
Ocki|spit|ze, die: *Occhispitze.*
Oc|tan: ↑Oktan.
öd ⟨Adj.⟩ (emotional): *öde.*
od. = oder.
Odal, das; -s, -e [anord. ōðal]: *Sippeneigentum eines adligen germanischen Geschlechts an Grund u. Boden.*
Odds [engl.: ɔdz] ⟨Pl.⟩ [engl. odds, wohl zu: odd = zusätzlich, dazu (1 a)] (Sport): a) *Vorgaben (bes. bei Pferderennen);* b) *(bei Pferdewetten) vom Buchmacher festgelegtes Verhältnis des Einsatzes zum Gewinn.*
Ode, die; -, -n [lat. ode < griech. ōdḗ = Gesang, Lied]: *gedanken- u. empfindungsreiches, oft reimloses Gedicht in gehobener [pathetischer] Sprache:* die -n des Horaz.
öde, öd ⟨Adj.⟩ [mhd. œde, ahd. ōdi, urspr. = von etw. weg, fort]: 1. *verlassen, ohne jede (erhoffte) Spur eines Menschen, menschenleer:* eine ö. Gegend. 2. *unfruchtbar [u. daher den Menschen nicht anziehend, nicht von ihm bebaut]:* eine ö. Gebirgslandschaft. 3. *wenig gehaltvoll od. ansprechend; inhaltslos:* öde Gespräche.; sein Dasein erschien ihm ö.
Öde, die; -, -n [mhd. œde, ahd. ōdī]: 1. ⟨Pl. selten⟩ *Einsamkeit, Verlassenheit von etw.:* eine trostlose Ö. 2. ⟨Pl. selten⟩ *unfruchtbares, unwirtliches Land.* 3. ⟨o. Pl.⟩ *Leere, Langeweile:* geistige Ö.
Ode|en: Pl. von ↑Odeum.
Odem, der; -s [Nebenf. von ↑Atem] (dichter.): *Atem.*
Ödem, das; -s, -e [griech. oídēma = Geschwulst] (Med.): *krankhafte Ansammlung von Flüssigkeit im Gewebe (2) infolge Eiweißmangels od. Durchblutungsstörungen.*
öde|ma|tisch, öde|ma|tös ⟨Adj.⟩ (Med.): *ein Ödem aufweisend.*
öden ⟨sw. V.; hat⟩ [zu ↑öde; 1: urspr. Studentenspr.]: 1. (ugs.) *langweilen.* 2. (landsch.) *roden.*
Oden|wald, der; -[e]s: Mittelgebirge östlich der Oberrheinischen Tiefebene.
Ode|on, das; -s, -s [frz. odéon = Musiksaal < griech. ōdeīon, zu: ōdḗ, ↑Ode] (bildungsspr.): als Name gebrauchte Bez. für einen größeren Bau bes. für musikalische Darbietungen, Filmvorführungen. Vgl. Odeum.
oder ⟨Konj.⟩ [mhd. oder, ahd. odar für mhd. od(e), ahd. odo (das -r unter Einfluss von ↑aber, ↑weder), verdunkelte Zus., 2. Bestandteil das zugrunde liegende Demonstrativpron. ↑der]: 1. a) drückt aus, dass von zwei od. mehreren Möglichkeiten jeweils nur eine als Tatsache feststehen kann (vgl. entweder ... oder): wohnt er in Hamburg o. in Lübeck?; sollst du o. ich zu ihm kommen?; b) *auch ... genannt; wie man auch sagen könnte* (in Titeln): Don Juan o. die Liebe zur Geometrie; c) verbindet zwei od. mehrere Möglichkeiten, die zur Wahl stehen, für die man sich entscheiden muss: fährst du heute o. morgen? 2. stellt eine vorangegangene Aussage infrage; drückt aus, dass auch eine Variante

O

möglich sein kann: er hieß Schymanski o. so [ähnlich]; es war ein Betrag von 100 DM o. so *(nicht viel mehr od. weniger als 100 DM).* 3. drückt eine mögliche Konsequenz aus, die als Folge eines bestimmten Verhaltens, Geschehens eintreten kann; *andernfalls, sonst:* du kommst jetzt mit, o. es passiert etwas! 4. a) drückt bei [rhetorischen] Fragen aus, dass ein Einwand des Gesprächspartners zwar möglich ist, aber nicht erwartet wird od. nicht ernst gemeint sein kann: natürlich hat er es getan, o. glaubst du es etwa nicht?; b) ⟨nachgestellt⟩ (ugs.) drückt bei [rhetorischen] Fragen aus, dass ein Einwand des Gesprächspartners möglich ist, eigentlich aber eine Zustimmung erwartet wird: du gehst doch mit zum Rudern, o.?

Oder, die; -: Fluss im östlichen Mitteleuropa.

Oder|men|nig, der; -[e]s, -e [mhd. odermenie, spätahd. avarmọnia, entstellt aus lat. agrimonia < griech. argemṓnē]: *Pflanze mit gefiederten Blättern u. gelben, in ährenförmiger Traube angeordneten Blüten, die an Wegrändern wächst.*

Oder-Nei|ße-Li|nie, die; -: hauptsächlich durch den Verlauf der Flüsse Oder u. Neiße markierte Westgrenze Polens.

Odes|sa: ukrainische Hafenstadt am Schwarzen Meer.

Ode|um, das; -s, Odeen [lat. odeum < griech. ōdeĩon, ↑Odeon]: *(im Altertum) runder Bau für musikalische, schauspielerische Aufführungen.*

Odeur [o'dø:ɐ̯], das; -s, -s u. -e [frz. odeur < lat. odor = Geruch, Duft] (veraltend): *[Wohl]geruch.*

Öd|heit, die; -, (seltener:) **Ödig|keit,** die; -: *das Ödesein, öde Beschaffenheit.*

Odin: nordgerm. Form von ↑Wodan.

Ödi|pus|kom|plex, der [nach dem thebanischen Sagenkönig Ödipus, der, ohne es zu wissen, seine Mutter heiratet] (Psychoanalyse): *zu starke Bindung eines Kindes an den gegengeschlechtlichen Elternteil, bes. des Sohnes an die Mutter.*

Odi|um, das; -s [lat. odium = Hass, Feindschaft] (bildungsspr.): *Anrüchigkeit, übler Beigeschmack:* das O. des Verrats ruht auf ihm.

Öd|land, das; -[e]s [zu ↑öde] (Forstw., Landw.): *Land, das aufgrund seiner Bodenbeschaffenheit weder forst- noch landwirtschaftlich genutzt werden kann.*

Odon|tal|gie, die; -, -n [zu ↑odonto-, Odonto- u. griech. álgos = Schmerz] (Med.): *Zahnschmerz.*

odon|to-, Odon|to- [zu griech. odoús (Gen.: odóntos)] ⟨Best. in Zus. mit der Bed.⟩: *Zahn* (z. B. odontogen, Odontologie).

odon|to|gen ⟨Adj.⟩ [↑-gen] (Med.): *(von Krankheiten) von den Zähnen ausgehend, herrührend.*

Odon|to|lo|gie, die; - [↑-logie]: *Zahn-, Gebisskunde; Zahnheilkunde, Zahnmedizin.*

Odor, der; -s, ...ores [lat. odor] (Med.): *Geruch, Duft.*

Odys|see, die; -, ...een [frz. odyssée < lat. odyssea < griech. odýsseia, nach dem Epos des altgriech. Dichters Homer (2. Hälfte des 8. Jh.s v. Chr.), in dem die abenteuerlichen Irrfahrten des Odysseus geschildert werden] (bildungsspr.): *lange Irrfahrt; lange, mit vielen Schwierigkeiten verbundene, abenteuerliche Reise:* Ü bis ich diesen Ausweis endlich hatte, das war die reinste O.;

odys|se|isch ⟨Adj.⟩: *eine Odyssee betreffend; in der Art einer Odyssee.*

Odys|seus: griechischer Sagenheld (König von Ithaka).

OECD [o:e:tse:'de:], die; - [Abk. für engl. Organization for Economic Cooperation Development]: Organisation für wirtschaftliche Zusammenarbeit und Entwicklung.

OeNB = Österreichische Nationalbank; Österreichische Nationalbibliothek.

Oer|sted: ↑Ørsted.

Oeso|pha|gus: ↑Ösophagus.

Œu|vre ['ø:vrə, 'ø:vɐ, frz.: œ:vr], das; -, -s [frz. œuvre < lat. opera = Mühe, Arbeit] (bildungsspr.): *Gesamtwerk eines Künstlers:* ein umfangreiches Œ. hinterlassen.

Oeyn|hau|sen ['ø:n...]: ↑Bad Oeynhausen.

OEZ = osteuropäische Zeit (die Zonenzeit des 30. Längengrades östlich von Greenwich; entspricht MEZ + 1 Stunde).

Öf|chen, das; -s, -: Vkl. zu ↑Ofen (1).

Ofen, der; -s, Öfen [mhd. oven, ahd. ovan, urspr. = Kochtopf; Glutpfanne u. Bez. für ein Gefäß zum Kochen bzw. zum Bewahren der Glut]: 1. *aus Metall od. feuerfesten keramischen Baustoffen gefertigte Vorrichtung mit einer Feuerung* (1 b), *in der durch Verbrennung von festen, flüssigen od. gasförmigen Brennstoffen od. durch elektrischen Strom Wärme erzeugt wird, die zum Heizen, Kochen od. Backen dient:* ein großer, eiserner, gekachelter O.; den O. heizen, putzen; den O. schüren, anzünden, anmachen; Ü sie hockt immer hinter dem O. *(bleibt immer zu Hause, geht nie aus);* 2. (Jargon) *Auto, Motorrad:* was für einen O. hast du denn?; * **ein heißer O.** (salopp; 1. *Personenwagen mit sehr leistungsstarkem Motor.* 2. *[schweres] Motorrad.* 3. *weibliche Person von besonderer Attraktivität*); **der O. ist aus** (salopp; *damit ist Schluss; das ist vorbei, da ist nichts mehr zu machen*): jetzt ist bei mir der O. aus. 3. (landsch.) *Kochherd:* den Topf vom O. nehmen.

Ofen|bank, die ⟨Pl. ...bänke⟩: *um einen großen [gekachelten] Ofen herum gebaute* [1]*Bank* (1).

Ofen|bau|er, der; -s, - (landsch.): *Ofensetzer.*

Ofen|bau|e|rin, die; -, -nen: w. Form zu ↑Ofenbauer.

Ofen|blech, das: 1. *rechteckiges Blech vor dem Ofenloch* (1) *zum Schutz des Fußbodens vor herausfallender Glut.* 2. (landsch.) *Kuchenblech.*

Ofen|far|be, die: *Eisenschwarz* (3).

Ofen|feu|er, das: *im Ofen brennendes Feuer.*

ofen|frisch ⟨Adj.⟩: *frisch aus dem Backofen kommend [u. noch warm]:* -es Brot.

Ofen|ga|bel, die (landsch.): *Schürhaken.*

Ofen|ha|ken, der (landsch.): *Schürhaken.*

Ofen|hei|zung, die: *Heizung* (1 a), *die mit einem Ofen betrieben wird.*

Ofen|ka|chel, die: *Kachel* (1) *zum Bau eines Kachelofens.*

Ofen|lack, der: *schwarzer, glänzender Lack zum Lackieren eines Ofenrohrs.*

Ofen|loch, das: 1. *Öffnung in der Ofenplatte, durch die das Brennmaterial eingefüllt wird.* 2. *in die [Kamin]wand gehauenes Loch, in das ein Ofenrohr eingesetzt werden kann.*

Ofen|plat|te, die: *Herdplatte* (b).

Ofen|rohr, das: *Rohr, das einen Ofen mit dem Kamin verbindet u. so den Abzug des Rauchs ermöglicht.*

Ofen|röh|re, die: vgl. Bratröhre: * **in die O. gucken** (↑Röhre 3).

Ofen|schwär|ze, die: *Ofenfarbe.*

Ofen|set|zer, der: *jmd., der [Kachel]öfen u. Kamine baut u. instand setzt* (Berufsbez.).

Ofen|set|ze|rin, die: w. Form zu ↑Ofensetzer.

Ofen|stein, der: *Schamottestein.*

Ofen|tür, die: *Tür an der Feuerung* (1 b) *eines Ofens.*

ofen|warm ⟨Adj.⟩: *ofenfrisch.*

Ofen|wär|me, die: *Wärme, die von einem Ofen ausgeht.*

Off, das; - [engl. off, eigtl. = fort, weg] (Ferns., Film, Theater): *unsichtbar bleibender Bereich, Hintergrund (einer Bühne, der Kameraeinstellung o. Ä.):* eine Stimme aus dem O.

Off|beat ['ɔfbi:t, auch: ɔf'bi:t], der [engl. offbeat, aus: off = neben u. ↑Beat] (Jazz): *Technik der Rhythmik im Jazz, die die melodischen Akzente zwischen die einzelnen betonten Taktteile setzt.*

Off|brands ['ɔfbrændz] ⟨Pl.⟩ [engl. off brands, eigtl. = ohne Markenzeichen]: *Produkte ohne Markenname.*

of|fen ⟨Adj.⟩ [mhd. offen, ahd. offan, verw. mit ↑auf]: 1. a) *so beschaffen, dass jmd., etw. heraus- oder hineingelangen kann; nicht geschlossen; geöffnet:* eine -e Tür; mit -em Mund atmen; das Fenster, die Tür muss o. bleiben; der Mund ist ihr vor Staunen o. geblieben, stand ihr vor Staunen o.; die Bahnschranken sind o. *(hochgezogen);* ihre Bluse war am Hals o. *(nicht zugeknöpft);* das Buch lag o. *(aufgeschlagen)* vor ihm; -e *([noch] nicht verschorfte)* Wunden; -e Beine *(Beine mit nur sehr schlecht heilenden Ödemen);* Ü mit -en Augen *(blindlings)* ins Verderben rennen; halte die Augen o. *(beobachte alles aufmerksam)*!; * **o. für/gegenüber etw., gegenüber jmdm. sein** *(bestimmten Dingen gegenüber aufgeschlossen, zugänglich sein, gegenüber jmdm. aufgeschlossen sein):* für Probleme, gegenüber Problemen von Minderheiten o. sein; b) *nicht ab-, zugeschlossen, nicht verschlossen:* ein -er *(nicht zugeklebter)* Umschlag; bei uns ist immer alles o. *(wird nichts abgeschlossen);* -er Vollzug (Jargon; *Form des Strafvollzugs, bei der der Häftling tagsüber einer geregelten Beschäftigung außerhalb der Haftanstalt nachgeht u. abends dorthin zurückkehrt*); Ü er hat ein -es Haus *(ist sehr gastfrei);* meine Tür ist immer für dich o. *(du kannst zu mir kommen, wann du willst);* sich alle Wege o. lassen; die Stadtbibliotheken, die öffentlichen Anlagen stehen allen Bürgern o. *(stehen zu ihrer Verfügung);* c) *nicht bedeckt; nicht ab-, zugedeckt:* ein -er Wagen *(Wagen ohne Verdeck);* sie trägt -e Schuhe *(Schuhe mit durchbrochenen Kappen od. Seiten).* 2. a) *durch kein Hindernis versperrt; frei [zugänglich]:* -es *(nicht zugefrorenes)* Fahrwasser; aufs -e Meer, auf die -e See hinausfahren *(so weit hinausfahren, dass vom Festland nichts mehr gesehen wird);* die Pässe in den Alpen sind wieder o. *(schneefrei u. befahrbar);* Ü nach allen Seiten hin o. *(an keine Weltanschauung od. [politische] Interessengruppe gebunden);* b) *(von sportlichen Wettbewerben) durch keine speziellen Vorbehalte, Grenzen o. Ä. eingeschränkt, eingeengt:* ein -er Wettbewerb; c) *nicht in sich zusammenhängend, nicht geschlossen* (b): eine -e Bauweise. 3. a) *(von [alkoholischen] Flüssigkeiten) nicht in Flaschen abgefüllt; nicht in einer Flasche serviert:* -er Wein; b) (landsch.) *nicht abgepackt; lose:* Zucker o. verkaufen. 4. a) *[noch] nicht entschieden; ungewiss:* es bleiben noch viele -e Fragen; sie hat o. gelassen, ob sie kommt oder nicht; es steht dir o. *(ist dir überlassen),* zu kommen oder nicht [zu kommen]; b) *[noch] nicht bezahlt; [noch] nicht erledigt:* eine -e, o. stehende Rechnung; c) *nicht besetzt; frei* (4 a): -e Stellen, Arbeitsplätze; o. stehende *(freie)* Stellen. 5. a) *(in Bezug auf seine Gefühle o. Ä.) nichts verbergend, freimütig [geäußert]; aufrichtig:* ein -es Wort, Gespräch; -e Kritik; sei o. zu mir!; o. seine Meinung sagen; ⟨subst.:⟩ er hat etwas Offenes in seinem Wesen *(wirkt vertrauenerweckend);* b) *klar u. deutlich zutage tretend u. so für jeden erkennbar; unverhohlen:* -er Protest wurde laut; -e Feindschaft; Ursachen, Zusammenhänge o. legen (Amtsdt.; *klar u. deutlich darlegen*); etw. o. zur Schau stellen, tragen; c) *vor den Augen der Öffentlichkeit; nicht geheim:* o. abstimmen; die Bebauungspläne werden ab Juni im Rathaus o. liegen (Amtsdt.; *zur Einsichtnahme, Ansicht ausliegen*). 6. (Sport, bes. Ballspiele) *nicht genügend auf Deckung* (2 a, 6 a) *achtend u. so dem Gegner die Möglichkeit zum erfolgreichen Gegenangriff gebend:* ein -es System spielen. 7. (Sprachwiss.) a) *(von Vokalen) mit weit geöffnetem Mund u. weniger gewölbtem Zungenrücken gesprochen:* ein -es E, O; b) *(von Silben) mit einem Vokal endend.*

Of|fen|bach am Main: Stadt am unteren Main.

of|fen|bar [auch: – –'–; mhd. offenbar, ahd. offanbār]: I. ⟨Adj.⟩ *offen zutage tretend, klar ersichtlich:* eine -e Lüge; ein -er Irrtum; ihre Absicht wurde allen o.; dieser Brief macht o., dass er gelogen hat. II. ⟨Adv.⟩ *dem Anschein nach, wie es scheint:* sie ist o. sehr begabt; der Zug hat o. Verspätung.

öf|fen|bar ⟨Adj.⟩: *sich öffnen lassend.*

of|fen|ba|ren ⟨sw. V.; hat offenbart/(selten, bes. Rel.:) geoffenbart⟩ [mhd. offenbæren] (geh.):

1. a) *etw., was bisher verborgen war, nicht bekannt war, offen zeigen, enthüllen:* ein Geheimnis, seine Schuld, seine Gefühle o.; Gott offenbart uns seine Güte, Gnade; **b)** ⟨o. + sich⟩ *sich [in einer bisher nicht bekannten Art u. Weise] zu erkennen geben, deutlich erkennbar werden:* er offenbarte sich als treuer Freund/(seltener:) als treuen Freund; seine Worte offenbarten sich als Lüge. **2.** ⟨o. + sich⟩ *sich jmdm. anvertrauen; jmdm. vertraulich seine Probleme schildern:* sie hat sich mir, ihren Eltern offenbart.

Of|fen|ba|rung, die; -, -en [mhd. offenbārunge]: **1.** (geh.) *das Offenbaren* (1 a): die O. eines Geheimnisses, seiner Absichten; jmds. -en [keinen] Glauben schenken. **2.** (Rel.) *[auf übernatürlichem Wege erfolgende] Mitteilung göttlicher Wahrheiten od. eines göttlichen Willens:* die O. des Wortes Gottes; die O. des Johannes *(letztes Buch des N. T.);* Ü der Aufsatz war nicht gerade eine O. (ugs.; *war nur sehr mäßig*).

of|fen blei|ben, of|fen hal|ten: s. offen (1 a, b, 4 a).

Of|fen|hal|tung, die ⟨o. Pl.⟩: *das Offenhalten, Sich-offen-Halten.*

Of|fen|heit, die; -: **1.** *freimütige Wesensart; rückhaltlose Ehrlichkeit:* die O. ihres Wesens, ihres Blicks; etwas in schonungsloser, aller O. sagen; von einer erfrischenden O. sein. **2.** *Aufgeschlossenheit; Bereitschaft, sich mit jmdm., etw. unvoreingenommen auseinander zu setzen:* O. für Probleme besitzen.

of|fen|her|zig ⟨Adj.⟩: *zu freimütiger Äußerung der eigenen Meinung bereit; unverhohlen innerste Gedanken mitteilend:* eine -e Äußerung; o. reden; Ü sie trug ein sehr -es (scherzh.; *tief ausgeschnittenes*) Kleid.

Of|fen|her|zig|keit, die; -: *offenherziges Wesen.*

of|fen|kun|dig [auch: – –ˈ– –] ⟨Adj.⟩: *für jeden ersichtlich, klar [erkennbar], [sehr] deutlich:* eine -e Lüge; ein -er Irrtum; es war o. Verrat.

Of|fen|kun|dig|keit, die; -: *das Offenkundigsein.*

Of|fen|la|ge, die: *das Offenliegen, Offenlegung.*

of|fen las|sen: s. offen (1 a, b, 4 a, c).

of|fen le|gen: s. offen (5 b, c).

Of|fen|le|gung, die; -, -en: *das Offenlegen.*

Of|fen|le|gungs|pflicht, die ⟨o. Pl.⟩ (Bankw.): *für Kreditinstitute gesetzlich festgelegte Pflicht, bei Gewährung von Krediten, die eine bestimmte Summe überschreiten, vom Kreditnehmer die Offenlegung seiner wirtschaftlichen Verhältnisse zu verlangen.*

of|fen lie|gen: s. offen (5 c).

Of|fen|markt|po|li|tik, die [LÜ von engl. open market policy] (Wirtsch.): *von einer staatlichen Notenbank durch An- u. Verkauf festverzinslicher Wertpapiere bewirkte Erhöhung des Geldumlaufs zur steuernden Beeinflussung der Konjunktur.*

of|fen|sicht|lich [auch: – –ˈ– –]: **I.** ⟨Adj.⟩ *klar [erkennbar], [sehr] deutlich, offenkundig:* ein -er Betrug, Irrtum; es ist o., dass er gelogen hat. **II.** ⟨Adv.⟩ *dem Anschein nach, anscheinend:* sie hat o. nicht daran gedacht.

Of|fen|sicht|lich|keit, die: *das Offensichtlichsein; Offenkundigkeit.*

of|fen|siv [auch: ˈɔf...] ⟨Adj.⟩ [zu lat. offensum, 2. Part. von: offendere = anstoßen, verletzen]: **a)** *angreifend, den Angriff bevorzugend:* -e Kriegsführung; mit -er Taktik vorgehen; **b)** (Sport) *im Spiel den Angriff, das Stürmen bevorzugend:* o. spielen.

Of|fen|siv|bo|xer, der: *den Angriff bevorzugender Boxer.*

Of|fen|siv|bo|xe|rin, die: w. Form zu ↑Offensivboxer.

Of|fen|siv|bünd|nis, das: *zum Zwecke eines Angriffs geschlossenes Bündnis.*

Of|fen|si|ve, die; -, -n [frz. offensive]: **1.** *den Angriff bevorzugende Kampfweise, Kriegführung; Angriff:* eine O. planen, einleiten, durchführen, starten; aus der Defensive in die, zur O. übergehen; Ü eine O. gegen den Drogenmissbrauch; **2.** ⟨o. Pl.⟩ (Sport) *auf Angriff, Stürmen eingestellte Spielweise:* die O. bevorzugen.

Of|fen|siv|krieg, der: *Angriffskrieg.*

Of|fen|siv|spiel, das (Sport): *auf Angriff eingestelltes Spiel.*

Of|fen|siv|spie|ler, der (Sport): *den Angriff, das Stürmen bevorzugender Spieler.*

Of|fen|siv|spie|le|rin, die: w. Form zu ↑Offensivspieler.

Of|fen|siv|stel|lung, die: *Angriffsstellung:* eine O. beziehen, einnehmen.

Of|fen|siv|ver|tei|di|ger, der (bes. Fußball): *Verteidiger, der sich häufig in den Angriff einschaltet, häufig stürmt.*

Of|fen|siv|ver|tei|di|ge|rin, die: w. Form zu ↑Offensivverteidiger.

Of|fen|siv|waf|fe, die (Milit.): *Angriffswaffe.*

Of|fen|stall, der (Landw.): *überdachter, nach einer Seite hin offener Stall zur Unterbringung von Rindern, bes. von Jungtieren.*

of|fen ste|hen: s. offen (1 a, b, 4).

öf|fent|lich ⟨Adj.⟩ [mhd. offenlich, ahd. offanlīh]: **1.** *für jeden hörbar u. sichtbar; nicht geheim:* eine -e Verhandlung; ein -es Ärgernis; die Abstimmung ist ö.; ö. über etw. abstimmen; etw. ö. erklären, anprangern, verkünden; sie tritt zum ersten Mal ö. *(vor einem Publikum)* auf. **2.** *für die Allgemeinheit zugänglich, benutzbar:* -e Anlagen, Bibliotheken; -e Verkehrsmittel; den -en Nahverkehr attraktiver machen; ein -er Fernsprecher. **3. a)** *die Gesellschaft allgemein, die Allgemeinheit betreffend, von ihr ausgehend, auf sie bezogen:* die -e Meinung; das -e Wohl; das -e Interesse an der Aufklärung des Verbrechens war groß; eine Person des -en Lebens; im -en Leben stehen; **b)** *die Verwaltung eines Gemeinwesens betreffend; kommunal:* -e Gelder, Ausgaben; die Verschuldung der -en Haushalte nimmt erschreckend zu.

Öf|fent|lich|keit, die; -: **1.** *als Gesamtheit gesehener Bereich von Menschen, in dem etw. allgemein bekannt [geworden] u. allen zugänglich ist:* die literarische Ö.; die Ö. erfährt, weiß nichts von diesen Dingen; im Blickpunkt der Ö. stehen; etw. an die Ö. bringen; sie ist mit ihrem ersten Roman an die Ö. getreten *(hat ihn veröffentlicht);* sie küssten sich in aller Ö. *(vor allen Leuten).* **2.** *das Öffentlichsein; das Zugelassensein für die Öffentlichkeit* (1): das Prinzip der Ö. in der Rechtsprechung; die Ö. einer Gerichtsverhandlung wiederherstellen.

Öf|fent|lich|keits|ar|beit, die ⟨o. Pl.⟩: *das Bemühen von Organisationen od. Institutionen (z. B. Parteien, Unternehmen o. Ä.), der Öffentlichkeit* (1) *eine vorteilhafte Darstellung der erbrachten Leistungen zu geben; Public Relations:* unternehmenspolitische Ö.; Ö. machen, betreiben; die Ö. verstärken; die Referentin für Ö.

Öf|fent|lich|keits|re|fe|rent, der: *in der Öffentlichkeitsarbeit tätiger Referent.*

Öf|fent|lich|keits|re|fe|ren|tin, die: w. Form zu ↑Öffentlichkeitsreferent.

öf|fent|lich-recht|lich ⟨Adj.⟩ [zu: öffentliches Recht] (Rechtsspr.): *(von Verwaltungseinrichtungen) mit eigener Rechtsperson u. einem bestimmten Nutzungszweck:* die -en Rundfunkanstalten; -er Vertrag *(Vertrag, der sich auf Verhältnisse des öffentlichen Rechts bezieht).*

Of|fe|rent, der; -en, -en [zu lat. offerens (Gen.: offerentis), 1. Part. von: offerre; ↑offerieren] (Kaufmannsspr.): *jmd., der eine Offerte macht.*

Of|fe|ren|tin, die; -, -nen: w. Form zu ↑Offerent.

of|fe|rie|ren ⟨sw. V.; hat⟩ [(frz. offrir <) lat. offerre = anbieten]: **a)** (bes. Kaufmannsspr.) *zum Handel vorschlagen; anbieten* (2 b): ein Sonderangebot [in der Zeitung] o.; Rohstoffe [zu einem günstigen Preis] auf dem Weltmarkt o.; ⟨auch ohne Akk.-Obj.:⟩ den Auftrag bekam die Firma, die am günstigsten offeriert hatte; **b)** (bildungsspr.) *anbieten* (1 a): eine Zigarre, einen Likör o.; darf ich dir dieses Buch o.?

Of|fert, das; -[e]s, -e (österr.): *Offerte.*

Of|fer|te, die; -, -n [frz. offerte, subst. 2. Part. von: offrir, ↑offerieren]: **a)** (Kaufmannsspr.) *[schriftliches] Kaufangebot:* eine günstige, unverbindliche O.; jmdm. eine O. machen, unterbreiten; die -n in der Zeitung lesen; **b)** (schweiz.) *Bewerbung.*

Of|fer|to|ri|um, das; -s, ...ien [mlat. offertorium = (Auf)opferung, zu lat. offerre, ↑offerieren] (kath. Kirche): *Gebet während der Gabenbereitung.*

[1]Of|fice [ˈɔfɪs], das; -, -s [ˈɔfɪsɪs, engl.: ˈɔfɪsɪz; engl. office < lat. officium, ↑Offizium]: engl. Bez. für *Büro.*

[2]Of|fice [ˈɔfɪs, frz. ɔˈfis], das; -, -s [ˈɔfɪs, frz. ɔˈfis; frz. office < lat. officium, ↑Offizium] (schweiz.): **a)** *Anrichteraum im Gasthaus;* **b)** (selten) *Büro.*

Of|fi|ci|um, das; -s, ...ia: *Offizium.*

Of|fi|ci|um di|vi|num, das; - - [mlat., zu lat. officium (↑Offizium) u. divinus = gottesdienstlich; göttlich] (kath. Kirche): *Offizium* (1 b).

Of|fi|zi|al, der; -s, -e [spätlat. officialis = Amtsdiener, zu: officialis = zum Dienst, Amt gehörig, zu lat. officium, ↑Offizium]: **1.** (kath. Kirche) *Vertreter des [Erz]bischofs als Vorsteher einer kirchlichen Behörde.* **2.** (österr.) *Beamter im mittleren Dienst.*

Of|fi|zi|al|de|likt, das (Rechtsspr.): *Straftat, deren Verfolgung auf behördliche Anordnung eintritt.*

Of|fi|zi|al|prin|zip, das (Rechtsspr.): *Verpflichtung des Gerichts* (1 a), *Ermittlungen auf behördliche Anordnung anzustellen.*

Of|fi|zi|al|ver|tei|di|ger, der (Rechtsspr.): *Pflichtverteidiger.*

Of|fi|zi|al|ver|tei|di|ge|rin, die: w. Form zu ↑Offizialverteidiger.

of|fi|zi|ell ⟨Adj.⟩ [frz. officiel < spätlat. officialis]: **1. a)** *in amtlichem Auftrag; dienstlich:* etw. o. ankündigen, verbieten; ⟨subst.:⟩ bei der Eröffnung der Olympischen Spiele marschieren mehr Offizielle als Sportler ein; **b)** *von einer Behörde, einer Dienststelle ausgehend, bestätigt [u. daher glaubwürdig]; amtlich:* eine -e Verlautbarung; eine Anordnung von -er Seite, Stelle; vom -en Kurs abweichen; die Kabinettsliste ist jetzt o.; etw. o. bestätigen; ich kann dir jetzt o. *(als [amtlich] verbürgt)* sagen, dass du die Prüfung bestanden hast. **2.** *förmlich:* eine -e Feier; die -e Namensgebung findet morgen statt; plötzlich wurde sie ganz o. *(unpersönlich, kühl).*

Of|fi|zier, der; -s, -e [frz. officier < mlat. officiarius = Beamter; Bediensteter, zu: officiare = ein Amt versehen, zu lat. officium, ↑Offizium]: **1. a)** ⟨o. Pl.⟩ *militärische Rangstufe, die die Dienstgrade vom Leutnant bis zum General* (a) *umfasst:* O. werden; O. vom Dienst *(vorübergehend für den Wach- u. Ordnungsdienst in einem bestimmten Bereich verantwortlicher Offizier od. Unteroffizier mit Portepee;* Abk.: OvD, O. v. D.); **b)** *jmd., der den Dienstgrad eines Offiziers* (a) *innehat.* **2.** *Schachfigur mit größerer Beweglichkeit als die Bauern* (z. B. Turm, Läufer, Springer).

Of|fi|zier|an|wär|ter usw.: militär. meist für ↑Offiziersanwärter usw.

Of|fi|zie|rin, die; -, -nen: w. Form zu ↑Offizier.

Of|fi|ziers|an|wär|ter, der: *Anwärter auf den Offiziersrang* (Abk.: OA).

Of|fi|ziers|an|wär|te|rin, die: w. Form zu ↑Offiziersanwärter.

Of|fi|ziers|aus|bil|dung, die: *Ausbildung zum Offizier.*

Of|fi|ziers|dienst|grad, der: *Dienstgrad innerhalb der Offizierslaufbahn.*

Of|fi|ziers|ka|si|no, das: *Kasino* (2 a).

Of|fi|ziers|korps, das: **a)** *Gesamtheit der Offiziere der Streitkräfte eines Landes;* **b)** (früher) *Gesamtheit der Offiziere eines Regiments.*

Of|fi|ziers|lauf|bahn, die: *Laufbahn* (1 a) *eines Offiziers.*

Of|fi|ziers|mes|se, die: **1.** *(auf größeren Schiffen) Speise- u. Aufenthaltsraum der Offiziere.* **2.** *(auf größeren Schiffen) Tischgesellschaft von Offizieren.*

Of|fi|ziers|rang, der: *Rang* (1) *eines Offiziers.*

Of|fi|ziers|schu|le, die: **a)** *Einrichtung zur Ausbildung von Offiziersanwärtern;* **b)** *Einrichtung zur Weiterbildung von Offizieren.*

Of|fi|ziers|skat, der: *Skat (1), der zu zweit gespielt wird.*

Of|fi|ziers|uni|form, die: *Uniform von Offizieren.*

Of|fi|zin, die; -, -en [mlat. officina = Wirtschaftsgebäude, Vorratsraum < lat. officina = Werkstatt, zu: officium, ↑Offizium]: **1. a)** (Pharm.) *Arbeitsräume einer Apotheke;* **b)** (veraltet) *Apotheke.* **2.** (veraltet) *[größere] Buchdruckerei.*

of|fi|zi|nal, of|fi|zi|nell ⟨Adj.⟩ (Pharm.): *arzneilich, als Arzneimittel anerkannt.*

of|fi|zi|ös ⟨Adj.⟩ [frz. officieux, auch = dienstfertig < lat. officiosus, zu: officium, ↑Offizium] (bildungsspr.): *halbamtlich:* eine -e Nachricht.

Of|fi|zi|um, das; -s, ...ien [lat. officium = Pflicht; öffentliches Amt, zu: opus (↑Opus) u. facere = machen]: **1.** (kath. Kirche) **a)** ⟨o. Pl.⟩ (früher) *höchste kuriale Behörde:* das Heilige O.; **b)** *[1]Messe (1), bes. an hohen Feiertagen;* **c)** *Chorgebet;* **d)** *Amt u. damit verbundene Verpflichtungen eines Priesters.* **2.** (veraltet) *Dienstpflicht.*

Off|kom|men|tar, der [aus engl. off, eigtl. = fort, weg, u. ↑Kommentar]: vgl. Offstimme.

off li|mits [engl., eigtl. = weg von den Grenzen, aus: off = weg u. limit (↑Limit)]: *Zutritt verboten.*

off|line [ˈɔflain] ⟨Adv.⟩ [engl.; eigtl. = ohne Verbindung, aus: off = weg u. line = (Verbindungs)linie, Leitung] (EDV): **1.** *getrennt von der Datenverarbeitungsanlage, indirekt mit dieser gekoppelt; dezentral arbeitend.* **2.** *nicht ans Datennetz, ans Internet angeschlossen; außerhalb des Datennetzes, des Internets.*

öff|nen ⟨sw. V.; hat⟩ [mhd. offenen, ahd. offinōn, zu ↑offen]: **1. a)** *bewirken, dass etw. offen ist:* die Tür, das Fenster ö.; die Fensterläden, das Verdeck, eine Schublade, ein Schiebedach, ein Schließfach ö.; eine Dose, einen Kasten, eine Tafel Schokolade ö.; einen Wasserhahn, ein Ventil ö. *(aufdrehen);* sie öffnete das Buch *(schlug es auf);* die Bluse, den Mantel, den Kragenknopf ö. *(aufknöpfen);* den Reißverschluss ö. *(aufziehen);* die Augen ö. *(aufschlagen);* die Faust, die Hand ö.; mit geöffnetem Mund atmen; die Arme weit ö. *(ausbreiten);* eine Leiche ö. (Jargon; *obduzieren*); Ü die Grenzen ö.; **b)** *jmdm., der Einlass begehrt, die [Haus- od. Wohnungs]tür aufschließen, aufmachen:* wenn es klingelt, musst du ö.; niemand öffnete [mir]; Ü sie öffnete ihm ihr Herz (geh.; *schenkte ihm ihre Zuneigung*); **c)** *mit der Geschäftszeit, den Dienststunden (2) beginnen; aufmachen:* das Geschäft wird um acht Uhr, ist ab acht Uhr geöffnet. **2.** ⟨ö. + sich⟩ **a)** *geöffnet werden:* das Fenster öffnete sich durch den Luftzug; ihre Lippen öffneten sich zu einem Lächeln; ⟨auch ohne »sich«:⟩ die Tür öffnet und schließt automatisch; **b)** *sich entfalten, sich auseinander falten:* die Blüten öffnen sich; der Fallschirm hat sich nicht geöffnet; Ü nach Norden hin öffnet sich das Tal *(wird es breiter);* vor ihnen öffnete sich *(erstreckte sich)* eine weite Ebene; **c)** *sich einem Menschen, einer Sache innerlich aufschließen; aufgeschlossen sein für jmdn., etw.:* sich einer Idee, neuen Eindrücken ö.; sich jmdm. ö. (geh.; *anvertrauen*); **d)** *sich jmdm. erschließen, darbieten, auftun:* neue Märkte öffnen sich der Industrie/für die Industrie; hier öffnen sich uns völlig neue Wege *(ergeben sich neue, bisher nicht gekannte Möglichkeiten).*

Öff|ner, der; -s, -: **1.** *kleines Gerät od. Werkzeug, mit dem etw. geöffnet wird:* das Glas, die Dose mit dem Ö. aufmachen. **2.** *Türöffner.*

Öff|nung, die; -, -en [mhd. offenunge, ahd. offanunga]: **1.** ⟨o. Pl.⟩ *das Öffnen, das Sichöffnen.* **2.** *Stelle, wo etw. offen ist, etw. hinaus- od. hineingelangen kann:* eine schmale, kleine Ö. [in der Wand]; die Ö. muss erweitert werden; eine dünne Schicht mit vielen feinen -en; (Fot.:) die Ö. der Blende einstellen.

Öff|nungs|zeit, die: *Zeitraum, in dem etw. geöffnet ist.*

Off|roa|der [ˈɔfroʊdɐ], der; -s, - [engl. off-roader, zu: off-roading = das Fahren mit einem Offroadfahrzeug (als Sportart), zu: off-road = geländegängig, eigtl. = abseits der Straße, im Gelände] (Jargon): **1.** *Offroadfahrzeug.* **2.** *jmd., der sich gern [in einem Offroadfahrzeug] im freien Gelände, in der Natur aufhält.*

Off|road|fahr|zeug [ˈɔfroʊt...], das: *zum Fahren im freien Gelände, außerhalb befestigter Straßen geeignetes Fahrzeug; Geländefahrzeug.*

Off|set|druck [ˈɔfsɛt...], der ⟨Pl. -e⟩ [engl. offset, kurz für offset printing, aus: offset = Abzug u. printing = das Drucken]: **1.** ⟨o. Pl.⟩ *Flachdruckverfahren, bei dem der Druck indirekt von der Druckplatte über ein Gummituch auf das Papier erfolgt.* **2.** *im Offsetdruck (1) hergestelltes Druck-Erzeugnis.*

Off|set|druck|ma|schi|ne, die: *Druckmaschine für den Offsetdruck (1).*

off|shore [ˈɔfʃoːɐ̯] ⟨Adv.⟩ [engl., aus: off = fort, weg u. shore = Ufer, Küste]: *vor der Küste.*

Off|shore|boh|rung, die [nach engl. offshore drilling, aus: ↑offshore u. drilling = Bohrung] (Technik): *Bohrung nach Erdöl od. Erdgas in Küstengewässern von Plattformen aus.*

Off|shore|zen|trum, das (Wirtsch.): *Finanzplatz für internationale Finanzgeschäfte von Banken u. Unternehmen.*

off|side [ˈɔfsaid; engl. offside, aus: off = fort, weg u. side = Seite]: in der Wendung **o. sein/stehen** (bes. Ballspiele schweiz.; *abseits sein/stehen*).

Off|side, das; -s, -s (bes. Ballspiele schweiz.): *Abseits.*

Off|stim|me, die (Ferns., Film, Theater): *[kommentierende] Stimme aus dem Off.*

Off|the|a|ter, das: *Theater am Rande des üblichen etablierten [subventionierten] Theaterbetriebes, in dem Stücke meist jüngerer, unbekannterer Autoren fantasiereich u. zu niedrigeren Kosten als üblich gespielt werden.*

O.F.M. = Ordinis Fratrum Minorum (vom Orden der Minderbrüder; Franziskaner).

O. [F.] M. Cap. = Ordinis [Fratrum] Minorum Capucinorum (vom Orden der Minderen Kapuzinerbrüder; Kapuziner).

o-för|mig, (auch:) **O-för|mig** ⟨Adj.⟩: *in der Form eines O.*

oft ⟨Adv.; ↑öfter, am öftesten⟩ [mhd. oft(e), ahd. ofto, wahrsch. im Sinne von »übermäßig«, zu ↑[2]ob (2)]: **a)** *sich wiederholt ereignend; immer wieder; mehrfach:* o. krank sein; der Zug hielt o.; ich habe ihr zu o. geglaubt; wie o. muss ich dir das denn noch sagen?; sie ist o. genug gewarnt worden; so o. wie sie hat noch keine gefehlt; **b)** *in vielen Fällen, recht häufig:* so etwas gibt es o.; das lässt sich o. gar nicht entscheiden; **c)** *in kurzen Zeitabständen:* dieser Bus verkehrt ziemlich o.

öf|ter ⟨Adv.⟩ [mhd. ofter, ahd. oftor]: **1.** ⟨absoluter Komparativ⟩: **a)** *mehrmals, hier u. da, bei verschiedenen Gelegenheiten, verhältnismäßig oft:* ich habe sie schon ö. besucht; dieser Fehler kommt ö. vor; ö. mal was anderes, Neues! (Werbeslogan); **b)** (ugs. als attr. Adj.) *mehrmalig, häufig:* seine -en Besuche; bei -er Verwendung; * **des Öfteren** (nachdrücklich; *zu wiederholten Malen, wiederholt; oftmals*): man hat ihn schon des Öfteren ermahnt. **2.** Komparativ zu ↑oft.

öf|ters ⟨Adv.⟩ (landsch.): *öfter (1).*

oft|mals ⟨Adv.⟩: *mehrmals, zu wiederholten Malen, oft:* das habe ich schon o. gesagt.

o. g. = oben genannt.

ÖGB = Österreichischer Gewerkschaftsbund.

Oger, der; -s, - [frz. ogre, über eine ältere Form zu lat. Orcus = (Gott der) Unterwelt]: *Menschen fressendes Ungeheuer (im Märchen).*

ogott|ogott ⟨Interj.⟩ [zusgez. aus zweimaligem »o Gott!«] (ugs.): übertreibend-emphatischer Ausruf der Ablehnung, des Schreckens, Entsetzens.

oh ⟨Interj.⟩: **a)** Ausruf der Überraschung, der Verwunderung o. Ä.: oh, wie schön! oh, wie schrecklich!; oh, Verzeihung, das konnte ich nicht wissen; **b)** Ausruf der Ablehnung, der Zurückweisung: oh, wie ich das hasse!; oh, diese Männer!; oh, oh!

oh, là, là [olaˈla] ⟨Interj.⟩ [frz.]: Ausruf der Verwunderung, der Anerkennung.

Oh, das; -s, -s: *der Ausruf »oh!«:* die -s und Ahs der Zuschauer.

Oheim, der; -s, -e [mhd., ahd. ōheim, urspr. = Mutterbruder] (veraltet): *Onkel.*

OHG = offene Handelsgesellschaft.

OH-Grup|pe, die; -, -n (Chemie): *Hydroxylgruppe.*

[1]Ohio [oˈhaio], der; -s: Nebenfluss des Mississippi.

[2]Ohio; -s: Bundesstaat der USA.

[1]Ohm, das; -[e]s, -e ⟨aber: 3 Ohm⟩ [mhd. āme, ōme < mlat. ama = ein Weinmaß < lat. (h)ama = Feuereimer < griech. ámē = Eimer, Schaufel] (früher): *Hohlmaß von etwa anderthalb Hektoliter, bes. für Wein.*

[2]Ohm, das; -[s], - [nach dem dt. Physiker G. S. Ohm (1789–1854)] (Physik): *Maßeinheit für den elektrischen Widerstand* (Zeichen: Ω).

[3]Ohm, der; -[e]s, -e [zusgez. aus ↑Oheim] (veraltet, noch mundartl.): *Onkel.*

Ohm|me|ter, das; -s, - [aus ↑[2]Ohm u. ↑-meter] (Physik): *Gerät zum Messen elektrischer Widerstände; Widerstandsmesser.*

ohmsch ⟨Adj.⟩ (Physik): *nach G. S. Ohm benannt:* -es Gesetz *(von Ohm aufgestelltes physikalisches Gesetz, das den Zusammenhang zwischen Spannung u. Stromstärke in einem Leiterkreis beschreibt).*

oh|ne [mhd. ān(e), ahd. āno]: **I.** ⟨Präp. mit Akk.⟩ **1.** drückt aus, dass jmd., etw. (an dieser Stelle, zu dieser Zeit) nicht beteiligt, nicht vorhanden ist; *nicht ausgestattet mit, frei von:* o. Geld; o. Mittel; er ist [seit vier Wochen] o. Arbeit; o. jmdn. nicht leben können; o. Ansehen der Person entscheiden; er war o. Schuld; es geschah o. ihr Zutun; alle o. Unterschied; o. mich! *(ich mache bei dieser Sache nicht mit, will nichts damit zu tun haben!);* o. viel *(mit nur wenig)* Mühe; nicht o. Schönheit *(recht schön);* ⟨mit Unterdrückung des folgenden Subst.:⟩ sie schläft am liebsten o. *(ohne Schlafanzug; nackt);* * **nicht [so] o. sein** (ugs.; *nicht so harmlos, sondern stärker, bedeutender sein als gedacht*): eine Grippe ist gar nicht so o.; dieser Vorschlag ist durchaus nicht o. **2. a)** drückt aus, dass jmd., etw. Zugehöriges nicht dabei, nicht vorhanden ist, weggelassen wurde: ein Kleid o. Ärmel; ein Topf o. Deckel; ein Zimmer o. Frühstück; er kam o. seine Frau; das Gesicht o. Seife waschen; (Rudern:) Vierer o. [Steuermann]; **b)** drückt ein Ausgeschlossensein aus; *nicht mitgerechnet, ausschließlich:* Gewicht o. Verpackung; Preise o. Pfand, o. Mehrwertsteuer; o. Bedienung. **II.** ⟨Konj. in Verbindung mit »dass« od. dem Inf. mit »zu«⟩ gibt an, dass etw. nicht eintritt od. eingetreten ist od. dass jmd. etw. unterlässt, nicht tut: sie nahm Platz, o. dass sie gefragt hätte/o. gefragt zu haben; helfen, o. zu zögern; sie bestätigte es, natürlich nicht, o. einen giftigen Kommentar anzufügen *(natürlich, indem sie einen giftigen Kommentar anfügte).*

oh|ne|dies ⟨Adv.⟩: *ohnehin.*

oh|ne|ei|nan|der ⟨Adv.⟩: *einer, eine, eines ohne den anderen, die andere:* ihr müsst jetzt o. auskommen.

oh|ne|glei|chen ⟨Adv.⟩ [↑-gleichen]: *so [geartet, beschaffen], dass es mit nichts verglichen werden kann:* mit einer Frechheit o.

oh|ne|hin ⟨Adv.⟩: *unabhängig davon; auf jeden Fall; sowieso:* das hätte uns o. nichts genützt.

Oh|ne-mich-Stand|punkt, der: *Standpunkt eines Menschen, der sich ganz auf sein Ich u. sein persönliches Leben zurückziehen u. sich für keinerlei Aufgaben der Öffentlichkeit u. der Gesellschaft engagieren will.*

oh|ne|wei|ters ⟨Adv.⟩ (österr.): *ohne weiteres.*

Ohn|macht, die; -, -en [unter Anlehnung an »ohne« zu mhd., ahd. āmaht, zu mhd., ahd. ā- = fort, weg u. ↑Macht]: **1.** *vorübergehende Bewusstlosigkeit; das Ohnmächtigsein:* eine tiefe, schwere O.; eine plötzliche O. befiel, überkam sie; aus der O. erwachen; in tiefer O. liegen; in O. fallen, sinken *(ohnmächtig werden);* * **aus einer O. in die andere fallen** (ugs. scherzh.; *sich* *ständig aufs Neue entsetzen [u. sehr aufgebracht sein]).* **2.** *Schwäche, Machtlosigkeit, Unmöglichkeit zu handeln:* die wirtschaftliche O. eines Landes; er erkannte seine O. gegenüber dem Staat.

ohn|mäch|tig ⟨Adj.⟩ [mhd. āmehtec, ahd. āmahtīg]: **1.** *(vorübergehend, eine kürzere Zeit) ohne Bewusstsein, das Bewusstsein verloren habend:* sie wurde o.; ⟨subst.:⟩ einem Ohnmächtigen erste Hilfe leisten. **2.** *von Ohnmacht* (2) *zeugend; machtlos:* -e Wut hatte sie erfasst.

Ohn|machts|an|fall, der: *anfallartig eintretende Ohnmacht:* einen O. haben.

oho ⟨Interj.⟩: Ausruf des Erstaunens, Unwillens: o., so geht das nicht!

Ohr, das; -[e]s, -en [mhd. ōre, ahd. ōra; alte idg. Bez. mit unklarem Benennungsmotiv]: *Gehörorgan bei Mensch u. Wirbeltier, dessen äußerer Teil je ein meist an beiden Seiten des Kopfes ansitzendes, bei Tieren häufig bewegliches, muschelartig gebogenes, knorpeliges Gebilde ist:* große, kleine, anliegende, abstehende -en; die -en schmerzen mir/mich; rote -en bekommen; gute, scharfe, schlechte -en haben *(gut, schlecht hören können);* sich die -en zuhalten; das Tier spitzt seine -en; das Pferd legt die -en an; jmdn. am O. ziehen; den Hörer ans O. halten; auf dem linken O. ist er taub; jmdn. bei den -en packen; für heutige/unsere -en *(moderne Menschen)* klingt das altmodisch; jmdm. etwas ins O. flüstern; ein Sausen in den -en verspüren; ich stopfe mir Watte in die -en; der Wind pfiff mir um die -en; R es gibt [gleich] rote -en! (ugs. scherzh.; Drohung, jmdm. ein paar Ohrfeigen zu geben); dir fehlt bald ein Satz -en (salopp scherzh.; Drohung, jmdn. zu verprügeln); Ü wo hast du denn deine -en? (ugs.; *kannst du nicht aufpassen?, wirst du wohl zuhören!*); * **ganz O. sein** *(sehr aufmerksam, gespannt zuhören):* sprich nur weiter, ich bin ganz O.!; **jmdm. klingen die -en** (ugs. scherzh.; *jmd. spürt, dass andere an ihn denken od. über ihn sprechen;* der leise, hohe Ton, den man gelegentlich in den Ohren hat, wird im Volksglauben damit in Verbindung gebracht, dass ein anderer über einen redet); **-en wie ein Luchs haben** *(sehr scharf hören);* **lange -en machen** (ugs.; *neugierig lauschen*); **die -en auftun/aufmachen/aufsperren** (ugs.)/**auf Empfang stellen** (ugs. scherzh.; *genau zuhören*); **die -en spitzen** (ugs.; *aufmerksam horchen, lauschen*); **die -en auf Durchzug stellen** (ugs. scherzh.; *sich etw. anhören, es aber nicht beherzigen, es gleich wieder vergessen*); **jmdm. sein O. leihen** (geh.; *jmdm. zuhören*); **ein offenes O. für jmdn. haben** *(jmds. Bitten u. Wünschen zugänglich sein);* **bei jmdm. ein geneigtes/offenes/williges O. finden** *(gehört, verstanden werden u. Hilfe zugesagt bekommen);* **[vor jmdm.] die -en verschließen** *(unzugänglich für [jmds.] Bitten sein);* **jmdm. die -en kitzeln/pinseln** (ugs.; *jmdm. Schmeicheleien sagen*); **die -en steif halten** (ugs.; *sich nicht unterkriegen lassen; nicht den Mut verlieren;* nach der Beobachtung, dass ein Tier, das die Ohren nicht hängen lässt, wach u. munter ist): also, halt die -en steif!; **die -en anlegen** (ugs.; *die Kräfte anspannen, um möglichst ohne Schaden eine schwierige, gefährliche Situation zu bestehen*); **die -en hängen lassen** (ugs.; *niedergeschlagen, mutlos sein*); **jmdm. die -en lang ziehen** (ugs.; *jmdn. scharf zurechtweisen*); **jmdm. die -en voll jammern** (ugs.; *jmdm. durch ständiges Klagen lästig fallen, zusetzen*); **jmdm. die -en voll blasen** (ugs.; *jmdm. durch ständiges Reden lästig fallen, zusetzen*); **jmdm. ein O./die -en abreden/abkauen** (ugs.; *so viel auf jmdn. einreden, dass dieser schließlich gar nicht mehr richtig hinhört*); **tauben -en predigen** *(jmdn. ermahnen u. dabei merken, dass er nichts einsehen will);* **seinen -en nicht trauen** (ugs.; *über etw., was man hört, völlig überrascht sein*); **sich aufs O. legen/**(salopp:) **hauen** (ugs.; *schlafen gehen*); **sich** ⟨Dativ⟩ **die -en brechen** (salopp; *sich bei einer kniffligen, mühseligen Arbeit sehr anstrengen*); **auf den -en sitzen** (ugs.; *nicht aufpassen, nicht hören, wenn jmd. etwas sagt*); **auf dem, diesem O. taub sein** (ugs.; *von einer bestimmten Sache nichts wissen wollen*); **auf taube -en stoßen** (ugs.; *kein Gehör finden*); **nichts für fremde -en sein** *(geheim, vertraulich sein);* **nichts für zarte -en sein** (ugs.; *zum Erzählen vor empfindsamen [weiblichen] Zuhörern nicht geeignet sein*); **jmdm. eins/ein paar hinter die -en geben** (ugs.; *jmdn. ohrfeigen*); **eins/ein paar hinter die -en bekommen** (ugs.; *geohrfeigt werden*); **sich** ⟨Dativ⟩ **etw. hinter die -en schreiben** (ugs.; *sich etw. gut merken;* nach einem alten Rechtsbrauch wurden bes. bei Grenzfestlegungen Knaben als Zeugen hierfür an den Ohren gezogen, damit sie sich noch lange daran erinnern sollten); **noch feucht/nicht trocken hinter den -en sein** (ugs.; *noch nicht alt genug sein, um etwas von der Sache zu verstehen u. mitreden zu können;* bezieht sich darauf, dass Kinder unmittelbar nach der Geburt noch feucht [hinter den Ohren] sind); **es [faustdick/knüppeldick] hinter den -en haben** (ugs.; *schlau, gerissen, auch schalkhaft u. schlagfertig sein [bei harmlosem Aussehen];* nach altem Volksglauben soll der Sitz der Verschlagenheit hinter den Ohren liegen; er würde dort durch dicke Wülste kenntlich); **jmdm. [mit etw.] in den -en liegen** (ugs.; *jmdm. durch ständiges Bitten zusetzen*); **etw. im O. haben** *(etw. innerlich hören; sich an etw. Gehörtes erinnern);* **ins O. gehen/im O. bleiben** *([von einer Melodie] leicht zu merken, sehr eingängig, gefällig sein);* **mit den -en schlackern** (ugs.; *vor Überraschung, Schreck sprachlos, ratlos sein*); **mit halbem O. zuhören/hinhören** *(ohne rechte Aufmerksamkeit zuhören);* **jmdn. übers O. hauen** (ugs.; *jmdn. übervorteilen, betrügen;* stammt urspr. aus der Fechtersprache u. bedeutete »jmdn. mit der Waffe am Kopf [oberhalb der Ohren] treffen«); **bis über die -en in der Arbeit/in Schulden o. Ä. sitzen, stecken** (ugs.; *sehr viel Arbeit haben, hoch verschuldet sein;* nach dem Bild eines Ertrinkenden od. im Sumpf Versinkenden); **bis über die/über beide -en verliebt sein** (ugs.; *sehr verliebt sein*); **viel um die -en haben** (ugs.; *sehr viel Arbeit u. Sorgen haben*); **jmdm. etw. um die -en hauen/schlagen** (ugs.; *jmdm. wegen etw. heftige Vorwürfe machen; jmdn. wegen etw. heftig kritisieren*); **um ein geneigtes O. bitten** (geh.; *um Gehör, um wohlwollendes Anhören bitten*); **jmdm. zu -en kommen** *(jmdm. [als unerfreuliche Tatsache] bekannt werden, obwohl eigentlich nicht darüber gesprochen werden sollte);* **zum einen O. herein-, zum anderen wieder hinausgehen** (ugs.; *[von Ermahnungen, Erklärungen u. Ä.] nicht richtig aufgenommen, sofort wieder vergessen werden*).

Öhr, das; -[e]s, -e [mhd. œr(e), ahd. ōri, eigtl. = ohrartige Öffnung]: *kleines [längliches] Loch am oberen Ende der Nähnadel zum Durchziehen des Fadens.*

Öhr|chen, das; -s, -: Vkl. zu ↑Ohr.

Oh|ren|beich|te, die (kath. Kirche): *im Beichtstuhl abgelegte persönliche Beichte.*

oh|ren|be|täu|bend ⟨Adj.⟩ (ugs. übertreibend): *übermäßig laut:* ein -er Lärm.

Oh|ren|ent|zün|dung, die: *Otitis.*

Oh|ren|heil|kun|de, die: *Otiatrie.*

Oh|ren|klin|geln, Oh|ren|klin|gen, das; -s: *Ohrensausen.*

Oh|ren|klipp, der: *Clip* (1 b).

Oh|ren|krank|heit, die: *Erkrankung des Ohrs.*

Oh|ren|krie|cher, der (ugs.): *Ohrwurm* (1, 2).

Oh|ren|lei|den, das: *Ohrenkrankheit.*

Oh|ren|mensch, der (ugs.): *jmd., der Eindrücke am leichtesten vom Hören her gewinnt.*

Oh|ren|rob|be, die: *Robbe mit kleinen, spitzen Ohrmuscheln.*

Oh|ren|sau|sen, das; -s: *Empfinden eines klingenden, sausenden Geräuschs im Ohr:* O. haben, bekommen.

Oh|ren|schmalz, das: *Sekret im äußeren Gehörgang.*

Oh|ren|schmerz, der ⟨meist Pl.⟩: *meist stechender Schmerz im Ohr; Otalgie.*

Oh|ren|schüt|zer ⟨Pl.⟩: *zwei ovale Klappen aus Stoff od. Wolle, die als Kälteschutz die Ohrmuscheln bedecken.*

Oh|ren|ses|sel, der: *Sessel mit hoher Rückenlehne und seitlich angebrachten Kopfstützen.*

Oh|ren|spie|gel, der: *optisches Instrument zur Untersuchung des Gehörgangs u. des Trommelfells; Otoskop.*

Oh|ren|zeu|ge, der: *jmd., der etw. selbst gehört hat [u. es deshalb bezeugen kann].*

Oh|ren|zeu|gin, die: w. Form zu ↑Ohrenzeuge.

Ohr|fei|ge, die [spätmhd. ōrfīge, 2. Bestandteil wohl zu ↑fegen]: *Schlag mit der flachen Hand auf die Backe:* eine schallende O.; jmdm. eine O. geben, verpassen.

ohr|fei|gen ⟨sw. V.; hat⟩: *(jmdm.) eine Ohrfeige geben:* jmdn. o.

Ohr|fei|gen|ge|sicht, das (salopp abwertend): *unsympathisches, dümmlich-provozierendes Gesicht.*

-oh|rig: in Zusb., z. B. langohrig.

Ohr|klipp, der: *Clip* (1 b).

Ohr|läpp|chen, das: *unterer, aus fleischigem Gewebe bestehender Zipfel der [menschlichen] Ohrmuschel.*

Ohr|mu|schel, die: *äußerer, knorpeliger Teil des Ohrs.*

Ohr|ring, der: *Schmuckstück, das am Ohr getragen wird.*

Ohr|spei|chel|drü|se, die (Anat.): *(bei Mensch u. Säugetier) zwischen Unterkiefer u. äußerem Gehörgang liegende Speicheldrüse.*

Ohr|spü|lung, die (Med.): *Spülung* (1 a) *des Gehörgangs.*

Ohr|trom|pe|te, die: *eustachische Röhre.*

Ohr|wa|schel, das; -s, -n (bayr., österr.): *Ohrläppchen, Ohr[muschel].*

Ohr|wurm, der [1: mhd. ōrwurm; nach der volkst. Vorstellung, dass das Insekt gern in Ohren kriecht]: **1.** *kleines, bes. in Ritzen u. Spalten lebendes, meist braunes Insekt mit kurzen Vorderflügeln.* **2.** (veraltend abwertend) *Schmeichler, Kriecher.* **3.** (ugs.) *Lied, Schlager, Hit, der sehr eingängig, einprägsam ist.*

-o|id [zu griech. -oeidēs = ähnlich]: **I.** (Bildungen meist fachspr. od. bildungsspr.) drückt in Bildungen mit Substantiven oder Adjektiven aus, dass die beschriebene Person oder Sache vergleichbar mit etw. ist, jmdm., etw. ähnlich ist: anarchistoid, humanoid. **II.** das; -[e]s, -e (bes. Fachspr.): bezeichnet in Bildungen mit Substantiven einen Körper, eine Form, ein Gebilde o. Ä., das mit etw. vergleichbar, einer Sache ähnlich ist: Kristalloid, Präfixoid.

Oi|reach|tas [ˈɛrəktɪs], das; - [ir. = Versammlung]: *Parlament der Republik Irland.*

o. J. = ohne Jahr (↑Jahr 1).

oje, oje|mi|ne ⟨Interj.⟩ [vgl. jemine] (veraltend): Ausrufe der Bestürzung.

o.k., O. K. = okay.

Oka|pi, das; -s, -s [aus einer afrik. Sprache]: *dunkelbraune Giraffe mit weißen Querstreifen an den Oberschenkeln, großen, breiten Ohren u. einem kürzeren, gedrungenen Hals.*

Oka|ri|na, die; -, -s u. ...nen [ital. ocarina, eigtl. = Gänschen, zu: oca, über das Vlat. zu spätlat. auca = Gans]: *Blasinstrument aus Ton od. Porzellan in Form eines Gänseeis mit einem Schnabel* (5) *u. acht bis zehn Grifflöchern.*

okay [o'keː; engl.: oʊˈkeɪ] ⟨Adv.⟩ [engl.-amerik. okay, H. u.] (Abk.: o. k., O. K.): **I.** ⟨Adv.⟩ (ugs.) *abgemacht, einverstanden:* du gehst vor, o.?; (verblasst:) o. *(also),* gehen wir. **II.** ⟨Adj.⟩ **a)** (ugs.) *in Ordnung, gut:* es ist alles o.; das Mädchen ist wirklich o. *(verhält sich kameradschaftlich);* gestern ging es mir reichlich mies, aber heute bin ich wieder o.; **b)** (Flugw. Jargon) *[geprüft u. daher] bestätigt:* Ihr Flug nach Kairo ist, geht o.

Okay, das; -[s], -s (ugs.): *Einverständnis, Zustimmung:* sein O. geben.

Ok|ka|si|on, die; -, -en [frz. occasion < lat. occasio]: **1.** (veraltet) *Gelegenheit, Anlass.* **2.** (Kaufmannsspr.) *[Angebot für einen] Gelegenheitskauf.*

Ok|ka|si|o|na|lis|mus, der; -, ...men: **1.** ⟨o. Pl.⟩ (Philos.) *von dem frz. Philosophen R. Descartes (1596–1650) ausgehende Theorie, nach der die Wechselwirkung zwischen Leib u. Seele auf direkte Eingriffe Gottes zurückgeführt wird.* **2.** (Sprachw. veraltend) *in einer bestimmten Situation gebildetes (nicht lexikalisiertes) Wort.*

ok|ka|si|o|na|lis|tisch ⟨Adj.⟩: *den Okkasionalismus (1) betreffend.*

ok|ka|si|o|nell ⟨Adj.⟩ [frz. occasionnel] (Wissensch.): *gelegentlich [vorkommend], Gelegenheits...*

Ok|ki, das; -[s], -s: kurz für ↑Okkispitze.

Ok|ki|ar|beit, die: *Occhiarbeit.*

Ok|ki|spit|ze, die: *Occhispitze.*

Ok|klu|si|on, die; -, -en [1, 2: spätlat. occlusio < lat. occludere (2. Part.: occlusum)]: **1.** (veraltet) *Einschließung, Verschließung.* **2.** (Med.) *krankhafter Verschluss eines Hohlorgans (z. B. des Darms).* **3.** (Zahnmed.) *normale Stellung, lückenloses Aufeinandertreffen der Zähne von Ober- u. Unterkiefer beim Biss.* **4.** (Met.) *Zusammentreffen von Kalt- u. Warmfront.*

ok|klu|siv ⟨Adj.⟩: *verschließend, die Okklusion betreffend.*

Ok|klu|siv, der; -s, -e (Sprachw.): *Explosivlaut.*

ok|kult ⟨Adj.⟩ [lat. occultus, adj. 2. Part. von: occulere = verdecken, verbergen]: *(von übersinnlichen Dingen) verborgen, geheim:* -e Kräfte, Mächte.

Ok|kul|tis|mus, der; -: *Lehre von vermuteten übersinnlichen, nach Naturgesetzen nicht erklärbaren Kräften u. Dingen.*

Ok|kul|tist, der; -en, -en: *Anhänger des Okkultismus.*

Ok|kul|tis|tin, die; -, -nen: w. Form zu ↑Okkultist.

ok|kul|tis|tisch ⟨Adj.⟩: *den Okkultismus betreffend; übersinnlich.*

Ok|kult|tä|ter, der: *von abergläubischen Ideen geleitete Person, die sich als Wundertäter, Hellseher o. Ä. betätigt u. dabei gegen strafrechtliche Vorschriften verstößt.*

Ok|kult|tä|te|rin, die: w. Form zu ↑Okkulttäter.

Ok|ku|pant, der; -en, -en ⟨meist Pl.⟩ [russ. okkupant, zu lat. occupans (Gen.: occupantis), 1. Part. von: occupare = besetzen (4)]: *jmd., der an einer Okkupation (1) teilnimmt; [Angehöriger einer] Okkupationsmacht.*

Ok|ku|pan|tin, die; -, -nen: w. Form zu ↑Okkupant.

Ok|ku|pa|ti|on, die; -, -en [lat. occupatio]: **1.** *[militärische] Besetzung fremden Hoheitsgebiets.* **2.** (Rechtsspr. veraltend) *[widerrechtliche] Aneignung.*

Ok|ku|pa|ti|ons|macht, die: *Staat, der eine Okkupation unternommen hat u. das okkupierte Gebiet beherrscht.*

ok|ku|pa|to|risch ⟨Adj.⟩ [lat. occupatorius]: *in Besitz nehmend, in der Art einer Okkupation.*

ok|ku|pie|ren ⟨sw. V.; hat⟩ [lat. occupare]: **1.** *fremdes Gebiet [militärisch] besetzen:* okkupierte Gebiete befreien. **2.** (Rechtsspr. veraltet) *sich [widerrechtlich] aneignen.*

Ok|kur|renz, die; -, -en [engl. occurrence, zu lat. occurrere = begegnen] (Sprachw.): *das Vorkommen einer bestimmten sprachlichen Einheit in einem Text, Korpus o. Ä.*

Okla|ho|ma; -s: Bundesstaat der USA.

Öko, der; -s, -s (ugs. scherzh.): *Anhänger der Ökologiebewegung.*

öko-, Öko-: drückt in Bildungen mit Substantiven – seltener mit Adjektiven – aus, dass jmd. oder etw. in irgendeiner Weise mit Ökologie, mit ökologischen Fragen in Beziehung steht: Ökofreak, Ökopartei, Ökosozialist.

Öko|au|dit, das, auch: der; -s, -s: *freiwillige, von unabhängigen Gutachtern durchgeführte Betriebsprüfung eines Unternehmens nach ökologischen Gesichtspunkten.*

Öko|bi|lanz, die; -, -en (ugs.): **a)** *bilanzierende Untersuchung auf Umweltverträglichkeit;* **b)** *Bilanz (b) der Auswirkungen eines bestimmten Produktes, einer bestimmten Handlung o. Ä. auf die Umwelt.*

Öko|la|bel, das; -s, -s: *Aufkleber od. Aufdruck auf (der Verpackung) einer Ware, der anzeigt, dass sie umweltverträglich hergestellt wurde.*

Öko|la|den, der; -s, ...läden [zu ↑Ökologie, ökologisch]: *Laden (1 a), in dem nur Waren verkauft werden, die den Vorstellungen von der Erhaltung der natürlichen Umwelt entsprechen.*

Öko|lo|ge, der; -n, -n [↑-loge]: *Wissenschaftler, Fachmann auf dem Gebiet der Ökologie.*

Öko|lo|gie, die; - [zu griech. oĩkos = Haus(haltung) u. ↑-logie]: **1.** *Wissenschaft von den Wechselbeziehungen zwischen den Lebewesen u. ihrer Umwelt; Lehre vom Haushalt der Natur.* **2.** *Gesamtheit der Wechselbeziehungen zwischen den Lebewesen u. ihrer Umwelt; ungestörter Haushalt der Natur.*

Öko|lo|gie|be|we|gung, die: *Bewegung (3 a), die für die Erhaltung der natürlichen Umwelt eintritt.*

Öko|lo|gin, die; -, -nen: w. Form zu ↑Ökologe.

öko|lo|gisch ⟨Adj.⟩: **1.** *die Ökologie (1) betreffend.* **2.** *die Wechselbeziehungen zwischen den Lebewesen u. ihrer Umwelt betreffend:* -es *(umweltverträgliches, kosten- u. energiesparendes)* Bauen.

Öko|nom, der; -en, -en [spätlat. oeconomus < griech. oikonómos = Haushalter, Verwalter, zu: oĩkos = Haus(haltung) u. -nómos = verwaltend; b: nach russ. èkonomist] (veraltend): **a)** *Landwirt, Verwalter [landwirtschaftlicher Güter];* **b)** *Wirtschaftswissenschaftler.*

Öko|no|me|trie, die; - [↑-metrie]: *Teilgebiet der Wirtschaftswissenschaft, auf dem mithilfe mathematisch-statistischer Methoden wirtschaftstheoretische Modelle u. Hypothesen auf ihren Realitätsgehalt untersucht werden.*

öko|no|me|trisch ⟨Adj.⟩: *die Ökonometrie betreffend.*

Öko|no|mie, die; -, -n [lat. oeconomia = gehörige Einteilung < griech. oikonomía = Haushaltung, Verwaltung]: **1.** (veraltend) *Wirtschaftswissenschaft, -theorie:* politische Ö. *(Wirtschaftswissenschaft [die außer den wirtschaftlichen auch politische, soziale u. kulturelle Faktoren in ihrer Wechselwirkung untersucht]).* **2.** *Wirtschaft, wirtschaftliche Struktur (eines bestimmten Gebiets).* **3.** ⟨o. Pl.⟩ *Wirtschaftlichkeit, Sparsamkeit; sparsames Umgehen mit etw., rationelle Verwendung od. rationeller Einsatz von etw.:* sprachliche Ö. **4.** (österr., sonst veraltet) *landwirtschaftlicher Betrieb.*

Öko|no|mik, die; - [zu lat. oeconomicus, ↑ökonomisch]: **1.** *Wirtschaftswissenschaft, Wirtschaftstheorie.* **2.** *Wirtschaft, wirtschaftliche Verhältnisse (in einem Land, einem Sektor der Volkswirtschaft u. Ä.):* die Ö. der Entwicklungsländer.

Öko|no|min, die; -, -nen: w. Form zu ↑Ökonom.

öko|no|misch ⟨Adj.⟩ [lat. oeconomicus < griech. oikonomikós = zur (Haus)wirtschaft gehörig]: **1.** *die Wirtschaft betreffend, in Bezug auf die Wirtschaft:* -e Belastungen. **2.** *sparsam; mit möglichst großem Nutzen bei möglichst geringem Einsatz od. Verbrauch:* eine -e Arbeitsweise.

Öko|no|mi|sie|rung, die; -, -en: *das Ökonomisieren.*

Öko|no|mis|mus, der; - (polit. Ökonomie): *Überbetonung ökonomischer (1) Faktoren [bei der Betrachtung der gesellschaftlichen Entwicklung].*

Öko|pax|be|we|gung, die [zu ↑Ökologie u. lat. pax = Frieden]: *Bewegung (3), die bes. für die Bewahrung des Friedens u. die Erhaltung der natürlichen Umwelt eintritt.*

Öko|spon|so|ring, das; -s: *das Sponsern von Projekten, die dem Umweltschutz dienen.*

Öko|steu|er, die; -, -n (ugs.): *auf umweltbelastende Stoffe u. Energieträger erhobene Steuer mit dem Ziel, die Herstellung u. den Verbrauch zugunsten der Umwelt zu verringern:* eine Ö. auf Benzin, Heizöl, Elektroenergie erheben.

Öko|sys|tem, das; -s, -e: *kleinste ökologische Einheit eines Lebensraumes u. der in ihm wohnenden Lebewesen:* ein See, der Wald als Ö.

Öko|top, das; -s, -e [zu griech. tópos = Ort, Gegend]: *kleinste ökologische Einheit einer Landschaft.*

Öko|tro|pho|lo|gie, die; - [zu griech. trophḗ = das Ernähren, Nahrung u. ↑-logie]: *Ernährungswissenschaft, Hauswirtschaftslehre.*

Öko|ty|pus, der; -, ...pen (Biol.): *an die Bedingungen eines bestimmten Lebensraums angepasste Sippe einer Pflanzen- od. Tierart.*

Öko|zid, der; auch: das; -[e]s, -e [zu lat. caedere (in Zus. -cidere) = töten]: *Störung des ökologischen Gleichgewichts durch Umweltverschmutzung.*

Ok|ra, die; -, -s [aus einer westafrik. Sprache]: *längliche Frucht einer Eibischart.*

-o|krat: ↑-krat.

-o|kra|tie: ↑-kratie.

Okt. = Oktober.

Ok|ta|e|der, das; -s, -: [griech. oktáedron, zu: oktṓ = acht u. hédra = Fläche] (Math.): *von acht [gleichseitigen] Dreiecken begrenzter Vielflächner; Achtflächner.*

ok|ta|e|drisch ⟨Adj.⟩ (Math.): *achtflächig.*

Ok|ta|gon: ↑Oktogon.

Ok|tan, (chem. Fachspr.:) Octan, das; -s, -e [zu lat. octo = acht; im Molekül sind jeweils acht Kohlenstoffatome gebunden]: **1.** *in verschiedenen Isomeren als farblose, leicht brennbare Flüssigkeit im Erdöl u. im Benzin enthaltener Kohlenwasserstoff.* **2.** ⟨ungebeugt nach Zahlenangaben⟩ (Kfz-T.): dient der Angabe der Oktanzahl: der Motor braucht [ein Benzin von] mindestens 92 O.

Ok|tan|zahl, (chem. Fachspr.:) Octanzahl, die; -, -en [↑Oktan]: *Kennzahl für die Klopffestigkeit von Kraftstoffen* (Abk.: OZ).

[1]**Ok|tav,** das; -s [zu lat. octavus = der Achte; der Druckbogen wurde urspr. so gefalzt, dass sich 8 Blätter ergaben]: *Buchformat mit bestimmten Ober- u. Untergrenzen* (Zeichen: 8°).

[2]**Ok|tav,** die; -, -en [3: eigtl. = die achte von acht Verteidigungspositionen]: **1.** (österr., sonst landsch.) *Oktave (1).* **2.** (kath. Kirche) **a)** *achttägige Festwoche nach den hohen Festen (Weihnachten u. Ostern);* **b)** *Nachfeier am achten Tag nach einem solchen Fest.* **3.** (Fechtsport) *bestimmte Haltung, bei der eine gerade Linie von der Schulter bis zur Spitze der nach unten gerichteten Klinge entsteht.*

Ok|ta|va, die; -, ...ven [lat. octava = die Achte] (österr.): *achte Klasse eines Gymnasiums.*

Ok|tav|band, der ⟨Pl. ...bände⟩: *in* [1]*Oktav gebundenes Buch.*

Ok|tav|bo|gen, der: vgl. Quartbogen.

Ok|ta|ve, die; -, -n [mhd. octāv < mlat. octava (vox)]: **1.** (Musik) **a)** *achter Ton einer diatonischen Tonleiter;* **b)** *Intervall von acht diatonischen Tonstufen:* eine O. höher, tiefer; in -n spielen; vgl. all'ottava. **2.** [1]*Stanze.*

Ok|tav|heft, das: vgl. Oktavband.

Ok|tav|sei|te, die: *Seite im Oktavformat.*

Ok|tett, das; -[e]s, -e [relatinis. aus ital. ottetto, zu: otto < lat. octo = acht]: **a)** *Komposition für acht solistische Instrumente od. Solostimmen;* **b)** *Vereinigung von acht Instrumentalsolisten.*

Ok|to|ber, der; -[s], - [mhd. octōber < lat. (mensis) October = achter Monat (des altröm. Kalenders), zu: octo = acht]: *zehnter Monat des Jahres;* Abk.: Okt.; vgl. April.

Ok|to|ber|fest, das: *jährlich Ende September bis Anfang Oktober in München stattfindendes Volkfest.*

Ok|to|ber|re|vo|lu|ti|on, die ⟨o. Pl.⟩: *politisch-soziale Umwälzung im zaristischen Russland, eingeleitet durch die Machtübernahme durch die Bolschewiki am 25. Oktober 1917 (nach dem julianischen Kalender).*

Ok|to|de, die; -, -n [zu griech. oktṓ = acht u. ↑Elektrode] (Elektrot.): *Röhre mit acht Elektroden; Achtpolröhre.*

Ok|to|de|ka|gon, das; -s, -e [↑Dekagon]: *Achtzehneck.*

Ok|to|gon, Oktagon, das; -s, -e [lat. octogonum, 2. Bestandteil zu griech. gōnía = Winkel, Ecke]: a) *Achteck;* b) *Gebäude mit achteckigem Grundriss.*

ok|to|go|nal ⟨Adj.⟩: *achteckig.*

Ok|to|po|de, der; -n, -n ⟨meist Pl.⟩ [zu griech. oktṓpous (Gen.: oktṓpodos) = achtfüßig, zu: poús (Gen.: podós) = Fuß] (Biol.): *großer Kopffüßer mit acht kräftigen, mit Saugnäpfen versehenen Fangarmen; Achtfüßer.*

ok|troy|ie|ren [ɔktroa'ji:rən] ⟨sw. V.; hat⟩ [urspr. = (landesherrlich) bewilligen, bevorrechten < frz. octroyer < afrz. otroier < mlat. auctorizare = sich verbürgen; bewilligen < spätlat. auctorare, zu lat. auctor, ↑Autor] (bildungsspr.) *aufoktroyieren.*

Oku|lar, das; -s, -e [gek. aus Okularglas]: *dem Auge zugewandte Linse od. Linsenkombination eines optischen Geräts (z. B. eines Mikroskops):* das O. einstellen.

Oku|li ⟨o. Art.; indekl.⟩ [lat. oculi, Pl. von: oculus = Auge, nach dem ersten Wort des Eingangsverses der Liturgie des Sonntags, Ps. 25, 15] (ev. Kirche): *dritter Sonntag in der Passionszeit.*

oku|lie|ren ⟨sw. V.; hat⟩ [nlat. für gleichbed. lat. inoculare, ↑inokulieren] (Gartenbau): *veredeln, indem ein Reis mit einem Auge (2) unter der mit einem T-förmigen Schnitt geöffneten Rinde angebracht u. die Stelle fest mit Bast umwickelt wird.*

Oku|lier|mes|ser, das: *spezielles Messer zum Ritzen der Rinde beim Okulieren.*

Oku|lie|rung, die; -, -en: *das Okulieren.*

Öku|me|ne, die; - [(spät)lat. oecumene < griech. oikouménē (gē̃) = bewohnt(e Erde), zu: oikeĩn = bewohnen, zu: oĩkos, ↑Ökonom]: 1. (Geogr.) *von naturgegebenen Grenzen bestimmter Lebens- und Siedlungsraum des Menschen auf der Erde.* 2. (Theol.) a) *Gesamtheit der Christen u. der christlichen Kirchen;* b) *Bewegung der christlichen Kirchen u. Konfessionen zur Einigung in Fragen des Glaubens u. zum gemeinsamen Handeln.*

öku|me|nisch ⟨Adj.⟩: 1. (Geogr.) *die Ökumene (1) betreffend, umfassend.* 2. (kath. Kirche) *die katholischen Christen auf der ganzen Welt betreffend:* ein -es Konzil. 3. (Theol.) a) *das gemeinsame Vorgehen der christlichen Kirchen u. Konfessionen in der Welt betreffend:* die -e Bewegung (*Ökumene 2b*); b) *gemeinsam von Katholiken u. Protestanten veranstaltet, getragen:* ein -er Gottesdienst; sich ö. *(von Geistlichen beider Kirchen)* trauen lassen.

Ok|zi|dent [auch: – –'–], der; -s [mhd. occident(e) < lat. (sol) occidens (Gen.: occidentis), eigtl. = untergehend(e Sonne), zu: occidere = niederfallen; untergehen]: 1. (bildungsspr.) *Abendland.* 2. (veraltet) *Westen.*

ok|zi|den|tal, ok|zi|den|ta|lisch ⟨Adj.⟩ [lat. occidentalis]: 1. (bildungsspr.) *abendländisch.* 2. (veraltet) *westlich.*

Ok|zi|ta|ni|en; -s: südfranzösische Landschaft.

ok|zi|ta|nisch ⟨Adj.⟩: a) *Okzitanien betreffend; aus Okzitanien stammend;* b) *das Okzitanisch betreffend.*

Ok|zi|ta|nisch, das; -[s] u. ⟨nur mit best. Art.:⟩ **Ok|zi|ta|ni|sche,** das; -n [frz. occitan < mlat. (lingua) occitana, Latinisierung von frz. (langue) d'oc, zu aprovenz. oc = ja < lat. hoc, Neutr. von: hic = dieser]: *die okzitanische Sprache; Provenzalisch.*

ö. L. = östlicher Länge.

O. L. = Oberlausitz.

Öl, das; -[e]s, (Sorten:) -e [mhd. öl[e], ahd. oli < lat. oleum = (Oliven)öl < griech. élaion]: 1. *mehr od. weniger dickflüssige, fettige Flüssigkeit:* reines, wohlriechendes Öl; Fette und -e; * **Öl auf die Lampe gießen** (ugs.; *einen od. mehrere Schnäpse o. Ä. trinken;* vgl. [1]Lampe 1); * **Öl auf die Wogen gießen** (*vermittelnd, ausgleichend, besänftigend [in eine Auseinandersetzung] eingreifen;* Wellen werden durch darauf gegossenes Öl geglättet); **Öl ins Feuer gießen** *(etw. noch schlimmer machen).* 2. a) *Erdöl:* Öl exportierende Länder; die Öl produzierenden arabischen Länder; nach Öl bohren; b) *Heizöl:* mit Öl heizen; c) *Schmieröl:* Öl wechseln; d) *Pflanzenöl:* ätherische -e; e) *Speiseöl, Salatöl, Tafelöl:* Salat mit Essig und Öl anmachen; R das geht mir runter wie Öl (ugs.; *es ist mir sehr angenehm, das zu hören*); f) *Sonnenöl.* 3. * **in Öl** *(mit Ölfarben 2):* sie malt in Öl.

Ola, die; -, -s: *La Ola.*

Öl|ab|schei|der, der; -s, - (Technik): *Gerät zum Abscheiden von Öl (1) aus Wasser od. Dampf.*

Öl|alarm, der: *Alarm, der gegeben wird, wenn ausfließendes Öl (2 a, b, c) die Trinkwasserversorgung o. Ä. bedroht.*

Öl|an|strich, der: *Anstrich mit Ölfarbe (1).*

öl|ar|tig ⟨Adj.⟩: *in der Art von Öl (1); ölig (2).*

Öl|baum, der: *Baum mit knorrigem Stamm, schmalen, länglichen, ledrigen, an der Unterseite silbergrauen Blättern u. Oliven als Früchten.*

Öl|be|häl|ter, der: *Behälter für Öl (2 a, b, c, e).*

Öl|berg, der; -[e]s: Höhenzug östl. Jerusalems (der als Stätte der Himmelfahrt Jesu gilt).

Öl|bild, das: *Ölgemälde.*

Öl|boh|rung, die: *Bohrung nach Erdöl.*

[1]**Ol|den|bur|ger,** der; -s, -: 1. Ew. zu ↑Oldenburg (Oldenburg). 2. *kräftiges, breit gebautes braunes od. schwarzes Warmblutpferd.*

[2]**Ol|den|bur|ger** ⟨indekl. Adj.⟩.

Ol|den|bur|ge|rin, die; -, -nen: w. Form zu ↑[1]Oldenburger (1).

ol|den|bur|gisch ⟨Adj.⟩: *Oldenburg, die Oldenburger betreffend.*

Ol|den|burg (Ol|den|burg): Stadt in Niedersachsen.

Ol|die ['oʊldɪ], der; -s, -s [engl. oldie, zu: old = alt] (ugs.): 1. *alter, beliebt gebliebener Schlager, Hit.* 2. (scherzh.) *jmd., der einer älteren Generation angehört.* 3. *etw., was einer vergangenen Zeit angehört, was aus einer vergangenen Zeit stammt.*

Öl|druck, der: (Kfz-T.) *Druck, durch den das Schmieröl von der Ölpumpe in den Motor befördert wird.*

Old|ti|mer ['oʊldtaɪmə], der; -s, - [engl. old-timer = Altgedienter, Veteran]: 1. a) *altes, gut gepflegtes Modell eines Fahrzeugs (bes. eines Autos) mit Sammler- od. Liebhaberwert:* ein Rennen für O.; b) *etw., was nach dem Vorbild des Alten hergestellt wurde (z. B. Telefon, Möbel usw.).* 2. (scherzh.) a) *jmd., der über viele Jahre bei einer Sache (einem Beruf o. Ä.) dabei ist; zuverlässiger, altbewährter Mitarbeiter, Spieler o. Ä.:* er ist einer der O. in der Mannschaft; b) *älterer Mensch, meist Mann.*

olé [o'le] ⟨Interj.⟩ [span. olé < arab. wa-'llāh(i) = bei Gott]: span. Ausruf mit der Bed. *los!; auf!; hurra!*

Olea: Pl. von ↑Oleum.

Ole|an|der, der; -s, - [ital. oleandro, unter Einfluss von lat. olea = Olivenbaum entstellt aus mlat. lorandum, zu lat. laurus = Lorbeerbaum, wohl nach den Blättern]: *als Strauch wachsende Pflanze mit länglichen, schmalen, ledrigen Blättern u. verschiedenfarbigen, in Dolden wachsenden Blüten.*

Ole|as|ter, der; - [lat. oleaster]: *strauchiger, wild wachsender Ölbaum.*

Ole|at, das; -[e]s, -e [zu lat. oleum, ↑Öl] (Chemie): *Salz der Ölsäure.*

Ole|fin, das; -s, -e [aus frz. oléfiant = Öl machend, zu lat. oleum (↑Öl) u. facere (in Zus. -ficere) = machen] (Chemie): *ungesättigter Kohlenwasserstoff.*

Öl|em|bar|go, das: *Embargo (2) für Öl.*

ölen ⟨sw. V.; hat⟩ [mhd. öl(e)n = Speisen mit Öl zubereiten, salben]: a) *(zum Zwecke der besseren Gleitfähigkeit) [Schmier]öl zuführen, mit [Schmier]öl versehen:* ein Schloss ö.; b) *einölen (a):* den Fußboden ö.

Ole|o|sum, das; -s, ...sa ⟨meist Pl.⟩ (Med.): *öliges Arzneimittel.*

Ole|um, das; -s, Olea [lat. oleum, ↑Öl] (Chemie): *farblose od. dunkelbraune ölige Flüssigkeit, die sich u. a. zum Ätzen eignet; rauchende Schwefelsäure.*

Öl|ex|port, der: *Export von Mineralöl.*

Öl ex|por|tie|rend: s. Öl (2 a).

Öl|far|be, die: 1. *ölhaltige, stark glänzende Farbe zum Anstreichen.* 2. *aus Pigmenten u. Ölen gemischte, sehr haltbare u. lichtechte Malerfarbe.*

Öl|fass, das: *Fass für den Transport von Öl (2 a).*

Öl|feld, das: *Erdölfeld.*

Öl|film, der: *Film (1) aus Öl.*

Öl|frucht, die: *Frucht der Ölpflanze.*

OLG = Oberlandesgericht.

Öl|ge|mäl|de, das: *mit Ölfarben (2) gemaltes Bild.*

Öl|ge|win|nung, die: *Gewinnung von Öl (2 a, d).*

Öl|göt|ze, der [viell. gek. aus »Ölberggötze«, volkst. Bez. für die häufig bildlich dargestellten schlafenden Jünger Jesu auf dem Ölberg (vgl. Matth. 26, 40 ff.)] (salopp abwertend): *unbewegt, teilnahms- u. verständnislos wirkender Mensch:* er sitzt, steht da wie ein Ö.

Öl|ha|fen, der: *Hafen, in dem nur Öltanker be- od. entladen werden.*

öl|hal|tig ⟨Adj.⟩: *Öl enthaltend.*

Öl|hei|zung, die: *Heizung mit Öl als Brennstoff.*

öl|höf|fig ⟨Adj.⟩: *erdölhöffig.*

Oli|fant [auch: oli'fant], der; -[e]s, -e [(a)frz. olifant < lat. elephantus, ↑Elefant; Name des elfenbeinernen Hifthorns Rolands in der Karlssage]: *aus dem Zahn eines Elefanten geschnitztes mittelalterliches Jagdhorn.*

ölig ⟨Adj.⟩: 1. a) *mit Öl durchsetzt, bedeckt, beschmiert:* ein -er Lappen; b) *Öl enthaltend, ölhaltig:* eine -e Substanz, Lösung. 2. *fett u. dickflüssig wie Öl; im Aussehen dem Öl ähnlich:* ö. glänzen. 3. (abwertend) *unaufrichtig sanft [u. mit falschem Pathos]; salbungsvoll:* er sprach mit -er Stimme.

olig-, Olig-: ↑oligo-, Oligo-.

Oli|gä|mie, die; -, -n [zu griech. olígos (↑oligo-, Oligo-) = wenig, gering u. haĩma = Blut] (Med.): *akute Blutarmut.*

Oli|gar|chie, die; -, -n [griech. oligarchía, zu: olígos (↑oligo-, Oligo-) u. árchein = Führer sein, herrschen]: 1. ⟨o. Pl.⟩ *Staatsform, in der eine kleine Gruppe die politische Herrschaft ausübt.* 2. *Staat, Gemeinwesen, in dem eine Oligarchie (1) besteht.*

oli|gar|chisch ⟨Adj.⟩ [griech. oligarchikós]: *die Oligarchie betreffend.*

oli|go-, Oli|go- (vor Vokalen:) olig-, Olig- [griech. olígos] ⟨Best. in Zus. mit der Bed.⟩: *wenig, gering* (z. B. Oligopol, oligophag, Oligarchie).

Oli|go|klas, der; -[es], -e [zu griech. klásis = Bruch]: *Feldspat.*

oli|go|phag ⟨Adj.⟩ [zu griech. phageĩn = fressen] (Zool.): *(von bestimmten Tieren) in der Ernährung auf einige wenige Pflanzen- od. Tierarten spezialisiert.*

Oli|go|pol, das; -s, -e [geb. nach ↑Monopol] (Wirtsch.): *Form des Monopols, bei der der Markt von einigen wenigen Großunternehmern beherrscht wird.*

oli|go|po|lis|tisch ⟨Adj.⟩ (Wirtsch.): *die Marktform des Oligopols betreffend.*

oli|go|troph ⟨Adj.⟩ [zu griech. trophḗ = Nahrung] (Biol., Landw.): *(von Böden od. Gewässern) nährstoffarm.*

Oli|go|tro|phie, die; - (Biol., Landw.): *Nährstoffmangel.*

oli|go|zän ⟨Adj.⟩ (Geol.): *das Oligozän betreffend.*

Oli|go|zän, das; -s [zu griech. kainós = neu; eigtl. = die weniger junge Abteilung, bezogen auf das Eozän] (Geol.): *jüngste Abteilung des Paläogens.*

Olim: in den Wendungen **seit/zu -s Zeiten** (bildungsspr. scherzh.; *seit/vor sehr langer Zeit;* lat. olim = ehemals).

Öl|im|port, der: *Import von Mineralöl.*

oliv ⟨indekl. Adj.⟩: *die Farbe der reifen Olive aufweisend; von stumpfem, bräunlichem Gelbgrün.*

Oliv, das; -s, -, ugs.: -s: *oliv Farbe:* ein Kleid in hellem O.

oli|v|braun ⟨Adj.⟩: *einen braunen Farbton besitzend, der ins Oliv spielt.*

Oli|ve, die; -, -n [lat. oliva = Ölbaum; Olive < griech. elaía; schon mhd. olive = Ölbaum]: 1. *ovale, fest-fleischige, ölhaltige, meist bräunlich gelbgrün gefärbte Frucht des Ölbaums.* 2. *Ölbaum mit Oliven (1) als Früchten.* 3. *Drehgriff zum Verschließen von Fenstern, Türen o. Ä.*

Oli|ven|baum, der: *Ölbaum.*

oli|ven|far|ben, oli|ven|far|big ⟨Adj.⟩: *oliv.*

Oli|ven|öl, das: *aus der Olive (1) durch Pressen gewonnenes [Speise]öl.*

oliv|far|ben, oliv|far|big ⟨Adj.⟩: *oliv.*

oliv|grün ⟨Adj.⟩: *oliv.*

Oli|vin, das; -s, -e [zu ↑Olive, nach der Farbe] (Geol.): *glasig glänzendes, durchscheinendes, flaschengrünes bis gelbliches, in Kristallen vorkommendes Mineral.*

Öl|ja|cke, die: vgl. Ölzeug.

Öl|ka|nis|ter, der: *Kanister für Öl (2 a, b, c).*

Öl|kan|ne, die: vgl. Ölkanister.

Öl|kon|zern, der: *Konzern, der [Mineral]öl vertreibt.*

Öl|kri|se, die: *Krise, die durch Verknappung von Rohöl entsteht.*

Öl|krug, der: *Krug zum Aufbewahren von Öl (2 e).*

Öl|ku|chen, der: *in Platten od. Brocken gepresste Rückstände ausgepresster, ölhaltiger Samen.*

oll ⟨Adj.⟩ [niederd. oll, o(o)ld, mniederd. old, olt] (landsch.): *alt (1 a, 3, 6):* R je -er, je doller!

Öl|lam|pe, die: vgl. Petroleumlampe.

[1]**Ol|le,** der; -n, -n ⟨Dekl. ↑Abgeordnete⟩ (landsch. salopp): [1]*Alte (1–4).*

[2]**Ol|le,** die; -n, -n ⟨Dekl. ↑Abgeordnete⟩ (landsch. salopp): 1. [2]*Alte (1–4).* 2. *Mädchen, Freundin:* ich hab eine feste O.

Öl|lei|tung, die: *Rohrleitung für Öl.*

Olm, der; -[e]s, -e [mhd., ahd. olm, H. u.]: *im Wasser lebender Schwanzlurch mit verkümmerten Gliedmaßen, der mit der Lunge od. durch Kiemen atmet.*

Öl|ma|le|rei, die: 1. ⟨o. Pl.⟩ *das Malen mit Ölfarben (2).* 2. *Ölgemälde.*

Öl|mess|stab, der (bes. Kfz-T.): *Stab (mit Markierungen), mit dem festgestellt werden kann, wie viel Schmieröl vorhanden ist.*

Öl|müh|le, die: *Mühle, in der aus Ölsaat Öl (2 e) gepresst wird.*

Öl|mul|ti, der ⟨meist Pl.⟩ (Jargon): *multinationaler Ölkonzern.*

Öl|ofen, der: vgl. Ölheizung.

Öl|pal|me, die: *Palme, aus deren Früchten u. Samen Fett gewonnen wird.*

Öl|pest, die: *meist durch (aus einem beschädigten Tanker auslaufendes) Rohöl verursachte Verschmutzung von Stränden, Küstengewässern.*

Öl|pflan|ze, die: *Pflanze, aus deren Früchten od. Samen Öl (2 e) gewonnen wird.*

Öl|platt|form, die: *Bohrinsel für Ölbohrungen.*

Öl|preis, der: *Preis für [Erd-, Heiz]öl.*

Öl|pro|du|zent, der: *Erdölerzeuger.*

Öl pro|du|zie|rend: s. Öl (2 a).

Öl|pum|pe, die (Kfz-T.): *Pumpe, die das Motoröl fördert.*

Öl|quel|le, die: *Stelle, an der Öl (2 a) durch Bohrung erschlossen wird, austritt.*

Öl|saat, die: *Samen der Ölpflanze.*

Öl|sar|di|ne, die: *in Öl (2 e) eingelegte Sardine.*

Öl|säu|re, die: *in Ölen u. Fetten vorkommende ungesättigte Fettsäure.*

Öl|scheich, der (ugs.): *Scheich, der durch die Förderung von Erdöl zu Reichtum gekommen ist.*

Öl|schie|fer, der: *dunkles, dem Schiefer ähnliches Gestein, aus dem Öl u. Gas gewonnen wird.*

Öl|so|ckel, der: *mit Ölfarbe (1) gestrichener Sockel (einer Wand o. Ä.).*

Öl|spur, die: *durch auslaufendes Öl verursachte Spur.*

Öl|stand, der: *Menge des Schmieröls im Motor (einer Maschine o. Ä.):* den Ö. prüfen.

Öl|tank, der: *Tank (1) für Öl (2 a, b)*

Öl|tan|ker, der: *Schiff zum Transport von Öl (2 a).*

Öl|tep|pich, der: *größerer, sich auf der Wasseroberfläche weit ausbreitender Ölfilm.*

Ölung, die; - [mhd. ölunge] (selten): *das Ölen:* * **die Letzte Ö.** (kath. Kirche veraltet; *Krankensalbung).*

Öl|ver|brauch, der: *Verbrauch an Öl (2 a–c).*

Öl|vor|kom|men, das: *Vorkommen (b) von Erdöl.*

Öl|wan|ne, die (bes. Kfz-T.): *Wanne aus Metall zum Auffangen des Schmieröls.*

Öl|wech|sel, der (Kfz-T.): *Erneuerung des Öls (2 c) im Motor.*

Olymp, der; -s [griech. Ólympos = Name eines Berges in Griechenland]: 1. (griech. Myth.) *Wohnsitz der Götter.* 2. (ugs. scherzh.) *Galerie[platz] im Theater o. Ä.*

Olym|pia, das; -[s] ⟨meist o. Art.⟩ [nach der altgriech. Kultstätte in Olympia (Elis) auf dem Peloponnes, dem Schauplatz der altgriech. Olympischen Spiele] (geh.): *Olympiade (1, 3).*

Olym|pi|a|de, die; -, -n [1, 2: griech. Olympiás (Gen.: Olympiádos); 3: nach russ. olimpiada]: 1. *alle vier Jahre stattfindende sportliche Veranstaltung mit Wettkämpfen von Teilnehmern aus aller Welt:* an der O. teilnehmen. 2. (selten) *Zeitraum von vier Jahren (nach deren jeweiligem Ablauf im antiken Griechenland die Olympischen Spiele gefeiert wurden).* 3. *Wettbewerb (auf einem Wissensgebiet o. Ä.):* eine O. der jungen Mathematiker.

-olym|pi|a|de, die; -, -n: drückt in Bildungen mit Substantiven aus, dass ein der Olympiade (1) ähnlicher Wettbewerb in Bezug auf etw. stattfindet: Schach-, Schlagerolympiade.

Olym|pia|dorf, das: *Wohnanlage, in der die Olympiadeteilnehmer untergebracht sind.*

Olym|pia|jahr, das: *Jahr, in dem eine Olympiade (1) stattfindet:* im O. 2000.

Olym|pia|mann|schaft, die: vgl. Olympiateilnehmer.

Olym|pia|norm, die: *bestimmte sportliche Leistung, die erforderlich ist, um an einer Olympiade (1) teilzunehmen.*

Olym|pia|qua|li|fi|ka|ti|on, die: *Qualifikation (3) für die Olympischen Spiele.*

Olym|pia|sieg, der: *Sieg bei einem olympischen Wettkampf.*

Olym|pia|sie|ger, der: *Sieger bei einem olympischen Wettkampf.*

Olym|pia|sie|ge|rin, die: w. Form zu ↑Olympiasieger.

Olym|pia|sta|di|on, das: *Stadion, in dem olympische Wettkämpfe stattfinden, stattgefunden haben.*

Olym|pia|teil|neh|mer, der: *Sportler, der an einer Olympiade (1) teilnimmt, teilgenommen hat.*

Olym|pia|teil|neh|me|rin, die: w. Form zu ↑Olympiateilnehmer.

Olym|pi|er, der; -s, - [zu ↑Olymp] (bildungsspr. veraltend): *(Ehrfurcht gebietende) überragende Persönlichkeit.*

Olym|pi|o|ni|ke, der; -n, -n [griech. olympionī́kēs]: *Teilnehmer, bes. Sieger bei einer Olympiade (1).*

Olym|pi|o|ni|kin, die; -, -nen: w. Form zu ↑Olympionike.

olym|pisch ⟨Adj.⟩: 1. *den Olymp (1) betreffend:* -er Nektar. 2. *die Olympiade (1) betreffend, zu ihr gehörend:* eine -e Disziplin; ein -er Rekord; der -e Gedanke; den -en Eid schwören *(schwören, sich an den olympischen Gedanken zu halten);* das -e Feuer; -e Ringe *(fünf ineinander verschlungene Ringe in verschiedenen Farben, die die durch die Olympischen Spiele verbundenen Kontinente symbolisieren);* eine -e Medaille erringen; auf -em Boden *(dort, wo eine Olympiade 1 stattfindet od. stattfand);* das -e Dorf *(Olympiadorf);* * **Olympische Spiele** *(Olympiade 1).*

Öl|zeug, das: *(durch Öl, Firnis od. Kunststoff) wasserdicht gemachte Oberbekleidung (für Seeleute).*

Öl|zweig, der: *Zweig des Ölbaums (als Symbol des Friedens).*

Oma, die; -, -s [Umbildung aus Großmama]: 1. (fam.) *Großmutter:* wir fahren zur O. 2. a) (ugs., oft scherzh. od. abwertend) *alte, ältere Frau;* Ü einmal Urlaub wie O. und Opa *(wie früher)* machen; b) (Jugendspr.) *weiblicher Erwachsener; Frau.*

Oma|ma, die; -, -s (Kinderspr.): *Großmutter.*

Oman; -s: Staat auf der Arabischen Halbinsel.

-o|ma|ne, der; -n, -n [zu ↑Manie] (meist scherzh.): kennzeichnet in Bildungen mit Substantiven eine Person, die auf etw. fast suchtartig fixiert, ganz versessen ist: Filmomane, Pornomane.

oma|nisch ⟨Adj.⟩: *Oman betreffend; aus Oman stammend.*

Om|bré [õ'bre:], der; -[s], -s [frz. ombré, zu: ombrer = schattieren]: *Gewebe, Tapete mit schattierender Farbwirkung.*

Om|bro|graph, der; -en, -en [zu griech. ómbros = Regen u. ↑-graph] (Met.): *Gerät zum Aufzeichnen von Niederschlagsmengen.*

Om|buds|frau, die; -, -en: *Frau, die die Rechte der Bürgerinnen u. Bürger gegenüber den Behörden wahrnimmt.*

Om|buds|leu|te ⟨Pl.⟩: 1. Pl. von Ombudsmann. 2. *Gesamtheit der Ombudsfrauen und Ombudsmänner.*

Om|buds|mann, der; -[e]s, ...männer u. ...leute [schwed. ombudsman, eigtl. = Treuhänder]: *Mann, der die Rechte der Bürgerinnen u. Bürger gegenüber den Behörden wahrnimmt.*

O. M. Cap.: ↑O. (F.) M. Cap.

Ome|ga, das; -[s], -s [griech. ō méga, eigtl. = großes (d. h. langes) O]: *letzter Buchstabe des griechischen Alphabets (Ω, ω).*

Ome|lett [ɔm(ə)'lɛt], das; -[e]s, -e u. -s, (Fachspr., österr., schweiz.:) **Ome|lette** [...'lɛt], die; -, -n [...tn̩; frz. omelette, H. u.]: *Eierkuchen.*

Omen, das; -s, - u. Omina [lat. omen] (bildungsspr.): *Vorzeichen; Vorbedeutung:* das war ein gutes O.; etw. als O. betrachten, ansehen.

Omi, die; -, -s: Kosef. von ↑Oma (1).

Omi|kron, das; -[s], -s [griech. ò mikrón, eigtl. = kleines (d. h. kurzes) O]: *15. Buchstabe des griechischen Alphabets (O, o).*

Omi|na: Pl. von ↑Omen.

omi|nös ⟨Adj.⟩ [frz. omineux < lat. ominosus, zu: omen, ↑Omen]: a) *von schlimmer Vorbedeutung; unheilvoll:* ein -es Schweigen; b) *bedenklich, zweifelhaft; berüchtigt:* eine -e Angelegenheit.

Omis|si|v|de|likt, das; -[e]s, -e [zu lat. omissio = Unterlassung] (Rechtsspr.): *Unterlassungsdelikt.*

Om|ni|bus, der; -ses, -se [frz. (voiture) omnibus, eigtl. wohl = Wagen für alle < lat. omnibus = Dat. von: omnes = alle, Pl. von: omnis = jeder; all...]: *Bus:* mit dem O. fahren.

Om|ni|bus|bahn|hof, der: *einem Bahnhof ähnliche Anlage als Ausgangspunkt od. Endstation verschiedener Buslinien.*

Om|ni|bus|fahrt, die: *Fahrt mit einem Omnibus.*

Om|ni|bus|hal|te|stel|le, die: *Bushaltestelle.*

Om|ni|bus|hof, der: *Platz (mit Hallen) zum Abstellen u. Warten von Omnibussen.*

Om|ni|bus|li|nie, die: *Buslinie.*

Om|ni|en: Pl. von ↑Omnium.

om|ni|po|tent ⟨Adj.⟩ [lat. omnipotens (Gen.: omnipotentis), zu: potens, ↑potent] (bildungsspr.): *allmächtig:* ein -er Herrscher.

Om|ni|po|tenz, die; - [spätlat. omnipotentia] (bildungsspr.): a) *göttliche Allmacht;* b) *absolute Macht[stellung].*

om|ni|prä|sent ⟨Adj.⟩ [mlat. omnipraesens, zu lat. omnis = all- u. ↑präsent] (bildungsspr.): *allgegenwärtig:* die Vergangenheit ist o.

Om|ni|um, das; -s, Omnien [lat. omnium = (Rennen) aller, für alle, Gen. Pl. von: omnis = jeder]: 1. (Radfahren) *aus mehreren Bahnwettbewerben bestehender Wettkampf.* 2. (Reiten) *Galopprennen, bei dem alle Pferde zugelassen sind.*

Om|ni|vo|re, der; -n, -n ⟨meist Pl.⟩ [zu lat. omnis = jeder; all... u. vorare = fressen] (Zool.): *Allesfresser.*

on ⟨Adv.⟩ [engl. on, eigtl. = an, auf] (Fachspr.): *(von einem Sprecher) im Fernsehbild beim Sprechen bzw. auf der Bühne sichtbar.*

On, das; - (Fachspr.): *sichtbarer Bereich, Vordergrund (einer Bühne, der Kameraeinstellung o. Ä.).*

Onalger, der; -s, - [lat. onager, onagrus < griech. ónagros; 2: nach der einem Esel gleichenden Form]: 1. *in Südwestasien heimischer Halbesel.* 2. *(im antiken Rom) Wurfmaschine.*

Onalnie, die; - [älter engl. onania, Neubildung zum Namen der biblischen Gestalt Onan (1. Mos. 38, 8 f.)]: *Masturbation* (a).

onalnielren ⟨sw. V.; hat⟩: 1. *sich durch Onanie befriedigen.* 2. (selten) *masturbieren* (2).

Onalnist, der; -en, -en: *jmd., der onaniert.*

Onalnisltin, die; -, -nen: w. Form zu ↑Onanist.

onalnisltisch ⟨Adj.⟩: *die Onanie betreffend, zu ihr gehörend.*

on call [ɔn ˈkɔːl; engl., aus: ↑on u. call = (An)ruf] (Kaufmannsspr.): *[Kauf] auf Abruf.*

Onldit [õˈdiː], das; -[s], -s [frz. on-dit, eigtl. = man sagt] (bildungsspr.): *Gerücht:* einem O. zufolge soll eine Frau die Stelle bekommen.

onldullielren ⟨sw. V.; hat⟩ [frz. onduler, zu: ondulation, zu spätlat. undula = kleine Welle, zu lat. unda = Wasser, Welle, Woge] (früher): **a)** *Haare mit einer Brennschere wellen:* Haar o.; **b)** *jmdm. die Haare mit einer Brennschere wellen:* sich o. lassen; die Friseuse hat sie onduliert.

One-Man-Show [ˈwʌnˈmænʃoʊ], die; -, -s [engl. one-man show, aus: one-man = Einmann- u. show, ↑Show]: *Show, die ein Unterhaltungskünstler allein bestreitet:* Ü der Parteitag wurde zu einer O.

One-Night-Stand [ˈwʌnˈnaɪtstænd], der; -s, -s [engl. one-night stand, aus: one-night = eine Nacht dauernd u. stand = Auftritt] (Jargon): *flüchtiges sexuelles Abenteuer* (4) *für eine einzige Nacht.*

onlgalrelse, onlghalrelse [ital. ongarese] (Musik): *ungarisch.*

¹Onlkel, der; -s, -, ugs.: -s [frz. oncle < lat. avunculus = Bruder der Mutter]: 1. *Bruder od. Schwager der Mutter od. des Vaters:* morgen besuchen wir O. Karl. 2. **a)** (Kinderspr.) *[bekannter] männlicher Erwachsener:* zum O. Doktor gehen; **b)** (ugs. abwertend) *Mann:* was will dieser O.?

²Onlkel, der; -s, - [zu frz. ongle = Finger-, Zehennagel, fälschl. an ¹Onkel angelehnt]: in den Fügungen u. Wendungen **großer/dicker O.** (ugs.; *große Zehe*); **über den [großen] O. gehen/latschen** (ugs.; *die Fußspitzen (beim Gehen) einwärts setzen*).

-onlkel, der; -s, -s (ugs. abwertend): kennzeichnet in Bildungen mit Substantiven eine männliche Person, die sehr allgemein durch etw. charakterisiert ist: Anstands-, Provinzonkel.

Onlkellehe, die (ugs.): *Zusammenleben einer verwitweten Frau mit einem Mann, den sie nicht heiratet, um ihre Witwenrente o. Ä. nicht zu verlieren.*

onlkellhaft ⟨Adj.⟩ (meist abwertend): *freundlich u. gutmütig (wie ein Onkel); gönnerhaft [u. herablassend]:* ein -es Gehabe.

onlkeln ⟨sw. V.; hat⟩ [zu ↑²Onkel] (ugs.): *(beim Gehen) die Fußspitzen einwärts setzen.*

onlkolgen ⟨Adj.⟩ [zu griech. ógkos = geschwollen u. ↑-gen] (Med.): *eine bösartige Geschwulst erzeugend.*

Onlkollolge, der; -n, -n [↑-loge]: *Facharzt auf dem Gebiet der Onkologie.*

Onlkollolgie, die; - [↑-logie]: *Teilgebiet der Medizin, das die Lehre von den Geschwülsten umfasst.*

Onlkollolgin, die; -, -nen: w. Form zu ↑Onkologe.

onlkollolgisch ⟨Adj.⟩: *die Onkologie betreffend.*

onlline [ˈɔnlain] ⟨Adv.⟩ [engl. = in Verbindung, aus: on (↑on) u. line = (Verbindungs)linie, Leitung] (EDV): 1. *in direkter Verbindung mit der Datenverarbeitungsanlage arbeitend, direkt mit dieser gekoppelt:* Computer o. vernetzen. 2. *ans Datennetz, ans Internet angeschlossen; innerhalb des Datennetzes, des Internets:* o. sein; o. gehen; o. *(über das Internet)* kaufen.

Onllinelbanlking [...bæŋkɪŋ], das (EDV): *Abwicklung von Bankgeschäften mithilfe einer EDV-Einrichtung.*

Onllinelbeltrieb, der (EDV): *Arbeitsweise von Geräten, die direkt mit einer Datenverarbeitungsanlage verbunden sind.*

Onllineldienst, der (EDV): *Dienst* (2), *der den Zugriff auf bzw. die Nutzung von Daten, die in einer Datenbank gespeichert sind, im Onlinebetrieb anbietet.*

Onllinelkomlmulnilkaltilon, die (EDV): *Kommunikation mithilfe einer EDV-Einrichtung.*

Onllinelzeiltung, die (EDV): **a)** *online abrufbare Version einer elektronisch aufbereiteten Zeitung;* **b)** *online abrufbare Zusammenstellung von Informationen, Nachrichten, Beiträgen o. Ä.*

Önollolgie, die; - [zu griech. oĩnos = Wein u. ↑-logie]: *Lehre vom Wein[bau].*

Onolmalsilollolgie, die; - [zu griech. onomasía = Benennung u. ↑-logie] (Sprachw.): *Bezeichnungslehre.*

onolmalsilollolgisch ⟨Adj.⟩ (Sprachw.): *die Onomasiologie betreffend.*

Onolmaslitik, die; - [griech. onomastikḗ (téchnē) = (Kunst des) Namengeben(s)] (Sprachw.): *Namenkunde.*

Onolmasltilkon, das; -s, ...ken u. ...ka [griech. onomastikón]: 1. *in der Antike od. im Mittelalter erschienenes Namen- od. Wörterverzeichnis.* 2. *[kürzeres] Gedicht auf den Namenstag einer Person.*

Onolmaltollolgie, die; - [zu griech. ónoma (Gen.: onómatos) = Name u. ↑-logie] (Sprachw.): *Onomastik.*

Onolmaltolpoleltilkon, Onolmaltolpoleltilkum, das; -s, ...ka (Sprachw.): *klangnachahmendes, lautmalendes Wort.*

onolmaltolpoleltisch, onolmaltolpöleltisch ⟨Adj.⟩ (Sprachw.): *lautmalend.*

Onolmaltolpölie, die; -, -n [spätlat. onomatopoeïa < griech. onomatopoiía, zu poieĩn = machen, verfertigen, dichten (↑Poesie)] (Sprachw.): *Lautmalerei.*

Önolmelter, das; -s, - [zu griech. oĩnos = Wein u. ↑-meter (1)]: *Messinstrument zur Bestimmung des Alkoholgehalts im Wein.*

Önorm, die; - [Kurzwort aus Österreichische Norm]: *(der deutschen DIN-Norm entsprechende) österreichische Norm.*

on parle français [õ parl frãˈsɛ; frz.]: *man spricht [hier] Französisch* (als Hinweis z. B. für Kunden in einem Geschäft).

Onlsprelcher, der [↑On] (Ferns., Film, Theater): *im Bild, auf der Bühne sichtbarer Sprecher.*

Onlsprelchelrin, die: w. Form zu ↑Onsprecher.

Onlstimlme, die (Ferns., Film, Theater): *Stimme eines im Bild bzw. auf der Bühne erscheinenden Onsprechers.*

on the road [ɔn ðə ˈroʊd, engl., eigtl. = auf der Straße]: *unterwegs.*

on the rocks [ɔn ðə ˈrɔks; engl., eigtl. = (Fels) auf brocken]: *(von Getränken) mit Eiswürfeln.*

onltisch ⟨Adj.⟩ (Philos.): *als seiend, unabhängig vom Bewusstsein existierend verstanden; dem Sein nach.*

Onltolgelnelse, die; - [zu griech. õn (Gen.: óntos), 1. Part. von: eĩnai = sein] (Biol.): *Entwicklung des Individuums von der Eizelle zum geschlechtsreifen Zustand.*

onltolgelneltisch ⟨Adj.⟩ (Biol.): *die Ontogenese betreffend.*

Onltollolgie, die; - [↑-logie] (Philos.): *Lehre vom Sein, vom Seienden.*

onltollolgisch ⟨Adj.⟩ (Philos.): *die Ontologie betreffend.*

Onylcholmylkolse, die; -, -n [↑Mykose] (Med.): *Pilzerkrankung der Nägel.*

Onyx, der; -[es], -e [lat. onyx < griech. ónyx, eigtl. = Kralle; (Finger)nagel, wohl nach der einem Fingernagel ähnlichen Färbung] (Mineral.): *aus unterschiedlich gefärbten Lagen bestehendes Mineral, das eine Abart des Quarzes darstellt u. als Schmuckstein verwendet wird.*

o. O. = ohne Obligo; ohne Ort.

Oolgelnelse, die; -, -n [zu griech. ōón = Ei u. ↑Genese] (Med., Biol.): *Entwicklung der weiblichen Eizelle.*

oolgelneltisch ⟨Adj.⟩ (Med., Biol.): *die Oogenese betreffend.*

Oollith [auch: ...ˈlɪt], der; -s u. -en, -e[n] [↑-lith]: *Erbsenstein.*

oollilthisch ⟨Adj.⟩: *in Oolithen abgelagert.*

Oollolgie, die; - [↑-logie] (Zool.): *Teilgebiet der Vogelkunde, das die Erforschung der Vogeleier zum Gegenstand hat.*

oollolgisch ⟨Adj.⟩ (Zool.): *die Oologie betreffend, zu ihr gehörend.*

o. ö. Prof. = ordentlicher öffentlicher Professor.

o. O. u. J. = ohne Ort und Jahr.

OP [oˈpeː], der; -[s], -[s]: *Operationssaal.*

op. = opus.

o. P. = ordentlicher Professor.

O. P., O. Pr. = Ordinis Praedicatorum (vom Predigerorden; Dominikaner).

Opa, der; -s, -s [Umbildung von Großpapa]: 1. (fam.) *Großvater:* wir fahren zum O. 2. **a)** (ugs., oft scherzh. od. abwertend) *alter, älterer Mann:* was will denn der O. hier?; **b)** (Jugendspr.) *männlicher Erwachsener.*

opak ⟨Adj.⟩ [lat. opacus = beschattet] (Fachspr.): *undurchsichtig, lichtundurchlässig:* -es Glas; vgl. Opazität.

Opal, der; -s, -e [lat. opalus < griech. opállios < aind. upala = Stein]: 1. *glasig bis wächsern glänzendes, milchig weißes od. verschieden gefärbtes Mineral, das eine Abart des Quarzes darstellt u. als Schmuckstein verwendet wird.* 2. *durch Spezialbehandlung milchig trüb schimmernder Batist.*

opallen ⟨Adj.⟩: **a)** *aus Opal* (1) *bestehend;* **b)** *wie Opal* (1) *durchscheinend, schimmernd:* ein -es Blau.

opallesizent ⟨Adj.⟩: *Opaleszenz aufweisend; opalisierend.*

Opalleszenz, die; - (Optik): *durch Beugung des Lichts hervorgerufenes rötlich bläuliches Schillern.*

opalleslzielren ⟨sw. V.; hat⟩ (Optik): *Opaleszenz zeigen.*

Opallglas, das: *schwach milchiges, opalisierendes Glas.*

opallilsielren ⟨sw. V.; hat⟩ [viell. unter Einfluss von frz. opalisé = opalartig]: *in Farben schillern wie ein Opal.*

Opalpa, der; -s, -s (Kinderspr.): *Großvater.*

Op-Art [ˈɔplaːɐ̯t], die; - [engl. op art, gek. aus: optical art, eigtl. = optische Kunst]: *moderne, auf illusionistisch-dekorative Effekte abzielende Kunstrichtung, die durch geometrische Abstraktionen (in hart konturierten Farben) charakterisiert ist.*

Opalziltät, die; - [lat. opacitas = Beschattung, Schatten, zu: opacus, ↑opak]: 1. (Optik) *Lichtundurchlässigkeit.* 2. (Med.) *Trübung, undurchsichtige Beschaffenheit* (z. B. der Hornhaut).

OPD = Oberpostdirektion.

OPEC, die; - [Abk. von engl. Organization of the Petroleum Exporting Countries]: Organisation der Erdöl exportierenden Länder.

Open [ˈoʊpn], das; -s, - (Jargon): *offener* (2 b) *Wettbewerb, offene Meisterschaft.*

Open Air [ˈoʊpn ˈɛə], das; - -s, - -s: kurz für ↑Open-Air-Festival, ↑Open-Air-Konzert.

Open-Air-Fesltilval, (auch:) **Openlairlfesltilval** [ˈoʊpnˈɛə...], das [engl. open-air = Freilicht-]: *im Freien stattfindende kulturelle Großveranstaltung (für Folklore, Popmusik o. Ä.).*

Open-Air-Konlzert, (auch:) **Openlairlkonlzert,** das: *im Freien stattfindendes Konzert.*

open end [ˈoʊpn ˈɛnd; engl., eigtl. = offenes Ende]: *das Ende (der angekündigten Veranstaltung) ist nicht auf einen bestimmten Zeitpunkt festgesetzt.*

Open-End-Dislkuslsilon, (auch:) **Openlendldislkuslsilon,** die: *Diskussion ohne festgelegtes Ende.*

Opelning [ˈoʊpnɪŋ], das; -s, -s [engl. opening = das (Er)öffnen; Anfang, zu: to open = (er)öffnen] (Jargon): *einleitender Teil; Anfangs-, Eröffnungsszene.*

Open Shop [ˈoʊpn ˈʃɔp], der; - -[s], - -s [engl. open shop, eigtl. = offene Werkstatt, offener Betrieb]: **1.** (EDV) *Arbeitsweise eines Rechenzentrums, bei der der Benutzer, der die Daten anliefert u. die Resultate abholt, zur Datenverarbeitungsanlage selbst Zutritt hat.* **2.** *(im angloamerikanischen Bereich) Unternehmen, für dessen Betriebsangehörige kein Gewerkschaftszwang besteht.*

O̲per, die; -, -n [ital. opera (in musica), eigtl. = (Musik)werk < lat. opera = Arbeit; Werk]: **1. a)** ⟨o. Pl.⟩ *Gattung von musikalischen Bühnenwerken mit Darstellung einer Handlung durch Gesang u. Instrumentalmusik:* die italienische O.; die komische O. *(volkstümliche heitere Oper des deutschen Biedermeiers als Variante der Opera buffa);* **b)** *einzelnes Werk der Gattung Oper* (1 a): eine O. von Verdi; eine O. komponieren, aufführen; die Ouvertüre zu einer O.; * **-n erzählen/reden/quatschen** (ugs.; *weitschweifig Unsinn reden*); **c)** *Aufführung einer Oper:* nach der O. gingen sie in ein Restaurant. **2.** ⟨o. Pl.⟩ **a)** kurz für ↑Opernhaus: die O. ist heute geschlossen; **b)** *Unternehmen, das Opern aufführt; Opernhaus als kulturelle Institution:* eine städtische O.; zur O. gehen *(Opernsänger werden);* **c)** *Ensemble, Mitglieder, Personal eines Opernhauses:* die Hamburger O. gastiert an der Met.

O̲pe|ra: Pl. von ↑Opus.

ope|ra̲|bel ⟨Adj.; operabler, -ste⟩ [frz. opérable, zu: opérer < lat. operari, ↑operieren]: **1.** (Med.) *eine Operation* (1) *ermöglichend, zulassend; operierbar:* die Geschwulst ist o. **2.** (Fachspr.) *so beschaffen, dass damit gearbeitet, operiert werden kann:* ein operabler Plan.

O̲pe|ra bụf|fa, die; - -, ...re buffe [ital. opera buffa, zu: opera (↑Oper) u. buffo = komisch, vgl. Buffo]: *heiter-komische Oper.*

Opé|ra co|mique [ɔperakɔˈmik], die; - -, -s -s [...rakɔˈmik; frz. opéra-comique, aus: opéra = Oper u. comique = komisch]: *Sprechstück mit liedhaften Musikeinlagen als französische Form des Singspiels.*

Ope|rạnd, der; -en, -en [lat. operandum, Gerundivum von: operari, ↑operieren] (EDV): *Information, die der Computer mit anderen zur Durchführung eines bestimmten Arbeitsganges heranzieht.*

ope|rạnt ⟨Adj.⟩ [zu lat. operans (Gen.: operantis), 1. Part. von: operari, ↑operieren] (bes. Psych., Soziol.): *eine bestimmte Wirkungsweise in sich habend:* -es Verhalten *(Reaktion, die nicht von einem auslösenden Reiz abhängt, sondern von den Auswirkungen dieser Reaktion).*

O̲pe|ra se|mi|se̲|ria, die; - -, ...re ...rie [ital. opera semiseria, zu: opera (↑Oper) u. semiserio = halbernst]: *teils ernste, teils heitere Oper.*

Ope|ra|teur [opəraˈtøːɐ̯], der; -s, -e [frz. opérateur < lat. operator, ↑Operator]: **1.** *Arzt, der eine Operation* (1) *durchführt:* ein guter O. **2.** (veraltend) *Kameramann, Fotograf.* **3.** (veraltend) *jmd., der Filme im Kino vorführt.* **4.** (selten) *Operator* (2).

Ope|ra|teu|rin, die; -, -nen: w. Form zu ↑Operateur.

Ope|ra|ting [ˈɔpəreɪtɪŋ], das; -[s] [engl. operating, zu: to operate = in Betrieb sein; bedienen] (Fachspr.): *das Bedienen (von Maschinen, Computern o. Ä.).*

Ope|ra|ti|o̲n, die; -, -en [lat. operatio = das Arbeiten; Verrichtung]: **1.** *chirurgischer Eingriff in den Organismus:* eine schwere O.; eine O. durchführen, vornehmen; sie hat die O. gut überstanden; sich einer O. unterziehen; den Patienten auf die, zur O. vorbereiten; R O. gelungen, Patient tot (ugs.; *trotz perfekter Durchführung wurde das eigentliche Ziel nicht erreicht*). **2. a)** (Milit.) *nach einem Plan genau abgestimmter Einsatz von Streitkräften; militärische Unternehmung eines Truppen- od. Schiffsverbandes mit genauer Abstimmung der Aufgabe der einzelnen Truppenteile od. Schiffe:* militärische -en; eine O. leiten; das Misslingen einer O.; **b)** (bildungsspr.) *Handlung, Unternehmung:* eine fragwürdige O. **3. a)** (Math.) *Rechenvorgang nach bestimmten mathematischen Gesetzen* (z. B. Addition, Division); **b)** (Fachspr.) *wissenschaftlich nachkontrollierbares Verfahren; nach bestimmten Grundsätzen vorgenommene Prozedur;* **c)** (EDV) *Ausführung eines Befehls* (1 b) *in einer Datenverarbeitungsanlage.*

ope|ra|ti|o|na|li|si̲e|ren ⟨sw. V.; hat⟩: **1.** (Fachspr.) *durch Angabe der Operationen* (3 b) *präzisieren, standardisieren.* **2.** (Päd.) *(Lernziele) in Verhaltensänderungen der Lernenden umsetzen, die durch Tests o. Ä. zu überprüfen sind.*

Ope|ra|ti|o̲ns|ba|sis, die: *Basis für Operationen* (2).

Ope|ra|ti|o̲ns|feld, das: **1.** *(freigelegter) Bereich, in dem die Operation vorgenommen wird.* **2.** *Bereich für bestimmte Operationen* (2 b).

Ope|ra|ti|o̲ns|ge|biet, das (Milit.): *Gebiet, in dem eine Operation stattfindet.*

Ope|ra|ti|o̲ns|nar|be, die: *durch eine Operation verursachte Narbe.*

Ope|ra|tions|re|search [ɔpəˈreɪʃənzrɪˈsəːtʃ], das; -[s], auch: die; - [engl. operations research, zu: operation = Operation (3 b) u. research, ↑Research]: *Unternehmensforschung.*

Ope|ra|ti|o̲ns|saal, der: *Raum (in einer Klinik o. Ä.) mit der für Operationen* (1) *erforderlichen Einrichtung.*

Ope|ra|ti|o̲ns|schwes|ter, die: *bei einer Operation* (1) *assistierende Krankenschwester.*

Ope|ra|ti|o̲ns|team, das: *Team von Ärzten u. Krankenschwestern, das eine Operation durchführt.*

Ope|ra|ti|o̲ns|tisch, der: *verstellbarer Tisch, auf dem der Patient während der Operation* (1) *[angeschnallt] liegt.*

ope|ra|ti̲v ⟨Adj.⟩: **1.** (Med.) *die Operation* (1) *betreffend; auf dem Wege der Operation erfolgend:* dringende -e *(eine Operation erfordernde)* Fälle; den Blinddarm o. entfernen. **2.** (Milit.) *eine Operation* (2 a) *betreffend; strategisch:* die -en Maßnahmen der Truppen. **3.** (bildungsspr.) *konkrete Maßnahmen treffend, sie unmittelbar wirksam werden lassend:* -e (Wirtsch.; *kurzfristige, differenzierte, in den Details umgesetzte*) Planung; etw. o. einsetzen.

Ope|ra|tor, der; -s, ...o̲ren [1: lat. operator = Arbeiter, Verrichter; 2: engl. operator]: **1.** (Fachspr., bes. Math., Sprachw.) *Mittel, Verfahren, Symbol o. Ä. zur Durchführung linguistischer, logischer od. mathematischer Operationen* (3). **2.** [auch: ˈɔpəreɪtə], der; -s, -[s]: *Fachkraft für die selbstständige Bedienung von elektronischen Datenverarbeitungsanlagen* (Berufsbez.).

Ope|ra|to̲|rin, die; -, -nen: w. Form zu ↑Operator (2).

Ope|rẹt|te, die; -, -n [ital. operetta, Vkl. von: opera (↑Oper), eigtl. = Werkchen]: **a)** ⟨o. Pl.⟩ *Gattung von leichten, unterhaltenden musikalischen Bühnenwerken mit gesprochenen Dialogen, [strophenliedartigen] Soli u. Tanzeinlagen:* die Wiener O.; **b)** *einzelnes Werk der Gattung Operette* (a): -n komponieren; **c)** *Aufführung einer Operette:* in die O. gehen.

Ope|rẹt|ten- (ugs. leicht abwertend): drückt in Bildungen mit Substantiven aus, dass eine Person oder Sache dem äußeren (meist prunkvollen) Schein nach jmd., etw. ist und sich entsprechend bedeutsam gibt, aber nicht ernst genommen wird, da die notwendigen Voraussetzungen fehlen: Operettenkönig, -krieg.

Ope|rẹt|ten|film, der: *verfilmte Operette.*

Ope|rẹt|ten|füh|rer, der: vgl. Opernführer.

ope|rẹt|ten|haft ⟨Adj.⟩: *an eine Operette erinnernd, wie in einer Operette.*

Ope|rẹt|ten|kon|zert, das: *Konzert mit Operettenmusik.*

Ope|rẹt|ten|me|lo|die, die ⟨meist Pl.⟩: *Melodie* (1 c) *aus einer Operette.*

Ope|rẹt|ten|mu|sik, die: vgl. Operettenmelodie.

Ope|rẹt|ten|sän|ger, der: *auf die Operette spezialisierter Sänger.*

Ope|rẹt|ten|sän|ge|rin, die: w. Form zu ↑Operettensänger.

Ope|rẹt|ten|schla|ger, der: vgl. Operettenmelodie.

Ope|rẹt|ten|staat, der (scherzh.): *kleiner, unbedeutender Staat (wie er z. B. [als Fantasiegebilde] oft als Schauplatz einer Operette vorkommt).*

Ope|rẹt|ten|the|a|ter, das: *Theater, an dem vorwiegend Operetten gespielt werden.*

ope|rie̲r|bar ⟨Adj.⟩: *operabel* (1).

ope|rie̲|ren ⟨sw. V.; hat⟩ [lat. operari = arbeiten, sich abmühen, zu: opus, ↑Opus]: **1.** *an jmdm., etw. eine Operation* (1) *vornehmen:* einen Patienten [am Magen] o.; ⟨auch ohne Akk.-Obj.:⟩ wir müssen noch einmal o.; ⟨subst.:⟩ ein frisch Operierter. **2.** (Milit.) *Operationen* (2 a) *durchführen:* Ü (Fußball:) als Libero o. **3.** (bildungsspr.) **a)** *in einer bestimmten Weise handeln, vorgehen:* geschickt o.; ein international operierendes Unternehmen; **b)** *mit etw. umgehen, arbeiten:* mit bestimmten Tricks o.; mit hohen Summen o.

O̲pern|arie, die: *Arie aus einer Oper.*

O̲pern|ball, der: *²Ball in einem Opernhaus.*

O̲pern|film, der: *verfilmte Oper.*

O̲pern|füh|rer, der: *Nachschlagewerk mit Inhaltsangaben u. Erläuterungen zu Opern.*

O̲pern|glas, das: *kleines Fernglas, das im Theater od. Konzertsaal benutzt wird.*

O̲pern|gu|cker, der (ugs.): *Opernglas.*

o̲pern|haft ⟨Adj.⟩: *in der Art der Oper, sich mit ähnlich großem Aufwand wie in einer Oper vollziehend:* -er Prunk.

O̲pern|haus, das: *Theater, an dem Opern aufgeführt werden.*

O̲pern|kom|po|nist, der: *Komponist von Opern.*

O̲pern|kom|po|nis|tin, die: w. Form zu ↑Opernkomponist.

O̲pern|kon|zert, das: *Konzert mit Opernmusik.*

O̲pern|me|lo|die, die: *Melodie aus einer Oper.*

O̲pern|mu|sik, die: vgl. Opernmelodie.

O̲pern|sän|ger, der: *auf die Oper spezialisierter Sänger.*

O̲pern|sän|ge|rin, die: w. Form zu ↑Opernsänger.

Ọp|fer, das; -s, - [mhd. opfer, ahd. opfar, rückgeb. aus ↑opfern]: **1. a)** *in einer kultischen Handlung vollzogene Hingabe von jmdm., etw. an eine Gottheit:* ein O. [am Altar] darbringen; * **jmdm. etw. zum O. bringen** (*jmdm. etw. opfern* 2); **b)** *Opfergabe:* ein Tier als O. auswählen. **2.** *durch persönlichen Verzicht mögliche Hingabe von etw. zugunsten eines andern:* alle O. waren vergeblich; diese Arbeit verlangt persönliche O.; die Eltern scheuen keine O. für ihre Kinder; unter persönlichen -n. **3.** *jmd., der durch jmdn., etw. umkommt, Schaden erleidet:* die O. einer Lawine, des Faschismus; das Erdbeben forderte viele O.; die Angehörigen der O.; Sie sind also das arme O. (ugs. scherzh.; *Sie hat man sich also für diese unangenehme Sache ausgesucht*); Ü der Bauernhof wurde ein O. der Flammen *(brannte nieder);* * **jmdm., einer Sache zum O. fallen** *(durch jmdn., etw. umkommen, vernichtet werden; das Opfer einer Person od. Sache werden):* einem Verbrechen zum O. fallen; das alte Häuserviertel ist der Spitzhacke zum O. gefallen.

ọp|fer|be|reit ⟨Adj.⟩: *in selbstloser Weise zu Opfern* (2) *bereit:* ein -er Mensch.

Ọp|fer|be|reit|schaft, die ⟨o. Pl.⟩: *das Opferbereitsein.*

Ọp|fer|büch|se, die: *im Gottesdienst verwendete Sammelbüchse.*

ọp|fer|freu|dig ⟨Adj.⟩: *gern in selbstloser Weise Opfer* (2) *bringend.*

Ọp|fer|freu|dig|keit, die: *das Opferfreudigsein.*

Ọp|fer|ga|be, die: *zum Opfer* (1) *bestimmte, beim Opfer dargebrachte Gabe.*

Ọp|fer|gang, der: **1.** (kath. Kirche) *Brauch, im Gottesdienst eingesammelte Opfergaben zur Gabenbereitung zum Altar zu tragen.* **2.** (geh.)

Gang, bei dem sich jmd. für jmdn., etw. opfert: einen O. antreten.

Ọp|fer|geist, der ⟨o. Pl.⟩: *geistige Haltung der Opferbereitschaft, -freudigkeit.*

Ọp|fer|geld, das ⟨o. Pl.⟩: *im Opferstock od. während des Gottesdienstes gesammeltes Geld.*

Ọp|fer|lamm, das: **1. a)** vgl. Opfergabe; **b)** ⟨o. Pl.⟩ *Christus, der sich für die Menschheit geopfert hat.* **2.** (ugs. emotional) *jmd., der schuldlos durch jmdn., etw. leiden muss:* das O. sein.

Ọp|fer|mes|ser, das: *beim Opfer verwendetes Schlachtmesser.*

Ọp|fer|mut, der (geh.): *Mut, Bereitschaft, sich für andere, für etw. zu opfern.*

ọp|fern ⟨sw. V.; hat⟩ [mhd. opfern, ahd. opfarōn, urspr. = etw. Gott als Opfergabe darbringen < (kirchen)lat. operari = einer Gottheit durch Opfer dienen; Almosen geben; vgl. operieren]: **1.** *in einer kultischen Handlung jmdn., etw. einer Gottheit darbringen, hingeben:* ein Lamm [am Altar] o.; ⟨auch o. Akk.-Obj.:⟩ einer Gottheit, dem Baal o. **2.** *zugunsten eines andern, einer Sache etw. Wertvolles hingeben, wenn es auch nicht leicht fällt:* seinen Urlaub, sein Leben für etw. o.; jmdm. seine Freizeit o. **3.** ⟨o. + sich⟩ **a)** *sein Leben für jmdn., etw. hingeben, ganz einsetzen:* sich für andere, für seine Familie o.; **b)** (ugs. scherzh.) *anstelle eines anderen etw. Unangenehmes auf sich nehmen:* ich habe mich geopfert und den Brief für sie geschrieben.

Ọp|fer|scha|le, die: *Schale zum Auffangen des Blutes der Opfertiere od. für ein Trankopfer.*

Ọp|fer|stät|te, die: *Stätte zur Darbringung von Opfern* (1).

Ọp|fer|stock, der ⟨Pl. ...stöcke⟩: *in Kirchen aufgestellter, abgeschlossener Behälter für Geldspenden:* Geld in den O. legen, werfen.

Ọp|fer|tier, das: vgl. Opfergabe.

Ọp|fer|tod, der (geh.): *freiwilliger Tod, mit dem sich jmd. für andere, für etw. opfert.*

Ọp|fe|rung, die; -, -en [mhd. opferunge, ahd. opfarunga]: *das Opfern* (1, 2).

Ọp|fer|wil|le, der: *Wille, Opfer* (2) *auf sich zu nehmen.*

ọp|fer|wil|lig ⟨Adj.⟩: *willig, Opfer* (2) *auf sich zu nehmen.*

-o|phil: ↑-phil.

-o|phob: ↑-phob.

Oph|thal|mi|a|trie, Oph|thal|mi|a|trik, die; - [zu griech. ophthalmós = Auge u. iatreía (bzw. iatrikḗ [téchnē]) = Heilkunst]: *Ophthalmologie.*

Oph|thal|mo|lo|ge, der; -n, -n [↑-loge] (Med.): *Augenarzt.*

Oph|thal|mo|lo|gie, die; - [↑-logie] (Med.): *Lehre von den Erkrankungen des Auges u. ihrer Behandlung; Augenheilkunde.*

Oph|thal|mo|lo|gin, die; -, -nen: w. Form zu ↑Ophthalmologe.

oph|thal|mo|lo|gisch ⟨Adj.⟩ (Med.): *die Ophthalmologie betreffend.*

Oph|thal|mo|skop, das; -s, -e [zu griech. skopeīn = betrachten] (Med.): *Augenspiegel.*

Opi, der; -s, -s: Kosef. von ↑Opa (1).

Opi|at, das; -[e]s, -e [spätmhd. opiat < mlat. opiata (Pl.), zu lat. opium, ↑Opium]: *Arzneimittel, das Opium enthält.*

Opi|um, das; -s [lat. opium < griech. ópion, Vkl. von: opós = Pflanzenmilch]: *als schmerzstillendes Arzneimittel u. als Rauschgift verwendeter, eingetrockneter milchiger Saft von unreifen Fruchtkapseln des Schlafmohns:* O. rauchen, nehmen; O. schmuggeln.

Opi|um|han|del, der: *Handel mit Opium.*

Opi|um|höh|le, die (abwertend): *Ort, wo Opium geraucht wird.*

Opi|um|pfei|fe, die: *Pfeife zum Rauchen von Opium.*

Opi|um|rau|cher, der: *jmd., der Opium raucht.*

Opi|um|rau|che|rin, die: w. Form zu ↑Opiumraucher.

Opi|um|schmug|gel, der: *Schmuggel mit Opium.*

Opi|um|sucht, die ⟨o. Pl.⟩: *Sucht nach Opium.*

Opi|um|ver|gif|tung, die: *Vergiftung durch Opium.*

ÖPNV [ø:pe:|ɛn'fau̯], der; -: öffentlicher Personennahverkehr.

[1]Opọs|sum, das; -s, -s [engl. opossum < Algonkin (nordamerik. Indianerspr.) oposom]: **1.** *(in Nord- u. Südamerika heimische) auf Bäumen lebende, etwa katzengroße Beutelratte, mit dichtem, meist grauem od. weißlichem Fell u. langem Schwanz.* **2.** *Fell des Opossums* (1).

[2]Opọs|sum, der, auch: das; -s, -s: *Pelz aus dem Fell des [1]Opossums* (1).

Op|po|nẹnt, der; -en, -en [zu lat. opponens (Gen.: opponentis), 1. Part. von: opponere, ↑opponieren]: *jmd., der eine gegenteilige Anschauung vertritt; Gegner in einem Streitgespräch:* ein streitbarer O.

Op|po|nẹn|tin, die; -, -nen: w. Form zu ↑Opponent.

op|po|nie|ren ⟨sw. V.; hat⟩ [lat. opponere = entgegensetzen, einwenden]: *eine gegenteilige Anschauung vertreten; in einer Auseinandersetzung gegen jmdn., etw. Stellung beziehen; sich jmdm., einer Sache widersetzen:* sie können immer nur o.; gegen jmdn., eine Sache, einen Plan o.

op|po|niert ⟨Adj.⟩: **1.** (Bot.) *eine Blattstellung aufweisend, bei der an einer Sprossachse ein Blatt einem andern gegenübersteht.* **2.** (Med.) *als Daumen den übrigen Fingern gegenübergestellt.*

op|por|tun ⟨Adj.⟩ [lat. opportunus, zu: ob = auf – hin u. portus = Hafen, also eigtl. = auf den Hafen zu (wehend u. daher günstig, vom Wind gesagt)] (bildungsspr.): *in der gegebenen Situation angebracht, von Vorteil:* -es Verhalten; etw. scheint zurzeit nicht o.; etw. für [nicht] o. halten.

Op|por|tu|nis|mus, der; - [frz. opportunisme, zu: opportun < lat. opportunus, ↑opportun]: **1.** (bildungsspr.) *allzu bereitwillige Anpassung an die jeweilige Lage aus Nützlichkeitserwägungen:* ein politischer O.; etw. aus O. tun. **2.** (marx.) *bürgerliche ideologische Strömung, die dazu benutzt wird, die Arbeiterbewegung zu spalten u. Teile der Arbeiterklasse an das kapitalistische System zu binden.*

Op|por|tu|nịst, der; -en, -en [frz. opportuniste, zu: opportun, ↑Opportunismus]: **1.** (bildungsspr.) *jmd., der sich aus Nützlichkeitserwägungen schnell u. bedenkenlos der jeweils gegebenen Lage anpasst.* **2.** (marx.) *Anhänger, Vertreter des Opportunismus* (2).

Op|por|tu|nịs|tin, die; -, -nen: w. Form zu ↑Opportunist.

op|por|tu|nịs|tisch ⟨Adj.⟩: (bildungsspr.) *den Opportunismus betreffend, darauf beruhend, in der Art eines Opportunisten handelnd:* eine -e Politik; o. denken, handeln.

Op|por|tu|ni|tät, die; -, -en [frz. opportunité < lat. opportunitas] (bildungsspr.): *das Opportunsein; Zweckmäßigkeit.*

Op|po|si|ti|on, die; -, -en [spätlat. oppositio = das Entgegensetzen, zu: oppositum, 2. Part. von: opponere, ↑opponieren; 2: nach engl., frz. opposition]: **1.** (bildungsspr.) *sich in einem entsprechenden Verhalten o. Ä. äußernde gegensätzliche Einstellung zu jmdm., etw.; gegen jmdn., etw. empfundener, sich äußernder Widerstand:* eine aktive O.; in vielen Kreisen der Bevölkerung regte sich O.; O. betreiben, machen *(opponieren);* etw. aus bloßer O. tun; zu jmdm., einem System in O. stehen; nach den Wahlen ging die Regierungspartei in die O. *(wurde sie zur Gegenpartei).* **2.** *Partei[en], Gruppe[n], deren Angehörige die Politik der herrschenden Partei[en], Gruppe[n] ablehnen:* die [außer]parlamentarische O.; aus den Reihen der O. **3.** (Astron.) *Konstellation, in der, von der Erde aus gesehen, der Längenunterschied zwischen Sonne u. Gestirn 180° beträgt:* Uranus steht jetzt in O. zur Sonne. **4.** (Sprachw.) **a)** *Gegensatz, gegensätzliche Relation sprachlicher Gebilde* (z. B. warm – kalt); **b)** *paradigmatische Beziehungen sprachlicher Einheiten, die in gleicher Umgebung auftreten können u. sich dann gegenseitig ausschließen* (z. B. grünes Tuch/rotes Tuch). **5.** (Anat.) *Gegenstellung des Daumens zu den anderen Fingern.* **6.** (Schach) *Stellung, bei der sich die beiden Könige auf derselben Linie od. Reihe so gegenüberstehen, dass nur ein Feld dazwischenliegt.* **7.** (Fechten) *auf die gegnerische Klinge ausgeübter Gegendruck.*

op|po|si|ti|o|nẹll ⟨Adj.⟩ [2: nach engl. oppositional]: **1.** (bildungsspr.) *aufgrund einer gegensätzlichen Einstellung zu jmdm., etw. Widerstand leistend [od. erkennen lassend]:* -e Kreise; eine -e Zeitung; o. eingestellte Jugendliche; ⟨subst.:⟩ Gruppen von Oppositionellen. **2.** *die Opposition (2) betreffend, dazu gehörend:* -e Parteien.

Op|po|si|ti|ons|füh|rer, der: *Führer der Oppositionspartei.*

Op|po|si|ti|ons|füh|re|rin, die: w. Form zu ↑Oppositionsführer.

Op|po|si|ti|ons|geist, der ⟨o. Pl.⟩: *oppositionelle (1) geistige Haltung.*

Op|po|si|ti|ons|par|tei, die: *Partei der Opposition* (2).

Op|po|si|ti|ons|po|li|ti|ker, der: *Politiker der Opposition* (2).

Op|po|si|ti|ons|po|li|ti|ke|rin, die: w. Form zu ↑Oppositionspolitiker.

Op|po|si|ti|ons|wort, das ⟨Pl. ...wörter⟩ (Sprachw.): *Gegensatzwort.*

O. Pr.: ↑O. P.

OP-Saal, der: kurz für ↑Operationssaal.

OP-Schwes|ter, die: kurz für ↑Operationsschwester.

Op|tạnt, der; -en, -en [zu lat. optans (Gen.: optantis), 1. Part. von: optare, ↑optieren]: *jmd., der (für etw.) optiert, eine Option ausübt.*

Op|tạn|tin, die; -, -nen: w. Form zu ↑Optant.

Ọp|ta|tiv, der; -s, -e (Sprachw.): **a)** *Modus* (2), *der einen Wunsch, die Möglichkeit eines Geschehens bezeichnet; Wunschform;* **b)** *Verb im Optativ* (a).

Op|ti|cal Art ['ɔptɪkl 'ɑ:t], die; - - [engl. optical art, eigtl. = optische Kunst]: *Op-Art.*

op|tie|ren ⟨sw. V.; hat⟩ [lat. optare = wählen]: **1.** *sich für etw. aussprechen, entscheiden:* die Bewohner der abgetretenen Gebiete haben damals für Polen optiert. **2.** (Rechtsspr., Wirtsch.) *von einer Option* (2) *Gebrauch machen:* Übersetzungsrechte o.; auf ein Grundstück o.

Ọp|tik, die; -, -en [lat. optica (ars) < griech. optikḗ (téchnē) = das Sehen betreffend(e Lehre), zu: optikós, ↑optisch]: **1.** ⟨o. Pl.⟩ *Wissenschaft vom Licht, seiner Entstehung, Ausbreitung u. seiner Wahrnehmung:* die physikalische O. **2.** (Jargon) *Objektiv:* die O. einer Kamera. **3.** ⟨o. Pl.⟩ *optische Darstellung in einer bestimmten Weise:* die einprägsame O. eines Films; **Ü** etw. in subjektiver O. *(Sehweise)* wiedergeben. **4.** ⟨o. Pl.⟩ *einen bestimmten optischen Eindruck, eine optische Wirkung vermittelndes äußeres Erscheinungsbild:* die O. von etw. betonen; ein Kostüm in reizvoller Optik.

Ọp|ti|ker, der; -s, -: *Fachmann für Anfertigung, Prüfung, Wartung u. Verkauf von optischen Geräten* (Berufsbez.).

Ọp|ti|ke|rin, die; -, -nen: w. Form zu ↑Optiker.

Ọp|ti|ma: Pl. von ↑Optimum.

op|ti|mal ⟨Adj.⟩ [zu ↑Optimum]: *(unter den gegebenen Voraussetzungen, im Hinblick auf ein zu erreichendes Ziel) bestmöglich; so günstig wie nur möglich:* -e Messgeräte; eine -e [Motor]leistung; -er Schutz; der -e Zeitpunkt; einen Kunden o. beraten.

op|ti|mie|ren ⟨sw. V.; hat⟩ (bildungsspr.): **a)** *optimal gestalten:* die Erziehung in der Gruppe o.; (Math.:) eine Funktion o.; **b)** ⟨o. + sich⟩ *sich optimal gestalten:* die Kosten haben sich optimiert.

Op|ti|mie|rung, die; -, -en (bildungsspr.): *das Optimieren:* die O. der Kommunikation.

Op|ti|mịs|mus, der; - [nach frz. optimisme, zu lat. optimus, ↑Optimum]: **a)** *Lebensauffassung, die alles von der besten Seite betrachtet; heitere, zuversichtliche, lebensbejahende Grundhaltung:* sich seinen O. bewahren; **b)** *zuversichtli-*

che, durch positive Erwartung bestimmte Haltung angesichts einer Sache, hinsichtlich der Zukunft: übertriebener, verhaltener, gedämpfter O.; **c)** *philosophische Auffassung, wonach die bestehende Welt die beste aller möglichen Welten ist, in der Welt alles gut u. vernünftig ist od. sich zum Besseren entwickelt:* der fortschrittsgläubige O. der Aufklärung.

Op|ti|mịst, der; -en, -en: *von Optimismus erfüllter Mensch:* ein unverbesserlicher O. sein; du bist vielleicht ein O.! *(du unterschätzt die sich ergebenden Schwierigkeiten o. Ä.).*

Op|ti|mịs|tin, die; -, -nen: w. Form zu ↑Optimist.

op|ti|mịs|tisch ⟨Adj.⟩: **a)** *von Optimismus* (a) *erfüllt:* ein stark -er Grundzug lag in ihrem Wesen; **b)** *von Optimismus* (b) *erfüllt od. eine entsprechende Haltung ausdrückend:* eine -e Umschreibung; diese Prognose ist mir zu o.; diese Nachricht hatte mich wieder recht o. gestimmt.

Ọp|ti|mum, das; -s, ...ma [lat. optimum, Neutr. von: optimus = Bester, Hervorragendster, Sup. von: bonus = gut]: **1.** *(unter den gegebenen Voraussetzungen, im Hinblick auf ein Ziel) höchstes erreichbares Maß, höchster erreichbarer Wert:* das Gerät bietet ein O. an Präzision, Leistung. **2.** (Biol.) *günstigste Umweltbedingungen für ein Lebewesen.*

Op|ti|o̱n, die; -, -en [lat. optio = freier Wille, Belieben]: **1. a)** *das Optieren* (1): die O. für einen Staat; **b)** *Möglichkeit, Wahlmöglichkeit:* alle -en offen halten; zwischen verschiedenen -en wählen. **2.** (Rechtsspr., Wirtsch.) *Vorkaufsrecht; Vorrecht, etw. zu festgelegten Bedingungen innerhalb einer bestimmten Frist zu erwerben, zu beziehen:* eine O. auf etw. haben. **3.** (kath. Kirche) *Recht der Kardinäle u. Kanoniker, in eine frei werdende Würde* (2) *aufzurücken.*

op|ti|o|na̱l ⟨Adj.⟩ [engl. optional] (Fachspr.): *nicht zwingend; fakultativ.*

Op|ti|o̱ns|an|lei|he, die (Wirtsch.): *Schuldverschreibung, die den Inhaber innerhalb einer bestimmten Frist dazu berechtigt, Aktien zu einem bestimmten festgelegten Kurs zu erwerben.*

Op|ti|o̱ns|ge|schäft, das (Börsenw.): *Form des Termingeschäftes, bei der Optionen* (2) *auf Aktien ge- od. verkauft werden.*

Op|ti|o̱ns|schein, der (Wirtsch.): *Urkunde, in der bei Optionsanleihen das Recht auf den Bezug von Aktien verbrieft ist.*

ọp|tisch ⟨Adj.⟩ [griech. optikós = das Sehen betreffend]: **1.** *die Optik* (1), *die Technik des Sehens betreffend, darauf beruhend:* -e Eindrücke; o. [nicht] wahrnehmbar sein; o. vergrößernde Instrumente; dieser Vorgang wird o. signalisiert. **2.** *die Wirkung auf den Betrachter betreffend:* die -e Gestaltung eines Raumes; dadurch wirkt der Raum o. größer, weiter.

Op|to|elek|tro̱|nik, die; -: *Teilgebiet der Elektronik, das die auf der Wechselwirkung von Optik u. Elektronik beruhenden physikalischen Effekte zur Herstellung besonderer elektronischer Schaltungen ausnutzt.*

Op|to|me̱|ter, das; -s, - [↑-meter (1)] (Med.): *Gerät zur Messung der Sehweite.*

Op|to|me|trie̱, die; - [↑-metrie] (Med.): **1.** *Messung der Sehweite mithilfe eines Optometers.* **2.** *Prüfung der optimalen Sehschärfe durch Vorsetzen von unterschiedlichen Linsen.*

Op|tro̱|nik, die; -: kurz für ↑Optoelektronik.

opu|lẹnt ⟨Adj.⟩ [lat. opulentus, zu: ops = Macht, Vermögen] (bildungsspr.): **a)** *(von Essen u. Trinken) sehr reichlich u. von vorzüglicher Qualität:* ein -es Mahl; o. speisen; **b)** *mit großem Aufwand [gestaltet]; üppig:* ein -er Katalog; ein o. ausgestatteter Raum; die Gage war nicht gerade o.

Opu|lẹnz, die; - (bildungsspr.): *opulente Art.*

O̱pus, das; -, Opera [lat. opus = Arbeit; erarbeitetes Werk]: **a)** *künstlerisches (bes. musikalisches, literarisches) od. auch wissenschaftliches Werk:* das neueste O. der Schriftstellerin; O. postumum/(auch:) posthumum *(nachgelassenes [Musik]werk;* Abk.: op. posth.); **b)** *musikalisches Werk (in Verbindung mit einer Zahl zur Kennzeichnung der chronologischen Reihenfolge der Werke eines Komponisten):* Beethovens Streichquartette O. 18, [Nummer] 1–6; Abk.: op.

OR = Obligationenrecht.

O̱ra, die; - [ital. ora < lat. aura = das Wehen; Luftzug, -hauch]: *Südwind auf der Nordseite des Gardasees.*

o̱ra et la|bo̱|ra [lat.] (bildungsspr.): *bete und arbeite!* (alte christliche Maxime, bes. der [Benediktiner]mönche).

Ora̱|kel, das; -s, - [lat. oraculum, eigtl. = Sprechstätte, zu: orare = beten; sprechen]: **a)** *Stätte (bes. im alten Griechenland), wo bestimmte Personen (Priester, Seherinnen) Weissagungen verkündeten od. [rätselhafte, mehrdeutige] Aussagen über etw. machten:* das O. von Delphi; das, ein O. befragen; **b)** *durch das Orakel* (a) *erhaltene Weissagung, [rätselhafte, mehrdeutige] Aussage über etw.:* das O. erfüllte sich; ein O. deuten, falsch auslegen; Ü in -n *(Rätseln, dunklen Andeutungen)* sprechen.

ora̱|kel|haft ⟨Adj.⟩: *in der Art eines Orakels* (1 b); *rätselhaft.*

ora̱|keln ⟨sw. V.; hat⟩ (ugs.): *in der Art eines Orakels* (1 b) *in dunklen Vermutungen u. Andeutungen von etw. [Kommendem] sprechen; weissagen:* sie orakelten, dass ...; er orakelte über die Zukunft.

Ora̱|kel|spruch, der: *Orakel* (1 b).

Ora̱|kel|stät|te, die: *Orakel* (1 a).

ora̱l ⟨Adj.⟩ [zu lat. os (Gen.: oris) = Mund]: **1.** (Med.) **a)** *durch den Mund zu verabreichen:* -e Verhütungsmittel; **b)** (Anat.) *zum Mund gehörend, den Mund betreffend:* die -e Phase (Psychoanalyse; *der analen Phase vorausgehende, durch Lustgewinn im Bereich des Mundes gekennzeichnete erste Phase der Libidoentwicklung).* **2.** (Sprachw.) *(von Lauten) mit nach oben geschlossenem Gaumensegel, zwischen Lippen u. Gaumenzäpfchen artikuliert.* **3.** (Sexualk.) *mit dem Mund [geschehend]:* -er Verkehr; mit jmdm. o. verkehren. **4.** (Fachspr.) *mündlich (im Unterschied zu schriftlich):* -e Überlieferung.

ora̱l-ge|ni|ta̱l ⟨Adj.⟩ (Sexualk.): *die Berührung u. Stimulierung der Genitalien mit dem Mund betreffend.*

Oral His|to|ry [ˈɔːrəl ˈhɪstəri], die; - -, (auch:) **Oral-his|to|ry,** die; - [engl. oral history, aus: oral = mündlich u. history = Geschichte]: *Geschichte, Geschichtswissenschaft, die sich mit der Befragung lebender Zeugen befasst.*

Ora̱l|sex, der (ugs.): *Oralverkehr.*

Ora̱l|ver|kehr, der (Sexualk.): *oraler* (3) *Geschlechtsverkehr.*

oran|ge [oˈrãːʒ(ə), auch: oˈraŋʒ(ə)] ⟨indekl. Adj.⟩ [frz. orange]: *von der Farbe der* ²*Orange:* o. Blüten; ⟨nicht standardsprachlich:⟩ ein -s Kleid.

¹**Oran|ge,** das; -, -, ugs.: -s: *Farbe der* ²*Orange.*

²**Oran|ge** [oˈrãːʒə, auch: oˈraŋʒə], die; -, -n [(älter: Orangeapfel < niederl. oranjeappel <) frz. (pomme d')orange, viell. unter volksetym. Anlehnung an: or = Gold (wegen des goldgelben Aussehens der Früchte) < span. naranja < arab. nāranǧ = bittere Orange, aus dem Pers.]: *Apfelsine.*

Oran|gea|de [orãˈʒaːdə, auch: oraŋˈʒ...], die; -, -n [frz. orangeade]: *[mit Kohlensäure versetztes] Erfrischungsgetränk aus Orangensaft, Zitronensaft, Wasser u. Zucker.*

Oran|geat [...ˈʒaːt], das; -s, (Sorten:) -e [frz. orangeat]: *[zum Backen verwendete, in Würfel geschnittene] kandierte Orangenschale.*

oran|ge|far|ben, oran|ge|far|big ⟨Adj.⟩: *orange.*

oran|ge|gelb ⟨Adj.⟩: vgl. orangerot.

oran|gen [oˈrãːʒn̩, oˈraŋʒn̩] ⟨Adj.⟩: *orange:* der Himmel färbt sich o.

Oran|gen|baum, der: *Apfelsinenbaum.*

Oran|gen|blü|te, die: vgl. Kirschblüte.

Oran|gen|blü|ten|öl, das: *Neroliöl.*

oran|gen|far|ben, oran|gen|far|big ⟨Adj.⟩: *orangefarben.*

Oran|gen|haut, die (Med.) ⟨o. Pl.⟩: **1.** *orangefarbene Haut.* **2.** *Haut mit apfelsinenschalenähnlicher Oberfläche.*

Oran|gen|mar|me|la|de, die: *Marmelade aus Orangen.*

Oran|gen|saft, der: *ausgepresster Saft von Orangen.*

Oran|gen|scha|le, die: *Schale der Orange.*

Oran|ge|rie [orãʒəˈriː, auch: oraŋʒ...], die; -, -n [frz. orangerie]: *[in die Anlage barocker Schlösser einbezogenes] Gewächshaus in Parkanlagen des 17. u. 18. Jh.s zum Überwintern von exotischen Gewächsen, bes. Orangenbäumen.*

oran|ge|rot ⟨Adj.⟩: *von orangefarbenem Rot.*

O̱rang-U̱tan, der; -s, -s [malai. orang (h)utan = Waldmensch]: *(in den Regenwäldern Borneos u. Sumatras auf Bäumen lebender) Menschenaffe mit kurzen Beinen, langen Armen u. langhaarigem, dichtem braunem Fell.*

o̱ra pro no̱|bis [lat.]: *bitte für uns!* (in der katholischen Liturgie formelhafte, an Maria u. die Heiligen gerichtete Bitte in Litaneien).

Ora|ti|o̱n, die; -, -en [(kirchen)lat. oratio = Gebet, eigtl. = Rede] (kath. Kirche): *formal strenges Abschlussgebet des Priesters nach allgemeinen Gebeten u. Gesängen.*

ora|to̱|risch ⟨Adj.⟩: **1.** (bildungsspr.) *jmds. Fähigkeiten als Redner zum Ausdruck bringend [ohne eine andere Funktion od. Bedeutung zu haben]:* eine rein -e Leistung; **2.** *in der Art eines Oratoriums* (1).

Ora|to̱|ri|um, das; -s, ...ien [kirchenlat. oratorium = Bethaus, zu lat. orare = beten; das Musikwerk war urspr. zur Aufführung in der Kirche bestimmt]: **1. a)** ⟨o. Pl.⟩ *Gattung von opernartigen Musikwerken ohne szenische Handlung mit meist religiösen od. episch-dramatischen Stoffen;* **b)** *einzelnes Werk der Gattung Oratorium* (1 a): ein O. von Händel. **2. a)** *[Haus]kapelle;* **b)** *gegen den Hauptraum durch Fenster abgeschlossene Chorempore für Kirchenbesucher hohen Standes.*

ORB [oɐrˈbeː], der; -[s]: Ostdeutscher Rundfunk Brandenburg.

Or|bis, der; - [lat. orbis]: **1.** lat. Bezeichnung für ↑Kreis: O. Terrarum *(Erdkreis, bewohnte Erde).* **2.** (Astrol.) *Umkreis od. Wirkungsbereich, der sich aus der Stellung der Planeten zueinander ergibt.*

Ọr|bit, der; -s, -s [engl. orbit < lat. orbita = (Kreis)bahn] (Raumf.): *elliptische Umlaufbahn eines Satelliten, einer Rakete o. Ä. um einen größeren Himmelskörper.*

or|bi|ta̱l ⟨Adj.⟩ [engl. orbital]: (Raumf.) *den Orbit betreffend.*

Or|bi|ta̱l, das; -s, -e [engl. orbital] (Physik, Quantenchemie): **a)** *Bereich, Umlaufbahn um den Atomkern od. um die Atomkerne eines Moleküls;* **b)** ⟨o. Pl.⟩ *energetischer Zustand eines Elektrons innerhalb der Atomhülle.*

Or|bi|ta̱l|bahn, die: *Orbit.*

Or|bi|ta̱l|ra|ke|te, die (Milit.): *Interkontinentalrakete, die einen Teil ihrer Flugstrecke auf einem Abschnitt der Erdumlaufbahn zurücklegt.*

Or|bi|ta̱l|sta|ti|o̱n, die: *Raumstation.*

Ọr|bi|ter, der; -s, - [engl. orbiter] (Raumf.): *Teil eines Raumflugsystems, der in einen Orbit gebracht wird.*

Or|ches|ter [ɔrˈkɛstɐ, auch, bes. österr.: ɔrˈçɛ...], das; -s, - [ital. orchestra, frz. orchestre < lat. orchestra = für die Senatoren bestimmter Ehrenplatz vorn im Theater; Erhöhung auf der Vorderbühne, auf der die Musiker u. Tänzer auftreten < griech. orchḗstra = Orchestra (a), eigtl. = Tanzplatz, zu: orcheĩsthai = tanzen, hüpfen, springen]: **1.** *größeres Ensemble* (1 a) *aus Instrumentalisten, in dem bestimmte Instrumente mehrfach besetzt sind u. das unter der Leitung eines Dirigenten spielt:* ein großes O.; das O. spielt in voller Besetzung; ein O. dirigieren; die Mitglieder eines -s; Werke für O. *(Orchesterbesetzung)* schreiben. **2.** *Orchestergraben.*

Or|chẹs|ter|be|glei|tung, die: *Begleitung* (2 b) *für Orchester.*

Or|ches|ter|be|set|zung, die: *Besetzung eines Orchesters im Hinblick auf Art u. Anzahl der Instrumente.*

Or|ches|ter|gra|ben, der: *in einem Opernhaus o. Ä. zwischen Bühne u. Publikum eingelassener Raum für das Orchester.*

Or|ches|ter|in|stru|ment, das: *Instrument, das vorwiegend im Orchester eingesetzt wird.*

Or|ches|ter|lei|ter, der: *Leiter eines Orchesters; Dirigent.*

Or|ches|ter|lei|te|rin, die: w. Form zu ↑Orchesterleiter.

Or|ches|ter|mu|sik, die: *Musik für ein Orchester.*

Or|ches|ter|mu|si|ker, der: *Musiker* (b).

Or|ches|ter|mu|si|ke|rin, die: w. Form zu ↑Orchestermusiker.

Or|ches|tra [ɔrˈçɛstra], die; -, ...ren [griech. orchḗstra, ↑Orchester]: **a)** *(im antiken griechischen Theater) für den Chor bestimmter halbrunder Raum zwischen Bühne u. Zuschauerreihen;* **b)** *(im Theater des 15./16. Jh.s) Raum zwischen Bühne u. Zuschauerreihen als Platz für die Hofgesellschaft;* **c)** *(im Theater des 17. Jh.s) Raum zwischen Bühne u. Zuschauerreihen als Platz für die Instrumentalisten.*

or|ches|tral [ɔrke..., auch: ɔrçe...] ⟨Adj.⟩: *das Orchester betreffend, dazu gehörend, dafür typisch:* eine -e Klangfülle.

Or|ches|tra|ti|on, die; -, -en (Musik): **a)** *Instrumentation* (a); **b)** *Ausarbeitung einer Komposition für Orchesterbesetzung.*

Or|ches|tren: Pl. von ↑Orchestra.

or|ches|trie|ren ⟨sw. V.; hat⟩ (Musik): **a)** *instrumentieren* (1 a): die Komposition muss orchestriert werden; **b)** *eine Komposition für Orchesterbesetzung umarbeiten:* ein Klavierquartett o.

Or|ches|trie|rung, die; -, -en (Musik): *das Orchestrieren; Orchestration.*

Or|ches|tri|on, das; -s, ...ien [zu ↑Orchester (1)]: *größeres mechanisches Musikinstrument [mit dem Klang von Orgel, Klavier, Geige].*

Or|chi|dee [...ˈdeː(ə)], die; -, ...een [frz. orchidée, zu griech. órchis = Hoden; nach den hodenförmigen Wurzelknollen]: *(in den Tropen u. Subtropen in zahlreichen Arten vorkommende) Pflanze mit länglichen [fleischigen] Blättern, farbenprächtigen, kompliziert gebauten einzelnen od. in Ähren od. Trauben angeordneten Blüten.*

[1]Or|chis, der; -, ...ches [...çeːs] (Med.): *Hoden.*

[2]Or|chis, die; -, - [nach dem hodenförmigen Wurzelknollen]: *Knabenkraut.*

Or|chi|tis, die; -, ...itiden (Med.): *entzündliche Erkrankung der Hoden.*

Or|dal, das; -s, -ien [mlat. ordalium < aengl. ordāl, eigtl. = das Ausgeteilte]: *Gottesurteil.*

Or|den, der; -s, - [1: mhd. orden < lat. ordo (Gen.: ordinis) = Reihe; Ordnung; Rang, Stand; 2: nach den (Ab)zeichen, die bes. die Zugehörigkeit zu einem Orden (1) kennzeichneten]: **1.** *[klösterliche] Gemeinschaft, deren Mitglieder nach Leistung bestimmter Gelübde unter einem gemeinsamen Oberen bzw. einer gemeinsamen Oberin u. nach bestimmten Vorschriften leben:* der Deutsche O.; einen O. stiften, gründen; einem O. angehören, beitreten. **2.** *Ehrenzeichen, Abzeichen für besondere militärische, künstlerische, wissenschaftliche u. a. Verdienste:* einen O. stiften, tragen; jmdm. einen O. verleihen.

or|den|ge|schmückt ⟨Adj.⟩: *mit Orden dekoriert.*

Or|dens|band, das ⟨Pl. ...bänder⟩: **1.** [1]*Band* (I 1), *an dem ein Orden* (2) *getragen wird.* **2.** *großer Schmetterling mit leuchtend roten, gelben, blauen od. weißen, schwarz gebänderten Hinterflügeln.*

Or|dens|bru|der, der: *Mitglied eines Mönchsordens.*

Or|dens|burg, die: *Burg eines Ritterordens.*

Or|dens|frau, die: *Ordensschwester.*

Or|dens|geist|li|che, der: *Geistlicher, der zugleich Mitglied eines Mönchsordens ist.*

Or|dens|ge|mein|schaft, die: *Gesamtheit der Mitglieder eines Ordens* (1).

Or|dens|mann, der ⟨Pl. ...männer u. ...leute⟩: *Ordensbruder.*

Or|dens|re|gel, die: *verschiedene Vorschriften umfassende Regel für die Mitglieder eines Ordens* (1).

Or|dens|rit|ter, der: *Mitglied eines Ritterordens.*

Or|dens|schwes|ter, die: *Mitglied eines Frauenordens.*

Or|dens|span|ge, die: *Spange am Uniformrock zum Befestigen von Orden* (2).

Or|dens|stern, der [2: nach der sternförmigen Blüte]: **1.** *Orden* (2) *in Form eines Sterns.* **2.** *Stapelia.*

Or|dens|tracht, die: *Tracht eines Ordens* (1).

Or|dens|ver|lei|hung, die: *Verleihung eines Ordens* (2).

or|dent|lich [mhd. ordenlich, ahd. (Adv.) ordenlīcho; zu ↑Orden]: **I.** ⟨Adj.⟩ **1. a)** *auf Ordnung haltend; ordnungsliebend:* ein -er Mensch; nicht sehr o. veranlagt sein; **b)** *geordnet, in eine bestimmte Ordnung gebracht, wie es sich gehört:* ein -es Zimmer; die Bücher o. ins Regal stellen. **2.** *den geltenden bürgerlichen Vorstellungen entsprechend; anständig, rechtschaffen:* ein netter, -er junger Mann. **3.** *nach einer bestimmten Ordnung eingesetzt, erfolgend o. ä.; planmäßig:* ein -er Arbeitsvertrag; ein -es Gericht *(Gericht für Straf- u. Zivilprozesse; im Unterschied zum Sondergericht).* **4.** (ugs.) **a)** *richtig; wie sich jmd. etw. wünscht od. vorstellt:* ohne Musik ist das kein -es Fest; stell dich o. hin!; **b)** *gehörig, in vollem Maße:* er nahm einen -en Schluck; greif nur o. zu!; **c)** *[ganz] gut:* ein -es Mittel; seine Frau verdient ganz o. **II.** ⟨Adv.⟩ (ugs.) *geradezu, regelrecht:* ich war o. gerührt.

Or|der, die; -, -s u. -n [frz. ordre < lat. ordo, ↑Orden; 2: wohl unter Einfluss von gleichbed. engl. order]: **1.** *[militärischer, dienstlicher] Befehl; Anweisung:* O. geben, bekommen, haben, den Abmarsch vorzubereiten. **2.** ⟨Pl. -s⟩ (Kaufmannsspr., Börsenw.) *Bestellung, Auftrag:* telegrafisch erteilte -s.

Or|der|buch, das (Kaufmannsspr., Börsenw.): *Buch, in dem laufende Aufträge verzeichnet werden, Auftragsbuch.*

or|dern ⟨sw. V.; hat⟩ [wohl unter Einfluss von gleichbed. engl. to order] (Kaufmannsspr.): *einer Firma o. Ä. einen Auftrag über eine bestimmte [größere] Menge, Anzahl von etw. erteilen; (eine Ware) bestellen:* diese Artikel wurden vom Handel zügig geordert; ⟨auch ohne Akk.-Obj.:⟩ ordern Sie jetzt!

Or|der|pa|pier, das (Bankw.): *Wertpapier, in dem der Berechtigte einen andern als Berechtigten benennt.*

Or|di|na|le, das; -[s], ...lia ⟨meist Pl.⟩ [spätlat. (nomen) ordinale, eigtl. = eine Ordnung anzeigend(es Wort)]: *Ordinalzahl.*

Or|di|nal|zahl, die; -, -en: *Zahl, die die Reihenfolge kennzeichnet, die Stelle, an der etw. in einer nach bestimmten Gesichtspunkten geordneten Menge steht.*

or|di|när ⟨Adj.⟩ [frz. ordinaire = gewöhnlich, ordentlich < lat. ordinarius, ↑Ordinarius]: **1. a)** (meist abwertend) *in seinem Benehmen, seiner Ausdrucksweise, Art sehr unfein, die Grenzen des Schicklichen missachtend:* eine -e Person; eine -e Art haben; -e Witze; sie ist ziemlich o.; jmdn. o. finden; o. lachen; **b)** *von schlechtem, billigem Geschmack [zeugend]:* ein -es Parfüm. **2.** (veraltend) *ganz alltäglich, ganz gewöhnlich, nicht besonders geartet:* die Möbel sind aus ganz -em Holz.

Or|di|na|ri|at, das; -[e]s, -e [zu ↑Ordinarius]: **1.** (kath. Kirche) *oberste Verwaltungsstelle eines katholischen Bistums.* **2.** *Amt eines Professors an einer wissenschaftlichen Hochschule.*

Or|di|na|ri|um, das; -s, ...ien [mlat. ordinarium, zu lat. ordinarius, ↑Ordinarius]: **1.** (kath. Kirche) *[handschriftliche] Gottesdienstordnung.* **2.** (Amtsspr.) *Haushalt [eines Staates, Landes, einer Gemeinde] mit den regelmäßig wiederkehrenden Ausgaben u. Einnahmen.*

Or|di|na|ri|us, der; -, ...ien [1, 3: gekürzt aus: Professor ordinarius, zu lat. ordinarius = ordentlich, zu: ordo, ↑Orden; 2: mlat. ordinarius = zuständiger Bischof]: **1.** *Inhaber eines Lehrstuhls an einer wissenschaftlichen Hochschule.* **2.** (kath. Kirchenrecht) *Inhaber von Kirchengewalt auf territorialer Ebene (wie Papst, Diözesanbischof, Abt) od. personeller Ebene (wie der Obere eines Ordens).*

Or|di|na|te, die; -, -n [zu lat. (linea) ordinata = geordnet(e Linie); vgl. ordinieren] (Math.): *Abstand von der horizontalen Achse, der Abszisse, gemessen auf der vertikalen Achse eines rechtwinkligen Koordinatensystems.*

Or|di|na|ten|ach|se, die (Math.): *Achse eines Koordinatensystems, auf der die Ordinate abgetragen wird.*

Or|di|na|ti|on, die; -, -en [(kirchen)lat. ordinatio = Anordnung; Einsetzung (in ein Amt); Weihe eines Priesters, zu: ordinare, ↑ordinieren]: **1. a)** (ev. Kirche) *feierliche Einsetzung eines Pfarrers in sein Amt;* **b)** (kath. Kirche) *sakramentale Weihe eines Diakons, Priesters, Bischofs.* **2.** (Med.) **a)** *ärztliche Verordnung;* **b)** (veraltet) *ärztliche Sprechstunde;* **c)** (österr.) *Arztpraxis* (a).

Or|di|na|ti|ons|hil|fe, die (Med. österr.): *Sprechstundenhilfe.*

Or|di|nes: Pl. von ↑Ordo.

or|di|nie|ren ⟨sw. V.; hat⟩ [1: mhd. ordinieren, ordenieren = ordnen; einrichten, ausrüsten; ordinieren < (kirchen)lat. ordinare, zu lat. ordo, ↑Orden]: **1. a)** (ev. Kirche) *einen Pfarrer feierlich in sein Amt einsetzen;* **b)** (kath. Kirche) *zum Kleriker weihen:* jmdn. zum Priester o. **2.** (Med.) **a)** *(eine Arznei) verordnen;* **b)** *Sprechstunde halten.*

ord|nen ⟨sw. V.; hat⟩ [mhd. ordenen, ahd. ordinōn < lat. ordinare, ↑ordinieren]: **1. a)** *(etw., was Bestandteil einer bestimmten Menge ist) in einer bestimmten Weise in eine bestimmte, für das Genannte vorgesehene Reihenfolge, Lage o. Ä. bringen; anordnen:* Bücher, Akten o.; etw. chronologisch, nach dem Alphabet o.; Blumen zu einem Strauß o.; **b)** *(etw., was in einem bestimmten abstrakten Zusammenhang steht) nach bestimmten Gesichtspunkten, Überlegungen, Vorstellungen o. Ä. systematisieren, übersichtlich zusammenfassen:* seine Gedanken o.; der ordnende Verstand; **c)** *(etw., was in Unordnung geraten ist) in einen ordentlichen Zustand bringen:* seinen Anzug o. **2.** *in ordentlicher, angemessener, der erforderlichen, richtigen Weise regeln:* seinen Nachlass o.; ⟨meist im 2. Part.:⟩ in geordneten Verhältnissen leben. **3.** ⟨o. + sich⟩ *sich in einer bestimmten Reihenfolge aufstellen; sich formieren:* sich zum Festzug o.

Ord|ner, der; -s, - [mhd. ordenære]: **1.** *jmd., der dafür zu sorgen hat, dass etw. (z. B. eine Veranstaltung) geordnet verläuft:* die O. mussten einschreiten. **2.** *Hefter mit steifen Deckeln, breitem Rücken u. einer mechanischen Vorrichtung zum Abheften von gelochten Blättern.* **3.** (EDV) *(mit einem bestimmten Namen bezeichneter) Teil des Speicherplatzes einer Festplatte od. Diskette, in dem Dateien abgelegt werden.*

Ord|ne|rin, die; -, -nen: w. Form zu ↑Ordner (1).

Ord|nung, die; -, -en ⟨Pl. selten⟩ [mhd. ordenunge, ahd. ordinunga]: **1.** ⟨o. Pl.⟩ *durch Ordnen* (1) *hergestellter Zustand, das Geordnetsein, ordentlicher, übersichtlicher Zustand:* eine mustergültige O.; O. machen, schaffen; sich an O. gewöhnen müssen; die Kinder zu O. erziehen *(anhalten, ordentlich zu sein);* R alles muss seine O. haben; O. ist das halbe Leben; * **etw. in O. bringen** (ugs.; 1. *etw. [wieder] in einen brauchbaren, ordentlichen Zustand bringen.* 2. *einen unangenehmen Vorfall o. Ä. zur Zufriedenheit aller Beteiligten klären*); **in O. sein** (ugs.; 1. *einwandfrei* (1 a) *sein:* ist dein Pass in O.?; das Fleisch ist nicht ganz in O.; dein Verhalten war nicht in O. 2. *gesund sein; sich wohl fühlen.* 3. *nett, zuverlässig, sympathisch sein*); **in schönster/bester**

O. (ugs.; *so, wie es sein soll; so, wie es gewünscht wird*); in O. gehen (ugs.; *so, wie abgemacht, versprochen, auftragsgemäß erledigt werden*); etw. [ganz] in [der] O. finden (ugs.; *etw. für völlig richtig, angebracht halten*); in O.! (ugs.; *[ein]verstanden!*). **2.** ⟨o. Pl.⟩ (selten) *das Ordnen* (1, 2). **3.** ⟨o. Pl.⟩ **a)** *geordnete Lebensweise:* ein Kind braucht seine O.; aus seiner gewohnten O. herausgerissen werden; **b)** *Einhaltung der Disziplin, bestimmter Regeln im Rahmen einer Gemeinschaft:* es gelang ihm nicht, O. in die Klasse zu bringen; *** jmdn. zur O. rufen** *(zurechtweisen, [offiziell] zur Disziplin ermahnen);* **c)** *auf bestimmten Normen beruhende u. durch den Staat mittels Verordnungen, Gesetzgebung o. Ä. durchgesetzte u. kontrollierte Regelung des öffentlichen Lebens:* Ruhe und O. stören, wiederherstellen. **4.** ⟨o. Pl.⟩ **a)** *Gesellschaftsordnung;* **b)** *Gesetz* (3): das ist, verstößt gegen jede O. **5. a)** ⟨o. Pl.⟩ *Art u. Weise, wie etw. geordnet, geregelt ist; Anordnung* (1): eine alphabetische O.; **b)** *Formation* (2 a): die militärische O. **6.** (Biol.) *größere Einheit, die aus mehreren verwandten Tier- od. Pflanzenfamilien besteht:* die O. der Raubtiere. **7.** ⟨o. Pl.⟩ (Math.) *Bestimmung mathematischer Größen, die nach bestimmten Einteilungen gegliedert sind:* Ableitungen erster O. **8.** (Mengenlehre) *Struktur einer geordneten Menge* (2). **9.** ⟨o. Pl.⟩ *bestimmte Stufe einer nach qualitativen Gesichtspunkten gegliederten Reihenfolge:* Straßen dritter O.; *** erster O.** (ugs.; *von höchstem Grad, von bes. gründlicher Art*): ein Ärgernis erster O.

Ọrd|nungs|amt, das: **a)** *städtische Behörde, die für die Erfassung aller für die ordnungsgemäße Regelung des öffentlichen Lebens notwendigen Daten, Angaben o. Ä. u. für die Ausgabe von entsprechenden Ausweisen, Genehmigungen o. Ä. zuständig ist;* **b)** *Gebäude, in dem ein Ordnungsamt* (a) *untergebracht ist.*

Ọrd|nungs|dienst, der: **a)** *Tätigkeit eines Ordners* (1); **b)** *jmd., der den Ordnungsdienst* (a) *übernommen hat.*

ọrd|nungs|ge|mäß ⟨Adj.⟩: *einer bestimmten Ordnung entsprechend, wie vorgesehen:* etw. o. anmelden.

ọrd|nungs|hal|ber ⟨Adv.⟩: *um der Form zu genügen, wie es sich gehört.*

Ọrd|nungs|hü|ter, der (meist scherzh.): *Polizeibeamter.*

Ọrd|nungs|hü|te|rin, die (meist scherzh.): w. Form zu ↑Ordnungshüter.

Ọrd|nungs|kraft, die ⟨meist Pl.⟩: *jmd., der in bestimmten Bereichen für die Wahrung u. Wiederherstellung der öffentlichen Ordnung u. Sicherheit zuständig ist:* die Ordnungskräfte mussten den Saal räumen.

Ọrd|nungs|lie|be, die: *ausgeprägte Neigung, Ordnung* (1) *zu halten.*

ọrd|nungs|lie|bend ⟨Adj.⟩: *voller Ordnungsliebe, sehr ordentlich.*

Ọrd|nungs|po|li|zei, die: *Verkehrs- u. Vollzugspolizei.*

Ọrd|nungs|prin|zip, das: *Prinzip, nach dem etw. geordnet ist, das einer bestimmten Ordnung zugrunde liegt.*

Ọrd|nungs|sinn, der ⟨o. Pl.⟩: vgl. Ordnungsliebe.

Ọrd|nungs|stra|fe, die (Rechtsspr.): *[Geld]strafe für eine Ordnungswidrigkeit.*

ọrd|nungs|wid|rig ⟨Adj.⟩ (Rechtsspr.): *gegen eine Verordnung, amtliche Vorschrift verstoßend:* -es Verhalten im Verkehr.

Ọrd|nungs|wid|rig|keit, die (Rechtsspr.): *ordnungswidriges Verhalten.*

Ọrd|nungs|zahl, die: *Ordinalzahl.*

Ọr|do, der; -, Ordines [...ne:s; lat. ordo, ↑Orden]: **1.** *(im antiken Rom) Stand, Klasse* (2). **2.** ⟨o. Pl.⟩ (Biol.) *verwandte Familien zusammenfassende Einheit.* **3.** *Ordination* (1 b).

Ọr|do Mịs|sae [- ...sɛ], der; - - [kirchenlat.] (kath. Kirche): *gleich bleibende Teile der* [1]*Messe* (1).

Or|don|nạnz, (auch:) Ordonanz, die; -, -en [frz. ordonnance, zu: ordonner < lat. ordinare, ↑ordinieren] (Milit.): *Offiziersanwärter, der im Offizierskasino bedient.*

Or|do|vi|zi|um, das; -s [nach dem kelt. Volksstamm der Ordovices im heutigen nördlichen Wales wegen der dort gemachten Funde] (Geol.): *auf das Kambrium folgende Formation des Paläozoikums.*

Or|dre [ˈɔrdɐ], die; -, -s: frz. Form von ↑Order.

Öre, das; -s, -, auch: die; -, - [dän., norw. øre, schwed. öre < lat. (nummus) aureus = Golddenar]: *Währungseinheit in Dänemark, Norwegen u. Schweden* (100 Öre = 1 Krone).

Ore|ga|no, Origano, der; - [span. orégano, ital. origano < lat. origanum < griech. oríganon]: *als Gewürz verwendete getrocknete Blätter u. Zweigspitzen des Oreganums.*

Ore|ga|num, Origanum, das; -[s]: *Dost, Wilder Majoran.*

Ore|gon [ˈɔrɪgən]; -s: Bundesstaat der USA.

ORF [o:ɛrˈɛf], der; -[s]: Österreichischer Rundfunk.

Or|gan, das; -s, -e [lat. organum = Werkzeug, (Musik)instrument, Orgel < griech. órganon, auch = Körperteil; 3, 4: wohl nach frz. organe]: **1.** *aus verschiedenen Geweben zusammengesetzter einheitlicher Teil des menschlichen, tierischen u. pflanzlichen Körpers mit einer bestimmten Funktion* (1 a): die inneren -e; ein lebenswichtiges O.; ein O. verpflanzen, spenden. **2.** (ugs.) *Stimme:* ein lautes O. haben. **3.** ⟨Pl. seltener⟩ (bildungsspr.) *Zeitung od. Zeitschrift, in der die offizielle Auffassung, der [politische] Standpunkt einer bestimmten Partei, eines bestimmten [Interessen]verbandes o. Ä. dargelegt wird:* das wöchentlich erscheinende O. der Gewerkschaft. **4.** (bildungsspr.) *[offizielle] Einrichtung od. [offiziell beauftragte] Person mit einer bestimmten Funktion als Teil eines größeren Ganzen:* ein beratendes O.

Or|ga|na: Pl. von ↑Organum.

Or|gan|bank, die ⟨Pl. ...banken⟩ (Med.): *Einrichtung, die der Aufbewahrung u. Abgabe von Organen* (1) *od. Teilen davon für Transplantationen dient.*

Or|ga|nẹll, das; -s, -en, **Or|ga|nẹl|le,** die; -, -n [zu ↑Organ] (Biol.): **a)** *in seiner Bedeutung mit einem Organ* (1) *vergleichbares Gebilde des Zellplasmas eines Einzellers;* **b)** *Feinstruktur einer tierischen od. pflanzlichen Zelle.*

Or|gan|emp|fän|ger, der (Med.): *jmd., dessen eigenes erkranktes Organ* (1) *operativ durch ein fremdes gesundes ersetzt wird.*

Or|gan|emp|fän|ge|rin, die (Med.): w. Form zu ↑Organempfänger.

Or|gan|ent|nah|me, die (Med.): *operative Entnahme eines Organs.*

Or|gan|funk|ti|on, die: *Funktion* (1 a) *eines Organs, von Organen.*

Or|ga|ni|gramm, das; -s, -e [Kunstwort, ↑-gramm]: **1.** *Schema in Form eines Stammbaums, das den Aufbau einer wirtschaftlichen Organisation erkennen lässt u. über Einteilung der Arbeit od. über die Zuweisung bestimmter Aufgabenbereiche an bestimmte Personen Auskunft gibt.* **2.** *Organogramm* (1).

Or|ga|ni|sa|ti|on, die; -, -en [frz. organisation, zu: organiser, ↑organisieren]: **1.** ⟨o. Pl.⟩ *das Organisieren* (1): eine reibungslose O.; ihr oblag die O. der Veranstaltung; das ist alles nur eine Frage der O. **2.** ⟨o. Pl.⟩ *der Funktionstüchtigkeit einer Institution o. Ä. dienende [planmäßige] Zusammensetzung, Struktur, Beschaffenheit:* die O. der Polizei. **3. a)** *das [Sich]zusammenschließen zur Durchsetzung bestimmter Interessen, Zielsetzungen:* die O. der Arbeiter; **b)** *einheitlich aufgebauter Verband, Zusammenschluss von Menschen zur Durchsetzung bestimmter Interessen, Zielsetzungen o. Ä.:* eine internationale O.; eine O. gründen, verbieten. **4.** (Med.) *selbsttätige Umwandlung abgestorbenen Körpergewebes in gesundes Gewebe.*

Or|ga|ni|sa|ti|ons|bü|ro, das: **1.** *Büro, das für die Organisation* (1) *von etw. zuständig ist.* **2.** *Büro einer Organisation* (3 b).

Or|ga|ni|sa|ti|ons|feh|ler, der: *Fehler in der Organisation* (1).

Or|ga|ni|sa|ti|ons|form, die: *Art u. Weise, wie etw. organisiert ist.*

Or|ga|ni|sa|ti|ons|grad, der: *Grad der Organisiertheit.*

Or|ga|ni|sa|ti|ons|struk|tur, die: vgl. Organisationsform.

Or|ga|ni|sa|ti|ons|ta|lent, das: **1.** *Talent zum Organisieren:* O. haben. **2.** *jmd., der Organisationstalent* (1) *besitzt:* sie ist ein O.

Or|ga|ni|sa|tor, der; -s, ...oren: **a)** *jmd., der etw. [verantwortlich] organisiert:* geschickte -en; die -en des Festivals; **b)** *jmd., der Organisationstalent besitzt:* er war ein ausgezeichneter O.

Or|ga|ni|sa|to|rin, die; -, -nen: w. Form zu ↑Organisator.

or|ga|ni|sa|to|risch ⟨Adj.⟩: *die Organisation* (1) *von etw. betreffend:* -e Mängel; o. begabt sein.

or|ga|nisch ⟨Adj.⟩ [lat. organicus < griech. organikós = als Werkzeug dienend; wirksam]: **1. a)** (bildungsspr.) *zum belebten Teil der Natur gehörend, ihn betreffend:* -e Substanzen; **b)** (Chemie) *die Verbindungen des Kohlenstoffs betreffend:* die -e Chemie. **2.** (Med., Biol.) *ein Organ* (1) *od. den Organismus betreffend:* ein -es Leiden; er ist o. gesund. **3.** (bildungsspr.) *einer bestimmten [natürlichen] Gesetzmäßigkeit folgend:* eine o. verlaufende Entwicklung. **4.** (bildungsspr.) *[mit etw. anderem] eine Einheit bildend; sich harmonisch in ein größeres Ganzes einfügend:* etw. fügt sich o. in etw. ein.

or|ga|nisch-bio|lo|gisch [nach einer in den 30er-Jahren in der Schweiz begründeten Wirtschaftsweise] ⟨Adj⟩: *(bezogen auf die Bodenbearbeitung) frischen Stallmist als Dünger verwendend, künstlichen Dünger u. Herbizide vermeidend.*

or|ga|ni|sie|ren ⟨sw. V.; hat⟩ [frz. organiser, zu: organe < lat. organum, ↑Organ]: **1. a)** *etw. sorgfältig u. systematisch vorbereiten, aufbauen; für einen bestimmten Zweck einheitlich gestalten:* eine Ausstellung o.; den Widerstand o.; es ist alles hervorragend organisiert; das organisierte Verbrechen *(Bereich, Gesamtheit von Straftaten, die von fest in hierarchischer Ordnung zusammengeschlossenen, stark arbeitsteilig vorgehenden Personen[gruppen] begangen werden, wobei die Verwertung der Beute z. T. international erfolgt)* bekämpfen; **b)** ⟨o. + sich⟩ *zu systematischem Aufbau gelangen:* der Widerstand organisiert sich. **2. a)** *in einer Organisation* (3 b), *einem Verband o. Ä. od. zu einem bestimmten Zweck zusammenschließen:* gewerkschaftlich organisierte Arbeiter; **b)** ⟨o. + sich⟩ *sich zur Durchsetzung bestimmter Interessen, Zielsetzungen zusammenschließen:* sich zum Widerstand o.; die Jugendlichen organisieren sich zu Banden; gewerkschaftlich organisiert sein. **3.** (ugs.) *[auf nicht ganz korrekte Art] beschaffen:* ich habe mir ein Fahrrad organisiert; er organisierte ihr ein Taxi *(beorderte es für sie her).* **4.** (Med.) *selbsttätig in gesundes Gewebe umwandeln.* **5.** (Musik) *auf der Orgel zum Cantus firmus frei fantasieren.*

Or|ga|ni|sie|rung, die; -, -en ⟨Pl. selten⟩: *das Organisieren.*

or|ga|nịs|misch ⟨Adj.⟩ (bildungsspr.): *zum Organismus gehörend.*

Or|ga|nịs|mus, der; -, ...men [frz. organisme]: **1. a)** *gesamtes System der Organe* (1): der menschliche, tierische, pflanzliche O.; der lebende O.; **b)** ⟨meist Pl.⟩ (Biol.) *tierisches od. pflanzliches Lebewesen:* Bakterien sind winzige Organismen. **2.** (bildungsspr.) *größeres Ganzes, Gebilde, dessen Teile, Kräfte o. Ä. zusammenpassen, zusammenwirken:* ein sozialer O.

Or|ga|nịst, der; -en, -en [mhd. organist(e) < mlat. organista, zu lat. organum, ↑Organ]: *jmd., der berufsmäßig Orgel spielt* (Berufsbez.).

Or|ga|nịs|tin, die; -, -nen: w. Form zu ↑Organist.

Or|ga|ni|zer [ˈɔ:gənaɪzɐ], der; -s, - [engl.]: *Microcomputer, der bes. als Terminkalender sowie als Adressen- u. Telefonverzeichnis benutzt wird.*

Or|gan|kon|ser|ve, die (Med.): *konserviertes Organ* (1).

Or|gan|man|dat, das (österr. Amtsspr.): *Strafe, die von der Polizei ohne Anzeige u. Verfahren verhängt wird.*

Or|ga|no|gramm, das; -s, -e [↑-gramm]: **1.** (Psych.) *schaubildliche Wiedergabe der Verarbeitung von Informationen im Organismus.* **2.** *Organigramm* (1).

Or|ga|no|gra|phie, die; -, -n [↑-graphie]: **1.** (Med., Biol.) *Teilgebiet der Organologie, das sich mit der Beschreibung der äußeren Gestalt der Organe befasst.* **2.** (Musik) *Lehre vom Bau der Musikinstrumente.*

Or|ga|no|lo|gie, die; - [↑-logie]: **1.** (Med., Biol.) *Lehre vom Bau u. von der Funktion von Organen.* **2.** (Musik) *Lehre vom Bau, von der Konstruktion von Orgeln.*

or|ga|no|lo|gisch ⟨Adj.⟩: *die Organologie betreffend.*

or|ga|no ple|no: ↑pleno organo.

Or|gan|schwund, der (Med.): *Atrophie.*

Or|gan|spen|de, die (Med.): *das Spenden eines Organs* (1) *od. Organteils für eine Transplantation.*

Or|gan|spen|der, der (Med.): *jmd., der eine Organspende leistet.*

Or|gan|spen|de|rin, die (Med.): w. Form zu ↑Organspender.

Or|gan|trans|plan|ta|ti|on, die (Med.): *Transplantation* (1) *eines Organs.*

Or|gan|über|tra|gung, die (Med.): *Organtransplantation.*

Or|ga|num, das; -s, ...na [lat. organum] (Musik): **1.** *mehrstimmige Musik des Mittelalters.* **2.** *(in der mittelalterlichen Musik) Musikinstrument, bes. Orgel.*

Or|gan|ver|pflan|zung, die (Med.): *Organtransplantation.*

Or|gas|mus, der; -, ...men [zu griech. orgān = strotzen, schwellen; vor Liebesverlangen glühen]: *Höhepunkt der sexuellen Lust:* einen O. haben; zum O. kommen.

Or|gel, die; -, -n [mhd. orgel (organa, orgene), ahd. orgela (organa) < (kirchen)lat. organa; eigtl. = Nom. Pl. von: organum, ↑Organ]: *meist in Kirchen aufgebautes, sehr großes Tasteninstrument mit mehreren Manualen, einer Klaviatur für die Füße u. verschieden großen Pfeifen, die Registern zugeordnet sind, die die verschiedensten Instrumente nachahmen u. die verschiedensten Klangfarben erzeugen können.*

Or|gel|bau|er, der; -s, -: *jmd., der Orgeln baut* (Berufsbez.).

Or|gel|bau|e|rin, die; -, -nen: w. Form zu ↑Orgelbauer.

Or|gel|kon|zert, das: vgl. Orgelwerk.

Or|gel|mu|sik, die: vgl. Orgelwerk.

or|geln ⟨sw. V.; hat⟩ [1 a: mhd. orgel[e]n]: **1. a)** *Drehorgel spielen;* **b)** (landsch. abwertend) *langweilige, erbärmliche Musik machen.* **2.** (ugs.) *tief u. brausend, gurgelnd [er]tönen:* man hörte die Geschosse o. **3.** (derb) *koitieren.* **4.** (Jägerspr.) *(vom Hirsch) brünstig schreien.*

Or|gel|pfei|fe, die: *rundes od. viereckiges [spitz zulaufendes] Rohr (aus Holz od. Metall) als Teil eines Orgelregisters, durch das ein bestimmter Ton in einer bestimmten Klangfarbe erzeugt wird:* * **[dastehen] wie die -n** *(in einer Reihe der Größe nach [dastehen];* gew. von Kindern).

Or|gel|pros|pekt, der: *Prospekt* (4).

Or|gel|punkt, der (Musik): *lang ausgehaltener* (4) *Ton im Bass* (4 a).

Or|gel|re|gis|ter, das: *Register* (3 a) *einer Orgel.*

Or|gel|spiel, das: *das Spielen auf der Orgel.*

Or|gel|werk, das: *Komposition für die Orgel.*

Or|gi|as|mus, der; -, ...men [griech. orgiasmós, zu: orgiázein = ein Fest orgiastisch feiern, zu: órgia, ↑Orgie] (bildungsspr.): *zügelloses, ausschweifendes Feiern (bes. im Hinblick auf altgriechische Feste).*

or|gi|as|tisch ⟨Adj.⟩: *zügellos, hemmungslos:* -e Tänze.

Or|gie, die; -, -n [lat. orgia = nächtliche Bacchusfeier < griech. órgia = heilige Handlung; (geheimer) Gottesdienst]: *Fest mit hemmungslosen Ausschweifungen:* eine wilde O.; nächtliche -n feiern; **Ü** -n des Hasses; * **[wahre] -n feiern** *(keine Grenzen kennen, maßlos sein).*

Org|ware [ˈɔːgwɛə], die; -, -s [Kunstwort aus engl. organization = Organisation u. ware = Ware; Analogiebildung zu: ↑Software] (EDV): *Betriebssystem [u. der damit befasste Personenkreis].*

Ori|ent [auch: oˈri̯ɛnt], der; -s [mhd. ōrīent < lat. (sol) oriens (Gen.: orientis), eigtl. = aufgehend(e Sonne), 1. Part. von: oriri = aufstehen, sich erheben; entstehen]: **1.** *vorder- u. mittelasiatische Länder:* den O. bereisen; * **der Vordere O.** *(der Nahe Osten).* **2.** (veraltet) *Osten.*

Ori|en|ta|le, der; -n, -n: *Bewohner des Orients* (1).

Ori|en|ta|lin, die; -, -nen: w. Form zu ↑Orientale.

ori|en|ta|lisch ⟨Adj.⟩ [lat. orientalis]: *die Orientalen, den Orient betreffend, aus dem Orient stammend:* -e Teppiche.

ori|en|ta|li|sie|ren ⟨sw. V.; hat⟩: **a)** *orientalische Einflüsse aufnehmen:* orientalisierende Kunst; **b)** *einer Gegend o. Ä. ein orientalisches Gepräge geben.*

Ori|en|ta|list, der; -en, -en: *Wissenschaftler auf dem Gebiet der Orientalistik.*

Ori|en|ta|lis|tik, die; -: *Wissenschaft von den orientalischen Sprachen u. Kulturen.*

Ori|en|ta|lis|tin, die; -, -nen: w. Form zu ↑Orientalist.

ori|en|ta|lis|tisch ⟨Adj.⟩: *die Orientalistik betreffend, zu ihr gehörend.*

ori|en|tie|ren ⟨sw. V.; hat⟩ [frz. (s')orienter, zu: orient = Orient, urspr. = die Himmelsrichtung nach der aufgehenden Sonne bestimmen; 3 b: nach russ. orientirovat' na ...]: **1.** ⟨o. + sich⟩ *die richtige Richtung finden; sich (in einer unbekannten Umgebung) zurechtfinden:* sich in einer Stadt schnell o. können; ich orientierte mich am Stand der Sonne. **2.** (bes. schweiz.) **a)** *[jmdn.] in Kenntnis setzen, unterrichten:* jmdn. schlecht o.; er hat mich über Einzelheiten orientiert; ⟨auch o. Akk.-Obj.:⟩ er orientierte über neue Tendenzen in der Literatur; **b)** ⟨o. + sich⟩ *sich einen Überblick verschaffen; sich erkundigen, umsehen:* sich über den Verhandlungsstand o. **3. a)** ⟨o. + sich⟩ (bildungsspr.) *sich, seine Aufmerksamkeit, Gedanken, seinen Standpunkt o. Ä. in bestimmter Weise, an, nach jmdm., etw. ausrichten:* sich an bestimmten Leitbildern o.; **b)** (regional) *auf etw. zielen, lenken; etw. im Auge haben; sich auf etw. konzentrieren:* das Programm orientierte [sich, die Teilnehmer] auf wirtschaftliche Schwerpunkte. **4.** (Bauw.) *ein Kultgebäude, eine Kirche in der West-Ost-Richtung anlegen.*

-ori|en|tiert: drückt in Bildungen mit Substantiven – seltener mit Adjektiven oder Adverbien – aus, dass die beschriebene Person oder Sache auf etw. ausgerichtet, abgestellt ist: bedarfs-, erfolgs-, konsumorientiert.

Ori|en|tiert|heit, die; -: *das Orientiertsein.*

Ori|en|tie|rung, die; -, -en: **1.** ⟨o. Pl.⟩ *Fähigkeit, sich zu orientieren* (1): er hat eine gute O.; jede O. verlieren. **2.** (bes. schweiz.) *das Orientieren* (2): die öffentliche O. über dringende Gemeindegeschäfte. **3. a)** (bildungsspr.) *das Sichorientieren* (3 a), *[geistige] Einstellung, Ausrichtung:* die O. der Regierung an der Politik des Nachbarlandes; **b)** (regional) *das Orientieren* (3 b): die O. der Regierung auf die Außenpolitik. **4.** (Bauw.) *Anlage eines Kultgebäudes, einer Kirche in der West-Ost-Richtung.*

Ori|en|tie|rungs|hil|fe, die: *etw., was der Orientierung* (1), *dem Sichorientieren* (2 b, 3 a) *dient.*

Ori|en|tie|rungs|lauf, der (Sport): *Wettbewerb, bei dem die Teilnehmer mit einem Kompass zu Fuß od. auf Skiern bestimmte auf einer Karte angegebene Punkte im Gelände passieren müssen.*

ori|en|tie|rungs|los ⟨Adj.⟩: *ohne Fähigkeit der Orientierung* (3 a, b): -e Jugendliche.

Ori|en|tie|rungs|lo|sig|keit, die; -: *das Orientierungslossein.*

Ori|en|tie|rungs|punkt, der: *Punkt, an dem sich jmd. orientieren* (1, 3 a) *kann.*

Ori|en|tie|rungs|sinn, der: *Fähigkeit, sich zu orientieren* (1): einen ausgeprägten O. besitzen.

Ori|en|tie|rungs|stu|fe, die (Schulw.): *[als Vorbereitung auf die Gesamtschule dienende] schulformunabhängige Organisationsform des 5. u. 6. Schuljahrs.*

Ori|en|tie|rungs|zei|chen, das: *der Orientierung dienendes Zeichen.*

Ori|ent|tep|pich, der: *handgeknüpfter Teppich aus Wolle mit türkischen od. persischen Mustern.*

Ori|ga|mi, das; -[s] [jap., eigtl. = gefaltetes Papier]: *alte japanische Kunst des Papierfaltens.*

Ori|ga|no: ↑Oregano.

Ori|ga|num: ↑Oreganum.

ori|gi|nal ⟨Adj.⟩ [lat. originalis = ursprünglich, zu: origo (Gen.: originis) = Ursprung, Quelle, Stamm, zu: oriri, ↑Orient]: **1.** *im Hinblick auf Beschaffenheit, Ursprung od. Herkunft echt u. unverfälscht; nicht imitiert, nachgemacht:* o. indische Seide; o. Schweizer Käse; die Grafik ist ein o. Beuys; die Urkunde ist o. *(von niemandem geändert od. kopiert).* **2.** *in seiner Art eigenständig u. schöpferisch:* ein Feuilletonist mit -er Sprachkraft. **3.** *im Hinblick auf die Umstände ursprünglich, unmittelbar:* Historienstücke werden oft in der -en Umgebung *(direkt am Ort der dargestellten Begebenheit)* gespielt; der Rundfunk überträgt die zweite Halbzeit o. *(direkt vom Ort der Aufnahme).*

Ori|gi|nal, das; -s, -e [1: mlat. (exemplar) originale; 3: 18. Jh.]: **1.** *vom Künstler, Verfasser o. Ä. selbst geschaffenes, unverändertes Werk, Exemplar o. Ä.:* das O. eines Zeugnisses, einer Partitur; das O. hängt im Louvre; eine Kopie des -s anfertigen; er las Homer im O. *(in der Sprache, in der Homer geschrieben hat).* **2.** (bildungsspr.) *Modell* (2 a). **3.** (ugs.) *jmd., der unabhängig von der Meinung anderer in liebenswerter Weise durch bestimmte Besonderheiten auffällt:* er ist ein richtiges O.

Ori|gi|nal|auf|nah|me, die: **1.** *Aufnahme auf Tonband, Schallplatte od. Filmstreifen, die keine Kopie ist.* **2.** *Foto, das keine Kopie ist.*

Ori|gi|nal|aus|ga|be, die: *(von einem Druckwerk) erste, vom Autor selbst betreute Ausgabe eines Werkes.*

Ori|gi|nal|do|ku|ment, das: vgl. Originalaufnahme.

Ori|gi|nal|druck, der ⟨Pl. ...drucke⟩: vgl. Originalausgabe.

Ori|gi|nal|fas|sung, die: vgl. Originalausgabe.

Ori|gi|nal|fla|sche, die: *Flasche, die vom Erzeuger des entsprechenden Getränks abgefüllt wird.*

ori|gi|nal|ge|treu ⟨Adj.⟩: *mit dem Original* (1) *übereinstimmend:* eine -e Wiedergabe der Zeichnung; -er Klang; ein Fachwerkhaus o. restaurieren.

Ori|gi|na|li|tät, die; -, -en ⟨Pl. selten⟩ [frz. originalité, zu: original < lat. originalis, ↑original] (bildungsspr.): **1.** *Echtheit:* an der O. des Bildes zweifelt niemand. **2.** *[auffällige] auf bestimmten schöpferischen Einfällen, eigenständigen Gedanken o. Ä. beruhende Besonderheit; einmalige Note:* die O. einer Reportage; dem Schriftsteller fehlt es an O.

Ori|gi|nal|pa|ckung, die: *Packung, die vom Hersteller eines bestimmten Arzneimittels abgepackt wird* (Abk.: OP).

Ori|gi|nal|pro|gramm, das (Eiskunstlauf): *kurze Kür (die freier gestaltet werden kann u. etw. länger dauert als das frühere Kurzprogramm).*

Ori|gi|nal|spra|che, die: *ursprüngliche Sprache eines übersetzten Textes.*

Ori|gi|nal|text, der: vgl. Originalausgabe.

Ori|gi|nal|ton, der ⟨o. Pl.⟩: *unveränderte, nicht übersetzte, nicht manipulierte Tonaufzeichnung:* der O. eines Films.

Ori|gi|nal|über|tra|gung, die (Rundf., Ferns.): *Direktsendung.*

Ori|gi|nal|ver|pa|ckung, die: *Verpackung, in der die Ware vom Hersteller geliefert wird.*

Ori|gi|nal|zeich|nung, die: vgl. Originalaufnahme.

ori|gi|när ⟨Adj.⟩ [frz. originaire < lat. originarius] (bildungsspr.): *grundlegend neu; eigenständig:* -e Erfindungen, Denkleistungen.

ori|gi|nell ⟨Adj.⟩ [frz. originel, zu: origine < lat. origo, ↑original]: **1.** *voller Originalität* (2): ein schlauer und -er Kopf; die Story ist o.; o. schreiben. **2.** (ugs.) *sonderbar, eigenartig, komisch:* ein -er Kauz; seine Frau fand die Szene keineswegs o.

Ori|no|ko, der; -[s]: Fluss in Südamerika.

Ori|on, der; -s: Sternbild beiderseits des Himmelsäquators.

Or|kan, der; -[e]s, -e [niederl. orkaan < span. huracán, ↑Hurrikan]: *sehr heftiger Sturm:* ein furchtbarer O. brach los, tobte; der Sturm entwickelte sich zum O.; Ü ein O. des Beifalls.

or|kan|ar|tig ⟨Adj.⟩: *einem Orkan ähnlich:* ein -er Sturm; Ü -er Beifall.

Or|kan|stär|ke, die: *Stärke, Gewalt eines Orkans:* Böen, die O. erreichen.

Or|kus, der; - [lat. Orcus, H. u., viell. zu orca = Tonne]: **1.** (röm. Myth.) *Hades:* *** jmdn., etw. in den O. schicken/stoßen/befördern** (geh.; *jmdn., etw. vernichten, beseitigen*). **2.** (ugs.) *Toilette* (2); *Lokus.*

Or|le|ans [...leã], (französische Schreibung:) **Or|lé|ans** [ɔrleˈã]: französische Stadt an der Loire.

Or|lon®, das; -[s] [Kunstwort]: *Kunstfaser, die bes. zur Herstellung von Textilien verwendet wird.*

Or|na|ment, das; -[e]s, -e [spätmhd. ornamentum < lat. ornamentum = Ausrüstung; Schmuck, Zierde, zu: ornare = ausrüsten; schmücken] (Kunst): *(skulptierte, eingelegte, gemalte o. ä.) Verzierung eines Gegenstandes mit meist geometrischen od. pflanzlichen Motiven:* -e aus Silberdraht.

or|na|men|tal ⟨Adj.⟩ (Kunst): *aus Ornamenten bestehend, mit Ornamenten versehen:* eine -e Dekoration.

or|na|ment|ar|tig ⟨Adj.⟩: *einem Ornament ähnlich.*

Or|na|men|ten|stil, der: *ornamentaler [Kunst]stil.*

Or|na|ment|form, die: *Form von Ornamenten.*

or|na|men|tie|ren ⟨sw. V.; hat⟩ (Kunst): *mit Ornamenten versehen:* etw. mit Gold o.

Or|na|men|tik, die; - (Kunst): **1.** *Gesamtheit der Ornamente im Hinblick auf ihre innerhalb einer bestimmten Stilepoche o. Ä. od. für einen bestimmten Kunstgegenstand typischen Formen:* keltische O. **2.** *Kunst der Verzierung:* die O. des Barocks.

Or|nat, der, auch das; -[e]s, -e [mhd. ornāt < lat. ornatus = Ausrüstung; Schmuck, zu: ornare, ↑Ornament] (bildungsspr.): *feierliche [kirchliche] Amtstracht:* ein Pfarrer im O.

Or|na|tiv, das; -s, -e (Sprachw.): *Verb, das ein Versehen mit etw. od. ein Zuwenden ausdrückt* (z. B. kleiden = mit Kleidern versehen).

Or|nis, die; - [griech. órnis (Gen.: órnithos) = Vogel] (Zool., Biol.): *Vogelwelt einer bestimmten Landschaft.*

Or|ni|tho|lo|ge, der; -n, -n [↑-loge]: *Wissenschaftler auf dem Gebiet der Ornithologie.*

Or|ni|tho|lo|gie, die; - [↑-logie]: *Vogelkunde.*

Or|ni|tho|lo|gin, die; -, -nen: w. Form zu ↑Ornithologe.

or|ni|tho|lo|gisch ⟨Adj.⟩: *vogelkundlich.*

Or|ni|tho|phi|lie, die; - [zu griech. philía = Liebe] (Biol.): *Befruchtung von Blüten durch Vögel.*

Or|ni|tho|se, die; -, -n (Med.): *von Vögeln übertragene Infektionskrankheit.*

oro-, Oro- [griech. óros] ⟨Best. in Zus. mit der Bed.⟩: *Berg, Gebirge* (z. B. orogen, Orogenese).

oro|gen ⟨Adj.⟩ [↑-gen] (Geol.): *durch Orogenese entstanden.*

Oro|ge|ne|se, die; -, -n [↑Genese] (Geol.): *in kurzen Zeiträumen ablaufende Verformung begrenzter Bereiche der Erdkruste.*

Oro|gra|phie, (auch:) Orografie, die; -, -n [↑-graphie] (Geogr.): *beschreibende Darstellung des Reliefs der Erdoberfläche.*

Oro|hy|dro|gra|phie, (auch:) Orohydrografie, die; -, -n [↑Hydrographie] (Geogr.): *Beschreibung des Laufs von Gebirgen u. Flüssen o. Ä.*

Or|phik, die; - [griech. tà Orphiká, zu: Orphikós = zu Orpheus gehörend]: *(in der griechischen Antike) Erbsünde u. Seelenwanderung lehrende religiös-philosophische Geheimlehre.*

or|phisch ⟨Adj.⟩: **a)** *die Orphik betreffend;* **b)** (bildungsspr.) *geheimnisvoll, mystisch.*

Ør|sted, Oersted, das; -[s], - [nach dem dän. Physiker H. Chr. Ørsted (1777–1851)] (Physik): *Maßeinheit für die magnetische Feldstärke* (Zeichen: Ö, Oe).

[1]Ort, der; -[e]s, -e u. Örter [mhd., ahd. ort = Spitze; äußerstes Ende, auch: Gegend, Platz]: **1. a)** ⟨Pl. -e, Seemannsspr., Math., Astron.: Örter⟩ *lokalisierbarer, oft auch im Hinblick auf seine Beschaffenheit bestimmbarer Platz [an dem sich jmd., etw. befindet, an dem etw. geschehen ist od. soll]:* O. und Zeit werden noch bekannt gegeben; einen neutralen O. für ein Treffen vorschlagen; die Einheit von O. und Zeit im Drama; etw. an seinem O. *(da, wo es steht, liegt, hingehört)* lassen; sich an einem vereinbarten O. treffen; an den O. des Verbrechens zurückkehren; Ü es ist hier nicht der O. *(nicht angebracht)*, etwas dazu zu sagen; *** geometrischer O.** (Math.: *Punktmenge [z. B. Linie, Kreis o. Ä.], die gleichen geometrischen Bedingungen genügt*); **astronomischer O.** (Astron.; *durch Koordinaten angegebene Lage eines Gestirns am Himmelsglobus*); **an O. und Stelle** (1. *an der für etw. vorgesehenen Stelle:* die Turbinen waren endlich an O. und Stelle. 2. *unmittelbar, direkt am Ort des Geschehens; sofort:* jmdn. an O. und Stelle verprügeln); **höheren -[e]s** *(bei einer höheren [Dienst]stelle)*; **am angeführten/angegebenen O.** (Schrift- u. Druckw.; *in dem bereits genannten Buch;* Abk.: a. a. O.); **b)** ⟨Pl. -e⟩ *im Hinblick auf die Beschaffenheit besondere Stelle, besonderer Platz (innerhalb eines Raumes, eines Gebäudes o. Ä.):* ein kühler, viel besuchter O.; ein O. des Schreckens. **2. a)** ⟨Pl. -e⟩ *Ortschaft, Stadt o. Ä.:* ein größerer O.; ein O. im Gebirge; am O. *(hier, nicht außerhalb)* leben, wohnen; **b)** *Gesamtheit der Bewohner eines Ortes* (2 a): der ganze O. lachte darüber. **3.** ⟨auch: das; Pl. -e⟩ (schweiz. früher) *Kanton:* die fünf inneren -e (Uri, Schwyz, Unterwalden, Luzern, Zug).

[2]Ort, der, auch: das; -[e]s, -e [eigtl. = Spitze, vgl. [1]Ort] (veraltet): *Ahle, Pfriem.*

[3]Ort, das; -[e]s, Örter (Bergmannsspr.): *[das Ende einer] Strecke* (3): meist in der Wendung **vor O.** (1. Bergmannsspr.; *im Bergwerk; an dem Punkt in der Grube, wo abgebaut wird:* vor O. arbeiten. 2. ugs.; *unmittelbar, direkt am Ort des Geschehens:* sich vor O. über die Geschehnisse informieren).

Ort|band, das ⟨Pl. ...bänder⟩: *Beschlag an der Scheide eines Säbels.*

Ört|chen, das; -s, -: **1.** Vkl. zu ↑[1]Ort (1, 2). **2.** (fam. verhüll.) *Toilette:* ein stilles, gewisses Ö.; aufs Ö. müssen.

or|ten ⟨sw. V.; hat⟩: **1.** (bes. Flugw., Seew.) *die Position, Lage von etw. ermitteln, bestimmen:* ein U-Boot, Heringe o.; eine Rakete o. **2.** *erkennen, ausmachen; bestimmen:* einen neuen Trend o.

Or|ter, der; -s, -: *jmd., der mit dem Orten* (1) *beauftragt ist.*

Or|te|rin, die; -, -nen: w. Form zu ↑Orter.

ör|tern ⟨sw. V.; hat⟩ [zu ↑[2]Ort] (Bergmannsspr.): *Strecken* (3) *anlegen.*

orth-, Orth-: ↑ortho-, Ortho-.

Or|the|se, die; -, -n [zu griech. orthós (↑ortho-, Ortho-); geb. nach ↑Prothese] (Med.): *Prothese, der zum Ausgleich von Funktionsausfällen der Extremitäten od. der Wirbelsäule eine Stützfunktion zukommt* (z. B. bei spinaler Kinderlähmung).

Or|the|tik, die; - (Med.): *medizinisch-technischer Wissenschaftszweig, der sich mit der Konstruktion von Orthesen befasst.*

or|tho-, Or|tho-, (vor Vokalen auch:) orth-, Orth- [griech. orthós] ⟨Best. in Zus. mit der Bed.⟩: *gerade, aufrecht; richtig, recht* (z. B. orthographisch, Orthopädie, orthonym, Orthoptik).

Or|tho|chro|ma|sie, die; - [zu griech. chrõma = Farbe] (Fot.): *Fähigkeit einer fotografischen Schicht, alle Farben außer Rot richtig wiederzugeben.*

or|tho|chro|ma|tisch ⟨Adj.⟩ (Fot.): *die Orthochromasie betreffend.*

or|tho|dox ⟨Adj.⟩ [1: spätlat. orthodoxus < griech. orthódoxos, zu: ↑ortho-, Ortho- u. griech. dóxa = Meinung; Lehre; Glaube]: **1.** (Rel.) *rechtgläubig, strenggläubig:* ein -er Rabbi. **2.** *griechisch-orthodox:* die -e Kirche *(Ostkirche).* **3. a)** (bildungsspr.) *der strengen Lehrmeinung gemäß:* der -e Marxismus; **b)** (bildungsspr. abwertend) *starr, unnachgiebig:* das -e Festhalten an Dogmen; eine -e Position beziehen.

Or|tho|do|xie, die; - [1: griech. orthodoxía]: **1.** (Rel.) *Rechtgläubigkeit, Strenggläubigkeit.* **2.** (ev. Theol.) *Richtung, die das Erbe der reinen Lehre (z. B. Luthers od. Calvins) zu wahren sucht (bes. in der Zeit nach der Reformation).* **3.** (bildungsspr. abwertend) *[engstirniges] Festhalten an Lehrmeinungen.*

Or|tho|epie, (auch:) **Or|tho|epik,** die; - [griech. orthoépeia, zu: épos = das Sprechen; Rede; Wort (↑Epos)] (Sprachw.): *Lehre von der richtigen Aussprache der Wörter.*

Or|tho|gna|thie, die; - [zu griech. gnáthos = Kinnbacke] (Med.): *gerade Stellung beider Kiefer.*

Or|tho|gneis, der (Geol.): *aus magmatischen Gesteinen hervorgegangener Gneis.*

Or|tho|gon, das; -s, -e [lat. orthogonium < griech. orthogṓnion, zu: gōnía = Ecke, Winkel] (Geom.): *Rechteck.*

or|tho|go|nal ⟨Adj.⟩ (Geom.): **a)** *das Orthogon betreffend; rechtwinklig;* **b)** *senkrecht.*

Or|tho|gra|phie, (auch:) Orthografie, die; -, -n [lat. orthographia < griech. orthographía, zu: gráphein = schreiben]: *Rechtschreibung.*

or|tho|gra|phisch, (auch:) orthografisch ⟨Adj.⟩: *die Orthographie betreffend; rechtschreiblich:* -er Fehler *(Rechtschreibfehler).*

or|tho|nym ⟨Adj.⟩ [zu griech. ónyma = Name] (bildungsspr.): *mit dem richtigen Namen des Autors versehen.*

Or|tho|pä|de, der; -n, -n: *Facharzt für Orthopädie.*

Or|tho|pä|die, die; - [frz. orthopédie, 2. Bestandteil zu griech. paideía = Erziehung]: *Wissenschaft von der Erkennung u. Behandlung angeborener od. erworbener Fehler des menschlichen Bewegungsapparats.*

Or|tho|pä|die|me|cha|ni|ker, der: *Handwerker, der künstliche Gliedmaßen, Korsetts u. a. für Körperbehinderte herstellt* (Berufsbez.).

Or|tho|pä|die|me|cha|ni|ke|rin, die: w. Form zu ↑Orthopädiemechaniker.

Or|tho|pä|die|schuh|ma|cher, der: *Handwerker, der (nach Anweisung eines Facharztes für Orthopädie) maßgefertigte Schuhe, Einlagen u. a. herstellt* (Berufsbez.).

Or|tho|pä|die|schuh|ma|che|rin, die: w. Form zu ↑Orthopädieschuhmacher.

Or|tho|pä|din, die; -, -nen: w. Form zu ↑Orthopäde.

or|tho|pä|disch ⟨Adj.⟩: *die Orthopädie betreffend:* -e Schuhe *(von einem Orthopädieschuhmacher nach Maß gefertigte Schuhe);* -es Turnen *(spezielle Turnübungen zur Behebung von Haltungsschäden).*

Or|tho|pä|dist, der; -en, -en: *Hersteller orthopädischer Apparate u. Geräte.*

Or|tho|pä|dis|tin, die; -, -nen: w. Form zu ↑Orthopädist.

Or|thop|tik, die; - (Med.): *Behandlung des Schielens durch Training der Augenmuskeln.*

Or|thop|tist, der; -en, -en: vgl. Orthoptistin.

Or|thop|tis|tin, die; -, -nen: *Helferin des Augen-*

arztes, die bes. Prüfungen der Sehschärfe vornimmt u. das Training der Augenmuskeln bei schielenden Kindern durchführt.

Or|tho|säu|re, die (Chemie): *wasserreichste Form einer anorganischen Sauerstoffsäure.*

Or|tho|sko|pie, die; -: *unverzeichnete, winkeltreue Abbildung durch Linsen.*

or|tho|trop ⟨Adj.⟩ [zu griech. tropḗ = (Hin)wendung] (Bot.): *(von Pflanzen od. Pflanzenteilen) senkrecht aufwärts od. abwärts wachsend.*

Or|tho|zen|trum, das; -s, ...ren (Geom.): *Schnittpunkt der Höhen eines Dreiecks.*

Or|tho|ze|pha|lie, die; - [zu griech. kephalḗ = Kopf] (Med.): *mittelhohe Kopfform.*

ört|lich ⟨Adj⟩: **1.** *auf eine bestimmte Stelle beschränkt, begrenzt:* -e (Med.; *auf eine bestimmte Stelle beschränkte*) Betäubung. **2.** *nur einen bestimmten* [1]*Ort* (2) *betreffend; nur in einem bestimmten* [1]*Ort* (2): -e Besonderheiten; ö. begrenzte Kämpfe; das ist ö. *(in den einzelnen Orten)* verschieden.

Ört|lich|keit, die; -, -en: **1. a)** *Gelände, Gegend:* mit den -en vertraut sein; **b)** [1]*Ort* (1): eine geeignete Ö. finden. **2.** (fam. verhüll.) *Toilette.*

Orts|ab|la|ge, die (schweiz.): *örtliche Zweigstelle o. Ä. von etw.*

Orts|an|ga|be, die: *Angabe des* [1]*Ortes* (1).

orts|an|säs|sig ⟨Adj.⟩: *an einem bestimmten* [1]*Ort* (2 a) *ansässig, wohnhaft, zu Hause:* -e Industrielle.

Orts|aus|gang, der: *Ausgang* (2 b) *eines* [1]*Ortes* (2 a): am O. auf jmdn. warten.

Orts|be|stim|mung, die: **1.** (Geogr.) *Ermittlung der genauen Lage eines* [1]*Ortes auf der Erdoberfläche durch die Angabe von Länge* (2) *u. Breite* (2 a). **2.** (Grammatik) *Umstandsangabe des* [1]*Ortes, lokale Umstandsangabe.*

Ort|schaft, die; -, -en [zu ↑[1]Ort]: *kleinere Gemeinde.*

Ort|scheit, das ⟨Pl.: -e⟩: *Querholz zur Befestigung der Stränge des Geschirrs am Fuhrwerk.*

Orts|durch|fahrt, die: *durch einen* [1]*Ort* (2 a) *führende Durchfahrtsstraße.*

Orts|ein|gang, der: vgl. Ortsausgang.

orts|fest ⟨Adj.⟩ (Technik): *(von Maschinen o. Ä.) eingebaut; nicht beweglich:* -e Lautsprecher.

orts|fremd ⟨Adj.⟩: **a)** *nicht ortsansässig; nicht aus der Gegend stammend:* -e Personen; **b)** *nicht ortskundig:* o. sein.

Orts|ge|spräch, das: *örtliches Telefongespräch.*

Orts|grup|pe, die: *organisatorische Einheit auf örtlicher Ebene als Teil einer bestimmten Partei, eines Verbandes o. Ä.*

Orts|kennt|nis, die: *jmds. Kenntnis der örtlichen Gegebenheiten.*

Orts|kern, der: *Kern* (6 a) *eines* [1]*Ortes* (2 a): historische -e.

Orts|klas|se, die: *Einstufung einer Gemeinde nach den Lebenshaltungskosten (nach der die Höhe der Ortszuschläge für Beschäftigte im öffentlichen Dienst bemessen wird).*

Orts|kran|ken|kas|se, die (Versicherungsw.): *Krankenkasse für Pflichtversicherungen auf der Ebene eines Stadt- od. Landkreises:* Allgemeine O. (Abk.: AOK).

orts|kun|dig ⟨Adj⟩: *Ortskenntnis besitzend.*

Orts|na|me, der: *Name eines* [1]*Ortes* (2 a).

Orts|netz, das: **a)** (Fernspr.) *örtliches Telefonnetz;* **b)** *örtliches Netz von Rohren u. Leitungen zur Elektrizitätsversorgung.*

Orts|netz|kenn|zahl, die (Fernspr.): *Zahlenfolge, mit der bei einem Ferngespräch das gewünschte Ortsnetz* (a) *erreicht wird; Vorwahl-, Vorwählnummer.*

Orts|po|li|zei, die: *örtliche Polizei.*

Orts|prä|si|dent, der (schweiz.): *Vorsitzender des Stadtrats.*

Orts|prä|si|den|tin, die (schweiz.): w. Form zu ↑Ortspräsident.

Orts|sinn, der: *Orientierungssinn.*

Orts|teil, der: *eine gewisse Einheit darstellender Teil einer Stadt, einer Ortschaft o. Ä.*

orts|üb|lich ⟨Adj.⟩ (Amtsspr.): *in einem bestimmten* [1]*Ort, einer bestimmten Stadt üblich, gängig:* -e Mieten.

Orts|um|ge|hung, die: *Umgehungsstraße.*

Orts|vek|tor, der (Geom., Physik): *Leitstrahl* (2 a, b).

Orts|ver|ein, der: vgl. Ortsgruppe.

Orts|ver|kehr, der: *Straßen-, Post-, Telefonverkehr innerhalb einer Stadt.*

Orts|vor|ste|her, der: *(in bestimmten Bundesländern) jmd., der einem Ortsteil, Stadtteil, Stadtbezirk o. Ä. vorsteht.*

Orts|vor|ste|he|rin, die: w. Form zu ↑Ortsvorsteher.

Orts|wech|sel, der: *Wechsel des Wohnortes:* sie braucht dringend einen O.

Orts|zeit, die: *von der Greenwicher Zeit abweichende Sonnenzeit eines* [1]*Ortes* (2 a).

Orts|zu|la|ge, die: *Ortszuschlag.*

Orts|zu|schlag, der: *nach der Ortsklasse bemessener Zuschlag zum [Tarif]gehalt der Beschäftigten im öffentlichen Dienst.*

Or|tung, die; -, -en (bes. Flugw., Seew.): *das Orten.*

Os = Osmium.

Os, der, auch: das; -[es], -er [schwed. ås < anord. āss = Bergrücken] (Geol.): *von Schmelzwässern der Eiszeit aufgeschütteter, einem Bahndamm ähnlicher Wall aus Sand od. Kies.*

[2]**Os,** das; -, Ossa [lat. os (Gen.: ossis)] (Anat.): *Knochen.*

Osa|ka: Stadt in Japan.

OSB, (auch:) **O.S.B.** = Ordinis Sancti Benedicti (vom Orden des hl. Benedikt; Benediktiner).

Os|car, der; -[s], -[s] [amerik.; H. u.] (ugs.): *jährlich verliehener amerikanischer Filmpreis für die beste künstlerische Leistung (in Form einer vergoldeten Statuette):* einen Film für den O. nominieren.

Öse, die; -, -n [spätmhd. (md.) öse, wohl verw. mit ↑Ohr u. eigtl. = ohrartige Öffnung]: **1.** *kleine Schlinge, meist aus Metall (an Textilien, Lederwaren o. Ä.), zum Einhängen eines Hakens, zum Durchziehen einer Schnur o. Ä.* **2.** (Seemannsspr.) *zum Befestigen o. Ä. von etw. gelegte Schlinge in einem Tau.*

Osi|ris: altägyptischer Gott.

Os|kar: in der Fügung **frech wie O.** (salopp; *auf eine dreiste, kecke Art frech;* H. u.; viell. nach Oskar Blumenthal [1852–1917], der sehr scharfe u. »freche« Kritiken schrieb).

Os|lo: Hauptstadt von Norwegen.

[1]**Os|lo|er,** der; -s, -: Ew.

[2]**Os|lo|er** ⟨indekl. Adj.⟩.

Os|lo|e|rin, die; -, -nen: w. Form zu ↑[1]Osloer.

Os|ma|ne, der; -n, -n: Bewohner des Osmanischen Reichs (der Türkei).

Os|ma|nin, die; -, -nen: w. Form zu ↑Osmane.

os|ma|nisch ⟨Adj.⟩: *die Osmanen, ihr Reich betreffend, von den Osmanen stammend, zu ihnen gehörend:* -e Literatur; das Osmanische Reich (historischer Name der Türkei).

Os|mi|um, das; -s [zu griech. osmḗ = Geruch, wegen des eigentümlichen, starken Geruchs]: *seltenes, sehr schweres, sprödes, bläulich weißes Metall* (*chemisches Element;* Zeichen: Os).

Os|mo|se, die; -, -n [zu griech. ōsmós = Stoß, Schub] (Chemie, Bot.): *das Hindurchdringen eines Lösungsmittels (z. B. Wasser) durch eine durchlässige, feinporige Scheidewand in eine gleichartige, aber stärker konzentrierte Lösung:* die O. in pflanzlichen Zellen.

os|mo|tisch ⟨Adj.⟩ (Chemie, Bot.): *Osmose bewirkend, auf Osmose beruhend, zu ihr gehörend:* -er Druck.

Os|na|brück: Stadt in Niedersachsen.

Öso|pha|gi|tis, die; -, ...itiden (Med.): *Entzündung der Speiseröhre.*

Öso|pha|gus, (Fachspr.:) Oesophagus, der; -, ...gi [griech. oisophágos, zu: oísein = tragen u. phágēma = Speise] (Anat.): *Speiseröhre.*

Os|sa|ri|um, Ossuarium, das; -s, ...ien [1: mlat. oss(u)arium; 2: spätlat. oss(u)arium, eigtl. = Urne] (Fachspr.): **1.** *Beinhaus auf Friedhöfen.* **2.** *(bes. im alten Palästina) Miniatursarg aus Stein od. Keramik zur Aufbewahrung der Gebeine eines Toten.*

[1]**Os|si,** der; -s, -s (ugs., oft abwertend): *aus Ostdeutschland, aus den neuen Bundesländern stammende männliche Person; Ostdeutscher.*

[2]**Os|si,** die; -, -s (ugs., oft abwertend): *aus Ostdeutschland, aus den neuen Bundesländern stammende weibliche Person; Ostdeutsche.*

Os|su|a|ri|um: ↑Ossarium.

Ost [verdeutlichend bei Angabe der Himmelsrichtung im Funkverkehr o. Ä. auch: o:st], der; -[e]s, -e [spätmhd. ōst, geb. in Analogie zu Nord u. Süd]: **1.** ⟨o. Pl.; unflekt.; o. Art.⟩ **a)** (bes. Seemannsspr., Met.) *Osten* (1) *(gewöhnlich in Verbindung mit einer Präp.):* der Wind kommt aus O., von O.; die Grenze zwischen O. und West *(zwischen östlichen u. westlichen Gebieten, Landesteilen o. Ä.);* **b)** als nachgestellte nähere Bestimmung bei geographischen Namen o. Ä. zur Bezeichnung des östlichen Teils od. zur Kennzeichnung der östlichen Lage, Richtung: er wohnt in Neustadt (O)/Neustadt-O.; Abk.: O; **c)** (salopp früher) kurz für ↑Ostmark, ↑Ostgeld: 10 Mark O.; in O. bezahlen. **2.** ⟨Pl. selten⟩ (Seemannsspr., dichter.) *Ostwind:* es wehte ein kühler O.

Ost|afri|ka; -s: östlicher Teil Afrikas.

Os|tal|gie, die; - [geb. aus **Ost**(deutschland) u. ↑Nostalgie]: *Sehnsucht nach [bestimmten Lebensformen] der DDR.*

Ost|asi|at, der: Ew.

Ost|asi|a|tin, die: w. Form zu ↑Ostasiat.

ost|asi|a|tisch ⟨Adj⟩: *Ostasien, die Ostasiaten betreffend; von den Ostasiaten stammend, zu ihnen gehörend.*

Ost|asi|en; -s: östlicher Teil des asiatischen Kontinents.

Ost|ber|lin: östlicher Teil Berlins.

[1]**Ost|ber|li|ner,** der: Ew.

[2]**Ost|ber|li|ner** ⟨indekl. Adj.⟩.

Ost|block, der ⟨o. Pl.⟩ (früher): *politisch eng zusammenarbeitende Gruppe von sozialistischen Staaten Osteuropas u. Asiens.*

Ost|block|staat, der ⟨meist Pl.⟩ (früher): *dem Ostblock angehörender Staat.*

ost|deutsch ⟨Adj.⟩: *Ostdeutschland, die Ostdeutschen betreffend; von den Ostdeutschen stammend, zu ihnen gehörend:* die -e Industrie.

Ost|deut|sche, der u. die: Ew.

Ost|deutsch|land; -s: **a)** *östlicher Teil Deutschlands;* **b)** (früher in nicht offiziellem Sprachgebrauch) *DDR.*

Ost|el|bi|en; -s: *Gebiet östlich der Elbe.*

Os|ten [verdeutlichend bei Angabe der Himmelsrichtung im Funkverkehr o. Ä. auch: 'o:stn], der; -s [mhd. ōsten, ahd. ōstan, Substantivierung von mhd. ōsten(e) = nach, im Osten, ahd. ōstana = von Osten]: **1.** ⟨meist o. Art.⟩ *Himmelsrichtung, in der (bei Tagundnachtgleiche) die Sonne aufgeht* (gewöhnlich in Verbindung mit einer Präp.): wo ist O.?; im O. zieht ein Gewitter auf; der Wind kommt von O. (Abk.: O). **2.** *gegen Osten* (1), *im Osten gelegener Bereich, Teil (eines Gebietes, Landes, einer Stadt o. Ä.):* im O. Frankfurts. **3. a)** *Gesamtheit der Länder Osteuropas u. Asiens:* die Völker des -s; Märchen aus dem O.; * **der Ferne O.** *(die östlichen Gebiete Asiens);* **der Mittlere O.** *(die südlichen Gebiete Asiens);* **der Nahe O.** *(die arabischen Staaten in Vorderasien u. Israel [sowie Ägypten, die Türkei u. der Iran]);* **b)** (früher) *Gesamtheit der sozialistischen Länder Osteuropas u. Asiens, bes. die Ostblockstaaten im Unterschied zu den kapitalistischen westlichen Ländern:* sie hat für den O. spioniert.

Ost|en|de: Seebad in Belgien.

os|ten|si|bel ⟨Adj.; ...bler, -ste⟩ [frz. ostensible, zu lat. ostensum, 2. Part. von: ostendere = zeigen] (bildungsspr.): *auffällig, zur Schau gestellt.*

Os|ten|ta|ti|on, die; -, -en [lat. ostentatio = Zurschaustellung, Prahlerei, zu: ostentare = darbieten, prahlend zeigen, Intensivbildung zu: ostendere, ↑ostensibel] (bildungsspr.): *das Zurschaustellen, Großtun, Renommieren.*

O

os|ten|ta|tiv ⟨Adj.⟩ (bildungsspr.): *bewusst herausfordernd, zur Schau gestellt, betont; in herausfordernder, provozierender Weise:* er schwieg o., wandte sich o. ab.

os|teo-, Os|teo- [griech. ostéon] ⟨Best. in Zus. mit der Bed.⟩: *Knochen* (z. B. osteogen, Osteologie).

os|te|o|gen ⟨Adj.⟩ [↑-gen] (Med.): **a)** *(von Geweben) Knochen bildend;* **b)** *(von bestimmten Krankheiten) vom Knochen ausgehend.*

Os|te|o|lo|gie, die; - [↑-logie] (Med.): *Lehre, Wissenschaft vom Knochenbau (als Teilgebiet der Anatomie).*

Os|teo|plas|tik, die; -, -en (Med.): *plastische Operation mit Teilen von Knochen* (1 a).

Os|te|o|po|ro|se, die; -, -n [zu griech. porós, ↑Pore] (Med.): *stoffwechselbedingte, mit einem Abbau von Knochensubstanz einhergehende Erkrankung der Knochen* (1 a).

Os|ter|blu|me, die (volkst.): *im frühen Frühjahr blühende Pflanze unterschiedlicher Art* (z. B. Osterglocke, Buschwindröschen).

Os|ter|brauch, der: *österlicher, an Ostern geübter Brauch.*

Os|ter|ei, das: **1.** *gekochtes Hühnerei, das für das Osterfest gefärbt, bemalt o. Ä. wird:* -er verstecken, suchen. **2.** *für das Osterfest hergestelltes Schokoladenei.*

Os|ter|fei|er|tag, der: *Feiertag des Osterfestes:* an beiden -en ist das Lokal geschlossen.

Os|ter|fe|ri|en ⟨Pl.⟩: *Schulferien in der Osterzeit.*

Os|ter|fest, das: *Ostern.*

Os|ter|feu|er, das: *am Vorabend des Osterfestes (auf Bergen) entzündetes Feuer.*

Os|ter|glo|cke, die: *Narzisse mit leuchtend gelber, glockenförmiger Blüte.*

Os|ter|ha|se, der: **1.** *Hase, der nach einem Brauch in der Vorstellung der Kinder zu Ostern die Ostereier bringt.* **2.** *für das Osterfest hergestellte Figur aus Schokolade, die den Osterhasen* (1) *darstellt.*

Os|te|ria, die; -, -s u. ...ien [ital. osteria, zu: oste = Wirt < afrz. oste < mlat. hospes (Gen.: hospitis)]: *Gasthaus (in Italien).*

Os|ter|in|sel, die; - [die Insel wurde am Ostersonntag 1722 entdeckt]: Insel im Pazifischen Ozean.

Os|ter|ker|ze, die (kath. Kirche): *in der Osternacht* (2) *geweihte Kerze.*

Os|ter|lamm, das: **1.** *Lamm, das zu Ostern geschlachtet u. gegessen wird.* **2.** *zu Ostern gebackenes, als kleines Lamm geformtes Backwerk.*

ös|ter|lich ⟨Adj.⟩ [mhd. österlich, ahd. ōstarlīh, zu ↑Ostern]: *Ostern, das Osterfest betreffend, zu ihm gehörend; zur Osterzeit geschehend, zur Osterzeit üblich:* der -e Verkehr; die -e Zeit (kath. Kirche; *Zeit von der Osternacht bis zum Ende des Pfingstsonntags*); das Zimmer war ö. geschmückt.

Os|ter|marsch, der: *zur Osterzeit stattfindender, bes. gegen Krieg u. Rüstung mit Atomwaffen gerichteter Demonstrationsmarsch.*

Os|ter|mar|schie|rer, der: *Teilnehmer an einem Ostermarsch.*

Os|ter|mar|schie|re|rin, die: w. Form zu ↑Ostermarschierer.

Os|tern, das; -, - ⟨meist o. Art.; bes. südd., österr. u. schweiz. u. in bestimmten Wunschformeln u. Fügungen auch als Pl.⟩ [mhd. ōsteren, ahd. ōstarūn (Pl.); viell. nach einer idg. Frühlingsgöttin (zu ahd. ōstar = östlich; im Osten, d. h. in der Richtung der aufgehenden Sonne, des [Morgen]lichts)]: *Fest der christlichen Kirche, mit dem die Auferstehung Christi gefeiert wird:* O. ist dieses Jahr früh; vorige, letzte O. war sie in Paris; wir hatten ein schönes O./schöne O.; ich wünsche euch frohe O.!; wir hatten weiße O. *(Ostern mit Schnee)*; (bes. nordd.:) zu O./(bes. südd.:) an O.; (landsch., bes. österr., schweiz.:) diese O. werde ich verreisen; kurz vor, nach O.; was willst du den Kindern zu O. schenken?; *** wenn O. und Pfingsten/Weihnachten zusammenfallen, auf einen Tag fallen** (ugs.; *niemals*).

Os|ter|nacht, die: **1.** *Nacht zum Ostersonntag.* **2.** (kath. Kirche) *gottesdienstliche Feier in der Osternacht* (1).

Ös|ter|reich; -s: Staat im südlichen Mitteleuropa.

Ös|ter|rei|cher, der; -s, -: Ew.

Ös|ter|rei|che|rin, die; -, -nen: w. Form zu ↑Österreicher.

ös|ter|rei|chisch ⟨Adj.⟩.: *Österreich, die Österreicher betreffend; von den Österreichern stammend, zu ihnen gehörend.*

ös|ter|rei|chisch-un|ga|risch ⟨Adj.⟩: *Österreich-Ungarn betreffend.*

Ös|ter|reich-Un|garn; -s: ehemalige Doppelmonarchie.

Os|ter|sonn|tag, der: *erster Osterfeiertag.*

Os|ter|ver|kehr, der: *[starker] Verkehr, bes. Straßenverkehr, zur Osterzeit.*

Os|ter|wo|che, die: **1.** *Woche nach Ostern.* **2.** *Karwoche.*

Os|ter|zeit, die ⟨o. Pl.⟩: *Zeit um Ostern, bes. vor dem Osterfest.*

Ost|eu|ro|pa; -s: östlicher Teil Europas.

ost|eu|ro|pä|isch ⟨Adj⟩: *Osteuropa betreffend, aus Osteuropa stammend, zu Osteuropa gehörend.*

Ost|flan|ke, die: *östliche Seite (bes. eines Hoch-, Tiefdruckgebietes).*

Ost|flü|gel, der: **a)** *östlicher Flügel* (4) *eines Gebäudes;* **b)** *östlicher Flügel* (3 a) *einer Armee o. Ä.*

Ost|frie|se, der: Ew. zu ↑Ostfriesland.

Ost|frie|sen|witz, der: *Witz, dessen Gegenstand die Ostfriesen sind.*

Ost|frie|sin, die: w. Form zu ↑Ostfriese.

ost|frie|sisch ⟨Adj.⟩: *Ostfriesland, die Ostfriesen betreffen; von den Ostfriesen stammend, zu ihnen gehörend:* -e Eigenschaften; die Ostfriesischen Inseln.

Ost|fries|land; -s: Gebiet im nordwestlichen Niedersachsen.

Ost|front, die: *(bes. im Ersten u. Zweiten Weltkrieg) im Osten verlaufende Front* (2).

Ost|ge|biet, das ⟨meist Pl.⟩: *im Osten gelegenes Gebiet einer Stadt, eines Landes o. Ä.*

Ost|geld, das ⟨o. Pl.⟩ (früher): vgl. Ostmark.

Ost|ger|ma|ne, der: Angehöriger des östlichen Zweiges der Germanen (z. B. Gote).

Ost|ger|ma|nin, die: w. Form zu Ostgermane.

os|ti|nat ⟨Adj.⟩ [ital. ostinato = hartnäckig < lat. obstinatum, 2. Part. von: obstinare = beharren] (Musik): *ständig wiederholt, immer wiederkehrend:* ein -es Thema im Bass; -er Bass.

Os|ti|na|to, der od. das; -s, -s u. ...ti (Musik): *Basso ostinato.*

Os|ti|tis, die; -, ...titiden [zu griech. ostéon = Knochen] (Med.): *entzündliche Erkrankung der Knochensubstanz.*

Ost|ju|de, der: *osteuropäischer Jude.*

Ost|jü|din, die: w. Form zu ↑Ostjude.

Ost|kir|che, die: *christliche Kirche in Osteuropa u. Vorderasien, die sich von der römisch-katholischen Kirche getrennt hat u. das Primat des Papstes nicht anerkennt.*

Ost|küs|te, die: *östliche, im Osten eines Landes, Gebietes o. Ä. gelegene Küste.*

Ost|ler, der; -s, - (abwertend): *Bewohner Ostdeutschlands, der DDR.*

Ost|le|rin, die; -, -nen (abwertend): w. Form zu ↑Ostler.

öst|lich: **I.** ⟨Adj.⟩ **1.** *im Osten* (1) *gelegen:* die -e Grenze; (Geogr.:) 15 Grad -er Länge. **2. a)** *nach Osten* (1) *gerichtet, dem Osten zugewandt:* in -er Richtung; **b)** *aus Osten* (1) *kommend:* -e Winde. **3. a)** *den Osten* (3 a) *betreffend; zu den Ländern Osteuropas u. Asiens gehörend, aus ihnen stammend:* -e Völker, Traditionen; **b)** *für die Länder Osteuropas u. Asiens, ihre Bewohner charakteristisch:* die -e Mentalität; **c)** (früher) *zu den sozialistischen Ländern Osteuropas u. Asiens, bes. zu den Ostblockstaaten gehörend:* die ö. orientierten Länder. **II.** ⟨Präp. mit Gen.⟩ *weiter im Osten* (1), *gegen Osten [gelegen] als ...; östlich von ...:* ö. der Grenze. **III.** ⟨Adv.⟩ *im Osten:* das Dorf liegt ö. von hier, von Köln.

Ost|mark, die; -, - (früher in nicht offiziellem Sprachgebrauch): [1]*Mark der Deutschen Demokratischen Republik.*

ost|mit|tel|deutsch ⟨Adj.⟩ (Sprachw.): *die Mundarten des östlichen Mitteldeutschlands betreffend.*

Ost|mit|tel|deutsch, das u. ⟨nur mit best. Art.:⟩ **Ost|mit|tel|deut|sche,** das: *ostmitteldeutsche Sprache.*

Ost|nord|ost, der: **1.** ⟨o. Pl.; unflekt.; o. Art.⟩ (Seemannsspr., Met.): *Ostnordosten* (gewöhnlich in Verbindung mit einer Präp.; Abk.: ONO). **2.** ⟨Pl. selten⟩ (Seemannsspr.) vgl. Ost (2).

Ost|nord|os|ten, der ⟨meist o. Art.⟩: *Richtung zwischen Osten u. Nordosten* (gewöhnlich in Verbindung mit einer Präp.; Abk. ONO).

Ost|preu|ßen; -s: ehemalige Provinz des Deutschen Reiches.

ost|preu|ßisch ⟨Adj.⟩: *Ostpreußen betreffend, aus Ostpreußen stammend.*

Ost|rand, der: *östlicher Rand (bes. eines Gebietes, eines Gebirges, einer Stadt):* am O. der Stadt.

Os|tra|zis|mus, der; - [griech. ostrakismós, zu: óstrakon = (Ei-, Muschel)schale, (Ton)scherbe; auf eine solche Scherbe wurde der Name der zu verbannenden Person geschrieben]: *(in der Antike, bes. im alten Athen) über die Verbannung, bes. eines missliebigen Politikers, beschließendes Volksgericht; Scherbengericht.*

Ös|tro|gen, das; -s, -e [zu griech. oĩstros = Leidenschaft, eigtl. = Stich der Pferdebremse u. ↑-gen; eigtl. = das Leidenschaft Erregende] (Med.): *weibliches Geschlechtshormon.*

Ost|rom; -s: das Oströmische Reich.

ost|rö|misch ⟨Adj.⟩: *Ostrom betreffend.*

Ost|see, die; -: Nebenmeer der Nordsee.

Ost|see|bad, das: *Badeort an der Ostsee.*

Ost|sei|te, die: *östliche Seite:* an der O. des Sees.

Ost|sek|tor, der: *östlicher Sektor* (3): der ehemalige O. Berlins.

Ost|spit|ze, die: *östliche Spitze (bes. einer Insel, eines Sees o. Ä.).*

Ost|süd|ost, der: **1.** ⟨o. Pl.; unflekt.; o. Art.⟩ (Seemannsspr., Met.): *Ostsüdosten* (gewöhnlich in Verbindung mit einer Präp.; Abk.: OSO). **2.** ⟨Pl. selten⟩ (Seemannsspr.) vgl. Ost (2).

Ost|süd|os|ten, der ⟨meist o. Art.⟩: *Richtung zwischen Osten u. Südosten* (gewöhnlich in Verbindung mit einer Präp.; Abk.: OSO).

Ost|teil, der: *östlicher Teil (eines Gebäudes, Gewässers, Landes, einer Stadt o. Ä.).*

Ost|wand, die: *östliche Wand (eines Gebäudes, Berges o. Ä.).*

ost|wärts ⟨Adv.⟩ [↑-wärts]: **a)** *in östliche[r] Richtung, nach Osten:* o. ziehen, blicken; **b)** (seltener) *im Osten.*

Ost-West-Kon|flikt, der (Politik früher): *Gegensätze, die sich aus den unterschiedlichen politischen, wirtschaftlich-sozialen o. ä. Auffassungen der kapitalistischen westlichen Länder u. der sozialistischen Länder Osteuropas u. Asiens nach dem Zweiten Weltkrieg ergeben haben.*

ost|west|lich ⟨Adj.⟩: *von Osten nach Westen [verlaufend]:* in -er Richtung.

Ost|west|rich|tung, die: *ostwestliche Richtung:* in O. verlaufen.

Ost|wind, der: *aus Osten wehender Wind.*

Ost|zo|ne, die: **a)** (hist.) *(nach dem Zweiten Weltkrieg durch die Aufteilung Deutschlands in Zonen entstandene) sowjetische Besatzungszone;* **b)** (früher, meist abwertend) *DDR.*

OSZE [o|ɛstsɛt|ˈeː], die; -: Organisation für Sicherheit und Zusammenarbeit in Europa.

Os|zil|la|ti|on, die; -, -en [lat. oscillatio = das Schaukeln]: **1.** (Physik) *das Oszillieren* (1); *Schwingung:* die Messung von -en. **2.** (Geol.) **a)** *abwechselnde Hebung u. Senkung von Teilen der Erdkruste;* **b)** *Schwankung des Meeresspiegels;* **c)** *Schwankung in der Ausdehnung von Gletscherzungen.*

Os|zil|la|tor, der; -s, ...oren (Physik, Technik): *Gerät zur Erzeugung von [elektrischen] Schwingungen.*

Os|zil|lo|gramm, das; -s, -e [↑-gramm] (Physik, Med.): *von einem Oszillographen aufgezeichnetes Bild bestimmter Schwingungen.*

Os|zil|lo|graph, der; -en, -en [↑-graph] (Physik,

Med.): *Gerät zur Aufzeichnung des Verlaufs sich ändernder physikalischer Vorgänge* (z. B. Schwingungen).

ot-, Ot-: ↑oto-, Oto-.

Ot|al|gie, die; -, -n [zu griech. oũs (↑oto-, Oto-) u. álgos = Schmerz] (Med.): *Ohrenschmerz.*

-o|thek: ↑-thek.

Oti|a|ter, der; -s, - [zu griech. oũs (↑oto-, Oto-) u. iatrós = Arzt]: *Facharzt auf dem Gebiet der Otiatrie.*

Oti|a|te|rin, die; -, -nen: w. Form zu ↑Otiater.

Oti|a|trie, die; - [zu griech. iatreía = Heilkunde] (Med.): *Lehre von den Erkrankungen des Ohres; Ohrenheilkunde.*

Oti|tis, die; -, ...itiden (Med.): *entzündliche Erkrankung des inneren Ohrs; Ohrenentzündung.*

oto-, Oto-, (vor Vokalen u. vor h auch:) ot-, Ot- [griech. oũs (Gen.: ōtós)] ‹Best. in Zus. mit der Bed.›: *Ohr* (z. B. otogen, Otalgie).

oto|gen ‹Adj.› [↑-gen] (Med.): *vom Ohr ausgehend.*

Oto|lo|gie, die; - [↑-logie]: *Otiatrie.*

O-Ton, der (Jargon): *Originalton:* die Einblendung war O.

Oto|skop, das; -s, -e [zu ↑oto-, Oto- u. griech. skopeĩn = betrachten] (Med.): *Ohrenspiegel.*

ot|ta|va: ↑all'ottava.

Ot|ta|ve|ri|me ‹Pl.› [ital. ottave rime = achte Reime (Verszeilen)] (Verslehre): [1]*Stanze.*

Ot|ta|wa: Hauptstadt von Kanada.

[1]**Ot|ter,** der; -s, - [mhd. ot(t)er, ahd. ottar, eigtl. = Wassertier]: *(zu den Mardern gehörendes, im u. am Wasser lebendes) kleines Säugetier mit Schwimmhäuten zwischen den Zehen, langem Schwanz u. dichtem, glänzendem Fell.*

[2]**Ot|ter,** die; -, -n [frühnhd. nōter, ostmd. Nebenf. von mhd. nāter, ↑Natter]: *Viper* (1).

Ot|tern|brut, die, **Ot|tern|ge|zücht,** das: vgl. Natternbrut.

Ot|to, der; -s, -s [nach dem m. Vorn. Otto, der wegen seines früher häufigen Vorkommens oft ugs. im Sinne von Dings (2) gebraucht wurde]: **1.** (salopp) *etw., was durch besondere Größe, durch seine Ausgefallenheit o. Ä. Staunen, Aufsehen erregt.* **2.** * **O. Normalverbraucher** *(der durchschnittliche, keine großen Ansprüche stellende Mensch, Bürger;* wohl nach der Hauptfigur des Spielfilms »Berliner Ballade« [1948]); **den flotten O. haben** (salopp; *Durchfall haben).*

Ot|to|ma|ne, die; -, -n [frz. ottomane, zu: ottoman = osmanisch u. eigtl. = türkische (Liege)] (früher): *zum Ausruhen im Liegen dienendes, niedriges, gepolstertes Möbelstück ohne Rückenlehne.*

Ot|to|mo|tor, der; -s, -e[n] [nach dem dt. Ingenieur N. Otto (1832–1891)]: *Verbrennungsmotor, bei dem das im Zylinder befindliche Gemisch aus Kraftstoff u. Luft durch einen elektrischen Funken gezündet wird.*

out [aut] ‹Adv.› [engl. out]: **1.** (Ballspiele österr., sonst veraltet) *(vom Ball) außerhalb des Spielfeldes:* o.!; das war o. **2.** * **o. sein** (ugs.; 1. *nicht mehr im Brennpunkt des Interesses stehen, nicht mehr gefragt sein:* diese Künstlerin ist völlig o. 2. *[bes. von etw., was einmal sehr in Mode, im Schwange war] nicht mehr in Mode sein:* das Lokal ist total o.).

Out|back ['autbek], das, auch: der [engl. (the) outback, eigtl. = draußen ganz hinten, weit außerhalb]: *wenig besiedeltes Landesinneres von Australien.*

Out|cast ['autka:st], der; -s, -s [engl. outcast, urspr. = außerhalb des Kastensystems stehender Inder] (bildungsspr.): *jmd., der von der Gesellschaft ausgestoßen ist, verachtet wird.*

Out|door ['autdɔ:], das; -s [zu engl. outdoor = draußen, im Freien, außen-]: *Freizeitaktivitäten im Freien (wie Wandern, Bergsteigen o. Ä.).*

Out|door|be|klei|dung, die: *für Freizeitaktivitäten im Freien bestimmte Kleidung.*

ou|ten ['autn̩] ‹sw. V.; hat› [engl. to out, nach to come out = sich öffentlich zu seiner Homosexualität bekennen, urspr. = herauskommen, bekannt werden] (Jargon): **1.** *jmds. homosexuelle Veranlagung (bes. die einer prominenten Person) ohne dessen Zustimmung bekannt machen:* er drohte, ihn zu o.; sie wurde als Lesbierin geoutet; Ü geschmacklos gekleidete Prominente o. *(öffentlich nennen).* **2.** *sich öffentlich zu seinen homosexuellen Veranlagungen bekennen:* es fiel ihm nicht leicht, sich, seine Homosexualität zu o.; Ü sie outete sich als Raucherin *(sie bekannte, Raucherin zu sein).*

Out|fit ['autfɪt], das; -[s], -s [engl. outfit, zu: to fit out = ausstatten]: *das äußere Erscheinungsbild bestimmende Kleidung, Ausstattung, Ausrüstung:* ihr neues O. überraschte alle; Ü das O. dieser Straße ließ zu wünschen übrig.

Out|fit|ter ['autfɪtɐ], der; -s, - [engl. outfitter]: *Ausrüster.*

Out|group ['autgru:p], die; -, -s [engl. out-group, zu: group = Gruppe] (Soziol.): *[soziale] Gruppe, die nicht als zugehörig betrachtet wird, von der sich andere distanzieren.*

Ou|ting ['autɪŋ], das; -s [engl. outing, zu: to out, ↑outen]: *das Outen, Sichouten.*

Out|law ['autlo:, engl.: 'aʊtlɔ:], der; -[s], -s [engl. outlaw, zu: law = Gesetz] (bildungsspr.): **a)** *jmd., der von der Gesellschaft geächtet, ausgestoßen ist; Verfemter;* **b)** *jmd., der sich nicht an die bestehende Rechtsordnung hält.*

out of area ['aʊt əf eərɪə; engl. out of area = (bezogen auf eine Militäroperation) außerhalb des Einsatz- od. Zuständigkeitsbereichs] (Politik, Milit.): *außerhalb der Gebiete des Bereichs der eigenen vertraglich festgelegten politischen Zuständigkeit.*

Out|place|ment ['autpleɪsmənt], das; -[s], -s [engl. outplacement, zu: placement = Platzierung]: *Entlassung einer Führungskraft unter gleichzeitiger Vermittlung an ein anderes Unternehmen.*

Out|put ['autpʊt], der, auch: das; -s, -s [engl. output = Ausstoß]: **1.** (Wirtsch.) *Gesamtheit der von einem Unternehmen produzierten Güter.* **2.** (EDV) *Gesamtheit der Daten, Informationen als Arbeitsergebnis einer Rechenanlage; Ausgabe* (7), [2]*Ausdruck* (1 b). **3.** (Elektrot., Elektronik) *von bestimmten Geräten gelieferte Leistung.*

Out|si|der ['autsaidɐ], der; -s, - [engl. outsider, zu: outside = Außenseite, urspr. = das auf der (ungünstigen) Außenseite laufende Pferd] (bildungsspr.): *Außenseiter.*

Out|si|de|rin ['autsaidərɪn], die; -, -nen: w. Form zu ↑Outsider.

out|sour|cen ['autso:ɐsn̩] ‹sw. V.; hat› (Wirtsch.): *durch Outsourcing weggeben, ausgliedern, nach außen verlegen:* Schreibarbeiten o.; immer mehr Unternehmen sourcen bestimmte Bereiche out; die Firma hat ihre Dienstleistungen outgesourct.

Out|sour|cing ['autso:ɐsɪŋ], das; -[s], -s [engl. outsourcing, zu: out = aus u. source = Quelle] (Wirtsch.): *das Ausgeben von bisher in einem Unternehmen selbst erbrachten Leistungen an externe Dienstleister, bes. Übergabe von Firmenbereichen, die nicht zum Kernbereich gehören, an spezialisierte Dienstleistungsunternehmen.*

Ou|ver|tü|re [uvɛr...], die; -, -n [frz. ouverture, eigtl. = Öffnung, Eröffnung, über das Vlat. zu lat. apertura = (Er)öffnung]: **a)** *instrumentales Musikstück als Einleitung zu größeren Musikwerken (bes. Oper u. Operette);* **b)** *aus einem Satz bestehendes Konzertwerk für Orchester.*

Ou|zo ['u:zo], der; -[s], -s [ngriech. oũzo(n)]: *griechischer Anisschnaps.*

Ova: Pl. von ↑Ovum.

oval ‹Adj.› [spätlat. ovalis, zu lat. ovum, ↑Ovum]: *die Form eines Eies, einer Ellipse habend; eirund; elliptisch:* ein -er Tisch.

Oval, das; -s, -e: *ovale Form, Fläche, Anlage o. Ä.:* das O. der Radrennbahn.

Ovar, das; -s, -e: *Ovarium* (1).

Ova|ri|al|hor|mon, das (Med.): *vom Eierstock gebildetes Hormon.*

Ova|ri|um, das; -s, ...ien [spätlat. ovarium = Ei]: **1.** (Med., Zool.) *Eierstock.* **2.** (Bot.) *Fruchtknoten.*

Ova|ti|on, die; -, -en [lat. ovatio = kleiner Triumph, zu: ovare = jubeln] (bildungsspr.): *begeisterter Beifall, enthusiastische Zustimmung als Ehrung für jmdn., Huldigung:* eine stürmische O.; -en erhalten; jmdm. -en bereiten; stehende -en *(Ovationen, bei denen sich das Publikum von den Plätzen erhebt)* darbringen.

OvD [ofau'de:], **O. v. D.,** der; -[s], -[s]: Offizier vom Dienst.

Over|all ['oʊvərɔ:l], der; -s, -s [engl. overall, aus: over = über u. all = alles, also eigtl. = »Überalles«]: *einteiliger, den ganzen Körper bedeckender Anzug, der bes. zum Schutz bei bestimmten Arbeiten, Tätigkeiten getragen wird.*

over|dressed ['oʊvədrest] ‹Adj.› [engl. overdressed, zu: over = über u. to dress = anziehen] (bildungsspr.): *(für einen bestimmten Anlass) zu gut, fein angezogen, zu feierlich gekleidet.*

Over|drive ['oʊvədraɪv], der; -[s], -s [engl. overdrive, zu: over = über u. to drive = fahren] (Technik): *ergänzendes Getriebe in Kraftfahrzeugen, das nach Erreichen einer bestimmten Fahrgeschwindigkeit die Herabsetzung der Drehzahl des Motors ermöglicht; Schnellgang.*

Over|flow ['oʊvəfloʊ], der; -s [engl. overflow, eigtl. = das Überfließen] (EDV): *Überschreitung der Speicherkapazität von Computern.*

Over|head|pro|jek|tor ['oʊvəhed...], der [zu engl. overhead = oben, darüber (im Sinne von »über den Kopf des Vortragenden hinweg«)]: *Projektor, mit dem transparente Vorlagen (z. B. Diagramme, Zeichnungen), die auf einer von unten beleuchteten Glasfläche liegen, auf eine Fläche (z. B. eine Leinwand) projiziert werden können.*

Over|kill ['oʊvəkɪl], das, auch: der; -[s] [engl. overkill, aus: over = über, darüber hinaus u. to kill = töten, eigtl. = mehr als einmal töten] (Milit.): *Situation, in der Staaten mehr Waffen (bes. Atomwaffen) besitzen, als nötig wären, um den Gegner zu vernichten.*

ovi|par ‹Adj.› [spätlat. oviparus, zu ↑Ovum u. lat. parere = gebären] (Biol.): *Eier legend.*

ovo|vi|vi|par ‹Adj.› (Biol.): *Eier mit mehr od. weniger entwickelten Embryonen ablegend.*

ÖVP [ø:fau'pe:], die; -: Österreichische Volkspartei.

Ovu|la|ti|on, die; -, -en [zu nlat. ovulum, Vkl. von lat. ovum, ↑Ovum] (Zool., Med.): *Follikelsprung, Eisprung.*

Ovu|la|ti|ons|hem|mer, der; -s, - (Med.): *Antibabypille.*

Ovum, das; -s, Ova [lat. ovum] (Biol., Med.): *weibliche Keimzelle, Ei(zelle).*

Oxa|lat, das; -[e]s, -e [zu lat. oxalis = Sauerampfer < griech. oxalís, zu: oxýs = scharf, sauer]: *Salz, Ester der Oxalsäure* (z. B. im Sauerampfer).

Oxal|säu|re, die ‹o. Pl.›: *starke organische Säure, die in Form von Salzen in vielen Pflanzen enthalten ist.*

Oxer, der; -s, - [engl. oxer, zu: ox = Ochse, wohl nach der Form]: **1.** (Reiten) *Hindernis, das aus Stangen, aus zwei Ricks, besteht, zwischen die Buschwerk gestellt wird.* **2.** (selten) *Absperrung zwischen Viehweiden.*

Ox|ford: Stadt in England.

Oxid, (auch:) Oxyd, das; -[e]s, -e [engl. oxid < frz. oxyde, zu griech. oxýs, ↑oxy-, Oxy-]: *Verbindung eines chemischen Elements mit Sauerstoff.*

Oxi|da|ti|on, (auch:) Oxydation, die; -, -en [frz. oxydation]: **1.** (Chemie) *Reaktion, Verbindung eines chemischen Elements od. einer chemischen Verbindung mit Sauerstoff.* **2.** (Chemie, Physik) *Vorgang, bei dem ein chemisches Element od. eine chemische Verbindung Elektronen abgibt, die von einer anderen Substanz aufgenommen werden.*

oxi|die|ren, (auch:) oxydieren ‹sw. V.› [frz. oxyder, die i-Schreibung beeinflusst von gleichbed. engl. to oxidize]: **1.** (Chemie) **a)** (ugs.) *sich mit Sauerstoff verbinden, Sauerstoff aufnehmen* ‹hat/ist›: das Metall oxidiert sehr schnell an der Luft;

O

b) *bewirken, dass sich eine Substanz mit Sauerstoff verbindet* ⟨hat⟩: Ozon oxidiert viele Metalle bereits bei Zimmertemperatur. **2.** (Chemie, Physik) *Elektronen abgeben, die von einer anderen Substanz aufgenommen werden* ⟨hat/ist⟩.

Oxi|die|rung, (auch:) Oxydierung, die; -, -en: *das Oxidieren.*

oxi|disch (auch:) oxydisch ⟨Adj.⟩ (Chemie): *ein Oxid enthaltend.*

Ox|tail|sup|pe [ˈɔksteɪl-], die [engl. oxtail soup]: *Ochsenschwanzsuppe.*

oxy-, Oxy- [1: griech. oxýs; 2: ↑Oxygenium] ⟨Best. in Zus. mit der Bed.⟩: **1.** *scharf, herb, sauer* (z. B. Oxymoron). **2.** *Sauerstoff enthaltend, brauchend* (z. B. Oxyhämoglobin).

Oxyd usw.: ↑Oxid usw.

Oxy|gen, Oxy|ge|ni|um, das; -s [frz. oxygène, zu griech. oxýs (↑oxy-, Oxy-) u. ↑-gen, eigtl. = Säurebildner] (Chemie): *Sauerstoff;* Zeichen: O.

Oxy|hä|mo|glo|bin, das; -s (Med.): *sauerstoffhaltiges Hämoglobin.*

Oxy|mo|ron, das; -s, ...ra [griech. oxýmōron, zu: mōrós = stumpf, träge; dumm, töricht] (Rhet., Stilk.): *Zusammenstellung zweier sich widersprechender Begriffe in einem Kompositum od. in einer rhetorischen Figur* (z. B. bittersüß; Eile mit Weile!).

OZ = Oktanzahl; Ordnungszahl; Organisationszentrale; Organisationszentrum; Ortszahl; Ortszeit; Ortszuschlag.

o. Z. = ohne Zahl; ohne Zahlung.

o. Z., O. Z. = ohne Zeichnung, ohne Zensur.

Oza|lid®, das; -s [Kunstwort] (Fot.): *Papier, Gewebe, Film mit lichtempfindlicher Emulsion* (2).

Oze|an, der; -s, -e [mhd. occene < mlat. occeanus < lat. oceanus < griech. ōkeanós]: *große zusammenhängende Wasserfläche zwischen den Kontinenten; riesiges Meer; Weltmeer:* er hat schon alle -e befahren.

Oze|a|na|ri|um, das; -s, ...ien [wohl geb. nach ↑Aquarium]: *Anlage mit Aquarienhäusern größeren Ausmaßes, in denen auch große Meerestiere gehalten werden können.*

Oze|a|naut, der; -en, -en [geb. nach ↑Astronaut]: *Aquanaut.*

Oze|a|nau|tin, die; -, -nen: w. Form zu ↑Ozeanaut.

Oze|an|damp|fer, der: *Dampfer, der auf einem Ozean im Überseeverkehr verkehrt.*

Oze|a|ni|en; -s: Gesamtheit der pazifischen Inseln zwischen nördlichem und südlichem Wendekreis.

oze|a|nisch ⟨Adj.⟩ [lat. oceanicus]: **1.** *einen Ozean betreffend, durch ihn beeinflusst, bewirkt, zu ihm gehörend:* -es Klima. **2.** *Ozeanien betreffend, dazu gehörend:* -e Fauna, Flora; die -e Kunst.

Oze|a|nis|tik, die; -: *Wissenschaft von der Kultur der ozeanischen Völker.*

Oze|a|no|graph, (auch:) Ozeanograf, der; -en, -en [zu griech. gráphein = schreiben]: *Meereskundler.*

Oze|a|no|gra|phie, (auch:) Ozeanografie, die; - [↑-graphie]: *Meereskunde.*

Oze|a|no|gra|phin, (auch:) Ozeanografin, die; -, -nen: w. Form zu ↑Ozeanograph.

oze|a|no|gra|phisch, (auch:) ozeanografisch ⟨Adj.⟩: *meereskundlich.*

Oze|a|no|lo|gie, die; - [↑-logie] (seltener): *Ozeanographie.*

Oze|an|rie|se, der: *sehr großer Ozeandampfer.*

Oze|lot [auch: ˈoːts...], der; -s, -e u. -s [frz. ocelot < Nahuatl (mittelamerik. Indianerspr.) ocelotl]: **1.** *(in Mittel- u. Südamerika heimisches) kleineres, katzenartiges Raubtier mit dichtem, gelbem bis ockerfarbenem, schwarzbraun geflecktem Fell.* **2. a)** *Fell des Ozelots* (1): ein Kragen aus O.; **b)** *Pelz aus Ozelot* (2 a).

Ozon, der; auch, bes. fachspr.: das; -s [griech. (tò) ózon = das Duftende, zu: ózein = riechen, duften]: **1.** *eine bestimmte Form des Sauerstoffs darstellendes [in hoher Konzentration tiefblaues] Gas mit charakteristischem Geruch, das sich in der Luft bei Einwirkung energiereicher Strahlung od. bei elektrischen Entladungen bildet.* **2.** (ugs. scherzh.) *frische, gute Luft.*

Ozon|ge|halt, der: *Gehalt, Anteil an Ozon* (1): den O. messen.

ozo|ni|sie|ren ⟨sw. V.; hat⟩: *(zur Abtötung von Mikroorganismen) mit Ozon* (1) *behandeln:* Trinkwasser o.

Ozon|loch, das: *Stelle in der Ozonschicht in der Stratosphäre bes. der Antarktis, an der das Ozon* (1) *abgebaut ist:* das O. wird immer größer.

ozon|reich ⟨Adj.⟩: *reich an Ozon* (1).

Ozon|schicht, die (Met.): *Schicht der Erdatmosphäre, in der sich unter Einwirkung der UV-Strahlen der Sonne Ozon* (1) *bildet.*

Ozon|the|ra|pie, die ⟨o. Pl.⟩ (Med.): *Therapie, bei der ein Ozon-Sauerstoff-Gemisch in Arterien, Venen od. Muskeln injiziert wird.*

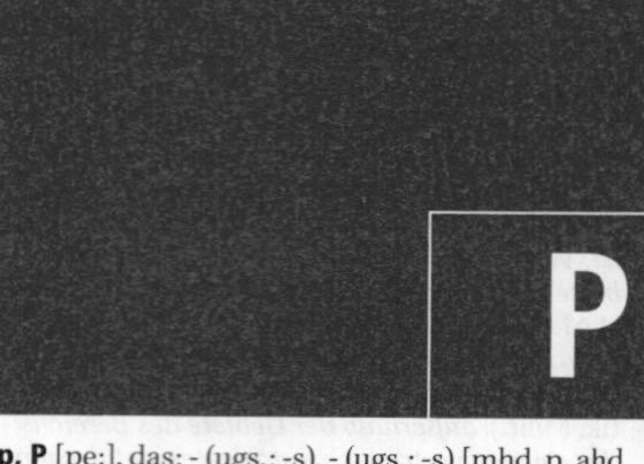

p, P [peː], das; - (ugs.: -s), - (ugs.: -s) [mhd. p, ahd. p, p(h)]: *sechzehnter Buchstabe des Alphabets, ein Konsonant:* ein kleines p, ein großes P schreiben.

p = Penni; Penny; piano; Pond; Punkt (6).

P = Papier (auf deutschen Kurszetteln; = B[rief]); Phosphor.

π, Π: ↑Pi.

p. = pinxit; Pagina.

P. = Pastor; Pater; [2]Papa.

Pa = Protactinium; Pascal.

Pa, der; -s, -s (fam.): Kurzf. von ↑[1]Papa.

p. a. = pro anno.

p. A. = per Adresse.

[1]paar [mhd. pār, urspr. ungenauer Gebrauch von ↑Paar für eine kleinere Anzahl] ⟨indekl. Indefinitpron.⟩: **1.** ⟨gewöhnlich in Verbindung mit »ein«⟩ *einige:* ein p. Dinge, Wochen, Mark; ein p. Hundert Bücher; etw. ein p. Mal[e] wiederholen; in ein p. Tagen; ein p. [der Anwesenden/von den Anwesenden] protestierten; ein p. [gelangt] kriegen (ugs.; *einige Ohrfeigen bekommen*); (landsch. auch ohne »ein«:) p. Dinge, Wochen, Mark; etw. p. Mal[e] wiederholen; in p. Tagen. **2.** ⟨in Verbindung mit best. Art. od. Pron.⟩ *wenige, nicht viele:* alle p. Wochen; die p. Minuten; die, diese, die ersten p. Mal[e]; mit den, diesen, deinen p. Pfennigen kommst du nicht weit.

[2]paar ⟨Adj.⟩ (Biol. selten): *paarig:* -e Blätter.

Paar, das; -[e]s, -e u. (als Mengenangabe zusammengehörender Dinge:) - [mhd., ahd. par = zwei Dinge von gleicher Beschaffenheit; (adj.:) einem anderen gleich < lat. par = gleichkommend, gleich; (subst.:) wer sich einem anderen, der ihm gleicht, zugesellt; Genosse]: **1. a)** *zwei zusammengehörende od. eng miteinander verbundene Menschen:* ein junges, verliebtes P.; die beiden werden bald ein P. *(Ehepaar, werden bald heiraten);* ein ungleiches, unzertrennliches P. (*Gespann* 2); bei diesem Spiel müssen zuerst -e gebildet *(jeweils zwei zusammen spielende Personen bestimmt)* werden; Kür der -e (im Eiskunstlauf); sich in -en, zu -en aufstellen; *** [mit jmdm.] ein P./ein Pärchen werden** (landsch. iron.; *in Streit geraten*); **b)** *zwei [als Männchen u. Weibchen] zusammengehörende Tiere:* ein P., ein Pärchen Wellensittiche; ein P. Ochsen vorspannen. **2.** *zwei zusammengehörende Dinge:* ein P. Ohrringe; drei P. Würstchen; ein neues P. Schuhe, ein P. neue Schuhe; ein P. seidene/ (geh.:) seidener Strümpfe; ein P. Strümpfe kostet/kosten 12 Mark; der Preis eines -s Schuhe; mit einem P. Schuhe/Schuhen kommst du nicht aus; vier P. *(vier)* Hosen; ein P. Augen; *** zwei P. Stiefel sein** (ugs.; ↑Stiefel 1).

Paar|bil|dung, die: **1.** *Bildung von Paaren* (1). **2.** (Physik) **a)** *Bildung von Paaren aus Teilchen u. Antiteilchen bei der Umwandlung von Strahlungsenergie in Masse;* **b)** *Bildung von Paaren gleichartiger Nukleonen mit entgegengesetzter Ladung im Atomkern.*

paa|ren ⟨sw. V.; hat⟩ [spätmhd. paren = gesellen, zu ↑Paar]: **1. a)** ⟨p. + sich⟩ *(in Bezug auf Tiere) sich begatten* (b): im Frühjahr, wenn die Tiere sich paaren; **b)** *(bei der Tierzucht) zur Begattung zusammenbringen:* Tiere mit verschiedenen Eigenschaften p. **2. a)** ⟨meist im 2. Part.⟩ (Zool.) *sich zu einem Paar verbinden, ein Paar bilden:* die Enten sind noch nicht gepaart; **b)** *paarweise zusammenstellen:* man hat zwei ungleiche Mannschaften [miteinander] gepaart. **3. a)** *eine Verbindung, Vereinigung (von Verhaltensweisen, Eigenschaften usw.) zeigen, an den Tag legen:* er paart [in seinem Verhalten] Höflichkeit mit Unnachgiebigkeit; Zurückhaltung, gepaart mit Hochmut/mit Hochmut gepaart; **b)** ⟨p. + sich⟩ *sich [zu einem Paar von Dingen, Eigenschaften usw.] verbinden:* eine Begabung, die sich mit der Erfahrung paart.

Paar|hu|fer, der; -s, - (Zool.): *Huftier, bei dem zwei Zehen stark entwickelt u. die übrigen zurückgebildet sind.*

paar|hu|fig ⟨Adj.⟩ (Zool.): *zu den Paarhufern gehörend, für sie charakteristisch:* -e Tiere.

paa|rig ⟨Adj.⟩ (bes. Biol., Anat.): *paarweise [vorhanden]:* -e Organe; p. angeordnete Blätter.

Paar|lauf, der: *Eis- od. Rollkunstlauf eines Paares.*

paar|lau|fen ⟨st. V.; ist/hat; bes. im Inf. u. 2. Part. gebr.⟩ (Eis-, Rollkunstlauf): *Paarlauf ausführen:* sie sind sieben Jahre lang paargelaufen.

Paar|läu|fer, der: *Eis- od. Rollkunstläufer, der mit einer Partnerin Paarlauf* (1) *ausführt.*

Paar|läu|fe|rin, die: w. Form zu ↑Paarläufer.

paar|mal ⟨meist als adv. Bestimmung in Verbindung mit »ein«⟩: *wenige, nicht viele Male, ein paar Male:* etw. ein p. wiederholen; (landsch. auch ohne »ein«:) etw. p. wiederholen.

Paar|reim, der (Verslehre): *Reimform, bei der sich jeweils zwei aufeinander folgende Verse reimen.*

Paar|tanz, der: *von Paaren* (1 a) *ausgeführter Tanz.*

Paa|rung, die; -, -en: **1. a)** *das Sichpaaren* (1 a): die P. der Singvögel; **b)** *das (züchterische) Paaren* (1 b): durch P. bestimmter Tiere eine leistungsfähigere Rasse erzielen. **2. a)** *das Paaren* (2 b); **b)** *das Sichpaaren* (3 b): die P. von Eigenschaften. **3.** *durch Paaren, Sichpaaren entstandene, hergestellte Zuordnung, Verbindung, Zusammenstellung; Gepaartsein:* chemische Elemente in wechselnden -en.

paa|rungs|be|reit ⟨Adj.⟩ (Zool.): *zur Paarung* (1 a) *bereit:* ein -es Weibchen.

Paa|rungs|ver|hal|ten, das (Zool.): *typisches Verhalten vor u. bei der Paarung* (1 a).

Paa|rungs|zeit, die (Zool., Jägerspr.): *Zeit der Paarung* (1 a).

paar|wei|se ⟨Adv.⟩: *in Paaren:* sich p. aufstellen; ⟨mit Verbalsubstantiven auch attr.:⟩ -s Zusammengehen.

Paar|ze|her, der; -s, - (Zool.): *Paarhufer.*

Pace [peɪs], die; - [engl. pace < mengl. pas < (a)frz. pas, ↑Pas] (Sport): *Tempo eines Rennens, bes. eines Pferderennens, eines Ritts:* die P. war hoch; [die] P. machen *(ein schnelles Tempo vorlegen u. damit das Tempo des Feldes bestimmen).*

Pace|ma|cher, der (Pferdesport): *Pferd, das die Pace macht.*

Pace|ma|ker [ˈpeɪsmeɪkə], der; -s, - [engl. pacemaker]: **1.** (Pferdesport) *Pacemacher.* **2.** (Med.) *Herzschrittmacher.*

Pacht, die; -, -en [in westmd. Lautung hochsprachlich geworden, mhd. pfaht(e) < vlat. pacta (Fem. Sg.), eigtl. Neutr. Pl. von lat. pactum, ↑Pakt]: **1.** ⟨Pl. selten⟩ **a)** *mit dem Eigentümer gegen Entgelt vertraglich vereinbarte (befristete) Nutzung einer Sache:* etw. in P. haben *(gepachtet haben);* **b)** *bestehender Pachtvertrag:* die P. läuft ab. **2.** *Pachtzins:* eine hohe P.; die P. zahlen.

pạch|ten ⟨sw. V.; hat⟩ [westmd. pachten, mhd. pfahten = gesetzlich od. vertraglich bestimmen]: *etw. im Rahmen einer Pacht* (1 a) *übernehmen:* Land, ein Lokal p.; eine Jagd gepachtet haben; Ü er tut so, als habe er die Klugheit für sich gepachtet (ugs.; *als sei nur er allein äußerst klug*).

Pặch|ter, der; -s, -: *jmd., der etw. gepachtet hat.*

Pặch|te|rin, die; -, -nen: w. Form zu ↑Pächter.

Pạcht|geld, das: vgl. Pachtzins.

Pạcht|gut, das: *gepachtetes bzw. verpachtetes [Land]gut.*

Pạcht|land, das ⟨o. Pl.⟩: vgl. Pachtgut.

Pạcht|ver|trag, der: *schriftlicher Vertrag über eine Pacht* (1 a).

Pạcht|zins, der: *vertraglich festgelegtes, regelmäßig zu zahlendes Entgelt für die Pacht* (1 a).

¹Pạck, der; -[e]s, -e u. Päcke [aus dem Niederd. < mniederl. pac]: *weniger umfänglicher Packen bes. von kleineren Dingen gleicher od. ähnlicher Art:* ein P. Wäsche; ein P. alte[r] Bücher.

²Pạck, das; -[e]s [urspr. = Gepäck, das im Tross mitgeführt wird; Tross, zu ↑¹Pack; vgl. Bagage (2)] (salopp abwertend): *Gruppe von Menschen, die als asozial, verkommen o. Ä. verachtet, abgelehnt wird:* ein freches P.; so ein P.!; **Spr** P. schlägt sich, P. verträgt sich.

Pa|ckage|tour [ˈpɛkɪtʃ..., engl.: ˈpækɪdʒ...], die; -, -en [engl. package tour, aus: package = Paket (zu: to pack = ein-, verpacken) u. tour = (Rund)reise]: *durch ein Reisebüro bis ins Einzelne organisierte Reise, die jmd. im eigenen Auto unternimmt.*

Pặck|chen, das; -s, -: **1. a)** *kleiner Pack[en]; etw. mit Papier Umhülltes [u. Verschnürtes]:* ein P. alter Briefe; *** **sein P. zu tragen haben** (ugs.; *seine Sorgen haben, seine Bürde zu tragen haben*); **b)** (Seemannsspr.) *Packen mit den Stücken der Uniform od. Arbeitskleidung.* **2.** *kleine Packung [aus weichem od. flexiblem Material], die eine bestimmte kleinere Menge einer Ware fertig abgepackt enthält:* ein P. Tabak. **3.** *fest verpackte, nicht sehr große Postsendung, kleines Paket (mit einem bestimmten Höchstgewicht):* ein P. zur Post bringen.

Pạck|eis, das: *Eis[massen] aus zusammen- u. übereinander geschobenen Eisschollen:* im P. festsitzen.

pa|ckeln ⟨sw. V.; hat⟩ [zu österr. Pack = Pakt] (österr. ugs. abwertend): *[heimlich] mit jmdm. paktieren.*

pa|cken ⟨sw. V.; hat⟩ [1: aus dem Niederd. < mniederd. paken, zu ↑¹Pack; 2: gek. aus ↑anpacken; 3: eigtl. = sich bepacken, um fortzugehen]: **1. a)** *mit etw. füllen, indem hineingetan wird, was nötig ist, was hineingehört:* den Schulranzen p.; seine Sachen p. *(zusammenpacken, -legen u. in etw. unterbringen, worin es transportiert werden soll);* ⟨auch o. Akk.-Obj.:⟩ ich muss noch p. *(Koffer o. Ä. für die Reise packen);* Ü etw. ist gepackt (ugs.; *gedrängt*) voll; **b)** *etw. irgendwohin legen, stecken, schieben u. so dort unterbringen:* Kleider in den Koffer p.; etw. obenauf p.; Ü (ugs.:) die Kranke ins Bett p. **2. a)** *mit festem Griff od. Biss fassen u. festhalten:* das Raubtier packt mit seinen Zähnen die Beute; jmds. Arm, jmdn. am Arm, beim Arm p., gepackt halten; Ü der Sturm packte ihn und riss ihn zu Boden; **b)** *(bes. von einem Gefühl, einer Gemütsbewegung, [körperlichen] Veränderung) heftig von jmdm. Besitz ergreifen, jmdn. überkommen:* Fieber packte sie; von Entsetzen gepackt werden; ⟨oft unpers.:⟩ es hat ihn gepackt *(eine Krankheit, Leidenschaft o. Ä. hat von ihm Besitz ergriffen);* die beiden hat es ganz schön gepackt (ugs.; *sie sind verliebt*); **c)** *jmds. Interesse, Aufmerksamkeit stark in Anspruch nehmen, fesseln* (2): er versteht es, seine Zuhörer zu p.; ⟨oft im 1. Part.:⟩ ein packender Roman; ein packendes Finish; **d)** *auf jmdn. einwirken u. ihn zu einem bestimmten Verhalten veranlassen:* sie weiß genau, wo sie einen p. kann; **e)** (ugs.) *(mit den verfügbaren Kräften, mit äußerster Anstrengung) schaffen, erreichen:* den Bus gerade noch p.; die Lehre p.; packen wirs noch? *(schaffen wir es noch rechtzeitig?);* **f)** (salopp) *begreifen, verstehen:* hast dus endlich gepackt? **3.** ⟨p. + sich⟩ (ugs.) *sich fortscheren:* pack dich!

Pa|cken, der; -s, - [älter: Packe, aus mniederd. packe, Nebenf. von ↑¹Pack]: *ein Ganzes von fest aufeinander gelegten, aufeinander geschichteten [u. zusammengebundenen, -gehaltenen] Dingen:* ein P. Wäsche, alte[r] Bücher; Ü er hat sich einen großen P. (ugs.; *eine Menge*) Arbeit aufgehalst.

pa|cken|wei|se ⟨Adv.⟩: *in Packen:* die Bücher p. wegtragen.

Pa|cker, der; -s, -: **1. a)** *Arbeiter, der in einem Betrieb Waren verpackt u. versandfertig macht* (Berufsbez.); **b)** *Möbelpacker.* **2.** (Jägerspr.) *Hetzhund zum Packen u. Festhalten von Sauen.*

Pa|cke|rei, die; -, -en: **1.** *Abteilung eines Betriebes, in der Waren verpackt u. versandfertig gemacht werden.* **2.** ⟨o. Pl⟩ (ugs. abwertend) *[dauerndes, lästiges] Packen* (1 a).

Pa|cke|rin, die; -, -nen: w. Form zu ↑Packer (1 a).

Pạck|esel, der (ugs.): *Lastesel.*

Pạck|na|del, die: *sehr starke Nähnadel für grobe Stoffe o. Ä.*

Pạck|pa|pier, das: *festes Papier zum Verpacken von Gegenständen.*

Pạck|pferd, das: *Lastpferd.*

Pạck|raum, der: *Raum, in dem Waren verpackt [u. versandfertig gemacht] werden.*

Pạck|sat|tel, der: *Sattel zum Aufpacken von Lasten, Gepäck.*

Pạck|schnee, der: *an der windabgewandten Seite von Hängen im Gebirge liegender [feiner] Schnee.*

Pạck|set, das: *von der Post angebotener Faltkarton mit Kordel u. Aufkleber (in verschiedenen Größen) für Pakete u. Päckchen.*

Pạck|tisch, der: *Arbeitstisch, auf dem Waren verpackt, eingepackt werden.*

Pa|ckung, die; -, -en [zu ↑packen (1)]: **1. a)** *Hülle, Umhüllung, worin eine Ware in abgezählter, abgemessener Menge fertig abgepackt ist:* etw. aus der P. nehmen; **b)** *Packung* (1 a), *Schachtel mit der Ware[nmenge], die sie enthält:* eine kleine P.; eine P. Tee kaufen; er raucht täglich eine P. [Zigaretten] *(den Inhalt einer Packung).* **2.** *Umhüllung (von Körperteilen) mit Tüchern, um Feuchtigkeit, Hitze, Kälte usw. heilend od. kosmetisch auf den Körper einwirken zu lassen:* heiße -en. **3. a)** (Sport Jargon) *hohe Niederlage:* die Mannschaft hat eine gehörige, böse P. bekommen, bezogen; **b)** *Tracht Prügel:* eine tüchtige P. kriegen. **4.** (schweiz.) **a)** *Gepäck:* nur die nötigste P. mitnehmen; **b)** (Milit.) *Ausrüstung:* Soldaten in leichter P. **5.** (Bauw.) *Steinschicht als Grund-, Unterlage.* **6.** (Technik) *aus dem dichtenden Material bestehender, eine Welle* (5) *o. Ä. ringförmig umgebender Teil einer ¹Dichtung* (2).

Pạck|wa|gen, der: **1.** *Gepäckwagen.* **2.** (früher) *Wagen, Fuhrwerk für Gepäck.*

Pạck|zet|tel, der (Wirtsch.): **1.** *verpackten Waren beigefügter Zettel mit einem Verzeichnis.* **2.** *Zettel in Packungen* (1 a) *mit Angaben, die die Qualitätskontrolle gewährleisten bzw. Nachprüfungen ermöglichen.*

Pad [pɛd], das; -s, -s [engl. pad = (Schreib)unterlage, (Schreib)block; Bausch, älter = Strohbündel, Streu, H. u., viell. aus dem Niederd.]: **1.** (EDV) *Mauspad.* **2.** (Kosmetik) *rundes Läppchen, kleiner Bausch aus Watte o. Ä. zum Reinigen des Gesichts od. zum Auftragen von Puder o. Ä.*

Pä|da|go|ge, der; -n, -n [lat. paedagogus < griech. paidagōgós = Betreuer, Erzieher der Knaben; urspr. = Sklave, der die Kinder auf dem Schulweg begleitete, zu: paĩs (Gen.: paidós) = Kind, Knabe u. agōgós = führend; Führer, zu: ágein = führen] (bildungsspr.): **1.** *Erzieher, Lehrer (mit entsprechender pädagogischer Ausbildung):* ein guter P. **2.** *Wissenschaftler auf dem Gebiet der Pädagogik.*

Pä|da|go|gik, die; - [griech. paidagōgikḗ (téchnē) = Erziehungskunst]: *Wissenschaft von der Erziehung u. Bildung:* P. studieren.

Pä|da|go|gi|kum, das; -s, ...ka [nlat. (testamen) paedagogicum]: *Prüfung in Erziehungswissenschaften für Lehramtskandidaten.*

Pä|da|go|gin, die; -, -nen: w. Form zu ↑Pädagoge.

pä|da|go|gisch ⟨Adj.⟩ [griech. paidagōgikós]: **1.** *die Pädagogik betreffend, zu ihr gehörend; auf dem Gebiet der Pädagogik; auf der Pädagogik beruhend, ihr eigentümlich:* die -en Hochschulen; eine gute -e Ausbildung haben. **2. a)** *erzieherisch* (a): -e Fähigkeiten; er hat p. versagt; **b)** *erzieherisch* (b): -e Maßnahmen; es ist nicht sehr p. von ihr, den Sohn vor anderen Leuten zu bestrafen.

pä|da|go|gi|sie|ren ⟨sw. V.; hat⟩: **a)** *unter pädagogischen Aspekten sehen;* **b)** *für pädagogische Zwecke auswerten.*

Pạd|del, das; -s, - [engl. paddle, H. u.]: *Stange mit breitem Blatt an einem od. an jedem Ende zur Fortbewegung eines Bootes:* das P. eintauchen.

Pạd|del|boot, das: *kleines Boot, das mit Paddeln fortbewegt wird:* P., mit dem P. fahren.

pạd|deln ⟨sw. V.⟩ [engl. to paddle]: **a)** *mit dem Paddel das Boot vorwärts bewegen; Paddelboot fahren* ⟨hat/ist⟩: wir haben/(auch:) sind gestern [stundenlang] gepaddelt; **b)** *sich paddelnd, mit dem Paddelboot irgendwohin bewegen* ⟨ist⟩: wir sind über den See gepaddelt; Ü der Hund paddelt ans Ufer.

Pạd|del|sport, der: *sportlich betriebenes Paddeln.*

Pạdd|ler, der; -s, -: *jmd., der paddelt.*

Pạdd|le|rin, die; -, -nen: w. Form zu ↑Paddler.

Pad|dock [ˈpɛdɔk], der; -s, -s [engl. paddock]: *an den Stall anschließender, umzäunter Auslauf* (2 b), *bes. für Pferde.*

Pä|de|rast, der; -en, -en [griech. paiderastḗs, zu: paĩs (↑Pädagoge) u. erastḗs = Liebhaber]: *Homosexueller mit bes. auf männliche Kinder u. Jugendliche gerichtetem Sexualempfinden.*

Pä|de|ras|tie, die; - [griech. paiderastía]: *Sexualempfinden der Päderasten.*

Pä|di|a|ter, der; -s, - [zu griech. iatrós = Arzt] (Med.): *Facharzt für Pädiatrie; Kinderarzt.*

Pä|di|a|trie, die; - [zu griech. iatreía = Heilkunde] (Med.): *Kinderheilkunde.*

pä|di|a|trisch ⟨Adj.⟩: *die Pädiatrie betreffend, zu ihr gehörend.*

Pä|do, der; -s, -s [kurz für ↑Pädosexuelle(r), -phile(r)] (Jargon): *pädosexueller, pädophiler Mensch.*

pä|do|phil ⟨Adj.⟩ (Med., Psych.): *die Pädophilie betreffend:* -e Neigungen, Handlungen, Beziehungen.

Pä|do|phi|le, der u. die; -n, -n ⟨Dekl. ↑Abgeordnete⟩: *pädophil empfindender Mensch.*

Pä|do|phi|lie, die; - [zu griech. philía = Zuneigung] (Med., Psych.): *sexuelle Neigung Erwachsener zu Kindern od. Jugendlichen beiderlei Geschlechts.*

Pä|do|se|xu|el|le, der u. die; -n, -n ⟨Dekl. ↑Abgeordnete⟩: *Pädophile.*

Pa|dre, der; -, ...dri u. -s [ital., span. padre < lat. pater, ↑Pater]: *Titel der [Ordens]priester in Italien u. Spanien.*

Pa|dua: Stadt in Italien.

Pa|el|la [paˈɛlja], die; -, -s [span. paella, eigtl. = Kasserolle < afrz. paële < lat. patella = Schüssel, Platte]: **1.** *spanisches Gericht aus Reis mit verschiedenen Fleisch- u. Fischsorten, Muscheln, Krebsen u. Gemüsen.* **2.** *zur Zubereitung der Paella* (1) *verwendete eiserne Pfanne.*

paff: **1.** ⟨Interj.⟩ lautm. für den Knall bei einem Schuss o. Ä.: piff, p., puff! **2.** (landsch.) ↑baff.

paf|fen ⟨sw. V.; hat⟩ [lautm.] (ugs.): **a)** *Zigaretten, Pfeife o. Ä. rauchen [u. den Rauch dabei stoßweise ausblasen]:* er raucht nicht, er pafft *(raucht, ohne zu inhalieren);* musst du den ganzen Tag p. (abwertend; *rauchen*)?; **b)** *[stoßweise*

P

den Rauch ausblasend] rauchen: eine Zigarre, gemütlich seine Pfeife p.

pag. = Pagina.

Pa|ga|nis|mus, der; -, ...men [1: mlat. paganismus]: **1.** ⟨o. Pl.⟩ *Heidentum.* **2.** *heidnisches Element im christlichen Glauben u. Brauchtum.*

Pa|ge ['pa:ʒə], der; -n, -n [frz. page = Edelknabe, H. u.]: **1.** *junger, livrierter [Hotel]diener.* **2.** (hist.) *Edelknabe, junger Adliger im Dienst an einem Fürstenhof.*

Pa|gen|kopf, der: *kurze, glatte Frisur, bei der das Haar Stirn u. Ohren bedeckt.*

Pa|ger ['peɪdʒə], der; -s, - [engl. pager, zu: to page = jmdn. ausrufen lassen] (Funkw.): *Funkgerät, das durch akustische od. optische Signale anzeigt, dass eine Meldung, ein Rückruf gewünscht wird.*

Pa|gi|na, die; -, -s u. ...nä [lat. pagina, zu: pangere = zusammenfügen] (veraltet): *[Buch]seite, bes. mit Zahlenangabe* (meist als Abk.: p[ag]. = S.): Band III, pag. 84.

pa|gi|nie|ren ⟨sw. V.; hat⟩ (Schrift- u. Buchw.): *mit Seitenzahlen versehen:* ein Manuskript p.

Pa|gi|nier|ma|schi|ne, die (Schrift- u. Buchw.): *Maschine, Gerät zum Paginieren.*

Pa|gi|nie|rung, die; -, -en (Schrift- u. Buchw.): **1.** ⟨o. Pl.⟩ *das Paginieren.* **2.** *Gesamtheit der Seitenzahlen (mit denen Geschriebenes, Gedrucktes versehen ist).*

Pa|go|de, die; -, -n [frz. pagode < port. pagode < drawidisch pagōdi < sanskr. bhagavatī = göttlich, heilig]: **1.** *ostasiatischer Tempel von [vier]eckiger, turmartiger, sich nach oben verjüngender Form mit vielen Stockwerken, von denen jedes ein ausladendes Dach hat.* **2.** (auch: der; -n, -n) (veraltet) *kleines ostasiatisches Götterbild (bes. in Form einer sitzenden Porzellanfigur mit nickendem Kopf u. beweglichen Händen).*

pah ⟨Interj.⟩: Ausruf der Geringschätzung: p., diese Leute interessieren mich nicht.

Pail|let|te [pai̯'jɛtə], die; -, -n [frz. paillette, eigtl. Vkl. von: paille = Stroh < lat. palea] (Mode): *glänzendes, gelochtes Metallblättchen für Applikationen (bes. auf Kleidern).*

pail|let|ten|be|setzt ⟨Adj.⟩: *mit Pailletten besetzt.*

Paint|ball ['peɪntbɔl], der; -[s][engl. paintball]: *einen militärischen Kampf simulierendes Spiel, bei dem zwei Mannschaften mit Patronen, die mit Farbe gefüllt sind, aufeinander schießen.*

pair [pɛ:ɐ̯] ⟨Adj.⟩ [frz. pair < afrz. per < lat. par, ↑Paar]: *(von den Zahlen beim Roulette) gerade.*

Pair, der; -s, -s [frz. pair, eigtl. = Ebenbürtiger] (hist.): *Mitglied des französischen Hochadels.*

P

Pak, die; -, -, auch: -s (Milit.): **1.** Kurzwort für ↑Panzerabwehrkanone. **2.** ⟨o. Pl.⟩ *mit Panzerabwehrkanonen ausgerüstete Artillerie.*

Pa|ket, das; -[e]s, -e [frz. paquet, zu älter: pacque = Bündel, Ballen, Packen < niederl. pac, ↑¹Pack; 4: nach gleichbed. engl. package, zu: to pack = (ab-, ein-, ver)packen]: **1.** *mit Papier o. Ä. umhüllter [u. verschnürter] Packen; etw. in einen Karton o. Ä. Eingepacktes:* ein P. Wäsche; das P. aufschnüren. **2.** *größere Packung, die eine bestimmte größere Menge einer Ware fertig abgepackt enthält:* ein P. Waschpulver. **3.** *fest verpackte, größere Postsendung (mit einem nach Ober- u. Untergrenze festgelegten Gewicht):* ein P. verschnüren, aufgeben, [ab]schicken, zustellen. **4.** (bes. Wirtsch., Politik Jargon) *größere Gesamtheit von Dingen, Teilen, Vorschlägen usw. in verbindlicher Zusammenstellung:* ein P. Aktien *(Aktienpaket);* ein P. von Forderungen. **5.** (Rugby) *dichte Gruppierung von Spielern beider Mannschaften um den Spieler, der den Ball trägt.*

Pa|ket|adres|se, die: *auf ein Postpaket aufzuklebendes, gummiertes, weißes Blatt mit Vordruck für die Eintragung von Adresse u. Absender.*

Pa|ket|an|nah|me, die: **1.** ⟨o. Pl.⟩ *Annahme u. Abfertigung von Paketen (3), die verschickt werden sollen.* **2.** *Paketschalter.*

Pa|ket|auf|schrift, die: *Aufschrift, Adresse auf einem Postpaket.*

Pa|ket|aus|ga|be, die: **1.** ⟨o. Pl.⟩ *Ausgabe von eingetroffenen Paketen an Abholer.* **2.** *Stelle, an der eine Paketausgabe (1) erfolgt.*

Pa|ket|dienst, der: *Postdienst für die Beförderung von Paketen.*

pa|ke|tie|ren ⟨sw. V.; hat⟩ (Fachspr.): *zu Paketen, Packungen ab-, verpacken:* Lebensmittel p.

Pa|ke|tier|ma|schi|ne, die: *Maschine zum Paketieren von Waren.*

Pa|ket|kar|te, die: *einem Postpaket beigegebene Karte für bestimmte Angaben (Adresse, Absender usw.).*

Pa|ket|lö|sung, die (bes. Wirtsch., Politik Jargon): *Lösung für etw. im Paket (4):* für etw. eine P. anbieten.

Pa|ket|post, die: *Postdienst für die Beförderung von Paketen u. Postgut:* zwei Leute der P. sind in Urlaub; die P. *(Angestellter mit dem entsprechenden Fahrzeug)* ist unterwegs.

Pa|ket|schal|ter, der: *Postschalter für die Paketannahme* (1).

Pa|ket|sen|dung, die: *Postsendung in Form eines Paketes.*

Pa|ket|zu|stel|ler, der: *Zusteller von Paketsendungen.*

Pa|ket|zu|stel|le|rin, die: w. Form zu ↑Paketzusteller.

Pa|ket|zu|stel|lung, die: *Zustellung von Paketsendungen.*

Pak|ge|schütz, das (Milit.): *Geschütz der Pak* (2).

Pa|kis|tan, -s: Staat in Vorderindien.

Pa|kis|ta|ner, der; -s, -: Ew.

Pa|kis|ta|ne|rin, die; -, -nen: w. Form zu ↑Pakistaner.

¹Pa|kis|ta|ni, der; -[s], -[s]: Ew.

²Pa|kis|ta|ni, die; -, -[s]: w. Form zu ↑¹Pakistani.

pa|kis|ta|nisch ⟨Adj.⟩: *Pakistan, die Pakistaner betreffend, von den Pakistanern stammend, zu ihnen gehörend.*

Pakt, der; -[e]s, -e,[lat. pactum, subst. 2. Part. von: pacisci = (vertraglich) vereinbaren]: **1.** *Bündnis zwischen Staaten:* ein militärischer P.; einem P. beitreten, angehören. **2.** *[vertragliche] Vereinbarung, Übereinkunft:* Fausts P. mit dem Teufel.

pak|tie|ren ⟨sw. V.; hat⟩ (oft abwertend): *eine Vereinbarung, Übereinkunft treffen u. befolgen:* mit dem Feind p.

Pak|tie|rer, der; -s, - (abwertend): *jmd., der mit jmdm. paktiert.*

Pak|tie|re|rin, die; -, -nen: w. Form zu ↑Paktierer.

pa|lä-, Pa|lä-: ↑paläo-, Paläo-.

Pa|lä|an|thro|po|lo|gie, die; - [zu griech. palaiós (↑paläo-, Paläo-) u. ↑Anthropologie]: *auf fossile Funde gegründete Wissenschaft vom vorgeschichtlichen Menschen u. seinen Vorgängern.*

Pa|lä|ark|tis, die; - [↑Arktis] (Geogr.): *geozoologisches Gebiet, das Eurasien u. Nordafrika umfasst.*

Pa|la|din, der; -s, -e [frz. paladin < ital. paladino < mlat. (comes) palatinus, zu (spät)lat. palatinus = zum kaiserlichen Palast, Hof gehörig, zu: palatium, ↑Palast]: **1.** *(in der Karlssage) Ritter des Kreises von zwölf Helden am Hof Karls des Großen.* **2.** (bildungsspr., oft spött.) *treuer Gefolgsmann, Anhänger [aus dem Kreis um jmdn.].*

Pa|lais [pa'lɛ:], das; - [...ɛ:(s)], - [...ɛ:s; (a)frz. palais, ↑Palast]: *repräsentatives, schlossartiges [Wohn]gebäude.*

pa|läo-, Pa|läo-, (vor Vokalen gelegtl.:) palä-, Palä- [griech. palaiós] ⟨Best. in Zus. mit der Bed.⟩: *alt, altertümlich, ur-, Ur-* (z. B. Paläanthropologie, paläontologisch, Paläozoikum).

Pa|läo|an|thro|po|lo|gie: ↑Paläanthropologie.

Pa|läo|ark|tis: ↑Paläarktis.

Pa|läo|bio|lo|gie, die; -: *Wissenschaft von den fossilen tierischen u. pflanzlichen Organismen.*

Pa|läo|bo|ta|nik, die; -: *Wissenschaft von den fossilen Pflanzen.*

pa|läo|gen ⟨Adj.⟩ (Geol.): *das Paläogen betreffend.*

Pa|läo|gen, das; -s [zu griech. -genés = hervorbringend] (Geol.): *Formation des Tertiärs.*

Pa|läo|geo|gra|phie, die; -: *Wissenschaft von der geographischen Gestalt der Erdoberfläche in früheren erdgeschichtlichen Zeiten.*

Pa|läo|gra|phie, die; - [↑-graphie]: *Wissenschaft von den Formen u. Mitteln sowie der Entwicklung der im Altertum u. Mittelalter gebräuchlichen Schriften.*

Pa|läo|kli|ma|to|lo|gie, die; -: *Lehre von den Klimaten der Erdgeschichte.*

Pa|läo|lith [auch: ...'lɪt], der; -s u. -en, -e[n] [↑-lith]: *Steinwerkzeug des Paläolithikums.*

Pa|läo|li|thi|ker [auch: ...'lɪt...], der; -s, -: *Mensch des Paläolithikums.*

Pa|läo|li|thi|kum [auch: ...'lɪt...], das; -s [zu griech. líthos = Stein]: *ältester Abschnitt der Steinzeit; Altsteinzeit.*

pa|läo|li|thisch [auch: ...'lɪt...] ⟨Adj.⟩: *das Paläolithikum, die Altsteinzeit betreffend.*

Pa|lä|on|to|lo|gie, die; - [zu griech. ṓn (Gen.: óntos) = seiend u. ↑-logie]: *Wissenschaft von den Lebewesen vergangener Erdzeitalter.*

pa|lä|on|to|lo|gisch ⟨Adj.⟩: *die Paläontologie betreffend.*

Pa|läo|phy|ti|kum, das; -s [zu griech. phytón = Pflanze]: *das Altertum in der erdgeschichtlichen Entwicklung der Pflanzenwelt.*

pa|lä|o|zän ⟨Adj.⟩ (Geol.): *das Paläozän betreffend.*

Pa|lä|o|zän, das; -s [zu griech. kainós = neu (= älteste Abteilung der Erdneuzeit)] (Geol.): *älteste Abteilung des Tertiärs.*

Pa|läo|zo|i|kum, das; -s [zu griech. zōon = Lebewesen]: *Kambrium u. Perm umfassendes erdgeschichtliches Altertum; Erdaltertum.*

pa|läo|zo|isch ⟨Adj.⟩: *das Paläozoikum betreffend.*

Pa|läo|zo|o|lo|gie, die; -: *Wissenschaft von den fossilen Tieren.*

Pa|las, der; -, -se [↑Palast] (Archit.): *Hauptgebäude der mittelalterlichen Burg mit Wohn- u. Festsaal.*

Pa|last, der; -[e]s, Paläste [(mit frühnhd. zugefügtem -t für) mhd. palas < afrz. palais, pales < spätlat. palatium = kaiserlicher Hof < lat. Palatium = Name eines der sieben Hügel Roms, auf dem Kaiser Augustus u. seine Nachfolger ihre Wohnung hatten]: *Schloss, großer Prachtbau (der Feudalzeit):* der P. des Königs; Ü er hat einen P. (ugs. abwertend; *eine pompöse Villa*).

pa|last|ar|tig ⟨Adj.⟩: *wie ein Palast geartet:* ein -er Bau.

Pa|läs|ti|na, -s: Gebiet zwischen Mittelmeer u. Jordan.

Pa|läs|ti|nen|ser, der, -s, -: Araber, der aus Palästina stammt [u. dort jetzt noch lebt].

Pa|läs|ti|nen|ser|füh|rer, der: *Führer (1 a), Vorsitzender der palästinensischen Befreiungsbewegungen.*

Pa|läs|ti|nen|se|rin, die; -, -nen: w. Form zu ↑Palästinenser.

Pa|läs|ti|nen|ser|tuch, das [nach dem von den Palästinensern getragenen Kopftuch]: *großes, um Kopf, Hals u. Schultern geschlagenes Tuch in schwarz-weißer o. ä. Musterung.*

pa|läs|ti|nen|sisch, pa|läs|ti|nisch ⟨Adj.⟩: *Palästina, die Palästinenser betreffend, von den Palästinensern stammend, zu ihnen gehörend.*

Pa|last|re|vol|te, die: *Palastrevolution.*

Pa|last|re|vo|lu|ti|on, die (Politik): *Umsturzversuch von Personen in der nächsten Umgebung eines Herrschers:* Ü im Betrieb gab es eine P. *(lehnten sich die Angestellten gegen den Chef auf).*

Pa|last|wa|che, die: *Wache, die den Palast bewacht.*

pa|la|tal ⟨Adj.⟩ [zu lat. palatum = Gaumen]: **1.** (Med.) *den Gaumen betreffend.* **2.** (Sprachw.) *(von Lauten) am vorderen Gaumen gebildet.*

Pa|la|tal, der; -s, -e (Sprachw.): *am vorderen Gaumen gebildeter Laut* (z. B. k).

pa|la|ta|li|sie|ren ⟨sw. V.; hat⟩ (Sprachw.): **1.** *Konsonanten durch Anhebung des vorderen Zungenrückens gegen den vorderen Gaumen erweichen.* **2.** *einen nicht palatalen Laut in einen palatalen umwandeln.*

Pa|la|ta|li|sie|rung, die; -, -en (Sprachw.): *das Palatalisieren.*

Pa|la|tal|laut, der (Sprachw.): *Palatal.*

Pa|lat|schin|ke, die; -, -n ⟨meist Pl.⟩ [ung. palacsinta < rumän. plăcintă < lat. placenta, ↑Plazenta] (österr.): *dünner, zusammengerollter [u. mit Marmelade o. Ä. gefüllter] Eierkuchen.*

Pa|la|ver, das; -s, - [engl. palaver, über ein Wort einer afrik. Spr. mit der Bed. »religiöse od. gerichtliche Versammlung« < port. palavra = Wort; Erzählung < lat. parabola, ↑Parabel]: **1.** (ugs. abwertend) *endloses wortreiches, meist überflüssiges Gerede; nicht enden wollendes Verhandeln, Hin-und-her-Gerede:* ein großes P. [um etw.] machen; ein langes P. *(eine mit viel Gerede vor sich gehende Versammlung)* abhalten. **2.** (landsch.) *Geschrei, Gelärme.*

pa|la|vern ⟨sw. V.; hat⟩ (ugs. abwertend): *sich lange in wortreichem, meist überflüssigem Gerede ergehen; lange, oft fruchtlose Verhandlungen führen:* mit jmdm. über etw. p.

Pa|laz|zo, der; -[s], ...zzi [ital. palazzo < spätlat. palatium, ↑Palast]: ital. Bez. für *Palast.*

Pa|le, die; -, -n [H. u.] (nordd.): [1]*Schote.*

Pa|le|o|zän: ↑Paläozän.

Pa|ler|mo: Stadt auf Sizilien.

Pa|le|tot ['paləto, auch: pal'to:], der; -s, -s [frz. paletot = weiter Überrock < mengl. paltok = Überrock, Kittel, H. u.]: **1.** *leicht taillierter, zweireihiger Herrenmantel [mit Samtkragen].* **2.** *dreiviertellanger Damen- od. Herrenmantel.*

Pa|let|te, die; -, -n [frz. palette, eigtl. = kleine Schaufel, zu lat. pala = Schaufel]: **1. a)** *[ovale] Platte, Scheibe mit einem Loch für den Daumen, die der Maler auf die Hand nimmt, um darauf die Farben zu mischen:* Farben auf der P. mischen; Ü eine bunte P. *(Vielfalt, Skala)* von Farben; **b)** (bildungsspr., Werbespr.) *reiche, vielfältige Auswahl; Vielfalt, wie sie angeboten wird bzw. sich anbietet, sich zeigt:* einige Beispiele aus der P. unseres Angebots. **2.** (Technik, Wirtsch.) *flacher Untersatz für das Transportieren u. Stapeln von Gütern mit dem Gabelstapler.*

pa|let|ti [H. u.]: in der Verbindung **[es ist] alles p.** (ugs.; *[es ist] alles in Ordnung*).

Pa|lin|drom, das; -s, -e [zu griech. palíndromos = rückwärts laufend]: *sinnvolle Folge von Buchstaben, Wörtern od. Versen, die rückwärts gelesen gleich lauten bzw. ebenfalls einen Sinn ergeben* (z. B. Geistsieg–Geistsieg, Regal–Lager).

Pa|li|sa|de, die; -, -n [frz. palissade, zu lat. palus = Pfahl]: **1.** ⟨meist Pl.⟩ *langer, oben zugespitzter Pfahl, der mit anderen zusammen zur Befestigung in dichter Reihe in den Boden gerammt wird:* die -n niederreißen. **2.** *Befestigungsanlage, Wand aus Palisaden* (1). **3.** (Pferdesport) *hohes Hindernis aus dicht nebeneinander senkrecht angeordneten Brettern.*

Pa|li|sa|den|pfahl, der: *Palisade* (1).

Pa|li|sa|den|wand, die: *Wand aus Palisaden* (1).

Pa|li|sa|den|zaun, der: vgl. Palisadenwand.

Pa|li|san|der, der; -s, (Sorten:) - [frz. palissandre < niederl. palissander, wohl < span. palo santo, eigtl. = heiliger Pfahl]: *rötlich braunes, von dunklen Streifen durchzogenes, hartes Edelholz eines vor allem in Brasilien beheimateten tropischen Baumes.*

Pa|li|san|der|holz, das: *Palisander.*

Pal|la|di|um, das; -s [engl. palladium, nach dem ein Jahr zuvor (1802) entdeckten Planetoiden Pallas]: *silberweißes Edelmetall (chemisches Element;* Zeichen: Pd).

pal|li|a|tiv ⟨Adj.⟩ [zu spätlat. palliare = mit einem Mantel bedecken] (Med.): *schmerzlindernd; die Beschwerden einer Krankheit lindernd, aber nicht die Ursachen einer Krankheit bekämpfend:* -e Mittel.

Pal|li|um, das; -s, ...ien [lat. pallium = weiter Mantel]: **1.** (kath. Kirche) *über dem Messgewand getragenes weißes Band mit sechs schwarzen Kreuzen als päpstliches u. erzbischöfliches Insigne.* **2. a)** *(im Mittelalter) [bei der Krönung getragener] Mantel der Könige u. Kaiser;* **b)** *(im antiken Rom) mantelartiger Umhang der Männer.* **3.** (Biol.) *Großhirnrinde.*

Palm, der; -s, -e ⟨Pl. selten⟩ [landsch. Nebenf. von ↑Palme] (landsch.): *Buchsbaumzweige o. Ä. (die nach katholischem Brauch am Palmsonntag gesegnet werden).*

Palm|art: ↑Palmenart.

Pal|ma|rum ⟨o. Art.; indekl.⟩ [vgl. Palmsonntag] (ev. Kirche): *Palmsonntag.*

Palm|blatt, Palmenblatt, das: *Blatt einer Palme* (1).

Palm|bu|schen, der (südd., österr.): *[an einer Stange befestigtes] bunt geschmücktes Gebinde aus verschiedenartigen Zweigen, das am Palmsonntag in der katholischen Kirche gesegnet wird.*

Pal|me, die; -, -n [1: mhd. palm(e), ahd. palma < lat. palma, eigtl. = flache Hand; nach der Ähnlichkeit des Palmenblattes mit einer gespreizten Hand; 2: nach dem altröm. Brauch, den Sieger mit einem Palmzweig zu ehren]: **1.** *(in tropischen u. subtropischen Regionen beheimateter in zahlreichen Arten vorkommender) Baum mit meist langem, unverzweigtem Stamm u. großen gefiederten od. handförmig gefächerten [in einem Schopf* (3) *stehenden] Blättern:* * **jmdn. auf die P. bringen** (ugs.; *jmdn. aufbringen, wütend machen, erzürnen*); **auf die P. gehen** (ugs.; *wütend werden*); **auf der P. sein** (ugs.; *aufgebracht, wütend sein*). **2.** (geh.) *Siegespreis:* ihm gebührt die P. [des Siegers]; die P. erringen, erhalten.

Pal|men|art, Palmart, die: *Art* (4 b) *von Palmen.*

pal|men|ar|tig ⟨Adj.⟩: *einer Palme ähnlich:* -e Blätter.

Pal|men|blatt: ↑Palmblatt.

Pal|men|fa|ser: ↑Palmfaser.

Pal|men|hain, der: *aus Palmen bestehender Hain.*

Pal|men|haus, das: *hohes Gewächshaus mit tropischen Pflanzen, bes. Palmen.*

Pal|men|her|zen: ↑Palmherzen.

Pal|men|mark: ↑Palmmark.

Pal|men|we|del: ↑Palmwedel.

Pal|men|wein: ↑Palmwein.

Pal|men|zweig: ↑Palmzweig (1).

Pal|met|te, die; -, -n [frz. palmette, Vkl. von: palme < lat. palma, ↑Palme]: **1.** (Kunstwiss.) *palmblattähnliches, streng symmetrisches Ornament griechischen Ursprungs.* **2.** (Gartenbau) *meist an Wandflächen gezogener Spalierobstbaum mit U-förmig wachsenden Zweigen.*

Palm|fa|ser, Palmenfaser, die: *(gewerblich genutzte) grobe Blattfaser von bestimmten Palmen.*

Palm|her|zen, Palmenherzen ⟨Pl.⟩ (Gastr.): *als Gemüse, Salat zubereitetes* [3]*Mark* (1 a) *der Blattstiele bestimmter Palmen.*

pal|mie|ren ⟨sw. V.; hat⟩ [zu lat. palma = (flache) Hand (↑Palme); vgl. gleichbed. engl. to palm]: **1.** *(bei einem Zaubertrick) in der Handfläche verbergen, hinter der Hand verschwinden lassen.* **2.** (Med.) *beide Augen mit den Handflächen bedecken.*

Pal|mi|tin, das; -s: *Ester der Palmitinsäure.*

Pal|mi|tin|säu|re, die ⟨o. Pl.⟩: *feste, gesättigte Fettsäure, die in zahlreichen pflanzlichen u. tierischen Fetten vorkommt.*

Palm|kätz|chen, das: *Kätzchen* (4) *der Salweide.*

Palm|kern, der: *Samenkern der Ölpalme.*

Palm|li|lie, die: *[mittel]amerikanische Pflanze mit großen, weißen Blüten in Trauben u. kräftigen, in einem Schopf* (3) *wachsenden Blättern; Yucca.*

Palm|mark, Palmenmark, das: [3]*Mark* (1 a) *der Palme* (1) *bzw. ihrer Blattstiele.*

Palm|sonn|tag, der [LÜ von mlat. dominica Palmarum; nach kath. Brauch werden an diesem Tag zur Erinnerung an den Einzug Jesu in Jerusalem Palmzweige o. Ä. geweiht] (christl. Kirche): *Sonntag vor Ostern.*

Palm|we|del, Palmenwedel, der: *großes, gefiedertes od. gefächertes Blatt einer Palme.*

Palm|wei|de, die: *Salweide.*

Palm|wein, Palmenwein, der: *Wein aus dem gegorenen, zuckerhaltigen Saft bestimmter Palmen.*

Palm|zweig, Palmenzweig, der: **1.** *Zweig einer Palme.* **2.** (landsch.) *Palm.*

PAL-Sys|tem, das; -s [gek. aus engl. Phase Alternating Line = phasenverändernde Zeile] (Ferns.): *System des Farbfernsehens, das zur richtigen Farbwiedergabe bei der Bildübertragung mit zeilenweiser Umkehrung der Phase eines bestimmten Signals arbeitet.*

Pa|lu|da|ri|um, das; -s, ...ien [zu lat. palus (Gen.: paludis) = Sumpf]: *Behälter, Anlage zur Haltung von Pflanzen u. Tieren, die in Moor u. Sumpf heimisch sind.*

Pal|my|ra: Stadt in der Syrischen Wüste.

Pa|mir [auch: 'pa:mi:ɐ̯], der, auch: das; -[s]: Hochland in Innerasien.

Pamp, der; -s (nordd., ostd.): *Pamps.*

Pam|pa, die; -, -s ⟨meist Pl.⟩ [span. pampa < Quiché (mittelamerik. Indianerspr.) pampa = Ebene]: *ebene, baumarme Grassteppe in Südamerika, bes. in Argentinien:* die Tiere der P.; Ü er wohnt irgendwo in der P. (ugs., oft scherzh.; *ganz weit außerhalb*).

Pam|pa|gras, Pam|pas|gras, das: *(als Zierpflanze kultiviertes) in hohen Stauden wachsendes Gras mit schmalen, langen Blättern u. seidig glänzenden, silberweißen Blütenrispen.*

Pam|pe, die; - [wohl urspr. lautm.] (bes. nordd., md.): **1.** *dicke, breiige Masse aus Sand o. Ä. u. Wasser.* **2.** (meist abwertend) *dicker od. zäher Brei:* das Gemüse war eine einzige P.

Pam|pel|mu|se, die; -, -n [frz. pamplemousse < niederl. pompelmoes < Tamil bambolmas]: **1.** *sehr große, der Grapefruit ähnliche Zitrusfrucht.* **2.** *kleiner Baum mit großen, länglich-eiförmigen Blättern u. mit Pampelmusen* (1) *als Früchten.*

Pam|pel|mu|sen|saft, der: *aus Pampelmusen* (1) *gewonnener Saft.*

Pampf, der; -s, (südd.): *Pamps.*

Pam|phlet, das; -[e]s, -e [frz. pamphlet < engl. pamphlet = Broschüre, H. u.] (bildungsspr. abwertend): *Streit- od. Schmähschrift:* ein politisches P.; ein P. gegen jmdn. schreiben, verfassen.

pam|phle|tis|tisch ⟨Adj.⟩ (bildungsspr. abwertend): *in der Art eines Pamphlets [verfasst]:* eine -e Schrift.

pam|pig ⟨Adj.⟩ [zu ↑Pamp(e)]: **1.** (bes. nordd., ostd.) *breiig; wie Pampe:* die Suppe ist p. **2.** (ugs. abwertend) *in grober Weise frech, patzig:* ein -er Kellner; eine -e Antwort; sie wurde richtig p.

Pamps, der; -[es] [wohl nasalierte Nebenf. von ↑Papp] (landsch., oft abwertend): *dicker, zäher Brei.*

Pam|pu|sche [auch: ...'pu:ʃə], die; -, -n (landsch., bes. nordd.): *Babusche.*

[1]**Pan** (griech. Myth.): Schutzgott der Hirten u. Jäger.

[2]**Pan,** der; -s, -s [poln.] (in Polen): **1.** (früher) *Besitzer eines kleineren Landgutes.* **2.** ⟨o. Art.; o. Pl.⟩ Anrede für einen Herrn (in Verbindung mit dem Namen).

pan-, Pan- [griech. pãn (Gen.: pantós) = ganz, all, jeder, Neutr. von: pãs]: bedeutet in Bildungen mit Substantiven od. Adjektiven *all, ganz, gesamt, völlig:* Pandemie, Paneuropa; panamerikanisch.

Pa|na|de, die; -, -n [frz. panade, eigtl. = Brotsuppe < provenz. panada, zu: pan < lat. panis = Brot] (Kochk.): **a)** *Brei aus Semmelbröseln bzw. Mehl u. geschlagenem Eigelb zum Panieren;* **b)** *breiige Mischung (z. B. aus Mehl, Eiern, Fett mit Gewürzen) als Streck- u. Bindemittel für Farcen* (3).

Pa|na|del|sup|pe, die; -, -n (südd., österr.): *Suppe, Brühe mit einer Einlage aus Weißbrot.*

pan|afri|ka|nisch ⟨Adj.⟩ [↑pan-, Pan-]: *den Panafrikanismus, alle afrikanischen Völker u. Staaten betreffend.*

Pan|afri|ka|nis|mus, der; -: *das Bestreben, die wirtschaftliche u. politische Zusammenarbeit aller afrikanischen Staaten zu verstärken.*

[1]**Pa|na|ma,** -s: Staat in Mittelamerika.

[2]**Pa|na|ma:** Hauptstadt von [1]Panama.

[3]**Pa|na|ma,** der; -s, -s: kurz für ↑Panamahut.

Pa|na|ma|er, der; -s, -: Ew. zu ↑[1,2]Panama.

Pa|na|ma|e|rin, die; -, -nen: w. Form zu ↑Panamaer.

Pa|na|ma|hut, der: *breitrandiger, aus den Blättern der Panamapalme geflochtener Hut.*

pa|na|ma|isch ⟨Adj.⟩: [1,2]*Panama, die Panamaer betreffend, von den Panamaern stammend, zu ihnen gehörend.*

Pa|na|ma|ka|nal, der; -s: Kanal in Mittelamerika.

Pa|na|ma|pal|me, die: *(in Mittelamerika kultivierte) buschige Pflanze mit fächerförmig geteilten, langen Blättern.*

pan|ame|ri|ka|nisch usw.: vgl. panafrikanisch usw.

pan|ara|bisch usw.: vgl. panafrikanisch usw.

Pa|na|ri|ti|um, das; -s, ...ien [spätlat. panaricium] (Med.): *Fingerentzündung.*

pa|na|schie|ren ⟨sw. V.; hat⟩ [frz. panacher = mit buntem Muster versehen; (bunt) mischen, eigtl. = mit einem (bunten) Federbusch zieren, zu: panache = Feder-, Helmbusch]: *bei einer Wahl seine Stimme für Kandidaten verschiedener Parteien abgeben.*

pa|na|schiert ⟨Adj.⟩ (Bot.): *(von grünen Pflanzenblättern) mit weißer Musterung, weißen Flecken versehen.*

Pan|athe|nä|en ⟨Pl.⟩ [griech. Panathḗnaia]: *(im Athen der Antike) zu Ehren der Athene gefeiertes Fest.*

Pan|da, der; -s, -s [aus einer nepalesischen Spr.]: **a)** *(vorwiegend im Himalaja heimisches) Raubtier mit fuchsrotem, an Bauch u. Beinen schwarzbraunem Pelz u. einem dicken, kurzen, katzenartigen Kopf;* **b)** *Bambusbär.*

Pan|da|bär, der (volkst.): *Panda* (b).

Pan|dek|ten ⟨Pl.⟩ [spätlat. pandectes < griech. pandéktēs]: *Sammlung altrömischer Rechtssprüche (als Grundlage der Rechtswissenschaft).*

Pan|de|mie, die; -, -n [zu griech. pãn (↑pan-, Pan-) u. dẽmos = Volk] (Med.): *sich weit ausbreitende, ganze Landstriche, Länder erfassende Seuche; Epidemie großen Ausmaßes.*

pan|de|misch ⟨Adj.⟩ (Med.): *(von Seuchen) sich weit ausbreitend.*

Pan|do|ra: Gestalt der griechischen Mythologie: die Büchse der P. (↑Büchse 1 a).

Pand|schab, das; -s: Landschaft in Vorderindien.

Pand|scha|bi, das; -[s]: *indogermanische Sprache in Nordindien u. Pakistan.*

Pa|neel, das; -s, -e [aus dem Niederd. < mniederd., mniederl. pan(n)ẽl < afrz. panel, wohl zu lat. panis = Türfüllung, eigtl. = (flaches) Brot, Fladen]: **a)** *vertieft liegendes Feld einer Holztäfelung;* **b)** *gesamte Holztäfelung.*

pa|neel|lie|ren ⟨sw. V.; hat⟩: *mit Holz täfeln:* die Wände p.

Pa|ne|gy|ri|ka: Pl. von ↑Panegyrikon.

Pa|ne|gy|ri|kon, das; -[s], ...ka [griech. panēgyrikón = Buch mit Festreden]: *liturgisches Buch der orthodoxen Kirche mit predigtartigen Lobreden auf die Heiligen.*

Pa|nel [ˈpɛnl̩], das; -s, -s [engl. panel, eigtl. = Feld < afrz. panel, ↑Paneel]: *[repräsentative] Personengruppe für [mehrmals durchgeführte] Befragungen u. Beobachtungen.*

pa|nem et cir|cen|ses [- -...ze:s; lat. = (das Volk erhebt nur den Anspruch auf) Brot und Zirkusspiele (den die Herrscher der röm. Kaiserzeit zu erfüllen hatten); nach Juvenal, Satiren 10, 81]: Ausspruch, mit dem zum Ausdruck gebracht wird, dass die Menschen zufrieden zu stellen sind, wenn sie nur ihren Lebensunterhalt u. ihre Vergnügungen haben.

Pa|net|to|ne, der; -[s], ...ni [ital. panettone, zu: pane = Brot < lat. panis]: *italienischer Kuchen mit gehackten kandierten Früchten.*

Pan|eu|ro|pa; -s [↑pan-, Pan-]: *erstrebte Gemeinschaft aller europäischen Staaten.*

pan|eu|ro|pä|isch ⟨Adj.⟩: *Paneuropa, das Streben nach einer europäischen Einigung betreffend.*

Pan|flö|te, (auch:) Pansflöte, die [zu ↑[1]Pan] (Musik): *aus verschieden langen, nebeneinander gereihten Pfeifen ohne Grifflöcher bestehendes Holzblasinstrument.*

Pan|has, der; - [westfäl. pannhass, pannharst, eigtl. = Pfannenbraten, zu mniederd. panne = Pfanne u. harst = Bratfleisch] (Kochk.): *westfälisches Gericht aus Wurstbrühe, gehacktem Fleisch u. Buchweizenmehl, das zu einer festen Masse gekocht u. in Scheiben gebraten wird.*

Pan|hel|le|nis|mus, der; -: *(im antiken Griechenland) Bestrebungen zur Vereinigung aller Griechen in einem großen Reich.*

[1]Pa|nier, das; -s, -e [frühnhd. Form von mhd. banier(e), ↑Banner]: **1.** (veraltet) *Banner, Fahne, Feldzeichen:* ***etw. auf sein P. schreiben** (geh.; *etw. unbeirrt als Ziel verfolgen*). **2.** (geh.) *Wahlspruch, Parole:* Freiheit sei unser P.!

[2]Pa|nier, die; - (österr.): *Masse zum Panieren.*

pa|nie|ren ⟨sw. V.; hat⟩ [frz. paner = mit geriebenem Brot bestreuen, zu: pain (afrz. pan) = Brot < lat. panis] (Kochk.): *(Fleisch, Fisch o. Ä.) vor dem Braten in geschlagenes Eigelb, Milch o. Ä. tauchen u. mit Semmelbröseln bestreuen od. in Mehl wälzen:* panierte Schnitzel.

Pa|nier|mehl, das: *Brösel* (b), *Semmelmehl.*

Pa|nie|rung, die; -, -en: **1.** *das Panieren.* **2.** *Panade* (a).

Pa|nik, die; -, -en ⟨Pl. selten⟩ [frz. panique (subst. Adj.), ↑panisch]: *durch eine plötzliche Bedrohung, Gefahr hervorgerufene übermächtige Angst, die das Denken lähmt u. zu kopflosen Reaktionen führt:* [eine] P. brach aus; P. erfasste, befiel die Reisenden; der brennende Vorhang löste eine P. unter den Zuschauern aus; eine P. verhindern, verhüten; die P. kriegen (ugs.; *von Panik erfasst werden*); nur keine P.! (Beschwichtigung, wenn jmd. mit unangemessener Angst, Aufregung o. Ä. auf etw. reagiert); jmdn. in P. versetzen.

pa|nik|ar|tig ⟨Adj.⟩: *in der Art einer Panik vor sich gehend:* eine -e Flucht.

Pa|nik|kauf, der (emotional übertreibend): *Angstkauf.*

Pa|nik|ma|che, die (abwertend): *Heraufbeschwören einer Panikstimmung durch aufgebauschte Darstellung eines Sachverhalts o. Ä.*

Pa|nik|re|ak|ti|on, die: *panikartige Reaktion.*

Pa|nik|stim|mung, die: *panikartige Stimmung:* in P. geraten.

pa|nisch ⟨Adj.⟩ [frz. panique < griech. panikós = von [1]Pan herrührend (Pan in Bocksgestalt wurde als Ursache für undeutbare Schrecken angesehen)]: *lähmend, in [der Art einer] Panik:* -er Schrecken; -e Angst; von -em Entsetzen befallen werden; p. reagieren.

Pan|is|la|mis|mus, der; - [↑pan-, Pan-]: *(im 19. Jh.) Streben nach Vereinigung aller islamischen Völker.*

Pan|je, der; -s, -s [poln. panie = Anredeform von: pan = Herr] (veraltet, noch scherzh.): *polnischer od. russischer Bauer.*

Pan|je|pferd, das: *mittelgroßes, sehr zähes u. genügsames Pferd Osteuropas.*

Pan|kre|as, das; - [griech. págkreas (Gen.: pagkréatos), zu: pãn (↑pan-, Pan-) u. kréas = Fleisch, nach der fleischigen Beschaffenheit] (Med.): *Bauchspeicheldrüse.*

Pan|kre|a|ti|tis, die; -, ...itiden (Med.): *Entzündung der Bauchspeicheldrüse.*

Pan|ne, die; -, -n [frz. panne, urspr. = das Steckenbleiben des Schauspielers, H. u.]: **a)** *Störung, technischer Schaden, der eine plötzliche Unterbrechung eines Vorgangs, Ablaufs verursacht:* eine P. beheben; unser Wagen hatte eine P.; mit einer P. auf der Autobahn liegen bleiben; **b)** *Fehler; durch gedankenloses od. unvorsichtiges Handeln verursachtes Missgeschick:* eine unverzeihliche P.; bei der Organisation gab es viele -n.

Pan|nen|dienst, der: *Hilfsdienst bei Autopannen.*

pan|nen|frei ⟨Adj.⟩: *ohne eine [Auto]panne.*

Pan|nen|hil|fe, die: *Hilfe* (1 a) *bei einer [Auto]panne.*

Pan|nen|kof|fer, der (Kfz-W.): *Koffer mit dem zur Behebung von Autopannen notwendigen Werkzeug.*

Pan|nen|kurs, der (Kfz-W.): *Kurs, der Autofahrer in die Lage versetzen soll, eine Autopanne selbst zu beheben.*

Pan|nen|strei|fen, der (ugs.): *Standspur.*

Pa|nop|ti|kum, das; -s, ...ken [zu griech. pãn = gesamt u. optikós (↑optisch), eigtl. = Gesamtschau]: *Kuriositäten-, Wachsfigurenkabinett:* ein P. besuchen.

Pa|no|ra|ma, das; -s, ...men [engl. panorama, zu griech. pãn (↑pan-, Pan-) u. hórama = das Geschaute]: *Rundblick* (a); *Ausblick von einem erhöhten Punkt aus in die Runde, über die Landschaft hin:* vom Turm aus öffnet sich ein herrliches P.

Pa|no|ra|ma|auf|nah|me, die: *ein breites Panorama* (1) *darstellende fotografische Aufnahme.*

Pa|no|ra|ma|bild, das: *Panorama* (2).

Pa|no|ra|ma|blick, der: *Panorama* (1).

Pa|no|ra|ma|bus, der: *Reiseomnibus mit Panoramafenstern.*

Pa|no|ra|ma|fens|ter, das: *sehr großes, leicht gewölbtes Fenster, das ein breites Blickfeld freigibt.*

Pa|no|ra|ma|fern|rohr, das: *Fernrohr mit beweglichen Prismen* (2) *u. fest stehendem Okular zum Beobachten des ganzen Horizonts.*

Pa|no|ra|ma|schei|be, die: *große [leicht gewölbte Windschutz]scheibe, die ein breites Blickfeld freigibt.*

Pa|no|ra|ma|spie|gel, der (Kfz-W.): *leicht gewölbter Rückspiegel, der ein breites Blickfeld freigibt.*

pan|schen ⟨sw. V.; hat⟩ [lautm., viell. nasalierte Nebenf. von ↑patschen od. Vermischung von »patschen« mit ↑manschen]: **1.** *(ein [alkoholisches] Getränk) mit etw. verfälschen, bes. mit Wasser verdünnen:* Wein p.; gepanschte Milch; ⟨auch ohne Akk.-Obj.:⟩ der Wirt hat gepanscht; Ü gepanschtes Benzin. **2.** (ugs.) *im Wasser mit den Händen [u. Füßen] planschen.*

Pan|sche|rei, die; -, -en (ugs.): *[dauerndes] Panschen.*

Pan|sen, der; -s, - [mhd. panze (niederd. panse) < afrz. pance < lat. pantex, ↑Panzer]: **1.** (Zool.) *erster großer Abschnitt des Magens bei Wiederkäuern.* **2.** (landsch. scherzh.) *Magen.*

Pans|flö|te: ↑Panflöte.

Pan|sla|vis|mus usw.: ↑Panslawismus usw.

Pan|sla|wis|mus, der; - [↑pan-, Pan-]: *(im 19. Jh.) Streben nach kulturellem u. politischem Zusammenschluss aller slawischen Völker.*

pan|sla|wis|tisch ⟨Adj.⟩: *den Panslawismus betreffend, auf ihm beruhend.*

Pan|ta|lons [pãtaˈlõ:s, auch: pantaˈlõ:s] ⟨Pl.⟩ [frz. pantalons, nach der mfrz. Wendung vestu en pantalon = gekleidet wie Pantalone (eine Gestalt in der Commedia dell'Arte, die meist mit langen, engen Beinkleidern auftrat)]: *(in der Französischen Revolution aufgekommene) lange Männerhose mit röhrenförmigen Beinen.*

pan|ta rhei [griech. = alles fließt (dem griech. Philosophen Heraklit, 6./5. Jh. v. Chr., zugeschriebener Grundsatz)] (bildungsspr.): *alles ist im Werden, in unaufhörlicher Bewegung.*

Pan|the|is|mus, der; - [aus griech. pãn (↑pan-, Pan-) u. ↑Theismus] (Philos., Rel.): *Lehre, nach der Gott in allen Dingen der Welt existiert bzw. Gott u. Weltall identisch sind.*

Pan|the|on, das; -s, -s [griech. Pánthe(i)on, zu: pãn (↑pan-, Pan-) u. theĩos = göttlich]: **1. a)** *antiker Tempel für alle Götter;* **b)** *einem Tempel ähnliche Gedächtnis- u. Begräbnisstätte nationaler Persönlichkeiten.* **2.** (Rel.) *Gesamtheit der Götter einer Religion.*

Pan|ther, der; -s, - [mhd. pantẽr, pantier < lat. panther(a) < griech. pánthēr, H. u.]: *Leopard:* ***Graue P.** *(Organisation, die für die Interessen u. Rechte alter Menschen eintritt).*

Pan|ther|fell, das: *Leopardenfell.*

Pan|ti|ne, die; -, -n [wohl unter Einfluss von ↑Pantoffel zu mniederd. patine < mniederl. patijn < frz. patin = Schuh mit Holzsohle] (nordd.): *Pantoffel; Schuh mit Holzsohle:* ***aus den -n kippen** (ugs.; ↑Latschen).

Pan|tof|fel, der; -s, -n [frz. pantoufle, H. u.]: *[flacher] leichter Hausschuh ohne Fersenteil:*

warme -n; die -n vor das Bett stellen; in die -n schlüpfen; * **den P. schwingen** (ugs.; *den Ehemann beherrschen, als Frau die eigentliche Herrschaft im Hause ausüben*); **unter dem P. stehen** (ugs.; *als Ehemann von seiner Frau beherrscht werden;* der Schuh bzw. der Fuß galt im alten dt. Recht als Symbol der Herrschaft).

Pan|töf|fel|chen, das; -s, -: Vkl. zu ↑Pantoffel.

Pan|tof|fel|held, der (ugs. abwertend): *Ehemann, der sich seiner Frau gegenüber nicht durchsetzen kann.*

Pan|tof|fel|ki|no, das (ugs. scherzh.): *Fernsehen, [häuslicher] Fernsehapparat:* vor dem P. sitzen.

Pan|tof|fel|tier|chen, das (Biol.): *in seiner Form an einen Pantoffel erinnerndes Wimpertierchen.*

Pan|to|let|te, die; -, -n [Kunstwort aus ↑Pantoffel u. ↑Sandalette]: *leichter Sommerschuh ohne Fersenteil, aber meist mit [Keil]absatz.*

[1]Pan|to|mi|me, die; -, -n [frz. pantomime < lat. pantomima, zu: pantomimus, ↑[2]Pantomime]: *Darstellung einer Szene od. Handlung nur mit Gebärden-, Mienenspiel u. tänzerischer Bewegung:* eine P. einstudieren, zeigen; die Kunst der P.

[2]Pan|to|mi|me, der; -n, -n [lat. pantomimus < griech. pantómimos, eigtl. = der alles Nachahmende, zu: pãn (↑pan-, Pan-) u. mĩmos, ↑Mime]: *Künstler auf dem Gebiet pantomimischer Darstellung.*

Pan|to|mi|mik, die; -: 1. *Kunst der [1]Pantomime.* 2. (Psych.) *Gesamtheit der Ausdrucksbewegungen, zu denen neben Mienenspiel u. Gebärden auch Körperhaltung u. Gang gehören.*

Pan|to|mi|min, die; -, -nen: w. Form zu ↑[2]Pantomime.

pan|to|mi|misch ⟨Adj.⟩: 1. *die [1]Pantomime betreffend, mit ihren Mitteln:* etw. p. darstellen. 2. (Psych.) *die Ausdrucksbewegungen des Körpers betreffend.*

Pan|try ['pɛntri], die; -, -s [engl. pantry < mengl. pan(e)trie < afrz. paneterie < mlat. panetaria = Raum zur Aufbewahrung von Brot, zu lat. panis = Brot]: *Speisekammer, Anrichte* (b) *[auf Schiffen u. in Flugzeugen].*

pant|schen usw.: ↑panschen usw.

Pant|schen-La|ma, der; -[s], -s [tibet. pan-chen (b)lama; vgl. [2]Lama]: *religiöses Oberhaupt des Lamaismus.*

Pan|ty ['pɛnti], die; -, -s [...ti:s; engl. panty, Kurzf. von: pantaloons = Hosen < frz. pantalons, ↑Pantalons]: 1. *Miederhose.* 2. *Strumpfhose.*

Pan|zer, der; -s, - [mhd. panzier = Brustpanzer < afrz. pancier(e), über das Roman. (vgl. provenz. pansiera) zu lat. pantex (Gen.: panticis) = Wanst]: 1. (früher) *[Ritter]rüstung, feste [metallene] Umhüllung (2) für den Körper als Schutz bei feindlichen Auseinandersetzungen od. im Turnier:* einen P. tragen, anlegen. 2. *harte, äußere Schutzhülle bei bestimmten Tieren, bes. den Weichtieren:* der P. einer Schildkröte. 3. *Platte, Gehäuse (1) aus gehärtetem Stahl, Eisen u. Ä. (bes. zum Schutz von Kriegsschiffen, Kampffahrzeugen, Befestigungen usw.):* ein Kernreaktor muss einen besonders dicken P. haben. 4. *gepanzertes, meist mit einem Geschütz u. Maschinengewehren ausgerüstetes, auf Ketten rollendes Kampffahrzeug [mit einem drehbaren Geschützturm]:* sie wurden von einem P. überrollt. 5. ⟨Pl.⟩ (Milit.) kurz für ↑Panzertruppe.

Pan|zer|ab|wehr, die (Milit.): a) *Verteidigung gegen Panzer* (4): Spezialwaffen zur P.; b) *gegen Panzer (4) eingesetzte Truppe.*

Pan|zer|ab|wehr|ka|no|ne, die: *[auf einer fahrbaren Lafette montiertes] Geschütz mit langem Rohr zur Vernichtung von Panzern* (4); Kurzwort: Pak (1).

Pan|zer|ab|wehr|ra|ke|te, die (Milit.): *zur Panzerabwehr (a) eingesetzte Rakete* (1 a).

Pan|zer|auf|klä|rer ⟨Pl.⟩ (Milit.): *Truppe innerhalb der Kampftruppen, deren Aufgabe es ist, mit gepanzerten Fahrzeugen weiträumige Aufklärung zu betreiben.*

pan|zer|bre|chend ⟨Adj.⟩ (Milit.): *geeignet, Panzerungen zu durchschlagen:* -e Waffen.

Pan|zer|di|vi|si|on, die (Milit.): *Division (2) der Panzertruppe.*

Pan|zer|ech|se, die: *Krokodil.*

Pan|zer|faust, die (Milit.): *Handfeuerwaffe zur Nahbekämpfung feindlicher gepanzerter Fahrzeuge, bei der eine auf einem dünnen Rohr sitzende Granate mittels eines Treibsatzes wie eine Rakete abgefeuert wird.*

Pan|zer|fisch, der: *ausgestorbener, mit Knochenplatten gepanzerter Fisch.*

Pan|zer|glas, das ⟨o. Pl.⟩: *aus mehreren Schichten bestehendes schussfestes Sicherheitsglas.*

Pan|zer|gre|na|dier, der (Milit.): 1. *Soldat der Panzergrenadiere* (2). 2. ⟨Pl.⟩ *Truppe innerhalb der Kampftruppen, die im Zusammenwirken mit der Panzertruppe eingesetzt wird.*

Pan|zer|hemd, das: *Kettenhemd.*

Pan|zer|jä|ger, der (Milit.): 1. *Soldat der Panzerjäger* (2). 2. ⟨Pl.⟩ *Truppe innerhalb der Kampftruppen, die, bes. zum Schutz der eigenen Infanterie, mit Jagdpanzern ausgerüstet ist.*

Pan|zer|kampf|wa|gen, der: *Panzer* (4).

Pan|zer|ket|te, die: 1. *Raupenkette eines Panzers* (4). 2. *Kette (1 a), die in der Anordnung ihrer Glieder an die Raupenkette eines Panzers erinnert.*

Pan|zer|lurch, der: *ausgestorbenes Kriechtier mit festem, verknöchertem Schädeldach.*

pan|zern ⟨sw. V.; hat⟩: a) *mit einer Panzerung, mit Panzerplatten umgeben, befestigen:* ein Fahrzeug p.; Eisbrecher müssen stark gepanzert sein; b) (früher) *die Rüstung, den Brustharnisch anlegen:* sich vor dem Kampf p.; gepanzerte Krieger; c) ⟨p. + sich⟩ *sich gegen etw. abschirmen, (seelisch) unempfindlich machen:* sie panzerte sich gegen alle Fragen.

Pan|zer|pi|o|nier, der (Milit.): 1. *Angehöriger der Panzerpioniere* (2). 2. ⟨Pl.⟩ *Teil der Pioniertruppen, der mit Spezialpanzern ausgerüstet ist.*

Pan|zer|plat|te, die: *zur Panzerung (bes. bei Kriegsschiffen) verwendete, dicke Platte aus bes. gehärtetem Stahl.*

Pan|zer|schiff, das (früher): *gepanzertes Kriegsschiff.*

Pan|zer|schlacht, die: *Kampf, bei dem auf beiden Seiten Panzer (4) eingesetzt werden.*

Pan|zer|schrank, der: *Geldschrank.*

Pan|zer|späh|wa|gen, der (Milit.): *leicht gepanzertes u. mit leichten Waffen ausgerüstetes Fahrzeug, das bes. der militärischen Aufklärung dient.*

Pan|zer|sper|re, die (Milit.): *Sperre, die feindlichen Panzern (4) das Vordringen unmöglich machen soll.*

Pan|zer|stahl, der: *besonders gehärteter Stahl.*

Pan|zer|trup|pe, die (Milit.): *Truppe innerhalb der Kampftruppen, die mit Kampfpanzern ausgerüstet ist.*

Pan|ze|rung, die; -, -en: 1. *das Panzern.* 2. *Panzer* (3).

Pan|zer|wa|gen, der (Milit.): *Panzer* (4).

Pan|zer|wes|te, die: *kugelsichere Weste.*

Pan|zer|zug, der (Milit.): *gepanzerter, mit Waffen ausgerüsteter Eisenbahnzug.*

[1]Pa|pa [veraltend geh.: pa'pa:], der; -s, -s [frz. papa, Lallwort der Kinderspr.] (fam.): *Vater:* mein P. hat entschieden.

[2]Pa|pa, der; -s [mlat. papa, ↑Papst]: 1. kirchliche Bez. für *Papst:* habemus -m! (lat. = wir haben einen Papst; Ausruf nach entschiedener Papstwahl). 2. *Titel höherer Geistlicher in der orthodoxen Kirche* (Abk.: P.).

Pa|pa|bi|li ⟨Pl.⟩ [ital. papabili, zu: papabile = zum Papst wählbar] (kath. Kirche): *als Kandidaten für das Amt des Papstes infrage kommende Kardinäle.*

Pa|pa|chen, das; -s, -: Kosef. von ↑[1]Papa.

Pa|pa|gal|lo, der; -[s], -s u. ...lli [ital. pappagallo, eigtl. = Papagei]: *auf erotische Abenteuer bei Touristinnen ausgehender [südländischer, bes. italienischer, junger] Mann.*

Pa|pa|gei, der; -en u. -s, -en, seltener: -e [im 15. Jh. < älter frz. papegai, H. u., viell. < arab. babbağā'; schon mhd. papegān]: *(in zahlreichen Arten vorkommender) bunt gefiederter tropischer Vogel mit kurzem, abwärts gebogenem Schnabel, der die Fähigkeit hat, Wörter nachzusprechen:* kreischende -en; bunt wie ein P.

Pa|pa|gei|en|krank|heit, die ⟨o. Pl.⟩ (Med.): *gefährliche bakterielle Infektionskrankheit, die bes. von Papageien auf Menschen übertragen werden kann; Psittakose.*

Pa|pa|gei|fisch, der: *(vorwiegend in tropischen Meeren lebender) farbenprächtiger Fisch mit zu einer Art Schnabel verwachsenen Zähnen.*

Pa|pa|lis|mus, der; - (kath. Kirche): *kirchenrechtliche Anschauung, nach der dem Papst die volle Kirchengewalt zusteht.*

Pa|pa|raz|zo, der; -s, ...zzi [ital. paparazzo, nach dem gleichnamigen Klatschkolumnisten in Fellinis Film »La dolce vita«] (ugs., oft abwertend): *aufdringlicher Pressefotograf, Skandalreporter.*

Pa|pas, der; -, - [ngriech. papãs < griech. páppas = Väterchen, Papa, zu: páppa, ↑Papst]: *Weltgeistlicher in der orthodoxen Kirche.*

Pa|pa|ya, die; -, -s [span. papaya, aus dem Karib.]: 1. *Melonenbaum.* 2. *einer Melone ähnliche, kugelige bis eiförmige Frucht des Melonenbaumes mit orangefarbenem Fleisch u. gelblich weißem Milchsaft.*

Pap|chen, das; -s, -: Kosef. von ↑[1]Papa.

Pa|pel, die; -, -n (Med.): *meist flache bis linsengroße, knötchenartige Verdickung in der Haut.*

Pa|per ['peɪpə], das; -s, -s [engl. paper, eigtl. = Papier]: *schriftliche Unterlage, Schriftstück; Papier* (2): Handouts und -s als Unterlagen; der Vortragende hatte ein P. ausgegeben.

Pa|per|back [...bæk], das; -s, -s [engl. paperback, eigtl. = Papierrücken]: *kartoniertes [Taschen]buch.*

Pa|pe|te|rie, die; -, -n [frz. papeterie, zu: papier < lat. papyrus, ↑Papier] (schweiz.): a) *Papierwaren;* b) *Papierwarenhandlung.*

Pa|pi, der; -s, -s: Kosef. von ↑[1]Papa.

Pa|pier, das; -s, -e [spätmhd. papier < lat. papyrum, papyrus = Papyrus(staude) < griech. pápyros, H. u.]: 1. *aus Pflanzenfasern [mit Stoff- u. Papierresten] durch Verfilzen u. Verleimen hergestelltes, zu einer dünnen, glatten Schicht gepresstes Material, das vorwiegend zum Beschreiben u. Bedrucken od. zum Verpacken gebraucht wird:* raues, glattes, holzfreies, handgeschöpftes P.; ein Blatt P.; P. mit Wasserzeichen; die P. verarbeitende Industrie; das P. zerreißen; ein Lampenschirm aus P.; [einen Bogen] P. in die Maschine spannen; etw. in P. einwickeln; mit P. rascheln; R P. ist geduldig *(schreiben od. drucken kann man alles – dass es stimmt, ist damit noch lange nicht garantiert);* * **[nur] auf dem P. [be]stehen/existieren** o. Ä. *(nur der Form nach bestehen, praktisch nicht durchgeführt, verwirklicht werden):* diese Ehe besteht, existiert nur auf dem P.; **etw. zu P. bringen** *(aufschreiben, schriftlich formulieren, niederlegen).* 2. *Schriftstück, Aufzeichnung, schriftlich niedergelegter Entwurf, Brief, Aufsatz, Vertrag o. Ä.:* ein amtliches P.; im Ministerium war ein P. [zur Steuerfrage] erarbeitet worden; ein P. unterzeichnen; er hat alle -e *(Unterlagen)* vernichtet; in alten -en kramen. 3. ⟨meist Pl.⟩ *Ausweis, Personaldokument:* gefälschte -e; ihre -e sind nicht in Ordnung; neue -e beantragen; er bekam seine -e (ugs.; *wurde entlassen*). 4. (Finanzw.) *Wertpapier:* ein festverzinsliches P.; sein Geld in -en anlegen.

Pa|pier|bahn, die: vgl. Bahn (4).

Pa|pier|band, das ⟨Pl. ...bänder⟩: [1]*Band (1) aus Papier* (1).

Pa|pier|block, der ⟨Pl. ...blöcke u. -s⟩: *Block* (5).

Pa|pier|bo|gen, der: *Bogen* (6).

Pa|pier|brei, der: *breiige Masse aus zermahlenen Fasern, Füllstoffen, Leim u. Harzen, aus der durch Pressen u. Entzug von Flüssigkeit das Papier gewonnen wird.*

Pa|pier|deutsch, das (abwertend): *papierenes (2) Deutsch.*

P

Pa|pier|ein|zug, der: *Vorrichtung an einem Drucker (2), einem Kopiergerät o. Ä., die dem Gerät Papier[bogen] zuführt.*

pa|pie|ren ⟨Adj.⟩: 1. *aus Papier:* ein papier[e]nes Tischtuch; Ü ihre Haut sieht p. *(fahl u. dünn, gespannt u. trocken, so als ob sie aus Papier wäre)* aus, fühlt sich p. an. 2. *trocken, unlebendig, steif (im Stil, Ausdruck):* eine papier[e]ne Ausdrucksweise.

Pa|pier|fa|brik, die: *Fabrik, in der Papier hergestellt wird.*

Pa|pier|fet|zen, der: *Fetzen (1 a) Papier.*

Pa|pier|for|mat, das: *Format (1) eines Papierbogens.*

Pa|pier|geld, das ⟨o. Pl.⟩: *Geld in Scheinen, Banknoten.*

Pa|pier|ge|schäft, das: *Laden für den Verkauf von Papierwaren.*

Pa|pier|ge|wicht, das (Boxen, Ringen): 1. ⟨o. Pl.⟩ *leichte Körpergewichtsklasse.* 2. *Sportler der Körpergewichtsklasse Papiergewicht* (1).

Pa|pier|ge|wicht|ler, der; -s, - (Boxen, Ringen): *Papiergewicht* (2).

Pa|pier|hand|tuch, das: *Handtuch aus weicherem, saugfähigem Papier.*

Pa|pier|her|stel|lung, die: *Herstellung von Papier* (1).

Pa|pier|in|dus|trie, die: *Zweig der Industrie, in dem Papier, Papierwaren hergestellt werden.*

Pa|pier|korb, der: *Behälter für [Dinge aus] Papier* (1), *für Papiere* (2), *die zum Wegwerfen bestimmt sind:* der P. quillt über; etw. in den P. werfen.

Pa|pier|kram, der (ugs. abwertend): *als lästig empfundene [dienstliche] Briefe, Formalitäten schriftlicher Natur o. Ä.:* P. erledigen.

Pa|pier|krieg, der (ugs. abwertend): *übermäßiger, lange dauernder [als überflüssig empfundener] Schriftverkehr mit Behörden.*

Pa|pier|ma|ché [papjemaˈʃeː, auch: paˈpiːɐ̯...], **Pa|pier|ma|schee,** das; -s, -s [frz. papier mâché, eigtl. = zerfetztes Papier]: *formbare Masse aus eingeweichtem, mit Leim, Stärke u. a. vermischtem Altpapier, die nach dem Trocknen fest wird:* Puppen aus P.

Pa|pier|müh|le, die: a) *Holländer* (5); b) (veraltend) *Papierfabrik.*

Pa|pier|rol|le, die: *aufgerollte [zum Abreißen einzelner Stücke perforierte] längere Papierbahn.*

Pa|pier|sack, der: a) *Sack aus festem Papier [für Müll u. Abfälle];* b) (österr.) *Papiertüte.*

Pa|pier|sche|re, die: *lange Schere speziell zum Schneiden von Papier.*

Pa|pier|schlan|ge, die: *Luftschlange.*

Pa|pier|schnip|sel, der od. das, **Pa|pier|schnit|zel,** der od. (österr. nur:) das: *Schnipsel, Schnitzel von Papier.*

Pa|pier|ser|vi|et|te, die: vgl. Papierhandtuch.

Pa|pier|strei|fen, der: *Streifen (1 c) von Papier.*

Pa|pier|ta|schen|tuch, das: vgl. Papierhandtuch.

Pa|pier|ti|ger, der [engl. paper tiger, LÜ von chin. zhilaohu, aus: zhi = Papier u. laohu = Tiger]: *nur dem Schein nach starke, gefährliche Person, Sache od. Macht.*

Pa|pier|tuch, das ⟨Pl. ...tücher⟩: *kleines [Hand]tuch aus Papier.*

Pa|pier|tü|te, die: *Tüte aus festerem Papier.*

Pa|pier ver|ar|bei|tend: s. Papier (1).

Pa|pier|ver|ar|bei|tung, die: *Verarbeitung von Papier.*

Pa|pier|wa|ren ⟨Pl.⟩: *Handelsartikel aus Papier, Schreibwaren u. Ä.*

Pa|pier|wa|ren|hand|lung, die: *Papiergeschäft.*

Pa|pier|win|del, die: *aus einem saugfähigen Vlies hergestellte, anstelle einer Windel verwendete Einlage.*

Pa|pil|lar|li|ni|en ⟨Pl.⟩ [zu ↑Papille] (Anat.): *feine Hautlinien auf Hand- u. Fußflächen, bes. auf den Fingerkuppen.*

Pa|pil|le, die; -, -n [lat. papilla] (Anat.): *kleine, rundliche bis kegelförmige Erhebung an od. in Organen* (z. B. Brustwarze).

Pa|pil|lo|te [...ˈjoːtə], die; -, -n [1: frz. papillote, eigtl. = Papier für Bonbons, zu papilloter = schimmern, glitzern, zu: afrz. papillot, Vkl. von papillon < lat. papilio = Schmetterling; 2: übertr. von 1]: 1. (Kochk.) *Hülle aus herzförmig zugeschnittenem Pergamentpapier, die, mit Öl bestrichen, um kurz zu bratende od. zu grillende Fleisch- od. Fischstücke geschlagen wird.* 2. *Lockenwickler in Form einer biegsamen Rolle aus Schaumstoff.*

Pa|pi|ros|sa, die; -, ...ssy [...si; russ. papirosa < poln. papieros, zu: papier = Papier]: *Zigarette mit langem, hohlem Mundstück aus Pappe.*

Pa|pis|mus, der; - [zu ↑²Papa] (abwertend): a) *starrer Katholizismus;* b) *übertriebene Ergebenheit dem Papst gegenüber.*

Papp, der; -s, -e ⟨Pl. selten⟩ [spätmhd. papp(e), Lallwort] (landsch.): 1. *dicker [Mehl]brei.* 2. *klebrige Masse, Kleister.*

Papp|band, der ⟨Pl. ...bände⟩: *Buch mit einem Einband aus fester Pappe.*

Papp|be|cher, der: *aus Pappe hergestellter Trinkbecher (der nach Gebrauch weggeworfen wird).*

Pap|pe, die; -, -n [zu ↑Papp, eigtl. = aus grobem Papierbrei od. durch Pappen (1) von mehreren Papierschichten hergestellter Werkstoff]: 1. a) *festes, ziemlich steifes [Verpackungs]material aus mehreren Schichten Papier; Karton* (1): feste P.; ein Bild auf P. aufkleben; b) (salopp) *Führerschein.* 2. (ugs.) *Papp:* * **nicht von/aus P. sein** (ugs.; *stark, kräftig, nicht zu unterschätzen sein*).

Pap|pel, die; -, -n [mhd. papel(e), ahd. popelboum < lat. populus]: 1. *Laubbaum von schlankem, meist sehr hohem Wuchs.* 2. ⟨o. Pl.⟩ *weiches Holz der Pappel* (1): ein Hammerstiel aus P.

Pap|pel|al|lee, die: *von Pappeln gesäumte Allee.*

Pap|pel|holz, das: *Pappel* (2).

pap|peln ⟨Adj.⟩: *aus Pappelholz bestehend.*

päp|peln ⟨sw. V.; hat⟩ [mhd. pepelen, zu ↑Papp (1)] (ugs.): *liebevoll ernähren [u. pflegen]; auffüttern:* ein verlassenes Rehkitz mit der Flasche p.; das Kind muss ein wenig gepäppelt werden.

pap|pen ⟨sw. V.; hat⟩ (ugs.): 1. *[an]kleben; so fest andrücken, dass es [mithilfe von Klebstoff] haftet:* einen Aufkleber ans Auto p. 2. *[sich zusammenballen, klumpen u.] kleben, haften bleiben:* der Schnee pappt [an, unter den Schuhsohlen].

Pap|pen|hei|mer: in der Wendung **seine P. kennen** (ugs.; *bestimmte Menschen mit ihren Schwächen genau kennen u. daher wissen, was man von ihnen zu erwarten hat;* nach Schiller, Wallensteins Tod III, 15; dort im anerkennenden Sinne bezogen auf das Kürassierregiment des Grafen von Pappenheim).

Pap|pen|stiel [viell. gek. aus »Pappenblumenstiel« = Stiel des Löwenzahns (niederd. päpenblöme, eigtl. = Pfaffenblume); die im Wind verwehende Samenkrone galt als Sinnbild für Geringfügiges]: in den Wendungen **kein P. sein** (ugs.; *keine Kleinigkeit sein*): zehntausend Mark Schulden sind wahrhaftig kein P.; **keinen P. wert sein** (ugs.; *gar nichts wert sein*); **für/(seltener:) um einen P.** (ugs.; *sehr billig*): etw. für/um einen P. bekommen.

pap|per|la|papp ⟨Interj.⟩: Ausruf der Abweisung von leerem, törichtem Gerede, Ausflüchten o. Ä.

pap|pig ⟨Adj.⟩ [zu ↑Papp] (ugs.): a) *sich leicht zusammenballend [u. haften bleibend]:* -er Schnee; b) *klebrig-feucht:* -e Finger; c) *nicht od. schlecht durchgebacken; durch die Feuchtigkeit weich geworden u. nicht mehr knusprig:* -es Brot; d) *breiig, formlos:* das Gemüse war p.

Papp|ka|me|rad, der (ugs.): *täuschend echt nachgebildete Figur aus Pappe (bes. für Schießübungen):* auf -en schießen; Ü den -en von der anderen Abteilung werden wir es zeigen!

Papp|kar|ton, der: *Karton* (2).

Papp|ma|ché [...maˈʃeː], **Papp|ma|schee,** das: *Papiermaché.*

Papp|na|se, die: *[lustig geformte] Nase aus Pappe, die bei Kostümierungen über die eigene Nase gestülpt werden kann:* eine P. aufsetzen; Ü ein paar -n (ugs.; *verkleidete Karnevalisten*) stehen noch an der Bar.

Papp|schach|tel, die: *Schachtel aus Pappe.*

Papp|schnee, der: *pappiger, tauender Schnee.*

Papp|tel|ler, der: vgl. Pappbecher.

Pa|pri|ka, der; -s, -[s] [über das Ung. < serb. paprika, zu: papar = Pfeffer < lat. piper, ↑Pfeffer]: 1. *(zu den Nachtschattengewächsen gehörende) als Kraut od. [Halb]strauch wachsende Pflanze mit länglichen od. rundlichen hohlen Früchten von sehr verschiedener Größe u. grüner, roter od. gelber Farbe, die als Gemüse gegessen od. als Gewürz verwendet werden.* 2. (auch: die; -, -[s]) *Frucht des Paprikas* (1); *Paprikaschote:* gefüllte P. essen. 3. *[scharfes] bräunlich rotes Gewürz in Pulverform, das aus reifen, getrockneten Paprika* (2) *gewonnen wird:* süßer, scharfer P.; mit P. würzen.

Pa|pri|ka|schnit|zel, das (Kochk.): *reichlich mit Paprika* (3) *bestreutes [u. mit in Streifen geschnittenem Paprika 2 belegtes] Schnitzel.*

Pa|pri|ka|scho|te, die: *Paprika* (2).

pa|pri|zie|ren ⟨sw. V.; hat⟩ (Kochk. bes. österr.): *mit Paprika* (3) *würzen:* Gulasch p.

¹Paps, der; -, -e ⟨Pl. selten; meist als Anrede⟩: Kosef. von ↑¹Papa.

²Paps, der; -es, -e ⟨Pl. selten⟩ (landsch.): *Papp.*

Papst, der; -[e]s, Päpste [mhd. bābes(t), spätahd. bābes < kirchenlat. papa = Bischof (von Rom) < lat. papa < griech. páppa = Vater, Lallwort der Kinderspr.]: *Oberhaupt der katholischen Kirche (u. Bischof von Rom):* das Dogma von der Unfehlbarkeit des -es; die Ansprache P. Johannes Pauls II. [des Zweiten]/des -es Johannes Paul II. [des Zweiten]; eine Audienz beim P.; R in Rom gewesen sein und nicht den P. gesehen haben (bildungsspr.; *die Hauptsache versäumt haben*); * **päpstlicher sein als der P.** (ugs.; *strenger, unerbittlicher sein als der dazu Berufene, der Verantwortliche*).

-papst, der; -[e]s, -päpste (scherzh.): kennzeichnet in Bildungen mit Substantiven – seltener mit Verben – jmdn. als führend, richtungweisend, als höchste Autorität auf einem bestimmten Gebiet: Kritiker-, Mode-, Musik-, Skipapst.

Papst|fa|mi|lie, die (kath. Kirche): *aus Klerikern u. Laien bestehende Umgebung des Papstes.*

Päps|tin, die; -, -nen: w. Form zu ↑Papst.

Papst|kro|ne, die: *Tiara.*

päpst|lich ⟨Adj.⟩ [mhd. bæbestlich]: a) *den Papst, das Papsttum betreffend, zu ihm gehörend:* die -e Familie; b) *vom Papst ausgehend:* der -e Segen; c) *dem Papst anhängend, das Papsttum befürwortend:* p. gesinnt sein.

Papst|na|me, der (kath. Kirche): *von einem Papst nach seiner Wahl angenommener Name.*

Papst|tum, das; -s [spätmhd. bābestuom]: *Amt des Papstes als Oberhaupt der katholischen Kirche.*

Papst|wahl, die (kath. Kirche): *Wahl des Papstes.*

¹Pa|pua, der; -[s], -[s]: Ureinwohner Neuguineas.

²Pa|pua, die; -, -[s]: Ureinwohnerin Neuguineas.

Pa|pua-Neu|gui|nea [...gi...]; -s: Staat auf Neuguinea.

Pa|pua-Neu|gui|ne|er, der; -s, -: Ew.

Pa|pua-Neu|gui|ne|e|rin, die; -, -nen: w. Form zu ↑Papua-Neugineer.

pa|pua-neu|gui|ne|isch ⟨Adj.⟩: *Papua-Neuguinea, die Papua-Neuguineer betreffend.*

pa|pu|a|nisch ⟨Adj.⟩: *die Papua betreffend.*

Pa|pua|spra|che, die: *Sprache der Papua.*

Pa|py|ri: Pl. von ↑Papyrus.

Pa|py|rin, das; -s: *Pergamentpapier.*

Pa|py|ro|lo|gie, die; - [↑-logie]: *historische Hilfswissenschaft, die Papyri (3) erforscht, konserviert, entziffert u. datiert.*

Pa|py|rus, der; -, ...ri [lat. papyrus, ↑Papier]: 1. *Papyrusstaude.* 2. *(im Altertum) aus dem Mark der Papyrusstaude gewonnenes, zu Blättern, Rollen verarbeitetes Schreibmaterial.* 3. *Rolle, Blatt aus Papyrus mit Texten aus dem Altertum.*

Pa|py|rus|kun|de, die: *Papyrologie.*

Pa|py|rus|rol|le, die: vgl. Papyrus (3).

Pa|py|rus|stau|de, die: *(zu den Riedgräsern gehörende) in Afrika heimische Pflanze mit sehr* *hohem, dreieckigem Halm, aus deren Mark der Papyrus (2) gewonnen wurde.*

Par [pɑ:], das; -[s], -s [engl. par < lat. par = gleich] (Golf): *für jedes Hole festgelegte Mindestanzahl von Schlägen.*

Pa|ra, der; -s, -s [frz. para, Kurzf. von: parachutiste]: frz. Bez. für *Fallschirmjäger.*

pa|ra-, Pa|ra- [griech. pará = neben; entlang; vorbei; über – hinaus; (ent)gegen]: bedeutet in Bildungen mit Adjektiven od. Substantiven *neben[her]:* Paramedizin; paralingual.

Pa|ra|bel, die; -, -n [lat. parabola, parabole < griech. parabolḗ = Gleichnis, auch: Parabel (2), eigtl. = das Nebeneinanderwerfen, zu: parabállein = danebenwerfen; vergleichen]: **1.** (bes. Literaturw.) *gleichnishafte belehrende Erzählung, Geschichte, Szene o. Ä.:* etw. durch eine, in einer P. ausdrücken, in eine P. kleiden. **2.** (Math.) *unendliche ebene Kurve (des Kegelschnitts), die der geometrische Ort aller Punkte ist, die von einem festen Punkt, dem Brennpunkt, u. einer festen Geraden, der Leitlinie, jeweils denselben Abstand haben:* eine P. konstruieren.

Pa|ra|bol|an|ten|ne, die; -, -n (Technik): *Antenne in der Form eines Parabolspiegels, mit deren Hilfe Ultrakurzwellen gebündelt werden.*

pa|ra|bo|lisch ⟨Adj.⟩: **1.** (bildungsspr.) *die Parabel (1) betreffend, zu ihr gehörend; in der Art einer Parabel, gleichnishaft:* die -e Form; etw. p. sagen. **2.** (Math.) *in der Art, Form einer Parabel (2), als Parabel (2) darstellbar.*

Pa|ra|bo|lo|id, das; -[e]s, -e [zu ↑Parabel u. griech. -oeidḗs = ähnlich] (Math.): *gekrümmte Fläche ohne Mittelpunkt.*

Pa|ra|bol|spie|gel, der (Technik): *Hohlspiegel in der besonderen Form eines Paraboloids, der die Eigenschaft hat, alle parallel zur Achse einfallenden Lichtstrahlen im Brennpunkt zu sammeln.*

Pa|ra|de, die; -, -n [frz. parade (unter Einfluss von: parer = schmücken) < span. parada = Parade (3), zu: parar = anhalten, auch: herrichten < lat. parare, ↑[1]parieren; 2: frz. parade, zu: parer = (einen Hieb) abwehren; schon spätmhd. pārāt < ital. parata < frz. parade, ↑Parade (1)]: **1.** (Milit.) *großer [prunkvoller] Aufmarsch militärischer Einheiten, Verbände:* eine P. der Luftstreitkräfte; eine P. abhalten. **2. a)** (Fechten) *Abwehr eines Angriffs durch einen abdrängenden Schlag, Stich o. Ä. od. durch Ausweichen mit dem Körper:* eine P. schlagen, ausführen; * **jmdm. in die P. fahren** *(jmdm. energisch entgegentreten, scharf widersprechen [u. dadurch sein Vorhaben durchkreuzen]);* **b)** (Ballspiele) *Abwehr durch den Torhüter:* eine glänzende, hervorragende P.; **c)** (Schach) *Abwehr eines Angriffs [bes. eines Angriffs, bei dem Schach geboten wird].* **3.** (Reiten) *das [1]Parieren (2).*

Pa|ra|de|bei|spiel, das: *Beispiel, mit dem etw. bes. eindrucksvoll belegt, demonstriert werden kann:* jmd. ist das P. für etw.

Pa|ra|dei|ser, der; -s, - [zu: Paradeis = ältere nhd. Form von ↑Paradies; nach dem Vergleich des kräftigen Rots mit der Schönheit der verbotenen Frucht im Paradies] (österr.): *Tomate.*

Pa|ra|deis|sa|lat, der (österr.): *Tomatensalat.*

Pa|ra|deis|sup|pe, die (österr.): *Tomatensuppe.*

Pa|ra|de|kis|sen, das (veraltend): *zur Zierde auf dem eigentlichen Kopfkissen liegendes, größeres Kissen mit Stickereien o. Ä.*

Pa|ra|de|pferd, das: **1.** *schönes, gutes, bes. zur Repräsentation geeignetes Pferd.* **2.** (ugs.) *Person, Sache, mit der jmd. aufgrund ihrer besonderen Vorzüge renommieren kann.*

Pa|ra|de|schritt, der (Milit.): *(bes. bei militärischen Paraden ausgeführter) Marschschritt, bei dem die gestreckten Beine nach vorn [u. in die Höhe] gerissen werden.*

Pa|ra|de|stück, das: *etw., womit jmd. wegen seines Wertes, seiner besonderen Schönheit o. Ä. renommieren kann.*

Pa|ra|de|uni|form, die (Milit.): *prächtige Uniform.*

pa|ra|die|ren ⟨sw. V.; hat⟩ [frz. parader, zu: parade, ↑Parade]: **1.** (Milit.) *in einer Parade (1) auf-, vorbeimarschieren:* die Truppen paradierten vor dem Oberbefehlshaber. **2.** (geh.) *aufgereiht, aufgestellt, zur Schau gestellt sein:* Ahnenbilder paradierten an den Wänden. **3.** (geh.) *Eindruck zu machen suchen, prunken (2):* mit seinem Wissen p.

Pa|ra|dies, das; -es, -e [mhd. paradīs(e), ahd. paradīs < kirchenlat. paradisus < griech. parádeisos = (Tier)park; Paradies, aus dem Pers., eigtl. = Einzäunung, eingezäuntes (Stück Land)]: **1.** ⟨o. Pl.⟩ (Rel.) **a)** *(nach dem Alten Testament) als eine Art schöner Garten mit üppigem Pflanzenwuchs u. friedlicher Tierwelt gedachte Stätte des Friedens, des Glücks u. der Ruhe, die den ersten Menschen von Gott als Lebensbereich gegeben wurde; Garten Eden:* ein Leben wie im P.; **b)** *Bereich des Jenseits als Aufenthalt Gottes u. der Engel, in den die Seligen nach dem Tod aufgenommen werden; Himmel (2 a):* [dereinst] ins P. kommen; * **das P. auf Erden haben** (↑Himmel 2 a). **2. a)** *Ort, Bereich, der durch seine Gegebenheiten, seine Schönheit, seine guten Lebensbedingungen o. Ä. alle Voraussetzungen für ein schönes, glückliches, friedliches o. ä. Dasein erfüllt:* diese Südseeinsel ist ein P.; **b)** *Eldorado:* ein P. für Angler. **3.** *Atrium (2).*

-pa|ra|dies, das; -es, -e (häufig emotional): **a)** kennzeichnet in Bildungen mit Substantiven einen Ort, Bereich o. Ä., der als äußerst günstig, als ideal für jmdn. angesehen wird: Ganoven-, Kinderparadies; **b)** kennzeichnet in Bildungen mit Substantiven oder Verben (Verbstämmen) einen Ort, Bereich o. Ä., der als äußerst günstig, als ideal zu etw., um etw. zu tun, angesehen wird: Bade-, Einkaufs-, Erholungsparadies; **c)** kennzeichnet in Bildungen mit Substantiven einen Ort, Bereich o. Ä., der als äußerst günstig, als ideal in Bezug auf etw., in Hinsicht auf etw. angesehen wird: Preis-, Ski-, Steuerparadies.

Pa|ra|dies|ap|fel, der [vgl. Paradeiser]: **1.** *(bes. auf der Balkanhalbinsel heimischer) kleiner, rundlicher, wild wachsender Apfel.* **2.** (landsch.) *Tomate.*

pa|ra|die|sisch ⟨Adj.⟩: **1.** *das Paradies (1 a) betreffend, zu ihm gehörend:* der ursprüngliche -e Zustand des Menschen. **2.** *in höchstem Maße erfreulich, jmds. Wohlbehagen hervorrufend; herrlich, himmlisch (2), wunderbar:* -e Zeiten.

Pa|ra|dies|vo|gel, der [1: nach dem prächtigen Gefieder]: **1.** *(in den tropischen Regenwäldern Neuguineas u. der Molukken heimischer) großer Singvogel mit prächtigem, buntem Gefieder u. oft sehr langen Schwanzfedern.* **2.** *jmd., der in seiner Umgebung durch ungewöhnliche Ideen, unangepasste Lebensweise, durch ausgefallene Kleidung o. Ä. auffällt.*

Pa|ra|dig|ma, das; -s, ...men, auch: -ta [lat. paradigma < griech. parádeigma, zu: paradeiknýnai = vorzeigen, sehen lassen]: **1.** (bildungsspr.) *Beispiel, Muster; Erzählung mit beispielhaftem Charakter.* **2.** (Sprachw.) *Gesamtheit der Formen der Flexion eines Wortes, bes. als Muster für Wörter, die in gleicher Weise flektiert werden.* **3.** (Sprachw.) *Anzahl von sprachlichen Einheiten, zwischen denen in einem gegebenen Kontext zu wählen ist* (z. B. er steht *hier/dort/oben/unten*)*, im Unterschied zu Einheiten, die zusammen vorkommen, ein Syntagma bilden* (z. B. er *steht dort*).

pa|ra|dig|ma|tisch ⟨Adj.⟩: **1.** (bildungsspr.) *ein Modell, Muster darstellend, als Vorbild, Beispiel dienend; modellhaft.* **2.** (Sprachw.) *das Paradigma (2) betreffend, zu ihm gehörend; als Paradigma, in einem Paradigma dargestellt:* die -e Darstellung eines Wortes. **3.** *das Paradigma (3) betreffend, zu ihm gehörend.*

pa|ra|dox ⟨Adj.⟩ [(spät)lat. paradoxus < griech. parádoxos, zu: pará = gegen, entgegen u. dóxa = Meinung]: **1.** (bildungsspr.) *einen [scheinbar] unauflöslichen Widerspruch in sich enthaltend; widersinnig, widersprüchlich:* -e Formulierungen. **2.** (ugs.) *sehr merkwürdig; ganz u. gar abwegig, unsinnig:* eine ziemlich -e Geschichte.

Pa|ra|dox, das; -es, -e: **1.** (bildungsspr.) *etw., was einen Widerspruch in sich enthält, paradox (1) ist.* **2.** (Philos., Stilk.) *Paradoxon (2).*

Pa|ra|do|xa: Pl. von ↑Paradoxon.

pa|ra|do|xer|wei|se ⟨Adv.⟩: **1.** (bildungsspr.) *in paradoxer (1) Weise.* **2.** (ugs.) *merkwürdiger-, unsinnigerweise.*

Pa|ra|do|xon, das; -s, ...xa [spätlat. paradoxon < griech. parádoxon]: **1.** (bildungsspr.) *Paradox (1).* **2.** (Philos., Stilk.) *scheinbar unsinnige, falsche Behauptung, Aussage, die aber bei genauerer Analyse auf eine höhere Wahrheit hinweist.*

Pa|raf|fin, das; -s, -e [zu lat. parum = zu wenig u. affinis = teilnehmend an etw., eigtl. = wenig reaktionsfähiger Stoff]: **1.** *(aus einem Gemisch wasserunlöslicher gesättigter Kohlenwasserstoffe bestehende) farblose bis weiße, wachsartige, weiche od. auch festere Masse, die bes. zur Herstellung von Kerzen, Bohnerwachs, Schuhcreme verwendet wird.* **2.** ⟨meist Pl.⟩ *gesättigter, aliphatischer Kohlenwasserstoff, der je nach Größe u. Form der Moleküle bei Zimmertemperatur als gasförmige, flüssige od. feste Substanz vorkommt.*

pa|raf|fi|nie|ren ⟨sw. V.; hat⟩ (Technik): *mit Paraffin (1) behandeln, bearbeiten, beschichten, tränken usw.*

Pa|raf|fin|ker|ze, die: *Kerze aus Paraffin (1).*

Pa|raf|fin|öl, das ⟨o. Pl.⟩: *aus Paraffin (1) gewonnenes, feines Öl.*

Pa|ra|glei|ter, der: *Gleitschirm.*

Pa|ra|gli|ding [...glaɪdɪŋ], das; -s [engl., zu: para-, in Zus. kurz für: parachute = Fallschirm u. to glide = segelfliegen]: *das Fliegen von Berghängen mit einem Gleitschirm; Gleitschirmfliegen, Gleitsegeln.*

Pa|ra|gramm, das; -s, -e [spätlat. paragramma < griech. parágramma, aus: pará (↑para-, Para-) u. grámma = Buchstabe]: *Änderung von Buchstaben in einem Wort od. Namen, wodurch ein scherzhaft-komischer Sinn entstehen kann* (z. B. Biberius [= Trunkenbold, von lat. bibere = trinken] statt Tiberius).

Pa|ra|graph, der; -en, -en [mhd. paragraf = Zeichen, Buchstabe < spätlat. paragraphus < griech. parágraphos (grammḗ) = Zeichen am Rande der antiken Buchrolle, zu: paragráphein = danebenschreiben]: **a)** *mit dem Paragraphzeichen u. der Zahl einer fortlaufenden Nummerierung gekennzeichneter Abschnitt, Absatz im Text von Gesetzbüchern, formellen Schriftstücken, Verträgen, wissenschaftlichen Werken o. Ä.:* einen -en genau kennen; der Wortlaut eines -en; ⟨ungebeugt u. o. Art. vor Zahlen:⟩ nach P. 8; das steht in den -en 6, 8, 11 u. 12 BGB; Zeichen: §; **b)** *Paragraphzeichen.*

Pa|ra|gra|phen|di|ckicht, das (abwertend): *(in Verträgen, Gesetzestexten o. Ä.) gehäufte Anzahl von Paragraphen, Vorschriften o. Ä., die bes. für den Laien verwirrend, nicht einsehbar sind.*

Pa|ra|gra|phen|rei|ter, der (abwertend): *jmd., der sich in übertriebener, pedantischer Weise nur nach Vorschriften, Weisungen, Gesetzen richtet.*

Pa|ra|gra|phen|rei|te|rin, die: w. Form zu ↑Paragraphenreiter.

Pa|ra|gra|phen|zei|chen, das: *Paragraphzeichen.*

Pa|ra|gra|phie, die; -, -n [zu griech. pará = gegen u. gráphein = schreiben] (Med.): *Störung des Schreibvermögens, bei der Buchstaben, Silben od. Wörter vertauscht werden.*

pa|ra|gra|phie|ren ⟨sw. V.; hat⟩: *in Paragraphen einteilen.*

Pa|ra|gra|phie|rung, die; -, -en: *das Paragraphieren.*

Pa|ra|graph|zei|chen, das: *Zeichen, das in Verbindung mit einer Zahl einen Paragraphen (a) kennzeichnet* (Zeichen: §, bei zwei u. mehr Paragraphen: §§).

[1]Pa|ra|gu|ay, der; -[s]: rechter Nebenfluss des Paraná.

[2]Pa|ra|gu|ay; -s: Staat in Südamerika.

Pa|ra|gu|a|yer, der; -s, -: Ew.

Pa|ra|gu|a|ye|rin, die; -, -nen: w. Form zu ↑Paraguayer.

pa|ra|gu|a|yisch ⟨Adj.⟩: *Paraguay, die Paraguayer betreffend; aus Paraguay stammend.*

Pa|ra|li|po|me|non, das; -s, ...na ⟨meist Pl.⟩ [griech. paralipómenon, zu: paraleípein = auslassen] (Literaturw.): *Ergänzung, Nachtrag.*

pa|ral|lak|tisch ⟨Adj.⟩ (Physik, Astron., Fot.): *die Parallaxe betreffend, zu ihr gehörend, auf ihr beruhend.*

Pa|ral|la|xe, die; -, -n [griech. parállaxis = Vertauschung, Abweichung, zu: parallássein = vertauschen]: **1.** (Physik) *Winkel, der entsteht, wenn ein Objekt von zwei verschiedenen Standorten aus betrachtet wird, u. der als scheinbare Verschiebung des Objekts vor dem Hintergrund zu beobachten ist.* **2.** (Astron.) *Entfernung eines Gestirns, die mithilfe der Parallaxe* (1) *gemessen wird.* **3.** (Fot.) *Unterschied zwischen dem Ausschnitt eines Bildes im Sucher u. auf dem Film, der durch die von Sucher u. Objektiv gebildete Parallaxe* (1) *entsteht.*

Pa|ral|la|xen|aus|gleich, der (Fot.): *Einrichtung an fotografischen Suchern zum Ausgleich der Parallaxe* (1).

pa|ral|lel ⟨Adj.⟩ [lat. parallelus < griech. parállēlos, zu: pará = entlang, neben, bei u. allḗlōn = einander]: **1.** *in gleicher Richtung u. in gleichem Abstand neben etw. anderem verlaufend, an allen Stellen in gleichem Abstand nebeneinander [befindlich]:* -e Geraden; p. laufende Straßen. **2.** *gleichzeitig in gleicher, ähnlicher Weise neben etw. anderem [vorhanden, erfolgend, geschehend]:* -e Entwicklungen; p. geschaltete Widerstände. **3.** (Musik) *im gleichen Intervallabstand fortschreitend.*

Pa|ral|le|le, die; -, -n ⟨aber: zwei -[n]⟩ [wohl unter Einfluss von frz. parallèle zu lat. parallelus, ↑parallel]: **1.** (Math.) *Gerade, die zu einer anderen Geraden in stets gleichem Abstand verläuft; parallele* (1) *Gerade.* **2.** *etw., was gleichartig, ähnlich geartet ist; parallel* (2) *gelagerter Fall.* **3.** (Musik) *auf- od. abwärts führende Bewegung einer Stimme mit einer anderen in gleich bleibenden Intervallen.*

Pa|ral|lel|ent|wick|lung, die: *gleichzeitig, in gleicher, ähnlicher Weise verlaufende Entwicklung.*

Pa|ral|lel|er|schei|nung, die: *parallele* (2) *Erscheinung* (1).

Pa|ral|lel|fall, der: *paralleler* (2) *Fall.*

pa|ral|le|li|sie|ren ⟨sw. V.; hat⟩: *in Parallele* (2) *bringen; vergleichend nebeneinander stellen.*

Pa|ral|le|lis|mus, der; -, ...men: **1.** *Übereinstimmung, gleichartige Beschaffenheit, genaue Entsprechung.* **2.** (Sprachw., Stilk.) *semantisch-syntaktisch gleichmäßiger Bau von Satzgliedern, Sätzen, Satzfolgen.*

Pa|ral|le|li|tät, die; -, -en: **1.** ⟨o. Pl.⟩ (Math.) *Eigenschaft paralleler Geraden.* **2.** *parallele* (2), *gleichartige Beschaffenheit; das Parallel-, Gleichartigsein:* die P. der Ereignisse.

Pa|ral|lel|klas|se, die: *Klasse des gleichen Jahrgangs in einer Schule.*

Pa|ral|lel|kreis, der (Geogr.): *Breitenkreis.*

pa|ral|lel lau|fend: s. parallel (1).

Pa|ral|lel|li|nie, die: *parallel laufende Linie.*

Pa|ral|le|lo|gramm, das; -s, -e [spätlat. parallelogrammum < griech. parallēlógrammon] (Math.): *Viereck, bei dem je zwei sich gegenüberliegende Seiten parallel u. gleich lang sind.*

Pa|ral|lel|pro|jek|ti|on, die (Math.): *zeichnerische Darstellung eines räumlichen Gebildes auf einer Ebene durch parallele Strahlen.*

pa|ral|lel schal|ten: s. parallel (2).

Pa|ral|lel|schal|tung, die (Elektrot.): *elektrische Schaltung, bei der jedes Element der Schaltung an die gleiche Spannung angeschlossen ist.*

Pa|ral|lel|sla|lom, der (Sport): *Slalom, bei dem zwei Läufer auf zwei parallelen Strecken gleichzeitig starten.*

Pa|ral|lel|stra|ße, die: *zu einer Straße parallel verlaufende Straße, bes. in einer Ortschaft.*

Pa|ral|lel|ton|art, die (Musik): *Molltonart mit den gleichen Vorzeichen wie die entsprechende Durtonart bzw. Durtonart mit den gleichen Vorzeichen wie die entsprechende Molltonart* (z. B. C-Dur u. a-Moll).

Pa|ra|lym|pics [pærəˈlɪmpɪks] ⟨Pl.⟩ [engl. Paralympics, zusgez. aus: **para**plegic = doppelseitig gelähmt; Paraplegiker u. (the) O**lympics** = Olympische Spiele]: *Olympiade für Behindertensportler.*

Pa|ra|ly|se, die; -, -n [mhd. paralis, parlys < lat. paralysis < griech. parálysis, eigtl. = Auflösung, zu: paralýein = (auf)lösen; lähmen] (Med.): *vollständige motorische* (1) *Lähmung von Muskeln.*

pa|ra|ly|sie|ren ⟨sw. V.; hat⟩: **1.** (Med.) *bei jmdm., etw. zu einer Paralyse führen; lähmen.* **2.** (bildungsspr.) *handlungsunfähig, unwirksam machen, völlig zerrütten u. ausschalten.*

Pa|ra|ly|ti|ker, der; -s, - (Med.): *jmd., der an einer Paralyse leidet.*

Pa|ra|ly|ti|ke|rin, die; -, -nen: w. Form zu ↑Paralytiker.

pa|ra|ly|tisch ⟨Adj.⟩ (Med.): *die Paralyse betreffend, durch sie ausgelöst, an ihr leidend.*

pa|ra|ma|gne|tisch ⟨Adj.⟩ [aus griech. pará = über – hinaus u. ↑magnetisch] (Physik): *Paramagnetismus aufweisend.*

Pa|ra|ma|gne|tis|mus, der; - (Physik): *Eigenschaft bestimmter Stoffe, beim Eintritt in ein Magnetfeld ihre Magnetisierung zu verstärken.*

Pa|ra|ma|ri|bo: Hauptstadt von [1]Suriname.

Pa|ra|me|di|zin, die; - [zu ↑para-, Para-]: *von der Schulmedizin abweichende Lehre in Bezug auf die Erkennung u. Behandlung von Krankheiten.*

Pa|ra|ment, das; -[e]s, -e ⟨meist Pl.⟩ [mlat. paramentum, zu lat. parare, ↑[1]parieren]: *im christlichen Gottesdienst gebrauchter Gegenstand, der zu den liturgischen Gewändern u. Insignien, zur Ausstattung des gottesdienstlichen Raumes gehört.*

Pa|ra|me|ter, der; -s, - [zu ↑para-, Para- u. ↑-meter (3)]: **1.** (Math.) **a)** *in Funktionen u. Gleichungen neben den eigentlichen Variablen auftretende, entweder unbestimmt gelassene od. konstant gehaltene Größe;* **b)** *bei Kegelschnitten im Brennpunkt die Hauptachse senkrecht schneidende Sehne.* **2.** (bes. Technik) *in technischen Prozessen o. Ä. kennzeichnende Größe, mit deren Hilfe Aussagen über Aufbau, Leistungsfähigkeit von etw., z. B. einer Maschine, eines Gerätes o. Ä., gewonnen werden.* **3.** (Wirtsch.) *veränderliche Größe wie Zeit, Materialkosten o. Ä., durch die ein ökonomischer Prozess beeinflusst wird.* **4.** (Musik) *einzelne Dimension im Bereich musikalischer Wahrnehmung wie Tonhöhe, Lautstärke, Klangdichte, Klangfarbe.*

pa|ra|mi|li|tä|risch ⟨Adj.⟩ [zu ↑para-, Para- u. ↑militärisch]: *dem [1]Militär ähnlich:* eine -e Organisation.

Pa|ra|ná [...ˈna], der; -[s]: Fluss in Südamerika.

Pa|ra|noia, die; - [griech. paránoia = Torheit; Wahnsinn, zu: pará = neben u. noũs = Verstand] (Med.): *geistig-seelische Funktionsstörung mit Wahnvorstellungen:* er leidet an P.

pa|ra|no|id ⟨Adj.⟩ [zu griech. -oeidḗs = ähnlich] (Med.): *der Paranoia ähnlich; wahnhaft:* -e Zustände.

Pa|ra|no|i|ker, der; -s, - (Med.): *jmd., der an einer Paranoia leidet.*

Pa|ra|no|i|ke|rin, die; -, -nen: w. Form zu ↑Paranoiker.

pa|ra|nor|mal ⟨Adj.⟩ [aus griech. pará = über – hinaus u. ↑normal] (Parapsych.): *nicht auf natürliche Weise erklärbar; übersinnlich:* -e Wahrnehmungen

Pa|ran|thro|pus, der; -, ...pi [zu griech. pará = neben u. ánthrōpos = Mensch]: *südafrikanischer, robust gebauter Urmensch mit bes. kräftigem Gebiss u. relativ kleinem Hirnschädel.*

Pa|ra|nuss, die; -, ...nüsse [nach der bras. Stadt Pará (Ausfuhrhafen)]: *dreikantige Nuss des Paranussbaums.*

Pa|ra|nuss|baum, der: *(in den Regenwäldern Südamerikas heimischer) sehr hoher Baum mit dicken, holzigen Kapselfrüchten, die als Samen die Paranüsse enthalten.*

Pa|ra|pha|sie, die; -, -n [zu griech. pará = neben u. phásis = das Sprechen] (Med.): *Sprechstörung, bei der es zur Vertauschung von Wörtern, Silben od. Lauten kommt.*

Pa|ra|phe, die; -, -n [frz. paraphe, Nebenf. von: paragraphe < spätlat. paragraphus = Paragraph] (bildungsspr.): *Namenszug, -zeichen, -stempel, mit dem jmd. etw. als gesehen kennzeichnet, unterzeichnet o. Ä.*

pa|ra|phie|ren ⟨sw. V.; hat⟩ [frz. parapher, zu: paraphe, ↑Paraphe] (bildungsspr.): *mit der Paraphe versehen, abzeichnen; bes. ein diplomatisches Dokument, einen Vertrag o. Ä. als Bevollmächtigter vorläufig unterzeichnen.*

Pa|ra|phie|rung, die; -, -en (bildungsspr.): *das Paraphieren.*

Pa|ra|phra|se, die; -, -n [lat. paraphrasis < griech. paráphrasis, zu: paraphrázein = umschreiben]: **1.** (Sprachw.) **a)** *Umschreibung eines sprachlichen Ausdrucks mit anderen Wörtern od. Ausdrücken;* **b)** *freie, nur sinngemäße Übertragung in eine andere Sprache.* **2.** (Musik) *ausschmückende Bearbeitung einer Melodie o. Ä.*

pa|ra|phra|sie|ren ⟨sw. V.; hat⟩: **1.** (Sprachw.) **a)** *(einen sprachlichen Ausdruck) mit anderen Wörtern od. Ausdrücken umschreiben;* **b)** *(ein Wort, einen Text) frei, nur sinngemäß in eine andere Sprache übertragen, sinngemäß, nicht wortwörtlich wiederholen.* **2.** (Musik) *(eine Melodie o. Ä.) ausschmücken, ausschmückend bearbeiten.*

Pa|ra|ple|gie, die; -, -n [zu griech. plēgḗ = Schlag] (Med.): *doppelseitige Lähmung.*

Pa|ra|pluie [...ˈplyː], der, auch: das; -s, -s [frz. parapluie, aus griech. pará = gegen u. frz. pluie = Regen] (veraltet, noch scherzh.): *Regenschirm.*

pa|ra|psy|chisch ⟨Adj.⟩ (Parapsych.): *übersinnlich.*

Pa|ra|psy|cho|lo|gie, die; - [aus griech. pará = neben u. ↑Psychologie]: *Wissenschaft von den okkulten, außerhalb der normalen Wahrnehmungsfähigkeit liegenden, übersinnlichen Erscheinungen wie Telepathie, Materialisation, Spuk o. Ä.*

pa|ra|psy|cho|lo|gisch ⟨Adj.⟩ (Parapsych.): *die Parapsychologie betreffend, zu ihr gehörend.*

Pa|ra|sai|ling [ˈpærəseɪlɪŋ], das; -s [engl. parasailing, aus: para-, in Zus. kurz für parachute = Fallschirm u. sailing = das Segeln]: *Freizeitsport, bei dem ein von einem Motorboot o. Ä. gezogener Sportler mit einem fallschirmartigen Segel über dem Wasser schwebt.*

Pa|ra|sche, die; -, -n [hebr. pạrạšạ̈, eigtl. = Kapitel; Angelegenheit]: **1.** *Abschnitt der Thora.* **2.** *aus einer Parasche* (1) *gehaltene Lesung im jüdischen Gottesdienst.*

Pa|ra|sit, der; -en, -en [lat. parasitus < griech. parásitos = Tischgenosse; Schmarotzer, eigtl. = neben einem anderen essend, zu: pará = neben u. sĩtos = Speise]: **1.** (Biol.) *tierischer od. pflanzlicher Schmarotzer; Lebewesen, das aus dem Zusammenleben mit anderen Lebewesen einseitig Nutzen zieht, die es oft auch schädigt u. bei denen es Krankheiten hervorrufen kann.* **2.** (Literaturw.) *(in der antiken Komödie) Figur des gefräßigen, komisch-sympathischen Schmarotzers, der sich durch kleine Dienste in reiche Häuser einschmeichelt.* **3.** (Geol.) *kleiner, am Hang eines Vulkans auftretender Krater.*

pa|ra|si|tär ⟨Adj.⟩ [frz. parasitaire]: **1.** (Biol.) *Parasiten* (1), *ihre Daseinsweise betreffend; durch Parasiten* (1) *hervorgerufen.* **2.** (bildungsspr. abwertend) *einem Parasiten* (1) *ähnlich auf Kosten anderer lebend; wie Parasiten* (1); *schmarotzerhaft.*

Pa|ra|si|ten|tum, das; -s: *Schmarotzertum, Parasitismus.*

pa|ra|si|tie|ren ⟨sw. V.; hat⟩ (Biol.): *als Parasit* (1) *leben.*

pa|ra|si|tisch ⟨Adj.⟩: *parasitär.*

Pa|ra|si|tis|mus, der; - (Biol.): *parasitäre Lebensweise, Daseinsform.*

Pa|ra|si|to|lo|gie, die; - [↑-logie]: *Wissenschaft*

P

von den pflanzlichen u. tierischen Parasiten als Teilgebiet der Biologie.

Pa|ra|ski, der; - [aus ↑²Para u. ↑Ski]: *Kombination aus Fallschirmspringen u. Riesenslalom als sportliche Disziplin.*

¹Pa|ra|sol, der od. das; -s, -s [frz. parasol, eigtl. = etw. gegen die Sonne] (veraltet): *Sonnenschirm.*

²Pa|ra|sol, der; -s, -e u. -s: *Parasolpilz.*

Pa|ra|sol|pilz, der; -es, -e [zu ↑¹Parasol]: *großer nussartig schmeckender Pilz mit braunem bis grauem, schuppigem Hut, breiten weißen Lamellen u. schlankem, am unteren Ende knollenförmig verdicktem Stiel.*

Pa|räs|the|sie, die; -, -n [zu griech. pará = neben u. aísthēsis = Wahrnehmung] (Med.): *anomale Körperempfindung* (z. B. Taubheit der Glieder).

Pa|ra|sym|pa|thi|kus, der; - [aus griech. pará = neben u. ↑Sympathikus] (Anat., Physiol.): *Teil des vegetativen Nervensystems, der bes. die für Aufbau u. Regeneration des Gewebes notwendigen Körperfunktionen steuert u. dabei bes. die Funktionen des Körpers in Ruhe fördert.*

pa|ra|sym|pa|thisch ⟨Adj.⟩ (Anat., Physiol.): *den Parasympathikus betreffend.*

pa|rat ⟨Adj.⟩ [lat. paratus = bereit(stehend), gerüstet; ausgerüstet, adj. 2. Part. von: parare, ↑¹parieren]: **a)** *bereit, in Bereitschaft, zur Verfügung;* **b)** (veraltend) *bereit zum Aufbruch, reisefertig.*

pa|ra|tak|tisch ⟨Adj.⟩ (Sprachw.): *auf Parataxe beruhend, der Parataxe unterliegend; nebenordnend:* -e Sätze, Satzglieder; seine Sätze vorwiegend p. konstruieren.

Pa|ra|ta|xe, die; -, -n [griech. parátaxis = das Nebeneinanderstellen] (Sprachw.): *Nebenordnung von Sätzen od. Satzgliedern.*

Pa|ra|ta|xie, die; -, -n [zu griech. táxis = Ordnung]: **1.** *nicht perspektivische Wiedergabe von Gegenständen o. Ä.* (z. B. in Kinderzeichnungen). **2.** (Psych.) *Unangepasstheit des [sozialen] Verhaltens in den zwischenmenschlichen Beziehungen.*

Pa|ra|ta|xis, die; -, ...axen (Sprachw. veraltend): *Parataxe.*

Pa|ra|ty|phus, der; - [aus griech. pará = neben u. ↑Typhus] (Med.): *durch Salmonellen hervorgerufene, dem Typhus ähnliche, aber leichter verlaufende Infektionskrankheit des Darms u. des Magens.*

Pa|ra|vent [...'vã:], der, auch: das; -s, -s [frz. paravent < ital. paravento, eigtl. = den Wind Abhaltender] (veraltend): *Wandschirm; spanische Wand.*

par avi|on [para'vjõ; frz., eigtl. = mit (dem) Flugzeug] (Postw.): *durch Luftpost* (Vermerk auf Auslandssendungen, die durch Luftpost befördert werden).

pa|ra|zen|trisch ⟨Adj.⟩ [aus griech. pará = neben u. ↑zentrisch] (Math.): *um den Mittelpunkt liegend od. beweglich.*

par|boiled ['pa:(r)bɔyld; engl., zu: to parboil = ankochen] (Kochk.): *(von Reis) in bestimmter Weise vitaminschonend vorbehandelt.*

Pär|chen, das; -s, -: Vkl. zu ↑Paar (1).

Par|cours [...'ku:ɐ̯], der; - [...ɐ̯(s)], - [...ɐ̯s; frz. parcours < spätlat. percursus = das Durchlaufen, zu lat. percurrere = durchlaufen]: **1.** (Pferdesport) *festgelegte Strecke mit verschiedenen Hindernissen für Jagdspringen od. Jagdrennen.* **2.** (Sport, bes. schweiz.): *Lauf-, Rennstrecke.*

par|dauz ⟨Interj.⟩ [lautm. für ein beim Hinfallen von etw. verursachtes Geräusch] (veraltet): Ausruf der Überraschung o. Ä., wenn jmd., etw. plötzlich hinfällt: p.!, da lag er auf der Nase.

par dis|tance [- ...'tã:s; frz., zu: distance < lat. distantia, ↑Distanz] (bildungsspr.): *mit [dem notwendigen] Abstand; aus der Ferne.*

Par|don [par'dõ:, österr.: par'do:n], der, auch: das; -s [frz. pardon, zu: pardonner = verzeihen < spätlat. perdonare = vergeben] (veraltend): *Nachsicht, verzeihendes Verständnis, Verzeihung:* jmdm. P. geben, gewähren; keinen/kein P. kennen *(keine Rücksicht kennen, schonungslos vorgehen)* (noch häufig als Höflichkeitsformel zur Entschuldigung:) P.!

Par|dun, das; -[e]s, -s, **Par|du|ne,** die; -, -n [H. u.] (Seemannsspr.): *Vertäuung des Mastes von hinten (hinter den Wanten zum Heck).*

pa|ren|tal ⟨Adj.⟩ [lat. parentalis, zu: parentes = Eltern] (Genetik): **a)** *den Eltern, der Elterngeneration zugehörig;* **b)** *von der Elterngeneration stammend.*

Pa|ren|tel, die; -, -en [spätlat. parentela = Verwandtschaft] (Rechtsspr.): *Gesamtheit der Abkömmlinge eines Stammvaters.*

Pa|ren|tel|sys|tem, das; -s (Rechtsspr.): *für die 1.–3. Ordnung gültige Erbfolge nach Stämmen.*

Pa|ren|the|se, die; -, -n [spätlat. parenthesis < griech. parénthesis, zu: pará = neben u. énthesis = das Einfügen] (Sprachw.): **1.** *eingeschobener (außerhalb des eigentlichen Satzverbandes stehender) Satz od. Teil eines Satzes.* **2.** *Gedankenstriche, Klammern, auch Kommas, die eine Parenthese* (1) *im geschriebenen Text vom übrigen Satz abheben:* ein Wort in P. setzen.

pa|ren|the|tisch ⟨Adj.⟩: **1.** (Sprachw.) *die Parenthese betreffend, mithilfe der Parenthese konstruiert:* eine -e Klammer. **2.** (bildungsspr.) *beiläufig [bemerkt], nebenbei.*

Pa|reo, der; -s, -s [polynes. pareo, pareu]: *großes Wickeltuch* (1), *das um die Hüften geschlungen wird.*

Pa|re|se, die; -, -n [griech. páresis = Erschlaffung] (Med.): *leichte Lähmung; motorische Schwäche.*

par ex|cel|lence [parɛksɛ'lã:s; frz., ↑Exzellenz] (bildungsspr.): *in typischer, mustergültiger Ausprägung, in höchster Vollendung; schlechthin* (immer nachgestellt): ein Renaissancefürst p. e.

par ex|près [parɛks'prɛ; frz., zu: exprès < expressus, ↑express]: *durch Eilboten* (Vermerk auf Postsendungen).

par force [- ...'fɔrs; frz., ↑Force] (bildungsspr.): *unbedingt, mit aller Gewalt, unter allen Umständen.*

Par|force|jagd, die; -, -en (Jagdw.): *zu Pferde u. mit einer Hundemeute durchgeführte Hetzjagd.*

Par|force|ritt, der; -[e]s, -e (bildungsspr.): *mit großer Anstrengung, unter Anspannung aller Kräfte bewältigte Leistung.*

Par|fum [par'fœ̃:], das; -s, -s: *Parfüm.*

Par|füm, das; -s, -e u. -s [frz. parfum, zu: parfumer = durchduften < älter ital. perfumare, zu lat. per = durch u. fumare = dampfen, rauchen]: *alkoholische Flüssigkeit, in der Duftstoffe gelöst sind; Flüssigkeit mit intensivem, lang anhaltendem Geruch (als Kosmetikartikel):* kein P. nehmen.

Par|fü|me|rie, die; -, -n [zu ↑Parfüm]: **1.** *Geschäft für Parfüms u. Kosmetikartikel.* **2.** *Betrieb, in dem Parfüms hergestellt werden.*

Par|fü|meur [...'mø:ɐ̯], der; -s, -e [frz. parfumeur]: *Fachkraft für die Herstellung von Parfüms.*

Par|fü|meu|rin [...'mø:rɪn], die; -, -nen: w. Form zu ↑Parfümeur.

Par|füm|fla|sche, die: *kleine Flasche für, mit Parfüm.*

par|fü|mie|ren ⟨sw. V.; hat⟩ [frz. parfumer]: **a)** *mit Parfüm betupfen, besprühen;* **b)** *mit einem Duftstoff versetzen:* Seife p.; ⟨meist im 2. Part.:⟩ parfümiertes Briefpapier.

Par|füm|zer|stäu|ber, der: *Zerstäuber für Parfüm.*

pa|ri [ital. pari < lat. par = gleich] ⟨Adv.⟩: **1.** *** zu, über, unter p.** (Börsenw.; *zum, über dem, unter dem Nennwert*): die Aktien werden zu p. angeboten. **2.** *** p. stehen** *(gleichstehen, unentschieden stehen).*

Pa|ria, der; -s, -s [engl. pariah < angloind. parriar < Tamil paṛaiyar = Trommler, zu: paṛai = Trommel; die Trommler bei Hindufesten gehörten einer niederen Kaste an]: **1.** *der niedersten od. gar keiner Kaste angehörender Inder.* **2.** (bildungsspr.) *jmd., der unterprivilegiert, von der Gesellschaft ausgestoßen ist.*

¹pa|rie|ren ⟨sw. V.; hat⟩ [1: ital. parare, eigtl. = Vorkehrungen treffen; 2: frz. parer < span. parar = anhalten, zum Stehen bringen; beide Formen < lat. parare = bereiten, (aus)rüsten]: **1.** (Sport) *abwehren:* einen Schlag p.; Ü er konnte jede Frage aus dem Publikum p. *(wusste darauf zu antworten).* **2.** (Reiten) *(ein Pferd) zum Stehen od. in eine andere Gangart bringen.*

²pa|rie|ren ⟨sw. V.; hat⟩ [lat. parere, eigtl. = (auf jmds. Befehl) erscheinen; sichtbar sein]: *ohne Widerspruch gehorchen:* willst du wohl p.!

Pa|rier|stan|ge, die; -, -n [zu ↑¹parieren (1)]: *(bei Dolchen, Schwertern o. Ä.) schmaler, quer verlaufender Teil zwischen Griff u. Schneide, der diese seitlich überragt.*

pa|ri|e|tal [parie...] ⟨Adj.⟩ [spätlat. parietalis = zur Wand gehörig, zu lat. paries = Wand; 2: das Scheitelbein bildet teilweise die Seitenwand des Schädels]: **1.** (Biol., Med.) *zur Wand eines Organs od. Gefäßes gehörend; seitlich.* **2.** (Med.) *zum Scheitelbein gehörend.*

Pa|ri|kurs, der [aus ↑pari u. ↑Kurs] (Wirtsch.): *dem Nennwert eines Wertpapiers entsprechender Kurs.*

Pa|ris: Hauptstadt von Frankreich.

pa|risch ⟨Adj.⟩: *die Insel Paros betreffend, zu ihr gehörend, aus ihr stammend.*

Pa|ri|sei|de, die; - [zu lat. par (Gen.: paris) = gleich(kommend)]: *entbastete Naturseide, die auf ihr ursprüngliches Gewicht beschwert wurde.*

¹Pa|ri|ser, der; -s, -: Ew. zu ↑Paris.

²Pa|ri|ser ⟨indekl. Adj.⟩: P. Schinken.

³Pa|ri|ser, der; -s, - [im Sinne von »Verhütungsmittel aus Paris«] (salopp): *Präservativ.*

Pa|ri|se|rin, die; -, -nen: w. Form zu ↑¹Pariser.

pa|ri|syl|la|bisch ⟨Adj.⟩ [zu lat. par (Gen.: paris) = gleich u. ↑syllabisch] (Sprachw.): *in allen Beugungsfällen des Singulars u. Plurals die gleiche Anzahl von Silben aufweisend.*

Pa|ri|tät, die; -, -en ⟨Pl. selten⟩ [lat. paritas = Gleichheit, zu: par (Gen.: paris) = gleich]: **1.** (bildungsspr.) *Gleichsetzung, -stellung, [zahlenmäßige] Gleichheit:* die P. wahren. **2.** (Wirtsch.) *(im Wechselkurs zum Ausdruck kommendes) Verhältnis einer Währung zu einer anderen od. zum Gold.*

pa|ri|tä|tisch ⟨Adj.⟩ (bildungsspr.): *gleichgestellt, gleichwertig, gleichberechtigt, [zahlenmäßig] gleich; mit gleichen, gleichmäßig verteilten Rechten [ausgestattet]:* die -e Mitbestimmung.

Park, der; -s, -s, seltener -e, schweiz. meist: Pärke [1: (engl. park <) frz. parc < mlat. parricus = Gehege, galloroman. Wort.; vgl Pferch]: **1.** *größere [einer natürlichen Landschaft ähnliche] Anlage mit [alten] Bäumen, Sträuchern, Rasenflächen, Wegen [u. Blumenrabatten]:* im P. spazieren gehen. **2.** kurz für ↑Fuhrpark, Maschinenpark, Wagenpark.

Par|ka, der; -s, -s od. die; -, -s [engl. parka < eskim. parka < russ. parka = Pelz (1 b), Kleidungsstück aus Fell]: *knielanger, oft gefütterter Anorak mit Kapuze.*

Park-and-ride-Sys|tem ['pa:kənd'raɪd...], das; -s [engl. park-and-ride system, zu: to park = parken u. to ride = fahren]: *Regelung, nach der Kraftfahrer ihre Autos auf Parkplätzen am Stadtrand abstellen u. von dort (unentgeltlich) mit öffentlichen Verkehrsmitteln in das Stadtzentrum weiterfahren.*

Park|an|la|ge, die: *Park* (1), *parkartige Anlage.*

park|ar|tig ⟨Adj.⟩: *in der Art eines Parks* (1): eine -e Anlage.

Park|aus|weis, der: *behördlicher Ausweis, der Anwohnern das Parken an einer bestimmten Straße in ihrer Nachbarschaft erlaubt.*

Park|bahn, die (Raumf.): *Umlaufbahn eines Satelliten, von der aus eine Raumsonde gestartet wird.*

Park|bank, die ⟨Pl. ...bänke⟩: *in einem [öffentlichen] Park* (1) *aufgestellte* ¹*Bank* (1).

Park|dau|er, die: *Dauer des Parkens.*

Park|deck, das: *Stockwerk eines Parkhauses.*

par|ken ⟨sw. V.; hat⟩ [engl. to park, zu: park = Abstellplatz]: **1.** *(ein Fahrzeug) vorübergehend an einer Straße, auf einem Platz o. Ä. abstellen:* den Wagen auf einem Gehsteig p.; ⟨auch ohne Akk.-Obj.:⟩ er hat falsch geparkt; ⟨subst.:⟩ Parken verboten. **2.** *(von Fahrzeugen) vorüberge-*

P

hend an einer Straße, auf einem Platz o. Ä. abgestellt sein: mein Wagen parkt um die Ecke.

Par|kett, das; -[e]s, -e u. -s [frz. parquet, eigtl. = kleiner, abgegrenzter Raum, hölzerne Einfassung, Vkl. von: parc, ↑Park]: **1.** *Fußboden aus schmalen, kurzen Holzbrettern, die in einem bestimmten Muster zusammengesetzt sind:* das P. versiegeln. **2.** *zu ebener Erde liegender [vorderer] Teil eines Zuschauerraumes:* [im] P. sitzen. **3.** (Börsenw.) *offizieller Börsenverkehr.*

par|ket|tie|ren ⟨sw. V.; hat⟩ [frz. parqueter]: *mit Parkettboden versehen.*

Par|kett|le|ger, der: *Handwerker, der Parkett (1) verlegt* (Berufsbez.).

Par|kett|le|ge|rin, die: w. Form zu ↑Parkettleger.

Par|kett|platz, der: *Platz im Parkett (2).*

Park|ge|bühr, die: *Gebühr für das Parken auf einem Parkplatz od. an einer Parkuhr.*

Park|haus, das: *[mehrstöckiges] Gebäude, in dem Autos geparkt werden können.*

par|kie|ren ⟨sw. V.; hat⟩ (schweiz.): *parken.*

Par|king|me|ter, der; -s, - [engl. parking-meter, zu: to park = parken u. meter = (Münz)zähler] (schweiz.): *Parkuhr.*

Par|kin|son|krank|heit, die; -, **par|kin|son|sche Krank|heit,** die; -n - [nach dem brit. Arzt J. Parkinson (1755–1824)]: *Erkrankung des Gehirns, die ein starkes Zittern (bes. der Hände) bei gleichzeitiger Muskelstarre auslöst; Schüttellähmung.*

Par|kin|son|syn|drom, das; -s, -e (Med.): *der Parkinsonkrankheit ähnliche, jedoch auf verschiedenen Ursachen beruhende u. in Einzelheiten des Krankheitsbildes abweichende Erkrankung, die häufig als eine Folge anderer Krankheiten auftritt.*

Park|kral|le, die: *Kralle (2).*

Park|leit|sys|tem, das (Verkehrsw.): *System, das den Verkehr einer Stadt im Hinblick auf freie Parkplätze, die die Autofahrer anfahren können, steuert.*

Park|leuch|te, die: *schwach leuchtende Lampe, die bei Dunkelheit auf einer Seite eines parkenden Autos eingeschaltet werden kann.*

Park|lü|cke, die: *Lücke zwischen geparkten Autos, die einem od. zwei Autos noch Platz zum Parken bietet:* eine P. finden.

Park|pla|ket|te, die: *Plakette (1) für Fahrzeuge von Anliegern, die das Parken im Parkverbot erlaubt.*

Park|platz, der: **1.** *größerer Platz, auf dem Autos geparkt werden können.* **2.** *Stelle, an der ein Auto geparkt werden kann.*

Park|raum, der: *Raum, Platz zum Parken.*

Park|raum|not, die: *Mangel an Parkraum.*

Park|schei|be, die: *(hinter der Windschutzscheibe sichtbar zu platzierende) Karte mit einer einem Zifferblatt ähnlichen drehbaren Scheibe, mit der der Beginn des Parkens angezeigt wird u. die der Kontrolle der Parkdauer dient.*

Park|schein, der: *für gebührenpflichtige Parkplätze od. in Parkhäusern ausgegebener Schein, auf dem der Beginn od. das Ende der Zeit zum Parken vermerkt ist.*

Park|stu|di|um, das ⟨o. Pl.⟩ (ugs.): *Studium, das während der durch den Numerus clausus bedingten Wartezeit auf einen Studienplatz für das eigentlich angestrebte Fach in einem anderen [benachbarten] Fach durchgeführt wird.*

Park|uhr, die: *auf einer senkrechten Metallstange angebrachter kleiner Automat, der nach Einwurf einer Münze die Zeit anzeigt, während der an dieser Stelle geparkt werden darf:* die P. ist abgelaufen.

Park|ver|bot, das: **1.** *Verbot für ein [Kraft]fahrzeug, an einer bestimmten Stelle zu parken.* **2.** *Stelle, an der das Parken verboten ist.*

Par|la|ment, das; -[e]s, -e [engl. parliament < afrz. parlement = Unterhaltung, Erörterung (daraus schon gleichbed. mhd. parlament, parlemunt), zu: parler, ↑parlieren]: **1.** *gewählte [Volks]vertretung mit beratender u. gesetzgebender Funktion:* ein neues P. wählen. **2.** *Gebäude, in dem ein Parlament (1) untergebracht ist.*

Par|la|men|tär, der; -s, -e [frz. parlementaire, zu: parlementer = in Unterhandlungen treten]: *bevollmächtigter Unterhändler zwischen feindlichen Heeren.*

Par|la|men|ta|ri|er, der; -s, - [nach engl. parliamentarian]: *Abgeordneter, Mitglied eines Parlaments (1).*

Par|la|men|ta|ri|e|rin, die; -, -nen: w. Form zu ↑Parlamentarier.

Par|la|men|tä|rin, die; -, -nen: w. Form zu ↑Parlamentär.

par|la|men|ta|risch ⟨Adj.⟩ [nach engl. parliamentary]: *das Parlament betreffend, vom Parlament ausgehend, im Parlament erfolgend:* das -e System.

Par|la|men|ta|ris|mus, der; -: *demokratische Regierungsform, in der die Regierung dem Parlament verantwortlich ist.*

Par|la|ments|fe|ri|en ⟨Pl.⟩: *Periode, in der keine Parlamentssitzungen stattfinden, bes. parlamentarische Sommerpause.*

Par|la|ments|mit|glied, das: *Mitglied des Parlaments (1).*

Par|la|ments|sitz, der: *Sitz (2) in einem Parlament (1).*

Par|la|ments|sit|zung, die: *Sitzung des Parlaments (1).*

Par|la|ments|wahl, die ⟨meist Pl.⟩: *Wahl, bei der ein Parlament (1) gewählt wird.*

par|lan|do ⟨Adv.⟩ [ital., zu: parlare = sprechen] (Musik): *(vom Gesang) rhythmisch exakt u. mit Tongebung, dem Sprechen nahe kommend.*

Par|lan|do, das; -s, -s u. ...di (Musik): *parlando vorgetragener Gesang, Sprechgesang.*

par|lie|ren ⟨sw. V.; hat⟩ [im 16. Jh. = französisch, gewählt reden < frz. parler = reden, sprechen < mlat. parabolare = sich unterhalten, zu lat. parabola, ↑Parabel] (bildungsspr.): **a)** (veraltend) *leicht, obenhin plaudern, Konversation machen:* zusammensitzen und munter p.; **b)** *eine fremde Sprache sprechen [können], sich in einer fremden Sprache unterhalten:* Französisch p.

Par|ma: italienische Stadt.

Par|mä|ne, die; -, -n [frz. permaine, viell. = (Apfel) aus Parma]: kurz für ↑Goldparmäne.

Par|me|san, der; -[s] [frz. parmesan < ital. parmigiano, eigtl. = aus Parma]: *sehr fester, vollfetter italienischer [Reib]käse.*

par|me|sa|nisch ⟨Adj.⟩: zu ↑Parma.

Par|me|san|kä|se, der: *Parmesan.*

Par|nass, der; - u. -es [nach griech. Parnas(s)ós, Name eines griech. Gebirgszuges, mythol. Sitz des Apollo u. der Musen] (dichter. veraltet): *Reich der Dichtkunst.*

Par|nas|sos, Par|nas|sus, der; -: *Parnass.*

pa|ro|chi|al ⟨Adj.⟩ [mlat. parochialis]: *die Parochie betreffend, zu ihr gehörend.*

Pa|ro|chi|al|kir|che, die: *Pfarrkirche.*

Pa|ro|chie, die; -, -n [mlat. parochia < griech paroikía = das Wohnen eines Fremden in einem Ort ohne Bürgerrecht; die Christen sahen das irdische Leben als Leben in der Fremde an]: *Amtsbezirk eines Pfarrers.*

Pa|ro|die, die; -, -n [frz. parodie < griech. parōdía, eigtl. = Nebengesang, zu: pará = neben u. ōdḗ, ↑Ode]: **1.** (bildungsspr.) *komisch-satirische Nachahmung od. Umbildung eines [berühmten, bekannten] meist künstlerischen, oft literarischen Werkes od. des Stils eines [berühmten] Künstlers:* eine schlechte P. **2.** *[komisch-spöttische] Unterlegung eines neuen Textes unter eine Komposition.* **3.** (Musik) **a)** *Verwendung von Teilen einer eigenen od. fremden Komposition für eine andere Komposition;* **b)** *Vertauschung von geistlichen u. weltlichen Texten u. Kompositionen.*

pa|ro|die|ren ⟨sw. V.; hat⟩ [frz. parodier]: *in einer Parodie (1) nachahmen, verspotten.*

Pa|ro|dist, der; -en, -en [frz. parodiste]: *jmd., der Parodien (1) verfasst od. vorträgt.*

Pa|ro|dis|tik, die; -: *Kunst, Art, Anwendung der Parodie (1).*

Pa|ro|dis|tin, die; -, -nen: w. Form zu ↑Parodist.

pa|ro|dis|tisch ⟨Adj.⟩: *die Parodie (1) betreffend, in der Form, der Art einer Parodie; komisch-satirisch nachahmend.*

Pa|ro|don|ti|tis, die; -, ...itiden [zu griech. pará = neben u. odoús (Gen.: odóntos) = Zahn] (Zahnmed.): *[eitrige] Entzündung des Zahnbetts.*

Pa|ro|don|to|se, die; -, -n (Zahnmed.): *(ohne Entzündung verlaufende) Erkrankung des Zahnbettes, bei der das Zahnfleisch zurücktritt u. sich die Zähne lockern.*

[1]Pa|ro|le, die; -, -n [frz. parole, eigtl. = Wort, Spruch, über das Vlat. zu lat. parabola, ↑Parabel]: **1.** *in einem Satz, Spruch einprägsam formulierte Vorstellungen, Zielsetzungen o. Ä. [politisch] Gleichgesinnter; motivierender Leitspruch:* das war schon immer meine P. *(Motto).* **2.** *Kennwort (2 a):* die P. kennen. **3.** *[unwahre] Meldung, Behauptung:* aufwieglerische -n verbreiten.

[2]Pa|role [pa'rɔl], die; - [frz. parole (↑[1]Parole), eingef. von dem Schweizer Sprachwissenschaftler F. de Saussure (1857–1913)] (Sprachw.): *gesprochene, aktualisierte Sprache, Rede.*

Pa|role d'Hon|neur [parɔldɔ'nœ:r], das; -- [frz. parole d'honneur] (bildungsspr.): *Ehrenwort.*

Pa|ro|li: in der Wendung **jmdm., einer Sache P. bieten** (bildungsspr.; *jmdm., einer Sache gleich Starkes entgegenzusetzen haben u. damit Einhalt gebieten, wirksam Widerstand leisten;* urspr. im Kartenspiel Verdoppelung des Einsatzes; frz. paroli < ital. paroli, eigtl. = das Gleiche [wie beim ersten Einsatz], zu: paro < lat. par = gleich).

Pa|ro|no|ma|sie, die; -, -n [spätlat. paronomasia < griech. paronomasía] (Rhet., Stilk.): *Wortspiel durch Zusammenstellen lautlich gleicher od. ähnlicher Wörter [von gleicher Herkunft].*

pa|ro|no|mas|tisch ⟨Adj.⟩ (Rhet., Stilk.): *die Paronomasie betreffend:* -er Intensitätsgenitiv (*Genitiv der Steigerung,* z. B. Buch der Bücher).

Pa|ros; Paros': griechische Insel.

Pa|ro|ti|tis, die; -, ...itiden [zu nlat. (glandula) parotis = Ohrspeicheldrüse, zu griech. pará = neben u. oũs (Gen.: ōtós) = Ohr] (Med.): *Mumps.*

Par|se, der; -n, -n [pers. Pārsī = Perser, zu: Pārs = Persien]: *Anhänger des Parsismus [in Indien].*

Par|sec, das; -, - [Kurzwort aus engl. **par**allax **sec**ond] (Astron.): *Maß der Entfernung von [Fix]sternen (3,26 Lichtjahre;* Abk.: pc).

par|sen [engl. to parse, eigtl. = in Teile zerlegen, zu lat. pars = Teil] (EDV): *maschinenlesbare Daten analysieren, segmentieren u. kodieren.*

Par|ser, der; -s, - [engl. parser, zu: to parse, ↑parsen] (EDV): *Programm (4), das eine syntaktische Analyse durchführt.*

Par|sing, das; -s [engl. parsing] (EDV): *das Parsen.*

par|sisch ⟨Adj.⟩: *die Parsen betreffend.*

Par|sis|mus, der; -: *von Zarathustra gestiftete altpersische Religion, bes. in ihrer heutigen indischen Form.*

Pars pro To|to, das; - - - [lat. = ein Teil für das Ganze] (Sprachw.): *Redefigur, bei der mit einem Wort, das gewöhnlich einen bestimmten Teil eines Ganzen bezeichnet, nicht nur dieser Teil, sondern das Ganze gemeint ist (z. B. unter einem Dach = in einem Haus).*

Part, der; -s, -s, auch: -e [mhd. part(e) < (a)frz. part < lat. pars, ↑Partei]: **1.** ⟨Pl. -s, auch: -e⟩ **a)** (Musik) *Stimme eines Instrumental- od. Gesangstücks;* **b)** *Rolle in einem Theaterstück, in einem Film.* **2.** ⟨Pl. -en⟩ (Kaufmannsspr.) *Anteil des Miteigentums an einem Schiff.*

part. = parterre.

Part. = Parterre (1).

[1]Par|te, die; -, -n [vgl. älter ital. dare parte = Nachricht geben] (österr.): kurz für ↑Partezettel.

[2]Par|te, die; -, -n [ital. parte = Partei (3)]: **1.** (landsch.) *Mietpartei.* **2.** (Musik) *Part (1 a).*

Par|tei, die; -, -en [mhd. partīe = [2]Abteilung (1) < frz. partie = Teil, [2]Abteilung, Gruppe; Beteiligung, zu älter: partir = teilen < lat. partiri, zu: pars (Gen.: partis) = (An)teil]: **1. a)** *politische Organisation mit einem bestimmten Programm, in der sich Menschen mit gleichen politischen Überzeugungen zusammengeschlossen haben, um bestimmte Ziele zu verwirklichen:* die politischen -en; eine bestimmte P. wählen; die P. wechseln; aus einer P. austreten; in eine P. eintreten; **b)** ⟨o. Pl.; nur mit bestimmtem Art.⟩ *Staats-, Einheitspartei:* die P. hat immer Recht. **2.** *einer der beiden Gegner in einem Rechtsstreit; einer von zwei Vertragspartnern:* die streitenden -en. **3.** kurz für ↑Mietpartei. **4.** *Gruppe [von Gleichgesinnten]:* die feindlichen -en einigten sich; *** jmds. P./für jmdn. P. ergreifen, nehmen** *(für jmdn. eintreten; jmds. Standpunkt verteidigen, jmds. Interessen vertreten).*

Par|tei|ab|zei|chen, das: *Abzeichen* (a), *das jmdn. als Mitglied einer Partei* (1) *ausweist.*

Par|tei|amt, das: *Amt* (1 a), *Posten in einer Partei* (1).

par|tei|amt|lich ⟨Adj.⟩: *von einer Partei* (1) *als amtlich, offiziell ausgehend.*

Par|tei|ap|pa|rat, der: *Apparat* (2) *einer Partei* (1).

Par|tei|buch, das: *Mitgliedsbuch einer Partei* (1).

Par|tei|chi|ne|sisch, das; -[s] (abwertend): *dem Außenstehenden unverständlicher Jargon der Funktionäre in einer Partei.*

Par|tei|dis|zi|plin, die: *Disziplin* (1 a) *der Parteimitglieder gegenüber den Beschlüssen der Partei* (1).

Par|tei|do|ku|ment, das (DDR): *Mitgliedsbuch für ein Mitglied einer marxistisch-leninistischen Partei.*

Par|tei|en|fi|nan|zie|rung, die: *Finanzierung politischer Parteien aus Mitgliedsbeiträgen, Spenden von Mitgliedern, Spenden von Interessenverbänden o. Ä., durch öffentliche Mittel und Einnahmen aus Vermögen.*

Par|tei|en|kampf, der: *Kampf* (2 b) *zwischen Parteien* (1 a).

Par|tei|en|staat, der: *Staat, in dem die Parteien* (1 a) *eine wichtige Rolle spielen.*

Par|tei|en|ver|dros|sen|heit, die: *durch Skandale, zweifelhafte Vorkommnisse o. Ä. hervorgerufene große Unzufriedenheit der Bürger mit den politischen Parteien.*

Par|tei|en|zwist, der: *Streit, Auseinandersetzung zwischen den politischen Parteien.*

Par|tei|freund, der: *jmd., der in derselben Partei* (1) *ist.*

Par|tei|freun|din, die: w. Form zu ↑Parteifreund.

Par|tei|füh|rer, der: *Führer, Vorsitzender einer Partei* (1).

Par|tei|füh|re|rin, die: w. Form zu ↑Parteiführer.

Par|tei|füh|rung, die ⟨o. Pl.⟩: *Führung* (1 a, c) *einer Partei* (1).

Par|tei|funk|ti|on, die: *Funktion* (1 b) *in einer Partei* (1).

Par|tei|ge|nos|se, der: **a)** *Mitglied der ehemaligen Nationalsozialistischen Deutschen Arbeiterpartei;* **b)** (heute selten) *Mitglied einer [Arbeiter]partei, bes. als Anrede.*

Par|tei|ge|nos|sin, die: w. Form zu ↑Parteigenosse.

Par|tei|grün|dung, die: *Gründung* (1) *einer Partei* (1).

par|tei|in|tern ⟨Adj.⟩: *innerhalb einer Partei* (1) *stattfindend, erfolgend.*

par|tei|isch ⟨Adj.⟩: *einseitig für jmdn., eine Gruppe eingenommen; nicht neutral:* eine -e Haltung; p. urteilen.

Par|tei|ka|der, der: *Kader* (3).

Par|tei|kon|gress, der: *Kongress einer Partei* (1).

Par|tei|lehr|jahr, das (DDR): *obligatorische Schulung der SED-Mitglieder.*

Par|tei|lei|tung, die: vgl. Parteiführung.

par|tei|lich ⟨Adj.⟩ [2: nach russ. partijnyj]: **1.** *eine Partei* (1, 2, 4) *betreffend.* **2. a)** (kommunist.) *bewusst od. unbewusst die Interessen einer bestimmten Klasse vertretend;* **b)** (DDR) *die Partei der Arbeiterklasse u. des Sozialismus entschieden vertretend u. danach handelnd.* **3.** (seltener) *parteiisch.*

Par|tei|lich|keit, die; -: *das Parteilichsein* (2).

Par|tei|li|nie, die: *politische Linie, die eine Partei* (1) *verfolgt.*

Par|tei|lo|kal, das: vgl. Lokal (2).

par|tei|los ⟨Adj.⟩: *keiner Partei* (1) *angehörend:* er ist der einzige -e Minister.

Par|tei|lo|se, der u. die; -n, -n ⟨Dekl. ↑Abgeordnete⟩: *jmd., der parteilos ist.*

Par|tei|mit|glied, das: *Mitglied einer Partei* (1).

Par|tei|nah|me, die; -, -n [↑-nahme]: *das Parteinehmen, -ergreifen.*

Par|tei|or|gan, das: *Organ* (3, 4) *einer Partei* (1).

Par|tei|or|ga|ni|sa|ti|on, die ⟨o. Pl.⟩: *Organisation* (2) *einer Partei* (1).

Par|tei|po|li|tik, die ⟨o. Pl.⟩: **a)** *[eigennützig] die Interessen einer Partei* (1) *nach außen hin vertretende Politik;* **b)** *Politik innerhalb einer Partei* (1).

par|tei|po|li|tisch ⟨Adj.⟩: *die Parteipolitik betreffend, ihr entsprechend.*

Par|tei|prä|si|di|um, das: *Präsidium* (1 a) *einer Partei* (1).

Par|tei|pro|gramm, das: *Programm* (3) *einer Partei* (1).

par|tei|schä|di|gend ⟨Adj.⟩: *einer Partei* (1) *Schaden zufügend.*

Par|tei|se|kre|tär, der: *Sekretär* (2 a) *einer Partei* (1).

Par|tei|se|kre|tä|rin, die: w. Form zu ↑Parteisekretär.

Par|tei|spen|den|af|fä|re, die: *durch illegale Spenden an eine Partei* (1 a), *Bestechungen o. Ä. ausgelöste politische Affäre.*

Par|tei|sta|tut, das: *Statut einer Partei* (1).

Par|tei|tag, der: **1.** *oberstes Beschlussorgan einer Partei* (1). **2.** *Tagung des Parteitags* (1).

Par|tei|tags|be|schluss, der: *auf einem Parteitag* (2) *gefasster Beschluss.*

Par|tei|ver|samm|lung, die: vgl. Parteikongress.

Par|tei|vor|sit|zen|de, der u. die: *Vorsitzende[r] einer Partei* (1).

Par|tei|vor|stand, der: vgl. Parteipräsidium.

par|terre [...ˈtɛr] ⟨Adv.⟩ [frz. par terre = zu ebener Erde]: *im Erdgeschoss, zu ebener Erde:* p. wohnen; Abk.: part.

Par|ter|re, das; -s, -s [2: frz. parterre]: **1.** *Erdgeschoss:* die Wohnung liegt im P.; Abk.: Part. **2.** (veraltend) *Sitzreihen zu ebener Erde im Kino od. Theater.*

Par|ter|re|ak|ro|ba|tik [...ˈtɛr...], die; -: *artistisches Bodenturnen.*

Par|ter|re|woh|nung, die: *Wohnung im Parterre* (1).

Par|te|zet|tel, der; -s, - (österr.): *Todesanzeige.*

Par|the|no|ge|ne|se, die; - [zu griech. parthénos = Jungfrau u. ↑Genese]: **1.** (Theol.) *Geburt eines Menschen ohne vorausgegangene Zeugung; Jungfrauengeburt.* **2.** (Biol.) *Jungfernzeugung.*

Par|ther, der; -s, -: Angehöriger eines nordiran. Volksstammes.

Par|the|rin, die; -, -nen: w. Form zu ↑Parther.

par|ti|al [spätlat. partialis, zu lat. pars, ↑Partei]: *partiell.*

Par|ti|al|bruch, der (Math.): *Bruch, der bei Zerlegung eines Bruches mit zusammengesetztem Nenner entsteht.*

Par|tie, die; -, -n [frz. partie, ↑Partei; 6: frz. parti]: **1.** *Teil, Abschnitt, Ausschnitt aus einem größeren Ganzen:* die obere P. des Gesichts; die Erzählung zerfällt in drei -n. **2.** *Durchgang, Runde in einem Spiel, in bestimmten sportlichen Wettkämpfen:* eine P. Schach spielen; eine P. gewinnen. **3.** *Rolle in einem gesungenen [Bühnen]werk.* **4.** (Kaufmannsspr.) *größere Menge einer Ware; Posten:* eine P. Hemden. **5.** (veraltend) *Ausflugsfahrt einer Gruppe von Menschen;* *** mit von der P. sein** (ugs.; *bei etw. mitmachen, dabei sein*). **6. * eine gute, schlechte o. ä. P. sein** *(viel, wenig Geld o. Ä. mit in die Ehe bringen);* **eine gute, schlechte o. ä. P. machen** *(einen vermögenden, unvermögenden o. ä. Ehepartner bekommen).* **7.** (österr.) *für eine bestimmte Arbeit zusammengestellte Gruppe von Arbeitern.*

Par|tie|be|zug, der (Kaufmannsspr.): *Bezug einer Ware in Partien* (4).

Par|tie|füh|rer, der (österr.): *Vorarbeiter einer Partie* (7).

Par|tie|füh|re|rin, die: w. Form zu ↑Partieführer.

par|ti|ell ⟨Adj.⟩ [frz. partiel, zu: part, ↑Part] (bildungsspr.): *teilweise [vorhanden]:* -e Lähmung.

Par|tie|preis, der (Kaufmannsspr.): *Preis* (1) *für eine Partie* (4).

¹Par|ti|kel [auch: ...ˈtɪkl], die; -, -n [lat. particula = Teilchen, Stück, Vkl. von: pars, ↑Partei] (Sprachw.): **1.** *unflektierbares Wort* (z. B. Präposition, Konjunktion, Adverb). **2.** *die Bedeutung einer Aussage modifizierendes [unbetontes] Wort ohne syntaktische Funktion [u. ohne eigene Bedeutung].* **3.** (kath. Kirche) **a)** *Teilchen der Hostie;* **b)** *als Reliquie verehrter Span des Kreuzes Christi.*

²Par|ti|kel, das; -s, -, auch: die; -, -n (Fachspr.): *sehr kleines Teilchen von einem Stoff:* radioaktive P.

par|ti|ku|lar, par|ti|ku|lär ⟨Adj.⟩ [spätlat. particularis] (bildungsspr.): *einen Teil[aspekt], eine Minderheit [in einem Staat] betreffend:* -e Interessen.

Par|ti|ku|la|ris|mus, der; - (meist abwertend): *Streben staatlicher Teilgebiete, ihre besonderen Interessen gegen allgemeine Interessen durchzusetzen.*

Par|ti|ku|lie|rer, der; -s, -: *selbstständiger Schiffer in der Binnenschifffahrt.*

Par|ti|ku|lie|re|rin, die; -, -nen: w. Form zu ↑Partikulierer.

Par|ti|san, der; -s u. -en, -en [frz. partisan < ital. partigiano, eigtl. = Parteigänger, zu: parte = Teil, Partei < lat. pars, ↑Partei]: *jmd., der nicht als regulärer Soldat, sondern als Angehöriger bewaffneter, aus dem Hinterhalt operierender Gruppen od. Verbände gegen den in sein Land eingedrungenen Feind kämpft.*

Par|ti|sa|nen|ein|heit, die: *Einheit von Partisanen.*

Par|ti|sa|nen|ge|biet, das: *Gebiet* (1), *in dem Partisanenkämpfe stattfinden, sich Partisanen aufhalten.*

Par|ti|sa|nen|kampf, der: *von Partisanen geführter Kampf.*

Par|ti|sa|nin, die; -, -nen: w. Form zu ↑Partisan.

Par|ti|ta, die; -, ...ten [ital. partita, zu: partire, ↑Partitur] (Musik): *Folge von mehreren in der gleichen Tonart stehenden Stücken.*

Par|ti|ti|on, die; -, -en [lat. partitio, zu: partiri, ↑Partei] (Fachspr.): *Einteilung, Zerlegung (bes. eines Begriffsinhalts in seine Teile).*

par|ti|tiv ⟨Adj.⟩ [mlat. partitivus] (Sprachw.): *eine Teilung ausdrückend:* -er Genitiv (z. B. die Hälfte seines Vermögens).

Par|ti|tiv, der; -s, -e (Sprachw.): **1.** *Kasus zur Bezeichnung des Teils eines Ganzen (z. B. im Finnischen).* **2.** *Wort im Partitiv* (1).

Par|ti|tur, die; -, -en [ital. partitura, eigtl. = Einteilung, zu: partire < lat. partiri, ↑Partei] (Musik): *übersichtliche, Takt für Takt in Notenschrift auf einzelnen übereinander liegenden Liniensystemen angeordnete Zusammenstellung aller zu einer vielstimmigen Komposition gehörenden Stimmen.*

Par|ti|zip, das; -s, -ien [lat. participium, zu: particeps = teilhabend, zu: pars (↑Partei) u. capere = nehmen, fassen] (Sprachw.): *Verbform, die eine Mittelstellung zwischen Verb u. Adjektiv einnimmt; Mittelwort:* das erste/zweite P.

Par|ti|zi|pa|ti|on, die; -, -en [spätlat. participatio] (bildungsspr.): *das Teilhaben, Teilnehmen, Beteiligtsein.*

Par|ti|zi|pa|ti|ons|ge|schäft, das (Wirtsch.): *auf der Basis vorübergehenden Zusammenschlusses von mehreren Personen getätigtes Handelsgeschäft.*

par|ti|zi|pi|al ⟨Adj.⟩ [lat. participialis] (Sprachw.): *das Partizip betreffend.*

Par|ti|zi|pi|al|grup|pe, die (Sprachw.): *Partizipialsatz.*

Par|ti|zi|pi|al|kon|struk|ti|on, die (Sprachw.): *Konstruktion mithilfe eines Partizips.*

Par|ti|zi|pi|al|satz, der (Sprachw.): *syntaktisch einem Nebensatz gleichwertiges Partizip; Mittelwortsatz.*

Part|ner, der; -s, - [engl. partner, unter Einfluss von: part = Teil, umgebildet aus mengl. parcener < afrz. parçonier = Teilhaber, zu: parçon < lat. partitio (Gen.: partitionis) = Teilung, zu: partiri, ↑Partei]: **1. a)** *jmd., der mit anderen etw. gemeinsam [zu einem bestimmten Zweck] unternimmt, sich mit anderen zusammentut:* der ideale P. beim Tanzen sein; **b)** *jmd., der mit einem anderen zusammenlebt, ihm eng verbunden ist:* er ist ihr ständiger P.; **c)** *jmd., der mit anderen auf der Bühne, im Film o. Ä. auftritt, spielt:* er war ihr [männlicher] P.; **d)** (Sport) *Gegenspieler, Gegner* (b). **2.** *Teilhaber.*

Part|ner|ar|beit, die (Päd.): *Form des Unterrichts, bei der jeweils zwei Schüler(innen) zusammenarbeiten.*

Part|ner|be|zie|hung, die: *partnerschaftliche Verbindung, Liebesbeziehung:* eine P. eingehen.

Part|ne|rin, die; -, -nen: w. Form zu ↑Partner.

Part|ner|look, der: *Art der Kleidung, bei der Paare Kleidungsstücke gleicher Farbe u. Form tragen:* P. tragen; im P. gehen.

Part|ner|schaft, die; -, -en: *das Partnersein.*

part|ner|schaft|lich ⟨Adj.⟩: *auf Partnerschaft gegründet:* ein -es Verhältnis.

Part|ner|staat, der: *Staat, der zu einem anderen Staat enge wirtschaftliche, politische, kulturelle o. ä. Beziehungen unterhält.*

Part|ner|stadt, die: *Stadt, die zu einer anderen Stadt freundschaftliche, bes. kulturelle Beziehungen hat, im Verhältnis der Jumelage steht.*

Part|ner|tausch, der: *das gegenseitige Austauschen der Partner zwischen [Ehe]paaren zum sexuellen Verkehr.*

Part|ner|wahl, die: *Entscheidung, mit einem bestimmten Partner* (1 b) *zusammenzuleben.*

Part|ner|wech|sel, der: *Wechsel des Partners* (1 a, b).

par|tout [...'tu:] ⟨Adv.⟩ [frz. = überall; allenthalben, zu: par = durch u. tout = ganz] (ugs.): *unter allen Umständen; unbedingt.*

Par|ty ['pa:ɐ̯ti, engl. 'pɑ:tɪ], die; -, -s [engl. party < frz. partie, ↑Partie]: *zwangloses, privates Fest [mit Musik u. Tanz]:* eine P. machen; eine P. verlassen; sich auf einer P. treffen.

Par|ty|dro|ge, die: *Droge* (2 b), *die bevorzugt auf Partys, in Diskotheken konsumiert wird.*

Par|ty|girl, das (abwertend): *[leichtlebiges] Mädchen, das sich gern auf Partys vergnügt.*

Par|ty|lö|we, der (oft iron.): *gewandter Mann, der auf Partys viel Wert auf Wirkung legt u. umschwärmt wird.*

Par|ty|mäd|chen, das: vgl. Partygirl.

Par|ty|ser|vice [...sə:vɪs], der [zu ↑[2]Service]: *Unternehmen, das auf Bestellung Speisen u. Getränke u. a. für Festlichkeiten ins Haus liefert.*

Pa|ru|sie, die; - [griech. parousía]: (christl. Rel.) *Wiederkunft Christi am Jüngsten Tag.*

Par|ve|nü, (österr.:) **Par|ve|nu** [...'ny:], der; -s, -s [frz. parvenu, eigtl. 2. Part. von: parvenir = an-, emporkommen] (bildungsspr.): *Emporkömmling.*

Par|ze, die; -, -n ⟨meist Pl.⟩ [lat. Parca = Geburtsgöttin, zu: parere = gebären] (röm. Myth.): *eine der drei altrömischen Schicksalsgöttinnen.*

Par|zel|lar|ver|mes|sung, die: *Bodenvermessung zur Abteilung* (1 a) *von Parzellen.*

Par|zel|le, die; -, -n [frz. parcelle = Teilchen, Stückchen, über das Vlat. zu lat. particula, ↑[1]Partikel]: *(vermessenes) kleines Stück Land zur landwirtschaftlichen Nutzung od. als Bauland.*

par|zel|lie|ren ⟨sw. V.; hat⟩ [frz. parceller = in kleine Stücke teilen]: *(Land) in Parzellen aufteilen.*

Pas [pa], der; - [pa(s)], [pas; frz. pas < lat. passus, ↑Pass] (Ballett): *Tanzschritt.*

Pas|cal, das; -s, - [nach dem frz. Philosophen u. Physiker Blaise Pascal (1623–1662)] (Physik): *Einheit des* [1]*Drucks* (1) (Zeichen: Pa).

PASCAL, das; -s [Kunstw.; angelehnt an den Namen des frz. Philosophen u. Physikers] (EDV): *aus ALGOL weiterentwickelte Programmiersprache.*

Pasch, der; -[e]s, -e u. Päsche [zu frz. passe-dix, eigtl. = »überschreite zehn« (bei dem frz. Spiel gewinnt, wer mehr als 10 Augen wirft)]: **1.** *(beim Würfelspiel) Wurf von mehreren Würfeln mit gleicher Augenzahl.* **2.** *Dominostein mit einer doppelten Zahl.*

[1]Pa|scha, der; -s, -s [türk. paşa = Exzellenz]: **1.** (früher) **a)** ⟨o. Pl.⟩ *Titel hoher orientalischer Offiziere u. Beamter;* **b)** *Träger des Titels.* **2.** (abwertend) *Mann, der Frauen als dem Mann untergeordnet ansieht u. sich von ihnen gern bedienen, verwöhnen lässt.*

[2]Pas|cha [...sça], das; -s [kirchenlat. pascha < griech. páscha] usw. (ökum.): ↑Passah usw.

[1]pa|schen ⟨sw. V.; hat⟩ [Gaunerspr., viell. aus der Zigeunerspr.] (ugs.): *schmuggeln.*

[2]pa|schen ⟨sw. V.; hat⟩ [zu ↑Pasch]: *würfeln.*

[3]pa|schen ⟨sw. V.; hat⟩ [Nebenf. von ↑patschen] (österr.): *in die Hände klatschen.*

Pa|scher, der; -s, - [zu ↑[1]paschen] (ugs.): *Schmuggler.*

Pa|sche|rei, die; -, -en (ugs.): *Schmuggelei.*

Pasch|to, Pasch|tu, das; -s: *eine der Amtssprachen in Afghanistan.*

Pas de deux [padə'dø], der; - - -, - - - [frz. pas de deux, zu: pas (↑Pas) u. deux = zwei] (Ballett): *Tanz für eine Solotänzerin u. einen Solotänzer.*

Pa|so do|ble, der; - -, - - [span. paso doble, eigtl. = Doppelschritt]: *aus einem spanischen Volkstanz entstandener lateinamerik. Gesellschaftstanz in lebhaftem* $^2/_4$- *oder* $^3/_4$*-Takt.*

Pas|pel, die; -, -n, selten: der; -s, - [frz. passepoil, zu: passer = darüber hinausgehen (↑passieren) u. poil = Haar(franse)]: *schmale, farblich meist abstechende Borte in Form eines kleinen Wulstes, bes. an Nähten u. Rändern von Kleidungsstücken.*

pas|pe|lie|ren ⟨sw. V.; hat⟩ [frz. passepoiler]: *mit Paspeln versehen:* Kragen, Taschen p.

Pas|pe|lie|rung, die; -, -en: **a)** *das Paspelieren;* **b)** *etw. Paspeliertes.*

pas|peln ⟨sw. V.; hat⟩: *paspelieren.*

Pass, der; -es, Pässe [1: gek. aus älter passbrif, passport < frz. passeport = Geleitbrief, Passierschein, zu: passer = überschreiten (↑passieren) u. port = Durchgang; 2: frz. pas (vgl. ital. passo, niederl. pas) < lat. passus = Schritt; 3: engl. pass; 4: zu veraltet Pass = abgemessener Teil, Zirkel(schlag)]: **1.** *amtliches Dokument (mit Angaben zur Person, Lichtbild u. Unterschrift des Inhabers), das der Legitimation bes. bei Reisen ins Ausland dient:* ein deutscher P.; der P. ist abgelaufen; den P. vorzeigen; ***jmdm. die Pässe zustellen** *([der diplomatischen Vertretung eines Staates] das Agrément entziehen).* **2.** *(im Hochgebirge) niedrigster Punkt zwischen zwei Bergrücken od. Kämmen, der einen Übergang über einen Gebirgszug ermöglicht:* der P. ist gesperrt; einen P. überqueren. **3.** (Ballspiele, bes. Fußball) *gezieltes Zuspielen, gezielte Ballabgabe an einen Spieler der eigenen Mannschaft:* ein steiler P.; einen P. spielen. **4.** (Archit.) *aus mehreren Kreisbogen gebildete Figur des gotischen Maßwerks.* **5.** (Jägerspr.) *ausgetretener Pfad des niederen Haarwildes.* **6.** *Passgang.*

Pas|sa usw.: ↑Passah usw.

pas|sa|bel ⟨Adj.; ...bler, -ste⟩ [frz. passable, eigtl. = gangbar, zu: passer, ↑passieren]: *bestimmten Ansprüchen einigermaßen gerecht werdend; annehmbar:* eine passable Handschrift; das Hotel ist p.

Pas|sa|ca|glia [...'kalja], die; -, ...ien [...jən; ital. passacaglia < span. pasacalle = von der Gitarre begleiteter Gesang, zu: pasar = hindurchgehen u. calle = Straße; nach den durch die Straßen ziehenden Musikantengruppen] (Musik): *Instrumentalstück aus Variationen über eine vier- od. achttaktige, als Ostinato ständig wiederkehrende Bassmelodie.*

Pas|sa|ge [pa'sa:ʒə], die; -, -n [frz. passage, zu: passer, ↑passieren; schon mhd. passâsche = Weg, Furt]: **1.** ⟨o. Pl.⟩ *das Durchgehen, Durchfahren, Passieren* (1 b): dem Schiff wurde die P. verwehrt. **2. a)** *[schmale] Stelle zum Durchgehen, Durchfahren, Passieren* (1 b); **b)** *überdachte kurze Ladenstraße für Fußgänger [die zwei Straßen verbindet].* **3.** *große Reise mit dem Schiff od. dem Flugzeug über das Meer:* eine P. buchen. **4.** *fortlaufender, zusammenhängender Teil (bes. einer Rede od. eines Textes):* eine längere P. aus einem Buch zitieren; sie hatte schwierige -n in ihrer Kür. **5.** (Musik) *auf- u. absteigende schnelle Tonfolge in solistischer Instrumental- od. Vokalmusik.* **6.** (Astron.) *(von einem Gestirn) das Überschreiten des Meridians.* **7.** (Reiten) *(als Übung der hohen Schule) Form des Trabes, bei der die erhobenen diagonalen Beinpaare länger in der Schwebe bleiben.*

Pas|sa|gier [...'ʒi:ɐ̯], der; -s, -e [(unter Einfluss von frz. passager = Passagier) ital. passaggiere, Nebenf. von: passeggero = Reisender, zu: passare = reisen, über das Vlat. zu lat. passus, ↑Pass]: *Reisender in der Bahn, auf dem Schiff od. im Flugzeug, Flug-, Fahrgast;* ***blinder P.** *(jmd., der sich heimlich bes. an Bord eines Schiffes, Flugzeuges versteckt hat und ohne Fahrkarte, ohne Erlaubnis mitreist;* zu »blind« in der veralteten Bed. »versteckt, heimlich«).

Pas|sa|gier|damp|fer, der: *Fahrgastschiff.*

Pas|sa|gier|flug|zeug, das: *Flugzeug, das zur Beförderung von Fluggästen dient.*

Pas|sa|gier|gut, das: *vom Fahrgast aufgegebenes Gepäck, das mit dem gleichen Beförderungsmittel mitgenommen wird wie der Passagier.*

Pas|sa|gie|rin, die; -, -nen: w. Form zu ↑Passagier.

Pas|sa|gier|lis|te, die: *Liste der Passagiere an Bord eines Schiffes, Flugzeugs.*

Pas|sah, Passa, das; -s [hebr. pesaḥ, eigtl. = Überschreitung] (jüd. Rel.): **1.** *Fest zum Gedenken an den Auszug aus Ägypten.* **2.** *Passahlamm.*

Pas|sah|fest, das: *Passah.*

Pas|sah|lamm, das: *Lamm, das beim Passahmahl gegessen wird; Passah* (2).

Pas|sah|mahl, das (Pl. ...mahle): *Mahl am Passahfest.*

Pass|amt, das: *Behörde, die für das Ausstellen von Pässen* (1) *zuständig ist.*

Pas|sant, der; -en, -en [frz. passant, subst. 1. Part. von: passer, ↑passieren]: **1.** *[vorbeigehender] Fußgänger.* **2.** (schweiz.) *Durchreisender.*

Pas|san|tin, die: w. Form zu ↑Passant.

Pas|sat, der; -[e]s, -e [aus dem Niederd. < niederl. passaat(wind), H. u.]: *in Richtung Äquator gleichmäßig wehender Ostwind in den Tropen.*

Pas|sau: Stadt an der Mündung von Inn u. Ilz in die Donau.

[1]Pas|sau|er, der; -s, -: Ew.

[2]Pas|sau|er ⟨indekl. Adj.⟩: der P. Dom.

Pas|sau|e|rin, die; -, -nen: w. Form zu ↑[1]Passauer.

Pass|bild, das: *für einen Pass* (1), *Ausweis bestimmte Porträtaufnahme in Kleinformat.*

passe [pas; frz. passe, eigtl. = übertrifft, nach dem höheren Gewinn im Ggs. zu ↑manque, 3. Pers. Sg. Präs. Ind. von: passer = übertreffen, vorbeigehen, ↑passieren]: *die Zahlen von 19–36 betreffend (in Bezug auf eine Gewinnmöglichkeit im Roulette).*

pas|sé [pa'se:] ⟨Adj.⟩ [frz. passé, 2. Part. von: passer, ↑passieren] (ugs.): *[im Rahmen der Entwicklung] vorbei; [als nicht mehr in die Zeit passend] abgetan.*

Päs|se: Pl. von ↑Pass.

pas|sen ⟨sw. V.; hat⟩ [mhd. (niederrhein.) passen = zum Ziel kommen, erreichen (durch niederl. Vermittlung) < frz. passer, ↑passieren; 6: engl. to pass]: **1. a)** *(von Kleidung o. Ä.) jmdm. in Größe u. Schnitt angemessen sein; der Figur u. den Maßen entsprechen; nicht zu eng, zu weit, zu groß od. zu klein sein:* der Mantel passt [mir] nicht; **b)** *für jmdn., etw. geeignet sein; auf jmdn., etw. abgestimmt sein, sodass eine harmonische*

Gesamtwirkung entsteht: die Farbe der Schuhe passt nicht zum Anzug; sie passt nicht zu uns; ⟨häufig im 1. Part.:⟩ bei passender Gelegenheit. **2. a)** *genau das Maß, die Form o. Ä. haben, dass es sich zu etw., in etw. [verbindend] bringen lässt:* dieser Deckel passt nicht auf den Topf; **b)** *einer Sache genau das Maß, die Form o. Ä. geben, dass sie sich zu etw., in etw. [verbindend] bringen lässt:* die Bolzen in die Bohrlöcher p. **3. a)** *(meist aus persönlichen Gründen o. Ä.) jmds. Einstellung entsprechen u. deshalb sehr angenehm sein:* der neue Mann passte dem Chef nicht; um 15 Uhr passt es mir gut; **R** das könnte dir (ihm usw.) so p. (spött.; *das hättest du [das hätte er usw.] wohl gerne so*); **b)** ⟨p. + sich⟩ (ugs.) *sich schicken, gehören:* das, deine Kleidung passt sich nicht für diesen Anlass; **c)** (landsch.) *richtig sein, stimmen:* was sie berichtet hat, das könnte eher p., als das, was er da erzählt; **d)** *mit jmdm., etw. übereinstimmen:* das passt ganz gut auf die Beschreibung, die er von ihr gegeben hat. **4.** (landsch.) **a)** *aufpassen* (1 b): auf ihn musst du besonders p., er ist nicht ungefährlich; **b)** *auf jmdn., etw. gespannt warten, lauern:* den ganzen Vormittag habe ich auf dich gepasst. **5. a)** (Skat) *nicht [mehr] weiterreizen (u. damit darauf verzichten, das Spiel in die Hand zu bekommen):* [ich] passe!; **b)** (ugs.) *nicht weiterwissen, nicht weiterkönnen* (2), *keine Antwort wissen u. deshalb (in diesem Fall) aufgeben:* da muss ich p., das weiß ich nicht. **6.** (Ballspiele, bes. Fußball) *(den Ball) einem Spieler der eigenen Mannschaft gezielt zuspielen:* er passte steil zum Libero.

Passe|par|tout [paspar'tu:], das, schweiz.: der; -s, -s [frz. passe-partout, eigtl. = etwas, was überall passt]: **1.** *Umrahmung aus leichter Pappe für Grafiken, Zeichnungen, Fotos o. Ä., die meist unter dem Glas eines Rahmens liegt.* **2.** (schweiz., sonst veraltet) *Dauerkarte.* **3.** (schweiz., sonst selten) *Hauptschlüssel.*

Passe|pied [pas'pi̯e:], der; -s, -s [frz. passe-pied, eigtl. = Tanz, bei dem ein Fuß über den anderen gesetzt wird]: **1.** *Rundtanz aus der Bretagne in schnellem, ungeradem Takt.* **2.** (Musik) *zu den nicht festen Teilen der Instrumentalsuite gehörender Tanz, der meist zwischen Sarabande u. Gigue eingeschoben ist.*

Passe|poil [pas'poal], der; -s, -s [frz. passepoil] (bes. österr., schweiz.): *Paspel.*

passe|poi|lie|ren [paspoa...] ⟨sw. V.; hat⟩ [frz. passepoiler] (bes. österr.): *paspelieren.*

Pas|ser, der; -s, - (Druckw.): *genaues Aufeinanderliegen der Druckformen o. Ä. bei mehrmaligem aufeinander folgendem Drucken, bes. beim Mehrfarbendruck.*

Pass|form, die ⟨o. Pl.⟩: *(von Kleidung, Wäsche) passender, maßgerechter Sitz.*

Pass|gang, der ⟨o. Pl.⟩ [zu frz. pas = Gang, Schritt, ↑Pass]: *Gangart von Vierbeinern, bei der beide Beine einer Körperseite gleichzeitig nach vorn gesetzt werden.*

Pass|gän|ger, der; -s, -: *Vierbeiner, der sich im Passgang (1) fortbewegt.*

pass|ge|recht ⟨Adj.⟩: *maßgerecht.*

Pass|hö|he, die: *höchster Punkt eines Passes (2).*

pas|sier|bar ⟨Adj.⟩: *sich passieren (1 a, b) lassend.*

pas|sie|ren ⟨sw. V.⟩ [frz. passer, über das Roman. (vgl. ital. passare) zu lat. passus, ↑Pass; 2: frz. se passer]: **1.** ⟨hat⟩ **a)** *(in Bezug auf eine Absperrung, Grenze o. Ä.) auf die andere Seite gehen, fahren:* der Zug hat gerade die Grenze passiert; **Ü** der Film hat die Zensur passiert *(ist ohne Beanstandung durch die Zensur gegangen);* diese Ware passiert zollfrei *(muss an der Grenze nicht verzollt werden);* der Torwart musste den Ball p. lassen (bes. Fußball; *konnte ihn nicht halten*); **b)** *durch etw. hindurch-, über etw. hinweggehen, -fahren:* eine Brücke p.; **c)** *an jmdm., etw. vorbeigehen, -fahren:* den Wachtposten p. **2.** ⟨ist⟩ **a)** *geschehen* (1 a): dort ist ein Unglück passiert; er tat so, als sei nichts passiert; **b)** *geschehen* (1 b): was passiert mit den alten Zeitungen?; **c)** *geschehen* (1 c): mir ist eine Panne passiert; das kann jedem mal p.; wenn du nicht gleich ruhig bist, passiert [dir] was! (Drohung). **3.** *(weiche Nahrungsmittel) durch ein Sieb od. ein dazu geeignetes Gerät treiben u. so eine Art Brei o. Ä. herstellen* ⟨hat⟩: Spinat p. **4.** (Tennis) *(am Gegner, der zum Netz vorgerückt ist) den Ball so vorbeischlagen, dass er für ihn unerreichbar ist* ⟨hat⟩: er passierte den Australier mit einem Drive.

Pas|sier|ge|wicht, das (Münzk.): *Gewicht, das eine Münze mindestens haben muss, um gültig zu sein.*

Pas|sier|ma|schi|ne, die: *[Küchen]gerät zum Passieren (3).*

Pas|sier|schein, der: *Schein, der zum Betreten eines Bereichs o. Ä. berechtigt, der einem bestimmten Personenkreis vorbehalten ist:* den P. vorzeigen.

Pas|sier|schlag, der (Tennis): *Schlag, mit dem der Ball an dem zum Netz vorgerückten Gegner so vorbeigeschlagen wird, dass er für ihn unerreichbar ist.*

Pas|si|on, die; -, -en [1: frz. passion < spätlat. passio, ↑Passion (2); 2: spätmhd. passiōn < kirchenlat. passio < (spät)lat. passio = Leiden, Krankheit, zu lat. passum, 2. Part. von: pati, ↑Patient]: **1. a)** *starke, leidenschaftliche Neigung zu etw.; Vorliebe, Liebhaberei;* **b)** *leidenschaftliche Hingabe.* **2.** (christl. Rel.) **a)** ⟨o. Pl.⟩ *das Leiden u. die Leidensgeschichte Christi;* **b)** *künstlerische Darstellung der Leidensgeschichte Christi;* **c)** *Vertonung der Leidensgeschichte Christi als Chorwerk od. Oratorium.*

pas|si|o|na|to [ital.] (Musik): ↑appassionato.

pas|si|o|niert ⟨Adj.⟩ [zu veraltet passionieren = sich für etw. leidenschaftlich einsetzen < frz. passionner]: *sich einer Sache mit leidenschaftlicher Begeisterung hingebend; aus Passion.*

Pas|si|ons|blu|me, die [in den verschiedenen Teilen der Blüte glaubte man die Dornenkrone Christi u. die Nägel vom Kreuz zu erkennen]: *(bes. in Südamerika heimische) rankende Pflanze mit großen, gelappten bis gefingerten Blättern u. großen, strahligen Blüten.*

Pas|si|ons|sonn|tag, der (kath. Kirche): *vorletzter Sonntag vor Ostern.*

Pas|si|ons|spiel, das: *volkstümliche dramatische Darstellung der Passion Christi.*

Pas|si|ons|weg, der (geh.): *Leidensweg.*

Pas|si|ons|wo|che, die: *Karwoche.*

Pas|si|ons|zeit, die: **a)** (christl. Kirche) *Zeit vom Passionssonntag bis Karfreitag;* **b)** *Fastenzeit* (b).

pas|siv [auch: -'-] ⟨Adj.⟩ [wohl unter Einfluss von frz. passif < lat. passivus = duldend, empfindsam, zu: pati, ↑Passion]: **1. a)** *von sich aus nicht die Initiative ergreifend u. sich abwartend verhaltend, die Dinge an sich herankommen lassend, nicht tätig, rührig, zielstrebig, nicht tatkräftig od. unternehmungslustig:* sie ist eine -e Natur; **b)** *nicht selbst in einer Sache tätig, sie nicht ausübend, sie erduldend; etwas mit sich geschehen lassend, auf sich einwirken lassend:* er wollte bei der Diskussion kein -er Teilnehmer sein; **c)** *durch Einwirkungen von außen gekennzeichnet, beeinflusst; unter Einwirkung von außen funktionierend:* dieses Übungsgerät bietet die Möglichkeit des -en Turnens. **2.** *als Mitglied einer Vereinigung, einer Sportgemeinschaft nicht aktiv an dem, was diese Vereinigung gestaltet, durchführt, an Training od. Wettkämpfen o. Ä. teilnehmend.* **3.** (selten) ↑passivisch.

Pas|siv, das; -s, -e ⟨Pl. selten⟩ [lat. (genus) passivum] (Sprachw.): *Verhaltensrichtung des Verbs, die von der im Satzgegenstand genannten Person od. Sache her gesehen wird, die von einer Handlung betroffen wird* (z. B. der Hund *wird* [von Fritz] *geschlagen*); *Leideform.*

Pas|si|va ⟨Pl.⟩ [subst. Neutr. Pl. von lat. passivus, ↑Passiv] (Kaufmannsspr.): *auf der Passivseite der Bilanz eines Unternehmens stehendes Eigen- u. Fremdkapital* (1); *Schulden, Verbindlichkeiten.*

Pas|siv|be|waff|nung, die: *das Tragen von Schutzhelm, kugelsicherer Weste o. Ä. zum Schutz gegen Gewalteinwirkung von außen* (z. B. bei Demonstrationen).

Pas|si|ven ⟨Pl.⟩ (bes. österr.): *Passiva.*

Pas|siv|ge|schäft, das (Bankw.): *Bankgeschäft, bei dem sich die Bank Geld beschafft, um Kredite gewähren zu können.*

pas|si|vie|ren ⟨sw. V.; hat⟩: **1.** (Kaufmannsspr.) *Verbindlichkeiten aller Art auf der Passivseite der Bilanz erfassen u. ausweisen.* **2.** (Chemie) *unedle Metalle in den Zustand der chemischen Passivität (2) überführen (u. sie dadurch korrosionsbeständiger machen).*

pas|si|visch [auch: '---] ⟨Adj.⟩ (Sprachw.): *das Passiv betreffend; im Passiv stehend.*

Pas|si|vis|mus, der; -: *passive Haltung; Verzicht auf Aktivität.*

Pas|si|vi|tät, die; - [frz. passivité]: **1.** *passives Verhalten.* **2.** (Chemie) *(bei unedlen Metallen) herabgesetzte Reaktionsfähigkeit.*

Pas|siv|le|gi|ti|ma|ti|on, die (Rechtsspr.): *im Zivilprozess sachliche Befugnis des Beklagten, seine Rechte geltend zu machen.*

Pas|siv|pos|ten, der (Kaufmannsspr.): *auf der Passivseite der Bilanz aufgeführter Posten* (3 b).

Pas|siv|rau|chen, das; -s: *Einatmen von Tabakrauch, der durch die Anwesenheit eines Rauchers verursacht wird.*

Pas|siv|sei|te, die (Kaufmannsspr.): *rechte Seite einer Bilanz, auf der Eigen- u. Fremdkapital* (1) *aufgeführt sind.*

Pass|kon|trol|le, die: **1.** *das Kontrollieren des Passes* (1). **2.** *offizielle Stelle, wo der Pass kontrolliert wird.*

Pass|stra|ße, die: *Straße, die über einen Pass (2) führt.*

pass|wärts ⟨Adv.⟩ [↑-wärts]: *in Richtung auf den Pass; zum Pass hin.*

Pass|wort, das ⟨Pl. ...wörter⟩ [engl. password, aus: pass = Ausweis; Passierschein; Zugang (< frz. passe, zu: passer, ↑passieren) u. word = Wort]: **1.** *Losung* (2), *Kennwort* (2 a). **2.** (EDV) *Kennwort* (2 b).

Pas|ta, die; -, Pasten [2: ital. pasta, ↑Paste]**1.** (selten): *Paste.* **2.** ⟨o. Pl.⟩ ital. Bez. für *Teigwaren.*

Pas|te, die; -, -n [spätmhd. pasten (Pl.) < mlat., ital. pasta = Teig < spätlat. pasta = Art Eintopf < griech. pástē = Mehlteig, Brei, zu: pássein = streuen, besprengen u. eigtl. = Gestreutes]: **1.** *streichbare, teigartige Masse (z. B. aus Fisch od. Fleisch).* **2.** (Pharm.) *(aus Fett u. pulverisierten Stoffen bestehende) teigige Masse zur äußerlichen Anwendung.*

Pas|tell, das; -[e]s, -e [(frz. pastel <) ital. pastello = Farbstift, eigtl. = geformter Farbteig, Vkl. von: pasta, ↑Paste]: **1.** ⟨o. Pl.⟩ *Technik des Malens mit Pastellfarben* (1): in P. malen. **2.** *mit Pastellfarben (1) gemaltes Bild.* **3.** *Pastellfarbe* (2).

pas|tel|len ⟨Adj.⟩: **1.** *mit Pastellfarben gemalt.* **2.** *von zarten u. hellen Farbtönen; wie mit Pastellfarben gemalt.*

Pas|tell|far|be, die: **1.** *aus Gips od. Kreide, Farbpulver u. Bindemitteln hergestellte Farbe, die auf Papier einen hellen, zarten, aber stumpfen Effekt hervorruft.* **2.** (meist Pl.) *zarter, heller Farbton.*

Pas|tell|ma|le|rei, die: **1.** ⟨o. Pl.⟩ *Malerei* (1) *in Pastell* (1). **2.** *Pastell* (2).

Pas|tell|stift, der: *als Stift geformte Pastellfarbe* (1).

Pas|te|te, die; -, -n [mhd. pastēde, mniederd. pasteide, wohl < mniederl. pasteide < afrz. pasté < spätlat. pasta, ↑Paste]: **a)** *meist zylinderförmige Hülle aus Blätterteig für die Füllung mit Ragout;* **b)** *mit fein gewürztem Ragout gefüllte Pastete* (a), *die warm serviert wird;* **c)** *Speise aus gehacktem Fleisch, Wild, Geflügel od. Fisch, die in einer Hülle aus Teig gebacken od. in Terrinen o. Ä. serviert wird.*

Pas|teu|ri|sa|ti|on [pastø...], die; -, -en [frz. pasteurisation, nach dem frz. Chemiker L. Pasteur (1822–1895)]: *das Pasteurisieren.*

P

pas|teu|ri|sie|ren ⟨sw. V.; hat⟩ [frz. pasteuriser]: *(Nahrungsmittel) durch Erhitzen keimfrei u. haltbar machen.*

Pas|til|le, die; -, -n [lat. pastillus = Kügelchen aus Mehlteig, Vkl. von: panis = Brot]: *meist Kügelchen zum Lutschen, dem Geschmacksstoffe od. Heilmittel zugesetzt sind.*

Pas|ti|nak, der; -s, -e, **Pas|ti|na|ke,** die; -, -n [mhd. pasternack(e), ahd. pestinac < lat. pastinaca]: **1.** *hoch wachsende Pflanze mit weißer, fleischiger Pfahlwurzel, kantigem, gefurchtem Stängel, gefiederten Blättern u. kleinen, goldgelben, in strahliger Dolde wachsenden Blüten.* **2.** *Wurzel der Pastinake* (1), *die als Gemüse u. Viehfutter verwendet wird.*

Pas|tor [auch: pasˈtoːɐ̯], der; -s, ...oren, nordd. auch: ...ore, mundartl. auch: ...öre [mhd. pastor < mlat. pastor = Seelenhirt < lat. pastor = Hirt, zu: pascere (2. Part.: pastum) = weiden lassen] (regional, bes. nordd.): *Pfarrer:* Abk.: P.

pas|to|ral ⟨Adj.⟩ [3: lat. pastoralis = zu den Hirten gehörig]: **1.** *den Pastor u. sein Amt betreffend; seelsorgerlich.* **2.** (oft abwertend) *[in übertriebener, gekünstelter Weise] würdig u. feierlich.* **3.** *ländlich, idyllisch.*

Pas|to|ral|brief, der ⟨meist Pl.⟩ (christl. Rel.): *einer der dem Apostel Paulus zugeschriebenen Briefe, der die Abwehr der Gnosis durch die frühe Kirche zum Gegenstand hat.*

[1]**Pas|to|ra|le,** das; -s, -s, auch: die; -, -n [ital. pastorale, zu: pastorale = Hirten- < lat. pastoralis, ↑pastoral]: **1.** (Musik) **a)** *Instrumentalstück (im Sechsachteltakt) bes. für Schalmei- u. Oboegruppen;* **b)** *kleines, ländlich-idyllisches Singspiel, das Stoffe aus dem idealisierten Hirtenleben zum Thema hat; musikalisches Schäferspiel.* **2.** (Literaturw.) *Schäferspiel.* **3.** (Malerei) *idyllische Darstellung aus dem Leben der Hirten.*

[2]**Pas|to|ra|le,** das; -s, -s [ital. (bastone) pastorale] (kath. Kirche): *Hirtenstab* (2).

Pas|to|ral|the|o|lo|gie, die (kath. Kirche): *praktische Theologie.*

Pas|to|rat, das; -[e]s, -e (regional, bes. nordd.): **1.** *Pfarramt.* **2.** *Wohnung des Pastors.*

Pas|to|ren|toch|ter, die: *Pfarrerstochter.*

Pas|to|rin, die; -, -nen (bes. nordd.): **a)** *Pfarrerin;* **b)** (ugs.) *Ehefrau eines Pastors.*

pas|tos ⟨Adj.⟩ [ital. pastoso = teigig, breiig, zu: pasta, ↑Paste]: **1.** *dickflüssig, breiig.* **2.** (Malerei) *(von Ölfarben eines Gemäldes) dick aufgetragen, sodass eine reliefartige Fläche entsteht.*

pas|tös ⟨Adj.⟩: **1.** (Med.) *(bes. von der Haut bei Nierenerkrankungen) teigig-gedunsen, bleich u. aufgeschwemmt.* **2.** *pastos* (1).

Pa|ta|go|ni|en; -s: südlichster Teil Südamerikas.

Patch|work [ˈpætʃwəːk], das; -s, -s [engl. patchwork = Flickwerk]: **1.** ⟨o. Pl.⟩ *Technik zur Herstellung von Wandbehängen, Decken, Taschen o. Ä., bei der Stoff- od. Lederteile von verschiedener Farbe, Form u. Muster harmonisch zusammengefügt werden.* **2.** *Arbeit in der Technik des Patchworks* (1).

[1]**Pa|te,** der; -n, -n [mhd. pade, über mlat. pater spiritualis = geistlicher Vater, zu lat. pater, ↑Pater]: **1.** *jmd., der (außer den Eltern) bei der Taufe eines Kindes als Zeuge anwesend ist u. für die christliche Erziehung des Kindes mitverantwortlich ist:* jmds. P. sein; [bei] jmdm. P. stehen; ***bei etw. P. stehen** (ugs.; *[durch sein Wirken, sein Vorhandensein] auf etw. entscheidenden Einfluss nehmen, etw. anregen, hervorrufen*): bei diesem Stück hat offenbar Brecht P. gestanden. **2.** (landsch., sonst veraltet) *Patenkind.* **3.** (DDR) *jmd., der (außer den Eltern) bei der sozialistischen Namengebung eines Kindes als Zeuge anwesend ist u. für die Erziehung des Kindes im sozialistischen Sinne mitverantwortlich ist.*

[2]**Pa|te,** die; -, -n: *Patin.*

Pa|ten|be|trieb, der (DDR): *Betrieb mit einem Patenschaftsvertrag.*

Pa|te|ne, die; -, -n [mhd. patēn(e) < mlat. patena < lat. patina = Schüssel, Pfanne < griech. patánē] (christl. Kirche): *flacher [goldener] Teller für die Hostien od. das Abendmahlsbrot.*

Pa|ten|ge|schenk, das: *Geschenk des Paten an sein Patenkind am Tag der Taufe.*

Pa|ten|kind, das: *Kind, für das jmd. die Patenschaft übernommen hat.*

Pa|ten|on|kel, der: [1]*Pate* (1, 3).

Pa|ten|schaft, die; -, -en [2: nach russ. šefstvo]: **1.** *Mitverantwortung des Paten für die christliche Erziehung des Kindes:* jmdm. eine P. antragen. **2.** (DDR) *vertraglich festgelegte Mitverantwortung von Werktätigen u. Betrieben für jmdn., etw. zum Zweck der Unterstützung, der wirtschaftlichen, kulturellen u. politischen Förderung.*

Pa|ten|schafts|ver|trag, der (DDR): *Vertrag, der eine Patenschaft* (2) *regelt.*

Pa|ten|stadt, die: *Partnerstadt.*

pa|tent ⟨Adj.⟩ [wohl herausgelöst aus Zus. wie »Patentknopf, Patentware«](ugs.): **1.** *praktisch* (3) *u. tüchtig u. dadurch großes Gefallen findend:* ein -er Bursche. **2.** *äußerst praktisch* (2), *sehr brauchbar:* das ist eine -e Idee; etw. ist ganz p. **3.** (landsch.) *fein, elegant.*

Pa|tent, das; -[e]s, -e [mlat. (littera) patens = landesherrlicher offener (d. h. offen vorzuzeigender) Brief, zu lat. patens = offen (liegend), 1. Part. von: patere = offen liegen]: **1. a)** *(amtlich zugesichertes) Recht zur alleinigen Benutzung u. gewerblichen Verwertung einer Erfindung; Patentschutz:* das P. ist erloschen; **b)** *Urkunde über ein Patent* (1 a); **c)** *Erfindung, die durch das Patentrecht geschützt ist:* ein neues P. entwickeln. **2.** *Urkunde über eine erworbene berufliche Qualifikation (bes. eines Schiffsoffiziers); Bestallungs-, Ernennungsurkunde:* das P. als Steuermann erwerben. **3.** (schweiz.) *Erlaubnis[urkunde] zur Ausübung bestimmter Berufe od. Tätigkeiten.* **4.** (hist.) *Urkunde über die Gewährung bestimmter Rechte* (z. B. die Gewährung von Religionsfreiheit).

Pa|tent|amt, das: *Behörde, die für die Anmeldung u. Erteilung von Patenten* (1) *zuständig ist.*

Pa|ten|tan|te, die: *Patin.*

Pa|tent|an|walt, der: *Anwalt, der zur Vertretung von Patentsachen o. Ä. vor dem Patentamt u. anderen Gerichten zugelassen ist* (Berufsbez.).

Pa|tent|an|wäl|tin, die: w. Form zu ↑Patentanwalt.

pa|tent|fä|hig ⟨Adj.⟩: *die Voraussetzungen für die Erteilung eines Patents* (1) *erfüllend.*

pa|ten|tier|bar ⟨Adj.⟩: *zum Patentieren* (1) *geeignet; geeignet zur Anmeldung als Patent* (1 a).

pa|ten|tie|ren ⟨sw. V.; hat⟩ [2: eigtl. wohl = den Draht patent (= gut) machen]: **1.** *(eine Erfindung) durch Patent* (1 a) *schützen.* **2.** (Technik) *stark erhitzten Stahldraht durch Abkühlen im Bleibad veredeln.*

Pa|tent|in|ge|ni|eur, der: *[Diplom]ingenieur, der sich mit den technischen Daten patentfähiger Erfindungen u. ihren rechtlichen Fragen beschäftigt* (Berufsbez.).

Pa|tent|in|ge|ni|eu|rin, die: w. Form zu ↑Patentingenieur.

Pa|tent|knopf, der: *Knopf aus Metall, der mithilfe eines Metallstiftes, der von der Gegenseite hineingedrückt wird, befestigt wird.*

Pa|tent|lö|sung, die: *Lösung, die mit einem Mal alle Schwierigkeiten behebt.*

Pa|ten|toch|ter, die: *weibliches Patenkind.*

Pa|tent|recht, das: **1.** *Gesamtheit der Rechtsvorschriften zur Regelung der mit Patenten* (1) *zusammenhängenden Fragen.* **2.** *Recht auf die Nutzung eines Patents.*

Pa|tent|re|zept, das: vgl. Patentlösung.

Pa|tent|rol|le, die: *Liste mit den Daten des Patentes* (1 c) *u. Angaben über seinen Inhaber.*

Pa|tent|schrift, die: *einer Anmeldung zum Patent beigefügte Beschreibungen u. Zeichnungen.*

Pa|tent|schutz, der: *rechtlicher Schutz einer Erfindung.*

Pa|tent|ur|kun|de, die: *Patent* (1 b, 2).

Pa|tent|ver|schluss, der: *patentierter* (1) *Verschluss[deckel].*

Pa|ter, der; -s, - u. Patres [...reːs; mlat. pater (monasterii) = Abt; Ordensgeistlicher < lat. pater = Vater]: *Geistlicher eines katholischen Ordens;* Abk.: P.

Pa|ter|fa|mi|li|as, der; -, - [lat. pater familias] (bildungsspr. scherzh.): *Familienoberhaupt; Hausherr.*

[1]**Pa|ter|nos|ter,** das; -s, - [lat. pater noster = unser Vater; Anfangsworte des Gebets (Matth. 6, 9)]: *Vaterunser.*

[2]**Pa|ter|nos|ter,** der; -s, - [kurz für: Paternosterwerk, meist Bez. für ein Wasserhebewerk mit einer endlosen Kette; nach den aneinander gereihten Perlen der Paternosterschnur (= älter für »Rosenkranz«)]: *Aufzug mit mehreren vorne offenen Kabinen, die ständig in der gleichen Richtung umlaufen.*

-path [vgl. Pathos], der; -en, -en, in Zus.: **1.** *an einer Krankheit Leidender* (z. B. Psychopath). **2.** *Vertreter einer medizinischen Schule od. Krankheitslehre; Facharzt* (z. B. Homöopath).

Pa|the|tik, die; - [zu ↑pathetisch]: *unnatürliche, übertriebene, gespreizte Feierlichkeit:* etwas mit P. vortragen.

pa|the|tisch ⟨Adj.⟩ [spätlat. patheticus < griech. pathētikós = leidend; leidenschaftlich, zu: páthos, ↑Pathos] (oft abwertend): *voller Pathos, [übertrieben] feierlich, allzu gefühlvoll:* eine -e Geste; p. schreiben.

-pa|thie [lat. -pathia < griech. -patheia, vgl. Pathos], die; -, -n [...iːən], in Zus.: **1.** *Krankheit, Erkrankung* (z. B. Psychopathie). **2.** ⟨o. Pl.⟩ *medizinische Schule od. Krankheitslehre; Heilmethode* (z. B. Homöopathie). **3.** *Gefühl, Neigung* (z. B. Sympathie).

pa|tho-, Pa|tho- [griech. páthos, ↑Pathos] ⟨Best. von Zus. mit der Bed.⟩: *Leiden, Krankheit* (z. B. pathogen, Pathopsychologie).

pa|tho|gen ⟨Adj.⟩ [↑-gen] (Med.): *(von Bakterien, chemischen Stoffen o. Ä.) Krankheiten verursachend, erregend.*

Pa|tho|ge|ne|se, die; -, -n (Med.): *Entstehung u. Entwicklung einer Krankheit.*

Pa|tho|ge|ni|tät, die; - (Med.): *(von bestimmten Substanzen, Mikroorganismen o. Ä.) Fähigkeit, krankhafte Veränderungen im Organismus hervorzurufen.*

Pa|tho|lin|gu|is|tik, die; - (Sprachw.): *Teilgebiet der angewandten Sprachwissenschaft, das sich mit Sprachstörungen beschäftigt.*

Pa|tho|lo|ge, der; -n, -n [↑-loge] (Med.): *Wissenschaftler auf dem Gebiet der Pathologie.*

Pa|tho|lo|gie, die; -, -n [↑-logie]: **1.** ⟨o. Pl.⟩ (Med.) *Lehre von den Krankheiten, bes. von ihrer Entstehung u. den durch sie hervorgerufenen organisch-anatomischen Veränderungen.* **2.** *der Forschung, Lehre u. der Erfüllung von praktischen Aufgaben der Pathologie* (1) *dienende Abteilung eines [Universitäts]krankenhauses.*

Pa|tho|lo|gin, die; -, -nen (Med.): w. Form zu ↑Pathologe.

pa|tho|lo|gisch ⟨Adj.⟩: **1.** (Med.) *die Pathologie betreffend, zu ihr gehörend.* **2.** (Med.) *krankhaft* (1). **3.** (bildungsspr.) *krankhaft* (2).

Pa|tho|phy|si|o|lo|gie, die; -: *Lehre von den Krankheitsvorgängen u. Funktionsstörungen [in einem Organ].*

Pa|tho|psy|cho|lo|gie, die; -: *Teilgebiet der Psychologie, das sich mit den Krankheiten u. ihren psychisch bedingten Ursachen sowie mit den durch Krankheiten bedingten psychischen Störungen befasst.*

Pa|thos, das; - [griech. páthos = Schmerz; Leiden; Leidenschaft, zu: páschein = erfahren, (er)leiden] (bildungsspr., oft abwertend): *feierliches Ergriffensein, leidenschaftlich-bewegter Gefühlsausdruck:* ein unechtes P.; eine Rede voller P.

Pa|ti|ence [paˈsi̯ãːs], die; -, -n [...sn̩; frz. patience, eigtl. = Geduld < lat. patientia, zu: pati, ↑Patient; 2: eigtl. = Gebäck, dessen Herstellung Geduld erfordert]: **1.** *Kartenspiel, bei dem die Karten so gelegt werden, dass Sequenzen in einer bestimmten Reihenfolge entstehen:* eine P.,

-n legen. 2. (Fachspr.) *Gebäck in Form von Figuren.*

Pa|ti|ens ['pa:tsiens], das; -, - [lat. patiens, ↑Patient] (Sprachw.): *Ziel eines durch das Verb ausgedrückten aktiven Verhaltens.*

Pa|ti|ent, der; -en, -en [zu lat. patiens (Gen.: patientis), adj. 1. Part. von: pati = erdulden, leiden]: *vom Arzt od. einem Angehörigen anderer Heilberufe behandelte od. betreute Person (aus der Sicht dessen, der sie [ärztlich] behandelt od. betreut od. dessen, der diese Perspektive einnimmt):* es warten noch drei -en.

Pa|ti|en|tin, die; -, -nen: w. Form zu ↑Patient.

Pa|tin, die; -, -nen: w. Form zu ↑Pate (1, 3).

Pa|ti|na, die; - [ital. patina, eigtl. = Firnis, Glanzmittel für Felle, H. u.]: *grünliche Schicht, die sich unter dem Einfluss der Witterung auf der Oberfläche von Kupfer od. Kupferlegierungen bildet; Edelrost:* die P. der Kuppel.

pa|ti|nie|ren ⟨sw. V.; hat⟩ (Fachspr.): *mit künstlicher [1]Patina versehen.*

Pa|tio, der; -s, -s [span. patio < mlat. patuum, H. u.] (Archit.): *(bes. in Spanien u. Lateinamerika) Innenhof eines Hauses, zu dem hin sich die Wohnräume öffnen.*

Pa|tis|se|rie, die; -, -n [frz. pâtisserie, zu: pâtisser = Teig anrühren, über das Vlat. zu spätlat. pasta, ↑Paste]: 1. *Raum in einem Hotel, Restaurant, in dem Süßspeisen hergestellt werden.* 2. (schweiz., sonst veraltet) *Konditorei.* 3. (schweiz., sonst veraltet) *Feingebäck.*

Pat|mos; Patmos': griechische Insel.

Pa|tres: Pl. von ↑Pater.

Pa|tri|arch, der; -en, -en [mhd. patriarc(he) < kirchenlat. patriarcha < griech. patriárchēs, eigtl. = Sippenoberhaupt, zu: patḗr (Gen.: patrós) = Vater u. árchein = der Erste sein, Führer sein, herrschen]: 1. (Rel.) *Erzvater.* 2. (kath. Kirche) a) ⟨o. Pl.⟩ *Amts- od. Ehrentitel einiger [Erz]bischöfe;* b) *[Erz]bischof, der diesen Titel trägt.* 3. (orthodoxe Kirche) a) ⟨o. Pl.⟩ *Titel der obersten Geistlichen u. der leitenden Bischöfe;* b) *Geistlicher, Bischof, der diesen Titel trägt.* 4. (oft abwertend) *ältestes männliches Familienmitglied, od. Mitglied eines Familienverbandes, das als Familienoberhaupt die größte Autorität besitzt.*

pa|tri|ar|chal ⟨Adj.⟩: *patriarchalisch* (1).

pa|tri|ar|cha|lisch ⟨Adj.⟩ [1 b: kirchenlat. patriarchalis]: 1. a) *das Patriarchat (2) betreffend, auf ihm beruhend, zu ihm gehörend:* -e Gesellschaften; b) *den Patriarchen betreffend, zu ihm gehörend.* 2. *im familiären o. ä. Bereich als Mann seine Autorität geltend machend, bestimmend:* -es Gebaren; p. reagieren.

Pa|tri|ar|chat, das; -[e]s, -e: 1. ⟨auch: der⟩ *Würde u. Amtsbereich eines Patriarchen* (2, 3). 2. *Gesellschaftsordnung, bei der der Mann eine bevorzugte Stellung in Staat u. Familie innehat u. bei der in Erbfolge u. sozialer Stellung die männliche Linie ausschlaggebend ist.*

pa|tri|mo|ni|al ⟨Adj.⟩ [spätlat. patrimonialis]: a) *das Patrimonium betreffend, auf ihm beruhend;* b) *vom Vater ererbt, väterlich.*

Pa|tri|mo|ni|al|ge|richts|bar|keit, die [zu mlat. patrimonialis = grundherrschaftlich] (früher): *private Ausübung der Rechtsprechung vonseiten des Grundherrn über seine Hörigen.*

Pa|tri|mo|ni|um, das; -s, ...ien [lat. patrimonium] (römisches Recht): a) *Privatvermögen des Herrschers (im Ggs. zum Staatsvermögen);* b) *väterliches Erbgut.*

Pa|tri|ot, der; -en, -en [frz. patriote = Vaterlandsfreund < spätlat. patriota = Landsmann < griech. patriṓtēs, eigtl. = jmd., der aus demselben Geschlecht stammt, zu: patḗr (Gen.: patrós) = Vater] (oft auch abwertend): *jmd., der von Patriotismus erfüllt, patriotisch gesinnt ist:* ein begeisterter, fanatischer, verblendeter P.

Pa|tri|o|tin, die; -, -nen: w. Form zu ↑Patriot.

pa|tri|o|tisch ⟨Adj.⟩ [frz. patriotique < spätlat. patrioticus = heimatlich < griech. patriōtikós] (oft auch abwertend): *auf Patriotismus beruhend, von ihm erfüllt, zeugend; national* (b), *vaterländisch.*

Pa|tri|o|tis|mus, der; - [frz. patriotisme]: *[begeisterte] Liebe zum Vaterland; vaterländische Gesinnung.*

Pa|tris|tik, die; - [zu lat. pater (Gen.: patris) = Vater] (christl. Theol.): *Wissenschaft von den Schriften u. Lehren der Kirchenväter; altchristliche Literaturgeschichte.*

Pa|tri|ze, die; -, -n [geb. nach ↑Matrize zu lat. pater = Vater] (Druckw.): *in Stahl geschnittener, erhabener Stempel einer Schrifttype, mit der das negative Bild zur Vervielfältigung geprägt wird.*

pa|tri|zi|al ⟨Adj.⟩: *patrizisch.*

Pa|tri|zi|at, das; -[e]s, -e ⟨Pl. selten⟩ [lat. patriciatus = Würde eines Patriziers (1)]: 1. *Gesamtheit der altrömischen adligen Geschlechter.* 2. (selten) *Gesamtheit der Patrizier* (2).

Pa|tri|zi|er, der; -s, - [lat. patricius = Nachkomme eines römischen Sippenhauptes, zu: pater = Vater]: 1. *Mitglied des altrömischen Adels.* 2. *(bes. im Mittelalter) vornehmer, wohlhabender Bürger.*

Pa|tri|zi|er|haus, das: *Wohnhaus eines Patriziers* (2).

Pa|tri|zi|e|rin, die; -, -nen: w. Form zu ↑Patrizier.

pa|tri|zisch ⟨Adj.⟩: *den Patrizier betreffend, zu ihm gehörend, von ihm stammend; für ihn, seine Lebensweise charakteristisch.*

Pa|tro|lo|gie, die; - [↑-logie]: *Patristik.*

[1]Pa|tron, der; -s, -e [mhd. patrōn(e) < lat. patronus, zu: pater = Vater]: 1. a) *(im alten Rom) Schutzherr seiner Freigelassenen;* b) (veraltet) *Schutz-, Schirmherr.* 2. *Schutzheiliger einer Kirche, einer Berufs- od. Standesgruppe, einer Stadt o. Ä.* 3. *Gründer, Erbauer, Stifter einer Kirche (dem dadurch Vorrechte u. Pflichten entstanden).* 4. (ugs. abwertend) *Bursche, Kerl:* ein widerlicher, übler P.

[2]Pa|tron [pa'trõ], der; -s, -s [frz. patron < lat. patronus, ↑[1]Patron] (schweiz.): *Inhaber eines Geschäftes, einer Gaststätte o. Ä.*

Pa|tro|nat, das; -[e]s, -e [lat. patronatus]: 1. *(im alten Rom) Würde u. Amt eines Patrons* (1). 2. (bildungsspr.) *Schirmherrschaft.* 3. (christl. Kirche) *kirchenrechtliche Stellung des Stifters einer Kirche od. seines Nachfolgers, mit der bestimmte Rechte u. Pflichten verbunden sind.*

Pa|tro|nats|fest, das (kath. Kirche): *Fest der Patronin, des Patrons (2) einer Kirche, dem sie geweiht ist.*

Pa|tro|ne, die; -, -n [frz. patron = Musterform (für Pulverladungen) < mlat. patronus = Musterform, eigtl. = Vaterform, zu lat. patronus, ↑[1]Patron]: 1. *Metallhülse mit Treibladung u. Geschoss (als Munition für Feuerwaffen).* 2. *wasserdicht abgepackter Sprengstoff zum Einführen in Bohrlöcher für Sprengungen.* 3. a) *Behälter aus Kunststoff für Tinte, Tusche, Toner o. Ä. zum Einlegen in einen Füllfederhalter, ein Kopiergerät, einen Drucker (2) o. Ä.;* b) *fest schließende, lichtundurchlässige Kapsel mit einem Film, die in die Kleinbildkamera eingelegt wird.* 4. (Textilind.) *Zeichnung (auf kariertem Papier) für das Muster in der Bindung eines Gewebes.* 5. (Gastr. veraltet) *(gefettetes) Papier, das zum Schutz vor zu starker Hitze über Speisen gedeckt wird.*

Pa|tro|nen|füll|hal|ter, der: *Füllhalter, der durch Einsetzen von Patronen (3 a) gefüllt wird.*

Pa|tro|nen|gurt, der: a) *Gurt aus Metall, der in einzelne Glieder eingeteilt ist, in denen die Patronen (1) befestigt sind;* b) *Ledergürtel mit Schlaufen od. Taschen aus festem Leinen für die einzelnen Patronen* (1).

Pa|tro|nen|hül|se, die: *Metallhülse einer Patrone* (1).

Pa|tro|nen|kam|mer, die: *zylindrischer Teil einer Handfeuerwaffe, der die aus dem Magazin austretende Patrone (1) aufnimmt.*

Pa|tro|nin, die; -, -nen: w. Form zu Patron (2, 1 b).

Pa|tro|ny|mi|kon, Pa|tro|ny|mi|kum, das; -s, ...ka [zu griech. patrōnymikós = nach dem Vater benannt] (Sprachw.): *vom Namen des Vaters abgeleiteter Name* (z. B. Petersen = Peters Sohn).

Pa|trouil|le [pa'trʊljə], die; -, -n [frz. patrouille, eigtl. = Herumwaten im Schmutz, zu: patrouiller = patschen, zu: patte = Pfote]: 1. *von (einer Gruppe) Soldaten durchgeführte Erkundung, durchgeführter Kontrollgang.* 2. *Gruppe von Soldaten, die etw. erkunden, einen Kontrollgang durchführen.*

Pa|trouil|len|boot, das: *Boot für Patrouillenfahrten.*

Pa|trouil|len|fahrt, die: *zur Erkundung, Kontrolle unternommene Fahrt.*

pa|trouil|lie|ren [patrʊl'ji:rən] ⟨sw. V.; hat/ist⟩ [frz. patrouiller]: *als Posten od. Wache auf u. ab gehen, auf Patrouille gehen, fahren, fliegen.*

Pa|tro|zi|ni|um, das; -s, ...ien [lat. patrocinium = Beistand, zu: patronus, ↑[1]Patron]: 1. (kath. Kirche) a) *Schutzherrschaft eines Heiligen über eine Kirche;* b) *Patronatsfest.* 2. *(im alten Rom) Vertretung eines rechtsunfähigen Klienten durch einen [1]Patron* (1 a). 3. *(im Mittelalter) Rechtsschutz, den der Gutsherr seinen Untergebenen gegen Staat u. Stadt gewährt.*

patsch ⟨Interj.⟩: lautm. für ein Geräusch, das entsteht, wenn jmd. die Hände zusammenschlägt, wenn etw. klatschend auf eine Wasseroberfläche aufschlägt od. wenn etw. Weiches [Schweres] auf etw. Hartes fällt: p., da lag das Kind im Dreck.

Patsch, der; -[e]s, -e: 1. *patschendes Geräusch:* mit einem P. fiel er in die Pfütze. 2. ⟨o. Pl.⟩ (ugs.) *Matsch* (2 a).

Pat|sche, die; -, -n [4: eigtl. = Matsch, aufgeweichte Straße] (ugs.): 1. *Hand.* 2. *Feuerpatsche.* 3. ⟨o. Pl.⟩ *Patsch* (2). 4. ⟨Pl. selten⟩ *unangenehme, schwierige Lage, Bedrängnis:* in der P. sitzen; jmdm. aus der P. helfen.

pat|schen ⟨sw. V.; hat/ist⟩ [zu ↑patsch] (ugs.): 1. a) *ein klatschendes Geräusch hervorbringen* ⟨hat⟩; b) *mit einem Patsch (1) auf etw. auftreffen* ⟨ist⟩. 2. *(mit der flachen Hand, dem Fuß od. einem flachen Gegenstand) klatschend auf etw. schlagen* ⟨hat⟩: sich auf die Schenkel p. 3. *(in Wasser, Schlamm o. Ä.) gehen, laufen u. dabei ein klatschendes Geräusch hervorbringen* ⟨ist⟩: die Kinder sind alle durch die Pfützen gepatscht.

Pat|schen, der; -s, - (österr.): 1. ⟨meist Pl.⟩ *Hausschuh, Pantoffel.* 2. *Reifenpanne:* einen P. haben.

pat|sche|nass: ↑patschnass.

Patsch|hand, die, **Patsch|händ|chen,** das (fam.): *kleine, weiche Kinderhand.*

patsch|nass, patschenass ⟨Adj.⟩ (ugs. emotional): *klatschnass.*

patt ⟨Adj.⟩ [frz. pat, H. u.] (Schach): *nicht mehr in der Lage, einen Zug zu machen, ohne seinen König ins Schach zu bringen:* p. sein.

Patt, das; -s, -s: 1. (Schach) *[als unentschieden gewertete] Stellung im Schachspiel, bei der eine Partei patt ist.* 2. *Situation, in der keine Partei einen Vorteil erringen, den Gegner schlagen kann; Unentschieden.*

Pat|te, die; -, -n [frz. patte, eigtl. = Pfote, wohl nach der länglichen Form; H. u.]: *(bei Kleidung) abgefüttertes Stoffteil als Klappe an Taschen.*

Pat|tern ['pɛtɐn], das; -s, -s [engl. pattern < mengl. patron < (a)frz. patron, ↑Patrone]: 1. (bes. Psych., Soziol.) *[Verhaltens]muster; [Denk]modell; Schema.* 2. (Sprachw.) *charakteristisches Sprachmuster, nach dem sprachliche Einheiten nachgeahmt u. weitergebildet werden.*

Pat|tern|pra|xis, die; - [LÜ von engl. pattern practice] (Sprachw.): *Verfahren in der modernen Fremdsprachendidaktik, bei dem bei Lernenden durch systematisches Einprägen bestimmter wichtiger fremdsprachlicher Satzstrukturmuster die mechanischen Tätigkeiten beim Sprachgebrauch zu Sprachgewohnheiten verfestigt werden sollen.*

Patt|si|tu|a|ti|on, die; -, -en: *Patt* (2).

pat|zen ⟨sw. V.; hat⟩ [eigtl. = klecksen, unsauber arbeiten]: 1. (ugs.) *(bei der Ausführung einer*

Tätigkeit, Durchführung einer Aufgabe) kleinere Fehler machen: die deutsche Meisterin patzte bei der Kür. **2.** (österr.) *klecksen:* beim Schreiben p.

Pat|zen, der; -s, - (bayr., österr.): **1.** *Klecks.* **2.** *Klumpen.*

Pat|zer, der; -s, -: **1.** (ugs.) *[aus Unachtsamkeit gemachter] oft kleinerer Fehler bei der Ausführung einer Tätigkeit.* **2.** (ugs.) *jmd., der oft patzt; Stümper.* **3.** (österr.) *jmd., der viel kleckst.*

pat|zig ⟨Adj.⟩ [frühnhd. batzig = aufgeblasen, frech, eigtl. = klumpig, klebrig, feist, dick, zu ↑Batzen] (ugs. abwertend): **1.** *in ungezogener Weise unwillig auffahrend, mit einer groben Antwort reagierend; unverschämt:* eine -e Bemerkung. **2.** (österr.) *klebrig, verschmiert.*

Pat|zig|keit, die; -, -en: **a)** ⟨o. Pl.⟩ *patzige* (1) *Art, patziges Benehmen;* **b)** *einzelne patzige* (1) *Handlung.*

Pau|kant, der; -en, -en [zu ↑pauken (3); ↑-ant] (Verbindungswesen): *Teilnehmer einer Mensur* (2).

Pauk|bril|le, die (Verbindungswesen): *bei der Mensur* (2) *zu tragende Schutzbrille.*

Pau|ke, die; -, -n [mhd. pūke, H. u., viell. lautm.]: **1.** *Schlaginstrument mit kesselähnlichem Resonanzkörper u. einer meist aus gegerbtem Kalbfell bestehenden Membran, bei dem die Töne mit zwei hölzernen Schlägeln* (3) *hervorgebracht werden; Kesselpauke:* die P. schlagen; *** auf die P. hauen** (ugs.; 1. *ausgelassen feiern.* 2. *angeberisch auftreten.* 3. *seiner Kritik o. Ä. lautstark Ausdruck geben*); **mit -n und Trompeten durchfallen** (ugs.; *bei einem Examen o. Ä. ganz u. gar versagen, durchfallen*); **jmdn. mit -n und Trompeten empfangen** (ugs.; *jmdn. mit großen [u. übertriebenen] Ehren empfangen*). **2.** (selten) *Standpauke.*

pau|ken ⟨sw. V.; hat⟩ [1: wohl urspr. in der Bed. von »unterrichten« zu ↑Pauker (2 a); 2: mhd. pūken; 3: nach der älteren Bed. »schlagen«]: **1.** (ugs.) **a)** *(bes. vor einer Prüfung o. Ä.) sich einen bestimmten Wissensstoff durch intensives, häufig mechanisches Lernen od. Auswendiglernen anzueignen suchen:* Französisch p.; **b)** *intensiv lernen:* für das Examen p. **2.** *die Pauke schlagen.* **3.** (Verbindungswesen) *mit stumpfen Waffen fechten.* **4.** (ugs.) *herauspauken.*

Pau|ken|fell, das: **1.** vgl. Trommelfell (1). **2.** (Med.) *Trommelfell* (2).

Pau|ken|höh|le, die [nach der Form] (Anat.): *von den Wänden des Felsenbeins umschlossene Höhle des Mittelohrs, in der die Gehörknöchelchen liegen u. die durch die Ohrtrompete zur Rachenhöhle hin offen ist.*

Pau|ken|schlag, der: *(einzelner) Schlag auf die Pauke* (1): mit einem Wirbel von Paukenschlägen endete das Stück; die Diskussion ging mit einem P. *(Eklat)* zu Ende.

Pau|ken|schlä|gel, der ⟨meist Pl.⟩: *Schlägel* (3) *zum Pauken* (2).

Pau|ker, der; -s, - [2 a: gek. aus Arschpauker, eigtl. = jmd., der beim Unterrichten Schläge auf das Gesäß austeilt]: **1.** *Paukist.* **2.** (Schülerspr.) **a)** *Lehrer;* **b)** *Schüler, der viel paukt* (b).

Pau|ke|rei, die; - (ugs. abwertend): *[dauerndes] Pauken* (1–3).

Pau|ke|rin, die; -, -nen: w. Form zu ↑Pauker.

Pau|kist, der; -en, -en: *jmd., der [berufsmäßig] die Pauke schlägt.*

Pau|kis|tin, die; -, -nen: w. Form zu ↑Paukist.

pau|li|nisch ⟨Adj.⟩ [nach dem Apostel Paulus] (christl. Theol.): *der Lehre des Apostels Paulus entsprechend, auf ihr beruhend, von Paulus stammend.*

Pau|li|nis|mus, der; - (christl. Theol.): *Lehre des Apostels Paulus.*

Pau|lus|brief, der ⟨meist Pl.⟩: vom Apostel Paulus verfasster od. ihm zugeschriebener Brief im Neuen Testament.

Pau|pe|ris|mus, der; - [zu lat. pauper = arm] (Fachspr.): *(bes. im 19. Jh.) Verarmung, Verelendung, bes. auch im intellektuellen u. seelischen Bereich, breiter Bevölkerungsschichten.*

Paus|ba|cke, die; -, -n ⟨meist Pl.⟩ (fam.): *runde, rote Backe (bes. bei einem Kind).*

paus|ba|ckig (seltener), **paus|bä|ckig** ⟨Adj.⟩: *mit Pausbacken:* ein -es Kind.

pau|schal ⟨Adj.⟩ [zu ↑Pauschale]: **1.** *im Ganzen, ohne Spezifizierung o. Ä.:* etw. p. versichern. **2.** (bildungsspr.) *sehr allgemein [beurteilt], ohne näher zu differenzieren:* ein allzu -es Urteil.

Pau|schal|ab|fin|dung, die: *pauschale* (1) *Abfindung* (1).

Pau|schal|ab|schrei|bung, die (Wirtsch.): *für gleichartige od. im gleichen Zeitraum angeschaffte Gegenstände des Anlagevermögens zusammengefasst erfolgende Abschreibung.*

Pau|schal|be|trag, der: *Pauschale.*

Pau|scha|le, die; -, -n, veraltet: das; -s, ...lien [aus der österr. Amtsspr., latinis. Bildung zu ↑Pausche, Nebenf. von ↑Bausch; vgl. veraltet »im Bausch« = im Ganzen genommen]: *Geldbetrag, durch den eine Leistung, die sich aus verschiedenen einzelnen Posten zusammensetzt, ohne Spezifizierung abgegolten wird.*

pau|scha|lie|ren ⟨sw. V.; hat⟩: *Teilsummen od. -leistungen zu einer Pauschale zusammenfassen.*

pau|scha|li|sie|ren ⟨sw. V.; hat⟩ (bildungsspr.): *etw. pauschal* (2) *behandeln, sehr stark verallgemeinern.*

Pau|schal|preis, der (Wirtsch.): *ohne Rücksicht auf Einzelheiten nach überschlägiger Schätzung vereinbarter Preis* (1).

Pau|schal|rei|se, die: *vom Reisebüro vermittelte Reise, bei der die Kosten für Fahrt, Unterkunft, Verpflegung u. a. pauschal berechnet werden.*

Pau|schal|ur|teil, das (abwertend): *pauschales* (2), *verallgemeinerndes Urteil [durch das jmd., etw. abqualifiziert wird].*

Pau|schal|ver|si|che|rung, die: *pauschale* (1) *Versicherung* (2).

Pausch|be|steu|e|rung, die (Steuerw.): *(in besonderen Ausnahmefällen zulässige) Form der Besteuerung, bei der ein vom Steuerpflichtigen zu zahlender Pauschbetrag festgesetzt wird.*

Pausch|be|trag, der: *pauschaler Betrag.*

Pau|sche, die; -, -n [1: vgl. Pauschale]: **1.** *(zu beiden Seiten) unter dem seitlichen Teil des Sattels angebrachte Polsterung.* **2.** (Turnen) *einer der beiden gebogenen Haltegriffe des Seitpferdes.*

Pau|schen|pferd, das; -[e]s, -e [zu ↑Pausche (2)] (Turnen, bes. schweiz.): *Seitpferd.*

[1]Pau|se, die; -, -n [mhd. pūse, über das Roman. < lat. pausa, wahrsch. zu griech. paúein (Aorist: paũsai) = aufhören]: **1. a)** *kürzere Unterbrechung einer Tätigkeit, die der Erholung, Regenerierung o. Ä. dienen soll:* eine kurze P.; [eine] P. machen; wir haben gerade P.; sie gönnt sich keine P. *(Ruhepause)*; **b)** *[unbeabsichtigte] kurze Unterbrechung, vorübergehendes Aufhören von etw.:* der Redner machte eine [bedeutungsvolle] P. **2.** (Musik) **a)** *Taktteil innerhalb eines Musikwerks, der nicht durch Töne ausgefüllt ist:* die P. einhalten; **b)** *Pausenzeichen* (1): eine halbe P. **3.** (Verslehre) *vom metrischen Schema geforderte Takteinheit, die nicht durch Sprache ausgefüllt ist.*

[2]Pau|se, die; -, -n [zu ↑pausen]: *mithilfe von Pauspapier od. auf fotochemischem Wege hergestellte Kopie (eines Schriftstücks o. Ä.).*

pau|sen ⟨sw. V.; hat⟩ [älter: bausen, viell. (unter Einfluss von frz. ébaucher = grob skizzieren) < frz. poncer = pausen, eigtl. = mit Bimsstein abreiben, über das Vlat. zu lat. pumex, ↑[2]Bims]: *eine [2]Pause anfertigen; durchpausen.*

Pau|sen|brot, das: *belegtes Brot o. Ä., das in einer [1]Pause* (1 a) *verzehrt wird.*

Pau|sen|clown, der (abwertend): *sich (im Rahmen einer Veranstaltung, eines Programms o. Ä.) um Aufmerksamkeit bemühender Mensch, der nur als Belustigung wahrgenommen und nicht weiter ernst genommen wird.*

Pau|sen|gym|nas|tik, die: *Gymnastik als Ausgleich für einseitige Tätigkeit in bes. dafür vorgesehenen Arbeitspausen.*

pau|sen|los ⟨Adj.⟩: **a)** *über eine gewisse Zeit ohne Unterbrechung bestehend, andauernd; ohne zeitweiliges Aussetzen:* -es Motorengedröhn; **b)** (ugs.) *(in lästiger, ärgerlicher o. ä. Weise) immer wieder, dauernd, fortwährend.*

Pau|sen|stand, der (Sport): *Spielstand nach der ersten Spielzeithälfte.*

Pau|sen|zei|chen, das: **1.** (Musik) *(in der Notenschrift) grafisches Zeichen für die [1]Pause* (2 a). **2.** *(in Hörfunk u. Fernsehen) akustisches bzw. optisches Erkennungszeichen bes. für eine Sendeanstalt.*

pau|sie|ren ⟨sw. V.; hat⟩ [spätlat. pausare, zu lat. pausa, ↑[1]Pause]: **a)** *eine Tätigkeit [für kurze Zeit] unterbrechen; innehalten;* **b)** *für einige Zeit ausruhen, aussetzen.*

Paus|pa|pier, das; -s, -e: **1.** *durchsichtiges Papier zum Durchpausen.* **2.** *Kohlepapier.*

Pa|va|ne, die; -, -n [frz. pavane < ital. pavana, eigtl. = (Tanz) aus Padua] (Musik): **1.** *langsamer höfischer Schreittanz.* **2.** *Einleitungssatz der Suite.*

Pa|vi|an, der; -s, -e [im 15. Jh. bavian < niederl. baviaan < mniederl. baubijn < (a)frz. babouin, wahrsch. verw. mit: babine = Lefze, Lippe, nach der vorspringenden Schnauze des Tieres]: *(in Afrika heimischer) großer, vorwiegend am Boden lebender Affe mit vorspringender Schnauze, meist langer Mähne an Kopf u. Rücken u. einem unbehaarten [roten] Hinterteil.*

Pa|vil|lon [ˈpavɪljɔŋ, auch: ˈpavɪljõ, ...ˈjõ:], der; -s, -s [frz. pavillon, zu lat. papilio = Schmetterling, auch: Zelt (nach dem Vergleich mit den aufgespannten Flügeln)]: **1.** *frei stehender, offener, meist runder Bau in Parks o. Ä.* **2.** (Archit.) *baulich bes. hervorgehobener Eck- od. Mitteltrakt eines größeren Gebäudes.* **3.** (Archit.) *zu einem größeren Komplex gehörender selbstständiger Bau.* **4.** *[aus einem Raum bestehender] Einzelbau auf einem Ausstellungsgelände.* **5.** *großes viereckiges Festzelt.*

Pa|vil|lon|sys|tem, das (Archit.): *System* (5) *von mehreren, einem Hauptbau zugeordneten Pavillons* (3).

[1]Pax, die; - [lat. pax = Friede] (kath. Kirche): *Friedensgruß, bes. der Friedenskuss in der [1]Messe* (1).

[2]Pax, der; -es, -e [Abk. für engl. passenger X] (Flugw. Jargon): kurz für ↑Passagier.

Pax vo|bis|cum: *Friede (sei) mit euch!* (Gruß in der kath. Messliturgie).

Pay|back [ˈpeɪbæk], (auch:) **Pay-back,** das; -s [engl. payback, eigtl. = Rückzahlung, zu: to pay back = zurückzahlen] (Wirtsch.): *Payout.*

Pay|ing Guest [ˈpeɪɪŋ ˈgest], der; - -, - -s [engl. = zahlender Gast]: *jmd., der im Ausland gegen Entgelt bei einer Familie mit vollem Familienanschluss wohnt.*

Pay|out [ˈpeɪaʊt], (auch:) **Pay-out,** das; -s [engl. payout = Auszahlung, aus: to pay out = auszahlen] (Wirtsch.): *Rückgewinnung investierten Kapitals.*

Pay-per-View [ˈpeɪpəːˈvjuː], das; -s: [zu engl. (to) pay per view = bezahlen pro (An)sicht]: *Verfahren, mit dem einzeln abrechenbare Fernsehangebote wahrgenommen werden können.*

Pay-Sen|der, der: vgl. Pay-TV.

Pay-TV [ˈpeɪtiˈviː], das; - [engl. pay TV, zu: engl. to pay = bezahlen u. ↑TV]: *Fernsehprogramm eines Privatsenders, das gegen Zahlung einer bestimmten Gebühr mithilfe eines zusätzlich benötigten Decoders empfangen werden kann:* die Direktübertragung des Finales ist nur im P. zu sehen.

Pa|zi|fik [auch: ˈpaːtsɪfɪk], der; -s [engl. Pacific (Ocean), eigtl. = friedlich(er Ozean), zu lat. pacificus = Frieden schließend, friedlich (zu lat. pax = Frieden u. facere = machen); bezieht sich auf die ohne Sturm u. Unwetter verlaufene Reise des Seefahrers Magellan durch dieses Meer]: Pazifischer Ozean.

pa|zi|fisch ⟨Adj.⟩: *den Pazifischen Ozean betreffend, zu ihm gehörend:* -e Inseln.

Pa|zi|fi|sche Oze|an, der; -n -s: zwischen dem amerikanischen Kontinent, Australien u. dem nordöstlichen Asien gelegener Ozean.

Pa|zi|fis|mus, der; - [frz. pacifisme, zu: pacifique = friedlich, friedliebend, zu: pacifier = Frieden geben]: **a)** *weltanschauliche Strömung, die jeden Krieg als Mittel der Auseinandersetzung ablehnt u. den Verzicht auf Rüstung u. militärische Ausbildung fordert;* **b)** *jmds. Haltung, Einstellung, die durch den Pazifismus* (a) *bestimmt ist:* sein P. erlaubt ihm den Kriegsdienst nicht.

Pa|zi|fist, der; -en, -en [frz. pacifiste]: *Anhänger des Pazifismus* (a).

Pa|zi|fis|tin, die; -, -nen: w. Form zu ↑Pazifist.

pa|zi|fis|tisch ⟨Adj.⟩: *zum Pazifismus gehörend, ihn betreffend; dem Pazifismus anhängend:* -es Denken; -e Literatur.

Pb = Plumbum.

P. b. b. (österr.) = Postgebühr bar bezahlt.

pc = Parsec.

[1]**PC** [pe:ˈtse:], der; -[s], -[s]: *Personalcomputer.*

[2]**PC** [pe:ˈtse:], die; -: *Political Correctness.*

p. c. = pro centum.

p. Chr. [n.] = post Christum [natum].

Pd = Palladium (2).

PdA [pe:de:ˈa:], die; -: Partei der Arbeit (kommunistische Partei in der Schweiz).

PDS [pe:de:ˈɛs], die; -: Partei des Demokratischen Sozialismus.

Peak [pi:k], der; -[s], -s [engl. peak = Gipfel; Höhepunkt]: **1.** (bes. Chemie) *relativ spitzes Maximum* (2 a) *im Verlauf einer Kurve* (1 a). **2.** (Fachspr.) *Signal* (1).

Pea|nuts [ˈpi:nats] ⟨Pl.⟩ [engl. peanuts (Pl.), eigtl. = Erdnüsse, aus: pea = Erbse u. nut = Nuss] (Jargon): *Kleinigkeit* (a); *Dinge, die nicht der Rede wert sind.*

Pe-Ce-Fa|ser, die; -, -n [Kurzwort aus Polyvinylchlorid u. Faser]: *sehr beständige Kunstfaser.*

Pech, das; -[e]s, (Arten:) -e [mhd. bech, pech, ahd. beh, peh < lat. pix (Gen.: picis); 2: aus der Studentenspr., zu ↑Pechvogel, wohl auch unter Einfluss des älteren »höllisches Pech« = Hölle; 3: nach der zähflüssigen Beschaffenheit]: **1.** *zähflüssig-klebrige, braune bis schwarze Masse, die als Rückstand bei der Destillation von Erdöl u. Teer anfällt:* etw. mit P. abdichten; *** zusammenhalten wie P. und Schwefel** (ugs.; *fest, unerschütterlich zusammenhalten*). **P. an den Hosen/(ugs.:) am Hintern/(derb:) am Arsch haben** (ugs.; *[als Gast] den richtigen Zeitpunkt zum Aufbrechen versäumen, zu lange bleiben*). **2.** ⟨o. Pl.⟩ *unglückliche Fügung; Missgeschick, das jmds. Vorhaben, Pläne durchkreuzt:* das war wirklich P.!; P. für dich (ugs.; *nichts zu machen*); er hat viel P. gehabt in den letzten Jahren *(vieles ist nicht so gegangen, wie er es gewünscht hätte);* mit jmdm., etw. P. haben *(nicht den Richtigen, das Richtige getroffen haben).* **3.** (südd., österr.) *Harz.*

Pech|blen|de, die: *schwarzes Mineral, aus dem Uran u. Radium gewonnen werden.*

Pech|draht, der: *(bei der Schuhherstellung) zum Nähen verwendetes, mit Pech getränktes Hanfgarn.*

Pech|fa|ckel, die: *mit Pech getränkte Fackel.*

pech|fins|ter ⟨Adj.⟩: *sehr finster, sehr dunkel:* eine -e Nacht.

Pech|koh|le, die: *der Steinkohle ähnliche, harte, glänzende Braunkohle.*

Pech|na|se, die: *kleiner, nach unten offener Vorbau am Tor u. an der Ringmauer mittelalterlicher Burgen zum Ausgießen von siedendem Pech über die Angreifer.*

Pech|nel|ke, die: *wild wachsende Nelke mit roten Blüten in lockeren Rispen u. klebrigen Stängeln.*

pech|ra|ben|schwarz ⟨Adj.⟩ (ugs. emotional): *kohlrabenschwarz.*

pech|schwarz ⟨Adj.⟩ (ugs. emotional): *tiefschwarz.*

Pech|sträh|ne, die: *Reihe unglücklicher Zufälle, von denen jmd. kurz nacheinander betroffen wird.*

Pech|vo|gel, der [aus der Studentenspr., eigtl. = Vogel, der an einer Leimrute (älter: Pechrute) kleben bleibt] (ugs.): *jmd., der [oft] Pech* (2) *hat.*

Pe|dal, das; -s, -e [zu lat. pedalis = zum Fuß gehörig, zu: pes (Gen.: pedis) = Fuß]: **1.** *mit dem Fuß zu bedienender Teil an der Tretkurbel des Fahrrads:* das linke P. ist abgebrochen. **2.** *(bei Kraftfahrzeugen) mit dem Fuß zu bedienender Hebel für Gas* (3 a), *Kupplung* (3 a) *u. Bremse:* das P. loslassen. **3.** *(bei verschiedenen Maschinen o. Ä.) mit dem Fuß zu bedienende Vorrichtung, durch die etw. in Gang gesetzt wird o. Ä.* **4.** *(bei verschiedenen Musikinstrumenten wie Klavier, Harfe u. a.) Fußhebel, durch den der Klang der Töne beeinflusst werden kann:* mit P. spielen. **5. a)** *(bei der Orgel) außer dem Manual vorhandene Tastatur, die mit den Füßen gespielt wird;* **b)** *einzelne Taste des Pedals* (5 a). **6.** (ugs. scherzh.) *Fuß.*

Pe|da|le, die; -, -n (landsch.): *Pedal* (1).

Pe|da|le|rie, die; -, -n (Kfz-T. Jargon): *Gesamtheit der Pedale (in einem Kraftfahrzeug):* in einen Fahrschulwagen eine zweite P. einbauen.

Pe|dal|har|fe, die: *Harfe mit Pedalen* (4).

Pe|dal|kla|vi|a|tur, die: *mit den Füßen gespielte Tastatur.*

Pe|dal|kla|vier, das: *Klavier mit einer zusätzlichen Pedalklaviatur.*

Pe|dal|weg, der ⟨Pl. selten⟩ (Kfz-T.): *Weg, den ein Pedal* (2) *bei der Betätigung bis zum Anschlag* (9) *zurücklegt.*

Pe|dant, der; -en, -en [frz. pédant < ital. pedante, eigtl. = Lehrer, wohl zu griech. paideúein = erziehen, unterrichten] (abwertend): *pedantischer Mensch.*

Pe|dan|te|rie, die; -, -n ⟨Pl. selten⟩ [frz. pédanterie < ital. pedanteria]: **a)** ⟨o. Pl.⟩ *pedantisches Wesen, Verhalten:* mit äußerster P. vorgehen; **b)** (abwertend) *einzelne von Pedanterie* (a) *zeugende Handlung.*

Pe|dan|tin, die; -, -nen: w. Form zu ↑Pedant.

pe|dan|tisch ⟨Adj.⟩ [nach frz. pédantesque < ital. pedantesco] (abwertend): *in übertriebener Weise genau; alle Dinge mit peinlicher, kleinlich wirkender Exaktheit ausführend o. Ä.:* ein -er Mensch.

Ped|dig|rohr, das; -[e]s [aus dem Niederd. < mniederd. pe(d)dik = [3]Mark (1 a)]: *Rohr* (1 a) *aus den Stängeln bestimmter Rotangpalmen, das bes. zur Herstellung von Korbwaren verwendet wird:* ein Sessel aus P.

Pe|di|gree [ˈpɛdigri], der; -s, -s [engl. pedigree = Stammbaum < mengl. pedegru < mfrz. pié de gru = Kranichfuß]: *(bei Tieren u. Pflanzen) Stammbaum.*

Pe|di|kü|re, die; -, -n [frz. pédicure, zu lat. pes (Gen.: pedis) = Fuß u. cura = Pflege]: **1.** ⟨o. Pl.⟩ *Pflege der Füße, bes. der Fußnägel; Fußpflege.* **2.** *Fußpflegerin.*

pe|di|kü|ren ⟨sw. V.; hat⟩: *die Füße, bes. die Fußnägel pflegen.*

Pe|di|ment, das; -s, -e [wohl zu lat. pes (Gen.: pedis) = Fuß, geb. nach ↑Fundament] (Geogr.): *[mit Sand bedeckte] Fläche am Fuß von Gebirgen.*

Pe|do|lo|gie, die; - [zu griech. pédon = (Erd)boden u. ↑-logie]: *Bodenkunde.*

pe|do|lo|gisch ⟨Adj.⟩: *die Pedologie betreffend.*

Pe|do|sphä|re, die; - [zu griech. pédon = (Erd)boden u. ↑Sphäre] (Fachspr.): *von Lebewesen besiedelte oberste Schicht der Lithosphäre.*

Pee|ling [ˈpi:lɪŋ], das; -s, -s [engl. peeling = das (Ab)schälen, zu: to peel = schälen]: *kosmetisches Schälen der [Gesichts]haut zur Beseitigung von Hautunreinheiten.*

Pee|ne, die; -: Fluss in Mecklenburg-Vorpommern.

Peer [pi:ɐ̯, auch: pɪə], der; -s, -s [engl. peer, eigtl. = Gleichrangiger < afrz. per < lat. par = gleich]: **1.** *Angehöriger des hohen Adels in Großbritannien.* **2.** *Mitglied des britischen Oberhauses.*

Pee|rage [ˈpɪərɪdʒ], die; - [engl. peerage]: **1.** *Würde eines Peers.* **2.** *Gesamtheit der Peers.*

Pee|ress [ˈpi:rɛs, auch: ˈpɪərɪs], die; -, -es [...rɛsɪs, auch: ...rɪsɪz]: *Frau eines Peers.*

Peer|group [ˈpi:ɐ̯gru:p], die; -, -s [engl. peer group] (Päd.): *Gruppe von etwa gleichaltrigen Kindern od. Jugendlichen, die als primäre soziale Bezugsgruppe neben das Elternhaus tritt.*

Pe|ga|sos, der; -: ↑Pegasus (1).

Pe|ga|sus, der; - [lat. Pegasus < griech. Pḗgasos = geflügeltes Pferd der griech. Sage] (bildungsspr.): **1.** *geflügeltes Pferd als Sinnbild der Dichtkunst; Dichterross:* *** den P. besteigen/reiten** (bildungsspr. scherzh.; *sich als Dichter versuchen; dichten*). **2.** Sternbild am nördlichen Sternenhimmel.

Pe|gel, der; -s, - [aus dem Niederd. < mniederd. pegel = Eichstrich; Pegel (1 a), H. u.]: **1. a)** *Messlatte, Messgerät zur Feststellung des Wasserstandes;* **b)** *Pegelstand.* **2.** (Technik, Physik) *Logarithmus des Verhältnisses zweier Größen der gleichen Größenart.*

Pe|gel|stand, der: *Wasserstand, den der Pegel* (1 a) *anzeigt.*

Peh|le|wi [ˈpɛçlevi], das; -s [pers. pahlawī]: *mittelpersische Sprache.*

Pei|es ⟨Pl.⟩ [jidd. pejess, zu hebr. peʼôt = Ecken]: *lange Schläfenlocken orthodoxer Juden.*

Peil|an|ten|ne, die (Funkt., Seew.): *bei der Funkpeilung benutzte Antenne* (1).

Peil|deck, das (Seew.): *über dem Steuerhaus gelegener oberster Teil des Schiffsaufbaus, auf dem sich u. a. die Antennen der Radar- u. Sprechfunkanlage befinden.*

pei|len ⟨sw. V.; hat⟩ [aus dem Niederd. < mniederd. pegelen = die Wassertiefe messen, zu ↑Pegel]: **1.** (bes. Seew.) *mit Kompass od. mittels funktechnischer Einrichtungen Lage od. Richtung zu etw. bestimmen:* Eisberge mit Ultraschall p.; ⟨auch o. Akk.-Obj.:⟩ der Kutter peilt. **2.** (Seew.) *die Wassertiefe mit dem Peilstock feststellen.* **3.** (ugs.) *seinen Blick irgendwohin richten.*

Pei|ler, der; -s, -: **1.** *jmd., der Peilungen vornimmt.* **2.** *Funkgerät, mit dem Peilungen vorgenommen werden.*

Pei|le|rin, die; -, -nen: w. Form zu ↑Peiler (1).

Peil|fre|quenz, die: *zur Funkpeilung benutzte Frequenz* (2 a).

Peil|ge|rät, das: *Peiler* (2).

Peil|stab, der, **Peil|stan|ge,** die, **Peil|stock,** der (Seew.): *Stab, Stange, Stock zur Peilung der Wassertiefe.*

Pei|lung, die; -, -en (Seew.): *das Peilen* (1, 2).

Pein, die; -, -en ⟨Pl. selten⟩ [mhd. pīne, ahd. pīna < mlat. pena < lat. poena = Sühne, Buße; Bußgeld; Strafe; Qual < griech. poinḗ]: (geh.) *heftiges körperliches, seelisches Unbehagen; etw., was jmdn. quält:* seelische P.; sie litt furchtbare P. bei dieser Vorstellung; er machte seiner Familie das Leben zur P.

pei|ni|gen ⟨sw. V.; hat⟩ [mhd. pīnegen] (geh.): **a)** (veraltend) *jmdm., einem Tier Schmerzen, Qualen zufügen:* der Aufschrei der gepeinigten Kreatur; **b)** *plagen* (1 a); *jmdn. heftig (mit etw.) zusetzen:* jmdn. mit seinen Fragen p.; **c)** *bei jmdm. quälende* (3 a), *unangenehme Empfindungen hervorrufen:* der Durst peinigte sie; **d)** *innerlich stark beunruhigen:* peinigende *(quälende)* Zweifel.

Pei|ni|ger, der; -s, - [spätmhd. pīneger] (geh.): *jmd., der jmdn. peinigt* (a, b).

Pei|ni|ge|rin, die; -, -nen: w. Form zu ↑Peiniger.

Pei|ni|gung, die; -, -en (geh.): *das Peinigen, Gepeinigtwerden.*

pein|lich ⟨Adj.⟩ [mhd. pīnlich = schmerzlich; strafwürdig]: **1.** *ein Gefühl der Verlegenheit, des Unbehagens, der Beschämung o. Ä. auslösend:* ein -er Zwischenfall; ein -es Versehen, Vorkommnis; eine -e Lage, Situation, Panne, Frage; es herrschte -es Schweigen; sein Benehmen war, wirkte, berührte p.; es ist mir furchtbar p., dass ich zu spät komme; von etw. p. berührt, überrascht, betroffen sein; ⟨subst.:⟩ das Peinliche an der Sache war ... **2. a)** *mit einer sich bis ins Kleinste erstreckenden Sorgfalt; äußerst genau:* eine -e Beachtung aller Vorsichtsmaßregeln; eine -e *(sehr große, pedantische)* Ordnung; -ste Sauberkeit; er hat alles p. geordnet; etw. p. befolgen; ⟨subst.⟩: alles wurde aufs Peinlichste/

(auch:) peinlichste geregelt; **b)** ⟨intensivierend bei Adj.⟩ *sehr, aufs Äußerste, überaus:* er ist p. genau; alles ist p. sauber. **3.** (Rechtsspr. veraltet) *Strafen über Leib u. Leben betreffend:* das -e Gericht (früher; *Gericht, das Strafen über Leib u. Leben verhängte*); ein -es Verhör *(Verhör unter Anwendung der Folter).*

Pein|lich|keit, die; -, -en: **1.** ⟨o. Pl.⟩ *das Peinlichsein:* die P. dieser Situation. **2.** *peinliche* (1) *Äußerung, Handlung, Situation.*

pein|voll ⟨Adj.⟩ (geh.): *schmerzlich, schmerzvoll.*

Peit|sche, die; -, -n [spätmhd. (ostmd.) pītsche, pīcze, aus dem Slaw., vgl. poln. bicz, tschech. bič]: *aus einem längeren biegsamen Stock u. einer an dessen einem Ende befestigten Schnur bestehender Gegenstand, der bes. zum Antreiben von [Zug]tieren verwendet wird:* die P. schwingen; die Pferde mit der P. antreiben.

peit|schen ⟨sw. V.⟩: **1.** *(bes. ein [Zug]tier) mit der Peitsche schlagen* ⟨hat⟩: die Pferde p. **2.** ⟨ist⟩ **a)** *auf, gegen etw. prasseln, von heftiger Luftbewegung geschleudert werden:* der Regen peitschte [an/gegen die Scheiben, über das Land]; **b)** *wie ein Peitschenknall hörbar werden:* Schüsse peitschten durch die Nacht. **3.** (Tischtennis Jargon) *mit äußerster Wucht [u. mit Effet] schlagen* ⟨hat⟩: den Ball p. **4.** (ugs. abwertend) vgl. durchpeitschen.

Peit|schen|hieb, der: *Hieb mit der Peitsche.*

Peit|schen|knall, der: *Knall einer mit Kraft geschwungenen Peitsche.*

Peit|schen|lam|pe, Peit|schen|leuch|te, die: *Straßenlampe, deren Mast im oberen Teil zur Straßenseite hin so gebogen ist, dass das Licht unmittelbar auf die Straße fällt.*

Peit|schen|stiel, der: *biegsamer Stock einer Peitsche.*

Pe|jo|ra|ti|on, die; -, -en (Sprachw.): *(bei einem Wort) das Abgleiten in eine abwertende, negative Bedeutung.*

pe|jo|ra|tiv ⟨Adj.⟩ [zu lat. peioratum, 2. Part. von: peiorare = verschlechtern, zu: peior, Komp. von: malus = schlecht] (bes. Sprachw.): *abwertend, eine negative Bedeutung besitzend.*

Pe|jo|ra|ti|vum, das; -s, ...va (Sprachw.): *pejoratives Wort* (z. B. Jüngelchen, frömmeln).

Pe|ki|ne|se, der; -n, -n [eigtl. = [1]Pekinger (alte Ew.), der Hund wurde früher ausschließlich im Kaiserpalast von Peking gezüchtet]: *kleiner, kurzbeiniger Hund mit großem Kopf, Hängeohren u. seidigem, sehr langem Haar.*

Pe|king: Hauptstadt von China.

[1]Pe|kin|ger, der; -s, -: Ew.

[2]Pe|kin|ger ⟨indekl. Adj.⟩: die P. Volkszeitung.

Pe|kin|ge|rin, die; -, -nen: w. Form zu ↑[1]Pekinger.

Pe|king|mensch, der (Anthrop.): *aus in der Nähe von Peking gefundenen Knochenresten erschlossener Typ eines urzeitlichen Menschen.*

Pe|king|oper, die: *in Peking weiterentwickeltes chinesisches Bühnenspiel, das sich aus verschiedenen Formen der Darbietung (Singen, Gestikulieren, Rezitieren u. a.) zusammensetzt.*

Pek|ten|mu|schel, die [lat. pecten = Kamm]: *Kammmuschel.*

Pek|tin, das; -s, -e [zu griech. pēktós = fest; geronnen] (Biol.): *das Gelieren fördernder, bewirkender Stoff im Gewebe vieler Pflanzen.*

pek|to|ral ⟨Adj.⟩ [lat. pectoralis, zu: pectus (Gen.: pectoris) = Brust] (Anat.): *die Brust betreffend, zu ihr gehörend.*

pe|ku|ni|är ⟨Adj.⟩ [frz. pécuniaire < lat. pecuniarius, zu: pecunia = Geld]: *jmds. Geldmittel betreffend; finanziell, geldlich:* jmds. -e Lage ist schwierig; es geht ihm p. nicht gut.

Pe|la|gi|al, das; -s [zu lat. pelagus < griech. pélagos = offene See]: **1.** (Ökologie) *freies Wasser der Meere u. Binnengewässer von der Oberfläche bis zur größten Tiefe.* **2.** (Biol.) *Gesamtheit der im freien Wasser lebenden Organismen.*

pe|la|gisch ⟨Adj.⟩: **1.** (Biol.) *(von Tieren u. Pflanzen) im Pelagial* (1) *schwimmend od. schwebend:* -e Pflanzen, Tiere. **2.** (Geol.) *(von Sedimenten) dem Meeresboden der Tiefsee angehörend.*

Pe|lar|go|nie, die; -, -n [zu griech. pelargós = Storch, nach der einem Storchenschnabel ähnlichen Frucht]: *Geranie* (1).

Pe|le|ri|ne, die; -, -n [frz. pèlerine, eigtl. = von Pilgern getragener Umhang, zu: pèlerin, dissimiliert aus vlat., kirchenlat. pelegrinus, ↑Pilger] (Mode): **a)** *über dem Mantel zu tragender, einem Cape ähnlicher Umhang, der etwa bis zur Taille reicht;* **b)** (veraltend) *Regencape.*

Pe|li|kan [auch: peli'ka:n], der; -s, -e [mhd. pel(l)ikān < kirchenlat. pelicanus < griech. pelekán, zu: pélekys = Axt, Beil, nach der Form des oberen Teils des Schnabels]: *(in den Tropen u. Subtropen heimischer) großer Schwimmvogel mit breiten Flügeln u. langem, an der Unterseite mit einem Kehlsack* (2) *versehenem Schnabel.*

Pel|la|gra, das; -[s] [zu griech. pélla = Haut u. ágra, vgl. Podagra] (Med.): *(vor allem in südlichen Ländern auftretende) durch Vitaminmangel hervorgerufene Krankheit, die sich in Müdigkeit, Schwäche, Gedächtnis-, Schlaf- u. Verdauungsstörungen u. Hautveränderungen äußert.*

Pel|le, die; -, -n [mniederd. pelle = Schale < lat. pellis, ↑Pelz] (landsch., bes. nordd.): **1.** *dünne Schale (von Kartoffeln, Obst u. a.):* die P. abziehen; ***jmdm. auf die P. rücken** (salopp; 1. *nahe, dicht an jmdn. heranrücken.* 2. *jmdn. mit einer Bitte, Forderung, Beschwerde, Drohung o. Ä. bedrängen.* 3. *jmdn. angreifen, mit jmdm. handgreiflich werden:* er rückte ihm mit einem Stock auf die P.); **jmdm. auf der P. sitzen/liegen; jmdm. nicht von der P. gehen** (salopp; *jmdm. mit seiner dauernden Anwesenheit lästig fallen*). **2.** *Wursthaut:* die P. abziehen.

pel|len ⟨sw. V.; hat⟩ (landsch., bes. nordd.): **1. a)** *von der Schale, Haut o. Ä. befreien:* die gekochten Eier p.; **b)** ⟨p. + sich⟩ *sich pellen* (1 a) *lassen:* die Kartoffeln pellen sich schlecht; **c)** *die Umhüllung von etw. entfernen, ablösen o. Ä.; schälen* (1 c); **d)** *schälen* (1 d): die Schokoladeneier aus dem Silberpapier p. **2.** ⟨p. + sich⟩ **a)** *sich ablösen, sich schälen* (2 a); **b)** *sich schälen* (2 b).

Pel|let, das; -s, -s ⟨meist Pl.⟩ [engl. pellet = Kügelchen < mengl. pelote, pelet < (a)frz. pelote, über das Vlat. zu lat. pila = Ball] (Fachspr.): *kleines kugel- od. walzenförmiges Stück, das durch Pelletieren entstanden ist.*

pel|le|tie|ren, pel|le|ti|sie|ren ⟨sw. V.; hat⟩ (Fachspr.): *pulvrige od. feinkörnige Stoffe durch besondere Verfahren zu kleinen kugel- od. walzenförmigen Stücken formen, zusammenfügen, granulieren.*

Pell|kar|tof|fel, die ⟨meist Pl.⟩ [zu ↑pellen]: *in der Schale gekochte Kartoffel.*

Pe|lo|pon|nes, der; -[es], (Fachspr. auch:) die; -: südgriechische Halbinsel.

pe|lo|pon|ne|sisch ⟨Adj.⟩: *den Peloponnes betreffend, zu ihm gehörend.*

Pe|lo|ta, die; - [span. pelota < provenz. pelota, afrz. pélote = (Spiel)ball, über das Vlat. zu lat. pila = Ball, Knäuel]: *(bes. in Spanien u. Lateinamerika gespieltes) Ballspiel, bei dem der Ball von zwei Spielern od. Mannschaften mit einem schaufelförmigen Schläger an eine Wand geschleudert wird.*

Pe|lo|ton [pelo'tõ:], das; -s, -s [frz. peloton, eigtl. = kleiner Haufen, Vkl. von: pelote, ↑Pelota]: **1.** (früher) *Schützenzug (als militärische Unterabteilung).* **2.** *Exekutionskommando.* **3.** (Radsport) *geschlossenes Feld, Hauptfeld im Straßenrennen.*

Pe|lot|te, die; -, -n [zu frz. pelote, ↑Peloton] (Med.): *Polster [in der Form eines Ballons* (2 a)*] zur Ausübung eines Drucks.*

Pel|sei|de, die ⟨o. Pl.⟩ [zu ital. pelo = Haar]: *Rohseidefäden aus geringwertigen Kokons.*

Pelz, der; -es, -e [mhd. belz, belliȥ, ahd. pelliȥ, belliȥ < mlat. pellicia (vestis) = (Kleidung aus) Pelz, zu: pellicius = aus Fellen gemacht, zu lat. pellis = Fell, Pelz, Haut]: **1. a)** *dicht behaartes Fell eines Pelztiers:* der dicke P. eines Bären; **b)** ⟨o. Pl.⟩ *bearbeiteter Pelz* (1 a), *der bes. als Bekleidung verwendet wird; aus einem Pelz* (1 a) *gewonnenes Material:* eine Mütze aus P. **2.** kurz für ↑Pelzmantel, Pelzjacke o. Ä.: sie trägt einen echten P. **3.** (ugs. veraltet, noch in Sprichwörtern u. festen Wendungen) *menschliche Haut;* **Spr** wasch mir den P., aber/und mach mich nicht nass (drückt aus, dass jmd. einen Vorteil genießen möchte, ohne die damit notwendig verbundenen Nachteile in Kauf nehmen zu wollen); ***jmdm. auf den P. rücken/kommen/auf dem P. sitzen** (ugs.; *jmdm. mit einem Anliegen o. Ä. zusetzen; jmdn. mit etw. sehr bedrängen*); **jmdm. eins auf den P. geben** (ugs.; *jmdn. schlagen*); **jmdm. eins/eine Kugel auf den P. brennen** (ugs.; *auf jmdn. schießen; jmdn. mit der Kugel treffen*); **jmdm. den P. waschen** (ugs.; 1. *jmdn. derb ausschelten.* 2. *jmdn. verprügeln*). **4.** (Textilind.) *dicke Schicht aus Fasern,* [2]*Flor* (2).

Pelz|boa, die: *aus Pelz* (1 b) *gefertigte Boa* (2).

[1]pel|zen ⟨Adj.⟩ [mhd. belzin] (selten): *aus Pelz.*

[2]pel|zen ⟨sw. V.; hat⟩ [2: eigtl. = auf dem Pelz (3) liegen]: **1.** (Fachspr.) *(einem Pelztier) den Pelz* (1 a) *abziehen.* **2.** (landsch.) *faulenzen.*

[3]pel|zen ⟨sw. V.; hat⟩ [mhd. pelzen, belzen, ahd. pelzōn, H. u.] (bes. bayr., österr.): *pfropfen; veredeln.*

Pelz|fut|ter, das: [2]*Futter* (1) *aus Pelz* (1 b).

pelz|ge|füt|tert ⟨Adj.⟩: *mit Pelz* (1b) *gefüttert.*

pel|zig ⟨Adj.⟩: **1. a)** *so ähnlich wie Pelz* (1); **b)** *sehr kurz, aber dicht behaart u. ein wenig rau.* **2.** (landsch.) *im Fleisch nicht saftig, sondern faserig u. trocken; mehlig, holzig.* **3. a)** *[mit einem Belag überzogen u.] in unangenehmer Weise trocken u. rau;* **b)** *sich taub anfühlend.*

Pelz|imi|ta|ti|on, die: **a)** *Gewebe, Gewirke mit dichtem* [2]*Flor* (2), *das aufgrund seines Materials, seiner Musterung u. Ä. den Eindruck von Pelz* (1) *hervorruft;* **b)** *Pelzmantel, Pelzjacke o. Ä. aus einer Pelzimitation* (a).

Pelz|ja|cke, die: vgl. Pelzmantel.

Pelz|kra|wat|te, die: *(von Damen) über dem Mantel getragener, vorn übereinander geschlagener od. geschlungener Streifen aus Pelz.*

Pelz|man|tel, der: *Mantel aus Pelz* (1 b).

Pelz|müt|ze, die: vgl. Pelzmantel.

Pelz|rob|be, die: *Seebär, Ohrenrobbe mit wertvollem Pelz.*

Pelz|tier, das: *Säugetier, dessen Fell nutzbar ist.*

Pelz|tier|farm, die: *Farm* (2), *in der Pelztiere gezüchtet werden.*

Pelz|tier|jä|ger, der: *jmd., der [berufsmäßig] Pelztiere jagt.*

pelz|ver|brämt ⟨Adj.⟩: *mit Pelz* (1 b) *verbrämt.*

Pelz|wa|re, die ⟨meist Pl.⟩: *Rauchware.*

Pelz|werk, das ⟨o. Pl.⟩ (Kürschnerei): *Pelz* (1 b).

Pem|mi|kan, der; -s [engl. pemmican < Kri (nordamerik. Indianerspr.) pimikān, zu: pimii = Fett]: *haltbares Nahrungsmittel der Indianer Nordamerikas aus getrocknetem u. zerstampftem [Bison]fleisch, das mit heißem Fett übergossen [u. mit Beeren vermischt] ist.*

Pe|nal|ty ['pɛnlti], der; -[s], -s [engl. penalty < frz. pénalité < mlat. poenalitas = Strafe, zu lat. poenalis = zur Strafe gehörig, zu: poena, ↑Pein] (Sport, bes. Eishockey): *Strafstoß.*

Pe|na|ten ⟨Pl.⟩ [lat. penates, zu: penus = Vorrat] (röm. Myth.): Haus-, Schutzgeister.

Pence: Pl. von ↑Penny.

P. E. N.-Club, PEN-Club, der ⟨o. Pl.⟩ [Kurzwort aus engl. poets (playwrights), essayists (editors), novelists u. ↑Club]: *internationale Vereinigung von Dichtern u. Schriftstellern.*

Pen|dant [pã'dã:], das; -s, -s [frz. pendant, eigtl. = das Hängende, subst. 1. Part. von: pendre < lat. pendere, ↑Pendel] (bildungsspr.) *[ergänzendes] Gegenstück; Entsprechung:* das P. zu etw. sein.

Pen|del, das; -s, - [mlat. pendulum, subst. Neutr. von lat. pendulus = (herab)hängend, zu: pendere = hängen] (Physik): *starrer Körper, der unter dem Einfluss der Schwerkraft [kleine] Schwingungen um eine horizontale Achse ausführt.*

Pen|del|ach|se, die (Kfz-T.): *[Hinter]achse von Personenwagen, die aus zwei Teilen besteht, die so miteinander verbunden sind, dass sie beim*

Abfedern (1 a) *der Räder pendelnde* (1) *Bewegungen machen.*

Pen|del|lam|pe, die: *Lampe, die von der Decke herabhängt.*

pen|deln ⟨sw. V.⟩: **1.** *gleichmäßig hin- u. herschwingen, sich wie ein Pendel hin- u. herbewegen* ⟨hat⟩. **2.** *sich zwischen zwei Orten hin- u. herbewegen, bes. zwischen dem Wohnort u. dem Ort des Arbeitsplatzes, der Schule o. Ä. innerhalb eines Tages hin- u. herfahren* ⟨ist⟩. **3.** (Boxen) *den Oberkörper (wie ein schwingendes Pendel) schnell hin- u. herbewegen, um den Schlägen des Gegners auszuweichen* ⟨hat⟩. **4.** *(als okkultistische Betätigung) einen an einem langen Faden aufgehängten schwereren Gegenstand über Handschriften, Fotografien, Landkarten o. Ä. sich bewegen lassen, um aus den kreis- od. ellipsenförmigen Bewegungen Rückschlüsse über jmds. Leben, Charakter, Aufenthalt o. Ä. zu ziehen.*

Pen|del|sä|ge, die: *Kreissäge, die ein schwenkbares Sägeblatt hat.*

Pen|del|tür, die: *Schwingtür.*

Pen|del|uhr, die: *größere Uhr, die durch ein Pendel in Gang gehalten wird.*

Pen|del|ver|kehr, der: **a)** *Verkehr zwischen dem Wohnort u. dem Ort des Arbeitsplatzes o. Ä., der durch in schneller Folge eingesetzte Verkehrsmittel abgewickelt wird;* **b)** *Verkehr auf einem kurzen Streckenabschnitt, der von einem immer wieder hin- u. herfahrenden Verkehrsmittel abgewickelt wird.*

Pen|del|zug, der: *Zug, der im Pendelverkehr eingesetzt wird.*

pen|dent ⟨Adj.⟩ [zu lat. pendens (Gen.: pendentis), 1. Part. von: pendere, ↑Pendel] (schweiz.): *schwebend, unerledigt.*

Pen|den|tif [pãdã...], das; -s, -s [frz. pendentif, zu: pendre, ↑Pendant] (Archit.): *Konstruktion in Form eines sphärischen Dreiecks, die den Übergang von einem vieleckigen Grundriss in die Rundung einer Kuppel ermöglicht.*

Pen|denz, die; -, -en (schweiz.): *schwebende, unerledigte Sache, Angelegenheit.*

Pend|ler, der; -s, -: *jmd., der pendelt* (2).

Pend|le|rin, die; -, -nen: w. Form zu ↑Pendler.

Pen|do|li|no®, der; -s, -s [nach der in Italien entwickelten Pendolino-Technik, ital. pendolino, Vkl. von: pendolo = Pendel, zu: pendere = sich neigen < lat. pendere]: *mit einer speziellen computergesteuerten Neigetechnik ausgestatteter Zug der Deutschen Bahn, der bes. auf kurvenreichen Strecken hohe Geschwindigkeiten erreichen kann.*

Pe|nes: Pl. von ↑Penis.

pe|ne|tra|bel ⟨Adj.; ...bler, -ste⟩ [frz. pénétrable < lat. penetrabilis, zu: penetrare, ↑penetrieren] (veraltet): *durchdringend.*

pe|ne|trant ⟨Adj.⟩ [frz. pénétrant, 1. Part. von: pénétrer < lat. penetrare, ↑penetrieren]: **a)** *(bes. von Gerüchen) in unangenehmer Weise durchdringend, hartnäckig:* p. riechendes Parfüm; **b)** (abwertend) *in unangenehmer Weise aufdringlich:* ein -er Mensch; p. moralisieren.

Pe|ne|tranz, die; -, -en ⟨Pl. selten⟩: **1. a)** *penetrante* (a) *Beschaffenheit;* **b)** *penetrante* (b) *Art; Aufdringlichkeit.* **2.** (Genetik) *(prozentuale) Häufigkeit, mit der ein Erbfaktor bei Individuen gleichen Erbguts im äußeren Erscheinungsbild wirksam wird.*

Pe|ne|tra|ti|on, die; -, -en [2: spätlat. penetratio]: **1.** (Technik) **a)** *das Eindringen eines Stoffes od. Körpers in einen anderen;* **b)** *das Eindringen eines Kegels in ein Schmierfett (als Maß für dessen Konsistenz).* **2. a)** (Fachspr.) *das Eindringen [in etw.];* **b)** (bildungsspr.) *Eindringen des Gliedes* (2) *[in die weibliche Scheide].* **3.** (Med.) *Perforation* (2).

pe|ne|trie|ren ⟨sw. V.; hat⟩ [lat. penetrare] (bildungsspr.): **a)** *durchdringen, durchsetzen;* **b)** *mit dem Glied* (2) *[in die weibliche Scheide] eindringen.*

Pe|ne|trie|rung, die; -, -en (bildungsspr.): *das Penetrieren; das Penetriertwerden.*

peng ⟨Interj.⟩: **1.** lautm. für einen Knall, einen Schuss aus einer Waffe o. Ä. **2.** drückt ein plötzliches unerfreuliches Geschehen o. Ä. aus.

Pen|hol|der [ˈpɛnhoʊldə], der; -s, **Pen|hol|der|griff,** der ⟨o. Pl.⟩ [engl. penholder = Federhalter] (Tischtennis): *Haltung des Schlägers, bei der der Griff* (2) *zwischen Daumen u. Zeigefinger liegt u. nach oben zeigt; Federhaltergriff.*

pe|ni|bel ⟨Adj.; ...bler, -ste⟩ [frz. pénible = mühsam; schmerzlich, zu: peine < lat. poena, ↑Pein] (bildungsspr.): **a)** *bis ins Einzelne so genau, dass es schon übertrieben od. kleinlich ist:* eine penible Ordnung; er ist in Geldangelegenheiten überaus, schrecklich p.; **b)** (landsch.) *peinlich* (1).

Pe|ni|cil|lin: ↑Penizillin.

Pe|nis, der; -, -se u. Penes [...ne:s; lat. penis, eigtl. = Schwanz]: *Teil der äußeren Geschlechtsorgane des Mannes u. verschiedener männlicher Tiere, der mit Schwellkörpern versehen ist, die ein Steifwerden u. Aufrichten zum Zweck des Geschlechtsverkehrs möglich machen; Glied* (2).

Pe|nis|neid, der (Psychoanalyse): *(nach einer von S. Freud entwickelten Theorie) Empfindung eines Mangels, die sich bei Mädchen nach der Entdeckung des Geschlechtsunterschieds durch das Nichtvorhandensein des Penis einstellt.*

Pe|ni|zil|lin, das; -s, -e, (Fachspr. u. österr.:) Penicillin [engl. penicillin, zu nlat. penicillium = ein Schimmelpilz, zu lat. penicillum = Pinsel, nach den büscheligen Enden der Sporenträger] (Med.): *wirksames Antibiotikum, bes. gegen Bakterien u. Kokken.*

Pe|ni|zil|lin|sprit|ze, die: *Injektion* (1) *von Penizillin.*

Pen|nä|ler, der; -s, -: *Schüler [einer höheren Schule].*

pen|nä|ler|haft ⟨Adj.⟩ (oft abwertend): *wie ein Schüler:* -es Aussehen.

Pen|nä|le|rin, die; -, -nen: w. Form zu ↑Pennäler.

Penn|bru|der, der [zu ↑¹Penne] (ugs. abwertend): **1.** *Stadt-, Landstreicher.* **2.** *Penner* (2).

¹Pen|ne, die; -, -n [1: aus der Gaunerspr., viell. zu hebr. binyā = Gebäude od. gek. aus zigeunersprachlich štilepen = Gefängnis; 2: wohl zu ↑pennen (3)]: **1.** (ugs. abwertend) *behelfsmäßiges Nachtquartier.* **2.** (salopp) *Prostituierte.*

²Pen|ne, die; -, -n [unter Einfluss von ↑¹Penne zu lat. penna = Feder] (Schülerspr.): *[höhere] Schule.*

pen|nen ⟨sw. V.; hat⟩ [urspr. gaunerspr., viell. Abl. von ↑¹Penne od. zu hebr. pēnaʼy = Muße] (ugs.): **1.** *schlafen* (1, 2): er pennt noch. **2.** *schlafen* (4): er hat im Unterricht gepennt. **3.** *schlafen* (3): hast du mit ihr gepennt?

Pen|ner, der; -s, - (salopp abwertend): **1.** *Pennbruder* (1). **2. a)** *jmd., der viel schläft* (1 a); **b)** *jmd., der nicht aufpasst, nicht aufmerksam genug ist, eine Gelegenheit verpasst:* pass doch auf, du P.! **3.** *unangenehmer Mensch, widerlicher Kerl.*

Pen|ne|rin, die; -, -nen: w. Form zu ↑Penner.

Pen|ni, der; -[s], -[s] [finn. penni < dt. Pfennig]: *Währungseinheit in Finnland* (100 Pennis = 1 Markka); Abk.: p.

Penn|syl|va|nia [pɛnslˈveɪnɪə], (eingedeutscht:) **Penn|syl|va|ni|en** [...zɪl...]; -s: Bundesstaat der USA.

penn|syl|va|nisch ⟨Adj.⟩: *Pennsylvania betreffend, zu Pennsylvania gehörend.*

Pen|ny [ˈpɛni], der; -s, (einzelne Stücke:) -s u. (als Wertangabe:) Pence [pɛns; engl. penny, verw. mit ↑Pfennig]: *Währungseinheit in Großbritannien u. in anderen Ländern* (100 Pence = 1 Pfund) (Abk.: p).

Pen|sa: Pl. von ↑Pensum.

Pen|sen: Pl. von ↑Pensum.

Pen|si|on [pãˈzi̯o:n, auch: pãˈsi̯o:n, paŋˈzi̯o:n, pɛnˈzi̯o:n], die; -, -en [frz. pension < lat. pensio = das Abwägen; (Aus)zahlung, zu: pendere, ↑Pensum; nach der urspr. Bed. »jährliche Bezüge«; 2: übertr. von (3)]: **1. a)** ⟨o. Pl.; meist o. Art.⟩ *Ruhestand der Beamten u. Beamtinnen:* jmdn. in P. schicken; **b)** *Bezüge* (3) *für Beamte u. Beamtinnen im Ruhestand.* **2.** *kleines Hotel mit meist privaterem Charakter.* **3.** ⟨o. Pl.⟩ *[Preis für die] Unterbringung u. Verpflegung in einer Pension* (2).

Pen|si|o|när [pãzi̯o..., auch: pãsi̯o..., paŋzi̯o..., pɛnzi̯o...], der; -s, -e [frz. pensionnaire]: **1. a)** *Beamter im Ruhestand;* **b)** (landsch.) *Rentner.* **2.** (schweiz., sonst veraltet) *jmd., der in einer Pension* (2) *wohnt.*

Pen|si|o|nä|rin, die; -, -nen: w. Form zu ↑Pensionär.

pen|si|o|nie|ren ⟨sw. V.; hat⟩ [frz. pensionner]: *jmdn., bes. einen Beamten, in den Ruhestand versetzen:* sie ist pensionierte Beamtin.

Pen|si|o|nie|rung, die; -, -en: *das Pensionieren; das Pensioniertwerden.*

Pen|si|ons|al|ter, das: *Alter, in dem jmd. Anspruch auf Pension* (1) *hat.*

Pen|si|ons|an|spruch, der: *Anspruch auf Pension* (1 b).

pen|si|ons|be|rech|tigt ⟨Adj.⟩: *berechtigt, Pension* (1 b) *zu beziehen:* p. sein.

Pen|si|ons|be|rech|ti|gung, die ⟨o. Pl.⟩: vgl. Pensionsanspruch.

Pen|si|ons|gast, der: *Gast einer Pension* (2).

Pen|si|ons|preis, der: *Preis für Voll-, Halbpension.*

Pen|sum, das; -s, Pensen u. Pensa [lat. pensum = (den Sklavinnen) zugewiesene Tagesarbeit (an zu spinnender Wolle), subst. 2. Part. von: pendere = abwägen; zuwiegen]: **a)** *Arbeit, Aufgabe, die innerhalb einer bestimmten Zeit zu erledigen ist:* sein P. erfüllen; **b)** (Päd. veraltend) *Lehrstoff.*

pent-, Pent-: ↑penta-, Penta-.

pen|ta-, Pen|ta-, (vor Vokalen auch:) pent-, Pent- [griech. pénte] ⟨Best. in Zus. mit der Bed.⟩: *fünf* (z. B. Pentameter, pentagonal).

Pen|ta|e|der, das; -s, - [zu griech. hédra = Fläche] (Geom.): *von fünf Flächen begrenzter Vielflächner; Fünfflach, -flächner.*

Pen|ta|gon, das; -s, -e [griech. pentágōnos = fünfeckig, zu: gōnía = Ecke, Winkel]: **1.** [pɛntaˈgo:n] (Geom.) *Fünfeck.* **2.** [ˈpɛntagɔn] ⟨o. Pl.⟩ **a)** Bez. für das auf einem fünfeckigen Grundriss errichtete Gebäude, in dem das amerikanische Verteidigungsministerium untergebracht ist: im P.; **b)** Bez. für das amerikanische Verteidigungsministerium: ein Sprecher des -s.

pen|ta|go|nal ⟨Adj.⟩ (Geom.): *fünfeckig.*

Pen|ta|gon|do|de|ka|e|der, das; -s, - (Geom.): *von zwölf fünfeckigen Flächen begrenzter Körper.*

Pen|ta|gramm, das; -s, -e [zu griech. pentágrammos = mit fünf Linien]: *fünfeckiger Stern, der in einem Zug mit fünf gleich langen Linien gezeichnet werden kann u. im Volksglauben als Zeichen gegen Zauberei o. Ä. gilt; Drudenfuß.*

pen|ta|mer ⟨Adj.⟩ [zu griech. méros = (An)teil] (Fachspr., bes. Bot.): *fünfgliedrig, fünfteilig.*

Pen|ta|me|ron, das; -s [ital. (il) Pentamerone (unter Anlehnung an das Dekameron, ital. Decamerone, Boccaccios) zu griech. pénte = fünf u. hēméra = Tag]: *Sammlung neapolitanischer Märchen, die der Herausgeber G. Basile (1575–1632) in fünf Tagen erzählen lässt.*

Pen|ta|me|ter, der; -s, - [lat. pentameter < griech. pentámetros] (Verslehre): *aus sechs Versfüßen bestehender epischer Vers, der durch Zäsur in zwei Hälften geteilt ist.*

Pen|tan, das; -s, -e (Chemie): *sehr flüchtiger (gesättigter) Kohlenwasserstoff mit fünf Kohlenstoffatomen.*

Pen|tar|chie, die; -, -n [griech. pentarchía = Magistrat der Fünf (in Karthago), zu: árchein = Führer sein, herrschen] (bildungsspr.): *Herrschaft von fünf Mächten.*

Pen|ta|sty|los, der; -, ...ylen [zu griech. stŷlos = Säule]: *antiker Tempel mit je fünf Säulen an den Schmalseiten.*

Pen|ta|teuch, der; -s [kirchenlat. pentateuchus < griech. pentáteuchos = Fünfrollenbuch, zu: teuchos = Buch] (christl. Rel.): *die fünf Bücher Mose im Alten Testament.*

Pen|tath|lon [auch: pɛntˈa:tlɔn], das; -s [griech.

P

péntathlon, zu: āthlon, ↑Athlet]: *altgriechischer Fünfkampf.*

pen|te|kos|tal ⟨Adj.⟩ [kirchenlat. pentecostalis = pfingstlich, zu: pentecoste < griech. pentēkostē, ↑Pentekoste] (Rel.): **1.** *die Pentekoste betreffend; pfingstlich.* **2.** *pfingstlerisch:* -e Gruppen.

Pen|te|kos|te, die; - [griech. pentēkostē (hēméra), ↑Pfingsten] (Rel.): **1.** *fünfzigster Tag nach Ostern; Pfingsten.* **2.** *Zeitraum zwischen Ostern u. Pfingsten.*

Pen|ten, das; -s, -e (Chemie): *ungesättigter Kohlenwasserstoff aus der Reihe der Olefine.*

Pen|te|re, die; -, -n [spätlat. penteris < griech. pentēres (naûs) = Fünfruderer]: *(im Altertum) Kriegsschiff, das von in fünf Reihen übereinander sitzenden Ruderern bewegt wird.*

Pent|house [ˈpɛnthaʊs], das; -, -s [...haʊzɪz; engl. penthouse, unter frz. Einfluss über das Mlat. zu spätlat. appendicium = Anhang, zu lat. appendix, ↑Appendix]: *exklusives Apartment auf dem Flachdach eines Etagenhauses od. Hochhauses.*

Pen|ti|um®, der; -s [zu griech. pénte = fünf, bezogen auf den von der amerikan. Firma Intel entwickelten Prozessorprototyp 586 als Nachfolger des 486er-Prozessors]: *besonders schneller Mikroprozessor.*

Pen|to|de, die; -, -n [zu griech. pénte = fünf u. ↑Elektrode] (Elektrot.): *Röhre* (4 a) *mit fünf Elektroden.*

Pe|nun|se: ↑Penunze.

Pe|nun|ze, die; -, -n ⟨meist Pl.⟩ [poln. pieniądze (Pl.) = Geld] (ugs.): *Geld.*

Pe|on, der; -en, -en [span. peón, eigtl. = Fußsoldat, über das Vlat. zu lat. pes = Fuß]: **1.** (früher) *südamerikanischer [indianischer] Tagelöhner.* **2.** *(in Argentinien, Mexiko) Pferdeknecht; Viehhüter.*

Pep, der; -[s] [engl. pep, gek. aus: pepper = Pfeffer]: *mitreißender Schwung:* eine Sendung, ein Showmaster ohne P.

Pe|pe|ro|ne, der; -, ...ni, (häufiger:) **Pe|pe|ro|ni,** die; -, - ⟨meist Pl.⟩ [ital. peperone, zu: pepe = Pfeffer]: *kleine, sehr scharfe [in Essig eingelegte] Paprikaschote.*

Pe|pi|ta, der od. das; -s, -s [span. pepita, nach einer span. Tänzerin der Biedermeierzeit]: **a)** *klein kariertes Muster;* **b)** *Gewebe mit klein kariertem Muster.*

Pe|pi|ta|kos|tüm, das: *Kostüm aus Pepita* (b).

Pe|pi|ta|mus|ter, das: *Pepita* (a): ein Stoff mit P.

Pep|mit|tel, das [zu ↑Pep] (Jargon): *Aufputschmittel.*

pep|pig ⟨Adj.⟩ [zu ↑Pep]: *Pep habend, mit Pep:* eine -e Revue.

Pep|sin, das; -s, -e [zu griech. pépsis = Verdauung]: **1.** (Med., Biol.) *bestimmtes Enzym des Magensaftes.* **2.** (Biochemie) ⟨o. Pl.⟩ *aus Pepsin* (1) *hergestelltes Arzneimittel.*

Pep|sin|wein, der: *Dessertwein, der die Magentätigkeit anregt.*

Pep|tid, das; -[e]s, -e [zu griech. peptós = gekocht, verdaut] (Biochemie): *bestimmtes Produkt des Eiweißabbaus.*

pep|tisch ⟨Adj.⟩ (Biochemie): *zur Verdauung gehörend, sie fördernd.*

per ⟨Präp. mit Akk.⟩ [lat. per]: **1. a)** gibt an, wodurch etw. befördert, übermittelt wird; *mit:* p. Bahn; einen Brief p. Einschreiben schicken; **b)** gibt das Mittel an (wodurch etw. erreicht wird); *durch:* sich p. Abkommen verpflichten; p. Adresse (*[bei Postsendungen] über die Anschrift von;* Abk.: p. A.). **2.** (Kaufmannsspr.) zur Angabe eines Datums, Zeitpunkts; *zum, für:* die Ware ist p. ersten Mai lieferbar; p. sofort *(in relativ kurzer Zeit; ab sofort).* **3.** (Kaufmannsspr.) drückt die Beschränkung auf jeweils eine Sache, Erscheinung o. Ä. aus; *pro:* die Gebühren betragen 6,50 DM p. eingeschriebenen Brief.

per ac|cla|ma|ti|o|nem [lat.; ↑Akklamation] (bildungsspr.): *durch Zuruf:* eine Wahl p. a.

per Adres|se: *(bei Postsendungen) über die Anschrift von* (Abk.: p. A.).

per as|pe|ra ad as|tra [lat. = auf rauen Wegen zu den Sternen] (bildungsspr.): *durch Nacht zum Licht (nach vielen Mühen zum Erfolg).*

Per|bo|rat, das; -[e]s, -e ⟨meist Pl.⟩ [Per- = chem. fachspr. Präfix zur Kennzeichnung der höchsten Oxidationsstufe eines Zentralatoms in den Molekülen einer Verbindung < lat. per- (↑per) = bis zum Ziel hin, völlig u. ↑Borat] (Chemie): *Sauerstoff abgebende Verbindung aus Wasserstoffperoxid u. Boraten.*

per cas|sa [ital.; ↑Kasse] (Kaufmannsspr.): *gegen Barzahlung.*

Perche|akt [ˈpɛrʃ...], der; -[e]s, -e [zu frz. perche = Stange]: *Darbietung artistischer Nummern an einer langen, senkrecht gestellten Stange.*

Per|chlor|ethy|len, das; -s (Chemie): *Lösungsmittel bes. für Fette u. Öle.*

Percht, die; -, -en [mhd. berhte, H. u.]: *dämonisches Wesen (nach alpenländischem Volksglauben).*

Perch|ten|ge|stalt, die: *eine Percht darstellende Gestalt (bei alpenländischen Fastnachtsumzügen).*

Perch|ten|lauf, der: *in den Alpenländern meist in der Fastnachtszeit stattfindender Umzug u. Tänze in Kostümen u. Perchtenmasken.*

Perch|ten|mas|ke, die: *Maske einer Perchtengestalt.*

per con|to [ital.; ↑Konto] (Kaufmannsspr.): *auf Rechnung.*

Per|cus|sion [pəˈkʌʃn], die; -, -s [engl. percussion = Schlagzeug; vgl. Perkussion] (Musik): **1.** *(im Jazz u. in der Popmusik) Gruppe der Schlaginstrumente, bes. die das Schlagzeug ergänzenden Instrumente wie Bongos, Congas o. Ä.* **2.** *Effekt des Ab-, Nachklingens bei elektronischen Orgeln, Synthesizern.*

per de|fi|ni|ti|o|nem [lat.; ↑Definition] (bildungsspr.): *aufgrund der Definition (des Begriffs), des Begriffsinhalts.*

per|du [...ˈdyː] ⟨indekl. Adj.⟩ [frz. perdu, 2. Part. von: perdre = verlieren] (ugs. veraltend): *verloren, weg.*

Pe|ren|ne, die; -, -n (Bot.): *mehrjährige, unterirdisch ausdauernde, krautige Pflanze.*

pe|ren|nie|rend ⟨Adj.⟩ [zu lat. perennis = das ganze Jahr hindurch, zu: per = durch u. annus = Jahr]: **1.** (Bot.) *ausdauernd* (2). **2.** *(von Flüssen o. Ä.) das ganze Jahr Wasser führend.*

Pe|res|troi|ka, die; - [russ. perestrojka = Umbau, zu: perestroit' = umbauen; verändern]: *Umbildung, Neugestaltung des sowjetischen politischen Systems bes. im innen- u. wirtschaftspolitischen Bereich.*

per|fekt ⟨Adj.⟩ [lat. perfectus, adj. 2. Part. von: perficere = vollenden, zu: per- (↑per) u. facere = machen]: **1.** *frei von Mängeln, vollkommen:* eine -e Hausfrau; etw. p. beherrschen. **2.** (ugs.) *endgültig abgemacht; nicht mehr änderbar:* der Vertrag ist p.

Per|fekt, das; -s, -e [lat. perfectum (tempus) = vollendet(e Zeit)] (Sprachw.): **1.** *Zeitform, mit der ein verbales Geschehen od. Sein aus der Sicht des Sprechers als vollendet charakterisiert wird; Vorgegenwart; vollendete Gegenwart.* **2.** *Verbform im Perfekt* (1).

per|fek|ti|bel ⟨Adj.⟩ [frz. perfectible] (bildungsspr.): *vervollkommnungsfähig.*

Per|fek|ti|bi|li|tät, die; - [frz. perfectibilité] (Philos.): *Fähigkeit zur Vervollkommnung.*

Per|fek|ti|on, die; - [frz. perfection < lat. perfectio]: *höchste Vollendung in der [technischen] Beherrschung, Ausführung von etw.; vollkommene Meisterschaft.*

per|fek|ti|o|nie|ren ⟨sw. V.; hat⟩ [frz. perfectionner] (bildungsspr.): *etw., jmdn. in einen Zustand bringen, der [technisch] perfekt* (1) *ist:* ein System, eine Technik p.

Per|fek|ti|o|nie|rung, die; -, -en: *das Perfektionieren.*

Per|fek|ti|o|nis|mus, der; -: **1.** (leicht abwertend) *übertriebenes Streben nach Perfektion.* **2.** (Philos.) *Lehre innerhalb der Aufklärung* (3), *nach der der Sinn der Geschichte sich in einer fortschreitenden ethischen Vervollkommnung der Menschheit verwirklicht.*

Per|fek|ti|o|nist, der; -en, -en: **1.** (leicht abwertend) *jmd., der übertrieben nach Perfektion strebt.* **2.** (Philos.) *Vertreter, Anhänger des Perfektionismus* (2).

Per|fek|ti|o|nis|tin, die; -, -nen: w. Form zu ↑Perfektionist.

per|fek|ti|o|nis|tisch ⟨Adj.⟩: **1. a)** (leicht abwertend) *in übertriebener Weise Perfektion anstrebend;* **b)** *bis in alle Einzelheiten vollständig, umfassend.* **2.** (Philos.) *den Perfektionismus* (2) *betreffend.*

per|fek|tisch ⟨Adj.⟩ (Sprachw.): *das Perfekt betreffend, im Perfekt [gebraucht].*

per|fek|tiv [auch: --ˈ-] ⟨Adj.⟩ (Sprachw.): *die Abgeschlossenheit eines Geschehens bezeichnend.*

per|fek|ti|visch [auch: ˈ- - - -] ⟨Adj.⟩ (Sprachw.): *perfektisch.*

Per|fekt|par|ti|zip, das (Sprachw.): *Partizip Perfekt.*

per|fid, per|fi|de ⟨Adj.; perfider, perfideste⟩ [frz. perfide < lat. perfidus = wortbrüchig, treulos, eigtl. = über die Treue hinaus, jenseits der Treue, zu: per = durch u. fides = Treue] (bildungsspr.): *[verschlagen, hinterhältig u.] niederträchtig, in besonders übler Weise gemein:* ein perfider Verrat; er hat seine Interessen perfid[e] durchgesetzt.

Per|fo|ra|ti|on, die; -, -en [lat. perforatio = Durchbohrung, zu: perforare, ↑perforieren]: **1. a)** (Fachspr.) *das Perforieren* (1); **b)** (Fachspr.) *(bes. bei Papier, Karton) Reiß-, Trennlinie;* **c)** (Philat.) *Zähnung an Briefmarken;* **d)** (Fot.) *dem Transportieren dienende Reihe eng aufeinander folgender Löcher an den Rändern eines Films.* **2.** (Med.) **a)** *Durchbruch eines Geschwürs o. Ä.;* **b)** *Verletzung der Wand eines Organs o. Ä. durch unbeabsichtigtes Durchstoßen bei einer Operation;* **c)** *operative Zerstückelung des Kopfes eines abgestorbenen Kindes im Mutterleib.*

Per|fo|ra|tor, der; -s, ...oren: **1.** (Fachspr.): *Gerät zum Perforieren* (1). **2.** (Druckw.) *Schriftsetzer, der mithilfe einer entsprechenden Maschine den Drucksatz auf Papierstreifen locht.*

per|fo|rie|ren ⟨sw. V.⟩ [lat. perforare, aus: per = durch u. forare = bohren]: **1.** ⟨hat⟩ (Fachspr.) **a)** *[in gleichmäßigen Abständen] mit Löchern versehen, durchlöchern;* **b)** *mit einer Perforation* (1 b) *versehen.* **2.** (Med.) **a)** *(bes. von Geschwüren) durchbrechen* ⟨ist/(auch:) hat⟩; **b)** *die Wand eines Organs o. Ä. durch Durchstoßen verletzen* ⟨hat⟩; **c)** *den Kopf eines abgestorbenen Kindes im Mutterleib zerstückeln* ⟨hat⟩.

Per|fo|rie|rung, die; -, -en: *das Perforieren.*

Per|for|mance [pəˈfɔːməns], die; -, -s [...iz; engl. performance, ↑Performanz]: **1.** *einem Happening ähnliche, meist von einem einzelnen Künstler, einer einzelnen Künstlerin dargebotene künstlerische Aktion.* **2.** (Bankw.) *prozentualer Wertzuwachs des Vermögens einer Investmentgesellschaft od. auch eines einzelnen Wertpapiers.* **3.** (EDV) *Leistungsstärke, Leistungsniveau eines Rechners.*

Per|for|manz, die; -, -en [engl. performance = Verrichtung, Ausführung, zu: to perform = verrichten] (Sprachw.): *Sprachverwendung in einer konkreten Situation.*

per|for|ma|tiv, per|for|ma|to|risch ⟨Adj.⟩ (Sprachw.): *eine mit einer sprachlichen Äußerung beschriebene Handlung zugleich vollziehend (z. B. ich gratuliere dir).*

Per|fu|si|on, die; -, -en [lat. perfusio = das Benetzen] (Med.): *[künstliche] Durchströmung eines Hohlorgans, bes. der Gefäße* (2 a) *einer zu transplantierenden Niere.*

Per|ga|ment, das; -[e]s, -e [mhd. pergament(e) < mlat. pergamen(t)um < spätlat. (charta) pergamena = Papier aus Pergamon; in dieser kleinasiatischen Stadt soll die Verarbeitung von Tierhäuten zu Schreibmaterial entwickelt worden sein]: **1.** *enthaarte, geglättete u. zum Beschreiben o. Ä. hergerichtete Tierhaut.* **2.** *alte Handschrift* (3) *auf Pergament* (1).

P

per|ga|ment|ar|tig ⟨Adj.⟩: *wie Pergament* (1) *beschaffen, wirkend.*

Per|ga|ment|band, der ⟨Pl. ...bände⟩: *in Pergament* (1) *gebundenes Buch.*

per|ga|men|ten ⟨Adj.⟩ [mhd. pergamentīn]: **a)** *aus Pergament* (1): -e Seiten; **b)** *wie aus Pergament* (1): ein -es Gesicht.

Per|ga|ment|pa|pier, das: *fettundurchlässiges pergamentartiges Papier.*

Per|ga|mon, Per|ga|mum: antike Stadt im Nordwesten Kleinasiens.

Per|go|la, die; -, ...len [ital. pergola < lat. pergula = Vor-, Anbau]: *berankter Laubengang.*

Pe|ri, der; -s, -s od. die; -, -s ⟨meist Pl.⟩ [pers. parī]: *(ursprünglich böses, aber) zum Licht des Guten strebendes feenhaftes Wesen der altpersischen Sage.*

Pe|ri|as|tron, Pe|ri|as|trum, das; -s, ...stren [zu griech. perí = um – herum, nahe bei u. astḗr = Stern] (Astron.): *Punkt in der Bahn des Begleiters eines Doppelsterns, in dem dieser dem Hauptstern am nächsten liegt.*

Pe|ri|bo|los, der; -, ...loi [griech. períbolos = das Umgebende; Einschluss]: *heiliger Bezirk um den antiken Tempel.*

Pe|ri|car|di|um: ↑Perikardium.

Pe|ri|chon|dri|tis [...çɔn...], die; -, ...itiden (Med.): *Entzündung des Perichondriums.*

pe|ri|fo|kal ⟨Adj.⟩ [aus griech. perí = um – herum u. ↑fokal] (Med.): *um einen Krankheitsherd herum [liegend].*

Pe|ri|gas|tri|tis, die; -, ...itiden [zu griech. perí = um – herum u. ↑Gastritis] (Med.): *Entzündung der Bauchfelldecke des Magens.*

Pe|ri|gä|um, das; -s, ...äen [zu griech. perígeios = die Erde umgebend] (Astron., Raumf.): *der Erde am nächsten liegender Punkt auf der Bahn eines Körpers um die Erde; Erdnähe.*

pe|ri|gla|zi|al ⟨Adj.⟩ [aus griech. perí = um – herum u. ↑glazial] (Geogr.): *[klimatische] Erscheinungen, Zustände, Prozesse in der Umgebung von Inlandeis u. Gletschern betreffend.*

Pe|ri|gramm, das; -s, -e [zu griech. perí = um – herum u. ↑-gramm] (Statistik): *Darstellung statistischer Größenverhältnisse durch Kreise, Kreisausschnitte.*

pe|ri|gyn ⟨Adj.⟩ [zu griech. perí = um – herum u. gynḗ = Frau] (Bot.): *(von Blüten mit schüsselod. becherförmigem Blütenboden, der den Fruchtknoten umfasst, nicht mit ihm verwachsen ist) halbhoch stehend.*

Pe|ri|hel, das; -s, -e, **Pe|ri|he|li|um,** das; -s, ...ien [zu griech. perí = um – herum, nahe bei u. hḗlios = Sonne] (Astron.): *Punkt der geringsten Entfernung eines Planeten von der Sonne.*

Pe|ri|kard, das; -s, -e [zu griech. perí = um – herum u. kardía = Herz] (Anat.): *Herzbeutel.*

Pe|ri|kar|di|tis, die; -, ...itiden (Med.): *Herzbeutelentzündung.*

Pe|ri|kar|di|um, das; -s, ...ien (Anat.): *Perikard.*

Pe|ri|karp, das; -s, -e [zu griech. perí = um – herum u. karpós = Frucht] (Bot.): *(meist aus Endokarp, Exokarp u. Mesokarp bestehende) Wand der Früchte von Samenpflanzen.*

Pe|ri|klas, der; - u. -es, -e [zu griech. perí = ringsum u. klásis = Bruch] (Geol.): *durchscheinendes, glasig glänzendes Mineral.*

Pe|ri|ko|pe, die; -, -n [spätlat. pericope < griech. perikopḗ = Abschnitt]: **1.** (Theol.) *Abschnitt aus der Bibel, der im Gottesdienst verlesen wird.* **2.** (Verslehre) *metrischer Abschnitt.*

Pe|ri|me|ter, das; -s, - [zu griech. perí = um – herum u. ↑-meter (1)] (Med.): *Gerät zur Bestimmung der Grenzen des Gesichtsfeldes.*

Pe|ri|me|trie, die; -, -n [↑-metrie] (Med.): *Bestimmung der Grenzen des Gesichtsfeldes.*

pe|ri|me|trisch ⟨Adj.⟩ (Med.): *die Grenzen des Gesichtsfelds betreffend.*

pe|ri|na|tal ⟨Adj.⟩ [zu griech. perí = nahe bei u. lat. natalis = die Geburt betreffend] (Med.): *den Zeitraum kurz vor der Entbindung betreffend:* -e Medizin.

Pe|ri|na|to|lo|gie, die; - [↑-logie]: *Teilgebiet der Medizin, das sich mit den Gefährdungen für Mutter u. Kind in der Zeit vor der Geburt beschäftigt.*

Pe|ri|ne|um, das; -s, ...nea u. ...neen [griech. períneon] (Anat.): *Damm* (2) *zwischen After u. äußeren Geschlechtsteilen.*

Pe|ri|o|de, die; -, -n [lat. periodus = Gliedersatz < griech. períodos = das Herumgehen; Umlauf; Wiederkehr, zu: perí = um – herum u. hodós = Gang, Weg]: **1.** (bildungsspr.) *Zeitabschnitt, der durch bestimmte Ereignisse, Entwicklungen geprägt ist:* eine neue P. beginnt. **2. a)** (Math.) *sich unendlich oft wiederholende Ziffer od. Zifferngruppe bei einer Dezimalzahl* (z. B. 1,171717... = 1,$\overline{17}$); **b)** (Chemie) *Gesamtheit der Elemente, die in einer waagrechten Rubrik im Periodensystem der chemischen Elemente aufgeführt sind.* **3. a)** (Physik) *zeitliche Abfolge einer Schwingung; Schwingungsdauer;* **b)** (Astron.) *Zeitraum, der zwischen zwei gleichen Erscheinungen eines sich wiederholenden Vorgangs liegt.* **4. a)** (Geol.) *Formation* (4); **b)** (Met.) *bestimmter, sich [regelmäßig] wiederholender, längerer Zeitabschnitt mit gleich bleibender Witterung.* **5.** *Menstruation; Regel* (2): sie hat ihre P. **6.** (Sprachw., Rhet.) *kunstvoll gegliedertes Satzgefüge.* **7. a)** (Musik) *in sich geschlossene, meist aus acht Takten bestehende musikalische Grundform, die in zwei miteinander korrespondierende Teile gegliedert ist;* **b)** (Verslehre) *aus zwei od. mehreren Kola* (1) *bestehende Einheit.*

Pe|ri|o|den|bau, der ⟨o. Pl.⟩ (Sprachw.): *Bau einer Periode* (6).

Pe|ri|o|den|dau|er, die (Physik): *Periode* (3 a), *Schwingungsdauer.*

Pe|ri|o|den|er|folg, der (Wirtsch.): *Gewinn od. Verlust im Rahmen einer bestimmten Periode* (1).

Pe|ri|o|den|rech|nung, die (Wirtsch.): *Rechnung zur Ermittlung von Gewinn od. Verlust in einer bestimmten Periode* (1).

Pe|ri|o|den|sys|tem, das ⟨o. Pl.⟩ (Chemie): *systematische Anordnung der chemischen Elemente in einer Tabelle nach Eigenschaften, die sich in einer bestimmten Ordnung wiederholen; periodisches System.*

Pe|ri|o|di|kum, das; -s, ...ka ⟨meist Pl.⟩ (Fachspr.): *periodisch* (a) *erscheinende [Zeit]schrift, [Fach]zeitung.*

pe|ri|o|disch ⟨Adj.⟩ [lat. periodicus < griech. periodikós] (bildungsspr.): **a)** *in gleichen Abständen, regelmäßig [auftretend, wiederkehrend]:* in -en Abständen; p. auftretende Krankheiten; diese Zeitschrift erscheint p. [alle 14 Tage]; **b)** (seltener) *von Zeit zu Zeit, phasenhaft [auftretend, wiederkehrend]:* -e Launen; -e Enthaltsamkeit.

pe|ri|o|di|sie|ren ⟨sw. V.; hat⟩ (bildungsspr.): *in bestimmte Perioden* (1) *einteilen:* die Antike p.

Pe|ri|o|di|zi|tät, die; - (bildungsspr.): *regelmäßige Wiederkehr.*

Pe|ri|o|do|gramm, das; -s, -e [↑-gramm] (Wirtsch., Technik): *grafische Darstellung eines periodisch verlaufenden od. periodische Bestandteile enthaltenden Vorgangs, Ablaufs o. Ä.*

Pe|ri|odon|ti|tis, die; -, ...itiden [zu griech. perí = um – herum u. odoús (Gen.: odóntos) = Zahn] (Med.): *Entzündung der Zahnwurzelhaut.*

Pe|ri|ö|ke, der; -n, -n [griech. períoikos = Nachbar, eigtl. = Umwohner]: *freier, aber politisch rechtloser Bewohner des antiken Sparta.*

Pe|ri|ost, das; -[e]s, -e [zu griech. perí = um – herum u. ostéon = Knochen] (Med.): *Knochenhaut.*

Pe|ri|os|ti|tis, die; -, ...itiden (Med.): *Entzündung des Periosts; Knochenhautentzündung.*

Pe|ri|pa|te|ti|ker, der; -s, - ⟨meist Pl.⟩ [lat. peripateticus < griech. peripatētikós, eigtl. = einer, der auf u. ab geht (Aristoteles trug seine Lehre auf u. ab gehend vor)] (Philos.): **a)** *Mitglied des Peripatos;* **b)** *Vertreter, Anhänger der peripatetischen Lehre.*

pe|ri|pa|te|tisch ⟨Adj.⟩ [lat. peripateticus < griech. peripatētikós] (Philos.): *auf der Lehre des Aristoteles beruhend.*

Pe|ri|pa|tos, der; - [griech. perípatos = Wandelgang]: *Schule des Aristoteles.*

pe|ri|pher ⟨Adj.⟩ [zu ↑Peripherie]: **1.** (bildungsspr.) *an der Peripherie* (1) *liegend:* Ü -e Fragen. **2.** (Med.) *in den äußeren Zonen des Körpers [liegend].* **3.** (EDV) *an die zentrale Einheit einer elektronischen Rechenanlage angeschlossen od. anschließbar.*

Pe|ri|phe|rie, die; -, -n [spätlat. peripheria < griech. periphéreia, zu: periphérein = umhertragen]: **1.** *Randgebiet, -bezirk, -zone:* an der P. der Stadt; Ü machtpolitisch an die P. gerückt werden. **2.** (Geom.) *[gekrümmte] Begrenzungslinie einer geometrischen Figur, bes. des Kreises.* **3.** (EDV) *periphere* (3) *Geräte.*

Pe|ri|phra|se, die; -, -n [lat. periphrasis < griech. períphrasis, zu: perí = um – herum u. phrásis = das Sprechen; Ausdruck] (Rhet.): *Umschreibung eines Begriffs durch eine kennzeichnende Eigenschaft.*

pe|ri|phra|sie|ren ⟨sw. V.; hat⟩ (Rhet.): *mit einer Periphrase umschreiben.*

pe|ri|phras|tisch ⟨Adj.⟩ [griech. periphrastikós] (Rhet.): *umschreibend.*

Pe|rip|te|ral|tem|pel, der, **Pe|rip|te|ros,** der; -, - u. ...eren [zu griech. perípteros, subst. Adj. u. eigtl. = ringsum mit Flügeln versehen]: *rings von einem Säulengang umgebener antiker Tempel.*

Pe|ri|skop, das; -s, -e [zu griech. perí = ringsum u. skopeĩn = betrachten, schauen]: *[ausfahr- u. drehbares] Fernrohr für Unterwasserfahrzeuge.*

Pe|ris|tal|tik, die; - [griech. peristaltikós = umfassend und zusammendrückend] (Med.): *von Hohlorganen wie Magen, Darm o. Ä. ausgeführte Bewegung, bei der durch fortlaufendes Zusammenziehen einzelner Abschnitte der Inhalt des Hohlorgans weitertransportiert wird.*

Pe|ris|ta|se, die; -, -n [griech. perístasis = Umwelt, eigtl. = das Herumstehen; Umgebung] (Med.): *auf die Entwicklung des Organismus einwirkende Umwelt.*

Pe|ris|tyl, das; -s, -e, **Pe|ris|ty|li|um,** das; -s, ...ien [lat. peristylium < griech. peristýlion, zu: perí = um – herum u. stỹlos = Säule]: *von Säulen umgebener Innenhof des antiken Hauses.*

pe|ri|to|ne|al ⟨Adj.⟩ (Med.): *das Peritoneum betreffend.*

Pe|ri|to|ne|um, das; -s, ...neen [griech. peritónaion] (Med.): *Bauchfell.*

Pe|ri|to|ni|tis, die; -, ...itiden (Med.): *Bauchfellentzündung.*

Per|kal, der; -s, -e [frz. percale, aus dem Pers.] (Textilind.): *feinfädiges [bedrucktes] Baumwollgewebe.*

Per|ka|lin, das; -s, -e: *stark appretiertes Gewebe [für Bucheinbände].*

Per|ko|lat, das; -[e]s, -e (Pharm.): *durch Perkolation* (1) *gewonnener Pflanzenauszug.*

Per|ko|la|ti|on, die; -, -en [lat. percolatio = das Durchseihen, zu: percolare, ↑perkolieren]: **1.** (Pharm.) *Verfahren zur Gewinnung von flüssigen Pflanzenauszügen durch Filtern.* **2.** (Bodenkunde) *das Durchsickern von Wasser durch die Poren des Bodens.*

Per|ko|la|tor, der; -s, ...oren (Pharm.): *Gerät zum Perkolieren.*

per|ko|lie|ren ⟨sw. V.; hat⟩ [lat. percolare = durchseihen] (Pharm.): *Pflanzenauszüge durch Perkolation* (1) *gewinnen.*

Per|kus|si|on, die; -, -en [lat. percussio = das Schlagen, zu: percussum, 2. Part. von: percutere, ↑perkutieren]: **1.** (Med.) *Untersuchung von Organen durch Abklopfen der Körperoberfläche.* **2.** (Musik) *aus Hämmerchen bestehende Vorrichtung beim Harmonium, die einen klareren Toneinsatz bewirkt.* **3.** (Waffent.) *Zündung einer Handfeuerwaffe durch Stoß od. Schlag.*

Per|kus|si|ons|ge|wehr, das (Waffent.): *Vorderlader (aus dem 19. Jh.) mit Perkussionszündung.*

Per|kus|si|ons|ham|mer, der (Med.): *kleiner Hammer aus Metall zum Perkutieren.*

Per|kus|si|ons|in|stru|ment, das (Musik): *Schlaginstrument.*

P

Per|kus|si|ons|zün|dung, die: *Perkussion* (3).

per|kus|siv ⟨Adj.⟩ (Musik): *vorwiegend vom (außerhalb des melodischen u. tonalen Bereichs liegenden) Rhythmus geprägt, bestimmt; durch rhythmische Geräusche erzeugt.*

per|kus|so|risch ⟨Adj.⟩ (Med.): **a)** *durch Perkussion* (1) *nachweisbar;* **b)** *die Perkussion* (1) *betreffend.*

per|ku|tan ⟨Adj.⟩ [zu lat. per = durch u. ↑Kutis] (Med.): *durch die Haut hindurch [wirkend].*

per|ku|tie|ren ⟨sw. V.; hat⟩ [lat. percutere = klopfen] (Med.): *abklopfen* (3).

Per|le, die; -, -n [mhd. berle, perle, ahd. per(a)la, wohl mlat.-roman. Vkl. von lat. perna = Hinterkeule; Muschel (von der Form einer Hinterkeule); 3: urspr. Perle von Alzey (Stadt in Rheinland-Pfalz)]: **1. a)** *glänzendes, schimmerndes, von Perlmuscheln um eingedrungene Fremdkörper gebildetes, hartes Kügelchen, das als Schmuck verwendet wird:* -n züchten; **Spr** -n bedeuten Tränen (↑bedeuten 1 d); * **jmdm. fällt keine P. aus der Krone** (salopp; ↑Zacken); **b)** *perlenförmiges Gebilde aus Glas, Holz, Elfenbein, Kunststoff o. Ä.;* **c)** *perlenförmiges Bläschen, Tröpfchen;* **d)** (Jägerspr.) *kleine, kornartige Erhebung an Geweihen bzw. Gehörnen.* **2. a)** *²Juwel;* **b)** (ugs. scherzh.) *[tüchtige] Hausgehilfin;* **c)** (Jugendspr. früher) *Mädchen, das seinem Freund treu ist, [treue] Freundin.* **3.** ⟨o. Art.⟩ **a)** ⟨o. Pl.⟩ *aus Gewürztraminer u. Müller-Thurgau gekreuzte Rebsorte, die milde, blumige, unaufdringlich würzige Weine liefert;* **b)** *Wein der Rebsorte Perle* (3 a).

per|len ⟨sw. V.⟩ [zu ↑Perle; mhd. berlen = (mit Perlen) schmücken]: **1. a)** *in Form von Perlen* (1 c) *hervorkommen, sich bilden* ⟨hat/ist⟩: Schweißtropfen perlten ihm auf der Stirn; **b)** *in Perlen* (1 c) *irgendwohin laufen* ⟨ist⟩: Tautropfen perlen von den Blättern; **c)** *in dichter u. gleichmäßiger [Klang]folge ertönen* ⟨hat⟩: die Töne p. lassen. **2.** *Perlen* (1 c) *bilden, von Perlen* (1 c) *bedeckt sein* ⟨hat⟩: perlender Champagner.

Per|len|ar|beit, die: *mit Perlen* (1 a, b) *bestickte, besetzte od. aus Perlenschnüren hergestellte kunsthandwerkliche Arbeit.*

Per|len|fi|sche|rei, die ⟨o. Pl.⟩: *[gewerbsmäßig betriebene] Suche von Perlmuscheln.*

per|len|för|mig: ↑perlförmig.

Per|len|ket|te, die: *Halskette aus Perlen* (1 a).

Per|len|schnur, die: *Schnur mit aufgereihten Perlen* (1 a, b).

Per|len|sti|cke|rei, die: **1.** ⟨o. Pl.⟩ *Stickerei, bei der Stoff od. anderes Material mit Perlen* (1 a, b) *bestickt wird.* **2.** *etw. mit Perlen* (1 a, b) *Besticktes:* kostbare -en.

Per|len|züch|ter, der: *jmd., der Perlen* (1 a) *züchtet.*

Per|len|züch|te|rin, die: w. Form zu ↑Perlenzüchter.

perl|för|mig, perlenförmig ⟨Adj.⟩: *wie eine Perle* (1 a) *geformt:* -e Tropfen.

Perl|garn, das (Textilind.): *auffällig glänzendes (merzerisiertes) Stickgarn aus scharf gedrehten Baumwollfäden.*

perl|grau ⟨Adj.⟩: *von schimmerndem blassem od. silbrigem Grau.*

Perl|huhn, das: *fast haushuhngroßer Hühnervogel mit perliger Zeichnung auf blaugrauem Gefieder.*

per|lig ⟨Adj.⟩: *Perlen ähnlich, perlförmig.*

Per|lit [auch: ...'lɪt], der; -s, -e [zu ↑Perle]: **1.** (Metallurgie) *Gefüge* (2) *des Stahls aus Ferrit* (1) *u. Zementit.* **2.** (Geol.) *graublaues, wasserhaltiges, glasig erstarrtes Gestein.*

Per|lit|guss, der: *spezielles Gusseisen für hohe Beanspruchungen.*

Perl|mu|schel, die: *(bes. in tropischen Meeren vorkommende) Muschel, die um eingedrungene Fremdkörper herum Perlen* (1 a) *bildet.*

Perl|mutt [auch: -'-], das; -s: *Perlmutter.*

Perl|mut|ter [auch: -'--], die; - od. das; -s [LÜ von mlat. mater perlarum = Perlmuschel; die Muschel bringt, wie eine Mutter ein Kind, eine Perle hervor; dann übertr. auf die innere Schicht]: **1.** *harte, glänzende, schimmernde innerste Schicht der Schale von Perlmuscheln u. Seeschnecken.* **2.** ⟨nur: das⟩ *Perlmutterfarbe od. -glanz.*

Perl|mut|ter|fal|ter, der: *Falter mit wie Perlmutter schimmernder Unterseite der Hinterflügel.*

Perl|mut|ter|far|be, die: *Farbe von Perlmutter.*

perl|mut|ter|far|ben ⟨Adj.⟩: *in der Farbe von Perlmutter:* ein -er Himmel.

Perl|mut|ter|glanz, der: *Glanz von Perlmutter.*

Perl|mut|ter|griff, der: vgl. Perlmutterknopf.

Perl|mut|ter|knopf, der: *Knopf aus Perlmutter.*

perl|mut|tern ⟨Adj.⟩: **1.** *aus Perlmutter [hergestellt]:* -e Knöpfe, Griffe. **2.** *wie [aus] Perlmutter; perlmutterfarben.*

Perl|mutt|griff, der: *Perlmuttergriff.*

Perl|mutt|knopf, der: *Perlmutterknopf.*

per|lo|ku|ti|o|när [aus ↑per u. ↑lokutionär], **per|lo|ku|tiv** ⟨Adj.⟩: in der Fügung **-er Akt** (Sprachw.; *Sprechakt im Hinblick auf die Konsequenz der Aussage*).

Per|lon®, das; -s [Kunstwort]: *(aus einem Polyamid bestehende) Kunstfaser, die bes. zur Herstellung von Textilien verwendet wird.*

Per|lon|strumpf, der: *Strumpf aus Perlon.*

per|lon|ver|stärkt ⟨Adj.⟩: *mit Perlon verstärkt:* ein -es Gewebe.

Perl|stich, der: *in gleicher Richtung [halb]schräg ausgeführter, kurzer Gobelinstich.*

Per|lus|tra|ti|on, die; -, -en (österr.): *Perlustrierung.*

per|lus|trie|ren ⟨sw. V.; hat⟩ [lat. perlustrare = (prüfend) überschauen] (österr.): *[zur Feststellung der Identität anhalten u.] genau durchsuchen, untersuchen.*

Per|lus|trie|rung, die; -, -en (österr.): *das Perlustrieren.*

Perl|wein, der: *kohlensäurehaltiger moussierender Wein.*

perl|weiß ⟨Adj.⟩: *silbrig weiß mit cremefarbener Abschattung.*

Perl|zwie|bel, die: *kleine, in Essig eingelegte Zwiebel; Silberzwiebel.*

Perm, das; -s [nach dem ehem. russ. Gouvernement Perm] (Geol.): *jüngste Formation des Paläozoikums.*

per|ma|nent ⟨Adj.⟩ [frz. permanent < lat. permanens (Gen.: permanentis), 1. Part. von: permanere = fortdauern]: *dauernd, anhaltend, ununterbrochen, ständig:* eine -e Gefahr.

Per|ma|nent|gelb, das: *lichtechtes Gelb.*

Per|ma|nent|ma|gnet, der: *Magnet, der seine magnetische Kraft ohne äußere Einwirkung dauernd beibehält; Dauermagnet.*

per|ma|nent press ['pə:mənənt 'prɛs; engl., zu: permanent = beständig u. to press = bügeln]: *formbeständig, bügelfrei* (Hinweis an Kleidungsstücken).

Per|ma|nent|weiß, das: *lichtechtes Weiß.*

Per|ma|nenz, die; - [frz. permanence] (auch Fachspr.): *dauerhaftes [Weiter]bestehen, Erhaltenbleiben; Dauerhaftigkeit.*

Per|man|ga|nat, das; -s, -e [zum 1. Bestandteil vgl. Perborat] (Chemie): *chemische Verbindung, die als Oxidations- u. Desinfektionsmittel verwendet wird.*

per|me|a|bel ⟨Adj.; ...bler, -ste⟩ [spätlat. permeabilis = gangbar] (Fachspr.): *durchlässig:* ein permeabler Stoff.

Per|me|a|bi|li|tät, die; -: **1.** (Fachspr.) *Durchlässigkeit eines Materials für bestimmte Stoffe (z. B. die des Bodens für Wasser).* **2.** (Physik) *physikalische Größe, die den Zusammenhang zwischen magnetischer Induktion u. magnetischer Feldstärke angibt.* **3.** (Schiffbau) *Verhältnis der tatsächlich im Falle eines Lecks in die Schiffsräume eindringenden Wassermenge zum theoretischen Rauminhalt.*

per mil|le: ↑pro mille.

per|misch ⟨Adj.⟩ (Geol.): *das Perm betreffend.*

per|mis|siv ⟨Adj.⟩ [zu lat. permissum, 2. Part. von: permittere = erlauben] (Soziol., Psych.): *nachgiebig, wenig kontrollierend, frei gewähren lassend.*

Per|mis|si|vi|tät, die; - (Soziol., Psych.): *permissives Verhalten.*

Per|mit ['pə:mɪt], das; -s, -s [engl. permit]: engl. Bez. für *Erlaubnis[schein].*

per|mit|tie|ren ⟨sw. V.; hat⟩ [lat. permittere = erlauben] (bildungsspr.): *erlauben, zulassen.*

Per|mu|ta|ti|on, die; -, -en [1: lat. permutatio]: **1.** (bildungsspr.; Fachspr.) *Austausch, Umstellung.* **2.** (Math.) *Umstellung in der Reihenfolge bei einer Zusammenstellung einer bestimmten Anzahl geordneter Größen.* **3.** (Sprachw.) *Umstellung, Vertauschung von Wörtern, Satzgliedern innerhalb eines Satzes unter Wahrung ihrer syntaktischen Funktion.*

Per|nio, der; -, ...iones [...ne:s] u. ...ionen [lat. pernio] (Med.): *Frostbeule.*

Per|ni|o|se, Per|ni|o|sis, die; -, ...sen: **1.** *Auftreten von Frostbeulen.* **2.** *auf Gewebsschädigung durch Kälte beruhende Hautkrankheit.*

per|ni|zi|ös ⟨Adj.⟩ [frz. pernicieux < lat. perniciosus, zu: pernicies = das Verderben]: **1.** (Med.): *bösartig* (2): -e Anämie. **2.** (bildungsspr.) *unheilvoll, verderblich, bösartig* (1).

Pe|ro|nis|mus, der; -: *auf den General u. Staatspräsidenten J. D. Perón (1895 bis 1974) zurückgehende, autoritär geführte Bewegung mit politisch-sozialen Zielen in Argentinien.*

Pe|ro|nist, der; -en, -en: *Anhänger Peróns bzw. des Peronismus.*

Pe|ro|nis|tin, die; -, -nen: w. Form zu ↑Peronist.

pe|ro|nis|tisch ⟨Adj.⟩: *den Peronismus betreffend, auf ihm beruhend, zu ihm gehörend.*

per|oral ⟨Adj.⟩ [aus ↑per u. ↑oral] (Med.): *durch den Mund erfolgend:* -e Einnahme von Medikamenten.

per os [lat. = durch den Mund] (Med.): *durch den Mund; peroral.*

Per|oxid [auch: --'-], das; -s, -e [zum 1. Bestandteil vgl. Perborat] (Chemie): *sauerstoffreiche chemische Verbindung.*

Per|pen|di|kel [auch: ...'dɪkl̩], der od. das; -s, - [lat. perpendiculum = Senkblei, zu: perpendere = genau abwägen]: *Uhrpendel.*

per|pen|di|ku|lar, per|pen|di|ku|lär ⟨Adj.⟩ [lat. perpendicularis] (Fachspr.): *senk-, lotrecht.*

per|pe|tu|ie|ren ⟨sw. V.; hat⟩ [lat. perpetuare, zu: perpetuus = fortwährend, ewig] (bildungsspr., oft abwertend): *bewirken, dass etw. Dauer gewinnt, sich festsetzt, fortsetzt.*

Per|pe|tu|um mo|bi|le, das; - -, - -[s] u. ...tua ...bi|lia [lat. = das sich ständig Bewegende]: **1.** *utopische Maschine, die ohne Energiezufuhr dauernd Arbeit leistet.* **2.** (Musik) *Musikstück, das von Anfang bis Ende in gleichmäßig rascher Bewegung, bes. in der Melodiestimme, verläuft.*

per|plex ⟨Adj.⟩ [(frz. perplexe <) lat. perplexus = verschlungen, verworren] (ugs.): *verblüfft u. betroffen od. verwirrt:* ein -es Gesicht machen; ⟨meist präd.:⟩ ganz p. [über etw.] sein.

Per|ple|xi|tät, die; -: *Bestürzung, Verwirrung; Ratlosigkeit.*

per pro|cu|ra [lat.; ↑Prokura] (Kaufmannsspr.): *aufgrund erteilter Prokura* (Zusatz, mit dem der Prokurist geschäftliche Schriftstücke unterschreibt): p. p. Meyer (Abk.: pp[a].).

per rec|tum [lat.; ↑Rektum] (Med.): *rektal* (b).

per sal|do [ital.; ↑Saldo] (Kaufmannsspr.): *aufgrund des Saldos; [als Rest] zum Ausgleich (auf einem Konto).*

per se [lat.] (bildungsspr.): *von selbst, aus sich heraus:* das versteht sich p. se.

Per|sen|ning, die; -, -e[n] u. -s [niederl. presenning < älter frz. préceinte = Umhüllung, unter Einfluss von lat. praecingere = mit etw. umgeben zu afrz. proceindre = rund einschließen]: **1.** (bes. Seemannsspr.) *Schutzbezug aus Persenning* (2). **2.** ⟨o. Pl.⟩ (Textilind.) *festes, wasserdichtes Gewebe, Segeltuch (für Zelte o. Ä.).*

Per|se|pho|ne (griech. Myth.): Göttin der Unterwelt.

Per|se|po|lis: Hauptstadt des alten Persiens.

Per|ser, der; -s, -: **1.** Ew. zu ↑Persien. **2.** (ugs.) kurz für ↑Perserteppich.

P

Per|se|rin, die; -, -nen: w. Form zu ↑Perser (1).
Per|ser|kat|ze, die: *(aus Kleinasien stammende) Katze mit gedrungenem Körper, großem Kopf, langem, seidigem, dichtem Haar u. buschigem Schwanz.*
Per|ser|tep|pich, der: *handgeknüpfter Teppich aus Persien.*
[1]**Per|seus** (griech. Myth.): Held der griechischen Mythologie.
[2]**Per|seus,** der; -: Sternbild am nördlichen Sternenhimmel.
Per|shing [ˈpəːʃɪŋ], die; -, -s [nach dem amerik. General J. J. Pershing (1860–1948)]: Bez. für eine amerikanische Mittelstreckenrakete mit [nuklearem] Gefechtskopf.
Per|si|a|ner, der; -s, - [zu Persien, dem urspr. Herkunftsland]: **1.** *klein gelocktes Fell von Lämmern des Karakulschafes.* **2.** *Pelz aus Persianer* (1).
Per|si|a|ner|man|tel, der: *Mantel aus Persianer* (2).
Per|si|en; -s: bis 1935 u. 1949 bis 1951 Bez. für ↑Iran.
Per|si|fla|ge [...ˈflaːʒə], die; -, -n [frz. persiflage] (bildungsspr.): *feine, geistreiche Verspottung durch übertreibende od. ironisierende Darstellung bzw. Nachahmung.*
per|si|flie|ren ⟨sw. V.; hat⟩ [frz. persifler, latinis. Bildung zu: siffler = (aus)pfeifen < spätlat. sifilare < lat. sibilare, ↑Sibilant] (bildungsspr.): *etw. (durch Persiflage) fein, geistreich verspotten.*
Per|si|ko, der; -s, -s [frz. persicot, zu lat. persicus, ↑Pfirsich]: *Likör aus Pfirsich- od. Bittermandelkernen.*
Per|sil|schein, der [nach dem Namen des Waschmittels Persil®, bezogen auf die Vorstellung des Reinwaschens; urspr. von der Bescheinigung der Entnazifizierungsbehörden] (ugs. scherzh.): *Entlastung[szeugnis]; Bescheinigung, dass sich jmd. nichts hat zuschulden kommen lassen:* jmdm. einen P. ausstellen.
Per|si|pan [auch: ˈ– – –], das; -s, -e [zu lat. persicus (↑Pfirsich) u. ↑Marzipan]: *Ersatz für Marzipan aus geschälten Pfirsich- od. Aprikosenkernen.*
per|sisch ⟨Adj.⟩: *Persien, die Perser betreffend; von den Persern stammend, zu ihnen gehörend.*
per|sis|tent ⟨Adj.⟩ [zu spätlat. persistens (Gen.: persistentis), 1. Part. von: persistere = fortdauern] (bes. Med., Biol.): *anhaltend, dauernd, hartnäckig.*
Per|sis|tenz, die; -, -en (bes. Med., Biol.): *das Bestehenbleiben eines Zustands über längere Zeit.*
Per|son, die; -, -en [mhd. persōn(e) < lat. persona = Maske (1 a); die durch diese Maske dargestellte Rolle; Charakter; Mensch]: **1. a)** *Mensch als Individuum, in seiner spezifischen Eigenart als Träger eines einheitlichen, bewussten Ichs:* eine [un]bekannte P.; man muss die P. vom Amt, von der Sache trennen; deine P. soll *(du sollst)* nicht in die Erörterungen hineingezogen werden; seine P., die eigene P. *(sich selbst)* in den Vordergrund stellen; juristische P. (Rechtsspr.; *Anstalt, Körperschaft als Träger von Rechten u. Pflichten*); natürliche P. (Rechtsspr.; *Mensch als Träger von Rechten u. Pflichten*); ich für meine P. *(was mich betrifft, ich)* stimme zu; sie mussten Angaben zur P. machen *(über sich selbst Auskunft geben)*; ***jmd. in [eigener/**(veraltend, noch scherzh.:) **höchsteigener] P.** *(jmd. selbst, [höchst]persönlich)*; **etw. in P. sein** *(die Verkörperung von etw. sein)*: er ist die Ruhe in P.; **etw. in einer P. sein** *(etw. zugleich sein, in sich vereinigen)*; **b)** (seltener) *Persönlichkeit* (1). **2.** *Mensch hinsichtlich seiner äußeren, körperlichen Eigenschaften:* eine männliche, weibliche P. **3.** *Figur, Gestalt in der Dichtung od. im Film:* die -en und ihre Darsteller. **4.** (emotional) *Frau, Mädchen:* so eine [freche] P.! **5.** ⟨o. Pl.⟩ (Sprachw.) *Form des Verbs od. Pronomens, die an die sprechende[n], an die angesprochene[n] od. an die Person[en]* (1 a) *od. Sache[n], über die gesprochen wird, geknüpft ist.*
Per|so|na gra|ta, die; - - [lat. = willkommener, gern gesehener Mensch] (Dipl.): *Diplomat, gegen dessen Aufenthalt in einem bestimmten Land von dessen Regierung keine Einwände erhoben werden.*
Per|so|na in|gra|ta, die; - - [lat. = unwillkommener, nicht gern gesehener Mensch] (Dipl.): *Diplomat, dessen Aufenthalt in einem bestimmten Land von dessen Regierung nicht [mehr] gewünscht wird.*
per|so|nal ⟨Adj.⟩ [1 a, 2: spätlat. personalis]: **1.** (bildungsspr.) **a)** *die Person* (1) *betreffend, zu ihr gehörend; als Person existierend:* ein -er Gott; **b)** (selten) *personell.* **2.** (Sprachw.) *die Person* (5) *betreffend.*
Per|so|nal, das; -s [aus mlat. personale = Dienerschaft, subst. Neutr. Sg. von: personalis = dienerhaft < spätlat. personalis]: **a)** *Gesamtheit von Personen, die bei einem Arbeitgeber bzw. Dienstherrn in einem Dienstverhältnis stehen u. bes. auf dem Gebiet der Dienstleistungen tätig sind:* das fliegende P. *(Flugpersonal)*; P. entlassen; **b)** *Dienstpersonal;* **c)** (bildungsspr.) *Gesamtheit von Personen* (3) *eines Romans, Theaterstücks, Films o. Ä.*
Per|so|nal|ab|bau, der ⟨o. Pl.⟩: *Abbau* (4) *von Personal* (a).
Per|so|nal|ab|tei|lung, die: *für Angelegenheiten, die das Personal* (a) *betreffen, zuständige Abteilung* (2).
Per|so|nal|ak|te, die: *über jmdn. geführte Akte mit Angaben u. Unterlagen zur Person* (1 a).
Per|so|nal|aus|weis, der: *amtlicher Ausweis für eine Person* (1 a) *mit einem Lichtbild, Angaben zur Person u. einer Unterschrift des Inhabers.*
Per|so|nal|be|ra|tung, die: *Beratung eines Unternehmens bei Suche u. Auswahl, bei Einsatz u. Organisation des Personals* (a).
Per|so|nal|be|schrei|bung, die: *Beschreibung des Äußeren einer Person* (1 a) *(im Personalausweis, Steckbrief o. Ä.).*
Per|so|nal|bo|gen, der: *Bogen, Formular mit einer Aufstellung von Daten einer Person* (1 a).
Per|so|nal|bü|ro, das: vgl. Personalabteilung.
Per|so|nal|com|pu|ter, (auch:) **Per|so|nal Com|pu|ter** [ˈpəːsənəl -], der [engl. personal computer = persönlicher, privater Computer]: *kleinerer, leistungsfähiger Computer mit vielfältigen Anwendungsmöglichkeiten, der mit benutzerfreundlichen Programmen ausgestattet und leicht handhabbar ist* (Abk.: PC).
Per|so|nal|da|ten ⟨Pl.⟩: *Angaben zur Person* (1 a).
Per|so|nal|de|cke, die (Jargon): *Gesamtheit des einem Unternehmen, einem Verein o. Ä. für bestimmte Tätigkeiten zur Verfügung stehenden Personals* (a).
Per|so|na|le, das; -s, ...lia u. ...lien: (Sprachw.) *persönliches* (1 c) *Verb, das in allen drei Personen* (5) *gebraucht wird.*
Per|so|nal|ein|satz, der: *Einsatz* (3 a) *von Personal* (a).
Per|so|nal|en|dung, die (Sprachw.): *Endung des Verbs, die die grammatische Person* (5) *anzeigt.*
Per|so|nal|form, die (Sprachw.): *Verbform, die in Person* (5) *u. Numerus bestimmt ist.*
Per|so|na|lie, die; -, -n [spätlat. personalia = persönliche Dinge, subst. Neutr. Pl. von: personalis, ↑personal]: **1.** ⟨Pl.⟩ **a)** *Angaben zur Person* (1 a), *wie sie von einer Behörde registriert werden;* **b)** *[Ausweis]papiere, die Angaben zur Person* (1 a) *enthalten.* **2.** (seltener) *Einzelheit, die jmds. persönliche Verhältnisse betrifft.*
per|so|nal|in|ten|siv ⟨Adj.⟩ (Wirtsch.): *in hohem Maß auf der Arbeit von Personal* (a) *beruhend, den Einsatz von Personal* (a) *erfordernd:* -e Postdienste.
per|so|na|li|sie|ren ⟨sw. V.; hat⟩ (bildungsspr.): *auf eine einzelne Person* (1 a), *auf einzelne Personen ausrichten:* Werbung p.; eine Auseinandersetzung im Bundestag p.
Per|so|na|lis|mus, der; -: **1.** (Philos., Theol.) *Glaube an einen persönlichen Gott.* **2.** (Philos.) *Richtung der modernen Philosophie, die den Menschen als eine in ständigen Erkenntnisprozessen stehende, handelnde, wertende, von der Umwelt beeinflusste u. ihre Umwelt selbst beeinflussende Person* (1 a) *sieht.* **3.** (Psych.) *Richtung der Psychologie, die die erlebende u. erlebnisfähige Person* (1 a) *u. deren Beziehung zu ihrer Umwelt in den Mittelpunkt ihrer Forschung stellt.*
Per|so|na|li|tät, die; - (bildungsspr.): *Persönlichkeit; das Wesen einer Person* (1 a) *ausmachende Eigenschaften.*
Per|so|na|li|täts|prin|zip, das; -s (Rechtsspr.): *Grundsatz des internationalen Strafrechts, bestimmte Straftaten nach den im Heimatland des Täters gültigen Gesetzen abzuurteilen.*
Per|so|na|li|ty|show [pəːsəˈnælɪtɪʃoʊ], die [engl. personality show, aus engl. personality = Persönlichkeit u. show, ↑Show] (Ferns.): *Show, die von der Persönlichkeit eines Künstlers getragen wird [u. bes. dessen Vielseitigkeit demonstrieren soll].*
Per|so|nal|kos|ten ⟨Pl.⟩ (Wirtsch., Verwaltung): *Kosten für Personal* (a).
Per|so|nal|kre|dit, der (Wirtsch.): *ohne Sicherung, auf das Ansehen der Person hin gewährter Kredit.*
Per|so|nal|lei|ter, der: *Leiter der Personalabteilung, des Personalbüros.*
Per|so|nal|lei|te|rin, die: w. Form zu ↑Personalleiter.
Per|so|nal|man|gel, der: *Mangel an Personal* (a).
Per|so|nal|pa|pier, das ⟨meist Pl.⟩: *persönliches Ausweispapier.*
Per|so|nal|pla|nung, die (bes. Wirtsch.): *Einplanung von Personal* (a).
Per|so|nal|po|li|tik, die (bes. Wirtsch.): *Überlegungen u. Maßnahmen im Bereich der das Personal* (a) *betreffenden Angelegenheiten.*
Per|so|nal|pro|no|men, das (Sprachw.): *Pronomen, das für die sprechende[n], angesprochene[n] Person[en]* (1 a) *od. für die Person[en]* (1 a) *od. Sache[n] steht, über die gesprochen wird:* das P. der ersten, zweiten, dritten Person.
Per|so|nal|rat, der: *Personalvertretung* (2).
Per|so|nal|steu|er, die (Steuerw.): *Personensteuer.*
Per|so|nal|uni|on, die: **1.** (bildungsspr.) *Vereinigung mehrerer Ämter, Funktionen, Tätigkeiten in einer Person* (1 a). **2.** *[durch Erbfolge bedingte] Vereinigung selbstständiger Staaten unter einem Monarchen.*
Per|so|nal|ver|tre|tung, die (Verwaltung): **1.** ⟨o. Pl.⟩ *Interessenvertretung der Beschäftigten des öffentlichen Dienstes gegenüber den Dienststellenleitern durch gewählte Organe.* **2.** *gewähltes Organ, das die Interessen der Beschäftigten im öffentlichen Dienst gegenüber den Dienststellenleitern vertritt.*
Per|sön|chen, das; -s, -: *zierliches, kleines Mädchen; zierliche, kleine Frau.*
per|so|nell ⟨Adj.⟩ [frz. personnel < spätlat. personalis, ↑personal]: **1.** *das Personal* (a), *die Beschäftigten in einem Betrieb, Bereich o. Ä. betreffend.* **2.** (Psych.) *die Person* (1 a) *betreffend.*
Per|so|nen|auf|zug, der: *Aufzug* (2) *für Personen* (1 a).
Per|so|nen|be|för|de|rung, die (Verkehrsw.): *Beförderung von Personen* (1 a).
Per|so|nen|be|schrei|bung, die: *Beschreibung einer Person* (1 a), *von Personen.*
Per|so|nen|be|zeich|nung, die (Sprachw.): *Substantiv, das eine Person* (1 a) *bezeichnet.*
per|so|nen|be|zo|gen ⟨Adj.⟩: *auf eine bestimmte Person* (1 a) *bezogen, sie betreffend:* -e Merkmale, Daten.
per|so|nen|ge|bun|den ⟨Adj.⟩: *an eine bestimmte Person* (1 a) *gebunden.*
Per|so|nen|ge|dächt|nis, das: *Gedächtnis für Personen* (1 a): ein gutes P. haben.
Per|so|nen|ge|sell|schaft, die (Wirtsch.): *Gesellschaft, bei der die Gesellschafter in dem Unternehmen selbst mitarbeiten u. mit ihrem Vermögen haften.*
Per|so|nen|grup|pe, die: vgl. Personenkreis: steuerlich begünstigte -n.
Per|so|nen|kenn|zei|chen, das (Meldewesen): *in*

P

Ziffern verschlüsselte Angaben (Geburtsdatum, Geschlecht u. Ä.) über eine Person (1 a) *(zur Verwendung in der Datenverarbeitung).*

Per|so|nen|kon|to, das (Buchf.): *Konto für Geschäftspartner (Kunden, Lieferanten).*

Per|so|nen|kraft|wa|gen, der (bes. Amtsspr.): *Personenwagen* (1) (Abk.: Pkw, auch: PKW).

Per|so|nen|kreis, der: *Kreis von Personen* (1 a) *(auf die sich etw. erstreckt, bezieht):* einen großen P. ansprechen.

Per|so|nen|nah|ver|kehr, der: *bei der Personenbeförderung mit Nahverkehrszügen, Stadtbahnen, Omnibussen u. a. entstehender, ihr dienender Verkehr in einem Umkreis von etwa 50 km.*

Per|so|nen|na|me, der: *Eigenname, der eine Person* (1 a) *bezeichnet (wie Vorname, Familienname).*

Per|so|nen|re|gis|ter, das: *Register* (1 a), *das Personennamen erfasst.*

Per|so|nen|scha|den, der (Versicherungsw., Rechtsspr.): *Verletzung od. Todesfall bei einem Unfall.*

Per|so|nen|schiff|fahrt, die: *der Personenbeförderung dienende Schifffahrt.*

Per|so|nen|schutz, der: *polizeilicher, militärischer o. ä. Schutz für Personen* (1 a).

Per|so|nen|stand, der ⟨o. Pl.⟩: *Familienstand.*

Per|so|nen|stands|buch, das: *vom Standesbeamten zur Beurkundung des Personenstandes geführtes Buch.*

Per|so|nen|stands|re|gis|ter, das: *standesamtliches od. kirchliches Register mit Angaben zum Personenstand.*

Per|so|nen|steu|er, die (Steuerw.): *Steuer, die nach bestimmten, auf eine Person* (1 a) *bezogenen Umständen (wie Einkommen u. Vermögen) erhoben wird.*

Per|so|nen|such|an|la|ge, die: *Anlage, mit der einer gesuchten Person* (1 a), *die sich irgendwo im Bereich eines Gebäudes, eines Werks usw. befindet, mit einem akustischen Signal die Anweisung übermittelt werden kann, sich irgendwo zu melden.*

Per|so|nen|ver|kehr, der (Verkehrsw.): *der Personenbeförderung dienender Verkehr.*

Per|so|nen|ver|si|che|rung, die (Versicherungsw.): *Versicherung, die persönliche Risiken abdeckt (z. B. Lebens-, Unfall-, Krankenversicherung).*

Per|so|nen|ver|zeich|nis, das: vgl. Personenregister.

Per|so|nen|waa|ge, die: *Waage zum Wiegen von Personen* (1 a).

P

Per|so|nen|wa|gen, der: **1.** *Wagen, Auto für die Beförderung von Personen* (1 a). **2.** *Eisenbahnwagen für die Beförderung von Personen* (1 a).

Per|so|nen|zug, der: **1.** (früher) *Eisenbahnzug des Nahverkehrs, der Personen* (1 a) *befördert u. an allen Stationen hält.* **2.** *(im Unterschied zum Güterzug) Eisenbahnzug, der Personen* (1 a) *befördert.*

Per|so|ni|fi|ka|ti|on, die; -, -en [frz. personnification, zu: personnifier, ↑personifizieren] (bildungsspr.): **1. a)** *das Personifizieren* (1); **b)** *Gestalt, die das Ergebnis einer Personifikation* (1 a) *ist.* **2.** *Verkörperung (in Gestalt einer Person* 1 a).

per|so|ni|fi|zie|ren ⟨sw. V.; hat⟩ [nach frz. personnifier] (bildungsspr.): **1.** *in Gestalt einer Person* (1 a) *darstellen; vermenschlichen.* **2.** *verkörpern.*

Per|so|ni|fi|zie|rung, die; -, -en (bildungsspr.): **1.** *Personifikation* (1). **2.** (selten) *Personifikation* (2).

per|sön|lich ⟨Adj.⟩ [mhd. persönlich, zu ↑Person]: **1. a)** *für jmds. Person* (1 a) *kennzeichnend, charakteristisch:* großen -en Einfluss haben; **b)** (Philos., Rel.) *in der Art einer Person* (1 a) *[existierend]:* an einen -en Gott glauben; **c)** (Sprachw.) *in der ersten, zweiten, dritten Person* (5) *vorkommend:* -es Fürwort *(Personalpronomen).* **2. a)** *zwischen einzelnen Personen* (1 a) *selbst, unmittelbar zustande kommend:* -e Beziehungen; **b)** *von der einzelnen Person* (1 a) *ausgehend u. durch ihr Erleben, [Mit]fühlen, ihre Interessen usw. bestimmt; menschlich;* **c)** *gegen die einzelne Person* (1 a) *gerichtet:* eine -e Beleidigung; *** p. werden** *(auf jmds. Person zielende Anspielungen machen; unsachlich u. anzüglich werden).* **3.** *in [eigener] Person* (1 a), *selbst.* **4. a)** *eigen:* meine -e Meinung; sein -es Eigentum; **b)** *die eigene Person* (1 a) *betreffend:* -e Erfolge; ⟨subst.:⟩ alles Persönliche aus dem Spiel lassen.

Per|sön|lich|keit, die; -, -en [spätmhd. persōnlichkeit]: **1.** ⟨o. Pl.⟩ *Gesamtheit der persönlichen (charakteristischen, individuellen) Eigenschaften eines Menschen.* **2.** *Mensch mit ausgeprägter individueller Eigenart:* er ist eine starke P. **3.** *jmd., der eine führende Rolle im gesellschaftlichen Leben spielt:* eine bekannte P.

Per|sön|lich|keits|bild, das: *Bild von jmds. Persönlichkeit* (1).

Per|sön|lich|keits|ent|fal|tung, die: *Entfaltung der eigenen Persönlichkeit* (1).

Per|sön|lich|keits|recht, das (Rechtsspr.): *umfassendes Recht auf Achtung u. Entfaltung der Persönlichkeit* (1).

Per|sön|lich|keits|spal|tung, die: *Spaltung, Zerfall der Persönlichkeit* (1) *bei Schizophrenie.*

Per|sön|lich|keits|wahl, die (Politik): *Wahlsystem, bei dem im Gegensatz zur Verhältniswahl die Stimmen nicht für Listen, sondern für einzelne konkurrierende Kandidaten abgegeben werden.*

Per|sons|be|schrei|bung, die (österr.): *Personenbeschreibung.*

Per|spek|tiv, das; -s, -e [zu spätlat. perspectivus, ↑Perspektive]: *Fernrohr aus mehreren Rohrstücken in handlicher Größe, die man ineinander schieben kann.*

Per|spek|ti|ve, die; -, -n [mlat. perspectiva (ars), eigtl. = durchblickend(e Kunst), zu spätlat. perspectivus = durchblickend, zu lat. perspicere = mit dem Blick durchdringen, deutlich sehen; 3 b: nach russ. perspektiva]: **1.** *den Eindruck des Räumlichen hervorrufende Form der (ebenen) Abbildung, der Ansicht von räumlichen Verhältnissen, bei der Parallelen, die in die Tiefe des Raums gerichtet sind, verkürzt werden u. in einem Punkt zusammenlaufen:* die P. dieser Skizze stimmt nicht; ein Gemälde ohne P. **2.** (bildungsspr.) *Betrachtungsweise od. -möglichkeit von einem bestimmten Standpunkt aus; Sicht, Blickwinkel:* interessante -n eröffnen sich; der Fotograf nahm das Bauwerk in, aus einer anderen P. auf. **3.** (bildungsspr.) *Aussicht für die Zukunft:* eine gute P.

per|spek|ti|visch ⟨Adj.⟩ [3: nach russ. perspektivnyj]: **1.** (bildungsspr.) *die Perspektive* (1) *betreffend, darauf beruhend, der Perspektive* (1) *entsprechend:* etw. p. zeichnen. **2.** (bildungsspr.) *die Perspektive* (2), *die Betrachtungsweise betreffend, darauf beruhend.* **3.** *auf die Zukunft gerichtet:* -es ökonomisches Denken; p. planen.

Per|spek|ti|vis|mus, der; - (Philos.): *Prinzip, nach dem die Erkenntnis der Welt, die Beurteilung geschichtlicher Vorgänge usw. durch die jeweilige Perspektive des Betrachters bedingt ist.*

per|spek|tiv|los ⟨Adj.⟩: *keine Perspektive* (3) *besitzend, ohne Perspektiven:* seine Zukunft erschien ihm p.

Per|spek|tiv|lo|sig|keit, die; -: *das Perspektivlossein.*

Per|spek|to|graph, der; -en, -en [↑-graph]: *Zeicheninstrument, mit dem man ein perspektivisches Bild aus dem Grund- u. Aufriss eines Gegenstandes mechanisch zeichnen kann.*

Pe|ru; -s: Staat in Südamerika.

Pe|ru|a|ner, der; -s, -: Ew.

Pe|ru|a|ne|rin, die; -, -nen: w. Form zu ↑Peruaner.

pe|ru|a|nisch ⟨Adj.⟩: *Peru, die Peruaner betreffend; aus Peru stammend.*

Pe|ru|bal|sam, der; -s: *von einem Baum des tropischen Mittel- u. Südamerika gewonnener Balsam, der als Wundheilmittel u. in der Parfümerie verwendet wird.*

Pe|rü|cke, die; -, -n [frz. perruque, urspr. = Haarschopf, H. u.]: **1.** *[unechtes] Haar, das wie eine Kappe als Ersatz für fehlendes Haar, zu Kostümen* (2, 3), *aus modischen o. ä. Gründen getragen wird.* **2.** (Jägerspr.) *krankhafte Wucherung am Gehörn od. Geweih.*

Pe|rü|cken|ma|cher, der: *jmd., der Perücken anfertigt* (Berufsbez.).

Pe|rü|cken|ma|che|rin, die: w. Form zu ↑Perückenmacher.

per|vers ⟨Adj.⟩ [(frz. pervers <) lat. perversus = verdreht, verkehrt, adj. 2. Part. von: pervertere, ↑pervertieren]: **1.** *(bes. in sexueller Beziehung) widernatürlich:* eine -e Lust am Töten; -e Sexualpraktiken; er, sie ist p.; ich finde so was p. **2.** (ugs., oft emotional übertreibend) *die Grenze des Erlaubten überschreitend, unerhört, schlimm; absurd, höchst merkwürdig:* das ist ja p., wie der überholt.

Per|ver|si|on, die; -, -en [spätlat. perversio] (bildungsspr.): *perverses Empfinden bzw. Verhalten; Verkehrung ins Krankhafte, Abnorme:* moralische P.

Per|ver|si|tät, die; -, -en [lat. perversitas] (bildungsspr.): **1.** ⟨o. Pl.⟩ *das Perverssein.* **2.** *perverse Art, Verhaltensweise.*

per|ver|tie|ren ⟨sw. V.⟩ [lat. pervertere = verkehren] (bildungsspr.): **1.** *verderben, verfälschen, ins Gegenteil, ins Negative verkehren* ⟨hat⟩: Menschen zu seelenlosen Robotern p. **2.** *sich in etw. Negatives verkehren, verfälscht werden* ⟨ist⟩: das politische System pervertierte zur Diktatur.

Per|ver|tiert|heit, die; -, -en: **1.** ⟨o. Pl.⟩ *das Pervertiertsein.* **2.** *Perversität* (2).

Per|ver|tie|rung, die; -, -en: *das Pervertieren.*

per|zen|tu|ell ⟨Adj.⟩ (österr.): *prozentual.*

per|zep|ti|bel ⟨Adj.⟩ [spätlat. perceptibilis, zu lat. percipere, ↑perzipieren] (Psych., Philos.): *wahrnehmbar, erfassbar.*

Per|zep|ti|on, die; -, -en [lat. perceptio]: **1. a)** (Philos.) *das reine sinnliche Wahrnehmen ohne Reflexion als erste Stufe der Erkenntnis;* **b)** (Psych.) *[sinnliche] Wahrnehmung [eines Gegenstands] ohne bewusstes Erfassen u. Identifizieren (z. B. bei flüchtigem Hinsehen).* **2.** (Med., Biol.) *Aufnahme von Reizen durch Sinneszellen, -organe.*

per|zep|tiv ⟨Adj.⟩ (Fachspr.): *durch Perzeption bewirkt.*

Per|zep|ti|vi|tät, die; - (bes. Med., Biol.): *(von Sinneszellen, -organen) Aufnahmefähigkeit für Reize.*

per|zep|to|risch ⟨Adj.⟩: *perzeptiv.*

Per|zi|pi|ent, der; -en, -en [zu lat. percipiens (Gen.: percipientis), 1. Part. von: percipere, ↑perzipieren] (Fachspr.): *Empfänger.*

per|zi|pie|ren ⟨sw. V.; hat⟩ [lat. percipere (2. Part.: perceptum) = wahrnehmen]: **1.** (Philos., Psych.) *[sinnlich] wahrnehmen.* **2.** (Med., Biol.) *durch Sinneszellen, -organe Reize aufnehmen.* **3.** (veraltet) *(Geld) einnehmen.*

Pe|sa|de, die; -, -n [frz. pesade, älter: posade < ital. posata = das Anhalten, zu: posare < spätlat. pausare, ↑pausieren] (Reiten): *kurzes Sichaufbäumen des Pferds auf der Hinterhand (als Figur der Hohen Schule).*

pe|san|te ⟨Adv.⟩ [ital. pesante, 1. Part. von: pesare = (schwer) wiegen, zu: peso = Gewicht < lat. pensum, ↑Pensum] (Musik): *schwerfällig; wuchtig.*

Pe|sel, der; -s, - [mniederd. pēsel < asächs. piasal, über das Vlat. zu lat. (balneum) pensile = (auf gemauerten Bogen ruhendes) Badezimmer mit beheiztem Fußboden, zu: pensilis = hängend, schwebend, zu: pendere, ↑Pensum] (nordd.): *prächtig ausgestatteter Hauptraum bes. des nordfriesischen Bauernhauses.*

pe|sen ⟨sw. V.; ist⟩ [H. u.] (ugs.): **a)** *sehr schnell laufen; rennen:* zum Bahnhof p.; **b)** *sehr schnell fahren:* sie ist mit dem Auto um die Ecke gepest.

Pe|se|ta, (auch:) **Pe|se|te,** die; -, ...ten [span. peseta, eigtl. = kleine Münze (mit einheitlich festgesetztem Gewicht), zu: peso < lat. pensum, ↑Pensum]: **1.** *Währungseinheit in Spanien*

(1 Peseta = 100 Céntimos) (Abk.: Pta). 2. ⟨Pl.⟩ (salopp) *Geld:* dazu fehlen mir die Peseten.

Pe|so, der; -[s], -[s] [span. peso, ↑Peseta]: *Währungseinheit in Süd-, Mittelamerika u. auf den Philippinen.*

Pes|sach, das; -s: ↑Passah.

Pes|sar, das; -s, -e [spätlat. pess(ari)um < griech. pessón, pessós = (als eine Art Tampon verwendeter) länglich runder Gegenstand, eigtl. = Spielstein im Brettspiel] (Med.): *meist ringförmiger Gegenstand bes. aus Kunststoff, der stützend den Muttermund umschließt u. auch der Empfängnisverhütung dient.*

Pes|si|mis|mus, der; - [zu lat. pessimus, ↑Pessimum]: **a)** *Lebensauffassung von Menschen, die alles von der schlechten Seite betrachten; Grundhaltung ohne positive Erwartungen, Hoffnungen:* zum P. neigen; **b)** *durch negative Erwartung bestimmte Haltung angesichts einer Sache, hinsichtlich der Zukunft;* **c)** *philosophische Auffassung, nach der die bestehende Welt schlecht ist u. eine Entwicklung zum Besseren nicht zu erwarten ist.*

Pes|si|mist, der; -en, -en: *von Pessimismus erfüllter Mensch.*

Pes|si|mis|tin, die; -, -nen: w. Form zu ↑Pessimist.

pes|si|mis|tisch ⟨Adj.⟩: **a)** *von Pessimismus* (a) *erfüllt;* **b)** *von Pessimismus* (b) *erfüllt od. die entsprechende Haltung ausdrückend:* eine -e Übertreibung.

Pes|si|mum, das; -s, ...ma [lat. pessimum, Neutr. von: pessimus = schlechtester, Sup. von: malus = schlecht] (Biol.): *ungünstigste Umweltbedingungen für ein Tier od. eine Pflanze.*

Pest, die; - [lat. pestis, H. u.]: *epidemisch auftretende, mit hohem Fieber u. eitrigen Entzündungen verbundene ansteckende Krankheit, die oft tödlich verläuft:* er hatte die P.; *** jmdm. die P. an den Hals wünschen** (salopp; *jmdm. alles Schlechte wünschen*); **wie die P. stinken** (salopp; *abscheulich stinken*); **wie die P.** (salopp; *überaus intensiv, eifrig, schnell*).

pest|ar|tig ⟨Adj.⟩ (abwertend): *(von Gerüchen) übel, abscheulich:* ein -er Gestank.

Pest|beu|le, die: *bei der Pest auftretende eitrige Beule.*

Pest|ge|ruch, der: *übler, abscheulicher Geruch.*

Pest|hauch, der (geh.): *giftiger, tödlicher Hauch, Dunst.*

Pes|ti|zid, das; -s, -e [zu ↑Pest u. lat. caedere (in Zus. -cidere) = töten]: *Schädlingsbekämpfungsmittel.*

pest|krank ⟨Adj.⟩: *an der Pest erkrankt.*

Pe|ta|joule, das [wohl variiert aus griech. penta- = fünf (zur Bez. des 10^{15}fachen einer physikalischen Einheit) u. ↑Joule] (Physik): *eine Billiarde Joule* (Zeichen: PJ).

Pe|tent, der; -en, -en [zu lat. petens (Gen.: petentis), 1. Part. von: petere, ↑Petition] (Amtsspr., Rechtsspr.): *jmd., der eine Eingabe* (1) *macht.*

Pe|ter, der; -s, - [nach dem m. Vorn. Peter < lat. Petrus < griech. Pétros, zu: pétros = Fels(block), Stein] (ugs., in Verbindung mit abwertendem Adj.): *Mensch, Person:* ein dummer P.; *** jmdm. den schwarzen P. zuschieben/zuspielen** (*jmdm. die Schuld, Verantwortung für etw. zuschieben;* nach dem Kartenspiel »Schwarzer Peter«, bei dem derjenige verliert, der am Schluss des Spiels die gleichnamige Spielkarte in der Hand hält).

Pe|ter|männ|chen, das [H. u., wohl nach dem hl. Petrus, dem Schutzpatron der Fischer]: *zu den Barschen gehörender Fisch mit Stachelflossen u. Giftdrüsen, der sich im Meeresgrund eingräbt.*

Pe|ter|si|lie, die; -, -n [mhd. pētersil(je), ahd. petersilie, petrasile < mlat. petrosilium < lat. petroselinon < griech. petrosélinon = Felsen-, Steineppich]: *zum Würzen u. Garnieren von Speisen verwendete Pflanze mit dunkelgrünen, glatten od. krausen, mehrfach gefiederten Blättern u. schlanker Pfahlwurzel.*

Pe|ter|si|li|en|kar|tof|feln ⟨Pl.⟩ (Kochk.): *mit gehackter Petersilie angerichtete Kartoffeln.*

Pe|ter|si|li|en|wur|zel, die: *Wurzel der Petersilie.*

Pe|ters|pfen|nig, der [nach der Peterskirche, der Hauptkirche des Papstes u. der Grabkirche des Petrus in Rom] (kath. Kirche): *Abgabe an den Papst.*

Pe|tit [pəˈtiː], die; - [zu frz. petit = klein, gering, aus dem Vlat.] (Druckw.): *Schriftgrad von acht Punkt.*

Pe|ti|ti|on, die; -, -en [lat. petitio, zu: petere (2. Part.: petitum) = verlangen, (er)bitten] (Amtsspr.): *Gesuch, Eingabe an eine offizielle Stelle:* eine P. abfassen.

Pe|ti|ti|ons|aus|schuss, der: *parlamentarischer Ausschuss zur Prüfung von Petitionen.*

Pe|ti|ti|ons|recht, das ⟨Pl. selten⟩: *verfassungsmäßiges Recht, sich mit einer Petition unmittelbar an die zuständige Behörde od. an die Volksvertretung zu wenden.*

Pe|tit|satz [pəˈtiː...], der (Druckw.): **a)** ⟨o. Pl.⟩ *das Setzen in Petit;* **b)** *in Petit Gesetztes.*

Pe|tit|schrift [pəˈtiː...], die: *Druckschrift in der Größe von acht Punkt.*

Pe|tits Fours [pətiˈfuːɐ̯] ⟨Pl.⟩ [frz., zu four = Gebäck, eigtl. = (Back)ofen]: *feines [gefülltes u. glasiertes] Kleingebäck.*

petr-, Petr-: ↑petro-, Petro-.

Pe|tre|fakt, das; -[e]s, -e[n] [zu lat. petra < griech. pétra = Stein, Fels u. lat. facere = machen] (Paläont. veraltet): *Versteinerung.*

pe|tri|fi|zie|ren ⟨sw. V.⟩ [zu lat. petra (↑Petrefakt) u. facere = machen] (bildungsspr.): **a)** *versteinern, zu Stein werden* ⟨ist⟩; **b)** *versteinern lassen* ⟨hat⟩.

Pe|tri Heil! [nach dem Namen des Apostels Petrus (lat. Gen.: Petri), des Schutzpatrons der Fischer]: Gruß der Angler.

Pe|tri|jün|ger, der (ugs. scherzh.): *Sportangler, Angler aus Leidenschaft.*

Pe|tri|jün|ge|rin, die: w. Form zu ↑Petrijünger.

Pe|tri|schalle, die [nach dem dt. Bakteriologen R. J. Petri (1852–1921)]: *flache Glasschale, in der bakterielle Kulturen angelegt werden.*

petro-, Petro-, (vor Vokalen auch:) petr-, Petr- [griech. pétros] ⟨Best. in Zus. mit der Bed.⟩: *stein-, Stein-* (z. B. petrographisch, Petrologie, Petroleum).

Pe|tro|che|mie, die; - [1: zu ↑petro-, Petro- u. ↑Chemie]: **1.** *Wissenschaft von der chemischen Zusammensetzung der Gesteine.* **2.** *Petrolchemie.*

pe|tro|che|misch ⟨Adj.⟩: **a)** *die Petrochemie* (1) *betreffend;* **b)** *petrolchemisch.*

Pe|tro|dol|lar [auch: ˈpɛ...], der; -[s], -[s] (Wirtsch. Jargon): *aus Einnahmen aus dem Ölexport (eines Erdöl exportierenden Landes) stammender US-Dollar:* die auf den internationalen Finanzmärkten angelegten -s; Milliarden von -s.

Pe|tro|ge|ne|se, die; -, -n [zu ↑Petroleum]: *Entstehung der Gesteine; Gesteinsbildung.*

Pe|tro|gra|phie, die; - [↑-graphie]: *Wissenschaft von der mineralogischen u. chemischen Zusammensetzung der Gesteine u. ihrer Gefüge; beschreibende Gesteinskunde.*

pe|tro|gra|phisch ⟨Adj.⟩: *die Petrographie betreffend.*

Pe|trol, das; -s (schweiz.): *Petroleum.*

Pe|trol|che|mie, die ⟨o. Pl.⟩ [zu ↑Petroleum u. ↑Chemie]: *Zweig der technischen Chemie, dessen Aufgabe bes. in der Gewinnung von chemischen Rohstoffen aus Erdöl u. Erdgas besteht; Erdölchemie.*

pe|trol|che|misch ⟨Adj.⟩: *die Petrolchemie betreffend.*

Pe|tro|le|um, das; -s [mlat. petroleum, zu griech. pétros = Stein u. lat. oleum = Öl, also eigtl. = Steinöl]: **1.** (veraltend) *Erdöl.* **2.** *(aus Erdöl gewonnene) farblose, brennbare Flüssigkeit.*

Pe|tro|le|um|ko|cher, der: *mit Petroleum betriebener Kocher.*

Pe|tro|le|um|lam|pe, die: *Lampe, deren Licht durch das (mithilfe eines Dochts erfolgende) Verbrennen von Petroleum entsteht.*

Pe|tro|lo|gie, die; - [↑-logie]: *Wissenschaft von der Bildung u. Umwandlung der Gesteine, bes. den physikalisch-chemischen Bedingungen ihrer Entstehung.*

Pe|trus [nach dem Apostel Petrus, der nach dem Volksglauben für das Wetter verantwortlich ist u. die Rolle des himmlischen Türhüters einnimmt]: in Wendungen wie: **P. meint es gut** (ugs.; *es ist schönes Wetter*); **wenn P. mitspielt** (ugs.; *wenn das Wetter gut ist ...*); **bei P. anklopfen** (ugs. verhüll.; *sterben*).

Pe|trus|brief, der: Brief des Apostels Petrus im N. T.

Pet|schaft, das; -s, -e [mhd. petschat < tschech. pečet' (zu -schaft umgeformt)]: *Siegel* (1 a) *mit eingraviertem Namenszug, Wappen od. Bild.*

pet|schie|ren ⟨sw. V.; hat⟩: *mit einem Petschaft versiegeln:* *** petschiert sein** (österr. ugs.; *in einer schwierigen Situation, ruiniert sein;* wohl nach dem Siegel auf gepfändeten Gegenständen).

Pet|ti|coat [ˈpɛtɪkoʊt], der; -s, -s [engl. petticoat, eigtl. = kleiner Rock, zu: petty (< frz. petit, ↑Petit) = klein u. coat, ↑Coat] (Mode): *versteifter, weiter, in der Taille ansetzender Unterrock:* -s und Rock 'n' Roll bestimmten ihre Jugend.

Pet|ting, das; -[s], -s [engl. petting, zu: to pet = liebkosen]: *[bis zum Orgasmus betriebene] gegenseitige sexuelle Stimulierung, bei der die Genitalien berührt werden, es aber nicht zur genitalen Vereinigung kommt.*

pet|to: ↑in petto.

Petz, der; -es, -e: ↑Meister (7).

[1]Pet|ze, die; -, -n [H. u.] (landsch.): *Hündin.*

[2]Pet|ze, die; -, -n (Schülerspr. abwertend): *jmd., der [1]petzt.*

pet|zen ⟨sw. V.; hat⟩ [aus der Studentenspr., viell. urspr. gaunerspr., zu hebr. pạzạ̈ = den Mund aufreißen] (Schülerspr. abwertend): *(bes. einer Lehrperson, den Eltern o. Ä.) mitteilen, dass ein anderer etw. Unerlaubtes, Unrechtmäßiges o. Ä. getan hat:* sie hat gleich gepetzt, dass ich zu spät gekommen bin.

Pet|zer, der; -s, - [zu ↑[1]petzen] (Schülerspr. abwertend): *jmd., der petzt.*

Pet|ze|rin, die; -, -nen: w. Form zu ↑Petzer.

peu à peu [pøaˈpø; frz.]: *allmählich, langsam, nach u. nach.*

pF = Picofarad.

Pf. = Pfennig.

Pfad, der; -[e]s, -e [mhd. pfat, ahd. pfad, H. u.]: *schmaler Weg:* ein steiniger P. schlängelte sich durchs Tal; Ü die verschlungenen -e des Lebens; *** ein dorniger P.** (geh.; *ein mit vielen Schwierigkeiten verbundener Weg zu einem Ziel hin*); **die ausgetretenen -e verlassen** (geh.; *im Denken od. Handeln vom üblichen Schema abweichen*); **auf ausgetretenen -en wandeln** (geh.; *immer nur in derselben [erprobten] Weise vorgehen, keine Neuerungen riskieren*); **auf dem P. der Tugend wandeln** (geh., auch spött.; *tugendhaft, brav sein*).

Pfad|fin|der, der; -s, - [LÜ von engl. pathfinder]: *Angehöriger einer internationalen Jugendorganisation mit dem allgemeinen Ziel, zu sozialem u. politischem Verhalten zu erziehen.*

Pfad|fin|de|rin, die: w. Form zu ↑Pfadfinder.

Pfaf|fe, der; -n, -n [mhd. pfaffe, ahd. pfaffo, phapho < mlat. papas < spätgriech. papās = niedriger Geistlicher] (abwertend): *Geistlicher:* auf die -n schimpfen.

Pfaf|fen|ge|schwätz, das (abwertend): *überflüssiges, sinnloses, nicht sehr hilfreiches Reden [von Geistlichen]:* das ist doch alles törichtes, leeres P.

Pfahl, der; -[e]s, Pfähle [mhd., ahd. pfāl < lat. palus]: **1.** *langes rundes od. kantiges Bauteil aus Holz, Stahl od. Beton, das meist an einem Ende zugespitzt ist:* ein morscher P.; Pfähle einschlagen, einrammen; der Bau ruht auf Pfählen; *** ein P. im Fleische** (*etw. [körperlich od. seelisch] Peinigendes, was einen nicht zur Ruhe kommen lässt;* nach 2. Kor. 12,7). **2.** (Heraldik) *senkrechter Streifen von abweichender Farbe in der Mitte eines Wappenschildes.*

Pfahl|bau, der ⟨Pl. -ten⟩: *(im Wasser, über moori-*

gem Grund o. Ä.) auf einer von eingerammten Pfählen gestützten freien Plattform stehender Bau (4).

Pfahl|bür|ger, der [1: mhd. pfalburgære; 2: vgl. Spießbürger]: **1.** *(im MA.) jmd., der das Bürgerrecht einer Stadt hat, aber nicht innerhalb ihrer Mauern, sondern bei den das Außenwerk bildenden Pfählen wohnt.* **2.** (abwertend veraltend) *Spießbürger.*

pfäh|len ⟨sw. V.; hat⟩ [mhd. pfælen = Pfähle machen]: **1.** (Fachspr.) **a)** *Pfähle in etw. einrammen; mit Pfählen befestigen:* lockeren Baugrund p.; **b)** *mit einem Pfahl stützen:* Obstbäume p. **2.** *mit einem Pfahl durchbohren u. dadurch töten:* jmdn. p. lassen.

Pfahl|mu|schel, die: *Miesmuschel.*

Pfahl|werk, das (Bautechnik): *aus Pfählen errichtete Stützwand.*

Pfahl|wur|zel, die (Bot.): *lange, gerade, senkrecht in den Boden gehende Wurzel.*

[1]Pfalz, die; -, -en [mhd. phal(en)ze, ahd. phalanza < mlat. palatia (Pl.) < lat. palatium, ↑Palast]: *(im MA.) dem deutschen König bzw. Kaiser u. a. als Gerichtsstätte dienende wechselnde Residenz:* die -en der Staufer.

[2]Pfalz, die; -: Gebiet in Rheinland-Pfalz.

[1]Pfäl|zer, der; -s, -: **1.** Ew. zu ↑[2]Pfalz. **2.** *Wein aus der [2]Pfalz.*

[2]Pfäl|zer ⟨indekl. Adj.⟩: der P. Wald.

Pfäl|ze|rin, die; -, -nen: w. Form zu ↑[1]Pfälzer (1).

Pfalz|graf, der: *(im MA.) richterlicher Vertreter des Königs in seiner Pfalz.*

pfäl|zisch ⟨Adj.⟩: **a)** (selten) *die [1]Pfalz betreffend, zu ihr gehörend;* **b)** *die [2]Pfalz, die [1]Pfälzer* (1) *betreffend; von den [1]Pfälzern* (1) *stammend, zu ihnen gehörend.*

Pfand, das; -[e]s, Pfänder [mhd., ahd. pfant, H. u.]: **1. a)** *Gegenstand, der als Sicherheit, als Bürgschaft für eine Forderung gilt:* ein P. geben, einlösen; **b)** *Geldbetrag, der für das Leergut berechnet bzw. erstattet wird:* P. für etw. bezahlen; ist auf den Flaschen P.? *(muss dafür Pfand bezahlt werden?).* **2.** (geh.) *Unterpfand, Beweis, Zeichen für etw.:* jmdm. einen Ring als P. seiner Liebe schenken; mit etw. ein gutes P. in der Hand haben.

pfänd|bar ⟨Adj.⟩: *(als nicht unbedingt lebensnotwendiges Gut) zur Pfändung geeignet:* der -e Teil des Gehalts.

Pfand|brief, der (Wirtsch., Bankw.): *Hypothekenpfandbrief.*

pfän|den ⟨sw. V.; hat⟩ [mhd. pfenden, ahd. (nur als 2. Part.) gifantōt]: **a)** *als Pfand* (1 a) *für eine geldliche Forderung gerichtlich beschlagnahmen:* Möbel, den Lohn p.; bei ihr gibt es nichts zu p.; das Existenzminimum können sie ihm nicht p.; **b)** *jmds. Eigentum als Pfand* (1 a) *für eine Forderung gerichtlich beschlagnahmen:* sie sind schon mehrmals gepfändet worden.

Pfän|der|spiel, das: *Gesellschaftsspiel, bei dem ein Mitspieler, wenn er etw. falsch gemacht hat, ein Pfand hinterlegen muss, das er am Schluss des Spiels nach Erfüllung einer scherzhaften Auflage zurückerhält.*

Pfand|fla|sche, die: *Flasche, auf die Pfand* (1 b) *erhoben wird.*

Pfand|geld, das: *Pfand* (1 b).

Pfand|haus, das (veraltend): *Leihhaus.*

Pfand|leih|an|stalt, die: *auf öffentlich-rechtlicher Grundlage betriebenes Leihhaus.*

Pfand|lei|he, die: **a)** ⟨o. Pl.⟩ *gewerbsmäßiges Verleihen von Geld gegen Pfand* (1 a): von der P. leben; **b)** *Leihhaus:* etw. auf, in die P. bringen.

Pfand|lei|her, der; -s, -: *jmd., der verzinsliche Darlehen gegen Hinterlegung eines Pfandes* (1 a) *ausgibt* (Berufsbez.).

Pfand|lei|he|rin, die; -, -nen: w. Form zu ↑Pfandleiher.

Pfand|schein, der: *Bescheinigung über ein hinterlegtes Pfand* (1 a).

Pfand|sie|gel, das: *Siegel* (2 b), *das der Gerichtsvollzieher bei der Pfändung an die gepfändeten Gegenstände klebt.*

Pfän|dung, die; -, -en: *das Pfänden.*

Pfan|ne, die; -, -n [mhd. pfanne, ahd. phanna < mlat., vlat. panna, wohl zu lat. patina < griech. patánē = Schüssel]: **1.** *flaches, zum Braten od. Backen auf dem Herd verwendetes [eisernes] Gefäß [mit langem Stiel]:* die P. auf den Herd stellen, vom Feuer nehmen; das Essen heiß von der P. servieren; * **jmdn. in die P. hauen** (salopp; 1. *jmdn. scharf, in erniedrigender Weise zurechtweisen, hart kritisieren:* vor dem Chef hat er dann seine Kollegen in die P. gehauen. 2. *jmdn. vernichten, vernichtend besiegen:* wir haben die gegnerische Mannschaft in die P. gehauen. 3. *verprügeln:* die Hooligans hauten die Ordner im Stadion in die P.). **2.** (früher) *am Gewehr angebrachte Vertiefung, Mulde für das Schießpulver:* * **etw. auf der P. haben** (ugs.; *etw. [Überraschendes] in Bereitschaft haben;* eigtl. = das Gewehr geladen haben u. sofort losschießen können): immer einen Witz auf der P. haben. **3.** (Hüttenw.) *Gefäß zum Transport von flüssigem Metall od. flüssiger Schlacke.* **4.** (Bauw.) *Dachziegel für Dächer mit geringer Neigung.* **5.** (Anat.) *Gelenkpfanne.* **6.** (Geogr.) *Senke, Mulde bes. in Trockengebieten, die nach starkem Regen mit Wasser gefüllt sein kann.* **7.** kurz für ↑Bettpfanne.

Pfan|nen|stiel, der: *Stiel einer Pfanne* (1).

Pfann|ku|chen, der [mhd. pfankuoche, ahd. pfankuocho]: **1.** *in der Pfanne gebackene, flache Mehlspeise aus Eiern, Mehl u. Milch; Eier[pfann]kuchen:* P. essen; * **platt sein wie ein P.** (salopp; *sehr verblüfft, überrascht sein*). **2.** (bes. nordd. u. ostmd.) *in schwimmendem Fett gebackenes, meist mit Marmelade gefülltes, kugelförmiges Gebäckstück aus Hefeteig; [3]Berliner:* es duftet nach frischen P.; * **aufgehen wie ein P.** (salopp; *dick werden*). **3.** (landsch.) *Kartoffelpuffer.*

Pfarr|ad|mi|nis|tra|tor, der: *Pfarrverweser.*

Pfarr|ad|mi|nis|tra|to|rin, die: w. Form zu ↑Pfarradministrator.

Pfarr|amt, das: **1.** *Dienststelle eines [Gemeinde]pfarrers:* aufs P. gehen. **2.** *Amt eines Pfarrers.*

Pfarr|be|zirk, der: *Amtsbezirk eines Pfarrers.*

Pfar|re, die; -, -n [mhd. pfarre, ahd. pfarra, H. u., viell. verw. mit ↑Pferch] (landsch.): *Pfarrei.*

Pfar|rei, die; -, -en: **a)** *unterste kirchliche Behörde mit einem Pfarrer an der Spitze:* eine P. mit 2 000 Seelen; **b)** *Pfarramt* (1), *Pfarrhaus:* der Chor trifft sich vor dem Auftritt in der P.

Pfar|rer, der; -s, - [mhd. pfarrære, spätahd. pfarrāri]: *einer Gemeinde, Pfarrei vorstehender Geistlicher einer christlichen Kirche:* ein evangelischer, katholischer P.

Pfar|re|rin, die; -, -nen: w. Form zu ↑Pfarrer.

Pfar|rers|frau: ↑Pfarrfrau.

Pfar|rers|toch|ter, die: *Tochter eines Pfarrers:* * **unter uns [katholischen] Pfarrerstöchtern** (ugs. scherzh.; *unter uns [Gleichgesinnten] gesagt; im Vertrauen*).

Pfarr|frau, die: *Ehefrau eines evangelischen Pfarrers.*

Pfarr|ge|mein|de|rat (kath. Kirche): *aus gewählten Mitgliedern bestehendes Gremium, das dem [Gemeinde]pfarrer beratend u. helfend zur Seite steht.*

Pfarr|haus, das: *der Kirche gehörendes Haus, in dem sich die Dienstwohnung eines Pfarrers [u. Amtsräume] befinden.*

Pfarr|hel|fer, der: *ausgebildeter Helfer in einer evangelischen od. katholischen Gemeinde* (Berufsbez.).

Pfarr|hel|fe|rin, die: w. Form zu ↑Pfarrhelfer.

Pfarr|kir|che, die: *einzige Kirche, Hauptkirche eines Pfarrbezirks; Parochialkirche.*

Pfarr|stel|le, die: *Stelle einer Pfarrerin od. eines Pfarrers.*

Pfarr|ver|we|ser, der: *Verwalter einer noch nicht [wieder] besetzten Pfarrstelle.*

Pfarr|ver|we|se|rin, die: w. Form zu ↑Pfarrverweser.

Pfarr|vi|kar, der: **a)** (kath. Kirche) *ständiger od. zeitweiliger Vertreter einer geistlichen Amtsperson;* **b)** (ev. Kirche) *amtierender* (b) *Theologe (mit 2. theologischer Prüfung).*

Pfarr|vi|ka|rin, die: w. Form zu ↑Pfarrvikar (b).

Pfarr|zwang, der ⟨o. Pl.⟩ (christl. Kirchen): *Zuweisung der Gemeindeglieder an den für ihren Wohnsitz zuständigen Pfarrer.*

Pfau, der; -[e]s, -en, österr. u. regional auch: -en, -e [mhd. pfā(we), ahd. pfāwo < lat. pavo]: *großer, auf dem Boden lebender Vogel, bei dem das männliche Tier lange, von großen, schillernden, augenähnlichen Flecken gezierte, zu einem [2]Rad* (6) *aufrichtbare Schwanzfedern besitzt:* der P. schlägt ein Rad; sich spreizen wie ein P.; Ü er ist ein [eitler] P./eitel wie ein P. (geh. abwertend; *er ist sehr eitel*).

Pfau|en|au|ge, das: *Schmetterling mit auffallenden, den Flecken auf den Schwanzfedern von Pfauen ähnelnden Flecken auf den Flügeln.*

Pfau|en|fe|der, die: *[Schwanz]feder eines Pfaus.*

Pfau|en|thron, der ⟨o. Pl.⟩: *reich verzierter Thron früherer Herrscher des Iran.*

Pfau|hahn, der: *männlicher Pfau.*

Pfau|hen|ne, die: *weiblicher Pfau.*

Pfd. = Pfund.

Pfef|fer, der; -s, (Sorten:) - [mhd. pfeffer, ahd. pfeffar < lat. piper < griech. péperi, über das Pers. < aind. pippali = Pfefferkorn]: **1.** *scharfes Gewürz, das in Form von [un]gemahlenen Pfefferkörnern verwendet wird:* gemahlener, ganzer P.; grüner *(meist in unreifen, noch grünen Körnern eingelegter)* P.; schwarzer *(dunkler, getrockneter, ungeschälter)* P.; weißer *(heller, getrockneter, geschälter)* P.; das brennt wie P.; * **P. und Salz** (Textilind.; *feines, an eine Mischung aus Pfeffer u. Salz erinnerndes schwarz-, grau- od. braunweißes Stoffmuster*); **hingehen/bleiben, wo der P. wächst** (ugs.; in Verwünschungen; *verschwinden, fernbleiben;* bezogen auf das Herkunftsland des Pfeffers, Indien, das für die Menschen früher in einer fast unerreichbaren Ferne lag): der soll bleiben, wo der P. wächst!; **jmdm. P. geben/(derb:) in den Arsch blasen** (ugs.; *jmdn. zu etw. antreiben*); **P. im Hintern/(derb:) Arsch haben** (salopp; ↑[1]Hummel). **2.** (ugs.) *Schwung; stimulierende Kraft:* die Sendung hatte keinen P. **3.** * **roter, spanischer, türkischer** o. ä. **P.** (*[scharfes] Paprikagewürz*).

Pfef|fer|ge|wächs, das: *in tropischen Wäldern wachsende Nutz- od. Zierpflanze mit scharf schmeckenden Früchten [od. Blättern]* (z. B. Pfefferstrauch).

pfef|fe|rig: ↑pfeffrig.

Pfef|fer|korn, das ⟨Pl. ...körner⟩: *einzelne (als Pfeffer 1 verwendete) ganze Frucht des Pfefferstrauches.*

Pfef|fer|ku|chen, der [15. Jh., eigtl. = mit gewürzter Brühe bereiteter Kuchen]: *Lebkuchen.*

Pfef|fer|ku|chen|haus, Pfef|fer|ku|chen|häus|chen, das: *kleines, mit Süßigkeiten verziertes Haus aus Pfefferkuchen.*

[1]Pfef|fer|minz [auch: - - ′ -] das; - ⟨meist o. Art.⟩ [aus ↑Pfeffer u. ↑Minz]: *in der Pfefferminze enthaltener Aromastoff:* etw. riecht, schmeckt nach P.

[2]Pfef|fer|minz [auch: - - ′ -], der; -es, -e ⟨aber: 2 Pfefferminz⟩: *Pfefferminzlikör.*

[3]Pfef|fer|minz [auch: - - ′ -], das; -es, -e: *Bonbon o. Ä. mit [einer Füllung mit] Pfefferminzgeschmack.*

Pfef|fer|minz|bon|bon, der od. das: *Bonbon mit Pfefferminzgeschmack.*

Pfef|fer|min|ze [auch: - - ′ - -], die [nach dem pfefferartigen Geschmack der Blätter]: *krautige Pflanze mit gestielten Blättern u. lilafarbenen Blüten, die ein stark aromatisches ätherisches Öl enthält u. als Heilpflanze kultiviert wird.*

Pfef|fer|minz|ge|schmack, der: *Geschmack von Pfefferminze.*

Pfef|fer|minz|li|kör, der: *mit Pfefferminzöl aromatisierter Likör.*

Pfef|fer|minz|öl, das: *aus den Blättern der Pfefferminze gewonnenes ätherisches Öl mit erfrischendem Aroma.*

Pfef|fer|minz|tee, der: **a)** *Tee aus Blättern der Pfefferminze;* **b)** *zur Bereitung von Pfefferminztee* (a) *verwendete [getrocknete] Blätter der Pfefferminze.*

pfef|fern ⟨sw. V.; hat⟩ [mhd. pfeffern, spätahd. pfefferōn]: **1.** *mit Pfeffer würzen:* ein Steak p.; eine stark gepfefferte Soße; Ü sie pfefferte ihre Rede mit vielen Zitaten. **2.** (ugs.) *mit Wucht irgendwohin werfen, schleudern o. Ä.:* er pfefferte seine Schultasche in die Ecke; sie pfefferte *(schoss)* den Ball an den Torbalken. **3.** * **jmdm. eine p.** (salopp; *jmdm. einen Schlag, bes. eine Ohrfeige, versetzen*); **eine gepfeffert kriegen** o. Ä. (salopp; *einen Schlag, bes. eine Ohrfeige, versetzt bekommen*).

Pfef|fer|nuss, die: *kleiner, runder [mit einer weißen Zuckerglasur überzogener] Pfefferkuchen.*

Pfef|fer|sack, der [eigtl. = Sack mit Pfefferkörnern, dann spött. für den Kaufmann, der damit handelt (u. durch den Pfefferhandel reich geworden ist)] (veraltend abwertend): *reicher Händler, Geschäftsmann, Großkaufmann* (2).

Pfef|fer|strauch, der: *(bes. in Indien wachsende) Kletterpflanze mit kleinen, fast runden, traubenartig wachsenden Früchten, die als Pfeffer* (1) *verwendet werden.*

pfeff|rig, pfefferig ⟨Adj.⟩: *[viel] Pfeffer* (1) *enthaltend, [stark] nach Pfeffer* (1) *schmeckend, riechend:* eine -e Suppe.

Pfeif|chen, das; -s, -: Vkl. zu ↑Pfeife (1 a, 2).

Pfei|fe, die; -, -n [mhd. pfīfe, ahd. pfīfa, über das Vlat. zu lat. pipare, ↑pfeifen; 4: wohl zu ↑Pfeife (1 a) im Sinne von »Wertloses«; die Pfeife galt als minderwertiges Blasinstrument]: **1. a)** *der Flöte ähnliches, einfaches, kleines, aus einer Röhre mit Mundstück u. Grifflöchern bestehendes Musikinstrument:* ein Spielmannszug mit Trommeln und -n; * **nach jmds. P. tanzen** *(gezwungenermaßen od. willenlos alles tun, was jmd. von einem verlangt);* **b)** kurz für ↑Orgelpfeife; **c)** *(beim Dudelsack) einer Pfeife* (1 a) *ähnliches Teil, in dem beim Spielen die Töne entstehen;* **d)** *kleines, verschieden geformtes, mit einem Mundstück versehenes Instrument, das beim Hineinblasen einen mehr od. weniger lauten u. schrillen Ton hervorbringt:* die P. des Schiedsrichters; **e)** *Vorrichtung, Teil an bestimmten [mit Dampfdruck arbeitenden] Maschinen od. Geräten zum Erzeugen eines Pfeiftons (als Signal).* **2.** *Gerät zum Rauchen von Tabak, das aus einem zum Aufnehmen des Tabaks dienenden Kopf* (5 a) *u. einem daran befindlichen, in ein Mundstück auslaufenden Rohr besteht:* [eine] P. rauchen; sich eine P. stopfen, anzünden, anstecken; hier ist mein Tabak, nimm ruhig eine P. [voll] davon *(so viel, wie zur Füllung einer Pfeife nötig ist);* R da kann einem die P. ausgehen (salopp; *das dauert zu lange*); * **jmdn. in der P. rauchen** (ugs.; *mit jmdm. leicht fertig werden*): der ist kein Gegner für mich, den rauche ich in der P.; **jmdn., etw. kann man in der P. rauchen** (ugs.; *jmd., etw. taugt nichts, ist nichts wert*): das angeblich so tolle Angebot kann man in der P. rauchen. **3.** (derb) *Penis.* **4.** (salopp abwertend) *unfähiger, ängstlicher Mensch; Versager:* dieser Schiedsrichter ist eine P.

pfei|fen ⟨st. V.; hat⟩ [mhd. pfīfen, ahd. nicht belegt, zu lat. pipare = piepen, wimmern]: **1. a)** *mit dem [gespitzten] Mund durch Ausstoßen u. Einziehen der Atemluft einen Pfeifton, eine Folge von [verschiedenen] Pfeiftönen hervorbringen:* auf zwei Fingern [dreimal kurz] p.; fröhlich pfeifend ging er nach Hause; **b)** *pfeifend* (1 a) *ertönen lassen:* eine Melodie p.; * **sich eins p.** (ugs.; 1. *vor sich hin pfeifen.* 2. *den Unbeteiligten, den Gleichgültigen spielen*). **2. a)** *mit einer Pfeife* (1 d) *o. Ä. einen Pfeifton hervorbringen:* der Schiedsrichter hat gepfiffen; **b)** *pfeifend* (2 a) *ertönen lassen:* er pfiff ein Signal. **3. a)** (selten) *auf einer Pfeife* (1 a) *spielen:* er pfeift in einem Spielmannszug; **b)** *pfeifend* (3 a) *ertönen lassen:* auf seiner Pfeife einen Marsch p. **4.** *mit einer Pfeife* (1 e) *einen Pfeifton hervorbringen:* der Kessel pfeift. **5. a)** *(von bestimmten Tieren) einen Pfeifton, Pfeiftöne hervorbringen, von sich geben:* das Murmeltier pfeift; draußen pfeifen *(singen)* die Vögel; **b)** *pfeifend* (5 a) *ertönen lassen:* das Murmeltier pfiff einen Warnruf. **6.** *ein Pfeifgeräusch hervorbringen:* draußen pfeift ein kalter Wind; ⟨auch unpers.:⟩ wenn er einatmet, pfeift es in seiner Brust; ein pfeifendes Geräusch. **7.** (Sport) **a)** *(als Schiedsrichter) durch einen Pfiff markieren:* ein Foul, Abseits p.; **b)** *die Aufgabe eines Schiedsrichters wahrnehmen:* wer pfeift [bei dem Spiel]?; bei dem Foul hat er falsch gepfiffen *(eine falsche Entscheidung getroffen);* **c)** *(ein Spiel) als Schiedsrichter leiten:* er durfte das Endspiel p. **8.** *(jmdm., einem Tier) durch Pfeifen* (1 a, 2 a) *ein Zeichen geben:* er pfiff [nach] seinem Hund, einem Taxi. **9.** (salopp) *singen* (4): sein Komplize hatte gepfiffen. **10.** (ugs.) *jmdm. etw. verraten:* wer hat dir das gepfiffen? **11.** * **jmdm. [et]was p.** (ugs. spött.; ↑husten 2). **12.** (ugs.) *eine Person od. Sache gering schätzen u. sie leicht entbehren können:* ich pfeife auf meinen Schwiegersohn; er pfeift auf die Anweisung *(missachtet sie).*

Pfei|fen|be|steck, das: *kleines, dreiteiliges, zusammenlegbares Gerät zum Reinigen, Auskratzen u. Stopfen von Pfeifen* (2).

Pfei|fen|rau|cher, der: *jmd., der Pfeife* (2) *raucht.*

Pfei|fen|rau|che|rin, die: w. Form zu ↑Pfeifenraucher.

Pfei|fen|stän|der, der: *Ständer, kleines Gestell o. Ä. zur Aufbewahrung von Pfeifen* (2).

Pfei|fen|ta|bak, der: *[grob geschnittener] Tabak zum Rauchen in der Pfeife* (2).

Pfei|fer, der; -s, - [mhd. pfīfer]: **1.** *jmd., der [berufsmäßig] Pfeife spielt:* Trommler und P. **2.** *jmd., der pfeift* (1 a).

Pfei|fe|rin, die; -, -nen: w. Form zu ↑Pfeifer.

Pfeif|ge|räusch, das: vgl. Pfeifton.

Pfeif|kes|sel, der: *Wasserkessel mit einem als Pfeife* (1 e) *ausgebildeten Aufsatz für den Ausgießer, der bei durchströmendem Dampf durch Pfeifen auf das Kochen des Wassers aufmerksam macht.*

Pfeif|kon|zert, das: *lautes, vielstimmiges Pfeifen einer Zuschauer-, Zuhörermenge zum Ausdruck von Missfallen, Empörung o. Ä.:* ein gellendes P. empfing den Bundeskanzler.

Pfeif|si|gnal, das: *gepfiffenes Signal.*

Pfeif|ton, der ⟨Pl. ...töne⟩: *meist hoher, oft schriller Ton, wie er z. B. durch Blasen in eine Pfeife* (1 a) *entsteht.*

Pfeil, der; -[e]s, -e [mhd., ahd. pfīl < lat. pilum = Wurfspieß]: **1.** *meist aus einem langen, dünnen Schaft u. einer daran befestigten Spitze bestehendes Geschoss (bes. für Bogen, Armbrust u. Blasrohr):* ein spitzer, vergifteter P.; der P. fliegt, schwirrt durch die Luft; schnell wie ein P. (geh.; *pfeilschnell*); mit P. und Bogen; Ü -e des Spotts (geh.; *scharfer, beißender Spott*); giftige, vergiftete -e ab-, verschießen (geh.; *boshafte, gehässige Bemerkungen machen*); * **alle [seine] -e verschossen haben** *(keine Gegengründe od. -mittel mehr haben).* **2.** *stilisierter Pfeil* (1) *als grafisches Zeichen, das eine Richtung anzeigt, einen Hinweis gibt o. Ä.:* der P. zeigt nach Norden, verweist auf ein anderes Stichwort.

pfeil|ar|tig ⟨Adj.⟩: *wie ein Pfeil* (1).

Pfei|ler, der; -s, - [mhd. pfīlære, ahd. pfīlāri < mlat. pilarium, pilarius = Pfeiler, Stütze, Säule, zu lat. pila = Pfeiler]: **1.** *[frei stehende] senkrechte Stütze [aus Mauerwerk, Beton o. Ä.] mit meist eckigem Querschnitt zum Tragen von Teilen eines größeren Bauwerks:* ein hoher, sechseckiger P.; Ü die Richter waren die wichtigsten P. *(Stützen)* der alten Ordnung. **2.** (Bergbau) **a)** *beim Abbau* (6 a) *zunächst als Stütze stehen gelassener, zum späteren Abbau bestimmter Teil einer Lagerstätte;* **b)** *von Kammern* (6) *od. Strecken* (3) *umgebener, zum Abbau vorgerichteter Teil einer Lagerstätte.*

pfeil|för|mig ⟨Adj.⟩: *die Form eines Pfeils* (1) *aufweisend.*

pfeil|ge|ra|de ⟨Adj.⟩: *(bes. von Bewegungen) völlig gerade, in völlig gerader Linie verlaufend:* die Rakete schoss p. in den Himmel.

Pfeil|gift, das: *zur Herstellung von Giftpfeilen verwendetes Gift.*

Pfeil|naht, die (Anat.): *(beim Menschen) zwischen den beiden Scheitelbeinen verlaufende Knochennaht, die die Form eines Pfeils* (1) *aufweist.*

pfeil|schnell ⟨Adj.⟩: *(bes. von Bewegungen) sehr, überaus schnell:* er flitzte p. an mir vorbei.

Pfen|nig, der; -s, -e ⟨aber meist: 5 Pfennig⟩ [mhd. pfenni(n)c, ahd. pfenning, pfenting, H. u., viell. zu lat. pannus = Stück Tuch (als Tausch- u. Zahlungsmittel)]: *Währungseinheit in der Bundesrepublik Deutschland* (100 Pfennig = 1 Deutsche Mark; Abk.: Pf.): hast du ein paar einzelne -e?; keinen P. *(nicht das mindeste Geld [um etw. zu bezahlen])* [bei sich] haben; den letzten P. hergeben; das kostet nur ein paar -e *(nur sehr wenig);* er war ohne einen P. *(ohne alles Geld);* Spr wer den P. nicht ehrt, ist des Talers nicht wert; * **keinen P. wert sein** (ugs.; *nichts wert sein*); **für jmdn., etw. keinen P. geben** (ugs.; *jmdn., etw. aufgeben; glauben, dass jmd., etw. keine Zukunft mehr hat*); **jeden P. [drei Mal] umdrehen; auf den P. sehen** (ugs.; *sehr sparsam, geizig sein*); **nicht für fünf P.** (ugs.; *kein bisschen; nicht der, die, das Geringste*): nicht für fünf P. Anstand haben.

Pfen|nig|ab|satz, der: *hoher Absatz an Pumps mit kleiner, etwa pfenniggroßer Fläche zum Auftreten.*

Pfen|nig|ar|ti|kel, der: *Artikel, den man für einen Pfennigbetrag kaufen kann.*

Pfen|nig|be|trag, der: *kleiner, nur Pfennige ausmachender Betrag.*

Pfen|nig|fuch|ser, der; -s, - [zu ↑fuchsen] (ugs.): *jmd., der übertrieben sparsam ist.*

Pfen|nig|fuch|se|rei [auch: '- - - - -], die; -, -en (ugs.): *übertriebene Sparsamkeit u. Kleinlichkeit in Geldangelegenheiten* (1).

Pfen|nig|fuch|se|rin, die; -, -nen: w. Form zu ↑Pfennigfuchser.

pfen|nig|groß ⟨Adj.⟩: *von der Größe eines Pfennigs:* ein -es Muttermal.

Pfen|nig|stück, das: *Einpfennigstück.*

pfen|nig|wei|se ⟨Adv.⟩: *in Pfennigen; Pfennig für Pfennig.*

Pferch, der; -[e]s, -e [mhd. pferrich = Einfriedung, ahd. pferrih < mlat. parricus, ↑Park]: **1.** *von Hürden, Bretterzäunen eingeschlossene Fläche, auf der das Vieh (bes. Schafe) für die Nacht zusammengetrieben wird.* **2.** (veraltet) *eingepferchte Herde.*

pfer|chen ⟨sw. V.; hat⟩: *eine größere Anzahl Menschen od. Tiere in einen zu kleinen Raum hineinzwängen:* Gefangene, Schlachttiere in Waggons p.

Pferd, das; -[e]s, -e [mhd. pfert, pfär(vr)it, ahd. pfärfrit, pfarifrit < mlat. par(a)veredus = Kurierpferd (auf Nebenlinien), aus griech. para- = neben-, bei u. spätlat. veredus (aus dem Kelt.) = (Kurier)pferd]: **1.** *als Reit- u. Zugtier gehaltenes hochbeiniges Säugetier mit Hufen, meist glattem, kurzem Fell, länglichem, großem Kopf, einer Mähne u. langhaarigem Schwanz:* ein feuriges, edles P.; das P. trabt, galoppiert, scheut; die -e tränken; ein P. zureiten, satteln, beschlagen; R ich denke, glaube [o. Ä.], mich tritt ein P.! (salopp; *das überrascht mich sehr*); man hat schon -e kotzen sehen [und das direkt vor der Apotheke] (ugs.; *nichts ist unmöglich*); immer sachte, langsam mit den jungen -en! (ugs.; *nicht so heftig, voreilig!*); * **Trojanisches P.** (bildungsspr.; vgl. Danaergeschenk); **das beste P. im Stall** (ugs.; *der beste, tüchtigste Mitarbeiter; die beste, tüchtigste Mitarbeiterin*); **keine zehn -e bringen jmdn. irgendwohin/dazu, etw. Bestimmtes zu tun** (ugs.; *jmd. geht unter keinen Umständen irgendwohin, tut etw. unter keinen Umständen*); **die -e scheu machen** (ugs.; *für Unruhe, Aufregung sorgen, andere [grundlos] irritieren*); **mit jmdm. -e stehlen können** (ugs.; *sich auf jmdn. absolut verlassen können,*

P

mit jmdm. alles Mögliche wagen, unternehmen können; bezieht sich darauf, dass der Pferdedieb sehr mutig u. für seine Kumpane absolut zuverlässig sein musste, da Pferdediebstahl bes. in früherer Zeit sehr streng bestraft wurde); **aufs falsche, richtige P. setzen** (ugs.; *die Lage falsch, richtig einschätzen u. entsprechend handeln;* leitet sich vom Pferderennen u. den dazugehörigen Wetten ab). **2.** *Turngerät, das aus einem dem Rumpf eines Pferdes ähnlichen, mit Lederpolster u. zwei herausnehmbaren Griffen versehenen Körper* (2 b) *auf vier in der Höhe verstellbaren, schräg nach außen gerichteten Beinen besteht.* **3.** *Schachfigur mit Pferdekopf; Springer.*

Pferd|chen, das; -s, -: **1.** Vkl. zu ↑Pferd (1, 3). **2.** (Jargon) *für einen Zuhälter arbeitende Prostituierte.*

Pfer|de|ap|fel, der ⟨meist Pl.⟩: *einzelnes rundliches Stück des Kots von Pferden.*

Pfer|de|brem|se, die: *Dasselfliege.*

Pfer|de|de|cke, die: *grobe Wolldecke.*

Pfer|de|dieb, der: *jmd., der ein Pferd gestohlen hat.*

Pfer|de|dok|tor, der (ugs.): **1.** *Tierarzt.* **2.** *Arzt, der seine Patienten rau anfasst:* der Zahnarzt war ein richtiger P.

Pfer|de|drosch|ke, die: *Droschke* (1).

Pfer|de|fuhr|werk, das: *mit Pferden bespanntes Fuhrwerk.*

Pfer|de|fuß, der: **1. a)** *Fuß eines Pferdes;* **b)** *dem Fuß eines Pferdes ähnelnder Fuß des Teufels, eines Fauns o. Ä.;* **c)** *schließlich doch zum Vorschein kommende üble, nachteilige Seite einer Sache:* die Sache hat einen [schlimmen] P. **2.** (Anat.) *Spitzfuß.*

Pfer|de|ge|schirr, das: *Geschirr* (2) *für Pferde als Zugtiere.*

Pfer|de|ge|spann, das: *Gespann* (1) *mit Pferden.*

Pfer|de|haar, das: *Haar von Mähne u. Schwanz eines Pferdes:* Ü sie hat P. *(das einzelne Haar ist bei ihr sehr dick).*

Pfer|de|händ|ler, der: *jmd., der mit Pferden handelt.*

Pfer|de|händ|le|rin, die: w. Form zu ↑Pferdehändler.

Pfer|de|heil|kun|de, die: *Fachrichtung der Tiermedizin, die sich mit den Krankheiten des Hauspferdes befasst; Hippiatrik.*

Pfer|de|huf, der: *Huf* (1) *eines Pferdes.*

Pfer|de|knecht, der (veraltend): *Knecht, der die Pferde [im Stall] pflegt u. versorgt.*

Pfer|de|kopf, der: *Kopf eines Pferdes.*

Pfer|de|kop|pel, die: [2]*Koppel* (1) *für Pferde.*

Pfer|de|kun|de, die ⟨o. Pl.⟩: *[angewandte] Wissenschaft vom Pferd, von den Pferderassen; Hippologie.*

Pfer|de|kuss, der [b: älter = Pferdebiss, auch: Huftritt (vgl. älter scherzh. vom Pferd geküsst werden = vom Pferd gebissen werden, dann auch: vom Pferd getreten werden); der Kniestoß wird scherzh. mit einem Huftritt verglichen] (ugs.): **a)** *Schwellung, Bluterguss, der durch einen kurzen, kräftigen Stoß mit dem Knie gegen jmds. Oberschenkel hervorgerufen wurde;* **b)** *kurzer kräftiger Stoß mit dem Knie gegen jmds. Oberschenkel:* jmdm. einen P. geben.

Pfer|de|län|ge, die: *Länge eines Pferdes vom Kopf bis zum Schwanz (als Maß bei Pferderennen).*

Pfer|de|pfle|ger, der: vgl. Pferdewirt.

Pfer|de|pfle|ge|rin, die: w. Form zu ↑Pferdepfleger.

Pfer|de|renn|bahn, die: *Bahn für Pferderennen.*

Pfer|de|ren|nen, das: *Wettrennen von Pferden.*

Pfer|de|schlach|ter, Pfer|de|schläch|ter, der (landsch.): *Fleischer in einer Pferdeschlachterei.*

Pfer|de|schlach|te|rei, Pfer|de|schläch|te|rei, die (landsch.): *Fleischerei mit Pferden als Schlachtvieh.*

Pfer|de|schwanz, der [2: nach engl. ponytail]: **1.** *Schwanz des Pferdes.* **2.** *hoch am Hinterkopf zusammengebundenes, -gehaltenes u. lose herabfallendes langes Haar.*

Pfer|de|sport, der: *Sportarten, bei denen das Pferd als Reit- od. Zugtier verwendet wird.*

Pfer|de|stall, der: *Stall für Pferde.*

Pfer|de|stär|ke, die [LÜ von engl. horsepower] (Technik veraltend): *Leistung von 75 Kilopondmeter in der Sekunde (= 735,49875 Watt; Maßeinheit;* Zeichen: PS).

Pfer|de|wa|gen, der: *von Pferden gezogener Wagen.*

Pfer|de|wech|sel, der (früher): *das Wechseln der Kutschpferde auf einer längeren Reise.*

Pfer|de|wet|te, die: *bei einem Pferderennen abgeschlossene Wette* (2).

Pfer|de|wirt, der: *jmd., der Zucht, Haltung, Pflege von Pferden betreibt, sich um das Training, die Ausbildung der Pferde in den verschiedenen Disziplinen kümmert u. a.* (Berufsbez.).

Pfer|de|wir|tin, die; -, -nen: w. Form zu ↑Pferdewirt.

Pfer|de|zucht, die: *planmäßige Aufzucht von Pferden unter wirtschaftlichem Aspekt.*

Pferd|sprung, der (Turnen): **a)** *Sprung über das Pferd* (2); **b)** ⟨o. Pl.⟩ *Springen über das Pferd* (2): er war Sieger im P.

Pfet|te, die; -, -n [spätmhd. pfette; wohl über das Roman. zu lat. patena, eigtl. = Krippe < griech. (mundartl.) páthnē]: *parallel zum Dachfirst verlaufender Balken im Dachstuhl zur Unterstützung der Sparren.*

pfiff: ↑pfeifen.

Pfiff, der; -[e]s, -e [1: rückgeb. aus ↑pfeifen; 2: entw. auf den Lockpfiff der Vogelsteller od. auf den zur Ablenkung ausgestoßenen Pfiff der Taschenspieler bezogen]: **1.** *durch Pfeifen entstehender [kurzer] schriller Ton:* ein leiser, lauter P. **2.** (ugs.) **a)** *etw., was den besonderen Reiz einer Sache ausmacht, wodurch sie ihre Abrundung erhält:* ein modischer P.; **b)** (veraltend) *Kniff, besonderer Kunstgriff:* sie hat den P. heraus *(weiß, wie sie es machen muss).*

Pfif|fer|ling, der; -s, -e [mhd. pfifferling, pfefferlinc, dafür ahd. phifera, zu ↑Pfeffer; nach dem leicht pfefferähnlichen Geschmack]: *in Wäldern vorkommender blass- bis dottergelber Pilz mit trichterförmig vertieftem, unregelmäßig geränderten Hut:* * **keinen/nicht einen P.** (ugs.; *kein bisschen, überhaupt nicht[s];* viell. weil der Pilz früher sehr häufig zu finden war u. deshalb als nicht besonders wertvoll galt): keinen P. wert sein; keinen P. für etwas geben.

pfif|fig ⟨Adj.⟩ [zu ↑Pfiff (2)]: **1.** *gewitzt, findig; listig-schlau:* ein -es Kerlchen. **2.** (ugs.) *Pfiff* (2 a) *habend, aufweisend; witzig* (3): eine -e Aufmachung.

Pfif|fig|keit, die; -: *Gewitztheit, Schlauheit.*

Pfif|fi|kus, der; -[ses], -se [studentenspr. Bildung mit lat. Endung] (ugs. scherzh.): *jmd., der pfiffig* (1) *ist.*

Pfingst|be|we|gung, die (Rel.): *ekstatisch-religiöse Bewegung, die die höchste Stufe christlichen Lebens im Empfangen des Heiligen Geistes sieht* (z. B. Jesus-People-Bewegung).

Pfings|ten, das; -, - ⟨meist o. Art., bes. südd., österr. u. schweiz. sowie in bestimmten Wunschformeln u. Fügungen auch als Pl.⟩ [mhd. pfingesten, eigtl. Dativ Pl., wohl über got. (Kirchenspr.) paintēkustē < griech. pentēkostē (hēméra) = der 50. (Tag nach Ostern), zu: pénte (pémpe) = fünf]: *(in den christlichen Kirchen) Fest der Ausgießung des Heiligen Geistes:* frohe P.!; wir werden diese P., dieses Jahr (bes. nordd.:) zu/(bes. südwestd.:) an P. zu Hause bleiben; sie haben zu P. geheiratet.

Pfingst|fest, das: *Pfingsten.*

Pfingst|feu|er, das: *an Pfingsten im Freien entzündetes Freudenfeuer.*

pfingst|le|risch ⟨Adj.⟩ (Rel.): *die Pfingstbewegung betreffend, zu ihr gehörend.*

pfingst|lich ⟨Adj.⟩: *Pfingsten betreffend, dazu gehörend, dem Pfingstfest entsprechend:* den Altar p. mit Maien schmücken.

Pfingst|och|se, der: *(nach altem [süddeutschem] Brauch) zum Austrieb (zur Pfingstzeit) auf die Sommerweide geschmückter u. behängter Ochse:* Ü er stolzierte geschmückt wie ein P. (ugs. abwertend; *übermäßig u. geschmacklos herausgeputzt)* über die Straße.

Pfingst|ro|se, die [die Pflanze blüht um Pfingsten u. ähnelt einer Rose]: *Pflanze mit dunkelgrünen, gelappten Blättern u. großen, duftenden, weißen, rosa oder roten, meist vielblättrigen Blüten.*

Pfingst|sonn|tag, der: *Sonntag des Pfingstfestes.*

Pfingst|wo|che, die: *Woche nach Pfingsten.*

Pfingst|zeit, die: *Zeit um, bes. vor dem Pfingstfest.*

Pfir|sich, der; -s, -e [mhd. pfersich < vlat. persica < lat. persica arbor, persicus = persischer Baum od. persicum (malum) = persisch(er Apfel); die Frucht gelangte über Persien von China nach Europa]: **1.** *rundliche, saftige, aromatische Frucht mit samtiger Haut u. dickem Stein; Frucht des Pfirsichbaums:* jetzt gibt es die späten *(später reif werdenden)* -e. **2.** kurz für ↑Pfirsichbaum: die -e blühen schon.

Pfir|sich|baum, der: *rosa blühender Obstbaum mit Pfirsichen* (1) *als Früchten.*

Pflanz, der; - [zu ↑Pflanze, von der Bed. »Pflanzenschmuck« übertr. im Sinne von Beschönigung] (österr. ugs.): *Schwindel, Vorspiegelung.*

Pflänz|chen, das; -s, -: Vkl. zu ↑Pflanze (1).

Pflan|ze, die; -, -n [mhd. pflanze, ahd. pflanza < lat. planta = Setzling]: **1.** *aus Wurzeln, Stiel u. Blättern bestehender Organismus, der im Allgemeinen mithilfe des Sonnenlichts seine organische Substanz aus anorganischen Stoffen aufbaut:* eine immergrüne P.; Fleisch fressende -n; die P. wächst wild, treibt [Blüten], blüht, welkt, geht ein; die Wiederkäuer sind -en fressende Tiere; Ü ihre Liebe war erst eine zarte P. **2.** (ugs. abwertend) *eigenartiger, ungeratener Mensch:* sie ist eine seltsame P.; eine Berliner P. *(eine schlagfertige, echte Berlinerin).*

pflan|zen ⟨sw. V.; hat⟩ [mhd. pflanzen, ahd. pflanzōn; 3: zu ↑Pflanz]: **1.** *zum Anwachsen mit den Wurzeln in die Erde setzen:* Sträucher, einen Baum p. **2. a)** ⟨p. + sich⟩ (ugs.) *sich breit irgendwohin setzen:* sie pflanzte sich auf die Couch; **b)** *fest an eine bestimmte Stelle setzen, stellen, legen:* sie pflanzten die Trikolore auf das Gebäude. **3.** (österr. ugs.) *zum Narren halten:* hör auf, mich zu p. **4.** (Med.) vgl. einpflanzen (2).

Pflan|zen|asche, die: *Asche aus verbrannten Pflanzen.*

Pflan|zen|bau, der ⟨o. Pl.⟩: *Anbau von Kulturpflanzen.*

Pflan|zen|de|cke, die: *(an einer bestimmten Stelle, in einem bestimmten Gebiet) den Erdboden mehr od. weniger dicht bedeckende Pflanzen.*

Pflan|zen|ex|trakt, der, Fachspr. auch: das: *Extrakt* (1) *aus pflanzlichen Stoffen.*

Pflan|zen|fa|mi|lie, die: *Familie* (2) *von Pflanzen.*

Pflan|zen|farb|stoff, der: *aus Pflanzen gewonnener Farbstoff.*

Pflan|zen|fa|ser, die: *bes. als Rohstoff für Textilien verwendete Faser pflanzlicher Herkunft.*

Pflan|zen|fett, das: *aus den Samen u. Früchten bestimmter Pflanzen gewonnenes Fett.*

Pflan|zen|for|ma|ti|on, die (Bot.): *Formation* (5).

Pflan|zen fres|send: s. Pflanze (1).

Pflan|zen|fres|ser, der: *Tier, das sich nur von Pflanzen ernährt; Phytophage.*

Pflan|zen|geo|gra|phie, die: *Geobotanik.*

pflan|zen|geo|gra|phisch ⟨Adj.⟩: *die Pflanzengeographie betreffend:* -e Region *(Florengebiet).*

Pflan|zen|ge|sell|schaft, die (Biol.): *Gruppe von verschiedenen Pflanzen, die ähnliche Ansprüche an Klima u. Bodenbeschaffenheit stellen.*

Pflan|zen|gift, das: **1.** *aus Pflanzen stammendes Gift.* **2.** *Gift, das Unkrautpflanzen vertilgt.*

pflan|zen|haft ⟨Adj.⟩: *in Art od. Wesen einer Pflanze vergleichbar:* -e Hohltiere.

Pflan|zen|heil|kun|de, die: *Phytotherapie.*

Pflan|zen|hy|gi|e|ne, die: *Teilgebiet der Pflanzenmedizin, das sich mit den Bedingungen befasst, die für ein gesundes Aufwachsen von Pflanzen notwendig sind.*

Pflan|zen|koh|le, die: vgl. Pflanzenasche.

Pflan|zen|krank|heit, die: *durch verschiedene*

Faktoren (z. B. Frost, Schädlinge, Mangel an Nährstoffen) hervorgerufene Schädigung von Pflanzen.

Pflan|zen|krebs, der: *durch schmarotzende Pilze verursachte Wucherung, die zum Absterben der Pflanze führt.*

Pflan|zen|kun|de, die: *Botanik.*

Pflan|zen|leh|re, die: *Botanik.*

Pflan|zen|me|di|zin, die ⟨o. Pl.⟩: *Phytomedizin.*

Pflan|zen|milch, die: *milchähnliche Flüssigkeit in Pflanzen.*

Pflan|zen|öl, das: vgl. Pflanzenfett.

Pflan|zen|pa|tho|lo|gie, die: *Phytopathologie.*

Pflan|zen|phy|si|o|lo|gie, die: *Teilgebiet der Botanik, das sich bes. mit Stoffwechsel, Wachstum u. Vermehrung der Pflanzen befasst.*

pflan|zen|reich ⟨Adj.⟩: *reich an Pflanzen:* ein -es Gebiet.

Pflan|zen|reich, das ⟨o. Pl.⟩: *Bereich, Gesamtheit der Pflanzen in ihrer Verschiedenartigkeit.*

Pflan|zen|sau|ger, der: *in vielen Arten vorkommendes, an Pflanzen saugendes, wanzenartiges Insekt.*

Pflan|zen|schäd|ling, der: *Tier (meist Insekt) od. Pflanze, die durch Schmarotzen Nutzpflanzen schädigt.*

Pflan|zen|schutz|mit|tel, das: *Pestizid.*

Pflan|zen|so|zi|o|lo|gie, die: *Lehre von den Pflanzengesellschaften (Teilgebiet der Ökologie).*

Pflan|zen|teil, der: *Teil einer Pflanze.*

Pflan|zen|welt, die ⟨o. Pl.⟩: *Flora.*

Pflan|zen|wuchs, der: **1.** *das Wachsen von Pflanzen:* die Wärme begünstigt den P. **2.** *Gesamtheit der an einer bestimmten Stelle wachsenden Pflanzen.*

Pflan|zen|zucht, die: *Pflanzenzüchtung.*

Pflan|zen|züch|tung, die: *das Züchten von Pflanzen.*

Pflan|zer, der; -s, - [mhd. pflanzære]: **1.** *jmd., der eine große Fläche bepflanzt.* **2.** *Besitzer einer Pflanzung in Übersee.*

Pflan|ze|rin, die; -, -nen: w. Form zu ↑Pflanzer.

Pflanz|gut, das ⟨o. Pl.⟩: *für die Erzeugung neuer Pflanzen geeignete Pflanzenteile.*

Pflanz|holz, das: *[mit einem Griff versehener] am unteren Ende zugespitzter, kurzer Stab, mit dem zur Aufnahme von Pflanzen Löcher in die Erde gemacht werden.*

Pflanz|kar|tof|fel, die: *für die Erzeugung neuer Kartoffeln geeignete Kartoffel[sorte].*

pflanz|lich ⟨Adj.⟩: *die Pflanzen betreffend, dazu gehörend; aus Pflanzen stammend, bestehend, gewonnen; in der Art einer Pflanze, von Pflanzen:* -e Fette; sich p. *(vegetarisch)* ernähren.

Pflänz|ling, der; -s, -e: *zum Auspflanzen bestimmte junge Pflanze.*

Pflan|zung, die; -, -en [mhd. pflanzunge, ahd. phlanzunga]: **1.** *das Pflanzen.* **2.** *[kleinere] Plantage.*

Pflas|ter, das; -s, - [mhd. pflaster, ahd. pflastar < mlat. (em)plastrum < lat. emplastrum = Wundpflaster < griech. émplast(r)on (phármakon) = das (zu Heilzwecken) Aufgeschmierte, zu: emplássein = aufstreichen, beschmieren, zu: plássein, ↑plastisch]: **1.** *fester Belag für Straßen, Gehwege o. Ä. aus einzelnen aneinander gesetzten Steinen, als Fahrbahnbelag auch aus Asphalt od. Beton:* gutes, holpriges P.; ein Wagen rumpelte, rollte über das P.; Ü ein teures P. (ugs.; *ein Ort, an dem das Leben teuer ist*); ein gefährliches, heißes P. (ugs.; *ein Ort, an dem das Leben gefährlich ist*); * **P. treten** (ugs.; *längere Zeit, sodass es die Füße ermüdet, in einer Stadt herumlaufen, durch die Straßen laufen*). **2.** *Heftpflaster:* ein P. auflegen, entfernen; Ü jmdm. etw. als P. [auf seine Wunde] *(als Entschädigung, Trost)* geben.

Pfläs|ter|chen, das; -s, -: Vkl. zu ↑Pflaster.

Pflas|te|rer, (südd., schweiz.:) **Pfläs|te|rer,** der; -s, - [spätmhd. pflasterer]: *jmd., der Straßen, Gehwege o. Ä. pflastert* (Berufsbez.).

Pflas|te|rin, die; -, -nen: w. Form zu ↑Pflasterer.

Pfläs|te|rin, die; -, -nen: w. Form zu ↑Pflästerer.

Pflas|ter|ma|ler, der: *jmd., der [Bürgersteig]pflaster bemalt, um damit die Aufmerksamkeit zu erregen.*

Pflas|ter|ma|le|rin, die: w. Form zu ↑Pflastermaler.

pflas|ter|mü|de ⟨Adj.⟩ (ugs.): *müde vom längeren Gehen auf Straßenpflaster:* p. sein.

pflas|tern, (südd., schweiz.:) **pfläs|tern** ⟨sw. V.; hat⟩ [mhd. pflastern, eigtl. = ein Wundpflaster auflegen]: **1.** *mit Pflaster* (1), *Pflastersteinen belegen:* einen Platz [mit Kopfsteinpflaster, (ugs.:) Katzenköpfen] p.; **Spr** der Weg zur Hölle ist mit guten Vorsätzen gepflastert. **2.** (ugs. selten): *eine Wunde mit einem Pflaster* (2) *bedecken:* * **jmdm. eine p.** (salopp; *jmdm. eine Ohrfeige geben*).

Pflas|ter|stein, der: **1.** *für Straßenpflaster verwendeter Stein:* ein Haufen -e; auf den -en ausrutschen. **2.** *dicker, runder Pfefferkuchen mit harter Zuckerglasur.*

Pflas|te|rung, (südd., schweiz.:) **Pfläs|te|rung,** die; -, -en: **1.** *das Pflastern* (1). **2.** *[Straßen]pflaster.*

pflat|schen ⟨sw. V.; hat⟩ [südd. Nebenf. von platschen] (landsch.): **1.** *heftig regnen.* **2.** *platschen* (3).

Pfläum|chen, das; -s, -: Vkl. zu ↑Pflaume.

¹Pflau|me, die; -, -n [mhd. pflūme, pfrūme, ahd. pfrūma < lat. prunum < griech. proũmnon; 4: wohl nach dem Bild einer überreifen, weichen Pflaume]: **1.** *eiförmige, dunkelblaue od. gelbe Frucht des Pflaumenbaums mit gelblich grünem, aromatischem Fruchtfleisch u. länglichem Stein:* eine unreife P.; -n [vom Baum] schütteln. **2.** kurz für ↑Pflaumenbaum: dieser Baum ist eine späte P. *(ein Pflaumenbaum mit später reif werdenden Früchten).* **3.** (derb) *Vulva.* **4.** (salopp abwertend) *unfähiger, schwacher [manipulierbarer] Mensch:* du bist vielleicht 'ne P.!

²Pflau|me, die; -, -n [zu ↑pflaumen] (landsch.): *anzügliche, ironische Bemerkung.*

pflau|men ⟨sw. V.; hat⟩ [viell. zu ↑anpflaumen od. zu (m)niederd. plumen = rupfen] (ugs.): *anzügliche, ironische Bemerkungen machen.*

Pflau|men|baum, der: *grünlich weiß blühender Obstbaum mit Pflaumen als Früchten.*

Pflau|men|kern, der: *Stein* (6) *einer Pflaume.*

Pflau|men|ku|chen, der: *mit Pflaumen belegter [auf einem Blech] gebackener [Hefe]kuchen.*

Pflau|men|mus, das: *als Brotaufstrich gegessenes, aus Pflaumen gekochtes Mus.*

Pflau|men|schnaps, der: *aus Pflaumen hergestellter Branntwein.*

Pfle|ge, die; - [mhd. pflege, spätahd. pflega, zu ↑pflegen]: **1. a)** *das Pflegen* (1 a); *sorgende Obhut:* eine liebevolle, aufopfernde P.; ein Kind in P. geben *(in einer fremden Familie aufziehen lassen);* ein Kind in P. nehmen *(ein fremdes Kind bei sich aufziehen);* **b)** *Behandlung mit den erforderlichen Maßnahmen zur Erhaltung eines guten Zustands:* die P. der Gesundheit; die P. von Grünanlagen; **c)** *Mühe um die Förderung od. [Aufrecht]erhaltung von etw. Geistigem [durch dessen Betreiben, Ausübung]:* die P. von Kunst und Wissenschaft, der Sprache, guter [persönlicher, politischer] Beziehungen. **2.** (schweiz.) *Amt, öffentliche Stelle für Pflege* (1 a).

pfle|ge|arm ⟨Adj.⟩: *nur wenig Pflege* (1 b) *beanspruchend:* -er Fußbodenbelag.

pfle|ge|be|dürf|tig ⟨Adj.⟩: **a)** *der Pflege* (1 a) *bedürfend:* eine -e alte Frau; **b)** *Pflege* (1 b) *erfordernd:* diese Maschine ist wenig p.

Pfle|ge|be|dürf|ti|ge, der u. die; -n, -n ⟨Dekl. ↑Abgeordnete⟩: *jmd., der pflegebedürftig* (a) *ist.*

Pfle|ge|be|dürf|tig|keit, die: *das Pflegebedürftigsein.*

Pfle|ge|be|foh|le|ne, der u. die; -n, -n ⟨Dekl. ↑Abgeordnete⟩ [zu ↑befehlen (3)]: *jmd., der jmds. Pflege* (1 a) *übergeben, anvertraut ist.*

Pfle|ge|dienst, der: **1.** *Kundendienst für Autos, Wagenpflege an Tankstellen.* **2.** *Versorgungsdienst für Kranke u. Pflegebedürftige:* ambulanter P.

Pfle|ge|el|tern ⟨Pl.⟩: *Ehepaar, das ein Kind in Pflege* (1 a) *genommen hat.*

Pfle|ge|fall, der: *Person, die wegen Gebrechlichkeit pflegebedürftig ist (deren Leiden durch einen [weiteren] Krankenhausaufenthalt aber nicht mehr zu heilen ist).*

Pfle|ge|geld, das: *Leistung der gesetzlichen Pflegeversicherung für die häusliche Pflege* (1 a) *von Personen, die auf ständige fremde Hilfe angewiesen sind.*

Pfle|ge|heim, das: *öffentliche od. private Anstalt zur Pflege* (1 a) *körperlich od. geistig Schwerbehinderter od. alter Menschen.*

Pfle|ge|kind, das: *bei Pflegeeltern od. einer entsprechenden Person aufwachsendes Kind.*

pfle|ge|leicht ⟨Adj.⟩: *einfach zu pflegen; nicht viel Pflege* (1 b) *erfordernd:* eine -e Bluse; Ü unser Baby ist wirklich p.

Pfle|ge|mut|ter, die: **a)** *weiblicher Teil der Pflegeeltern;* **b)** *Frau, die ein Kind in Pflege* (1 a) *genommen hat.*

pfle|gen ⟨sw. u. st. V.; hat⟩ [mhd. pflegen, ahd. pflegan, urspr. = für etw. einstehen, sich für etw. einsetzen; H. u.]: **1.** ⟨sw. V.⟩ **a)** *sich sorgend um jmdn. [der krank, gebrechlich ist] bemühen, um ihn in einen möglichst guten [gesundheitlichen] Zustand zu bringen od. darin zu erhalten:* jmdn. aufopfernd p.; sie hat viele Kranke gesund gepflegt; **b)** *zur Erhaltung eines guten Zustands mit den erforderlichen Maßnahmen behandeln:* die Haare p.; den Rasen p. **2.** ⟨sw. V.; veraltet, geh. als st. V.⟩ **a)** *sich um die Förderung od. [Aufrecht]erhaltung von etw. Geistigem [durch dessen Betreiben, Ausübung] bemühen, sich dafür einsetzen:* Geselligkeit p.; die Sprache p.; er pflog seine Freundschaften; **b)** (geh. veraltet) *sich einem Tun, einer Beschäftigung hingeben.* **3.** ⟨sw. V.; mit Inf. + zu⟩ *die Gewohnheit haben, etw. Bestimmtes zu tun; gewöhnlich, üblicherweise etw. Bestimmtes tun:* er pflegt zum Essen Wein zu trinken; wie man zu sagen pflegt.

Pfle|ge|not|stand, der: *großer Mangel an Pflegekräften (in den Krankenhäusern u. anderen der Pflege 1 a von Kranken u. alten Menschen dienenden Einrichtungen).*

Pfle|ge|per|so|nal, das: *Personal, das in einem Krankenhaus, Pflegeheim o. Ä. in der Krankenpflege tätig ist.*

Pfle|ger, der; -s, - [mhd. pflegære, spätahd. flegare]: **1. a)** kurz für ↑Krankenpfleger; **b)** kurz für ↑Tierpfleger. **2.** (Rechtsspr.) *vom Vormundschaftsgericht eingesetzte Vertrauensperson, die in bestimmten Fällen für jmdn. die Besorgung rechtlicher Angelegenheiten übernimmt.* **3.** (schweiz.) **a)** *Organisator, Betreuer:* der P. der Festspiele; **b)** (Boxen) *Sekundant:* der P. warf das Handtuch.

Pfle|ge|rin, die; -, -nen: **a)** (selten) *Krankenschwester;* **b)** w. Form zu ↑Pfleger (1 b, 2, 3); **c)** kurz für ↑Kinderpflegerin.

pfle|ge|risch ⟨Adj.⟩: **a)** *die Pflege* (1 a) *betreffend:* -e Berufe; **b)** *die Pflege* (1 b) *betreffend:* -e u. heilende Kosmetik.

Pfle|ge|satz, der: *festgesetzte tägliche Kosten für die Unterbringung u. Behandlung von Kranken u. Pflegebedürftigen in Kranken-, Heil- od. Pflegeanstalten.*

Pfle|ge|sohn, der: *männliches Pflegekind.*

Pfle|ge|toch|ter, die: *weibliches Pflegekind.*

Pfle|ge|va|ter, der: *männlicher Teil der Pflegeeltern.*

Pfle|ge|ver|si|che|rung, die: *Versicherung* (2 a), *die für die Kosten der Pflege* (1 a) *bei Pflegebedürftigkeit eintritt.*

pfleg|lich ⟨Adj.⟩ [mhd. pflegelich]: *schonend, sorgsam u. in einer Weise, durch die etw. in einem guten Zustand erhalten wird:* mit einem Buch p. umgehen.

Pfleg|ling, der; -s, -e: **1.** *Lebewesen, das von jmdm. gepflegt u. umsorgt wird:* die -e eines [Tier]heims. **2.** (Rechtsspr.) *Person, für die vom Vormundschaftsgericht ein Pfleger* (2) *eingesetzt ist.*

Pflicht, die; -, -en [mhd., ahd. pflicht, zu ↑pflegen]: **1.** *Aufgabe, die jmdm. aus ethischen, moralischen, religiösen Gründen erwächst u.*

P

deren Erfüllung er sich einer inneren Notwendigkeit zufolge nicht entziehen kann od. die jmdm. obliegt, die als Anforderung von außen an ihn herantritt u. für ihn verbindlich ist:* staatsbürgerliche P.; eheliche -en (oft verhüll. für: *Verpflichtung zum Geschlechtsverkehr mit der Ehepartnerin, dem Ehepartner*); die P. ruft *(eine Aufgabe, Arbeit wartet auf [unmittelbare] Erledigung);* seine P. erfüllen, vernachlässigen; etw. als eine P. ansehen; wir erfüllen hiermit, haben die traurige P., Ihnen mitzuteilen *(müssen Ihnen zu unserem Bedauern, aus traurigem Anlass mitteilen),* dass ...; der P. genügen; etw. nur aus P. *(nur ungern, nicht freiwillig)* tun; jmdm. etw. streng zur P. machen; * **jmds. P. und Schuldigkeit sein,** (emotional:) **jmds. verdammte/verfluchte P. und Schuldigkeit sein** (nachdrücklich; *jmds. selbstverständliche Pflicht sein*); **jmdn. in [die] P. nehmen** (geh.; *dafür sorgen, dass jmd. eine bestimmte Pflicht übernimmt*). **2.** (Sport) *bei einem Wettkampf vorgeschriebene Übung[en] im Unterschied zur Kür.*

Pflịcht|be|such, der: *Besuch, den man als Pflicht auf sich nimmt, zu dem man verpflichtet ist.*

pflịcht|be|wusst ⟨Adj.⟩: *sich seiner Pflicht bewusst u. entsprechend handelnd; eine entsprechende Haltung erkennen lassend:* ein -er Beamter.

Pflịcht|be|wusst|sein, das: *Bewusstsein, seine Pflicht tun, seine Pflichten erfüllen zu müssen.*

Pflịcht|ei|fer, der: *Eifer in der Erfüllung seiner Pflichten.*

pflịcht|eif|rig ⟨Adj.⟩: *von Pflichteifer erfüllt:* eine -e Kellnerin.

Pflịcht|er|fül|lung, die ⟨o. Pl.⟩: *das Erfüllen von Pflichten:* in treuer, gewissenhafter P.

Pflịcht|exem|plar, das (Buchw.): *[kostenfrei] an eine öffentliche Bibliothek o. Ä. vom Verleger bzw. Drucker abzulieferndes Druckwerk.*

Pflịcht|fach, das: *einzelnes Fach im Rahmen einer [Aus]bildung, zu dessen Studium Schüler[innen], Studierende o. Ä. verpflichtet sind.*

Pflịcht|ge|fühl, das ⟨o. Pl.⟩: vgl. Pflichtbewusstsein.

Pflịcht|ge|gen|stand, der (österr.): *Pflichtfach in der Schule.*

pflịcht|ge|mäß ⟨Adj.⟩: *seiner Pflicht entsprechend; wie es jmds. Pflicht ist, von ihm erwartet wird:* etw. p. abliefern.

-pflich|tig (bes. Rechtsspr. u. Amtsspr.): drückt in Bildungen mit Substantiven oder Verben (Verbstämmen) aus, dass die beschriebene Person oder Sache zu etw. verpflichtet ist, einer Verpflichtung zu etw. unterliegt: beitrags-, wartepflichtig.

Pflịcht|jahr, das ⟨o. Pl.⟩ (nationalsoz.): *Zeitabschnitt von einem Jahr, in dem die weibliche Jugend zur Arbeit in Land- und Hauswirtschaft eingesetzt war.*

Pflịcht|kür, die (Eiskunstlauf): *Originalprogramm.*

Pflịcht|lek|tü|re, die: *Lektüre, zu der jmd. aus bestimmtem Grund verpflichtet ist.*

Pflịcht|pro|gramm, das: *Reihe von zu erledigenden, zu berücksichtigenden Dingen o. Ä.:* Goethes Faust gehört zum P. im Lehrplan.

pflịcht|schul|dig[st] ⟨Adv.⟩: *wie es der Anstand verlangt:* p. lachen, nicken.

Pflịcht|schu|le, die: *Schule, deren Besuch gesetzlich vorgeschrieben ist (z. B. Grundschule).*

Pflịcht|stun|de, die: vgl. Deputat (2).

Pflịcht|tanz, der: **1.** (Eis-, Rollkunstlauf, Tanzsport) *bei einem Wettbewerb vorgeschriebener, obligatorischer Tanz.* **2.** *Tanz, den man mit jmdm. aus Gründen der Höflichkeit tanzt.*

Pflịcht|teil, der, auch: das: *Teil des Nachlasses, der einem nahen Angehörigen durch Testament nicht entzogen werden kann:* jmdn. aufs P. setzen *(jmdm. nur den Pflichtteil vererben).*

pflịcht|treu ⟨Adj.⟩: *gewissenhaft seine Pflichten erfüllend:* ein -er Beamter.

Pflịcht|treue, die: *Gewissenhaftigkeit, mit der man seine Pflicht[en] erfüllt.*

Pflịcht|übung, die (Sport): *Pflicht* (2): Ü etw. als P. ansehen (oft abwertend; *etw. als [lästige] Pflicht empfinden*).

Pflịcht|um|tausch, der: *Geldumtausch einer festgelegten Mindestsumme, zu dem man bei Einreise in bestimmte Länder verpflichtet ist.*

pflịcht|ver|ges|sen ⟨Adj.⟩: *in tadelnswerter Weise seine Pflichten vernachlässigend.*

Pflịcht|ver|ges|sen|heit, die: *tadelnswerte Vernachlässigung seiner Pflichten.*

Pflịcht|ver|let|zung, die: *Vernachlässigung seiner Pflicht[en]:* eine grobe P.

pflịcht|ver|si|chert ⟨Adj.⟩: *in einer Pflichtversicherung versichert.*

Pflịcht|ver|si|cher|te, der u. die: *jmd., der pflichtversichert ist.*

Pflịcht|ver|si|che|rung, die: *gesetzlich vorgeschriebene Versicherung* (z. B. Krankenversicherung).

Pflịcht|ver|tei|di|ger, der (Rechtsspr.): *im Strafverfahren vom Gericht bestellter Verteidiger (im Unterschied zum Wahlverteidiger); Offizialverteidiger.*

Pflịcht|ver|tei|di|ge|rin, die (Rechtsspr.): w. Form zu ↑Pflichtverteidiger.

pflịcht|wid|rig ⟨Adj.⟩: *gegen seine Pflicht verstoßend:* p. handeln.

Pflọck, der; -[e]s, Pflöcke [mhd. pfloc, H. u.]: *unten angespitzter Stock, Stab, Pfahl o. Ä., der eingeschlagen wird, damit etw. daran befestigt werden kann:* sie befestigten das Zelt an, mit Pflöcken; * **einen P., einige/ein paar Pflöcke zurückstecken müssen** (ugs.; *geringere Forderungen, Ansprüche stellen;* urspr. wohl von einem Pflug gesagt, bei dem die Höhe der Pflugschar mit einem Stellpflock umgestellt werden konnte).

pflo|cken, pflö|cken ⟨sw. V.; hat⟩: *mit, an einem Pflock befestigen.*

pflog, pflö|ge: ↑pflegen (2).

pflü|cken ⟨sw. V.; hat⟩ [mhd. pflücken, über das Roman. (vgl. ital. piluccare) wohl zu lat. pilare = enthaaren]: *Früchte vom Baum, Strauch, von der Pflanze abnehmen; Blumen, Blätter o. Ä. mit dem Stiel abbrechen:* Äpfel, Blumen, Baumwolle, Tee p.; Ü Notizen über das abgelaufene Schuljahr aus dem Jahresbericht p. *(herausgreifen).*

pflück|reif ⟨Adj.⟩: *reif zum Pflücken.*

Pflück|sa|lat, der: *Salat, der keine Köpfe* (5 b) *ausbildet; Blattsalat.*

Pflug, der; -[e]s, Pflüge [mhd. phluoc, ahd. pfluoh; H. u.]: **1.** *landwirtschaftliches Gerät mit tiefer in die Erde greifenden messerartigen Stahlteilen zum lockernden Aufreißen u. Wenden des Ackerbodens:* den P. schärfen, führen; * **unter den P. kommen/unter dem P. sein** (geh.; *als Ackerland bestellt werden*). **2.** kurz für ↑Schneepflug (2).

pflü|gen ⟨sw. V.; hat⟩ [mhd. pfluegen]: **a)** *mit dem Pflug arbeiten:* der Bauer pflügt; **b)** *mit dem Pflug bearbeiten:* das Feld p.; Ü der Bug des Schiffes pflügte das Wasser; **c)** *durch Pflügen (a) herstellen:* gerade Furchen p.

Pflü|ger, der; -s, -: *jmd., der pflügt.*

Pflü|ge|rin, die; -, -nen: w. Form zu ↑Pflüger.

Pflug|schar, die; -, -en, landsch. auch: das; -[e]s, -e: *der untere, vorn spitze, hinten breiter werdende Teil des Schneideblatts am Pflug:* Schwerter zu -en (Leitwort der in den 80er-Jahren des 20. Jh.s in der DDR entstandenen Friedensinitiativen; nach Jesaja 2, 4).

Pflug|sterz, der: *vom hinteren Teil des Pfluges ausgehender, paariger Griff zum Führen des Pfluges.*

Pfọrt|ader, die; -, -n [LÜ von lat. vena portae (porta = Pforte); die Vene tritt an der »Leberpforte« in die Leber ein] (Med.): *Vene, die nährstoffhaltiges Blut aus den Verdauungsorganen zur Leber leitet.*

Pfọ̈rt|chen, das; -s, -: Vkl. zu ↑Pforte.

Pfọr|te, die; -, -n [mhd. pforte, ahd. pforta < lat. porta]: **1. a)** *[kleinere] Tür zum Garten, Hof, Vorplatz eines Hauses:* eine kleine, schmale P.; sie gingen durch die hintere P.; Ü (geh.:) die -n der Hölle; * **seine -n schließen** (geh.; *den Betrieb einstellen, geschlossen werden*); **b)** *bewachter Eingang eines Klosters, Krankenhauses o. Ä.:* sich an der P. melden. **2.** (in geogr. Namen) *Talsenke:* die Westfälische P.

Pfọ̈rt|ner, der; -s, - [mhd. p(f)ortenære]: **1.** *jmd., der den Eingang eines Gebäudes, Gebäudekomplexes bewacht:* sich beim P. melden. **2.** (Anat.) *Schließmuskel am Magenausgang; Pylorus.*

Pfọ̈rt|ne|rin, die; -, -nen: w. Form zu ↑Pförtner (1).

Pfọ̈rt|ner|lo|ge, die: *Dienstraum des Pförtners, der Pförtnerin.*

Pfọs|ten, der; -s, - [mhd. pfost(e), ahd. pfosto < lat. postis]: **a)** *senkrecht stehendes, rundes od. kantiges Stück Holz bes. als stützender, tragender Bauteil:* der P. des Bettes, der Tür; **b)** (bes. Ballspiele) kurz für ↑Torpfosten: nur den P. treffen; für den geschlagenen Tormann rettete der P. (Jargon; *der Ball prallte gegen den Pfosten u. ging nicht ins Tor*); * **zwischen den P. stehen** *(bei einem Spiel als Torwart eingesetzt sein).*

Pfọ̈t|chen, das; -s, -: Vkl. zu ↑Pfote (1, 2): der Hund gibt P.

Pfo|te, die; -, -n [aus dem Niederrhein., mniederd. pōte, aus einer voridg. Sprache]: **1.** *in Zehen gespaltener Fuß verschiedener Säugetiere:* die linke, rechte P. des Hundes; die Katze leckt sich die -n. **2.** (salopp) *Hand:* nimm deine [dreckigen] -n da weg!; * **sich** ⟨Dativ⟩ **die -n verbrennen** (↑Finger 1); **jmdm. auf die -n klopfen** (↑Finger 1). **3.** ⟨o. Pl.⟩ (abwertend) *Klaue* (1 c).

Pfriem, der; -[e]s, -e [mhd. pfriem(e), H. u.]: *Ahle.*

Pfril|le, die; -, -n [spätmhd. pfrille, phrille, auch: berille, perille, H. u.]: *Elritze.*

Pfropf, der; -[e]s, -e [↑Pfropfen]: *zusammengeballte Masse, die den Durchfluss (z. B. in einem Rohr, einer Ader) hindert.*

[1]pfrọp|fen ⟨sw. V.; hat⟩ [mhd. pfropfen, zu ahd. pfropfo = Setzreis, Setzling < lat. propago = Ableger, Setzling, zu: propagare, ↑Propaganda]: *den Spross eines wertvollen Gewächses auf ein weniger wertvolles zur Veredlung aufsetzen:* Obstbäume, Weinreben p.

[2]pfrọp|fen ⟨sw. V.; hat⟩ [zu ↑Pfropfen]: **1.** *mit einem Pfropfen verschließen.* **2.** (ugs.) *in etw. unter Platzschwierigkeiten hineinpressen, -zwängen:* die Sachen in den Koffer p.; Ü der Saal war gepfropft voll *(bis auf den letzten Platz besetzt).*

Pfrọp|fen, der; -s, - [verhochdeutscht aus niederd. Propp(en), mniederd. prop(pe) = Stöpsel; H. u., wahrsch. lautm.]: *kleiner zylinder- od. kegelförmiger Gegenstand aus einem weicheren Material zum Verschließen einer [Flaschen]öffnung:* den P. aus der Flasche ziehen.

Pfrọpf|mes|ser, das: *zum [1]Pfropfen verwendetes Messer.*

Pfrọpf|reis, das: *aufgepfropfter Spross.*

Pfrọp|fung, die; -, -en: *das [1]Pfropfen.*

Pfrün|de, die; -, -n [mhd. pfrüende, pfruonde, ahd. pfruonta, pfrovinta < mlat. provenda, über das Galloroman. unter Einfluss von lat. providere = versorgen, zu spätlat. praebenda = vom Staat zu zahlende Beihilfe, eigtl. = das zu Gewährende, Gerundiv von lat. praebere = gewähren] (kath. Kirchenrecht): **a)** *mit Einkünften verbundenes Kirchenamt:* eine gute P. haben; Ü der neue Posten ist eine einträgliche, fette P. für ihn *(bringt ihm viel ein, ohne dass er sich viel einzusetzen braucht);* **b)** *Stelle, Ort, wo jmd. eine Pfründe* (a) *hat:* auf einer P. sitzen.

Pfründ|ner, der; -s, - [mhd. phrüendener]: *Inhaber einer Pfründe* (a).

Pfuhl, der; -[e]s, -e [mhd., ahd. pfuol, H. u.]: **1.** *kleiner Teich, Ansammlung von schmutzigem, fauligem [übel riechendem] Wasser:* ein schwarzer P.; Ü (geh. veraltend:) ein P. der Sünde. **2.** (landsch.) *Jauche.*

pfui ⟨Interj.⟩ [mhd. pfui, phiu, wohl nach dem Geräusch beim Ausspucken]: Ausruf des Missfallens, Ekels, der moralischen Entrüstung: p.,

schäm dich!; einige im Publikum haben Pfui/(auch:) pfui gerufen; p. Teufel!
Pfui, das; -s, -s: *Pfuiruf.*
Pfui|ruf, der: *der Ruf »pfui«.*
Pfund, das; -[e]s, -e ⟨aber: 5 Pfund⟩ [mhd., ahd. pfunt < lat. pondo = (ein Pfund) an Gewicht, zu: pendere, ↑Pensum; 2: das Geld wurde urspr. gewogen]: **1.** *fünfhundert Gramm; ein halbes Kilogramm* (Maßeinheit): ein halbes, ganzes P. Butter; ein P. Bohnen kostet/(selten:) kosten zwei Mark; den -en zu Leibe rücken *(sein Gewicht zu verringern suchen).* **2.** *Währungseinheit in Großbritannien* (1 P. [Sterling] = 100 Pence), *der Türkei* (1 P. = 100 Kuruş) *u. anderen Ländern:* etw. kostet zwei P.; in P., mit englischen -en zahlen; Zeichen: £ (eigtl. = ↑Livre). **3.** * **sein P. vergraben** (geh.; *seine Fähigkeiten nicht nutzen;* nach Matth. 25, 18); **mit seinem -e wuchern** (geh.; *seine Begabung, seine Fähigkeiten klug anwenden;* nach Luk. 19, 11 ff.). **4.** (Kartenspiel Jargon) *Spielkarte mit hohem Zählwert:* dem Mitspieler ein ordentliches P. reinlegen.
Pfünd|chen, das; -s, -: Vkl. zu ↑Pfund.
-pfün|der, der; -s, -: gibt in Bildungen mit Zahlwörtern an, dass etw. (z. B. ein Brot) ein Gegenstand mit einem Gewicht von einer bestimmten Anzahl Pfund ist: Fünf-, Vierpfünder (mit Ziffer: 5-Pfünder, 4-Pfünder), Viertelpfünder.
pfun|dig ⟨Adj.⟩ (ugs.): *großartig, toll.*
-pfün|dig: in Zusb., vgl. -pfünder: sechs-, siebenpfündig (mit Ziffer: 6-pfündig, 7-pfündig), viertelpfündig.
Pfund|no|te, die; -, -n: *Banknote im Wert von einem Pfund* (2).
Pfunds- (ugs. emotional verstärkend): drückt in Bildungen mit Substantiven aus, dass jmd. od. etw. als ausgezeichnet, hervorragend, bewundernswert angesehen wird: Pfundskamerad.
Pfunds|kerl, der (ugs. emotional verstärkend): *Mordskerl* (2).
Pfund Ster|ling: ↑Pfund (2); Zeichen: £; £Stg.
pfund|wei|se ⟨Adv.⟩: *in Pfunden [u. damit in großer Menge]:* ich könnte Chips p. essen!
Pfusch, der; -[e]s [zu ↑pfuschen]: **1.** (ugs. abwertend) *nachlässig u. liederlich ausgeführte Arbeit:* P. machen. **2.** (österr.) *Schwarzarbeit.*
Pfusch|ar|beit, die ⟨o. Pl.⟩ (ugs. abwertend): *Pfusch.*
pfu|schen ⟨sw. V.; hat⟩ [wohl zu ↑futsch, urspr. lautm. z. B. für das Geräusch von schnell abbrennendem Pulver od. für das Reißen von schlechtem Stoff]: **1. a)** (ugs. abwertend) *schnell, oberflächlich u. deshalb nachlässig u. liederlich arbeiten:* er hat bei der Reparatur gepfuscht; **b)** (österr.) *schwarzarbeiten.* **2.** (landsch.) *mogeln* (1). **3.** (landsch. veraltend) *etw. entwenden, stehlen.*
Pfu|scher, der; -s; - (ugs. abwertend): *jmd., der pfuscht.*
Pfu|sche|rei, die; -, -en (ugs. abwertend): *[dauerndes] Pfuschen.*
pfu|scher|haft ⟨Adj.⟩ (ugs. abwertend): *[wie] von einem Pfuscher gemacht:* eine -e Bauausführung.
Pfu|sche|rin, die; -, -nen: w. Form zu ↑Pfuscher.
Pfütz|chen, das; -s, -: Vkl. zu ↑Pfütze.
Pfüt|ze, die; -, -n [mhd. pfütze, ahd. p[f]uzza = Wasserloch, H. u., viell. < lat. puteus, ↑Pütt, ↑Pütz]: *kleinere Ansammlung von Wasser:* auf dem Hof bildeten sich -n; Ü der Hund hat in der Küche eine P. gemacht *(uriniert).*
P-Ge|spräch, [ˈpeː...], das [P = Person] (Fernspr.): *Auslandsgespräch, das nur dann vermittelt wird, wenn die vom Anrufenden gewünschte Person selbst am Apparat ist.*
PGH [peːgeːˈhaː], die; -, -s: Produktionsgenossenschaft des Handwerks (DDR).
ph = Phot.
PH [peːˈhaː], die; -, -s: pädagogische Hochschule.
Phä|a|ke, der; -n, -n [nach dem als besonders glücklich geltenden Volk der Phäaken in der griech. Sage] (bildungsspr.): *jmd., der das Leben sorglos genießt.*
Phä|a|kin, die; -, -nen: w. Form zu ↑Phäake.
Pha|go|zyt, der; -en, -en [zu griech. phageĩn = essen, fressen u. kýtos = Höhlung, Wölbung] (Med.): *weißes Blutkörperchen, das eingedrungene Fremdstoffe, bes. Bakterien, unschädlich machen kann.*
Pha|lanx, die; -, ...langen [lat. phalanx < griech. phálagx, eigtl. = Balken, Baumstamm]: **1.** *(im antiken Griechenland) tiefgestaffelte, geschlossene Schlachtreihe bes. der Hopliten.* **2.** (bildungsspr.) *geschlossene Front:* eine P. bilden; in geschlossener P. auftreten; Ü es ist ihr gelungen, in die P. der Politiker einzudringen. **3.** (Med.) *Finger- od. Zehenglied.*
phal|lisch ⟨Adj.⟩ (bildungsspr.): **1.** *wie ein Phallus [aussehend]; einen Phallus darstellend:* -e Symbole. **2.** *den Phallus betreffend:* die -e Stufe, Phase (Psychoanalyse; *frühkindliche, durch Lustgewinn im Bereich des Penis gekennzeichnete Entwicklungsphase*).
Phal|lo|kra|tie, die; - [↑-kratie] (abwertend): *auf einer Überbewertung des männlichen Geschlechts beruhende Vorherrschaft des Mannes bes. im gesellschaftlichen Bereich.*
Phal|lo|plas|tik, die; -, -en (Med.): *operative Neu- od. Nachbildung des Penis.*
Phal|los, der; -, ...lloi u. ...llen (selten), **Phal|lus**, der; -, ...lli u. ...llen, auch: -se [spätlat. phallus < griech. phallós] (bildungsspr.): *das [erigierte] männliche Glied (meist als Symbol der Kraft u. Fruchtbarkeit).*
Phal|lus|kult, der: *kultische Verehrung des Phallus als Sinnbild der Fruchtbarkeit.*
Phän, das; -s, -e [zu ↑Phänomen] (Biol.): *deutlich in Erscheinung tretendes [Erb]merkmal eines Lebewesens, das mit anderen zusammen den Phänotypus ausbildet.*
Phä|no|lo|gie, die; - [↑-logie]: *Lehre vom Einfluss der Witterung u. des Klimas auf die jahreszeitliche Entwicklung der Pflanzen u. Tiere.*
Phä|no|men, das; -s, -e [spätlat. phaenomenon = (Luft)erscheinung < griech. phainómenon = das Erscheinende, zu: phaínesthai = erscheinen]: **1.** (bildungsspr.) *etw., was in seiner Erscheinungsform auffällt, ungewöhnlich ist; Erscheinung:* ein physikalisches P.; rätselhafte -e. **2.** (Philos.) *das Erscheinende, sich den Sinnen Zeigende; der sich der Erkenntnis darbietende Bewusstseinsinhalt.* **3.** (bildungsspr.) *außergewöhnlicher, phänomenaler* (2) *Mensch:* auf ihrem Fachgebiet ist sie ein P.
Phä|no|me|na: Pl. von ↑Phänomenon.
phä|no|me|nal ⟨Adj.⟩ [frz. phénoménal]: **1.** (Philos.) *das Phänomen (2) betreffend; sich den Sinnen, der Erkenntnis darbietend.* **2.** *in bewundernswürdiger u. Erstaunen erregender Weise einzigartig, ohnegleichen:* ein -er Mathematiker; sie hat ein -es Gedächtnis; sie hat p. gespielt.
Phä|no|me|na|lis|mus, der; - (Philos.): *philosophische Anschauung, nach der die Gegenstände nur so erkannt werden können, wie sie uns erscheinen, nicht wie sie an sich sind.*
Phä|no|me|no|lo|gie, die; - [↑-logie] (Philos.): **1.** *(bei Hegel) Wissenschaft, Lehre, die die dialektisch sich entwickelnden Erscheinungsformen des [absoluten] Geistes in eine gestufte Ordnung bringt, die die historisch-dialektische Entwicklung des menschlichen Bewusstseins vertritt.* **2.** *(bei Husserl) Wissenschaft, Lehre, die von der geistigen Anschauung des Wesens der Gegenstände od. Sachverhalte ausgeht, die die geistig-intuitive Wesensschau (anstelle rationaler Erkenntnis) vertritt.*
Phä|no|me|non, das; -s, ...na (Fachspr.): *Phänomen* (2).
Phä|no|typ, der; -s, -en (Biol.): *Phänotypus.*
phä|no|ty|pisch ⟨Adj.⟩ (Biol.): *den Phänotyp[us] betreffend.*
Phä|no|ty|pus, der; -, ...pen (Biol.): *Gesamtheit der Merkmale eines Lebewesens, wie sie durch Erbanlagen und Umwelteinflüsse geprägt werden.*
Phan|ta|sie, phan|ta|sie|arm, Phan|ta|sie|bild, Phan|ta|sie|blu|me usw.: ↑Fantasie usw.
Phan|tas|ma, das; -s, ...men [lat. phantasma < griech. phántasma] (Psych.): *Sinnestäuschung, Trugbild.*
Phan|tas|ma|go|rie, die; -, -n [zu ↑Phantasma u. griech. agorá = Versammlung]: **1.** (bildungsspr.) *Trugbild, Täuschung.* **2.** (Theater) *künstliche Darstellung von Trugbildern, Gespenstern o. Ä. auf der Bühne.*
phan|tas|ma|go|risch ⟨Adj.⟩ (bildungsspr.): *in der Art einer Phantasmagorie, bizarr, gespenstisch, traumhaft* (a).
Phan|tast, Phan|tas|te|rei, Phan|tas|tik, Phan|tas|ti|ka, Phan|tas|tin, phan|tas|tisch: ↑Fantast usw.
Phan|tom, das; -s, -e [frz. fantôme, über das Vlat. zu griech. phántasma, ↑Phantasma]: **1.** *unwirkliche Erscheinung; Trugbild:* einem P. nachjagen. **2.** (Med.) **a)** *Phantomerlebnis;* **b)** *Nachbildung eines Körperteils od. eines Organs für Unterrichtszwecke od. Versuche.*
Phan|tom|bild, das (Kriminalistik): *nach Zeugenaussagen gezeichnetes Bild eines gesuchten Täters.*
Phan|tom|er|leb|nis, das (Med.): *Empfindung, dass ein amputierter Körperteil noch vorhanden ist.*
Phan|tom|schmerz, der (Med.): *Schmerz, den jmd. in einem bestimmten Körperteil zu spüren meint, obwohl dieser amputiert ist.*
[1]Pha|rao, der; -s, ...onen [griech. pharaõ < altägypt. per-a'a, eigtl. = großes Haus, Palast]: **1.** ⟨o. Pl.⟩ *Titel der altägyptischen Könige.* **2.** *Träger dieses Titels.*
[2]Pha|rao, das; -s: *Pharo.*
Pha|rao|amei|se, die: *kleine, bernsteinfarbene bis schwarzbraune Ameise, deren Stich schmerzhaft ist.*
Pha|ra|o|nen|grab, das: *Grab eines Pharaos.*
pha|ra|o|nisch ⟨Adj.⟩: *den Pharao, die Pharaonen betreffend.*
Pha|ri|sä|er, der; -s, - [spätlat. Pharisaeus < griech. Pharisaĩos < aram. pĕrûšîm (Pl.), eigtl. = die Abgesonderten; 2: nach Luk. 18, 10 ff.; 3: das Getränk soll den Anschein erwecken, man trinke keinen Alkohol, sondern nur Kaffee]: **1.** *Angehöriger einer altjüdischen, die religiösen Gesetze streng einhaltenden Partei.* **2.** (geh. abwertend) *selbstgerechter, hochmütiger, heuchlerischer Mensch:* so ein P.! **3.** *heißer Kaffee mit Rum u. geschlagener Sahne.*
pha|ri|sä|er|haft ⟨Adj.⟩: *in der Art eines Pharisäers* (2).
Pha|ri|sä|e|rin, die; -, -nen: w. Form zu ↑Pharisäer (2).
Pha|ri|sä|er|tum, das; -s (geh. abwertend): *geistige Haltung eines Pharisäers* (2).
pha|ri|sä|isch ⟨Adj.⟩ (geh.): **1.** *die Pharisäer* (1) *betreffend.* **2.** *pharisäerhaft.*
Pha|ri|sä|is|mus, der; -: **1.** *religiös-politische Lehre der Pharisäer* (1). **2.** (geh. abwertend) *Pharisäertum.*
Phar|ma|be|ra|ter, der; -s, - [1. Bestandteil zu griech. phármakon, ↑Pharmakon]: *Pharmareferent.*
Phar|ma|be|ra|te|rin, die; -, -nen: w. Form zu ↑Pharmaberater.
Phar|ma|in|dus|trie, die ⟨o. Pl.⟩: *pharmazeutische Industrie.*
Phar|ma|ka: Pl. von ↑Pharmakon.
Phar|ma|kant, der; -en, -en: *Facharbeiter für die Herstellung pharmazeutischer Erzeugnisse* (Berufsbez.).
Phar|ma|kan|tin, die; -, -nen: w. Form zu ↑Pharmakant.
Phar|ma|keu|le, die (Jargon): *übermäßig große Menge von Pharmaka, die für eine [psychische] Behandlung eingesetzt wird.*
Phar|ma|ko|lo|gie, die; - [zu griech. phármakon = Arznei u. ↑-logie]: *Wissenschaft von Art u. Aufbau der Heilmittel, ihren Wirkungen u. ihren Anwendungsgebieten.*
Phar|ma|kon, das; -s, ...ka [griech. phármakon]: **1.** (bildungsspr.) *Arzneimittel.* **2.** (veraltet) *Zauber-, Liebestrank.*

Phar|ma|ko|the|ra|pie, die; -, -n (Med., Psych.): *Therapie mithilfe von Arzneimitteln.*

Phar|ma|re|fe|rent, der; -en, -en: *Vertreter für Arzneimittel.*

Phar|ma|re|fe|ren|tin, die: w. Form zu ↑Pharmareferent.

Phar|ma|un|ter|neh|men, das: *Unternehmen der Pharmaindustrie.*

Phar|ma|zeut, der; -en, -en [griech. pharmakeutḗs = Hersteller von Heilmitteln]: *Wissenschaftler, ausgebildeter Fachmann auf dem Gebiet der Pharmazie; Hersteller von Arzneimitteln; Apotheker* (Berufsbez.).

Phar|ma|zeu|tik, die; -: *Pharmazie.*

Phar|ma|zeu|ti|kum, das; -s, ...ka (bildungsspr.): *Arzneimittel.*

Phar|ma|zeu|tin, die: w. Form zu ↑Pharmazeut.

phar|ma|zeu|tisch ⟨Adj.⟩ [spätlat. pharmaceuticus < griech. pharmakeutikós]: *die Herstellung [u. Anwendung] von Arzneimitteln betreffend:* die -e Industrie.

phar|ma|zeu|tisch-tech|nisch ⟨Adj.⟩: *die Pharmazie in Verbindung mit entsprechenden technischen, praktischen Handhabungen betreffend:* -e Assistentin (*weibliche Person, die durch Zubereitung, Kontrolle, Abgabe von Arzneimitteln, durch Verkauf von Körperpflege- u. Hygieneartikel die Tätigkeit eines Apothekers o. Ä. unterstützt;* Berufsbez.; Abk.: PTA).

Phar|ma|zie, die; - [spätlat. pharmacia < griech. pharmakeía = (Gebrauch von) Arznei, zu: phármakon, ↑Pharmakon]: *Wissenschaft von den Arzneimitteln, von ihrer Herkunft, ihrer Herstellung u. Überprüfung.*

Pha|ro, das; -s [engl. faro, frz. pharaon, wohl nach dem Bildnis des Pharaos, der statt des Königs auf einer nach England eingeführten Spielkarte des frz. Blattes dargestellt war]: *Glücksspiel mit 104 Karten, bei dem auf alle 13 ausgelegten Karten einer Farbe auf Gewinn od. auf Verlust gewettet werden kann.*

Pha|ryn|gen: Pl. von ↑Pharynx.

Pha|ryn|gi|tis, die; -, ...itiden (Med.): *Rachenentzündung.*

Pha|ryn|go|lo|gie, die; - [↑-logie]: *Teilgebiet der Medizin, das sich mit dem Rachen u. seinen Krankheiten befasst.*

Pha|ryn|go|skop, das; -s, -e [zu griech. skopeĩn = betrachten] (Med.): *spezielles Endoskop zur Untersuchung des Pharynx.*

Pha|ryn|go|to|mie, die; -, -n [zu griech. tomḗ = das Schneiden; Schnitt] (Med.): *operative Öffnung des Rachens.*

Pha|rynx, der; -, ...ryngen [griech. phárygx (Gen.: pháryggos)] (Med.): *Schlund, Rachen.*

Pha|se, die; -, -n [frz. phase < griech. phásis = Erscheinung; Aufgang eines Gestirns, zu: phaínesthai, ↑Phänomen]: **1.** (bildungsspr.) *Abschnitt, Stufe innerhalb einer stetig verlaufenden Entwicklung od. eines zeitlichen Ablaufs:* die einzelnen -n eines Vorganges; ich befinde mich in einer kritischen P.; die Gespräche sind in die entscheidende P. getreten; in keiner P. *(zu keinem Zeitpunkt, nie)* war ein Abbruch der Verhandlungen so wahrscheinlich. **2.** (Physik) *Schwingungszustand einer Welle an einer bestimmten Stelle u. zu einem bestimmten Zeitpunkt.* **3.** (Chemie) *Aggregatzustand eines chemischen Stoffes:* die feste, flüssige, gasförmige P. **4.** (Astron.) *(von einem nicht selbst leuchtenden Himmelskörper) sich für den Betrachter durch die wechselnde Stellung zu Erde u. Sonne ergebende sichtbare Gestalt.* **5.** (Elektrot.) *eine der drei Leitungen des Drehstromnetzes.*

Pha|sen|span|nung, die (Elektrot.): *(in einem elektrischen Netz mit Dreh- od. Wechselstrom) Spannung zwischen den außen liegenden u. den im Mittelpunkt liegenden Leitern.*

Pha|sen|sprung, der (Physik): *plötzliche Änderung der Phase (2) einer Welle.*

Pha|sen|ver|schie|bung, die (Physik): **1.** *Differenz der Phasen zweier Wellen od. Schwingungen gleicher Frequenz.* **2.** *Phasensprung.*

pha|sen|wei|se ⟨Adv.⟩: *in manchen Phasen* (1), *zeitweise, manchmal:* ein p. gutes Spiel; ⟨mit Verbalsubstantiven auch attr.:⟩ ein -s Wiederaufleben des alten Kampfgeistes.

-pha|sig: in Zusb., z. B. drei-, vierphasig *(drei, vier Phasen 5 habend;* mit Ziffer: 3-phasig, 4-phasig).

Pha|sin, das; -s [zu griech. phásēlos = eine Art Bohnen]: *durch längeres Kochen zerstörbarer giftiger Eiweißbestandteil der Bohnen.*

pha|sisch ⟨Adj.⟩: *in Phasen* (1) *verlaufend, regelmäßig wiederkehrend.*

pha|tisch ⟨Adj.⟩ [zu griech. phatós = gesagt, zu: phēmí, 1. Pers. Sg. Indik. Präs. Aktiv von: phánai = sagen, behaupten] (Sprachw.): *kontaktknüpfend u. -erhaltend:* die -e Funktion eines Textes.

Phe|lo|ni|um, das; -s, ...ien [mgriech. phailónion für (spät)griech. phainólēs = Reisemantel]: *mantelartiges Messgewand des orthodoxen Geistlichen.*

Phe|nol, das; -s [frz. phénol, zu griech. phaínein = scheinen, leuchten; das Präfix Phen- bezeichnet meist Nebenprodukte der Leuchtgasfabrikation]: *Karbol.*

Phe|no|le ⟨Pl.⟩: *bes. im Teer vorkommende schwache Säuren, die vor allem zur Herstellung von Kunststoffen, Arzneimitteln, Farbstoffen u. a. verwendet werden.*

Phe|nol|phtha|le|in, das; -s: *als Indikator* (2) *verwendete chemische Verbindung.*

Phe|nyl, das; -s, -e, **Phe|nyl|grup|pe,** die (Chemie): *in vielen aromatischen Kohlenwasserstoffen enthaltene einwertige Atomgruppe.*

Phe|nyl|ke|to|nu|rie, die; -, -n [zu ↑Aceton u. griech. oũron = Harn] (Med.): *[bei Säuglingen auftretende] Stoffwechselkrankheit, die durch das Fehlen bestimmter Aminosäuren bedingt ist.*

Phe|ro|mon, das; -s, -e [zusgez. aus griech. phérein = tragen u. ↑Hormon] (Biol.): *von Tieren u. vom Menschen produzierter u. abgesonderter Duftstoff, der Stoffwechsel u. Verhalten anderer Individuen der gleichen Art beeinflusst.*

Phi, das; -[s], -s [spätgriech. phĩ < griech. pheĩ]: *einundzwanzigster Buchstabe des griechischen Alphabets* (Φ, φ).

Phi|a|le, die; -, -n [griech. phiálē]: *(im alten Griechenland) flache [Opfer]schale.*

phil-, Phil-: ↑philo-, Philo-.

-phil [zu griech. phileĩn = lieben] (Bildungen meist bildungsspr.): drückt aus, dass etw. besonders geschätzt wird, dass eine besondere Vorliebe für etw. besteht: bibliophil, frankophil.

Phi|lan|throp, der; -en, -en [griech. philánthrōpos, zu: phílos = freundlich; Freund u. ánthrōpos = Mensch] (bildungsspr.): *Menschenfreund.*

Phi|lan|thro|pie, die; - [griech. philanthrōpía] (bildungsspr.): *Menschenliebe.*

Phi|lan|thro|pin, die; -, -nen: w. Form zu ↑Philanthrop.

Phi|lan|thro|pi|nis|mus, Philanthropismus, der; -: *(von dem dt. Pädagogen J. B. Basedow [1724–1790] begründete) Richtung der Reformpädagogik.*

phi|lan|thro|pisch ⟨Adj.⟩ [griech. philánthrōpos] (bildungsspr.): *die Philanthropie betreffend, auf ihr beruhend; auf das Wohl des Menschen bedacht [u. danach handelnd].*

Phi|lan|thro|pis|mus: ↑Philanthropinismus.

Phi|la|te|lie, die; - [frz. philatélie, gepr. 1864 von dem frz. Sammler M. Herpin, zu griech. phileĩn = lieben, gern haben u. atéleia = Abgabenfreiheit, also eigtl. = Liebe zur (Marke der) Gebührenfreiheit]: *Briefmarkenkunde.*

Phi|la|te|list, der; -en, -en [frz. philatéliste]: *jmd., der sich [wissenschaftlich] mit Briefmarken beschäftigt; Briefmarkensammler.*

Phi|la|te|lis|tin, die; -, -nen: w. Form zu ↑Philatelist.

phi|la|te|lis|tisch ⟨Adj.⟩: *die Philatelie betreffend, zu ihr gehörend.*

Phil|har|mo|nie, die; -, -n [zu griech. harmonía (↑Harmonie), eigtl. = Liebe zur Musik]: **1.** *Name für philharmonische Orchester od. musikalische Gesellschaften.* **2.** *(Gebäude mit einem) Konzertsaal eines philharmonischen Orchesters.*

Phil|har|mo|ni|ker, der; -s, -: **a)** *Mitglied eines philharmonischen Orchesters;* **b)** ⟨Pl.⟩ *Name eines Symphonieorchesters mit großer Besetzung:* die Wiener P.

Phil|har|mo|ni|ke|rin, die; -, -nen: w. Form zu ↑Philharmoniker (a).

phil|har|mo|nisch ⟨Adj.⟩: *die Philharmonie betreffend:* -es Orchester *(Symphonieorchester mit großer Besetzung).*

Phi|lip|per|brief, der; -[e]s: Brief des Apostels Paulus an die Gemeinde von Philippi.

Phi|lip|pi: (in der Antike) Stadt in Makedonien.

Phi|lip|pi|ka, die; -, ...ken [griech. (tà) Philippiká, nach den Kampfreden des Demosthenes gegen König Philipp von Makedonien (etwa 382–336 v. Chr.)] (bildungsspr.): *leidenschaftliche, heftige [Straf]rede.*

Phi|lip|pi|nen ⟨Pl.⟩: Inselgruppe u. Staat in Südostasien.

Phi|lip|pi|ner, der; -s, -: Ew.

Phi|lip|pi|ne|rin, die; -, -nen: w. Form zu ↑Philippiner.

phi|lip|pi|nisch ⟨Adj.⟩: *die Philippinen, die Philippiner betreffend; von den Philippinern stammend, zu ihnen gehörend.*

Phi|lis|ter, der; -s, - [griech. Philistieím < hebr. pělištîm = Name eines nicht semitischen Volkes an der Küste Palästinas; in der Studentenspr. des 17. Jh.s übertr. von den im A. T. als schlimmsten Feinden des auserwählten Volkes Israel geschilderten Philistern auf die Stadtsoldaten u. Polizisten als den geschworenen Feinden der Studenten als den »(geistig) Auserwählten«]: **1.** (bildungsspr. abwertend) *kleinbürgerlich-engstirniger Mensch; Spießbürger.* **2.** (Verbindungsw.) *im Berufsleben stehender Alter Herr.* **3.** (Verbindungsw.) *Nichtakademiker.*

Phi|lis|te|rei, die; -, -en (bildungsspr. abwertend): **a)** ⟨o. Pl.⟩ *philisterhaftes Wesen, Benehmen;* **b)** *einzelner philisterhafter Vorfall.*

phi|lis|ter|haft ⟨Adj.⟩ (bildungsspr. abwertend): *in der Art eines Philisters* (1); *wie ein Philister* (1).

Phi|lis|te|rin, die; -, -nen: w. Form zu ↑Philister (1, 3).

Phi|lis|te|ri|um, das; -s (Verbindungsw.): *das spätere Berufsleben eines Studenten (mit seinen Bindungen u. Zwängen).*

Phi|lis|ter|tum, das; -s (bildungsspr. abwertend): *kleinbürgerliche Engstirnigkeit; Spießertum.*

phi|lis|trös ⟨Adj.⟩ [französierende Bildung] (bildungsspr.): *kleinbürgerlich-engstirnig; beschränkt; spießig.*

Phil|lu|me|nie, die; - [zu griech. phileĩn = lieben, gern haben u. lat. lumen, ↑Lumen] (bildungsspr.): *das Sammeln von Streichholzschachteln od. deren Etiketten.*

phi|lo-, Phi|lo-, (vor Vokalen:) phil-, Phil- [griech. phílos = freundlich; Freund] ⟨Best. in Zus. mit der Bed.⟩: *Freund, Verehrer (von etw.); Liebhaber, Anhänger; Liebe, Neigung (zu etw.); wissenschaftliche Beschäftigung* (z. B. philanthropisch, Philologin).

Phi|lo|lo|ge, der; -n, -n [lat. philologus < griech. philólogos = Freund der Wissenschaften; (Sprach)gelehrter, zu: lógos = Rede, Wort; wissenschaftliche Forschung]: *Wissenschaftler, Lehrer, Studierender auf dem Gebiet der Philologie.*

Phi|lo|lo|gie, die; -, -n [lat. philologia < griech. philología]: *Wissenschaft, die sich mit der Erforschung von Texten in einer bestimmten Sprache beschäftigt; Sprach- u. Literaturwissenschaft:* klassische P. *(Griechisch u. Latein).*

Phi|lo|lo|gin, die; -, -nen: w. Form zu ↑Philologe.

phi|lo|lo|gisch ⟨Adj.⟩: **a)** *die Philologie betreffend, auf ihr beruhend:* eine -e Untersuchung; **b)** *[wissenschaftlich] genau:* mit -er Akribie.

Phi|lo|me|la, Phi|lo|me|le, die; -, ...len [lat. philomela < griech. Philomēla, Name der Tochter des Königs Pandion von Athen, die in der Sage in eine Nachtigall verwandelt wird] (dichter.): *Nachtigall.*

Phi|lo|se|mi|tis|mus, der; -: a) *(bes. im 17. u. 18. Jh.) geistige Bewegung, die gegenüber Juden u. ihrer Religion eine sehr tolerante Haltung zeigt;* b) (abwertend) *unkritische Haltung, die die Politik des Staates Israel ohne Vorbehalte unterstützt.*

Phi|lo|soph, der; -en, -en [lat. philosophus < griech. philósophos, eigtl. = Freund der Weisheit]: 1. *jmd., der sich mit Philosophie* (1) *beschäftigt, Forscher, Lehrer auf dem Gebiet der Philosophie* (1): die antiken -en; im Seminar -en *(Werke von Philosophen)* lesen. 2. (ugs.) *jmd., der gerne philosophiert:* er ist ein [rechter] P.

Phi|lo|so|phem, das; -s, -e [griech. philosóphēma]: *philosophischer Ausspruch, Satz; philosophische Lehrmeinung.*

Phi|lo|so|phie, die; -, -n [lat. philosophia < griech. philosophía, zu: sophía = Weisheit]: 1. *Streben nach Erkenntnis über den Sinn des Lebens, das Wesen der Welt u. die Stellung des Menschen in der Welt; Lehre, Wissenschaft von der Erkenntnis des Sinns des Lebens, der Welt u. der Stellung des Menschen in der Welt:* die materialistische, idealistische P.; P. lehren, studieren. 2. *persönliche Art u. Weise, das Leben u. die Dinge zu betrachten:* seine P. lautet: leben und leben lassen; ich habe mir meine eigene P. zurechtgezimmert.

phi|lo|so|phie|ren ⟨sw. V.; hat⟩ [nach frz. philosopher < lat. philosophari]: *sich mit philosophischen Problemen beschäftigen; über ein Problem nachdenken, über etw. grübeln u. darüber reden:* über das Leben, Gott und die Welt p.

Phi|lo|so|phi|kum, das; -s, ...ka [nlat. (testamen) philosophicum] (Hochschulw.): 1. *Prüfung in Philosophie im Rahmen des 1. Staatsexamens für Lehramtskandidaten.* 2. *Zwischenexamen für Kandidaten für das katholische Priesteramt.*

Phi|lo|so|phin, die; -, -nen: w. Form zu ↑Philosoph.

phi|lo|so|phisch ⟨Adj.⟩ [spätlat. philosophicus]: 1. *die Philosophie* (1) *betreffend, zu ihr gehörend:* ein -es Weltbild; in -em Denken geschult sein; nicht p. denken können; Ü auf -en *(weltfernen)* Höhen wandeln. 2. a) *besinnlich, nachdenklich:* ein -er Mensch; b) *in der Art eines Philosophen, abgeklärt, weise:* eine -e Haltung einnehmen; etw. p. betrachten.

Phi|mo|se, die; -, -n [griech. phímōsis = Verengung] (Med.): *Verengung der Vorhaut (bei der sich diese nicht [ganz] zurückstreifen lässt).*

Phi|o|le, die; -, -n [mhd. viole < mlat. fiola < lat. phiala < griech. phiálē, ↑Phiale]: *(bes. in der Chemie verwendete) [dünnwandige] bauchige Glasflasche mit langem, engem Hals.*

Phleg|ma, das; -s, österr. meist: - [spätlat. phlegma < griech. phlégma = Brand, Flamme; (seit Hippokrates:) kalter u. zähflüssiger Körperschleim; dem zähflüssigen Körpersaft entsprach nach antiken Vorstellungen das schwerfällige Temperament; zu: phlégein = entzünden, verbrennen]: *nur schwer zu erregende u. zu irgendwelchen Aktivitäten zu bewegende Gemütsart, phlegmatische Veranlagung.*

Phleg|ma|ti|ker, der; -s, - [zu ↑phlegmatisch; nach der Typenlehre des altgriech. Arztes Hippokrates]: *jmd., der nur schwer zu erregen u. zu irgendwelchen Aktivitäten zu bewegen ist.*

Phleg|ma|ti|ke|rin, die; -, -nen: w. Form zu ↑Phlegmatiker.

phleg|ma|tisch ⟨Adj.⟩ [spätlat. phlegmaticus < griech. phlegmatikós = dickflüssig, an zähflüssigem Schleim leidend]: *[aufgrund der Veranlagung] nur schwer zu erregen u. kaum zu irgendwelchen Aktivitäten zu bewegen; träge, schwerfällig:* ein -er Mensch.

Phleg|mo|ne, die; -, -n [griech. phlegmonē = Entzündung] (Med.): *(sich ausbreitende) eitrige Entzündung von tiefer liegendem Gewebe* (2).

Phlo|em, das; -s, -e [zu griech. phlóos = Bast, Rinde] (Bot.): *Teil des Leitbündels, der zum Transport der in den Blättern gebildeten Stoffe innerhalb einer Pflanze dient.*

phlo|gis|tisch ⟨Adj.⟩ [griech. phlogistós = verbrannt, zu: phlogízein = verbrennen] (Med.): *eine Entzündung betreffend, zu ihr gehörend.*

Phlo|go|se, Phlo|go|sis, die; -, ...sen [griech. phlógōsis = Brand, Hitze; Entzündung] (Med.): *Entzündung.*

Phlox, der; -es, -e, auch: die; -, -e [griech. phlóx = Flamme]: *Pflanze mit schmalen, ganzrandigen Blättern u. rispenartigen od. doldenähnlichen, verschiedenfarbigen Blütenständen.*

Phnom Penh [pnɔm'pɛn]: Hauptstadt von Kambodscha.

-phob [zu griech. phobeĩn = fürchten] (Bildungen meist bildungsspr.): drückt aus, dass etw. abgelehnt wird, dass eine Abneigung gegen etw. besteht: anglophob, hydrophob.

Phö|be (griech. Myth.): Mondgöttin.

Pho|bie, die; -, -n [zu griech. phóbos = Furcht] (Med.): *extreme Angst vor bestimmten Objekten od. Situationen.*

Pho|ko|me|lie, die; -, -n [zu griech. phṓkē = Robbe u. mélos = Glied; die fehlgebildeten Extremitäten erinnern an die Flossen von Robben] (Med.): *angeborene Fehlbildung der Extremitäten, bei der die Hände od. Füße unmittelbar am Rumpf ansetzen.*

Phon, das; -s, -s ⟨aber: 50 Phon⟩ [zu griech. phōnḗ = Laut, Ton, Stimme]: *Maßeinheit der Tonstärke* (Zeichen: phon).

-phon [↑Phon] ⟨bei Substantiven u. Adjektiven auftretendes Suffix mit der Bed.:⟩ *Laut, Ton; einen Laut, Ton betreffend* (z. B. Saxophon, monophon).

Pho|na|ti|on, die; -, -en (Med.): *Laut-, Stimmbildung.*

Pho|nem, das; -s, -e (Sprachw.): *kleinste bedeutungsunterscheidende sprachliche Einheit* (z. B. *b* in »Bein« im Unterschied zu *p* in »Pein«).

Pho|ne|ma|tik, die; -: *Phonologie.*

pho|ne|ma|tisch ⟨Adj.⟩ (Sprachw.): *das Phonem betreffend, dazu gehörend; mit den Mitteln der Phonematik:* -e Untersuchungen.

Pho|ne|mik, die; -: *Phonologie.*

pho|ne|misch ⟨Adj.⟩ (Sprachw.): *phonematisch.*

Pho|ne|tik, die; -: *Wissenschaft von den sprachlichen Lauten* (2), *ihrer Art, Erzeugung u. Verwendung in der Kommunikation.*

Pho|ne|ti|ker, der; -s, -: *Wissenschaftler auf dem Gebiet der Phonetik.*

Pho|ne|ti|ke|rin, die; -, -nen: w. Form zu ↑Phonetiker.

pho|ne|tisch ⟨Adj.⟩: *die Phonetik betreffend, zu ihr gehörend; lautlich.*

Pho|ni|a|ter, der; -s, - [zu griech. iatrós = Arzt]: *Spezialist auf dem Gebiet der Phoniatrie.*

Pho|ni|a|te|rin, die; -, -nen: w. Form zu ↑Phoniater.

Pho|ni|a|trie, die; - [zu griech. iatreía = das Heilen]: *Lehre von den krankhaften Erscheinungen bei der Sprach- u. Stimmbildung als Teilgebiet der Medizin.*

pho|nisch ⟨Adj.⟩: *den Laut, die Stimme betreffend.*

Phö|nix, der; -[es], -e [lat. phoenix < griech. phoínix, H. u.] (griech.-röm. Myth.): *(zum Sinnbild der Unsterblichkeit gewordener) Vogel, der sich selbst verbrennt u. aus der Asche verjüngt aufsteigt:* *** wie ein P. aus der Asche [auf]steigen/emporsteigen** (geh.; *nach scheinbarer Vernichtung, völligem Zusammenbruch o. Ä. in nicht mehr erwarteter Weise wieder erstehen, neu belebt wiederkehren*).

Phö|ni|zi|en; -s: (im Altertum) Küstenland an der Ostküste des Mittelmeeres.

Phö|ni|zi|er, der; -s, -: Ew.

Phö|ni|zi|e|rin, die; -, -nen: w. Form zu ↑Phönizier.

phö|ni|zisch ⟨Adj.⟩: *die Phönizier betreffend, zu ihnen gehörend.*

Pho|no|dik|tat, (auch:) Fonodiktat, [zu ↑Phon]: das; -[e]s, -e: *in ein Diktiergerät gesprochenes Diktat.*

Pho|no|graph, der; -en, -en [↑-graph] (veraltet): *Gerät zur Aufzeichnung u. Wiedergabe von Tönen mithilfe eines über eine rotierende Walze gleitenden Stiftes.*

Pho|no|lith [auch: ...'lɪt], der; -s u. -en, -e[n] [↑-lith]: *grünlich graues od. bräunliches, meist in dünnen Platten vorkommendes Ergussgestein, das beim Anschlagen klingt.*

Pho|no|lo|gie, die; - [↑-logie]: *Teilgebiet der Sprachwissenschaft, das sich mit der Funktion der Laute* (2) *in einem Sprachsystem beschäftigt; Phonematik, Phonemik.*

pho|no|lo|gisch ⟨Adj.⟩: *die Phonologie betreffend, zu ihr gehörend, auf ihr beruhend.*

Pho|no|me|ter, das; -s, - [zu ↑-meter (1)]: *Gerät zur Messung des Schalls u. der Lautstärke sowie zur Prüfung der Schärfe des Gehörs.*

Pho|no|me|trie, die; - [↑-metrie]: *Messung akustischer Reize u. Empfindungen.*

pho|no|me|trisch ⟨Adj.⟩: *die Phonometrie betreffend.*

Pho|no|thek, die; -, -en [zu griech. thḗkē = Behältnis, geb. nach ↑Bibliothek u. a.]: *Archiv mit Beständen an Tonbändern, Schallplatten u. Ä.*

Phon|zahl, die: *in Phon angegebene Tonstärke.*

Phor|minx, die; -, ...mingen [griech. phórmigx] (Musik): *der Kithara ähnliches Zupfinstrument.*

Phos|gen, das; -s [engl. phosgene, zu griech. phōs = Licht u. engl. -gene < griech. -genḗs, ↑-gen]: *farbloses, sehr giftiges Gas mit charakteristischem, muffigem Geruch.*

Phos|phat, das; -[e]s, -e [zu ↑Phosphor]: *Salz der Phosphorsäure, dessen verschiedene Arten zur Herstellung von Düngemitteln u. Waschmitteln sowie in der Lebensmittelindustrie verwendet werden.*

phos|phat|frei ⟨Adj.⟩: *kein Phosphat enthaltend:* -e Waschmittel.

phos|phat|hal|tig ⟨Adj.⟩: *Phosphat enthaltend.*

phos|pha|tie|ren ⟨sw. V.; hat⟩ (Technik): *Metalle durch Überziehen mit korrosionsbeständigen Schichten aus Lösungen bestimmter Phosphate gegen Rost beständig machen.*

Phos|phid, das; -[e]s, -e: *Verbindung des Phosphors mit Metallen u. Halbmetallen.*

Phos|phit [auch: ...'fɪt], das; -s, -e: *Salz der phosphorigen Säure.*

Phos|phor, der; -s, -e [zu griech. phōsphóros = lichttragend, nach der Leuchtkraft des Elements]: 1. ⟨Pl. selten⟩ *nicht metallischer Stoff, der in verschiedener, nach unterschiedlichen Farben zu unterscheidender Form auftritt (chemisches Element;* Zeichen: P). 2. *phosphoreszierender organischer od. anorganischer Stoff.*

Phos|phor|bom|be, die: *Phosphor enthaltende Brandbombe.*

Phos|pho|res|zenz, die; -: *das Phosphoreszieren; Eigenschaft bestimmter Stoffe zu phosphoreszieren.*

phos|pho|res|zie|ren ⟨sw. V.; hat⟩: *nach Bestrahlung, nach Einfall von Lichtstrahlen, im Dunkeln von selbst leuchten.*

phos|pho|rig ⟨Adj.⟩: *Phosphor enthaltend:* -e Säure.

Phos|phor|säu|re, die: *Säure, die Phosphor u. Sauerstoff enthält.*

Phos|phor|ver|gif|tung, die: *durch Einatmen der Dämpfe des weißen Phosphors hervorgerufene Vergiftung.*

Phot, das; -s, - [zu griech. phōs (Gen.: phōtós) = Licht]: *photometrische Einheit der Ausstrahlung von Licht* (Zeichen: ph).

pho|to-, Pho|to-, (auch:) foto-, Foto- [zu griech. phōs (Gen.: phōtós) = Licht] ⟨Best. in Zus. mit der Bed.:⟩ *Licht-* (z. B. Photobiologie, photochrom).

Pho|to|bio|lo|gie, die; -: *Teilgebiet der Biologie, das sich mit der Wirkung des Lichtes auf Organismen befasst.*

Pho|to|che|mie, die; -: *Teilgebiet der Chemie, das die durch Licht ausgelösten Reaktionen untersucht.*

pho|to|chrom ⟨Adj.⟩ [zu griech. chrōma, ↑Chrom] (Physik, Optik): *phototrop* (1).

Pho|to|ef|fekt, der; -[e]s, -e (Elektrot.): *Austritt von Elektronen aus bestimmten Stoffen durch Bestrahlung mit Licht.*

P

pho|to|elek|trisch ⟨Adj.⟩ (Elektrot.): *die Photoelektrizität betreffend.*

Pho|to|elek|tri|zi|tät, die; - (Elektrot.): *Gesamtheit der durch Einwirkung von Licht in Materie hervorgerufenen elektrischen Erscheinungen.*

Pho|to|ele|ment, das; -[e]s, -e (Elektrot.): *elektrisches Element (Halbleiter), das die Energie des Lichtes in elektrische Energie umwandelt.*

pho|to|gen usw.: ↑fotogen usw.

Pho|to|gramm, das; -s, -e [↑-gramm]: *Messbild.*

Pho|to|gram|me|trie, die; - [↑-metrie] (Messtechnik): *Verfahren zum Herstellen von Messbildern, Grund- u. Aufrissen aus fotografischen Bildern.*

pho|to|gram|me|trisch ⟨Adj.⟩ (Messtechnik): *durch Photogrammetrie gewonnen.*

Pho|to|graph usw.: ↑ Fotograf usw.

Pho|to|gra|vü|re, die; -, -n: **1.** ⟨o. Pl.⟩ *Heliogravüre* (1). **2.** *Heliogravüre* (2).

Pho|to|ly|se, die; -, -n [↑Lyse] (Biol.): *Zersetzung chemischer Verbindungen durch Licht (als Teil der Photosynthese).*

pho|to|me|cha|nisch ⟨Adj.⟩ (Druckw.): *mit fotografisch hergestellten Druckformen [arbeitend]:* ein -es Verfahren.

Pho|to|me|ter, der; -s, - [↑-meter (1)] (Physik): *Gerät, mit dem durch Vergleich zweier Lichtquellen die Lichtstärke gemessen wird; Lichtmesser.*

Pho|to|me|trie, die; - [↑-metrie] (Physik): *Verfahren zum Messen der Lichtstärke; Lichtmessung.*

pho|to|me|trisch ⟨Adj.⟩ (Physik): *die Photometrie betreffend, zu ihr gehörend.*

Pho|ton, das; -s, ...onen [zu griech. phōs (Gen.: phōtós) = Licht] (Physik): *Quant einer elektromagnetischen Strahlung, eines elektromagnetischen Feldes.*

Pho|to|re|zep|tor, der ⟨meist Pl.⟩: *Lichtreize aufnehmende Zelle im menschlichen u. tierischen Auge.*

Pho|to|sphä|re, die; - (Astron.): *Schicht der Atmosphäre der Sonne, aus der der größte Teil des Sonnenlichts abgestrahlt wird.*

Pho|to|syn|the|se, die; - (Biol.): *Aufbau organischer Substanzen aus anorganischen Stoffen in Pflanzen, die Blattgrün haben, unter Mitwirkung von Sonnenlicht.*

Pho|to|ta|xis, die; -, ...xen [zu griech. táxis = Ordnung] (Biol.): *durch Licht[reize] ausgelöste, bestimmte Bewegung, Orientierung von Organismen.*

Pho|to|the|ra|pie, die; -, -n (Med.): *Lichtbehandlung.*

pho|to|trop ⟨Adj.⟩ [zu griech. tropḗ = (Hin)wendung]: **1.** (Physik, Optik) ↑fototrop. **2.** (Biol.) ↑phototropisch.

pho|to|tro|pisch ⟨Adj.⟩ (Biol.): *den Phototropismus betreffend, auf ihm beruhend.*

Pho|to|tro|pis|mus, der; - (Biol.): *durch einseitigen Einfall von Licht hervorgerufene Veränderung der Wachstumsbewegung (zur Lichtquelle hin od. auch von ihr weg).*

Pho|to|vol|ta|ik, die; - [zu ↑Volt]: *Zweig der Energietechnik, der sich mit der Gewinnung von elektrischer Energie bes. aus Sonnenenergie befasst.*

pho|to|vol|ta|isch ⟨Adj.⟩: *die Photovoltaik betreffend, auf ihr beruhend.*

Pho|to|zel|le, die; -, -n (Elektrot.): *Vorrichtung, mit der Licht in Strom umgewandelt wird.*

Phra|se, die; -, -n [1: frz. phrase < lat. phrasis, ↑Phrase (2, 3); 2, 3: spätlat. phrasis < griech. phrásis (Gen.: phráseōs) = das Sprechen, Ausdruck, zu: phrázein = anzeigen; sagen, aussprechen]: **1. a)** (abwertend) *abgegriffene, nichts sagende Aussage, Redensart:* leere, hohle, dumme, alberne, belanglose -n; ***-n dreschen** (ugs.; *wohltönende, aber nichts sagende Reden führen;* wohl übertr. von: leeres ↑Stroh dreschen); **b)** (veraltend) *Formel* (1), *Formulierung.* **2.** (Sprachw.) *zusammengehöriger Teil eines Satzes; aus mehreren, eine Einheit bildenden Wörtern, auch aus einem einzelnen Wort bestehender Satzteil; Satzglied.* **3.** (Musik) *einzelne Töne zusammenfassende melodisch-rhythmische Einheit innerhalb einer größeren musikalischen Struktur.*

Phra|sen|dre|scher, der (abwertend): *jmd., der wohltönende, aber nichts sagende Reden führt.*

Phra|sen|dre|sche|rin, die: w. Form zu ↑Phrasendrescher.

phra|sen|haft ⟨Adj.⟩ (abwertend): *nichts sagend, inhaltslos:* -e Reden; p. daherreden.

Phra|se|o|lo|gie, die; -, -n [↑-logie] (Sprachw.): **a)** *Gesamtheit typischer Wortverbindungen, fester Fügungen, Wendungen, Redensarten einer Sprache; Idiomatik* (2 b); **b)** *Darstellung, Zusammenstellung der Phraseologie* (a) *(bes. zu einem Stichwort in einem Wörterbuch).*

phra|se|o|lo|gisch ⟨Adj.⟩ (Sprachw.): *die Phraseologie betreffend, zu ihr gehörend:* ein -es Wörterbuch.

Phra|se|o|lo|gis|mus, der; -, ...men (Sprachw.): *Idiom* (2).

Phra|se|o|nym, das; -s, -e [zu griech. ónyma = Name] (Literaturw.): *Pseudonym, bei dem statt eines Decknamens eine Redewendung benutzt wird* (z. B. »von einem, der das Lachen verlernt hat«).

phra|sie|ren ⟨sw. V.; hat⟩ [zu ↑Phrase (3)] (Musik): *die Gliederung der Phrasen* (3) *entsprechend interpretieren.*

Phra|sie|rung, die; -, -en (Musik): **1.** *das Phrasieren.* **2.** *durch ein besonderes Zeichen gekennzeichnete Phrase* (3).

Phre|nal|gie, die; -, -n [zu griech. phrḗn = Zwerchfell u. álgos = Schmerz] (Med.): *Schmerz im Zwerchfell.*

Phre|nek|to|mie, die; -, -n [↑Ektomie] (Med.): *operative Entfernung eines Teils des Zwerchfells (bes. bei bösartigen Tumoren).*

Phre|ni|tis, die; -, ...itiden (Med.): *Zwerchfellentzündung.*

Phry|gi|en; -s: historisches Reich in Kleinasien.

Phry|gi|er, der; -s, -: Ew.

Phry|gi|e|rin, die; -, -nen: w. Form zu ↑Phrygier.

phry|gisch ⟨Adj.⟩ [nach ↑Phrygien im asiatischen Teil der heutigen Türkei]: *die Phrygier, Phrygien betreffend:* die -e Kunst; -e Kirchentonart *(auf dem Grundton e stehende Kirchentonart).*

Phtha|le|in, das; -s, -e [geb. aus ↑Naphthalin, dem Grundstoff]: *synthetischer Farbstoff* (z. B. Eosin).

Phthal|säu|re, die: *bes. bei der Herstellung von Farbstoffen, Weichmachern u. a. verwendete kristallisierende Säure.*

Phthi|se, die; -, -n [griech. phthísis] (Med.): **1.** *allgemeiner Verfall des Körpers od. einzelner Organe.* **2.** *Lungentuberkulose.*

pH-Wert [peːˈhaː...], der; -[e]s, -e [aus nlat. potentia Hydrogenii = Konzentration des Wasserstoffs] (Chemie): *Zahl, die angibt, wie stark eine Lösung basisch od. sauer ist.*

Phy|ko|lo|gie, die; - [zu griech. phŷkos = Tang u. ↑-logie]: *Algologie.*

Phy|la: Pl. von ↑Phylum.

Phy|le, die; -, -n [griech. phylḗ, eigtl. = Gattung, Geschlecht]: *(im antiken Griechenland) Verband, Unterabteilung innerhalb der Stämme u. Staaten.*

phy|le|tisch ⟨Adj.⟩ (Biol.): *die Abstammung, die Stammesgeschichte betreffend.*

Phyl|lit [auch: fʏˈlɪt], der; -s, -e [zu griech. phýllon = Blatt] (Geol.): *feinblättriger, kristalliner Schiefer.*

Phyl|lo|kak|tus, der [↑Kaktus]: *in vielen Arten vorkommender Kaktus mit blattartigen Sprossen u. großen Blüten.*

Phyl|lo|kla|di|um, das; -s, ...ien [zu griech. kládion = Spross] (Bot.): *blattähnlicher kurzer Trieb bei bestimmten Pflanzen (z. B. beim Spargel).*

Phyl|lo|ta|xis, die; -, ...xen [zu griech. táxis = Ordnung] (Bot.): *Blattstellung.*

Phyl|lo|xe|ra, die; -, ...ren [zu griech. xērós = dürr] (Biol.): *Reblaus.*

Phy|lo|ge|ne|se, die; -, -n [zu griech. phŷlon = Stamm, Sippe u. ↑Genese] (Biol.): *Phylogenie.*

Phy|lo|ge|ne|tik, die; - (Biol.): *Lehre, Wissenschaft von der Stammesgeschichte der Lebewesen; Abstammungslehre.*

phy|lo|ge|ne|tisch ⟨Adj.⟩: *die Phylogenese betreffend.*

Phy|lo|ge|nie, die; -, -n [zu griech. -genḗs = verursachend] (Biol.): *stammesgeschichtliche Entwicklung der Lebewesen u. die Entstehung der Arten in der Erdgeschichte.*

Phy|lum, das; -s, Phyla [nlat.] (Biol.): *Stamm* (3 a) *einer Pflanze, eines Tieres.*

Phy|si|a|trie, die; - [zu griech. iatreía = das Heilen]: *Naturheilkunde.*

Phy|sik, die; - [mhd. fisike < lat. physica = Naturlehre < griech. physikḗ (theōría) = Naturforschung, zu: physikós, ↑physisch]: *Naturwissenschaft, die bes. durch experimentelle Erforschung u. messende Erfassung die Erscheinungen u. Vorgänge, die Grundgesetze der Natur, die Erscheinungs- u. Zustandsformen der unbelebten Materie sowie die Eigenschaften der Strahlungen u. der Kraftfelder untersucht:* experimentelle, angewandte, theoretische P.; er hat in P. *(im Unterrichtsfach Physik)* eine Zwei bekommen.

phy|si|ka|lisch ⟨Adj.⟩: **a)** *die Physik betreffend; auf ihr, ihren Gesetzen beruhend, zu ihr gehörend:* -e Formeln, Experimente, Gesetze; die -e Chemie *(Physikochemie);* **b)** *den Gesetzen, Erkenntnissen der Physik folgend, nach ihnen ablaufend, durch sie bestimmt:* -e Vorgänge; **c)** *bestimmte Gesetze, Erkenntnisse der Physik nützend, anwendend; mithilfe bestimmter Gesetze, Erkenntnisse der Physik:* medikamentöse und -e Therapien; eine Krankheit p. behandeln; **d)** (veraltend) *physisch* (2).

Phy|si|ker, der; -s, -: *Wissenschaftler auf dem Gebiet der Physik.*

Phy|si|ke|rin, die; -, -nen: w. Form zu ↑Physiker.

Phy|sik|leh|rer, der: *Lehrer, der das Schulfach Physik unterrichtet.*

Phy|sik|leh|re|rin, die: w. Form zu ↑Physiklehrer.

Phy|si|ko|che|mie, die; -: *Teilgebiet der Chemie, das sich mit den bei chemischen Vorgängen auftretenden physikalischen Erscheinungen befasst.*

phy|si|ko|che|misch ⟨Adj.⟩: *die Physikochemie betreffend.*

Phy|si|kum, das; -s, ...ka [nlat. (testamen) physicum]: *nach den ersten Semestern des Medizinstudiums abzulegendes Vorexamen, bei dem die allgemein naturwissenschaftlichen, die anatomischen, physiologischen u. psychologischen Kenntnisse geprüft werden.*

Phy|sik|un|ter|richt, der: *Unterricht im Schulfach Physik.*

Phy|si|o|gnom, der; -en, -en: *jmd., der sich [wissenschaftlich] mit der Physiognomik beschäftigt.*

Phy|si|o|gno|mie, die; -, -n [griech. physiognōmía = Untersuchung der Natur, des Körperbaus, zu: phýsis (↑Physis) u. gnṓmē = Erkenntnis]: **1.** (bildungsspr.) *in bestimmter Weise geprägtes, geschnittenes Gesicht; Erscheinungsbild, Ausdruck eines Gesichtes:* eine einprägsame, ernste P.; **Ü** die P. einer Stadt, einer Landschaft. **2.** (Fachspr.) *für ein Lebewesen, eine Pflanze charakteristisches äußeres Erscheinungsbild, Form des Wuchses.*

Phy|si|o|gno|mik, die; - (Psych.): **1.** *Ausdruck, Form, Gestalt des menschlichen Körpers, bes. des Gesichtes, von denen aus auf innere Eigenschaften geschlossen werden kann.* **2.** *Teilgebiet der Ausdruckspsychologie, das aus der Physiognomie auf charakterliche Eigenschaften zu schließen sucht.*

Phy|si|o|gno|min, die; -, -nen: w. Form zu ↑Physiognom.

phy|si|o|gno|misch ⟨Adj.⟩ (bildungsspr.): *die Physiognomie betreffend.*

Phy|si|o|lo|ge, der; -n, -n [lat. physiologus < griech. physiológos]: *Wissenschaftler auf dem Gebiet der Physiologie.*

Phy|si|o|lo|gie, die; - [lat. physiologia < griech. physiología = Naturkunde, zu: phýsis (↑Physis)

u. ↑-logie]: *Wissenschaft, die sich mit den Lebensvorgängen, den funktionellen Vorgängen im Organismus befasst.*

Phy|si|o|lo|gin, die; -, -nen: w. Form zu ↑Physiologe.

phy|si|o|lo|gisch ⟨Adj.⟩: *die Physiologie betreffend.*

Phy|si|o|lo|gus, der; -: *im Mittelalter weit verbreitetes Buch, in dem Tiere, Pflanzen u. Steine christlich-typologisch gedeutet werden.*

Phy|si|o|the|ra|peut, der; -en, -en: *Spezialist für Physiotherapie; jmd., der [nach ärztlicher Verordnung] Physiotherapien durchführt.*

Phy|si|o|the|ra|peu|tin, die; -, -nen: w. Form zu ↑Physiotherapeut.

phy|si|o|the|ra|peu|tisch ⟨Adj.⟩: *die Physiotherapie betreffend.*

Phy|si|o|the|ra|pie, die; -: *Behandlung bestimmter Krankheiten mit naturheilkundlichen od. physikalischen* (c) *Mitteln wie Wasser, Wärme, Licht, Strom.*

Phy|sis, die; - [griech. phýsis = Natur, natürliche Beschaffenheit]: **1.** (bildungsspr.) *Körper, körperliche Beschaffenheit des Menschen.* **2.** (Philos.) *das Reale, Wirkliche, Gewachsene, Erfahrbare im Gegensatz zum Unerfahrbaren der Metaphysik.*

phy|sisch ⟨Adj.⟩ [lat. physicus < griech. physikós = die Natur betreffend]: **1.** *den Körper, die körperliche Beschaffenheit betreffend; körperlich:* ein -er Schmerz; jmdm. rein p. unterlegen sein. **2.** (Geogr.) *die Geomorphologie, Klimatologie u. Hydrologie betreffend, darstellend:* -e Geographie. **3.** *in der Natur begründet; natürlich.*

phy|to|gen ⟨Adj.⟩ [↑-gen]: **1.** *aus Pflanzen entstanden.* **2.** (Med.) *durch Pflanzen od. pflanzliche Stoffe verursacht (z. B. von Hautkrankheiten).*

Phy|to|hor|mon, das; -s, -e: *pflanzliches Hormon.*

Phy|to|lo|gie, die; - [↑-logie]: *Botanik.*

Phy|to|me|di|zin, die; -: *Wissenschaft von kranken Pflanzen u. Pflanzenkrankheiten.*

phy|to|pa|tho|gen ⟨Adj.⟩ (Biol.): *Pflanzenkrankheiten hervorrufend.*

Phy|to|pa|tho|lo|gie, die; -: *Teilgebiet der Phytomedizin, das sich mit den Ursachen von Pflanzenkrankheiten befasst.*

phy|to|phag ⟨Adj.⟩ [zu griech. phageĩn = essen, fressen] (Biol.): *Pflanzen fressend.*

Phy|to|pha|ge, der; -n, -n (Biol.): *Pflanzenfresser.*

Phy|to|plank|ton, das; -s: *pflanzliches Plankton.*

Phy|to|the|ra|pie, die; -: *Wissenschaft von der Heilbehandlung mit pflanzlichen Substanzen; Pflanzenheilkunde.*

Phy|to|to|xin, das; -s, -e (Med., Biol.): *pflanzlicher Giftstoff, der in anderen Organismen Abwehrreaktionen hervorruft.*

Pi, das; -[s], -s [1: spätgriech. pĩ < griech. peĩ < hebr. pē]: **1.** *sechzehnter Buchstabe des griechischen Alphabets* (Π, π). **2.** ⟨o. Pl.⟩ (Math.) *Zahl, die das Verhältnis von Kreisumfang zu Kreisdurchmesser angibt; ludolfsche Zahl;* Zeichen: π (π = 3,1415...): * **Pi mal Daumen/Schnauze** (ugs.; *nach Gutdünken*).

pi|a|ce|vo|le [pi̯aˈtʃeːvole] ⟨Adv.⟩ [ital. piacevole < spätlat. placibilis] (Musik): *gefällig, lieblich.*

Pi|af|fe, die; -, -n [frz. piaffe = Prahlerei, Großtuerei, zu: piaffer = lärmend mit den Füßen stampfen] (Reiten): *das Sichbewegen des Pferdes im Takt des Trabes auf der Stelle (als Figur der hohen Schule).*

Pi|a|ni|no, das; -s, -s [ital. pianino, Vkl. von: piano, ↑²Piano] (Musik): *kleines Klavier.*

pi|a|nis|si|mo: ↑piano.

Pi|a|nist, der; -en, -en [frz. pianiste, zu: piano, ↑²Piano]: *jmd., der [berufsmäßig] Klavier spielt.*

Pi|a|nis|tin, die; -, -nen: w. Form zu ↑Pianist.

pi|a|nis|tisch ⟨Adj.⟩: *die Technik, Kunst des Klavierspielens betreffend.*

pi|a|no ⟨Adv.; Sup.: pianissimo⟩ [ital. piano, < lat. planus, ↑plan] (Musik): *leise* (Abk.: p; pianissimo: pp).

¹Pi|a|no, das; -s, -s, auch: ...ni (Musik): *leises Spielen, Singen.*

²Pi|a|no, das; -s, -s [frz. piano, Kurzf. von: pianoforte, ↑Pianoforte] (veraltend, aber noch scherzh.): *Klavier.*

Pi|a|no|for|te, das; -s, -s [frz. pianoforte < ital. pianoforte, eigtl. = leise u. laut, weil die Tasten leise u. laut angeschlagen werden können] (veraltet): *Klavier.*

Pi|a|no|la, das; -s, -s [ital. pianola] (Musik): *automatisches Klavier.*

Pi|as|sa|va, Pi|as|sa|ve, die; -, ...ven [port. piassaba < Tupi (südamerik. Indianerspr.) piassába]: *Blattfaser verschiedener Palmenarten.*

Pi|as|ter, der; -s, - [engl. piaster, piastre, frz. piastre, ital. piastra, eigtl. = Metallplatte < mlat. (em)plastra, Pl. von: emplastrum, ↑Pflaster]: *Währungseinheit in Ägypten, Syrien, im Libanon u. im Sudan* (100 Piaster = 1 Pfund).

Pi|az|za, die; -, Piazze [ital. piazza < vlat. platea, ↑Platz]: ital. Bez. für *[Markt]platz.*

Pi|ca, die; - [engl. pica = Bez. für ↑Cicero, H. u.]: *genormter Schriftgrad für Schreibmaschine u. Computer.*

Pi|ca|dor, (auch:) Pikador, der; -s, ...dores [...rɛs; span. picador, zu: picar = stechen, aus dem Roman.]: *Reiter, der beim Stierkampf den Stier durch Lanzenstiche in den Nacken reizt.*

pic|co|lo: ital. Bez. für *klein.*

¹Pic|co|lo, der; -s, -s [ital. piccolo, eigtl. = Kleiner; klein]: **1.** *Kellner, der sich noch in der Ausbildung befindet.* **2.** (ugs.) *kleine Flasche Sekt.*

²Pic|co|lo, das; -s, -s [1: ital. (flauto) piccolo; 2: ital. (cornetto) piccolo]: **1.** *Piccoloflöte.* **2.** *kleinstes ²Kornett.*

³Pic|co|lo, die; -, -[s] (ugs.): kurz für ↑Piccoloflasche.

Pic|co|lo|fla|sche, die: *¹Piccolo (2).*

Pic|co|lo|flö|te, die: *kleine Querflöte.*

pi|cheln ⟨sw. V.; hat⟩ [aus dem Ostniederd., älter: pegeln, zu ↑Pegel] (ugs.): *[in kleiner Runde] über längere Zeit Alkohol trinken.*

Pi|chel|stei|ner, der; -s, **Pi|chel|stei|ner Topf,** der; - -[e]s [H. u.]: *Gemüseeintopf mit gewürfeltem [Rind]fleisch.*

pi|chen ⟨sw. V.; hat⟩ [mhd. pichen, bichen, zu: pech, bech, ↑Pech] (landsch.): *mit Pech überziehen, dichten.*

Pick: ↑¹Pik (2).

Pi|cke, die; -, -n: ↑¹Pickel (b).

¹Pi|ckel, der; -s, - [älter: Bickel, mhd. bickel]: **a)** *Spitzhacke;* **b)** *Eispickel.*

²Pi|ckel, der; -s, - [mundartl. Nebenf. von ↑Pocke]: *Entzündung in Form einer kleinen, rundlichen od. spitzen [mit Eiter gefüllten] Erhebung auf der Haut:* P. haben; einen P. ausdrücken; einen P. austrocknen lassen.

Pi|ckel|flö|te: ↑Piccoloflöte.

pi|ckel|hart ⟨Adj.⟩ [zu ↑¹Pickel] (schweiz.): *äußerst hart:* eine -e Eisschicht.

Pi|ckel|hau|be, die [unter Anlehnung an ↑¹Pickel zu frühnhd. bickel-, beckelhaube, zu mhd. beckenhūbe = visierloser Helm]: *(bes. von der preußischen Infanterie getragener) mit einer längeren Spitze aus Metall versehener Helm.*

Pi|ckel|he|ring, der [älter engl. pickleherring, aus: pickle = Pökel u. herring = Hering]: *komische Figur auf der Bühne des 17. u. frühen 18. Jahrhunderts; Hanswurst.*

pi|cke|lig, picklig ⟨Adj.⟩: *[viele] ²Pickel aufweisend.*

¹pi|cken ⟨sw. V.; hat⟩ [wohl lautm. für das Geräusch, das entsteht, wenn ein Vogel mit schnellen Schnabelhieben Futter aufnimmt]: **1. a)** *mit dem Schnabel in kurzen, schnellen Stößen (Nahrung) aufnehmen, zu sich nehmen:* die Hühner picken [Körner]; **b)** *mit spitzem Schnabel [leicht] schlagen:* die Spatzen picken an/gegen die Scheibe. **2.** (ugs.) *(mit einem spitzen Gegenstand o. Ä.) auf-, herausnehmen:* die Olive aus dem Glas p.

²pi|cken ⟨sw. V.; hat⟩ [mhd. picken, Nebenf. von: pichen, ↑pichen] (österr. ugs.): *kleben* (1, 2, 3, 6).

Pi|ckerl, das; -s, -n [zu ↑²picken] (österr. ugs.): *Aufkleber; Plakette.*

Pickles [ˈpɪkls] ⟨Pl.⟩: kurz für ↑Mixed Pickles.

pick|lig: ↑pickelig.

Pick|nick, das; -s, -e u. -s [engl. picnic, frz. piquenique; H. u.]: *Verzehr mitgebrachter Speisen im Freien (bei einem Ausflug o. Ä.):* zum P. aufs Land fahren.

pick|ni|cken ⟨sw. V.; hat⟩: *ein Picknick halten.*

Pick|nick|korb, der: *Korb für die Speisen u. das Geschirr eines Picknicks.*

Pick-up [pɪkˈlap, engl.: ˈpɪkʌp], der; -s, -s [engl. pick-up, zu: to pick up = aufnehmen]: **1.** (Fachspr.) *Tonabnehmer.* **2.** kurz für ↑Pick-up-Shop. **3.** *kleinerer Lieferwagen mit Pritsche* (2).

Pick-up-Shop, der; -s, -s: *Laden, bei dem der Käufer für Waren, die normalerweise angeliefert werden, den Transport selbst übernimmt.*

pi|co|bel|lo ⟨indekl. Adj.⟩ [italienisiert aus niederd. pük (↑piekfein) u. ital. bello = schön] (ugs.): *tadellos [in Ordnung], vorzüglich:* ein p. Wein; er sieht p. aus.

Pi|co|fa|rad: ↑Pikofarad.

Pid|gin|eng|lisch, (auch:) **Pid|gin-Eng|lisch** [ˈpɪdʒɪn...], (auch:) **Pid|gin|eng|lish,** (auch:) **Pid|gin-Eng|lish** [ˈpɪdʒɪnˈɪŋglɪʃ], das; - [engl. pidgin (English), chin. Entstellung des engl. Wortes business, ↑Business] (bildungsspr.): *Mischsprache aus einem grammatisch sehr vereinfachten, im Vokabular stark begrenzten Englisch u. Elementen aus einer od. mehreren anderen [ostasiatischen, afrikanischen] Sprachen.*

Pie [pai̯], die; -, -s [engl. pie]: *(in Großbritannien u. Amerika beliebte) warme Pastete aus Fleisch od. Obst.*

Pie|ce [ˈpi̯eːs(ə)], die; -, -n [...sn; frz. pièce < mlat. picia, petia, aus dem Kelt.] (bildungsspr.): *[musikalisches] Zwischenspiel; Musik-, Theaterstück.*

Pie|des|tal [pi̯e...], das; -s, -e [frz. piédestal < älter ital. piedestallo, aus: piede = Fuß (< lat. pes, Gen.: pedis) u. stallo = Sitz]: **1.** (Archit.) *Sockel; sockelartiger Ständer.* **2.** (bildungsspr.) *hohes Gestell mit schräg gestellten Beinen für Vorführungen (bes. von Tieren) im Zirkus.*

Pied|mont|flä|che [ˈpiːdmɔnt...], die; -, -n [engl. piedmont, nach Piedmont, dem engl. Namen der ital. Region Piemont] (Geol.): *meist flache, sanft geneigte Fläche vor dem Fuß eines Gebirges, gegen den sie deutlich abgesetzt ist.*

Pief|ke, der; -s, -s [H. u., viell. nach einem bes. in Berlin häufigen Familienn.]: **1.** (landsch., bes. nordd. abwertend) *eingebildeter Angeber, dümmlicher Wichtigtuer:* das ist vielleicht ein P.! **2.** (österr. abwertend) *[Nord]deutscher.*

Piek, die; -, -en [engl. peak, Nebenf. von älter: pike = scharfe Spitze, vgl. ¹Pik] (Seemannsspr.): **1.** *unterster Raum eines Schiffes.* **2.** *Spitze einer Gaffel.*

Pie|ke, die; -: *¹Pik (2).*

piek|fein ⟨Adj.⟩ [1. Bestandteil aus niederd. pük = erlesen, ausgesucht] (ugs.): *in der Aufmachung, Ausstattung o. Ä. [gesucht] fein, exklusiv:* -e Leute.

piek|sau|ber ⟨Adj.⟩ (ugs.): *makellos sauber, tadellos gepflegt:* -e Wäsche.

piep, pieps ⟨Interj.⟩: lautm. für das Piepen bes. junger Vögel od. auch bestimmter Kleintiere: p., p.!; * **nicht p.,** (auch:) **Piep, Pieps sagen** (ugs.; *kein Wort reden; schweigen*); **nicht mehr p.,** (auch:) **Piep, Pieps sagen können** (ugs.; 1. *kein Wort mehr hervorbringen.* 2. *tot sein*).

Piep, der; -s, -e (ugs.): *Pieps;* **keinen P. mehr sagen** (ugs.; 1. *kein Wort mehr reden.* 2. *tot sein*); **keinen P. mehr machen/tun** (ugs.; *tot sein*); **einen P. haben** (ugs. abwertend; *nicht recht bei Verstand sein*).

pie|pe ⟨Adj.⟩ [zu ↑piepen im Sinne von »auf etw. pfeifen«] (ugs.): *piepegal.*

pie|pe|gal ⟨Adj.⟩ (ugs.): *ganz u. gar gleichgültig:* das ist mir p.!

pie|pen ⟨sw. V.; hat⟩ [aus dem Niederd. < mniederd. pīpen, niederd. Form von ↑pfeifen]: *(bes. von jungen Vögeln) in kurzen Abständen feine, hohe Pfeiftöne hervorbringen:* * **bei jmdm. piept es** (ugs.; *jmd. ist nicht recht bei Verstand*); **zum Piepen [sein]** (ugs.; *sehr komisch, zum Lachen [sein]*).

P

Pie|pen ⟨Pl.⟩ [viell. gek. aus der scherzh. (berlin.) Bez. »Piepmatz« für den Adler auf Münzen] (salopp): *Geld:* keine P. haben; eine Menge P. verdienen.

Piep|matz, der (Kinderspr.): *[kleiner] Vogel:* *** einen P. haben** (fam. scherzh.; ↑Vogel).

pieps: ↑piep.

Pieps, der; -es, -e (ugs.): *(bes. in Bezug auf junge Vögel) feiner, hoher Pfeifton:* Ü keinen P. (Ton) von sich geben; *** keinen P. mehr sagen** (↑Piep); **keinen P. mehr machen/tun** (↑Piep).

piep|sen ⟨sw. V.; hat⟩: **1.** *piepen.* **2.** *mit feiner, hoher Stimme sprechen, singen.*

Piep|ser, der; -s, - (ugs.): *Pieps.*

piep|sig ⟨Adj.⟩ (ugs.): **1.** *hoch u. fein:* eine -e Stimme. **2.** *klein u. zart; winzig:* ein -es Persönchen.

Piep|vo|gel, der (Kinderspr.): *[kleiner] Vogel.*

¹Pier, der; -s, -e u. -s, Seemannsspr.: die; -, -s [engl. pier < mlat. pera, H. u.]: *Anlegestelle, Landungsbrücke, an der die Schiffe beiderseits anlegen können:* das Schiff liegt am, an der P./hat am, an der P. festgemacht.

²Pier, der; -[e]s, -e [mniederd. pīr(ās) = Wurm (als Köder), H. u.] (nordd.): *Köderwurm.*

pier|cen ⟨sw. V.; hat⟩ [engl. to pierce = durchbohren, durchstechen]: *ein Piercing vornehmen:* sie will sich p. lassen.

Pier|cing, das; -s [engl. piercing, zu: to pierce, ↑piercen]: *das Durchbohren od. Durchstechen der Haut zur Anbringung von Schmuck* (2 a).

Pi|er|ret|te [piɛ...], die; -, -n: w. Form zu ↑Pierrot.

Pi|er|rot [piɛˈroː], der; -s, -s [frz. Pierrot, eigtl. = Peterchen, Vkl. von: Pierre = Peter]: *komische Figur, vor allem der französischen Pantomime.*

pie|sa|cken ⟨sw. V.; hat⟩ [aus dem Niederd., wohl zu niederd. (ossen)pesek = Ochsenziemer] (ugs.): *jmdm. hartnäckig mit etw. zusetzen; jmdn. [unaufhörlich] quälen, peinigen.*

pie|seln ⟨sw. V.; hat⟩ [wohl unter Anlehnung an ↑nieseln verhüll. entstellt aus ↑pissen] (fam.): **1.** *[in feinen, dichten Tropfen anhaltend] regnen.* **2.** *urinieren.*

Pi|e|ta [pie...], (ital.:) **Pi|e|tà** [pieˈta], die; -, -s [ital. pietà = Frömmigkeit < lat. pietas] (bild. Kunst): *Darstellung der trauernden Maria, die den Leichnam Christi im Schoß hält; Vesperbild.*

Pi|e|tät [pie...], die; -, -en [1: lat. pietas (Gen.: pietatis), zu: pius = pflichtbewusst; fromm]: **1.** ⟨o. Pl.⟩ (geh.) *(bes. in Bezug auf die Gefühle, die religiösen Wertvorstellungen anderer) ehrfürchtiger Respekt, taktvolle Rücksichtnahme:* das gebietet [allein/schon] die P. **2.** *Beerdigungsinstitut.*

P

pi|e|tät|los ⟨Adj.⟩ (geh.): *ohne Pietät:* ein -es Verhalten; p. reden.

Pi|e|tät|lo|sig|keit, die; - (geh.): *pietätloses Wesen, Verhalten, Handeln.*

pi|e|tät|voll ⟨Adj.⟩ (geh.): *von Pietät erfüllt, bestimmt; ehrfurchtsvoll.*

Pi|e|tis|mus [pie...], der; - [zu lat. pietas, ↑Pietät]: *protestantische Bewegung des 17. u. 18. Jh.s, die durch vertiefte Frömmigkeit u. tätige Nächstenliebe die Orthodoxie zu überwinden suchte.*

Pi|e|tist, der; -en, -en: *Anhänger des Pietismus.*

Pi|e|tis|tin, die; -, -nen: w. Form zu ↑Pietist.

pi|e|tis|tisch ⟨Adj.⟩: **a)** *den Pietismus betreffend:* -e Reformbestrebungen; **b)** *für die Pietisten charakteristisch:* -e Frömmigkeit.

pi|e|to|so ⟨Adv.⟩ [ital. pietoso < mlat. pietosus] (Musik): *mitleidsvoll, andächtig.*

pi|e|zo|elek|trisch ⟨Adj.⟩ (Physik): *auf Piezoelektrizität beruhend.*

Pi|e|zo|elek|tri|zi|tät, die; - (Physik): *durch Druck entstehende Elektrizität an der Oberfläche bestimmter Kristalle* (z. B. Quarz, Turmalin).

Pi|e|zo|quarz [ˈpie...], der; -es, -e (Physik, Technik): *Bauelement (z. B. von Quarzuhren), das dazu dient, die Schwingung konstant zu halten; Schwingquarz.*

piff, paff ⟨Interj.⟩ (Kinderspr.): lautm. für einen Gewehr- od. Pistolenschuss.

Pig|ment, das; -[e]s, -e [lat. pigmentum = Färbestoff; Würze, zu: pingere (2. Part.: pictum) = mit der Nadel sticken; malen]: **1.** (Biol., Med.) *die Färbung der Gewebe* (2) *bewirkender Farbstoff:* ein gelbes, braunes P. **2.** (Chemie) *im Lösungs- od. Bindemittel unlöslicher, aber feinstverteilter Farbstoff* (z. B. Ruß).

Pig|men|ta|ti|on, die; -, -en (Biol., Med.): *Einlagerung von Pigment* (1).

Pig|ment|bil|dung, die: *Bildung von Pigment* (1).

Pig|ment|farb|stoff, der: *Pigment* (2).

pig|ment|frei ⟨Adj.⟩: *ohne Pigment.*

pig|men|tie|ren ⟨sw. V.; hat⟩ (Biol., Med. selten): **1.** *körpereigenes Pigment bilden.* **2.** *sich als körperfremdes Pigment einlagern u. etw. einfärben:* Arsen pigmentiert die Haut.

pig|men|tiert ⟨Adj.⟩: *mit Pigment* (1) *versehen:* stark, schwach p.

Pig|men|tie|rung, die; -, -en: **1.** ⟨o. Pl.⟩ *das Pigmentieren.* **2.** ⟨Pl. selten⟩ *Pigmentation.*

pig|ment|reich ⟨Adj.⟩: *reich an Pigment* (1).

Pi|gno|le, (österr.:) **Pi|gno|lie** [pɪnˈjoːl(i̯)ə], die; -, -n [ital. pi(g)nole, zu: pino = Pinie]: *Pinienkern.*

¹Pik, der; -s, -e u. -s [1: (m)frz. pic, eigtl. = Spitze, zu: piquer, ↑pikiert; 2: über das Niederd., Niederl. zu frz. pique, ↑Pike]: **1.** *Piz.* **2.** *** einen [kleinen/richtigen o. ä.] P. auf jmdn. haben** *(gegen jmdn. einen heimlichen Groll hegen).*

²Pik, das; -[s], -[s] [zu frz. pique, ↑Pike]: **a)** *schwarzfarbige Figur* (4 a) *in Form der stilisierten Spitze eines Spießes;* **b)** ⟨meist o. Art.; o. Pl.⟩ *durch ²Pik* (a) *gekennzeichnete [zweithöchste] Farbe im Kartenspiel:* P. ist Trumpf; **c)** ⟨Pl. Pik⟩ *Spiel mit Karten, bei dem ²Pik* (b) *Trumpf ist;* **d)** ⟨Pl. Pik⟩ *Spielkarte mit ²Pik* (b) *als Farbe.*

Pi|ka|dor: ↑Picador.

pi|kant ⟨Adj.⟩ [frz. piquant, 1. Part. von: piquer, ↑pikiert]: **1.** *angenehm scharf durch verschiedene, fein aufeinander abgestimmte Gewürze [u. Wein, Essig o. Ä.]:* eine -e Soße; etw. schmeckt p. **2.** (veraltend) *reizvoll.* **3. a)** *leicht frivol* (b), *schlüpfrig:* -e Witze erzählen; **b)** *leicht anrüchig, anstößig.*

Pi|kan|te|rie, die; -, -n (bildungsspr.): **1.** ⟨o. Pl.⟩ *pikante* (2) *Note* (6), *eigenartiger Reiz.* **2.** *pikante* (3 a) *Geschichte:* -n erzählen.

pi|kan|ter|wei|se ⟨Adv.⟩ (bildungsspr.): *was nicht einer gewissen Pikanterie* (1) *entbehrt.*

Pik|ass, das: *²Ass* (1) *der Farbe ²Pik* (b).

Pi|ke, die; -, -n [frz. pique, zu: piquer, ↑pikiert]: *(im späten Mittelalter) Spieß des Fußvolkes:* *** von der P. auf dienen/lernen/etw. erlernen** (ugs.; *eine Ausbildung von der untersten Stufe beginnen, einen Beruf von Grund auf erlernen;* urspr. = als gemeiner Soldat [mit der Pike] beginnen).

¹Pi|kee, der, österr. auch: das; -s, -s [frz. piqué, zu: piquer, ↑pikiert] (Textilind.): *Doppelgewebe mit erhabenem Waben- od. Waffelmuster.*

²Pi|kee: ↑²Piqué.

pi|ken ⟨sw. V.; hat⟩ [Nebenf. von ↑¹picken] (ugs.): **1.** *stechen:* sich mit, an etw. p. **2.** *mit der Spitze von etw. [leicht] stechen.*

Pi|kett, das; -[e]s, -e [1: frz. piquet, zu: pique, ↑²Pik; 2, 3: frz. piquet = kleine Abteilung von Soldaten, zu: pique, ↑Pike]: **1.** *Kartenspiel für zwei Personen ohne Trumpffarbe.* **2.** (schweiz.) **a)** *(im Heer u. bei der Feuerwehr) einsatzbereite Einheit;* **b)** *Bereitschaft* (1).

pi|kie|ren ⟨sw. V.; hat⟩ [frz. piquer, ↑pikiert]: **1.** (Gartenbau) *zu dicht stehende junge Pflanzen ausziehen u. in größerem Abstand verpflanzen.* **2.** *festen Stoff auf die Innenseite mit von außen nicht sichtbaren Stichen nähen.*

pi|kiert ⟨Adj.⟩ [2. Part. von veraltet pikieren = reizen, verstimmen < frz. piquer, eigtl. = stechen, aus dem Roman., urspr. lautm.] (bildungsspr.): *gekränkt, ein wenig beleidigt:* ein -es Gesicht machen; [über etw.] leicht, äußerst p. sein.

Pik|ko|lo usw.: ↑¹,²,³Piccolo usw.

Pi|ko|fa|rad, das; -[s], - [zu ital. piccolo = klein (zur Bez. des 10^{-12}fachen einer physikalischen Einheit)] (Physik): *ein Billionstel Farad* (Zeichen: pF).

Pi|krin|säu|re, die; -, -n [zu griech. pikrós = bitter] (Chemie): *gelbe, bitter schmeckende, explosible Verbindung.*

pik|sen ⟨sw. V.; hat⟩: *piken.*

Pik|sie|ben, die: *Sieben* (b) *der Farbe ²Pik* (b): *** dastehen/dasitzen wie P.** (ugs. scherzh.; *durch etw. Unerwartetes ganz verwirrt u. hilflos dastehen, -sitzen*).

Pik|to|gramm, das; -s, -e [zu lat. pictum (2. Part. von: pingere = malen) u. ↑-gramm]: *stilisierte Darstellung von etw., die eine bestimmte Information, Orientierungshilfe vermittelt* (z. B. Wegweiser in Flughäfen, Bahnhöfen o. Ä.).

Pi|lar, der; -en, -en [span. pilar, zu: pila < lat. pila = Pfosten] (Reitsport): *einer der beiden [Holz]pfosten, zwischen denen das mit den Zügeln angebundene Schulpferd Übungen der hohen Schule erlernt.*

Pi|las|ter, der; -s, - [frz. pilastre < ital. pilastro, zu lat. pila, ↑Pilar] (Archit.): *flach aus der Wand hervortretender, in Fuß, Schaft u. Kapitell gegliederter Pfeiler.*

Pi|la|tus: ↑Pontius.

Pi|lau, Pi|law, der; -s [türk. pilâv, aus dem Persischen]: *Reisgericht mit Hammel- od. Hühnerfleisch.*

Pil|ger, der; -s, - [mhd. pilgerīn, pilgerīm, ahd. piligrīm < vlat., kirchenlat. pelegrinus, urspr. wohl = der nach Rom wallfahrende Fremde, dissimiliert aus lat. peregrinus = Fremdling; fremd]: *jmd., der aus Frömmigkeit eine längere [Fuß]reise zu einer religiös bes. verehrten Stätte macht.*

Pil|ger|fahrt, die: *Wallfahrt.*

Pil|ge|rin, die; -, -nen: w. Form zu ↑Pilger.

Pil|ger|mu|schel, die: **1.** *Kammmuschel.* **2.** *Jakobsmuschel.*

pil|gern ⟨sw. V.; ist⟩: **1.** *(als Pilger) eine Wallfahrt machen:* Ü als alter Wagnerianer pilgerte er jedes Jahr nach Bayreuth. **2.** (ugs.): **a)** *sich an einen bestimmten Ort begeben;* **b)** *eine längere Strecke in gemächlichem Tempo zu Fuß zurücklegen, gehen:* ins Grüne p.

Pil|ger|schaft, die; -: **1.** *das Pilgern* (1): eine P. antreten. **2.** *das Pilgersein.*

Pil|ger|schar, die: *Schar von Pilgern.*

Pil|ger|zug, der: *Zug* (2 a) *von Pilgern.*

Pil|grim, der; -s, -e [vgl. Pilger] (veraltet): *Pilger.*

Pil|ke, die; -, -n [wohl niederd. pīlke = kleiner Pfeil] (Angelsport): *größerer Köder in Fischform mit vier Haken.*

pil|ken ⟨sw. V.; hat⟩: *mit der Pilke angeln.*

Pil|le, die; -, -n [frühnhd. pillel(e), mhd. pillule < lat. pilula = Kügelchen; Pille, Vkl. von: pila = Ball]: **1. a)** *[mit Überzug versehenes] Arzneimittel in Form eines Kügelchens (zum Einnehmen):* -n drehen; **b)** (ugs.) *Arzneimittel (zum Einnehmen) aus festen Stoffen (in Pillen-, Dragee-, Tabletten- od. Kapselform):* eine P. gegen Kopfschmerzen, zum Schlafen nehmen; R da/bei jmdm. helfen keine -n [u. keine Medizin] (ugs.; *da/bei jmdm. ist alle Mühe vergebens*); *** eine bittere P. [für jmdn.] sein** (ugs.; *äußerst unangenehm für jmdn. sein u. schwer hinzunehmen*); **diese/eine o. ä. [bittere] P. schlucken** (ugs.; *etw. Unangenehmes hinnehmen, sich damit abfinden*); **jmdm. eine [bittere] P. zu schlucken geben** (ugs.; *jmdm. etw. Unangenehmes sagen, zufügen*); **jmdm. die/eine bittere P. versüßen** (ugs.; *jmdm. etw. Unangenehmes auf irgendeine Weise ein wenig angenehmer, erträglicher machen*). **2.** ⟨o. Pl.; meist mit best. Art.⟩ (ugs.) kurz für ↑Antibabypille: die P. nehmen, absetzen; sich die P. verschreiben lassen; die P. nicht vertragen; die P. für den Mann; die P. danach. **3.** (Ballspiele Jargon) *¹Ball* (1): die P. flog mit Wucht in den Kasten.

Pil|len|dre|her, der: **1.** *Käfer, der aus dem Kot Pflanzen fressender Säugetiere Kugeln formt, die ihm als Nahrung bzw. zur Eiablage dienen; Skarabäus.* **2.** (ugs. scherzh.) *Apotheker.*

Pil|len|knick, der: *Geburtenrückgang durch Einnahme der Antibabypille.*

pil|lie|ren ⟨sw. V.; hat⟩ [zu ↑Pille] (Landw.):

(Samen für die Aussaat) mit einer nährstoffreichen Masse umhüllen u. zu Kügelchen formen.

Pil|ling, das; -s [zu engl. to pill = zu Kügelchen formen] (Textilind.): *(unerwünschte) Knötchenbildung an der Oberfläche von Textilien.*

[1]Pi|lot, der; -en, -en [frz. pilote < ital. pilota, älter: pedotta = Steuermann, zu griech. pēdón = Steuerruder]: **1. a)** (Flugw.) *jmd., der aufgrund einer bestimmten Ausbildung [berufsmäßig] ein Flugzeug steuert; Flugzeugführer;* **b)** (Motorsport) *Rennfahrer;* **c)** (Bobsport) *jmd., der den Bob lenkt.* **2.** (Seemannsspr. veraltet) *Lotse.* **3.** *Lotsenfisch.*

[2]Pi|lot, der; -[s] [frz. (drap) pilote (↑[1]Pilot)] (Textilind.): *Moleskin.*

Pi|lot-: kennzeichnet in Bildungen mit Substantiven etw. als vorausgeschickten Versuch, als Test zur Feststellung oder Klärung wichtiger Aspekte, Schwierigkeiten o. Ä.: Pilotbetrieb, -projekt.

Pi|lot|an|la|ge, die: *Versuchsanlage in der chemischen Industrie, die ein Zwischenglied zwischen Labor u. Großproduktion darstellt.*

Pi|lot|bal|lon, der (Met.): *unbemannter kleiner Ballon* (1 a), *der aufgelassen wird, um Windrichtung u. -stärke anzuzeigen.*

Pi|lo|te, die; -, -n [frz. pilot, zu: pile < lat. pila = Pfeiler] (Bauw.): *Stütze; einzurammender Pfahl.*

Pi|lo|ten|feh|ler, der: *gravierender, folgenschwerer Fehler, den ein [1]Pilot (1 a) macht.*

Pi|lo|ten|schein, der (Flugw.): *amtliche Bescheinigung, die jmdn. dazu berechtigt, [berufsmäßig] ein Flugzeug zu steuern; Flugschein* (2).

Pi|lot|film, der (Fernsehen): *einer Serie od. Sendung vorauslaufender Film, mit dem man das Interesse der Zuschauer zu testen versucht.*

[1]pi|lo|tie|ren ⟨sw. V.; hat⟩ (Flugw., Motorsport): *als [1]Pilot (1) steuern.*

[2]pi|lo|tie|ren ⟨sw. V.; hat⟩ [frz. piloter, zu: pilot, ↑Pilote] (Bauw.): *Piloten, Stützen einrammen.*

Pi|lo|tin, die; -, -nen: w. Form zu ↑[1]Pilot (1, 2).

Pi|lot|pro|jekt, das: *Projekt, in dem versuchsweise neuartige Verfahren, Arbeitsweisen o. Ä. angewendet werden.*

Pi|lot|stu|die, die: *einem Projekt vorausgehende Untersuchung, in der alle in Betracht kommenden, wichtigen Faktoren zusammengetragen werden.*

Pi|lot|ver|such, der: vgl. Pilotprojekt.

Pi|lot|wal, der: *Grindwal.*

Pils, das; -, -: *Pilsener.*

Pil|sen: Stadt in der Tschechischen Republik.

Pil|se|ner, Pils|ner, das; -s, - [gek. aus Pils[e]ner Bier; nach der tschech. Stadt Pilsen (tschech. Plzeň)]: *helles, stark schäumendes, etwas bitter schmeckendes Bier:* Herr Ober, bitte zwei P.

Pilz, der; -es, -e [mhd. bülz, büleȥ, ahd. buliȝ < lat. boletus = Pilz, bes. Champignon, H. u.]: **1.** *blatt- u. blütenlose, fleischige Pflanze, die meist aus einem schlauch- bis keulenförmigen Stiel und einem flachen oder kugel- bis kegelförmigen Hut besteht:* ein essbarer, giftiger P.; -e suchen, sammeln; einen P. bestimmen; *** wie -e aus der Erde/dem [Erd]boden schießen, wachsen** *(binnen kürzester Zeit in großer Zahl entstehen, in großer Anzahl plötzlich da sein):* die Hochhäuser schießen wie -e aus der Erde. **2.** *aus schlauchförmigen Fäden bestehender Organismus ohne Blattgrün, der krankheitserregend sein kann od. in gezüchteter Form zur Herstellung von Antibiotika sowie von bestimmten Nahrungs- u. Genussmitteln verwendet wird.* **3.** ⟨o. Pl.⟩ (ugs.) kurz für ↑Hautpilz.

Pilz|art, die: *bestimmte Art von Pilzen* (1).

pilz|ar|tig ⟨Adj.⟩: *in der Art eines Pilzes* (1).

Pilz|be|fall, der: *Befall durch Pilze* (2).

Pilz|er|kran|kung, die: *durch bestimmte Pilze* (2) *hervorgerufene Erkrankung.*

Pilz|fa|den, der (Biol.): *zu einem fadenförmigen Gebilde verbundene Pilze* (2).

pilz|för|mig ⟨Adj.⟩: *in der Form eines Pilzes* (1): eine -e Rauchsäule.

Pilz|ge|richt, das (Kochk.): *[2]Gericht aus Pilzen* (1).

Pilz|gift, das: *in bestimmten Pilzen* (1) *enthaltener u. bei zu lange gelagerten Speisepilzen sich bildender giftiger Stoff.*

Pilz|in|fek|ti|on, die: *durch Pilze* (2) *hervorgerufene Infektion.*

Pilz|kul|tur, die: *Kultur* (5) *von bestimmten Pilzen* (2).

Pilz|kun|de, die: *Lehre von den Pilzen; Mykologie.*

Pilz|ling, der; -s, -e (österr.): *Pilz* (1).

Pilz|samm|ler, der: *jmd., der Pilze* (1) *sammelt.*

Pilz|samm|le|rin, die: w. Form zu ↑Pilzsammler.

Pilz|schwamm, der: *Hausschwamm.*

Pilz|sup|pe, die (Kochk.): *mit Pilzen* (1) *zubereitete Suppe.*

Pilz|ver|gif|tung, die: *Vergiftung durch den Genuss bes. von Giftpilzen.*

Pi|ment, der od. das; -[e]s, -e [mhd. pīment(e) < (m)frz. piment, über das Roman. < lat. pigmentum, ↑Pigment]: *dem Pfeffer ähnlicher Samen eines mittelamerikanischen Baums, der als Gewürz verwendet wird; Nelkenpfeffer.*

Pi|ment|öl, das: *ätherisches Öl aus dem Samen des Piments.*

Pim|mel, der; -s, - [wohl zu niederd. Pümpel = Stößel im Mörser] (ugs., oft fam.): *Penis.*

pim|pe|lig, pimplig ⟨Adj.⟩ (ugs. abwertend): *übertrieben empfindlich, zimperlich, wehleidig:* sei nicht so p.!

pim|peln ⟨sw. V.; hat⟩ [wohl landsch. Nebenf. von ↑bimmeln] (ugs. abwertend): *zimperlich, wehleidig sein.*

Pim|pel|nuss (nordd.): *Pimpernuss.*

Pim|per|lin|ge ⟨Pl.⟩ [zu ↑[1]pimpern] (ugs.): *Mark, Geld[stücke].*

[1]pim|pern ⟨sw. V.; hat⟩ [lautm.] (bayr., österr.): *leise klimpern, klappern.*

[2]pim|pern ⟨sw. V.; hat⟩ [wohl zu niederd. pümpern = (im Mörser zer)stoßen, zu: Pümpel, ↑Pimmel] (derb): *koitieren.*

Pim|per|nell, der; -s, -e: *Pimpinelle.*

Pim|per|nuss, die; -, ...nüsse [zu ↑[1]pimpern]: *Pflanze mit gefiederten Blättern, rötlichen od. weißen Blüten u. Kapselfrüchten, deren erbsengroße Samen beim Schütteln der reifen Früchte klappern.*

Pimpf, der; -[e]s, -e [zu älter Pumpf, eigtl. = (kleiner) Furz]: **1. a)** *jüngster Angehöriger der Jugendbewegung;* **b)** (nationalsoz.) *Mitglied des Jungvolks.* **2.** (österr. ugs.) *kleiner Junge, Knirps.*

Pim|pi|nel|le, die; -, -n [spätlat. pimpinella]: *Pflanze mit Fiederblättern u. weißen bis gelblichen od. rosafarbenen Blüten.*

pimp|lig: ↑pimpelig.

Pin, der; -s, -s [engl. pin, verw. mit ↑Pinne]: **1.** (Kegeln) *(getroffener) Kegel als Wertungseinheit beim Bowling* (1). **2.** *langer, dünner Stift; [Steck]nadel.*

PIN = persönliche Identifikationsnummer (Geheimnummer für Geldautomaten o. Ä.).

Pi|na|ko|thek, die; -, -en [lat. pinacotheca < griech. pinakothḗkē = Aufbewahrungsort von Weihgeschenktafeln, zu: thḗkē, ↑Theke] (bildungsspr.): *Bilder-, Gemäldesammlung.*

Pi|nas|se, die; -, -n [frz., niederl. pinasse, eigtl. = Boot aus Fichtenholz, über das Roman. zu lat. pinus, ↑Pinie] (Seemannsspr.): *größeres Beiboot von Kriegsschiffen.*

Pin|board [ˈpɪnbɔːd], das; -s, -s [aus engl. pin (↑Pin) u. board = Brett]: *Pinnwand.*

pin|cé [pɛ̃ˈseː] ⟨Adv.⟩ [frz. pincé, 2. Part. von: pincer, ↑Pinzette] (Musik): *pizzicato.*

Pin|ce|nez [pɛ̃s(ə)ˈneː], das; - [...ˈneː(s)], - [...ˈneːs; frz. pince-nez, zu: pincer (↑pincé) u. nez = Nase] (veraltet): *Kneifer, Zwicker.*

Pinch|ef|fekt, der; -[e]s, -e [zu engl. to pinch = zusammendrücken, pressen] (Physik): *(bei Kernfusion) das Sichzusammenziehen eines Strom führenden Plasmas* (3) *zu einem sehr dünnen u. heißen, stark komprimierten Faden infolge der Wechselwirkung zwischen dem Strom des Plasmas u. dem von ihm erzeugten Magnetfeld.*

PIN-Code, (auch:) **PIN-Kode,** der: *PIN.*

Pi|ne|al|or|gan, das; -s, -e (Biol.): *als Anhang des Zwischenhirns gebildetes, lichtempfindliches Sinnesorgan, aus dem die Zirbeldrüse hervorgeht.*

pin|ge|lig ⟨Adj.⟩ [rhein., westniederd. Nebenf. von ↑peinlich] (ugs.): *übertrieben gewissenhaft; pedantisch genau:* ein sehr -er Mensch; nicht sehr p. sein; sei doch nicht so p.!

Pin|ge|lig|keit, die; -: *übertriebene Genauigkeit.*

Ping|pong, das; -s [engl. ping-pong, lautm.] (veraltend, oft abwertend): *Tischtennis:* P. spielen.

Pin|gu|in [ˈpɪŋguiːn], der; -s, -e [H. u.]: *flugunfähiger, aufrecht gehender, im Wasser geschickt schwimmender Vogel der Antarktis mit flossenähnlichen Flügeln u. meist schwarzem, auf dem Bauch weißem Gefieder.*

Pi|nie, die; -, -n [spätlat. pinea < lat. pinus = Fichte]: *hoch wachsender Nadelbaum mit schirmartiger Krone, langen Nadeln u. großen Zapfen mit essbaren Samen:* *** jmdn. auf die P. bringen** (↑Palme); **auf die P. klettern** (↑Palme); **auf der P. sein** (↑Palme).

Pi|ni|en|kern, der: *wohlschmeckender Kern des Samens der Pinie.*

Pi|ni|en|wald, der: *überwiegend aus Pinien bestehender Wald.*

Pi|ni|en|zap|fen, der: *an Pinien wachsender Zapfen* (1).

Pi|ni|o|le, die; -, -n: ↑Pignole.

pink ⟨indekl. Adj.⟩ [engl. pink, H. u.]: *von kräftigem, leicht grellem Rosa.*

[1]Pink, das; -s, -s: *kräftiges, leicht grelles Rosa.*

[2]Pink, die; -, -en: *[1]Pinke.*

[1]Pin|ke, die; -, -n [mniederd. pinke, H. u.] (Seew. früher): *Segelschiff in den Küstengewässern von Nord- u. Ostsee.*

[2]Pin|ke, Pinkepinke, die; - [wohl lautm. nach dem Klang der Münzen] (ugs.): *Geld:* viel, wenig P. haben.

[1]Pin|kel, der; -s, -, auch: -s [H. u., viell. zu ostfries. pinkel = Penis, eigtl. wohl = Spitze, oberer Teil] (ugs. abwertend): *Mann:* ein feiner P. *(jmd., der sich als feiner, vornehmer Herr gibt).*

[2]Pin|kel, die; -, -n [ostfries. pinkel, eigtl. = Mastdarm; [1]vgl. Pinkel] (nordd.): *aus Speck u. Grütze hergestellte, kräftig gewürzte, geräucherte Wurst, die mit Grünkohl gegessen wird.*

pin|keln ⟨sw. V.; hat⟩ [viell. zu Kinderspr. pi (↑Pipi)] (salopp): **1.** *urinieren:* p. müssen; p. gehen. **2.** ⟨unpers.⟩ *[leicht] regnen:* es pinkelt schon wieder.

Pin|kel|pau|se, die (ugs.): *bei längeren Märschen, Autofahrten o. Ä. eingelegte kurze Pause zur Verrichtung der Notdurft.*

Pin|kel|wurst, die: *[2]Pinkel.*

Pin|ke|pin|ke: ↑[2]Pinke.

pink|far|ben ⟨Adj.⟩: *in der Farbe [1]Pink.*

pink|rot ⟨Adj.⟩: *pinkfarben.*

Pin|ne, die; -, -n [mniederd. pin(ne) < asächs. pinn = Pflock, Stift, Spitze; [2]vgl. Finne]: **1.** (Seemannsspr.) *waagerechter Hebelarm des Steuerruders, der mit der Hand bedient wird.* **2.** *spitzer Stift, auf dem die Magnetnadel des Kompasses ruht.* **3.** (bes. nordd.) *kleiner Nagel, Reißzwecke.* **4.** *keilförmig zugespitztes Ende eines Hammerkopfes.*

pin|nen ⟨sw. V.; hat⟩: **1.** (ugs.) *mit Pinnen* (3), *Stecknadeln an, auf etw. befestigen:* ein Poster an die Wand p. **2.** (Med.) *nageln.*

Pinn|wand, die: *Tafel bes. aus Kork, an die man mit Stecknadeln o. Ä. bes. Merkzettel anheftet.*

Pin|scher, der; -s, - [H. u., viell. entstanden aus: Pinzgauer = Hunderasse aus dem Pinzgau (Österreich)]: **1.** *mittelgroßer Hund mit braunem bis schwarzem, meist kurzem, glattem Fell, kupierten Stehohren u. kupiertem Schwanz.* **2.** (ugs. abwertend) *unbedeutender Mensch.*

Pin|sel, der; -s, - [mhd. bensel, pinsel < afrz. pincel, über das Vlat. < lat. penicillus = Pinsel, Vkl. von: penis, ↑Penis; 2: urspr. Studentenspr., wohl zu mniederd. pin (↑Pinne) u. sul = Ahle (a), urspr. Schimpfname für den Schuster]: **1.** *(bes. zum Auftragen von Farbe dienendes) Gerät, das aus einem meist längeren [Holz]stiel mit einem am oberen Ende eingesetzten Büschel aus Bors-*

ten od. Haaren besteht: ein dicker, feiner, spitzer P.; den P. eintauchen; Ü einen Maler an seinem P. *(seiner Pinselführung, Malweise)* erkennen. **2.** (ugs. abwertend) *einfältiger Mann, Dummkopf:* ein alberner, eingebildeter P. **3.** (bes. Jägerspr.) *Haarbüschel.* **4.** (derb) *Penis.*

Pin|se|lei, die; -, -en (ugs. abwertend): **1. a)** ⟨o. Pl.⟩ *[dauerndes] laienhaftes Malen;* **b)** *schlechtes Gemälde:* solche P. soll ich mir an die Wand hängen? **2.** (ugs. veraltend) *törichte Handlung, Dummheit:* eine P. machen, anstellen.

pin|se|lig, pinslig ⟨Adj.⟩ (ugs.): *übertrieben genau.*

pin|seln ⟨sw. V.; hat⟩ [mhd. pinseln]: **a)** (ugs.) *mit dem Pinsel malen, schreiben:* ein Bild p.; **b)** (ugs.) *streichen, mit einem Anstrich versehen:* das Geländer neu p.; **c)** *mit einem flüssigen Medikament [das mit einem Pinsel aufgetragen wird] bestreichen:* den Hals p.; **d)** *mit einem Pinsel bestimmte Zeichen schreiben:* politische Parolen an die Hauswände p.; **e)** (ugs.) *[langsam u. mit größter Sorgfalt] schreiben:* sie pinselt ihre Hausarbeit [ins Heft].

Pin|sel|stiel, der: *Stiel eines Pinsels.*

Pin|sel|zeich|nung, die: *mit Pinsel u. Tusche ausgeführte Handzeichnung.*

pins|lig: ↑pinselig.

[1]Pint [paɪnt], das; -s, -s [engl. pint < (a)frz. pinte < mlat. pin(c)ta, zu lat. pictum, 2. Part. von: pingere = malen, also eigtl. = gemalt(e Linie des Eichstriches)]: **1.** *englisches Hohlmaß;* Zeichen: pt (1 pt = 0,568 l). **2. a)** *amerikanisches Hohlmaß von Flüssigkeiten;* Zeichen: liq pt (1 liq pt = 0,473 l); **b)** *amerikanisches Hohlmaß von trockenen Substanzen;* Zeichen: dry pt (1 dry pt = 0,550 l).

[2]Pint, der; -s, -e [mniederd. pint, zu ↑Pinne] (landsch. derb): *Penis.*

Pin|te, die; -, -n [1: zu 2, nach dem Wirtshauszeichen; 2: spätmhd. pint(e), wohl < mlat. pin(c)ta, ↑[1]Pint]: **1.** (ugs.) *Lokal* (1). **2.** *früheres Flüssigkeitsmaß.*

Pin-up-Girl [pɪnˈlap...], das; -s, -s [engl. pin-up-girl, zu: to pin up = anheften, anstecken u. ↑Girl]: **1.** *Bild eines erotisch anziehenden Mädchens bes. in einer Illustrierten od. einem Magazin [zum An-die-Wand-Heften].* **2.** *Modell* (2 b) *für Pin-up-Girls* (1).

pin|xit [lat. = hat (es) gemalt]: *gemalt von ...* (auf Gemälden o. Ä. hinter der Signatur od. dem Namen des Künstlers; Abk.: p. od. pinx.).

Pin|zet|te, die; -, -n [frz. pincette, Vkl. von: pince = Zange, zu: pincer = kneifen, zwicken]: *kleines Instrument mit federnden, an einem Ende zusammenlaufenden Schenkeln zum Fassen von kleinen, empfindlichen Gegenständen.*

Pi|o|nier, der; -s, -e [frz. pionnier, zu: pion = Fußgänger, Fußsoldat < afrz. peon, über das Vlat. zu lat. pes, ↑Pedal; 3: russ. pioner < dt. Pionier]: **1.** (Milit.) *Soldat der Pioniertruppen.* **2.** (bildungsspr.) *jmd., der auf einem bestimmten Gebiet bahnbrechend ist; Wegbereiter:* er gilt als P. der Raumfahrt; Ü -e unter den Pflanzen. **3.** (DDR) *Mitglied einer Pionierorganisation.*

Pi|o|nier|ar|beit, die ⟨o. Pl.⟩: **1.** *wegbereitende Arbeit, bahnbrechende Leistung auf einem bestimmten Gebiet:* P. leisten. **2.** (DDR) *Betätigung als Pionier* (3).

Pi|o|nier|geist, der ⟨o. Pl.⟩: *Drang, Fähigkeit, auf bestimmten Gebieten Pionierarbeit* (1) *zu leisten.*

Pi|o|nier|grup|pe, die (DDR): *Gruppe, die alle Pioniere* (3) *einer Klasse umfasst.*

Pi|o|nie|rin, die; -, -nen: w. Form zu ↑Pionier (2).

Pi|o|nier|la|ger, das (DDR): *Ferienlager der Pioniere* (3).

Pi|o|nier|leis|tung, die: vgl. Pionierarbeit (1).

Pi|o|nier|or|ga|ni|sa|ti|on, die (DDR): *kommunistische Massenorganisation für Kinder zwischen 6 u. 14 Jahren.*

Pi|o|nier|pflan|ze, die (Bot.): *anspruchslose Pflanze, die als Erste auf einem vegetationslosen Boden wächst* (z. B. Flechten auf Felsen).

Pi|o|nier|tat, die: vgl. Pionierarbeit.

Pi|o|nier|trup|pe, die (Milit.): *auf technische Aufgaben (z. B. Brückenbau, Sprengungen) spezialisierte Kampfunterstützungstruppe des Heeres.*

Pi|o|nier|zeit, die: *Zeit des Aufbaus (2), der Wegbereitung für etwas, der Pionierarbeit* (1) *auf einem bestimmten Gebiet.*

Pi|pa, die; -, -s [chin.]: *chinesische Laute mit vier Saiten.*

Pi|pa|po, das; -s [H. u.] (salopp): *das ganze [überflüssige] Drum u. Dran.*

[1]Pi|pe, die; -, -n [ital. pipa, über das Vlat. zu lat. pipare, ↑pfeifen] (österr.): *Fass-, Wasserhahn.*

[2]Pipe [paɪp], das od. die; -, -s [engl. pipe, eigtl. = Pfeife, nach der Form]: *früheres englisches Hohlmaß für Wein;* Zeichen: P. (1 P. Portwein = 115 Gallons; 1 P. Sherry = 82 Gallons).

Pipe|line [ˈpaɪplaɪn], die; -, -s [engl. pipeline, aus: pipe = Rohr, Röhre u. line = Leitung, Linie]: *Rohrleitung für den Transport von Erdöl, Erdgas o. Ä.*

Pi|pet|te, die; -, -n [frz. pipette = Röhrchen, Pfeifchen, Vkl. von: pipe = Pfeife, über das Vlat. zu lat. pipare, ↑pfeifen]: *kleines Glasröhrchen mit verengter Spitze zum Entnehmen, Abmessen u. Übertragen kleiner Flüssigkeitsmengen.*

pi|pet|tie|ren ⟨sw. V.; hat⟩ (Fachspr.): *mit einer Pipette entnehmen.*

Pi|pi, das; -s [wohl Verdopplung der kinderspr. Interjektion »pi«] (Kinderspr.): *Urin:* *** P. machen** *(urinieren).*

Pi|pi|fax, der; - (ugs. abwertend): *überflüssiges, törichtes Zeug, Unsinn.*

Pip|pau, der; -[e]s [aus dem Niederd. < mniederd. pippaw, aus dem Slaw.]: *Pflanze mit leuchtend gelben Blüten u. länglichen, spitzen Blättern.*

Pips, der; -es [aus dem Niederd. < mniederd., md. pip(pi)s, über das Galloroman. zu vlat. pippita < lat. pituita = zähe Flüssigkeit, Schnupfen]: *krankhafter Belag auf der Zunge [u. Verschleimung der Schnabelhöhle] beim Geflügel:* *** den P. haben** (ugs.; *erkältet sein*).

[1]Pi|qué: ↑[1]Pikee.

[2]Pi|qué [piˈke:], das; -s, -s [frz. piqué] (Fachspr.): *Maßeinheit für Einschlüsse bei Diamanten.*

Pi|ran|ha [piˈranja], der; -[s], -s [port. piranha < Tupi (südamerik. Indianerspr.) piranha]: *kleiner Raubfisch mit sehr scharfen Zähnen, der in einem Schwarm jagt u. seine Beute in kürzester Zeit bis auf das Skelett abfrisst.*

Pi|rat, der; -en, -en [ital. pirata < lat. pirata < griech. peiratḗs = Seeräuber]: *Seeräuber.*

Pi|ra|ten|schiff, das: *Schiff von Piraten.*

Pi|ra|ten|sen|der, der (Jargon): *privater Rundfunk- od. Fernsehsender, der ohne Lizenz, meist von hoher See aus, Programme sendet.*

Pi|ra|te|rie, die; -, -n [frz. piraterie]: **1.** *Seeräuberei.* **2. a)** *gewaltsame Übernahme des Kommandos über ein Schiff, Flugzeug, um eine Kursänderung zu erzwingen, eine bestimmte Forderung durchzusetzen;* **b)** (Seerecht) *Angriff auf ein neutrales Schiff durch ein Kriegsschiff einer Krieg führenden Macht.*

-pi|ra|te|rie, die; -, -n: drückt in Bildungen mit Substantiven aus, dass etw. [auf illegale Weise] von Nichtberechtigten übernommen und ausgenutzt wurde, um Gewinn daraus zu erzielen: Produkt-, Software-, Videopiraterie.

Pi|ra|tin, die; -, -nen: w. Form zu ↑Pirat.

Pi|ra|ya: ↑Piranha.

Pi|ro|ge, die; -, -n [frz. pirogue < span. piragua, karib. Wort]: *Einbaum der Indianer mit auf die Bordwand aufgesetzten Planken.*

Pi|rog|ge, die; -, -n [russ. pirog]: *russische Pastete aus Hefeteig, die mit Fleisch, Fisch o. Ä. gefüllt ist.*

Pi|rol, der; -s, -e [mhd. (bruoder) piro = (Bruder) Pirol, wahrsch. lautm.]: *Vogel mit flötender Stimme, bei dem das Männchen ein leuchtend gelbes Gefieder mit schwarzen Flügeln, das Weibchen ein grünliches od. graues Gefieder hat.*

Pi|rou|et|te [piˈru̯etə], die; -, -n [frz. pirouette, H. u.]: **1.** (Eiskunst-, Rollschuhlauf, Ballett): *schnelle Drehung um die eigene Achse auf dem Standbein.* **2.** (Dressurreiten) *Drehung des Pferdes auf der Hinterhand im Takt u. Tempo des Galopps.*

pi|rou|et|tie|ren ⟨sw. V.; hat⟩ [frz. pirouetter]: *eine Pirouette ausführen.*

Pirsch, die; -, -en [zu ↑pirschen] (Jägerspr.): *Art der Jagd, bei der versucht wird, durch möglichst lautloses Durchstreifen eines Jagdreviers Wild aufzuspüren u. sich ihm auf Schussweite zu nähern:* auf die P. gehen.

pir|schen ⟨sw. V.; hat/ist⟩ [älter: birschen, mhd. birsen < afrz. berser = (mit dem Pfeil) jagen]: **a)** (Jägerspr.) *einen Pirschgang machen:* auf Rehwild p.; **b)** *irgendwohin schleichen.*

Pirsch|jagd, die: *Jagd, bei der sich der Jäger an das Wild heranpirscht.*

Pi|sa: Stadt in Italien.

Pi|sang, der; -s, -e [malai.]: malaiische Bez. für *Banane.*

pis|pern ⟨sw. V.; hat⟩ [lautm.] (landsch.): *wispern.*

Piss|bu|de, die (derb): *Toilettenhäuschen.*

Pis|se, die; - [zu ↑pissen] (derb): *Urin.*

pis|sen ⟨sw. V.; hat⟩ [aus dem Niederd. < mniederd. pissen < frz. pisser, urspr. lautm.]: **1.** (derb) *urinieren:* p. müssen, gehen. **2.** ⟨unpers.⟩ (salopp) *[stark] regnen:* es pisst schon wieder.

Piss|nel|ke, die (derb abwertend): *Mädchen [das bei Männern bestimmte Erwartungen enttäuscht u. als prüde gilt].*

Pis|soir [pɪˈso̯a:ɐ̯], das; -s, -e u. -s [frz. pissoir]: *öffentliche Toilette für Männer.*

Pis|ta|zie, die; -, -n [spätlat. pistacia < griech. pistákē < pers. pista[h]]: **1.** *Strauch od. Baum mit gefiederten Blättern u. ölreichen, essbaren Samenkernen.* **2.** *Samenkern der Pistazie* (1).

pis|ta|zi|en|grün ⟨Adj.⟩: *von der hellgrünen Farbe der Pistazie* (2).

Pis|te, die; -, -n [frz. piste < ital. pista, Nebenf. von: pesta = gestampfter Weg]: **1.** (Skisport) *Strecke für Abfahrten:* eine harte, vereiste P. **2.** (Sport) *Rennstrecke bes. für Rad- u. Autorennen.* **3.** (Flugw.) *Rollbahn:* auf der/auf die P. aufsetzen. **4.** *unbefestigter Verkehrsweg.* **5.** *Umrandung der Manege im Zirkus.* **6.** (Fechten) *Fechtbahn.*

Pis|ten|rau|pe, die: *Planierraupe, mit der Skipisten präpariert werden.*

Pis|till, das; -s, -e [lat. pistillum, zu: pinsere, ↑Piste]: **1.** (Pharm.) *Stößel* (1). **2.** (Bot.) *Stempel* (5).

[1]Pis|to|le, die; -, -n [spätmhd. (ostmd.) pitschal, pischulle < tschech. píšťala, eigtl. = Rohr, Pfeife, zu: pískat = pfeifen, ursprünglich lautm.]: *kleinere Faustfeuerwaffe mit kurzem Lauf:* jmdn. mit der P. bedrohen; *** jmdm. die P. auf die Brust setzen** (ugs.; *jmdn. ultimativ zu einer Entscheidung zwingen*); **wie aus der P. geschossen** (ugs.; *ohne lange zu überlegen, ohne Zögern*): die Antwort kam wie aus der P. geschossen.

[2]Pis|to|le, die; -, -n [vgl. frz., engl. pistole, H. u.]: *frühere, urspr. spanische Goldmünze.*

Pis|to|len|ku|gel, die: vgl. Kugel (2).

Pis|to|len|schie|ßen, das; -s (Sport): *Wettbewerb im Schießen mit [1]Pistolen u. Revolvern.*

Pis|to|len|schuss, der: vgl. Gewehrschuss.

Pis|to|len|schüt|ze, der: (Sport) *jmd., der Pistolenschießen als sportliche Disziplin betreibt.*

Pis|to|len|schüt|zin, die: w. Form zu ↑Pistolenschütze.

Pis|to|len|ta|sche, die: *[am Gürtel zu tragende] Tasche für eine [1]Pistole.*

Pis|to|le|ro, der; -s, -s [span. pistolero, zu: pistola = Pistole]: *Revolverheld.*

Pis|ton [pɪsˈtõ:], das; -s, -s [frz. piston < ital. pistone, pestone = Kolben, Stampfer, zu: pestare, ↑Piste]: **1.** frz. Bez. für *[2]Kornett.* **2.** (Musik) *Ventil eines Blechblasinstruments.*

Pit, das; -s-, -s [engl. pit = Vertiefung, Grube, verw. mit ↑Pfütze] (Technik): *Vertiefung unterhalb der Oberfläche einer CD-ROM od. DVD, die als Speicher der Information dient.*

Pi|ta|val, der; -[s], -s [nach dem frz. Juristen F. G. de Pitaval (1673–1743)]: *Sammlung berühmter Rechtsfälle u. Kriminalgeschichten.*

Pit|bull, der; -s, -s [zu engl. pit = Kampfplatz (für Hahnenkämpfe), eigtl. = Grube u. ↑Bullterrier]: *mit Bulldogge u. Terrier verwandter, als Kampfhund gezüchteter Hund.*

pit|chen ⟨sw. V.; hat⟩ [engl. to pitch = werfen, schleudern] (Golf): *den Ball mit einem kurzen Schlag zur Fahne spielen.*

Pitch|pine [ˈpɪtʃpain], die; -, -s [engl. pitchpine, aus: pitch = Harz u. pine = Kiefer]: **a)** *(in Nordamerika wachsende) Kiefer mit schwarzbrauner Rinde;* **b)** *Holz der Pitchpine* (a).

Pi|the|kan|thro|pus, der; -, ...pi u. ...pen [zu griech. píthēkos = Affe u. ánthrōpos = Mensch] (Anthrop.): *javanischer u. chinesischer Frühmensch des Pleistozäns.*

pitsch, patsch ⟨Interj.⟩ (Kinderspr.): lautm. für klatschende Geräusche [die durch Wasser entstehen].

pit|sche|nass, pit|sche|pat|sche|nass, pitsch|nass ⟨Adj.⟩ (ugs. emotional): *durch u. durch, bis auf die Haut nass:* meine Schuhe sind p.

pit|to|resk ⟨Adj.⟩ [frz. pittoresque < ital. pittoresco, zu: pittore < lat. pictor = Maler, zu: pingere, ↑Pigment] (bildungsspr.): *malerisch:* eine p. Stadt.

più ⟨Adv.⟩ [pi̯u:; ital. più < lat. plus] (Musik): *mehr (in vielen Verbindungen vorkommende Vortragsanweisung,* z. B. più forte = noch mehr forte, d. h. lauter, stärker).

Pi|va, die; -, Piven [ital. piva]: *schneller italienischer Tanz.*

Pi|vot [piˈvo:], der od. das; -s, -s [frz. pivot, H. u.]: *auf der Lafette angebrachte Schwenkachse des Geschützrohrs.*

Pi|xel, das; -[s], - [engl. pixel, geb. aus: picture element = Bildelement] (EDV): *kleinstes Element bei der gerasterten, digitalisierten* (1) *Darstellung eines Bildes auf einem Bildschirm od. mithilfe eines Druckers* (2); *Bildpunkt.*

Piz, der; -es, -e [ladin. piz, H. u.]: *Bergspitze* (meist als Teil von Bergnamen, z. B. Piz Palü).

Piz|za, die; -, -s u. Pizzen [ital. pizza, H. u.]: *(meist heiß servierte) aus dünn ausgerolltem u. mit Tomatenscheiben, Käse u. a. belegtem Hefeteig gebackene pikante italienische Spezialität (meist in runder Form).*

Piz|za|bä|cke|rei, die: *Pizzeria.*

Piz|ze|ria, die; -, -s [ital. pizzeria]: *Restaurant, in dem es hauptsächlich Pizzas gibt.*

piz|zi|ca|to ⟨Adv.⟩ [ital. pizzicato, 2. Part. von: pizzicare = zupfen] (Musik): *(von Streichinstrumenten) mit den Fingern zu zupfen* (Abk.: pizz.).

PJ = Petajoule.

Pjöng|jang: Hauptstadt von Nordkorea.

Pkt. = Punkt.

Pkw, (auch:) **PKW** [ˈpe:ka:ve:, auch: – –ˈ–], der; -[s], -s, selten: -: Personenkraftwagen.

pl. = pluralisch, Plural.

Pl. = Plural.

Pla|ce|bo, Plazebo, das; -s, -s [lat. placebo = ich werde gefallen] (Med.): *Medikament, das einem echten Medikament in Aussehen u. Geschmack gleicht, ohne dessen Wirkstoffe zu enthalten.*

Pla|ce|bo|ef|fekt, der: *durch ein Placebo hervorgerufene physiologische Wirkung.*

pla|cet [lat., zu: placere, ↑plädieren] (bildungsspr. veraltet): *es gefällt, wird genehmigt.*

Pla|cet: ↑Plazet.

Pla|che, die; -, -n (österr.): *Blahe.*

pla|ci|do [ˈpla:tʃido] ⟨Adv.⟩ [ital. placido < lat. placidus, zu: placere, ↑placet] (Musik): *ruhig, still, gemessen.*

pla|cie|ren [plaˈsi:rən]: ↑platzieren.

Plack, der; -, -s ⟨Pl. selten⟩ [zu ↑Plage] (landsch., bes. ostmd.): *schwere [körperliche] Arbeit.*

pla|cken ⟨sw. V.; hat⟩ [Intensivbildung von ↑plagen]: ⟨p. + sich⟩ (ugs.) *sich sehr abmühen.*

Pla|cke|rei, die; -, -en (ugs.): *[dauerndes] Sichplacken:* ich hab genug von der P.

pla|dauz ⟨Interj.⟩ (nordwestd.): *pardauz.*

plad|dern ⟨sw. V.; hat⟩ [lautm.] (nordd.): 1. ⟨unpers.⟩ *in großen Tropfen heftig u. mit klatschendem Geräusch regnen:* es pladdert schon wieder. **2.** *mit klatschendem Geräusch an, auf, gegen etw. schlagen:* etw. auf den Boden p. lassen; der Regen pladderte an die Scheiben.

plä|die|ren ⟨sw. V.; hat⟩ [frz. plaider, zu: plaid = Rechtsversammlung; Prozess < afrz. plait < lat. placitum = geäußerte Meinung, zu: placere = gefallen; Beifall finden; (unpers.:) es ist jmds. Meinung]: **1.** (Rechtsspr.) *ein Plädoyer* (1) *halten, in einem Plädoyer* (1) *beantragen:* auf/für »schuldig« p. **2.** (bildungsspr.) *sich für etw. aussprechen:* für jmds. Beförderung p.

Plä|do|yer [plɛdo̯aˈje:], das; -s, -s [frz. plaidoyer]: **1.** (Rechtsspr.) *zusammenfassende Rede eines Rechtsanwalts od. Staatsanwalts vor Gericht:* ein glänzendes P. halten. **2.** (bildungsspr.) *Äußerung, Rede o. Ä., mit der jmd. entschieden für od. gegen etw. eintritt; engagierte Befürwortung:* ein leidenschaftliches P. für soziale Gerechtigkeit.

Pla|fond [plaˈfõ:], der; -s, -s [frz. plafond, aus: plat fond = platter Boden]: **1.** (landsch., österr.) *[flache] Decke eines Raumes:* den P. streichen. **2.** (Wirtsch.) *oberer Grenzbetrag z. B. bei der Gewährung von Krediten.*

pla|fo|nie|ren ⟨sw. V.; hat⟩ [frz. plafonner] (bes. schweiz.): *nach oben hin begrenzen, beschränken.*

Pla|ge, die; -, -n [mhd. plāge, spätahd. plāga = Strafe des Himmels; Missgeschick; Qual, Not < lat. plaga < griech. plagá (plēgḗ) = Schlag]: *etw., was jmdm. anhaltend zusetzt, was jmd. als äußerst unangenehm, quälend empfindet:* eine schreckliche, unerträgliche P.; sie hat ihre P. mit den Kindern.

Pla|ge|geist, der (fam.): *Quälgeist.*

pla|gen ⟨sw. V.; hat⟩ [mhd. plāgen, eigtl. = strafen, züchtigen < spätlat. plagare = schlagen, verwunden]: **1. a)** *jmdm. lästig werden:* von Mücken geplagt werden; **b)** *bei jmdm. quälende* (3 a), *unangenehme Empfindungen hervorrufen:* mich plagt die Hitze, der Durst, der Hunger; **c)** *jmdn. innerlich anhaltend beunruhigen:* ihn plagte die Neugier; sie war von Ehrgeiz geplagt *(sehr ehrgeizig).* **2.** ⟨p. + sich⟩: **a)** *sich abmühen;* Ü sie hat sich lange mit dem Abfassen dieses Briefes geplagt; **b)** (ugs.) *an etw. laborieren* (2).

Pla|ge|rei, die; -, -en: *das [ständige] Sichplagen* (2).

Pla|gi|at, das; -[e]s, -e [frz. plagiat, zu: plagiaire < lat. plagiarius = Menschendieb, zu: plagium = Menschendiebstahl] (bildungsspr.): **a)** *unrechtmäßige Aneignung von Gedanken, Ideen o. Ä. eines anderen auf künstlerischem od. wissenschaftlichem Gebiet u. ihre Veröffentlichung; Diebstahl geistigen Eigentums:* ein P. begehen; jmdn. des -s bezichtigen; **b)** *durch Plagiat* (a) *entstandenes Werk o. Ä.:* das Buch ist ein P.

Pla|gi|a|tor, der; -s, ...oren [lat. plagiator] (bildungsspr.): *jmd., der ein Plagiat begeht.*

Pla|gi|a|to|rin, die; -, -nen: w. Form zu ↑Plagiator.

pla|gi|a|to|risch ⟨Adj.⟩ (bildungsspr.): *in der Weise eines Plagiators.*

pla|gi|ie|ren ⟨sw. V.; hat⟩ [spätlat. plagiare = Menschenraub begehen, zu lat. plagium, ↑Plagiat] (bildungsspr.): *ein Plagiat begehen:* ein Werk p.

Pla|gi|o|klas, der; -es, -e [zu griech. klásis = Bruch, nach der schrägen Spaltungsebene der einzelnen Kristalle] (Mineral.): *zu den Feldspaten gehörendes Mineral.*

Plaid [ple:t, engl.: pleɪd], das od. der; -s, -s [engl. plaid, aus dem Gäl.]: **1.** *[Reise]decke im Schottenmuster.* **2.** *großes Umhangtuch aus Wolle.*

Pla|kat, das; -[e]s, -e [niederl. plakkaat < mniederl. plakkaert < frz. placard, zu: plaquer = verkleiden, überziehen, aus dem Germ.]: *großformatiges Stück festes Papier mit einem Text [u. Bildern], das zum Zwecke der Information, Werbung, politischen Propaganda o. Ä. öffentlich u. an gut sichtbaren Stellen befestigt wird:* grelle, bunte, riesige -e; -e [an]kleben.

Pla|kat|far|be, die: *bes. intensive Farbe für die Plakatmalerei.*

pla|ka|tie|ren ⟨sw. V.; hat⟩: **1. a)** *Plakate an etw. anbringen;* **b)** *durch Plakate öffentlich bekannt machen.* **2.** (bildungsspr.) *demonstrativ herausstellen* (2): jmds. schlechte Eigenschaften p.

Pla|ka|tie|rung, die; -, -en: *das Plakatieren.*

pla|ka|tiv ⟨Adj.⟩ (bildungsspr.): **1.** *wie ein Plakat wirkend:* eine -e Darstellung; p. wirken. **2.** *betont auffällig; einprägsam:* -e Farben.

Pla|kat|kunst, die ⟨o. Pl.⟩: *das Gestalten von Plakaten als Teil der darstellenden Kunst.*

Pla|kat|ma|le|rei, die: *das Malen von Plakaten.*

Pla|kat|schrift, die (Druckw.): *große Schrift für den Druck von Plakaten.*

Pla|kat|wand, die: *für das Anbringen von Plakaten bestimmte [Bretter]wand.*

Pla|kat|wer|bung, die: *Werbung über Plakate.*

Pla|ket|te, die; -, -n [frz. plaquette, Vkl. von: plaque = Platte, zu: plaquer, ↑Plakat]: **1.** *kleines, flaches, meist rundes od. eckiges Schildchen zum Anstecken od. Aufkleben, das mit einer Inschrift od. figürlichen Darstellung versehen ist:* eine P. anstecken, tragen. **2.** (Kunst) *(dem Gedenken an jmdn., etw. gewidmete) kleine Tafel aus Metall mit einer reliefartigen Darstellung.*

plan ⟨Adj.⟩ [lat. planus, verw. mit ↑Feld]: (bes. Fachspr.) *flach, eben, nicht gewölbt:* eine -e Fläche.

¹Plan, der [mhd. plān(e) = ebener (Kampf)platz < mlat. planum, zu lat. planus, ↑plan]: (geh. veraltet) *ebene, weiträumige Fläche:* in den Wendungen **jmdn., etw. auf den P. rufen** *(zum Handeln, Eingreifen, Einschreiten herausfordern;* urspr. = jmdn. auf den Kampfplatz rufen); **auf den P. treten/auf dem P. erscheinen** *(in Aktion treten, eingreifen).*

²Plan, der; -[e]s, Pläne [frz. plan, älter: plant, wohl < lat. planta, ↑Pflanze; 1 c: beeinflusst von russ. plan]: **1. a)** *Vorstellung von der Art u. Weise, in der ein bestimmtes Ziel verfolgt, ein bestimmtes Vorhaben verwirklicht werden soll:* ein durchdachter, kühner, verwegener, geheimer, hinterhältiger, umfassender P.; was sind deine Pläne für die Zukunft?; einen P. entwickeln, erarbeiten, ersinnen; sich einen P. zurechtlegen; Pläne wälzen; ich habe schon einen P.; sie steckt voller Pläne *(ist sehr unternehmungslustig);* es läuft alles genau nach P.; **b)** *Absicht, Vorhaben:* der P. hat sich leider zerschlagen; er hat immer solche hochfliegenden Pläne; einen P. verfolgen, verwirklichen, aufgeben; jmds. Pläne durchkreuzen; an seinen Plänen festhalten; von einem P. absehen; *** Pläne schmieden** *(sich bestimmte Dinge, die man zu einem späteren Zeitpunkt tun will, vornehmen):* sie schmiedeten Pläne für die Sommerferien; **c)** (DDR) *verbindliche Richtlinie für die Entwicklung der Volkswirtschaft:* den P. kontrollieren; den P. erfüllen. **2.** *Entwurf in Form einer Zeichnung od. grafischen Darstellung, in dem festgelegt ist, wie etw., was geschaffen od. getan werden soll, aussehen, durchgeführt werden soll:* *** auf dem P. stehen** *(geplant sein):* als Nächstes steht eine Reise durch Europa auf dem P. **3.** *Übersichtskarte:* die Straße war nicht in dem P. eingezeichnet.

Pla|na|rie, die; -, -n [zu spätlat. planarius = flach, zu lat. planus, ↑plan]: *stark abgeplatteter Strudelwurm mit einer halsartigen Einschnürung u. einem deutlich sichtbaren Kopf.*

Plan|auf|ga|be, die [LÜ von russ. planovoe zadanie] (DDR): *im Rahmen eines* ²*Plans* (1 c) *zu bewältigende Aufgabe.*

plan|bar ⟨Adj.⟩: *sich planen lassend.*

Planche [plã:ʃ], die; -, -n [...ʃn; frz. planche, eigtl. = Planke, Brett < spätlat. planca, ↑Planke] (Fechten): *Fechtbahn.*

Pla|ne, die; -, -n [ostmd. Nebenf. von ↑Blahe]: *[große] Decke aus festem, Wasser abweisendem Material, die zum Schutz [von offenen Booten, Lastkraftwagen o. Ä.] gegen Witterungseinflüsse verwendet wird:* etw. mit einer P. abdecken.

pla|nen ⟨sw. V.; hat⟩: **a)** *einen* ²*Plan* (1, 2), ²*Pläne* (1, 2) *für etw. ausarbeiten, aufstellen:* ein Projekt p.; etw. lange im Voraus, auf lange Sicht p.; einen Anschlag auf jmdn. p.; jeder ihrer Schritte war sorgfältig geplant; **b)** *beabsichtigen, vorha-*

ben, sich etw. vornehmen: hast du schon etwas für das Wochenende geplant?; die geplante Reise fiel ins Wasser.

Pla|ner, der; -s, -: *jmd., der etw. plant* (a).

Plä|ner, der; -s [entstellt aus: Plauener, zu: Plauen, Stadt bei Dresden] (Geol.): *(vielfach als Rohstoff abgebauter) kalkhaltiger, heller Mergel.*

Plan|er|fül|lung, die [LÜ von russ. vypolnenie plana] (bes. DDR): *Erfüllung eines ^{2}Plans* (1 c).

Pla|ne|rin, die; -, -nen: w. Form zu ↑Planer.

pla|ne|risch ⟨Adj.⟩: *hinsichtlich der Planung, die Planung betreffend:* -e Maßnahmen.

Plä|ne|schmie|den, das; -s: *das Planen* (b) *von bestimmten Projekten o. Ä.*

Pla|net, der; -en, -en [mhd. plānēte < spätlat. planetes (Pl.) < griech. plánētes, Pl. von: plánēs = der Umherschweifende] (Astron.): *nicht selbst leuchtender, großer Himmelskörper, der sich um eine Sonne dreht; Wandelstern:* die neun -en unseres Sonnensystems; der blaue P. *(die Erde;* vom Weltraum aus gesehen schimmert die Erde bläulich); auf unserem -en *(auf der Erde).*

pla|ne|ta|risch ⟨Adj.⟩: **a)** *die Planeten betreffend, auf sie bezüglich:* -e Nebel; ein -es Weltbild; **b)** (bildungsspr.) *den Planeten Erde betreffend, global* (1).

Pla|ne|ta|ri|um, das; -s, ...ien: **1.** *Gerät, mit dem man Bewegung, Lage u. Größe der Gestirne, bes. der Planeten, darstellen kann.* **2.** *Gebäude mit einer Kuppel, in dem ein Planetarium* (1) *steht.*

Pla|ne|ten|bahn, die: vgl. Bahn (2).

Pla|ne|ten|ge|trie|be, das (Technik): *Getriebe, bei dem die [Zahn]räder auf einem umlaufenden Steg gelagert sind.*

Pla|ne|ten|kon|stel|la|ti|on, die (Astron.): vgl. Konstellation (2).

Pla|ne|ten|sys|tem, das (Astron.): *Gesamtheit aller ein Zentralgestirn (wie z. B. die Sonne) umkreisenden Planeten.*

Pla|ne|to|id, der; -en, -en [zu ↑Planet u. griech. -oeidēs = ähnlich] (Astron.): *kleiner Planet.*

Plan|fest|stel|lung, die (Amtsspr.): *amtliche Entscheidung über den Umfang u. die Notwendigkeit von Enteignungen zur Verwirklichung eines öffentlichen Bauvorhabens* (z. B. Flugplatz, Autobahn).

Plan|fest|stel|lungs|ver|fah|ren, das (Amtsspr.): *Verfahren der Planfeststellung.*

plan|ge|mäß ⟨Adj.⟩: *planmäßig.*

pla|nie|ren ⟨sw. V.; hat⟩ [(niederl. planeren <) frz. planer < spätlat. planare, zu lat. planus, ↑plan]: *etw. [ein]ebnen:* die Straße, einen Parkplatz p.

Pla|nier|rau|pe, die: *Raupenfahrzeug mit Planierschild zum Planieren von [Boden]flächen.*

Pla|nier|schild, der (Technik): *aus einer gewölbten Stahlplatte bestehendes Teil einer Planierraupe o. Ä., mit dem das Erdreich bewegt wird.*

Pla|nie|rung, die; -, -en ⟨Pl. selten⟩: *das Planieren.*

Pla|ni|fi|ka|ti|on, die; -, -en [frz. planification] (Fachspr.): *(in Frankreich) staatlich organisierte Planung der Volkswirtschaft auf der Grundlage der Marktwirtschaft.*

Pla|ni|me|ter, das; -s, - [zu lat. planus (↑plan) u. ↑-meter (1)] (Geom.): *Instrument zum mechanischen Ausmessen krummlinig begrenzter ebener Flächen.*

Pla|ni|me|trie, die; - [↑-metrie] (Geom.): **1.** *Messung u. Berechnung von Flächeninhalten.* **2.** *Lehre von den geometrischen Gebilden in einer Ebene.*

Plan|jahr, das (DDR): *Zeitraum von einem Jahr, für das ein ^{2}Plan* (1 c) *vorliegt.*

Plan|ke, die; -, -n [mhd. planke < spätlat. planca < lat. p(h)alanga < griech. phálagx, ↑Phalanx]: **1.** *langes, dickes Brett, das als Bauholz bes. für den Schiffsbau, für Bretterzäune u. Verschalungen verwendet wird:* eine lose P. **2.** *[hoher] Bretterzaun, Umzäunung:* über die P. klettern.

Plän|ke|lei, die; -, -en: *Geplänkel* (1, 2).

plän|keln ⟨sw. V.; hat⟩ [mhd. blenkeln, eigtl. = blinkend, blank machen, zu ↑blank]: **1.** (Milit. veraltend) *ein kurzes, verhältnismäßig unbedeutendes Gefecht austragen.* **2.** *sich harmlos, oft scherzhaft streiten.*

plan|kon|kav ⟨Adj.⟩ [aus ↑plan u. ↑konkav] (Optik): *(von Linsen) auf einer Seite eben u. auf der anderen Seite nach innen gekrümmt.*

plan|kon|vex ⟨Adj.⟩ [↑konvex] (Optik): *(von Linsen) auf einer Seite eben u. auf der anderen Seite nach außen gekrümmt.*

Plan|kos|ten ⟨Pl.⟩ (Wirtsch.): *in eine Plankostenrechnung einbezogene Kosten.*

Plan|kos|ten|rech|nung, die (Wirtsch.): *Planung der Produktionskosten als Teil des betrieblichen Rechnungswesens.*

Plank|ton, das; -s [griech. plagktón = Umhertreibendes, zu: plázesthai = hin u. her getrieben werden] (Biol.): *Gesamtheit der im Wasser lebenden tierischen u. pflanzlichen Lebewesen, die sich nicht selbst fortbewegen, sondern durch das Wasser bewegt werden:* pflanzliches, tierisches P.

plank|to|nisch ⟨Adj.⟩ (Biol.): *das Plankton, den Planktonten betreffend; (als Plankton, Planktont) im Wasser schwebend.*

Plank|tont, der; -en, -en [aus ↑Plankton u. griech. ōn (Gen.: óntos) = Seiendes, Lebewesen] (Biol.): *zum Plankton zählendes einzelnes Lebewesen.*

plan|los ⟨Adj.⟩: *keinen ^{2}Plan habend, ohne ^{2}Plan; unüberlegt:* ein -es Vorgehen; p. herumziehen.

Plan|lo|sig|keit, die; -: *das Planlossein; planloses Vorgehen.*

plan|mä|ßig ⟨Adj.⟩: **a)** *einem [Fahr]plan entsprechend:* die -e Abfahrt; die Maschine fliegt p., kam p. an; **b)** *nach einem ^{2}Plan, systematisch:* die Arbeit ging p. voran.

Plan|mä|ßig|keit, die: *das Planmäßigsein; planmäßiges Vorgehen.*

pla|no ⟨Adv.⟩ [lat. plano, Adv. von: planus, ↑plan] (Fachspr.): *(von Druckbogen o. Ä.) ohne Falz* (1 a).

Plan|preis, der (Wirtsch.): *der in der Plankostenrechnung zugrunde gelegte Preis.*

Plan|qua|drat, das: *von vier Geraden eines Gitternetzes begrenztes quadratisches Feld.*

Plan|rück|stand, der (DDR): *Rückstand in der Planerfüllung.*

Plansch|be|cken, das: *Bassin, in dem das Wasser so flach ist, dass Kleinkinder gefahrlos darin spielen können.*

plan|schen ⟨sw. V.; hat⟩ [lautm., nasalierte Nebenf. von ↑platschen]: *Wasser mit Armen u. Beinen in Bewegung bringen, umherspritzen.*

Plan|soll, das (DDR): *laut ^{2}Plan* (1 c) *zu erfüllendes ^{2}Soll* (3 b).

Plan|spiel, das [zu ↑^{2}Plan]: *planmäßiges Durchspielen einer bestimmten Situation, eines Vorhabens als Modellfall (bes. im militärischen Bereich).*

Plan|spra|che, die: *Kunstsprache.*

Plan|stel|le, die: *im Haushaltsplan fest ausgewiesene Stelle im öffentlichen Dienst.*

Plan|ta|ge [...ˈta:ʒə], die; -, -n [frz. plantage = das (An)pflanzen, zu: planter < lat. plantare = pflanzen]: *landwirtschaftlicher Großbetrieb in tropischen Ländern.*

Plan|ta|gen|ar|bei|ter, der: *Arbeiter auf einer Plantage.*

Plan|ta|gen|ar|bei|te|rin, die: w. Form zu ↑Plantagenarbeiter.

Plan|ta|gen|wirt|schaft, die: *Landwirtschaft, deren Grundlage Plantagen sind.*

plan|tar ⟨Adj.⟩ [spätlat. plantaris, zu lat. planta = Fußsohle] (Med.): *zur Fußsohle gehörend, die Fußsohle betreffend.*

Pla|num, das; -s [lat. planum = Fläche] (Bauw.): *eingeebnete Fläche für den Unter- od. Oberbau einer Straße o. Ä. eines Neubaus.*

Pla|nung, die; -, -en: **1.** *das Planen* (a, b); *die Ausarbeitung eines ^{2}Plans, von ^{2}Plänen* (1, 2): eine mittelfristige P.; die P. eines Verbrechens; dieses Ereignis macht alle bisherigen -en hinfällig. **2.** *das Resultat der Planung* (1); *das Geplante:* sich an die P. halten.

Pla|nungs|ab|tei|lung, die: *Abteilung (eines Betriebs o. Ä.), die für die Planung zuständig ist.*

Pla|nungs|sta|di|um, das: *Stadium der Planung:* etw. ist noch im P.

plan|voll ⟨Adj.⟩: *einen ^{2}Plan habend, auf einem ^{2}Plan beruhend:* p. vorgehen.

Plan|vor|ga|be, die (DDR): *im ^{2}Plan* (1 c) *festgelegte Vorgabe* (3).

Plan|wa|gen, der; -s, -: *Wagen, dessen Laderaum mit einer Plane bedeckt ist.*

Plan|wirt|schaft, die: *von einer staatlichen Stelle zentral geplante Volkswirtschaft.*

plan|zeich|nen ⟨sw. V.; nur im Inf. gebr.⟩ (Fachspr.): *Grundrisse, Landkarten o. Ä. zeichnen.*

Plan|ziel, das (DDR): vgl. Plansoll.

Plap|pe|rei, die; -, -en (ugs. abwertend): *Geplapper.*

Plap|pe|rer, Plapprer, der; -s, - (ugs. abwertend): *jmd., der viel plappert.*

plap|per|haft ⟨Adj.⟩ (ugs. abwertend): *gern plappernd.*

Plap|pe|rin, die; -, -nen: w. Form zu ↑Plapperer.

Plap|per|maul, das (ugs. abwertend): *Plapperer, Plapperin.*

Plap|per|mäul|chen, das (ugs. scherzh.): **1.** *Kind, das viel plappert.* **2.** *Mund.*

plap|pern ⟨sw. V.; hat⟩ [lautm.]: **a)** (ugs.) *viel u. schnell aus naiver Freude am Sprechen reden:* der Kleine plapperte ohne Pause; **b)** (ugs. abwertend) *reden:* nur Unsinn p.

Plap|per|ta|sche, die (ugs. abwertend): *Plappermaul.*

Plapp|rer: ↑Plapperer.

Plaque [plak], die; -, -s [plak; frz. plaque = Fleck, aus dem Germ.]: **1.** (Med.) *deutlich abgegrenzter, etwas erhöhter Fleck auf der Haut.* **2.** (Zahnmed.) *Zahnbelag.* **3.** (Biol.) *durch Auflösung einer Gruppe benachbarter Bakterienzellen entstandenes rundes Loch in einem Nährboden.*

plär|ren ⟨sw. V.; hat⟩ [mhd. blēr(r)en, lautm.] (abwertend): **1. a)** *in unangenehm u. unschön empfundener Weise laut u. breit gezogen-gequetscht reden:* wir hörten, wie sie im Haus plärrte; Ü das Radio plärrt; **b)** *plärrend* (1 a) *von sich geben:* sie plärrten ein Lied; Ü aus dem Lautsprecher plärrte Schlagermusik. **2.** (emotional) *laut [jammernd] weinen:* das Kind fing sofort an zu p.

Plä|sier, das; -s, -e [frz. plaisir, zu afrz. plaisir = gefallen < lat. placere, ↑plädieren] (veraltend, noch landsch.): *besonderes Vergnügen (an etw.).*

plä|sier|lich ⟨Adj.⟩ (veraltend, noch landsch.): *vergnüglich.*

Plas|ma, das; -s, ...men [griech. plásma = Gebilde, zu: plássein, ↑plastisch]: **1.** (Biol.) kurz für ↑Protoplasma. **2.** (Med.) kurz für ↑Blutplasma. **3.** (Physik) *leuchtendes, elektrisch leitendes Gasgemisch, das u. a. in elektrischen Entladungen von Gas, in heißen Flammen u. bei der Explosion von Wasserstoffbomben entsteht.* **4.** *dunkelgrüne Abart des Chalzedons.*

Plas|ma|che|mie, die: *moderne Forschungsrichtung der Chemie, die sich mit chemischen Reaktionen befasst, die unter den Bedingungen eines Plasmas* (3) *ablaufen.*

Plas|ma|fa|ser|stoff, der (Med.): *Fibrin.*

Plas|ma|phy|sik, die: *modernes Teilgebiet der Physik, das sich mit den Eigenschaften von Plasmen* (3) *befasst.*

plas|ma|tisch ⟨Adj.⟩: *das Plasma* (3) *betreffend.*

Plas|mo|di|um, das; -s, ...ien [zu ↑Plasma u. griech. -oeidēs = ähnlich] (Biol.): *Masse aus vielkernigem Protoplasma, die durch Kernteilung ohne nachfolgende Zellteilung entsteht.*

Plast, der; -[e]s, -e, **Plas|te,** die; -, -n [↑^{2}Plastik] (regional): *Kunststoff:* eine Gabel aus Plast[e].

Plas|te|tü|te, die (regional): *Plastiktüte.*

Plas|tics [ˈplæstɪks] ⟨Pl.⟩ [engl. plastics (Pl.), ↑^{2}Plastik]: engl. Bez. für *Kunststoffe.*

Plas|ti|de, die; -, -n ⟨meist Pl.⟩ [zu griech. plastós = gebildet, geformt] (Bot.): *zur pflanzlichen Zelle gehörende Organelle mit hohem Gehalt an Lipoid.*

^{1}**Plas|tik,** die; -, -en [frz. plastique < lat. plastice < griech. plastikḗ (téchnē) = Kunst des Gestaltens, zu: plastikós, ↑plastisch]: **1. a)** *Werk der Bildhauerkunst; Bildwerk:* eine moderne, antike

P.; b) ⟨o. Pl.⟩ *Bildhauerkunst:* sie ist eine Meisterin der P. 2. ⟨o. Pl.⟩ *körperhafte Anschaulichkeit, Ausdruckskraft.* 3. (Med.) *operative Formung, Wiederherstellung von Organen od. Gewebeteilen, oft durch Transplantation* (1) *(z. B. bei Verletzungen):* eine P. an der Nase ausführen.

[2]**Plas|tik,** das; -s ⟨meist o. Art.⟩ [engl. plastic(s), zu: plastic = weich, knetbar, verformbar < lat. plasticus, ↑plastisch]: *Kunststoff:* P. verarbeiten; ein Eimer aus P.

Plas|tik|beu|tel, der: *Beutel aus* [2]*Plastik.*

Plas|tik|bom|be, die: *Sprengkörper mit plastisch* (2) *gemachten Sprengstoffen.*

Plas|ti|ker, der; -s, -: *Bildhauer.*

Plas|ti|ke|rin, die; -, -nen: w. Form zu ↑Plastiker.

Plas|tik|geld, das ⟨o. Pl.⟩ (ugs.): *Kreditkarten als Zahlungsmittel:* er zahlte immer mit P.

Plas|tik|helm, der: *aus Kunststoff hergestellter Schutzhelm.*

Plas|tik|sack, der: vgl. Plastikbeutel.

Plas|tik|spreng|stoff, der [nach engl. plastic explosive = plastischer, formbarer Sprengstoff]: *plastischer* (2) *Sprengstoff.*

Plas|tik|tra|ge|ta|sche, die: vgl. Plastikbeutel.

Plas|tik|tü|te, die: vgl. Plastikbeutel.

Plas|ti|lin, das; -s, **Plas|ti|li|na,** die; -: *dem Kitt ähnliche, farbige Knetmasse zum Modellieren.*

plas|tisch ⟨Adj.⟩ [frz. plastique < lat. plasticus < griech. plastikós = zum Bilden, Formen gehörig, zu: plássein = bilden, formen]: 1. *bildhauerisch:* -e Gestaltung. 2. *Plastizität* (2) *aufweisend; modellierfähig, knetbar, formbar:* -er Sprengstoff; der Stoff bleibt bei allen Temperaturen p. 3. a) *räumlich [herausgearbeitet], körperhaft, nicht flächenhaft [wirkend]:* das Bild wirkt sehr p.; b) *anschaulich; bildhaft einprägsam:* eine -e Schilderung von etw. geben; etw. p. darstellen.

Plas|ti|zi|tät, die; -: 1. *räumliche, körperhafte Anschaulichkeit:* die P. der Schilderung. 2. *Formbarkeit (eines Materials):* die P. von Kautschuk.

Plas|tron [plas'trõ:, österr.: ...'tro:n], der od. das; -s, -s [frz. plastron, eigtl. = Brustharnisch < ital. piastrone, zu: piastra = Metallplatte < mlat. (em)plastrum, ↑Pflaster]: 1. a) *breiter Seidenschlips (zur festlichen Kleidung des Herrn);* b) *breite weiße Krawatte, die zur Reitkleidung gehört;* c) *mit Biesen od. Plissees versehener, eingenähter Einsatz im Oberteil von Kleidern.* 2. *(im MA.) stählerner Brust- od. Armschutz.*

Pla|tää: antike Stadt in Böotien.

Pla|ta|ne, die; -, -n [lat. platanus < griech. plátanos, zu: platýs, ↑platt; wohl nach dem breiten Wuchs]: *hoch wachsender Laubbaum mit großen, gelappten Blättern u. kugeligen Früchten sowie heller, glatter, sich in größeren Teilen ablösender Borke.*

Pla|ta|nen|ge|wächs, das (Bot.): *Pflanze der Pflanzenfamilie, zu der u. a. die Platanen gehören.*

Pla|teau [pla'to:], das; -s, -s [frz. plateau, zu: plat, ↑platt]: 1. *Hochebene.* 2. *obere ebene Fläche eines Berges.*

pla|teau|för|mig ⟨Adj.⟩: *wie ein Plateau geformt, in Form eines Plateaus.*

Pla|teau|soh|le, die: *sehr dicke Schuhsohle:* sie wollte unbedingt -n *(Schuhe mit hohen Plateausohlen).*

Pla|te|resk, das; -[e]s [span. (estilo) plateresco, zu: platería = Silber-, Goldschmiedearbeit] (Kunstwiss.): *Baustil der spanischen Spätgotik u. der italienischen Frührenaissance mit reich verzierten Fassaden.*

Pla|tin ['pla:ti:n, auch: pla'ti:n], das; -s [älter span. platina, Vkl. von: plata (de argento) = (Silber)platte, über das Vlat. zu griech. platýs, ↑platt]: *silbergrau glänzendes Edelmetall (chemisches Element)* (Zeichen: Pt).

Pla|tin|draht, der: *Draht aus Platin.*

Pla|ti|ne, die; -, -n [frz. platine, zu: plat = flach, ↑platt]: 1. (Elektrot.) *der Montage einzelner elektrischer Bauelemente dienende, meist mit Kupfer od. Silber beschichtete dünne Platte mit Löchern, durch die die Anschlüsse der Bauelemente zum weiteren Verlöten gesteckt werden.* 2. (Technik) *flacher Metallblock, aus dem dünne Bleche gewalzt werden.*

Pla|ti|nen|schrott, der: *Schrott* (1) *aus Platinen* (1).

Pla|tin|erz, das: *platinhaltiges Erz.*

Pla|tin|fuchs, der: 1. *graublau bis lavendelfarben melierter Silberfuchs.* 2. *Pelz aus dem Fell des Platinfuchses* (1).

pla|tin|hal|tig ⟨Adj.⟩: *Platin enthaltend.*

Pla|tin|hoch|zeit, die: *siebzigster Hochzeitstag.*

pla|ti|nie|ren ⟨sw. V.; hat⟩: *mit Platin überziehen.*

Pla|ti|no|id, das; -[e]s, -e [zu griech. -oeidés = ähnlich]: *Legierung aus Kupfer, Nickel u. a.*

Pla|tin|schmuck, der: *Schmuck aus Platin.*

Pla|ti|tü|de: frühere Schreibung für ↑Plattitüde.

Pla|to|ni|ker, der; -s, -: *Anhänger der Philosophie des griechischen Philosophen Platon (etwa 428–347 v. Chr.).*

Pla|to|ni|ke|rin, die; -, -nen: w. Form zu ↑Platoniker.

pla|to|nisch ⟨Adj.⟩ [1: griech. Platōnikós]: 1. *die Philosophie Platons betreffend, zu ihr gehörend, auf ihr beruhend:* die -e Tradition. 2. (bildungsspr.) a) *nicht sinnlich, rein seelisch-geistig:* -e Liebe; eine rein -e Beziehung; b) (iron.) *zu nichts verpflichtend, nichts besagend:* der Diplomat gab nur eine -e Erklärung dazu ab.

Pla|to|nis|mus, der; -: *Gesamtheit der philosophischen Richtungen in Fortführung der Philosophie Platons.*

platsch ⟨Interj.⟩: lautm. für ein Geräusch, das entsteht, wenn etw. auf eine Wasseroberfläche aufschlägt od. wenn etw. Nasses auf den Boden fällt.

plat|schen ⟨sw. V.⟩ [spätmhd. blatschen, blatzen, lautm.]: 1. (ugs.) a) *ein [helles] schallendes Geräusch von sich geben* ⟨hat⟩: platschend fiel sie ins Wasser; b) *mit einem [hellen] schallenden Geräusch auftreffen* ⟨ist⟩: Wellen platschten ans Ufer. 2. (ugs.) *sich im Wasser bewegen u. dadurch ein helles, schallendes Geräusch verursachen* ⟨hat/ist⟩: die Kinder platschen fröhlich durch den Bach. 3. (ugs.) *(von etw. Schwerem) [mit einem klatschenden Geräusch] auf, in etw. fallen* ⟨ist⟩: die Kiste platschte in den Schlamm; Ü müde ließ sie sich auf das Sofa p. 4. ⟨unpers.⟩ (landsch.) *heftig regnen* ⟨hat⟩: es platscht schon den ganzen Tag.

plät|schern ⟨sw. V.⟩ [lautm., Iterativbildung zu ↑platschen]: 1. ⟨hat⟩ a) *durch eine Wellenbewegung od. im Herabfließen beim Aufprall ein gleichmäßig sich wiederholendes Geräusch verursachen:* der Springbrunnen plätschert [friedlich, beschaulich]; b) *sich plätschernd* (1 a) *im Wasser bewegen:* die Kinder plätschern in der Badewanne. 2. *plätschernd* (1 a) *fließen* ⟨ist⟩: der Bach plätschert über die Steine; Ü das Gespräch plätschert *(wird leicht u. mehr oberflächlich geführt).*

platsch|nass ⟨Adj.⟩ (landsch.): *klatschnass.*

platt ⟨Adj.⟩ [aus dem Niederd. < mniederd. plat(t) < (a)frz. plat = flach, über das Vlat. zu griech. platýs = eben, breit]: 1. *(als Fläche) ohne Erhebung [u. in die Breite sich ausdehnend]; flach* (1): -es Land; sich die Nase an der Fensterscheibe p. *(breit)* drücken; sie ist p. wie ein [Bügel]brett (ugs.; *hat kaum Busen*); der Reifen ist p. *(hat nur wenig od. gar keine Luft);* ⟨subst.:⟩ wir hatten einen Platten *(eine Reifenpanne);* * **p. sein** (ugs.; 1. *völlig überrascht sein:* ich bin ja p., dass sie sich dazu durchgerungen hat; 2. *körperlich erschöpft sein:* nach dem 5000-m-Lauf war ich ziemlich p.); ich bin ja p., dass sie sich dazu durchgerungen hat; **jmdn. p. machen** (salopp; 1. *jmdn. umbringen, körperlich erledigen, vernichten.* 2. *jmdn. zurechtweisen, heftig tadeln, abkanzeln*); **etw. p. machen** (salopp; 1. *zerstören* 1, *dem Erdboden gleichmachen:* die Tankstelle wurde bei dem Überfall p. gemacht. 2. *auflösen, zerstören* 2). 2. (abwertend) *oberflächlich u. geistlos, trivial:* eine -e Konversation. 3. *glatt* (3): eine -e Lüge.

Platt, das; -[s]: 1. *Plattdeutsch:* P. sprechen; auf P. 2. (landsch.) *Dialekt:* sein P. verstehe ich kaum.

Plätt|brett, das (nordd., md.): *Bügelbrett.*

Plätt|chen, das; -s, -: Vkl. zu ↑Platte (1).

platt|deutsch ⟨Adj.⟩ (Sprachw.): *niederdeutsch.*

Platt|deutsch, das u. ⟨nur mit best. Art.:⟩ **Platt|deut|sche,** das: *Niederdeutsch[e].*

Plat|te, die; -, -n [1, 3 a: mhd. plate; 6: mhd. plate, spätahd. platta; alle Formen < mlat. plat(t)a = Platte (1, 3 a, 6), über das Vlat. zu griech. platýs, ↑platt; 14: aus der gaunerspr. Fügung platt(e) machen = im Freien nächtigen, eigtl. = nach draußen flüchten, wohl aus dem Jidd., vgl. jidd. p'lat = Flucht, hebr. pạlạt = entkommen, pẹlẹtạ = Flucht (↑Pleite)]: 1. *flaches, überall gleich dickes, auf zwei gegenüberliegenden Seiten von je einer im Verhältnis zur Dicke sehr ausgedehnten ebenen Fläche begrenztes Stück eines harten Materials (z. B. Holz, Metall, Stein):* eine dünne P.; -n aus Metall, Stein; eine Wand mit -n verkleiden. 2. kurz für ↑Schallplatte: eine P. hören, spielen; * **ständig dieselbe/die gleiche/die alte P. [laufen lassen]** (ugs.; *immer dasselbe [erzählen]*); **eine neue/andere P. auflegen** (ugs.; *von etw. anderem sprechen, erzählen, das Thema wechseln*); **die P. kennen** (ugs.; *schon wissen, worauf etw. hinausläuft; etw. schon einmal gehört haben*). 3. a) *flache, einem Teller ähnliche Unterlage aus Porzellan, Metall o. Ä. von verschiedener Größe u. Form zum Servieren von Speisen:* -n mit Salat, Fisch; b) *auf einer Platte* (3 a) *angerichtete Speisen:* eine appetitlich garnierte P. 4. *Tischplatte.* 5. *Herd-, Kochplatte.* 6. (ugs.) *Glatze:* er hat schon eine P. 7. (Fot. veraltend) *Platte* (1) *aus Glas mit einer lichtempfindlichen Schicht, die während des Vorgangs des Fotografierens belichtet wird:* * **jmdn. auf die P. bannen** (veraltend; *jmdn. fotografieren*). 8. *Grabplatte.* 9. *Druckplatte.* 10. (Bergsteigen) *glatter Felsen, der kaum Möglichkeiten bietet, zu greifen od. aufzutreten.* 11. (Münzk.) *aus dem Schrötling hergestellte u. zur Prägung vorbereitete Metallscheibe:* polierte P. *(Grad der Erhaltung einer Münze, deren Felder hochglänzend poliert erscheinen, während die Reliefbilder matt hervortreten;* Abk.: PP). 12. (österr.) *Verbrecherbande, Gang.* 13. (Geol.) *Gebiet mit ebener Landoberfläche.* 14. (Jargon) *Nachtlager, (fester) Schlafplatz [von Nichtsesshaften] im Freien:* das Leben auf [der] P. *(als Nichtsesshafter).* 15. * **die P. putzen** (ugs.; *sich [unbemerkt] entfernen;* vielleicht aus der Gaunerspr. < jidd. p'lat = Flucht [< hebr. pẹlẹtạ, ↑Pleite] u. puz = auseinander gehen, sich zerstreuen; volksetym. angelehnt an Platte 1).

Plät|te, die; -, -n [1: zu ↑plätten; 2: mhd. nicht belegt, ahd. pletta, wohl < mlat. plat(t)a, ↑Platte]: 1. (landsch.) *Bügeleisen.* 2. (österr.) *flaches [Last]schiff.*

plät|ten ⟨sw. V.; hat⟩ [mniederd. pletten, eigtl. = platt, glatt machen] (nordd., md.): *bügeln* (1): Hemden p.; * **geplättet sein** (salopp; *durch eine unangenehme, peinliche Überraschung plötzlich völlig sprachlos sein*).

Plat|ten|al|bum, das: *einem Buch ähnlicher Gegenstand mit einzelnen Hüllen, in die Schallplatten gesteckt werden.*

Plat|ten|ar|chiv, das: *geordnete Sammlung von [bedeutungsvollen] Schallplatten.*

Plat|ten|auf|nah|me, die: 1. *das Aufnehmen* (10 c) *auf Schallplatte.* 2. vgl. Aufnahme (8 b).

Plat|ten|bau, der ⟨Pl. -ten⟩: *Wohnhaus, das in Plattenbauweise errichtet ist.*

Plat|ten|bau|wei|se, die: *Bauweise, bei der Gebäude aus vorgefertigten Stahlbetonplatten gebaut werden.*

Plat|ten|co|ver, das: *Schallplattenhülle.*

Plat|ten|elek|tro|de, die (Technik): *Elektrode in Form einer Platte.*

Plat|ten|fir|ma, die: *Schallplattenfirma.*

Plat|ten|gie|ßer, der: *jmd., der mithilfe eines bestimmten Gießverfahrens Druckplatten herstellt* (Berufsbez.).

Plat|ten|gie|ße|rin, die: w. Form zu ↑Plattengießer.

Plat|ten|hül|le, die: *Schallplattenhülle.*

Plat|ten|in|dus|trie, die: *Schallplattenindustrie.*
Plat|ten|la|bel, das: *Label* (2).
Plat|ten|samm|lung, die: *Sammlung von Schallplatten.*
Plat|ten|see, der; -s: ungarischer See.
Plat|ten|spie|ler, der: *Gerät zum Abspielen von Schallplatten.*
Plat|ten|ste|cher, der: *jmd., der ornamentale u. figürliche Muster auf Druckplatten überträgt* (Berufsbez.).
Plat|ten|ste|che|rin, die: w. Form zu ↑Plattenstecher.
Plat|ten|ta|sche, die: *Schutzhülle aus Papier od. Kunststoff zusätzlich zur eigentlichen Plattenhülle.*
Plat|ten|tel|ler, der: *Teil des Plattenspielers, auf dem die Schallplatte liegt.*
Plat|ten|weg, der: *mit Platten* (1) *ausgelegter Weg.*
plat|ter|dings ⟨Adv.⟩ (ugs.): *glatterdings:* das ist p. unmöglich.
Plät|te|rei, die; -, -en (nordd., md.): **1.** ⟨o. Pl.⟩ (ugs.) *[dauerndes] Plätten.* **2.** *Betrieb, in dem Wäsche (gegen Entgelt) gebügelt wird.*
Platt|fisch, der: *Knochenfisch mit seitlich stark abgeflachtem asymmetrischem Körper, der beide Augen u. die Nasenlöcher auf der pigmentierten, dem Licht zugekehrten Körperseite hat u. mit der hellen Körperseite auf dem Grund liegt od. sich in den Sand eingräbt.*
Platt|form, die [1, 2: frz. plate-forme, aus: plat (↑platt) u. forme < lat. forma, ↑Form]: **1.** *(mit einem Geländer gesicherte) ebene Fläche auf hohen Gebäuden, Türmen o. Ä. (von der aus man einen guten Ausblick hat).* **2. a)** *Fläche am vorderen od. hinteren Ende älterer Straßen- od. Eisenbahnwagen zum Ein- u. Aussteigen;* **b)** *(bei Wagen, die dem Gütertransport dienen) einer Laderampe ähnliche, aufklappbare Fläche zum leichteren Be- u. Entladen.* **3.** *Basis, Standpunkt, von dem bei Überlegungen, Absichten, Handlungen, politischen Zielsetzungen o. Ä. ausgegangen wird:* eine gemeinsame P. finden. **4.** (EDV) *Betriebssystem o. Ä. als Voraussetzung für die Anwendung bestimmter Computerprogramme.*
Platt|frost, der: *Frost ohne Schnee.*
Platt|fuß, der: **1.** ⟨meist Pl.⟩ (Med.) *Fuß, dessen Längs- u. meist auch Querwölbung stark abgeflacht ist.* **2.** (ugs.) *Reifen, der keine od. kaum noch Luft hat.*
platt|fü|ßig ⟨Adj.⟩: *mit Plattfüßen* (1).
Platt|fuß|in|di|a|ner, der: **a)** (salopp) *männliche Person mit Plattfüßen* (1); **b)** *Schimpfwort für eine männliche Person;* **c)** (Soldatenspr.) *Infanterist.*
Platt|heit, die; -, -en: **1.** ⟨o. Pl.⟩ *das Plattsein.* **2.** *Plattitüde:* -en reden.
plat|tie|ren ⟨sw. V.; hat⟩ [zu ↑Platte]: **1.** (Technik) *(unedle Metalle) mit einer Schicht edleren Metalls überziehen.* **2.** (Textilind.) *(bei der Herstellung von Wirk- od. Strickwaren) unterschiedliche Garne so verarbeiten, dass der eine Faden auf die rechte, der andere auf die linke Seite aller Maschen kommt.*
Plat|tie|rung, die; -, -en: **1.** *das Plattieren* (1, 2). **2.** *die beim Plattieren* (1) *aufgebrachte Schicht.*
plat|tig ⟨Adj.⟩ (Bergsteigen): *(vom Fels) glatt; mit wenig Möglichkeit zum Greifen:* -e Grate.
Plat|ti|tü|de, die; -, -n [frz. platitude, zu: plat, ↑platt] (geh.): *nichts sagende, abgedroschene Redewendung; Plattheit:* sich in -n ergehen.
Plätt|wä|sche, die [zu ↑plätten] (nordd., md.): *zu bügelnde Wäsche.*
Platt|wurm, der: *oft als Parasit lebender, meist sehr langer Wurm mit abgeplattetem Körper.*
Platz, der; -es, Plätze [mhd. pla(t)z < (a)frz. place < vlat. platea < lat. platea = Straße < griech. plateĩa (hodós) = die breite (Straße), zu: platýs, ↑platt]: **1. a)** *größere ebene Fläche [für bestimmte Zwecke, z. B. Veranstaltungen, Zusammenkünfte]:* ein runder P.; der P. vor der Kirche; sämtliche Straßen münden auf diesen (auch: diesem) P.; **b)** *abgegrenzte, größere, freie Fläche für sportliche Zwecke od. Veranstaltungen; Sportplatz:* der P. ist nicht bespielbar; die Mannschaft spielte auf dem eigenen P.; der Schiedsrichter stellte ihn vom P. *(erteilte ihm einen Platzverweis).* **2.** *Stelle, Ort (für etw. od. an dem sich etw. befindet):* ein windgeschützter P.; ein lauschiges Plätzchen; in solcher Lage ist sein P. bei der Familie *(muss er bei seiner Familie sein, um helfen zu können);* die bedeutendsten Plätze für den Überseehandel sind Hamburg und Bremen; die Bücher stehen nicht an ihrem P.; das beste Hotel, das erste Haus am -[e] *(im Ort);* auf die Plätze, fertig, los! (Leichtathletik; Startbefehl zum Kurzstreckenlauf); * **ein P. an der Sonne** *(Glück u. Erfolg im Leben;* nach einem Ausspruch des Reichskanzlers Fürst Bülow [1849–1929]); **in etw. keinen P. haben** *(in etw. nicht hineinpassen):* Träume haben in seinem Leben keinen P.; **fehl am -[e] sein** (1. *nicht an einen bestimmten Ort gehören, nicht hingehören, am falschen Ort sein:* bei diesem Konzert war er fehl am -[e]. 2. *unpassend, nicht angebracht sein:* Milde ist hier absolut fehl am P.). **3.** *Sitzplatz:* ein guter, schlechter P.; ich sitze fünfte Reihe, P. 27; ist dieser P. noch frei?; den P. tauschen; jmdm. einen P. freihalten; die Besucher werden gebeten, ihre Plätze einzunehmen *(sich zu setzen);* an/auf seinem P. bleiben; sich von seinem P. erheben; P.! (Befehl an einen Hund, sich hinzulegen); * **P. nehmen** (geh.; *sich setzen*); **P. behalten** (geh.; *sitzen bleiben, nicht aufstehen*): bitte, behalten Sie doch P.! **4.** *für eine Person vorgesehene Möglichkeit, an etw. teilzunehmen, in etw. aufgenommen zu werden:* in dem Skikurs sind noch Plätze frei; sie hat den P. im Hort sicher. **5.** *Rang, Stellung; Position:* seinen P. im Beruf behaupten. **6.** ⟨o. Pl.⟩ *zur Verfügung stehender Raum für etw., jmdn.:* im Wagen ist noch P.; P. für etw. schaffen; ich habe keinen P. mehr für neue Bücher; ein P. sparendes Klappbett; jmdm., für jmdn. P. machen (1. *ein wenig zur Seite rücken od. treten, damit ein anderer dazukommen, sich hinsetzen od. vorbeigehen kann.* 2. *jmdm. seinen Aufgabenbereich überlassen*); P. da! (unhöfliche Aufforderung, beiseite zu gehen). **7.** (Sport) *erreichte Platzierung bei einem Wettbewerb:* einen P. im Mittelfeld belegen; den ersten P. erobern, [erfolgreich] verteidigen; auf P. laufen (Leichtathletik; *so laufen, dass man sich für einen weiteren Start qualifizieren kann, ohne jedoch den Sieg anzustreben*); auf P. wetten (Pferderennen; *eine Platzwette abschließen*); * **jmdn. auf die Plätze verweisen** *(jmdn. in einem Wettkampf besiegen).*
Plätz, der; -, - [mhd., ahd. blez = Lappen, Fetzen] (schweiz.): *Scheuerlappen.*
Platz|angst, die: **1.** (ugs.) *in geschlossenen u. überfüllten Räumen auftretende Angst- u. Beklemmungszustände.* **2.** (Psych.) *Agoraphobie.*
Platz|an|wei|ser, der; -s, -: vgl. Platzanweiserin.
Platz|an|wei|se|rin, die; -, -nen: *weibliche Person, die im Kino, Theater o. Ä. den Besuchern die Plätze zeigt u. dabei die Eintrittskarten kontrolliert.*
Plätz|chen, das; -s, - [2: Vkl. von veraltet Platz = kleiner, flacher Kuchen]: **1.** Vkl. von ↑Platz (1 a, 2, 5). **2.** *flaches Stück Kleingebäck.* **3.** *Süßware in kleiner, flacher, runder Form.*
Platz|deck|chen, das: *als* [1]*Set* (2) *dienendes Deckchen.*
Plat|ze, die [wohl zu ↑[1]platzen (1 a)]: in den Wendungen **die P. kriegen** (landsch.; *sehr wütend werden*); **sich** ⟨Dativ⟩ **die P. [an den Hals] ärgern** (landsch.; *sich sehr ärgern*).
[1]**plat|zen** ⟨sw. V.; ist⟩ [mhd. platzen, blatzen, lautm.]: **1. a)** *durch Druck [von innen] plötzlich u. gewöhnlich unter [lautem] Geräusch auseinander gerissen, gesprengt werden, auseinanderfliegen, zerspringen, in Stücke springen, zerrissen od. zerfetzt werden:* der Ballon platzte mit lautem Knall; ihr macht einen Lärm, dass mein Trommelfell platzt!; die Granate platzte *(explodierte)* neben dem Pfeiler; wenn ich noch einen Bissen esse, platze ich; mir platzt die Blase! (ugs.; *ich muss dringend auf die Toilette*); Ü vor Stolz, Neugier, Neid p.; **b)** *aufplatzen:* auf der Autobahn platzte der Reifen; der Kessel könnte p.; mir ist die Naht geplatzt; durch den Schlag ist die Haut über den Augenbrauen geplatzt; geplatzte Äderchen. **2.** (ugs.) *sich nicht so weiterentwickeln wie gedacht, scheitern; ein rasches Ende nehmen u. nicht zum gewünschten Ziel kommen:* die Sängerin ließ die Vorstellung p., indem sie nicht erschien; ihre Verlobung ist geplatzt; der Betrug platzte *(wurde aufgedeckt);* beinahe wäre unser Urlaub geplatzt *(nicht zustande gekommen);* einen Wechsel p. lassen (Fachspr. Jargon; *bei Fälligkeit nicht einlösen*). **3.** (ugs.) *hineinplatzen:* er platzte [unangemeldet] in die Versammlung.
[2]**plat|zen,** sich ⟨sw. V.; hat⟩ [zu ↑Platz] (ugs. scherzh.): *sich setzen; Platz nehmen:* platzt euch, ich komme gleich.
-plät|zer; -s, - (schweiz.): ↑-sitzer.
Platz|hal|ter, der: **1.** (selten) *jmd., der für einen anderen einen Platz besetzt, freihält.* Ü die Milchzähne sind die P. für die bleibenden Zähne. **2.** (Sprachw.) *Korrelat im Matrixsatz, das auf einen folgenden Konstituentensatz voraus- od. auf einen vorangegangenen zurückweist* (z. B. »es« in: es freut mich, dass sie gesund ist).
Platz|hal|te|rin, die: w. Form zu ↑Platzhalter (1).
Platz|hirsch, der (Jägerspr.): *stärkster Hirsch, der sich im Kampf gegen Nebenbuhler auf dem Brunftplatz behauptet u. das Rudel führt:* der Förster erkannte den P. sofort; Ü in diesem Gremium ist er der P.
plat|zie|ren ⟨sw. V.; hat⟩ [frz. placer, zu: place, ↑Platz]: **1.** *an einen bestimmten Platz bringen, stellen, setzen; jmdm., einer Sache einen bestimmten Platz zuweisen:* er platzierte mich in einen Sessel; an allen Ausgängen wurden Polizisten platziert *(aufgestellt);* in diesem Restaurant wird »platziert« *(den Gästen ein bestimmter Platz zugewiesen);* das Inserat war schlecht platziert. **2.** (schweiz.) *unterbringen:* jmdn. in einem Heim p. **3. a)** (Ballspiele) *gezielt schießen, schlagen:* sie platzierte den Ball in die linke Torecke; ⟨häufig im 2. Part.:⟩ ein platzierter Schuss; **b)** (Fechten, Boxen) *(einen Treffer) anbringen;* **c)** (Tennis) *so schlagen, dass der Gegner den Ball nicht od. kaum erreichen kann.* **4.** ⟨p. + sich⟩ (Sport) *einen bestimmten Platz erreichen, belegen:* der Läufer platzierte sich unter den ersten zehn; sie konnte sich nicht p. *(erreichte keinen der vorderen Plätze).* **5.** (Kaufmannsspr.) *(Kapital) anlegen:* sein Geld auf dem Grundstücksmarkt p.
Plat|zie|rung, die; -, -en: **1.** *das [Sich]platzieren.* **2.** (Sport) *das Platziertsein; Rang.*
-plät|zig (schweiz.): ↑-sitzig.
Platz|kar|te, die: *Karte, durch deren Erwerb man sich in der Eisenbahn einen Sitzplatz reserviert.*
Platz|man|gel, der: *Mangel an Platz* (6).
Platz|mie|te, die: **1.** [1]*Miete* (1) *für die Benutzung eines Platzes* (1 a): die Schausteller müssen [eine] P. zahlen. **2.** *(bes. im Theater) für eine bestimmte Zeit vereinbarte* [1]*Miete* (1) *eines Sitzplatzes an bestimmten Tagen.*
Platz|ord|ner, der: *jmd., der während einer Veranstaltung für die Aufrechterhaltung der Ordnung auf dem Platz sorgt.*
Platz|ord|ne|rin, die: w. Form zu ↑Platzordner.
Platz|pa|tro|ne, die: *(zu Übungszwecken verwendete) nicht scharfe* (14) *Patrone.*
Platz|re|gen, der [der Regen wird mit einer platzenden Blase o. Ä. verglichen]: *plötzlicher, sehr heftiger, in großen Tropfen fallender Regen von kürzerer Dauer.*
platz|spa|rend ⟨Adj.⟩: *relativ wenig Platz beanspruchend.*
Platz|ver|weis, der (Sport): *Feldverweis.*
Platz|wart, der: *jmd., der einen Sportplatz o. Ä. in Ordnung zu halten hat.*
Platz|war|tin, die: w. Form zu ↑Platzwart.
Platz|wet|te, die (Pferderennen): *Wette, bei der*

P

darauf gesetzt wird, dass ein bestimmtes Pferd einen der vorderen Plätze (7) belegt.

Plạtz|wun|de, die: *durch ein Aufplatzen der Haut entstandene Wunde.*

Plạtz|zif|fer, die (Sport): *aus den Wertungen der einzelnen Kampfrichter sich ergebende Ziffer, aus der sich die Platzierung eines bestimmten Wettkampfteilnehmers ergibt.*

Plau|de|rei, die; -, -en: *zwangloses Erzählen, ungezwungene Unterhaltung.*

Plau|de|rer, der; -s, -: **1.** *jmd., der leicht u. anregend erzählen kann.* **2.** *jmd., der alles ausplaudert.*

Plau|de|rin, die; -, -nen: w. Form zu ↑Plauderer.

plau|dern ⟨sw. V.; hat⟩ [spätmhd. plūdern, verw. mit mhd. plōdern, blōdern = rauschen, schwatzen, lautm.]: **1. a)** *sich gemütlich u. zwanglos unterhalten:* mit jmdm. p.; **b)** *in unterhaltendem, ungezwungen-leichtem Ton erzählen.* **2.** *Geheimnisse o. Ä. ausplaudern:* ihm kann man nichts erzählen, er plaudert; ⟨subst.:⟩ jmdn. zum Plaudern bringen.

Plau|der|ta|sche, die (scherzh. abwertend): *jmd., der [gern] plaudert.*

Plau|der|ton, der ⟨o. Pl.⟩: *unterhaltender, ungezwungen-leichter* [2]*Ton* (2 a).

Plausch, der; -[e]s, -e ⟨Pl. selten⟩ [zu ↑plauschen]: **1.** (landsch., bes. südd., österr.) *gemütliche Unterhaltung (im kleinen Kreis):* mit jmdm. einen kleinen P. halten. **2.** (schweiz.) *Vergnügen, Spaß, fröhliches Erlebnis:* es war ein P., im Freien zu grillen; das hat sie nur aus, zum P. *(aus Spaß, zum Vergnügen)* gemacht.

plau|schen ⟨sw. V.; hat⟩ [lautm., verw. mit ↑plaudern]: **1.** (landsch., bes. südd., österr.) *sich (im vertrauten Kreis) gemütlich unterhalten.* **2.** (österr.) *übertreiben, lügen:* jetzt hast du aber geplauscht! **3.** (österr.) *plaudern* (2).

plau|si|bel ⟨Adj.; ...bler, -ste⟩ [frz. plausible < lat. plausibilis = Beifall verdienend; einleuchtend, zu: plaudere (2. Part.: plausum) = klatschen]: *einleuchtend; verständlich, begreiflich:* eine plausible Erklärung; das ist, klingt, scheint mir ganz p.; jmdm. etw. p. machen.

plau|si|bi|lie|ren, plau|si|bi|li|sie|ren (sw. V; hat) (bildungsspr.): *plausibel machen.*

Plau|si|bi|li|tät, die; -: *das Plausibelsein.*

plau|si|bi|li|tie|ren ⟨sw. V.; hat⟩ (bildungsspr.): *plausibilisieren.*

plauz ⟨Interj.⟩ (ugs.): lautm. für einen dumpfen Knall, der bei einem Aufprall, Aufschlag entsteht.

Plauz, der; -es, -e (ugs.): *dumpfer Knall, der bei einem Aufprall, Aufschlag entsteht:* die Tür schlug mit einem P. zu.

Plau|ze, die; -, -n [auch: Eingeweide (von Tieren); aus dem Slaw., vgl. sorb., poln. płuco = Lunge; 3: eigtl. = »Eingeweide des Bettes«] (landsch. ugs., bes. ostmd.): **1.** *Lunge;* * **es auf der P. haben** (1. *asthmatisch sein.* 2. *eine starke Erkältung u. heftigen Husten haben*). **2.** *Bauch:* sich die P. voll schlagen. **3.** * **auf der P. liegen** *(krank sein).*

plau|zen ⟨sw. V.⟩ [zu ↑plauz] (landsch.): **1.** ⟨hat⟩ **a)** *dumpf knallen* (1 a): es plauzte, als die Tür zufiel; **b)** *einen dumpfen Knall verursachen:* mit der Tür p. **2. a)** *mit dumpfem Knall aufschlagen lassen* ⟨hat⟩: warum plauzt du die Türen so?; **b)** *mit dumpfem Knall schlagen* (2 b) ⟨ist⟩: das Buch plauzte auf den Boden.

Play-back, (auch:) **Play|back** ['pleɪbæk], das; -, -s [engl. playback = das Abspielen, Wiedergabe] (Fachspr.): **1.** *bei Aufzeichnungen bzw. Sendungen nach dem Play-back-Verfahren verwendete Tonaufnahme:* zum P. singen. **2.** ⟨o. Pl.⟩ kurz für ↑Play-back-Verfahren (a).

Play-back-Ver|fah|ren, (auch:) **Play|back|verfah|ren,** das (Fachspr.): **a)** *tontechnisches Verfahren bei Film- u. Fernsehaufnahmen, bei dem eine vorher hergestellte Tonaufnahme während der Bildaufzeichnung bzw. der Sendung über Lautsprecher wiedergegeben wird;* **b)** *tontechnisches Verfahren, bei dem die zu produzierende Tonaufnahme durch Mischen mehrerer zuvor einzeln hergestellter Aufnahmen entsteht.*

Play|boy ['pleɪ...], der [engl. playboy, eigtl. = Spieljunge, ↑Boy]: *[jüngerer] Mann, der aufgrund seiner wirtschaftlichen Unabhängigkeit vor allem seinem Vergnügen lebt u. sich in Kleidung sowie Benehmen entsprechend darstellt.*

Play|girl, das [engl. playgirl, eigtl. = Spielmädchen, ↑Girl]: **1.** *dem Vergnügen u. dem Luxus lebende, bes. in Kreisen von Playboys verkehrende, leichtlebige, attraktive junge Frau.* **2.** *Hostess* (3).

Play|mate ['pleɪmeɪt], das; -s, -s [engl. playmate, eigtl. = Spielgefährte, -gefährtin; engl. mate < mniederd. mat(e), ↑Maat]: **1. a)** ⟨o. Pl.⟩ *titelähnliche Bezeichnung (»Playmate des Monats«) für diejenigen jungen Frauen, die jeweils in der Mitte des Herrenmagazins »Playboy« nackt abgebildet sind;* **b)** *Trägerin dieser titelähnlichen Bezeichnung.* **2.** (Jargon) *Nacktmodell.* **3.** *Playgirl* (1).

Play-off, das; -[s], -s [engl. play-off = Entscheidungsspiel] (Sport): *System von Ausscheidungsspielen in verschiedenen Sportarten (z. B. Eishockey), bei dem die Mannschaften, die die Endrunde erreicht haben, in Hin-, Rück- u. eventuell in Entscheidungsspielen gegeneinander spielen u. der Verlierer jeweils aus dem Turnier ausscheidet.*

Play-off-Run|de, die (Sport): *Runde* (3 c) *im Play-off.*

Play|sta|ti|on® ['pleɪsteɪʃən], die; -, -s [engl. PlayStation®, analog geb. zu: workstation (↑Workstation); eigtl. = Spielstation, aus play = Spiel u. station = Station]: *Spielkonsole mit CD-ROM-Laufwerk.*

Pla|ze|bo usw.: ↑Placebo usw.

Pla|zen|ta, die; -, -s u. ...ten [lat. placenta < griech. plakoũnta, Akk. von: plakoũs = flacher Kuchen, zu: pláx (Gen.: plakós) = Fläche]: **1.** (Med.) *schwammiges, dem Stoffaustausch zwischen Mutter u. Embryo dienendes Organ, das sich während der Schwangerschaft ausbildet u. nach der Geburt ausgestoßen wird; Mutterkuchen.* **2.** (Bot.) *leistenförmige Verdickung auf dem Fruchtblatt, aus der die Samenanlage hervorgeht.*

pla|zen|tar ⟨Adj.⟩ (Med.): *die Plazenta betreffend, zu ihr gehörend.*

Pla|zet [...tsɛt], das; -s, -s [lat. placet = es gefällt, zu: placere, ↑plädieren] (bildungsspr.): *Zustimmung, Einwilligung (durch [mit]entscheidende Personen od. Behörden):* die Kommission gab ihr P. zum, für den Baubeginn.

pla|zie|ren usw.: frühere Schreibung für ↑platzieren usw.

Ple|be|jer, der; -s, - [lat. plebeius, zu: plebs, ↑[1]Plebs]: **1.** *(im antiken Rom) Angehöriger der* [1]*Plebs.* **2.** (bildungsspr. abwertend) *gewöhnlicher, ungebildeter, ungehobelter Mensch.*

Ple|be|je|rin, die; -, -nen: w. Form zu ↑Plebejer.

ple|be|jisch ⟨Adj.⟩ [lat. plebeius]: **1.** (hist.) *zur* [1]*Plebs gehörend.* **2.** (bildungsspr. abwertend) *gewöhnlich, ordinär, unfein.*

Ple|bis|zit, das; -[e]s, -e [unter Einfluss von frz. plébiscite < lat. plebiscitum, zu: plebs (↑[1]Plebs) u. scitum = Beschluss] (Politik): *Volksbeschluss, Volksabstimmung; Volksbefragung.*

ple|bis|zi|tär ⟨Adj.⟩ [frz. plébiscitaire] (Fachspr.): *das Plebiszit betreffend, auf ihm beruhend; durch ein Plebiszit erfolgt.*

[1]**Plebs** [auch: ple:ps], die; - [lat. plebs (Gen.: plebis), urspr. wohl = Menge, Haufen]: *(im antiken Rom) das gemeine Volk.*

[2]**Plebs,** der; -es, österr.: die; - (bildungsspr. abwertend): *die Masse ungebildeter, niedrig u. gemein denkender, roher Menschen.*

Plei|nair [plɛ'nɛ:ɐ̯], das; -s, -s [frz. pleinair, eigtl. = freier Himmel, aus: plein (< lat. plenus = voll) u. air < lat. aer = Luft] (bild. Kunst): **1.** ⟨o. Pl.⟩ *Freilichtmalerei.* **2.** *nach dem Verfahren der Freilichtmalerei gemaltes Bild.*

Plei|nair|ma|le|rei [plɛ'nɛ:ɐ̯...], die (bild. Kunst): *Pleinair.*

pleis|to|zän ⟨Adj.⟩ (Geol.): *das Pleistozän betreffend.*

Pleis|to|zän, das; -s [zu griech. pleĩstos = am meisten u. kainós = neu, eigtl. = die jüngste Abteilung gegenüber denen des Tertiärs] (Geol.): *vor dem Holozän liegende ältere Abteilung des Quartärs; Eiszeit[alter].*

plei|te: in der Verbindung **p. sein** (ugs.; **1.** *[als Geschäftsmann, Firma] über keine flüssigen Geldmittel mehr verfügen, finanziell ruiniert, bankrott sein.* **2.** scherzh.; *augenblicklich über kein Bargeld verfügen; vorübergehend mittellos sein*).

Plei|te, die; -, -n [aus der Gaunerspr. < jidd. plejte = Flucht (vor den Gläubigern, Entrinnen); Bankrott < hebr. pělẹṭā = Flucht, Rettung] (salopp): **1.** *Zustand der Zahlungsunfähigkeit; Bankrott:* der Betrieb steht kurz vor der P.; * **P. machen/gehen, eine P. schieben** (ugs.; *zahlungsunfähig werden*): der Laden geht bald P. **2.** *Misserfolg, Reinfall* (b), *Fehlschlag:* das Fest war eine völlige P.

Plei|te|gei|er, der [eigtl. scherzh. Bez. für den ↑Kuckuck (2) des Gerichtsvollziehers, wohl umgedeutet aus der jidd. Ausspr. -geier für -geher] (ugs.): *Geier (als Symbol für eine Pleite):* der P. schwebt über dem Betrieb.

Plei|ti|er [plaj'tje:], der; -s, -s [↑-ier] (ugs.): *jmd., der zahlungsunfähig ist, der ein Unternehmen in den Bankrott geführt hat.*

Plek|tron, Plek|trum, das; -s, ...tren u. ...tra [lat. plectrum < griech. plẽktron = Werkzeug zum Schlagen, zu: plẽssein = schlagen u. -tron = Suffix zur Bez. eines Werkzeugs] (Musik): *Plättchen od. Stäbchen (aus Holz, Elfenbein, Metall o. Ä.), mit dem die Saiten von Zupfinstrumenten geschlagen od. angerissen werden.*

plem: ↑plemplem.

Plem|pe, die; -, -n [zu ↑plempern; 1: eigtl. = durch Hinundherschütteln nicht mehr gut schmeckendes Getränk; 2: eigtl. = lose hin und her Baumelndes]: **1.** (landsch. abwertend) *dünnes, gehaltloses, fades Getränk:* die P. nennst du Kaffee? **2.** (scherzh., spött. veraltet) *Seitengewehr, Säbel.*

plem|pern ⟨sw. V.; hat⟩ [urspr. laut- u. bewegungsnachahmend] (landsch.): **1.** *spritzen, gießen.* **2.** *die Zeit mit unnützen Dingen vertun.*

plem|plem, (auch:) plem ⟨indekl. Adj.⟩ [H. u.] (salopp): *unvernünftig-dumm; nicht recht bei Verstand:* der ist ja p.!

Ple|nar|saal, der: *Saal für Plenarversammlungen.*

Ple|nar|sit|zung, die: vgl. Plenarversammlung.

Ple|nar|ver|samm|lung, die: *Versammlung, an der alle Mitglieder teilnehmen können; Vollversammlung.*

ple|no or|ga|no [lat. = mit vollem Werk] (Musik): *(bei der Orgel) mit allen Registern.*

ple|no ti|tu|lo [lat., eigtl. = mit vollem Titel] (österr.): (vor Namen od. Anreden) drückt aus, dass man auf die Angabe der Titel verzichtet (Abk.: P. T., p. t.).

Ple|num, das; -s, ...nen [engl. plenum < lat. plenum (consilium) = vollzählig(e Versammlung), zu: plenus = voll]: *Vollversammlung einer Körperschaft, bes. der Mitglieder eines Parlaments.*

pleo-, Pleo- [griech. pléōn, Komp. von: polýs = viel] ⟨Best. von Zus. mit der Bed.⟩: *mehr* (z. B. Pleochroismus, pleomorph).

Ple|o|chro|is|mus, der; - [zu griech. chrõs = Farbe] (Physik): *Eigenschaft gewisser Kristalle, Licht nach mehreren Richtungen in verschiedene Farben zu zerlegen.*

ple|o|morph usw.: ↑polymorph usw..

Ple|o|nas|mus, der; -, ...men [spätlat. pleonasmos < griech. pleonasmós = Überfluss, Übermaß] (Rhet., Stilk.): *Häufung sinngleicher od. sinnähnlicher Wörter, Ausdrücke* (z. B. weißer Schimmel).

ple|o|nas|tisch ⟨Adj.⟩ (Rhet., Stilk.): *einen Pleonasmus darstellend.*

Ple|thi: ↑Krethi und Plethi.

Pleu|el, der; -s, - [hyperkorrekte Schreibung von ↑Bleuel] (Technik): *Pleuelstange.*

P

Pleu|el|stan|ge, die (Technik): *(bei Kolbenmaschinen) die Bewegung des Kolbens auf die Kurbelwelle übertragendes Verbindungsglied zwischen Kolben u. Kurbelwelle.*

Pleu|ra, die; -, ...ren [griech. pleurá = Seite des menschlichen Körpers, Pl.: Rippen] (Med.): **1.** *Rippenfell.* **2.** *Brustfell.*

pleu|ral ⟨Adj.⟩ (Med.): *die Pleura betreffend, zu ihr gehörend.*

Pleu|reu|se [plø'rø:zə], die; -, -n [frz. pleureuse, eigtl. = Trauerbesatz (an Kleidung), zu: pleurer = (be)trauern, (be)weinen < lat. plorare = schreien, weinen] (früher): *lange Straußenfeder als Schmuck auf Damenhüten.*

Pleu|ri|tis, die; -, ...ritiden [zu ↑Pleura] (Med.): *Rippenfellentzündung.*

Pleu|ro|pneu|mo|nie, die; -, -n (Med.): *Rippenfell- u. Lungenentzündung.*

ple|xi|form ⟨Adj.⟩ (Med.): *geflechtartig.*

Ple|xi|glas®, das; -es [zu lat. plexus = ge-, verflochten, ↑Plexus; nach der polymeren Struktur]: *glasartiger, nicht splitternder Kunststoff.*

Ple|xus, der; -, - [...u:s; zu lat. plexum, 2. Part. von: plectere = flechten] (Physiol.): *netzartige Verknüpfung von Nerven, Blutgefäßen.*

Pli, der; -s [aus frz. Wendungen wie prendre un pli = eine Gewohnheit annehmen; frz. pli = Falte, Art (des Faltens); Wendung, zu: plier = falten < lat. plicare] (bildungsspr.): *[Welt]gewandtheit, Schliff [im Benehmen], Geschick:* [viel] P. haben.

Plicht, die; -, -en [mhd., mniederd. pliht, ahd. plihta = Ruderbank vorn im Boot, wohl < spätlat. plecta = geflochten(e Leiste)] (Seemannsspr.): *Cockpit* (3).

plie|ren ⟨sw. V.; hat⟩ [wohl vermischt aus niederd. pīren = die Augen zusammenkneifen u. mniederd. blerren = plärren] (nordd.): **1.** *blinzelnd schauen:* um die Ecke p. **2.** *weinen:* sie pliert bei jeder Kleinigkeit.

plie|rig ⟨Adj.⟩: **1.** (nordd.) **a)** *plierend:* p. gucken; **b)** *verweint:* ein -es Gesicht. **2.** (ostmd.) *schmutzig, nass.*

plin|kern ⟨sw. V.; hat⟩ [Iterativbildung zu mniederd. plinken, verw. mit ↑blinken] (nordd.): *durch rasche Bewegungen der Lider immer wieder für einen kurzen Moment [unwillkürlich] die Augen schließen.*

Plin|se, die; -, -n [aus dem Slaw., vgl. sorb. blinc] (ostmd., ostniederd.): **a)** *[mit Kompott gefüllter] Pfannkuchen;* **b)** *Kartoffelpuffer.*

Plin|the, die; -, -n [lat. plinthus < griech. plínthos] (Fachspr.): *quadratische od. rechteckige [Stein]platte, auf der die Basis einer Säule o. Ä. ruht.*

Plin|ze: ↑Plinse.

pli|o|zän ⟨Adj.⟩ (Geol.): *das Pliozän betreffend, zu ihm gehörend, aus ihm stammend.*

Pli|o|zän, das; -s [zu gr. pleīon = mehr u. kainós = neu] (Geol.): *gegenüber dem Miozän die jüngere Abteilung des Neogens.*

Plis|see, das; -s, -s [frz. plissé, 2. Part. von: plisser, ↑plissieren]: **a)** *Gesamtheit der Plisseefalten (eines Stoffes, Kleidungsstückes):* ein Stoff mit [einem engen] P.; **b)** *plissiertes Gewebe, plissierter Stoff:* ein Rock aus P.

Plis|see|bren|ner, der (Textilind.): *jmd., der Stoffe plissiert* (Berufsbez.).

Plis|see|bren|ne|rin: w. Form zu ↑Plisseebrenner.

Plis|see|fal|te, die: *einzelne Falte eines Plissees* (b).

Plis|see|rock, der: *Rock aus Plissee* (b).

plis|sie|ren ⟨sw. V.; hat⟩ [frz. plisser, eigtl. = falten, zu: pli, ↑Pli]: *mit einer [großen] Anzahl dauerhafter [aufspringender] Falten versehen:* einen Stoff p.; ⟨häufig im 2. Part.:⟩ ein plissierter Rock.

plitsch, platsch ⟨Interj.⟩: lautm. für ein platschendes Geräusch: da kam p., p. der Frosch in das Zimmer der Prinzessin hochgestiegen.

plitz, platz [lautm. für große Schnelligkeit, Unerwartetheit, Überstürztheit, Plötzlichkeit] (ugs.): *plötzlich.*

PLO [pe:ɛl'o:], die; - [Abk. von engl. Palestine Liberation Organization]: Dachorganisation der palästinensischen Befreiungsbewegungen.

Plock|wurst, die [viell. zu mniederd. plock = Pflock, nach der länglichen Form od. zu niederd. Plock = Hackblock]: *Dauerwurst aus Rindfleisch, Schweinefleisch u. Speck.*

Plom|be, die; -, -n [frz. plombe, ↑Aplomb]: **1.** *Klümpchen aus Blei o. Ä., durch das hindurch die beiden Enden eines Drahtes o. Ä. laufen, sodass dieser eine geschlossene Schlaufe bildet, die nur durch Beschädigung des umgebenden Bleis od. des Drahtes geöffnet werden kann:* die P. entfernen, beschädigen. **2.** (veraltend) *Füllung* (2 b).

plom|bie|ren ⟨sw. V.; hat⟩ [frz. plomber]: **1.** *mit einer Plombe* (1) *versehen:* einen Stromzähler, ein Zimmer p.; die plombierten Kisten werden an der Grenze nicht geöffnet. **2.** (veraltend) *mit einer Füllung* (2 b) *versehen:* einen Zahn p.

Plopp, der; -[e]s, -e (ugs.): *leicht knallendes Geräusch.*

Plör|re, die; -, -n ⟨Pl. selten⟩ [niederd. auch: Plör, wohl zu: plören = weinen, eigtl. = verschütten, verw. mit ↑pladdern] (nordd. abwertend): *dünnes, wässriges, gehaltloses, fades Getränk, besonders dünner Kaffee.*

plo|siv ⟨Adj.⟩ [zu lat. plosum, 2. Part. von: plodere, Nebenf. von: plaudere = klatschen, schlagen] (Sprachw.): *als Verschlusslaut artikuliert:* -e Laute.

Plo|siv, der; -s, -e, **Plo|siv|laut,** der (Sprachw.): *Verschlusslaut.*

Plot, der, auch: das; -s, -s [engl. plot, auch: (Grund)position, eigtl. = Stück Land; H. u.]: **1.** (Literaturw.) *Handlungsgerüst einer epischen od. dramatischen Dichtung, eines Films o. Ä.; Fabel* (3): der P. des Romans, Dramas. **2.** (EDV) *mithilfe eines Plotters hergestellte grafische Darstellung.*

Plot|ter, der; -s, - [engl. plotter]: **1.** (EDV) *meist als Zusatz zu einer Datenverarbeitungsanlage arbeitendes Zeichengerät, das automatisch eine grafische Darstellung der Ergebnisse liefert.* **2.** (Navigation) *Gerät zum Aufzeichnen u. Auswerten der auf dem Radarschirm erscheinenden relativen Bewegung eines Objekts sowie der Eigenbewegung des Schiffes od. Flugkörpers.*

Plöt|ze, die; -, -n [aus dem Slaw. (vgl. poln. płocica, Vkl. von: płoc = Plötze), viell. eigtl. = Plattfisch]: *(bes. im Süßwasser vorkommender) Fisch von silbriger, auf dem Rücken grauer Färbung mit rötlichen Flossen u. rotem Augenring.*

plötz|lich ⟨Adj.⟩ [spätmhd. plozlich, zu veraltet Plotz, spätmhd. ploz = klatschender Schlag, hörbarer, dumpfer Fall, Stoß; lautm.]: *unerwartet, unvermittelt, überraschend, von einem Augenblick zum andern eintretend, geschehend:* ein -er Temperatursturz; eine -e Wende; es kam für sie alles etwas p.; p. stand sie vor mir; mach, dass du wegkommst, aber etwas/ein bisschen p.

Plötz|lich|keit, die; -: *das Unerwartete, Überraschende, die Unvermitteltheit (eines Geschehens o. Ä.):* die P. seines Todes hat uns erschüttert.

Plu|der|ho|se, die [zu ↑pludern]: *lange od. halblange, weite, bauschige Hose mit einem Bund unter den Knien od. an den Fesseln.*

plu|de|rig, pludrig ⟨Adj.⟩: *sich bauschend, bauschig.*

plu|dern ⟨sw. V.; hat⟩ [spätmhd. pludern (↑plaudern) in der Bed. »flattern«]: *sich bauschen, pludrig sein, [zu] weit sein.*

plud|rig: ↑pluderig.

Plum|bum, das; -s [lat. plumbum]: lat. Bez. für ↑¹Blei (Zeichen: Pb).

Plu|meau [ply'mo:], das; -s, -s [frz. plumeau, zu: plume < lat. pluma = Feder]: *halblanges, dickeres Federbett.*

plump ⟨Adj.⟩ [aus dem Niederd. < mniederd. plump, eigtl. = lautm. Interj., vgl. plumps]: **a)** *von dicker, massiger, unförmiger Gestalt, Form:* -e Hände; das Auto hat eine -e Form; **b)** *(bes. von Bewegungen von Menschen u. Tieren, aufgrund einer plumpen* (a) *Gestalt) schwerfällig, unbeholfen, ungeschickt, ungelenk:* sich p. bewegen; **c)** (abwertend) *sehr ungeschickt od. dreist [u. deshalb leicht als falsch, unredlich durchschaubar]:* ein -er Trick; eine -e Ausrede, Anspielung; sich jmdm. p. nähern.

Plump|heit, die; -, -en: **1.** ⟨o. Pl.⟩ *das Plumpsein.* **2.** (abwertend) *plumpe Handlung, Bemerkung o. Ä.*

plumps ⟨Interj.⟩: lautm. für ein dumpfes, klatschendes Geräusch, wie es beim Aufschlagen eines [schweren] fallenden Körpers entsteht: plumps machen.

Plumps, der; -es, -e (ugs.): **a)** *dumpfes, klatschendes Geräusch;* **b)** *von einem Plumps* (a) *begleiteter Aufprall.*

Plump|sack, der: **1.** (veraltet) *jmd., der plump, dick ist.* **2.** * **der P. geht um/rum** *(Kinderspiel, in dem ein als »Plumpsack« bezeichneter Gegenstand [meist ein verknotetes Taschentuch o. Ä.], der von einem der Mitspieler fallen gelassen wird, eine Rolle spielt).*

plump|sen ⟨sw. V.⟩ (ugs.): **1.** ⟨unpers.⟩ *ein dumpfes klatschendes Geräusch, wie es beim Aufschlagen eines schweren fallenden Körpers entsteht, erzeugen; plumps machen* ⟨hat⟩: ein plumpsendes Geräusch. **2.** *mit einem Plumps* (a) *irgendwohin fallen, auftreffen* ⟨ist⟩: der Sack plumpste auf den Boden; er ließ sich in den Sessel p.

Plumps|klo, das, **Plumps|klo|sett,** das (ugs.): *über einer Grube angelegter Abort (ohne Wasserspülung).*

Plum|pud|ding ['plʌm'pʊdɪŋ], der; -s, -s [engl. plum pudding, aus: plum = Rosine u. pudding, ↑Pudding]: *kuchenartige, schwere* (4 a) *Süßspeise, die im Wasserbad gegart u. in England bes. zur Weihnachtszeit gegessen wird.*

plump|ver|trau|lich, (auch:) **plump-ver|trau|lich** ⟨Adj.⟩: *auf plumpe, als aufdringlich empfundene Art vertraulich:* sie klopfte ihm p. auf die Schulter.

Plun|der, der; -s, -n [mhd. blunder, mniederd. plunder = Hausrat, Wäsche, H. u.; 2: viell. eigtl. = Durcheinander-, Übereinanderliegendes]: **1.** ⟨o. Pl.⟩ (ugs. abwertend) *[alte] als wertlos, unnütz betrachtete Gegenstände, Sachen:* der ganze P. kommt auf den Müll. **2. a)** ⟨o. Pl.⟩ *Plunderteig;* **b)** ⟨o. Pl.⟩ *Plundergebäck;* **c)** ⟨Pl. selten⟩ (selten) *Plunderstück.*

Plün|de|rei, die; -, -en (abwertend): *[dauerndes] Plündern:* es kam zu wüsten -en.

Plün|de|rer, Plündrer, der; -s, -: *jmd., der plündert, geplündert hat.*

Plun|der|ge|bäck, das: *Gebäck aus Plunderteig.*

Plün|de|rin, die; -, -nen: w. Form zu ↑Plünderer.

plün|dern ⟨sw. V.; hat⟩ [mhd. plundern, mniederd. plunderen, zu ↑Plunder, also eigtl. = Hausrat, Wäsche wegnehmen]: **a)** *(unter Ausnutzung einer Notstandssituation) sich fremdes Eigentum aneignen:* wo sie hinkamen, mordeten und plünderten sie; **b)** *ausplündern* (b): die Soldaten plünderten die ganze Stadt; Ü den Kühlschrank p. (scherzh.; *[fast] alles Essbare herausnehmen u. verzehren*); sein Sparkonto p. (scherzh.; *[fast] alles Geld auf einmal abheben*); **c)** (veraltet) *ausplündern* (a): er wurde von Wegelagerern geplündert.

Plun|der|stück, das: *Stück Plundergebäck.*

Plun|der|teig, der: *blätterteigähnlicher Hefeteig.*

Plün|de|rung, die; -, -en: *das Plündern.*

Plünd|rer: ↑Plünderer.

Plünd|re|rin, die; -, -nen: w. Form zu ↑Plündrer.

Plun|ze, Plun|zen: ↑Blunze, Blunzen.

Plur. = Plural.

plu|ral ⟨Adj.⟩ (bildungsspr.): *pluralistisch.*

Plu|ral, der; -s, -e [lat. pluralis (numerus) = in der Mehrzahl stehend, zu: plures = mehrere, Pl. von: plus, ↑plus] (Sprachw.): **1.** ⟨o. Pl.⟩ *Numerus, der anzeigt, dass es sich um mehr als nur eine Person od. Sache handelt; Mehrzahl:* das Wort gibt es nur im P. **2.** *Wort, das im Plural* (1) *steht; Pluralform* (2): das Wort Chemie hat, bildet keinen P.

Plu|ral|en|dung, die (Sprachw.): *pluralische Flexionsendung.*

Plu|ra|le|tan|tum, das; -s, -s u. Pluraliatantum [zu lat. pluralis (↑Plural) u. tantum = nur]

(Sprachw.): *Substantiv, das nur als Plural vorkommt:* »Kosten« ist ein P.

Plu|ral|form, die (Sprachw.): *pluralische Form (eines Wortes).*

Plu|ra|li|a|tan|tum: Pl. von ↑Pluraletantum.

plu|ra|lisch ⟨Adj.⟩ (Sprachw.): *im Plural stehend, durch den Plural ausgedrückt, zum Plural gehörend:* -e Wörter.

Plu|ra|lis Ma|jes|ta|tis, der; --, ...les - [...le:s -; zu lat. maiestas, ↑Majestät] (Sprachw.): *Plural, mit dem eine einzelne Person, gewöhnlich ein regierender Herrscher, bezeichnet wird u. sich selbst bezeichnet,* z. B. Wir, Wilhelm, von Gottes Gnaden deutscher Kaiser.

Plu|ra|lis Mo|des|ti|ae [- ...ie], der; --, ...les - [...le:s -; zu lat. modestia = Bescheidenheit] (Sprachw.): *Plural, mit dem eine einzelne Person, bes. ein Autor, ein Redner o. Ä. sich selbst bezeichnet, um – als Geste der Bescheidenheit – die eigene Person zurücktreten zu lassen,* z. B. wir kommen damit zum Schluss unserer Ausführungen.

Plu|ra|lis|mus, der; -: 1. (bildungsspr.) **a)** *innerhalb einer Gesellschaft, eines Staates [in allen Bereichen] vorhandene Vielfalt gleichberechtigt nebeneinander bestehender u. miteinander um Einfluss, Macht konkurrierender Gruppen, Organisationen, Institutionen, Meinungen, Ideen, Werte, Weltanschauungen usw.:* weltanschaulicher, kultureller P.; **b)** *politische Anschauung, Grundeinstellung, nach der ein Pluralismus* (1 a) *erstrebenswert ist:* ein radikaler P. 2. (Philos.) *philosophische Anschauung, Theorie, nach der die Wirklichkeit aus vielen selbstständigen Prinzipien besteht, denen kein gemeinsames Grundprinzip zugrunde liegt:* sie ist eine Vertreterin des [philosophischen] P.

plu|ra|lis|tisch ⟨Adj.⟩: 1. (bildungsspr.) **a)** *zum Pluralismus* (1 a) *gehörend, auf ihm beruhend; Pluralismus aufweisend:* eine p. aufgebaute Gesellschaft; **b)** *zum Pluralismus* (1 b) *gehörend, auf ihm beruhend, von ihm geprägt:* eine -e Haltung; p. eingestellt sein, denken. 2. (Philos.) *den Pluralismus* (2) *vertretend, betreffend, zu ihm gehörend, von ihm geprägt:* ein -er Standpunkt.

Plu|ra|li|tät, die; -, -en [1: spätlat. pluralitas] (bildungsspr.): 1. ⟨Pl. selten⟩ *mehrfaches, vielfaches, vielfältiges Vorhandensein, Nebeneinanderbestehen; Vielzahl:* eine P. von Meinungen. 2. ⟨Pl. selten⟩ (selten) *Pluralismus* (1 a). 3. (selten) *Majorität.*

Plu|ri|pa|ra, die; -, ...paren [zu lat. plus (Gen.: pluris, ↑plus) u. parere = gebären] (Med.): *Frau, die mehrmals geboren hat.*

plus [lat. plus = mehr, größer; Komp. von: multus = viel]: I. ⟨Konj.⟩ (Math.) drückt aus, dass die folgende Zahl zu der vorangehenden addiert wird; *und:* fünf p. drei [ist] gleich acht; fünf p. drei ist, macht, gibt acht; p./minus null; Ü das Prädikat besteht aus Prädikativum p. Kopula (Zeichen: +). II. ⟨Präp. mit Gen.⟩ (bes. Kaufmannsspr.) drückt aus, dass etw. um eine bestimmte Summe o. Ä. vermehrt ist; *zuzüglich:* der Betrag p. der Zinsen. III. ⟨Adv.⟩ 1. (Math.) drückt aus, dass eine Zahl, ein Wert positiv, größer als null ist: minus drei mal minus drei ist p. neun; die Temperatur beträgt p. fünf Grad/fünf Grad p. (Zeichen: +). 2. (Elektrot.) drückt aus, dass eine positive Ladung vorhanden ist: der Strom fließt von p. *(von dort, wo eine positive Ladung vorhanden ist)* nach minus (Zeichen: +).

Plus, das; -: 1. *etw., was sich bei einer [End]abrechnung über den zu erwartenden Betrag hinaus ergibt; Überschuss:* die Bilanz weist ein P. auf; bei dem Geschäft habe ich [ein] P. *(einen Gewinn)* gemacht; im P. sein *(eine positive Bilanz, einen positiven Saldo o. Ä. haben).* 2. **a)** *Vorteil, Vorzug, Positivum:* ihre Berufserfahrung ist ein entscheidendes P. dieser Bewerberin; **b)** *Pluspunkt* (1): dieses Gerät verdient ein P.

Plus|be|trag, der: *Betrag, der ein Plus* (1) *darstellt.*

Plüsch [auch: ply:ʃ], der; -[e]s, (Arten:) -e [frz. pluche, peluche, zu afrz. peluchier = auszupfen, über das Galloroman. < lat. pilare = enthaaren, zu: pilus = Haar]: 1. *(gewöhnlich aus Baumwolle gewebter) hochfloriger, samtähnlicher Stoff:* mit P. bezogene Polstermöbel. 2. *(bes. für Bademäntel verwendeter) gestrickter od. gewirkter Stoff mit kleinen hervorstehenden Schlaufen auf der Rückseite.*

Plüsch|au|gen ⟨Pl.⟩ (ugs.): *sanft, etwas verträumt od. naiv blickende, große Augen:* jmdn. mit großen P. angucken.

plü|schen [auch: ˈplʏ:ʃn̩] ⟨Adj.⟩: **a)** *aus Plüsch bestehend, mit Plüsch ausgestattet:* ein -er Vorhang; **b)** (iron.) *von kleinbürgerlichem, spießigem Geschmack, von Engherzigkeit zeugend, für ein kleinbürgerliches Milieu typisch; plüschig* (b): eine -e Idylle.

plü|schig [auch: ˈplʏ:ʃɪç] ⟨Adj.⟩: **a)** *von plüschähnlicher Beschaffenheit:* ein -er Mantel; **b)** (iron.) *plüschen* (b).

Plüsch|oh|ren ⟨Pl.⟩: in der Fügung **Klein Doofi mit P.** (↑Doofi).

Plüsch|ses|sel, der: *mit Plüsch bezogener Sessel.*

Plüsch|so|fa, das: vgl. Plüschsessel.

Plüsch|tier, das: *(als Kinderspielzeug hergestellte) Nachbildung eines Tieres, bei dem zur Imitation des Fells od. Pelzes Plüsch verwendet wurde.*

Plus|pol, der: **a)** (Elektrot.) *Pol, der eine positive Ladung aufweist;* **b)** (Physik) *positiver Pol, Nordpol eines Magneten.*

Plus|punkt, der: 1. *bei einem Wettkampf o. Ä. erreichter Punkt* (5 a) *in einem Punktsystem:* einen P. erzielen; Ü der Verteidiger konnte für seine Mandantin -e verbuchen. 2. *Plus* (2 a): neben diesem Nachteil hat er auch -e.

Plus|quam|per|fekt, das; -s, -e [spätlat. plusquamperfectum, eigtl. = mehr als vollendet] (Sprachw.): 1. *Zeitform, mit der bes. die Vorzeitigkeit (im Verhältnis zu etw. Vergangenem) ausgedrückt wird; Vorvergangenheit, vollendete Vergangenheit, dritte Vergangenheit.* 2. *Verbform im Plusquamperfekt* (1): das P. von »ich esse« lautet »ich hatte gegessen«.

plus|tern ⟨sw. V.; hat⟩ [aus dem Niederd. < mniederd. plūsteren = (zer)zausen, herumstöbern, H. u.]: 1. *aufplustern* (1): das Gefieder p. 2. ⟨p. + sich⟩ **a)** *sich aufplustern* (2 a); **b)** *sich aufplustern* (2 b).

Plus|zei|chen, das: *Zeichen (in Form eines Kreuzes* 1 a), *das für plus* (I, III) *steht.*

¹Plu|to, Pluton (griech. Myth.): 1. Beiname des Gottes Hades. 2. Gott des Reichtums u. des Überflusses.

²Plu|to, der; -s: kleinster, (von der Sonne aus gerechnet) neunter, äußerster Planet unseres Sonnensystems.

Plu|to|kra|tie, die; -, -en [(frz. plutocratie <) griech. ploutokratía, zu: ploũtos = Reichtum u. ↑-kratie] (bildungsspr.): 1. ⟨o. Pl.⟩ *Staatsform, in der die Besitzenden, die Reichen die politische Herrschaft ausüben; Geldherrschaft:* die P. abschaffen. 2. *Staat, Gemeinwesen, in dem eine Plutokratie* (1) *besteht.*

plu|to|kra|tisch ⟨Adj.⟩ (bildungsspr.): *zur Plutokratie gehörend, durch sie gekennzeichnet:* ein -er Staat.

Plu|ton: ↑¹Pluto.

plu|to|nisch ⟨Adj.⟩ [nach ↑¹Pluto (1), griech. Ploútōn]: 1. (Rel.) *der Unterwelt zugehörend.* 2. (Geol.) *(von magmatischen Gesteinen) in größerer Tiefe innerhalb der Erdkruste entstanden:* -e Gesteine.

Plu|to|nis|mus, der; - (Geol.): *Gesamtheit der Vorgänge innerhalb der Erdkruste, die durch Bewegungen u. das Erstarren von Magma hervorgerufen werden.*

Plu|to|ni|um, das; -s [engl. plutonium; nach ↑²Pluto] (Chemie): *radioaktives, metallisches, durch Kernumwandlung hergestelltes Transuran (chemisches Element;* Zeichen: Pu).

plu|vi|al ⟨Adj.⟩ [lat. pluvialis = zum Regen gehörig, zu: pluvia = Regen] (Geol.): *(von Niederschlägen) als Regen fallend.*

Plu|vi|a|le, das; -s, -[s] [mlat. (pallium) pluviale = Regenmantel, zu lat. pluvialis, ↑pluvial] (kath. Kirche): *offenes, ärmelloses liturgisches Obergewand des katholischen Geistlichen.*

Plu|vi|o|graph, der; -en, en [↑-graph] (Met.): *Gerät zum Messen u. automatischen Registrieren von Niederschlagsmengen.*

Plu|vi|o|me|ter, das; -s, - [↑-meter (1)] (Met.): *Niederschlagsmesser.*

PLZ = Postleitzahl.

Plzeň [ˈpl̩zɛnj]: tschechische Form von ↑Pilsen.

Pm = Promethium.

p. m. = pro memoria; per mille; pro mille.

Pneu, der; -s, -s: 1. Kurzf. von ↑²Pneumatik. 2. (Med. Jargon) Kurzf. von ↑Pneumothorax.

Pneu|ma, das; -s [griech. pneũma, eigtl. = Luft, Wind, Atem, zu: pneĩn = wehen, atmen]: 1. (Philos.) *als materielle, luftartige, auch feuerartige Substanz gedachtes Prinzip der Natur u. des Lebens.* 2. (Theol.) *Geist [Gottes], Heiliger Geist.*

¹Pneu|ma|tik, die; -, -en [griech. pneumatikḗ = Lehre von der (bewegten) Luft, zu: pneumatikós, ↑pneumatisch]: 1. ⟨o. Pl.⟩ (Physik) *Teilgebiet der Mechanik, das sich mit dem Verhalten der Gase beschäftigt (bes. mit der technischen Anwendung von Druckluft).* 2. (Technik) *Gesamtheit derjenigen Teile (einer technischen Vorrichtung), die eine pneumatische* (3 a) *Arbeitsweise ermöglichen:* ein Defekt an der P. 3. ⟨o. Pl.⟩ *philosophische Lehre vom Pneuma* (1).

²Pneu|ma|tik, der; -s, -s, österr.: die; -, -en [engl. pneumatic (tire), zu lat. pneumaticus, ↑pneumatisch] (österr., schweiz., sonst veraltet): *Luftreifen;* Kurzf.: Pneu (1).

pneu|ma|tisch ⟨Adj.⟩ [lat. pneumaticus < griech. pneumatikós = zum Wind gehörend]: 1. (Philos.) *das Pneuma* (1) *betreffend, zu ihm gehörend, auf ihm beruhend.* 2. (Theol.) *das Pneuma* (2) *betreffend, vom Pneuma* (2) *erfüllt, durchdrungen.* 3. **a)** (Technik) *mit Druckluft, Luftdruck arbeitend, vor sich gehend, betrieben:* -e Bremsen, Anlagen; eine p. gesteuerte Anlage; **b)** (Biol.) *mit Luft gefüllt:* -e Knochen.

Pneu|mo- [griech. pneúmōn] ⟨Best. in Zus. mit der Bed.⟩: *Lunge,* (auch:) *Luft, Atem* (z. B. Pneumothorax).

Pneu|mo|kok|ke, die; -, -n, **Pneu|mo|kok|kus,** der; -, ...kokken ⟨meist Pl.⟩ ([Tier]med.): *(zu den Kokken gehörender) Krankheitserreger, bes. Erreger der Lungenentzündung.*

Pneu|mo|ko|ni|o|se, die; -, -n [zu griech. kónos = Staub] (Med.): *Staublunge.*

Pneu|mo|lo|ge, der; -n, -n [↑-loge]: *Facharzt für Lungenkrankheiten.*

Pneu|mo|lo|gie, die; - [↑-logie]: *Teilgebiet der Medizin, das sich mit der Lunge u. den Lungenkrankheiten befasst.*

Pneu|mo|lo|gin, die; -, -nen: w. Form zu ↑Pneumologe.

Pneu|mo|nie, die; -, -n ⟨Pl. selten⟩ [griech. pneumonía] (Med.): *Lungenentzündung.*

Pneu|mo|tho|rax, der; -[es], -e ⟨Pl. selten⟩ [↑Thorax] (Med.): *krankhafte od. aus therapeutischen Gründen künstlich bewirkte Ansammlung von Luft, Gas in der Brusthöhle; Luftbrust; Pneu* (2).

¹Po, der; -[s]: Fluss in Italien.

²Po, der; -s, -s (ugs.): kurz für: ↑Popo: er hat einen knackigen P.

Po = Polonium.

P.O. = Professor ordinarius (ordentlicher Professor).

Po|ba|cke, die (ugs.): *Gesäßbacke:* eine Spritze in die P. bekommen.

Pö|bel, der; -s [(unter Einfluss von frz. peuple) mhd. bovel, povel = Volk, Leute < afrz. pueble, poblo < lat. populus = Volk(smenge)] (abwertend): *ungebildete, unkultivierte, in der Masse gewaltbereite Menschen [der gesellschaftlichen Unterschicht]; Mob* (1): der gemeine, entfesselte P.; jmdn. der Wut des -s ausliefern.

Pö|be|lei, die; -, -en (ugs.): 1. ⟨o. Pl.⟩ *das Pöbeln.* 2. *pöbelhafte Handlung.*

pö|bel|haft ⟨Adj.⟩: *nach der Art des Pöbels:* sich p. benehmen.

P

Pö|bel|herr|schaft, die; -: *Ochlokratie.*

pö|beln ⟨sw. V.; hat⟩ (ugs.): *jmdn. durch freche, beleidigende Äußerungen provozieren:* hör auf zu p.

Poch, das, auch: der; -[e]s [zu ↑pochen in der veralteten Bed. »prahlen« im Sinne von »wetten«]: *kombiniertes Karten-Brett-Spiel für 3 bis 6 Personen, bei dem man wettet, die größte Zahl gleichwertiger Karten[kombinationen] zu besitzen.*

Poch|brett, das: *zum Pochspielen verwendetes Brett* (2) *mit Vertiefungen für Spielmarken u. gewonnene Geldstücke.*

Po|che, die; -, -n (landsch.): *Schläge.*

po|chen ⟨sw. V.; hat⟩ [mhd. bochen, puchen; lautm.]: **1.** (meist geh.) **a)** *klopfen* (1 a): an, gegen die Wand p.; **b)** *anklopfen* (1): kräftig p.; sie hatte schon einige Male gepocht; ⟨unpers.:⟩ es pocht *(jmd. klopft an die Tür).* **2.** (geh.) *klopfen* (2): mein Herz pochte vor Angst; ihm pochte das Blut in den Schläfen. **3.** (geh.) **a)** *sich energisch auf etw. berufen:* auf seine Freundschaft mit jmdm., seine Beziehungen, seine Unschuld p.; auf seinen Vertrag p.; **b)** *energisch, unnachgiebig (auf einem Recht o. Ä.) bestehen* (4 a): auf sein Recht, seinen Anteil, seine Ansprüche p.; auf Selbstbestimmung p. **4. a)** *Poch spielen;* **b)** *beim Poch wetten, die größte Zahl gleichwertiger Karten[kombinationen] zu besitzen.* **5.** (landsch.) *verprügeln.*

po|chie|ren [pɔˈʃiːrən] ⟨sw. V.; hat⟩ [frz. pocher (des œufs), zu: poche = Tasche, aus dem Germ.; das Eiweiß umschließt das Eigelb wie eine Tasche] (Kochk.): *in siedender Flüssigkeit (bes. [Essig-, Salz]wasser) garen:* pochierte Eier.

Poch|spiel, das: *Poch.*

Po|cke, die; -, -n [aus dem Niederd. < mniederd. pocke, eigtl. wohl = Schwellung, Blase]: *[Eiter]bläschen auf der Haut als Krankheitserscheinung bei Pocken od. nach einer Pockenimpfung.*

Po|cken ⟨Pl.⟩: *gefährliche Infektionskrankheit, die mit Fieber, Erbrechen u. der Bildung von schlecht vernarbenden Eiterbläschen einhergeht; Blattern:* [die] P. haben; gegen P. geimpft sein, werden.

Po|cken|epi|de|mie, die: vgl. Grippeepidemie.

Po|cken|imp|fung, die: *Impfung gegen Pocken.*

Po|cken|nar|be, die: *von einer Pocke zurückgebliebene Narbe.*

po|cken|nar|big ⟨Adj.⟩: *Pockennarben aufweisend:* ein -es Gesicht.

Po|cken|schutz|imp|fung, die: *Pockenimpfung.*

Po|cken|vi|rus, das, außerhalb der Fachspr. auch: der: *als Erreger der Pocken auftretendes Virus.*

Po|cket|book [ˈpɔkɪtbʊk], das; -s, -s [engl. pocket book, aus: pocket = Tasche u. book = Buch]: engl. Bez. für *Taschenbuch.*

Po|cket|ka|me|ra [ˈpɔkɪt...], die: *kleine, handliche, einfach zu bedienende Kamera* (b).

po|ckig ⟨Adj.⟩: *pockennarbig.*

po|co ⟨Adv.⟩ [ital. poco < lat. paucum = wenig] (Musik): *ein wenig, etwas:* p. forte; p. andante; p. allegro; p. adagio; ***p. a p.** *(nach u. nach, allmählich).*

Po|da|gra, das; -s [mhd. pōdāgrā < lat. podagra < griech. podágra, zu: poús (Gen.: podós) = Fuß u. ágra = das Fangen, also eigtl. = Fußfalle] (Med.): *Gicht des Fußes, bes. der großen Zehe.*

Po|dest, das, seltener: der; -[e]s, -e [H. u., viell. vermischt aus lat. podium = Erhöhung (↑Podium) u. lat. suggestum = Erhöhung; Tribüne]: **1.** *niedriges kleines Podium:* ein hölzernes P.; auf ein P. steigen; sich auf ein P. stellen. **2.** (landsch.) *Treppenabsatz.*

Po|dex, der; -[es], -e [lat. podex, eigtl. = Furzer, zu: pedere = furzen] (fam.): *Gesäß.*

Po|di|um, das; -s, ...ien [lat. podium < griech. pódion, eigtl. = Vkl. von: poús (Gen.: podós) = Fuß]: **a)** *erhöhte hölzerne Plattform, Bühne für nicht im Theater stattfindende Veranstaltungen:* die Trachtengruppe verlässt das P., geht aufs P.; **b)** *trittartige Erhöhung als Standplatz des Redners, Dirigenten:* für den Vortrag wurde ein kleines P. errichtet; **c)** (Archit.) *erhöhter Unterbau für ein Bauwerk:* der Tempel ist auf einem marmornen P. errichtet.

Po|di|ums|dis|kus|si|on, die: *Diskussion von Experten [auf einem Podium] vor Zuhörern, Rundfunkhörern, Fernsehzuschauern.*

Po|di|ums|ge|spräch, das: *Podiumsdiskussion.*

Po|do|me|ter, das; -s, - [zu griech. poús (↑Podium) u. ↑-meter (1)]: *Schrittmesser.*

Pod|sol, der; -s [russ. podzol, zu: pod = unter u. zola = Asche] (Bodenk.): *graue bis weiße Bleicherde; saurer u. nährstoffarmer, bes. unter Nadelwäldern vorkommender Boden.*

Po|em, das; -s, -e [lat. poema < griech. poíēma] (bildungsspr. veraltend, sonst scherzh.): *[längeres] Gedicht.*

Po|e|sie, die; -, -n [frz. poésie < lat. poesis < griech. poíēsis = das Dichten; Dichtkunst, eigtl. = das Verfertigen, zu: poieĩn = dichten, eigtl. verfertigen] (bildungsspr.): **1.** ⟨o. Pl.⟩ *Dichtung als Kunstgattung; Dichtkunst:* ein Meister der P. **2.** *Dichtung als sprachliches Kunstwerk:* ein Liebhaber rilkescher P. **3.** ⟨o. Pl.⟩ *poetischer Stimmungsgehalt, Zauber:* die P. der Liebe, einer Landschaft, eines Augenblicks.

Po|e|sie|al|bum, das: *(bes. bei Kindern u. jungen Mädchen) Album, in das Freunde zur Erinnerung Verse u. Sprüche schreiben:* jmdm. etw. ins P. schreiben.

po|e|sie|los ⟨Adj.⟩: *ohne [Sinn für] Poesie* (3), *nüchtern u. einfallslos:* ein -er Mensch, Stil.

Po|e|sie|lo|sig|keit, die; -: *das Poesielossein.*

Po|et, der; -en, -en [mhd. pōēte < lat. poeta < griech. poiētḗs = Dichter, schöpferischer Mensch; vgl. Poesie] (bildungsspr. veraltend, sonst scherzh.): *Dichter; Lyriker.*

Po|e|ta lau|re|a|tus, der; - -, ...tae ...ti [...tɛ -; lat. poeta laureatus, eigtl. = mit Lorbeer bekränzter Dichter]: **a)** ⟨o. Pl.⟩ *einem Dichter für seine besonderen Leistungen im Rahmen einer Dichterkrönung verliehener [mit gewissen Rechten verbundener] Ehrentitel;* **b)** *Träger des Ehrentitels Poeta laureatus* (a).

Po|e|tik, die; -, -en [lat. poetica < griech. poiētikḗ (téchnē), zu: poiētikós, ↑poetisch]: **a)** ⟨o. Pl.⟩ *Lehre von der Dichtkunst:* die P. der Klassik, des Manierismus; ein Lehrstuhl für P.; **b)** *Lehrbuch der Dichtkunst:* der Verfasser einer P.

Po|e|tin, die; -, -nen: w. Form zu ↑Poet.

po|e|tisch ⟨Adj.⟩ [frz. poétique < lat. poeticus < griech. poiētikós = dichterisch, eigtl. = zum Hervorbringen gehörend] (bildungsspr.): **1.** *die Dichtkunst, Dichtung betreffend, ihr angehörend; dichterisch:* jmds. -e Kraft; die -e Substanz eines Gedichts; sie hat eine -e Ader (scherzh.; *eine dichterische Begabung*); er ist p. veranlagt. **2.** *in einer Weise stimmungsvoll, die für die Dichtung charakteristisch ist:* ein -er Film; ein -es *(fantasievolles, für Poesie (3) empfängliches)* Gemüt.

po|e|ti|sie|ren ⟨sw. V.; hat⟩ [frz. poétiser] (bildungsspr.): *dichterisch erfassen u. durchdringen:* das Leben p.

po|e|to|lo|gisch ⟨Adj.⟩: *die Poetik (a) betreffend, auf ihr beruhend.*

Po|fal|te, die (ugs.): *Gesäßfalte.*

po|fen ⟨sw. V.; hat⟩ [H. u.] (ugs.): *schlafen.*

Po|gat|sche, die; -, -n [ung. pogácsa] (österr.): *kleiner, flacher, süßer Eierkuchen mit Grieben.*

po|gen ⟨sw. V.; hat⟩ (Jugendspr.): *Pogo tanzen.*

Po|go, der; -s, -s [engl. pogo, nach pogo stick = Stange zum Ausführen von Sprüngen, an der unten eine Feder, Trittflächen für die Füße u. oben zwei Handgriffe angebracht sind; H. u.]: *(in den 70er-Jahren unter Jugendlichen aufgekommener) Tanz zu Punkmusik u. deren Varianten, bei dem die Tänzer wild u. heftig in die Höhe springen.*

Po|grom, der od. das; -s, -e [russ. pogrom, eigtl. = Verwüstung; Unwetter]: *Ausschreitungen gegen nationale, religiöse od. rassische Minderheiten:* -e gegen Juden.

Po|grom|het|ze, die: *einem Pogrom vorausgehende Hetzkampagne.*

Po|grom|nacht, die: **a)** *Nacht, in der ein Pogrom stattfindet, stattgefunden hat;* **b)** *Pogrom (in der Nacht zum 10. November 1938) mit Verwüstungen vieler Synagogen, Wohnungen u. Geschäfte von Juden durch Angehörige der SA.*

Po|grom|op|fer, das: *Opfer eines Pogroms.*

Po|grom|stim|mung, die: *Stimmung, aus der heraus es leicht zu einem Pogrom kommen kann.*

po|i|ki|lo|therm ⟨Adj.⟩ [zu griech. poikílos = veränderlich u. thermós = warm] (Zool.): *wechselwarm.*

Poil [poal], der; -s, -e: [2]*Pol.*

Point [poɛ̃ː], der; -s, -s [frz. point < lat. punctum, ↑Punkt]: **1. a)** *Stich (bei Kartenspielen);* **b)** *Auge (bei Würfelspielen).* **2.** (Börsenw.) *Einheit der Notierung von Warenpreisen an internationalen Börsen.*

Poin|te [ˈpoɛ̃ːtə], die; -, -n [frz. pointe, eigtl. = Spitze, Schärfe < vlat. puncta = Stich, zu lat. pungere, ↑Punkt]: *[geistreicher] überraschender [Schluss]effekt in einem Ablauf, bes. eines Witzes:* eine geistreiche P.; wo bleibt, worin liegt denn die P.?; die P. nicht verstehen.

poin|ten|reich ⟨Adj.⟩: *reich an Pointen:* eine -e Komödie.

Poin|ter, der; -s, - [engl. pointer, zu: to point = das Wild dem Jäger anzeigen]: *englischer Vorstehhund mit gestrecktem Kopf, schmalen Hängeohren, abstehendem Schwanz u. dichtem, glattem, oft weißem, schwarz od. braun getupftem Fell.*

poin|tie|ren [poɛ̃ˈtiːrən] ⟨sw. V.; hat⟩ [frz. pointer]: **1.** (bildungsspr.) *gezielt betonen, hervor-, herausheben:* der Redner wusste zu p. **2.** (veraltend) *bei einem Glücksspiel setzen.*

poin|tiert ⟨Adj.⟩ (bildungsspr.): *gezielt, scharf zugespitzt:* eine -e Bemerkung; p. antworten.

Poin|tie|rung, die; -, -en: *das Pointieren.*

Poin|til|lis|mus [...tiˈjɪsmʊs], der; - [frz. pointillisme, zu: pointiller = mit Punkten darstellen, zu: point, ↑Point]: *Stilrichtung des Neoimpressionismus, bei deren Malerei mit ungemischten Farbtupfern sich die Mischung der Farben erst optisch vollzieht.*

Point of Sale [ˈpɔɪnt əv ˈseɪl], der; - - -, -s - - [engl. point of sale, zu: point = Punkt; Stelle u. sale = Verkauf] (Werbespr.): *für die Werbung zu nutzender Ort, an dem ein Produkt verkauft wird (z. B. Laden, Tankstelle).*

Po|kal, der; -s, -e [ital. boccale < spätlat. baucalis < griech. baúkalis = enghalsiges Gefäß]: **1.** *[kostbares] kelchartiges Trinkgefäß aus Glas od. [Edel]metall mit Fuß [u. Deckel]:* ein silberner P.; der Wein wurde ihm in einem P. kredenzt. **2. a)** *Siegestrophäe bei sportlichen, nach dem Pokalsystem ausgetragenen Wettkämpfen in Form eines wertvollen Gefäßes:* einen P. stiften, gewinnen; **b)** ⟨o. Pl.⟩ kurz für ↑Pokalwettbewerb: einen P. austragen; im P. gewinnen.

Po|kal|end|spiel, das (Sport): vgl. Pokalspiel.

Po|kal|sie|ger, der (Sport): *Mannschaft, die einen Pokalwettbewerb gewinnt.*

Po|kal|sie|ge|rin, die: w. Form zu ↑Pokalsieger.

Po|kal|spiel, das (Sport): *Spiel im Pokalwettbewerb.*

Po|kal|sys|tem, das (Sport): *Modus (meist K.-o.-System), nach dem Pokalwettbewerbe ausgetragen werden.*

Po|kal|wett|be|werb, der: *Wettbewerb um einen Pokal* (2 a).

Pö|kel, der; -s, - [aus dem Niederd. < mniederd. pekel, H. u.] (selten): *Salzlake zum Pökeln.*

Pö|kel|fleisch, das: *gepökeltes Fleisch.*

Pö|kel|he|ring, der: *Salzhering.*

Pö|kel|la|ke, die: *Salzlake.*

pö|keln ⟨sw. V.; hat⟩ [niederd. pekeln]: *einpökeln:* Schweinefleisch p.; gepökelte Rinderzunge.

Pö|kel|salz, das: *Salz zum Pökeln.*

Po|ker, das u. der; -s [engl. poker, H. u.]: *Kartenglücksspiel, bei dem der Spieler mit der besten Kartenkombination gewinnt:* P., eine Runde P. spielen; Ü sich mit jmdm. auf einen P. einlassen.

Po|ker|face [ˈpoʊkəfeɪs], das; -, -s [...feɪsɪz; engl.

pokerface, eigtl. = Pokergesicht; beim Poker kommt es darauf an, durch eine unbewegte Miene die Mitspieler über den Wert seiner Karte im Unklaren zu lassen]: 1. *unbewegter, gleichgültig wirkender Gesichtsausdruck:* ein P. aufsetzen, machen. 2. *Mensch, dessen Gesicht u. Haltung keinerlei Gefühlsregung widerspiegeln:* es ist natürlich angenehmer mit einem offenen Menschen zu verhandeln als mit einem P.

Po|ker|ge|sicht, das: *Pokerface.*

Po|ker|mie|ne, die: *Pokerface* (1).

po|kern ⟨sw. V.; hat⟩: 1. *Poker spielen:* stundenlang p. 2. *bei Geschäften, Verhandlungen o. Ä. ein Risiko eingehen, einen hohen Einsatz wagen:* um etw. p.; er hat sehr hoch gepokert.

Po|ker|spiel, das: *Poker.*

¹Pol, der; -s, -e [lat. polus < griech. pólos, zu: pélein = in Bewegung sein, sich drehen]: 1. a) *Endpunkt der Erdachse (u. seine Umgebung); Nordpol, Südpol:* der nördliche, südliche P. der Erde; b) (Astron.) *Himmelspol:* der nördliche, südliche P. [des Himmels]. 2. a) (Physik) *Aus- od. Eintrittspunkt magnetischer Kraftlinien beim Magneten:* der positive, negative P.; b) (Elektrot.) *Aus- od. Eintrittspunkt des Stromes bei einer elektrischen Stromquelle:* die -e einer elektrischen Batterie. 3. (Math.) *Punkt, der eine ausgezeichnete Lage od. eine besondere Bedeutung hat:* der P. der Kugel; * **der ruhende P.** *(jmd., von dem Ruhe ausstrahlt, der die Übersicht behält, sodass andere sich an ihm orientieren können;* aus Schillers »Spaziergang«, Vers 134).

²Pol, der; -s, -e [frz. poil, eigtl. = Haar < lat. pilus]: *bei Samt u. Teppichen die rechte Seite mit dem ²Flor* (2).

po|lar ⟨Adj.⟩ [zu ↑¹Pol]: 1. a) *die Pole (1 a) betreffend, dazugehörend, daher stammend:* -e Kaltluft; b) (Astron.) *die Pole (1 b) betreffend, dazugehörend.* 2. (bildungsspr.) *gegensätzlich, unvereinbar bei wesenhafter Zusammengehörigkeit:* -e Denksysteme, Gegensätze.

Po|lar|eis, das: *nie ganz abtauendes Eis in den Polargebieten.*

Po|lar|ex|pe|di|ti|on, die: *Expedition in die Polargebiete.*

Po|lar|for|scher, der: *Erforscher der Polargebiete.*

Po|lar|for|sche|rin, die: w. Form zu ↑Polarforscher.

Po|lar|front, die (Met.): *Grenze zwischen polarer Kaltluft u. gemäßigter od. subtropischer Warmluft.*

Po|lar|fuchs, der: *(in den nördlichen Gebieten Eurasiens u. Nordamerikas lebender) Fuchs mit im Sommer graubraunem, im Winter blaugrauem od. weißem Fell; Eisfuchs.*

Po|lar|ge|biet, das: *Gebiet um den Nord- od. Südpol.*

Po|lar|hund, der: *anspruchsloser, großer, kräftiger, als Schlitten- u. Jagdhund verwendeter, einem Wolf ähnlicher Hund.*

Po|la|ri|sa|ti|on, die; -, -en: 1. a) (Chemie) *das Hervorrufen elektrischer od. magnetischer Pole;* b) (Physik) *das Herstellen einer festen Schwingungsrichtung aus den normalerweise unregelmäßigen Transversalschwingungen des natürlichen Lichts.* 2. (bildungsspr.) *deutliches Hervortreten von Gegensätzen; Herausbildung einer Gegensätzlichkeit.*

Po|la|ri|sa|ti|ons|ebe|ne, die (Physik): *(bei einer linear polarisierten elektromagnetischen Welle) zur Schwingungsrichtung der elektrischen Feldstärke senkrechte Ebene; Schwingungsebene.*

Po|la|ri|sa|ti|ons|fil|ter, der, Fachspr. meist: das (Fot.): *fotografischer Filter zur Ausschaltung polarisierten Lichts.*

Po|la|ri|sa|ti|ons|mi|kro|skop, das: *Mikroskop für Beobachtungen im polarisierten Licht.*

po|la|ri|sie|ren ⟨sw. V.; hat⟩: 1. a) (Chemie) *elektrische od. magnetische Pole hervorrufen;* b) (Physik) *bei natürlichem Licht eine feste Schwingungsrichtung aus unregelmäßigen Transversalschwingungen herstellen:* polarisiertes *(in einer Ebene schwingendes)* Licht. 2. (bildungsspr.) a) *spalten, trennen; Gegensätze schaffen:* verschiedene Kräfte p.; b) ⟨p. + sich⟩ *in seiner Gegensätzlichkeit immer deutlicher hervortreten; sich immer mehr zu Gegensätzen entwickeln:* die verschiedenen Strömungen polarisierten sich.

Po|la|ri|sie|rung, die; -, -en: 1. (Chemie, Physik) *das Polarisieren* (1). 2. (bildungsspr.) *Aufspaltung (in zwei Lager o. Ä.), bei der die Gegensätze deutlich hervortreten; Herausbildung einer Gegensätzlichkeit:* die P. des Wahlkampfes.

Po|la|ri|tät, die; -, -en: 1. (Geogr., Astron., Physik) *auf dem Vorhandensein zweier Pole (1, 2, 3) beruhende Gegensätzlichkeit.* 2. (bildungsspr.) *Gegensätzlichkeit bei wesenhafter Zusammengehörigkeit:* die P. der Geschlechter, der Anschauungen.

Po|lar|kreis, der: *Breitenkreis von etwa 66,5° nördlicher bzw. südlicher Breite, der die Polarzone von der gemäßigten Zone trennt.*

Po|lar|licht, das ⟨Pl. -er⟩: *in den Polargebieten zu beobachtendes, nächtliches Leuchten in der hohen Erdatmosphäre.*

Po|lar|luft, die: *kalte Luft aus den Polargebieten.*

Po|lar|meer, das: *Eismeer.*

Po|lar|nacht, die: 1. *Nacht in den Polargebieten.* 2. ⟨o. Pl.⟩ *(in den Polargebieten) Zeitraum, in dem die Sonne Tag u. Nacht unter dem Horizont bleibt.*

Po|la|ro|id|fo|to [auch: ...ˈrɔyt...], das: *durch das Polaroidverfahren geliefertes Foto.*

Po|la|ro|id|ka|me|ra [auch: ...ˈrɔyt...], die [zu engl. Polaroid® = in der Optik verwendetes, Licht polarisierendes Material]: *Kamera, die unmittelbar nach der Aufnahme das fertige Bild liefert; Sofortbildkamera.*

Po|la|ro|id|ver|fah|ren [auch: ...ˈrɔyt...], das ⟨o. Pl.⟩ (Fot.): *fotografisches Verfahren, bei dem in Sekunden das fertige Bild entsteht.*

Po|lar|sta|ti|on, die: *Forschungsstation in den Polargebieten.*

Po|lar|stern, der; -[e]s: hellster Stern im Sternbild Kleiner Bär, nach dem wegen seiner Nähe zum nördlichen Himmelspol die Himmelsrichtung bestimmt wird; Nord[polar]stern.

Po|lar|tag, der: vgl. Polarnacht.

Po|lar|zo|ne, die: *Zone vom Polarkreis bis zum Pol.*

Pol|der, der; -s, - [ostfries., (m)niederl. polder, H. u.]: *Koog (in Ostfriesland).*

Pol|der|deich, der: *auf einem begrünten Vorland liegender äußerer Deich.*

Po|le, der; -n, -n: Ew. zu ↑Polen.

Po|leis: Pl. von ↑Polis.

Po|le|mik, die; -, -en [frz. polémique (subst. Adj.), eigtl. = streitbar, kriegerisch < griech. polemikós = kriegerisch, zu: pólemos = Krieg]: 1. *scharfer, oft persönlicher Angriff ohne sachliche Argumente [im Rahmen einer Auseinandersetzung] im Bereich der Literatur, Kunst, Religion, Philosophie, Politik o. Ä.:* die -en Lessings gegen Gottsched. 2. ⟨o. Pl.⟩ *polemischer Charakter (einer Äußerung o. Ä.):* ein Pamphlet voller scharfer, heftiger P. 3. *scharfe, polemisch geführte Auseinandersetzung:* eine [wissenschaftliche] P. entfachen, führen.

po|le|misch ⟨Adj.⟩ [frz. polémique]: *in der Art, in der Form einer Polemik (1); als Polemik gemeint:* -e Äußerungen; sich p. über jmdn. äußern; p. schreiben.

po|le|mi|sie|ren ⟨sw. V.; hat⟩ [mit französierender Endung]: *sich polemisch äußern; jmdn., etw. in einer Polemik angreifen:* gegen einen politischen Gegner, gegen jmds. Auffassungen p.; sie polemisieren, statt sachlich zu argumentieren.

po|len ⟨sw. V.; hat⟩ (Physik, Elektrot.): *an einen elektrischen ¹Pol anschließen:* Ü in Umweltfragen sind die beiden Parteien nicht gleich gepolt.

Po|len; -s: Staat im östlichen Mitteleuropa: R noch ist P. nicht verloren *(noch ist nicht alles verloren; die Lage ist noch nicht ganz aussichtslos;* nach den Anfangsworten der 1797 von Józef Wybicki [1747–1822] gedichteten polnischen Nationalhymne).

Po|len|ta, die; -, -s, auch: ...ten [ital. polenta, eigtl. = Gerstengraupen < lat. polenta, zu: pollen, ↑Pollen]: *Brei aus Maismehl od. -grieß, der, erkaltet in Scheiben geschnitten, gebraten u. mit Parmesankäse bestreut wird.*

Po|len|te, die; - [aus der Gaunerspr., wohl zu jidd. paltin = Polizeirevier, eigtl. = Burg, lautlich beeinflusst von ↑Polizei] (salopp): *Polizei* (2): jmdm. die P. auf den Hals hetzen.

Po|len|tum, das; -s: vgl. Deutschtum.

Pole|po|si|tion [ˈpoʊlpəˈzɪʃən], die; - [engl. pole position, eigtl. = Innenbahn] (Motorsport): *bei Autorennen bester (vorderster) Startplatz für den Fahrer mit der schnellsten Zeit im Training:* aus der P. starten.

Po|li|ce [poˈliːsə], die; -, -n [frz. police < ital. polizza < mlat. apodixa < griech. apódeixis = Nachweis]: *vom Versicherer ausgefertigte Urkunde über den Abschluss einer Versicherung.*

Po|lier, der; -s, -e [unter dem Einfluss von ↑polieren umgedeutet aus spätmhd. parlier(er), eigtl. = Sprecher, Wortführer, zu mhd. parlieren, ↑parlieren]: *Geselle, Facharbeiter im Baugewerbe, dem vom Bauunternehmer die Verantwortung für die sachgemäße Durchführung der Bauarbeiten übertragen wird.*

Po|lier|bürs|te, die: *Bürste zum Polieren [von Schuhen].*

po|lie|ren ⟨sw. V.; hat⟩ [mhd. polieren < (a)frz. polir < lat. polire]: *durch ein bestimmtes Verfahren blank, glänzend machen, reiben:* einen Tisch, das Auto p.; Chromteile p.; seine Brille p.; polierte Möbel; die Tischplatte war poliert; Ü einen Aufsatz [stilistisch] noch etwas p. *(stilistisch überarbeiten, glätten).*

Po|lier|mit|tel, das: *Mittel zum Polieren, Politur.*

-po|lig: in Zusb., z. B. zwei-, dreipolig (zwei, drei ¹Pole 2 b aufweisend; mit Ziffer: 2-polig, 3-polig); mehrpolig.

Po|li|kli|nik [auch: ˈpɔli...], die; -, -en [zu griech. pólis = Stadt u. ↑Klinik, also eigtl. = Stadtkrankenhaus]: *Krankenhaus od. einem Krankenhaus od. einer Klinik angeschlossene Abteilung für meist ambulante Behandlung.*

po|li|kli|nisch ⟨Adj.⟩ (Med.): *in einer Poliklinik [erfolgend], zu einer Poliklinik gehörend.*

Po|lin, die; -, -en: w. Form zu ↑Pole.

Po|lio, die; -: kurz für ↑Poliomyelitis.

Po|lio|in|fek|ti|on, die: *Infektion mit Erregern der Poliomyelitis.*

Po|lio|my|e|li|tis, die; -, ...itiden [zu griech. poliós = grau (von der Farbe der Rückenmarksubstanz) u. myelós = ²Mark (1 a)] (Med.): *spinale Kinderlähmung.*

Po|lis, die; -, Poleis [griech. pólis, ↑politisch]: *altgriechischer Stadtstaat.*

Po|lit-: drückt in Bildungen mit Substantiven aus, dass jmd. oder etw. politisch geprägt, motiviert ist, dass etw. einen politischen Inhalt hat: Politdrama, -gangster, -rock.

Po|lit|bü|ro, das; -s, -s [russ. politbjuro]: *oberstes politisches Führungsorgan einer kommunistischen Partei.*

Po|li|tes|se, die; -, -n [Kunstw. aus ↑Polizei u. ↑Hostess]: *Angestellte bei einer Gemeinde für bestimmte Aufgabenbereiche, bes. für die Kontrolle der Einhaltung des Parkverbots.*

Po|li|ti|cal Cor|rect|ness [...kḷ -], die; - - [engl. political correctness, eigtl. = politische Korrektheit]: *Einstellung, die alle Ausdrucksweisen u. Handlungen ablehnt, durch die jmd. aufgrund seiner ethnischen Herkunft, seines Geschlechts, seiner Zugehörigkeit zu einer bestimmten sozialen Schicht, seiner körperlichen od. geistigen Behinderung od. sexuellen Neigung diskriminiert wird.*

po|li|tie|ren ⟨sw. V.; hat⟩ [zu ↑Politur] (österr.): *(Möbel) polieren.*

Po|li|tik [auch: ...ˈtɪk], die; -, -en ⟨Pl. selten⟩ [frz. politique < spätlat. politice < griech. politikḗ (téchnē) = Kunst der Staatsverwaltung, zu: politikós, ↑politisch]: 1. *auf die Durchsetzung bestimmter Ziele bes. im staatlichen Bereich u.*

auf die Gestaltung des öffentlichen Lebens gerichtetes Handeln von Regierungen, Parlamenten, Parteien, Organisationen o. Ä.: die auswärtige P.; eine erfolgreiche P.; die amerikanische P.; die P. des Kremls, der Bundesregierung; eine P. der Entspannung, des europäischen Gleichgewichts; sich aus der P. *(dem politischen Bereich)* zurückziehen; sich für P. interessieren; in die P. gehen *(im politischen Bereich tätig werden);* R P. ist ein schmutziges Geschäft; die P. verdirbt den Charakter. **2.** *taktierendes Verhalten, zielgerichtetes Vorgehen:* es ist seine P., nach allen Seiten gute Beziehungen zu unterhalten.

Po|li|ti|ka: Pl. von ↑Politikum.

Po|li|ti|ker [auch: ...ˈlɪt...], der; -s, - [mlat. politicus < griech. politikós = Staatsmann]: *jmd., der (meist als Mitglied einer Partei) ein politisches Amt ausübt:* ein prominenter, liberaler, konservativer P.; ein führender englischer P.

Po|li|ti|ke|rin, die; -, -nen: w. Form zu ↑Politiker.

po|li|tik|fä|hig ⟨Adj.⟩: a) *in der Lage, politische Zusammenhänge zu verstehen, geistig zu erfassen;* b) *in der Lage, praktische Politik zu betreiben:* sind die Grünen überhaupt p.?

Po|li|tik|fä|hig|keit, die: *das Politikfähigsein.*

Po|li|ti|kum [auch: ...ˈlɪt...], das; -s, ...ka [nlat. Bildung zu lat. politicus, ↑politisch]: *Vorgang, Ereignis, Gegenstand o. Ä. von politischer Bedeutung:* die Angelegenheit wird zu einem P., stellt ein P. dar.

Po|li|tik|ver|dros|sen|heit, die: *durch politische Skandale, zweifelhafte Vorkommnisse o. Ä. hervorgerufene Verdrossenheit gegenüber Politik.*

Po|li|tik|ver|ständ|nis, das ⟨o. Pl.⟩: *grundsätzliche Auffassung* (1) *von Politik* (1).

Po|li|tik|wis|sen|schaft, die ⟨o. Pl.⟩: *Wissenschaft, die u. a. die politische Theorie u. Ideengeschichte sowie die Lehre vom politischen System erforscht; Politologie.*

Po|li|tik|wis|sen|schaft|ler, der: *Wissenschaftler auf dem Gebiet der Politikwissenschaft.*

Po|li|tik|wis|sen|schaft|le|rin, die: w. Form zu ↑Politikwissenschaftler.

po|li|tisch [auch: ...ˈlɪt...] ⟨Adj.⟩ [frz. politique < lat. politicus < griech. politikós = die Bürgerschaft, Staatsverwaltung betreffend, zu: pólis = Stadt(staat), Bürgerschaft]: **1.** *die Politik betreffend:* -e Parteien; jmds. -e Gesinnung; die -e Lage; nach Ansicht -er Beobachter; die -en Hintergründe; folgenschwere -e Entscheidungen; eine -e *(die Staatsgrenzen angebende)* Karte von Europa; -e Häftlinge, Gefangene *(aus politischen Gründen gefangen gehaltene Personen);* im -en Leben stehen *(als Politiker tätig sein);* p. tätig sein; jmdn. p. unterstützen; sie wurde p. kaltgestellt; die Darstellung soll p. korrekt sein *(der Political Correctness entsprechen).* **2.** *auf ein Ziel gerichtet, klug u. berechnend:* diese Entscheidung war nicht sehr p.; p. handeln.

Po|li|ti|sche, der u. die; -n, -n ⟨Dekl. ↑Abgeordnete⟩ (ugs.): *politischer Häftling.*

po|li|ti|sie|ren ⟨sw. V.; hat⟩: **1.** a) *[laienhaft] von Politik reden:* am Stammtisch wurde wieder politisiert; b) *sich politisch betätigen.* **2.** a) *zu politischem Bewusstsein bringen:* die Arbeiterschaft p.; die Grünen politisieren sich zunehmend; b) *etw., was nicht in den politischen Bereich gehört, unter politischen Gesichtspunkten behandeln:* alle Lebensbereiche p.

Po|li|ti|sie|rung, die; -: *das Politisieren* (2).

Po|lit|of|fi|zier, der (DDR): *Offizier mit einer besonderen Ausbildung für die politische Arbeit innerhalb der Streitkräfte.*

Po|li|to|lo|gie, die; - [↑-logie]: *Politikwissenschaft.*

Po|lit|pro|mi|nenz, die ⟨o. Pl.⟩: *Prominenz* (1) *aus dem Bereich der Politik* (1).

Po|lit|sa|ti|re, die: *Behandlung politischer Themen mit satirischen Mitteln.*

Po|lit|thril|ler, der: *Thriller mit politischer Thematik.*

Po|li|tur, die; -, -en [lat. politura = das Glätten, zu: polire, ↑polieren]: **1.** *durch Aufbringen einer Politur* (2) *hervorgebrachte, dünne, schützende Glanzschicht [auf Möbeln].* **2.** *bes. aus Gemischen von Harzen bestehendes Mittel, das auf Holz, Metall, Kunststoff aufgetragen wird u. einen dünnen, schützenden, glänzenden Überzug hinterlässt.*

Po|li|zei, die; -, -en ⟨Pl. selten⟩ [spätmhd. polizī = (Aufrechterhaltung der) öffentliche(n) Sicherheit < mlat. policia < (spät)lat. politia < griech. politeía = Bürgerrecht, Staatsverwaltung, zu: pólis, ↑politisch]: **1.** *staatliche od. kommunale Institution, die [mit Zwangsgewalt] für öffentliche Sicherheit u. Ordnung sorgt:* die spanische P.; Beamte der -en aller Bundesländer; sich der P. stellen; bei der P. *(Polizist)* sein; Ärger mit der P. haben; R die P., dein Freund und Helfer; dümmer sein, als die P. erlaubt (ugs. scherzh.; *sehr dumm sein).* **2.** ⟨o. Pl.⟩ *Angehörige der Polizei* (1): die P. regelt den Verkehr, fahndet nach dem Verbrecher; die P. rufen; die P. gegen jmdn. einsetzen; jmdm. die P. auf den Hals hetzen; ein Trupp berittener P. **3.** ⟨o. Pl.⟩ *Dienststelle der Polizei* (1): die P. verständigen; zur P. gehen.

Po|li|zei|ak|ti|on, die: *von der Polizei durchgeführte Aktion:* eine nächtliche P.

Po|li|zei|ap|pa|rat, der: *Apparat* (2) *der Polizei:* den P. in Bewegung setzen.

Po|li|zei|auf|ge|bot, das: *Aufgebot* (1) *von Polizisten.*

Po|li|zei|au|to, das: *Auto der Polizei, bes. Funkstreifenwagen.*

Po|li|zei|be|am|te, der: *Beamter der Polizei.*

Po|li|zei|be|am|tin, die: w. Form zu ↑Polizeibeamte.

Po|li|zei|be|hör|de, die: *Behörde der Polizei; Behörde mit polizeilichen Aufgaben.*

Po|li|zei|dienst|stel|le, die: *Dienststelle der Polizei.*

Po|li|zei|di|rek|ti|on, die: *größere, übergeordnete Polizeibehörde.*

Po|li|zei|ein|satz, der: *Einsatz von Polizeikräften.*

Po|li|zei|es|kor|te, die: *von der Polizei gestellte Eskorte.*

Po|li|zei|funk, der: *Funk* (1 a) *der Polizei auf einer bestimmten Frequenz:* den P. abhören.

Po|li|zei|ge|wahr|sam, der: *polizeilicher Gewahrsam* (2).

Po|li|zei|ge|walt, die: a) *polizeiliche Gewalt* (1) *als Machtbefugnis:* die P. ausüben; b) ⟨o. Pl.⟩ *von der Polizei in einem Fall ausgeübte Gewalt:* etw. mit P. verhindern.

Po|li|zei|griff, der: *[von Polizisten angewendeter] Griff, bei dem jmdm. die Arme auf den Rücken gebogen werden (damit er nicht handgreiflich werden kann):* jmdn. im P. abführen.

Po|li|zei|haupt|wacht|meis|ter, der: *Polizeibeamter im mittleren Dienst.*

Po|li|zei|haupt|wacht|meis|te|rin, die: w. Form zu ↑Polizeihauptwachtmeister.

Po|li|zei|hund, der: *für polizeiliche Zwecke abgerichteter Hund.*

Po|li|zei|kom|man|do, das: *Kommando der Polizei.*

Po|li|zei|kom|mis|sar, (südd., österr., schweiz.:) **Po|li|zei|kom|mis|sär,** der: *Polizeibeamter im gehobenen Dienst.*

Po|li|zei|kom|mis|sa|ri|at, das (österr.): *Kommissariat* (2).

Po|li|zei|kom|mis|sa|rin, die: w. Form zu ↑Polizeikommissar.

Po|li|zei|kom|mis|sä|rin, die (südd., österr., schweiz.): w. Form zu ↑Polizeikommissär.

Po|li|zei|kon|trol|le, die: *von der Polizei durchgeführte Kontrolle.*

Po|li|zei|kräf|te ⟨Pl.⟩: *Gruppe von Polizisten, die irgendwo in einer bestimmten Funktion (z. B. zur Abwehr von Gefahren, Sicherung der Ordnung, Verhinderung von Verbrechen o. Ä.) auftreten:* ein starkes Aufgebot von -n.

po|li|zei|lich ⟨Adj.⟩: *die Polizei betreffend, von der Polizei ausgehend, von ihr durchgeführt, zu ihr gehörend:* das -e Kennzeichen eines Fahrzeugs; -e Ermittlungen; ein -es Führungszeugnis; p. *(von der Polizei)* verboten; jmdn. p. suchen lassen; die -e Meldepflicht *(Pflicht, sich, etw. bei der Polizei zu melden);* sich p. *(bei der Polizei)* anmelden, abmelden.

Po|li|zei|meis|ter, der: *Polizeibeamter im mittleren Dienst.*

Po|li|zei|meis|te|rin, die: w. Form zu ↑Polizeimeister.

Po|li|zei|not|ruf, der: **1.** *Notrufanlage, über die die Polizei zu erreichen ist.* **2.** *Notrufnummer, unter der die Polizei zu erreichen ist.*

Po|li|zei|pos|ten, der: *Posten* (1, 4) *der Polizei.*

Po|li|zei|prä|si|dent, der: *Leiter eines Polizeipräsidiums.*

Po|li|zei|prä|si|den|tin, die: w. Form zu ↑Polizeipräsident.

Po|li|zei|prä|si|di|um, das: *größere, übergeordnete Polizeibehörde.*

Po|li|zei|re|vier, das: **1.** *für einen [Stadt]bezirk zuständige Polizeidienststelle:* sich auf dem P. melden. **2.** *[Stadt]bezirk, für den eine bestimmte Polizeidienststelle zuständig ist:* die -e vergrößern.

Po|li|zei|schutz, der: *polizeilicher Schutz:* unter P. gestellt werden.

Po|li|zei|spit|zel, der (abwertend): *jmd., der als Spitzel für die Polizei arbeitet.*

Po|li|zei|staat, der: *Staat, in dem der Bürger nicht durch unverletzliche Grundrechte u. eine unabhängige Rechtsprechung geschützt wird (wie im Rechtsstaat), sondern der willkürlichen Rechtsausübung der [Geheim]polizei ausgesetzt ist.*

Po|li|zei|strei|fe, die: polizeiliche Streife (1, 2).

Po|li|zei|stun|de, die ⟨Pl. selten⟩: *gesetzlich festgelegte Uhrzeit, zu der Gaststätten o. Ä. täglich geschlossen werden müssen:* die P. verlängern, aufheben.

Po|li|zei|uni|form, die: *von Polizisten im Dienst getragene Uniform.*

Po|li|zei|wa|che, die: *Dienststelle der Schutzpolizei.*

Po|li|zei|we|sen, das ⟨o. Pl.⟩: *Bereich der Polizei mit allen dazugehörenden Einrichtungen u. Maßnahmen.*

po|li|zei|wid|rig ⟨Adj.⟩: *den polizeilichen Anordnungen zuwiderlaufend.*

Po|li|zist, der; -en, -en: *[uniformierter] Angehöriger der Polizei; Schutzmann.*

Po|li|zis|tin, die; -, -nen: w. Form zu ↑Polizist.

Po|liz|ze, die; -, -n [ital. polizza, ↑Police] (österr.): *Police.*

Polk: ↑[1]Pulk.

Pol|ka, die; -, -s [tschech. polka, eigtl. = Polin; um 1831 in Prag so zu Ehren der damals unterdrückten Polen genannt]: *Rundtanz im lebhaften bis raschen $^2/_4$-Takt mit Achtelrhythmus, wobei jeweils auf drei Schritte ein Hopser folgt.*

pol|ken ⟨sw. V.; hat⟩ [H. u.] (nordd. salopp): a) *sich mit den Fingern an, in etw. zu schaffen machen:* in der Nase p.; b) *mit den Fingern aus, von etw. entfernen:* [sich] Popel aus der Nase p.

Poll [poʊl], der; -s, -s [engl. poll, eigtl. = Kopf(zahl)] (Markt-, Meinungsforschung): **1.** *Umfrage, Befragung.* **2.** *Wahl, Abstimmung.* **3.** *Liste der Wähler od. Befragten.*

Pol|len, der; -s, - [lat. pollen = sehr feines Mehl, Mehlstaub] (Bot.): *Blütenstaub.*

Pol|len|al|ler|gie, die (Med.): *krankhafte Reaktion des Organismus auf bestimmte Pollen;* vgl. Heuschnupfen.

Pol|len|flug, der: *zur Blütezeit der Pflanzen einsetzende Verbreitung der Pollen.*

Pol|len|flug|ka|len|der, der: *Kalender, der die Zeiten des Pollenflugs der verschiedenen Pflanzen angibt.*

Pol|ler, der; -s, - [a: älter: Polder < niederl. polder < afrz. poldre, poultre (frz. poutre) = Balken, urspr. = junge Stute (beide tragen Lasten) < lat. pullus = Jungtier]: a) (Seemannsspr.) *Holz- od. Metallklotz, -pfosten auf Schiffen, Kaimauern, um den die Taue zum Festmachen von Schiffen gelegt werden;* b) *Markierungsklotz für den Straßenverkehr.*

Pol|lu|ti|on, die; -, -en [spätlat. pollutio = Besudelung] (Med.): *unwillkürlicher Samenerguss [im Schlaf].*

[1]Pọl|lux (griech. Myth.): Held der griechischen Sage: * **wie Kastor und P. sein** (↑[1]Kastor).

[2]Pọl|lux, der; -: Stern im Sternbild Zwillinge.

pọl|nisch ⟨Adj.⟩: *Polen, die Polen betreffend, von den Polen stammend, zu ihnen gehörend.*

Pọl|nisch, das u. ⟨nur mit best. Art.:⟩ **Pol|ni|sche,** das; -n: *die polnische Sprache.*

Po̱|lo, das; -s [engl. polo, eigtl. = Ball, aus einer nordind. Spr.]: *Treibballspiel zwischen zwei Mannschaften zu je vier Spielern, die vom Pferd aus versuchen, einen Ball mit langen Schlägern in das gegnerische Tor zu treiben.*

Po̱|lo|hemd, das: *kurzärmeliges Trikothemd mit offenem Kragen.*

Po|lo|nä|se, (auch:) **Po|lo|nai|se** [...'nɛ:zə], die; -, -n [frz. polonaise (danse) = polnischer (Tanz), zu: polonais = polnisch]: *(als Eröffnung von Bällen o. Ä. beliebter) festlicher Schreittanz im* $^3/_4$*-Takt, wobei die Ausführung der geometrischen Figuren dem anführenden Paar überlassen bleibt.*

Po|lo̱|nia: lateinischer Name von Polen.

Po|lo|nịs|tik, die; -: *Wissenschaft von der polnischen Sprache u. Literatur.*

Po|lo̱|ni|um, das; -s [nlat.; nach Polonia, dem nlat. Namen Polens, der Heimat der Entdeckerin, der frz. Naturwissenschaftlerin M. Curie (1867–1934)]: *radioaktives, metallisches chemisches Element* (Zeichen: Po).

Po̱|lo|schlä|ger, der: *hammerähnlicher, langer Schläger, mit dem Polo gespielt wird.*

Pọls|ter, das, österr. auch: der; -s, -, österr.: Pölster [mhd. polster, bolster, ahd. polstar, bolstar, eigtl. = (Auf)geschwollenes]: **1.** *mit festem Stoff- od. Lederbezug versehene, elastische Auflage [mit Sprungfedern] auf Sitz- u. Liegemöbeln o. Ä.:* ein weiches, hartes P.; sich in die P. zurückfallen lassen, zurücklehnen. **2. a)** *in ein Kleidungsstück eingearbeitetes, festes, kissenartiges Teil zur modischen Betonung einer bestimmten Partie:* P. betonen die Schultern; **b)** (Bot.) *flache od. halbkugelige, den Boden überziehende Form bestimmter Pflanzen:* P. bildende Pflanzen für den Steingarten; das Moos wächst in -n; **c)** *etw., was sich jmd. z. B. in Form von Rücklagen oft selbst geschaffen hat u. was ihm eine gewisse Sicherheit gibt:* ein finanzielles P. besitzen. **3.** (österr.) *Kissen.*

Pọls|ter|bank, die ⟨Pl. ...bänke⟩: *gepolsterte* [1]*Bank* (1 a).

Pọls|ter bil|dend: s. Polster (2 b).

Pọ̈ls|ter|chen, das; -s, -: **1.** Vkl. zu ↑Polster. **2.** ⟨meist Pl.⟩ (ugs. scherzh.) *Fettpolster.*

Pọls|te|rer, der; -s, -: *Handwerker, der Möbel polstert* (Berufsbez.).

Pọls|ter|gar|ni|tur, die: *aus gepolsterten Möbeln bestehende Garnitur* (1 a).

Pọls|te|rin, die; -, -nen: w. Form zu ↑Polsterer.

Pọls|ter|mö|bel, das: *gepolstertes Möbel.*

pọls|tern ⟨sw. V.; hat⟩: **a)** *mit einem Polster* (1) *versehen:* einen Sessel gut, weich p.; etw. mit Rosshaar, Seegras, Schaumstoff p.; die Autositze, die Türen zum Direktorzimmer sind gepolstert; Ü sie ist gut gepolstert (ugs. scherzh.; *ziemlich dick*); für ein solches Geschäft muss man gut gepolstert sein (ugs. scherzh.; *viel Geld [als Rücklage] haben*); **b)** *mit einem Polster* (2 a) *versehen:* etw. mit Watte p.

Pọls|ter|ses|sel, der: vgl. Polsterbank.

Pọls|ter|stoff, der: *Möbelstoff.*

Pọls|ter|stuhl, der: vgl. Polsterbank.

Pọls|ter|tür, die: *zur Schalldämpfung mit Lederpolster belegte Tür.*

Pọls|te|rung, die; -, -en: **1.** *Polster* (1) *eines Sitz- od. Liegemöbels, auf den Sitzen eines Fahrzeugs:* die P. eines Autos; die P. der Stühle erneuern. **2.** *das Polstern.*

Pọl|ter, der od. das; -s, - [zu ↑poltern in der Bed. »Holz (laut) abwerfen«] (süd[west]d.): *Holzstoß.*

Pọl|ter|abend, der: *Abend vor einer Hochzeit, an dem nach altem Brauch vor dem Haus [der Brauteltern] Porzellan o. Ä. zerschlagen wird, dessen Scherben dem Brautpaar Glück bringen sollen.*

Pọl|te|rer, der; -s, - (ugs.): *jmd., der oft poltert* (2 a).

Pọl|ter|geist, der ⟨Pl. -er⟩: *Klopfgeist.*

pọl|te|rig, poltrig ⟨Adj.⟩: *polternd* (1, 2).

Pọl|te|rin, die; -, -nen (ugs.): w. Form zu ↑Polterer.

pọl|tern ⟨sw. V.⟩ [spätmhd. buldern, mniederd. bolderen = poltern, lärmen; lautm.]: **1. a)** *mehrmals hintereinander ein dumpfes Geräusch verursachen, hervorbringen* ⟨hat⟩: die Familie über uns polterte den ganzen Abend; ⟨unpers.:⟩ draußen polterte es; **b)** *sich polternd* (1 a) *irgendwohin bewegen* ⟨ist⟩: der Karren polterte über das holprige Pflaster; die Holzklötze poltern vom Wagen; er kam ins Zimmer gepoltert. **2. a)** *laut scheltend sprechen, seine Meinung äußern [ohne es böse zu meinen]* ⟨hat⟩: der Großvater poltert gern; **b)** *laut scheltend sagen* ⟨hat⟩: »Hinaus!«, polterte er. **3.** (ugs.) *Polterabend feiern* ⟨hat⟩: heute Abend wird bei uns gepoltert.

pọlt|rig: ↑polterig.

Pọl|wechs|ler, Pọl|wen|der, der; -s, - (Elektrot.): *Relais zur Umwandlung von Gleichstrom in Wechselstrom.*

po|ly-, Po|ly- [griech. polýs]: bedeutet in Bildungen mit Adjektiven od. Substantiven *viel, mehr, verschieden:* polyglott; polyfunktional; Polytheismus.

Po|ly|acry̱l, das; -s: *leichte, weiche Synthesefaser.*

Po|ly|acry̱l|ni|tril, das; -s [Kunstwort]: *polymerisiertes Acrylsäurenitril, das Ausgangsstoff wichtiger Kunstfasern ist.*

Po|ly|ami̱d, das; -[e]s, -e (Chemie, Technik): *hochmolekularer im Allgemeinen farbloser bei höheren Temperaturen verformbarer Kunststoff, der bes. für die Herstellung von Kunstfasern verwendet wird.*

Po|ly|an|dri̱e, die; - [griech. polyandría, zu: polyandreĩn = viele Männer haben, zu: anḗr (Gen.: andrós) = Mann] (Völkerk.): *vereinzelt bei Naturvölkern vorkommende Form der Polygamie, bei der eine Frau gleichzeitig mit mehreren Männern verheiratet ist; Vielmännerei.*

Po|ly|an|tha|ro|se, die; -, -n [zu griech. polyanthḗs = vielblütig, zu: ánthos = Blüte] (Bot.): *meist als Busch wachsende Rose von niedrigem Wuchs, die zahlreiche Blüten an einem Stängel trägt.*

Po|ly|ar|thri̱|tis, die; -, ...iti̱den (Med.): *an mehreren Gelenken gleichzeitig auftretende Arthritis.*

Po|ly|äthy|le̱n: ↑Polyethylen.

po|ly|chro̱m ⟨Adj.⟩ [zu griech. chrõma = Farbe] (Malerei, Fot., bild. Kunst): *vielfarbig, bunt:* eine -e Aufnahme.

Po|ly|chro|mi̱e, die; - (Malerei, Fot., bild. Kunst): *mehrfarbige Gestaltung mit kräftig voneinander abgesetzten Farbflächen ohne einheitlichen Grundton; Vielfarbigkeit (z. B. bei Keramiken).*

po|ly|cy̱|clisch: ↑polyzyklisch.

Po|ly|deu̱|kes: griech. Name des [1]Pollux.

Po|ly|e̱der, das; -s, - [zu (spät)griech. polýedros = vielflächig, zu griech. hédra = Fläche] (Math.): *von mehreren ebenen Flächen, von Vielecken begrenzter Körper; Vielflächner:* der Würfel ist ein regelmäßiges P.

po|ly|e̱drisch ⟨Adj.⟩ (Math.): *die Form eines Polyeders habend:* ein -er Körper.

Po|ly|e̱s|ter, der; -s, - (Chemie, Technik): *(aus Säuren u. Alkoholen gebildeter) hochmolekularer Stoff, der als wichtiger Rohstoff zur Herstellung von Kunstfasern, Harzen, Lacken o. Ä. dient.*

Po|ly|ethy|le̱n, (auch:) Polyäthylen, das; -s, -e (Chemie, Technik): *(durch Polymerisation von Ethylen hergestellter) hochmolekularer, chemisch kaum angreifbarer, formbarer, aber fast unzerbrechlicher Kunststoff.*

po|ly|funk|ti|o|na̱l ⟨Adj.⟩: *verschiedene, mehrere Funktionen habend; auf verschiedene, in mehrfacher Weise funktionierend.*

po|ly|ga̱m ⟨Adj.⟩ [zu griech. gámos = Ehe]: **1. a)** *(von Tieren u. Menschen) von der Anlage her auf mehrere Geschlechtspartner bezogen:* -e Vögel; **b)** (Völkerk.) *die Mehrehe, die Vielehe kennend; in Mehrehe, in Vielehe lebend:* -e Völker; **c)** (selten) *mit mehreren Partnern geschlechtlich verkehrend:* sie wohnen zusammen, leben aber beide p. **2.** (Bot.) *(von bestimmten Pflanzen) sowohl zwittrige als auch eingeschlechtige Blüten gleichzeitig tragend.*

Po|ly|ga|mi̱e, die; -: **1. a)** (bes. Völkerk.) *Ehe mit mehreren Partnern; Mehrehe, Vielehe;* **b)** *Zusammenleben, geschlechtlicher Verkehr mit mehreren Partnern.* **2.** (Bot.) *Auftreten von zwittrigen u. eingeschlechtigen Blüten gleichzeitig auf einer Pflanze.*

po|ly|ge̱n ⟨Adj.⟩ [↑-gen]: **1.** (Biol.) *(von einem Erbvorgang) durch das Zusammenwirken mehrerer Gene bestimmt.* **2.** (bes. Fachspr.) *vielfachen Ursprung habend, durch mehrfachen Ursprung hervorgerufen.*

po|ly|glọtt ⟨Adj.⟩ [griech. polýglōttos, zu: glõtta, glõssa = Zunge, Sprache] (bildungsspr.): **1.** *in mehreren Sprachen abgefasst; mehrsprachig* (a), *vielsprachig:* eine -e Ausgabe der Bibel. **2.** *mehrere, viele Sprachen beherrschend, sprechend.*

Po|ly|glọt|te, der u. die; -n, -n ⟨Dekl. ↑Abgeordnete⟩ (bildungsspr.): *jmd., der mehrere, viele Sprachen beherrscht.*

Po|ly|glọt|ten|bi|bel, die: *polyglotte Bibelausgabe.*

Po|ly|go̱n, das; -s, -e [griech. polýgōnon, zu: gōnía = Ecke, Winkel] (Math.): *Vieleck.*

po|ly|go|na̱l ⟨Adj.⟩ (Math.): *ein Polygon darstellend; vieleckig.*

Po|ly|gon|bo|den, der (Geol.): *Boden mit einer durch wechselndes Gefrieren u. Auftauen entstandenen polygonalen Musterung.*

Po|ly|gra̱ph, der; -en, -en [zu griech. polygráphein = viel schreiben]: **1.** *Gerät zur gleichzeitigen Registrierung mehrerer messbarer Vorgänge u. Erscheinungen, das z. B. in der Medizin bei der Elektrokardiographie u. in der Kriminologie als Lügendetektor verwendet wird.* **2.** (DDR) *Angehöriger des grafischen Gewerbes.*

Po|ly|gra|phi̱e, die; - [griech. polygraphía = Vielschreiberei]: **1.** (Med.) *Röntgenuntersuchung mit mehrmaliger Belichtung zur Darstellung von Organbewegungen.* **2.** (DDR) *alle Zweige des grafischen Gewerbes umfassendes Gebiet.*

po|ly|gra̱|phisch ⟨Adj.⟩ (DDR): *die Polygraphie* (2) *betreffend, zu ihr gehörend.*

Po|ly|gy|ni̱e, die; - (Völkerk.): *Polygamie, bei der ein Mann gleichzeitig mit mehreren Frauen verheiratet ist; Vielweiberei.*

Po|ly|hy̱m|nia, Polymnia (griech. Myth.): Muse des ernsten Gesanges.

Po|ly|kon|den|sa|ti|o̱n, die; - (Chemie, Technik): *Verfahren zur Herstellung von Makromolekülen, von hochmolekularen Kunststoffen* (z. B. von Polyurethanen).

po|ly|me̱r ⟨Adj.⟩ [zu griech. méros = (An)teil]: **1.** (Chemie, Technik) *durch Polymerisation, durch Verknüpfung kleinerer Moleküle entstanden, aus großen Molekülen bestehend:* -e Verbindungen. **2.** (Fachspr.) *aus mehreren, vielen Teilen bestehend, hervorgegangen; mehr-, vielteilig; mehr-, vielgliedrig:* -e Fruchtknoten.

Po|ly|me̱r, das; -s, -e, **Po|ly|me̱|re,** das; -n, -n ⟨meist Pl.⟩ (Chemie): *aus Makromolekülen bestehender Stoff; polymere Verbindung.*

Po|ly|me|ri|sa̱t, das; -[e]s, -e (Chemie, Technik): *durch Polymerisation entstandener neuer, hochmolekularer Stoff.*

Po|ly|me|ri|sa|ti|o̱n, die; -, -en (Chemie, Technik): *chemischer Vorgang, durch den ein Polymer entsteht; Herstellung eines Polymers.*

po|ly|me|ri|si̱er|bar ⟨Adj.⟩: *sich polymerisieren lassend.*

po|ly|me|ri|si̱e|ren ⟨sw. V.; hat⟩ (Chemie, Technik): **1.** *in einer Polymerisation zu einem Polymer werden:* polymerisiert werden. **2.** *zu einem Polymer machen, werden lassen:* einen Stoff p.

Po|ly|me|ri|si̱e|rung, die; -, -en: *das Polymerisieren.*

Po|ly|me̱|ter, das; -s, - [↑-meter (1)] (Met.): *kombiniertes Hygro- u. Thermometer.*

Po|ly̱m|nia: ↑Polyhymnia.

po|ly|mọrph ⟨Adj.⟩ [griech. polýmorphos, zu:

polýs (↑poly-, Poly-) u. ↑-morph] (Fachspr.): *in verschiedenerlei Gestalt, Form vorhanden, vorkommend; vielgestaltig, verschiedengestaltig.*

Po|ly|ne|si|en; -s: Inselwelt im mittleren Pazifischen Ozean.

Po|ly|ne|si|er, der; -s, -: Ew.

Po|ly|ne|si|e|rin, die; -, -nen: w. Form zu ↑Polynesier.

po|ly|ne|sisch ⟨Adj.⟩: *Polynesien, die Polynesier betreffend, von den Polynesiern stammend, zu ihnen gehörend.*

Po|ly|nom, das; -s, -e [zu lat. nomen = Name] (Math.): *aus mehr als zwei durch Plus- od. Minuszeichen miteinander verbundenen Gliedern bestehender mathematischer Ausdruck.*

Po|lyp, der; -en, -en [lat. polypus < griech. polýpous, eigtl. = vielfüßig, zu: poús = Fuß; 4: zu älter gaunerspr. polipee, viell. aus dem Jidd., beeinflusst vom scherzh. Vergleich der »Fangarme« des Polizisten mit denen des Polypen]: 1. *auf einem Untergrund festsitzendes Nesseltier, das (wie die Koralle) oft große Stöcke bildet.* 2. (veraltet, noch ugs.) *Krake.* 3. (Med.) *gutartige, oft gestielte Geschwulst der Schleimhäute, bes. in der Nase:* jmdm. die -en herausnehmen. 4. (salopp) *Polizist; Polizei-, Kriminalbeamter.*

po|ly|pen|ar|tig ⟨Adj.⟩: *einem Polypen ähnlich, wie ein Polyp.*

Po|ly|pep|tid, das; -[e]s, -e (Biochemie): *aus verschiedenen Aminosäuren aufgebautes Produkt beim Ab- u. Aufbau der Eiweißkörper.*

po|ly|phag ⟨Adj.⟩ [zu griech. phageĩn = essen, fressen] (Biol.): *(von Tieren) Nahrung verschiedenster Herkunft aufnehmend.*

Po|ly|pha|ge, der; -n, -n (Zool.): *polyphages Tier.*

po|ly|phon ⟨Adj.⟩ [griech. polýphōnos = vielstimmig, zu: polýs (↑poly-, Poly-) u. phōnḗ, ↑Phon] (Musik): *die Polyphonie betreffend, zu ihr gehörend; in der Kompositionsart der Polyphonie komponiert; mehrstimmig:* -e Musik.

Po|ly|pho|nie, die; - [griech. polyphōnía = Vieltönigkeit, Vielstimmigkeit] (Musik): *Kompositionsweise, -technik, bei der die verschiedenen Stimmen selbstständig linear geführt werden u. die melodische Eigenständigkeit der Stimmen Vorrang vor der harmonischen Bindung hat.*

po|ly|plo|id ⟨Adj.⟩ [geb. nach ↑diploid, haploid] (Biol.): *(von Zellkernen) mehr als zwei Chromosomensätze aufweisend.*

Po|ly|plo|i|die, die; - (Biol.): *das Vorhandensein von mehr als zwei Chromosomensätzen; Vervielfachung des Chromosomensatzes.*

Po|ly|pol, das; -s, -e [geb. nach ↑Oligopol] (Wirtsch.): *Marktform, bei der auf der Angebots- od. Nachfrageseite jeweils mehrere Anbieter bzw. Nachfrager miteinander in Konkurrenz stehen.*

Po|ly|pro|py|len, das; -s: *durch Polymerisation von Propylen hergestellter thermoplastischer Kunststoff.*

Po|ly|re|ak|ti|on, die; -, -en (Chemie): *sich vielfach wiederholende chemische Reaktion, bei der sich ein Polymer bildet.*

Po|ly|rhyth|mik, die; - (Musik): *gleichzeitiges Auftreten verschiedenartiger Rhythmen in den einzelnen Stimmen einer Komposition* (z. B. im Jazz).

po|ly|rhyth|misch ⟨Adj.⟩ (Musik): *die Polyrhythmik betreffend, zu ihr gehörend; Polyrhythmik aufweisend.*

Po|ly|sac|cha|rid, Po|ly|sa|cha|rid, das; -[e]s, -e (Biochemie): *aus zahlreichen Monosacchariden aufgebautes hochmolekulares Kohlehydrat.*

po|ly|sem, po|ly|se|man|tisch ⟨Adj.⟩ [griech. polýsēmos, polysḗmantos = vieles bezeichnend] (Sprachw.): *(von Wörtern) mehrere Bedeutungen habend; Polysemie aufweisend.*

Po|ly|se|mie, die; - (Sprachw.): *Vorhandensein mehrerer Bedeutungen bei einem Wort* (z. B. Pferd = Tier, Turngerät, Schachfigur).

Po|ly|sty|rol, das; -s, -e (Chemie, Technik): *durch Polymerisation von Styrol gewonnener, in verschiedenen Formen herstellbarer, vielseitig verwendbarer Kunststoff.*

po|ly|syl|la|bisch ⟨Adj.⟩ [spätlat. polysyllabus < griech. polysýllabos] (Sprachw.): *(von Wörtern) aus mehreren Silben bestehend, mehrsilbig.*

Po|ly|syl|la|bum, das; -s, ...ba (Sprachw.): *mehrsilbiges Wort.*

Po|ly|syn|de|ton, das; -s, ...ta [griech. polysýndeton, eigtl. = das vielfach Verbundene] (Sprachw.): *Reihe von Wörtern, Satzteilen, Sätzen, deren Glieder durch Konjunktionen miteinander verbunden sind.*

po|ly|syn|the|tisch ⟨Adj.⟩ (Sprachw.): *vielfach zusammengesetzt:* -e Sprachen *(Sprachen, wie die Indianersprachen, bei denen mehrere Bestandteile des Satzes zu einem Wort verschmolzen werden).*

Po|ly|tech|nik, die; -: a) *Fachgebiet, das mehrere Zweige der Technik, auch der Wirtschaft, der Gesellschaftspolitik o. Ä. umfasst:* die Studenten werden in P. ausgebildet; b) (bes. DDR) *Polytechnik* (a) *als Unterrichtsfach in der Schule:* morgen haben wir zwei Stunden P.

po|ly|tech|nisch ⟨Adj.⟩: *mehrere Zweige der Technik, auch der Wirtschaft, der Gesellschaftspolitik o. Ä. umfassend:* die -e Grundbildung an Haupt-, Real- und Gesamtschulen der Bundesrepublik; (bes. DDR:) -er Unterricht; eine -e Schule.

Po|ly|the|is|mus, der; -: *Glaube an eine Vielzahl von (männlich u. weiblich gedachten) Gottheiten; Vielgötterei.*

po|ly|the|is|tisch ⟨Adj.⟩: *den Polytheismus betreffend, ihm entsprechend, auf ihm beruhend:* -e Religionen.

po|ly|to|nal ⟨Adj.⟩ (Musik): *die Polytonalität betreffend, zu ihr gehörend; nach den Gesetzen der Polytonalität komponiert; mehrere Tonarten in den verschiedenen Stimmen zugleich aufweisend:* -e Musik.

Po|ly|to|na|li|tät, die; - (Musik): *gleichzeitiges Auftreten mehrerer Tonarten in den einzelnen Stimmen einer Komposition.*

Po|ly|ure|than, das; -s, -e ⟨meist Pl.⟩ [zu nlat. urea = Harnstoff (zu ↑Urin) u. ↑Äthan]: *wichtiger, vielseitig verwendbarer Kunststoff.*

po|ly|va|lent ⟨Adj.⟩: 1. (Psych.) *multivalent.* 2. (Med.) *in mehrfacher Beziehung wirksam, gegen verschiedene Erreger od. Giftstoffe gerichtet* (z. B. von Seren).

Po|ly|vi|nyl|chlo|rid, das; -[e]s, -e: *PVC.*

po|ly|zy|klisch [auch: ...ˈtsʏk...], (auch:) polycyclisch ⟨Adj.⟩ (Chemie): *(von organischen chemischen Verbindungen) zwei od. mehr Ringe miteinander verbundener Atome im Molekül aufweisend.*

pöl|zen ⟨sw. V.; hat⟩ [zu Bolz (veraltete Form von ↑Bolzen) in der Bed. »Stützholz«] (österr.): *mit Pfosten, durch Verschalung o. Ä. stützen:* eine Mauer, einen Stollen p.

Po|ma|de, die; -, -n [frz. pommade < ital. pomata, zu: pomo = Apfel (< lat. pomum = Baumfrucht); wahrsch. wurde ein Hauptbestandteil früher aus einem bestimmten Apfel gewonnen] (veraltend): *fetthaltige, salbenähnliche Substanz zur Haarpflege, bes. zur Festigung des Haars bei Männern:* P. im Haar haben.

po|ma|dig ⟨Adj.⟩: 1. (veraltend) *mit Pomade* (1) *eingerieben:* -es Haar. 2. (landsch.) *blasiert, anmaßend, dünkelhaft:* seine -e Art ist unerträglich. 3. (ugs.) *langsam, träge; gemächlich:* sei nicht so p.!

po|ma|di|sie|ren ⟨sw. V.; hat⟩ (veraltend): *mit Pomade* (1) *einreiben.*

Po|me|ran|ze, die; -, -n [15. Jh., älter ital. pommerancia, verdeutlichende Zus. aus: pomo = Apfel u. arancia (aus dem Pers.) = bitter, also eigtl. = bittere Apfelsine]: 1. *(bes. in den Mittelmeerländern u. in Indien kultivierter) kleiner Baum mit schmalen dunkelgrünen Blättern, stark duftenden weißen Blüten u. runden orangefarbenen Früchten.* 2. *orangefarbene, runde, der Apfelsine ähnliche, aber kleinere Zitrusfrucht (mit saurem Fruchtfleisch u. bitter schmeckender Schale); Frucht der Pomeranze* (1).

Pom|mer, der; -n, -n: Ew. zu ↑Pommern.

Pom|me|rin, die; -, -nen: w. Form zu ↑Pommer.

pom|me|risch ⟨Adj.⟩: *Pommern, die Pommern betreffend; von den Pommern stammend, zu ihnen gehörend.*

Pom|mer|land, das; -[e]s (selten): Pommern.

Pom|mern; -s: Landschaft südlich der Ostsee.

pom|mersch ⟨Adj.⟩: *pommerisch.*

Pom|mes ⟨Pl.⟩ (ugs.): *Pommes frites:* eine Tüte P.

Pom|mes|bu|de, die (ugs.): *Imbissstand, an dem hauptsächlich Pommes frites verkauft werden.*

Pommes frites [pɔmˈfrɪt] ⟨Pl.⟩ [frz. pommes frites, zu: frit, ↑frittieren] (Kochk.): *in schmale Stäbchen geschnittene, roh in Fett schwimmend gebackene Kartoffeln.*

Po|mo|lo|gie, die; - [zu lat. pomum = Baumfrucht u. ↑-logie]: *Lehre von den Obstsorten u. vom Obstbau als Teilgebiet der Botanik.*

Pomp, der; -[e]s [mhd. pomp(e) < (m)frz. pompe < lat. pompa < griech. pompḗ = Geleit; festlicher Aufzug, zu: pémpein = schicken; geleiten]: *großer Aufwand [an Pracht]; prachtvolle Aufmachung, Ausstattung; als übertrieben empfundener Prunk, Gepränge:* übertriebener P.

Pom|pe|ji: Stadt u. antike Ruinenstätte am Vesuv.

pom|pe|jisch ⟨Adj.⟩: *Pompeji betreffend.*

pomp|haft ⟨Adj.⟩ [zu ↑Pomp] (oft abwertend): *mit großem Pomp [ausgestattet, auftretend]:* p. ausgestattete Räume.

Pomp|haf|tig|keit, die; -: *pomphafter Charakter.*

Pom|pon [põˈpõ:, auch: pɔmˈpõ:], der; -s, -s [frz. pompon, zu mfrz. pomper = den Prächtigen spielen, zu: pompe = Gepränge, Prunk, ↑Pomp]: *als Zierde (bes. auf Hausschuhen, an bestimmten Kostümen u. Hüten) angebrachte, einem kleinen Ball ähnliche, weiche Quaste aus Seide, Wolle o. Ä.*

pom|pös ⟨Adj.⟩ [frz. pompeux < spätlat. pomposus, zu lat. pompa, ↑Pomp]: *überaus, in übertriebener Weise aufwendig, in auffallender Weise prächtig, prunkvoll; mit großem Pomp [ausgestattet, auftretend]:* eine -e Ausstattung; -e Feierlichkeiten; eine -e Villa; sie war geradezu p. aufgemacht; Ü ein -er Titel.

Pö|na|le, das; -s, ...lien u. (österr.:) - [zu lat. poenalis = die Strafe betreffend, zu: poena = Strafe] (veraltet, noch österr.): 1. *Strafe, Buße.* 2. *Strafgebühr, Strafgeld.*

Pon|cho [ˈpɔnt͡ʃo], der; -s, -s [span. poncho < Arauka (südamerik. Indianerspr.) poncho]: 1. *(von den Indianern Mittel- u. Südamerikas) als Umhang getragene viereckige Decke mit einem Schlitz in der Mitte für den Kopf.* 2. *ärmelloser, glockig fallender, mantelartiger Umhang, bes. für Frauen u. Kinder.*

Pond, das; -s, - [lat. pondus = Gewicht, zu: pendere, ↑Pensum] (Physik veraltend): *tausendster Teil der früheren Krafteinheit Kilopond* (Zeichen: p).

pon|de|ra|bel ⟨Adj.; ...bler, -ste⟩ [spätlat. ponderabilis] (bildungsspr. veraltet): *wägbar, berechenbar, kalkulierbar.*

Pon|de|ra|bi|li|en ⟨Pl.⟩ (bildungsspr.): *wägbare, kalkulierbare Dinge.*

Pons, der; -es, -e [gek. aus mlat. pons asinorum, ↑Eselsbrücke] (landsch. Schülerspr.): *bes. bei Klassenarbeiten heimlich benutzte Übersetzung eines altsprachlichen Textes.*

Pon|te, die; -, -n [frz. pont < lat. pons (Gen.: pontis) = Brücke] (rhein.): *flache, breite Fähre.*

Pon|ti|cel|lo [...ˈtʃɛlo], der; -s, -s u. ...lli [ital. ponticello, eigtl. = Brückchen, zu: ponte < lat. pons, ↑Ponte] (Musik): *Steg (bei bestimmten Streich- u. Zupfinstrumenten).*

Pon|ti|fex, der; -, Pontifices [...tse:s; lat. pontifex, eigtl. = Brückenmacher, zu: pons = Brücke u. facere = machen]: *Oberpriester im Rom der Antike.*

Pon|ti|fex ma|xi|mus, der; - -, ...fices ...mi [lat. pontifex maximus, eigtl. = größter Brückenmacher]: 1. *oberster Priester im Rom der Antike.* 2. ⟨o. Pl.⟩ *Titel der römischen Kaiser.* 3. ⟨o. Pl.⟩ (kath. Kirche) *Titel des Papstes* (Abk.: P. M.).

pon|ti|fi|kal ⟨Adj.⟩ [lat. pontificalis = oberpriesterlich] (kath. Kirche): *einem Bischof zugehörend, ihm vorbehalten; bischöflich.*

Pon|ti|fi|kal|amt, das (kath. Kirche): *von einem Bischof, Abt od. Prälaten gehaltenes Hochamt.*

Pon|ti|fi|ka|le, das; -[s], ...lien [kirchenlat. pontificale] (kath. Kirche): **1.** *liturgisches Buch für die bischöflichen Amtshandlungen.* **2. a)** ⟨Pl.⟩ *bischöfliche Insignien, bes. Mitra u. Bischofsstab;* **b)** ⟨meist Pl.⟩ *bischöfliche Amtshandlungen, bei denen nach liturgischer Vorschrift der Bischof Mitra u. Bischofsstab benutzt; Pontifikalhandlung.*

Pon|ti|fi|kal|hand|lung, die (kath. Kirche): *Pontifikale (2 b).*

Pon|ti|fi|ka|li|en: Pl. von ↑Pontifikale.

Pon|ti|fi|kal|mes|se, die: *Pontifikalamt.*

Pon|ti|fi|kat, das od. der; -[e]s, -e [lat. pontificatus = Amt u. Würde eines Oberpriesters] (kath. Kirche): *Amt, Amtsdauer des Papstes od. eines Bischofs.*

Pon|ti|fi|zes: Pl. von ↑Pontifex.

Pon|ti|us: in der Wendung **von P. zu Pilatus laufen** (ugs.; *in einer Angelegenheit viele Wege machen müssen, von einer Stelle zur andern gehen bzw. geschickt werden;* eigtl. = von Herodes zu Pontius Pilatus laufen, nach Luk. 23, 7 f.; später alliterierend umgestaltet nach dem Namen des röm. Statthalters Pontius Pilatus [gest. 39 n. Chr.] im damaligen Palästina).

Pon|ton [põ'tõ:, auch: pɔn'tõ:, 'pɔntɔŋ, pɔn'to:n], der; -s, -s [frz. ponton < lat. ponto (Gen.: pontonis), zu: pons = Brücke, ↑Ponte] (Seew., Milit.): *einem breiten, flachen Kahn ähnlicher, offener od. geschlossener schwimmender Hohlkörper zum Bau von [behelfsmäßigen] Brücken o. Ä.*

Pon|ton|brü|cke, die: *von Pontons getragene Brücke.*

[1]Po|ny [...ni], das; -s, -s [engl. pony, H. u.]: *Pferd einer kleinen Rasse:* auf einem P. reiten.

[2]Po|ny, der; -s, -s [nach der Mähne des [1]Ponys]: *in die Stirn gekämmtes, meist gleichmäßig kurz geschnittenes, glattes Haar.*

Po|ny|fran|sen ⟨Pl.⟩ (ugs.): *[2]Pony.*

Po|ny|fri|sur, die: *Frisur mit einem [2]Pony.*

[1]Pool [pu:l], der; -s, -s: kurz für ↑Swimmingpool.

[2]Pool, der; -s, -s [engl. pool = gemeinsame Kasse, eigtl. = Wett-, Spieleinsatz < frz. poule, ↑Poule]: **1.** (Wirtsch.) *Zusammenfassung von Beteiligungen verschiedener Eigentümer an einem Unternehmen mit dem Zweck, bestimmte Ansprüche geltend machen zu können.* **2.** (Wirtsch.) **a)** *Vereinbarung von Unternehmen zur Bildung eines gemeinsamen Fonds, aus dem die Gewinne nach vorher festgelegter Vereinbarung verteilt werden;* **b)** *Fonds* (1 a), *Kasse* (3 a); *Reservoir:* Ü die verschiedenen Blutspenden wurden zu einem P. (Jargon; *zu einer Mixtur*) zusammengefasst. **3.** (Jargon) *Zusammenschluss, Vereinigung.*

[3]Pool, das: -s [zu ↑[2]Pool; das Spiel wurde früher mit Wetteinsatz gespielt]: kurz für ↑Poolbillard.

Pool|bil|lard, das ⟨o. Pl.⟩: *Billardspiel, bei dem eine Anzahl Kugeln, die unterschiedlich nach Punkten bewertet werden, in die an den vier Ecken u. in der Mitte der Längsseiten des Billardtisches befindlichen Löcher gespielt werden müssen.*

poo|len ['pu:lən] ⟨sw. V.; hat⟩ [engl. to pool, zu ↑[2]Pool] (Wirtsch.): **1.** *Beteiligungen verschiedener Eigentümer an einem Unternehmen zusammenfassen.* **2.** *einen gemeinsamen Fonds bilden, aus dem die Gewinne nach vorher festgelegter Vereinbarung an die beteiligten Unternehmen verteilt werden:* Ü die einzelnen Blutspenden wurden gepoolt (Jargon; *zusammengemischt*).

Pop, der; -[s] [1: engl. pop, gek. aus: pop art, ↑Pop-Art]: **1.** *Gesamtheit von Popkunst, -musik, -literatur usw.* **2.** *Popmusik:* P. hören. **3.** (ugs.) *poppige Art, poppiger Einschlag.*

Po|panz, der; -es, -e [über das Ostmd. wohl aus dem Slaw., vgl. tschech. bubák]: **1. a)** (veraltet) *künstlich hergestellte [Schreck]gestalt, bes. ausgestopfte Gestalt, Puppe;* **b)** (abwertend) *etw., was aufgrund vermeintlicher Bedeutung, Wichtigkeit Furcht, Einschüchterung o. Ä. hervorruft od. hervorrufen soll:* einen P. errichten; etw. zum P. machen. **2.** (abwertend) *jmd., der sich willenlos gebrauchen, alles mit sich machen lässt.*

Pop-Art ['pɔpla:ɐ̯t], die; - [engl. pop art, gek. aus: popular art = volkstümliche Kunst, zu popular < afrz. populeir < lat. popularis, ↑populär u. art < afrz. art < lat. ars (Gen.: artis)]: **1.** *moderne, bes. amerikanische u. englische Kunstrichtung, gekennzeichnet durch Bevorzugung großstädtischer Inhalte, auf die Realität bezogene Unmittelbarkeit u. bewusste Hinwendung zum Populären bzw. Trivialen.* **2.** *Erzeugnis[se] der Pop-Art* (1): P. ausstellen.

Pop|corn, das; -s [engl. popcorn, aus: pop = Knall u. corn = Mais]: *durch Rösten od. Dämpfen unter hohem Druck geplatzte, flockige, lockere Maiskörner.*

Po|pe, der; -n, -n [russ. pop < aruss. pop, wohl < ahd. pfaffo, ↑Pfaffe]: **1.** *(im slawischen Sprachraum) niederer orthodoxer Weltgeistlicher.* **2.** (abwertend) *Geistlicher.*

Po|pel, der; -s, - [(ost)mitteld.; H. u.]: **1.** (ugs.) *Stück verdickter Nasenschleim.* **2.** (landsch.) **a)** *[schmutziges] kleines Kind;* **b)** (abwertend) *unbedeutender, unscheinbarer, armseliger Mensch:* was will denn dieser P.!

po|pe|lig, poplig ⟨Adj.⟩ (ugs. abwertend): **1.** *(im Hinblick auf Wert, Qualität) armselig, schäbig:* so ein -es Geschenk! **2.** *ganz gewöhnlich, keiner besonderen Aufmerksamkeit wert:* sie rennt wegen jeder -en Erkältung zum Arzt. **3.** (seltener) *kleinlich, knauserig, geizig.*

Po|pe|lin [auch: pɔp'li:n], der; -s, -e, **Po|pe|li|ne** [...'li:n], der; -s, - [...'li:nə], auch: die; -, - [...'li:nə; frz. popeline, H. u.]: *sehr fein geripptes, festes Gewebe aus feinen Garnen (für Oberbekleidung).*

po|peln ⟨sw. V.; hat⟩ [zu ↑Popel (1)] (ugs.): *mit einem Finger [in der Nase] bohren:* in der Nase p.

Pop|far|be, die: *poppige Farbe.*

pop|far|ben ⟨Adj.⟩: *in Popfarben [gehalten], eine poppige Farbe habend.*

Pop|fes|ti|val, das: vgl. Popkonzert.

Pop|grup|pe, die: *Gruppe von gemeinsam auftretenden Musikern u. Sängern der Popmusik:* die legendäre P. ABBA.

Pop|kon|zert, das: *Konzert, bei dem Popmusik gespielt wird.*

Pop|kul|tur, die: *durch den Pop* (1) *geschaffene bzw. davon ausgehende Kultur.*

Pop|kunst, die: *Kunst im Stil der Pop-Art.*

pop|lig usw.: ↑popelig usw.

Pop|li|te|ra|tur, die: *Techniken u. Elemente der Trivial- u. Gebrauchsliteratur benutzende Richtung der modernen Literatur, die provozierend exzentrische, obszöne, unsinnige od. primitive, bes. auch der Konsumwelt entnommene Inhalte bevorzugt.*

Pop|mo|de, die: *moderne Mode mit auffallenden Farben u. Formen sowie anderen [Stil]elementen der Pop-Art.*

Pop|mu|sik, die: *massenhaft verbreitete populäre Musik bzw. Unterhaltungsmusik unterschiedlicher Stilrichtungen (wie Schlager, Song, Musical, Folklore, Funk u. a.).*

Pop|mu|si|ker, der: *Musiker der Popmusik.*

Pop|mu|si|ke|rin, die: w. Form zu ↑Popmusiker.

Po|po, der; -s, -s [aus der Kinderspr., verdoppelte Kurzform von ↑Podex] (fam.): *Gesäß (bes. eines Kindes):* ein runder, rosiger P.

Po|po|ca|te|petl, der; -[s]: Vulkan in Mexiko.

pop|pen ⟨sw. V.; hat⟩ [viell. zu ↑Pop, poppig] (regional): *hervorragend u. effektvoll, wirkungsvoll od. beeindruckend sein:* etw., jmd. poppt.

[1]Pop|per, der; -s, s [zu ↑Pop (2)]: *(bes. in den 80er-Jahren des 20. Jh.s) Jugendlicher, der sich durch gepflegtes Äußeres u. modische Kleidung bewusst von einem Punker* (2) *abheben will.*

[2]Pop|per, der; -s, -s [engl. popper, eigtl. = Gewehr, zu: to pop = knallen] (Jargon): *Fläschchen, Hülse mit Poppers.*

Pop|pers, das; - (Jargon): *nitrithaltiges Rauschmittel, dessen Dämpfe eingeatmet werden.*

pop|pig ⟨Adj.⟩ [zu ↑Pop (1)]: *[Stil]elemente des Pop, bes. der Pop-Art, enthaltend; modern u. auffallend (in der Farbgebung bzw. Gestaltung):* -e Krawatten; -e Aufmachung; eine p. aufbereitete Inszenierung.

Pop|star, der: vgl. Popmusiker.

Pop|sze|ne, die: *Szene* (4), *künstlerisches Milieu der Popmusik u. ihrer Vertreter:* was gibt es Neues in der P.?

po|pu|lär ⟨Adj.⟩ [frz. populaire < lat. popularis = zum Volk gehörend; volkstümlich, zu: populus = Volk]: **1. a)** *beim Volk, bei der großen Masse, bei sehr vielen bekannt u. beliebt; volkstümlich:* ein -er Sportler, Künstler, Politiker; ein -er Schlager; das Buch hat den Autor p. gemacht; **b)** *beim Volk, bei der Masse Anklang, Beifall u. Zustimmung findend:* -e Maßnahmen; dieses Gerichtsurteil ist nicht p.; p. handeln. **2.** *gemeinverständlich, volksnah:* -e Vorträge; p. schreiben.

po|pu|la|ri|sie|ren ⟨sw. V.; hat⟩ [frz. populariser] (bildungsspr.): **1.** *populär machen, dem Volk, der breiten Masse, der Allgemeinheit nahe bringen:* ein Parteiprogramm p. **2.** *populär gestalten, umgestalten u. so gemeinverständlich machen:* wissenschaftliche Erkenntnisse p.

Po|pu|la|ri|tät, die; - [frz. popularité < lat. popularitas]: **1.** *das Populärsein; Volkstümlichkeit, Beliebtheit:* seine P. ist gestiegen; große P. genießen. **2.** (selten) *Gemeinverständlichkeit.*

po|pu|lär|wis|sen|schaft|lich ⟨Adj.⟩: *in populärer, gemeinverständlicher Form wissenschaftlich:* -e Literatur; etw. p. darstellen.

Po|pu|la|ti|on, die; -, -en [2: spätlat. populatio]: **1.** (Biol.) *Gesamtheit der an einem Ort vorhandenen Individuen einer Art:* geschlossene -en. **2.** (veraltet) *Bevölkerung.*

Po|pu|la|ti|ons|dich|te, die (Biol.): *durchschnittliche Zahl der an einem bestimmten Ort vorhandenen Individuen einer Tier- od. Pflanzenart.*

Po|pu|lis|mus, der; -: **1.** (Politik) *von Opportunismus geprägte, volksnahe, oft demagogische Politik, die das Ziel hat, durch Dramatisierung der politischen Lage die Gunst der Massen (im Hinblick auf Wahlen) zu gewinnen.* **2.** *literarische Richtung des 20. Jh.s, die bestrebt ist, das Leben des einfachen Volkes in natürlichem realistischem Stil ohne idealisierende Verzerrungen für das einfache Volk zu schildern.*

Po|pu|list, der; -en, -en: *Vertreter des Populismus.*

Po|pu|lis|tin, die; -, -nen: w. Form zu ↑Populist.

po|pu|lis|tisch ⟨Adj.⟩: *den Populismus betreffend, auf ihm beruhend:* eine -e Politik.

Po|re, die; -, -n [spätlat. porus < griech. póros]: *sehr kleine Öffnung, Höhlung, Vertiefung, die sich zusammen mit vielen anderen an, in etw. (bes. in der Haut) befindet:* die -n des Leders; Kälte schließt die -n der Haut; der Schweiß brach ihm aus allen -n.

po|ren|tief ⟨Adj.⟩ (Werbespr.): *tief in die Poren [eindringend], tief in den Poren [wirkend]:* -e Pflege.

po|rig ⟨Adj.⟩: **1.** *Poren aufweisend, enthaltend; mit [vielen] Poren:* -e Schlacke. **2.** *großporig:* -e Haut.

Pör|kel[t], Pör|költ, das; -s [ung. pörkölt]: *ungarisches Ragout aus Fleisch mit Zwiebeln, Paprika, Knoblauch, Tomaten u. Gewürzen.*

Por|ling, der; -s, -e [zu ↑Pore]: *(vielfach als Parasit bes. an Baumstämmen wachsender) Pilz von muschel- od. fächerähnlicher Gestalt.*

Por|no, der; -s, -s (ugs.): Kurzf. von ↑Pornofilm, ↑Pornoroman o. Ä.

Por|no|bild, das (ugs.): *pornographisches Bild.*

Por|no|dar|stel|ler, der (ugs.): *Darsteller in einem pornographischen Film.*

Por|no|dar|stel|le|rin, die: w. Form zu ↑Pornodarsteller.

Por|no|film, der (ugs.): *pornographischer Film.*

Por|no|fo|to, das (ugs.): vgl. Pornofilm.

Por|no|graf usw.: ↑Pornograph usw.

Por|no|graph, (auch:) Pornograf, der; -en, -en [frz.

pornographe]: *Hersteller, Verfasser von Pornographie.*

Por|no|gra|phie, (auch:) Pornografie, die; -, -n [frz. pornographie, zu griech. pornográphos = über Huren schreibend, zu: pórnē = Hure u. ↑-graphie]: **1.** ⟨o. Pl.⟩ *sprachliche, bildliche Darstellung sexueller Akte unter einseitiger Betonung des genitalen Bereichs u. unter Ausklammerung der psychischen u. partnerschaftlichen Aspekte der Sexualität:* dieser Roman ist P.; P. verbreiten. **2.** *pornographisches Erzeugnis.*

Por|no|gra|phin, (auch:) Pornografin, die; -, -nen: w. Form zu ↑Pornograph.

por|no|gra|phisch, (auch:) pornografisch ⟨Adj.⟩: *die Pornographie betreffend; in der Art der Pornographie; zur Pornographie gehörend, ihr eigentümlich, gemäß:* -e Literatur, Filme; die -e Fantasie, die -en Neigungen eines Schriftstellers; der Autor schreibt überwiegend p.

Por|no|händ|ler, der (ugs.): *jmd., der mit pornographischen Erzeugnissen handelt.*

Por|no|händ|le|rin, die (ugs.): w. Form zu ↑Pornohändler.

Por|no|heft, das (ugs.): [2]*Heft* (c) *mit pornographischen Fotos; Pornomagazin.*

Por|no|la|den, der (ugs.): *Laden, in dem pornographische Erzeugnisse verkauft werden.*

Por|no|ma|ga|zin, das (ugs.): *Pornoheft.*

por|no|phil ⟨Adj.⟩ [zu griech. phileĩn = gerne haben] (bildungsspr.): *zur Pornographie, zum Pornographischen neigend; eine Vorliebe für Pornographie habend.*

Por|no|ro|man, der (ugs.): vgl. Pornofilm.

Por|no|vi|deo, das (ugs.): vgl. Pornofilm.

Por|no|wel|le, die: *starke Ausbreitung, sich stark ausbreitende Beliebtheit der Pornographie.*

po|rös ⟨Adj.⟩ [frz. poreux, zu: pore < spätlat. porus, ↑Pore]: **1.** *porig u. durchlässig:* -es Gestein; -er Gummi; die Dichtung ist p. [geworden]. **2.** *mit kleinen Löchern versehen:* ein -es Hemd.

Por|phyr [...fy:ɐ̯, auch: -'-], der; -s, (Arten:) ...yre [ital. porfiro, eigtl. = der Purpurfarbige, zu griech. porphýreos = purpurfarbig] (Geol.): *magmatisches Gestein, in dessen dichter, feinkörniger od. glasiger Grundmasse größere Kristalle eingesprengt sind.*

Por|ree, der; -s, -s [frz. (landsch.), afrz. porrée < lat. porrum]: *(als Gemüse angebauter) Lauch* (1) *mit dickem, rundem Schaft:* [drei Stangen] P. kaufen.

Por|ridge ['pɔrɪtʃ], der, älter: das; -s [engl. porridge, entstellt aus: pottage = Suppe < frz. potage, zu: pot, ↑[3]Pot]: *(bes. in den angelsächsischen Ländern zum Frühstück gegessener) Haferbrei.*

Porst, der; -[e]s, -e [mhd. bors, mniederd. pors, H. u.]: *(zu den Heidekrautgewächsen gehörende) immergrüne Pflanze mit aromatisch duftenden Blättern u. kleinen weißen bis rötlichen Blüten.*

[1]Port, der; -[e]s, -e ⟨Pl. selten⟩ [(a)frz. port < lat. portus, zu: porta, ↑Pforte]: **1.** (dichter. veraltet) *Ort der Sicherheit, Geborgenheit (bes. als Ziel):* den rettenden P. erreichen; im sicheren P. sein. **2.** (veraltet) *Hafen.*

[2]Port [pɔ:t], der; -s, -s [engl. port < lat. porta, ↑Pforte] (EDV): *Schnittstelle* (2), *die ein peripheres* (3) *Gerät mit dem Bus* (2) *verbindet.*

Por|ta|bi|li|tät, die; - [engl. portability, zu: portable, ↑Portable] (EDV): *Übertragbarkeit von Programmen* (4) *auf unterschiedliche Datenverarbeitungsanlagen.*

Por|ta|ble ['pɔrtəbl̩], der, auch: das; -s, -s [engl. portable, eigtl. = tragbar < (a)frz. portable < spätlat. portabilis, zu: portare, ↑portieren]: *tragbares Rundfunk-, Fernsehgerät.*

Por|tal, das; -s, -e [spätmhd. portāl < mlat. portale = Vorhalle, zu: portalis = zum Tor gehörig, zu lat. porta, ↑Pforte]: **1.** *baulich hervorgehobener, repräsentativ gestalteter größerer Eingang an einem Gebäude:* ein hohes P.; das P. einer Kirche; durch das P. treten. **2.** (Technik) *(fest stehende od. fahrbare) tor-, portalartige Tragkonstruktion (für eine bestimmte Art von Kränen).* **3.** (EDV) *(meist mit Werbung gestaltete) erste Seite eines Browsers o. Ä.*

Por|tal|kran, der (Technik): *Kran auf od. an einem Portal* (2).

Por|tal|ver|zie|rung, die: *Verzierung an einem Portal.*

Por|ta|tiv, das; -s, -e [mlat. portativum]: *kleine, tragbare Orgel ohne Pedale.*

por|ta|to ⟨Adv.⟩ [ital. portato, 2. Part. von: portare < lat. portare, ↑portieren] (Musik): *getragen, breit, aber ohne Bindung.*

Port-au-Prince [pɔrto'prɛ̃:s, frz. pɔro'prɛ̃:s]: Hauptstadt von Haiti.

Porte|feuille [pɔrt'fø:j], das; -s, -s [frz. portefeuille, aus: porte- (in Zus.) = -träger (zu: porter, ↑portieren) u. feuille, ↑Feuilleton]: **1. a)** (geh. veraltet) *Brieftasche;* **b)** (veraltet) *Aktenmappe.* **2.** (Politik) *Geschäftsbereich eines Ministers:* ein Minister ohne P. **3.** (Wirtsch.) *Bestand an Wechseln od. Wertpapieren eines Anlegers, Unternehmens, einer Bank, Gesellschaft:* die Aktien im P. einer Bank.

Porte|mon|naie [pɔrtmɔ'ne:, auch: 'pɔrtmɔnɛ:], (auch:) Portmonee, das; -s, -s [frz. portemonnaie, 2. Bestandteil frz. monnaie = Münze, Geld < lat. moneta]: *kleiner Behälter für das Geld, das jmd. bei sich trägt:* ein ledernes P.; sein P. einstecken; kein Geld im P. haben; ***ein dickes P. haben** (ugs.; *über viel, reichlich Geld verfügen*).

Por|te|pee [pɔrte'pe:], das; -s, -s [frz. porte-épée = Degengehenk, 2. Bestandteil frz. épée < afrz. spede < lat. spatha = Schwert] (früher): *versilberte od. vergoldete Quaste am Degen od. Säbel als Abzeichen des Offiziers u. höheren Unteroffiziers:* Unteroffizier mit P. *(Portepeeunteroffizier).*

Por|te|pee|un|ter|of|fi|zier, der (Milit.): *Unteroffizier vom Feldwebel an.*

Por|ter, der; auch, bes. österr.: das; -s, - [engl. porter, wohl gek. aus: porter's beer, eigtl. = Dienstmannsbier; weil es früher bevorzugt von Dienstmännern getrunken wurde]: *dunkles, obergäriges [englisches] Bier.*

Por|teur [...'tø:ɐ̯], der; -s, -s [frz. porteur, zu: porter, ↑portieren] (schweiz.): *Gepäckträger* (1).

Port|fo|lio, das; -s, -s [ital. portafoglio, eigtl. = Portefeuille; 2: engl. portfolio < ital. portafoglio]: **1. a)** (Buchw.) *(mit Fotografien ausgestatteter) Bildband;* **b)** (Kunstwiss.) *Mappe mit einer Serie von Druckgrafiken od. Fotografien eines od. mehrerer Künstler.* **2.** (Wirtsch.) **a)** *Portefeuille* (3); **b)** (Jargon) *als Matrix* (2) *dargestellte schematische Abbildung zusammenhängender Faktoren im Bereich der strategischen Unternehmensplanung.*

Por|ti: Pl. von ↑Porto.

Por|ti|er [pɔr'ti̯e:], der; -s, -s, österr. [...'ti:ɐ̯]: der; -s, -e u. (selten:) -s [frz. portier < spätlat. portarius = Türhüter, zu lat. porta, ↑Pforte]: **1.** *jmd., der in einem Hotel, großen [Wohn]gebäude o. Ä. auf Kommende u. Gehende achtet bzw. sie hinein- od. hinauslässt, Auskünfte gibt usw.:* der P. des Hotels. **2.** (veraltend) *Hausmeister.*

Por|ti|e|re, die; -, -n [frz. portière, zu: porte = Tür < lat. porta, ↑Pforte]: *schwerer Türvorhang.*

por|tie|ren ⟨sw. V.; hat⟩ [frz. porter, eigtl. = tragen < lat. portare] (schweiz.): *zur Wahl vorschlagen, als Kandidaten aufstellen:* sein Vater wurde als Großrat portiert.

Por|tier|lo|ge, Portiersloge, die: *Loge* (1 b); *Pförtnerloge.*

Por|tiers|frau, die: **1.** *Frau eines Portiers.* **2.** *weiblicher Portier.*

Por|tiers|lo|ge: ↑Portierloge.

Por|ti|kus, der; fachspr. auch: die; -, - [...ku:s] u. ...ken [lat. porticus, zu: portus = Eingang, zu: porta, ↑Pforte] (Archit.): *Säulenhalle als Vorbau an der Haupteingangsseite eines Gebäudes.*

Por|ti|on, die; -, -en [lat. portio = (An)teil, wohl zu: pars (Gen.: partis) = Teil]: **1.** *(bes. von Speisen) [für eine Person bzw. für ein einzelnes Mahl] abgemessene Menge:* eine große, kleine, halbe P.; eine P. Eis; eine P. *(in einem Kännchen servierte Menge von zwei Tassen)* Kaffee; ***halbe P.** (ugs. spött.; *schmächtiger Mensch*). **2.** (ugs.) *bestimmte, meist nicht geringe Menge:* eine reichliche P. Schnaps; dazu gehört eine [große] P. Glück.

Por|ti|ön|chen, das; -s, -: Vkl. zu ↑Portion.

por|ti|o|nen|wei|se: ↑portionsweise.

por|ti|o|nie|ren ⟨sw. V.; hat⟩: *in Portionen teilen, portionsweise abmessen:* Milch, Essen p.

Por|ti|o|nie|rung, die; -, -en: *das Portionieren.*

por|ti|ons|wei|se, portionenweise ⟨Adv.⟩: *in Portionen:* das Essen p. ausgeben; ⟨mit Verbalsubstantiven auch attr.:⟩ eine p. Verteilung der Lebensmittel.

Port|land|ze|ment, der ⟨o. Pl.⟩ [engl. Portland cement; nach der brit. Kanalinsel Portland]: *Zement mit bestimmten genormten Eigenschaften* (Abk.: PZ).

Port|mo|nee: ↑Portemonnaie.

Por|to, das; -s, -s u. ...ti [ital. porto = Transport(kosten), eigtl. = das Tragen, zu: portare = tragen < lat. portare]: *Entgelt für die Beförderung von Postsendungen:* 4 Mark P.; [das] P. zahlt [der] Empfänger.

por|to|frei ⟨Adj.⟩: *(von Postsendungen) gebührenfrei.*

Por|to|kas|se, die: *Kasse, aus der die laufenden Ausgaben für Porto u. a. bezahlt werden:* Geld aus der P. nehmen.

Por|to|kos|ten ⟨Pl.⟩: *Kosten für Porto.*

por|to|pflich|tig ⟨Adj.⟩: *(von Postsendungen) gebührenpflichtig.*

Por|to Ri|co; - -s, (auch:) **Por|to|ri|ko;** -s: alter Name von ↑Puerto Rico.

Por|trait [...'trɛ:]: veraltete Schreibung für ↑Porträt.

Por|trät [...'trɛ:], das; -s, -s, auch [...'trɛ:t]: das; -[e]s, -e [frz. portrait, subst. 2. Part. von afrz. po(u)rtraire = entwerfen, darstellen < lat. protrahere = hervorziehen; ans Licht bringen]: *bildliche Darstellung, Bild (bes. Brustbild) eines Menschen; Bildnis:* ein fotografisches P.; ein P. Goethes/von Goethe; ein P. in Öl; von jmdm. ein P. machen, zeichnen; Ü [literarische] -s berühmter Komponisten; ***jmdm. P. sitzen** (bild. Kunst; *sich von jmdm. porträtieren lassen*).

Por|trät|auf|nah|me, die: *fotografische Aufnahme eines Porträts.*

por|trä|tie|ren ⟨sw. V.; hat⟩: *von jmdm. ein Porträt anfertigen:* ein bekannter Maler hat ihn porträtiert; Ü er porträtiert in seinem Roman einige bekannte Politiker.

Por|trä|tist, der; -en, -en [frz. portraitiste]: *Künstler, der Porträts anfertigt.*

Por|trä|tis|tin, die; -, -nen: w. Form zu ↑Porträtist.

Por|trät|ma|ler, der: *Maler, der Porträts malt.*

Por|trät|ma|le|rin, die: w. Form zu ↑Porträtmaler.

Por|trät|zeich|nung, die (bild. Kunst): *gezeichnetes Porträt.*

Por|tu|gal; -s: Staat im Südwesten Europas.

Por|tu|gie|se, der; -n, -n: Ew. zu ↑Portugal.

Por|tu|gie|sin, die; -, -nen: w. Form zu ↑Portugiese.

por|tu|gie|sisch ⟨Adj.⟩: *Portugal, die Portugiesen betreffend; von den Portugiesen stammend, zu ihnen gehörend.*

Por|tu|gie|sisch, das; -[s] u. ⟨nur mit best. Art.:⟩ **Por|tu|gie|si|sche,** das; -n: *portugiesische Sprache.*

Por|tu|gie|sisch-Gui|nea; -s: früherer Name von ↑Guinea-Bissau.

Port|wein, der; -[e]s, -e [nach der portugiesischen Stadt Porto]: *schwerer, braunroter od. weißer Dessertwein (aus dem oberen Dourotal).*

Por|zel|lan, das; -s, -e [ital. porcellana, eigtl. = eine Meeresschnecke mit weiß glänzender Schale (man glaubte, der Werkstoff werde aus der pulverisierten Schale hergestellt) < venez. porzela = Muschel, eigtl. = kleines weibliches Schwein < lat. porcella, zu: porcus = Schwein]: **1.** *(aus einem Kaolin-Feldspat-Quarz-Gemisch) durch Brennen [u. Glasieren] hergestellter, zerbrechlicher Werkstoff von weißer Farbe:* P. brennen; Geschirr aus P. **2.** ⟨o. Pl.⟩ *Geschirr o. Ä. aus*

P

Porzellan (1): kostbares, altes, feines, chinesisches P.; P. sammeln; * **P. zerschlagen** (ugs.; *durch plumpes, ungeschicktes Reden od. Handeln Schaden anrichten*). 3. ⟨meist Pl.⟩ (bes. Fachspr.) *Gefäß, Gegenstand aus Porzellan* (1).

por|zel|lan|ar|tig ⟨Adj.⟩: *in der Art von Porzellan.*

por|zel|la|nen ⟨Adj.⟩: *aus Porzellan.*

Por|zel|lan|er|de, die: *Kaolin.*

Por|zel|lan|fa|brik, die: *Fabrik, in der Porzellanwaren hergestellt werden.*

Por|zel|lan|fi|gur, die: *Figur* (2) *aus Porzellan:* -en des Rokokos.

Por|zel|lan|ge|schirr, das: vgl. Porzellantasse.

Por|zel|lan|kro|ne, die (Zahnmed.): *künstliche Zahnkrone aus einer porzellanartigen Substanz.*

Por|zel|lan|la|den, der ⟨Pl. ...läden⟩: *Laden, in dem Porzellanwaren verkauft werden:* * **sich wie ein Elefant im P. benehmen** (↑ Elefant).

Por|zel|lan|ma|le|rei, die: vgl. Glasmalerei.

Por|zel|lan|ma|nu|fak|tur, die: *Manufaktur, in der Porzellanwaren hergestellt werden.*

Por|zel|lan|mar|ke, die: *in Porzellanwaren eingebrannte Marke der herstellenden Manufaktur, Fabrik.*

Por|zel|lan|ser|vice, das: vgl. Porzellantasse.

Por|zel|lan|tas|se, die: *Tasse aus Porzellan.*

Por|zel|lan|tel|ler, der: vgl. Porzellantasse.

Por|zel|lan|va|se, die: vgl. Porzellantasse.

Por|zel|lan|wa|ren ⟨Pl.⟩: vgl. Porzellantasse.

Pos. = Position.

Po|sa|ment, das; -[e]s, -en ⟨meist Pl.⟩ [älter auch: Pa(s)sement, mniederd. pasement < (m)frz. passement, zu: passer = sich an etw. hinziehen]: *zum Verzieren von Kleidung, textilen Wand- u. Fensterdekorationen, Polstermöbeln u. a. verwendeter Besatz wie Borte, Schnur, Quaste o. Ä.*

Po|sa|men|ter, der; -s, -: *jmd., der Posamenten herstellt u. verkauft.*

Po|sa|men|te|rie, die; -, -n: 1. ⟨meist Pl.⟩ *Posament (als Ware).* 2. *Geschäft, in dem Posamenterien angeboten werden.*

Po|sa|men|te|rin, die; -, -nen: w. Form zu ↑ Posamenter.

Po|sa|men|tier|ar|beit, die: *mit Posamenten verzierte Arbeit.*

po|sa|men|tie|ren ⟨sw. V.; hat⟩: **a)** *Posamenten herstellen;* **b)** *mit Posamenten verzieren.*

Po|sa|men|tie|rer, der; -s, - (bes. österr.): *Posamenter.*

Po|sa|men|tie|re|rin, die; -, -nen (bes. österr.): w. Form zu ↑ Posamentierer.

Po|sau|ne, die; -, -n [mhd. busûne, busîne < afrz. buisine < lat. bucina = Jagdhorn, Signalhorn]: *Blechblasinstrument mit kesselförmigem Mundstück u. dreiteiliger, doppelt U-förmig gebogener, sehr langer, enger Schallröhre, die durch einen ausziehbaren Mittelteil, den (U-förmigen) Zug, in der Länge veränderbar ist, sodass Töne verschiedener Höhe hervorgebracht werden können:* [die] P. spielen, blasen.

po|sau|nen ⟨sw. V.; hat⟩ [mhd. busûnen, busînen]: 1. *die Posaune blasen.* 2. (ugs. abwertend) **a)** *ausposaunen:* eine Neuigkeit in die Welt, in alle Welt p.; **b)** (seltener) *laut[stark], öffentlich verkünden:* »Ich bin der Größte!«, posaunte er.

Po|sau|nen|chor, der: *Chor* (1 b) *von Posaunen.*

Po|sau|nen|en|gel, der: 1. *Engel mit Posaune (in bildlichen od. plastischen Darstellungen).* 2. (ugs. scherzh.) *pausbäckiger Mensch, bes. pausbäckiges Kind.*

Po|sau|nist, der; -en, -en: *Musiker, der Posaune spielt.*

Po|sau|nis|tin, die; -, -nen: w. Form zu ↑ Posaunist.

¹Po|se, die; -, -n [frz. pose, zu: poser = hinstellen; älter = innehalten < spätlat. pausare, ↑ pausieren]: *(auf eine bestimmte Wirkung abzielende) Körperhaltung, Stellung [die den Eindruck des Gewollten macht]:* eine theatralische P.; eine P. ein-, annehmen; bei ihm ist das keine P., ist nichts, ist alles P.; sich in der P. des Siegers gefallen.

²Po|se, die; -, -n [aus dem Niederd., eigtl. = Feder, urspr. = die Schwellende]: (Angeln) *Floß* (2).

Po|sei|don (griech. Myth.): Gott des Meeres.

Po|se|mu|ckel, Po|se|mu|kel [auch: ˈpo:zə...; nach Groß u. Klein Posemukel im ehemal. Kreis Bomst (Mark Brandenburg)] (salopp abwertend): *(irgendein) kleiner, unbedeutender, abgelegener Ort:* aus P. kommen.

po|sie|ren ⟨sw. V.; hat⟩ [frz. poser, zu: pose, ↑ ¹Pose] (bildungsspr.): *eine Pose einnehmen:* vor dem Spiegel p.

Po|si|ti|on, die; -, -en [lat. positio = Stellung, Lage, zu: positum, 2. Part. von: ponere = setzen, stellen, legen]: 1. **a)** *(gehobene) berufliche Stellung; Posten:* eine leitende, hohe P. haben; ein Mann in gesicherter P.; **b)** *[wichtige] Stelle innerhalb einer Institution, eines Betriebes, eines Systems, einer vorgegebenen Ordnung o. Ä.:* die wichtigsten -en in diesem Staat sind von, mit Konservativen besetzt; jmds. soziale P.; seine P. im Betrieb hat sich verschlechtert; (Sport:) der Weltmeister lag in dem Rennen lange in führender, dritter P.; **c)** *Lage, Situation, in der sich jmd. befindet:* jmd. befindet sich [jmdm. gegenüber] in einer aussichtslosen P.; **d)** *Standpunkt, grundsätzliche Auffassung, Einstellung:* in einer Angelegenheit eine bestimmte P. einnehmen, eine neue P. beziehen. 2. *bestimmte (räumliche) Stellung od. Lage:* einen Hebel in die richtige P. bringen; in P., auf P. gehen *(eine bestimmte [festgelegte] Stellung einnehmen).* 3. *Standort, bes. eines Schiffs, Flugzeugs:* die P. bestimmen, angeben. 4. (Wirtsch.) *Punkt, Einzelposten einer Aufstellung, eines Plans usw.:* die -en eines Haushaltsplans, Rechnung; Abk.: Pos.

po|si|tio|nell ⟨Adj.⟩ (Fachspr., bildungsspr.): *die Position, Stellung betreffend.*

po|si|tio|nie|ren ⟨sw. V.; hat⟩ (Fachspr., bildungsspr.): *in eine bestimmte Position, Stellung bringen; einordnen:* einen Satelliten im Weltraum p.; ein Produkt p. (Werbespr.; *ein Produkt nach seinen Eigenschaften od. in Abgrenzung von den Konkurrenzprodukten auf dem Markt einordnen).*

Po|si|tio|nie|rung, die; -, -en: *das Positionieren.*

Po|si|ti|ons|be|stim|mung, die: *Bestimmung der Position* (3).

Po|si|ti|ons|la|ter|ne, die: vgl. Positionslicht.

Po|si|ti|ons|licht, das ⟨Pl. -er⟩ (Seew., Flugw.): *vorgeschriebenes farbiges u. weißes Licht an einem Schiff od. Luftfahrzeug, das Position* (3) *u. Bewegungsrichtung erkennen lassen soll.*

Po|si|ti|ons|mel|dung, die (Seew., Flugw.): *Meldung der Position* (3).

Po|si|ti|ons|pa|pier, das: *schriftliche Festlegung bestimmter Positionen* (1 d): ein P. entwickeln, entwerfen, ausarbeiten.

Po|si|ti|ons|wech|sel, der: **a)** *Wechsel der Position;* **b)** (Volleyball) *Rotation.*

po|si|tiv [auch: poziˈti:f] ⟨Adj.⟩ [(spät)lat. positivus = gesetzt, gegeben zu: positum, ↑ Position]: 1. *Zustimmung, Bejahung ausdrückend, enthaltend; zustimmend; bejahend:* eine -e Antwort; eine -e Einstellung [zum Leben]; p. denken *(eine positive Einstellung haben);* jmdm., einer Sache p. gegenüberstehen. 2. **a)** *günstig, vorteilhaft, wünschenswert, erfreulich:* eine -e Entwicklung; der -e Ausgang eines Geschehens; sich p. auswirken; **b)** *im oberen Bereich einer Werteordnung angesiedelt, gut:* -e Charaktereigenschaften; etw. p. bewerten, darstellen; 3. (bes. Math.) *im Bereich über null liegend:* eine -e Zahl. 4. (Physik) *eine der beiden Formen elektrischer Ladung betreffend:* der -e Pol. 5. (bes. Fot.) *gegenüber einer Vorlage od. dem Gegenstand der Aufnahme seitenrichtig u. der Vorlage bzw. dem Gegenstand in den Verhältnissen von Hell u. Dunkel od. in den Farben entsprechend.* 6. (bes. Med.) *einen als möglich ins Auge gefassten Sachverhalt als gegeben ausweisend:* ein -er Befund; das Testergebnis ist p.; er ist p. (Jargon; *HIV-positiv*); die Testbohrung verlief p. *(es wurde etwas gefunden).* 7. **a)** (bildungsspr.) *wirklich, konkret [gegeben]:* -e Ergebnisse; -es Recht (Rechtsspr.; *gesetztes Recht [im Unterschied zum Naturrecht]);* **b)** (ugs.) *sicher, bestimmt, tatsächlich:* ich weiß das p.

¹Po|si|tiv, der; -s, -e [spätlat. (gradus) positivus] (Sprachw.): *ungesteigerte Form des Adjektivs; Grundstufe.*

²Po|si|tiv, das; -s, -e [1: spätmhd. positif(e) < mlat. positivum (organum), eigtl. = hingestelltes Instrument; 2: wohl geb. nach ↑ Negativ]: 1. *kleine Standorgel ohne Pedal u. mit nur einem Manual.* 2. (bes. Fot.) *[aus einem Negativ gewonnenes] positives* (5) *Bild.*

Po|si|ti|vis|mus, der; -: *Philosophie, die ihre Forschung auf das Positive, Tatsächliche, Wirkliche u. Zweifellose beschränkt, sich allein auf Erfahrung beruft u. jegliche Metaphysik als theoretisch unmöglich u. praktisch nutzlos ablehnt.*

po|si|ti|vis|tisch ⟨Adj.⟩: 1. *den Positivismus betreffend, zu ihm gehörend, auf ihm beruhend.* 2. (oft abwertend) *sich (z. B. bei einer wissenschaftlichen Arbeit) nur auf das Sammeln o. Ä. beschränkend [u. keine eigene Gedankenarbeit aufweisend].*

Po|si|ti|vum, das; -s, ...va (bildungsspr.): *etw. Positives:* diese Eigenschaft ist ein P.

Po|si|tron [auch: poziˈtro:n], das; -s, ...onen [Kurzwort aus ↑ positiv u. ↑ ¹Elektron] (Kernphysik): *leichtes, positiv geladenes Elementarteilchen, dessen Masse gleich der Masse des Elektrons ist* (Zeichen: e^+).

Po|si|tur, die; -, -en [lat. positura = Stellung, Lage, zu: positum, ↑ Position]: 1. **a)** ⟨Pl. selten⟩ (meist leicht spött.) *bewusst eingenommene Stellung, Haltung des Körpers:* in lässiger P.; * **sich in P. setzen, stellen, werfen** (ugs. leicht spött.; *in einer bestimmten Situation eine entsprechende Beachtung erwartende, betonte Haltung od. Stellung einnehmen*): der Richter setzte sich in P. und eröffnete die Verhandlung; **b)** Sport, bes. Boxen, Fechten) *(bes. den Kampf einleitende) zweckmäßige Stellung, Haltung:* die P. des Boxers, Fechters. 2. (landsch.) *Gestalt, Figur, Statur.*

Pos|se, die; -, -n [gek. aus Possenspiel, ↑ Possen]: *derb-komisches, volkstümliches Bühnenstück:* eine P. aufführen; Ü die Diskussion geriet zur P.

Pos|sen, der; -s, - [spätmhd. possen = reliefartiges, figürliches Bildwerk, dann: verschnörkeltes, komisches od. groteskes bildnerisches Beiwerk an Bauwerken o. Ä. < frz. bosse = erhabene Bildhauerarbeit, eigtl. = Höcker, Beule, wohl aus dem Germ.] (veraltend): ⟨Pl.⟩ *plumpe od. alberne Späße; Unfug, Unsinn:* P. treiben; lass die P.!; * **P. reißen** *(derbe Späße machen, treiben;* urspr. = komisches od. groteskes bildnerisches Beiwerk auf dem Reißbrett entwerfen).

pos|sen|haft ⟨Adj.⟩: *[derb-]komisch wie eine Posse, wie in einer Posse:* -e Übertreibung.

Pos|sen|rei|ßer, der (veraltend): *jmd., der [gern] Possen macht, reißt; Spaßmacher.*

Pos|sen|rei|ße|rin, die; -, -nen: w. Form zu ↑ Possenreißer.

Pos|sen|spiel, das (veraltet): *Posse.*

pos|ses|siv [auch: ...ˈsi:f] ⟨Adj.⟩ [lat. possessivus, zu: possidere (2. Part.: possessum) = besitzen; 2: engl. possesive = besitzergreifend]: 1. (Sprachw.) *besitzanzeigend.* 2. (bildungsspr.) *in Besitz nehmend:* er ist p. und eifersüchtig.

Pos|ses|siv [auch: ...ˈsi:f], das; -s, -e, **Pos|ses|siv|pro|no|men** [auch: ...ˈsi:f...], das, **Pos|ses|si|vum,** das; -s, ...va (Sprachw.): *besitzanzeigendes Fürwort (z. B. mein, dein).*

pos|sier|lich ⟨Adj.⟩ [zu veraltet possieren = sich lustig machen, zu ↑ Possen]: *(meist von kleineren Tieren) durch bestimmte Verhaltensweisen, durch die Art, sich zu bewegen, belustigend wirkend; niedlich; drollig:* ein -es Äffchen; p. aussehen.

¹Post, die; -, -en ⟨Pl. selten⟩ [unter Einfluss von frz. poste < ital. posta = Poststation < spätlat. posita (statio od. mansio) = festgesetzt(er Aufenthaltsort), zu lat. positum, ↑ Position]: 1. *öffentliche Dienstleistungseinrichtung zur Beförderung von Briefen, Paketen, Geldsendungen, zur Personenbeförderung im Nahverkehr*

P

u. a.: die P. befördert Briefe und Pakete; er ist, arbeitet bei der P.; etw. mit der P., per P. schicken; * **elektronische P.** (*Übermittlung von Mitteilungen auf elektronischem Weg durch Datenübertragung;* nach engl. electronic mail). **2.** *Postamt* (b): wo ist die nächste P.?; auf die P., zur P. gehen; etw. zur P. bringen. **3.** ⟨o. Pl.⟩ *etw., was von der [1]Post (1) zugestellt worden ist od. von der Post befördert werden soll:* ist P. für mich da?; die P. geht heute noch ab; er bekommt viel P. [von ihr]; * **mit gleicher P.** (*gleichzeitig aufgegeben, abgeschickt, aber als separate Sendung):* mit gleicher P. geht ein Päckchen an dich ab. **4.** ⟨o. Pl.⟩ (ugs.) *Zustellung von [1]Post (3):* auf die P. warten. **5. a)** (früher) *Postkutsche;* * **ab [geht] die P.** (ugs.: *unverzüglich geht es los*); **die P. geht ab** (ugs.; *es geht hoch her, herrscht eine ausgelassene Stimmung*); **b)** (bes. Fachspr.) *Postbus.* **6.** (veraltet) *Botschaft, Nachricht, Neuigkeit:* ich habe eine gute P. für dich.

[2]Post [poʊst], der; -s, -s [engl. post < (m)frz. poste < ital. posto, ↑Posten] (Basketball): *in einiger Entfernung vom Korb in der Mitte des Spielfelds stehender Spieler, der das Spiel seiner Mannschaft im Angriff dirigiert.*

post-, Post- [lat. post = nach]: kennzeichnet in Bildungen mit Adjektiven – seltener mit Substantiven oder Verben – etw. als zeitlich später liegend, erfolgend: postimpressionistisch, -pubertär; Postfeminismus.

Post|ab|ho|ler, der: *jmd., der seine [1]Post (3) beim Postamt abholt od. abholen lässt.*

Post|ab|ho|le|rin, die; -, -nen: w. Form zu ↑Postabholer.

Post|ab|la|ge, die: **1.** *Ablage (2) für [1]Post (3).* **2.** (schweiz., österr.) *kleine Poststelle.*

Post|adres|se, die: *Postanschrift.*

pos|ta|lisch ⟨Adj.⟩ [nach frz. postal]: **a)** *die [1]Post (1) betreffend, zu ihr gehörend:* -e Einrichtungen; **b)** *mithilfe der Post vor sich gehend; durch die Post:* auf -em Wege.

Pos|ta|ment, das; -[e]s, -e [wohl geb. zu ital. postare = hinstellen, zu: posto, ↑Posten] (bildungsspr.): *Unterbau, Sockel (bes. einer Statue, eines Denkmals, einer Büste, auch einer Säule):* Ü jmdn. von seinem P. [herunter]holen, stürzen.

Post|amt, das: **a)** *Dienststelle der [1]Post (1) zur Erfüllung von Aufgaben der [1]Post (1) in einem bestimmten Bezirk;* [1]*Post (2):* der Brief trägt den Stempel des -s 3; **b)** *Gebäude, Diensträume eines Postamts (a):* aufs P., zum P. gehen.

post|amt|lich ⟨Adj.⟩: *von der Postverwaltung festgesetzt, vorgeschrieben.*

Post|an|schrift, die: *im Postverkehr zu benutzende Anschrift.*

Post|an|wei|sung, die: **a)** *Geldsendung, die dem Empfänger durch den Briefträger in bar zugestellt wird:* eine [telegrafische] P. erhalten; **b)** *Formular, das der Absender einer Postanweisung (a) benutzen muss:* eine P. ausfüllen.

Post|au|to, das: **a)** *Postwagen (a);* **b)** (ugs. selten) *Postbus.*

Post|bank, die ⟨Pl. ...banken⟩: *Unternehmen der [1]Post (1), das Bankgeschäfte tätigt.*

Post|bar|scheck, der: *Barscheck für den Postgiroverkehr.*

Post|be|am|te, der: *bei der Post beschäftigter Beamter.*

Post|be|am|tin, die: w. Form zu ↑Postbeamte.

Post|be|ar|bei|tungs|ma|schi|ne, die: *Maschine zur Bewältigung bestimmter bei der Erledigung der täglichen Post anfallender Arbeiten* (z. B. Frankiermaschine).

Post|be|diens|te|te, der u. die: *Bedienstete[r] der [1]Post (1).*

Post|be|zirk, der: *Zustellbezirk.*

Post|be|zug, der: *Bezug durch die Post.*

Post|bo|te, der (ugs.): *Briefträger, Zusteller.*

Post|bo|tin, die: w. Form zu ↑Postbote.

Post|brief|kas|ten, der: *Briefkasten (a).*

Post|bub, der [zu ↑[1]posten] (schweiz.): *Laufbursche.*

Post|bus, der: *Linienbus der [1]Post (1).*

Pöst|chen, das; -s, -: Vkl. zu ↑Posten.

post Chris|tum [na|tum] [lat.]: *nach Christus, nach Christi Geburt:* im Jahre 1999 post Christum natum (Abk.: p. Chr. [n.]).

Post|dienst, der: **1.** ⟨o. Pl.⟩ *Dienst (1 b) bei der [1]Post (1):* ein Beamter im P. **2. a)** ⟨o. Pl.⟩ *gesamter Aufgabenbereich der [1]Post (1);* **b)** *für eine bestimmte Gruppe von Aufgaben zuständige Sparte der [1]Post (1):* einzelne -e wie z. B. der Postsparkassendienst.

Post|di|rek|ti|on, die: *höchste Verwaltungsbehörde der [1]Post (1).*

Post|doc, der; -s, -s u. die; -, -s [engl. postdoc, eigtl. kurz für: postdoctoral (research) = (Forschung) nach der Promotion] (Hochschulw.): *nach der Promotion (mithilfe eines Stipendiums, einer Praktikantenstelle o. Ä.) auf dem jeweiligen Spezialgebiet noch weiter forschender Wissenschaftler, forschende Wissenschaftlerin.*

post|ei|gen ⟨Adj.⟩: *der [1]Post (1) gehörend:* -e Eisenbahnwagen.

[1]pos|ten ⟨sw. V.; hat⟩ [zu ↑Posten (3)] (schweiz.): *einkaufen:* p. gehen; ein Kilo Äpfel p.

[2]pos|ten [ˈpoʊstn̩] ⟨sw. V.; hat⟩ [engl. to post, eigtl. = mit der Post verschicken, zu: post < frz. poste, ↑[1]Post] (EDV): *sich mit Fragen, Antworten, Kommentaren bei Newsgroups im Internet beteiligen.*

Pos|ten, der; -s, - [1, 2: ital. posto < lat. positus (locus), eigtl. = festgesetzt(er Ort); 3: ital. posta < lat. posita (summa) = festgesetzt(e Summe); 4: frz. poste < ital. posta, eigtl. = Anstand, Aufpassen, zu: posto, vgl. 1, 2; 5: frz. poste, H. u.]: **1.** (bes. Milit.) **a)** *Stelle, die jmdm. (bes. einer Wache) zugewiesen wurde u. die während einer bestimmten Zeit nicht verlassen werden darf:* ein gefährlicher P.; seinen P. aufgeben; P. beziehen; auf seinem P. bleiben; auf P. stehen; * **auf dem P. sein** (ugs.; **1.** *in guter körperlicher Verfassung sein, gesund, in guter Form sein:* er ist [gesundheitlich] nicht ganz auf dem P. **2.** *wachsam, gewieft sein:* wenn du da nicht auf dem P. bist, hauen sie dich übers Ohr); **sich nicht [ganz] auf dem P. fühlen** (ugs.; *sich nicht [ganz] wohl fühlen, sich nicht im vollen Besitz seiner Kräfte befinden*); **auf verlorenem P. stehen/kämpfen** (*einen vergeblichen, aussichtslosen Kampf führen, keine Aussicht auf Erfolg haben);* **b)** *jmd., der einen Posten (1 a) bezieht, der Wache hat:* die P. ablösen, verstärken, verdoppeln; * **P. stehen/** (Soldatenspr.:) **schieben** (*als Posten, als Wache Dienst tun*). **2. a)** *berufliche Stellung, Amt; Stelle:* ein hoher, einträglicher, sicherer P.; ein ruhiger P. (ugs., oft scherzh.; *eine nicht viel Einsatz erfordernde Stellung*); einen P. bekommen, verlieren; den P. eines Direktors haben; von einem P. zurücktreten; **b)** *[ehrenvolles, angesehenes] Amt, Stellung, die jmd. in einem größeren Ganzen hat; Funktion (1 b):* ein P. in der Partei; einen P. abgeben; **c)** (Sport) *Platz in einer Mannschaftsaufstellung, Funktion eines Spielers innerhalb einer Mannschaft:* die Mannschaft wird auf drei P. umbesetzt. **3. a)** (bes. Kaufmannsspr.) *bestimmte Menge einer Ware; Partie:* einen [größeren] P. Strümpfe bestellen; **b)** *einzelner Betrag einer Rechnung, Bilanz o. Ä.; Position (4):* die einzelnen P. zusammenrechnen. **4.** (Polizeiw.) *kleine, nicht ständig besetzte Polizeidienststelle; Polizeiposten.* **5.** (Jagdw.) *sehr grober Schrot für Jagdflinten:* mit P. schießen.

Pos|ten|ket|te, die (bes. Milit.): *Reihe von Posten (1 b) zur Bewachung, Beobachtung o. Ä.*

Pos|ter [engl.: ˈpoʊstə], das od. der; -s, - u. (bei engl. Ausspr.:) -s [engl. poster, eigtl. = Plakat, zu: to post = (an einem Pfosten) anschlagen, zu: post < lat. postis = Pfosten]: *größeres, plakatartig aufgemachtes, gedrucktes Bild (zum Dekorieren von Innenräumen).*

poste res|tante [ˈpɔst rɛsˈtãːt; aus frz. poste = [1]Post u. restante, w. Form des 1. Part. von: rester = bleiben, verweilen]: frz. Bez. für *postlagernd.*

Post|fach, das: **a)** *zu mietendes Schließfach bei einem Postamt für Postsendungen, die der Inhaber dort selbst abholt;* **b)** *offenes od. abschließbares Fach zum Deponieren von [1]Post (3) für einen bestimmten Empfänger (z. B. in einem Hotel).*

Post|flug|zeug, das: vgl. Postschiff.

post|frisch ⟨Adj.⟩ (Philat.): *(von Briefmarken) im Neuzustand befindlich, bes. eine unversehrte Gummierung aufweisend u. ungestempelt.*

Post|ge|bühr, die (früher): *von der [1]Post (1) erhobene Gebühr.*

Post|ge|heim|nis, das ⟨o. Pl.⟩ (Rechtsspr.): *Recht, das es Dritten, bes. dem Staat u. den Postbediensteten, untersagt, vom Inhalt von Postsendungen Kenntnis zu nehmen od. Kenntnisse über jmds. Postverkehr weiterzugeben:* das P. wahren, verletzen.

Post|gi|ro|amt, das: *Einrichtung der [1]Post (1) zur Führung von Postgirokonten* (Abk.: PGiroA).

Post|gi|ro|kon|to, das: *von der [1]Post (1) geführtes Girokonto.*

Post|gi|ro|teil|neh|mer, der: *Inhaber eines Postgirokontos.*

Post|gi|ro|teil|neh|me|rin, die: w. Form zu ↑Postgiroteilnehmer.

Post|gi|ro|ver|kehr, der: *durch die Postgiroämter abgewickelter Zahlungsverkehr.*

post|gla|zi|al ⟨Adj.⟩ [zu ↑post-, Post- u. ↑glazial] (Geol.): *nacheiszeitlich.*

post|gra|du|al ⟨Adj.⟩ [zu ↑post-, Post- u. ↑graduiert (2)] (DDR): *nach Abschluss eines [Hochschul]studiums stattfindend:* ein -es Studium.

Post|gut, das ⟨o. Pl.⟩: (selten) *durch die [1]Post (1) zu beförderndes Gut.*

Post|hilfs|stel|le, die (Postw.): *Einrichtung der [1]Post (1), die in abgelegenen Orten einige der wichtigsten Postdienste wahrnimmt.*

Post|horn, das ⟨Pl. ...hörner⟩: **a)** (früher) *Signalhorn des Postillions (1);* **b)** *stilisierte Darstellung eines Posthorns (a) als Symbol der [1]Post (1).*

post|hum [pɔstˈhuːm, pɔsˈtuːm; lat. posthumus, volksetym. Schreibung (zu: humus = Erde, humare = beerdigen) von: postumus]: *postum.*

pos|tie|ren ⟨sw. V.; hat⟩ [frz. poster, zu: poste = Posten < ital. posto, ↑Posten]: **1.** *(jmdn., sich) an einen bestimmten Platz stellen, an einem bestimmten Platz aufstellen:* an jedem, an jeden Eingang Ordner p.; auf dem Dach hatten sich Scharfschützen postiert, waren Scharfschützen postiert. **2.** *(etw.) an eine bestimmte Stelle stellen, an einer bestimmten Stelle aufstellen, aufbauen, errichten:* er postierte den Leuchter auf dem Tisch, auf den Tisch; sie postierten die Vogelscheuche auf dem Beet, auf das Beet.

Pos|til|le, die; -, -n [mlat. postilla, aus lat. post illa (verba sacrae scripturae) = nach jenen (Worten der Heiligen Schrift), Formel zur Ankündigung der Predigt nach Lesung des Predigttextes]: **1.** *religiöses Erbauungsbuch.* **2.** *Sammlung von Predigten (als Buch).* **3.** (spött. abwertend) *eine bestimmte Gruppe ansprechende, eine bestimmte Thematik behandelnde Zeitschrift, Zeitung o. Ä.:* Pornohefte und ähnliche -n.

Pos|til|li|on [auch, österr. nur: ˈ- - -], der; -s, -e [1: frz. postillon < ital. postiglione, zu: posta od. zu frz. poste, ↑Post; 2: nach der gelben Farbe der alten Postkutschen]: **1.** (früher) *Kutscher einer Postkutsche.* **2.** *mittelgroßer heimischer Tagfalter mit schwarz gesäumten, orangegelben Flügeln.*

Pos|til|lon d'Amour [pɔstijõdaˈmuːr], der; - -, -s [...jõ] - [scherzh. dt. Bildung des 18. Jh.s aus frz. postillon (↑Postillion 1) u. frz. amour = Liebe] (scherzh.): *jmd., der für einen anderen dessen Geliebter od. Geliebtem eine Nachricht übermittelt.*

post|kar|bo|nisch ⟨Adj.⟩ [zu ↑post-, Post- u. ↑karbonisch] (Geol.): *in einen Zeitabschnitt nach dem Karbon gehörend, fallend.*

Post|kar|te, die: **a)** *[mit eingedrucktem Wertzeichen versehene] ein bestimmtes Format aufweisende, für kurze schriftliche Mitteilungen bestimmte Karte, die ohne Umschlag verschickt wird;* **b)** *Ansichts-, Kunstpostkarte o. Ä.:* eine P. vom Heidelberger Schloss.

Post|kar|ten|grö|ße, die: *Größe einer gewöhnlichen Postkarte.*

Post|kar|ten|gruß, der: *auf einer Postkarte übermittelter Gruß.*
Post|kar|ten|idyll, das, **Post|kar|ten|idyl|le,** die: *beschauliches Idyll (wie es auf einer Ansichtskarte abgebildet sein könnte).*
Post|kas|ten, der (bes. nordd.): *Briefkasten* (a).
Post|kom|mu|ni|on, die; -, -en [kirchenlat. postcommunio, aus lat. post = nach u. kirchenlat. communio, ↑Kommunion] (kath. Kirche): *Schlussgebet der* [1]*Messe* (1).
post|kul|misch ⟨Adj.⟩ [zu ↑post-, Post- u. ↑kulmisch] (Geol.): *in einen Zeitabschnitt nach dem* [2]*Kulm gehörend, fallend.*
Post|kun|de, der: *Kunde der* [1]*Post* (1).
Post|kun|din, die: w. Form zu ↑Postkunde.
Post|kut|sche, die (früher): *Kutsche zur (gleichzeitigen) Beförderung von Personen u.* [1]*Post* (3): mit der P. reisen.
Post|kut|scher, der (früher): *Postillion* (1).
post|la|gernd ⟨Adj.⟩ [LÜ von frz. poste restante] (Postw.): *an ein bestimmtes Postamt adressiert u. dort vom Empfänger abzuholen:* -e Sendungen; jmdm. p. schreiben.
Post|leit|zahl, die (Postw.): *Kennzahl eines Ortes (als Bestandteil der Postanschrift).*
Post|ler, der; -s, - (bes. südd., österr. ugs.), **Pöst|ler,** der; -s, - (schweiz.): *bei der* [1]*Post* (1) *Beschäftigter.*
Post|le|rin, die; -, -nen: w. Form zu ↑Postler.
Pöst|le|rin, die; -, -nen: w. Form zu ↑Pöstler.
Post|miet|be|häl|ter, der (DDR Postw.): *von der* [1]*Post* (1) *vermietete Verpackung für Postsendungen.*
Post|mi|nis|ter, der: *für das Postwesen zuständiger Minister.*
Post|mi|nis|te|rin, die: w. Form zu ↑Postminister.
Post|mi|nis|te|ri|um, das: *Ministerium für das Postwesen.*
post|mo|dern ⟨Adj.⟩ [engl. post-modern, aus: post- = nach- (< lat. post = nach) u. modern = modern]: **a)** *die Postmoderne* (a) *betreffend, zu ihr gehörend, durch sie geprägt:* die -e Architektur; **b)** *die Postmoderne* (b) *betreffend:* die -e Gesellschaft.
Post|mo|der|ne, die; -: **a)** *Strömung, Stilrichtung der modernen Architektur, die gekennzeichnet ist durch eine Abkehr vom Funktionalismus* (1) *u. eine Hinwendung zum freieren, spielerischen Umgang mit unterschiedlichen Bauformen auch aus früheren Epochen;* **b)** *der Moderne* (1) *folgende Zeit, für die Pluralität* (1) *in Kunst u. Kultur, in Wirtschaft u. Wissenschaft sowie demokratisch mitgestaltende Kontrolle der Machtzentren charakteristisch sind.*
post|mor|tal ⟨Adj.⟩ [zu lat. post = nach u. mortalis = den Tod betreffend] (Med.): *nach dem Tod (am, im toten Körper) auftretend:* -e Veränderungen des Gewebes.
post|na|tal ⟨Adj.⟩ [zu lat. post = nach u. natalis = zur Geburt gehörend] (Med.): *[kurz] nach der Geburt (am, im Körper des Neugeborenen, der Mutter) auftretend; nachgeburtlich:* -e Schäden; -e *(das Neugeborene u. die Mutter betreffende)* Medizin.
post|nu|me|ran|do ⟨Adv.⟩ [zu lat. post = nach u. numerare = zählen, zahlen] (Wirtsch.): *nach Erhalt der Ware, nach erbrachter Leistung [zu zahlen]; nachträglich:* p. zahlen; p. zahlbar.
Post|nu|me|ra|ti|on, die; -, -en (Wirtsch.): *nachträgliche Bezahlung, Nachzahlung.*
post|ope|ra|tiv ⟨Adj.⟩ [zu ↑post-, Post- u. ↑operativ] (Med.): *nach, infolge einer Operation auftretend, vor sich gehend:* -e Blutungen; einen Patienten p. versorgen.
Post|ord|nung, die: *Rechtsverordnung, die die Vorschriften über die Benutzung der Postdienste enthält.*
Post|pa|ket, das: *Paket* (3).
post par|tum [aus lat. post = nach u. partum, 2. Part. von: parere = gebären] (Med.): *nach der Geburt, Entbindung [auftretend].*
Post|po|si|ti|on, die; -, -en [1: geb. als Ggs. zu ↑Präposition mit lat. post = nach]: **1.** (Sprachw.) *dem Nomen, Pronomen nachgestellte Präposition (z. B. der Ehre wegen).* **2.** (Med.) **a)** *Verlagerung eines Organs nach hinten;* **b)** *verspätetes Auftreten (z. B. von Krankheitssymptomen).*
Post|rat, der: *Beamter des höheren Dienstes bei der* [1]*Post* (1).
Post|rä|tin, die: w. Form zu ↑Postrat.
Post|sack, der: *bei der* [1]*Post* (1) *verwendeter Sack zur Beförderung von Postsendungen.*
Post|schal|ter, der: *Schalter* (2) *eines Postamtes.*
Post|scheck, der: vgl. Postbarscheck.
Post|scheck|amt, das (früher): *Postgiroamt* (Abk.: PSchA).
Post|scheck|kon|to, das (früher): *Postgirokonto.*
Post|scheck|teil|neh|mer, der (früher): *Postgiroteilnehmer.*
Post|scheck|teil|neh|me|rin, die: w. Form zu ↑Postscheckteilnehmer.
Post|scheck|ver|kehr, der (früher): *Postgiroverkehr.*
Post|schiff, das: *zur Beförderung von* [1]*Post* (3) *u. Personen benutztes Schiff [der* [1]*Post* 1].
Post|schließ|fach, das: älter für ↑Postfach.
Post|schluss, der (Postw.): *spätestmöglicher Zeitpunkt zum Einliefern von Postsendungen, die noch mit dem nächsten Abgang* (3) *von der Einlieferungsstelle weiterbefördert werden sollen:* für Briefe ist um 14 Uhr P.
Post|sen|dung, die: *von der* [1]*Post* (1) *zu befördernde, beförderte Sendung* (1 b).
Post|skript, das; -[e]s, -e, (bes. österr.:) **Post|skrip|tum,** das; -s, ...ta [lat. postscriptum, 2. Part. von: postscribere = nachträglich dazuschreiben, aus: post = nach u. scribere, ↑Skript]: *Nachsatz* (1), *Nachschrift* (2).
Post|spar|buch, das: *Sparbuch der Postsparkasse.*
Post|spa|ren, das; -s: *Sparen bei der Postsparkasse.*
Post|spa|rer, der: *Inhaber eines Postsparbuchs.*
Post|spa|re|rin, die: w. Form zu ↑Postsparer.
Post|spar|kas|se, die: *Einrichtung der Postbank zur Führung von Sparkonten.*
Post|spar|kas|sen|dienst, der: *für das Postsparen zuständiger Dienst der Postbank.*
Post|spar|kon|to, das: *Konto bei der Postsparkasse.*
Post|stel|le, die: **1.** *Dienststelle der* [1]*Post* (1), *die in einem kleineren Ort die wichtigsten Postdienste* (2 b) *wahrnimmt.* **2.** *(in einem Betrieb o. Ä.) Stelle, deren Personal für die Verteilung der eingehenden* [1]*Post* (3) *u. die Einlieferung der ausgehenden* [1]*Post* (3) *verantwortlich ist.*
Post|stem|pel, der: **a)** *Stempel einer Dienststelle der* [1]*Post* (1), *der neben der Angabe der Dienststelle auch Datum u. Uhrzeit druckt u. der u. a. zur Entwertung von Briefmarken dient;* **b)** *Abdruck eines Poststempels* (a): der Brief trägt den P. von vorgestern.
Post|tag, der: *(in Orten mit nicht täglicher Postzustellung) Tag, an dem* [1]*Post* (3) *zugestellt u. abgeholt wird:* heute ist P.
Post|ta|xe, die (schweiz.): *Postgebühr.*
Post|tech|nik, die: *im Post- u. Fernmeldewesen angewandte Technik.*
post|ter|ti|är ⟨Adj.⟩ [zu ↑post-, Post- u. ↑tertiär] (Geol.): *in einen Zeitabschnitt nach dem Tertiär gehörend, fallend, ihn betreffend.*
post|trau|ma|tisch ⟨Adj.⟩ [zu ↑post-, Post- u. ↑traumatisch] (Med.): *nach, infolge einer Verletzung auftretend, vor sich gehend:* eine -e Erkrankung.
Post|über|wa|chung, die: *Überwachung des Postverkehrs* (b), *z. B. in Haftanstalten.*
Post|über|wei|sung, die: **a)** *Überweisung im Postgiroverkehr;* **b)** *Überweisungsformular, das für eine Überweisung* (a) *benutzt wird.*
Pos|tu|lant, der; -en, -en [zu lat. postulans (Gen.: postulantis), 1. Part. von: postulare, ↑postulieren] (kath. Kirche): *jmd., der sein Postulat* (5) *absolviert.*
Pos|tu|lan|tin, die; -, -nen: w. Form zu ↑Postulant.
Pos|tu|lat, das; -[e]s, -e [lat. postulatum]: **1.** (bildungsspr.) *etw., was von einem bestimmten Standpunkt aus od. aufgrund bestimmter Umstände erforderlich, unabdingbar erscheint; Forderung:* ein ethisches, politisches P.; ein P. der Vernunft. **2.** (bildungsspr.) *Gebot, in dem von jmdm. ein bestimmtes Handeln, Verhalten verlangt, gefordert wird:* ein P. befolgen. **3.** (Philos.) *als Ausgangspunkt, als notwendige, unentbehrliche Voraussetzung einer Theorie, eines Gedankenganges dienende Annahme, These, die nicht bewiesen od. nicht beweisbar ist:* ein P. aufstellen; die Existenz Gottes ist ein P. der praktischen Vernunft. **4.** (schweiz. Verfassungsw.) *vom schweizerischen Parlament ausgehender Auftrag an den Bundesrat, die Notwendigkeit eines Gesetzentwurfs, einer bestimmten Maßnahme zu prüfen.* **5.** (kath. Kirche) *dem Noviziat vorausgehende Probezeit für die Aufnahme in einen katholischen Orden.*
pos|tu|lie|ren ⟨sw. V.; hat⟩ [lat. postulare, wohl zu: poscere = fordern, verlangen, verw. mit ↑forschen]: **1.** (bildungsspr.) *fordern, unbedingt verlangen, für notwendig, unabdingbar erklären:* die in der Verfassung postulierte Gleichberechtigung der Frau. **2.** (bildungsspr.) *etw. (mit dem Anspruch, es sei richtig, wahr) feststellen, behaupten; als wahr, gegeben hinstellen.* **3.** (Philos.) *etw. zum Postulat* (3) *machen; etw., ohne es beweisen zu können, vorläufig als wahr, gegeben annehmen:* die Unsterblichkeit der Seele p.
pos|tum ⟨Adj.⟩ [lat. postumus = nachgeboren, eigtl. = Letzter, Jüngster, Sup. von: posterus = (nach)folgend] (bildungsspr.): **a)** *nach jmds. Tod erfolgend:* eine -e Ehrung; jmdn. p. rehabilitieren; ihm wurde p. ein Sohn geboren; ein Werk p. *(nach dem Tode des Autors)* veröffentlichen; **b)** *zum künstlerischen o. ä. Nachlass gehörend; nachgelassen; nach dem Tode des Autors veröffentlicht:* -e Werke; **c)** *nach dem Tode des Vaters geboren; nachgeboren:* eine -e Tochter des Grafen.
post ur|bem con|di|tam [lat.]: *nach Gründung der Stadt [Rom]* (Abk.: p. u. c.).
Post|ver|bin|dung, die: *(an einem Ort vorhandene) Möglichkeit,* [1]*Post* (3) *zu empfangen u. abzuschicken:* es gibt kaum noch Orte ohne P.
Post|ver|kehr, der: **a)** *Gesamtheit aller Vorgänge, die der Postbeförderung dienen:* der P. mit dem Ausland; **b)** *im wechselseitigen Verschicken u. Empfangen von Postsendungen bestehender Verkehr zwischen Personen:* der P. der Häftlinge wird überwacht; **c)** *Reiseverkehr mit Fahrzeugen der* [1]*Post* (1).
Post|ver|sand, der: *Versand durch die* [1]*Post* (1).
Post|ver|wal|tung, die: *Verwaltung der* [1]*Post* (1).
Post|voll|macht, die: **a)** *Bevollmächtigung, für einen Dritten* [1]*Post* (3) *in Empfang zu nehmen:* jmdm. eine P. erteilen; **b)** *Schriftstück, durch das jmdm. eine Postvollmacht* (a) *erteilt wird.*
Post|wa|gen, der: **a)** *Dienstwagen der* [1]*Post* (1); **b)** *[posteigener] Eisenbahnwagen zum Befördern von Postsendungen;* **c)** (früher) *Postkutsche.*
Post|weg, der ⟨o. Pl.⟩: *von der* [1]*Post* (1) *gebotene Möglichkeit der Beförderung (von Briefen o. Ä.):* etw. auf dem P. schicken, versenden, zustellen.
post|wen|dend ⟨Adv.⟩ *(von Antworten im Briefwechsel) unverzüglich, sofort, umgehend:* Ü der Vergeltungsschlag erfolgte p. (ugs.; *prompt*).
Post|wert|zei|chen, das (Postw.): *Briefmarke.*
Post|we|sen, das ⟨o. Pl.⟩: *Gesamtheit der Einrichtungen u. Vorgänge, die der Erfüllung postalischer Aufgaben dienen.*
Post|wurf|sen|dung, die (Postw.): *[Werbezwecken dienende] in großer Menge zu ermäßigter Gebühr versandte Drucksache mit einer allgemeinen Anschrift, die die Post einer bestimmten Personengruppe od. jedem Haushalt in einem bestimmten Gebiet zustellt.*
Post|zug, der: *Eisenbahnzug, der der Beförderung von Postsendungen dient.*
Post|zu|stel|ler, der (DDR Postw.): *Briefzusteller.*
Post|zu|stel|le|rin, die: w. Form zu ↑Postzusteller.
Post|zu|stel|lung, die: *Zustellung von* [1]*Post* (3).
[1]**Pot,** das; -s [engl. pot, H. u.] (Jargon): *Marihuana.*
[2]**Pot,** der; -s [engl. pot, eigtl. = Topf < spätlat.

pot(t)us, ↑Pott] (Poker): *Summe aller Einsätze, Kasse:* den P. gewinnen.

[3]Pot [po:], der; -, -s [frz. pot < spätlat. pot(t)us, ↑Pott] (schweiz.): *Topf.*

Po|ta|mal, das; -s [zu griech. potamós = Fluss] (Geogr., Ökologie): *Lebensraum der unteren Regionen fließender Gewässer.*

Po|ta|mo|lo|gie, die; - [↑-logie]: *Teilgebiet der Hydrologie u. Geographie, das sich mit der Erforschung von Flüssen befasst.*

po|tem|kinsch [...ki:nʃ, russ.: paˈtjɔmkɪnʃ] ⟨Adj.⟩: ↑Dorf (1).

po|tent ⟨Adj.⟩ [lat. potens (Gen.: potentis) = stark, mächtig, adj. 1. Part. von: posse = können, vermögen; 1: rückgeb. aus ↑impotent]: 1. *(vom Mann) fähig, den Geschlechtsakt zu vollziehen, zeugungsfähig.* 2. (bildungsspr.) a) *stark, einflussreich, mächtig:* eine -e Interessengruppe; b) *finanzstark, zahlungskräftig, vermögend:* -e Geldgeber, Kunden, Geschäftspartner, Firmen. 3. (bildungsspr.) *[schöpferisch] leistungsfähig, tüchtig; fähig:* er ist ein äußerst -er Künstler.

Po|ten|tat, der; -en, -en [zu lat. potentatus = Macht, Souveränität] (bildungsspr. abwertend): *Machthaber; Herrscher.*

Po|ten|ta|tin, die; -, -nen: w. Form zu ↑Potentat.

po|ten|ti|al usw.: ↑potenzial usw.

Po|ten|til|la, die; -, ...llen [nlat., zu lat. potens (↑potent), wegen der der Pflanze zugeschriebenen Heilkräfte]: *Fingerkraut.*

Po|ten|ti|o|me|ter usw.: ↑Potenziometer usw.

Po|tenz, die; -, -en [1: rückgeb. aus ↑Impotenz; 2 a: lat. potentia = Macht, Vermögen, Fähigkeit]: 1. ⟨o. Pl.⟩ a) *Fähigkeit des Mannes, den Geschlechtsakt zu vollziehen; Zeugungsfähigkeit;* b) *sexuelle Leistungsfähigkeit:* etw. steigert, hebt die [sexuelle] P. 2. (bildungsspr.) a) *Leistungsfähigkeit, Stärke:* jmds. geistige, künstlerische P.; die finanzielle P. einer Firma; ökologische P. (Biol.; *Fähigkeit eines Organismus, einen bestimmten Umweltfaktor zu nutzen od. zu ertragen);* b) *jmd., der auf einem bestimmten Gebiet große Potenz* (2 a) *besitzt:* sie ist eine geistige, künstlerische P. 3. (Math.) *Produkt, das entsteht, wenn eine Zahl, ein mathematischer Ausdruck [mehrfach] mit sich selbst multipliziert wird* (dargestellt durch diese Zahl mit einem Exponenten 2 a, z. B. 10^5): mit -en rechnen; eine Zahl in die zweite, fünfte P. erheben *(einmal, viermal mit sich selbst multiplizieren);* Ü ein Unsinn in [höchster] P. *(etw. äußerst Unsinniges).* 4. (Med.) *Grad der Verdünnung eines homöopathischen Mittels.*

Po|tenz|ex|po|nent, der (Math.): *Exponent* (2 a).

po|ten|zi|al, (auch:) potential ⟨Adj.⟩ [spätlat. potentialis = nach Vermögen, tätig wirkend]: 1. (bildungsspr.) *(nach den Gegebenheiten) möglich (aber nicht tatsächlich gegeben); als Möglichkeit vorhanden:* die -e Leistung einer Maschine. 2. (Philos.) *die bloße Möglichkeit betreffend.* 3. (Sprachw.) *die Möglichkeit, das mögliche Eintreten von etw. ausdrückend; als Potenzialis stehend:* ein -er Konditionalsatz.

Po|ten|zi|al, (auch:) Potential, das; -s, -e [zu ↑potential]: 1. (bildungsspr.) *Gesamtheit aller vorhandenen, verfügbaren Mittel, Möglichkeiten, Fähigkeiten, Energien:* das wirtschaftliche, militärische P. eines Landes; das P. an Energie ist erschöpft. 2. (Physik) a) *physikalische Größe zur Beschreibung eines Feldes* (7): das P. eines Kraftfeldes; b) (Mech.) *potenzielle Energie eines Körpers.*

Po|ten|zi|al|dif|fe|renz, (auch:) Potentialdifferenz, die, **Po|ten|zi|al|ge|fäl|le,** (auch:) Potentialgefälle, das (Physik): *Unterschied im Potenzial* (2) *zwischen zwei Punkten in einem Feld* (7).

Po|ten|zi|a|lis, (auch:) Potentialis, der; -, ...les [...le:s] (Sprachw.): *Modus* (2), *durch den ausgedrückt wird, dass ein Geschehen o. Ä. [nur] möglich ist, [nur] vielleicht eintritt (z. B. Man könnte es annehmen).*

Po|ten|zi|a|li|tät, (auch:) Potentialität, die; - (Philos.): *Möglichkeit, wirklich zu werden, einzutreffen.*

po|ten|zi|ell, (auch:) potentiell ⟨Adj.⟩ [frz. potentiel < spätlat. potentialis, ↑potential] (bildungsspr.): *möglich (im Gegensatz zu wirklich), denkbar; der Anlage, Möglichkeit nach [vorhanden]; vielleicht zukünftig:* ein -er Käufer, Gegner, Wähler; das ist eine -e Gefahr; -e Gewalttäter; -e Energie (Physik; *Energie, die ein Körper aufgrund seiner Lage [in einem Kraftfeld] besitzt).*

po|ten|zie|ren ⟨sw. V.; hat⟩ [zu ↑Potenz]: 1. (bildungsspr.) a) *verstärken, erhöhen, steigern:* die Aussicht auf Erfolg potenziert seine Anstrengungen; b) ⟨p. + sich⟩ *stärker werden, sich erhöhen, sich steigern:* dadurch potenziert sich die Wirkung der Droge. 2. (Math.) *(eine Zahl) in eine Potenz* (3) *erheben, [mehrfach] mit sich selbst multiplizieren:* eine Zahl mit 5 p. 3. (Med.) *(bei der Herstellung eines homöopathischen Arzneimittels einen Ausgangsstoff) durch Zusatz einer bestimmten Flüssigkeit bis zu einer bestimmten Potenz* (4) *verdünnen.*

Po|ten|zie|rung, die; -, -en: 1. (bildungsspr.) *das Potenzieren* (1), *Sichpotenzieren.* 2. (Math.) *das Potenzieren* (2). 3. (Med.) *das Potenzieren* (3).

Po|ten|zi|o|me|ter, (auch:) Potentiometer, das; -s, - [↑-meter (1)] (Elektrot.): *regelbarer Widerstand* (b); *Spannungsteiler.*

Po|ten|zi|o|me|trie, (auch:) Potentiometrie, die; -, -n [↑-metrie] (Chemie): *Verfahren der Maßanalyse, bei dem Änderungen des Potenzials* (2 a) *einer Elektrode in einer Lösung gemessen werden.*

po|ten|zi|o|me|trisch, (auch:) potentiometrisch ⟨Adj.⟩ (Chemie:) *die Potenziometrie betreffend, mit ihrer Hilfe vor sich gehend:* eine -e Maßanalyse.

Po|tenz|pil|le, die (ugs.): *Pille* (1 b) *zur Wiederherstellung, Steigerung der Potenz* (1 b), *zur Behebung einer Potenzschwäche od. von Potenzschwierigkeiten.*

Po|tenz|schwä|che, die: *Schwäche der Potenz* (1 b).

Po|tenz|schwie|rig|kei|ten ⟨Pl.⟩: *Schwierigkeiten des Mannes, den Geschlechtsakt zu vollziehen.*

po|tenz|stei|gernd ⟨Adj.⟩: *die Potenz* (1 b) *steigernd:* ein -es Mittel.

Po|tenz|stö|rung, die ⟨meist Pl.⟩: *Funktionsstörung, die die Potenz* (1 a) *beeinträchtigt.*

Pot|pour|ri [ˈpɔtpʊri, auch, österr. nur so: ...ˈri:], das; -s, -s [frz. potpourri, eigtl. = Eintopf (aus allerlei Zutaten), zu: pot = Topf (spätlat. pot[t]us, ↑Pott) u. pourrir = verfaulen]: *Zusammenstellung verschiedener durch Übergänge verbundener (meist bekannter u. populärer) Melodien:* ein musikalisches P.; ein [buntes] P. aus, von beliebten Melodien; ein P. bekannter Schlager; Ü die Sendung war ein P. *(ein buntes Allerlei)* aus Scherz, Satire und Musik.

Pot|pour|ri|va|se, die [zu ↑Potpourri in der Bed. »Allerlei, Kunterbuntes«]: *[reich] verzierte Porzellanvase mit durchlöchertem Deckel, in der duftende Kräuter aufbewahrt werden.*

Pots|dam: Landeshauptstadt von Brandenburg.

[1]Pots|da|mer, der; -s, -: Ew.

[2]Pots|da|mer ⟨indekl. Adj.⟩: die P. Stadtgeschichte.

Pots|da|me|rin, die; -, -nen: w. Form zu ↑[1]Potsdamer.

Pott, der; -[e]s, Pötte [mniederd. pot < mniederl. pot < (m)frz. pot < spätlat. pot(t)us = Trinkbecher (fälschlich angelehnt an lat. potus = Trank), H. u.]: 1. (ugs.) a) *Topf, topfartiges Gefäß:* ein P. Tee, Labskaus; b) *Nachttopf:* das Kind muss auf den P.; * **zu P., zu -e kommen** *([mit einer Aufgabe o. Ä.] fertig werden, zurechtkommen).* 2. (ugs.) *Schiff, Dampfer:* ein großer P.

Pott|asche, die [niederd. potasch, zur Gewinnung des Salzes wurde Pflanzenasche in Töpfen gekocht]: *Kaliumkarbonat.*

Pott|harst, Potthast, der; -[e]s, -e [zum 2. Bestandteil vgl. Panhas] (Kochk.): *westfälisches Gericht aus zusammen mit verschiedenen Gemüsen geschmortem Rindfleisch mit einer gebundenen Soße.*

pott|häss|lich ⟨Adj.⟩ (ugs.): *sehr hässlich* (1): eine -e Stadt.

Pott|hast: ↑Pottharst.

Pott|sau, die ⟨Pl. ...säue⟩ [zu Pott in der Bed. »Abfalleimer«, eigtl. wohl = im Dreck suhlende Sau] (Schimpfwort): a) *jmd., der schmutzig, ungepflegt ist, auf Sauberkeit keinen Wert legt od. [mutwillig] Schmutz macht;* b) *jmd., der etw. moralisch Verwerfliches getan hat, tut.*

Pott|wal, der [älter niederl. potswal; nach dem Vergleich des Kopfes mit einem Pott (1)]: *(zu den Zahnwalen gehörender) großer Wal mit plumpem, kantigem Kopf.*

potz ⟨Interj.⟩ [frühnhd. botz, mhd. pocks, entstellt aus »Gottes« (in bestimmten Fügungen, die sich auf das Leiden Jesu Christi beziehen)]: in der Fügung **p. Blitz!** (↑Blitz 1).

Pou|lard [puˈla:ɐ̯], das; -s, -s, **Pou|lar|de** [puˈlardə], die; -, -n [frz. poularde, zu: poule = Huhn < lat. pulla]: *junges, verschnittenes od. noch nicht geschlechtsreifes Masthuhn od. -hähnchen.*

Poule [pu:l], die; -, -n [...lən; frz. poule, eigtl. = Huhn, ↑Poulard; Bedeutungsübertr. ungeklärt]: 1. *Einsatz beim Spiel, bei einer Wette.* 2. *bestimmtes Spiel beim Billard od. Kegeln.*

Pou|let [puˈle:], das; -s, -s [frz. poulet, Vkl. von: poule, ↑Poulard]: *junges Masthuhn od. -hähnchen.*

Pound [paunt], das; -, -s [engl. pound, eigtl. = Pfund, < aengl. pund < lat. pondo, ↑Pfund]: *englische Gewichtseinheit* (453,60 g); Abk.: lb. (Sg.), lbs. (Pl.).

Pour le Mé|rite [purləmeˈrit], der; - - - [frz. = für das Verdienst; ↑Meriten]: 1. *(früher) hoher preußischer Verdienstorden für Verdienste vor dem Feind.* 2. *für Verdienste in Wissenschaften u. Künsten verliehener hoher deutscher Orden.*

Pous|sa|de [pu..., pʊ...], **Pous|sa|ge** [puˈsa:ʒə, pʊ...], die; -, -n [mit französierender Endung geb. zu ↑poussieren] (ugs. veraltet): 1. *Liebschaft, Flirt* (b), *Liebelei [zwischen jungen Leuten, bes. Schülern]:* eine P. mit jmdm. haben. 2. (meist abwertend) *Geliebte.*

pous|sie|ren ⟨sw. V.; hat⟩ [wohl unter Einfluss von »an sich drücken« zu frz. pousser = drücken, stoßen < lat. pulsare, ↑pulsieren]: 1. (ugs. veraltend, noch landsch.) *mit jmdm. eine Poussage* (1) *haben, flirten:* er poussiert mit seiner Nachbarin. 2. (veraltend) *hofieren, umschmeicheln, umwerben; um jmds. Gunst werben:* er poussierte die Chefin.

Pous|sier|stän|gel, der (ugs. veraltend scherzh.): *junger Mann, der gern, viel mit Mädchen poussiert.*

po|wer ⟨Adj.⟩ [frz. pauvre < lat. pauper = arm] (landsch.): *armselig, ärmlich, dürftig:* eine pow[e]re Gegend.

Pow|er [ˈpauɐ], die; - [engl. power, über das Afrz. u. Vlat. zu lat. posse = können] (Jargon): a) *Kraft* (5), *Stärke, Leistung* (2 c); *Wucht:* die Stereoanlage hat P.; ein Motorrad mit viel P.; b) *Kraft* (1), *Stärke* (6 a): sie hat genügend P., diese Krise zu überwinden.

Pow|er|frau [ˈpauɐ...], die (Jargon): *tüchtige Frau voll Kraft u. Stärke.*

pow|ern [ˈpauɐn] ⟨sw. V.; hat⟩ [engl. to power = antreiben] (Jargon): a) *große Stärke, Leistung* (2 c) *entfalten, sich voll einsetzen; Wucht haben:* die Band powerte, das Publikum war begeistert; wenn die alle anpacken, das powert richtig; b) *mit großem Einsatz, Aufwand unterstützen, fördern:* ein neues Produkt, einen Sänger p.

Pow|er|slide [ˈpaʊəslaɪd], das; -[s] [engl. power slide, eigtl. = Kraftrutschen, aus: power (↑Power) u. slide = das Rutschen] (Motorsport): *Kurventechnik, bei der der Fahrer den Wagen, ohne die Geschwindigkeit zu vermindern, seitlich in die Kurve rutschen lässt, um ihn mit Vollgas geradeaus aus der Kurve herausfahren zu können.*

Po|widl, der; -s [tschech. povidla (Pl.)] (österr.): *Pflaumenmus.*

Po|widl|knö|del, der (österr.): *mit Pflaumenmus gefüllter Kloß.*

Poz|zo|lan, Poz|zu|o|lan: ↑Puzzolan.

pp = pianissimo.

pp. = perge, perge (und so weiter; lat., eigtl. = fahre fort).

pp., ppa. = per procura.

PP = polierte Platte.

PP. = Patres.

ppa., pp. = per procura.

PR = Public Relations.

Prä, das; -s [subst. aus lat. prae = vor] (bildungsspr.): *jmdm. zum Vorteil gereichender Vorrang:* ein P. haben.

prä-, Prä- [lat. prae = vor]: kennzeichnet in Bildungen mit Adjektiven – seltener mit Substantiven oder Verben – etw. als vorher, zeitlich früher liegend, erfolgend: prärevolutionär; Präfaschismus.

Prä|am|bel, die; -, -n [spätmhd. preambel < mlat. praeambulum = Vorangehendes, Einleitung, zu spätlat. praeambulus = vorangehend, zu lat. prae = vor(an) u. ambulare = gehen]: **1.** *feierliche Erklärung als Einleitung einer [Verfassungs]urkunde, eines Staatsvertrags o. Ä.:* die P. des Grundgesetzes; in der P. heißt es ... **2.** *Präludium in der Orgel- u. Lautenmusik des 15. u. 16. Jh.s.*

PR-Ab|tei|lung [pe:ˈɛr...], die: *Public-Relations-Abteilung.*

pra|chern ⟨sw. V.; hat⟩ [mniederd. prachen, mniederl. prachern, H. u.] (bes. nordd.): *betteln.*

Pracht, die; - [mhd. braht = Lärm, Geschrei; Prahlerei, ahd. praht = Lärm, verw. mit ↑brechen]: *durch großen Aufwand [in der Ausstattung] erreichte starke, strahlende [optische] Wirkung einer Sache, die auf diese Weise voll zur Entfaltung kommt:* die unvergleichliche P. der Barockkirchen; sie genossen die weiße P. der Winterlandschaft; diese Räume waren nur kalte P. *(waren repräsentativ, aber unbehaglich);* *** eine wahre P. sein** (ugs.; *geradezu großartig, unglaublich, unerhört sein*): die Verpflegung war eine wahre P.; **..., dass es nur so eine/dass es eine wahre P. ist** (ugs.: *..., dass es geradezu großartig, unglaublich, unerhört ist*): sie tanzten, dass es eine wahre P. war.

Pracht|aus|ga|be, die: *kostbar ausgestattete Ausgabe* (4 a).

Pracht|bau, der ⟨Pl. -ten⟩: *großer, repräsentativer Bau.*

Pracht|ent|fal|tung, die: *Entfaltung von Pracht.*

Pracht|exem|plar, das (ugs.): *großartiges Exemplar, das alle gewünschten Qualitäten aufweist:* dieser Schäferhund ist ein P.; (scherzh.:) wahre -e von Kindern.

Pracht|fink, der: *(als Käfigvogel gehaltener) meist prächtig bunt gefärbter, etwa meisengroßer Singvogel.*

präch|tig ⟨Adj.⟩ [urspr. = stolz, hochmütig]: **1.** *durch großen Aufwand von starker, strahlender [optischer] Wirkung:* -e Schlösser; p. ausgestaltete Räume. **2.** *alle gewünschten Qualitäten aufweisend; großartig:* ein -er Junge; -es Wetter; er ist ein -er Erzähler; sich p. verstehen.

Präch|tig|keit, die; -: *prächtige Art, Beschaffenheit.*

Pracht|kerl, der (ugs.): *Person, die alle gewünschten Qualitäten aufweist:* ein P. von einem Sohn.

Pracht|kleid, das (Zool.): *Hochzeitskleid* (2).

pracht|lie|bend ⟨Adj.⟩: *die Prachtentfaltung liebend; eine große Vorliebe für Pracht besitzend.*

Pracht|mensch, der (ugs.): vgl. Prachtkerl.

Pracht|stra|ße, die: *breite, von großen, eindrucksvollen Gebäuden gesäumte Straße.*

Pracht|stück, das (ugs.): *Prachtexemplar:* ein P. von [einem] Steinpilz.

pracht|voll ⟨Adj.⟩: **1.** *voll Pracht; prächtig* (1): ein -es altes Schloss; eine p. ausgestattete Bibelausgabe. **2.** *alle gewünschten Qualitäten aufweisend; großartig:* sie ist eine -e Mutter; die junge Pianistin hat p. gespielt.

Pracht|weib, das (ugs.): vgl. Prachtkerl.

Prä|des|ti|na|ti|on, die; - [kirchenlat. praedestinatio, zu (kirchen)lat. praedestinare, ↑prädestinieren]: **1.** *(bes. von Calvin als Lehre vertretene) göttliche Vorherbestimmung hinsichtlich der Seligkeit od. Verdammnis des einzelnen Menschen.* **2.** (bildungsspr.) *das Geeignetsein, Vorherbestimmtsein für eine bestimmte Aufgabe, einen bestimmten Beruf o. Ä. aufgrund gewisser Fähigkeiten, Anlagen:* er hat die P. zum Politiker.

prä|des|ti|nie|ren ⟨sw. V.; hat⟩ [(kirchen)lat. praedestinare = im Voraus bestimmen] (bildungsspr.): *für etw. besonders geeignet machen, wie geschaffen erscheinen lassen:* seine Redegewandtheit prädestiniert ihn für diese Aufgabe, diesen Beruf; für einen Sport, zum Politiker prädestiniert sein; dieser See ist für Fischzucht prädestiniert *(besonders geeignet).*

Prä|des|ti|nie|rung, die: *Prädestination* (2).

Prä|di|ka|ment, das; -[e]s, -e [spätlat. praedicamentum = im Voraus erfolgende Hinweisung] (Philos.): *eine der sechs nach Platon u. Aristoteles in der Scholastik weitergelehrten Kategorien.*

Prä|di|kat, das; -[e]s, -e [urspr. = Rangbezeichnung < lat. praedicatum, subst. 2. Part. von: praedicare, ↑predigen]: **1.** *in einer bestimmten schriftlichen Formulierung ausgedrückte auszeichnende Bewertung einer Leistung, eines Werks, Erzeugnisses:* bei einer Prüfung das P. »gut« erhalten; ein Film mit dem P. »wertvoll«; für das P. Spätlese hat der Wein zu wenig Öchsle. **2.** kurz für ↑Adelsprädikat. **3.** (Sprachw.) *die Struktur des Satzes bestimmender Satzteil, der eine Aussage über das Subjekt macht* (z. B. der Bauer *pflügt* den Acker). **4.** (Logik, Philos.) *der Bestimmung von Gegenständen dienender sprachlicher Ausdruck od. der zugrunde liegende Begriff.*

prä|di|ka|ti|sie|ren ⟨sw. V.; hat⟩: *(bes. einen Film) mit einem Prädikat* (1) *versehen:* prädikatisierte Filme.

prä|di|ka|tiv ⟨Adj.⟩ (Sprachw.): *das Prädikat* (3) *betreffend, dazugehörend; in Verbindung mit kopulativen Verben (z. B. sein, werden) auftretend:* -e Ergänzungen.

Prä|di|ka|tiv, das; -s, -e (Sprachw.): *auf das Subjekt od. Objekt bezogener Teil des Prädikats (z. B. Karl ist mein Freund).*

Prä|di|ka|ti|vum, das; -s, ...va (Sprachw.): *Prädikativ.*

Prä|di|ka|tor, der; -s, ...oren [lat. praedicator = der Verkündiger] (Logik, Philos.): *Prädikat* (4) *(als sprachlicher Ausdruck).*

Prä|di|kats|exa|men, das: *mindestens mit dem Prädikat »befriedigend« bestandenes Examen.*

Prä|di|kats|no|men, das (Sprachw.): *Prädikativ, das aus einem Nomen* (2) *besteht (z. B. Karl ist Lehrer;* das Kleid ist *neu*).

Prä|di|kats|wein, der: *(nach dem deutschen Weingesetz) Qualitätswein mit einem der Prädikate Kabinett, Spätlese, Auslese, Beerenauslese, Trockenbeerenauslese, Eiswein; Qualitätswein mit Prädikat.*

Prä|dik|ti|on, die; -, -en [lat. praedictio, zu: praedicere = vorausbestimmen, aus: prae = vor(her) u. dicere= sagen] (bildungsspr.): *Vorher-, Voraussage durch wissenschaftliche Verallgemeinerung.*

prä|dis|po|nie|ren ⟨sw. V.; hat⟩ [zu ↑prä-, Prä- u. ↑disponieren]: **1.** (bildungsspr.) *im Voraus festlegen.* **2.** (Med.) *besonders empfänglich, anfällig machen:* für Magengeschwüre prädisponiert sein.

Prä|dis|po|si|ti|on, die; -, -en [↑Disposition] (Med.): *ausgeprägte Anfälligkeit für bestimmte Krankheiten.*

Prä|do|mi|na|ti|on, die; - [↑Domination] (bildungsspr.): *das Vorherrschen, die Vorherrschaft.*

prä|do|mi|nie|ren ⟨sw. V.; hat⟩ [↑dominieren] (bildungsspr.): *die Vorherrschaft besitzen; vorherrschen, überwiegen.*

prae|cox ⟨indekl. Adj.; nachgestellt⟩ [lat.] (Med.): *vorzeitig, frühzeitig, zu früh auftretend.*

Prae|sens his|to|ri|cum, das; - -, ...sentia ...ca [nlat., aus lat. praesens (↑Präsens) u. historicum = historisch]: *bei lebhafter Vorstellung u. Schilderung vergangener Vorgänge gebrauchtes Präsens; historisches Präsens.*

prä|exis|tent ⟨Adj.⟩ [aus lat. prae = vor(her) u. ↑existent] (Philos., Theol.): *Präexistenz habend; vorher bestehend.*

Prä|exis|tenz, die; - [↑Existenz] (Philos., Theol.): *das ideelle Vorhandensein, Ausgeprägtsein vor der stofflichen u. zeitlichen Erscheinung (z. B. die Existenz der Seele im Reich der Ideen vor ihrem Eintritt in den Körper; nach Plato).*

Prä|fa|ti|on, die; -, -en [mlat. praefatio < lat. praefatio = Vorrede] (kath. u. ev. Rel.): *liturgische Einleitung der katholischen Eucharistiefeier u. des evangelischen Abendmahlgottesdienstes.*

Prä|fekt, der; -en, -en [lat. praefectus = Vorgesetzter, zu: praefectum, 2. Part. von: praeficere = vorsetzen]: **1.** *hoher Zivil- od. Militärbeamter im antiken Rom.* **2.** *oberster Verwaltungsbeamter eines Departements (in Frankreich) od. einer Provinz (in Italien).* **3.** *mit besonderen Aufgaben betrauter, leitender katholischer Geistlicher (bes. in Missionsgebieten).* **4.** *ältester Schüler in einem Internat, der über jüngere die Aufsicht führt.*

Prä|fek|tin, die; -, -nen: w. Form zu ↑Präfekt (2, 4).

Prä|fek|tur, die; -, -en [lat. praefectura]: **a)** *Amt, Amtsbezirk eines Präfekten* (2); **b)** *Gesamtheit der Amtsräume eines Präfekten* (2).

Prä|fe|ren|ti|al|zoll: ↑Präferenzialzoll.

prä|fe|ren|ti|ell: ↑präferenziell.

Prä|fe|renz, die; -, -en [frz. préférence, zu: préférer = vorziehen < lat. praeferre]: **1.** (Wirtsch.) *(bestimmten Ländern gewährte) Vergünstigung.* **2.** (Wirtsch.) *bestimmte Vorliebe im Verhalten der Marktteilnehmer:* im Winterschlussverkauf zeigte sich erneut die P. der Käufer für Qualitätsware. **3.** (bildungsspr.) *Vorliebe, ausgeprägte Neigung:* er tat seine P. für die Linken kund.

Prä|fe|ren|zi|al|zoll, (auch:) Präferentialzoll, der; -[e]s, ...zölle (Wirtsch.): *Präferenzzoll.*

prä|fe|ren|zi|ell, (auch:) präferentiell ⟨Adj.⟩ (bes. Wirtsch.): *Präferenzen betreffend, auf Präferenzen beruhend:* -e Zölle.

Prä|fe|renz|stel|lung, die (bes. Wirtsch.): *bevorzugte Stellung.*

Prä|fe|renz|zoll, der (Wirtsch.): *Zoll, der einen Handelspartner gegenüber anderen begünstigt.*

prä|fe|rie|ren ⟨sw. V.; hat⟩ [frz. préférer, ↑Präferenz] (bildungsspr.): *vorziehen, den Vorzug geben:* die SPD präferiert ein rot-grünes Bündnis.

prä|fi|gie|ren ⟨sw. V.; hat⟩ [lat. praefigere = vorn anheften] (Sprachw.): *mit einem Präfix versehen.*

Prä|fix, das; -es, -e [zu lat. praefixum, 2. Part. von praefigere, ↑präfigieren] (Sprachw.): **1.** *vor ein Wort, einen Wortstamm gesetztes Ableitungsmorphem; Vorsilbe (z. B. be-, ent-, un-, ver-, zer-).* **2.** (veraltend) *Präverb.*

Prä|fi|xo|id, das; -[e]s, -e [zu griech. -oeidēs = ähnlich] (Sprachw.): *präfixähnlicher Bestandteil eines Wortes (z. B. sau-, Sau-, Nobel-).*

Prä|fix|verb, das (Sprachw.): *mit einem Präfix gebildetes Verb (z. B. beachten, entlassen).*

prä|for|mie|ren ⟨sw. V.; hat⟩ [lat. praeformare, aus: prae = vor(her) u. formare, ↑formieren]: **1.** (bildungsspr.) *in der Ausprägung, Entwicklung o. Ä. im Voraus festlegen; vorbilden.* **2.** (Biol.) *im Keim vorbilden.*

Prag: Hauptstadt der Tschechischen Republik.

präg|bar ⟨Adj.⟩: *sich prägen* (2) *lassend.*

Präg|bar|keit, die; -: *das Prägbarsein; prägbare Beschaffenheit.*

Prä|ge|bild, das (Münzwesen): *auf eine Münze aufgeprägtes Bild.*

Prä|ge|druck, der ⟨o. Pl.⟩: **1.** (Druckw.) *Druckverfahren, bei dem Schriftzeichen o. Ä. mithilfe von Prägestempeln erhaben od. vertieft auf [Brief]papier, Leder o. Ä. zur Ausschmückung gedruckt werden.* **2.** (Textilind.) *Verfahren zur Oberflächengestaltung von Geweben auf dem Gaufrierkalander mithilfe von Hitze u. Druck.*

Prä|ge|form, die (Münzwesen): *Gussform für die Münzprägung.*

Prä|ge|ma|schi|ne, die: *Prägestock.*

prä|gen ⟨sw. V.; hat⟩ [mhd. præchen, bræchen = einpressen, abbilden, ahd. (gi)prāhhan = gravieren, einpressen, urspr. wohl = aufbrechen, aufreißen u. verw. mit ↑brechen]: **1. a)** *mit einem Bild, mit Schriftzeichen versehen, wobei die Oberfläche von geeignetem Material (z. B. Metall, Papier, Leder) durch Druck mit entsprechenden Werkzeugen od. Maschinen reliefartig geformt wird:* geprägtes Briefpapier; **b)** *prägend* (1 a) *herstellen:* Münzen [in Silber, Gold] p.; **c)** *ein Bild, Schriftzeichen vertieft od. erhaben in die Oberfläche von geeignetem Material (z. B. Metall, Papier, Leder) einpressen:* das Staatswappen auf die Münzen p. **2. a)** *sich als Einfluss auswirken u. jmdm., einer Sache ein entsprechendes besonderes Gepräge geben:* die Landschaft prägt den Menschen; alte Fachwerkhäuser prägen das Stadtbild; von einer Epoche geprägt sein; **b)** (Verhaltensf.) *ein Tier während einer bestimmten Entwicklungsphase in Bezug auf ein bestimmtes Verhalten sich auf ein Lebewesen, Objekt einstellen lassen, es auf jmdn., etw. fixieren:* der junge Wolf ist auf seinen Pfleger geprägt. **3.** *(einen sprachlichen Ausdruck o. Ä.) schöpfen, erstmals anwenden:* ein [Schlag]wort p. **4.** (selten) *einprägen* (2 a): sich etw. ins Gedächtnis p. **5.** ⟨p. + sich⟩ (geh.) *sich formen* (3).

prä|ge|ni|tal ⟨Adj.⟩ [zu ↑prä-, Prä- u. ↑genital] (Psychoanalyse): *der genitalen Phase vorausgehend:* eine -e Phase.

Prä|ge|pha|se, die: *für ein Lebewesen prägende, frühe Phase seines Lebens.*

Prä|ge|pres|se, die (Druckw.): *Presse für den Prägedruck.*

[1]Pra|ger, der; -s, -: Ew. zu ↑Prag.

[2]Pra|ger ⟨indekl. Adj.⟩: die P. Altstadt.

Pra|ge|rin, die; -, -nen: w. Form zu ↑[1]Prager.

Prä|ge|stät|te, die: *Münzstätte.*

Prä|ge|stem|pel, der (Druckw., Metallbearb.): *zum Prägen* (1) *verwendeter Stempel, in den Schriftzeichen od. Strichzeichnungen vertieft od. erhaben eingearbeitet sind.*

Prä|ge|stock, der ⟨Pl. ...stöcke⟩ (Druckw., Metallbearb.): *zum Prägen* (1) *verwendete Maschine mit Prägestempel.*

prä|gla|zi|al ⟨Adj.⟩ [zu ↑prä-, Prä- u. ↑glazial] (Geol.): *vor der Eiszeit [eingetreten].*

Prag|ma|tik, die; -, -en [griech. pragmatikḗ (téchnē) = Kunst, richtig zu handeln, zu: pragmatikós, ↑pragmatisch]: **1.** ⟨o. Pl.⟩ (bildungsspr.) *Orientierung auf das Nützliche; Sinn für Tatsachen; Sachbezogenheit.* **2.** (österr. Amtsspr.) *Dienstordnung, Ordnung des Staatsdienstes; festgefügte Laufbahn des Beamten.* **3.** ⟨o. Pl.⟩ (Sprachw.) *linguistische Disziplin, die die Beziehung zwischen sprachlichen Zeichen u. den Benutzern sprachlicher Zeichen untersucht; Lehre vom sprachlichen Handeln.*

Prag|ma|ti|ker, der; -s, - (bildungsspr.): *jmd., der pragmatisch eingestellt ist.*

Prag|ma|ti|ke|rin, die; -, -nen: w. Form zu ↑Pragmatiker.

prag|ma|tisch ⟨Adj.⟩ [lat. pragmaticus < griech. pragmatikós = in Geschäften geschickt, tüchtig]: **1.** *auf die anstehende Sache u. entsprechendes praktisches Handeln gerichtet; sachbezogen:* ein -er Politiker; eine -e Betrachtungsweise; -e Mittel anwenden; p. denken, vorgehen. **2.** (Sprachw.) *das Sprachverhalten, die Pragmatik* (3) *betreffend.*

prag|ma|ti|sie|ren ⟨sw. V.; hat⟩ (österr. Amtsspr.): *in ein festes, unkündbares Beamtenverhältnis übernehmen; verbeamten.*

Prag|ma|tis|mus, der; -: **a)** *den Menschen ausschließlich als handelndes Wesen verstehende philosophische Lehre, die das Handeln über die Vernunft stellt u. die Wahrheit u. Gültigkeit von Ideen u. Theorien allein nach ihrem Erfolg bemisst;* **b)** *pragmatische Einstellung, Denk-, Handlungsweise:* nüchterner P.

P

präg|nant ⟨Adj.⟩ [frz. prégnant < lat. praegnans (Gen.: praegnantis) = schwanger; trächtig; strotzend]: *etw. in knapper Form genau treffend, darstellend:* -e Sätze; die -esten *(typischsten)* Vertreter dieser Richtung.

Präg|nanz, die; -: *prägnante Art.*

Prä|gung, die; -, -en: **1. a)** *das Prägen* (1); **b)** *Bild, Muster o. Ä., das vertieft od. erhaben in die Oberfläche von geeignetem Material (z. B. Metall, Papier, Leder, Kunststoff) eingeprägt ist:* die P. auf der Münze ist unscharf. **2. a)** *bestimmte Art, in der jmd., etw. geprägt* (2 a) *ist:* durch jmdn., etw. seine P. erhalten; ein Parlamentarismus westlicher P.; **b)** (Verhaltensf.) *das Prägen* (2 b): die P. des jungen Tieres auf die Mutter. **3. a)** *das Prägen* (3); **b)** *geprägter* (3) *Ausdruck:* dieser Ausdruck ist eine P. Ciceros, von Cicero.

Pra|ha: tschechische Form von ↑Prag.

Prä|his|to|rie [auch: ˈprɛ:...], die; - [zu ↑prä-, Prä- u. ↑Historie]: *Vorgeschichte.*

Prä|his|to|ri|ker [auch: ˈprɛ:...], der; -s, -: *Wissenschaftler auf dem Gebiet der Prähistorie.*

Prä|his|to|ri|ke|rin, die; -, -nen: w. Form zu ↑Prähistoriker.

prä|his|to|risch [auch: ˈprɛ:...] ⟨Adj.⟩: *vorgeschichtlich:* -e Gräber; in -er Zeit.

prah|len ⟨sw. V.; hat⟩ [urspr. wahrsch. = brüllen, schreien, lärmen; lautm.]: **a)** *sich wirklicher od. vermeintlicher Vorzüge o. Ä. übermäßig od. übertreibend rühmen, sie hervorhebend erwähnen:* gern p.; mit seinem Auto, seinen [technischen] Kenntnissen p.; das ist geprahlt (ugs.; *viel zu günstig dargestellt*); **b)** *prahlend* (a) *sagen, äußern.*

Prah|ler, der; -s, -: *jmd., der prahlt.*

Prah|le|rei, die; -, -en (abwertend): **1.** ⟨o. Pl.⟩ *[dauerndes] Prahlen* (a). **2.** *prahlerische Äußerung.*

Prah|le|rin, die; -, -nen: w. Form zu ↑Prahler.

prah|le|risch ⟨Adj.⟩: *von der Art, wie sie für einen Prahler charakteristisch ist:* ein arroganter und -er Mensch.

Prahl|hans, der; -es, ...hänse (ugs.): *jmd., der gern prahlt.*

Prahl|sucht, die ⟨o. Pl.⟩: *übermäßig starker Hang zum Prahlen.*

prahl|süch|tig ⟨Adj.⟩: *von Prahlsucht erfüllt.*

Prahm, der; -[e]s, -e u. Prähme [aus dem Niederd. < mniederd. prām, aus dem Slaw., vgl. tschech. prám = Fähre]: *[kastenförmiger] großer Lastkahn.*

Praia: Hauptstadt von Kap Verde.

Prä|ju|diz, das; -es, -e [lat. praeiudicium, aus: prae = vor(her) u. iudicium, ↑Judizium]: **1.** (Rechtsspr.) *Entscheidung eines obersten Gerichts mit Leitbildfunktion für ähnliche künftige Rechtsfälle.* **2.** (bildungsspr.) *Entscheidung, die für zukünftige Fälle, Beschlüsse, Ereignisse maßgebend ist, nach der sich zukünftige Fälle, Beschlüsse, Ereignisse richten:* diese Feiertagsregelung schafft ein P., stellt kein P. für das nächste Jahr dar.

prä|ju|di|zi|ell ⟨Adj.⟩ [frz. préjudiciel < spätlat. praeiudicialis]: **1.** (Rechtsspr.) *als Präjudiz* (1) *dienend.* **2.** (bildungsspr.) *bedeutsam für die Beurteilung künftiger Fälle, Beschlüsse o. Ä.*

prä|ju|di|zie|ren ⟨sw. V.; hat⟩ [lat. praeiudicare = vorgreifen, im Voraus entscheiden, zu: prae = vor(her) u. iudicare, ↑judizieren]: **1.** (Rechtsspr.) *ein Präjudiz* (1) *schaffen.* **2.** (bildungsspr.) *ein Präjudiz* (2) *schaffen:* diese Regelung hat keine präjudizierende Wirkung.

prä|kam|brisch ⟨Adj.⟩ (Geol.): *das Präkambrium betreffend, dazu gehörend.*

Prä|kam|bri|um, das; -s [zu ↑prä-, Prä- u. ↑Kambrium] (Geol.): *vor dem Kambrium liegender erdgeschichtlicher Zeitraum.*

prä|kar|bo|nisch ⟨Adj.⟩ [zu ↑prä-, Prä- u. ↑karbonisch] (Geol.): *in einen Zeitabschnitt vor dem Karbon gehörend, fallend.*

prä|kli|nisch ⟨Adj.⟩ [zu ↑prä-, Prä- u. ↑klinisch] (Med.): **1.** *(von Arzneimitteln) vor Anwendung in der Klinik.* **2.** *nicht die typischen Krankheitssymptome aufweisend.*

Prä|klu|si|on, die; -, -en [lat. praeclusio] (Rechtsspr.): *Ausschließung, Ausschluss; Rechtsverwirkung.*

prä|klu|siv, präklusivisch ⟨Adj.⟩ (Rechtsspr.): *eine Präklusion zur Folge habend; von vornherein ausschließend; rechtsverwirkend.*

Prä|klu|siv|frist, die (Rechtsspr.): *gerichtlich festgelegte Frist, nach deren Ablauf ein Recht nicht mehr geltend gemacht werden kann.*

prä|klu|si|visch: ↑präklusiv.

prä|ko|lum|bisch ⟨Adj.⟩ [zu ↑prä-, Prä- u. kolumbisch, Adj. zu Kolumbus] (Fachspr.): *die Zeit vor der Entdeckung Amerikas durch Kolumbus betreffend.*

Pra|krit, das; -s [sanskr. prākṛta]: *Gesamtheit der mittelindischen Volkssprachen.*

prakt. Arzt = praktischer Arzt.

prakt. Ärz|tin = praktische Ärztin.

prak|ti|fi|zie|ren ⟨sw. V.; hat⟩ [zu ↑Praxis u. lat. facere (in Zus. -ficere) = machen] (bildungsspr.): *in die Praxis umsetzen, verwirklichen.*

Prak|tik, die; -, -en [mlat. practica < spätlat. practice = Ausübung, Vollendung < griech. praktikē̆ (téchnē) = Lehre vom aktiven Handeln, zu: praktikós, ↑praktisch]: **1. a)** *bestimmte Art der Ausübung, Handhabung; Verfahrensweise:* merkantilistische -en; entgegen der sonst üblichen P.; **b)** ⟨meist Pl.⟩ *(als bedenklich empfundene) Methode; nicht immer einwandfreies u. erlaubtes Vorgehen:* kriminelle, unlautere -en. **2.** *(vom 15. bis 17. Jh.) Kalenderanhang od. selbstständige Schrift mit meteorologischen (in der Art der Bauernregeln) od. astrologischen Vorhersagen, Gesundheitslehren, Ratschlägen o. Ä.*

Prak|ti|ka: Pl. von ↑Praktikum.

prak|ti|ka|bel ⟨Adj.; ...bler, -ste⟩ [frz. praticable < mlat. practicabilis = tunlich, ausführbar]: **1.** *für einen bestimmten Zweck brauchbar, nutzbar; sich verwirklichen lassend; durch-, ausführbar:* eine praktikable Lösung; dieser Plan war nicht p. **2.** (Theater) *(von Teilen der Bühnendekoration) fest gebaut u. daher begehbar, zum Spielen zu benutzen.*

Prak|ti|kant, der; -en, -en [zu mlat. practicans (Gen.: practicantis), 1. Part. von: practicare, ↑praktizieren]: *jmd., der ein Praktikum absolviert.*

Prak|ti|kan|ten|stel|le, die: *Arbeitsstelle eines Praktikanten.*

Prak|ti|kan|tin, die; -, -en: w. Form zu ↑Praktikant.

Prak|ti|ker, der; -s, -: **1.** *jmd., der (auf einem bestimmten Gebiet) praktisch arbeitet:* ein erfahrener P.; er ist [ausschließlich, reiner] P. **2.** (Med. Jargon) *praktischer Arzt.*

Prak|ti|ke|rin, die; -, -nen: w. Form zu ↑Praktiker.

Prak|ti|kum, das; -s, ...ka: **1.** *im Rahmen einer Ausbildung außerhalb der [Hoch]schule abzuleistende praktische Tätigkeit:* ein medizinisches, berufliches P.; ein P. machen. **2.** *zur praktischen Anwendung des Erlernten eingerichtete Übung(sstunde) (bes. an naturwissenschaftlichen Fakultäten einer Hochschule).*

Prak|ti|kums|stel|le, die: *Arbeitsstelle, an der ein Praktikum abzuleisten ist.*

Prak|ti|kus, der; -, -se (scherzh.): *praktischer Mensch, der immer u. überall Rat weiß.*

prak|tisch [spätlat. practicus < griech. praktikós = auf das Handeln gerichtet, tätig, tüchtig, zu: prássein, ↑Praxis]: **I.** ⟨Adj.⟩ **1. a)** *auf die Praxis, Wirklichkeit bezogen:* die -e Durchführung eines Plans; -e Anwendungsmöglichkeiten; -er Unterricht; -er Arzt *(approbierter Arzt ohne Ausbildung zum Facharzt)*; ein -es Jahr *(einjähriges Praktikum* 1) ableisten; eine Erfindung, jmds. Fähigkeiten p. erproben; **b)** *in der Wirklichkeit auftretend; wirklich, tatsächlich:* -e Fragen, Beispiele; die -e Seite des Problems; p. heißt das, dass wir nicht wegkönnen. **2.** *sich besonders gut für einen bestimmten Zweck eignend; sehr nützlich; zweckmäßig:* eine -e Einrichtung; am -sten ist eine neutrale Farbe; nicht modern, aber p. eingerichtet sein; ⟨subst.:⟩ etwas Praktisches schenken. **3.** *geschickt in der Bewältigung täglicher Probleme od. durch diese Fähigkeit gekennzeichnet:* ein -er Mensch; er ist [nicht besonders] p. [veranlagt]. **II.** ⟨Adv.⟩ (ugs.) *im Grunde; fast; so gut wie:* der Sieg ist ihr p. nicht mehr zu nehmen; sie macht p. alles.

prak|ti|zier|bar ⟨Adj.⟩: *sich praktizieren* (1) *lassend.*

prak|ti|zie|ren ⟨sw. V.; hat⟩ [spätmhd. practicern (unter Einfluss von [m]frz. pratiquer) < mlat. practicare = eine Tätigkeit ausüben]: **1.** *in der Praxis anwenden, in die Praxis umsetzen:* ein System, eine Lebensweise, Erziehungsmethode p.; praktizierende *(am kirchlichen Leben teilnehmende)* Katholiken. **2. a)** *[in einer Praxis* 3 b] *seinen Beruf ausüben (bes. als Arzt):* in einer Großstadt, als Gynäkologe p.; die seit drei Jahren praktizierende Psychologin; **b)** (selten) *ein Praktikum* (1) *durchmachen.* **3.** (ugs.) *in einer bestimmten Absicht, zu einem bestimmten Zweck geschickt irgendwohin bringen, gelangen lassen:* den Vogel in einen Käfig p.

Prak|ti|zis|mus, der; - (bes. DDR): *Neigung, die praktische Arbeit zu verabsolutieren u. dabei die theoretisch-ideologischen Grundlagen zu vernachlässigen.*

prä|kul|misch ⟨Adj.⟩ [zu ↑prä-, Prä- u. ↑kulmisch, Adj. zu ↑²Kulm] (Geol.): *in einen Zeitabschnitt vor dem ²Kulm gehörend, fallend.*

Prä|lat, der; -en, -en [mhd. prēlāt(e) < mlat. praelatus, eigtl. = der Vorgezogene, subst. 2. Part. von lat. praeferre = vorziehen, bevorzugen]: **1.** (kath. Kirche) *Inhaber der Kirchengewalt (z. B. Bischof, Abt), eines hohen [Ehren]amtes der römischen Kurie od. Träger eines vom Papst verliehenen Ehrentitels.* **2.** (ev. Kirche) *(in bestimmten [süddeutschen] Landeskirchen) Amtsträger in leitender Funktion; Leiter eines Kirchensprengels.*

Prä|la|tin, die; -, -nen: w. Form zu ↑Prälat (2).

Prä|la|tur, die; -, -en [a: mlat. praelatura]: **a)** *Amt eines Prälaten;* **b)** *Gesamtheit der Amtsräume eines Prälaten.*

Prä|li|mi|nar|frie|den, der; -s, - (Völkerr.): *provisorisch abgeschlossener Frieden.*

Prä|li|mi|na|ri|en ⟨Pl.⟩ [zu lat. prae = vor(her) u. liminaris = zur Schwelle gehörend, zu: limen = Schwelle; Anfang]: *etw., was einer ins Auge gefassten Sache einleitend, vorbereitend vorausgeschickt wird; vorbereitende, einleitende [Ver]handlungen.*

Pra|li|ne, die; -, -n, bes. österr., schweiz.: **Pra|li|né, Pra|li|nee** [prali'ne:, auch: 'praline], das; -s, -s [älter: Pralines (mit frz. Ausspr.), frz. praline = gebrannte Mandel, angeblich nach dem frz. Marschall du Plessis-Praslin (1598–1675), dessen Koch als der Erfinder gilt; Praliné, Pralinee = dt. Bildung zu frz. praliner = in Zucker bräunen (lassen)]: *Stück Konfekt, das unter einem Schokoladenüberzug eine Füllung enthält.*

Pra|li|nen|pa|ckung, die: *Pralinenschachtel.*

Pra|li|nen|schach|tel, die: *Schachtel zum Verpacken u. Aufbewahren von [industriell hergestellten] Pralinen.*

prall ⟨Adj.⟩ [aus dem Niederd. < mniederd. pral, eigtl. = zurückfedernd, fest gestopft, zu ↑prallen]: **1.** *ganz mit einer Substanz o. Ä. ausgefüllt u. an seiner Oberfläche fest, straff gespannt, wie aufgeblasen:* ein -er Fußball; -e Trauben; -e Schenkel; ein p. aufgeblasener Luftballon; eine p. gefüllte *(mit vielen Geldscheinen gefüllte)* Brieftasche; Ü das -e Leben. **2.** *(von [Sonnen]licht) direkt auftreffend, ungehindert [scheinend]:* in der -en Sonne; die Sonne scheint p.

Prall, der; -[e]s, -e ⟨Pl. selten⟩: *das Prallen.*

pral|len ⟨sw. V.⟩ [mhd. prellen (Prät.: pralte), ↑prellen]: **1.** *[unter lautem Geräusch] heftig auf jmdn., etw. auftreffen* ⟨ist⟩: im Dunkeln auf, gegen jmdn. p.; mit dem Kopf gegen etw. p. **2.** *voll, mit voller Intensität, sehr intensiv irgendwohin scheinen* ⟨hat⟩: die Sonne prallt aufs Pflaster.

Prall|hang, der (Geogr.): *steiler Hang an der Außenseite einer Flussbiegung.*

prall|voll ⟨Adj.⟩ (ugs.): *so voll, dass kaum noch etw. hinzukommen kann:* ein -er Terminkalender.

prä|lo|gisch ⟨Adj.⟩ [aus lat. prae = vor(her) u. ↑logisch] (Philos., Päd.): *das primitive, natürliche Denken (z. B. des Kindesalters) betreffend; noch nicht logisch.*

prä|lu|die|ren ⟨sw. V.; hat⟩ [lat. praeludere = vorspielen, ein Vorspiel machen, aus: prae = vor(her) u. ludere = spielen]: *zur Einleitung [auf dem Klavier, auf der Orgel] spielen, improvisieren.*

Prä|lu|di|um, das; -s, ...ien [mlat. praeludium, zu lat. praeludere, ↑präludieren]: **a)** *[frei improvisiertes] musikalisches Vorspiel (z. B. auf der Orgel vor dem Gemeindegesang in der Kirche);* **b)** *fantasieartige selbstständige Instrumentalkomposition (für Klavier, Orchester); Prélude;* **c)** *einleitendes Musikstück [für Laute u. Tasteninstrumente] in formal freier Anlage, vielfach in Verbindung mit einer Fuge:* ein P. von Dowland, Bach.

Prä|mie, die; -, -n [lat. praemia, als Fem. Sg. angesehener Neutr. Pl. von: praemium = Preis; Vorteil; Gewinn, eigtl. = vorweg Genommenes, zu: prae = vor(her) u. emere = nehmen]: **1. a)** *[einmalige] zusätzliche Vergütung für eine bestimmte Leistung:* -n für etw. aussetzen; **b)** *Geldbetrag, der bei bestimmten Anlagen* (2) *von Banken, bestimmten [staatlichen] Institutionen o. Ä. [regelmäßig] ausgeschüttet wird:* lohnende -n bei Sparverträgen. **2.** (Wirtsch.) *Sondervergütung für die Arbeitsleistung, die über die festgesetzte Norm hinausgeht:* höhere -n [für etw.] fordern, bewilligen. **3.** (bes. Versicherungsw.) *Beitrag, den ein Versicherter für einen bestimmten Versicherungsschutz zahlt:* die P. für die Versicherung ist fällig, muss bezahlt werden. **4.** *zusätzlicher Gewinn im Lotto o. Ä.:* -n ausschütten, aus-, verlosen.

Prä|mi|en|aus|lo|sung, die: *Auslosung der Prämien* (1 b, 4).

prä|mi|en|be|güns|tigt ⟨Adj.⟩: *durch Prämien* (1 b) *begünstigt:* -es Sparen.

Prä|mi|en|fonds, der: **a)** (Wirtsch.) *Fonds, aus dem Prämien gezahlt werden;* **b)** (DDR Wirtsch.) *betrieblicher Fonds zur Prämierung besonderer Leistungen.*

Prä|mi|en|ge|schäft, das (Kaufmannsspr.): *Termingeschäft, bei dem ein Vertragspartner gegen Zahlung einer Prämie vom Vertrag zurücktreten kann.*

Prä|mi|en|lohn, der (Wirtsch.): *Lohn, der sich aus dem Grundlohn u. einer Prämie* (2) *zusammensetzt.*

Prä|mi|en|lohn|sys|tem, das (Wirtsch.): **a)** ⟨o. Pl.⟩ *System des Prämienlohns;* **b)** *bestimmtes Verfahren zur Berechnung der Höhe der Prämie* (2).

prä|mi|en|spa|ren ⟨sw. V.; hat; meist im Inf.⟩: *das Prämiensparen praktizieren.*

Prä|mi|en|spa|ren, das; -s: *mit Prämien* (1 b) *verbundene Art des Sparens.*

Prä|mi|en|spa|rer, der: *jmd., der Prämiensparen praktiziert.*

Prä|mi|en|spa|re|rin, die: w. Form zu ↑Prämiensparer.

Prä|mi|en|zah|lung, die: *Zahlung einer Prämie* (1 b, 2, 3).

Prä|mi|en|zie|hung, die: *Ziehung der Prämie* (4) *im Lotto o. Ä.*

prä|mie|ren, prämiieren ⟨sw. V.; hat⟩ [spätlat. praemiare]: *mit einem Preis auszeichnen:* einen Film p.; sie wurde für ihre Arbeiten prämi[i]ert.

Prä|mie|rung, Prämiierung, die; -, -en: *das Prämieren; das Prämiertwerden:* jmdn. zur P. vorschlagen.

prä|mi|ie|ren: ↑prämieren.

Prä|mi|ie|rung: ↑Prämierung.

Prä|mis|se, die; -, -n [lat. praemissa = vorausgeschickter Satz, zu: praemissum, 2. Part. von: praemittere = vorausschicken]: **1.** (Philos.) *erster Satz eines logischen Schlusses.* **2.** (bildungsspr.) *das, was einem bestimmten Projekt, Plan o. Ä., einem bestimmten Vorhaben o. Ä. gedanklich zugrunde liegt; Voraussetzung:* theoretische -n; die -n der Planung überprüfen; unter den alten -n Politik machen.

Prä|mons|tra|ten|ser, der; -s, - [mlat. Ordo Praemonstratensis, nach dem frz. Kloster Prémontré]: *Angehöriger eines katholischen Ordens* (Abk.: O. Praem.).

Prä|mons|tra|ten|se|rin, die; -, -nen: *Angehörige des weiblichen Zweiges der Prämonstratenser.*

prä|mor|tal ⟨Adj.⟩ [aus lat. prae = vor(her) u. mortalis = den Tod betreffend] (Med.): *dem Tode vorausgehend, vor dem Tode [auftretend].*

prä|na|tal ⟨Adj.⟩ [zu lat. prae = vor(her) u. natalis = zur Geburt gehörend] (Med.): *der Geburt vorausgehend:* -e Medizin, Diagnostik.

pran|gen ⟨sw. V.; hat⟩ [mhd. prangen, brangen = prahlen; sich zieren, verw. mit ↑Prunk]: **1.** *in auffälliger Weise vorhanden, sichtbar sein:* in den Boulevardblättchen prangten die Schlagzeilen. **2.** (geh.) *in voller Schönheit, in vollem Schmuck o. Ä. glänzen, leuchten, auffallen:* Blumen prangen auf dem Tisch; ihr Gesicht prangt von allen Litfaßsäulen. **3.** (veraltet, noch landsch.) *prahlen:* mit jmdm., etw. p.

Pran|ger, der; -s, - [mhd. pranger < mniederd. prenger, zu prangen = drücken, pressen, nach dem drückenden Halseisen, mit dem der Delinquent an den Pfahl angekettet wurde] (früher): *Stelle auf einem öffentlichen Platz mit einem Pfahl, einer Säule, wo jmd. wegen einer als straf-, verachtenswürdig empfundenen Tat angebunden stehen muss u. so der allgemeinen Verachtung ausgesetzt ist:* ***jmdn., etw. an den P. stellen** *(jmdn., etw. öffentlich bloßstellen, der allgemeinen Verachtung preisgeben);* **an den P. kommen** *(dem Tadel, Vorwurf, der Kritik ausgesetzt werden);* **am P. stehen** *(dem Tadel, Vorwurf, der Kritik ausgesetzt sein).*

Pran|ke, die; -, -n [mhd. pranke, über das Roman. < spätlat. branca, wohl aus dem Gall.]: **1.** *Pfote großer Raubtiere; Tatze:* der Tiger hob drohend seine P. **2.** (salopp) *große, grobe Hand:* wasch deine -en! **3.** (Jägerspr.) *unterer Teil des Laufs* (7) *beim Wild.*

Pran|ken|hieb, der, (seltener:) **Pran|ken|schlag,** der: *Schlag mit der Pranke.*

prä|nu|me|ran|do ⟨Adv.⟩ [zu lat. prae = vor(her) u. numerare = zählen, zahlen] (Wirtsch.): *im Voraus [zu zahlen].*

Prä|nu|me|ra|ti|on, die; -, -en (Wirtsch.): *Bezahlung im Voraus.*

Pranz, der; -es [eigtl. = Unnützes, Unbrauchbares] (ostmd.): *Prahlerei.*

pran|zen ⟨sw. V.; hat⟩ (ostmd.): *prahlen.*

Prä|on, das; -s, ...onen ⟨meist Pl.⟩ [Kunstwort] (Physik): *hypothetisches Elementarteilchen, das Baustein von ²Quarks u. ²Leptonen sein könnte.*

prä|ope|ra|tiv ⟨Adj.⟩ [zu ↑prä-, Prä- u. ↑operativ] (Med.): *vor einer Operation [stattfindend].*

Prä|pa|rat, das; -[e]s, -e [lat. praeparatum = das Zubereitete, subst. 2. Part. von: praeparare, ↑präparieren]: **1.** (Fachspr.) *für einen bestimmten Zweck hergestellte Substanz; Arzneimittel; chemisches Mittel:* ein harmloses, biologisches, giftiges P. **2.** (Biol., Med.) *präparierter Organismus od. Teile davon als Demonstrationsobjekt für Forschung u. Lehre:* ein gefärbtes P.; mikroskopische -e.

Prä|pa|ra|ti|on, die; -, -en [1: lat. praeparatio]: **1.** (bildungsspr. veraltet) *Vorbereitung.* **2.** *Herstellung eines Präparats* (2).

Prä|pa|ra|tor, der; -s, ...oren [lat. praeparator = Vorbereiter]: *jmd., der naturwissenschaftliche Präparate* (2) *herstellt u. pflegt* (Berufsbez.).

Prä|pa|ra|to|rin, die; -, -nen: w. Form zu ↑Präparator.

prä|pa|rie|ren ⟨sw. V.; hat⟩ [lat. praeparare, aus: prae = vor(her) u. parare = bereiten]: **1.** (Biol., Med.) **a)** *(einen toten Organismus od. Teile davon) durch spezielle Behandlung auf Dauer haltbar machen:* einen Vogel, eine Pflanze, einen Leichnam p.; **b)** *(einen toten Organismus*

P

od. Teile davon) sachgerecht zerlegen: in der Anatomie Muskeln und Sehnen p. 2. (bildungsspr.) *zu einem bestimmten Zweck [vorbereitend] bearbeiten:* Papier mit Kleister p.; eine Steinfläche mit Säure p.; die Piste war hervorragend präpariert. 3. (bildungsspr.) a) *vorbereiten:* seine Lektion p.; b) ⟨p. + sich⟩ *sich vorbereiten:* sich für den Unterricht p.

Prä|pa|rie|rung, die; -, -en: *das Präparieren (1, 2), Präpariertwerden.*

prä|peln ⟨sw. V.; hat⟩ [eigtl. = kleine Bissen essen, auch: eine (besondere) Mahlzeit zubereiten, wohl lautm. nach dem Geräusch kochender od. bratender Speisen] (landsch.): *[etwas Gutes] essen.*

Prä|po|si|ti|on, die; -, -en [lat. praepositio, eigtl. = das Voranstellen, zu: praeponere, aus: prae = voraus, voran u. ponere = setzen, stellen, legen] (Sprachw.): *Wort, das Wörter zueinander in Beziehung setzt u. ein bestimmtes (räumliches, zeitliches o. ä.) Verhältnis angibt; Verhältniswort (z. B. an, auf, bei, für, zu).*

prä|po|si|ti|o|nal ⟨Adj.⟩ (Sprachw.): *die Präposition betreffend, durch sie ausgedrückt; eine Präposition enthaltend:* -e Fügungen, Wendungen, Attribute.

Prä|po|si|ti|o|nal|fall, der: *Präpositionalkasus.*

Prä|po|si|ti|o|nal|ge|fü|ge, das (Sprachw.): *Verbindung aus einer Präposition u. einem anderen Wort, bes. einem Substantiv, Adjektiv od. Adverb.*

Prä|po|si|ti|o|nal|ka|sus, der (Sprachw.): *Kasus eines Substantivs, der von einer Präposition bestimmt wird.*

Prä|po|si|ti|o|nal|ob|jekt, das (Sprachw.): *Objekt* (4), *das durch eine Präposition mit einem Verb verbunden ist u. dessen Kasus gegebenenfalls von dieser Präposition (u. nicht vom Verb) bestimmt wird.*

Prä|po|si|tiv, der; -s, -e (Sprachw.): 1. *Präpositionalkasus (z. B. russ. vo rtu = im Mund, zum Nom. rot = Mund).* 2. *Wort im Präpositiv* (1).

Prä|po|si|tus, der; -, ...ti: *Vorsteher einer Kirche; Propst.*

prä|po|tent ⟨Adj.⟩ [1: lat. praepotens (Gen.: praepotentis)]: 1. (bildungsspr.) *übermächtig.* 2. (österr. abwertend) *frech, überheblich.*

Prä|po|tenz, die; - [1: lat. praepotentia]: 1. (bildungsspr.) *Übermächtigkeit.* 2. (österr. abwertend) *Frechheit, Überheblichkeit.*

Prä|pu|ti|um, das; -s, ...ien [lat. praeputium] (Med.): *Vorhaut.*

Prä|raf|fa|e|lit, der; -en, -en ⟨meist Pl.⟩ [zu lat. prae = vor(her) u. dem Namen des ital. Renaissancemalers Raffael (etwa 1443–1520)] (Kunstwiss.): *Mitglied einer Vereinigung von englischen Malern, die eine Reform der Kunst im Sinne Raffaels u. von dessen Vorläufern anstrebten.*

PR-Ar|beit [pe:ˈɛr...], die: *Öffentlichkeitsarbeit von Wirtschaftsunternehmen, Institutionen o. Ä.*

Prä|rie, die; -, -n [frz. prairie = Wiese, zu: pré < lat. pratum = Wiese]: *Grassteppe in Nordamerika.*

Prä|rie|aus|ter, die [engl. prairie oyster, H. u.]: *aus Weinbrand u. einem mit Öl übergossenen Eigelb bestehendes, scharf gewürztes Mixgetränk.*

Prä|rie|in|di|a|ner, der: *Indianer eines der in der Prärie lebenden Stämme.*

Prä|rie|in|di|a|ne|rin, die: w. Form zu ↑Prärieindianer.

Prä|rie|wolf, der: *(in der Prärie lebendes) dem Wolf ähnliches Raubtier; Kojote.*

Prä|sens, das; -, ...sentia, auch: ...senzien [lat. (tempus) praesens = gegenwärtig(e Zeit), ↑präsent] (Sprachw.): 1. *Zeitform, mit der ein verbales Geschehen od. Sein aus der Sicht des Sprechers als gegenwärtig charakterisiert wird; Gegenwart:* historisches P. *(Praesens historicum).* 2. *Verbform im Präsens* (1): das P. von »essen« lautet »ich esse«.

Prä|sens|form, die (Sprachw.): *Form des Verbs, die im Präsens* (1) *steht; Gegenwartsform.*

Prä|sens|par|ti|zip, das (Sprachw.): *Partizip [des] Präsens* (1); *erstes Partizip (z. B. essend).*

prä|sent ⟨Adj.⟩ [lat. praesens (Gen.: praesentis), 1. Part. von: praeesse = vorn sein; zur Hand sein] (bildungsspr.): *anwesend, [in bewusst wahrgenommener Weise] gegenwärtig:* er ist überall, stets p.; ***etw. p. haben** *(im Gedächtnis haben):* ich habe den Vorfall im Augenblick nicht p.

Prä|sent, das; -[e]s, -e [mhd. prēsent, prēsant, prīsant < (m)frz. présent, zu: présenter < spätlat. praesentare, ↑präsentieren] (bildungsspr.): *[kleineres] Geschenk:* jmdm. ein P. machen.

Prä|sen|tant, der; -en, -en [zu ↑präsentieren] (Wirtsch.): *jmd., der einen Wechsel zur Annahme od. Bezahlung vorlegt.*

Prä|sen|tan|tin, die; -, -nen: w. Form zu ↑Präsentant.

Prä|sen|ta|ti|on, die; -, -en [frz. présentation]: 1. (bildungsspr.) *[öffentliche] Dar-, Vorstellung von etw.* 2. (Wirtsch.) *das Vorlegen eines Wechsels.*

Prä|sen|ta|ti|ons|gra|fik, die (EDV): *grafische Darstellung numerischer* (c) *Daten.*

Prä|sen|ta|ti|ons|recht, das ⟨o. Pl.⟩ (kath. Kirche): *Recht des Patrons (3), der Regierung o. Ä., einen Kandidaten für ein kirchliches Amt vorzuschlagen.*

Prä|sen|ta|tor, der; -s, ...oren (bildungsspr.): *jmd., der etw. (z. B. eine Sendung in Funk od. Fernsehen) vorstellt, darbietet, präsentiert.*

Prä|sen|ta|to|rin, die; -, -nen: w. Form zu ↑Präsentator.

Prä|sen|tia: Pl. von ↑Präsens.

prä|sen|tier|bar ⟨Adj.⟩: *geeignet, präsentiert zu werden.*

prä|sen|tie|ren ⟨sw. V.; hat⟩ [mhd. prēsentieren < (a)frz. présenter < spätlat. praesentare = gegenwärtig machen, zeigen, zu lat. praesens, ↑präsent; 2 b: nach engl. to present]: 1. (bildungsspr.) a) *überreichen, anbieten:* jmdm. Tee p.; darf ich Ihnen mein neues Buch p.?; b) *(eine behördliche Anordnung, Zahlungsforderung o. Ä.) vorlegen:* jmdm. eine Rechnung p. 2. a) *zeigen, vorführen, vorstellen, bekannt machen:* er präsentierte sie seinen Eltern, als seine Ehefrau; sie präsentierte sich als die neue Direktorin; viele Firmen p. sich im Internet; sie präsentierte sich bestens informiert den Journalisten; b) *darbieten, der Öffentlichkeit vorstellen:* die Models präsentierten die neue Herbstkollektion; das Werk des verstorbenen Malers wurde in einer Sonderausstellung präsentiert; die präsentierten Vorschläge müssen noch geprüft werden. 3. (Milit.) *das Gewehr bei militärischen Ehrungen im Präsentiergriff halten:* die Wache präsentiert; (milit. Kommando:) präsentiert das Gewehr!

Prä|sen|tier|griff, der (Milit.): *Griff* (1 b), *mit dem bei militärischen Ehrungen das Gewehr senkrecht od. schräg vor dem Körper gehalten wird:* den P. ausführen.

Prä|sen|tier|marsch, der (Milit.): *Marsch, der bei militärischen Ehrungen gespielt wird.*

Prä|sen|tier|tel|ler, der [urspr. = großer Teller zum Anbieten von Speisen u. Getränken]: in der Wendung **auf dem P. sitzen** (ugs. abwertend; *den Blicken aller ausgesetzt sein).*

prä|sen|tisch ⟨Adj.⟩ (Sprachw.): *das Präsens betreffend, durch das Präsens ausgedrückt.*

Prä|sent|korb, der: *Korb mit Delikatessen, der jmdm. zum Geschenk gemacht wird.*

Prä|senz, die; - [frz. présence < lat. praesentia; b: engl. presence < frz. présence]: a) (bildungsspr.) *Anwesenheit, [bewusst wahrgenommene] Gegenwärtigkeit:* starke militärische P.; jmds. geistige P. *(Wachheit);* b) (Jargon) *körperliche Ausstrahlung[skraft].*

Prä|senz|bi|bli|o|thek, die (bildungsspr): *Bibliothek* (1 a), *deren Bücher o. Ä. nur für die Benutzung innerhalb der Bibliotheksräume zur Verfügung stehen.*

Prä|senz|die|ner, der (österr. Amtsspr.): *Soldat im Grundwehrdienst des österreichischen Bundesheeres.*

Prä|senz|dienst, der (österr. Amtsspr.): *Grundwehrdienst beim österreichischen Bundesheer.*

Prä|sen|zi|en: Pl. von ↑Präsens.

Prä|senz|lis|te, die: *Anwesenheitsliste.*

Prä|senz|pflicht, die ⟨o. Pl.⟩: *Pflicht, anwesend zu sein.*

Prä|senz|stär|ke, die: *gegenwärtige Gesamtzahl von Personen einer Truppe, einer Mannschaft o. Ä.*

Prä|ser, der; -s, - (salopp): Kurzf. von ↑Präservativ

prä|ser|va|tiv ⟨Adj.⟩ (Fachspr.): *(bes. in Bezug auf Krankheiten) vorbeugend; verhütend.*

Prä|ser|va|tiv, das; -s, -e [frz. préservatif, zu: préserver = schützen, bewahren < spätlat. praeservare = vorher beobachten]: *Hülle* (1 b) *aus feinem Gummi für den Penis als Mittel zur Empfängnisverhütung od. als Schutz vor Geschlechtskrankheiten; Kondom.*

Prä|ser|ve, die; -, -n ⟨meist Pl.⟩ [engl. preserve, zu: to preserve < frz. préserver, ↑Präservativ] (Fachspr.): *nur begrenzt haltbares, schwach konserviertes Lebensmittel.*

Prä|ses, der; -, Präsides [...e:s], auch: Präsiden [lat. praeses, eigtl. = vor etw. sitzend, zu: praesidere, ↑präsidieren]: 1. a) (kath. Kirche) *Geistlicher bes. als Vorstand eines kirchlichen Vereins;* b) (ev. Kirche) *Vorstand einer evangelischen Synode.* 2. *unterster ziviler Provinzstatthalter im Römischen Reich.*

Prä|si|de, der; -n, -n: 1. (Verbindungswesen) *Leiter einer Kneipe* (2 a), *eines Kommerses.* 2. (Jargon) *Mitglied eines Präsidiums.*

Prä|si|dent, der; -en, -en [frz. président < lat. praesidens (Gen.: praesidentis), 1. Part. von: praesidere, ↑präsidieren]: 1. *Staatsoberhaupt einer Republik:* der P. der USA. 2. a) *Vorsitzender, Leiter eines Verbandes, einer Organisation, Institution o. Ä.:* sie sprach mit dem -en, mit P. Müller; b) *für eine bestimmte Zeit gewählter Repräsentant u. leitender Verwaltungsbeamter einer Hochschule.*

Prä|si|den|ten|wahl, die: *Wahl des Präsidenten.*

Prä|si|den|tin, die; -, -nen: w. Form zu ↑Präsident.

Prä|si|dent|schaft, die; -, -en ⟨Pl. selten⟩: a) *Amt des Präsidenten:* die P. anstreben; b) *Amtszeit als Präsident.*

Prä|si|dent|schafts|kan|di|dat, der: *Kandidat für die Präsidentschaft.*

Prä|si|dent|schafts|kan|di|da|tin, die: w. Form zu ↑Präsidentschaftskandidat.

Prä|si|des: Pl. von ↑Präses.

prä|si|di|al ⟨Adj.⟩ [spätlat. praesidialis = den Statthalter betreffend] (bes. Politik): *vom Präsidium od. Präsidenten ausgehend, auf ihm beruhend:* ein -es Regierungssystem *(Regierungssystem, in dem der Präsident u. die Mitglieder seines Kabinetts dem Parlament nicht verantwortlich sind).*

Prä|si|di|al|de|mo|kra|tie, die (Politik): *Regierungssystem, in dem der Präsident* (1) *Staatsoberhaupt u. Regierungschef zugleich ist, ohne dem Parlament verantwortlich zu sein.*

Prä|si|di|al|ge|walt, die (Politik): *Gesamtheit der Rechte u. Befugnisse des Präsidenten* (1).

Prä|si|di|al|ka|bi|nett, das (Politik): *Kabinett, dessen Mitglieder vom Präsidenten* (1) *ernannt werden.*

Prä|si|di|al|re|gie|rung, die: vgl. Präsidialkabinett.

Prä|si|di|al|sys|tem, das: 1. *Präsidialdemokratie:* das amerikanische P. 2. *System, nach dem innerhalb einer Körperschaft nur eine Person das Recht zur Beschlussfassung hat.*

Prä|si|di|en: Pl. von ↑Präsidium.

prä|si|die|ren ⟨sw. V.; hat⟩ [frz. présider < lat. praesidere = vorsitzen, leiten, zu: prae = vor(her) u. sedere = sitzen]: *den Vorsitz in einem Gremium haben; eine Versammlung, Konferenz o. Ä. leiten:* einem Ministerium p.; erstmals präsidiert der Partei eine Frau; (schweiz.:) einen Verein p.

Prä|si|di|um, das; -s, ...ien [lat. praesidium = Vorsitz] ⟨Pl. selten⟩: 1. a) *leitendes Gremium einer Versammlung, einer Organisation o. Ä.:* ein neues P. wählen; im P. sitzen; b) *Vorsitz, Leitung:* das P. übernehmen, führen. 2. *Amtsgebäude eines [Polizei]präsidenten.*

P

Prä|si|di|ums|sit|zung, die: *Sitzung des Präsidiums.*

prä|skri|bie|ren ⟨sw. V.; hat⟩ [1: lat. praescribere, aus: prae = vor(her) u. scribere = schreiben] (bildungsspr.): *vorschreiben; verordnen.*

Prä|skrip|ti|on, die; -, -en [1: lat. praescriptio] (bildungsspr.): *Vorschrift; Verordnung.*

prä|skrip|tiv ⟨Adj.⟩ (bildungsspr.; Fachspr.): *bestimmte Normen (1) festlegend:* -e Grammatik (Sprachw.; *Grammatik, die Normen setzt, indem sie Regeln zur Unterscheidung richtiger u. falscher Formen vorschreibt*).

pras|seln ⟨sw. V.⟩ [zu mhd. brasteln, Iterativ-Intensiv-Bildung zu mhd. brasten, ahd. brastōn = krachen, dröhnen, verw. mit ↑bersten]: **1.** *(von Mengen) längere Zeit mit einem dumpfen, klopfenden od. trommelnden Geräusch sehr schnell hintereinander aufprallen* ⟨hat/ist⟩: in diesem Augenblick prasselten Schüsse; der Regen prasselt [auf das Dach]; Ü prasselnder Applaus. **2.** *(im Zusammenhang mit und als Folge der Hitze bei einem Feuer) knackende Geräusche von sich geben* ⟨hat⟩: die Holzscheite prasselten; im Kamin prasselte ein Feuer.

pras|sen ⟨sw. V.; hat⟩ [aus dem Niederd. < mniederd. brassen, urspr. wohl lautm. für das Geräusch bratender Speisen]: *verschwenderisch leben, bes. essen u. trinken; schlemmen:* die Reichen prassen, während die Armen hungern.

Pras|ser, der; -s, - [mniederd. brasser]: *jmd., der prasst.*

Pras|se|rei, die; -, -en: *das Prassen.*

Pras|se|rin, die; -, -nen: w. Form zu ↑Prasser.

Prä|stant, der; -en, -en [ital. prestante, frz. prestant, zu lat. praestare, eigtl. = voranstehen, sich auszeichnen] (Musik): ²*Prinzipal* (1).

Prä|sum|ti|on, die; -, -en [lat. praesumptio] (bildungsspr.; Philos., Rechtsspr.): *Voraussetzung; Annahme, Vermutung.*

prä|sum|tiv ⟨Adj.⟩ [spätlat. praesumptivus] (bildungsspr., Philos., Rechtsspr.): *vermutlich; als wahrscheinlich angenommen.*

Prä|sup|po|si|ti|on, die; -, -en [zu lat. prae = vor(her) u. ↑Supposition]: **1.** (Sprachw.) *einem Satz, einer Aussage zugrunde liegende, als gegeben angenommene unausgesprochene Voraussetzung.* **2.** (bildungsspr.) *stillschweigende Voraussetzung.*

Prä|ten|dent, der; -en, -en [frz. prétendant, subst. 1. Part. von: prétendre, ↑prätendieren] (bildungsspr.): *jmd., der Anspruch auf ein Amt, eine einflussreiche Stellung, bes. auf einen Thron, erhebt:* ein P. auf die Krone, auf die Staatsmacht.

Prä|ten|den|tin, die; -, -nen: w. Form zu ↑Prätendent.

prä|ten|die|ren ⟨sw. V.; hat⟩ [frz. prétendre = beanspruchen < mlat. praetendere = verlangen < lat. praetendere = vorschützen]: (bildungsspr.) *Anspruch erheben:* auf Bildung p.

Prä|ten|ti|on, die; -, -en [frz. prétention] (bildungsspr.): **1.** *Anspruch* (1). **2.** *Anmaßung.*

prä|ten|ti|ös ⟨Adj.⟩ [frz. prétentieux] (bildungsspr.): *sich durch Äußerungen, bestimmte Mittel der Darstellung den Anschein von Wichtigkeit, Bedeutung gebend; durch betont gewichtiges Auftreten o. Ä. Eindruck machen wollend:* ein Buch mit -em Titel.

Pra|ter, der; -s: Park in Wien.

Prä|te|ri|ta: Pl. von ↑Präteritum.

prä|te|ri|tal ⟨Adj.⟩ (Sprachw.): *das Präteritum betreffend, durch das Präteritum ausgedrückt.*

Prä|te|ri|tio, die; -, ...itionen, **Prä|te|ri|ti|on,** die; -, -en [spätlat. praeteritio = das Vorübergehen] (Rhet.): *scheinbare Übergehung.*

Prä|te|ri|to|prä|sens, das; -, ...entia, auch: ...enzien [zu ↑Präteritum u. ↑Präsens] (Sprachw.): *Verb, dessen Präsensformen alt- od. mittelhochdeutsche starke Präteritumsformen sind* (z. B. können – er kann; mögen – er mag; dürfen – er darf), *zu denen im Präteritum dann schwache Formen gebildet werden* (konnte, mochte, durfte).

Prä|te|ri|tum, das; -s, ...ta [lat. (tempus) praeteritum = vorübergegangen(e Zeit), zu: praeterire = vorübergehen] (Sprachw.): **1.** *Zeitform, die das verbale Geschehen od. Sein als vergangen darstellt (im Unterschied zum Perfekt ohne Bezug zur Gegenwart); Imperfekt.* **2.** *Verbform im Präteritum* (1): das P. von »essen« lautet »ich aß«.

prä|ter|prop|ter ⟨Adv.⟩ [lat. praeterpropter] (bildungsspr.): *etwa; ungefähr.*

Prä|tor, der; -s, ...oren [lat. praetor]: *höchster [Justiz]beamter im antiken Rom.*

Prä|to|ri|a|ner, der; -s, - [lat. praetorianus, zu: praetorium = Amtswohnung; Hauptquartier]: *Angehöriger der kaiserlichen Leibwache im antiken Rom.*

Prat|ze, die; -, -n [ital. braccio < lat. brachium = (Unter)arm]: **1.** *Pranke* (1). **2.** (salopp) *Pranke* (2).

Prau, die; -, -e [niederl. prauw, engl. proa < malai. perahu = Boot]: *[Segel]boot der Malaien.*

Prä|ven|ti|on, die; -, -en [frz. prévention < spätlat. praeventio = das Zuvorkommen]: *Vorbeugung, Verhütung (z. B. in Bezug auf eine Krankheit):* P. gegen Straftaten.

prä|ven|tiv ⟨Adj.⟩ [frz. préventif] (bildungsspr.): *vorbeugend, verhütend; eine bestimmte, nicht gewünschte Entwicklung verhindernd:* -e Maßnahmen.

Prä|ven|tiv|be|hand|lung, die (Med.): *präventive Behandlung.*

Prä|ven|tiv|krieg, der: *Angriffskrieg, der einem [vermuteten] Angriff des Gegners zuvorkommt.*

Prä|ven|tiv|maß|nah|me, die: *präventive Maßnahme.*

Prä|ven|tiv|me|di|zin, die: *Teilgebiet der Medizin, das sich mit vorbeugender Gesundheitsfürsorge befasst.*

Prä|ven|tiv|schlag, der: *Angriff, der einem [vermuteten] Angriff des Gegners zuvorkommt.*

Prä|ven|tiv|ver|kehr, der (Sexualk.): *Geschlechtsverkehr mit Anwendung empfängnisverhütender Mittel.*

Pra|xis, die; -, ...xen [lat. praxis < griech. prãxis = das Tun; Handlung(sweise); Unternehmen; Wirklichkeit, zu: prássein, práttein = tun, handeln]: **1. a)** ⟨o. Pl.⟩ *Aufführung, Anwendung von Gedanken, Vorstellungen, Theorien o. Ä. in der Wirklichkeit:* ob das richtig ist, das wird die P. erweisen; etw. in die P. umsetzen; das hat sich in der P. nicht bewährt; **b)** ⟨Pl. selten⟩ *bestimmte Art u. Weise, etw. zu tun, zu handhaben:* eine neue P.; etw. ist gängige P. *(allgemein üblich).* **2.** ⟨o. Pl.⟩ *Erfahrung, die durch eine bestimmte praktische Tätigkeit gewonnen wird:* sie hat keine allzu große P. auf diesem Gebiet. **3.** *Räumlichkeit, in denen ein Anwalt, Arzt, Psychiater, Masseur o. Ä., auch ein Anwalt seinen Beruf ausübt:* sie hat eine P. in der Innenstadt; er hat eine große, gut gehende, florierende P. *(er hat viele Patienten, Klienten).*

pra|xis|be|zo|gen ⟨Adj.⟩: *auf die Praxis (1 a) bezogen:* eine -e Ausbildung.

Pra|xis|be|zug, der: *Bezug zur Praxis* (1 a).

pra|xis|fern ⟨Adj.⟩: *der Praxis* (1 a) *fern:* -e Lehrmethoden.

pra|xis|fremd ⟨Adj.⟩: vgl. praxisfern.

pra|xis|ge|recht ⟨Adj.⟩: *der Praxis* (1 a) *gerecht werdend.*

pra|xis|nah ⟨Adj.⟩: vgl. praxisgerecht: eine -e Ausbildung.

pra|xis|ori|en|tiert ⟨Adj.⟩: *an der Praxis orientiert.*

Prä|ze|dens, das; -, ...enzien [lat. praecedens, ↑Präzedenz] (bildungsspr.): *vorangegangenes exemplarisches Beispiel; Beispielsfall.*

Prä|ze|denz, die; -, -en [praecedentia = das Vorangehen, zu: praecedens (Gen.: praecedentis), 1. Part. von: praecedere = vorangehen] (bildungsspr.): *Vorrang; Vortritt.*

Prä|ze|denz|fall, der (bildungsspr.): *Fall, der für zukünftige, ähnlich gelagerte Situationen richtungweisend ist, als Muster dient:* einen P. schaffen.

Prä|zi|pi|tat, das; -[e]s, -e: **1.** (Med., Chemie) *Produkt einer Präzipitation bes. von Eiweißkörpern aus dem Blutserum.* **2.** (Landw.) *Dünger, der leicht aufgenommen wird.*

Prä|zi|pi|ta|ti|on, die; - [lat. praecipitatio = das Herabfallen] (Med., Chemie): *Ausfällung.*

prä|zis (österr. nur so), **prä|zi|se** ⟨Adj.; präziser, präziseste⟩ [frz. précis < lat. praecisus = vorn abgeschnitten; abgekürzt; abgebrochen (von der Rede), adj. 2. Part. von: praecidere = (vorn) abschneiden] (bildungsspr.): *bis ins Einzelne gehend genau [umrissen, angegeben]; nicht nur vage:* präzise Prognosen; sie hatte sofort einen präzisen Verdacht; etw. p. ausdrücken; technisch p. gearbeitete Grafiken.

prä|zi|sie|ren ⟨sw. V.; hat⟩ [frz. préciser] (bildungsspr.): *so beschreiben, formulieren o. Ä., dass das Genannte sehr viel eindeutiger, klarer u. genauer ist als vorher:* seine Aussagen p.; präzisierte Angaben.

Prä|zi|sie|rung, die; -, -en (bildungsspr.): *das Präzisieren.*

Prä|zi|si|on, die; - [frz. précision < lat. praecisio = das Abschneiden] (bildungsspr.): *Eindeutigkeit, Klarheit, Genauigkeit:* höchste P. des Ausdrucks; ihre Arbeit verlangt äußerste P.

Prä|zi|si|ons|ar|beit, die: *mit größter Präzision ausgeführte Arbeit:* das war P.!

Prä|zi|si|ons|ge|rät, das: *Feinmessgerät.*

Prä|zi|si|ons|guss, der (Gießerei): *Feinguss.*

Prä|zi|si|ons|uhr, die: *sehr genau gehende Uhr.*

Prä|zi|si|ons|waa|ge, die: vgl. Präzisionsuhr.

pre|ci|pi|tan|do [pretʃi...] ⟨Adv.⟩ [ital. precipitando, zu: precipitare < lat. praecipitare = jählings herabstürzen] (Musik): *eilend, beschleunigend, schnell vorantreibend.*

Pre|del|la, die; -, -s u. ...ellen, (auch:) **Pre|del|le,** die; -, -n [(frz. prédelle <) ital. predella, wohl aus dem Germ., verw. mit ↑Brett] (Kunstwiss.): *kunstvoll bemalter od. geschnitzter Sockel, Unterbau eines [gotischen] Altars, oft auch als Reliquienschrein genutzt.*

pre|di|gen ⟨sw. V.; hat⟩ [mhd. predigen, bredigen, ahd. bredigōn, predigōn, < kirchenlat. pr(a)edicare < lat. praedicare = öffentlich ausrufen, verkünden]: **1. a)** *im Gottesdienst die Predigt halten:* eine Gemeinde, vor einer großen Gemeinde p.; gegen Hass, von der Vergebung der Sünden p.; **b)** *verkündigen:* das Evangelium p. **2.** (ugs.) **a)** *eindringlich ans Herz legen; anempfehlen; (jmdn. zu etw.) immer wieder ermahnen, auffordern:* Toleranz p.; überall in der Welt wird Hass und Kampf gepredigt; **b)** *nachdrücklich in belehrendem Ton sagen:* wie oft habe ich [dir] das schon gepredigt!

Pre|di|ger, der; -s, - [mhd. bredigære, ahd. bredigāri]: **1.** *jmd., der [als Geistlicher] im Auftrag einer Kirche od. Religionsgemeinschaft predigt:* jmdn. als P. einsetzen; *** ein P. in der Wüste** (*jmd., der ständig mahnt, ohne Gehör zu finden;* nach Jes. 40, 3 u. Matth. 3, 3). **2.** (ugs.) *jmd., der predigt* (2): ein P. der Toleranz. **3.** ⟨o. Pl.⟩ Buch des A. T.

Pre|di|ge|rin, die; -, -nen: w. Form zu ↑Prediger.

Pre|di|ger|or|den, der ⟨o. Pl.⟩: *Orden, dessen Mitglieder sich in besonderem Maße als Prediger betätigen.*

Pre|di|ger|se|mi|nar, das (ev. Kirche): *Ausbildungsstätte für Theologen zur praktischen Vorbereitung auf den Dienst in der Gemeinde.*

Pre|digt, die; -, -en [für mhd. bredige, ahd. brediga]: **1.** *über einen Bibeltext handelnde Worte, die der Geistliche – meist von der Kanzel herab – im Gottesdienst o. Ä. an die Gläubigen richtet:* eine erbauliche, gehaltvolle P.; die P. halten. **2.** (ugs.) *Ermahnung, Vorhaltungen, ermahnende Worte:* deine P. kannst du dir sparen.

Pre|digt|amt, das: *von der Kirche übertragene Aufgabe zur Verkündigung (meist mit einem Pfarramt verbunden).*

pre|digt|ar|tig ⟨Adj.⟩: *in der Art einer Predigt [gehalten], wie eine Predigt.*

Pre|digt|got|tes|dienst, der: *Gottesdienst, bei dem die Predigt im Mittelpunkt steht.*

Pre|digt|text, der: *einer Predigt zugrunde lie-*

gende [nach den Perikopen für den jeweiligen Sonntag vorgeschriebene] Bibelstelle.

Preis, der; -es, -e [mhd. prīs < afrz. pris < lat. pretium = Wert, [Kauf]preis; Lohn, Belohnung]: **1.** *Geldwert; Betrag, der beim Kauf einer Ware bezahlt werden muss:* ein hoher P.; stabile, feste, ortsübliche, erschwingliche, stark reduzierte, horrende, gepfefferte -e; die landwirtschaftlichen -e haben sich gehalten; das ist ein stolzer P. *(ist recht teuer);* der P. dieses Artikels, für diesen Artikel ist gestiegen, gefallen; die -e haben angezogen; einen bestimmten P. für etw. fordern; jeden P. für etw. zahlen; den P. herunterhandeln; die -e unterbieten, in die Höhe treiben, niedrig halten, drücken; jmdm. einen guten P. machen *(eine Ware billiger berechnen);* Angebot und Nachfrage regeln den P.; sie sieht beim Einkaufen nicht auf den P. *(der Preis ist ihr unwichtig);* die Werke dieser Künstlerin steigen im P.; mit dem P. heruntergehen; nach dem P. fragen; eine Ware unter[m] P. verkaufen *(billiger verkaufen, als es festgesetzt ist, mit nur geringer Gewinnspanne);* etw. zum halben P. erwerben; Ü Freiheit hat ihren P. *(verlangt auch Opfer);* * **hoch/gut im P. stehen** *(leicht u. gewinnbringend zu verkaufen sein, Wert haben):* Antiquitäten stehen zurzeit hoch im P.; **um jeden P.** *(unbedingt);* **um keinen P.** *(ganz bestimmt nicht; auf keinen Fall).* **2. a)** *Belohnung in Form eines Geldbetrags od. eines wertvollen Gegenstandes, die jmd. für etw., z. B. für einen Sieg bei einem Wettbewerb, erhält:* der erste P.; der P. der Stadt Berlin; wertvolle -e stiften, aussetzen, vergeben; einen P. im Reiten bekommen; das Rennen um den Großen P. von Frankreich; **b)** (in namenähnlichen Verbindungen) *Wettkampf um einen Preis* (2 a): beim/im P. der Nationen siegen. **3.** (geh.) *Lob:* P. und Lob singen; ein Gedicht zum -e der Natur.

Preis|ab|schlag, der (Kaufmannsspr.): *Senkung des Preises* (1).

Preis|ab|spra|che, die (Wirtsch.): *Vereinbarung zwischen mehreren Produzenten, bestimmte Preise* (1) *einzuhalten u. nicht zu unterbieten.*

Preis|agen|tur, die: *Unternehmen, das seinen Kunden Waren od. Dienstleistungen (durch Vergleich des auf dem Markt Angebotenen) zu einem möglichst günstigen Preis vermittelt u. dafür entsprechend honoriert wird.*

Preis|an|ga|be, die: *Angabe des Preises* (1).

Preis|an|stieg, der: *Anstieg der Preise* (1).

Preis|auf|ga|be, die: *Rätsel od. [wissenschaftliche] Aufgabe, für deren richtige od. beste Lösung ein od. mehrere Preise* (2 a) *ausgesetzt sind.*

Preis|auf|schlag, der: vgl. Preisabschlag.

Preis|aus|schrei|ben, das: *öffentlich ausgeschriebener, aus einer od. mehreren Preisaufgaben bestehender Wettbewerb, für den bestimmte Preise* (2 a) *ausgesetzt sind:* sie hat bei einem P. eine Mittelmeerkreuzfahrt gewonnen.

Preis|aus|zeich|nung, die: *Preisangabe bei Waren u. Dienstleistungen (durch Preisschilder, Preistafeln o. Ä.).*

preis|be|wusst ⟨Adj.⟩: *(beim Kaufen) auf den Preis* (1) *achtend, nicht jeden Preis bezahlend:* p. einkaufen.

Preis|bin|dung, die (Wirtsch.): *gesetzliche od. vertragliche Verpflichtung zur Einhaltung bestimmter [Laden]preise im Verkauf* (z. B. bei Büchern).

Preis|bre|cher, der: *jmd., der eine bestimmte Ware weit unter dem bei den Konkurrenzbetrieben geltenden Preis* (1) *anbietet.*

Preis|bre|che|rin, die: w. Form zu ↑Preisbrecher.

Preis|ein|bruch, der (Wirtsch.): *starkes Absinken des Preises* (1) *bei einer Ware, Warenart.*

Prei|sel|bee|re, die; -, -n [spätmhd. praisselper, 1. Bestandteil < alttschechisch bruslina (vgl. tschech. brusinka), zu aruss.-kirchenslaw. (o)brusiti = (ab)streifen, weil die Beere sich leicht abstreifen lässt]: **1.** *der Heidelbeere ähnliche Pflanze mit eiförmigen ledrigen Blättern u. roten, herb u. säuerlich schmeckenden Beeren.* **2.** *Frucht der Preiselbeere:* -n pflücken, sammeln.

Prei|sel|beer|mar|me|la|de, die: *Marmelade aus Preiselbeeren.*

Preis|emp|feh|lung, die (Kaufmannsspr.): *vom Erzeuger empfohlener Preis* (1) *für eine Ware.*

prei|sen ⟨st. V.; hat⟩ [mhd. prīsen (angelehnt an die Bed. von: prīs, ↑Preis) < afrz. preisier < spätlat. pretiare = im Wert abschätzen, hoch schätzen, wertschätzen] (geh.): *die Vorzüge einer Person od. Sache begeistert hervorheben, rühmen, loben:* Gott p.; die Nachkommen werden ihn dafür p.; er preist sich als [ein] sicherer/(seltener:) [einen] sicheren Bergsteiger; jmdn., sich glücklich p. [können] *(jmdn., sich glücklich nennen; über etw. froh sein [können]);* die gepriesenen Zwanzigerjahre.

Preis|ent|wick|lung, die: *Entwicklung der Preise* (1).

Preis|er|hö|hung, die: *Erhöhung der Preise* (1).

Preis|er|mä|ßi|gung, die: *Ermäßigung des Preises* (1).

Preis|ex|plo|si|on, die: *explosionsartiger Preisanstieg.*

Preis|for|de|rung, die: *Forderung, einen bestimmten Preis* (1) *zu zahlen:* überhöhte -en stellen.

Preis|fra|ge, die: **1.** *bei einem Preisausschreiben o. Ä. zu beantwortende Frage:* Ü das ist eine P. (ugs.; *eine heikle Frage*). **2.** *vom Preis* (1) *abhängige Frage, Entscheidung:* welches Gerät wir nehmen, ist letztlich eine P.

Preis|ga|be, die; - [zu ↑preisgeben]: **a)** *Aufgabe* (3 b), *Verzicht:* das bedeutete die P. ihrer Ideale; **b)** *das Preisgeben* (3).

preis|ge|ben ⟨st. V.; hat⟩ [LÜ von frz. donner (en) prise, eigtl. = zum Nehmen, zur Beute hingeben; zu: prise, ↑Prise] (geh.): **1.** *vor jmdm., etw. nicht mehr schützen; (der Not, Gefahr o. Ä.) überlassen; ausliefern:* jmdn., sich jmdm., dem Elend, der Verzweiflung p.; die Haut allzu lange der starken Sonnenbestrahlung p.; man gab ihn dem Gelächter der Leute preis; die Bauten waren der Zerstörung preisgegeben. **2.** *aufgeben, hingeben* (1); *auf etw. verzichten:* seine Ideale p.; keinen Fußbreit Boden gab er kampflos preis. **3.** *nicht mehr geheim halten; verraten:* ein Geheimnis p.

preis|ge|bun|den ⟨Adj.⟩ (Wirtsch.): *der Preisbindung unterliegend:* ein -er Markenartikel.

Preis|ge|fäl|le, das (Wirtsch.): *Gefälle der [an verschiedenen Orten] geltenden Preise* (1) *für jeweils die gleiche Ware, Leistung.*

Preis|ge|fü|ge, das (Wirtsch.): *Zusammenhang der Preise* (1) *auf dem allgemeinen Markt:* ein verändertes P.

preis|ge|krönt ⟨Adj.⟩: *mit einem Preis* (2 a) *ausgezeichnet; prämiert:* ein -er Roman; der -e Sieger; ⟨auch als 2. Part. im Passiv:⟩ sie, ihr Werk ist p. worden, soll p. werden.

Preis|geld, das (Sport): *als Preis* (2 a) *für den Sieger ausgesetzte Summe.*

Preis|ge|richt, das: *Jury* (1 a).

preis|ge|senkt ⟨Adj.⟩ (Kaufmannsspr.): *im Preis* (1) *gesenkt.*

Preis|ge|stal|tung, die: *Gestaltung der Preise* (1).

Preis|gren|ze, die: *Grenze für den Preis* (1) *einer Ware, Leistung:* die obere, untere P.

preis|güns|tig ⟨Adj.⟩: *günstig, vorteilhaft im Preis* (1): das -ste Angebot; p. einkaufen.

Preis|in|dex, der (Wirtsch.): *Index* (3), *der den Verlauf der Preisentwicklung anzeigt.*

Preis|kal|ku|la|ti|on, die: *Kalkulation der Preise* (1).

preis|ke|geln ⟨sw. V.; hat; nur im Inf. u. 2. Part. gebr.⟩: *Kegelspiele um Preise* (2 a) *veranstalten:* wir wollen p.; gestern habe ich erfolgreich preisgekegelt.

Preis|klas|se, die: *Klasse* (7 b) *des Preises* (1), *durch die ein bestimmter Qualitätsgrad angezeigt wird:* ein Wagen der mittleren P.

Preis|kon|trol|le, die: *staatliche Kontrolle der Preise* (1).

Preis|ku|rant, der; -[e]s, -e [zu frz. courant = Umlauf] (österr.): *Preisliste.*

Preis|la|ge, die: *Höhe des Preises* (1), *durch die ein bestimmter Qualitätsgrad angezeigt wird:* Andenken in jeder P.

Preis|la|wi|ne, die (ugs.): *unaufhaltsamer Preisanstieg.*

Preis-Leis|tungs-Ver|hält|nis, das: *Beziehung, in der der Preis* (1) *einer Ware od. Dienstleistung an der erbrachten Leistung gemessen wird.*

preis|lich ⟨Adj.⟩ **1.** *den Preis* (1) *betreffend, im Preis* (1): -e Unterschiede; in -er Hinsicht; ein p. interessantes Angebot. **2.** (veraltet) *löblich.*

Preis|lied, das: **1. a)** (Literaturw.) *idealisierende Liedform der germanischen Dichtung;* **b)** *Lied, Gedicht, mit dem jmd. od. etw. gepriesen wird.* **2.** (veraltet) *Lied, Gedicht, mit dem in einem Wettstreit ein Preis* (2 a) *gewonnen werden soll:* Stolzings P. in der Oper »Die Meistersinger von Nürnberg«.

Preis|lis|te, die: *listenmäßige Zusammenstellung der angebotenen Waren od. Dienstleistungen mit den dazugehörenden Preisen* (1).

Preis|nach|lass, der: *Nachlass vom ursprünglich geforderten Preis* (1); *Rabatt.*

Preis|ni|veau, das (Wirtsch.): *Niveau der Preise* (1) *für die wichtigen Güter einer Volkswirtschaft:* die Getreidepreise dem europäischen P. angleichen.

Preis|po|li|tik, die: *Maßnahmen, Gesamtheit der Bestrebungen im Hinblick auf die Preise* (1).

preis|po|li|tisch ⟨Adj.⟩: *die Preispolitik betreffend.*

Preis|rät|sel, das: *Rätsel, für deren richtige od. beste Lösung ein od. mehrere Preise* (2 a) *ausgesetzt sind.*

Preis|recht, das ⟨o. Pl.⟩: *Gesamtheit der Rechtsvorschriften über die Festsetzung, Genehmigung u. Überwachung bestimmter Preise* (1) (z. B. für die Energieversorgung, Pflegesätze im Krankenhaus, ärztliche Leistungen, Sozialmieten u. Ä.).

preis|recht|lich ⟨Adj.⟩: *das Preisrecht betreffend.*

Preis|rich|ter, der: *Mitglied eines Preisgerichts bei sportlichen od. künstlerischen Wettbewerben.*

Preis|rich|te|rin, die: w. Form zu ↑Preisrichter.

Preis|rück|gang, der: *Sinken der Preise* (1).

Preis|schie|ßen, das: *Wettbewerb im Schießsport.*

Preis|schild, das ⟨Pl. -er⟩: *kleines Schild, auf dem der Preis* (1) *der Ware angegeben ist.*

Preis|schla|ger, der (ugs.): *stark verbilligte Ware.*

Preis|schrau|be, die (Wirtsch. Jargon): *Mechanismus stetiger Preiserhöhung:* an der P. drehen *(die Preise 1 erhöhen).*

Preis|schrift, die: *preisgekrönte Schrift, Abhandlung o. Ä.*

Preis|schwan|kung, die ⟨meist Pl.⟩: *Schwankung des Preises* (1), *der Preise.*

Preis|sen|kung, die: *Senkung des Preises* (1).

Preis|skat, der: *Skatspiel um einen bestimmten Preis* (2 a).

Preis|sta|bi|li|tät, die: *Stabilität der Preise* (1).

Preis|stei|ge|rung, die: *allgemeines Steigen der Preise* (1).

Preis|stei|ge|rungs|ra|te, die (Wirtsch.): *Rate der durchschnittlichen Preissteigerungen (bes. pro Monat, pro Jahr).*

Preis|stopp, der: *amtliche Festsetzung bestimmter Höchst-, Fest- od. Mindestpreise als preispolitische Maßnahme:* einen P. für Lebensmittel fordern.

Preis|sturz, der: *plötzlicher starker Preisrückgang.*

Preis|ta|fel, die: *Tafel, auf der die Preise* (1) *der angebotenen Waren stehen.*

Preis|trä|ger, der: *jmd., der in einem Wettbewerb einen Preis* (2 a) *gewonnen hat od. dem für eine besondere Leistung ein offizieller Preis* (2 a) *zuerkannt wurde.*

Preis|trä|ge|rin, die: w. Form zu ↑Preisträger.

Preis|trei|be|rei, die (abwertend): *künstliches Hinauftreiben der Preise* (1).

Prei|sung, die; -en, -en [zu ↑preisen]: *Lobrede.*

preis|ver|däch|tig ⟨Adj.⟩: *einen Preis* (2 a) *erwarten lassend; gute Aussichten auf einen Preis* (2 a) *habend:* ein -er Film.

Preis|ver|fall, der (Wirtsch.): *starker Preisrück-*

gang bei einer Warenart: ein rapider P. bei Gebrauchtwagen.

Preis|ver|gleich, der: *Vergleich der Preise* (1) *in mehreren Geschäften od. bei verschiedenen Angeboten.*

Preis|ver|leih, der, **Preis|ver|lei|hung,** die: *[feierliche] Verleihung eines Preises* (2 a).

Preis|ver|ord|nung, die: *preisrechtliche Verordnung.*

Preis|ver|stoß, der (Rechtsspr.): *Verstoß gegen preisrechtliche Vorschriften.*

Preis|ver|tei|lung, die: *Verteilung der Preise* (2 a).

Preis|ver|zeich|nis, das: *Preisliste.*

preis|wert ⟨Adj.⟩: *im Verhältnis zu seinem Wert nicht [zu] teuer; preisgünstig:* ein -es Angebot; in Asien sind Arbeitskräfte p.

preis|wür|dig ⟨Adj.⟩: **1.** (geh.) *lobenswert, hervorragend.* **2.** (veraltet) *preiswert.*

Preis|wür|dig|keit, die (geh.): *Angemessenheit des Preises* (1); *das Preiswertsein.*

Preis|zer|fall, der (bes. schweiz.): *Preisverfall.*

pre|kär ⟨Adj.⟩ [frz. précaire = durch Bitten erlangt; widerruflich; unsicher, heikel < lat. precarius, zu: precari = bitten, anrufen] (bildungsspr.): *in einer Weise geartet, die es äußerst schwer macht, die richtigen Maßnahmen, Entscheidungen zu treffen, aus einer schwierigen Lage herauszukommen; schwierig, heikel, misslich:* eine -e [wirtschaftliche, finanzielle] Situation; die Lage wurde immer -er.

Pre|ka|ria: Pl. von ↑Prekarium.

Pre|ka|ri|um, das; -s, ...ia [lat. precarium, Substantivierung von: precarius, ↑prekär]: *(im römischen Recht) widerrufbare, auf Bitten hin erfolgende Einräumung eines Rechts, das keinen Rechtsanspruch begründet.*

Prell|ball, der ⟨o. Pl.⟩ (Sport): *mit einem Faustball* (2) *auszuführendes Mannschaftsspiel, bei dem der Ball über den Prellbock* (2) *od. eine Leine geprellt* (4 b) *werden muss.*

Prell|bock, der: **1.** (Eisenb.) *stabiles, aber elastisches Hindernis als zusätzliche Bremsvorrichtung am Ende eines Gleises* (z. B. bei Kopfbahnhöfen): gegen den P. fahren; **Ü** als P. dienen *(derjenige sein, bei dem alle Sorgen abgeladen werden u. der für alles einstehen muss).* **2.** *beim Prellball in der Mittellinie des Spielfelds als zu überspielendes Hindernis auf Stützen angebrachter Balken, auch Schwebebalken o. Ä.*

prel|len ⟨sw. V.⟩ [mhd. prellen = mit Wucht stoßen; sich schnell fortbewegen; aufschlagen, H. u.; 1: urspr. Verbindungswesen, nach der Vorstellung des um seine Freiheit betrogenen »geprellten« (3) Fuchses mit Bezug auf ↑Fuchs (7); 3: an den früher üblichen Brauch, Menschen zur Strafe od. zum Scherz auf einem straff gespannten Tuch in die Höhe zu schleudern, schloss sich das »Prellen« von Füchsen als Belustigung von Jagdgesellschaften an]: **1.** *jmdn. um etw. ihm Zustehendes bringen, betrügen* ⟨hat⟩: jmdn. um die Belohnung, um sein Erbe p. **2. a)** (selten) *prallen* (1) ⟨ist⟩: gegen die Wand p.; **b)** *heftig stoßen* ⟨hat⟩: die Kiste prellte ihr Knie; **c)** *(etw., sich) heftig stoßend verletzen* ⟨hat⟩: ich habe mich an der Schulter geprellt; **d)** *sich durch heftiges Stoßen einen Körperteil verletzen* ⟨hat⟩: ich habe mir das Knie geprellt. **3.** (Jagdw. früher) *(einen Fuchs) auf ein straff gespanntes Tuch od. Netz legen u. immer wieder emporwerfen u. auffangen* ⟨hat⟩. **4. a)** (Handball u. a.) *einen Ball auf den Boden auftreffen lassen u. ihn wieder an sich nehmen od. erneut schlagen:* beim Dribbeln den Ball p.; **b)** (Prellball) *den Ball mit der Faust so in die gegnerische Spielhälfte schlagen, dass er zuerst in der eigenen Spielhälfte den Boden berührt:* den Ball über die Leine p.

Prel|le|rei, die; -, -en: *das Prellen* (1), *Geprelltwerden; Betrug.*

Prell|schuss, der: *Schuss* (1 b), *der einmal od. mehrere Male aufschlägt u. abprallt.*

Prell|stein, der: *abgeschrägter Stein an einer Hausecke, Toreinfahrt o. Ä. zum Schutz vor zu dicht heranfahrenden Fahrzeugen.*

Prel|lung, die; -, -en: *durch heftigen Stoß, Schlag o. Ä. hervorgerufene innere Verletzung mit Bluterguss.*

Pré|lude [preˈlyd], das; -s, -s [frz. prélude < mlat. praeludium, ↑Präludium]: *der Fantasie* (3) *ähnliches Klavierstück.*

Pre|mi|er [prəˈmi̯eː, pre...], der; -s, -s [nach engl. premier (minister) < frz. premier, ↑Premiere]: Kurzf. von ↑Premierminister.

Pre|mi|e|re, die; -, -n [frz. première (représentation), zu: premier = Erster < lat. primarius = einer der Ersten, zu: primus, ↑Primus]: *Ur- od. Erstaufführung eines Bühnenstücks (auch einer Neuinszenierung), eines Films od. einer Komposition:* eine festliche P.

Pre|mi|e|ren|fie|ber, das (Jargon): *Angstgefühle, Nervosität eines Darstellers, einer Darstellerin vor der Premiere.*

Pre|mi|e|ren|pu|bli|kum, das: *Publikum bei einer Premiere:* das P. applaudierte begeistert.

Pre|mi|er|mi|nis|ter, der; -s, -: *Ministerpräsident* (2).

Pre|mi|er|mi|nis|te|rin, die; -, -nen: w. Form zu ↑Premierminister.

pre|mi|um ⟨indekl. Adj.⟩ [engl. premium = Prämien- < lat. praemium, ↑Prämie] (Werbespr., Wirtsch.): *von besonderer, bester Qualität.*

Pre|print [ˈpriːprɪnt], das; -s, -s [engl. preprint, aus: pre- = vor(ab) (< lat. prae = vor[her]) u. print, ↑printed in ...] (Buchw.): *Vorabdruck* (z. B. eines wissenschaftlichen Werks).

Pres|by|ter, der; -s, - [kirchenlat. presbyter, ↑Priester]: **1.** *Vorsteher einer Gemeinde im Urchristentum.* **2.** (ev. Kirche) *Vertreter der Gemeinde im Presbyterium* (1 a). **3.** (kath. Kirche) lat. Bez. für *Priester* (2).

pres|by|te|ri|al ⟨Adj.⟩ (ev. Kirche): *das Presbyterium* (1 a) *betreffend, zu ihm gehörend, von ihm ausgehend.*

Pres|by|te|ri|al|ver|fas|sung, die (ev. Kirche): *evangelische [reformierte] Kirchenordnung, nach der die Gemeinde kollegial durch Geistliche u. Presbyter* (2) *verwaltet wird.*

Pres|by|te|ri|a|ner, der; -s, - [engl. Presbyterian]: *Angehöriger protestantischer Kirchen mit Presbyterialverfassung bes. in Schottland u. Amerika.*

Pres|by|te|ri|a|ne|rin, die; -, -nen: w. Form zu ↑Presbyterianer.

pres|by|te|ri|a|nisch ⟨Adj.⟩ [2: engl. Presbyterian]: **1.** (ev. Kirche) *die presbyteriale Verfassung, Kirchen mit presbyterialer Verfassung betreffend.* **2.** *die Presbyterianer, ihre Kirche betreffend.*

Pres|by|te|rin, die; -, -nen: w. Form zu ↑Presbyter (2).

Pres|by|te|ri|um, das; -s, ...ien [kirchenlat. presbyterium < griech. presbytérion]: **1.** (ev. Kirche) **a)** *aus dem Pfarrer u. den [gewählten] Vertretern der Gemeinde bestehender Vorstand einer Kirchengemeinde;* **b)** *Versammlungsraum eines Presbyteriums* (1 a). **2.** (kath. Kirche) **a)** *Altarraum;* **b)** *Gesamtheit der Priester einer Diözese.*

pre|schen ⟨sw. V.; ist⟩ [aus dem Niederd., Umstellung aus ↑pirschen, also eigtl. = jagen]: *eilen, sehr schnell, wild laufen od. fahren; jagen:* nach Hause p.

Pre|sen|ter [priˈzɛntɐ], der; -s, - [engl. presenter, zu: to present = überreichen, zeigen, darlegen]: *jmd., der eine Ware vorstellt, anpreist.*

Pre|shave [ˈpriːˈʃeɪv], das; -[s], -s, **Pre-Shave-Lotion** [ˈpriːʃeɪvˈloʊʃən], (auch:) **Pre|shave|lo|tion,** die; -, -s [aus engl. pre- (< lat. prae = vor[her]), shave = Rasur u. lotion, ↑Lotion]: *vor der Rasur zu verwendendes Gesichtswasser.*

press ⟨Adv.⟩ (Ballspiele): *eng, nah:* jmdn. p. decken.

Press|ball, der (Fußball): *von zwei Spielern gleichzeitig getretener, nur schwer zu berechnender Ball.*

Pres|se, die; -, -n [1 b: mhd. (wīn)presse, ahd. pressa, fressa = Obstpresse, Kelter (unter Einfluss von lat. pressura = das Keltern) < mlat. pressa = Druck, Zwang, zu lat. pressum, 2. Part. von: premere = drücken, pressen; 1 c: (m)frz. presse, zu: presser < lat. pressare, Intensivbildung von: premere, ↑Presse (1 b); 2 a: unter Anlehnung an Bed. 1 c]: **1. a)** *Vorrichtung, Maschine, durch die etw. unter Druck zusammengepresst, zerkleinert, geglättet od. in eine Form gepresst wird;* **b)** *Gerät od. Maschine, mit der durch Auspressen von Früchten eine Flüssigkeit, Saft gewonnen wird:* Obst in die P. geben; **c)** (Druckw. veraltend) *Druckmaschine.* **2.** ⟨o. Pl.⟩ **a)** *Gesamtheit der Zeitungen u. Zeitschriften, ihrer Einrichtungen u. Mitarbeiter:* die Freiheit der P.; im Spiegel der P.; Schlagzeilen in der P.; es stand in der P.; **b)** *Beurteilung von etw. durch die Presse* (2 a), *Stellungnahme der Presse:* eine miserable P. bekommen. **3.** (ugs. abwertend) *Privatschule, die [schwache] Schüler intensiv auf eine Prüfung vorbereitet.*

Pres|se|agen|tur, die: *Nachrichtenagentur.*

Pres|se|amt, das: *regierungsamtliche Stelle zur Information der Presse* (2 a).

Pres|se|aus|weis, der: *Ausweis für Pressevertreter.*

Pres|se|be|richt, der: *Bericht [in] der Presse* (2 a).

Pres|se|be|richt|er|stat|ter, der: *für die Presse* (2 a) *tätiger Berichterstatter.*

Pres|se|be|richt|er|stat|te|rin, die: w. Form zu ↑Presseberichterstatter.

Pres|se|bü|ro, das: *Büro, in dem eine Pressestelle untergebracht ist.*

Pres|se|chef, der: *Leiter eines Presseamts od. einer Pressestelle.*

Pres|se|che|fin, die: w. Form zu ↑Pressechef.

Pres|se|dienst, der: *von Pressestellen bei Parteien, Verbänden, Agenturen u. Ä. periodisch herausgegebene Sammlung von Nachrichten u. Informationen.*

Pres|se|er|zeug|nis, das: *durch Drucken hergestelltes Erzeugnis der Presse* (2 a).

Pres|se|fo|to|graf, der: *für die Presse* (2 a) *tätiger Fotograf.*

Pres|se|fo|to|gra|fin, die: w. Form zu ↑Pressefotograf.

Pres|se|frei|heit, die ⟨o. Pl.⟩: *von der Verfassung garantiertes Grundrecht der Presse* (2 a) *zur Beschaffung u. Verbreitung von Informationen u. zur freien Meinungsäußerung.*

Pres|se|ge|heim|nis, das: *Recht der Auskunftsverweigerung aller bei der Presse* (2 a) *Beschäftigten über den Verfasser od. Informanten einer Veröffentlichung.*

Pres|se|ge|spräch, das: *Gespräch mit der Presse* (2 a).

Pres|se|in|for|ma|ti|on, die: **a)** *Information für die Presse* (2 a); **b)** *Information durch die Presse* (2 a).

Pres|se|jar|gon, der: *für die Presse* (2 a) *typischer Jargon.*

Pres|se|kam|pa|gne, die: *von der gesamten Presse* (2 a) *od. bestimmten Presseorganen geführte Kampagne* (1).

Pres|se|kom|men|tar, der: *Kommentar in der Presse* (2 a).

Pres|se|kon|fe|renz, die: *von einer amtlichen Stelle, einem Verband, einer Firma o. Ä. organisierte Veranstaltung, auf der [durch einen Pressesprecher] Informationen an die Presse* (2 a) *gegeben werden u. von den Journalisten Fragen gestellt werden:* eine P. einberufen.

Pres|se|kon|zen|tra|ti|on, die: *Konzentration der Presse* (2 a) *in wenigen, großen Verlagen.*

Pres|se|kon|zern, der: *Unternehmen mit einer Vielzahl von Zeitungen od. Zeitschriften in großer Auflage.*

Pres|se|mel|dung, die: *Meldung in der Presse* (2 a).

pres|sen ⟨sw. V.; hat⟩ [mhd. pressen, ahd. pressōn < lat. pressare, ↑Presse (1 c)]: **1. a)** *durch Druck od. mit einer Presse* (1 a) *bearbeiten, eine glatte Form geben:* Pflanzen p.; ⟨oft im 2. Part.:⟩ gepresstes Stroh; **b)** *ausdrücken:* Obst p.; **c)** *herauspressen:* Saft aus einer Zitrone p.; **d)** *durch Herauspressen gewinnen:* Most p.; **e)** *pressend* (1 a), *durch Druck herstellen:* Plastikartikel p. **2.** *in eine bestimmte Richtung, auf, an, durch* etw. drücken: die Hände vor das Gesicht p.; jmdn. an sich, sich an jmdn. p.; den Körper, sich an den Boden p.; Gemüse durch ein Sieb p.; Ü etw. in ein logisches System p.; ein gepresstes Stöhnen. **3. a)** *zu etw. zwingen:* jmdn. zum Kriegsdienst p.; **b)** (veraltet) *unterdrücken, bedrängen.* **4.** (Med.) *(während einer Presswehe) die Bauchmuskulatur mit größtmöglicher Kraft anspannen, um somit eine Druckerhöhung zu bewirken u. dadurch den Geburtsvorgang zu unterstützen.*

Prẹs|se|or|gan, das: *bestimmte [von einer Behörde, Partei, Institution herausgegebene] Zeitung od. Zeitschrift.*

Prẹs|se|recht, das ⟨o. Pl.⟩: *Gesamtheit der die Presse (2 a) u. bes. die Presse- u. Meinungsfreiheit betreffenden Rechtsbestimmungen.*

Prẹs|se|re|fe|rent, der: *journalistischer Mitarbeiter od. alleiniger Vertreter einer amtlichen od. privaten Pressestelle.*

Prẹs|se|re|fe|ren|tin, die: w. Form zu ↑Pressereferent.

Prẹs|se|schau, die: **1.** *(in Rundfunk od. Fernsehen verlesener) Überblick über die wichtigsten Stimmen der Presse.* **2.** (Wirtsch. Jargon) *für die Presse (2 a) bestimmte Vorführung od. vorweggenommene Besichtigung einer Modenschau, Messe o. Ä.*

Prẹs|se|spre|cher, der: *Beamter od. Angestellter einer Behörde, Institution od. Firma, der für die an die Presse (2 a) zu gebenden Informationen verantwortlich ist.*

Prẹs|se|spre|che|rin, die: w. Form zu ↑Pressesprecher.

Prẹs|se|stel|le, die: *für die Verbindung zur Presse (2 a) zuständige Stelle bei einer staatlichen od. privaten Institution, Behörde, Firma u. Ä.*

Prẹs|se|ver|tre|ter, der: *Journalist, der als Vertreter einer bestimmten Zeitung od. Zeitschrift auftritt.*

Prẹs|se|ver|tre|te|rin, die: w. Form zu ↑Pressevertreter.

Prẹs|se|we|sen, das ⟨o. Pl.⟩: *Zeitungswesen.*

Prẹs|se|zen|sur, die ⟨o. Pl.⟩: *staatliche Zensur der in der Presse (2 a) zu veröffentlichenden Meldungen u. Meinungen (als Einschränkung der Pressefreiheit).*

Prẹs|se|zen|trum, das: *zentraler Bau od. mit allen wichtigen technischen Einrichtungen für den Fernsprech- u. Funkverkehr eingerichtetes, den Pressevertretern zur Verfügung stehendes Büro bei [sportlichen] Großveranstaltungen, Kongressen u. Ä.*

Prẹss|form, die (Technik): *hohle Form, in die das zu formende Material (z. B. Glas, Kunststoff) hineingepresst wird.*

Prẹss|glas, das ⟨Pl. ...gläser⟩: *durch Pressen flüssiger Glasschmelze in eine Form gefertigtes Glas[gefäß] o. Ä.*

Prẹss|harz, das (Technik): *Kunststoff, der sich durch Pressen formen lässt.*

Prẹss|he|fe, die: *gepresste Hefe für die Bäckerei.*

Prẹss|holz, das: *aus einzelnen Stücken od. Schichten mit Zusätzen von Kunstharzen unter Druck u. Hitze gepresstes Holz.*

pres|sie|ren ⟨sw. V.; hat⟩ [frz. presser, eigtl. = pressen < lat. pressare, ↑Presse (1 c)]: **a)** (bes. südd., österr., schweiz.) *eilig, dringend sein; drängen (von Sachen):* es, die Angelegenheit pressiert; mir pressierts sehr; **b)** (schweiz.) *sich beeilen:* er ist pressiert *(eilig).*

Pres|si|o̱n, die; -, -en [frz. pression < lat. pressio, zu: pressum, 2. Part. von: premere, ↑Presse (1 b)] (bildungsspr.): *Druck, Nötigung, Zwang.*

Prẹss|koh|le, die: *in Formen gepresste Kohle* (z. B. Brikett).

Prẹss|kopf, der ⟨o. Pl.⟩: *aus Schweins- od. Kalbsköpfen mit Schwarten gekochte u. in einen Schweinemagen od. Darm gepresste Wurst:* weißer, schwarzer P.

Prẹss|ling, der; -s, -e: *gepresstes u. geformtes Stück einer Masse* (z. B. Brikett).

Prẹss|luft, die ⟨o. Pl.⟩: *Druckluft.*

Prẹss|luft|boh|rer, der: *mit Pressluft angetriebenes Gerät zum Bohren, das bes. im Straßenbau eingesetzt wird.*

Prẹss|luft|fla|sche, die (Technik): *festes Metallgefäß, in dem Pressluft mitgeführt werden kann.*

Prẹss|luft|ham|mer, der (Bauw.): *Stoß- u. Schlagwerkzeug, das durch einen von Pressluft schnell in einem Zylinder auf u. ab bewegten Kolben angetrieben wird; Drucklufthammer.*

Prẹss|mas|se, die (Technik): *aus Pressharzen, Füllstoffen, Bindemitteln u. Ä. bestehende Masse, die durch Pressen geformt u. gehärtet werden kann.*

Prẹss|sack, der ⟨o. Pl.⟩: *Presskopf.*

Prẹss|schlag, der (Fußball): *gleichzeitiges Treten eines Balles durch zwei Spieler.*

Prẹss|span, der ⟨Pl. selten⟩ [urspr. beim Pressen von Tuchen verwendete Stücke (Späne) von Pappe]: *holzfreie, feste Pappe mit glatter, glänzender Oberfläche.*

Prẹss|span|plat|te, die: *aus Pressspan bestehende Platte* (1).

Prẹss|stroh, das: *zu festen Ballen gepresstes Stroh.*

Pres|sure-Group [ˈprɛʃəgru:p], (auch:) **Pres|sure-group,** die; -, -s [engl. pressure group, aus: pressure = Druck u. group = Gruppe]: *Interessengruppe, die [mit Druckmitteln] bes. auf Parteien, Parlament u. Regierung Einfluss zu gewinnen sucht; Lobby* (2).

Prẹss|we|he, die ⟨meist Pl.⟩ (Med.): *im fortgeschrittenen Stadium der Geburt eintretende Wehe, bei der die Gebärende durch Anspannung der Bauchmuskulatur den Vorgang der Geburt unterstützen kann.*

Prẹss|wurst, die: *Presskopf.*

Prẹs|ti: Pl. von ↑Presto.

Pres|ti|ge [...ˈti:ʒə], das; -s [frz. prestige, eigtl. = Blendwerk, Zauber < spätlat. praestigium, zu: praestringere = blenden, verdunkeln] (bildungsspr.): *Ansehen, Geltung einer Person, Gruppe, Institution o. Ä. in der Öffentlichkeit:* sein P. wahren; es geht um ihr P.

Pres|ti|ge|den|ken, das; -s: *am Prestige[gewinn] orientiertes Denken.*

Pres|ti|ge|fra|ge, die: *Frage des Prestiges:* das ist [für sie] eine P.

Pres|ti|ge|ge|winn, der: *Gewinn an Prestige.*

Pres|ti|ge|grund, der ⟨meist Pl.⟩: *das Prestige betreffender [Beweg]grund:* etw. aus Prestigegründen tun.

Pres|ti|ge|ver|lust, der: *Verlust an Prestige.*

pres|tis|si|mo: ↑presto.

Pres|tis|si|mo, das; -s, -s u. ...mi (Musik): **1.** *äußerst schnelles Tempo.* **2.** *Musikstück mit der Tempobezeichnung »prestissimo«.*

prẹs|to ⟨Adv.; (Komp.:) più presto, (Sup.:) prestissimo⟩ [ital. presto < lat. praesto = bei der Hand] (Musik): *schnell, in eilendem Tempo.*

Prẹs|to, das; -s, -s u. ...ti (Musik): **1.** *schnelles, eilendes Tempo.* **2.** *Musikstück mit der Tempobezeichnung »presto«.*

pre|ti|ös: ↑preziös.

Pre|ti|o|sen: ↑Preziosen.

Pre|to|ria: Regierungssitz der Republik Südafrika.

Preu̱|ße, der; -n, -n [2: nach dem ehem. Königreich (bis 1918) u. Land des Dt. Reiches (bis 1947) Preußen, das wegen seines Militarismus u. seiner straff organisierten, überkorrekten Verwaltung u. seines Bürokratismus bekannt war]: **1.** Ew. zu ↑Preußen. **2.** (veraltend) *jmd., der bestimmte, früher für einen preußischen Untertan (bes. Soldaten od. Beamten) als typisch angesehene Eigenschaften (z. B. Pflichterfüllung, Strenge, Härte gegen sich selbst) besitzt.* **3.** ⟨Pl.⟩ (ugs. veraltend) *Militär[dienst].*

Preu̱|ßen; -s [Ende 15. Jh., mhd. (md.) Prūʒen(lant), zu: Prūʒe < mlat. Pruzzi (Pl.) = Pruzzen (Name eines baltischen Volkes)]: Königreich u. Land des Deutschen Reiches.

Preu̱|ßen|tum, das; -s: *preußisches Wesen; Art u. Haltung eines Preußen.*

Preu̱|ßin, die; -, -nen: w. Form zu ↑Preuße (1).

preu̱|ßisch ⟨Adj.⟩: *das Königreich Preußen, die Preußen betreffend, von ihnen stammend, der Wesensart der Preußen entsprechend:* das -e Beamtentum; -e Sparsamkeit.

Preu̱|ßisch|blau, das [weil es in Berlin, der Hauptstadt Preußens, erfunden wurde]: *tief dunkelblaue, fast schwarzblaue Farbe mit grünlichem Stich.*

Pre|view [ˈpri:vju:], die; -, -s [engl. preview, aus: pre- (< lat. prae) = vor(her) u. view = Sicht; Betrachtung]: *Voraufführung.*

pre|zi|ö̱s, (auch:) pretiös ⟨Adj.⟩ [frz. précieux, eigtl. = kostbar, wertvoll < lat. pretiosus, ↑Pretiosen] (bildungsspr.): *geziert, gekünstelt, unnatürlich:* ein -er Stil.

Pre|zi|o̱|sen, (auch:) Pretiosen ⟨Pl.⟩ [lat. pretiosa, zu: pretiosus = kostbar, zu: pretium, ↑Preis]: *Kostbarkeiten, Geschmeide.*

pri|a|pe|isch, ⟨Adj.⟩: **1.** *den Priapus betreffend.* **2.** (veraltet) *unzüchtig.*

Pri|a̱|pos, Pri|a̱|pus (griech.-röm. Myth.): Gott der Fruchtbarkeit.

Pri̱|cke, die; -, -n [aus dem Niederd. < mniederd. pricke = spitze Stange, Spitze] (Seew.): *in flachen Küstengewässern (bes. im Watt) zur Markierung der Fahrrinne in den Grund gesteckter dünner Stamm eines Baumes, Pfosten o. Ä.*

pri̱|cke|lig, pricklig ⟨Adj.⟩ (seltener): **1.** *prickelnd* (1 a). **2.** *erregend, aufreizend.*

pri̱|ckeln ⟨sw. V.; hat⟩ [aus dem Niederd. < mniederd. prickeln, zu: pricken = stechen od. zu: pricke, ↑Pricke]: **1. a)** *wie von vielen, feinen, leichten Stichen verursacht kitzeln, jucken;* **b)** *ein leicht kitzelndes Gefühl, ein Gefühl des Prickelns* (1 a) *verursachen, hinterlassen.* **2.** *kleine, aufsteigende Bläschen bilden; perlen.* **3.** *ein erregendes Gefühl verursachen, auf [leicht beunruhigende o. ä. Weise] reizen.*

pri̱|cken ⟨sw. V.; hat⟩: **1.** (Seew.) *(Fahrwasser o. Ä.) mit Pricken versehen.* **2.** (landsch.) *[aus]stechen, ausbohren.*

prick|lig: ↑prickelig.

Prie̱l, der; -[e]s, -e [aus dem Niederd., H. u.]: *schmale, unregelmäßig verlaufende Rinne im Wattenmeer, in der sich auch bei Ebbe noch Wasser befindet.*

Prie̱m, der; -[e]s, -e [niederl. pruim, eigtl. = Pflaume, wegen der Ähnlichkeit mit einer Backpflaume]: **a)** *Kautabak;* **b)** *Stück Kautabak.*

prie|men ⟨sw. V.; hat⟩: *einen Priem kauen.*

pries: ↑preisen.

Prieß|nitz|um|schlag, der [nach dem dt. Naturheilkundigen V. Prießnitz (1799–1851)] (Med.): *Umschlag aus mehreren Lagen kalter, feuchter Leinentücher, die von trockenen Woll- od. Flanelltüchern umhüllt sind.*

Prie̱s|ter, der; -s, - [mhd. priester, ahd. prēstar, über das Roman. < kirchenlat. presbyter = Gemeindeältester; Priester < griech. presbýteros = der (verehrte) Ältere; älter, Komp. von: présbys = alt; ehrwürdig]: **1.** *(in vielen Religionen) als Mittler zwischen Gott u. Mensch auftretender, mit besonderen göttlichen Vollmachten ausgestatteter Träger eines religiösen Amtes, der eine rituelle Weihe empfangen hat u. zu besonderen kultischen Handlungen berechtigt ist;* * **Hoher P.** (1. Rel.; *oberster Priester [bes. im Judentum].* 2. geh.; *Hohepriester* 2). **2.** *katholischer Geistlicher, der die Priesterweihe empfangen hat.*

Prie̱s|ter|amt, das ⟨o. Pl.⟩: *Amt des Priesters.*

prie̱s|ter|haft ⟨Adj.⟩: *in der Art eines Priesters; einem Priester gemäß.*

Prie̱s|te|rin, die; -, -nen [mhd. priesterinne]: w. Form zu ↑Priester.

prie̱s|ter|lich ⟨Adj.⟩ [mhd. priesterlich, ahd. prēstarlīh]: *einen Priester betreffend, zu ihm gehörend, von ihm ausgehend.*

Prie̱s|ter|schaft, die; - [mhd. priesterschaft]: *Gesamtheit von Priestern.*

Prie̱s|ter|se|mi|nar, das (kath. Kirche): *Ausbildungsstätte für Priesteramtskandidaten.*

Prie̱s|ter|tum, das; -s: *Amt, Würde, Stand des Priesters.*

Prie̱s|ter|wei|he, die: *vom Bischof vollzogene*

Weihe eines katholischen Geistlichen zum Priester; Konsekration (1).

Prig|nitz, die; -: Landschaft in Nordostdeutschland.

prim ⟨Adj.⟩ [rückgeb. aus ↑Primzahl] (Math.): *(von Zahlen) nur durch 1 u. sich selbst teilbar.*

Prim, die; -, -en [lat. prima = die Erste, ↑Primus]: **1.** (kath. Kirche) *(im Brevier enthaltenes) kirchliches Morgengebet.* **2.** (Fechten) *Stellung, bei der die nach vorn gerichtete Klinge abwärts zeigt.* **3.** (Musik) *Prime* (1).

Prim. = Primar, Primararzt, Primarius.

pri|ma ⟨indekl. Adj.⟩ [ital. prima, gek. aus Fügungen wie: prima sorte = erste, feinste Warenart, zu: primo = Erster < lat. primus, ↑Primus]: **1.** (Kaufmannsspr. veraltend) *von bester Qualität, erstklassig:* p. Ware; (Abk.: pa., Ia). **2.** (ugs.) *hervorragend, ausgezeichnet, großartig.*

[1]Pri|ma, die; -, Primen [nlat. prima (classis) = erste (Klasse); a: nach der früheren Zählung der Klassen von oben nach unten]: **a)** (veraltend) *eine der beiden letzten (Unter- u. Oberprima genannten) Klassen eines Gymnasiums;* **b)** *(in Österreich) erste Klasse eines Gymnasiums.*

[2]Pri|ma, der; -s, -s (Wirtsch.): kurz für ↑Primawechsel.

Pri|ma|bal|le|ri|na, die; -, ...nen [ital. prima ballerina, ↑Ballerina] (Theater): *erste Solotänzerin; Tänzerin der Hauptrolle in einem Ballett.*

Pri|ma|don|na, die; -, ...nen [ital. prima donna, eigtl. = erste Dame]: **1.** (Theater) *erste Sängerin; Sängerin der Hauptpartie in einer Oper:* P. assoluta *(konkurrenzlose Meisterin im Operngesang).* **2.** (abwertend) *verwöhnter u. empfindlicher Mensch; jmd., der sich für etw. Besonderes hält u. eine entsprechende Behandlung u. Sonderstellung für sich beansprucht.*

pri|ma fa|cie [- 'fa:tsi̯e; lat., eigtl. = von der ersten Erscheinung, zu: primus (↑Primus) u. facies, ↑Fazies] (bildungsspr.): *dem ersten Anschein nach, auf den ersten Blick.*

Pri|ma-fa|cie-Be|weis [...'fa:tsi̯e...], der (bes. Rechtsspr.): *Beweis aufgrund des ersten Anscheins.*

Pri|ma|ner, der; -s, - (veraltend): *Schüler einer* [1]*Prima:* er ist P.

pri|ma|ner|haft ⟨Adj.⟩: *unerfahren, unreif; schüchtern, unbeholfen.*

Pri|ma|ne|rin, die; -, -nen: w. Form zu ↑Primaner.

Pri|mar, der; -s, -e [lat. primarius = einer der Ersten, ↑Premiere] (österr.): kurz für ↑Primararzt.

pri|mär ⟨Adj.⟩ [frz. primaire < lat. primarius, ↑Premiere]: **1.** (bildungsspr.) **a)** *zuerst vorhanden, ursprünglich;* **b)** *an erster Stelle stehend; erst-, vorrangig; grundlegend, wesentlich:* -e Aufgaben; etw. spielt eine -e Rolle. **2.** (Chemie) *(von bestimmten chemischen Verbindungen o. Ä.) nur eines von mehreren gleichartigen Atomen durch nur ein bestimmtes anderes Atom ersetzend:* -e Salze. **3.** (Elektrot.) *den Teil eines Netzgerätes betreffend, der unmittelbar an das Stromnetz angeschlossen ist u. in den die umzuformende Spannung einfließt, zu diesem Teil gehörend, sich dort befindend, mit seiner Hilfe:* die -e Spannung.

Pri|mar|arzt, der (österr.): *leitender Arzt eines Krankenhauses; Chefarzt.*

Pri|mar|ärz|tin, die: w. Form zu ↑Primararzt.

Pri|mär|ener|gie, die (Technik): *von natürlichen, noch nicht weiterbearbeiteten Energieträgern (wie Kohle, Erdöl, Erdgas) stammende Energie.*

Pri|mär|grup|pe, die (Soziol.): *Gruppe* (2), *deren Mitglieder enge, vorwiegend emotionell bestimmte Beziehungen untereinander pflegen u. sich deshalb gegenseitig stark beeinflussen* (z. B. die Familie).

Pri|ma|ria, die; -, ...iae: w. Form zu ↑Primar.

Pri|ma|ri|us, der; -, ...ien [lat. primarius, ↑Premiere]: **1.** (Musik) *erster Geiger in einem Streichquartett o. Ä.* **2.** (österr.) *Primararzt.*

Pri|mär|krebs, der (Med.): vgl. Primärtumor.

Pri|mar|leh|rer, der (schweiz.): *Lehrer an einer Primarschule.*

Pri|mar|leh|re|rin, die: w. Form zu ↑Primarlehrer.

Pri|mär|li|te|ra|tur, die (Wissensch.): *Gesamtheit der literarischen, philosophischen o. ä. Texte, die selbst Gegenstand einer wissenschaftlichen Untersuchung sind.*

Pri|mar|schu|le, die (schweiz.): *allgemeine Volksschule; Grund- u. Hauptschule;* vgl. Sekundarschule.

Pri|mar|schü|ler, der (schweiz.): *Schüler der Primarschule.*

Pri|mar|schü|le|rin, die: w. Form zu ↑Primarschüler.

Pri|mär|span|nung, die (Physik): *Stromspannung einer Primärwicklung.*

Pri|mär|spu|le, die (Elektrot.): *Primärwicklung.*

Pri|mar|stu|fe, die: *(das 1. bis 4. Schuljahr umfassender) Bildungsgang; erste Stufe der schulischen Ausbildung.*

Pri|mär|tu|mor, der (Med.): *Tumor, von dem Metastasen ausgehen.*

Pri|mär|wick|lung, die (Elektrot.): *Wicklung, Spule eines Transformators, durch die die Leistung aufgenommen wird.*

Pri|ma|ry ['praɪmərɪ], die; -, ...ries [...rɪz; engl. primary (election)]: *(im Wahlsystem der USA) Vorwahl zur Aufstellung von Kandidaten für öffentliche Wahlen, bes. bei der Wahl des Präsidentschaftskandidaten.*

Pri|mas, der; -, -se u. Primaten [spätlat. primas = der dem Rang nach Erste, Vornehmste, zu lat. primus, ↑Primus; 2: ung. prímás]: **1.** ⟨Pl. -se u. Primaten⟩ (kath. Kirche) **a)** ⟨o. Pl.⟩ *Ehrentitel eines (dem Rang nach zwischen dem Patriarchen u. dem Metropoliten stehenden) mit bestimmten Hoheitsrechten ausgestatteten Erzbischofs eines Landes;* **b)** *Träger dieses Titels.* **2.** ⟨Pl. -se⟩ *erster Geiger u. Solist in einer Zigeunerkapelle.*

[1]Pri|mat, der od. das; -[e]s, -e [lat. primatus = erster Rang, zu: primus, ↑Primus]: **1.** (bildungsspr.) *Vorrang, Vormacht:* den P. anerkennen. **2.** (kath. Kirche) *vorrangige Stellung des Papstes (gegenüber den Bischöfen).*

[2]Pri|mat, der; -en, -en ⟨meist Pl.⟩ [zu spätlat. primates, Pl. von: primas, ↑Primas] (Zool.): *Angehöriger einer Menschen, Affen u. Halbaffen umfassenden Ordnung der Säugetiere; Herrentier.*

Pri|ma|ten: Pl. von ↑Primas, ↑[2]Primat.

Pri|ma|wech|sel, der; -s, - [ital. prima (di cambio)] (Kaufmannsspr.): *erste Ausfertigung eines Wechsels.*

Pri|me, die; -, -n [lat. prima = die Erste, ↑Primus]: **1.** (Musik) **a)** *Einklang* (1) *zweier Töne der gleichen Tonhöhe;* **b)** *erster Ton, Grundton einer diatonischen Tonleiter.* **2.** (Druckw., Buchw.) *auf dem unteren Rand der ersten Seite eines Druckbogens angebrachte Signatur, die die Reihenfolge des Bogens sowie den Titel [u. den Verfasser] eines Buches angibt.*

Pri|mel, die; -, -n [nlat. primula veris = erste (Blume) des Frühlings, zu lat. primulus = der Erste, Vkl. von: primus (↑Primus) u. ver = Frühling]: *im Frühling blühende Pflanze mit rosettenförmig angeordneten Blättern u. trichter- od. tellerförmigen Blüten:* *** eingehen wie eine P.** (salopp; *[im geschäftlichen, sportlichen o. ä. Bereich] untergehen, hoch verlieren).*

Pri|mel|topf, der: *Blumentopf mit Primeln:* *** grinsen/strahlen wie ein P.** (ugs.; *über das ganze Gesicht grinsen, strahlen).*

Pri|men: Pl. von ↑Prim, [1]Prima, Prime.

Prime|rate ['praɪm'reɪt], die; -, (auch:) **Prime Rate,** die; - - [engl. prime rate, aus: prime = Haupt-; hauptsächlich u. rate = Rate; Zins-, Steuersatz] (Bankw., Wirtsch.): *(in den USA) Zinssatz, den Großbanken für ihre Kredite berechnen u. der die Funktion eines Leitzinses hat.*

Prime|time ['praɪm'taɪm], die; -, -s, (auch:) **Prime Time,** die; - -, - -s [engl. prime time, aus: prime = Haupt-; hauptsächlich u. time = Zeit] (Ferns. Jargon): *beste, günstigste Zeit (für Fernsehsendungen); Hauptsendezeit.*

Pri|meur [pri'mø:ɐ̯], der; -[s], -s [frz. primeur, zu: älter frz. prime < afrz. prin, prim < lat. primus, ↑Primus]: **1.** *junger, kurz nach der Gärung abgefüllter französischer Rotwein.* **2.** ⟨Pl.⟩ *junges Frühgemüse, Frühobst.*

Prim|gei|ge, die [zu lat. primus, ↑Primus] (Musik): *erste Geige in einem Streichquartett o. Ä.*

Prim|geld, das: *Prämie, die dem Kapitän für die Fracht gewährt werden kann.*

Pri|mi: Pl. von ↑Primus.

pri|mis|si|ma ⟨indekl. Adj.⟩ [italienisierender Sup. zu ↑prima] (scherzh.): *hervorragend, ganz ausgezeichnet, einmalig.*

pri|mi|tiv ⟨Adj.⟩ [frz. primitif < lat. primitivus = der Erste in seiner Art, zu: primus, ↑Primus]: **1. a)** *in ursprünglichem, noch nicht hoch entwickeltem Zustand befindlich; auf niedriger Kultur-, Entwicklungsstufe stehend; urtümlich, nicht zivilisiert:* -e Völker; **b)** *ursprünglich, elementar, naiv; nicht verfeinert:* -e Bedürfnisse; -e Kunst. **2. a)** *sehr einfach, schlicht, simpel:* -e Bänke; -e Werkzeuge; eine -e Methode; das Haus ist p. gebaut; **b)** (oft abwertend) *dürftig, armselig, kümmerlich; notdürftig, behelfsmäßig:* -e Behausungen; -e Verhältnisse; man lebt dort erschreckend p. **3.** (abwertend) *ein niedriges geistiges, kulturelles Niveau aufweisend; ungebildet, geistig u. kulturell wenig anspruchsvoll:* ein -er Mensch; -e Ansichten; p. daherreden.

pri|mi|ti|vie|ren: ↑primitivisieren.

pri|mi|ti|vi|sie|ren, (seltener:) primitivieren ⟨sw. V.; hat⟩ (bildungsspr.): *in unzulässiger Weise vereinfachen, vereinfacht darstellen, wiedergeben.*

Pri|mi|ti|vis|mus, der; - (Kunstwiss.): *in verschiedenen modernen Kunstrichtungen auftretende Tendenz zu einer naiven, vereinfachenden Darstellung, die an der Kunst früher, primitiver* (1 a) *Kulturen orientiert ist.*

Pri|mi|ti|vi|tät, die; -, -en: **a)** ⟨o. Pl.⟩ *das Primitivsein; primitive Beschaffenheit, Art u. Weise;* **b)** *primitive* (3) *Ansicht, Vorstellung, Äußerung, Handlung.*

Pri|miz, die; -, -en [zu lat. primitiae (Pl.) = das Erste; Erstlinge, zu: primus, ↑Primus] (kath. Kirche): *erste offiziell in der Gemeinde gehaltene, meist feierliche* [1]*Messe* (1) *eines Priesters nach seiner Weihe.*

Pri|mo|ge|ni|tur, die; -, -en [mlat. primogenitura, zu lat. primus = Erster u. genitus = geboren] (Rechtsspr. früher): *Vorrecht des Erstgeborenen u. seiner Linie (in Fürstenhäusern) bei der Erbfolge, bes. der Thronfolge.*

Pri|mus, der; -, Primi u. -se [lat. primus = Erster, Vorderster, Sup. von: prior = Ersterer; vorzüglicher] (veraltend): *Klassenbester, bes. einer höheren Schule.*

Pri|mus in|ter Pa|res [- - ...e:s], der; - - -, Primi - - [lat. primus inter pares, zu: par = gleich] (bildungsspr.): *der Erste von mehreren im Rang auf der gleichen Stufe stehenden Personen.*

Prim|zahl, die; -, -en (Math.): *ganze Zahl, die größer als 1 u. nur durch 1 u. sich selbst teilbar ist.*

Prin|te, die; -, -n [niederl. prent, eigtl. = Abdruck, Aufdruck, zu afrz. preindre < lat. premere = (ab-, auf)drucken, wahrsch. nach den früher vielfach aufgedruckten (Heiligen)figuren]: *mit verschiedenen Gewürzen, Sirup, Kandiszucker u. a. hergestelltes, dem Lebkuchen ähnliches Gebäckstück.*

prin|ted in ... ['prɪntɪd ɪn ...; engl. = gedruckt in ...] (Buchw.): Vermerk in Büchern in Verbindung mit dem jeweiligen Land, in dem ein Buch gedruckt wurde (z. B. printed in Germany = in Deutschland gedruckt).

Prin|ter, der; -s, - [engl. printer]: **1.** *automatisches Kopiergerät, das von einem Negativ od. Dia in kurzer Zeit eine große Anzahl von Papierkopien herstellt.* **2.** (EDV) *Drucker* (2).

Prin|ting-on-De|mand, [...dɪ'ma:nd], das; - [engl., eigtl. = Drucken auf Anforderung]: *Herstellung von Druckerzeugnissen auf Bestellung, wobei* *jeweils nur genauso viele Exemplare gedruckt werden, wie bestellt sind.*

Print|me|di|um ⟨meist Pl.⟩ [nach engl. print media (Pl.) aus: print (↑printed in ...) u. media, Pl. von: medium = [1]Medium]: [1]*Medium* (2 a) *in Form von Druckerzeugnissen wie Zeitungen, Zeitschriften u. Büchern.*

Prinz, der; -en, -en [mhd. prinze = Fürst, Statthalter < (a)frz. prince = Prinz, Fürst < lat. princeps = im Rang der Erste, Gebieter, Fürst; eigtl. = die erste Stelle einnehmend, zu: primus = Erster u. capere = (ein)nehmen]: **1. a)** ⟨o. Pl.⟩ *Titel eines nicht regierenden Mitglieds von regierenden Fürstenhäusern;* **b)** *Träger des Titels Prinz* (1 a); *nicht regierendes Mitglied eines regierenden Fürstenhauses.* **2.** kurz für ↑Karnevalsprinz.

Prin|zen|gar|de, die: *zum Gefolge eines Karnevalsprinzen, eines Prinzenpaares gehörende Garde* (3).

Prin|zen|paar, das: *Karnevalsprinz u. -prinzessin.*

Prin|zeps, der; -, Prinzipes [...tsipe:s; lat. princeps, ↑Prinz]: **a)** *(im Rom der Antike) Adliger, bes. Senator mit dem Vorrecht der ersten Stimmabgabe u. meist großem politischem Einfluss;* **b)** ⟨o. Pl.⟩ *(im Rom der Antike seit Augustus) Titel römischer Kaiser.*

Prin|zess|boh|ne, die ⟨meist Pl.⟩: *junge, grüne, sehr zarte Bohne* (1 b).

Prin|zes|sin, die; -, -nen: **1.** w. Form zu ↑Prinz (1). **2.** kurz für ↑Karnevalsprinzessin.

Prin|zess|kleid, das: *nur leicht die Taille andeutendes Kleid ohne quer verlaufende Naht in der Taille u. ohne Gürtel.*

Prinz|ge|mahl, der: *Ehemann einer regierenden Monarchin.*

Prinz-Hein|rich-Müt|ze, die [nach dem Großadmiral u. Generalinspekteur der Marine, Prinz Heinrich von Preußen (1862–1929)]: *Schiffermütze.*

Prin|zip, das; -s, -ien, seltener: -e [lat. principium = Anfang, Ursprung; Grundlage, (Pl.:) Grundlehren, Grundsätze, zu: princeps, ↑Prinzeps]: **a)** *feste Regel, die jmd. zur Richtschnur seines Handelns macht, durch die er sich in seinem Denken u. Handeln leiten lässt; Grundsatz* (a): strenge, moralische -ien; seine -ien aufgeben; von seinem P. nicht abgehen; sich etw. zum P. machen; *** aus P.** *(einem Grundsatz, Prinzip folgend; grundsätzlich* 2 a, *nicht aus speziellen, gerade aktuellen Gründen):* er tut es aus P., ist aus P. dagegen; **im P.** *(im Grunde genommen, grundsätzlich* 2 b, *eigentlich):* ich bin im P. einverstanden; **b)** *allgemein gültige Regel, Grundlage, auf der etw. aufgebaut ist; Grundregel; Grundsatz* (b): ein sittliches P.; das P. der Gewaltenteilung; sich zu einem bestimmten P. bekennen; **c)** *Gesetzmäßigkeit, Idee, die einer Sache zugrunde liegt, nach der etw. wirkt; Schema, nach dem etw. aufgebaut ist, abläuft:* etw. funktioniert nach einem einfachen P.

[1]Prin|zi|pal, der; -s, -e [lat. principalis = Erster, Vornehmster; Vorsteher, zu: princeps, ↑Prinzeps]: **1.** *Leiter eines Theaters, einer Theatergruppe.* **2.** *Geschäftsinhaber; Lehrherr.*

[2]Prin|zi|pal, das; -s, -e (Musik): **1.** *aus Labialpfeifen bestehendes wichtiges Register der Orgel mit kräftiger Intonation; Prästant.* **2.** (früher) *tiefe Trompete.*

Prin|zi|pa|lin, die; -, -nen: w. Form zu [1]Prinzipal.

Prin|zi|pat, das, auch: der; -[e]s, -e [lat. principatus = erste Stelle; Vorzug; Obergewalt]: *älteres, von Augustus geschaffenes römisches Kaisertum.*

Prin|zi|pes: Pl. von ↑Prinzeps.

prin|zi|pi|ell ⟨Adj.⟩ [französierende Bildung nach lat. principalis = anfänglich]: **a)** *einem Prinzip* (a) *entsprechend, einem Grundsatz* (a) *folgend; grundsätzlich* (2 a): so etwas tut sie p. nicht; **b)** *ein Prinzip* (b) *betreffend, auf einem Prinzip, Grundsatz* (b) *beruhend [u. daher gewichtig], grundsätzlich* (1): ein -er Unterschied.

prin|zi|pi|en|fest ⟨Adj.⟩: *an bestimmten Prinzipien* (a, b), *Grundsätzen festhaltend, ihnen beharrlich folgend.*

prin|zi|pi|en|los ⟨Adj.⟩: *ohne Prinzipien* (1 a).

Prin|zi|pi|en|treue, die: *das Prinzipientreusein, Prinzipienfestsein.*

prinz|lich ⟨Adj.⟩: *einen Prinzen betreffend, zu ihm gehörend, ihm zustehend.*

Prinz|re|gent, der: *stellvertretend regierendes Mitglied eines Fürstenhauses.*

Pri|on, das; -s, ...onen [geb. aus ↑Protein u. ↑infektiös mit der fachspr. Endung -on (< griech. -ōnē)] (Med.): *Eiweißpartikel, das bei bestimmten Gehirnerkrankungen gefunden wird u. möglicherweise Erreger dieser Krankheiten ist.*

Pri|or, der; -s, ...oren [mhd. prior < mlat. prior, eigtl. = der dem Rang nach höher Stehende, Substantivierung von lat. prior, ↑Primus] (kath. Kirche): **a)** *Vorsteher eines Mönchklosters bei bestimmten Orden* (z. B. bei den Dominikanern); **b)** *Vorsteher eines Priorats* (2); **c)** *Stellvertreter eines Abtes.*

Pri|o|rat, das; -[e]s, -e [mlat. prioratus]: **1.** *Amt, Würde eines Priors.* **2.** *von einer Abtei abhängiges, meist kleineres Kloster.*

Pri|o|rin [auch: ˈpri:orɪn], die; -, -nen: **a)** *Vorsteherin eines Priorats* (2); **b)** *Stellvertreterin einer Äbtissin.*

Pri|o|ri|tät, die; -, -en [frz. priorité < mlat. prioritas] (bildungsspr.): **1.** ⟨o. Pl.⟩ *zeitliches Vorgehen; zeitlich früheres Vorhandensein.* **2. a)** ⟨o. Pl.⟩ *höherer Rang, größere Bedeutung; Vorrang, Vorrangigkeit;* **b)** ⟨Pl.⟩ *Rangfolge; Stellenwert, den etw. innerhalb einer Rangfolge einnimmt;* **c)** (bes. Rechtsspr., Wirtsch.) *größeres Recht, Vorrecht; Vorrang eines Rechts, bes. eines älteren Rechts gegenüber einem später entstandenen.* **3.** ⟨Pl.⟩ (Wirtsch.) *Aktien, Obligationen, die mit bestimmten Vorrechten ausgestattet sind.*

Pri|o|ri|tä|ten|lis|te, die: *Zusammenstellung von Dingen nach Prioritäten* (2 b).

Pris|chen, das; -s, -: *Prise* (1).

Pri|se, die; -, -n [frz. prise = das Nehmen, Ergreifen, das Genommene, subst. 2. Part. von: prendre < lat. prehendere = nehmen, ergreifen]: **1.** *kleine Menge einer pulverigen od. feinkörnigen Substanz [die jmd. zwischen zwei od. drei Fingern fassen kann]:* eine P. Salz. **2.** (Seew.) *im Krieg erbeutetes, beschlagnahmtes feindliches od. auch neutrales Handelsschiff od. Handelsgut:* ein Schiff als P. erklären.

Pri|sen|ge|richt, das: *Gericht, das über die Rechtmäßigkeit einer Prise* (2) *entscheidet.*

Pri|sen|recht, das ⟨o. Pl.⟩: *Recht der Krieg führenden Parteien, Prisen* (2) *zu machen.*

Pris|ma, das; -s, ...men [spätlat. prisma < griech. prísma (Gen.: prísmatos), eigtl. = das Zersägte, Zerschnittene, zu: príein = sägen, zerschneiden]: **1.** (Math.) *Körper, der von zwei in zwei parallelen Ebenen liegenden kongruenten Vielecken (als Grundfläche u. Deckfläche) u. von Parallelogrammen (als Seitenflächen) begrenzt wird.* **2.** (Optik) *lichtdurchlässiger u. lichtbrechender (bes. als optisches Bauteil verwendeter) Körper aus [optischem] Glas o. Ä. mit mindestens zwei zueinander geneigten, meist ebenen Flächen:* weißes Licht wird durch ein P. in seine Spektralfarben zerlegt.

pris|ma|tisch ⟨Adj.⟩: **a)** *die Gestalt, Form eines Prismas* (1) *aufweisend; prismenförmig;* **b)** *von einem Prisma* (2) *bewirkt.*

Pris|men: Pl. von ↑Prisma.

pris|men|för|mig ⟨Adj.⟩: *prismatisch* (1).

Pris|men|glas, das: *Feldstecher, Fernglas.*

Pris|men|su|cher, der (Fot.): *(bei Spiegelreflexkameras) mehrfach vergrößertes Okular, durch das ein aufrechtes u. seitenrichtiges Bild des Motivs erblickt werden kann.*

Pri|so|ner of War [ˈprɪznə əv ˈwɔ:], der; - - -, -s - - [engl. prisoner of war, zu: prisoner = Gefangener u. war = Krieg]: engl. Bez. für *Kriegsgefangener* (Abk. POW).

Pri|son|ni|er de Guerre [prizɔnjedˈgɛ:r], der; - - -, -s - - [prizɔnjedˈ...; frz. prisonnier de guerre, zu: prisonnier = Gefangener u. guerre = Krieg]: frz. Bez. für *Kriegsgefangener* (Abk.: PG).

Prit|sche, die; -, -n [mhd. nicht belegt, ahd. britissa = Bretterverschlag, zu: britir, Pl. von: bret, ↑Brett]: **1.** *sehr einfache, schmale, meist aus einem Holzgestell bestehende Liegestatt.* **2.** *Ladefläche eines Lastkraftwagens mit [herunterklappbaren] Seitenwänden.* **3.** (landsch.) *aus gefalteter Pappe od. aus mehreren dünnen, schmalen Streifen [Sperr]holz bestehendes Gerät eines Karnevalisten o. Ä., mit dem er Schläge austeilt od. ein klapperndes Geräusch erzeugt.* **4.** (salopp abwertend) *Prostituierte.*

prit|schen ⟨sw. V.; hat⟩: **1.** (landsch.) *mit einer Pritsche* (3) *schlagen.* **2.** (Volleyball) *den Ball kurz annehmen u. sofort mit den Fingern in einer federnden Bewegung ruckartig weiterleiten.*

Prit|schen|wa|gen, der: *Lastkraftwagen mit Pritsche* (2).

pri|vat ⟨Adj.⟩ [lat. privatus = (der Herrschaft beraubt; gesondert, für sich stehend; nicht öffentlich, adj. 2. Part. von: privare = berauben; befreien, (ab)sondern, zu: privus = für sich stehend, einzeln]: **1. a)** *nur die eigene Person angehend, betreffend; persönlich:* jmds. -e Sphäre; ihr -es Glück; er sprach über seine -esten Gefühle, über -e Dinge; die Gründe sind rein p.; **b)** *durch persönliche, vertraute Atmosphäre geprägt; familiären, zwanglosen Charakter aufweisend; ungezwungen, vertraut:* eine Feier in -em Kreis; es herrschte ein -er Ton. **2.** *nicht offiziell, nicht amtlich, nicht geschäftlich; außerdienstlich:* -e Mitteilungen; ein -er Telefonanschluss; um ein -es Gespräch bitten; ich bin p. hier; mit jmdm. p. verkehren. **3. a)** *nicht für alle, nicht für die Öffentlichkeit bestimmt; der Öffentlichkeit nicht zugänglich:* ein -er Weg; nicht im Hotel, sondern p. wohnen; **b)** *nicht von einer öffentlichen Institution, einer öffentlichen Körperschaft, Gesellschaft o. Ä. getragen, ausgehend, ihr nicht gehörend, nicht staatlich; einem Einzelnen gehörend, von ihm ausgehend, getragen:* -es Eigentum; -er Besitz; eine -e Krankenkasse; diese Projekte wurden aus -en Mitteln, wurden p. finanziert; p. versicherte Angestellte; p. Versicherte; *** an p.** *(an einen privaten, nicht im Auftrag einer Firma, Behörde o. Ä. handelnden Kunden);* **von p.** *(von einem privaten, nicht im Auftrag einer Firma, Behörde o. Ä. handelnden Verkäufer).*

Pri|vat|adres|se, die: *private* (2), *nicht dienstliche Adresse.*

Pri|vat|an|ge|le|gen|heit, die: *private* (1 a), *persönliche Angelegenheit.*

Pri|vat|bahn, die: *private* (3 b), *nicht vom Staat betriebene Eisenbahn.*

Pri|vat|bank, die ⟨Pl. ...banken⟩: *private* (3 b), *privatwirtschaftlich betriebene, nicht staatliche* [2]*Bank* (1).

Pri|vat|be|sitz, der: *privater* (3 b), *jmdm. persönlich gehörender Besitz.*

Pri|vat|de|tek|tiv, der: *freiberuflich tätiger, in privatem* (3 b) *Auftrag handelnder Detektiv.*

Pri|vat|de|tek|ti|vin, die: w. Form zu ↑Privatdetektiv.

Pri|vat|do|zent, der: **a)** ⟨o. Pl.⟩ *Titel eines habilitierten Hochschullehrers, der noch nicht Professor ist u. nicht im Beamtenverhältnis steht;* **b)** *Träger dieses Titels.*

Pri|vat|do|zen|tin, die: w. Form zu ↑Privatdozent.

Pri|vat|druck, der ⟨Pl. -e⟩: *meist in kleiner Auflage erscheinendes, nicht im Handel erhältliches Druckwerk; oft bibliophil ausgestattetes Buch.*

Pri|va|te ⟨Pl.⟩ (Jargon): *Gesamtheit der privaten* (3 b) *Rundfunk- u. Fernsehsender.*

Pri|vat|ei|gen|tum, das: **1.** *privates* (3 b), *jmdm. persönlich gehörendes Eigentum.* **2.** (marx.) *privates* (3 b) *Eigentum an den Produktionsmitteln u. den Produkten, die gesellschaftlich, durch die Zusammenarbeit vieler geschaffen worden sind.*

Pri|vat|fahr|zeug, das: *einer Privatperson gehö-*

rendes, nicht geschäftlichen, dienstlichen Zwecken dienendes Fahrzeug.

Pri|vat|fern|se|hen, das (ugs.): *privatwirtschaftlich organisiertes [durch Werbeeinnahmen finanziertes] Fernsehen.*

Pri|vat|ge|lehr|te, der u. die (veraltend): *freiberuflich arbeitende[r], nicht angestellte[r] od. beamtete[r] Gelehrte bzw. Gelehrter.*

Pri|vat|ge|spräch, das: *privates* (2), *nicht aus geschäftlichen, dienstlichen Gründen geführtes [Telefon]gespräch.*

Pri|vat|hand: nur in den Fügungen **aus/von P.** *(aus privatem* 3a *Besitz, von einer Privatperson);* **in P.** *(in privatem* 3a *Besitz).*

Pri|vat|haus, das: *in Privatbesitz befindliches, privaten* (2) *Zwecken dienendes Haus:* einige Gäste mussten in Privathäusern untergebracht werden.

Pri|vat|haus|halt, der: *privater* (2) *Haushalt.*

pri|va|tim ⟨Adv.⟩ [lat. privatim] (bildungsspr.): *im ganz privaten* (2) *Bereich, nicht offiziell, nicht öffentlich:* jmdn. p. empfangen.

Pri|vat|ini|ti|a|ti|ve, die: *private* (3b), *von einem Einzelnen ausgehende Initiative* (1).

Pri|vat|in|te|res|se, das: *privates* (3b), *nicht der Allgemeinheit, Öffentlichkeit geltendes Interesse.*

pri|va|ti|sie|ren ⟨sw. V.; hat⟩ [französierende Bildung zu ↑privat]: **1.** (Wirtsch.) *in Privatvermögen umwandeln, in Privateigentum* (1) *überführen.* **2.** (bildungsspr.) *als Privatmann* (2), *ohne Ausübung eines Berufs von seinem eigenen Vermögen leben.*

Pri|va|ti|sie|rung, die; -, -en (Wirtsch.): *das Privatisieren* (1), *Privatisiertwerden.*

Pri|va|tis|mus, der; - (bildungsspr., oft abwertend): *Hang, Neigung zum privaten* (1) *Leben; Rückzug ins Private.*

Pri|va|tist, der; -en, -en (österr.): *Schüler, der sich auf eine Abschlussprüfung vorbereitet, ohne die Schule zu besuchen.*

Pri|va|tis|tin, die; -, -nen: w. Form zu ↑Privatist.

pri|va|tis|tisch ⟨Adj.⟩ (bildungsspr., oft abwertend): *den Privatismus betreffend, zu ihm gehörend, auf ihm beruhend.*

pri|va|tiv ⟨Adj.⟩ (Sprachw.): **a)** *das Fehlen, die Ausschließung von etw. kennzeichnend:* -e Affixe (z. B. un-, -los); **b)** *das Privativ betreffend.*

Pri|va|tiv, das; -s, -e, **Pri|va|ti|vum,** das; -s, ...va [zu spätlat. privativus = eine Beraubung anzeigend; verneinend] (Sprachw.): *Verb des Entziehens, Beseitigens* (z. B. häuten = die Haut abziehen).

Pri|vat|kla|ge, die (Rechtsspr.): *von einer Privatperson ohne Mitwirkung eines Staatsanwalts erhobene Klage.*

Pri|vat|kli|nik, die: *private* (3b), *nicht mit öffentlichen Mitteln unterhaltene Klinik.*

Pri|vat|krieg, der: *länger anhaltende, heftige interne Auseinandersetzung.*

Pri|vat|le|ben, das ⟨o. Pl.⟩: *im privaten* (1) *Bereich, außerhalb der Öffentlichkeit od. der beruflichen Arbeit geführtes Leben.*

Pri|vat|leh|rer, der: *Lehrer, der privaten* (3b) *Einzelunterricht erteilt.*

Pri|vat|leh|re|rin, die: w. Form zu ↑Privatlehrer.

Pri|vat|leu|te ⟨Pl.⟩: **1.** Pl. von ↑Privatmann. **2.** *Gesamtheit der Privatpersonen.*

Pri|vat|mann, der ⟨Pl. ...leute, selten: ...männer⟩: **a)** vgl. Privatperson; **b)** *männliche Person, die keinen festen Beruf [mehr] ausübt, von ihren privaten* (3b) *Mitteln, einer Rente o. Ä. lebt:* er ist jetzt nur noch P.

Pri|vat|mit|tel ⟨Pl.⟩: *private* (3b) *Geldmittel.*

Pri|vat|pa|ti|ent, der: *jmd., der sich auf eigene Rechnung od. als Versicherter einer privaten* (3b) *Krankenkasse in ärztliche Behandlung begibt.*

Pri|vat|pa|ti|en|tin, die: w. Form zu ↑Privatpatient.

Pri|vat|per|son, die: *in privater* (2) *Eigenschaft, nicht im Auftrag einer Firma, Behörde o. Ä. handelnde Person.*

Pri|vat|quar|tier, das: *Unterkunft in einem Privathaus, bei einer Familie.*

Pri|vat|recht, das ⟨o. Pl.⟩ (Rechtsspr.): *Teil des Rechts, der die Beziehungen der Bürger untereinander regelt, die Interessen der Einzelnen zum Gegenstand hat (im Unterschied zum öffentlichen Recht, das dem Gemeinwohl dient); Zivilrecht.*

Pri|vat|sa|che, die: vgl. Privatangelegenheit.

Pri|vat|samm|lung, die: *in Privatbesitz befindliche Sammlung (bes. von Kunstgegenständen).*

Pri|vat|schu|le, die: *nicht vom Staat od. der Gemeinde getragene Schule.*

Pri|vat|se|kre|tär, der: *bei einer [höher gestellten] Einzelperson angestellter, in deren privaten* (2) *Diensten stehender Sekretär.*

Pri|vat|se|kre|tä|rin, die: w. Form zu ↑Privatsekretär.

Pri|vat|sen|der, der: *privater* (3b) *Sender* (b).

Pri|vat|sphä|re, die ⟨o. Pl.⟩: *private* (1a) *Sphäre, ganz persönlicher Bereich.*

Pri|vat|sta|ti|on, die: *Station (in einem Krankenhaus, einer Klinik) für Privatpatienten.*

Pri|vat|stun|de, die: *nicht an einer öffentlichen Schule abgehaltene, sondern aus privaten* (3b) *Mitteln bezahlte Unterrichtsstunde:* -n geben.

Pri|vat|un|ter|richt, der: vgl. Privatstunde.

Pri|vat|ver|gnü|gen, das (ugs.): *Angelegenheit, die jmdn. nur ganz privat* (1a) *angeht, ihm persönlich Vergnügen bereitet.*

Pri|vat|ver|mö|gen, das: *privates* (3b), *in jmds. persönlichem Besitz befindliches Vermögen.*

pri|vat ver|si|chert: s. privat (3b).

Pri|vat|ver|si|cher|te, der u. die: *jmd., der privat versichert ist.*

Pri|vat|ver|si|che|rung, die: *Versicherung, die nicht zur Sozialversicherung gehört; von privaten* (3b) *Versicherern betriebene Versicherung.*

Pri|vat|weg, der: *privater* (3a), *nicht für die Öffentlichkeit bestimmter Weg.*

Pri|vat|wirt|schaft, die: *auf privaten* (3b), *nicht auf öffentlichen, staatlichen, genossenschaftlichen Unternehmen beruhende Wirtschaft.*

pri|vat|wirt|schaft|lich ⟨Adj.⟩: *die Privatwirtschaft betreffend.*

Pri|vi|leg, das; -[e]s, -ien, auch: -e [mhd. prīvilēgje < lat. privilegium = besondere Verordnung; Vorrecht, zu: privus (↑privat) u. lex, ↑Lex]: **a)** (Rechtsspr.) *einem Einzelnen, einer Gruppe vorbehaltenes Recht, Sonderrecht; Sonderregelung;* **b)** (bildungsspr.) *Vorrecht.*

pri|vi|le|gie|ren ⟨sw. V.; hat⟩ [spätmhd. prīvilēgieren, prīvilēgen < mlat. privilegiare]: **a)** (Rechtsspr.): *jmdm. Privilegien* (a), *Sonderrechte einräumen;* **b)** (bildungsspr.) *jmdm. eine Sonderstellung, ein Vorrecht einräumen; jmdn. mit einem Privileg* (b) *ausstatten:* ⟨meist im 2. Part.:⟩ Parteifunktionäre nehmen eine privilegierte Stellung ein; ⟨subst. 2. Part.:⟩ als Privilegierte gelten.

Prix [pri:], der; - [pri:(s)], - [pri:s; frz. prix < lat. pretium, ↑Preis]: frz. Bez. für *Preis* (2a).

pro [lat. pro = vor, für, anstatt]: **I.** ⟨Präp. mit Akk.⟩ **1.** *jeweils, je, für (jede einzelne Person od. Sache):* p. Person [und Jahr]; 100 km p. Stunde; er rasiert sich einmal p. Tag. **2.** *für* (I1b). **II.** ⟨Adv.⟩ drückt aus, dass jmd. etw. bejaht, einer Sache zustimmt: bist du p. oder kontra?; ⟨subst.:⟩ das Pro und [das] Kontra einer Sache *(das, was für u. gegen eine Sache spricht)* bedenken.

pro-: drückt in Bildungen mit Adjektiven eine wohlwollende, zustimmende Einstellung, Haltung aus: proarabisch.

pro an|no [lat., eigtl. = für ein Jahr] (veraltend): *jährlich* (Abk.: p. a.).

Pro|ba|bi|lis|mus, der; -: **1.** (Philos.) *Auffassung, dass es in Wissenschaft u. Philosophie keine absoluten Wahrheiten, sondern nur Wahrscheinlichkeiten gibt.* **2.** (kath. Moraltheologie) *Lehre, dass in Zweifelsfällen gegen das moralische Gesetz gehandelt werden kann, wenn glaubwürdige Gewissensgründe dafür sprechen.*

Pro|ba|bi|li|tät, die; -, -en [lat. probabilitas] (Philos.): *Wahrscheinlichkeit.*

Pro|band, der; -en, -en [lat. probandus = ein zu Untersuchender, Gerundivum von: probare, ↑probieren; ↑-and]: **1.** (Fachspr.) *Versuchs-, Testperson.* **2.** (Genealogie) *jmd., für den zu erbbiologischen Forschungen innerhalb eines größeren verwandtschaftlichen Personenkreises eine Ahnentafel aufgestellt wird.* **3.** (Rechtsspr.) *Verurteilter, dessen Strafe zur Bewährung ausgesetzt ist u. der von einem Bewährungshelfer betreut wird.*

Pro|ban|din, die; -, -nen: w. Form zu ↑Proband.

pro|bat ⟨Adj.⟩ [lat. probatus, adj. 2. Part. von: probare, ↑probieren]: **a)** *erprobt, bewährt:* ein -es Mittel; **b)** *[aufgrund von Erfahrungen] richtig, geeignet, tauglich:* wenig -e Maßnahmen.

Pröb|chen, das; -s, -: Vkl. zu ↑Probe (2).

Pro|be, die; -, -n [spätmhd. prōbe < mlat. proba = Prüfung, Untersuchung, zu lat. probare, ↑probieren]: **1.** *Versuch, bei dem jmds. od. einer Sache Fähigkeit, Eigenschaft, Beschaffenheit, Qualität o. Ä. festgestellt wird; Prüfung:* etw. einer P. unterziehen; *** etw. P. fahren** *(etw. probehalber fahren):* er hat das Auto P. gefahren; **P. fahren** *(eine Probefahrt machen):* gestern bin ich [mit dem Wagen] P. gefahren; **P. laufen** *(probehalber laufen);* **P. schreiben** *(probehalber, um das Können zu zeigen, auf einer Schreibmaschine schreiben);* **P. singen** (seltener; *vorsingen* 2): sie hat schon bei einigen Dirigenten P. gesungen; **P. turnen** *(vor einem Wettkampf probehalber turnen);* **die P. aufs Exempel machen** *(etw. durch Ausprobieren am praktischen Fall auf seine Richtigkeit prüfen);* **jmdn. auf die P. stellen** *(jmds. Charakterfestigkeit, Ehrlichkeit prüfen durch Herbeiführung einer Situation, in der eine Entscheidung gefällt werden muss);* **etw. auf die P./auf eine harte P. stellen** *(etw. sehr stark beanspruchen, übermäßig strapazieren):* jmds. Geduld wurde auf die P. gestellt; **auf P.** *(versuchsweise, um die Eignung festzustellen).* **2.** *kleine Menge, Teil von etw., woraus die Beschaffenheit des Ganzen zu erkennen ist:* eine P. Serum; hier ist eine P. seiner Handschrift; Ü eine P. seines Könnens geben. **3.** *vorbereitende Arbeit (der Künstler) vor einer Aufführung od. der Aufnahme eines Films o. Ä.:* eine lange P.; die -n für die Uraufführung haben begonnen; die P. klappte nicht; eine P. abbrechen; der P. beiwohnen.

Pro|be|ab|stim|mung, die (bes. Politik): *probeweise durchgeführte Abstimmung vor der eigentlichen Abstimmung, durch die das wahrscheinliche Verhalten der Abstimmenden sichtbar werden soll.*

Pro|be|ab|zug, der: **1.** (Druckw.) *zur Kontrolle, als Muster dienender erster Abzug* (2b). **2.** (Fot.) *probehalber hergestellter Abzug* (2a).

Pro|be|alarm, der: *probeweise gegebener Alarm.*

Pro|be|ar|beit, die: **a)** *von jmdm. als Probe seines Könnens vorgelegte Arbeit;* **b)** *Arbeit zur Probe, Übungsarbeit.*

Pro|be|auf|nah|me, die: **1.** *das Aufnehmen (auf Film, Band od. Schallplatte) zur Probe.* **2.** *das probehalber Aufgenommene.*

Pro|be|be|las|tung, die (Technik): *Belastung (eines Bauteils) zur Erprobung.*

Pro|be|boh|rung, die (Technik): *probehalber durchgeführte Bohrung.*

Pro|be|druck, der ⟨Pl. -e⟩ (Druckw.): *zur Kontrolle, als Muster dienender erster* [1]*Abdruck* (1); *Andruck* (1).

Pro|be|exem|plar, das: *Musterexemplar* (1).

Pro|be|ex|zi|si|on, die (Med.): *Exzision zur mikrobiologischen o. ä. Untersuchung.*

Pro|be fah|ren: s. Probe (1).

Pro|be|fahrt, die: *Fahrt zur Erprobung eines Fahrzeugs, einer Anlage o. Ä.*

Pro|be|flug, der: **a)** *erster Flug eines* [1]*Piloten;* **b)** vgl. Probefahrt.

Pro|be|ga|lopp, der (Reiten): *Galopp vor dem Start zu einem Rennen, der dem Publikum die Möglichkeit bietet, die Pferde zu begutachten.*

pro|be|hal|ber ⟨Adv.⟩: *um eine Probe zu machen; zur Probe.*

Pro|be|jahr, das: *ein Jahr dauernde Probezeit.*

Pro|be|lauf, der: **1.** (Technik) *erstes Laufen einer Maschine od. einer technischen Anlage zur Erprobung ihrer Funktionen u. Leistungsfähigkeit.* **2.** (Leichtathletik) **a)** *Lauf, der der Erprobung, dem Kennenlernen einer Aschenbahn, einer Rennstrecke o. Ä. dient;* **b)** *Lauf, bei dem die Leistungsfähigkeit eines Läufers geprüft wird.*

Pro|be lau|fen: s. Probe (1).

Pro|be|leh|rer, der (österr.): *für den Unterricht an höheren Schulen ausgebildeter Lehrer, der an einem Gymnasium ein praktisches Jahr absolviert.*

Pro|be|leh|re|rin, die: w. Form zu ↑Probelehrer.

prö|beln ⟨sw. V.; hat⟩ (schweiz.): *allerlei [erfolglose] Versuche anstellen.*

pro|ben ⟨sw. V.; hat⟩ [mhd. (md.) prōben < lat. probare, ↑probieren]: **a)** *für die Aufführung, Darbietung einstudieren:* eine Szene p.; **b)** *für eine Aufführung üben:* das Ensemble probt [für diese Inszenierung].

Pro|ben|ar|beit, die: *Gesamtheit der Arbeiten im Rahmen der Proben für eine Theateraufführung.*

Pro|be|röhr|chen, das (österr.): *Reagenzglas.*

Pro|be schrei|ben: s. Probe (1).

Pro|be|schuss, der: *probehalber abgefeuerter Schuss.*

Pro|be|sen|dung, die: *Sendung von Warenproben.*

Pro|be sin|gen: s. Probe (1).

Pro|be|spiel, das: **1.** (Sport): *Spiel zur Erprobung der Leistungsfähigkeit einer Mannschaft.* **2.** *Vorspiel (4) zwecks Aufnahme in ein Orchester.*

Pro|be tur|nen: s. Probe (1).

pro|be|wei|se ⟨Adv.⟩: *auf, zur Probe:* den Motor p. laufen lassen; jmdn. p. einstellen; ⟨mit Verbalsubstantiven auch attr.:⟩ die p. Einführung der Gleitzeit.

Pro|be|zeit, die: **1.** *befristete Zeit, in der jmd. seine Befähigung, seine Eignung für eine Arbeit nachweisen soll.* **2.** (schweiz. Rechtsspr.) *Bewährungsfrist.*

pro|bie|ren ⟨sw. V.; hat⟩ [mhd. probieren < lat. probare = beurteilen; billigen]: **1.** *versuchen, ob etw. möglich, durchführbar ist:* lasst mich mal p., das Feuer anzuzünden; **Spr** ⟨subst.:⟩ Probieren geht über Studieren. **2.** *auf seine Eignung prüfen, ausprobieren:* ein neues Medikament p. **3.** *durch eine Kostprobe den Geschmack von etw. prüfen, bevor man mehr davon isst od. trinkt:* warum willst du die Suppe nicht wenigstens p.? **4.** (Theater Jargon): *proben:* eine Szene p.

Pro|bier|glas, das ⟨Pl. ...gläser⟩: **1.** *kleines Glas (2 a), mit dem eine geringe Menge eines Getränks probiert (3) werden kann.* **2.** *Reagenzglas.*

Pro|bier|kunst, die ⟨o. Pl.⟩ (Fachspr.): *Gesamtheit aller Verfahren, durch die der Gehalt von Edelmetallen in Erzen u. Erzeugnissen aus Erzen bestimmt wird.*

Pro|bier|stu|be, die: *kleiner, als Lokal eingerichteter Raum, in dem Getränke, bes. Wein, [vor einem Kauf] probiert (3) werden können.*

Pro|blem, das; -s, -e [lat. problema < griech. próblēma = das Vorgelegte; die gestellte (wissenschaftliche) Aufgabe, Streitfrage, zu: probállein (Aoriststamm problē-) = vorwerfen, hinwerfen; aufwerfen]: **1.** (bildungsspr.) *schwierige [ungelöste] Aufgabe, schwer zu beantwortende Frage, komplizierte Fragestellung:* soziale -e; die -e der Menschheit; ein P. lösen; etw. wird zum P.; * **-e wälzen** *(grübeln, sich Gedanken machen);* **[nicht] jmds. P. sein** *([nicht] jmds. Aufgabe sein, sich mit etw. auseinander zu setzen).* **2.** *Schwierigkeit:* die -e wachsen mir über den Kopf; das ist kein P. für mich; kein P.! *(das lässt sich leicht machen);* sie hat -e mit ihrer Haut; mit deinem P. musst du allein fertig werden.

Pro|blem-: drückt in Bildungen mit Substantiven aus, dass jmd. oder etw. Probleme aufwirft, Schwierigkeiten bereitet: Problembranche, -gebiet.

Pro|ble|ma|tik, die; -: *aus einer Aufgabe, Frage, Situation sich ergebende Schwierigkeit; Gesamtheit aller Probleme, die sich auf einen Sachverhalt beziehen.*

pro|ble|ma|tisch ⟨Adj.⟩ [spätlat. problematicus < griech. problēmatikós]: **1.** *schwierig, voller Probleme:* er ist ein -er Mensch; das Kind ist p. *(ist schwer zu erziehen).* **2.** *fraglich, zweifelhaft.*

pro|ble|ma|ti|sie|ren ⟨sw. V.; hat⟩ (bildungsspr.): *die Problematik von etw. aufzeigen, darlegen, diskutieren, etw. zu einem [wissenschaftlichen] Problem erheben.*

Pro|blem|be|reich, der: *problematischer Bereich.*

Pro|blem|be|wusst|sein, das: *das Wissen um das Vorhandensein eines Problems.*

Pro|blem|fall, der: *Sache, Angelegenheit, auch Person, die sich als Problem erweist.*

Pro|blem|fa|mi|lie, die: *Familie, deren Mitglieder in bestimmter (negativer) Weise verhaltensauffällig sind.*

Pro|blem|film, der: *ernster, oft intellektuell geprägter Film, der sich [in sozialkritischer Weise] mit Problemen auseinander setzt.*

Pro|blem|grup|pe, die: vgl. Problemfamilie.

Pro|blem|kind, das: *Kind, dessen Erziehung außergewöhnliche Schwierigkeiten bereitet.*

Pro|blem|kreis, der: *mehrere Probleme, die thematisch miteinander verknüpft sind.*

pro|blem|los ⟨Adj.⟩: *ohne Probleme [aufzuwerfen, zu bekommen].*

Pro|blem|lö|ser, der: *Person od. Sache, die jmdm. hilft, mit Problemen fertig zu werden, Probleme zu überwinden.*

Pro|blem|lö|sung, die: *Lösung eines Problems, von Problemen unterschiedlicher Art.*

Pro|blem|müll, der: *schadstoffhaltiger Müll.*

pro|blem|ori|en|tiert ⟨Adj.⟩: **a)** *auf ein bestimmtes Problem, auf bestimmte Probleme ausgerichtet;* **b)** (EDV) *auf die Lösung bestimmter Aufgaben bezogen.*

Pro|blem|re|gi|on, die: *Gegend, Region, die in bestimmter Hinsicht problematisch ist.*

Pro|blem|schach, das: *Schach, das sich mit dem Konstruieren u. Lösen bestimmter Aufgaben beschäftigt.*

Pro|blem|stel|lung, die: **a)** *das Stellen eines Problems, von Problemen;* **b)** *zu erörterndes Problem (1).*

Pro|blem|zo|ne, die: **1.** *Problemregion.* **2.** (Kosmetik Jargon) *bestimmter Teil des Körpers, der Probleme bereitet in Hinsicht auf die Pflege u. die Erhaltung der äußeren Gestalt.*

Pro|ca|in, ®das; -s [Kunstwort] (Pharm., Med.): *Mittel zur örtlichen Betäubung, Novocain.*

Pro|ce|de|re: ↑Prozedere.

pro cen|tum [lat.] (veraltet): *für hundert, für das Hundert* (Abk.: p. c.; Zeichen: %).

Pro|de|kan, der; -s, -e [aus lat. pro = für, anstatt u. ↑Dekan]: *Vertreter des Dekans (3).*

Pro|de|ka|nin, die; -, -nen: w. Form zu ↑Prodekan.

pro do|mo [lat., eigtl. = für das (eigene) Haus] (bildungsspr.): *in eigener Sache; zum eigenen Nutzen:* p. d. sprechen.

Pro|drom, Pro|dro|mal|symp|tom, das; -s, -e [griech. pródromos = Vorbote; Vorhut] (Med.): *Symptom einer Krankheit, das dem voll ausgeprägten Krankheitsbild vorausgeht* (z. B. Kopfschmerzen vor einer Grippe).

Pro|du|cer [proˈdjuːsɐ], der; -s, - [engl. producer, zu: to produce, ↑produzieren]: **1.** *Hersteller, Fabrikant.* **2. a)** *Film-, Musikproduzent;* **b)** *jmd., der eine Sendung im Hörfunk technisch vorbereitet, ihren Ablauf überwacht [u. für die Auswahl der Musik zuständig ist].*

Pro|duct-Place|ment [ˈprɔdʌkt ˈpleɪsmənt], (auch:) **Pro|duct|place|ment,** das; - -s, - -s ⟨Pl. selten⟩ [engl. product placement, aus: product = Produkt, Artikel u. placement = Zuteilung, Zuweisung; das Platzieren, Platzierung]: *(in Film u. Fernsehen eingesetzte) Werbemaßnahme, bei der das jeweilige Produkt wie beiläufig, aber erkennbar ins Bild gebracht wird.*

Pro|dukt, das; -[e]s, -e [lat. productum = das Hervorgebrachte, subst. Neutr. des 2. Part. von: producere, ↑produzieren]: **1.** *etw., was (aus bestimmten Stoffen hergestellt) das Ergebnis menschlicher Arbeit ist; Erzeugnis:* maschinelle -e; Ü der Mensch ist das P. seiner Erziehung. **2.** (Math.) **a)** *Ergebnis der Multiplikation;* **b)** *mathematischer Ausdruck, dessen Teile durch das Zeichen für die Multiplikation verbunden sind* (z. B. $a \cdot b$; $a \times b$). **3.** *Teil einer Zeitung od. Zeitschrift, der in einem Arbeitsgang gedruckt wird.*

Pro|duk|ten|bör|se, die (Wirtsch.): *[2]Börse (1) für den Handel mit verschiedenen Waren (z. B. mit Rohstoffen, Nahrungs- u. Genussmitteln); Warenbörse (1).*

Pro|duk|ten|han|del, der (Kaufmannsspr.): *Handel mit Produkten bes. der [heimischen] Landwirtschaft.*

Pro|duk|ti|on, die; -, -en [frz. production < lat. productio = das Hervorführen, zu: producere, ↑produzieren]: **1.** ⟨o. Pl.⟩ (Wirtsch.) **a)** *Erzeugung, Herstellung von Waren u. Gütern:* schlanke P. *(Lean Production);* die P. läuft; die P. aufnehmen; der Film geht in P., ist in P. *(wird produziert);* **b)** *Erzeugnisse; Gesamtheit dessen, was an Waren, Gütern o. Ä. erzeugt, hergestellt wird:* eine P. *(ein Erzeugnis, Produkt)* des italienischen Fernsehens; **c)** (ugs.) *Bereich eines Betriebs, einer Firma; Betrieb, Firma, die mit der Produktion (1 a) beschäftigt ist:* in der P. arbeiten. **2.** (veraltend) *künstlerische Darbietung, Nummer (2 a).*

Pro|duk|ti|ons|ab|lauf, der: *Ablauf der Produktion (1 a):* den P. beschleunigen, automatisieren.

Pro|duk|ti|ons|an|la|ge, die ⟨meist Pl.⟩: *der Produktion (1 a) dienende Anlage.*

Pro|duk|ti|ons|aus|fall, der: *Ausfall in der Produktion (1 a) von etw.*

Pro|duk|ti|ons|be|trieb, der: *produzierender Betrieb.*

Pro|duk|ti|ons|er|fah|rung, die: *Erfahrung auf dem Gebiet der Produktion (1 a).*

Pro|duk|ti|ons|fak|tor, der: *den Produktionsprozess mitbestimmender maßgeblicher Faktor* (z. B. Boden, Arbeit, Kapital).

Pro|duk|ti|ons|fluss, der: *kontinuierlicher Ablauf der Produktion (1 a).*

Pro|duk|ti|ons|gang, der: *Gang, Ablauf der Produktion (1 a).*

Pro|duk|ti|ons|ge|nos|sen|schaft, die (DDR): *freiwilliger Zusammenschluss von Werktätigen zur gemeinschaftlichen Arbeit.*

Pro|duk|ti|ons|gü|ter ⟨Pl.⟩ (Wirtsch.): *Güter, die als Rohstoffe weiterverarbeitet werden.*

Pro|duk|ti|ons|ka|pa|zi|tät, die: *Kapazität (2 a).*

Pro|duk|ti|ons|kos|ten ⟨Pl.⟩: *Kosten der Produktion (1 a):* die P. senken.

Pro|duk|ti|ons|kraft, die: *Kapazität (2 a).*

Pro|duk|ti|ons|lei|ter, der: *jmd., der für die Produktion (1 a) verantwortlich ist, die Produktion leitet.*

Pro|duk|ti|ons|lei|te|rin, die: w. Form zu ↑Produktionsleiter.

Pro|duk|ti|ons|men|ge, die: *Menge, Umfang der Produktion (1 b).*

Pro|duk|ti|ons|me|tho|de, die: *Methode der Produktion (1 a).*

Pro|duk|ti|ons|mit|tel ⟨Pl.⟩: **1.** *Produktionsfaktoren.* **2.** (marx.) *Gesamtheit der Hilfsmittel, die für den Produktionsprozess notwendig sind (z. B. Fabriken, Maschinen, Rohstoffe u. a.).*

Pro|duk|ti|ons|plan, der [2: LÜ von russ. proizvodstvennyj plan]: **1.** *Arbeitsplan eines Unternehmens.* **2.** (DDR) *Plan, der das Produktionsprogramm in Mengen u. Werten darstellt.*

Pro|duk|ti|ons|pro|gramm, das: *Fertigungsprogramm.*

Pro|duk|ti|ons|pro|zess, der: *Prozess der Produktion (1 a):* jmdn. in den P. eingliedern.

Pro|duk|ti|ons|stät|te, die: *Ort, an dem etw. produziert (1) wird.*

Pro|duk|ti|ons|stei|ge|rung, die: *Steigerung der Produktion (1 a).*

Pro|duk|ti|ons|stra|ße, die: *Fertigungsstraße.*

Pro|duk|ti|ons|team, das: *Team, das für die Produktion (1 a) von etw. zuständig ist.*
Pro|duk|ti|ons|tech|nik, die: *Technologie* (2).
Pro|duk|ti|ons|ver|fah|ren, das: *Verfahren der Fertigung, Produktion* (1 a).
Pro|duk|ti|ons|ver|hält|nis|se ⟨Pl.⟩ (marx.): *alle Erscheinungen des gesellschaftlichen Lebens bestimmende Verhältnisse zwischen den Menschen od. Klassen (2), die sich aus ihrer Stellung im Produktionsprozess im Hinblick auf das Eigentum an den Produktionsmitteln ergeben.*
Pro|duk|ti|ons|vo|lu|men, das: *Umfang des Ausstoßes der Produktion* (1 b).
Pro|duk|ti|ons|wei|se, die: *Art u. Weise der Produktion* (1 a).
Pro|duk|ti|ons|wert, der (Wirtsch.): *Summe der Herstellungskosten aller während eines Zeitraums produzierten Güter.*
Pro|duk|ti|ons|ziel, das: *Ziel, angestrebtes Ergebnis einer Produktion* (1 a): das P. erreichen.
Pro|duk|ti|ons|zif|fer, die ⟨meist Pl.⟩: *Ziffer, die die Produktionsmenge angibt:* steigende -n bekannt geben.
Pro|duk|ti|ons|zweig, der: *Teil der Produktion (1 a), der bestimmte Waren herstellt.*
pro|duk|tiv ⟨Adj.⟩ [frz. productif, unter Einfluss von: produire = hervorbringen < spätlat. productivus = zur Verlängerung geeignet]: **a)** *viel (konkrete Ergebnisse) hervorbringend; ergiebig:* ein -es Unternehmen; diese Tätigkeit ist nicht sehr p.; p. zusammenarbeiten; **b)** *schöpferisch:* -e Kräfte frei machen; -e Kritik *(Kritik, die neue Denkanstöße gibt).*
Pro|duk|ti|vi|tät, die; -: **a)** *das Hervorbringen von Produkten (1), konkreten Ergebnissen, Leistungen o. Ä.; Ergiebigkeit, [gute] Leistungsfähigkeit:* eine große P.; **b)** *schöpferische Kraft, Schaffenskraft.*
Pro|duk|ti|vi|täts|ren|te, die: *Rente, die der wirtschaftlichen Produktivität angepasst wird.*
Pro|duk|ti|vi|täts|stei|ge|rung, die: *Steigerung der wirtschaftlichen Produktivität.*
Pro|duk|tiv|kraft, die (marx.): *Kraft, die zur [Entwicklung der] Produktion notwendig ist* (z. B. menschliches Gehirn, Produktionsmittel, Wissenschaft u. Technik o. Ä.).
Pro|duk|tiv|kre|dit, der: *Kredit für Unternehmen der gewerblichen Wirtschaft zur Errichtung von Anlagen od. zur Bestreitung der laufenden Betriebsausgaben.*
Pro|dukt|li|nie, die: *als zusammengehörig angesehene Produkte eines Sortiments.*
Pro|dukt|ma|nage|ment, das: *besonders in der Konsumgüterindustrie übliche Betreuung der Produkte von der Entwicklung über die Produktion bis zur Einführung im Markt.*
Pro|dukt|men|ge, die (Math.): *Menge (2) aller geordneten Paare, deren erstes Glied Element einer Menge A u. deren zweites Glied Element einer Menge B ist.*
Pro|dukt|pi|ra|te|rie, die ⟨o. Pl.⟩: *rechtswidriges Nachahmen von Markenprodukten, die unter dem jeweiligen Markennamen auf den Markt gebracht werden.*
Pro|du|zent, der; -en, -en [zu lat. producens (Gen.: producentis), 1. Part. von: producere, ↑produzieren]: **1.** *jmd., der etw. produziert; Hersteller; Erzeuger.* **2.** (Biol.) *(in der Nahrungskette) Lebewesen, das organische Nahrung aufbaut.*
Pro|du|zen|tin, die; -, -nen: w. Form zu ↑Produzent (1).
pro|du|zie|ren ⟨sw. V.; hat⟩ [lat. producere (2. Part.: productum) = hervorbringen; vorführen, zu: ducere = führen]: **1. a)** (bes. Wirtsch.) *erzeugen, herstellen:* die Industrie produziert mehr, als sie absetzen kann; Ü (salopp:) Kinder p.; **b)** *für die Herstellung, Finanzierung von etwas sorgen, jmds. Musik-, Filmproduzent sein:* eine Compact Disc p.; wer produziert eigentlich diesen Sänger? **2.** (ugs.) *machen; hervorbringen:* großen Lärm p. **3.** ⟨p. + sich⟩ (ugs.) *sich [in einer bestimmten Weise] auffallend benehmen [um sein Können zu zeigen]:* sich gern [vor anderen] p.; sich als Clown p. **4.** (bes. schweiz., sonst veraltet) *[herausnehmen u.] vorzeigen, vorlegen, präsentieren.*
Pro|en|zym, das; -s, -e [aus lat. pro = vor u. ↑Enzym] (Biochemie): *chemische Vorstufe des Enzyms.*
Prof, der; -s, -s u. die; -, -s (Studentenspr.): kurz für ↑Professor[in].
Prof. = Professor[in].
pro|fan ⟨Adj.⟩ [lat. profanus = ungeheiligt; gewöhnlich eigtl. = vor dem heiligen Bezirk liegend, zu: fanum, ↑fanatisch] (bildungsspr.): **1.** *weltlich, nicht dem Gottesdienst dienend:* ein -es Bauwerk; -e Kunst. **2.** *gewöhnlich (1); alltäglich:* ganz -e Sorgen; sich p. ausdrücken.
Pro|fan|bau, der ⟨Pl. -ten⟩ (Kunstwiss.): *profanes (1) Bauwerk.*
pro|fa|nie|ren ⟨sw. V.; hat⟩ [lat. profanare] (bildungsspr.): **1.** *profan (1) machen, entweihen, entwürdigen:* die Liturgie p. **2.** *säkularisieren.*
Pro|fa|ni|tät, die; -, -en [lat. profanitas] (bildungsspr.): **1.** ⟨o. Pl.⟩ *Weltlichkeit.* **2.** *Alltäglichkeit.*
pro|fa|schis|tisch ⟨Adj.⟩ [zu ↑pro-, Pro- u. ↑faschistisch]: *dem Faschismus zuneigend.*
[1]Pro|fess, der; ...fessen, ...fessen [mlat. professus, zu lat. profiteri (2. Part.: professum) = frei, öffentlich bekennen, erklären] (kath. Kirche): *jmd., der die [2]Profess ablegt u. Mitglied eines Ordens wird.*
[2]Pro|fess, die; -, ...fesse (kath. Kirche): *das Ablegen der [Ordens]gelübde.*
Pro|fes|si|on, die; -, -en [frz. profession < lat. professio = öffentliches Bekenntnis (z. B. zu einem Gewerbe); Gewerbe, Geschäft, zu: profiteri, ↑[1]Profess] (veraltend, noch österr.): *Beruf, Gewerbe:* aus P. (selten; *aus Berufung).*
pro|fes|si|o|nal ⟨Adj.⟩ (seltener): *professionell.*
Pro|fes|si|o|nal [proˈfɛʃənəl, engl.: prəˈfɛʃənəl], der; -s, -s u. die; -, -s [engl. professional, Subst. von: professional = berufsmäßig]: *Profi.*
pro|fes|si|o|na|li|sie|ren ⟨sw. V.; hat⟩ (bildungsspr.): **1.** *zum Beruf, zur Erwerbsquelle machen.* **2.** (selten) *zum Beruf erheben, als Beruf anerkennen.*
Pro|fes|si|o|na|lis|mus, der; -: *das Ausüben einer Tätigkeit (meist einer Sportart) als Beruf.*
Pro|fes|si|o|na|li|tät, die; -: *das Professionellsein.*
pro|fes|si|o|nell ⟨Adj.⟩ [frz. professionnel]: **1. a)** *(eine Tätigkeit) als Beruf ausübend:* ein -er Sportler; Ü -e *(wie es eine bestimmte Situation [z. B. Beruf, Position o. Ä.] erfordert, zur Schau getragene)* Freundlichkeit; **b)** *als Beruf betrieben:* -er Sport. **2.** *fachmännisch, von Fachleuten anerkannt, benutzbar, erstellt o. Ä.:* ein -es Urteil.
Pro|fes|sor, der; -s, ...oren [lat. professor = öffentlicher Lehrer, eigtl. = jmd., der sich (berufsmäßig u. öffentlich zu einer wissenschaftlichen Tätigkeit) bekennt, zu: profiteri, ↑[1]Profess]: **1. a)** ⟨o. Pl.⟩ *höchster akademischer Titel (der einem [habilitierten] Hochschullehrer, verdienten Wissenschaftler, Künstler o. Ä. verliehen wird):* jmdn. zum P. ernennen (Abk.: Prof.); **b)** *Träger eines Professorentitels; Hochschullehrer:* ein emeritierter P.; sehr geehrter Herr Professor [Meier]; die Herren -en Meier und Schulze; das Haus P. Meyers/des -s Meyer; Ü ein zerstreuter P. (ugs. scherzh.; *ein sehr zerstreuter Mensch).* **2.** (veraltet, noch österr.) *Lehrer an einem Gymnasium.*
pro|fes|so|ral ⟨Adj.⟩ (bildungsspr.): **a)** *den Professor betreffend, ihm entsprechend; in der Art u. Weise eines Professors:* die -e Würde; **b)** (abwertend) *[übertrieben] würdevoll;* **c)** (abwertend) *von wirklichkeitsfremder Gelehrsamkeit zeugend; weltfremd.*
Pro|fes|so|ren|kol|le|gi|um, das: *Gesamtheit aller an einer Universität lehrenden Professoren.*
pro|fes|so|ren|mä|ßig ⟨Adj.⟩: *professoral* (a).
Pro|fes|so|ren|schaft, die; -: *Professorenkollegium.*
Pro|fes|so|ren|ti|tel, der: *Titel eines Professors.*
Pro|fes|so|ren|wür|de, die: *Würde (2) eines Professors.*
Pro|fes|so|rin [auch: proˈfɛsorɪn], die; -, -nen: w. Form zu ↑Professor (1 b, 2).
Pro|fes|sor|ti|tel, der: *Professorentitel.*
Pro|fes|sur, die; -, -en: *Lehramt als Professor; Lehrstuhl.*
Pro|fi, der; -s, -s [Kurzf. von ↑Professional]: **1.** *professioneller Sportler, Berufssportler:* ein hoch bezahlter P.; wie ein P. spielen. **2.** *jmd., der etw. professionell betreibt:* den Einbruch haben -s verübt; eine Kamera für -s.
Pro|fi|bo|xer, der: *Boxer, der Profi ist.*
Pro|fi|bo|xe|rin, die: w. Form zu ↑Profiboxer.
Pro|fi|box|sport, der: *Boxsport, den man als Profiboxer betreibt.*
Pro|fi|fuß|ball, der: *berufsmäßig betriebener Fußballsport.*
pro|fi|haft ⟨Adj.⟩: *einem Profi entsprechend, in der Art u. Weise eines Profis.*
Pro|fil, das; -s, -e [frz. profil = Seitenansicht; Umriss < ital. profilo, zu: profilare = (mit einem Strich, einer Linie) im Umriss zeichnen, umreißen, zu: filo = Faden < lat. filum, ↑Filet]: **1.** *Ansicht des Kopfes, des Gesichts od. des Körpers von der Seite:* jmdm. das P. zuwenden. **2.** (bildungsspr.) **a)** *charakteristisches Erscheinungsbild; stark ausgeprägtes Persönlichkeitsbild [aufgrund bedeutender Fähigkeiten]:* [sein eigenes] P. haben; der Schauspieler gab der Rolle P.; an P. verlieren; ein Staatsoberhaupt mit P.; **b)** (Jargon) *Gesamtheit von [positiven] Eigenschaften, die unverwechselbar typisch für jmdn. od. etw. sind:* ich glaube, dem P. Ihrer Firma zu entsprechen. **3. a)** (Technik, Archit.) *Längs- od. Querschnitt u. Umriss:* ein geologisches P.; **b)** (Geol.) *grafische Darstellung eines senkrechten Schnitts durch die Erdoberfläche.* **4.** (Technik Jargon) *vorgeformtes Bauteil verschiedenen Querschnitts.* **5.** *durch Stollen, Riffelung, Kerbung o. Ä. bewirkte Struktur in der Lauffläche (a) eines Reifens od. einer Schuhsohle:* das P. ist [stark] abgefahren; die Reifen haben noch genug P. **6.** (Archit.) *aus einem Gebäude hervorspringender Teil eines architektonischen Elementes (z. B. eines Gesimses).* **7.** (Verkehrsw. veraltend) *Höhe u. Breite einer Durchfahrt.*
Pro|fil|an|sicht, die: *Ansicht im Profil* (1).
Pro|fil|lauf|bahn, die: *Laufbahn als Profi:* die P. einschlagen, beenden.
Pro|fil|bild, das: *Bild eines Profils* (1, 3, 4, 6).
Pro|fi|ler [ˈproːfailɐ], der; -s, - [engl. profiler, zu: profile = Profil] (Kriminologie): *Fachmann für die Erstellung des psychologischen Profils (1 b) eines gesuchten Täters anhand von Indizien, Tathergang o. Ä.*
Pro|fi|le|rin, die; -, -nen: w. Form zu ↑Profiler.
pro|fi|lie|ren ⟨sw. V.; hat⟩ [frz. profiler]: **1.** *die Oberfläche eines Gegenstandes mit Rillen, Kerbungen o. Ä. versehen [u. ihm dadurch eine bestimmte Form geben]:* Bleche p. **2. a)** (seltener) *jmdm., einer Sache eine besondere charakteristische, markante Prägung geben;* **b)** ⟨p. + sich⟩ *Fähigkeiten [für einen bestimmten Aufgabenbereich] entwickeln u. dabei Anerkennung finden; sich eine markante Prägung geben, sich einen Namen machen.* **3.** (selten) ⟨p. + sich⟩ *sich im Profil (1) abzeichnen.*
pro|fi|liert ⟨Adj.⟩: *von ausgeprägtem Profil (2), markant; bedeutend.*
Pro|fi|lie|rung, die; -: **1.** *das Sichabzeichnen im Profil (1).* **2.** *Entwicklung der Fähigkeiten [für einen bestimmten Aufgabenbereich].*
Pro|fi|lie|rungs|sucht, die ⟨o. Pl.⟩: *Sucht, sich zu profilieren.*
pro|fil|los ⟨Adj.⟩: *ohne Profil* (1, 2, 5).
Pro|fil|neu|ro|se, die: *neurotische Angst, (bes. im Beruf) zu wenig zu gelten [u. das daraus resultierende übersteigerte Bemühen, sich zu profilieren].*
Pro|fil|soh|le, die: *Schuhsohle mit ausgeprägtem Profil* (5).
Pro|fil|stahl, der (Technik): *durch Walzen geformter Stahl mit bestimmtem Querschnitt.*

Pro|fil|tie|fe, die: *Tiefe des Profils* (5): die P. der Reifen betrug noch drei Millimeter.

Pro|fil|trä|ger, der: *als Träger verwendeter Profilstahl.*

Pro|fil|zeich|nung, die: *Zeichnung eines Profils* (1, 3, 4, 6).

Pro|fi|sport, der: *berufsmäßig betriebener Sport.*

Pro|fit [auch: ...'fɪt], der; -[e]s, -e [aus dem Niederd. < mniederd. profit < mniederl. profijt < (m)frz. profit = Gewinn < lat. profectus = Fortgang; Zunahme; Vorteil, zu: proficere (2. Part.: profectum) = weiterkommen, fortkommen, gewinnen, eigtl. = voranmachen]: **1.** (oft abwertend) *Nutzen, Vorteil, [materieller] Gewinn, den man [mit möglichst wenig Mühe u. Kosten] aus einer Sache od. Tätigkeit zieht:* großen P. machen; P. bringende Geschäfte; P. aus etw. herausschlagen; seinen P. sichern; etw. mit P. verkaufen; mit P. arbeiten. **2.** (Fachspr.) *Kapitalertrag:* die Firma wirft einen guten P. ab.

pro|fi|ta|bel ⟨Adj.; ...bler, -ste⟩ [frz. profitable]: *Gewinn bringend, einträglich:* ein profitables Unternehmen; p. wirtschaften.

pro|fit|brin|gend ⟨Adj.⟩: *Profit einbringend:* ein sehr -es, noch -eres Geschäft; die Anlage ist, arbeitet [äußerst] p.

Pro|fit|cen|ter, (auch:) **Pro|fit-Cen|ter** ['prɔfɪt...], das; -s, - [engl. profit centre (amerik.: center), aus: profit = Gewinn u. centre, ↑Center] (Wirtsch.): *Unternehmensbereich mit Verantwortung für den betriebswirtschaftlichen Erfolg.*

pro|fi|tie|ren ⟨sw. V.; hat⟩ [frz. profiter]: *Nutzen, Gewinn aus etw. ziehen, einen Vorteil durch etw., jmdn. haben:* von einem Konkurs [viel, nichts] p.; von jmdm. p. *(Nützliches lernen);* bei diesem Prozess hat nur der Anwalt profitiert.

Pro|fit|in|te|res|se, das ⟨meist Pl.⟩: *auf Profit* (1) *gerichtetes Interesse* (3 b).

Pro|fit|ma|che|rei, die; - (abwertend): *das Profitmachen.*

pro|fit|ori|en|tiert ⟨Adj.⟩ (Wirtsch.): *am Profit orientiert.*

Pro|fit|ra|te, die: **1.** (Wirtsch.) *Verhältnis des Gewinns zum eingesetzten Kapital.* **2.** (marx.) *Verhältnis des gesamten Mehrwerts* (2) *zum gesamten Kapital.*

Pro|fit|stre|ben, das (abwertend): *Streben nach Profit* (1).

Pro|fit|wirt|schaft, die: *Wirtschaft* (1), *die auf das Erzielen von Profit gegründet ist.*

Pro-Form, die; -, -en [aus lat. pro = für u. ↑Form] (Sprachw.): *Form, die im fortlaufenden Text für einen anderen, meist vorangehenden Ausdruck steht* (z. B. »es/das Fahrzeug« für »das Auto«).

pro for|ma [lat.; ↑Form]: **a)** *der Form halber, der Form wegen; um einer Vorschrift zu genügen:* etw. p. f. unterschreiben; **b)** *nur zum Schein:* sie heirateten p. f.

Pro-for|ma-Rech|nung, die (Wirtsch.): *Rechnung, die pro forma, zum Schein ausgestellt wird.*

Pro|fos, der; -es u. -en, -e[n] [mniederl. provoost < afrz. prévost < lat. praepositus, ↑Propst]: *(im 16./17. Jh.) Verwalter der Militärgerichtsbarkeit.*

Pro|foss, der; ...fosses, ...fosse[n]: *Profos.*

pro|fund ⟨Adj.⟩ [frz. profond < lat. profundus, zu: fundus = Boden (↑Fundus), eigtl. = wo einem der Boden unter den Füßen fehlt]: **1.** (bildungsspr.) *gründlich, tief; [all]umfassend:* eine -e Ausbildung. **2.** (Med.) *tief liegend:* eine -e Vene.

Pro|fun|di|tät, die; - [lat. profunditas] (bildungsspr.): *Gründlichkeit, Tiefe:* die P. seiner Gedanken.

pro|fus ⟨Adj.⟩ [lat. profusus = verschwenderisch, adj. 2. Part. von: profundere = sich reichlich ergießen] (bes. Med.): *reichlich, übermäßig, sehr stark [fließend] (z. B. von einer Blutung).*

Pro|ge|ne|se, die; -, -n [aus lat. pro = vor u. ↑Genese] (Med.): *vorzeitige Geschlechtsentwicklung.*

Pro|ge|ni|tur, die; -, -en [zu lat. progenies, eigtl. = Abstammung, zu: progignere (2. Part.: progenitum) = hervorbringen, erzeugen] (Med.): *Nachkommenschaft.*

Pro|ges|te|ron, das; -s [Kunstwort] (Med., Pharm.): *Gelbkörperhormon, das bestimmte Vorgänge bei der Schwangerschaft (z. B. die Nidation des befruchteten Eies) steuert.*

Pro|gna|thie, die; -, -n (Med., Zahnmed.): *Vorstehen des Oberkiefers.*

Pro|gno|se, die; -, -n [spätlat. prognosis < griech. prógnōsis = das Vorherwissen, zu: progignṓskein = im Voraus erkennen] (Fachspr.): *[wissenschaftlich begründete] Voraussage einer künftigen Entwicklung, künftiger Zustände, des voraussichtlichen Verlaufs (z. B. einer Krankheit):* die ärztliche P. über den Verlauf der Krankheit stellte sich als richtig heraus; eine P. über das Wetter wagen.

Pro|gnos|tik, die; - (bes. Med.): *Wissenschaft, Lehre von der Prognose.*

Pro|gnos|ti|kon, Pro|gnos|ti|kum, das; -s, ...ken u. ...ka [griech. prognōstikón] (bes. Med.): *Vorzeichen, Anzeichen, das etw. über den voraussichtlichen Verlauf einer zukünftigen Entwicklung (z. B. einer Krankheit) aussagt.*

pro|gnos|tisch ⟨Adj.⟩ [spätlat. prognosticus < griech. prognōstikós] (Fachspr.): *voraussagend, in der Art einer Prognose:* eine -e Beurteilung.

pro|gnos|ti|zie|ren ⟨sw. V.; hat⟩ [mlat. prognosticare] (Fachspr.): *eine Prognose über etw. stellen, den voraussichtlichen Verlauf künftiger Entwicklungen vorhersagen.*

Pro|gramm, das; -s, -e [unter Einfluss von frz. programme < spätlat. programma < griech. prógramma = schriftliche Bekanntmachung, Aufruf; Tagesordnung, zu: prográphein = voranschreiben; öffentlich hinschreiben]: **1. a)** *Gesamtheit der Veranstaltungen, Darbietungen eines Theaters, Kinos, des Fernsehens, Rundfunks o. Ä.:* das erste P. eines Senders; ein P. ausstrahlen; das Kabarett bringt ein neues P.; eine Oper in das P. aufnehmen; die Weltmeisterschaft wird im zweiten P. übertragen; **b)** *[vorgesehener] Ablauf [einer Reihe] von Darbietungen (bei einer Aufführung, einer Veranstaltung, einem Fest o. Ä.):* ein erlesenes P.; das P. läuft, rollt reibungslos ab; das P. einer Tagung ändern; **c)** *vorgesehener Ablauf, die nach einem Plan genau festgelegten Einzelheiten eines Vorhabens:* wie sieht mein P. *(Tagesablauf)* [für] heute aus?; ***** **nach P.** *(so, wie man es sich vorgestellt hat, wie zu erwarten war);* **d)** *festzulegende Folge, programmierbarer Ablauf von Arbeitsgängen* (1) *einer Maschine:* die Waschmaschine schließen und das gewünschte P. einstellen. **2.** *Blatt, Heft, das über eine Veranstaltung [u. ihren vorgesehenen Ablauf] informiert:* was kostet ein P.?; die Darsteller werden im P. genannt; **auf jmds./auf dem P. stehen** *(beabsichtigt, geplant sein).* **3.** *Konzeptionen, Grundsätze, die zur Erreichung eines bestimmten Zieles dienen:* das P. einer Partei; ein P. zur Bekämpfung des Hungers in der Dritten Welt; ein P. entwickeln. **4.** (EDV) *Folge von Anweisungen für eine Anlage zur elektronischen Datenverarbeitung zur Lösung einer bestimmten Aufgabe:* ein P. schreiben; dem Computer ein P. eingeben. **5.** (Kaufmannsspr.) *Sortiment eines bestimmten Artikels in verschiedenen Ausführungen:* das neue P. unserer Polstermöbel.

Pro|gramm|ab|fol|ge, die: *Abfolge der Teile, Darbietungen usw. eines Programms* (1 b).

Pro|gramm|ab|lauf, der: vgl. Programmabfolge.

Pro|gramm|än|de|rung, die: *Änderung des Programms* (bes. 1 a, b).

pro|gram|ma|tisch ⟨Adj.⟩ (bildungsspr.): **1.** *einem Programm* (3), *einem Grundsatz entsprechend:* -e Beschlüsse. **2.** *richtungweisend, zielsetzend.*

Pro|gramm|bei|rat, der: *(bei bestimmten Rundfunkanstalten) Gremium zur Beratung bzw. Kontrolle des Intendanten.*

Pro|gramm|bi|blio|thek, die (EDV): *mehrere häufig verwendete, mit Namen versehene Programme* (4) *od. Programmteile, die in einer Datei zusammengefasst sind.*

Pro|gramm|di|rek|tor, der (bes. Ferns.): *jmd., der für das Programm* (1 a) *[bestimmter Sendungen] verantwortlich ist.*

Pro|gramm|di|rek|to|rin, die: w. Form zu ↑Programmdirektor.

Pro|gramm|dis|ket|te, die (EDV): *Diskette, die das Programm* (4) *enthält, mit dem gearbeitet werden soll.*

Pro|gramm|fül|ler, der (Ferns.): *Kurzfilm, der eingesetzt werden kann, um Lücken im Programm* (1 a) *zu füllen.*

pro|gramm|ge|mäß ⟨Adj.⟩: *dem Programm* (1 c), *einer bestimmten Vorstellung entsprechend, wie erwartet, wie vorgesehen:* ein -er Beginn.

Pro|gramm|ge|stal|tung, die: *Gestaltung des Programms* (1 a, b).

pro|gramm|ge|steu|ert ⟨Adj.⟩ (EDV): *(von einem Computer o. Ä.) durch ein Programm* (4) *gesteuert, mit Programmsteuerung arbeitend.*

Pro|gramm|heft, das: vgl. Programm (2).

Pro|gramm|hin|weis, der: *(im Fernsehen, Rundfunk) Hinweis auf Sendungen des für die nächsten Stunden od. Tage vorgesehenen Programms.*

pro|gram|mier|bar ⟨Adj.⟩: *sich programmieren lassend:* ein -er Taschenrechner.

pro|gram|mie|ren ⟨sw. V.; hat⟩ [2: unter Einfluss von engl. to programme]: **1.** *nach einem Programm* (3) *ansetzen, (im Ablauf) festlegen.* **2.** (EDV) *ein Programm* (4) *für einen Computer, eine computergesteuerte Anlage o. Ä. aufstellen; einem Computer Instruktionen eingeben:* p. lernen. **3.** *von vornherein auf etw. festlegen.*

Pro|gram|mie|rer, der; -s, -: *jmd., der Schaltungen u. Programme* (4) *für Maschinen zur elektronischen Datenverarbeitung aufstellt u. erarbeitet* (Berufsbez.).

Pro|gram|mie|re|rin, die; -, -nen: w. Form zu ↑Programmierer.

Pro|gram|mier|spra|che, die; -, -n (EDV): *System von Wörtern u. Symbolen, die zur Formulierung von Programmen* (4) *für die elektronische Datenverarbeitung verwendet werden.*

Pro|gram|mie|rung, die; -, -en: *das Programmieren.*

Pro|gramm|ki|no, das: *Kino, in dem nach bestimmten Gesichtspunkten ausgewählte Filme gezeigt werden, die in den üblichen Kinos meist nicht [mehr] zu sehen sind.*

pro|gramm|mä|ßig ⟨Adj.⟩ (ugs.): *programmgemäß.*

Pro|gramm|mu|sik, die: *Instrumentalmusik, die eine Thematik, Vorstellungen, Erlebnisse des Komponisten o. Ä. musikalisch auszudeuten sucht [u. über deren außermusikalischen Inhalt der Komponist (im Titel) Auskunft gibt].*

Pro|gramm|punkt, der: *Punkt* (4) *eines Programms:* diesen P. abschließen.

Pro|gramm|steu|e|rung (EDV): *automatische Steuerung eines Geräts durch ein Programm* (4).

Pro|gramm|vor|schau, die: vgl. Programmhinweis.

Pro|gramm|zeit|schrift, die: *Zeitschrift, die die Programme* (1 a) *des Hörfunks u. des Fernsehens enthält.*

Pro|gres|si|on, die; -, -en [1: lat. progressio]: **1.** (bildungsspr.) *das Fortschreiten, Weiterentwicklung; [stufenweise] Steigerung.* **2.** (Math. veraltend) *Reihe.* **3.** (Steuerw.) *(bei der Einkommensteuer) Zunahme des Steuersatzes bei wachsender Bemessungsgrundlage.*

pro|gres|sis|tisch ⟨Adj.⟩ (selten): *[übertrieben] fortschrittlich.*

pro|gres|siv ⟨Adj.⟩ [frz. progressif, zu: progrès = das Fortschreiten < lat. progressus = Fortgang, Fortschreiten] (bildungsspr.): **1.** *fortschrittlich:* eine -e Konzeption. **2.** *sich in einem bestimmten Verhältnis allmählich steigernd, entwickelnd:* eine -e Gehirnlähmung.

Pro|gres|sive Jazz [prə'grɛsɪv 'dʒæz], der; - -, (auch:) **Progressivejazz,** der; - [engl. progressive jazz = fortschrittlicher Jazz]: *Richtung des Jazz, die eine Synthese mit der europäischen Musik anstrebt; orchestraler Jazz.*

Pro|gres|siv|steu|er, die; -, -n (Steuerw.): *Steuer,*

P

deren Sätze entsprechend dem zu besteuernden Einkommen, Vermögen o. Ä. ansteigen.

Pro|hi|bi|ti|on, die; -, -en [a: lat. prohibitio = Verbot; b: engl. prohibition < lat. prohibitio]: **a)** (veraltet) *Verbot.* **b)** ⟨o. Pl.⟩ *staatliches Verbot, Alkohol herzustellen od. abzugeben.*

pro|hi|bi|tiv ⟨Adj.⟩ (bes. Fachspr.): *verhindernd, abhaltend; vorbeugend.*

Pro|hi|bi|tiv, der; -s, -e (Sprachw.): *Modus des Verbs, der ein Verbot, eine Warnung od. Mahnung ausdrückt; verneinte Befehlsform.*

Pro|hi|bi|tiv|zoll, der (Wirtsch.): *besonders hoher Zoll zur Beschränkung der Einfuhr.*

Pro|jekt, das; -[e]s, -e [lat. proiectum = das nach vorn Geworfene, subst. 2. Part. von: proicere, ↑projizieren]: *[groß angelegte] geplante od. bereits begonnene Unternehmung; [groß angelegtes] Vorhaben:* ein bautechnisches P.; ein P. planen, in Angriff nehmen, verwerfen; sich mit einem P. der Raumfahrt beschäftigen.

Pro|jek|tant, der; -en, -en [zu ↑projektieren, nach älter frz. projetant = Projektemacher; ↑-ant] (bes. Bauw.): *jmd., der neue Projekte vorbereitet; Planer.*

Pro|jek|tan|tin, die; -, -nen: w. Form zu ↑Projektant.

Pro|jek|te|ma|che|rei: ↑Projektenmacherei.

Pro|jek|ten|ma|che|rei, Projektemacherei, die; -, -en ⟨Pl. selten⟩ (abwertend): *dauerndes, meist nicht realisierbares Vorbereiten von Projekten.*

pro|jekt|ge|bun|den ⟨Adj.⟩: *(bes. von Geldern) an ein bestimmtes Projekt gebunden:* ein -er Zuschuss.

Pro|jekt|grup|pe, die: *für ein bestimmtes Projekt eingesetzte Arbeitsgruppe.*

pro|jek|tie|ren ⟨sw. V.; hat⟩ (bildungsspr.): *ein Projekt entwerfen:* einen Bau p.

Pro|jek|tie|rung, die; -, -en: *das Projektieren.*

Pro|jek|til, das; -s, -e [frz. projectile] (Fachspr.): **1.** *Geschoss [von Handfeuerwaffen].* **2.** (Jargon) *Rakete.*

Pro|jekt|in|ge|ni|eur, der: *Ingenieur, der projektgebundene technische Aufgaben erledigt.*

Pro|jekt|in|ge|ni|eu|rin, die: w. Form zu ↑Projektingenieur.

Pro|jek|ti|on, die; -, -en [lat. proiectio = das Hervorwerfen]: **1.** (Optik) **a)** *das Projizieren* (1); **b)** (selten) *auf eine helle Fläche projiziertes Bild.* **2.** (Math., Geogr.) **a)** *das Projizieren* (2); **b)** *auf eine Ebene projizierte Abbildung eines räumlichen Körpers.* **3.** (Geogr.) **a)** *das Abbilden von Teilen der Erdoberfläche auf einer Ebene mithilfe von verschiedenen Gradnetzen;* **b)** *auf eine Ebene projizierte Abbildung von Teilen der Erdoberfläche.* **4.** (bildungsspr.) *das Projizieren* (3). **5.** (bildungsspr.) *das Projektieren.*

Pro|jek|ti|ons|ap|pa|rat, der: *Projektor.*

Pro|jek|ti|ons|ebe|ne, die (Math.): *Ebene, auf die ein räumlicher Körper projiziert* (2) *wird.*

Pro|jek|ti|ons|flä|che, die: *helle Fläche, auf die Bilder projiziert werden können.*

Pro|jek|ti|ons|lam|pe, die: *Lampe* (2) *eines Projektors.*

Pro|jek|ti|ons|strahl, der: **1.** (Optik) *Lichtstrahl eines Projektors.* **2.** (Math.) *bei der Projektion* (2) *Gerade, die von einem Punkt des abzubildenden räumlichen Körpers hin zur Bildebene gezeichnet wird.*

Pro|jek|ti|ons|ver|fah|ren, das (Geogr.): *Verfahren der Projektion* (3 a).

Pro|jek|ti|ons|wand, die: vgl. Projektionsfläche.

Pro|jekt|lei|ter, der: [1]*Leiter* (1) *eines Projekts.*

Projektleiterin, die: w. Form zu ↑Projektleiter.

Pro|jekt|lei|tung, die: **a.** *Leitung* (1 a) *eines Projekts;* **b.** *leitende Personen im Rahmen eines Projekts.*

Pro|jekt|ma|nage|ment, das: *Gesamtheit der Planungs-, Leitungs- und Kontrollaktivitäten, die bei [größeren] Projekten anfallen.*

Pro|jek|tor, der; -s, ...oren: *Gerät, mit dem man Bilder auf einer hellen Fläche vergrößert wiedergeben kann.*

Pro|jekt|wo|che, die (Schulw.): *Unterrichtswoche, in der sich Schülerinnen u. Schüler meist in einzelnen Gruppen je einem bestimmten Projekt zuwenden, das fachübergreifend von ihnen bearbeitet wird.*

pro|ji|zie|ren ⟨sw. V.; hat⟩ [lat. proicere = nach vorn werfen; (räumlich) hervortreten lassen, hinwerfen]: **1.** (Optik) *Bilder mit einem Projektor auf einer Projektionsfläche vergrößert wiedergeben.* **2.** (Math., Geogr.) *einen räumlichen Körper, Teile der Erdoberfläche mithilfe von Geraden, verschiedener Gradnetze auf einer Ebene abbilden.* **3.** (bildungsspr.) *in jmdn., etw. hineinverlegen; auf jmdn. etw. übertragen.*

Pro|ji|zie|rung, die; -, -en (selten): *Projektion* (1–4).

Pro|ka|ta|lep|sis, die; -, ...lepsen [griech. prokatálēpsis = Vorwegnahme, aus: pró = vor(her), im Voraus u. katálēpsis = das Fassen, Ergreifen] (Rhet.): *Kunstgriff der antiken Redner, die Einwendungen eines möglichen Gegners vorwegzunehmen u. zu widerlegen.*

Pro|kla|ma|ti|on, die; -, -en [frz. proclamation < spätlat. proclamatio = das Ausrufen, zu lat. proclamare, ↑proklamieren] (bildungsspr.): *öffentliche [amtliche] Erklärung; feierliche Verkündigung:* die P. der Menschenrechte.

pro|kla|mie|ren ⟨sw. V.; hat⟩ [frz. proclamer < lat. proclamare = laut ausrufen, schreien] (bildungsspr.): *öffentlich [u. amtlich] erklären; feierlich verkünden.*

Pro|kla|mie|rung, die; -, -en: *das Proklamieren, Proklamiertwerden.*

Pro|kli|se, Pro|kli|sis, die; -, ...isen [zu griech. proklínein = vorwärts neigen] (Sprachw.): *Anlehnung eines unbetonten Wortes an ein folgendes betontes* (z. B. *der* Tisch; *am* Ende).

pro|kom|mu|nis|tisch ⟨Adj.⟩ [zu ↑pro-, Pro- u. ↑kommunistisch]: *dem Kommunismus zuneigend.*

Pro|kon|sul, der; -s, -n [lat. proconsul]: *(im Rom der Antike) ehemaliger Konsul als Statthalter einer Provinz.*

Pro|kon|su|lat, das; -[e]s, -e [lat. proconsulatus]: *Amt eines Prokonsuls.*

Pro-Kopf-: bezeichnet in Zusammensetzungen mit Substantiven, dass etwas auf jede einzelne Person umgerechnet worden ist, z. B. Pro-Kopf-Einkommen; Pro-Kopf-Leistung; Pro-Kopf-Verbrauch.

Prok|tal|gie, die; -, -n [zu griech. prōktós = Steiß; After; Mastdarm u. álgos = Schmerz] (Med.): *neuralgischer Schmerz in After u. Mastdarm.*

Prok|ti|tis, die; -, ...titiden (Med.): *Entzündung des Mastdarms.*

Prok|to|lo|gie, die; - [↑-logie] (Med.): *Wissenschaft u. Lehre von den Erkrankungen des Mastdarms.*

prok|to|lo|gisch ⟨Adj.⟩ (Med.): *die Proktologie betreffend, auf ihr beruhend.*

Prok|to|spas|mus, der; -, ...men [↑Spasmus] (Med.): *Krampf in After u. Mastdarm.*

Prok|to|sta|se, die; -, -n [zu griech. stásis = das Stehen; Stillstand] (Med.): *Stauung u. Zurückhaltung des Kots im Mastdarm.*

Pro|ku|ra, die; -, ...ren [ital. procura, zu: procurare < lat. procurare = Sorge tragen, pflegen; verwalten] (Kaufmannsspr.): *einem Angestellten erteilte handelsrechtliche Vollmacht, alle Arten von Rechtsgeschäften für seinen Betrieb vorzunehmen:* P. haben.

Pro|ku|ra|ti|on, die; -, -en: **1.** *Stellvertretung durch Bevollmächtigte.* **2.** *Vollmacht.*

Pro|ku|ra|tor, der; -s, ...oren [1: lat. procurator; 2: (älter) ital. procuratore]: **1.** *(im Rom der Antike) Statthalter einer Provinz.* **2.** *(im Mittelalter) einer der neun höchsten Staatsbeamten der Republik Venedig, aus denen der Doge gewählt wird.* **3.** *Vermögensverwalter eines Klosters.*

Pro|ku|ren: Pl. von ↑Prokura.

Pro|ku|rist, der; -en, -en: *Inhaber der Prokura.*

Pro|ku|ris|tin, die; -, -nen: w. Form zu ↑Prokurist.

Pro|ky|on, der; -s: hellster Stern im Sternbild Kleiner Hund.

pro|la|bie|ren ⟨sw. V.; hat/ist⟩ [lat. prolabi = vorwärts fallen, herabfallen] (Med.): *(von Teilen innerer Organe) aus einer natürlichen Körperöffnung heraustreten; vorfallen* (2 b).

Pro|laps, der; -es, -e, **Pro|lap|sus,** der; -, - [...psu:s; zu lat. prolapsum, 2. Part. von: prolabi, ↑prolabieren] (Med.): *[teilweises] Heraustreten eines inneren Organs od. eines seiner Teile aus einer natürlichen Körperöffnung; Vorfall* (2).

Pro|le|go|me|non [auch: ...ˈgɔmenɔn], das; -s, ...mena [griech. prolegómenon = vorher Gesagtes, zu: prolégein = vorher sagen] (Wissensch.): **1.** ⟨Pl.⟩ **a)** *Vorrede zu einem wissenschaftlichen Werk; Vorbemerkungen;* **b)** *wissenschaftliche Arbeit mit noch vorläufigem Charakter.* **2.** (selten) *Vorbemerkung.*

Pro|lep|se, Pro|lep|sis [auch: ˈpro:...], die; -, ...epsen [spätlat. prolepsis < griech. prólēpsis] **1.** (Sprachw.): *Vorwegnahme eines Satzgliedes, bes. Nennung (im Akkusativ) des Subjekts eines Gliedsatzes im vorausgehenden Hauptsatz* (z. B. Hast du den Kerl gesehen, wie er aussieht? statt: Hast du gesehen, wie der Kerl aussieht?). **2.** (Philos.) *(bei Stoikern u. Epikureern) aus der Wahrnehmung entwickelter [Allgemein]begriff.* **3.** (Rhet.) *Prokatalepsis.*

Pro|let, der; -en, -en [rückgeb. aus ↑Proletarier]: **1.** (ugs. veraltend) *Proletarier* (1). **2.** (abwertend) *jmd., der keine Umgangsformen hat.*

Pro|le|ta|ri|at, das; -[e]s, -e ⟨Pl. selten⟩ [frz. prolétariat, zu: prolétaire < lat. proletarius, ↑Proletarier]: **1.** (marx.) *in der kapitalistischen Gesellschaft Klasse der abhängig Beschäftigten (die keine eigenen Produktionsmittel besitzen):* dem P. angehören. **2.** *Klasse der ärmsten Bürger im antiken Rom.*

Pro|le|ta|ri|er, der; -s, - [lat. proletarius = Angehöriger des Proletariats (2, der als einzigen Besitz seine Kinder hat), zu: proles = Nachkomme]: **1.** *Angehöriger des Proletariats* (1): P. aller Länder, vereinigt euch! (Schlusssatz des »Kommunistischen Manifests« von Karl Marx u. Friedrich Engels). **2.** *Angehöriger des Proletariats* (2).

Pro|le|ta|ri|e|rin, die; -, -nen: w. Form zu ↑Proletarier.

Pro|le|ta|ri|er|vier|tel, das: *[vorwiegend] von Proletariern* (1) *bewohntes Stadtviertel.*

pro|le|ta|risch ⟨Adj.⟩: *das Proletariat* (1) *betreffend, dazu gehörend, davon ausgehend; für das Proletariat* (1), *den Proletarier* (1) *charakteristisch.*

pro|le|ta|ri|sie|ren ⟨sw. V.; hat⟩ (bildungsspr.): *(eine Bevölkerungsgruppe) zu Proletariern machen, werden lassen.*

pro|le|ten|haft ⟨Adj.⟩ (abwertend): *sich wie ein Prolet* (2) *verhaltend; ungebildet u. ungehobelt.*

Pro|le|tin, die; -, -nen: w. Form zu ↑Prolet.

Pro|let|kult, der; -[e]s [russ. Kurzwort aus **prole**tarskaja **kul**'tura = proletarische Kultur]: *kulturrevolutionäre Bewegung der russischen Oktoberrevolution mit dem Ziel, eine proletarische Kultur zu entwickeln.*

[1]**Pro|li|fe|ra|ti|on,** die; -, -en [zu lat. proles u. ferre, ↑[2]Proliferation] (Med.): *[krankhafte] Wucherung von Gewebe durch Vermehrung von Zellen.*

[2]**Pro|li|fe|ra|tion** [proʊlɪfəˈreɪʃən], die; - [engl. proliferation < frz. prolifération = Aus-, Verbreitung, zu: prolifère = Nachwuchs hervorbringen, zu lat. proles (↑Prolet) u. ferre = tragen] (Politik): *Weitergabe von Atomwaffen od. Mitteln zu deren Herstellung.*

pro|li|fe|rie|ren ⟨sw. V.; hat⟩ (Med.): *wuchern.*

Pro|lo, der; -s, -s (salopp, bes. Jugendspr., abwertend): *ungehobelter, ungebildeter, ordinärer Mensch, Prolet.*

Pro|log, der; -[e]s, -e [mhd. prologe < lat. prologus < griech. prólogos]: **1. a)** *Vorspiel eines dramatischen Werkes; Vorspruch:* den P. sprechen; **b)** *Vorrede, Vorwort, Einleitung eines literarischen Werkes.* **2.** (Radsport) *Rennen (meist Zeitfahren), das den Auftakt eines über mehrere Etappen gehenden Radrennens bildet.*

Pro|lon|ga|ti|on, die; -, -en [zu ↑prolongieren]: **a)** (Wirtsch.) *Verlängerung einer Laufzeit* (1 a); **b)** (bes. österr.) *Verlängerung einer Laufzeit* (2).

Pro|lon|ga|ti|ons|ge|schäft, das (Wirtsch.): *Rechtsgeschäft, durch das die Erfüllung eines [Geld]geschäfts auf einen späteren Termin verschoben wird.*

pro|lon|gie|ren ⟨sw. V.; hat⟩ [spätlat. prolongare = verlängern, zu lat. longus = lang]: **a)** (Wirtsch.) *die Laufzeit* (1 a) *von etw. verlängern:* einen Kredit p.; **b)** (bes. österr.) *die Laufzeit* (2) *von etw. verlängern.*

pro me|mo|ria [lat.; ↑Memoiren] (bildungsspr.): *zum Gedächtnis, zur Erinnerung* (Abk.: p. m.).

Pro|me|na|de, die; -, -n [frz. promenade, zu: promener, ↑promenieren]: **1.** *besonders angelegter, breiter, gepflegter Spazierweg.* **2.** (veraltend) *Spaziergang, bes. auf einer Promenade* (1).

Pro|me|na|den|deck, das: *Deck eines Fahrgastschiffes für den Aufenthalt im Freien.*

Pro|me|na|den|kon|zert, das: *an, auf der Promenade* (1) *im Freien veranstaltetes Konzert.*

Pro|me|na|den|mi|schung, die (scherzh., auch abwertend): *aus zufälliger Kreuzung hervorgegangener, keiner Rasse zuzuordnender Hund.*

pro|me|nie|ren ⟨sw. V.⟩ [frz. (se) promener < mfrz. po(u)r mener, aus: po(u)r = im Kreis u. mener < spätlat. minare = (an)treiben, führen] (geh.): **a)** *an einem belebten Ort, auf einer Promenade o. Ä. langsam auf und ab gehen* ⟨hat⟩; **b)** *sich promenierend* (a) *irgendwohin bewegen* ⟨ist⟩.

pro|me|the|isch ⟨Adj.⟩ [nach Prometheus, dem Titanen der griechischen Mythologie] (bildungsspr.): *an Kraft, Größe alles überragend, titanisch* (2): eine -e Tat.

Pro|me|thi|um, das; -s (Chemie): *zu den seltenen Erden gehörendes, radioaktives, fluoreszierendes Metall* (*chemisches Element;* Zeichen: Pm).

pro mil|le [lat.] (bes. Kaufmannsspr.): **a)** *für, pro tausend; fürs Tausend;* Abk.: p. m; **b)** *vom Tausend:* er hat 1,8 p. m. Alkohol im Blut (Abk.: p. m.; Zeichen: ‰).

Pro|mil|le, das; -[s], -: **a)** *tausendster Teil, Tausendstel* (Hinweis bei Zahlenangaben, die sich auf die Vergleichszahl 1 000 beziehen): die Provision beträgt 7 P.; Zeichen: ‰; **b)** ⟨Pl.⟩ (ugs.) *(messbarer) Alkoholgehalt im Blut:* er fährt nur ohne P.

Pro|mil|le|gren|ze, die: *gesetzlich festgelegter Grenzwert des Alkoholgehalts im Blut bei Kraftfahrern:* die P. liegt bei 0,5 Promille.

Pro|mil|le|satz, der: vgl. Prozentsatz.

pro|mi|nent ⟨Adj.⟩ [lat. prominens (Gen.: prominentis), adj. 1. Part. von: prominere = hervorragen; 1: beeinflusst von engl. prominent = bedeutend, bekannt od. daraus entlehnt]: **1.** *beruflich od. gesellschaftlich weithin bekannt, berühmt, einen besonderen Rang einnehmend:* ein -er Gast; p. sein; ⟨subst.:⟩ es waren auch einige Prominente anwesend. **2.** (bildungsspr.) *herausragend, bedeutend, maßgebend:* eine Frage von -er Bedeutung.

Pro|mi|nen|ten|spiel, das (Sport): *[für wohltätige Zwecke veranstaltetes] Spiel* (1 d), *das von Prominenten bestritten wird.*

Pro|mi|nen|ten|tref|fen, das: **1.** *Zusammenkunft prominenter Persönlichkeiten.* **2.** (Sport Jargon) *Prominentenspiel.*

Pro|mi|nenz, die; -, -en [engl. prominence < spätlat. prominentia = das Hervorragen]: **1.** ⟨o. Pl.⟩ *die Prominenten [in einem bestimmten Bereich]:* zur P. gehören. **2.** ⟨o. Pl.⟩ (bildungsspr.) **a)** *das Prominentsein;* **b)** (selten) *prominente* (2) *Bedeutung:* er hat die P. dieser Frage erkannt. **3.** ⟨Pl.⟩ *prominente* (1) *Persönlichkeiten:* Autogramme von -en sammeln.

Pro|mis|ku|i|tät, die; - [zu lat. promiscuus = gemischt] (bildungsspr.): *Geschlechtsverkehr mit beliebigen, häufig wechselnden Partnern.*

pro|mis|ku|i|tiv ⟨Adj.⟩: (bildungsspr.): *in Promiskuität lebend; durch Promiskuität gekennzeichnet.*

pro|mis|so|risch ⟨Adj.⟩ (Rechtsspr. veraltet): *versprechend:* -er *(vor der Aussage geleisteter)* Eid.

pro|mo|ten [engl. to promote, ↑Promoter] ⟨sw. V.; hat⟩: *für jmdn., etwas Werbung betreiben, Reklame machen.*

Pro|mo|ter [proˈmoːtɐ, engl.: prəˈmoʊtə], der; -s, - [engl. promoter, zu: to promote = fördern; für jmdn., etw. Werbung treiben, zu lat. promotum, 2. Part. von: promovere, ↑promovieren]: **1.** (bes. Boxen, Ringen, Radsport) *Veranstalter von professionellen Wettkämpfen.* **2.** (Showgeschäft) *Veranstalter, Organisator von Konzerten, Tourneen, Popfestivals o. Ä.*.

Pro|mo|te|rin, die; -, -nen: w. Form zu ↑Promoter.

[1]Pro|mo|ti|on, die; -, -en [spätlat. promotio = Beförderung (zu einem ehrenvollen Amt), zu: promovere, ↑promovieren]: **1. a)** *Verleihung der Doktorwürde:* jmdm. zur P. gratulieren; **b)** (österr.) *offizielle Feier, bei der die Doktorwürde verliehen wird:* meine P. findet morgen statt. **2.** (schweiz.) **a)** *Beförderung* (2); **b)** *Versetzung in die nächste Klasse:* P. gefährdet; **c)** (Sport) *Aufstieg, Vorrücken in die nächsthöhere Klasse, die nächste Runde.*

[2]Pro|mo|tion [prəˈmoʊʃən], die; -, -s [engl. promotion] (Wirtsch.): *Förderung des Absatzes* 3, *Werbung [durch besondere Werbemaßnahmen (z. B. Verteilung von Warenproben)]:* P. für ein Produkt machen.

Pro|mo|ti|ons|ord|nung, die: *Prüfungsordnung für Promotionen.*

Pro|mo|ti|ons|recht, das ⟨o. Pl.⟩: *Recht (einer Fakultät, Hochschule), die Doktorwürde zu verleihen.*

Pro|mo|tion|tour [prəˈmoʊʃən...], die: *der* [2]*Promotion dienende Tour* (1), *an der häufig prominente Persönlichkeiten beteiligt sind.*

Pro|mo|tor, der; -s, ...oren [lat. promotor = Vermehrer, zu promotum, ↑Promoter]: **1.** (bildungsspr.) *jmds. Manager, Förderer.* **2.** (österr.) *Professor, der die formelle Verleihung der Doktorwürde vornimmt.*

Pro|mo|vend, der; -en, -en [zu lat. promovere, ↑promovieren]: *jmd., der kurz vor seiner* [1]*Promotion* (a) *steht.*

Pro|mo|ven|din, die; -, -nen: w. Form zu ↑Promovend.

pro|mo|vie|ren ⟨sw. V.; hat⟩ [lat. promovere = vorwärts bewegen; befördern, zu: movere, ↑Motor]: **1. a)** *die Doktorwürde erlangen:* er hat [zum Doktor in Geschichte] promoviert; **b)** *(über ein bestimmtes Thema) eine Dissertation schreiben.* **2.** *jmdm. die Doktorwürde verleihen:* jmdn. zum Doktor der Medizin p. **3.** (bildungsspr. veraltend) *fördern, unterstützen.*

prompt ⟨Adj.⟩ [frz. prompt = bereit, schnell < lat. promptus = gleich zur Hand, bereit, eigtl. = hervorgeholt, dann: zur Stelle, adj. 2. Part. von: promere = hervorholen]: **1.** *unverzüglich, unmittelbar (als Reaktion auf etw.) erfolgend:* eine -e Antwort. **2.** (ugs., meist iron.) *einer Befürchtung, Erwartung genau entsprechend; tatsächlich:* ihr Mann ist auf den Trick p. hereingefallen.

pro|mul|gie|ren ⟨sw. V.; hat⟩ [lat. promulgare] (bildungsspr.): *(ein Gesetz o. Ä.) öffentlich bekannt machen.*

Pro|no|men, das; -s, - u. ...mina [lat. pronomen, aus: pro = vor u. nomen, ↑Nomen] (Sprachw.): *(deklinierbares) Wort, das ein [im Kontext vorkommendes] Nomen vertritt od. ein Nomen, mit dem es zusammen auftritt, näher bestimmt; Fürwort.*

pro|no|mi|nal ⟨Adj.⟩ [spätlat. pronominalis] (Sprachw.): *das Pronomen betreffend; in Form, mithilfe eines Pronomens:* ein -es Subjekt.

Pro|no|mi|nal|ad|jek|tiv, das (Sprachw.): *Adjektiv, das die Beugung eines nachfolgenden [substantivierten] Adjektivs teils wie ein Adjektiv, teils wie ein Pronomen beeinflusst* (z. B. beide, mehrere, kein).

Pro|no|mi|nal|ad|verb, das (Sprachw.): *(aus einem alten pronominalen Stamm u. einer Präposition gebildetes) Adverb, das eine Fügung aus Präposition u. Pronomen vertritt; Umstandsfürwort* (z. B. »darüber« für »über es«, »über das«).

Pro|no|mi|na|le, das; -s, ...lia u. ...lien (Sprachw.): *Pronomen, das die Qualität od. die Quantität bezeichnet* (z. B. lat. qualis = was für ein?, tantus = so groß).

pro|non|ciert ⟨Adj.⟩ (bildungsspr.): **a)** *eindeutig, entschieden:* einen -en Standpunkt vertreten; sich p. für etw. aussprechen; **b)** *deutlich ausgeprägt:* -e Konturen.

Pro|pä|deu|tik, die; -, -en [zu griech. propaideúein = vorher unterrichten, aus: pró = vor(her) u. paideúein = unterrichten] (Wissensch.): **a)** ⟨o. Pl.⟩ *Einführung in ein Studienfach:* philosophische P.; **b)** *wissenschaftliches Werk, das in ein bestimmtes Studienfach einführt:* eine P. zur Philosophie.

Pro|pä|deu|ti|kum, das; -s, ...ka (schweiz.): *medizinische Vorprüfung.*

pro|pä|deu|tisch ⟨Adj.⟩ (bildungsspr.): *in ein Studienfach einführend.*

Pro|pa|gan|da, die; - [gek. aus nlat. Congregatio de propaganda fide = (Päpstliche) Gesellschaft zur Verbreitung des Glaubens, zu lat. propagare, ↑propagieren]: **1.** *systematische Verbreitung politischer, weltanschaulicher o. ä. Ideen u. Meinungen mit dem Ziel, das allgemeine Bewusstsein in bestimmter Weise zu beeinflussen:* P. machen; eine breite P. [für etw.] entfalten. **2.** (bes. Wirtsch.) *Werbung, Reklame:* er macht P. für sein Buch.

Pro|pa|gan|da|ap|pa|rat, der ⟨Pl. selten⟩ (abwertend): *zum Zwecke der Propaganda* (1) *aufgebauter Apparat* (2).

Pro|pa|gan|da|chef, der: *jmd., der für die [offizielle] Propaganda* (1) *verantwortlich ist.*

Pro|pa|gan|da|che|fin, die: w. Form zu ↑Propagandachef.

Pro|pa|gan|da|feld|zug, der: *Feldzug* (2) *zum Zweck der Propaganda.*

Pro|pa|gan|da|film, der: *propagandistischen Zwecken dienender Film.*

Pro|pa|gan|da|kam|pa|gne, die: vgl. Propagandafeldzug.

Pro|pa|gan|da|lü|ge, die (abwertend): *zu propagandistischen Zwecken verbreitete Lüge.*

Pro|pa|gan|da|ma|te|ri|al, das: **a)** *für propagandistische Zwecke hergestelltes Material;* **b)** (Wirtsch.) *für Reklame- u. Werbezwecke hergestelltes Material.*

pro|pa|gan|da|wirk|sam ⟨Adj.⟩: *werbewirksam.*

Pro|pa|gan|dist, der; -en, -en [2: russ. propagandist < frz. propagandiste]: **1.** *jmd., der Propaganda* (1) *treibt:* die von den -en des russischen Präsidenten verbreitete Version wirkte nicht überzeugend. **2.** (DDR) *jmd., der im Rahmen von Schulungen o. Ä. politische u. weltanschauliche Ideen, Theorien erläutert [u. verbreitet].* **3.** (Wirtsch.) *jmd., der für ein bestimmtes Produkt wirbt; Werbefachmann:* die -en der pharmazeutischen Werke. **4.** (bildungsspr.) *jmd., der jmdn., etw. propagiert; Befürworter, Förderer.*

Pro|pa|gan|dis|tin, die; -, -nen: w. Form zu ↑Propagandist.

pro|pa|gan|dis|tisch ⟨Adj.⟩: **1.** *die Propaganda* (1) *betreffend, ihr entsprechend; mit den Mitteln der Propaganda:* -e Ziele; etw. p. auswerten. **2.** (bes. Wirtsch.) *die Werbung betreffend:* -e Maßnahmen.

pro|pa|gie|ren ⟨sw. V.; hat⟩ [unter Einfluss von ↑Propaganda (1 a) zu lat. propagare = (weiter) ausbreiten, fortpflanzen; [1]pfropfen] (bildungsspr.): *für etw. werben, sich dafür einsetzen.*

Pro|pan, das; -s [Kurzwort aus ↑Propylen u. ↑Methan]: *(bes. als Brenngas verwendeter) gasförmiger Kohlenwasserstoff.*

Pro|pan|gas, das ⟨o. Pl.⟩: *Propan.*

Pro|pel|ler, der; -s, - [engl. propeller, eigtl. = Antreiber, zu: to propel < lat. propellere = antreiben, zu: pellere, ↑Puls]: **1.** *dem Antrieb dienendes Teil von [Luft]fahrzeugen, das aus zwei od. mehreren in gleichmäßigen Abständen um eine Nabe angeordneten Blättern* (5) *besteht u. das durch den Motor in schnelle Rotation versetzt wird.* **2.** *Schiffsschraube.*

Pro|pel|ler|an|trieb, der: *Antrieb durch [einen] Propeller.*
Pro|pel|ler|blatt, das: *Blatt (5) eines Propellers.*
Pro|pel|ler|flug|zeug, das: *Flugzeug mit Propellerantrieb.*
-pro|pel|le|rig, -propellrig: in Zusb., z. B. vierpropell[e]rig [mit Ziffer: 4-propell[e]rig] *(mit vier Propellern [ausgestattet]).*
Pro|pel|ler|tur|bi|ne, die (Technik): *Wasserturbine mit einem propellerartigen Laufrad* (1 a).
-pro|pell|rig: ↑-propellerig.
Pro|pen, das; -s (Chemie): *Propylen.*
pro|per ⟨Adj.⟩ [frz. propre < lat. proprius = eigen, eigentümlich, wesentlich] (ugs.): **a)** *durch ein gepflegtes, angenehmes Äußeres ansprechend:* ein -es Mädchen; **b)** *ordentlich u. sauber [gehalten]:* ein -es Zimmer; **c)** *sorgfältig, solide ausgeführt, gearbeitet.*
Pro|per|ge|schäft, (auch:) Propregeschäft, das [zu ↑proper] (Wirtsch.): *Eigenhandel.*
Pro|pha|se, die [aus griech. pró = vor u. ↑Phase] (Biol.): *erste Phase der indirekten Kernteilung.*
Pro|phet, der; -en, -en [mhd. prophēt(e), lat. propheta < griech. prophḗtēs, zu: prophánai = vorhersagen, verkünden]: **1.** *jmd., der sich von [seinem] Gott berufen fühlt, als Mahner u. Weissager die göttliche Wahrheit zu verkünden:* der P. Amos; der P. [Allahs] (islam. Bez. für *Mohammed*); das Buch des -en Jeremia; Gott berief ihn zum -en; **Spr** der P. gilt nichts in seinem Vaterland[e] (*jmds. Fähigkeiten, Gaben o. Ä. werden von seiner näheren Umgebung, in der eigenen Heimat oft nicht anerkannt, gewürdigt;* nach Matth. 13, 57); **Ü** die -en einer Drogenkultur; ich bin doch kein P.! (ugs.; *das weiß ich natürlich auch nicht!*); man braucht kein P. zu sein, um das vorauszusehen. **2.** (Rel.) ⟨meist Pl.⟩ *prophetisches Buch des Alten Testaments.*
Pro|phe|ten|ga|be, die ⟨o. Pl.⟩ (geh.): *Gabe der Prophetie.*
Pro|phe|tie, die; -, -n [mhd. prophētīe, prophēzīe < (spät)lat. prophetia < griech. prophēteía] (geh.): *Voraussage eines zukünftigen Geschehens durch einen Propheten* (1); *Prophezeiung, Weissagung:* die alte P. erfüllte sich nicht.
Pro|phe|tin, die; -, -nen: w. Form zu ↑Prophet (1).
pro|phe|tisch ⟨Adj.⟩ [mhd. prophētisch < (spät)lat. propheticus < griech. prophētikós]: **1.** *von einem Propheten* (1) *stammend, zu ihm gehörend:* die -en Bücher des Alten Testaments; eine -e Gabe besitzen. **2.** *eine intuitive Prophezeiung enthaltend:* -e Worte.
pro|phe|zei|en ⟨sw. V.; hat⟩ [mhd. prophētīen, prophēzīen]: *(etw. Zukünftiges) aufgrund bestimmter Kenntnisse, Erfahrungen od. Ahnungen voraussagen, vorhersagen:* ein Wahlergebnis [richtig] p.; jmdm. eine große Karriere p.
Pro|phe|zei|ung, die; -, -en [mhd. prophēzīunge]: **1.** *das Prophezeite; Aussage über die Zukunft; Weissagung:* seine -en haben sich bewahrheitet; düstere -en machen. **2.** (selten) *das Prophezeien.*
Pro|phy|lak|ti|kum, das; -s, ...ka [zu griech. prophylaktikós = schützend] (Med.): *vorbeugendes Medikament.*
pro|phy|lak|tisch ⟨Adj.⟩ [griech. prophylaktikós]: **1.** (Med.) *gegen eine Erkrankung vorbeugend:* eine -e Behandlung. **2.** (bildungsspr.) *dazu dienend, etw. Unerwünschtes zu verhindern; vorbeugend:* -e Maßnahmen [zur Verhütung von Verbrechen]; aus -en Gründen *(aus Gründen der Vorbeugung).*
Pro|phy|la|xe, Pro|phy|la|xis, die; -, ...laxen ⟨Pl. selten⟩ [griech. prophýlaxis = Vorsicht, zu: prophylássein, ↑prophylaktisch] (Med.): *einer Erkrankung vorbeugende Maßnahme[n]; Vorbeugung:* sich durch eine geeignete P. schützen; ein Mittel zur P. [gegen Grippe].
Pro|por|ti|on, die; -, -en [lat. proportio = das entsprechende Verhältnis; Ebenmaß, aus: pro = im Verhältnis zu u. portio, ↑Portion]: **1.** (bildungsspr.) *[Größen]verhältnis verschiedener Teile eines Ganzen zueinander:* Länge und Breite stehen in der richtigen P. zueinander; sie hat/besitzt beachtliche -en (scherzh.; *hat eine gute Figur*). **2.** (Math.) **a)** *durch einen Quotienten ausdrückbares Verhältnis zweier od. mehrerer Zahlen zueinander:* die P. zwei zu drei, 2 : 3; **b)** *Gleichung, in der zwei Proportionen* (2 a) *gleichgesetzt sind; Verhältnisgleichung.* **3.** (Musik) *(in der Mensuralnotation) Proportion* (2 a), *die angibt, in welchem Maß die Notenwerte der folgenden Noten gegenüber dem vorherigen Wert verändert sind.*
pro|por|ti|o|nal ⟨Adj.⟩ [1: spätlat. proportionalis]: **1.** (bildungsspr.) *nach Größe, Grad, Anzahl, Intensität o. Ä. in einem ausgewogenen Verhältnis zu etw. stehend; verhältnisgleich:* etw. p. aufbessern. **2.** (Math.) *mit einer bestimmten anderen Veränderlichen als Divisor stets denselben Quotienten ergebend:* a ist [direkt] p. [zu] b; a und b sind p. [zueinander]; Zeichen: ~.
Pro|por|ti|o|na|le, die; -, -n ⟨zwei -[n]⟩ (Math.): *Glied einer Proportion* (2 b).
Pro|por|ti|o|na|li|tät, die; -, -en ⟨Pl. selten⟩ [1: spätlat. proportionalitas]: **1.** (bildungsspr.) *das Proportionalsein; Verhältnismäßigkeit, Angemessenheit.* **2.** (Math.) *proportionales* (2) *Verhältnis (einer Veränderlichen zu einer anderen):* die P. von x zu y.
Pro|por|ti|o|nal|wahl, die (bes. österr. u. schweiz.): *Verhältniswahl.*
pro|por|ti|o|nie|ren ⟨sw. V.; hat⟩ (veraltet): *mit bestimmten Proportionen* (1 a) *versehen, im richtigen Verhältnis gestalten:* so haben antike Bildhauer den menschlichen Körper proportioniert.
pro|por|tio|niert ⟨Adj.⟩: *bestimmte Proportionen* (1 a) *aufweisend:* ein gut -er Raum; sie ist gut p.
Pro|por|ti|ons|glei|chung, die; -, -en (Math.): *Proportion* (2 b).
Pro|porz, der; -es, -e [Kurzf. von ↑Proportionalwahl]: **1.** (bes. Politik) *Verteilung von Ämtern, Sitzen nach dem Zahlenverhältnis der abgegebenen Stimmen* (6 a) *von Parteien, nach dem Kräfteverhältnis von Konfessionen od. sonstigen Gruppen:* ein konfessioneller P.; den P. wahren; Ämter im P. besetzen. **2.** (bes. österr. u. schweiz.) *Verhältniswahlsystem.*
Pro|porz|den|ken, das; -s (bildungsspr., meist abwertend): *Auffassung, nach der Ämter, Sitze nach einem Proporz* (1) *vergeben werden müssen.*
Pro|porz|wahl, die (bes. österr. u. schweiz.): *Verhältniswahl.*
Pro|po|si|ti|on, die; -, -en [lat. propositio = Vorstellung; Thema, Satz; Darlegung; Bekanntmachung, zu: propositum, 2. Part. von: proponere = vorschlagen]: **1.** (veraltet) *Vorschlag, Angebot.* **2.** *(in der antiken Rhetorik) einleitender Teil einer Rede, Abhandlung o. Ä., in dem das Thema, die Hauptgedanken, die Ausgangspunkte od. eine zu beweisende These formuliert ist.* **3.** (Sprachw.) *Inhalt eines Satzes.*
Prop|pen, der; -s, - [niederd. Form von ↑Pfropfen] (nordd.): *Pfropfen, Flaschenkorken.*
prop|pen|voll ⟨Adj.⟩ [eigtl. = (von einer Flasche) gefüllt bis zum Korken] (ugs.): *gedrängt voll:* ein -er Bus.
Pro|prä|tor, der; -s, ...oren [lat. propraetor, aus: pro = vor(her) u. ↑Prätor]: *(im antiken Rom) Statthalter einer Provinz (der vorher 1 Jahr lang Prätor war).*
pro|pre [ˈprɔpʁə]: ↑proper.
Pro|pre|ge|schäft: ↑Propergeschäft.
pro|pri|a|li|sie|ren ⟨sw. V.; hat⟩ [zu lat. proprium, ↑Proprium] (Sprachw.): *zum Eigennamen machen.*
Pro|pri|um, das; -s [lat. proprium = das Eigene, subst. Neutr. von: proprius, ↑proper]: **1.** (Psych.) *Eigenschaften eines Menschen, die seine Identität* (1 b) *ausmachen.* **2.** (kath. Kirche) *die für einen bestimmten Tag vorgesehenen, im Laufe eines Kirchenjahres wechselnden Texte einer* [1]*Messe* (1).
Propst, der; -[e]s, Pröpste [mhd. brobest, ahd. prōbōst < spätlat. propos(i)tus für lat. praepositus = Vorsteher, Aufseher, subst. 2. Part von: praeponere, ↑Präposition]: **1.** (kath. Kirche) **a)** ⟨o. Pl.⟩ *Titel für den ersten Würdenträger eines Kapitels* (2 a); **b)** *Träger des Titels Propst* (1 a). **2.** (ev. Kirche) **a)** ⟨o. Pl.⟩ *Titel für einen höheren kirchlichen Amtsträger (mit unterschiedlichen Aufgaben);* **b)** *Träger des Titels Propst* (2 a).
Props|tei, die; -, -en [mhd. probstīe]: **a)** *Amt[sbereich] eines Propstes;* **b)** *Wohnung eines Propstes.*
Pröps|tin, die; -, -nen: w. Form zu ↑Propst (2 b).
Pro|pusk [ˈpro:pʊsk, auch: ˈprɔp..., proˈpʊsk], der; -s, -e [russ. propusk]: russ. Bez. für *Ausweis, Passierschein.*
Pro|py|lä|en ⟨Pl.⟩ [lat. propylaea < griech. propýlaia = Vorhof, Vorbau, aus: pró = vor u. pýlē = Tor, Pforte] (Archit.): *(in der Antike) meist als offene Säulenhalle ausgebildete Vorhalle (bes. eines Tempels).*
Pro|py|len, das; -s [Kunstw. aus griech. prõtos = erster, píōn = fett u. hýlē = Holz] (Chemie): *zu den Kohlenwasserstoffen gehörendes farbloses, brennbares Gas.*
Pro|py|lon, das; -s, ...la [griech. própylon, Nebenf. von: propýlaia, ↑Propyläen]: *(in der Antike) Eingangstor zu Heiligtümern, Burgen, Palästen, öffentlichen Plätzen o. Ä.*
Pro|rek|tor, der; -s, -en [aus lat. pro = anstelle von u. ↑Rektor]: *Stellvertreter des amtierenden Rektors einer Hochschule.*
Pro|rek|to|rat, das; -s, -e: **1.** vgl. Rektorat (1 a). **2.** vgl. Rektorat (2).
Pro|rek|to|rin, die; -, -nen: w. Form zu ↑Prorektor.
Pro|sa, die; - [spätmhd. prōse, ahd. prōsa, < lat. prosa (oratio), eigtl. = geradeaus gerichtete (= schlichte) Rede, zu: prorsus = nach vorn gewendet]: *nicht durch Reim, Verse, Rhythmus gebundene Form der Sprache:* Poesie und P.; die erzählende P. Thomas Manns; eine gute P. schreiben; ein Epos in P.; ein Stück P. *(ein Prosatext);* ein Band mit P. *(mit Prosatexten);* **Ü** die P. (geh.; *Nüchternheit, Poesielosigkeit*) des Alltags.
Pro|sa|dich|tung, die: *in Prosa abgefasster Text mit lyrischer Aussage.*
pro|sa|isch ⟨Adj.⟩ [spätlat. prosaicus]: **1.** (selten) *in Prosa abgefasst:* -e Texte. **2.** (geh., oft abwertend) *nüchtern, sachlich, trocken, ohne Fantasie:* ein -er Mensch; ein -er Zweckbau; in der -en Sprache eines Polizeiberichts.
Pro|sa|ist, der; -en, -en (bildungsspr.): *Prosaschriftsteller.*
Pro|sa|is|tin, die; -, -nen : w. Form zu ↑Prosaist.
pro|sa|is|tisch ⟨Adj.⟩ (bildungsspr.): *frei von romantischen Gefühlswerten, sachlich-nüchtern berichtend.*
Pro|sa|schrift|stel|ler, der: *Schriftsteller, der [vorwiegend] Prosa schreibt.*
Pro|sa|schrift|stel|le|rin, die: w. Form zu ↑Prosaschriftsteller.
Pro|sa|text, der: *in Prosa abgefasster Text.*
Pro|sa|über|set|zung, die: *in Prosa abgefasste Übersetzung eines lyrischen Textes.*
Pro|sec|co, der; -[s], -s, auch: ...cchi [ital. prosecco, nach dem gleichnamigen ital. Ort]: *italienischer Schaum-, Perl- od. Weißwein:* drei P. *(drei Gläser Prosecco)* trinken.
Pro|sek|tor, der; -s, ...oren [lat. prosector = der Zerschneider, zu: prosecare (2. Part.: prosectum) = zerschneiden] (Med.): **1.** *Arzt, der Sektionen durchführt.* **2.** *Leiter einer Prosektur.*
Pro|sek|tur, die; -, -en (Med.): *pathologisch-anatomische Abteilung (eines Krankenhauses).*
Pro|se|ku|tiv, der; -s, -e (Sprachw.): *Kasus der räumlichen od. zeitlichen Erstreckung, bes. in den finnisch-ugrischen Sprachen.*
Pro|se|lyt, der; -en, -en [kirchenlat. proselytus < griech. prosḗlytos, eigtl. = Hinzugekommener]: *Neubekehrter, (im Altertum) bes. zum Judentum bekehrter Heide.*
Pro|se|ly|ten|ma|che|rei, die; - (bildungsspr. abwertend): *das Proselytenmachen.*
Pro|se|mi|nar, das; -s, -e [aus lat. pro = vor(her) u.

P

↑Seminar] (Hochschulw.): *[einführendes] Seminar (1) für Studierende im Grundstudium; Vorstufe zum Hauptseminar.*

Pro|ser|pi|na (röm. Myth.): Göttin der Unterwelt.

pro|sit, (ugs.:) prost [urspr. wohl Studentenspr., lat. prosit = es möge nützen, 3. Pers. Sg. Konjunktiv Präs. von: prodesse = nützen, zuträglich sein]: (Zuruf beim gemeinsamen Trinken, Anstoßen): *zum Wohl!, wohl bekomms!:* pros[i]t allerseits!; pros[i]t sagen; pros[i]t Neujahr!; * **na denn/dann prost!** (ugs. iron.; *dann steht [uns, euch, dir usw.] ja noch einiges bevor, das kann unangenehm werden*).

Pro|sit, das; -s, -s ⟨Pl. selten⟩, (ugs.:) Prost, das; -[e]s, -e ⟨Pl. selten⟩: *Zuruf »prosit!«:* ein P. der Gemütlichkeit; mit einem fröhlichen P. stießen sie an.

pro|skri|bie|ren ⟨sw. V.; hat⟩ [lat. proscribere, eigtl. = öffentlich bekannt machen] (bildungsspr.): *ächten.*

Pro|skrip|ti|on, die; -, -en [lat. proscriptio = öffentliche Bekanntmachung der Namen von Geächteten, bes. durch Sulla] (bildungsspr.): *Ächtung.*

Pros|ky|ne|se, Pros|ky|ne|sis, die; -, ...nesen [griech. proskýnēsis]: *Fußfall, bei dem der Boden mit der Stirn berührt wird.*

Pro|so|dem, das; -s, -e [zu ↑Prosodie, geb. nach ↑Morphem, Phonem] (Sprachw.): *prosodisches (suprasegmentales) Merkmal.*

Pro|so|di|a|kus, der; -, ...azi [griech. prosodiakós, zu: prosódion, ↑Prosodion] (Verslehre): *besonders in den Prosodia gebrauchter altgriechischer Vers.*

Pro|so|die, die; -, -n [lat. prosodia < griech. prosōdía, zu: ōdē, ↑Ode], (selten:) **Pro|so|dik,** die; -, -en: **1.** (Verslehre) **a)** *(in der antiken Metrik) Lehre von der Messung der Silben nach Länge u. Tonhöhe;* **b)** *Lehre von den für die Versstruktur bedeutsamen Erscheinungen der Sprache wie Silbenlänge, Betonung o. Ä.* **2.** (Musik) *ausgewogenes Verhältnis zwischen musikalischen u. textlichen Einheiten, von Ton u. Wort.* **3.** (Sprachw.) *für die Gliederung der Rede bedeutsame sprachlich-artikulatorische Erscheinungen wie Akzent, Intonation, Pausen o. Ä.*

pro|so|disch ⟨Adj.⟩ (Verslehre, Musik, Sprachw.): *die Prosodie (1–3) betreffend.*

Pros|pekt, der, österr. auch: das; -[e]s, -e [lat. prospectus = Hinblick; Aussicht, zu: prospicere; 6: russ. prospekt < lat. prospectus = hinschauen (2. Part.: pro spectum)]: **1.** *kleinere, meist bebilderte Schrift (in Form eines Faltblattes o. Ä.), die der Information u. Werbung dient:* ein kostenloser P.; -e über Elektrogeräte; ein P. von Berlin. **2.** (Theater) *perspektivisch gemalter Hintergrund einer Bühne.* **3.** (bild. Kunst) *perspektivisch stark verkürzte Ansicht einer Stadt, eines Platzes o. Ä. als Gemälde, Stich od. Zeichnung.* **4.** *Schauseite der Orgel.* **5.** (Wirtsch.) *öffentliche Darlegung der Finanzlage eines Unternehmens bei beabsichtigter Inanspruchnahme des Kapitalmarktes.* **6.** russ. Bez. für *lange, breite Straße.*

pros|pek|tie|ren ⟨sw. V.; hat⟩ [lat. prospectare = sich umsehen] (Fachspr., bes. Bergbau): *mittels geologischer, geochemischer o. ä. Methoden irgendwo Lagerstätten erkunden:* den Meeresboden p.

pros|pek|tiv ⟨Adj.⟩ [spätlat. prospectivus = zur Aussicht gehörend] (bildungsspr.): **a)** *auf das Zukünftige gerichtet; vorausschauend;* **b)** *möglicherweise zu erwarten, voraussichtlich:* sein -er Nachfolger; **c)** *die weitere Entwicklung betreffend:* eine -e Studie.

Pros|pekt|wer|bung, die: *Werbung mittels Prospekten.*

pros|pe|rie|ren ⟨sw. V.; hat⟩ [frz. prospérer < lat. prosperare = etw. gedeihen lassen] (bildungsspr.): (bes. Wirtsch.) *sich günstig entwickeln; gedeihen; gut vorankommen:* das Unternehmen prosperiert.

Pros|pe|ri|tät, die; - [frz. prospérité < lat. prosperitas] (bildungsspr.): *Gedeihen, wirtschaftlicher Aufschwung; Wohlstand:* ökonomische P.

Pro|sper|mie, die; -, -n [zu lat. pro = vor(her) u. ↑Sperma] (Med.): *vorzeitiger Samenerguss.*

prost usw.: ↑prosit usw.

Pros|ta|ta, die; -, ...tae [...te; zu griech. prostátēs = Vorsteher] (Anat., Zool.): *(beim Mann u. männlichen Säugetier) den Anfang der Harnröhre umschließende, walnussgroße Drüse, deren dünnflüssiges, milchiges Sekret den größten Teil der Samenflüssigkeit ausmacht u. die Beweglichkeit der Samenzellen fördert; Vorsteherdrüse.*

Pros|ta|ti|tis, die; -, ...titiden (Med.): *Entzündung der Prostata.*

pros|ten ⟨sw. V.; hat⟩: *ein Prost ausbringen.*

prös|ter|chen ⟨Interj.⟩ (fam.): *prosit.*

Prös|ter|chen, das; -s, - (fam.): *Prosit.*

pros|ti|tu|ie|ren ⟨sw. V.; hat⟩ [2: frz. se prostituer < lat. prostituere, eigtl. = vorn hinstellen; in der Bed. »bloßstellen; lächerlich machen« schon seit dem 16. Jh.]: **1.** (bildungsspr.) *in den Dienst eines niedrigen Zwecks stellen u. dadurch herabwürdigen:* sich als Künstler p. **2.** ⟨p. + sich⟩ *der Prostitution (1) nachgehen.*

Pros|ti|tu|ier|te, die u. der; -n, -n ⟨Dekl. ↑Abgeordnete⟩: *Person, die der Prostitution (1) nachgeht:* eine P. sein; sich mit -n einlassen.

Pros|ti|tu|ti|on, die; - [frz. prostitution < lat. prostitutio]: **1.** *gewerbsmäßige Ausübung sexueller Handlungen:* P. [be]treiben; der P. nachgehen. **2.** (bildungsspr. selten) *Herabwürdigung; öffentliche Preisgabe, Bloßstellung.*

Pros|tra|ti|on, die; -, -en [lat. prostratio = das Niederwerfen, -schlagen]: **1.** (kath. Kirche) *Proskynese.* **2.** (Med.) *hochgradige Erschöpfung im Verlauf einer schweren Krankheit.*

Pro|sze|ni|um, das; -s, ...ien [lat. prosc(a)enium < griech. proskēnion, zu: pró = vor u. skēnē, ↑Szene]: **1.** (Theater) *zwischen Vorhang u. Rampe gelegener vorderster Teil der Bühne.* **2.** (Archit.) *im antiken Theater als Bühne bestimmter Platz vor der Skene.* **3.** kurz für ↑Proszeniumsloge.

Pro|sze|ni|ums|lo|ge, die (Theater): *unmittelbar seitlich an das Proszenium (1) grenzende Loge.*

prot-, Prot-: ↑proto-, Proto-.

Pro|tac|ti|ni|um, das; -s [zu griech. prōtos = erster u. ↑Actinium] (Chemie): *beim natürlichen Zerfall von Uran entstehendes radioaktives Metall (chemisches Element;* Zeichen: Pa).

Pro|ta|go|nist, der; -en, -en [griech. prōtagōnistēs, eigtl. = erster Kämpfer, zu ↑Agonist (1)]: **1.** *(im altgriechischen Drama) erster Schauspieler (u. Regisseur).* **2.** (bildungsspr.) **a)** *zentrale Gestalt:* der P. des Tennissports; **b)** *Vorkämpfer:* der P. friedlicher Koexistenz.

Pro|ta|go|nis|tin, die; -, -nen (bildungsspr.): w. Form zu ↑Protagonist (2).

Pro|tak|ti|ni|um: ↑Protactinium.

Pro|te|gé [...'ʒe:], der; -s, -s [frz. protégé, subst. 2. Part. von: protéger, ↑protegieren] (bildungsspr.): *jmd., der protegiert wird:* er gilt als P. des Ministers.

pro|te|gie|ren ⟨sw. V.; hat⟩ [frz. protéger < lat. protegere = bedecken, beschützen] (bildungsspr.): *für jmds. berufliches, gesellschaftliches Fortkommen seinen eigenen beruflichen, gesellschaftlichen Einfluss verwenden.*

Pro|te|id, das; -[e]s, -e [zu ↑Protein] (Biochemie): *einen nicht eiweißartigen Bestandteil enthaltender Eiweißkörper.*

Pro|te|in, das; -s, -e [zu griech. prōtos = erster; nach der irrtümlichen Annahme, dass alle Eiweißkörper auf einer Grundsubstanz basieren] (Biochemie): *vorwiegend aus Aminosäuren aufgebauter Eiweißkörper* (z. B. Globulin).

pro|te|isch ⟨Adj.⟩ (bildungsspr.): *in der Art eines* [2]*Proteus; wandelbar, unzuverlässig.*

Pro|tek|ti|on, die; -, -en ⟨Pl. selten⟩ [frz. protection < spätlat. protectio = Bedeckung, Beschützung, zu lat. protegere (2. Part.: protectum), ↑protegieren]: **1.** *das Protegieren; Förderung, Begünstigung in beruflicher, gesellschaftlicher o. ä. Hinsicht:* jmds. P. genießen. **2.** (veraltend) *Schutz, den man durch jmdn. erfährt, der den entsprechenden Einfluss hat.*

Pro|tek|ti|o|nis|mus, der; - (Wirtsch.): *Außenhandelspolitik, die z. B. durch Schutzzölle, Einfuhrbeschränkungen dem Schutz der inländischen Wirtschaft dient.*

Pro|tek|ti|o|nist, der; -en, -en (Wirtsch.): *Vertreter, Anhänger des Protektionismus.*

Pro|tek|ti|o|nis|tin, die; -, -nen: w. Form zu ↑Protektionist.

pro|tek|ti|o|nis|tisch ⟨Adj.⟩: *den Protektionismus betreffend:* -e Tendenzen.

Pro|tek|ti|ons|wirt|schaft, die; - (abwertend): *Bevorzugung von Protegés bei der Besetzung wichtiger Stellen.*

Pro|tek|tor, der; -s, ...oren: **1.** (bildungsspr.) **a)** *jmd., der mit seinem beruflichen, gesellschaftlichen o. ä. Einfluss jmdn., etw. fördert, schützt;* **b)** *Schirmherr, Ehrenvorsitzender.* **2.** (Völkerr.) *Schutzmacht.* **3.** (Technik) *mit Profil versehene Lauffläche des Autoreifens.*

Pro|tek|to|rat, das; -[e]s, -e: **1.** (bildungsspr.) *Schirmherrschaft.* **2.** (Völkerr.) **a)** *Schutzherrschaft eines Staates od. einer Staatengemeinschaft über einen anderen Staat;* **b)** *unter einem Protektorat (2 a) stehender Staat.*

Pro|tek|to|rin, die; -, -nen: w. Form zu ↑Protektor (1).

Pro|te|ro|zo|i|kum, das; -s [zu griech. próteros = früher, eher u. zōē = Leben] (Geol.): *Algonkium.*

Pro|test, der; -[e]s, -e [urspr. Kaufmannsspr., ital. protesto = Protest (2), zu: protestare < lat. protestari, ↑protestieren]: **1.** *meist spontane u. temperamentvolle Bekundung des Missfallens, der Ablehnung:* ein formeller P.; [schriftlich] P. gegen etw. erheben; gegen etw. P. anbringen; es hagelte -e; unter P. den Saal verlassen. **2.** (Wirtsch.) *amtliche Beurkundung der Nichtannahme eines Wechsels, der Nichteinlösung eines Wechsels od. Schecks:* den P. auf den Wechsel setzen; einen Wechsel zu P. gehen lassen *(die Nichteinlösung eines Wechsels beurkunden lassen).* **3.** (DDR Rechtsspr.) *Rechtsmittel des Staatsanwaltes gegen ein Urteil des Kreisgerichts od. ein durch die erste Instanz ergangenes Urteil des Bezirksgerichts.*

Pro|test|ak|ti|on, die: *[öffentliche] organisierte Aktion (1), mit der gegen etw., jmdn. protestiert (1 a) wird.*

Pro|tes|tant, der; -en, -en [zu lat. protestans (Gen.: protestantis), 1. Part. von: protestari, ↑protestieren 1; 1: nach dem feierlichen ↑Protest 1 der ev. Reichsstände auf dem Reichstag zu Speyer 1529]: **1.** *Angehöriger einer protestantischen Kirche.* **2.** (seltener) *jmd., der gegen etw., jmdn. protestiert (1 a).*

Pro|tes|tan|tin, die; -, -nen: w. Form zu ↑Protestant.

pro|tes|tan|tisch ⟨Adj.⟩: **a)** *zum Protestantismus gehörend, ihn vertretend:* die -en Kirchen; Abk.: prot.; **b)** *für die Protestanten charakteristisch.*

Pro|tes|tan|tis|mus, der; -: **a)** *aus der kirchlichen Reformation des 16. Jh.s hervorgegangene Glaubensbewegung, die die verschiedenen evangelischen Kirchengemeinschaften umfasst;* **b)** *Geist u. Lehre des protestantischen Glaubens, das Protestantischsein.*

Pro|test|be|we|gung, die: *gegen bestimmte politische, soziale Verhältnisse o. Ä. protestierende Bewegung (3 b).*

pro|tes|tie|ren ⟨sw. V.; hat⟩ [spätmhd. protestieren < frz. protester < lat. protestari = öffentlich bezeugen, verkünden]: **1. a)** *Protest (1) erheben, einlegen:* öffentlich p.; **b)** *eine Behauptung, Forderung, einen Vorschlag o. Ä. zurückweisen.* **2.** (Wirtsch.) *(einen Wechsel) zu Protest (2) gehen lassen.*

Pro|test|kund|ge|bung, die: *Protestaktion in Form einer Kundgebung.*

Pro|test|ruf, der: *Zwischenruf aus Protest (1).*

Pro|test|sän|ger, der: *jmd., der Protestsongs vorträgt.*

P

Pro|test|sän|ge|rin, die: w. Form zu ↑Protestsänger.

Pro|test|schrei|ben, das: *Schreiben, mit dem Protest* (1) *eingelegt wird.*

Pro|test|song, der: *Song* (2), *in dem soziale od. politische Verhältnisse kritisiert werden.*

Pro|test|sturm, der: *stürmischer Protest:* es erhob sich ein P.

Pro|test|wäh|ler, der: *Wähler, der aus Protest eine andere (oft extreme) Partei wählt als sonst.*

Pro|test|wäh|le|rin, die: w. Form zu ↑Protestwähler.

Pro|test|wel|le, die: *Häufung von Protestaktionen:* eine P. auslösen.

[1]**Pro|teus** (griech. Myth.): Meeresgott mit der Gabe der Weissagung u. Verwandlung.

[2]**Pro|teus,** der; -, - (bildungsspr.): *allzu wandlungsfähiger Mensch, der leicht seine Gesinnung ändert.*

Prot|evan|ge|li|um: ↑Protoevangelium.

Pro|the|se, die; -, -n [1: zu griech. prósthesis = das Hinzufügen, das Ansetzen, verwechselt mit: próthesis = das Voransetzen; Vorsatz; 2: griech. próthesis]: 1. *künstlicher Ersatz eines fehlenden od. unvollständig ausgebildeten Körperteils:* die P. drückt; eine P. tragen; die P. *(Zahnprothese)* reinigen. 2. (Sprachw.) *Entwicklung eines neuen Vokals od. einer neuen Silbe am Wortanfang* (z. B. lat. stella : span. estella).

Pro|the|sen|trä|ger, der: *jmd., der eine Prothese* (1) *trägt.*

Pro|the|sen|trä|ge|rin, die: w. Form zu ↑Prothesenträger.

Pro|the|tik, die; - (Med.): *medizinisch-technischer Wissenschaftsbereich, der sich mit der Konstruktion von Prothesen* (1) *befasst.*

pro|the|tisch ⟨Adj.⟩ (Med.): 1. *die Prothetik betreffend, dazu gehörend.* 2. *eine Prothese* (1) *betreffend, dazu gehörend.* 3. (Sprachw.) *auf Prothese* (2) *beruhend:* ein -er Vokal.

pro|to-, Pro|to-, (vor Vokalen meist:) prot-, Prot- [griech. prōtos] ⟨Best. in Zus. mit der Bed.⟩: *erster, vorderster, wichtigster; Ur-* (z. B. prototypisch, Protoplasma, Protagonist).

Pro|to|evan|ge|li|um, Protevangelium, das; -s (kath. Theologie): *die als Ankündigung des Messias gedeutete Bibelstelle in der Genesis (1. Mos. 3, 15).*

pro|to|gen ⟨Adj.⟩ [griech. prōtogenḗs = ursprünglich] (Geol.): *(bes. von Erzlagerstätten) am Ort des heutigen Vorkommens entstanden.*

Pro|to|koll, das; -s, -e [mlat. protocollum < mgriech. prōtókollon, eigtl. = (den amtlichen Papyrusrollen) vorgeleimtes (Blatt), zu griech. prōtos (↑proto-, Proto-) u. kólla = Leim]: 1. a) *wortgetreue od. auf die wesentlichen Punkte beschränkte Niederschrift über eine Sitzung, Verhandlung, ein Verhör o. Ä.:* ein polizeiliches P.; etw. im P. festhalten; ***[das] P. führen** *(den Ablauf, Verlauf von etw. schriftlich festhalten);* **etw. zu P. geben** *(etw. äußern, aussagen, damit es protokollarisch* 1 a *festgehalten wird);* **etw. zu P. nehmen** *(etw. protokollarisch* 1 a *festhalten);* b) (bes. Fachspr.) *genauer Bericht über Verlauf u. Ergebnis eines Versuchs, Heilverfahrens, einer Operation o. Ä.:* ein genaues P. einer Sektion. 2. ⟨o. Pl.⟩ *für den diplomatischen Verkehr verbindliche Formen; diplomatisches Zeremoniell:* ein strenges P.; das P. des Staatsbesuchs ändern. 3. (landsch.) *polizeiliches Strafmandat bei Ordnungswidrigkeiten im Straßenverkehr.*

Pro|to|koll|ab|tei|lung, die: *für das Protokoll* (2) *zuständige Abteilung im Auswärtigen Amt.*

Pro|to|kol|lant, der; -en, -en [↑-ant]: *jmd., der etw. protokolliert.*

Pro|to|kol|lan|tin, die; -, -nen: w. Form zu ↑Protokollant.

pro|to|kol|la|risch ⟨Adj.⟩: 1. a) *in Form eines Protokolls* (1): etw. p. festhalten; b) *im Protokoll* (1) *festgehalten, aufgrund des Protokolls:* eine -e Aussage. 2. *dem Protokoll* (2) *entsprechend.*

Pro|to|koll|chef, der: *Chef des Protokolls* (2).

Pro|to|koll|che|fin, die: w. Form zu ↑Protokollchef.

Pro|to|koll|füh|rer, der: *jmd., der bei Sitzungen, Verhandlungen o. Ä. für das Protokoll beauftragt ist.*

Pro|to|koll|füh|re|rin, die: w. Form zu ↑Protokollführer.

pro|to|kol|lie|ren ⟨sw. V.; hat⟩ [mlat. protocollare]: a) *protokollarisch* (1 a) *aufzeichnen;* b) *Protokoll führen.*

Pro|ton, das; -s, ...onen [griech. prōton, subst. Neutr. von: prōtos, ↑proto-, Proto-] (Kernphysik): *den Kern des leichten Wasserstoffatoms bildendes, positiv geladenes Elementarteilchen, das zusammen mit dem Neutron Baustein aller zusammengesetzten Atomkerne ist;* Zeichen: p.

Pro|to|nen|be|schleu|ni|ger, der (Kernphysik): *Beschleuniger für Protonen.*

Pro|to|no|tar, der; -s, -e [1: mlat. protonotarius, zu griech. prōtos (↑proto-, Proto-) u. ↑Notar]: 1. *(im MA.) höher gestellter Notar in der Kanzlei eines weltlichen Herrschers od. des Papstes.* 2. (kath. Kirche) *Prälat der Kurie mit bes. Funktionen u. Privilegien.*

Pro|to|phy|te, die; -, -n, **Pro|to|phy|ton,** das; -s, ...yten [zu griech. phytón = Pflanze] (Biol.): *einzellige Pflanze.*

Pro|to|plas|ma, das; -s (Biol.): *lebende Substanz aller menschlichen, tierischen u. pflanzlichen Zellen, in der sich der Stoff- u. Energiewechsel vollzieht.*

Pro|to|typ [selten: protoˈtyːp], der; -s, -en [spätlat. prototypos < griech. prōtótypos = ursprünglich]: 1. (bildungsspr.) *jmd. als Inbegriff dessen, was für eine bestimmte Art von Mensch, für eine berufliche, gesellschaftliche o. ä. Gruppe gewöhnlich als typisch erachtet wird:* er ist der P. eines Gelehrten. 2. *als Vorbild, Muster dienende charakteristische Ur-, Grundform.* 3. (Technik) *[vor der Serienproduktion] zur Erprobung u. Weiterentwicklung bestimmte erste Ausführung (von Fahrzeugen, Maschinen o. Ä.):* neue -en testen. 4. (Motorsport) *Rennwagen einer bestimmten Klasse, der nur in Einzelstücken hergestellt wird.* 5. (Fachspr.) *Normal* (1).

pro|to|ty|pisch ⟨Adj.⟩: *den Prototyp* (1) *betreffend, in der Art eines Prototyps.*

Pro|to|zo|en: Pl. von ↑Protozoon.

Pro|to|zo|on, das; -s, ...zoen ⟨meist Pl.⟩ [zu griech. zōon = Lebewesen] (Biol.): *mikroskopisch kleines, aus einer einzigen Zelle bestehendes Tierchen; Urtierchen.*

pro|tra|hie|ren ⟨sw. V.; hat⟩ [lat. protrahere (2. Part. protractum) = hervorziehen, -schleppen; (spätlat.:) hinauszögern] (Med.): *die Wirkung (z. B. eines Medikaments, einer Bestrahlung) verzögern od. verlängern.*

Pro|tu|be|ranz, die; -, -en [zu spätlat. protuberare = anschwellen, hervortreten]: 1. ⟨meist Pl.⟩ (Astron.) *aus dem Sonneninneren ausströmende leuchtende Gasmasse.* 2. (Anat.) *höckerartige Vorwölbung an Knochen.*

[1]**Protz,** der; -es (veraltend: -en), -e (veraltend: -en) [urspr. = Kröte, wohl nach dem Bild der sich aufblasenden Kröte; viell. zu mundartl. brossen, mhd. broʒʒen in der urspr. Bed. »schwellen«] (ugs.): 1. *jmd., der protzt.* 2. ⟨o. Pl.⟩ *Protzerei* (3).

[2]**Protz,** der; -en u. -es, -e[n] [mhd. broʒ = Knospe, zu: broʒʒen = sprossen] (Forstw.): *(bei jungen Baumbeständen) Baum von schlechtem Wuchs, der schneller als die anderen gewachsen ist u. diese im Wachstum behindert.*

-protz, der; -es (veraltend: -en), -e (veraltend: -en) (ugs.): bezeichnet in Bildungen mit Substantiven eine Person, die mit etw. protzt, prahlt: Muskel-, Energie-, Geldprotz.

Prot|ze, die; -, -n [ital. (mdal.) birazzo = Zweiradkarren < spätlat. birotium, zu: birotus = zweirädrig] (Milit. früher): *zum Transport von Munition benutzter, zweirädriger Wagen, an den das Geschütz angehängt wird.*

prot|zen ⟨sw. V.; hat⟩ [zu ↑Protz] (ugs.): a) *in der Absicht, Neid od. Bewunderung zu erwecken, eigene [vermeintliche] Vorzüge od. Vorteile in prahlerischer Weise zur Geltung bringen:* mit seiner Bildung p.; b) *protzig* (1) *sagen, äußern;* c) *sich protzig* (2) *zeigen, darbieten.*

Prot|zen|tum, Protzertum, das; -s (ugs.): *Art eines Protzers.*

Prot|ze|rei, die; -, -en (ugs.): 1. ⟨o. Pl.⟩ *[dauerndes] Protzen (a).* 2. *protzige* (1) *Äußerung, Handlung.* 3. ⟨o. Pl.⟩ *übertriebener Prunk.*

Prot|zer|tum: ↑Protzentum.

prot|zig ⟨Adj.⟩ (ugs.): 1. *in unangenehmer, herausfordernder Weise seine eigenen [vermeintlichen] Vorzüge, Vorteile (bes. seinen Besitz) hervorkehrend.* 2. *übertrieben aufwendig; herausfordernd luxuriös:* ein -er Wagen.

Prot|zig|keit, die; -: *protzige Art.*

Prov. = Provinz.

Pro|vence [prɔˈvãːs], die; -: französische Landschaft.

Pro|ve|ni|enz, die; -, -en [zu lat. provenire = hervorkommen, entstehen] (bildungsspr.): *Bereich, aus dem jmd., etw. stammt; Herkunft[sland]:* Flüchtlinge afrikanischer P.; Teppiche bester P.

Pro|ven|za|le, der; -n, -n: Ew. zu ↑Provence.

Proven|za|lin, die; -, -nen: w. Form zu ↑Provenzale.

pro|ven|za|lisch ⟨Adj.⟩: *die Provence, die Provenzalen betreffend, aus der Provence stammend.*

Pro|ven|za|lisch, das; -[s] u. **Pro|ven|za|li|sche,** das; -n ⟨nur mit best. Art.⟩: *provenzalische Sprache.*

Pro|vi|ant, der; -s, -e ⟨Pl. selten⟩ [spätmhd. profiant, (niederrhein.:) profand < afrz. provende, mniederl. provande (bzw. im 15./16. Jh. md. prof[i]ant < älter ital. provianda), über das Vlat. < spätlat. praebenda, ↑Pfründe]: *auf eine Reise, Wanderung mitgenommener Vorrat an Lebensmitteln:* als P. dienen belegte Brötchen; sich mit P. versorgen.

Pro|vi|ant|korb, der: *Korb für den Proviant.*

Pro|vi|ant|meis|ter, der (bes. Seew. früher): *Verwalter des Proviants.*

Pro|vi|der [prɔˈvaidɐ], der; -s, - [engl. provider, zu: to provide = liefern, bereitstellen]: *Anbieter von Kommunikationsdiensten (z. B. einem Zugang zum Internet).*

Pro|vinz, die; -, -en [spätmhd. provincie < spätlat. provincia = Gegend, Bereich < lat. provincia = Geschäfts-, Herrschaftsbereich; unter römischer Verwaltung stehendes, erobertes Gebiet außerhalb Italiens]: 1. *größeres Gebiet, das eine staatliche od. kirchliche Verwaltungseinheit bildet:* das Land ist in -en gegliedert; Abk.: Prov. 2. ⟨o. Pl.⟩ (oft abwertend) *Gegend, in der (mit großstädtischem Maßstab gemessen) in kultureller, gesellschaftlicher Hinsicht im Allgemeinen wenig geboten wird:* er kommt aus der P.; in der P. leben.

Pro|vinz|blatt, das: 1. *Zeitung einer Provinz* (1). 2. (abwertend) *kleinere, regional verbreitete Zeitung von geringem Niveau.*

Pro|vinz|büh|ne, die (oft abwertend): *Provinztheater.*

Pro|vinz|haupt|stadt, die: *Hauptstadt einer Provinz* (1).

Pro|vin|zi|a|lis|mus, der; -, ...men: 1. (Sprachw.) *landschaftsgebundener Ausdruck* (z. B. österr., schweiz. »allfällig« für »allenfalls [vorkommend], eventuell«). 2. ⟨o. Pl.⟩ (oft abwertend) *provinzielles* (1) *Denken, Verhalten.*

Pro|vin|zi|a|li|tät, die; - (oft abwertend): a) *provinzielle* (1) *Art, Verhaltensweise;* b) *einer Provinz* (2) *entsprechender Zustand.*

pro|vin|zi|ell ⟨Adj.⟩ [französierende Bildung zu älter: provinzial < lat. provincialis = zur Provinz gehörend]: 1. (meist abwertend) *zur Provinz* (2) *gehörend; für die Provinz charakteristisch; von geringem geistigem, kulturellem Niveau zeugend:* -e Verhältnisse. 2. *landschaftlich* (2); *mundartlich:* -e Ausdrücke.

pro|vinz|le|risch ⟨Adj.⟩ (ugs.): 1. (abwertend) *provinziell* (1). 2. (seltener) *ländlich.*

Pro|vinz|nest, das (ugs. abwertend): *kleiner, unbedeutender Ort in der Provinz* (2).

Pro|vinz|pos|se, die (abwertend): *provinziell, kleinlich, engstirnig wirkende gesellschaftliche,*

P

politische o. ä. Auseinandersetzung mit oft grotesk anmutenden Zügen.

Pro|vinz|stadt, die: *Stadt in der Provinz* (2).

Pro|vinz|the|a|ter, das (oft abwertend): *Theater in der Provinz* (2) *[von niedrigem künstlerischem Niveau].*

Pro|vi|si|on, die; -, -en [älter ital. provvisione = Vorrat; Erwerb; Vergütung, eigtl. = Vorsorge < lat. provisio (Gen.: provisionis) = Vorausschau; Vorsorge, zu: providere (2. Part.: provisum) = vorhersehen; Vorsorge treffen]: **1.** (Kaufmannsspr.) *(für die Besorgung od. Vermittlung eines [Handels]geschäftes übliche) Vergütung in Form einer [prozentualen] Beteiligung am Umsatz:* der Makler erhielt eine P. von 10 %; eine P. beanspruchen; auf/gegen P. arbeiten. **2.** (kath. Kirche) *rechtmäßige Verleihung eines Kirchenamtes.*

Pro|vi|si|ons|ba|sis, die: meist in der Verbindung **auf P.** (bes. Kaufmannsspr.; *nach dem Modus einer Entlohnung in Form einer gezahlten Provision* (1): auf P. arbeiten, beschäftigen.

Pro|vi|si|ons|rei|sen|de, der u. die (Kaufmannsspr.): *jmd., der als Handlungsreisende[r]* (a) *z. T. gegen Provision arbeitet.*

Pro|vi|sor, der; -s, ...oren [lat. provisor = Vorausseher; Vorsorger; Verwalter] (österr.): *Geistlicher, der vertretungsweise eine Pfarre o. Ä. betreut.*

pro|vi|so|risch ⟨Adj.⟩ [(nach frz. provisoire, engl. provisory), zu lat. provisum, 2. Part. von: providere, ↑Provision]: *nur als einstweiliger Notbehelf, nur zur Überbrückung eines noch nicht endgültigen Zustands dienend; vorläufig; behelfsmäßig:* eine -e Regierung; die Einrichtung ist noch p.; etw. p. reparieren.

Pro|vi|so|ri|um, das; -s, ...ien (bildungsspr.): **1.** *etw. Provisorisches; Übergangslösung:* diese Regelung ist ein P. **2.** (Philat.) *Aushilfsausgabe.*

Pro|vi|ta|min, das; -s, -e [aus lat. pro = vor u. ↑Vitamin] (Chemie): *Vorstufe eines Vitamins.*

pro|vo|kant ⟨Adj.⟩ [frz. provocant < lat. provocans (Gen.: provocantis), 1. Part. von: provocare, ↑provozieren] (bildungsspr.): *herausfordernd, provozierend* (1 a): -e Fragen; p. wirken.

Pro|vo|ka|teur [...'tøːɐ̯], der; -s, -e [frz. provocateur < lat. provocator = Herausforderer] (bildungsspr.): *jmd., der andere zu Handlungen gegen jmdn. herausfordert, aufwiegelt.*

Pro|vo|ka|teu|rin [...'tøːrɪn], die; -, -nen: w. Form zu ↑Provokateur.

Pro|vo|ka|ti|on, die; -, -en [lat. provocatio]: **1.** (bildungsspr.) *Herausforderung, durch die jmd. zu [unbedachten] Handlungen veranlasst wird od. werden soll:* das war eine gezielte P.; auf eine P. reagieren. **2.** (Med.) *künstliche Auslösung von Krankheitserscheinungen (zu diagnostischen od. therapeutischen Zwecken).*

pro|vo|ka|tiv ⟨Adj.⟩ (bildungsspr.): *herausfordernd; eine Provokation* (1) *enthaltend:* -e Fragen.

pro|vo|ka|to|risch ⟨Adj.⟩ (bildungsspr.): *herausfordernd; eine Provokation* (1) *bezweckend:* -e Übergriffe an der Grenze.

pro|vo|zie|ren ⟨sw. V.; hat⟩ [lat. provocare = heraus-, hervorrufen; herausfordern, reizen] (bildungsspr.): **1. a)** *sich so äußern, verhalten, dass sich ein anderer angegriffen fühlt u. entsprechend reagiert; herausfordern:* den Redner p.; jmdn. zu kränkenden Äußerungen p.; ⟨auch ohne Akk.-Obj.:⟩ der Autor wollte [mit dem Stück] p.; provozierende Zwischenrufe; **b)** *bewirken, dass etw. ausgelöst wird, hervorrufen:* bewusst Widerspruch p.; ein Unglück p. **2.** (Med.) *(zu diagnostischen od. therapeutischen Zwecken) bestimmte Reaktionen, Krankheitserscheinungen künstlich auslösen:* Erbrechen p.

Pro|vo|zie|rung, die; -, -en: *das Provozieren, Provoziertwerden.*

pro|xi|mal ⟨Adj.⟩ [zu lat. proximus = der nächste] (Med.): *dem zentralen Teil eines Körpergliedes bzw. der Körpermitte zu gelegen.*

Pro|ze|de|re, (auch:) Procedere, das; -, - [lat. procedere = vorwärts gehen; fortschreiten; hervortreten] (bildungsspr.): *Verfahrensordnung, -weise; Prozedur.*

Pro|ze|dur, die; -, -en [1: wohl unter Einfluss von frz. procédure zu lat. procedere, ↑prodezieren; 2: engl. procedure]: **1.** (bildungsspr.) *meist umständliche u. für den Betroffenen unangenehme Weise, in der etw. durchgeführt wird.* **2.** (EDV) *Zusammenfassung mehrerer Befehle zu einem kleinen, selbstständigen Programm.*

Pro|zent, das; -[e]s, -e ⟨aber: 5 Prozent⟩ [ital. per cento (= für hundert; im Frühnhd. pro cento), zu lat. centum = hundert]: **1.** *hundertster Teil, Hundertstel* (Hinweis bei Zahlenangaben, die sich auf die Vergleichszahl 100 beziehen): der Kognak hat 43 P. Alkohol; 10 P. [der Abgeordneten] haben zugestimmt; etw. in -en ausdrücken; Abk.: p. c., v. H. (= vom Hundert; Zeichen: %). **2.** ⟨Pl.; nicht in Verbindung mit Zahlen⟩ (ugs.) *in Prozenten* (1) *berechneter Gewinn-, Verdienstanteil:* jmdm. -e gewähren; für etw. seine -e verlangen.

-pro|zen|tig: in Zusb., z. B. fünfprozentig (mit Ziffer: 5-prozentig od. 5 %ig; fünf Prozent von etw. enthaltend, von fünf Prozent), hochprozentig *(einen hohen Prozentsatz von etw. enthaltend).*

Pro|zent|kurs, der (Börsenw.): *in Prozenten* (1) *des Nennwertes angegebener Börsenkurs.*

Pro|zent|punkt, der [wohl für engl. percentage point]: *Prozent* (1) *als Differenz zwischen zwei Prozentangaben:* der Stimmenanteil der Partei ist von 40 % auf 45 %, also um 5 -e gestiegen.

Pro|zent|rech|nung, die ⟨o. Pl.⟩: *Verfahren zur Berechnung von Prozenten* (1).

Pro|zent|satz, der: *bestimmte Anzahl von Prozenten* (1).

Pro|zent|span|ne, die (Kaufmannsspr.): *in Prozenten* (1) *des Einkaufs- od. Verkaufspreises ausgedrückte Handelsspanne.*

pro|zen|tu|al ⟨Adj.⟩ (bildungsspr.): *im Verhältnis zum vollen Hundert od. zum Ganzen; in Prozenten* (1) *ausgedrückt, berechnet:* ein -er Anteil.

pro|zen|tu|ell (österr.): ↑prozentual.

pro|zen|tu|ie|ren ⟨sw. V.; hat⟩ (Fachspr.): *in Prozenten* (1) *berechnen, ausdrücken.*

Pro|zent|wert, der: *nach Prozenten* (1) *berechneter, dem Prozentsatz entsprechender Wert.*

Pro|zess, der; -es, -e [mhd. (md.) process = Erlass, gerichtliche Entscheidung < mlat. processus = Rechtsstreit < lat. processus = das Fortschreiten, Fortgang, Verlauf, zu: procedere = fortschreiten]: **1.** *vor einem Gericht ausgetragener Rechtsstreit:* einen P. verlieren; ***jmdm. den P. machen** *(jmdn. für etw. in einem Prozess zur Verantwortung ziehen);* **[mit jmdm., etw.] kurzen P. machen** (1. ugs.; *energisch, rasch, ohne große Bedenken u. Rücksicht auf Einwände [mit jmdm., etw.] verfahren.* 2. salopp; *jmdn. skrupellos töten).* **2.** *sich über eine gewisse Zeit erstreckender Vorgang, bei dem etw. [allmählich] entsteht, sich herausbildet:* ein chemischer P.; ein P. gegenseitiger Annäherung; der P. ist abgeschlossen.

Pro|zess|ak|te, die ⟨meist Pl.⟩: *Akte zu einem Prozess* (1).

pro|zess|be|voll|mäch|tigt ⟨Adj.⟩ (Rechtsspr.): *(im Zivilprozess) aufgrund einer Prozessvollmacht zu allen einen Rechtsstreit betreffenden Prozesshandlungen berechtigt.*

Pro|zess|be|voll|mäch|tig|te, der u. die (Rechtsspr.): *jmd. (bes. ein Anwalt), der prozessbevollmächtigt ist.*

Pro|zess|dampf, der (Technik): *Wasserdampf [von hoher Temperatur], der die für viele technologische Prozesse* (2) *erforderliche Prozesswärme liefert.*

pro|zess|fä|hig ⟨Adj.⟩ (Rechtsspr.): *aufgrund bestimmter Voraussetzungen (z. B. Volljährigkeit) fähig, Prozesshandlungen selbst od. durch einen selbst gewählten Prozessbevollmächtigten vor- od. entgegenzunehmen.*

Pro|zess|fä|hig|keit, die ⟨o. Pl.⟩ (Rechtsspr.): *das Prozessfähigsein.*

pro|zess|füh|rend ⟨Adj.⟩ (Rechtsspr.): *einen Prozess* (1) *führend, in einem Prozess* (1) *gegeneinander streitend.*

Pro|zess|geg|ner, der: *jmds. Gegner im Zivilprozess.*

Pro|zess|geg|ne|rin, die: w. Form zu ↑Prozessgegner.

Pro|zess|hand|lung, die (Rechtsspr.): *Erklärung einer Partei im Zivilprozess, die den Prozess rechtlich gestaltet* (z. B. Erhebung u. Zurücknahme der Klage).

pro|zes|sie|ren ⟨sw. V.; hat⟩ [zu ↑Prozess (1)]: *zur Klärung eines Streites gegen jmdn. gerichtlich vorgehen, einen Prozess führen:* gegen jmdn. p.

Pro|zes|si|on, die; -, -en [(kirchen)lat. processio, eigtl. = das Vorrücken; feierlicher Aufzug, zu: procedere = fortschreiten] (in der kath. u. orthodoxen Kirche): *feierlicher Umzug von Geistlichen u. Gemeinde:* an einer P. teilnehmen; mit der P. gehen.

Pro|zes|si|ons|kreuz, das: *bei Prozessionen mitgeführtes Kreuz.*

Pro|zes|si|ons|spin|ner, der: *plumper [grauer] Nachtfalter, dessen Raupen sich in langen, geschlossenen Reihen fortbewegen.*

Pro|zess|kos|ten ⟨Pl.⟩: *in einem Prozess* (1) *für eine Prozesspartei anfallende Kosten.*

Pro|zess|kos|ten|hil|fe, die ⟨o. Pl.⟩ (Rechtsspr.): *Recht einer prozessführenden Partei, bei Bedürftigkeit von den Prozesskosten befreit zu werden.*

Pro|zes|sor, der; -s, ...oren (EDV): *zentraler Teil einer elektronischen Datenverarbeitungsanlage, der das Rechenwerk u. das Steuerwerk enthält.*

Pro|zess|ord|nung, die (Rechtsspr.): *Bestimmungen, die den formalen Ablauf eines Prozesses* (1) *regeln.*

pro|zess|ori|en|tiert ⟨Adj.⟩: *am (Arbeits)ablauf orientiert:* -es Denken.

Pro|zess|ori|en|tie|rung, die: *Ausrichtung [der Organisationsform eines Betriebes, Unternehmens o. Ä.] am (Arbeits)ablauf.*

Pro|zess|par|tei, die (Rechtsspr.): *eine der beiden gegnerischen Parteien im Zivilprozess.*

Pro|zess|rech|ner, der (EDV): *elektronische Rechenanlage zur Steuerung technischer Prozesse od. komplizierter wissenschaftlicher Versuchsabläufe.*

Pro|zess|recht, das ⟨o. Pl.⟩ (Rechtsspr.): *Verfahrensrecht.*

Pro|zess|schutz, der (Ökologie): *grundsätzliches Sich-selbst-Überlassen von natürlichen Abläufen in Waldgebieten o. Ä.*

pro|zes|su|al ⟨Adj.⟩: **1.** (Rechtsspr.): *einen Prozess* (1) *betreffend, zu ihm, seinem Ablauf gehörend.* **2.** (selten) *einen Prozess* (2) *betreffend.*

Pro|zess|ver|schlep|pung, die (Rechtsspr.): *Verschleppung eines Prozesses* (1) *durch eine der beiden Prozessparteien.*

Pro|zess|voll|macht, die (Rechtsspr.): *Vollmacht, jmdn. bei allen einen Rechtsstreit betreffenden Prozesshandlungen zu vertreten.*

Pro|zess|wär|me, die (Technik): *zur Durchführung technologischer Prozesse* (2), *bes. bei chemischen Reaktionen benötigte Wärme, die z. B. mithilfe von Kernreaktoren erzeugt wird.*

pro|zy|klisch [auch: ...'tsʏk...] ⟨Adj.⟩ [aus lat. pro = für u. ↑zyklisch] (Wirtsch.): *einem bestehenden Konjunkturzustand gemäß:* eine -e Wirtschaftspolitik.

prü|de ⟨Adj.⟩ [frz. prude < afrz. prod = tüchtig, tapfer; sittsam, wohl aus der Fügung: prode femme = ehrbare Frau]: *in Bezug auf Sexuelles unfrei u. sich peinlich davon berührt fühlend:* ein -r Mensch; ein -s Zeitalter.

Prü|de|rie, die; - [frz. pruderie, zu: prude, ↑prüde]: *prüde Wesensart, prüdes Verhalten.*

Prüf|au|to|mat, der (Technik): *Automat zum Prüfen von Werkstücken.*

prüf|bar ⟨Adj.⟩: *sich prüfen* (1, 2 a, 3 a) *lassend.*

Prüf|be|richt, der: *schriftliches Resultat einer Prüfung.*

prü|fen ⟨sw. V.; hat⟩ [mhd. brüeven, prüeven = erwägen; erkennen; beweisen; bemerken; schätzen; erproben, über das Vlat.-Roman. (vgl. ital.

provare, afrz. prover) < lat. probare = als gut erkennen, billigen; prüfen; zu: probus = gut, rechtschaffen, tüchtig]: **1. a)** *(bes. Geräte, Maschinen u. Ä.) auf Qualität, Funktionstüchtigkeit hin untersuchen:* etw. auf seine Festigkeit p.; amtlich geprüfte Messgeräte; **b)** *einen Sachverhalt, ein Schriftstück im Hinblick auf die Richtigkeit, Akzeptabilität kontrollieren:* die Echtheit einer Sache p.; **c)** *ein Angebot im Hinblick auf seine Brauchbarkeit untersuchen:* die Sonderangebote p.; ⟨auch o. Akk.-Obj.:⟩ erst p., dann kaufen; **d)** *die Eigenschaften, den Zustand von etw. festzustellen suchen.* **2. a)** *jmdn. eingehend testen, forschend beobachten, um ihn einschätzen zu können:* jmds. Eignung p.; jmdn. auf seine Reaktionsfähigkeit p.; **b)** ⟨p. + sich⟩ *über die eigene Person reflektieren, um sich selbst einzuschätzen.* **3. a)** *durch entsprechende Aufgabenstellung od. Fragen jmds. Kenntnisse, Fähigkeiten, Leistungen auf einem bestimmten Gebiet festzustellen suchen;* **b)** *in einem bestimmten Sachgebiet Prüfungen durchführen:* Latein p. **4.** (geh.) *schicksalhaften Belastungen aussetzen; mitnehmen* (2): [vom Leben] schwer geprüft sein. **5.** (Sport) *jmdn. im sportlichen Wettkampf derart fordern, dass er sein ganzes Können unter Beweis stellen muss.*

Prü|fer, der; -s, - [mhd. prüever]: **1.** *jmd., der beruflich etw. prüft* (1 a, b). **2.** *jmd., der jmdn., etw. prüft* (3).

Prü|fer|bi|lanz, die (Wirtsch.): *im Rahmen einer steuerlichen Buch- u. Betriebsprüfung vom Prüfer aufgestellte Bilanz.*

Prü|fe|rin, die; -, -nen: w. Form zu ↑Prüfer.

Prüf|feld, das (Technik): *Einrichtung mit mehreren Prüfständen zum Prüfen* (1 a).

Prüf|ge|rät, das (Technik): *Gerät zum Prüfen [von Werkstücken].*

Prüf|ling, der; -s, -e: **1.** *jmd., der geprüft wird.* **2.** (Fachspr.) *auf seine Eignung, Qualität, Funktionstüchtigkeit u. Ä. zu prüfendes Produkt, [Werk]stück, [Bau]teil.*

Prüf|mus|ter, das (Fachspr.): *Produkt einer Produktionsserie, das auf seine vorgeschriebenen Eigenschaften amtlich geprüft wird.*

Prüf|pla|ket|te, die: *Plakette an einem Kraftfahrzeug, einem technischen Gerät o. Ä., die dessen einwandfreien Zustand bestätigt.*

Prüf|stand, der (Technik): *mit Messgeräten ausgestattete Anlage zum Prüfen von Maschinen, Geräten, Bauteilen auf bestimmte Eigenschaften, insbes. Funktionstüchtigkeit, Betriebssicherheit, Verhalten bei längerer Belastung.*

Prüf|stein, der [urspr. = Probestein]: *etw., woran sich etw., jmd. bewähren bzw. woran sich etw. als richtig erweisen muss.*

Prüf|stel|le, die: *Stelle, Institution, wo etw. geprüft* (1 a) *wird.*

Prü|fung, die; -, -en [mhd. prüevunge]: **1.** *das Prüfen* (1): die P. von Geräten; die Argumente halten einer P. stand. **2.** *das Prüfen* (2), *Geprüftwerden:* jmdn. einer P. [auf besondere Fähigkeiten] unterziehen. **3.** *[durch Vorschriften] geregeltes Verfahren, das dazu dient, jmdn. zu prüfen* (3): sich einer P. unterziehen; bei, in einer P. versagen; jmdn. zu einer P. zulassen. **4.** (geh.) *schicksalhafte Belastung;* etw. ist eine harte P. für jmdn. **5.** (Sport) *Wettbewerb, der bestimmte hohe Anforderungen stellt.*

Prü|fungs|an|for|de|run|gen ⟨Pl.⟩: *für eine Prüfung* (3) *festgelegte Anforderungen an die Prüflinge.*

Prü|fungs|angst, die: *Angst vor einer Prüfung* (3).

Prü|fungs|ar|beit, die: *zur Prüfung* (3) *gehörende schriftliche Arbeit.*

Prü|fungs|auf|ga|be, die: *zur Prüfung* (3) *gehörende Aufgabe.*

Prü|fungs|be|din|gun|gen ⟨Pl.⟩: vgl. Prüfungsanforderungen.

Prü|fungs|er|geb|nis, das: *Ergebnis einer Prüfung* (3).

Prü|fungs|fach, das: *in einer Prüfung* (3) *geprüftes Fach.*

Prü|fungs|fra|ge, die: *in einer Prüfung* (3) *zu beantwortende Frage.*

Prü|fungs|ge|bühr, die: *für eine [Über]prüfung zu entrichtende Gebühr.*

Prü|fungs|kom|mis|sar, der: *Vertreter einer staatlichen Behörde, der eine Prüfung* (3) *überwacht.*

Prü|fungs|kom|mis|sa|rin, die: w. Form zu ↑Prüfungskommissar.

Prü|fungs|kom|mis|si|on, die: *staatliche Kommission, die eine Prüfung* (3) *abnimmt.*

Prü|fungs|ord|nung, die: *Vorschriften für die Durchführung von Prüfungen* (3).

Prü|fungs|ter|min, der: *Termin für die Prüfung* (3).

Prü|fungs|un|ter|la|gen ⟨Pl.⟩: *zur Prüfung* (3) *gehörende Unterlagen.*

Prü|fungs|ver|fah|ren, das: *Verfahren der Durchführung einer Prüfung* (3).

Prü|fungs|ver|merk, der: *Vermerk über die Prüfung* (1) *auf Richtigkeit o. Ä.*

Prü|fungs|zeug|nis, das: *Zeugnis über eine Prüfung* (3).

Prüf|ver|fah|ren, das: *Verfahren, nach dem etw. geprüft* (1 a, d) *wird.*

Prüf|vor|schrift, die: *Vorschrift für eine [Über]prüfung.*

Prü|gel, der; -s, - [spätmhd. brügel = Knüppel, Knüttel, verw. mit ↑Brücke]: **1. a)** (bes. landsch.) *Knüppel* (1 a); **b)** (derb) *Penis.* **2.** ⟨Pl.⟩ *Schläge [mit einem Stock]:* P. austeilen; es gab, hagelte, setzte P.

Prü|ge|lei, die; -, -en: *das Sichprügeln; Schlägerei.*

Prü|gel|kna|be, der [angeblich früher ein Knabe einfachen Standes, der mit einem Fürstensohn zusammen erzogen wurde u. die Prügel (2) bezog, die eigentlich jenem zukam]: *jmd., der für die Verfehlungen eines anderen Vorwürfe, die Schuld od. Strafe bekommt:* den -n für etw. abgeben.

prü|geln ⟨sw. V.; hat⟩ [urspr. = (Brücken) mit Prügeln (1 a) bedecken; einem Hund einen Prügel (1 a) vor die Beine hängen]: **1. a)** *heftig, bes. mit einem Stock [zur Strafe] schlagen:* einen Hund p.; sie haben sich/(geh.:) einander geprügelt; **b)** *durch Prügeln in einen bestimmten Zustand bringen:* jmdn. windelweich p.; **c)** *prügelnd irgendwohin treiben:* jmdn. aus dem Lokal p. **2.** ⟨p. + sich⟩ *einen Streit mit jmdm. mit den Fäusten austragen; sich mit jmdm. schlagen.*

Prü|gel|stra|fe, die ⟨Pl. selten⟩: *Bestrafung mit Peitschen-, Stock- od. Rutenhieben:* jmdm. die P. androhen.

Prü|gel|sze|ne, die: **1.** *Szene* (1), *in der geprügelt wird.* **2.** *Szene* (3 a), *bei der geprügelt wird:* es kam zu -n.

Prunk, der; -[e]s [aus dem Niederd. < mniederd. prunk, verw. mit ↑prangen]: *auf Wirkung bedachte, als übermäßig empfundene Pracht:* leerer P.; P. entfalten.

Prunk|bau, der ⟨Pl. -ten⟩: *prunkvoller Bau:* einen P. errichten.

Prunk|bett, das: *prunkvolles Bett [eines Fürsten].*

prun|ken ⟨sw. V.; hat⟩ [aus dem Niederd. < mniederd. prunken, wahrsch. lautm. für das bei großen Feiern übliche laute Treiben]: **1. a)** *durch prunkvolles Aussehen die Aufmerksamkeit auf sich ziehen:* eine prunkende Fassade; **b)** (geh.) *prangen:* die Felder prunkten im Schmuck der Blüten. **2.** *etw. Besonderes zeigen, sich mit etw. Besonderem sehen od. hören lassen, um [prahlerisch] damit Eindruck zu machen:* mit seinem Können p.

Prunk|ge|wand, das: *prunkvolles Gewand.*

prunk|lie|bend ⟨Adj.⟩: *den Prunk liebend.*

prunk|los ⟨Adj.⟩: *ohne Prunk.*

Prunk|saal, der: *prunkvoller Saal [in einem Schloss].*

Prunk|sit|zung, die: *prunkvolle Karnevalssitzung.*

Prunk|stück, das: *etw., was wegen seiner Kostbarkeit, seines Werts o. Ä. herausragt.*

Prunk|sucht, die ⟨o. Pl.⟩ (abwertend): *übermäßiger Hang zum Prunk.*

prunk|süch|tig ⟨Adj.⟩: *durch Prunksucht gekennzeichnet.*

prunk|voll ⟨Adj.⟩: *prächtig [ausgestattet]; luxuriös:* -e Gewänder; ein -es Fest.

prus|ten ⟨sw. V.; hat⟩ [aus dem Niederd. < mniederd. prûsten, lautm.]: **1.** *Atemluft mit dem Geräusch des Sprudelns, Blasens od. Schnaubens heftig ausstoßen.* **2.** *etw. prustend* (1) *irgendwohin blasen, spritzen.*

Pry|ta|nei|on, das; -s, ...eien, **Pry|ta|ne|um,** das; -s, ...een [griech. prytaneĩon]: *Haus für die Versammlungen der altgriech. Stadtstaatbehörde.*

¹PS [peːˈɛs], das; -, -: = Pferdestärke: eine Motorleistung von einem PS.

²PS = Postskriptum.

Psalm, der; -s, -en [mhd. psalm(e), ahd. psalm(o) < kirchenlat. psalmus < griech. psalmós, eigtl. = das Zupfen der Saiten eines Musikinstrumentes, zu: psállein = berühren, betasten; die Saite zupfen, Zither spielen]: *eines der im Alten Testament gesammelten religiösen Lieder des jüdischen Volkes:* die -en Davids.

Psal|mist, der; -en, -en [kirchenlat. psalmista < griech. psalmistḗs]: *Verfasser von Psalmen.*

Psal|mo|die, die; -, -n [mhd. psalmodīe < kirchenlat. psalmodia < griech. psalmōdía] (Rel.): *rezitativisches Singen, bes. als vorwiegend auf einem bestimmten Ton ausgeführter liturgischer Sprechgesang, dessen Gliederung durch festliegende melodische Formeln markiert wird.*

psal|mo|di|e|ren ⟨sw. V.; hat⟩: *in der Art der Psalmodie singen.*

Psal|ter, der; -s, - [mhd. psalter, ahd. psalteri < (kirchen)lat. psalterium < griech. psaltḗrion; 3: nach den Blättern eines Psalters (2), weil die Längsfalten des Magens blattartig nebeneinander liegen]: **1.** *(im MA.) trapezförmige od. dreieckige Zither ohne Griffbrett.* **2.** (Rel.) **a)** *(im A. T.) Buch der Psalmen;* **b)** *(im MA.) liturgisches Textbuch mit den Psalmen u. entsprechenden Wechselgesängen.* **3.** (Biol.) *Blättermagen.*

PSchA = Postscheckamt.

pscht: ↑pst.

pseud-, Pseud-: ↑pseudo-, Pseudo-.

Pseud|epi|graph, (auch:) Pseudepigraf, das; -s, -en ⟨meist Pl.⟩ [↑Epigraph]: **1.** (Altertumswissenschaft) *einem Autor fälschlich zugeschriebene Schrift aus der Antike.* **2.** *Apokryph.*

pseu|do-, Pseu|do- (vor Vokalen auch:) pseud-, Pseud- [zu griech. pseúdein = belügen, täuschen]: **1.** (Fachsprache) bedeutet in Bildungen mit Substantiven od. Adjektiven *falsch, schein-, Schein-:* pseudonym; Pseudokrupp. **2.** (häufig abwertend) drückt in Bildungen mit Substantiven oder Adjektiven aus, dass eine Person oder Sache nur dem Anschein nach jmd. oder etw. ist bzw. sich den Anschein gibt, jmd. oder etw. zu sein, es in Wirklichkeit jedoch nicht ist: Pseudochrist, -kritik; pseudodemokratisch, -originell.

Pseu|do|krupp, der (Med.): *(bes. bei Kindern auftretende, dem Krankheitsbild eines Krupps ähnliche) Krankheit mit Anfällen von Atemnot u. Husten bei Entzündung des Kehlkopfes.*

Pseu|do|lo|gie, die; -, ...ien [zu griech. pseudología = Lüge] (Psych., Med.): *krankhaftes Lügen.*

pseu|do|lo|gisch ⟨Adj.⟩ (Psych., Med.): *krankhaft zum Lügen neigend.*

pseu|do|morph ⟨Adj.⟩ (Mineral.): *Pseudomorphose aufweisend.*

Pseu|do|mor|pho|se, die; -, -n [geb. nach ↑Metamorphose] (Mineral.): *[Auftreten eines] Mineral[s] in der Kristallform eines anderen Minerals.*

pseu|do|nym ⟨Adj.⟩ [griech. pseudṓnymos = mit falschem Namen (auftretend), zu: ónyma = Name] (bildungsspr.): *unter einem Pseudonym [verfasst]:* ein -es Werk.

Pseu|do|nym, das; -s, -e: *angenommener, nicht der wirkliche Name (bes. eines Autors); Deckname* (a): das Buch erschien unter einem P.

pseu|do|wis|sen|schaft|lich ⟨Adj.⟩ (bildungsspr. abwertend): *nur dem Anschein nach wissenschaftlich:* p. arbeiten.

PSF = Postschließfach.

Psi, das; -[s], -s [1: spätgriech. psĩ < griech. pseĩ; 2: nach dem ersten Buchstaben des griech. Wortes psychḗ = Seele]: **1.** *vorletzter Buchstabe des griechischen Alphabets* (Ψ, ψ). **2.** ⟨meist o. Art.; o. Pl.⟩ (Parapsych.) *bestimmendes Element parapsychischer Vorgänge.*

Psi|phä|no|men, das [aus ↑Psi (2) u. ↑Phänomen] (Parapsych.): *parapsychisches Phänomen.*

Psit|ta|ko|se, die; -, -n [zu griech. psíttakos = Papagei] (Med.): *Papageienkrankheit.*

Pso|ri|a|sis, die; -, ...asen [zu griech. psṓra = Krätze] (Med.): *Schuppenflechte.*

pst: *still!; leise!:* pst! Das darf er nicht hören!

psych-, Psych-: psycho-, Psycho-.

Psy|cha|go|ge, der; -n, -n [griech. psychagōgós = der die Seelen (der Verstorbenen) leitet (Beiname des Hermes), zu: psychḗ (↑Psyche) u. ágein = führen]: *Psychotherapeut, Pädagoge, der sich auf Psychagogik spezialisiert hat.*

Psy|cha|go|gik, die; -: *pädagogisch-therapeutische Betreuung zum Abbau von Verhaltensstörungen o. Ä.*

Psy|cha|go|gin, die; -, -nen: w. Form zu ↑Psychagoge.

Psy|che, die; -, -n [1: griech. psychḗ = Hauch, Atem; Seele; 2: (über ital. psiche <) frz. psyché < spätlat. Psyche < griech. Psychḗ, nach dem Namen der vollendet schönen Gattin des Amor in der Fabel des lat. Dichters Apulejus (2. Jh. n. Chr.)]: **1.** (Fachspr., bildungsspr.) *Seele* (1): die P. der Frau; die kindliche P. **2.** (österr. veraltend) *Frisiertoilette.*

psy|che|de|lisch, psychodelisch ⟨Adj.⟩ [engl. psychedelic, zu griech. psychḗ (↑Psyche) u. dēloũn = offenbaren, klar machen]: **a)** *das Bewusstsein verändernd; einen euphorischen, tranceartigen Gemütszustand hervorrufend:* -e Drogen; p. wirkende Drogen wie LSD und Meskalin; **b)** *in einem (bes. durch Rauschmittel hervorgerufenen) euphorischen, tranceartigen Gemütszustand befindlich.*

Psy|chi|a|ter, der; -s, - [zu griech. psychḗ (↑Psyche) u. iatrós = Arzt]: *Facharzt für Psychiatrie.*

Psy|chi|a|te|rin, die; -, -nen: w. Form zu ↑Psychiater.

Psy|chi|a|trie, die; -, -n [zu griech. iatreía = das Heilen]: **1.** ⟨o. Pl.⟩ *Teilgebiet der Medizin, das sich mit der Erkennung u. Behandlung von Geisteskrankheiten u. seelischen Störungen befasst:* ein Facharzt für Neurologie und P. **2.** (Jargon) *psychiatrische Abteilung, Klinik.*

psy|chi|a|trie|ren ⟨sw. V.; hat⟩ (bes. österr.): *psychiatrisch untersuchen:* einen Angeklagten p.

psy|chi|a|trisch ⟨Adj.⟩ (Med.): *die Psychiatrie betreffend, auf ihr beruhend; mit den Mitteln, Methoden der Psychiatrie:* die -e Chirurgie; eine -e Abteilung.

psy|chisch ⟨Adj.⟩ [griech. psychikós = zur Seele gehörend] (bildungsspr.): *die Psyche betreffend; seelisch:* das -e Gleichgewicht; -e Vorgänge; unter -em Druck arbeiten; p. normal sein; etw. wirkt sich p. bei jmdm. aus.

psy|cho-, Psy|cho-, (vor Vokalen auch:) psych-, Psych- [zu griech. psychḗ, ↑Psyche] ⟨Best. in Zus. mit der Bed.⟩: *die Psyche, das Psychische betreffend* (z. B. Psychogramm, psychotherapeutisch, Psychagoge).

Psy|cho|ana|ly|se, die; -, -n [gepr. von dem österr. Psychiater u. Neurologen S. Freud (1856–1939)] (Psych.): **1.** ⟨o. Pl.⟩ *psychotherapeutische Methode zur Heilung psychischer Störungen, Krankheiten, Fehlleistungen o. Ä. durch Aufdeckung u. Bewusstmachung ins Unbewusste verdrängter Triebkonflikte.* **2.** *Untersuchung, Behandlung nach der Methode der Psychoanalyse* (1): sich einer P. unterziehen.

psy|cho|ana|ly|sie|ren ⟨sw. V.; hat⟩: *psychoanalytisch behandeln:* jmdn. p.

Psy|cho|ana|ly|ti|ker, der; -s, -: *die Psychoanalyse anwendender Arzt od. Psychologe mit spezieller psychotherapeutischer Ausbildung.*

Psy|cho|ana|ly|ti|ke|rin, die; -, -nen: w. Form zu ↑Psychoanalytiker.

psy|cho|ana|ly|tisch ⟨Adj.⟩: *die Psychoanalyse betreffend, darauf beruhend, mit den Mitteln der Psychoanalyse erfolgend:* die -e Methode.

Psy|cho|bio|lo|gie, die; -: *(von H. Lungwitz begründete) Forschungsrichtung der Psychologie, in der die psychischen Vorgänge als biologische Nerven-Gehirn-Funktionen betrachtet werden.*

Psy|cho|che|mie, die; -: *Wissenschaft von der Entwicklung synthetischer Drogen zur Behandlung seelischer Erkrankungen.*

Psy|cho|di|a|gnos|tik, die; -: *Wissenschaft u. Lehre von den Methoden zur Erfassung psychischer Besonderheiten von Personen od. Personengruppen.*

Psy|cho|dra|ma, das; -s, ...men: **1.** (Literaturw.) *Einpersonenstück, das seelische Vorgänge als dramatische Handlung gestaltet.* **2.** (Psych.) *psychotherapeutische Methode, die den Patienten dazu anregt, seine Konflikte schauspielerisch darzustellen, um sich so von ihnen zu befreien.*

psy|cho|gen ⟨Adj.⟩ [↑-gen] (Med., Psych.): *seelisch bedingt.*

Psy|cho|ge|ne|se, Psy|cho|ge|ne|sis, die; -, ...nesen (Psych.): *Entstehung u. Entwicklung des Seelenlebens.*

Psy|cho|gno|sie, die; - [zu griech. gnṓsis, ↑Gnosis] (Psych.): *das Deuten u. Erkennen von Seelischem.*

Psy|cho|gra|fie: ↑Psychographie.

Psy|cho|gramm, das; -s, -e [↑-gramm] (Psych.): **1.** *psychologische Persönlichkeitsstudie.* **2.** *grafische Darstellung von Fähigkeiten u. Eigenschaften einer Persönlichkeit.*

Psy|cho|gra|phie, (auch:) Psychografie, die; -, -n [↑-graphie] (Psych.): *umfassende psychologische Beschreibung einer Person u. Erfassung ihrer seelischen u. geistigen Einzeldaten.*

Psy|cho|hy|gi|ene, die; -: *Wissenschaft u. Lehre von der Erhaltung der seelischen u. geistigen Gesundheit als Teilgebiet der angewandten Psychologie.*

Psy|cho|id, das; -[e]s (Psych.): *(nach C. G. Jung) seelenähnliche Schicht, die dem Bereich der Triebe nahe steht.*

Psy|cho|ki|ne|se, die; - [zu griech. kínēsis = Bewegung] (Parapsych.): *physikalisch nicht erklärbare Einwirkung eines Menschen auf materielles Geschehen* (z. B. das Bewegen eines Gegenstands, ohne ihn zu berühren); Abk.: PK.

Psy|cho|krieg, der; -[e]s, -: vgl. Psychoterror.

Psy|cho|kri|mi, der; -s, -s, (selten:) -, - (ugs.): *psychologischer* (2 a) *Kriminalfilm, -roman, psychologisches Kriminalstück.*

Psy|cho|lin|gu|is|tik, die; - (Sprachw.): *Wissenschaft von den psychischen Vorgängen beim Erlernen der Sprache u. bei ihrem Gebrauch.*

Psy|cho|lo|ge, der; -n, -n [↑-loge]: **1.** *wissenschaftlich ausgebildeter Fachmann auf dem Gebiet der Psychologie.* **2.** *jmd., der psychologisches Verständnis hat.*

Psy|cho|lo|gie, die; - [↑-logie]: **1.** *Wissenschaft von den bewussten u. unbewussten seelischen Vorgängen, vom Erleben u. Verhalten des Menschen:* pädagogische P.; P. studieren. **2.** *Verständnis für, Eingehen auf die menschliche Psyche:* bei solchen Konflikten kommt man nur mit P. weiter. **3.** *psychische Verhaltensweise.*

Psy|cho|lo|gin, die; -, -nen: w. Form zu ↑Psychologe.

psy|cho|lo|gisch ⟨Adj.⟩: **1. a)** *die Psychologie* (1) *betreffend:* die -e Literatur; p. geschult sein; **b)** *auf der Psychologie* (1) *beruhend; mit den Mitteln der Psychologie [ausgeführt]:* -e Tests; jmdn. p. testen. **2. a)** *die Psychologie* (2) *betreffend:* -es Einfühlungsvermögen; jmdn. p. betreuen; **b)** (ugs.) *psychologisch* (2 a) *geschickt:* das war nicht sehr p. von dir. **3.** *die Psychologie* (3) *betreffend, darauf beruhend:* p. bedingt sein.

psy|cho|lo|gi|sie|ren ⟨sw. V.; hat⟩ (bildungsspr. abwertend): *[in übersteigerter Weise] psychologisch* (2 a) *gestalten:* ein psychologisierender Film; ⟨seltener mit Akk.-Obj.:⟩ die Personen eines Films p.

Psy|cho|lo|gis|mus, der; -: *Überbewertung der Psychologie [als Grundlage aller wissenschaftlichen Disziplinen].*

Psy|cho|me|trie, die; - [↑-metrie]: **1.** (Psych.) *quantitative Messung psychischer Funktionen, Fähigkeiten, der Zeitdauer psychischer Vorgänge.* **2.** (Parapsych.) *Verfahren, durch Kontakt mit einem Gegenstand über dessen Besitzer Aussagen zu machen.*

Psy|cho|neu|ro|se, die; -, -n (Med., Psych.): *Neurose, der ein psychischer Konflikt zugrunde liegt.*

Psy|cho|path, der; -en, -en [↑-path (1)] (Psych.; bildungsspr.): *jmd., der an Psychopathie leidet.*

Psy|cho|pa|thie, die; -, -n [↑-pathie (1)] (Psych.): *Abnormität des Gefühls- u. Gemütslebens, die sich in Verhaltensstörungen äußert.*

Psy|cho|pa|thin, die; -, -nen: w. Form zu ↑Psychopath.

psy|cho|pa|thisch ⟨Adj.⟩ (Psych.; bildungsspr.): **a)** *an Psychopathie leidend:* ein -er Mörder; **b)** *die Psychopathie betreffend, durch sie gekennzeichnet:* ein -es Verhalten.

Psy|cho|pa|tho|lo|gie, die; - (Psych., Med.): *Wissenschaft u. Lehre von den krankhaften Veränderungen des Seelenlebens, bes. von Psychosen u. Psychopathien.*

Psy|cho|phar|ma|kon, das; -s, ...ka [zu griech. phármakon = Heilmittel] (Med., Psych.): *auf die Psyche einwirkendes Arzneimittel.*

Psy|cho|phy|sik, die; - (Psych., Med.): *Wissenschaft von den Wechselbeziehungen des Physischen u. des Psychischen, von den Beziehungen zwischen Reizen u. ihrer Empfindung.*

Psy|cho|phy|si|o|lo|gie, die; -: *Teilgebiet der Psychologie, das sich mit den physiologischen u. biochemischen Grundlagen psychischer Vorgänge befasst.*

psy|cho|phy|sisch ⟨Adj.⟩: *die Psychophysik betreffend.*

Psy|cho|pro|phy|la|xe, die; - (Psych.): **1.** *systematische psychologische Vorbereitung auf bevorstehende Ereignisse (z. B. auf eine Entbindung).* **2.** *vorbeugende Maßnahmen der Psychohygiene.*

Psy|cho|se, die; -, -n [zu ↑Psyche]: (Psych., Med.) *schwere geistig-seelische Störung; Gemüts-, Geisteskrankheit.*

Psy|cho|so|ma|tik, die; - [zu griech. sõma = Leib, Körper] (Med.): *Wissenschaft von der Bedeutung seelischer Vorgänge für Entstehung u. Verlauf von Krankheiten.*

psy|cho|so|ma|tisch ⟨Adj.⟩ (Med.): *die Psychosomatik betreffend; auf seelisch-körperlichen Wechselwirkungen beruhend:* -e Störungen.

psy|cho|so|zi|al ⟨Adj.⟩ (Sozialpsych.): *(von psychischen Faktoren, Fähigkeiten o. Ä.) durch soziale Gegebenheiten (wie z. B. Sprache, Kultur, Gesellschaft) bedingt.*

Psy|cho|ter|ror, der; -s: *(bes. in der politischen Auseinandersetzung angewandte) Methode, einen Gegner mit psychologischen Mitteln (wie Verunsicherung, Bedrohung) einzuschüchtern u. gefügig zu machen.*

Psy|cho|the|ra|peut, der; -en, -en: *die Psychotherapie anwendender Arzt od. Psychologe.*

Psy|cho|the|ra|peu|tik, die; - (Med.): *praktische Anwendung der Psychotherapie.*

Psy|cho|the|ra|peu|tin, die; -, -nen: w. Form zu ↑Psychotherapeut.

psy|cho|the|ra|peu|tisch ⟨Adj.⟩ (Psych., Med.): *die Psychotherapie betreffend, zu ihr gehörend, auf ihr beruhend:* jmdn. p. behandeln.

Psy|cho|the|ra|pie, die; -, -n (Psych., Med.): **1.** ⟨o. Pl.⟩ *Gesamtheit der psychologischen Behandlungsverfahren zur Heilung oder Linderung von Störungen im seelischen Bereich, in den sozialen Beziehungen, im Verhalten oder auch in bestimmten Körperfunktionen.* **2.** *Therapie, Behandlung mit den Mitteln, Methoden der Psychotherapie* (1).

Psy|cho|thril|ler, der; -s, -: *psychologischer* (2 a) *Thriller.*

Psy|cho|ti|ker, der; -s, - (Psych., Med.): *jmd., der an einer Psychose leidet.*

P

Psy|cho|ti|ke|rin, die; -, -nen: w. Form zu ↑Psychotiker.

psy|cho|tisch ⟨Adj.⟩ (Psych., Med.): **a)** *zum Erscheinungsbild einer Psychose gehörend;* **b)** *an einer Psychose leidend; geistes-, gemütskrank.*

psy|cho|trop ⟨Adj.⟩ [zu griech. tropē̆ = (Hin)wendung] (Med.): *auf die Psyche einwirkend, psychische Prozesse beeinflussend.*

Psy|chro|me|ter, das; -s, - [↑-meter (1)] (Met.): *Gerät zur Messung der Luftfeuchtigkeit.*

pt = Pint.

Pt = Platin.

P. T. = pleno titulo.

Pta = Peseta.

PTA = pharmazeutisch-technische Assistentin, pharmazeutisch-technischer Assistent.

pto|le|mä|isch ⟨Adj.⟩: *nach dem ägyptischen Astronomen Ptolemäus (etwa 100 bis 160) benannt:* das -e *(geozentrische)* Weltsystem.

PTT = Schweizerische Post-, Telefon- und Telegrafenbetriebe (bis 1998).

PTT-Bus, der (schweiz.): *Postbus.*

Pty|a|lin, das; -s [zu griech. ptýalon = Speichel] (Biochemie): *Stärke spaltendes Enzym im Speichel.*

Pu = Plutonium.

Pub [pap, engl.: pʌb], das, auch: der; -s, -s [engl. pub, gek. aus: public house, eigtl. = öffentliches Haus]: engl. Bez. für *Kneipe, Wirtshaus.*

pu|be|ral, pu|ber|tär ⟨Adj.⟩ [zu ↑Pubertät] (bildungsspr.): **a)** *mit der Pubertät zusammenhängend; durch die Pubertät gekennzeichnet; für die Pubertät typisch;* **b)** *in der Pubertät befindlich, begriffen.*

Pu|ber|tät, die; - [lat. pubertas = Geschlechtsreife, Mannbarkeit, zu: pubes = mannbar, männlich, erwachsen]: *zur Geschlechtsreife führende Entwicklungsphase des jugendlichen Menschen; Reifezeit.*

Pu|ber|täts|zeit, die: *Zeit der Pubertät.*

pu|ber|tie|ren ⟨sw. V.; hat⟩ (bildungsspr.): *sich in der Pubertät befinden:* er fängt schon an zu p.

Pu|bes|zenz, die; - [zu lat. pubescere = mannbar werden, heranwachsen] (Med.): *Ausbildung der Geschlechtsreife.*

Pu|bli|ci|ty [pʌˈblɪsɪtɪ], die; - [engl. publicity < frz. publicité, zu: public, ↑publik]: **a)** *durch Medienpräsenz bedingte Bekanntheit in der Öffentlichkeit:* als Filmschauspieler P. genießen; **b)** *Propaganda zur Sicherung eines hohen Bekanntheitsgrades od. um öffentliches Aufsehen zu erregen.*

pu|bli|ci|ty|scheu ⟨Adj.⟩: *keine Publicity* (a) *mögend.*

Pu|blic Re|la|tions [ˈpʌblɪkrɪˈleɪʃənz], (auch:) **Pu|blic|re|la|tions** ⟨Pl.⟩ [engl. public relations, eigtl. = öffentliche Beziehungen]: *Öffentlichkeitsarbeit;* Abk.: PR.

Pu|blic-Re|la|tions-A|btei|lung, Pu|blic|re|la|tions|ab|tei|lung, die: *für die Öffentlichkeitsarbeit zuständige Abteilung.*

pu|blik ⟨Adj.⟩ [frz. public < lat. publicus = öffentlich; staatlich; allgemein] (bildungsspr.): in den Verbindungen **p. sein** *(allgemein bekannt sein);* **p. werden** *(an die Öffentlichkeit kommen, allgemein bekannt werden);* **etw. p. machen** *(etw. an die Öffentlichkeit bringen, allgemein bekannt machen):* eine Affäre, einen Fall p. machen.

Pu|bli|ka|ti|on, die; -, -en [frz. publication < (spät)lat. publicatio = Veröffentlichung, zu: publicare, ↑publizieren]: **1.** *publiziertes Werk:* seine erste P. sollte gleich ein Bestseller werden. **2.** *das Publizieren:* die P. der neuesten Forschungsergebnisse vorbereiten.

Pu|bli|ka|ti|ons|mit|tel, das: *Zeitung, Zeitschrift o. Ä. als Mittel der Publikation* (2).

Pu|bli|ka|ti|ons|or|gan, das: vgl. Publikationsmittel.

pu|bli|ka|ti|ons|reif ⟨Adj.⟩: *für die Publikation* (2) *geeignet:* ein -er Text.

Pu|bli|ka|ti|ons|rei|he, die: *Reihe, in der Bücher, Studien o. Ä. mit bestimmter Themenstellung publiziert werden.*

Pu|bli|ka|ti|ons|ver|bot, das: *Verbot zu publizieren:* P. haben.

Pu|bli|kum, das; -s [wohl unter Einfluss von frz. public, engl. public = Öffentlichkeit; (Theater)publikum < mlat. publicum (vulgus) = das gemeine Volk; Öffentlichkeit]: **a)** *Gesamtheit der Zuschauer, Zuhörer einer Veranstaltung:* ein verwöhntes P.; Pfiffe aus dem P.; der Autor saß im P.; **b)** *Gesamtheit von Menschen, die an etw. Bestimmtem, bes. an Kunst, Wissenschaft o. Ä., interessiert sind:* das konsumierende P.; der Schriftsteller eroberte sich sein P. *(seine Leserschaft)*; solche Bücher finden immer ihr P. *(ihre Leser);* eine Theaterstadt mit internationalem P.; **c)** *Gesamtheit der Gäste, Besucher in einem Lokal, Kur-, Ferienort o. Ä.:* hier verkehrt ein gutes P.; das P. ist dort sehr gemischt; **d)** (ugs.) *Gesamtheit von Personen, die jmdm. bei etw. zusehen, zuhören:* sie hätte sich kein dankbareres P. wünschen können als uns.

Pu|bli|kums|er|folg, der: **a)** *Erfolg beim Publikum* (a, b): seinen größten P. hatte er in diesem Film; **b)** *beim Publikum einen großen Erfolg erzielende Veranstaltung, erzielendes Werk:* der Film ist ein P.

Pu|bli|kums|ge|schmack, der: *Geschmack des Publikums* (a, b): sein Werk orientiert sich stark am P.

Pu|bli|kums|gunst, die: *Gunst* (a) *des Publikums:* hoch in der P. stehen.

Pu|bli|kums|in|te|res|se, das: *Interesse des Publikums* (a, b): mangelndes P.

Pu|bli|kums|lieb|ling, der: *beim Publikum* (a, b) *besonders beliebter Schauspieler, Sänger, Sportler o. Ä.*

Pu|bli|kums|ma|gnet, der: *(im Showgeschäft, im Filmgeschäft o. Ä.) Person od. Sache, die ein großes Publikum anzieht.*

Pu|bli|kums|ver|kehr, der ⟨o. Pl.⟩: *das Kommen und Gehen von Besuchern, Kunden u. a. an einem bestimmten Ort:* in der Schalterhalle herrschte reger P.; das Finanzamt ist mittwochs für den P. geschlossen.

pu|bli|kums|wirk|sam ⟨Adj.⟩: *Wirkung beim Publikum* (a, b) *erzielend:* eine -e Schlagzeile; ein -er Fernsehauftritt; sich p. in Szene setzen.

pu|bli|zie|ren ⟨sw. V.; hat⟩ [lat. publicare = veröffentlichen, zu: publicus, ↑publik]: **a)** *im Druck erscheinen lassen; veröffentlichen* (b): einen Artikel [zu einem Thema] p.; er hat schon lange nichts mehr publiziert; **b)** *publik machen, bekannt machen, veröffentlichen* (a).

pu|bli|zier|freu|dig ⟨Adj.⟩: *gerne, viel publizierend.*

Pu|bli|zist, der; -en, -en: *Journalist, Schriftsteller, der mit Analysen u. Kommentaren zum aktuellen [politischen] Geschehen aktiv an der öffentlichen Meinungsbildung teilnimmt.*

Pu|bli|zis|tik, die; -: **a)** *Bereich der Beschäftigung mit allen die Öffentlichkeit interessierenden Angelegenheiten in Buch, Presse, Rundfunk, Film, Fernsehen;* **b)** *Wissenschaft von den Massenmedien u. ihrer Wirkung auf die Öffentlichkeit:* er hat P. studiert.

Pu|bli|zis|tin, die; -, -nen: w. Form zu ↑Publizist.

pub|li|zis|tisch ⟨Adj.⟩: **a)** *die Publizistik* (a) *betreffend, dazu gehörend, ihr entsprechend, mit ihren Mitteln:* -e Aktivität; **b)** *die Publizistik* (b) *betreffend; vom Standpunkt der Publizistik aus:* ein -es Institut.

Pu|bli|zi|tät, die; - [nach frz. publicité, zu: public, ↑publik]: **1.** (bildungsspr.) *das Bekanntsein:* die P. seiner Bücher; die P. eines Dichters. **2. a)** *allgemeine Zugänglichkeit der Massenmedien u. ihrer Inhalte;* **b)** (Wirtsch.) *öffentliche Darlegung der Geschäftsvorfälle sowie der Lage, der Erfolge u. der Entwicklung eines Unternehmens.*

p. u. c. = post urbem conditam.

Puck, der; -s, -s [1: engl. puck < mengl. puke < aengl. pūca, verw. mit Pocke; 2: engl. puck, H. u.]: **1.** *Kobold, schalkhafter Elf (in Shakespeares »Sommernachtstraum«).* **2.** (Eishockey) *Scheibe aus Hartgummi, die mit dem Schläger ins gegnerische Tor zu treiben ist.*

pu|ckern ⟨sw. V.; hat⟩ [Intensivbildung von niederd. pucken, Nebenf. von ↑pochen] (ugs.): *klopfen* (2): sein Herz puckert; ⟨auch unpers.:⟩ es puckert in der Wunde.

Pud, das; -, - [russ. pud, über das Anord. < lat. pondus, ↑Pond]: *früheres russisches Gewicht (16,38 kg).*

Pud|del, der; -s, - [verw. mit südd. pfudel, niederd. pudel = Sumpf, Pfütze, ↑Pudel] (südwestd.): *Jauche.*

pud|deln ⟨sw. V.; hat⟩ (bes. westmd.): **a)** *jauchen;* **b)** *im Wasser planschen.*

Pud|ding, der; -s, -e u. -s [engl. pudding, wohl < (a)frz. boudin = Wurst, H. u.]: **1.** *[kalte] Süßspeise aus in Milch aufgekochtem Puddingpulver od. Grieß:* den P. nach dem Erkalten stürzen; Ü P. in den Knien, Beinen haben (ugs.; *keine Kraft in den Knien, Beinen haben*); *** auf den P. hauen** (salopp; ↑Putz). **2.** *im Wasserbad in einer bestimmten Form* (3) *gekochtes Gericht aus Brot, Fleisch, Fisch, Gemüse.*

Pud|ding|form, die: *Form* (3), *in der ein Pudding* (2) *im Wasserbad gekocht wird.*

Pud|ding|pul|ver, das: *pulveriges Produkt aus Stärke (mit Farb- u. Aromastoffen) zur Bereitung von Pudding* (1).

Pu|del, der; -s, - [1: gek. aus: Pudelhund, zu ↑pudeln (2); der Hund ist so benannt, weil er gerne im Wasser planscht; 2: H. u.]: **1.** *mittelgroßer Hund mit dichtem, wolligem u. gekräuseltem schwarzem, braunem od. weißem Fell:* ein grauer P.; *** wie ein begossener P.** (salopp; *nach einer Zurechtweisung o. Ä. nichts mehr zu sagen wissend; nach einer Belehrung, Erfahrung enttäuscht*). **2.** (ugs.) *Fehlwurf beim Kegeln.* **3.** (ugs.) kurz für ↑Pudelmütze.

Pu|del|müt|ze, die [nach der Ähnlichkeit mit dem krausen Haar des Pudels]: *rund um den Kopf anliegende, über die Ohren zu ziehende gestrickte, gehäkelte Wollmütze.*

pu|deln ⟨sw. V.; hat⟩ [urspr. wohl lautm.] (ugs.): **1.** *(beim Kegeln) einen Fehlwurf machen.* **2.** (landsch.) *im Wasser planschen.*

pu|del|nackt ⟨Adj.⟩ (ugs.): *völlig nackt.*

pu|del|nass ⟨Adj.⟩ (ugs.): *völlig nass.*

pu|del|wohl ⟨Adv.⟩: in der Wendung **sich p. fühlen** (ugs.; *sich sehr, außerordentlich wohl fühlen*).

Pu|der, der, ugs. auch: das; -s, - [frz. poudre < lat. pulvis, ↑Pulver]: *feine pulverförmige Substanz als kosmetisches od. medizinisches Präparat:* P. auftragen; sie hatte reichlich P. aufgelegt.

Pu|der|do|se, die: *Behälter, meist in Form einer kleinen, flachen Dose, zur Aufbewahrung von [kosmetischem] Puder.*

pu|de|rig, pudrig ⟨Adj.⟩: *in der Art von Puder:* pudriger Staub.

pu|dern ⟨sw. V.; hat⟩: *mit Puder bestäuben, bestreuen:* eine Wunde p.; ich will mich nur noch schnell p.; sie war stark gepudert.

Pu|der|quas|te, die: *quasten- od. meist kissenartiger kleiner Gegenstand zum Auftragen von kosmetischem Puder.*

Pu|der|zu|cker, der: *staubfein gemahlener Zucker.*

pud|rig: ↑puderig.

Pu|e|blo, der; -s, -s [span. pueblo, eigtl. = Volk(sstamm) < lat. populus]: *aus mehrstöckig zusammenhängenden terrassenartig angelegten Wohneinheiten bestehende Wohnanlage der Puebloindianer[, die über Leitern durch Öffnungen im Dach betreten werden].*

Pu|e|blo|in|di|a|ner, der: Angehöriger eines Indianerstammes im Südwesten Nordamerikas.

Pu|e|blo|in|di|a|ne|rin, die: w. Form zu ↑Puebloindianer.

pu|e|ril ⟨Adj.⟩ [lat. puerilis, zu: puer = Kind, Knabe] (Psych., Med.): *kindlich; im Kindesalter vorkommend, dafür typisch:* -e Züge; eine -e Schwärmerei.

Pu|e|ri|lis|mus, der; -, ...men (Psych., Med.): **1.** ⟨o. Pl.⟩ *das Kindischsein; kindisches Wesen, Verhalten.* **2.** *Äußerung des Puerilismus* (1).

Pu|e|ri|li|tät, die; - [lat. puerilitas] (Psych., Med.): *kindliches od. kindisches Wesen.*

Pu|er|to-Ri|ca|ner, (auch:) **Pu|er|to Ri|ca|ner,** der; -s, -: Ew.

Pu|er|to-Ri|ca|ne|rin, (auch:) **Pu|er|to Ri|ca|ne|rin,** die; -, -nen: w. Form zu ↑Puerto-Ricaner.
pu|er|to-ri|ca|nisch ⟨Adj.⟩: *Puerto Rico, die Puerto-Ricaner betreffend; von den Puertoricanern stammend, zu ihnen gehörend.*
Pu|er|to Ri|co; - -s: **1.** östlichste Insel der Großen Antillen. **2.** die Insel Puerto Rico sowie einige benachbarte Inseln umfassender, den USA assoziierter Staat.
puff ⟨Interj.⟩: lautm. für einen dumpfen Knall, Schuss o. Ä.
[1]Pụff, der; -[e]s, Püffe, seltener: -e [mhd. buf; lautm. für dumpfe Schalleindrücke, wie sie bes. beim plötzlichen Entweichen von Luft u. beim Zusammenprall entstehen] (ugs.): **a)** *Stoß mit der Faust, mit dem Ellenbogen:* * **einen P./einige Püffe vertragen [können]** *(robust, nicht empfindlich sein);* **b)** *dumpfer Knall.*
[2]Pụff, der; auch: das; -s, -s [wohl unter Einfluss von veraltet derb puffen = koitieren zu ↑[4]Puff, zunächst wohl in Wendungen wie »mit einer Dame [4]Puff spielen, zum [4]Puff gehen«] (salopp, oft abwertend): *Bordell:* einen P. aufmachen.
[3]Pụff, der; -[e]s, -e u. -s [eigtl. = Aufgeblasenes]: **a)** *Behälter für schmutzige Wäsche [mit gepolstertem Deckel]:* das getragene Hemd in den P. tun; **b)** *gepolsterter Hocker ohne Beine.*
[4]Pụff, das; -[e]s [zu ↑[1]Puff, nach dem dumpfen Geräusch, das beim Aufschlagen der Würfel entsteht]: *Brettspiel für zwei Personen, bei dem die Steine entsprechend den Ergebnissen beim Würfeln bewegt werden.*
Pụff|är|mel, der: *bes. im oberen Teil gebauschter Ärmel.*
Pụff|boh|ne, die [nach der prallen (»aufgeblasenen«) Form, zu ↑[3]Puff]: *Saubohne.*
Pụ̈ff|chen, das; -s, -: **1.** Vkl. zu ↑[1]Puff. **2.** Vkl. zu [2]Puff. **3.** [3]Puff.
pụf|fen ⟨sw. V.⟩ [mhd. buffen; 1, 2: zu ↑[1]Puff]: **1.** ⟨hat⟩ (ugs.) **a)** *jmdm. [freundschaftlich] einen od. mehrere Stöße mit der Faust, dem Ellenbogen versetzen:* jmdn./jmdm. in die Seite, in den Rücken p.; **b)** ⟨p. + sich⟩ *sich mit jmdm. stoßen, mit Fäusten schlagen:* er hat sich mit ihm gepufft; **c)** *mit Fäusten und Ellenbogen irgendwohin befördern:* jmdn. zur Seite p. **2.** (ugs.) **a)** *[durch plötzliches Entweichen von Luft] stoßartig dumpfe Töne, einen dumpfen Knall von sich geben* ⟨hat⟩: die Dampflok puffte; **b)** *sich puffend* (2 a) *irgendwohin bewegen* ⟨ist⟩. **3.** (veraltend) *(Stoff o. Ä.) bauschen* ⟨hat⟩: ein Sommerkleid mit gepufften Ärmeln. **4.** *(Mais, Reis, Hülsenfrüchte) unter hohem Druck dämpfen, wobei die Körner nach Aufhebung des Druckes aufplatzen u. zu lockeren Massen aufgebläht werden* ⟨hat⟩.
Pụf|fer, der; -s, -: **1.** *federnde Vorrichtung an Vorder- u. Rückseite eines Schienenfahrzeugs zum Auffangen von Stößen.* **2.** kurz für ↑Kartoffelpuffer. **3.** kurz für ↑Pufferspeicher. **4.** kurz für ↑Pufferbatterie.
Pụf|fer|bat|te|rie, die (Elektrot.): *Batterie aus Akkumulatoren zum Ausgleich schwankender Belastungen in einem Gleichstromnetz.*
Pụf|fer|spei|cher, der (EDV): *zwischen zwei Einheiten von Digitalrechnern unterschiedlicher Geschwindigkeit eingeschalteter Speicher für Informationen.*
Pụf|fer|staat, der: *kleinerer [neutraler] Staat, der durch seine Lage zwischen [rivalisierenden] Großmächten Konfliktmöglichkeiten vermindern kann.*
Pụf|fer|zo|ne, die: *[entmilitarisierte] neutrale Zone, die zur Verhinderung [weiterer] feindlicher Auseinandersetzungen zwischen rivalisierenden Mächten geschaffen wird.*
Pụff|mais, der: vgl. Puffreis.
Pụff|mut|ter, die ⟨Pl. ...mütter⟩ (salopp): *Frau, die die Aufsicht über die Prostituierten in einem Bordell führt.*
Pụff|ot|ter, die: *in Afrika heimische, sehr giftige* [2]*Otter, die sich bei Bedrohung zischend aufbläht.*
Pụff|reis, der: *unter hohem Druck gedämpfter u. dadurch zu einer lockeren Masse aufgeblähter Reis.*
Pụff|spiel, das: [4]*Puff.*
puh ⟨Interj.⟩: als Ausdruck der Distanzierung von einer unangenehmen Person, Sache, nach mühsamer Bewältigung einer schweren körperlichen Arbeit o. Ä.: p., war das ein Regen!
pu|len ⟨sw. V.; hat⟩ [aus dem Niederd. < mniederd. pulen = herausklauben, bohren, wühlen] (nordd. ugs.): **a)** *sich mit den Fingern an etw. zu schaffen machen, um kleine Stücke davon zu entfernen, um etwas davon abzuziehen od. dgl.:* an Etikett, einer Narbe p.; **b)** *pulend* (a) *entfernen:* das Etikett von der Flasche p.
Pụlk, der; -[e]s, -s, seltener: -e [poln. pułk, russ. polk, aus dem Germ.]: **1.** *[loser] Verband von Kampfflugzeugen od. militärischen Fahrzeugen:* ein geschlossener P. von Bombern. **2.** *größere Anzahl von Menschen, Tieren, Fahrzeugen in dichtem Gedränge:* ein P. von Autos vor der Ampel; die deutschen Teilnehmer an der Tour de France befinden sich im P. (*Hauptfeld* 1).
Pụl|le, die; -, -n [aus dem Niederd.; entstellt aus: ↑Ampulle] (salopp): *Flasche:* eine P. Wodka; er nahm einen Schluck aus der P.; * **volle P.** *(mit vollem Einsatz, voller Energie, voller Leistung; mit größtmöglichem Tempo):* auf der Autobahn fuhr er volle P.
[1]pụl|len ⟨sw. V.; hat⟩ [engl. to pull, eigtl. = ziehen, schlagen, H. u.]: **1.** (Seemannsspr.) *rudern.* **2.** (Reiten) *(vom Pferd) stark vorwärts drängen.*
[2]pụl|len ⟨sw. V.; hat⟩ [vgl. pullern] (landsch. ugs.): *urinieren.*
pụl|lern ⟨sw. V.; hat⟩ [(ost)niederd., (ost)md.; lautm., eigtl. = gurgelnd fließen] (landsch. ugs.): *urinieren:* ich muss mal p.
Pụl|li, der; -s, -s: ugs. kurz für ↑Pullover.
Pụll|man|kap|pe, die [H. u.] (österr.): *Baskenmütze.*
Pụll|man|wa|gen, der [engl. Pullman (car), nach dem amerik. Konstrukteur G. M. Pullman (1831–1897)]: *komfortabel ausgestatteter Schnellzugwagen.*
Pul|lo|ver, der; -s, - [engl. pullover, eigtl. = zieh über, zu: to pull (over) = (über)ziehen, zerren]: *meist gestricktes od. gewirktes Kleidungsstück für den Oberkörper, das über den Kopf gezogen wird:* ein weiter P.; ein P. mit Norwegermuster; einen P. anziehen; in Rock und P. gehen.
Pul|lun|der, der; -s, - [geb. nach ↑Pullover aus engl. to pull = ziehen u. under = unter (das Jackett)]: *ärmelloser Pullover, der über einem Oberhemd od. einer Bluse getragen wird.*
pul|mo|nal ⟨Adj.⟩ (Med.): *die Lunge betreffend, von ihr ausgehend.*
Pụlp, der; -s, -en [engl. pulp < frz. pulpe < lat. pulpa, ↑Pulpa]: **1.** *zur Bereitung von Marmeladen od. Obstsäften hergestellte breiige Masse mit größeren od. kleineren Fruchtstücken.* **2.** *bei der Gewinnung von Stärke aus Kartoffeln anfallender, als Futtermittel verwendeter Rückstand.*
Pụl|pa, die; -, ...pae [...pɛ; lat. pulpa = (Frucht)fleisch]: **1.** (Med.) **a)** *Zahnmark;* **b)** *weiche, gefäßreiche Gewebemasse in der Milz.* **2.** (Bot.) *bei manchen Früchten (z. B. Bananen) als Endokarp ausgebildetes fleischiges Gewebe.*
Pụl|pe, Pụ̈l|pe, die; -, -n [frz. pulpe]: *Pulp.*
Pụl|per, der; -s, - [engl. pulper]: **1.** *Fachkraft in der Zuckerraffinerie.* **2.** *Maschine zur Aufbereitung von Kaffeekirschen.* **3.** *Apparat zur Herstellung einer breiigen Masse.*
Pul|pi|tis, die; -, ...itiden (Med.): *Entzündung der Pulpa* (1 a).
pul|pös ⟨Adj.⟩ [spätlat. pulposus] (bes. Med.): *aus weicher Masse bestehend; fleischig, markig.*
Pul|que [ˈpʊlkə], der; -[s] [span. pulque, wohl aus dem Aztek.]: *in Mexiko beliebtes, süßes, stark berauschendes Getränk aus dem vergorenen Saft der Agave.*
Pụls, der; -es, -e [mhd. puls < mlat. pulsus (venarum) < lat. pulsus = das Stoßen, der Schlag, zu: pulsum, 2. Part. von: pellere = schlagen, stoßen; in Bewegung setzen, antreiben]: **1. a)** *das Anschlagen der durch den Herzschlag weitergeleiteten Blutwelle an den Gefäßwänden, bes. der Schlagader am inneren Handgelenk u. an den Schläfen:* ein matter P.; der P. jagt; sein P. ging in harten, stoßweisen Schlägen; er las mit fliegendem P. (geh.; *in äußerster Aufregung*); * **jmdm. den P. fühlen** (ugs.; **1.** *jmds. Gesinnung, Meinung vorsichtig zu ergründen versuchen.* **2.** *aus einem bestimmten Anlass prüfen, ob jmd. etwa nicht ganz bei Verstand ist);* **b)** *Pulsfrequenz:* wie ist der P.?; den P. messen; **c)** *Stelle am inneren Handgelenk, an der der Puls (a) zu fühlen ist:* er hatte die Hand am P. des Kranken; nach jmds. P. fassen; * **das Ohr am P. der Zeit haben** *(auf dem Laufenden sein, aktuelle Entwicklungen verfolgen).* **2.** (Elektrot., Nachrichtent.) *Folge regelmäßig wiederkehrender, gleichartiger Impulse.*
Pụls|ader, die: *Arterie, Schlagader:* sich die -n aufschneiden *(sich durch Aufschneiden der Pulsadern am inneren Handgelenk töten od. zu töten versuchen).*
Pul|sar, der; -s, -e [engl. pulsar, Kurzwort aus: pulse = Impuls u. ↑Quasar] (Astron.): *Quelle kosmischer Strahlung, die mit großer Regelmäßigkeit Impulse einer Strahlung mit sehr hoher Frequenz abgibt.*
Pul|sa|ti|on, die; -, -en [lat. pulsatio = das Stoßen, Schlagen]: **1.** (Med.) *rhythmische Zu- u. Abnahme des Volumens der arteriellen Gefäße mit den einzelnen Pulsschlägen.* **2.** (bes. Astron.) *regelmäßig wiederkehrender Vorgang, bei dem Ausdehnung u. Zusammenziehung abwechseln (z. B. bei einer Gruppe von veränderlichen Sternen).*
Pul|sa|tor, der; -s, ...oren [spätlat. pulsator = (An)klopfer, Schläger] (Technik): *Gerät zur Erzeugung pulsierender Bewegungen od. periodischer Änderungen des* [1]*Drucks* (1) *(z. B. bei der Melkmaschine).*
pụl|sen ⟨sw. V.; hat⟩ [zu ↑Puls]: **1.** *pulsieren:* das Blut pulst in den Schläfen. **2.** (Med. Jargon) *den Puls messen.* **3.** (Nachrichtent.) *in einzelne Pulse* (2) *zerlegen; in einzelnen Pulsen abstrahlen.*
Pụls|fre|quenz, die (Med.): *Zahl der Pulsschläge pro Zeiteinheit.*
pul|sie|ren ⟨sw. V.; hat⟩ [lat. pulsare = stoßen, schlagen]: *rhythmisch, dem Pulsschlag entsprechend, an- u. abschwellen, schlagen, klopfen:* das gestaute Blut pulsiert wieder; Ü pulsierendes Leben.
Pul|so|me|ter, das; -s, - [zu lat. pulsus (↑Puls) u. ↑-meter] (Technik): *mit Dampf arbeitende Pumpe, bei der die Druckwirkung durch Ausdehnung u. die Saugwirkung durch Kondensation des Dampfes erreicht wird.*
Pụls|schlag, der: **a)** *Puls* (1 a): einen rasenden P. bekommen; **b)** *einzelner Schlag des Pulses* (1 a).
Pụls|wär|mer, der; -s, -: *wollene Hülle zum Wärmen des Handgelenks.*
Pụls|zahl, die (Med.): *Zahl der Pulsschläge (pro Zeiteinheit).*
Pụlt, das; -[e]s, -e [spätmhd. pul(p)t, mhd. pulpit < lat. pulpitum = Brettergerüst, Tribüne]: **a)** *tischartiges Gestell, auch als Aufsatz auf einem Tisch, mit schräger Platte zum Lesen od. Schreiben:* am P. stehend schreiben; er trat als nächster Redner ans das P.; **b)** kurz für ↑Dirigentenpult; **c)** kurz für ↑Notenpult, -ständer; **d)** kurz für ↑Schaltpult.
Pụlt|dach, das (Bauw.): *(bes. bei Anbauten) Dach, das nur aus einer schräg abfallenden Dachfläche besteht; halbes Satteldach.*
Pul|ver [ˈpʊlfɐ, auch: ...lvɐ], das; -s, - [mhd. pulver < mlat. pulver < lat. pulvis (Gen.: pulveris) = Staub]: **1. a)** *[nahezu] staubfein zerkleinerter, zerriebener, zermahlener Stoff:* ein feines P.; ein P. [aus]streuen; etw. zu P. zerreiben; **b)** *Medikament, Gift in Pulverform:* ein P. gegen Kopfschmerzen; ein P. in Wasser auflösen; ein P. gegen Ameisen streuen; **c)** kurz für ↑Schießpulver; * **das P. [auch] nicht [gerade] erfunden haben** (ugs.; *nicht besonders klug od. einfallsreich sein*); **sein P. verschossen haben** (ugs.;

1. *[vorzeitig] am Ende seiner Kräfte sein u. nichts mehr leisten können. 2. alle Argumente, Beweise zu früh u. wirkungslos vorgebracht haben*); **sein P. trocken halten** (ugs.; *auf der Hut sein; immer gerüstet sein*). 2. (salopp) *Geld.*

Pụl|ver|chen, das; -s, - [Vkl. von ↑Pulver (1 b)] (iron.): *Pulver* (1 b) *[von fragwürdigem Wert].*

Pụl|ver|dampf, der: *durch Feuerwaffen [im Gefecht] verursachter Rauch.*

Pụl|ver|fass, das (früher): *Fass für Schießpulver:* * **auf einem/dem P. sitzen** *(sich in einer spannungsreichen, gefährlichen Lage befinden).*

pụl|ver|fein ⟨Adj.⟩: *fein wie Pulver.*

Pụl|ver|form, die: meist in der Fügung **in P.** *(in Form von Pulver).*

pụl|ver|för|mig ⟨Adj.⟩: *in Pulverform vorhanden:* -e Substanzen.

pụl|ve|rig, pulvrig ⟨Adj.⟩: *zu Pulver zermahlen, zerkleinert; in der Art von Pulver.*

Pul|ve|ri|sa|tor, der; -s, ...oren: *Maschine zur Pulverherstellung durch Stampfen od. Mahlen.*

pul|ve|ri|sie|ren [pʊlve...] ⟨sw. V.; hat⟩ [frz. pulvériser < spätlat. pulverizare]: *zu Pulver zermahlen, zerkleinern:* ein Stück Kreide p.

Pul|ve|ri|sie|rung, die; -, -en ⟨Pl. selten⟩: *das Pulverisieren.*

Pụl|ver|kaf|fee, der: *Kaffee-Extrakt in Pulverform, der sich beim Übergießen mit heißem Wasser auflöst.*

Pụl|ver|kam|mer, die: 1. *Raum auf Kriegsschiffen für die Lagerung der Munition.* 2. (Milit. veraltet) *Raum in einem Geschütz für die Ladung.*

Pụl|ver|me|tal|lur|gie, die: *Herstellung von Werkstoffen u. Werkstücken aus Metall in Pulverform.*

pụl|vern ⟨sw. V.; hat⟩ [mhd. pulvern = zu Pulver machen, mit Pulver bestreuen]: **1.** (ugs.) **a)** *Schüsse abfeuern, schießen;* **b)** (abwertend) *in verschwenderischer Art und Weise, sinnlos (Geld) in etw. hineinstecken* (3), *für etw. aufwenden:* zu viel Geld in die Rüstung p.; Geld aus dem Fenster p. *(Geld verschwenden).* **2.** (veraltet) *pulverisieren:* eine gepulverte Droge. **3.** (Technik) *ein Pulver auf eine Oberfläche aufbringen, um eine Beschichtung, eine Lackierung herzustellen.*

Pụl|ver|schnee, der: *lockerer, pulvriger Schnee.*

pụl|ver|trọ|cken ⟨Adj.⟩: *trocken wie Pulver, sehr trocken:* die Erde war p.

Pụl|ver|turm, der (früher): *Turm (in einer Stadtmauer) mit einem Munitionslager.*

pụlv|rig: ↑pulverig.

Pu|ma, der; -s, -s [Ketschua (südamerik. Indianerspr.) puma]: *in Nord- u. Südamerika heimisches Raubtier mit langem Schwanz, kleinem Kopf u. dichtem braunem bis [silber]grauem Fell.*

Pụm|mel, der; -s, -, **Pụm|mel|chen,** das; -s, - [aus dem Niederd., wohl Nebenf. von: pumpel = kleine, dicke Person, wohl verw. mit ↑Pumpe] (ugs.): *dickes, rundliches Kind, Mädchen.*

pụm|me|lig, (seltener:) **pụmm|lig** ⟨Adj.⟩ (ugs.): *rundlich, dicklich:* ein -es Kind.

Pụmp, der; -s, -e [zu ↑pumpen (2)] *das Pumpen* (2); * meist in der Fügung **auf P.** (ugs.; *mit geborgtem Geld, auf Borg, auf Kredit*): etw. auf P. kaufen, anschaffen; auf P. leben.

Pụm|pe, die; -, -n [aus dem Niederd. < mniederd., mniederl. pompe, wohl lautm.]: **1. a)** *zylindrischer, durch ein Rohr mit dem Grundwasser verbundener, senkrecht in die Erde eingesetzter u. mit einem Schwengel, Hebel versehener Hohlkörper, der beim Betätigen des Schwengels Wasser an die Oberfläche saugt:* eine P. im Hof; sich die Hände an der, unter der P. waschen; **b)** *[von einem Motor betriebene] Vorrichtung, Gerät zum An- od. Absaugen von Flüssigkeiten od. Gasen:* eine elektrische P. **2.** (salopp) *Herz* (1 a): die P. macht nicht mehr so recht mit. **3.** (salopp) *Spritze, mit der Rauschgift injiziert wird.*

pụm|pen ⟨sw. V.; hat⟩ [1: zu ↑Pumpe; 2: rotwelsch pompen, pumpen, erst sekundär an 1 angeschlossen]: **1. a)** *mit einer Pumpe* (1) *befördern:* das Wasser aus dem Keller p.; Luft in den Reifen p.; Ü das Herz pumpt das Blut in die Adern; viel Geld in ein Unternehmen p. (ugs.; *investieren*); **b)** *als Pumpe* (1 b) *in Betrieb sein, arbeiten:* die Maschine pumpt gleichmäßig; Ü nach dem schnellen Lauf pumpte sein Herz heftig; **c)** (Gymnastik, Turnen Jargon) *Liegestütze ausführen;* **d)** (Segeln) *zur schnelleren Vorwärtsbewegung des Boots die Schot des Großsegels abwechselnd kurz heranholen u. wieder locker lassen;* **e)** (Physik) *durch Licht- od. Elektroneneinstrahlung die Atome eines Lasers auf ein höheres Energieniveau bringen.* **2.** (salopp) **a)** *jmdm. leihen, borgen:* jmdm. Geld, sein Fahrrad p.; **b)** *bei, von jmdm. borgen, leihen:* sich [bei, von jmdm.] Geld p.; ich habe mir einen Schirm gepumpt; ⟨auch ohne Akk.-Obj.:⟩ am Ende des Monats war er pleite, also pumpte er.

Pụm|pen|schwen|gel, der: *Schwengel einer Pumpe* (1 a).

pụm|pern ⟨sw. V.; hat⟩ [älter auch = furzen, lautm.] (landsch., bes. südd., österr. ugs.): *laut u. heftig klopfen* (1 a, c, 2).

Pụm|per|ni|ckel, der; -s, - ⟨Pl. selten⟩ [wohl so benannt wegen der blähenden Wirkung; urspr. Schimpfwort, zu älter Pumper = Furz (vgl. pumpern) u. Nickel = Kobold; als Scheltwort gebr. Kurzf. des m. Vorn. Nikolaus]: *schwarzbraunes, rindenloses, süßlich u. würzig schmeckendes Brot aus Roggenschrot.*

Pump|gun [ˈpʌmpgʌn] die; -, -s, auch: das od. der; -s, -s [engl.] (Waffent.): *großkalibriges mehrschüssiges Gewehr, bei dem das Repetieren durch Zurückziehen des mit dem Verschluss in Verbindung stehenden Vorderschaftes erfolgt.*

Pumps [pœmps], der; -, - [engl. pumps (Pl.), H. u.]: *über dem Spann ausgeschnittener Damenschuh mit höherem Absatz.*

Pụmp|werk, das: *zu einem Rohrleitungssystem, einem Kanalsystem o. Ä. gehörende Einrichtung zur Beförderung bes. von Wasser mithilfe einer od. mehrerer Pumpen.*

Pu|na, die; - [span. puna < Ketschua (südamerik. Indianerspr.) púna, eigtl. = unbewohnt]: *Hochfläche der südamerikanischen Anden mit Steppennatur.*

Punch [pantʃ], der; -s, -s [engl. punch, H. u.] (Boxen): **a)** ⟨o. Pl.⟩ *große Schlagkraft:* er hat einen gewaltigen P.; **b)** *Schlag, der große Schlagkraft erkennen lässt.*

Pun|cher, der; -s, - (Boxen): *Boxer, der über große Schlagkraft verfügt.*

Pun|ching|ball, der; -s, ...bälle (Boxen): *birnenförmiger, frei beweglich in Kopfhöhe aufgehängter Lederball, an dem der Boxer Schnelligkeit u. Treffsicherheit übt.*

Pụnc|tum Pụnc|ti, das; - - [lat. punctum puncti = der Punkt des Punktes] (bildungsspr.): *Hauptpunkt:* das ist das P. P.; ob wir im Urlaub verreisen können, hängt vom P. P. *(vom Geld)* ab.

Pụnc|tum sa|li|ens [-...iɛns], das; - - [lat. punctum saliens, LÜ aus dem Griech. nach der Vorstellung, im Weißen des Vogeleis befinde sich ein Blutfleck als hüpfender Punkt, der das Herz des werdenden Vogels bilde] (bildungsspr.): *springender Punkt, Kernpunkt; das Entscheidende.*

Pu|ni|er, der; -s, -: Einwohner des antiken Karthago.

pu|nisch ⟨Adj.⟩: *die Punier betreffend; von den Puniern stammend, zu ihnen gehörend:* die Punischen Kriege (hist.; *die drei Kriege, die Rom zwischen 264 und 149 v. Chr. gegen Karthago geführt hat*).

Punk [paŋk], der; -[s], -s [engl. punk, eigtl. = Abfall, Mist]: **1. a)** ⟨o. Pl.; meist o. Art.⟩ *Protestbewegung von Jugendlichen mit bewusst rüdem, exaltiertem Auftreten u. bewusst auffallender Aufmachung (grelle Haarfarbe, zerrissene Kleidung, Metallketten o. Ä.);* **b)** *Anhänger des Punk* (1 a). **2.** ⟨o. Pl.⟩ *Punkrock.*

Pun|ker, der; -s, -: **1.** *Musiker des Punkrocks.* **2.** *Punk* (1 b): in diesem Club treffen sich die P.

Pun|ke|rin, die; -, -nen: w. Form zu ↑Punker.

pun|kig ⟨Adj.⟩: **1.** *den Punk* (1 a) *betreffend, ihm entsprechend, für ihn charakteristisch.* **2.** *in der Art des Punkrocks:* -er Rock.

Punk|la|dy, die (Jargon): *Punkerin.*

Punk|mu|sik, die: vgl. Punkrock.

Punk|rock, der; -[s] [engl. punk rock]: *hektisch-aggressive, musikalisch einfache Stilart der Rockmusik.*

Punk|ro|cker, der: *Punker* (1).

Punk|ro|cke|rin, die: w. Form zu ↑Punkrocker.

Pụnkt, der; -[e]s, -e, als typograph. Größenangabe: - [mhd. pun(c)t < spätlat. punctus < lat. punctum, eigtl. = das Gestochene; eingestochenes (Satz)zeichen, eigtl. 2. Part. von: pungere = stechen]: **1.** *kleiner [kreisrunder] Fleck, Tupfen:* ein schwarzer, leuchtender P.; die Sterne erscheinen am Nachthimmel als helle -e; nach dem Foul zeigte der Schiedsrichter auf den bewussten P. *(die Elfmetermarke);* ein weißer Stoff mit blauen -en; * **der springende P.** *(das Entscheidende, Ausschlaggebende;* nach einer Naturbeobachtung des Aristoteles, der der Meinung war, dass in einem bebrüteten Vogelei das Herz des künftigen Vogels als ein sich bewegender [»springender«] Fleck [↑Punctum saliens] zu erkennen sei; die Fügung wurde dann im Sinne von »Punkt, von dem das Leben ausgeht«, später allgemeiner als »entscheidender, wichtigster Punkt« gebräuchlich); **ein dunkler P.** *(etw. Unklares, moralisch nicht ganz Einwandfreies, gern Verschwiegenes [in jmds. Vergangenheit];* geht möglicherweise auf die Vorstellung zurück, dass die Seele des Menschen dunkle Flecken bekommt, wenn er etw. Unrechtes tut): ein dunkler P. in der Geschichte. **2.** *punktförmiges Zeichen* (1 b), *punktförmiger Teil eines Zeichens:* hier, am Ende dieses Satzes muss ein P. stehen; der i-P. darf nicht fehlen; ein P. hinter einer Ziffer kennzeichnet sie als Ordinalzahl; in der Notenschrift bedeutet ein P. unter einer Note »staccato«; die englische Abkürzung »Mr« schreibt man ohne P.; R nun mach mal einen P.! (ugs.; *jetzt ist es aber genug!, hör auf!;* nach dem Schlusspunkt am Ende eines Satzes); P., Schluss, Streusand drauf! (ugs. veraltend; *die Sache soll endlich abgeschlossen, vorbei u. vergessen sein;* nach der früher üblichen Art, die noch feuchte Tinte eines Schriftstücks mit Sand abzulöschen); * **der P. auf dem i** *(die Zutat, die einer Sache noch die letzte Abrundung gibt);* **auf P. und Komma** (ugs.; *bis ins Kleinste, bis ins Letzte*); **ohne P. und Komma reden, quasseln** usw. (ugs.; *unentwegt, ohne Pause reden, quasseln* usw.). **3. a)** *Stelle, [geographischer] Ort:* der höchste, tiefste P.; das Fernglas auf einen bestimmten P. richten; von diesem P. kann man alles gut überblicken; * **ein schwacher/wunder/neuralgischer P.** *(etw., wobei mit Schwierigkeiten zu rechnen ist);* **b)** (Math.) *gedachtes geometrisches Gebilde mit bestimmter Lage (ohne Ausdehnung):* der P. Q mit den Koordinaten x und y; **c)** *Zeitpunkt, Stadium innerhalb einer Entwicklung, eines Prozesses o. dgl.:* jetzt ist der P. gekommen, jetzt bin ich an dem P., wo ich mich entscheiden muss; über einen bestimmten P. nicht hinauskommen *(an einer bestimmten Stelle einer Arbeit od. Gedankenfolge stecken bleiben);* der tote P. (Technik; *Totpunkt*); * **toter P.** (1. Technik: *Totpunkt.* 2. *[vorübergehender] Stillstand bei Verhandlungen o. Ä.:* das Gespräch war an einem toten P. angekommen. 3. *Zustand stärkster Ermüdung:* ein starker Kaffee sollte ihm über den toten P. hinweghelfen; übertr. von der Dampfmaschine, wenn deren Kurbel und Pleuelstange eine gerade Linie bilden); **auf den P. genau** *(ganz genau, präzise, akkurat);* **P.** ⟨+ Uhrzeitangabe⟩ *(genau):* um P. halb neun; die Konferenz beginnt P. elf Uhr. **4. a)** *einzelner Gegenstand der geistigen Auseinandersetzung innerhalb eines größeren Zusammenhangs:* ein wichtiger, fraglicher, strittiger P.; das ist hier nicht der P. (ugs.; *darum geht es hier nicht, das ist hier nicht entscheidend*); den nächsten P. *(das nächste Thema)* ließ er fallen; diesen P.

können wir abhaken; sich in allen -en einig sein; in diesem P. *(in dieser Beziehung, was dies betrifft)* bin ich empfindlich; *** etw. auf den P. bringen** *(etw. präzise zum Ausdruck bringen)*; **auf den P./**(auch:) **zum P. kommen** *(auf das Wesentliche zu sprechen kommen)*; **b)** *Abschnitt, Absatz der Gliederung eines Textes, Vortrags o. Ä.:* etw. P. für P. besprechen; in einigen -en muss der Entwurf geändert werden. **5. a)** *Einheit einer Wertung im Sport, Spiel, bei Leistungsprüfungen o. Ä.:* die Mannschaft muss jetzt -e sammeln, machen; die Jagd nach -en unter den Schülern der Oberstufe; nach -en führen, vorn liegen, siegen; (Boxen:) er hat seinen Gegner nach -en besiegt; diese Aktie wurde an der Börse um 2 -e *(DM pro Stück)* niedriger gehandelt; Ü auf seiner Wahlkampfveranstaltung machte der Kandidat bei den Rentnern -e; **b)** *[punktförmige] Wertmarke, aufzuklebender od. abzutrennender [punktförmiger] Bon, Abschnitt:* für zwanzig -e gibt es einen Gutschein. **6.** (Druckw.) *kleinste Einheit (0,376 mm) des typographischen Maßsystems für Schriftgrößen:* Perlschrift hat eine Größe von 5 P. (Abk.: p).

Punk|tal|glas®, das ‹Pl. ...gläser› [zu Punkt; die Gläser bilden punktuell ab]: *zur Vermeidung von Verzerrungen besonders geschliffenes Brillenglas.*

Punk|ta|ti|on, die; -, -en: **1.** (Rechtsspr.) *rechtlich nicht bindender Vorvertrag, Vertragsentwurf.* **2.** (Sprachw.) *Kennzeichnung der Vokale im Hebräischen durch Punkte u. Striche unter u. über den Konsonanten.*

Punkt|au|ge, das (Zool.): *punktförmiges, einfaches Auge, das bei Tausendfüßern u. vielen Insekten neben den Facettenaugen vorkommt.*

Punkt|ball, der: **1.** (Boxen) *frei beweglich von oben herabhängender Lederball (etwa in der Größe eines Tennisballs) zum Üben der Treffsicherheit.* **2.** (Billard) *durch einen schwarzen Punkt* (1) *gekennzeichneter weißer Ball des Gegenspielers.*

Pünkt|chen, das; -s, -: Vkl. zu ↑Punkt (1, 2b).

Punk|te|kon|to, das (bes. Sport): *Punktestand:* die Mannschaft hat ein positives P.

Punk|te|lie|fe|rant, Punktlieferant, der (Sportjargon): **1.** (seltener) *guter Torschütze, der seiner Mannschaft Punkte* (5a) *einbringt.* **2.** *Mannschaft, die verliert u. dadurch den andern Punkte* (5a) *verschafft.*

Punk|te|lie|fe|ran|tin, die: w. Form zu ↑Punktelieferant.

punk|ten ‹sw. V.; hat› (Sport): **1.** *mit Punkten* (5a) *bewerten:* er punktet sehr streng. **2.** *Punkte* (5a) *sammeln:* die Mannschaft punktete in den Heimspielen.

Punkt|feu|er, das (Milit.): *auf einen Punkt* (3a) *konzentriertes (Artillerie)feuer.*

punkt|för|mig ‹Adj.›: **1.** *die Form eines Punktes* (1) *habend, als Punkt erscheinend:* -e Hautveränderungen. **2.** *in Schwerpunkten; einzelne Schwerpunkte bildend:* -e Ansiedlungen; sich p. ausbreiten.

punkt|ge|nau ‹Adj.›: *sehr genau, exakt.*

punkt|gleich ‹Adj.› (Sport): *die gleiche Zahl von Punkten* (5a) *errungen habend:* mit jmdm. p. sein.

Punkt|gleich|heit, die (Sport): *das Punktgleichsein:* bei P. entscheidet das Torverhältnis.

punk|tie|ren ‹sw. V.; hat› [spätmhd. punctiren < mlat. punctare = Einstiche machen; Punkte setzen, zu lat. pungere, ↑Punkt]: **1.** *durch Punkte darstellen; mit Punkten versehen, ausfüllen:* eine Linie, Fläche p.; ein punktierter *(in Punktiermanier gearbeiteter)* Stich. **2.** (Musik) **a)** *(eine Note) mit einem Punkt versehen, der die Note um die Hälfte ihres Werts verlängert:* eine punktierte Achtel; **b)** *einzelne Töne einer Gesangspartie [in der Oper] der Stimmlage des Interpreten entsprechend, etwa um eine Oktave od. auch um eine Terz, nach oben od. unten versetzen.* **3.** (Bildhauerei) *Fixpunkte eines Modells maßstabgerecht auf den zu bearbeitenden Holz- od. Steinblock übertragen.* **4.** (Med.) *durch Einstechen mit einer Hohlnadel Flüssigkeit, Gewebe [zum Untersuchen] entnehmen od. ein Medikament einführen:* das Rückenmark p.

Punk|tier|ma|nier, die ‹o. Pl.› (Kunstwiss.): *Technik des Kupferstichs, bei der die Platte durch mit der Punze od. Roulette eingeritzte Punkte gezeichnet wird.*

Punk|tier|na|del, die (Med.): *Hohlnadel für Punktionen.*

Punk|tie|rung, die; -, -en [spätmhd. punctierunge]: **a)** ‹o. Pl.› *das Punktieren* (1–3); **b)** *die durch einen Punkt, durch Punkte gekennzeichnete Stelle.*

Punk|ti|on, die; -, -en [lat. punctio = Einstich] (Med.): *Entnahme von Flüssigkeit, Gewebe aus einer Körperhöhle durch Einstich mit der Hohlnadel.*

pünkt|lich ‹Adj.›: **1.** *den Zeitpunkt genau einhaltend; genau zur verabredeten, festgesetzten Zeit [eintreffend]:* -e Leute; für -e Lieferung sorgen; nächstes Mal bitte -er!; p. auf die Minute; Veranstaltungsbeginn p. um 20 Uhr/um 20 Uhr p. **2.** (veraltet) *gewissenhaft, korrekt.*

Pünkt|lich|keit, die; -: *das Pünktlichsein:* übertriebene P.; auf P. Wert legen; R P. ist die Höflichkeit der Könige (nach einem Wort des frz. Königs Ludwig XVIII. [1755–1824]: l'exactitude est la politesse des rois).

Punkt|lie|fe|rant: ↑Punktelieferant.

Punkt|lie|fe|ran|tin, die: w. Form zu ↑Punktelieferant.

Punkt|nach|teil, der (bes. Schulw., Sport): *in einer geringeren Punktzahl bestehender Nachteil.*

Punkt|nie|der|la|ge, die (Ringen, Boxen u. Ä.): *Niederlage nach Punkten* (5a).

punk|to ‹Präp. mit Gen.› (österr., schweiz., sonst veraltet): *hinsichtlich, bezüglich:* p. gottloser Reden; ‹ohne Begleitwort folgende (starke) Substantive bleiben ungebeugt:› p. Geld.

Punkt|rich|ter, der (Sport): *Kampfrichter, der die Leistungen nach Punkten* (5a) *bewertet.*

Punkt|rich|te|rin, die: w. Form zu ↑Punktrichter.

Punkt|schrift, die: *Blindenschrift.*

punkt|schwei|ßen ‹sw. V.; hat; nur im Inf. u. 2. Part. gebr.› (Technik): *mithilfe von beidseitig angelegten Elektroden punktförmige feste Verbindungen zwischen zwei zu verschweißenden Stücken herstellen:* das muss punktgeschweißt werden; ‹subst.:› das Punktschweißen musst du lernen.

Punkt|sieg, der (Ringen, Boxen u. Ä.): *Sieg nach Punkten* (5a).

Punkt|spiel, das (Mannschaftssport): *Spiel innerhalb eines Wettbewerbs, bei dem jede Mannschaft gegen jede antreten muss u. die Zahl der gewonnenen Punkte* (5a) *über den Gesamtsieg entscheidet.*

Punkt|strah|ler, der: *Lampe mit einer punktförmigen Lichtquelle hoher Leuchtdichte.*

Punkt|sys|tem, das: **1.** *System zur Bewertung in Prüfungen, Wettbewerben o. Ä. nach Plus- od. Minuspunkten.* **2.** (Mannschaftssport) *Austragungsmodus von Meisterschaftskämpfen nach Punkten* (5a).

punk|tu|ell ‹Adj.› [mlat. punctualis]: *einen od. mehrere Punkte betreffend, Punkt für Punkt:* -e Ansätze; p. vorgehen; -e Aktionsart (Sprachw.; *Aktionsart des Verbs, die einen bestimmten Punkt eines Geschehens herausgreift*).

Punk|tum [lat. punctum, ↑Punkt] ‹Interj.› (bildungsspr. veraltend): in der Fügung [(und) damit] P.! *(Schluss!; fertig!; basta!)*: du bleibst hier, [und damit] P.!

Punkt|vor|teil, der (bes. Schulw., Sport): *in einer höheren Punktzahl bestehender Vorteil.*

Punkt|wer|tung, die: vgl. Punktsystem (1).

Punkt|zahl, die: *Zahl der Punkte* (5a): eine hohe P. erreichen.

Punsch, der; -[e]s, -e, auch: Pünsche [engl. punch, wahrsch. nach Hindi pāñč = fünf (nach den für einen echten Punsch nötigen fünf Grundbestandteilen)]: *[heißes] alkoholisches Getränk aus Rum od. Arrak, Zucker, Zitrone, Wasser, Tee od. Rotwein u. Gewürzen.*

pun|ta d'ar|co [ital.] (Musik): *mit der Spitze des Geigenbogens (zu spielen).*

Pun|ze, die; -, -n [1, 2: spätmhd. punze < ital. punzone < lat. punctio, ↑Punktion] (Fachspr.): **1.** *Stempel, Stahlgriffel mit einer od. mehreren Spitzen zum Herstellen von Treib- u. Ziselierarbeiten in Metall od. Leder, bes. auch für Kupferstiche.* **2.** *eingestanzter Stempel, der den Feingehalt eines Edelmetalls anzeigt od. Auskunft über den Verfertiger o. Ä. gibt.*

pun|zen ‹sw. V.; hat›: **1.** *Zeichen, Muster mit der Punze* (1) *in etw. stanzen, schlagen, treiben.* **2.** *mit einer Punze* (2) *versehen.*

Pun|zen|ham|mer, Punz|ham|mer, der: *kleiner Hammer, mit dem die Punze* (1) *in das Material getrieben wird.*

pun|zie|ren ‹sw. V.; hat›: *punzen.*

Pup, der; -[e]s, -e, Pups, der; -es, -e, Pupser, der; -s, - [lautm.] (fam.): *abgehende Blähung:* einen P. lassen; Ü aus jedem P. wird eine Zeitungsmeldung gemacht.

pu|pen, pupsen ‹sw. V.; hat› [mniederd. pupen, zu ↑Pup] (fam.): *eine Blähung abgehen lassen.*

pu|pil|lar ‹Adj.›: (Med.) *die Pupille betreffend, zu ihr gehörend.*

Pu|pil|le, die; -, -n [lat. pupilla, eigtl. = kleines Mädchen, Püppchen, Vkl. von: pupa, ↑Puppe; man sieht sich als Püppchen in den Augen des Gegenübers gespiegelt]: *schwarze Öffnung im Auge, durch die das Licht eindringt; Sehloch:* die -n weiten, verengen sich; *** -n machen** (ugs.; *staunen*); **eine P. riskieren** (↑Auge 1); **sich** ‹Dativ› **die P./die -n verstauchen** (ugs. scherzh.; *die Augen durch angestrengtes Lesen ermüden, verderben*); **etw. in die falsche P. kriegen** (ugs.; *etw. falsch auffassen*).

Pu|pil|len|er|wei|te|rung, die: *Erweiterung der Pupille* (1) *über das normale Maß.*

Pu|pil|len|ver|en|gung, die: vgl. Pupillenerweiterung.

pu|pi|par ‹Adj.› [zu lat. pupa = Puppe u. parere = gebären] (Zool.): *(von Insektenlarven) sich gleich nach der Geburt verpuppend.*

Püpp|chen, das; -s, -: Vkl. zu ↑Puppe (1a, 2).

Pup|pe, die; -, -n [spätmhd. puppe < lat. pup(p)a = Puppe; kleines Mädchen]: **1. a)** *[verkleinerte] Nachbildung einer menschlichen Gestalt, eines Kindes [als Spielzeug]:* mit -n spielen; Ü sie ist eine P. *(schön, aber nichts sagend, seelenlos)*; **b)** *Marionette, Kasperpuppe:* -n schnitzen; Ü er war nur eine willenlose P. *(ein Werkzeug)* in der Hand der Mächtigen; *** die -n tanzen lassen** (ugs.; 1. *einen großen Aufruhr veranstalten, energisch durchgreifen.* 2. *es hoch hergehen lassen, ausgelassen sein*); **c)** *einem bestimmten praktischen Zweck dienende lebensgroße Nachbildung einer menschlichen Gestalt (z. B. Schaufensterpuppe, Fechtpuppe).* **2.** (salopp) *Mädchen:* hör mal, P.! **3.** (Zool.) *in völliger Ruhestellung in einer Hülle befindliche Insektenlarve im Puppenstadium:* die P. eines Schmetterlings. **4.** (landsch.) [1]*Hocke* (1). **5.** *** bis in die -n** (ugs.; *sehr lange;* urspr. berlin., wohl nach den im Berliner Tiergarten aufgestellten Statuen [= Puppen], zu denen der Weg früher recht weit war): bis in die -n schlafen, feiern.

Pup|pen|bett, das: *Bett für Puppen.*

Pup|pen|büh|ne, die: vgl. Puppentheater.

Pup|pen|dok|tor, der (ugs.): *jmd., der Puppen* (1a) *repariert.*

Pup|pen|film, der: *Trickfilm mit sich bewegenden Puppen* (1a).

Pup|pen|ge|sicht, das: *hübsches, aber ausdrucksloses Gesicht einer weiblichen Person.*

pup|pen|haft ‹Adj.›: *(bes. von weiblichen Personen) in Aussehen, Bewegungen o. Ä. wie eine Puppe* (1a) *wirkend.*

Pup|pen|haus, das: vgl. Puppenküche.

Pup|pen|kind, das (ugs.): *als Kind des spielenden Kindes angesehene Puppe* (1a): sie bringt gerade ihre -er zu Bett.

Pup|pen|kleid, das: *Kleid[ungsstück] für eine Puppe* (1a).

Pup|pen|kli|nik, die: vgl. Puppendoktor.

Pup|pen|kopf, der: *Kopf einer Puppe* (1).
Pup|pen|kü|che, die: **a)** *kleine Küche für das Spielen mit Puppen* (1 a); **b)** (scherzh.) *sehr kleine Küche.*
Pup|pen|mut|ter, die (ugs): *Kind, das sich als Mutter seines Puppenkindes fühlt.*
Pup|pen|ru|he, die (Zool.): *Ruhestadium ohne Nahrungsaufnahme bei Insektenlarven, die sich verpuppt haben.*
Pup|pen|spiel, das: **a)** *Form des Theaterspiels mit Puppen* (1 b): die Kunst des -s; **b)** *Puppentheater:* ein P. mit vielen Figuren; **c)** *im Puppentheater gespieltes Stück:* die Romantiker haben viele -e geschrieben.
Pup|pen|spie|ler, der: *jmd., der die Figuren im Puppentheater bewegt [u. ihre Rollen spricht].*
Pup|pen|spie|le|rin, die: w. Form zu ↑Puppenspieler.
Pup|pen|sta|di|um, das ⟨o. Pl.⟩ (Zool.): *letztes Entwicklungsstadium der Insektenlarve, in dem sie sich zum geschlechtsreifen Insekt entwickelt; Chrysalis.*
Pup|pen|stu|be, die: vgl. Puppenküche (a).
Pup|pen|the|a|ter, das: *Theater, in dem mit Handpuppen, Marionetten o. Ä. gespielt wird.*
Pup|pet [ˈpʌpɪt], das; -[s], -s [engl. puppet, mengl. popet < afrz. poupette, Vkl. von: poupe, über das Vlat. < lat. pup(p)a, ↑Puppe]: engl. Bez. für *Puppe für Puppenspiele.*
pup|pig ⟨Adj.⟩ [zu ↑Puppe (1 a)]: (ugs.): *klein, zierlich, niedlich.*
Pups: ↑Pup.
pup|sen: ↑pupen.
Pup|ser: ↑Pup.
pur ⟨Adj.⟩ [mhd. pūr < lat. purus]: **a)** *rein; unverfälscht; durch und durch:* -es Gold; Ü mit -em Entsetzen; **b)** *(meist von alkoholischen Getränken) unvermischt:* zwei Wodka p., bitte; den Rum, den Apfelsaft p. trinken; **c)** (ugs.) *bloß; nichts anderes als:* ein -er Zufall; sie taten es aus -er Neugier.
Pü|ree, das; -s, -s [frz. purée, zu afrz. purer = passieren (3), eigtl. = reinigen < spätlat. purare, zu lat. purus, ↑pur] (Kochk.): *breiartige Speise aus Kartoffeln, Gemüse, Hülsenfrüchten, Fleisch, Obst o. Ä.:* ein P. aus Erbsen; Kartoffeln zu P. verarbeiten.
Pur|gans, das; -, ...anzien u. ...antia ⟨meist Pl.⟩ [zu lat. purgans, 1. Part. von: purgare, ↑purgieren] (Med.): *Abführmittel mittlerer Stärke.*
pur|ga|tiv [lat. purgativus] ⟨Adj.⟩ (Med.): *abführend, reinigend:* dieses Mittel hat eine -e Wirkung.
Pur|ga|tiv, das; -s, -e, **Pur|ga|ti|vum,** das; -s, ...va (Med.): *stark wirkendes Abführmittel.*
Pur|ga|to|ri|um, das; -s [mlat. purgatorium] (bildungsspr.): *Fegefeuer:* durchs P. gehen; ins P. kommen.
pur|gie|ren ⟨sw. V.; hat⟩ [mhd. purgieren < lat. purgare = reinigen; sich rechtfertigen, zu: purus, ↑pur]: **1.** (bildungsspr. veraltend) *von Störendem befreien, säubern; reinigen, läutern:* ich habe das Buch nur in einer purgierten Fassung gelesen. **2.** (Med.) *abführen* (2 b): der Patient muss vor dieser Untersuchung erst p.
Pur|gier|mit|tel, das (Med.): *Abführmittel.*
pü|rie|ren ⟨sw. V.; hat⟩ (Kochk.): *zu Püree machen:* Kartoffeln p.; pürierte Möhren; ⟨auch o. Akk.-Obj.:⟩ mit der Küchenmaschine kann man auch p.
Pu|ri|fi|ka|ti|on, die; -, -en [lat. purificatio = Reinigung] (kath. Kirche): *liturgische Reinigung des Messkelchs nach der Kommunion.*
pu|ri|fi|zie|ren ⟨sw. V.; hat⟩ [lat. purificare] (bildungsspr.): *reinigen, läutern.*
Pu|rim [auch: ˈpuːrɪm], das; -s [hebr. pûrîm]: *im Februar/März gefeiertes jüdisches Fest zur Erinnerung an die im Buch Esther des A. T. beschriebene Errettung der persischen Juden.*
Pu|rin, das; -s, -e ⟨meist Pl.⟩ [zusgez. aus nlat. purum acidum uricum = reine Harnsäure] (Chemie): *aus der Nukleinsäure der Zellkerne entstehende organische Verbindung.*
Pu|ris|mus, der; - [wohl unter Einfluss von frz. purisme zu lat. purus = rein]: **1.** (Sprachw.) *oft übertriebenes Bestreben, eine Nationalsprache bes. von Fremdwörtern rein zu halten.* **2.** (Kunstwiss.) *(in der Denkmalpflege des 19. Jh.s) oft übertriebenes Bestreben, Bauwerke um der Stilreinheit willen von stilistisch späteren Zutaten zu befreien.* **3.** (bildungsspr.) *übertriebenes Streben nach Stilreinheit, nach der reinen Lehre, nach Reinheit der Motive des Handelns, nach Funktionalität o. Ä.*
Pu|rist, der; -en, -en [frz. puriste] (bildungsspr.): *Vertreter des Purismus.*
Pu|ris|tin, die; -, -nen: w. Form zu ↑Purist.
pu|ris|tisch ⟨Adj.⟩ (bildungsspr.): *den Purismus betreffend, durch ihn gekennzeichnet.*
Pu|ri|ta|ner, der; -s, - [engl. puritan, eigtl. = Reiniger; auf Reinheit Bedachter, zu: purity < afrz. pur(e)té < spätlat. puritas, zu lat. purus, ↑pur]: **a)** *Anhänger des Puritanismus;* **b)** (oft abwertend) *sittenstrenger Mensch.*
Pu|ri|ta|ne|rin, die; -, -nen: w. Form zu ↑Puritaner.
pu|ri|ta|nisch ⟨Adj.⟩: **a)** *den Puritanismus betreffend, zu ihm gehörend:* die -e Revolution in England; **b)** (oft abwertend) *sittenstreng:* eine -e alte Jungfer; **c)** *bewusst einfach, spartanisch [in der Lebensführung]:* eine -e Einrichtung.
Pu|ri|ta|nis|mus, der; - [engl. puritanism]: *streng kalvinistische Richtung im England des 16. u. 17. Jahrhunderts.*
Pur|pur, der; -s [mhd. purpur, ahd. purpura < lat. purpura < griech. porphýra = (Farbstoff aus dem Saft der) Purpurschnecke]: **1. a)** *sattroter, violetter Farbstoff:* Samt mit P. färben; **b)** *sattroter Farbton mit mehr od. weniger starkem Anteil von Blau:* die Farbe P.; ein Stoff in P. **2.** (geh.) *purpurn gefärbter Stoff u. daraus gefertigter [Königs]mantel od. Umhang:* sie kleideten sich in P.; den P. tragen (geh.; *die Kardinalswürde innehaben*); nach dem P. (geh.; *der Königs-, Kardinalswürde*) streben.
pur|pur|far|ben, pur|pur|far|big ⟨Adj.⟩: *von der Farbe des Purpurs* (1).
pur|purn ⟨Adj.⟩ [spätmhd. purpur(e)n, mhd. purperīn, ahd. purpurīn]: *purpurfarben:* die Sonne versank p. im Meer.
pur|pur|rot ⟨Adj.⟩: *einen samtig roten, etwas ins Blaue gehenden, satten Farbton aufweisend:* -e Abendwolken.
Pur|pur|rö|te, die (geh.): *purpurrote Farbe:* P. überzog ihr Gesicht.
Pur|pur|schne|cke, die: *im Meer lebende Schnecke mit stacheligem Gehäuse, die aus einer Drüse gelblich weißen, sich im Sonnenlicht purpurn verfärbenden Schleim absondert.*
Pur|ser [ˈpəːsə], der; -s, - [engl. purser, zu: purse = Geldtasche, Portemonnaie < spätlat. bursa, ↑[1]Börse]: **a)** *Zahlmeister auf einem Schiff;* **b)** *Chefsteward im Flugzeug.*
Pur|se|rette [pəːsəˈrɛt], die; -, -s [engl. purserette]: w. Form zu ↑Purser.
pu|ru|lent ⟨Adj.⟩ [lat. purulentus] (Med.): *eitrig.*
Pür|zel, der; -s, - (Jägerspr.): *Bürzel* (2).
Pur|zel|baum, der [eigtl. = Sturz u. Aufbäumen, zu ↑purzeln u. ↑[2]bäumen] (ugs.): *(auf dem Boden od. einer anderen flachen Unterlage ausgeführte) Rolle* (3 a): einen P. machen; Purzelbäume schlagen, schießen.
pur|zeln ⟨sw. V.; ist⟩ [spätmhd. burzeln = hinfallen, zu ↑Bürzel] (fam.): *[sich überschlagend] [hin]fallen:* die Kinder purzelten in den Schnee; vom Stuhl p.; Ü die Preise purzelten *(fielen stark);* Rekorde purzeln *(werden gebrochen).*
pu|schen ⟨sw. V.; hat⟩ [↑pushen]: *antreiben, in Schwung bringen:* den Tourismus p.
Pu|schen, der; -s, - (nordd.): *Babusche.*
Push [pʊʃ], der; -[e]s, -es [...ɪs, auch: ...ɪz; engl. push, zu: to push, über das Afrz. zu lat. pulsare, ↑pulsieren]: **1.** (Jargon) *forcierte Förderung (z. B. von jmds. Bekanntheit) mit Mitteln der Werbung.* **2.** (Golf) *Schlag mit der rechten Hand, der den Ball zu weit nach rechts, od. mit der linken, der ihn zu weit nach links bringt.*
pu|shen ⟨sw. V.; hat⟩ [engl. to push, über das Afrz. zu lat. pulsare, ↑pulsieren]: **1.** (Jargon) *durch forcierte Werbung o. Ä. jmds. Aufmerksamkeit auf jmdn., etw. lenken:* ein neues Design p. **2.** (Jargon) *mit harten Drogen handeln.* **3.** (Golf) *einen Push* (2) *schlagen, spielen.*
Pu|sher, der; -s, - [engl. pusher] (Jargon): *jmd., der pusht* (2).
Pu|she|rin, die; -, -nen: w. Form zu ↑Pusher.
Push-up-BH [ˈpʊʃapbeha:], der [zu engl. to push up = nach oben schieben]: *Büstenhalter, der durch Einlagen u. stützende Schalen auch kleinere Busen zu einem üppigen Dekolleté formt.*
Pus|sel|ar|beit, die [zu ↑pusseln]: *viel Geduld, Genauigkeit u. Geschicklichkeit erfordernde u. daher mühsame Arbeit.*
pus|se|lig, pusslig ⟨Adj.⟩ [urspr. = langsam, umständlich]: **1.** *Geduld, Genauigkeit u. Geschicklichkeit erfordernd:* eine -e Arbeit. **2.** *in kleinlicher Genauigkeit sich viel zu lange mit unwesentlichen Dingen beschäftigend; umständlich.*
pus|seln ⟨sw. V.; hat⟩ [aus dem Niederd., urspr. = geschäftig sein, ohne etwas Richtiges zu tun] (ugs.): *sich ausgiebig [mit Kleinigkeiten] beschäftigen; herumbasteln:* am Auto, im Garten p.
puss|lig: ↑pusselig.
Pus|te, die; - [aus dem Niederd. < mniederd. pūst, zu ↑pusten]: **1.** (salopp) *(für eine körperliche Leistung, Anstrengung nötige) Atemluft:* keine P. mehr haben; ihm ist fast die P. ausgegangen; ich bin ganz aus der/außer P.; aus der P. kommen; *** jmdm. geht die P. aus** *(jmd. hält [finanziell] nicht durch, muss aufgeben o. Ä.).* **2.** (Jargon) *Pistole, Revolver.*
Pus|te|blu|me, die (Kinderspr.): *abgeblühter Löwenzahn, dessen leichte, in Form einer Kugel auf dem Stiel zusammenstehende Samen leicht weggepustet werden können.*
Pus|te|ku|chen: in der Fügung **[ja,] P.!** (ugs.; *aber nein, gerade das Gegenteil von dem, was man sich vorgestellt od. gewünscht hat, ist eingetreten;* viell. nach der Wendung »jmdm. etw. pusten«; vgl. husten 2).
Pus|tel, die; -, -n [lat. pustula = (Haut)bläschen] (Med.): *Eiterbläschen.*
pus|ten ⟨sw. V.; hat⟩ [aus dem Niederd. < mniederd. pūsten, lautm.] (ugs.): **1. a)** *blasen* (1 a): ins Feuer p.; du musst etwas p., die Suppe ist noch zu heiß; bei einer Verkehrskontrolle musste er p. (ugs.; *zum Nachweis etwaigen Alkoholgenusses in ein Röhrchen blasen*); **b)** *durch Blasen von etw. weg- od. in etw. hineinbringen:* Krümel vom Tisch p.; ich puste mir die Haare aus dem Gesicht; der Wind pustete *(wehte)* den Sand durch die Ritzen; Ü jmdm. ein Loch in den Schädel p. (salopp; *schießen*); **c)** *kräftig wehen* (1 a): der Wind pustet mir ins Gesicht; ⟨auch unpers.:⟩ es pustet draußen ganz schön. **2.** *schwer, schnaufend atmen:* pustend stieg sie die Treppe hinauf. **3.** (Funkw. Jargon) *senden.*
Pusz|ta, die; -, ...ten [ung. puszta]: *Grassteppe, Weideland in Ungarn.*
pu|ta|tiv ⟨Adj.⟩ [spätlat. putativus, zu lat. putare = glauben] (Rechtsspr.): *auf einem Rechtsirrtum beruhend; vermeintlich.*
Pu|ta|tiv|ehe, die (Rechtsspr., bes. kath. Kirchenrecht): *ungültige Ehe, die aber mindestens von einem Partner in Unkenntnis des bestehenden Ehehindernisses für gültig gehalten wird.*
Pu|te, die; -, -n [aus dem Niederd., zu ↑put, put!]: **1.** *Truthenne (bes. als Braten).* **2.** (salopp abwertend) *dumme, eingebildete weibliche Person:* sie ist eine alberne P.; (auch als Schimpfwort:) du dumme P.!
Pu|ter, der; -s, -: *Truthahn (bes. als Braten):* einen P. braten, mit Trüffeln füllen; vor Zorn wurde er rot wie ein P. *(rot wie der geschwollene Kamm des Truthahns).*
pu|ter|rot ⟨Adj.⟩: *(im Gesicht) überaus rot (bes. vor Wut, Scham).*
Put|put, das; -s, -[s]: **1.** *Lockruf »put, put!«.* **2.** (Kinderspr.) *Huhn.*
put, put, putt, putt ⟨Interj.⟩: Lockruf für Hühner.
Pu|tre|fak|ti|on, Pu|tres|zenz, die; -, -en [zu lat.

putrefacere = in Verwesung übergehen lassen; putrescere, ↑putreszieren] (Med.): *Fäulnis, Verwesung.*

pu|tres|zie|ren ⟨sw. V.; ist⟩ [lat. putrescere] (Med.): *verwesen.*

Putsch, der; -[e]s, -e [schweiz. bütsch (15. Jh.) = heftiger Stoß, Zusammenprall, Knall (wahrsch. lautm.); Bed. 1 durch die Schweizer Volksaufstände der 1830er-Jahre in die Hochspr. gelangt; vgl. mhd. b(i)uʒ = Stoß]: 1. *von einer kleineren Gruppe [von Militärs] durchgeführter Umsturz[versuch] zur Übernahme der Staatsgewalt:* ein missglückter, unblutiger P.; der P. wurde blutig erstickt; einen P. anzetteln; der Diktator ist durch einen P. an die Macht gekommen. 2. (schweiz. ugs.) *Stoß.*

put|schen ⟨sw. V.; hat⟩: *einen Putsch (1) machen:* die Militärs putschten sich (*kamen durch einen Putsch* 1) an die Macht; der Präsident wurde aus dem Amt geputscht (*durch einen Putsch* (1) *aus seinem Amt vertrieben).*

Put|schist, der; -en, -en: *jmd., der einen Putsch (1) macht, sich daran beteiligt.*

Put|schis|tin, die; -, -nen: w. Form zu ↑Putschist.

Putsch|ver|such, der: *Versuch eines Putsches* (1).

Putt [auch: pʌt], der; -[s], -s [engl. putt, zu: to put = setzen, stellen, legen] (Golf): *Schlag auf dem Grün* (3).

Pütt, der; -s, -e, auch: -s [wohl zu lat. puteus = Schacht, Brunnen] (rhein. u. westfäl. Bergmannsspr.): *Bergwerk, Schacht, Grube* (3 a): auf dem/im P. sein.

Put|te, die; -, -n, Putto, der; -s, ...tti [ital. putto = Knäblein < lat. putus] (Kunstwiss.): *(bes. im Barock u. Rokoko) Figur eines kleinen nackten Knaben, Kindes [mit Flügeln].*

put|ten [auch: pʌtən] ⟨sw. V.; hat⟩ [zu ↑Putt] (Golf): *den Ball mit dem Putter schlagen:* er puttete ins vierte Loch.

Put|ter [auch: pʌtər], der; -s, - (Golf): *für das Schlagen im Grün (3) entwickelter Golfschläger mit einem Kopf aus Metall.*

Put|ti: Pl. von ↑Putto.

Put|to: ↑Putte.

putt, putt: ↑put, put.

Putz, der; -es [zu ↑putzen; 3: wohl aus der Wendung »auf den Putz hauen« rückentwickelt]: 1. *Gemisch aus Sand, Wasser u. Bindemitteln, mit dem Außenwände zum Schutz gegen Witterungseinflüsse, Innenwände im Hinblick auf das Tapezieren od. Streichen verputzt werden:* der P. bröckelte von den Wänden; die Leitungen sind unter P. verlegt; * **auf den P. hauen** (ugs.; 1. *prahlen, angeben.* 2. *übermütig, ausgelassen sein; Stimmung machen [u. viel Geld ausgeben];* viell. eigtl. = so an eine Mauer schlagen, dass der Putz abbröckelt. 3. *energisch vorgehen, protestieren, laut schimpfend Einspruch erheben).* 2. (veraltet) a) *Kleidung, die jmds. Erscheinung, Ansehen hebt;* b) *Accessoires, die der besonderen Verschönerung dienen sollen;* c) (ugs.) *[besonders dichtes, langes] Kopfhaar.* 3. (ugs.) *Streit, heftige Auseinandersetzung;* * **P. machen** (ugs.; 1. *Streit, eine Rauferei anfangen.* 2. *viel Aufhebens von etw. machen, sich sehr aufregen).*

Pütz, die; -, -en [niederl. puts < mniederl. putse < lat. puteus, ↑Pütt] (Seemannsspr.): *kleiner Eimer.*

Put|ze, die; -, -n (ugs.): *Putzfrau.*

put|zen ⟨sw. V.; hat⟩ [spätmhd. butzen, zu: butzen = (Schmutz)klümpchen, ↑Butzen; urspr. = einen Butzen entfernen]: 1. a) *durch Reiben* (1 a) *(mit einem Lappen, einer Bürste o. Ä.) säubern u. blank machen:* Silber, die Brille, die Fenster p.; blank geputzte Schuhe; Ü er hat den Teller blank geputzt (fam.; *alles aufgegessen*); b) *(auf bestimmte Weise) reinigen, säubern:* ich muss mir die Nase p. (*mich schnäuzen*); hast du dir die Zähne geputzt? (*mit einer Zahnbürste u. Zahnpasta gereinigt?*); c) *(von Gemüse) zum Verzehr nicht geeignete Stellen entfernen u. durch Zerschneiden o. Ä. zum Kochen od. Essen vorbereiten:* Salat, Spinat p.; d) *den Docht beschneiden, kürzen:* e) (landsch., bes. rhein., südd., schweiz.) *aufwischen, scheuern; sauber machen:* die Küche p.; (auch o. Akk.-Obj.:) sie geht p. (*arbeitet als Putzfrau*); f) (österr.) *chemisch reinigen.* 2. (veraltend) a) *jmdn., sich schmücken* (a): den Christbaum festlich p.; b) *zieren, schmücken* (b): die Tapete putzt sehr. 3. (Sport Jargon) *hoch besiegen:* wir haben sie 6:1 geputzt.

Put|zer, der; -s, -: a) *jmd., der etw. putzt* (z. B. Schuhputzer); b) *Stuckateur, Gipser.*

Put|ze|rei, die; -, -en: 1. (ugs. abwertend) *als lästig empfundenes Putzen.* 2. (österr.) *chemische Reinigung* (2).

Putz|fim|mel, der ⟨o. Pl.⟩ (abwertend): *übertriebene Neigung zum Saubermachen:* einen P. haben.

Putz|frau, die: *Frau, die gegen Entgelt Räume sauber macht.*

Putz|hil|fe, die: *Putzfrau.*

put|zig ⟨Adj.⟩ [aus dem Niederd., zu ↑¹Butz, also eigtl. = koboldhaft] (ugs.): a) *sehr niedlich, possierlich:* -e Tiere; b) *seltsam, eigenartig:* das ist ja p.!

put|zi|ger|wei|se ⟨Adv.⟩ (ugs.): *seltsamerweise, komischerweise.*

Putz|ko|lon|ne, die: *[von einer Gebäudereinigung (2) eingesetzte] Arbeitsgruppe zur Reinigung von Bürohäusern u. Ä.*

Putz|lap|pen, der: *Scheuer-, Aufwischlappen.*

Putz|ma|cher, der (veraltet): *Hutmacher.*

Putz|ma|che|rin, die; -, -nen: *Modistin.*

Putz|mit|tel, das: *beim Putzen verwendbares Reinigungsmittel; Haushaltsreiniger.*

putz|mun|ter ⟨Adj.⟩ [1. Bestandteil wohl zu ↑potz] (ugs.): *sehr munter, lebhaft, bester Laune, voller Tatendrang.*

Putz|sucht, die ⟨o. Pl.⟩: *übertriebener Hang, sich zu putzen* (2 a).

Putz|wol|le, die: *zusammengeballte Fasern zum Reinigen von Maschinenteilen.*

Putz|zeug, das ⟨o. Pl.⟩: *zum Putzen benötigte Geräte u. Reinigungsmittel.*

puz|zeln [ˈpuzl̩n, ˈpusl̩n; auch: ˈpazl̩n, ˈpasl̩n] ⟨sw. V.; hat⟩: *ein Puzzle zusammensetzen:* wir haben den ganzen Abend gepuzzelt.

Puz|zle [ˈpʊzl̩, ˈpʊsl̩; auch: ˈpazl̩, ˈpasl̩], das; -s, -s [engl. puzzle, eigtl. = Problem, Frage(spiel), H. u.]: *viele in einem Geduldsspiel [nach einer Vorlage] richtig zusammenzusetzende einzelne Stücke eines Bildes:* ein P. aus, mit 500 Teilen.

Puzz|ler [ˈpazlɐ, ˈpaslɐ], der; -s, - [engl. puzzler]: *jmd., der ein Puzzle zusammensetzt.*

Puzz|le|rin, die; -, -nen: w. Form zu ↑Puzzler.

Puz|zle|spiel, das: *Puzzle.*

Puz|zo|lan, das; -s, -e [älter ital. puzzolana, Nebenf. von: pozzolana, nach dem Fundort Pozzuoli am Vesuv]: a) *aus Italien stammender, poröser vulkanischer Tuff;* b) *hydraulisches Bindemittel für Zement aus Puzzolan (a), Ton o. Ä.*

PVC, das; -[s] [Kurzwort für: Polyvinylchlorid]: *durch Polymerisation von Vinylchlorid hergestellter, thermoplastischer Kunststoff für Fußbodenbeläge, Folien o. Ä.*

Py|e|li|tis, die; -, ...itiden [zu griech. pýelos = Becken] (Med.): *Nierenbeckenentzündung.*

Py|e|lo|gramm, das; -s, -e [↑-gramm] (Med.): *Röntgenbild der Nieren, bes. des Nierenbeckens.*

Py|e|lo|gra|phie, (auch:) Pyelografie, die; -, -n [↑-graphie] (Med.): *röntgenologische Darstellung der Nieren, bes. des Nierenbeckens.*

Pyg|mäe, der; -n, -n [griech. Pygmaĩos = Angehöriger eines sagenhaften Volkes in der Ilias des Homer, zu: pygmaĩos = eine Faust lang]: *Angehöriger eines kleinwüchsigen Menschentypus in Afrika.*

pyg|mä|en|haft ⟨Adj.⟩: *den Pygmäen ähnlich, gemäß.*

Pyg|mä|in, die; -, -nen: w. Form zu ↑Pygmäe.

pyg|mä|isch ⟨Adj.⟩: a) *die Pygmäen betreffend;* b) *kleinwüchsig.*

pyg|mid ⟨Adj.⟩ [zu ↑Pygmäe]: *zu den Pygmiden gehörend.*

Pyg|mi|de, der u. die; -n, -n ⟨Dekl. ↑Abgeordnete⟩: *Angehöriger eines kleinwüchsigen Menschentypus mit Merkmalen der Pygmäen.*

Py|ja|ma [pyˈdʒaːma, auch: pyˈʒaːma, österr. nur: piˈdʒaːma, piˈʒaːma, selten: pyˈjaːma, piˈjaːma], der, österr., schweiz. auch: das; -s, -s [engl. pyjama < Urdu pājāmā = lose um die Hüfte geknüpfte Hose, eigtl. = Beinkleid]: *Schlafanzug.*

Py|ja|ma|ho|se, die: *Hose eines Pyjamas.*

Py|ja|ma|ja|cke, die: vgl. Pyjamahose.

pyk|nisch ⟨Adj.⟩ (Med., Anthrop.): *(in Bezug auf den Körperbautyp) kräftig, gedrungen u. zu Fettansatz neigend.*

Pyk|no|me|ter, das; -s, - [↑-meter] (Physik): *Glasgefäß mit genau bestimmtem Volumen zur Ermittlung der Dichte von Flüssigkeiten od. Pulvern.*

pyk|no|tisch ⟨Adj.⟩ (Med.): *verdichtet, verdickt.*

Py|lon, der; -en, -en [griech. pylṓn = Tor, Turm]: 1. *von festungsartigen Türmen flankiertes Eingangstor ägyptischer Tempel.* 2. *turm- od. portalartiger Teil von Hängebrücken o. Ä., der die Seile an den höchsten Punkten trägt.* 3. *kegelförmige, bewegliche, der Absperrung dienende Markierung auf Straßen.* 4. *an der Tragfläche od. am Rumpf eines Flugzeugs angebrachter, verkleideter Träger zur Befestigung einer Last (wie Tank, Rakete o. Ä.).*

Py|lon|brü|cke, die: *Hängebrücke mit Pylon* (2).

Py|lo|ne, die; -, -n: *Pylon.*

Py|lo|rus, der; -, ...ren [griech. pylōrós = Torhüter] (Anat.): *Pförtner* (2).

py|o|gen ⟨Adj.⟩ [↑-gen] (Med.): *(von bestimmten Bakterien) Eiterungen verursachend.*

Py|or|rhö, die; -, -en [zu griech. rheĩn = fließen] (Med.): *eitriger Ausfluss.*

py|ra|mi|dal ⟨Adj.⟩ [1: spätlat. pyramidalis]: 1. *pyramidenförmig:* ein -er Aufbau. 2. (ugs. emotional veraltend) *gewaltig, riesenhaft.*

Py|ra|mi|de, die; -, -n [über lat. pyramis (Gen.: pyramidis) < griech. pyramís; ägypt. Wort]: 1. (Geom.) *geometrischer Körper mit einem ebenen Vieleck als Grundfläche u. einer entsprechenden Anzahl von gleichschenkligen Dreiecken, die in einer gemeinsamen Spitze enden, als Seitenflächen.* 2. *pyramidenförmiger, monumentaler Grab- od. Tempelbau verschiedener Kulturen, bes. im alten Ägypten.* 3. *pyramidenförmiges Gebilde:* eine P. übereinander gestapelter Bausteine. 4. (Med.) *pyramidenförmige Bildung an der Vorderseite des verlängerten Marks.* 5. *Figur im Kunstkraftsport.*

Py|ra|mi|den|bahn, die [nach den in der Pyramide (4) sich kreuzenden Nervenfasern] (Anat., Physiol.): *wichtigste der motorischen Nervenbahnen, die von der Hirnrinde ins Rückenmark zieht.*

py|ra|mi|den|för|mig ⟨Adj.⟩: *von der Form einer Pyramide* (1).

Py|ra|mi|den|stumpf, der (Geom.): *durch einen parallel zur Grundfläche geführten Schnitt entstandener Teil einer Pyramide (1) ohne Spitze.*

Py|ra|no|me|ter, das; -s, - [zu griech. pȳr (↑Pyrolyse), ánō = oben u. ↑-meter] (Meteor., Astron.): *Gerät zur Messung der Himmels- u. Sonnenstrahlung.*

Py|re|nä|en ⟨Pl.⟩: *Gebirge zwischen Spanien u. Frankreich.*

Py|re|nä|en|halb|in|sel, die: Iberische Halbinsel.

py|re|nä|isch ⟨Adj.⟩: *zu den Pyrenäen gehörend.*

Py|re|thrum, das; -s, ...ra [griech. pýrethron = Mauerkraut, zu: pȳr (↑pyro-, Pyro-), wohl wegen der wärmenden Wirkung des Pflanzenextrakts]: 1. (veraltend) *Chrysanthemum.* 2. *Insektizid aus den getrockneten Blüten verschiedener Chrysanthemen.*

Py|re|ti|kum, das; -s, ...ka [zu griech. pyretós = Fieber, zu: pȳr, ↑pyro-, Pyro-] (Med.): *Fieber erzeugendes Mittel.*

py|re|tisch ⟨Adj.⟩ (Med.): *(von Medikamenten) Fieber erzeugend.*

Py|re|xie, die; -, -n [zu griech. pȳr (↑pyro-, Pyro-) u. échein = haben] (Med.): *Fieber[anfall].*

Py|rit [auch: pyˈrɪt], der; -s, -e [lat. pyrites <

griech. pyrítēs, eigtl. = Feuerstein, zu: pȳr, ↑pyro-, Pyro-]: *metallisch glänzendes, meist hellgelbes, oft braun od. bunt angelaufenes Mineral, das bes. für die Gewinnung von Schwefel[verbindungen] dient; Eisenkies, Schwefelkies.*

Pyr|mont: ↑Bad Pyrmont.

py|ro-, Py|ro- [pyro-; griech. pȳr (Gen.: pyrós)] ⟨Best. in Zus. mit der Bed.⟩: *Feuer, Hitze, Fieber* (z. B. pyrophor, Pyromanie).

py|ro|gen ⟨Adj.⟩ [↑-gen]: **1.** (Med.) *Fieber erzeugend (z. B. von Medikamenten).* **2.** (Geol.) *(von Mineralien) aus Schmelze entstanden.*

Py|ro|ly|se, die; -, -n [↑Lyse] (Chemie): *Zersetzung chemischer Verbindungen durch sehr große Wärmeeinwirkung.*

py|ro|ly|tisch ⟨Adj.⟩ (Chemie): *die Pyrolyse betreffend, auf ihr beruhend.*

Py|ro|ma|ne, der; -n, -n (Med., Psych.): *jmd., der an Pyromanie leidet.*

Py|ro|ma|nie, die; - [↑Manie] (Med., Psych.): *krankhafter Trieb, Brände zu legen [u. sich beim Anblick des Feuers bes. sexuell zu erregen].*

Py|ro|ma|nin, die; -, -nen: w. Form zu ↑Pyromane.

py|ro|ma|nisch ⟨Adj.⟩ (Med., Psych.): *die Pyromanie betreffend, auf ihr beruhend.*

Py|ro|man|tie, die; - [zu griech. manteía = das Weissagen]: *(im Altertum) Wahrsagung aus dem (Opfer)feuer.*

Py|ro|pho|bie, die; -, -n [↑Phobie] (Med.): *krankhafte Furcht vor dem Umgang mit Feuer.*

py|ro|phor ⟨Adj.⟩ [zu griech. phoreĩn = (in sich) tragen] (Chemie): *[in feinster Verteilung] sich an der Luft bei gewöhnlicher Temperatur selbst entzündend.*

Py|ro|phor, der; -s, -e (Chemie): *Stoff mit pyrophoren Eigenschaften* (z. B. Phosphor, Eisen, Blei).

Py|ro|tech|nik, die ⟨o. Pl.⟩: *Feuerwerkerei.*

Py|ro|tech|ni|ker, der: *Feuerwerker* (a).

Py|ro|tech|ni|ke|rin, die: w. Form zu ↑Pyrotechniker.

py|ro|tech|nisch ⟨Adj.⟩: *die Pyrotechnik betreffend.*

Pyr|rhus|sieg, der [nach den verlustreichen Siegen des Königs Pyrrhus von Epirus über die Römer 280/279 v. Chr.] (bildungsspr.): *Erfolg, der mit hohem Einsatz, mit Opfern verbunden ist u. eher einem Fehlschlag gleichkommt.*

Pyr|rol, das; -s [zu griech. pyrrhós = feuerrot (zu: pȳr = Feuer) u. lat. oleum = Öl; die Dämpfe des Pyrrols färben mit Salzsäure befeuchtetes Fichtenholz rot] (Chemie): *stickstoffhaltige organische Verbindung mit vielen Abkömmlingen von biochemischer Bedeutung* (z. B. Blut-, Gallenfarbstoffe, Blattgrün).

Py|tha|go|rä|er (österr.): ↑Pythagoreer.

py|tha|go|rä|isch (österr.): ↑pythagoreisch.

Py|tha|go|ras, der; - [nach dem altgriechischen Philosophen] (ugs.): *pythagoreischer Lehrsatz.*

Py|tha|go|re|er, der; -s, - (Philos.): *Anhänger der Lehre des altgriechischen Philosophen Pythagoras (6./5. Jh. v. Chr.).*

py|tha|go|re|isch ⟨Adj.⟩: *die Lehre des Pythagoras betreffend, nach der Lehre des Pythagoras, nach Pythagoras benannt:* der -e Lehrsatz (Geom.; *Lehrsatz der Geometrie, nach dem im rechtwinkligen Dreieck das Quadrat über der Hypotenuse gleich der Summe der Quadrate über den Katheten ist; Satz des Pythagoras*).

Py|thia, die; -, ...ien [nach Pythia, der Priesterin des Orakels zu Delphi, zu ↑Python] (bildungsspr.): *Frau, die in orakelhafter Weise Zukünftiges andeutet.*

py|thisch ⟨Adj.⟩ (bildungsspr.): *orakelhaft, dunkel.*

Py|thon, der; -s, -s, nicht fachspr. auch: die; -, -s, **Py|thon|schlan|ge,** die [nach der von Apollo getöteten Schlange Python, die das Orakel in Delphi behütete]: *in Afrika, Südasien u. Nordaustralien lebende Riesenschlange.*

Py|xis, die; -, ...iden, auch: ...ides ['pyksideːs; lat. pyxis < griech. pyxís = Büchse (1)]: *Hostienbehälter.*

Q

q, Q [kuː], das; - (ugs.: -s), - (ugs.: -s) [mhd. qu, kw, ahd. qu, chw < lat. qu]: *siebzehnter Buchstabe des Alphabets; ein Konsonant:* ein kleines q, ein großes Q schreiben.

q = Quintal; (österr. u. schweiz.) Zentner (2).

Q (DDR): Zeichen für höchste Qualität (für Erzeugnisse der DDR): einem Erzeugnis das Q verleihen.

qcm: ↑cm².

qdm: ↑dm².

q. e. d. = quod erat demonstrandum.

Q-Fie|ber ['kuː-], das; ⟨o. Pl.⟩ [Abk. für engl. query = Frage, Zweifel, wegen des lange ungeklärten Charakters der Krankheit] (Med.): *Infektionskrankheit mit grippeartigen Symptomen.*

qua [lat. qua] (bildungsspr.): **I.** ⟨Präp., meist mit allein stehendem unflekt. Subst.⟩ **a)** ⟨auch mit Gen. od. Dat. bei Subst. mit adj. Attr.⟩ *durch, mittels, auf dem Wege über:* etw. qua Entscheidungsbefugnis, qua Amt festsetzen; **b)** *gemäß, entsprechend:* den Schaden qua Verdienstausfall bemessen. **II.** ⟨modale Konj.⟩ *[in der Eigenschaft] als:* qua Beamter.

quack ⟨Interj.⟩ [zu ↑quackeln] (ugs.): *Unsinn!, Quatsch!*

qua|ckeln ⟨sw. V.; hat⟩ [zu ↑quaken] (landsch., bes. nordd. ugs.): *quatschen* (1 a).

Quack|sal|ber, der; -s, - [niederl. kwakzalver, eigtl. = prahlerischer Salbenverkäufer, zu: kwacken = schwatzen, prahlen u. zalven = salben] (abwertend): *Arzt o. Ä., der mit obskuren Mitteln u. Methoden Krankheiten zu heilen versucht.*

Quack|sal|be|rin, die; -, -nen (abwertend): w. Form zu ↑Quacksalber.

quack|sal|be|risch ⟨Adj.⟩ (abwertend): *in der Art eines Quacksalbers.*

quack|sal|bern ⟨sw. V.; hat⟩ (abwertend): *in der Art eines Quacksalbers Krankheiten behandeln.*

Quad|del, die; -, -n [aus dem Niederd., mit ahd. quedilla zu einer urspr. Bed. »Anschwellung, Wulst«]: *juckende Anschwellung der Haut.*

Qua|der, der; -s, -, seltener: die; -, -n, österr.: der; -s, -n [mhd. quāder(stein) < mlat. quadrus (lapis), zu lat. quadrus, ↑quadrieren]: **a)** *behauener Steinblock von der Form eines Quaders* (b): ein aus -n erbauter Tempel; **b)** (Geom.) *von sechs Rechtecken begrenzter Körper:* der Rauminhalt des -s.

Qua|der|bau, der ⟨Pl. -ten⟩: **1.** ⟨o. Pl.⟩ *das Bauen, Bauweise mit Quadern* (a). **2.** *im Quaderbau* (1) *errichtetes Gebäude.*

qua|der|för|mig ⟨Adj.⟩: *die Form eines Quaders aufweisend:* ein -er Klotz.

Qua|der|stein, der: *Quader* (a).

Qua|dra|ge|se, Qua|dra|ge|si|ma, die; - [mlat. quadragesima, eigtl. = der vierzigste (Tag vor Ostern)] (kath. Kirche): *Fastenzeit* (b).

Qua|drant, der; -en, -en [lat. quadrans (Gen.: quadrantis) = der vierte Teil, subst. 1. Part. von: quadrare, ↑quadrieren]: **1. a)** (Geom., Geogr., Astron.) *Viertel eines Kreises, bes. eines Meridians od. des Äquators;* **b)** (Math.) *Viertel einer Kreisfläche;* **c)** (Math.) *eines der vier Viertel, in die die Ebene eines ebenen rechtwinkligen Koordinatensystems durch das Achsenkreuz aufgeteilt ist:* der Punkt P (5, 3) liegt im ersten -en. **2.** (Astron., Seew.) *(heute nicht mehr gebräuchliches) Instrument zur Bestimmung der Höhe* (4 b) *von Gestirnen.*

Qua|drat, das; -[e]s, -e u. -en [lat. quadratum, subst. 2. Part. von: quadrare, ↑quadrieren]: **1.** ⟨Pl. -e⟩ **a)** *Rechteck mit vier gleich langen Seiten:* die Grundfläche des Turms ist ein Q.; das Zimmer ist 6 m im Q. *(ist quadratisch u. hat 6 m lange Seiten);* * **magisches Q.** (1. Math.; *in gleich vielen u. gleich langen Zeilen u. Spalten stehende Zahlen, die so angeordnet sind, dass die Summen aller Zeilen u. Spalten sowie der Zahlenreihen, die die Diagonalen bilden, gleich sind; Hexeneinmaleins.* 2. *in gleich vielen u. gleich langen Zeilen u. Spalten stehende einzelne Buchstaben, die, z. B. als Lösung einer Denksportaufgabe, so angeordnet sind, dass sich in den Zeilen Wörter ergeben, die gleichzeitig auch, u. zwar in derselben Aufeinanderfolge, in den Spalten entstehen);* **b)** *von vier Straßen begrenztes (gewöhnlich etwa rechteckiges) bebautes Areal einer Stadt, das durch Straßen nicht weiter unterteilt ist;* **c)** (Math.): *zweite Potenz einer Zahl;* Zeichen: ²: eine Zahl ins Q. erheben (mit sich selbst multiplizieren); drei im/zum Q. *(drei hoch zwei);* * **im/zum Q.** (ugs.; *in besonders gesteigerter, ausgeprägter Form*): das war Pech im Q. **2.** ⟨Pl. -e⟩ (Astrol.) *90° Winkelabstand zwischen Planeten.* **3.** ⟨Pl. -en⟩ (Druckw.) *rechteckiges, nicht druckendes Stück Blei, das zum Auffüllen von Zeilen beim Schriftsatz verwendet wird; Geviert* (2).

Qua|drat|de|zi|me|ter, der od. das: *der Fläche eines Quadrats mit der Seitenlänge 1 dm entsprechende Maßeinheit der Fläche;* Zeichen: dm², früher auch: qdm.

qua|dra|tisch ⟨Adj.⟩: **a)** *die Form eines Quadrats* (1 a) *aufweisend:* eine -e Fläche; das Zimmer ist [ungefähr, genau, fast] q.; **b)** (Math.) *ins Quadrat* (1 c) *erhoben:* x^2 ist das -e Glied der Gleichung; eine -e Gleichung *(Gleichung, die die Variable in zweiter – und keiner höheren – Potenz enthält; Gleichung zweiten Grades).*

Qua|drat|ki|lo|me|ter, der: vgl. Quadratdezimeter; Zeichen: km², früher auch: qkm.

Qua|drat|lat|schen ⟨Pl.⟩ (ugs. scherzh.): **1.** *[auffallend große] Schuhe.* **2.** *[große, breite] in Schuhen steckende Füße.*

Qua|drat|mei|le, die: vgl. Quadratdezimeter.

Qua|drat|me|ter, der od. das: vgl. Quadratdezimeter: das Haus hat 180 Q. Wohnfläche; Zeichen: m², früher auch: qm.

Qua|drat|me|ter|preis, der (Kaufmannsspr.): *Preis pro Quadratmeter:* die -e für Bauland; bei einem Q. von 20 Mark wären das monatlich 1800 Mark Miete; wir reinigen Ihre Teppiche zu einem Q. von 20 Mark.

Qua|drat|mil|li|me|ter, der od. das: vgl. Quadratdezimeter; Zeichen: mm², früher auch: qmm.

Qua|drat|schä|del, der (ugs.): **a)** *breiter, eckiger Kopf;* **b)** (abwertend) *starrsinniger, dickköpfiger Mensch.*

Qua|dra|tur, die; -, -en [spätlat. quadratura]: **1.** (Math.) **a)** *Umwandlung einer ebenen geometrischen Figur in ein Quadrat des gleichen Flächeninhalts durch geometrische Konstruktion;* * **die Q. des Kreises/Zirkels** (bildungsspr.; *etw. Unmögliches, eine unlösbare Aufgabe;* nach der nicht lösbaren Aufgabe, mit Zirkel u. Lineal ein zu einem gegebenen Kreis flächengleiches Quadrat zu konstruieren); **b)** *Bestimmung des Flächeninhalts einer ebenen geometrischen Figur:* arithmetische Q. *(rechnerische Bestimmung eines Flächeninhalts).* **2.** (Astron.) *Stellung eines Planeten od. des Mondes, bei der der Winkel zwischen ihm u. der Sonne von der Erde aus gesehen 90° beträgt:* der Mond steht in [östlicher, westlicher] Q. [zur Sonne]. **3.** (Archit.) *(bes. in der romanischen Baukunst verwendete) Konstruktionsform, bei der ein Quadrat zur Bestimmung konstruktiv wichtiger Punkte herangezogen wird.*

Qua|dra|tur|ma|le|rei, die (Kunstwiss.): **a)** ⟨o. Pl.⟩ *Malerei, die Innenräume durch perspektivisch gemalte illusionistische Wand- und Deckengemälde optisch zu erweitern bzw. zu öffnen sucht;* **b)** *Werk der Quadraturmalerei* (a).

Qua|drat|wur|zel, die (Math.): *zweite Wurzel aus einer Zahl:* die Q. aus neun ist drei (Zeichen: $\sqrt{\ }$, $\sqrt[2]{\ }$).

Qua|drat|zahl, die (Math.): *natürliche Zahl, die gleich dem Quadrat* (1 c) *einer anderen natürlichen Zahl ist:* 1, 4, 9, 16 sind -en.

Qua|drat|zen|ti|me|ter, der od. das: vgl. Quadratdezimeter; Zeichen: cm², früher auch: qcm.

qua|drie|ren ⟨sw. V.; hat⟩ [lat. quadrare = viereckig machen, zu: quadrus = viereckig, zu: quattuor = vier]: **1.** (Math.) *mit sich selbst multiplizieren, ins Quadrat* (1 c) *erheben:* eine Zahl q. **2.** (bes. Kunstwiss.) *(eine Fläche) mit einem Gitter von Linien in Quadrate aufteilen [um so die Vorlage für ein Bild o. Ä. möglichst genau u. maßstabgetreu auf eine zu bemalende Fläche übertragen zu können]:* eine Wand für ein Fresko q. **3.** (Kunstwiss.) *mit aufgemalten od. in den Putz geritzten Linien versehen, die die Fugen einer aus Quadern* (a) *gemauerten Wand vortäuschen sollen:* eine Fassade q.; eine quadrierte Wand.

Qua|dri|ga, die; -, ...gen [lat. quadriga, zu: quattuor (in Zus. häufig: quadri-) = vier u. iugum = Joch]: *(in der Antike) offener, zweirädriger Wagen mit vier nebeneinander gespannten Pferden u. einem stehenden Lenker.*

Qua|dril|le [kva'drɪljə, seltener: ka..., österr.: ka'drɪl], die; -, -n [frz. quadrille < span. cuadrilla, eigtl. = Gruppe von vier Reitern, zu: cuadro = Viereck, zu lat. quadrus = viereckig]: **a)** *von je vier Paaren im Karree getanzter Contretanz (im* 3/8- *od.* 2/4-*Takt);* **b)** *Musikstück, das sich als Tanzmusik für die Quadrille* (a) *eignet.*

Qua|dril|li|ar|de, die; -, -n [zu lat. quattuor (in Zus. häufig: quadri-) = vier u. ↑Milliarde]: *tausend Quadrillionen* (geschrieben: 10^{27}, eine Eins mit 27 Nullen).

Qua|dril|li|on [kva...], die; -, -en [frz. quadrillion, zu lat. quattuor (in Zus. häufig: quadri-) = vier u. frz. million = Million (1 Quadrillion ist die 4. Potenz einer Million)]: *tausend Trilliarden* (geschrieben: 10^{24}, eine Eins mit 24 Nullen).

Qua|dri|re|me, die; -, -n [lat. quadriremis, zu: remus = Ruder]: *(in der Antike) Kriegsschiff mit vier übereinander liegenden Ruderbänken.*

Qua|dri|vi|um, das; -s [spätlat. quadrivium, eigtl. = Ort, wo vier Wege zusammenstoßen, Kreuzweg, zu: via = Weg]: *Teilbereich der Artes liberales mit den Disziplinen Arithmetik, Geometrie, Astronomie, Musik.*

qua|dro ⟨Adj.⟩ (Jargon): Kurzf. von ↑quadrophon.

Qua|dro, das; -s (Jargon): Kurzf. von ↑Quadrophonie.

Qua|dro|auf|nah|me, die: *quadrophone Tonaufnahme.*

qua|dro|fon usw.: ↑quadrophon usw.

Qua|dro|nal®, das; -s [Kunstwort]: *schmerzlinderndes Mittel.*

qua|dro|phon, (auch:) quadrofon ⟨Adj.⟩ [zu lat. quattuor (in Zus. häufig: quadri-) = vier u. ↑-phon; wohl geb. nach mono-, stereophon] (Akustik, Rundfunkt.): *(in Bezug auf die Übertragung von Musik, Sprache o. Ä.) über vier Kanäle erfolgend, wodurch bei der Wiedergabe ein Raumklang erzielt wird:* eine -e Aufnahme; etw. q. wiedergeben.

Qua|dro|pho|nie, (auch:) Quadrofonie, die; - (Akustik, Rundfunkt.): *quadrophone Schallübertragung.*

qua|dro|pho|nisch, (auch:) quadrofonisch ⟨Adj.⟩ (Akustik, Rundfunkt.): *die Quadrophonie betreffend.*

Qua|dro|sound, der [engl.-amerik. quadrosound, zu ↑Sound]: *durch Quadrophonie erzielter Raumklang.*

Qua|dru|pel, das; -s, - [frz. quadruple < lat. quadruplum = Vierfaches] (Math.): *Gesamtheit von vier zusammengehörenden Zahlen.*

Quag|ga, das; -s, -s [afrikan. Wort]: *(heute ausgerottetes) südafrikanisches Zebra mit rötlich braunem Rumpf, weißem Schwanz u. weißen Beinen.*

Quai [keː, auch: kɛː], der od. das; -s, -s [frz. quai, ↑Kai] (schweiz.): **a)** *Kai;* **b)** *Uferstraße.*

quak ⟨Interj.⟩: **1.** lautm. für den Laut, den der Frosch von sich gibt. **2.** lautm. für den Laut, den die Ente von sich gibt.

Quä|ke, die; -, -n [zu ↑quäken] (Jagdw.): *Instrument, das den Angstschrei eines Hasen nachahmt.*

qua|keln ⟨sw. V.; hat⟩ [zu ↑quaken] (landsch., bes. nordd.): *kakeln* (2).

qua|ken ⟨sw. V.; hat⟩ [lautm.]: **a)** *(bes. von Frosch od. Ente) den Laut quak von sich geben:* im Teich quakten die Frösche; **Ü** (abwertend:) auf der Terrasse quakte ein Kofferradio; **b)** (salopp abwertend) *in unangenehmer, als lästig empfundener Weise reden:* der kann q., so viel er will, ich lasse mich auf nichts ein.

quä|ken ⟨sw. V.; hat⟩ [lautm.] (meist abwertend): **a)** *schrill u. zugleich heiser, gepresst, quengelnd tönen:* drinnen quäkte ein Grammophon; **b)** *[als Ausdruck der Unzufriedenheit] quäkende* (a) *Laute von sich geben:* das kranke Kind quäkt den ganzen Tag.

Quak|en|te, die (Kinderspr.): *Ente.*

Quä|ker, der; -s, - [engl. Quaker, zu: to quake = zittern (vor dem Wort Gottes)]: *Angehöriger einer Kirche u. Dogma ablehnenden, mystisch-spiritualistisch orientierten christlichen Gemeinschaft (bei der das soziale Engagement eine große Rolle spielt).*

Quä|ke|rin, die; -, -nen: w. Form zu ↑Quäker.

Quä|ker|tum, das; -s: *das Quäkersein.*

Quak|frosch, der (Kinderspr.): *Frosch.*

quä|kig ⟨Adj.⟩ (abwertend): *quäkend.*

Qual, die; -, -en [mhd. quāl(e), ahd. quāla, zu: quelan, ↑quälen]: **a)** ⟨o. Pl.⟩ *Quälerei* (3 a): die letzten Wochen waren für ihn eine einzige Q.; er machte uns den Aufenthalt zur Q. *(verleidete ihn uns in hohem Maße);* * **die Q. der Wahl** (scherzh.; *die Schwierigkeit, sich für eines von mehreren zur Wahl stehenden, gleich begehrenswerten Dingen o. Ä. zu entscheiden);* **b)** ⟨meist Pl.⟩ *länger andauernde, [nahezu] unerträgliche Empfindung des Leidens* (1 a): große, seelische -en; die -en der Angst; tausend -en [er]leiden, ausstehen; jmdn. von seinen -en, seiner Q. erlösen.

quä|len ⟨sw. V.; hat⟩ [mhd. queln, ahd. quellan, zu: quelan = Schmerz empfinden, urspr. = stechen; in nhd. Zeit als Abl. von ↑Qual empfunden u. daher mit ä geschrieben]: **1. a)** *einem Lebewesen bewusst körperliche Schmerzen zufügen, es misshandeln [um es leiden zu sehen]:* jmdn., ein Tier [grausam] q., zu Tode q.; **b)** *jmdm. (durch etw.) seelische Schmerzen zufügen:* quäl mich doch nicht immer mit dieser alten Geschichte! **2. a)** *jmdm. lästig werden, indem man ihm [mit einem Begehren] keine Ruhe lässt:* das Kind quälte die Mutter so lange, bis sie es schließlich erlaubte; **b)** *bei jmdm. körperliche Schmerzen, sehr unangenehme körperliche Empfindungen hervorrufen:* ihn quält seit Tagen ein hartnäckiger Husten; **c)** *jmdn. innerlich anhaltend beunruhigen:* ihn quälte der Gedanke an seine Schuld. **3.** ⟨q. + sich⟩ **a)** *(von etw.) gequält* (1 b, 2 b) *werden:* er quält sich mit Zweifeln; **b)** *sich (mit etw., jmdm.) sehr abmühen:* sich mit der Hausarbeit q.; **Ü** ein gequältes *(gezwungenes, unnatürliches)* Lächeln; ein gequälter *(schwerfälliger, ungeschickter)* Stil. **4.** ⟨q. + sich⟩ *sich unter Mühen, mit großer Anstrengung irgendwohin bewegen:* mühsam quälten wir uns durch den hohen Schnee. **5.** (Fot. Jargon) *(belichtetes Fotopapier, um eine Unterbelichtung notdürftig auszugleichen) länger als üblich im Entwickler lassen u. dabei reiben, um die Tonwerte zu verbessern.*

Quä|ler, der; -s, -: *jmd., der [häufig, gern] quält* (1).

Quä|le|rei, die; -, -en: **1.** *[dauerndes] Quälen* (1 a): lass das Tier in Ruhe, hör auf mit der Q.! **2.** *das Quälen* (2 a): die dauernde Q. der Kinder ging der Mutter auf die Nerven. **3.** ⟨o. Pl.⟩ **a)** *das Sichquälen* (3 a): das Leben ist für das kranke Tier nur noch eine Q.; **b)** (ugs. emotional) *etw. (bes. eine körperliche Anstrengung), was sehr mühevoll ist, dem man kaum gewachsen ist:* das Treppensteigen ist [für ihn] eine Q.

Quä|le|rin, die; -, -nen: w. Form zu ↑Quäler.

quä|le|risch ⟨Adj.⟩ (geh.): *Qualen* (b) *verursachend; quälend* (2 c).

Quäl|geist, der ⟨Pl. -er⟩ (fam.): *jmd. (bes. ein Kind), der jmdn. [mit etw.] bedrängt u. ihm dadurch lästig wird.*

Qua|li|täts|klas|se, die: *Güteklasse.*

Qua|li|fi|ka|ti|on, die; -, -en [über frz. qualification < mlat. qualificatio, zu: qualificare, ↑qualifizieren; 3: engl. qualification]: **1.** *Qualifizierung.* **2. a)** ⟨Pl. selten⟩ *durch Ausbildung, Erfahrung o. Ä. erworbene Befähigung zu einer bestimmten [beruflichen] Tätigkeit:* seine Q. [als Abteilungsleiter] steht außer Frage; dafür fehlt ihm die [nötige] Q.; **b)** *Voraussetzung für eine bestimmte [berufliche] Tätigkeit (in Form von Zeugnissen, Nachweisen o. Ä.):* einzige erforderliche Q. ist das Abitur. **3.** (Sport) **a)** ⟨Pl. selten⟩ *durch eine bestimmte sportliche Leistung erworbene Berechtigung, an einem Wettbewerb teilzunehmen;* **b)** *Wettbewerb, Spiel, in dem sich die erfolgreichen Teilnehmer für die Teilnahme an der nächsten Runde eines größeren Wettbewerbs qualifizieren* (1 b): die Q. gewinnen.

Qua|li|fi|ka|ti|ons|run|de, die (Sport): *Runde eines sportlichen Wettbewerbs, in der sich Teilnehmer für eine weitere Runde qualifizieren* (1 b).

Qua|li|fi|ka|ti|ons|spiel, das (Sport): vgl. Qualifikationsrunde.

qua|li|fi|zie|ren ⟨sw. V.; hat⟩ [mlat. qualificare = näher bestimmen, mit einer bestimmten Eigenschaft versehen, zu lat. qualis (↑Qualität) u. facere = machen; 1 b: engl. to qualify]: **1.** ⟨q. + sich⟩ **a)** *eine Qualifikation* (2 a) *erwerben, erlangen:* er hat sich zum Facharbeiter qualifiziert; sich als Wissenschaftler, sich wissenschaftlich q.; **b)** (Sport) *eine Qualifikation* (3 a) *erringen:* die Mannschaft hat sich für die Weltmeisterschaft qualifiziert. **2. a)** (bes. DDR) *ausbilden, weiterbilden u. so zu einer [bestimmten, höheren] Qualifikation* (2 a) *bringen;* **b)** *für jmdn. eine Qualifikation* (2 a) *darstellen:* seine Berufserfahrung qualifiziert ihn für diesen Posten; ein qualifizierendes Merkmal *(Merkmal einer Sache, durch das sie zu dem wird, was sie ist).* **3.** (bildungsspr.) *als etw. Bestimmtes bezeichnen, klassifizieren:* die Polizei qualifiziert die Tat als einfachen Diebstahl.

qua|li|fi|ziert ⟨Adj.⟩: **a)** *besondere Fähigkeiten, Qualifikationen* (2 a) *erfordernd:* eine -e Arbeit; **b)** (bildungsspr.) *Sachkenntnis, Qualifikation* (2 a) *besitzend, aufweisend, davon zeugend:* ein -er Diskussionsbeitrag; **c)** (meist Fachspr.) *besondere, ausschlaggebende Merkmale aufweisend:* -e Mitbestimmung *(Mitbestimmung, bei der alle beteiligten Gruppen nicht nur nominell, sondern faktisch mitbestimmen können; echte Mitbestimmung);* -e Straftat (Rechtsspr.; *mit höherer Strafe bedrohte, schwerere Form einer Straftat).*

Qua|li|fi|zie|rung, die; -, -en ⟨Pl. selten⟩: **1.** *das Sichqualifizieren* (1). **2.** (bes. DDR) *das Qualifizieren* (2 a). **3.** (bildungsspr.) *das Qualifizieren* (3).

Qua|li|fi|zie|rungs|maß|nah|me, die: *Maßnahme, die dazu dient, Arbeitskräften höhere Qualifikationen zu vermitteln.*

Qua|li|tät, die; -, -en [lat. qualitas = Beschaffenheit, Eigenschaft, zu: qualis = wie beschaffen]: **1. a)** (bildungsspr.) *Gesamtheit der charakteristischen Eigenschaften (einer Sache, Person); Beschaffenheit:* der Skandal erreichte eine neue Q.; **b)** (Sprachw.) *Klangfarbe eines Lauts (im Unterschied zur Quantität* 2 a): offenes und geschlossenes o sind Laute verschiedener -en; **c)** (Textilind.) *Material einer bestimmten Art, Beschaffenheit:* eine strapazierfähige Q. **2. a)** (bildungsspr.) *[charakteristische] Eigenschaft (einer Sache, Person):* die auffallendste Q. des Bleis ist sein hohes Gewicht; **b)** ⟨meist Pl.⟩ *gute Eigenschaft (einer Sache, Person):* er hat menschliche -en. **3. a)** Güte (2): die Q. des Materials; Waren guter, schlechter, erster Q.; **b)** *etw. von einer bestimmten Qualität* (3 a): er kauft nur Q. *(Hochwertiges).* **4.** (Schach) *derjenige Wert, um den der Wert eines Turmes höher ist als der eines Läufers od. eines Springers:* die Q. gewinnen *(einen gegnerischen Turm gegen das Opfer eines Läufers od. Springers schlagen).*

qua|li|ta|tiv ⟨Adj.⟩ [mlat. qualitativus]: **a)** (bildungsspr.) *die Qualität (1 a, b) betreffend;* **b)** *die [gute] Qualität (3 a) betreffend:* eine q. hoch stehende Fahrwerkkonstruktion.

Qua|li|täts|ar|beit, die: *Wertarbeit.*

qua|li|täts|be|wusst ⟨Adj.⟩: *(bes. beim Kaufen) auf Qualität achtend.*

Qua|li|täts|be|wusst|sein, das: *qualitätsbewusste Einstellung.*

Qua|li|täts|be|zeich|nung, die: *Bezeichnung der Güteklasse einer Ware.*

Qua|li|täts|er|zeug|nis, das: *Erzeugnis von hoher Qualität* (3 a).

Qua|li|täts|ga|ran|tie, die: *Garantie darüber, dass eine Ware eine bestimmte Qualität* (3 a) *hat.*

Qua|li|täts|klas|se, die: *Güteklasse.*

Qua|li|täts|kon|trol|le, die: *Kontrolle der Qualität* (3 a) *einer Ware.*

Qua|li|täts|man|gel, der: *Mangel an Qualität* (3 a), *Güte.*

Qua|li|täts|merk|mal, das: *Eigenschaft einer Ware, die [zusammen mit anderen] die Qualität* (3 a) *der Ware ausmacht.*

Qua|li|täts|norm, die: *Norm in Bezug auf die Qualität* (3 a) *einer Ware.*

Qua|li|täts|si|che|rung, die (Wirtsch.): *Sicherung der Qualität eines Produkts od. einer Dienstleistung durch dazu geeignete Maßnahmen.*

Qua|li|täts|sie|gel, das: vgl. Gütezeichen.

Qua|li|täts|stei|ge|rung, die: *Verbesserung der Qualität* (3 a).

Qua|li|täts|stu|fe, die: *Grad der Qualität* (3 a).

Qua|li|täts|un|ter|schied, der: *Unterschied in der Qualität* (3 a).

qua|li|täts|voll: ↑qualitätvoll.

Qua|li|täts|wa|re, die: vgl. Qualitätserzeugnis.

Qua|li|täts|wein, der: **1.** *Wein hoher Qualität.* **2.** *(nach dem deutschen Weingesetz) Wein einer bestimmten Güteklasse, der bestimmten Anforderungen genügen, aus nur einem einzigen von elf deutschen Anbaugebieten stammen u. für dieses Gebiet typisch sein muss.*

qua|li|tät|voll, qualitätsvoll ⟨Adj.⟩: *eine hohe Qualität* (3 a) *aufweisend.*

Qual|le, die; -, -n [aus dem Niederd., eigtl. wohl = aufgequollenes Tier, zu ↑[1]quellen]: *im Meer lebendes aus einer gallertartigen Substanz bestehendes, glocken- bis schirmförmiges, frei schwimmendes Nesseltier mit langen Tentakeln; Meduse.*

qual|lig ⟨Adj.⟩: *von der Konsistenz, Beschaffenheit einer Qualle; gallertartig:* eine -e Masse.

Qualm, der; -[e]s [aus dem Niederd. < mniederd. qual(le)m, eigtl. wohl = Hervorquellendes, zu ↑[1]quellen]: **1.** *[als unangenehm empfundener] dichter, quellender Rauch:* beißender, schwarzer Q.; *** **es ist Q. in der Küche/Bude** (salopp; *es herrscht häuslicher Streit, eine gespannte Atmosphäre*). **2.** (landsch.) *[dichter] Dunst, Dampf.*

qual|men ⟨sw. V.; hat⟩: **1.** *Qualm* (1) *abgeben, verbreiten:* der Ofen qualmt; qualmende Schornsteine; ⟨auch unpers.:⟩ in der Küche qualmt es; *** **es qualmt** (ugs.; ↑rauchen 1 b). **2.** (salopp, oft abwertend) **a)** *viel, stark rauchen* (2 a): sie qualmt pausenlos; **b)** *rauchen* (2 a): sie ging ins Freie, um eine [Zigarette] zu q.

qual|mig ⟨Adj.⟩ (oft abwertend): *voller Qualm* (1): eine -e Kneipe.

qual|voll ⟨Adj.⟩: **a)** *mit großen Qualen verbunden:* ein langsamer, -er Tod; elend und q. zugrunde gehen; Ü eine -e (emotional übertreibend; *sehr strapaziöse*) Autofahrt; **b)** *mit quälender Angst, Ungewissheit, Unruhe o. Ä. einhergehend:* -es Warten.

Quant, das; -s, -en [zu lat. quantum, ↑Quantum] (Physik): *kleinstmöglicher Wert einer physikalischen Größe (von dem gewöhnlich nur ganzzahlige Vielfache auftreten), bes. in einer Wellenstrahlung als Einheit auftretende kleinste Energiemenge (die sich unter bestimmten Bedingungen wie ein Teilchen verhält).*

Quänt|chen, das; -s, - ⟨Pl. selten⟩ [(heute meist als Abl. von ↑Quantum empfundene u. in der Schreibung an diese angepasste) Vkl. zu ↑Quent] (veraltend): *sehr kleine Menge:* ein Q. Butter hinzufügen; Ü ein [bescheidenes, kleines, winziges] Q. Glück; er nahm ihnen auch dieses/das letzte Q. Hoffnung.

quänt|chen|wei|se ⟨Adv.⟩: *von Mal zu Mal nur ein kleines bisschen mehr; häppchenweise* (2).

quan|teln ⟨sw. V.; hat⟩ (Physik): **1.** *in Quanten aufteilen.* **2.** *(in der Theorie) für eine physikalische Größe bestimmte, auf der Existenz von Quanten beruhende physikalische Bedingungen einführen.*

Quan|te|lung, die; - (Physik): *das Quanteln; das Gequanteltsein.*

[1]Quan|ten: Pl. von ↑Quant, Quantum.

[2]Quan|ten ⟨Pl.⟩ [H. u., viell. aus der Gaunerspr.; vgl. gaunerspr. quant = groß] (salopp): *[plumpe, große] Füße od. Schuhe:* zieh mal deine Q. ein!

Quan|ten|bio|lo|gie, die: *Richtung innerhalb der Biologie, deren Gegenstand die Einwirkungen von Strahlung auf lebende Organismen sind.*

Quan|ten|che|mie, die: *Forschungsgebiet der theoretischen Chemie, auf dem die Methoden der Quantenmechanik auf chemische Problemstellungen angewandt werden.*

Quan|ten|elek|tro|nik, die ⟨o. Pl.⟩: *Teilgebiet der angewandten Physik u. der Elektronik, das sich mit den quantentheoretischen Grundlagen u. technischen Anwendungen der Erscheinungen bei der Wechselwirkung elektromagnetischer Strahlung mit atomaren Systemen u. Festkörpern befasst.*

Quan|ten|me|cha|nik, die (Physik): *erweiterte elementare Mechanik, die es ermöglicht, das mikrophysikalische Geschehen zu erfassen, u. die einen Ansatz darstellt, Korpuskular- u. Wellentheorie zu vereinigen.*

Quan|ten|phy|sik, die: *Teilbereich der Physik, dessen Gegenstand die mit den Quanten zusammenhängenden Erscheinungen sind.*

Quan|ten|sprung, der (Physik): **1.** *(unter Emission od. Absorption von Energie od. Teilchen erfolgender) plötzlicher Übergang eines mikrophysikalischen Systems aus einem Quantenzustand in einen anderen.* **2.** *[durch eine neue Idee, Entdeckung, Erfindung, Erkenntnis o. Ä. ermöglichter] Fortschritt, der eine Entwicklung innerhalb kürzester Zeit ein sehr großes Stück voranbringt:* dies ist ein Q. in der Umwelttechnik.

quan|ten|the|o|re|tisch ⟨Adj.⟩: *die Quantentheorie betreffend, auf ihr beruhend.*

Quan|ten|the|o|rie, die ⟨o. Pl.⟩ (Physik): *Theorie über die mikrophysikalischen Erscheinungen, die das Auftreten von Quanten in diesem Bereich berücksichtigt (u. aus der die Quantenmechanik entwickelt wurde).*

Quan|ten|zu|stand, der (Physik): *(bes. durch die vorhandene Energie gekennzeichneter) physikalischer Zustand eines mikrophysikalischen Systems.*

quan|ti|fi|zier|bar ⟨Adj.⟩ (bildungsspr.): *sich quantifizieren lassend:* der Nutzen einer solchen Maßnahme ist nur schwer q.

quan|ti|fi|zie|ren ⟨sw. V.; hat⟩ [mlat. quantificare = betragen (1), zu lat. quantus (↑Quantum) u. facere = machen] (bildungsspr.): *in Mengenbegriffen, Zahlen o. Ä. beschreiben; die Menge, Anzahl, Häufigkeit, das Ausmaß von etw. angeben, bestimmen:* die Schäden, Risiken lassen sich nicht [genau] q.

Quan|ti|tät, die; -, -en [lat. quantitas] (bildungsspr.): **1. a)** ⟨o. Pl.⟩ *Menge, Anzahl o. Ä., in der etw. vorhanden ist; Ausmaß, das etw. hat:* es kommt weniger auf die Q. als vielmehr auf die Qualität an; **b)** *bestimmte Menge von etw.; Portion, Dosis:* eine kleine, größere Q. Nikotin. **2. a)** (Sprachw.) *Länge, Dauer eines Lauts (im Unterschied zur Qualität* 1 b*):* das a in Fass hat eine andere Q. als das in Fraß; **b)** (Verslehre) *Länge, Dauer (einer Silbe).*

quan|ti|ta|tiv ⟨Adj.⟩ (bildungsspr.): *die Quantität betreffend.*

Quan|ti|täts|the|o|rie, die (Wirtsch.): *Theorie, nach der ein Kausalzusammenhang zwischen Geldmenge u. Preisniveau besteht.*

Quan|ti|té né|gli|gea|ble [kãtitenegliˈʒabl], die; - - [frz. quantité négligeable = nicht zu berücksichtigende Menge] (bildungsspr.): *wegen ihrer Geringfügigkeit u. Unbedeutendheit vernachlässigbare Menge, Anzahl.*

quan|ti|tie|ren ⟨sw. V.; hat⟩ (Verslehre): *Silben im Vers nach ihrer Quantität* (2 b) *u. nicht nach der Betonung messen.*

Quan|tum, das; -s, Quanten [lat. quantum, subst. Neutr. von: quantus = wie groß, wie viel; so groß wie]: *bestimmte [jmdm., einer Sache zukommende] Menge:* ein gehöriges, ordentliches Q.; das tägliche Q. Kaffee; Ü ein Q. Humor gehört dazu.

Quap|pe, die; -, -n [aus dem Niederd. < mniederd. quappe, quabbe, asächs. quappa, wohl eigtl. = schleimiger Klumpen, wabbeliges Tier]: **1.** *Aalquappe* (1). **2.** *Larve eines Lurchs, bes. Kaulquappe.*

Qua|ran|tä|ne [ka...], die; -, -n [frz. quarantaine, eigtl. = Anzahl von 40 (Tagen), zu: quarante < vlat. quarranta < lat. quadraginta = vierzig; nach der früher üblichen vierzigtägigen Hafensperre für Schiffe mit seuchenverdächtigen Personen]: *vorübergehende Isolierung von Personen, Tieren, die von einer ansteckenden Krankheit befallen sind od. bei denen Verdacht darauf besteht (als Schutzmaßnahme gegen eine Verbreitung der Krankheit):* über jmdn., einen Ort, ein Schiff Q. verhängen; das Schiff liegt in Q.; jmdn., etw. unter [eine vierwöchige] Q. stellen.

Qua|ran|tä|ne|flag|ge, die (Seew.): *Signalflagge, die anzeigt, dass ein Schiff in Quarantäne liegt.*

Qua|ran|tä|ne|sta|ti|on, die: *Einrichtung zur Unterbringung von Personen, Tieren, die unter Quarantäne stehen.*

[1]Quark, der; -s [spätmhd. quarc, quarg, twarc, aus dem Slaw.; vgl. poln. twaróg]: **1.** *aus saurer Milch hergestelltes, weißes, breiiges Nahrungsmittel:* fettarmer, 40%iger Q.; **Spr** getretener Q. wird breit, nicht stark (*etw. ohne inhaltliche Tiefe wird auch durch noch so großen Aufwand nicht auf ein höheres Niveau gebracht;* Goethe, Westöstlicher Diwan). **2.** (salopp abwertend) *Unsinn, Unfug, dummes Zeug:* red nicht solchen Q.!; sich über jeden Q. *(über jede noch so belanglose Kleinigkeit)* aufregen; *** **einen Q.** (ugs.; *gar nichts; in keiner Weise*): das geht dich einen Q. an.

[2]Quark [kwɔːk], das; -s, -s [engl. quark; 1964 von dem amerik. Physiker M. Gell-Mann gepr. Fantasiebez. nach dem Namen schemenhafter Wesen aus dem Roman »Finnegan's Wake« des ir. Schriftstellers James Joyce (1882–1941)] (Physik): *fundamentales Elementarteilchen.*

quar|kig ⟨Adj.⟩: *in Aussehen u. Konsistenz ähnlich wie* [1]*Quark:* eine -e Masse.

Quark|spei|se, die: *aus* [1]*Quark u. a. bereiteter Nachtisch.*

[1]Quart, die; -, -en [2: eigtl. = vierte Fechtbewegung, zu lat. quartus = der vierte] (Musik): *Quarte.*

[2]Quart, das; -s, -e ⟨aber: 3 Quart⟩ [1: spätmhd. quart(e) < lat. quarta (pars) = vierte(r Teil), Viertel; 2: subst. aus lat. in quarto = in Vierteln]: **1.** *altes deutsches Hohlmaß (unterschiedlicher Größe).* **2.** ⟨o. Pl.⟩ (Buchw.) *Buchformat in der Größe eines viertel Bogens, das sich durch zweimaliges Falzen eines Bogens ergibt u. das je nach Größe des Bogens verschiedene Maße haben kann:* ein Buch in Q. (Zeichen: 4°).

[3]Quart [kwɔːt], das; -s, -s ⟨aber: 3 Quart⟩ [(m)engl. quart < mfrz. quarte < lat. quarta (pars), ↑[2]Quart]: **a)** *englisches Hohlmaß* (1,136 l; Zeichen: qt.); **b)** *amerikanisches Hohlmaß (für*

Flüssigkeiten; 0,946 l; Zeichen: liq qt); **c)** *amerikanisches Hohlmaß (für trockene Substanzen;* 1,101 dm³; Zeichen: dry qt).

Quar|ta, die; -, ...ten [nlat. quarta (classis) = vierte (Klasse; a: vgl. ¹Prima (a)]: **a)** (veraltend) *dritte Klasse eines Gymnasiums;* **b)** *(in Österreich) vierte Klasse eines Gymnasiums.*

Quar|tal, das; -s, -e [mlat. quartale (anni) = Viertel (eines Jahres), zu lat. quartus, ↑¹Quart]: *Viertel eines Kalenderjahres:* das letzte/vierte Q. beginnt mit dem ersten Oktober.

Quar|tal|ab|schluss usw. (seltener): ↑Quartalsabschluss usw.

Quar|tals|ab|schluss, der (Wirtsch., Kaufmannsspr.): *Abschluss, Bilanz für das abgelaufene Quartal.*

Quar|tals|en|de, das: *Ende eines Quartals:* zum Q. kündigen.

Quar|tals|säu|fer, der (ugs.): *jmd., der von periodischer Trunksucht befallen wird.*

Quar|tals|säu|fe|rin, die (ugs.): w. Form zu ↑Quartalssäufer.

quar|tals|wei|se ⟨Adv.⟩ (selten): *für jeweils ein Quartal; in Zeitabständen, Zeitabschnitten von einem Quartal.*

Quar|ta|ner, der; -s, -: *Schüler einer Quarta.*

Quar|ta|ne|rin, die; -, -nen: w. Form zu ↑Quartaner.

quar|tär ⟨Adj.⟩ [zu ↑Quartär] (Geol.): *zum Quartär gehörend; das Quartär betreffend:* -e Gesteinsbildungen.

Quar|tär, das; -s [eigtl. = die vierte (Formation), nach der älteren Zählung des Paläozoikums als Primär] (Geol.): *bis in die Gegenwart reichende jüngste Formation des Känozoikums.*

Quart|bo|gen, der: *Druckbogen, der so bedruckt ist, dass er, zweifach gefalzt, acht Buchseiten (vier Blätter) ergibt.*

Quar|te, die; -, -n [lat. quarta = die vierte] (Musik): **a)** *vierter Ton einer diatonischen Tonleiter;* **b)** *Intervall von vier diatonischen Tonstufen.*

Quar|ten: Pl. von ↑¹Quart, Quarte, Quarta.

Quar|ter ['kwɔ:tə], der; -s, -s [engl. quarter = Viertel < afrz. quartier, ↑Quartier]: **1.** *englisches Gewicht* (12,7 kg). **2.** *englisches Hohlmaß* (290,95 dm³). **3.** *amerikanisches Gewicht* (21,75 kg). **4. a)** *US-amerikanische, kanadische Münze im Wert von einem viertel Dollar;* **b)** *Betrag von 25 US-amerikanischen, kanadischen Cent.*

Quar|ter|back ['kwɔ:təbæk], der; -[s], -s [engl.-amerik. quarter-back, aus: quarter (↑Quarterdeck) u. back = Rücken; Rückseite; Verteidiger]: *(im amerikanischen Football) Spieler, der aus der Verteidigung heraus Angriffe einleitet u. führt.*

Quar|ter|deck, das [engl. quarterdeck, aus: quarter (= Mannschaftsabteilung an Bord [die Mannschaften auf Kriegsschiffen wurden früher für den Wachdienst in vier Abteilungen aufgeteilt] < afrz. quartier, ↑Quartier) u. deck = Deck] (Seew.): *leicht erhöhtes hinteres Deck eines Schiffes.*

Quar|tett, das; -[e]s, -e [ital. quartetto, zu: quarto < lat. quartus, ↑¹Quart]: **1.** (Musik) **a)** *Komposition für vier Soloinstrumente od. -stimmen;* **b)** *Ensemble von vier Solisten.* **2.** (oft iron.) *Gruppe von vier Personen, die häufig gemeinsam in Erscheinung treten od. gemeinsam etw. [Strafbares] tun:* sie tauchen immer im Q. *(zu viert)* auf. **3.** (Verslehre) *vierzeilige Strophe eines Sonetts.* **4. a)** ⟨o. Pl.⟩ *Kartenspiel* (1), *bei dem es für den einzelnen Spieler darum geht, möglichst viele vollständige Quartette* (4 c) *zusammenzustellen;* **b)** *Kartenspiel* (2) *zum Quartettspielen;* **c)** *Satz von vier zusammengehörigen Karten eines Quartetts* (4 b).

Quar|tier, das; -s, -e [1: (a)frz. quartier = Teil (eines Heerlagers), eigtl. = Viertel < lat. quartarius, zu: quartus, ↑¹Quart]: **1.** *Unterkunft* (1): ein billiges Q.; [ein neues] Q. beziehen; ***Q. machen** (1. Milit. veraltend; *Unterkunft für Truppen besorgen.* 2. veraltend; *eine Unterkunft besorgen*); **Q. nehmen** (geh.; *sich einquartieren*). **2.** (bes. schweiz.) ¹*Viertel* (2 a): in einem vornehmen Q. wohnen. **3.** (Gartenbau) *kleineres, übersichtliches Teilstück einer Baumschule, Obstplantage.*

quar|tie|ren ⟨sw. V.; hat⟩ [zu ↑Quartier (1)]: **a)** *an einem bestimmten Ort einquartieren, unterbringen:* die Evakuierten wurden in eine Schule quartiert; **b)** (selten) *Quartier beziehen, sich einquartieren:* in einer Scheune q.; **c)** ⟨q. + sich⟩ (selten) *sich an einem bestimmten Ort einquartieren.*

Quar|tier la|tin [kartjela'tɛ̃], das; - - [frz., eigtl. = lateinisches Viertel]: *Pariser Universitätsviertel am linken Ufer der Seine.*

Quar|tier|ma|cher, der (Milit. veraltet): *Soldat, der beauftragt ist, für seine Einheit Quartiere* (1) *zu beschaffen.*

Quar|tier|meis|ter, der: **1.** (Milit.) *für die Versorgung der Truppen verantwortlicher Generalstabsoffizier.* **2.** *jmd., dessen Aufgabe es ist, für andere, z. B. die Teilnehmer einer Veranstaltung, Unterkünfte bereitzustellen.*

Quar|tier|schein, der (bes. Milit.): *Bescheinigung, die zum Bezug eines bestimmten Quartiers* (1) *berechtigt.*

Quar|to|le, die; -, -n [geb. nach ↑Triole] (Musik): *Folge von vier Noten, deren Dauer insgesamt gleich der Dauer von drei der jeweiligen Taktart zugrunde liegenden Notenwerten ist.*

Quarz, der; -es, -e [mhd. quarz, H. u.; viell. zu mhd. (md.) querch = Zwerg; vgl. Kobalt]: **a)** *in verschiedenen Abarten vorkommendes, in reinem Zustand farbloses, hartes u. sprödes kristallines Mineral:* Q. ist kristallisiertes Siliziumdioxid; **b)** *Quarzkristall, bes. als elektronisches Bauelement.*

Quarz|fil|ter, der, Fachspr. meist: das (Elektrot.): *mit Quarzkristallen arbeitender Filter* (4).

Quarz|gang, der (Geol.): *von Quarz ausgefüllter* ¹*Gang* (8).

quarz|ge|steu|ert ⟨Adj.⟩: *mit Quarzsteuerung arbeitend:* -e Armbanduhren.

Quarz|glas, das ⟨o. Pl.⟩ (Technik): *hochwertiges, aus reinem Quarz hergestelltes Glas:* die Weingläser sind aus Q.

quarz|hal|tig, (österr.:) **quarz|häl|tig** ⟨Adj.⟩: *Quarz enthaltend:* -es Gestein.

quar|zig ⟨Adj.⟩: **a)** *quarzhaltig;* **b)** *wie Quarz beschaffen, aussehend:* -e Kristalle.

Quar|zit [auch: ...'tsɪt], der; -s, -e (Geol., Mineral.): *sehr hartes quarzhaltiges Gestein mit meist dichter, feinkörniger Struktur.*

Quarz|kris|tall, der: ¹*Kristall aus Quarz.*

Quarz|por|phyr, der (Geol., Mineral.): *Porphyr mit Einsprengseln von Quarz (u. a. Mineralien).*

Quarz|steu|e|rung, die (Elektrot.): *Steuerung eines elektrischen Vorgangs od. Geräts mithilfe der Schwingungen eines Schwingquarzes.*

Quarz|uhr, die: *Uhr mit Quarzsteuerung.*

Quas, der; -es, -e [mhd. (md.) quāȥ, mniederd. quās, aus dem Slaw.] (landsch.): *Gelage, bes. zu Pfingsten stattfindendes festliches Biertrinken.*

Qua|sar, der; -s, -e [engl. quasar, Kurzwort für: quasi-stellar (object) = sternähnlich(es Objekt)] (Astron.): *sehr fernes kosmisches Objekt, das besonders starke Radiofrequenzstrahlung aussendet.*

qua|si ⟨Adv.⟩ [lat. = wie wenn, gerade als ob; gleichsam, aus: qua = wie u. si = wenn]: *sozusagen, gewissermaßen, so gut wie:* er hat es mir q. versprochen.

qua|si-, Qua|si-: drückt in Bildungen mit Substantiven od. Adjektiven aus, dass das Bezeichnete so beschaffen ist, dass man es fast auch mit dem Grundwort bezeichnen könnte: Quasidokumentation, -versprechen; quasiautomatisch, -legal.

Qua|si|mo|do|ge|ni|ti ⟨o. Art.; indekl.⟩ [lat. quasi modo geniti (infantes) = wie die eben geborenen (Kinder), nach dem Anfang des Eingangsverses der Liturgie des Sonntags, 1. Petr. 2,2] (ev. Kirche): *erster Sonntag nach Ostern.*

qua|si|of|fi|zi|ell ⟨Adj.⟩ (bildungsspr.): *sozusagen, gewissermaßen offiziell.*

qua|si|op|tisch ⟨Adj.⟩ (Physik): *(von Wellen) sich ähnlich wie Licht ausbreitend.*

qua|si|stel|lar ⟨Adj.⟩ (Astron.): *sternartig:* -e Objekte.

Qua|si|steu|er, die; -, -n: *Abgabe, die viele, aber nicht alle Merkmale einer Steuer besitzt.*

Quas|sel|bu|de, die (ugs. abwertend od. scherzh.): **1.** *(über das Debattieren nicht hinauskommendes, keine Macht ausübendes) Parlament.* **2.** *Ort, an dem zu viel geredet wird.*

Quas|se|lei, die; -, -en (ugs. abwertend): *[dauerndes] Quasseln:* deine Q. geht mir langsam auf die Nerven.

quas|seln ⟨sw. V.; hat⟩ [aus dem Niederd., zu niederd. quassen = schwatzen, zu: dwas, mniederd. dwās = töricht] (ugs., oft abwertend): *unaufhörlich u. schnell reden; schwatzen:* hör auf zu q.!; ⟨mit Akk.-Obj.:⟩ dummes Zeug q.

Quas|sel|strip|pe, die: **1.** (salopp scherzh. veraltend) *Telefon.* **2.** (salopp abwertend) *jmd., der unentwegt redet:* die Q. hängt schon seit einer Stunde am Telefon.

Quas|sel|tan|te, die (ugs. abwertend): *Quasselstrippe.*

Quas|sel|was|ser, das: in der Wendung **Q. getrunken haben** (ugs. scherzh.; *unentwegt reden müssen*).

Quas|sie, die; -, -n [nach dem Medizinmann Graman Quassi in Surinam (18. Jh.)]: *südamerikanisches Gehölz, dessen Holz Bitterstoff enthält.*

Quast, der; -[e]s, -e (nordd.): **a)** *breiter, bürstenartiger Pinsel;* **b)** *Quaste* (1 a).

Quäst|chen, das; -s, -: Vkl. zu ↑Quast, Quaste.

Quas|te, die; -, -n [mhd. quast(e), queste, ahd. questa = (Laub-, Feder)büschel, urspr. = Laubwerk]: **1. a)** *größere Anzahl am oberen Ende zusammengefasster, gleich langer Fäden, Schnüre o. Ä., die an einer Schnur hängen:* die -n an seiner Uniform; Hausschuhe mit -n; **b)** *an eine Quaste* (a) *erinnerndes Büschel (Haare o. Ä.):* der Schwanz des Löwen endet in einer dicken Q. **2.** (nordd.) *Quast* (a).

Quas|ten|flos|ser, der; -s, -: *Knochenfisch einer fast gänzlich ausgestorbenen Ordnung mit quastenförmigen Flossen.*

quas|ten|för|mig ⟨Adj.⟩: *die Form einer Quaste aufweisend.*

Quäs|ti|on, die; -, -en [lat. quaestio = (Streit)frage] (Philos.): *Austragung einer Streitfrage in einer Diskussion.*

Quäs|tor ['kvɛ(:)...], der; -s, ...oren [1: lat. quaestor, eigtl. = Untersuchungsrichter, zu: quaerere = untersuchen]: **1.** *(im antiken Rom) hoher Finanz- u. Archivbeamter.* **2.** (Hochschulw.) *Leiter einer Quästur* (2). **3.** (schweiz.) *Kassierer (eines Vereins).*

Quäs|to|rin, die; -, -nen: w. Form zu ↑Quästor (2, 3).

Quäs|tur, die; -, -en [1: lat. quaestura]: **1.** *(im antiken Rom)* **a)** ⟨o. Pl.⟩ *Amt eines Quästors* (1); **b)** *Amtsbereich eines Quästors* (1). **2.** (Hochschulw.) *Dienststelle einer Hochschule, die die Studiengebühren festsetzt u. erhebt.*

Qua|tem|ber, der; -s, - [spätmhd. quattember < (m)lat. quattuor tempora = vier Zeiten] (kath. Kirche): *liturgischer Bußtag* (1) *am Mittwoch, Freitag u. Sonnabend nach Pfingsten, nach dem dritten September-, dritten Advents- u. ersten Fastensonntag.*

qua|ter|när ⟨Adj.⟩ [lat. quaternarius = aus je vieren bestehend] (Chemie): *aus vier Teilen bestehend; aus vier Bestandteilen zusammengesetzt.*

Qua|train [ka'trɛ̃:], das od. der; -s, -s od. -en [ka'trɛ:nən; frz. quatrain, zu: quatre = vier < lat. quattuor] (Verslehre): *(bes. in der frz. Dichtung) vierzeilige Strophe.*

quatsch ⟨Interj.⟩ [zu ↑quatschen (5)] (selten): lautm. für ein klatschendes Geräusch, z. B. beim Treten, Auftreffen auf eine nasse, breiig-weiche Masse.

Quatsch, der; -[e]s [rückgeb. aus ↑quatschen (1)]: **1.** (salopp) **a)** (abwertend) *(Ungeduld od. Ärger hervorrufende) als dumm, ungereimt angesehene Äußerung[en]:* Q. erzählen, verzapfen; ***Q.**

[mit Soße]! (emotional verstärkend; *Entgegnung, mit der etw. zurückgewiesen werden soll*); **b)** (abwertend) *als falsch, unüberlegt, unklug angesehene Handlung, Verhaltensweise; Torheit:* hier habe ich Q. gemacht *(mich geirrt, etwas falsch gemacht)*; **c)** *harmloser Unfug; Alberei, Jux:* die Kinder haben den ganzen Nachmittag nichts als Q. gemacht; ich habe das nur aus Q. *(zum Spaß)* gesagt; **d)** (abwertend) *etw., was als wertlos, überflüssig, läppisch, lästig angesehen wird:* für so einen Q. gebe ich doch kein Geld aus. **2.** (landsch. ugs.) *Matsch.*

quat|schen ⟨sw. V.; hat⟩ [1: übertr. von 5 od. zu niederd. quat = schlecht, böse (verw. mit ↑Kot); 5: lautm.]: **1.** (salopp abwertend) **a)** *viel u. töricht reden:* ihr sollt [im Unterricht] nicht dauernd q.; und so was quatscht von Gerechtigkeit!; quatsch nicht so dämlich, dumm, kariert!; R quatsch nicht, Krause! (berlin.; *sei still!*); **b)** *von sich geben* (9): dummes Zeug, Unsinn q. **2.** (salopp abwertend) *in geschwätziger Weise [abfällig] reden; tratschen:* es wird so viel gequatscht. **3.** (salopp) *etw., was geheim bleiben sollte, weitererzählen:* wer hat denn da wieder gequatscht? **4.** (salopp) *sich unterhalten* (4): mit jmdm., miteinander q. **5.** (landsch. ugs.) *(in Bezug auf eine nasse, breiig-weiche Masse) ein dem Klatschen ähnliches Geräusch hervorbringen:* der Boden quatschte unter ihren Füßen.

Quat|sche|rei, die; -, -en (salopp abwertend): *das Quatschen* (1 a, 2, 3).

quat|schig ⟨Adj.⟩: **1.** (ugs. abwertend) *[in ärgerlicher Weise] dumm, albern:* sich q. aufführen, benehmen; q. daherreden. **2.** (landsch.) *(durch Niederschläge o. Ä.) völlig durchweicht u. schlammig:* ein -er Feldweg.

Quatsch|kom|mo|de, die (ugs., bes. berlin. abwertend): *Radioapparat.*

Quatsch|kopf, der (salopp abwertend): *jmd., der [dauernd] quatscht* (1); *dummer Schwätzer.*

quatsch|nass ⟨Adj.⟩ [zu ↑quatschen (5)] (ugs. emotional): *pitschnass.*

Quat|tro|cen|tist [...tʃɛnˈtɪst], der; -en, -en [ital. quattrocentista] (Kunstwiss., Literaturw.): *Künstler, Dichter des Quattrocento.*

Quat|tro|cen|to [...tʃɛnto], das; -[s] [ital. quattrocento = 15. Jahrhundert, kurz für: mille quattrocento = 1400] (Kunstwiss.): *das 15. Jahrhundert, die Zeit der italienischen Frührenaissance.*

[1]Que|bec [kwɪˈbɛk]; -s: kanadische Provinz.

[2]Que|bec: Hauptstadt von [1]Quebec.

Que|be|cer, der; -s, -: Ew.

Que|be|ce|rin, die; -, -nen: w. Form zu ↑Quebecer.

Que|bra|cho [keˈbratʃo], das; -s [span. quebracho, quiebrahacha, eigtl. = Axtbrecher, zu: quebrar = brechen u. hacha = Axt]: **1.** *[braun]rotes Holz des Quebrachobaums, das wegen seiner besonderen Härte für schwere Holzkonstruktionen verwendet wird u. dessen Kernholz Tannin liefert.* **2.** *Quebrachorinde.*

Que|bra|cho|baum, der: *(in Zentral- u. Südamerika wachsender) besonders hartes Holz liefernder mittelgroßer Baum von krummem Wuchs.*

Que|bra|cho|rin|de, die: *an Gerbstoffen u. Alkaloiden reiche Rinde des Quebrachobaums.*

[1]Que|chua [ˈkɛtʃu̯a], der; -[s], -[s]: Angehöriger eines indianischen Volkes in Peru.

[2]Que|chua, das; -[s]: *südamerikanische Indianersprache (zweite Amtssprache in Peru).*

Que|cke, die; -, -n [spätmhd. quecke, mniederd. kweken, zu ↑keck]: *(zu den Süßgräsern gehörende, artenreiche) Pflanze mit rundem Stängel u. unscheinbaren Blüten in Ährchen, deren unterirdische Ausläufer für ihre weite Verbreitung sorgen.*

que|ckig ⟨Adj.⟩: *voller Quecken.*

Queck|sil|ber, das [mhd. quecsilber, ahd. quecsilbar, LÜ von mlat. argentum vivum = lebendiges Silber]: *silbrig glänzendes, bei Zimmertemperatur zähflüssiges Schwermetall (chemisches Element);* Zeichen: Hg (↑Hydrargyrum): das Fieberthermometer zerbrach und das Q. lief aus; Ü das Q. kletterte *(die Temperatur stieg)* auf 39 Grad; das Kind ist ein richtiges/das reinste Q. (fam.; *ist sehr lebhaft u. unruhig*); *** **Q. im Leib/im Hintern haben** (salopp; ↑[1]Hummel).

Queck|sil|ber|ba|ro|me|ter, das: *Barometer, bei dem der Luftdruck durch eine Quecksilbersäule angezeigt wird.*

Queck|sil|ber|dampf, der: *Dampf von Quecksilber.*

queck|sil|ber|hal|tig, (österr.:) **queck|sil|ber|häl|tig** ⟨Adj.⟩: *Quecksilber enthaltend.*

queck|sil|be|rig: ↑quecksilbrig.

Queck|sil|ber|le|gie|rung, die (Chemie): *Legierung von Quecksilber mit einem anderen Metall.*

Queck|sil|ber|ma|no|me|ter, das: *Manometer, bei dem der Druck durch eine Quecksilbersäule angezeigt wird.*

queck|sil|bern ⟨Adj.⟩: ↑quecksilbrig.

Queck|sil|ber|prä|pa|rat, das: *als Arznei- od. Desinfektionsmittel verwendetes quecksilberhaltiges Präparat.*

Queck|sil|ber|säu|le, die: *in einer dünnen Glasröhre befindliches zähflüssiges Quecksilber, das unter Einfluss von [Luft]druck od. Temperatur steigt od. fällt u. den herrschenden Druck, die herrschende Temperatur anzeigt:* die Q. kletterte *(die Temperatur stieg)* auf 27 Grad.

Queck|sil|ber|ver|gif|tung, die: *durch Quecksilber hervorgerufene Vergiftung.*

queck|silb|rig ⟨Adj.⟩: **1.** *wie Quecksilber, silbrig glänzend.* **2.** *äußerst lebhaft u. von Unruhe erfüllt:* ein -es Kind.

Queen [kwiːn], die; -, -s [engl. queen = Königin]: **1.** ⟨o. Pl.⟩ *britische Königin:* die Q. kommt zu einem Staatsbesuch nach Berlin. **2.** (ugs.) *weibliche Person, die in einer Gruppe, in ihrer Umgebung aufgrund bestimmter Vorzüge im Mittelpunkt steht:* sie war die Q. [des Abends]. **3.** (Jargon) *sich feminin gebender Homosexueller.*

Quell, der; -[e]s, -e ⟨Pl. selten⟩ (geh.): **1.** (selten) *Quelle* (1). **2.** *Urgrund, Ursprung von etw., was als Wert empfunden wird:* der Q. des Lebens.

quell|bar ⟨Adj.⟩: *quellfähig.*

Quell|be|wöl|kung, die (Met.): *Bewölkung in Form von Quellwolken.*

Quel|le, die; -, -n [spätmhd. (ostmd.) qwelle, wohl rückgeb. aus ↑[1]quellen; schon ahd. quella]: **1.** *aus der Erde tretendes, den Ursprung eines Bachs, Flusses bildendes Wasser:* eine heiße Q.; mineralhaltige -n; die Q. sprudelt, versickert, versiegt; eine Q. fassen *(zur Gewinnung von Trink- od. Brauchwasser die Stelle, an der das Wasser austritt, ausmauern)*. **2.** *etw., wodurch etw. entsteht:* eine Q. der Freude, des Vergnügens. **3.** *[überlieferter] Text, der für wissenschaftliche o. ä. Arbeiten, Forschungen herangezogen, ausgewertet wird, werden kann:* literarische, historische, unveröffentlichte -n; -n heranziehen, zitieren, angeben. **4.** *Stelle od. Person[engruppe], von der man etw. Bestimmtes, bes. bestimmte Informationen, unmittelbar erhält:* eine Information aus sicherer, zuverlässiger Q. haben; ich habe, weiß dafür eine gute Q. *(eine günstige Einkaufsmöglichkeit o. Ä.)*; *** **an der Q. sitzen** (ugs.; *gute Verbindung zu jmdm. haben u. daher zu besonders günstigen Bedingungen in den Besitz von etw. gelangen*). **5.** (Physik) *bestimmter Punkt in einem Feld* (7).

[1]quel|len ⟨st. V.; ist⟩ [mhd. quellen, ahd. quellan, eigtl. = (über)fließen, herabträufeln]: **1. a)** *[aus einer relativ engen Öffnung] in größerer Dichte [u. wechselnder Intensität] hervordringen u. in eine bestimmte Richtung drängen:* Wasser quillt aus der Erde; Blut quillt aus der Wunde; Rauchwolken quollen durch das Fenster ins Freie; Ü aus den Lautsprechern quoll laute Musik; **b)** *stark, schwellend hervortreten:* seine Augen quollen vor Entsetzen fast aus dem Kopf. **2.** *sich durch Aufnahme von Feuchtigkeit von innen heraus ausdehnen:* die Fensterrahmen sind durch die Nässe gequollen; die Bohnen, Linsen [in Wasser] q. lassen.

[2]quel|len ⟨sw. V.; hat⟩ [Kausativ zu ↑[1]quellen, eigtl. = quellen machen]: **a)** *[1]quellen* (2) *lassen:* Erbsen müssen vor dem Kochen gequellt werden; **b)** (landsch.) *gar kochen lassen:* Kartoffeln q.

Quel|len|an|ga|be, die ⟨meist Pl.⟩: *(bes. in wissenschaftlichen Arbeiten) Angabe der in einem bestimmten Zusammenhang benutzten od. zitierten Quelle[n]* (3).

Quel|len|for|schung, die: *Ermittlung u. Erforschung der einem [literarischen] Werk zugrunde liegenden Quelle[n]* (3).

Quel|len|kri|tik, die ⟨o. Pl.⟩: *Sichtung u. Auswertung von Quellen* (3) *nach philologisch-historischer Methode.*

Quel|len|kun|de, die: *Lehre von den Quellen* (3), *ihrer Erfassung, Überlieferung u. Bewertung.*

quel|len|mä|ßig ⟨Adj.⟩: *die Quellen* (3) *betreffend.*

Quel|len|ma|te|ri|al, das: *für eine bestimmte [wissenschaftliche] Arbeit zur Verfügung stehende Quellen* (3).

Quel|len|nach|weis, der: vgl. Quellenangabe.

quel|len|reich ⟨Adj.⟩: *viele Quellen* (1) *aufweisend:* ein -es Gebiet.

Quel|len|steu|er, die (Steuerw.): *Steuer, die unmittelbar am Ort u. zur Zeit des Entstehens einer steuerpflichtigen Einnahme erhoben wird.*

Quel|len|stu|di|um, das: *Studium von Quellen* (3).

Quel|len|ver|zeich|nis, das: *Verzeichnis der Quellen* (3).

quell|fä|hig ⟨Adj.⟩: *die Eigenschaft besitzend, durch Aufnahme von Flüssigkeit [1]quellen* (2) *zu können:* -es Gewebe.

Quell|fä|hig|keit, die ⟨o. Pl.⟩: *Eigenschaft, quellfähig zu sein.*

Quell|fluss, der (Geogr.): *einer von mehreren Flüssen, die zu einem Strom zusammenfließen.*

quell|frisch ⟨Adj.⟩: *frisch aus der Quelle kommend:* -es Wasser.

Quell|ge|biet, das (Geogr.): *Gebiet, in dem die Quelle eines Flusses liegt.*

Quell|nym|phe, die (griech.-röm. Myth.): *in einer Quelle wohnende Nymphe; Najade.*

Quell|pro|gramm, das [engl. source program] (EDV): *Programm* (4), *das in einer anderen Programmiersprache als der des verwendeten Computers geschrieben ist u. von einem Compiler in diese übersetzt od. von einem Interpreter ausgeführt werden soll.*

Quel|lung, die; -, -en: *das [1]Quellen* (2).

Quell|ver|kehr, der (Verkehrsw.): *von einem bestimmten Ort, Ortsteil ausgehender [Berufs]verkehr.*

Quell|was|ser, das ⟨Pl. ...wasser⟩: *Wasser aus einer Quelle.*

Quell|wol|ke, die (Met.): *Kumulus.*

Quem|pas, der; - [nach dem Lied **Quem** pastores laudavere ..., lat. = den die Hirten lobten]: *aus den alten Weihnachtshymnen »Den die Hirten lobten sehre« und »In dulci jubilo« bestehender Wechselgesang, der nach alter Tradition in der Christmette gesungen wird.*

Quem|pas|heft, das: *(mit dem originalen Bildschmuck versehene) Ausgabe der Quempaslieder.*

Quem|pas|lied, das: *Lied aus der Sammlung alter Weihnachtslieder mit gemischt deutschen u. lateinischen Texten.*

Quem|pas|sin|gen, das; -s: *alter weihnachtlicher Brauch, nach dem Jugendliche in der Christmette od. von Haus zu Haus gehend Quempaslieder singen.*

Quen|ching [ˈkwɛntʃɪŋ], das; -s, [zu engl. to quench = löschen] (Chemie): *das Abschrecken von heißen Reaktionsprodukten mit Wasser, Öl, Gas u. a., um die chemische Reaktion zum Stillstand zu bringen.*

Quen|ge|lei, die; -, -en (ugs.): **1.** ⟨o. Pl.⟩ *lästiges Quengeln.* **2.** ⟨meist Pl.⟩ *quengelige Äußerung.*

quen|ge|lig, quenglig ⟨Adj.⟩ (ugs.): **1.** *unzufrieden-weinerlich.* **2.** *zum Quengeln* (1 b, 2) *neigend.*

quen|geln ⟨sw. V.; hat⟩ [wahrsch. Iterativ-Intensiv-Bildung zu mhd. twengen, mniederd. dwengen = zwängen; (be)drängen; zum Anlautwechsel vgl. quer] (ugs.): **1. a)** *(von Kindern) leise u. kläglich vor sich hin weinen;* **b)** *(von Kindern) jmdn. [weinerlich] immer wieder mit kleinen*

Q

Wünschen, Klagen ungeduldig zu etw. drängen: dass ihr immer q. müsst! **2.** *nörgeln.*

queng|lig: ↑quengelig.

Quent, das; -[e]s, -e ⟨aber: 2 Quent⟩ [mhd. quintī(n) = der vierte (urspr.: fünfte) Teil eines Lots, über das Mlat. zu lat. quintus = der Fünfte, der fünfte Teil]: *früheres deutsches Handelsgewicht (1,67 g).*

Quent|chen, quent|chen|wei|se: frühere Schreibungen für ↑Quäntchen, ↑quäntchenweise.

quer [md. quer(ch), mhd. twerch, ↑zwerch]: **I.** ⟨Adv.⟩ **1.** *(in Bezug auf eine Lage) rechtwinklig zu einer als Länge angenommenen Linie:* q. zu etw. verlaufen; ein q. gestreifter Pullover; Ü von dem Tag an ging alles q. (ugs.; *verlief nichts den Plänen, Absichten, Erwartungen gemäß*); einer von euch muss doch immer q. schießen (ugs.; *störend eingreifen*)!; ***jmdm. q. gehen** (ugs.; *jmdm. nicht entsprechen u. seine Ablehnung, seinen Unwillen hervorrufen*): der Ton des Polizisten war ihr q. gegangen; **jmdm. q. kommen** (ugs.; *jmdm. bei der Ausführung von etw. störend dazwischenkommen*): ihr war etwas q. gekommen; **sich q. legen/stellen** (ugs.; *sich jmds. Absichten widersetzen; bei etw. nicht mitmachen*); **etw. q. schreiben** (bes. Bankw.; *[einen Wechsel durch Unterzeichnung quer am linken Rand der Vorderseite] akzeptieren*). **2.** (in Verbindung mit der Präp. »durch« od. »über«) *(in Bezug auf eine Richtung) [schräg] von einer Seite zur anderen, von einem Ende zum anderen:* q. über das Feld laufen; wir sind q. durch das ganze Land gefahren; Ü q. durch alle Schichten ergibt sich ein einheitliches Bild. **II.** ⟨Adj.⟩ (selten): **1.** *quer (I) verlaufend:* -e Augenschlitze. **2.** *verquer:* -e Ansichten.

quer|ab ⟨Adv.⟩ (Seemannsspr.): *rechtwinklig zur Längsrichtung [eines Schiffs].*

Quer|ach|se, die: *in der Querrichtung verlaufende Achse.*

Quer|bahn|steig, der: *in einem Sackbahnhof quer zu den Gleisen verlaufender bahnsteigartiger Gang.*

Quer|bal|ken, der: **a)** *Balken (1, 2 a, d), der quer zu einem anderen liegt:* die Q. des Giebels; **b)** (Musik) *Balken (2 e);* **c)** (Sport) *Querlatte (2).*

quer|beet [auch: '-'-] ⟨Adv.⟩ [vgl. querfeldein] (ugs.): *ohne festgelegte Richtung:* q. durch die Felder fahren.

Quer|den|ker, der: *jmd., der eigenständig u. originell denkt u. dessen Ideen u. Ansichten oft nicht verstanden od. akzeptiert werden.*

Quer|den|ke|rin, die: w. Form zu ↑Querdenker.

quer|durch ⟨Adv.⟩: *quer (I 2) hindurch.*

Que|re, die; - [md. queer, mhd. twer(e), ahd. twer(h)ī] (ugs.): *Lage, Richtung quer zu etw.:* etw. der Q. nach durchschneiden; ***jmdm. in die Q. kommen/(seltener:) geraten/laufen** (ugs.; 1. *sich für jmdn. als Hindernis, Behinderung auswirken:* immer wieder kam ihr die Erinnerung in die Q. 2. *jmdm. zufällig begegnen:* im Flur kam ihr der Wirt in die Q. 3. *jmdm. in den Weg, vor das Fahrzeug kommen*).

Quer|ein|stei|ger, der; -s, -: *Seiteneinsteiger.*

Quer|ein|stei|ge|rin, die; -, -nen: w. Form zu ↑Quereinsteiger.

Que|re|le, die; -, -n ⟨meist Pl.⟩ [frz. querelle < lat. querel(l)a = Klage, Beschwerde zu: queri = (be)klagen] (bildungsspr.): *auf gegensätzlichen Interessen, Auffassungen o. Ä. beruhende [kleinere] Streiterei:* nach langen -n um den Chefposten wurde heute eine Entscheidung getroffen.

que|ren ⟨sw. V.; hat⟩: **1. a)** *überqueren:* die Kinder querten die Straße; **b)** *(in seinem Verlauf) schneiden:* die Bundesstraße quert die Bahnlinie; Drähte, Linien q. sich *(überschneiden sich).* **2.** (Bergsteigen) *eine bestimmte Strecke im Quergang zurücklegen.*

Quer|fal|te, die: *quer verlaufende Falte.*

quer|feld|ein ⟨Adv.⟩ [wohl zusgez. aus: quer (in das) Feld (hin)ein]: *mitten, quer (I 2) durch das Gelände:* q. laufen.

Quer|feld|ein|ren|nen, das: *Radrennen auf einer zahlreiche natürliche Hindernisse aufweisenden Strecke.*

Quer|flö|te, die: *vom Spieler quer (I 1) gehaltene Flöte mit seitlich gelegenem Loch zum Blasen u. mit Tonlöchern, die mit Klappen versehen sind.*

Quer|for|mat, das: **a)** *Format (von Bildern, Schriftstücken o. Ä.), bei dem die Breite größer ist als die Höhe;* **b)** *Bild, Schriftstück o. Ä. im Querformat* (a).

Quer|fort|satz, der (Anat.): *beiderseits des Wirbelbogens in Querrichtung abzweigender Fortsatz des Wirbels.*

Quer|fur|che, die: vgl. Querfalte.

Quer|gang, der (Bergsteigen): *Klettertour auf einer waagerecht in einer Felswand verlaufenden Route.*

quer ge|hen, quer ge|streift: s. quer (I 1).

Quer|haus, das (Archit.): *Raum einer Kirche, der das Langhaus vor dem Chor von Norden nach Süden rechtwinklig kreuzt.*

Quer|holz, das: vgl. Querbalken (a): das Q. des [Fenster]kreuzes.

quer kom|men: s. quer (I 1).

Quer|kopf, der (ugs., oft abwertend): *jmd., der in oft eigensinniger Weise anders handelt, sich anders verhält, als von anderen erwartet wird.*

quer|köp|fig ⟨Adj.⟩ (ugs., oft abwertend): *sich wie ein Querkopf verhaltend; für einen Querkopf typisch.*

Quer|lat|te, die: **1.** *Latte* (1), *die quer zu anderen Latten gelegt ist:* die -n eines Zauns. **2.** (Fuß-, Handball) *obere, waagerechte Latte eines Tors, die die beiden Torpfosten verbindet.*

quer le|gen: s. quer (I 1).

Quer|leis|te, die: vgl. Querlatte (1).

Quer|li|nie, die: vgl. Querachse.

Quer|pass, der (Fuß-, Handball): *Pass* (3) *zu einem in gleicher Höhe stehenden Mitspieler od. quer zur Torrichtung:* einen Q. geben, schlagen, spielen.

Quer|rich|tung, die: *Richtung der kürzesten Ausdehnung von etw.*

Quer|ru|der, das (Flugw.): *an den Hinterkanten der Tragflächen eines Flugzeugs angebrachte Klappe, die zur Steuerung um die Längsachse u. zum Steigen u. Sinken betätigt wird.*

quer schie|ßen: s. quer (I 1).

Quer|schiff, das (Archit.): *Querhaus.*

Quer|schlag, der (Bergmannsspr.): *(von einem Schacht ausgehender) waagerechter Gang, der quer zu den Gebirgsschichten verläuft.*

Quer|schlä|ger, der: **1.** *Geschoss [einer Handfeuerwaffe], das aufgrund technischer Mängel od. indem es an einem Gegenstand abprallt in unkontrollierbarer Richtung fliegt:* das sirrende Geräusch eines -s. **2.** (ugs.) *jmd., der sich widersetzt.*

Quer|schlei|fe, die: *zu einer Schleife gebundene Krawatte.*

Quer|schnitt, der: **1.** *Darstellung einer Schnittfläche, wie sie bei einem in Querrichtung durch einen Körper geführten Schnitt entstehen würde:* den Q. einer Pyramide, eine Pyramide im Q. zeichnen. **2.** *Auswahl, Zusammenstellung charakteristischer Zeugnisse od. der Vertreter eines bestimmten Bereichs, einer bestimmten Gruppe o. Ä.:* ein Q. durch die Literatur des Barock; die Befragten bilden einen repräsentativen Q. der Jungwähler.

quer|schnitt|ge|lähmt, querschnittsgelähmt ⟨Adj.⟩ (Med.): *an Querschnittslähmung leidend.*

Quer|schnitt|ge|lähm|te, Querschnittsgelähmte, der u. die; -n, -n ⟨Dekl. ↑Abgeordnete⟩: *jmd., der querschnittgelähmt ist.*

Quer|schnitt|läh|mung, Querschnittslähmung, die (Med.): *Lähmung von Körperteilen unterhalb eines bestimmten Rückenmarkquerschnitts infolge teilweiser od. völliger Unterbrechung der Nervenbahnen durch Verletzung, Wirbel- od. Rückenmarkerkrankung.*

quer|schnitts|ge|lähmt usw.: ↑querschnittgelähmt usw.

quer schrei|ben: s. quer (I 1).

Quer|schrei|ben, das (bes. Bankw.): *Akzept* (a).

Quer|schuss, der (ugs.): *Handlung, durch die jmd. ein Vorhaben, Unternehmen anderer zu vereiteln sucht.*

Quer|sei|te, die: *Schmalseite.*

quer stel|len: quer (I 1).

Quer|stra|ße, die: *Straße, die eine andere [breitere] Straße kreuzt.*

Quer|strei|fen, der: *quer, in Querrichtung verlaufender Streifen.*

Quer|strich, der: vgl. Querstreifen.

Quer|sum|me, die (Math.): *Summe der Ziffern einer mehrstelligen Zahl:* die Q. von, aus 312 ist 6.

Quer|trei|ber, der [aus dem Niederd.; niederd. dwarsdrīver, eigtl. = Schiffer, der quer zum Kurs steuert u. anderen in die Quere kommt] (ugs. abwertend): *jmd., der die Pläne, Vorhaben anderer ständig zu hintertreiben sucht.*

Quer|trei|be|rin, die: w. Form zu ↑Quertreiber.

quer|über ⟨Adv.⟩: *schräg gegenüber.*

Que|ru|lant, der; -en, -en [nlat. Substantivierung des 1. Part. von lat. querelari (↑querulieren), eigtl. = Klagender od. nlat. Bildung zu ↑querulieren] (bildungsspr. abwertend): *jmd., der queruliert.*

Que|ru|lan|ten|tum, das; -s (bildungsspr. abwertend): *querulatorisches Verhalten.*

Que|ru|lan|tin, die; -, -nen: w. Form zu ↑Querulant.

que|ru|lan|tisch ⟨Adj.⟩ (schweiz. abwertend): *querulatorisch.*

que|ru|la|to|risch ⟨Adj.⟩ (bildungsspr. abwertend): *in, von der Art eines Querulanten:* -e Neigungen.

que|ru|lie|ren ⟨sw. V.; hat⟩ [lat. querelari = klagen, zu: queri = (be)klagen] (bildungsspr. abwertend): *sich unnötigerweise beschweren u. dabei starrköpfig auf sein Recht pochen.*

Que|rung, die; -, -en: **1.** *das Queren* (1 a, 2). **2.** (Verkehrsw.) *Kreuzung* (1).

Quer|ver|bin|dung, die: **1.** *Verbindung zwischen zwei od. mehreren sich berührenden, ergänzenden Themen, Fachgebieten, Einrichtungen o. Ä.* **2.** *quer durch ein Gebiet, einen Ort verlaufende direkte Verbindungslinie zwischen zwei Orten od. Ortsteilen.*

Quer|wand, die: *in Querrichtung verlaufende Wand.*

Que|sal [ke'zal]: ↑[1]Quetzal.

Quetsch, der; -[e]s, -e [zu ↑[1]Quetsche] (westmd., südd.): *klares Zwetschenwasser.*

[1]Quet|sche, die; -, -n (süd[west]d., westmd.): *Zwetsche.*

[2]Quet|sche, die; -, -n [zu ↑quetschen]: **1.** (landsch.) *Kartoffelpresse.* **2.** (ugs. abwertend) *kleiner Ort, Betrieb, Laden o. Ä.* **3.** (ugs. abwertend) *Presse* (3).

quet|schen ⟨sw. V.; hat⟩ [mhd. quetschen, quetzen, wohl zu lat. quatere, quassare = schütteln, schlagen]: **1. a)** *unter Anwendung von Kraft od. Gewalt fest gegen etw. pressen:* jmdn. an, gegen die Mauer q.; **b)** *dort, wo kaum noch Platz ist, mit Mühe unterbringen, sich unter Anwendung von Kraft Platz verschaffen:* sie quetschte das Kind noch mit an den bereits voll besetzten Tisch; den Bademantel noch in den Koffer q.; **c)** ⟨q. + sich⟩ *sich zwängen:* sich in das überfüllte Abteil q. **2. a)** *(Körperteile) unter etw. Schweres, eng zwischen etw. geraten lassen u. sich dadurch verletzen:* ich habe mir die Hand [in der Tür] gequetscht; **b)** *(Körperteile) unter etw. Schweres, eng zwischen etw. geraten lassen u. dadurch verletzen:* der herabstürzende Balken quetschte [ihm] den Brustkorb. **3.** (ugs.) *(einen Körperteil) mit der Hand kräftig drücken:* jmdm. bei der Begrüßung die Hand q.; Ü mit gequetschter Stimme *(mit hoher u. nicht voll tönender, nicht klarer Stimme; so, als sei die Kehle zusammengedrückt)* sprechen, singen; ein gequetschtes Lachen. **4.** (landsch.) **a)** *mit einer [2]Quetsche (1) zerdrücken:* Kartoffeln [zu Püree] q.; **b)** *auspressen* (a): den Saft aus der Zitrone q.

Quetsch|kar|tof|feln ⟨Pl.⟩ (landsch., bes. berlin.): *Kartoffelpüree.*

Quẹtsch|kas|ten, der, **Quẹtsch|kom|mo|de,** die (salopp scherzh.): *Ziehharmonika, Akkordeon.*

Quẹt|schung, die; -, -en: **1.** *das Quetschen* (2). **2.** *gequetschte Stelle; Kontusion.*

Quet|zal, Quesal, der; -s, -s [span. quetzal < Nahuatl (mittelamerik. Indianerspr.) quetzalli, eigtl. = Schwanzfeder]: *(in den Gebirgswäldern Mittelamerikas heimischer) Vogel mit grünrotem, metallisch schimmerndem Gefieder u. auffallend langen, nach unten geneigten Schwanzfedern (Wappenvogel von Guatemala).*

Queue [kø:], das, auch: der; -s, -s [frz. queue, eigtl. = Schwanz, < lat. coda, cauda] (Billard): *Billardstock.*

Quiche [kiʃ], die; -, -s [kiʃ; frz. quiche, wohl aus dem Germ.] (Kochk.): *Speckkuchen aus ungezuckertem Mürbe- od. Blätterteig.*

quick ⟨Adj.⟩ [niederd. Nebenf. von ↑keck] (landsch., bes. nordd.): *lebhaft; rege.*

Qui|ckie, der; -s, -s [engl. quickie, zu: quick = schnell] (ugs.): **1.** *etwas, was schnell, in verkürzter Form erledigt, abgehandelt o. Ä. wird:* die ersten beiden Spielrunden haben sehr lange gedauert, die Zeit reicht jetzt nur noch für einen Q. **2.** *rasch vollzogener Geschlechtsakt.*

quick|le|bẹn|dig ⟨Adj.⟩ (emotional): *voll sprühender Lebendigkeit, überaus munter:* q. umherspringen.

Quick|stepp ['kvɪkstɛp], der; -s, -s [engl. quickstep, aus: quick (↑Quickie) u. step = Schritt]: *in schnellen, kurzen Schritten getanzter Foxtrott.*

Quịck|test, der [nach dem amerik. Arzt A. J. Quick (1894–1978)] (Med.): **1.** *Verfahren zur Bestimmung der Zeit, die das menschliche Blut bis zur Gerinnung braucht.* **2.** *Test zur Feststellung bestimmter Leberschäden.*

Quid|di|tät, die; -, -en [mlat. quid(d)itas, eigtl. = die Washeit, zu lat. quid? = was?] (Philos.): *(in der Scholastik) Wesen eines Dinges.*

Quid|pro|quo, das; -s, -s [lat. quid pro quo? = (irgend)etwas für (irgend)etwas] (bildungsspr.): **1.** (veraltend) *Verwechslung einer Sache mit einer anderen.* **2. a)** *auf Gegenleistung beruhende Vereinbarung o. Ä. zu gegenseitigem Nutzen;* **b)** *gegenseitiger Austausch; Vertauschung; Ersatz.*

quiek ⟨Interj.⟩: lautm. für das Quieken bes. eines Ferkels.

quie|ken, quiek|sen ⟨sw. V.; hat⟩ [aus dem Niederd., lautm.]: *(von Schweinen, Mäusen, Ratten o. Ä.) [in kurzen Abständen] einen hohen u. durchdringenden, lang gezogenen, gepressten Laut von sich geben:* das Ferkel quiekt; Ü vor Vergnügen q.; * **zum Quieken [sein]** (ugs.; ↑piepen).

Quiek|ser, der; -s, - (ugs.): *schriller Laut:* sie gab einen Q. von sich.

Qui|e|tis|mus, der; - [zu lat. quietus = ruhig]: **1.** *philosophisch, religiös begründete Haltung totaler Passivität.* **2.** (Rel.) *(im Katholizismus des 17. Jh.s) durch eine verinnerlichte, weltabgewandte Frömmigkeit gekennzeichnete mystische Strömung.*

qui|e|tis|tisch ⟨Adj.⟩: *den Quietismus betreffend.*

Qui|e|tiv, das; -s, -e, **Qui|e|ti|vum,** das; -s, ...va (Med., Pharm.): *Beruhigungsmittel.*

qui|e|to ⟨Adv.⟩ [ital. quieto < lat. quiētus] (Musik): *ruhig, gelassen.*

quiet|schen ⟨sw. V.; hat⟩ [urspr. Nebenf. von ↑quieksen, lautm.]: **1.** *(durch Reibung) einen hohen, schrillen, lang gezogenen Ton von sich geben:* die Bremsen quietschen; die Tür, das Bett quietschte. **2.** (ugs.) *als Ausdruck einer bestimmten Empfindung hohe, schrille Laute ausstoßen:* vor Vergnügen q.; ⟨subst.:⟩ vom Schreien, Lachen und Quietschen der Kinder erfüllte Luft.

quietsch|fi|del ⟨Adj.⟩ (ugs. emotional): *sehr fidel.*

quietsch|ver|gnügt ⟨Adj.⟩ (ugs. emotional): *ausgelassen fröhlich, [in] bester Laune.*

quill: ↑[1]quellen.

quillst, quillt: ↑[1]quellen.

Quilt, der; -s, -s [engl. quilt = Schlafdecke < mengl. quilte < afrz. coilte, cuilte < lat. culcita = Matratze, Kissen]: *(ursprünglich von amerikanischen Siedlerfrauen hergestellte) aus kleinen, verschiedenfarbigen, zugeschnittenen Stoffstücken zusammengesetzte gesteppte Decke.*

quil|ten ⟨sw. V.; hat⟩: *einen Quilt, Quilts herstellen.*

Qui|nar, der; -s, -e [lat. quinarius, eigtl. = Fünfer]: *römische Silbermünze der Antike.*

quin|ke|lie|ren, quinquilieren ⟨sw. V.; hat⟩ [niederd. quinkeleren, älter auch: quintelieren, mhd. quintieren = in Quinten (b) singen < mlat. quintare, zu: quinta, ↑Quinte] (bes. nordd.): **1.** *(von bestimmten Singvögeln) in [schnell wechselnder] melodischer Folge helle u. feine Töne erklingen lassen:* eine Lerche quinquilierte in den Lüften; Ü eine quinkelierende Geige. **2.** *Winkelzüge, Ausflüchte machen.*

Quin|qua|ge|si|ma, die; -, bei artikellosem Gebrauch auch: ...mä ⟨meist o. Art.⟩ [mlat. quinquagesima, eigtl. = der fünfzigste (Tag vor Ostern)] (kath. Kirche): **1.** *Estomihi:* Sonntag Q./Quinquagesimä. **2.** (veraltet) *50-tägiger Zeitraum zwischen Ostern u. Pfingsten.*

Quin|quen|ni|um, das; -s, ...ien [lat. quinquennium, zu: quinque = fünf u. annus = Jahr] (veraltet): *Zeitraum von fünf Jahren.*

quin|qui|lie|ren: ↑quinkelieren.

Quin|quil|li|on, die; -, -en: *Quintillion.*

Quint, die; -, -en [2: eigtl. = fünfte Fechtbewegung, zu lat. quintus = der Fünfte]: **1.** (Musik) *Quinte.* **2.** (Fechten) *Stoß od. Hieb, der gegen die rechte Brustseite geführt wird;* * **jmdm. die -en austreiben** (ugs. veraltet; *jmdn. zur Vernunft bringen;* urspr. = so mit jmdm. fechten, dass er keine Quint anbringen kann).

Quin|ta, die; -, ...ten [nlat. quinta (classis) = fünfte (Klasse); a: vgl. Prima (a)]: **a)** (veraltend) *zweite Klasse eines Gymnasiums;* **b)** (österr.) *fünfte Klasse eines Gymnasiums.*

Quin|tal [frz. kɛ̃'tal, span., port.: kin'tal], der; -s, -e ⟨aber: 5 Quintal⟩ [frz., span., port. quintal < mlat. quintale < arab. qinṭār]: *alte, etwa einem Zentner entsprechende Gewichtseinheit in der Schweiz, in Frankreich, Spanien, Portugal sowie einigen mittel- u. südamerikanischen Ländern* (Zeichen: q).

Quin|ta|ner, der; -s, -: *Schüler einer Quinta.*

Quin|ta|ne|rin, die; -, -nen: w. Form zu ↑Quintaner.

Quin|te, die; -, -n [mlat. quinta (vox) = fünfte(r Ton)] (Musik): **a)** *fünfter Ton einer diatonischen Tonleiter;* **b)** *Intervall von fünf diatonischen Tonstufen.*

Quin|ten|schritt, der (Musik): *Quinte* (b).

Quin|ten|zir|kel, der ⟨o. Pl.⟩ (Musik): *Kreis, in dem alle Tonarten in Dur u. Moll in Quintenschritten dargestellt werden.*

Quint|es|senz, die; -, -en [mlat. quinta essentia = feinster unsichtbarer Luft- od. Ätherstoff als fünftes Element, eigtl. = fünftes Seiendes, für griech. pémptē ousíā bei den Pythagoreern u. Aristoteles] (bildungsspr.): *Wesentliches, Wichtigstes; Hauptgedanke, Hauptinhalt:* die Q. einer Diskussion, aller Überlegungen.

Quin|tett, das; -[e]s, -e [ital. quintetto, zu: quinto = Fünfter < lat. quintus]: **1.** (Musik) **a)** *Komposition für fünf solistische Instrumente od. fünf Solostimmen [mit Instrumentalbegleitung]:* er hat mehrere -e komponiert; **b)** *Ensemble von fünf Instrumental- od. Vokalsolisten:* sie spielt Cello in einem Q. **2.** (oft iron.) *Gruppe von fünf Personen, die häufig gemeinsam in Erscheinung treten od. gemeinsam etw. [Strafbares] tun.*

Quin|til|li|ar|de, die; -, -n [zu lat. quintus = Fünfter, geb. nach ↑Milliarde]: *1 000 Quintillionen* (geschrieben: 10^{33}, eine Eins mit 33 Nullen).

Quin|til|li|on, die; -, -en [zu lat. quintus = Fünfter, geb. nach ↑Million (eine Quintillion ist die 5. Potenz einer Million)]: *eine Million Quadrillionen* (geschrieben: 10^{30}, eine Eins mit 30 Nullen).

Quin|to|le, die; -, -n [geb. nach ↑Triole] (Musik): *Folge von fünf Noten, deren Dauer insgesamt gleich der Dauer von drei, vier od. sechs der jeweiligen Taktart zugrunde liegenden Notenwerten ist.*

Quint|sext|ak|kord, der (Musik): *erste Umkehrung des Septimenakkords mit der Terz im Bass.*

Quin|tu|pel, das; -s, - [zu spätlat. quintuplex = fünffältig] (Math.): *aus fünf in einer bestimmten Folge aneinander gereihten Größen bestehender Komplex.*

Quin|tus, der; - [lat. quintus = Fünfter] (Musik): *(oftmals später eingefügte) fünfte Stimme in Vokal- u. Instrumentalkompositionen des 16. u. 17. Jh.s.*

Quip|pu: ↑Quipu.

Qui|pu, Quippu ['kɪpu], das; -[s], -[s] [Quechua (südamerik. Indianerspr.) quipu]: *Schnur der Knotenschrift der Inkas.*

qui|ri|lie|ren ⟨sw. V.; hat⟩: *quinkelieren.*

Qui|ri|te, der; -n, -n [lat. Quiritis, eigtl. = Ew. der sabinischen Stadt Cures]: im antiken Rom in den Volksversammlungen gebrauchte Bez. für den römischen Bürger.

Quirl, der; -[e]s, -e [spätmhd. (md.) quir(re)l, ahd. dwiril, mniederd. twir(e)l, zu einem germ. Verb mit der Bed. »drehen, rühren«, vgl. ahd. dweran]: **1. a)** *aus einer kleineren, sternförmig gekerbten Halbkugel mit längerem Stiel bestehendes Küchengerät [aus Holz], das zum Verrühren von Flüssigkeiten [mit pulverartigen Stoffen] dient:* Eier, Milch und Mehl mit dem Q. verrühren; **b)** (ugs. scherzh.) *Ventilator;* **c)** (Fliegerspr. Jargon) *Propeller.* **2.** (ugs. scherzh.) *jmd., der sehr lebhaft, von unruhiger Munterkeit ist.* **3.** (Bot.) *stern- od. büschelartige Anordnung von drei od. mehr Ästen, Blättern um einen Knoten* (2 a): einen Q. bilden.

quir|len ⟨sw. V.⟩: **1.** *mit dem Quirl verrühren* ⟨hat⟩: sie hat Eigelb und/mit Zucker schaumig gequirlt. **2. a)** *sich ungeordnet lebhaft [im Kreise] bewegen; sich schnell drehen* ⟨hat⟩: in der Schlucht quirlt das Wasser; **b)** *sich quirlend* (2 a) *irgendwohin bewegen* ⟨ist⟩: der Wildbach quirlt durch die Schlucht.

quir|lig ⟨Adj.⟩: **1.** (ugs.) **a)** *sehr lebhaft und unruhig, in ständiger Bewegung:* ein -es Kind; ein -er *(unruhig-flinker, beweglicher)* Spieler; der -e *(lebhaft-geschäftige, betriebsame)* Geschäftsmann; **b)** *von unruhig-lebhafter Betriebsamkeit zeugend, sehr rege u. geschäftig:* die Stadt zeugt vom -en Leben ihrer Bewohner. **2.** (Bot.) *quirlständig:* -e Blattstellung.

quirl|stän|dig ⟨Adj.⟩ (Bot.): *um einen Knoten* (2 a) *stern- od. büschelartig angeordnet.*

Quis|ling, der; -s, -e [nach dem norweg. Faschistenführer V. Quisling (1887–1945)] (abwertend): *Kollaborateur.*

Qui|to ['ki:to]: Hauptstadt von Ecuador.

quitt ⟨indekl. Adj.⟩ [mhd. quīt < afrz. quite < lat. quietus = ruhig; untätig; frei (von Störungen)] (ugs.): *einen Zustand erreicht habend, wo in Bezug auf Schulden, Verbindlichkeiten ein Ausgleich stattgefunden hat:* sich als q. erachten; * **[mit jmdm.] q. sein** (1. *jmdm. gegenüber keine Schulden mehr haben.* 2. *die Beziehungen zu jmdm. abgebrochen haben:* mit ihrem Ex war sie q.); **mit jmdm. q. werden** *(mit jmdm. einig werden u. klare Verhältnisse schaffen);* **jmdn., etw./** (veraltend:) **jmds., einer Sache q. sein/werden** (1. *von jmdm., etw. befreit sein, werden:* endlich sind wir diesen Querulanten q.; aller Schulden q. sein. 2. *jmdn., etw. eingebüßt haben, verlieren:* einen Klienten, seines Amtes q. werden).

Quit|te ['kvɪtə], die; -, -n [mhd. quiten, ahd. qitina < vlat. quidonea < lat. cydonia (mala) < griech. kydṓnia (mẽla) = Quitten(äpfel), nach der antiken Stadt Kydōnía auf Kreta]: **1.** *rötlich weiß blühender Obstbaum mit grünlich gelben bis hellgelben, apfel- od. birnenförmigen aromatischen, sehr harten Früchten.* **2.** *Frucht der Quitte* (1).

quit|te|gelb ⟨Adj.⟩ (emotional verstärkend): *von einer ungesund gelben Gesichtsfarbe.*

Quit|ten|brot, das ⟨o. Pl.⟩: *in kleine Scheiben od. Würfel geschnittene, eingekochte Quittenmarmelade (als Süßigkeit).*

quit|ten|gelb: *von der hellgelben Farbe reifer Quitten:* ein -es Kleid.
Quit|ten|ge|lee, das od. der: *Gelee von Quitten.*
Quit|ten|kä|se, der ⟨o. Pl.⟩ (österr.): *Quittenbrot.*
Quit|ten|mar|me|la|de, die: vgl. Quittengelee.
quit|tie|ren ⟨sw. V.; hat⟩ [zu mhd. quīt (↑quitt) unter Einfluss von (m)frz. quitter < mlat. qui(e)t(t)are = befreien; (aus einer Verbindlichkeit) entlassen; 3: frz. quitter]: **1.** *durch Unterschrift eine Zahlung, Lieferung o. Ä. bestätigen:* [jmdm.] den Empfang einer Sendung q.; auf der Rückseite [der Rechnung] q.; er quittierte über [einen Betrag von] hundert Mark. **2.** *auf ein Verhalten, Geschehen o. Ä. in einer bestimmten Weise reagieren:* eine Kritik mit einem Achselzucken q. **3.** (veraltend) *eine offizielle Stellung aufgeben; ein Amt niederlegen:* sein Amt q.; der Offizier, Beamte quittierte den, seinen Dienst.
Quit|tung, die; -, -en [spätmhd. quit(t)unge]: **1.** *Empfangsbescheinigung, -bestätigung:* jmdm. eine Q. [für/über 100 Mark] ausstellen, geben; etw. nur gegen Q. abgeben. **2.** *unangenehme Folgen, die sich [als Reaktion anderer] aus jmds. Verhalten ergeben:* das ist die Q. für deine Faulheit.
Quit|tungs|block, der ⟨Pl. ...blöcke u. -s⟩: vgl. Rechnungsblock.
Quit|tungs|for|mu|lar, das: *Formular, Vordruck für eine Quittung* (1).
Qui|vive [ki'vi:f]: in der Wendung **auf dem Q. sein [müssen]** (ugs.; *scharf aufpassen [müssen], um nicht benachteiligt o. Ä. zu werden, nicht ins Hintertreffen zu geraten;* frz. être sur le quivive, nach dem Ruf des Wachpostens: qui vive? = wer da?).
qui vi|vra, ver|ra [ki vi'vra ve'ra; frz., eigtl. = wer leben wird, wird (es) sehen]: *die Zukunft wird es zeigen.*
Quiz [kvɪs], das; -, - [engl. quiz, eigtl. = schrulliger Kauz; Neckerei, Ulk, H. u.]: *bes. im Fernsehen, Rundfunk veranstaltetes Frage-und-Antwort-Spiel, bei dem die Antworten innerhalb einer vorgeschriebenen Zeit gegeben werden müssen:* ein Q. machen.
Quiz|fra|ge, die: *Frage in einem Quiz.*
Quiz|mas|ter, der: *jmd., der ein Quiz leitet.*
Quiz|run|de, die: *Runde eines Quiz:* in die nächste Q. einsteigen.
Quiz|sen|dung, die: *Rundfunk-, Fernsehsendung mit einem Quiz.*
Quiz|ver|an|stal|tung, die: vgl. Quizsendung.
quiz|zen ['kvɪsn̩] ⟨sw. V.; hat⟩ (ugs. seltener): **1.** *als Quizmaster fungieren, Quizfragen stellen.* **2.** *in einem Quiz Antworten geben:* sie quizzte zehn Richtige.
quod erat de|mons|tran|dum [lat. = was zu beweisen war, zu: demonstrare, ↑demonstrieren] (bildungsspr.): *was zu beweisen war* (Abk.: q. e. d.).
Quod|li|bet [...ɛt], das; -s, -s [lat. quod libet = was beliebt]: **1.** (Musik) *scherzhafte mehrstimmige [Vokal]komposition, in der verschiedenartigste vorgegebene Melodien[teile] humoristisch kombiniert sind u. gleichzeitig od. aneinander gereiht vorgetragen werden.* **2.** *Kartenspiel für drei bis fünf Personen.*
quod li|cet Io|vi, non li|cet bo|vi [- 'li:tsɛt - - 'li:tsɛt -; lat. = was Jupiter erlaubt ist, ist nicht dem Ochsen erlaubt] (bildungsspr.): *was der höher Gestellte darf, kommt dem niedriger Stehenden nicht zu.*
quoll, quöl|le: ↑[1]quellen.
quor|ren ⟨sw. V.; hat⟩ [lautm.] (Jägerspr.): *(von Schnepfen) knarrende Balzlaute hervorbringen.*
Quo|rum, das; -s [lat. quorum = deren, Gen. Pl. von: qui = der (Relativpron.): nach dem formelhaften Anfangswort von Entscheidungen des römischen u. mittelalterlichen Rechts] (bildungsspr., bes. südd., schweiz.): *zur Beschlussfähigkeit einer [parlamentarischen] Vereinigung, Körperschaft o. Ä. vorgeschriebene Zahl anwesender stimmberechtigter Mitglieder od. abgegebener Stimmen.*
Quo|ta|ti|on, die; -, -en (Börsenw.): *Kursnotierung an der Börse.*
Quo|te, die; -, -n [mlat. quota (pars), zu lat. quotus = der Wievielte?, zu: quot = wie viele]: a) *Anteil, der bei Aufteilung eines Ganzen auf jmdn., etw. entfällt; im Verhältnis zu einem Ganzen bestimmte Anzahl, Menge:* eine fällige Q.; die Q. der Arbeitslosen ist gestiegen; b) (Rundf., Ferns.) kurz für ↑Einschaltquote.
Quo|te|lung, die; -, -en (Wirtsch.): *Aufteilung eines Gesamtwerts in Quoten.*
Quo|ten|brin|ger, der (Rundf., Ferns. Jargon): *Schauspieler, Moderator o. Ä. od. Sendung, Sendeformat mit einer hohen Einschaltquote.*
Quo|ten|frau, die (Jargon): *Frau, die aufgrund der Quotenregelung in einer bestimmten Funktion tätig ist, eine bestimmte Position einnimmt.*
Quo|ten|me|tho|de, die: *Stichprobenverfahren der Meinungsforschung nach statistisch aufgeschlüsselten Quoten hinsichtlich der Zahl u. des Kreises der zu befragenden Personen.*
Quo|ten|re|ge|lung, die: *Regelung, die vorsieht, dass in bestimmten Funktionen od. Positionen Frauen in einer bestimmten Zahl vertreten sein sollen.*
Quo|ti|ent, der; -en, -en [zu lat. quotiens = wie oft, wievielmal (eine Zahl durch eine andere teilbar ist)] (Math.): *Ergebnis der Division zweier Zahlen:* der Q. aus, von a und b.
quo va|dis? [lat. = wohin gehst du?] (bildungsspr.): (meist als Ausdruck der Besorgnis, der Skepsis) *wohin wird das führen?; wer weiß, wie das noch werden wird?*

r, R [ɛr], das; - (ugs.: -s), - (ugs.: -s) [mhd. r, ahd. r, hr, wr]: *achtzehnter Buchstabe des Alphabets; ein Konsonant:* ein kleines r, ein großes R schreiben.
r, R = Radius.
R = Rand; Reaumur.
ρ, P = Rho.
r. = rechts.
R., Rgt. = Regiment.
[1]Ra; -s: [2]Re.
[2]Ra: = Radium.
Ra|bat: Hauptstadt von Marokko.
Ra|batt, der; -[e]s, -e [ital. rabatto (frz. rabat), zu: rabattere (frz. rabattre) = nieder-, abschlagen; einen Preisnachlass gewähren, über das Vlat. zu lat. battuere = schlagen]: *unter bestimmten Bedingungen gewährter (meist in Prozenten ausgedrückter) Preisnachlass:* bei Barzahlung gewähren wir R.
Ra|bat|te, die; -, -n [niederl. rabat, eigtl. = Aufschlag am Halskragen < frz. rabat = Umschlag; Kragen]: *meist schmales, langes Beet mit Zierpflanzen, bes. als Begrenzung von Wegen od. Rasenflächen.*
ra|bat|tie|ren ⟨sw. V.; hat⟩ (Kaufmannsspr.): *für etw. Rabatt gewähren.*
Ra|batt|mar|ke, die: *Wertmarke, die ein Kunde beim Kauf von Waren als Rabatt erhält, bis zur Höhe eines bestimmten Betrages in einem Heft sammelt u. dann gegen Bargeld eintauscht.*
Ra|batz, der; -es [aus dem Berlin., wohl zu poln. rąbać = schlagen, hauen] (ugs.): *lärmendes Treiben; Krawall:* sie machten großen R.; die Atomkraftwerksgegner haben R. gemacht *(heftig u. lautstark protestiert).*
Ra|bau|ke, der; -n, -n [niederl. rabauw, rabaut = Schurke, Strolch < afrz. ribaud, zu: riber = sich wüst aufführen < mhd. rīben = brünstig sein, sich begatten, eigtl. = reiben] (ugs.): *jmd., bes. Jugendlicher, der sich laut u. rüpelhaft benimmt, gewalttätig vorgeht.*
Rab|bi, der; -[s], ...inen, auch: -s [kirchenlat. rabbi < griech. rabbí < hebr. ravvî = mein Lehrer]: **a)** ⟨o. Pl.⟩ *(im Judentum) Ehrentitel, Anrede verehrter Lehrer, Gelehrter;* **b)** *Träger des Ehrentitels Rabbi* (a).
Rab|bi|nat, das; -[e]s, -e: *Amt, Würde eines Rabbiners.*
Rab|bi|ner, der; -s, - [mlat. rabbinus, zu kirchenlat. rabbi, ↑Rabbi]: *jüdischer Schriftgelehrter, Religionslehrer.*
Rab|bi|ne|rin, die; -, -nen: w. Form zu ↑Rabbiner.
rab|bi|nisch ⟨Adj.⟩: *die Rabbiner betreffend, zu ihnen gehörend, von ihnen stammend, für sie charakteristisch.*
Ra|be, der; -n, -n [mhd. rabe, raben, ahd. hraban, eigtl. = Krächzer, nach dem heiseren Ruf des Vogels]: *(mit den Krähen verwandter) großer Vogel mit kräftigem Schnabel u. glänzend schwarzem Gefieder, der krächzende Laute von sich gibt:* ein zahmer R.; *** **ein weißer R.** *(eine große Ausnahme, Seltenheit);* **schwarz wie ein R./die -n** (ugs.; 1. *sehr dunkel, tiefschwarz.* 2. oft scherzh.; *[meist von Kindern] sehr schmutzig*): die Kinder kamen vom Spielen, schwarz wie die -n; **stehlen/(salopp:) klauen wie ein R./die -n** (ugs.; *viel stehlen*).
Ra|ben|el|tern ⟨Pl.⟩ (abwertend): vgl. Rabenmutter.
Ra|ben|krä|he, die: *(zu den Aaskrähen gehörender) großer schwarzer Vogel.*
Ra|ben|mut|ter, die [nach altem Volksglauben kümmert sich der Rabe wenig um seine Jungen und stößt sie, wenn er sie nicht mehr füttern will, aus dem Nest] (abwertend): *lieblose, hartherzige Mutter, die ihre Kinder vernachlässigt.*
ra|ben|schwarz ⟨Adj.⟩ [mhd. rabenswarz]: **1.** *kohlrabenschwarz.* **2. a)** *sehr schwarz* (5a): ein -er Tag; **b)** *sehr schwarz* (5b).
Ra|ben|stein, der: *Richtstätte unter dem Galgen.*
Ra|ben|va|ter, der (abwertend): vgl. Rabenmutter.
Ra|ben|vo|gel, der (Zool.): *(in vielen Arten vorkommender, zu den Singvögeln gehörender) großer Vogel* (z. B. Dohle, Elster, Krähe, Rabe).
ra|bi|at ⟨Adj.⟩ [mlat. rabiatus = wütend, adj. 2. Part. von: rabiare = wüten < lat. rabere, zu: rabies = Wut, Tollheit, Raserei]: **a)** *rücksichtslos vorgehend; roh, gewalttätig:* ein -er Kerl; **b)** *wütend, voller Zorn; wild:* die beiden -en Streithähne; sie schrie ihn r. an; **c)** *hart durchgreifend; rigoros:* -e Ablehnung; -er Egoismus; eine -e Methode; zu -en Mitteln greifen; r. durchgreifen.
Ra|bu|list, der; -en, -en [zu lat. rabula, zu: rabere, ↑rabiat] (bildungsspr. abwertend): *jmd., der in spitzfindiger, kleinlicher, rechthaberischer Weise argumentiert u. dabei oft den wahren Sachverhalt verdreht.*
Ra|bu|lis|tik, die; - (bildungsspr. abwertend): *Argumentations-, Redeweise eines Rabulisten; Spitzfindigkeit, Wortklauberei.*
Ra|bu|lis|tin, die; -, -nen: w. Form zu ↑Rabulist.
ra|bu|lis|tisch ⟨Adj.⟩ (bildungsspr. abwertend): *die Argumentations-, Redeweise eines Rabulisten aufweisend; in der Art eines Rabulisten geführt; spitzfindig, wortklauberisch.*
Ra|che, die; - [mhd. räche, ahd. rāhha, zu ↑rächen]: *persönliche, oft von Emotionen geleitete Vergeltung einer als böse, bes. als persönlich erlittenes Unrecht empfundenen Tat:* eine fürchterliche R.; das ist die R. für ihre Gemeinheit; R. schwören; R. üben (geh.; *jmdn., sich rächen*); auf R. sinnen; *** **die R. des kleinen Mannes** (ugs., oft scherzh.; *[kleinere] Boshaftigkeit o. Ä., mit der jmd. bei günstiger Gelegenheit jmdm. mit größerem Einfluss, dem er sonst nicht ohne weiteres einen Schaden zufügen kann, etw. heimzahlt*); **[an jmdm.] R. nehmen** (nachdrücklich; *jmdn. rächen, sich [an jmdm.] rächen*).

Ra|che|akt, der (geh.): *Tat, die jmd. aus Rache begeht; Akt (1 a) der Rache.*

Ra|che|durst, der (geh.): *Rachsucht.*

Ra|che|en|gel, der (geh.): *Engel (1), der jmds. Untaten rächt.*

Ra|che|ge|dan|ke, der ⟨meist Pl.⟩: *Gedanke, der aus Rache gefasst wird; Überlegung, sich an jmdm. für etw. zu rächen:* -n stiegen in ihm auf.

Ra|chen, der; -s, - [mhd. rache, ahd. rahho, urspr. lautm.]: **1.** *(bei Säugetier u. Mensch) hinter der Mundhöhle gelegener, erweiterter Teil des Schlundes:* der R. ist gerötet; dem Kranken den R. pinseln; eine Entzündung des -s. **2.** *großes, geöffnetes Maul bes. eines Raubtieres:* der aufgerissene R. eines Löwen; **Ü** der R. (geh.; *der tiefe Abgrund*) der Hölle; * **jmdm. den R. stopfen** (salopp; 1. ↑ [1]Mund. 2. *jmdm., der unersättlich scheint, etw. geben, überlassen, um ihn [fürs Erste] zufrieden zu stellen*); **den R. nicht voll [genug] kriegen [können]** (salopp; ↑ [1]Hals 2); **jmdm. etw. aus dem R. reißen** (salopp; *jmdm. etw. entreißen, entwinden; etw. vor jmdm. noch retten*); **jmdm. etw. in den R. werfen/schmeißen** (salopp; *jmdm., der unersättlich ist, etw. überlassen, um ihn zufrieden zu stellen*).

rä|chen ⟨sw. V.; hat; 2. Part. veraltet, noch scherzh. auch: gerochen⟩ [mhd. rechen, ahd. rehhan, wohl eigtl. = stoßen, drängen, (ver)treiben]: **1. a)** *jmdm., sich für eine als böse, als besonderes Unrecht empfundene Tat durch eine entsprechende Vergeltung Genugtuung verschaffen:* jmdn. r.; sich fürchterlich [an jmdm. für etw.] r.; **b)** *eine als böse, als ein besonderes Unrecht empfundene Tat vergelten; für etw. Vergeltung üben:* ein Verbrechen r. **2.** ⟨r. + sich⟩ *üble Folgen nach sich ziehen; sich übel, schädlich auswirken:* dieser Fehler wird sich noch r.

Ra|chen|blüt|ler, der; -s, - (Bot.): *in vielen Gattungen u. Arten vorkommende, meist als Kraut od. Staude wachsende Pflanze, deren Blüten oft einem aufgesperrten Rachen ähneln.*

Ra|chen|ent|zün|dung, die: *Angina, Pharyngitis.*

Ra|chen|höh|le, die: *Höhlung des Rachens* (1).

Ra|chen|ka|tarrh, der: *Rachenentzündung.*

Ra|chen|man|del, die: *(beim Menschen) im Nasen-Rachen-Raum gelegenes Organ mit zerklüfteter Oberfläche etwa von der Größe einer Mandel.*

Ra|chen|raum, der: vgl. Rachenhöhle.

Rä|cher, der; -s, - [mhd. rechære, ahd. rehhāri] (geh.): *jmd., der an jmdm. Rache nimmt.*

Rä|che|rin, die; -, -nen: w. Form zu ↑ Rächer.

Ra|che|schwur, der (geh.): *Schwur, Rache zu nehmen.*

rach|gie|rig ⟨Adj.⟩ (geh.): *rachsüchtig.*

Ra|chi|tis, die; -, ...itiden [engl. rachitis < griech. rhachĩtis (nósos) = das Rückgrat betreffend(e Krankheit), zu: rháchis = Rückgrat]: *(durch Mangel an Vitamin D hervorgerufene) bes. bei Säuglingen u. Kleinkindern auftretende Krankheit, die durch Erweichung u. Verformung der Knochen gekennzeichnet ist.*

ra|chi|tisch ⟨Adj.⟩: **a)** *an Rachitis leidend, ihre charakteristischen Symptome aufweisend:* ein -es Kind; **b)** *auf Rachitis beruhend, durch sie hervorgerufen.*

Rach|sucht, die ⟨o. Pl.⟩ (geh.): *heftiges, ungezügeltes Verlangen, sich für etw. zu rächen.*

rach|süch|tig ⟨Adj.⟩ (geh.): *heftig nach Rache verlangend; voller Rachsucht.*

Ra|cing|rei|fen ['reɪsɪŋ...], der [zu engl. racing = (Wett)rennen, zu: to race = um die Wette fahren, laufen]: *für starke Beanspruchung geeigneter, bes. bei Autorennen verwendeter Reifen; Rennreifen.*

Rack [rɛk, engl.: ræk], das; -s, -s [engl. rack = Regal, Gestell]: *regalartiges Gestell zur Unterbringung von Elementen einer Stereoanlage.*

Ra|cke|rei, die; - (ugs.): *[ständiges] Rackern.*

ra|ckern ⟨sw. V.; hat⟩ [eigtl. = wie ein Racker (= Abdecker) arbeiten] (ugs.): *einer anstrengenden Tätigkeit nachgehen u. sich dabei abmühen:* für jmdn. schuften und r.; schwer r.

Ra|cket ['rɛkət, engl.: 'rækɪt], das; -s, -s [engl. racket < frz. raquette, eigtl. = Handfläche, zu arab. rāhaʰ]: *Tennisschläger.*

Rack|job|bing, (auch:) **Rack-Job|bing** ['ræk'dʒɔbɪŋ], das; -[s] [engl. rack-jobbing, zu: to job = in Kommission geben] (Wirtsch.): *Vertriebsform, bei der ein Großhändler od. Hersteller beim Einzelhändler eine Verkaufs- od. Ausstellungsfläche mietet, um in Ergänzung des vorhandenen Sortiments Waren anzubieten.*

Ra|clette ['raklɛt, ra'klɛt], das; -s, -s, auch: die; -, -s [frz. raclette, zu: racler = abkratzen, abstreifen, über das Galloroman. zu lat. radere, ↑ radieren]: **1.** *schweizerisches Gericht, bei dem die Essenden Hartkäse schmelzen lassen u. die weich gewordene Masse nach u. nach auf einen Teller abstreifen.* **2.** *kleines Grillgerät zum Zubereiten von [1]Raclette* (1).

[1]Rad, das; -[s], - [engl. rad, Kurzwort aus: radiation absorbed dosis] (früher): *Gray* (Zeichen: rad, rd).

[2]Rad, das; -es, Räder [mhd. rat, ahd. rad, urspr. = das Rollende; vgl. lat. rota = Rad]: **1.** *kreisrundes, scheibenförmiges, um eine Achse im Mittelpunkt drehbares Teil eines Fahrzeugs, auf dem sich dieses rollend fortbewegen kann:* die Räder schleifen; ein R. des Wagens ist gebrochen; bei Glatteis greifen die Räder nicht; ein R. am Auto auswuchten; die Achse eines -es; das Kind kam unter die Räder der Bahn *(wurde von der Bahn überfahren);* **Ü** das R. des Lebens (geh.; *das Leben in seiner stetigen Entwicklung*); * **das fünfte R./fünftes R. am Wagen sein** (ugs.; *in einer Gruppe o. Ä. überflüssig, nur geduldet sein*); **unter die Räder kommen/geraten** (ugs.; 1. *völlig herunterkommen, moralisch u. wirtschaftlich ruiniert werden:* 2. Sport Jargon; *eine empfindliche Niederlage hinnehmen müssen;* nach dem Bild des Überfahrenwerdens). **2.** *Teil einer Maschine, eines Getriebes, eines Gerätes o. Ä. in Form eines Rades (1), das in drehender Bewegung verschiedenen Zwecken (wie Übertragung von Kräften o. Ä.) dient:* ein gezahntes R.; die Räder der Maschine stehen still; * **nur/bloß ein R./Rädchen im Getriebe sein** *(jmd. sein, der ohne Eigenverantwortung od. Entscheidungsgewalt in ein System eingebettet ist);* **bei jmdm. ist ein R./Rädchen locker/fehlt ein R./Rädchen** (ugs.; *jmd. ist nicht ganz normal, nicht ganz bei Verstand*). **3.** kurz für ↑ Fahrrad: sein R. hat zwölf Gänge; sich aufs R. schwingen; mit dem R. wegfahren, stürzen; sie kann nicht R. fahren; * **R. fahren** (ugs. abwertend; *sich Vorgesetzten gegenüber um eigener Vorteile willen unterwürfig verhalten, Untergebene jedoch schikanieren*). **4.** (hist.) *(im MA.) der Vollstreckung der Todesstrafe dienendes Gerät in Form eines großen Rades (1), in dessen Speichen der Körper des Verurteilten gebunden wird, nachdem seine Gliedmaßen zerschmettert worden sind:* dem Mörder drohte das R.; jmdn. aufs R. binden *(ihn rädern).* **5.** (Turnen) *seitwärts ausgeführter, langsamer Überschlag, wobei Hände u. Füße jeweils in größerem Abstand aufsetzen:* ein R. auf dem Schwebebalken ausführen; * **ein R. schlagen** *(einen langsamen Überschlag seitwärts ausführen);* **R. schlagen** *(mehrmals hintereinander einen langsamen Überschlag seitwärts ausführen).* **6.** *Gebilde von fächerartig aufgestellten u. gespreizten langen Schwanzfedern bei bestimmten männlichen Vögeln, das in seiner Form an ein Rad (1) erinnert:* der Truthahn spreizte seine Schwanzfedern zu einem R.; * **ein R. schlagen** *(die Schwanzfedern fächerartig aufstellen u. spreizen):* der Pfau schlug ein R.

Ra|dar [auch: 'ra:...], das, nicht fachspr. auch: der; -s, -e [engl. radar, Kurzwort aus: radio detecting and ranging, eigtl. = Funkermittlung u. Entfernungsmessung] (Technik): **1.** ⟨o. Pl.⟩ *Verfahren zur Ortung von Gegenständen im Raum mithilfe gebündelter elektromagnetischer Wellen, die von einem Sender ausgehen, von einem Gegenstand reflektiert u. über einen Empfänger auf einem Anzeigegerät sichtbar gemacht werden.* **2.** *Radargerät, -anlage.*

Ra|dar|an|la|ge, die: vgl. Radargerät.

Ra|dar|bug, der (Flugw.): *Radom.*

Ra|dar|fal|le, die (ugs.): *für den Fahrer eines Kraftfahrzeugs nicht leicht erkennbare polizeiliche Geschwindigkeitskontrolle mithilfe von Radargeräten.*

Ra|dar|ge|rät, das: *Gerät, das mithilfe von Radar (1) Gegenstände ortet; Funkmessgerät.*

Ra|dar|kon|trol|le, die (Verkehrsw.): *Geschwindigkeitskontrolle mit Radargeräten.*

Ra|dar|na|se, die (Flugw.): *Radom.*

Ra|dar|netz, das: *Netz (2 a) von Radarstationen.*

Ra|dar|pei|lung, die: *Peilung mithilfe eines Radargeräts.*

Ra|dar|pis|to|le, die: *bes. von der Polizei verwendetes, zur Messung der Geschwindigkeit von Fahrzeugen eingesetztes Gerät.*

Ra|dar|schirm, der: *Leuchtschirm eines Radargeräts.*

Ra|dar|sta|ti|on, die: *Beobachtungsstation, die mit Radargeräten arbeitet.*

Ra|dar|sys|tem, das: vgl. Radarnetz.

Ra|dar|tech|nik, die: *Funkmesstechnik.*

Ra|dar|wa|gen, der: *mit einem Radargerät ausgerüstetes Auto der Polizei, das bei Geschwindigkeitskontrollen eingesetzt wird.*

Ra|dar|wel|le, die ⟨meist Pl.⟩ (Physik, Technik): *von einem Radargerät ausgesandte elektromagnetische Welle.*

Ra|dau, der; -s [aus dem Berlin., vermutl. lautm.] (salopp): *Lärm, Krach (1 a);* * **R. machen/schlagen** (salopp; ↑ Krach 1 a).

Ra|dau|bru|der, der (salopp abwertend): *Radaumacher.*

Rad|auf|hän|gung, die ⟨o. Pl.⟩ (Kfz-T.): *Aufhängung der Räder beim Kraftfahrzeug.*

Rad|ball, der: **1.** ⟨o. Pl.⟩ *Ballspiel zweier aus je zwei Spielern bestehender Mannschaften auf Fahrrädern, bei dem es gilt, den Ball mit dem Vorder- od. Hinterrad ins gegnerische Tor zu spielen.* **2.** *beim Radball (1) verwendeter Ball aus Stoff.*

Räd|chen, das; -s, - u. Räderchen: **1.** Vkl. zu ↑ [2]Rad (2, 7); * **nur ein R. im Getriebe sein** (↑ [2]Rad 2); **bei jmdm. ist ein R. locker/fehlt ein R.** (ugs.; ↑ [2]Rad 2). **2.** ⟨Pl. -⟩ **a)** *Teigrädchen;* **b)** *an einem Stiel drehbar befestigtes kleines [2]Rad (2) mit gezahntem Rand zum Ausradeln (2).*

Rad|damp|fer, der: *durch ein Schaufelrad im Heck od. durch zwei seitlich angebrachte Schaufelräder fortbewegtes Dampfschiff.*

ra|de|bre|chen ⟨sw. V.; radebrecht, radebrechte, hat geradebrecht, zu radebrechen⟩ [mhd. radebrechen = auf dem [2]Rad (4) die Glieder brechen, später übertr. im Sinne von »eine Sprache grausam zurichten«]: *eine fremde Sprache nur mühsam u. unvollkommen sprechen.*

Ra|de|ha|cke (sächs.): ↑ Rodehacke.

ra|deln ⟨sw. V.; ist⟩ [zu ↑ [2]Rad (3)] (ugs., bes. südd.): **a)** *mit dem Fahrrad fahren:* wir sind [50 km] geradelt; **b)** *sich mit dem Fahrrad irgendwohin begeben, in eine bestimmte Richtung bewegen:* nach Hause r.

rä|deln ⟨sw. V.; hat⟩: *ausradeln* (1, 2).

Rä|dels|füh|rer, der [im 16. Jh. = Anführer einer Abteilung von Landsknechten, dann: Anführer einer herrenlosen Schar, zu älter Rädlein = kreisförmige Formation einer Schar von Landsknechten < mhd. redelīn = Rädchen] (abwertend): *jmd., der eine Gruppe zu gesetzwidrigen Handlungen anstiftet u. sie anführt:* der R. einer Bande; die R. bestrafen.

Rä|dels|füh|re|rin, die: w. Form zu ↑ Rädelsführer.

Rä|der|chen: Pl. von ↑ Rädchen (1).

-rä|de|rig: ↑ -rädrig.

rä|dern ⟨sw. V.; hat⟩ [mhd. reder[e]n]: *(im MA.) einem zum Tode Verurteilten mit einem [2]Rad (4) die Gliedmaßen zerschmettern u. danach seinen Körper in die Speichen des Rades binden; durch das [2]Rad (4) hinrichten.*

Rä|der|tier, das ⟨meist Pl.⟩: *in vielen Arten bes. im Süßwasser lebendes, kleines, wurm- od. sackför-*

R

miges Tier, das seine Nahrung mithilfe eines radförmigen, mit Wimpern versehenen Organs strudelnd dem Magen zuführt.

Rä|der|werk, das: *Gesamtheit der ineinander greifenden* ²*Räder (2) in einer Maschine, in einem Getriebe o. Ä.:* das R. einer Uhr; **Ü** (oft abwertend:) das R. der Justiz, Behörden.

Rad fah|ren: s. ²Rad (3).

Rad|fah|rer, der [2: wohl nach dem Radfahrer (1), der beim Fahren gleichzeitig den Rücken krümmt u. nach unten tritt]: **1.** *jmd., der Fahrrad fährt.* **2.** (ugs. abwertend) *jmd., der sich Vorgesetzten gegenüber um eigener Vorteile willen unterwürfig verhält, Untergebene jedoch schikaniert.*

Rad|fah|re|rin, die: w. Form zu ↑Radfahrer.

rad|för|mig ⟨Adj.⟩: *von der Form eines* ²*Rades (1).*

ra|di|al ⟨Adj.⟩ [zu lat. radius, ↑Radius] (bes. Technik): *den Radius betreffend; in der Richtung eines Radius verlaufend; von einem Mittelpunkt [strahlenförmig] ausgehend od. auf ihn hinzielend.*

Ra|di|al|ge|schwin|dig|keit, die (Physik, Astron.): *(bei Gestirnen) Geschwindigkeit auf der Linie zwischen Beobachter u. Gestirn.*

Ra|di|al|li|nie, die (österr.): *von der Stadtmitte zum Stadtrand führende Straße, Straßenbahnlinie o. Ä.*

Ra|di|al|rei|fen, der: *Gürtelreifen.*

Ra|di|al|sym|me|trie, die; - (Zool.): *Grundform des Körpers bestimmter Lebewesen, bei der neben einer Hauptachse senkrecht zu dieser verlaufende, untereinander gleiche Nebenachsen zu unterscheiden sind* (z. B. bei Hohltieren).

Ra|di|ant, der; -en, -en [zu lat. radians (Gen.: radiantis), 1. Part. von: radiare = strahlen, zu: radius, ↑Radius]: **1.** (Math.) *Winkel, für den das Verhältnis Kreisbogen zu Kreisradius den Wert 1 hat* (Einheit des Winkels im Bogenmaß; Zeichen: rad). **2.** (Astron.) *scheinbarer Punkt der Ausstrahlung eines Schwarms von Meteoren.*

ra|di|är ⟨Adj.⟩ [frz. radiaire, zu lat. radius, ↑Radius] (Fachspr.): *strahlenförmig angeordnet, verlaufend; strahlig.*

Ra|di|a|ti|on, die; -, -en [lat. radiatio = das Strahlen]: (Astron.) *Strahlung, scheinbar von einem Punkt ausgehende Bewegung der Einzelteile eines Meteorschwarms.*

Ra|di|a|tor, der; -s, ...oren: *Heizkörper, der die Wärme abstrahlt.*

Ra|dic|chio [ra'dɪkjo], der; -s [ital. radicchio, zu lat. radicula, Vkl. von radix = Wurzel]: *bes. in Italien angebaute Art der Zichorie mit rot-weißen, leicht bitter schmeckenden Blättern, die als Salat zubereitet werden.*

Ra|di|en: Pl. von ↑Radius.

ra|die|ren ⟨sw. V.; hat⟩ [Ende des 15. Jh.s < lat. radere = (aus)kratzen, (ab)schaben]: **1.** *Geschriebenes, Gezeichnetes o. Ä. mit einem Radiergummi od. [Radier]messer entfernen, tilgen:* diese Tinte lässt sich nicht r. **2.** (bild. Kunst) *mit einer Radiernadel nach dem Verfahren der Radierung (1) in eine Kupferplatte ritzen.*

Ra|dier|gum|mi, der; -s, -s: *Stück Gummi od. gummiähnlicher Plastikmasse zum Radieren (1).*

Ra|dier|kunst, die ⟨o. Pl.⟩: *Kunst, Technik der Herstellung von Radierungen; Ätzkunst.*

Ra|dier|na|del, die: *zum Herstellen von Radierungen verwendeter zugespitzter Stift aus Stahl.*

Ra|die|rung, die; -, -en (bild. Kunst): **1.** ⟨o. Pl.⟩ *künstlerisches Verfahren, bei dem mit einer Radiernadel die Zeichnung in eine Kupfer-, auch Zinkplatte eingeritzt u. (zur Herstellung von Abzügen) durch Eintauchen in eine Säure eingeätzt wird.* **2.** *durch das Verfahren der Radierung (1) hergestelltes grafisches Blatt.*

Ra|dies|chen, das; -s, - [Vkl. von älter: Radies < niederl. radijs < frz. radis < ital. radice < lat. radix (Gen.: radicis) = Wurzel]: **1.** *(dem Rettich verwandte) Pflanze mit einer meist kugeligen, eine rote Schale aufweisenden, scharf schmeckenden Knolle;* * **sich** ⟨Dativ⟩ **die R. von unten an-, besehen/betrachten** (salopp scherzh.; *tot [u. beerdigt] sein*). **2.** *Knolle des Radieschens (1).*

ra|di|kal ⟨Adj.⟩ [frz. radical < spätlat. radicalis = mit Wurzeln versehen (vgl. spätlat. radicaliter [Adv.] = mit Stumpf u. Stiel, von Grund aus), zu lat. radix, ↑Radieschen; 2: unter Einfluss von gleichbed. engl. radical]: **1. a)** *von Grund aus erfolgend, ganz u. gar; vollständig, gründlich:* etw. r. verneinen; **b)** *mit Rücksichtslosigkeit u. Härte vorgehend, durchgeführt o. Ä.:* -e Methoden. **2.** *eine extreme politische, ideologische, weltanschauliche Richtung vertretend [u. gegen die bestehende Ordnung ankämpfend]:* r. denken. **3.** (Math.) *die Wurzel (6) betreffend.*

Ra|di|kal, das; -s, -e: **1.** (Chemie) *nur während einer Reaktion für extrem kurze Zeit auftretendes Atom od. Molekül mit einem einzelnen Elektron.* **2.** (Math.) *durch Wurzelziehen erhaltene mathematische Größe.* **3.** (Sprachw.) **a)** *Konsonant in den semitischen Sprachen, der (meist zusammen mit anderen Konsonanten) die Wurzel eines Wortes bildet;* **b)** *Teil des chinesischen Schriftzeichens, der einen Bedeutungsbereich angibt.*

Ra|di|ka|le, der u. die; -n, -n ⟨Dekl. ↑Abgeordnete⟩: *jmd., der einen politischen Radikalismus vertritt [u. gegen die bestehende Ordnung ankämpft].*

Ra|di|ka|len|er|lass, der ⟨o. Pl.⟩: *Erlass, nach dem jmd., der Mitglied einer extremistischen Organisation ist, nicht im öffentlichen Dienst beschäftigt werden darf.*

ra|di|ka|li|sie|ren ⟨sw. V.; hat⟩: *zu einer radikalen Haltung gelangen lassen; in eine radikale Richtung treiben:* die Arbeiter einer Fabrik, die Ansichten der Bevölkerung r.

Ra|di|ka|lis|mus, der; -, ...men ⟨Pl. selten⟩: **1.** *radikale (1) Einstellung; rigorose Denk- u. Handlungsweise.* **2.** *radikale (2) politische, ideologische, weltanschauliche Richtung.*

Ra|di|ka|li|tät, die; -: *radikale Art.*

Ra|di|kal|kur, die: *Behandlung einer Krankheit mit sehr starken, den Organismus belastenden Mitteln.*

Ra|di|kal|ope|ra|ti|on, die (Med.): *Operation, bei der ein krankes Organ od. ein Krankheitsherd vollständig beseitigt wird.*

Ra|di|kand, der; -en, -en [zu lat. radicandus, Gerundivum von: radicare = Wurzel schlagen, zu: radix, ↑Radieschen] (Math.): *Zahl, mathematische Größe, deren Wurzel berechnet werden soll.*

Ra|dio, das; -s, -s [engl. radio, Kurzf. von radiotelegraphy = Übermittlung von Nachrichten durch Ausstrahlung elektromagnetischer Wellen, zu lat. radius, ↑Radius]: **1.** ⟨südd., österr., schweiz. auch: der⟩ *Rundfunkgerät, -empfänger, Radioapparat:* sein R. ist defekt; das R. ausschalten. **2.** ⟨o. Pl.⟩ **a)** *Rundfunk, Hörfunk (als die durch das Rundfunkgerät verkörperte Einrichtung zur Übertragung von Darbietungen in Wort u. Ton):* sie hört R.; ich habe die Nachricht im R. gehört; **b)** ⟨o. Art., in Verbindung mit dem Namen einer Stadt, eines Landes⟩ *Sender, Rundfunkanstalt:* sie arbeitet bei R. Bremen.

ra|dio-, Ra|dio- [zu lat. radius = Strahl, ↑Radius] ⟨Best. in Zus. mit der Bed.⟩: *Strahl, Strahlung; Rundfunk;* z. B. radioaktiv, Radiometer, Radiotherapie.

ra|dio|ak|tiv ⟨Adj.⟩ [wohl geb. aus ↑Radioaktivität] (bes. Physik): *Radioaktivität aufweisend, damit zusammenhängend:* -e Stoffe; -er Müll; -er Zerfall.

Ra|dio|ak|ti|vi|tät, die ⟨o. Pl.⟩ [frz. radioactivité, gebildet von der frz. Physikerin M. Curie (1867–1934)] (bes. Physik): **a)** *Eigenschaft instabiler Atomkerne bestimmter chemischer Elemente, [ohne äußere Einflüsse] zu zerfallen, sich umzuwandeln u. dabei bestimmte Strahlen auszusenden; Kernzerfall, Kernumwandlung:* künstliche R.; **b)** *durch Radioaktivität (a) hervorgerufene Strahlung.*

Ra|dio|ap|pa|rat, der: *Rundfunkgerät, -empfänger.*

Ra|dio|as|tro|no|mie, die: *Teilgebiet der Astronomie, das die aus dem Weltraum, z. B. von den Gestirnen, kommende elektromagnetische Strahlung untersucht.*

Ra|dio|bio|lo|gie, die: *Strahlenbiologie.*

Ra|dio|che|mie, die: *Teilgebiet der Kernchemie, das sich mit den radioaktiven Elementen, ihren chemischen Eigenschaften u. Reaktionen sowie ihrer praktischen Anwendung befasst.*

Ra|dio|ele|ment, das (Chemie): *radioaktives Element, das nur radioaktive Isotope hat.*

Ra|di|o|fo|nie: ↑Radiophonie.

Ra|dio|fre|quenz|strah|lung, die (Astron., Physik): *elektromagnetische Strahlung kosmischer Objekte.*

Ra|dio|ga|la|xie, die (Astron.): *Galaxie, deren elektromagnetische Strahlung millionenfach stärker ist als die gewöhnlicher Galaxien.*

Ra|dio|ge|rät, das: *Radioapparat.*

Ra|dio|go|ni|o|me|trie, die: *Messung eines Winkels für die Funkpeilung.*

Ra|dio|gramm, das; -s, -e [↑-gramm]: *durch Radiographie hergestellte fotografische Aufnahme.*

Ra|dio|gra|phie, (auch:) Radiografie, die; - [↑-graphie]: **1.** *das Durchstrahlen u. Fotografieren mithilfe von ionisierenden Strahlen.* **2.** *Verfahren zum Nachweis radioaktiver Substanzen in lebenden Organismen od. Materialproben.*

Ra|dio|in|di|ka|tor, der (Technik, Chemie, Physik, Biol.): *künstlich radioaktiv gemachtes Isotop, das als Indikator (2) einer Substanz, einem Organ zugeführt wird u. den Ablauf einer Reaktion markiert.*

Ra|dio|in|ter|fe|ro|me|ter, das (Physik): *aus zwei od. mehreren Antennen bestehende Vorrichtung am Radioteleskop zum Erhöhen des Auflösungsvermögens.*

Ra|dio|iso|top, das (Chemie): *natürliches od. künstliches radioaktives Isotop eines chemischen Elements.*

Ra|dio|jod|test, der (Med.): *Prüfung der Schilddrüsenfunktion durch Untersuchung der Radioaktivität nach der Einnahme von radioaktiv angereichertem Jod.*

Ra|di|o|la|rie, die; -, -n ⟨meist Pl.⟩ [zu spätlat. radiolus, Vkl. von lat. radius, ↑Radius]: *Strahlentierchen.*

Ra|di|o|lo|gie, die; - [↑-logie]: *Wissenschaft von den ionisierenden Strahlen, bes. den Röntgenstrahlen u. den Strahlen radioaktiver Stoffe, u. ihrer Anwendung.*

ra|di|o|lo|gisch ⟨Adj.⟩: *die Radiologie betreffend.*

Ra|dio|me|te|o|ro|lo|gie, die: *Teilgebiet der Meteorologie, auf dem Radiowellen für meteorologische Untersuchungen benutzt bzw. die meteorologischen Einflüsse auf die Ausbreitung von Radiowellen in der Erdatmosphäre untersucht werden.*

Ra|di|o|me|ter, das; -s, - [↑-meter (1)] (Physik): *Gerät zur Messung von [Wärme]strahlung mit einem leicht drehbar in einem evakuierten Glaskolben aufgehängten Plättchen aus Glimmer od. Metall.*

Ra|di|o|pho|nie, (auch:) Radiofonie, die; -: *drahtlose Telefonie.*

Ra|dio|quel|le, die (Astron., Physik): *eng umgrenzte Stelle in der Sphäre des Himmels, die sich durch starke Radiofrequenzstrahlung aus der allgemeinen Himmelsstrahlung heraushebt.*

Ra|dio|re|kor|der, der: *tragbares Rundfunkgerät mit eingebautem Kassettenrekorder.*

Ra|dio|sen|der, der: *Rundfunksender.*

Ra|dio|son|de, die (Technik, Met.): *mit einem Ballon in hohe Luftschichten aufsteigendes Messgerät, dessen Ergebnisse von Messungen in der freien Atmosphäre drahtlos an eine Bodenstation übermittelt werden.*

Ra|dio|sta|ti|on, die: *Rundfunkstation.*

Ra|dio|te|le|skop, das (Astron.): *Gerät für den Empfang der aus dem Weltraum kommenden Radiofrequenzstrahlung.*

Ra|dio|the|ra|pie, die (Med.): *Behandlung von Krankheiten durch Bestrahlung, bes. mit Röntgenstrahlen od. mit radioaktiven Strahlen.*

Ra|dio|we|cker, der (ugs.): *Gerät, das eine Kombination von Radio (1) und Wecker darstellt.*

Ra|dio|wel|le, die ⟨meist Pl.⟩ (Technik, Physik): *beim [Rund]funk verwendete elektromagnetische Welle.*

Ra|di|um, das; -s [zu lat. radius, ↑Radius; das Metall zerfällt unter Aussendung von »Strahlen« in radioaktive Bruchstücke]: *radioaktives, weiß glänzendes Schwermetall, das früher vor allem zur Herstellung von Leuchtstoffen u. für Bestrahlungen in der Krebstherapie verwendet wurde* (*chemisches Element;* Zeichen: Ra).

Ra|di|um|be|strah|lung, die (bes. früher): *therapeutische Bestrahlung mit Radium.*

ra|di|um|hal|tig ⟨Adj.⟩: *Radium enthaltend:* -e Stoffe.

Ra|di|um|the|ra|pie, die ⟨o. Pl.⟩ (Med.): *Behandlung von Krankheiten durch Bestrahlung mit Radium.*

Ra|di|us, der; -, ...ien [lat. radius = Stab; Speiche; Strahl]: 1. (Math.) *halber Durchmesser eines Kreises od. einer Kugel; Halbmesser:* den R. eines Kreises berechnen; (Zeichen: r, R). 2. kurz für ↑Aktionsradius.

ra|di|zie|ren ⟨sw. V.; hat⟩ (Math.): *die Wurzel (6) einer Zahl ermitteln.*

Rad|kap|pe, die: *Kappe (2 a) in Form einer gewölbten Scheibe aus Metall od. Kunststoff zur Abdeckung der Nabe bei Kraftfahrzeugen.*

Rad|kas|ten, der (Kfz-T.): *in der Karosserie eines Fahrzeugs ausgesparter Raum für ein Rad.*

Rad|kranz, der (Technik): **a)** *äußerer Rand* (1 b) *eines Rades;* **b)** *gezackter Rand* (1 b) *eines Zahnrades.*

Rad|lei|er, die: *Drehleier.*

Rad|ler, der; -s, - [1: zu ↑²Rad (3); 2: wegen des geringen Alkoholgehaltes ist das Getränk wohl bes. für Radler (1) geeignet]: **1.** *Radfahrer* (1). **2.** (landsch., bes. südd.) *Erfrischungsgetränk aus Bier u. Limonade.*

Rad|ler|ho|se, die: *eng anliegende, fast bis zum Knie reichende Hose aus elastischem Material, wie sie Radsportler tragen.*

Rad|le|rin, die; -, -nen: w. Form zu ↑Radler (1).

Ra|dom, das; -s, -s [engl. radome, zusgez. aus: radar dome = Radarkuppel]: *für elektromagnetische Wellen durchlässige, als Wetterschutz dienende [kuppelförmige] Verkleidung aus Kunststoff bes. für Radaranlagen von Flugzeugen u. Schiffen; Radarbug, -nase.*

Ra|don [auch: ra'do:n], das; -s [zu ↑Radium; geb. nach Argon, Krypton u. Ä.]: *radioaktives, sehr wenig reaktionsfähiges Edelgas, das in flüssigem od. festem Zustand gelb bis orangerot leuchtet* (chemisches Element; Zeichen: Rn).

Rad|renn|bahn, die: *Rennbahn für Radrennen.*

Rad|ren|nen, das: *meist auf Rennrädern ausgetragenes Rennen.*

-räd|rig, (seltener:) -räderig: in Zusb., z. B. vierräd[e]rig *(mit vier Rädern [versehen]).*

Rad schla|gen: s ²Rad (5).

Rad|sport, der: *(in verschiedene, meist wettkampfmäßig ausgetragene Disziplinen aufgeteilter) Sport auf Fahrrädern.*

Rad|sport|ler, der: *jmd., der Radsport betreibt.*

Rad|sport|le|rin, die: w. Form zu ↑Radsportler.

Rad|stand, der (Kfz-T.): *Achsabstand.*

Rad|sturz, der (Kfz-T.): *Achssturz.*

Rad|tour, die: *Ausflug mit dem Fahrrad.*

Rad|wan|de|rung, die: *ausgedehnte Fahrt mit dem Fahrrad in gemäßigtem Tempo, meist zur Erkundung der Landschaft, ihrer Sehenswürdigkeiten o. Ä.*

Rad|wech|sel, der: *das Auswechseln eines ²Rades (1) an einem Fahrzeug.*

Rad|weg, der: *meist neben einer Straße, Fahrbahn laufender Fahrweg für Radfahrer (1).*

RAF [ɛr|aː'ɛf], die; -: Rote-Armee-Fraktion.

Räf, das; -s, -e (schweiz.): ¹˒²*Reff.*

Raf|fel, die; -, -n [zu mhd. raffeln = lärmen, klappern; schelten; spätmhd. raffel = Getöse, Lärm]: **1.** (landsch.) *kammartiges Gerät zum Abstreifen von Beeren, Samenkörnern o. Ä.* **2.** (landsch.) *[grobe] Reibe.* **3.** (landsch. salopp abwertend) **a)** *großer, als hässlich empfundener Mund* (1 a); **b)** *loses Mundwerk.* **4.** (landsch. salopp abwertend) *keifende, geschwätzige [alte] Frau.*

raf|feln ⟨sw. V.; hat⟩ [mhd. raffeln = lärmen, klappern; schelten; Intensivbildung zu ↑raffen]: **1.** (landsch.): *klappern; rasseln.* **2.** (landsch.) *(Obst u. Gemüse) mit einer groben Reibe zu kleinen, stiftförmigen Stückchen zerkleinern; raspeln:* geraffelter Rettich. **3.** (landsch. salopp abwertend) *viel u. laut reden.*

raf|fen ⟨sw. V.; hat⟩ [mhd. raffen = zupfen, rupfen, raufen; an sich reißen, urspr. wohl = (ab)schneiden, trennen]: **1. a)** (abwertend) *raffgierig in seinen Besitz bringen:* sie rafften [an sich], was sie erreichen konnten; **b)** *mehrere Dinge zugleich eilig u. voller Hast an sich reißen [u. sie irgendwohin tun].* **2.** *(Stoff) an einer bestimmten Stelle so zusammenhalten, dass er in Falten* (1 b) *fällt u. dadurch ein wenig hochgezogen wird:* sie raffte den Rock; geraffte Gardinen. **3.** *gekürzt, aber in den wesentlichen Punkten wiedergeben:* den Bericht r. **4.** (salopp) *verstehen, erfassen:* sie rafft es nicht; hast du das endlich gerafft?

Raff|gier, die (abwertend): *hemmungsloses Streben nach Besitz; Habgier.*

raff|gie|rig ⟨Adj.⟩ (abwertend): *voller Raffgier; von Raffgier geprägt.*

Raf|fi|na|de, die; -, -n [frz. raffinade, zu: raffiner, ↑raffinieren] (Fachspr.): *fein gemahlener, gereinigter Zucker.*

Raf|fi|nat, das; -[e]s, -e (Fachspr.): *Produkt, das raffiniert worden ist.*

Raf|fi|ne|ment [rafinə'mã:], das; -s, -s ⟨Pl. selten⟩ [frz. raffinement] (bildungsspr.): **1.** *(bes. in Bezug auf künstlerische, technische Dinge) durch intellektuelle Fähigkeit erreichte besondere Vervollkommnung, Feinheit:* das szenische R. einer Aufführung; der Roman zeigt, beweist artistisches R. **2.** ⟨o. Pl.⟩ *Raffinesse* (1).

Raf|fi|ne|rie, die; -, -n [frz. raffinerie]: *Produktionsanlage zum Raffinieren.*

Raf|fi|nes|se, die; -, -n [französierende Bildung, wohl in Anlehnung an ↑Finesse]: **1.** ⟨o. Pl.⟩ (bildungsspr.) *schlau ausgeklügelte Vorgehensweise, mit der jmd. eine günstige Situation zum eigenen Vorteil ausnutzt [um auf indirektem Wege zum Ziel zu kommen].* **2.** ⟨meist Pl.⟩ *Finesse* (2): ein Automat mit allen -n.

raf|fi|nie|ren ⟨sw. V.; hat⟩ [frz. raffiner = verfeinern; läutern, zu: fin = fein, ↑fein] (Fachspr.): **a)** *durch Beseitigen von qualitätsmindernden Substanzen Naturstoffe, bes. Fette u. Zucker, verfeinern od. Erze u. Rohmetalle veredeln:* Zucker r.; **b)** *Erdöl durch Fraktionierung u. Destillation aufbereiten:* Rohöl zu Treibstoff r.

raf|fi|niert ⟨Adj.⟩ [nach frz. raffiné = durchtrieben, geb. unter Einfluss von Bildungen wie ↑abgefeimt, ↑gerieben]: **1. a)** *bis ins Einzelne ausgeklügelt:* ein -er Plan; r.! *(gekonnt!);* **b)** *voller Raffinesse* (1); *Raffinesse besitzend:* eine -e Person. **2.** *voller Raffinement* (1); *Raffinement zeigend:* Modelle in den -esten Farben; eine r. gewürzte Soße.

Raf|fi|niert|heit, die; -, -en: **a)** ⟨o. Pl.⟩ *das Raffiniertsein;* **b)** (selten) *raffiniertes Vorgehen.*

Raff|ke, der; -s, -s [urspr. berlin., zu ↑raffen geb. Personenn.] (ugs. abwertend): *raffgieriger Mensch.*

Raff|zahn, der [1: wohl nach dem Vergleich z. B. mit einem Hauer (2)]: **1.** (ugs.) *[schräg] unter der Oberlippe hervorragender oberer Schneidezahn.* **2.** (salopp abwertend) *raffgieriger Mensch.*

Raft, das; -s, -s [engl. raft, eigtl. = Floß, zu: rafter = (Dach)sparren, aus dem Anord.]: **1.** *schwimmende Insel aus [Treib]holz.* **2.** *Schlauchboot, mit dem Rafting betrieben wird.*

raf|ten ⟨sw. V.; hat/ist⟩ (Jargon): *Rafting betreiben.*

Raf|ter, der; -s, - (Jargon): *jmd., der Rafting betreibt.*

Raf|ting, das; -s [engl. rafting = das Flößen, Floßfahren, zu: to raft = flößen, zu: raft, ↑Raft]: *das Wildwasserfahren einer Gruppe im Schlauchboot.*

Rag [ræg], der; -s: Kurzform von ↑Ragtime.

Ra|ge ['ra:ʒə], die; - [frz. rage, über das Galloroman. u. Vlat. zu lat. rabies = Wut] (ugs.): *unbeherrschte Aufgeregtheit, Wut, Ärger:* in R. sein; jmdn. in R. versetzen; *** in der R.** (landsch.; *in der Aufregung, Eile*).

ra|gen ⟨sw. V.; hat⟩ [mhd. ragen, H. u.]: *länger od. höher sein als die Umgebung u. sich deutlich von ihr abheben:* Felsblöcke ragen aus dem Wasser.

Ra|glan ['ragla(:)n, engl.: 'ræglən], der; -s, -s [nach dem engl. Lord Raglan (1788–1855)]: kurz für ↑Raglanmantel.

Ra|glan|är|mel, der: *Ärmel, dessen obere Naht schräg von der Achselhöhle bis zum Halsausschnitt verläuft u. der mit dem Schulterteil ein Stück bildet.*

Ra|glan|man|tel, der: *Mantel* (1) *mit Raglanärmeln.*

Rag|na|rök, die; - [aisl. ragna rök, ↑Götterdämmerung] (germ. Myth.): *Weltuntergang.*

Ra|gout [ra'gu:], das; -s, -s [frz. ragoût, rückgeb. aus: ragoûter = den Gaumen reizen, Appetit machen, zu: goût, ↑Hautgout]: *Gericht aus kleinen Fleisch-, Geflügel- od. Fischstücken in einer würzigen Soße mit verschiedenen Zutaten.*

Ra|gout fin, (fachspr.:) **Ra|goût fin** [ragu'fɛ̃], das; - -, -s -s [ragufɛ̃; frz., eigtl. = feines Ragout, zu: fin = fein]: *Ragout in Blätterteig od. überbacken in einer Muschelschale.*

Rag|time ['rægtaɪm], der; - [engl.-amerik. ragtime, eigtl. = zerrissener Takt] (Musik): **a)** *afroamerikanischer, bes. in der Klaviermusik herausgebildeter Stil, der durch den Gegensatz von synkopierter Melodik u. einem streng eingehaltenen, hämmernden Beat in der Bassstimme gekennzeichnet ist;* **b)** *Musik im Rhythmus des Ragtime* (a).

Rag|wurz, die; - [zu ↑ragen; in Anspielung auf die Wirkung der früher als Aphrodisiakum verwendeten Pflanze auf das männliche Glied]: *in Mitteleuropa wachsende Orchidee mit bunten Blüten.*

Rah, Ra|he, die; -, Rahen [mhd. rahe, mniederd. rā, zu ↑regen] (Seemannsspr.): *waagerechte Stange am Mast, an der ein rechteckiges Segel befestigt wird.*

Rahm, der; -[e]s [mundartl. älter: Raum, mhd. roum, mniederd. rōm(e), H. u.] (westmd., südd., österr., schweiz.): *Sahne:* an die Soße noch etwas R. geben; *** den R. abschöpfen** (ugs.; *sich selbst den größten Vorteil, das Beste verschaffen;* bezieht sich darauf, dass der Rahm auf der frischen Milch der nahrhafteste u. wertvollste Bestandteil dieses Nahrungsmittels ist).

Rahm|but|ter, die: *Butter mit hohem Fettgehalt.*

Rähm|chen, das; -s, -: Vkl. zu ↑Rahmen (1 a, c).

rah|men ⟨sw. V.; hat⟩: *mit einem Rahmen* (1 a) *versehen:* ein Bild r.; gerahmte Fotos.

Rah|men, der; -s, - [mhd. rame, ahd. rama = Stütze, Gestell, [Web]rahmen, Säule, verw. mit ↑Rand]: **1. a)** *viereckige, runde od. ovale Einfassung für Bilder o. Ä.:* ein einfacher, breiter, goldener R.; das Gemälde aus dem R. schneiden; an den Wänden hingen große Spiegel in schweren R.; **b)** *in eine Tür-, Fensteröffnung genau eingepasster, relativ schmaler Teil, an dem [seitlich] die Tür, das Fenster beweglich befestigt ist:* ein R. aus Holz; **c)** *Gestell zum Einspannen von Stoff, Fäden o. Ä.:* die Leinwand sitzt zu locker im R. **2. a)** (Technik) *tragender od. stützender Unterbau eines Kraftfahrzeugs, einer Maschine o. Ä.:* der R. des Autos ist bei dem Unfall beschädigt worden; **b)** kurz für ↑Fahrradrahmen. **3.** ⟨o. Pl.⟩ **a)** *etw., was einer Sache ein bestimmtes [äußeres] Gepräge gibt:* der Feier einen angemessenen R. geben; etw. in den sozialen R. der Gesellschaft einordnen; **b)** *etw., was einen bestimmten Bereich umfasst u. ihn gegen andere abgrenzt; Umgrenzung, Umfang:* den R. für etw. abgeben, abstecken; einen zeitlichen R. setzen; etw. im R. *(in den Grenzen)* des Mögli-

R

chen tun; im R. *(innerhalb)* dieser Entwicklung kam es zu Schwierigkeiten in der Versorgung; * **aus dem R. fallen** *(stark von bestimmten Normen, vom Üblichen abweichen):* ihr Benehmen fiel ganz aus dem R.; **nicht in den R. passen** *(bestimmten Normen o. Ä. nicht entsprechen, vom Üblichen abweichen);* **im R. bleiben/sich im R. halten** *(nicht über ein bestimmtes Maß hinausgehen):* bei der letzten Konferenz hielten sich die Meinungsverschiedenheiten im R.; **den R. sprengen** *(bei weitem über das Übliche hinausgehen).* **4.** (Literaturw.) *Erzählung, die innerhalb eines Werkes eine od. mehrere andere Erzählungen umschließt.* **5.** kurz für ↑Stickrahmen.

Rah|men-: drückt in Bildungen mit Substantiven aus, dass etw. erst im großen Ganzen (ohne nähere Einzelheiten) festliegt, dass ein allgemeiner Rahmen für etw. abgesteckt ist, innerhalb dessen die Einzelheiten erst geregelt werden müssen: Rahmenabkommen, -ordnung.

-rah|men, der; -s, -: drückt in Bildungen mit Substantiven aus, dass für etw. ein bestimmter Rahmen, ein Bereich festgelegt ist, innerhalb dessen man sich bewegen muss: Finanz-, Zeitrahmen.

rah|men|ar|tig ⟨Adj.⟩: *wie ein Rahmen* (1a) *geartet.*

Rah|men|be|din|gung, die ⟨meist Pl.⟩: *Bedingung, die für etw. den äußeren Rahmen absteckt:* günstige -en für etw. schaffen.

Rah|men|bruch, der: *Bruch des Rahmens* (2).

Rah|men|er|zäh|lung, die (Literaturw.): **a)** ⟨o. Pl.⟩ *Technik des Erzählens, die in der Integration zweier od. mehrerer Erzählungen besteht, wobei eine Erzählung die Funktion eines Rahmens für die andere[n] hat;* **b)** *Erzählung, bei der die Technik der Rahmenerzählung* (a) *angewendet ist.*

Rah|men|ge|setz, das: *Gesetz als allgemeine Richtlinie ohne Festlegung von Einzelheiten.*

Rah|men|plan, der: vgl. Rahmengesetz.

Rah|men|pro|gramm, das: *Programm* (1b), *das auf einer Veranstaltung [zur Auflockerung] neben dem Hauptprogramm abläuft.*

Rah|men|ta|rif, der: *Manteltarif.*

rah|mig ⟨Adj.⟩ [zu ↑Rahm] (landsch., bes. südd., österr., schweiz.): *sahnig.*

Rahm|kä|se, der: *Weichkäse mit höherem Fettgehalt.*

Rahm|so|ße, die: *mit Sahne zubereitete Soße.*

Rah|ne, die; -, -n [urspr. = rote Rübe von länglicher Form] (südd.): *Rote Rübe.*

Rah|se|gel, das [zu ↑Rah] (Seemannsspr.): *rechteckiges, an der Rahe befestigtes Segel.*

Rah|seg|ler, der (Seemannsspr.): *Segelschiff mit Rahsegeln.*

Rai|gras, das; -es [1: engl. rye-grass]: **1.** *Lolch.* **2.** *sehr hoch wachsendes Gras mit zweiblütigen kleinen Ähren, das als Futtergras verwendet wird.*

Rain, der; -[e]s, -e [mhd. rein, ahd. (nur in Zus.) -rein, H. u.]: **1.** (geh.) *unbebauter schmaler Streifen Land als Grenze zwischen zwei Äckern:* ein schmaler R. **2.** (südd., schweiz.) *Abhang.*

Rain|farn, der [umgedeutet aus mhd. rein(e)vane, ahd. rein(e)fano, zu: fano = Fahne, also eigtl. = Grenzfahne]: *(zu den Korbblütlern gehörende) Pflanze mit fiederteiligen Blättern u. zahlreichen halbkugeligen, gelben Blütenköpfchen.*

Rain|wei|de, die: *Liguster.*

Ra|is, der; -, -e u. Ruasa [arab. ra'īs = Oberhaupt, zu: ra's, ↑Ras]: **1.** ⟨o. Pl.⟩ *in arabischen Ländern Titel einer führenden Persönlichkeit, bes. des Präsidenten.* **2.** *Träger dieses Titels.*

Rai|son [rɛˈzõ:]: ↑Räson.

Ra|ke: ↑Racke.

Ra|kel, die; -, -n [frz. racle = Schabeisen, zu: racler = (ab)schaben] (Druckw.): **a)** *breites, dünnes Stahlband, mit dem beim Tiefdruck die überschüssige Farbe von der eingefärbten Druckform abgestreift wird;* **b)** *Gerät in Form eines Messers aus Gummi, Holz, mit dem beim Siebdruck die Farbe durch das Sieb gerieben wird.*

rä|keln, sich: ↑rekeln, sich.

Ra|ke|te, die; -, -n [älter: Rackette, Rogete < ital. rocchetta, eigtl. Vkl. von: rocca = Spinnrocken, nach der einem Spinnrocken ähnlichen zylindrischen Form]: **1. a)** *als militärische Waffe verwendeter, lang gestreckter, zylindrischer, vorn spitz zulaufender [mit einem Sprengkopf versehener] Flugkörper, der eine sehr hohe Geschwindigkeit erreicht u. auch über weite Entfernungen ein gegnerisches Ziel treffen kann:* eine taktische R. mit Mehrfachsprengkopf; der Wagen geht ab wie eine R. (ugs.; *hat ein großes Beschleunigungsvermögen*); **b)** *in der Raumfahrt verwendeter Flugkörper von der Form einer überdimensionalen Rakete* (1a), *der dem Transport von Satelliten, Raumkapseln o. Ä. dient:* eine mehrstufige, ferngesteuerte R.; eine R. starten, in den Weltraum schießen. **2.** *Feuerwerkskörper von der Form einer Rakete* (1 a): -n abbrennen, abschießen. **3.** (landsch.) *begeistertes, das Heulen einer Rakete* (2) *nachahmendes Pfeifen bei [Karnevals]veranstaltungen.*

Ra|ke|ten|ab|schuss|ba|sis, die (Milit.): *Militärbasis mit Raketenstartrampen.*

Ra|ke|ten|ab|wehr, die (Milit.): *Abwehr gegnerischer Raketen, Raketenwaffen.*

Ra|ke|ten|ab|wehr|sys|tem, das (Milit.): *System der Raketenabwehr.*

Ra|ke|ten|ap|pa|rat, der (Seew.): *Feststoffrakete, mit der zur Bergung von Schiffbrüchigen Leinen zum gestrandeten Schiff geschossen werden.*

ra|ke|ten|ar|tig ⟨Adj.⟩: **a)** *einer Rakete* (1a) *ähnlich; wie eine Rakete* (1a) *funktionierend;* **b)** *so schnell wie eine Rakete* (1a): das Rennen im -en Tempo fahren.

Ra|ke|ten|au|to, das (Technik): *Auto, das mit einer Feststoffrakete angetrieben wird.*

Ra|ke|ten|ba|sis, die (Milit.): *Raketenabschussbasis.*

ra|ke|ten|be|stückt ⟨Adj.⟩: *mit Raketen bestückt:* -e U-Boote.

Ra|ke|ten|flug|zeug, das: *Flugzeug, das durch ein od. mehrere Raketentriebwerke angetrieben wird.*

ra|ke|ten|ge|trie|ben ⟨Adj.⟩: *durch ein Raketentriebwerk angetrieben.*

Ra|ke|ten|schlit|ten, der (Technik): *in der Raumfahrtforschung zur Untersuchung der Auswirkungen von sehr hohen Geschwindigkeiten verwendetes Schienenfahrzeug, das durch ein od. mehrere Raketentriebwerke angetrieben wird.*

Ra|ke|ten|schub, der (Technik): *Schubkraft, die durch den Rückstoß einer Rakete* (1a, b) *bewirkt wird.*

Ra|ke|ten|si|lo, der, auch: das (Milit.): *der Lagerung u. dem Abschuss einer Raketenwaffe dienende schachtartige unterirdische Anlage.*

Ra|ke|ten|start, der: *Start einer Rakete.*

Ra|ke|ten|start|ram|pe, die: *Startrampe für Raketen.*

Ra|ke|ten|stu|fe, die (Technik): *einzelne Stufe* (3b) *bei einer mehrstufigen Rakete* (1b).

Ra|ke|ten|stütz|punkt, der (Milit.): vgl. Raketenabschussbasis.

Ra|ke|ten|tech|nik, die: *Gesamtheit aller technischen Arbeitsgebiete, die für die Berechnung, Konstruktion u. den Bau von Raketen* (1a, b) *notwendig sind.*

Ra|ke|ten|treib|stoff, der: *Treibstoff für Raketen.*

Ra|ke|ten|waf|fe, die (Milit.): *Geschoss, das von einem od. mehreren Raketentriebwerken angetrieben wird.*

Ra|ke|ten|wer|fer, der (Milit.): *Geschütz, das Raketen* (1 a) *abfeuert.*

Ra|ke|ten|zeit|al|ter, das ⟨o. Pl.⟩ (Jargon): *Zeitalter, das vom Existenz u. Einsatz von Raketen* (1) *geprägt ist.*

Ra|kett, das; -[e]s, -e u. -s: *Racket.*

rall. = rallentando.

Ral|le, die; -, -n [frz. râle, wohl eigtl. = die Schnarrende, nach dem Ruf des Vogels]: *in vielen Arten in Sümpfen od. an Gewässern vorkommender, oft hühnergroßer Vogel mit kurzen, breiten Flügeln, kurzem Schwanz u. langen Zehen.*

ral|len|tan|do ⟨Adv.⟩ [ital. rallentando, zu: rallentare = verlangsamen, zu lat. lentus = langsam, träge] (Musik): *langsamer werdend;* Abk.: rall.

Ral|ly [ˈrælɪ], das; -s, -s, auch: die; -, -s [engl. rally, zu frz. rallier, zusgez. aus: re- = wieder- u. allier, ↑alliieren] (Börsenw.): *meist kurzer, starker Anstieg des Kurses an der Börse.*

Ral|lye [ˈrali, auch: ˈrɛli], die; -, -s, schweiz.: das; -s, -s [engl., frz. rallye, zu frz. rallier, ↑Rally, eigtl. = das Wiederzusammenkommen (der Fahrer am Ziel der Fahrt)] (Motorsport): *Wettbewerb für serienmäßig hergestellte Kraftfahrzeuge in einer od. mehreren Etappen mit verschiedenen Sonderprüfungen:* eine internationale R. fahren, gewinnen.

Ral|lye|cross, (auch:) **Ral|lye-Cross,** das; -, -e ⟨Pl. selten⟩: *dem Motocross ähnliches, jedoch mit Autos gefahrenes Rennen im Gelände.*

Ral|lye|fah|rer, der: *jmd., der eine Rallye fährt.*

Ral|lye|fah|re|rin, die: w. Form zu ↑Rallyefahrer.

RAM, das; -[s], -[s] [Kurzwort aus engl. random access memory] (EDV): *Speicher* (2b) *mit wahlfreiem Zugriff, aus dem Daten gelesen u. in den neue Daten geschrieben werden können.*

Ra|ma|dan, der; -[s] [arab. ramaḍān = der heiße Monat]: *Fastenmonat der Muslime.*

Ra|ma|san, der; -[s] [nach der türk. u. pers. Aussprache von ↑Ramadan]: türk. u. pers. Bez. für: *Ramadan.*

Ram|ba|zam|ba, der od. das; -s, -s [lautm.] (ugs.): *Aufruhr, Aufregung:* in der Kneipe gab es R.; R. machen.

Ram|bo, der; -s, -s [nach dem gleichnamigen Filmhelden] (ugs.): *brutaler männlicher Typ; Kraftprotz.*

Ra|mie, die; -, -n [engl. ramie < malai. rami]: *Bastfaser aus einem in Süd- u. Ostasien kultivierten Nesselgewächs; Chinagras.*

Ra|mie|fa|ser, die: *Ramie.*

Ramm|bal|ken, der: *Rammbock* (2).

Ramm|bär, der (Bauw.): [2]*Bär.*

Ramm|bock, der [1: zu veraltet Ramm, ↑Ramme]: **1.** (landsch.) **a)** *Schafbock, Widder;* **b)** [1]*Bulle* (1 a), *Stier.* **2.** (früher) *Mauerbrecher.* **3. a)** *Rammklotz;* **b)** *Ramme.*

ramm|dö|sig ⟨Adj.⟩ [zu veraltet Ramm (↑Ramme), also eigtl. = dösig wie ein Schaf, das zu lange in praller Sonne gestanden hat] (salopp): **a)** *wie betäubt u. nicht fähig, einen klaren Gedanken zu fassen:* in der Sonne r. werden; **b)** (landsch.) *dumm* (1): stell dich doch nicht so r. an.

Ram|me, die; -, -n [mhd. ramme, zu veraltet Ramm = Widder, mhd. ram, ahd. ram(mo); nach dem Vergleich mit einem Widder, der mit gesenktem Kopf gegen etwas anrennt] (Bauw.): *aus einem [stählernen] Gerüst u. daran an einer Kette o. Ä. befestigtem* [2]*Bär od. Rammklotz bestehende Vorrichtung zum Einrammen von Pfählen od. zum Feststampfen von lockerem Boden o. Ä.*

Ram|mel, der; -s, - [spätmhd. rammel = Widder, Schafbock] (bayr. abwertend): *ungehobelter Mensch; Tölpel.*

Ram|me|lei, die; -, -en: *das Rammeln.*

ram|meln ⟨sw. V.; hat⟩ [mhd. rammeln, ahd. rammalōn, zu mhd., ahd. ram, ↑Ramme, eigtl. = (vom Schaf) brünstig sein, bocken]: **1. a)** (Jägerspr.) *(bes. von Hasen u. Kaninchen) sich paaren:* die Hasen rammeln; **b)** (derb) *koitieren* (a). **2.** (ugs.) *stoßend drängen.* **3.** ⟨r. + sich⟩ (ugs.) **a)** *sich balgen:* die Kinder haben sich auf dem Hof gerammelt; ⟨auch ohne »sich«:⟩ hört auf zu r.!; **b)** *sich stoßen:* ich habe mich an der Eisenstange gerammelt. **4.** (ugs.) *heftig an etw. rütteln:* an der Tür r.

ram|mel|voll ⟨Adj.⟩ (ugs.): *sehr, gerammelt voll:* der Saal war r.

ram|men ⟨sw. V.; hat⟩ [1: spätmhd. rammen, zu ↑Ramme]: **1.** *etw. mit Wucht irgendwohin stoßen:* Pfähle, Pflöcke in den Boden r.; jmdm. ein Messer in die Brust r. **2. a)** *mit Wucht auf, gegen etw. stoßen:* die Stämme rammten gegen den Brückenpfeiler; **b)** *einem Fahrzeug in die Seite fahren u. es dabei beschädigen:* ein Schiff r.

Ramm|ham|mer, der (Bauw.): [2]*Bär.*
Ramm|klotz, der (Bauw.): *schwerer, mechanisch betätigter Klotz an einer Ramme.*
Ramm|ler, der; -s, - [zu ↑rammeln] (Jägerspr.): *(von Hasen u. Kaninchen) männliches Tier.*
Ramm|ma|schi|ne, die (Bauw.): *Ramme.*
Ramms|kopf, der [eigtl. = Widderkopf, zu veraltet Ramm, ↑Ramme]: *Pferdekopf mit stark gewölbtem Nasenrücken.*
Ramm|sporn, der ⟨Pl. -e⟩: *am Bug älterer Kriegsschiffe angebrachte Vorrichtung zum Rammen* (2 b) *feindlicher Schiffe.*
Ram|pe, die; -, -n [frz. rampe, zu: ramper = klettern, kriechen, aus dem Germ.]: **1. a)** *waagerechte Fläche (gemauerter Sockel, [Stahl]platten), z. B. an einem Lagergebäude, zum Be- od. Entladen von Fahrzeugen:* den Lastwagen rückwärts an die R. fahren; **b)** *flach ansteigende Auffahrt, schiefe Ebene, die zwei unterschiedlich hoch gelegene Flächen miteinander verbindet:* eine steile R. vor der Brücke; das Auto auf eine R. schieben; **c)** kurz für ↑Startrampe; **d)** (Bergsteigen) *fast ebene Felsplatte, breites Band in einer steilen Felswand.* **2.** (Theater) *vorderer, etw. erhöhter Rand der Bühne als Grenzlinie zwischen Spielfläche u. Zuschauerraum:* vor die R. treten; *** über die R. kommen/gehen** (Jargon; *beim Publikum ankommen, Erfolg haben).*
Ram|pen|licht, das (Theater): **a)** ⟨o. Pl.⟩ *Licht* (1 a), *das durch die an der Rampe angebrachten Lampen erzeugt wird:* der Schauspieler trat ins R.; *** im R. [der Öffentlichkeit] stehen/sein** *(stark beachtet sein; im Mittelpunkt des [öffentlichen] Interesses stehen);* **b)** ⟨Pl. -er⟩ *einzelne Lichtquelle des Rampenlichts* (a).
ram|po|nie|ren ⟨sw. V.; hat⟩ [aus dem Niederd. (Seemannsspr.) < mniederl. ramponeren < afrz. ramposner = hart anfassen, aus dem Germ.] (ugs.): *etw. ziemlich stark beschädigen u. dadurch im Aussehen beeinträchtigen:* seine Schuhe r.; sie ramponierten das Mobiliar; ⟨meist im 2. Part.:⟩ ein ramponiertes Fahrrad; **Ü** ein ramponiertes Image.
[1]Ramsch, der; -[e]s, -e ⟨Pl. selten⟩ [H. u.] (ugs. abwertend): **a)** *[liegen gebliebene] minderwertige Ware; Ausschuss* (3): im Ausverkauf wurde auch viel R. angeboten; **b)** *wertloses Zeug; Plunder, Kram.*
[2]Ramsch, der; -[e]s, -e [frz. rams, wohl im Jargon der Spieler < ramas = das Auflesen, Sammeln, zu: ramasser = sammeln, zusammenballen] (Kartenspiel): *Runde beim Skat, bei der kein Spieler reizt u. derjenige gewinnt, der die wenigsten Punkte macht.*
[1]ram|schen ⟨sw. V.; hat⟩ (ugs. abwertend): **1.** [1]*Ramsch* (a) *billig kaufen.* **2.** *gierig in seinen Besitz bringen:* Erbstücke r.
[2]ram|schen ⟨sw. V.; hat⟩ (Kartenspiel): *einen* [2]*Ramsch spielen.*
Ramsch|la|den, der ⟨Pl. ...läden⟩ (ugs. abwertend): *Laden, in dem es* [1]*Ramsch* (a) *zu kaufen gibt.*
ran ⟨Adv.⟩: ugs. für ↑heran.
Ranch [rɛntʃ, auch: ra:ntʃ], die; -, -[e]s [engl.-amerik. ranch < mex.-span. rancho = einzeln liegende Hütte, zu span. rancharse, rancharse = sich niederlassen < frz. se ranger = sich aufstellen; sich häuslich einrichten]: *(in Nordamerika u. Kanada) größerer landwirtschaftlicher Betrieb mit Viehzucht.*
Ran|cher [ˈrɛntʃɐ, auch: ˈra:ntʃɐ], der; -s, -[s] [engl.-amerik. rancher]: *Besitzer, Betreiber einer Ranch.*
Ran|che|rin, die; -, -nen: w. Form zu ↑Rancher.
[1]Rand, der; -[e]s, Ränder [mhd., ahd. rant, urspr. = (schützendes) Gestell, Einfassung, verw. mit ↑Rahmen; 5: urspr. Studentenspr.; wohl nach den Lippenrändern]: **1. a)** *äußere Begrenzung einer Fläche, eines Gebiets:* der R. des Tischs; der gezackte R. der Briefmarke; sie wohnen am südlichen R. der Stadt; *** am -e** *(nebenbei):* etw. nur am -e erwähnen; am -e bemerkt; **b)** *etw., was etw. umfasst u. ihm Halt gibt; Einfassung:* eine Brille mit dicken Rändern; *** außer R. und Band geraten/sein** (ugs.; 1. *[von Kindern] sehr ausgelassen werden, sein.* 2. *aus einem bestimmten Grund sich nicht zu fassen wissen:* vor Freude ganz außer R. und Band geraten; wohl aus der Böttcherspr., zu veraltet Rand = Umfassung der Dauben am Fassboden, also urspr. nach dem Bild eines Fasses, dessen Dauben aus dem Rand gegangen sind). **2. a)** *obere Begrenzung eines Gefäßes, eines zylindrischen Gegenstandes o. Ä.:* das Wasser schwappte über den R. der Wanne; ein Glas bis zum R. füllen; *** sich am -e verstehen** *(selbstverständlich sein;* wohl, weil sich schon am Rand eines Gefäßes der Inhalt zeigt); **b)** *Teil, der bei einer Vertiefung die äußerste Grenze der höher gelegenen festen Fläche bildet:* am R. einer Schlucht stehen; **Ü** jmdn. an den R. des Wahnsinns, des Ruins bringen *(jmdn. fast wahnsinnig machen, fast ruinieren);* *** am -e des Grabes [stehen]** (↑Grab b); **jmdn. an den R. des Grabes bringen** (↑Grab b). **3.** *frei bleibender Teil auf einem Blatt Papier o. Ä., der etw. Gedrucktes, Geschriebenes umgibt od. nur seitlich vorhanden ist:* einen R. lassen; etw. an den R. schreiben. **4.** *etw., was sich als Folge von etw. um etw. herum, als eine Art Kreis sichtbar gebildet hat:* dunkle Ränder um die Augen; die Ränder auf dem Kleid mit Benzin entfernen. **5.** (salopp) *Mund:* halt deinen R.! **6.** *** mit etw. zu -e kommen** (↑zurande); **mit jmdm. zu -e kommen** (↑zurande).
[2]Rand [rænd], der; -s, -[s] ⟨aber: 5 Rand⟩ [engl. Rand, verw. mit ↑[1]Rand, eigtl. = Medaille, Schild]: *Währungseinheit in Südafrika* (1 Rand = 100 Cents; Abk.: R).
Ran|da|le, die; - (ugs.): *heftiger u. lautstarker Protest; Krawall:* es gab R.; *** R. machen** *(randalieren).*
ran|da|lie|ren ⟨sw. V.; hat⟩: *Lärm machen, grölen [u. dabei andere stark belästigen od. mutwillig Sachen beschädigen, zerstören]:* nach dem Spiel randalierten die Hooligans; randalierende Fußballfans; ⟨subst.:⟩ Halbstarke wegen Randalierens verhaften.
Ran|da|lie|rer, der; -s, -: *jmd., der randaliert.*
Ran|da|lie|re|rin, die; -, -nen: w. Form zu ↑Randalierer.
Rand|beet, das: *Rabatte.*
Rand|be|mer|kung, die: **1.** *beiläufige Bemerkung.* **2.** *Notiz auf dem* [1]*Rand* (3) *eines Textes.*
Rand|be|reich, der: **1.** *Bereich am* [1]*Rande* (1 a) *eines Territoriums, einer Stadt o. Ä.* **2.** *Bereich, der in einem bestimmten Zusammenhang von weniger wichtiger Bedeutung ist.*
Rand|be|zirk, der: *Randgebiet.*
Ränd|chen, das; -s, -: Vkl. zu ↑[1]Rand (1 b, 3, 4).
Ran|de, die; -, -n [Nebenf. von ↑Rahne] (schweiz.): *Rote Rübe.*
Rän|del, das; -s, - [landsch. Vkl. von ↑[1]Rand, nach dem gezahnten Rand des Rändelrads] (Mech.): **1.** *Werkzeugmaschine mit zwei Rändelrädern, die gegen ein rotierendes Werkstück gepresst werden.* **2.** *gerändelter Teil eines Werkstücks.*
rän|deln ⟨sw. V.; hat⟩ (Mech.): *einen metallischen Gegenstand durch Einpressen eines bestimmten Musters mit dem Rändel aufrauen, riffeln.*
Rän|del|rad, das: *gezahntes Rädchen aus Stahl.*
Rän|der: Pl. von ↑[1]Rand.
rän|dern ⟨sw. V.; hat⟩ (selten): **1.** *mit einem* [1]*Rand* (3) *versehen.* **2.** *einen* [1]*Rand* (4) *entstehen lassen.*
Rand|er|schei|nung, die: *Erscheinung, die in einem bestimmten Zusammenhang von geringerer Bedeutung ist.*
Rand|fi|gur, die: *Nebenfigur.*
Rand|ge|biet, das: **1.** *Gebiet am* [1]*Rande* (1 a) *eines Territoriums, einer Stadt o. Ä.* **2.** vgl. Randerscheinung.
Rand|ge|bir|ge, das: vgl. Randgebiet (1).
Rand|glos|se, die: vgl. Randbemerkung.
Rand|grup|pe, die (Soziol.): *Gruppe von Menschen, die in eine Gesellschaft nur unvollständig integriert sind:* gesellschaftliche, politische -n.
-ran|dig: in Zusb., z. B. breitrandig *(mit einem breiten Rand [versehen]).*
Rand|leis|te, die: **1.** *an einem* [1]*Rand* (1 a) *angebrachte Leiste.* **2.** [1]*Rand* (3) *bes. einer Buchseite.*
rand|los ⟨Adj.⟩: *ohne* [1]*Rand* (1 b): eine -e Brille.
Rand|meer, das (Geogr.): *dem Festland angelagertes, vom Ozean durch Inseln, Inselketten abgegrenztes Nebenmeer.*
ran|do|mi|sie|ren ⟨sw. V.; hat⟩ [engl. to randomize, zu: random = zufällig] (Statistik): *(aus einer gegebenen Gesamtheit von Elementen) eine vom Zufall (z. B. durch Los) bestimmte Auswahl treffen.*
Rand|per|sön|lich|keit, die (Soziol.): *Person, die aufgrund ihres von den allgemeinen Normen abweichenden Verhaltens od. wegen bestimmter ethnischer, religiöser, politischer od. sonstiger Merkmale als am Rande der Gesellschaft stehend angesehen wird.*
Rand|pro|blem, das: vgl. Randerscheinung.
Rand|staat, der: *am* [1]*Rand* (1 a) *einer größeren geographischen Einheit angesiedelter Staat:* die europäischen, afrikanischen -en.
rand|stän|dig ⟨Adj.⟩ (Soziol.): *eine Randgruppe betreffend, zu ihr gehörend:* -e Bevölkerungsgruppen.
Rand|stein, der: *Bordstein.*
Rand|stel|lung, die: vgl. Randerscheinung.
Rand|strei|fen, der: *Streifen, der den Rand von etw. bildet, bes. [nicht befahrbarer] Streifen am Rand einer Straße od. Autobahn.*
Rand|tief, das (Met.): *Ausläufer eines Tiefdruckgebiets.*
Rand|ver|zie|rung, die: *Verzierung am Rande [einer Buchseite].*
rand|voll ⟨Adj.⟩: *bis zum Rand voll:* ein -es Glas.
Rand|zo|ne, die: vgl. Randgebiet (1).
Ranft, der; -[e]s, Ränfte [mhd. (md.) ranft, ahd. ramft, verw. mit ↑[1]Rand] (landsch.): **a)** *Brotkanten;* **b)** *Brotrinde, -kruste.*
Ränft|chen, das; -s, - (landsch.): Vkl. zu ↑Ranft.
rang: ↑[1,2]ringen.
Rang, der; -[e]s, Ränge [frz. rang = Reihe, Ordnung < afrz. renc = Kreis (von Zuschauern), aus dem Germ., verw. mit ↑Ring]: **1.** *bestimmte Stufe, Stellung, die jmd. in einer [hierarchisch] gegliederten [Gesellschafts]ordnung innehat:* nur einen niedrigen R. bekleiden, einnehmen; er hat den R., ist, steht im R. eines Generals; jmdm. den R. streitig machen *(jmds. höhere Stellung einnehmen wollen);* *** alles, was R. und Namen hat** *(die gesamte Prominenz).* **2.** ⟨o. Pl.⟩ *im Vergleich zu Gleichartigem bestimmter Stellenwert einer Person, Sache in Bezug auf Bedeutung, Qualität:* ein Wissenschaftler vom -e Einsteins; *** jmd., etw. von R.** *(eine bedeutende Person, Sache):* ein Physiker, Theaterstück von [hohem] R.; **ersten -es** *(von außerordentlicher Bedeutung):* ein Politikum ersten -es. **3.** *höher gelegener [in der Art eines Balkons vorspringender] Teil des Zuschauerraums im Theater o. Ä.:* ein Platz im zweiten R. **4.** *Gewinnklasse im Lotto, Toto:* im 3. R. gibt es nur 4,50 DM. **5.** (Sport) *Platz* (7); *Stellenwert im Vergleich zu anderen:* den zweiten R. belegen. **6.** *** jmdm. den R. ablaufen** *(jmdn. überflügeln, übertreffen;* zu veraltet Rank [↑Ränke]; also urspr. = beim Laufen eine Kurve auf geradem Wege abschneiden).
Rang|ab|zei|chen, das (früher): *Dienstgradabzeichen.*
Rang|äl|tes|te, der u. die: *jmd., der unter mehreren in gleicher Rangstufe seinen Rang* (1) *am längsten bekleidet.*
rän|ge: ↑[1,2]ringen.
Ran|ge, die; -, -n, selten: der; -n, -n [spätmhd. range, zu: rangen = sich hin u. her wenden; auf etw. begierig sein; urspr. derbes Schimpfwort u. eigtl. = läufige Sau] (landsch.): *lebhaftes Kind, das aus Übermut gern etwas anstellt.*
ran|ge|hen ⟨unr. V.; ist⟩ (ugs.): **a)** *herangehen* (1): geht nicht zu nah [an den Abgrund] ran; **b)** *direkt, ohne Umschweife auf ein Ziel zugehen:* der geht aber ran!
Ran|ge|lei, die; -, -en (ugs.): *[dauerndes] Rangeln; Balgerei:* eine R. um etw.; -en unter Kindern.
ran|geln ⟨sw. V.; hat⟩ [Intensivbildung zu veraltet

R

rangen, ↑Range] (ugs.): *sich mit jmdm. balgen:* die Kinder rangelten [miteinander]; Ü die Baufirmen r. um Aufträge.

Ran|ger [ˈreɪndʒə], der; -s, -[s] [engl. ranger, zu: to range = (durch)streifen, wandern] (in den USA): **1.** *besonders ausgebildeter Soldat, der innerhalb einer kleinen Gruppe Überraschungsangriffe im feindlichen Gebiet macht.* **2.** (früher) *Angehöriger einer [Polizei]truppe.* **3.** *Aufseher in einem Nationalpark.*

Rang|er|hö|hung, die: *Beförderung* (2).

Rang|fol|ge, die: vgl. Rangordnung.

rang|gleich ⟨Adj.⟩: *in gleichem Rang* (1, 2, 5); *dem Rang nach gleich.*

rang|hoch ⟨Adj.⟩: *einen hohen Rang* (1) *bekleidend:* ein ranghoher Beamter.

rang|höchst... ⟨Adj.⟩: *den höchsten Rang* (1) *bekleidend.*

Rang|höchs|te, der u. die; -n, -n ⟨Dekl. ↑Abgeordnete⟩: *jmd., der den höchsten Rang* (1) *bekleidet.*

Rang|hö|he|re, der u. die; -n, -n ⟨Dekl. ↑Abgeordnete⟩: vgl. Ranghöchste.

Ran|gier|bahn|hof, der: vgl. Rangiergleis.

ran|gie|ren [raŋˈʒiːrən, seltener: rãˈʒiːrən] ⟨sw. V.; hat⟩ [frz. ranger = ordnungsgemäß aufstellen, ordnen, zu: rang, ↑Rang]: **1.** *Eisenbahnwagen auf ein anderes Gleis schieben od. fahren:* die Waggons [auf ein Abstellgleis] r. **2.** *eine bestimmte Stelle in einer bestimmten Rangordnung einnehmen:* im Mittelfeld r.; hinter, vor, nach jmdm., einer Sache r. **3.** (landsch.) *in Ordnung bringen; ordnen:* seine Kleidung r.

Ran|gie|rer, der; -s, -: *Eisenbahner, der rangiert* (1).

Ran|gie|re|rin, die; -, -nen: w. Form zu ↑Rangierer.

Ran|gier|gleis, das: *Gleis zum Rangieren* (1).

Ran|gier|lok, Ran|gier|lo|ko|mo|ti|ve, die: *Lokomotive zum Rangieren* (1).

-ran|gig: in Zusb., z. B. erstrangig.

Rang|lis|te, die: **1.** (Sport, z. B. Golf, Tennis, Boxen) *Liste, in der die Sportler nach ihrem Können, nach ihren sportlichen Erfolgen eingestuft werden:* die R. anführen. **2.** *Verzeichnis aller Offiziere u. höheren Beamten.*

Rang|lo|ge, die: *Loge in einem Rang* (3).

rang|mä|ßig ⟨Adj.⟩: *dem Rang* (1, 2, 5) *nach.*

Rang|nie|de|re, der u. die; -n, -n ⟨Dekl. ↑Abgeordnete⟩: vgl. Ranghöchste.

Rang|ord|nung, die: *Abstufung innerhalb einer festgelegten hierarchischen Ordnung im Hinblick auf den Grad, die Bedeutung einer Person, Sache:* der R. nach; alle Themen in ihrer R. bestimmen, umstellen.

Rang|streit, der, **Rang|strei|tig|keit,** die ⟨meist Pl.⟩: *(bes. von Tieren) Kampf um einen bestimmten Platz im Rahmen einer Rangordnung.*

Rang|stu|fe, die: *bestimmte Stufe im Rahmen einer Rangordnung.*

Ran|gun: Hauptstadt von Myanmar.

Rang|un|ter|schied, der: *Unterschied hinsichtlich des Rangs* (1).

ran|hal|ten, sich ⟨st. V.; hat⟩ (ugs.): *sich [intensiv arbeitend] bei etw. beeilen:* sich tüchtig, ordentlich r.

rank ⟨Adj.⟩ [aus dem Niederd. < mniederd. ranc = schlank, dünn, eigtl. = aufgerichtet, gereckt] (geh.): *(bes. von jungen Menschen) schlank u. zugleich geschmeidig* (2); *von hohem, geradem Wuchs:* ein -es Mädchen; Ü eine -e Birke; * **r. und schlank** *(schlank u. geschmeidig).*

Rank, der; -[e]s, Ränke [mhd. ranc = schnelle drehende Bewegung, zu ↑renken]: **1.** ⟨Pl.⟩ (geh. veraltend) *Intrigen; Machenschaften:* finstere Ränke; durch allerlei Ränke gelang es ihr, ihren Rivalen auszustechen; * **Ränke schmieden/**(seltener:) **spinnen** *(sich Böses ausdenken, Böses planen).* **2.** (schweiz.) **a)** *Wegbiegung, Kurve;* **b)** *Kniff, Trick;* * **den [rechten] R. finden** *(für etw. einen Weg, eine Lösung finden).*

Ran|ke, die; -, -n [mhd. ranke, ahd. hranca, H. u.] (Bot.): *schnurförmiger Teil bestimmter Pflanzen, der sich spiralförmig um andere Pflanzen od. sonstige Gegenstände herumschlingt od. sich mithilfe von Haftorganen an eine Fläche heftet u. so die Pflanze aufrecht hält, ihr das Klettern ermöglicht:* die -n des Weinstocks.

Rän|ke: Pl. von ↑Rank.

ran|ken, sich ⟨sw. V.; hat⟩ [zu ↑Ranke]: *in Ranken an etw. entlang [in die Höhe] wachsen* ⟨hat⟩: Efeu rankt sich um den Stamm; an der Hauswand rankt sich wilder Wein in die Höhe; ⟨auch ohne »sich«:⟩ am Gartentor ranken Kletterrosen; Ü um das alte Schloss ranken sich viele Sagen (geh.; *das Schloss steht im Mittelpunkt vieler Sagen*).

ran|ken|ar|tig ⟨Adj.⟩: *von, in der Art einer Ranke; wie eine Ranke geartet.*

Ran|ken|ge|wächs, das: *sich rankendes Gewächs.*

Ran|ken|or|na|ment, das: *an Ranken erinnerndes Ornament.*

Ran|ken|werk, das ⟨o. Pl.⟩: **a)** *Gesamtheit vieler ineinander verschlungener Ranken:* eine von dichtem R. überwucherte Ruine; **b)** *Verzierung aus Rankenornamenten:* ein bronzenes R.

Rän|ke|schmied, der (geh. veraltend): *jmd., der Ränke* (1) *schmiedet.*

Rän|ke|schmie|din, die: w. Form zu ↑Ränkeschmied.

Ran|kett: ↑Rackett.

rän|ke|voll ⟨Adj.⟩ (geh. veraltend): *durch viele Ränke* (1) *gekennzeichnet; seine Ziele mit vielen Ränken verfolgend.*

ran|kig ⟨Adj.⟩: *Ranken bildend:* -es Gestrüpp.

Ran|king [ˈræŋkɪŋ], das; -s, -s [engl. rankings (Pl.), zu: to rank = zählen zu; rangmäßig über/unter jmdm. stehen]: **a)** *Rangliste:* ein Wechsel an der Spitze des -s; **b)** *bewertender Vergleich; Einordnung in eine Rangliste; Bewertung:* ein R. der Universitäten durchführen.

ran|klot|zen ⟨sw. V.; hat⟩ (salopp): *mit großem Eifer u. Kraftaufwand arbeiten, um ein bestimmtes [hoch gestecktes] Ziel zu erreichen:* wenn wir den Termin halten wollen, müssen wir ganz schön r.

ran|kom|men ⟨st. V.; ist⟩ (ugs.): **1.** *herankommen* (1 a, 2). **2.** *drankommen.*

ran|kön|nen ⟨unr. V.; hat⟩ (ugs.): *herankönnen.*

ran|krie|gen ⟨sw. V.; hat⟩ (ugs.): **1.** *an jmdn. große Anforderungen stellen; jmdm. eine Arbeit o. Ä. übertragen, bei der er sich sehr anstrengen muss.* **2.** *jmdn. zwingen, für etw. aufzukommen.*

Ran|kü|ne, die; -, -n [frz. rancune < mfrz. rancure < mlat. rancura < lat. rancor, eigtl. = das Ranzige, zu: rancere, ↑ranzig] (bildungsspr.): **1.** ⟨o. Pl.⟩ *heimliche Feindschaft; Groll, [alter] Hass.* **2.** *Handlung aus Rankünе* (1).

ran|las|sen ⟨st. V.; hat⟩: **1.** (ugs.) **a)** *heranlassen* (1); **b)** *jmdm. Gelegenheit geben, seine Fähigkeiten unter Beweis zu stellen.* **2.** (salopp) *sich zum Geschlechtsverkehr mit jmdm. bereit finden.*

ran|ma|chen, sich ⟨sw. V.; hat⟩ (ugs.): *sich heranmachen.*

ran|müs|sen ⟨unr. V.; hat⟩ (ugs.): *heranmüssen.*

rann, rän|ne: ↑rinnen.

ran|neh|men ⟨st. V.; hat⟩ (ugs.): *herannehmen:* jmdn. hart r.

rann|te: ↑rennen.

ran|pir|schen, sich ⟨sw. V.; hat⟩ (ugs.): *heranpirschen.*

ran|schaf|fen ⟨sw. V.; hat⟩ (ugs.): *heranschaffen:* Ü er muss r. *(Geld verdienen).*

ran|schlei|chen ⟨st. V.; ist/hat⟩ (ugs.): *heranschleichen.*

ran|schlep|pen ⟨sw. V.; hat⟩ (ugs.): *heranschleppen.*

ran|schmei|ßen, sich ⟨st. V.; hat⟩ (ugs.): *recht dreist u. direkt den eigenen, persönlichen Kontakt zu jmdm. suchen:* sich an den Chef r.

ran|trau|en, sich ⟨sw. V.; hat⟩ (ugs.): *herantrauen.*

Ra|nun|kel, die; -, -n [lat. ranunculus, Vkl. von: rana = Frosch]: *(zur Gattung Hahnenfuß gehörende) in einer meist leuchtenden Farbe blühende Pflanze.*

ran|wol|len ⟨unr. V.; hat⟩ (ugs.): *etw. in Angriff nehmen wollen; auf etw. eingehen:* sie wollte nicht so recht ran.

Ränz|chen, das; -s, -: Vkl. zu ↑Ranzen (1 1 1).

Rän|zel, das, nordd. auch: der; -s, - [aus dem Niederd. < mniederd. renzel, H. u.; später aufgefasst als Vkl. von ↑Ranzen]: *Ranzen* (1, 2); * **sein R. schnüren/packen** (↑Bündel).

[1]ran|zen ⟨sw. V.; hat⟩ [spätmhd. rantzen = ungestüm springen, zu mhd. ranken = sich hin- u. herbewegen, zu: ranc, ↑Rank] (Jägerspr.): *(vom Haarraubwild) sich paaren, sich begatten.*

[2]ran|zen ⟨sw. V.; hat⟩ [H. u.] (salopp): **a)** *[mit groben Worten] laut, heftig u. befehlend sagen;* **b)** *[mit groben Worten] laut, heftig u. befehlend sprechen, seine Meinung äußern.*

Ran|zen, der; -s, - [1, 2: urspr. aus der Gaunerspr.]: **1.** *[auf dem Rücken getragene] Schulmappe bes. eines jüngeren Schülers.* **2.** (selten) *Rucksack, Tornister* (a). **3.** (salopp) *Bauch* (1 b, 2): sich den R. voll schlagen (salopp; *sehr viel essen*). **4.** (salopp) *Rücken;* * **jmdm. den R. voll hauen** (↑Hucke 2); **den R. voll kriegen** (↑Hucke 2).

Ran|zer, der; -s, - [zu ↑[2]ranzen] (salopp): *scharfer Tadel; barsche Zurechtweisung.*

ran|zig ⟨Adj.⟩ [niederl. ransig (älter: ranstig) < frz. rance < lat. rancidus = stinkend, ranzig, zu: rancere = stinken, faulen]: *(von Fett, Öl od. fetthaltigen Nahrungsmitteln) verdorben u. daher schlecht riechend, schmeckend:* -e Butter; das Öl riecht r.

Ranz|zeit, die; -, -en [zu ↑[1]ranzen] (Jägerspr.): *(bei Haarraubwild) Brunstzeit.*

Rap [ræp], der; -[s], -s [engl. rap = Plauderei, Unterhaltung, zu: to rap = plaudern, schwatzen, eigtl. = stoßen, klopfen; stoßweise sprechen; viell. urspr. lautm.]: *schneller, rhythmischer Sprechgesang in der Popmusik:* einen R. vortragen, bringen.

ra|pid (österr. nur so, sonst bes. südd.), rapide ⟨Adj.⟩ [frz. rapide < lat. rapidus = schnell, ungestüm, (fort)reißend, zu: rapere = fortreißen]: *(bes. von Entwicklungen, Veränderungen o. Ä.) überaus schnell [vor sich gehend]:* eine rapide Entwicklung; der Preisverfall war rapide; ihr Gesundheitszustand verschlechtert sich rapide; mit ihm geht es rapide bergauf, abwärts.

Ra|pier, das; -s, -e [frz. rapière, zu: râpe = Reibeisen, aus dem Germ., verw. mit ahd. raspōn, ↑raspeln]: **a)** (früher) *degenartige Fechtwaffe;* **b)** (veraltet) *Schläger* (4).

Rap|mu|sik [ˈræp...], die; -: *Popmusik in Form von schnellem, rhythmischem Sprechgesang.*

Rapp, der; -s, -e [mhd. rappe < frz. râpe, ↑Rapier] (mundartl.): *Kamm* (8).

[1]Rap|pe, die; -, -n [frz. râpe, ↑Rapier]: **a)** (westmd.) *[1]Raspel* (2); **b)** (westmd., südd.) *Kamm* (8).

[2]Rap|pe, der; -n, -n [mhd. rappe = Rabe, Nebenf. von: rabe, ↑Rabe]: *Pferd mit schwarzem Fell.*

Rap|pel, der; -s, - ⟨Pl. selten⟩ [zu ↑rappeln in der älteren Bed. »lärmen«] (ugs.): *unvermittelt auftretende (vorübergehende) innere Verfassung eines Menschen, aus der heraus er auf verrückte, absonderliche Gedanken kommt u. Dinge tut, die anderen unmotiviert, abwegig erscheinen:* einen R. kriegen; den/seinen R. bekommen.

rap|pel|dürr ⟨Adj.⟩ (landsch. emotional): *klapperdürr.*

rap|pe|lig, rapplig ⟨Adj.⟩ (landsch. ugs.): **a)** *einen Rappel habend:* ganz r. im Kopf sein; **b)** *klapprig* (1); **c)** *unruhig, nervös; unfähig, sich zu konzentrieren:* das macht einen ja ganz r.

Rap|pel|kopf, der (ugs.): **a)** *jmd., der einen Rappel hat;* **b)** *Dickkopf* (a); **c)** (abwertend) *Mensch, der als aufbrausend, zum Jähzorn neigend gilt.*

rap|peln ⟨sw. V.⟩ [zu mniederd. rapen = klopfen; vgl. auch mhd. raffeln = lärmen, klappern, schelten; 4: lautm.]: **1.** ⟨hat⟩ (ugs.) **a)** *ein klapperndes, rasselndes Geräusch von sich geben:* die Fensterläden rappeln im Sturm; der Wecker rappelt; * **bei jmdm. rappelt es** (salopp; *jmd. ist nicht recht bei Verstand*): bei dir rappelts wohl!; **b)** *rütteln u. dabei ein rappelndes* (1 a) *Geräusch hervorbringen:* sie rappelt an der Klinke; ⟨unpers.:⟩ es rappelt an der Tür. **2.** (ugs.) *sich mit rappelndem* (1 a) *Geräusch (irgendwohin) fortbewegen* ⟨ist⟩: der Zug rappelt über die Weiche.

3. (österr.) *nicht ganz bei Verstand sein; spinnen* (3 a) ⟨hat⟩. 4. (landsch. Kinderspr.) *urinieren* ⟨hat⟩. 5. ⟨r. + sich; hat⟩ (landsch. ugs.) **a)** *sich regen, bewegen:* sich nicht [vom Fleck] r.; **b)** *sich mühsam aufrichten, sich aufrappeln* (a): sich aus dem Bett r. **6.** * **gerappelt voll** (ugs.; *sehr voll, überfüllt*).

rap|pen [ræpn̩] ⟨sw. V.; hat⟩: *Rapmusik machen; einen Rap singen, spielen:* die Gruppe rappt auf Deutsch.

Rap|pen, der; -s, - [zu mhd. rappe, ↑²Rappe; urspr. Münze mit dem Kopf eines Adlers, der vom Volk als »Rappe« = Rabe verspottet wurde]: *schweizerische Währungseinheit* (100 Rappen = 1 Franken; Abk.: Rp.).

Rap|per [ˈræpə], der; -s, - [zu ↑Rap]: *jmd., der rappt.*

Rap|pe|rin, die; -, -nen: w. Form zu ↑Rapper.

rap|lig: ↑rappelig.

Rap|port, der; -[e]s, -e [frz. rapport, zu: rapporter, ↑rapportieren]: **1.** *dienstliche Meldung; Bericht [an einen Vorgesetzten]:* jmdm. R. erstatten; er wurde von dem Minister zum R. bestellt, befohlen; sich zum R. melden *(erscheinen, um Meldung zu machen).* **2. a)** (bildungsspr. veraltend) *[Wechsel]beziehung, Verbindung;* **b)** (Psych.) *intensiver psychischer Kontakt zwischen zwei Personen, bes. zwischen Hypnotiseur u. Hypnotisiertem, Analytiker u. Patient o. Ä.:* mit jmdm. in R. stehen. **3.** (Fachspr., bes. Kunstwiss.) **a)** *(bei Geweben, Teppichen, Tapeten, Ornamenten) ständige Wiederholung eines Motivs, durch die eine Musterung, ein Ornament entsteht;* **b)** *Motiv eines Musters, durch dessen ständige Wiederholung das Muster entsteht.*

rap|por|tie|ren ⟨sw. V.; hat⟩ [frz. rapporter, eigtl. = wiederbringen, zu: re- (< lat. re-) = zurück-, wieder- u. apporter, ↑apportieren]: **1.** (veraltend) *einen Rapport* (1) *abstatten; Meldung machen:* jmdm. r.; [jmdm.] etw. r. **2.** (Fachspr.) *(von einem Motiv eines Musters, Ornaments) sich ständig wiederholen:* rapportierende Karos.

Rapp|schim|mel, der: *als ²Rappe geborener, noch nicht vollständig weißer Schimmel.*

Raps, der; -es, (Arten:) -e [gek. aus niederd. rapsād, eigtl. = »Rübsamen«, aus: rap(p) = Rübe u. sāt = Saat, Samen]: **1.** *(zu den Kreuzblütlern gehörende) Pflanze mit blaugrünen Blättern u. leuchtend gelben Blüten, die wegen der ölhaltigen Samen angebaut wird.* **2.** *Samenkörner von Raps* (1).

rap|schen, rap|sen ⟨sw. V.; hat⟩ [Intensivbildung zu niederd. rapen = raffen] (landsch.): *rasch ergreifen, an sich raffen.*

Raps|feld, das: *Feld mit Raps* (1).

Raps|öl, das: *aus Raps* (2) *gewonnenes Öl (als Speiseöl od. für technische Zwecke).*

Rap|tus, der; -, - [...tu:s] u. -se [lat. raptus = das Fortreißen, Zuckung, zu: rapere = (fort)reißen]: **1.** ⟨Pl. -⟩ (Med.) *plötzlich auftretender Wutanfall.* **2.** ⟨Pl. -se, selten⟩ (scherzh.) *Rappel.*

Ra|pünz|chen, das; -s, - ⟨meist Pl.⟩ (landsch.): *Rapunzel.*

Ra|pun|ze, Ra|pun|zel, die; -, -n ⟨meist Pl.⟩ [mlat. rapuncium, rapuntium, zu lat. radix = Wurzel u. phu (griech. phoû) = Baldrian; die Pflanze gehört zu den Baldriangewächsen]: *Feldsalat.*

Ra|pu|sche, Ra|pu|se: in den Wendungen **in die R. kommen/gehen** (landsch. ugs.; *[im Durcheinander] verloren gehen;* [ost]md., eigtl. = Gedränge, H. u., viell. zu ↑rapschen): mein Radiergummi ist [irgendwie] in die R. gekommen.

rar ⟨Adj.⟩ [frz. rare < lat. rarus; schon mniederd. rār]: **a)** *nur in geringer Anzahl, Menge vorhanden; selten u. gesucht:* eine -e Briefmarke; -e Fachkräfte; Experten auf diesem Gebiet sind r.; * **sich r. machen** (ugs.; *sich selten sehen lassen; wenig Zeit für andere haben*); **b)** *selten [auftretend, vorkommend, geschehend]:* eine -e Gelegenheit; wahre Freundschaft ist [leider] r.

Ra|ri|tät, die; -, -en [unter Einfluss von frz. rareté < lat. raritas (Gen.: raritatis) = Lockerheit; Seltenheit]: **1.** ⟨o. Pl.⟩ (selten) *das Rarsein.* **2.** ⟨Pl. selten⟩ **a)** *etw. Rares* (a): gute Apfelsinen sind zu dieser Jahreszeit eine R.; **b)** *etw. Rares* (b): Störche sind bei uns zu einer R. geworden; gute Spiele gehören zu den -en. **3.** *seltenes u. wertvolles Sammler-, Liebhaberstück o. Ä.:* archäologische -en; diese Briefmarke ist eine ausgesprochene R.

Ra|ri|tä|ten|ka|bi|nett, das: *der Aufbewahrung o. Ä. einer Raritätensammlung dienender Raum.*

Ra|ri|tä|ten|samm|lung, die: *Sammlung von Raritäten* (3).

ra|sant ⟨Adj.⟩ [2: frz. rasant = bestreichend, den Boden streifend, adj. 1. Part. von: raser, ↑rasieren; Bed. 1 durch volksetym. Anlehnung an ↑rasen]: **1.** (ugs.) **a)** *durch [Staunen erregende] hohe Geschwindigkeit gekennzeichnet; auffallend schnell:* in -er Fahrt; ein -es Tempo; r. fahren; **b)** *(bes. von Autos) durch eine schnittige Formgebung den Eindruck großer Schnelligkeit vermittelnd; schnittig:* ein -er Sportwagen; ein -es Styling; **c)** *(bes. von Vorgängen, Entwicklungen) mit erstaunlicher Schnelligkeit vor sich gehend; stürmisch:* der -e wirtschaftliche Aufschwung; die Bevölkerung nimmt r. zu; **d)** *durch Schnelligkeit, Schwung, Spannung o. Ä. begeisternd, imponierend:* eine -e [Musik]show; die -e Story des Films; die Europameisterin lief eine -e Kür, lief ganz r.; **e)** *durch besondere Reize Bewunderung u. Begeisterung hervorrufend:* eine -e Frau; sie trug ein -es Sommerkleid; eine -e Architektur. **2.** (Ballistik) **a)** *(von Flug-, bes. Schussbahnen) flach, annähernd horizontal, geradlinig verlaufend;* **b)** *(von Geschossen, fliegenden Objekten) eine rasante* (2 a) *Bahn beschreibend u. sehr schnell fliegend.*

Ra|sanz, die; -: **1.** (ugs.) **a)** *Staunen erregende Schnelligkeit:* mit R. in die Kurve gehen; **b)** (selten) *rasantes* (1 b) *Aussehen; Schnittigkeit:* ein Styling voller R.; **c)** *erstaunliche Schnelligkeit, mit der etw. vor sich geht, sich entwickelt:* die atemberaubende R. dieser Entwicklung; **d)** *durch Schnelligkeit, Schwung, Spannung o. Ä. bewirkte Faszination, Großartigkeit o. Ä. einer Sache:* eine Show voller R.; **e)** (selten) *rasante* (1 e) *Art, rasantes Aussehen:* sie war eine Frau von seltener R. **2.** (Ballistik) **a)** *rasanter* (2 a) *Verlauf einer Flugbahn;* **b)** *rasanter* (2 b) *Flug eines Objekts.*

ra|sau|nen ⟨sw. V.; hat⟩ [viell. zu mhd. sich rasūnen = sich ordnen, sich scharen, H. u.] (landsch.): **a)** *lärmen, poltern;* **b)** *sich lärmend, polternd fortbewegen.*

rasch ⟨Adj.⟩ [mhd. rasch, ahd. rasc, verw. mit ↑²gerade in dessen älterer Bed. »schnell, behände«]: **1. a)** *schnell* (1 a): ein -es Tempo; sie hat einen -en Gang; sie lief, so r. sie konnte; **b)** *schnell* (1 b): ein -er Entschluss; -e Fortschritte; sich r. ausbreiten; so r. wie/(seltener:) als möglich; so r. macht ihr das keiner nach *(es wird nicht so leicht sein, ihr das nachzumachen).* **2.** *schnell* (4): -es Handeln ist erforderlich; sie ist nicht sehr r. *(ist ein wenig langsam bei der Arbeit);* es ging -er, als man dachte; das geht mir zu r. *(ich komme nicht mit);* etwas -er, wenn ich bitten darf!

ra|scheln ⟨sw. V.; hat⟩ [lautm., Iterativbildung zu veraltet (noch mundartl.) raschen = ein raschelndes Geräusch verursachen]: **a)** *ein Geräusch wie von bewegtem [trockenem] Laub von sich geben:* das Laub raschelt im Wind; sie hörte Papier r.; ⟨auch unpers.:⟩ es raschelte im Stroh; **b)** *ein raschelndes* (a) *Geräusch erzeugen:* mit der Zeitung r.

ra|sches|tens ⟨Adv.⟩: *schnellstens.*

Rasch|heit, die; -: *rasche Art u. Weise, in der etw. vor sich geht.*

ra|sen ⟨sw. V.⟩ [mhd. rāsen, eigtl. = sich heftig bewegen, laufen]: **1.** (ugs.) *sich ([wie] in großer Eile) sehr schnell fortbewegen; mit hoher Geschwindigkeit [irgendwohin] fahren* ⟨ist⟩: ras bitte nicht so!; ein Auto kam um die Ecke gerast; sie ist mit ihrem Wagen in die Absperrung gerast; er rast *(eilt, hetzt)* von einem Termin zum anderen; Ü ihr Puls raste *(ging sehr schnell).* **2.** *von Sinnen, außer sich sein; sich wie wahnsinnig gebärden; toben* ⟨hat⟩: vor Wut, Zorn, Schmerzen, Eifersucht, im Fieber r.; das Publikum raste [vor Begeisterung]; ich könnte [vor Wut] rasend werden; die Schmerzen machen mich rasend; Ü ein Sturm, die See raste in jener Nacht.

Ra|sen, der; -s, - [mhd. rase, H. u.]: **1.** *dicht mit [angesätem] kurz gehaltenem Gras bewachsene Fläche (bes. in Gärten, Parks, Sportanlagen):* ein grüner, verdorrter, [kurz] geschnittener, gepflegter, verwahrloster R.; den R. schneiden, mähen, sprengen, kurz halten, pflegen; einen R. anlegen; nach dem Foul musste der Spieler den R. (Sport Jargon; *Platz*) verlassen; * **jmdn. deckt der kühle/grüne R.** (geh. verhüll.; *jmd. ist tot u. begraben*); **unter dem/unterm R. ruhen** (geh. verhüll.; *tot u. begraben sein*); **jmdn. unter den R. bringen** (verhüll.; *jmds. Tod verursachen*). **2.** (Bergmannsspr.) *[natürliche] Erdoberfläche.* **3.** (Biol.) *gleichförmiger, dichter, niedriger Bewuchs, z. B. von Bakterien, Algen, Pilzen u. a.*

ra|sen|be|deckt ⟨Adj.⟩: *mit Rasen* (1) *bedeckt.*

ra|sen|be|wach|sen ⟨Adj.⟩: vgl. rasenbedeckt.

ra|send ⟨Adj.⟩ [zu ↑rasen]: **1.** *sehr schnell:* in -er Geschwindigkeit, Fahrt. **2. a)** *ungewöhnlich stark, heftig:* -e Schmerzen; -e Wut, Eifersucht; -er Beifall; **b)** ⟨intensivierend bes. bei Adj. u. Part.⟩ (ugs.) *überaus, sehr:* sie ist r. verliebt; ich täte es r. gern; ich habe im Augenblick r. [viel] zu tun.

Ra|sen|dün|ger, der: *speziell für den Rasen* (1) *hergestellter Dünger.*

Ra|sen|flä|che, die: *rasenbewachsene Fläche.*

Ra|sen|kraft|sport, der: *Hammerwerfen, Gewichtwerfen u. Steinstoßen (als sportlicher Wettbewerb für Männer).*

Ra|sen|mä|her, der, **Ra|sen|mäh|ma|schi|ne,** die: *Mähmaschine für Rasenflächen.*

Ra|sen|platz, der: **1.** *Rasenfläche.* **2.** (Sport) *rasenbewachsener Platz* (1 b).

Ra|sen|spiel, das: *[sportliches] Spiel, das auf einem Rasen gespielt wird:* Krocket ist ein beliebtes R.

Ra|sen|sport, der: *Sportarten, die auf Rasenplätzen* (2) *betrieben werden.*

Ra|sen|spren|ger, der: *Gerät zum Sprengen* (2) *von Rasenflächen.*

Ra|sen|stück, das: *kleinere Rasenfläche.*

Ra|sen|ten|nis, das: *Tennis, das auf einem Rasenplatz* (2) *gespielt wird; Lawntennis.*

Ra|ser, der; -s, - [zu ↑rasen] (ugs. abwertend): *jmd., der [mit einem Kraftfahrzeug] übermäßig schnell fährt.*

Ra|se|rei, die; -, -en [1: spätmhd. (md.) rāserīe]: **1.** ⟨o. Pl.⟩ *das Rasen* (2): in R. geraten; sie bringt, treibt mich noch zur R.; die Eifersucht versetzte ihn in blinde R.; in einem Anfall von R. **2.** (ugs., oft abwertend) *übermäßig schnelles Fahren (mit einem Kraftfahrzeug):* mit der R. gefährdest du dich und andere.

Ra|se|rin, die; -, -nen: w. Form zu ↑Raser.

Ra|sier|ap|pa|rat, der: **1.** *aus einer Vorrichtung zur Aufnahme einer Rasierklinge u. einem Stiel bestehendes Gerät zum Rasieren.* **2.** *kleines elektrisches Gerät zum Rasieren:* ein elektrischer R.

ra|sie|ren ⟨sw. V.; hat⟩ [niederl. raseren < frz. raser, über das Vlat. zu lat. rasum, 2. Part. von: radere, ↑radieren]: **1. a)** *bei jmdm., sich selbst die Barthaare mit einem Rasierapparat od. -messer unmittelbar an der Oberfläche der Haut abschneiden:* jmdn. r.; sich nass, trocken, elektrisch r.; ich habe mich gründlich, sorgfältig, [am Hals] schlecht rasiert; er war frisch, glatt rasiert; ⟨subst.:⟩ er hat sich beim Rasieren geschnitten; **b)** *abrasieren* (a): jmdm., sich den Bart, die Haare an den Beinen r.; **c)** *mit einem Rasierapparat od. -messer von Haaren befreien:* [sich, jmdm.] die Beine, den Nacken r.; sein sauber rasierter Hals; **d)** *durch Abrasieren vorhandener Haare entstehen lassen:* sich, jmdm. eine Glatze r. **2.** (salopp) *in betrügerischer Weise*

R

übervorteilen: jmdn. beim Pokern r. 3. (ugs.) *dem Erdboden gleichmachen; völlig zerstören, zertrümmern.*

Ra|sie|rer, der (ugs.): *elektrischer Rasierapparat.*

Ra|sier|klin|ge, die: *eckige, hauchdünne, zweischneidige, sehr scharfe stählerne Klinge zum Einspannen in einen Rasierapparat* (1).

Ra|sier|mes|ser, das: *in der Art eines Taschenmessers zusammenklappbares, sehr scharfes Messer zum Rasieren* (1).

Ra|sier|pin|sel, der: *dicker, kurzstieliger Pinsel zum Herstellen u. Auftragen von Rasierschaum.*

Ra|sier|schaum, der: *schäumende Substanz für die Nassrasur.*

Ra|sier|sei|fe, die: *besonders schäumende Seife für die Nassrasur.*

Ra|sier|was|ser, das: *Aftershave.*

Rä|son [rɛˈzõː], die; - [frz. raison < lat. ratio, ↑Ratio]: in Wendungen wie **zur R. kommen/** (veraltend:) **R. annehmen** *(dazu übergehen, sich so zu verhalten, wie es von einem erwartet, gefordert wird; einsichtig, vernünftig werden [u. sich fügen]);* **jmdn. zur R. bringen** *(durch geeignete Maßnahmen erreichen, dass jmd. zur Einsicht, zur Vernunft kommt).*

rä|so|nie|ren ⟨sw. V.; hat⟩ [frz. raisonner = vernünftig reden, denken; Einwendungen machen, zu: raison, ↑Räson]: **a)** (bildungsspr.) *sich wortreich äußern, sich [überflüssigerweise] über etw. auslassen;* **b)** (ugs.) *seinem Unmut, seiner Unzufriedenheit durch [ständiges] Schimpfen Ausdruck geben:* er räsoniert den ganzen Tag; **c)** (veraltet) *vernünftig reden, Schlüsse ziehen.*

Rä|son|ne|ment [rɛzɔnəˈmãː], das; -s, -s [frz. raisonnement, zu: raisonner, ↑räsonieren] (bildungsspr. veraltend): *[vernünftige] Erwägung, Überlegung.*

¹Ras|pel, die; -, -n [rückgeb. aus ↑raspeln]: **1.** *grobe Feile (bes. zur Bearbeitung von Holz u. anderen weicheren Materialien):* Holz mit der R. bearbeiten; die Hornhaut lässt sich mit einer kleinen R. entfernen. **2.** *Küchengerät zum Zerkleinern bes. von Gemüse, das meist aus einem mit vielen scharfkantigen Löchern, Schlitzen o. Ä. versehenen Blech u. einem od. zwei Griffen aus starkem Draht besteht:* eine grobe, feine R.

²Ras|pel, der; -s, - ⟨meist Pl.⟩: *durch Raspeln* (2) *entstandenes Stückchen von etw.*

ras|peln ⟨sw. V.; hat⟩ [Iterativbildung zu veraltet raspen = scharren, kratzen, mhd. raspen, ahd. raspōn = an sich reißen, raffen, zu ahd. hrespan = zupfen, rupfen]: **1.** *mit einer ¹Raspel* (1) *bearbeiten [u. dadurch glätten]:* Holz r. **2.** *mit der ¹Raspel* (2) *zerkleinern:* Gemüse, Nüsse [grob, fein] r.; geraspelte Schokolade. **3.** (veraltend) *rascheln.*

Ras|se, die; -, -n [frz. race = Geschlecht, Stamm; Rasse < ital. razza, H. u.]: **1.** (Biol.) *Gesamtheit der auf eine Züchtung zurückgehenden Tiere, seltener auch Pflanzen einer Art, die sich durch bestimmte gemeinsame Merkmale von den übrigen derselben Art unterscheiden; Zuchtrasse:* eine reine, gute R.; eine neue R. züchten; zwei -n miteinander kreuzen; ein Pferd von edler R.; was für eine R. ist (ugs.; *zu welcher Rasse gehört*) der Hund? **2.** (Biol.) *Unterart.* **3.** (Anthrop.) *Menschentypus:* niemand darf wegen seiner R. benachteiligt werden; (veraltet:) die weiße, gelbe, schwarze R. **4.** in Verbindungen wie **R. haben/sein** (ugs.; *rassig sein*): die Frau, das Pferd, der Wein hat/ist R.; **von/mit R.** (ugs.; *rassig*): eine Frau von/mit R.

Ras|se|hund, der: *reinrassiger Hund.*

Ras|sel, die; -, -n: **1.** *einfaches Musikinstrument, das durch Schütteln ein rasselndes* (1 a) *Geräusch von sich gibt.* **2.** *mit einem Stiel versehener, kugelähnlicher Gegenstand, in dem sich kleine Kugeln o. Ä. befinden, die beim Hin-und-her-Bewegen Geräusche verursachen (als Spielzeug für Babys).*

Ras|sel|ban|de, die [eigtl. = lärmende Schar] (ugs. scherzh.): *Gruppe von stets zu Streichen aufgelegten, lebhaften, übermütigen Kindern:* was die R. jetzt wohl wieder ausgeheckt hat?

ras|seln ⟨sw. V.⟩ [mhd. raʒʒeln, zu: raʒʒen = toben, lärmen]: **1.** ⟨hat⟩ **a)** *in rascher Aufeinanderfolge dumpfe, metallisch klingende Geräusche von sich geben:* der Wecker rasselt; rasselnd lief die Ankerkette von der Winde; **Ü** der Kranke atmet rasselnd; seine Lunge rasselt; **b)** *[mit einer Rassel] ein Rasseln* (1 a) *erzeugen:* sie rasselt mit dem Schlüsselbund. **2.** ⟨ist⟩ **a)** *sich mit einem rasselnden* (1 a) *Geräusch [fort]bewegen, irgendwohin bewegen:* Panzer rasselten durch die Straßen; sie ist mit dem Wagen gegen einen Baum gerasselt (ugs.; *gefahren*); **b)** (salopp) *(eine Prüfung) nicht bestehen:* durchs Abitur r.

Ras|sen|dis|kri|mi|nie|rung, die: *Diskriminierung einer Bevölkerungsgruppe aufgrund ihrer Rasse* (3).

Ras|sen|fra|ge, die ⟨o. Pl.⟩: *aus dem Bestehen eines Rassenkonflikts herrührende Problematik.*

Ras|sen|ge|setz, das ⟨meist Pl.⟩ (früher): *Gesetz, das der Diskriminierung u. Vernichtung ethnischer, nationaler, religiöser od. sozialer Gruppen mit vermeintlich rassischen Merkmalen dient.*

Ras|sen|hass, der: *gegen Menschen fremder Rasse* (3) *gerichteter Hass.*

Ras|sen|het|ze, die (abwertend): *Aufstachelung zum Rassenhass, zur Rassendiskriminierung.*

Ras|sen|kon|flikt, der: *[aus der Diskriminierung einer Rasse* (3) *sich ergebender] Konflikt zwischen Rassen* (3), *ethnischen Gruppen.*

Ras|sen|kreu|zung, die: *Kreuzung zwischen verschiedenen Rassen* (1, 2).

Ras|sen|merk|mal, das: *einer Rasse* (1, 2) *eigentümliches Merkmal.*

Ras|sen|mi|schung, die: vgl. Rassenkreuzung.

Ras|sen|po|li|tik, die (früher): *die Rassenfrage betreffende Politik.*

Ras|sen|pro|blem, das: *Rassenfrage.*

Ras|sen|schan|de, die (nationalsoz.): *(in der rassistischen Ideologie des Nationalsozialismus) sexuelle Beziehung zwischen so genannten Ariern* (2) *u. Juden.*

Ras|sen|tren|nung, die ⟨o. Pl.⟩: *[diskriminierende] Trennung der Menschen in einer Gesellschaft nach ihrer Rasse* (3).

Ras|sen|un|ru|hen ⟨Pl.⟩: *aus der Diskriminierung einer Rasse* (3), *einer ethnischen Gruppe sich ergebende Unruhen.*

Ras|se|pferd, das: vgl. Rassehund.

ras|se|rein ⟨Adj.⟩: *reinrassig.*

ras|sig ⟨Adj.⟩: *temperamentvoll, feurig:* eine -e Südländerin; ein -es Pferd; **Ü** ein -es Kabriolett, Parfum; ein -er Wein.

ras|sisch ⟨Adj.⟩: *die Rasse* (3) *betreffend, sich auf sie beziehend, für sie kennzeichnend:* aus -en Gründen diskriminiert werden.

Ras|sis|mus, der; -: **1.** *(meist ideologischen Charakter tragende, zur Rechtfertigung von Rassendiskriminierung, Kolonialismus o. Ä. entwickelte) Lehre, Theorie, nach der bestimmte Menschentypen od. auch Völker hinsichtlich ihrer kulturellen Leistungsfähigkeit anderen von Natur aus überlegen sein sollen.* **2.** *dem Rassismus* (1) *entsprechende Einstellung, Denk- u. Handlungsweise gegenüber Menschen [bestimmter] anderer Rassen* (3) *od. auch Völker:* der weiße, schwarze R. *(der Rassismus der Weißen, Schwarzen);* aufgrund von R. *(Rassendiskriminierung)* benachteiligt werden.

Ras|sist, der; -en, -en: *dem Rassismus* (1) *anhängender, rassistisch eingestellter Mensch.*

Ras|sis|tin, die; -, -nen: w. Form zu ↑Rassist.

ras|sis|tisch ⟨Adj.⟩: *vom Rassismus* (2) *bestimmt, ihm entsprechend, zu ihm gehörend, für ihn charakteristisch.*

Rast, die; -, -en [mhd. rast(e), ahd. rasta = Ruhe; Rast; Wegstrecke, Zeitraum, verw. mit ↑Ruhe]: **1.** *Pause, in der jmd. rastet* (1): eine kurze, ausgedehnte R.; die Wanderer machten [eine Stunde] R.; sich keine Minute R. gönnen; *** ohne R. und Ruh** (geh.; *ohne sich Ruhe, Erholung zu gönnen*); **weder R. noch Ruh** (geh.; *keine [innere] Ruhe*): weder R. noch Ruh haben, finden. **2.** (Technik) *Raste.* **3.** (Hüttenw.) *kegelstumpfförmiger Mittelteil des Hochofens.*

Ras|te, die; -, -n [zu ↑(ein)rasten] (Technik): *Sicherung bes. an Hebeln; Vorrichtung, in die etw. einrasten kann.*

Ras|tel, das; -s, - [ital. rastello < lat. rastellus = kleine Hacke, Vkl. von: raster, ↑¹Raster] (österr.): *(als Untersetzer o. Ä. dienendes) Geflecht, Gitter aus Draht.*

ras|ten ⟨sw. V.⟩ [mhd. rasten, ahd. rastōn, zu ↑Rast]: **1.** *bes. eine Reise, Wanderung o. Ä. unterbrechen, um auszuruhen* ⟨hat⟩: eine Weile, eine Stunde r.; **Spr** wer rastet, der rostet *(wer sich in bestimmten Tätigkeiten nicht regelmäßig übt, verliert die Fähigkeit dazu).* **2.** (selten) *einrasten* ⟨ist⟩.

¹Ras|ter, der; -s, - [mlat. raster = Harke < lat. raster (auch: rastrum) = Hacke, nach dem gitter- od. rechenartigen Linienwerk]: **1.** (Druckw.) **a)** *Glasplatte od. Folie mit einem [eingeätzten] engen Netz aus Linien zur Zerlegung der Fläche eines Bildes in einzelne Punkte;* **b)** *Gesamtheit der Linien eines ¹Rasters* (1 a); **c)** *Rasterung* (2): ein feiner, grober R. **2.** (Fachspr.) *gitterartige Blende vor einer Lichtquelle, durch die das Licht gestreut u. das Blenden dadurch herabgesetzt wird.* **3.** (Archit.) *System aus rechtwinklig sich schneidenden Linien als Grund- od. Aufriss eines Skelettbaus* (2).

²Ras|ter, das; -s, -: **1.** (Fernsehtechnik) *Gesamtheit der Punkte, aus denen sich ein Fernsehbild zusammensetzt.* **2.** (Fernsehtechnik) *aus Linien u. Streifen verschiedener Helligkeitsgrade bestehendes Testbild.* **3.** *aus einer begrenzten Anzahl von vorgegebenen [Denk]kategorien bestehendes [Denk]system, in das bestimmte Erscheinungen eingeordnet werden:* aus einem R. herausfallen; etw. in ein R. einordnen.

Ras|ter|ät|zung, die: *Verfahren zur Herstellung von Druckformen für den Hochdruck, bei dem ein gerastertes Bild in eine Platte geätzt wird.*

Ras|ter|fahn|dung, die [zu ↑¹Raster (2)] (Kriminologie): *mithilfe von Computern durchgeführte Überprüfung eines großen Personenkreises auf bestimmte Daten u. Merkmale hin, die als charakteristisch für einen umgrenzten Bereich verdächtiger Personen gelten.*

ras|tern ⟨sw. V.; hat⟩: *(ein Bild) [durch ein enges Netz von sich kreuzenden Linien] in viele einzelne Punkte zerlegen:* das Bild wird in der Fernsehkamera gerastert; ein fein, grob gerastertes Bild.

Ras|ter|punkt, der: *einzelner Punkt eines gerasterten Bildes.*

Ras|te|rung, die; -, -en: **1.** ⟨o. Pl.⟩ *das Rastern.* **2.** *Aufbau (eines Bildes) aus vielen einzelnen Punkten; gerasterte Struktur:* bei genauem Hinsehen erkennt man die [feine] R. des Bildes.

Rast|haus, das: *an einer Straße, bes. an einer Autobahn gelegene Gaststätte.*

rast|los ⟨Adj.⟩: **a)** *von keiner [Ruhe]pause unterbrochen; ununterbrochen:* in -er Arbeit; **b)** *ununterbrochen tätig, sich keine Ruhe gönnend:* ein -er Mensch; r. arbeiten; **c)** *unruhig, unstet:* ein -es Leben; sie irrte r. durch die Großstadt.

Rast|lo|sig|keit, die; -: *das Rastlossein.*

Rast|platz, der: **a)** *Platz zum Rasten* (1): wir suchten uns einen schattigen R.; **b)** *an einer Fernstraße, bes. Autobahn gelegener Parkplatz (mit Einrichtungen zum Rasten).*

Rast|stät|te, die: *Autobahnraststätte.*

Ra|sur, die; -, -en [lat. rasura, zu: radere, ↑rasieren]: **1.** *das Rasieren:* die Haut nach der R. eincremen; die Klinge reicht für mindestens zehn [gründliche] -en. **2. a)** *das Entfernen von etw. Geschriebenem o. Ä. durch Radieren od. Schaben mit einer Klinge;* **b)** *Stelle, an der etw. Geschriebenes durch eine Rasur* (2 a) *getilgt wurde.*

rät: ↑raten.

Rat, der; -[e]s, Räte [mhd., ahd. rāt, zu ↑raten; urspr. = (Besorgung der) Mittel, die zum Lebensunterhalt notwendig sind; vgl. Hausrat; verw. mit ↑raten]: **1.** ⟨o. Pl.⟩ *Empfehlung an*

R

jmdn. (die man aufgrund eigener Erfahrungen, Kenntnisse o. Ä. geben kann); Ratschlag: jmdm. einen guten, wohl gemeinten R. geben; ich gab ihm den R. nachzugeben; jmds. R. einholen; einen R. befolgen, in den Wind schlagen, missachten; sich bei jmdm. R. holen *(sich von jmdm. beraten lassen);* [bei jmdm.] R. suchen *(sich an jmdn. wenden, um sich von ihm beraten zu lassen);* sich R. suchend an jmdn. wenden; R. suchende Eltern; jmds. R. folgen; des -es bedürfen (geh.; *Hilfe in Form von Ratschlägen benötigen*); auf jmds. R. hören; gegen jmds. R. handeln; jmdn. um R. fragen, bitten; **R** da ist guter R. teuer *(das ist eine sehr schwierige Situation);* ***** (geh.:) **R. halten/**(veraltet:) **-s pflegen** *(beratschlagen, [sich] beraten);* **mit sich R. halten; mit sich zu -e gehen** *(über ein bestimmtes Problem gründlich nachdenken);* **mit R. und Tat** *(mit Ratschlägen u. Hilfeleistungen):* jmdm. mit R. und Tat zur Seite stehen; **zu -e sitzen** (veraltend; *zusammensitzen u. beratschlagen*); **jmdn. zu -e ziehen** *(jmdn. um Rat fragen, konsultieren):* einen Fachmann zu -e ziehen; **etw. zu -e ziehen** *([ein Buch o. Ä.] zu Hilfe nehmen, um eine bestimmte Information zu erhalten):* ein Lexikon zu -e ziehen. **2.** ⟨o. Pl.⟩ *Ausweg aus einer schwierigen Situation, Lösung[smöglichkeit] für ein schwieriges Problem:* da bleibt nur ein R.: Wir müssen das Haus verkaufen; *** R. schaffen** *(in einer schwierigen Situation einen Ausweg finden);* **[sich ⟨Dativ⟩] [keinen] R. wissen** *(in einer schwierigen Situation [k]einen Ausweg wissen):* ich wusste [mir] keinen R. mehr. **3.** ⟨Pl. selten⟩ **a)** *beratendes [u. beschlussfassendes] Gremium:* ein technischer, pädagogischer R.; **b)** (Politik) *Gremium mit administrativen od. legislativen Aufgaben (auf kommunaler Ebene):* der R. der Stadt; jmdn. in den R. wählen; im R. sitzen *(Mitglied des Rates sein);* **c)** ⟨meist Pl.⟩ (kommunist.) *revolutionäres staatliches Organ der Machtausübung zur Erlangung od. Ausübung der Diktatur des Proletariats.* **4.** *Mitglied eines Rates* (3): jmdn. zum R. wählen, berufen. **5. a)** ⟨o. Pl.⟩ *Titel verschiedener Beamter, auch Ehrentitel* (meist in Verbindung mit einem Adj.): Geistlicher R.; Akademischer R.; Geheimer R. (*Geheimrat* a); **b)** *Träger des Titels Rat* (5 a): die Räte versammelten sich.

Rät, Rhät, das; -s [nach den Rätischen Alpen] (Geol.): *jüngste Stufe der oberen Trias.*

Ra|ta|touille [rata'tuj], die; -, -s u. das; -s, -s [frz. ratatouille, verstärkende Bildung zu: touiller = (um)rühren < lat. tudiculare = (zer)stampfen] (Kochk.): *Gemüse aus Tomaten, Auberginen, Paprika u. a.*

Ra|te, die; -, -n [ital. rata < mlat. rata (pars) = berechnet(er Anteil), zu lat. ratum, 2. Part. von: reri = schätzen, berechnen]: **1.** *von zwei Geschäftspartnern (bes. einem Käufer u. einem Verkäufer) vereinbarter Geldbetrag, durch dessen in regelmäßigen Zeitabständen erfolgende Zahlung eine [größere] Schuld schrittweise getilgt wird:* die erste, letzte R.; die nächste R. ist am 1. Juli fällig; etw. auf -n kaufen; etw. in sechs monatlichen -n zu 100 Mark bezahlen, in -n abzahlen; mit drei -n im Rückstand sein. **2.** *meist durch in Prozent ausgedrücktes Verhältnis zwischen zwei [statistischen] Größen, das die Häufigkeit eines bestimmten Geschehens, das Tempo einer bestimmten Entwicklung angibt:* die sinkende R. der Produktivität. **3.** (Fachspr.) *(tariflich festgesetzter od. für den Einzelfall ausgehandelter) Preis für den Transport von Gütern, bes. per Schiff.*

Rä|te|de|mo|kra|tie, die: *Form der direkten Demokratie, bei der alle Macht ohne Gewaltenteilung von Räten* (3 c), *Gremien ausgeübt wird, die aus gewählten, der Wählerschaft direkt verantwortlichen Vertretern bestehen.*

ra|ten ⟨st. V.; hat⟩ [mhd. rāten, ahd. rātan, urspr. = (sich etw.) zurechtlegen, (aus)sinnen; Vorsorge treffen; verw. mit ↑Rede]: **1. a)** *jmdm. einen Rat, Ratschläge geben:* jmdm. gut, richtig, schlecht r.; lass dir von einem erfahrenen Freund r.!; sie lässt sich nicht, von niemandem r.; **Spr** wem nicht zu r. ist *(wer auf keinen Rat hört),* dem ist [auch] nicht zu helfen; *** sich ⟨Dativ⟩ nicht zu r. wissen** *(ratlos sein);* **b)** *jmdm. einen Rat geben, etw. Bestimmtes zu tun, jmdm. etw. anraten:* was rätst du mir?; wozu rätst du mir?; sie riet [ihm] zur Vorsicht, zum Einlenken; ich rate dir dringend, zum Arzt zu gehen; ich rate dir, sofort damit aufzuhören! (drohend: *hör gefälligst sofort damit auf!*); lass dir das geraten sein! (drohend: *richte dich gefälligst danach!*); das möchte ich dir geraten haben *(sonst würdest du es mit mir zu tun bekommen).* **2. a)** *die richtige Antwort auf eine Frage zu finden versuchen, indem man aus den denkbaren Antworten die wahrscheinlichste auswählt:* richtig, falsch r.; ich weiß es nicht, ich kann nur r.; **R** dreimal darfst du r. (ugs. iron.; *es liegt auf der Hand, wer od. was gemeint ist*); **b)** *erraten:* er hat mein Alter richtig geraten; das rätst du nie (ugs.; *das ist so abwegig, dass du sicher nicht darauf kommst*); rat mal, wen ich getroffen habe (ugs.; *du wirst staunen, wenn du hörst, wen ich getroffen habe*); ein Rätsel r. *(lösen);* **c)** (landsch.) *ratend* (2 a) *auf jmdn., etw. kommen:* auf jmdn. r.

Ra|ten|kauf, der: *Kauf mit Ratenzahlung* (a).

ra|ten|wei|se, ⟨Adv.⟩: *in Raten:* etw. r. bezahlen; ⟨mit Verbalsubstantiven auch attr.:⟩ eine r. Zahlung.

Ra|ten|zah|lung, die: **a)** *Zahlung in Raten:* R. vereinbaren; **b)** *Zahlung einer [fälligen] Rate* (1): mit der dritten R. im Rückstand sein.

Ra|ter, der; -s, -: *jmd., der etw. rät* (2).

Rä|ter, der; -s, -: Ew. zu ↑Rätien.

Rä|te|re|pu|blik, die: vgl. Rätedemokratie: die Münchener R. von 1919.

Ra|te|rin, die; -, -nen: w. Form zu ↑Rater.

Rä|te|rin, die; -, -nen: w. Form zu ↑Räter.

Ra|te|spiel, das: *Spiel, bei dem etw. geraten* (2 a, b) *werden muss:* bei einem R. mitmachen.

Rat|ge|ber, der: **1.** *jmd., der jmdm. einen Rat* (1) *erteilt, jmdn. berät:* du scheinst schlechte R. zu haben; *** ein schlechter/kein guter R. sein** *([in Bezug auf eine Emotion] ungut, ungeeignet sein, wenn es darum geht, eine richtige Entscheidung zu treffen):* die Angst ist ein schlechter R. **2.** *Büchlein o. Ä., in dem Anleitungen, Tipps o. Ä. für die Praxis auf einem bestimmten Gebiet enthalten sind:* ein nützlicher R. für Heimwerker.

Rat|ge|be|rin, die: w. Form zu ↑Ratgeber (1).

Rat|haus, das: *Gebäude, das Sitz der Gemeindeverwaltung u. der kommunalen Ämter ist:* zum, aufs R. gehen; jmdn. ins R. *(in den Gemeinderat, Stadtrat)* wählen.

Rat|haus|saal, der: *größerer Saal [für Sitzungen o. Ä.] in einem Rathaus.*

Rä|ti|en: 1. altrömische Provinz. **2.** Graubünden.

Ra|ti|fi|ka|ti|on, die; -, -en [mlat. ratificatio = Bestätigung] (Völkerrecht): *einen völkerrechtlichen Vertrag rechtskräftig und verbindlich machende Bestätigung durch das Staatsoberhaupt nach Zustimmung der gesetzgebenden Körperschaft.*

ra|ti|fi|zie|ren ⟨sw. V.; hat⟩ [mlat. ratificare = bestätigen, genehmigen, zu lat. ratus (adj. 2. Part. von: reri, ↑Rate) = bestimmt, (rechts)gültig u. facere = machen, bewirken] (Völkerrecht): *als gesetzgebende Körperschaft einen völkerrechtlichen Vertrag in Kraft setzen:* ein Abkommen r.

Ra|ti|fi|zie|rung, die; -, -en: *das Ratifizieren.*

Rä|ti|kon, das; -s, auch: der; -[s]: Teil der Ostalpen an der österreichisch-schweizerischen Grenze.

Rä|tin, die; -, -nen: w. Form zu ↑Rat (4, 5 b).

Ra|ti|né [...'ne:], der; -s, -s [zu frz. ratiné = gekräuselt, 2. Part. von: ratiner, ↑ratinieren] (Textilind.): *ratiniertes Gewebe.*

Ra|ting ['reɪtɪŋ], das; -s, -s [engl. rating, zu: to rate = (ein)schätzen] (Psych., Soziol.): *Verfahren zur Beurteilung von Personen od. Situationen mithilfe von Ratingskalen.*

Ra|ting|ska|la, die (Psych., Soziol.): *in regelmäßige Intervalle aufgeteilte Strecke, die den Ausprägungsgrad (z. B. stark-mittel-gering) eines Merkmals (z. B. Ängstlichkeit) zeigt.*

ra|ti|nie|ren ⟨sw. V.; hat⟩ [frz. ratiner, zu: ratiné = Ratiné, zu mfrz. rater = abschaben, zu lat. radere, ↑rasieren] (Textilind.): *gewalktem u. aufgerautem Wollstoff auf einer speziellen Maschine eine [noppenartige] Musterung geben.*

Ra|tio, die; - [lat. ratio = Vernunft; (Be)rechnung; Rechenschaft; vgl. Rede] (bildungsspr.): *Vernunft; schlussfolgernder, logischer Verstand:* er lässt sich von der R. leiten.

Ra|ti|on, die; -, -en [frz. ration < mlat. ratio = berechneter Anteil (an Mundvorrat) < lat. ratio, ↑Ratio]: *[täglich] zugeteilte Menge an Lebensmitteln o. Ä. (bes. für Soldaten):* eine kärgliche, große, doppelte R.; eine R. Brot, Schnaps; die -en kürzen, erhöhen; jmdn. auf halbe R. setzen (ugs.; *jmds. übliche Ration, bes. Essen, erheblich kürzen*); *** eiserne R.** (Soldatenspr.; *Proviant, der nur in einem bestimmten Notfall angegriffen werden darf*).

ra|ti|o|nal ⟨Adj.⟩ [lat. rationalis, zu: ratio, ↑Ratio] (bildungsspr.): **a)** *von der Ratio bestimmt:* eine -e Auffassung, Betrachtung, Einstellung; das -e Denken; der Mensch als -es Wesen; etw. r. erklären, begründen; -e Zahlen (Math.; *Zahlen, die sich durch Brüche ganzer Zahlen ausdrücken lassen*); **b)** *vernünftig* (1 b), *[überlegt u.] sinnvoll:* der Verband, Betrieb war r. organisiert.

ra|ti|o|na|li|sie|ren ⟨sw. V.; hat⟩ [nach frz. rationaliser = vernünftig denken, zu: rationnel, ↑rationell]: **1. a)** *vernünftig, zweckmäßig gestalten; straffen:* Forschungsmethoden, die Haushaltsarbeit r.; **b)** *(im Bereich der Wirtschaft u. Verwaltung) Arbeitsabläufe zur Steigerung der Leistung u. Senkung des Aufwands durch Technisierung, Automatisierung, Arbeitsteilung u. a. wirtschaftlicher gestalten:* der Betrieb musste r. **2.** (Tiefenpsych.) *emotionales Verhalten o. Ä. nachträglich verstandesmäßig zu erklären und zu rechtfertigen versuchen.*

Ra|ti|o|na|li|sie|rung, die; -, -en: *das Rationalisieren.*

Ra|ti|o|na|lis|mus, der; -: **1.** (Philos.) *erkenntnistheoretische Richtung, die allein das rationale Denken als Erkenntnisquelle zulässt.* **2.** *vom Rationalismus* (1) *geprägte Art.*

Ra|ti|o|na|list, der; -en, -en: **1.** (Philos.) *Vertreter des Rationalismus* (1). **2.** (bildungsspr.) *jmd., bei dem das rationale Denken den Vorrang hat.*

Ra|ti|o|na|lis|tin, die; -, -nen: w. Form zu ↑Rationalist.

ra|ti|o|na|lis|tisch ⟨Adj.⟩: **1.** (Philos.) *den Rationalismus* (1) *betreffend, dazu gehörend, davon bestimmt, geprägt:* Positivismus und historischer Materialismus sind -e Denkrichtungen. **2.** (bildungsspr.) *vom rationalen Denken bestimmt, daran orientiert:* eine -e Architektur.

Ra|ti|o|na|li|tät, die; - [mlat. rationalitas = Denkvermögen]: **1.** (bildungsspr.) *rationales* (b) *Wesen einer Sache.* **2.** (Psych.) *auf Einsicht gegründetes Verhalten.* **3.** (Math.) *Eigenschaft von Zahlen, sich als Bruch darstellen zu lassen.*

ra|ti|o|nell ⟨Adj.⟩ [frz. rationnel < lat. rationalis, ↑rational]: *auf Wirtschaftlichkeit bedacht; zweckmäßig:* eine -e Bauweise, Neuerung; etw. -er produzieren, ausnutzen.

ra|ti|o|nie|ren ⟨sw. V.; hat⟩ [frz. rationner, zu: ration, ↑Ration]: *in bestimmten Krisen-, Notzeiten nur in festgelegten, relativ kleinen Rationen zuteilen, freigeben:* das Benzin r.; im Krieg waren Butter, Fleisch und Zucker rationiert; **Ü** eine streng rationierte *(bemessene)* Freizeit.

Ra|ti|o|nie|rung, die; -, -en: *das Rationieren; das Rationiertwerden.*

rä|tisch ⟨Adj.⟩: zu ↑Rätien.

rät|lich ⟨Adj.⟩ [zu ↑Rat (1)] (veraltend): *ratsam:* etw. [nicht] für r. halten.

rat|los ⟨Adj.⟩: **a)** *sich keinen Rat wissend:* er war r. *(wusste nicht),* was zu tun sei; r. sein, dastehen; **b)** *von Ratlosigkeit zeugend:* ein -er Blick; ein -es Gesicht machen.

Rat|lo|sig|keit, die; -: *das Ratlossein.*

R

Rä|to|ro|ma|ne, der; -n, -n: Angehöriger einer im Alpenraum ansässigen Volksgruppe mit eigener Sprache.

Rä|to|ro|ma|nin, die; -, -nen: w. Form zu ↑Rätoromane.

rä|to|ro|ma|nisch ⟨Adj.⟩: *die Rätoromanen, das Rätoromanische betreffend.*

Rä|to|ro|ma|nisch, das; -[s] u. ⟨nur mit best. Art.:⟩, **Rä|to|ro|ma|ni|sche,** das; -n: *die rätoromanische Sprache.*

rat|sam ⟨Adj.⟩: *anzuraten, sich empfehlend:* es ist r. zu schweigen; etw. für nicht r. halten.

ratsch ⟨Interj.⟩: lautm. für das Geräusch, das bei einer schnellen, reißenden Bewegung, z. B. beim Zerreißen von Papier, Stoff, entsteht: r., waren die Haare ab.

Rat|sche (südd., österr.), **Rät|sche** [schweiz.: ˈrɛtʃə] (südd., schweiz.), die; -, -n [zu ↑[2]ratschen, rätschen]: **1.** *Geräuschinstrument aus einem an einer Stange befestigten Zahnrad, gegen dessen Zähne beim Schwenken eine Holzzunge schlägt; Klapper.* **2.** (salopp abwertend) *schwatzhafte, klatschsüchtige weibliche Person.* **3.** (Technik) *Zahnkranz mit Sperrvorrichtung* (z. B. zum Feststellen der Handbremse beim Auto).

[1]**rat|schen** ⟨sw. V.; hat⟩ [zu ↑ratsch]: **1.** (ugs.) *ein Geräusch wie bei einer schnellen, reißenden Bewegung hervorbringen:* die Schere ratscht [durch den Stoff, das Papier]. **2.** ⟨r. + sich⟩ (landsch.) *sich bei einer raschen Bewegung an etw. die Haut aufreißen:* sich am Finger r.

[2]**rat|schen** (südd., österr.), **rät|schen** [schweiz.: ˈrɛtʃn̩] (südd., schweiz.) ⟨sw. V.; hat⟩ [2: mhd. retschen]: **1.** *die Ratsche* (1) *drehen:* die Kinder ratschen unablässig. **2.** (ugs.) *schwatzen; klatschen* (4 a).

Rat|schlag, der: *einzelner [im Hinblick auf ein ganz bestimmtes Problem o. Ä. gegebener] Rat* (1): ein guter, vernünftiger, gut gemeinter R.; jmdm. Ratschläge geben, erteilen; einen R. befolgen; ich kann auf deine Ratschläge verzichten! (iron.; *misch dich bitte nicht in meine Angelegenheiten ein!*).

rat|schla|gen ⟨sw. V.; hat⟩ [mhd. rātslagen, ahd. rātslagōn, eigtl. = den Kreis für die Beratung abgrenzen] (veraltend): *über etw. beratschlagen:* sie hatten miteinander geratschlagt, wie sie ihm helfen könnten.

Rat|schluss, der (geh.): *[göttlicher] Beschluss, Wille.*

Rät|sel, das; -s, - [spätmhd. rætsel, rātsel, zu ↑raten]: **1.** *Denkaufgabe, meist als Umschreibung eines Gegenstandes o. Ä., den man selbst auffinden, raten* (2 a) *soll:* ein leichtes, einfaches, schwieriges R.; das R. der Sphinx; R. raten, lösen; R das ist des -s Lösung!; *** jmdm. R./ein R. aufgeben** *(jmdn. vor Probleme, ein Problem stellen);* **in -n sprechen** *(unverständliche Dinge sagen, die der Angesprochene nicht entschlüsseln kann).* **2.** *Sache od. Person, die jmdm. unbegreiflich ist, hinter deren Geheimnis er [vergeblich] zu kommen sucht:* ein dunkles, ewiges, ungelöstes R.; das R. der Schöpfung; ein R. löst sich, klärt sich auf; *** jmdm. ein R. sein/bleiben** *(für jmdn. unbegreiflich, undurchschaubar sein, bleiben):* Frauen sind ihm ein R.; **vor einem R. stehen** *(etw. nicht begreifen, sich etw. nicht erklären können).*

Rät|sel|ecke, die: *Teil einer Zeitungs-, Zeitschriftenseite, in dem Rätsel* (1) *abgedruckt sind.*

rät|sel|haft ⟨Adj.⟩: *nicht mit dem Verstand zu erklären, in Dunkel gehüllt:* ein -er Zufall; auf -e Weise; unter -en Umständen; ihr Tod blieb r.; es ist mir r. *(unverständlich),* wie er das tun konnte.

Rät|sel|haf|tig|keit, die; -, -en: *das Rätselhaftsein.*

rät|seln ⟨sw. V.; hat⟩: *über etw. Unbekanntes längere Zeit Überlegungen u. Vermutungen anstellen, ohne es zweifelsfrei klären zu können:* über etw. r.; man rätselte, ob sie noch kommen würde.

Rät|sel|ra|ten, das; -s: **1.** *das Lösen von Rätseln* (1). **2.** *das Rätseln, Mutmaßen über etw.:* das R. über etw.

Rats|herr, der (veraltend): *Mitglied eines [Stadt]rates.*

Rats|her|rin, die: w. Form zu ↑Ratsherr.

Rats|kel|ler, der: *im Untergeschoss eines Rathauses befindliche Gaststätte.*

Rats|sit|zung, die: *Sitzung eines [Stadt]rates.*

Rat su|chend: s. Rat.

Rat|su|chen|de, der u. die; -n, -n ⟨Dekl. ↑Abgeordnete⟩: *jmd., der Rat sucht:* viele R. wenden sich direkt an den Bürgermeister.

Rats|vor|sit|zen|de, der u. die: vgl. Ratsherr: der R. der Evangelischen Kirche in Deutschland.

Rat|tan, das; -s, (Arten:) -e [engl. rat(t)an < malai. rotan]: *Peddigrohr.*

Rat|te, die; -, -n [mhd. ratte, rat, ahd. ratta, rato, H. u.; vgl. frz. rat, ital. ratto]: **1.** *Nagetier mit langem, dünnem Schwanz, das bes. in Kellern, Ställen u. in der Kanalisation lebt u. als Vorratsschädling u. Überträger von Krankheiten gefürchtet ist:* eine große, fette, quietschende R.; -n nagen, pfeifen; die Vorräte waren von -n zernagt; schlafen wie eine R. (ugs. emotional; *fest u. lange schlafen*); R die -n verlassen das sinkende Schiff *(Menschen, auf die man sich nicht verlassen kann, ziehen sich bei drohendem Unglück o. Ä. zurück;* nach einem alten Seemannsglauben); *** auf die R. spannen** (landsch. salopp; *scharf aufpassen*). **2.** (derb) *widerlicher Mensch* (oft als Schimpfwort): diese elende R. hat uns verraten.

Rat|ten|fang, der ⟨o. Pl.⟩: *das Fangen von Ratten:* die Katze geht auf R.

Rat|ten|fän|ger, der [urspr. ma. Sagengestalt eines Pfeifers, der die Stadt Hameln von Ratten befreite u., um seinen Lohn betrogen, die Kinder durch Pfeifen aus der Stadt lockte u. entführte] (abwertend): *Volksverführer.*

Rat|ten|gift, das: *Gift zur Vernichtung von Ratten.*

Rat|ten|kö|nig, der: **1.** *(durch längeres enges Beieinanderliegen im Nest) mit den Schwänzen [u. Hinterbeinen] ineinander verschlungene junge Ratten.* **2.** (salopp) *Rattenschwanz* (2).

Rat|ten|pin|scher, der: *Rattler.*

Rat|ten|schwanz, der: **1.** *Schwanz einer Ratte.* **2.** (ugs.) *große Anzahl unentwirrbar miteinander verquickter unangenehmer Dinge:* ein R. von Änderungen, Prozessen.

Rat|ten|schwänz|chen, das (scherzh.): *kurzer, dünner Haarzopf.*

Rät|ter, der; -s, -, auch: die; -, -n [aus dem Md., zu spätmhd. redern, mhd. reden, ahd. redan = sieben] (Technik): *(bes. bei der Steinkohlenaufbereitung früher verwendete) Vorrichtung zum Sieben, bei der sich die Siebflächen kreisförmig bewegen.*

rat|tern ⟨sw. V.⟩ [lautm.]: **a)** *kurz aufeinander folgende, metallisch klingende, leicht knatternde Töne erzeugen* ⟨hat⟩: die [Näh]maschine, der Presslufthammer rattert; ein Maschinengewehr begann zu r.; **b)** *sich ratternd* (a) *fortbewegen, irgendwohin bewegen* ⟨ist⟩: der Wagen rattert durch die Straßen.

rät|tern ⟨sw. V.; hat⟩ (Technik): *mit dem Rätter sieben.*

Ratt|ler, der; -s, - [zu ↑Ratte]: *für den Rattenfang geeigneter Pinscher od. Schnauzer.*

Ratz, der; -es, -e: **1.** (landsch.) *Ratte* (1). **2.** (Jägerspr.) *Iltis.* **3.** (volkst.) *Siebenschläfer:* schlafen wie ein R. (salopp; *lange u. fest schlafen*).

[1]**Rat|ze,** die; -, -n [mhd. ratz(e), ahd. ratza] (ugs.): *Ratte* (1).

[2]**Rat|ze,** der; -s, -[s], südd.: -r: kurz für ↑Ratzefummel.

Rat|ze|fum|mel, der; -s, - [unter Anlehnung an ↑[2]ratzen zu ↑radieren u. ↑fummeln] (Schülerspr.): *Radiergummi.*

rat|ze|kahl ⟨Adv.⟩ [volksetym. Umbildung von ↑radikal nach ↑Ratze (1) u. ↑kahl] (ugs. emotional): *gänzlich leer, kahl; ganz u. gar (in Bezug auf ein Nichtmehrvorhandensein):* etw. r. aufessen.

[1]**rat|zen** ⟨sw. V.; hat⟩ [eigtl. = schlafen wie ein ↑Ratz (3)] (ugs.): *fest u. lange schlafen.*

[2]**rat|zen** ⟨sw. V.; hat⟩ (landsch.): **1.** [1]*ratschen* (1). **2.** *ritzen* (2 a).

ratz|fatz ⟨Adv.⟩ [zu mdal. ratz = schnell, rasch (wohl lautm. nach dem Geräusch schnell reißenden Stoffs od. Papiers) u. fatzen = zerfetzen, zerreißen] (ugs.): *sehr schnell.*

rau ⟨Adj.⟩ [älter auch: rauch, mhd. rūch, auch = haarig, behaart, ahd. rūh, wahrsch. zu ↑raufen u. urspr. = (aus)gerupft]: **1.** *auf der Oberfläche kleine Unebenheiten, Risse o. Ä. aufweisend, sich nicht glatt anfühlend:* eine -e Oberfläche, Wand; -er Putz; -e *(aufgesprungene)* Hände; die -e *(vom Sturm aufgewühlte)* See. **2. a)** *nicht mild* (2 a), *sondern unangenehm kalt:* -es Klima; der -e Norden; **b)** *(von einer Landschaft o. Ä.) nicht lieblich anmutend; unwirtlich:* eine -e Gegend. **3. a)** *(von der Stimme o. Ä.) nicht volltönend, heiser, kratzig:* -e Laute; seine Stimme klingt r.; **b)** *(vom Hals) entzündet u. deshalb eine unangenehm kratzende Empfindung hervorrufend:* einen -en Hals, eine -e Kehle haben. **4.** *im Umgang mit anderen Feingefühl vermissen lassend:* -e Gesellen; hier herrschen -e Sitten. **5.** (landsch.) *roh* (1, 2 a): -e Eier; -es *(unbearbeitetes)* Material; -er *(ungekelterter)* Wein.

Raub, der; -[e]s, -e ⟨Pl. selten⟩ [mhd. roup, ahd. roub, urspr. = (dem getöteten Feind) Entrissenes]: **1.** *das Rauben* (1 a): das ist erklärter, brutaler R.!; einen R. begehen, verüben; auf R. ausziehen; er wurde wegen [versuchten, schweren] -es angeklagt. **2.** *geraubtes Gut; Beute:* den R. untereinander teilen; *** ein R. der Flammen werden** (geh.; *durch Feuer zerstört, vernichtet werden*).

Raub-: drückt in Bildungen mit Substantiven aus, dass etw. auf widerrechtlichem Wege hergestellt, gemacht wird, um Gewinn daraus zu erzielen: Raubdruck, -fischerei, -grabung.

Rau|bauz, der; -es, -e [wohl lautm. unter Einfluss von ↑Rabauke] (ugs.): *jmd., der eine grobe, rüde, polternde Art hat.*

rau|bau|zig ⟨Adj.⟩ (ugs.): *von, in der Art eines Raubauzes.*

Raub|bau, der ⟨o. Pl.⟩ (bes. Bergbau, Landw., Forstw.): *extreme wirtschaftliche Nutzung, die den Bestand von etw. gefährdet:* R. am Wald; R. treiben; Ü das ist R. an deinen Kräften; sie treibt R. mit ihrer Gesundheit.

Raub|druck, der ⟨Pl. ...drucke⟩: *widerrechtlicher Druck eines [schon zuvor gedruckten] Werkes.*

Rau|bein, das [rückgeb. aus ↑raubeinig]: **1.** *nach außen hin grob erscheinender Mensch, der aber im Grunde kein unangenehmer Mensch ist.* **2.** (Ballspiele Jargon) *jmd., der rau* (4) *spielt.*

rau|bei|nig ⟨Adj.⟩ [volksetym. entstellt aus engl. rawboned = klapperdürr]: **1.** *von, in der Art eines Raubeins* (1). **2.** (Ballspiele Jargon) *rau* (4) *spielend.*

rau|ben ⟨sw. V.; hat⟩ [mhd. rouben, ahd. roubōn = entreißen; verheeren]: **1. a)** *(Eigentum eines anderen) widerrechtlich u. unter Anwendung od. Androhung von Gewalt in seinen Besitz bringen:* Geld, Schmuck aus der Kassette r.; jmdm. alle Wertsachen r.; ein Kind r. *(entführen);* ⟨in Verbindung mit einem anderen Verb auch ohne Akk.-Obj.:⟩ sie raubten und plünderten; Ü er raubte ihr einen Kuss (geh. scherzh.; *küsste sie gegen ihren Willen*); **b)** *als Beute forttragen:* der Wolf hat ein Schaf geraubt. **2.** (geh.) *jmdn. um etw. bringen:* etw. raubt jmdm. die Ruhe, den Schlaf, den Atem; sich durch nichts seinen Glauben, seine Überzeugung r. lassen.

Räu|ber, der; -s, - [mhd. roubære, ahd. roubare, zu ↑Raub] (veraltend): **a)** *jmd., der einen Raub begeht:* ein gefährlicher R.; der R. wurde festgenommen; er ist [einer Horde von] -n in die Hände gefallen; Ü na, du kleiner R. (fam.; *Racker*); *** R. und Gendarm/(landsch.:) Polizei** *(Kinderspiel im Freien, bei dem die zur Partei der Räuber gehörenden Spieler durch drei Schläge von Spielern der Partei der Gendarmen gefangen werden);* **unter die R. gefallen sein** (ugs.; *von anderen unerwartet ausgenutzt werden;* nach Luk. 10, 30); **b)** (Zool.) *Episit.*

R

Räu|ber|ban|de, die (veraltend): *Bande von Räubern* (a).
Räu|be|rei, die; -, -en [mhd. rouberīe] (abwertend): *Raub* (1).
Räu|ber|ge|schich|te, die: **a)** *von einem Räuber, von Räubern handelnde Geschichte;* **b)** (ugs.) *unglaubwürdige Geschichte:* er erzählt oft solche -n.
Räu|ber|haupt|mann, der (veraltet): *Anführer einer Räuberbande.*
Räu|be|rin, die; -, -nen: w. Form zu ↑Räuber (a).
räu|be|risch ⟨Adj.⟩ [älter: reubisch, mhd. röubisch, roubisch, zu ↑Raub]: **a)** *in der Art eines Raubes* (1): ein -er Überfall, Krieg; **b)** (Zool.) *auf andere Tiere Jagd machend u. sich von ihnen ernährend:* -e, r. lebende Tiere.
räu|bern ⟨sw. V.; hat⟩: *stehlen:* bei den Ausgrabungen wurde geräubert; ⟨auch mit Akk.-Obj.:⟩ einen Laden r. *(ausräubern).*
Räu|ber|ro|man, der (Literaturw.): *Ende des 18. Jh.s aufkommender Unterhaltungsroman mit der Hauptfigur des edlen Räubers, der als Befreier u. Beschützer der Armen u. Rechtlosen auftritt.*
Räu|ber|zi|vil, das (ugs. scherzh.): *nachlässige, legere, nicht dem Anlass angemessene Kleidung:* in R. herumlaufen.
Raub|fisch, der: *Fisch, der sich von anderen Fischen ernährt.*
Raub|gier, die: *Gier zu rauben, Beute zu machen, etw. in seinen Besitz zu bringen.*
raub|gie|rig ⟨Adj.⟩: *von Raubgier geprägt.*
Raub|kat|ze, die: *Raubtier aus der Familie der Katzen.*
Raub|ko|pie, die: *widerrechtliche Reproduktion eines Films* (3 a), *eines Videos* (2) *od. eines anderen urheberrechtlich geschützten Daten- od. Tonträgers.*
Rau|blatt|ge|wächs, das ⟨meist Pl.⟩ (Bot.): *als Baum, Strauch od. Kraut vorkommende Pflanze mit ungeteilten, stark borstig behaarten Blättern.*
Raub|mord, der: *Verbrechen, bei dem ein Raub mit einem Mord gekoppelt ist.*
Raub|mör|der, der: *jmd., der Raubmord begangen hat.*
Raub|mör|de|rin, die: w. Form zu ↑Raubmörder.
rau|bors|tig ⟨Adj.⟩ (ugs.): *raubeinig.*
Raub|rit|ter, der: *(im 14. u. 15. Jh.) verarmter Ritter, der vom Straßenraub lebt.*
Raub|tier, das: *Säugetier mit kräftigen Eckzähnen u. scharfen Reißzähnen, das sich vorwiegend von anderen Säugetieren ernährt.*
Raub|tier|kä|fig, der: *Käfig, in dem Raubtiere gehalten werden.*
Raub|über|fall, der: *Überfall auf jmdn., etw., um etw. zu rauben:* ein R. auf einen Geldtransporter; einen R. verüben, machen.
Raub|vo|gel, der (Zool. veraltet): *Greifvogel.*
Raub|wild, das (Jägerspr.): *jagdbare Tiere, die dem Nutzwild nachstellen* (z. B. Rotfuchs, Iltis).
Raub|zeug, das ⟨o. Pl.⟩ (Jägerspr.): *nicht jagdbare Tiere, die dem Nutzwild nachstellen* (z. B. wildernde Hunde, Katzen).
Raub|zug, der: *Unternehmung, bei der man auf Raub ausgeht.*
rauch ⟨Adj.⟩ [Nebenf. von ↑rau]: (Kürschnerei) *dicht in Bezug auf das Haar* (2 b): das Fell ist r.
[1]Rauch, der; -s [zu ↑rauch] (Fachspr.): *dichtes, langes Haar bei Pelzen.*
[2]Rauch, der; -[e]s [mhd. rouch, ahd. rouh, zu ↑riechen]: *von brennenden Stoffen [in Schwaden] aufsteigendes Gewölk aus Gasen:* dicker, schwarzer, beißender R.; der R. einer Zigarette, aus einer Pfeife, von Fabrikschloten; der R. steigt in die Höhe, quillt heraus, breitet sich aus, zieht ab; das Zimmer war voll[er] R.; bei dem Brand sind mehrere Personen im R. erstickt; Wurst, Schinken in den R. *(zum Räuchern in den Rauchfang)* hängen; alles roch nach R. *(Tabakrauch);* **Spr** kein R. ohne Flamme *(alles hat seine Ursache);* * **in R. [und Flammen] aufgehen** *(vollständig verbrennen, vom Feuer völlig zerstört werden);* **sich in R. auflösen/in R. aufgehen** *(zunichte werden, sich verflüchtigen):* alle ihre Pläne haben sich in R. aufgelöst.
Rauch|ab|zug, der: *Vorrichtung zum Abziehen des [2]Rauchs:* eine offene Feuerstelle mit R.
Rauch|bier, das: *[obergäriges] Bier, dessen rauchiger Geschmack durch Räuchern des Malzes bewirkt wird.*
Rauch|bom|be, die: *starken [2]Rauch entwickelnde Bombe, die zur Markierung des Ziels abgeworfen wird.*
rau|chen ⟨sw. V.; hat⟩ [mhd. rouchen, ahd. rouhhen, entweder zu ↑[2]Rauch od. Kausativ zu ↑riechen]: **1. a)** *[2]Rauch austreten lassen, ausstoßen:* der Ofen, Schornstein, Vulkan raucht; **Ü** unser Lehrer rauchte vor Zorn; **b)** ⟨unpers.⟩ *(von Rauch) sich an einer bestimmten Stelle entwickeln:* es rauchte in der Küche, aus dem Ofenrohr; * **es raucht** (ugs.; 1. *es vollzieht sich etw. mit größter Intensität, Schnelligkeit o. Ä.:* sie stritten sich, dass es [nur so] rauchte. 2. *es gibt heftige Vorwürfe, Ärger).* **2. a)** *Tabak[produkte], Rauschmittel konsumieren, indem man den [2]Rauch durch den Mund einzieht u. wieder ausstößt:* Zigaretten, eine Zigarre, [einen bestimmten] Tabak, Opium, Haschisch r.; jeden Abend seine Pfeife r.; mit jmdm. eine [Zigarette] r.; ⟨o. Akk.-Obj.:⟩ im Sessel sitzen und r.; heftig, hastig, nervös, auf Lunge, in langsamen Zügen, unentwegt, stark, viel r.; wie ein Schlot r.; **b)** *Raucher* (1) *sein:* er raucht [nicht mehr]; ⟨subst.:⟩ das Rauchen wurde ihm vom Arzt untersagt; das Rauchen aufgeben. **3.** (Fachspr.) *räuchern:* Katenwurst schwarz geraucht.
Rauch|ent|wick|lung, die: *das Sichentwickeln, Entstehen von [2]Rauch bei einem Brand, Feuer:* ein Brand mit starker, rascher R.
Rau|cher, der; -s, -: **1.** *jmd., der die Gewohnheit hat zu rauchen* (2 a): ein starker, passionierter R. **2.** ⟨o. Art.⟩ kurz für ↑Raucherabteil: hier ist R.
Räu|cher|aal, der: *geräucherter Aal.*
Rau|cher|ab|teil, das: *Eisenbahnabteil, in dem geraucht* (2 a) *werden darf.*
Rau|cher|bein, das: *[durch starkes Rauchen* (2 a) *verursachte] Gefäßverengung im Bereich der Beine.*
Rau|che|rei, die ⟨o. Pl.⟩ (meist abwertend): *[dauerndes] Rauchen* (2 a).
Räu|che|rei, die; -, -en: **1.** ⟨o. Pl.⟩ (selten) *das Räuchern* (1). **2.** *Betrieb, in dem Fische od. Fleischwaren geräuchert werden.*
Räu|cher|ge|fäß, das: *Gefäß, in dem Weihrauch o. Ä. verbrannt wird.*
Rau|cher|hus|ten, der ⟨o. Pl.⟩: *durch starkes Rauchen* (2 a) *verursachter chronischer Husten.*
räu|che|rig ⟨Adj.⟩ (selten): *von [2]Rauch geschwärzt.*
Rau|che|rin, die; -, -nen: w. Form zu ↑Raucher (1).
Räu|cher|kam|mer, die: *Raum zum Räuchern von Fleisch od. Fisch.*
Räu|cher|ker|ze, die: *Mittel zum Räuchern* (2) *in Form eines kleinen Kegels.*
Räu|cher|lachs, der: vgl. Räucheraal.
Räu|cher|männ|chen, das: *kleine Figur, in der eine Räucherkerze abgebrannt wird.*
Räu|cher|mit|tel, das: *Stoff, der beim Abbrennen wohlriechenden [2]Rauch erzeugt.*
räu|chern ⟨sw. V.; hat⟩ [Weiterbildung von mhd. röuchen = rauchen, rauchig machen]: **1.** *(im Rauchfang o. Ä.) dem [2]Rauch aussetzen u. dadurch haltbar machen:* Schinken, Speck, Aale r.; geräucherte Leberwurst; frisch geräucherte Makrelen. **2.** *Räucherstäbchen, -kerzen o. Ä. abbrennen:* mit Räucherkerzen r.; zur Vertilgung von Ungeziefer r. **3.** (Tischlerei) *(bes. Eichenholz) mit Ammoniak dunkel beizen.*
Räu|cher|schin|ken, der: vgl. Räucheraal.
Räu|cher|speck, der: vgl. Räucheraal.
Räu|cher|stäb|chen, das: *Räuchermittel in der Form eines Stäbchens.*
Räu|cher|wa|re, die: *geräucherter Fisch, geräuchertes Fleisch (als Ware).*
Räu|cher|werk, das ⟨o. Pl.⟩: *etw., was beim Abbrennen wohlriechenden Rauch erzeugt.*
Rauch|fah|ne, die: *sich horizontal hinziehende Rauchwolke.*
Rauch|fang, der [1: 2. Bestandteil mhd. vanc = das Auffangende, ↑Fang]: **1.** *häufig zum Räuchern benutzter, trichterförmig sich nach oben verjüngender Teil über dem offenen Herdfeuer, der den [2]Rauch auffängt u. zum Schornstein ableitet.* **2.** (österr.) *Schornstein.*
rauch|far|ben, (selten:) **rauch|far|big** ⟨Adj.⟩: *von der Farbe des [2]Rauches; dunkelgrau.*
Rauch|fass, das (kath. u. orthodoxe Kirche): *an Ketten hängendes, durchbrochenes Metallgefäß zum Verbrennen von Weihrauch während der Liturgie.*
Rauch|fleisch, das: *gepökeltes u. geräuchertes Rind-, Schweinefleisch.*
rauch|frei ⟨Adj.⟩: *nicht von [Tabak]rauch erfüllt.*
Rauch|gas, das ⟨meist Pl.⟩: *Abgas mit einer Beimengung von Ruß.*
Rauch|ge|schmack, der: *rauchiger Geschmack von etw:* der R. des Whiskys.
rauch|ge|schwän|gert ⟨Adj.⟩ (geh.): *gänzlich mit [2]Rauch angefüllt:* in -er Luft arbeiten.
Rauch|glas, das ⟨o. Pl.⟩: *rauchfarbenes Glas.*
rauch|grau ⟨Adj.⟩: *rauchfarben:* -e Wolken.
rau|chig ⟨Adj.⟩ [spätmhd. rauchig, mhd. rouchic]: **1.** *voller [2]Rauch:* eine -e Kneipe. **2.** *rauchfarben:* -es Glas. **3.** *nach [2]Rauch schmeckend:* -er Whisky. **4.** *(von einer Stimme) [von Tabakrauch] tief u. rau klingend:* eine -e [Gesangs]stimme.
rauch|los ⟨Adj.⟩: *ohne [2]Rauch verbrennend:* -es Pulver.
Rauch|mas|ke, die: *Atemschutzgerät für Feuerwehrleute.*
Rauch|mel|der, der: *Gerät, das bei der Bildung von [2]Rauch Alarm auslöst.*
Rauch|pilz, der: *(bei einer Explosion entstehende) große pilzförmige Rauchwolke.*
Rauch|quarz, der: *hell- bis dunkelbraune od. rauchgraue Abart des Quarzes.*
Rauch|säu|le, die: *wie eine Säule gerade aufsteigender [2]Rauch.*
rauch|schwach ⟨Adj.⟩: *unter schwacher Rauchentwicklung verbrennend.*
Rauch|schwa|den, der: *[2]Schwaden* (1) *von [2]Rauch.*
Rauch|schwal|be, die [der Vogel nistete gern in den großen Kaminen der Bauernküchen]: *auf der Oberseite blauschwarze, auf der Unterseite weiße Schwalbe mit tief gegabeltem Schwanz.*
Rauch|ta|bak, der: *Tabak (zum Rauchen).*
Rauch|to|pas, der: volkst. für ↑Rauchquarz.
Rauch|ver|bot, das: *Verbot zu rauchen* (2 a).
Rauch|ver|gif|tung, die: *Vergiftung durch Rauchgase.*
Rauch|wa|re, die ⟨meist Pl.⟩ [zu ↑rauch] (Kürschnerei): *Pelz* (1 b), *Pelzware.*
Rauch|wa|ren ⟨Pl.⟩: *Tabakwaren.*
Rauch|wol|ke, die: *vom Rauch gebildete Wolke.*
Rauch|zei|chen, das: *durch [2]Rauch gegebenes Zeichen.*
Räu|de, die; -, -n [mhd. riude, rūde, ahd. riudī, rūda, H. u.]: *durch Krätzmilben verursachte, mit Bläschenbildung u. Haarausfall verbundene Hautkrankheit bes. bei Haustieren:* der Hund hat die R.
räu|dig ⟨Adj.⟩ [mhd. riudec, rūdec, ahd. rūdig]: **1.** *von Räude befallen:* ein -er Hund; -e Katzen, Schafe, Pferde; **Ü** er ist ein -es Schaf *(verdirbt seine Umgebung durch seinen schlechten Einfluss).* **2.** *kahle, abgewetzte Stellen aufweisend [u. daher unansehnlich]:* ein -es Fell.
rau|en ⟨sw. V.; hat⟩ (Fachspr.): *aufrauen.*
rauf ⟨Adv.⟩: ugs. für ↑herauf, hinauf.
Rau|fa|ser, die ⟨Pl. selten⟩: *auf eine bestimmte Papiertapete od. direkt auf die Wand aufgetragener Anstrich, dem zur Erzielung einer rauen Oberfläche Sägespäne beigegeben sind.*
Rau|fa|ser|ta|pe|te, die: *Tapete mit Raufaser.*
Rauf|bold, der; -[e]s, -e [zum 2. Bestandteil vgl. Witzbold] (abwertend): *jmd., der gern mit andern rauft:* er ist ein R.
räu|feln ⟨sw. V.; hat⟩: *aufräufeln.*
rau|fen ⟨sw. V.; hat⟩ [mhd. roufen, ahd. rouf(f)en,

urspr. = (sich an den Haaren) reißen]: **1.** *(aus der Erde) herausziehen, [aus]rupfen:* Flachs r.; (landsch.:) Pflanzen, Unkraut [aus den Beeten] r. **2.** *mit jmdm. sich prügelnd [u. ringend] kämpfen:* die Jungen raufen; hört endlich auf zu raufen!; er hat mit ihm gerauft; die Hunde raufen *(balgen sich)* um den Knochen; ⟨auch r. + sich:⟩ die Burschen raufen sich.

Rau|fer, der; -s, -: *Raufbold.*

Rau|fe|rei, die; -, -en: *heftige Schlägerei.*

Rau|fe|rin, die; -, -nen: w. Form zu ↑Raufer.

Rauf|lust, die ⟨o. Pl.⟩: *Freude am Raufen* (2).

rauf|lus|tig ⟨Adj.⟩: *gern raufend* (2).

Rau|frost, der (landsch.): *Raureif.*

Rau|fuß|huhn, das ⟨meist Pl.⟩: *schlecht fliegender Hühnervogel mit befiederten Läufen u. kräftigem, kurzem Schnabel* (z. B. Auerhuhn).

Rau|fut|ter, das (Landw.): *trockenes, viele Faserstoffe enthaltendes Futter* (z. B. Stroh, Spreu, Heu).

Rau|graf, der; -en, -en [mhd. rū(h)grāve, 1. Bestandteil zu ↑rau, eigtl. = Graf über nicht bebautes Land]: **1.** ⟨o. Pl.⟩ *Adelstitel eines Grafengeschlechts im Nahegebiet.* **2.** *Träger des Raugrafentitels.*

rauh usw.: frühere Schreibung für ↑rau usw.

Rau|haar|da|ckel, der: *Dackel mit Drahthaar.*

rau|haa|rig ⟨Adj.⟩: *(in Bezug auf Tierhaar) hart u. kraus.*

Rau|heit, die; -, -en ⟨Pl. selten⟩: *das Rausein.*

Rau|ig|keit, die; -, -en ⟨Pl. selten⟩: *Rauheit.*

Rau|ke, die; -, -n [über das Roman. (vgl. ital. ruca) < lat. eruca = Senfkohl]: *zu den Kreuzblütlern gehörende Pflanze mit gefiederten Blättern u. kleinen gelben Blüten.*

raum ⟨Adj.⟩ [mniederd. rūm < asächs. rūm(o), zu ↑Raum] (Seemannsspr.): **a)** *(vom Meer) offen, weit:* die -e See; **b)** *schräg von hinten kommend:* -er Wind; -e See *(von hinten kommende Wellen)* haben.

Raum, der; -[e]s, Räume [mhd., ahd. rūm, eigtl. subst. Adj. mhd. rūm(e), ahd. rūmi = weit, geräumig]: **1.** *zum Wohnen, als Nutzraum o. Ä. verwendeter, von Wänden, Boden u. Decke umschlossener Teil eines Gebäudes:* ein großer, kahler R.; ein R. mit guter Akustik; ein R. zum Arbeiten; sie betrat, verließ den R.; *** im R. stehen** *(als Problem o. Ä. aufgeworfen sein u. nach einer Lösung verlangen);* **etw. in den R. stellen** *(etw. zur Diskussion, Besprechung vorlegen);* **im R. stehen lassen** *(etw. unerledigt lassen).* **2.** *in Länge, Breite u. Höhe nicht fest eingegrenzte Ausdehnung:* der unendliche R. des Universums; riesige Räume *(Gebiete)* noch nicht erschlossenen Landes; (Philos.:) R. und Zeit bestimmen die Form unseres Denkens. **3.** ⟨o. Pl.⟩ *in Länge, Breite u. Höhe fest eingegrenzte Ausdehnung:* zwischen der Wand und den Regalen ist nur wenig R.; umbauter R. (Bauw.; *durch äußere Begrenzungsflächen bestimmtes Volumen eines Gebäudes*); luftleerer R. (Physik; *Vakuum*); Ü im luftleeren R. *(ohne Bezug zur Realität)* operieren. **4.** ⟨o. Pl.⟩ (geh.) *für jmdn., etw. zur Verfügung stehender Platz:* wenig R. beanspruchen, einnehmen; R. schaffen, finden; eine R. sparende Lösung; auf engem, engstem R. *(in großer Enge)* zusammenleben; freier R. (Ballspiele; *Teil des Spielfeldes, der nicht gedeckt ist*); R R. ist in der kleinsten Hütte [für ein glücklich liebend Paar] (nach dem Schluss von Schillers Gedicht »Der Jüngling am Bache«); Ü dieses Thema nimmt einen zu breiten R. ein; *** [den] R. decken** (Ballspiele; *einen bestimmten Teil des Spielfeldes so abschirmen, dass der Gegner kein Spiel entfalten kann*); **einer Sache R. geben** (geh.; *etw. sich entfalten, entwickeln lassen*). **5.** ⟨o. Pl.⟩ kurz für ↑Weltraum: der kosmische R. **6.** *geographisch od. politisch unter einem bestimmten Aspekt als Einheit verstandenes Gebiet:* der mitteleuropäische R.; der R. um Berlin; im Hamburger R./im R. Hamburg waren die Stürme am heftigsten; Ü der kirchliche, politische R. *(Bereich als Wirkungsfeld).* **7.** (Math.) **a)** *die Menge aller durch drei Koordinaten beschreibbaren Punkte:* der dreidimensionale R.; **b)** *eine Menge von Elementen, von deren speziellen Eigenschaften bezüglich einer Verknüpfung bzw. Abbildung man absieht.*

Raum|akus|tik, die: **1.** (Physik) *Teilgebiet der Akustik* (1), *das sich mit der Ausbreitung des Schalls in geschlossenen Räumen befasst.* **2.** *akustische Verhältnisse in einem Raum.*

Raum|an|ga|be, die (Sprachw.): *Adverbialbestimmung des Ortes.*

Raum|an|zug, der: *Schutzanzug der Astronauten.*

Raum|auf|tei|lung, die: **a)** *Aufteilung des gegebenen Raumes in Gebäuden:* eine ungünstige R.; **b)** (Ballspiele) *Nutzen des zur Verfügung stehenden Raumes* (4) *auf dem Spielfeld durch die angreifende Mannschaft:* eine gute, schlechte, geschickte R.

Raum|aus|stat|ter, der: **1.** *jmd., der Teppich- u. Kunststoffböden verlegt, Wände verkleidet u. bespannt u. Ä.* (Berufsbez.). **2.** *Geschäft für die Innenausstattung eines Raumes.*

Raum|aus|stat|te|rin, die; -, -nen: w. Form zu ↑Raumausstatter (1).

Raum|be|stän|dig|keit, die (Fachspr.): *Beständigkeit eines Werkstoffs bei räumlicher Ausdehnung durch Temperatureinwirkungen.*

Raum|bild, das (Optik): *Bild, das bei der Betrachtung einen räumlichen Eindruck hervorruft.*

Raum|bild|ver|fah|ren, das (Optik): *Verfahren zur Herstellung von Raumbildern.*

Räum|chen, das; -s, -: Vkl. zu ↑Raum (1).

Raum|de|ckung, die (Ballspiele): *Deckung, bei der ein Spieler einen bestimmten Teil des Spielfeldes deckt:* die Mannschaft spielt R.

räu|men ⟨sw. V.; hat⟩ [mhd. rūmen, ahd. rūm(m)an]: **1. a)** *etw. entfernen [u. dadurch Raum schaffen]:* etw. aus dem Weg r.; Bücher vom Tisch r.; **b)** *etw. an einen bestimmten Platz bringen:* die Wäsche in den Schrank r. **2.** *(einen Ort, einen Platz) [durch Wegschaffen der dort befindlichen Dinge] frei machen:* die Unfallstelle r.; die Firma konnte während des Schlussverkaufs ihre Lager r.; die meisten Felder sind bereits geräumt *(abgeerntet).* **3. a)** *einen Ort, Platz (auf eine Aufforderung hin, unter Zwang) verlassen:* den Saal r.; Stellungen r.; (Verkehrsw.:) die Kreuzung r.; Ü er muss seine Stellung als Direktor r.; **b)** *einen Ort, Platz [unter Anwendung von Gewalt] von Personen, Sachen frei machen.* **4.** (landsch.) *aufräumen* (1 b).

Raum|er|spar|nis, die ⟨o. Pl.⟩: *Ersparnis von Raum* (4): wegen, zwecks R.

Raum|fäh|re, die: **1.** *kleines bemanntes Raumfahrzeug mit Eigenantrieb.* **2.** *Raumtransporter.*

Raum|fah|rer, der: *Astronaut.*

Raum|fah|re|rin, die: w. Form zu ↑Raumfahrer.

Raum|fahrt, die: **1.** ⟨o. Pl.⟩ *Gesamtheit der wissenschaftlichen u. technischen Bestrebungen des Menschen, mithilfe von Flugkörpern in den Weltraum vorzudringen.* **2.** (seltener) *Raumflug.*

Raum|fahrt|be|hör|de, die: *wissenschaftliche u. technische Organisation, die ein Raumfahrtprogramm steuert.*

Raum|fahrt|me|di|zin, die: *Teilgebiet der Medizin, das sich mit den medizinischen Aspekten der Raumfahrt befasst.*

Raum|fahrt|pro|gramm, das: *Gesamtheit der Aufgabenstellungen aus Raumfahrt u. Raumforschung.*

Raum|fahrt|tech|nik, die: *Technik des Raumfahrzeugbaus.*

Raum|fahrt|un|ter|neh|men, das: *Raumflug.*

Raum|fahr|zeug, das: *Flugkörper für längere bemannte Raumflüge.*

Räum|fahr|zeug, das: *bes. zum Schneeräumen eingesetztes Fahrzeug.*

Raum|flug, der: *Bewegung eines Flugkörpers auf einer bestimmten Bahn im Weltraum.*

Raum|flug|kör|per, der: *Flugkörper für den Raumflug.*

Raum|for|schung, die ⟨o. Pl.⟩: **1. a)** *Erforschung des Weltraums;* **b)** *Forschung, die auf dem Gebiet der Raumfahrt betrieben wird.* **2.** *Regionalforschung.*

Raum|ge|stal|ter, der: *jmd., der sich mit der Gestaltung u. Ausgestaltung von Räumen befasst* (Berufsbez.).

Raum|ge|stal|te|rin, die: w. Form zu ↑Raumgestalter.

Raum|ge|stal|tung, die ⟨Pl. selten⟩: *Gestaltung u. Ausgestaltung von Räumen.*

Raum|ge|winn, der (bes. Ballspiele): *das Näherkommen an das gegnerische Tor beim Angriff.*

Raum|git|ter, das (Kristallographie): *räumlich gitterartige Anordnung der Ionen, Atome od. Moleküle in* [1]*Kristallen.*

raum|grei|fend ⟨Adj.⟩ (bes. Sport): *ausgreifend:* -e Schritte.

Raum|in|halt, der (bes. Math.): *Inhalt* (1 b) *eines dreidimensionalen Gebildes; Volumen; Kubikinhalt.*

Raum|ka|bi|ne, die: *für die Raumfahrer bestimmter Teil eines Raumflugkörpers.*

Raum|kap|sel, die: **1.** *unbemannter, mit Instrumenten ausgestatteter kleiner Raumflugkörper.* **2.** *Raumkabine.*

Raum|klang, der: *durch Stereophonie ermöglichter räumlicher Klangeindruck.*

Raum|kli|ma, das: *das Zusammenwirken von Temperatur, Luftfeuchtigkeit o. Ä. in einem geschlossenen Raum.*

Raum|kur|ve, die (Math.): *Kurve, deren Punkte im dreidimensionalen Raum liegen.*

Raum|la|bor, das: *kleine Raumstation.*

Raum|la|dung, die (Physik): *auf einen bestimmten Raum* (2) *verteilte elektrische Ladung.*

räum|lich ⟨Adj.⟩: **1.** *auf den Raum* (1–4) *bezogen, den Raum betreffend:* -e Trennung, Ausdehnung; r. beschränkt sein *(wenig [Wohn]raum haben).* **2.** *auf den Eindruck eines Raumes* (7) *bezogen; in drei Dimensionen, Abmessungen:* ein starkes -es Empfinden; -es *(plastisches)* Sehen; -es *(stereophonisches)* Hören.

Räum|lich|keit, die; -, -en: **1.** ⟨meist Pl.⟩ *großer, meist mit einem od. mehreren anderen zusammengehörender Raum:* die -en eines Museums. **2.** ⟨o. Pl.⟩ (Kunstwiss.) *räumliche* (2) *Wirkung, Darstellung.*

Raum|maß, das: *Hohlmaß* (a); *Kubikmaß.*

Raum|me|ter, der od. das: *Raummaß für 1 m*^{3} *gestapeltes Holz* (Abk.: rm).

Raum|mo|dell, das (Kartographie): *Modell* (1 a) *räumlicher Darstellung.*

Raum|ord|nung, die (Amtsspr.): *zusammenfassende, übergeordnete, ordnende Planung der öffentlichen Hand, die die räumliche Entwicklung des Landes betrifft; Landesplanung.*

Raum|pfle|ger, der: vgl. Raumpflegerin.

Raum|pfle|ge|rin, die: *Putzfrau.*

Raum|pla|nung, die (Amtsspr.): *vorausschauende, planmäßige Gesamtgestaltung eines bestimmten Gebietes; Raumordnung.*

Raum|schiff, das: *großes Raumfahrzeug.*

Raum|sinn, der ⟨o. Pl.⟩: *Fähigkeit, sich den Raum* (7) *dreidimensional vorzustellen.*

Raum|son|de, die: *unbemannter Flugkörper für wissenschaftliche Messungen im Weltraum.*

raum|spa|rend ⟨Adj.⟩: *an Raum* (4) *sparend:* eine etwas -ere Einteilung.

Raum|sta|ti|on, die: *Raumflugkörper, der der Besatzung einen langfristigen Aufenthalt im Weltraum ermöglicht; Orbitalstation.*

Raum|tei|ler, der: *Regal, Schrankwand, Vorhang o. Ä., womit ein Raum in mehrere [Wohn]bereiche unterteilt wird.*

Raum|tem|pe|ra|tur, die: *in einem Raum* (1) *herrschende Temperatur.*

Raum|tie|fe, die: *räumliche* (2) *Tiefe.*

Raum|trans|por|ter, der: *Träger eines Raumflugkörpers, der zur Erde zurückgeführt u. dann erneut verwendet werden kann.*

Räu|mung, die; -, -en: *das Räumen* (2, 3).

Räu|mungs|ar|bei|ten ⟨Pl.⟩: *Arbeiten, die der Räumung* (räumen 2) *von etw. dienen.*

Räu|mungs|frist, die (Rechtsspr.): *Frist, die ein Mieter hat, die gekündigte Wohnung zu räumen.* (3a)

Räu|mungs|kla|ge, die (Rechtsspr.): *vom Vermie-*

R

ter erhobene Klage auf Räumung einer Wohnung.

Räu|mungs|ver|kauf, der (Wirtsch.): *wegen Geschäftsaufgabe, Umbau o. Ä. stattfindender [Aus]verkauf.*

Raum|win|kel, der (Math.): *Raum* (7 a), *der von den von einem Punkt S nach allen Punkten einer geschlossenen Kurve (z. B. Ellipse) ausgehenden Strahlen* (4) *begrenzt wird.*

raum|zeit|lich ⟨Adj.⟩ (Physik): *in den Koordinaten des Raumes* (7 a) *u. der Zeit angelegt od. wiedergegeben.*

Raum|zel|le, die (DDR Bauw.): *nach einem einheitlichen Schema vollständig vorgefertigter Teil eines Hauses* (z. B. Küche, Bad).

Rau|näch|te ⟨Pl.⟩ [wohl zu rau in der Bed. »haarig«, in Anspielung auf mit Fell bekleidete Dämonen, die bes. in diesen Nächten ihr Unwesen treiben] (Volksk.; landsch.): *die Zwölf Nächte zwischen dem Heiligen Abend u. dem Dreikönigstag.*

rau|nen ⟨sw. V.; hat⟩ [mhd. rūnen, ahd. rūnēn, zu ↑Rune] (geh.): *leise, mit gedämpfter u. gesenkter Stimme, murmelnd etw. sagen:* er raunte ihr Liebkosungen und Zärtlichkeiten ins Ohr; man raunte *(sprach heimlich od. flüsternd)* über seine Abdankung; ⟨subst.:⟩ ein Raunen ging durch die Menge; Ü raunende Wälder.

raun|zen ⟨sw. V.; hat⟩ [mhd. nicht belegt, ahd. rūnezōn = murren]: **1.** (bayr., österr. ugs.) *weinerlich klagen; dauernd unzufrieden nörgeln.* **2.** (ugs.) *laut u. grob schimpfen.*

Raun|ze|rei, die; -, -en (bayr., österr. ugs.): *[dauerndes] Raunzen* (1).

Räup|chen, das; -s, -: Vkl. zu ↑Raupe (1).

Rau|pe, die; -, -n [spätmhd. rupe, H. u.]: **1.** *Larve des Schmetterlings mit borstig behaartem Körper, die sich auf mehreren kleinen Beinpaaren kriechend fortbewegt:* * **-n im Kopf haben** (ugs.; *seltsame Einfälle haben*); **jmdm. -n in den Kopf setzen** (ugs.; ↑Floh 1). **2. a)** kurz für ↑Planierraupe; **b)** *Raupenkette.* **3.** *aus Metallfäden geflochtenes Achselstück an Uniformen.*

rau|pen|ähn|lich ⟨Adj.⟩: *raupenartig.*

rau|pen|ar|tig ⟨Adj.⟩: *wie eine Raupe* (1) *[aussehend].*

Rau|pen|fahr|zeug, das: *Fahrzeug, dessen Räder sich auf einem endlosen Band von Kettengliedern bewegen.*

Rau|pen|fraß, der: *Fraß* (2) *von Raupen.*

Rau|pen|ket|te, die: *endloses Band aus flachen, metallenen Kettengliedern (bei Raupenfahrzeugen).*

Rau|putz, der (Fachspr.): *Putz* (1) *mit rauer Oberfläche.*

Rau|reif, der: *¹Reif* (1), *dessen einzelne Kristalle gut erkennbar sind.*

raus ⟨Adv.⟩: ugs. für ↑heraus, hinaus.

Rausch, der; -[e]s, Räusche [mhd. rūsch = das Rauschen, rauschende Bewegung, rückgeb. aus ↑rauschen]: **1.** *durch Genuss von zu viel Alkohol, von Drogen o. Ä. hervorgerufener Zustand, in dem eine mehr od. weniger starke Verwirrung der Gedanken u. Gefühle eintritt:* einen leichten, schweren R. haben; sich einen [gehörigen] R. antrinken; sich einen R. kaufen (salopp; *sich vorsätzlich betrinken*); seinen R. ausschlafen; in seinem R. wusste er nicht, was er sagte. **2.** *übersteigerter ekstatischer Zustand; Glücksgefühl, das jmdn. über seine normale Gefühlslage hinaushebt:* ein blinder R. der Leidenschaft; den R. der Geschwindigkeit lieben; im R. des Erfolgs, des Sieges. **3.** (geh.) *betäubende Vielfalt:* ein R. von Farben, Klängen; der Frühling zauberte einen R. von Blüten hervor.

rausch|arm ⟨Adj.⟩ (Technik): *kein starkes Rauschen erzeugend.*

Rausch|bee|re, die [2: der Genuss von diesen Beeren ruft angeblich Rauschzustände hervor; viell. aber auch zu lat. rūscus, ↑Almrausch]: **1.** *(im Hochmoor u. im Gebirge) wachsende Pflanze mit länglichen Blättern u. schwarzblauen, süßlich schmeckenden Beeren.* **2.** *Frucht der Rauschbeere* (1).

Rausch|brand, der ⟨o. Pl.⟩ [man glaubte, die Krankheit werde durch Rauschbeeren hervorgerufen]: *bei Rindern u. Schafen bes. auf sumpfigen Gebirgsweiden auftretende, mit Fieber, Schüttelfrost u. ödemartigen Schwellungen einhergehende, meist tödlich verlaufende Infektionskrankheit.*

rau|schen ⟨sw. V.⟩ [mhd. rūschen, riuschen, wohl lautm.; 4: wohl Nebenf. von veraltet gleichbed. reischen]: **1.** *ein gleichmäßiges, anhaltendes dumpfes Geräusch hören lassen (wie das Laub von Bäumen, wenn es sich im Wind stark bewegt)* ⟨hat⟩: das Meer, der Wald, der Bach rauscht; der Wind rauscht in den Zweigen; die Seide ihres Kleides rauschte; Ü rauschender *(starker)* Beifall; rauschende *(prunkvolle)* Feste; ⟨subst.:⟩ das Rauschen der Brandung; im Radio war nur ein Rauschen zu hören. **2.** *sich irgendwohin bewegen u. dabei ein Rauschen* (1) *verursachen* ⟨ist⟩: das Boot rauscht durch das Wasser; das Wasser rauscht *(fließt mit lautem Geräusch)* in die Wanne. **3.** *sich rasch, mit auffälligem Gehabe o. Ä. irgendwohin begeben* ⟨ist⟩: erhobenen Hauptes rauschte sie aus dem Saal. **4.** (Jägerspr.) *(vom Schwarzwild) brünstig sein* ⟨hat⟩.

Rau|scher, der; -s, - [zu ↑Rausch (1)] (landsch.): *Federweißer.*

Rausch|gift, das: *Stoff* (2 a), *der einen Rauschzustand erzeugt.*

Rausch|gift|be|kämp|fung, die ⟨o. Pl.⟩: *Bekämpfung des Handels mit Rauschgift.*

Rausch|gift|han|del, der: *Handel mit Rauschgift.*

Rausch|gift|sucht, die ⟨o. Pl.⟩: *auf Rauschgift bezogene Sucht* (1).

rausch|gift|süch|tig ⟨Adj.⟩: *an einer Sucht nach Rauschgift leidend.*

Rausch|gift|süch|ti|ge, der u. die: *jmd., der rauschgiftsüchtig ist.*

Rausch|gold, das [zu ↑rauschen in der Bed. »ein Geräusch machen wie vom Wind bewegte Blätter«]: *sehr dünn gewalztes u. gehämmertes Messingblech.*

Rausch|gold|en|gel, der: *kleiner Engel* (1) *aus Rauschgold.*

rausch|haft ⟨Adj.⟩: *in der Art eines Rausches* (2): ein -es Glücksgefühl.

Rausch|mit|tel, das: *Rauschgift.*

Rausch|un|ter|drü|ckung, die ⟨o. Pl.⟩ (Elektronik): *Minderung bzw. Unterdrückung von Störgeräuschen bei der Tonaufzeichnung u. Tonwiedergabe.*

Rausch|zu|stand, der: *durch einen Rausch hervorgerufener (körperlicher, geistiger) Zustand.*

raus|ekeln ⟨sw. V.; hat⟩ (ugs.): *hinausekeln.*

raus|flie|gen ⟨st. V.; ist⟩ (ugs.): **1.** *herausfliegen.* **2.** *hinausfliegen.* **3.** *hinausgeworfen* (2) *werden.*

raus|ge|hen ⟨unr. V.; ist⟩ (ugs.): **1.** *herausgehen.* **2.** *hinausgehen* (1–3).

raus|hal|ten ⟨st. V.; hat⟩ (ugs.): **1.** *heraushalten.* **2.** *hinaushalten.*

raus|ho|len ⟨sw. V.; hat⟩ (ugs.): *herausholen.*

raus|klin|geln ⟨sw. V.; hat⟩ (ugs.): *herausklingeln:* sie haben uns mitten in der Nacht rausgeklingelt.

raus|kom|men ⟨st. V.; ist⟩ (ugs.): **1.** *herauskommen.* **2.** *hinauskommen.*

raus|krie|gen ⟨sw. V.; hat⟩ (ugs.): *herauskriegen.*

raus|las|sen ⟨st. V.; hat⟩ (ugs.): **1.** *herauslassen* (1, 2). **2.** *hinauslassen.*

Räus|pe|rer, der; -s, - (ugs.): *kurzes Räuspern.*

räus|pern, sich ⟨sw. V.; hat⟩ [mhd. riuspern, eigtl. = (im Halse) kratzen]: *durch leichtes Husten o. Ä. den Hals von einem Belag zu befreien suchen:* sich nervös r.; nach einer Weile räusperte sie sich vernehmlich *(machte sie sich durch Räuspern bemerkbar)*; ⟨subst.:⟩ man hörte ein lautes Räuspern.

raus|rei|ßen ⟨st. V.; hat⟩ (ugs.): *herausreißen.*

raus|rü|cken ⟨sw. V.; hat/ist⟩ (ugs.): **1.** *herausrücken.* **2.** *hinausrücken* (1 a, 2 a, c).

raus|schmei|ßen ⟨st. V.; hat⟩ (ugs.): *rauswerfen.*

Raus|schmei|ßer, der (ugs.): **1.** *jmd., der unerwünschte Gäste (in einem Lokal) zum Gehen zwingt.* **2.** *letzter Tanz (eines Balles o. Ä.).*

Raus|schmei|ße|rin, die: w. Form zu ↑Rausschmeißer (1).

Raus|schmiss, der (ugs.): *Hinauswurf.*

raus|wer|fen ⟨st. V.; hat⟩ (ugs.): **1.** *herauswerfen* (1). **2.** *hinauswerfen.*

¹Rau|te, die; -, -n [mhd. rūte, ahd. rūta < lat. ruta]: *Pflanze mit Öl enthaltenden Blättern u. gelben od. grünlichen Blüten.*

²Rau|te, die; -, -n [mhd. rūte, H. u.] (Geom.): *Rhombus.*

Rau|ten|blatt, das: *Blatt der ¹Raute.*

Rau|ten|flä|che, die (Geom.): **1.** *Fläche einer ²Raute.* **2.** *aus mehreren ²Rauten konstruierte Fläche.*

rau|ten|för|mig ⟨Adj.⟩: *von der Form einer ²Raute.*

Rau|ten|ge|wächs, das: *¹Raute.*

Rau|ten|mus|ter, das (Handarb.): *rautenförmiges Strickmuster.*

rau|tiert ⟨Adj.⟩ [zu ↑²Raute] (Fachspr.): *(von Papier) durch aufgedruckte waagerechte u. senkrechte Linien in gleichmäßige Rechtecke aufgegliedert.*

Rau|wa|re, die ⟨meist Pl.⟩: **1.** (landsch.) *Rauchware.* **2.** (Textilind.) *aufgerautes Gewebe.*

Rave [reɪv], das od. der; -[s], -s [engl. rave, zu: to rave = toben; fantasieren, viell. aus dem Afrz.] (bes. Jugendspr.): *Fete, Party (bes. Technoparty).*

ra|ven [ˈreɪvn̩] ⟨sw. V.; hat⟩: *an einem Rave teilnehmen.*

Ra|ven|na: Stadt in Italien.

Ra|ver [ˈreɪvɐ], der; -s, -: *jmd., der häufig zu Raves geht.*

Ra|ve|rin, die; -, -nen: w. Form zu ↑Raver.

Ra|vi|o|li ⟨Pl.⟩ [ital. ravioli (mundartl. rabiole), eigtl. = kleine Rüben, zu lat. rapa = Rübe] (Kochk.): *mit Fleisch od. Gemüse gefüllte kleine Teigtaschen aus Nudelteig.*

Ra|yé [rɛˈjeː], der; -[s], -s [zu frz. rayé = gestreift]: *Gewebe mit feinen Längsstreifen.*

Ray|gras: ↑Raigras.

Ra|yon [rɛˈjõː, österr. meist: raˈjoːn], der; -s, -s [frz. rayon, eigtl. = Honigwabe, zu afrz. ree, aus dem Germ.]: **1.** (schweiz., sonst selten) *Abteilung eines Warenhauses.* **2.** (österr., schweiz., sonst veraltet) *[Dienst]bezirk, für den jmd. zuständig ist.*

Raz|zia, die; -, ...ien, seltener: -s [frz. razzia < arab. (algerisch) ġāziya^h, zu: ġazwa^h = Kriegszug]: *überraschende örtlich begrenzte Fahndungsaktion der Polizei:* eine R. veranstalten, durchführen; [eine] R. [auf Dealer] machen.

Rb = Rubidium.

RB = Regionalbahn.

Rbl = Rubel.

rd. = rund.

re [ital.]: *Silbe, auf die beim Solmisieren der Ton d gesungen wird.*

Re = Rhenium.

¹Re, das; -s, -s [wohl gekürzt aus älter Rekontra, aus lat. re- = wieder, zurück u. ↑Kontra] (Skat): *Erwiderung des Spielers auf ein Kontra, nach der das Spiel vierfach gezählt wird.*

²Re: -s: ägyptischer Sonnengott.

RE = Regionalexpress.

re- [lat. re- = wieder, zurück]: drückt in Bildungen mit Verben aus, dass etw. wieder rückgängig gemacht, in den Ausgangszustand zurückgeführt oder von neuem hervorgerufen wird: rebarbarisieren, redemokratisieren, repolitisieren.

Rea|der [ˈriːdɐ], der; -s, - [engl. reader, zu: to read = lesen]: *[Lese]buch (zu einem bestimmten Thema) mit Auszügen aus der [wissenschaftlichen] Literatur u. verbindenden Texten.*

Rea|dy|made [ˈrɛdɪmeɪd], (auch:) **Rea|dy-made,** das; -, -s [engl. ready-made = (gebrauchs)fertig Gemachtes, Fertig-] (Kunstwiss.): *alltäglicher Gegenstand, der vom Künstler zum Kunstwerk erhoben wird.*

Re|a|gens [...gɛns], das; -, ...genzien, **Re|a|genz,** das; -es, -ien [zu ↑reagieren] (Chemie): *Stoff, der* *chemische Reaktionen bewirkt u. dadurch zum Nachweis von Elementen u. Verbindungen dient.*

Re|a|genz|glas, das ⟨Pl. ...gläser⟩: *zylindrisches Röhrchen mit abgerundetem Boden für chemische Untersuchungen o. Ä.; Probierglas* (2).

Re|a|gen|zi|en: Pl. von ↑Reagens u. ↑Reagenz.

re|a|gie|ren ⟨sw. V.; hat⟩ [zu lat re- = wieder, zurück u. agere, ↑agieren]: **1.** *auf etw. (bes. einen bestimmten Reiz) in irgendeiner Weise eine Wirkung zeigen, ansprechen:* [auf etw.] falsch, prompt, spontan, heftig, trotzig, sauer r.; nicht schnell genug r.; jeder Organismus reagiert anders [auf dieses Medikament]. **2.** (Chemie) *eine chemische Reaktion eingehen; auf etw. einwirken:* basisch r.

Re|ak|tanz, die; -, -en (Elektrot.): *Widerstand des Wechselstroms, der nur durch induktiven u. kapazitativen Widerstand bewirkt wird.*

Re|ak|ti|on, die; -, -en [zu lat. re- = wieder, zurück u. ↑Aktion; 3: nach frz. réaction]: **1.** *das Reagieren* (1): eine spontane R.; seine erste R. war Verblüffung; eine R. auslösen, beobachten; keine R. zeigen. **2.** (Chemie) *Umwandlung chemischer Elemente od. Verbindungen in andere Verbindungen od. Elemente mit völlig neuer Zusammensetzung u. völlig anderen Eigenschaften:* eine [chemische] R. findet statt. **3.** ⟨o. Pl.⟩ (abwertend) **a)** *Versuch, überholte gesellschaftliche Verhältnisse gegen Änderungsabsichten (reformerischer od. revolutionärer Art) zu verteidigen;* **b)** *die fortschrittsfeindlichen politischen Kräfte:* die Fronten der R.

re|ak|ti|o|när ⟨Adj.⟩ [frz. réactionnaire, zu: réaction, ↑Reaktion (3)] (abwertend): *an nicht mehr zeitgemäßen [politischen] Verhältnissen festhaltend:* -e Ziele verfolgen; als r. gelten.

Re|ak|ti|o|när, der; -s, -e [frz. réactionnaire] (abwertend): *jmd., der reaktionäre Ziele verfolgt.*

Re|ak|ti|o|nä|rin, die; -, -nen: w. Form zu ↑Reaktionär.

re|ak|ti|ons|fä|hig ⟨Adj.⟩: **1.** *fähig zu reagieren* (1): [nicht mehr] r. sein. **2.** (Chemie) *fähig, eine Reaktion* (2) *einzugehen:* -e Elemente.

Re|ak|ti|ons|ge|schwin|dig|keit, die: *Geschwindigkeit, mit der sich ein chemischer Vorgang vollzieht.*

re|ak|ti|ons|schnell ⟨Adj.⟩: *schnell reagierend.*

Re|ak|ti|ons|ver|mö|gen, das: *Reaktionsfähigkeit:* der Genuss von Alkohol schränkt das R. stark ein.

Re|ak|ti|ons|zeit, die (Physiol.): *Latenz* (2).

re|ak|tiv ⟨Adj.⟩: **1.** (Psych.) *als Reaktion auf einen Reiz auftretend:* -e Abwehrhandlungen. **2.** (Chemie) *reaktionsfähig* (2).

re|ak|ti|vie|ren ⟨sw. V.; hat⟩ [nach frz. réactiver, aus: ré- (< lat. re- = wieder) u. activer, ↑aktivieren]: **1. a)** *jmdn., der bereits im Ruhestand ist, wieder anstellen, in Dienst nehmen:* ein reaktivierter Staatssekretär; **b)** *wieder in Tätigkeit setzen, in Gebrauch nehmen:* ein ausgemustertes Kriegsschiff r. **2.** (Chemie) *chemisch wieder wirksam machen.* **3.** (Med.) *die normale Funktion eines Körperteils, der vorübergehend ruhig gestellt werden musste, wieder herstellen.*

Re|ak|ti|vie|rung, die; -, -en: *das Reaktivieren; das Reaktiviertwerden.*

Re|ak|ti|vi|tät, die; -, -en: **1.** (Psych.) *das Reaktivsein* (1). **2.** (Kernphysik) *Maß für die Abweichung eines Kernreaktors vom kritischen Zustand.*

Re|ak|tor, der; -s, ...oren [engl. reactor] (Physik): **1.** *Kernreaktor.* **2.** *Vorrichtung, in der eine physikalische od. chemische Reaktion abläuft.*

Re|ak|tor|kern, der: *Core.*

Re|ak|tor|phy|sik, die: *Teilgebiet der Kernphysik, das die Vorgänge in Reaktoren behandelt.*

Re|ak|tor|tech|nik, die ⟨o. Pl.⟩: *Teilbereich der Technik, der sich mit den technischen Problemen in Reaktoren befasst.*

Re|ak|tor|un|fall, der: *mehr od. weniger gravierende Störung im Betrieb eines Kernreaktors.*

re|al ⟨Adj.⟩ [spätlat. realis = sachlich, wesentlich, zu lat. res = Sache, Ding]: **1.** (bildungsspr.) *in der Wirklichkeit, nicht nur in der Vorstellung so vorhanden; gegenständlich:* die -e Welt; -e Grundlagen, Werte; der -e, r. existierende Sozialismus (DDR; *der [in den sozialistischen Ländern] verwirklichte Sozialismus*). **2.** *mit der Wirklichkeit in Zusammenhang stehend; realistisch, sachlich, nüchtern:* -e Pläne; eine Entwicklung r. einschätzen; eine r. denkende Politikerin. **3.** (Wirtsch.) *unter dem Aspekt der Kaufkraft, nicht zahlenmäßig, nicht dem Nennwert nach:* die -en Einkommen der Arbeitnehmer.

Re|al, der; -s, (span.:) -es u. (port.:) Reis [span., port. real, unter Einfluss von span. rey, port. rei = König zu lat. regalis = königlich, zu: rex, ↑[1]Rex]: *alte spanische u. portugiesische Münze.*

Re|al|akt, der: **1.** (Rechtsspr.) *rein tatsächliche, nicht rechtsgeschäftliche Handlung, die lediglich auf einen äußeren Erfolg gerichtet ist, an den jedoch vom Gesetz Rechtsfolgen geknüpft sind* (z. B. der Erwerb eines Besitzes). **2.** (österr. Amtsspr.) *gerichtliche Handlung, die ein Grundstück betrifft.*

Re|al|de|fi|ni|ti|on, die (Philos.): *Definition des Wesens einer Sache.*

Re|al|ein|kom|men, das (Wirtsch.): *(als Summe angegebenes) Einkommen unter dem Aspekt der Kaufkraft.*

Re|al|en|zy|klo|pä|die, die: *Reallexikon.*

Re|al|gar, der; -s, -e [frz. réalgar, wohl < span. rejalgar < arab. rahğ al-ğār = Staub der Höhle]: *rötliches, glänzendes, arsenhaltiges Mineral.*

Re|a|li|en ⟨Pl.⟩: **1.** *wirkliche Dinge, Tatsachen.* **2.** *Sachkenntnisse.* **3.** (veraltet) *Naturwissenschaften als Grundlage der Bildung u. als Lehrfächer.*

Re|a|lign|ment [ˈriːəˈlaɪnmənt], das; -s, -s [engl. realignment, aus: re- = wieder u. alignment = Anordnung] (Wirtsch.): *neue Festsetzung von Wechselkursen nach einer Zeit des Floatings.*

Re|a|li|sa|ti|on, die; -, -en [frz. réalisation, zu: réaliser, ↑realisieren]: **1.** *Realisierung.* **2.** (Film, Ferns.) *Herstellung, Inszenierung eines Films od. einer Fernsehsendung.* **3.** (Sprachw.) *Umsetzung einer abstrakten, theoretisch konstruierten Einheit des Sprachsystems in eine konkrete Äußerung.*

Re|a|li|sa|tor, der; -s, ...oren: **1.** (Film, Ferns.) *Hersteller, Autor, Regisseur eines Films od. einer Fernsehsendung.* **2.** (Biol.) *geschlechtsbestimmender Faktor in den Fortpflanzungszellen vieler Pflanzen, Tiere u. des Menschen* (z. B. Geschlechtschromosom des Menschen).

Re|a|li|sa|to|rin, die; -, -nen: w. Form zu ↑Realisator (1).

re|a|li|sier|bar ⟨Adj.⟩: *sich realisieren* (1) *lassend:* nicht -e Hoffnungen; dieses Projekt ist nicht r.

re|a|li|sie|ren ⟨sw. V.; hat⟩ [1. frz. réaliser, zu: réel < spätlat. realis, ↑real; 2. nach engl. to realize]: **1.** (bildungsspr.) **a)** *etw., einen Plan, eine Idee o. Ä. in die Tat umsetzen:* Ideen, Ziele, ein Programm r.; dieses Vorhaben ist technisch nicht zu r.; **b)** ⟨r. + sich⟩ *realisiert* (1a) *werden.* **2.** *(in einem Prozess der Bewusstmachung) erkennen, einsehen, begreifen.* **3.** (Wirtsch.) *in Geld umsetzen, umwandeln:* Gewinne, stille Reserven r. **4.** (Sprachw.) *eine Realisation* (3) *vornehmen.*

Re|a|li|sie|rung, die; -, -en ⟨Pl. selten⟩: *das Realisieren; das Realisiertwerden.*

Re|a|lis|mus, der; -, ...men: **1.** ⟨o. Pl.⟩ **a)** *Wirklichkeitssinn;* **b)** (selten) *ungeschminkte Wirklichkeit; Realität:* der R. des Alltagslebens. **2. a)** *mit der Wirklichkeit übereinstimmende, die Wirklichkeit nachahmende künstlerische Darstellung[sweise] in Literatur u. bildender Kunst;* **b)** ⟨o. Pl.⟩ *Stilrichtung in Literatur u. bildender Kunst, die sich des Realismus* (2 a), *der wirklichkeitsgetreuen Darstellung bedient:* sozialistischer R. (*in der Kunst der sozialistischen Staaten die wahrheitsgetreue historisch-konkrete Darstellung der Wirklichkeit in ihrer revolutionären Entwicklung, verbunden mit der Aufgabe der ideologischen Erziehung der Werktätigen im Geiste des Sozialismus;* russ. socialistitscheski realism); fantastischer R. *(Mitte der 1950er-Jahre aufgekommene Richtung der Malerei, die, vertreten bes. durch die Wiener Schule, die Realität vor allem durch fantastische Gestalten u. Ä. verfremdet);* **c)** *Periode des Realismus* (2 b), *bes. die der europäischen Literatur in der Zeit zwischen 1830 u. 1880.* **3.** ⟨o. Pl.⟩ (Philos.) *Denkrichtung, nach der eine unabhängig vom Bewusstsein existierende Wirklichkeit angenommen wird, zu deren Erkenntnis man durch Wahrnehmung u. Denken kommt:* naiver R. (Philos.; *Auffassung, nach der die Außenwelt so besteht, wie sie wahrgenommen wird*); kritischer R. (Philos.; *Auffassung, nach der die Beziehung Erkenntnis–Wirklichkeit als problematisch gilt, da Gegenstände immer nur über ihre vorstellungsmäßigen Abbilder gegeben sind*).

Re|a|list, der; -en, -en: **1.** *jmd., der die Gegebenheiten des täglichen Lebens nüchtern u. sachlich betrachtet u. sich in seinem Handeln danach richtet; Wirklichkeitsmensch:* [ein] R. sein. **2.** *Vertreter des Realismus* (2 a, 3).

Re|a|lis|tik, die; -: *Bezug auf die Realität, bes. in der Darstellung bestimmter Verhältnisse; ungeschminkte Darstellung der Wirklichkeit.*

Re|a|lis|tin, die; -, -nen: w. Form zu ↑Realist.

re|a|lis|tisch ⟨Adj.⟩: **1. a)** *der Wirklichkeit entsprechend; lebensecht u. wirklichkeitsnah:* eine -e Schilderung; etw. r. darstellen; **b)** *sachlich-nüchtern; ohne Illusion u. Gefühlsregung:* ein -er Mensch; etw. r. betrachten. **2.** *den Realismus* (2) *betreffend, ihm entsprechend:* ein -es Drama.

Re|a|li|tät, die; -, -en [frz. réalité < mlat. realitas]: **1.** ⟨o. Pl.⟩ *Wirklichkeit:* die R. sieht nicht so aus. **2.** ⟨o. Pl.⟩ *reale* (1) *Seinsweise:* die R. der platonischen Ideen. **3.** *tatsächliche Gegebenheit, Tatsache:* die [wirtschaftlichen] -en sehen. **4.** ⟨Pl.⟩ (österr.) *Immobilien.*

re|a|li|täts|fern ⟨Adj.⟩: *sich nicht an den Gegebenheiten orientierend; nicht realistisch* (1): -e Pläne.

Re|a|li|täts|fer|ne, die: *das Realitätsfernsein.*

re|a|li|täts|nah ⟨Adj.⟩: *sich an den Gegebenheiten orientierend:* -e Ansichten, Pläne.

Re|a|li|täts|prin|zip, das ⟨o. Pl.⟩ (Psych.): *Prinzip des Verhaltens, bei dem der psychische Antrieb vom Streben nach einer Anpassung an die Erfordernisse der Umwelt bestimmt wird.*

Re|a|li|täts|sinn, der ⟨o. Pl.⟩: *Sinn für die Realität* (1).

Re|a|li|täts|ver|lust, der ⟨o. Pl.⟩: *Verlust des Bezugs zur Realität* (1).

re|a|li|ter ⟨Adv.⟩ [spätlat. realiter] (bildungsspr.): *in Wirklichkeit.*

Re|a|li|ty|show [rɪˈælɪtɪ...], (auch:) **Re|a|li|ty-Show,** die; -, -s [aus engl. reality = Realität u. ↑Show]: *Unterhaltungssendung im Fernsehen, die tatsächlich geschehene Unglücksfälle live zeigt bzw. nachgestellt darbietet.*

Re|a|li|ty-TV, das; -[s]: *Sparte des Fernsehens, in der Realityshows o. Ä. produziert werden.*

Re|al|ka|pi|tal, das (Wirtsch.): *in Sachwerten (z. B. Grundstücken, Maschinen o. Ä.) bestehendes Kapital eines Unternehmens.*

Re|al|ka|ta|log, der (Bibliothekswesen): *systematisch nach Sachgebieten geordnetes Verzeichnis von Büchern.*

Re|al|kre|dit, der (Geldw.): *Kredit, bei dem der Schuldner mit Immobilien od. anderen Vermögenswerten für die Rückzahlung bürgt.*

Re|al|le|xi|kon, das: *Lexikon, das die Sachbegriffe einer Wissenschaft od. eines Wissenschaftsgebietes behandelt; Sachwörterbuch, -lexikon.*

Re|al|lohn, der (Wirtsch.): vgl. Realeinkommen.

Re|a|lo, der; -s, -s (Jargon): *Angehöriger der Partei der Grünen, der sich in seinen Grundsätzen (im Unterschied zum Fundamentalisten) an den realen Gegebenheiten orientiert.*

Re|al|ob|li|ga|ti|on, die (Geldw.): *durch reale Vermögenswerte gesicherte Schuldverschreibung* (z. B. Hypothekenpfandbrief).

Re|al|po|li|tik, die: *Politik, die vom Möglichen ausgeht u. auf abstrakte Programme u. ideale Postulate verzichtet.*

Re|al|prä|senz, die (bes. ev. Theol.): *wirkliche Gegenwart Christi in Brot u. Wein beim Abendmahl.*
Re|al|sa|ti|re, die: *reales Geschehen, Vorgang in der Realität, der satirische Züge trägt.*
Re|al|schu|le, die: *Schule, die auf der Grundschule aufbaut und zur mittleren Reife führt.*
Re|al|schü|ler, der: *Schüler einer Realschule.*
Re|al|schü|le|rin, die: w. Form zu ↑Realschüler.
Re|al|steu|er, die (Steuerw.): *Steuer, für deren Eintritt u. Umfang ein bestimmter Besitz u. gegebenenfalls dessen Ertrag ohne Berücksichtigung der persönlichen Verhältnisse des Eigentümers maßgebend sind.*
Real-Time-Sys|tem [ˈrɪəlˈtaɪm...], das; -s [zu engl. real time = Echtzeit, aus: real = wirklich, real u. time = Zeit] (EDV): *Betriebsart einer elektronischen Rechenanlage, bei der eine Verarbeitung der Daten sofort u. unmittelbar erfolgt.*
Re|al|uni|on, die: *Verbindung zweier staatsrechtlich selbstständiger Staaten durch ein Staatsoberhaupt u. die [verfassungsrechtlich verankerte] Gemeinsamkeit staatlicher Institutionen.*
Re|al|wert, der: *tatsächlicher Wert.*
Re|ani|ma|ti|on, die; -, -en [zu lat. re- = wieder u. animatio, ↑Animation] (Med.): *Wiederbelebung erloschener Lebensfunktionen durch künstliche Beatmung, Herzmassage o. Ä.*
re|ani|mie|ren ⟨sw. V.; hat⟩ (Med.): *wieder beleben.*
Re|ani|mie|rung, die; -, -en (Med.): *Reanimation.*
re|as|su|mie|ren ⟨sw. V.; hat⟩ [zu lat. re- = wieder u. assumere, ↑assumieren] (Rechtsspr. veraltet): *ein Verfahren wieder aufnehmen.*
Re|au|mur [ˈreːomyːɐ̯; nach dem frz. Physiker R. A. Ferchault de Réaumur (1683–1757)] (Physik): *Gradeinheit auf der Reaumurskala* (Zeichen: R).
Re|au|mur|ska|la, die (Physik): *Temperaturskala, bei der der Abstand zwischen Gefrier- u. Siedepunkt des Wassers in 80 gleiche Teile unterteilt ist.*
Rẹb|bach: ↑Reibach.
Rẹb|bau, der ⟨o. Pl.⟩ [zu ↑Rebe] (schweiz.): *Weinbau.*
Rẹb|berg, der [zu ↑Rebe] (schweiz.): *Weinberg.*
Re|be, die; -, -n [mhd. rebe, ahd. reba, H. u.]: **1.** *Weinrebe.* **2.** (geh.) *Weinstock.*
Re|bẹll, der; -en, -en [frz. rebelle = Rebell; rebellisch < lat. rebellis, eigtl. = den Krieg erneuernd, zu: bellum = Krieg]: **1.** *jmd., der sich an einer Rebellion* (1) *beteiligt; Aufständischer:* die -en haben den Fernsehsender besetzt. **2.** (bildungsspr.) *jmd., der aufbegehrt, sich widersetzt:* er ist von jung an ein R. gewesen.
re|bel|lie|ren ⟨sw. V.; hat⟩ [(frz. rebeller <) lat. rebellare]: **1.** *sich gegen einen bestehenden Zustand, bestehende Verhältnisse od. gegen jmdn. offen auflehnen u. gewaltsam eine Änderung herbeizuführen suchen:* gegen den Diktator r.; die Gefangenen rebellierten gegen die unmenschliche Behandlung. **2.** (bildungsspr.) *aufbegehren, sich widersetzen:* der linke Flügel in der Partei rebellierte [gegen die Beschlüsse]; Ü mein Magen rebelliert *(reagiert mit deutlichen Beschwerden).*
Re|bẹl|lin, die; -, -nen: w. Form zu ↑Rebell.
Re|bel|li|on, die; -, -en [(frz. rébellion <) lat. rebellio]: **1.** *das Rebellieren* (1); *Aufstand, offene Auflehnung einer kleineren Gruppe:* eine bewaffnete R.; eine R. flackerte auf; eine R. unterdrücken, niederschlagen; es kam zur offenen R. **2.** (bildungsspr.) *Aufbegehren, das Sichwidersetzen.*
re|bẹl|lisch ⟨Adj.⟩: **1.** *rebellierend* (1), *aufständisch:* -e Truppen, Soldaten; -e *(meuternde)* Matrosen. **2.** *aufbegehrend, sich auflehnend; voller Auflehnung:* die -e Jugend; du machst ja das ganze Haus r.! *(schreckst alle auf u. versetzt sie in Unruhe);* r. werden *(etw. als unzumutbar empfinden u. seiner Empörung Ausdruck geben);* Ü mein Magen, meine Galle wird r. *(reagiert mit deutlichen Beschwerden, Störungen).*
Re|ben|blü|te, die: **1.** *Blüte der Rebe.* **2.** *das Blühen der Rebe; Zeit, in der die Rebe blüht.*
Re|ben|saft, der ⟨o. Pl.⟩ (geh.): *Wein.*
Reb|huhn [ˈreːp..., auch: ˈrɛp...], das; -[e]s, ...hühner [mhd., ahd. rephuon, 1. Bestandteil ein untergegangenes Farbadj. mit der Bed. »rotbraun, scheckig«, also eigtl. = rotbraunes od. scheckiges Huhn]: *Feldhuhn mit erdbrauner Oberseite, rotbraunem Schwanz u. großem braunem Fleck auf der grauen Brust.*
Reb|laus, die: *Blattlaus, die Blätter u. Wurzeln des Weinstocks befällt.*
Reb|ling, der; -s, -e (Weinbau): *Schössling des Weinstocks.*
Re|bound [riˈbaunt], der; -s, -s [engl. rebound, eigtl. = Rückschlag, -stoß] (Basketball): **1.** *vom Brett od. Korbring abprallender Ball:* der Spieler konnte den R. im Nachsetzen verwandeln. **2.** *Kampf um den Rebound* (1): die Mannschaft war im R. sehr stark.
Reb|pfahl, der (Weinbau): *Pfahl, der den rankenden Trieben der Rebe Halt geben soll.*
Re|break [ˈriːbreɪk], der od. das; -s, -s [aus engl. re- = wieder u. ↑Break] (Tennis): *Break* (1b), *das man nach einem gegnerischen Break erzielt.*
Reb|schnitt, der (Weinbau): *Schnitt* (1) *der Nebentriebe am Weinstock.*
Reb|schnur [spätmhd., rēbsnuor, aus: rēb- (in Zus.) = Reep u. snuor = Schnur; tautologisch] (österr.): ↑Reepschnur.
Reb|sor|te, die: *Sorte der kultivierten Weinrebe.*
Reb|stock, der: *Weinstock.*
Re|bus, der od. das; -, -se [frz. rébus < lat. (de) rebus (quae geruntur) = (von) Sachen (die sich ereignen)]: *Bilderrätsel* (1).
Rec. = recipe.
Re|cei|ver [riˈsiːvɐ], der; -s, - [engl. receiver, zu: to receive = empfangen, über das Afrz. < lat. recipere, ↑rezipieren]: **1.** (Rundfunkt.) *Kombination von Rundfunkempfänger u. Verstärker für Hi-Fi-Wiedergabe.* **2.** (Tennis, Tischtennis, Badminton) *Spieler, der den Ball, bes. den Aufschlag, in die gegnerische Spielhälfte zurückschlägt.*
Re|chaud [reˈʃoː], der od. das; -s, -s [frz. réchaud, zu: réchauffer = (wieder) erwärmen, zu: ré- (< lat. re- = wieder) u. échauffer, ↑echauffieren]: **1.** *[mit Kerze od. Spiritusbrenner] beheizte Vorrichtung zum Warmhalten von Speisen od. Getränken.* **2.** (südd., österr., schweiz.) *[Gas]kocher.*
re|chen ⟨sw. V.; hat⟩ [mhd. rechen, ahd. (be)rehhan = zusammenscharren, kratzen] (südd., md., österr., schweiz.): *harken.*
Re|chen, der; -s, - [mhd. reche, ahd. rehho, zu ↑rechen]: **1.** (südd., md., österr., schweiz.) *Harke.* **2.** (landsch.) *Brett mit Kleiderhaken.* **3.** *gitterähnliche Vorrichtung in einem Bach, Fluss, die vom Wasser mitgeführte Gegenstände abfangen soll.*
Re|chen|an|la|ge, die: *Daten verarbeitende Anlage, die u. a. zur Ausführung umfangreicher u. komplizierter Berechnungen dient.*
Re|chen|art, die: *Art des rechnerischen Operierens mit Zahlen nach den Gesetzen der Arithmetik.*
Re|chen|auf|ga|be, die: *Aufgabe, bes. Schulaufgabe im Rechnen.*
Re|chen|brett, das (früher): *als Hilfsmittel beim Rechnen benutztes Brett mit bestimmter Einteilung, auf dem man durch Verschieben von Steinen Rechnungen ausführen kann.*
Re|chen|feh|ler, der: *Fehler beim Rechnen.*
Re|chen|ge|rät, das: vgl. Rechenmaschine.
Re|chen|heft, das: *Heft [mit kariertem Papier] für Rechenaufgaben.*
Re|chen|kunst, die: *Kunst* (2) *des [Kopf]rechnens.*
Re|chen|ma|schi|ne, die: **1.** *Gerät, mit dem (mechanisch od. elektronisch) Rechnungen ausgeführt werden können:* eine mechanische, elektronische, elektrische R. **2.** *als Hilfsmittel beim Rechnen benutztes einfaches Gerät, das aus einem Rahmen mit hineingespannten dicken Drähten u. aufgereihten verschiebbaren Kugeln besteht.*
Re|chen|ope|ra|ti|on, die: **1.** (Fachspr.) *rechnerische Operation.* **2.** (Math.) *Rechenart.*
Re|chen|schaft, die; - [spätmhd. (md.) rechinschaft = (Geld)berechnung, Rechnungsablegung]: *nähere Umstände od. Gründe anführende Auskunft, die man jmdm. über etw. gibt, wofür man verantwortlich ist:* sie musste ihrem Mann über ihr Handeln R. geben; er musste [vor ihr] über jeden Pfennig R. ablegen; man verlangte von dem Minister R. über die Missstände in der Wirtschaft; über sein Privatleben ist man dem Chef keine R. schuldig; jmdn. [für etw.] zur R. ziehen *(jmdn. [für etw.] zur Verantwortung ziehen).*
Re|chen|schafts|be|richt, der: *Bericht, in dem Rechenschaft abgelegt wird:* einen R. geben.
Re|chen|schei|be, die: *nach dem Prinzip des Rechenschiebers funktionierendes Rechengerät in Form einer kreisförmigen Scheibe mit konzentrisch angeordneten Skalen.*
Re|chen|schie|ber, der: *stabförmiges Rechengerät mit gegeneinander verschiebbaren, logarithmisch eingeteilten Skalen.*
Re|chen|ta|fel, die: **1.** *als Hilfsmittel beim Rechnen dienende Tafel mit den tabellarisch od. grafisch dargestellten Zahlenwerten einer od. mehrerer wichtiger Funktionen* (z. B. Logarithmentafel). **2.** *Rechenbrett.*
Re|chen|ver|fah|ren, das: *Rechenart.*
Re|chen|werk, das (EDV): *Teil einer Rechenanlage, die entsprechend den aus dem Leitwerk* (2) *übermittelten Befehlen bestimmte rechnerische Operationen ausführt.*
Re|chen|zen|trum, das: *mit großen Rechenanlagen u. a. ausgerüstete zentrale Einrichtung zur Ausführung umfangreicher Berechnungen im Rahmen der Datenverarbeitung.*
Re|cher|che [reˈʃɛrʃə], die; -, -n ⟨meist Pl.⟩ [frz. recherche, zu: rechercher, ↑recherchieren]: *Ermittlung, Nachforschung:* eingehende, sorgfältige, oberflächliche -n; die -n haben nichts ergeben, sind ergebnislos geblieben; [über einen Fall, über jmdn.] -n anstellen; die -n einstellen, aufgeben.
re|cher|chie|ren ⟨sw. V.; hat⟩ [frz. rechercher, eigtl. = noch einmal (auf)suchen, zu: re- (< lat. re- = wieder) u. chercher = suchen < spätlat. circare = umkreisen, durchstreifen]: **a)** *Ermittlungen, Nachforschungen anstellen:* sorgfältig, gründlich, schlampig r.; **b)** *durch Recherchen aufdecken, herausfinden, ermitteln:* einen Fall, die Hintergründe eines Falles mühsam r.
rech|nen ⟨sw. V.; hat⟩ [mhd. rech(en)en, ahd. rehhanōn, urspr. = in Ordnung bringen, ordnen, zu einem Adj. mit der Bed. »ordentlich«, verw. mit ↑recht]: **1. a)** *Zahlen[größen] verknüpfen u. nach Anwendung eines der Verknüpfungsart entsprechenden Verfahrens eine Zahl[engröße] od. Zahlenverbindung als jeweiliges Ergebnis der Verknüpfung ansetzen:* richtig, falsch, schriftlich, im Kopf, mit dem Rechenschieber r.; der Computer rechnet Millionen Mal schneller als ein Mensch; stundenlang an einer Aufgabe r.; mit/in großen Beträgen, mit Buchstaben, mit einer Unbekannten r.; der Lehrer rechnet mit den Kindern *(übt mit den Kindern rechnen);* ⟨auch mit Akk.-Obj.:⟩ eine Aufgabe r. *(rechnend bearbeiten, lösen);* ⟨subst.:⟩ er hat in Rechnen eine Eins; **b)** *rechnen* (1 a), *zählen, indem man von etw. ausgeht, etw. als Einheit, Ausgangspunkt usw. benutzt:* in Schillingen r.; nach Lichtjahren r.; wir rechnen von Christi Geburt an *(unsere Zeitrechnung geht von dem als Geburtsjahr Christi angenommenen Jahr aus);* vom ersten April an gerechnet, ist es jetzt sieben Wochen her; etw. zu etw. r. *(addieren);* ⟨auch mit Akk.-Obj.:⟩ wir rechnen *(messen)* die Entfernung nach/in Lichtjahren; **c)** (ugs.) *(aufgrund einer Berechnung) ansetzen; berechnen:* wie viel hast du für Verpflegung gerechnet? **2.** *haushalten, sparsam wirtschaften:* sie kann r., versteht, weiß zu r.; mit jedem Pfennig r. müssen. **3. a)** *[rechnend] schätzen; veranschlagen:* für den Rückweg müssen wir mindestens zwei

Stunden r.; alles in allem gerechnet, hat es uns fast tausend Mark gekostet; **b)** *veranschlagen u. berücksichtigen:* selbst wenn ich meine Zeit überhaupt nicht rechne, lohnt sich so eine Reparatur nicht; ich rechne es mir zur Ehre (geh.; *rechne es mir als Ehre an*); **c)** *aufgrund bestimmter Überlegungen, Erwägungen annehmen; kalkulieren* (2 b): ein klug rechnender Kopf *(abwägender, überlegender Mensch);* aber wir hatten nicht mit seiner Maßlosigkeit gerechnet *(wir hatten nicht gedacht, dass er sich als so maßlos erweisen würde).* **4. a)** *jmdn., etw. zu jmdm., etw. zählen; einbeziehen:* jmdn. unter die Fachleute r.; jmdn. zu seinen Freunden r.; **b)** *zu jmdm., etw. zu zählen sein, zählen, gehören:* die Delphine rechnen zu den Walen; zu den Wohlhabenden r.; **c)** *als dazugehörend u. als wichtig in Betracht kommen, zu berücksichtigen sein; zählen:* das bisschen rechnet doch nicht; die paar Ausreißer rechnen nicht. **5. a)** *auf jmdn., etw. bauen, sich verlassen:* sie ist ein Mensch, auf den man r. kann; du kannst auf mich, auf meine Diskretion r.; er rechnet auf meine Hilfe; **b)** *als möglich u. wahrscheinlich annehmen, erwarten:* mit jmds. Erscheinen, mit einer guten Note r.; ich hatte mit einer Antwort, mit ihm schon gar nicht mehr gerechnet; wir hatten mit mehr Besuchern/(seltener:) auf mehr Besucher gerechnet; mit allem, mit dem Schlimmsten r.; damit hatten selbst die größten Optimisten nicht gerechnet. **6.** ⟨r. + sich⟩ (ugs.) *sich wirtschaftlich, finanziell lohnen, rentieren, einen Gewinn einbringen.*

Rẹch|ner, der; -s, - [1: mhd. (md.) rechenære]: **1.** *jmd., der in bestimmter Weise rechnet bzw. rechnen kann:* ein guter, schlechter R.; ein nüchterner R. sein *(nüchtern kalkulieren).* **2.** (EDV) *elektronisches Rechengerät od. elektronische Rechenanlage, Computer:* ein kleiner, großer, leistungsfähiger, moderner R.; die Anlage wird von einem R. gesteuert.

Rech|ne|rei, die; -, -en (ugs., meist abwertend): *[dauerndes, wiederholtes, langwieriges] Rechnen:* die ewige R.

rẹch|ner|ge|steu|ert ⟨Adj.⟩ (EDV): *durch Rechner* (2) *gesteuert:* eine -e Anlage, Produktion.

rẹch|ne|risch ⟨Adj.⟩: **1. a)** *mithilfe des Rechnens* (1 a) *geschehend, vor sich gehend:* eine [rein] -e Überprüfung der Bilanz; das lässt sich r. ohne weiteres ermitteln; **b)** *(in Größe, Betrag) durch Rechnen* (1 a) *zu ermitteln:* der -e Wert einer Sache; **c)** *das Rechnen* (1 a) *betreffend:* eine erstaunliche -e Leistung; etw. ist r. falsch. **2.** (selten; abwertend) *berechnend:* etw. mutet nüchtern und r. an.

rẹch|ner|un|ter|stützt ⟨Adj.⟩ (EDV): *durch Rechner* (2) *unterstützt:* die -e Lexikographie, Satzherstellung.

Rẹch|nung, die; -, -en [mhd. rech(e)nunge]: **1.** *Berechnung, Ausrechnung:* eine einfache, schwierige, komplizierte R.; die R. stimmt, geht glatt auf; in der R. steckt irgendwo ein Fehler; Ü meine R. *(Annahme)* stimmte [nicht]; *** **jmds. R. geht [nicht] auf** *(jmds. Überlegung stimmt [nicht] u. führt [nicht] zu dem erhofften Erfolg);* **[jmdm.] eine R. aufmachen** *(eine Kalkulation anstellen [aus der sich eine Forderung an jmdn. ergibt]).* **2.** ⟨o. Pl.⟩ *Berechnung von Soll u. Haben:* laufende R. (Wirtsch.; *Kontokorrent*); R. führen (Wirtsch.; *über Einnahmen u. Ausgaben Buch führen*). **3.** *schriftliche Aufstellung über verkaufte Waren od. erbrachte Dienstleistungen mit der Angabe des Preises, der dafür zu zahlen ist:* eine hohe, niedrige, große, kleine, gepfefferte, gesalzene, unbezahlte, offene R.; eine R. über 500 Mark; die R. beläuft sich auf, beträgt, macht 20 Mark; die R. ausschreiben, quittieren, begleichen, bezahlen; Herr Ober, bringen Sie mir bitte die R./die R., bitte; jmdm. die R. präsentieren (nachdrücklich; *zur Bezahlung vorlegen*); etw. [mit] auf die R. setzen, schreiben; etw. kommt, geht auf jmds. R. *(ist von jmdm. zu bezahlen);* auf, gegen R. arbeiten; der Versand erfolgt auf R. *(auf Kosten)* und Gefahr des Empfängers; etw. auf R. *(gegen eine nicht sofort, nicht im Voraus zu begleichende Rechnung)* bestellen, liefern; für/auf eigene R. *(auf eigenes Risiko [in Bezug auf Gewinn u. Verlust])* arbeiten, wirtschaften; jmdm. etw. in R. stellen *(berechnen);* Ü die R. [für etw.] bezahlen müssen *(die unangenehmen Folgen eines Verhaltens tragen müssen);* *** **jmdm. die R. [für etw.] präsentieren** *(jmdn. zum Ausgleich für etw. nachträglich mit bestimmten unangenehmen Forderungen konfrontieren);* **die R. ohne den Wirt machen** *(mit etw. scheitern, weil man sich nicht des Einverständnisses des od. der Beteiligten versichert hat);* **[mit jmdm.] eine [alte] R. begleichen** *([mit jmdm.] abrechnen* 3); **auf jmds. R. kommen/gehen** *(jmdm. zuzuschreiben sein);* **etw. auf seine R. nehmen** *(für [die Folgen von] etw. die Verantwortung übernehmen).* **4.** *Berechnung, Überlegung od. Planung:* nach meiner R. müsste sie zustimmen; etw. außer R. lassen *(außer Acht, unberücksichtigt lassen; mit etw. nicht rechnen);* *** **einer Sache R. tragen** *(etw. in seinem Verhalten, Handeln, Vorgehen gebührend berücksichtigen);* **etw. in R. ziehen/stellen/setzen** *(etw. in seine Überlegungen einbeziehen, berücksichtigen).* **5.** (veraltend) *Rechenschaft:* *** **[über etw.] R. [ab]legen** (1. geh.; *[über etw.] Rechenschaft ablegen.* 2. bes. schweiz.; *[über etw.] finanzielle Rechenschaft geben, bes. den Empfang u. die Verwendung von Geldbeträgen nachweisen).*

Rẹch|nungs|amt, das: *Behörde zur Kontrolle der finanziellen Aufwendungen anderer Behörden.*

Rẹch|nungs|art, die: *Rechenart.*

Rẹch|nungs|be|trag, der: *Gesamt-, Endbetrag einer Rechnung* (3).

Rẹch|nungs|block, der ⟨Pl. ...blöcke u. -s⟩: *Block mit Vordrucken zum Ausschreiben von Rechnungen* (3).

Rẹch|nungs|ein|heit, die (Geldw.): *dem internationalen Geldverkehr zugrunde gelegte Einheit, in der Werte u. Preise ausgedrückt werden.*

Rẹch|nungs|füh|rer, der: **1.** *Kassenwart.* **2.** (bes. Landw.) *Buchhalter.*

Rẹch|nungs|füh|re|rin, die: w. Form zu ↑ Rechnungsführer.

Rẹch|nungs|hof, der: *Behörde, die mit der Rechnungsprüfung* (2) *betraut ist.*

Rẹch|nungs|jahr, das: *Zeitraum von einem Jahr, auf den sich die Abrechnung im öffentlichen Haushalt erstreckt.*

Rẹch|nungs|le|gung, die; -, -en: *Ablegung finanzieller Rechenschaft, bes. durch Nachweis des Empfangs u. der Verwendung von Geldbeträgen.*

Rẹch|nungs|num|mer, die: *laufende Nummer, mit der eine Rechnung* (3) *versehen ist.*

Rẹch|nungs|prü|fer, der: *jmd., zu dessen beruflichen Aufgaben die Rechnungsprüfung gehört.*

Rẹch|nungs|prü|fe|rin, die: w. Form zu ↑ Rechnungsprüfer.

Rẹch|nungs|prü|fung, die: **1.** (Wirtsch.) *Prüfung des Rechnungswesens eines Betriebes, Geschäftes.* **2.** (Politik) *Prüfung u. Überwachung der Haushalts- u. Wirtschaftsführung der öffentlichen Hand.*

Rẹch|nungs|we|sen, das ⟨o. Pl.⟩ (Wirtsch.): *betrieblicher Bereich, der die zahlenmäßige Erfassung u. Auswertung der das Betriebskapital betreffenden Vorgänge umfasst.*

rẹcht ⟨Adj.⟩ [mhd., ahd. reht, urspr. (adj. Part.) = aufgerichtet; gelenkt, verw. mit ↑ rechnen, ↑ recken]: **1. a)** *richtig, geeignet, passend (in Bezug auf einen bestimmten Zweck):* der -e Ort, Zeitpunkt für etw.; im -en Augenblick; sie ist die -e Frau für diese Aufgabe; nicht in der -en Stimmung sein; stets das -e Wort finden; ihm ist jedes Mittel r. *(er scheut vor nichts zurück, um sein Ziel zu erreichen);* du kommst gerade r.; du kommst mir gerade r. (ugs. iron.; *sehr ungelegen*); ⟨subst.:⟩ er hat noch nicht die Rechte (ugs.; *passende Frau*) gefunden; **b)** *richtig; dem Gemeinten, Gesuchten, Erforderlichen entsprechend:* auf der -en Spur sein; ganz r.! *(das stimmt!);* das ist r./so ist es r./r. so *(gut, in Ordnung so);* bin ich hier r.? (landsch.; *an der richtigen Stelle?*); wenn ich mich r. entsinne, dann wollte er gestern schon kommen; verstehe mich bitte r. *(missverstehe mich nicht);* habe ich r. gehört *(stimmt das, soll das wirklich so sein)?*; ich denke, ich höre nicht r. (ugs.; *das kann doch wohl nicht stimmen*); gehe ich r. in *(habe ich recht mit)* der Annahme, dass sie kommt?; ⟨subst.:⟩ das Rechte treffen; du bist mir der Rechte! (ugs. iron.; *was du tust, ist keineswegs richtig, angebracht o. Ä.!*); das ist [ja alles] r. und schön *(das ist [ja alles] in Ordnung),* aber so geht das nicht; *** **r. daran tun** *(in Bezug auf etw. Bestimmtes richtig handeln);* **nach dem Rechten sehen** *(nachsehen, ob alles in Ordnung ist);* **c)** *dem Gefühl für Recht, für das Anständige, Angebrachte entsprechend:* es ist nicht r. [von dir], so zu sprechen; etw. ist [nur] r. und billig *(ist [nur] gerecht);* r. tun, handeln, leben; das geschieht dir r.! *(du hast es als Strafe verdient);* R alles, was r. ist (ugs.; 1. *bei allem Verständnis für das, was man anderen als recht u. billig zugestehen muss:* alles, was r. ist, aber das geht zu weit. 2. *zugegeben; das muss man sagen:* alles, was r. ist, als Mozartinterpret ist er immer noch einer der Besten); **Spr** tue r. und scheue niemand!; was dem einen r. ist, ist dem anderen billig *(es ist nur billig, was man dem einen als recht zugesteht, auch dem andern zuzugestehen);* **d)** *jmds. Wunsch, Bedürfnis od. Einverständnis entsprechend:* etw. ist jmdm. r.; ist Ihnen dieser Termin r.?; es war ihr nicht r. *(war ihr unangenehm),* dass man sie dort gesehen hatte; wenn es [dir] r. ist *(wenn du einverstanden bist),* besuche ich dich morgen; es soll, kann mir r. sein (ugs.; *ich habe nichts dagegen*); man kann ihm nichts, kann es ihm nicht r. machen; man kann es nicht allen r. machen; **Spr** allen Menschen r. getan ist eine Kunst, die niemand kann. **2. a)** *so, wie es sein soll; richtig, wirklich, echt:* ein -er Mann; da schrie er erst r. *(gerade; noch mehr, lauter als vorher);* nun/jetzt erst r.! *(nun/jetzt gerade!).* abgeschwächt in Verbindung mit einer Verneinung: keine -e Lust haben; nicht r. *(nicht so ganz)* klug aus jmdm. werden; die Wunde will nicht r. heilen; ⟨subst.:⟩ er sollte endlich etwas Rechtes leisten; **b)** *ziemlich [groß]; ganz:* noch ein -es *(richtiges)* Kind sein; r. gut, schön; sei r. *(sehr)* herzlich gegrüßt; *** **r. und schlecht** (↑ schlecht 7).

Rẹcht, das; -[e]s, -e [mhd., ahd. reht]: **1. a)** ⟨Gen.: -s; o. Pl.⟩ *Gesamtheit der staatlich festgelegten bzw. anerkannten Normen des menschlichen, bes. gesellschaftlichen Verhaltens; Gesamtheit der Gesetze u. gesetzähnlichen Normen; Rechtsordnung:* gesetztes, positives R.; deutsches, römisches R.; bürgerliches R. *(Zivilrecht);* öffentliches R. *(das Recht, das das Verhältnis des Einzelnen zur öffentlichen Gewalt u. ihren Trägern sowie deren Verhältnis zueinander regelt);* kanonisches R. *(katholisches Kirchenrecht);* das R. anwenden, handhaben, vertreten, missachten, verletzen, brechen, mit Füßen treten; das R. beugen *(als Richter bzw. Gericht willkürlich verdrehen);* gegen/wider das R., nach dem geltenden R. handeln; gegen R. und Gesetz verstoßen; *** **R. sprechen** *(Gerichtsurteile fällen, richten);* **von -s wegen** *(eigentlich);* **b)** ⟨Pl.⟩ (veraltet) *Rechtswissenschaft, Jura:* die -e studieren. **2.** *berechtigter zuerkannter Anspruch; Berechtigung od. Befugnis:* ein verbrieftes, unveräußerliches, unabdingbares R.; die demokratischen, die elterlichen -e; das R. des Stärkeren; das R. auf Arbeit, auf Unverletzlichkeit der Person; das ist sein [gutes] R.; das R. [dazu] haben, etw. zu tun, zu verlangen; dazu hat sie kein R.; ältere -e an, auf etw. haben als jmd.; nur sein/nichts als sein R. wollen; sein R. suchen, fordern, behaupten, finden, bekommen; ein R. geltend machen; seine -e überschreiten; seine -e veräußern, verkaufen; jmds. -e wahren, wahrnehmen, verletzen, antasten, anfechten; jmdm. besondere -e [auf etw.] einräumen; jmdm. ein R. zugestehen, absprechen, verwehren, streitig machen; jmdm.

R

ein R. verleihen, geben, übertragen, nehmen, verweigern, entziehen; jmdm. die staatsbürgerlichen -e aberkennen; sich das R. zu etw. nehmen; sich ein R. aneignen, vorbehalten; alle -e vorbehalten (*Recht auf Abdruck, Verfilmung usw. vorbehalten;* [Vermerk in Druckerzeugnissen]); auf seinem R. bestehen; mit welchem R. hat er das getan?; von seinem R. Gebrauch machen; jmdm. zu seinem R. verhelfen; **Spr** gleiche -e, gleiche Pflichten; *** sein R. fordern/verlangen** *(gebührende Berücksichtigung [er]fordern);* **zu seinem R. kommen** *(gebührend berücksichtigt werden);* **auf sein R. pochen** *(mit Nachdruck auf seinem Recht bestehen).* **3.** ⟨o. Pl.⟩ *Berechtigung, wie sie das Recht[sempfinden] zuerkennt:* das R. war auf ihrer Seite; etw. mit [gutem, vollem] R. tun, behaupten können; nach R. und Gewissen handeln; **R** was R. ist, muss R. bleiben; R. muss R. bleiben (nach Ps. 94, 15); gleiches R. für alle; *** etw. für R. erkennen** (Amtsspr.; *durch Gerichtsurteil entscheiden*); **im R.** *(in der Stellung, Lage desjenigen, der das Recht 1, 3 auf seiner Seite hat bzw. der Recht hat):* sich im R. fühlen; im R. sein; **mit/zu R.** *(mit Recht, mit Grund);* **R. haben** *(im Recht sein);* **R. behalten** *(sich schließlich als derjenige erweisen, der Recht hat);* **jmdm. R. geben** *(jmdm. bestätigen, dass er Recht hat, im Recht ist);* **R. bekommen** *(bestätigt bekommen, dass man Recht hat).*

recht... ⟨Adj.⟩ [mhd. reht, urspr. = richtig (vom Gebrauch der rechten Hand gesagt); 1 c: zu ↑Rechte (2)]: **1. a)** *auf der Seite [befindlich], die beim Menschen der von ihm aus gesehenen Lage des Herzens entgegengesetzt ist:* die rechte Hand; das rechte *(in Flussrichtung rechte)* Ufer des Flusses; rechter (Boxen; *mit dem rechten Arm ausgeführter*) Haken; rechter Außenstürmer (Ballspiele; *Rechtsaußen*); **b)** *(bei Stoffen, Wäsche o. Ä.) außen, vorne, oben befindlich (u. normalerweise sichtbar):* die rechte Seite eines Pullovers, Tischtuchs; rechte Maschen (Handarb.; *Maschen auf der Außenseite bzw. rechten Seite*); **c)** *politisch zur Rechten (2) gehörend, der Rechten eigentümlich, gemäß:* rechte Zeitungen, Ansichten; der rechte *(stark od. stärker rechts orientierte)* Flügel einer Partei; ⟨subst.:⟩ ein Rechter sein. **2.** (Geom.) *(von Winkeln) 90° betragend:* ein rechter Winkel.

recht|dre|hend ⟨Adj.⟩ (Met.): *(vom Wind) sich in Uhrzeigerrichtung drehend.*

Rech|te, die; -n, -n ⟨Dekl. ↑Abgeordnete⟩ [analoge Bildung zu ↑Linke]: **1. a)** ⟨Pl. selten⟩ *rechte Hand:* etw. in der -n halten; (Boxen:) seine R. einsetzen; *** zur -n** *(auf, an der rechten Seite):* sie saß zu seiner -n; **b)** (Boxen) *mit der rechten Faust ausgeführter Schlag:* er traf ihn mit einer knallharten -n. **2.** ⟨Pl. selten⟩ *Parteien, politische Gruppierungen, Strömungen [stark] konservativer Prägung, die dem Kommunismus u. Sozialismus ablehnend gegenüberstehen:* ein Vertreter der gemäßigten -n.

Recht|eck, das: *Viereck mit vier rechtwinkligen Ecken u. vier paarweise gleich langen u. parallelen Seiten.*

recht|eckig ⟨Adj.⟩: *die Form eines Rechtecks aufweisend.*

rech|ten ⟨sw. V.; hat⟩ [mhd. rehten, ahd. rehton, zu ↑Recht] (geh.): *mit jmdm. streiten:* musst du immer r.?; mit jmdm. über, um etw. r.

rech|tens [spätmhd. rechtens, erstarrter Gen. von veraltet »das Rechte« = Recht, mhd. rehte, zu ↑recht]: **I.** ⟨Adv.⟩ *zu Recht, mit Recht:* die Sache gilt r. als fragwürdig. **II.** in den Verbindungen **r. sein** *(rechtmäßig sein):* die Mieterhöhung zum 1. des Monats ist r.

recht|fer|ti|gen ⟨sw. V.; hat⟩ [mhd. rehtvertigen = ausfertigen; von Schuld befreien; vor Gericht verteidigen; bestrafen, hinrichten, zu: rehtvertic = gerecht, gut, eigtl. = gerecht, gut machen]: **1. a)** *etw. gegen einen Einwand, Vorwurf verteidigen, als berechtigt hinstellen:* sein Handeln [vor jmdm.] r.; etw. ist durch nichts zu r. *(zu entschuldigen);* **b)** ⟨r. + sich⟩ *sich gegen einen Vorwurf verteidigen; sich verantworten:* sich vor jmdm. wegen etw. r. müssen. **2.** *als berechtigt, begründet erscheinen lassen, erweisen, zeigen:* er hat sich bemüht, das in ihn gesetzte Vertrauen zu r.; der Anlass rechtfertigt den Aufwand.

Recht|fer|ti|gung, die: **1.** *das [Sich]rechtfertigen:* er hatte nichts zu seiner R. vorzubringen. **2.** *das Gerechtfertigtsein; Berechtigung:* diese Maßnahme entbehrte völlig der R.

Recht|fer|ti|gungs|grund, der: *Grund* (5), *mit dem man etw., jmdn., sich rechtfertigt.*

recht|gläu|big ⟨Adj.⟩ [LÜ von spätlat. orthodoxus, griech. orthódoxos, ↑orthodox]: *strenggläubig, orthodox.*

Recht|gläu|big|keit, die: *das Rechtgläubigsein.*

Recht|ha|ber, der; -s, - (abwertend): *rechthaberischer Mensch.*

Recht|ha|be|rei, die; - (abwertend): *rechthaberisches Verhalten.*

Recht|ha|be|rin, die; -, -nen: w. Form zu ↑Rechthaber.

recht|ha|be|risch ⟨Adj.⟩ (abwertend): *starr an seinem Standpunkt (als dem richtigen) festhaltend:* ein -er Mensch; eine -e Art haben; r. sein.

Recht|lau|tung, die (Sprachw.): *Hochlautung.*

recht|lich ⟨Adj.⟩ [mhd. rehtlich, ahd. rehtlīh, zu ↑Recht]: **1.** *das Recht betreffend; gesetzlich:* -e Fragen, Normen; -e Gleichstellung; eine -e Grundlage für etw. schaffen; einen -en Anspruch auf etw. haben; jmds. -er Vertreter sein; r. begründet, nicht zulässig sein; zu etw. r. verpflichtet sein. **2.** (veraltend) *rechtschaffen, redlich.*

Recht|lich|keit, die; -: **1.** *Rechtmäßigkeit.* **2.** *Rechtschaffenheit, Redlichkeit.*

recht|los ⟨Adj.⟩: *ohne Rechte:* die -e Stellung der Sklaven; r. sein.

Recht|lo|sig|keit, die; -: *das Rechtlossein.*

recht|mä|ßig ⟨Adj.⟩: *dem Recht nach, gesetzlich:* der -e Besitzer; jmds. -es Eigentum; etw. steht jmdm. r. zu.

Recht|mä|ßig|keit, die; -: *das Rechtmäßigsein.*

rechts [urspr. = Gen. Sg. von ↑recht...]: **I.** ⟨Adv.⟩ **1. a)** *auf der rechten* (1 a) *Seite:* die Bücher stehen r. [auf dem Schreibtisch]; im Vordergrund r. steht ein Baum; die zweite Tür, [Quer]straße r.; r. vom Eingang; sich [auf der Straße, auf der Wanderung] mehr/weiter r. halten; halten Sie sich halb r.!; r. fahren, links überholen!; jmdn. r. und links ohrfeigen; r. *(nach rechts)* abbiegen; die Stürmerin spielt r. außen (Ballspiele; *auf der äußersten rechten Seite des Spielfelds*); Augen r.! *(nach rechts;* militär. Kommando); r. um! *(nach rechts umdrehen;* militär. Kommando); von r. *(von der rechten Seite)* kommen; sich nach r. *(nach der rechten Seite)* wenden; von r. nach links; r. und links verwechseln; auf dieser Kreuzung gilt r. vor links (Verkehrsw.; *das von rechts kommende Fahrzeug hat Vorfahrt*); *** weder r. noch links schauen** *(unbeirrbar seinen Weg verfolgen);* **nicht [mehr] wissen, was r. und [was] links ist** (ugs.; *sich überhaupt nicht [mehr] auskennen, sich nicht zurechtfinden u. völlig verwirrt sein*); **b)** *auf bzw. von der rechten* (1 b) *Seite:* den Stoff [von] r. bügeln; ein Kleidungsstück nach r. drehen; **c)** (Handarb.) *mit rechten Maschen:* ein r. gestrickter Schal; zwei r., zwei links *(abwechselnd zwei rechte u. zwei linke Maschen)* stricken. **2.** *politisch zur Rechten* (2) *gehörend:* [weit] r. stehen; [stark] r. eingestellt sein; politisch r. stehende Kreise; **Ü** r. außen *(ganz rechts)* stehen; Kritik von r. außen *(von rechtsradikaler Seite).* **II.** ⟨Präp. mit Gen.⟩ (seltener) *auf der rechten* (1 a) *Seite von etw.:* r. des Rheins, der Straße.

Rechts|ab|bie|ger, der (Verkehrsw.): *jmd., der mit seinem Fahrzeug nach rechts abbiegt.*

Rechts|ab|bie|ge|rin, die: w. Form zu ↑Rechtsabbieger.

Rechts|ab|tei|lung, die: *für Rechtsangelegenheiten zuständige Abteilung [eines Unternehmens].*

Rechts|an|ge|le|gen|heit, die ⟨meist Pl.⟩: *rechtliche Angelegenheit.*

Rechts|an|spruch, der: *rechtlicher, gesetzlicher Anspruch:* einen R. gerichtlich durchsetzen; jmds. Rechtsansprüche vertreten.

Rechts|an|walt, der: *Jurist mit staatlicher Zulassung als Berater u. Vertreter in Rechtsangelegenheiten, bes. auch Prozessen; Anwalt* (Berufsbez.): er ist R. und Notar; [sich] einen R. nehmen; sich durch einen R. [vor Gericht] vertreten lassen.

Rechts|an|walt|bü|ro: ↑Rechtsanwaltsbüro.

Rechts|an|wäl|tin, die: w. Form zu ↑Rechtsanwalt.

Rechts|an|walts|bü|ro, das: *Anwaltsbüro.*

Rechts|an|walts|kanz|lei, die: *Anwaltskanzlei.*

Rechts|an|wen|dung, die (Rechtsspr.): *Anwendung des geltenden Rechts, der geltenden Gesetze.*

Rechts|auf|fas|sung, die (Rechtsspr.): *Auffassung, die das Recht u. seine Auslegung betrifft.*

Rechts|aus|kunft, die: *Auskunft in Rechtsangelegenheiten.*

Rechts|aus|la|ge, die (Boxen): *Auslage* (3 b) *des linkshändigen Boxers, der das rechte Bein vorsetzt u. dessen rechte Hand die Führhand ist.*

Rechts|aus|schuss, der: *Ausschuss für Rechtsfragen:* der R. des Deutschen Bundestages.

Rechts|au|ßen, der u. die (Ballspiele): *Stürmer[in] auf der äußersten rechten Seite des Spielfeldes.*

rechts au|ßen: s. rechts (I, 1 a; I, 2).

Rechts|be|griff, der: **1.** *Begriff des Rechts* (1 a): ein klarer R.; den R. definieren. **2.** vgl. Rechtsauffassung.

Rechts|be|helf, der (Rechtsspr.): *rechtliches Mittel der Anfechtung einer behördlichen bzw. gerichtlichen Entscheidung* (z. B. Gesuch).

Rechts|bei|stand, der: *juristisch Sachkundiger, der mit behördlicher Erlaubnis fremde Rechtsangelegenheiten besorgt, ohne Rechtsanwalt zu sein* (Berufsbez.).

Rechts|be|leh|rung, die (Rechtsspr.): *Belehrung über die in einer bestimmten Angelegenheit geltenden rechtlichen Bestimmungen.*

Rechts|be|schwer|de, die (Rechtsspr.): *(bei gerichtlichen Entscheidungen in bestimmten Verfahrensarten mögliche) Beschwerde wegen Verstoßes gegen rechtliche Bestimmungen.*

Rechts|be|stim|mung, die (Rechtsspr.): *rechtliche, gesetzliche Bestimmung* (1 b).

Rechts|beu|gung, die (Rechtsspr.): *bei der Entscheidung einer Rechtssache im Amt begangenes Delikt der vorsätzlich falschen Anwendung des Rechts od. der Verfälschung von Tatsachen zugunsten od. zum Nachteil einer Partei.*

Rechts|be|wusst|sein, das: *in einer Gesellschaft vorhandenes Bewusstsein dessen, was Recht od. Unrecht ist.*

Rechts|brauch, der: *überlieferter Brauch im rechtlichen Bereich.*

Rechts|bruch, der: *Verstoß gegen das Recht, die Gesetze:* einen R. begehen.

rechts|bün|dig ⟨Adj.⟩ (Fachspr.): *an eine [gedachte] senkrechte rechte* (1 a) *Grenzlinie angeschlossen, angereiht:* Kontonummer bitte r. eintragen!

recht|schaf|fen ⟨Adj.⟩ [eigtl. = recht beschaffen] (veraltend): **1.** *ehrlich u. anständig; redlich:* ein -er Mann; r. sein, handeln; ⟨subst.:⟩ etwas Rechtschaffenes *(Ordentliches)* lernen. **2. a)** *groß, stark, beträchtlich:* einen -en Hunger haben; **b)** ⟨intensivierend bei Adj. u. Verben⟩ *sehr, überaus, stark:* r. müde, satt sein; sich r. plagen müssen.

Recht|schaf|fen|heit, die; - (veraltend): *rechtschaffene* (1) *Art.*

Recht|schreib|buch, Recht|schrei|be|buch, das: *Lehr-, Übungs- od. Wörterbuch der Rechtschreibung.*

recht|schrei|ben ⟨st. V.; nur im Inf. gebr.⟩: *orthographisch richtig schreiben:* sie kann nicht r.; ⟨subst.:⟩ im Rechtschreiben ist er schwach.

Recht|schreib|feh|ler, der: *Fehler, der in einem Verstoß gegen die Rechtschreibung besteht.*

Recht|schreib|fra|ge, die: *Frage der Rechtschreibung:* -n erörtern.

rẹcht|schreib|lich ⟨Adj.⟩: *die Rechtschreibung betreffend; orthographisch:* -e Schwierigkeiten.

Rẹcht|schreib|re|form, die: *Reform der Rechtschreibung* (1).

Rẹcht|schrei|bung, die [LÜ von lat. orthographia, ↑Orthographie]: **1.** ⟨Pl. selten⟩ *nach bestimmten Regeln festgelegte, allgemein geltende Schreibung von Wörtern; Orthographie:* eine Reform der R.; etw. verstößt gegen die R. **2.** ⟨o. Pl.⟩ *Unterrichtsfach, in dem Rechtschreibung* (1) *gelehrt wird.* **3.** *Rechtschreibbuch.*

Rẹcht|schreib|wör|ter|buch, das: *die Rechtschreibung* (1) *von Wörtern verzeichnendes Wörterbuch.*

Rẹchts|drall, der: **1.** (Fachspr.) *rechtsdrehender Drall.* **2.** (ugs.) *Tendenz zur Abweichung nach rechts:* der Wagen hat einen R.; Ü er hat einen R. *(ist politisch nach rechts orientiert).*

rẹchts|dre|hend ⟨Adj.⟩: **1.** (bes. Technik) *einer nach rechts (im Uhrzeigersinn) gerichteten bzw. ansteigenden Drehung um die Längsachse folgend:* -es Gewinde. **2.** (Chemie, Physik) *die Ebene des polarisierten Lichts nach rechts drehend.*

Rẹchts|dre|hung, die: *Drehung nach rechts:* eine R. machen.

Rẹchts|ein|wen|dung, die (Rechtsspr.): *Geltendmachung eines Rechtes, das einem behaupteten Anspruch entgegensteht.*

Rẹchts|emp|fin|den, das: *Empfinden für Recht u. Unrecht.*

rẹchts|er|fah|ren ⟨Adj.⟩: *erfahren in Rechtsangelegenheiten.*

Rẹchts|ex|tre|mis|mus, der ⟨o. Pl.⟩ (Politik): *rechter* (1 c) *Extremismus.*

rẹchts|ex|tre|mis|tisch ⟨Adj.⟩ (Politik): *extremistisch im Sinne einer politischen Richtung bzw. Ideologie der äußersten Rechten.*

rẹchts|fä|hig ⟨Adj.⟩ (Rechtsspr.): *(gemäß der Rechtsordnung) fähig, Träger von Rechten u. Pflichten zu sein:* -e Vereine.

Rẹchts|fä|hig|keit, die ⟨o. Pl.⟩ (Rechtsspr.): *das Rechtsfähigsein.*

Rẹchts|fall, der (Rechtsspr.): *gerichtlich zu entscheidender* [1]*Fall* (3).

Rẹchts|fin|dung, die ⟨o. Pl.⟩ (Rechtsspr.): *Findung des dem geltenden Recht Gemäßen (bei gerichtlichen bzw. behördlichen Entscheidungen).*

Rẹchts|fol|ge, die (Rechtsspr.): *rechtliche Folge:* -n aus einem Abkommen.

Rẹchts|form, die ⟨o. Pl.⟩ (Rechtsspr.): *rechtlich festgelegte Form (für die Regelung von Rechtsangelegenheiten):* die R. der Leihe.

Rẹchts|for|mel, die: *in mittelalterlichen Rechtstexten gebrauchte formelhafte Wendung* (z. B. Haut u. Haar).

Rẹchts|fra|ge, die: *rechtliche Frage.*

rẹchts|frei ⟨Adj.⟩ (Rechtsspr.): *nicht geregelt durch rechtliche Bestimmungen:* ein -er Raum.

Rẹchts|ge|fühl, das ⟨o. Pl.⟩: *Gefühl für Recht u. Unrecht:* etw. verletzt, beleidigt jmds. R.

rẹchts|ge|lehrt ⟨Adj.⟩: *juristisch ausgebildet.*

Rẹchts|ge|lehr|te, der u. die (veraltet): *Gelehrter, Gelehrte auf dem Gebiet der Rechtswissenschaft; Jurist bzw. Juristin.*

rẹchts|ge|rich|tet ⟨Adj.⟩: *rechtsorientiert:* -e Kreise, Gruppierungen.

Rẹchts|ge|schäft, das (Rechtsspr.): *an die Erfüllung bestimmter rechtlicher Bedingungen gebundene Handlung, die auf Begründung, Änderung od. Aufhebung eines Rechtsverhältnisses gerichtet ist.*

rẹchts|ge|schäft|lich ⟨Adj.⟩: *ein Rechtsgeschäft betreffend.*

Rẹchts|ge|schich|te, die: **1.** ⟨o. Pl.⟩ **a)** *geschichtliche Entwicklung des Rechts* (1 a); **b)** *Wissenschaft von der Rechtsgeschichte* (1 a) *als Teil der Rechtswissenschaft.* **2.** *Werk, das die Rechtsgeschichte* (1 a) *zum Thema hat; Geschichte* (1a, c) *des Rechts.*

Rẹchts|grund, der (Rechtsspr.): *durch das Recht gegebener, rechtlicher Grund:* etw. gibt einen R.

Rẹchts|grund|la|ge, die (Rechtsspr.): *rechtliche Grundlage:* keine R. haben; dafür gibt es eine R.

Rẹchts|grund|satz, der (Rechtsspr.): *Grundsatz des Rechts.*

rẹchts|gül|tig ⟨Adj.⟩ (Rechtsspr.): *nach dem bestehenden Recht gültig:* ein -er Vertrag.

Rẹchts|gül|tig|keit, die: *das Rechtsgültigsein.*

Rẹchts|gut|ach|ten, das: *rechtliches, juristisches Gutachten.*

Rẹchts|hän|der, der; -s, -: *jmd., der rechtshändig ist.*

Rẹchts|hän|de|rin, die; -, -nen: w. Form zu ↑Rechtshänder.

rẹchts|hän|dig ⟨Adj.⟩: **1.** *die rechte* (1 a) *Hand bevorzugend:* -e Menschen. **2.** *mithilfe, unter Einsatz der rechten* (1 a) *Hand:* r. arbeiten.

Rẹchts|hän|dig|keit, die; -: *das Rechtshändigsein.*

Rẹchts|hand|lung, die (Rechtsspr.): *rechtswirksame Handlung.*

rẹchts|hän|gig ⟨Adj.⟩ (Rechtsspr.): *(von einer zur Entscheidung anstehenden Rechtssache) noch nicht abgeschlossen.*

rẹchts|he|rum ⟨Adv.⟩: *in der rechten* (1 a) *Richtung herum:* etw. r. drehen.

Rẹchts|hil|fe, die ⟨o. Pl.⟩ (Rechtsspr.): *Hilfe in einem anhängigen Verfahren, die ein bis dahin unbeteiligtes Gericht einem darum ersuchenden Gericht (od. einer Verwaltungsbehörde) in der Form leistet, dass es eine Amtshandlung für dieses Gericht (bzw. diese Behörde) vornimmt.*

Rẹchts|irr|tum, der (Rechtsspr.): *Irrtum hinsichtlich der rechtlichen Bestimmungen, gegen die verstoßen wird (nicht hinsichtlich des Sachverhalts, Tatbestands).*

Rẹchts|kraft, die ⟨o. Pl.⟩ (Rechtsspr.): *Endgültigkeit, Unanfechtbarkeit einer gerichtlichen (od. behördlichen) Entscheidung:* einer Verfügung R. verleihen; das Urteil erhält, erlangt R. *(wird rechtskräftig).*

rẹchts|kräf|tig ⟨Adj.⟩ (Rechtsspr.): *Rechtskraft habend:* eine -e Entscheidung; das Urteil ist noch nicht r. [geworden].

rẹchts|kun|dig ⟨Adj.⟩: *in rechtlichen Dingen sachkundig:* r. sein.

Rẹchts|kur|ve, die: *nach rechts* (1 a) *gekrümmte Kurve.*

Rẹchts|la|ge, die (Rechtsspr.): *rechtliche Lage (in Bezug auf einen Rechtsfall):* die R. in diesem Fall ist kompliziert.

rẹchts|las|tig ⟨Adj.⟩: **1.** *rechts* (1 a) *zu stark belastet.* **2.** (Politik Jargon abwertend) *unverhältnismäßig stark rechtsorientiert:* -e Institutionen, Hörfunkprogramme.

Rẹchts|leh|re, die ⟨o. Pl.⟩: *Jurisprudenz.*

Rẹchts|me|di|zin, die ⟨o. Pl.⟩: *Gerichtsmedizin.*

Rẹchts|miss|brauch, der (Rechtsspr.): *Missbrauch eines Rechtes.*

Rẹchts|mit|tel, das (Rechtsspr.): *rechtliches Mittel, das es jmdm. ermöglicht, eine gerichtliche Entscheidung anzufechten, bevor sie rechtskräftig wird:* gegen diese Entscheidung ist kein R. zulässig; ein R. einlegen; auf R. verzichten.

Rẹchts|mit|tel|be|leh|rung, die (Rechtsspr.): *Belehrung über die Möglichkeit der Einlegung von Rechtsmitteln.*

Rẹchts|nach|fol|ge, die (Rechtsspr.): *Nachfolge in einem Rechtsverhältnis od. in einer Rechtsstellung (durch Übergang, Übertragung von Rechten u. Pflichten von einer Person auf die andere).*

Rẹchts|nach|fol|ger, der (Rechtsspr.): *Nachfolger bei der Rechtsnachfolge.*

Rẹchts|nach|fol|ge|rin, die: w. Form zu ↑Rechtsnachfolger.

Rẹchts|norm, die (Rechtsspr.): *(gewohnheitsrechtlich festliegende od. vom Staat festgesetzte) rechtlich bindende Norm.*

Rẹchts|ord|nung, die: *Gesamtheit der geltenden Rechtsvorschriften:* die bestehende, die französische R.

rẹchts|ori|en|tiert ⟨Adj.⟩ (Politik): *an einer rechten* (1 c) *Ideologie, Parteilinie usw. orientiert.*

Rẹchts|par|tei, die (Politik): *rechte* (1 c) *Partei.*

Rẹchts|per|son, die (Rechtsspr.): *rechtsfähige Person.*

Rẹchts|pfle|ge, die ⟨o. Pl.⟩ (Rechtsspr.): *Anwendung u. Durchsetzung des geltenden Rechts; Justiz.*

Rẹchts|po|li|tik, die: *Politik im Bereich des Rechtswesens.*

rẹchts|po|li|tisch ⟨Adj.⟩: *die Rechtspolitik betreffend.*

Rẹcht|spre|chung, die; -, -en ⟨Pl. selten⟩: *Praxis der richterlichen Entscheidung; fortlaufende Folge richterlicher Entscheidungen von Rechtsfällen; Jurisdiktion.*

rẹchts|ra|di|kal ⟨Adj.⟩ (Politik): *radikal im Sinne der politischen Richtung bzw. Ideologie der äußersten Rechten.*

Rẹchts|ra|di|ka|le, der u. die (Politik): *jmd. mit rechtsradikaler politischer Einstellung.*

Rẹchts|ra|di|ka|lis|mus, der (Politik): *rechter* (1 c) *Radikalismus.*

Rẹchts|re|gie|rung, die (Politik): *rechte* (1 c) *Regierung.*

rẹchts|rhei|nisch ⟨Adj.⟩: *auf der rechten* (1 a) *Seite des Rheins [gelegen o. Ä.].*

Rẹchts|ruck, der (Politik Jargon): **a)** *hoher Stimmengewinn der Rechten* (2) *bei einer Wahl;* **b)** *Stärkung des Einflusses eines rechtsorientierten Parteiflügels (innerhalb einer Partei, der Regierung o. Ä.).*

rẹchts|rum ⟨Adv.⟩ (ugs.): *rechtsherum.*

Rẹchts|sa|che, die (Rechtsspr.): *gerichtlich zu verhandelnde Sache; Streitsache.*

Rẹchts|satz, der (Rechtsspr.): *Rechtsnorm.*

Rẹchts|schutz, der (Rechtsspr.): *staatlicher Schutz von Rechten des Einzelnen; rechtlicher Schutz.*

Rẹchts|schutz|ver|si|che|rung, die: *Versicherung für die bei Rechtsstreitigkeiten entstehenden Kosten.*

rẹchts|sei|tig ⟨Adj.⟩: *auf der rechten* (1 a) *Seite:* r. gelähmt sein.

Rẹchts|si|cher|heit, die ⟨o. Pl.⟩ (Rechtsspr.): *durch die Rechtsordnung gewährleistete Sicherheit.*

Rẹchts|spra|che, die (Sprachw.): *im Rechtswesen gebräuchliche Fachsprache.*

rẹchts|sprach|lich ⟨Adj.⟩: *die Rechtssprache betreffend, zu ihr gehörend:* ein -er Terminus.

Rẹchts|spruch, der: *[Urteils]spruch; gerichtliches Urteil.*

Rẹchts|staat, der (Politik): *Staat, der [gemäß seiner Verfassung] das von seiner Volksvertretung gesetzte Recht verwirklicht u. sich der Kontrolle unabhängiger Richter unterwirft.*

rẹchts|staat|lich ⟨Adj.⟩: *die Rechtsstaatlichkeit betreffend.*

Rẹchts|staat|lich|keit, die: *die Eigenschaft eines Rechtsstaates habend.*

rechts ste|hend s. rechts (I 2).

Rẹchts|stel|lung, die (Rechtsspr.): *rechtliche Stellung:* die R. von Ausländern.

Rẹchts|streit, der (Rechtsspr.): *zwischen zwei Parteien bzw. Beteiligten in einem gerichtlichen Verfahren ausgetragene Auseinandersetzung über ein Rechtsverhältnis* (1); *Prozess.*

Rẹchts|strei|tig|keit, die: *Rechtsstreit.*

Rẹchts|sys|tem, das: vgl. Rechtsordnung.

Rẹchts|ti|tel, der (Rechtsspr.): *Rechtsanspruch.*

rẹcht|su|chend ⟨Adj.⟩: *das, sein Recht* (2) *suchend:* der -e Bürger, Mieter.

rechts|um ⟨Adv.⟩ (bes. in militär. Kommandos): *nach rechts herum, rechtsherum:* r. kehrt!

rẹchts|un|gül|tig ⟨Adj.⟩ (Rechtsspr.): *nach dem bestehenden Recht ungültig.*

Rẹchts|un|si|cher|heit, die ⟨o. Pl.⟩ (Rechtsspr.): *mangelnde Rechtssicherheit.*

Rẹchts|un|ter|zeich|ne|te, der u. die: *jmd., der rechts unterzeichnet hat.*

rẹchts|ver|bind|lich ⟨Adj.⟩ (Rechtsspr.): *rechtlich verbindlich.*

Rẹchts|ver|bind|lich|keit, die ⟨o. Pl.⟩ (Rechtsspr.): *rechtliche Verbindlichkeit.*

Rẹchts|ver|dre|her, der: **1.** (abwertend) *jmd., der die Gesetze absichtlich falsch auslegt u. anwendet.* **2.** (ugs. scherzh.) *Jurist, Rechtsanwalt.*

Rẹchts|ver|dre|he|rin, die: w. Form zu ↑Rechtsverdreher.

Rẹchts|ver|hält|nis, das (Rechtsspr.): **1.** *rechtlich* *geordnetes, bestimmte Rechte u. Pflichten begründendes Verhältnis, in dem Personen bzw. Personen u. Gegenstände zueinander stehen.* **2.** ⟨Pl.⟩ *rechtliche Verhältnisse.*

[1]Rẹchts|ver|kehr, der ⟨o. Pl.⟩ (Rechtsspr.): *rechtliche Angelegenheiten betreffender Verkehr* (2 a), *Austausch usw.:* der internationale R.

[2]Rẹchts|ver|kehr, der ⟨o. Pl.⟩: *Form des Verkehrs* (1), *bei dem rechts gefahren u. links überholt wird.*

Rẹchts|ver|let|zung, die (Rechtsspr.): *einzelne Verletzung geltenden Rechts.*

Rẹchts|ver|ord|nung, die (Rechtsspr.): *aufgrund gesetzlicher Ermächtigung von der Regierung oder einer Verwaltungsbehörde erlassene Verordnung.*

Rẹchts|ver|tre|ter, der (Rechtsspr.): *staatlich zugelassener Vertreter in Rechtsangelegenheiten* (z. B. Rechtsanwalt).

Rẹchts|ver|tre|te|rin, die: w. Form zu ↑Rechtsvertreter.

Rẹchts|vor|gän|ger, der (Rechtsspr.): vgl. Rechtsnachfolger.

Rẹchts|vor|gän|ge|rin, die: w. Form zu ↑Rechtsvorgänger.

Rẹchts|vor|schrift, die (Rechtsspr.): *rechtliche Vorschrift.*

Rẹchts|weg, der ⟨o. Pl.⟩ (Rechtsspr.): *Weg* (4), *auf dem bei den Gerichten um Rechtsschutz, um eine gerichtliche Entscheidung nachgesucht werden kann:* der R. zu den Gerichten der Arbeitsgerichtsbarkeit; für diesen Streitfall ist der R. zulässig, ausgeschlossen; den R. gehen, einschlagen, beschreiten *(das Gericht in Anspruch nehmen);* unter Ausschluss des -es; diese Angelegenheit wird auf dem R. *(gerichtlich)* entschieden.

Rẹchts|wen|dung, die: *Wendung nach rechts.*

Rẹchts|we|sen, das ⟨o. Pl.⟩: *Gesamtheit des organisierten Rechts.*

rẹchts|wid|rig ⟨Adj.⟩: *gegen das geltende Recht [verstoßend]; gesetzwidrig:* eine -e Handlung; das Verbot ist r.

rẹchts|wirk|sam ⟨Adj.⟩ (Rechtsspr.): *rechtsgültig.*

Rẹchts|wis|sen|schaft, die ⟨o. Pl.⟩: *Wissenschaft vom Recht, seinen Erscheinungsformen u. seiner Anwendung; Jura, Jurisprudenz.*

rẹchts|wis|sen|schaft|lich ⟨Adj.⟩: *die Rechtswissenschaft betreffend, darauf beruhend:* ein -es Gutachten.

rẹcht|win|ke|lig, rẹcht|wink|lig ⟨Adj.⟩: *einen rechten Winkel aufweisend, bildend, beschreibend:* ein -es Dreieck; r. *(im rechten Winkel)* abzweigen.

rẹcht|zei|tig ⟨Adj.⟩: *zur rechten Zeit (sodass es noch früh genug ist):* -e Benachrichtigung; [gerade noch] r. kommen; er hat nicht mehr r. bremsen können.

re|ci|pe ['re:tsipe; lat., zu: recipere, ↑rezipieren]: *nimm!* (Hinweis auf ärztlichen Rezepten; Abk.: Rec., Rp.).

Re|ci|tal [ri'saitl], das; -s, -s, Rezital, das; -s, -e od. -s [engl. recital, zu: to recite = öffentlich vortragen < (m)frz. réciter < lat. recitare, ↑rezitieren]: *von einem Solisten dargebotenes od. aus den Werken nur eines Komponisten bestehendes Konzert.*

re|ci|tan|do [retʃi...] ⟨Adv.⟩ [ital. recitando, Gerundium von: recitare = vortragen < lat. recitare, ↑rezitieren] (Musik): *frei, d. h. ohne strikte Einhaltung des Taktes, rezitierend.*

Rẹck, das; -[e]s, -e, auch: -s [aus dem Niederd. < mniederd. reck(e) = Querstange (bes. zum Aufhängen der Wäsche), verw. mit ↑Rahe; von dem dt. Erzieher F. L. Jahn (1778–1852) in die Turnersprache eingeführt]: *Turngerät, das aus einer zwischen zwei festen senkrechten Stützen in der Höhe verstellbar angebrachten stählernen Stange besteht:* [am] R. turnen; eine Felge am R. machen.

Rẹ|cke, der; -n, -n [mhd. recke, ahd. rechh(e)o, urspr. = Verbannter, zu ↑rächen] (geh.): *(in Sagen) kampferprobter, kühner Krieger.*

rẹ|cken ⟨sw. V.; hat⟩ [mhd. recken, ahd. recchen, verw. mit ↑recht]: **1. a)** *(den Körper, eine Gliedmaße) strecken u. dehnen:* sich tüchtig r.; den Hals r.; sich [im Bett] r. und strecken; **b)** *irgendwohin strecken:* den Kopf aus dem Fenster, den Arm in die Höhe r.; die Faust gegen jmdn. r. (geh.: *jmdm. mit der Faust drohen).* **2. a)** (landsch.) *(in Bezug auf ein Wäschestück) nach der Wäsche so ziehen, dehnen, dass es wieder in die richtige Form kommt:* Wäsche r.; b) (Fachspr.) *(durch Walken, Hämmern, Walzen o. Ä.) dehnen [u. geschmeidig machen], in der Oberfläche u. Länge vergrößern:* einen Werkstoff r.; gereckter Thermoplast.

Rẹck|ling|hau|sen: Stadt im Ruhrgebiet.

Rẹck|ling|häu|ser, der; -s, -: Ew.

Rẹck|ling|häu|se|rin, die; -, -nen: w. Form zu ↑Recklinghäuser.

Rẹck|stan|ge, die: *Querstange am Reck.*

Rẹck|tur|nen, das: *Turnen am Reck.*

Re|con|quis|ta [rekɔn'kısta, auch: rekɔŋ...], die; - [span. reconquista, eigtl. = Wiedereroberung, Rückgewinnung]: *Kampf der [christlichen] Bevölkerung Spaniens gegen die arabische Herrschaft im Mittelalter.*

Re|cor|der: ↑Rekorder.

rẹc|te ⟨Adv.⟩ [lat. recte, Adv. von: rectus = gerade, richtig, zu: rectum, 2. Part. von: regere, ↑regieren] (bildungsspr.): *richtig, recht.*

Rẹc|tor ma|gni|fi|cus, der; - -, ...ọres [...re:s] ...ci [lat., eigtl. = erhabener Leiter, ↑magnifik]: a) ⟨o. Pl.⟩ *Titel für den Rektor einer Hochschule;* **b)** *Träger dieses Titels.*

re|cy|cel|bar ⟨Adj.⟩: *sich recyceln lassend:* die Verpackungen sind r.

re|cy|cel|fä|hig ⟨Adj.⟩: *recycelbar.*

re|cy|celn [ri'saikl̩n] ⟨sw. V.; hat⟩ [engl. to recycle = wieder aufbereiten, aus: re- = wieder, zurück (< lat. re-) u. cycle = Kreis(lauf) < lat. cyclus, ↑Zyklus]: *einem Recycling zuführen:* Altpapier; die Blechdosen werden recycelt.

Re|cy|cling [ri'saiklıŋ], das; -s [engl. recycling, zu: to recycle, ↑recyceln]: *Aufbereitung u. Wiederverwendung bereits benutzter Rohstoffe:* R. von Altglas.

Re|cy|cling|pa|pier, das: *auf dem Wege des Recyclings aus Altpapier hergestelltes Papier.*

Re|dak|teur [...'tø:ɐ̯], der; -s, -e [frz. rédacteur, zu lat. redactum, 2. Part. von: redigere, ↑redigieren]: *jmd., der für eine Zeitung od. Zeitschrift, für Rundfunk od. Fernsehen, für ein [wissenschaftliches] Sammelwerk o. Ä. Beiträge auswählt, bearbeitet od. selbst schreibt* (Berufsbez.): er ist R. bei/an einer großen Zeitung; R. für Politik, Wirtschaft; der verantwortliche R.

Re|dak|teu|rin, die; -, -nen: w. Form zu ↑Redakteur.

Re|dak|ti|on, die; -, -en [frz. rédaction, zu lat. redactum, 2. Part. von: redigere, ↑redigieren]: 1. ⟨o. Pl.⟩ *Tätigkeit eines Redakteurs; das Redigieren, Herausgeben von Texten:* die R. der verschiedenen Beiträge besorgen; bis spät in die Nacht war sie mit der R. der nächsten Zeitschriftennummer beschäftigt. **2. a)** *Gesamtheit der Redakteure (einer Zeitung, Rundfunkanstalt o. Ä.):* die R. zu einer Besprechung zusammenrufen; ein Mitglied der R.; **b)** *Raum od. Räume für die Arbeit der Redakteure:* es ist niemand mehr in der R.; **c)** *Abteilung, Geschäftsstelle, Büro bei einer Zeitung, einem Verlag, einer Rundfunkanstalt o. Ä., in dem Redakteure arbeiten:* die politische R. einer Zeitschrift leiten. **3.** (Fachspr.) *Veröffentlichung, [bestimmte] Ausgabe eines Textes.*

re|dak|ti|o|nẹll ⟨Adj.⟩: **a)** *das Redigieren betreffend:* die -e Bearbeitung eines Textes; die -e Verantwortung tragen; **b)** *von der Redaktion ausgehend:* der -e Teil einer Zeitung.

Re|dak|ti|ons|be|spre|chung, die: *Besprechung einer Redaktion* (2 a).

Re|dak|ti|ons|schluss, der: *Beendigung, Abschluss der redaktionellen Arbeit für eine Ausgabe von Druckmedien, bes. der Tagespresse:* die Meldung traf erst nach R. ein.

Re|dak|tor, der; -s, ...ọren: **1.** *Sammler, Bearbeiter, Herausgeber von [literarischen od. wissenschaftlichen] Texten.* **2.** (schweiz.) *Redakteur.*

Re|dak|to|rin, die; -, -nen: w. Form zu ↑Redaktor.

Re̱|de, die; -, -n [mhd. rede, ahd. red[i]a, radia = Rede (u. Antwort); Sprache; Vernunft; Rechenschaft; urspr. = das Gefügte; z. T. viell. Lehnbed. aus lat. ratio, ↑Ratio]: **1. a)** *mündliche Darlegung von Gedanken vor einem Publikum über ein bestimmtes Thema od. Arbeitsgebiet:* eine lange, fesselnde, langweilige, trockene, gut aufgebaute, improvisierte, frei gehaltene, zündende R.; die R. hat Aufsehen erregt; eine R. [vor dem Parlament] halten; er hat sich bei seiner R. dauernd verhaspelt; * **große -n schwingen** (ugs.; *prahlerisch reden);* **b)** *geübtes Sprechen, rhetorischer Vortrag:* die Kunst der R.; etw. in freier R. vortragen. **2. a)** *das Reden; zusammenhängende Äußerung; Worte [die zum Gespräch werden]; geäußerte Meinung, Ansicht:* R. und Gegenrede; plötzlich verstummten alle -n *(Gespräche);* [das war schon immer] meine R.! (ugs.; *das habe ich schon immer gesagt);* von dieser Angelegenheit ist nicht die R. gewesen *(nicht gesprochen worden);* lockere, lose, weise, kluge -n führen; die R. *(das Gespräch)* auf etw. bringen; geschickt nahm sie ihre R. *(ihr Thema)* wieder auf; **R** der langen R. kurzer Sinn (nach Schiller, Piccolomini I, 2); vergiss deine R. nicht! *(vergiss nicht, was du sagen wolltest!);* * **von etw. kann keine R. sein** *(etw. trifft absolut nicht zu, ist völlig ausgeschlossen);* **jmdm. die R. verschlagen** (ugs.; *jmdn. stumm machen [vor Staunen, Überraschung od. Entsetzen]);* **nicht der R. wert sein** *(unwesentlich, unwichtig sein);* **jmdm. in die R. fallen** (↑Wort 2); **jmdm. R. [und Antwort] stehen** *(jmdm. Rechenschaft geben);* **jmdn. zur R. stellen** *(von jmdm. Rechenschaft fordern;* urspr. Aussage, Rechtfertigung vor Gericht); **b)** ⟨meist Pl.⟩ *Gerede; Gerücht:* kümmere dich nicht um die -n der Leute; * **es geht die R., [dass ...]** *(man sagt ...);* **von jmdm. geht die R. ...** *(von jmdm. wird behauptet ...).* **3.** (Sprachw.) **a)** *in bestimmter Weise erfolgende Wiedergabe der Aussagen eines andern:* direkte R. *(in Anführungszeichen gegebenes Zitat);* indirekte, abhängige R. *(in Gliedsätzen u. im Konjunktiv wiedergegebene, referierte Aussage eines anderen);* erlebte R. *(Wiedergabe innerer Vorgänge, wie sie die erlebende Person empfindet, aber nicht in der Ichform, sondern in der 3. Person);* **b)** *sprachliche Form (eines Textes):* gebundene R. *(Verse);* ungebundene R. *(Prosa);* die geblümte R. *(gekünstelte Sprachform, bes. in der mittelalterlichen Dichtung);* **c)** [2]*Parole.*

Re̱|de|bei|trag, der: *Rede als Beitrag zu einem bestimmten Thema, zu einer Veranstaltung.*

Re̱|de|blu|me, die (veraltet): *blumiger Ausdruck, Floskel.*

Re̱|de|du|ell, das: *mit Worten, [öffentlichen] Reden ausgetragener Meinungsstreit:* sich heiße -e liefern.

Re̱|de|fi|gur, die (Rhet., Stilk.): *rhetorische Figur* (8).

Re̱de|fluss, der ⟨Pl. selten⟩ (oft abwertend): *unaufhörliches, monologisches Reden:* jmds. R. unterbrechen.

Re̱|de|frei|heit, die ⟨o. Pl.⟩: **a)** *zum Grundrecht der Meinungsfreiheit gehörende Freiheit, jederzeit u. ohne Gefahr öffentlich reden u. seine Meinung sagen zu können;* **b)** *bei einer Versammlung o. Ä. das Recht zum Mitreden.*

re̱|de|ge|wandt ⟨Adj.⟩: *gewandt im Reden, Sprechen.*

Re̱|de|ge|wandt|heit, die: *das Redegewandtsein.*

Re̱|de|kunst, die ⟨Pl. selten⟩: *[Lehre von der] Kunst der Rede, der wirkungsvollen Gestaltung des gesprochenen Wortes; Rhetorik.*

re̱|den ⟨sw. V.; hat⟩ [mhd. reden, ahd. red(i)ōn, zu ↑Rede]: **1.** *sich in Worten äußern; sprechen* (b): laut, leise, ununterbrochen, stundenlang r.; kein Wort r.; er muss dauernd r.; redet nicht so viel!; er redet mit den Händen *(gestikuliert viel beim Sprechen);* sie konnte vor Schreck nicht r.; vor sich hin r.; ⟨subst.:⟩ das viele Reden strengt an.

2. *seine Gedanken in zusammenhängender Rede äußern, mitteilen:* erst nachdenken, dann r.!; er lässt mich nicht zu Ende r. *(ausreden);* sie redete nur Unsinn; lass die Leute r. *(kümmere dich nicht um das, was sie [Schlechtes, Falsches] sagen)*!; es wird viel geredet *(geklatscht);* ⟨subst.:⟩ jmdn. zum Reden bringen; **R** wenn die Wände r. könnten! *(in diesen Räumen hat sich manches zugetragen);* **Spr** Reden ist Silber, Schweigen ist Gold; * **gut r. haben** *(sich nicht in der schwierigen Lage befinden wie eine andere Person u. darum deren Problem verharmlosen).* 3. *einen Vortrag, eine Rede halten:* im Parlament r.; wer wird heute Abend r.?; frei, gut, flüssig r.; sie hat mit viel Pathos geredet. 4. *durch [intensives] Reden* (1) *in einen bestimmten körperlichen od. geistigen Zustand versetzen:* sich heiser, in Wut, in Begeisterung r. 5. *sich jmdm. gegenüber [über etw., jmdn.] äußern; ein Gespräch führen, sich unterhalten:* miteinander r.; man kann mit ihr über alles r.; mit ihm kann man ja nicht r. *(er ist sehr unzugänglich);* sie haben sich verkracht und reden nicht mehr miteinander; (oft scherzh.:) mit dir rede ich nicht mehr!; so lasse ich nicht mit mir r.! (als Ausdruck der Empörung, Zurückweisung: *diesen Ton verbitte ich mir!*); er redet gern mit sich selbst *(führt Selbstgespräche);* über das Wetter r.; wir wollen offen darüber r.; über diesen Vorschlag lässt sich r. *(er ist es wert, diskutiert zu werden);* reden wir nicht mehr darüber! *(wir wollen dieses unliebsame Thema als abgeschlossen betrachten);* über jmdn. r. *(sich hinter seinem Rücken über ihn [abfällig] äußern);* von jmdm., einer Sache r.; von wem redest du da eigentlich *(wen meinst du)*?; sie ist schon unmöglich, nicht zu r. von ihrer Mutter *(erst recht ihre Mutter);* * **mit sich r. lassen** *(zu Zugeständnissen bereit sein);* **von sich r. machen** *(Aufmerksamkeit erregen).*

Re̱|dens|art, die [LÜ von frz. façon de parler]: **a)** *formelhafte Verbindung von Wörtern, die meist als selbstständiger Satz gebraucht wird;* **b)** ⟨Pl.⟩ *leere, nichts sagende Worte, Phrasen:* das sind doch nur ausweichende -en; jmdn. mit -en abspeisen.

Re|de|rei̱, die; -, -en: 1. ⟨o. Pl.⟩ *[dauerndes] oberflächliches, nichts sagendes Reden.* 2. *einzelnes kursierendes Gerücht; Klatschgeschichte:* die -en über ihre Vergangenheit.

Re̱|de|schwall, der ⟨Pl. selten⟩ (abwertend): *sich überstürzender Schwall von Worten.*

Re̱|de|stil, der: *Stil* (1) *einer Rede.*

Re̱|de|ver|bot, das: *Verbot [öffentlich] zu reden:* R. haben.

Re̱|de|wei|se, die: *Art des Sprechens in Ausdruck, Stil u. Artikulation.*

Re̱|de|wen|dung, die: *feste Verbindung von Wörtern, die zusammen eine bestimmte, meist bildliche Bedeutung haben; Wendung:* eine stehende R. *(eine Redewendung).*

Re̱|de|zeit, die: *festgelegte, vereinbarte Zeit, die jedem einzelnen Redner zur Verfügung steht:* die R. ist abgelaufen; die R. auf fünf Minuten begrenzen, festsetzen.

re|di|gi̱e|ren ⟨sw. V.; hat⟩ [frz. rédiger < lat. redigere (2. Part.: redactum) = zurücktreiben, -führen; in Ordnung bringen, zu: re- = wieder, zurück u. agere, ↑agieren] (Fachspr.): **a)** *(als Redakteur) einen Text für die Veröffentlichung bearbeiten:* ein Manuskript, einen Artikel, Beitrag für eine Zeitschrift r.; **b)** *durch Bestimmung von Inhalt u. Form, Auswahl u. Bearbeitung der Beiträge gestalten:* eine Zeitschrift r.

Re|din|gote [redɛ̃ˈgɔt, auch: rəd...], die; -, -n [...tn̩], auch: der; -[s], -s [frz. redingote < engl. riding-coat = Reitmantel]: *taillierter, nach unten leicht ausgestellter Damenmantel.*

Re|dis|ko̱nt, der; -s, -e [zu lat. re- = wieder, zurück u. ↑Diskont] (Geldw.): *Weiterverkauf von diskontierten Wechseln an die Notenbank.*

re|dis|kon|ti̱e|ren ⟨sw. V.; hat⟩ [↑diskontieren] (Geldw.): *diskontierte Wechsel an- oder weiterverkaufen.*

Re|dis|tri|bu|ti|o̱n, die; -, -en [zu lat. re- = wieder, zurück u. ↑Distribution] (Wirtsch.): *Korrektur der [marktwirtschaftlichen] Einkommensverteilung mithilfe finanzwirtschaftlicher Maßnahmen; Umverteilung.*

re̱d|lich ⟨Adj.⟩ [mhd. redelich, ahd. redilīh, eigtl. = so, wie man darüber Rechenschaft ablegen kann, zu ↑Rede (3)]: 1. *rechtschaffen, aufrichtig, ehrlich u. verlässlich:* ein -er Mensch; eine -e Gesinnung; er ist nicht r.; r. arbeiten; **Spr** bleibe im Lande und nähre dich r. 2. **a)** *[sehr] groß:* sich -e Mühe geben; wir alle hatten -en Hunger; **b)** *tüchtig, ordentlich; sehr:* r. müde sein; sie gibt sich r. Mühe, hat sich r. geplagt; die Belohnung hast du r. *(wirklich, mit voller Berechtigung)* verdient.

Re̱d|lich|keit, die; - [mhd. redlīcheit]: *redliches Wesen; Rechtschaffenheit, Ehrlichkeit:* an der R. ihres Urteils besteht kein Zweifel.

Re̱d|ner, der; -s, - [mhd. redenære, ahd. redināri]: **a)** *jmd., der eine Rede* (1 a) *hält:* der R. des heutigen Abends; drei R. sind vorgesehen; man hat ihn als R. gewonnen; **b)** *jmd., der in bestimmter Weise eine Rede* (1 a), *Reden hält:* ein guter, überzeugender, schlechter R.; dieser Pfarrer ist kein R. *(kann nicht gut reden).*

Re̱d|ner|büh|ne, die: *Rednertribüne.*

Re̱d|ne|rin, die; -, -nen: w. Form zu ↑Redner.

re̱d|ne|risch ⟨Adj.⟩: *das Reden, die Redekunst betreffend:* eine -e Glanzleistung.

Re̱d|ner|lis|te, die: *Liste, auf die der Reihe nach alle Teilnehmer einer Veranstaltung geschrieben werden, die sich als Diskussionsredner gemeldet haben:* eine lange R.; die R. schließen *(keine neuen Meldungen mehr annehmen).*

Re̱d|ner|pult, das: *[in der Höhe verstellbares] Pult, an dem ein Redner stehen u. auf dessen schräger Fläche er sein Manuskript ablegen kann.*

Re̱d|ner|tri|bü|ne, die: *erhöhte Plattform, auf der das Rednerpult od. auch Tisch u. Stühle für eine Diskussionsrunde stehen.*

Re|dou|te [reˈduːtə, österr.: ...ˈdut], die; -, -n [frz. redoute < ital. ridotto, eigtl. = Zufluchtsort < lat. reductum, ↑Reduktion]: 1. (veraltet) *Saal für Feste u. Tanzveranstaltungen.* 2. (österr.) *Maskenball:* auf die R. gehen. 3. (früher) *trapezförmige, allseitig geschlossene Schanze als Teil einer Festung.*

Re|do̱x|sys|tem, das; -s [aus: Redox = Kurzwort aus **Red**uktion u. **Ox**idation (dient meist zur Kennzeichnung chemischer Vorgänge, bei denen Reduktion u. Oxidation miteinander gekoppelt ablaufen) u. ↑System] (Chemie): *aus einem Oxidationsmittel u. dem entsprechenden Reduktionsmittel bestehendes chemisches System, in dem ein Gleichgewicht zwischen Oxidations- u. Reduktionsvorgängen herrscht.*

Red|pow|er [ˈrɛdˈpaʊə], die; - (auch:) **Red Power,** die; - - [engl. red power = rote Macht]: *Bewegung nordamerikanischer Indianer gegen die Unterdrückung durch die Weißen u. für kulturelle Eigenständigkeit u. politische Autonomie.*

Re|dres|se|ment [...ˈmãː], das; -s, -s [frz. redressement, zu: redresser, ↑redressieren] (Med.): **a)** *Einrenkung von Knochenbrüchen od. Verrenkungen mit anschließender Ruhigstellung in einem Kontentivverband;* **b)** *orthopädische Korrektur von körperlichen Fehlern.*

re|dres|si̱e|ren ⟨sw. V.; hat⟩ [frz. redresser = gerade richten, aus re- = wieder u. dresser, ↑dressieren]: 1. (Med.) *ein Redressement vornehmen.* 2. (veraltet) *wieder gutmachen; rückgängig machen.*

re̱d|se|lig ⟨Adj.⟩ [spätmhd. reddeselig] (oft abwertend): *gern u. viel redend; geschwätzig:* eine -e Person; der Wein machte ihn r.; **Ü** ein -er *(wortreicher, weitschweifiger)* Brief.

Re̱d|se|lig|keit, die; -: *das Redseligsein; redseliges Wesen.*

Re|duk|ti|o̱n, die; -, -en [lat. reductio = Zurückführung, zu: reductum, 2. Part. von: reducere, ↑reduzieren]: 1. (bildungsspr.) *das Reduzieren; das Zurückführen auf ein geringeres Maß:* eine R. der Kosten; R. *(Beschränkung)* auf das Wichtigste; beim Lehrstoff müssen -en vorgenommen werden. 2. (bes. Philos.) *Rückschluss vom Komplizierten auf etw. Einfaches; Vereinfachung:* die R. eines Schemas. 3. (Sprachw.) **a)** *Vereinfachung eines Satzes durch Verminderung der Wörter ohne Änderung der eigentlichen Satzstruktur;* **b)** *Abschwächung od. Schwund der Klangfarbe eines Vokals.* 4. **a)** (Chemie) *chemischer Prozess, bei dem einem Oxid Sauerstoff entzogen wird;* **b)** (Chemie, Physik) *Vorgang, bei dem ein chemisches Element od. eine chemische Verbindung Elektronen aufnimmt, die von einer anderen Substanz abgegeben werden.* 5. (Biol.) *Verminderung der Zahl der Chromosomen bei der Reduktionsteilung* (2). 6. (Physik, Met.) *Umrechnung von Messwerten auf Werte unter Normalbedingungen.* 7. (kath. Kirche) **a)** *Laisierung;* **b)** ⟨meist Pl.⟩ *(im 17./18. Jh.) christliche Indianersiedlung unter der Leitung von Missionaren.*

Re|duk|ti|o̱ns|di|ät, die: *kalorienarme Kost für eine Abmagerungskur.*

Re|duk|ti|o̱ns|mit|tel, das: **a)** (Chemie) *Stoff, der leicht Sauerstoff binden kann u. dadurch die Reduktion* (4 a) *ermöglicht;* **b)** (Chemie, Physik) *Stoff, der leicht Elektronen abgibt u. deshalb für eine Reduktion* (4 b) *benötigt wird.*

Re|duk|ti|o̱ns|stu|fe, die (Sprachw.): *abgeschwächte Stufe eines Vokals beim Ablaut.*

Re|duk|ti|o̱ns|tei|lung, die (Biol.): 1. *Meiose.* 2. *meiotische Teilung, bei der der Chromosomensatz wieder auf die Hälfte reduziert wird.*

re|duk|ti̱v ⟨Adj.⟩ (bildungsspr., Fachspr.): *mit den Mitteln der Reduktion arbeitend; durch Reduktion bewirkt.*

re|dun|da̱nt ⟨Adj.⟩ [zu lat. redundans (Gen.: redundantis), 1. Part. von: redundare = überströmen, eigtl. zurückwogen, aus re-, red- = zurück u. unda = Welle] (bildungsspr.): *Redundanz aufweisend; überreichlich [vorhanden]:* -e Buchstaben, Merkmale.

Re|dun|da̱nz, die; -, -en [lat. redundantia = Überfülle] (bildungsspr.): *das Vorhandensein von eigentlich überflüssigen, für die Information nicht notwendigen Elementen; Überladung mit Merkmalen.*

re|dun|da̱nz|frei ⟨Adj.⟩ (Fachspr.): *ohne Redundanzen; auf das Wichtigste konzentriert:* ein -es Lehrbuch.

Re|du|pli|ka|ti|o̱n, die; -, -en [spätlat. reduplicatio, zu: reduplicare, ↑reduplizieren] (Sprachw.): *Verdoppelung eines Wortes od. Wortteiles.*

re|du|pli|zi̱e|ren ⟨sw. V.; hat⟩ [spätlat. reduplicare = wieder verdoppeln, aus lat. re- = wieder u. duplicare, ↑Duplikat] (Sprachw.): *der Reduplikation unterworfen sein:* reduplizierende *(einzelne Stammformen mithilfe der Reduplikation bildende)* Verben.

Re|du|ze̱nt, der; -en, -en [zu lat. reducens (Gen.: reducentis), 1. Part. von: reducere, ↑reduzieren] (Biol.): *(in der Nahrungskette) Lebewesen* (z. B. Bakterie, Pilz 2), *das organische Stoffe wieder in anorganische überführt, sie mineralisiert.*

re|du|zi̱e|ren ⟨sw. V.; hat⟩ [lat. reducere = (auf das richtige Maß) zurückführen, aus: ↑re- u. ducere = führen]: 1. *verringern, (in Wert, Ausmaß od. Anzahl) vermindern, herabsetzen, einschränken:* Ausgaben, Preise, den Energieverbrauch r.; mit dieser Maßnahme soll die Zahl der Arbeitslosen reduziert werden; etw. auf ein Minimum, um ein Viertel r.; reduzierte Preise. 2. *auf eine einfachere Form zurückführen; vereinfachen:* etw. auf seine Grundelemente r. 3. ⟨r. + sich⟩ *sich abschwächen; schwächer, geringer werden, (in Wert, Ausmaß od. Zahl) zurückgehen:* die Zahl der Unfälle hat sich reduziert. 4. (Sprachw.) *einen Vokal in der Klangfarbe abschwächen:* das e wird auslautend zu einem bloßen Murmel-e reduziert. 5. (Chemie, Physik) *eine Reduktion* (4 a, b) *vornehmen:* CO_2 zu Kohlenmonoxid r. 6. (Physik, Met.) *einen Messwert auf den Durchschnittswert umrechnen.*

R

Re|du|zie|rung, die; -, -en: *das Reduzieren; das Reduziertwerden.*

ree [zu (m)niederd. rēde = fertig, bereit] (Seemannsspr.): Kommando für ein Wendemanöver beim Segeln.

Ree|de, die; -, -n [aus dem Niederd. < mniederd. rēde, reide = Ankerplatz, wohl eigtl. = Platz, an dem Schiffe ausgerüstet werden]: *vor einem Hafen od. geschützt in einer Bucht liegender Ankerplatz für Schiffe; Vorhafen:* eine künstlich angelegte R.; auf der R. ankern; das Schiff liegt auf der R. [vor Anker].

Ree|der, der; -s, - [aus dem Niederd. < mniederd. rēder, zu: rēden = ausrüsten, bereitmachen, verw. mit ↑bereit]: *Schifffahrtsunternehmer; Schiffseigner [bei der Seeschifffahrt].*

Ree|de|rei, die; -, -en: *Schifffahrtsunternehmen, Handelsgesellschaft, die mit [eigenen] Schiffen Personen u. Güter befördert.*

Ree|de|rin, die; -, -nen: w. Form zu ↑Reeder.

re|ell ⟨Adj.⟩ [frz. réel < spätlat. realis, ↑real]: **1. a)** *anständig, ehrlich:* ein -es Geschäft; die Firma, der Kaufmann ist r.; das Geld hat er sich r. verdient; **b)** (ugs.) *ordentlich, den Erwartungen entsprechend, handfest:* ein -es Essen; -e Portionen; ⟨subst.:⟩ das ist doch wenigstens was Reelles. **2.** *wirklich, tatsächlich [vorhanden], echt:* eine -e Chance haben; r. ist diese Möglichkeit nicht vorhanden; -e Zahlen (Math.; *Zahlen, die sich als ganze Zahlen od. als einfache, periodische od. unendliche Dezimalzahlen darstellen lassen; rationale u. irrationale Zahlen im Gegensatz zu den imaginären*).

Reep, das; -[e]s, -e [mniederd. rēp, niederd. Form von ↑[2]Reif] (Seemannsspr.): *Seil, Schiffstau.*

Ree|per|bahn, die (nordd. veraltet): *Seilerbahn.*

Reep|schnur, die (Fachspr.): *starke Schnur od. dünneres, sehr festes Seil (z. B. als zusätzliches Seil beim Bergsteigen).*

Reet, das; -s [mniederd. rēt, niederd. Form von ↑Ried] (nordd.): [1]*Ried* (a).

Reet|dach, das: *mit* [1]*Ried* (a) *gedecktes Dach (bes. bei nordd. Bauernhäusern).*

Re|ex|port, der; -[e]s, -e, **Re|ex|por|ta|ti|on,** die; -, -en [aus ↑re- u. ↑Export] (Wirtsch.): *Ausfuhr importierter Waren.*

REFA [Kurzwort für: Reichsausschuss für Arbeitszeitermittlung]: *Vereinigung von Unternehmen u. Rationalisierungsfachleuten, die Möglichkeiten zur Verbesserung der Wirtschaftlichkeit u. zur Humanisierung der Arbeit untersucht* (Verband für Arbeitsstudien, REFA e. V.).

Re|fak|tie, die; -, -n [niederl. refactie < lat. refectio = Wiederherstellung] (Kaufmannsspr.): *Gewichts- od. Preisabzug wegen beschädigter od. fehlerhafter Ware.*

re|fak|tie|ren ⟨sw. V.; hat⟩ (Kaufmannsspr.): *wegen beschädigter od. fehlerhafter Waren einen Nachlass gewähren.*

REFA-Leh|re, die: *Lehre von den vom REFA-Verband entwickelten Verfahren u. Grundsätzen.*

Re|fek|to|ri|um, das; -s, ...ien [mlat. refectorium, zu spätlat. refectorius = erquickend, zu lat. reficere = erquicken]: *Speisesaal in einem Kloster.*

Re|fe|rat, das; -[e]s, -e [lat. referat = er möge berichten; subst. Aktenvermerk (als Anweisung für den Berichterstatter), zu: referre, ↑referieren]: **1. a)** *ausgearbeitete [Untersuchungsergebnisse zusammenfassende] Abhandlung über ein bestimmtes Thema:* ein wissenschaftliches, politisches R.; ein R. ausarbeiten, schreiben; **b)** *kurzer [eine kritische Einschätzung enthaltender] schriftlicher Bericht:* -e über die wichtigsten Neuerscheinungen. **2.** *Abteilung einer Behörde als Fachgebiet eines Referenten:* ein R. übernehmen, leiten; sie wurde in das neue R. berufen, mit dem R. betraut.

Re|fe|rats|lei|ter, der: *Leiter eines Referats* (2).

Re|fe|rats|lei|te|rin, die: w. Form zu ↑Referatsleiter.

Re|fe|ree [refəˈriː, auch: ˈrɛfəri], der; -s, -s [engl. referee, zu: to refer = zur Entscheidung überlassen < (m)frz. référer, ↑referieren] (Sport): a) *Schiedsrichter;* b) *Ringrichter.*

Re|fe|ren|da: Pl. von ↑Referendum.

Re|fe|ren|dar, der; -s, -e [mlat. referendarius = (aus den Akten) Bericht Erstattender, zu lat. referendum, ↑Referendum]: **a)** *Anwärter auf die höhere Beamtenlaufbahn nach der ersten Staatsprüfung:* seinen R. machen *(die Prüfung als Referendar ablegen);* **b)** *Lehramtsanwärter.*

Re|fe|ren|da|ri|at, das; -[e]s, -e: *Vorbereitungsdienst für Referendare.*

Re|fe|ren|da|rin, die; -, -nen: w. Form zu ↑Referendar.

Re|fe|ren|dum, das; -s, ...den u. ...da [lat. referendum = zu Berichtendes, zu Beschließendes, Gerundivum von: referre, ↑referieren]: *(bes. in der Schweiz) Volksentscheid über eine bestimmte Frage:* ein R. durchführen, abhalten.

Re|fe|rent, der; -en, -en [zu lat. referens (Gen.: referentis), 1. Part. von: referre, ↑referieren; 3: engl. referent]: **1. a)** *jmd., der ein Referat* (1 a) *hält; Vortragender:* der R. des heutigen Abends; wir haben Herrn N. N. als -en gewonnen; **b)** *Gutachter [bei der Beurteilung einer wissenschaftlichen Arbeit].* **2.** *Referatsleiter in einer Dienststelle:* R. für Jugendfragen; der persönliche R. des Ministers. **3.** (Sprachw.) *Denotat* (1).

Re|fe|ren|tin, die: w. Form zu ↑Referent (1, 2).

Re|fe|renz, die; -, -en [frz. référence, eigtl. = Bericht, Auskunft, zu: se référer, ↑referieren; 3: engl. reference]: **1.** ⟨meist Pl.⟩ *von einer Vertrauensperson gegebene [lobende] Beurteilung, Empfehlung:* die Bewerberin hat gute -en aufzuweisen; -en verlangen; -en über einen Bewerber einholen. **2.** *Person od. Stelle, auf die verwiesen wird, weil sie [lobende] Auskunft über jmdn. geben kann:* darf ich Sie als R. angeben? **3.** (Sprachw.) *Beziehung zwischen sprachlichen Zeichen u. ihren Referenten* (3).

re|fe|ren|zie|ren ⟨sw. V.; hat⟩ (EDV): *in Beziehung zueinander setzen.*

re|fe|rie|ren ⟨sw. V.; hat⟩ [frz. référer < lat. referre = zurücktragen; berichten; sich auf etw. beziehen, aus: re- = wieder, zurück u. ferre = tragen, bringen]: **1.** (bildungsspr.) **a)** *ein Referat* (1) *halten:* vor einem Kreis von Fachleuten, auf einer Tagung r.; **b)** *zusammenfassend [u. kritisch einschätzend] über etw. berichten:* den Stand der Forschung, einen Sachverhalt r. **2.** (Sprachw.) *Referenz* (3) *zu etw. haben, sich auf etw. beziehen.*

[1]Reff, das; -[e]s, -e [eigtl. wohl = Leib, Gerippe; mhd. nicht belegt (mniederd. rif, ref), ahd. href = (Mutter)schoß] (ugs. abwertend): **1.** *hagere alte Frau.* **2.** * **langes R.** *(hagerer, lang aufgeschossener Mensch):* er ist ein langes R.

[2]Reff, das; -[e]s, -e [mhd., ahd. ref]: **1. a)** *Rückentragkorb;* **b)** kurz für: ↑Büchereff. **2.** (Landw.) a) *aus parallelen Zinken bestehende Vorrichtung an der Sense, mit der die Schwaden aufgefangen u. gleichmäßig abgelegt werden;* **b)** *mit einem* [2]*Reff* (2 a) *versehene Sense.*

[3]Reff, das; -s, -s [niederd. ref(f), aus dem Anord.] (Seemannsspr.): *Vorrichtung zum Aufrollen des Segels u. Verkleinern der Segelfläche.*

ref|fen ⟨sw. V.; hat⟩ [zu ↑[3]Reff] (Seemannsspr.): *(vom Segel) durch Einrollen einzelner Bahnen in der Fläche verkleinern:* wir müssen [die Segel] r.

re|fi|nan|zie|ren, sich ⟨sw. V.; hat⟩ [zu lat. re- = wieder, zurück u. ↑finanzieren] (Geldw.): *fremde Mittel aufnehmen, um damit selbst Kredit zu geben.*

Re|fi|nan|zie|rung, die; -, -en: *das Refinanzieren.*

Re|fla|ti|on, die; -, -en [geb. nach ↑Inflation] (Geldw.): *finanzpolitische Maßnahme zur Erreichung eines vor einer Deflation vorhandenen höheren Preisniveaus.*

re|fla|ti|o|när ⟨Adj.⟩ [geb. nach ↑inflationär] (Geldw.): *die Reflation betreffend.*

re|flek|tie|ren ⟨sw. V.; hat⟩ [lat. (animum) reflectere (2. Part.: reflexum) = (seine Gedanken auf etw.) hinwenden, aus: re- = wieder, zurück u. flectere = biegen, beugen]: **1.** *Strahlen, Wellen zurückwerfen; zurückstrahlen:* der Spiegel, das Glas reflektiert das Licht; ein stark reflektierendes Material; reflektiertes Licht. **2.** (bildungsspr.) **a)** *nachdenken* (1): über ein Thema r.; **b)** *bedenken* (1 a): wir müssen unsere Lage kritisch r. **3.** (ugs.) *interessiert sein, etw. Bestimmtes zu erreichen, zu erwerben:* auf ein Amt r.

Re|flek|tor, der; -s, ...oren [latinis. nach frz. réflecteur, zu: réfléchir < lat. reflectere, ↑reflektieren]: **1.** *Hohlspiegel hinter einer Lichtquelle zur Bündelung des Lichtes (z. B. in einem Scheinwerfer).* **2.** (Rundfunkt.) *Teil einer Richtantenne, die einfallende elektromagnetische Wellen reflektiert (z. B. zur Bündelung in einem Brennpunkt).* **3.** *Fernrohr mit Parabolspiegel; Spiegelteleskop.* **4.** (Kerntechnik) *Umhüllung (aus Beryllium, Graphit o. Ä.) der Spaltzone eines Reaktors, an der die austretenden Neutronen gebremst u. reflektiert werden.* **5.** *kreisförmige, streifenförmige o. ä. Vorrichtung aus reflektierendem Material (als Rückstrahler):* Schulranzen mit -en.

re|flek|to|risch ⟨Adj.⟩: *durch einen Reflex bedingt.*

Re|flex, der; -es, -e [frz. réflexe < lat. reflexus = das Zurückbeugen, subst. 2. Part. von: reflectere, ↑reflektieren]: **1.** *Widerschein, Lichtreflex:* -e der Scheinwerfer auf nasser Straße; Ü -e der Fantasie, der Erinnerung. **2.** (Physiol.) *Reaktion des Organismus auf einen das Nervensystem treffenden Reiz:* motorische -e; bedingter *(erworbener, nur zeitweilig auslösbarer),* unbedingter *(angeborener, immer auftretender)* R.; gute -e haben *(schnell reagieren).*

re|flex|ar|tig ⟨Adj.⟩: *wie ein Reflex [ablaufend].*

Re|flex|be|we|gung, die: *unwillkürliche, durch einen Reiz ausgelöste Bewegung:* das war eine reine R.; eine R. machen.

Re|flex|hand|lung, die: *Handlung, die eine Reaktion auf etw. darstellt.*

Re|fle|xi|on, die; -, -en [frz. réflexion < lat. reflexio = das Zurückbeugen, zu: reflectere, ↑reflektieren]: **1.** *das Zurückgeworfenwerden von Wellen, Strahlen:* die R. des Lichts an einer spiegelnden Fläche. **2.** (bildungsspr.) *das Nachdenken; Überlegung, prüfende Betrachtung:* -en [über etw.] anstellen.

Re|fle|xi|ons|ne|bel, der (Astron.): *wolkenartige Verdichtungen von Materie im Weltraum, die das Licht von in der Nähe befindlichen Sternen reflektieren.*

re|fle|xiv ⟨Adj.⟩ [zu lat. reflexus, ↑Reflex]: **1.** (Sprachw.) *sich (auf das Subjekt) zurückbeziehend; rückbezüglich:* -e Verben, Pronomen; das Verb »irren« kann auch r. gebraucht werden. **2.** (bildungsspr.) *die Reflexion* (2) *betreffend; durch Reflexion* (2), *reflektiert:* -es Lernen; r. gewonnene Erkenntnisse.

Re|fle|xiv, das; -s, -e: *Reflexivpronomen.*

Re|fle|xi|va: Pl. von ↑Reflexivum.

Re|fle|xiv|pro|no|men, das (Sprachw.): *rückbezügliches Fürwort:* »sich« ist ein R.

Re|fle|xi|vum, das; -s, ...va: *Reflexivpronomen.*

re|flex|mä|ßig ⟨Adj.⟩: *in Bezug auf den Reflex* (2); *einem Reflex folgend, vergleichbar.*

Re|flex|schal|tung, die (Elektrot.): *Verwendung einer Elektronenröhre zur gleichzeitigen Verstärkung hoher u. niedriger Frequenzen.*

Re|flex|zo|nen|mas|sa|ge, die (Med.): *Massage bestimmter Zonen der Körperoberfläche mit dem Ziel, gestörte Funktionen innerer Organe, die diesen Zonen zugeordnet sind, zu aktivieren.*

Re|form, die; -, -en [frz. réforme; zu: réformer, ↑reformieren]: *planmäßige Neuordnung, Umgestaltung, Verbesserung des Bestehenden (ohne Bruch mit den wesentlichen geistigen u. kulturellen Grundlagen):* eine einschneidende, durchgreifende R.; politische, soziale -en; -en fordern, durchsetzen; sich für -en einsetzen.

reform. = reformiert.

Re|for|ma|ti|on, die; -, -en [lat. reformatio = Umgestaltung, Erneuerung, zu: reformare, ↑reformieren]: **1.** ⟨o. Pl.⟩ *religiöse Erneuerungsbewegung des 16. Jahrhunderts, die zur Bildung der evangelischen Kirchen führte.* **2.** (bildungsspr. veraltend) *Erneuerung, geistige Umgestaltung, Verbesserung.*

Re|for|ma|ti|ons|fest, das (ev. Kirche): *Gedenkfeier für den als Beginn der Reformation geltenden Anschlag der 95 Thesen Luthers (am 31. 10. 1517 in Wittenberg).*

Re|for|ma|ti|ons|tag, der (ev. Kirche): *Tag (31. Oktober), an dem das Reformationsfest begangen, der Reformation* (1) *gedacht wird.*

Re|for|ma|ti|ons|zeit, die ⟨o. Pl.⟩: *Zeit der Reformation* (1).

Re|for|ma|tor, der; -s, ...oren [lat. reformator = Umgestalter, Erneuerer]: **1.** *einer der Begründer der Reformation* (1) (Luther, Calvin, Zwingli u. a.). **2.** *jmd., der eine [umfassende] Reform durchführt:* ein R. des Rechtswesens.

Re|for|ma|to|rin, die; -, -nen: w. Form zu ↑Reformator (2).

re|for|ma|to|risch ⟨Adj.⟩: **1.** *die Reformation* (1), *die Reformatoren* (1) *betreffend:* die -en Schriften. **2.** *in der Art eines Reformators* (2); *umgestaltend, erneuernd:* mit -em Eifer.

re|form|be|dürf|tig ⟨Adj.⟩: *der Reform bedürfend.*

Re|form|be|we|gung, die: *Bewegung* (3 a, b), *die Reformen durchsetzen will.*

Re|for|mer, der; -s, - [engl. reformer, zu: to reform = erneuern, verbessern < lat. reformare, ↑reformieren] (bes. Politik): *jmd., der eine Reform erstrebt od. durchführt.*

Re|for|me|rin, die; -, -nen: w. Form zu ↑Reformer.

re|for|me|risch ⟨Adj.⟩: *Reformen betreffend; Reformen betreibend; nach Verbesserung, Erneuerung strebend:* -e Bemühungen.

Re|form|haus, das: *Geschäft für Reformkost.*

re|for|mie|ren ⟨sw. V.; hat⟩ [lat. reformare = umgestalten, umbilden, neu gestalten, aus: re- = wieder, zurück u. formare = ordnen, einrichten, gestalten]: *durch Reformen verändern, verbessern:* die Verwaltung, die Gesetzgebung r.; die reformierte Kirche.

Re|for|mier|te, der u. die; -n, -n ⟨Dekl. ↑Abgeordnete⟩: *Angehöriger bzw. Angehörige der evangelisch-reformierten Kirche.*

Re|for|mis|mus, der; - [b: russ. reformizm]: **a)** *Bewegung zur Verbesserung eines [sozialen] Zustandes od. [politischen] Programms;* **b)** (kommunist. abwertend) *kleinbürgerliche Bewegung innerhalb der Arbeiterklasse, die soziale Verbesserungen durch Reformen, nicht durch eine Revolution erreichen will.*

re|for|mis|tisch ⟨Adj.⟩ [russ. reformistskij] (kommunist. abwertend): *den Reformismus* (b) *betreffend, auf ihm beruhend.*

Re|form|kom|mu|nis|mus, der: *Richtung des Kommunismus, die nationale Besonderheiten hervorhebt [u. die diktatorisch-bürokratische Ausprägung des Kommunismus in der Sowjetunion ablehnt].*

Re|form|kost, die: *für eine gesunde Lebensweise besonders geeignete Kost, die nicht chemisch behandelt u. besonders reich an vollwertigen Nährstoffen ist.*

Re|form|pä|da|go|gik, die: *pädagogische Bewegung, die von der Psychologie des Kindes ausgehend seine eigene Aktivität u. Kreativität fördern will u. sich gegen die Lernschule wendet.*

Re|form|vor|schlag, der: *Vorschlag* (1) *zu einer Reform.*

Re|frain [rəˈfrɛ̃ː, auch: re...], der; -s, -s [frz. refrain, eigtl. = Rückprall (der Wogen an den Klippen), zu afrz. refraindre = [zurück]brechen; modulieren, über das Vlat. zu lat. refringere = brechend zurückwerfen]: *Kehrreim.*

re|frak|tär ⟨Adj.⟩ [lat. refractarius = widerspenstig, halsstarrig, steif, zu: refragari = widerstreben] (Physiol.): *unempfindlich, nicht beeinflussbar (bes. gegenüber Reizen).*

Re|frak|ti|on, die; -, -en [zu lat. refractum, 2. Part. von: refringere, ↑Refrain]: *Brechung* (1).

Re|frak|to|me|ter, das; -s, - [↑-meter (1)] (Optik): *Instrument zur Bestimmung des Brechungsvermögens eines Stoffes.*

Re|frak|tor, der; -s, ...oren (Astron.): *Fernrohr, dessen Objektiv aus einer od. mehreren Sammellinsen besteht.*

Re|frak|tu|rie|rung, die; -, -en [zu lat. re- = wieder u. ↑Fraktur] (Med.): *operatives erneutes Brechen eines Knochens (bei schlecht od. in ungünstiger Stellung verheiltem Knochenbruch).*

Re|fri|ge|ra|tor, der; -s, ...oren [zu lat. re- = verstärkendes Präfix u. frigerare = kühlen]: *Gefrieranlage.*

Re|fu|gi|al|ge|biet, das; -[e]s, -e (Biol.): *Gebiet, in dem vom Aussterben bedrohte Tier- od. Pflanzenarten aufgrund günstigerer Umweltbedingungen überleben.*

Re|fu|gié [refyˈʒieː], der; -s, -s [frz. réfugié, subst. 2. Part. von: se réfugier = sich flüchten]: *Flüchtling (bes. aus Frankreich [im 17. Jh.] geflüchteter Protestant).*

Re|fu|gi|um, das; -s, ...ien [lat. refugium, zu: refugere = sich flüchten] (bildungsspr.): *sicherer Ort, an dem jmd. seine Zuflucht findet, an den er sich zurückziehen kann, um ungestört zu sein; Zufluchtsort, -stätte:* ein R. suchen, finden.

Reg. = Regiment.

[1]**Re|gal,** das; -s, -e [H. u., viell. über niederd. rijöl < frz. rigole = Rinne < mlat. rigulus, Vkl. von: riga = Graben, Reihe]: *meist offenes, auf dem Boden stehendes od. an einer Wand befestigtes Gestell mit mehreren Fächern zum Aufstellen, Ablegen, Aufbewahren von Büchern, Waren o. Ä.:* ein niedriges, schmales, hohes, leeres R.; mit Akten gefüllte -e; ein Buch aus dem R., vom R. nehmen, ins R. zurückstellen, legen.

[2]**Re|gal,** das; -s, -e [frz. régale, H. u.]: **1.** *kleine transportable, nur mit Zungenpfeifen besetzte Orgel mit einem Manual u. ohne Pedal.* **2.** *Register einer großen Orgel mit Zungenpfeifen einer bestimmten Klangfarbe.*

[3]**Re|gal,** das; -s, -ien ⟨meist Pl.⟩ [spätmhd. regāl < mlat. regale = Königsrecht, zu lat. regalis = königlich, zu: rex, ↑[1]Rex] (früher): *dem König, später dem Staat zustehendes, meist wirtschaftlich nutzbares Hoheitsrecht.*

Re|gal|brett, das: *waagerecht in ein [1]Regal eingelegtes Brett.*

Re|ga|li|en: Pl. von ↑[3]Regal.

Re|gal|wand, die: *mehrteiliges, oft eine ganze Wand einnehmendes [1]Regal.*

Re|gat|ta, die; -, ...tten [ital. (venez.) regat(t)a = Gondelwettfahrt, H. u.] (Sport): **1.** *auf einer markierten Strecke ausgetragene Wettfahrt für Boote:* eine R. abhalten, veranstalten; an einer R. teilnehmen. **2.** *(vor allem für Berufskleidung verwendeter) schmal gestreifter Stoff aus Baumwolle od. Zellwolle.*

Reg.-Bez. = Regierungsbezirk.

re|ge ⟨Adj.; reger, regste⟩ [zu ↑regen]: **a)** *von Betriebsamkeit, lebhafter Geschäftigkeit zeugend; stets in Tätigkeit, in Bewegung; lebhaft:* ein -r Verkehr, Handel, Briefwechsel; überall herrschte ein -es Treiben; eine r. Teilnahme, Nachfrage; sich r. am Geschäftsbetrieb beteiligen; **b)** *sich lebhaft regend; körperlich u. geistig beweglich, munter, rührig; nicht träge:* eine r. Fantasie, Einbildungskraft; er ist geistig noch sehr, nicht mehr sonderlich r.; der Wunsch wurde r. (geh.; *erwachte*) in ihr.

Re|gel, die; -, -n [mhd. regel(e), ahd. regula, urspr. = Ordensregel < mlat. regula < lat. regula = Richtholz; Maßstab, Regel, zu: regere, ↑regieren]: **1. a)** *aus bestimmten Gesetzmäßigkeiten abgeleitete, aus Erfahrungen u. Erkenntnissen gewonnene, in Übereinkunft festgelegte, für einen jeweiligen Bereich als verbindlich geltende Richtlinie; [in bestimmter Form schriftlich fixierte] Norm, Vorschrift:* allgemeine, spezielle, einfache, schwierige, feste, strenge, ungeschriebene -n; grammatische, mathematische -n; klösterliche, mönchische -n; die -n eines Spiels, der Rechtschreibung, des Zusammenlebens; eine R. aufstellen, anwenden, kennen, lernen; die geltenden -n beachten, befolgen, übertreten, verletzen, außer Acht lassen; sich an eine R. halten; gegen die primitivsten -n des Anstands, der Höflichkeit, des Umgangs verstoßen; das ist eine Abweichung von der R.; R keine R. ohne Ausnahme; * **die goldene R.** (bes. christl. Rel.; *Grundregel für das rechte Handeln;* nach Matth. 7, 12: »Alles, was ihr wollt, dass euch die Menschen tun, sollt auch ihr ihnen tun«); **nach allen -n der Kunst** (1. *ganz vorschriftsmäßig, in jeder Hinsicht, Beziehung richtig, wie es sich gehört:* er tranchierte den Gänsebraten nach allen -n der Kunst. 2. ugs.; *in beträchtlichem Maße; gründlich, tüchtig, gehörig:* sie haben ihn nach allen -n der Kunst verprügelt); **b)** ⟨o. Pl.⟩ *regelmäßig, fast ausnahmslos geübte Gewohnheit; das Übliche, üblicherweise Geltende:* dass er so früh aufsteht, ist, bildet bei ihm die R.; das ist hier nicht, ist durchaus die R.; etw. tun, was von der üblichen R. abweicht; das ist ihr zur R. geworden, hat sie sich zur R. gemacht; * **in der R./in aller R.** *(normalerweise, üblicherweise, meist, fast immer):* in der R. mit dem Auto zur Arbeit fahren. **2.** *Menstruation:* die [monatliche] R. kommt, bleibt aus, setzt aus; die R. bekommen; sie hat ihre R.

Re|gel|an|fra|ge, die: *von einer Behörde des öffentlichen Dienstes grundsätzlich bei jeder Einstellung an den Verfassungsschutz gerichtete Anfrage nach der Verfassungstreue des Bewerbers.*

re|gel|bar ⟨Adj.⟩: *sich regeln, regulieren lassend.*

Re|gel|blu|tung, die: *Menstruation.*

Re|gel|fall, der ⟨o. Pl.⟩: *regelmäßig, fast ausnahmslos eintretender Fall; das Übliche:* etw. ist der R., stellt den R. dar.

re|gel|ge|mäß ⟨Adj.⟩: *einer Regel* (1) *entsprechend.*

re|gel|ge|recht ⟨Adj.⟩: *regelgemäß.*

re|gel|haft ⟨Adj.⟩: *sich nach bestimmten Regeln vollziehend.*

Re|gel|haf|tig|keit, die; -, -en: *das Regelhaftsein.*

Re|gel|kreis, der (Kybernetik, Biol.): *sich selbst regulierendes geschlossenes System.*

Re|gel|leis|tung, die: **1.** *in der Sozialversicherung gesetzlich vorgeschriebene Mindestleistung der Kranken- u. Rentenversicherung.* **2.** (DDR) *immer wieder erbrachte gleichartige Dienstleistung.*

re|gel|los ⟨Adj.⟩: *keine feste Ordnung, Regelung aufweisend; ungeordnet, ungeregelt:* ein -es Durcheinander.

Re|gel|lo|sig|keit, die; -, -en ⟨Pl. selten⟩: *das Regellossein.*

re|gel|mä|ßig ⟨Adj.⟩: **a)** *bestimmten Gesetzen der Harmonie in der Form, Gestaltung entsprechend; ebenmäßig:* ein -es Gesicht; -e Gesichtszüge, Formen; ihre Schrift war klein und r.; **b)** *einer bestimmten festen Ordnung, Regelung (die bes. durch zeitlich stets gleiche Wiederkehr, gleichmäßige Aufeinanderfolge gekennzeichnet ist) entsprechend, ihr folgend:* -er Unterricht, Dienst; -e Mahlzeiten; die -e Teilnahme an einem Kurs; er ist ein -er *(in gleichmäßiger Folge immer wiederkommender)* Gast; -e (Sprachw.; *nach einer festen Regel flektierte*) Verben; der Puls ist, geht wieder r. *(schlägt in gleichmäßigen Abständen);* r. wiederkehren, auftreten, teilnehmen; sie treibt r. Sport; er kam r. (ugs.; *immer wieder, jedes Mal*) zu spät zu den Proben.

Re|gel|mä|ßig|keit, die ⟨Pl. selten⟩: **a)** *regelmäßige* (a) *Form, Gestaltung; Ebenmaß:* die R. ihres Gesichtes, eines Bauwerks; **b)** *regelmäßige* (b) *Ordnung, Wiederkehr, Aufeinanderfolge:* die R. der Mahlzeiten; er kam in schöner R. (iron.; *immer wieder*) zu spät.

re|geln ⟨sw. V.; hat⟩: **1. a)** *nach bestimmten Regeln, Gesichtspunkten gestalten, abwickeln; ordnend in bestimmte Bahnen lenken, in eine bestimmte Ordnung bringen:* eine Sache vernünftig, sinnvoll, streng, vertraglich, durch Gesetz r.; eine Frage, eine Angelegenheit, den Nachlass, seine Finanzen, den Ablauf der Arbeiten r.; eine Ampel regelt den Ablauf des Verkehrs, den Verkehr; er wird die Sache schon [für dich] r.; du musst zusehen, dass du das bald regelst/(ugs.:) geregelt kriegst; **b)** ⟨r. + sich⟩

R

nach bestimmten Regeln in einer bestimmten Ordnung vor sich gehen; geordnet ablaufen: das Zusammenwirken regelt sich exakt nach Plan; die Sache hat sich [von selbst] geregelt *(ist geklärt, hat sich erledigt).* **2.** *den gewünschten Gang, die richtige Stufe, Stärke o. Ä. von etw. einstellen; regulieren* (1): diese Automatik regelt die Temperatur.

re|gel|recht ⟨Adj.⟩: **1.** *einer Regel, Ordnung, Vorschrift entsprechend; ordnungsgemäß, vorschriftsmäßig; wie es sich gehört:* ein -es Vorgehen, Verfahren. **2.** (ugs.) *richtiggehend, richtig:* es kam zu einer -en Schlägerei; sie hat ihn r. hinausgeworfen.

Re|gel|satz, der: *Richtsatz für die Bemessung von Leistungen der Sozialhilfe.*

Re|gel|stu|di|en|zeit, die (Hochschulw.): *für ein bestimmtes Studium vorgeschriebene, eine bestimmte Anzahl von Semestern umfassende Zeit.*

Re|gel|tech|nik, die: *Mess- und Regeltechnik.*

Re|ge|lung, (selten:) Reglung, die; -, -en: **1. a)** *das Regeln* (1 a, 2); **b)** *in bestimmter Form festgelegte Vereinbarung, Vorschrift:* eine vernünftige, einheitliche, vertragliche, tarifliche, rechtliche R.; diese R. tritt ab sofort in Kraft. **2.** (Kybernetik) *Vorgang in einem Regelkreis, bei dem durch ständige Kontrolle u. Korrektur eine physikalische, technische o. ä. Größe auf einem konstanten Wert gehalten wird.*

Re|gel|ver|stoß, der (Sport): *Verstoß gegen die Spielregeln.*

Re|gel|werk, das: *Gesamtheit, Sammlung von Regeln:* ein kompliziertes R.

re|gel|wid|rig ⟨Adj.⟩: *gegen die Regeln, Vorschriften verstoßend, ihnen nicht entsprechend:* der -e Gebrauch eines Wortes; sich r. verhalten.

Re|gel|wid|rig|keit, die: *regelwidriges Verhalten; Verstoß gegen die Regeln, Vorschriften.*

re|gen ⟨sw. V.; hat⟩ [mhd. regen, Kausativ zu regen (st. V.) = emporragen, sich erheben; steif gestreckt sein, starren, verw. mit ↑Rahe]: **1. a)** (geh.) *mit etw. eine leichte [unbewusste] Bewegung machen; leicht, ein wenig bewegen:* das schlafende Kind begann Arme und Beine zu r.; vor Kälte konnte er kaum die Finger r.; die Bäume regten leise ihre Blätter im Wind *(die Blätter wurden vom Wind leicht bewegt);* **b)** ⟨r. + sich⟩ *sich leicht, ein wenig bewegen; sich rühren:* die kranke Frau regte sich dann und wann; nichts, kein Lüftchen, kein Blatt regte sich; **Ü** viele Hände haben sich geregt *(viele waren tätig, fleißig).* **2.** ⟨r. + sich⟩ (geh.) *sich bemerkbar machen, entstehen; allmählich spürbar, wach, lebendig werden:* Hoffnungen, Zweifel regen sich; Trotz, Widerspruch regte sich in ihr.

Re|gen, der; -s, - ⟨Pl. selten⟩ [mhd. regen, ahd. regan, H. u.]: **1.** *Niederschlag, der in Form von Wassertropfen zur Erde fällt:* ein starker, heftiger, wolkenbruchartiger, dünner, anhaltender R.; der tropische R.; der R. fällt, beginnt, hört auf, lässt nach, rauscht, rieselt, strömt, rinnt über das Dach, klatscht/trommelt/schlägt gegen die Scheiben, prasselt aufs Pflaster; es wird R. geben; bei strömendem R.; durch den R. laufen; es/der Himmel sieht nach R. aus; wir wurden vom R. überrascht; **Spr** auf R. folgt Sonnenschein *(auf schlechte Zeiten folgen immer wieder auch gute);* * **ein warmer R.** (ugs.; *sehr erwünschte, oft unerwartet erfolgende Geldzuwendung*); **aus dem/vom R. in die Traufe kommen** (ugs.; *aus einer unangenehmen, schwierigen Lage in eine noch schlimmere geraten*); **jmdn. im R. [stehen] lassen/in den R. stellen** (ugs.; *jmdn. im Stich, mit seinen Problemen allein lassen, ihm in einer Notlage nicht helfen*). **2.** *etw. in großer Anzahl zur Erde Niedergehendes:* ein R. bunter Blumen empfing die Künstler.

Re|gen|an|la|ge, die: **1.** *Berieselungsanlage.* **2.** *Sprinkleranlage.*

re|gen|arm ⟨Adj.⟩: *arm an Niederschlägen:* -e Gebiete; die -en Monate.

Re|gen|bo|gen, der [mhd. regenboge, ahd. reginbogo]: *bunter, in mehreren abgestuften Farben leuchtender Bogen, der an dem der Sonne gegenüberliegenden Teil des Himmels durch Brechung des Sonnenlichts im Regen entsteht:* ein R. entsteht, zeigt sich, verschwindet allmählich; die sieben Farben des -s.

Re|gen|bo|gen|far|be, die ⟨meist Pl.⟩: *eine der in einem Regenbogen enthaltenen Farben:* die Ölpfütze schillert in allen -n.

re|gen|bo|gen|far|ben, re|gen|bo|gen|far|big ⟨Adj.⟩: *die Farben eines Regenbogens aufweisend.*

Re|gen|bo|gen|haut, die: *ringförmig die Pupille umgebende, durch die Hornhaut hindurch sichtbare, eine charakteristische Färbung aufweisende Haut des Augapfels; Iris* (2).

Re|gen|bo|gen|pres|se, die ⟨o. Pl.⟩ [nach der bunten Aufmachung, bes. den mehrfarbigen Kopfleisten] (Jargon): *Gesamtheit der Wochenblätter, deren Beiträge sich im Wesentlichen aus trivialer Unterhaltung, gesellschaftlichem Klatsch, Sensationsmeldungen o. Ä. zusammensetzen.*

Re|gen|cape, das: vgl. Regenmantel.

Re|gen|dach, das: *dachartige Vorrichtung, die Schutz vor Regen bietet.*

re|gen|dicht ⟨Adj.⟩: *so beschaffen, konstruiert, dass Regen nicht durchdringen kann.*

Re|ge|ne|rat, das; -[e]s, -e [zu ↑regenerieren] (Technik): *durch chemische Aufbereitung gebrauchter Materialien gewonnenes Produkt.*

Re|ge|ne|ra|ti|on, die; -, -en [frz. régénération < spätlat. regeneratio = Wiedergeburt, zu lat. regenerare, ↑regenerieren]: **1.** (bildungsspr.) *Erneuerung, erneute Belebung:* die geistige und körperliche R.; die R. der Arbeitskraft. **2.** (Biol., Med.) *erneute Bildung, Entstehung, natürliche Wiederherstellung von verletztem, abgestorbenem Gewebe o. Ä.:* die R. von Haut, Federn, Haaren, Pflanzenteilen; die R. des Schwanzes einer Eidechse. **3.** (Technik) **a)** *Wiederherstellung bestimmter physikalischer od. chemischer Eigenschaften von etw.;* **b)** *Rückgewinnung nutzbarer chemischer Stoffe aus verbrauchten, verschmutzten Materialien.*

re|ge|ne|ra|ti|ons|fä|hig ⟨Adj.⟩: *fähig zur Regeneration* (1, 2).

re|ge|ne|ra|tiv ⟨Adj.⟩: **1.** (Biol., Med.) *die Regeneration* (2) *betreffend, auf ihr beruhend, durch sie bewirkt, entstanden.* **2.** (Technik) *die Regeneration* (3) *betreffend, auf ihr beruhend, durch sie wiederhergestellt:* -e Energiequellen *(Energiequellen, wie z. B. die Sonnenenergie, die sich nicht erschöpfen).*

re|ge|ne|rier|bar ⟨Adj.⟩: *sich regenerieren lassend.*

re|ge|ne|rie|ren ⟨sw. V.; hat⟩ [1: frz. régénérer < lat. regenerare, aus: re- = wieder u. generare = (er)zeugen]: **1.** (bildungsspr.) *erneuern, mit neuer Kraft versehen, neu beleben:* seine Kräfte, sich geistig und körperlich r. **2.** ⟨r. + sich⟩ (Biol., Med.) *(von verletzten, abgestorbenen Geweben, Organen o. Ä.) neu entstehen, sich neu bilden:* Federn, Haare, Pflanzenteile regenerieren sich; die Haut regeneriert sich ständig; ⟨auch, bes. fachspr., ohne »sich«:⟩ der Schwanz der Eidechsen regeneriert. **3.** (Technik) **a)** *durch entsprechende Behandlung, Bearbeitung wiederherstellen;* **b)** *(von nutzbaren chemischen Stoffen, wertvollen Rohstoffen, abgenutzten Teilen o. Ä.) aus verbrauchten, verschmutzten Materialien wiedergewinnen, wieder gebrauchsfähig machen:* Motoren, chemische Substanzen r.

Re|gen|fall, der ⟨meist Pl.⟩: *meist mit einer gewissen Heftigkeit fallender Regen:* heftige, starke, anhaltende, plötzlich einsetzende Regenfälle.

Re|gen|front, die (Met.): *Front* (4), *die Regen mit sich führt.*

re|gen|grün ⟨Adj.⟩ (Geogr.): *nur in der Regenzeit voll belaubt:* -er Wald.

Re|gen|guss, der: *kurzer, starker Regen.*

Re|gen|haut®, die: *Regenmantel, Cape aus dünnem, wasserundurchlässigem Material.*

Re|gen|ja|cke, die: vgl. Regenmantel.

Re|gen|ma|cher, der: *(bei vielen Naturvölkern) jmd. (bes. ein Medizinmann), der durch magische Handlungen den Regen zu beeinflussen, bes. herbeizuführen sucht.*

Re|gen|man|tel, der: *Mantel aus leichtem, wasserundurchlässigem Material.*

Re|gen|mo|nat, der: *Monat, in dem viel Regen fällt; regenreicher Monat.*

re|gen|nass ⟨Adj.⟩: *vom Regen nass:* eine -e Straße, Fahrbahn; die -en Kleider ausziehen.

Re|gen|pfei|fer, der [angeblich kündigt das Pfeifen des Vogels Regen an]: *vor allem auf sumpfigen Wiesen, Hochmooren, an Flussufern lebender, kleiner, gedrungener Vogel, der im Flug oft melodisch pfeift.*

re|gen|reich ⟨Adj.⟩: *reich an Niederschlägen:* -e Gebiete; ein -er Sommer.

Re|gen|rin|ne, die: *Rinne zum Auffangen u. Ableiten des Regenwassers.*

Re|gen|rohr, das: *Abflussrohr der Regenrinne.*

Re|gens, der; -, ...entes [...e:s] u. ...enten [spätlat. regens, ↑Regent]: *Vorsteher, Leiter (bes. eines katholischen Priesterseminars).*

Re|gens|burg: Stadt an der Donau.

[1]Re|gens|bur|ger, der; -s, -: Ew.

[2]Re|gens|bur|ger ⟨indekl. Adj.⟩: der R. Dom.

Re|gens|bur|ge|rin, die; -, -nen: w. Form zu ↑[1]Regensburger.

Re|gen|schau|er, der: *plötzlich einsetzender, nicht lange anhaltender Regen.*

Re|gen|schirm, der [nach frz. parapluie, ↑Parapluie]: *Schirm* (1 a) *zum Schutz gegen Regen:* den R. öffnen, aufspannen, zuklappen, zumachen; mit jmdm. unter einem R. gehen; * **gespannt sein wie ein R.** (ugs. scherzh.; *sehr gespannt, neugierig auf etw. sein*).

Re|gen|schrei|ber, der (Met.): *Niederschlagsmesser.*

Re|gen|schutz, der: *etw., was geeignet ist, als Schutz gegen Regen zu dienen.*

Re|gent, der; -en, -en [spätlat. regens (Gen.: regentis) = Herrscher, Fürst, subst. 1. Part. von lat. regere, ↑regieren]: **1.** *regierender Fürst, Monarch, gekrönter Herrscher:* ein absolutistischer R. **2.** *[verfassungsmäßiger] Vertreter eines minderjährigen, regierungsunfähigen, abwesenden Monarchen, Herrschers.*

Re|gen|tag, der: *Tag, an dem es anhaltend regnet:* ein grauer R.; an -en geht sie gern spazieren.

Re|gen|ten: Pl. von ↑Regens, ↑Regent.

Re|gen|tes: Pl. von ↑Regens.

Re|gen|tin, die; -, -nen: w. Form zu ↑Regent.

Re|gen|ton|ne, die: *Tonne, die zum Auffangen von Regenwasser dient.*

Re|gen|trop|fen, der: *einzelner Wassertropfen des Regens:* dicke, schwere, feine R.; die ersten R. schlugen an die Scheiben.

Re|gent|schaft, die; -, -en: *Ausübung der Herrschaft; Amt, Amtszeit eines Regenten (1, 2).*

Re|gen|wald, der (Geogr.): *durch üppige Vegetation gekennzeichneter immergrüner Wald in den regenreichen Gebieten der Tropen.*

Re|gen|was|ser, das ⟨o. Pl.⟩: *Wasser, aus dem der Regen besteht, das beim Regnen irgendwo zusammenläuft:* R. ist weicher als Leitungswasser; das R. ist durchs Dach gedrungen; R. in einer Tonne auffangen.

Re|gen|wet|ter, das ⟨o. Pl.⟩: *regnerisches Wetter.*

Re|gen|wol|ke, die: *graue, schwere Wolke, die Regen ankündigt.*

Re|gen|wurm, der [mhd. regenwurm, ahd. reganwurm]: *im Boden lebender Wurm (mit äußerlich deutlich erkennbarer Gliederung in Segmente), der bei Regen an die Oberfläche kommt.*

Re|gen|zeit, die: *(in tropischen u. subtropischen Regionen) Periode, die durch lang anhaltende, meist starke Regenfälle gekennzeichnet ist.*

Re|ges: Pl. von ↑[1]Rex.

Reg|gae ['rɛgeɪ], der; -[s] [amerik. reggae, Slangwort der westindischen Bewohner der USA] (Musik): *aus Jamaika stammende Spielart der Popmusik, deren Rhythmus durch die Hervorhebung unbetonter Taktteile gekennzeichnet ist.*

Re|gie [re'ʒi:], die; - [frz. régie = verantwortliche Leitung; Verwaltung, eigtl. subst. 2. Part. Fem. von: régir < lat. regere, ↑regieren]: **1. a)** (Theater,

Film, Ferns., Rundfunk) *verantwortliche künstlerische Leitung bei der Gestaltung eines Werkes für eine Aufführung, Sendung o. Ä.; Spielleitung; Inszenierung:* eine überlegte, geschickte, subtile R.; wer hatte bei diesem Film die R.?; er hat die R. des Fernsehspiels übernommen; R. führen *(die künstlerische Leitung haben, der Regisseur sein);* die Anweisungen der R. *(des Regisseurs)* befolgen; sie arbeitete öfter unter seiner R.; **b)** *Raum, in dem sich die Regie* (1) *befindet:* in der R. anfragen, wie es weitergeht. **2.** (bildungsspr.) *verantwortliche Führung, Leitung, Verwaltung:* die R. des Betriebs liegt jetzt in den Händen des Sohnes; etw. in eigener R. (ugs.; *selbstständig, ohne fremde Hilfe, ganz allein)* tun, machen.

Re|gie|an|wei|sung, die: *Anmerkung, erläuternder Hinweis in einem Bühnenstück, Drehbuch o. Ä. als Hilfe für die Regie* (1).

Re|gie|as|sis|tent, der: *Assistent eines Regisseurs.*

Re|gie|as|sis|ten|tin, die: w. Form zu ↑Regieassistent.

Re|gie|as|sis|tenz, die: *Assistenz, das Assistieren bei der Regie* (1).

Re|gie|feh|ler, der (oft scherzh.): *irrtümliche Entscheidung, Maßnahme bei der Organisation von etw.:* den Organisatoren der Veranstaltung waren einige ärgerliche R. unterlaufen.

re|gier|bar ⟨Adj.⟩: *sich regieren* (1 b) *lassend; geeignet, regiert zu werden.*

re|gie|ren ⟨sw. V.; hat⟩ [mhd. regieren, nach afrz. reger < lat. regere = herrschen, lenken; eigtl. = gerade richten]: **1. a)** *die Regierungs-, Herrschaftsgewalt innehaben; Herrscher bzw. Herrscherin sein; herrschen:* lange, viele Jahre, nur kurze Zeit, weise, mild, gerecht, streng, demokratisch, despotisch, diktatorisch r.; in einer Demokratie regiert das Volk; der König regierte drei Jahrzehnte [lang], regierte von 1597 bis 1601; ein regierendes Haus, Adelsgeschlecht; Ü Frieden, Sicherheit, Not, Korruption regiert in diesem Land; **b)** *über jmdn., etw. die Regierungs-, Herrschaftsgewalt innehaben, Herrscher bzw. Herrscherin sein; beherrschen:* ein Land, Volk, einen Staat r.; ein demokratisch, kommunistisch regierter Staat. **2.** (seltener) *in der Gewalt haben; bedienen, handhaben, führen, lenken:* er konnte den Schlitten, das Fahrzeug, das Steuer nicht mehr r. **3.** (Sprachw.) *(einen bestimmten Fall) nach sich ziehen; verlangen, erfordern:* diese Präposition, dieses Verb regiert den Dativ.

Re|gie|rung, die; -, -en [spätmhd. regierunge]: **1.** *Tätigkeit des Regierens* (1); *Ausübung der Regierungs-, Herrschaftsgewalt:* die R. dieses Herrschers brachte das Land in Not; die R. übernehmen, antreten; einen Mann, eine Frau, eine Partei an die R. bringen; unter, während ihrer R. herrschte Frieden. **2.** *oberstes Organ eines Staates, eines Landes, das die richtunggebenden u. leitenden Funktionen ausübt; Gesamtheit der Personen, die einen Staat, ein Land regieren:* eine demokratische, sozialistische, bürgerliche, provisorische, legale, starke, stabile, schwache R.; die amtierende R. des Landes; die R. ist zurückgetreten, wurde gestürzt; eine neue R. bilden, einsetzen; eine R. ernennen, berufen, unterstützen, absetzen; er gehört der R. nicht mehr an.

re|gie|rungs|amt|lich ⟨Adj.⟩: *offiziell von einer Regierung* (2) *[ausgehend, stammend, bestätigt]:* -e Verlautbarungen.

Re|gie|rungs|an|tritt, der: *Übernahme des Amtes durch ein Staatsoberhaupt, einen Regierungschef, eine Regierung.*

Re|gie|rungs|aus|schuss, der: *von einer Regierung* (2) *gebildeter Ausschuss* (2).

Re|gie|rungs|be|zirk, der: *(in der Bundesrepublik Deutschland) mehrere Stadt- u. Landkreise umfassender Verwaltungsbezirk eines Bundeslandes* (Abk.: Reg.-Bez.).

Re|gie|rungs|bil|dung, die: *Bildung einer Regierung:* die R. übernehmen; jmdn. mit der R. betrauen.

Re|gie|rungs|chef, der: *Politiker, der seinem Amt entsprechend eine Regierung* (2) *anführt, leitet.*

Re|gie|rungs|che|fin, die: w. Form zu ↑Regierungschef.

Re|gie|rungs|de|le|ga|ti|on, die: *von einer Regierung* (2) *bevollmächtigte Delegation* (1 b).

Re|gie|rungs|di|rek|tor, der: *höherer, über dem Regierungsrat stehender Beamter im Verwaltungsdienst.*

Re|gie|rungs|di|rek|to|rin, die: w. Form zu ↑Regierungsdirektor.

Re|gie|rungs|er|klä|rung, die: *offizielle Erklärung* (2), *in der eine Regierung* (2) *ihre Politik, ihren Standpunkt zu bestimmten politischen Fragen darlegt.*

re|gie|rungs|fä|hig ⟨Adj.⟩: *fähig, in der Lage, die Regierung* (1) *zu übernehmen, zu regieren:* eine -e Koalition; eine -e Mehrheit *(eine ausreichende Mehrheit im Parlament, die zum Regieren befähigt).*

re|gie|rungs|feind|lich ⟨Adj.⟩: *einer Regierung* (2) *nicht dienlich, förderlich, gegen sie eingestellt:* -e Strömungen; r. eingestellt sein.

Re|gie|rungs|form, die: *dem jeweiligen politischen System, den verfassungsrechtlichen Bestimmungen entsprechende Form, Zusammensetzung, Gestaltung der Regierung* (1) *eines Staates:* eine demokratische, monarchische R.

re|gie|rungs|freund|lich ⟨Adj.⟩: *einer Regierung* (2) *dienlich, förderlich, ihr gegenüber positiv, wohlwollend eingestellt.*

Re|gie|rungs|ge|bäu|de, das: *Gebäude, in dem eine Regierung* (2) *ihren Sitz hat.*

Re|gie|rungs|ge|schäf|te ⟨Pl.⟩: *Aufgaben, die zur Wahrnehmung der Regierung* (1) *gehören.*

Re|gie|rungs|ge|walt, die: *Macht, Befugnis, die Regierung* (1) *zu übernehmen, zu regieren.*

Re|gie|rungs|krei|se, die ⟨Pl.⟩: *einer Regierung* (2) *angehörende, in ihrem Bereich tätige Personen, Personenkreise:* dies verlautete in/aus -n.

Re|gie|rungs|mit|glied, das: *Mitglied einer Regierung* (2).

Re|gie|rungs|par|tei, die: *die Regierung bildende, an der Regierung* (2) *beteiligte Partei.*

Re|gie|rungs|prä|si|dent, der: *Leiter der Verwaltung eines Regierungsbezirks.*

Re|gie|rungs|prä|si|den|tin, die: w. Form zu ↑Regierungspräsident.

Re|gie|rungs|pro|gramm, das: *von einer Regierung* (2) *dargelegtes, die Pläne u. Ziele der Regierung enthaltendes Programm.*

Re|gie|rungs|rat, der: **1.** *höherer Beamter im Verwaltungsdienst übergeordneter Bundes- u. Landesbehörden:* R. Müllers/des -s Müller (Abk.: Reg.-Rat). **2.** (schweiz.) **a)** *aus mehreren, unmittelbar vom Volk gewählten Mitgliedern bestehende Regierung* (2) *eines Kantons;* **b)** *Mitglied eines Regierungsrates* (2 a).

Re|gie|rungs|rä|tin, die: w. Form zu ↑Regierungsrat.

Re|gie|rungs|sei|te: in der Fügung von R. *(von[seiten] der Regierung* 2): Einzelheiten wurden von R. nicht mitgeteilt.

re|gie|rungs|sei|tig ⟨Adv.⟩ (Amtsdt.): *von der Regierung* (2) *ausgehend; von[seiten] der Regierung:* dies wurde r. mitgeteilt.

Re|gie|rungs|sitz, der: **a)** *Regierungsgebäude;* **b)** *Stadt, in der eine Regierung* (2) *ihren Sitz hat.*

Re|gie|rungs|spre|cher, der: *Politiker, der die Funktion hat, im Auftrag der Regierung* (2) *offizielle Mitteilungen zu machen.*

Re|gie|rungs|spre|che|rin, die: w. Form zu ↑Regierungssprecher.

Re|gie|rungs|sys|tem, das: vgl. Regierungsform.

Re|gie|rungs|um|bil|dung, die: *das Umbilden* (a) *einer Regierung* (2).

Re|gie|rungs|ver|ant|wor|tung, die: *Verantwortung für die Regierungsgeschäfte.*

Re|gie|rungs|vier|tel, das: *Stadtteil, in dem die Regierungsgebäude liegen.*

Re|gie|rungs|vor|la|ge, die: *Gesetzentwurf, der dem Parlament von der Regierung* (2) *vorgelegt wird.*

Re|gie|rungs|wech|sel, der: *Ablösung* (2 a) *einer Regierung* (2) *durch eine neue.*

Re|gie|rungs|zeit, die: *Zeitspanne, in der jmd. regiert, eine Regierung* (2) *im Amt ist.*

Re|gime [reˈʒiːm], das; -s, - [...mə], auch: -s [reˈʒiːms; frz. régime < lat. regimen = Lenkung, Leitung; Regierung, zu: regere, ↑regieren]: **1.** (meist abwertend) *einem bestimmten politischen System entsprechende, von ihm geprägte Regierung, Regierungs-, Herrschaftsform:* ein totalitäres, autoritäres, kommunistisches R.; gegen das herrschende R. kämpfen; Ü unter seinem strengen R. *(seiner Leitung)* konnte sich die Firma noch eine Zeit lang halten. **2.** (veraltet) *System, Schema, Ordnung.*

Re|gime|kri|ti|ker, der: *jmd., der seiner kritischen Haltung gegenüber dem [totalitären] Regime seines Landes Ausdruck verleiht.*

Re|gime|kri|ti|ke|rin, die: w. Form zu ↑Regimekritiker.

Re|gi|ment [regi...], das; -[e]s, -e u. -er [spätlat. regimentum = Leitung, Oberbefehl, zu lat. regere, ↑regieren]: **1.** ⟨Pl. -e⟩ *Herrschaft* (1), *Regierung* (1), *verantwortliche Führung, Leitung:* ein straffes, mildes R.; das strenge R. des Vaters; das R. antreten, nicht aus der Hand/den Händen geben; Ü der Winter wich endgültig dem R. des Frühlings; * **das R. führen** *(bestimmen, herrschen);* **ein strenges** o. ä. **R. führen** *(streng o. ä. sein).* **2.** ⟨Pl. -er⟩ (Milit.) *mehrere Bataillone einer Waffengattung umfassender Verband (unter der Führung eines Obersten):* ein R. führen, kommandieren; er ist jetzt bei einem anderen R., wurde zu einem anderen R. versetzt (Abk.: R., Reg., Regt., Rgt.).

Re|gi|ments|fah|ne, die: *Fahne* (1) *eines Regiments* (2).

Re|gi|o|lekt, der; -[e]s, -e [zu ↑Region, analog zu ↑Dialekt] (Sprachw.): *in einer bestimmten Region* (1) *gesprochener Dialekt.*

Re|gi|on, die; -, -en [lat. regio = Bereich, Gebiet, eigtl. = Richtung, zu: regere, ↑regieren]: **1.** *durch bestimmte Merkmale (z. B. Klima, wirtschaftliche Struktur) gekennzeichneter räumlicher Bereich* (a); *in bestimmter Weise geprägtes, größeres Gebiet:* ärmliche, wilde, dünn besiedelte, ländliche -en; die R. des ewigen Schnees; die Tierwelt der alpinen R.; Ü die hintere, obere R. *(der Teil, Bereich)* des Hauses. **2.** (geh.) *Bereich* (b), *Bezirk* (1 b); *Sphäre:* die Kunst war ihm eine unbekannte R.; * **in höheren -en schweben** (scherzh.; *in einer Traum-, Fantasiewelt leben; die Wirklichkeit vergessen).* **3.** (Med.) *Abschnitt, Teil:* die einzelnen -en des Kopfes, des Gehirns.

re|gi|o|nal ⟨Adj.⟩ [1: spätlat. regionalis]: **1.** *eine bestimmte Region* (1) *betreffend, zu ihr gehörend, auf sie beschränkt, für sie charakteristisch:* -e Besonderheiten, Unterschiede, Merkmale, Gesichtspunkte; -e Wahlen, Nachrichten; das ist nur von -em Interesse; die Aussprache ist r. verschieden. **2.** (Med.) *regionär.*

Re|gi|o|nal|aus|ga|be, die: *Ausgabe einer Zeitung, Zeitschrift, die Nachrichten, Berichte, Rundfunk- u. Fernsehprogramme o. Ä. eines bestimmten Gebietes besonders berücksichtigt.*

Re|gi|o|nal|bahn, die: *(auf Strecken mit geringeren Fahrgastzahlen eingesetzter) Personennahverkehrszug der Deutschen Bahn* (Abk.: RB).

Re|gi|o|nal|ex|press, der: *schneller Personennahverkehrszug der Deutschen Bahn* (Abk.: RE).

Re|gi|o|nal|for|schung, die ⟨o. Pl.⟩: *mehrere Disziplinen umfassende Forschung, die die natürlichen, ökonomischen, sozialen, politischen o. ä. Strukturen größerer Regionen untersucht; Raumforschung* (2).

re|gi|o|na|li|sie|ren ⟨sw. V.; hat⟩: *auf einen bestimmten Bereich, eine Region beziehen.*

Re|gi|o|na|lis|mus, der; -, ...men: **a)** (bildungsspr.) *starke Ausprägung landschaftlicher Eigenarten in Literatur, Kultur o. Ä. in Verbindung mit der Bestrebung, diese Eigenarten zu wahren u. zu fördern;* **b)** (Sprachw.) *regionale sprachliche Eigentümlichkeit.*

Re|gi|o|na|list, der; -en, -en (bildungsspr.): *jmd., der den Regionalismus fördert.*
Re|gi|o|na|lis|tin, die; -, -nen: w. Form zu ↑Regionalist.
Re|gi|o|nal|li|ga, die: **1.** (früher) *zweithöchste deutsche Spielklasse in verschiedenen Sportarten.* **2.** *(in verschiedenen Sportarten) Oberliga* (1).
Re|gi|o|nal|li|gist, der: *Ligist einer Regionalliga.*
Re|gi|o|nal|pro|gramm, das: *Rundfunk-, Fernsehprogramm für ein bestimmtes Sendegebiet.*
Re|gi|o|nal|spra|che, die (Sprachw.): *Sprache (Dialekt), die sich auf eine Region beschränkt od. funktional über ein begrenztes Gebiet hinaus nicht verwendbar ist.*
re|gi|o|när ⟨Adj.⟩ (Med.): *die Region* (3) *eines Körperteils, eines Organs betreffend, zu ihr gehörend:* -e Metastasen.
Re|gis|seur [reʒɪˈsøːɐ̯], der; -s, -e [frz. régisseur = Spielleiter, Verwalter, zu: régir, ↑Regie] (Theater, Film, Ferns., Rundfunk): *jmd., der bei der Gestaltung eines Werkes für eine Aufführung, Sendung o. Ä. die künstlerische Leitung hat, [berufsmäßig] Regie führt; jmd., der ein Stück inszeniert; Spielleiter:* ein begabter, erfahrener, bekannter R.; **Ü** das Leben ist immer der beste R.; der R. der Nationalmannschaft.
Re|gis|seu|rin [reʒɪˈsøːrɪn], die; -, -nen: w. Form zu ↑Regisseur.
Re|gis|ter, das; -s, - [mhd. register < mlat. registrum = Verzeichnis < spätlat. regesta, eigtl. subst. Neutr. Pl. des 2. Part. von lat. regerere = zurückbringen; eintragen, aus: re- = wieder, zurück u. gerere (2. Part.: gestum) = tragen, ausführen]: **1. a)** *alphabetisches Verzeichnis von Namen, Begriffen o. Ä. in einem Buch; Index* (1): ein vollständiges, ausführliches R.; am Ende des Atlasses befindet sich ein R.; im R. nachschlagen; **b)** *stufenförmig geschnittener u. mit den Buchstaben des Alphabets versehener Rand der Seiten von Telefon-, Wörter-, Notizbüchern o. Ä., mit dessen Hilfe das Nachschlagen erleichtert wird;* **c)** *amtlich geführtes Verzeichnis rechtlicher Vorgänge von öffentlichem Interesse:* das R. des Standesamtes; eine Eintragung im R. löschen; einen Namen ins R. eintragen lassen; *** altes/langes R.** (ugs. scherzh.; *alter/großer Mensch*); **d)** (früher) *[vom Aussteller angefertigte] Sammlung der Abschriften von Urkunden, Rechtsfällen o. Ä.* **2.** (Druckw.) *genaues Aufeinanderpassen der Druckseiten, des Satzspiegels auf Vorder- u. Rückseite:* R. halten. **3.** (Musik) **a)** *(bei Orgel, Harmonium, Cembalo) Gruppe von Pfeifen, Zungen, Saiten, durch die Töne gleicher Klangfarbe erzeugt werden:* ein R. bedienen, ziehen *(den entsprechenden Knopf, Hebel,* [1]*Zug 4 a o. Ä. dafür bedienen);* eine Orgel mit vierzig -n; *** alle R. ziehen** *(alles aufbieten; alle verfügbaren Mittel, alle Kräfte aufwenden);* **andere R. ziehen** *(stärkere Mittel einsetzen; einen nachdrücklicheren Ton anschlagen);* **b)** *(bei der menschlichen Singstimme, auch bei bestimmten Blasinstrumenten) Bereich von Tönen, die, je nach Art der Resonanz, der Schwingung o. Ä., gleiche od. ähnliche Färbung haben:* die R. einer Trompete. **4.** (Sprachw.) *Sprachstil, der für bestimmte Situationen charakteristisch ist.* **5.** (EDV) *kleiner Speicher* (2 b) *für die kurzzeitige Speicherung von Daten.*
re|gis|tered [ˈredʒɪstad; engl., zu: to register < frz. registrer < mlat. registrare, ↑registrieren]: **1.** engl. Bez. für *in ein Register eingetragen; patentiert; gesetzlich geschützt* (Abk.: reg.). **2.** engl. Bez. für *eingeschrieben* (auf Postsendungen).
Re|gis|ter|ton|ne, die [mit dem in Registertonnen angegebenen Rauminhalt wird das Schiff »registriert«] (Seew. früher): *Einheit zur Errechnung des Rauminhalts eines Schiffes, mit der die Größe eines Schiffes angegeben wird (u. die 2,83 m^3 entspricht;* Abk.: RT).
Re|gis|tra|tur, die; -, -en [zu ↑registrieren]: **1.** *das Registrieren* (1 a), *Eintragen; Buchung* (1): eine R. seiner Personalien wurde vorgenommen. **2. a)** *Raum, in dem Akten, Urkunden, Karteien o. Ä. aufbewahrt werden:* einen Ordner aus der R. holen; **b)** *Schrank, Regal, Gestell zum Aufbewahren von Akten, Urkunden o. Ä.:* einen Ordner aus der R. nehmen. **3.** (Musik) *(bei Orgel u. Harmonium) Gesamtheit der Vorrichtungen, mit denen die Register* (3 a) *betätigt werden.*
re|gis|trie|ren ⟨sw. V.; hat⟩ [1: spätmhd. registrieren < mlat. registrare, zu: registrum, ↑Register]: **1. a)** *in ein Verzeichnis, eine Kartei, ein [amtlich geführtes] Register eintragen:* Fahrzeuge, Namen, Personalien, Personen r.; während der Feiertage wurden viele Unfälle registriert; **b)** *selbsttätig feststellen u. automatisch aufzeichnen:* die Messgeräte registrieren Luftfeuchtigkeit und Niederschlagsmenge; die Seismographen registrierten ein leichtes Erdbeben. **2. a)** *ins Bewusstsein aufnehmen, zur Kenntnis nehmen, bemerken:* alle Vorgänge genau, sorgfältig, im Einzelnen r.; sein Erscheinen wurde von allen registriert; sie registrierte mit Befriedigung, dass ihr Rat befolgt wurde; **b)** *sachlich feststellen; ohne Kommentar vermerken, darstellen:* alle Zeitungen registrierten den Vorfall. **3.** (Musik) *(beim Spielen von Orgel, Harmonium, auch Cembalo) durch Betätigung der Register die Klangfarbe bestimmen.*
Re|gis|trier|kas|se, die: *(in Läden, Gaststätten o. Ä. aufgestellte) Ladenkasse, die Beträge automatisch addiert u. anzeigt.*
Re|gis|trie|rung, die; -, -en: *das Registrieren; das Registriertwerden.*
Re|gle|ment [...ˈmãː, schweiz.: ...ˈmɛnt], das; -s, -s u. (schweiz.:) -e [frz. règlement, zu: régler < spätlat. regulare, ↑regulieren] (bildungsspr.): *Gesamtheit von Vorschriften, Bestimmungen, die für einen bestimmten [Arbeits-, Dienst]bereich, für bestimmte Tätigkeiten, bes. auch für Sportarten, gelten; Statuten, Satzungen:* ein strenges, kompliziertes R.; ein R. ausarbeiten; einem R. unterworfen sein; sich an das R. halten.
re|gle|men|ta|risch ⟨Adj.⟩ (bildungsspr.): *einem Reglement, den Vorschriften, Bestimmungen genau entsprechend, folgend.*
re|gle|men|tie|ren ⟨sw. V.; hat⟩ [wohl unter Einfluss von frz. réglementer = nach einem Reglement vorgehen] (bildungsspr., oft abwertend): *durch genaue, strenge Vorschriften regeln:* die Arbeit ist [genau, streng] reglementiert.
Re|gle|men|tie|rung, die; -, -en (bildungsspr., oft abwertend): *das Reglementieren; reglementierende Handlung, Maßnahme.*
Reg|ler, der; -s, - [zu ↑regeln (2)] (Technik, Kybernetik): *Vorrichtung, die bei technischen Geräten (bes. als Bestandteil eines Regelkreises) den gewünschten Gang, die richtige Stufe, Stärke o. Ä. von etw. einstellt, reguliert.*
reg|los ⟨Adj.⟩: *regungslos.*
Reg|lung: ↑Regelung.
reg|nen ⟨sw. V.⟩ [mhd. reg[en]en, ahd. reganōn, zu ↑Regen]: **1.** ⟨unpers.⟩ *(von Niederschlag) als Regen zur Erde fallen* ⟨hat⟩: es regnet leise, sanft, stark, heftig, ununterbrochen, tagelang, in Strömen; es fängt an, hört auf zu r.; es regnet an die Scheiben, aufs Dach; es regnete große Tropfen *(der Regen fiel in großen Tropfen).* **2.** *in großer Menge, wie ein Regen niedergehen, herabfallen* ⟨ist⟩: von den Rängen regneten Blumen; **Ü** Vorwürfe, Schimpfworte regneten auf ihn *(bekam er in großer Menge zu hören);* nach der Fernsehübertragung regnete es bei dem Sender Beschwerden *(Beschwerden gingen in großer Zahl bei dem Sender ein).*
Reg|ner, der; -s, -: *Gerät, das Wasser versprüht (zum Beregnen von landwirtschaftlichen Kulturen, Sportplätzen o. Ä.).*
reg|ne|risch ⟨Adj.⟩ [für älter regnicht, mhd. regenic = regnerisch]: *so geartet, dass immer wieder Regen fällt; zu Regen neigend; grau u. von Regenwolken verhangen:* ein -er Tag, Himmel; -es Wetter.
Reg.-Rat = Regierungsrat.
Re|gress, der; -es, -e [lat. regressus, eigtl. = Rückkehr, zu: regressum, 2. Part. von: regredi = zurückgehen; (auf jmdn.) zurückkommen; Ersatzansprüche stellen, zu: re- = wieder, zurück u. gradi = schreiten, gehen]: **1.** (Rechtsspr.) *Inanspruchnahme des Hauptschuldners* (b), *Rückgriff auf den Hauptschuldner durch einen ersatzweise haftenden Schuldner.* **2.** (Philos.) *das Zurückgehen von der Wirkung zur Ursache, vom Bedingten zur Bedingung.*
Re|gress|an|spruch, der (Rechtsspr.): *Anspruch auf Regress.*
Re|gres|si|on, die; -, -en [lat. regressio, zu: regredi, ↑Regress]: **1.** (bildungsspr.) *langsamer Rückgang; rückläufige Tendenz, Entwicklung:* eine Zeit der wirtschaftlichen R. **2.** (Psych.) *das Zurückgehen, Zurückfallen auf frühere [primitive] Stufen der geistigen Entwicklung, des Trieblebens.* **3.** (Geol.) *das Zurückweichen des Meeres durch das Absinken des Meeresspiegels od. die Hebung des Landes.* **4.** (Biol.) *das Schrumpfen des Ausbreitungsgebietes einer Art od. Rasse von Lebewesen.* **5.** (Statistik) *Aufteilung einer Variablen in einen systematischen u. einen zufälligen Teil zur angenäherten Beschreibung einer Variablen als Funktion anderer.* **6.** (Rhet., Stilk.) **a)** *Wiederholung eines Satzes, aber in umgekehrter Wortfolge;* **b)** *nachträgliche, erläuternde Wiederaufnahme.*
re|gres|siv ⟨Adj.⟩: **1.** (bildungsspr.) *eine Regression* (1) *aufweisend; rückläufig, rückschrittlich:* -e Entwicklungen. **2.** (Psych.) *auf einer Regression* (2) *beruhend; auf frühere [primitive] Stufen der geistigen Entwicklung, des Trieblebens zurückfallend:* eine -e Haltung. **3.** (Philos.) *in der Art des Regresses* (2) *zurückschreitend; von der Wirkung zur Ursache, vom Bedingten zur Bedingung zurückgehend.* **4.** (Rechtsspr.) *einen Regress* (1) *betreffend:* -e Forderungen.
Re|gress|kla|ge, die (Rechtsspr.): *Klage zur Durchsetzung eines Regressanspruchs.*
Re|gress|pflicht, die (Rechtsspr.): *Verpflichtung, einen Regressanspruch zu erfüllen.*
re|gress|pflich|tig ⟨Adj.⟩ (Rechtsspr.): *zum Regress verpflichtet:* jmdn. r. machen.
reg|sam ⟨Adj.⟩ [zu ↑regen] (geh.): *rege* (b), *rührig, beweglich:* sie ist geistig noch sehr r.
Reg|sam|keit, die; - (geh.): *regsame Art, regsames Wesen.*
Regt. = Regiment.
re|gu|lär ⟨Adj.⟩ [spätlat. regularis = einer Regel gemäß, zu lat. regula, ↑Regel]: **1. a)** *den Regeln, Bestimmungen, Vorschriften entsprechend; vorschriftsmäßig, ordnungsgemäß, richtig:* die -e Arbeit, Arbeitszeit; -e Truppen *(ordnungsgemäß ausgebildete u. uniformierte Truppen);* die -e Spielzeit (Sport; *die offiziell vorgesehene Zeit*) ist abgelaufen; **b)** *üblich:* die -e Linienmaschine; den -en *(nicht herabgesetzten)* Preis bezahlen. **2.** (ugs.) *regelrecht* (2): sie hat ihn r. hinausgeworfen.
Re|gu|lar, der; -s, -e, **Re|gu|la|re,** der; -n, -n [mlat. regularis, zu spätlat. regularis, ↑regulär] (kath. Kirche): *Mitglied eines katholischen Ordens, das eine* [2]*Profess abgelegt hat.*
Re|gu|lar|geist|li|che, der: *Regularkleriker.*
Re|gu|la|ri|tät, die; -, -en [a: frz. régularité]: **a)** (bildungsspr.) *reguläre Art, ordnungsgemäßes Verhalten; Vorschrifts-, Gesetzmäßigkeit;* **b)** ⟨meist Pl.⟩ (Sprachw.) *übliche sprachliche Erscheinung.*
Re|gu|lar|kle|ri|ker, der (kath. Kirche): *Mitglied einer katholischen Ordensgemeinschaft, die die pastorale Tätigkeit der dem Ordensleben verpflichteten Priester in den Vordergrund stellt.*
Re|gu|la|ti|on, die; -, -en [zu ↑regulieren]: **1.** (seltener) *Regulierung.* **2.** (Biol., Med.) **a)** *Regelung von Vorgängen in lebenden Organismen (bes. innerhalb der funktionellen Einheiten wie der Systeme der Atmung, der Verdauung o. Ä.);* **b)** *selbsttätige Anpassung eines Lebewesens an wechselnde Bedingungen in der Umwelt.*
re|gu|la|tiv ⟨Adj.⟩: **1.** (bildungsspr.) *ein Regulativ* (1) *darstellend; regulierend, normend:* ein -er Faktor; -e Vorgänge. **2.** (Biol., Med.) *die Regula-*

tion (2) betreffend: -e Störungen, Abweichungen.

Re|gu|la|tiv, das; -s, -e (bildungsspr.): **1.** *steuerndes, ausgleichendes, regulierendes Element:* Angebot und Nachfrage sind -e des Marktes. **2.** *regelnde Verfügung, Vorschrift, Verordnung:* sich an die gegebenen -e halten.

Re|gu|la|tor, der; -s, ...oren: **1.** (bildungsspr.) *steuernde, ausgleichende, regulierende Kraft:* als R. wirken. **2.** (Technik) *Vorrichtung an bestimmten Maschinen, die etw. steuert, reguliert.* **3.** (veraltend) *Pendeluhr mit einem geschlossenen Gehäuse u. verstellbarem Pendel.*

Re|gu|li: Pl. von ↑Regulus.

re|gu|lier|bar ⟨Adj.⟩: *sich [in bestimmter Weise] regulieren lassend:* Sitz mit [stufenlos] -en Rückenlehnen.

re|gu|lie|ren ⟨sw. V.; hat⟩ [mhd. regulieren < spätlat. regulare = regeln, einrichten, zu: regula, ↑Regel]: **1.** *regeln* (2): mit diesem Knopf kann man die Lautstärke r.; automatisch regulierte *(sich öffnende u. schließende)* Türen. **2. a)** *nach bestimmten Gesichtspunkten gestalten, ordnen; bei etw. für einen festen, gewünschten Ablauf sorgen; regeln* (1 a): die Ampel reguliert den Verkehr; durch ein kompliziertes System wird die Produktion reguliert; **b)** ⟨r. + sich⟩ *in ordnungsgemäßen Bahnen verlaufen; einen festen, geordneten Ablauf haben; sich regeln* (1 b): das System reguliert sich selbst; ein sich selbst regulierender Markt. **3.** *(ein fließendes Gewässer) in seinem Lauf begradigend korrigieren u. seine Ufer befestigen:* einen Fluss, einen Bach r.

Re|gu|lie|rung, die; -, -en: *das Regulieren, Sichregulieren; das Reguliertwerden.*

Re|gu|lus, der; -, ...li u. -se [1: lat. regulus, Vkl. von: rex = König, ↑[1]Rex; der leuchtend gelbe Scheitel erinnert an eine Krone; 2: mlat. (Alchemistenspr.) regulus = metallurgisch gewonnenes Antimon < lat. regulus, ↑Regulus (1)]: **1.** *Goldhähnchen.* **2.** (veraltet) *Metallklumpen, der sich beim Schmelzen von Erzen unter der Schlacke absondert.*

Re|gung, die; -, -en [zu ↑regen] (geh.): **1.** *leichte Bewegung; das Sichregen:* eine R. der Luft; er lag ohne jede R. da. **2.** *plötzlich auftauchende Empfindung, das Sichregen eines Gefühls; innere Bewegung, Anwandlung:* verborgene, leise, zarte, dunkle -en; die geheimsten -en; eine R. des Mitleids, der Freude, von Zorn, Wehmut, Scham; seine erste R. war Unmut; sie folgte einer R. ihres Herzens. **3.** ⟨meist Pl.⟩ *Bestrebung.*

re|gungs|los ⟨Adj.⟩: *keine Regung (1) zeigend; ohne jede Bewegung:* ein -er Körper; die Wasserfläche war völlig r.; er blieb r. liegen.

Re|gungs|lo|sig|keit, die; -: *das Regungslossein.*

Reh, das; -[e]s, -e [mhd. rē(ch), ahd. rēh(o), urspr. = das Scheckige, Gesprenkelte, nach der Farbe des Fells]: *dem Hirsch ähnliches, aber kleineres, zierlicheres Tier mit kurzem Geweih, das vorwiegend in Wäldern lebt u. sehr scheu ist:* -e äsen auf dem Feld; das R. schreckt, fiept; sie ist scheu wie ein R.

Re|ha|bi|li|ta|ti|on, die; -, -en [1: engl. rehabilitation; 2: (frz. réhabilitation <) mlat. rehabilitatio]: **1.** *[Wieder]eingliederung eines Kranken, einer körperlich od. geistig behinderten Person in das berufliche u. gesellschaftliche Leben.* **2.** *Rehabilitierung* (1).

Re|ha|bi|li|ta|ti|ons|kli|nik, die: *der Rehabilitation (1) von Kranken dienende Klinik.*

re|ha|bi|li|tie|ren ⟨sw. V.; hat⟩ [1: frz. réhabiliter < mlat. rehabilitare = in den früheren Stand, in die früheren Rechte wieder einsetzen; 2: engl. to rehabilitate]: **1.** *jmds. od. sein eigenes [soziales] Ansehen wieder herstellen, jmdn. in frühere [Ehren]rechte wieder einsetzen:* einen Politiker [vor der Öffentlichkeit] r.; jmdn. durch Wiederaufnahme des Verfahrens r.; durch ihren Sieg konnte sich die Mannschaft wieder r. **2.** *durch Maßnahmen der Rehabilitation (1) in das berufliche u. gesellschaftliche Leben [wieder] eingliedern:* einen Unfallgeschädigten, Querschnittgelähmten r.

Re|ha|bi|li|tie|rung, die; -, -en: **1.** (bes. Rechtsspr.) *das Rehabilitieren (1); Wiederherstellung der verletzten Ehre einer Person [u. die Wiedereinsetzung in frühere Rechte]:* die R. des Ministers durch den Kanzler; um seine R. kämpfen; Ü die R. des Handwerks. **2.** *Rehabilitation* (1): die Erziehung und R. von drogensüchtigen Jugendlichen.

Reh|bein, das [die spaltähnliche Geschwulst wird mit dem Huf eines Rehs verglichen] (Tiermed.): *Überbein an der äußeren Seite des Sprunggelenks beim Pferd.*

Reh|bock, der: *männliches Reh.*

Reh|bra|ten, der: *gebratener Rehrücken.*

reh|braun ⟨Adj.⟩: *leicht rötlich hellbraun.*

Re|he, die; - [mhd. ræhe, zu: ræhe = steif (in den Gelenken)] (Tiermed.): *Hautentzündung am Pferdehuf mit der Folge plötzlicher Lahmheit.*

reh|far|ben, reh|far|big ⟨Adj.⟩: *rehbraun.*

Reh|geiß, die: *weibliches Reh.*

Reh|keu|le, die: *Keule (2) vom Reh.*

Reh|kitz, das: *Junges vom Reh.*

Reh|rü|cken, der: **1.** vgl. Hirschrücken. **2.** *in einer speziellen halbrunden Backform gebackener dunkler Rührkuchen, der mit Schokoladenglasur überzogen und mit Mandelstiften gespickt wird.*

Reh|wild, das (Jägerspr.): *Gesamtheit von Rehen.*

Rei|bach, Rebbach, der; -s [jidd. rewach = Zins < hebr. rẹwaḥ] (salopp): *[durch Manipulation erzielter] unverhältnismäßig hoher Gewinn bei einem Geschäft:* den R. teilen; bei diesem Geschäft hat er einen kräftigen R. gemacht.

Reib|ah|le, die (Technik): *Werkzeug zum Glattreiben von Bohrungen, Bohrlöchern.*

Rei|be, die; -, -n [zu ↑reiben (2)] (landsch.): [1]*Raspel* (2).

Rei|be|brett, das: *Brett zum Glätten des Putzes* (1).

Reib|ei|sen, das: **1.** (landsch.) [1]*Raspel* (2): sie hat eine Stimme wie ein R. *(eine sehr tiefe, raue Stimme).* **2.** (salopp) *widerspenstige weibliche Person.*

Rei|be|ku|chen, der: **1.** (landsch., bes. rhein.) *Kartoffelpuffer.* **2.** (landsch.) *Rühr-, Napfkuchen.*

Rei|be|laut, der (Sprachw.): *Spirans, Spirant.*

rei|ben ⟨st. V.; hat⟩ [mhd. rīben, ahd. rīban, urspr. wohl = drehend zerkleinern]: **1. a)** *mit etw. unter Anwendung eines gewissen Drucks über etw. in [mehrmaliger] kräftiger Bewegung hinfahren:* jmds. Hände/jmdm. die Hände r.; sich die Backen r.; ich rieb meine, die, (häufiger:) mir die Augen, die Stirn, die Schläfen, die Nase; **b)** *durch Reiben (1 a) in einen bestimmten Zustand versetzen:* das Tafelsilber blank r.; die Armlehnen sind blank gerieben *(durch Abnutzung blank geworden);* **c)** *reibend (1 a) an, in, über etw. hinfahren:* an seinen Fingern r.; mit einem Tuch über die Schuhe r.; **d)** *durch Reiben (1 a) entfernen:* einen Fleck aus dem Kleid, sich ⟨Dativ⟩ die Farbe von den Fingern r.; Ü sie rieb sich ⟨Dativ⟩ den Schlaf aus den Augen; **e)** *durch Reiben (1 a) in etw. hineinbringen, an eine Stelle bringen:* die Creme auf die Haut, in die Haare r. **2.** *durch Reiben (1 a) auf einer* [1]*Raspel (2) zerkleinern:* Kartoffeln, Nüsse, Käse r.; der Kuchen war mit geriebenen Mandeln bestreut. **3.** *sich in allzu enger Berührung ständig über etw. bewegen, scheuern (2 a):* der Kragen reibt. **4.** *sich einen Körperteil, die Haut durch Reiben (1 a) verletzen:* ich habe mir die Haut wund gerieben. **5.** ⟨r. + sich⟩ *[im Zusammenleben, in einer Gemeinschaft o. Ä.] auf jmdn., etw. als einen Widerstand stoßen [u. eine Auseinandersetzung suchen]:* sich mit seinen Kollegen, Nachbarn r.; sich an einem Problem r. **6.** (Technik) *mit der Reibahle glätten.*

Rei|ber, der; -s, -: **1.** (landsch.) [1]*Raspel* (2). **2.** (bild. Kunst, Buchw.) *mit Rosshaar ausgestopfter Lederballen, der beim Reiberdruck die Vorlage auf das Papier überträgt.*

Rei|ber|druck, der ⟨Pl. -e⟩ (bild. Kunst, Buchw.): **1.** ⟨o. Pl.⟩ *älteres Druckverfahren beim Holzschnitt, bei dem die Vorlage durch einen Reiber (2) auf das Papier übertragen wird.* **2.** *in der Technik des Reiberdrucks (1) hergestellter Abzug.*

Rei|be|rei, die; -, -en ⟨meist Pl.⟩: *die partnerschaftlichen Beziehungen beeinträchtigende Meinungsverschiedenheit, Auseinandersetzung über etw., Streitigkeit:* hin und wieder mit den Eltern, zu Hause -en haben; es gab oft -en im Betrieb, zwischen den Eheleuten.

Reib|flä|che, die: *präparierte Fläche an einer Streichholzschachtel zum Anzünden des Streichholzes.*

Reib|kä|se, der: **1.** *Käse, der gerieben (2) werden kann.* **2.** *geriebener Käse.*

Reib|tuch, das ⟨Pl. ...tücher⟩ (österr.): *Scheuer-, Aufwischlappen.*

Rei|bung, die; -, -en [mhd. rībunge]: **1.** *das Reiben* (1 a, 3, 6, 7). **2.** *das Sichreiben* (5). **3.** (Physik) *Widerstand, der bei der Bewegung zweier sich berührender Körper auftritt:* äußere R. *(Reibung zwischen zwei Körpern);* innere R. *(Reibung innerhalb eines Körpers).*

Rei|bungs|elek|tri|zi|tät, die (Physik): *entgegengesetzte elektrische Aufladung zweier verschiedener Isolatoren (1), wenn sie aneinander gerieben werden.*

Rei|bungs|flä|che, die: **1.** *Fläche, an der eine Reibung (1, 3) entsteht.* **2.** *Grund, Möglichkeit zur Reibung (2):* ein Zusammenleben auf so engem Raum erzeugt auch größere -n.

rei|bungs|los ⟨Adj.⟩: *ohne Hemmnisse verlaufend, erfolgend, sich durchführen lassend; keine Schwierigkeiten bereitend:* eine -e Zusammenarbeit, Eingliederung; der Übergang vollzog sich r.

Rei|bungs|punkt, der: *etw., worüber es zu Reibungen (2) kommt od. kommen kann:* -e beseitigen.

Rei|bungs|wär|me, die (Physik): *durch Reibung (3) entstehende Wärme.*

Rei|bungs|wi|der|stand, der (Physik): *Reibung* (3).

reich ⟨Adj.⟩ [mhd. rīch(e), ahd. rīhhi, eigtl. = von königlicher Abstammung, aus dem Kelt., vgl. air. rī (Gen.: rīg) = König]: **1.** *viel Geld u. materielle Güter besitzend, Überfluss daran habend:* ein -er Mann; -e Leute; eine r. begüterte Familie; die -ste Stadt der Welt; ein Sohn aus -em Haus *(reicher Eltern);* sie sind unermesslich, sagenhaft r.; sie sind über Nacht r. geworden; er hat r. *(eine reiche Frau)* geheiratet. **2. a)** *(in Bezug auf Ausstattung, Gestaltung o. Ä.) durch großen Aufwand gekennzeichnet; prächtig:* eine -e Ausmalung der Säle; ein r. geschmückter Altar; es gibt dort ein r. geschnitztes Chorgestühl; r. verzierte Portale; **b)** *durch eine Fülle von etw. gekennzeichnet:* eine -e Ernte, Ausbeute; -e *(ergiebige)* Ölquellen, Bodenschätze; ein -es *(reichhaltiges, opulentes)* Mahl; in -em *(hohem)* Maße; -en *(starken, viel)* Beifall ernten; jmdn. r. *(reichlich, großzügig)* beschenken, belohnen; das Buch ist r. *(reichhaltig)* illustriert; *** r. an etw. sein** *(etw. in großer Menge, Fülle haben):* Kartoffeln sind r. an Vitamin C; die Gegend ist r. an Mineralien; er war r. an Jahren (geh.; *hatte bereits ein langes Leben hinter sich*); **c)** *durch Vielfalt gekennzeichnet; vielfältig [u. umfassend]:* eine -e Auswahl; -e Möglichkeiten, Erfahrungen; ein -es *(viele Möglichkeiten bietendes)* Betätigungsfeld; sie hatte ein -es *(vieles enthaltendes u. dadurch erfülltes)* Leben.

Reich, das; -[e]s, -e [mhd. rīch(e), ahd. rīhhi, zu ↑reich od. unmittelbar aus dem Kelt.]: *sich meist über das Territorium mehrerer Stämme od. Völker erstreckender Herrschaftsbereich eines Kaisers, Königs o. Ä.:* ein großes, mächtiges R.; das Römische R.; das R. Alexanders des Großen; das Heilige Römische R. Deutscher Nation (Titel des Deutschen Reiches vom 15. Jh. bis 1806); das [Deutsche] R. (1. *nicht fachspr. Bez. für den deutschen Feudalstaat von 911 bis 1806.* 2. *der deutsche Nationalstaat von 1871 bis 1945*); das Dritte R. *(das Deutsche Reich während der nationalsozialistischen Herrschaft von*

1933 bis 1945); das tausendjährige R. (nationalsoz., noch iron.; *das Dritte Reich*); das Tausendjährige R. *(im Chiliasmus gemeinsame himmlische Herrschaft Christi u. der Heiligen nach der Wiederkunft Christi auf die Erde);* das R. Gottes *(in der jüdischen u. christlichen Eschatologie endzeitliche Herrschaft Gottes);* das R. der Mitte (*China;* nach dem sinozentrischen Weltbild des alten Chinas); Kaiser und R.; ein R. errichten; Auflösung und Zerfall eines -es; Ü (oft geh.:) das R. der Träume, der Fantasie; das R. der Schatten (dichter.; *das Totenreich*); * **ins R. der Fabel gehören** *(nicht wahr sein);* **etw. ins R. der Fabel verbannen/verweisen** *(etw. nicht für wahr halten).*

-reich: drückt in Bildungen mit Substantiven aus, dass die beschriebene Sache über etw. in hohem Maße verfügt, etw. in großer Menge aufweist, bietet: episoden-, kalk-, kalorienreich.

reich be|gü|tert: s. reich (1).

Rei|che, der u. die; -n, -n ⟨Dekl. ↑ Abgeordnete⟩: *jmd., der reich (1) ist.*

rei|chen ⟨sw. V.; hat⟩ [mhd. reichen, ahd. reichen, urspr. = sich erstrecken]: **1. a)** (oft geh.) *jmdm. etw. zum Nehmen hinhalten:* jmdm. ein Buch, für seine Zigarette Feuer, bei Tisch das Salz r.; der Geistliche reichte ihnen das Abendmahl; sie reichten sich [gegenseitig]/(geh.:) einander [zur Begrüßung, zur Versöhnung] die Hand; **b)** *[einem Gast] servieren, anbieten:* den Gästen Erfrischungen r.; Getränke wurden an der Bar gereicht; (in Kochrezepten:) dazu reicht man Butterreis oder Spätzle. **2. a)** *in genügender Menge für einen bestimmten Zweck o. Ä. vorhanden sein:* das Geld reicht nicht [mehr]; das Brot muss für vier Personen, noch bis Montag r.; der Stoff reicht [für ein, zu einem Kostüm]; das muss für uns beide r.; drei Männer reichen für den Möbeltransport; danke, es reicht *(ich habe genug);* die Schnur reicht *(ist lang genug);* so lange der Vorrat reicht *(noch etw. davon vorhanden ist);* * **jmdm. reicht es** (ugs.; ↑ langen 1 a); **b)** *in genügender Menge bis zu einem bestimmten Zeitpunkt zur Verfügung haben, ohne dass es vorher aufgebraucht wird; mit etw. auskommen:* mit dem Geld nicht r.; mit dem Aufschnitt reichen wir noch bis morgen. **3.** *sich bis zu einem bestimmten Punkt erstrecken:* er reicht mit dem Kopf fast bis zur Decke; die Zweige des Obstbaums reichen bis in den Garten der Nachbarin; so weit der Himmel reicht *(so weit man sehen kann; überall);* Ü die Entwicklung reicht vom Spätmittelalter bis ins 17. Jahrhundert.

Rei|chen|hall: ↑ Bad Reichenhall.

reich ge|schmückt, reich ge|schnitzt: s. reich (2 a).

reich|hal|tig ⟨Adj.⟩: *vieles enthaltend:* eine -e Speisekarte, Bibliothek; auf Kaffeefahrten gibt es gutes und -es Essen.

reich|lich ⟨Adj.⟩ [mhd. rīchelich, ahd. rīchlīh, zu ↑ reich]: **a)** *in großer, sehr gut ausreichender Menge; mehr als genügend:* ein -es Trinkgeld; -er Niederschlag; das Essen war gut und r.; Fleisch ist noch r. vorhanden; wir haben noch r. Zeit, Platz; dazu ist r. Gelegenheit; r. mit allem versorgt sein; **b)** *mehr als:* eine -e Million Evakuierter; erst nach r. einer Stunde bemerkte man sein Fehlen; **c)** ⟨intensivierend bei Adj.⟩ (ugs.) *ziemlich; sehr:* eine r. langwierige Arbeit; er kam r. spät; das Kleid ist r. kurz.

Reichs|ab|tei, die (hist.): *reichsunmittelbare Abtei.*

Reichs|acht, die: *vom Reichsgericht (bis ins 18. Jh.) verhängte, sich auf das gesamte Gebiet des Deutschen Reiches erstreckende* [2]*Acht.*

Reichs|adel, der: *reichsunmittelbarer Adel.*

Reichs|ad|ler, der ⟨o. Pl.⟩: *Adler im Wappen des Deutschen Reiches.*

Reichs|ap|fel, der ⟨o. Pl.⟩ [frühnhd., LÜ von mlat. pomum imperiale]: *etwa faustgroße, den Erdball symbolisierende goldene Kugel mit darauf stehendem Kreuz als Teil der Reichsinsignien.*

Reichs|ar|beits|dienst, der ⟨o. Pl.⟩ (nationalsoz.): *Organisation zur Durchführung eines gesetzlich vorgeschriebenen halbjährigen Arbeitsdienstes* (1).

Reichs|au|to|bahn, die: im Deutschen Reich von 1934 bis 1945 gebrauchte Bez. für *Autobahn.*

Reichs|bahn, die ⟨o. Pl.⟩: **a)** *staatliches Eisenbahnunternehmen im Deutschen Reich von 1920 bis 1945;* **b)** *(bis 1990) staatliches Eisenbahnunternehmen der DDR;* **c)** *(1990–94) selbstständiges Eisenbahnunternehmen des Bundes (neben der Deutschen Bundesbahn) in den Bundesländern auf dem Gebiet der ehem. DDR.*

Reichs|bank, die: **a)** ⟨o. Pl.⟩ *zentrale Notenbank des Deutschen Reiches von 1876 bis 1945;* **b)** ⟨Pl. -en⟩ *(in bestimmten Staaten) Notenbank:* die schwedische R.

reichs|deutsch ⟨Adj.⟩: *die Reichsdeutschen, das Deutsche Reich betreffend.*

Reichs|deut|sche, der u. die: *jmd., der in der Zeit der Weimarer Republik u. des Dritten Reiches die deutsche Staatsangehörigkeit besaß u. innerhalb der Grenzen des Deutschen Reiches lebte.*

reichs|frei ⟨Adj.⟩: *reichsunmittelbar.*

Reichs|ge|biet, das: *Gebiet des Deutschen Reiches.*

Reichs|ge|richt, das: *höchstes Gericht des Deutschen Reiches für Angelegenheiten des Zivil- u. Strafrechts.*

Reichs|gren|ze, die: *Grenze des Deutschen Reiches.*

Reichs|grün|dung, die: *Gründung eines Reiches, bes. des Deutschen Reiches von 1871.*

Reichs|in|si|gni|en ⟨Pl.⟩: *aus Krone, Reichsapfel, Zepter, Schwert, Heiliger Lanze u. a. Reichskleinodien bestehende Insignien des Deutschen Reiches (bis 1806).*

Reichs|kam|mer|ge|richt, das ⟨o. Pl.⟩: *oberstes Gericht des Deutschen Reiches von 1495 bis 1806.*

Reichs|kanz|ler, der: **1.** *im Deutschen Reich (1871–1918) höchster, vom Kaiser ernannter, allein verantwortlicher u. einziger Minister, der die Politik des Reiches leitete u. den Vorsitz im Bundesrat führte.* **2. a)** *Vorsitzender der Reichsregierung in der Weimarer Republik;* **b)** *diktatorisches Staatsoberhaupt während der nationalsozialistischen Herrschaft.*

Reichs|klein|odi|en ⟨Pl.⟩: *Krönungsornat, Handschuh, Reliquiare u. a. als Reichsinsignien im weiteren Sinne.*

Reichs|kris|tall|nacht, die ⟨o. Pl.⟩ (nationalsoz. Jargon): *Pogromnacht* (b).

Reichs|mark, die: *Währungseinheit des Deutschen Reiches von 1924 bis 1948* (Abk.: RM).

Reichs|mi|nis|ter, der: **1.** *von der Frankfurter Nationalversammlung 1848/49 eingesetzter Minister.* **2.** *Reichskanzler* (1). **3.** *auf Vorschlag des Reichskanzlers vom Reichspräsidenten ernanntes Mitglied der Reichsregierung (von 1919 bis 1933).*

reichs|mit|tel|bar ⟨Adj.⟩: *der Landeshoheit eines Fürsten unterstehend.*

Reichs|post, die ⟨o. Pl.⟩: *staatliches Postunternehmen im Deutschen Reich von 1924 bis 1945.*

Reichs|prä|si|dent, der: *unmittelbar vom Volk auf sieben Jahre gewähltes, mit weit reichenden Vollmachten ausgestattetes Staatsoberhaupt des Deutschen Reiches von 1919 bis 1934.*

Reichs|rat, der: **a)** *in verschiedenen europäischen Staaten beratendes [gesetzgebendes] Staatsorgan;* **b)** ⟨o. Pl.⟩ *im Deutschen Reich von 1919 bis 1934 Vertretung der Länder bei Gesetzgebung u. Verwaltung des Reiches.*

Reichs|re|gie|rung, die: *aus dem Reichskanzler u. den Reichsministern bestehendes oberstes Exekutivorgan des Deutschen Reiches von 1919 bis 1945.*

Reichs|rit|ter, der: *(im Deutschen Reich bis 1806) Angehöriger des reichsunmittelbaren niederen Adels in Schwaben, Franken u. am Rhein.*

Reichs|stadt, die: *im Deutschen Reich bis 1806 reichsunmittelbare Stadt.*

Reichs|stän|de ⟨Pl.⟩: *im Deutschen Reich bis 1806 dessen reichsunmittelbare Glieder (wie Kurfürsten, [Erz]bischöfe, Herzöge, Markgrafen, Reichsstädte u. a.) mit Sitz u. Stimme im Reichstag:* geistliche R., weltliche R.

Reichs|tag, der: **1. a)** *im Deutschen Reich bis 1806 Versammlung der deutschen Reichsstände;* **b)** ⟨o. Pl.⟩ *Vertretung der Reichsstände gegenüber dem Kaiser.* **2.** ⟨o. Pl.⟩ **a)** *Volksvertretung im Norddeutschen Bund von 1867 bis 1871 u. im Deutschen Reich von 1871 bis 1945;* **b)** *im Deutschen Reich von 1919 bis 1933 mit der Legislative betraute Volksvertretung.* **3.** *(in bestimmten Staaten) Parlament:* der dänische, finnische, niederländische R. **4. a)** *Gebäude für die Versammlungen der Reichstage* (1–3); **b)** *Gebäude in Berlin, in dem (seit 1999) die Plenarsitzungen des Deutschen Bundestags stattfinden.*

reichs|un|mit|tel|bar ⟨Adj.⟩: *nicht der Landeshoheit eines Fürsten, sondern nur Kaiser u. Reich unterstehend.*

Reichs|ver|si|che|rungs|ord|nung, die ⟨o. Pl.⟩: *Gesetz zur Regelung der öffentlich-rechtlichen Invaliden-, Kranken- u. Unfallversicherung* (Abk.: RVO).

Reichs|ver|we|ser, der: **a)** *im Deutschen Reich bis 1806 Stellvertreter des Kaisers bei Vakanz* (1 a) *des Throns od. während seiner Abwesenheit;* **b)** *von der Frankfurter Nationalversammlung 1848 bis zur Kaiserwahl bestellter Inhaber der Zentralgewalt.*

Reich|tum, der; -s, ...tümer [mhd. rīchtuom, ahd. rīhtuom, zu ↑ reich]: **1. a)** ⟨o. Pl.⟩ *großer Besitz, Ansammlung von Vermögenswerten, die Wohlhabenheit u. Macht bedeuten:* jmds. unermesslicher R.; R. erwerben; seinen R. genießen, verwalten, mehren; die Quellen wirtschaftlichen -s; zu R. kommen *(reich werden);* Ü der innere R. einer Lebensgemeinschaft; **b)** ⟨nur Pl.⟩ *Dinge, die den Reichtum einer Person, eines Landes o. Ä. ausmachen; finanzielle, materielle Güter; Vermögenswerte:* die Reichtümer eines Landes; die Reichtümer der Erde *(die Bodenschätze);* Reichtümer sammeln, anhäufen, vergeuden; damit kann man keine Reichtümer erwerben (ugs.; *daran ist nichts zu verdienen*); jmdn. mit Reichtümern überhäufen. **2.** ⟨o. Pl.⟩ *Reichhaltigkeit, reiche Fülle von etw.:* der R. an Singvögeln; der R. an Geist, Gemüt trat darin zutage; der R. *(die Pracht)* der Ausstattung; ich staunte über den R. ihrer Einfälle.

reich ver|ziert: s. reich (2 a).

Reich|wei|te, die; -, -n [zu ↑ reichen]: **1.** *Entfernung, in der jmd., etw. [mit der Hand] noch erreicht werden kann:* sich jmdm. auf R. nähern; sich außer R. halten; in R. sein, kommen; etw. immer in R. haben; das Buch lag in ihrer R.; Ü eine Entscheidung ist noch nicht in R. *(steht noch nicht bevor).* **2.** (Flugw.) *Strecke, die ein Flugzeug ohne Auftanken zurücklegen kann; Aktionsradius* (2). **3.** (Funkt.) *Entfernung, bis zu der ein Sender einwandfrei empfangen werden kann.* **4.** (Physik) *Strecke, die eine Strahlung beim Durchgang durch Materie zurücklegt, bis ihre Energie durch den Aufprall auf Materieteilchen aufgezehrt ist.*

reif ⟨Adj.⟩ [mhd. rīfe, ahd. rīfi, urspr. = etw., was abgepflückt, geerntet werden kann]: **1.** *im Wachstum voll entwickelt u. für die Ernte, zum Pflücken geeignet:* -e Äpfel, Kirschen, Erdbeeren, Bananen; -es Obst; die Pflaumen sind noch nicht, erst halb r.; das Getreide wird r.; Ü er brauchte nur die -e Frucht zu pflücken *(der Erfolg der Sache fiel ihm ohne eigene Anstrengung zu);* -er *(durch Lagerung im Geschmack voll entfalteter)* Camembert; ein -er *(abgelagerter),* alter Cognac; das Geschwür ist r. *(für einen Eingriff genügend entwickelt);* * **r. für etw.** (ugs.; *in einen solchen Zustand geraten, gebracht, dass [zunächst] nur noch etw. Bestimmtes infrage kommt*): r. fürs Bett, für den Urlaub, für die Pensionierung, für die Insel sein; die Häuser waren alle r. für den Abbruch. **2. a)** *erwachsen, durch Lebenserfahrung innerlich gefestigt:* ein -er Mann; eine -e Frau; im -eren Alter, in den -eren Jahren *(in einem Alter, in dem man bereits*

R

Erfahrungen gesammelt hat) urteilt man anders; ihre Kinder sind inzwischen -er geworden; er ist für diese Aufgabe, zu diesem Amt noch nicht r. [genug] *(noch nicht genügend vorbereitet, dazu noch nicht fähig);* **b)** *von Fähigkeit, Überlegung, Erfahrung zeugend; ausgewogen u. abgerundet:* eine -e Arbeit, Leistung; ein -es Urteil, Werk; dafür, dazu ist die Zeit noch nicht r. *(die Entwicklung ist noch nicht so weit fortgeschritten).*

[1]Reif, der; -[e]s [mhd. rīfe, ahd. (h)rīfo, wahrsch. eigtl. = etw., was man abstreifen kann]: **1.** *Niederschlag, der sich in Bodennähe, bes. auf Zweigen, u. am Erdboden in Form von feinen schuppen-, feder- od. nadelförmigen Eiskristallen abgesetzt hat:* auf den Wiesen lag R.; es ist R. gefallen; die Zweige, Grashalme sind mit R. bedeckt, überzogen. **2.** (Jägerspr.) *oberste weiße Spitzen des Gamsbartes.*

[2]Reif, der; -[e]s, -e [mhd. reif, ahd. reif = Seil, Strick, urspr. wohl = abgerissener Streifen] (geh.): *ringförmiges Schmuckstück:* ein schlichter, mit Edelsteinen besetzter R.; sie zog den R. vom Finger.

-reif: 1. drückt in Bildungen mit Substantiven aus, dass die beschriebene Person oder Sache etw. dringend nötig hat oder dass etw. dringend nötig ist: urlaubs-, krankenhausreif. **2.** drückt in Bildungen mit Substantiven aus, dass die beschriebene Person oder Sache so weit gediehen, entwickelt ist, dass sie die Qualifikation für etw. hat, für etw. tauglich, geeignet ist: entscheidungs-, kabarett-, oscarreif.

Rei|fe, die; - [mhd. dafür rīfecheit, ahd. rīfī]: **1.** *reifer* (1) *Zustand; das Reifsein:* die R. des Obstes; Obst im Zustand der R. ernten; während der R. *(des Reifens)* brauchen die Trauben viel Sonne; die Erdbeeren kommen dadurch besser zur R. **2. a)** *reife* (2 a) *Haltung, Verfassung; das Reifsein:* jmds. körperliche, geistige, seelische, innere, sittliche, menschliche, politische R.; ihre frauliche R.; das Zeugnis der R. *(Reifezeugnis);* **b)** *das Reifsein; Ausgewogenheit u. Abgerundetheit:* die R. seiner Gedanken, des Vortrags der Sängerin; *** mittlere R.** *(Abschluss der Realschule od. der 10. Klasse der höheren Schule).*

Rei|fe|grad, der: *Grad der Reife* (1).

[1]rei|fen ⟨sw. V.⟩ [mhd. rīfen, ahd. rīfēn]: **1. a)** *reif* (1) *werden* ⟨ist⟩: das Obst, Getreide reift dieses Jahr später; die Tomaten reifen an der, ohne Sonne; **b)** (geh.) *reif* (1) *machen* ⟨hat⟩: die Sonne reifte die Pfirsiche. **2.** (geh.) **a)** *reif* (2 a), *älter u. innerlich gefestigter werden* ⟨ist⟩: diese Erfahrungen haben ihn [zum Manne] r. lassen; **b)** *reif* (2 a), *innerlich gefestigter, erfahrener machen* ⟨hat⟩: diese Erfahrung, der Schmerz hat ihn gereift; **c)** *in jmdm. allmählich entstehen, sich entwickeln* ⟨ist⟩: Entscheidungen, die Dinge in Ruhe r. lassen; in ihm reifte der Gedanke auszuwandern; seine Ahnung war zur Gewissheit gereift *(schließlich zur Gewissheit geworden).*

[2]rei|fen ⟨sw. V.; hat; unpers.⟩ [spätmhd. rīfen]: *als [1]Reif* (1) *in Erscheinung treten:* es hat heute Nacht gereift.

Rei|fen, der; -s, - [Nebenf. aus den schwach gebeugten Formen von ↑[2]Reif]: **1. a)** *kreisförmig zusammengefügtes Band, meist aus Metall:* ein hölzerner, eiserner R.; ein R. aus Stahl; R. um ein Fass legen, schlagen; **b)** *bei der Gymnastik, bei Dressurvorführungen u. als Kinderspielzeug verwendeter größerer, ringförmiger Gegenstand:* R. werfen, fangen; der Tiger sprang durch einen R. **2.** *die Felge umgebender, meist aus luftgefülltem Gummischlauch u. Mantel* (3) *bestehender Teil eines Rades von Fahrzeugen:* schlauchlose, platte, quietschende R.; der linke vordere R. ist geplatzt, hat ein Loch; die R. sind abgefahren; einen R. aufziehen, auf-, abmontieren, aufpumpen, flicken, erneuern, wechseln. **3.** *[2]Reif:* einen R. im Haar tragen.

Rei|fen|druck, der ⟨Pl. ...drücke⟩: *Luftdruck im Reifen* (2).

Rei|fen|pan|ne, die: *durch einen Defekt am Reifen* (2) *hervorgerufene Panne.*

Rei|fen|pro|fil, das: *Profil* (5) *eines Reifens* (2).

Rei|fen|wech|sel, der: *das Auswechseln eines [defekten] Reifens* (2).

Rei|fe|pro|zess, der: *Reifungsprozess.*

Rei|fe|prü|fung, die: *Abschlussprüfung an einer höheren Schule; Abitur.*

Rei|fe|tei|lung, die (Biol.): *Meiose.*

Rei|fe|zeit, die: **1.** *Zeit des [1]Reifens* (1 a, 2 a). **2.** *Pubertät.*

Rei|fe|zeug|nis, das (veraltend): *Abiturzeugnis.*

Reif|glät|te, die: *Straßenglätte infolge von [1]Reif* (1).

reif|lich ⟨Adj.⟩ [zu ↑reif]: *gründlich, eingehend (in Bezug auf eine Situation vor einer endgültigen Entscheidung, Wahl o. Ä.):* nach -er Erwägung, Betrachtung, Überlegung; ich habe es mir r. überlegt.

Reif|rock, der (früher): **a)** *Damenrock, dessen Unterrock durch mehrere, nach unten jeweils weitere Reifen versteift ist;* **b)** *bes. durch seitliche Stützen [mit Fischbeinstäbchen] stark ausladender, jedoch die Füße frei lassender Damenrock.*

Rei|fung, die; -: *das [1]Reifen* (1 a, 2 a); *das Reifwerden.*

Rei|fungs|pro|zess, der: *Prozess des [1]Reifens* (1 a, 2 a), *des Reifwerdens.*

Rei|gen, der; -s, - [älter: Reihen, mhd. rei(g)e < afrz. raie = Tanz, H. u.] (früher): *von Gesang begleiteter [Rund]tanz, bei dem eine größere Zahl von Tänzern [paarweise] einem Vortänzer u. Vorsänger schreitend od. hüpfend folgt:* einen R. tanzen, aufführen; das Brautpaar eröffnete den R., führte den R. an; **Ü** ein bunter R. *(eine bunte Folge)* von Melodien; *** den R. eröffnen** *(den Anfang mit etw. machen);* **den R. beschließen** *(bei etw. der/die Letzte sein).*

Rei|gen|tanz, der: *Reigen.*

Rei|he, die; -, -n [mhd. rīhe, zu dem st. V. mhd. rīhen, ahd. rīhan, ↑[1]reihen]: **1. a)** *etw., was so angeordnet ist, dass es in seiner Gesamtheit geradlinig aufeinander folgt:* eine lange R. Bücher, Pokale; eine R. hoher Tannen, (seltener:) hohe Tannen, von hohen Tannen; eine fortlaufende, lückenlose R. bilden; in der zweiten, zehnten R. *(Stuhlreihe)* sitzen; die -n lichten sich *(immer mehr Anwesende gingen);* zwei -n rechts, zwei -n links stricken; Gläser in eine R. stellen; *** bunte R. machen** *(sich so setzen, dass jeweils eine Frau u. ein Mann nebeneinander sitzen);* **etw. auf die R. kriegen/bringen** (ugs.; *etw. bewältigen, erledigen können*); **in der ersten R. sitzen** *(die größten Möglichkeiten, Chancen haben; bevorzugt behandelt werden);* **b)** *geordnete Aufstellung von Menschen in einer geraden Linie, bes. im Sport u. beim Militär:* durch die -n gehen; in -n antreten; in die R. treten; sich in fünf -n aufstellen; **Ü** die -n der älteren Generation lichten sich *(es sind schon viele Menschen aus der älteren Generation gestorben);* die -n der Opposition stärken; die Kritik kam aus den eigenen -n *(von den eigenen Leuten);* der Verein hat einige Nationalspieler in seinen -n *(unter den Spielern seiner Mannschaft);* *** in Reih und Glied** *(exakt, genau, in strenger Ordnung in einer Reihe aufeinander folgend):* in Reih und Glied stehen, aufgestellt sein; **in einer R. mit jmdm. stehen** *(jmdm. ebenbürtig 2 sein);* **sich in eine R. mit jmdm. stellen** *(sich mit jmdm. gleichstellen);* **aus der R. tanzen** (ugs.; *sich anders verhalten als die anderen*); **nicht in der R. sein** (ugs.; *sich [gesundheitlich] nicht wohl fühlen*); **jmdn. in die R. bringen** (ugs.; *jmdn. wieder gesund machen*); **etw. in die R. bringen** (ugs.; *etw. in Ordnung bringen, reparieren*); **[wieder] in die R. kommen** (ugs.; 1. *[wieder] gesund werden.* 2. *[wieder] in Ordnung kommen*). **2.** ⟨o. Pl.⟩ *zeitlich geregeltes Nacheinander eines bestimmten Vorgangs, Ablaufs:* sich streng an die R. halten; *** die R. ist an jmdm.** *(jmd. ist der Nächste, der abgefertigt o. Ä. wird);* **an der R. sein** (ugs.; 1. *derjenige sein, der jetzt abgefertigt o. Ä. wird.* 2. *jetzt behandelt werden:* Tagesordnungspunkt 8 ist an der R. 3. *von etw. Unangenehmem betroffen sein:* jetzt bist du an der R.!); **an die R. kommen** (ugs.; 1. *der, die Nächste sein.* 2. *als Nächstes behandelt werden.* 3. *etw. Unangenehmes zu erwarten haben:* jetzt kommst du an die R.!); **aus der R. sein/kommen** (ugs.; *verwirrt, konfus sein/werden*): sei still, sonst komme ich ganz aus der R.!; **außer der R.** (1. *als Ausnahme zwischendurch:* er wurde außer der R. behandelt. 2. landsch.; *außergewöhnlich*); **in R.** *(nacheinander, in Folge):* sie hat schon drei Mal in R. übergetreten; **der R. nach/(seltener:) nach der R.** *(in einer bestimmten Reihenfolge):* der R. nach antreten; die Anträge nach der R. bearbeiten; etw. der R. nach erzählen. **3. a)** *Folge, Serie:* eine beliebte R. im Rundfunk; das ist eine populärwissenschaftliche R.; **b)** (Math.) *mathematische Größen, die nach einer bestimmten Gesetzmäßigkeit, in einem bestimmten regelmäßigen Abstand aufeinander folgen:* eine arithmetische R. *(Reihe mit gleicher Differenz zwischen den aufeinander folgenden Gliedern);* eine geometrische R. *(Reihe mit gleichen Quotienten zwischen den aufeinander folgenden Gliedern).* **4.** *größere Anzahl von Personen, Dingen, Erscheinungen o. Ä., die in bestimmter Weise zusammengehören, in ihrer Art, Eigenschaft ähnlich, gleich sind:* im Hafengebiet steht eine R. von unbewohnten Häusern; eine R. typischer Merkmale, von typischen Merkmalen aufzählen; sie stellten der Ministerin eine R. von Fragen; seit einer R. von Jahren. **5.** (Schach) *einer der acht waagerechten Abschnitte des Schachbretts.* **6.** (Musik) *Tonfolge der Zwölftonmusik, in der kein Ton wieder auftreten darf, bevor alle anderen elf Töne erklungen sind.*

[1]rei|hen ⟨sw. V.; hat⟩ [als sw. V. zu ↑Reihe, auch zu mhd. rīhen (st. V.), ahd. rīhan (st. V.) = auf einen Faden ziehen, spießen] (geh.): **1. a)** *aufreihen:* Perlen r.; **b)** *einreihen* (b). **2.** ⟨r. + sich⟩ *[zeitlich] folgen, sich anschließen:* Wagen reihte sich an Wagen.

[2]rei|hen ⟨reihte/(seltener:) rieh, hat gereiht/geriehen⟩ [zum st. V. mhd. rīhen, ↑[1]reihen]: *[2]anreihen.*

Rei|hen, der; -s, - (veraltet): *Reigen.*

Rei|hen|bau, der ⟨Pl. -ten⟩: **1.** ⟨o. Pl.⟩ (Bauw.) *Reihenbauweise.* **2.** *Reihenhaus.*

Rei|hen|bau|wei|se, die ⟨o. Pl.⟩ (Bauw.): *Bauweise, bei der mehrere [Einfamilien]häuser geradlinig od. gestaffelt einheitlich aneinander gebaut werden.*

Rei|hen|dorf, das: *Straßendorf.*

Rei|hen|fol|ge, die: *unter bestimmten Gesichtspunkten, zeitlich od. im Hinblick auf den Abstand, die Größe, Thematik o. Ä. festgelegte Aufeinanderfolge von etw.:* die R. einhalten; in umgekehrter R.

Rei|hen|haus, das: *einzelnes Haus als Teil einer in Reihenbauweise angelegten Häuserreihe.*

Rei|hen|schal|tung, die (Elektrot.): *elektrische Schaltung, bei der alle Stromerzeuger u. Stromverbraucher hintereinander geschaltet u. vom gleichen Strom durchflossen werden.*

Rei|hen|un|ter|su|chung, die: *[staatlich angeordnete] vorbeugende Untersuchung bestimmter Bevölkerungsgruppen zur Früherkennung bestimmter Krankheiten.*

rei|hen|wei|se ⟨Adv.⟩: **1.** (ugs.) *in großer Zahl, in großen Mengen; sehr viel:* die Gläser gingen r. zu Bruch. **2.** *in Reihen* (1 b): r. vortreten.

Rei|her, der; -s, - [mhd. reiger, ahd. reigaro, eigtl. = Krächzer, (heiserer) Schreier]: **a)** *(in zahlreichen Arten vorkommender) an Gewässern lebender, langbeiniger Vogel mit sehr schlankem Körper u. einem langen Hals u. Schnabel;* **b)** *Fischreiher.*

Rei|her|en|te, die [die Ente hat einen Federschopf wie ein Fischreiher]: *Ente mit blaugrauem Schnabel, gelben Augen u. einem Federschopf am Hinterkopf.*

Rei|her|fe|der, die: *Feder eines Reihers, die bes. zur Dekoration von Hüten o. Ä. verwendet wird.*

rei|hern ⟨sw. V.; hat⟩ [der Reiher füttert seine Jun-

gen aus dem Kropf, würgt die Nahrung also heraus]: (salopp) *heftig erbrechen.*
Rei|her|schna|bel, der: *dem Storchschnabel ähnliche Pflanze mit rosa Blüten u. langen, spitzen, an einen Schnabel erinnernden Kapselfrüchten.*
Reih|fa|den, der: *Nähfaden zum [2]Anreihen.*
Reih|garn, das: vgl. Reihfaden.
-rei|hig: in Zusb., z. B. mehr-, zweireihig.
reih|um [rai̯ˈʊm] ⟨Adv.⟩: *nach der Reihe, abwechselnd; von einem zum anderen:* r. etw. vorlesen; die Flasche r. gehen lassen.
Rei|hung, die; -, -en: *das [1]Reihen.*
Reim, der; -[e]s, -e [mhd. rīm < afrz. rime, aus dem Germ., vgl. ahd. rīm = Reihe(nfolge)]: **a)** (Verslehre) *gleich klingende [End]silben verschiedener Wörter am Ausgang od. in der Mitte von zwei od. mehreren Versen, Zeilen:* ein weiblicher, männlicher R.; -e bilden, schmieden; * **sich** ⟨Dativ⟩ **einen R. auf etw. machen [können]** (↑Vers 1); **b)** *kleines Gedicht mit gereimten Versen:* jedes Bild war mit einem R. versehen.
rei|men ⟨sw. V.; hat⟩ [mhd. rīmen]: **1. a)** *[1]Reime bilden:* sie kann ganz gut r.; **b)** *ein Wort so verwenden, dass es mit einem anderen einen [1]Reim ergibt:* »fein« auf, mit »klein« r.; **c)** *etw. in die Form von Versen bringen, die sich reimen* (2): ein Sonett r.; die Strophen sind schlecht gereimt. **2.** ⟨r. + sich⟩ *einen [1]Reim bilden:* die beiden Wörter reimen sich; »Hut« reimt sich auf »Mut«.
Rei|me|rei, die; -, -en (abwertend): *schlechtes, holpriges Reimen.*
Reim|le|xi|kon, das: *Nachschlagewerk, das eine Zusammenstellung von Wörtern enthält, die sich reimen.*
reim|los ⟨Adj.⟩: *keinen Reim aufweisend:* ein -es Gedicht.
Reim|paar, das (Verslehre): *zwei aufeinander folgende Verse, Zeilen, die durch einen [1]Reim verbunden sind.*
Re|im|plan|ta|ti|on, die; -, -en [aus lat. re- = wieder u. ↑Implantation] (Med.): *Wiedereinpflanzung.*
Re|im|port, der; -[e]s, -e, **Re|im|por|ta|ti|on,** die; -, -en [zu lat. re- = wieder u. ↑Import] (Wirtsch.): *Import, Wiedereinfuhr ausgeführter Waren.*
Reims [frz.: rɛ̃:s]: Stadt in Frankreich.
Reim|schmied, der (meist abwertend): *jmd., der [mit mehr od. weniger Geschick] Gedichte schreibt.*
Reim|ser, der; -s, -: Ew. zu ↑Reims.
Reim|se|rin, die; -, -nen: w. Form zu ↑Reimser.
Reim|spruch, der: *gereimtes Sprichwort.*
Reim|wort, das ⟨Pl. ...wörter⟩: *Wort, das den Reim trägt.*
[1]rein ⟨Adv.⟩ (ugs.): *herein; hinein.*
[2]rein [mhd. reine, ahd. (h)reini, urspr. = gesiebt]: **I.** ⟨Adj.⟩ **1.** *nicht mit etw. vermischt, was nicht dazugehört; ohne fremden Zusatz, ohne verfälschende, andersartige Einwirkung:* -er Wein, Alkohol, Sauerstoff; -es Gold, Wasser; -e *(unvermischte, leuchtende)* Farben; -es *(akzent-, fehlerfreies)* Deutsch sprechen; einen Stoff chemisch r. herstellen; der Chor klingt r. *(singt technisch u. musikalisch einwandfrei);* Ü etw. vom Standpunkt der -en *(vom Gegenständlichen abstrahierenden)* Erkenntnis beurteilen. **2. a)** *nichts anderes als; bloß:* die -e Wahrheit sagen; das war -er Zufall, -es Glück; das ist -e Spekulation; die -e Flugzeit *(Flugzeit ohne Abfertigung u. Wartezeiten);* **b)** *ohne Ausnahme, Abweichung von etw. Genanntem od. etw. darüber Hinausgehendem:* eine -e Arbeitergegend. **3.** ⟨intensivierend bei Substantiven⟩ (ugs.) **a)** *äußerst eindeutig u. hochgradig:* das ist ja -er Wahnsinn, der -ste Schwachsinn; **b)** (ugs.) *in seiner Erscheinung mit etw. Genanntem vergleichbar:* das ist ja eine -e Völkerwanderung!; dein Zimmer ist der -ste Saustall! **4.** *makellos sauber; frei von Flecken, Schmutz o. Ä.:* ein -es Hemd anziehen; einen -en Teint haben; Ü ein -es *(unbelastetes)* Gewissen haben; * **etw. ins Reine schreiben** *(eine sorgfältige Abschrift von etw. machen);* **etw. ins Reine bringen** *(Unstimmigkeiten, Missverständnisse o. Ä. zur Zufriedenheit aller Beteiligten klären);* **mit jmdm., etw. ins Reine kommen** *(die Probleme, Schwierigkeiten, die jmd. mit jmdm., etw. hat, beseitigen);* **mit sich [selbst] ins Reine kommen** *(Klarheit über bestimmte eigene Probleme gewinnen);* **mit etw. im Reinen sein** *(Klarheit über etw. haben);* **mit jmdm. im Reinen sein** *(Übereinstimmung mit jmdm. erzielt haben).* **5.** (jüd. Rel.) *koscher* (1): -e Tiere, Speisen. **II.** ⟨Adv.⟩ **a)** drückt aus, dass etw. auf eine genannte Eigenschaft beschränkt ist; *ausschließlich:* etw. aus r. persönlichen Gründen tun; **b)** gibt dem Hinweis, dass etw. aus einem bestimmten Grund, Umstand so ist, erhöhten Nachdruck: das kann ich mir r. zeitlich nicht leisten; **c)** (ugs.) gibt einer Aussage, Feststellung starken Nachdruck; *völlig, ganz u. gar:* das ist im Augenblick r. unmöglich; r. gar nichts *(überhaupt nichts)* wissen, sagen, verstehen.
Rein, die; -, -en [spätmhd. reindel, reydl, ahd. rīna] (südd., österr.): *[größerer] flacher Kochtopf, Kuchenform.*
Rein|an|ke: ↑Rheinanke.
rein|bei|ßen ⟨st. V.; hat⟩ (ugs.): *hineinbeißen:* * **zum Reinbeißen sein, aussehen** *(sehr appetitlich sein, aussehen).*
rein|blau ⟨Adj.⟩: *von ungetrübtem, klarem Blau.*
rein|but|tern ⟨sw. V.; hat⟩ (salopp): *buttern* (3).
Rei|ne, die; - [mhd. reine] (dichter.): *Reinheit.*
Rei|ne|clau|de [rɛ:nəˈklo:də]: ↑Reneklode.
Rei|ne|ma|che|frau, Reinmachefrau, die: *Putzfrau.*
Rei|ne|ma|chen, Reinmachen, das; -s (landsch.): *das Putzen* (1 a): bei den Nachbarn ist großes R. *(Hausputz).*
rein|er|big ⟨Adj.⟩ (Biol.): *homozygot.*
Rein|er|lös, der: vgl. Reinertrag.
Rein|er|trag, der: *Ertrag nach Abzug der Unkosten o. Ä.; Nettoertrag.*
Rei|net|te: ↑Renette.
rei|ne|weg, reinweg ⟨Adv.⟩ [zu ↑[2]rein (3)] (ugs.): (verstärkend) *vollständig, ganz u. gar:* das hatte ich doch r. vergessen.
rein|fah|ren ⟨st. V.; ist⟩ (ugs.): *hinein-, hereinfahren.*
Rein|fall, der (ugs.): *unangenehme Überraschung, große Enttäuschung:* der Film, der neue Mitarbeiter ist ein ziemlicher R.; das war geschäftlich gesehen ein R.
rein|fal|len ⟨st. V.; ist⟩ (ugs.): *hinein-, hereinfallen.*
Re|in|fek|ti|on, die; -, -en [aus lat. re- = wieder u. ↑Infektion] (Med.): *erneute Ansteckung durch die gleichen Erreger.*
rein|flie|gen ⟨st. V.; ist⟩ (ugs.): *hinein-, hereinfliegen.*
rein|ge|hen ⟨unr. V.; ist⟩ (ugs.): *hineingehen.*
Rein|ge|wicht, das: *Gewicht ohne Verpackung o. Ä.; Nettogewicht.*
Rein|ge|winn, der: vgl. Reinertrag.
rein|gol|den ⟨Adj.⟩: *aus [2]reinem* (I 1) *Gold.*
Rein|hal|tung, die: *Erhaltung des natürlichen, sauberen Zustands von etw.:* die R. der Luft.
rein|hän|gen, sich ⟨sw. V.; hat⟩ (ugs.): *sich bei etw. engagieren, sich einer Sache annehmen.*
rein|hau|en ⟨unr. V.; haute/hieb, hat gehauen/ (landsch.:) gehaut⟩ (salopp): **a)** *dreschen* (3a): * **jmdm. eine r.** *(jmdn. verprügeln; jmdm. einen Schlag [ins Gesicht] versetzen);* **b)** *viel essen:* ordentlich r.
Rein|heit, die; - [zu ↑[2]rein]: **1.** *[2]reine* (I 1) *Beschaffenheit:* kristallene R.; die R. der Lehre. **2.** *[2]reine* (I 4) *Beschaffenheit:* die R. der Wäsche; Ü die R. des Herzens.
Rein|heits|ge|bot, das (Brauereiwesen): *gesetzliche Vorschrift, nach der zum Brauen von Bier nur aus Gerste gewonnenes Malz, Hopfen, Wasser u. (heute auch) Hefe verwendet werden dürfen.*
rein|hö|ren ⟨sw. V.; hat⟩ (ugs.): *hineinhören.*
rei|ni|gen ⟨sw. V.; hat⟩ [mhd. reinegen, zu: reinic = rein]: *Schmutz, Flecken o. Ä. von etw. entfernen; etw. säubern, sauber machen:* die Kleider, eine Wunde r.; die Straßen von Unrat r.; etw. chemisch r. lassen; sich von Kopf bis Fuß r.; gereinigte Luft; ⟨subst.:⟩ den Anzug zum Reinigen bringen, geben; Ü ein reinigendes Gewitter *(Ausräumung eines Konflikts; Befreiung von Ärger o. Ä. durch einen heftigen Streit).*
Rei|ni|ger, der; -s, -: *chemisches Mittel zum Reinigen von etw.*
Rei|ni|gung, die; -, -en [mhd. reinigunge]: **1.** ⟨Pl. selten⟩ *das Reinigen.* **2.** *Unternehmen, Geschäft, das chemisch reinigt.*
Rei|ni|gungs|creme, die: *kosmetische Creme zur Reinigung u. Pflege des Gesichts.*
Rei|ni|gungs|milch, die: vgl. Reinigungscreme.
Rei|ni|gungs|mit|tel, das: *chemisches Mittel zum Reinigen von etw.*
Re|in|kar|na|ti|on, die; -, -en [zu lat. re- = wieder u. ↑Inkarnation] (bes. ind. Religionen): *Übergang der Seele eines Menschen in einen neuen Körper u. eine neue Existenz; Seelenwanderung.*
rein|kom|men ⟨st. V.; ist⟩ (ugs.): *hinein-, hereinkommen.*
rein|kön|nen ⟨unr. V.; hat⟩ (ugs.): *hinein-, hereinkönnen.*
rein|krie|gen ⟨sw. V.; hat⟩ (ugs.): *hinein-, hereinbekommen.*
Rein|kul|tur, die: **1.** (Landw.) *Monokultur.* **2.** (Biol.) *Bakterienkultur, die nur auf ein Individuum* (3) *od. sehr wenige Individuen einer Art od. eines Stammes zurückgeht:* eine R. züchten, erhalten; * **in R.** *(in einer Ausprägung, einem Ausmaß, das nicht übertroffen werden kann):* das ist Kitsch in R.
rein|le|gen ⟨sw. V.; hat⟩ (ugs.): *hinein-, hereinlegen.*
rein|lei|nen ⟨Adj.⟩: *aus [2]reinem* (I 1) *Leinen.*
rein|lich ⟨Adj.⟩ [mhd. reinlich]: **1. a)** *sehr auf Sauberkeit* (1) *bedacht:* sie ist ein -er Mensch, ist sehr r.; **b)** *sehr sauber* (1): eine -e Stadt; sie waren r. gekleidet. **2.** *sehr genau; sorgfältig, gründlich:* eine -e Differenzierung der Begriffe.
Rein|lich|keit, die; -: *das Reinlichsein.*
rein|lich|keits|lie|bend ⟨Adj.⟩: *auf Reinlichkeit bedacht.*
Rein|lich|keits|sinn, der ⟨o. Pl.⟩: *Sinn für Reinlichkeit.*
Rein|ma|che|frau: ↑Reinemachefrau.
Rein|ma|chen: ↑Reinemachen.
rein|müs|sen ⟨unr. V.; hat⟩ (ugs.): *hinein-, hereinmüssen.*
rein|ras|seln ⟨sw. V.; ist⟩ (salopp): *hereinrasseln.*
rein|ras|sig ⟨Adj.⟩: *(von Tieren) nicht gekreuzt; von zwei Eltern derselben Rasse abstammend.*
Rein|ras|sig|keit, die; -: *das Reinrassigsein.*
rein|re|den ⟨sw. V.; hat⟩ (ugs.): *hineinreden.*
rein|rei|ßen ⟨st. V.; hat⟩ (ugs.): **1.** *durch ein bestimmtes Handeln in eine schwierige, unangenehme Lage bringen:* seine Kumpane haben ihn da reingerissen. **2.** *hineinreißen, hereinreißen* (1).
rein|rei|ten ⟨st. V.⟩: **1.** (ugs.) *hineinreiten* (1) ⟨ist⟩. **2.** (salopp) *hineinreiten* (2) ⟨hat⟩.
rein|rie|chen ⟨st. V.; hat⟩ (ugs.): *Einblick in etw. gewinnen, eine Vorstellung von etw. bekommen wollen u. sich deshalb kurz, flüchtig damit beschäftigen.*
Rein|schiff, das; -s (Seemannsspr.): *gründliches Reinigen des Schiffes.*
Rein|schrift, die: *sorgfältige Abschrift.*
rein|schrift|lich ⟨Adj.⟩: *als Reinschrift abgeschrieben.*
rein|sei|den ⟨Adj.⟩: *aus [2]reiner* (I 1) *Seide.*
rein|sil|bern ⟨Adj.⟩: *aus [2]reinem* (I 1) *Silber.*
rein|ste|cken ⟨sw. V.; hat⟩ (ugs.): *hinein-, hereinstecken.*
rein|wa|schen ⟨st. V.; hat⟩: *von einer Schuld, einem Verdacht befreien:* er konnte sich, ihre Aussage konnte ihn nicht r.
rein|weg: ↑reineweg.
[1]rein|wol|len ⟨Adj.⟩: vgl. reinleinen.
[2]rein|wol|len ⟨unr. V.; hat⟩ (ugs.): *hinein-, hereinwollen.*
rein|wür|gen ⟨sw. V.; hat⟩ (ugs.): **1.** *hineinwürgen.* **2.** * **jmdm. eine/eins r.** *(gegen jmdn. etwas unternehmen, was ihm unangenehm ist u. seine Aktivitäten einschränkt).*

R

rein|zie|hen ⟨unr. V.⟩ (ugs.): **1.** *hineinziehen* (1–5). **2.** ⟨r. + sich⟩ *konsumieren:* sich eine Bratwurst r.; Ü sich ein Video r.

[1]Reis, der; -es, (Sorten:) -e [mhd. rīs < mlat. risus (risum) < lat. oriza, oryza < griech. óryza, über das Pers. u. Aind. wohl aus einer südasiatischen Spr.]: **a)** *(in warmen Ländern wachsende, zu den Gräsern gehörende) hoch wachsende Pflanze mit breiten Blättern u. langen Rispen (deren Früchte ein Grundnahrungsmittel bilden):* R. anbauen, pflanzen, ernten; **b)** *Frucht des Reises* (a): [un]geschälter, polierter R.

[2]Reis, das; -es, -er [mhd. rīs, ahd. [h]rīs; wahrsch. urspr. = sich zitternd Bewegendes]: **a)** (geh.) *kleiner, dünner Zweig;* **b)** (geh.) *junger Spross, Schössling;* **c)** *Pfropfreis.*

[3]Reis: Pl. von ↑[2]Real.

Reis|bau, der ⟨o. Pl.⟩: *Anbau von* [1]*Reis* (a).

Reis|bau|er, der: [1]*Bauer* (1 a), *der* [1]*Reis* (a) *anbaut.*

Reis|bäu|e|rin, die: w. Form zu ↑Reisbauer.

Reis|brannt|wein, der: *Arrak.*

Reis|brei, der: *in Milch weich gekochter* [1]*Reis* (b) *mit Zucker u. Gewürzen od. Obst.*

Rei|se, die; -, -n [mhd. reise = Aufbruch, (Heer)fahrt, ahd. reisa = (Heer)fahrt, zu mhd. rīsen, ahd. rīsan = sich erheben, steigen, fallen; 2: LÜ von engl. trip, ↑Trip]: **1.** *Fahrt zu einem entfernteren Ort:* eine große, weite, kurze, beschwerliche, dienstliche R.; eine R. an die See, durch die USA, ins Ausland, nach Übersee, nach Polen, um die Welt, zur Messe, zu Verwandten; eine R. im/mit dem Auto, mit der Eisenbahn, zu Fuß, zur See; eine R. vorhaben, machen; jmdm. [eine] angenehme, gute, glückliche R. wünschen; der Brief hat eine lange R. gemacht (ugs.; *war lange unterwegs*); auf der R. *(unterwegs)* gab es viel zu sehen; R wenn einer eine R. tut, so kann er was erzählen (nach M. Claudius); Ü eine R. in die Vergangenheit *(das Sicherinnern o. Ä. an Vergangenes);* [nicht] wissen, wohin die R. geht (ugs.; *[nicht] erkennen, in welcher Richtung sich etw. weiterentwickelt*); *** seine letzte R. antreten** (verhüll.; *sterben*); **auf -n gehen** *(verreisen);* **auf -n sein** *(unterwegs, verreist sein);* **jmdn. auf die R. schicken** (Sport Jargon; 1. *[einen Läufer, Fahrer o. Ä.] auf die Bahn schicken, starten lassen, losschicken.* 2. *[beim Fußball o. Ä.] einem Mitspieler eine weite Vorlage geben*). **2.** (Jargon) *traumhafter Zustand des Gelöstseins nach der Einnahme von Rauschgift; Rausch:* sie machten wieder eine R., hatten sich mit starken Drogen auf die R. geschickt.

Rei|se|an|den|ken, das: *von einer Reise mitgebrachtes Andenken* (2).

Rei|se|apo|the|ke, die: *Tasche, Behälter mit einer Zusammenstellung von Medikamenten, mit Verbandszeug u. Ä.*

Rei|se|be|glei|ter, der: *jmd., der einen anderen [als Betreuer] auf einer Reise begleitet od. der zufällig das gleiche Reiseziel hat.*

Rei|se|be|glei|te|rin, die: w. Form zu ↑Reisebegleiter.

Rei|se|bei|la|ge, die: *[regelmäßig erscheinende] Beilage* (2), *in der über ein Urlaubsgebiet o. Ä. berichtet wird.*

Rei|se|be|kannt|schaft, die: *Person, die jmd. auf einer Reise kennen gelernt hat:* eine flüchtige R.

Rei|se|be|richt, der: **a)** *[persönlicher] Bericht über eine Reise;* **b)** *Reisebeschreibung.*

Rei|se|be|schrei|bung, die: *ausführliche, manchmal mit Erdachtem u. Erdichtetem verknüpfte literarische Beschreibung einer Reise [in Buchform]:* er liest gerne -en.

Rei|se|buch, das: *Reisebeschreibung od. Reiseführer in Buchform.*

Rei|se|buch|han|del, der: *über reisende Vertreter abgewickelter Buchhandel, bei dem beim Kunden Bestellungen aufgenommen werden.*

Rei|se|bü|ro, das: **a)** *Unternehmen, in dem Reisen vermittelt, Fahrkarten verkauft, Buchungen aufgenommen u. Beratungen über Reisewege u. -ziele durchgeführt werden;* **b)** *Geschäftsraum eines Reisebüros* (a).

R

Rei|se|bus, der: *für längere Fahrten geeigneter [komfortabler] Omnibus.*

Rei|se|de|cke, die: *leichte Wolldecke für die Reise.*

Rei|se|di|plo|ma|tie, die: *durch häufige Reisen von Politikern ausgeübte Diplomatie* (1 a).

Rei|se|er|leb|nis, das: *Erlebnis auf einer Reise.*

rei|se|fer|tig ⟨Adj.⟩: *fertig für die Reise, zum Reisen:* r. dastehen.

Rei|se|fie|ber, das (ugs.): *Aufgeregtheit, innere Unruhe vor Beginn einer Reise.*

Rei|se|füh|rer, der: **1.** *jmd., der Reisenden, bes. Reisegruppen, die Sehenswürdigkeiten am jeweiligen Ort zeigt.* **2.** *Buch, das Reisenden alles Notwendige über Unterkünfte, Verkehrsmittel, kulturelle Einrichtungen o. Ä. vermittelt.*

Rei|se|füh|re|rin, die: w. Form zu ↑Reiseführer (1).

Rei|se|ge|päck, das: *auf einer Reise mitgeführtes Gepäck.*

Rei|se|ge|päck|ver|si|che|rung, die: *für einen begrenzten Zeitraum, die Dauer der Reise geltende Versicherung des Gepäcks gegen Diebstahl od. Verlust.*

Rei|se|ge|schwin|dig|keit, die: *für die gesamte Fahrt, vom Ausgangspunkt bis zum Ziel, berechnete Durchschnittsgeschwindigkeit eines Verkehrsmittels.*

Rei|se|ge|sell|schaft, die: **1.** *Gruppe von Menschen, die gemeinsam eine [von einem Reisebüro o. Ä. organisierte] Reise unternehmen.* **2.** ⟨o. Pl.⟩ *Zusammensein mit jmdm., Begleitung auf einer Reise:* ich hatte angenehme R.

Rei|se|ge|wer|be, das: *ambulant ausgeübtes Gewerbe (Verkauf, Schaustellung, Straßenmusik o. Ä.).*

Rei|se|grup|pe, die: vgl. Reisegesellschaft (1).

Rei|se|kas|se, die: *für eine Einzel- od. Gruppenreise gespartes od. zusammengelegtes Geld.*

Rei|se|kos|ten ⟨Pl.⟩: *Kosten für Fahrt, Unterkunft, Verpflegung u. Ä., die auf einer Reise anfallen.*

Rei|se|krank|heit, die: *bei bestimmten Arten des Reisens (z. B. mit dem Schiff) auftretender, mit Brechreiz u. Schwindelgefühl einhergehender Krankheitszustand.*

Rei|se|land, das ⟨Pl. ...länder⟩: *Land, in das viele Reisen unternommen werden:* Österreich ist ein beliebtes R.

Rei|se|lei|ter, der: *Leiter einer Gesellschaftsreise, der für die Organisation (Fahrt, Unterkunft, Ausflüge, Führungen) verantwortlich ist.*

Rei|se|lei|te|rin, die: w. Form zu ↑Reiseleiter.

Rei|se|lek|tü|re, die: *Lesestoff für die Reise.*

Rei|se|lust, die ⟨o. Pl.⟩: *Lust zum [häufigen] Reisen:* von R. gepackt sein.

rei|se|lus|tig ⟨Adj.⟩: *voller Reiselust.*

rei|sen ⟨sw. V.; ist⟩ [mhd. reisen, ahd. reisōn, zu ↑Reise]: **a)** *eine Reise machen:* allein, in Gesellschaft, geschäftlich, inkognito r.; an die See, aufs Land, ins Ausland, nach Berlin, zu Verwandten r.; wir reisen im Schlafwagen, mit der Bahn, mit dem/(geh. veraltend:) zu Schiff; **b)** *eine Reise antreten, abfahren, abreisen:* wir reisen am Dienstag sehr früh; wann reist ihr?; **c)** *Reisen unternehmen, [als Reisender] viel unterwegs sein, sich oft auf Reisen befinden:* sie reist gern; sie sind schon viel und weit gereist; sie reist immer 1. Klasse/in der 1. Klasse; er reist *(ist Handelsvertreter)* im norddeutschen Raum; reisende *(umherziehende)* Schausteller.

Rei|sen|de, der u. die; -n, -n ⟨Dekl. ↑Abgeordnete⟩: **1.** *jmd., der sich auf einer Reise befindet:* ein verspäteter -r; zwei R. waren zugestiegen; die -n werden gebeten, ihre Plätze einzunehmen; R R. soll man nicht aufhalten *(jmdn., der sich entschlossen hat, etw. aufzugeben o. Ä., soll man nicht zurückhalten).* **2.** *Handelsvertreter[in]:* er ist -r für eine große Textilfirma, in Elektrogeräten.

Rei|se|ne|ces|saire, das: *Beutel, Tasche o. Ä. mit Fächern zum Unterbringen von Waschzeug u. sonstigen Toilettenartikeln.*

Rei|se|om|ni|bus, der: *Reisebus.*

Rei|se|on|kel, der (ugs. scherzh.): *Mann, der gern u. viel reist.*

Rei|se|pass, der: *Pass* (1).

Rei|se|plan, der: [2]*Plan* (1 a) *für eine Reise.*

Rei|se|pros|pekt, der: *Prospekt* (1), *in dem Orte u. Unterkunftsmöglichkeiten eines bestimmten Urlaubsgebietes dargestellt u. angepriesen werden.*

Rei|se|pro|vi|ant, der: vgl. Proviant.

Rei|ser: Pl. von ↑[2]Reis.

Rei|se|rei, die; -, -en (ugs. abwertend): *[dauerndes] Reisen.*

Reis|ern|te, die: **1.** *das Ernten des* [1]*Reises* (a). **2.** *Gesamtheit des geernteten* [1]*Reises.*

Rei|se|rou|te, die: vgl. Route.

Rei|se|ruf, der: *von Automobilklubs an Rundfunkanstalten weitergegebene dringende Nachricht für Autofahrer auf Reisen.*

Rei|se|scheck, der: **1.** *Zahlungsmittel, bes. für Auslandsreisen, das die Auszahlung eines bestimmten Betrages durch eine Bank des besuchten Landes garantiert.* **2.** (DDR) *Schein, der zu einer Ferienreise an einen bestimmten Ort berechtigt.*

Rei|se|schreib|ma|schi|ne, die: *leichte Schreibmaschine, die mit Deckel u. Griff als kleiner Koffer zu tragen ist.*

Rei|se|schrift|stel|ler, der: *Schriftsteller, der Reisebücher verfasst.*

Rei|se|schrift|stel|le|rin, die: w. Form zu ↑Reiseschriftsteller.

Rei|se|tan|te, die: vgl. Reiseonkel.

Rei|se|ta|sche, die: *größere Tasche für Reisen.*

Rei|se|un|ter|neh|men, das: **1.** *Reisebüro* (a). **2.** (seltener) *Projekt einer [größeren] Reise:* unser R. verlief glücklich.

Rei|se|ver|an|stal|ter, der: *Veranstalter von Gesellschaftsreisen.*

Rei|se|ver|an|stal|te|rin, die: w. Form zu ↑Reiseveranstalter.

Rei|se|ver|kehr, der: *durch viele Urlaubsreisen geprägter Verkehr:* auf den Autobahnen herrscht starker R.

Rei|se|vor|be|rei|tung, die ⟨meist Pl.⟩: *Vorbereitung auf eine Reise:* -en treffen.

Rei|se|wa|gen, der: *größeres, bequemes Auto, das besonders für weite Fahrten geeignet ist.*

Rei|se|we|cker, der: *kleinerer Wecker für die Reise.*

Rei|se|weg, der: *Reiseroute.*

Rei|se|wel|le, die: *vorübergehend starker Reiseverkehr.*

Rei|se|wet|ter, das ⟨o. Pl.⟩: *Wetter während einer Reise.*

Rei|se|wet|ter|be|richt, der: *Wetterbericht, der bes. das für bestimmte Urlaubsgebiete zu erwartende Wetter vorhersagt.*

Rei|se|zeit, die: *Zeit, in der viele Urlaubsreisende unterwegs sind.*

Rei|se|ziel, das: *Ziel, zu dem eine Reise führt, führen soll.*

Rei|se|zug, der (Eisenb.): *der Personenbeförderung dienender Zug.*

Reis|feld, das: *Feld, auf dem* [1]*Reis* (a) *angebaut wird.*

Reis|ge|richt, das: [2]*Gericht aus* [1]*Reis* (b).

Rei|sig, das; -s [mhd. risech, rīsach, zu ↑[2]Reis]: *abgebrochene od. vom Baum gefallene dürre Zweige:* R. sammeln.

Rei|sig|be|sen, der: *aus Reisig gebundener Besen.*

Rei|sig|bün|del, das: *zu einem Bündel zusammengeschnürtes Reisig.*

Rei|si|ge, der; -n, -n ⟨Dekl. ↑Abgeordnete⟩ [spätmhd. reisige, zu ↑Reise]: *(im MA.) berittener Söldner.*

Reis|korn, das: *einzelne kornartige Frucht des* [1]*Reises* (a).

Reis|läu|fer, der; -s, -: *(im MA.) Söldner in fremdem Dienst.*

Reis|pa|pier, das [Papier wurde früher auch aus Reisstroh hergestellt]: *handgeschöpftes, wie Seide wirkendes, sehr reißfestes u. dauerhaftes Papier.*

Reis|rand, der (Kochk.): *auf einer Platte als fester, glatter Ring um ein [Fleisch]gericht angerichteter körniger* [1]*Reis* (b).

Reiß|ah|le, die [zu ↑reißen in der alten Bed. »zeichnen, entwerfen«]: *Reißnadel.*

Reiß|aus, der [eigtl. subst. Imperativ von »ausreißen«]: in der Verbindung **R. nehmen** (ugs.; *entfliehen, schnell weglaufen*).

Reiß|brett, das [vgl. Reißahle]: *großes rechtwinkliges Brett aus glattem, fugenlosem Holz, das als Unterlage für [technische] Zeichnungen dient.*

Reiß|brett|stift, der: *Reißzwecke.*

Reis|schnaps, der: *Reisbranntwein.*

rei|ßen ⟨st. V.⟩ [mhd. rīȥen, ahd. rīȥan, urspr. = einen Einschnitt machen, ritzen, später auch: (Runen)zeichen einritzen, zeichnen, entwerfen]: **1.** *entzweigehen, auseinander gehen, abreißen* ⟨ist⟩: der Faden, das Seil kann r.; mir ist das Schuhband gerissen. **2.** ⟨hat⟩ **a)** *durch kräftiges Ziehen auseinander trennen:* ich habe den Brief mittendurch gerissen; dieses Material lässt sich nicht r.; **b)** *in einzelne Teile zerreißen:* etw. in Stücke, Fetzen r. **3.** *durch Reißen (2), Gewalteinwirkung, Beschädigung entstehen lassen, in etw. hervorrufen* ⟨hat⟩: du hast dir ein Dreieck in die Hose gerissen; die Bombe riss einen Trichter in den Boden; Ü diese Reparatur wird ein gehöriges Loch in meinen Geldbeutel r. (ugs.; *wird sehr teuer werden*). **4.** ⟨hat⟩ **a)** *sich verletzen, sich ritzen:* ich habe mich [am Stacheldraht] gerissen; du hast dich, dir die Hände blutig gerissen; **b)** *sich als Verletzung beibringen:* an diesem Nagel kann man sich ⟨Dativ⟩ ja Wunden r. **5.** ⟨hat⟩ **a)** *von einer bestimmten Stelle mit kräftigem Ruck wegziehen; ab-, fort-, wegreißen:* Pflanzen aus dem Boden, einen Ast vom Baum r.; jmdm. etw. aus den Händen r.; dieser Wind reißt einem den Hut vom Kopf; ich habe mir die Kleider vom Leib gerissen *(mich ganz schnell ausgezogen);* Ü der Wecker hat sie unsanft aus dem Schlaf gerissen; so aus dem Zusammenhang gerissen, ist der Satz unverständlich; **b)** ⟨r. + sich⟩ *sich von einer bestimmten Stelle losreißen, sich aus etw. befreien:* sich aus jmds. Armen r.; der Hund hat sich von der Kette gerissen; **c)** (Leichtathletik) *die Sprunglatte od. eine Hürde herunter-, umwerfen:* beim ersten Versuch über 1,80 m hat sie [die Latte] knapp gerissen. **6.** *an eine Stelle, in eine Richtung stoßen, schieben, drücken; hinreißen* ⟨hat⟩: eine Welle riss ihn zu Boden; im letzten Augenblick riss sie den Wagen *(das Lenkrad)* zur Seite; die Flut reißt alles mit sich; Ü alle wurden mit ins Verderben gerissen; * **[innerlich] hin und her gerissen werden/sein** *(sich zwischen zwei Dingen od. Menschen nicht entscheiden können).* **7.** *ziehen, zerren [damit etw. ab- od. aufgeht]* ⟨hat⟩: zum Öffnen des Fallschirms die Leine, an der Leine r.; der Hund riss wütend an seiner Leine. **8.** *(von Raubtieren) ein Tier jagen u. durch Bisse töten* ⟨hat⟩: der Wolf hat drei Schafe gerissen. **9.** *mit Gewalt an sich nehmen, sich einer Sache bemächtigen* ⟨hat⟩: die Macht, die Herrschaft an sich r.; sie hat den Brief sofort an sich gerissen; Ü immer will er das Gespräch an sich r. *(will nicht Zuhörer sein, sondern selbst reden).* **10.** ⟨r. + sich⟩ (ugs.) *sich heftig darum bemühen, etw. Bestimmtes zu erreichen, zu bekommen, zu sehen, zu erleben* ⟨hat⟩: die Fans rissen sich um den Sänger, um die Eintrittskarten; um diesen schwierigen Auftrag reiße ich mich bestimmt nicht. **11.** (selten) *einen ziehenden Schmerz empfinden* ⟨hat⟩: es reißt mich in allen Gliedern. **12.** (Schwerathletik) *ein Gewicht in einem Zug vom Boden bis über den Kopf, bis zur Hochstrecke bringen* ⟨hat⟩: er stößt, stemmt und reißt; ⟨meist subst.:⟩ er hat den Weltrekord im Reißen eingestellt.

Rei|ßen, das; -s (ugs. veraltend): *reißende (11), ziehende Gliederschmerzen, Rheumatismus:* das R. haben.

rei|ßend ⟨Adj.⟩: **1.** *stark, heftig strömend:* ein -er Strom. **2.** *stark, heftig ziehend:* -e Schmerzen haben. **3.** *sehr schnell (zu verkaufen):* -en Absatz finden; etw. r. verkaufen. **4.** *wild:* ein -es Tier *(ein wildes Tier, ein Raubtier).*

Rei|ßer, der; -s, - [1a: viell. eigtl. = etw., was an den Nerven reißt] (ugs., oft abwertend): **a)** *sehr wirkungsvolles, spannendes, dem Nervenkitzel dienendes Buch, Bühnenstück od. entsprechender Film ohne besondere künstlerische Qualität;* **b)** *Massenware, Artikel, der reißend verkauft wird.*

rei|ße|risch ⟨Adj.⟩ (abwertend): *für einen Reißer (1) kennzeichnend, grell u. auf billige Art wirkungsvoll:* -e Schlagzeilen.

Reiß|fe|der, die [vgl. Reißahle]: *Gerät zum Ausziehen von Linien in verschiedener Stärke aus zwei an einem Griff befestigten Stahlblättern mit geschliffenen Spitzen, deren Abstand zueinander sich durch eine Schraube verstellen lässt.*

reiß|fest ⟨Adj.⟩: *(bes. von Textilien) ziemlich widerstandsfähig gegen Zerreißen, viel Druck od. Zug aushaltend:* -e Gewebe.

Reiß|fes|tig|keit, die: *das Reißfestsein.*

Reiß|lei|ne, die (Flugw.): *Leine, mit der durch Ziehen der Fallschirm geöffnet od. beim Freiballon die Stoffbahn über der Öffnung abgelöst wird.*

Reiß|na|del, die: *spitze Stahlnadel zum Anreißen von Linien auf Werkstücken.*

Reiß|na|gel, der: *Reißzwecke.*

Reiß|schie|ne, die [vgl. Reißahle]: *flaches Lineal mit Querleiste, das, an der Kante des Reißbretts angelegt, das exakte Zeichnen von parallelen Linien ermöglicht.*

Reis|stroh, das: *weiches Stroh vom Reis (das für Körbe, Hüte, Matten u. Ä. verwendet wird u. auch als Streu dient).*

Reis|sup|pe, die: *Suppe mit Reis als Einlage.*

Reiß|ver|schluss, der: *an Kleidungsstücken, Taschen o. Ä. anstelle von Knöpfen angebrachte Vorrichtung, die aus kleinen Gliedern, Zähnchen besteht, die beim Zuziehen ineinander greifen, sodass etw. geschlossen ist:* der R. klemmt; den R. öffnen, schließen.

Reiß|ver|schluss|sys|tem, das (Verkehrsw.): *abwechselndes Einordnen von Fahrzeugen aus zwei Richtungen od. Fahrspuren, die in einer einzigen Spur weiterfahren müssen.*

Reiß|wolf, der: *Maschine, in der Papier od. Textilien völlig zerfasert werden.*

Reiß|wol|le, die: *aus [mit dem Reißwolf] zerrissenen wollenen Textilien gewonnener Spinnstoff.*

Reiß|zahn, der: *bes. groß u. scharfkantig ausgebildeter Backenzahn der Raubtiere.*

Reiß|zeug, das: *Zusammenstellung der wichtigsten Geräte zum technischen Zeichnen.*

Reiß|zir|kel, der: *Zirkel mit Reißfeder.*

Reiß|zwe|cke, die [urspr. zum Befestigen von Zeichnungen auf dem Reißbrett verwendet]: *kleiner Nagel mit kurzem Dorn u. breitem, flachem Kopf, der sich leicht eindrücken lässt u. zum Festhalten von Plakaten, Zetteln, Bildern an Wänden o. Ä. dient.*

Reis|wein, der: *Sake.*

Reit|bahn, die: *abgegrenzter größerer Platz im Freien od. in einer Halle, der hauptsächlich zum Reitunterricht u. zum Zureiten der Pferde dient:* in der R. üben.

rei|ten ⟨st. V.⟩ [mhd. rīten, ahd. rītan, urspr. = in Bewegung sein, reisen, fahren]: **1. a)** *sich auf einem Reittier (bes. einem Pferd) fortbewegen* ⟨ist/(seltener:) hat⟩: r. lernen; r. können; er hat seit frühester Jugend geritten *(den Reitsport betrieben),* ist viel geritten; auf einem Kamel r.; im Schritt, Trab, Galopp r.; in raschem Tempo r.; Ü die Hexe reitet auf einem Besen; sie ließ das Kind auf ihren Knien r.; **b)** ⟨r. + sich; unpers.; hat⟩ *sich unter bestimmten Umständen in bestimmter Weise reiten lassen:* bei Regen reitet es sich schlecht, lässt sich schlecht r. **2.** ⟨ist/hat⟩ **a)** *auf einem Reittier zurücklegen, reitend zubringen:* eine schöne Strecke r.; ich bin/habe gestern drei Stunden geritten; **b)** *auf dem Pferd absolvieren, bewältigen:* [die] hohe Schule, ein Turnier r.; sie ist/hat schon viele Wettbewerbe geritten. **3.** ⟨hat⟩ *ein bestimmtes Reittier haben, benutzen:* einen Schimmel r.; Beduinen reiten Kamele; Ü der Stier reitet *(begattet)* die Kuh. **4.** *ein Tier reitend an einen Platz bringen* ⟨hat⟩: das Pferd auf die Weide r.; Ü jmdn. in die Patsche r. **5.** *(ein Tier) durch Reiten in einen bestimmten Zustand bringen* ⟨hat⟩: ich habe das Pferd müde geritten. **6.** ⟨r. + sich; hat⟩ **a)** *so reiten, dass ein Körperteil in einen bestimmten Zustand gerät:* ich habe mir die Knie steif geritten; **b)** *sich durch Reiten zuziehen:* pass auf, dass du dir keine Schwielen reitest! **7.** (veraltend) *jmdn. völlig beherrschen* ⟨hat⟩: was hat dich denn geritten, dass du so zornig bist?

¹Rei|ter, der; -s, - [mhd. rīter, spätahd. rītāre]: **1. a)** *jmd., der reitet:* ein tollkühner R.; * **die apokalyptischen R.** (↑apokalyptisch 1); **ein R. über den Bodensee** *(jmd., der etw. unternimmt, über dessen Gefährlichkeit, Tragweite er sich nicht im Klaren ist;* Abwandlung von »ein Ritt über den Bodensee«, ↑Ritt); **b)** (früher) *berittener Soldat, Kavallerist.* **2. a)** (österr.) *Heureiter;* **b)** * **spanischer R.** (Milit.; *mit Stacheldraht bespanntes [Holz]gestell, das als Sperre, Hindernis aufgestellt wird;* H. u.; viell. im 16. Jh. zur Zeit des niederl. Aufstandes gegen Spanien entstanden). **3. a)** *aufgesetztes leichtes verschiebbares Gewicht bei feinen Präzisionswaagen:* den R. einstellen, verschieben; **b)** *aufklemmbare, meist farbige Markierung zur Kennzeichnung von etw.;* **c)** (Jargon) *Gestell mit Werbesprüchen o. Ä., das schnell irgendwo aufgestellt werden kann.*

²Rei|ter, die; -, -n [mhd. rīter, ahd. rīt(e)ra, westgerm. Wort, vgl. aengl. hridder = Sieb] (österr., sonst landsch.): *grobes Sieb [für Getreide].*

Rei|ter|an|griff, der: *Angriff der Reiterei* (1).

Rei|te|rei, die; -, -en: **1.** (Milit. früher) *Kavallerie* (a). **2.** ⟨o. Pl.⟩ (ugs.) *das Reiten, reiterliche Betätigung.*

Rei|te|rin, die; -, -nen: w. Form zu ↑¹Reiter (1 a).

rei|ter|lich ⟨Adj.⟩: *das Reiten betreffend; in Bezug auf das Reiten, im Reiten:* -es Können.

rei|tern ⟨sw. V.; hat⟩ [mhd. rītern, ahd. (h)ritarōn, zu ↑²Reiter] (österr., sonst landsch.): *durch die ²Reiter geben, sieben:* Sand, Getreide r.

Rei|ters|mann, der ⟨Pl. ...männer, auch: ...leute⟩ (veraltend): *¹Reiter:* ein echter R.

Rei|ter|stand|bild, das: *Standbild eines Reiters auf dem Pferd.*

Reit|ger|te, die: vgl. Reitpeitsche.

Reit|ho|se, die: *in Stiefeln zu tragende, eng anliegende, sehr feste Hose des Reiters mit schützendem Lederbesatz am Gesäß.*

Reit|jagd, die: **a)** *das Jagen zu Pferde;* **b)** *gemeinschaftlich veranstaltetes Sportreiten.*

Reit|klei|dung, die: *beim Reiten getragene [einheitliche] Kleidung.*

Reit|leh|rer, der: *jmd., der Reitunterricht erteilt.*

Reit|leh|re|rin, die: w. Form zu ↑Reitlehrer.

Reit|peit|sche, die: *Peitsche zum Antreiben u. Lenken des Reitpferdes.*

Reit|pferd, das: *leichteres, zum Reiten bes. herangebildetes Pferd.*

Reit|sat|tel, der: *Sattel* (1a).

Reit|schu|le, die: **1.** *Einrichtung (3), in der Reitunterricht erteilt wird.* **2.** (südd., schweiz. regional) *Karussell.*

Reit|sitz, der: *Sitzhaltung auf dem Pferd, meist mit gespreizten Beinen.*

Reit|sport, der: *das Reiten als sportliche Betätigung.*

Reit|stall, der: *Stall für Reitpferde:* er besitzt einen großen R. *(er hat mehrere Reitpferde, eine Pferdezucht).*

Reit|stie|fel, der: *von Reitenden getragener langschäftiger Stiefel.*

Reit|tier, das: *Tier, auf dem geritten werden kann (Pferd, Esel, Kamel o. Ä.).*

Reit|tur|nier, das: *sportlicher Wettbewerb im Reiten.*

Reit|un|ter|richt, der: *Unterricht im Reiten.*

Reit|weg, der: *eigens zum Reiten angelegter Weg.*

Reiz, der; -es, -e [zu ↑reizen]: **1.** *äußere od. innere Einwirkung auf den Organismus, z. B. auf die Sinnesorgane, die eine bestimmte, nicht vom Willen gesteuerte Reaktion auslöst:* ein leichter, mechanischer, chemischer R.; durch den R. des

Lichts verengt sich die Pupille. **2. a)** *von jmdm. od. einer Sache ausgehende verlockende Wirkung; Antrieb, Anziehungskraft:* der R. des Neuen, des Verbotenen; darin liegt für mich ein besonderer R.; dies übt auf ihn einen großen R. aus; die Sache hat für sie jeden R. verloren; **b)** *Zauber, Anmut, Schönheit, Charme:* der R. eines Anblicks, der Natur; weibliche -e; sie lässt all ihre -e spielen *(zeigt in verführerischer Weise ihre Schönheit).*

reiz|bar ⟨Adj.⟩: *leicht zu reizen, zu verärgern:* ein -er Mensch.

Reiz|bar|keit, die; -: *das Reizbarsein.*

reiz|emp|fäng|lich ⟨Adj.⟩: *für Reize* (1) *empfänglich, Reize leicht aufnehmend.*

Reiz|emp|fin|dung, die: *Empfindung* (a) *eines Reizes* (1).

rei|zen ⟨sw. V.; hat⟩ [mhd. reizen (reiʒen), ahd. reizzen (reiʒen), Kausativ zu ↑reißen, also eigtl. = einritzen machen]: **1.** *herausfordern, provozieren, ärgern, in heftige Erregung versetzen:* er hat mich sehr, schwer, bis aufs Äußerste gereizt; jmds. Zorn/jmdn. zum Zorn r.; Kinder reizten den Hund. **2.** *als schädlicher Reiz* (1) *auf einen Organismus einwirken, ihn angreifen:* der Rauch reizt die Augen; ein zum Erbrechen reizender Gestank. **3. a)** *jmds. Interesse, Aufmerksamkeit o. Ä. erregen u. ihn herausfordern, sich damit zu beschäftigen od. etw. zu unternehmen:* die Aufgabe, das Buch reizt ihn; es reizt immer wieder, etwas Neues anzufangen; der Anblick reizt [mich] zum Lachen; **b)** *eine angenehme, anziehende Wirkung auslösen, verlocken, bezaubern:* der Duft der Speisen reizt den Gaumen; ein Wild r. (Jägerspr.; *durch Lockrufe, Nachahmung seiner Stimme heranlocken*). **4.** (Kartenspiel) *durch das Nennen bestimmter Werte die anderen möglichst zu überbieten u. das Spiel in die Hand zu bekommen versuchen:* er reizte [bis] 46, einen Grand.

rei|zend ⟨Adj.⟩ [zu ↑reizen (3 b)]: *besonders hübsch, sehr angenehm, besonderes Gefallen erregend:* ein -es Kind; ein -er Anblick; das finde ich r. von dir; das ist ja r., eine -e Überraschung (ugs. iron.; *schlimm, unangenehm*)!

Reiz|fi|gur, die: *durch ihr Verhalten, ihre Äußerungen o. Ä. [negative] Emotionen auslösende Person:* er ist für die Linken eine Reizfigur.

Reiz|hus|ten, der (Med.): *durch ein Kitzeln im Hals ausgelöster, hartnäckiger Husten (der nicht auf Verschleimung o. Ä. beruht).*

Reiz|ker, der; -s, - [frühnhd. reisken (Pl.), aus dem Slaw., vgl. tschech. ryzec, eigtl. = der Rötliche, nach dem roten Milchsaft]: **a)** *in verschiedenen Arten vorkommender, weißen od. rötlichen Milchsaft absondernder Blätterpilz;* **b)** *orangeroter Reizker* (a) *mit konzentrischen dunkleren Zonen auf dem Hut u. rotem Milchsaft; Herbstling* (3).

Reiz|kli|ma, das (Med., Met.): *Klima (im Hochgebirge, an den Küsten der Ozeane u. Ä.), das durch starke Temperatur- u. Luftdruckschwankungen, heftige Winde u. intensive Sonneneinstrahlung einen besonderen, kräftigenden Reiz auf den Organismus ausübt.*

Reiz|kör|per, der (Med.): *Stoff, der als Reiz u. Anregung auf bestimmte Organe wirkt.*

Reiz|kör|per|the|ra|pie, die (Med.): *Behandlung bes. von chronischen Entzündungen durch Reizkörper.*

reiz|los ⟨Adj.⟩: **a)** *ohne Gaumenreiz, nicht od. kaum gewürzt:* -e Kost; **b)** *ohne Reiz* (2 b), *wenig schön, langweilig:* ein -es Gesicht.

Reiz|lo|sig|keit, die ⟨o. Pl.⟩: *das Reizlossein.*

Reiz|mit|tel, das (bes. Med., Pharm.): *anregendes Mittel, Stimulans.*

Reiz|quel|le, die: *Quelle* (2) *eines Reizes* (1).

Reiz|schwel|le, die (Psych., Physiol.): *Grenze, von der an ein die Nerven treffender Reiz eine Empfindung u. entsprechende Reaktionen auslöst.*

Reiz|stoff, der: **a)** *Reizkörper;* **b)** *Substanz, die ätzend auf Haut, Augen, Schleimhäute u. Ä. einwirkt:* die -e in den Autoabgasen.

Reiz|strom, der (Med.): *bei der Elektrodiagnostik u. Elektrotherapie angewendeter elektrischer Strom.*

Reiz|the|ma, das: vgl. Reizwort (2): die Atomenergie ist das R. Nummer eins.

Reiz|the|ra|pie, die (Med.): *Behandlung mit Mitteln (wie Wärme, Bestrahlung, Massage), die als Reize auf den Organismus wirken u. bestimmte Funktionen anregen.*

Reiz|über|flu|tung, die (Psych.): *Fülle der auf den Menschen einwirkenden Reize durch Massenmedien, Reklame, Lärm u. Ä.*

Rei|zung, die; -, -en: **1. a)** *das Reizen; das Gereiztwerden;* **b)** *ausgeübter Reiz:* mechanische, chemische -en. **2.** (Med.) *leichte Entzündung:* eine R. der Bronchien, der Schleimhäute.

reiz|voll ⟨Adj.⟩: **a)** *von besonderem Reiz* (2 b); *hübsch [anzusehen]:* eine -e Gegend; das Kleid ist sehr r.; **b)** *verlockend, lohnend:* eine -e Aufgabe.

Reiz|wä|sche, die: *Unterwäsche, die aufgrund entsprechenden Aussehens auf andere erotisch anziehend wirken soll.*

Reiz|wort, das ⟨Pl. …wörter u. -e⟩: **1.** (Psych.) *Wort, das einer Versuchsperson vorgelegt wird u. auf das sie reagieren soll.* **2.** *eine aktuelle Frage berührendes, [negative] Emotionen auslösendes Wort:* Kernenergie ist zum R. geworden.

Re|ka|pi|tu|la|ti|on, die; -, -en [spätlat. recapitulatio = Zusammenfassung, zu: recapitulare, ↑rekapitulieren] (bildungsspr.): **a)** *das Rekapitulieren;* **b)** *etw. Rekapituliertes.*

re|ka|pi|tu|lie|ren ⟨sw. V.; hat⟩ [spätlat. recapitulare, zu lat. re- = wieder, zurück u. capitulum, ↑Kapitel] (bildungsspr.): *in zusammengefasster Form wiederholen, noch einmal zusammenfassen; sich noch einmal vergegenwärtigen:* die wesentlichen Punkte eines Vortrages r.

re|keln, sich ⟨sw. V.; hat⟩ (ugs.): *ungezwungen, mit Behagen seinen Körper recken u. dehnen:* sich in der Sonne r.

Re|kla|ma|ti|on, die; -, -en [lat. reclamatio = Gegengeschrei, das Neinsagen, zu: reclamare, ↑reklamieren]: *das Reklamieren* (1); *Beanstandung bestimmter Mängel od. Inkorrektheiten:* eine R. wegen verdorbener Ware; eine R. erheben, vorbringen, anerkennen, zurückweisen.

Re|kla|me, die; -, -n [frz. réclame, eigtl. = das Ins-Gedächtnis-Rufen, zu älter: réclamer < lat. reclamare, ↑reklamieren]: **a)** *[mit aufdringlichen Mitteln durchgeführte] Anpreisung von etw. (bes. einer Ware, Dienstleistung) mit dem Ziel, eine möglichst große Anzahl von Personen als Interessenten, Kunden zu gewinnen; Werbung:* eine gute, marktschreierische, schlechte R.; für ein Waschmittel, einen Film R. machen *(werben);* mit einem Schild für etw. R. laufen *(damit umhergehen u. für etw. Reklame machen);* Ü er macht überall für seine Ärztin R. (ugs.; *lobt sie sehr u. empfiehlt sie*); mit jmdm., etw. R. machen (ugs.; *mit jmdm., etw. renommieren, angeben*); **b)** (ugs.) *etw., womit für etw. Reklame* (a) *gemacht wird:* die R. *(das Reklameplakat)* muss von der Hauswand entfernt werden; im Briefkasten war nur R.

Re|kla|me|feld|zug, der: *Werbekampagne.*

Re|kla|me|kos|ten ⟨Pl.⟩: *Werbekosten.*

Re|kla|me|ma|che|rei, die; - (ugs. abwertend): *als lästig empfundenes Reklamemachen.*

Re|kla|me|pla|kat, das: vgl. Reklameschild.

Re|kla|me|rum|mel, der (ugs. abwertend): *in großem Rahmen mit aufwendigen u. aufdringlichen Mitteln organisierte Reklame.*

Re|kla|me|schild, das: *Schild, mit dem für etw. Reklame gemacht wird.*

Re|kla|me|schön|heit, die: *sorgfältig zurechtgemachte, junge weibliche Person, die durch ebenmäßige, aber ausdruckslose Schönheit auffällt.*

Re|kla|me|trom|mel, die: in der Wendung **die R. rühren/schlagen** (↑Werbetrommel).

Re|kla|me|zet|tel, der: *Handzettel, auf dem für etw. Reklame gemacht wird.*

Re|kla|me|zweck, der: *Werbezweck.*

re|kla|mie|ren ⟨sw. V.; hat⟩ [lat. reclamare = dagegenschreien, laut Nein rufen, widersprechen, aus: re- = zurück, wieder u. clamare = laut rufen, schreien]: **1.** *(bei der zuständigen Stelle) beanstanden, sich darüber beschweren, dass etw. nicht in dem Zustand ist, etw. nicht od. nicht so ausgeführt ist, wie man es eigentlich erwarten darf:* verdorbene Lebensmittel, eine beschädigte Sendung r.; ⟨auch ohne Akk.-Obj.:⟩ sie reklamierte, weil der Betrag nicht stimmte; ich habe wegen der Sendung bei der Post reklamiert; gegen eine Verfügung r. *(Einspruch erheben).* **2.** *etw., worauf ein [vermeintliches] Anrecht besteht, [zurück]fordern; etw., jmdn. (für sich) beanspruchen:* eine Idee, den Erfolg einer Verhandlung für sich r.; falls der Ring nicht reklamiert wird *(falls der Eigentümer keinen Anspruch darauf erhebt),* gehört er nach einem Jahr dem Finder; die Spieler reklamierten Abseits (Sport; *forderten vom Schiedsrichter, auf Abseits zu erkennen*).

re|kon|stru|ier|bar ⟨Adj.⟩: *sich rekonstruieren lassend.*

re|kon|stru|ie|ren ⟨sw. V.; hat⟩ [frz. reconstruire, aus: re- = wieder u. construire < lat. construere, ↑konstruieren]: **1.** *den ursprünglichen Zustand von etw. wieder herstellen od. nachbilden:* einen antiken Tempel r. **2.** *den Ablauf von etw., was sich in der Vergangenheit ereignet hat, in seinen Einzelheiten erschließen u. genau wiedergeben, darstellen:* etw. Punkt für Punkt, bis in die Einzelheiten, lückenlos r.; einen Unfall am Tatort [nach Zeugenaussagen] r. **3.** (regional) *zu größerem [wirtschaftlichem] Nutzen umgestalten u. ausbauen, modernisieren:* Maschinen, Arbeitsplätze, Straßen r.

Re|kon|stru|ie|rung, die; -, -en: *Rekonstruktion* (1 a, 2 a, 3).

Re|kon|struk|ti|on, die; -, -en [nach frz. reconstruction; 3: nach russ. rekonstrukcija]: **1. a)** *das Rekonstruieren* (1); *das Wiederherstellen, Nachbilden (des ursprünglichen Zustandes von etw.):* die R. eines antiken Tempels; **b)** *Ergebnis des Rekonstruierens* (1); *etw. Wiederhergestelltes, Nachgebildetes:* eine stilreine R.; diese Tafel zeigt -en fossiler Tiere. **2. a)** *das Rekonstruieren* (2); *das Erschließen u. Darstellen, Wiedergeben von etw. Geschehenem in den Einzelheiten seines Ablaufs:* die ungefähre, genaue R. eines Verbrechens; **b)** *Ergebnis des Rekonstruierens* (2); *detaillierte Erschließung u. Darstellung, Wiedergabe:* die vorliegende R. des Tatherganges ist genau zu überprüfen. **3.** (regional) *[wirtschaftliche] Umgestaltung, Modernisierung:* die R. von Betriebsanlagen.

re|kon|va|les|zent ⟨Adj.⟩ [zu spätlat. reconvalescens (Gen.: reconvalescentis), 1. Part. von: reconvalescere, ↑rekonvaleszieren] (Med.): *sich im Stadium der Genesung befindend.*

Re|kon|va|les|zent, der; -en, -en (Med.): *Genesender.*

Re|kon|va|les|zen|tin, die; -, -nen (Med.): w. Form zu ↑Rekonvaleszent.

Re|kon|va|les|zenz, die; - (Med.): **a)** *Genesung;* **b)** *Genesungszeit.*

re|kon|va|les|zie|ren ⟨sw. V.; hat⟩ [spätlat. reconvalescere = wiedererstarken, aus: re- = wieder, zurück u. valescere = erstarken, zu: valere = stark sein] (Med.): *sich auf dem Weg der Besserung befinden, genesen.*

Re|kord, der; -[e]s, -e [engl. record, eigtl. = Aufzeichnung; Urkunde, zu: to record = (schriftlich) aufzeichnen < afrz. recorder < lat. recordari = sich vergegenwärtigen; sich erinnern, zu: cor (Gen.: cordis) = Herz; Gemüt; Gedächtnis]: **1.** *(in bestimmten Sportarten) unter gleichen Bedingungen erreichte Höchstleistung:* ein neuer, olympischer R.; der R. wurde um 1 Sekunde verbessert, überboten; einen R. aufstellen, erringen, halten, innehaben; einen R. brechen, schlagen; einen R. einstellen, egalisieren, verfehlen; sie ist R. gelaufen, geschwommen. **2.** *Höchstmaß; etw., was es in diesem Ausmaß noch nicht gab:* die Ernte stellt einen R. dar; ein trauriger R. *(etw. in seinem Ausmaß sehr Bedauerliches);* der Verkauf bricht alle -e.

Re|kord-: drückt in Bildungen mit Substantiven aus, dass etw. in Bezug auf Ausmaß, Menge, Anzahl o. Ä. außergewöhnlich od. noch nicht da gewesen ist: Rekordpreis, -umsatz.

Re|kord|be|tei|li|gung, die: *außergewöhnlich gute od. beste bis dahin erreichte Beteiligung.*

Re|kor|der, (auch:) Recorder, der; -s, - [engl. recorder, zu: to record, ↑Rekord]: *Gerät zur elektromagnetischen Aufzeichnung auf Bänder u. zu deren Wiedergabe.*

Re|kord|er|geb|nis, das: *außergewöhnlich gutes od. bestes bis dahin erzieltes Ergebnis.*

Re|kord|hal|ter, der: *Sportler, der (meist über eine längere Zeit) einen Rekord hält.*

Re|kord|hal|te|rin, die: w. Form zu ↑Rekordhalter.

Re|kord|leis|tung, die: vgl. Rekordergebnis.

Re|kord|ler, der; -s, -: *Sportler, der einen neuen Rekord erzielt hat.*

Re|kord|le|rin, die; -, -nen: w. Form zu ↑Rekordler.

Re|kord|meis|ter, der: *Sportler, Mannschaft mit den meisten gewonnenen Meisterschaften.*

Re|kord|meis|te|rin, die: w. Form zu ↑Rekordmeister.

Re|kord|sucht, die ⟨o. Pl.⟩: *übersteigertes Bestreben, Rekorde aufzustellen.*

re|kord|ver|däch|tig ⟨Adj.⟩ (Jargon): *einen Rekord erwarten lassend:* eine -e Ernte.

Re|kord|ver|such, der: *Versuch, einen neuen Rekord aufzustellen:* einen R. anmelden.

Re|kord|zeit, die: *Bestzeit, mit der ein neuer Rekord aufgestellt wird:* mit neuer R. ins Ziel kommen; Ü sie wurde in R. *(in kürzester Zeit)* zu einem Star.

Re|krut, der; -en, -en [älter frz. recreute (= frz. recrue), eigtl. = Nachwuchs (an Soldaten), subst. 2. Part. von: recroître = nachwachsen, zu: croître < lat. crescere = wachsen] (Milit.): *Soldat in der Grundausbildung.*

Re|kru|ten|aus|bil|dung, die ⟨Pl. selten⟩: *allgemeine Grundausbildung.*

Re|kru|ten|zeit, die ⟨Pl. selten⟩ (Milit.): *Zeit der allgemeinen Grundausbildung.*

re|kru|tie|ren ⟨sw. V.; hat⟩ [frz. recruter]: **1. a)** ⟨r. + sich⟩ *(in Bezug auf die Angehörigen, Mitglieder einer bestimmten Gruppe, Organisation o. Ä.) aus einem bestimmten Bereich herkommen, sich zusammensetzen, ergänzen:* das junge Ensemble rekrutiert sich zum großen Teil aus Laien; **b)** *(in Bezug auf eine bestimmte Gruppe von Personen) zusammenstellen, zahlenmäßig aus etw. ergänzen:* das Forschungsteam wurde hauptsächlich aus jungen Wissenschaftlern rekrutiert; **c)** *zu einem bestimmten Zweck beschaffen:* Arbeitskräfte r. **2.** (Milit. veraltet) *einberufen, einziehen.*

Re|kru|tie|rung, die; -, -en: *das Rekrutieren, Sichrekrutieren.*

Re|kru|tin, die; -, -nen: w. Form zu ↑Rekrut.

Rek|ta: Pl. von ↑Rektum.

Rek|ta|in|dos|sa|ment, das; -[e]s, -e, **Rek|ta|klau|sel,** die; -, -n [zu lat. recta (via) = auf direktem Wege] (Bankw.): *Vermerk auf einem Wertpapier, der die Übertragung des Papiers verbietet.*

rek|tal ⟨Adj.⟩ [zu ↑Rektum] (Med.): **a)** *den Mastdarm betreffend:* -e Untersuchung; **b)** *durch den, im Mastdarm [erfolgend]:* eine -e Infusion; die Temperatur r. messen; Zäpfchen r. einführen.

Rek|tal|un|ter|su|chung, die: *Untersuchung des Mastdarms.*

Rek|ta|wech|sel, der; -s, - (Bankw.): *auf den Namen des Inhabers ausgestellter Wechsel.*

rek|te: ↑recte.

Rek|ti|fi|ka|ti|on, die; -, -en: **1.** (Math.) *Bestimmung der Bogenlänge einer Kurve.* **2.** (Chemie) *das Rektifizieren* (2). **3.** (bildungsspr. veraltet) *Richtigstellung, Berichtigung.*

rek|ti|fi|zie|ren ⟨sw. V.; hat⟩ [mlat. rectificare = berichtigen, zu lat. rectus (↑recte) u. facere = machen]: **1.** (Math.) *die Bogenlänge einer Kurve bestimmen.* **2.** (Chemie) *wiederholt destillieren.* **3.** (bildungsspr. veraltet) *richtig stellen, berichtigen.*

Rek|ti|on, die; -, -en [lat. rectio = Regierung, Leitung, zu: regere, ↑regieren] (Grammatik): *Fähigkeit eines Verbs, Adjektivs od. einer Präposition, den Kasus eines abhängigen Wortes im Satz zu bestimmen.*

Rek|tor, der; -s, ...oren [mlat. rector < lat. rector = Leiter, zu: regere, ↑regieren]: **1.** *Leiter einer Grund-, Haupt-, Real- od. Sonderschule.* **2.** *(aus dem Kreis der ordentlichen Professoren) für eine bestimmte Zeit gewählter Repräsentant einer Hochschule.* **3.** (kath. Kirche) *Geistlicher, der einer kirchlichen Einrichtung vorsteht.*

Rek|to|rat, das; -[e]s, -e [1 a: mlat. rectoratus]: **1. a)** *Amt eines Rektors:* das R. [der Universität] übernehmen; **b)** *Amtszeit eines Rektors.* **2.** *Amtszimmer eines Rektors.* **3.** *Verwaltungsgremium, dem der Rektor* (2), *die beiden Prorektoren u. der Kanzler* (3) *angehören.*

Rek|to|ren|kon|fe|renz, die: *mit der Lösung bestimmter, bes. die Hochschulen betreffender Probleme betrauter Zusammenschluss von Vertretern der Hochschulen eines Landes.*

Rek|to|rin, die; -, -nen: w. Form zu ↑Rektor (1, 2).

Rek|to|skop, das; -s, -e [zu ↑Rektum u. griech. skopeĩn = betrachten] (Med.): *Endoskop zur Untersuchung des Mastdarms; Mastdarmspiegel.*

Rek|to|sko|pie, die; -, -n (Med.): *Untersuchung mit dem Rektoskop; Mastdarmspiegelung.*

Rek|tum, das; -s, Rekta [gek. aus lat. intestinum rectum = gestreckter, gerader Darm] (Med.): *Mastdarm.*

re|kul|ti|vie|ren ⟨sw. V.; hat⟩ [aus ↑re- u. ↑kultivieren] (Fachspr.): *[durch Bergbau] unfruchtbar gewordenen Boden wieder urbar machen.*

Re|kul|ti|vie|rung, die; -, -en (Fachspr.): *das Rekultivieren.*

Re|kur|renz, die; - [engl. recurrence, eigtl. = Wiederholung] (Sprachw.): *Rekursivität.*

re|kur|rie|ren ⟨sw. V.; hat⟩ [(frz. recourir <) lat. recurrere, eigtl. = zurücklaufen]: **1.** (bildungsspr.) *auf etw. früher Erkanntes, Gesagtes o. Ä. zurückgehen, Bezug nehmen [u. daran anknüpfen]:* auf einen theoretischen Ansatz, auf die ursprüngliche Bedeutung eines Wortes r. **2.** (Rechtsspr. österr., schweiz., sonst veraltet) *Rekurs* (2) *einlegen:* gegen eine Verfügung, einen Beschluss r.

Re|kurs, der; -es, -e [frz. recours < lat. recursus = Rücklauf, Rückkehr, zu: recurrere, ↑rekurrieren]: **1.** (bildungsspr.) *Rückgriff, Bezug[nahme] auf etw. früher Erkanntes, Gültiges, auf etw. bereits Erwähntes o. Ä.:* auf etw. R. nehmen. **2.** (österr. u. schweiz. Rechtsspr., sonst veraltet) *Einspruch, Beschwerde:* R. anmelden, einreichen, einlegen, erheben.

re|kur|siv ⟨Adj.⟩ [2: engl. recursive]: **1.** (Math.) *(bis zu bekannten Werten) zurückgehend.* **2.** (Sprachw.) *(bei der Bildung von Sätzen) auf Regeln, die mehr als einmal bei der Bildung eines Satzes anwendbar sind, zurückgreifend.*

Re|kur|si|vi|tät, die; - (Sprachw.): *Eigenschaft einer Grammatik, nach bestimmten Regeln neue Sätze zu bilden.*

Re|lais [rəˈlɛː], das; - [rəˈlɛː(s)], - [rəˈlɛːs; frz. relais, eigtl. = Station für den Pferdewechsel, zu afrz. relaier = zurücklassen] (Elektrot.): *automatische Schalteinrichtung, die mittels eines schwachen Stroms Stromkreise mit einem stärkeren Strom öffnet u. schließt:* ein elektromagnetisches, elektronisches R.

Re|lais|sta|ti|on, die: **1.** *Sendestation, die eine Sendung aufnimmt u. nach Verstärkung wieder ausstrahlt (um in Gebieten, die vom Hauptsender schwer erreichbar sind, den Empfang zu ermöglichen).* **2.** (früher) *Station für den Pferdewechsel im Postverkehr u. beim Militär.*

re|la|ti|ni|sie|ren ⟨sw. V.; hat⟩ [aus ↑re- u. ↑latinisieren] (Sprachw.): *wieder in lateinische Sprachform bringen* (z. B. Sextett aus ital. sestetto).

Re|la|ti|on, die; -, -en [lat. relatio = Bericht(erstattung), zu: relatum, ↑relativ]: **1. a)** (bildungsspr.; Fachspr.) *Beziehung, in der sich [zwei] Dinge, Gegebenheiten, Begriffe vergleichen lassen od. [wechselseitig] bedingen; Verhältnis:* logische -en; die R. zwischen Inhalt und Form; zwei Größen zueinander in R. setzen; etw. in [eine, die richtige] R. zu etw. bringen; dieser Preis steht in keiner [vertretbaren] R. zur Qualität der Ware; **b)** (Math.) *Beziehung zwischen den Elementen einer Menge* (2). **2.** (veraltend) *gesellschaftliche, geschäftliche o. ä. Verbindung:* mit jmdm. in R. stehen.

Re|la|ti|ons|ad|jek|tiv, das (Sprachw.): *Relativadjektiv.*

Re|la|ti|ons|be|griff, der (Logik): *Begriff, der eine Relation* (1) *ausdrückt* (z. B. »kleiner sein als«).

re|la|tiv [auch: ˈreː...] ⟨Adj.⟩ [frz. relatif < spätlat. relativus = bezüglich, zu lat. relatum, 2. Part. von: referre, ↑referieren]: **1.** (bildungsspr.; Fachspr.) **a)** *nur in bestimmten Grenzen, unter bestimmten Gesichtspunkten, von einem bestimmten Standpunkt aus zutreffend u. daher in seiner Gültigkeit, in seinem Wert o. Ä. eingeschränkt:* Schönheit und Hässlichkeit sind -e Begriffe; eine -e Besserung; man sagt, alles sei r.; **b)** ⟨attr. bei Adjektiven u. Adverben, gelegentl. auch bei Substantiven, die von Adjektiven abgeleitet sind⟩ *gemessen an den Umständen, an dem, was üblicherweise zu erwarten ist; vergleichsweise, ziemlich; verhältnismäßig:* ein r. kalter Winter; diese Angelegenheit ist r. wichtig; sie geht r. oft ins Kino; es geht ihm r. gut. **2.** (bes. Fachspr.) *nicht unabhängig, sondern in Beziehung, Relation zu etw. stehend u. dadurch bestimmt:* -e Größen; -e Feuchtigkeit (Met.; *Prozentsatz der tatsächlich vorhandenen Luftfeuchtigkeit in Bezug auf die bei gegebener Temperatur maximal mögliche Luftfeuchtigkeit*); -es Gehör (Musik; *Fähigkeit, die Höhe eines Tones aufgrund von Intervallen festzustellen*); -es Tempus (Sprachw.; *unselbstständiges, auf das Tempus eines anderen Geschehens im zusammengesetzten Satz bezogenes Tempus [Plusquamperfekt u. 2. Futur]*).

Re|la|tiv, das; -s, -e (Sprachw.): *Relativadverb, Relativpronomen.*

Re|la|ti|va: Pl. von ↑Relativum.

Re|la|tiv|ad|jek|tiv, das (Sprachw.): *Adjektiv, das keine Eigenschaft, sondern eine Beziehung ausdrückt* (z. B. das väterliche Haus = das dem Vater gehörende Haus).

Re|la|tiv|ad|verb, das (Sprachw.): *Adverb, das den Gliedsatz, den es einleitet, auf das Substantiv (Pronomen) od. Adverb des übergeordneten Satzes bezieht; bezügliches Umstandswort* (z. B. wo).

re|la|ti|vie|ren ⟨sw. V.; hat⟩ (bildungsspr.): *zu etw. anderem in Beziehung setzen u. dadurch in seinem Wert o. Ä. einschränken:* diese Werte sind durch nichts zu r.

Re|la|ti|vie|rung, die; -, -en (bildungsspr.): *das Relativieren.*

re|la|ti|visch ⟨Adj.⟩ (Sprachw.): *bezüglich* (II): ein -es Pronomen.

Re|la|ti|vis|mus, der; - (Philos.): **1.** *erkenntnistheoretische Lehre, nach der nur die Beziehungen der Dinge zueinander, nicht aber diese selbst erkennbar sind.* **2.** *Anschauung, nach der jede Erkenntnis nur relativ (bedingt durch den Standpunkt des Erkennenden) richtig, jedoch nie allgemein gültig wahr ist.*

re|la|ti|vis|tisch ⟨Adj.⟩: **1.** (Philos.) *den Relativismus betreffend, zu ihm gehörend, ihm gemäß.* **2.** (Physik) *die Relativitätstheorie betreffend; ihr gemäß, auf ihr beruhend:* -e *(durch die Relativitätstheorie erweiterte)* Mechanik. **3.** (bildungsspr.) *die Relativität betreffend; ihr entsprechend, gemäß.*

Re|la|ti|vi|tät, die; -, -en ⟨Pl. selten⟩ (bildungsspr.; Fachspr.): *das Relativsein.*

Re|la|ti|vi|täts|prin|zip, das (Physik): *Prinzip, nach dem sich jeder physikalische Vorgang in gleichförmig gegeneinander bewegten Bezugssystemen* (1) *in der gleichen Weise darstellen lässt.*

Re|la|ti|vi|täts|the|o|rie, die ⟨o. Pl.⟩ (Physik): *(von A. Einstein begründete) Theorie, nach der*

Raum, Zeit u. Masse vom Bewegungszustand eines Beobachters abhängig u. deshalb relative (2) Größen sind.

Re|la|tiv|pro|no|men, das (Sprachw.): *Pronomen, das einen Nebensatz einleitet u. ihn auf ein od. mehrere Substantive od. Pronomen des übergeordneten Satzes bezieht; bezügliches Fürwort.*

Re|la|tiv|satz, der (Sprachw.): *durch ein Relativ eingeleiteter Gliedsatz.*

Re|la|ti|vum, das; -s, ...va (Sprachw.): *Relativ.*

Re|launch [riˈlo:ntʃ], der u. das; -[e]s, -[e]s [engl. relaunch, aus: re- = wieder (< lat. re-) u. launch = Einführung (eines Produkts); Lancierung (letztlich zu [a]frz. lancer, ↑lancieren)] (Werbespr.): **1.** *verstärkter Einsatz von Werbemitteln für ein schon länger auf dem Markt befindliches Produkt.* **2.** *neue, verbesserte Gestaltung eines schon länger auf dem Markt befindlichen Produkts:* der geglückte optische R. einer Zeitschrift.

re|laun|chen ⟨sw. V.; hat⟩ [engl. to relaunch, aus: re- = wieder u. to launch = auf den Markt bringen; lancieren] (Werbespr.): *einen Relaunch durchführen.*

re|laun|chie|ren ⟨sw. V.; hat⟩ [geb. mit romanisierender Endung zu ↑relaunchen] (Werbespr.): *relaunchen.*

Re|la|xans, das; -, ...anzien u. ...antia [zu lat. relaxans, 1. Part. von: relaxare = schlaff machen] (Med.): *Arzneimittel, das eine Erschlaffung, Entspannung bes. der Muskeln bewirkt.*

Re|la|xa|ti|on, die; - [lat. relaxatio = das Nachlassen, zu: relaxare, ↑Relaxans]: **1.** (Med.) *Erschlaffung, Entspannung (bes. der Muskulatur).* **2.** (Physik) *verzögertes Eintreten eines neuen Gleichgewichtszustands infolge innerer Widerstände (z. B. Reibung) in einem materiellen System (z. B. einem Stoff) nach Änderung eines äußeren Kraftfeldes.* **3.** (Chemie) *Wiederherstellung eines chemischen Gleichgewichts nach einer Störung (z. B. durch Einwirkung elektrischer Felder).*

re|laxed [riˈlɛkst] ⟨Adj.⟩ [engl., zu: to relax, ↑relaxen] (ugs.): *gelöst, zwanglos:* r. dasitzen.

re|la|xen [riˈlɛksn̩] ⟨sw. V.; hat⟩ [engl. to relax < lat. relaxare, ↑Relaxans] (ugs.): *sich körperlich entspannen; sich erholen:* nach ihren Auftritten relaxen sie im Hotel.

Re|la|xing [riˈlɛksɪŋ], das; -s [engl. relaxing] (ugs.): *das Relaxen.*

Re|lease [riˈli:s], das; -, -s [...sɪs, auch: ...sɪz], **Re|lease|cen|ter,** auch: **Re|lease-Cen|ter,** das [zu engl. to release = befreien < afrz. relaissier, relesser < lat. relaxare, ↑Relaxans]: *zentrale (2) Einrichtung, in der Rauschgiftsüchtige geheilt werden sollen.*

Re|lea|ser [riˈli:zɐ], der; -s, - [zu engl. to release, ↑Release] (Jargon): *Psychotherapeut, Sozialarbeiter o. Ä., der an der Behandlung Rauschgiftsüchtiger mitwirkt.*

Re|lea|se|rin, die; -, -nen: w. Form zu ↑Releaser.

Re|lease|zen|trum, auch: **Re|lease-Zen|trum,** das: *Release.*

Re|le|ga|ti|on, die; -, -en [lat. relegatio = Ausschließung, zu: relegare, ↑relegieren]: **1.** (bildungsspr.) *Verweisung von der [Hoch]schule.* **2.** (Sport, bes. schweiz.) *Abstieg (2b).*

Re|le|ga|ti|ons|spiel, das (Sport): *Qualifikationsspiel zwischen einer der schlechtesten Mannschaften der höheren u. einer der besten der tieferen Spielklasse um einen Platz in der höheren Spielklasse.*

re|le|gie|ren ⟨sw. V.; hat⟩ [lat. relegare = fortschicken, verbannen] (bildungsspr.): *(aus disziplinären Gründen) von der [Hoch]schule verweisen:* die relegierten Studenten missachteten das Hausverbot.

Re|le|gie|rung, die; -, -en: *das Relegieren, Relegiertwerden.*

re|le|vant ⟨Adj.⟩ [älter = schlüssig, richtig, wohl nach mlat. relevantes (articuli) = berechtigte, beweiskräftige (Argumente im Rechtsstreit), zu lat. relevans (Gen.: relevantis), 1. Part. von: relevare = in die Höhe heben (↑Relief), nach dem Bild der Waagschalen; seit der 2. Hälfte des 20. Jh.s beeinflusst von engl. relevant] (bildungsspr.): *in einem bestimmten Zusammenhang bedeutsam, [ge]wichtig:* eine [historisch, politisch] -e Fragestellung; dieser Punkt ist für unser Thema nicht r.

Re|le|vanz, die; - [vgl. engl. relevance] (bildungsspr.): *Bedeutsamkeit, Wichtigkeit in einem bestimmten Zusammenhang:* etw. besitzt R., gewinnt, verliert an R., ist von [wirtschaftlicher] R.

Re|li, die; - ⟨meist o. Art.⟩ (Schülerspr.): *Religion als Schulfach.*

Re|li|ef, das; -s, -s u. -e [frz. relief, eigtl. = das Hervorheben, zu: relever < lat. relevare = in die Höhe heben, aufheben]: **1.** (bild. Kunst) *aus einer Fläche (aus Stein, Metall o. Ä.) erhaben herausgearbeitetes od. in sie vertieftes Bildwerk:* etw. im/in R. darstellen. **2.** (Geogr.) **a)** *Form der Erdoberfläche;* **b)** *maßstabsgetreue plastische Nachbildung [eines Teils] der Erdoberfläche.*

re|li|ef|ar|tig ⟨Adj.⟩: *in der Art eines Reliefs (1), wie ein Relief.*

Re|li|ef|druck, der ⟨Pl. -e⟩ (Druckw.): **a)** ⟨o. Pl.⟩ *Druckverfahren, bei dem Schriftzeichen, Verzierungen o. Ä. in Relief (z. B. auf Papier, Leder) gedruckt werden;* **b)** *Schrift, Verzierung o. Ä., die in Relief gedruckt ist.*

Re|li|ef|glo|bus, der: *Globus mit Relief (2b).*

Re|li|ef|kar|te, die: *Landkarte, auf der das Relief (2a) mithilfe von Farbabstufung, Schraffierung o. Ä. dargestellt ist.*

Re|li|ef|sti|cke|rei, die: **a)** ⟨o. Pl.⟩ *Technik des Stickens, bei der sich das gestickte Muster reliefartig von der Unterlage abhebt;* **b)** *in der Technik der Reliefstickerei (a) Gesticktes.*

Re|li|gi|on, die; -, -en [lat. religio = Gottesfurcht, H. u.; in der christlichen Theologie häufig gedeutet als »(Zurück)bindung an Gott«, zu lat. religare = zurückbinden]: **1.** *(meist von einer größeren Gemeinschaft angenommener) bestimmter, durch Lehre u. Satzungen festgelegter Glaube u. sein Bekenntnis:* die buddhistische, christliche, jüdische, muslimische R.; die alten, heidnischen -en; eine R. begründen; einer R. *(Glaubensgemeinschaft)* angehören. **2.** ⟨o. Pl.⟩ *gläubig verehrende Anerkennung einer alles Sein bestimmenden göttlichen Macht; religiöse (2) Weltanschauung:* ein Streitgespräch über R. führen. **3.** ⟨o. Pl., o. Art.⟩ *Religionslehre als Schulfach, Religionsunterricht:* sie unterrichtet R.

Re|li|gi|ons|be|kennt|nis, das: *das Sichbekennen, die Zugehörigkeit zu einer bestimmten Religion (1, 2).*

Re|li|gi|ons|er|satz, der: *Ersatz für eine Religion:* Kunst als R.

Re|li|gi|ons|frei|heit, die ⟨o. Pl.⟩: *Glaubensfreiheit.*

Re|li|gi|ons|frie|de, der: *Friede, mit dem ein Religionskrieg beigelegt wurde.*

Re|li|gi|ons|ge|mein|schaft, die: *Glaubensgemeinschaft.*

Re|li|gi|ons|ge|schich|te, die: **1.** ⟨o. Pl.⟩ **a)** *geschichtliche Entwicklung der Religionen:* die R. des Abendlandes; **b)** *Teilgebiet der Religionswissenschaft, in dem die geschichtliche Entwicklung der Religionen erforscht wird:* R. studieren. **2.** *Werk, das die Religionsgeschichte (1 a) zum Thema hat:* er ist der Verfasser einer R.

Re|li|gi|ons|krieg, der: *Glaubenskrieg.*

Re|li|gi|ons|leh|re, die: **1.** *bestimmte Lehre (2 a) einer Religion (1):* die Vielfalt der -n. **2.** ⟨o. Pl.⟩ *Religionsunterricht.*

Re|li|gi|ons|leh|rer, der: *Lehrer im Schulfach Religion.*

Re|li|gi|ons|leh|re|rin, die: w. Form zu ↑Religionslehrer.

Re|li|gi|ons|phi|lo|so|phie, die ⟨o. Pl.⟩: *Wissenschaft vom Ursprung, Wesen u. Wahrheitsgehalt der Religionen.*

re|li|gi|ons|phi|lo|so|phisch ⟨Adj.⟩: *die Religionsphilosophie betreffend.*

Re|li|gi|ons|stif|ter, der: *Begründer einer Religion (1).*

Re|li|gi|ons|stif|te|rin, die: w. Form zu ↑Religionsstifter.

Re|li|gi|ons|streit, der: *Glaubensstreit.*

Re|li|gi|ons|stun|de, die: *Unterrichtsstunde im Schulfach Religion.*

Re|li|gi|ons|un|ter|richt, der: *Unterricht im Schulfach Religion.*

Re|li|gi|ons|wis|sen|schaft, die: *Wissenschaft, die Form u. Inhalt der Religionen u. ihre Beziehung zu anderen Lebensbereichen erforscht.*

Re|li|gi|ons|wis|sen|schaft|ler, der: *Wissenschaftler auf dem Gebiet der Religionswissenschaft.*

Re|li|gi|ons|wis|sen|schaft|le|rin, die: w. Form zu ↑Religionswissenschaftler.

re|li|gi|ons|wis|sen|schaft|lich ⟨Adj.⟩: *die Religionswissenschaft betreffend, zu ihr gehörend.*

Re|li|gi|ons|zu|ge|hö|rig|keit, die ⟨Pl. selten⟩: *Zugehörigkeit zu einer bestimmten Religionsgemeinschaft.*

re|li|gi|ös ⟨Adj.⟩ [(frz. religieux <) lat. religiosus = gottesfürchtig, fromm]: **1.** *die Religionen betreffend, zur Religion (1, 2) gehörend, auf ihr beruhend:* -e Überlieferungen; -e Gruppen; er ist r. gebunden. **2.** *in seinem Denken u. Handeln geprägt vom Glauben an eine göttliche Macht; gläubig:* ein -er Mensch; -e *(fromme)* Ergriffenheit; sie ist sehr r., ist r. erzogen worden.

Re|li|gi|o|si|tät, die; - [(frz. religiosité <) spätlat. religiositas = Frömmigkeit] (bildungsspr.): *das Religiössein, religiöse (2) Haltung.*

re|likt ⟨Adj.⟩ [zu lat. relictum, 2. Part. von: relinquere, ↑Reliquie] (Biol.): *(von Tieren u. Pflanzen) in Resten vorkommend.*

Re|likt, das; -[e]s, -e [zu lat. relictum, ↑relikt]: **1.** *etw., was aus einer zurückliegenden Zeit übrig geblieben ist; Überrest, Überbleibsel:* steinerne, knöcherne -e; diese Gewohnheit ist ein R. aus seiner Kindheit. **2.** (Biol.) *nur noch als Restbestand auf begrenztem Raum vorkommende Tier- od. Pflanzenart.* **3.** (Sprachw.) *Wort od. Form als erhalten gebliebener Überrest aus dem früheren Zustand einer Sprache.*

Re|lik|ten ⟨Pl.⟩ (veraltet): **1.** *Hinterbliebene.* **2.** *Hinterlassenschaft.*

Re|ling, die; -, -s, seltener auch: -e ⟨Pl. selten⟩ [niederd. regeling, zu mniederd. regel = Riegel, Querholz] (Seew.): *Geländer, das das Deck eines Schiffes umgibt.*

Re|li|qui|ar, das; -s, -e [mlat. reliquiarium, zu kirchenlat. reliquiae, ↑Reliquie] (kath. Kirche): *künstlerisch gestaltetes Behältnis für Reliquien.*

Re|li|quie, die; -, -n [mhd. reliquie < kirchenlat. reliquiae (Pl.) < lat. reliquiae = Zurückgelassenes, zu: relinquere = zurücklassen, aus: re- = zurück, wieder u. linquere = (zurück)lassen] (Rel., bes. kath. Kirche): *Überrest der Gebeine, Asche, Kleider o. Ä. eines Heiligen, Religionsstifters o. Ä., der als Gegenstand religiöser Verehrung dient:* eine R. in einem Schrein aufbewahren, ausstellen; -n verehren; er hütete, verwahrte das Bild wie eine R. *(sehr sorgfältig).*

Re|li|qui|en|schrein, der: *Reliquiar in Form eines Schreins.*

Re|li|qui|en|ver|eh|rung, die: *religiöse Verehrung von Reliquien.*

Re|lish [ˈrɛlɪʃ], das; -s, -es [...ʃɪs u. ...ʃɪz; engl. relish = Gewürz, Würze] (Kochk.): *würzige Tunke aus pikant eingelegten, zerkleinerten Gemüsestückchen.*

Re|make [ˈri:ˈmeɪk], das; -s, -s [engl. remake, zu: to remake = wieder machen] (Fachspr.): *neue Fassung einer künstlerischen Produktion, bes. neue Verfilmung älterer, bereits verfilmter Stoffe.*

re|ma|nent ⟨Adj.⟩ [zu lat. remanens (Gen.: remanentis), 1. Part. von: remanere = zurückbleiben] (Fachspr., bildungsspr.): *bleibend, zurückbleibend:* -er Magnetismus.

re|mar|ka|bel ⟨Adj.⟩ [frz. remarquable, zu: remarquer = bemerken, feststellen] (veraltet): *bemerkenswert.*

Rem|bours [rãˈbu:ɐ̯], der; -s [...ɐ̯(s)], -s [...ɐ̯s; gek. aus frz. remboursement, zu: rembourser, ↑remboursieren] (Bankw.): *Begleichung einer Forderung aus einem Geschäft im Überseehandel durch Vermittlung einer Bank.*

Rem|bours|ge|schäft, das (Bankw.): *durch eine Bank abgewickeltes u. finanziertes Geschäft im Überseehandel.*

rem|bour|sie|ren [rãbʊr...] ⟨sw. V.; hat⟩ [frz. rembourser = zurückzahlen, zu: bourse = (Geld)beutel <spätlat. bursa, ↑[1]Börse] (Bankw.): *eine Forderung aus einem Geschäft im Überseehandel durch Vermittlung einer Bank begleichen.*

Re|me|dur, die; -, -en [nlat. Bildung zu spätlat. remediare = heilen] (veraltend): *Beseitigung, Abschaffung von Missständen; Abhilfe:* R. schaffen.

Re|mi|grant, der; -en, -en [zu lat. remigrans (Gen.: remigrantis), 1. Part. von: remigrare = zurückkehren] (bildungsspr.): *Emigrant, der wieder in sein Land zurückkehrt.*

Re|mi|gran|tin, die; -, -nen (bildungsspr.): w. Form zu ↑Remigrant.

re|mi|li|ta|ri|sie|ren ⟨sw. V.; hat⟩ [zu ↑re- u. ↑militarisieren]: *(in einem Land, Gebiet) erneut militärische Anlagen errichten, wieder Truppen aufstellen, das aufgelöste Heerwesen von neuem organisieren; wiederbewaffnen.*

Re|mi|li|ta|ri|sie|rung, die; -: *das Remilitarisieren, Remilitarisiertwerden.*

Re|mi|nis|zenz, die; -, -en [wohl unter Einfluss von frz. réminiscence < spätlat. reminiscentia = Rückerinnerung, zu lat. reminisci = sich erinnern] (bildungsspr.): **1.** *Erinnerung von einer gewissen Bedeutsamkeit:* das Bild ist eine R. an seine Studienzeit. **2.** *ähnlicher Zug, Ähnlichkeit; Anklang:* sein Werk enthält viele -en an das seines Lehrmeisters.

Re|mi|nis|ze|re ⟨o. Art.; indekl.⟩ [lat. reminiscere = gedenke!, nach dem ersten Wort des Eingangsverses der Liturgie des Sonntags, Ps. 25, 6]: *zweiter Fastensonntag, fünfter Sonntag vor Ostern.*

re|mis [rəˈmiː] ⟨indekl. Adj.⟩ [frz. remis, eigtl. = zurückgestellt (als ob nicht stattgefunden), 2. Part. von: remettre = zurückstellen < lat. remittere, ↑remittieren] (Sport, bes. Schach): *(von Schachpartien u. sportlichen Wettkämpfen) unentschieden:* das Spiel endete r.

Re|mis, das; - [rəˈmiː(s)], - [rəˈmiːs] u. (bes. Schach:) -en [rəˈmiːzn̩] (Sport, bes. Schach): *unentschiedener Ausgang einer Schachpartie, eines sportlichen Wettkampfs; Unentschieden:* die Mannschaft spielte auf R.

Re|mi|se [1, 2: re...; 3: rə...], die; -, -n [frz. remise, subst. Fem. von: remis, ↑remis; 3: zu ↑remis] (veraltend): *Schuppen o. Ä. zum Abstellen von Wagen, Kutschen, von Geräten, Werkzeugen o. Ä.*

re|mi|sie|ren [rə...] ⟨sw. V.; hat⟩ (Sport, bes. Schach): *ein Remis erzielen.*

Re|mis|si|on [re...], die; -, -en [lat. remissio = das Zurücksenden; das Nachlassen, Erlassen]: **1.** (Buchw.) *Rücksendung von Remittenden.* **2.** (Med.) *Rückgang, vorübergehendes Nachlassen von Krankheitssymptomen.*

Re|mit|ten|de, die; -, -n [lat. remittenda = Zurückzusendendes, Neutr. Pl. des Gerundivs von: remittere, ↑remittieren] (Buchw.): *beschädigtes od. fehlerhaftes Druckerzeugnis, das an den Verlag zurückgeschickt wird.*

Re|mit|tent, der; -en, -en (Geldw.): *Person, an die die Wechselsumme zu zahlen ist.*

Re|mit|ten|tin, die; -, -nen (Geldw.): w. Form zu ↑Remittent.

re|mit|tie|ren ⟨sw. V.; hat⟩ [lat. remittere = zurückschicken]: **1.** (Buchw.) *als Remittende zurückschicken, zurückgehen lassen.* **2.** (Med.) *(von Krankheitserscheinungen, bes. von Fieber) vorübergehend nachlassen.*

Re|mix [ˈriːmɪks], der; -, -e [engl. remix, zu: to remix = erneut mischen, aus: re- (<lat. re-) = wieder, zurück u. to mix = mischen] (Musik): **1.** *das erneute Mischen* (6) *einer bereits auf einer Schallplatte veröffentlichten Aufnahme* (8b). **2.** *Ergebnis eines Remix* (1).

Rem|mi|dem|mi, das; -s [H. u.] (ugs.): *lautes, buntes Treiben; großer Trubel, Betrieb:* in allen Räumen herrschte, war [ein] ziemliches, großes R.

re|mon|tant [auch: remõˈtant] ⟨Adj.⟩ [frz. remontant, zu: remonter = remontieren (1)] (Bot.): *(nach der Hauptblüte) nochmals blühend.*

Re|mon|tant|ro|se, die [zu ↑remontant]: *zweimal im Jahr blühende Rose von kräftigem Wuchs mit vielen Stacheln u. weißen, rosa od. roten, dicht gefüllten, duftenden Blüten.*

Re|mon|toir|uhr [remõˈtoa:ɐ̯|...], die; -, -en [zu frz. remontoir = Stellrad (an Uhren), zu: remonter = (eine Uhr) wieder aufziehen]: *Taschenuhr mit Krone* (8).

Re|mou|la|de [remu...], die; -, -n [frz. rémoulade, H. u.]: *Mayonnaise mit Kräutern u. zusätzlichen Gewürzen.*

Re|mou|la|den|so|ße, die: *Remoulade.*

Rem|pe|lei, die; -, -en: **a)** (ugs.) *das Rempeln* (a); **b)** (Sport, bes. Fußball) *das Rempeln* (b).

rem|peln ⟨sw. V.; hat⟩ [urspr. Studentenspr., zu obersächs. Rämpel = Klotz; Flegel]: **a)** (ugs.) *mit dem Körper, bes. mit dem Arm, mit einem Fahrzeug o. Ä. stoßen, anstoßen, wegstoßen:* er, das Fahrzeug wurde im dichten Verkehr gerempelt; **b)** (Sport, bes. Fußball) *einen gegnerischen Spieler mit dem Körper, bes. mit angelegtem Arm wegstoßen, durch Stoßen vom Ball wegzudrängen suchen.*

REM-Pha|se, die; -, -n [Abk. von engl. rapid eye movements = schnelle Augenbewegungen] (Fachspr.): *während des Schlafs [mehrmals] auftretende Phase, in der schnelle Augenbewegungen auftreten, die erkennen lassen, dass der Schläfer träumt.*

Remp|ler, der; -s, - [zu ↑rempeln]: **a)** (ugs.) *Stoß, durch den jmd., etwas gerempelt* (a) *wird;* **b)** (Sport, bes. Fußball) *Stoß, durch den jmd. gerempelt* (b) *wird.*

Rem|scheid: Stadt in Nordrhein-Westfalen.

[1]Ren [rɛn, reːn], das; -s, -s [rɛns] u. Rene [schwed. ren < anord. hreinn, wohl eigtl. = gehörntes od. geweihtragendes Tier]: *(in den Polargebieten lebendes, zu den Hirschen gehörendes) großes Säugetier mit dichtem, dunkel- bis graubraunem, im Winter hellerem Fell u. starkem, unregelmäßig verzweigtem, an den Enden oft schaufelförmigem Geweih.*

[2]Ren, der; -s, Renes [...eːs; lat. ren] (Med.): *Niere* (a).

Re|nais|sance [rənɛˈsãːs], die; -, -n [...sn̩; frz. renaissance, eigtl. = Wiedergeburt, zu: renaître = wieder geboren werden]: **1.** ⟨o. Pl.⟩ **a)** *von Italien ausgehende kulturelle Bewegung in Europa im Übergang vom Mittelalter zur Neuzeit, die gekennzeichnet ist durch eine Rückbesinnung auf Werte u. Formen der griechisch-römischen Antike in Literatur, Philosophie, Wissenschaft u. für deren Stil bes. in Kunst u. Architektur Einfachheit u. Klarheit der Formen u. der Linienführung charakteristisch sind;* **b)** *Epoche der Renaissance* (1 a) *vom 14. bis 16. Jh.* **2.** *geistige u. künstlerische Bewegung, die nach einer längeren zeitlichen Unterbrechung bewusst an ältere Traditionen, bes. an die griechisch-römische Antike, anzuknüpfen u. sie weiterzuentwickeln versucht:* die karolingische R. **3.** (bildungsspr.) *erneutes Aufleben, neue Blüte:* die R. des Hutes in der Damenmode.

Re|nais|sance|dich|tung, die: *Dichtung der Renaissance* (1b).

Re|nais|sance|ma|le|rei, die: vgl. Renaissancedichtung.

Re|nais|sance|mu|sik, die: *in der Epoche der Renaissance entstandene, von deren geistigen Strömungen jedoch meist unabhängige, bes. geistliche Musik, deren wichtigste Gattungen [1]Messe* (2) *u. Motette sind.*

Re|nais|sance|stil, der ⟨o. Pl.⟩: *(bes. in der bildenden Kunst) für die Renaissance* (1 b) *charakteristischer Stil.*

Re|nais|sance|zeit, die ⟨o. Pl.⟩: *Renaissance* (1 b).

re|nal ⟨Adj.⟩ [zu lat. ren = Niere] (Med.): *die Nieren betreffend, von ihnen ausgehend.*

re|na|tu|rie|ren ⟨sw. V.; hat⟩ [zu lat. re- = wieder, zurück u. ↑Natur]: *(eine kultivierte, genutzte Bodenfläche o. Ä.) wieder in einen naturnahen Zustand zurückführen.*

Ren|dez|vous [rãdeˈvuː, auch: ˈrãːdevu], das; - [...ˈvuː(s), auch: ˈrãːdevu(ː s)], - [...ˈvuːs, auch: ˈrãːdevuːs; frz. rendez-vous, subst. 2. Pers. Pl. Imperativ von: se rendre = sich irgendwohin begeben; 2: engl. rendezvous, eigtl. = Treffen, Treffpunkt]: **1.** (veraltend, meist noch scherzh.) *verabredetes Treffen (von Verliebten, eines Paars); Verabredung, Stelldichein:* ein [heimliches] R. mit jmdm. haben; ein R. verabreden, absagen; sie geht zu einem R.; Ü viele Künstler gaben sich in ihrem Haus ein R. *(trafen sich dort, kamen dort zusammen).* **2.** (Raumf.) *gezielte Annäherung, Zusammenführung von Raumfahrzeugen im Weltraum zur Ankopplung.*

Ren|dez|vous|ma|nö|ver, das (Raumf.): *bei, zu einem Rendezvous* (2) *notwendiges Manöver.*

Ren|di|te [rɛn...], die; -, -n [ital. rendita = Einkünfte, Gewinn, subst. 2. Part. von: rendere < lat. reddere, ↑Rente] (Wirtsch.): *Ertrag einer Kapitalanlage:* er konnte eine [durchschnittliche jährliche] R. von 8% erzielen.

Ren|di|te|ob|jekt, das: *Objekt (z. B. Immobilie) mit guter Rendite.*

Re|ne|gat, der; -en, -en [frz. renégat < ital. rinnegato < mlat. renegatus, zu: renegare, aus lat. re- = wieder(holt) u. negare, ↑negieren] (bildungsspr.): *jmd., der seine bisherige politische od. religiöse Überzeugung wechselt, der von den festgelegten Richtlinien abweicht [u. in ein anderes Lager überwechselt]; Abweichler, Abtrünniger.*

Re|ne|ga|ten|tum, das; -s (bildungsspr.): *Verhalten, Handeln, Einstellung eines Renegaten.*

Re|ne|ga|tin, die; -, -nen (bildungsspr.): w. Form zu ↑Renegat.

Re|ne|klo|de [reːnə...], (auch:) Reineclaude, die; -, -n [frz. reineclaude, eigtl. = Königin Claude, zu Ehren der Gemahlin des frz. Königs Franz I. (1494–1547)]: **1.** *Pflaumenbaum mit kugeligen, grünlichen od. gelblichen, süßen Früchten.* **2.** *Frucht der Reneklode* (1).

Re|net|te [re...], (auch:) Reinette [rɛ...], die; -, -n [frz. reinette, rainette, viell. Vkl. von: reine = Königin; vgl. Königsfarn]: *meist süß-säuerlich schmeckender Apfel mit verschiedenen Sorten* (z. B. Cox' Orange).

re|ni|tent ⟨Adj.⟩ [frz. rénitent = dem Druck widerstehend < lat. renitens (Gen.: renitentis), 1. Part. von: reniti = sich widersetzen] (bildungsspr.): *sich dem Willen, den Wünschen, Weisungen anderer hartnäckig widersetzend, sich dagegen auflehnend; widersetzlich:* -e Schüler; eine -e Haltung einnehmen; sich r. äußern.

Re|ni|tenz, die; - [frz. rénitence] (bildungsspr.): *renitentes Verhalten.*

Ren|ke, die; -, -n: ↑Renken.

ren|ken ⟨sw. V.; hat⟩ [mhd. renken, ahd. (bi)renkan, verw. mit ↑wringen] (veraltet): *drehend hin u. her bewegen.*

Ren|ken, der; -s, - [spätmhd. renke, zusgez. aus mhd. rīnanke = Rheinanke; der Fisch wurde wohl zuerst im Rhein gefangen]: *Fisch mit silberweißem Bauch u. braungrünem Rücken.*

Renk|ver|schluss, der [zu ↑renken] (Technik): *Bajonettverschluss.*

Renn|au|to, das: vgl. Rennwagen.

Renn|bahn, die: *Anlage für Wettkämpfe im Rennsport.*

Renn|boot, das: *für Rennen entworfenes, gebautes Motor-, Ruder-, Paddel-, Segelboot.*

ren|nen ⟨unr. V.⟩ [mhd., ahd. rennen, Kausativ zu ↑rinnen u. eigtl. = laufen machen]: **1.** ⟨ist⟩ **a)** *schnell, in großem Tempo, meist mit ausholenden Schritten laufen:* er rannte, so schnell er konnte; auf die Straße, um die Ecke r.; er ist die ganze Strecke gerannt; **b)** (ugs. abwertend) *sich zum Missfallen, Ärger o. Ä. anderer zu einem bestimmten Zweck irgendwohin begeben, jmdn. aufsuchen:* [dauernd] ins Kino r.; wegen jeder

R

Kleinigkeit zum Arzt r. **2.** *unversehens, mit einer gewissen Wucht an jmdn., etw. stoßen, gegen jmdn., etw. prallen* ⟨ist⟩: sie ist im Dunkeln [mit dem Kopf] an/gegen eine Wand gerannt. **3.** ⟨hat⟩ **a)** *sich durch Anstoßen, durch einen Aufprall an einem Körperteil eine Verletzung zuziehen:* ich habe mir ein Loch in den Kopf gerannt; **b)** (landsch.) *jmdn., sich, einen Körperteil stoßen [u. dabei verletzen]:* ich habe mich, habe mir den Ellenbogen [an der scharfen Kante] gerannt; habe ich dich gerannt? **4.** (ugs.) *jmdm., sich mit Heftigkeit einen [spitzen] Gegenstand in einen Körperteil stoßen* ⟨hat⟩: jmdm. ein Messer in/zwischen die Rippen r.

Rẹn|nen, das; -s, -: *sportlicher Wettbewerb, bei dem die Schnelligkeit, mit der eine Strecke zurückgelegt wird, über den Sieg entscheidet:* ein schnelles, spannendes R.; das R. geht über fünfzig Runden, ist entschieden, gelaufen; ein R. veranstalten; er ist ein beherztes R. gelaufen, geritten, gefahren; ein R. gewinnen, verlieren; als Sieger aus dem R. hervorgehen; dreißig Fahrer, Wagen, Pferde gingen ins R.; **R** das R. ist gelaufen (ugs.; *die Sache ist erledigt; es ist alles vorüber*); **Ü** er liegt mit seiner Bewerbung gut im R. *(hat gute Aussichten auf Erfolg);* jmdn. als Kandidaten ins R. schicken; *** totes R.** (Jargon; *Rennen, bei dem mehrere Teilnehmer gleichzeitig im Ziel eintreffen, bei dem ein einzelner Sieger nicht festgestellt werden kann*); **das R. machen** (ugs.; *bei einem Wettbewerb, einem Vergleich o. Ä. am erfolgreichsten sein, gewinnen*).

Rẹn|ner, der; -s, -: **1.** (ugs.) **a)** *gutes, schnelles Rennpferd;* **b)** *schnelles Auto oder Motorrad.* **2.** (Jargon) *etw., was sehr begehrt ist, großen Anklang findet, sich großer Nachfrage erfreut; Verkaufs-, Kassenschlager:* der Film, das Buch wurde überraschend zu einem R.

Ren|ne|rei, die; -, -en (ugs., oft abwertend): *fortwährende, übertriebene, als lästig empfundene Eile, Hetze; hastiges, als lästig empfundenes Umhereilen:* diese R. den ganzen Tag machte sie nervös.

Rẹnn|fah|rer, der: *jmd., der Rennen im Motor- od. Radsport bestreitet.*

Rẹnn|fah|re|rin, die: w. Form zu ↑Rennfahrer.

Rẹnn|läu|fer, der: *jmd., der an Skirennen teilnimmt.*

Rẹnn|läu|fe|rin, die: w. Form zu ↑Rennläufer.

Rẹnn|lei|tung, die: **1.** ⟨o. Pl.⟩ *Leitung* (1 a) *eines Rennens.* **2.** *ein Rennen leitende Personen.*

Rẹnn|ma|schi|ne, die: **1.** *für Rennen konstruiertes, gebautes Motorrad.* **2.** *Rennrad.*

Rẹnn|pferd, das: *für Rennen gezüchtetes, gezogenes, geeignetes Reitpferd.*

Rẹnn|platz, der: vgl. Rennbahn.

Rẹnn|quin|tett, das: *Pferdewette, bei der in zwei verschiedenen Pferderennen jeweils die drei erstplatzierten Pferde in der richtigen Reihenfolge vorhergesagt werden müssen.*

Rẹnn|rad, das: *für Rennen konstruiertes, gebautes, sehr leichtes Fahrrad.*

Rẹnn|rei|fen, der: *für den Rennsport konstruierter Reifen* (2).

Rẹnn|rei|ter, der: *Reiter, der sich an Pferderennen beteiligt.*

Rẹnn|rei|te|rin, die: w. Form zu ↑Rennreiter.

Rẹnn|ro|del, der: *Rennschlitten.*

Rẹnn|schlit|ten, der: *für Rennen konstruierter, niedrig gebauter Schlitten.*

Rẹnn|schuh, der: *leichter Schuh ohne Absatz, an dessen Sohle Dornen befestigt sind, die einem Läufer größeren Halt u. mehr Kraft verleihen.*

Rẹnn|se|gel|sport, der: vgl. Rennsport.

Rẹnn|sport, der: *Gesamtheit der Sportarten, in denen die Geschwindigkeit, mit der bestimmte Strecken zurückgelegt werden, über den Sieg in einem Wettkampf entscheidet, bes. im Motor-, Rad- u. Pferdesport.*

Rẹnn|stall, der: **1.** *Bestand an Rennpferden eines Besitzers.* **2.** *Mannschaft der Rennfahrer einer Firma.*

Rẹnn|stre|cke, die: *Strecke, die bei Rennen auf einer Rennbahn zurückgelegt werden muss.*

Rẹnn|wa|gen, der: **1.** *auf das Erreichen höchster Geschwindigkeiten hin konstruiertes, ausschließlich für den Rennsport gebautes, einsitziges Auto.* **2.** *(in der Antike) leichter, zweirädriger, von Pferden gezogener Wagen für Wagenrennen.*

Rẹnn|wett|be|werb, der: *Wettbewerb im Rennsport.*

Rẹnn|wet|te, die: *Pferdewette.*

Re|nom|mee, das; -s, -s ⟨Pl. selten⟩ [frz. renommée, subst. 2. Part. von: renommer, ↑renommieren] (bildungsspr.): **a)** *Ruf, in dem jmd., etw. steht; Leumund:* ein gutes, ausgezeichnetes, zweifelhaftes R. haben, genießen; **b)** *guter Ruf, den jmd., etw. genießt; hohes Ansehen, Wertschätzung:* das hohe, wissenschaftliche, internationale R. des Instituts; er, das Hotel hat, besitzt R.; ein Haus von R.

re|nom|mie|ren ⟨sw. V.; hat⟩ [frz. renommer = wieder ernennen od. erwählen; immer wieder nennen, rühmen, aus: re- = wieder u. nommer = (be)nennen, ernennen] (bildungsspr.): *vorhandene Vorzüge immer wieder betonen, sich damit wichtig tun; prahlen:* mit seinen Taten, mit seinem Titel, Wissen r.

Re|nom|mier|stück, das (bildungsspr.): *etw., was unter anderem Gleichartigem durch seinen besonderen Wert, seine Schönheit, Brauchbarkeit o. Ä. auffällt u. dabei geeignet ist, immer wieder vorgezeigt, erwähnt zu werden.*

Re|nom|mier|sucht, die (bildungsspr. abwertend): *übersteigertes Bedürfnis, Bestreben, mit etw. zu renommieren.*

re|nom|miert ⟨Adj.⟩ (bildungsspr.): *einen guten Ruf habend, hohes Ansehen genießend; angesehen, geschätzt:* ein -er Architekt; ein -es Hotel.

Re|no|va|ti|on, die; -, -en [lat. renovatio = Erneuerung] (schweiz., sonst veraltend): *Renovierung.*

re|no|vie|ren ⟨sw. V.; hat⟩ [lat. renovare, zu: novus = neu]: *(schadhaft, unansehnlich gewordene Gebäude, Innenausstattungen o. Ä.) wieder instand setzen, neu herrichten; erneuern* (1 b): eine Villa, Kirche, Fassade r.; sie haben das Hotel innen und außen r. lassen.

Re|no|vie|rung, die; -, -en: *das Renovieren.*

re|no|vie|rungs|be|dürf|tig ⟨Adj.⟩: *in einem Zustand, der eine Renovierung notwendig erscheinen lässt.*

ren|ta|bel ⟨Adj.; ...bler, -ste⟩ [französierende Bildung zu ↑rentieren]: *sich rentierend; lohnend, einträglich:* rentable Geschäfte, Investitionen; eine rentable Produktion; ein rentabler Betrieb; r. produzieren.

Ren|ta|bi|li|tät, die; - (bes. Wirtsch.): *das Rentabelsein; Wirtschaftlichkeit.*

Rẹn|te, die; -, -n [mhd. rente = Einkünfte; Vorteil < (a)frz. rente, über das Vlat. zu lat. reddere = zurückgeben]: **a)** *regelmäßiger, monatlich zu zahlender Geldbetrag, der jmdm. als Einkommen aufgrund einer [gesetzlichen] Versicherung bei Erreichen einer bestimmten Altersgrenze, bei Erwerbsunfähigkeit o. Ä. zusteht:* eine hohe, niedrige, kleine R.; dynamische, dynamisierte *(den Veränderungen der Bruttolöhne angepasste)* -n; eine R. beantragen, bekommen, beziehen; Anspruch auf eine R. haben; jmdn. auf R. setzen (ugs.; *berenten*); *** auf/in R. gehen** (ugs.; *aufgrund der erreichten Altersgrenze aus dem Arbeitsverhältnis ausscheiden u. eine Rente beziehen*); **auf/in R. sein** (ugs.; *Rentner sein*); **b)** *regelmäßige Zahlungen, die jmd. aus einem angelegten Kapital, aus Rechten gegen andere, als Zuwendung von anderen o. Ä. erhält.*

Rẹn|ten|al|ter, das: *Lebensalter, mit dessen Erreichen jmd. üblicherweise aus seinem Arbeitsverhältnis ausscheidet u. eine Rente* (a) *bezieht.*

Rẹn|ten|an|lei|he, die (Wirtsch.): *Anleihe, bei der der Schuldner nur zur Zinszahlung, nicht aber zur Tilgung verpflichtet ist.*

Rẹn|ten|an|pas|sung, die (Rentenvers.): *durch Gesetz vorgeschriebene Anpassung der Altersrenten an die Löhne in einem bestimmten Verhältnis.*

Rẹn|ten|an|spruch, der: *gesetzlicher Anspruch auf eine Rente* (a).

Rẹn|ten|bank, die ⟨Pl. -en⟩ (Wirtsch.): *öffentlich-rechtliches Kreditinstitut zur Pflege des Realkredits für landwirtschaftliche Siedlungen.*

Rẹn|ten|ba|sis, die (Wirtsch.): *(bes. bei Immobiliengeschäften) Art der Zahlung, bei der der Verkäufer den Kaufpreis [teilweise] als [Leib]rente erhält:* ein Haus auf R. kaufen.

Rẹn|ten|be|mes|sungs|grund|la|ge, die (Rentenvers.): *Grundlage zur Berechnung der gesetzlichen Renten (z. B. ein jährlich festgelegter, am Bruttolohn o. Ä. orientierter Wert).*

Rẹn|ten|emp|fän|ger, der: *jmd., der eine gesetzliche Rente* (a) *bezieht.*

Rẹn|ten|emp|fän|ge|rin, die: w. Form zu ↑Rentenempfänger.

Rẹn|ten|for|mel, die (Rentenvers.): *mathematische Formel, nach der die Höhe einer Rente* (a) *berechnet wird.*

Rẹn|ten|lü|cke, die: *sich auf den gewohnten Lebensstil spürbar auswirkende Differenz zwischen dem Einkommen während der Erwerbstätigkeit u. der Rente.*

Rẹn|ten|mark, die (früher): *(1923 zur Überwindung der Inflation eingeführte) Einheit der deutschen Währung.*

Rẹn|ten|markt, der (Börsenw.): *Handel in festverzinslichen Wertpapieren.*

Rẹn|ten|pa|pier, das (Bankw.): *Rentenwert.*

rẹn|ten|pflich|tig ⟨Adj.⟩: *verpflichtet, jmdm. eine Rente zu zahlen.*

Rẹn|ten|re|form, die: *Reform im Bereich der gesetzlichen Rentenversicherung.*

Rẹn|ten|ver|schrei|bung, die (Bankw.): *Wertpapier, das die Zahlung einer Rente* (b) *verbrieft.*

Rẹn|ten|ver|si|che|rung, die: **1.** *Versicherung (als Teil der Sozialversicherung), die bei Erreichung der Altersgrenze des Versicherten, bei Berufs- od. Erwerbsunfähigkeit od. im Falle des Todes Rente* (a) *an den Versicherten od. an die Hinterbliebenen zahlt.* **2.** *staatliche Einrichtung, Anstalt für die Rentenversicherung* (1).

Rẹn|ten|wert, der (Bankw.): *festverzinsliches Wertpapier.*

[1]**Ren|tier** ['rɛn..., 're:n...], das [verdeutlichende Zus., vgl. gleichbed. schwed. rendjur]: *Ren.*

[2]**Ren|ti|er** [rɛn'tie:], der; -s, -s [frz. rentier, zu: rente, ↑Rente] (veraltend): *jmd., der ganz od. überwiegend von Renten* (b) *lebt:* ein wohlhabender R.

ren|tie|ren, sich ⟨sw. V.; hat⟩ [mit französierender Endung geb. zu mhd. renten = Gewinn bringen]: *in materieller od. ideeller Hinsicht von Nutzen sein, Gewinn bringen, einträglich sein:* das Geschäft beginnt sich zu r.; der Aufwand, die Anstrengung rentiert sich nicht; ⟨selten auch ohne »sich«:⟩ das Lokal rentiert nicht.

Ren|tier|flech|te ['rɛn..., re:n...], die [zu ↑[1]Rentier]: *(auf trockenen Heide- u. Waldböden wachsende) Flechte, die in nördlichen Ländern im Winter den Rens als Nahrung dient.*

ren|tier|lich ⟨Adj.⟩ (seltener): *rentabel.*

Rẹnt|ner, der; -s, -: *jmd., der eine Rente* (a) *bezieht.*

Rẹnt|ner|band, die (ugs. scherzh.): *Gruppe, Mannschaft o. Ä., deren Mitglieder sich in einem verhältnismäßig fortgeschrittenen Alter befinden.*

Rẹnt|ner|fun|zel, die (salopp scherzh.): *Zusatzbremsleuchte.*

Rẹnt|ne|rin, die; -, -nen: w. Form zu ↑Rentner.

Re|ok|ku|pa|ti|on, die; -, -en [aus lat. re- = wieder u. ↑Okkupation]: *das Reokkupieren.*

re|ok|ku|pie|ren ⟨sw. V.; hat⟩ [↑okkupieren]: *[militärisch] wieder besetzen.*

Re|or|ga|ni|sa|ti|on, die; -, -en ⟨Pl. selten⟩ [frz. réorganisation, zu: réorganiser = neu gestalten] (bildungsspr.): **1.** *Umorganisation:* die R. eines Staatswesens. **2.** (Med.) *Neubildung zerstörten Gewebes im Rahmen von Heilungsvorgängen im Organismus.*

re|or|ga|ni|sie|ren ⟨sw. V.; hat⟩ [frz. réorganiser] (bildungsspr.): *neu organisieren, umorganisieren:* das Staatswesen, die Streitkräfte, das Unternehmen, die Verwaltung, das Schulwesen r.
Re|or|ga|ni|sie|rung, die; -, -en ⟨Pl. selten⟩ (bildungsspr.): *das Reorganisieren.*
Rep, der; -s, -s u. -se (Jargon): kurz für ↑Republikaner (3).
re|pa|ra|bel ⟨Adj.⟩ [lat. reparabilis, zu: reparare, ↑reparieren]: *sich reparieren lassend:* ein kaum mehr reparabler Defekt.
Re|pa|ra|teur [...'tø:ɐ̯], der; -s, -e [frz. réparateur < lat. reparator, zu: reparare, ↑reparieren] (seltener): *jmd., der [berufsmäßig] repariert.*
Re|pa|ra|teu|rin, die; -, -nen (seltener): w. Form zu ↑Reparateur.
Re|pa|ra|ti|on, die; -, -en [(1: frz. réparations [Pl.] <) spätlat. reparatio = Instandsetzung]: **1.** ⟨Pl.⟩ *offiziell zwischen zwei Staaten ausgehandelte wirtschaftliche, finanzielle Leistungen zur Wiedergutmachung der Schäden, Zerstörungen, die ein besiegtes Land im Krieg in einem anderen Land angerichtet hat:* -en leisten, zahlen müssen. **2.** (Med.) *natürlicher Ersatz von zerstörtem, abgestorbenem Körpergewebe durch Granulations- u. Narbengewebe im Rahmen der Wundheilung.*
Re|pa|ra|ti|ons|leis|tung, die: *Reparation* (1).
Re|pa|ra|ti|ons|zah|lung, die: *Zahlung von Reparationen* (1).
Re|pa|ra|tur, die; -, -en [mlat. reparatura, zu lat. reparare, ↑reparieren]: *Arbeit, die ausgeführt wird, um etw. zu reparieren; das Reparieren:* eine einfache, große R.; an etw. eine R. vornehmen; die Uhr in, zur R. geben; der Wagen ist in R.
re|pa|ra|tur|an|fäl|lig ⟨Adj.⟩: *so beschaffen, dass leicht Störungen o. Ä. auftreten können, die dann Reparaturen nötig machen:* dieses Fabrikat ist sehr r.
Re|pa|ra|tur|an|nah|me, die: **1.** *Annahme* (1) *von Reparaturen.* **2.** *Annahmestelle für Reparaturen.*
Re|pa|ra|tur|ar|beit, die ⟨meist Pl.⟩: *Reparatur:* -en ausführen.
re|pa|ra|tur|be|dürf|tig ⟨Adj.⟩: *in einem Zustand, der eine Reparatur nötig macht:* ein -es Haus.
Re|pa|ra|tur|kos|ten ⟨Pl.⟩: *Kosten für eine Reparatur.*
Re|pa|ra|tur|werk|statt, die: *Werkstatt für Reparaturen.*
Re|pa|ra|tur|werk|stät|te, die (geh.): *Reparaturwerkstatt.*
re|pa|rier|bar ⟨Adj.⟩ (seltener): *reparabel:* die Kamera ist nicht mehr r.
re|pa|rie|ren ⟨sw. V.; hat⟩ [lat. reparare = wiederherstellen, ausbessern, aus: re- = wieder, zurück u. parare, ↑[1]parieren]: *etw., was nicht mehr funktioniert, entzweigegangen ist, schadhaft geworden ist, wieder in den früheren intakten, gebrauchsfähigen Zustand bringen:* das Fahrrad [notdürftig, fachmännisch] r.; einen Schaden r. *(beheben).*
re|pa|tri|ie|ren ⟨sw. V.; hat⟩ [spätlat. repatriare = ins Vaterland zurückkehren] (Politik, Rechtsspr.): **1.** *(jmdm.) die frühere Staatsangehörigkeit wieder verleihen.* **2.** *(einen Kriegs- od. Zivilgefangenen) in sein Land zurückkehren lassen.*
Re|pa|tri|ie|rung, die; -, -en (Politik, Rechtsspr.): *das Repatriieren, Repatriiertwerden.*
Re|peat|per|kus|si|on, die [zu engl. repeat = Wiederholung] (Musik): *Wiederholung des angeschlagenen Tons od. Akkords in rascher Folge (bei der elektronischen Orgel).*
Re|per|kus|si|on, die; -, -en [lat. repercussio = das Zurückschlagen, -prallen] (Musik): **1.** *das Rezitieren auf einem Ton, bes. im gregorianischen Gesang.* **2.** *bei der Fuge Durchgang des Themas in allen Stimmen.* **3.** *Wiederholung des gleichen Tons.*
Re|per|toire [...'to̯a:ɐ̯], das; -s, -s [frz. répertoire < spätlat. repertorium = Verzeichnis, eigtl. = Fundstätte, zu lat. reperire = wieder finden] (bildungsspr.): *Gesamtheit von literarischen, dramatischen* (1), *musikalischen Werken, artistischen o. ä. Nummern, Darbietungen, die einstudiert sind u. jederzeit gespielt, vorgetragen od. vorgeführt werden können:* ein R. zusammenstellen; ein Stück aus dem R. *(Spielplan)* des Theaters streichen.
Re|per|toire|stück, das: *populäres Stück, das immer wieder auf den verschiedensten Spielplänen steht.*
Re|pe|tent, der; -en, -en [zu lat. repetens (Gen.: repetentis), 1. Part. von: repetere, ↑repetieren] (bildungsspr.): *Schüler, der eine Klasse wiederholt.*
Re|pe|ten|tin, die; -, -nen: w. Form zu ↑Repetent.
re|pe|tie|ren ⟨sw. V.; hat⟩ [lat. repetere, eigtl. = wieder auf etw. losgehen; von neuem verlangen, aus: re- = wieder, zurück u. petere = zu erreichen suchen, streben, verlangen]: **1.** (bildungsspr.) *durch Wiederholen einüben, lernen:* eine Lektion, Vokabeln r. **2.** (bildungsspr.) *eine Klasse noch einmal durchlaufen (wenn das Klassenziel nicht erreicht worden ist):* der Schüler musste r. **3.** *(von Uhren) auf Druck od. Zug die Stunde nochmals angeben, die zuletzt durch Schlagen angezeigt worden ist.*
Re|pe|tier|ge|wehr, das: *automatisches Gewehr mit einem Magazin* (3 a).
Re|pe|tier|uhr, die: *Taschenuhr mit Schlagwerk, das bei Druck auf einen Knopf die letzte volle Stunde u. die seitdem abgelaufenen Viertelstunden anzeigt.*
Re|pe|ti|ti|on, die; -, -en [lat. repetitio, zu: repetere, ↑repetieren] (bildungsspr.): *Wiederholung einer Äußerung, eines Textes als Übung o. Ä.*
Re|pe|ti|tor, der; -s, ...oren [spätlat. repetitor = Wiederholer]: **a)** (bildungsspr.) *jmd., der Studierende [der juristischen Fakultät] durch Wiederholung des Lehrstoffs auf das Examen vorbereitet;* **b)** (Musik, Theater) *Korrepetitor.*
Re|pe|ti|to|rin, die; -, -nen: w. Form zu ↑Repetitor.
Re|pe|ti|to|ri|um, das; -s, ...ien (bildungsspr. veraltend): *Buch, Unterricht zur Wiederholung eines bestimmten Stoffes.*
Re|plan|ta|ti|on, die; -, -en [zu spätlat. replantare = wieder einpflanzen] (Med.): *Reimplantation.*
re|plan|tie|ren ⟨sw. V.; hat⟩ (Med.): *eine Replantation vornehmen; wieder einpflanzen.*
Re|plik, die; -, -en [(frz. réplique = Antwort, Gegenrede <) (m)lat. replica(tio) = Wiederholung, zu lat. replicare, ↑replizieren]: **1. a)** (bildungsspr.) *Erwiderung auf Äußerungen, Thesen o. Ä. eines anderen:* eine glänzende, geharnischte R. schreiben, vortragen; **b)** (Rechtsspr.) *Erwiderung, Gegenrede (bes. des Klägers auf die Verteidigung des Beklagten).* **2.** (Kunstwiss.) *Nachbildung eines Originals [die der Künstler selbst angefertigt hat].*
Re|pli|kat, das; -[e]s, -e (Kunstwiss.): *Nachbildung eines Originals.*
re|pli|zie|ren ⟨sw. V.; hat⟩ [lat. replicare = wieder aufrollen]: **1. a)** (bildungsspr.) *eine Replik* (1 a) *schreiben, vortragen;* **b)** (Rechtsspr.) *eine Replik* (1 b) *vorbringen.* **2.** (Kunstwiss.) *eine Replik* (2) *anfertigen.*
Re|port, der; -[e]s, -e [engl. report < afrz. report, zu: reporter < lat. reportare = zurücktragen, überbringen; 2: frz. report]: **1.** *systematischer Bericht, wissenschaftliche Untersuchung o. Ä. über wichtige [aktuelle] Ereignisse, Entwicklungen o. Ä .* **2.** (Bankw.) *Kursaufschlag bei der Prolongation von Termingeschäften.*
Re|por|ta|ge [...'ta:ʒə], die; -, -n [frz. reportage, zu: reporter = Reporter]: *aktuelle Berichterstattung mit Interviews, Kommentaren o. Ä. in der Presse, im Film, Rundfunk od. Fernsehen:* eine R. von etw., über etw. bringen, machen, veröffentlichen.
Re|por|ter, der; -s, - [engl. reporter, zu: to report = berichten < (a)frz. reporter, ↑Report]: *jmd., der berufsmäßig Reportagen macht.*
Re|por|te|rin, die; -, -nen: w. Form zu ↑Reporter.
re|prä|sen|ta|bel ⟨Adj.; ...bler, -ste⟩ [frz. représentable, zu: représenter, ↑repräsentieren] (bildungsspr.): *von der äußeren Wirkung her etw. darstellend:* sie führt ein repräsentables Haus.
Re|prä|sen|tant, der; -en, -en [frz. représentant]: **1. a)** *jmd., der eine größere Gruppe von Menschen od. eine bestimmte Richtung* (2) *nach außen, in der Öffentlichkeit als Exponent vertritt, für sie spricht:* -en des Volkes wählen; **b)** *Vertreter eines größeren Unternehmens.* **2.** *Abgeordneter.*
Re|prä|sen|tan|ten|haus, das: *Abgeordnetenhaus.*
Re|prä|sen|tan|tin, die; -, -nen: w. Form zu ↑Repräsentant.
Re|prä|sen|tanz, die; -, -en: **1.** ⟨o. Pl.⟩ (bildungsspr.) *Interessenvertretung.* **2.** (Wirtsch.) *ständige Vertretung eines größeren Unternehmens:* eine R. in Kairo eröffnen. **3.** ⟨o. Pl.⟩ (bildungsspr.) *das Repräsentativsein* (2 b, 3).
Re|prä|sen|ta|ti|on, die; -, -en [frz. représentation < lat. repraesentatio = Darstellung, zu: repraesentare, ↑repräsentieren] (bildungsspr.): **1.** *Vertretung einer Gesamtheit von Personen durch eine einzelne Person od. eine Gruppe von Personen:* die R. des Großgrundbesitzes durch den Adel. **2.** ⟨o. Pl.⟩ *das Repräsentativsein* (2 b). **3. a)** *Vertretung eines Staates, einer öffentlichen Einrichtung o. Ä. auf gesellschaftlicher* (2) *Ebene u. der damit verbundene Aufwand:* der Palast dient nur der R.; **b)** *an einem gehobenen gesellschaftlichen Status orientierter, auf Wirkung nach außen bedachter, aufwendiger [Lebens]stil.*
Re|prä|sen|ta|ti|ons|bau, der ⟨Pl. -ten⟩: *Gebäude, das der Repräsentation* (3) *dient.*
re|prä|sen|ta|tiv ⟨Adj.⟩ [frz. représentatif]: **1.** (bes. Politik) *vom Prinzip der Repräsentation* (1) *bestimmt:* eine -e Demokratie, Körperschaft. **2. a)** *als Einzelner, Einzelnes typisch für etw., eine Gruppe o. Ä. u. so das Wesen, die spezifische Eigenart der gesamten Erscheinung, Richtung o. Ä. ausdrückend:* er ist einer der -sten Romanciers seines Landes; **b)** *verschiedene [Interessen]gruppen in ihrer Besonderheit, typischen Zusammensetzung berücksichtigend:* eine -e Befragung durchführen; ein -er Querschnitt durch die Bevölkerung. **3.** *in seiner Art, Anlage, Ausstattung wirkungs-, eindrucksvoll; der Repräsentation* (3) *dienend:* eine -e Villa; r. bauen.
Re|prä|sen|ta|tiv|be|fra|gung, die (Statistik): *Befragung verschiedener einzelner Personen, die als repräsentativ für eine bestimmte Personengruppe gelten.*
Re|prä|sen|ta|ti|vi|tät, die; -: *das Repräsentativsein.*
Re|prä|sen|ta|tiv|um|fra|ge, die: vgl. Repräsentativbefragung.
re|prä|sen|tie|ren ⟨sw. V.; hat⟩ [(frz. représenter <) lat. repraesentare = vergegenwärtigen, darstellen] (bildungsspr.): **1.** *etw., eine Gesamtheit von Personen nach außen vertreten; Repräsentant von jmdm., etw. sein:* ein Land, eine Partei, Firma r. **2.** *für etw. repräsentativ* (2) *sein:* diese Auswahl repräsentiert das Gesamtschaffen des Künstlers. **3.** *seiner gehobenen gesellschaftlichen Stellung, Funktion entsprechend in der Öffentlichkeit auftreten:* ausgezeichnet zu r. verstehen. **4.** *darstellen:* das Haus repräsentiert einen Wert von 500 000 DM.
Re|pres|sa|lie, die; -, -n ⟨meist Pl.⟩ [unter Einfluss von »(er)pressen« zu mlat. repre(n)salia = das gewaltsame Zurücknehmen, zu lat. reprehensum, 2. Part. von: reprehendere = fassen, zurücknehmen] (bildungsspr.): *Maßnahme, die auf jmdn. Druck ausübt; Straf-, Vergeltungsmaßnahme:* -n gegen jmdn. ergreifen; juristischen -n ausgeliefert sein.
Re|pres|si|on, die; -, -en [frz. répression < lat. repressio, zu: repressum, 2. Part von: reprimere = zurückdrängen] (bildungsspr.): *[gewaltsame] Unterdrückung von Kritik, Widerstand,*

R

politischen Bewegungen, individueller Entfaltung, individuellen Bedürfnissen.

re|pres|siv ⟨Adj.⟩ [frz. répressif] (bildungsspr.): *Repressionen ausübend:* -e Maßnahmen.

Re|pres|siv|zoll, der: *Schutzzoll.*

Re|print [re'prɪnt, engl.: 'ri:prɪnt], der; -s, -s [engl. reprint, zu: to reprint = nachdrucken] (Buchw.): *unveränderter Nachdruck, Neudruck; Wiederabdruck* (2).

Re|pri|se, die; -, -n [frz. reprise, subst. 2. Part. von: reprendre = wieder aufnehmen < lat. reprehendere, ↑Repressalie]: **1. a)** (Theater) *Wiederaufnahme eines Theaterstücks in der alten Inszenierung od. eines lange nicht gespielten Films in den Spielplan;* **b)** (bildungsspr.) *Neuauflage einer vergriffenen Schallplatte.* **2.** (Musik) *Wiederholung eines bestimmten Teils innerhalb einer Komposition.*

re|pri|va|ti|sie|ren ⟨sw. V.; hat⟩ [zu lat. re- = wieder u. ↑privatisieren] (Wirtsch., Politik): *staatliches od. gesellschaftliches Eigentum in Privatbesitz zurückführen:* die öffentlichen Verkehrsbetriebe r.

Re|pri|va|ti|sie|rung, die; -, -en (Wirtsch., Politik): *das Reprivatisieren, Reprivatisiertwerden.*

Re|pro, die; -, -s, auch: das; -s, -s (Druckw. Jargon): Kurzf. von ↑Reproduktion (2).

Re|pro|duk|ti|on, die; -, -en [zu lat. re- = wieder u. ↑Produktion]: **1.** (bildungsspr.) *das Reproduzieren* (1); *Wiedergabe:* die R. fremder Gedanken. **2. a)** (bes. Druckw.) *das Abbilden u. Vervielfältigen von Büchern, Karten, Bildern, Notenschriften o. Ä., bes. durch Druck:* die R. von Handzeichnungen; **b)** (bes. Druckw.) *etw., was durch Reproduktion* (2 a) *hergestellt worden ist:* farbige -en. **3.** (bes. bild. Kunst) *Nachbildung, Wiedergabe* (2 b) *eines Originals, die ein anderer angefertigt hat:* -en aus der Frühzeit Picassos; diese Möbel sind -en. **4.** (polit. Ökonomie) **a)** *ständige Erneuerung des Produktionsprozesses durch Ersatz od. Erweiterung der verbrauchten, alten, überholten Produktionsmittel;* **b)** *ständig neue Wiederherstellung der gesellschaftlichen u. individuellen Arbeitskraft durch den Verbrauch von Lebensmitteln, Kleidung o. Ä. u. Aufwendungen für Freizeit, Kultur o. Ä.* **5.** (Biol.) *Fortpflanzung:* natürliche R. **6.** (Psych.) *das Sicherinnern an früher erlebte Bewusstseinsinhalte.*

Re|pro|duk|ti|ons|fo|to|gra|fie, die ⟨o. Pl.⟩ (Druckw.): *fotografisches Verfahren, das in der Reproduktionstechnik verwendet wird.*

Re|pro|duk|ti|ons|gra|fik, die (bild. Kunst): *grafische Reproduktion von Zeichnungen, Gemälden o. Ä.*

Re|pro|duk|ti|ons|ka|me|ra, die (Druckw.): *sehr große Kamera zur Herstellung von Druckvorlagen.*

Re|pro|duk|ti|ons|me|di|zin, die: *Spezialgebiet der Medizin, das sich mit der Erforschung der biologischen Grundlagen der menschlichen Fortpflanzung beschäftigt.*

Re|pro|duk|ti|ons|tech|nik, die (Druckw.): vgl. Reproduktionsverfahren.

Re|pro|duk|ti|ons|ver|fah|ren, das (Druckw.): *drucktechnisches Verfahren zur Wiedergabe von Druckvorlagen:* mechanische R.

re|pro|duk|tiv ⟨Adj.⟩ (bildungsspr.): *nachbildend, nachahmend:* eine -e Tätigkeit.

re|pro|du|zie|ren ⟨sw. V.; hat⟩: **1.** (bildungsspr.) *etw., sich wieder hervorbringen, wiederherstellen:* die Atmosphäre vergangener Zeiten r.; etw. reproduziert sich von Jahr zu Jahr auf einer höheren Stufe. **2.** (Druckw.) *eine Reproduktion* (2 a) *von etw. herstellen.* **3.** (polit. Ökonomie) *im wiederholten Produktionsprozess den Wert von etw. wiederherstellen.* **4.** ⟨r. + sich⟩ (Biol.) *sich fortpflanzen.*

Re|pro|gra|fie, (auch:) Reprographie, die; -, -n ⟨Pl. selten⟩ [↑-graphie] (Druckw.): **a)** *Gesamtheit der Kopierverfahren, mit denen mithilfe elektromagnetischer Strahlung Reproduktionen* (2 b) *hergestellt werden;* **b)** *Produkt der Reprografie* (a).

re|pro|gra|fie|ren, (auch:) reprographieren ⟨sw. V.; hat⟩ (Druckw.): *eine Reprografie* (b) *herstellen.*

re|pro|gra|fisch, (auch:) reprographisch ⟨Adj.⟩ (Druckw.): **a)** *die Reprografie* (a) *betreffend;* **b)** *durch Reprografie* (a) *hergestellt:* ein -er Nachdruck.

¹Reps, der; -es, (Arten:) -e (südd.): *Raps.*

²Reps, ¹Rep|se: Pl. von ↑Rep.

²Rep|se, die; -, -n: w. Form zu ↑Rep.

Rep|til, das; -s, -ien u. (selten:) -e [frz. reptile < spätlat. reptile, subst. Neutr. von lat. reptilis = kriechend, zu: repere = kriechen, schleichen]: *Kriechtier.*

Rep|ti|li|en|fonds, der [urspr. Bez. für den bismarckschen Fonds zur Bekämpfung geheimer Staatsfeinde (= »Reptilien«) mithilfe korrumpierter Zeitungen] (iron.): *geheimer Dispositionsfonds.*

Re|pu|blik [auch: ...blɪk], die; -, -en [frz. république < lat. res publica = Staat(sgewalt), eigtl. = öffentliche Sache]: *Staatsform, bei der die Regierenden für eine bestimmte Zeit vom Volk od. von Repräsentanten des Volkes gewählt werden:* demokratische, sozialistische -en.

Re|pu|bli|ka|ner, der; -s, - [1: frz. républicain; 2: amerik. Republican]: **1.** *Anhänger der republikanischen* (1 b) *Staatsform.* **2.** *Mitglied od. Anhänger der Republikanischen Partei in den USA.* **3.** *Mitglied einer rechtsgerichteten Partei in Deutschland.*

Re|pu|bli|ka|ne|rin, die; -, -nen: w. Form zu ↑Republikaner.

re|pu|bli|ka|nisch ⟨Adj.⟩: **1. a)** *für die Ziele der Republik eintretend;* **b)** *nach den Prinzipien der Republik aufgebaut, auf ihnen beruhend:* Verfassungen -en Charakters. **2.** *die Republikanische Partei der USA betreffend.* **3.** *die Republikaner* (3) *betreffend.*

Re|pu|blik|flucht, die; -, -en ⟨Pl. selten⟩ (DDR): *Flucht aus der Deutschen Demokratischen Republik.*

Re|pul|si|ons|mo|tor, der (Technik): *mit Wechselstrom betriebener Elektromotor für einfache Leistungen.*

re|pul|siv ⟨Adj.⟩ (Technik): *(von elektrisch od. magnetisch geladenen Körpern) abstoßend.*

Re|pun|ze, die; -, -n [zu lat. re- = wieder, zurück u. ↑Punze] (Fachspr.): *Stempel, der den Feingehalt auf Waren aus Edelmetall angibt.*

re|pun|zie|ren ⟨sw. V.; hat⟩ (Fachspr.): *mit einer Repunze versehen.*

Re|pu|ta|ti|on, die; - [frz. réputation = Ruf, Ansehen < lat. reputatio = Erwägung, Berechnung, zu: reputare = be-, zurechnen] (bildungsspr.): *[guter] Ruf:* ein Wissenschaftler von internationaler R.

re|pu|tier|lich ⟨Adj.⟩ (bildungsspr. veraltend): *achtbar, ehrbar; ordentlich.*

Re|qui|em [...kviɛm], das; -s, -s, österr. auch: ...quien [...kvi̯ən; spätmhd. requiem, nach den ersten Worten des Eingangsverses der röm. Liturgie »requiem aeternam dona eis, Domine« = »Herr, gib ihnen die ewige Ruhe«; lat. requies = (Todes)ruhe]: **1.** (kath. Kirche) *Totenmesse* (a): ein R. halten. **2.** (Musik) **a)** *¹Messe* (2), *die das Requiem* (1) *zum Leitthema hat;* **b)** *dem Oratorium od. der Kantate ähnliche Komposition mit freiem Text.*

re|qui|es|cat in pa|ce [lat.]: *er, sie ruhe in Frieden!* (Schlussformel der Totenmesse, Grabinschrift; Abk.: R.I.P.).

re|qui|rie|ren ⟨sw. V.; hat⟩ [spätmhd. requiriren < lat. requirere (2. Part.: requisitum) = nachforschen; verlangen, zu: re- = wieder, zurück u. quaerere = [auf]suchen; erstreben; verlangen]: **1.** *[für militärische Zwecke] beschlagnahmen:* Lebensmittel für die Truppe r. **2.** (Rechtsspr. veraltet) *ein anderes Gericht, eine andere Behörde um Rechtshilfe ersuchen.*

Re|qui|rie|rung, die; -, -en: *das Requirieren, Requiriertwerden.*

Re|qui|sit, das; -[e]s, -en [lat. requisita = Erfordernisse, subst. 2. Part. von: requirere, ↑requirieren]: **1.** ⟨meist Pl.⟩ (Theater, Film, Ferns.) *Zubehör, Gegenstand, der bei einer Aufführung auf der Bühne, einer Filmszene od einer Fernsehproduktion verwendet wird.* **2.** (bildungsspr.) *Zubehör[teil]; für etw. benötigter Gegenstand:* das Notizbuch ist ein unentbehrliches R. für ihn geworden.

Re|qui|si|te, die; -, -n (Theater Jargon): *Raum, zuständige Stelle für die Requisiten* (1).

Re|qui|si|ten|kam|mer, die (Theater): *Raum zur Aufbewahrung von Requisiten* (1).

Re|qui|si|teur [...'tø:ɐ̯], der; -s, -e (Theater): *jmd., der die Requisiten* (1) *verwaltet.*

Re|qui|si|teu|rin [...'tø:rɪn], die; -, -nen: w. Form zu ↑Requisiteur.

Re|qui|si|ti|on, die; -, -en: *das Requirieren* (1).

Re|qui|si|ti|ons|schein, der: *Quittung über eine Requisition.*

resch ⟨Adj.⟩ [mhd. resch, vgl. rösch] (bayr., österr.): **a)** *scharf gebacken, knusperig;* **b)** (ugs.) *lebhaft, munter:* eine -e Person.

Re|search [rɪ'sə:tʃ], das; -[s], -s [engl. research < mfrz. recerche, zu: recercher (= frz. rechercher), ↑recherchieren] (Soziol.): *Markt- u. Meinungsforschung.*

Re|sear|cher [rɪ'sə:tʃə], der; -s, - [engl. researcher] (Soziol.): *jmd., der für die Markt- u. Meinungsforschung Untersuchungen durchführt.*

Re|sear|che|rin, die; -, -nen: w. Form zu ↑Researcher.

Re|se|da, die; -, ...den, selten: -s [lat. reseda, eigtl. Imperativ von: resedare = heilen, nach dem bei Anwendung der Pflanze gebrauchten Zauberspruch »reseda morbos, reseda!« = »Heile die Krankheiten, heile!«]: *Pflanze mit länglichen Blättern u. in Trauben od. Ähren stehenden kleinen, duftenden Blüten von weißer od. gelblicher Farbe; Wau.*

re|se|da|far|ben, re|se|da|grün ⟨Adj.⟩: *von zartem, leicht trübem Gelbgrün.*

Re|sek|ti|on, die; -, -en [spätlat. resectio = das Abschneiden, zu lat. resecare, ↑resezieren] (Med.): *operative Entfernung von Organen, Organteilen.*

Re|ser|pin, das; -s [Kunstwort] (Med., Pharm.): *den Blutdruck senkender Wirkstoff.*

Re|ser|vat, das; -[e]s, -e [zu lat. reservatum, subst. 2. Part. von: reservare = aufbewahren; zurückbehalten, aufsparen]: **1.** *größeres Gebiet, in dem seltene Tier- u. Pflanzenarten geschützt werden.* **2.** *den Ureinwohnern (bes. den Indianern in Nordamerika) als Lebensraum zugewiesenes Gebiet.* **3.** (bildungsspr.) *vorbehaltenes Recht; Sonderrecht.*

Re|ser|va|ti|on, die; -, -en [1: spätlat. reservatio = Verwahrung; Vorbehalt; 2: engl. reservation]: **1.** *Reservat* (2). **2.** (bildungsspr.) *Reservat* (3). **3.** (schweiz.) *Reservierung.*

Re|ser|ve, die; -, -n [frz. réserve, zu: réserver, ↑reservieren]: **1.** ⟨meist Pl.⟩ *etw., was für den Bedarfs- od. Notfall vorsorglich zurückbehalten, angesammelt wird:* -n an Lebensmitteln, Benzin anlegen; etw. als R. zurücklegen; Ü er hat keine körperlichen, psychischen -n mehr *(er ist körperlich, psychisch nicht mehr widerstandsfähig);* *** stille -n** (1. Wirtsch.; *Kapitalrücklagen, die in einer Bilanz nicht als eigener Posten ausgewiesen sind.* 2. ugs.; *etw., bes. Geld, das jmd. [heimlich] für Notfälle o. Ä. zurückgelegt hat*); **offene -n** (Wirtsch.; *Kapitalrücklagen, die in einer Bilanz als eigener Posten ausgewiesen sind*); **etw., jmdn. in R. haben/halten** *(etw., jmdn. für den Bedarfsfall zur Verfügung, im Hause haben, bereithalten).* **2.** ⟨Pl. selten⟩ **a)** (Milit.) *Gesamtheit der ausgebildeten, aber nicht aktiven Wehrpflichtigen:* die R. einberufen, einziehen; er ist Leutnant der R. (Abk.: d. R.); **b)** (Sport) *[Gesamtheit der] Ersatzspieler, -spielerinnen einer Mannschaft:* bei der R. spielen; in die, zur R. kommen. **3.** ⟨o. Pl.⟩ *kühles, distanziertes Verhalten, das auf eine gewisse Ablehnung schließen lässt:* auf R. in den eigenen Reihen stoßen; jmdn. aus der R. [heraus]locken *(jmdn. dazu bringen, sich [spontan] zu äußern).*

Re|ser|ve|an|ker, der (Seew.): *zusätzlicher Anker; Notanker.*

Re|ser|ve|bank, die (Pl. …bänke) (Sport): [1]*Bank* (1) *für Reservespieler, Ersatzbank:* auf der R. sitzen *(für ein Spiel nur als Reservespieler vorgesehen sein).*

Re|ser|ve|fonds, der (Wirtsch.): *Rücklagen* (1 b).

Re|ser|ve|ka|nis|ter, der: *Kanister, in dem Benzin, Öl, Wasser o. Ä. als Reserve* (1) *aufbewahrt wird.*

Re|ser|ve|of|fi|zier, der: *Offizier der Reserve* (2 a).

Re|ser|ve|rad, das: *Rad, das für den Ersatz eines defekten Rades in Reserve* (1) *gehalten wird.*

Re|ser|ve|rei|fen, der: vgl. Reserverad.

Re|ser|ve|spie|ler, der (Sport): *Ersatzspieler.*

Re|ser|ve|spie|le|rin, die: w. Form zu ↑Reservespieler.

Re|ser|ve|stoff, der (meist Pl.) (Biol.): *im tierischen u. pflanzlichen Organismus gespeicherte Substanz, die zur Aufrechterhaltung des Stoffwechsels bei ungenügender Ernährung dient.*

Re|ser|ve|tank, der: vgl. Reservekanister.

Re|ser|ve|trup|pe, die (meist Pl.) (Milit.): *Ersatztruppe.*

Re|ser|ve|übung, die (Milit.): *Reservistenübung.*

re|ser|vie|ren (sw. V.; hat) [frz. réserver < lat. reservare = aufbewahren, aufsparen, aus: re- = wieder, zurück u. servare = bewahren, erhalten]: **a)** *für jmdn. bis zur Inanspruchnahme freihalten:* einen Tisch im Restaurant r. lassen; diese Plätze sind reserviert; **b)** *für jmdn. bis zur Abholung zurücklegen, aufbewahren:* die reservierten Karten liegen an der Kasse.

re|ser|viert (Adj.): *anderen Menschen gegenüber zurückhaltend, Reserve* (3) *zeigend:* jmdm. gegenüber äußerst r. sein; sich r. verhalten, benehmen.

Re|ser|viert|heit, die; -: *das Reserviertsein.*

Re|ser|vie|rung, die; -, -en: *das Reservieren.*

Re|ser|vist, der; -en, -en [nach frz. réserviste]: **1.** (Milit.) *jmd., der der Reserve* (2 a) *angehört.* **2.** (Sport Jargon) *jmd., der der Reserve* (2 b) *angehört.*

Re|ser|vis|ten|übung, die (Milit.): *Übung, zu der Reservisten* (1) *einberufen werden.*

Re|ser|vis|tin, die; -, -nen: w. Form zu ↑Reservist (2).

Re|ser|voir […'vo̯a:ɐ̯], das; -s, -e [frz. réservoir, zu: réserver, ↑reservieren] (bildungsspr.): *größerer Behälter, Becken o. Ä., in dem etw. (z. B. Wasser) gespeichert wird:* ein R. anlegen; Ü über ein großes R. an technischer Intelligenz verfügen.

re|se|zie|ren (sw. V.; hat) [lat. resecare = abschneiden] (Med.): *eine Resektion vornehmen:* den Magen r.

Re|si|denz, die; -, -en [mlat. residentia = Wohnsitz]: **1.** *Sitz, Wohnsitz eines Staatsoberhauptes, Fürsten od. eines hohen Geistlichen.* **2.** *Hauptstadt eines Landes, das von einem Fürsten o. Ä. regiert wird u. in der dieser seine Residenz* (1) *hat.*

Re|si|denz|stadt, die: *Residenz* (2).

Re|si|denz|the|a|ter, das: *Theater in einer [ehemaligen] Residenzstadt.*

re|si|die|ren (sw. V.; hat) [lat. residere = sich niederlassen, sich aufhalten, zu: re- = wieder, zurück u. sedere = sitzen] (bildungsspr.): *(von regierenden Fürsten o. Ä.) eine Stadt o. Ä. als Residenz* (2) *bewohnen; Hof halten.*

Re|si|du|um, das; -s, …duen [lat. residuum = das Zurückbleibende, zu: residuus = zurückgeblieben] (Med.): *Rückstand, Rest [als Folge einer Krankheit, Funktionsstörung].*

Re|si|gna|ti|on, die; -, -en (Pl. selten) [(afrz. resignacion <) mlat. resignatio = Verzicht, zu lat. resignare, ↑resignieren]: *das Resignieren; das Sichfügen in das unabänderlich Scheinende:* lähmende R. erfasste, erfüllte sie; in R. versinken.

re|si|gna|tiv (Adj.) (bildungsspr.): *durch Resignation* (1) *gekennzeichnet:* in -er Stimmung sein.

re|si|gnie|ren (sw. V.; hat) [14. Jh., < lat. resignare = entsiegeln; ungültig machen; verzichten, aus: re- = zurück u. signare = mit einem Zeichen versehen]: *aufgrund von Misserfolgen, Niederlagen, Enttäuschungen seine Pläne entmutigt aufgeben, auf sie verzichten:* es gibt keinen Grund, jetzt zu r.

re|si|gniert (Adj.) (bildungsspr.): *durch Resignation* (1) *gekennzeichnet:* er wandte sich r. ab.

Ré|sis|tance […tã:s], die; - [frz. (la) Résistance; frz. résistance = Widerstand, zu: résister < lat. resistere, ↑resistieren]: *französische Widerstandsbewegung gegen die deutsche Besatzung im Zweiten Weltkrieg.*

re|sis|tent (Adj.) [zu lat. resistens, 1. Part. von: resistere, ↑resistieren] (Biol., Med.): *widerstandsfähig gegenüber äußeren Einwirkungen:* die Erreger sind r. gegen diese Arzneimittel.

Re|sis|tenz, die; -, -en [spätlat. resistentia]: **1.** (Biol., Med.) *Widerstandsfähigkeit eines Organismus gegenüber äußeren Einwirkungen.* **2.** (bildungsspr.) *Widerstand.* **3.** (Fachspr.) *Härtegrad.*

re|sis|tie|ren (sw. V.; hat) [lat. resistere = stehen bleiben, widerstehen] (Biol., Med.): *äußeren Einwirkungen widerstehen; ausdauern.*

re|sis|tiv (Adj.) (Biol., Med.): *äußeren Einwirkungen widerstehend; hartnäckig.*

re|so|lut (Adj.) [(frz. résolu <) lat. resolutum, 2. Part. von: resolvere = wieder auflösen, (von Zweifeln) befreien, aus: re- = wieder, zurück u. solvere = lösen; befreien]: *sehr entschlossen u. mit dem Willen, sich durchzusetzen; in einer Weise sich darstellend, sich äußernd, die Entschlossenheit, Bestimmtheit zum Ausdruck bringt:* eine -e Frau; etw. mit -er Stimme sagen.

Re|so|lut|heit, die; -, -en (Pl. selten): *resolute Art; das Resolutsein.*

Re|so|lu|ti|on, die; -, -en [frz. résolution < lat. resolutio = Auflösung, unter späterem Einfluss von frz. résoudre = beschließen < lat. resolvere, ↑resolut]: **1.** *schriftliche, auf einem entsprechenden Beschluss beruhende Erklärung einer politischen, gewerkschaftlichen Versammlung o. Ä., in der bestimmte Forderungen erhoben [u. begründet] werden:* eine R. einbringen, annehmen, verabschieden. **2.** (Med.) *Rückbildung eines krankhaften Prozesses.*

Re|sol|ven|te, die; -, -n [zu lat. resolvens (Gen.: resolventis), 1. Part. von: resolvere, ↑resolut, eigtl. = die Auflösende] (Math.): *zur Auflösung einer algebraischen Gleichung benötigte Hilfsgleichung.*

re|sol|vie|ren (sw. V.; hat) [lat. resolvere, ↑resolut]: *eine benannte Zahl durch eine kleinere Einheit darstellen* (z. B. 1 km = 1 000 m).

Re|so|nanz, die; -, -en [(frz. résonance <) spätlat. resonantia = Widerhall, zu lat. resonare, ↑resonieren]: **1.** (Physik, Musik) *das Mitschwingen, -tönen eines Körpers in der Schwingung eines anderen Körpers:* R. erzeugen; das Instrument hat keine gute R. **2.** (bildungsspr.) *Diskussion, Äußerungen, Reaktionen, die durch etw. hervorgerufen worden sind u. sich darauf beziehen; Widerhall, Zustimmung:* die R. auf diesen Vorschlag war schwach; R. finden; auf R. stoßen.

Re|so|nanz|bo|den, der (Musik): *(bes. bei Saiteninstrumenten) klangverstärkender Boden aus Holz.*

Re|so|nanz|kas|ten, der (Musik): vgl. Resonanzkörper.

Re|so|nanz|kör|per, der (Musik): *(bes. bei Saiteninstrumenten) Hohlkörper aus Holz, durch den die Schwingungen eines Tons u. damit der Klang verstärkt werden.*

Re|so|nanz|raum, der (Physik): *die Resonanz* (1) *verstärkender Hohlraum.*

Re|so|nanz|sai|te, die (Musik): *(bei bestimmten Instrumenten) zur Verstärkung eines Obertones frei mitschwingende Saite.*

Re|so|na|tor, der; -s, …oren (Physik, Musik): *Körper, der bei der Resonanz* (1) *mitschwingt, mittönt.*

re|so|nie|ren (sw. V.; hat) [lat. resonare = wieder ertönen, aus: re- = wieder, zurück u. sonare = tönen, hallen] (Physik, Musik): *mitschwingen.*

Re|so|pal®, das; -s [Kunstwort]: *leicht abwaschbarer, widerstandsfähiger Kunststoff, der als Schicht für Tischplatten o. Ä. verwendet wird.*

re|sor|bie|ren (sw. V.; hat) [lat. resorbere = zurückschlürfen] (Biol., Med.): *flüssige od. gelöste Stoffe über den Verdauungstrakt od. über die Haut u. Schleimhaut in die Blut- od. Lymphbahn aufnehmen.*

Re|sorp|ti|on, die; -, -en [geb. nach ↑Absorption] (Biol., Med.) *das Resorbieren.*

Re|so|zi|a|li|sa|ti|on, die; -, -en: *Resozialisierung.*

re|so|zi|a|li|sier|bar (Adj.): *sich resozialisieren lassend.*

re|so|zi|a|li|sie|ren (sw. V.; hat) [zu lat. re- = wieder, zurück u. ↑sozialisieren]: *[nach Verbüßung einer Haftstrafe] (mit den Mitteln der Pädagogik, Medizin, Psychotherapie) schrittweise wieder in die Gesellschaft eingliedern:* kriminelle Jugendliche r.

Re|so|zi|a|li|sie|rung, die; -, -en: *das Resozialisieren; das Resozialisiertwerden.*

re|so|zi|a|li|sie|rungs|fä|hig (Adj.): *resozialisierbar.*

resp. = respektive.

Res|pekt, der; -[e]s [frz. respect < lat. respectus = das Zurückblicken; Rücksicht, zu: respicere = zurückschauen; Rücksicht nehmen, zu: re- = wieder, zurück u. specere = schauen]: **1.** *auf Anerkennung, Bewunderung beruhende Achtung:* [großen, keinen, einigen] R. vor jmdm., etw. haben; jmdm. seinen R. erweisen, zollen; R. vor jmds. Leistung, Alter haben; eine [große] R. einflößende Persönlichkeit; R. [R.]! *(sehr beachtlich, anerkennenswert!).* **2.** *vor jmdm. aufgrund seiner höheren, übergeordneten Stellung empfundene Scheu, die sich in dem Bemühen äußert, kein Missfallen zu erregen:* sich R. verschaffen; eine R. einflößende Person; er lässt es am nötigen R. fehlen; Ü vor dieser Kurve haben alle gewaltigen R. **3.** (Schrift- u. Buchw., Kunstwiss.) *frei gelassener Rand einer Buch-, Briefseite, eines Kupferstichs o. Ä.*

res|pek|ta|bel (Adj.; …bler, -ste) [engl. respectable, frz. respectable] (bildungsspr.): **a)** *Respekt* (1) *verdienend; achtbar:* eine respektable Persönlichkeit; **b)** *zu respektierend* (2): eine respektable Entscheidung; er hat respektable Gründe für sein Handeln; **c)** *über das Übliche, Erwartete in beeindruckender Weise hinausgehend u. deshalb Beachtung, Anerkennung verdienend; beachtlich:* ein Garten von respektabler Größe; eine respektable Leistung; ein sehr respektabler Wein.

Res|pek|ta|bi|li|tät, die; - (bildungsspr.): *das Respektabelsein; respektables Wesen.*

Res|pekt|blatt, das [zu ↑Respekt (3)] (Buchw.): *leeres Blatt am Anfang eines Buches.*

res|pekt|ein|flö|ßend (Adj.): *jmdm. Respekt* (1, 2) *abnötigend:* sie wirkt sehr r.

res|pek|tie|ren (sw. V.; hat) [frz. respecter < lat. respectare = sich umsehen; berücksichtigen, Intensivbildung zu: respicere, ↑Respekt]: **1.** *jmdm., einer Sache Respekt* (1) *entgegenbringen; achten:* jmdn., jmds. Haltung r. **2.** *etw. als vertretbar, legitim anerkennen, gelten lassen:* Gesetze, Gebote, jmds. Ansichten r. **3.** (Geldw.) *(einen Wechsel) anerkennen u. bezahlen.*

res|pek|tier|lich (Adj.) (veraltend): *respektabel* (a).

Res|pek|tie|rung, die; -: *das Respektieren; das Respektiertwerden.*

res|pek|tiv (Adj.) [zu ↑respektive] (veraltet): *jeweilig.*

res|pek|ti|ve (Konj.) [zu mlat. respectivus = beachtenswert] (bildungsspr.): *beziehungsweise* (Abk.: resp.)

res|pekt|los (Adj.): *den angebrachten Respekt vermissen lassend:* eine -e Bemerkung; sich [jmdm. gegenüber] r. benehmen.

Res|pekt|lo|sig|keit, die; -, -en: **1.** (o. Pl.) *respektlose Haltung, Art.* **2.** *respektlose Handlung, Äußerung.*

Res|pekts|per|son, die: *jmd., dem aufgrund seiner übergeordneten, hohen Stellung gemeinhin Respekt* (2) *entgegengebracht wird.*

R

res|pekt|voll ⟨Adj.⟩: *[großen] Respekt* (1, 2) *erkennen lassend:* jmdn. r. grüßen.

Re|spi|ra|ti|on, die; - [lat. respiratio = das Atemholen, zu: respirare, ↑respirieren] (Med.): *Atmung.*

Re|spi|ra|ti|ons|ap|pa|rat, der (Anat.): *Gesamtheit der äußeren u. inneren Atmungsorgane.*

Re|spi|ra|tor, der; -s, ...oren (Med.): *Beatmungsgerät.*

re|spi|ra|to|risch ⟨Adj.⟩ (Med.): *die Respiration betreffend, auf ihr beruhend, zu ihr gehörend.*

re|spi|rie|ren ⟨sw. V.; hat⟩ [lat. respirare = (aus)atmen] (Med.): *atmen.*

Res|pi|zi|ent, der; -en, -en [zu lat. respiciens (Gen.: respicientis), 1. Part. von: respicere, ↑respizieren] (veraltet): *Berichterstatter.*

res|pon|die|ren ⟨sw. V.; hat⟩ [lat. respondere (2. Part.: responsum) = antworten]: **a)** (bildungsspr.) *(bes. einem Chorführer, einem Vorsänger o. Ä.) in einer bestimmten festgelegten Form, mit einem bestimmten Text, Gesang o. Ä. antworten;* **b)** (veraltet) *antworten.*

Res|pons, der; -es, -e [lat. responsum = Antwort] (bildungsspr.): *auf eine Initiative, auf bestimmte Vorschläge, Anregungen hin erfolgende Reaktion der anderen Seite.*

Res|pon|so|ri|um, das; -s, ...ien [mlat. responsorium < kirchenlat. responsoria (Pl.)]: *liturgischer Wechselgesang (für Vorsänger u. Chor od. Chor u. Gemeinde).*

Res|sen|ti|ment [rɛsãti'mã:, rə...], das; -s, -s [frz. ressentiment = heimlicher Groll, zu: ressentir = lebhaft empfinden] (bildungsspr.): *auf Vorurteilen, einem Gefühl der Unterlegenheit, Neid o. Ä. beruhende gefühlsmäßige, oft unbewusste Abneigung:* -s gegen jmdn., gegenüber jmdm. haben.

Res|sort [rɛ'so:ɐ̯], das; -s, -s [frz. ressort, zu: ressortir = hervorgehen, zugehören, zu: sortir = [her]ausgehen]: **a)** *[von einem Verantwortlichen betreuter] fest umrissener Aufgaben-, Zuständigkeitsbereich (einer Institution):* ein R. übernehmen, abgeben, verwalten; etw. fällt in, gehört zu jmds. R.; **b)** *Abteilung o. Ä., die für ein bestimmtes Ressort* (a) *zuständig ist:* ein R. leiten; -s zusammenlegen.

Res|sort|lei|ter, der: *Leiter eines Ressorts* (b).

Res|sort|lei|te|rin, die: w. Form zu ↑Ressortleiter.

Res|sour|ce [rɛ'sʊrsə], die; -, -n ⟨meist Pl.⟩ [frz. ressource, zu afrz. resourdre < lat. resurgere = wieder erstehen] (bildungsspr.): **1.** *natürlich vorhandener Bestand von etw., was für einen bestimmten Zweck, bes. zur Ernährung der Menschen u. zur wirtschaftlichen Produktion, [ständig] benötigt wird:* materielle -n; neue -n erschließen; -n ausbeuten, ausschöpfen. **2.** *Bestand an Geldmitteln, Geldquelle, auf die jmd. zurückgreifen kann:* meine -n sind erschöpft; er verfügt über beachtliche -n.

Rest, der; -[e]s, -e, -er u. -en [spätmhd. rest(e) < ital. resto = übrig bleibender Geldbetrag, zu: restare < lat. restare = übrig bleiben, aus: re- = zurück, wieder u. stare = stehen]: **1. a)** ⟨Pl. -e⟩ *etw., was beim Verbrauch, Verzehr von etw. übrig geblieben ist:* ein kleiner, trauriger R.; der letzte R.; von dem Wein ist noch ein R. da; ein R. Farbe; den R. des Geldes haben wir vernascht; heute gibt es -e *(bei vorherigen Mahlzeiten übrig Gebliebenes);* R das ist der [letzte] R. vom Schützenfest (ugs.; *das ist alles, was noch übrig ist*); **b)** ⟨Pl. -e, selten⟩ *etw., was von etw. weitgehend Verschwundenem, Geschwundenem noch vorhanden ist:* ein letzter R. an Gemeinsamkeit; die -e politischer Vernunft; **c)** ⟨Pl. -e, meist Pl.⟩ *etw., was von etw. Vergangenem, Zerstörtem, Verfallenem, Abgestorbenem noch vorhanden ist; Überrest:* fossile -e; die -e versunkener Kulturen ausgraben; **d)** ⟨Pl. -e, Kaufmannsspr. auch: -er u. (schweiz.:) -en⟩ *letztes [nur noch zu reduziertem Preis verkäufliches] Stück von einer Meterware:* preiswerte -e; den Kissenbezug hat sie aus einem R. *(Stoffrest)* genäht. **2.** ⟨o. Pl.⟩ *etw., was zur Vervollständigung, zur Vollständigkeit, zur Abgeschlossenheit von etw. noch fehlt:* den R. des Tages schliefen sie; den R. des Weges gehe ich zu Fuß; den R. *(den Restbetrag)* stunde ich dir; * **der R. der Welt** (ugs.; *alle Übrigen*): gegen den R. der Welt antreten; **einem Tier den R. geben** (ugs.; *ein Tier, das bereits schwer krank od. verletzt ist, töten*); **jmdm., einer Sache den R. geben** (ugs.: *jmdn. ganz zugrunde richten, vernichten; etw. ganz zerstören*); **sich den R. holen** (ugs.; *ernstlich krank werden*). **3.** ⟨Pl. -e⟩ (Math.) *Zahl, die beim Dividieren übrig bleibt, wenn die zu teilende Zahl kein genaues Vielfaches des Teilers ist.* **4.** ⟨Pl. -e⟩ (Chemie) *Gruppe von Atomen innerhalb eines Moleküls, die untereinander meist stärker als an die übrigen Atome gebunden sind u. bei Reaktionen als Einheit auftreten.*

Rest|al|ko|hol, der: *nach teilweisem Abbau des Blutalkohols noch vorhandener Rest von Blutalkohol.*

Res|tant, der; -en, -en [zu lat. restans (Gen.: restantis), 1. Part. von: restare, ↑Rest]: **1.** (Geldw.) *mit fälligen Zahlungen im Rückstand befindlicher Schuldner.* **2.** (Bankw.) *ausgelostes od. gekündigtes, aber nicht eingelöstes Wertpapier.* **3.** (Wirtsch.) *Ladenhüter, Reststück.*

Res|tan|tin, die; -, -nen: w. Form zu ↑Restant (1).

Rest|auf|la|ge, die: *noch nicht abgesetzter Rest einer Auflage* (1 a).

Res|tau|rant [rɛsto'rã:], das; -s, -s [frz. restaurant, subst. 1. Part. von: restaurer, ↑restaurieren; urspr. = Imbiss (1)]: *Gaststätte, in der Essen serviert wird; Speisegaststätte:* ein billiges, gutes, italienisches R. besuchen; ins R. gehen; im R. essen.

Res|tau|ra|ti|on [...tau...], die; -, -en [spätlat. restauratio = Wiederherstellung, zu lat. restaurare, ↑restaurieren]: **1.** (bildungsspr.) *das Restaurieren* (1). **2.** (Geschichte, Politik) *Wiederherstellung früherer (z. B. durch eine Revolution beseitigter) gesellschaftlicher, politischer Verhältnisse [u. Wiedereinsetzung einer abgesetzten Regierung, Dynastie o. Ä.]:* eine gesellschaftliche, wirtschaftliche R. **3.** (veraltet) *Restaurant.*

Res|tau|ra|ti|ons|be|trieb, der: *Restauration* (3).

Res|tau|ra|ti|ons|po|li|tik, die: *eine Restauration* (2) *anstrebende Politik.*

Res|tau|ra|ti|ons|wa|gen, der (bes. österr.): *Speisewagen.*

Res|tau|ra|ti|ons|zeit, die: *Zeit der politischen, gesellschaftlichen Restauration* (2): die Literatur der R.

res|tau|ra|tiv ⟨Adj.⟩ (bildungsspr.): *die Restauration* (2) *betreffend, durch sie gekennzeichnet, zu ihr gehörend:* -e Bestrebungen, Tendenzen.

Res|tau|ra|tor, der; -s, ...oren [spätlat. restaurator, zu lat. restaurare, ↑restaurieren]: *jmd., der Kunstwerke restauriert* (Berufsbez.).

Res|tau|ra|to|rin, die; -, -nen: w. Form zu ↑Restaurator.

res|tau|rie|ren ⟨sw. V.; hat⟩ [frz. restaurer = wiederherstellen, stärken < lat. restaurare = wiederherstellen]: **1.** (bildungsspr.) *ein schadhaftes, unansehnlich gewordenes, in den Farben verblichenes o. ä. Kunstwerk, Gemälde od. Bauwerk wiederherstellen, wieder in seinen ursprünglichen Zustand bringen:* ein Gemälde, ein Bauwerk, einen Film fachmännisch, sorgfältig r. **2.** (bildungsspr.) *eine frühere politische, gesellschaftliche Ordnung wiederherstellen.*

Res|tau|rie|rung, die; -, -en: *das Restaurieren; das Restauriertwerden.*

Rest|be|stand, der: *Rest eines Bestands, bes. an Waren:* preiswerte Bücher aus Restbeständen.

Rest|be|trag, der: *noch nicht gezahlter Teilbetrag einer Gesamtsumme; restlicher* (b) *Betrag.*

Res|te|buch|han|del, der: *Zweig des Buchhandels, der auf den Vertrieb von Restauflagen o. Ä. spezialisiert ist; modernes Antiquariat.*

Res|ten, Res|ter: Pl. von ↑Rest (1 d).

Res|te|ver|kauf, der: *Verkauf von Restposten zu Sonderpreisen.*

Res|te|ver|wer|tung, die: *Verwertung von Resten* (1 a), *bes. bei der Zubereitung von Speisen.*

res|tez [rɛs'te; frz., Imperativ Pl. von: rester < lat. restare, ↑Rest] (Musik): *bleiben Sie!* (Anweisung für Instrumentalisten, in derselben Lage od. auf derselben Saite zu bleiben).

Rest|grup|pe, die (Chemie): *Rest* (4).

Rest|harn, der (Med.): *nach dem Wasserlassen noch in der Blase verbleibender Harn.*

res|ti|tu|ie|ren ⟨sw. V.; hat⟩ [lat. restituere] (bes. Rechtsspr.): **a)** *wiederherstellen;* **b)** *[rück]erstatten, ersetzen.*

Res|ti|tu|ti|on, die; -, -en [lat. restitutio, zu: restituere, ↑restituieren]: **1.** (bildungsspr.) *Wiederherstellung.* **2. a)** (Völkerr.) *Wiedergutmachung od. Schadensersatz für einen Schaden, der einem Staat von einem anderen zugefügt wurde;* **b)** *(im römischen Recht) Aufhebung einer Entscheidung, die eine unbillige Rechtsfolge begründet.* **3.** (Biol.) *Form der Regeneration von Teilen eines Organismus (z. B. Geweihstangen, Haare), die auf normale Art u. Weise verloren gegangen sind.*

Res|ti|tu|ti|ons|kla|ge, die (Rechtsspr.): *Klage auf Wiederaufnahme eines schon rechtskräftig abgeschlossenen Verfahrens.*

rest|lich ⟨Adj.⟩: **a)** *einen Rest* (1 a) *darstellend; übrig [geblieben]:* das -e Geld will ich sparen; **b)** *einen Rest* (2) *darstellend; übrig:* die -en Arbeiten erledige ich morgen.

rest|los ⟨Adj.⟩ (emotional): *(in Bezug auf einen entsprechenden Zustand o. Ä.) ganz u. gar, gänzlich, völlig:* ich bin r. begeistert; etw. r. satt haben.

Rest|müll, der: *(bei Mülltrennung) Müll, der sich nur aus Stoffen zusammensetzt, die nicht zur Wiederverwertung vorgesehen sind:* Zigarettenkippen sind R., gehören in den R.

Rest|pos|ten, der (Kaufmannsspr.): *von einem größeren Posten übrig gebliebener, noch nicht abgesetzter Rest* (1 d).

Res|trik|ti|on, die; -, -en [lat. restrictio, zu: restringere, ↑restringieren]: **a)** (bildungsspr.) *Einschränkung, Beschränkung (von jmds. Rechten, Befugnissen, Möglichkeiten):* jmdm. -en auferlegen; **b)** (Sprachw.) *für den Gebrauch eines Wortes, einer Wendung o. Ä. geltende, im System der Sprache liegende Einschränkung.*

Res|trik|ti|ons|maß|nah|me, die (Politik): *staatliche Maßnahme, durch die der Wirtschaft eine Restriktion* (a) *auferlegt wird.*

res|trik|tiv ⟨Adj.⟩: **1.** (bildungsspr.) *(jmds. Rechte, Möglichkeiten o. Ä.) ein-, beschränkend:* -e Maßnahmen. **2.** (Sprachw.) *(eine Aussage) einschränkend:* -e Konjunktionen, Adverbien, Modalsätze.

res|trin|gie|ren ⟨sw. V.; hat⟩ [lat. restringere, eigtl. = zurückbinden] (selten): *einschränken, beschränken:* die Produktion von etw. r.

res|trin|giert ⟨Adj.⟩ (Sprachw.): *wenig differenziert:* -er Code (↑Code 3).

Rest|ri|si|ko, das: *verbleibendes Risiko, das nicht ausgeschaltet werden kann.*

Rest|stück, das: *übrig gebliebenes Stück, Teil von etw; Stück aus einem Restposten.*

Rest|sü|ße, die (Fachspr.): *nach der Gärung im Wein unvergoren zurückbleibende Menge Zucker.*

Rest|zu|cker, der (Fachspr.): *Restsüße.*

Re|sul|tan|te, die; -, -n [frz. résultante, zu: résulter, ↑resultieren] (Physik): *Summe zweier [nach dem Kräfteparallelogramm addierter] od. mehrerer Vektoren.*

Re|sul|tat, das; -[e]s, -e [frz. résultat, zu mlat. resultatum = Folgerung, Schluss; Ergebnis, subst. 2. Part. von: resultare, ↑resultieren] (bildungsspr.): **a)** *Ergebnis einer Rechnung, Auszählung, Messung o. Ä.:* das R. einer Addition, Erhebung; **b)** *etw., was sich aus entsprechenden Bemühungen usw. als Ergebnis ermitteln, feststellen lässt:* die neuesten -e der Forschung; ein gutes, optimales, glänzendes R. erreichen, erzielen.

re|sul|tie|ren ⟨sw. V.; hat⟩ [frz. résulter < mlat. resultare = entspringen, entstehen < lat. resultare = zurückspringen, -prallen, zu: re- = wieder, zurück u. saltare = tanzen, springen] (bildungsspr.): *als Ergebnis, Folge, Wirkung aus etw. hervorgehen; sich ergeben:* dieses positive Ergebnis resultiert aus dem gesteigerten Einsatz aller.

Re|sü|mee, das; -s, -s [frz. résumé, subst. 2. Part. von: résumer, ↑resümieren] (bildungsspr.): **a)** *knappe Inhaltsangabe, kurze Zusammenfassung:* er gab ein kurzes R. der Debatte; **b)** *als das Wesentliche, als eigentlicher Inhalt, als wichtiges Ergebnis von etw. Anzusehendes; Schlussfolgerung:* das R. seiner Ausführungen war, dass Preissteigerungen unabwendbar seien; * **das R. ziehen** *(festhalten, was wichtig, wesentlich war).*

re|sü|mie|ren ⟨sw. V.; hat⟩ [frz. résumer < lat. resumere = wieder (an sich) nehmen, wiederholen, aus: re- = wieder, zurück u. sumere = [an sich] nehmen] (bildungsspr.): **a)** *kurz in den wesentlichen Punkten noch einmal darlegen; zusammenfassen;* **b)** *als Resümee* (b), *Fazit* (2) *festhalten, feststellen.*

Re|sur|rek|ti|on, die; -, -en [kirchenlat. resurrectio, zu lat. resurgere, ↑Ressource] (Rel.): *Auferstehung.*

Ret usw.: ↑Reet usw.

Re|ta|bel, das; -s, - [frz. retable, zu lat. retro = hinter, rück- u. tabula = (Bild)tafel] (Kunstwiss.): *Altaraufsatz.*

Re|tar|da|ti|on [re...], die; -, -en [frz. retardation < lat. retardatio, zu: retardare, ↑retardieren] (bildungsspr.): *Verzögerung, Verlangsamung eines Ablaufs, einer Entwicklung; Entwicklungsverzögerung.*

re|tar|die|ren ⟨sw. V.; hat⟩ [frz. retarder < lat. retardare]: (bildungsspr.) *(einen Ablauf) verzögern, aufhalten:* einen Prozess, eine Entwicklung r.; ein retardierendes Moment.

re|tar|diert ⟨Adj.⟩ (Anthrop., Psych.): *in der körperlichen od. geistigen Entwicklung nicht der Norm entsprechend.*

Re|ten|ti|on, die; -, -en [lat. retentio = das Zurückhalten, zu: retentum, 2. Part. von: retinere = zurückhalten]: **1.** (Med.) *Funktionsstörung, die darin besteht, dass ein auszuscheidender Stoff nicht [in ausreichendem Maße] ausgeschieden wird; Verhaltung* (1 b). **2.** (Psych.) *Leistung des Gedächtnisses in Bezug auf Lernen, Reproduzieren u. Wiedererkennen.*

Re|ten|ti|ons|raum, der (Wasserbau): *[ungenutzte] Fläche, die bei Hochwasser eines Flusses überflutet wird u. so ein zu starkes Ansteigen des Wassers verhindert.*

Re|ten|ti|ons|recht, das ⟨o. Pl.⟩ (Rechtsspr.): *Recht des Schuldners, eine fällige Leistung zu verweigern, solange ein Gegenanspruch nicht erfüllt ist.*

re|ti|ku|lar, re|ti|ku|lär ⟨Adj.⟩ (Anat.): *netzartig [verzweigt], netzartig.*

re|ti|ku|liert ⟨Adj.⟩: *mit netzartigem Muster versehen:* -e Gläser *(Gläser mit einem netzartigen Muster aus eingeschmolzenen Fäden).*

Re|ti|ku|lum, das; -s, ...la [lat. reticulum, Vkl. von: rete = Netz]: (Zool.) *Netzmagen.*

Re|ti|na, die; -, ...nae [...nɛ; zu lat. rete = Netz] (Anat.): *Netzhaut.*

Re|ti|ni|tis, die; -, ...nitiden (Med.): *Entzündung der Netzhaut.*

Re|ti|nol, das; -s: *Vitamin A_1.*

Re|ti|ra|de, die; -, -n [1: nach Retirade (2); 2: frz. retirade, zu: se retirer, ↑retirieren]: **1.** (veraltend verhüll.) [1]*Abort.* **2.** (veraltet) *[militärischer] Rückzug.*

re|ti|rie|ren ⟨sw. V.; ist⟩ [frz. se retirer, aus: re- (< lat. re-) = zurück u. tirer = ziehen]: **1. a)** (veraltet) *(von Truppen) sich [eilig] zurückziehen; fliehen;* **b)** (bildungsspr., oft scherzh.) *sich zurückziehen; sich aus dem Kreis anwesender Personen entfernen; verschwinden:* ins Nebenzimmer r. **2.** (bildungsspr. scherzh.) *auf die Toilette gehen.*

Re|tor|si|on, die; -, -en [frz. rétorsion, unter Einfluss von: torsion (↑Torsion) zu lat. retorquere, ↑Retorte] (Rechtsspr.): *Erwiderung eines unfreundlichen Aktes durch eine entsprechende Gegenmaßnahme; Vergeltung.*

Re|tor|te, die; -, -n [mlat. retorta = die Zurückgedrehte, zu lat. retortum, 2. Part. von: retorquere = rückwärts drehen; nach dem gedrehten Hals] (Chemie): **a)** *kugeliges Glasgefäß mit einem langen, am Ansatz schräg abwärts gebogenen, sich verjüngenden Hals (zum Destillieren von Flüssigkeiten):* * **aus der R.** (ugs., oft abwertend; *[als Ersatz für etw. Natürliches, Echtes, Gewachsenes] auf künstliche Weise hergestellt, geschaffen*): eine Stadt aus der R.; **b)** *(in der Industrie verwendeter) mit feuerfestem Material ausgekleideter [kesselförmiger] Behälter, in dem chemische Reaktionen ausgelöst werden.*

Re|tor|ten|ba|by, das (Jargon): *Baby, das sich aus einem außerhalb des Mutterleibs befruchteten u. dann wieder in die Gebärmutter eingebrachten Ei entwickelt hat.*

Re|tor|ten|stadt, die (ugs. abwertend): *als Ganzes geplante u. angelegte, nicht natürlich gewachsene Stadt.*

re|tour [re'tu:ɐ̯] ⟨Adv.⟩ [frz. retour = Rückkehr, zu: retourner, ↑retournieren] (landsch., österr., schweiz., sonst veraltet): *zurück:* hin sind wir gefahren, r. gelaufen.

Re|tour|bil|let[t], das (schweiz., sonst veraltet): *Rückfahrkarte.*

Re|tour|fahr|kar|te, die (österr., sonst veraltet): *Rückfahrkarte.*

Re|tour|geld, das (schweiz.): *Wechselgeld.*

Re|tour|kar|te, die (österr., sonst veraltet): *Rückfahrkarte.*

Re|tour|kut|sche, die (ugs.): *das Zurückgeben eines Vorwurfs, einer Beleidigung o. Ä. [bei passender Gelegenheit] mit einem entsprechenden Vorwurf, einer entsprechenden Beleidigung:* mit einer R. reagieren.

re|tour|nie|ren [retʊr...] ⟨sw. V.; hat⟩ [frz. retourner = umkehren, über das Vlat. zu lat. tornare, ↑[1]turnen]: **1. a)** (Kaufmannsspr.) *(Waren) an den Lieferanten zurücksenden;* **b)** (österr.) *zurückgeben, -bringen:* [jmdm.] ein geliehenes Buch r. **2.** (Sport, bes. Tennis) *(den vom Gegner geschlagenen Ball) zurückschlagen:* den Aufschlag konnte er nicht r.; ⟨auch o. Akk.-Obj.:⟩ hervorragend, sauber r.

Re|tour|spiel, das (Sport österr.): *Rückspiel.*

Re|tri|bu|ti|on, die; -, -en [frz. rétribution < kirchenlat. retributio = Vergeltung] (veraltet): **a)** *Vergeltung, Rache;* **b)** *Rückgabe, Wiedererstattung (z. B. eines Geldbetrages).*

Re|trie|val [rɪ'tri:vl], das; -s, -s [engl. retrieval, zu: retrieve = zurück-, herausholen] (EDV): *Verfahren zur Auffindung von Informationen.*

Re|trie|ver [rɪ'tri:vɐ], der; -s, - [engl. retriever, zu: to retrieve, ↑Retrieval]: *Jagdhund, der bes. für das Apportieren gezüchtet wird.*

Re|tro, die; -, -s (ugs.): Kurzform von ↑Retrospektive.

re|tro-, Re|tro- [lat. retro] (Best. in Zus. mit der Bed.): **a)** *nach hinten, rückwärts [gerichtet];* (z. B. retrospektiv, Retroflexion); **b)** (bes. Med.) *hinten, hinter etw. gelegen, lokalisiert* (z. B. retronasal).

re|tro|flex ⟨Adj.⟩ [zu lat. retroflexum, 2. Part. von: retroflectere = zurückbiegen] (Sprachw.): *(von Lauten) mit der zurückgebogenen Zungenspitze gebildet; zerebral* (2).

Re|tro|flex, der; -es, -e (Sprachw.): *mit der zurückgebogenen Zungenspitze gebildeter Laut; Zerebral.*

Re|tro|fle|xi|on, die; -, -en (Med.): *Abknickung eines Organs (bes. der Gebärmutter) nach hinten.*

re|tro|grad ⟨Adj.⟩ [spätlat. retrogradis = zurückgehend, zu lat. gradi = schreiten]: **1.** (Astron.) *rückläufig* (2). **2.** (Sprachw.) *rückgebildet:* eine -e Bildung *(Rückbildung).* **3.** (Med.) *(von Amnesien) die Zeit vor dem Verlust des Bewusstseins betreffend.*

re|tro|na|sal ⟨Adj.⟩ (Med.): *hinter der Nase, im Nasen-Rachen-Raum lokalisiert, befindlich.*

Re|tro|spek|ti|on, die; -, -en [zu lat. spectum, 2. Part. von: specere = schauen] (bildungsspr.): *Rückschau.*

re|tro|spek|tiv ⟨Adj.⟩ (bildungsspr.): *zurückschauend, rückblickend:* eine -e Sicht; etw. r. betrachten.

Re|tro|spek|ti|ve, die; -, -n (bildungsspr.): **1.** *Blick in die Vergangenheit; Rückblick, Rückschau:* erst die R. wird die historische Bedeutung der Ereignisse erkennen lassen; in der R. *(rückblickend).* **2.** *Präsentation (in Form einer Ausstellung, einer Reihe von Aufführungen o. Ä.) des [früheren] Werks eines Künstlers, der Kunst einer zurückliegenden Zeit o. Ä.:* das Kino zeigt in einer großen R. die wichtigsten Filme von Charlie Chaplin.

Re|tro|vi|rus, das, außerhalb der Fachspr. auch: der; -, ...viren ⟨meist Pl.⟩ [geb. aus engl. **re**verse **Tr**anskriptase u. ↑Virus] (Med.): *Tumore erzeugendes Virus.*

re|tro|ze|die|ren ⟨sw. V.; hat⟩ [lat. retrocedere = zurückweichen]: **1.** (veraltet) **a)** *zurückweichen;* **b)** *(eine Sache, einen Rechtsanspruch o. Ä.) wieder abtreten.* **2.** (Wirtsch.) *rückversichern.*

Re|tro|zes|si|on, die; -, -en [lat. retrocessio = das Zurückweichen, zu: retrocedere, ↑retrozedieren]: **1.** (veraltet) *das Retrozedieren* (1). **2.** (Wirtsch.) *Form der Rückversicherung.*

Ret|si|na, der; -[s], (Sorten:) -s [ngriech. retsína < mlat. resina < lat. resina < griech. rētínē = Harz]: *mit Harz versetzter griechischer Weißwein.*

rett|bar ⟨Adj.⟩ (selten): *noch zu retten; noch gerettet werden könnend.*

ret|ten ⟨sw. V.; hat⟩ [mhd. retten, ahd. (h)retten, H. u.]: **1.** *aus einer Gefahr, einer bedrohlichen Situation befreien u. dadurch vor Tod, Untergang, Verlust, Schaden o. Ä. bewahren:* einen Ertrinkenden r.; jmdn. aus den Flammen, vor dem Tod r.; jmdm. das Leben r.; er rettete sich durch einen Sprung aus dem Fenster; ein Zufall hat ihn gerettet; das rettende *(sichere)* Ufer erreichen; den Baumbestand r; wichtige Dokumente vor der Vernichtung r.; Kunstschätze durch, über die Kriegswirren r. *(vor dem Verlust, vor der Vernichtung bewahren);* R rette sich, wer kann! (scherzh.; Warnung vor etw. Unangenehmem, Lästigem); bist du, ist er usw. noch zu r.? (ugs.; *bist du, ist er usw. denn verrückt?*); Ü die Situation r. *(verhindern, dass sie peinlich o. ä. wird);* seine Ehre r.; er hatte die rettende *(einen Ausweg aufzeigende)* Idee; * **nicht mehr zu r. sein** (ugs.; *völlig verrückt, sehr unvernünftig sein*); **sich vor etw. nicht [mehr], kaum [noch] zu r. wissen/r. können** *(von etw. mehr haben, bekommen, als einem lieb ist):* sie kann sich vor Anrufen, Aufträgen, Verehrern kaum noch r. **2.** *in Sicherheit bringen; aus einem Gefahrenbereich wegschaffen:* sich ans Ufer r.; sich, seine Habe ins Ausland, über die Grenze r.; Ü sich ins Ziel r. (Sport; *mit knapper Not vorm Überholtwerden das Ziel erreichen*). **3.** (Mannschaftsspiele) *ein gegnerisches Tor o. Ä. im letzten Moment verhindern:* der Torwart rettete mit einer Parade; auf der Linie r. *(den Ball auf der Torlinie erreichen u. so das drohende Tor verhindern).*

Ret|ter, der; -s, - [mhd. rettære]: *jmd., der jmdn., etw. rettet.*

Ret|te|rin, die; -, -nen: w. Form zu ↑Retter.

Ret|tich, der; -s, -e [mhd. retich, rætich, ahd. rātīh < lat. radix = Wurzel]: **1.** *(zu den Kreuzblütlern gehörende, in verschiedenen Arten vorkommende) Pflanze mit rübenförmig verdickter, würzig schmeckender Wurzel u. weißen od. rötlichen Blüten.* **2.** *essbare, scharf schmeckende Wurzel des Rettichs* (1): -e raspeln; er isst gern, viel R.

rett|los ⟨Adj.⟩ (Seemannsspr.): *unrettbar:* ein -es Schiff.

Ret|tung, die; -, -en [mhd. rettunge]: **1.** *das Retten* (1), *Gerettetwerden:* R. aus Lebensgefahr; jmdm. R. bringen; auf R. hoffen; Ü ihm verdanke ich die R. meiner Ehre; * **jmds. [letzte] R. sein** (ugs.; *jmdm. aus einer bedrängten Lage helfen [kön-*

nen]). 2. (österr.) a) *Rettungsdienst;* b) *Rettungswagen.*

Rẹt|tungs|ak|ti|on, die: *Aktion mit dem Ziel, jmdn., etw. zu retten.*

Rẹt|tungs|an|ker, der: *Person, Sache, die einem Menschen in einer Notlage Halt gibt.*

Rẹt|tungs|ar|bei|ten ⟨Pl.⟩: vgl. Rettungsaktion.

Rẹt|tungs|ba|ke, die (Seew.): *Bake* (1 a) *mit einer Plattform o. Ä., die in Seenot Geratenen eine Zuflucht bietet.*

Rẹt|tungs|bo|je, die (Seew.): *einer Boje ähnlicher Schwimmkörper mit einer Fahne zum Markieren einer Stelle, an der jmd. über Bord gefallen ist.*

Rẹt|tungs|boot, das: a) (Seew.) *größeres Motorboot zur Rettung Schiffbrüchiger;* b) *von größeren Schiffen mitgeführtes kleines Boot zur Rettung der Besatzung u. der Fahrgäste in einer Notsituation (bes. beim Sinken des Schiffes).*

Rẹt|tungs|dienst, der: a) *Dienst* (2) *zur Rettung von Menschen aus [Lebens]gefahr;* b) ⟨o. Pl.⟩ *Gesamtheit aller Maßnahmen, die der Rettung aus [Lebens]gefahr dienen:* die für den R. zuständigen Institutionen.

Rẹt|tungs|ex|pe|di|ti|on, die: vgl. Rettungsaktion.

Rẹt|tungs|flug|zeug, das: vgl. Rettungswagen.

Rẹt|tungs|ge|rät, das: *Gerät zur Rettung von Personen aus [Lebens]gefahr* (z. B. Rettungsbombe, Sprungtuch).

Rẹt|tungs|in|sel, die (Seew.): *automatisch sich aufblasendes, mit einem zeltähnlichen Verdeck versehenes Schlauchboot zur Rettung Schiffbrüchiger o. Ä.*

Rẹt|tungs|kom|man|do, das: vgl. Rettungsmannschaft.

rẹt|tungs|los ⟨Adj.⟩: a) *ohne die Möglichkeit einer Rettung:* sie waren r. verloren; b) ⟨intensivierend bei Adj. u. Verben⟩ (ugs.) *in höchstem Maße, völlig:* r. verliebt sein.

Rẹt|tungs|mann|schaft, die: *für eine Rettungsaktion zusammengestellte Mannschaft; Mannschaft, die zur Rettung von Personen aus [Lebens]gefahr eingesetzt wird.*

Rẹt|tungs|me|dail|le, die: *Medaille, die an Personen verliehen wird, die unter Einsatz des eigenen Lebens jmdn. aus Lebensgefahr gerettet haben.*

Rẹt|tungs|ring, der: 1. *ring-, auch hufeisenförmiger Schwimmkörper, mit dem sich Ertrinkende od. Schiffbrüchige über Wasser halten können.* 2. (ugs. scherzh.) *etwa in Höhe der Hüfte um den Körper verlaufender Fettwulst (bei dicken Menschen).*

Rẹt|tungs|schlit|ten, der: *(von der Bergwacht verwendetes) einem Schlitten ähnliches Transportmittel für die Bergung von Verletzten.*

Rẹt|tungs|schuss, der: in der Fügung finaler R. (Polizeiw.; *auf einen Täter abgegebener, dessen Tötung bezweckender Schuss zur Rettung einer anderen, von dem Täter bedrohten Person – z. B. bei einer Geiselnahme*).

Rẹt|tungs|schwim|men, das; -s: *Übungen im Wasser (z. B. Tauchen, Schwimmen in Kleidern), die der Vorbereitung zur Rettung Ertrinkender dienen.*

Rẹt|tungs|schwim|mer, der: *im Rettungsschwimmen ausgebildeter Schwimmer.*

Rẹt|tungs|schwim|me|rin, die: w. Form zu ↑Rettungsschwimmer.

Rẹt|tungs|sta|ti|on, die: *Station eines Rettungsdienstes* (a).

Rẹt|tungs|stel|le, die: vgl. Rettungsstation.

Rẹt|tungs|wa|gen, der: *im Rettungsdienst eingesetztes Kraftfahrzeug.*

Rẹt|tungs|we|sen, das ⟨o. Pl.⟩: *Gesamtheit aller Einrichtungen u. Maßnahmen zur Rettung von Menschenleben.*

Rẹt|tungs|wes|te, die (Seew.): *Schwimmweste, durch die auch ein bewusstloser Träger vor dem Ertrinken geschützt ist.*

Re|turn [ri'tø:ɐ̯n, ri'tœrn, engl.: rɪ'tə:n], der; -s, -s [engl. return, zu: to return < (a)frz. retourner, ↑retournieren] ([Tisch]tennis, Badminton): *Rückschlag* (2) *[nach einem gegnerischen Aufschlag]:* der R. *(zurückgeschlagene Ball)* landete im Netz.

Re|tu̱|sche, die; -, -n [frz. retouche, zu: retoucher, ↑retuschieren] (bes. Fot., Druckw.): a) *das Retuschieren:* an einem Foto, einem Klischee eine R. vornehmen; b) *Stelle, an der retuschiert worden ist:* einige kaum erkennbare -n.

re|tu|schie̱|ren ⟨sw. V.; hat⟩ [frz. retoucher = wieder berühren, überarbeiten, aus: re- (< lat. re- = wieder) u. toucher, ↑touchieren] (bes. Fot., Druckw.): *(bes. an einem Foto, einer Druckvorlage) nachträglich Veränderungen anbringen (um Fehler zu korrigieren, Details hinzuzufügen od. zu entfernen):* ein Foto, ein Negativ r.; ein retuschiertes Bild.

Re̱ue, die; - [mhd. riuwe, ahd. (h)riuwa, urspr. = seelischer Schmerz, H. u.]: *tiefes Bedauern über etw., was nachträglich als Unrecht, als [moralisch] falsch empfunden wird:* aufrichtige, bittere, tiefe R. [über etw.] empfinden, fühlen; [keine Spur von] R. zeigen; Strafmilderung bei öffentlicher R.; er tat es ohne R.; tätige R. (Rechtsspr.; *Abkehr eines Täters von einer bereits eingeleiteten strafbaren Handlung u. seine aktive Bemühung, etwaigen Schaden zu verhindern).*

re̱u|en ⟨sw. V.; hat⟩ [mhd. riuwen (sw. u. st. V.), ahd. (h)riuwan, (h)riuwōn] (geh.): *Reue in jmdm. hervorrufen:* sein Verhalten, die Tat reute ihn; der Kauf, die Geldausgabe reute ihn *(tat ihm Leid);* ⟨auch unpers.:⟩ reut es dich *(bedauerst du, tut es dir Leid),* mitgefahren zu sein?

re̱ue|voll ⟨Adj.⟩ (geh.): *von Reue über etw. erfüllt; voll Reue:* r. seine Schuld bekennen.

Re̱u|geld, das: 1. (Rechtsspr., Wirtsch.) *Geldsumme, die vereinbarungsgemäß beim Rücktritt von einem Vertrag zu zahlen ist.* 2. (Rennsport) *Geldbuße, die der Eigentümer zu zahlen hat, wenn er sein zu einem Rennen gemeldetes Pferd nicht teilnehmen lässt.*

re̱u|ig ⟨Adj.⟩ [mhd. riuwec, ahd. (h)riuwig] (geh.): *Reue empfindend, reuevoll:* ein -er Sünder; ein -es Eingeständnis seiner Schuld.

re̱u|mü|tig ⟨Adj.⟩ (öfter scherzh.): *Reue empfindend, bezeugend:* ein -es Geständnis; r. zurückkehren.

Re|uni|o̱n, die; -, -en [frz. réunion, aus: ré- = wieder u. union = Union]: 1. (bildungsspr. veraltet) *[Wieder]vereinigung.* 2. ⟨Pl.⟩ (hist.) *(in der 2. Hälfte des 17. Jh.s) territoriale Annexionen Ludwigs XIV. von Frankreich (bes. im Elsass u. in Lothringen).*

Re̱u|se, die; -, -n [mhd. riuse, ahd. riusa, rūs(s)a, urspr. = aus Rohr Geflochtenes, zu ↑Rohr]: a) kurz für ↑Fischreuse: -n stellen; Aale in -n fangen; b) kurz für ↑Vogelreuse.

Re̱u|ße, der; -n, -n (veraltet): Russe.

re|üs|sie̱|ren ⟨sw. V.; hat⟩ [frz. réussir < ital. riuscire, eigtl. = wieder hinausgehen] (bildungsspr.): *Anerkennung finden, Erfolg haben:* [als Autor, bei jmdm., mit etw.] r.

re̱u|ten ⟨sw. V.; hat⟩ [mhd., ahd. riuten, verw. mit ↑raufen] (südd., österr., schweiz. veraltet): *roden.*

Rev. = Reverend.

Re|vak|zi|na|ti|o̱n, die; -, -en [aus lat. re- = wieder u. ↑Vakzination] (Med.): *Zweit-, Wiederimpfung.*

Re̱|val: früherer deutscher Name von ↑Tallin[n].

re|va|lie̱|ren ⟨sw. V.; hat⟩ [zu lat. re- = wieder u. valere = Wert haben, gültig sein] (Kaufmannsspr.): *(eine Schuld) decken.*

Re|va|lie̱|rung, die; -, -en (Kaufmannsspr.): *Deckung (einer Schuld).*

Re|val|va|ti|o̱n, die; -, -en [geb. nach ↑Devalvation] (Wirtsch.): *Aufwertung einer Währung durch Korrektur des Wechselkurses.*

re|val|vie̱|ren ⟨sw. V.; hat⟩ [geb. nach ↑devalvieren] (Wirtsch.): *aufwerten.*

Re|van|che [re'vã:ʃ(ə), ugs. auch: re'vaŋʃə], die; -, -n [...ʃn̩] [frz. revanche, zu: (se) revancher, ↑revanchieren]: 1. (veraltend) *Vergeltung für eine erlittene [militärische] Niederlage:* auf R. sinnen. 2. *das Sichrevanchieren* (1): das ist eine R. für deine Gemeinheiten. 3. *Gegendienst, Gegenleistung für etw.:* als R. für ihre Hilfe lud er alle zu einem Fest ein. 4. (Sport, Spiel) a) *Chance, eine erlittene Niederlage bei einem Wettkampf in einer Wiederholung wettzumachen:* R. fordern; vom Gegner eine R. verlangen; jmdm. R. geben; R. nehmen, üben *(die Gelegenheit wahrnehmen, seine Niederlage wettzumachen);* auf R. brennen; b) *Rückspiel, bei dem eine vorangegangene Niederlage wettgemacht werden soll:* eine erfolgreiche, missglückte R.

Re|van|che|foul, das (Sport): *Foul, das jmd. an einem Spieler begeht, der ihn zuvor gefoult hat.*

Re|van|che|po|li|tik, die: *revanchistische Politik eines Landes.*

re|van|chie̱|ren [revã'ʃi:rən, auch: revaŋ'ʃi:rən], sich ⟨sw. V.; hat⟩ [frz. (se) revancher, zu: re- (< lat. re- = zurück, wieder) u. venger < lat. vindicare = rächen] (ugs.): 1. *jmdm. bei passender Gelegenheit etw. heimzahlen; sich für etw. rächen:* eines Tages wird er sich [für deine Bosheiten] r. 2. *sich für etw. mit einer Gegengabe, Gegenleistung bedanken, erkenntlich zeigen:* er revanchierte sich bei ihr mit einem großen Blumenstrauß für die Gastfreundschaft. 3. (Sport) *eine erlittene Niederlage durch einen Sieg in einem zweiten Spiel gegen denselben Gegner ausgleichen, wettmachen:* sich durch ein 2 : 0, mit einem 2 : 0 [für die Niederlage] r.

Re|van|chis|mus [revã'ʃɪsmʊs, auch: revaŋ...], der; - [russ. revanšizm] (bes. kommunist. abwertend): *Politik, die auf die Rückgewinnung in einem Krieg verlorener Gebiete od. die Annullierung aufgezwungener Verträge mit militärischen Mitteln ausgerichtet ist.*

Re|van|chist [revã'ʃɪst, auch: revaŋ...], der; -en, -en [russ. revanšist] (bes. kommunist. abwertend): *jmd., der in seinem Denken u. Handeln eine Revanchepolitik vertritt.*

Re|van|chịs|tin, die; -, -nen: w. Form zu ↑Revanchist.

re|van|chịs|tisch ⟨Adj.⟩ [nach russ. revanšistskij] (bes. kommunist. abwertend): *den Revanchismus betreffend:* -e Kräfte, Kreise; diese Politik ist r.

re̱ ve̱|ra [lat., zu: res = Sache u. verus = wahr] (veraltet): *in Wahrheit.*

Re|ve|rend ['rɛvərənd], der; -s, -s [engl. Reverend < lat. reverendus = Verehrungswürdiger, zu: revereri = sich fürchten, scheuen; verehren, aus: re- = wieder, zurück u. vereri = ängstlich beobachten, sich scheuen]: 1. ⟨o. Pl.⟩ *(in englischsprachigen Ländern) Titel u. Anrede für einen Geistlichen.* 2. *Träger dieses Titels* (Abk.: Rev.).

Re|ve|rẹnz, die; -, -en [lat. reverentia = Ehrfurcht, zu revereri, ↑Reverend] (bildungsspr.): 1. *Ehrerbietung, Hochachtung einem Höhergestellten, einer Respektsperson gegenüber:* jmdm. [die, seine] R. erweisen, bezeigen *(jmdn. mit Respekt, Ehrerbietung [be]grüßen).* 2. *Verbeugung, Verneigung o. Ä. als Bezeigung von Respekt:* eine ehrerbietige R. [vor jmdm. machen].

[1]**Re|vers** [re've:ɐ̯, auch: rə've:ɐ̯, rə'vɛ:ɐ̯, rə'vɛ:ɐ̯], das, österr.: der; -, - [frz. revers, zu lat. reversum, 2. Part. von: revertere = umwenden]: *(mit dem Kragen eine Einheit bildender) mehr od. weniger breiter Aufschlag am Vorderteil bes. von Mänteln, Jacken, Jacketts:* ein schmales, breites, steigendes, fallendes R.

[2]**Re|vers** [re'vɛrs, rə'vɛ:ɐ̯], der; -es [re'vɛrzəs] u. -[rə'vɛ:ɐ̯(s)], -e [re'vɛrzə] u. - [rə'vɛ:ɐ̯s; frz. revers = Rückseite, ↑[1]Revers] (Münzk.): *Rückseite einer Münze od. Medaille.*

[3]**Re|vẹrs,** der; -es, -e [mlat. reversum = Antwort, eigtl. = umgekehrtes Schreiben, zu lat. revertere, ↑[1]Revers]: *schriftliche Erklärung, durch die sich jmd. zu etw. Bestimmtem verpflichtet.*

Re|verse [rɪ'və:s], das; - [engl. reverse, zu: to reverse < frz. reverser = umkehren]: *Autoreverse.*

re|ver|si̱|bel [rever...] ⟨Adj.⟩ [frz. réversible, zu lat. reversum, ↑[1]Revers] (Fachspr.): *umkehrbar:* reversible und irreversible Prozesse.

Re|ver|si|bi|li|tät, die; - (Fachspr.): *Umkehrbarkeit.*

Re|ver|si|on, die; -, -en [lat. reversio, zu: reversum, ↑[1]Revers] (Fachspr.): *Umkehrung, Umdrehung.*

Re|vers|sys|tem, das (Wirtsch.): *Sicherstellung von Preisbindungen durch Verpflichtung der Zwischenhändler u. Einzelhändler.*

Re|vi|dent, der; -en, -en [zu ↑revidieren] (Rechtsspr.): *jmd., der in einem Rechtsstreit das Rechtsmittel der Revision anwendet.*

re|vi|die|ren ⟨sw. V.; hat⟩ [mlat. revidere = prüfend einsehen < lat. revidere (2. Part.: revisum) = wieder hinsehen, aus: re- = wieder, zurück u. videre = sehen]: **1. a)** *auf seine Richtigkeit, Korrektheit, seinen ordnungsgemäßen Zustand o. Ä. hin prüfen, durchsehen:* die Geschäftsbücher r.; **b)** *auf etw. hin kontrollieren, durchsuchen:* an der Grenze wurde das Gepäck revidiert. **2. a)** *etw., von dem erkannt wurde, dass es so nicht [mehr] richtig ist, korrigieren:* sein Urteil r.; eine Prognose nach oben, nach unten r.; **b)** *nach Überprüfung [ab]ändern:* einen Gesetzesparagraphen r.; die revidierte *(durchgesehene u. verbesserte)* Auflage eines Buches. **3.** (schweiz.) *überholen* (2), *wieder instand setzen:* eine Maschine r.

Re|vier, das; -s, -e [mniederl. riviere < (a)frz. rivière = Ufer(gegend); Fluss < vlat. riparia = am Ufer Befindliches, zu lat. ripa = Ufer]: **1.** *[Tätigkeits-, Aufgaben]bereich, in dem jmd. sich verantwortlich, zuständig o. ä. fühlt, tätig ist:* sein R. abgrenzen. **2.** (Zool.) *begrenzter Bereich, Platz (in der freien Natur), den ein Tier als sein Territorium betrachtet:* der Hirsch verteidigt, markiert sein R. **3.** kurz für ↑Polizeirevier. **4.** kurz für ↑Forstrevier. **5.** kurz für ↑Jagdrevier. **6.** (Soldatenspr.) *Raum (in einer Kaserne), in dem leichter erkrankte Soldaten behandelt werden.* **7.** (Bergbau) *größeres Gebiet, in dem Bergbau betrieben wird.*

re|vie|ren ⟨sw. V.; hat⟩ (Jägerspr.): **a)** *(bes. vom Jagdhund) das Gelände absuchen; im Revier* (2) *umherstreifen;* **b)** *(vom Jäger) das Revier* (5) *besehen.*

Re|vier|förs|ter, der: *Forstbeamter des gehobenen Dienstes.*

Re|vier|förs|te|rin, die: w. Form zu ↑Revierförster.

Re|view [rɪˈvjuː], die; -, -s [engl. review < frz. revue, ↑Revue]: **1.** Titel, Bestandteil des Titels englischsprachiger Zeitschriften. **2.** (Videotechnik) *das Mithören od. -sehen beim schnellen Rücklauf von Ton- od. Videobändern zur raschen Auffindung bestimmter Stellen.*

Re|vi|re|ment [revirəˈmãː], das; -s, -s [frz. revirement = Umschwung, zu: virer = wenden, über das Vlat. zu lat. vibrare, ↑vibrieren] (bildungsspr.): *Umbesetzung von Ämtern, bes. Staatsämtern:* im Außenministerium hat ein R. stattgefunden; ein R. vornehmen.

Re|vi|si|on, die; -, -en [mlat. revisio = prüfende Wiederdurchsicht, zu lat. revisum, 2. Part. von: revidere, ↑revidieren]: **1. a)** *das Revidieren* (1 a): eine R. der Kasse vornehmen, durchführen; **b)** *das Revidieren* (1 b); *Durchsuchung, Kontrolle:* eine R. des Gepäcks fand nicht statt. **2.** (Druckw.) *das Durchsehen, Prüfen eines Abzugs* (2 b) *auf die ordnungsgemäße Ausführung der Korrekturen hin:* eine R. der Druckbogen. **3. a)** *das Revidieren* (2 a), *Änderung:* eine R. seines Urteils, seiner Meinung; **b)** *das Revidieren* (2 b); *Abänderung:* die R. eines Gesetzes, Vertrags. **4.** (Rechtsspr.) *gegen ein [Berufungs]urteil einzulegendes Rechtsmittel, das die Überprüfung dieses Urteils hinsichtlich einer behaupteten fehlerhaften Gesetzesanwendung od. hinsichtlich angeblicher Verfahrensmängel fordert:* gegen ein Urteil R. ankündigen, beantragen, einlegen; die R. verwerfen, zurückweisen; der R. stattgeben; der Anwalt der Klägerin geht in die R. *(wendet das Rechtsmittel der Revision an).*

Re|vi|si|o|nis|mus, der; - (Politik): **1.** *Bestreben, eine Änderung eines bestehenden [völkerrechtlichen] Zustands od. eines [politischen] Programms herbeizuführen.* **2.** *(innerhalb der internationalen Arbeiterbewegung) Richtung, die bestrebt ist, den orthodoxen Marxismus durch Sozialreformen abzulösen.*

Re|vi|si|o|nist, der; -en, -en: *Anhänger, Verfechter des Revisionismus.*

Re|vi|si|o|nis|tin, die; -, -nen: w. Form zu ↑Revisionist.

re|vi|si|o|nis|tisch ⟨Adj.⟩: *zum Revisionismus gehörend; den Revisionismus betreffend.*

Re|vi|si|ons|ge|richt, das (Rechtsspr.): *Gericht, das über das Rechtsmittel der Revision* (4) *entscheidet.*

Re|vi|si|ons|ver|fah|ren, das (Rechtsspr.): *Verfahren beim Revisionsgericht.*

Re|vi|si|ons|ver|hand|lung, die (Rechtsspr.): *Verhandlung vor dem Revisionsgericht.*

Re|vi|sor, der; -s, ...oren [zu lat. revisum, ↑Revision]: **1.** kurz für ↑Bücherrevisor. **2.** (Druckw.) *Korrektor, dem die Überprüfung der letzten Korrekturen im druckfertigen Bogen obliegt.*

re|vi|ta|li|sie|ren ⟨sw. V.; hat⟩ [zu lat. re- = wieder u. ↑vitalisieren]: **1.** (Med., Biol.) *(den Körper, ein Organ o. Ä.) wieder kräftigen, funktionsfähig machen:* den Körper mithilfe von Frischzellen r. **2.** (bes. österr.) *wieder instand setzen, renovieren.*

Re|vi|ta|li|sie|rung, die; -, -en: *das Revitalisieren.*

Re|vi|val [rɪˈvaɪvəl], das; -s, -s [engl. revival, zu: to revive = wieder beleben < (m)frz. revivre < lat revivere = wieder leben]: *das Wiederaufleben, Erneuerung (z. B. eines lange nicht gespielten Theaterstücks o. Ä.).*

Re|vol|te, die; -, -n [frz. révolte, eigtl. = Umwälzung, zu: révolter, ↑revoltieren]: *[politisch motivierte] gegen bestehende Verhältnisse gerichtete Auflehnung einer kleineren Gruppe:* eine offene R. bricht aus; eine R. machen, gegen jmdn. entfachen; eine R. niederschlagen, unterdrücken.

re|vol|tie|ren ⟨sw. V.; hat⟩ [frz. révolter, eigtl. = zurück-, umwälzen < ital. rivoltare = umdrehen, empören, über das Vlat. < lat. revolvere (2. Part.: revolutum) = zurückrollen, -drehen] (bildungsspr.): **1.** *sich an einer Revolte beteiligen; eine Revolte machen:* die Gefangenen revoltierten. **2.** *gegen jmdn., etw. aufbegehren, sich auflehnen:* sie revoltierten gegen die schlechte Behandlung; Ü nach dem reichlichen Mahl begann ihr Magen zu r. *(es wurde ihr übel).*

Re|vo|lu|ti|on, die; -, -en [frz. révolution, eigtl. = Umdrehung, Umwälzung < spätlat. revolutio = das Zurückwälzen, -drehen, zu lat. revolutum, ↑revoltieren]: **1.** *auf radikale Veränderung der bestehenden politischen u. gesellschaftlichen Verhältnisse ausgerichteter, gewaltsamer Umsturz[versuch]:* die Französische R.; eine R. findet statt, bricht aus; die R. scheitert, siegt, bricht zusammen; eine R. machen, niederschlagen, beenden; Ü die industrielle R. *(die wirtschaftliche Umwälzung durch den Übergang von der Manufaktur zur Großindustrie;* LÜ von engl. Industrial Revolution; von dem brit. Historiker A. J. Toynbee [1889–1975] geprägter Begriff). **2.** *umwälzende, bisher Gültiges, Bestehendes o. Ä. verdrängende, grundlegende Neuerung, tief greifende Wandlung:* eine R. in der Mode, in Fragen der Kindererziehung. **3.** (Astron. veraltet) *Umlaufbewegung der Planeten um die Sonne.* **4.** (Skat) *Null ouvert Hand, bei dem die gegnerischen Spieler die Karten austauschen.*

re|vo|lu|ti|o|när ⟨Adj.⟩ [frz. révolutionnaire, zu: révolution, ↑Revolution]: **1.** *auf eine Revolution* (1) *abzielend:* eine -e Bewegung, Gruppe; -e Gedanken, Ziele, Forderungen; -er Kampf; -e Lieder, Gedichte *(Lieder, Gedichte, die die Revolution verherrlichen, zur Revolution aufrufen);* r. denken. **2.** *eine tief greifende Wandlung bewirkend; (im Hinblick auf seine Neuheit) eine Umwälzung darstellend:* eine -e Entdeckung, Erfindung; diese Idee ist r.

Re|vo|lu|ti|o|när, der; -s, -e [frz. révolutionnaire, zu: révolution, ↑Revolution]: **1.** *jmd., der an einer Revolution* (1) *beteiligt ist, auf eine Revolution hinarbeitet.* **2.** *jmd., der auf einem Gebiet als Neuerer auftritt:* er war ein R. auf dem Gebiet der Architektur.

Re|vo|lu|ti|o|nä|rin, die; -, -nen: w. Form zu ↑Revolutionär.

re|vo|lu|ti|o|nie|ren ⟨sw. V.; hat⟩ [frz. révolutionner, zu: révolution, ↑Revolution]: *grundlegend umgestalten, verändern, in Aufruhr bringen:* eine Erfindung, die das Weltbild revolutioniert.

Re|vo|lu|ti|o|nie|rung, die; -, -en: *das Revolutionieren.*

Re|vo|lu|ti|ons|ge|richt, das (Politik): *Gericht einer Revolutionsregierung.*

Re|vo|lu|ti|ons|rat, der (Politik): *im Gefolge eines revolutionären Umsturzes sich bildende Gruppe, die die Macht ausübt.*

Re|vo|lu|ti|ons|re|gie|rung, die: *Regierung, die aus einer Revolution* (1) *hervorgegangen ist.*

Re|vo|lu|ti|ons|tri|bu|nal, das: *während einer Revolution* (1) *eingesetzter Gerichtshof zur Aburteilung politischer Gegner.*

Re|vo|luz|zer, der; -s, - [ital. rivoluzionario, zu: rivoluzione = Revolution < spätlat. revolutio, ↑Revolution] (abwertend): *jmd., der sich [bes. mit Worten, in nicht ernst zu nehmender Weise] als Revolutionär* (1) *gebärdet.*

Re|vo|luz|ze|rin, die; -, -nen: w. Form zu ↑Revoluzzer.

Re|vo|luz|zer|tum, das ⟨o. Pl.⟩ (abwertend): *Wesen, Verhalten eines Revoluzzers.*

Re|vol|ver, der; -s, - [engl. revolver, zu: to revolve = drehen < lat. revolvere, ↑revoltieren; nach der sich drehenden Trommel]: **1.** *Faustfeuerwaffe, bei der sich die Patronen in einer drehbar hinter dem Lauf angeordneten Trommel befinden:* den R. laden, entsichern, abdrücken, ziehen, auf jmdn. richten. **2.** kurz für ↑Revolverkopf.

Re|vol|ver|blatt, das (abwertend): *reißerisch aufgemachte Zeitung, die in der Hauptsache unsachlich von zu Sensationen aufgebauschten Vorkommnissen u. Kriminalfällen berichtet.*

Re|vol|ver|dreh|bank, die: *Drehbank, die mit einem Revolverkopf ausgerüstet ist.*

Re|vol|ver|held, der (abwertend): *jmd., der sich leicht in Streitereien verwickelt u. dann bedenkenlos um sich schießt.*

Re|vol|ver|kopf, der (Technik): *drehbare Vorrichtung (an verschiedenen Geräten u. bei der Revolverdrehbank), mit deren Hilfe Zusatzgeräte od. -werkzeuge schnell nacheinander in Gebrauch genommen werden können.*

Re|vol|ver|schal|tung, die: *Krückstockschaltung.*

Re|vol|ver|ta|sche, die: *[am Gürtel getragene] Tasche für den Revolver* (1).

re|vol|vie|ren ⟨sw. V.; hat⟩ [lat. revolvere, ↑revoltieren] (Technik): *zurückdrehen.*

Re|vol|ving|ge|schäft [rɪˈvɔlvɪŋ-], das (Wirtsch.): *mithilfe von Revolvingkrediten finanziertes Geschäft.*

Re|vol|ving|kre|dit, der [engl. revolving credit] (Wirtsch.): **1.** *Kredit, der der Liquidität des Kreditnehmers entsprechend zurückgezahlt u. bis zu einer vereinbarten Höhe erneut in Anspruch genommen werden kann.* **2.** *(zur Finanzierung langfristiger Projekte dienender) Kredit in Form von immer wieder prolongierten od. durch verschiedene Gläubiger gewährten formal kurzfristigen Krediten.*

re|vo|zie|ren ⟨sw. V.; hat⟩ [lat. revocare] (bildungsspr.): *sein Wort, eine Äußerung o. Ä. zurücknehmen, widerrufen.*

Re|vue [reˈvyː, auch: rə...], die; -, -n [...yːən; frz. revue, eigtl. = das noch einmal Angesehene, subst. 2. Part. von: revoir = wieder sehen < lat. revidere = wieder hinsehen]: **1. a)** *musikalisches Ausstattungsstück mit einer Folge von sängerischen, tänzerischen u. artistischen Darbietungen, die häufig durch eine lose Rahmenhandlung zusammengehalten werden:* eine R. ausstatten, inszenieren; **b)** *Truppe, die eine Revue* (1 a) *darbietet:* die R. gastiert in vielen Städten. **2.** *Zeitschrift, die einen allgemeinen Überblick* *über ein bestimmtes [Fach]gebiet gibt (auch in Titeln):* eine literarische R. **3.** (Milit. veraltet) *Truppenschau, Parade:* eine R. abnehmen; *** etw., jmdn. R. passieren lassen** *(etw. in seinem Ablauf, Personen [in einer Abfolge] in Gedanken noch einmal an sich vorbeiziehen lassen;* viell. nach frz. passer les troupes en revue = Truppen paradieren lassen).

Re|vue|film, der: *Verfilmung einer Revue* (1 a).

Re|vue|star, der: *zu einer Revue* (1 b) *gehörender Star.*

Re|vue|the|a|ter, das: *Theater, an dem vorwiegend Revuen* (1 a) *gespielt werden.*

[1]Rex, der; -, Reges ['re:ge:s] [lat. rex = Lenker, König, zu: regere, ↑regieren]: *[altrömischer] Königstitel:* R. christianissimus *(Allerchristlichster König).*

[2]Rex, der; -, -e ⟨Pl. selten⟩ (Schülerspr.): *Direx.*

Reyk|ja|vík ['rɛikjavi:k, auch: 'raikjavi:k, ...vɪk]: Hauptstadt von Island.

Re|yon [rɛ'jõ:], der od. das; - [engl. rayon, frz. rayonne < frz. rayon = Strahl, zu lat. radius, ↑Radius; nach dem glänzenden Aussehen] (veraltend): *Viskose.*

Re|zen|sent, der; -en, -en [zu lat. recensens (Gen.: recensentis), 1. Part. von recensere, ↑rezensieren]: *Verfasser einer Rezension* (1).

Re|zen|sen|tin, die; -, -nen: w. Form zu ↑Rezensent.

re|zen|sie|ren ⟨sw. V.; hat⟩ [lat. recensere = sorgfältig prüfen, aus: re- = wieder, zurück u. censere = begutachten, einschätzen]: *(eine [wissenschaftliche] Arbeit o. Ä.) kritisch besprechen:* ein Buch, einen Film r.

Re|zen|si|on, die; -, -en [lat. recensio = Musterung, zu: recensere, ↑rezensieren]: **1.** *kritische Besprechung eines Buches, einer wissenschaftlichen Veröffentlichung, künstlerischen Darbietung o. Ä., bes. in einer Zeitung od. Zeitschrift:* -en über pädagogische Schriften; der Film bekam gute -en *(wurde allgemein positiv beurteilt).* **2.** (Fachspr.) *berichtigende Durchsicht eines alten Textes; Herstellung einer dem Urtext möglichst nahe kommenden Fassung.*

Re|zen|si|ons|exem|plar, das: *Exemplar einer Neuerscheinung, das der Verlag als Freiexemplar an mögliche Rezensenten verschickt.*

re|zent ⟨Adj.⟩ [lat. recens (Gen.: recentis) = jung; 2: aus der mlat. Apothekerspr., eigtl. wohl = »erfrischend«] (Biol.): *gegenwärtig [noch] lebend, auftretend od. sich bildend:* -e Formationen, Tiere, Pflanzen.

Re|zept, das; -[e]s, -e [spätmhd. recept < mlat. receptum, eigtl. = (es wurde) genommen, 2. Part. von (m)lat. recipere, ↑rezipieren, urspr. Bestätigung des Apothekers für das ↑recipe des Arztes auf dessen schriftlicher Verordnung]: **1.** *schriftliche Anweisung des Arztes an den Apotheker zur Abgabe, gegebenenfalls auch Herstellung, bestimmter Arzneimittel:* ein R. ausschreiben, ausstellen; das Mittel gibt es nur auf R. **2.** *Anleitung zur Zubereitung eines Gerichts o. Ä. mit Mengenangaben für die einzelnen Zutaten; Koch-, Backrezept:* ein R. ausprobieren; nach R. backen; Ü nach bewährtem R.

Re|zept|block, der ⟨Pl. ...blöcke u. -s⟩: *Block* (5) *zum Ausschreiben von Rezepten* (1).

re|zept|frei ⟨Adj.⟩: *ohne Rezept* (1) *[erhältlich]:* ein -es Schlafmittel.

re|zep|tie|ren ⟨sw. V.; hat⟩: *(als Arzt) ein Rezept* (1) *ausschreiben:* jmdm. ein Medikament r.

Re|zep|tie|rung, die; -, -en: *das Rezeptieren; Verordnung* (2).

Re|zep|ti|on, die; -, -en [lat. receptio = Aufnahme, zu: recipere, ↑rezipieren; 3: frz. réception < lat. receptio]: **1.** (bildungsspr.) *Auf-, Übernahme fremden Gedanken-, Kulturguts:* die R. des römischen Rechts. **2.** (bildungsspr.) *verstehende Aufnahme eines Kunstwerks, Textes durch den Betrachter, Leser od. Hörer.* **3.** *Aufnahme[raum], Empfangsbüro im Foyer eines Hotels.*

re|zep|tiv ⟨Adj.⟩: *[nur] aufnehmend, empfangend; empfänglich:* -es Verhalten.

Re|zep|ti|vi|tät, die; -: *Aufnahmefähigkeit, Empfänglichkeit [für Sinneseindrücke].*

Re|zep|tor, der; -s, ...oren ⟨meist Pl.⟩ [lat. receptor = Aufnehmer] (Biol., Physiol.): *Ende einer Nervenfaser od. spezialisierte Zelle, die Reize aufnehmen u. in Erregungen umwandeln kann.*

re|zep|to|risch ⟨Adj.⟩ (Biol., Physiol.): *Rezeptoren* (1) *betreffend; von ihnen aufgenommen.*

re|zept|pflich|tig ⟨Adj.⟩: *verschreibungspflichtig:* ein -es Medikament.

Re|zep|tur, die; -, -en: **1.** (Pharm.) **a)** *Zubereitung von Arzneimitteln nach Rezept:* Kenntnisse in der R.; **b)** *Arbeitsraum in einer Apotheke zur Herstellung von Arzneimitteln.* **2.** *Zusammensetzung eines Arznei-, Pflege-, Nahrungs-, Genussmittels o. Ä. nach bestimmter Anweisung.*

Re|zess, der; -es, -e [lat. recessus = Rückzug, subst. 2. Part. von: recedere = zurückweichen, -gehen, aus: re- = zurück, wieder u. cedere = weichen] (veraltet): *Auseinandersetzung, Vergleich, [schriftlich fixiertes] Verhandlungsergebnis.*

Re|zes|si|on, die; -, -en [engl. recession < lat. recessio = das Zurückgehen, zu: recedere, ↑Rezess] (Wirtsch.): *[leichter] Rückgang der Konjunktur.*

re|zes|siv ⟨Adj.⟩ (Biol.): *(von Erbfaktoren) zurücktretend, nicht in Erscheinung tretend.*

Re|zes|si|vi|tät, die; - (Biol.): *Eigenschaft eines Gens od. des entsprechenden Merkmals, im Erscheinungsbild eines Lebewesens nicht hervorzutreten.*

re|zi|div ⟨Adj.⟩ [lat. recidivus, zu: recidere = zurückkommen] (Med.): *(von Krankheiten, Krankheitssymptomen) wiederkehrend, wieder auflebend:* -e Schmerzen.

Re|zi|div, das; -s, -e (Med.): *Rückfall.*

re|zi|di|vie|ren ⟨sw. V.; hat⟩ (Med.): *(von Krankheiten) in Abständen wiederkehren.*

Re|zi|pi|ent, der; -en, -en [zu lat. recipiens (Gen.: recipientis); 1. Part. von: recipere, ↑rezipieren] (Kommunikationsf.): *jmd., der einen Text, ein Werk der bildenden Kunst, ein Musikstück o. Ä. rezipiert* (b); *Hörer, Leser, Betrachter.*

Re|zi|pi|en|tin, die; -, -nen: w. Form zu ↑Rezipient.

re|zi|pie|ren ⟨sw. V.; hat⟩ [lat. recipere = ein-, aufnehmen] (bildungsspr.): **a)** *fremdes Gedanken-, Kulturgut aufnehmen, übernehmen;* **b)** *einen Text, ein Kunstwerk als Leser, Hörer od. Betrachter aufnehmen.*

re|zi|prok ⟨Adj.⟩ [(frz. réciproque <) lat. reciprocus = auf demselben Wege zurückkehrend] (Fachspr.): *wechselseitig, gegenseitig [erfolgend], aufeinander bezüglich:* -e Verhältnisse; reflexive Pronomen können r. gebraucht werden.

Re|zi|pro|zi|tät, die; - (Fachspr.): *Gegen-, Wechselseitigkeit, Wechselbezüglichkeit.*

Re|zi|tal: ↑Recital.

Re|zi|ta|ti|on, die; -, -en [lat. recitatio = das Vorlesen, zu: recitare, ↑rezitieren]: *künstlerischer Vortrag einer Dichtung.*

Re|zi|ta|tiv, das; -s, -e [ital. recitativo, zu: recitare < lat. recitare, ↑rezitieren]: *solistischer, instrumental begleiteter Sprechgesang (in einer Oper[ette], Kantate, einem Oratorium).*

re|zi|ta|ti|visch ⟨Adj.⟩: *in der Art eines Rezitativs [vorgetragen].*

Re|zi|ta|tor, der; -s, ...oren [lat. recitator = Vorleser, zu: recitare, ↑rezitieren]: *jmd., der rezitiert.*

Re|zi|ta|to|rin, die; -, -nen: w. Form zu ↑Rezitator.

re|zi|ta|to|risch ⟨Adj.⟩: *den Rezitator, die Rezitation betreffend.*

re|zi|tie|ren ⟨sw. V.; hat⟩ [lat. recitare = vortragen, aus: re- = zurück, wieder u. citare = anrufen, hören lassen]: *eine Dichtung, ein literarisches Werk künstlerisch vortragen:* Gedichte r.

re|zy|klie|ren ⟨sw. V.; sein⟩ [zu lat. re- = wieder, zurück u. ↑Zyklus]: *recyceln.*

rf., rfz. = rinforzando.

R-Ge|spräch, das; -[e]s, -e [R = Rückfrage] (Fernspr.): *Ferngespräch, bei dem das Entgelt (nach vorheriger Rückfrage) vom Angerufenen übernommen wird.*

Rgt. = Regiment.

rh, [1]Rh: ↑Rhesusfaktor.

[2]Rh = Rhodium.

[1]Rha|bar|ber, der; -s [ital. rabarbaro (älter: reubarbaro) < mlat. rheu barbarum (rha barbarum), eigtl. = fremdländische Wurzel, zu spätlat. r(h)eum = Wurzel (< spätgriech. rhã, rhẽon) u. lat. barbarus = fremdländisch < griech. bárbaros]: **a)** *(als Staude wachsende) Pflanze mit großen Blättern u. langen, fleischigen Blattstielen von grüner bis hellroter Farbe;* **b)** *säuerlich schmeckende Blattstiele des [1]Rhabarbers* (a), *aus denen Kompott u. Ä. zubereitet wird.*

[2]Rha|bar|ber, das; -s [lautm., wegen der lautl. Ähnlichkeit angelehnt an ↑[1]Rhabarber] (ugs.): *unverständliches, undeutliches Gemurmel.*

Rha|bar|ber|ku|chen, der: *mit [1]Rhabarber* (b) *belegter Kuchen.*

Rhab|dom, das; -s, -e [zu griech. rhábdos = Stab, Rute] (Anat.): *Stäbchen* (3) *u. Zapfen* (6) *in der Netzhaut des Auges.*

Rha|ga|de, die; -, -n ⟨meist Pl.⟩ [zu griech. rhágas (Gen: rhagádos) = Riss] (Med.): *kleiner Einriss in der Haut* (z. B. an Händen od. Lippen infolge starker Kälte).

Rhap|so|de, der; -n, -n [griech. rhapsōdós, eigtl. = Zusammenfüger von Liedern; zu: rháptein = zusammennähen u. ōdḗ, ↑Ode]: *fahrender Sänger im alten Griechenland, der [epische] Dichtungen vorträgt.*

Rhap|so|die, die; -, -n [lat. rhapsodia < griech. rhapsōdía]: **1. a)** *von einem Rhapsoden vorgetragene [epische] Dichtung;* **b)** *ekstatisches Gedicht in freier Gestaltung (bes. aus der Zeit des Sturm u. Drangs).* **2.** *Instrumental- od. Vokalstück mit fantastischen, oft balladenhaften od. volksliedhaften Elementen.*

rhap|so|disch ⟨Adj.⟩: **a)** *die Rhapsodie, den Rhapsoden betreffend; in freier Form [gestaltet]:* -e Dichtung; **b)** (bildungsspr. selten) *bruchstückhaft, unzusammenhängend:* ein nur -er Zusammenhang.

Rhät: ↑Rät.

rhe: ↑ree.

Rhein, der; -[e]s: Fluss in Westeuropa.

rhein|ab[|wärts] ⟨Adv.⟩: *den Rhein abwärts.*

Rhein|an|ke, Reinanke, die; -, -n [mhd. rinanke, ↑Renken]: *Blaufelchen.*

rhein|auf[|wärts] ⟨Adv.⟩: *den Rhein aufwärts.*

Rhein|fall, der; -[e]s: Wasserfall des Rheins (bei Schaffhausen, Schweiz).

Rhein|gau, der, (landsch.:) das; -[e]s: Landschaft in Hessen.

Rhein|hes|sen; -s: Weinbaugebiet in Rheinland-Pfalz.

rhei|nisch ⟨Adj.⟩: *den Rhein, das Rheinland, dessen Bewohner u. ihre Sprache betreffend.*

Rhein|land, das; -[e]s: Gebiet zu beiden Seiten des Mittel- u. Niederrheins (Abk.: Rhld.).

Rhein|lan|de ⟨Pl.⟩ (hist.): Siedlungsgebiete der Franken beiderseits des Rheins.

Rhein|län|der, der; -s, -: **1.** Ew. **2.** *der Polka ähnlicher Paartanz im $^{2}/_{4}$-Takt.*

Rhein|län|de|rin, die; -, -nen: w. Form zu ↑Rheinländer (1).

rhein|län|disch ⟨Adj.⟩: *das Rheinland, die Rheinländer betreffend; aus dem Rheinland stammend.*

Rhein|land-Pfalz: deutsches Bundesland.

rhein|land-pfäl|zisch ⟨Adj.⟩: *Rheinland-Pfalz betreffend; aus Rheinland-Pfalz stammend.*

Rhein|pro|vinz, die; - (hist.): ehemalige preußische Provinz beiderseits des Mittel- u. Niederrheins.

Rhein|schna|ke, die: *(bes. in den Auwäldern des Rheins vorkommende) Stechmücke.*

Rhein|wein, der: *am Rhein angebauter Wein.*

Rhe|ni|um, das; -s [zu lat. Rhenus = Rhein, von seinem Entdecker, dem dt. Physikochemiker W. Noddack (1893 bis 1960) so benannt nach der rhein. Heimat seiner Frau]: *weiß glänzendes, sehr hartes Schwermetall von großer Dichte, das als Bestandteil chemisch besonders widerstandsfähiger Legierungen Verwendung findet (chemisches Element;* Zeichen: Re).

Rhe|o|lo|gie, die; - [zu griech. rhéos = das Fließen u. ↑-logie]: *Teilgebiet der Physik, das sich mit den Erscheinungen, die beim Fließen u. Verformen von Stoffen unter Einwirkung äußerer Kräfte auftreten, befasst.*

Rhe|os|tat, der; -[e]s u. -en, -e[n] [zu griech. statós = gestellt, stehend] (Physik): *stufenweise veränderlicher elektrischer Widerstand für genaueste Messungen.*

Rhe|o|tron [...tro:n], das; -s, ...one, auch: -s: *Betatron.*

Rhe|sus, der; -, - [von dem frz. Naturforscher J.-B. Audebert (1759–1800) geb. nach dem Namen des thrakischen Sagenkönigs Rhesus]: *Rhesusaffe.*

Rhe|sus|af|fe, der: *(zu den Meerkatzen gehörender, in Süd- u. Ostasien in Horden lebender) Affe mit bräunlichem Fell, rotem Gesäß u. langem Schwanz.*

Rhe|sus|fak|tor, der ⟨o. Pl.⟩ (Med.): *(zuerst beim Rhesusaffen entdeckter) dominant erblicher Faktor der roten Blutkörperchen, dessen Vorhandensein od. Fehlen neben der Blutgruppe wichtiges Bestimmungsmerkmal beim Menschen ist, um Komplikationen bei Schwangerschaften u. Transfusionen vorzubeugen:* R. negativ *(fehlender Rhesusfaktor;* Zeichen: rh); R. positiv *(vorhandener Rhesusfaktor;* Zeichen: Rh).

Rhe|tor, der; -s, ...oren [lat. rhetor < griech. rhḗtōr, zu: eírein = sagen, sprechen]: *Redner, Meister der Redekunst [im alten Griechenland].*

Rhe|to|rik, die; -, -en [mhd. rhetorick < lat. rhetorica (ars) < griech. rhētorikḗ (téchnē)]: **a)** ⟨Pl. selten⟩ *Redekunst;* **b)** *Lehre von der wirkungsvollen Gestaltung der Rede;* **c)** *Lehrbuch der Redekunst.*

Rhe|to|ri|ker, der; -s, -: *Redner, der die Rhetorik* (a) *beherrscht.*

Rhe|to|ri|ke|rin, die; -, -nen: w. Form zu ↑Rhetoriker.

rhe|to|risch ⟨Adj.⟩ [lat. rhetoricus < griech. rhētorikós]: **a)** *die Rhetorik betreffend:* -e Figuren *(Redefiguren);* die Frage ist rein r. *(um der Wirkung willen gestellt, ohne dass eine Antwort erwartet wird);* **b)** *die Redeweise betreffend:* mit -em Schwung.

Rheu|ma, das; -s (ugs.): Kurzform von ↑Rheumatismus.

Rheu|ma|de|cke, die: vgl. Rheumawäsche.

Rheu|ma|ti|ker, der; -s, - (Med.): *jmd., der an Rheumatismus leidet.*

Rheu|ma|ti|ke|rin, die; -, -nen: w. Form zu ↑Rheumatiker.

rheu|ma|tisch ⟨Adj.⟩ [lat. rheumaticus < griech. rheumatikós] (Med.): **a)** *auf Rheumatismus beruhend, durch ihn bedingt;* **b)** *an Rheumatismus erkrankt, leidend.*

Rheu|ma|tis|mus, der; -, ...men [lat. rheumatismus < griech. rheumatismós, eigtl. = das Fließen (der Krankheitsstoffe), zu: rheũma = das Fließen] (Med.): *schmerzhafte Erkrankung der Gelenke, Muskeln, Nerven, Sehnen:* akuter und chronischer R.; R. haben; an R. leiden.

Rheu|ma|to|lo|ge, der; -n, -n [↑-loge]: *Facharzt für rheumatische Erkrankungen.*

Rheu|ma|to|lo|gin, die; -, -nen: w. Form zu ↑Rheumatologe.

Rheu|ma|wä|sche, die ⟨o. Pl.⟩: *gegen Rheumatismus wirkende, wärmende Unterwäsche.*

Rh-Fak|tor, der (Med.): kurz für ↑Rhesusfaktor.

rhin-, Rhin-: ↑rhino-, Rhino-.

Rhi|ni|tis, die; -, ...itiden [zu griech. rhís (Gen.: rhinós) = Nase] (Med.): *Entzündung der Nasenschleimhaut.*

rhi|no-, Rhi|no-, (vor Vokalen auch:) rhin-, Rhin- [griech. rhís (Gen.: rhinós)] ⟨Best. in Zus. mit der Bed.⟩: *Nase;* z. B. rhinogen, Rhinoskop, Rhinalgie.

Rhi|no|lo|ge, der; -n, -n [↑-loge]: *Facharzt auf dem Gebiet der Rhinologie.*

Rhi|no|lo|gie, die; - [↑-logie]: *Nasenheilkunde.*

Rhi|no|lo|gin, die; -, -nen: w. Form zu ↑Rhinologe.

Rhi|no|skop, das; -s, -e [zu griech. skopeĩn = betrachten]: *Nasenspiegel* (1).

Rhi|no|sko|pie, die; -, -n (Med.): *Untersuchung mit dem Rhinoskop.*

Rhi|no|ze|ros, das; -[ses], -se [mhd. rinōceros < lat. rhinoceros < griech. rhinókerōs, zu: kéras = Horn; 2: unter Anlehnung an ↑Ross]: **1.** *Nashorn.* **2.** (salopp abwertend) *Dummkopf, Trottel.*

rhi|zo-, Rhi|zo- [zu griech. rhíza] ⟨Best. in Zus. mit der Bed.⟩: *Wurzel, Spross;* z. B. Rhizodermis; rhizoid.

Rhi|zo|der|mis, die; -, ...men [zu griech. dérma = Hülle] (Bot.): *die Wurzel der höheren Pflanzen umgebendes Gewebe, das zur Aufnahme von Wasser u. Nährsalzen aus dem Boden dient.*

Rhi|zom, das; -s, -e [griech. rhízōma = das Eingewurzelte] (Bot.): *unter der Erde od. dicht über dem Boden wachsender, mehrere Winter überdauernder Spross (bei vielen Stauden), von dem nach unten die eigentlichen Wurzeln, nach oben die Blatttriebe ausgehen; Wurzelstock.*

Rhi|zo|sphä|re, die; -, -n (Biol.): *die von Pflanzenwurzeln durchsetzte Schicht des Bodens.*

Rh-ne|ga|tiv ⟨Adj.⟩ (Med.): *(im Blut) den Rhesusfaktor nicht aufweisend:* eine -e Mutter.

Rho, das; -[s], -s [griech. rhõ, aus dem Semit.]: *siebzehnter Buchstabe des griechischen Alphabets* (Ρ, ρ).

Rhode Is|land ['roud 'aɪlənd]; - -s: Bundesstaat der USA.

Rho|de|län|der, das; -s, - [zu ↑Rhode Island]: *rotbraunes, schweres Haushuhn, das auch im Winter regelmäßig Eier legt.*

Rho|de|si|en; -s: früherer Name von ↑Simbabwe.

rho|disch ⟨Adj.⟩: *zu Rhodos gehörig, aus Rhodos stammend.*

Rho|di|um, das; -s [zu griech. rhódon = Rose, nach der meist rosenroten Farbe vieler Verbindungen mit Rhodium]: *sehr seltenes, gut formbares Edelmetall, das wegen seines silberähnlichen Glanzes u. seiner Widerstandsfähigkeit zur galvanischen Herstellung dünner Schichten auf Silberschmuck, Spiegeln u. Ä. verwendet wird (chemisches Element;* Zeichen: Rh).

Rho|do|den|dron, der, auch: das; -s, ...dren [lat. rhododendron < griech. rhodódendron = Oleander, eigtl. = Rosenbaum, zu: déndron = Baum]: *(in asiatischen Gebirgen beheimatete) als Zierstrauch kultivierte Pflanze mit ledrigen Blättern u. roten, violetten, gelben od. weißen Blüten in großen Dolden.*

Rho|dos; Rhodos': griech. Insel im Mittelmeer.

Rhom|ben: Pl. von ↑Rhombus.

rhom|bisch ⟨Adj.⟩: *in der Form eines Rhombus; rautenförmig.*

Rhom|bo|e|der, das; -s, - [zu griech. hédra = Fläche] (Math.): *von sechs gleichen Rhomben begrenzter Körper, der auch als Form bei Kristallbildungen vorkommt.*

rhom|bo|id ⟨Adj.⟩ [griech. rhomboeidḗs, zu: -oeidḗs = ähnlich]: *einem Rhombus ähnlich.*

Rhom|bo|id, das; -[e]s, -e (Math.): *Parallelogramm mit paarweise ungleichen Seiten.*

Rhom|bus, der; -, ...ben [lat. rhombus < griech. rhómbos = Kreisel; Doppelkegel; verschobenes Quadrat, zu: rhémbesthai = sich im Kreise drehen] (Math.): *Parallelogramm mit gleichen Seiten;* [2]*Raute.*

Rhön, die; -: Teil des Hessischen Berglandes.

Rho|ne, die; -: schweizerisch-französischer Fluss.

Rhön|rad, das [das Gerät wurde 1925 in der ↑Rhön entwickelt]: *[Turn]gerät aus zwei großen, durch Querstangen verbundenen Stahlrohrreifen, zwischen denen akrobatische Turn- u. Sprungübungen durchgeführt werden können.*

Rho|ta|zis|mus, der; -, ...men [griech. rhōtakismós = Gebrauch od. Missbrauch des ↑Rho] (Sprachw.): *Lautwandel, bei dem ein zwischen Vokalen stehendes stimmhaftes s zu r wird* (z. B. bei verlieren/Verlust).

Rh-po|si|tiv ⟨Adj.⟩ (Med.): *(im Blut) den Rhesusfaktor aufweisend:* ein -er Vater.

Rhythm and Blues ['rɪðəm ənd 'blu:z], der; - - - [engl. rhythm and blues]: *aufrüttelnder Musikstil der Schwarzen Nordamerikas, der stark akzentuierten Beatrhythmus mit der Melodik des Blues verbindet.*

Rhyth|men: Pl. von ↑Rhythmus.

Rhyth|mik, die; -: **1.** *rhythmischer Charakter, Art des Rhythmus* (2). **2. a)** *Kunst der rhythmischen Gestaltung;* **b)** *Lehre vom Rhythmus, von der rhythmischen Gestaltung.*

rhyth|misch ⟨Adj.⟩ [spätlat. rhythmicus < griech. rhythmikós]: **1.** *nach bestimmtem Rhythmus erfolgend; in harmonisch gegliedertem Aufbau u. Wechsel der einzelnen Gestaltungselemente:* -e Gymnastik; mit -en Bewegungen. **2.** *den Rhythmus betreffend, für den Rhythmus bestimmt:* -e Instrumente; -es Gefühl haben; r. exakt spielen.

rhyth|mi|sie|ren ⟨sw. V.; hat⟩: *in einen bestimmten Rhythmus bringen:* ein Thema r.; ⟨meist im 2. Part.:⟩ eine stark rhythmisierte Musik, Sprechweise.

Rhyth|mus, der; -, ...men [lat. rhythmus < griech. rhythmós = Gleichmaß, eigtl. = das Fließen, zu: rheĩn = fließen; schon ahd. ritmusen (Dativ Pl.)]: **1. a)** (Musik) *zeitliche Gliederung des melodischen Flusses, die sich aus der Abstufung der Tonstärke, der Tondauer u. des Tempos ergibt:* ein bewegter, schneller R.; Ü der R. der Großstadt; **b)** (Sprachw.) *Gliederung des Sprachablaufs durch Wechsel von langen u. kurzen, betonten u. unbetonten Silben, durch Pausen u. Sprachmelodie:* ein strenger, gebundener R.; freie Rhythmen *(frei gestaltete, rhythmisch bewegte Sprache, aber ohne Versschema, Strophen u. Reime).* **2.** *Gleichmaß, gleichmäßig gegliederte Bewegung; periodischer Wechsel, regelmäßige Wiederkehr:* der R. der Jahreszeiten. **3.** *Gliederung eines Werks der bildenden Kunst, bes. eines Bauwerks, durch regelmäßigen Wechsel bestimmter Formen:* ein horizontaler, vertikaler R.

Rhyth|mus|gi|tar|re, die: *als Rhythmusinstrument eingesetzte Gitarre.*

Rhyth|mus|grup|pe, die: *Gruppe der Rhythmusinstrumente im Jazz, die den Gegenpart zu den Melodieinstrumenten bildet.*

Rhyth|mus|in|stru|ment, das: *Musikinstrument (z. B. Gitarre, Banjo), das im Jazz den Beat* (1) *zu schlagen hat.*

Ri|ad: Hauptstadt von Saudi-Arabien.

Ri|al, der; -[s], -s ⟨aber: 100 Rial⟩ [pers., arab. riyāl < span. real, ↑Real]: *Währungseinheit im Iran und einigen arabischen Ländern* (Abk.: Rl).

RIAS, der; - [Rundfunk im amerikanischen Sektor (von Berlin)]: Rundfunkanstalt in Berlin (bis 1992).

rib|beln ⟨sw. V.; hat⟩ [Intensivbildung zu landsch. ribben, Nebenf. von ↑reiben] (landsch.): *zwischen Daumen u. Zeigefinger rasch [zer]reiben.*

Ri|bi|sel, die; -, -[n] [zu ital. ribes < mlat. ribes = Johannisbeere < arab. rībās = eine Art Rhabarber] (österr.): *Johannisbeere.*

Ri|bi|sel|wein, der (österr.): *Wein aus Johannisbeeren.*

Ri|bo|fla|vin, das; -s, -e [zu ↑Ribose u. lat. flavus = gelb] (Biochemie): *in Hefe, Milch, Leber u. a. vorkommende, intensiv gelb gefärbte Substanz mit Vitamincharakter.*

Ri|bo|nu|kle|in|säu|re, die [zu ↑Ribose] (Biochemie): *aus Phosphorsäure, Ribose u. organischen Basen aufgebaute chemische Verbindung in den Zellen aller Lebewesen, die verantwortlich ist für die Übertragung der Erbinformation vom Zellkern in das Zellplasma u. für den Transport von Aminosäuren im Zellplasma zu den Ribosomen, an denen die Verknüpfung der Aminosäuren zu Eiweißen erfolgt* (Abk.: RNS).

Ri|bo|se, die; -, -n [Kunstwort] (Biochemie): *bes. im Zellplasma vorkommendes Monosaccharid der Ribonukleinsäure.*

Ri|bo|se|nu|kle|in|säu|re, die (Biochemie): *Ribonukleinsäure.*

Ri|bo|som, das; -s, -en ⟨meist Pl.⟩ [zu griech. sōma = Körper] (Biochemie): *vor allem aus Ribonukleinsäuren u. Protein bestehendes, für*

R

den Eiweißaufbau wichtiges, submikroskopisch kleines Körnchen.

Ri|cer|car [ritʃɛrˈkaːɐ̯], das; -s, -e, **Ri|cer|ca|re** [...ˈkaːrə], das; -[s], ...ri [ital. ricercare, zu: ricercare = abermals suchen] (Musik): *Instrumentalstück, in dem ein Thema imitatorisch verarbeitet wird.*

Ri|che|li|eu|sti|cke|rei [ˈrɪʃəli̯ø..., auch: rɪʃəˈli̯øː...], die; -, -en [nach dem frz. Staatsmann u. Kardinal Richelieu (1585–1642)] (Handarb.): *Weißstickerei mit Ornamenten, die mit Langettenstichen umfasst, ausgeschnitten u. durch Stege miteinander verbunden werden.*

Rịcht|an|ten|ne, die (Funkt.): *Antenne, die elektromagnetische Wellen in eine bestimmte Richtung lenkt od. aus ihr empfängt.*

Rịcht|ba|ke, die (Seew.): *zwei in kurzem Abstand hintereinander liegende Baken, deren verlängerte Verbindungslinie den richtigen Kurs anzeigt.*

Rịcht|baum, der: vgl. Richtkranz.

Rịcht|beil, das: *Beil des Scharfrichters.*

Rịcht|blei, das (Bauw.): *Lot* (1 a).

rịch|ten ⟨sw. V.; hat⟩ [mhd., ahd. rihten, zu ↑recht u. urspr. = gerade machen; in eine gerade od. senkrechte Richtung, Stellung od. Lage bringen]: **1. a)** *in eine bestimmte Richtung bringen, lenken:* das Fernrohr, die Kamera auf etw. r.; die Augen, den Blick auf jmdn., in die Ferne r.; den Kurs nach Norden r.; die Waffe gegen sich selbst r. *(sich erschießen, zu erschießen versuchen);* Ü seine Wünsche auf ein bestimmtes Ziel r.; **b)** *sich mit einer mündlichen od. schriftlichen Äußerung an jmdn. wenden:* eine Bitte, Aufforderung, Mahnung, Rede an jmdn. r.; die Frage, der Brief war an dich gerichtet *(für dich bestimmt);* das Wort an jmdn. r. *(jmdn. ansprechen).* **2. a)** *(von Sachen) sich in eine bestimmte Richtung wenden:* ihre Augen richteten sich auf mich; die Scheinwerfer richteten sich plötzlich alle auf einen Punkt; Ü sein ganzer Hass richtete sich auf sie; **b)** *sich (in kritisierender Absicht) gegen jmdn., etw. wenden:* sich in/mit seinem Werk gegen soziale Missstände r.; gegen wen richtet sich Ihr Verdacht? **3. a)** *sich ganz auf jmdn., etw. einstellen u. sich in seinem Verhalten entsprechend beeinflussen lassen:* sich nach jmds. Anweisungen, Wünschen r.; ich richte mich ganz nach dir; **b)** *in Bezug auf etw. von anderen Bedingungen abhängen u. entsprechend verlaufen, sich gestalten:* die Bezahlung richtet sich nach der Leistung; wonach richtet sich der Preis? **4. a)** *in eine gerade Linie, Fläche bringen:* einen [Knochen]bruch r.; ihre Zähne mussten gerichtet werden; richt euch! (militärisches Kommando; *stellt euch in gerader Linie auf!*); **b)** *richtig einstellen* (3 a): eine Antenne r.; **c)** *senkrecht aufstellen; aufrichten:* ein Gebäude r. (Bauw.; *im Rohbau fertig stellen*). **5.** (bes. südd., österr., schweiz.) **a)** *in Ordnung bringen; instand setzen:* sich die Haare r.; die Uhr, das Dach r. *(reparieren)* lassen; **b)** *aus einem bestimmten Anlass vorbereiten:* die Betten [für die Gäste] r.; ich habe euch das Frühstück gerichtet; er hat seine Sachen für die Reise gerichtet; **c)** *einrichten, dafür sorgen, dass etw. in Ordnung geht:* das kann ich, das lässt sich schon r. **6. a)** *ein gerichtliches Urteil über jmdn., etw. fällen:* nach dem Recht r.; **b)** (geh.) *über jmdn., etw. [unberechtigterweise] urteilen, ein schwerwiegendes, negatives Urteil abgeben:* wir haben in dieser Angelegenheit, über diesen Menschen nicht zu r. **7.** (geh. veraltend) *hinrichten:* der Mörder wurde gerichtet.

Rịch|ter, der; -s, - [mhd. rihter, rihtære, ahd. rihtāri]: **1.** *jmd., der die Rechtsprechung ausübt, der vom Staat mit der Entscheidung von Rechtsstreitigkeiten beauftragt ist:* R. [am Landgericht, am Bundesgerichtshof] sein; einen R. als befangen ablehnen; jmdn. vor den R. bringen *(vor Gericht stellen);* jmdn. zum R. bestellen, ernennen, wählen; Ü sich zum R. über jmdn., etw. aufwerfen *(abschätzig über jmdn., etw. urteilen).* **2.** ⟨Pl.⟩ Buch des Alten Testaments.

Rịch|ter|amt, das ⟨o. Pl.⟩: *Amt* (1 a) *des Richters* (1): das R. ausüben.

Rịch|te|rin, die; -, -nen: w. Form zu ↑Richter (1).

Rịch|ter|kol|le|gi|um, das: *Gesamtheit aller an einem* [1]*Gericht* (1 a) *tätigen Richter* (1).

rịch|ter|lich ⟨Adj.⟩: *den Richter* (1) *betreffend, zu seinem Amt gehörend:* die -e Gewalt, Unabhängigkeit; ohne -e Genehmigung *(Genehmigung vonseiten des Richters).*

Rịch|ter|ska|la, die [nach dem amerik. Seismologen Ch. F. Richter (1900 bis 1985)]: *nach oben unbegrenzte Skala zur Messung der Erdbebenstärke.*

Rịch|ter|spruch, der (veraltend): *Urteilsspruch.*

Rịch|ter|stuhl, der ⟨o. Pl.⟩: *Stuhl des Richters im Hinblick auf die Ausübung des Richteramtes:* auf dem R. sitzen *(das Amt des Richters ausüben);* Ü vor Gottes R. treten (geh.; *sterben*).

Rịcht|fest, das: *Fest der Handwerker u. des Bauherrn nach Fertigstellung des Rohbaus.*

Rịcht|feu|er, das (Seew.): vgl. Richtbake.

Rịcht|funk, der (Funkt.): *Nachrichtenübermittlung mithilfe von Richtantennen.*

Rịcht|ge|schwin|dig|keit, die: *(in der Bundesrepublik Deutschland) für den Kraftfahrzeugverkehr bes. auf Autobahnen empfohlene [Höchst]geschwindigkeit.*

rịch|tig [mhd. rihtec, ahd. rihtīg, zu ↑recht]: **I.** ⟨Adj.⟩ **1. a)** *als Entscheidung, Verhalten o. Ä. dem tatsächlichen Sachverhalt, der realen Gegebenheit entsprechend; zutreffend, nicht verkehrt:* der -e Weg; die -e Fährte; das war die -e Antwort auf solch eine Frechheit; sie ist auf der -en Seite; das ist unzweifelhaft r.; ich finde das nicht r., halte das nicht für r.; [sehr] r.! (bestätigende Floskel); etw. r. beurteilen, machen; er hat mit seiner Meinung r. gelegen (ugs.; *ist der Erwartung anderer entgegengekommen, hat einem Trend entsprochen*); das muss ich erst einmal r. stellen *(berichtigen, der Wahrheit entsprechend darstellen);* sehe ich das r.? *(habe ich Recht, trifft das zu?);* ⟨subst.:⟩ das Richtige tun; das ist genau das Richtige für mich; **b)** *keinen [logischen] Fehler od. Widerspruch, keine Ungenauigkeiten, Unstimmigkeiten enthaltend:* eine -e Lösung, Voraussetzung; seine Rechnung war r. *(fehlerlos);* eine Rechnung r. machen (ugs.; *begleichen*); ein Wort r. schreiben, übersetzen; etw. r. messen, wiegen; die Uhr geht r.; hast du eine r. gehende Uhr?; ⟨subst.:⟩ er hatte im Lotto nur drei Richtige (ugs.; *drei richtige Zahlen getippt*). **2. a)** *für jmdn., etw. am besten geeignet, passend:* den -en Zeitpunkt wählen, verpassen; der -e Mann am -en Platz; eine Sache r. anfassen; ⟨subst.:⟩ ich halte es für das Richtigste, wenn wir jetzt gehen; für diese Arbeit ist er der Richtige *(der geeignete Mann);* ihr seid mir gerade die Richtigen! (ugs. iron.; als Ausdruck der Kritik); **b)** *den Erwartungen, die an eine bestimmte Person od. Sache gestellt werden, entsprechend; wie es sich gehört; ordentlich:* seine Kinder sollten alle erst einen -en Beruf lernen; wir haben lange Jahre keinen -en Sommer mehr gehabt; etw. r. können; erst mal muss ich r. ausschlafen; ⟨subst.:⟩ er hat nichts Richtiges gelernt; * **nicht ganz r. [im Kopf/im Oberstübchen] sein** (ugs.; *nicht ganz bei Verstand sein*). **3. a)** *in der wahren Bedeutung eines Wortes; nicht scheinbar, sondern echt; wirklich, tatsächlich:* das ist nicht sein -er Name; sie ist eine -e *(typische)* Berlinerin; sie ist nicht die -e *(leibliche)* Mutter der Kinder; r. lachen, zuhören; **b)** (oft ugs.) *regelrecht, richtiggehend:* du bist ein -er Feigling; er ist noch ein -es *(im Grunde noch ein)* Kind; **c)** (oft ugs.) *sehr; ausgesprochen:* r. wütend sein; hier ist es r. gemütlich; es ist r. kalt geworden; **II.** ⟨Adv.⟩ *in der Tat, wahrhaftig:* sie sagte, er komme sicher bald, und r., da trat er in die Tür; ja r., ich erinnere mich.

rịch|ti|ger|wei̲|se ⟨Adv.⟩: *zu Recht.*

rịch|tig|ge|hend ⟨Adj.⟩: *regelrecht, richtig* (3 b): das war eine -e Blamage für dich.

Rịch|tig|keit, die; - [spätmhd. richticheit]: *das Richtigsein* (I 1) *einer Sache:* die R. eines Beschlusses, einer Rechnung; eine Urkunde auf ihre R. prüfen; es muss alles seine R. haben *(ordnungsgemäß ablaufen o. Ä.);* mit dieser Anordnung hat es seine R. *(sie besteht zu Recht, stimmt);* es gab keinen Zweifel an der R. seiner Aussage.

rịch|tig lie|gen: s. richtig (I 1 a).

rịch|tig ma|chen: s. richtig (I 1 b).

rịch|tig stel|len: s. richtig (I 1 a).

Rịch|tig|stel|lung, die: *das Richtigstellen.*

Rịcht|kranz, der: *auf dem fertig gestellten Rohbau od. am Baukran befestigter, mit bunten Bändern geschmückter Kranz beim Richtfest.*

Rịcht|kro|ne, die: *Richtkranz.*

Rịcht|lat|te, die (Bauw.): *Richtscheit.*

Rịcht|li|nie, die ⟨meist Pl.⟩: *von einer höheren Instanz ausgehende Anweisung für jmds. Verhalten in einem bestimmten Einzelfall, in einer Situation, bei einer Tätigkeit o. Ä.:* allgemeine -n; -n erlassen, beachten, einhalten, außer Acht lassen; die -n der Wirtschaftspolitik entwickeln, festlegen.

Rịcht|li|ni|en|kom|pe|tenz, die: *Kompetenz* (1 b) *zur Festlegung der Richtlinien (bes. in der Politik).*

Rịcht|mi|kro|fon, das: *auf ein einzelnes Geräusch gerichtetes Mikrofon.*

Rịcht|platz, der: *Platz für [öffentliche] Hinrichtungen.*

Rịcht|preis, der (Wirtsch.): **a)** *von Behörden od. Verbänden angesetzter Preis, der jedoch nicht eingehalten zu werden braucht;* **b)** *betrieblicher Voranschlag über einen noch nicht genau zu ermittelnden Preis;* **c)** *empfohlener, unverbindlicher Verkaufspreis.*

Rịcht|punkt, der: *Punkt, auf den eine Schusswaffe beim Schuss gerichtet ist.*

Rịcht|satz, der: *behördlich errechneter u. festgelegter Satz für etw.:* der derzeitige R. für Sozialmieten.

Rịcht|scheit, das (Bauw.): *langes, schmales Brett [mit eingebauter Wasserwaage], mit dem man feststellen kann, ob eine Fläche waagerecht, eine Kante gerade ist.*

Rịcht|schmaus, der: *Hebeschmaus.*

Rịcht|schnur, die ⟨Pl. -en⟩: **1.** *straff gespannte Schnur, mit der (z. B. beim Bauen) gerade Linien abgesteckt werden.* **2.** ⟨Pl. selten⟩ *allgemein gültige Wertvorstellung, woran jmd. sein Handeln u. Verhalten ausrichtet:* Ehrlichkeit war die R. ihres Handelns.

Rịcht|schwert, das (früher): vgl. Richtbeil.

Rịcht|spruch, der: **1.** *Ansprache [in Gedichtform] beim Richtfest.* **2.** (veraltend) *Urteilsspruch:* wie lautete der R.?

Rịcht|stät|te, die (geh.): *Richtplatz.*

Rịcht|strah|ler, der (Funkt.): *Richtantenne, die die elektromagnetischen Wellen in eine bestimmte Richtung abstrahlt.*

Rịcht|stuhl, der (veraltet): *Richterstuhl.*

Rịch|tung, die; -, -en [18. Jh., zu ↑richten (1–3); mhd. rihtunge = Gericht; Urteil; Friedensschluss, ahd. rihtunga = Gericht; (Ordens)regel]: **1.** *[gerade] Linie der Bewegung auf ein bestimmtes Ziel hin:* die R. einer Straße, eines Flusses; die R. einhalten, ändern, wechseln, verlieren; jmdm. die R. zeigen, weisen; R. auf die offene See nehmen; die R. nach dem Wald, zum Wald einschlagen; aus allen -en *(von überall her)* herbeieilen; in R. Berlin, Osten, des Dorfes; in nördliche/nördlicher R. fahren; in die falsche, in eine andere R. gehen; Ü die R. stimmt (ugs.; *es ist alles in Ordnung*); einem Gespräch eine bestimmte R. geben *(ein Gespräch auf ein bestimmtes Thema bringen).* **2.** *innerhalb eines geistigen Bereichs sich in einer bestimmten Gruppe verkörpernde spezielle Ausformung von Auffassungen o. Ä.:* eine politische, literarische R.; einer bestimmten R. angehören.

rịch|tung|ge|bend ⟨Adj.⟩: *auf maßgebende Art richtungweisend:* -e Parteibeschlüsse.

Rịch|tungs|än|de|rung, die: vgl. Richtungswechsel.

rịch|tungs|los ⟨Adj.⟩: *ohne Richtung, ohne irgendwohin gerichtet zu sein:* r. blickende Augen; Ü ein -er *(sich treiben lassender, ohne jede Orientierung lebender)* Mensch.

Rịch|tungs|lo|sig|keit, die; -: *das Richtungslossein.*

Rịch|tungs|pfeil, der: *Fahrbahnmarkierung in Form eines Pfeiles, die dem Autofahrer anzeigt, in welcher Fahrspur er sich einzuordnen hat, um in eine bestimmte Richtung zu fahren.*

Rịch|tungs|ver|kehr, der: *Fahrzeugverkehr (z. B. auf der Autobahn) in nur einer Richtung.*

Rịch|tungs|wahl, die: *Wahl* (2 a), *von der (durch die zur Wahl stehende[n] Person[en]) eine Wende in der politischen Richtung erwartet wird.*

Rịch|tungs|wech|sel, der: *Wechsel der Richtung.*

rịch|tungs|wei|send, rịch|tung|wei|send ⟨Adj.⟩: *auf einem bestimmten Gebiet Möglichkeiten für die künftige Entwicklung zeigend [u. bestimmend]:* eine -e Rede; ein -es Urteil; dieser Parteibeschluss gilt als r.

Rịcht|waa|ge, die: *Wasserwaage.*

Rịcht|wert, der: *vorgegebener Wert, an dem tatsächliche Werte gemessen werden, sich orientieren können.*

Rịcht|zahl, die: vgl. Richtwert.

Rịck, das; -[e]s, -e, auch: -s [mhd. (md.) rick(e), zu: rīhen, ↑ [1]reihen]: **1.** (landsch.) **a)** *Latte, Stange;* **b)** *Gestell aus Stangen; Lattengestell.* **2.** (Reiten) *Hindernis aus genau übereinander liegenden Stangen.*

Ri̱|cke, die; -, -n [wahrsch. Analogiebildung zu ↑ Zicke u. ↑ [2]Sicke] (Jägerspr.): *weibliches Reh.*

Ri|ckett|sie [...tsi̯ə], die; -, -n ⟨meist Pl.⟩ [nach dem amerik. Pathologen H. T. Ricketts (1871–1910)] (Med., Biol.): *zwischen Bakterie u. Virus stehender Krankheitserreger.*

rieb: ↑ reiben.

riech|bar ⟨Adj.⟩ (selten): *sich durch den Geruchssinn wahrnehmen lassend.*

rie|chen ⟨st. V.; hat⟩ [mhd. riechen, ahd. riohhan, urspr. = rauchen, dunsten]: **1. a)** *durch den Geruchssinn, mit der Nase einen Geruch, eine Ausdünstung wahrnehmen:* den Duft der Rosen, ein Parfum, jmds. Ausdünstungen r.; Knoblauch nicht r. können *(den Geruch nicht ertragen können);* Ü er roch (ugs; *merkte*) sofort, dass hier etwas nicht stimmte; *** jmdn. nicht r. können** (ugs. emotional; *jmdn. aus seiner Umgebung unausstehlich, widerwärtig finden u. nichts mit ihm zu tun haben wollen*); **etw. nicht r. können** (ugs. emotional; *etw. nicht ahnen, im Voraus wissen können*); **b)** *den Geruch von etw. wahrzunehmen suchen, indem man die Luft prüfend durch die Nase einzieht:* an einer Rose, Parfümflasche, Salbe r. **2.** *einen bestimmten Geruch verbreiten:* etw. riecht unangenehm, streng, scharf, stark, [wie] angebrannt; das Ei riecht schon [schlecht]; Tulpen riechen nicht; du, das riecht aber [intensiv, gut]!; er roch aus dem Mund, nach Alkohol; die Luft riecht nach Schnee *(es wird noch Schnee geben, wird wahrscheinlich bald schneien);* ⟨auch unpers.:⟩ wonach riecht es hier eigentlich?; hier riecht es nach Gas; Ü das riecht [mir aber sehr] nach Sensationshascherei (ugs.; *sieht [mir aber sehr] nach Sensationshascherei aus*); alles, was auch nur entfernt nach Politik riecht (ugs.; *mit Politik zu tun hat*), ist ihm ein Gräuel; diese Sache riecht faul (ugs.; *scheint nicht einwandfrei zu sein*).

Rie|cher, der; -s, - (salopp): **1.** *Nase.* **2.** *sicheres Gefühl, mit dem man etw. errät od. die sich ergebenden Möglichkeiten erfasst, seine Vorteile wahrzunehmen u. Unannehmlichkeiten aus dem Wege zu gehen:* einen guten, den richtigen, gar keinen schlechten R. haben; einen R. für etw. entwickeln.

Riech|hirn, das (Biol., Anat.): *Endhirn, dem über die Riechnerven die Meldungen aus dem Geruchsorgan zugeleitet werden.*

Riech|kol|ben, der (salopp scherzh.): *[große] Nase.*

Riech|mit|tel, das: *(früher bei Ohnmachten angewandte) stark riechende, belebend wirkende Substanz in Form von Riechwasser o. Ä.*

Riech|nerv, der (Anat.): *vom Geruchsorgan zum Riechhirn führender Nerv; Geruchsnerv.*

Riech|stoff, der: *Substanz mit einem charakteristischen Geruch:* pflanzliche, tierische -e.

Riech|was|ser, das ⟨Pl. ...wässer⟩: vgl. Riechmittel.

[1]Ried, das; -[e]s, -e [mhd. riet, ahd. (h)riot, urspr. wohl = das Sichschüttelnde, Schwankende]: **a)** *Riedgräser u. Schilf:* das R. rauscht; mit R. bestandene Teiche; **b)** *mit Ried* (a) *bewachsenes, mooriges Gebiet:* im R. spazieren gehen.

[2]Ried, die; -, -en, Riede, die; -, -n [mhd. riet = gerodetes Stück Land, zu: rieten = ausrotten] (österr.): *Nutzfläche in den Weinbergen.*

Ried|dach, das: ↑ Reetdach.

Rie|de: ↑ [2]Ried.

Rie|del, der; -s, - [aus dem Oberd., eigtl. = Wulst, wohl zu mhd. rīden = (zusammen)drehen] (Geogr.): *flache, meist lang gestreckte, zwischen zwei Tälern liegende Erhebung.*

Ried|gras, das [zu ↑ [1]Ried]: *(überwiegend auf feuchten Böden wachsende) Pflanze mit meist dreikantigen, nicht gegliederten Stängeln, schmalen Blättern u. kleinen Blüten in Ähren od. Rispen.*

rief: ↑ rufen.

Rie|fe, die; -, -n [aus dem Niederd., zu einem Verb mit der Bed. »reißen«, vgl. anord. rífa = reißen] (bes. nordd.): *Rille.*

rie|feln, riefen ⟨sw. V.; hat⟩: *mit Riefen versehen.*

Rie|fe|lung, die; -, -en: **1.** *das Riefeln.* **2.** *geriefelte Stelle, Musterung aus Rillen.*

rie|fen: ↑ riefeln.

rie|fig ⟨Adj.⟩: *Riefen aufweisend.*

Rie|ge, die; -, -n [aus dem Niederd. < mniederd. rige, eigtl. = Reihe; entspr. mhd. rige, ↑ Reihe; von dem dt. Erzieher F. L. Jahn (1778–1852) in die Turnerspr. eingef.] (bes. Turnen): *Mannschaft, Gruppe.*

Rie|gel, der; -s, - [mhd. rigel, ahd. rigil, urspr. = Stange, Querholz]: **1. a)** *Vorrichtung mit quer zu verschiebendem [länglichem] Metallstück o. Ä. zum Verschluss von Türen, Toren, Fenstern:* ein hölzerner, eiserner R.; den R. an der Tür vorlegen, vor-, zu-, auf-, zurückschieben; *** einer Sache, (seltener:) jmdm. einen R. vorschieben** *(etw., was man nicht länger dulden kann, unterbinden; etw. Unliebsames nicht länger zur Geltung, [Aus]wirkung kommen lassen);* **b)** (Schlosserei) *vom Schlüssel bewegter Teil in einem Schloss.* **2. a)** (Milit.) *von Truppen, Panzern o. Ä. gebildete Abriegelung:* einen R. bilden; die Panzer durchbrachen den R.; **b)** (bes. Fußball) *durch die Stürmer verstärkte Verteidigung:* einen R. knacken, [um den Strafraum] aufziehen. **3.** *[gleichmäßig unterteiltes] stangenartiges Stück, Streifen:* einen R. Blockschokolade, Seife kaufen. **4.** (Schneiderei) **a)** *statt eines Gürtels auf dem Rückenteil von Mänteln, Jacken an den Enden aufgenähter Stoffstreifen;* **b)** *schmaler, nur an den Enden aufgenähter Stoffstreifen, durch den ein Gürtel gezogen werden kann;* **c)** *quer verlaufende Benähung der Enden eines Knopflochs, um dessen Ausreißen zu verhindern.* **5.** (Bauw.) *(beim Fachwerkbau) waagerechter Balken als Verbindung zwischen den senkrechten Hölzern.* **6.** (veraltend) *an der Wand befestigtes Brett mit Kleiderhaken.* **7.** (Jägerspr.) *Wildwechsel im Hochgebirge.*

rie|geln ⟨sw. V.; hat⟩ [mhd. rigelen]: **1.** (landsch., sonst veraltet) *ver-, ab-, zuriegeln.* **2.** (Reiten) *durch wechselseitiges Anziehen der Zügel das Pferd in eine bestimmte Haltung zwingen.*

Rie|gel|werk, das [zu ↑ Riegel (5)] (landsch.): *Fachwerk.*

rieh: ↑ [2]reihen.

Riem|chen, das; -s, -: **1.** Vkl. zu ↑ [1]Riemen (1): eine Sandalette mit schmalen R. **2.** (Bauw.) *schmales Bauelement* (z. B. in Längsrichtung halbierter Ziegel, Fliese).

[1]Rie|men, der, -s, - [mhd. rieme, ahd. riomo, wohl urspr. = abgerissener (Haut)streifen]: **1.** *längeres schmales Band aus Leder, festem Gewebe od. Kunststoff:* ein breiter, schmaler, langer, geflochtener R.; der R. ist gerissen; einen R. verstellen, länger machen, um den Koffer schnallen; die Tasche an einem R. über der Schulter tragen; etw. mit einem R. festschnallen, zusammenhalten; *** den R. enger schnallen** (ugs.; ↑ Gürtel); **sich am R. reißen** (ugs.; *sich zusammennehmen u. sehr anstrengen, um [wenigstens] etw. noch zu erreichen, zu schaffen*). **2.** *Treibriemen:* der R. ist vom Rad abgegangen. **3.** *lederner Schnürsenkel.* **4.** (Zeitungsw. Jargon) *umfangreicher Artikel* (1). **5.** (derb) *Penis.*

[2]Rie|men, der; -s, - [mhd. rieme, ahd. riemo < lat. remus = Ruder] (Seemannsspr.): *längeres, mit beiden Händen bewegtes Ruder* (1): die R. ergreifen, einlegen; die Matrosen legten sich mächtig in die R.; *** sich in die Riemen legen** (↑ Ruder 1).

Rie|men|an|trieb, der ⟨Pl. selten⟩ (Technik): *Antrieb von Maschinen mittels Treibriemen.*

rie|men|för|mig ⟨Adj.⟩: *in der Form eines [1]Riemens.*

Rie|men|schei|be, die (Technik): *radförmiges Maschinenteil, das beim Riemenantrieb zur Kraftübertragung zwischen dem Treibriemen u. der Welle dient.*

Rie|men|werk, das: *miteinander verbundene Riemen; Geflecht o. Ä. aus Riemen.*

rien ne va plus [rjẽnva'ply; frz. = nichts geht mehr]: (beim Roulette) Ansage des Croupiers, dass nicht mehr gesetzt werden kann.

[1]Rie|se, der; -n, -n [mhd. rise, ahd. riso, H. u.]: **1.** *in Märchen, Sagen u. Mythen auftretendes Wesen von übergroßer menschlicher Gestalt:* ein wilder, böser, gutmütiger, schwerfälliger R.; Ü er ist ein R. *(ein sehr großer, kräftiger Mensch, Hüne);* er ist ein R. an Geist, Gelehrsamkeit *(ist sehr klug, gelehrt);* die felsigen -n *(die sehr hohen Berge)* Südtirols; -n *(Hochhäuser)* aus Beton und Glas; *** abgebrochener R.** (ugs. scherzh.; *sehr kleiner Mann*). **2.** (Astron.) *Riesenstern.* **3.** (Turnen Jargon) *Riesenfelge.* **4.** (salopp) *Tausendmarkschein:* für den alten Wagen wollte er noch zwei -n!; ein halber R. *(fünfhundert Mark).*

[2]Rie|se, die; -, -n [mhd. rise, zu: rīsen = fallen, ↑ Reise] (südd., österr.): kurz für ↑ Holzriese.

-rie|se, der; -n, -n (ugs.): kennzeichnet in Bildungen mit Substantiven jmdn. oder etw. als sehr groß, weit ausgebaut und mächtig auf einem bestimmten Gebiet, in einer Branche: Automobil-, Chemie-, Hotel-, Medienriese.

Rie|sel|feld, das: *oft ein gewisses Gefälle aufweisendes Feld [am Rand einer Stadt], über das geeignete Abwässer zur Reinigung u. zur gleichzeitigen landwirtschaftlichen Nutzung geleitet werden.*

rie|seln ⟨sw. V.⟩ [mhd. riselen = tröpfeln, sachte regnen, zu: rīsen = fallen, ↑ Reise]: **1.** ⟨hat⟩ **a)** *mit feinem, hellem, gleichmäßigem Geräusch fließen, rinnen:* in der Nähe rieselte eine Quelle, ein Bächlein; **b)** *mit feinem, hellem, gleichmäßigem Geräusch in vielen kleinen Teilchen leise, kaum hörbar nach unten fallen, gleiten, sinken:* leise rieselt der Schnee; an den Wänden rieselte der Kalk. **2.** ⟨ist⟩ **a)** *irgendwohin fließen, rinnen:* das Wasser rieselt über die Steine; Blut rieselte aus der Wunde in den Sand; Ü ein Schauder rieselte ihm durch die Glieder, über den Rücken; **b)** *sich in leichter u. stetiger Bewegung in vielen kleinen Teilchen nach unten bewegen:* feiner Schnee rieselte zur Erde; sie ließ den Sand durch die Finger r.; der Kalk rieselte von den Wänden.

Rie|sen- (ugs. emotional verstärkend): **1.** drückt in Bildungen mit Substantiven aus, dass etw. einen besonders großen Umfang, eine besonders weite Ausdehnung hat: Riesenhaus, -plakat, -tasche. **2.** drückt in Bildungen mit Substantiven aus, dass etw. eine besonders große Anzahl, Menge, ein besonders hohes Ausmaß hat: Riesenauflage, -auswahl, -defizit, -umsatz. **3.** drückt in Bildungen mit Substantiven aus, dass etw. von großer Intensität ist: Riesendurst,

R

-enttäuschung, -überraschung. **4.** drückt in Bildungen mit Substantiven aus, dass jmd. oder etw. als ausgezeichnet, hervorragend angesehen wird: Riesenfußballer, -spiel, -witz.

Rie|sen|ba|by, das (ugs. emotional verstärkend): *Elefantenbaby.*

Rie|sen|dumm|heit, die (ugs. emotional verstärkend): *sehr große Dummheit* (2).

Rie|sen|er|folg, der (ugs. emotional verstärkend): *sehr großer Erfolg.*

Rie|sen|fel|ge, die (Turnen): *mit ausgestrecktem Körper u. gestreckten Armen ausgeführte Felge am Reck.*

Rie|sen|ge|bir|ge, das: höchster Gebirgszug der Sudeten.

rie|sen|groß ⟨Adj.⟩ (ugs. emotional verstärkend): *sehr, überraschend, erstaunlich groß:* eine -e Auswahl, Summe; eine -e Dummheit; die Überraschung war r.

rie|sen|haft ⟨Adj.⟩: **a)** *eine außerordentliche, imponierende Größe, Ausdehnung, Stärke aufweisend; gewaltig* (2 a), *riesig* (1 a): ein -es Bauwerk; ein -er Kerl, Mann; **b)** (seltener) *ein außerordentliches Maß, einen sehr hohen Grad aufweisend; gewaltig* (2 b), *riesig* (1 b): eine -e Belastung; -e Anstrengungen unternehmen.

Rie|sen|haf|tig|keit, die: *das Riesenhaftsein.*

Rie|sen|rad, das: *auf Jahrmärkten, bei Volksfesten o. Ä. aufgebaute, elektrisch betriebene Anlage in Form eines sehr großen, sich in vertikaler Richtung drehenden Rades, an dem rundum Gondeln für Fahrgäste angebracht sind:* [mit dem] R. fahren.

Rie|sen|schlan|ge, die: *(in Tropen u. Subtropen verbreitete) sehr große, ungiftige Schlange, die ihre Beute durch Umschlingen u. Erdrücken tötet* (z. B. Boa, Python).

Rie|sen|schritt, der (ugs. emotional verstärkend): *sehr großer Schritt:* -e machen; mit -en *(sehr schnell)* davoneilen.

Rie|sen|sla|lom, der (Ski): *(zu den alpinen Wettbewerben gehörender) Slalom, bei dem die durch Flaggen gekennzeichneten Tore in größerem Abstand stehen, sodass er dem Abfahrtslauf etwas ähnlicher ist.*

Rie|sen|stadt, die (ugs. emotional verstärkend): *sehr große Stadt; Megalopole.*

rie|sen|stark ⟨Adj.⟩ (ugs. emotional verstärkend): *stark wie ein Riese* (1), *besonders stark.*

Rie|sen|stern (Astron.): *Fixstern mit großem Durchmesser u. großer Leuchtkraft.*

Rie|sen|wuchs, der (Med. veraltet, Biol.): *übermäßiger Wuchs bei Menschen, Tieren od. Pflanzen; Gigantismus.*

rie|sig ⟨Adj.⟩ (oft emotional): **1. a)** *außerordentlich, übermäßig groß, umfangreich; gewaltig* (2 a): -e Häuser, Türme, Berge; ein -er Saal, Platz; ein -es Land; eine -e Menschenmenge; das Schloss, der Park hatten -e Ausmaße, war, wirkte r.; **b)** *das normale Maß weit übersteigend; einen übermäßig hohen Grad aufweisend; gewaltig* (2 b): eine -e Freude, Begeisterung, Anstrengung; es war ein -er Spaß; er hat -e Kräfte; ich habe -en Durst, Hunger; eine -e Summe bezahlen; die Fortschritte, die er gemacht hat, sind wirklich r. **2.** (ugs.) **a)** *hervorragend, wunderbar, großartig:* das war gestern bei dir eine -e Party; ist ja r.!; dass du mir da rausgeholfen hast, finde ich r.; der Film, die neue Mode ist einfach r.; **b)** ⟨intensivierend bei Adj. u. Verben⟩ *sehr, überaus:* der Film war r. interessant; wir haben uns r. darüber gefreut.

R

Rie|sin, die; -, -nen: weibl. Form zu ↑[1]Riese (1).

rie|sisch ⟨Adj.⟩ (selten): *zu den Riesen gehörend.*

Ries|ling, der; -s, -e [H. u.]: **a)** ⟨o. Pl.⟩ *Rebsorte mit kleinen, runden, goldgelben Beeren;* **b)** *aus den Trauben des Rieslings* (a) *hergestellter feiner, fruchtiger Weißwein mit zartem Bukett, leichter Säure u. mäßigem Alkoholgehalt.*

riet: ↑raten.

Riet, das; -[e]s, -e [zu ↑[1]Ried; die einzelnen Stäbe des Webeblatts wurden früher aus Ried hergestellt] (Weberei): *Webeblatt.*

[1]Riff, das; -[e]s, -e [aus dem Niederd. < mniederd. rif, ref, aus dem Anord., eigtl. = Rippe]: *lang gestreckte, schmale Reihe von Klippen, lang gestreckte, schmale Sandbank im Meer vor der Küste:* ein gefährliches R.; der Küste sind -e vorgelagert; das Boot kenterte an einem R., lief auf ein R. auf.

[2]Riff, der; -[e]s, -s [engl. riff, viell. gek. aus: refrain = Refrain] (Musik): *(im Jazz) sich ständig wiederholende, rhythmisch prägnante, dabei melodisch nur wenig abgewandelte Phrase.*

Rif|fel, die; -, -n [1: zu ↑Riffel (2); nach der Ähnlichkeit mit den Zinken eines Rechens; 2: spätmhd. rif(f)el, ahd. rif(f)ila = Säge; Rechen]: **1.** ⟨meist Pl.⟩ *rillenförmige Vertiefung bzw. rippenförmige Erhöhung in einer Reihe gleichartiger Vertiefungen u. Erhöhungen:* die -n einer Säule. **2. a)** *Riffelkamm;* **b)** *Riffelmaschine.*

Rif|fel|bee|re, die [die Beeren werden durch Riffeln (3) geerntet] (landsch.): **1.** *Heidelbeere.* **2.** *Preiselbeere.*

Rif|fel|kamm, der: *eisernes, kammähnliches Gerät zum Riffeln* (2) *des Flachses.*

Rif|fel|ma|schi|ne, die: *Maschine zum Riffeln* (2) *des Flachses.*

rif|feln ⟨sw. V.; hat⟩ [1: zu ↑Riffel; 2: mhd. rif(f)eln, ahd. rif(f)ilōn = sägen]: **1.** *mit Riffeln* (1) *versehen:* ein Verfahren, um Glas zu r.; ⟨meist im 2. Part.:⟩ geriffeltes Glas, Blech; eine geriffelte Säule. **2.** *mit einem kammartigen Gerät durch Abstreifen von den Samenkapseln, von Blättern o. Ä. befreien:* Flachs, Flachsstängel r. **3.** (landsch.) *Heidel-, Preiselbeeren mit einem kammartigen Gerät von den Sträuchern abstreifen.*

Rif|fe|lung, die; -, -en: **1. a)** ⟨o. Pl.⟩ *das Riffeln* (1): die maschinelle R. von Blech; **b)** *Gesamtheit von Riffeln* (1) *auf der Oberfläche von etw.:* die Schalen dieser Tiere weisen eine zarte R. auf. **2.** *das Riffeln* (2): die R. des Flachses.

Ri|ga: Hauptstadt von Lettland.

[1]Ri|ga|er, der; -s, -: Ew.

[2]Ri|ga|er ⟨indekl. Adj.⟩.

Ri|ga|e|rin, die; -, -nen: w. Form zu ↑[1]Rigaer.

ri|ga|isch ⟨Adj.⟩: *Riga, die Rigaer betreffend; von den Rigaern stammend, zu ihnen gehörend.*

Ri|gel, der; -s: hellster Stern im Sternbild Orion.

Rigg, das; -s, -s [engl. rig(ging), zu: to rig = auftakeln] (Seemannsspr.): *gesamte Takelung eines Schiffes; Segel (beim Windsurfing).*

rig|gen ⟨sw. V.; hat⟩ (Seemannsspr.): *[auf]takeln.*

ri|gid, ri|gi|de ⟨Adj.; rigider, rigideste⟩ [lat. rigidus, zu: rigere = starr, steif sein]: **1.** (Med.) *steif, starr.* **2.** (bildungsspr.) *streng, unnachgiebig:* rigide Moral, Normen, Verbote.

Ri|gi|di|tät, die; -, -en [1: lat. rigiditas]: **1.** ⟨o. Pl.⟩ (Med.) *Steifheit, [Muskel]starre.* **2.** (bildungsspr., bes. auch Psych.) *starres Festhalten an früheren Einstellungen, Gewohnheiten, Meinungen o. Ä.; Unnachgiebigkeit.*

Ri|go|ris|mus, der; - [wohl frz. rigorisme, zu lat. rigor = Steifheit, Härte, Unbeugsamkeit] (bildungsspr.): *unbeugsames, starres Festhalten an bestimmten, bes. moralischen Grundsätzen:* moralischer R.

ri|go|ris|tisch ⟨Adj.⟩ (bildungsspr.): *auf Rigorismus beruhend, unerbittlich streng:* eine -e Haltung; r. argumentieren.

ri|go|ros ⟨Adj.⟩ [(frz. rigoureux <) mlat. rigorosus = streng, hart, zu lat. rigor = Härte, zu: rigere = starr, steif sein]: *sehr streng, unerbittlich, hart; rücksichtslos, ohne Rücksichtnahme:* -e Bestimmungen, Beschränkungen, Kontrollen, Maßnahmen; -e Strenge, Kritik; ein -es Gesetz, Tempolimit; sie war noch -er als der Chef; r. durchgreifen, verfahren, vorgehen; sie hat es r. abgelehnt, verboten.

Ri|go|ro|sa: Pl. von ↑Rigorosum.

Ri|go|ro|si|tät, die; - (bildungsspr.): *Strenge, Unerbittlichkeit, Härte.*

ri|go|ro|so ⟨Adv.⟩ [ital. rigoroso, zu: rigore < lat. rigor, ↑rigoros] (Musik): *genau, streng im Takt.*

Ri|go|ro|sum, das; -s, ...sa, (österr.:) ...sen [nlat. (examen) rigorosum = strenge Prüfung] (bildungsspr.): *mündliches Examen [bei der Promotion].*

Ri|kam|bio, der; -s, ...ien [ital. ricambio, zu: ricambiare = wieder wechseln, umtauschen, aus: ri- (< lat. re- = wieder, zurück) u. cambiare (< spätlat. cambiare = wechseln, tauschen)] (Geldw.): *Rückwechsel.*

Rik|scha, die; -, -s [engl. ricksha(w), kurz für: jinricksha(w) < jap. jin-riki-sha, eigtl. = »Mensch-Kraft-Fahrzeug«]: *(in Ost- u. Südasien) der Beförderung von Personen dienender zweirädriger Wagen, der von einem Menschen (häufig mithilfe eines Fahrrads od. Motorrads) gezogen wird.*

Riks|mål [...mo:l], das; -[s] [norw., eigtl. = Reichssprache]: ältere Bez. für ↑Bokmål.

Ril|le, die; -, -n [niederd. rille, Vkl. von mniederd. rīde = Bach, also eigtl. = kleiner Bach]: *lange, schmale Vertiefung in der Oberfläche von etw. aus meist hartem Material:* die -n einer Säule, in einem Glas; die -n im Geweih des Hirschs; die -n der Schallplatten von Staub befreien; seine Stirn wies zahlreiche -n *(Falten)* auf.

ril|len ⟨sw. V.; hat⟩: *mit Rillen versehen:* die Oberfläche von etw. r.; ⟨meist im 2. Part.:⟩ gerillte Glasscheiben.

ril|len|för|mig ⟨Adj.⟩: *in der Form einer Rille:* eine -e Vertiefung.

Rind, das; -[e]s, -er [mhd. rint, ahd. (h)rint, eigtl. = Horntier]: **1. a)** *(als Milch u. Fleisch lieferndes Nutz-, auch noch als Arbeitstier gehaltenes) zu den Wiederkäuern gehörendes Tier mit kurzhaarigem, glattem, braunem bis schwarzem [weiß geflecktem] Fell, mit breitem Schädel mit Hörnern, langem, in einer Quaste endendem Schwanz u. einem großen Euter beim weiblichen Tier; Hausrind:* glatte, wohlgenährte, braune, schwarz-weiß gefleckte -er; -er züchten; sie bevorzugt Fleisch vom R.; **b)** ⟨o. Pl.⟩ (ugs.) kurz für ↑Rindfleisch : R. ist heute billiger. **2.** (Zool.) *Vertreter einer in mehreren Arten vorkommenden, zur Familie der Horntiere gehörenden Unterfamilie von Paarhufern* (Büffel, Bison, Wisent, Auerochse u. a.).

Rind|box, das; -es [zum 2. Bestandteil vgl. Boxkalf]: *glattes Rindsleder für Schuhe.*

Rin|de, die; -, -n [mhd. rinde, rinte, ahd. rinda, rinta, eigtl. = Abgerissenes, Zerrissenes]: **1.** *(bei Bäumen u. Sträuchern) äußere, den Stamm, die Äste u. Wurzeln umgebende, feste, oft harte, borkige Schicht:* raue, rissige, glatte R.; die weiße R. der Birken; die R. vom Stamm ablösen, abschälen; seinen Namen in die R. eines Baumes ritzen, schneiden. **2.** *äußere, etw. Weiches umgebende festere Schicht:* die R. vom Käse abschneiden; sie isst beim Brot gern die dunkle R. **3.** (Anat.) *äußere, vom* [3]*Mark* (1 a) *sich unterscheidende Schicht bestimmter Organe:* die R. der Nieren.

rin|den|los ⟨Adj.⟩: *keine Rinde* (1, 2) *[mehr] aufweisend.*

Rin|der|band|wurm, der: *Bandwurm, dessen* [1]*Finnen* (1) *in der Muskulatur des Rindes sitzen u. beim Genuss von rohem od. nicht durchgebratenem Fleisch in den Darm des Menschen gelangen.*

Rin|der|bra|ten, der (Kochk.): *Braten aus einem Stück Rindfleisch.*

Rin|der|brem|se, die: *große* [2]*Bremse mit bunt schillernden Facettenaugen, braungrauen Flügeln u. dunkel u. gelblich gezeichnetem Körper.*

Rin|der|brust, die (Kochk.): *Bruststück vom Rind.*

Rin|der|fi|let, das (Kochk.): [2]*Filet* (a) *vom Rind.*

Rin|der|gu|lasch, das, auch: der (Kochk.): *Gulasch aus Rindfleisch.*

Rin|der|hack|fleisch, das: vgl. Rindergulasch.

rin|de|rig ⟨Adj.⟩: *(von Kühen) brünstig* (1).

Rin|der|len|de, die (Kochk.): *Lendenstück vom Rind.*

rin|dern ⟨sw. V.; hat⟩: *rinderig sein:* die Kuh fängt wieder an zu r.

Rin|der|pest, die: *durch Viren hervorgerufene, meist tödlich verlaufende, sehr ansteckende*

Krankheit bei Rindern, die bes. mit einer Entzündung der Schleimhäute verbunden ist.
Rin|der|ras|se, die: *Rasse von Rindern* (1): eine hochwertige R.
Rin|der|seu|che, die: *BSE.*
Rin|der|talg, der: *ausgelassenes Fett vom Rind.*
Rin|der|wahn, Rin|der|wahn|sinn, der (ugs.): *BSE.*
Rin|der|zucht, die: *planmäßige Aufzucht von Rindern unter wirtschaftlichem Aspekt.*
Rin|der|zun|ge, die (Kochk.): *Zunge* (b) *vom Rind.*
Rind|fleisch, das: *Fleisch vom Rind.*
Rind|le|der usw.: ↑Rindsleder usw.
Rinds|bra|ten, der (Kochk., bes. südd., österr. u. schweiz. nur so): ↑Rinderbraten.
Rinds|fett, das (südd., österr.): *Butterschmalz, ausgelassene Butter.*
Rinds|gu|lasch, das, auch: der (Kochk., bes. südd., österr.): ↑Rindergulasch.
Rinds|le|der, das: *aus der Haut des Rindes hergestelltes Leder:* eine Tasche aus R.
rinds|le|dern ⟨Adj.⟩: *aus Rindsleder bestehend.*
Rind|sup|pe, die (österr.): *Fleischbrühe.*
Rind|viech, das (Schimpfwort): ↑Rindvieh (2).
Rind|vieh, das: **1.** *Gesamtheit von Rindern, Bestand an Rindern:* das R. auf die Weide treiben; er besitzt zwanzig Stück R. *(zwanzig Rinder).* **2.** (ugs., oft als Schimpfwort) *dummer Mensch, der durch sein Verhalten o. Ä. Anlass zum Ärger gibt:* du [blödes] R.!
rin|for|zan|do ⟨Adv.⟩ [ital. rinforzando, Gerundium von: rinforzare = (ver)stärken] (Musik): *plötzlich deutlich stärker werdend, verstärkt* (Abk.: rf., rfz., rinf.).
Rin|for|zan|do, das; -s, -s u. …di (Musik): *plötzliche Verstärkung des Klanges auf einem Ton od. einer kurzen Tonfolge.*
ring ⟨Adj.⟩ [mhd. (ge)ringe, ↑gering] (südd., schweiz. mundartl.): *leicht zu bewältigen, mühelos.*
Ring, der; -[e]s, -e [mhd. rinc, ahd. (h)ring]: **1. a)** *gleichmäßig runder, kreisförmig in sich geschlossener Gegenstand:* ein metallener R.; ein R. aus Messing, Holz, Gummi; ein R. als Türklopfer; der Stier hat einen R. durch die Nase; die Schlüssel waren an einem R. *(Schlüsselring)* befestigt; die Kinder spielen mit dem R. (Gummiring b); R der R. (geh.; *Kreis[lauf]*) der Jahreszeiten; der R. schließt sich *(die Sache findet ihren Abschluss [indem man zum Ausgangspunkt zurückkehrt]);* **b)** kurz für ↑Fingerring: ein goldener, brillantenbesetzter, schmaler, breiter R.; ein R. aus massivem Gold, mit einem großen Stein; der R. blitzte an ihrer Hand; einen R. tragen; jmdm., sich einen R. anstecken, an den Finger stecken; einen R. vom Finger ziehen, abstreifen; *** die -e tauschen/wechseln** (geh.; *heiraten, mit jmdm. eine Ehe schließen*). **2.** (Sport) **a)** ⟨Pl.⟩ *Turngerät, das aus zwei hölzernen Ringen* (1 a) *besteht, die an zwei in einem bestimmten Abstand voneinander herabhängenden Seilen befestigt sind:* an den -en turnen; **b)** kurz für ↑Boxring: den R. betreten; den R. als Sieger verlassen; die beiden Boxer kletterten in den R.; R. frei zur zweiten Runde!; Ü R. frei für die nächsten Kandidaten! *(die nächsten Kandidaten können nun beginnen);* **c)** kurz für ↑Wurfring. **3.** *etw., was wie ein Ring* (1 a) *geformt, einem Ring ähnlich ist; ringförmiges Gebilde; ringförmige Anordnung, Figur:* ein R. aus starrenden Menschen; der alte Stadtkern liegt innerhalb eines -es *(einer ringförmig angelegten Straße, einer Ringstraße);* das Glas hinterließ einen feuchten R. auf dem Tisch; er warf einen Stein ins Wasser und zählte die -e auf der Wasseroberfläche; er zählte die -e *(Jahresringe)* auf dem Baumstumpf; sie hat dunkle, blaue, schwarze -e *(Augenschatten)* unter den Augen; die -e des Saturn; er schoss zehn -e *(in den zehnten Ring auf der Schießscheibe);* die Kinder bildeten beim Spielen einen R., schlossen einen R. um den Lehrer. **4.** *Vereinigung von Personen, die sich zu einem bestimmten Zweck, zur Durchsetzung gemeinsamer Ziele, zur Schaffung u. Nutzung bestimmter Einrichtungen o. Ä. zusammengeschlossen haben:* einen R. für Theater- und Konzertbesuche gründen, organisieren, bilden; die Polizei hat den internationalen R. von Rauschgifthändlern auffliegen lassen; die Händler haben sich zu einem R. *(Kartell)* zusammengeschlossen.
ring|ar|tig ⟨Adj.⟩: *in der Art eines Ringes* (1 a).
Ring|buch, das: *einem Buch od. Heft ähnliche Mappe mit losen, gelochten* (1 b) *Blättern (zum Beschreiben), die durch ringförmige Bügel festgehalten werden u. so beliebig entnommen od. ergänzt werden können.*
Rin|gel, der; -s, - [mhd. ringel(e), ahd. ringila, Vkl. von ↑Ring]: *kleineres ring-, kreis-, spiralförmiges Gebilde:* die schwarzen R. ihrer Haare; ein Luftballon mit bunten -n.
Rin|gel|blu|me, die: **1.** *(zu den Korbblütlern gehörende) Pflanze mit kräftigem Stiel, schmalen, behaarten Blättern u. [gefüllten] gelben od. orangefarbenen Blüten; Calendula.* **2.** (volkst.) *Löwenzahn.*
Rin|gel|chen, das; -s, -: Vkl. zu ↑Ring (1, 3).
rin|ge|lig, (seltener auch:) ringlig ⟨Adj.⟩ [zu ↑Ringel]: *wie Ringel, spiralähnlich geformt; sich ringelnd, in Ringeln:* -e Hobelspäne; die Haare fielen ihr wirr und r. ins Gesicht.
rin|geln ⟨sw. V.; hat⟩ [mhd. ringelen]: **a)** *zu einem Ringel, zu Ringeln formen; Ringel, Kreise, Bogen, Schnörkel bilden, entstehen lassen:* der Hund ringelt seinen Schwanz; die Schlange ringelte ihren Körper um einen Ast; **b)** ⟨r. + sich⟩ *sich zu einem Ringel, zu Ringeln formen; die Form von Ringeln annehmen:* Locken ringeln sich um ihren Kopf.
Rin|gel|nat|ter, die [viell. nach den Ringeln auf der Haut]: *am Wasser lebende, einfarbig graugrüne od. mit schwarzen Flecken gezeichnete Natter mit einem halbmondförmigen weißen bis gelben, schwarz gesäumten Fleck an beiden Seiten des Hinterkopfes.*
Rin|gel|piez, der; -[es], -e [urspr. nordd., berlin., eigtl. wohl = Tanz u. Gesang, 2. Bestandteil wohl aus dem Slaw., vgl. apoln. pieć = singen] (ugs.): *fröhliches, geselliges Beisammensein mit Tanz:* einen schönen, zünftigen R. veranstalten; heute Abend gehen wir zum R.; *** R. mit Anfassen** (salopp; *Ringelpiez*).
Rin|gel|rei|gen, der (seltener), **Rin|gel|rei|hen,** der: *Spiel, Tanz, bei dem sich Kinder bei den Händen fassen u. im Kreis tanzen:* R. tanzen, spielen.
Rin|gel|ste|chen, das; -s, -: *Ringreiten.*
Rin|gel|tau|be, die: *in Wäldern u. Parkanlagen lebende graue Taube mit einem breiten, weißen Streifen auf den Flügeln u. einem weißen Fleck an beiden Seiten des rot u. grün schillernden Halses.*
Rin|gel|wurm, der: *in zahlreichen Arten der unterschiedlichsten Länge im Wasser, im Boden od. auch parasitisch lebender Wurm mit einem aus vielen gleichartig gebauten Segmenten bestehenden Körper.*
[1]rin|gen ⟨st. V.; hat⟩ [mhd. ringen, ahd. (h)ringan, eigtl. = sich im Kreise, sich hin u. her bewegen, zu ↑Ring]: **1. a)** *sich handgreiflich mit jmdm. [unter Anwendung von Griffen u. Schwüngen] auseinander setzen; mit körperlichem Einsatz gegen jmdn. kämpfen, um ihn zu bezwingen:* die beiden Männer rangen erbittert, bis zur Erschöpfung [miteinander]; Ü mit dem Tod[e] r.; die Schwimmerin rang mit den Wellen (geh.; *konnte sich wegen der starken Wellen kaum im Wasser behaupten*); **b)** *unter Anwendung von bestimmten Griffen u. Schwüngen mit jmdm. einen genau nach Regeln festgelegten sportlichen Kampf austragen mit dem Ziel, den Gegner mit beiden Schultern auf den Boden zu drücken od. ihn nach Punkten zu schlagen:* taktisch klug, mit einem starken Gegner r.; er ringt *(ist Ringer)* seit einigen Jahren; ⟨subst.:⟩ er hat sich einen Meistertitel im Ringen geholt. **2. a)** *sich angestrengt, unter Einsatz aller Kräfte bemühen, etw. zu erreichen, zu erhalten, zu verwirklichen; heftig nach etw. streben:* hart, zäh, bitter, schwer um Anerkennung r.; sie rangen lange um Freiheit, Unabhängigkeit, Erfolg; nach Atem, Luft r. *(nur mühsam atmen können);* sie rang nach/um Fassung *(sie konnte kaum, nur mühsam die Fassung bewahren);* er hat nach Worten/um Worte gerungen *(hat die richtigen Worte kaum finden können, hat sich nur mühsam äußern können);* **b)** *sich innerlich heftig mit etw. auseinander setzen:* ich habe lange mit mir gerungen, ob ich das verantworten kann; sie scheint [innerlich] mit einem Problem, mit seinem Schicksal zu r. **3.** (geh.) **a)** *(die Hände) aus Verzweiflung, Angst o. Ä. falten, ineinander verschränkt gegeneinander pressen u. so in drehender Bewegung die Handflächen aneinander reiben:* weinend, klagend, jammernd, verzweifelt, flehend die/seine Hände r.; **b)** *jmdm. unter großen Mühen u. gegen heftigen Widerstand aus der Hand, aus den Händen winden:* er rang ihm das Messer, die Pistole aus der Hand. **4.** ⟨r. + sich⟩ (geh.) *mühsam aus jmdm. hervorkommen, sich jmdm. entringen* (2 b): ein tiefer Seufzer rang sich aus ihrer Brust.
[2]rin|gen ⟨st. V.; hat⟩ [landsch. beeinflusst von ↑[1]ringen] (landsch.): ↑wringen.
Rin|ger, der; -s, - [mhd. ringer, ahd. ringāri, zu ↑[1]ringen]: *jmd., der ringt* (1 b), *bes. Sportler, der Ringkämpfe wettkampfmäßig austrägt.*
Rin|ge|rin, die; -, -nen: w. Form zu ↑Ringer.
rin|ge|risch ⟨Adj.⟩: *das Ringen betreffend, dazu gehörend:* seine -en Qualitäten; seinem Gegner r. überlegen sein.
Ring|fahn|dung, die: *Großfahndung der Polizei, bei der in einem größeren Gebiet nach bestimmten Personen gefahndet wird:* eine R. einleiten.
Ring|fin|ger, der: *vierter Finger der Hand zwischen Mittelfinger u. kleinem Finger.*
Ring|flü|gel, der (Technik): *den Rumpf eines Coleopters ringförmig umschließender Teil, der den Auftrieb liefert.*
Ring|form, die: **1.** *Form eines Ringes* (1 a): die Kommode hatte Griffe in R. **2.** *Kuchenform, mit der Kuchen gebacken werden, die die Form eines dickeren Ringes* (3) *haben.*
ring|för|mig ⟨Adj.⟩: *Ringform aufweisend; wie ein Ring* (1 a): ein -er Wall; -e Verbindungen in der Chemie.
Ring|kampf, der [zu ↑[1]ringen]: **1.** *tätliche Auseinandersetzung, bei der zwei Personen miteinander ringen* (1 a): ein kurzer, harter, heftiger, erbitterter R.; aus der Balgerei der beiden Jungen entwickelte sich ein regelrechter R. **2. a)** ⟨o. Pl.⟩ *das Ringen* (1 b) *als sportliche Disziplin:* der R. erfordert Konzentration und Ausdauer; **b)** *sportlicher Kampf im Ringen* (1 b): bei der Veranstaltung wurden über zwanzig Ringkämpfe ausgetragen.
Ring|lein, das; -s, - [mhd. ringlīn]: Vkl. zu ↑Ring (1, 3).
ring|lig: ↑ringelig.
Ring|mau|er, die: *ringförmig angelegte Mauer um eine Burg, eine Stadt.*
Ring|mus|kel, der (Anat.): *ringförmiger Muskel zum Verengen od. Verschließen bestimmter Hohlorgane.*
Ring|rich|ter, der (Boxen): *Schiedsrichter, der einen Boxkampf im Ring* (2 b) *leitet.*
Ring|rich|te|rin, die: w. Form zu ↑Ringrichter.
rings ⟨Adv.⟩ [erstarrter Gen. Sg. von ↑Ring]: *im Kreis, in einem Bogen um jmdn., etw., auf allen Seiten; rundherum* (a): r. an den Wänden standen Bücherregale; sich r. im Kreise umsehen; der Ort ist r. von Bergen umgeben.
Ring|schloss, das: *(bes. bei Fahrrädern verwendetes) ringförmiges Schloss* (1 a).
rings|he|rum ⟨Adv.⟩: *rings um jmdn., etw. herum; auf allen Seiten rundherum* (a): r. an den Wänden hingen große Bilder.
Ring|stra|ße, die: *ringförmig angelegte, um eine Stadt, einen Stadtkern verlaufende, [breite] Straße.*
rings|um ⟨Adv.⟩: *ringsherum, im ganzen Umkreis, rundum* (a): r. nur Eis und Schnee.

rịngs|um|hẹr 〈Adv.〉: *ringsherum, nach allen Seiten:* r. war dunkle Nacht; r. blicken.
Rịng|tausch, der: *Tausch zwischen mehreren Partnern.*
Rịn|ne, die; -, -n [mhd. rinne, ahd. rinna, zu ↑rinnen]: **1. a)** *schmale, lang gestreckte Vertiefung im Boden, durch die Wasser fließt od. fließen kann:* tiefe -n im Erdreich; lange, der Bewässerung dienende -n durchzogen das Gelände; eine R. graben, ausheben; **b)** kurz für ↑Fahrrinne: die R. der Hafeneinfahrt. **2.** *schmaler, langer, in Form eines Halbkreises ausgehöhlter Körper aus Blech, Holz o. Ä., durch den etw. [ab]fließen kann:* die R. am Dach muss repariert werden; das Wasser fließt durch eine hölzerne R. in das Fass.
rịn|nen 〈st. V.〉 [mhd. rinnen, ahd. rinnan, eigtl. = (sich) in Bewegung setzen, (sich) bewegen, erregt sein]: **1. a)** *sich stetig u. nicht sehr schnell in nicht allzu großer Menge fließend irgendwohin bewegen* 〈ist〉: der Regen rinnt vom Dach, über die Scheiben, in die Tonne; das Blut rann in einem dünnen Faden aus der Wunde, über sein Gesicht; Tränen rannen über ihre Wangen; Ü das Geld rinnt ihm [nur so] durch die Finger *(er gibt es schnell aus, kann nicht sparsam damit umgehen);* die Jahre rannen (geh.; *gingen schnell dahin, vergingen rasch);* **b)** *sich in vielen kleinen Teilchen stetig u. nicht sehr schnell irgendwohin bewegen:* der Zucker rann aus dem Sack; sie ließ den Sand durch die Finger r. **2.** *undicht sein; durch eine undichte Stelle Flüssigkeit herauslaufen lassen* 〈hat〉: die Gießkanne rinnt.
rịn|nen|för|mig 〈Adj.〉: *die Form einer Rinne* (1 a) *aufweisend; wie eine Rinne:* eine -e Vertiefung, Kehlung.
Rịnn|sal, das; -[e]s, -e (geh.): **a)** *sehr kleines, sacht fließendes Gewässer:* ein R. fließt, schlängelt sich durch die Wiesen; **b)** *Flüssigkeit, die in einer kleineren Menge irgendwohin rinnt:* ein R. von Blut, von Tränen.
Rịnn|stein, der; -[e]s, -e: **a)** *Gosse* (1): nach dem Regen liefen die -e fast über, waren die -e verstopft; er lag betrunken im R.; Ü er hat ihn aus dem R. *(der Gosse 2)* aufgelesen; **b)** *Bordstein:* sich auf den R. setzen.
Ri̲o de Ja|nei|ro [- - ʒa'ne:ro]: Stadt in Brasilien.
Ri̲o de la Pla̲|ta, der; - - - -: gemeinsamer Mündungstrichter von Paraná u. Uruguay.
R. I. P. = requiescat in pace.
Ri|pi|e̲|no, das; -s, -s u. ...ni [ital. ripieno, eigtl. = (an)gefüllt] (Musik): *(im 17./18. Jh. u. bes. beim Concerto grosso) das volle Orchester im Gegensatz zum Concertino* (2).
Ri|pọs|te, die; -, -n [ital. riposta, zu: riposto, 2. Part. von: riporre < lat. reponere = dagegensetzen, -stellen] (Fechten): *unmittelbarer Gegenangriff nach einer parierten Parade.*
Rịpp|chen, das; -s, -: **1.** *Fleisch aus dem Bereich der Rippen mit den dazugehörenden Knochen (bes. vom Schwein):* heute gibt es R. mit Sauerkraut. **2.** Vkl. zu ↑Rippe.
Rịp|pe, die; -, -n [mhd. rippe, ahd. rippa, eigtl. = Bedeckung (der Brusthöhle)]: **1.** *schmaler, gebogener Knochen im Rumpf des Menschen u. mancher Tiere, der nahezu waagerecht von der Wirbelsäule zum Brustbein verläuft u. mit anderen zusammen die Brusthöhle bildet:* sich beim Sturz eine R. brechen, quetschen; jmdm. im Streit ein Messer zwischen die -n jagen, stoßen; man kann bei ihr alle/die -n zählen, sie hat nichts auf den -n (ugs.; *sie ist sehr mager);* er stieß, boxte ihm/ihn [mit dem Ellbogen] in die -n *(gab ihm einen Stoß in die Seite);* * **sich** 〈Dativ〉 **etw. nicht aus den -n schlagen/schneiden können** (ugs.; *nicht wissen, wo man etw. hernehmen soll*). **2.** *etw., was einer Rippe* (1) *ähnlich sieht:* Kord mit breiten -n; ein Muster mit -n stricken; ein Heizkörper mit vier -n; kann ich mir eine R. *(einen Riegel* 3) Schokolade nehmen? **3.** (Bot.) *stark hervortretende Blattader.* **4.** (Technik) *Bauteil, das einer Rippe* (1) *ähnlich ist u. zur Verstärkung eines flächigen Bauteils (z. B. der Tragfläche eines Flugzeugs) dient.* **5.** (Technik) *Kühlrippe.* **6.** (Archit.) *ein Gewölbe od. eine Decke verstärkender od. tragender Teil.*
¹rip|peln 〈sw. V.; hat〉 [zu ↑Rippe] (landsch.): *riffeln* (1).
²rip|peln, sich 〈sw. V.; hat〉 [landsch. Nebenf. von ↑rappeln (5); vgl. mniederd. reppen = sich rühren] (landsch.): **1.** *sich regen* (1 b), *sich rühren* (2 a): er liegt da und rippelt sich nicht mehr; * **sich nicht r. und rühren** *(bewegungslos daliegen).* **2.** *sich gegen jmdn. auflehnen; aufmucken:* rippel dich ja nicht!
Rịp|pen|fell, das: *an den Rippen* (1) *anliegender Teil des Brustfells.*
Rịp|pen|fell|ent|zün|dung, die: *durch bakterielle Infektion hervorgerufene Entzündung des Rippenfells; Pleuritis.*
rịp|pen|för|mig 〈Adj.〉: *in der Form, Anordnung einer Rippe* (1), *Rippen ähnlich.*
Rịp|pen|mus|ter, das: *Strickmuster* (a) *mit senkrechten od. waagrechten Rippen* (2): einen Pullover mit R. stricken.
Rịp|pen|speer, der od. das 〈o. Pl.〉 [aus dem Niederd. < mniederd. ribbesper; urspr. nur Bez. für den Bratspieß, auf den das Fleisch gesteckt wurde]: *gepökeltes Rippchen vom Schwein:* Kasseler R.
Rịp|pen|stoß, der: *Stoß (meist mit dem Ellbogen) in jmds. Seite:* jmdm. einen R. geben, versetzen.
Rịp|pen|stück, das: *(von Schlachttieren) Stück Fleisch aus dem Bereich der Rippen* (1).
Rịp|pe|speer: ↑Rippenspeer.
Rịpp|li, das; -s, - (schweiz.): *Schweinerippchen.*
Rịpp|speer: ↑Rippenspeer.
rips 〈Interj.〉: lautm. für das Geräusch des Reißens.
Rịps, der; -es, -e [engl. ribs (Pl.) = Rippen]: *geripptes Gewebe.*
rips, rạps 〈Interj.〉: **1.** lautm. für das Geräusch des Reißens. **2.** lautm. Darstellung einer heftigen reißenden Bewegung, eines wiederholten schnellen Zubeißens o. Ä.
ri|pu|a̲|risch 〈Adj.〉 [mlat. ripuarius, zu lat. ripa = Ufer] (Fachspr.): *am [Rhein]ufer wohnend:* -e Franken.
Ri|pu|a̲|risch, das; -[s] u. 〈nur mit best. Art.:〉 **Ri|pu|a̲|ri|sche,** das; -n (Sprachw.): *nordwestliche Mundart des Mitteldeutschen.*
Ri|sa|lịt, der; -s, -e [ital. risalto, zu: risalire = hervorspringen] (Archit.): *(bes. bei profanen Bauten des Barocks) in ganzer Höhe des Bauwerks vorspringender Gebäudeteil (oft mit eigenem Giebel u. Dach).*
ri̲|scheln 〈sw. V.; hat〉 [landsch. Nebenf. von ↑rascheln] (landsch.): *leise rascheln, knistern.*
Ri̲|si|ko, das; -s, -s u. ...ken, österr. auch: Rịsken [älter ital. ris(i)co, H. u.]: *möglicher negativer Ausgang bei einer Unternehmung, mit dem Nachteile, Verlust, Schäden verbunden sind; mit einem Vorhaben, Unternehmen o. Ä. verbundenes Wagnis:* ein großes R.; kein/ein R. eingehen, auf sich nehmen; die Versicherung trägt das R.; bei einer Sache das R. fürchten, scheuen, in Kauf nehmen; die Risiken bedenken, abwägen; * **das R. laufen** *(das Wagnis auf sich nehmen).*
Ri̲|si|ko-: 1. drückt in Bildungen mit Substantiven aus, dass jmd. oder etw. Schwierigkeiten bereitet, einer Gefahr oder bestimmten Gefahren ausgesetzt ist: Risikogruppe, -kind, -operation, -schwangerschaft. **2.** drückt in Bildungen mit Substantiven aus, dass etw. eine Gefahr darstellt: Risikofaktor, -fall.
Ri̲|si|ko|fak|tor, der: *Faktor, der ein besonderes Risiko für etw. darstellt.*
Ri̲|si|ko|fonds, der: *Fonds* (1 b), *bei dem Kapital in Anlagen investiert wird, die überdurchschnittlich mit Risiko behaftet sind.*
ri̲|si|ko|frei 〈Adj.〉: *ohne jedes Risiko.*
Ri̲|si|ko|ge|burt, die: *Geburt, bei der Gefahr für das Kind, die Mutter besteht.*
Ri̲|si|ko|ge|sell|schaft, die (Soziol.): *Gesellschaft im Hinblick auf die ökologischen, sozialen u. a. Risiken, die durch den industriellen Fortschritt hervorgerufen werden.*
Ri̲|si|ko|grup|pe, die: *Personenkreis, für den (in bestimmter Hinsicht) ein Risiko besteht.*
Ri̲|si|ko|leh|re, die (Wirtsch.): *Lehre von den Ursachen u. der Eindämmung der möglichen Folgen eines Risikos.*
ri̲|si|ko|los 〈Adj.〉: *risikofrei.*
Ri̲|si|ko|mi|schung, die (Wirtsch.): *Verteilung des betrieblichen Risikos durch Herstellung verschiedenartiger Produkte, bei denen voraussichtlich nicht gleichzeitig Absatzschwierigkeiten auftreten.*
Ri̲|si|ko|pa|ti|ent, der: *Patient, der aufgrund erblicher od. früherer Krankheiten besonders gefährdet ist.*
Ri̲|si|ko|pa|ti|en|tin, die: w. Form zu ↑Risikopatient.
Ri̲|si|ko|po|li|tik, die (Wirtsch.): *Gesamtheit der Maßnahmen, die darauf abzielen, die für ein Unternehmen, eine Institution o. Ä. bestehenden Risiken zu erkennen, zu bewältigen u. auszuschalten.*
Ri̲|si|ko|prä|mie, die (Wirtsch.): **1.** *(bei der Kalkulation) Zuschlag für mögliche Risiken.* **2.** *Anteil eines Unternehmers als Vergütung für die Übernahme des Risikos.*
ri̲|si|ko|reich 〈Adj.〉: *reich an Risiken.*
Ri|si-Pi̲|si 〈Pl.〉, (bes. österr.:) **Ri|si|pi̲|si,** das; -[s], - [ital. risi e bisi, Reimbildung für: riso con piselli = Reis mit Erbsen] (Kochk.): *Gericht aus Reis u. Erbsen.*
ris|kạnt 〈Adj.〉 [frz. risquant, 1. Part. von: risquer = riskieren, zu: risque < älter ital. risco, ↑Risiko]: *mit einem Risiko verbunden:* ein -es Unternehmen; die Sache, der Plan ist, erscheint mir äußerst r.
ris|kie̲|ren 〈sw. V.; hat〉 [frz. risquer, ↑riskant]: **1. a)** *trotz der Möglichkeit eines Fehlschlags o. Ä. etw. zu tun versuchen, unternehmen; wagen:* sie riskiert es nicht, zu so später Stunde noch fortzugehen; wenn du nichts riskierst, kannst du auch nichts gewinnen; **b)** *durch sein Benehmen od. Handeln eine Gefahr o. Ä. bewirken, heraufbeschwören:* er riskiert eben, dass man ihn auslacht; einen Unfall r.; **c)** *etw. nur vorsichtig, mit einer gewissen Zurückhaltung tun, einen entsprechenden Versuch machen, wagen:* sie riskierte ein zaghaftes Lächeln; einen Blick, eine Bemerkung r. **2.** *etw. durch sein Benehmen od. Handeln Nachteilen, der Gefahr des Verlustes aussetzen; aufs Spiel setzen:* viel, wenig, nichts, alles, das Äußerste, seine Stellung r.
ri|so|lu̲|to 〈Adv.〉 [ital. risoluto < lat. resolutum, ↑resolut] (Musik): *entschlossen u. kraftvoll.*
Ri|sọt|to, der; -[s], -s, österr. auch: das; -s, -[s] [ital. (milanesisch) risotto, zu: riso = Reis] (Kochk.): *Gericht aus Reis, Butter u. Parmesan.*
Rịsp|chen, das; -s, -: Vkl. zu ↑Rispe.
Rịs|pe, die; -, -n [mhd. rispe = Gebüsch, Gesträuch, verw. mit ↑²Reis] (Bot.): *aus mehreren Trauben* (3) *zusammengesetzter Blütenstand:* die Blüten der Weinrebe sind in -n angeordnet; Gräser mit zarten -n.
Rịs|pen|gras, das: *Gras, dessen Ährchen* (2) *in lockeren Rispen angeordnet sind.*
riss: ↑reißen.
Rịss, der; -es, -e [mhd. riȥ, ahd. riz = Furche, Strich, Buchstabe, zu ↑reißen]: **1.** *Stelle, an der etw. gerissen, zerrissen, eingerissen ist:* ein kleiner, tiefer R.; ein R. im Stoff, im Felsen; in der Wand, in der Decke sind, zeigen sich -e; der R. ist stärker, größer geworden; die Glasur hat -e bekommen; einen R. leimen, verschmieren; Ü die innige Freundschaft bekam einen R.; * **einen R./Risse im Hirn/Kopf haben** (salopp; *nicht recht bei Verstand, verrückt sein;* ↑hirnrissig). **2.** (selten) *der Vorgang des Reißens; das Reißen:* der R. des Films. **3.** (Technik, Geometrie) *[technische] Zeichnung, die nach den wichtigsten Linien od. nach dem Umriss angefertigt ist.* **4.** (Jägerspr.) *vom Fuchs o. Ä. erlegte Beute.*
rịss|fest 〈Adj.〉 (selten): *reißfest.*
rịs|sig 〈Adj.〉: *Risse* (1) *aufweisend; von Rissen* (1) *durchzogen:* -es Mauerwerk; -er Lehmboden;

ihre Hände, ihre Lippen sind r. *(aufgesprungen);* das Leder wird r. *(brüchig).*

Rist, der; -es, -e [mhd. rist, mnd. wrist, eigtl. = Drehpunkt, Dreher]: **1. a)** (landsch.) *Spann:* der Stiefel ist über dem R. zu eng; **b)** (Sport, sonst selten) *Handrücken:* er hat sich am R. der rechten Hand eine Verletzung zugezogen. **2.** *Widerrist.*

Ris|to|ran|te, das; -, ...ti [ital. ristorante < frz. restaurant, ↑Restaurant]: ital. Bez. für *Restaurant.*

ri|stor|nie|ren ⟨sw. V.; hat⟩ [ital. ristornare, aus: ri- = zurück, wieder u. stornare, ↑stornieren] (Wirtsch.): *(einen irrig eingetragenen Posten) zurückschreiben.*

Ri|stor|no, der od. das; -s, -s [ital. ristorno, zu: ristornare, ↑ristornieren] (Wirtsch.): *Gegen-, Rückbuchung, Rücknahme.*

ris|ve|gli|an|do [rɪsvelˈjando] ⟨Adv.⟩ [ital., zu: risvegliare = wieder erwecken] (Musik): *aufgeweckt, munter, lebhaft werdend.*

rit. = ritardando; ritenuto.

ri|tar|dan|do ⟨Adv.⟩ [ital., zu: ritardare < lat. retardare = (ver)zögern] (Musik): *das Tempo verzögernd; langsamer werdend* (Abk.: rit., ritard.).

Ri|tar|dan|do, das; -s, -s u. ...di (Musik): *allmähliches Langsamwerden des Tempos.*

ri|te ⟨Adv.⟩ [lat. rite = auf rechte, gehörige Weise, zu: ritus, ↑Ritus]: **1.** *genügend (geringstes Prädikat bei der Doktorprüfung).* **2.** (bildungsspr.) *ordnungsgemäß.*

Ri|ten: Pl. von ↑Ritus.

ri|ten. = ritenuto.

ri|te|nu|to ⟨Adv.⟩ [ital., 2. Part. von: ritenere < lat. retinere = zurückhalten] (Musik): *im Tempo zurückgehalten, verzögert* (Abk.: rit., riten.).

Ri|te|nu|to, das; -s, -s u. ...ti (Musik): *Verzögerung des Tempos.*

ritsch ⟨Interj.⟩: **1.** lautm. für das helle Geräusch, das bei einer schnellen, reißenden Bewegung entsteht: r., war das Laken entzwei. **2.** zur Kennzeichnung einer schnellen, heftigen Bewegung, eines plötzlich eintretenden Ereignisses.

ritsch, ratsch ⟨Interj.⟩: **1.** lautm. für die Geräusche, die durch aufeinander folgende schnelle, reißende Bewegungen, z. B. beim Zerreißen von Papier, entstehen. **2.** *ritsch* (2).

ritt: ↑reiten.

Ritt, der; -[e]s, -e [im 15. Jh. rytte, zu ↑reiten]: **a)** *das Reiten:* Ein waghalsiger, verwegener R.; in wildem R. jagten sie über die Felder, Wiesen; **b)** *Ausflug o. Ä. zu Pferde:* ein kurzer, weiter R. in die Umgebung; * **ein R. über den Bodensee** *(eine durch nichts abgesicherte, sehr waghalsige, kühne Unternehmung;* nach der Ballade »Der Reiter und der Bodensee« des dt. Schriftstellers G. Schwab [1792–1850]); **auf einen/in einem R.** (ugs.; *auf einmal, ohne zu unterbrechen).*

Ritt|ber|ger, der; -s, - [nach dem dt. Eiskunstläufer W. Rittberger (1891–1975)] (Eiskunstlauf, Rollkunstlauf): *mit einem Bogen rückwärts eingeleiteter Sprung, bei dem man mit einem Fuß abspringt, in der Luft eine Drehung ausführt und mit dem gleichen Fuß wieder aufkommt.*

Rit|ter, der; -s, - [mhd. ritter < mniederl. riddere, Lehnübertragung von afrz. chevalier; vgl. mhd. rīter, rītære = Kämpfer zu Pferd, Reiter, zu ↑reiten]: **1. a)** *(im MA.) Krieger des gehobenen Standes, der in voller Rüstung mit Schild, Schwert [Lanze o. Ä.] zu Pferd in den Kampf zieht;* **b)** *Angehöriger des Ritterstandes:* der Knappe wird zum R. geschlagen *(durch Ritterschlag in den Ritterstand aufgenommen).* **2.** *jmd., der einen bestimmten hohen Orden verliehen bekommen hat:* die R. des Hosenbandordens; R. des Ordens Pour le Mérite. **3.** *Ordensritter.* **4.** (veraltend) *Kavalier* (1). **5.** * **ein irrender R.** (bildungsspr.; *jmd., der nur kurze Zeit an einem Ort bleibt, der immer wieder auf der Suche nach neuen Abenteuern ist;* nach frz. chevalier errant, dem Beinamen eines Ritters der Artusrunde); **ein R. ohne Furcht und Tadel** (1. *[im MA.] ein vorbildlicher, tapferer Ritter;* nach frz. chevalier sans peur et sans reproche, dem Beinamen des Ritters Bayard [1476–1524]. **2.** *ein mutiger u. sich vorbildlich benehmender Mann*); **ein R. des Pedals** (scherzh.; *Rad[renn]fahrer*); **ein R. von der Feder** (scherzh.; *Schriftsteller*); **ein R. von der traurigen Gestalt** (abwertend; *jmd., der sehr lang u. hager ist, dazu eine schlechte Haltung hat u. außerdem heruntergekommen wirkt;* nach span. el caballero de la triste figura, dem Beinamen des ↑Don Quichotte). **6.** * **arme R.** (Kochk.; *in Milch eingeweichte Brötchen od. Weißbrotscheiben, die paniert u. in der Pfanne gebacken werden).*

Rit|ter|burg, die: *Burg eines Ritters.*

Rit|ter|dich|tung, die (Literaturw.): *(in der mittelhochdeutschen Blütezeit) Dichtung, die aus der ritterlich-adligen und höfischen Standeskultur erwächst u. deren höfische Ideale, Probleme, ihr Standes- und Lebensgefühl widerspiegelt u. zum Thema hat.*

rit|ter|haft ⟨Adj.⟩: *einem Ritter* (1) *entsprechend, gemäß.*

Rit|te|rin, die; -, -nen: w. Form zu ↑Ritter (2).

Rit|ter|kampf|spiel, das: *als Spiel mit Kriegswaffen u. in voller Rüstung [zu Pferd] durchgeführter Kampf zweier od. mehrerer Ritter gegeneinander.*

Rit|ter|kreuz, das (nationalsoz.): *Orden in Form eines größeren Eisernen Kreuzes, der am Halsband getragen wird.*

rit|ter|lich ⟨Adj.⟩ [mhd. ritterlich]: **1.** *ritterhaft:* -e Ideale. **2.** *edel, vornehm, anständig u. fair:* ein -er Gegner; einen Kampf r. austragen. **3.** *zuvorkommend-höflich u. hilfsbereit (bes. gegen Frauen):* er bot ihr r. den Arm.

Rit|ter|lich|keit, die; -, -en: **1.** ⟨o. Pl.⟩ *das Ritterlichsein.* **2.** *ritterliche* (2) *Handlungsweise.*

Rit|ter|ling, der; -s, -e [vgl. Herrenpilz]: *Pilz mit fleischigem Stiel u. hellen, am Ansatz des Stiels ausgebuchteten Lamellen.*

Rit|ter|or|den, der: *im Mittelalter gegründeter Orden, dessen Mitglieder vor allem die Aufgabe hatten, als geistliche Krieger Glaubensfeinde zu bekämpfen.*

Rit|ter|rüs|tung, die: *Rüstung, wie sie von den Rittern getragen wurde.*

Rit|ter|schlag, der [mhd. ritterslac]: *durch einen Schlag mit dem flachen Schwert auf Hals, Nacken od. Schulter symbolisierte feierliche Aufnahme eines Knappen in den Ritterstand.*

Rit|ter|spo|ren ⟨Pl.⟩: *Sporen* (1) *eines Ritters* (1).

Rit|ter|sporn, der ⟨Pl. -e⟩: *(in vielen Arten vorkommende) Pflanze meist mit handförmig geteilten Blättern u. in Rispen wachsenden blauen, roten od. weißen gespornten Blüten.*

Rit|ter|stand, der: *(im MA.) Adelsstand, dessen Angehörige die Lehnsfähigkeit besitzen.*

Rit|ter|tum, das; -s: **1.** *Brauchtum u. Lebensformen des Ritterstandes.* **2.** *Gesamtheit der Ritter.*

rit|tig ⟨Adj.⟩: *(von Pferden) zum Reiten geschult.*

Rit|tig|keit, die; -: *das Rittigsein.*

ritt|lings ⟨Adv.⟩: *in der Haltung, in der ein Reiter auf dem Pferd sitzt:* er sitzt r. auf dem Stuhl.

Ritt|meis|ter, der; -s, -: **1.** (früher) *Anführer der Reiterei.* **2.** (früher) *Führer der Reiterabteilung.* **3.** *(im dt. Heer bis 1945 bei der Kavallerie) Chef einer Schwadron im Rang eines Hauptmanns.*

ri|tu|al ⟨Adj.⟩: *rituell.*

Ri|tu|al, das; -s, -e u. ...lien [lat. rituale, subst. Neutr. von: ritualis, ↑rituell]: **1. a)** *schriftlich fixierte Ordnung der (römisch-katholischen) Liturgie;* **b)** *Gesamtheit der festgelegten Bräuche u. Zeremonien eines religiösen Kultes; Ritus* (1). **2.** *wiederholtes, immer gleich bleibendes, regelmäßiges Vorgehen nach einer festgelegten Ordnung; Zeremoniell:* wenn er eine Pfeife raucht, vollzieht sich jedes Mal dasselbe R.

Ri|tu|al|buch, das: **1.** ⟨o. Pl.⟩ (kath. Kirche) *Rituale.* **2.** *Buch, in dem religiöse Bräuche u. Riten aufgezeichnet sind.*

Ri|tu|a|le, das; - (kath. Kirche): *liturgisches Buch, das die Ordnungen u. die Texte für gottesdienstliche Handlungen – mit Ausnahme der Texte für die* [1]*Messe* (1) *– enthält.*

Ri|tu|al|hand|lung, die: *Handlung, die nach einer festgelegten Ordnung abläuft; Ritual* (2).

ri|tu|a|li|sie|ren ⟨sw. V.; hat⟩: **1.** (Psych.) *zum Ritual* (2) *werden lassen:* das Zubettbringen bei Kleinkindern wird oft ritualisiert; ritualisiertes Grußverhalten. **2.** (Verhaltensf.) *(ein bestimmtes Verhaltensmuster unter artgleichen Tieren) zum Ritual* (2) *mit Signalwirkung werden lassen* (z. B. beim Balzverhalten).

Ri|tu|a|li|sie|rung, die; -, -en: *das Ritualisieren.*

ri|tu|a|lis|tisch ⟨Adj.⟩: *im Sinne des Rituals, das Ritual streng befolgend.*

Ri|tu|al|mord, der: *Mord aufgrund eines religiösen Kultes.*

ri|tu|ell ⟨Adj.⟩ [frz. rituel < lat. ritualis = den religiösen Brauch betreffend, zu: ritus, ↑Ritus]: **1.** *nach Vorschrift eines Ritus; einem Ritus, einem kultischen Brauch, Zeremoniell entsprechend, darauf beruhend:* -e Handlungen vornehmen. **2.** *zeremoniell, sich gleich bleibend u. regelmäßig in feierlicher Form wiederholend:* -e Auftritte.

Ri|tu|ell, das; -s, -e: *Ritual; Ritus:* ein genau vorgeschriebenes R.

Ri|tus, der; -, ...ten [lat. ritus]: **1.** *hergebrachte Weise der Ausübung einer Religion; Ritual* (1 b). **2.** *Brauch, Gewohnheit bei feierlichen Handlungen.*

Ritz, der; -es, -e [mhd. riz, zu ↑ritzen]: **1.** *(durch einen spitzen, harten Gegenstand verursachte) kleine, nicht allzu starke strichartige Vertiefung od. Verletzung auf einer sonst glatten Oberfläche:* in der Politur ist ein R. zu sehen. **2.** ↑Ritze.

Rit|ze, die; -, -n [spätmhd. ritze]: **1.** *schmale, längliche Spalte zwischen zwei Teilen, die nicht restlos zusammengefügt sind:* eine tiefe R.; -n in den Türen, im Fußboden verstopfen, verschmieren; der Wind pfeift durch die -n; in den -n hat sich Schmutz angesammelt. **2.** (derb) *Vagina.*

Rit|zel, das; -s, - (Technik): *kleines Zahnrad, das zwei zusammengehörende größere Zahnräder antreibt.*

rit|zen ⟨sw. V.; hat⟩ [mhd. ritzen, ahd. rizzen, rizzōn, Intensivbildung zu ↑reißen]: **1. a)** *(mit einem spitzen, harten Gegenstand) mit einem Ritz* (1) *versehen:* Glas [mit einem Diamanten] r.; **b)** *(mit einem spitzen, harten Gegenstand) schneidend, kerbend hervorbringen, abbilden, darstellen:* seinen Namen, ein Herz in den Baum, in die Bank r.; der Künstler ritzt die Zeichnung in die Kupferplatte. **2. a)** ⟨r. + sich⟩ *sich an einem spitzen, harten Gegenstand die Haut leicht verletzen:* sich [an einem Stacheldraht] den Arm, mit einer Nadel [am Finger] r.; er hat sich beim Rasieren geritzt; **b)** *leicht verletzen:* die Dornen ritzten [ihm] die Haut. **3.** (schweiz.) *(ein Gesetz o. Ä.) verletzen, nicht achten, dagegen verstoßen:* diese Bestimmungen, Vorschriften werden dauernd geritzt.

Rit|zer, der; -s, - (ugs.): *kleine Schramme; Kratzer.*

Rit|zung, die; -, -en ⟨Pl. selten⟩: *das Ritzen, das Geritzte* (1 b).

Ri|va|le, der; -n, -n [frz. rival < lat. rivalis = Nebenbuhler, zu: rivus = Wasserlauf, also eigtl. = zur Nutzung eines Wasserlaufs Mitberechtigter]: *jmd., der sich mit einem od. mehreren anderen um jmdn., etw. bewirbt, der mit einem od. mehreren anderen rivalisiert:* jmds. schärfster R. sein; er schlug seine -n aus dem Felde.

Ri|va|lin, die; -, -nen: w. Form zu ↑Rivale.

ri|va|li|sie|ren ⟨sw. V.; hat⟩ [frz. rivaliser, zu: rival, ↑Rivale] (bildungsspr.): *um den Vorrang kämpfen:* er rivalisierte mit seinem Bruder um den ersten Platz; ⟨oft im 1. Part.:⟩ rivalisierende Gruppen.

Ri|va|li|tät, die; -, -en [frz. rivalité < lat. rivalitas, zu: rivalis, ↑Rivale] (bildungsspr.): *Kampf um den Vorrang:* -en austragen.

Ri|ver|boat|shuf|fle [...ʃʌfl], die; -, -s [engl.-amerik. riverboat shuffle, zu: shuffle = ein Tanz]: *Bootsfahrt auf einem Fluss od. See, bei der eine [Jazz]band spielt.*

ri|ver|so ⟨Adv.⟩ [ital. riverso < lat. reversum,

↑[1]Revers] (Musik): *in umgekehrter Reihenfolge der Töne, rückwärts zu spielen.*

Ri|vi|e|ra, die; -, ...ren ⟨Pl. selten⟩: französisch-italienischer Küstenstreifen.

Ri|yal, der; -[s], -s ⟨aber: 100 Riyal⟩ [↑Rial]: *Währungseinheit in Saudi-Arabien u. anderen arabischen Staaten.*

Ri|zi|nus, der; -, - u. -se [lat. ricinus = Name eines Baumes, wohl identisch mit lat. ricinus = Zecke, Holzbock, da die Rizinussamen Ähnlichkeit mit Zecken haben]: **1.** *hohe, als Strauch od. Baum wachsende Pflanze mit großen, handförmig gelappten Blättern, aus deren Samen das Rizinusöl gewonnen wird.* **2.** ⟨o. Pl.⟩ *Rizinusöl.*

Ri|zi|nus|öl, das: *aus dem Samen des Rizinus* (1) *gewonnenes Öl, das einen eigenartigen Geruch u. Geschmack hat u. bes. als Abführmittel bekannt ist.*

r.-k. = römisch-katholisch.

Rl = Rial; Riyal.

rm = Raummeter.

RM = Reichsmark.

Rn = Radon.

RNA [ɛrɛn'a:], die; - [Abk. für engl. ribonucleic acid]: Ribonukleinsäure.

RNS [ɛrɛn'ɛs], die; -: Ribonukleinsäure.

Roa|die ['roʊdɪ], der; -s, -s [engl. roadie, zu: road, ↑Roadster, zu: road = Straße < aengl. rād = Reise zu Pferd, verw. mit engl. to ride = reiten, dt. reiten]: kurz für ↑Roadmanager.

Road|ma|na|ger ['roʊd...], der; -s, - [engl. road manager]: *für die Bühnentechnik u. den Transport der benötigten Ausrüstung verantwortlicher Begleiter einer Rockgruppe.*

Road|mo|vie ['roʊd...], das; -s, -s [engl. road movie, aus: road = Straße u. movie, ↑Movie] (Film): *Spielfilm, dessen Handlung sich unterwegs, auf einer Fahrt mit dem Auto abspielt.*

Roads|ter ['roʊdstə], der; -s, - [engl. roadster, zu: road = Straße, Reise(weg)]: *meist zweisitziges Cabriolet mit zurückklappbarem od. einzuknüpfendem Verdeck.*

Roast|beef ['ro:stbi:f, 'rɔst...], das; -s, -s [engl. roast beef, aus: roast = gebraten u. beef = Rindfleisch] (Kochk.): *[Braten aus einem] Rippenstück vom Rind, das gewöhnlich nicht ganz durchgebraten wird:* ein zartes, abgehangenes R.

Rob|be, die; -, -n [niederd. rub(be), fries. robbe, H. u.]: *großes, in kalten Meeren lebendes Säugetier mit plumpem, lang gestrecktem, von dicht anliegendem, kurzem Haar bedecktem Körper u. flossenähnlichen Gliedmaßen; Flossenfüßer:* -n fangen, jagen.

rob|ben ⟨sw. V.⟩: **a)** *sich auf dem Bauch (den Körper über den Boden schleifend) mit den aufgestützten Ellenbogen fortbewegen* ⟨hat⟩: die Rekruten r. lassen; **b)** *sich robbend* (a) *irgendwohin bewegen* ⟨ist⟩: in Deckung, über die Straße r.

Rob|ben|fang, der ⟨o. Pl.⟩: *Fang, Erlegung von Robben.*

Rob|ben|jagd, die: vgl. Robbenfang.

Rob|ber, der; -s, - [engl. rubber, H. u.] (Kartenspiel): *Doppelpartie bei Whist u. Bridge.*

Ro|be, die; -, -n [frz. robe = Gewand, Kleid, urspr. = Beute; erbeutetes Kleid, aus dem Germ., verw. mit ↑Raub in dessen urspr. Bed. »dem Feind entrissenes (Kleidungsstück)«]: **1.** (geh.) *festliches langes Kleid, das nur zu besonderen Anlässen getragen wird:* die Damen trugen feierliche, glitzernde, kostbare -n; man erscheint bei der Premiere in großer R. *(in festlicher Kleidung [bezogen auf Frauen u. Männer]);* Ü sie hat heute eine neue R. (scherzh.; *ein neues Kleid*) an. **2.** (seltener) *Talar.*

Ro|bi|nie, die; -, -n [nach dem frz. Botaniker J. Robin (1550–1629)]: *hoch wachsender Baum mit rissiger Borke, gefiederten Blättern u. duftenden weißen Blüten in langen Trauben; falsche Akazie.*

Ro|bin|son, der; -s, -e [nach der Titelfigur des Romans »Robinson Crusoe« des engl. Schriftstellers D. Defoe (1659–1731)]: *jmd., der gerne fern von der Zivilisation auf einer einsamen Insel, in der freien Natur leben möchte.*

Ro|bin|so|na|de, die; -, -n: **a)** *Abenteuerroman im Stil des Robinson Crusoe;* **b)** *Unternehmung o. Ä., die zu einem Abenteuer (im Stil des Robinson Crusoe) wird:* ihre Reise war eine regelrechte R.

Ro|bo|rans, das; -, ...antia u. ...anzien [...'rantsi̯ən; zu lat. roborare = stärken, kräftigen] (Med.): *Stärkungs-, Kräftigungsmittel.*

Ro|bot, die; -, -en u. der; -[e]s, -e [spätmhd. robāt(e) < tschech. robota = (Fron)arbeit] (veraltet): *Frondienst, -arbeit.*

ro|bo|ten ⟨sw. V.; hat; 2. Part.: gerobotet, robotet⟩ [spätmhd. robāten, roboten]: **1.** (ugs.) *schwer arbeiten, sich plagen:* sie roboten für einen Hungerlohn. **2.** (früher) *Fronarbeit leisten.*

Ro|bo|ter, der; -s, - [1: engl. robot (< tschech. robot, zu: robota, ↑Robot); nach dem im 1920 erschienenen sozialutopischen Drama »R.U.R.« des tschech. Schriftstellers K. Čapek (1890–1938) vorkommenden Namen der US-Firma »Rossum's Universal Robots«; 2: spätmhd. robāter, robatter, zu: robāt(e), ↑Robot]: **1. a)** *(der menschlichen Gestalt nachgebildete) Apparatur, die bestimmte Funktionen eines Menschen ausführen kann; Maschinenmensch:* er arbeitet wie ein R. *(ohne eine Pause zu machen u. rein mechanisch);* **b)** (Technik) *(mit Greifarmen ausgerüsteter) Automat, der ferngesteuert od. nach Sensorsignalen bzw. einprogrammierten Befehlsfolgen anstelle eines Menschen bestimmte mechanische Tätigkeiten verrichtet:* einen R. konstruieren, für bestimmte Arbeiten einsetzen. **2.** (früher) *Arbeiter im Frondienst.*

ro|bo|ter|haft ⟨Adj.⟩: *wie [ein] Roboter* (1): -e *(mechanische)* Bewegungen; -es *(schematisch vorgehendes)* Spezialistentum.

Ro|bu|rit [auch: ...'rɪt], der; -s [zu lat. robur, ↑robust]: *im Kohlebergbau verwendeter pulverförmiger Sprengstoff.*

ro|bust ⟨Adj.⟩ [(frz. robuste <) lat. robustus, eigtl. = aus Hart-, Eichenholz, zu: robur = Kernholz; Eiche; Kraft]: **1.** *kräftig, stabil; nicht empfindlich od. leicht irritierbar:* eine -e Person, Frau; eine -e *(stabile)* Gesundheit, Konstitution; er ist eine -e *(nicht empfindsame)* Natur; körperlich, seelisch r. sein, aussehen, wirken. **2.** *(von Gegenständen, Materialien o. Ä.) widerstandsfähig, strapazierfähig [u. daher im Gebrauch unkompliziert]:* ein -es Material; ein -er Motor, Tisch, Rasen.

Ro|bust|heit, die; -: *das Robustsein.*

Ro|caille [ro'ka:j], das od. die; -, -s [frz. rocaille, eigtl. = Geröll, zu älter: roc = Felsen] (Kunstwiss.): *Muschelwerk.*

roch: ↑riechen.

Ro|cha|de [auch: rɔ'ʃa:də], die; -, -n [zu ↑rochieren]: **1.** (Schach) *Doppelzug, bei dem König u. Turm bewegt werden:* große, kleine R.; die R. machen, ausführen. **2.** (Mannschaftsspiele) *besonders von den Außenspielern vorgenommener Wechsel der Position auf dem Spielfeld.*

rö|che: ↑riechen.

Ro|che, der; -n[s], -n: *Rochen.*

rö|cheln ⟨sw. V.; hat⟩ [mhd. rü(c)heln, Iterativbildung zu: rohen, ahd. rohōn = brüllen, grunzen, lautm.]: *schwer atmen u. dabei (mit dem Luftstrom) ein rasselndes Geräusch hervorbringen:* der Kranke, Sterbende röchelt; ihr Atem ging röchelnd; ⟨subst.:⟩ das Röcheln der Sterbenden.

Ro|chen, der; -s, - [aus dem Niederd. < mniederd. roche, ruche, eigtl. = der Raue]: *(zu den Knorpelfischen gehörender) im Meer lebender Fisch mit scheibenförmig abgeflachtem Körper u. deutlich abgesetztem Schwanz.*

Ro|chett, das; -s, -s [frz. rochet, aus dem Germ., verw. mit ↑[1]Rock]: *Chorhemd des katholischen Geistlichen.*

ro|chie|ren [auch: rɔ'ʃi:rən] ⟨sw. V.⟩ [nach frz. roquer, zu älter frz. roc < span. roque = Turm im Schachspiel < arab. ruḫḫ]: **1.** (Schach) *eine Rochade* (1) *ausführen* ⟨hat⟩. **2.** (Mannschaftsspiele) *die Position auf dem Spielfeld wechseln* ⟨hat/ist⟩: die Flügelstürmer rochieren ständig.

Ro|chus [jidd. rochus, rauches = Ärger, Zorn < hebr. rọğez]: in den Wendungen **einen R. auf jmdn. haben** (landsch.; *über jmdn. sehr verärgert sein; auf jmdn. wütend sein*); **aus R.** (landsch.; *aus Zorn, Wut*).

[1]Rock, der; -[e]s, Röcke [mhd. roc, ahd. roc(h), urspr. wohl = Gespinst]: **1. a)** *Kleidungsstück für Frauen u. Mädchen, das von der Taille an abwärts (in unterschiedlicher Länge) den Körper bedeckt:* ein enger, weiter, langer, kurzer, plissierter, glockiger R.; ein R. aus Mohair; der R. sitzt gut, schwingt; einen R. an-, ausziehen, anhaben; sie trägt meist R. und Bluse; den R. raffen, schürzen, zurechtziehen, glatt streichen; die Kinder hängten sich an den R. der Mutter *(drängten sich dicht an sie);* * **hinter jedem R. her sein/herlaufen** (ugs.; *allen Frauen nachlaufen*); **b)** (Schneiderei) *Unterteil eines Kleides (von der Taille abwärts):* das Kleid hat einen weiten, engen R. **2.** (landsch.) *Jacke, Jackett (als Teil des Anzugs* 1): ein R. aus feinem Tuch; den R. an-, ausziehen, zuknöpfen; der feldgraue R. (veraltet; *Uniform*) des Soldaten; der grüne R. *(die Uniform)* des Försters; R der letzte R. hat keine Taschen *(man kann sein erspartes Geld, seinen Reichtum nicht über den Tod hinaus erhalten).*

[2]Rock, der; -[s], -[s] [engl. rock]: **1.** ⟨o. Pl.⟩ kurz für ↑Rockmusik: R. spielen, hören; sie machen R., haben sich dem R. verschrieben. **2.** kurz für ↑Rock and Roll: R. tanzen; einen R. hinlegen.

Ro|cka|bil|ly ['rɔkəbɪlɪ], der; -[s] [engl.-amerik. rockabilly, zusgez. aus ↑Rock and Roll u. ↑Hillbilly]: *(in den 50er-Jahren entstandener) Musikstil, der eine Verbindung von Rhythm and Blues u. der Hillbillymusic darstellt.*

Rock and Roll ['rɔk ɛnt 'rɔl, - - 'ro:l, engl.: 'rɔk ənd 'roʊl, 'rɔkn'roʊl], der; - - -, - - -[s]: ↑Rock 'n' Roll.

Rock|auf|schlag, der (landsch.): *Aufschlag* (4) *am Herrenjackett;* [1]*Revers.*

Rock|band, die: *Gruppe von Musikern der Rockmusik.*

Rock|bund, der: [1]*Bund* (2).

Röck|chen, das; -s, -: Vkl. zu ↑[1]Rock.

ro|cken ⟨sw. V.; hat⟩ [engl. to rock]: **a)** *Rockmusik machen;* **b)** *nach Rockmusik tanzen, sich im Rhythmus der Rockmusik bewegen:* die Zuschauer rockten begeistert.

Ro|cken, der; -s, - [mhd. rocke, ahd. rocko, H. u.]: kurz für ↑Spinnrocken.

Ro|cken|bol|le, die [zu ↑Rocken (nach der Form) u. ↑Bolle] (nordd.): *Perlzwiebel.*

Ro|cken|stu|be, die (veraltet): *Spinnstube.*

Ro|cker, der; -s, - [engl. rocker, zu: to rock, ↑rocken]: **1.** *[zu aggressivem Verhalten neigender] Angehöriger einer lose organisierten Clique von männlichen Jugendlichen, meist in schwarzer Lederkleidung u. mit schweren Motorrädern.* **2.** *Rockmusiker.*

Ro|cker|ban|de, die: *Bande von Rockern.*

Ro|cker|braut, die: *Freundin eines Rockers.*

Rock|fes|ti|val, das: *Festival, bei dem Rockmusik gespielt wird.*

Rock|fut|ter, das: [2]*Futter* (1) *in einem* [1]*Rock* (1, 2).

Rock|grup|pe, die: *Gruppe von gemeinsam auftretenden Musikern u. Sängern der Rockmusik.*

ro|ckig ⟨Adj.⟩ (Jargon): *in der Art des* [2]*Rock* (1): -e Musik, -er Rhythmus.

Rock|kon|zert, das: *Konzert, bei dem Rockmusik gespielt wird.*

Rock|län|ge, die: *Länge eines* [1]*Rocks* (1).

Rock|mu|si|cal, das: *Musical mit Rockmusik als Bühnenmusik.*

Rock|mu|sik, die: *gewöhnlich von kleinen Bands auf elektrisch verstärkten Instrumenten gespielte Musik eines der Stile, die sich aus dem Rhythm and Blues, dem Rock and Roll u. dem Blues entwickelt haben.*

Rock|mu|si|ker, der: *jmd., der Rockmusik macht.*

Rock|mu|si|ke|rin, die: w. Form zu ↑Rockmusiker.

Rock 'n' Roll ['rɔkn'rɔl, ...'ro:l, engl.: 'rɔkn'roʊl], der; ---s, ---s [engl. rock and roll, rock 'n' roll, eigtl. = wiegen und rollen]: 1. ⟨o. Pl.⟩ *(Anfang der 50er-Jahre in Amerika entstandene Form der) [Tanz]musik, die den Rhythm and Blues der Farbigen mit Elementen der Countrymusic u. des Dixieland verbindet.* 2. *stark synkopierter Tanz im $^4/_4$-Takt.*

Rock|saum, der: *Saum eines* [1]*Rocks* (1).

Rock|schoß, der: 1. vgl. [1]Schoß (3 a): Ü mit wehenden, fliegenden Rockschößen (veraltet; *sehr schnell, eilig, mit großen Schritten*) eilte er durch den Gang. 2. (veraltet) *Schößchen:* * **sich jmdm. an die Rockschöße hängen/sich an jmds. Rockschöße hängen** (1. *[von Kindern] sich ängstlich, schüchtern bes. an die Mutter anklammern.* 2. *sich, aus Mangel an Selbstständigkeit o. Ä., bei irgendwelchen Unternehmungen immer an andere anschließen, von anderen Hilfe brauchen*); **an jmds. R./Rockschößen hängen** (vgl. sich an jmds. Rockschöße hängen).

Rock|star, der: *Star der Rockmusik.*

Ro|cky Moun|tains [ˈrɔkɪ ˈmaʊntɪnz] ⟨Pl.⟩: nordamerikanisches Gebirge.

Rock|zip|fel, der: 1. *Zipfel am Saum eines Frauenrocks od. Kleides:* ein R. guckt unter dem Mantel hervor; * **an jmds. R. hängen** (vgl. Rockschoß 2). 2. * **jmdn. [gerade noch] am/beim R. halten, erwischen** *(jmdn., der dabei ist wegzugehen, gerade noch erreichen):* er hat ihn gerade noch am R. erwischt, um ihn fragen zu können.

Ro|de|ha|cke, die: *Hacke zum Roden.*

[1]**Ro|del,** der; -s, - [spätmhd. rodel = Urkunde, Register < lat. rotula, ↑Rolle] (südwestd., schweiz.): *Liste, Verzeichnis.*

[2]**Ro|del,** der; -s, - [H. u.] (bayr.): *Rodelschlitten.*

[3]**Ro|del,** die; -, -n [1: zu ↑[2]Rodel; 2: zu mundartl. rodeln = rütteln, schütteln] (österr.): 1. *kleiner Schlitten.* 2. *Kinderrassel.*

Ro|del|bahn, die: *Bahn* (3 a) *zum Rodeln.*

ro|deln ⟨sw. V.⟩ [zu ↑[2]Rodel] (landsch.): **a)** *mit dem Schlitten einen Hang hinunterfahren* ⟨hat/ist⟩: den ganzen Tag r.; **b)** *mit dem Schlitten irgendwohin fahren* ⟨ist⟩: sie ist in den Graben gerodelt.

Ro|del|schlit|ten, der: *Schlitten* (1).

Ro|del|sport, der: *als Sport betriebenes Rodeln; Rennrodeln.*

ro|den ⟨sw. V.; hat⟩ [aus dem Niederd. < mniederd. roden, im Ablaut zu mhd. riuten, ↑reuten; verw. mit ↑raufen]: 1. *durch Fällen der Bäume u. Ausgraben der Stümpfe urbar machen:* Wälder, Urwald, Ödland r.; ⟨auch ohne Obj.:⟩ sie zogen aus, um zu r. 2. *fällen u. die Wurzeln, Wurzelstöcke ausgraben:* Gehölz r. 3. (landsch.) *(einen Weinberg [in der Absicht, ihn neu anzulegen]) tief umgraben.* 4. (landsch.) *bei der Ernte aus dem Boden graben, herausholen:* Rüben, Möhren r.

Ro|deo, der od. das; -s, -s [engl. rodeo, eigtl. = Zusammentreiben des Viehs < span. rodeo, zu: rodear = zusammentreiben]: *(in den USA) Wettkämpfe der Cowboys, bei denen die Teilnehmer auf wilden Pferden od. Stieren reiten u. versuchen müssen, sich möglichst lange im Sattel bzw. auf dem Rücken der Tiere zu halten:* ein R. veranstalten; an einem R. teilnehmen.

Rod|ler, der; -s, -: *jmd., der rodelt, Schlitten fährt.*

Rod|le|rin, die; -, -nen: w. Form zu ↑Rodler.

Ro|dung, die; -, -en: 1. *das Roden:* -en vornehmen. 2. *gerodetes Stück Land.*

Ro|gen, der; -s, - [mhd. roge(n), ahd. rogo, rogan, H. u.]: *Fischrogen.*

Ro|ge|ner, Rogner, der; -s, - [mhd. rogner]: *weiblicher Fisch, der Rogen enthält.*

ro|ger [ˈrɔdʒə] ⟨Adv.⟩ [engl. roger, für r = received, identisch mit dem Personennamen Roger nach dem Buchstabieren: r wie Roger]: 1. (Funkw.) *[Nachricht erhalten u.] verstanden!* 2. (ugs.) *in Ordnung!; einverstanden!:* alles r.!

Rog|gen, der; -s, (Sorten:) - [mhd. rocke, ahd. rocko, Benennungsmotiv unklar]: **a)** *Getreideart mit langem Halm u. vierkantigen Ähren mit langen Grannen, deren Frucht bes. zu Mehl für Brot verarbeitet wird:* der R. steht gut, ist reif, ist winterhart; R. anbauen; **b)** *Frucht des Roggens* (a): Säcke mit R. füllen.

Rog|gen|brot, das: *Brot aus Roggenmehl.*

Rog|gen|ern|te, die: 1. *das Ernten des Roggens.* 2. *Gesamtheit des geernteten Roggens:* die diesjährige R. war gut.

Rog|gen|feld, das: *mit Roggen bebautes Feld.*

Rog|gen|mehl, das: *Mehl aus Roggen.*

Rog|gen|muh|me, die (Volksk.): *weiblicher Dämon, der sich in reifenden Kornfeldern aufhält u. die Kinder erschreckt.*

Rog|gen|schrot, der od. das: *grob gemahlene Roggenkörner.*

Rog|ner: ↑Rogener.

roh ⟨Adj.⟩ [mhd., ahd. rō, urspr. = blutig]: 1. *ungekocht od. ungebraten:* ein -es Ei; -es Fleisch; -er Schinken; -e Milch; in -em Zustand; Gemüse r. essen; das Fleisch ist noch [ganz] r. *(überhaupt nicht gar);* -e Klöße *(aus geriebenen rohen Kartoffeln zubereitete Klöße).* 2. **a)** *nicht bearbeitet, nicht verarbeitet:* -es Holz, Erz, Material; -e Bretter, Diamanten; -e *(ungegerbte)* Felle; -e Seide *(Rohseide);* -er Zucker *(Rohzucker);* -e *(nicht zugerittene, nicht eingefahrene)* Pferde; eine Plastik aus dem -en Stein arbeiten, meißeln; **b)** *ohne genaue, ins Einzelne gehende Be-, Verarbeitung, Ausführung; grob* (2): ein -er Entwurf; nach -er *(ungefährer)* Schätzung; ein r. behauener Stein, r. zusammengeschlagener Schrank; ⟨subst.:⟩ die Arbeit ist im Rohen *(in großen, in groben Zügen)* fertig; **c)** (veraltend) *von der Haut entblößt, blutig:* das -e Fleisch kam zum Vorschein. 3. (abwertend) *anderen gegenüber gefühllos u. grob, sie körperlich od. seelisch verletzend:* ein -er Mensch; -e Sitten, Umgangsformen, Worte, Späße; er hat das Schloss mit -er Gewalt *(mit Gewalt u. nicht mit den entsprechenden sachgerechten Mitteln)* aufgekriegt; er ist sehr r. zu ihr, behandelt sie r. und gemein.

Roh|bau, der ⟨Pl. -ten⟩: 1. *im Rohzustand befindlicher Bau, der nur aus den Mauern o. Ä., Decken u. Dach besteht.* 2. * **im R.** *(im Zustand eines Rohbaus):* im R. fertig.

Roh|bi|lanz, die (Wirtsch.): *bilanzmäßige Zusammenstellung der Summen der Hauptbuchkonten, bes. zur Vorbereitung des Jahresabschlusses.*

Roh|di|a|mant, der (Fachspr.): *ungeschliffener Diamant.*

Roh|ei|sen, das (Hüttenw., Metallbearb.): *Eisen im rohen, unverarbeiteten Zustand.*

Ro|heit: frühere Schreibung für ↑Rohheit.

Roh|er|trag, der (Wirtsch.): *(den Reinertrag übersteigender) Betrag, der sich aus dem betrieblichen Zugang an Werten unter Abzug des Waren- u. Materialeinsatzes errechnet.*

ro|her|wei|se ⟨Adv.⟩: *aus Rohheit* (1): er hat den Hund r. geschlagen.

Roh|erz, das: vgl. Roheisen.

Roh|fas|sung, die: *rohe, noch nicht in allen Einzelheiten ausgearbeitete Fassung* (2 b).

Roh|ge|mü|se, das: *als Rohkost zubereitetes Gemüse.*

Roh|ge|wicht, das (Fertigungst.): *Gewicht eines Fabrikats vor Auftreten des durch die Fertigung bedingten Materialverlustes.*

Roh|ge|winn, der (Wirtsch.): *[den Reingewinn übersteigender] Betrag, der sich aus dem Umsatz unter Abzug des Wareneinsatzes errechnet; Rohertrag (in Handelsbetrieben), Bruttogewinn.*

roh|ge|zim|mert ⟨Adj.⟩: *aus rohem* (2 a) *Holz gezimmert:* -e Tische, Regale.

Roh|heit, die; -, -en [spätmhd. rōheit]: 1. ⟨o. Pl.⟩ *rohe* (3) *[Wesens]art:* ein Mensch, eine Tat von erschreckender R. 2. *rohe* (3) *Handlung, Äußerung:* jmdm. -en sagen.

Roh|holz, das ⟨o. Pl.⟩ (Fachspr.): 1. vgl. Roheisen. 2. *bei der Holzernte anfallendes Holz ohne Berücksichtigung von Sorten od. Abmessungen.*

Roh|kaut|schuk, der (Fachspr.): vgl. Roheisen.

Roh|kost, die: *pflanzliche Kost, bes. aus rohem Obst u. Gemüse.*

Roh|ling, der; -s, -e: 1. (abwertend) *roher Mensch:* die Tat eines -s. 2. (Fachspr.) *[gegossenes od. geschmiedetes] Werkstück, das noch weiter bearbeitet werden muss:* aus einem R. einen Schlüssel feilen.

Roh|ma|te|ri|al, das: *für eine [weitere] Be- od. Verarbeitung bestimmtes Material.*

Roh|me|tall, das (Hüttenw., Metallbearb.): *bei der metallurgischen Gewinnung anfallendes, noch nicht gereinigtes Metall.*

Roh|öl, das: *ungereinigtes Erdöl (od. Schweröl).*

Roh|pro|dukt, das: *[Zwischen]produkt, das für eine weitere Be- od. Verarbeitung bestimmt ist.*

Rohr, das; -[e]s, -e [mhd., ahd. rōr = (Schilf)rohr; Schilf, H. u.]: 1. **a)** ⟨Pl. selten⟩ *Pflanze mit auffällig langem, rohrförmigem Halm, Stängel od. Stamm* (z. B. Schilfrohr): um den See wächst R.; das Dach der Hütte ist mit R. gedeckt; Stühle, Körbe aus R. *(Peddigrohr);* * **spanisches R.** (1. *[dickes] Peddigrohr.* 2. veraltet; *Stock aus Peddigrohr*); **ein schwankendes R. im Wind sein/schwanken wie ein R. im Wind** (geh.; *in seinen Entschlüssen unsicher sein;* nach Luk. 7, 24); **b)** ⟨o. Pl.⟩ *(an einer Stelle) dicht wachsendes Schilfrohr; Röhricht:* Wasservögel nisten im R. 2. *langer zylindrischer Hohlkörper [mit größerem Durchmesser], der vor allem dazu dient, Gase, Flüssigkeiten, feste Körper weiterzuleiten:* ein verstopftes R.; das R. des Ofens, der Flöte; die -e der Wasserleitung, Fernheizung; -e [ver]legen; das Schlachtschiff feuerte aus allen -en *(Geschützrohren);* der Jäger saß mit geladenem R. (veraltet; *Gewehr*) auf dem Hochsitz; * **voll[es] R.** (ugs.; *mit äußerster Kraft, höchster Leistung, Geschwindigkeit;* urspr. Soldatenspr., von einem Geschütz[rohr], das mit größtmöglicher Ladung schießt): volles R. *(mit Vollgas)* fahren; **jmdn. auf dem R. haben** (ugs.; *Schlimmes mit jmdm. vorhaben;* eigtl. = mit dem Rohr [= Lauf (8)] auf jmdn. zielen); **etw. auf dem R. haben** (ugs.; *etw. [Schlimmes] vorhaben*); **etw. ist im R.** (ugs.; *etw. [Schlimmes] ist zu erwarten, zu befürchten;* urspr. wohl Soldatenspr.). 3. (südd., österr.) *Backröhre, -ofen.* 4. (salopp) *Penis.*

Rohr|am|mer, die: *vor allem in Schilf u. Sumpf lebende, braune, schwarz gefleckte Ammer mit schwarzem Kopf u. weißlichem Nacken.*

Rohr|an|satz, der: *rohrförmiger Ansatz* (1).

Rohr|blatt, das (Musik): *Blatt (Zunge) aus Rohr* (1 a) *im Mundstück von [Holz]blasinstrumenten, das durch den Luftstrom in Schwingung versetzt wird u. so den Ton erzeugt.*

Rohr|blatt|in|stru|ment, das (Musik): *Blasinstrument mit einfachem oder doppeltem Rohrblatt.*

Rohr|bruch, der: [1]*Bruch* (1) *eines Leitungsrohrs.*

Röhr|chen, das; -s, -: 1. Vkl. zu ↑Rohr. 2. Vkl. zu ↑Röhre: ein R. [mit] Tabletten; die Substanz in einem R. (Fachspr.; *in einem kleinen Reagenzglas*) über dem Bunsenbrenner erhitzen; der Autofahrer musste ins R. *(in die Tüte 2)* blasen.

Rohr|dom|mel, die; -, -n [mhd. rōrtumel, -trumel, ahd. rōredumbil, 2. Bestandteil lautm. für den Paarungsruf]: *(bes. im Schilf lebender) Vogel mit gedrungenem Körper u. überwiegend brauner Färbung.*

Röh|re, die; -, -n [mhd. rœre, ahd. rōra, zu ↑Rohr; 5: wohl gek. aus ↑Bildröhre]: 1. *langer zylindrischer Hohlkörper [mit geringerem Durchmesser], der vor allem dazu dient, Gase od. Flüssigkeiten weiterzuleiten:* nahtlos gezogene -en; -n aus Stahl, Ton, Kunststoff [ver]legen, montieren; * **kommunizierende -n** (Physik; *untereinander verbundene, oben offene Röhren, für die gilt, dass eine Flüssigkeit in ihnen gleich hoch steht).* 2. *[kleinerer] röhrenförmiger Behälter, [kleineres] röhrenförmiges Gefäß:* eine R. [mit] Tabletten. 3. *Back-, Bratröhre:* eine Gans in der R. backen; das Essen steht in der R. 4. **a)** *Elektronenröhre, bes. Radio- od. Fernsehröhre:* ein Radio mit 6 -en; eine R. auswechseln, erneuern; **b)** *Leucht[stoff]röhre, Neonröhre.* 5. (ugs., oft abwertend) *Bildschirm, Fernsehgerät:* vor der R. hocken, sitzen; den ganzen Abend in die R.

gucken, starren. 6. (Jägerspr.) *röhrenförmiger unterirdischer Gang eines Baus* (5 a): * **in die R. sehen/gucken** (ugs.; *bei der Verteilung leer ausgehen, das Nachsehen haben;* wohl vom Hund, der in den Bau hineinsehen, aber nicht hineinkriechen kann).

¹röh|ren ⟨sw. V.; hat⟩ (veraltet): 1. *mit Röhren versehen.* 2. *Rohre legen.*

²röh|ren ⟨sw. V.; hat⟩ [mhd. rēren, ahd. rērēn = brüllen, blöken, lautm.; vgl. engl. to roar = brüllen]: 1. *(bes. vom brünstigen Hirsch) schreien, brüllen, einen längeren lauten, hohl u. rau klingenden Laut von sich geben:* Ü die Wasserspülung, der Auspuff, der Motor röhrte; röhrende Autos, Motorräder. 2. (ugs.) *röhrend* (1) *irgendwohin fahren* ⟨ist⟩: über die Autobahn nach München r.

Röh|ren|blü|te, die (Bot.): *röhrenförmige Blüte (eines Korbblütlers).*

Röh|ren|blüt|ler, der; -s, - (Bot.): *Pflanze (einer artenreichen Ordnung) mit Röhrenblüten.*

röh|ren|för|mig ⟨Adj.⟩: *die Form einer Röhre habend.*

Röh|ren|ho|se, die: *eng anliegende Hose mit röhrenförmigen Beinen.*

Röh|ren|kno|chen, der (Anat.): *röhrenförmiger Knochen.*

Röh|ren|pilz, der: *Röhrling.*

rohr|far|ben ⟨Adj.⟩: *hellbeige (wie Schilfrohr).*

Rohr|flech|ter, der: *jmd., der Rohr flechtend verarbeitet* (Berufsbez.).

Rohr|flech|te|rin, die; -, -nen: w. Form zu ↑Rohrflechter.

Rohr|flö|te, die: a) *mundstücklose Flöte aus einem Stück Schilfrohr, Bambusrohr o. Ä.;* b) *Panflöte mit Pfeifen aus Schilfrohr, Bambusrohr o. Ä.*

rohr|för|mig ⟨Adj.⟩: *von, in der Form eines Rohres* (2).

Rohr|ge|flecht, das: *Geflecht aus Rohr.*

Röh|richt, das; -s, -e [mhd. rœrach, rōrach, ahd. rōrahi = Schilfdickicht]: *Rohr* (1 b).

Rohr|kol|ben, der: *bes. am Rand von Gewässern wachsende Pflanze mit langen, schmalen Blättern u. braunem Kolben an hohem rohrförmigem Schaft.*

Rohr|kre|pie|rer, der: *Geschoss, das im Rohr krepiert, bevor es die Waffe verlassen kann:* es gab einen R.; der R. tötete den Richtschützen.

Rohr|lei|tung, die: *Leitung aus Rohren* (2).

Rohr|lei|tungs|sys|tem: *System von Rohrleitungen.*

Röhr|ling, der; -s, -e (Bot.): *Pilz mit dicht stehenden, senkrechten feinen Röhren an der Unterseite des Hutes.*

Rohr|netz, das: *Netz, System von Rohren* (2).

Rohr|pfei|fe, die: *Rohrflöte* (1).

Rohr|post, die: *mit Saug- od. Druckluft betriebene Anlage zur Beförderung von Briefen o. Ä. durch Rohrleitungen.*

Rohr|rück|lauf, der (Waffent.): *Zurückschnellen des Geschützrohres nach dem Abfeuern eines Geschosses.*

Rohr|sän|ger, der: *unauffällig gefärbter, geschickt kletternder Singvogel, der bes. im Schilfrohr u. auf Getreidefeldern lebt.*

Rohr|spatz, der: 1. *Rohrammer:* * **schimpfen wie ein R.** (ugs.; *erregt u. laut schimpfen;* nach dem eigentümlichen Warn- u. Zankruf des Vogels). 2. *Drosselrohrsänger.*

Rohr|stock, der: *dünner, biegsamer Stock [aus Peddigrohr]:* früher bekamen die Schüler oft Prügel mit dem R.

Rohr|zan|ge, die: *Zange zum Montieren von Rohren.*

Rohr|zu|cker, der: *aus Zuckerrohr gewonnener Zucker.*

Roh|sei|de, die (Textilind.): *matte Seide, deren Fäden noch mit leimartiger Substanz behaftet u. deshalb steif u. strohig sind.*

roh|sei|den ⟨Adj.⟩: *aus Rohseide.*

Roh|sei|fe, die (Fachspr.): *[flüssige] noch nicht weiterverarbeitete Grundsubstanz der Seife* (1).

Roh|stahl, der (Hüttenw., Metallbearb.): *unbearbeiteter Stahl in rohen Blöcken.*

Roh|stoff, der: *für eine industrielle Be-, Verarbeitung geeigneter od. bestimmter Stoff, den die Natur liefert:* metallische, pflanzliche -e; Erdöl ist ein wichtiger R. der Petrochemie; * **nachwachsende -e** (Fachspr.; *Pflanzen, die zur Verwendung als Rohstoffe in der Industrie angebaut werden u. als Alternative zu begrenzt vorhandenen mineralischen Rohstoffen gelten*).

roh|stoff|arm ⟨Adj.⟩: *arm an Rohstoffen:* ein -es Land.

Roh|stoff|lie|fe|rant, der: *Lieferant (Land, Stoff od. Körper) von Rohstoffen.*

Roh|stoff|man|gel, der ⟨o. Pl.⟩: *Mangel an Rohstoffen.*

Roh|stoff|quel|le, die: *Stelle (Land, Firma), wo man sich Rohstoffe beschaffen kann.*

roh|stoff|reich ⟨Adj.⟩: *reich an Rohstoffen:* -e Länder, Gebiete.

Roh|stoff|re|ser|ve, die: *Reserve an Rohstoff[en].*

Roh|stoff|ver|ar|bei|tung, die: *Verarbeitung von Rohstoffen.*

Roh|wol|le, die (Fachspr.): *bei der Schur gewonnene, noch nicht gereinigte, noch nicht bearbeitete Wolle.*

Roh|zu|cker, der: *roher, noch nicht raffinierter Zucker.*

Roh|zu|stand, der: *Zustand vor der Be- od. Verarbeitung:* Metall, Öl im R.

ro|jen ⟨sw. V.; rojete, gerojet; hat/ist⟩ [mniederd. rojen] (Seemannsspr.): *rudern.*

Ro|kam|bo|le, die; -, -n [frz. rocambole < dt. ↑Rockenbolle]: *Perlzwiebel.*

Ro|ko|ko [auch: roˈkɔko; rɔkoˈkoː], das; -s, Fachspr. auch: - [frz. rococo, zu ↑Rocaille; nach dem häufig verwendeten Muschelwerk in der Bauweise dieser Zeit]: 1. *durch zierliche, beschwingte Formen u. eine weltzugewandte, heitere od. empfindsame Grundhaltung gekennzeichneter Stil der europäischen Kunst (auch der Dichtung u. Musik), in den das Barock im 18. Jh. überging:* das Zeitalter, die Malerei, die Mode des -[s]; seine Gedichte sind [echtes] R. 2. *Zeit[alter] des Rokoko:* die Malerei, Musik im R.

Ro|ko|ko|stil, der ⟨o. Pl.⟩: *Stil des Rokoko.*

Ro|ko|ko|zeit, die ⟨o. Pl.⟩: *Zeit des Rokoko.*

Ro|land, der; -[e]s, -e [H. u.]: *überlebensgroßes Standbild eines geharnischten Ritters mit bloßem Schwert als Wahrzeichen auf dem Marktplatz vieler, bes. nord- u. mitteldeutscher Städte:* Die -e als Rechtssymbol (Buchtitel); auf dem Marktplatz von Wedel steht ein R.

Ro|land[s]|säu|le, die: *Roland.*

Rolla|den: frühere Schreibung für: ↑Rollladen.

Roll-back, (auch:) **Roll|back** [ˈroʊlbæk], das; -[s], -s [engl. roll back, zu: to roll back = zurückrollen, -fahren]: 1. (Politik) *Zurückdrängung des Kommunismus, des sowjetischen Einflusses als Ziel US-amerikanischer Außenpolitik in einer frühen Phase des Kalten Krieges:* die schon 1950 entworfene amerikanische Politik des R. 2. a) (bildungsspr.) *rückläufige, rückschrittliche, auf Restauration gerichtete Entwicklung;* b) *Rückfall, Rückschritt.*

Roll|bahn, die: 1. (Flugw.) *Taxiway.* 2. (Milit.) *(bes. im Zweiten Weltkrieg an der Ostfront [provisorisch angelegte]) befestigte Fahrbahn, Piste* (4) *für den Nachschub.*

Roll|bal|ken, der (österr.): *Rollladen.*

Roll|ball, der ⟨o. Pl.⟩ (Sport): *Mannschaftsspiel, bei dem der Ball ins gegnerische Tor gerollt werden muss.*

Roll|bra|ten, der: *zusammengerolltes, mit Bindfaden umwickeltes od. in ein Netz gestecktes Fleisch zum Braten.*

Röll|chen, das; -s, -: 1. Vkl. zu ↑Rolle (1 b): die Gardine hängt an R.; die Schublade läuft auf kleinen R. 2. (früher) *steife, in den Ärmel des Jacketts gesteckte Manschette.*

Rol|le, die; -, -n [mhd. rolle, rulle, urspr. = kleines Rad, kleine Scheibe od. Walze (in der Kanzleispr. = zusammengerolltes Schriftstück) < afrz. ro(l)le (= frz. rôle) = Rolle, Liste, Register < (spät)lat. rotulus, rotula = Rädchen; Rolle, Walze, Vkl. von: rota = Rad, Scheibe; 5 a: nach dem urspr. auf Schriftrollen aufgezeichneten Probentext]: 1. a) *etw. Walzenförmiges, zu einer Walze (länglich mit rundem Querschnitt) Zusammengerolltes od. -gewickeltes:* eine R. Toilettenpapier, Raufasertapete, Garn, Drops; eine R. verzinkter Draht/(geh.:) verzinkten Drahtes; das Geld wird in -n verpackt; den Faden von der R. abspulen; b) *Kugel, Walze, Rad, [mit einer Rille versehene] Scheibe, worauf etw. rollt od. gleitet:* ein Fernsehtisch, Teewagen auf -n; das Seil des Flaschenzugs läuft über -n. 2. (landsch.) ²*Mangel:* die Wäsche in die, zur R. geben; * **jmdn. durch die R. drehen** (↑²Mangel). 3. a) (Turnen) *Übung (am Boden, Barren, Schwebebalken o. Ä.), bei der der Körper vor- od. rückwärts um die eigene Querachse gedreht wird:* eine R. [vorwärts, rückwärts] machen, ausführen; b) (Kunstfliegen) *Figur, bei der sich das Flugzeug um seine Längsachse dreht:* eine R. fliegen. 4. (Radsport) *leicht drehbare, hinten am Motorrad des Schrittmachers an einem Gestell befestigte Walze, die dem Radfahrer dichtes Mitfahren im Windschatten ermöglicht:* an der R. fahren; * **von der R. sein, kommen** (ugs.; *nicht mehr mithalten können, den Anschluss verlieren*); **jmdn. von der R. bringen** (ugs.; *dafür sorgen, dass jmd. nicht mehr mithalten kann*). 5. a) *von einem Schauspieler zu verkörpernde Gestalt:* eine wichtige, tragende, unbedeutende, kleine R.; die R. der Julia ist ihr auf den Leib geschrieben; diese R. ist falsch besetzt worden; er hat in dem Film eine R. als Detektiv; seine R. gut, schlecht spielen; sie hat ihre R. *(den Rollentext)* schlecht gelernt; ein Stück mit verteilten -n lesen; Ü wir begnügen uns mit der R. des Zuschauers; b) *Stellung, [erwartetes] Verhalten innerhalb der Gesellschaft:* anerzogene -n; die soziale R.; die R. der Frau in Vergangenheit und Gegenwart; die führende R. der Partei; die -n in der Gesellschaft vertauschen; er fühlte sich seiner R. als Vermittler nicht mehr gewachsen; * **[gern] eine R. spielen mögen/wollen** *(großes Geltungsbedürfnis haben);* **bei etw. eine R. spielen** *(an einer Sache in bestimmter Weise teilhaben, mitwirken);* **[k]eine R. [für jmdn., etw./bei jmdm., einer Sache] spielen** *([nicht] wichtig, [un]wesentlich [für jmdn., etw.] sein):* das spielt doch keine R.!; die größte R. spielt für ihn, was die anderen dazu sagen; Geld spielt [bei ihr, dabei] keine R.; **seine R. ausgespielt haben** *(seine Stellung, sein Ansehen verlieren);* **aus der R. fallen** *(sich unpassend, ungehörig benehmen; vor anderen etw. sagen od. tun, was Missfallen erregt, weil es nicht dem erwarteten Verhalten entspricht;* urspr. von einem Schauspieler, der die entsprechende Stelle in seiner Textrolle nicht findet); **sich in seine R. finden** (geh.; *sich mit seiner Lage u. Stellung abfinden, mit den gegebenen Verhältnissen fertig werden*); **sich in seiner R. gefallen** (geh.; *sich auf seine Stellung u. seinen Einfluss etw. einbilden*); **sich in jmds. R. versetzen [können]** *(sich in jmds. Lage hineindenken [können]).*

rol|len ⟨sw. V.⟩ [mhd. rollen < afrz. ro(l)ler, über das Galloroman. zu (spät)lat. rotulus, ↑Rolle]: 1. ⟨ist⟩ a) *sich unter fortwährendem Drehen um sich selbst [fort]bewegen:* der Ball, die Kugel, der Würfel rollt; die Räder rollen; die Wogen rollen *(überschlagen sich);* Ü wenn diese Unregelmäßigkeiten bekannt werden, dann müssen Köpfe r. *(Leute zur Rechenschaft gezogen u. entlassen werden);* ⟨subst.:⟩ * **ins Rollen kommen** (ugs.; *in Gang kommen, beginnen*); **etw. ins Rollen bringen** (ugs.; *etw. in Gang bringen, auslösen*): eine kleine Zeitungsnotiz hat die Protestbewegung ins Rollen gebracht; b) *sich rollend* (1 a) *irgendwohin bewegen:* der Ball rollt ins Aus, über die Torlinie; Ü dicke Tränen rollten über ihre Wangen; eine Lawine rollte donnernd zu Tal; c) *eine Drehbewegung [von einer Seite zur anderen]*

R

machen: das Kind rollte auf den Rücken; **d)** *sich auf Rädern, Rollen, Raupenketten fortbewegen, irgendwohin bewegen; fahren:* der Wagen, das Auto, der Zug rollt; die Maschine rollt zur Startbahn. **2.** ⟨hat⟩ **a)** *in eine rollende Bewegung bringen, drehend, wälzend fortbewegen:* die Fässer über die Rampe, in den Hof r.; **b)** *etw., das mit Rädern, Rollen versehen ist, irgendwohin bewegen:* den Einkaufswagen zur Kasse r.; einen Patienten *(die Bahre mit dem Patienten)* in den OP r.; ⟨r. + sich:⟩ die Kinder rollten *(wälzten)* sich im Gras. **3.** *(einen Körperteil o. Ä.) drehend hin u. her, im Kreis bewegen* ⟨hat⟩: den Kopf r.; sie rollte [voller Schrecken, wütend] die Augen/mit den Augen. **4.** ⟨hat⟩ **a)** *einrollen, zusammenrollen:* die Decken, die Zeltbahn nicht falten, sondern r.; die Kniestrümpfe nach unten r.; eine gerollte Landkarte; sie rollte sich in ihre Decke; **b)** *zu etw., zu einer bestimmten Form zusammendrehen:* den Teig zu einer Wurst r.; **c)** *durch Zusammenrollen herstellen:* ich rollte mir eine Zigarette; **d)** ⟨r. + sich⟩ *(von flach daliegenden Stücken aus Papier, Textilfaser o. Ä.) sich von den Rändern u. Ecken her hochbiegen, einrollen; uneben werden:* das Bild hat sich gerollt. **5.** (landsch.) [2]*mangeln* ⟨hat⟩: Wäsche r. **6.** (Kochk.) *ausrollen* ⟨hat⟩: den Teig r. **7. a)** *ein dumpfes, hallendes, dröhnendes Geräusch erzeugen* ⟨hat⟩: der Donner rollt; sekundenlang rollte das Echo; ein rollendes Lachen; **b)** *einen vibrierenden Laut mit dem Kehlkopf od. der Zunge hervorbringen* ⟨hat⟩: der Kanarienvogel rollt; ⟨mit Akk.-Obj.:⟩ sie rollt das R; mit rollendem *(gerolltem)* R; **c)** *sich als dumpfes, hallendes, dröhnendes Geräusch irgendwohin verbreiten* ⟨ist⟩: das Echo, der Donner rollte durch das Tal.

Rol|len|be|set|zung, die: *Verteilung der einzelnen Rollen (5 a) eines Bühnenstücks od. Films auf die Darsteller.*

Rol|len|druck, der ⟨Pl. -e⟩ (Druckw.): [2]*Druck auf Papierbahnen, die von großen Rollen (1 a) ablaufen.*

Rol|len|fach, das (Theater, Film): *Art der Rollen (5 a), für die ein Darsteller nach Alter, Geschlecht u. Charakter bes. geeignet ist:* das R. des Bonvivants; das R. wechseln.

rol|len|för|mig ⟨Adj.⟩: *in der Form einer Rolle, Walze.*

Rol|len|kon|flikt, der (Soziol.): *aus dem Ineinandergreifen verschiedener Rollen (5 b) u. aus Widersprüchen zwischen gesellschaftlicher Rolle u. persönlicher Veranlagung u. Einstellung erwachsender Konflikt:* in einen R. geraten; das bringt ihn natürlich in einen R.

Rol|len|la|ger, das (Technik, Bauw.): *Lager (5 a, b), bei dem mithilfe von Rollen (1 b) od. Walzen Schwankungen in der Lage ausgeglichen werden können u. die Reibung sich verringert.*

Rol|len|spiel, das (Soziol.): *spielerisch nachgeahmtes Rollenverhalten.*

Rol|len|tausch, der: *das Vertauschen von Rollen (5 a, b).*

Rol|len|text, der: *Text für eine Rolle (5 a).*

Rol|len|ver|hal|ten, das (Soziol.): *Verhalten gemäß einer bestimmten Rolle (5 b) innerhalb der Gesellschaft.*

Rol|len|ver|tei|lung, die: **a)** vgl. Rollenbesetzung; **b)** (Soziol.) *Verteilung der Aufgaben u. Verhaltensweisen innerhalb einer sozialen Gruppe:* die traditionelle R. der Geschlechter.

Rol|len|zwang, der (Soziol.): *aus der Rolle (5 b) erwachsender Zwang.*

Rol|ler, der; -s, -: **1.** *Fahrzeug für Kinder, das aus einem Brett mit zwei Rädern u. einer Lenkstange besteht u. mit einem Bein entweder durch Abstoßen am Boden od. durch einen Fußhebel vorwärts bewegt wird:* R. fahren. **2.** *Motorroller:* sie fuhr mit dem R. zum Supermarkt. **3. a)** *Harzer Roller (1);* **b)** *rollender Trillergesang eines Harzer Rollers (1).* **4.** (Sport) *Rollsprung.* **5.** (Fußball) *Schuss, der den Ball nur über den Boden rollen lässt:* ein harmloser R. **6.** (Meeresk.) *lange, hohe Welle, die in schwerer Brandung auftritt.* **7.** (Technik) *niedriges u. flaches Transportgerät mit drei od. vier drehbaren Rollen (1 b) für die Beförderung sperriger od. schwerer Teile.*

Rol|ler|blade® [ˈroʊləbleɪt], der; -s, -s ⟨meist Pl.⟩ [engl. Rollerblade®, wohl geb. nach roller skate (= Rollschuh) mit: blade = Klinge, Messer]: *bestimmter Inlineskate:* auf -s rasen.

rol|lern ⟨sw. V.; ist⟩: **1.** *Roller (1, 2) fahren.* **2.** *sich mit einem Roller (1, 2) irgendwohin bewegen:* er rollerte um die Ecke, zum Bäcker, nach Hause.

Rol|ler|skate [ˈroʊləskeɪt], der; -s, -s [engl. roller skate = Rollschuh]: *Rollschuh mit höhenverstellbarem Stopper u. besonders breiten Rollen auf beweglichen Achsen.*

Roll|feld, das: *Gesamtheit der von Flugzeugen befahrbaren Flächen auf einem Flugplatz.*

Roll|film, der: *auf eine Spule gewickelter fotografischer Film.*

Roll|film|ka|me|ra, die: *für die Verwendung von Rollfilmen vorgesehene Kamera.*

Roll|ho|ckey, das: *dem Hockey ähnliches Mannschaftsspiel auf Rollschuhen.*

Rol|li, der; -s, -s [1: wohl geb. nach ↑Pulli]: **1.** (ugs.) *leichter Rollkragenpullover.* **2.** (Jargon) *Rollstuhlfahrer[in].*

rol|lie|ren ⟨sw. V.; hat⟩: **1.** (Schneiderei) *(einen dünnen Stoff) am Rand od. Saum zur Befestigung einrollen, rollend umlegen.* **2.** (bildungsspr.) *nach einem bestimmten System turnusmäßig [ab-, aus]wechseln:* durch ein rollierendes System sollte eine Entzerrung der Sommerferien erreicht werden; ⟨subst.:⟩ beim Rollieren wird jeweils nur die Hälfte der Gemeinderäte neu gewählt. **3.** (Technik) *die Oberfläche eines [metallenen] Werkstücks unter Druck zwischen rotierenden Scheiben aus hartem Stahl glätten u. polieren.*

rol|lig ⟨Adj.⟩: *(von Katzen) brünstig.*

Roll|kom|man|do, das [urspr. Soldatenspr.; Rekruten wurden oft nachts von einem Trupp Älterer »verrollt« (= verprügelt)]: *Gruppe von Personen, die für bestimmte überraschend durchgeführte gewalttätige od. der Störung dienende Aktionen eingesetzt wird.*

Roll|kra|gen, der: *(gestrickter od. aus Trikotgewebe bestehender) Teil eines Pullovers, der am Hals umgeschlagen wird u. eine Art Kragen darstellt.*

Roll|kra|gen|pul|lo|ver, der: *Pullover mit Rollkragen.*

Roll|ku|gel, die (EDV): *Eingabegerät zur Steuerung des Cursors mittels einer in alle Richtungen drehbaren, auf einem festen Kugel.*

Roll|kunst|lauf, der (Sport): *auf bestimmten Figuren u. Sprüngen aufbauende künstlerische Form des Rollschuhsports.*

Roll|kur, die (Med.): *(bei Magenschleimhautentzündungen, Magengeschwüren u. Ä. angewandte) Behandlung, bei der der Kranke nacheinander in verschiedenen Stellungen liegen muss, damit ein zuvor eingenommenes Medikament von überall auf die Magenschleimhäute einwirken kann.*

Roll|la|den, der ⟨Pl. ...läden, seltener: -⟩ [↑Laden (3)]: *aufrollbare, mittels eines breiten, festen Gurtes von innen zu bedienende Jalousie:* die Rollläden hochziehen, herunterlassen, schräg stellen.

Roll|mops, der [urspr. berlin., wohl nach der rundlichen Gestalt des Mopses (1)]: *entgräteter, marinierter Hering, der längs geteilt um eine Gurke od. um Zwiebeln gerollt u. mit einem Holzstäbchen zusammengehalten ist.*

Rol|lo [auch: rɔˈloː], das; -s, -s: *aufrollbarer Vorhang aus festerem Material; Rouleau:* die -s hochziehen, herunterlassen; bei [halb] geschlossenen -s sitzen.

Roll-on-roll-off-Schiff [roʊlˈɔnroʊlˈɔf...], das; -[e]s, -e [engl. roll-on-roll-off ship, eigtl. = »Rolle-herauf-rolle-hinunter-Schiff«]: *Frachtschiff, das von Lastwagen mit Anhängern direkt befahren wird u. so ohne Kran unmittelbar be- u. entladen werden kann; Ro-ro-Schiff.*

Roll|ra|sen, der: *Streifen einer durch Ansäen geschaffenen Grasnarbe, die vom Boden abgeschält, aufgerollt u. (zur Schaffung einer Rasenfläche) an anderer Stelle wieder abgerollt werden:* R. verlegen.

Roll|schnell|lauf, der (Sport): *dem Eisschnelllauf ähnlicher, auf Rollschuhen ausgeübter Sport.*

Roll|schrank, der: *[Büro]schrank, der statt einer Tür eine aufrollbare Vorderseite hat.*

Roll|schuh, der: *dem Schlittschuh vergleichbares, aber statt der Kufen mit vier in Kugellagern geführten Rollen (1 b) ausgestattetes Sportgerät:* [sich] die -e anschnallen; ihr sollt doch nicht auf -en in die Wohnung laufen; R. *(auf Rollschuhen)* laufen.

Roll|schuh|lau|fen, das; -s: *Laufen auf Rollschuhen.*

Roll|schuh|sport, der: *alle auf Rollschuhen betriebenen Sportarten wie Rollschnelllauf, -kunstlauf u. -hockey.*

Roll|sitz, der: *mit Rollen auf einer Schiene laufender Sitz im Ruderboot, der mit den Bewegungen des Ruderers vor- u. zurückrollt.*

Roll|ski, der: *zum Training außerhalb der Wintersaison verwendeter Ski, unter dem Rollen angebracht sind.*

Roll|splitt, der: *mit Teer vermischter Splitt zum Ausbessern von Straßen.*

Roll|sprung, der (Sport): **a)** *in der Rolltechnik ausgeführter Sprung:* ein missglückter R.; **b)** ⟨o. Pl.⟩ *Rolltechnik:* den R. üben.

Roll|stuhl, der: *Mittel zur Fortbewegung in der Form eines Stuhls mit drei od. vier Rädern für gehunfähige Kranke od. Körperbehinderte:* im Rollstuhl sitzen *(Rollstuhlfahrer[in] sein).*

Roll|stuhl|fah|rer, der: *jmd., der sich nur im Rollstuhl fortbewegen kann:* er ist R.; eine Telefonzelle, eine Toilette, der Eingang für R.

Roll|stuhl|fah|re|rin, die: w. Form zu ↑Rollstuhlfahrer.

Roll|stuhl|sport, der: *Sport, der von Behinderten im Rollstuhl ausgeübt wird.*

Roll|tech|nik, die (Sport): *Technik des Hochsprungs, bei der die Latte in fast waagerechter Körperhaltung mit einer Drehung überquert wird.*

Roll|trep|pe, die: *Treppe mit beweglichen Stufen, die sich an einem Förderband aufwärts od. abwärts bewegen:* die R. steht, läuft, blieb plötzlich stehen; die R. benutzen, nehmen, anhalten.

[1]**Rom: 1.** Hauptstadt von Italien. **2.** ⟨-s⟩ (hist.) (in der Antike) Stadt am Ort des heutigen Rom u. von dort aus regierter Staat: das alte/antike R.; der Aufstieg -s zur Weltmacht.

[2]**Rom,** der; -, -a [Zigeunerspr. rom, ↑Romani]: *Angehöriger einer überwiegend in den Ländern Ost- u. Südeuropas, seit dem 19. Jh. aber auch im westlichen Europa lebenden Gruppe eines ursprünglich aus Indien stammenden Volkes* (das vielfach als diskriminierend empfundene »Zigeuner« ersetzende Selbstbezeichnung).

ROM, das; -[s], -[s] [Abk. für engl. read only memory = Nurlesespeicher] (EDV): *Festwertspeicher.*

[1]**Ro|ma:** ital. Form von ↑[1]Rom.

[2]**Ro|ma:** Pl. von ↑[2]Rom.

Ro|ma|dur [auch: romaˈduːɐ̯], der; -[s], -s [frz. romadour, romatour, H. u.]: *dem Limburger Käse ähnlicher Weichkäse.*

Ro|man, der; -s, -e [frz. roman < afrz. romanz, eigtl. = in romanischer Volkssprache (nicht in Latein) verfasste Erzählung, zu lat. Romanicus = römisch]: **a)** ⟨o. Pl.⟩ *literarische Gattung erzählender Prosa, in der [in weit ausgesponnenen Zusammenhängen] das Schicksal eines Einzelnen od. einer Gruppe von Menschen (in der Auseinandersetzung mit der Umwelt) geschildert wird:* der moderne R.; der R. *(die Romandichtung)* der Klassik; **b)** *Werk der Gattung Roman (a):* ein autobiografischer, utopischer, historischer R.; der R. ist spannend, liest sich leicht, spielt in Italien, spielt im 21. Jahrhundert; der R. ist ursprünglich in Fortsetzungen in einer Zeitung erschienen; einen R. schrei-

R

ben, lesen; an einem R. schreiben; in einem R. schmökern; sein Bericht hört sich an wie ein R. *(ist spannend, ungewöhnlich o. Ä.);* Ü er erzählte den R. seines Lebens *(seine interessante, spannende, außergewöhnliche o. ä. Lebensgeschichte);* ihr Leben ist der reinste R. *(ist überaus erlebnisreich, ganz außergewöhnlich);* ich habe weder Zeit noch Lust, mir immer seine -e (ugs.; *übermäßig langen, ausführlichen Schilderungen*) anzuhören; statt mir eine kurze Antwort auf meine Frage zu geben, erzählt der mir einen langen/ganzen R. (ugs.; *eine übermäßig lange, ausführliche Schilderung*); der Lehrer hat mir wieder einen [halben] R. (ugs.; *übermäßig lange, ausführliche Stellungnahme*) unter meinen Aufsatz geschrieben; erzähl doch keine -e! (ugs.; 1. *fasse dich kürzer!* 2. *bleib bei der Wahrheit!*).

ro|man|ar|tig ⟨Adj.⟩: *einem Roman ähnlich.*

Ro|man|au|tor, der: *Autor eines Romans, von Romanen.*

Ro|man|au|to|rin, die: w. Form zu ↑Romanautor.

Ro|man|ci|er [romãˈsi̯eː], der; -s, -s [frz. romancier, zu afrz. romanz, ↑Roman]: *Romanschriftsteller.*

Ro|man|dich|tung, die: 1. *Romanliteratur.* 2. *dichterisches Werk, das die Form des Romans* (a) *hat.*

Ro|ma|ne, der; -n, -n: *Angehöriger eines Volks mit romanischer Sprache.*

Ro|man|fi|gur, die: *Figur, Gestalt aus einem Roman* (b).

ro|man|haft ⟨Adj.⟩: **a)** *breit ausgeführt, in der Art eines Romans:* die Darstellung ist r.; **b)** *wie in einem Roman; nicht ganz real od. glaubhaft:* die Vorgänge haben -e Züge, Elemente; seine Geschichte klingt doch recht r.

Ro|ma|ni [auch: ˈroːmani], das; -[s] [Zigeunerspr. romani, zu: rom = (Ehe)mann, Zigeuner < aind. ḍoma = Mann niederer Kaste, der von Gesang u. Musizieren lebt]: *Sprache der Sinti und Roma; Zigeunersprache.*

Ro|ma|nia, die; - [mlat. Romania < spätlat. Romania = das römische Weltreich] (Sprachw.): 1. *das gesamte Siedlungs- u. Kulturgebiet, in dem romanische Sprachen gesprochen werden.* 2. *das gesamte, in den verschiedenen romanischen Sprachen verfasste Schrifttum.*

Ro|ma|nik, die; - [zu ↑romanisch]: *der Gotik vorangehende europäische Stilepoche des frühen Mittelalters, für die bes. in der sakralen Baukunst Rundbogen, Tonnengewölbe u. die quaderartige, schwer wirkende Form charakteristisch sind:* die Blütezeit, die Baukunst der R.

Ro|ma|nin, die; -, -nen: w. Form zu ↑Romane.

ro|ma|nisch ⟨Adj.⟩ [zu lat. Romanus, ↑Romane]: 1. **a)** (Sprachw.) *(von bestimmten Sprachen) aus dem Vulgärlatein entstanden:* die -en Sprachen; **b)** *den Romanen zugehörend; für die Romanen, ihre Kultur o. Ä. typisch:* die -en Länder, Völker. 2. *die [Kunst der] Romanik betreffend, zu ihr gehörend; für die Romanik typisch:* der -e Stil; die -e Baukunst; eine -e Kirche; Kunstschätze aus -er Zeit; dieses Gewölbe ist typisch r.; die ältesten Teile der Kirche sind r.

ro|ma|ni|sie|ren ⟨sw. V.; hat⟩: 1. (veraltet) *römisch machen, dem Römischen Reich eingliedern.* 2. (bildungsspr.) *romanisch machen; nach romanischer* (1) *Art umgestalten.* 3. (Sprachw.) *in lateinische Schriftzeichen umsetzen.*

Ro|ma|ni|sie|rung, die; -: *das Romanisieren.*

Ro|ma|nis|mus, der; -, ...men: 1. (Sprachw.) *für eine romanische Sprache charakteristische Erscheinung in einer nichtromanischen Sprache.* 2. (Kunstwiss.) *(an die italienische Kunst der Renaissance angelehnte) Richtung in der niederländischen Malerei des 16. Jh.s.*

Ro|ma|nist, der; -en, -en: 1. *Wissenschaftler auf dem Gebiet der Romanistik* (1). 2. *Jurist, der sich bes. mit dem römischen Recht befasst.* 3. (Kunstwiss.) *zum Romanismus* (2) *gehörender Künstler.* 4. (veraltet) *Anhänger der römisch-katholischen Kirche.*

Ro|ma|nis|tik, die; -: 1. *romanische Sprach- und Literaturwissenschaft.* 2. *Lehre vom römischen Recht.*

Ro|ma|nis|tin, die; -, -nen: w. Form zu ↑Romanist (1, 2, 4).

ro|ma|nis|tisch ⟨Adj.⟩: *die Romanistik betreffend:* -e Studien.

Ro|man|li|te|ra|tur, die: *Literatur der Gattung Roman.*

Ro|man|schrift|stel|ler, der: *Schriftsteller, der [bes.] Romane schreibt.*

Ro|man|schrift|stel|le|rin, die: w. Form zu ↑Romanschriftsteller.

Ro|man|tik, die; - [zu ↑romantisch (2), geb. in Analogie zu ↑Klassik]: 1. **a)** *Epoche des europäischen, bes. des deutschen Geisteslebens vom Ende des 18. bis zur Mitte des 19. Jh.s, die in Gegensatz stand zu Aufklärung u. Klassik u. die geprägt ist durch die Betonung des Gefühls, die Hinwendung zum Irrationalen, Märchenhaften u. Volkstümlichen u. durch die Rückwendung zur Vergangenheit:* die deutsche, englische, französische R.; die [Blüte]zeit, die Malerei der R.; in, seit der R.; **b)** *die romantische Bewegung:* die jüngere, ältere, die Heidelberger, Jenaer R.; die blaue Blume der R. (↑Blume 1 b). 2. *das Romantische* (2 b), *die romantische* (2 b) *Stimmung o. Ä., die einer Sache anhaftet:* die R. der Landschaft, eines Sonnenuntergangs; die süßliche R. des Films widerte ihn an; das Leben der Schiffer hat seine R. längst verloren; keinen Sinn für R. haben; sie schwärmten von der R. des Wanderlebens.

Ro|man|ti|ker, der; -s, -: 1. *Vertreter der romantischen Bewegung; Künstler (Dichter, Maler, Musiker) der Romantik* (1): die deutschen R.; die Märchen der R. 2. *[allzu] schwärmerischer, gefühlsbetonter Mensch:* nur Fantasten und R. (abwertend; *Menschen ohne Realitätssinn*) können an die Verwirklichung dieser Ideen glauben.

Ro|man|ti|ke|rin, die; -, -nen: w. Form zu ↑Romantiker.

ro|man|tisch ⟨Adj.⟩ [unter Einfluss von engl. romantic < frz. romantique, eigtl. = dem Geist der Ritterdichtung gemäß, romanhaft, zu afrz. romanz, ↑Roman]: 1. *zur Romantik* (1) *gehörend, sie betreffend:* die -e Dichtung, Malerei, Musik; die -e Schule; die -en Dichter; dieser Text ist typisch r. 2. **a)** *gefühlsbetont, schwärmerisch; die Wirklichkeit idealisierend:* er ist ein -er Mensch, eine -e Natur; -e *(unrealistische, idealisierende)* Vorstellungen von etw. haben; -e *(gefühlvolle)* Chansons; ihre Beziehung, Liebe war sehr r.; sie ist sehr r. veranlagt; **b)** *von einer das Gemüt ansprechenden [geheimnisvollen, gefühlvollen] Stimmung; malerisch, reizvoll:* eine -e Landschaft; ein -es Tal; der Ort ist sehr r. gelegen; im Mondlicht sah das Haus richtig r. aus.

ro|man|ti|sie|ren ⟨sw. V.; hat⟩ (bildungsspr.): 1. *im Stil der Romantik* (1) *gestalten; den Stil der Romantik imitieren, nachempfinden* ⟨meist im 1. Part.⟩: romantisierende Elemente, Tendenzen. 2. *in einem idealisierenden Licht erscheinen lassen; verklären, schönfärben:* Vorgänge, Zustände r.

Ro|man|ti|sie|rung, die; -, -en: 1. *das Romantisieren.* 2. *etw. Romantisiertes.*

ro|mantsch ⟨Adj.⟩: *rätoromanisch.*

Ro|mantsch, das; -[s]: *Rätoromanisch.*

Ro|man|ze, die; -, -n [frz. romance < span. romance = volksliedhaftes Gedicht < aprovenz. romans (= afrz. romanz), ↑Roman]: 1. *volksliedhaftes episches Gedicht mit balladenhaften Zügen, das von Heldentaten u. Liebesabenteuern erzählt:* ein Zyklus von -n. 2. (Musik) *liedhaftes, ausdrucksvolles Instrumental- od. Vokalstück:* eine R. für Violine und Orchester. 3. *episodenhaftes Liebesverhältnis [das durch die äußeren Umstände als bes. romantisch erscheint]:* eine heimliche R. zwischen zwei jungen Leuten; eine R. mit jmdm. haben; eine R. erleben.

Ro|meo, der; -s, -s [nach der Titelfigur von Shakespeares Drama »Romeo und Julia«]: 1. (ugs.) *Liebhaber.* 2. (Jargon) *Agent eines Geheimdienstes, der sich über ein vorgetäuschtes Liebesverhältnis zu einer an geeigneter Position tätigen Frau Zugang zu bestimmten geheimen Informationen verschafft.*

¹Rö|mer, der; -s, -: 1. Ew. zu ↑¹Rom. 2. (hist.) *Angehöriger, Bürger des antiken Staatswesens Rom.*

²Rö|mer, der; -s, - [köln. (16. Jh.) roemer, schon mhd. roemsche g(e)las = römisches Glas]: *Weißweinglas mit kugeligem Kelch u. etwa kegelförmigem, nach unten in eine große runde Standfläche übergehendem Fuß aus grünem od. braunem Glas:* sie tranken den Wein aus -n.

Rö|mer|brief, der ⟨o. Pl.⟩: Brief des Apostels Paulus an die Christen in Rom (Buch des Neuen Testaments).

Rö|me|rin, die; -, -nen: w. Form zu ↑¹Römer.

Rö|mer|topf®, der [nach den von den ¹Römern (2) verwendeten Tontöpfen]: *ovaler, mit Deckel versehener Topf aus ¹Ton zum Dünsten u. Schmoren (bes. von Fleisch).*

rö|misch ⟨Adj.⟩: 1. zu ↑Rom (1): die -en Museen, Stadtteile; ein -er Kommunalpolitiker. 2. (hist.) zu ↑Rom (2): das -e Weltreich, Imperium; der -e Staat; die -e Republik; die -en Kaiser; die -e Antike; die -e Geschichte; eine -e Siedlung; -e Bauten; er ist -er Bürger; das -e Recht; ein -er Brunnen *(Schalenbrunnen);* ein römisches *(irisch-römisches)* Bad; -e Zahlen, Ziffern; im r. besetzten Gallien.

rö|misch-irisch: ↑irisch-römisch.

rö|misch-ka|tho|lisch ⟨Adj.⟩: *der katholischen Kirche, die den Papst in Rom als ihr Oberhaupt anerkennt, zugehörend, sie betreffend:* die -e Kirche; er ist -er Konfession; r. [getauft] sein (Abk.: r.-k., röm.-kath.).

röm.-kath. = römisch-katholisch.

Rom|mé, (auch:) **Rom|mee** [ˈrɔme, auch: rɔˈmeː], das; -s, -s [französierende Bildung zu engl. rummy, H. u.]: *Kartenspiel für 3 bis 6 Mitspieler, von denen jeder versuchen muss, seine Karten möglichst schnell nach bestimmten Regeln abzulegen.*

Rom|ni, die; -, - [Zigeunerspr. romni, zu: rom, ↑Romani]: w. Form zu ↑²Rom.

Ro|mu|lus: (in der römischen Sage) Gründer u. erster König Roms.

Ron|de [ˈrɔndə, ˈrõːdə], die; -, -n [frz. ronde, zu: rond = rund < lat. rotundus]: 1. (Milit. veraltet) **a)** *Runde, Rundgang:* die R. machen; **b)** *Wachen u. Posten kontrollierender Offizier.* 2. (Metallbearb.) *runde Blechscheibe, aus der ein Werkstück gefertigt wird.* 3. ⟨o. Pl.⟩ *Schriftart.*

Ron|deau [rõˈdoː, auch: rɔnˈdoː], das; -s, -s [frz. rondeau = Tanzlied mit Kehrreim, zu: rond, ↑Ronde]: 1. (Literaturw.) *aus dem Tanzlied beim Rundtanz entstandenes 12- bis 14-zeiliges Gedicht mit nur 2 Reimen, bei dem die Anfangswörter der ersten Zeile nach dem 6. u. 12. u. nach dem 8. u. 14. Vers als verkürzter Refrain wiederkehren.* 2. (österr.) Rondell (1, 2).

Ron|dell, das; -s, -e [frz. rondelle = runde Scheibe, zu: rond, ↑Ronde]: 1. *rundes Beet [als Teil einer größeren Gartenanlage].* 2. *runder Platz.* 3. (österr.) *kreisförmig angelegter Gartenweg.* 4. (Archit.) *aus der Mauer einer Befestigung vorspringender runder Turm.*

Ron|do, das; -s, -s [ital. rondo, zu: rondo = rund < lat. rotundus, ↑Rotunde]: 1. (Literaturw.) *mittelalterliches Tanzlied; Rundgesang, der zwischen Soloteil u. Chor wechselt.* 2. (Musik) *[Schluss]satz einer Sonate od. Sinfonie, in dem das Hauptthema nach mehreren in Tonart u. Charakter entgegengesetzten Zwischensätzen [als Refrain] immer wiederkehrt.*

rön|ne: ↑rinnen.

rönt|gen ⟨sw. V.; hat⟩ [nach dem Entdecker der Röntgenstrahlen, dem dt. Physiker W. C. Röntgen (1845–1923); als Bez. 1896 von dem Schweizer Anatomen A. v. Kölliker eingef.]: *mit Röntgenstrahlen durchleuchten, untersuchen:* er, das Bein, der Kopf wurde nach dem Unfall geröntgt; sich r. lassen; sich die Lunge, den Magen, den

Kiefer r. lassen; ein Werkstück r.; ⟨subst.:⟩ zum Röntgen gehen.

Rönt|gen, das; -s, - (Physik früher): *Einheit für die Menge einer Röntgen- u. Gammastrahlung* (Zeichen: R).

Rönt|gen|arzt, der: *Facharzt für Röntgenologie.*

Rönt|gen|ärz|tin, die: w. Form zu ↑Röntgenarzt.

Rönt|gen|as|tro|no|mie, die: *Teilgebiet der Astronomie, das sich mit der Erforschung der von Gestirnen kommenden Röntgen- u. Gammastrahlung befasst; Gammaastronomie.*

Rönt|gen|auf|nah|me, die: **1.** *das fotografische Aufnehmen eines Röntgenbildes.* **2.** *Röntgenbild.*

Rönt|gen|au|ge, das ⟨meist Pl.⟩ (scherzh.): *scharfer, alles durchdringender Blick:* er hat -n; sie macht -n *(passt genau auf, dass ihrem Blick nichts entgeht).*

Rönt|gen|be|strah|lung, die: *Bestrahlung mit Röntgenstrahlen.*

Rönt|gen|bild, das: **1.** *beim Durchleuchten mit Röntgenstrahlen auf dem Röntgenschirm erscheinendes Abbild, bei dem die strahlenundurchlässigen Teile als Schatten erscheinen.* **2.** *fotografische Aufnahme des beim Durchleuchten mit Röntgenstrahlen entstehenden Bildes, bei der die strahlenundurchlässigen Teile weiß, die durchlässigen Teile schwarz erscheinen.*

Rönt|gen|di|a|gno|se, die: *medizinische Diagnose mithilfe einer röntgenologischen Untersuchung.*

Rönt|gen|durch|leuch|tung, die: *Untersuchung eines Körperteils, Organs o. Ä. vor dem Röntgenschirm, bei der das Röntgenbild* (1) *nicht auf einer fotografischen Platte, einem Film o. Ä. festgehalten wird.*

Rönt|gen|ge|rät, das: *Gerät zur Durchführung von Röntgenuntersuchungen, -behandlungen.*

rönt|ge|ni|sie|ren ⟨sw. V.; hat⟩ (österr.): *röntgen.*

Rönt|gen|mi|kro|skop, das: *Mikroskop zur vergrößerten Abbildung von Objekten mithilfe von Röntgenstrahlen.*

Rönt|ge|no|gra|phie, (auch:) Röntgenografie, die; -, -n [↑-graphie]: **1.** ⟨o. Pl.⟩ *(in Medizin u. Technik) Untersuchung mithilfe von Röntgenstrahlen.* **2.** *(in Medizin u. Technik) Röntgenbild* (2).

rönt|ge|no|gra|phisch, (auch:) röntgenografisch ⟨Adj.⟩: *mithilfe der Röntgenographie [erfolgend].*

Rönt|ge|no|lo|gie, die; - [↑-logie]: **1.** (früher) *Teilgebiet der Physik, das die Eigenschaften u. Wirkungen der Röntgenstrahlen untersucht.* **2.** *Spezialgebiet der Medizin, das sich mit der Anwendung der Röntgenstrahlen in Diagnostik u. Therapie befasst.*

rönt|ge|no|lo|gisch ⟨Adj.⟩: *die Röntgenologie betreffend:* eine -e Untersuchung.

Rönt|gen|rei|hen|un|ter|su|chung, die: *röntgenologische Reihenuntersuchung (der Lunge).*

Rönt|gen|röh|re, die: *Elektronenröhre zur Erzeugung von Röntgenstrahlen.*

Rönt|gen|schirm, der: *Leuchtschirm eines Röntgengeräts.*

Rönt|gen|schwes|ter, die: *in der Röntgenologie tätige Krankenschwester.*

Rönt|gen|spek|tral|ana|ly|se, die (Physik): *chemische Analyse von Stoffen mithilfe von Röntgenstrahlen.*

Rönt|gen|spek|trum, das (Physik): *Spektrum einer Röntgenstrahlung.*

Rönt|gen|strah|len ⟨Pl.⟩ (Physik): *extrem kurzwellige, energiereiche elektromagnetische Strahlen; X-Strahlen.*

Rönt|gen|strah|lung, die (Physik): vgl. Röntgenstrahlen.

Rönt|gen|un|ter|su|chung, die: *röntgenologische Untersuchung.*

Roo|ming-in [ruːmɪŋˈɪn], das; -[s], -s [engl. rooming-in, zu: to room = wohnen; unterbringen]: *gemeinsame Unterbringung in einem Zimmer von Mutter u. Kind im Krankenhaus nach der Entbindung od. bei Krankheit des Kindes.*

Roque|fort [ˈrɔkfoːɐ̯, auch: -ˈ-], der; -s, -s [nach dem frz. Ort Roquefort-sur-Soulzon]: *fetter Käse aus Schafmilch, der von einem grünen Schimmelpilz durchzogen ist, der ihm eine bestimmte Schärfe verleiht.*

Ro|ra|te, das; -, - [lat. rorate = tauet (ihr Himmel)!, nach dem ersten Wort des Eingangsverses der Liturgie der Messe, Jes. 45, 8] (kath. Kirche): *Votivmesse im Advent zu Ehren Marias.*

rö|ren: ↑röhren (1).

Ro-ro-Schiff, das; -[e]s, -e (Verkehrsw.): *Roll-on-roll-off-Schiff.*

ro|sa ⟨indekl. Adj.⟩ [18. Jh., zu lat. rosa = Rose; 2: nach der rosa Farbe der Listen, in denen früher Homosexuelle registriert wurden]: **1.** *von einem ganz blassen Rot, von der Farbe der Heckenrosen:* ein r. Kleid, Hütchen; die Tapete ist r.; etw. r. färben, anmalen; ⟨nicht standardsprachl.:⟩ eine -[n]e Schleife. **2.** (verhüll.) *Homosexuelle betreffend* (bes. in Namen): eine r. Zeitschrift.

Ro|sa, das; -s, -, ugs.: -s: *rosa Farbe:* ein zartes, helles, dunkles R.; ich mag [die Farbe] R. nicht; das R. der Tapete; die Strampelhose gibt es in R. und Hellblau.

ro|sa|far|ben, ro|sa|far|big ⟨Adj.⟩: *in, von der Farbe Rosa:* -e Unterwäsche; die Wände waren r. [gestrichen].

Ro|sa|ri|um, das; -s, ...ien [1: mlat. rosarium, ↑Rosenkranz; 2: lat. rosarium = Rosengarten]: **1.** (selten) *Rosenkranz* (1). **2.** *gärtnerische Anlage, in der eine große Anzahl Rosensorten angepflanzt sind.*

ro|sa|rot ⟨Adj.⟩: *von einem ins Rosa spielenden hellen Rot:* ein -er Ton; -e Seide; die Wolken am Abendhimmel schimmerten r.

Ro|sa|zee, die; -, -n ⟨meist Pl.⟩ (Bot.): *Rosengewächs.*

rösch [røːʃ, rœʃ] ⟨Adj.⟩ [mhd. rösch, ahd. rosc(i) = hitzig, schnell, verw. mit ↑rasch] (südd.): **1. a)** ↑resch (a): -e Brötchen; **b)** ↑resch (b): eine -e Person; **c)** *trocken, spröde:* -es Holz. **2.** (Bergmannsspr.) *grobkörnig:* -es Erz.

Rö|sche [ˈrøːʃə, ˈrœʃə], die; -, -n [1: zu ↑rösch; 2: viell. zu mhd. rösch = abschüssig]: **1.** ⟨o. Pl.⟩ (südd.) *das Röschsein.* **2.** (Bergmannsspr.) *Graben od. in geringer Tiefe unter der Oberfläche angelegter Bau, der Wasser (in der Grube) zu- od. abführt.*

Rös|chen, das; -s, -: **1.** Vkl. zu ↑Rose (1 b). **2.** kurz für ↑Blumenkohlröschen. **3.** kurz für ↑Rosenkohlröschen.

ro|sé [roˈzeː] ⟨indekl. Adj.⟩ [frz. rosé = rosenfarben, zu: rose < lat. rosa = Rose]: *zart-, blassrosa:* ein r. Spitzenkleid.

Ro|se, die; -, -n [mhd. rōse, ahd. rōsa < lat. rosa = Edelrose, aus einer kleinasiat. Spr.]: **1. a)** *als Strauch wachsende, Stacheln tragende Pflanze mit gefiederten Blättern u. vielblättrigen, meist duftenden Blüten in verschiedenen Farben:* eine wilde, hochstämmige, kletternde, schnell wachsende, gelb blühende R.; die R. als Königin der Blumen; zurzeit blühen nur die roten *(die rot blühenden)* -n; die -n blühen, sind eingegangen, müssen zurückgeschnitten werden; -n pflanzen, okulieren, züchten, schneiden; **Spr** keine R. ohne Dornen; **b)** *einzelne Rosenblüte mit Stängel:* eine duftende, langstielige, blühende, verwelkte, weiße, gelbe, rote R.; ein Strauß -n; eine R. im Knopfloch tragen; jmdm. -n schenken; sie ist schön wie eine R.; * **[nicht] auf -n gebettet sein** (geh.; *[nicht] in guten Verhältnissen leben; es [nicht] gut u. leicht haben im Leben*). **2.** (seltener) *Rosette* (1 b); *Fensterrose.* **3.** *Schallloch bei Laute u. Gitarre; Schallrose; Rosette* (3). **4.** *Windrose.* **5.** (Med.) *Wundrose.* **6.** (Jägerspr.) *Verdickung in Form eines Kranzes am unteren Ende von Geweih- u. Gehörnstangen.* **7.** (Heraldik) *meist fünfblättrige stilisierte Rose (als pflanzliches Ornament).*

[1]Ro|sé, das; -[s], -[s]: *rosé Farbe:* ein zartes R; das R. des Stoffs.

[2]Ro|sé, der; -s, -s: *aus roten od. blauen Trauben hergestellter Wein von blassroter Farbe; Roséwein.*

ro|sé|far|ben, ro|sé|far|big ⟨Adj.⟩: *in, von der Farbe Rosé:* ein -er Hut.

ro|sen|ähn|lich ⟨Adj.⟩: *einer Rose ähnlich.*

Ro|sen|blatt, das: *Laubblatt od. Blütenblatt der Rose.*

Ro|sen|blü|te, die: **1.** ⟨o. Pl.⟩ *das Blühen, die Blütezeit der Rosen:* die R. hat begonnen. **2.** *Blüte einer Rose:* -n streuen.

Ro|sen|duft, der: *Duft der Rosenblüte.*

ro|sen|far|ben, ro|sen|far|big ⟨Adj.⟩ (dichter.): *von der Farbe der rosa Rosen:* ein -er Umhang; ihre Wangen waren r.; der Abendhimmel leuchtete r.

Ro|sen|ge|wächs, das (Bot.): *Pflanze einer Familie, die Bäume, Sträucher, Stauden u. Kräuter umfasst, oft mit gefiederten Blättern u. Blüten mit fünf Blütenblättern; Rosazee.*

Ro|sen|hoch|zeit, die (landsch.): *10. Jahrestag der Heirat.*

Ro|sen|holz, das [nach dem rosenähnlichen Duft u. der rosafarbenen Äderung; urspr. Bez. für alle duftenden od. roten exotischen Holzarten]: *dem Palisanderholz ähnliches, fein strukturiertes, hartes gelblich rotes Holz, das für Möbel u. Ä. verwendet wird.*

Ro|sen|kä|fer, der: **1.** *großer, oberseits metallisch grüner, unterseits kupferroter Käfer, der sich von den Staubgefäßen besonders der Rosen ernährt; Goldkäfer.* **2.** *Gartenlaubkäfer.*

Ro|sen|kohl, der ⟨o. Pl.⟩: *Kohl* (1 a) *mit einem hohen Stängel, um den herum sich viele kleine kugelige, als Gemüse essbare Achselknospen bilden.*

Ro|sen|kohl|rös|chen, das: *als Gemüse essbare Achselknospe des Rosenkohls.*

Ro|sen|kranz, der [für mlat. rosarium, urspr. = Rosengirlande an einer Marienstatue] (kath. Kirche): **1.** *in einem Kreuz endende Kette aus 6 größeren u. 53 kleineren Perlen od. Kugeln in bestimmter Anordnung, die der Abfolge der Gebete des Rosenkranzes* (2) *entsprechen:* ein R. aus Silber, aus Perlmutt. **2.** *Reihung von Gebeten (bes. Vaterunser u. Ave Maria), die in bestimmter Abfolge gebetet werden:* den [freudenreichen, schmerzhaften, glorreichen] R. beten; 3 Rosenkränze beten.

Ro|sen|kranz|mo|nat, der (kath. Kirche): *Oktober.*

Ro|sen|mon|tag, der [niederrhein. rasen(d)montag, zu westmd. rosen = toben, rasen, also eigtl. = rasender (= wilder, toller) Montag]: *Montag vor Fastnachtsdienstag.*

Ro|sen|öl, das: *aus den Blütenblättern bestimmter Rosen durch Destillation gewonnenes ätherisches Öl mit starkem Rosenduft.*

Ro|sen|pa|pri|ka, der [wohl nach der roten Farbe]: *aus der Paprikaschote gewonnenes scharfes Gewürz.*

Ro|sen|quarz, der: *rosafarbener, durchscheinender Quarz, der als Schmuckstein verwendet wird.*

ro|sen|rot ⟨Adj.⟩: *von dem kräftigen Rosa der Alpenrosen:* ein -er Schimmer lag über den Bergen.

Ro|sen|was|ser, das ⟨Pl. ...wässer⟩: *bei der Gewinnung des Rosenöls anfallendes Wasser (das u. a. als Aromastoff verwendet wird).*

Ro|sen|zucht, die: *Zucht* (1 a) *von Rosen:* ihr Hobby ist die R.

Ro|se|o|la, die; -, ...lae [...lɛ] u. ...olen, **Ro|se|o|le**, die; -, -n [zu lat. roseus = rosenrot, zu: rosa, ↑Rose] (Med.): *rotfleckiger Hautausschlag.*

Ro|set|te, die; -, -n [frz. rosette, Vkl. von: rose = Rose]: **1.** (Archit.) **a)** *in der Form an eine aufgeblühte Rosenblüte erinnerndes dekoratives Element:* ein mit -n dekorierter Fries; **b)** *Fensterrose.* **2.** *aus Bändern geschlungene od. genähte, in der Form einer Rosette* (1 a) *ähnelnde Verzierung an Kleidungsstücken, auch an Ordensbändern.* **3.** *Rose* (3). **4.** (Bot.) *Gesamtheit von grundständigen, sternförmig angeordneten, meist dicht stehenden Blättern einer Pflanze.* **5.** (derb) *After.*

ro|set|ten|för|mig ⟨Adj.⟩: *von, in der Form einer Rosette* (1 a).

Ro|sé|wein, der: *[2]Rosé.*

ro|sig ⟨Adj.⟩ [mhd. rōsic]: **1.** *von heller, zarter, rötlicher, rosaroter Färbung:* ein -es Gesicht; -e

Haut; ein -es kleines Ferkel; das Baby sieht r. und appetitlich aus; r. weiß. 2. *höchst erfreulich, durch nichts Unerfreuliches getrübt:* -e Zeiten; etw. in den -sten Farben schildern; die Aussichten sind nicht gerade r.; die Zukunft sieht nicht sehr r. aus; ihm geht es nicht gerade r.

ro|sig weiß: s. rosig (1).

Ro|si|ne, die; -, -n [aus dem Niederd. < mniederd. rosīn(e) < pik. rosin (afrz. roisin), über das Vlat. zu lat. racemus = Traube, Weinbeere]: *süß schmeckende getrocknete Weinbeere, die durch das Trocknen stark geschrumpft ist u. eine braune bis schwarze Färbung bekommen hat:* ein Kuchen mit -n; * **sich** ⟨Dativ⟩ **die [besten/größten/dicksten] -n heraus-, aus dem Kuchen picken** (ugs.; *sich von etw. das Beste nehmen, aussuchen u. aneignen*); **[große] -n im Kopf haben** (ugs.; *hochfliegende, nicht realisierbare Pläne, abwegige, unrealistische Vorstellungen haben*).

Ro|si|nen|brot, das: *feines Hefebrot mit eingebackenen Rosinen.*

Ro|si|nen|bröt|chen, das: *feines Hefebrötchen mit eingebackenen Rosinen.*

ro|sin|far|ben, ro|sin|far|big ⟨Adj.⟩: *von der Farbe einer Rosine.*

Ros|ma|rin […ri:n, auch: – –ˈ–], der; -s [lat. ros marinus, wohl eigtl. = Meertau, aus: ros = Tau u. marinus = das Meer, die See betreffend]: **a)** *(im Mittelmeerraum heimische) immergrüne, als Strauch wachsende Pflanze mit schmalen graugrünen Blättern u. kleinen violetten Blüten;* **b)** *aus [getrockneten] Blättern des Rosmarins* (a) *bestehendes Küchengewürz.*

Ros|ma|rin|öl, das: *aus Rosmarin* (a) *gewonnenes (u. a. bei der Herstellung von Kosmetika verwendetes) wohlriechendes ätherisches Öl.*

Roß, das; -es, -e [mhd. rāʒ(e), ahd. rāʒa, H. u.] (landsch., bes. md.): *Wabe.*

Ross, das; -es, -e u. Rösser [mhd. ros, ahd. (h)ros, H. u.]: **1. a)** ⟨Pl. -e⟩ (geh.) *[edles] Pferd, bes. Reitpferd:* ein edles, feuriges R.; R. und Reiter; * **R. und Reiter nennen** *(etw., jmdn. offen nennen, deutlich sagen, wovon, von wem die Rede ist);* **jmdm. zureden wie einem lahmen/kranken R.** *(jmdm. in eindringlicher Weise gut zureden);* [die drei folgenden Wendungen beziehen sich darauf, dass jmd., der auf einem Pferd sitzt, sozusagen über den anderen Menschen thront u. mit ihnen »von oben herab« spricht] **auf dem/[s]einem hohen R. sitzen** *(hochmütig, überheblich sein);* **sich aufs hohe R. setzen** *(eine hochmütige, überhebliche Haltung annehmen);* **von seinem hohen R. herunterkommen/-steigen** *(seine hochmütige, überhebliche Haltung aufgeben);* **hoch zu R.** (scherzh.; *auf einem Pferd reitend*): sie kamen hoch zu R. daher; **b)** ⟨Pl. Rösser⟩ (südd., österr., schweiz.) *Pferd.* **2.** ⟨Pl. Rösser⟩ (ugs.) *Dummkopf, Trottel* (oft als Schimpfwort): du R.!

Ross|brei|ten ⟨Pl.⟩ [in der Zeit der Segelschifffahrt sollen in diesen Gebieten bei Pferdetransporten nach Südamerika während längerer Flauten oft Pferde wegen Futtermangels eingegangen sein] (Geogr.): *subtropische Zone mit schwachen Winden u. hohem Luftdruck:* die nördlichen, südlichen R.

Röss|chen, das; -s, -: Vkl. zu ↑Ross (1).

Ro|ße, die; -, -n (landsch.): *Roß.*

Rös|sel, das; -s, - (landsch.): **1.** Vkl. zu ↑Ross (1). **2.** (Schach) *Springer.*

ros|sen ⟨sw. V.; hat⟩ (Fachspr.): *rossig sein:* die Stute rosst.

Rös|ser: Pl. von ↑Ross.

Ross|haar, das ⟨o. Pl.⟩: *(als Füllmaterial für Matratzen, Polster o. Ä. verwendetes) Pferdehaar:* ein Kissen mit R. füllen.

Ross|haar|ma|trat|ze, die: *Matratze mit einer Füllung aus Rosshaar.*

ros|sig ⟨Adj.⟩ (Fachspr.): *(von Stuten) brünstig.*

Ross|kas|ta|nie, die [die Samen der Rosskastanie wurden als Heilmittel für kranke Pferde verwendet]: **1.** *Baum mit großen, handförmigen Blättern, meist weißen od. roten, in aufrecht stehenden Blütenständen angeordneten Blüten u. Kastanien* (2 b) *als Früchten.* **2.** *Kastanie* (2 b).

Ross|kur, die (ugs.): *für die Patienten überaus anstrengende, strapaziöse Behandlung* (3 a) *[die aber den gewünschten Erfolg bringt]; Gewaltkur.*

Ross|schlach|ter, Ross|schläch|ter, der (landsch.): *Pferdeschlächter.*

Ross|täu|sche|rei, die; -, -en (abwertend): *Betrügerei mithilfe von Rosstäuschertricks.*

Ross|täu|scher|trick, der (abwertend): *betrügerischer Trick, mit dem Nichtzutreffendes vorgetäuscht werden soll.*

¹Rost [schweiz., landsch. ro:st], der; -[e]s, -e [mhd., ahd. rōst = Rost; Scheiterhaufen; Glut, H. u.]: **a)** *verschiedenerlei Zwecken dienendes, aus parallel angeordneten od. sich kreuzenden [Metall]stäben, Drähten, Trägern, Latten o. Ä. bestehender (gewöhnlich in horizontaler Lage verwendeter) gitterartiger Gegenstand:* der Boden der Kartoffelkiste besteht aus einer Art R.; ein Steak auf einem R. braten; sich auf einem R. die Füße abtreten; den Lichtschacht vor dem Kellerfenster mit einem R. abdecken; der Duschraum ist mit einem R. [aus Latten] ausgelegt; **b)** (landsch.) kurz für ↑Bettrost.

²Rost, der; -[e]s, (Fachspr.:) -e [mhd., ahd. rost, zu ↑rot, die Zersetzungsschicht ist nach der Farbe benannt]: **1.** ⟨o. Pl.⟩ *poröser, gelblich bis rötlich brauner Stoff (Eisenoxid), der sich an der Oberfläche von Gegenständen aus Eisen od. Stahl unter Einwirkung von Feuchtigkeit bildet:* an, auf dem Blech bildet sich R.; der R. *(der Vorgang des Rostens)* hat das Eisen zerfressen, zerstört, angegriffen; den R. entfernen, abschleifen, abschmirgeln; das Fahrrad setzt R. an; etw. von, vom R. befreien; etw. vor R. *(vor dem Rosten)* schützen. **2.** (Bot.) *von Rostpilzen hervorgerufene, zum Verkümmern od. Absterben der befallenen Pflanzen führende Pflanzenkrankheit, die mit auffallenden, meist rostfarbenen, von den Sporen der Rostpilze herrührenden Flecken einhergeht.*

Rost|an|satz, der: *Ansatz* (3) *von* ²*Rost* (1).

rost|be|stän|dig ⟨Adj.⟩: *widerstandsfähig, geschützt gegen* ²*Rost* (1).

Rost|bra|ten, der: *auf einem Bratrost gegarter Braten.*

Rost|brat|wurst, die: *auf einem Bratrost gegarte Bratwurst.*

rost|braun ⟨Adj.⟩: *rötlich braun wie* ²*Rost* (1).

Rös|te [auch: ˈrœstə], die; -, -n [1: zu ↑rösten (3); 2: mhd. rœʒe, zu: rœʒen, ↑rösten (4)]: **1.** (Hüttenw.) *Röstofen.* **2.** (Fachspr.) **a)** *das Rösten* (4) *von Flachs, Hanf, Jute:* die biologische R. in kaltem Wasser dauert mehrere Wochen; **b)** *Platz, Grube, Wanne o. Ä. zum Rösten* (4).

ros|ten ⟨sw. V.; ist, auch: hat⟩ [mhd. rosten, ahd. rostēn, zu ↑²Rost]: ²*Rost* (1) *ansetzen, sich allmählich in* ²*Rost* (1) *verwandeln:* das Auto fängt an zu r.; Aluminium rostet nicht; ein sehr leicht rostender Stahl; nicht rostender *(rostfreier)* Stahl; Ü in der Übung bleiben, um nicht zu r. *(seine Fertigkeiten nicht zu verlieren).*

rös|ten [auch: ˈrœstn̩] ⟨sw. V.; hat⟩ [mhd. rœsten, ahd. rōsten, zu ↑¹Rost; 4: mhd. rœʒen = faulen machen, später zusammengefallen mit rösten (1–3)]: **1. a)** *etw. längere Zeit (über einem Feuer, im Backofen o. Ä.) ohne Zusatz von Fett od. Wasser großer Hitze aussetzen, sodass es gar wird, eine braune Kruste bekommt, knusprig wird:* Brot, Kastanien, Fleisch, Haferflocken, Nüsse r.; einen Fisch auf dem Grill r.; frisch gerösteter Kaffee; Ü sich [in der Sonne] r. (scherzh.; *sich längere Zeit starker Sonnenbestrahlung aussetzen*); **b)** (selten) *geröstet* (1 a) *werden:* lass mein Steak noch etwas r.; Ü in der Sonne r. (scherzh.; *über längere Zeit starker Sonnenbestrahlung ausgesetzt sein*). **2.** (landsch.) **a)** *braten* (a): Kartoffeln r.; **b)** (selten) *braten* (b): die Steaks in der Pfanne r. **3.** (Hüttenw.) *(Erze) großer Hitze aussetzen, um bestimmte chemische Prozesse zu bewirken:* Erz r. **4.** (Fachspr.) *(bei der Gewinnung von Flachs, Hanf od. Jute) das Rohmaterial der Einwirkung von Tau, Regen u. Luft aussetzen, in [mit Chemikalien versetztes] Wasser legen od. mit Dampf behandeln, um so die Fasern von dem klebenden Pektin zu befreien:* Flachs, Hanf r.

Rös|ter [auch: ˈrœstɐ], der; -s, - [2: das Obst wurde früher zusammen mit Brotschnitten u. Schmalz geröstet] (selten): **1.** *Gerät zum Rösten* (1 a) *von Brot; Toaster.* **2.** (österr.) **a)** *Mus aus Zwetschen od. Holunderbeeren;* **b)** *Kompott aus Zwetschen od. Holunderbeeren.*

Rös|te|rei, die; -, -en: *Einrichtung, Anlage, Betrieb zum Rösten* (1 a).

rost|far|ben, rost|far|big ⟨Adj.⟩: *von der Farbe des* ²*Rosts* (1).

Rost|fleck, der: **1.** *rostige Stelle:* das Auto hat schon ein paar kleine -e. **2.** *von (in Wasser gelöstem)* ²*Rost* (1) *verursachter Fleck:* das Hemd hat einen R.

rost|frei ⟨Adj.⟩: **1.** (selten) *frei von* ²*Rost* (1): das zu lackierende Werkstück muss absolut fett- und r. sein. **2.** *aufgrund seiner Zusammensetzung keinen* ²*Rost* (1) *ansetzend:* -er Stahl; das Messer ist r.

röst|frisch [auch: ˈrœst…] ⟨Adj.⟩: *[wie] gerade geröstet:* -er Kaffee.

Rös|ti, die; - [zu ↑rösten] (schweiz.): *aus besonders dünn geschnittenen od. geraspelten Pellkartoffeln zubereitete Bratkartoffeln.*

ros|tig ⟨Adj.⟩ [mhd. rostec, ahd. rostag]: **1.** ²*Rost* (1) *aufweisend, gerostet:* -es Eisen; -e Nägel; Ü eine -e *(tiefe, raue)* Stimme; seine -en Glieder *(seinen ungeübten, steif gewordenen Körper)* bewegen. **2.** (selten) *ins Rostfarbene spielend:* ein -es Rot.

Röst|kar|tof|feln [auch: ˈrœst…] ⟨Pl.⟩ (landsch.): *Bratkartoffeln.*

Rost|lau|be, die (ugs. scherzh.): *altes, verrostetes Auto.*

Ros|tock [ˈrɔstɔk]: Hafenstadt in Mecklenburg.

Röst|ofen [auch: ˈrœst…], der (Hüttenw.): *Anlage zum Rösten* (3).

Rost|pilz, der ⟨meist Pl.⟩ (Bot.): *(in vielen Arten vorkommender) Pilz, der den* ²*Rost* (2) *verursacht.*

rost|rot ⟨Adj.⟩: *bräunlich rot wie* ²*Rost* (1).

Rost|schicht, die: *aus* ²*Rost* (1) *bestehende Schicht.*

Rost|schutz, der: **1.** *Schutz gegen das Rosten:* Maßnahmen zum R. **2.** *Rostschutzmittel, -farbe o. Ä.:* mit R. vorstreichen.

Rost|schutz|far|be, die: *Farbe für dem Rostschutz dienende Anstriche.*

Rost|schutz|mit|tel, das: *dem Rostschutz dienendes Mittel.*

Rös|tung [auch: ˈrœstʊŋ], die; -, -en: *das Rösten, Geröstetwerden.*

Rost|wurst [auch: ˈro:st…], die (landsch.): *Rostbratwurst.*

rot ⟨Adj.; röter, seltener: -er, röteste, seltener: -este⟩ [mhd., ahd. rōt; 2: nach der roten Fahne der Arbeiterbewegung]: **1.** *von der Farbe des Blutes:* -e Farbe, Tinte; eine -e Fahne, Bluse; -e Kirschen, Rosen; ein -er Abendhimmel; -e Glut; ein -es Licht; -er Wein *(Rotwein);* -e Lippen; eine -e Nase; -es *(fuchsrotes, rostrotes, kupferfarbenes)* Haar; ein -es Ass *(ein Herzass od. ein Karoass);* eine -e *(auf Rot stehende)* Ampel; ein -er (ugs.; *rot schreibender*) Kugelschreiber; -es (Physik; *langwelliges*) Licht; -e *(vom Weinen o. Ä. gerötete)* Augen haben; er bekam einen [ganz] -en Kopf *(ihm stieg die Röte ins Gesicht);* r. wie Blut; r. glühen, leuchten; r. glühendes Eisen; [im Gesicht] r. anlaufen; r. geweinte, unterlaufene Augen; r. geschminkte Lippen; r. lackierte Fingernägel; etw. r. anmalen, unterstreichen, anstreichen; ein r. gepunkteter, gestreifter, karierter Rock; r. gefrorene *(vor Kälte gerötete)* Ohren, Hände; r. geäderte *(von roten Adern durchzogene)* Augen; r. *(in Rot)* geäderter Marmor; der Kugelschreiber schreibt r.; ⟨subst.:⟩ ein Glas von dem Roten (ugs.; *Rotwein*); die Rote (ugs.; *Rothaarige*) da drüben; ich habe keinen Roten (ugs.; *überhaupt kein Geld*) mehr; Spr heute r., morgen tot *(der Tod kann* *sehr überraschend eintreten, ist oft nicht vorhersehbar;* wohl bezogen auf die frische rote Farbe der Wangen); * **rot werden, sein** *(vor Scham, Verlegenheit erröten, errötet sein):* sie wurde r. bis über die Ohren. **2.** (Politik) *zur Linken* (2) *gehörend (kommunistisch, sozialistisch, sozialdemokratisch, marxistisch):* -e *(marxistische)* Literatur; das -e *(kommunistische)* China; eine -e *(kommunistische, sozialdemokratische)* Regierung; er ist [ziemlich] r., r. angehaucht *(marxistisch, kommunistisch eingestellt);* dieser Stadtteil wählt traditionell r. *(sozialdemokratisch, eine linke Partei);* R lieber r. als tot (ugs. veraltet; *es ist besser, kommunistisch, sozialistisch regiert zu werden, als im Kampf gegen den Kommunismus, Sozialismus zu sterben*); ⟨subst.:⟩ die Roten haben die Wahlen gewonnen; ein Bündnis aus Grün und Rot *(aus Grünen u. SPD).*

Rot, das; -s, -, ugs.: -s: **1.** *rote Farbe:* ein kräftiges, leuchtendes, dunkles, helles R.; das R. ihrer Lippen; die Ampel zeigt R. *(rotes Licht);* bei R. *(während die Ampel rotes Licht zeigt)* über die Kreuzung fahren; R. *(rote Schminke)* auflegen. **2.** (Kartenspiel) **a)** ⟨meist o. Art.; o. Pl.⟩ *(dem Herz der französischen Spielkarte entsprechende) Farbe der deutschen Spielkarte:* R. ist Trumpf; **b)** *Spiel, bei dem Rot* (2 a) *Trumpf ist;* **c)** *Karte der Farbe Rot* (2 a): [ein niedriges] R. ablegen. **3.** ⟨o. Pl.⟩ *Rouge* (2): R. gewinnt.

Ro|ta, die; - [aus kirchenlat. Rota Romana, eigtl. = römisches Rad, wohl nach der kreisrunden Richterbank]: (kath. Kirche): *höchster Gerichtshof der katholischen Kirche.*

Rot|al|ge, die (Bot.): *rötlich bis rot gefärbte Alge.*

Ro|tang, der; -s, (Sorten:) -e [malai. rotan]: *Peddigrohr.*

Ro|tang|pal|me, die: *Palmengewächs, das u. a. Peddigrohr liefert.*

Ro|ta|ri|er, der; -s, - [nach engl. Rotarian]: *Mitglied eines Rotary Clubs.*

Ro|ta|ri|e|rin, die; -, -nen: w. Form zu ↑Rotarier.

ro|ta|risch ⟨Adj.⟩: *die Rotary Clubs betreffend, zu ihnen gehörend:* -e Ideale; seine -en Freunde.

Rot|ar|mist, der; -en, -en: *Angehöriger der Roten Armee.*

Ro|ta|ry Club [engl. 'roʊtəri 'klʌb], der; - -s u. (bei engl. Ausspr.:) - -, - -s [engl., zu: rotary = rotierend u. club (↑Klub); die ersten Sitzungen fanden (entsprechend dem Symbol des Clubs, dem Zahnrad) reihum (»rotierend«) bei den Mitgliedern statt]: *zu Rotary International gehörender örtlicher Klub:* einen R. C. gründen.

Ro|ta|ry In|ter|na|tio|nal ['roʊtəri ɪntə'næʃənl]: in örtlichen Klubs organisierte internationale Vereinigung führender Persönlichkeiten unter dem Gedanken des Dienstes am Nächsten.

Ro|ta|ti|on, die; -, -en [spätlat. rotatio = kreisförmige Umdrehung, zu lat. rotare, ↑rotieren]: **1.** *das Rotieren* (1), *kreisförmige Drehung:* die R. der Erde [um die eigene Achse]; die R. der Zentrifuge verlangsamen, beschleunigen; die durch die R. des Rades auftretende Zentrifugalkraft; einen Kreisel in schnelle R. versetzen. **2.** (Landw.) *Fruchtfolge.* **3. a)** (Politik) *Wechsel in der Besetzung eines Amtes in bestimmten Zeitabständen:* die Grünen sind von der R. abgekommen; **b)** (Volleyball) *im Uhrzeigersinn erfolgender Wechsel der Positionen aller Spieler einer Mannschaft; Positionswechsel.* **4.** *Regelung der Bewässerung in der Landwirtschaft.* **5.** *(im Skisport) das Mitdrehen des Oberkörpers im Schwung.*

Ro|ta|ti|ons|ach|se, die: *Achse, um die etw. rotiert* (1).

Ro|ta|ti|ons|be|we|gung, die: *rotierende* (1) *Bewegung.*

Ro|ta|ti|ons|druck, der ⟨Pl. -e⟩ (Druckw.): **1.** ⟨o. Pl.⟩ *Druckverfahren, bei dem das Papier zwischen zwei gegeneinander rotierenden Walzen hindurchläuft u. von einer zylindrisch gebogenen, einer der Walzen anliegenden Druckform bedruckt wird.* **2.** *im Verfahren des Rotationsdrucks* (1) *hergestelltes Druckerzeugnis.*

Ro|ta|ti|ons|el|lip|so|id, das (Math.): **a)** *durch Rotation der Fläche einer Ellipse gebildeter Rotationskörper von der Form eines Ellipsoids;* **b)** *durch Rotation einer Ellipse gebildete Rotationsfläche.*

Ro|ta|ti|ons|flä|che, die (Math.): *von einer (um eine in ihrer Ebene liegende Achse) rotierenden ebenen Kurve gebildete Fläche.*

Ro|ta|ti|ons|ge|schwin|dig|keit, die: *Geschwindigkeit, mit der etw. rotiert.*

Ro|ta|ti|ons|kol|ben|mo|tor, der (Technik): *Verbrennungsmotor, der mit rotierenden Kolben arbeitet; Wankelmotor.*

Ro|ta|ti|ons|kör|per, der (Math.): *von einer rotierenden ebenen Fläche gebildeter Körper; von einer Rotationsfläche begrenzter Körper.*

Ro|ta|ti|ons|prin|zip, das ⟨o. Pl.⟩ (bes. Politik): *Prinzip, nach dem ein Amt von dem Amtsinhaber nach einer bestimmten, festgelegten Zeit an einen Nachfolger abgegeben werden muss.*

rot|ba|ckig, rot|bä|ckig ⟨Adj.⟩: *rote Backen habend.*

Rot|barsch, der: *großer, im Meer lebender Fisch von leuchtend roter, an der Bauchseite hellerer Färbung; Goldbarsch.*

rot|blond ⟨Adj.⟩: **a)** *(vom Haar) als Farbe ein rötliches Blond habend;* **b)** *rotblondes* (a) *Haar habend.*

rot|braun ⟨Adj.⟩: *einen ins Rote spielenden braunen Farbton habend.*

Rot|bu|che, die: **1.** *Buche mit glatter, grauer Rinde u. länglichen bis eiförmigen, oberseits dunkelgrünen, unterseits hellgrünen Blättern.* **2.** ⟨o. Pl.⟩ *Holz der Rotbuche* (1).

Rot|dorn, der ⟨Pl. -e⟩: *rote Blüten tragender Weißdorn.*

Rö|te, die; -, -n [mhd. rœte, ahd. rōti; 2: nach dem aus den Pflanzen gewonnenen roten Farbstoff]: **1.** ⟨o. Pl.⟩ *das Rotsein, rote Färbung:* die R. des Abendhimmels; eine sanfte R. *(ein rötlicher Schimmer)* färbte den Himmel; die R. seiner Wangen wirkte krankhaft; eine [tiefe, brennende, fiebrige] R. stieg, schlug, schoss ihm ins Gesicht; eine leichte R. flog über sein Gesicht; ihr Gesicht war vor Scham, Zorn von einer glühenden R. bedeckt, übergossen. **2.** (Bot.) *als ausdauerndes, gelblich grün blühendes Kraut wachsendes Rötegewächs* (z. B. Färberröte).

Ro|te-Ar|mee-Frak|ti|on, die; -: terroristische Vereinigung in der Bundesrepublik Deutschland.

Rö|te|ge|wächs, das (Bot.): *Pflanze einer Familie mit zahlreichen, bes. in den Tropen vorkommenden, als Bäume, Sträucher, Kräuter wachsenden Arten, zu der z. B. die Kaffeepflanze gehört.*

Rot|ei|sen, das, **Rot|ei|sen|erz,** das, **Rot|ei|sen|stein,** der (Geol.): *roter Hämatit.*

Ro|te Khmer ⟨Pl.⟩ [↑Khmer]: *kommunistisch orientierte Guerillabewegung in Kambodscha.*

Rö|tel, der; -s, -: **1.** ⟨o. Pl.⟩ *aus einem Gemisch von Roteisenstein u. Ton od. Kreide bestehender bräunlich roter Farbstoff.* **2.** *Rötelstift.*

Rö|teln ⟨Pl.⟩: *Infektionskrankheit, die mit einem den Masern ähnlichen Ausschlag einhergeht.*

Rö|tel|stift, der: *Zeichenstift mit einer Mine aus Rötel; Kreide aus Rötel.*

Ro|te Meer, das; -n, -[e]s: Nebenmeer des Indischen Ozeans, das die Arabische Halbinsel von Afrika trennt.

rö|ten ⟨sw. V.; hat⟩ [mhd. rœten, ahd. rōten]: **1.** (geh.) *rot färben; rot erscheinen lassen:* die untergehende Sonne rötete, die Flammen röteten den Himmel; die Sonne, die Kälte, der scharfe Wind, Scham rötete ihr Gesicht; der Alkohol hatte seine Nase gerötet; seine Ohren waren vom Frost gerötet. **2.** ⟨r. + sich⟩ *rot werden, eine rote Färbung annehmen:* das Wasser rötete sich vom Blut des harpunierten Fisches; der Himmel rötete sich; ihre Haut begann sich zu r.; ⟨oft im 2. Part.:⟩ mit [vom Weinen] geröteten Augen; eine juckende, stark gerötete Stelle am Bein; die Rachenschleimhaut ist leicht gerötet.

rö|ter, röteste: ↑rot.

Rot|fe|der, die: *(in Schwärmen lebender) der Plötze ähnelnder Fisch von grünlich brauner Färbung mit orangeroten Flossen.*

Rot|fil|ter, der, Fachspr. meist: das (Fot.): *roter Filter* (2), *der blaues u. grünes Licht absorbiert.*

rot|fle|ckig ⟨Adj.⟩: *(bes. von der Haut) rote Flecken aufweisend:* ein -es Gesicht.

Rot|fuchs, der: **1. a)** *Fuchs mit rotbraunem bis rostrotem, an der Bauchseite grauem Fell;* **b)** *aus dem Fell eines Rotfuchses hergestellter Pelz.* **2.** *rötlich braunes Pferd.* **3.** (ugs., oft abwertend) *rothaariger Mensch; Fuchs* (4).

Rot|gar|dist, der: *Angehöriger einer »Rote Garde« genannten revolutionären Kampftruppe.*

Rot|gar|dis|tin, die: w. Form zu ↑Rotgardist.

rot ge|ädert, rot ge|fro|ren, rot geschminkt: s. rot (1).

rot ge|streift, rot ge|weint: s. rot (1).

rot|glü|hend ⟨Adj.⟩ (Fachspr.): *im Zustand der Rotglut befindlich:* -es Eisen.

Rot|glut, die: *durch rotes Glühen sich äußernder Zustand eines stark erhitzten Stoffes (bes. eines Metalls).*

Rot|gold, das: *mit etwas Kupfer legiertes, rötliches Gold.*

rot-grün ⟨Adj.⟩: *die Koalition der Parteien SPD und Bündnis 90/Die Grünen betreffend:* eine -e Mehrheit; r. wählen; ⟨subst.:⟩ wird Rot-Grün *(die rot-grüne Koalition, die rot-grüne Regierung)* das Gesetz ändern?

rot-grün-blind, (auch:) **rot|grün|blind** ⟨Adj.⟩ (Med.): *nicht fähig, die Farben Rot u. Grün wahrzunehmen od. zu unterscheiden.*

Rot-Grün-Blind|heit, (auch:) **Rot|grün|blind|heit,** die (Med.): *Unfähigkeit, die Farben Rot u. Grün wahrzunehmen od. zu unterscheiden.*

rot|grun|dig ⟨Adj.⟩: *einen roten Grund* (4) *habend.*

Rot|haar|ge|bir|ge, das; -s: Teil des Rheinischen Schiefergebirges.

rot|haa|rig ⟨Adj.⟩: *rotes Haar habend.*

Rot|haut, die [LÜ von engl. redskin, nach der unter den Indianern Nordamerikas verbreiteten roten Körperbemalung] (scherzh.): *nordamerikanischer Indianer.*

Ro|then|burg ob der Tau|ber: Stadt in Bayern.

Rot|hirsch, der: *großer Hirsch mit oft mächtigem Geweih u. Halsmähne, im Winter graubraunem u. im Sommer rötlich braunem Fell.*

ro|tie|ren ⟨sw. V.; hat⟩ [lat. rotare = (sich) kreisförmig drehen, zu: rota, ↑Rota]: **1.** *sich im Kreis (um etw. od. um die eigene Achse) drehen:* langsam, schnell, um die eigene Achse r.; der Propeller rotiert; das Drehrestaurant rotiert ganz langsam um die Achse des Turms; eine rotierende Schiffsschraube; der Rasenmäher, der Rasierapparat hat rotierende Messer. **2.** (ugs.) *sich über etw. erregen u. in hektische Aktivität verfallen:* wenn mal etwas nicht planmäßig läuft, fängt er gleich an zu r.; ⟨subst.:⟩ sie ist am Rotieren. **4.** (Politik): *sein Amt nach dem Rotationsprinzip abgeben.* **3.** (Volleyball) *die Position[en] wechseln.*

Ro|tis|se|rie, die; -, -n [frz. rôtisserie, zu: rôtir = braten, rösten]: *Restaurant, in dem bestimmte Fleischgerichte [vor den Augen der Gäste] auf einem Grill zubereitet werden.*

Rot|ka|bis, der [↑Kabis] (schweiz.): *Rotkohl.*

Rot|käpp|chen, das ⟨o. Pl.⟩: *(im Volksmärchen) kleines Mädchen mit roter Kappe, das beim Besuch seiner Großmutter aufgrund seiner Vertrauensseligkeit vom Wolf gefressen und aus dessen Bauch dann später von einem Jäger befreit wird.*

Rot|kap|pe, die: *großer, wohlschmeckender Röhrling, dessen Hut oft eine orange- bis braunrote Färbung hat.*

rot ka|riert: s. rot (1).

Rot|kehl|chen, das; -s, -: *kleiner einheimischer Singvogel mit braunem, an Kehle u. Brust orangerotem u. an der Bauchseite weißem Gefieder.*

Rot|kohl, der (bes. nordd.): *Kohlart mit rötlich blauen Blättern.*

Rot|kopf, der (ugs.): a) *jmd., der rotes Haar hat;* b) *Kopf eines rothaarigen Menschen:* ich erkenne ihn an seinem R.

Rot|kraut, das (südd., österr.): *Rotkohl.*

Rot|kreuz|schwes|ter, die; -, -n: *dem Roten Kreuz angehörende Krankenschwester.*

rot la|ckiert: s. rot (1).

röt|lich ⟨Adj.⟩: *sich im Farbton dem Rot nähernd, ins Rote spielend:* ein -er Schimmer, [Farb]ton; ein -es Braun; r. braune Haare; r. gelbe Tupfer.

röt|lich braun, röt|lich gelb: s. rötlich.

Rot|licht, das ⟨o. Pl.⟩: *(künstlich erzeugtes, elektrisches) rotes [u. infrarotes] Licht:* einen Film bei R. entwickeln; jmdn. mit R. bestrahlen, behandeln.

Rot|licht|be|strah|lung, die: *Bestrahlung mit Rotlicht.*

Rot|licht|lam|pe, die: *(zur Rotlichtbestrahlung dienende) Lampe, die rotes u. (wärmendes) infrarotes Licht abgibt.*

Rot|licht|mi|lieu, das [nach der früher üblichen roten Laterne über dem Eingang von Bordellen u. dem roten, schummerigen Licht in Bars u. Zimmern von Prostituierten]: *Dirnenmilieu.*

Rot|licht|vier|tel, das [nach engl. red-light district] (ugs.): *Amüsierviertel.*

Röt|ling, der; -s, -e: *Pilz mit rötlichen bis lachsfarbenen Lamellen.*

Ro|tor, der; -s, ...oren [engl. rotor, Kurzf. von: rotator, zu: to rotate = kreisen, zu lat. rotatum, 2. Part. von: rotare, ↑rotieren]: **1.** (Technik) *rotierender, aus mehreren einzelnen, strahlenförmig um eine Achse angeordneten Blättern bestehender Flügel eines Drehflügelflugzeugs:* der Hubschrauber hat zwei -en. **2.** *Läufer* (4). **3.** (Technik) kurz für ↑Flettnerrotor. **4.** (Funkt., Fernsehtechnik) *Vorrichtung zum Drehen einer Richt- od. Peilantenne.* **5.** *(in automatischen Armbanduhren) auf einer Welle sitzendes Teil, durch dessen Bewegungen die Uhr aufgezogen wird.* **6.** (Technik) *zylindrischer, kippbarer Ofen zur Herstellung von Stahl aus flüssigem Roheisen.*

Ro|tor|an|ten|ne, die (Funkt., Fernsehtechnik): *mit einem Rotor* (4) *ausgestattete Antenne.*

Ro|tor|blatt, das (Technik): *Blatt* (5) *eines Rotors* (1).

Ro|tor|schiff, das: *durch einen Flettnerrotor angetriebenes Schiff.*

Rot|rü|be, die (landsch.): *rote Rübe* (1).

Rot|schwanz, der, **Rot|schwänz|chen,** das: *(zu den Drosseln gehörender) kleiner Singvogel mit rostrotem Schwanz.*

rot|se|hen ⟨st. V.; hat⟩ (ugs.): *wütend werden [u. die Beherrschung verlieren]:* wenn jemand seine Kinder schlägt, sehe ich einfach rot; er sieht immer gleich rot.

Rot|spon, der; -[e]s, -e [zu mniederd. spōn = hölzernes Gefäß, eigtl. = roter Fasswein] (ugs. veraltet): *[französischer] Rotwein.*

Rot|stift, der: *Schreibstift mit roter Mine:* wo ist mein R.?; * **den R. ansetzen** *(vorgesehene Ausgaben einsparen);* **dem R. zum Opfer fallen** *(eingespart, nicht mehr gewährt, gezahlt werden).*

rott ⟨Adj.⟩ [zu ↑[2]rotten] (nordd.): *faul, morsch:* -es Holz; das Obst ist schon ganz r.

Rot|tan|ne, die: *Fichte mit rötlich braunem Stamm.*

[1]Rot|te, die; -, -n [mhd. rot(t)e < afrz. rote < mlat. rupta, rut(t)a = Abteilung; (Räuber)schar, zu lat. ruptum, 2. Part. von: rumpere = ab-, zersprengen, also eigtl. = abgesprengte, zersprengte Schar]: **1.** (abwertend) *meist ungeordnete, nur eine lose Gemeinschaft bildende Gruppe von Menschen:* eine lärmende R.; eine R. Plünderer/von Plünderern; * **R. Korah** (↑Korah). **2.** (Milit.) **a)** *zwei gemeinsam operierende Flugzeuge od. Schiffe;* **b)** (früher) *Reihe von hintereinander stehenden Soldaten.* **3.** (Jägerspr.) *größere Gruppe (von Wildschweinen od. Wölfen):* eine R. Sauen. **4. a)** (Eisenb. früher) *Gruppe von Arbeitern, die für Gleisbauarbeiten eingesetzt werden;* **b)** (Forstw.) *Gruppe von Holzfällern.*

[2]Rot|te, die; -, -n [zu ↑[2]rotten]: **1.** (Landw. nordd.) *Röste* (2). **2.** (Fachspr.) *das Verrotten, Verrottenlassen (von organischen Stoffen).*

[1]rot|ten ⟨sw. V.; hat⟩ [mhd. (md.) roten] (veraltet): **a)** ⟨r. + sich⟩ *zusammenrotten;* **b)** *zu einer* [1]*Rotte vereinen.*

[2]rot|ten, röt|ten ⟨sw. V.⟩ [mniederd. rotten = faulen, vgl. verrotten] (nordd.): **1.** (Fachspr.) *rösten* (4) ⟨hat⟩. **2.** (selten) *faulen, modern, sich zersetzen* ⟨ist, auch: hat⟩: der Mist muss noch r.

Rot|ter|dam [auch: '– – –]: niederländische Stadt.

Rot|tier, das (Jägerspr.): *weiblicher Rothirsch.*

Rot|ton, der: *roter Farbton:* kräftige Rottöne.

Rott|wei|ler, der; -s, - [nach der baden-württembergischen Stadt Rottweil]: *(als Schutz- u. Wachhund geeigneter) kräftig gebauter, mittelgroßer Hund mit breitem Kopf, kurzer Schnauze u. kleinen Hängeohren, Stummel- od. kupiertem Schwanz u. kurzhaarigem schwarzem Fell mit rötlich braunen Partien.*

Ro|tun|de, die; -, -n [mhd. rotunde, zu lat. rotundus = rund, zu: rota, ↑Rota] (Archit.): **1.** *Gebäude[teil] mit kreisrundem Grundriss.* **2.** (ugs. veraltet) *rund gebaute öffentliche Toilette.*

Rö|tung, die; -, -en ⟨Pl. selten⟩: *das Sichröten (bes. der Haut):* die Sonne bewirkt eine R. der Haut.

rot un|ter|lau|fen: s. rot (1).

rot|wan|gig ⟨Adj.⟩ (geh.): *rotbackig.*

Rot|wein, der: *aus [roten od. blauen] Trauben, deren Schalen mit vergoren werden u. dabei ihren Farbstoff abgeben, hergestellter Wein von rubin- bis tiefroter, ins Violette spielender Färbung:* französische -e; zwei R. *(Gläser Rotwein),* bitte; sie trinkt gern R.

rot|welsch ⟨Adj.⟩ [mhd. (md.) rōtwelsch, 1. Bestandteil viell. rotwelsch rōt = falsch, untreu]: *in der Gaunersprache Rotwelsch, zu ihr gehörend.*

Rot|welsch, das; -[s] u. ⟨nur mit best. Art.:⟩ **Rot|wel|sche,** das; -n: *deutsche Gaunersprache.*

Rot|wild, das (Jägerspr.): *Rothirsch.*

Rot|wurst, die (landsch.): *Blutwurst.*

Rotz, der; -es [mhd. ro(t)z, ahd. (h)roz = (Nasen)schleim, zu ahd. (h)rūzan = schnarchen, knurren, lautm.]: **1.** (derb) *Schleim aus Nase u. Atemwegen:* den R. hochziehen; wisch dir erst mal den R. ab!; * **R. und Wasser heulen** (salopp; *heftig weinen*); **frech wie [der] R. [am Ärmel]** (salopp; *außerordentlich frech*). **2.** (Tiermed.) *bes. bei Einhufern auftretende, meist tödlich verlaufende, mit Ausfluss aus der Nase u. Geschwüren in Nase, Lunge u. Haut einhergehende Infektionskrankheit:* das Pferd hat [den] R. **3.** * **der ganze R.** (salopp verächtlich; *alles, das ganze Zeug*): ich zahle den ganzen R.; von mir aus kannst du den ganzen R. mitnehmen.

Rotz|ben|gel, der (derb abwertend): *[kleiner] schmutziger, ungepflegter, unerzogener, frecher Junge:* diese verdammten R.!

Rotz|bub, Rotz|bu|be, der (österr., südd. derb abwertend): *Rotzbengel.*

Rot|ze, die; (landsch. derb): **1.** ↑Rotz (1). **2.** *Schnupfen.*

rot|zen ⟨sw. V.; hat⟩ (derb abwertend): **a)** *sich geräuschvoll schnäuzen:* er rotzte in ein dreckiges Taschentuch; **b)** *Schleim geräuschvoll (aus dem Bereich des Rachens u. der Nase) in den Mund ziehen u. ausspucken:* wenn du noch einmal auf den Boden rotzt, schmeiß ich dich raus!

Rotz|fah|ne, die (derb): *Taschentuch.*

rotz|frech ⟨Adj.⟩ (salopp): *sehr frech.*

rot|zig ⟨Adj.⟩: **1.** (derb) *mit Rotz* (1) *behaftet, beschmiert:* eine -e Nase; ein -es Taschentuch. **2. a)** (salopp abwertend) *unverschämt frech; ungehörig:* sich r. benehmen; **b)** (salopp) *völlig respektlos u. unbekümmert; provozierend, herausfordernd:* das Stück ist r. inszeniert. **3.** (Tiermed.) *rotzkrank.*

Rot|zig|keit, die; -, -en (salopp abwertend): **1.** ⟨o. Pl.⟩ *rotzige* (2) *Art, Beschaffenheit.* **2.** *rotzige* (2 a) *Äußerung, Handlung.*

rotz|krank ⟨Adj.⟩ (Tiermed.): *an Rotz* (2) *leidend.*

Rotz|na|se, die: **1.** (derb) *Nase, bes. eines Kindes, aus der Schleim läuft:* eine R. haben. **2. a)** (derb abwertend) *Rotzbengel;* **b)** (salopp scherzh.) *kleines unerfahrenes Kind, unreifer junger Mensch.*

rotz|nä|sig ⟨Adj.⟩ (derb abwertend): **1.** *eine Rotznase* (1) *habend:* eine -e Göre. **2.** (bes. von Kindern) *[ungepflegt, schmutzig u.] ungezogen u. frech:* dieser -e Bursche!; sich r. (*wie eine Rotznase* 2 a) benehmen.

Rot|zun|ge, die: *(im Meer lebender) Plattfisch mit bräunlicher, dunkel marmorierter Oberseite.*

Rou|en [ru̯ã:]: Stadt in Frankreich an der Seine.

Rouge [ru:ʒ], das; -s, -s ⟨Pl. selten⟩ [frz. rouge, zu: rouge = rot < lat. rubeus]: **1.** *Make-up in roten Farbtönen, mit dem die Wangen u. Lippen geschminkt werden:* R. auflegen, auftragen. **2.** *Rot als Farbe u. Gewinnmöglichkeit beim Roulette:* auf R. setzen.

Rouge et noir [ruʒe'no̯a:ɐ̯], das; - - - [frz. = rot u. schwarz]: *Glücksspiel mit 104 od. 312 Karten, bei dem Einsätze ähnlich wie beim Roulette gemacht werden u. das auch in Spielkasinos gespielt wird.*

Rou|la|de [ru'la:də], die; -, -n ⟨meist Pl.⟩ [frz. roulade, zu: rouler, ↑rollen]: *dünne Fleischscheibe, die mit Speck, Zwiebeln [Gurken] o. Ä. belegt, gerollt u. dann geschmort wird.*

Rou|leau [ru'lo:], das; -s, -s [frz. rouleau = Rolle, zu: rôle, ↑Rolle]: *Rollo.*

Rou|lett [ru'lɛt], das; -[e]s, -e u. -s, **Rou|lette** [ru'lɛt(ə)], das; -s, -s [frz. roulette, eigtl. = Rollrädchen, Vkl. von afrz. roele (= frz. rouelle) = Rädchen < spätlat. rotella, zu lat. rota, ↑Rolle]: **1.** *Glücksspiel, bei dem auf Zahl od. Farbe od. auf beides gesetzt u. der Gewinner dadurch ermittelt wird, dass eine Kugel auf eine sich drehende Scheibe mit rot u. schwarz nummerierten Fächern geworfen wird, die bei Stillstand der Scheibe in einem Fach liegen bleibt:* R. spielen; amerikanisches R. *(Glücksspiel mit Kettenbriefen);* * **russisches R.** *(Mutprobe od. Austragungsart eines Duells, bei der jmd. einen nur mit einer Patrone geladenen Trommelrevolver auf sich selbst abdrückt, ohne vorher zu wissen, in welcher Patronenkammer sich die Patrone befindet).* **2.** *drehbare Scheibe, mit der Roulette* (1) *gespielt wird.* **3.** (Grafik) *gezähntes Rädchen aus Stahl, mit dem der Kupferstecher Vertiefungen in die Kupferplatte eindrückt.*

Round-Ta|ble-Kon|fe|renz, (auch:) **Round|ta|ble-kon|fe|renz,** die [engl. round-table conference = Konferenz am runden Tisch] (Politik): *[internationale] Konferenz, deren Sitzordnung [am runden Tisch] ausdrückt, dass alle Teilnehmer gleichberechtigt sind.*

Rou|te ['ru:tə], die; -, -n [frz. route < vlat. (via) rupta = gebrochener (= gebahnter) Weg, zu lat. rumpere = brechen, zerreißen]: *festgelegte, eingeschlagene od. einzuschlagende Strecke; Reise-, Schiffs-, Flugweg:* die kürzeste, bequemste, schnellste R. ausfindig machen, wählen, nehmen; der Dampfer hat seine R. geändert, verlassen; auf der nördlichen R.; Ü in der Außenpolitik eine andere R. einschlagen.

Rou|ti|ne [ru...], die; - [frz. routine, eigtl. = Wegerfahrung, zu: route, ↑Route]: **1. a)** *durch längere Erfahrung erworbene Fähigkeit, eine bestimmte Tätigkeit sehr sicher, schnell u. überlegen auszuführen:* ihm fehlt noch die R.; große, keine R. haben; R. zeigen; etw. mit R. erledigen; über langjährige R. verfügen; **b)** (meist abwertend) *[technisch perfekte] Ausführung einer Tätigkeit, die zur Gewohnheit geworden ist u. jedes Engagement vermissen lässt:* sein Spiel ist in R. erstarrt; etw. ist zur [reinen] R. geworden. **2.** (Seemannsspr.) *Zeiteinteilung für den Dienst an Bord.* **3.** (EDV) *meist kleineres Programm* (4) *od. Teil eines Programms* (4) *mit einer bestimmten, gewöhnlich häufiger benötigten Funktion.*

Rou|ti|ne-: drückt in Bildungen mit Substantiven aus, dass etw. nichts Außergewöhnliches darstellt, sondern reine Routine ist: Routinebesuch, -frage, -maßnahme.

Rou|ti|ne|an|ge|le|gen|heit, die: *nichts Ungewöhnliches darstellende, immer wieder vorkommende, alltägliche Angelegenheit.*

R

Rou|ti|ne|kon|trol|le, die: *regelmäßig durchgeführte Kontrolle ohne besonderen Anlass:* bei einer R. der Polizei wurde der Betrüger gefasst.
rou|ti|ne|mä|ßig ⟨Adj.⟩: *in derselben Art regelmäßig wiederkehrend:* eine -e Überprüfung; jmdn. r. vernehmen.
Rou|ti|ne|un|ter|su|chung, die: vgl. Routinekontrolle.
Rou|ting [ˈruːtɪŋ], das; -s, -s [engl. routing, zu: to route = einen bestimmten Weg nehmen lassen, vgl. ↑Route] (EDV): *das Ermitteln eines geeigneten [besonders günstigen] Wegs für die Übertragung von Daten in einem Netzwerk.*
Rou|ti|ni|er, der; -s, -s [frz. routinier, zu: routine, ↑Routine] (bildungsspr.): *jmd., der auf einem bestimmten Gebiet, in seinem Beruf o. Ä. Routine (1 a) besitzt:* er ist ein R. im internationalen Marketing; unsere Mannschaft stellt eine Mischung aus alten -s und jungen Talenten dar.
rou|ti|niert ⟨Adj.⟩ [frz. routiné, zu älter: routiner = gewöhnen] (bildungsspr.): *mit Routine* (1 a): ein -er Musiker, Politiker, Geschäftsmann; ihr Auftreten ist mir zu r.; r. spielen; eine Arbeit r. erledigen.
Row|dy [ˈraudi], der; -s, -s [...diːs; engl.(-amerik.) rowdy, H. u.] (abwertend): *[jüngerer] Mann, der sich in der Öffentlichkeit flegelhaft aufführt u. gewalttätig wird:* eine Gruppe jugendlicher -s randalierte im Stadion; der R. *(rücksichtslose Fahrer)* hat mir die Vorfahrt genommen; meine -s (fam. scherzh.; *wilden Kinder*) haben ständig Schrammen an den Beinen.
row|dy|haft ⟨Adj.⟩ (abwertend): *in der Art eines Rowdys:* sein -es Auftreten; eine -e Fahrweise; sich r. benehmen.
Row|dy|tum, das; -s (abwertend): *flegelhaftes Benehmen, Gewalttätigkeiten von [jungen] Leuten in der Öffentlichkeit:* die Polizei will künftig noch härter gegen das R. [im Verkehr] durchgreifen.
ro|yal [roaˈjaːl] ⟨Adj.⟩ [frz. royal < lat. regalis, zu: rex, ↑[1]Rex] (selten): **a)** *königlich;* **b)** *royalistisch.*
Ro|yal [ˈrɔɪəl], der; -s, -s ⟨meist Pl.⟩ [engl. royal, zu: royal = königlich < mfrz. roial < lat. regalis, ↑royal] (Jargon): *Mitglied der (englischen) königlichen Familie.*
Ro|ya|lis|mus [roaja...], der; - [frz. royalisme, zu: royal, ↑royal]: *das Eintreten für das Königtum als Staatsform.*
Ro|ya|list [roaja...], der; -en, -en [frz. royaliste, zu: royal, ↑royal]: *jmd., der für das Königtum als Staatsform eintritt.*
Ro|ya|lis|tin, die; -, -nen: w. Form zu ↑Royalist.
ro|ya|lis|tisch [roaja...] ⟨Adj.⟩: *für das Königtum als Staatsform eintretend; königstreu.*
Rp = Rupiah.
Rp. = recipe; Rappen.
RSFSR = Russische Sozialistische Föderative Sowjetrepublik (1918–1991).
RT = Registertonne.
Ru = Ruthenium.
Ru|an|da, -s: Staat in Zentralafrika.
Ru|an|der, der; -s, -: Ew.
Ru|an|de|rin, die; -, -nen: w. Form zu ↑Ruander.
ru|an|disch ⟨Adj.⟩: *Ruanda, die Ruander betreffend; aus Ruanda stammend; von den Ruandern stammend, zu ihnen gehörend.*
ru|ba|to ⟨Adv.⟩ [ital. (tempo) rubato, eigtl. = gestohlen(es Zeitmaß), zu: rubare = stehlen, aus dem Germ.] (Musik): *durch kleine Temposchiebungen zu beleben.*
Ru|ba|to, das; -s, -s u. ...ti (Musik): *rubato gespielte Stelle in einem Musikstück.*
rub|be|lig ⟨Adj.⟩ [zu ↑rubbeln] (landsch., bes. nordd.): *von rauer Oberfläche; uneben; holprig.*
rub|beln ⟨sw. V.; hat⟩ [Intensivbildung zu niederd. rubben = reiben, verw. mit ↑[1]rupfen]: **1.** (landsch., bes. nordd.) *kräftig reiben:* Wäsche [auf dem Waschbrett] r.; sich den Körper mit dem Handtuch r.; ⟨auch o. Akk.-Obj.:⟩ du musst tüchtig r. **2.** *das Feld eines Loses o. Ä. durch Rubbeln (1) freilegen.*
[1]Rub|ber [ˈrabɐ, engl.: ˈrʌbə], der; -s [engl. (India) rubber, zu: to rub = (ab)reiben, (ab)schaben; nach der häufigen Verwendung als Radiergummi]: engl. Bez. für *Kautschuk, Gummi.*
[2]Rub|ber, der; -s, - [engl. rubber, H. u.] (Kartenspiel): *Robber.*
Rüb|chen, das; -s, -: Vkl. zu ↑Rübe (1).
Rü|be, die; -, -n [mhd. rüebe, ahd. ruoba (daneben mhd. rābe, ahd. rāba), verw. mit griech. rháp(h)ys, lat. rapa = Rübe, wahrsch. altes Wanderwort]: **1. a)** *Pflanze mit einer dickfleischigen Pfahlwurzel (die als Gemüse- od. Futterpflanze angebaut wird):* -n pflanzen, [an]bauen, [ver]ziehen, hacken, häufeln, ernten, ausmachen; ***Gelbe R.** (südd.: *Möhre*); **Rote R.** *(Rübe mit einer runden Wurzel u. rotem Fleisch);* **b)** *dickfleischige, kegelförmige, rundliche od. runde Wurzel der Rübe* (1 a): -n [ver]füttern. **2.** (salopp) *Kopf:* die R. einziehen; jmdm. die R. abhacken *(jmdn. enthaupten);* jmdm. eins auf die R. geben; eins auf die R. kriegen; er haute, zog ihm eine Dachlatte über die R. **3.** (landsch. salopp) *Bursche:* na, [du] alte R., wie gehts?; so eine freche R.!
Ru|bel, der; -s, - [russ. rubl', zu: rubit' = (ab)hauen, eigtl. = abgehauenes Stück (eines Silberbarrens)]: *russische Währungseinheit* (1 Rubel = 100 Kopeken; Abk.: Rbl): ***der R. rollt** (ugs.; *es wird viel Geld ausgegeben u. verdient*).
Rü|ben|acker, der: *Acker, auf dem Rüben angebaut werden.*
Rü|ben|ern|te, die: **1.** *das Ernten der Rüben:* mit der R. beginnen. **2.** *Gesamtheit der geernteten Rüben:* die diesjährige R. war gut.
Rü|ben|kraut, das ⟨o. Pl.⟩: **a)** (landsch.) *Sirup* (a); **b)** (österr., bayr.) *besondere Art von Sauerkraut.*
Rü|ben|saft, der (landsch.): *Sirup* (a).
Rü|ben|si|rup, der (landsch.): *Sirup* (a).
Rü|ben|zu|cker, der: *Zucker aus Zuckerrüben.*
Ru|be|o|la, die; - [zu lat. ruber = rot] (Med.): *Röteln.*
rü|ber usw.: ugs. für ↑herüber usw., ↑hinüber usw.
rü|ber|brin|gen ⟨unr. V.; hat⟩ (ugs.): **1.** *herüberbringen, hinüberbringen.* **2.** *(eine Botschaft o. Ä.) erfolgreich vermitteln, bewusst machen:* eine Botschaft, eine Message, politische Inhalte r.
rü|ber|kom|men ⟨st. V.; ist⟩ (ugs.): **1.** *herüberkommen, hinüberkommen.* **2.** *etw. herausrücken* (2 a): er kommt mit dem Geld einfach nicht rüber. **3.** *(von einer Botschaft o. Ä.) erfolgreich vermittelt werden, vom Adressaten verstanden werden:* die Botschaft, Message, die Pointe ist leider nicht rübergekommen.
rü|ber|ma|chen ⟨sw. V.; hat, auch: ist⟩ (landsch.): *an einen Ort jenseits einer Grenze o. Ä. reisen, bes. früher aus der DDR in die Bundesrepublik überwechseln:* sie hatten schon vor dem Mauerbau [in den Westen] rübergemacht.
rü|ber|wach|sen ⟨sw. V.; hat⟩ (ugs.): *herüberreichen:* einen Hunderter r. lassen.
Ru|bi|di|um, das; -s [lat. rubidus = dunkelrot; das Metall hat zwei dunkelrote Spektrallinien] (Chemie): *sehr weiches, silbrig glänzendes Alkalimetall (chemisches Element;* Zeichen: Rb).
Ru|bi|kon: in der Wendung **den R. überschreiten** (bildungsspr.; *einen [strategisch] entscheidenden Schritt tun;* nach dem Grenzfluss Rubikon [lat. Rubico] zwischen Italien u. Gallia cisalpina, mit dessen Überschreitung Cäsar 49 v. Chr. den Bürgerkrieg begann).
Ru|bin, der; -s, -e [mhd. rubīn < mlat. rubinus, zu lat. rubeus = rot]: **1.** (Mineral.) *roter Korund* (wertvoller Edelstein): der R. ist einer der kostbarsten Edelsteine; natürlicher, synthetischer R. **2.** *Stück Rubin (1), aus Rubin (1) bestehender Schmuckstein:* ein dreikarätiger R.; die Uhr hat acht -e (*Lager aus Rubin* 1).
ru|bin|far|ben, ru|bin|far|big ⟨Adj.⟩: vgl. rubinrot.
Ru|bin|glas, das: *rubinrotes* [1]*Glas* (1, 2 a).
ru|bin|rot ⟨Adj.⟩: *von klarem, leuchtendem, tiefem Rot.*
Rüb|kohl, der (schweiz.): *Kohlrabi.*
Ru|brik [auch: ...brɪk], die; -, -en [spätmhd. rubrik(e), urspr. = roter Schreibstoff, dann: rot geschriebene Überschrift (die einzelne Abschnitte trennt), < lat. rubrica (terra) = rote Erde, roter Farbstoff; mit roter Farbe geschriebener Titel eines Gesetzes, zu: ruber = rot] (bildungsspr.): **a)** *Spalte, in die etw. nach einer bestimmten Ordnung [unter einer bestimmten Überschrift] eingetragen wird:* die -en einer Tabelle, einer Zeitung; das Blatt hat eine ständige R. [mit dem Titel] »Der Abgeordnete hat das Wort«; eine R. anlegen; etw. in die letzte R. eintragen; etw. in, unter einer bestimmten R. anführen, verzeichnen, finden; **b)** *Kategorie, in die man jmdn., etw. gedanklich einordnet.*
ru|bri|zie|ren ⟨sw. V.; hat⟩ [1: zu ↑Rubrik; 2: mlat. rubricare = rot schreiben]: **a)** *in eine Rubrik* (1 a), *in Rubriken* (1 a) *einordnen;* **b)** *kategorisieren, klassifizieren.*
Rüb|sa|men, Rüb|sen, der; -s: *dem Raps ähnliche Pflanze, aus deren Samen Öl gewonnen wird.*
Ruch [auch: rʊx], der; -[e]s, Rüche ⟨Pl. selten⟩ [1: mhd. ruch, ↑Geruch; 2: aus dem Niederd. < mniederd. ruchte = Ruf, Leumund] (geh.): **1.** (selten) *Geruch.* **2.** *zweifelhafter Ruf:* im R. der Korruption stehen.
ruch|bar [auch: ˈrʊx...] ⟨Adj.⟩ [älter: ruchtbar, zu ↑Ruch (2)]: in der Verbindung **r. werden** (geh.; *bekannt werden; in die Öffentlichkeit dringen*): die Sache wurde schnell r.; als r. wurde, dass auch er in den Skandal verwickelt war, trat er zurück; **etw. r. machen** (veraltet; *bekannt machen, in die Öffentlichkeit tragen*).
ruch|los [auch: ˈrʊx...] ⟨Adj.⟩ [mhd. ruochelōs = sorglos, unbekümmert, zu: ruoch(e) = Bedacht, Sorgfalt]: *ohne Skrupel, gewissenlos, gemein* (geh.): ein -er Verbrecher, Mörder; eine -e Tat.
Ruch|lo|sig|keit, die; -, -en (geh.): **a)** ⟨o. Pl.⟩ *ruchloses Verhalten;* **b)** *ruchlose Handlung.*
ruck: ↑hau ruck.
Ruck, der; -[e]s, -e [mhd. ruc, ahd. rucch, zu ↑rücken]: *kurze Bewegung, die abrupt, stoßartig einsetzt od. aufhört:* ein R. am Zügel; ein jäher R. mit dem Kopf; plötzlich gab es einen R.; mit einem R. riss ich mich los, hob er die schwere Kiste hoch; ohne den geringsten R. anfahren; Ü einer Sache einen R. geben (selten; *sie vorantreiben*); es gab ihr einen inneren R. *(traf sie innerlich);* wir fuhren in einem R. (ugs.; *ohne Halt*) durch; bei den Wahlen gab es einen R. nach links (ugs.; *einen erheblichen Zuwachs an Stimmen* 6 a *für die linken Parteien*); ***sich** ⟨Dativ⟩ **[innerlich] einen R. geben** (ugs.; *sich überwinden, etw. zu tun, wogegen bestimmte Widerstände bestehen*).
Rück|an|sicht, die: *Hinteransicht.*
Rück|ant|wort, die: **1.** *[schriftliche] Antwort* (a): sie trennte die zur R. bestimmte Kartenhälfte ab. **2.** *bereits bezahltes Telegramm, bereits frankierte Postkarte für eine Antwort.*
Rück|ant|wort|kar|te, Rück|ant|wort|post|karte, die: *[bereits frankierte] Postkarte für eine Antwort.*
ruck|ar|tig ⟨Adj.⟩: **a)** *mit einem Ruck [erfolgend]:* r. bremsen, anhalten; **b)** *kurz, abgesetzt u. ungleichmäßig:* -e Bewegungen.
Rück|bank, die ⟨Pl. ...bänke⟩: *hintere Bank im Auto:* der Rucksack kann auf die R.
Rück|bau, der ⟨o. Pl.⟩ (Fachspr.): *das Zurückbauen.*
rück|bau|en ⟨sw. V.; hat⟩ (Fachspr.): *zurückbauen; durch Baumaßnahmen in einen früheren Zustand bringen:* eine Straße, ein Gebäude, einen begradigten Bachlauf r.
Rück|be|sin|nung, die: *das Sichzurückbesinnen, Wiederaufgreifen:* die R. auf altbewährte Klassiker.
rück|be|züg|lich ⟨Adj.⟩ (Sprachw.): *reflexiv:* das -e Fürwort »sich«; »euch« ist in diesem Satz r. gebraucht.
Rück|bil|dung, die: **1.** (Med., Biol.) **a)** *funktions- od. altersbedingte Rückentwicklung od. Verkümmerung von Organen o. Ä.;* **b)** *das Abklingen von Krankheitserscheinungen.* **2.** (Sprachw.) *Wort, das historisch gesehen aus einem Verb od. Adjektiv abgeleitet ist, aber wegen seiner Kürze den Anschein erweckt, die Grundlage dieses Verbs od. Adjektivs zu sein; retrograde Bildung.*

Rück|blen|de, die (Film): *in einen [Spiel]film eingeblendeter Abschnitt, der ein zur Zeit des dargestellten Handlungsablaufs bereits vergangenes Ereignis, Geschehen wiedergibt.*

Rück|blick, der: *gedankliches Betrachten, Zurückverfolgen von Vergangenem:* ein R. auf die Zwanzigerjahre; R. in die Geschichte halten; * **im/**(seltener:) **in R. auf ...** *(in der nachträglichen Betrachtung von etw. Vergangenem).*

rück|bli|ckend ⟨Adj.⟩: *in nachträglich betrachtender, untersuchender Weise:* diese Taktik muss r. als verfehlt bezeichnet werden.

rück|bu|chen ⟨sw. V.; hat; nur im Inf. u. 2. Part. gebr.⟩ (Kaufmannsspr.): *stornieren* (1).

Rück|bu|chung, die (Kaufmannsspr.): *Stornobuchung.*

rück|da|tie|ren ⟨sw. V.; hat; nur im Inf. u. 2. Part. gebr.⟩: *nachträglich mit einem früheren Datum versehen.*

ru|ckeln ⟨sw. V.; hat⟩ [zu ↑Ruck] (landsch.): **a)** *ein wenig rucken, sich mit leichten Rucken bewegen:* der Wagen, der Zug ruckelt; **b)** *ein wenig rucken, mit leichten Rucken bewegen:* mit dem Stuhl r.; er ruckelte an der Tür.

ru|cken ⟨sw. V.; hat⟩: **a)** *sich mit Rucken bewegen:* die Maschine ruckte und blieb stehen; **b)** *etw. mit einem Ruck, mit Rucken bewegen.*

rü|cken ⟨sw. V.⟩ [mhd. rücken, ahd. rucchen, H. u.]: **1.** ⟨hat⟩ **a)** *etw. [mit einem Ruck, ruckweise] an einen anderen Platz, in eine andere Lage bewegen:* den Tisch an die Wand, nach rechts, unter das Fenster r.; die schwere Kiste ließ sich nicht [von der Stelle] r.; die Vase in der Auslage zur Seite r.; eine Schachfigur zwei Felder nach vorn r.; er rückte die Mütze in die Stirn; Holz r. (Forstw.; *das geschlagene Holz zum Lagerplatz transportieren*); **b)** *etw. durch kurzes Schieben, Ziehen [hin u. her] bewegen:* er rückte nervös an seiner Krawatte, Brille; an dem Zeiger der Uhr r. **2.** *sich [mit einem Ruck, ruckweise] irgendwohin bewegen, sich [sitzenderweise, mit seiner Sitzgelegenheit] an einen anderen Platz bewegen* ⟨ist⟩: er rückte ihm immer näher; sie rückte [auf dem Sofa] in die Ecke; rück doch [mit deinem Stuhl] etwas näher an den Tisch; kannst du ein bisschen [zur Seite, nach links] r.?; der Zeiger rückte auf 12; Ü er ist an seine Stelle gerückt *(er hat seine Stelle, seinen Aufgabenbereich übernommen);* in den Bereich des Möglichen, in den Mittelpunkt r.; sein Vorhaben rückt in weite Ferne *(lässt sich vorläufig nicht realisieren).* **3.** ⟨ist⟩ **a)** (bes. Milit.) *(irgendwohin) ausrücken, ziehen:* ins Feld, an die Front, ins Manöver r; **b)** (landsch.) *irgendwohin ausziehen, wandern:* in die Natur, an einen See r.

Rü|cken, der; -s, - [mhd. rück(e), ruck(e), ahd. rucki, (h)rukki, eigtl. = der Gekrümmte; Krümmung]: **1.** *hintere Seite des Rumpfes beim Menschen zwischen Nacken u. Lenden; obere Seite des Rumpfes bei [Wirbel]tieren:* ein breiter, schmaler, gebeugter, krummer R.; mir tut der R. weh; einen runden R. machen; den R. gerade halten; jmdm. den R. einreiben, massieren; sie drehte, wandte ihm demonstrativ den R. zu; auf dem R. liegen, schwimmen; auf den R. fallen; sie banden ihm die Hände auf den R.; jmdm. auf den R. klopfen; auf dem R. eines Pferdes sitzen; R. an/gegen R. stehen; hinter jmds. R. Schutz suchen; ich sitze lieber mit dem R. gegen die/an der/zur Wand; sie streichelte dem Hund über den R.; den Rucksack vom R. nehmen; solche Reden sind wie ein Dolch in den R. der Partei *(damit schadet man der Partei auf heimtückische Weise);* die Sonne im R. *(hinter sich)* haben; Ü er bemerkte nicht, was in seinem R. *(hinter ihm, ohne sein Wissen)* vor sich ging; sie versucht, mit dem R. an die Wand zu kommen *(eine günstigere Position einzunehmen);* * **der verlängerte R.** (scherzh. verhüll.; *das Gesäß*); **einen breiten R. haben** (↑Buckel 1); **jmdm./jmdn. juckt der R.** (salopp; ↑Fell 1 a); **jmdm. den R. stärken/steifen** *(jmdm. Mut machen, ihn moralisch unterstützen);* **einen krummen R. machen** (↑Buckel 1); **den R. vor jmdm. beugen** (geh.; *jmdm. gegenüber unterwürfig sein*); **jmdm., einer Sache den R. wenden/kehren** *(nichts mehr mit jmdm., einer Sache zu tun haben wollen);* **den R. wenden/kehren** (geh.; *weggehen*): kaum wendet man den R., da wird schon über einen gelästert; **den R. frei haben** *(ungehindert handeln können);* **sich** ⟨Dativ⟩ **den R. freihalten** *(sich in einer bestimmten Sache absichern);* **jmdm. den R. decken/freihalten** *(jmdn. in einer bestimmten Sache absichern);* **fast/beinahe auf den R. fallen** (ugs.; *sehr erstaunt, entsetzt o. Ä. über etw. sein*); **etw. auf dem R. haben** (↑Buckel 1); **auf jmds. R. geht viel** (ugs.; *jmd. kann viel aushalten, viel Kritik vertragen o. Ä.*); **hinter jmds. R.** *(heimlich, ohne jmds. Kenntnis, Wissen);* **jmdn., etw. im R. haben** (ugs.; *durch jmdn., etw. abgesichert sein*); **jmdm. in den R. fallen** *(als bisheriger Verbündeter, Freund o. Ä. völlig überraschend gegen jmdn. Stellung nehmen);* **mit dem R. an der/zur Wand** *(in einer äußerst schwierigen Situation, in einer Lage, in der sich jmd. energisch wehren, verteidigen muss):* mit dem R. an der/zur Wand stehen, kämpfen; **jmdm. läuft es [heiß u. kalt] über den R./den R. herunter** (ugs.; *jmd. erschaudert vor Entsetzen, hat furchtbare Angst*). **2.** *länglicher od. flächiger oberer od. hinterer Teil von etw.:* der R. eines Buches, Messers, Sessels; der R. der Nase, des Fußes; auf dem R. eines Berges entlangwandern; das Haus steht mit dem R. *(der Rückseite)* zum Garten. **3.** ⟨o. Pl.⟩ *Rückenstück eines Schlachttiers.* **4.** ⟨o. Art. u. Pl., nur in Verbindung mit Maßangaben⟩ (Sport) *Rückenschwimmen:* der Sieger über 100 m R. **5.** (Geogr.) *lang gestreckter, abgerundeter Höhenzug.*

Rü|cken|de|ckung, die: **1.** (bes. Milit.) *Deckung* (2) *gegen einen Angriff des Gegners, Feindes von hinten:* einem Stoßtrupp R. geben. **2.** *[ausdrückliche] Absicherung gegen mögliche Kritik, Angriffe, negative Konsequenzen:* jmdm. R. geben; sich bei der Geschäftsleitung R. holen, verschaffen.

Rü|cken|flos|se, die: *Flosse auf dem Rücken eines Fischs.*

rü|cken|frei ⟨Adj.⟩: *(von Kleidern) den Rücken unbedeckt lassend:* ein -es Kleid.

Rü|cken|haar, das ⟨o. Pl.⟩: *Gesamtheit der Haare auf dem Rücken (eines Tiers).*

Rü|cken|krau|len, das: *Kraulen in Rückenlage.*

Rü|cken|la|ge, die: **1.** *Lage auf dem Rücken:* in R. schwimmen, schlafen; sie drehte sich aus der R. auf den Bauch. **2.** (Skisport) *Rücklage* (2).

Rü|cken|leh|ne, die: *Lehne* (1) *für den Rücken:* der Stuhl hat eine verstellbare R.

Rü|cken|mark, das: *im Innern der Wirbelsäule verlaufender, einen Teil des Zentralnervensystems darstellender Nervenstrang.*

Rü|cken|mark|er|kran|kung, die (Med.): *Erkrankung des Rückenmarks.*

Rü|cken|mark|er|wei|chung, die (Med.): *degenerative Veränderung des Rückenmarks; Myelomalazie.*

Rü|cken|mark|quer|schnitt, der: *Querschnitt durch das Rückenmark, des Rückenmarks.*

Rü|cken|mus|ku|la|tur, die: *Gesamtheit der Muskeln im Rücken.*

Rü|cken|plat|te, die: *an der Rückseite von etw. angebrachte, befindliche Platte* (1).

Rü|cken|schmerz, der ⟨meist Pl.⟩: *Schmerz im Bereich des Rückens:* -en haben; sie klagt über R.

Rü|cken|schu|le, die (Med.): *physiotherapeutische Maßnahmen und Anleitung zu einer verbesserten Haltung des Rückens:* eine praktische R.

rü|cken|schwim|men ⟨st. V.; hat/ist; meist nur im Inf. gebr.⟩: *in Rückenlage schwimmen.*

Rü|cken|schwim|men, das; -s: *Schwimmen in Rückenlage.*

Rü|cken|sei|te, die: *Seite, auf der der Rücken ist:* der Käfer ist auf der R. ganz anders gefärbt als auf der Bauchseite.

Rü|cken|stär|kung, die: *Stärkung des Selbstbewusstseins.*

Rü|cken|stück, das: *Fleischstück vom Rücken eines Schlachttieres.*

Rü|cken|trag|korb, der: *Tragkorb, der auf dem Rücken getragen wird.*

Rück|ent|wick|lung, die: *das Sichzurückentwickeln, rückläufige Entwicklung.*

Rü|cken|wind, der: *Wind, der von hinten kommt:* R. haben; die erste Halbzeit mit R. spielen.

Rü|cken|wir|bel, der (seltener): *Brustwirbel.*

rück|er|stat|ten ⟨sw. V.; hat; nur im Inf. u. 2. Part. gebr.⟩: *jmdm. etw. zurückzahlen, zurückgeben:* jmdm. die Reisekosten, Auslagen r.

Rück|er|stat|tung, die: *das Rückerstatten:* die R. von Steuern, Auslagen, Unkosten.

Rück|fahr|kar|te, die: *Fahrkarte, die zur Hin- u. Rückfahrt berechtigt.*

Rück|fahr|schein|wer|fer, der (Kfz-T.): *Scheinwerfer an der Rückseite eines Kraftfahrzeugs, der beim Rückwärtsfahren leuchtet.*

Rück|fahrt, die: *Fahrt, Reise, die vom Ziel zum Ausgangspunkt zurückführt:* die R. hat eine Stunde gedauert; die R. antreten; auf der R.

Rück|fall, der [nach frz. récidive, zu lat. recidivus, ↑rezidiv]: **1.** *erneutes Auftreten einer scheinbar überstandenen Krankheit:* ein schwerer R.; ein R. ist im Befinden des Patienten eingetreten; einen R. befürchten, bekommen, erleiden. **2.** *das Zurückfallen in einen früheren, schlechteren Zustand:* ein R. in alte Fehler, in die Kriminalität; das bedeutet den R. in die Barbarei. **3.** (Rechtsspr.) *erneutes Begehen einer bereits begangenen u. abgebüßten Straftat:* Diebstahl im R.

rück|fäl|lig ⟨Adj.⟩ [nach lat. recidivus, ↑rezidiv]: **1.** *(von einer Krankheit) [nicht überwunden, sondern] erneut auftretend.* **2.** *etw. scheinbar Überwundenes erneut praktizierend:* sie wurde r. und fing wieder an zu rauchen. **3.** (Rechtsspr.) *erneut, wiederholt straffällig:* ein -er Betrüger; sie wurde in kurzer Zeit wieder r.

Rück|fall|tat, die: *Tat, mit der jmd. als Straftäter rückfällig wird.*

Rück|fens|ter, das: *Heckfenster.*

Rück|flug, der: vgl. Rückfahrt.

Rück|fluss, der: **1.** *das Zurückfließen:* der R. des Blutes [zum Herzen]; Ü der R. der Urlauber führte vielerorts zu einer Überlastung der Fernstraßen. **2.** (Wirtsch.) *das Zurückfließen von Geldern, Kapital, Aufwendungen o. Ä.:* den R. der Petrodollars stoppen.

Rück|for|de|rung, die (Wirtsch.): *Aufforderung zur Rückgabe von Waren, Geld, Kapital o. Ä.*

Rück|fracht, die (Wirtsch.): *bei der Rückfahrt, beim Rückflug beförderte Fracht.*

Rück|fra|ge, die: *erneute, wiederholte Anfrage zur Klärung bestimmter Einzelheiten, die eine bereits besprochene Angelegenheit betreffen:* nach telefonischer R. konnte der strittige Punkt geklärt werden.

rück|fra|gen ⟨sw. V.; hat; nur im Inf. u. 2. Part. gebr.⟩: *eine Rückfrage stellen:* ich werde vorsichtshalber lieber noch einmal r.; bei jmdm. r.

Rück|front, die: *Rückseite eines Gebäudes o. Ä.*

rück|führ|bar ⟨Adj.⟩: *sich zurückführen* (1, 3, 4) *lassend.*

Rück|füh|rung, die: **1.** *das Zurückführen:* die R. der Truppen anordnen. **2.** (Völkerr.) *das Zurückkehrenlassen von Kriegs- od. Zivilgefangenen in ihr Land; Repatriierung.*

Rück|ga|be, die ⟨Pl. selten⟩: **1.** *das Zurückgeben von etw.:* bei verspäteter R. [der Bücher] erhebt die Bibliothek eine Säumnisgebühr; gegen R. der Eintrittskarte; mit der Bitte um schnelle R.; jmdn. zur sofortigen R. von etw. auffordern. **2.** (Sport, bes. Fußball) *das Zurückspielen des Balles [zum eigenen Torwart].*

Rück|ga|be|recht, das ⟨o. Pl.⟩: *Recht, etw. (z. B. eine gekaufte, gelieferte Ware) zurückzugeben:* die Kundin machte von ihrem R. Gebrauch.

Rück|gang, der: *Verminderung, Abnahme von etw.:* einen merklichen R. an Besuchern, Geburten, Krankheiten, Unfällen zu verzeichnen haben; die Kriminalität ist im R. begriffen.

rück|gän|gig ⟨Adj.⟩: **1.** *im Rückgang begriffen:* -e

Tierarten. **2.** * **etw. r. machen** *(etw., was bereits beschlossen, eingetreten ist, annullieren, für aufgehoben, ungültig erklären):* einen Beschluss, eine Vereinbarung, einen Kauf r. machen; sie haben die Verlobung r. gemacht.

ück|ge|bil|det ⟨Adj.⟩: **1.** (Med., Biol.) *zurückgebildet:* ein -es Organ. **2.** (Sprachw.) *als Rückbildung (2) gebildet, retrograd (2).*

ück|ge|win|nung, die: **1.** *das Zurückgewinnen (1):* die R. verlorener Gebiete, von Wählerstimmen. **2.** *das Zurückgewinnen (2):* die R. von Rohstoffen, Metallen, Chemikalien, Lösungsmitteln, Energie; ein Verfahren zur R. des in Fotolabors anfallenden Silbers.

ück|grat, das [15. Jh.; vgl. Grat]: *Wirbelsäule:* das R. muss durch die Lehne gestützt werden; sich das R. verletzen, brechen; Ü ein Mensch ohne R. *(ein Mensch, der nicht den Mut hat, seine Überzeugung offen zu vertreten);* * **jmdm. das R. brechen** (ugs.; 1. *auf jmdn. in einer Weise Druck ausüben, dass er seinen eigenen Willen aufgibt u. sich unterwirft; jmdm. die Widerstandskraft nehmen.* 2. *jmdn. ruinieren*); **jmdm. das R. stärken** *(jmdm. durch Unterstützung seiner Auffassung, Position o. Ä. zeigen, dass er auf seiner Seite steht);* **R. zeigen/haben** *(offen zu seiner Auffassung, Überzeugung stehen, nicht bereit sein, sich entgegen seiner eigenen Auffassung, Überzeugung bestimmten Meinungen, Anweisungen zu unterwerfen).*

ück|grat|ver|krüm|mung, die (Med.): *krankhafte Verbiegung der Wirbelsäule.*

ück|griff, der: **1.** (Rechtsspr.) *Regress.* **2.** *das Wiederaufgreifen bestimmter Ideen, Vorstellungen, Erscheinungen o. Ä.:* -e auf die Klassik.

ück|haft ⟨Adj.⟩: *ruckartig.*

ück|halt, der ⟨Pl. selten⟩: **1.** *fester Halt:* moralischen R. brauchen; finanziellen, wirtschaftlichen R. suchen, finden; sie hat an ihren Nachbarinnen einen festen R.; die Partei verlor ihren R. in der Arbeiterbewegung. **2.** * **ohne R.** *(rückhaltlos):* sich ohne R. zu etw. bekennen.

ück|halt|los ⟨Adj.⟩: *[ganz offen u.] ohne jeden Vorbehalt:* -e Kritik; mit -er Offenheit; einen -en Kampf führen; mit ihm kann man r. über alles sprechen; jmdm. r. vertrauen.

Rück|halt|lo|sig|keit, die; -: *das Rückhaltlossein.*

Rück|hand, die ⟨o. Pl.⟩ (Sport, bes. [Tisch]tennis): **a)** *Seite des Schlägers, mit der der Ball geschlagen wird, wenn der Rücken der den Schläger führenden Hand in die Richtung des Schlags weist:* einen Ball [mit der] R. spielen; einen Ball mit der R. annehmen, zurückschlagen; **b)** *Schlag mit der Rückhand:* eine gute, gefürchtete R. haben; sie hat keine R.; die R. *(der mit der Rückhand geschlagene Ball)* ging ins Netz, landete im Aus; eine R. ins Netz setzen.

Rück|kauf, der: **1.** (Kaufmannsspr.) *Wiederkauf.* **2.** (Versicherungsw.) *(bei der Lebensversicherung) Abfindung des Versicherungsnehmers bei der vorzeitigen Auflösung des Versicherungsvertrags.*

Rück|kaufs|recht, das (Kaufmannsspr.): *Wiederkaufsrecht.*

Rück|kehr, die; -: *das Zurückkommen nach längerer Abwesenheit:* eine glückliche, unerwartete R. in die Heimat; die R. der Kriegsgefangenen erwirken; bei, nach, vor ihrer R. aus dem Urlaub; jmdn. zur R. bewegen; Ü die R. zu alten Gewohnheiten; er denkt an eine R. ins politische Leben.

Rück|keh|rer, der; -s, -: *jmd., der nach längerer Zeit [in sein Land] zurückkehrt.*

Rück|keh|re|rin, die; -, -nen: w. Form zu ↑Rückkehrer.

rück|kop|peln ⟨sw. V.; hat⟩ (Kybernetik, Elektrot.): *eine Rückkopplung bewirken.*

Rück|kop|pe|lung, Rück|kopp|lung, die: **1. a)** (Kybernetik) *Feedback (1);* **b)** (bes. Fachspr.) *Feedback (2).* **2.** (Elektrot.) *Rückführung eines Teils der von einer Verstärkeranlage abgegebenen Energie auf die Anlage selbst (die in einem angeschlossenen Lautsprecher einen schrillen Ton erzeugen kann).*

Rück|kreu|zung, die (Biol.): *Kreuzung eines mischerbigen Individuums mit einem Typ der Elterngeneration.*

Rück|kunft, die; - (geh.): *das Zurückkommen; Rückkehr.*

Rück|la|ge, die: **1. a)** *[gespartes] Geld, das zur Sicherheit, für den Notfall zurückgelegt wird:* eine kleine R. auf der Sparkasse haben; das Geld stammt aus -n; **b)** (Wirtsch.) *Kapital, das in Betrieben in Reserve gehalten wird; Reservefonds, -kapital:* eine gesetzliche, freie R.; offene *(in der Bilanz ausgewiesene)* -n. **2.** (Skisport) *Haltung, bei der das Körpergewicht durch Neigen des Körpers nach hinten auf die Enden der Skier verlagert wird.*

Rück|lauf, der: **1.** *das Zurücklaufen o. Ä. in Richtung des Ausgangspunktes:* der R. des Wassers, der Maschine. **2.** *Eingang von Antworten auf eine Befragung.*

rück|läu|fig ⟨Adj.⟩: **1. a)** *rückgängig (1):* eine -e [Preis]entwicklung; die Quote, die Inflation[srate], die Produktion ist r.; die Unfallzahlen sind r.; **b)** *in Richtung des Ausgangspunktes verlaufend, führend:* eine -e Bewegung, Entwicklung; ein -er Prozess; in dem Film werden die Ereignisse r. aufgerollt; Ü ein -es (Sprachw.; *vom Ende eines Wortes her alphabetisiertes)* Wörterbuch. **2.** (Astron.) *(von Planeten) eine Bahn von Ost nach West beschreibend; retrograd (2).*

Rück|leuch|te, die, **Rück|licht,** das ⟨Pl. -er⟩: *rot leuchtende Lampe, die hinten an Fahrzeugen angebracht ist.*

rück|lings ⟨Adv.⟩ [mhd. rückelinges, -lingen, ahd. ruchilingun]: **1. a)** *mit dem Rücken (1):* r. am Tisch lehnen; **b)** *auf den, dem Rücken; nach hinten; hinten:* r. liegen, hinfallen; **2.** *von hinten:* jmdn r. niederstechen. **3.** *mit dem Rücken nach vorn:* er saß r. auf dem Pferd.

Rück|marsch, der: **1.** *das Zurückmarschieren:* der R. dauerte zwei Stunden; den R. antreten. **2.** *Rückzug:* die Truppen traten den R. an, waren auf dem R.

Rück|mel|dung, die: **1.** *das [Sich]zurückmelden.* **2.** (bes. Fachspr.) *Feedback (2):* in einem Seminar ist es besonders wichtig, auf die -en der Teilnehmenden zu achten.

Rück|nah|me, die; -, -n ⟨Pl. selten⟩ [zum 2. Bestandteil vgl. Abnahme]: *das Zurücknehmen:* unter bestimmten Umständen ist der Verkäufer zur R. der Ware verpflichtet.

Rück|pass, der (Ballspiele, Eishockey): *Pass, der in die eigene Spielfeldhälfte zurückgespielt wird.*

Rück|por|to, das: *Porto, das einem Schreiben für die Rückantwort beigelegt ist.*

Rück|prall, der: *das Zurückprallen:* der R. des Balls.

Rück|rei|se, die: vgl. Rückfahrt.

Rück|ruf, der: **1.** *Telefongespräch als Antwort auf ein [kurz] zuvor geführtes Telefongespräch:* ich warte auf deinen R. **2.** (Rechtsspr.) *Rücknahme des Nutzungsrechts (im Urheberrecht).* **3.** *Aufruf (2) eines Herstellers, ein Produkt zurückzugeben.*

Rück|run|de, die (Sport): vgl. Rückspiel.

Ruck|sack, der [aus dem Oberd., schweiz. ruggsack, zu mhd. ruck(e) = Rücken]: *sackartiger Behälter mit zwei daran befestigten breiteren Riemen, der auf dem Rücken getragen wird:* den R. packen, umhängen, umschnallen, ablegen; etw. im R. verstauen; Ü ein R. voll *(viele)* Sorgen.

Ruck|sack|tou|rism|us, der: *durch Rucksacktouristen geprägter Tourismus.*

Ruck|sack|tou|rist, der: *jmd., der auf einer Urlaubsreise einen Rucksack und entsprechende Ausrüstung mit sich führt, um vom allgemeinen Tourismus weitgehend unabhängig zu sein und nicht viel Geld ausgeben zu müssen.*

Ruck|sack|tou|ris|tin, die: w. Form zu ↑Rucksacktourist.

Rück|schau, die: vgl. Rückblick: R. [auf die letzten Jahre] halten; etw. aus der R. sehen.

rück|schau|end ⟨Adj.⟩: vgl. rückblickend.

Rück|schein, der (Postw.): *Bescheinigung, die jmd. bei Empfang eines Einschreibens, Paketes o. Ä. als Bestätigung für den Absender unterschreibt:* etw. als Einschreiben mit R. schicken.

Rück|schlag, der: **1.** *plötzliche Verschlechterung, die nach einer Phase des Vorankommens [unerwartet] eintritt:* in seinem Leben gab es immer wieder Rückschläge; nach verheißungsvollem Anfang trat ein schwerer R. ein; einen R. erleben, überwinden. **2.** (Sport) *das Zurückschlagen des Balles in die gegnerische Spielfeldhälfte, Return.* **3.** (Technik) *Rückstoß.*

Rück|schluss, der ⟨meist Pl.⟩: *aus einem bestimmten Sachverhalt abgeleitete logische Folgerung, aus der sich Erkenntnisse über einen anderen Sachverhalt gewinnen lassen:* seine Rückschlüsse sind nicht zwingend; diese Anhaltspunkte erlauben keine Rückschlüsse, lassen allerhand Rückschlüsse zu.

Rück|schritt, der: *Entwicklung, die zu einem schlechteren, längst überwundenen Zustand führt; das Zurückfallen auf eine niedrigere Stufe der Entwicklung:* eine solche Entscheidung würde einen R. bedeuten.

rück|schritt|lich ⟨Adj.⟩: **a)** *gegen den Fortschritt gerichtet; reaktionär:* ein -er Politiker; r. [eingestellt] sein; **b)** *einen Rückschritt ausdrückend:* eine -e Betriebsverfassung.

Rück|schritt|lich|keit, die; -: *rückschrittliche Art, rückschrittliches Denken, Handeln.*

Rück|sei|te, die: *hintere, rückwärtige Seite von etw.:* die Antennenbuchse an der R. des Geräts; die Gummierung auf der R. der Briefmarke; die Blätter sollen auf der R. nicht beschrieben werden; die auf der R. des Tiefdruckgebiets nachströmende Kaltluft; so sieht das Haus von der R. aus.

rück|sei|tig ⟨Adj.⟩: *auf der Rückseite befindlich, angebracht:* der -e Eingang.

ruck|sen ⟨sw. V.; hat⟩ [lautm.] (landsch.): *gurren.*

Rück|sen|dung, die: *das Zurücksenden:* gegen R. der beiliegenden Karte erhalten Sie ausführliches Informationsmaterial.

Rück|sicht, die [LÜ von lat. respectus, ↑Respekt]: **1.** ⟨meist Sg.⟩ *Verhalten, das die besonderen Gefühle, Interessen, Bedürfnisse, die besondere Situation anderer berücksichtigt, feinfühlig beachtet:* keine R. kennen, verlangen; jmdm. R. schulden; keinerlei R. gegenüber jmdm. üben; du brauchst keine R. auf mich, auf meinen Zustand zu nehmen; die Entscheidung wird sicher nicht von allen begrüßt werden, aber darauf kann ich leider keine R. nehmen *(davon kann ich mich nicht beeinflussen lassen);* die Strafe wurde mit R. auf gewisse mildernde Umstände *(wegen gewisser mildernder Umstände)* zur Bewährung ausgesetzt; * **ohne R. auf Verluste** (ugs.; *Verlust, Schaden, Nachteile für sich selbst u. andere in Kauf nehmend; rücksichtslos*). **2.** ⟨Pl.⟩ *Gründe, Überlegungen, die Ausdruck bestimmter Umstände sind:* gesellschaftliche, finanzielle -en bewogen ihn, so zu handeln. **3.** ⟨o. Pl.⟩ *Sicht nach hinten (durch das Rückfenster eines Autos):* eine beheizbare Heckscheibe sorgt auch im Winter immer für gute R.

Rück|sicht|nah|me, die; - [zum 2. Bestandteil vgl. Abnahme]: *das Rücksichtnehmen; Berücksichtigung bestimmter Gefühle, Interessen, Umstände:* verständnisvolle R.; im Straßenverkehr ist gegenseitige R. notwendig; ich erwarte deshalb keine besondere R.

rück|sichts|los ⟨Adj.⟩ (abwertend): **a)** *keine Rücksicht (1) auf jmdn., etw. nehmend; ohne Rücksichtnahme:* ein -er Autofahrer, Bursche; -es Verhalten; -er Raubbau; -e Machtpolitik betreiben; er konnte furchtbar r. [gegen sie/ihr gegenüber] sein; er hat sich r. vorgedrängelt; obwohl die Art vom Aussterben bedroht ist, werden die Tiere von Wilderern r. abgeknallt; **b)** *schonungslos:* eine -e Kritik; ein -er Kampf.

Rück|sichts|lo|sig|keit, die; -, -en: **1.** ⟨o. Pl.⟩ *das Rücksichtslossein, Missachtung der Gefühle, Interessen o. Ä. anderer:* ich weiß nicht, ob es aus Schusseligkeit oder aus R. war, aber er hat

R

mich beim Überholen ganz übel geschnitten; er fuhr mit äußerster R. 2. *rücksichtslose Handlung:* das ist eine grobe R. von ihm; solche -en müssten viel konsequenter geahndet werden.

rück|sichts|voll ⟨Adj.⟩: *in taktvoller, schonender Art u. Weise:* -e Nachbarn; jmdn. r. behandeln; r. gegen jmdn., jmdm. gegenüber sein.

Rück|sitz, der: *hinterer Sitz[platz] eines [Kraft]fahrzeugs:* Kinder gehören auf den R.

Rück|spie|gel, der: *kleiner Spiegel an, in einem Kraftfahrzeug, durch den der Fahrer die rückwärtige Fahrbahn u. den rückwärtigen Verkehr beobachten kann:* der R. ist verstellt; den R. richtig einstellen; in den R. sehen; ich habe die Kollision im R. beobachtet.

Rück|spiel, das (Sport): 1. *zweites von zwei festgesetzten, vereinbarten Spielen zwischen den gleichen Mannschaften.* 2. (Ballspiele) *Rückpass.*

Rück|spra|che, die: *Besprechung über Fragen, Angelegenheiten, die noch nicht geklärt sind:* nach [nochmaliger] R. mit Frau N. teile ich Ihnen dies heute mit; jmdn. um eine persönliche R. bitten; * **mit jmdm. R. nehmen, halten** *(Fragen, Angelegenheiten, die noch nicht geklärt sind, mit jmdm. besprechen).*

rück|spu|len ⟨sw. V.; hat; nur im Inf. u. 2. Part. gebr.⟩: *zurückspulen.*

Rück|stand, der: 1. *etw., was von einem Stoff bei dessen Bearbeitung, Verarbeitung, Verwendung übrig bleibt; Rest:* ein chemischer R.; der R. einer Verbrennung; die Babynahrung enthielt Rückstände von Schädlingsbekämpfungsmitteln. 2. ⟨meist Pl.⟩ *Rechnungsbetrag, der bereits fällig, aber noch nicht bezahlt ist; noch ausstehende Geldsumme einer zu leistenden Zahlung:* ein R. in der Miete; ein R. von zwei Monatsraten; Rückstände eintreiben, bezahlen. 3. *das Zurückbleiben hinter einer Verpflichtung, einer bestimmten Norm:* der R. in der Produktion muss aufgeholt werden; er ist mit der Arbeit, mit den Ratenzahlungen im R.; sie sind mit der Miete, den Ratenzahlungen in R. geraten. 4. (Sport) *Abstand, mit dem jmd. hinter der Leistung seines Konkurrenten, seines Gegners zurückbleibt:* der R. des Hauptfeldes auf die Spitzengruppe betrug 2 Minuten, wuchs auf 7 Minuten an; den R. verkleinern, aufholen; in R. kommen, geraten; er schob sich mit einer Zehntelsekunde R. auf den zweiten Platz.

rück|stand|frei, rück|stands|frei ⟨Adj.⟩: *frei von Rückständen* (1), *ohne Rückstände* (1) *[zu hinterlassen]:* obwohl die Reben gespritzt werden, ist der Wein [praktisch] r.; r. verbrennen.

rück|stän|dig ⟨Adj.⟩: 1. *in der Entwicklung eine bestimmte Norm nicht erfüllend:* ein -es Agrarland. 2. *rückschrittlich:* -es Denken; r. sein.

Rück|stän|dig|keit, die; -, -en: *das Rückständigsein.*

rück|stands|frei: ↑rückstandfrei.

Rück|stau, der: a) (Technik) *Stau, durch den ein Zurückfließen* (1) *bewirkt wird:* durch den R. des Flusses im Mündungsgebiet kam es talaufwärts zu Überschwemmungen; b) *Stau, durch den sich eine lange Schlange von Fahrzeugen bildet:* bei R. nicht in die Kreuzung einfahren!

Rück|stel|lung, die: 1. ⟨meist Pl.⟩ (Wirtsch.) *Posten, der in der Bilanz als zu erwartende, in der Höhe noch unbestimmte Ausgabe ausgewiesen ist:* -en für Alterssicherung. 2. *das Zurückstellen:* die R. vom Examen beantragen; es wurde die R. des Projekts um ein Jahr gefordert.

Rück|stoß, der: 1. (Physik) *Antriebskraft, die dadurch entsteht, dass ein Körper Masse* (5), *bes. Brennstoff, Gas, Strahlen o. Ä., abstößt, wodurch eine Kraft freigesetzt wird, die rückwirkend auf den abstoßenden Körper als antreibende Kraft einwirkt (z. B. bei Raketen).* 2. *durch Rückstoß* (1) *ausgelöster [heftiger] Stoß nach rückwärts beim Abfeuern einer Schusswaffe o. Ä.:* das Gewehr hat einen starken R.

Rück|strah|ler, der: 1. *bes. im Straßenverkehr (u. a. an Fahrzeugen) als Warnsignal verwendete Vorrichtung, durch die einfallendes Licht zurückgeworfen wird:* Fahrräder müssen vorn einen weißen und hinten einen roten R. haben. 2. *Vorrichtung, die einfallende Funkwellen zurückwirft.*

Rück|stu|fung, die: *Zurückstufung:* eine R. [eines Mitarbeiters] in eine niedrigere Lohngruppe ist normalerweise nicht möglich.

Rück|trans|port, der: *das Zurücktransportieren.*

Rück|tritt, der: 1. *das Zurücktreten, Niederlegen eines Amtes (bes. von Mitgliedern einer Regierung):* der R. des Kabinetts; seinen R. anbieten; jmdn. zum R. veranlassen, auffordern; jmds. R. fordern; der Minister nahm seinen R. (veraltend; *trat zurück*). 2. (Rechtsspr.) *das Zurücktreten von einem Vertrag.* 3. *Rücktrittbremse:* das Rad hat keinen R.; mit dem R. bremsen.

Rück|tritt|brem|se, die: *Bremse an Zweirädern, bes. Fahrrädern, die durch Zurücktreten der Pedale betätigt wird.*

Rück|tritts|er|klä|rung, die: *Erklärung, durch die jmd. seinen Rücktritt vollzieht u. mitteilt.*

Rück|tritts|frist, die (Rechtsspr.): *Frist, innerhalb deren ein Rücktritt* (2) *möglich ist.*

rück|über|set|zen ⟨sw. V.; hat⟩: *(einen übersetzten Text) wieder in die Sprache des Originals übersetzen.*

Rück|um|schlag, der: *für die Rückantwort* (1) *vorgesehener [adressierter u. frankierter] Briefumschlag:* einen frankierten R. beilegen.

rück|ver|gü|ten ⟨sw. V.; hat⟩ (Wirtsch.): *eine Rückvergütung* (1 b, 2) *zahlen.*

Rück|ver|gü|tung, die: 1. (Wirtsch.) a) *das Auszahlen eines Teils einer bereits gezahlten Summe als Rabatt od. Gewinnbeteiligung:* eine R. vornehmen; b) *der als Rückvergütung* (1 a) *gezahlte Betrag:* die R. überweisen. 2. (Versicherungsw.) *Beitragsrückerstattung.*

rück|ver|si|chern ⟨sw. V.; hat⟩: 1. ⟨r. + sich⟩ *sich [übervorsichtig, überängstlich] nach verschiedenen Seiten hin od. bei einer [übergeordneten] Stelle, Person absichern.* 2. (Versicherungsw.) *(als Versicherungsgesellschaft) eine andere Versicherungsgesellschaft gegen bestimmte Risiken, eventuelle Zahlungsschwierigkeiten finanziell absichern.*

Rück|ver|si|che|rung, die: *das Rückversichern.*

Rück|wand, die: *hintere Wand:* die R. des Hauses, des Fernsehgeräts, des Schranks, des Regals.

rück|wär|tig ⟨Adj.⟩: *hinten, hinter jmdm., einer Sache befindlich, im Rücken von jmdm., etw. befindlich:* auf den -en Verkehr achten.

rück|wärts ⟨Adv.⟩ [↑-wärts]: 1. a) *nach hinten:* ein Blick r.; eine Rolle r. machen; den Blick r. gewandt, ging er langsam davon; * **mit jmdm., etw. geht es r.** (ugs.; *jmds. [gesundheitliche] Situation, etwas verschlechtert sich*); b) *mit dem Rücken, der Rückseite voran:* r. gehen, fahren; [den Wagen] r. einparken. 2. a) *in Richtung des Ausgangspunkts, von hinten nach vorn:* den Film r. laufen lassen; ein Wort r. lesen; b) *in die Vergangenheit zurück:* eine r. gerichtete, gewandte, orientierte Politik. 3. (südd., österr.) *hinten:* r. am Haus; von r. kommen; r. *(hinten)* einsteigen! 4. (ugs.) *zurück, auf dem Rückweg:* r. fahren wir über Mainz, besuchen wir Freunde in Frankfurt.

Rück|wärts|be|we|gung, die: *rückwärts verlaufende, gerichtete Bewegung.*

Rück|wärts|drall, der: *rückwärts gerichteter Drall.*

Rück|wärts|dre|hung, die: vgl. Rückwärtsbewegung.

Rück|wärts|gang, der: 1. (Technik) [1]*Gang* (6 a) *eines Motorfahrzeugs für das Rückwärtsfahren:* im R. fahren; Ü am besten, wir legen schnell den R. ein (ugs. scherzh.; *verschwinden schnell*). 2. *das Gehen mit dem Rücken voran.*

rück|wärts ge|hen: s. rückwärts (1).

rück|wärts ge|wandt: s. rückwärts (1 a, 2 b).

Rück|wech|sel, der (Bankw.): *Wechsel, durch den jmd., der über mehrere Empfänger einen vom Aussteller nicht bezahlten Wechsel erhalten hat, einen der vorigen Empfänger auffordert, den fälligen Betrag zu zahlen; Rikambio.*

Rück|weg, der: vgl. Rückfahrt: den R. antreten; jmdm. den R. abschneiden, versperren; sich auf den R. machen; auf dem R. besuchen wir ihn.

ruck|wei|se ⟨Adv.⟩: *in Rucken:* etw. r. hochziehen, bewegen; ⟨mit Verbalsubstantiven auch attr.:⟩ eine r. Bewegung; R bei dir kommts wohl r. (landsch.; *du bist wohl nicht recht bei Verstand*).

Rück|wen|dung, die: *erneute Orientierung an einer Person, einer geistigen, ideologischen o. ä. Strömung, Bewegung:* die R. des europäischen Katholizismus nach Rom.

rück|wir|kend ⟨Adj.⟩: 1. *von einem bestimmten vergangenen Zeitpunkt an [gültig]:* die Lohnerhöhung gilt r. vom 1. März. 2. *Rückwirkung* (1) *ausübend:* eine -e Kraft.

Rück|wir|kung, die: 1. *Wirkung, die durch jmdn. od. etw. ausgelöst wird u. auf diese Person od. Sache zurückwirkt:* wechselseitige -en. 2. *rückwirkende* (1) *Gültigkeit:* dieses Gesetz hat keine R.; mit R. (*rückwirkend* 1).

Rück|zah|lung, die: vgl. Rückerstattung.

Rück|zah|lungs|be|din|gung, die ⟨meist Pl.⟩: *die Rückzahlung eines Kredits o. Ä. regelnde Bedingung:* im Moment gibt es günstige -en für Kredite.

Rück|zie|her, der; -s, -: 1. (ugs.) *das Zurückziehen von [angekündigten] Versprechungen, Forderungen, Behauptungen od. das Zurückweichen vor deren Konsequenzen:* er hat den R. schon wieder bereut; * **einen R. machen** (ugs.; *[einlenkend] zurückstecken* 3). 2. (Fußball) *über den eigenen Kopf rückwärts gespielter Ball.*

ruck, zuck (ugs.): *schnell [u. mühelos], im Handumdrehen:* das geht r., z.

Rück|zug, der: *(bes. von Truppen o. Ä.) das Sichzurückziehen [vor einem überlegenen Gegner, Feind]:* ein geordneter, planmäßiger, überstürzter R.; den R. der Truppen befehlen; den R. antreten, decken, sichern; einer Armee den R. abschneiden; auf dem R. sein; jmdn. zum R. zwingen; Ü ein R. in die private Sphäre.

Rück|zugs|ge|biet, das: a) (Völkerk.) *Gebiet mit ungünstigen Lebensbedingungen, in das Völker von erobernden Völkern abgedrängt wurden;* b) (Biol.) *Refugialgebiet.*

Rück|zugs|ge|fecht, das: *Kampfhandlung zur Sicherung des Rückzugs:* erbitterte -e; Truppenteile in -e verwickeln.

Ru|co|la, (auch:) Rukola [ital. (mundartl.) rucola, rugola, Vkl. von: ruca, ↑Rauke]: 1. ⟨die; -:⟩ *einjährige Krautpflanze, deren gefiederte Blätter als Salat gegessen werden; Rauke.* 2. ⟨der; -:⟩ *als Salat oder Gemüse gegessene Blätter der Rucola.*

rü|de, (österr. meist:) rüd ⟨Adj.⟩ [frz. rude < lat. rudis = roh] (abwertend): *von grober, ungehobelter Art; (im Benehmen, Umgang mit anderen) rücksichtslos u. gefühllos:* ein -s Benehmen; ein -r Geselle, Kerl; sein Ton war ausgesprochen, sehr r.

Rü|de, der; -n, -n [mhd. rü(e)de, ahd. rudio, H. u.]: 1. *(von Hunden, anderen Hundeartigen u. Mardern) männliches Tier:* ist es ein R.? 2. (Jägerspr.) *Hetzhund, der bes. auf Sauen gehetzt wird.*

Ru|del, das; -s, - [17. Jh., H. u.]: *Gruppe wild lebender Säugetiere der gleichen Art [die sich für eine bestimmte Zeit zusammengeschlossen haben]:* ein starkes R.; ein R. Hirsche/von Hirschen; ein R. Gämsen; im R. auftreten; Wölfe jagen im R./in -n; Ü die Ausstellungsbesucher kamen in [ganzen] -n.

ru|del|wei|se ⟨Adv.⟩: *in Rudeln:* die Wapiti treten meist r. auf; Ü die Kampfbomber griffen r. an.

Ru|der, das; -s, - [mhd. ruoder, ahd. ruodar, zu einem Verb mit der Bed. »rudern« u. eigtl. = Gerät, mit dem man rudert]: 1. *zum Fortbewegen eines Ruderbootes dienende längere Stange, die an dem ins Wasser zu tauchenden Ende in ein leicht gewölbtes, breiteres Blatt ausläuft:* die R. auslegen, eintauchen, durchziehen, streichen *(gegen die Fahrtrichtung stemmen, um zu bremsen od. zu wenden),* ausheben *(aus dem Wasser heben),* einziehen; * **sich in die R. legen** (1. *kräf-*

tig rudern: er musste sich kräftig in die R. legen, um gegen die Strömung anzukommen. 2. ugs.; *eine Arbeit o. Ä. mit Energie in Angriff nehmen u. durchführen).* **2.** *Vorrichtung zum Steuern eines Schiffes mit einem meist senkrecht unten am Heck angebrachten Ruderblatt; Steuerruder:* das R. führen *(das Schiff steuern);* R. legen (Seemannsspr.; *das Ruder mithilfe der Ruderpinne od. des Steuerrads in eine bestimmte Richtung drehen*); das R. herumwerfen; das R. *(die Steuerung des Schiffes)* übernehmen; am R. stehen, sitzen *(das Schiff steuern);* das Schiff läuft aus dem R. (Seemannsspr.; *gehorcht ihm nicht u. kommt vom Kurs ab*); Ü die Regierungspartei sah sich gezwungen, das R. herumzuwerfen *(ihren politischen Kurs zu ändern);* * **ans R. kommen/gelangen** (ugs.; *bes. im politischen Bereich die Führung erlangen*): er ist durch einen Putsch ans R. gekommen; **am R. sein/bleiben** (ugs.; *bes. im politischen Bereich die Führung innehaben, behalten*): dort sind immer noch die Kommunisten am R.; **aus dem R. laufen** *(außer Kontrolle geraten, eine unerwünschte Entwicklung nehmen).* **3.** (Flugw.) **a)** kurz für ↑Höhenruder; **b)** kurz für ↑Querruder; **c)** kurz für ↑Seitenruder.

Ru|der|bank, die (Pl. ...bänke): vgl. Rudersitz: die Galeerensträflinge wurden an die Ruderbänke gekettet.

Ru|der|blatt, das: **1.** *Blatt des Ruders* (1). **2.** *um einen senkrechten Schaft drehbare (hölzerne od. stählerne) Platte eines Ruders* (2).

Ru|der|boot, das: *Boot, das mit Rudern* (1) *fortbewegt wird.*

Ru|der|club ↑Ruderklub.

Ru|de|rer, Rudrer, der; -s, - [mhd. ruoderære]: *jmd., der rudert, Rudern als sportliche Disziplin betreibt:* ein einsamer R.; die deutschen R. haben drei Medaillen gewonnen.

Ru|der|fü|ßer, der (Zool.): *Wasservogel, bei dem alle vier Zehen des Fußes durch Schwimmhäute verbunden sind* (z. B. Pelikan).

Ru|der|gän|ger, der; -s, - (Seemannsspr.): *Seemann, der (nach Weisung des Kapitäns o. Ä.) das Schiff steuert.*

Ru|der|gän|ge|rin, die; -, -nen: w. Form zu ↑Rudergänger.

Ru|der|ge|rät, das: *Hometrainer zum Rudern.*

Ru|der|haus, das (Seemannsspr.): *(auf kleineren Schiffen) mit Steuerrad, Kompass u. a. ausgerüstete Kabine* (2 b) *auf Deck, in der sich der Rudergänger aufhält.*

-ru|de|rig, -rudrig: in Zusb., z. B. vierrud[e]rig *(vier Ruder habend).*

Ru|de|rin, die; -, -nen: w. Form zu ↑Ruderer.

Ru|der|klub, der: *Klub für Ruderer.*

ru|dern (sw. V.) [mhd. ruodern, ahd. (ga)ruoderōn]: **1. a)** *(zur Fortbewegung eines Bootes, in dem jmd. mit dem Rücken zur Fahrtrichtung sitzt) das Ruder* (1) *in taktmäßig wiederholtem Bewegungsablauf in das Wasser eintauchen, durchziehen u. wieder aus dem Wasser heben* (hat/ist): kräftig r.; um die Wette r.; wir haben zu zweit gerudert; willst du auch mal r.?; wir sind/haben den ganzen Nachmittag gerudert; **b)** *sich rudernd* (1 a) *irgendwohin bewegen* (ist): an Land, stromabwärts, gegen die Strömung r.; sie ist über den Fluss gerudert. **2. a)** *durch Rudern* (1 a) *vorwärts, irgendwohin bewegen* (hat): er wollte das Boot selbst r.; wer rudert den Kahn [ans Ufer]?; **b)** *rudernd* (1 b) *befördern, an einen bestimmten Ort bringen* (hat): er ruderte die Kisten, die beiden Angler über den See; sie ließen sich auf die Insel r.; **c)** *rudernd* (1 b) *zurücklegen* (ist): eine Strecke von 2 000 m r. **3.** (hat/ist) **a)** *als Ruderer an einem sportlichen Wettkampf teilnehmen, einen Ruderwettkampf austragen:* unser Verein rudert gegen Germania RC; **b)** *als Ruderer in einem Ruderwettbewerb eine bestimmte Zeit erzielen:* sie haben eine neue Bestzeit gerudert. **4.** (ugs.) *wie mit einem Ruder* (1) *weit ausholende, kräftige Bewegungen ausführen* (hat): beim Gehen mit den Armen r. **5.** (bes. Jägerspr.) *(von Wasservögeln) schwimmen* (ist).

Ru|der|pin|ne, die (Seemannsspr.): *Pinne* (1).

Ru|der|re|gat|ta, die: *Regatta im Rudersport.*

Ru|der|schaft, der: **1.** *Stange des Ruders* (1) *ohne Blatt.* **2.** *drehbar gelagerter Schaft des Ruders* (2), *an dem das Ruderblatt befestigt ist.*

Ru|der|schiff, das (früher): vgl. Ruderboot: Galeeren und ähnliche -e.

Ru|der|schlag, der: *das Eintauchen, Durchziehen u. Ausheben des Ruders als [taktmäßig wiederholter] Bewegungsvorgang:* ein gleichmäßiger, schneller R.

Ru|der|sitz, der: *Rollsitz.*

Ru|der|sport, der: *als Sport betriebenes Rudern.*

Rü|des|heim: Stadt am Rhein.

Rüd|heit, die; -, -en: **1.** (o. Pl.) *das Rüdesein.* **2.** *rüde Äußerung, Handlung.*

Ru|di|ment, das; -[e]s, -e [lat. rudimentum = Anfang, erster Versuch, zu: rudis, ↑rüde]: **1.** (bildungsspr.) *etw., was sich aus einer früheren Epoche, einem früheren Lebensabschnitt noch als Rest erhalten hat; Überbleibsel.* **2.** (Biol.) *verkümmertes, teilweise od. gänzlich funktionslos gewordenes Organ* (z. B. die Flügel beim [2]Strauß): die vorderen Extremitäten sind nur als -e vorhanden.

ru|di|men|tär (Adj.) [frz. rudimentaire, zu: rudiment <lat. rudimentum, ↑Rudiment]: **1.** (bildungsspr.) **a)** *nur noch als Rudiment* (1) *[vorhanden];* **b)** *unvollständig, unvollkommen, nur in Ansätzen [vorhanden], unzureichend.* **2.** (Biol.) *nur [noch] als Anlage, im Ansatz, andeutungsweise vorhanden, unvollständig [entwickelt]:* -e Organe.

Rud|rer: ↑Ruderer.

Rud|re|rin, die; -, -nen: w. Form zu ↑Ruderer.

-rud|rig: ↑-ruderig.

Ruf, der; -[e]s, -e [mhd. ruof, ahd. (h)ruof, zu ↑rufen]: **1.** *laute kurze Äußerung, mit der jmd. einen andern über eine [weitere] Entfernung erreichen will:* ein lauter, [weithin] schallender, anfeuernder, entsetzter R.; der R. des Wächters, der Händler; ein R. ertönte, erscholl; gellende -e hallten über den See, durchbrachen die Stille; die -e wurden leiser, verstummten; auf ihren R. hin erschien er am Fenster; sie brachen in den R. *(Ausruf)* »Er lebe hoch!« aus; Ü der R. des Jagdhorns. **2. a)** *(von bestimmten Vögeln u. vom Rotwild) in meist regelmäßigen Abständen mehrmals hintereinander ertönender, charakteristischer Laut:* der R. des Kuckucks, Hirsches; **b)** (Jägerspr.) [2]*Locke* (a). **3.** (o. Pl.) **a)** *(von einer höheren Instanz ausgehende) Aufforderung zu einem bestimmten Tun od. Verhalten; Aufruf:* der R. zu den Waffen; Ü dem R. des Herzens, des Gewissens folgen; **b)** *öffentlich von einer größeren Gruppe von Personen nachdrücklich vorgebrachte Forderung, bekundetes Verlangen:* der R. nach Gerechtigkeit wurde immer lauter. **4.** (Pl. selten) *Berufung in ein hohes (wissenschaftliches od. künstlerisches) Amt, bes. auf einen Lehrstuhl:* an jmdn. ergeht ein R.; sie bekam, erhielt einen R. [als ordentliche Professorin] an die Universität Bonn/nach Bonn; er hat den R. [auf den Lehrstuhl, das Ordinariat] abgelehnt; der Dirigent, die Regisseurin nahm einen R. nach Wien an. **5.** (o. Pl.) *Beurteilung, die jmd., etw. von der Allgemeinheit erfährt; Meinung, die die Allgemeinheit von jmdm., etw. hat:* der R. dieses Hotels ist ausgezeichnet; dem neuen Leiter des Instituts geht ein hervorragender R. [als Wissenschaftler] voraus *(er gilt als hervorragend);* einen guten, schlechten, zweifelhaften R. haben; einen guten R. genießen; sie hat sich einen großen R. *(große Wertschätzung)*/den R. *(Namen)* einer Expertin erworben; [durch/mit etw.] seinen R. *(sein Ansehen)* wahren, gefährden, aufs Spiel setzen, ruinieren; das schadete seinem R., war seinem R. als Wissenschaftler abträglich; in einen üblen R. kommen; er brachte sie in einen falschen R.; ein Pianist von internationalem R. *(ein international anerkannter Pianist);* R ist der R. erst ruiniert, lebt es sich ganz ungeniert; * **jmd., etw. ist besser als sein Ruf** *(jmd., etw. genießt zu Unrecht kein gutes Ansehen;* nach einer Stelle aus den »Epistolae ex Ponto« des röm. Dichters Ovid [43 v. Chr. bis etwa 18 n. Chr.]). **6.** (Pl. selten) (Papierdt.) *Rufnummer:* Taxizentrale R. 3 37 00. **7.** (o. Pl.) (veraltet) *Gerücht, Kunde:* es geht der R., er allein sei es gewesen.

Ruf|be|reit|schaft, die: *Bereitschaftsdienst:* er hat R.

Ruf|bus, der: *Bus für den öffentlichen Nahverkehr, der nach Bedarf verkehrt u. vom Fahrgast telefonisch od. über eine spezielle Rufsäule angefordert werden kann.*

Rü|fe, die; -, -n [wohl über das Ladin. zu lat. ruina, ↑Ruine] (schweiz.): *Mure.*

ru|fen (st. V.; hat) [mhd. ruofen, ahd. (h)ruofan, wahrsch. lautm.]: **1. a)** *sich durch einen Ruf* (1) *bemerkbar machen:* laut, mit kräftiger Stimme, aus Leibeskräften, wiederholt, lange r.; ruft da nicht jemand?; **b)** *einen Ruf* (2 a) *ertönen lassen:* im Wald ruft der Kuckuck, ein Käuzchen. **2.** (r. + sich) *durch [längeres] Rufen* (1 a) *in einen bestimmten Zustand geraten:* sich heiser r. **3.** *mit lauter Stimme äußern, ausrufen:* etw. [aus dem Fenster] r.; Hilfe, Hurra/(auch:) hurra r.; »Bravo!« riefen beide wie aus einem Munde; (unpers.:) aus dem Zimmer rief es: »Herein!« **4.** *rufend* (1 a) *nach jmdm., etw. verlangen:* das Kind rief nach seiner Mutter; der Gast rief nach der Bedienung, nach seinem Essen; nach, um Hilfe r.; (landsch. ugs. auch mit »über« + Akk.:) er rief über ihn; (nicht standardspr., südwestd. u. schweiz. ugs. auch mit Dativobj.:) der Gast rief dem Ober; er rief mir *(rief mir zu),* ich solle kommen. **5.** *durch Anruf o. Ä. jmdn. an einen bestimmten Ort bitten, wo er gebraucht wird; telefonisch o. ä. jmdn. herbeirufen, jmdn., etw. kommen lassen:* hast du mich gerufen?; die Polizei, die Feuerwehr, ein Taxi r.; der Arzt wurde ans Krankenbett, zu der Patientin gerufen; jmdn. ins Zimmer, vor Gericht, zu sich r.; jmdn. zu Hilfe r.; Ü dringende Geschäfte riefen ihn nach München *(veranlassten ihn, nach München zu fahren);* Gott hat sie zu sich gerufen (geh. verhüll.; *sie ist gestorben*); sich, jmdm. etw. in Erinnerung/ins Gedächtnis r.; * **[jmdm.] wie gerufen kommen** (ugs.; *zufällig gerade in einem Moment auftreten, erscheinen, geschehen, wo dies [jmdm.] äußerst willkommen ist*): du kommst [mir] wie gerufen! **6.** *[durch Rufen* (1 a)*] zu etw. auffordern:* die Mutter ruft zum Essen; zum Widerstand, Aufstand r. *(aufrufen);* Ü die Glocke ruft zum Gebet; das Horn rief zur Jagd. **7. a)** *mit einem bestimmten Namen nennen:* er wird »Kalle« gerufen; sie riefen mich »Pistenschreck«; (nicht standardspr., südwestd. u. schweiz. ugs. auch mit Dativobj.:) die Buben sollen mir »Mama« r.; **b)** (veraltend) *(mit seinem Namen) anreden:* er rief sie bei ihrem, mit ihrem Namen. **8.** *telefonisch od. über Funk mit jmdm. die Verbindung aufnehmen:* jmdn. [unter der Nummer 34 71 06] r.; rufen Sie 22 22 22; Teddybär ruft Zeppelin (über Funk: ... *bittet Zeppelin, sich zu melden*). **9.** (schweiz.) *etw. hervorrufen, zur Folge haben:* der Vorschlag rief einer heftigen Opposition.

Ru|fer, der; -s, - [mhd. ruofære = (Aus)rufer]: *jmd., der ruft:* wer war der R.?; * **ein R. in der Wüste** *(jmd., der ständig mahnt, ohne Gehör zu finden;* nach Jes. 40, 3).

Ru|fe|rin, die; -, -nen: w. Form zu ↑Rufer (1).

Rüf|fel, der; -s, - [rückgeb. aus ↑rüffeln] (ugs.): *(von einem Vorgesetzten o. Ä. an jmdn. gerichtete) Äußerung, die Ärger u. Unzufriedenheit über das Tun od. Verhalten des Betroffenen ausdrückt, mit der etw. moniert wird:* jmdm. einen R. geben; [wegen/für etw.] einen R. [von jmdm.] kriegen; das hat ihm einen R. eingetragen.

rüf|feln (sw. V.; hat) [aus dem Niederd., wohl zu niederd. Ruffel = Rauhobel; wahrsch. im Nhd. auch beeinflusst von ↑riffeln] (ugs.): *mit einem Rüffel zurechtweisen:* jmdn. wegen etw., für etw. r.

Ruf|mord, der: *böswillige Schädigung des Rufes* (5), *des Ansehens eines anderen (durch Verleumdungen):* R. [an jmdm.] betreiben.

Ruf|na|me, der: **1.** *Vorname einer Person, mit dem sie angeredet wird* (im Unterschied zu weiteren Vornamen): bei mehreren Vornamen ist der R. zu unterstreichen. **2.** (bes. Funkw.) *Kennung* (3).

Ruf|num|mer, die (bes. Amtsspr.): *Telefonnummer.*

Ruf|säu|le, die: *(im Freien installierte) säulenartige Fernsprecheinrichtung, mit deren Hilfe bestimmte Stellen (z. B. eine Taxizentrale, eine Polizeidienststelle, eine Notrufzentrale) erreicht werden kann:* die Polizei von einer R. aus benachrichtigen.

ruf|schä|di|gend ⟨Adj⟩: *dem Ruf* (5) *(eines Menschen, einer Sache) schadend.*

Ruf|schä|di|gung, die: *Schädigung des Rufes* (5) *(eines Menschen, einer Sache).*

Ruf|ta|xi, das: *als Rufbus eingesetztes Taxi.*

Ruf|ton, der (Fernspr.): *Freizeichen.*

Ruf|wei|te, die ⟨o. Pl.⟩: *Entfernung, über die ein Ruf* (1) *hörbar ist:* sie waren außer R.; in R. sein, bleiben.

Ruf|zei|chen, das: **1.** (Fernspr.) *Freizeichen.* **2.** (bes. Funkw.) *Kennung* (3). **3.** (österr.) *Ausrufezeichen.*

Rug|by [ˈrakbi, engl.: ˈrʌgbɪ], das; -[s] [engl. rugby (football), nach der engl. Stadt Rugby, an deren Gymnasium das Spiel zuerst gespielt wurde] (Sport): *Kampfspiel* (1), *bei dem der eiförmige Ball nach bestimmten Regeln mit den Füßen od. Händen in das Malfeld des Gegners zu spielen ist.*

Rü|ge, die; -, -n [mhd. rüege, ruoge = gerichtliche Anklage, Anzeige; gerichtliche Strafe, H. u.]: *aus ernsterem Anlass in entschiedener Form vorgebrachter Tadel:* eine empfindliche, scharfe, strenge R.; jmdm. wegen seines vorlauten Benehmens, für seine Frechheit eine R. erteilen *(jmdn. rügen);* der Chef sprach ihm eine R. aus *(rügte ihn);* eine R. erhalten, bekommen *(gerügt werden).*

rü|gen ⟨sw. V.; hat⟩ [mhd. rüegen, ruogen, ahd. ruogen = anklagen; (öffentlich) mitteilen]: **1. a)** *mit einer Rüge zurechtweisen:* ich muss dich wirklich r.; sie wurde wegen wiederholter Unpünktlichkeit streng gerügt; **b)** *jmds. Verhalten od. Tun, das für nicht in Ordnung gehalten u. missbilligt wird, mit gewissem Nachdruck kritisieren:* man rügte seinen Leichtsinn, die Unentschlossenheit der Regierung. **2.** *tadelnd feststellen, beanstanden:* Mängel r.

Rü|gen, -s: deutsche Ostseeinsel.

[1]Rü|ge|ner, der; -s, -: Ew.

[2]Rü|ge|ner ⟨indekl. Adj.⟩.

Rü|ge|ne|rin, die; -, -nen: w. Form zu ↑[1]Rügener.

rü|gensch ⟨Adj.⟩: *Rügen, die [1]Rügener betreffend; von den [1]Rügenern stammend, zu ihnen gehörend.*

R

Rü|gi|er, der; -s, -: Angehöriger eines germanischen Volksstammes.

rü|gisch ⟨Adj.⟩: *rügensch.*

Ru|he, die; - [mhd. ruo(we), ahd. ruowa, verw. mit ↑Rast]: **1. a)** *durch kein [lärmendes] Geräusch u. lebhaftes Treiben gestörter Zustand; [fast völlige] Stille:* eine wohltuende, friedliche R.; die sonntägliche, nächtliche R.; die R. des Waldes; die unheimliche R. vor einem Sturm; R., bitte! (Aufforderung, durch Reden nicht [länger] zu stören); endlich war R. eingetreten; im Saal herrschte [vollkommene, völlige] R.; um R. *(Schweigen)* bitten; **R** R. auf den billigen Plätzen [dahinten]!; R. im Saal, Unterhaus, Karton! (ugs. scherzh.; Rufe, mit denen Anwesende, die sich unterhalten o. Ä., zum Stillsein aufgefordert werden; *** die R. vor dem Sturm** *(gespannte Stille vor einem drohenden [unangenehmen] Ereignis);* **R. geben** *(still sein, sich ruhig verhalten):* wollt ihr mal, wohl R. geben!; **R. halten** *(still sein, sich ruhig verhalten):* haltet endlich R.!; **b)** *Bewegungslosigkeit:* das Pendel ist, befindet sich in R. *(Stillstand).* **2.** *Zustand erholsamer, beschaulicher Untätigkeit; Entspannung, Erholung:* notwendige, kurze R.; nach der anstrengenden Arbeit R. brauchen; R. suchen; der R. bedürfen; der R. pflegen; nach der Hektik des Arbeitstages sehnte sie sich nach R.; sich keine R., ein wenig R. gönnen; die Truppen liegen in R. (Milit.; *sind in Ruhestellung*); angenehme R.! (Wunschformel; *schlafen Sie gut!*); sich zur R. legen, begeben (geh.; *sich schlafen legen*); *** die ewige R. finden** (geh. verhüll.; *sterben;* nach der Übersetzung der ersten Worte des Eingangsverses des ↑Requiems 1: Gott gebe ihnen die ewige Ruhe, Herr, gib ihnen die ewige Ruhe!); **in die ewige R., zur ewigen R. eingehen** (geh. verhüll.; *sterben*); **jmdn. zur letzten R. betten** (geh. verhüll.; *jmdn. beerdigen*); **zur R. kommen** *([innere] Ruhe finden, sich entspannen u. erholen):* er kam nicht zur R.; **sich zur R. setzen** *(aus Altersgründen seine berufliche Tätigkeit aufgeben; in den Ruhestand treten);* **in R.** (im Ruhestand; bezogen auf in der Öffentlichkeit tätig gewesene Selbstständige od. Nichtselbstständige; Abk.: i. R.): Rektorin, Chefarzt in R./i. R. **3.** *durch keinerlei Unfrieden, keinen Kampf, Streit o. Ä. beeinträchtigter [normaler] Zustand:* es herrschen R. und Ordnung im Land; die öffentliche R. wiederherstellen; R. stiften; ich möchte jetzt [endlich mal] meine R. haben *(ungestört sein)*!; sie braucht mal etwas R. vor den Kindern; etw. in [aller] R. tun *(etw. tun, ohne sich zur Eile, Überstürzung drängen zu lassen);* in R. und Frieden leben; *** R. geben** (ugs.; 1. *ruhig, still sein:* gebt endlich mal R., man versteht ja sein eigenes Wort nicht mehr; 2. *nicht länger auf etw. drängen:* wir werden erst R. geben, wenn der Fall geklärt ist; **jmdn. seine R./jmdn. in R. lassen** (ugs.; *jmdn. nicht stören, belästigen, ihn unbehelligt lassen*). **4.** *durch keine Erregung gestörter Zustand des seelischen Gleichgewichts; Gelassenheit:* eine bewundernswerte, heitere, stoische, gekünstelte R.; von ihr geht eine wohltuende R. aus; R. ausstrahlen; die R. bewahren; die, seine R. verlieren; keine R. haben, finden; in [aller] R. *(nicht im Affekt; ohne sich zu erregen)* etw. sagen, mit jmdm. noch einmal über etw. sprechen; etw. lässt jmdm. keine R. *(jmd. beschäftigt sich in Gedanken fortwährend mit etw.);* sich zur R. zwingen; nicht zur R. kommen *(durch [immer neue] quälende Sorgen voll innerer Unruhe sein);* **R** R. ist die erste Bürgerpflicht! (oft scherzh.; Ausruf der Beschwichtigung in Situationen allgemeiner Aufregung, nach der Aufforderung, die Minister F. W. Graf von der Schulenburg-Kehnert nach der Schlacht von Jena 1806 an die Einwohner Berlins richtete); immer mit der R.! *(immer schön ruhig!; nichts überstürzen!);* *** die R. selbst sein** *([auch in einer schwierigen Lage] völlig ruhig u. beherrscht sein);* **die R. weghaben** (ugs.; *nicht zu erschüttern sein, sich Zeit lassen, auch wenn Eile geboten ist;* drückt vorwurfsvolles od. bewunderndes Erstaunen aus): du hast vielleicht die R. weg! In fünf Minuten geht dein Zug, und du sitzt immer noch hier; **jmdn. aus der R. bringen** *(jmdn. unruhig, nervös machen):* seine Anwesenheit brachte sie aus der R.; er ließ sich durch die Zwischenrufe nicht aus der R. bringen.

Ru|he|be|dürf|nis, das ⟨o. Pl.⟩: *Bedürfnis nach Ruhe* (2).

Ru|he|ener|gie: ↑Ruhenergie.

Ru|he|ge|halt, das: *Pension* (1 b).

Ru|he|geld, das: *Altersrente.*

Ru|he|ge|nuss, der (österr. Amtsspr.): *Pension* (1 b).

Ru|he|la|ge, die: **1.** (bes. Med.) *Lage, in der sich der Körper im Zustand größtmöglicher natürlicher Entspannung befindet.* **2.** *Lage eines Körpers im Zustand der Ruhe* (1 b): das Pendel ist, befindet sich in [der] R.

ru|he|los ⟨Adj.⟩: **a)** *von innerer Unruhe erfüllt, getrieben;* **b)** *von einer gewissen Unrast zeugend; unruhig.*

Ru|he|lo|sig|keit, die; -: *das Ruhelossein.*

Ru|he|mas|se: ↑Ruhmasse.

ru|hen ⟨sw. V.; hat⟩ [mhd. ruo(we)n, ahd. ruowēn]: **1. a)** *irgendwo ruhig* (1) *sitzen, liegen [u. sich entspannen]; sich durch Nichtstun erholen:* nach der Arbeit ein wenig r.; die Großmutter ruhte eine Stunde auf dem Sofa, im Lehnstuhl; ⟨unpers.:⟩ hier lässt es sich/lässt sichs gut r. *(das ist ein hübscher Ruheplatz);* **R** nach dem Essen sollst du ruhn oder tausend Schritte tun; er ruht nicht eher *(gönnt sich keine Ruhe, lässt in seinen Anstrengungen nicht nach),* bis er sein Ziel erreicht hat; die Angelegenheit ließ sie nicht r. *(nicht zur Ruhe kommen, beschäftigte sie ständig);* die Hände der Mutter ruhten nie *(die Mutter arbeitete ständig, beschäftigte sich ständig mit etwas);* **Ü** im Grabe r. (geh.; *gestorben sein*); in fremder Erde r. (geh.; *in einem fremden Land begraben sein*); hier ruht [in Gott] …; ruhe sanft!/in Frieden! (Grabinschriften); *** nicht r. und [nicht] rasten** *(rastlos, unermüdlich tätig sein; in seinen Bemühungen, Anstrengungen nicht nachlassen):* er ruhte und rastete nicht, wollte nicht r. und nicht rasten, bis er seine Idee verwirklicht hatte; **b)** (geh.) *schlafen:* ich wünsche gut, wohl zu r.; ich wünsche wohl geruht zu haben. **2.** *[vorübergehend] zum Stillstand gekommen sein, nicht in Funktion, Tätigkeit, Betrieb sein:* der Betrieb, die Produktion ruht; am Wochenende, während des Streiks ruht die Arbeit *(wird nicht gearbeitet);* der Acker ruht *(wird zeitweise nicht bebaut);* an Feiertagen ruht der Verkehr in der Stadt fast völlig *(gibt es kaum Straßenverkehr);* die Waffen ruhen (geh.; *es wird [vorübergehend] nicht gekämpft*); das Arbeitsverhältnis, die Mitgliedschaft ruht *(ist vorübergehend nicht wirksam);* man hatte den Fall vorerst r. lassen/(seltener:) gelassen *(ihn vorerst nicht bearbeitet).* **3. a)** *auf etw., was als Stütze, Unterbau o. Ä. dient, fest liegen, stehen; von etw. gestützt, getragen werden:* das Gewölbe ruht auf mächtigen Pfeilern; **Ü** (geh.) die ganze Verantwortung, Last ruht auf ihren Schultern; alle Hoffnungen, alle Wünsche r. auf ihm; **b)** *[für eine Weile] ruhig* (1) *irgendwo liegen, sich irgendwo befinden:* ihre Hände ruhten in ihrem Schoß; ihr Kopf ruhte an seiner Schulter; **Ü** ihre Augen ruhten *(verweilten)* nachdenklich auf dem Bild; seine Blicke ruhten prüfend, freundlich, wohlgefällig auf seinen Kindern; der Schmuck ruht *(liegt)* in einer Schatulle; die Akten ruhen im Tresor *(sind im Tresor aufbewahrt);* sie ruht fest in ihrem Glauben *(ist in ihrem Glauben geborgen);* sie ruht [ganz] in sich selbst *(sie ist ein seelisch ausgeglichener, harmonischer Mensch).*

Ruh|ener|gie, die (Physik): *Energie, die der Ruhmasse entspricht.*

ru|hen las|sen: s. ruhen (2).

Ru|he|pau|se, die: *Pause zum Ausruhen, Entspannen:* eine kurze R. einlegen; du solltest dir endlich mal eine R. gönnen!

Ru|he|pe|ri|o|de, die (Biol., Zool.): *(bei bestimmten Pflanzen u. Tieren) Zeitabschnitt stark verminderten Stoffwechsels* (z. B. Winterruhe, -schlaf).

Ru|he|platz, der: *Platz zum Ruhen.*

Ru|he|sta|di|um, das (Biol.): *Ruheperiode.*

Ru|he|stand, der ⟨o. Pl.⟩: *Status, den jmd. (gewöhnlich als älterer Mensch) durch sein Ausscheiden aus dem Arbeitsleben erlangt:* in den R. gehen, treten, versetzt werden; in den einstweiligen R. treten; sie ist Rektorin im R.; Abk.: i. R.

Ru|he|ständ|ler, der; -s, -: *jmd., der im Ruhestand ist.*

Ru|he|ständ|le|rin, die; -, -nen: w. Form zu ↑Ruheständler.

Ru|he|stands|ver|sor|gung, die: *gesetzlich geregelte Versorgung für Beamte im Ruhestand.*

Ru|he|statt, die; -, …stätten (geh.): **1.** (selten) *Ruheplatz.* **2.** *Grabstätte:* hier fand sie ihre letzte R., ist ihre R.

Ru|he|stät|te, die (geh.): *Ruhestatt.*

Ru|he|stel|lung, die: 1. vgl. Ruhelage. 2. (Milit.) *(im Krieg) Stellung in Reserve.*

ru|he|stö|rend ⟨Adj.⟩: *die Ruhe* (1) *erheblich störend:* -er Lärm.

Ru|he|stö|rung, die: *Störung der Ruhe* (1): jmdn. wegen [nächtlicher] R. anzeigen.

Ru|he|tag, der: *Tag, an dem nicht gearbeitet wird:* die Gaststätte hat montags R.; der Sonntag ist ein R.

Ru|he|zu|stand, der: *Zustand der Ruhe* (1 b).

ru|hig [mhd. ruowec]: **I.** ⟨Adj.⟩ **1.** *die Lage, Stellung nicht verändernd, sich nicht od. nur ganz leicht, kaum merklich bewegend; [fast] unbewegt, [fast] reglos:* -es *(schönes u. nicht windiges)* Wetter; die Kerze brennt mit -er Flamme; die See ist r. *(hat kaum Seegang);* er lag r. und schlief; r. [da]sitzen; halt die Beine r.!; Ü das Geschäft ist zurzeit r. *(der Umsatz stagniert);* *** etw. r. stellen** (Med.; *vorübergehend außer Funktion setzen, in einer bestimmten Lage, Stellung halten, in der etw. nicht bewegt werden kann; fixieren:* durch Schienung, Gipsverband ein gebrochenes Bein r. stellen. **2. a)** *[aufgrund seiner Lage] frei von lärmenden, störenden Geräuschen:* eine -e Wohnlage; -es Zimmer zu vermieten; in einer -en Gegend, Straße wohnen; die Pension ist r. gelegen; **b)** *keine lärmenden, störenden Geräusche verursachend, keine Unruhe verbreitend; leise:* -e Mieter, Nachbarn haben; nun seid doch mal r.!; seid jetzt endlich r.!; sich r. verhalten; Ü um diese Angelegenheit ist es r. geworden *(niemand spricht mehr davon);* *** jmdn. r. stellen** (1. Med.; *einen Kranken durch Medikamente beruhigen:* einen Epileptiker r. stellen. 2. *jmdn. an Auflehnung, Widerstand o. Ä. hindern*). **3. a)** *frei von äußeren Spannungen u. Aufregungen; ohne Störungen, ohne Zwischenfälle:* -e Zeiten; in der Hauptstadt ist es nach den Demonstrationen wieder r.; die Sitzung verlief r.; r. *(ungestört)* arbeiten können; sein Herz schlägt r.; der Motor arbeitet r. *(ohne Störungen, gleichmäßig);* **b)** *frei von Hektik u. Betriebsamkeit; in Wohlgefühl vermittelnder Weise geruhsam:* ein -es Leben führen; hier geht es r. zu; **c)** *ohne Eile u. Überstürzung, in Ruhe:* ein -es Gespräch führen; bei -er Überlegung muss man dies zugeben. **4.** *ohne Erregung, Aufregung; gelassen; von innerer Ruhe zeugend:* ein -er Mensch; als Chirurg braucht er eine -e *(sichere)* Hand; das kannst du -en Gewissens *(mit gutem Gewissen)* tun; sei ganz r. *(unbesorgt),* es ist ihnen bestimmt nichts passiert; sie gab sich Mühe, r. zu bleiben *(die Fassung zu bewahren);* r. *(ohne Teilnahme od. Protest; gleichmütig)* sahen sie zu, wie das Kind geschlagen wurde; Ü eine -e *(ausgewogene)* Melodie; ein -es Muster; -e *(gedämpfte)* Farben. **II.** ⟨Partikel; unbetont⟩ (ugs.) **a)** drückt Gleichgültigkeit od. Gelassenheit des Sprechers gegenüber einem bestimmten Sachverhalt aus; *meinetwegen* (2): soll er r. schreien; **b)** drückt freundliches Einverständnis, ein Zugeständnis aus; *nach Belieben, nach Gefallen:* sehen Sie sich r. um, Sie brauchen nichts zu kaufen; **c)** drückt eine [Selbst]ermunterung aus; *unbesorgt, getrost:* das könnt ihr mir r. glauben; dir kann ich es ja r. sagen.

ru|hig stel|len: s. ruhig (I 1, 2 b).

Ru|hig|stel|lung, die ⟨o. Pl.⟩ (Med.): *das Ruhigstellen.*

ruh|los ⟨Adj.⟩ (selten): *ruhelos.*

Ruhm, der; -[e]s [mhd. ruom, ahd. (h)ruom, urspr. = Geschrei (mit dem man sich brüstet), Prahlerei; Lobpreisung, verw. mit ↑rufen]: *weit reichendes hohes Ansehen, das eine bedeutende Person aufgrund von herausragenden Leistungen, Eigenschaften bei der Allgemeinheit genießt:* unsterblicher, künstlerischer, weltweiter, vergänglicher R.; der R. eines Staatsmannes, Dichters; der R. Cäsars als Feldherr/als eines großen Feldherrn; sein R. mehrte sich, stieg; jmdm. gebührt R.; R. erringen, erwerben, erlangen, genießen, ernten; jmds. R. verbreiten, in die Welt tragen; diese Tat hat ihm R. eingetragen, eingebracht; diese Erfindung begründete ihren R.; die Schöpfung verkündet Gottes R.; zu dieser Zeit stand der Dichter auf der Höhe seines -es; sich mit R. bedecken; Ü der zweifelhafte R. dieser Erfindung; *** sich nicht [gerade] mit R. bekleckern** (ugs. iron.; *nicht sehr erfolgreich sein, nur eine schwache Leistung o. Ä. zeigen;* scherzh. Umformung von »sich mit Ruhm bedecken«).

Ruh|mas|se, Ruhemasse, die (Physik): *Masse* (5), *die ein Körper in einem Bezugssystem besitzt, bezüglich dessen er sich in Ruhe* (1 b) *befindet.*

Ruhm|be|gier, die (geh.), **Ruhm|be|gier|de,** die ⟨o. Pl.⟩: *Begierde nach Ruhm.*

ruhm|be|gie|rig ⟨Adj.⟩: *von Ruhmbegierde erfüllt.*

rüh|men ⟨sw. V.; hat⟩ [mhd. rüemen, ruomen, ahd. (h)ruomen, zu ↑Ruhm]: **a)** *die Vorzüge einer Person, Sache nachdrücklich, überschwänglich lobend hervorheben:* jmds. Verdienste, ein Land, die Leistungen der Wissenschaft, die Werke Gottes r.; jmdn. vor aller Welt r.; etw. begeistert, über die Maßen r.; man rühmte ihre Großmut/sie wegen ihrer Großmut; sie rühmten ihn als weisen Herrscher; hoch gerühmt sein, werden; **b)** ⟨r. + sich⟩ *auf etw. stolz sein; sich glücklich schätzen, etw. von sich behaupten zu können, etw. vorweisen zu können:* sich seiner Taten r.; sie rühmt sich ihrer Verwandtschaft mit dem Dichter *(prahlt damit);* er kann sich r., als erster Mensch den Mond betreten zu haben; er rühmt *(brüstet)* sich damit, die Polizei hinters Licht geführt zu haben; er rühmt sich als großer Politiker.

rüh|mens|wert ⟨Adj.⟩: *(als Tun, Verhalten, Denken o. Ä.) verdienend, gerühmt zu werden; rühmlich:* eine -e Tat; ihr Verhalten war nicht sehr r.

Ruh|mes|blatt, das: meist in der Wendung: **kein R. [für jmdn.] sein** *(keine Anerkennung verdienen; eher etw. sein, wofür sich jmd. schämen sollte;* viell. eigtl. = ein Blatt aus einer ruhmvollen Geschichte): kein R. in der Geschichte eines Volkes sein.

Ruh|mes|hal|le, die: *zum Ruhm einer Persönlichkeit, eines Ereignisses o. Ä. geschaffenes Monument in Form einer Halle* (1).

Ruh|mes|tat, die: *ruhmreiche Tat.*

Ruh|mes|ti|tel, der (geh.): **1.** *rühmenswertes Verdienst.* **2.** *jmdm. Ruhm eintragender Beiname:* jmdm. den R. eines Erfinders beilegen.

rühm|lich ⟨Adj.⟩ [mhd. rüem(e)lich = ruhmvoll; prahlerisch]: *zum Ruhme gereichend; rühmenswert:* eine -e Tat, Ausnahme; er hat kein -es *(ehrenhaftes, gutes)* Ende genommen; dieses Verhalten ist nicht sehr r. für ihn.

ruhm|los ⟨Adj.⟩: *keinen Ruhm erlangend; nicht zum Ruhme gereichend; jmds. Ansehen nicht mehrend:* die -e Rückkehr von einer Verhandlung; das -e Ende des Krieges.

Ruhm|lo|sig|keit, die; -: *das Ruhmlossein.*

ruhm|re|dig ⟨Adj.⟩ [unter Anlehnung an »Rede, reden« umgeb. aus frühnhd. rumretig = sich Ruhm bereitend] (geh.): *sich selbst rühmend, prahlerisch:* -e Worte.

ruhm|reich ⟨Adj.⟩: *reich an Ruhm; großen Ruhm erlangt habend:* ein -er Feldherr, Sieg.

Ruhm|sucht, die ⟨o. Pl.⟩: vgl. Ruhmbegierde.

Rüh|mung, die; -, -en (geh.): *das Rühmen* (a).

ruhm|voll ⟨Adj.⟩: *ruhmreich.*

ruhm|wür|dig ⟨Adj.⟩ (geh.): *Ruhm verdienend, rühmenswert:* ein -er Held; eine -e Tat.

[1]Ruhr, die; -, -en ⟨Pl. selten⟩ [mhd. ruor(e), ahd. (h)ruora, urspr. = (heftige) Bewegung; Unruhe (im Unterleib), zu ↑rühren]: *fiebrige Infektionskrankheit mit Entzündung des [Dick]darms u. dadurch bedingtem starkem, schleimig-blutigem Durchfall:* die R. haben; die weiße, rote (volkst.; *mit schleimigen, mit blutigen Ausscheidungen verbundene*) R.

[2]Ruhr, die; -: rechter Nebenfluss des Rheins.

Rühr|be|sen, der: *einem Schneebesen ähnliches, zum Rühren* (1 a) *dienendes Einsatzstück einer Küchenmaschine, eines Küchengeräts.*

Rühr|ei, das: *Gericht aus [mit etwas Wasser od. Milch] verquirlten, in der Pfanne in Fett leicht gebratenen Eiern:* es gibt R., -er mit Spinat.

rüh|ren ⟨sw. V.; hat⟩ [mhd. rüeren, ruoren, ahd. (h)ruoren, urspr. = bewegen, dann: anstoßen, anfassen, betasten]: **1. a)** *die Bestandteile einer Flüssigkeit, einer breiigen od. körnigen Masse (mit einem Löffel o. Ä.) in kreisförmige Bewegung bringen, um sie [zu einer einheitlichen Masse] zu vermischen:* die Suppe, den Brei r.; der Teig muss eine halbe Stunde gerührt werden; mit dem Löffel im Kaffee, in der Kaffeetasse r.; du musst r., damit die Soße nicht anbrennt; **b)** *unter Rühren* (1 a) *hinzufügen:* ein Ei an/unter den Grieß r.; das Puddingpulver in die kochende Milch r. **2. a)** *ein Glied des Körpers, sich ein wenig bewegen:* [vor Müdigkeit] die Glieder, die Arme, die Beine nicht mehr r. können; vor Kälte die Finger kaum r. können; sie konnte sich in dem engen Kleidungsstück kaum r.; sich [vor Angst] nicht zu r. wagen; sich nicht [von der Stelle, vom Platz, vom Fleck] r., um nicht bemerkt zu werden; kein Lüftchen rührte sich *(es war windstill);* der Verunglückte rührte sich nicht mehr *(lag leblos da);* Ü du musst dich mehr r. (geh.; *musst aktiver werden*), wenn du vorankommen willst; warum hast du dich nicht gerührt *(gemeldet)*? Ich hätte doch gerne geholfen!; *** sich nicht r. können** (ugs.; *finanziell, wirtschaftlich sehr eingeengt sein*); **b)** (Milit.) *eine gelockerte stehende Haltung einnehmen:* Herr Hauptmann lassen Sie r.; ⟨als Kommando für eine Mehrheit: r. + sich:⟩ rührt euch! **3.** (geh.) *etw. vorsichtig berühren, anfassen:* nicht an die zerbrechlichen Gegenstände r.!; er rührte sacht an ihrem Arm, an ihrer Schulter; Ü an einen Kummer, eine schmerzliche Erinnerung r. *(jmdn. im Gespräch wieder darauf bringen);* seine Fragen rühren an *(berühren)* schwierige Probleme; wir wollen nicht mehr daran, an diese/(seltener:) dieser Sache r. *(wollen die Sache auf sich beruhen lassen).* **4.** *innerlich berühren, weich stimmen; Rührung bei jmdm. bewirken:* sie rührte die Menschen, die Herzen der Menschen; seine Worte rührten sie [zu Tränen *(in einem Maße, dass ihr die Tränen kamen)*]; es rührte ihn überhaupt nicht *(es ließ ihn völlig gleichgültig);* tief gerührt sein; er war über den freundlichen Empfang gerührt; *** ein menschliches Rühren verspüren** (verhüll., auch scherzh.; *den Drang verspüren, seine Notdurft zu verrichten*). **5.** (geh.) *seine Ursache, seinen Grund in etw. haben:* viele Missverständnisse rühren daher, dass niemand richtig informiert wurde. **6.** (geh. veraltend) *(die Trommel, Harfe, Leier) schlagen:* die Leier r.

rüh|rend ⟨Adj.⟩: *Rührung bei jmdm. bewirkend; jmdn. innerlich berührend:* eine -e Szene; ein -er Anblick; (iron.:) sie ist von einer -en Ahnungslosigkeit; er sorgt in -er Weise, r. für seine kranke Mutter; <subst.:> ihr unerschütterliches Zutrauen hat etwas Rührendes.

Ruhr|ge|biet, das; -[e]s [zu ↑[2]Ruhr]: Gebiet in Nordrhein-Westfalen.

rüh|rig ⟨Adj.⟩ [15. Jh., zu ↑rühren]: *von regem Unternehmungsgeist erfüllt; ganz u. gar nicht untätig, sondern immer das Nötige, in einer Situation Gegebene unternehmend:* ein -er Geschäftsmann, Verlag; der Verein ist sehr r.

Rüh|rig|keit, die; -: *rührige Art.*

Rühr|kel|le, die: *hölzerne Kelle zum Rühren, Umrühren.*

Rühr|ku|chen, der: *Kuchen aus Rührteig.*

Rühr|löf|fel, der: vgl. Rührkelle.

Rühr|ma|schi|ne, die: *Maschine zum Rühren (z. B. von Teig).*

Rühr|mich|nicht|an, das; -, -: *(in feuchten Wäldern wachsendes) Springkraut mit gelben, trompetenähnlichen Blüten u. Kapselfrüchten, die bei Berührung aufspringen u. die Samen ausschleudern; Nolimetangere:* Ü ein Kräutchen R. (ugs. spött.; *ein mimosenhafter Mensch*).

Ruhr|pott, der; -[e]s (ugs.): *Ruhrgebiet.*

rühr|se|lig ⟨Adj.⟩: **a)** *sich allzu leicht rühren lassend; rückhaltlos der Rührung hingegeben [u.*

R

sie unter Tränen äußernd]: sie ist sehr r.; er wollte auf keinen Fall r. werden, wirken; **b)** *übertrieben gefühlvoll:* ein -es Theaterstück; die Lieder wurden äußerst r. vorgetragen.

Rü̲hr|se|lig|keit, die; -: *rührseliger Charakter, rührseliges Wesen.*

Rü̲hr|stück, das: **a)** ⟨o. Pl.⟩ *in der Zeit der Empfindsamkeit (2) entstandene dramatische Gattung, deren Inhalt durch Konflikte zwischen Moral u. Laster im Kreis der bürgerlichen Familie gekennzeichnet ist, die im rührenden Versöhnungsschluss wieder aufgehoben werden;* **b)** *Werk der Gattung Rührstück* (a).

Rü̲hr|teig, der: *halbflüssiger, gerührter Kuchenteig, der in einer Form gebacken wird.*

Rü̲h|rung, die; - [mhd. rüerunge]: *weich stimmende innere Bewegtheit:* R. ergriff, übermannte, überkam, überwältigte sie; eine tiefe R. fühlen, verspüren; vor R. weinen, kaum sprechen können.

Rü̲hr|werk, das: **a)** (Technik) *Behälter mit einer Vorrichtung zum Mischen von Flüssigkeiten [mit Gasen, feinkörnigen Substanzen];* **b)** *Teil einer Küchenmaschine zum Rühren von Teig.*

Ru|i̲n, der; -s [ältere Form von ↑Ruine]: *(durch jmdn., etw. verursachter) Zustand, in dem eine Person od. Sache in ihrer Existenz getroffen ist, (körperlich, moralisch, wirtschaftlich o. ä.) am Ende ist; Untergang:* der R. des Geschäftes war nicht aufzuhalten; dieser Fehlschlag, der Alkohol war sein R. *(verursachte seinen Untergang, richtete ihn zugrunde);* du bist noch mein R. (ugs.; *du wirst mich zugrunde richten*); das brachte mich an den Rand des -s; etw. führt zu jmds. finanziellem R.; sie bewahrte das Land vor dem wirtschaftlichen R.

Ru|i̲|ne, die; -, -n [frz. ruine < lat. ruina = Einsturz; Ruine, zu: ruere = stürzen; niederreißen]: **a)** *stehen gebliebene Reste eines zum [größeren] Teil zerstörten od. verfallenen [historischen] Bauwerkes:* eine malerische, romantische, von Gras überwachsene R.; die R. einer gotischen Kirche; von der Klosteranlage steht nur noch eine R.; sie besuchen -n von Burgen und Schlössern; Ü sie hatte nur noch -n im Mund *(völlig kaputte Zähne);* **b)** ⟨nur Pl.⟩ *Trümmer von Ruinen* (a): die -n des Krieges sind verschwunden.

ru|i̲|nen|haft ⟨Adj.⟩: *als Ruine erscheinend, gestaltet; an eine Ruine erinnernd.*

ru|i|ni̲e|ren ⟨sw. V.; hat⟩ [frz. ruiner < mlat. ruinare, zu lat. ruina, ↑Ruine]: **a)** *in einen sehr schlechten Zustand bringen u. so in seiner Existenz treffen, radikal schädigen, vernichten:* seine Gesundheit r.; sich gesundheitlich, finanziell r.; sie hat ihn ruiniert, wird ihn r.; der Krieg hat den Staat wirtschaftlich ruiniert; die Konkurrenz ruinierte ihm die Preise; der Alkohol ruinierte seine Gesundheit, seine Leber; ein ruinierter Geschäftsmann; völlig ruiniert sein; **R** ist der Ruf erst ruiniert, lebt es sich ganz ungeniert; **b)** *aufgrund von Unachtsamkeit stark beschädigen, unbrauchbar, unansehnlich machen:* bei dem Spaziergang im Regen habe ich meine/mir die Schuhe völlig ruiniert; er hat seinen Wagen, den Motor seines Wagens ruiniert.

ru|i|nö̲s ⟨Adj.⟩ [frz. ruineux < lat. ruinosus = baufällig]: **1.** *zum Ruin führend, beitragend:* ein -er Wettbewerb; -e Zinsen; Kredite zu -en Konditionen. **2.** (veraltend) *in baulichem Verfall begriffen, davon bedroht; baufällig, verfallen:* die -en Teile eines Gebäudes abreißen; die Plastiken an der Kirche sind in einem -en Zustand.

Ru|ko|la: ↑Rucola.

Ru̲|län|der, der; -s, - [H. u.]: **a)** ⟨o. Pl.⟩ *vom Spätburgunder abstammende helle Rebsorte, deren Trauben dicht mit kleinen, länglichen, rötlich grauen Beeren besetzt sind;* **b)** *goldfarbener, alkoholreicher, säurearmer Wein der Rebsorte Ruländer* (a).

Rụ̈lps, der; -es, -e [zu ↑rülpsen] (landsch. ugs.): **1.** *flegelhafter [junger] Mann mit ungehobeltem, schlechtem Benehmen.* **2.** *Rülpser.*

rụ̈lp|sen ⟨sw. V.; hat⟩ [lautm.] (ugs.): *[ungebührlich] geräuschvoll u. laut aufstoßen* (4 a): er rülpste ein paarmal [laut, heftig]; ⟨subst.:⟩ lass dein dauerndes Rülpsen!

Rụ̈lp|ser, der; -s, - (ugs.): **1.** *einzelnes Rülpsen:* einen R. unterdrücken. **2.** *jmd., der [dauernd] rülpst.*

Rụ̈lp|se|rin, die; -, -nen: w. Form zu ↑Rülpser (2).

rụm ⟨Adv.⟩: ugs. kurz für ↑herum.

Rụm, der; -s, -s, südd., österr. auch, schweiz. meist [ru:m], -s, -e [engl. rum, gek. aus älter: rumbullion, H. u.]: *Branntwein aus Melasse od. Saft des Zuckerrohrs.*

rụm|al|bern usw.: vgl. herumalbern usw.

Ru|mä̲|ne, der; -n, -n: Ew.

Ru|mä̲|ni|en, -s: Staat im südöstlichen Mitteleuropa.

Ru|mä̲|nin, die; -, -nen: w. Form zu ↑Rumäne.

ru|mä̲|nisch ⟨Adj.⟩: **a)** *Rumänien, die Rumänen betreffend; von den Rumänen stammend, zu ihnen gehörend;* **b)** *in der Sprache der Rumänen:* -e Literatur; der Text ist r. abgefasst.

Ru|mä̲|nisch, das; -s u. ⟨nur mit best. Art.:⟩ **Ru|mä̲|ni|sche,** das; -n: *die rumänische Sprache.*

Rụm|ba, die; -, -s, ugs. auch, österr. nur: der; -s, -s [span. (kuban.) rumba, eigtl. = herausfordernder Tanz, zu: rumbo = Herausforderung]: *(aus Kuba stammender) Gesellschaftstanz in raschem $^4/_4$- od. $^2/_4$-Takt u. mit vielfach verlagertem, stark betontem Rhythmus.*

rụm|brül|len ⟨sw. V.; hat⟩ (ugs.): *herumbrüllen.*

rụm|gam|meln ⟨sw. V.; hat⟩ (ugs.): *gammelnd* (2 b) *seine Zeit verbringen.*

rụm|ha|ben ⟨unr. V.; hat⟩: **1.** (salopp) *herumgekriegt* (1) *haben:* hast du ihn endlich rum? **2.** (ugs.) *eine bestimmte Zeit hinter sich gebracht haben:* den Wehrdienst hab' ich dann [endlich] rum.

rụm|hän|gen ⟨st. V.; hat⟩ (ugs.): **1.** *ohne sinnvolle Beschäftigung sein.* **2.** *sich irgendwo ohne eigentlichen Grund, zum bloßen Zeitvertreib aufhalten.* **3.** *herumhängen* (1): lass deine Klamotten hier nicht immer r.!

rụm|krie|gen ⟨sw. V.; hat⟩: **1.** (salopp) *durch Überredung o. Ä. zu etw. bewegen:* sie lässt sich nicht so leicht r. **2.** (ugs.) *(einen bestimmten Zeitabschnitt) hinter sich bringen:* irgendwie werden wir die Zeit [bis Ostern] auch noch r.

Rụm|ku|gel, die: *[in Schokoladenstreuseln gewälzte] kugelförmige Süßigkeit aus einer weichen Masse aus Zucker, [Kokos]fett, Kakao u. Rum[aroma].*

rụm|ma|chen ⟨sw. V.; hat⟩: **1.** (ugs.) *um etw. herumlegen, -binden o. Ä.:* mach doch ne Schnur rum!; da musst du einen Verband r. **2.** (salopp) *herumfummeln, -basteln o. Ä.:* an einem Auto r.; mach doch nicht immer an dem Pickel, an meinem Knie rum! **3.** (salopp) *sich mit jmdm. [sexuell] einlassen, verkehren:* mach doch nicht mit diesem Möchtegern-Casanova rum! **4.** (ugs.) *eine bestimmte Zeit hinter sich bringen, ableisten.* **5.** (salopp) *in einer bestimmten Gegend umhergehen* ⟨ist⟩.

[1]Rụm|mel, die; -, -n [mundartl. entstellt aus ↑Runkel, Runken] (landsch.): *Runkelrübe.*

[2]Rụm|mel, der; -s [zu ↑rummeln; 3: eigtl. = Gesamtheit von Gutem u. Schlechtem; das Ganze] (ugs.): **1.** *lärmende Betriebsamkeit; viel Aufheben, das um jmdn., etw. gemacht wird:* ein fürchterlicher, unbeschreiblicher, riesiger R.; der R. dauert nun schon mehr als zwei Stunden; endlich war der R. vorbei; keinen R. wollen; wozu machen, veranstalten sie einen solchen R.?; * **der ganze R.** *(alles zusammen, bes. in Bezug auf etw., was verkauft, abgegeben werden soll, was jmdm. überlassen wird; der ganze Trödelkram).* **2.** (landsch., bes. nordd.) **a)** *Jahrmarkt:* im Herbst ist wieder R.; **b)** *Rummelplatz:* die Kinder sind auf den R. gegangen; am Sonntag waren wir auf dem R. **3.** (veraltet) *Gesamtheit der gleichfarbigen Karten im Pikett* (1): * **den R. kennen/verstehen** *(etw. gründlich kennen u. wissen, wie es dabei zugeht; sich auskennen):* nach drei Tagen kannte er den R. im Betrieb.

rụm|meln ⟨sw. V.; hat⟩ [mhd. rummeln = lärmen, poltern, lautm.] (landsch. ugs.): *ein dumpfes, dröhnendes Geräusch von sich geben:* in der Ferne rummelt ein Gewitter.

Rụm|mel|platz, der (landsch., bes. nordd.): *Platz, auf dem ein Jahrmarkt abgehalten wird.*

Rum|my [ˈrœmi, ˈrʌmɪ], das; -s, -s (österr.): ↑Rommé.

Ru|mo̲r, der; -s [spätmhd. rumor < mlat. rumor = Lärm, Tumult < lat. rumor = dumpfes Geräusch; Gerücht] (landsch., sonst veraltet): *Lärm, Unruhe.*

ru|mo̲|ren ⟨sw. V.; hat⟩ [1: spätmhd. rumōren] (ugs.): **1.** *ein dumpfes Geräusch verursachen, lärmend poltern; geräuschvoll hantieren:* jmdn. auf dem [Dach]boden, in der Küche, in seinem Zimmer r. hören; ⟨auch unpers.:⟩ im Nebenzimmer rumorte es; Ü im Volk rumort es *(verbreitet sich, herrscht Unruhe).* **2.** *jmdm. im Magen kollern:* der neue Wein rumorte in ihren Därmen; ⟨auch unpers.:⟩ es rumorte in seinem Bauch. **3.** *herumspuken:* in ihm, in seinem Kopf rumorte der Gedanke, seine Laufbahn an den Nagel zu hängen.

[1]Rụm|pel, der; -s [zu ↑[1]rumpeln] (südd., md.): **1.** *Gerumpel.* **2.** *Gerümpel.*

[2]Rụm|pel, die; -, -n [zu ↑[2]rumpeln] (md. veraltend): *Waschbrett.*

[1]rụm|pe|lig, rumplig ⟨Adj.⟩ [zu ↑[1]rumpeln]: **1.** *rumpelnd.* **2.** (landsch.) *holperig* (1).

[2]rụm|pe|lig, rumplig ⟨Adj.⟩ [zu ↑[2]rumpeln] (md.): *faltig.*

Rụm|pel|kam|mer, die (ugs.): *Abstellkammer für Gerümpel o. Ä.:* etw. in die R. tragen, stellen; dieses wackelige Möbel gehört in die R. *(ist nicht mehr zu gebrauchen);* Ü Reformvorschläge in die R. werfen, verbannen *(vorerst nicht weiter verfolgen).*

[1]rụm|peln ⟨sw. V.⟩ [mhd. rumpeln, Nebenf. von ↑rummeln] (ugs.): **a)** *ein dumpfes Geräusch verursachen, poltern* ⟨hat⟩: auf dem [Dach]boden r.; die Straßenbahn rumpelt und quietscht; mit den Koffern r.; ⟨subst.:⟩ das Rumpeln der Lieferwagen; **b)** *sich rumpelnd* (a) *[fort]bewegen* ⟨ist⟩: der Wagen rumpelt durch die Stadt; die Kartoffeln rumpeln von einer Seite auf die andere.

[2]rụm|peln ⟨sw. V.; hat⟩ [ablautende Intensivbildung zu md. rimpen = mhd. rimpfen, ↑rümpfen] (md. ugs.): **1.** *knittern.* **2.** (veraltend) *Wäsche auf der [2]Rumpel reiben.*

Rụm|pel|stilz|chen, das; -s [eigtl. = rumpelnder Kobold; 2. Bestandteil Vkl. von veraltet Stülz = Hinkender]: *zwergenhafte Gestalt des Volksmärchens, deren erpresserische Macht über ein mit ihrer Hilfe Königin gewordenes Mädchen nur so lange besteht, bis es ihr ihren Namen nennen kann.*

Rụmpf, der; -[e]s, Rümpfe [mhd. rumpf, H. u.]: **1.** *(bei Mensch u. Tier) Körper ohne Kopf u. Gliedmaßen:* der R. einer Statue; den R. drehen, beugen; der Kopf sitzt auf dem R.; den Kopf vom R. [ab]trennen. **2. a)** *Schiff ohne Aufbauten;* **b)** *Flugzeug ohne Tragflächen u. Fahrgestell.*

Rụmpf|beu|ge, die (Gymnastik): *Übung, bei der der Oberkörper vorwärts, rückwärts od. seitwärts gebeugt wird.*

rụ̈mp|fen ⟨sw. V.; hat⟩ [mhd. rümpfen, im Ablaut zu: rimpfen, ahd. (h)rimpfan = zusammenziehen]: *(meist die Nase) missbilligend kraus, in Falten ziehen:* bei einem üblen Geruch, einem Witz die Nase r.; er rümpfte Stirn und Brauen.

[1]rụmp|lig: ↑[1]rumpelig.

[2]rụmp|lig: ↑[2]rumpelig.

Rump|steak, das; -s, -s [engl. rumpsteak, eigtl. = Rumpfstück, aus: rump = Hinterkeule, Schwanzstück u. steak, ↑Steak]: *Scheibe [mit Fettrand] aus dem Rückenstück des Rindes, die kurz gebraten od. gegrillt wird.*

rụms ⟨Interj.⟩: lautm. für das Geräusch, das bei einem dumpf tönenden Fall, Aufprall entsteht: r., lag der ganze Segen auf der Erde; r., war der Wagen aufgefahren; r., ein Unfall!

rụm|sen ⟨sw. V.; hat⟩ [zu ↑rums] (landsch.): **a)** ⟨meist unpers.⟩ *[bei einem Aufprall o. Ä.] dumpf tönenden Lärm, Krach verursachen:* er fiel gegen die Tür, dass es rumste; auf dieser

Kreuzung rumst es dauernd *(gibt es oft Zusammenstöße von Fahrzeugen);* **b)** rumsend (a) *auf etw. auftreffen:* gegen eine Mauer r.

Rụm|topf, der: **1.** *gezuckertes, in Rum eingelegtes Obst.* **2.** *Steintopf, größeres Glas für den Rumtopf* (1).

Rụm|ver|schnitt, der: *durch Verschneiden* (5) *aus Rum hergestelltes alkoholisches Getränk.*

Run [ran, engl. rʌn], der; -s, -s [engl. run, zu: to run = rennen, laufen]: *Ansturm auf etw. [wegen drohender Knappheit] Begehrtes:* der vorweihnachtliche R. auf Spielzeug, auf die Geschäfte; wie stets in Krisenzeiten setzte ein R. auf Gold ein; der R. auf Aktien wird sich fortsetzen.

rụnd [mhd. runt < afrz. ront, rond (= frz. rond) < lat. rotundus = rund (wie eine Scheibe), zu: rota = Rad, Kreis]: **I.** ⟨Adj.⟩ **1.** *die Form eines Kreises, einer Kugel aufweisend, im Wesentlichen ohne Ecken u. Kanten:* ein -er Tisch, Teller; ein -es Fenster, Beet; ein -er *(einer Kugel vergleichbarer, ähnlicher)* Kopf; ein -er *(krummer)* Rücken; das Kind machte -e Augen (ugs.; *blickte verwundert, staunend*); die Erde ist r.; durch die Frisur wirkt ihr Gesicht -er; die Linie verläuft r. **2.** *(vom Körper, von einem Körperteil) rundlich; dicklich, füllig:* -e Arme, Schultern, Knie; das Kind hat -e Bäckchen; er hat ein -es Kinn, einen -en Bauch; sie ist dick und r. geworden. **3.** (ugs.) **a)** *(von etw. Gezähltem, Gemessenem) ganz od. so gut wie ganz; voll:* ein -es Dutzend, Jahr, Jährchen, Stündchen; der Bau hat eine -e Million gekostet; er hat für die Arbeit -e drei Jahre gebraucht; der Wagen kostet -e 40 000 Mark; **b)** *(von Zahlen) einfach zu handhaben, bes. aus ganzen Zehnern, Hundertern usw. bestehend:* 100 ist eine -e Zahl; eine -e Summe. **4.** *in sich abgerundet u. vollkommen:* der Wein hat einen -en Geschmack, ein -es Bouquet; ein -er *(voller, abgerundeter)* Klang; ein -er (ugs.; *in jeder Hinsicht zufriedenstellender*) Erfolg; eine -e (ugs.; *überzeugende*) Leistung; der Motor läuft r. (ugs.; *ruhig, gleichmäßig*); bei uns läuft alles r. (ugs.; *ist alles in Ordnung, klappt alles*). **II.** ⟨Adv.⟩ **1.** *(von etw. Gezähltem, Gemessenem) ungefähr, etwa:* er hat r. (Abk.: rd.) 100 Mark ausgegeben; in r. einem Jahr wird sie fertig sein; r. *(grob, nicht ganz genau)* gerechnet sind das 1 000 Mark. **2.** *im Kreise, rings:* eine Reise r. um die Welt, Erde.

Rụnd, das; -[e]s, -e ⟨Pl. selten⟩ [frz. rond, zu: rond, ↑rund]: **a)** *runde Form einer Sache:* das R. ihrer Wangen, des Auges; **b)** *etw. [Rundes], was jmdn. umgibt; runde [umgrenzte] Fläche:* das [weite] R. der Arena.

Rụnd|bau, der ⟨Pl. -ten⟩: *Bauwerk mit kreisförmigem od. ovalem Grundriss [u. einer Kuppel als Dach].*

Rụnd|beet, das: *rundes Beet.*

Rụnd|blick, der: *Aussicht rundum, nach allen Seiten:* von hier oben hat man einen herrlichen R.

Rụnd|bo|gen, der (Kunstwiss., Archit.): *halbkreisförmiger Bogen, Gewölbe im Halbkreis über einer Maueröffnung.*

Rụnd|bo|gen|fens|ter, das: *Fenster mit oberem Abschluss als Rundbogen, bes. in der altchristlichen Baukunst u. Romanik.*

Rụnd|brief, der: *in entsprechend vielen Exemplaren an mehrere Empfänger verschickter Brief.*

Rụnd|bürs|te, die: *Haarbürste mit Stiel, die an ihrem oberen Ende rundum mit Borsten besteckt ist.*

Rụn|de, die; -, -n [spätmhd. runde = (Um)kreis; 2: frz. ronde, zu (a)frz. rond, ↑rund]: **1. a)** *kleinerer Kreis von Personen, Gesellschaft:* eine heitere R. [von Zechern]; die ganze R. sang mit; in fröhlicher, geselliger R.; einer fehlt in der R.; sie nahmen ihn in ihre R. auf; eine sozialpolitische R. *(Gesprächs-, Verhandlungsrunde);* **b)** *um jmdn. herum befindliche Personen u. Sachen, Umkreis, Rund* (b): in die R. blicken, zeigen; »Wer macht mit?«, fragte er in die R.; dunkle Tannen standen in der R. **2.** *im Bogen herum- u. zum Ausgangspunkt zurückführender Weg, Gang, Flug, zurückführende Fahrt; Rundgang* (1): eine R. durch die Stadt, den Garten, durch die Kneipen machen; der Wächter beginnt, geht, macht seine -n; das Flugzeug zieht eine R. über der Stadt; *** die R. machen** (ugs.; *rasch überall verbreitet, bekannt werden, sich herumsprechen*). **3.** (Sport) **a)** *Durchgang auf einem Rundkurs, einer im Kreis od. Oval herumführenden Fahr-, Laufstrecke o. Ä.:* eine R. laufen; die Fahrer drehten ihre -n; ruhig zog der Läufer seine -n; in die letzte R. gehen; er hat eine halbe R. Vorsprung; **b)** *Durchgang in einem Wettbewerb; Spiel od. Serie von Spielen:* eine R. Golf; spielen wir noch eine R. Skat?; **c)** *Durchgang in einem Wettkampf, Turnier:* er schied schon in der ersten R. aus; **d)** (Boxen) *Kampfabschnitt, zeitliche Einheit (von meist drei Minuten), die für sich bewertet wird:* die erste R. ging an den Herausforderer; der Kampf ging über zehn -n; Ring frei zur ersten R.!; *** über die -n kommen** (ugs.; *Schwierigkeiten mit einiger Mühe überwinden, bes. mit dem Geld gerade eben noch auskommen*); **etw. über die -n bringen** (ugs.; *etw. zustande, zu einem guten Ende bringen; durchstehen*). **4.** *für eine bestimmte Runde* (1 a) *(in einem Lokal o. Ä.) bestellte Anzahl von (meist alkoholischen) Getränken; Lage* (6): eine R. Bier, Wein, Schnaps; eine R. ausgeben, stiften, spendieren, (salopp:) schmeißen.

rụn|den ⟨sw. V.; hat⟩: **1. a)** *rund machen, abrunden:* den Rücken zu einem Buckel r.; gerundete Formen; Ü diese Nachricht rundet das Bild, den Eindruck; **b)** *ab- od. aufrunden:* eine Zahl [nach oben, unten] r.; gerundete Zahlen. **2.** ⟨r. + sich⟩ **a)** *rund werden:* die Backen runden sich; er hat sich in letzter Zeit ziemlich gerundet (ugs.; *ist dicker geworden*); Ü das Jahr rundet sich *(geht zu Ende);* **b)** *als etw. Rundes in Erscheinung treten, erkannt werden:* am Himmel rundet sich der Vollmond; **c)** *Gestalt annehmen:* das Bild, die Vorstellung rundet sich.

Rụnd|er|lass, der: *allen untergeordneten Dienststellen zugeleitete Anordnung einer Behörde.*

rụnd|er|neu|ern ⟨sw. V.; hat; meist nur im Inf. u. 2. Part. gebr.⟩ (Kfz-T.): *die Lauffläche eines abgefahrenen Reifens durch Vulkanisieren mit neuem Profil versehen:* runderneuerte Reifen.

Rụnd|er|neu|e|rung, die: *das Runderneuern.*

Rụnd|fahrt, die: **1.** *[Besichtigungs]fahrt durch eine od. mehrere Städte od. Gebiete mit Rückkehr zum Ausgangspunkt.* **2.** (Sport) *[mehrtägiger] Wettbewerb im Fahrrad- od. Motorsport über verschiedene Etappen.*

Rụnd|fei|le, die: *Feile mit kreisrundem Querschnitt.*

Rụnd|flug, der: *kurzer Flug, meist im Kreis über einer Stadt, mit Rückkehr zum Ausgangspunkt.*

Rụnd|fra|ge, die: *Frage [zu einem bestimmten Thema], die einer Reihe von Personen vorgelegt wird.*

rụnd|fra|gen ⟨sw. V.; hat; meist nur im Inf. u. 2. Part. gebr.⟩: *von einer bestimmten Anzahl von Personen jeden Einzelnen fragen:* hast du schon bei den Kolleginnen, im Büro rundgefragt?

Rụnd|funk, der; -s [1923 gepr. von dem dt. Funktechniker H. Bredow (1879–1959), eigtl. = Funk, der in die Runde ausgestrahlt wird; seit 1924 amtlich für »Radio«]: **1.** *drahtlose Verbreitung von Informationen u. Darbietungen durch elektromagnetische Wellen:* R. hören, veranstalten; etw. aus dem R. erfahren, im R. hören, über R. verbreiten. **2.** *durch den Rundfunksender verkörperte Einrichtung des Rundfunks* (1): der Hessische R.; den R. anrufen; er arbeitet beim staatlichen R.; das Konzert wird vom R. direkt übertragen.

Rụnd|funk|an|stalt, die: *Rundfunksender (als Anstalt des öffentlichen Rechts).*

Rụnd|funk|an|ten|ne, die: *Antenne für den Rundfunkempfang.*

Rụnd|funk|ap|pa|rat, der: *Rundfunkempfänger.*

Rụnd|funk|emp|fang, der: *Aufnahme der von einem Sender ausgestrahlten Wellen durch einen Rundfunkempfänger.*

Rụnd|funk|emp|fän|ger, der: *Empfangsgerät für Rundfunk.*

Rụnd|funk|ge|bühr, die ⟨meist Pl.⟩: *vom Rundfunkteilnehmer zu entrichtende Gebühr.*

Rụnd|funk|ge|rät, das: *Rundfunkempfänger.*

Rụnd|funk|hö|rer, der: *jmd., der Rundfunk hört.*

Rụnd|funk|hö|re|rin, die: w. Form zu ↑Rundfunkhörer.

Rụnd|funk|jour|na|list, der: *Journalist, der beim bzw. für den Rundfunk* (2) *arbeitet.*

Rụnd|funk|jour|na|lis|tin, die: w. Form zu ↑Rundfunkjournalist.

Rụnd|funk|kom|men|tar, der: *Kommentar* (2) *im Rundfunk.*

Rụnd|funk|or|ches|ter, das: *Orchester einer Rundfunkanstalt.*

Rụnd|funk|pro|gramm, das: **1.** *Programm* (1) *eines Rundfunksenders.* **2.** *Blatt, Heft o. Ä., in dem das Rundfunkprogramm* (1) *angekündigt [u. erläutert] wird.*

Rụnd|funk|re|por|ter, der: vgl. Reporter.

Rụnd|funk|re|por|te|rin, die: w. Form zu ↑Rundfunkreporter.

Rụnd|funk|sen|der, der: *Institution sowie technische Anlage, die Rundfunksendungen produziert u. ausstrahlt.*

Rụnd|funk|sen|dung, die: *in sich abgeschlossener Teil, einzelne Darbietung des Rundfunkprogramms* (1).

Rụnd|funk|spre|cher, der: *Sprecher* (1 c) *beim Rundfunk* (2).

Rụnd|funk|spre|che|rin, die: w. Form zu ↑Rundfunksprecher.

Rụnd|funk|sta|ti|on, die: *größerer Rundfunksender mit eigenem Programm.*

Rụnd|funk|stu|dio, das: vgl. Studio (2).

Rụnd|funk|tech|nik, die ⟨o. Pl.⟩: *Zweig der Elektrotechnik, der sich mit der Einrichtung u. Wartung von Sende- u. Empfangseinrichtungen des Rundfunks befasst.*

Rụnd|funk|tech|ni|ker, der (Berufsbez.): *Elektrotechniker, der sich mit der Einrichtung, Wartung, Prüfung, Reparatur o. Ä. von Sende- u. Empfangseinrichtungen im Bereich des Rundfunks beschäftigt.*

Rụnd|funk|tech|ni|ke|rin, die: w. Form zu ↑Rundfunktechniker.

rụnd|funk|tech|nisch ⟨Adj.⟩: *die Rundfunktechnik betreffend.*

Rụnd|funk|teil|neh|mer, der: *Rundfunkhörer.*

Rụnd|funk|teil|neh|me|rin, die: w. Form zu ↑Rundfunkteilnehmer.

Rụnd|funk|über|tra|gung, die: vgl. Fernsehübertragung.

Rụnd|funk|wer|bung, die ⟨o. Pl.⟩: *im Rundfunk ausgestrahlte Werbung.*

Rụnd|gang, der: **1.** *Gang* (1) *rundherum, durch ein Gebäude od. Gebiet, von einer Person od. Sache zur andern:* einen R. machen, antreten. **2.** *Strecke, angelegter Gang (in einem Gebäude, Schiff o. Ä.), der um etwas herumgeht; Umgang.*

rụnd|ge|hen ⟨unr. V.; ist⟩: **1.** *herumgereicht werden:* der Krug geht rund; Ü die Geschichte ist schon überall rundgegangen (ugs.; *weitererzählt worden*). **2.** *** es geht rund** (ugs.; *es gibt viel Arbeit, ist starker Betrieb*): im Büro gehts heute mächtig rund; auf der Party ging es richtig rund *(war eine prächtige, ausgelassene Stimmung).*

Rụnd|ge|sang, der: *Gesang, meist mit Kehrreim, in den in einer geselligen Runde reihum alle einstimmen od. Chor u. Solostimmen im Wechsel singen.*

Rụnd|heit, die; - [spätmhd. runtheit]: *das Rundsein, runde Gestalt.*

rụnd|he|raus ⟨Adv.⟩: *ohne Umschweife, direkt, offen u. seiner Sache sicher:* etw. r. erklären, sagen, fragen.

rụnd|he|rum ⟨Adv.⟩: **a)** *an allen Seiten, im Umkreis um jmdn., etw. herum; rings:* ein r. bemaltes Ei; **b)** *in die Runde:* r. blicken; **c)** *ganz u. gar; völlig:* r. nass werden; Ü er ist r. zufrieden.

Rụnd|holz, das: *Holz mit kreisrundem Querschnitt.*

R

Rund|kurs, der ([Motor]sport): *[mehrfach zu durchfahrende] Rennstrecke, bei der die Fahrer [immer wieder] zum Ausgangspunkt zurückkommen:* ein drei Kilometer langer R.

Rund|lauf, der: **1.** *das Umlaufen, Kreislauf:* der R. des Jahres. **2.** (Turnen) *aus einer an der Decke befestigten Scheibe mit ringsherum herabhängenden Strickleitern bestehendes Turngerät, an dem von einer Gruppe sich im Kreise fortbewegender Turnender Laufschritte, Sprünge u. Schwünge geübt werden.* **3.** *Spiel für mehrere Personen, die an einer Tischtennisplatte eine Art Tischtennis spielen, wobei jeder Spieler jedes Mal, wenn er den Ball gespielt hat, um die Tischtennisplatte herum auf die gegenüberliegende Seite laufen muss, um dort weiterzuspielen.*

rund|lich ⟨Adj.⟩ [spätmhd. runtlīche (Adv.)]: **a)** *annähernd rund, mit einer Rundung versehen:* -e Kieselsteine; -e Vertiefungen, Buchstaben; ein r. geschliffener Diamant; **b)** *ein wenig dick, füllig, mollig:* eine -e Blondine; -e Formen haben; er ist in letzter Zeit etwas r. geworden.

Rund|lich|keit, die; -: *rundliche Form, Figur.*

Rund|pfei|ler, der (Archit.): *Pfeiler mit kreisförmigem Querschnitt.*

Rund|rei|se, die: vgl. Rundfahrt (1).

Rund|rü|cken, der (Med.): *[durch fehlerhafte Körperhaltung entstandene] Wölbung des Rückens nach außen.*

Rund|ruf, der: *Ruf (durch Telefon, Funk o. Ä.), der an alle innerhalb einer bestimmten Gruppe ergeht:* eine Terminverschiebung durch einen telefonischen R. bekannt machen.

Rund|schau, die (geh.): *Rundblick* (a), *Umschau.*

Rund|schnitt, der: *Haarschnitt, bei dem die Konturen in einer fließenden Linie in einem Oval verlaufen.*

Rund|schrei|ben, das: *Rundbrief.*

Rund|sicht, die: *Rundblick* (a).

Rund|stre|cke, die (Sport): vgl. Rundkurs.

Rund|stück, das (nordd.): *großes rundes Brötchen.*

Rund|tanz, der: **a)** *gemeinsam im Kreis mit festgelegten Bewegungen (zeitweise Auflösung der Paare u. Partnerwechsel) durchgeführter Tanz;* **b)** *Musik zum Rundtanz* (a): einen R. spielen.

rund|um ⟨Adv.⟩: **a)** *in der Runde, ringsum, im Umkreis, rundherum* (a): r. standen Neugierige; das Fleisch r. anbraten; **b)** *rundherum:* r. zufrieden, glücklich sein.

Rund|um|schlag, der: *Schlag nach allen Seiten:* Ü sich mit einem [verbalen, rhetorischen] R. Luft machen.

Rund|um|sicht, die (Kfz-W.): *Sicht nach allen Seiten:* der Wagen bietet eine tadellose R.

Rund|um|ver|gla|sung, die: *Verglasung auf allen Seiten.*

Run|dung, die; -, -en: *runde Form, Rundheit, Wölbung:* die R. der Kuppel; die weiblichen -en; in sanfter R. spannt sich der Brückenbogen über das Tal.

Rund|wan|der|weg, der: vgl. Rundweg.

rund|weg ⟨Adv.⟩ (emotional): *entschieden u. vollständig, ohne Diskussion od. Überlegung; unumwunden:* etw. r. leugnen, ablehnen; das ist r. falsch.

Rund|weg, der: *Spazier-, Wanderweg, der wieder zum Ausgangspunkt zurückführt:* der R. ist ausgeschildert.

Rund|zelt: *rundes Zelt.*

Ru|ne, die; -, -n [mhd. rūne, ahd. rūna = Geheimnis; geheime Beratung; Geflüster, wahrsch. eigtl. = (heimliches) Flüstern, Tuscheln; lautm.]: *Zeichen der von den Germanen benutzten Schrift.*

Ru|nen|al|pha|bet, das: *Alphabet der Runenschrift.*

Ru|nen|schrift, die: *mit Runen geschriebene Schrift* (1 a, b).

Ru|nen|zei|chen, das: *Rune.*

Run|kel, die; -, -n (österr., schweiz.): *Runkelrübe.*

Run|kel|rü|be, die [wahrsch. zu landsch. Runken = unförmiges, dickes Stück, nach der dicken Wurzel der Pflanze, od. zu ↑Runzel, nach den auffallend runzligen Samen]: *als Viehfutter angebaute krautige Pflanze mit einer dicken, weit aus dem Boden ragenden Wurzel; Futterrübe.*

Run|ning|gag [ˈrʌnɪŋɡɛk], der; -s, -s, (auch:) **Running Gag,** der; - -s, - -s [engl., aus: running = ständig, fortlaufend (zu: to run = laufen, rennen) u. gag, ↑Gag]: *Gag, der sich immer wiederholt, der oft verwendet wird.*

Run|se, die; -, -n [mhd. runs(t), ahd. runsa = Fluss(lauf), eigtl. = das Rinnen; vgl. blutrünstig] (südd., österr., schweiz.): *Rinne [mit Wildbach] an Gebirgshängen.*

run|ter ⟨Adv.⟩: ugs. für ↑herunter, hinunter: r. vom Baum!

run|ter|fal|len ⟨st. V.; ist⟩ (ugs.): *herunter-, hinunterfallen:* pass auf, dass du nicht runterfällst!; ***hinten r.** *(sich mit seiner Leistung o. Ä. anderen gegenüber nicht behaupten können).*

run|ter|flie|gen ⟨st. V.; ist⟩ (ugs.): *herunter-, hinunterfliegen.*

run|ter|ge|hen ⟨unr. V.; ist⟩ (ugs.): *heruntergehen, hinuntergehen.*

run|ter|hau|en ⟨unr. V.; haute runter, hat runtergehauen⟩: ***jmdm. eine/ein paar r.** (salopp; *jmdn. ohrfeigen).*

run|ter|ho|len ⟨sw. V.; hat⟩: **1.** *herunterholen.* **2.** ***sich, jmdm. einen r.** (vulg.; *masturbieren* 1, 2).

run|ter|kip|pen ⟨sw. V.⟩ (ugs.): **1.** *hinunterkippen* (1) ⟨hat⟩: einen Schnaps r. **2.** *hinunterkippen* (2) ⟨ist⟩.

run|ter|kom|men ⟨st. V.; ist⟩ (ugs.): *herunterkommen.*

run|ter|krie|gen ⟨sw. V.; hat⟩ (ugs.): *herunter-, hinunterbekommen.*

run|ter|las|sen ⟨st. V.; hat⟩ (ugs.): *herunter-, hinunterlassen.*

run|ter|put|zen ⟨sw. V.; hat⟩ (salopp): *heruntermachen* (a).

run|ter|rut|schen ⟨sw. V.; ist⟩ (ugs.): *herunter-, hinunterrutschen:* R rutsch mir den Buckel runter! *(lass mich [damit] in Ruhe!).*

run|ter|schlu|cken ⟨sw. V.; hat⟩ (ugs.): *hinunter-, herunterschlucken.*

run|ter|set|zen ⟨sw. V.; hat⟩ (ugs.): *heruntersetzen, herabsetzen.*

run|ter|stu|fen ⟨sw. V.; hat⟩ (ugs.): *herunterstufen.*

run|ter|tre|ten ⟨st. V.⟩ (ugs.): **1.** *von einer erhöhten Stelle nach unten treten* ⟨ist⟩: vom Bürgersteig r. **2.** ⟨hat⟩ **a)** *auf etw. treten, sodass es zu Boden gedrückt wird:* das Gras r.; **b)** *abtreten* (4 b): runtergetretene Absätze.

run|ter|wirt|schaf|ten ⟨sw. V.; hat⟩ (ugs.): *herunterwirtschaften.*

Run|way [ˈrʌnweɪ], die; -, -s od. der; -[s], -s [engl. runway, zu: to run = laufen u. way = Weg] (Flugw.): *Start-und-Lande-Bahn.*

Run|zel, die; -, -n ⟨meist Pl.⟩ [mhd. runzel, ahd. runzula, Vkl. von mhd. runze, ahd. runza = Runzel]: *Falte in der Haut:* tiefe -n; viele -n auf der Stirn haben; Hände voller -n.

run|ze|lig, runzlig ⟨Adj.⟩ [älter runzlicht, mhd. runzeleht, ahd. runziloht]: *stark gerunzelt; mit Runzeln, Falten bedeckt:* -e Haut, Hände; der Apfel ist schon ganz r. geworden.

run|zeln ⟨sw. V.; hat⟩ [mhd. runzeln]: **a)** *in Falten ziehen, faltig zusammenziehen:* [ärgerlich, nachdenklich] die Stirn, die Augenbrauen r.; mit gerunzelter Stirn; **b)** ⟨r. + sich⟩ *Runzeln bekommen:* die Haut runzelt sich.

runz|lig: ↑runzelig.

Rü|pel, der; -s, - [als Scheltwort gebrauchte frühnhd. Kurzf. des m. Vorn. Ruprecht] (abwertend): *männliche Person, die ungehobelt u. grob ist, die sich schlecht, ungezogen benimmt, deren Betragen andere empört:* so ein R.!

Rü|pe|lei, die; -, -en (abwertend): **1.** ⟨o. Pl.⟩ *rüpelhaftes Benehmen.* **2.** *rüpelhafte Handlung:* solche -en lassen wir uns nicht gefallen!

rü|pel|haft ⟨Adj.⟩ (abwertend): *wie ein Rüpel [sich benehmend]:* ein -er Mensch; sich r. benehmen.

Rü|pel|haf|tig|keit, die; -: *rüpelhafte Art, rüpelhaftes Benehmen.*

rup|fen ⟨sw. V.; hat⟩ [mhd. rupfen, ropfen, ahd. ropfōn, zu ↑raufen]: **1. a)** *herausziehen, ruckartig [in einzelnen Büscheln] ausreißen:* Gras, Kräuter, Unkraut r.; **b)** *geschlachtetem Geflügel die Federn zupfend ausreißen:* ein Huhn, eine Gans r.; **c)** *von, aus etw. auf kräftige, ruckartige, zupfende Weise entfernen:* die Blätter vom Stiel r. **2.** (ugs.) *übervorteilen; jmdm. viel Geld abnehmen, ihn um sein Geld bringen:* der Wirt hat uns ganz schön gerupft. **3.** (Jargon) *unregelmäßig stoßen, ein stoßendes, reißendes Geräusch von sich geben:* die Kupplung rupft.

Rup|fen, der; -s, (Sorten:) - [mhd. rupfen, wohl eigtl. = Gewebe aus einem Stoff, der von der Hechel abgerupft wird]: *grobes, poröses Gewebe aus Jute in Leinwandbindung:* ein Sack aus R.; die Wände sind mit R. bespannt.

Ru|pi|ah, die; -, - [indones. rupiah < Hindi rūpaiyā, ↑Rupie]: *Währungseinheit in Indonesien* (1 Rupiah = 100 Sen; Abk.: Rp).

Ru|pie, die; -, -n [Hindi rūpaiyā < aind. rū́pya = Silber]: *Währungseinheit in Indien* (Abk.: iR) *u. anderen Staaten.*

rup|pig ⟨Adj.⟩ [zu ↑rupfen, urspr. = gerupft, dann: zerlumpt, arm]: **1.** (abwertend) *unhöflich-frech; unfreundlich:* ein -er Mensch; hier herrscht ein -er Ton; er war sehr r. zu uns, hat r. geantwortet. **2.** *grob, hart u. unfair:* ein -es Spiel; r. spielen.

Rup|pig|keit, die; -, -en (abwertend): **1.** ⟨o. Pl.⟩ *ruppiges Benehmen.* **2.** *ruppige Handlungsweise, Äußerung.*

Ru|precht: in der Fügung **Knecht R.** (landsch.; *Begleiter des Nikolaus od. des Christkindes [der Rute u. Geschenke trägt];* nach dem m. Vorn. Ruprecht).

Rup|tur, die; -, -en [spätlat. ruptura, zu lat. ruptum, 2. Part. von: rumpere = brechen, zerreißen] (Med.): *Zerreißung (eines Gefäßes od. Organs), Durchbruch (z. B. der Gebärmutter).*

Rü|sche, die; -, -n [frz. ruche, eigtl. = Bienenkorb (nach der Form des Besatzes) < vlat. rusca = Rinde (Bienenkörbe wurden urspr. aus Rinde gefertigt), aus dem Kelt.]: *dem schöneren Aussehen dienender Besatz aus gefälteltem Stoff od. geraffter Spitze an einem Kleid o. Ä.:* eine R. um den Halsausschnitt; ein Kleid mit -n.

Rü|schen|blu|se, die: *Bluse mit Rüschen.*

Rü|schen|hemd, das: vgl. Rüschenbluse.

Rü|schen|kleid, das: vgl. Rüschenbluse.

Rü|schen|kra|gen, der: *Kragen aus od. mit Rüschen.*

Rush|hour [ˈrʌʃlaʊə], die; -, -s ⟨Pl. selten⟩ [engl. rush-hour(s), zu: to rush = (vorwärts) stürmen, drängen u. hour = Stunde]: *Hauptverkehrszeit.*

Ruß, der; -es, (Fachspr.:) -e [mhd., ahd. ruoȥ, H. u.]: *schwarze, schmierige Substanz (aus Kohlenstoff), die bei unvollkommener Verbrennung organischer Substanzen entsteht:* Wände waren voller R.

Rus|se, der; -n, -n: **1. a)** Angehöriger eines ostslawischen Volkes; **b)** (hist.) Einwohner Russlands (1). **c)** Einwohner der Russischen Föderation. **2.** (ugs. früher) *Sowjetbürger.*

Rüs|sel, der; -s, - [mhd. rüeȥel, zu ahd. ruoȥȥen = wühlen, also eigtl. = Wühler]: **1. a)** *zu einem röhrenförmigen, zum Tasten, auch Greifen dienenden Organ ausgebildete Nase bei manchen Säugetieren:* der R. des Elefanten, des Tapirs; die Wildschweine wühlten mit ihrem R. die Erde auf; **b)** *bewegliches [ausstülpbares] Organ zum Saugen od. Stechen bei verschiedenen Insekten, Würmern, Schnecken u. Ä.* **2.** (salopp) *Nase:* nimm deinen R. weg!

rüs|sel|ar|tig ⟨Adj.⟩: *einem Rüssel* (1) *ähnlich.*

rüs|sel|för|mig ⟨Adj.⟩: *in der Form einem Rüssel* (1) *ähnlich.*

Rüs|sel|tier, das (ugs. scherzh.): *Elefant.*

ru|ßen ⟨sw. V.; hat⟩ [mhd. (ge-, über)ruoȥen]: **1.** *unter Rußentwicklung brennen:* die Kerze, die Petroleumlampe rußt stark. **2.** *mit Ruß einfärben, schwärzen:* durch ein gerußtes Glas in die

R

Sonne schauen. 3. (schweiz.) *von Ruß säubern:* das Kamin r.

Rus|sen|blu|se, die, **Rus|sen|kit|tel,** der: *(früher zur Tracht russischer Bauern gehörende) kittelartige, gestickte Bluse mit schmalem Stehkragen u. Ärmelbündchen.*

Rus|sen|ma|fia, die: *von Russen* (1 c) *gegründete international tätige erpresserische Geheimorganisation.*

Ruß|ent|wick|lung, die: *Entstehen von Ruß:* unter starker R. verbrennen.

ruß|far|ben, ruß|far|big ‹Adj.›: *schwarz u. glanzlos.*

Ruß|fil|ter, der: *Vorrichtung bei Dieselmotoren, die den im Abgas enthaltenen Ruß zurückhalten soll.*

ruß|ge|schwärzt ‹Adj.›: *schwarz von Ruß.*

rus|si|fi|zie|ren ‹sw. V.; hat› [zu ↑russisch u. lat. facere = machen]: *an die Sprache, die Sitten u. das Wesen der Russen angleichen.*

Rus|si|fi|zie|rung, die; -, -en: *das Russifizieren; das Russifiziertwerden.*

ru|ßig ‹Adj.› [mhd. ruoȝec, ahd. ruoȝag]: *von Ruß geschwärzt, mit Ruß überzogen:* -e Hände; die Wände sind alt und r.; du hast dich [am Ofen] r. gemacht.

Rus|sin, die; -, -nen: w. Form zu ↑Russe.

rus|sisch ‹Adj.› [mhd. (md.) rūȝesch, zu: Rūȝ, ahd. Rūȝo < mlat. Russus < mgriech. Ruós < aruss. Rus = Russe, aus dem Anord.]: **a)** *Russland, die Russen betreffend; von den Russen stammend, zu ihnen gehörend:* die -e Hauptstadt; -er Abstammung sein; echt -er Wodka; **b)** *in der Sprache der Russen:* -e Literatur; der Text ist r. abgefasst.

Rus|sisch, das; -[s]: **a)** *russische Sprache;* **b)** *russische Sprache u. Literatur als Lehrfach.*

Rus|sisch|brot, das ‹o. Pl.› [H. u.]: *haltbares, härteres, hellbraunes, glänzendes Feingebäck in Form von Buchstaben.*

Rus|si|sche, das; -n ‹nur mit best. Art.›: *Russisch* (a).

rus|sisch-or|tho|dox ‹Adj.›: *der orthodoxen Kirche in ihrer russischen Ausprägung angehörend.*

rus|sisch|spra|chig ‹Adj.›: vgl. deutschsprachig.

Russ|ki, der; -[s], -[s] (bes. Soldatenspr. früher abwertend): *Russe; russischer Soldat.*

Russ|land; -s: **1.** *Russische Föderation* (Staat in Osteuropa und Asien). **2.** (ugs. früher) *UdSSR.*

Russ|land|deut|sche, der u. die: *in Russland* (1) *geborene [u. dort lebende] Person mit deutscher Volkszugehörigkeit.*

ruß|schwarz ‹Adj.›: *schwarz wie Ruß od. von Ruß.*

ruß|ver|schmiert ‹Adj.›: *mit Ruß verschmiert.*

rüs|ten ‹sw. V.; hat› [mhd. rüsten, rusten, ahd. (h)rusten, zu: hrust = Rüstung, urspr. = herrichten, ausstatten, schmücken, H. u.]: **1.** *sich bewaffnen; die militärische Stärke durch [vermehrte] Produktion von Waffen [u. Vergrößerung der Armee] erhöhen:* der Feind rüstet [zum Krieg, für einen neuen Krieg]; schlecht, gut, bis an die Zähne gerüstet sein. **2. a)** ‹r. + sich› (geh.) *sich für etw. bereitmachen:* sich zur Reise, für einen Besuch r.; Ü ‹auch ohne »sich«:› zum Aufbruch r.; wir sind nicht dafür gerüstet; **b)** (geh.) *vorbereiten, fertig machen; richten:* das Essen r.; ein Fest, eine Feier r. *(veranstalten, ausrichten);* sie rüstete ihm ein Bad *(bereitete ihm ein Bad).*

Rüs|ter [auch: ˈryːstɐ], die; -, -n [zu mhd. rust = Ulme, H. u.; zum 2. Bestandteil -ter vgl. Teer]: *Ulme* (1, 2).

Rüs|ter|holz, Rüs|tern|holz, das: *Holz der Rüster.*

Rus|ti|co, der od. das; -s, ...ci [...tʃi; zu ital. rustico = ländlich, bäuerlich < lat. rusticus, ↑rustikal] (schweiz.): **a)** *Bauernhaus;* **b)** *Ferienhaus im Stil eines Rusticos* (a).

rüs|tig ‹Adj.› [mhd. rüstec = gerüstet, bereit, ahd. hrustīg = geschmückt, zu ↑rüsten]: **a)** *(trotz Alter) noch fähig, [anstrengende] Aufgaben zu erfüllen; noch nicht hinfällig, sondern frisch u. leistungsfähig:* eine -e alte Dame; er ist ein -er Siebziger, Rentner; **b)** (geh.) *kraftvoll; kräftig:* der Wanderer schritt r. aus.

Rüs|tig|keit, die; -: *das Rüstigsein.*

rus|ti|kal ‹Adj.› [mlat. rusticalis, zu lat. rusticus = ländlich, schlicht, bäurisch, zu: rus = Land]: **1. a)** *ländlich-schlicht, bäuerlich:* -e Hausmannskost; gern r. essen; **b)** *eine ländlich-gediegene Note habend:* eine -e Einrichtung; -e Kleidung; ein handgewebter Stoff mit -em Muster; das Haus ist r. möbliert. **2. a)** *von bäuerlich-robuster, unkomplizierter, schlichter Wesensart:* sein Habitus ist ziemlich r.; **b)** (veraltend abwertend) *bäurisch, grob, ungehobelt:* ein -es Auftreten; zwei -e Burschen betraten das Lokal.

Rus|ti|ka|li|tät, die; -: *rustikale Art, rustikales Wesen.*

Rüst|tag, der (jüd. Rel.): *[Vorbereitung, Besinnung am] Vorabend eines Festtages, Festes.*

Rüs|tung, die; -, -en [16. Jh.; schon ahd. rustunga = Werkzeug]: **1.** *(bes. im Mittelalter) den Körperformen eines Kriegers angepasster Schutz [aus Metall] gegen Verwundungen, der ähnlich wie eine Uniform getragen wird:* eine schwere, glänzende, metallene R.; eine R. anlegen, tragen, ablegen; ein Ritter in voller R. **2.** *das Rüsten* (1); *Gesamtheit aller militärischen Maßnahmen u. Mittel zur Verteidigung eines Landes od. zur Vorbereitung eines kriegerischen Angriffs:* eine kostspielige, konventionelle, nukleare R.; die R. verschlingt Millionen.

Rüs|tungs|ab|bau, der: *Abbau der Rüstung* (2).

Rüs|tungs|auf|trag, der: *Auftrag* (2), *der Waffen od. Gegenstände der militärischen Ausrüstung betrifft.*

Rüs|tungs|aus|ga|be, die ‹meist Pl.›: *Ausgabe* (3) *für die Rüstung* (2).

Rüs|tungs|be|gren|zung, die: *Begrenzung der Rüstung* (2).

Rüs|tungs|etat, der: *die Rüstung* (2) *betreffender Teil des Haushaltsplans.*

Rüs|tungs|gut, das ‹meist Pl.›: *in den Bereich der Rüstung* (2) *gehörendes industrielles Produkt.*

Rüs|tungs|in|dus|trie, die: *Industriezweig, der bes. für die Rüstung* (2) *produziert.*

Rüs|tungs|kon|trol|le, die: *(bes. internationale) Kontrolle der Rüstung[sbegrenzung].*

Rüs|tungs|kon|ver|si|on, die: *Konversion* (8).

Rüs|tungs|po|ten|zi|al, das: *Gesamtheit aller im Bereich der Rüstung* (2) *verfügbaren Mittel und Fähigkeiten.*

Rüs|tungs|stopp, der: *das Einstellen der Aufrüstung.*

Rüs|tungs|wett|lauf, der: *das Wettrüsten.*

Rüst|zeug, das: **a)** *Gesamtheit aller [Ausrüstungs]gegenstände u. Werkzeuge für einen bestimmten Zweck;* **b)** *für eine bestimmte Tätigkeit nötiges Wissen u. Können.*

Ru|te, die; -, -n [mhd. ruote, ahd. ruota, H. u.]: **1. a)** *langer, dünner, biegsamer Zweig:* die -n der Weide; eine R. abschneiden; jmdn. mit einer R. schlagen; **b)** *abgeschnittene Rute* (1 a), *Bündel aus abgeschnittenen Ruten* (1 a) *zum Schlagen, Züchtigen:* die R. zu spüren bekommen; der Nikolaus mit Sack und R.; * **mit eiserner R. [regieren]** *(hart, rücksichtslos [regieren]).* **2.** kurz für ↑Angelrute. **3.** kurz für ↑Wünschelrute. **4.** (Jägerspr.) *Schwanz (bei Raubwild, Hund u. Eichhörnchen).*

Ru|ten|bün|del, das: **1.** *Bündel aus Ruten* (1 a). **2.** *Faszes.*

Ru|ten|gän|ger, der; -s, -: kurz für ↑Wünschelrutengänger.

Ru|ten|gän|ge|rin, die; -, -nen: w. Form zu ↑Rutengänger.

Ru|the|ni|um, das; -s [nach Ruthenien, dem alten Namen der Ukraine] (Chemie): *mattgraues od. silberweiß glänzendes, sehr hartes, sprödes Edelmetall* (*chemisches Element;* Zeichen: Ru).

Rutsch, der; -[e]s, -e: **1. a)** *das Rutschen nach unten; gleitende Abwärtsbewegung:* * **guten R.!** (ugs.; *gute Fahrt!*); **guten R. ins neue Jahr!** (ugs.; Wunschformel zum Jahreswechsel; wohl zu rotwelsch rosch = Anfang, Beginn, eigtl. = Kopf, also eigtl. = guten [Jahres]anfang, volksetym. angelehnt an ↑Rutsch); **in einem/auf einen R.** (ugs.; *auf einmal, ohne Unterbrechung*): ein Buch in einem R. [durch]lesen; ich hatte ein ganzes Pfund Kirschen auf einen R. gegessen; **b)** *rutschende Erd-, Gesteinsmassen:* in den Alpen kann ein Steinwurf -e und Lawinen auslösen. **2.** (ugs.) *kleiner Ausflug, kurze Fahrt, Spritztour:* über das Wochenende einen R. ins Grüne machen; auf einen R. an die Küste fahren.

Rutsch|bahn, die: **1.** *Gerüst mit schräger Bahn, auf der hinuntergerutscht werden kann.* **2.** (ugs.) *glatte Fläche auf Eis, Schnee zum Rutschen* (1 a): [sich] eine R. machen.

Rut|sche, die; -, -n: **1.** *Rutschbahn* (1): unsere Kinder gehen am liebsten auf die R. **2.** *einer Rutschbahn ähnliche schiefe Ebene, auf der etw. rutschend befördert werden kann:* das Schüttgut gelangt über eine R. in den Waggon; Pakete auf/über -n weiterbefördern.

rut|schen ‹sw. V.; ist› [spätmhd. rutschen, wahrsch. lautm.]: **1. a)** *sich gleitend über eine Fläche hinbewegen:* auf seinem Platz hin und her r.; über den gefrorenen Schnee, die vereiste Fahrbahn r.; der kleine Junge rutscht durchs Zimmer; der Teppich rutscht *(verschiebt sich);* die Kupplung rutscht *(fasst nicht);* ‹subst.:› ins Rutschen kommen, geraten; **b)** (landsch.) *schlittern* (1): die Kinder gehen r.; **c)** *ausrutschen:* sie rutschte und verletzte sich; er ist [auf der nassen Straße mit dem Auto] gerutscht; ‹subst.:› in der Kurve kam der Wagen ins Rutschen; **d)** (ugs.) *zur Seite rücken:* kannst du ein wenig r.?; rutsch mal! **2.** *[nicht fest sitzen (wie es sein sollte), sondern] sich [unabsichtlich] gleitend nach unten bewegen:* die Brille, Hose, der Rock rutscht; vom Stuhl r.; die Mütze rutschte [ihr vom Kopf]; der Schnee rutschte vom Dach; die Tasse ist ihr aus der Hand gerutscht; das trockene Brot rutscht schlecht (ugs.; *lässt sich schwer hinunterschlucken*); Ü die Preise beginnen zu r. *(zu fallen).* **3.** (ugs.) *[kurz entschlossen] eine kurze Reise, einen Ausflug o. Ä. unternehmen:* er ist über die Feiertage mal eben nach Berlin gerutscht.

Rut|scher, der; -s, -: (ugs.) *einzelnes Rutschen, Ausrutschen:* ein R. auf dem glatten Boden.

Rut|sche|rei, die; - (ugs.): *[dauerndes] Rutschen.*

rutsch|fest ‹Adj.›: **1.** *(bes. von Textilgeweben) beim Rutschen* (1 a), *Scheuern keinen, nur geringen Schaden nehmend:* die Kinderhose ist aus -em Material. **2.** *ein Rutschen nicht so leicht zulassend:* ein -er Autoreifen, Teppichboden.

Rutsch|ge|fahr, die ‹o. Pl.›: *Gefahr des Rutschens (bes. auf glatter Fahrbahn):* es bestand erhöhte R.

rut|schig ‹Adj.›: *so beschaffen, dass jmd. leicht darauf [aus]rutschen kann; glatt:* -es Kopfsteinpflaster; die Straße war feucht und r.

Rutsch|par|tie, die (ugs.): *Fortbewegung auf einer glatten Oberfläche unter häufigem Ausrutschen:* der Weg ins Tal war die reinste R.; eine R. machen.

rutsch|si|cher ‹Adj.›: *rutschfest* (2).

Rut|te, die; -, -n [mhd. rutte, ↑Aalraupe]: *(zu den Dorschfischen gehörender) im Süßwasser lebender, großer Raubfisch von graubrauner Färbung mit langer Afterflosse.*

Rüt|te|lei, die; -, -en ‹Pl. selten› (ugs., meist abwertend): *[dauerndes] Rütteln* (1, 2).

Rüt|tel|flug, der: *das Rütteln* (3).

rüt|teln ‹sw. V.› [mhd. rütteln, rütelen, Iterativbildung zu: rütten = erschüttern; im Sinne von »Bäume losrütteln« verw. mit ↑roden; vgl. zerrütten]: **1.** ‹hat› **a)** *schnell [ruckweise] hin u. her bewegen, heftig schütteln:* ein Sieb r.; jmdn. am Arm, an der Schulter r.; ich wurde aus dem Schlaf gerüttelt; **b)** *(etw., was sich nicht aus eigenem Antrieb bewegen kann) fassen u. heftig hin u. her bewegen od. zu bewegen [u. zu öffnen] versuchen:* an der Tür, am Gitter r.; der Sturm rüttelt an den Fensterläden; Ü an den Grundfesten der Außenpolitik r.; an dem Vertrag darf nicht gerüttelt *(nichts infrage gestellt, nichts verändert)* werden; daran ist nicht, gibt es nichts zu r. *(das ist unabänderlich).* **2. a)** *sich* *[durch eine von außen einwirkende Kraft] ruckartig hin u. her bewegen, heftig erschüttert werden* ⟨hat⟩: der Motor rüttelt (Jargon; *läuft unregelmäßig, stoßend*); **b)** *ruckartig fahren, sich fortbewegen* ⟨ist⟩: der Wagen rüttelt über das Kopfsteinpflaster. **3.** (Zool., Jägerspr.) *(bes. von Greifvögeln) mithilfe von kurzen, heftigen Flügelschlägen bei fast senkrechter Körperhaltung an einer Stelle in der Luft verweilen* ⟨hat⟩: über der Lichtung rüttelte ein Habicht; ein rüttelnder Falke.

Ru|wer, die; -: rechter Nebenfluss der Mosel.

RVO = Reichsversicherungsordnung.

Rwan|da usw.: ↑Ruanda usw.

Rye [raɪ], der; - [engl. rye, eigtl. = Roggen]: *amerikanischer Whiskey, dessen Maische (2) überwiegend aus Roggen bereitet ist.*

s, S [ɛs], das; -, - [mhd., ahd. s]: *neunzehnter Buchstabe des Alphabets; ein Konsonant:* ein kleines s, ein großes S schreiben; scharfes S *(Eszett).*

s, sh = Shilling.

S = Schilling; Sen; Süd[en]; Sulfur.

S = small (klein; internationale Kleidergröße).

σ, ς, Σ: ↑Sigma.

$ = Dollar.

s. = sieh[e]!

S. = San, Sant', Santa, Santo, São; Seite.

S., Se. = Seine (Exzellenz usw.).

SA [ɛs'aː], die; - (nationalsoz.): Sturmabteilung (uniformierte u. bewaffnete politische Kampftruppe als Organisationseinheit der NSDAP).

Sa. = Summa; Sachsen; Samstag; Sonnabend.

Saal, der; -[e]s, Säle [mhd., ahd. sal, urspr. Bez. für das aus einem Raum bestehende Haus der Germanen, eigtl. = durch Flechtwerk od. Zäune geschützter Wohn-, Siedlungsraum]: **1.** *für Festlichkeiten, Versammlungen o. Ä. bestimmter größerer Raum in einem Gebäude:* ein großer, hoher, erleuchteter, festlich geschmückter S.; der S. war überfüllt, bis auf den letzten Platz besetzt; der S. hat eine gute Akustik; einen S. mieten; bei Regen findet die Veranstaltung im S. statt. **2.** *in einem Saal (1) versammelte Menge von Menschen:* der [ganze] S. tobte vor Begeisterung.

Saal|bau, der ⟨Pl. -ten⟩ (Archit.): *Gebäude, in dem sich ein großer Saal (1) befindet.*

Saal|die|ner, der: *(an seiner besonderen Dienstkleidung erkennbarer) Bediensteter eines Parlaments, der im Plenarsaal die für einen reibungslosen Ablauf der Sitzungen notwendigen Hilfsdienste leistet.*

Saal|die|ne|rin, die: w. Form zu ↑Saaldiener.

Saa|le, die; -: linker Nebenfluss der Elbe.

Saal|kell|ner, der (schweiz.): *Kellner in einem Hotel.*

Saal|ord|ner, der: *Ordner (1), der bei Versammlungen in einem Saal (1) eingesetzt wird.*

Saal|schlacht, die: *Schlägerei in einem Saal zwischen Teilnehmenden an einer [politischen] Versammlung.*

Saal|schutz, der: **a)** *Schutz einer in einem Saal stattfindenden Veranstaltung vor Störungen:* für den S. ist der Veranstalter zuständig; **b)** *Gesamtheit bei einer Veranstaltung eingesetzter Saalordner:* den S. verstärken.

Saal|ser|vice [...sɐrviːs], der; - (schweiz.): *Personal, das im Speisesaal eines Hotels bedient.*

Saal|toch|ter, die (schweiz.): *Kellnerin.*

Saar, die; -: rechter Nebenfluss der Mosel.

Saar|brü|cken: Stadt an der Saar; Landeshauptstadt des Saarlands.

[1]Saar|brü|cker, der; -s, -: Ew.

[2]Saar|brü|cker ⟨indekl. Adj.⟩.

Saar|brü|cke|rin, die; -, -nen: w. Form zu ↑[1]Saarbrücker.

Saar|land, das; -[e]s: deutsches Bundesland.

Saar|län|der, der; -s, -: Ew.

Saar|län|de|rin, die; -, -nen: w. Form zu ↑Saarländer.

saar|län|disch ⟨Adj.⟩: *das Saarland, die Saarländer betreffend; von den Saarländern stammend, zu ihnen gehörend.*

Saat, die; -, -en [mhd., ahd. sāt, urspr. = das Aussäen, das Ausgesäte, verw. mit ↑säen]: **1.** ⟨o. Pl.⟩ *das Säen; Aussaat (2):* mit der S. beginnen; es ist Zeit zur S. **2.** *zum Säen vorgesehene Samenkörner:* die S. in die Erde bringen. **3.** *etw. (bes. Getreide), was gesät worden [u. aufgegangen] ist:* die S. ist aufgegangen, ausgewintert, erfroren; die [junge] S. steht gut; Ü die S. des Bösen, der Gewalt, der Zwietracht war aufgegangen.

Saat|ge|trei|de, das: *Getreide, das für die Aussaat vorgesehen ist.*

Saat|gut, das ⟨o. Pl.⟩: *Saat (2).*

Saat|kar|tof|fel, die: *Pflanzkartoffel.*

Saat|korn, das: **1.** ⟨o. Pl.⟩ *für die Saat bestimmtes [1]Korn (2).* **2.** *Samenkorn (bes. von Getreide od. Gräsern).*

Saat|krä|he, die [der Vogel schadet der Wintersaat]: *Krähe mit schmalem, spitzem Schnabel.*

Saat|zeit, die (Landw.): *Jahreszeit, die für die Saat (1) am besten geeignet ist.*

Sa|ba|yon [saba'jõː], das; -s, -s [frz. sabayon < ital. zabaione, ↑Zabaglione]: *Zabaglione.*

Sab|bat, der; -s, -e [hebr. šabbaṯ, zu: šạvaṯ = ausruhen]: *im Judentum geheiligter, von Freitagabend bis Samstagabend dauernder Ruhetag, der mit bestimmten Ritualen begangen wird.*

Sab|ba|ti|cal [sə'bætɪkl], das; -s, -s [engl. sabbatical, zu: sabbatical = Sabbat...; zum Sabbat gehörig < spätlat. sabbaticus < griech. sabbatikós]: *(neben dem jährlichen Erholungsurlaub) einmal in einem längeren Zeitraum gewährte längere Freistellung.*

Sab|bat|jahr, das [nach engl. sabbatical year]: *einjähriges Sabbatical.*

Sab|bat|ru|he, die: *am Sabbat einzuhaltende Arbeitsruhe.*

sab|beln ⟨sw. V.; hat⟩ [Nebenf. von ↑sabbern] (nordd. ugs.): **1.** (abwertend) *[unaufhörlich u. schnell] reden, sprechen; schwatzen:* s. wie ein Buch; ⟨mit Akk.-Obj.:⟩ er sabbelt nur Blödsinn, Mist. **2.** *sabbern (1).*

Sab|bel|tan|te, die (nordd. abwertend): *jmd., bes. eine Frau, die viel redet.*

Sab|ber, der; -s [zu ↑sabbern] (ugs.): *ausfließender Speichel:* ihm läuft, fließt der S. aus dem Mund.

Sab|be|rei, die; -, -en (ugs., meist abwertend): *[dauerndes] Sabbern.*

Sab|ber|lätz|chen, das (fam.): *Lätzchen.*

sab|bern ⟨sw. V.; hat⟩ [aus dem Niederd., zu mniederd. sabben = Speichel ausfließen lassen, sudeln, wahrsch. zu ↑Saft] (ugs.): *Speichel ausfließen lassen:* der Hund sabbert; er sabbert immer beim Sprechen.

Sä|bel, der; -s, - [spätmhd. sabel, wohl über poln. szabla < ung. szablya, zu: szabni = schneiden, also eigtl. = Schneide]: **a)** *lange Hiebwaffe mit [leicht] gekrümmter Klinge, die nur auf einer Seite eine Schneide hat:* den S. [blank]ziehen, schwingen; einen S. tragen; den S. in die Scheide stecken; jmdn. auf S. fordern *(zu einem Duell mit Säbeln fordern);* * **mit dem S. rasseln** (abwertend; *sich kriegerisch gebärden; mit Krieg drohen*); **b)** (Fechten) *sportliche Hieb- u. Stoßwaffe mit gerader, vorn abgestumpfter Klinge:* mit -n fechten.

Sä|bel|bei|ne ⟨Pl.⟩ (ugs. scherzhaft): **a)** *kurze, nach außen gebogene Beine;* **b)** *Beine mit weit nach hinten gebogenen Waden.*

Sä|bel|fech|ten, das; -s (Fechten): *das Fechten mit Säbeln (b) als sportliche Disziplin.*

sä|bel|för|mig ⟨Adj.⟩: *die Form eines Säbels aufweisend.*

Sä|bel|hieb, der: *Hieb mit dem Säbel.*

Sä|bel|klin|ge, die: *Klinge eines Säbels.*

sä|beln ⟨sw. V.; hat⟩ [zu ↑Säbel] (ugs., oft abwertend): *unsachgemäß, ungeschickt schneiden:* er säbelte die Wurst in Stücke.

Sä|bel|ras|seln, das; -s (abwertend): *kriegerisches Gebaren; das Drohen mit Krieg.*

sä|bel|ras|selnd ⟨Adj.⟩ (abwertend): *kriegerisches Gebaren zeigend; mit Krieg drohend.*

Sä|bel|schei|de, die: *Scheide (1) für einen Säbel.*

Sä|bel|schnäb|ler, der; -s, -: *schwarz-weiß gefiederter Wasservogel mit langem [gebogenem] Schnabel.*

Sä|bel|spit|ze, die: *Spitze eines Säbels.*

Sa|be|na, die; - [Abk. für frz. Société Anonyme Belge d'Exploitation de la Navigation Aérienne]: belgische Luftfahrtgesellschaft.

Sa|bo|ta|ge [...'taːʒə], die; -, -n ⟨Pl. selten⟩ [frz. sabotage, zu: saboter, ↑sabotieren]: *absichtliche [planmäßige] Beeinträchtigung der Leistungsfähigkeit politischer, militärischer od. wirtschaftlicher Einrichtungen durch [passiven] Widerstand, Störung des Arbeitsablaufs od. Beschädigung u. Zerstörung von Anlagen, Maschinen o. Ä.:* die Polizei vermutet, dass S. vorliegt, im Spiel ist; S. treiben, begehen, planen; ein Akt der S.; jmdn. der S. [an der Wirtschaft] überführen.

Sa|bo|ta|ge|akt, der: *Sabotage bezweckende Handlung:* die Brücke ist durch einen S. zerstört worden.

Sa|bo|teur [...'tøːɐ̯], der; -s, -e [frz. saboteur, zu: saboter, ↑sabotieren]: *jmd., der Sabotage treibt.*

Sa|bo|teu|rin [...'tøːrɪn], die; -, -nen: w. Form zu ↑Saboteur.

sa|bo|tie|ren ⟨sw. V.; hat⟩ [frz. saboter = ohne Sorgfalt arbeiten, eigtl. = mit den Holzschuhen treten, zu: sabot = Holzschuh]: **a)** *durch Sabotage stören, vereiteln:* die Produktion, eine militärische Operation s.; **b)** *hintertreiben, zu vereiteln suchen:* eine Anordnung, [polizeiliche] Untersuchung s.; jmds. Wiederwahl s.

Sac|cha|ra|se [zaxa...], die; - [zu lat. saccharum < griech. sákcharon < aind. śárkarā = Grieß, Körnerzucker] (Chemie): *Enzym, das Rohrzucker in Invertzucker spaltet.*

Sac|cha|rid, das; -s, -e ⟨meist Pl.⟩ (Chemie): *Kohlenhydrat.*

Sac|cha|rin: ↑Sacharin.

Sac|cha|ro|se, die; - (Chemie): *Zucker (1 a).*

Sach|an|la|ge, die ⟨meist Pl.⟩ (Wirtsch.): *Betriebsvermögen in Form von Sachwerten (z. B. Grundstücke, Gebäude, Maschinen).*

Sa|cha|ra|se: ↑Saccharase

Sach|ar|gu|ment, das: *sachbezogenes Argument.*

Sa|cha|rin, (fachspr.:) Saccharin, das; -s: *(künstlich hergestellter) Süßstoff.*

Sa|cha|ro|se: ↑Saccharose

Sach|ar|ti|kel, der: *[Lexikon]artikel, der eine bestimmte Sache, einen Sachbegriff behandelt.*

Sach|be|ar|bei|ter, der: *jmd., der (beruflich) einen bestimmten Sachbereich zu bearbeiten hat:* der zuständige S.; er ist S. im Innenministerium, Finanzamt.

Sach|be|ar|bei|te|rin, die: w. Form zu ↑Sachbearbeiter.

Sach|be|griff, der: *Begriff (1).*

Sach|be|reich, der: vgl. Sachgebiet.

Sach|be|schä|di|gung, die (Rechtsspr.): *vorsätzliche Beschädigung od. Zerstörung fremden Eigentums od. öffentlicher Einrichtungen.*

sach|be|zo|gen ⟨Adj.⟩: *auf die Sache (4 a) bezogen:* eine -e Bemerkung, Äußerung; s. argumentieren.

Sach|be|zo|gen|heit, die: *Bezogenheit auf die Sache (4 a).*

Sach|be|zü|ge ⟨Pl.⟩: *Bezüge (3) in Form von Naturalien.*

Sach|buch, das: *[populärwissenschaftliches] Buch, das ein Sachgebiet, einen Gegenstand aus einem Sachgebiet darstellt.*

sach|dien|lich ⟨Adj.⟩: **a)** (Amtsdt.) *der Klärung*

eines bestimmten [juristisch relevanten] Sachverhalts, der Aufklärung einer Straftat o. Ä. dienlich, förderlich: -e Hinweise nimmt jede Polizeidienststelle entgegen; **b)** (Papierdt.) *der Sache dienlich, förderlich:* seine Vorschläge sind wenig s.

Sach|dis|kus|si|on, die: *Diskussion über Sachfragen.*

Sa|che, die; -, -n [mhd. sache, ahd. sahha = (Rechts)angelegenheit, Rechtsstreit; Ding; Ursache, zu ahd. sahhan = prozessieren, streiten, schelten, ablautend zu ↑suchen u. urspr. = eine Spur verfolgen, (einen Täter) suchen]: **1. a)** ⟨meist Pl.⟩ *Ding, Gegenstand, Etwas:* das sind meine -n; sie packte ihre -n zusammen; räum deine -n weg!; Gewalt gegen Personen und -n; dieser Laden hat sehr schöne, preiswerte, ausgefallene -n *(Waren);* sie haben schöne alte -n *(Möbel, Einrichtungsgegenstände)* in ihrer Wohnung; wir haben unsere -n *(unser Gepäck)* im Auto gelassen; es gab köstliche -n *(Speisen und Getränke)* zu essen und zu trinken; mit den vielen süßen -n *(Süßigkeiten)* wirst du dir den Magen verderben; harte, scharfe -n (ugs.; *hochprozentige Alkoholika*) lieben; der Komponist hat sehr schöne -n (ugs.; *Werke, Stücke*) geschrieben; * **bewegliche -n** (Rechtsspr., Wirtsch.; *Mobilien*); **unbewegliche -n** (Rechtsspr., Wirtsch.; *Immobilien*); **b)** ⟨Pl.⟩ (fam.) *Kleidungsstücke, Kleidung:* alte, warme, dunkle -n tragen; in den -n kannst du unmöglich ins Theater gehen. **2. a)** *Angelegenheit, Vorgang, Vorfall, Umstand:* eine unangenehme, heikle, schlimme, aufregende, tolle S.; die S. ist wichtig, sehr eilig; die S. hat sich aufgeklärt, ist erledigt; die S. steht schlecht, liegt ganz anders; die Reise war eine rundum gelungene S.; es ist beschlossene S. *(ist beschlossen worden),* dass ...; das Recycling ist eine gute S. *(ist gut, sinnvoll);* das ist doch die natürlichste, einfachste, selbstverständlichste S. der Welt *(das ist doch ganz natürlich, einfach, selbstverständlich);* da sind vielleicht -n passiert!; das ist nur eine halbe S. *(ist nicht zu Ende geführt o. Ä.);* das ist eine größere S. *(ist ziemlich aufwendig, ist nicht so einfach, wie es vielleicht erscheint);* das ist eine S. von fünf Minuten *(das dauert nur fünf Minuten);* das ist seine S. (1. *darum muss er sich selbst kümmern, das muss er selbst entscheiden.* 2. *das geht keinen anderen etwas an);* du hast dir die S. sehr leicht gemacht *(du hättest dabei mehr Mühe, Sorgfalt o. Ä. aufwenden sollen);* sie macht ihre S. gut *(arbeitet gut);* ich halte mich aus der S. lieber heraus; was wird bei der ganzen S. herauskommen?; in eine üble, dunkle S. verwickelt sein; in welcher S. möchten Sie mich sprechen?; in eigener S. *(in einer Angelegenheit, die einen selbst betrifft);* R -n gibts [die gibts gar nicht]! (ugs.; Ausruf der Verwunderung od. Entrüstung); was sind denn das für -n? (ugs.; Ausruf der Entrüstung); das ist so eine S. *(eine schwierige, heikle Angelegenheit);* * **nicht jedermanns S. sein** *(nicht jedem zusagen, nicht jedem liegen):* vor einem großen Publikum zu sprechen ist nicht jedermanns S.; Saumagen ist nicht jedermanns S.; **[mit jmdm.] gemeinsame S. machen** *(sich mit jmdm. zu einer [fragwürdigen] Unternehmung o. Ä. zusammentun);* **[sich ⟨Dativ⟩] seiner S. sicher/gewiss sein** *(von der Richtigkeit seines Handelns o. Ä. fest überzeugt sein);* **unverrichteter S.** *(unverrichteter Dinge; ohne etw. erreicht zu haben);* **bei der S. sein** *(bei einer Arbeit o. Ä. sehr konzentriert, ganz aufmerksam sein);* **zur S. gehen** (ugs.; *entschlossen [u. rücksichtslos] sein Ziel verfolgen*); **b)** (Rechtsspr.) kurz für ↑Rechtssache: eine schwebende, anhängige S.; in einer S. [als Zeuge] aussagen; jmdn. in einer S. vertreten; in einer S. vernommen werden; * **in der S./in -n** ⟨alter Dativ Sg.⟩ *(in der Rechtssache):* das Gericht hat in der S./in -n Kuhn [gegen Huber] noch nicht entschieden; **in -n** ⟨alter Dativ Sg.⟩ *(bezüglich, zum Thema, wegen).* **3. a)** *Gegenstand, um den es geht; Gegenstand der Diskussion; eigentliches Thema:* so kommen wir der S. schon näher; bleib bitte bei der S.; um die S. herumreden; in Wahrheit geht es ihm gar nicht um die S. [selbst]; etwas von der S. verstehen; kommen Sie bitte zur S.; * **zur S.!** *(wir wollen zu unserem Thema kommen!);* **nichts zur S. tun** *(im gegebenen Zusammenhang nicht von Belang sein):* von wem ich es weiß, tut nichts zur S.; **b)** * **S. sein** (ugs.; *dasjenige sein, worauf es ankommt, worum es geht; entscheidend sein*): sagen, wissen, jmdm. zeigen, was S. ist. **4.** ⟨o. Pl.⟩ *etw., wofür sich jmd. einsetzt; Ziel; Anliegen:* die sozialistische S.; die S. der Arbeiter vertreten; unsere S. steht gut; für eine, die gerechte S. kämpfen; jmdn. für eine S. gewinnen; interne Differenzen um der gemeinsamen S. willen hintanstellen. **5.** ⟨Pl.⟩ (ugs.) *Stundenkilometer:* er hatte mindestens 180 -n drauf.

-sa|che, die; -, -n ⟨meist in der Fügung »das ist -sache«⟩: **1.** bezeichnet in Bildungen mit Substantiven eine Angelegenheit, die auf etw. beruht, sich auf etw. gründet: Charakter-, Gefühls-, Veranlagungssache. **2.** bezeichnet in Bildungen mit Substantiven eine Angelegenheit, die jmdn., etw. betrifft, für die jmd., etw. zuständig ist: Frauen-, Regierungssache.

Sä|chel|chen, das; -s, - ⟨meist Pl.⟩: *kleiner [wertvoller] Gegenstand (verschiedenster Art):* ein paar hübsche S.; R das sind so S.! (ugs.; *zweideutige Angelegenheiten, unklare Vorkommnisse*).

Sach|ent|schei|dung, die (Rechtsspr.): *Entscheidung, die über eine Sache selbst, nicht nur über eine Verfahrensfrage getroffen wird.*

Sa|cher|tor|te, die; -, -n [nach dem Wiener Hotelier F. Sacher (1816–1907)]: *süße, schwere, mit viel Butter u. Eiern u. wenig Mehl gebackene Schokoladentorte.*

Sach|fra|ge, die ⟨meist Pl.⟩: *Frage, die die Sache selbst (nicht eine Person, das Verfahren o. Ä.) betrifft:* -n erörtern.

sach|fremd ⟨Adj.⟩: *nicht zur Sache gehörend, nichts mit ihr zu tun habend:* -e Erwägungen dürfen die Entscheidung nicht beeinflussen.

Sach|ge|biet, das: *einen bestimmten Wissens-, Arbeitsbereich umfassendes Gebiet* (2): die Bücher sind nach -en geordnet.

sach|ge|mäß ⟨Adj.⟩: *der Sache angemessen, gemäß; richtig:* eine -e Behandlung; bei -er Benutzung hat das Gerät eine sehr hohe Lebensdauer; eine Arbeit s. *(fachmännisch)* ausführen.

sach|ge|recht ⟨Adj.⟩: *der Sache, den in der Sache begründeten Anforderungen gerecht werdend; sachgemäß:* eine -e Lösung des Problems.

Sach|in|dex, der: *Sachregister.*

Sach|ka|ta|log, der (Buchw.): *Bibliothekskatalog, in dem die Bücher nach Sachgebieten geordnet sind.*

Sach|ken|ner, der: *jmd., der über Sachkenntnis verfügt.*

Sach|ken|ne|rin, die: w. Form zu ↑Sachkenner.

Sach|kennt|nis, die ⟨Pl. selten⟩: *Kenntnisse, Wissen auf einem bestimmten Sachgebiet:* [wenig, große] S. haben; ihre Äußerungen zeugen von S.; seine Auslassungen waren von keinerlei S. getrübt (scherzh.; *zeugten von Unkenntnis*).

Sach|kom|pe|tenz, die ⟨Pl. selten⟩: *Kompetenz in einem bestimmten Sachgebiet.*

Sach|kun|de, die: **1.** *Sachkenntnis.* **2.** *Unterrichtsfach der Grundschule, das die Bereiche Biologie, Erdkunde, Geschichte, Verkehrserziehung, Sexualerziehung u. a. umfasst.*

Sach|kun|de|un|ter|richt, der: *Unterricht im Fach Sachkunde* (2).

sach|kun|dig ⟨Adj.⟩: *Sachkunde* (1) *besitzend; mit Sachkunde* (1): vor einem -en Publikum sprechen; sich s. machen *(sich über die betreffende Sache informieren).*

Sach|la|ge, die ⟨o. Pl.⟩: *bestehende Situation; [augenblickliche] Lage der Dinge in einem bestimmten Zusammenhang:* die S. richtig beurteilen, erkennen, überblicken; etw. in Unkenntnis, in Verkennung der S. tun.

Sach|leis|tung, die (Fachspr.): *nicht in Geld bestehende Leistung* (3): -en erhalten, beziehen.

Sach|le|xi|kon, das: *Reallexikon:* ein S. der Musik, Literatur.

sach|lich ⟨Adj.⟩: **1.** *nur von der Sache selbst, nicht von Gefühlen od. Vorurteilen bestimmt; nur auf die Sache, auf den infrage stehenden Sachzusammenhang bezogen; objektiv* (2): ein -er Bericht; ein -es Urteil, Argument, Gespräch; sie sprach in -em Ton; er ist ein sehr -er Mensch; s. sein, bleiben. **2.** *in der Sache* (4 a) *begründet; von der Sache* (4 a) *her:* ein -er Unterschied, Irrtum; rein -e Erwägungen; etw. aus -en Gründen ablehnen; etw. ist s. richtig, falsch; die Kritik ist s. durchaus gerechtfertigt. **3.** *ohne Verzierungen od. Schnörkel; durch Zweckgebundenheit gekennzeichnet:* eine sehr -e Wohnungseinrichtung; der Stil ist s. und nüchtern; s. möblierte Büroräume.

säch|lich ⟨Adj.⟩ [im 18. Jh. urspr. = sachlich] (Sprachw.): *dem grammatischen Geschlecht Neutrum zugehörend; im Deutschen mit dem Artikel »das« verbunden; neutral* (4): -e Substantive, Adjektivformen; der -e Artikel »das«; die Verkleinerungsformen auf »-chen« haben -es Geschlecht, sind s.

Sach|lich|keit, die; -: **1.** *das Sachlichsein* (1): eine wohltuende, kühle, kalte S. **2.** *das Sachlichsein* (3): ein Bau von beeindruckender S.

Sach|prä|mie, die: *nicht in Geld bestehende Prämie.*

Sach|preis, der: *(bes. bei Wettbewerben, Preisausschreiben, Verlosungen o. Ä. ausgeschriebener) nicht in Geld bestehender Preis* (2 a): den Gewinnern, Siegern winken wertvolle -e.

Sach|re|gis|ter, das: *Register* (1 a), *das die in einem Werk vorkommenden Sachbegriffe erfasst.*

Sach|scha|den, der: *(bei Unglücksfällen) an Sachen* (1) *entstandener Schaden:* bei dem Unfall gab es glücklicherweise nur [leichten] S.

Sach|se, der; -n, -n: Ew. zu ↑Sachsen.

säch|seln ⟨sw. V.; hat⟩: *sächsische Mundart, ein sächsisch gefärbtes Deutsch sprechen:* er sächselt leicht, stark.

Sach|sen; -s: deutsches Bundesland.

Sach|sen-An|halt; -s: deutsches Bundesland.

Sach|sen-An|hal|ter, der; -s, -: Ew.

Sach|sen-An|hal|te|rin, die; -, -nen: w. Form zu ↑Sachsen-Anhalter.

Sach|sen-An|hal|ti|ner, der; -s, -: Ew.

Sach|sen-An|hal|ti|ne|rin, die; -, -nen: w. Form zu ↑Sachsen-Anhaltiner.

sach|sen-an|hal|ti|nisch, sach|sen-an|hal|tisch ⟨Adj.⟩: *Sachsen-Anhalt, die Sachsen-Anhaltiner betreffend; von den Sachsen-Anhaltinern stammend, zu ihnen gehörend.*

Säch|sin, die; -, -nen: w. Form zu ↑Sachse.

säch|sisch ⟨Adj.⟩: *Sachsen, die Sachsen betreffend; von den Sachsen stammend, zu ihnen gehörend.*

Sach|spen|de, die: *nicht in Geld bestehende Spende.*

Sach|stand, der ⟨o. Pl.⟩: *Stand einer Sache, Angelegenheit.*

sacht, sach|te ⟨Adj.; sachter, sachteste⟩ [aus dem Niederd. < mniederd. sacht, Nebenf. von ↑sanft (niederdt. -cht- entspricht hochd. -ft-, vgl. Schacht)]: **1. a)** *mit wenig Kraft, ohne Gewalt [erfolgend], sanft; behutsam, vorsichtig:* eine sachte Berührung; mit sachtem Druck; etw. s. anfassen, streicheln, berühren; sie schloss s. die Tür; **b)** *wenig ausgeprägt, kaum merklich; sanft* (4 a): ein sachtes Zittern, Beben, Rauschen; eine sachte Steigung, Kurve; ein s. ansteigendes, abfallendes Gelände; es ging sachte bergauf. **2.** (ugs.) *langsam; allmählich:* wir müssen ihm das sachte (ugs.; *nach und nach, allmählich*) beibringen; R [mal, immer] sachte!/sachte, sachte! (ugs.; *nicht so voreilig, so unbedacht!, nicht so heftig, so stürmisch!; langsam!*).

Sach|un|ter|richt, der: *Sachkundeunterricht.*

Sach|ver|halt, der; -[e]s, -e: *Gesamtheit von (in einem bestimmten Zusammenhang, unter* *einem bestimmten Gesichtspunkt) bedeutsamen Umständen, Tatsachen:* der S. ist noch unklar, ungeklärt; den wahren, wirklichen S. verschweigen; einen S. darstellen, kennen, klären.

Sạch|ver|si|che|rung, die (Versicherungsw.): *Versicherung, die Schäden an Sachen (1) abdeckt.*

Sạch|ver|stand, der: *genaue, zuverlässige Kenntnisse auf einem bestimmten Gebiet, die zu einer entsprechenden Tätigkeit, der Beurteilung, Einschätzung o. Ä. von etw. befähigen:* ihm fehlt der nötige S.; etw. mit, ohne S. tun; über großen, genug technischen S. verfügen.

sạch|ver|stän|dig ⟨Adj.⟩: *Sachverstand besitzend, von Sachverstand zeugend; kompetent* (1 a): ein -es Urteil, Publikum; etw. s. beurteilen, begutachten.

Sạch|ver|stän|di|ge, der u. die; -n, -n ⟨Dekl. ↑Abgeordnete⟩: **1.** (Rechtsspr.) *jmd., der aufgrund seiner besonderen Sachkunde in einem gerichtlichen Verfahren als Gutachter bzw. als Gutachterin auftritt:* ein vereidigter, öffentlich bestellter -r; in einem Prozess als S. auftreten; einen -n hinzuziehen, hören. **2.** *sachverständige Person:* den Rat einer -n einholen.

Sạch|ver|stän|di|gen|gut|ach|ten, das: *Gutachten eines, einer Sachverständigen.*

Sạch|ver|stän|di|gen|rat, der (Politik): *aus Sachverständigen (2) zusammengesetzter Rat (3 a).*

Sạch|ver|zeich|nis, das: *Sachregister.*

Sạch|wal|ter, der; -s, - [mhd. sachwalter]: **1.** (geh.) *jmd., der für jmdn., etw. in der Öffentlichkeit eintritt, der sich zum Fürsprecher od. Verteidiger von jmdm., etw. macht, gemacht hat:* sich zum S. [der Interessen] einer Minderheit machen. **2.** *jmd., der im Auftrag eines Dritten bestimmte Aufgaben wahrnimmt.*

Sạch|wal|te|rin, die; -, -nen: w. Form zu ↑Sachwalter.

sạch|wal|te|risch ⟨Adj.⟩: *als Sachwalter, wie ein Sachwalter; dem Sachwalter eigentümlich:* eine -e Tätigkeit; als Abgeordnete hat sie die Interessen aller Bürgerinnen und Bürger s. zu vertreten.

Sạch|wert, der: **1.** *materieller Wert einer Sache.* **2.** *Sache, die einen materiellen Wert darstellt; Wertobjekt:* sein Geld in -en anlegen.

Sạch|wis|sen, das: *Wissen, das jmd. auf einem bestimmten Sachgebiet hat.*

Sạch|wör|ter|buch, das: *Reallexikon:* ein S. der Kunst.

Sạch|zu|sam|men|hang, der: *sachlicher (2) Zusammenhang:* zwischen den beiden Problemen besteht ein sehr enger S.

Sạch|zwang, der ⟨meist Pl.⟩ (Soziol., Politik): *die Entscheidungsfreiheit einschränkende sachliche (2) Notwendigkeit:* angebliche Sachzwänge werden gern als Rechtfertigungsgründe für politische Fehlentscheidungen angeführt.

Sạck, der; -[e]s, Säcke (als Maßangabe auch: Sack) [mhd., ahd. sac < lat. saccus < griech. sákkos = grober Stoff aus Ziegenhaar; (aus solchem Material hergestellter) Sack]: **1. a)** *größeres, längliches Behältnis aus [grobem] Stoff, starkem Papier, Kunststoff o. Ä., das dem Transport od. der Aufbewahrung von festen Stoffen, Gütern dient:* ein voller, leerer S.; drei Säcke voll Kastanien; drei S. Kartoffeln; etw. in einen S. stecken, stopfen, füllen; er lag da, fiel um wie ein [nasser] S. (salopp; *wie leblos*); R ihr habt zu Hause wohl Säcke an den Türen? (salopp; Aufforderung, die Tür zu schließen); es ist einfacher o. Ä., einen S. [voll] Flöhe zu hüten (im Hinblick auf die Beaufsichtigung einer Gruppe von Personen, meist Kindern, die sich wenig diszipliniert verhält); Ü ein S. voll Lügen *(viele Lügen);* * **schlafen wie ein S.** (salopp; *tief und fest schlafen*); **etw. im S. haben** (ugs.; *einer Sache sicher sein können*); **in S. und Asche gehen** (geh.; *Buße tun;* wohl nach dem Alten Testament [Esther 4,1], wo von dem altorientalischen Brauch berichtet wird, dass die Menschen sich zum Zeichen der Trauer in grobes Tuch [Säcke] kleideten u. sich Asche auf die Haare streuten); **mit S. und Pack** (*mit aller Habe;* eigtl. = alles das, was man in Säcken od. Packen verstaut); **S. Zement!** (salopp; Ausruf des Erstaunens, der Verwünschung; entstellt aus ↑Sakrament); **b)** (landsch., bes. südd., österr., schweiz.) *Tasche* (2 a): er zog plötzlich ein Messer aus dem S.; keinen Pfennig im S. haben *(überhaupt kein Geld bei sich haben).* **2.** (salopp abwertend) *Mann, Mensch:* ein alter, blöder, voll gefressener S.; ein bisschen dalli, ihr faulen Säcke! **3.** ⟨meist Pl.⟩ *sackförmige Hautfalte unter den Augen; Tränensack:* [dicke] Säcke unter den Augen haben. **4.** (derb) *Hodensack:* sich am S. kratzen; * **jmdm. auf den S. fallen/gehen** (derb; *jmdm. lästig fallen*).

sạck|ar|tig ⟨Adj.⟩: *einem Sack (1 a) ähnlich:* ein -es Behältnis.

Sạck|bahn|hof, der: *Kopfbahnhof.*

Säck|chen, das; -s, -: Vkl. zu ↑Sack (1 a).

Sạ̈|ckel, der; -s, - [lat. sacellus = Geldsäckel, Vkl. von: saccus, ↑Sack] (landsch., bes. südd., österr.): **1. a)** (veraltend) *Portemonnaie; Kasse:* wie viel hast du noch im S.?; **b)** *Hosentasche.* **2.** *Sack* (2).

Sạ̈|ckel|meis|ter, der (südd., österr.): *Säckelwart.*

Sạ̈|ckel|meis|te|rin, die: w. Form zu ↑Säckelmeister.

Sạ̈|ckel|wart, der (südd., österr., schweiz.): *Kassenwart.*

Sạ̈|ckel|war|tin, die: w. Form zu ↑Säckelwart.

sạ|cken ⟨sw. V.; ist⟩ [aus dem Niederd. < mniederd. sacken, wahrsch. Intensivbildung zu ↑sinken]: **a)** *sinken:* in die Knie, nach hinten, zur Seite, auf einen Stuhl, unter den Tisch s.; der Heißluftballon, das Flugzeug sackte plötzlich nach unten; **b)** *sich senken:* der Grund, das Gebäude sackt.

Sạ|ckerl, das; -s, -n [mundartl. Vkl. von ↑Sack] (bayr., österr.): *Beutel, Tüte.*

sạ̈|cke|wei|se ⟨Adv.⟩: *in großer, Säcke füllender Menge:* wir haben s. Esskastanien gesammelt.

sạck|för|mig ⟨Adj.⟩: *die Form eines Sackes aufweisend, von der Form eines Sackes:* ein -es Kleid.

Sạck|gas|se, die: *Straße, die nur eine Zufahrt hat u. am Ende nicht mehr weiterführt:* Ü die Verhandlungen sind in eine S. geraten.

Sạck|geld, das (südd., österr., schweiz.): *Taschengeld.*

Sạck|hüp|fen, das; -s: *Kinderspiel, bei dem die Kinder bis zur Hüfte od. Brust in einem Sack steckend um die Wette hüpfen:* S. spielen; sie war beim, im S. immer Erste.

Sạck|kar|re, die, **Sạck|kar|ren,** der: *zweirädrige Karre zum Transportieren von vollen Säcken u. anderen schweren Gegenständen über kurze Entfernungen.*

Sạck|kleid, das: *sackartig geschnittenes Kleid.*

Sạck|lei|nen, das: *grobes Gewebe aus Jute, Hanf, Baumwolle o. Ä., aus dem Säcke hergestellt werden.*

Sạck|mes|ser, das (südd., schweiz.): *Taschenmesser.*

Sạck|pfei|fe, die: *Dudelsack.*

Sạck|tuch, das ⟨Pl. ...tücher⟩ (südd., österr., schweiz.): *Taschentuch.*

Sạck|uhr, die (südd., österr., schweiz.): *Taschenuhr.*

sạck|wei|se ⟨Adv.⟩: *in Säcken abgefüllt:* Zement verkaufen wir nur s.

Sa|dịs|mus, der; - [frz. sadisme, nach dem frz. Schriftsteller Marquis de Sade (1740–1814)]: **a)** *Variante des sexuellen Erlebens, bei der Lust durch Quälen des Sexualpartners, der Sexualpartnerin entsteht;* **b)** (abwertend) *Lust am Quälen, an Grausamkeiten:* seinen S. ausleben; etw. aus [reinem] S. tun.

Sa|dịst, der; -en, -en: **a)** *jmd., der sich durch Quälen anderer sexuell zu befriedigen sucht;* **b)** (abwertend) *jmd., der Freude daran hat, andere zu quälen.*

Sa|dịs|tin, die; -, -nen: w. Form zu ↑Sadist.

sa|dịs|tisch ⟨Adj.⟩: **a)** *den Sadismus (a) betreffend, darauf beruhend; sexuelle Erregung, Lust bei Quälereien empfindend:* -e Neigungen, Sexualpraktiken; s. veranlagt sein; **b)** (abwertend) *von Sadismus (b) bestimmt, geprägt; grausam:* -e Gräueltaten; dieses -e Schwein!

Sa|do|ma|so, der; - (Jargon): kurz für ↑Sadomasochismus.

Sa|do|ma|so|chịs|mus, der; -: *sowohl sadistisch als auch masochistisch ausgerichtete Variante des sexuellen Erlebens.*

Sa|do|ma|so|chịst, der: *jmd., der beim Ausführen u. Erdulden von Quälereien sexuell erregt wird.*

Sa|do|ma|so|chịs|tin, die: w. Form zu ↑Sadomasochist.

sa|do|ma|so|chịs|tisch ⟨Adj.⟩: *dem Sadomasochismus eigentümlich, zu ihm gehörend:* -e Spiele, Sexualpraktiken; s. veranlagt sein.

sä|en ⟨sw. V.; hat⟩ [mhd. sæ(je)n, ahd. sāen, urspr. = schleudern, werfen, (aus)streuen, fallen lassen]: *in Form von Saatgut in die Erde bringen:* Korn, Gras, Radieschen, Salat s.; ⟨auch o. Akk.-Obj.:⟩ der Bauer hat den ganzen Tag gesät; Ü Zwietracht, Hass s.; * **dünn gesät sein** (emotional; *nur in geringer Zahl vorhanden sein*): Fachkräfte sind dünn gesät.

Sa|fa|ri, die; -, -s [Suaheli safari < arab. safar = Reise]: *[Gesellschafts]reise (nach Afrika) mit der Möglichkeit, Großwild zu beobachten u. zu jagen:* an einer S. [durch Zaire] teilnehmen; auf S. gehen.

Sa|fa|ri|park, der: *Wildpark mit exotischen Tieren.*

Safe [seɪf], der, auch: das; -s, -s [engl. safe, Subst. von: safe = unversehrt; sicher, geschützt < afrz. sauf < lat. salvus = gesund, heil, also eigtl. = der Sichere]: **a)** *Geldschrank;* **b)** *Schließfach im Tresor [eines Geldinstituts] zur sicheren Aufbewahrung von Geld, kostbarem Schmuck, Wertpapieren o. Ä.*

Sa|fer Sex [ˈseɪfə ˈsɛks], der; - -es, (auch:) **Sa|fer|sex,** der; -es [engl., aus safer = sicherer (Komparativ von: safe = sicher, ↑Safe) u. sex, ↑Sex]: *die Gefahr einer HIV-Infektion minderndes Sexualverhalten:* S. S. propagieren, praktizieren.

Sa|fran, der; -s, -e [mhd. saffrân < afrz. safran, span. azafrán < arab. zaˈfarān]: **1.** *(zu den Krokussen gehörende) im Herbst blühende Pflanze mit schmalen Blättern u. purpurfarbenen Blüten, die bes. im Mittelmeerraum als Gewürz- u. Heilpflanze u. zur Gewinnung von Farbstoff angebaut wird.* **2.** ⟨o. Pl.⟩ *als Gewürz verwendete, getrocknete Teile vom Fruchtknoten des Safrans* (1).

sa|fran|gelb ⟨Adj.⟩: *dunkelgelb wie die Farbe des Safrans* (2).

Saft, der; -[e]s, Säfte [mhd. saf(t), ahd. saf, verw. mit lat. sapa = Most]: **1.** *im Gewebe von Pflanzen enthaltene Flüssigkeit:* den S. von Birken abzapfen; die Wiesen stehen in vollem S. *(sind kräftig grün);* Ü er hat keinen S. in den Knochen *(hat keine Energie, Kraft, keinen Schwung).* **2. a)** *im Gewebe von Früchten enthaltene Flüssigkeit:* S. auspressen; die Erdbeeren ziehen S. *(der Saft tritt aus ihnen aus);* **b)** *Getränk, das durch Auspressen von Obst od. Gemüse gewonnen worden ist:* S. aus Äpfeln, Möhren; Früchte zu S. verarbeiten; der S. der Reben (dichter.; *Wein).* **3.** ⟨bes. Pl.⟩ *(nach früherer medizinischer Auffassung) aus der Nahrung kommende, vom Körper produzierte Flüssigkeit:* schlechte, kranke Säfte [im Körper] haben *(krank sein).* **4. a)** *Fleischsaft:* einen Braten im eigenen S. schmoren; * **jmdn. im eigenen S. schmoren lassen** (ugs.; *jmdm. in einer schwierigen [auf eigenes Verhalten zurückzuführenden] Situation nicht helfen*); **b)** (österr.) *Soße.* **5.** (salopp) **a)** *elektrische Spannung, elektrischer Strom:* pass auf, da ist S. drauf; die Batterie hat keinen S. mehr *(ist leer);* **b)** *Kraftstoff:* der Vergaser kriegt nicht genug S.

Saft|bra|ten, der: *geschmorter Rinderbraten.*

Säft|chen, das; -s, -: Vkl. von ↑Saft.

saf|ten ⟨sw. V.; hat⟩: **a)** *Saft (2 a) abgeben, ziehen:* stark saftende Beeren; **b)** *durch Auspressen von Früchten Saft (2 a) gewinnen:* wenn die Äpfel geerntet sind, werden wir s.

S

saf|tig ⟨Adj.⟩ [mhd. saftec]: **1.** *viel Saft* (1, 2 a, 4 a) *enthaltend, voller Saft:* eine -e Birne, Tomate, Knoblauchzehe; ein -es Steak; eine -e *(mit frischem, kräftigem Gras bewachsene)* Weide; Ü das -e Grün der Wiesen. **2.** (ugs.) *jmdn. [empfindlich] treffend, in unangenehmer Weise berührend:* -e Preise, Gebühren, Mieterhöhungen; eine -e Rechnung; dem werde ich einen -en Brief schreiben; ein -er *(derber)* Fluch, Witz; eine -e *(kräftige)* Ohrfeige.

Saf|tig|keit, die; -: *das Saftigsein.*

Saft|la|den, der ⟨Pl. ...läden⟩ (salopp abwertend): **a)** *schlecht geführter Betrieb* (1 a): diesen S. habe ich satt, ich kündige!; **b)** *schlecht geführter, schlecht sortierter Laden* (1): in dem S. kaufe ich schon lange nicht mehr.

saft|los ⟨Adj.⟩ (abwertend): *ohne Kraft, ohne Schwung:* eine -e Prosa; ***saft- und kraftlos** (emotional abwertend; *ohne jeden Gehalt*).

Saft|oran|ge, die: *besonders saftige Orange.*

Saft|pres|se, die: *Presse* (1 b).

saft|reich ⟨Adj.⟩: *viel Saft* (1, 2 a) *enthaltend:* -e Früchte.

Saft|sack, der (derb abwertend; Schimpfwort): *männliche Person, über die man sich ärgert:* der alte S. kann sich auf was gefasst machen; hau ab, du S.!

Sa|ga [ˈza(ː)ga], die; -, -s [aisl. saga = Erzählung, verw. mit ↑Sage] (Literaturw.): *alte nordische* (1), *meist von den Kämpfen heldenhafter Bauerngeschlechter handelnde Erzählung in Prosa.*

Sa|ge, die; -, -n [mhd. sage, ahd. saga = Rede, Bericht, Erzählung, Gerücht, eigtl. = Gesagtes, zu ↑sagen]: *ursprünglich mündlich überlieferter Bericht über eine im Einzelnen nicht verbürgte, nicht alltägliche, oft wunderbare Begebenheit:* eine alte, griechische S.; die -n der Völker, der Antike; die S. überliefert, dass ...; er liest gern Märchen und -n; Ü das ist nur eine S. *(ein Gerücht).*

Sä|ge, die; -, -n [mhd. sege, ahd. sega, ablautend zu mhd. sage, ahd. saga, eigtl. = Werkzeug zum Schneiden, verw. mit lat. secare, ↑sezieren]: **1. a)** *aus einem [mit einem Griff versehenen, in einen Bügel* (5) *eingespannten] gezähnten Blatt* (5) *aus gehärtetem Stahl bestehendes Werkzeug zum Zerteilen harter Materialien:* die S. ist stumpf, muss geschärft werden; das Blatt, der Griff, der Bügel der S.; **b)** *Sägemaschine:* eine elektrische, motorgetriebene S. **2.** (bayr., österr.) *Sägewerk:* er arbeitet in einer S.

Sä|ge|blatt, das: *gezähntes Blatt* (5) *einer Säge.*

Sä|ge|bock, der: *Holzbock, auf den längere Holzstücke zum Zersägen gelegt werden.*

sä|ge|för|mig ⟨Adj.⟩: *wie eine Säge geformt; mit Zähnen, Zacken versehen.*

Sä|ge|ma|schi|ne, die: *Maschine zum Sägen.*

Sä|ge|mehl, das: *beim Sägen pulverig, mehlartig zerriebenes Holz:* eine mit S. ausgestopfte Puppe.

Sä|ge|mes|ser, das: *Messer mit sägeförmiger Klinge.*

Sä|ge|müh|le, die [mhd. segemül]: *Sägewerk.*

sa|gen ⟨sw. V.; hat⟩ [mhd. sagen, ahd. sagēn, eigtl. = sehen lassen, zeigen, bemerken, verw. mit ↑sehen]: **1. a)** *(Wörter, Sätze o. Ä.) artikulieren, aussprechen:* etw. laut, leise, deutlich, im Flüsterton, vorwurfsvoll s.; Ja, Nein, Guten Abend s.; was hat sie gesagt?; so etwas sagt man nicht; »Wenn du Lust hast«, sagte sie, »komm doch mit«; er sagte nur: »Mir ist es egal«; davon habe ich nichts gesagt (ugs.; *das habe ich nicht gesagt*); R das ist leichter gesagt als getan *(das ist gar nicht so leicht zu bewerkstelligen);* ***sagen wir [einmal, mal]** *(vielleicht, ungefähr, beispielsweise);* **sage und schreibe** (ugs.: *ohne Übertreibung gesagt; ungelogen*); **um nicht zu s. ...** *(man könnte eigentlich sogar sagen ...);* **b)** *(ein Wort, eine Wendung o. Ä.) im Sprachgebrauch haben, beim Sprechen benutzen, gebrauchen:* sagst du »Rotkohl« oder »Rotkraut«?; **c)** *auf eine bestimmte Weise, mit einem bestimmten Wort, Namen bezeichnen:* was, wie kann man noch dazu s.? *(mit welchem anderen Wort kann man es noch bezeichnen);* **d)** *auf eine bestimmte Weise, mit einer bestimmten Anrede anreden:* du kannst ruhig du, Kalle zu mir s. **2. a)** *(Worte, Äußerungen) an jmdn. richten:* jmdm. Komplimente, Grobheiten, tröstende Worte, ein paar aufmunternde Worte s.; jmdm. Auf Wiedersehen s. *(sich von jmdm. verabschieden);* ***sich** ⟨Dativ⟩ **von jmdm. etwas, nichts s. lassen** *(auf jmdn. hören, nicht hören, jmds. Ratschläge annehmen, nicht annehmen);* **b)** *mündlich zu verstehen geben, mitteilen:* das hättet ihr mir doch s. müssen!; was ich noch s. wollte *(übrigens),* ich komme morgen etwas später; [jmdm.] die Wahrheit s.; kannst du mir s., wie spät es ist?; sag, sagen Sie mal, gibt es hier ein Telefon?; ich habe mir s. lassen *(man hat mir erzählt),* dass ...; dann kriegst du es mit mir zu tun, das sag ich dir (ugs.; *dessen kannst du sicher sein*); das hätte ich dir gleich/vorher s. können (ugs.; *das habe ich gewusst, vorausgesehen*); lass dir das gesagt sein (ugs.; *merke dir das u. beherzige es*)!; sag bloß, du hast den Schlüssel vergessen! (ugs.; *du hast doch nicht etwa den Schlüssel vergessen?*); keine Angst, ich sage *(verrate)* nichts; R sag bloß! (ugs., oft iron.; *das ist aber beachtlich, erstaunlich*); was Sie nicht sagen! (ugs., oft iron.; *das überrascht mich aber, das ist ja unglaublich o. Ä.*); wem sagen Sie das! (ugs.; *das ist etw., was ich aus eigener Erfahrung sehr gut weiß*); Ü das sagt mir mein Gefühl, Verstand; so eine Geste sagt mehr als tausend Worte; das sagt alles *(das macht alles deutlich, durchschaubar);* ***sich nichts [mehr] zu s. haben** *(nichts [mehr] miteinander anfangen können, kein Interesse [mehr] aneinander haben);* **jmdm. etwas, nichts s.** *(jmdm. etwas, nichts bedeuten, vermitteln; bei jmdm. bestimmte, keine bestimmten Gedanken, Empfindungen, Assoziationen auslösen):* der Name, der Film, die Musik sagt mir nichts; **c)** *vorschreiben, befehlen:* du hast mir gar nichts zu s.; von ihm lasse ich mir nichts s.; ***sich** ⟨Dativ⟩ **etw. nicht zweimal s. lassen** (ugs.; *einer Aufforderung gern, freudig u. sofort Folge leisten*); **etwas zu s. haben** *(aufgrund einer bestimmten Stellung das Recht, kein Recht haben, Anordnungen, Entscheidungen zu treffen);* **das Sagen haben** (ugs.; *aufgrund einer bestimmten Stellung Anordnungen, Entscheidungen treffen können, anderen Vorschriften machen können*); **d)** ⟨s. + sich⟩ *sich denken, sich überlegen:* dass das nicht gut gehen kann, hättest du dir damals schon [selbst] s. können, müssen; da hab ich mir gesagt: Was dem einen recht ist, ist dem andern billig. **3. a)** *(Gedanken, Inhalte) mit Worten vermitteln, zum Ausdruck bringen; aussagen:* sie hat mit wenigen Worten viel gesagt; der Redner hatte wirklich etwas zu s.; was will der Dichter [uns] damit s.?; was sagt uns die Fabel?; willst du damit s. *(soll das heißen),* dass du dein Angebot zurückziehst?; R du sagst es! *(genauso ist es);* **b)** *[mündlich] bemerken, feststellen:* möchtest du noch etwas zu diesem Thema s.?; dass er sich Mühe gibt, muss man [ja, schon] s. *(einräumen, zugeben);* ich halte das, unter uns gesagt, für sehr ungeschickt von ihr; R das musste einmal gesagt werden *(es war nötig, diese Wahrheit einmal auszusprechen);* Ü ⟨subst. 2. Part.:⟩ das oben Gesagte *(das weiter vorn in diesem Text Stehende);* ***wie gesagt** *(wie ich schon sagte);* **c)** *etw. als Tatsache hinstellen; behaupten:* ich sage nicht, dass er es mit Absicht getan hat; das kann jeder s. *(das muss nicht wahr sein);* ich möchte [fast] s. *(ich bin [fast] davon überzeugt),* dass du dich irrst; R wer sagt das? *(woher willst du das wissen?; ist das überhaupt erwiesen?);* das kann man wohl s.! *(das ist in der Tat richtig, wahr; das ist fast zu gelinde ausgedrückt);* na, wer sagts denn (ugs.; *na bitte, ich habe es doch gewusst*), wenn er nur will, kann er sehr wohl!; sag das nicht! (ugs.; *das ist gar nicht so sicher*); ***nicht gesagt sein** *(nicht sicher, erwiesen sein):* dass sie darauf eingeht, ist noch gar nicht gesagt; **d)** *als Argument o. Ä. anführen, vorbringen:* du kannst s., was du willst, du wirst mich nicht überzeugen; dagegen ist nichts zu s. *(einzuwenden);* **e)** *als Meinung vertreten, als Einstellung haben [u. kundtun]:* was sagt denn dein Vater dazu, dass du schon rauchst?; R was soll man dazu noch sagen? (ugs.; *da erübrigt sich jeder Kommentar, das spricht für sich selbst*); **f)** (ugs.) *annehmen, glauben* (1 a): ich sage, es gibt heute noch Regen; ich würde s. *(ich glaube, meine),* das kostet mindestens 200 Mark. **4.** *(auf eine bestimmte Weise) in Worte fassen; formulieren:* besser, kürzer, treffender kann man es nicht s.; sag es auf Englisch; ich fahre oder, besser gesagt, fliege morgen nach Berlin; R wie man so schön sagt *(wie eine bekannte Redewendung lautet).* **5. a)** *zum Inhalt haben:* das Gesetz sagt [eindeutig], dass ...; **b)** *als Schluss zulassen; besagen; heißen:* das allein sagt noch nicht viel; sie hat ein nichts sagendes *(ausdrucksloses)* Gesicht; ***etwas, nichts zu s. haben** *(von Bedeutung, ohne Bedeutung sein; Grund, kein Grund zur Besorgnis sein):* der Motor ist zwar etwas laut, aber das hat nichts [weiter] zu s.

sä|gen ⟨sw. V.; hat⟩ [mhd. segen, ahd. segōn, zu ↑Säge]: **1. a)** *mit der Säge arbeiten:* er sägte draußen auf dem Hof; **b)** *mit der Säge zerschneiden:* Holz, Baumstämme s.; sie sägte den Balken, das Rohr in zwei Teile; **c)** *durch Sägen* (1 b) *herstellen:* Bretter, Balken s.; ein Loch in ein Brett s. **2.** (salopp scherzh.) *schnarchen:* kaum war er eingeschlafen, fing er an zu s.

Sa|gen|buch, das: *Buch, das eine Sammlung von Sagen enthält.*

Sa|gen|ge|stalt, die: *Gestalt* (3 b) *einer Sage.*

sa|gen|haft ⟨Adj.⟩: **1. a)** *in den Bereich der Sage gehörend, [nur] aus der Sage bekannt; mit Sagen verknüpft:* die -e Insel Atlantis; **b)** *nur aus rühmenden Erwähnungen, Erzählungen anderer bekannt:* die -en Raubzüge des Klaus Störtebeker. **2.** (ugs. emotional) **a)** *(bes. von etw. Positivem) unvorstellbar in seinem Ausmaß od. seiner Art:* ein -es Gedächtnis; ein -er Reichtum; ihre Begabung ist [einfach] s.; **b)** ⟨intensivierend bei Adj. u. Verben⟩ *überaus, in unvorstellbarem Ausmaß:* die Preise sind s. günstig; er gibt s. an.

Sa|gen|kreis, der: *Kreis* (4) *von Sagen, der sich um eine Person, ein Ereignis o. Ä. gebildet hat:* der S. um Dietrich von Bern.

Sa|gen|schatz, der ⟨Pl. selten⟩ (geh.): *Anzahl [einen kulturellen Reichtum darstellender] überlieferter Sagen eines bestimmten Bereichs:* der griechische S.

sa|gen|um|wit|tert ⟨Adj.⟩ (geh.): *sagenumwoben.*

sa|gen|um|wo|ben ⟨Adj.⟩ (geh.): *Gegenstand, Thema vieler Sagen seiend, in vielen Sagen vorkommend; von Sagen umwoben:* eine -e Burg.

Sä|ge|rei, die; -, -en ⟨Pl. selten⟩ (ugs.): **1.** (meist abwertend) *[dauerndes] Sägen* (1). **2.** (abwertend) *[dauerndes] Schnarchen.*

Sä|ge|spä|ne ⟨Pl.⟩: *beim Sägen anfallende Holzspäne.*

Sä|ge|werk, das: *Betrieb, in dem bes. Baumstämme zu Balken, Brettern, Latten geschnitten werden.*

Sä|ge|zahn, der: *Zahn eines Sägeblatts.*

Sa|go, der, österr.: das; -s [engl. sago, niederl. sago < älter indon. sago = [3]Mark (1 a) der Sagopalme]: *aus dem Mark bes. der Sagopalme gewonnenes feinkörniges Stärkemehl, das in heißer Flüssigkeit aufquillt u. glasig wird, beim Erkalten stark bindend wirkt u. deshalb bei der Zubereitung von Pudding, Grütze, Kaltschale o. Ä., aber auch als Einlage in Suppen u. Brühen verwendet wird.*

Sa|go|pal|me, die: *Palme mit kurzem, lange Ausläufer bildendem Stamm, langen, gefiederten Blättern u. trockenen, schuppigen, glänzenden Früchten.*

Sa|go|sup|pe, die: *Fleischbrühe mit Sago.*

sah: ↑sehen.

Sa|ha|ra, die; -: Wüste in Nordafrika.

sä|he: ↑sehen.

Sa|hel, der; -[s], **Sa|hel|zo|ne,** die ⟨o. Pl.⟩ [zu arab. sahil = Wüste]: Gebiet südlich der Sahara.

Sah|ne, die; - [spätmhd. (md., nd.) sane, wohl aus dem Niederl. (vgl. mniederl. sāne), H. u.]: 1. a) *oben schwimmender, fetthaltigster Teil der Milch; Rahm:* die S. von der Milch abschöpfen; * **[aller]erste S. sein** (ugs.; *erstklassig, von hervorragender Güte sein*); b) *durch Zentrifugieren gewonnene Sahne* (1 a): süße, saure S.; S. schlagen. 2. kurz für ↑Schlagsahne (2): Erdbeeren, Eis mit S.

Sah|ne|bon|bon, der od. das: *viereckiger Bonbon von zäher Konsistenz, der aus Zucker u. Sahne hergestellt wird.*

Sah|ne|creme, die: *Creme* (2 b), *die vor allem Schlagsahne enthält.*

Sah|ne|eis, das: *mit Sahne zubereitetes Speiseeis.*

Sah|ne|häub|chen, das: *kleine Menge Schlagsahne auf einem Getränk:* eine heiße Schokolade mit einem S.

Sah|ne|känn|chen, das: *Kännchen, in dem, bes. zum Kaffee oder Tee, Sahne* (1 b) *gereicht wird.*

Sah|ne|ma|ri|na|de, die: *mit Sahne zubereitete Marinade.*

Sah|ne|meer|ret|tich, der ⟨o. Pl.⟩: *aus Gewürzen, Meerrettich u. Sahne hergestellte Creme.*

Sah|ne|quark, der: *Quark mit hohem Fettanteil.*

Sah|ne|schnit|te, die: *mit Schlagsahne gefülltes Stück Gebäck.*

Sah|ne|so|ße, die: *mit Sahne zubereitete Soße; Rahmsoße.*

Sah|ne|sprit|ze, die: *Spritze* (1) *zum Verzieren von Torten, Desserts o. Ä. mit Schlagsahne.*

Sah|ne|stück, das (ugs.): *etw. Besonderes, Erstklassiges.*

Sah|ne|tor|te, die: *Torte mit mehreren Schichten Sahnecreme.*

sah|nig ⟨Adj.⟩: *reichlich Sahne enthaltend:* -e Milch; das Dessert ist sehr s.

Sai|son [zɛˈzõː, auch: zɛˈzɔŋ], die; -, -s, südd., österr. auch: ...onen [frz. saison = (günstige, für bestimmte Geschäfte geeignete) Jahreszeit, wohl < lat. satio = (Zeit der) Aussaat, zu: satum, 2. Part. von: serere = säen]: *für etw. wichtigster Zeitabschnitt innerhalb eines Jahres, in dem etw. Bestimmtes am meisten vorhanden ist od. am häufigsten stattfindet, in dem die stärksten Aktivitäten entfaltet werden:* eine gute, schlechte, lebhafte, ruhige S.; die S. beginnt, ist in vollem Gang, läuft aus, endet; die S. für Spargel, Erdbeeren endet bald; die S. *(Spielzeit)* mit einer Neuinszenierung eröffnen; das Modehaus stellt die Modelle der neuen S. vor; an der See haben sie jetzt S.; innerhalb, während der S. *(Haupturlaubszeit)* ist dieses Hotel recht teuer, aber nach, außerhalb der S. ist es billiger.

sai|son|ab|hän|gig ⟨Adj.⟩: *von der Saison abhängend:* -e Branchen; die Übernachtungspreise liegen s. zwischen ein- und zweihundert Mark.

sai|so|nal [zezo...] ⟨Adj.⟩ [wohl unter Einfluss von engl. seasonal (zu: season = Saison < afrz. seison < lat. satio, ↑Saison)]: *die Saison betreffend, von ihr bedingt:* -e Einflüsse, Faktoren; -e Arbeitslosigkeit; eine s. schwankende Nachfrage.

Sai|son|ar|beit, die ⟨Pl. selten⟩: *Arbeit, die nur zu einer bestimmten Zeit des Jahres anfällt:* Weinlese ist S.

Sai|son|ar|bei|ter, der: *jmd., der Saisonarbeit leistet.*

Sai|son|ar|bei|te|rin, die; -, -nen: w. Form zu ↑Saisonarbeiter.

sai|son|be|dingt ⟨Adj.⟩: *von der Saison bedingt; saisonal:* ein -er Rückgang der Arbeitslosigkeit; diese Umsatzsteigerung war s.

Sai|son|be|ginn, der: *Beginn der Saison.*

sai|son|be|rei|nigt ⟨Adj.⟩ (Amtsspr.): *unter Vernachlässigung der saisonalen Faktoren [errechnet]:* -e Zahlen.

Sai|son|en|de, das: *Ende der Saison.*

Sai|son|ge|schäft, das: *saisonabhängiges Geschäft* (1).

Sai|son|ni|er [zɛzɔˈni̯eː], der; -s, -s [frz. saisonnier, zu: saison, ↑Saison] (schweiz.): *Saisonarbeiter.*

Sai|son|schluss, der: *Saisonende.*

sai|son|wei|se ⟨Adv.⟩: *für eine Saison, während einer Saison:* Erntehelfer werden nur s. beschäftigt.

Sai|te, die; -, -n [mhd. seite, ahd. seita, seito = Strick; Schlinge, Fallstrick; Fessel; Darmsaite; im 17. Jh. orthographisch von ↑Seite geschieden]: a) *dünner Strang (aus Tierdärmen, Pflanzenfasern, Metall od. Kunststoff), der auf ein Musikinstrument gespannt u. durch Streichen, Zupfen usw. in Schwingung versetzt wird u. Töne erzeugt:* die -n der Geige, der Harfe, des Klaviers; eine S. ist gerissen; die -n erklingen lassen; eine S. [nach]stimmen; die -n streichen, zupfen; * **andere/strengere -n aufziehen** *(härtere Maßnahmen ergreifen, strenger vorgehen):* ich kann auch andere -n aufziehen!; b) *Strang, Schnur o. Ä. (aus Metall od. Kunststoff) zur Bespannung von Tennis- od. Federballschlägern.*

Sai|ten|in|stru|ment, das: *Musikinstrument, dessen Töne aus den Schwingungen gespannter Saiten (durch Zupfen, Streichen, Schlagen o. Ä.) entstehen.*

Sait|ling, der; -[e]s, -e: *Darm des Schafes, der zur Herstellung von Saiten für Musikinstrumente u. als Haut für feine Würstchen verwendet wird.*

Sa|ke, der; - [jap. sake]: *aus Reis hergestellter japanischer Wein; Reiswein.*

Sak|ko [österr.: -ˈ-], der, auch, österr. nur: das; -s, -s [italienisierende Bildung zu ↑Sack (älter für: Jackett)]: *Jackett (als Teil einer* [1]*Kombination* 2).

sa|kra [entstellt aus ↑Sakrament] (südd. salopp): *verdammt!*

sa|kral ⟨Adj.⟩ [zu lat. sacer = heilig]: *[geweiht u. daher] heilig; religiösen Zwecken dienend:* -e Feiern, Handlungen, Akte, Bauten.

Sa|kral|bau, der ⟨Pl. -ten⟩: *religiösen Zwecken dienendes Bauwerk:* Tempel, Kirchen und sonstige -ten.

Sa|kra|ment, das; -[e]s, -e [mhd. sagkermente, sacrament < kirchenlat. sacramentum = religiöses Geheimnis, Mysterium < lat. sacramentum = Weihe, Verpflichtung (zum Kriegsdienst); Treueid, zu: sacrare = (einer Gottheit) weihen, widmen; heilig machen, zu: sacer, ↑sakral]: 1. (christl. Kirche) a) *von Jesus Christus eingesetzte zeichenhafte Handlung, die in traditionellen Formen vollzogen wird und nach christlichem Glauben dem Menschen in sinnlich wahrnehmbarer Weise die Gnade Gottes übermittelt:* das S. der Taufe empfangen, spenden; b) (bes. kath. Kirche) *das Mittel (z. B. Hostie), mit dem das Sakrament* (a) *gespendet wird:* das S. austeilen, empfangen. 2. * **S. [noch mal]!** (derb; Ausruf ungeduldiger Entrüstung).

sa|kra|men|tal ⟨Adj.⟩ [mlat. sacramentalis]: *ein Sakrament betreffend, zu ihm gehörend:* ein -er Ritus.

Sa|kra|men|tar, das; -s, -e [mlat. sacramentarium]: *liturgisches Buch, das für den Bischof od. Priester die Gebete zur Feier der* [1]*Messe* (1) *sowie einiger Sakramente u. Weihen enthält.*

Sa|kri|leg, das; -s, -e [lat. sacrilegium = Tempelraub, zu: sacrilegus = gottlos, verrucht, zu: sacra = Heiliges u. legere = auflesen, -sammeln; stehlen]: *Vergehen, Frevel gegen Personen, Gegenstände, Stätten usw., denen religiöse Verehrung entgegengebracht wird:* ein S. begehen; Ü die Beschlüsse der Parteiführung zu kritisieren gilt als S.

sa|krisch ⟨Adj.⟩ [zu ↑sakra, Sakrament] (südd. salopp): a) *böse, verdammt:* die -en Spekulanten; b) ⟨intensivierend bei Adjektiven u. Verben⟩ *sehr, gewaltig, ungeheuer:* das Essen schmeckt s. gut.

Sa|kris|tan, der; -s, -e [spätmhd. sacristan < mlat. sacristanus]: *[katholischer] Kirchendiener; Küster, Mesner.*

Sa|kris|ta|nin, die; -, -nen: w. Form zu ↑Sakristan.

Sa|kris|tei, die; -, -en [mhd. sacristīe < mlat. sacristia, zu lat. sacer, ↑sakral]: *Nebenraum in der Kirche, der zur Vorbereitung des [od. der] Geistlichen auf den Gottesdienst u. zur Aufbewahrung der für den Gottesdienst benötigten Gegenstände dient.*

sa|kro|sankt ⟨Adj.⟩ [lat. sacrosanctus, zu: sacer (↑sakral) u. sanctus = heilig, unverletzlich, adj. 2. Part. von: sancire = heiligen, als heilig u. unverbrüchlich festsetzen] (bildungsspr.): *unantastbar* (1): -e Rechte, Prinzipien.

Sä|ku|la: Pl. von ↑Säkulum.

sä|ku|lar ⟨Adj.⟩ [mlat. saecularis = weltlich, heidnisch < (kirchen)lat. saecularis = alle 100 Jahre stattfindend; weltlich, heidnisch, zu lat. saeculum, ↑Säkulum]: 1. (geh.) a) *alle hundert Jahre wiederkehrend:* ein -es Ereignis; b) *hundert Jahre dauernd;* c) *ein Jahrhundert betreffend.* 2. (geh.) *weltlich, der Welt der (kirchlichen) Laien angehörend.* 3. (geh.) *außergewöhnlich, herausragend, einmalig:* ein -es Buch; ein Ereignis von -er Bedeutung.

Sä|ku|la|ri|sa|ti|on, die; -, -en [frz. sécularisation, zu: séculariser, ↑säkularisieren]: 1. *Einziehung od. Nutzung kirchlichen Besitzes durch weltliche Amtsträger.* 2. *Säkularisierung* (2).

sä|ku|la|ri|sie|ren ⟨sw. V.; hat⟩ [frz. séculariser, zu mlat. saecularis, ↑säkular]: 1. *kirchlichen Besitz einziehen u. verstaatlichen:* Kirchengüter s. 2. *aus kirchlicher Bindung lösen, unter weltlichem Gesichtspunkt betrachten:* die Kunst wurde in der Renaissance säkularisiert.

Sä|ku|la|ri|sie|rung, die; -, -en: 1. *Säkularisation* (1): die S. der Stifte und Klöster. 2. *Loslösung des Einzelnen, des Staates u. gesellschaftlicher Gruppen aus den Bindungen an die Kirche.*

Sä|ku|lum, das; -s, ...la [lat. saeculum] (bildungsspr.): 1. *Zeitraum von hundert Jahren; Jahrhundert.* 2. *Zeitalter.*

Sa|lam [alai|kum], (veraltet, noch scherzh.:) Salem aleikum [arab. = Heil, Friede (mit euch)!]: arabische Grußformel.

Sa|la|man|der, der; -s, - [mhd. salamander < lat. salamandra < griech. salamándra, H. u.]: *Schwanzlurch mit rundem, langem Schwanz [u. auffallender Zeichnung des Körpers].*

Sa|la|mi, die; -, -[s], schweiz. auch: der; -s, - [ital. salame = Salzfleisch; Schlackwurst, zu: sale < lat. sal, ↑Salär]: *kräftig gewürzte, rötlich braune, luftgetrocknete Dauerwurst aus Schweine-, Rind-, Eselsfleisch, deren Haut oft mit einem weißen Belag, der durch das Trocknen an der Luft entsteht, überzogen ist od. einen weißen Überzug aus Kreide o. Ä. hat:* eine halbe S.; eine Scheibe S.

Sa|la|mi|brot, das: *mit Salami belegtes Brot* (1 d).

Sa|la|mi|tak|tik, die ⟨o. Pl.⟩ [nach den dünnen Scheiben, in die eine Salami aufgeschnitten wird] (ugs.): *Taktik, [politische] Ziele durch kleinere Forderungen u. entsprechende Zugeständnisse von der Gegenseite zu erreichen suchen.*

Sa|lär, das; -s, -e [frz. salaire < lat. salarium = Sold, zu: sal = Salz, eigtl. = Salzration für Beamte u. Soldaten; vgl. auch [2]Salat] (bes. schweiz., auch südd., österr., sonst veraltet): *Honorar, Gehalt; Lohn:* ein gutes, hohes S. beziehen.

sa|la|rie|ren ⟨sw. V.; hat⟩ [frz. salarier < mlat. salariare, zu lat. salarium, ↑Salär] (schweiz.): a) *durch Zahlung eines Gehalts entlohnen:* die Angestellten angemessen s.; b) *mit einem Gehalt ausstatten:* eine gut salarierte Stelle.

Sa|la|rie|rung, die; -, -en (schweiz.): *Salär.*

Sa|lat, der; -[e]s, -e [älter ital. (mundartl.) salata für: insalata (herba) = eingesalzenes (Salatkraut), zu: insalare = einsalzen, zu: salare = salzen, über das Vlat. zu lat. sal, ↑Salär]: 1. a) *mit verschiedenen Marinaden od. Dressings zubereitete kalte Speise aus [zerpflückten] Salatpflanzen, Obst, frischem od. gekochtem Gemüse, Fleisch, Wurst, Fisch o. Ä.:* ein köstlicher S. aus frischem Obst der Region; S. anrichten, [mit Essig und Öl] anmachen; nimm doch noch etwas S.; ein kleiner S. *(eine kleine Portion Salat);* b) ⟨o. Pl.⟩ *Blattsalat, Kopfsalat:* der S. fängt schon an zu schießen; ein Kopf S. 2. ⟨o. Pl.⟩ (ugs.) *Durcheinander, Wirrwarr; Unordnung:* R da/jetzt haben wir den S. (iron.; *jetzt ist das [erwartete] Unangenehme, sind die [erwarteten]*

Unannehmlichkeiten da); * **der ganze S.** (abwertend; *das alles*).

-sa|lat, der; -[e]s (ugs.): kennzeichnet in Bildungen mit Substantiven ein Durcheinander, ein wirres Gemisch von etw.: Band-, Daten-, Wellensalat.

Sa|lat|be|steck, das: *aus einem großen Löffel u. einer dem Löffel in der Form angeglichenen Gabel bestehendes Besteck, das dazu dient, Salat* (1 a) *in einer Schüssel o. Ä. zu mischen und portionsweise daraus zu entnehmen.*

Sa|lat|blatt, das: *Blatt einer Salatpflanze, bes. des Kopfsalats:* etw. auf einem S. anrichten.

Sa|lat|bü|fett, das: *(in Restaurants, bei Festen o. Ä.) Tisch o. Ä., auf dem verschiedene Salate zur Selbstbedienung der Gäste bereitstehen.*

Sa|lat|dres|sing, das: *Dressing* (1).

Sa|lat|gur|ke, die: *Gurke* (1 b), *die sich bes. zum Bereiten von Salat* (1 a) *eignet.*

Sa|lat|häup|tel, das (österr.): *Salatkopf.*

Sa|la|ti|e|re, die; -, -n [frz. saladier, zu: salade = Salat < ital. (mundartl.) salata, ↑Salat] (veraltend): *Salatschüssel.*

Sa|lat|kar|tof|fel, die ⟨meist Pl.⟩: *Kartoffel einer bes. zur Zubereitung von Kartoffelsalat geeigneten Kartoffelsorte.*

Sa|lat|kopf, der: *Kopf* (5 b) *des Kopfsalats.*

Sa|lat|öl, das: *zur Zubereitung von Salaten geeignetes Speiseöl.*

Sa|lat|pflan|ze, die: *Pflanze, von der bestimmte Teile als Salat gegessen werden.*

Sa|lat|plat|te, die: **1.** *Platte zum Anrichten von Salaten* (1 a). **2.** *Gericht, das aus verschiedenen auf einer Platte angerichteten Salaten* (1 a) *besteht.*

Sa|lat|schüs|sel, die: *Schüssel zum Servieren von Salaten* (1 a).

Sa|lat|so|ße, die: vgl. *Soße* (1).

Sa|lat|the|ke, die: *Theke (in Cafeterias o. Ä.), in der verschiedene* [2]*Salate* (1 a) *bereitstehen.*

Sal|ba|de|rei, die; -, -en (ugs. abwertend): *[dauerndes] Salbadern.*

sal|ba|dern ⟨sw. V.; hat⟩ [zu veraltet Salbader (17. Jh.) = seichtes Geschwätz, H. u.] (ugs. abwertend): *salbungsvoll [frömmelnd], langatmig u. feierlich reden:* er hat eine Art zu s., die jedem auf die Nerven geht.

Sal|be, die; -, -n [mhd. salbe, ahd. salba, eigtl. = Fett]: *Präparat zum Auftragen auf die Haut, bei dem die wirksamen Substanzen mit einer [fettigen] Masse vermengt sind:* S. auftragen.

Sal|bei, der; -s (österr. nur so) od. die; - [mhd. salbeie, ahd. salbeia, salveia < mlat. salvegia < lat. salvia, zu: salvus = gesund]: **1.** *(zu den Lippenblütlern gehörende) Pflanze mit (je nach Art) unterschiedlich gefärbten Blüten u. länglichen, behaarten Blättern.* **2.** *aus [getrockneten] Salbeiblättern bestehendes Gewürz.*

Sal|bei|blatt, das: *Blatt des Salbeis.*

Sal|bei|tee, der: [1]*Tee* (3 b) *aus Salbeiblättern.*

sal|ben ⟨sw. V.; hat⟩ [mhd. salben, ahd. salbōn, zu ↑Salbe] (geh.): *mit Salbe od. Öl einreiben:* jmdn., sich s.; jmdn. zum Kaiser s. *(weihen);* einen Sterbenden s. (kath. Kirche; *ihm die Krankensalbung geben*).

Sal|ben|tie|gel, der: *Tiegel zur Herstellung u. Aufbewahrung von Salben.*

Sal|ben|topf, der: *kleiner Topf* (2 b) *mit Schraubdeckel zur Aufbewahrung von Salben.*

Sal|bung, die; -, -en [mhd. salbunge]: *das Salben; das Gesalbtwerden.*

sal|bungs|voll ⟨Adj.⟩ [eigtl. = mit der frommen Begeisterung eines Gesalbten, eines Priesters] (abwertend): *übertrieben würdevoll-feierlich:* -e Worte; s. reden, predigen.

Säl|chen, das; -s, -: Vkl. zu ↑Saal (1).

sal|die|ren ⟨sw. V.; hat⟩ [ital. saldare, eigtl. = zusammenfügen, festmachen, zu: saldo = fest, über das Vlat. zu lat. solidus, ↑solide]: **1.** (Buchf., Bankw.) *den Saldo ermitteln.* **2.** (Kaufmannsspr.) *(eine Rechnung, einen Rückstand) begleichen, bezahlen; (eine Schuld) tilgen.* **3.** (österr.) *die Bezahlung einer Rechnung bestätigen.*

sal|die|rend ⟨Adj.⟩ (EDV): *(von Speichern* 2 b) *Rechenergebnisse speichernd, sodass mit ihnen weitergerechnet werden kann, ohne sie vorher abrufen zu müssen.*

Sal|die|rung, die; -, -en: *das Saldieren.*

Sal|do, der; -s, ...den, -s u. ...di [ital. saldo, eigtl. = fester Bestandteil bei der Kontenführung, zu: saldare, ↑saldieren]: **1.** (Buchf., Bankw.) *Differenzbetrag, der sich nach Aufrechnung der Soll- u. Habenseite des Kontos ergibt.* **2.** (Kaufmannsspr.) *Betrag, der nach Abschluss einer Rechnung zu deren völliger Begleichung fällig bleibt.*

Sal|do|über|trag, der (Buchf.): *auf ein neues Konto übertragener Saldo.*

Sal|do|vor|trag, der (Buchf.): *Saldoübertrag.*

Sä|le: Pl. von ↑Saal.

Sa|lem alei|kum: ↑Salam [alaikum].

Sa|le|si|a|ner, der; -s, - [nach dem heiligen Franz v. Sales (1567–1622)]: **1.** *Mitglied der Gesellschaft des heiligen Franz von Sales.* **2.** *Angehöriger eines katholischen Priesterordens, der bes. in der [Jugend]seelsorge tätig ist.*

Sa|le|si|a|ne|rin, die; -, -nen: *Angehörige eines katholischen Ordens, der bes. in der Seelsorge tätig ist.*

Sales|ma|na|ger ['seɪlz...], der; -s, - [engl. sales manager, zu: sale = Verkauf u. ↑Manager] (Wirtsch.): *Verkaufsleiter in einem Unternehmen.*

Sales|ma|na|ge|rin ['seɪlz...], die: w. Form zu ↑Salesmanager.

Sa|let|tel, Sa|lettl, das; -s, -[n] [zu ital. saletta = kleiner Saal, Vkl. von: sala = Saal] (österr., auch bayr.): *Pavillon, Laube, Gartenhäuschen.*

Sa|li|ne, die; -, -n [lat. salinae (Pl.), zu: salinus = zum Salz gehörend, zu: sal = Salz]: **1.** *Anlage zur Gewinnung von Salz durch Verdunstung von Salzwasser.* **2.** *Gradierwerk.*

Sa|li|nen|be|trieb, der: *Betrieb, in dem Salinensalz gewonnen wird.*

Sa|li|nen|salz, das ⟨o. Pl.⟩: *in einer Saline gewonnenes Salz.*

Sa|li|zyl|pflas|ter, das; -s, -: *Pflaster, das mit Salizylsäure getränkt ist.*

Sa|li|zyl|säu|re, (Fachspr.:) Salicylsäure, die; - [zu lat. salix = Weide u. griech. hýlē = Holz; Stoff; die Säure wurde zuerst aus einem Bitterstoff der Weidenrinde, hergestellt] (Chemie): *farblose, süß schmeckende kristalline Substanz, die früher wegen ihrer antibakteriellen u. fäulnishemmenden Wirkung als Konservierungsmittel verwendet wurde, heute vor allem als Ausgangsstoff für die Herstellung von schmerzstillenden, fiebersenkenden usw. Medikamenten dient.*

[1]**Salm**, der; -[e]s, -e [mhd. salme, ahd. salmo < lat. salmo]: *Lachs.*

[2]**Salm**, der; -s, -e ⟨Pl. selten⟩ [aus dem Niederd. < mniederd. salm = Psalm] (landsch., bes. nordd. ugs. abwertend): *umständlich-breites Gerede:* einfach fürchterlicher S.

Sal|mi|ak [auch, österr. nur: '– –], der, auch: das; -s [aus mlat. sal armoniacum für lat. sal armeniacum = armenisches Salz, nach dem Herkunftsland]: *Verbindung von Ammoniak u. Salzsäure mit einem durchdringend-beizenden Geruch.*

Sal|mi|ak|geist, der ⟨o. Pl.⟩: *in Wasser gelöstes Ammoniak; Ammoniaklösung.*

Sal|mi|ak|lö|sung, die: *Salmiakgeist.*

Sal|mi|ak|pas|til|le, die: *[rautenförmige] dunkelbraune bis schwarze Pastille aus eingedicktem Süßholzsaft u. Salmiak:* -n lutschen.

Sal|mo|nel|le, die; -, -n ⟨meist Pl.⟩ [nach dem amerik. Bakteriologen u. Pathologen D. E. Salmon (1850–1914)]: *Bakterie, die beim Menschen Darminfektionen hervorruft.*

Sal|mo|nel|lo|se, die; -, -n (Med.): *durch Salmonellen verursachte Darmerkrankung.*

Sa|lo|mo|nen, Sa|lo|mon|in|seln ⟨Pl.⟩: Inselstaat östlich von Neuguinea.

sa|lo|mo|nisch ⟨Adj.⟩ [nach dem biblischen König Salomo] (bildungsspr.): *einem Weisen entsprechend ausgewogen, Einsicht zeigend; weise:* ein -es Urteil; s. urteilen.

Sa|lon [za'lõ:, auch: za'lɔŋ, za'lo:n], der; -s, -s [frz. salon < ital. salone = Festsaal, Vgr. von: sala = Saal, aus dem Germ.]: **1.** *größerer, repräsentativer Raum als Empfangs- od. Gesellschaftszimmer:* den S. betreten; sie geleitete, führte uns in den S. **2.** (früher) **a)** *[regelmäßige] Zusammenkunft von bes. literarisch u. künstlerisch interessierten Personen:* ein literarischer, politischer S.; **b)** *Kreis von Personen, der sich regelmäßig trifft u. ständig die Meinungen über Kunst, Literatur, Wissenschaft u. Politik austauscht:* einem literarischen S. angehören. **3.** *[modern eingerichtetes, elegantes u. luxuriös ausgestattetes] Geschäft:* ein S. für Fußpflege, Kosmetik; seine Friseurlehre hat er im S. seines Vaters gemacht. **4. a)** *Ausstellungsraum, -saal;* **b)** *Ausstellung (bes. Kunst-, Gemäldeausstellung).*

sa|lon|fä|hig ⟨Adj.⟩: **1.** *(in den Umgangsformen o. Ä.) in den Rahmen der Gesellschaft passend; der Etikette der Gesellschaft entsprechend, schicklich:* ein nicht -er Witz; in dem Aufzug bist du nicht s. **2.** *einen einigermaßen guten Ruf genießend, ein einigermaßen gutes Image habend; akzeptabel, respektabel:* durch diese verfehlte Politik ist der Diktator, die faschistische Partei überhaupt erst s. geworden.

Sa|lon|lö|we, der (abwertend): *eleganter, gewandter Mann, der aber oberflächlich ist u. Wert darauf legt, in Gesellschaft der Mittelpunkt der [weiblichen] Aufmerksamkeit zu sein.*

Sa|lon|lö|win, die: w. Form zu ↑Salonlöwe.

Sa|lon|wa|gen, der: *Eisenbahnwagen, der wie ein Salon eingerichtet ist.*

Sa|loon [sə'lu:n], der; -s, -s [engl. saloon < frz. salon, ↑Salon]: *Lokal, dessen Einrichtung dem Stil der Wildwestfilme nachempfunden ist.*

sa|lopp ⟨Adj.⟩ [frz. salope = dreckig, schmierig, schlampig, H. u.]: **1.** *(von Kleidung) betont bequem [mit einer sportlichen Note], nicht elegant:* -e Freizeitkleidung; sich s. kleiden. **2.** *unbekümmert zwanglos, die Nichtachtung gesellschaftlicher Formen ausdrückend:* eine -e Ausdrucksweise haben; sein Benehmen war reichlich s.; sich s. ausdrücken.

Sa|lopp|heit, die; -, -en: **1.** ⟨o. Pl.⟩ *saloppe Art.* **2.** *saloppe Handlungsweise, Äußerung.*

Sal|pe|ter, der; -s [mhd. salpeter < mlat. sal(le)petra, viell. < lat. sal petrae, eigtl. = Salz des Steins, zu: sal = Salz u. petra (↑Peter); nach der Entstehung an Kaligestein]: *weißes od. hellgraues Salz der Salpetersäure, das früher vor allem zur Herstellung von Düngemitteln u. Schießpulver verwendet wurde.*

Sal|pe|ter|dün|ger, der: *Düngemittel, in dem Stickstoff in Form von Salpeter enthalten ist.*

sal|pe|ter|hal|tig ⟨Adj.⟩: *Salpeter enthaltend.*

sal|pe|te|rig: ↑salpetrig.

Sal|pe|ter|säu|re, die ⟨o. Pl.⟩: *stark oxidierende, farblose Säure, die Silber u. die meisten unedlen Metalle löst.*

sal|pet|rig, salpeterig: in der Verbindung: -e Säure (↑Säure 2).

Sal|sa, der, - [span. salsa, eigtl. = Soße]: *lateinamerikanischer* [2]*Rock* (1), *der eine Mischung aus Rumba, afrokubanischem Jazz u. Bossa Nova darstellt.*

Sal|to, der; -s, -s u. ...ti [ital. salto < lat. saltus = Sprung, zu: saltum, 2. Part. von: salire = springen]: **1.** (Sport) *frei in der Luft ausgeführte Rolle, schnelle Drehung des Körpers um seine Querachse (als Teil einer sportlichen Übung):* ein ein-, zwei-, dreifacher, doppelter S.; ein S. vorwärts, rückwärts, aus dem Stand, vom Reck; einen S. springen, drehen, machen. **2.** (Fliegerspr.) *Looping.*

Sal|to mor|ta|le, der; - -, - - u. ...ti ...li [ital. salto mortale, eigtl. = Todessprung, zu: mortale = tödlich < lat. mortalis]: *[meist dreifacher] Salto, der von einem Akrobaten in großer Höhe ausgeführt wird:* ein S. m. am Trapez.

sa|lü ['saly, sa'ly] [frz. salut, ↑Salut] (schweiz. ugs., sonst landsch.): Grußformel (zur Begrüßung und zum Abschied).

Sa|lut, der; -[e]s, -e [frz. salut < lat. salus (Gen.:

salutis) = Gruß, Wohlsein, Heil, zu: salvus = gesund, heil] (Milit.): *Ehrung z. B. anlässlich von Staatsbesuchen durch Abfeuern einer Salve aus Geschützen:* S. schießen; 10 Schuss S.

sa|lu|tie|ren ⟨sw. V.; hat⟩ [lat. salutare = grüßen] (Milit.): **1. a)** *die militärische Ehrenbezeigung erweisen:* der Posten salutierte; die Wachen salutierten vor dem Staatsbesuch; **b)** *[durch Anlegen der Hand an die Kopfbedeckung, an die Schläfe] grüßen:* der Schaffner salutierte höflich. **2.** (veraltend) *Salut schießen.*

Sa|lut|schuss, der ⟨meist Pl.⟩ (Milit.): *als Salut abgegebener Schuss:* Salutschüsse abfeuern, abgeben.

Sal|va|do|ri|a|ner, der; -s, -: Ew. zu ↑El Salvador.

Sal|va|do|ri|a|ne|rin, die; -, -nen: w. Form zu ↑Salvadorianer.

sal|va|do|ri|a|nisch ⟨Adj.⟩: *El Salvador, die Salvadorianer betreffend; von den Salvadorianern stammend, zu ihnen gehörend.*

[1]Sal|va|tor, der; -s, ...oren [kirchenlat. salvator] (bildungsspr.): *Heiland.*

[2]Sal|va|tor®, das od. der; -s: *dunkles Münchner Starkbier.*

Sal|va|tor|bier, das: *[2]Salvator.*

Sal|ve [...və], die; -, -n [frz. salve, eigtl. = Salutschießen, zu lat. salve, Imperativ von salvere = gesund sein, zu salvus = gesund] (Milit.): *[auf ein Kommando gleichzeitig abgefeuerte] Anzahl von Schüssen aus Gewehren od. Geschützen:* die S. kracht; S. geben, schießen; aus einem Maschinengewehr eine S. abgeben; **Ü** eine S. des Beifalls, von Gelächter.

Sal|wei|de, die; -, -n [mhd. salewīde, ahd. salewīda, verdeutlichende Zus. aus mhd. salhe, ahd. sal(a)ha = (Sal)weide u. ↑[1]Weide, zu ↑Salz, nach den filzig-grauen Blättern]: *als Strauch od. Baum wachsende Weide mit breit-elliptischen, oberseits mattgrünen, unterseits bläulichen, filzigen Blättern u. zottigen silberweißen Kätzchen; Palmweide.*

Salz, das; -es, -e [mhd., ahd. salz, eigtl. = das Schmutziggraue; Salz kam in alter Zeit ungereinigt in den Handel]: **1.** ⟨o. Pl.⟩ *im Bergbau od. durch Eindampfen von [Meer]wasser gewonnene weiße, kristalline Substanz, die zum Würzen von Speisen verwendet wird; Kochsalz:* feines, grobes S.; eine Prise S.; S. an, in die Suppe, an die Speisen tun; Fleisch in S. legen *(einsalzen);* S. führende (Bergmannsspr.; *mit Salz durchsetzte)* Schichten; **Spr** S. und Brot macht Wangen rot *(einfache Kost ist gesund);* ***S. auf die/in die Wunde streuen** *(jmdn. eine ohnehin schon als unangenehm, ärgerlich o. ä. empfundene Situation durch eine Äußerung od. eine Mitteilung noch deutlicher, schmerzlicher empfinden lassen);* **jmdm. nicht das S. in der Suppe gönnen** (ugs.; *sehr missgünstig sein).* **2.** (Chemie) *chemische Verbindung aus einer Säure mit Metallen, Kohlenstoff od. Ammonium:* ein neutrales, saures S.

Salz|ader, die: *Ader (3 d), die Salz führt.*

salz|arm ⟨Adj.⟩: *nur geringe Mengen Salz enthaltend; mit nur wenig Salz:* -e Kost; s. essen.

Salz|bad, das: *medizinisches Bad in Salzwasser.*

Salz|be|las|tung, die (Ökologie): *Umweltbelastung durch Salz:* die S. der Weser; bei zu hoher S. gehen Pflanzen zugrunde.

Salz|berg|bau, der: *zur Gewinnung von Salz betriebener Bergbau.*

Salz|berg|werk, das: *Bergwerk zur Gewinnung von Salz.*

Salz|bre|zel, die: *mit groben Salzkörnern bestreute Brezel.*

Salz|bröt|chen, das: vgl. Salzbrezel.

[1]Salz|burg; -s: österreichisches Bundesland.

[2]Salz|burg: Landeshauptstadt von [1]Salzburg.

[1]Salz|bur|ger, der; -s, -: Ew.

[2]Salz|bur|ger ⟨indekl. Adj.⟩.

Salz|bur|ge|rin, die; -, -nen: w. Form zu ↑[1]Salzburger.

salz|bur|gisch ⟨Adj.⟩: *Salzburg, die [1]Salzburger betreffend; von den [1]Salzburgern stammend, zu ihnen gehörend.*

sal|zen ⟨unr. V.; salzte, hat gesalzen/(selten auch:) gesalzt⟩ [mhd. salzen, ahd. salzan]: *einer Speise Salz beigeben:* das Essen s.; die Suppe ist stark, zu wenig, kaum gesalzen.

Salz|fass, das: **1.** *Salznapf.* **2.** (ugs. scherzh.) *auffallende Vertiefung zwischen den Schlüsselbeinen am Halsansatz (beim Menschen).*

Salz|fäss|chen, das: Vkl. zu ↑Salzfass.

Salz|fleisch, das: *Pökelfleisch.*

salz|frei ⟨Adj.⟩: *frei von Salz:* eine weitgehend -e Kost.

Salz füh|rend: s. Salz (1).

Salz|gar|ten, der: *flaches Becken (als Teil einer Saline 1), in dem Salzwasser (meist Meerwasser) in warmem Klima verdunstet, sodass Salz zurückbleibt.*

Salz|ge|halt, der: *Gehalt an Salz.*

Salz|ge|win|nung, die: *Gewinnung von Salz.*

Salz|gur|ke, die: *in Salzlake eingelegte kleine Gurke.*

salz|hal|tig ⟨Adj.⟩: *Salz enthaltend:* -e Böden; das Mineralwasser ist zu s.

Salz|he|ring, der: *Hering, der eingesalzen u. dadurch haltbar gemacht wird; Pökelhering.*

sal|zig ⟨Adj.⟩: **a)** *Salz enthaltend:* -es Wasser; **b)** *nach Salz schmeckend:* süßes und -es Gebäck; einen -en Geschmack auf der Zunge haben; die Suppe ist zu s.

Sal|zig|keit, die; -: *das Salzigsein.*

Salz|kar|tof|fel, die ⟨meist Pl.⟩: *ohne Schale in Salzwasser (1) gekochte Kartoffel.*

Salz|korn, das ⟨Pl. ...körner⟩: *kleines, festes Teilchen Salz in Form eines Korns.*

Salz|krus|te, die: *durch Verdunstung von salzhaltigem Wasser entstandene Kruste aus Salz.*

Salz|la|ger|stät|te, die: *Lagerstätte (3) von Steinsalz.*

Salz|la|ke, die: *Lake.*

Salz|le|cke, die (Jägerspr.): *Stelle, wo aus Gestein Salz austritt od. wo der Jäger Salz auslegt, das lebensnotwendiger Bestandteil der Nahrung des Wildes ist.*

salz|los ⟨Adj.⟩: *ohne Salz.*

Salz|lö|sung, die: *Lösung von Salz in Wasser.*

Salz|man|del, die: *gesalzene u. geröstete Mandel.*

Salz|napf, der: *kleines Gefäß für Salz zum [Nach]salzen bei Tisch.*

Salz|pflan|ze, die: *Halophyt.*

Salz|säu|le: in der Wendung **zur S. erstarren** *(fassungslos, entsetzt, sprachlos sein u. deshalb innehalten, unbeweglich dastehen;* nach 1. Mos. 19, 26).

Salz|säu|re, die ⟨o. Pl.⟩: *stark ätzende Säure.*

Salz|see, der: *stark salzhaltiger See.*

Salz|sie|der, der (veraltet): *Salzwerker.*

Salz|stan|ge, die: *stangenförmiges, mit groben Salzkörnern bestreutes Gebäck.*

Salz|stock, der: *Salzlagerstätte.*

Salz|streu|er, der: *zum [Nach]salzen bei Tisch benutztes kleines Gefäß mit durchlöchertem Deckel zum Streuen von Salz.*

Salz|streu|ung, die: *das Streuen von Salz.*

Salz|teig, der: *für Bastelarbeiten (ähnlich wie Ton) verwendeter Teig aus Mehl, Wasser u. Salz, der im Backofen gehärtet wird.*

Salz|was|ser, das ⟨Pl. ...wässer⟩: **1.** ⟨o. Pl.⟩ *zum Kochen verwendetes Wasser, in dem Kochsalz gelöst ist.* **2.** *Meerwasser.* **3.** *Lake.*

Salz|wie|se, die: *Wiese, deren Bewuchs aus Salzpflanzen besteht:* die -n der Gezeitenzone.

Salz|wüs|te, die: *Wüste, deren Boden viel Salz enthält.*

Sam: in der Verbindung: Uncle S. (↑Uncle Sam).

-sam [mhd., ahd. -sam, urspr. selbstständiges Wort mit der Bed. »mit etw. übereinstimmend, von gleicher Beschaffenheit«, zu ahd. samo = derselbe, sama = ebenso; vgl. mhd. samen, ahd. saman, ↑zusammen]: **1.** drückt in adj. Bildungen mit Verben (Verbstämmen) aus, dass mit der beschriebenen Person oder Sache etw. gemacht werden kann; *-bar* (1): einfügsam, lenksam, biegsam. **2.** drückt in adj. Bildungen mit Verben (Verbstämmen) aus, dass die beschriebene Person oder Sache etw. tut; *-lich* (3): bedrohsam, nachdenksam. **3.** drückt in adj. Bildungen mit Substantiven aus, dass die beschriebene Person oder Sache von etw. erfüllt ist oder etw. bereitet: tugendsam, vergnügsam.

Sä|mann, der ⟨Pl. ...männer⟩ (dichter.): *jmd., der etw. sät.*

Sa|ma|ri|ter, der; -s, - [lat. Samarites, nach dem biblischen Gleichnis (Luk. 10, 33) vom Barmherzigen Samariter]: **1.** *selbstlos helfender Mensch:* sich als barmherziger S. fühlen. **2.** (schweiz.) *Sanitäter.*

Sa|ma|ri|ter|dienst, der: *selbstlose, aus Mitleid gewährte Hilfe für einen Kranken, der Pflege Bedürftigen od. in Not Geratenen:* Dankbarkeit für treue -e in der Altenpflege.

Sa|ma|ri|te|rin, die; -, -nen: w. Form zu ↑Samariter.

Sa|ma|ri|ter|tum, das; -s: *Verhaltensweise eines Samariters (1); barmherziges Helfen.*

Sä|ma|schi|ne, die [zu ↑säen]: *Maschine zum Säen.*

Sam|ba, die; -, -s, auch, österr. nur: der; -s, -s [port. (bras.) samba, aus einer afrik. Spr.]: *beschwingter und spritziger Gesellschaftstanz im 2/4-Takt (nach einem brasilianischen Volkstanz).*

Sam|bia; -s: Staat in Afrika.

Sam|bi|er, der; -s, -: Ew.

Sam|bi|e|rin, die; -, -nen: w. Form zu ↑Sambier.

sam|bisch ⟨Adj.⟩: *Sambia, die Sambier betreffend; von den Sambiern stammend, zu ihnen gehörend.*

[1]Sa|me, der; -ns, -n (selten): *Samen (1 a).*

[2]Sa|me, der; -n, -n: *Lappe.*

Sa|men, der; -s, - [mhd. sāme, ahd. sāmo, verw. mit ↑säen]: **1. a)** *aus der Blüte einer Pflanze sich entwickelndes Gebilde, aus dem sich eine neue Pflanze entwickeln kann; Samenkorn:* die runden, schwarzen, geflügelten S.; der S. keimt, geht auf; **b)** ⟨o. Pl.⟩ *Anzahl von Samen; Saat:* der S. muss trocken gelagert werden; S. aussäen, streuen, züchten, gewinnen, beizen; **Ü** (geh.:) der S. der Zwietracht geht in ihren Herzen auf. **2.** ⟨o. Pl.⟩ *Sperma.*

Sa|men|an|la|ge, die (Bot.): *Teil der Blüte, aus dem sich der Samen bildet.*

Sa|men|bank, die ⟨Pl. -en⟩ (Med., Tiermed.): *Einrichtung, die der Konservierung von Sperma für künstliche Befruchtungen dient.*

Sa|men|er|guss, der: *Ejakulation.*

Sa|men|fa|den, der (Med.): *Spermium.*

Sa|men|fluss, der ⟨o. Pl.⟩ (Med.): *Ejakulation ohne geschlechtliche Erregung; Spermatorrhöe.*

Sa|men|flüs|sig|keit, die: *Sperma.*

Sa|men|hand|lung, die: *Geschäft, in dem Samen (1 b) verkauft wird.*

Sa|men|kap|sel, die: *Kapsel (3).*

Sa|men|kern, der: *Kern (1 a, b).*

Sa|men|korn, das ⟨Pl. ...körner⟩: *kleiner Samen (1 a).*

Sa|men|lei|ter, der (Med.): *Kanal (3), in dem die Samenflüssigkeit in die Harnröhre geleitet wird.*

Sa|men|pflan|ze, die: *Blütenpflanze.*

Sa|men|spen|de, die (Med.): *das Spenden von Sperma zur künstlichen Befruchtung.*

Sa|men|spen|der, der (Med.): *jmd., der Sperma zur künstlichen Befruchtung spendet.*

Sa|men|zel|le, die: *Spermium.*

Sä|me|rei, die; -, -en: **1.** ⟨Pl.⟩ *Pflanzensamen, Saatgut:* mit -en handeln. **2.** *Samenhandlung.*

sä|mig ⟨Adj.⟩ [eigtl. mundartl. Nebenf. von ↑seimig]: *(bes. von Suppen od. Soßen) [durch Einkochen 2 od. durch Hinzufügen von Mehl, Grieß o. Ä.] mehr oder weniger dickflüssig:* eine -e Soße; eine Soße reduzieren, bis sie s. wird.

Sä|mig|keit, die; -: *sämige Beschaffenheit.*

Sa|min, die; -, -nen: w. Form zu ↑[2]Same.

sa|misch ⟨Adj.⟩: *die [2]Samen betreffend, von ihnen stammend, zu ihnen gehörend.*

Säm|ling, der; -s, -e: *aus Samen gezogene junge Pflanze; Keim (1 a).*

Sam|mel|ak|ti|on, die: *Sammlung (1):* eine S. zur Unterstützung der Katastrophenopfer durchführen.

Sam|mel|al|bum, das: *Album* (1).
Sam|mel|an|schluss, der (Fernspr.): *Fernsprechanschluss mit einer Zentrale u. mehreren angeschlossenen Nebenstellen.*
Sam|mel|auf|trag, der (Postw.): *(im Postscheckverkehr) Zusammenfassung von mehreren Überweisungen eines Absenders auf einer Liste.*
Sam|mel|band, der (Pl. ...bände): *Buch, in dem verschiedene Texte eines od. mehrerer Autoren abgedruckt sind.*
Sam|mel|be|cken, das: *Becken* (1, 2 a), *in dem jmd. Flüssigkeit sich sammeln lässt:* Ü die Partei ist ein S. der reaktionären Kräfte.
Sam|mel|be|griff, der: *Begriff* (1), *der die Inhalte mehrerer Begriffe zusammenfasst.*
Sam|mel|be|häl|ter, der: **1.** *Behälter, in dem jmd. Flüssigkeit sich sammeln lässt:* das vom Dach abfließende Regenwasser wird in einen S. geleitet. **2.** *Behälter, in dem etw. gesammelt* (1 d) *wird:* geben Sie Ihre Kleiderspende bitte verpackt in die S.
Sam|mel|be|stel|ler, der: *jmd., der eine Sammelbestellung vornimmt.*
Sam|mel|be|stel|le|rin, die: w. Form zu ↑Sammelbesteller.
Sam|mel|be|stel|lung, die: *gemeinsame Bestellung* (1 a) *mehrerer Besteller (die auf diese Weise einen Preisnachlass erhalten).*
Sam|mel|be|zeich|nung, die (Sprachw.): *Kollektivum.*
Sam|mel|büch|se, die: *einer Büchse* (1 a) *ähnlicher Behälter mit einer schlitzförmigen Öffnung zum Sammeln von Geld:* mit der S. klappern.
Sam|me|lei, die; -, -en (ugs. abwertend): *[dauerndes] Sammeln.*
Sam|mel|ei|fer, der: *Eifer, mit dem jmd. [etw.] sammelt.*
Sam|mel|fahr|schein, der: **a)** *Fahrschein für mehrere Personen;* **b)** *Fahrschein mit Abschnitten für mehrere Einzelfahrten.*
Sam|mel|frucht, die (Bot.): *aus mehreren kleinen, rings um einen Stiel angeordneten Früchtchen bestehende Frucht* (z. B. Brombeere).
Sam|mel|ge|biet, das: *Gebiet, auf dem jmd. sich als Sammler betätigt:* Briefmarkenkataloge für alle -e.
Sam|mel|ge|fäß, das: vgl. Sammelbehälter (1).
Sam|mel|grab, das: *Grab für mehrere Tote.*
Sam|mel|kas|se, die: *für alle Abteilungen eines Warenhauses zuständige zentrale Kasse.*
Sam|mel|la|ger, das: *Lager* (1 a), *in dem Menschen (z. B. Gefangene, Flüchtlinge) gesammelt werden.*
Sam|mel|lei|den|schaft, die: vgl. Sammeleifer.
Sam|mel|lin|se, die (Optik): *konvexe Linse, die Lichtstrahlen zu einem Punkt od. Bündel vereinigt.*
Sam|mel|lis|te, die: *Liste mit den Namen und Beiträgen der Spender bei einer Sammlung:* eine S. führen.
Sam|mel|map|pe, die: *Mappe* (1) *zum Sammeln von etw.*
sam|meln ⟨sw. V.; hat⟩ [mhd. samelen, dissimiliert aus älter: samenen, ahd. samanōn, zu mhd. samen, ahd. saman, ↑zusammen]: **1. a)** *nach etw. suchen u. das Gefundene zu einer größeren Menge vereinigen, um es zu verbrauchen, zu verwerten:* Beeren, Pilze, Kräuter, Brennholz s.; der Hamster sammelt Vorräte für den Winter; die Bienen sammeln Honig; ⟨auch ohne Akk.-Obj.:⟩ emsig, eifrig, unermüdlich s.; Ü Material, Stoff, Zitate für ein Buch s.; **b)** *Dinge, für die man sich interessiert, zusammentragen, um sie (wegen ihres Wertes in größerer Anzahl, wegen ihrer Schönheit o. Ä.) [in einer bestimmten Ordnung] aufzuheben:* Gemälde, Münzen, Briefmarken, Bierdeckel s.; ⟨2. Part.:⟩ die gesammelten Werke eines Dichters herausgeben; Ü die Mannschaft sammelte fleißig Punkte; **c)** *verschiedene Leute bitten, etw. zu geben, zu spenden [u. so eine größere Menge davon zusammenbekommen]; eine Sammlung durchführen:* Altpapier, Geld s.; Unterschriften für eine Resolution s.; ⟨auch ohne Akk.-Obj.:⟩ für das Rote Kreuz, die Erdbebenopfer s.; **d)** *[im Laufe der Zeit] an einer bestimmten Stelle zu einer größeren Menge zusammenkommen lassen:* Regenwasser in einer Tonne s.; Lichtstrahlen mit einer Linse s. *(zu einem Punkt od. Bündel vereinigen);* Ü Erfahrungen, neue Kräfte s. **2. a)** *versammeln, an einem Ort zusammenkommen lassen:* seine Leute s.; er sammelte seine Lieben um sich; eine Mehrheit hinter sich s. *(für seine Ziele gewinnen);* **b)** ⟨s. + sich⟩ *sich versammeln, an einem Ort zusammenkommen:* sich in, zu einer Gruppe s.; sich um jmdn. s.; s.! *(sammelt euch!;* militärisches Kommando); **c)** ⟨s. + sich⟩ *zusammenfließen, -strömen; sich ansammeln* (2 b): Lichtstrahlen sammeln sich im Brennglas; in der Mulde sammelt sich das Regenwasser. **3.** ⟨s. + sich⟩ *innere Ruhe suchen [um sich einer Person od. Sache zuwenden zu können]:* sich zum Gebet s.
Sam|mel|na|me, der (Sprachw.): *Kollektivum.*
Sam|mel|num|mer, die (Fernspr.): *Rufnummer eines Sammelanschlusses.*
Sam|mel|platz, der: **a)** *Platz, an dem etw. [Gesammeltes] zusammengetragen [u. gelagert] wird:* ein S. für Elektronikschrott, Altglas; **b)** *Platz, an dem sich jmd. versammelt:* bei Feueralarm unverzüglich die jeweiligen Sammelplätze aufsuchen.
Sam|mel|punkt, der: *Sammelplatz* (b).
Sam|mel|stel|le, die: *Sammelplatz* (b).
Sam|mel|stück, das: *Stück aus einer Sammlung.*
Sam|mel|su|ri|um, das; -s, ...rien [mit lat. Endung scherzh. geb. zu niederd. sammelsūr = sauer angemachtes Gericht aus gesammelten Speiseresten, 2. Bestandteil Subst. von niederd. sūr = sauer u. eigtl. = das Saure] (oft abwertend): *etw., was sich mehr od. weniger zufällig beieinander findet u. von unterschiedlicher Art u. Qualität ist:* ein buntes S.; in dem Schuppen befand sich ein S. von Gerätschaften.
Sam|mel|tas|se, die: *Tasse* (2 b) *als besonders schönes Einzelstück.*
Sam|mel|trans|port, der: *gemeinsamer Transport einer größeren Anzahl von Menschen od. Gütern.*
Sam|mel|trieb, der: *[starke] Neigung, etw. zu sammeln* (1 a, b).
Sam|mel|über|wei|sung, die (Postw.): *(im Postgiroverkehr) Zusammenfassung mehrerer Überweisungen eines Absenders.*
Sam|mel|un|ter|kunft, die: vgl. Sammellager: Sammelunterkünfte für Asylbewerber.
Sam|mel|werk, das: *Druckerzeugnis mit Beiträgen mehrerer Autoren.*
Sam|mel|wut, die (emotional): *übersteigerter Sammeleifer.*
sam|mel|wü|tig ⟨Adj.⟩ (emotional): *von Sammelwut erfasst.*
Samm|ler, der; -s, -: **1. a)** *jmd., der etw. sammelt* (1 a, b): ein eifriger, passionierter S.; ein S. seltener Erstausgaben; **b)** *jmd., der sammelt* (1 c): er betätigt sich als S. für das Rote Kreuz. **2.** (Straßenbau) *Hauptstrang in der Kanalisation.*
Samm|ler|fleiß, der: *eifriges Bemühen beim Sammeln von etw.*
Samm|le|rin, die; -, -nen: w. Form zu ↑Sammler (1).
Samm|ler|lei|den|schaft, die ⟨o. Pl.⟩: *Leidenschaft* (2), *mit der jmd. etw. sammelt* (1 b).
Samm|ler|mar|ke, die: *Briefmarke, die ein Sammlerobjekt darstellt.*
Samm|ler|ob|jekt, das: *Objekt* (1), *das für Sammler von Wert ist.*
Samm|ler|stück, das: *Sammlerobjekt.*
Samm|ler|wert, der: *[Markt]wert, den ein Objekt für Sammler hat.*
Samm|lung, die; -, -en [mhd. sam(e)nunge, ahd. samanunga = das Zusammenbringen, Vereinigung]: **1.** *das Sammeln* (1 c, d): die S. [er]brachte, ergab eine stattliche Summe; eine S., -en [für das Rote Kreuz] veranstalten, durchführen; durch eine getrennte S. von Hausmüll können die Deponien entlastet werden. **2. a)** *Gesamtheit gesammelter* (1 b) *Gegenstände:* eine bedeutende, reiche, reichhaltige, kostbare, wertvolle S. [von Gemälden, Münzen, Waffen]; eine S. anlegen, zusammentragen, besitzen, versteigern; **b)** *Anthologie:* eine S. von Essays, Novellen, Aphorismen. **3.** *eine [öffentliche] Sammlung verwaltende u. betreuende Institution od. Abteilung eines Museums:* die städtische S. besitzt, zeigt Werke moderner Meister; die ornithologische S. des naturkundlichen Museums ist heute geschlossen; der Leiter der ostasiatischen S. des volkskundlichen Museums. **4.** *Gesammeltsein, innere Beherrschung [und Ausrichtung auf ein Thema, ein Problem o. Ä.]:* innere, geistige S.
Samm|lungs|be|we|gung, die: *Bewegung* (3), *in der sich Gruppen mit unterschiedlichen Interessen zur Verwirklichung eines gemeinsamen Ziels vereinigen:* eine reaktionäre S.
Sa|moa; -s, **Sa|moa|in|seln** ⟨Pl.⟩: Inselgruppe im Pazifischen Ozean; vgl. Westsamoa.
Sa|mo|a|ner, der; -s, -: Ew.
Sa|mo|a|ne|rin, die; -, -nen: w. Form zu ↑Samoaner.
sa|mo|a|nisch ⟨Adj.⟩: *Samoa, die Samoaner betreffend; von den Samoanern stammend, zu ihnen gehörend.*
Sa|mo|war, der; -s, -e [russ. samovar, zu: sam = selbst u. varit' = kochen, eigtl. = Selbstkocher]: *[kupferner] Kessel, in dem Wasser zur Zubereitung von Tee erhitzt u. gespeichert wird u. aus einem kleinen Hahn entnommen werden kann; russische Teemaschine.*
Sam|ple ['zampl̩, engl.: sɑ:mpl], das; -[s], -s [engl. sample, über das Afrz. zu lat. exemplum, ↑Exempel]: **1.** (bes. Markt-, Meinungsforschung, Statistik) **a)** *repräsentative Stichprobe;* **b)** *aus einer größeren Menge ausgewählte Gruppe von Personen, die repräsentativ für die Gesamtheit ist.* **2.** (Wirtsch.) *Warenprobe, Muster.*
Sam|pler ['sɑ:mplə]; der; -s, - [engl. sampler]: *Langspielplatte, CD o. Ä. mit einer Auswahl* (2 a) *von (meist früher schon einmal veröffentlichten) Aufnahmen (z. B. einer bestimmten Stilrichtung o. Ä.):* ein S. mit dem Titel »Giants of Blues«.
Sams|tag, der; -[e]s, -e [mhd. sam(e)ʒtac, ahd. sambaʒtac, 1. Bestandteil über das Vulgärgriech. < griech. sábbaton, ↑Sabbat] (bes. westd., südd., österr., schweiz.): *sechster Tag der mit Montag beginnenden Woche; Sonnabend;* vgl. Dienstag.
Sams|tag|abend usw.: vgl. Dienstagabend usw.
samt: **I.** ⟨Präp. mit Dativ⟩ [mhd. samt, same[n]t, ahd. samet, zu ↑sammeln]: *zusammen mit; nebst; mit* (I 1 b): eine Blume s. Wurzeln; das Haus s. allem Inventar wurde versteigert. **II.** ⟨Adv.⟩ nur in der Verbindung **s. und sonders** *(alle[s] ohne Ausnahme, ohne Unterschied):* sie wurden s. und sonders verhaftet.
Samt, der; -[e]s, -e [älter: Sammet, mhd. samīt < afrz., aprovenz. samit < mlat. samitum < griech. hexámitos = sechsfädig, urspr. = sechsfädiges (Seiden)gewebe, zu: héx = sechs u. mítos = Faden, Schlinge, Litze]: *feines Gewebe, meist aus Baumwolle, mit seidig-weicher, wie Pelz beschaffener Oberfläche von kurzem* [2]*Flor* (2): ein Anzug aus schwarzem S.; ein mit grünem S. ausgeschlagenes Kästchen; eine Haut wie S. *(zarte, glatte Haut).*
Samt|an|zug, der: *Anzug aus Samt.*
samt|ar|tig ⟨Adj.⟩: *ähnlich wie Samt:* ein -er Stoff.
Samt|blu|me, die: *Tagetes.*
sam|ten ⟨Adj.⟩ [mhd. samātīn]: **a)** *aus Samt bestehend;* **b)** *samtig* (a): ein -es Fell; **c)** *samtig* (b).
Samt|ge|mein|de, die [zu ↑samt] (Verwaltung): *(bes. in Niedersachsen) Gemeindeverband.*
Samt|hand|schuh, der: *Handschuh aus Samt:* * **jmdn. mit -en anfassen** (↑Glacéhandschuh).
sam|tig ⟨Adj.⟩: **a)** *weich, zart wie Samt; samtartig:* die -e Haut des Pfirsichs, des Säuglings; **b)** *weich, dunkel tönend:* eine -e Stimme.
Samt|ja|cke, die: vgl. Samtanzug.
Samt|kis|sen, das: *Kissen mit einem Bezug aus Samt.*
Samt|kleid, das: vgl. Samtanzug.
sämt|lich ⟨Indefinitpron. u. unbest. Zahlwort⟩

[mhd. same(n)tlich, zu ↑samt]: nachdrücklich für ↑all (1 a, 1 b, 2 a, 2 b): ⟨attr.:⟩ -es Brauchbare; -er aufgehäufte Sand; die Nutzung -er vorhandenen Energie; mit -em verfügbaren Material; -es beschlagnahmte Eigentum; -e Beamten/(auch:) Beamte; -e anwesenden/(seltener auch:) anwesende Bürger; die Kleidung -er Gefangener/(seltener auch:) Gefangenen; anhand -er vorhandener/(seltener auch:) vorhandenen Bücher; ⟨allein stehend:⟩ ob ich seine Bücher kenne? Ich habe -e gelesen; ⟨adv.:⟩ seine Romane sind s. autobiografisch.

Samt|pföt|chen, das: *samtiges Pfötchen (bes. einer Katze):* sie geht wie auf S. *(ohne fest aufzutreten; ganz leise; mit sachten Schritten).*

Samt|vor|hang, der: vgl. Samtanzug.

samt|weich ⟨Adj.⟩: *weich wie Samt:* -e Haut.

Sa|mu|rai, der; -[s], -[s] [jap. samurai, eigtl. = Dienender]: *Angehöriger der japanischen Adelsklasse, der obersten Klasse der japanischen Feudalzeit.*

Sa|naa: Hauptstadt von Jemen.

Sa|na|to|ri|um, das; -s, ...ien [zu lat. sanare, ↑sanieren]: *unter ärztlicher Leitung stehende Anstalt* (a) *[in klimatisch günstiger, landschaftlich schöner Lage], in der chronisch Kranke od. Genesende behandelt werden:* sich in einem S. erholen.

sanc|ta sim|pli|ci|tas [lat., zu: simplicitas = Einfalt] (bildungsspr.): Ausruf des Unwillens bzw. Erstaunens über jmds. Einfalt, Naivität; *heilige Einfalt!*

Sanc|tus, das; -, - [lat. sanctus = heilig, nach dem ersten Wort des Gesangstextes] (kath. Kirche): *Lobgesang in der* [1]*Messe* (1).

Sand, der; -[e]s, (Fachspr.:) -e u. Sände [mhd., ahd. sant, H. u.]: **1.** ⟨Pl. -e⟩ *aus verwittertem Gestein, meist aus Quarz bestehende, feinkörnige, lockere Substanz, die einen Teil des Erdbodens bildet:* feiner, grober, weißer, gelber, nasser, trockener, heißer S.; der S. rieselte über seine Finger; die Kinder backen Kuchen aus S.; der Wagen blieb im S. *(im sandigen Boden)* stecken; etw. mit S. *(Scheuersand)* reinigen, putzen, scheuern; *** wie S. am Meer** (ugs.; *in überreichem Maße, in sehr großer Menge;* nach 1. Mos. 22, 17 u. a.): hier gibt es Pilze wie S. am Meer; **S. im Getriebe** (ugs.; *ein [verborgenes] Hindernis, das den Ablauf von etw. stört*); **jmdm. S. ins Getriebe streuen/werfen/schmeißen** (ugs.; *jmdm. Schwierigkeiten bereiten*); **jmdm. S. in die Augen streuen** (*jmdm. etw. vortäuschen, vorspiegeln;* nach dem alten Trick beim Fechten u. bei anderen Zweikämpfen, dem Gegner Sand in die Augen zu werfen, um ihn in seiner Kampfkraft zu beeinträchtigen); **auf S. gebaut haben** (*sich auf etw. sehr Unsicheres eingelassen haben, stützen, verlassen;* nach Matth. 7, 26); **im Sand[e] verlaufen** (*ergebnislos, erfolglos bleiben u. in Vergessenheit geraten;* bezieht sich darauf, dass Wasser im Sand rasch versickert u. nicht mehr zu sehen ist); **etw. in den S. setzen** (ugs.; *mit etw. einen Misserfolg haben*): die Klassenarbeit habe ich total in den S. gesetzt. **2.** ⟨Pl. -e u. Sände⟩ (Seemannsspr.) *Sandbank:* der Tanker ist auf einen S. gelaufen.

San|da|le, die; -, -n [im 15. Jh. sandaly (Pl.) < lat. sandalium < griech. sandálion = Riemenschuh]: *leichter, meist flacher Schuh, dessen Oberteil aus Riemen od. durchbrochenem Leder besteht.*

San|da|let|te, die; -, -n [französierende Bildung zu ↑Sandale]: *der Sandale ähnlicher, leichter Damenschuh [mit höherem Absatz].*

sand|ar|tig ⟨Adj.⟩: *wie Sand beschaffen:* eine -e Substanz.

Sand|bad, das: *Bad im Sand:* der Spatz nahm ein S.

Sand|bahn, die (Sport): *ovale Bahn* (3 a) *mit einer Oberfläche aus festgewalztem feinem Sand od. fein gemahlener Schlacke für Motorradrennen.*

Sand|bahn|ren|nen, das (Sport): *Motorradrennen auf einer Sandbahn.*

Sand|bank, die ⟨Pl. ...bänke⟩: *[bis an, auch über die Wasseroberfläche reichende] aus Sand bestehende Erhöhung des Bodens in Flüssen u. Meeren:* das Schiff ist auf eine S. gelaufen; auf den Sandbänken sonnen sich bei Ebbe die Seehunde.

Sand|bo|den, der: *lockerer, leichter, zu einem großen Teil od. ganz aus Sand bestehender Boden.*

Sand|burg, die: *Strandburg.*

Sand|dorn, der ⟨Pl. -e⟩ [der Strauch wächst bes. auf sandigem Boden]: **a)** *als Strauch od. Baum wachsende Pflanze mit gelbroten, an Vitamin C reichen Beeren;* **b)** ⟨o. Pl.⟩ *[zu Saft o. Ä. verarbeitete] Früchte des Sanddorns:* ein Milchshake mit S.

San|del|baum, der [1. Bestandteil ital. sandalo < mlat. sandalum < griech. sántalon < arab. ṣandal, über das Pers. aus dem Aind.]: *(bes. in Indien heimischer u. kultivierter) Baum mit großen fleischigen od. ledrigen Blättern, der Sandelholz u. Sandelholzöl liefert.*

San|del|holz, das: *vom Sandelbaum u. von anderen tropischen Bäumen stammendes gelbes bis goldbraunes od. dunkelrotes, oft aromatisch riechendes Holz, das bes. zum Schnitzen, für Drechslerarbeiten o. Ä. verwendet wird.*

San|del|holz|öl, das: *farbloses, aromatisch riechendes Öl aus dem Holz des Sandelbaums, das bes. bei der Herstellung von Parfüms o. Ä. verwendet wird.*

sän|deln ⟨sw. V.; hat⟩ (schweiz.): *im Sand, mit Sand spielen.*

San|del|öl, das: *Sandelholzöl.*

san|den ⟨sw. V.; hat⟩ (schweiz., landsch., sonst veraltet): *(gegen winterliche Glätte) mit Sand bestreuen:* den Gehweg s.

sand|far|ben, sand|far|big ⟨Adj.⟩: *beige.*

Sand|floh, der: *(in den Tropen vorkommender) Floh, dessen Weibchen sich bei Säugetier u. Mensch in die Haut einbohrt.*

Sand|förm|chen, das: *kleines, einer Kuchenform ähnliches Schälchen, mit dessen Hilfe Kinder aus feuchtem Sand kleine kuchenähnliche Gebilde herstellen können.*

Sand|gru|be, die: *Grube, Abbaustelle, aus der Sand geholt wird:* die alte S. dient jetzt als Mülldeponie.

Sand|hau|fen, der: *aus Sand bestehender Haufen.*

san|dig ⟨Adj.⟩ [mhd. sandic]: **a)** *viel Sand enthaltend, aus Sand bestehend:* -er Boden; ein -er Weg; **b)** *mit Sand bedeckt, überzogen, beschmutzt:* die -en Kleidungsstücke ausschütteln; ihre Schuhe waren s.

San|di|nis|mus, der; - [nach dem Namen des 1934 ermordeten Guerillaführers C. A. Sandino]: *(in den 1970er- u. 1980er-Jahren entstandene) am Marxismus-Leninismus orientierte Ideologie, Bewegung* (3) *in Nicaragua.*

San|di|nist, der; -en, -en [span. sandinista]: *Anhänger des Sandinismus, Mitglied der sandinistischen Befreiungsbewegung.*

San|di|nis|tin, die; -, -nen: w. Form zu ↑Sandinist.

san|di|nis|tisch ⟨Adj.⟩ [span. sandinista]: *den Sandinismus, die Sandinisten betreffend, dazu gehörend.*

Sand|kas|ten, der: **1.** *mit Brettern o. Ä. eingefasste Grube od. auf dem Boden stehender flacher, oben offener Kasten mit Sand zum Spielen für Kleinkinder:* im S. spielen. **2.** (Milit.) *rechteckiger flacher Kasten, in dem mithilfe von Sand der Ausschnitt eines Geländes plastisch u. in bestimmtem Maßstab nachgebildet ist u. an dem militärische Planspiele durchgeführt werden können.*

Sand|kas|ten|spiel, das (Milit.): *militärisches Planspiel am Sandkasten* (2).

Sand|kis|te, die: *Sandkasten* (1).

Sand|korn, das ⟨Pl. ...körner⟩: *einzelnes Korn* (3) *des Sandes.*

Sand|ku|chen, der: *feiner, lockerer Kuchen aus Rührteig.*

Sand|ler, der; -s, - [wohl über mundartl. Lautungen zu mhd. seine = langsam, träge] (österr. ugs.): **a)** (abwertend) *Nichtsnutz, Versager;* **b)** *Land-, Stadtstreicher.*

Sand|le|rin, die; -, -nen: w. Form zu ↑Sandler.

Sand|mann, der, (häufiger:) **Sand|männ|chen,** das ⟨o. Pl.⟩: *in Erzählungen für kleine Kinder auftretendes kleines Männchen, das den Kindern Sand in die Augen streut, damit sie einschlafen.*

Sand|pa|pier, das: *mit feinem Sand hergestelltes Schleifpapier:* grobes, feines S.; eine Haut wie S. *(eine sehr raue Haut)* haben.

Sand|platz, der: *[Tennis]platz, dessen Belag aus Sand besteht.*

sand|reich ⟨Adj.⟩: *viel Sand aufweisend, enthaltend:* -er Boden; eine -e Gegend.

Sand|sack, der: **a)** *mit Sand gefüllter Sack:* Sandsäcke füllten das Loch im Deich; **b)** (Boxen) *frei hängender, walzenförmiger, mit Sand gefüllter Sack aus Leder zum Training für Boxer:* am S. trainieren.

Sand|schicht, die: *Schicht aus Sand.*

Sand|stein, der: **1.** *Sedimentgestein aus Sandkörnern, die durch Bindemittel (Ton, Kalk u. a.) verbunden sind.* **2.** *Stein, bes. Baustein, aus Sandstein* (1): eine Mauer aus -en bauen.

Sand|stein|bruch, der: *Steinbruch, in dem Sandstein abgebaut wird.*

sand|strah|len ⟨sw. V.; gew. nur im Inf. u. 2. Part. gebr.; 2. Part.: gesandstrahlt, in der Fachspr. auch: sandgestrahlt⟩ (Technik): *die steinerne od. metallene Oberfläche von etw. mit einem Sandstrahlgebläse reinigen od. aufrauen:* die Fassade eines Gebäudes s.

Sand|strahl|ge|blä|se, das (Technik): *mit Druckluft arbeitendes Gerät, das feinen Sand in einem Strahl auf die Oberfläche von etw. schleudert, um diese zu reinigen od. aufzurauen.*

Sand|strand, der: *sandiger Strand:* ein breiter, langer S.

Sand|sturm, der: *in heißen, trockenen Gebieten auftretender Sturm, der Sand u. Staub aufwirbelt u. mit sich führt.*

sand|te: ↑senden.

Sand|tor|te, die: *bestimmte Art Sandkuchen.*

Sand|uhr, die: *dem Messen bestimmter Zeitabschnitte dienendes Gerät aus zwei übereinander angeordneten, durch einen Hals miteinander verbundenen, kegelförmigen o. ä. Glaskörpern, aus deren jeweils oberem feiner Sand in den jeweils unteren rieselt:* die S. ist abgelaufen.

Sand|weg, der: *nicht befestigter Weg in sandigem Gelände.*

Sand|wich ['zɛntvɪtʃ], der od. das; -[e]s u. -, -[e]s, auch: -e [engl. sandwich, nach J. Montague, 4. Earl of Sandwich (1718 bis 1792), der am Spieltisch belegte Brote aß, um das Spiel nicht unterbrechen zu müssen]: **1.** *zwei zusammengeklappte belegte Brotscheiben:* ein S. mit Käse und Tomate. **2.** *auf Brust u. Rücken zu tragendes doppeltes Plakat, das für politische Ziele, für Produkte o. Ä. wirbt.*

Sand|wich|bau|wei|se, die ⟨o. Pl.⟩: *Leichtbauweise (besonders bei Flugzeugen), bei der zwei Deckbleche od. -platten, zwischen denen sich Füllstoffe befinden, verklebt od. durch Löten verbunden werden:* das Teil ist in S. ausgeführt.

Sand|wich|man [...mən], der; -, ...men [...mən] [engl. sandwich-man]: *Sandwichmann.*

Sand|wich|mann, der ⟨Pl. ...männer⟩: *jmd., der ein Sandwich* (2) *herumträgt.*

Sand|wich|we|cken, der (österr.): *sehr langes u. dünnes Weißbrot.*

Sand|wüs|te, die: *Wüste, deren Boden aus Sand besteht.*

San Fran|cis|co, (auch:) **San Fran|zis|ko:** Stadt in Kalifornien.

sanft ⟨Adj.⟩ [mhd. senfte, ahd. semfti (Adv. mhd. sanfte, ahd. samfto), eigtl. = gut zusammenpassend, zu ↑sammeln]: **1.** *angenehm wirkend aufgrund einer Art, die Freundlichkeit, Ruhe u. Güte ausstrahlt:* ein -er Mensch; ein -es Mädchen; sie hat ein -es Wesen, Herz, Gemüt; -e *(Sanftmut ausdrückende)* Augen; s. lächeln, reden; das Pferd ist s. *(nicht wild, nicht bösartig).* **2.** *auf angenehm empfundene Weise behutsam, zart:* eine -e Berührung; ein -er Händedruck; jmdn. mit -er Hand streicheln; sie mas-

S

sierte s. seinen Nacken; er ging mit ihr nicht gerade s. um; sie hielt ihn s. zurück; Ü -e *(auf umweltverträgliche Weise u. ohne besondere Risiken nutzbar gemachte)* Energie; -e Geburt *(auf eine möglichst natürliche Weise in einer möglichst angenehmen Umgebung erfolgende Geburt, bei der das Kind nach der Entbindung nicht von der Mutter getrennt wird);* -er Tourismus *(Tourismus einer bes. für die natürliche Umwelt u. die sozialen Belange in den betroffenen Reisegebieten möglichst unschädlichen Form);* eine -e Revolution *(eine Revolution ohne Gewalt und Blutvergießen).* **3.** *nur in abgeschwächter Weise in Erscheinung tretend; gedämpft; nicht stark u. intensiv:* ein -es Rot, Blau, Licht, Feuer; eine -e Musik, Stimme. **4. a)** *nur schwach spürbar, sacht:* ein -er Regen, Wind, Hauch; eine -e Brandung; **b)** *mit einer gewissen Zurückhaltung u. weniger direkt geäußert, in Erscheinung tretend:* -e Ermahnungen, Vorwürfe; einen -en Druck, Zwang ausüben; mit -er Gewalt. **5.** *friedlich, still u. ruhig:* ein -er Schlaf, Tod; er ist s. entschlafen; Ruhe s.! (Inschrift auf Grabsteinen). **6.** *nicht steil, nicht schroff; allmählich ansteigend:* ein -er Hügel, Anstieg; eine -e Anhöhe, Steigung; der Pfad führte in -en Windungen nach oben; eine s. ansteigende Höhe.

Sänf|te, die; -, -n [mhd. senfte, ahd. samftī, semftī = Ruhe, Gemächlichkeit, Annehmlichkeit, zu ↑sanft]: *auf zwei Stangen befestigter, meist kastenförmiger Sitz, in dem eine Person sich von Trägern tragen lassen kann.*

Sänf|ten|trä|ger, der: *jmd., der mit anderen zusammen eine Sänfte trägt.*

Sänf|ten|trä|ge|rin, die: w. Form zu ↑Sänftenträger.

Sanft|heit, die; -: *sanfte Beschaffenheit, Wesensart; Milde:* S. der Stimme, des Ausdrucks.

Sanft|mut, die; - [rückgeb. aus ↑sanftmütig]: *sanfte, geduldige Gemütsart, sanftes, zartes Wesen.*

sanft|mü|tig ⟨Adj.⟩ [mhd. senftmüetec]: *Sanftmut besitzend, zeigend; voller Sanftmut:* ein -es Wesen haben; s. sein.

Sanft|mü|tig|keit, die; - [mhd. senftmüetecheit]: *das Sanftmütigsein.*

sang: ↑singen.

Sang, der; -[e]s [mhd. sanc, ahd. sang, zu ↑singen] (veraltet): *Gesang* (1): * **mit S. und Klang** (veraltend; *mit Gesang u. Musik*): mit S. und Klang marschierten sie durch die Stadt; (ugs. iron.) er ist mit S. und Klang durchs Abitur gefallen.

sang|bar ⟨Adj.⟩: *sich gut singen lassend; kantabel* (2): eine -e Komposition.

Sang|bar|keit, die; -: *Eigenschaft, sangbar zu sein.*

sän|ge: ↑singen.

Sän|ger, der; -s, - [mhd. senger, ahd. sangari]: **1.** *jmd., der [berufsmäßig] singt:* ein guter, berühmter S.; die S. der Staatsoper; der S. der Rolling Stones; jmdn. zum S. ausbilden; Ü der Zaunkönig ist ein eifriger S. *(singt viel).* **2. a)** (veraltet) *Verfasser einer Versdichtung; Dichter:* der S. der Odyssee; **b)** (geh.) *jmd., der etw. verherrlicht, besingt:* ein S. der Liebe; ein fahrender, wandernder S. *(Spielmann im Mittelalter).*

Sän|ger|bund, der: *Zusammenschluss mehrerer Chöre, Gesangvereine o. Ä.*

Sän|ger|fest, das: *von einem od. mehreren Gesangvereinen, Chören o. Ä. veranstaltetes Fest.*

Sän|ge|rin, die; -, -nen: w. Form zu ↑Sänger (1, 2 a).

Sän|ger|kna|be, der (selten): *Chorknabe:* die Wiener -n (Name eines Knabenchors).

Sän|ger|schaft, die; -, -en ⟨Pl. selten⟩: **1.** *Gesamtheit der Sänger [u. Sängerinnen] eines Chors, Gesangvereins o. Ä.* **2.** *studentische Verbindung, die bes. Musik u. Chorgesang pflegt.*

Sän|ger|wett|streit, der: **1.** *Wettstreit unter Sängern* (1), *Chören o. Ä.:* einen S. veranstalten; an einem S. teilnehmen. **2.** *Wettstreit unter Sängern* (2 a), *z. B. Minnesängern, bei dem Dichter eigene Verse, Lieder vortragen:* der sagenhafte S. auf der Wartburg.

sang|los ⟨Adj.⟩: nur in der Verbindung **sang- und klanglos** (ugs.; *ohne viel Aufhebens, unbemerkt, unbeachtet;* bezogen darauf, dass bei sehr schlichten Begräbnissen Gesang u. Glockenklang fehlen): sang- und klanglos verschwinden.

San|gria, die; -, -s [span. sangría, eigtl. = Aderlass, zu: sangre = Blut < lat. sanguis]: *einer Bowle ähnliches spanisches Getränk aus Rotwein mit [Zucker u.] klein geschnittenen Früchten.*

San|gri|ta®, die; -, -s [geb. mit der span. Verkleinerungssilbe -ita zu span. sangría, ↑Sangria]: *mexikanisches Mischgetränk aus Tomaten-, Orangen- u. ein wenig Zwiebelsaft sowie Gewürzen.*

San|gu|i|ni|ker, der; -s, - [zu ↑sanguinisch; nach der Typenlehre des altgriech. Arztes Hippokrates] (bildungsspr.): *lebhafter, temperamentvoller, meist heiterer, lebensbejahender Mensch.*

San|gu|i|ni|ke|rin, die; -, -nen (bildungsspr.): w. Form zu ↑Sanguiniker.

san|gu|i|nisch ⟨Adj.⟩ [lat. sanguineus = aus Blut bestehend, blutvoll, zu: sanguis = Blut] (bildungsspr.): *das Temperament eines Sanguinikers habend, in der Art eines Sanguinikers:* ein -es Temperament; sie ist ein -er Typ.

Sa|ni, der; -s, -s [Kurzf. von ↑Sanitäter] (bes. Soldatenspr.): *Sanitäter.*

sa|nie|ren ⟨sw. V.; hat⟩ [lat. sanare = gesund machen, heilen, zu: sanus = heil, gesund]: **1.** (Med.) *(eine bestimmte Stelle des Körpers) so behandeln, dass ein Krankheitsherd beseitigt wird:* eine Wunde, ein Geschwür s.; einen Zahn s.; ein saniertes Gebiss. **2. a)** *durch Renovierung, Modernisierung, Umbau od. teilweisen Abriss u. Neubau umgestalten u. neuen Bedürfnissen anpassen:* die Altstadt s.; das Haus muss von Grund auf saniert werden; **b)** (Fachspr.) *wieder in einen intakten Zustand versetzen:* einen umgekippten Fluss s. **3.** (Wirtsch.) **a)** *aus finanziellen Schwierigkeiten herausbringen [u. wieder rentabel machen]:* einen Betrieb, eine Firma s.; mich kann jetzt nur noch ein Sechser im Lotto s.; (ugs. scherzh.:) wenn du das Haus wirklich allein erbst, bist du doch ein für alle Mal saniert; **b)** ⟨s. + sich⟩ *seine finanziellen, wirtschaftlichen Schwierigkeiten überwinden, wieder rentabel werden:* die Firma, der Bauunternehmer hat sich [durch Verkäufe] weitgehend saniert; er hat sich auf Kosten der Steuerzahler saniert (spött.; *bereichert, gesundgestoßen*).

Sa|nie|rung, die; -, -en: **1.** *das Sanieren* (1). **2. a)** *das Sanieren* (2 a): die S. des Hauses hat rund 400 000 DM gekostet; die S. der Altstadt ist abgeschlossen; **b)** (Fachspr.) *das Sanieren* (2 b): die S. des Sees wird Jahre dauern. **3.** *das Sanieren* (3 a), *das Sichsanieren* (3 b): die Firma befindet sich in einer Phase der S.

Sa|nie|rungs|ar|bei|ten ⟨Pl.⟩: *Arbeiten zur Sanierung* (2): mit den S. beginnen.

sa|nie|rungs|be|dürf|tig ⟨Adj.⟩: *einer Sanierung* (2) *bedürfend:* -e Bauten; die Brücke ist s.

Sa|nie|rungs|ge|biet, das: *Gebiet, in dem eine Sanierung* (2) *durchgeführt wird, geplant ist.*

Sa|nie|rungs|maß|nah|me, die ⟨meist Pl.⟩: *Maßnahme zur Sanierung* (1 a, 2, 3 a).

sa|ni|tär ⟨Adj.⟩ [frz. sanitaire, zu lat. sanitas, ↑Sanität]: *mit der Körperpflege, der Hygiene in Zusammenhang stehend, sie betreffend, ihr dienend:* die katastrophalen -en Verhältnisse in den Elendsvierteln, in den Flüchtlingslagern; Toiletten, Waschräume und sonstige -e Anlagen, Einrichtungen.

Sa|ni|tär ⟨indekl. Subst.; o. Art.⟩ (Jargon): *Sanitärbranche, Sanitärbereich.*

Sa|ni|tär|an|la|gen ⟨Pl.⟩: *sanitäre Anlagen.*

Sa|ni|tär|be|reich, der ⟨o. Pl.⟩: vgl. Sanitärbranche: im S. tätig sein.

Sa|ni|tär|bran|che, die: *mit Herstellung, Vertrieb, Installation usw. von Produkten, die für sanitäre Anlagen bestimmt sind, befasster Fachbereich, Wirtschaftszweig:* die S. profitiert von dem Bauboom.

Sa|ni|tär|ein|rich|tun|gen ⟨Pl.⟩: *Sanitäranlagen.*

Sa|ni|tär|in|stal|la|teur, der: *auf Sanitärinstallationen* (1 a) *spezialisierter Installateur.*

Sa|ni|tär|in|stal|la|teu|rin, die: w. Form zu ↑Sanitärinstallateur.

Sa|ni|tär|in|stal|la|ti|on, die: **a)** *Installation* (1 a) *von sanitären Anlagen:* die -en will er selber vornehmen; **b)** ⟨meist Pl.⟩ *Installation* (1 b) *im Bereich sanitärer Anlagen:* die -en erneuern.

sa|ni|ta|risch ⟨Adj.⟩ (schweiz.): **1.** *sanitär* (1). **2.** *das Gesundheitswesen betreffend, zu ihm gehörend, von den Gesundheitsbehörden ausgehend; gesundheitspolizeilich:* eine -e Untersuchung.

Sa|ni|tär|ke|ra|mik, die ⟨o. Pl.⟩: **a)** *keramisches Material, aus dem Sanitärkeramik (b) hergestellt wird;* **b)** *für die Installation in sanitären Anlagen bestimmte Keramik* (1 a): S. herstellen.

Sa|ni|tär|tech|nik, die ⟨o. Pl.⟩: *Bereich der Technik, der sich mit der Entwicklung, Herstellung u. Installation von Erzeugnissen des Sanitärbereichs befasst.*

Sa|ni|tät, die; -, -en [lat. sanitas (Gen.: sanitatis) = Gesundheit, zu: sanus, ↑sanieren] (schweiz., österr.): **1. a)** ⟨o. Pl.⟩ *militärisches Gesundheitswesen, Sanitätswesen;* **b)** *Sanitätstruppe.* **2.** (ugs.) *Unfallwagen, Sanitätswagen.*

Sa|ni|tä|ter, der; -s, -: *jmd., der in erster Hilfe, Krankenpflege ausgebildet ist [u. in diesem Bereich tätig ist]:* zwei Sanitäter trugen den verletzten Spieler vom Platz.

Sa|ni|tä|te|rin, die; -, -nen: w. Form zu ↑Sanitäter.

Sa|ni|täts|ar|ti|kel, der: *Artikel für den Sanitätsdienst, die Versorgung und Pflege Kranker:* Mullbinden, Spritzen und andere S.

Sa|ni|täts|au|to, das (ugs.): vgl. Sanitätswagen.

Sa|ni|täts|ba|tail|lon, das (Milit.): vgl. Sanitätskompanie.

Sa|ni|täts|dienst, der: **1.** ⟨o. Pl.⟩ *Dienst als Sanitäter:* S. haben. **2.** (Milit.) ⟨Pl. selten⟩ *militärisches Sanitätswesen:* die Offiziere des -es.

Sa|ni|täts|ge|frei|te, der u. die (Milit.): vgl. Sanitätssoldat.

Sa|ni|täts|ge|schäft, das: *Fachgeschäft für Sanitätsartikel.*

Sa|ni|täts|haus, das: vgl. Sanitätsgeschäft: das führende S. am Ort.

Sa|ni|täts|hund, der (Milit. früher): *besonders ausgebildeter, vor allem zum Auffinden Verwundeter eingesetzter Hund.*

Sa|ni|täts|kom|pa|nie, die (Milit.): *Kompanie der Sanitätstruppe.*

Sa|ni|täts|ma|te|ri|al, das: vgl. Sanitätsartikel.

Sa|ni|täts|of|fi|zier, der (Milit.): vgl. Sanitätssoldat.

Sa|ni|täts|per|so|nal, das (Milit.): *Personal des Sanitätsdienstes* (2).

Sa|ni|täts|rat, der: **1.** (früher) **a)** ⟨o. Pl.⟩ *Ehrentitel für um die Gesundheit der gesamten Bevölkerung verdiente Ärzte;* Abk.: San.-Rat; **b)** *Träger des Titels Sanitätsrat* (1 a). **2.** (österr.) **a)** ⟨o. Pl.⟩ *Titel für bestimmte Amtsärzte;* Abk.: San.-Rat; **b)** *Träger des Titels Sanitätsrat* (2 a). **3.** ⟨o. Pl.⟩ (österr.) *beratendes Fachgremium, das dem Gesundheitsminister zur Seite steht.*

Sa|ni|täts|raum, der (bes. Milit.): *Raum zur Versorgung Verletzter, Kranker o. Ä.*

Sa|ni|täts|sol|dat, der (Milit.): *Soldat der Sanitätstruppe.*

Sa|ni|täts|sol|da|tin, die: w. Form zu ↑Sanitätssoldat.

Sa|ni|täts|trup|pe, die (Milit.): *(in der Bundeswehr) Logistiktruppe mit der Aufgabe, die Gesundheit der Soldaten zu erhalten u. wiederherzustellen.*

Sa|ni|täts|un|ter|of|fi|zier, der (Milit.): vgl. Sanitätssoldat.

Sa|ni|täts|wa|gen, der: *Krankenwagen.*

Sa|ni|täts|we|sen, das; -s (bes. Milit., österr.): *[militärisches] Gesundheitswesen.*

Sa|ni|täts|zelt, das: *(bei Massenveranstaltungen*

im Freien) Zelt zur Versorgung Verletzter, Kranker o. Ä.

Sa|ni|täts|zug, der (Milit.): 1. vgl. Sanitätskompanie. 2. *Lazarettzug.*

San Jo|sé [saŋxoˈse]: Hauptstadt von Costa Rica.

sank: ↑sinken.

San|ka, der; -s, -s [gek. aus Sanitätskraftwagen] (bes. Soldatenspr.): *militärischer Sanitätswagen.*

sän|ke: ↑sinken.

San|kra, der; -s, -s [Kurzf. von **Sanitätskraftwagen**] (Soldatenspr.): *Sanka.*

Sankt ⟨indekl. Adj.⟩ [zu lat. sanctus, ↑Sanctus]: *heilig* (in Heiligennamen u. auf solche zurückgehenden geographischen Namen; Abk.: St.): Sankt/St. Peter, Elisabeth, Gallen, Gotthard.

Sankt-Flo|ri|ans-Prin|zip, das ⟨o. Pl.⟩ [nach dem hl. Florian (Märtyrer im 4. Jh.), der als Beschützer gegen Feuersbrunst verehrt wird, u. dem Text eines an ihn gerichteten scherzh. Gebetes: »Heiliger Sankt Florian, verschon mein Haus, zünd andre an«]: *Prinzip des Handelns nach dem egoistischen Grundsatz, etw. Unangenehmes o. Ä. von sich selbst wegzuschieben, ungeachtet dessen, dass dann andere davon betroffen werden:* nach dem S. handeln.

Sankt Gal|len: Kanton u. Stadt in der Schweiz.

¹Sankt Gal|le|ner, der; - -s, - -, (auch:) **Sankt-Gal|le|ner,** der; -s, -: Ew.

²Sankt Gal|le|ner, (auch:) **Sankt-Gal|le|ner** ⟨indekl. Adj.⟩.

Sankt Gal|le|ne|rin, die; - -, - -nen, (auch:) **Sankt-Gal|le|ne|rin,** die; -, -nen: w. Form zu ↑¹Sankt Gallener.

¹Sankt Gal|ler, der; - -s, - -, (auch:) **Sankt-Gal|ler,** der; -s, -: schweiz. Form von ↑¹Sankt Gallener.

²Sankt Gal|ler, (auch): **Sankt-Gal|ler** ⟨indekl. Adj.⟩: schweiz. Form von ↑²Sankt Gallener.

Sankt Gal|le|rin, die; - -, - -nen, (auch:) **Sankt-Gal|le|rin,** die; -, -nen: schweiz. Form von ↑Sankt Gallenerin.

sankt-gal|lisch ⟨Adj.⟩: *Sankt Gallen, die ¹Sankt Gallener betreffend; von den ¹Sankt Gallenern stammend, zu ihnen gehörend.*

Sank|ti|on, die; -, -en [frz. sanction < lat. sanctio = Heilung; Billigung; Strafgesetz; Vorbehalt, Vertragsklausel, zu: sancire (2. Part.: sanctum) = heiligen; als unverbrüchlich festsetzen; durch Gesetz besiegeln, genehmigen]: 1. ⟨Pl. selten⟩ a) (bildungsspr.) *das Sanktionieren* (1 a), *Billigung, Zustimmung:* die Kirche hat jeglicher Art von Gewaltanwendung grundsätzlich ihre S. zu verweigern; b) (Rechtsspr.) *das Sanktionieren* (1 b); *Bestätigung:* das Gesetz bedarf der S. durch das Parlament, des Parlaments. 2. ⟨meist Pl.⟩ a) (Völkerr.) *Maßnahme, die (zur Bestrafung od. zur Ausübung von Druck) gegen einen Staat, der das Völkerrecht verletzt [hat], angewandt werden kann:* wirtschaftliche, militärische -en; -en über ein Land verhängen; b) (Soziol.) *auf ein bestimmtes Verhalten eines Individuums od. einer Gruppe hin erfolgende Reaktion der Umwelt, mit der dieses Verhalten belohnt od. bestraft wird:* positive *(belohnende),* negative *(bestrafende)* -en; c) (bildungsspr.) *gegen jmdn. gerichtete Maßnahme zur Erzwingung eines bestimmten Verhaltens od. zur Bestrafung:* gegen Streikteilnehmer gerichtete -en der Unternehmensleitung. 3. (Rechtsspr.) *Teil, Klausel eines Gesetzes o. Ä., worin die Rechtsfolgen eines Verstoßes, die gegebenenfalls zu verhängende Strafe festgelegt sind:* welche -en sieht der Vertrag, Gesetzentwurf vor?; die im Bußgeldkatalog verzeichneten -en für Ordnungswidrigkeiten.

sank|ti|o|nie|ren ⟨sw. V.; hat⟩ [frz. sanctionner, zu: sanction, ↑Sanktion]: 1. a) (bildungsspr.) *[öffentlich, als Autorität] billigen, gutheißen [u. dadurch legitimieren]:* Umweltzerstörungen aus ökonomischen Motiven s.; b) (Rechtsspr.) *einer Sache Gesetzeskraft verleihen, ein Gesetz bestätigen:* das Parlament hat den Gesetzentwurf sanktioniert; durch den Friedensvertrag wurde die Annexion sanktioniert *(auf eine rechtliche Grundlage gestellt).* 2. a) (Soziol.) *mit Sanktionen* (2 b) *belegen:* die soziale Umwelt sanktioniert *(bestraft)* jeden Regelverstoß; b) (bildungsspr.) *mit Sanktionen* (2 c) *belegen:* die Teilnahme an einem offiziellen Streik darf vom Arbeitgeber nicht sanktioniert werden.

Sank|ti|o|nie|rung, die; -, -en ⟨Pl. selten⟩ (bildungsspr.): *das Sanktionieren; das Sanktioniertwerden.*

Sankt-Nim|mer|leins-Tag, der [scherzh. erfundener Heiligenname]: in ugs. scherzh. Fügungen wie **am S.** *(nie, niemals):* von ihm bekommst du dein Geld am S.; **auf den/bis zum S.** *(auf einen, bis zu einem unbestimmten, nie eintretenden Zeitpunkt):* die Angelegenheit, Erledigung wurde auf den, bis zum S. verschoben.

Sankt Pe|ters|burg: russische Stadt im Newadelta (1924–1991 Leningrad, 1914–1924 Petrograd).

Sankt Pöl|ten: Landeshauptstadt von Niederösterreich.

Sank|tu|ar, das; -s, -e, **Sank|tu|a|ri|um,** das; -s, ...ien [lat. sanctuarium = Heiligtum] (kath. Kirche): a) *Altarraum einer katholischen Kirche;* b) *Aufbewahrungsort für einen Reliquienschrein;* c) *Reliquienschrein.*

Sank|tus: ↑Sanctus.

San-Ma|ri|ne|se, der; -n, -n: Ew.

San-Ma|ri|ne|sin, die; -, -nen: w. Form zu ↑San-Marinese.

san-ma|ri|ne|sisch ⟨Adj.⟩: *San Marino, die San-Marinesen betreffend; von den San-Marinesen stammend, zu ihnen gehörend.*

¹San Ma|ri|no; - -s: Staat auf der Apenninenhalbinsel.

²San Ma|ri|no: Hauptstadt von ¹San Marino.

sann, sän|ne: ↑sinnen.

San.-Rat = Sanitätsrat.

San Sal|va|dor: Hauptstadt von El Salvador.

Sans|cu|lot|te [sãskyˈlɔt(ə)], der; -, -n [...tn̩; frz. sans-culotte, eigtl. = ohne Kniehose, ↑Culotte]: *Proletarier, proletarischer Revolutionär der Französischen Revolution.*

Sans|krit [österr.: ...ˈkrɪt], das; -s [sanskr. saṃskṛta = geregelt, genormt]: *noch heute in Indien als Literatur- u. Gelehrtensprache verwendete altindische Sprache.*

sans|kri|tisch ⟨Adj.⟩: *das Sanskrit betreffend; in Sanskrit [abgefasst].*

San|ti|a|go [de Chi|le]: Hauptstadt von Chile.

San|to Do|min|go: Hauptstadt der Dominikanischen Republik.

San|to|me|er, der; -s, -: Ew. zu ↑São Tomé und Príncipe.

San|to|me|e|rin, die; -, -nen: w. Form zu ↑Santomeer.

san|to|me|isch ⟨Adj.⟩: *São Tomé und Príncipe betreffend; von den Santomeern stammend, zu ihnen gehörend.*

São To|mé [ˈsa:u toˈme:]: Hauptstadt von São Tomé und Príncipe.

São To|mé und Prín|ci|pe [- - - ˈprɪnsipə]; - - - -s: westafrikanischer Inselstaat.

Sa|phir [auch: zaˈfi:ɐ̯], der; -s, -e [mhd. saphīr(e) < spätlat. sapphirus < lat. sappirus < griech. sáppheiros, aus dem Semit.]: 1. (Mineral.) *bes. blauer, auch farbloser, gelber, grüner od. violetter Korund* (wertvoller Edelstein): die Abtastnadel hat eine Spitze aus [künstlichem] S. 2. *Stück [blauer] Saphir* (1), *aus [blauem] Saphir* (1) *bestehender Schmuckstein:* ein Ring mit einem S. 3. *Saphirnadel:* der Plattenspieler braucht einen neuen S.

sa|phir|blau ⟨Adj.⟩: *von der Farbe blauen Saphirs.*

Sa|phir|na|del, die: *Abtastnadel mit einer Spitze aus Saphir* (1).

Sa|ra|ban|de, die; -, -n [frz. sarabande, ital. sarabanda < span. zarabanda, aus dem Arab.] (Musik): a) *Tanz im ³/₄-Takt;* b) *Satz einer Suite od. Sonate.*

Sa|ra|je|vo: Hauptstadt von Bosnien-Herzegowina.

Sa|ra|ze|ne, der; -n, -n [H. u.] (veraltet): *Araber, Muslim.*

Sa|ra|ze|nin, die; -, -nen (veraltet): w. Form zu ↑Sarazene.

Sar|de, der; -n, -n: Ew. zu ↑Sardinien.

Sar|del|le, die; -, -n [ital. sardella, Vkl. von: sarda < lat. sarda, ↑Sardine]: *(im Mittelmeer, im Schwarzen Meer u. an den Atlantikküsten Europas u. Afrikas vorkommender) kleiner, dem Hering verwandter Fisch, der als Speisefisch gepökelt od. mariniert gegessen wird.*

Sar|del|len|fi|let, das: *²Filet* (b) *von der Sardelle.*

Sar|del|len|pas|te, die: *(u. a. als Brotaufstrich verwendete) Paste* (1) *aus Sardellen.*

Sar|din, die; -, -nen: w. Form zu ↑Sarde.

Sar|di|ne, die; -, -n [frühnhd. Sardinlin, spätmhd. sardien< ital. sardina < spätlat. sardina, zu lat. sarda = Hering; Sardelle, H. u.]: *(an den Küsten West- und Südwesteuropas vorkommender) kleiner, zu den Heringen gehörender, bläulich silbern schillernder Fisch:* eine Dose -n in Olivenöl; sie standen wie die -n *(dicht gedrängt).*

Sar|di|nen|büch|se, die: *Konservenbüchse für [in Öl] eingelegte Sardinen.*

Sar|di|ni|en; -s: italienische Insel im Mittelmeer.

Sar|di|ni|er, der; -s, -: Ew.

Sar|di|ni|e|rin, die; -, -nen: w. Form zu ↑Sardinier.

sar|di|nisch, sar|disch ⟨Adj.⟩: *Sardinien, die Sardinier betreffend; von den Sardiniern stammend, zu ihnen gehörend.*

Sar|disch, das; -[s] u. ⟨nur mit best. Art.:⟩ **Sar|di|sche,** das; -n: *die sardische Sprache.*

sar|do|nisch ⟨Adj.⟩ [lat. sardonius (risus) < (spät)griech. sardónios (gélōs) = grimmiges Hohngelächter eines Zornigen, wohl zu: saírein = fletschen, grinsen; schon im Altertum fälschlich bezogen auf die auf Sardinien wachsende Pflanze Sardonia herba, deren Genuss Gesichtsverzerrungen hervorrufen soll] (bildungsspr.): *(vom Lachen, Lächeln o. Ä.) boshaft, hämisch u. fratzenhaft verzerrt:* s. lachen, grinsen.

Sarg, der; -[e]s, Särge [mhd. sarc(h), ahd. sarc, saruh, über das Vlat. < spätlat. sarcophagus, ↑Sarkophag]: *(meist aus Holz, auch aus Metall gefertigtes) kastenförmiges, längliches Behältnis mit Deckel, in das ein Toter gelegt wird:* ein schlichter, prunkvoller, blumengeschmückter S.; ein S. aus Eiche, aus Zink; den S. ins Grab senken; er stand am offenen S. seiner Mutter.

Sarg|de|ckel, der: *Deckel eines Sarges.*

Särg|lein, das; -s, -: Vkl. zu ↑Sarg.

Sarg|na|gel, der: 1. *Nagel* (1) *für einen Sarg.* 2. (ugs. scherzh.) *Zigarette (im Hinblick auf ihre gesundheitsschädigende Wirkung).*

Sarg|trä|ger, der: *Mann, der mit anderen zusammen bei einem Begräbnis den Sarg trägt.*

Sarg|trä|ge|rin, die: w. Form zu ↑Sargträger.

Sarg|tuch, das ⟨Pl. ...tücher⟩: *Tuch, das über den Sarg gebreitet wird.*

Sa|ri, der; -[s], -s [Hindi sāṛī < aind. śāṭī = Tuch, Gewand]: *aus einer kunstvoll um den Körper gewickelten Stoffbahn bestehendes Gewand der Inderin.*

Sar|kas|mus, der; -, ...men [spätlat. sarcasmos < griech. sarkasmós = beißender Spott, zu: sarkázein = verhöhnen, eigtl. = zerfleischen, zu: sárx (Gen.: sarkós) = Fleisch] (bildungsspr.): 1. ⟨o. Pl.⟩ *beißender Spott, Hohn, der jmdn., etw. lächerlich machen will:* sein S. *(seine sarkastische Art)* ist schwer erträglich; jmdm. mit S. begegnen. 2. *sarkastische Äußerung, Bemerkung.*

sar|kas|tisch ⟨Adj.⟩ [griech. sarkastikós] (bildungsspr.): *mit, von beißendem, verletzendem Spott:* er hat manchmal eine sehr -e Art; eine -e Bemerkung machen.

Sar|kom, das; -s, -e, **Sar|ko|ma,** das; -s, -ta [zu griech. sárx (Gen.: sarkós) = Fleisch] (Med.): *aus dem Bindegewebe hervorgehende bösartige Geschwulst; Fleischgeschwulst.*

Sar|ko|phag, der; -s, -e [spätlat. sarcophagus < griech. sarkophágos, eigtl. = Fleischverzehrer, zu: sárx (Gen.: sarkós) = Fleisch u. phageīn = essen, fressen (urspr. wurde zur Herstellung eine die Verwesung fördernde Kalksteinart verwendet)] (bildungsspr.): *(meist aus Stein od. Metall gefertigter) prunkvoller, großer, in einer Grabkammer od. der Krypta einer Kirche o. Ä. aufgestellter Sarg, in dem hoch gestellte Persönlichkeiten beigesetzt werden:* ein ägyptischer, römischer, mittelalterlicher, prunkvoller, marmorner S.

Sa|rong, der; -[s], -s [malai. sarung]: **1.** *um die Hüfte geschlungener, bunter Rock der Indonesierin.* **2.** *gebatikter od. bunt gewebter Baumwollstoff für Umschlagtücher.*

SAS, die; - [engl. Scandinavian Airlines System]: skandinavische Luftfahrtgesellschaft.

Sa-Sprin|gen [ɛsˈ|a:...], das [Kurzwort für: schweres Springen der Kategorie a] (Pferdesport): *schwere Springprüfung mit längerem Parcours u. einer größeren Zahl von Hindernissen.*

saß: ↑sitzen.

Sass, Sasse, der; Sassen, Sassen [mhd. sāʒ, ahd. sāʒo, zu ↑sitzen] (MA.): **1.** *Besitzer von Grund u. Boden.* **2.** *Ansässiger; Einwohner.* **3.** *Höriger.*

säße: ↑sitzen.

¹Sas|se: ↑Sass.

²Sas|se, die; -, -n [zu (ost)niederd. sassen = sich niederlassen, zu ↑sitzen] (Jägerspr.): *Lager des Hasen.*

Sa|tan, der; -s, -e [mhd. satān, ahd. satanās < kirchenlat. satan(as), griech. satanãs < hebr. śạṭan = Widersacher, böser Engel, zu: śaṭan = nachstellen, verfolgen]: **1.** ⟨o. Pl.⟩ (bibl.) *der Widersacher Gottes; der Teufel; der Versucher:* das Reich, die Macht des -s; vom S. versucht werden, besessen sein; **R** hol dich der S./der S. soll dich holen (salopp; ↑Teufel). **2.** (ugs. abwertend; häufig als Schimpfwort) *boshafter Mensch:* er, dieses Weib ist ein S.

Sa|ta|nas, der; -, -se [kirchenlat. satanas, ↑Satan] (bildungsspr.): *Satan.*

sa|ta|nisch ⟨Adj.⟩ (bildungsspr.): *sehr böse, boshaft; teuflisch:* ein -er Plan; -e Freude beherrschte ihn.

Sa|ta|nis|mus, der; -: *Teufelsverehrung.*

Sa|ta|nist, der; -en, -en: *Anhänger des Satanismus.*

Sa|ta|nis|tin, die; -, -nen: w. Form zu ↑Satanist.

Sa|tans|bra|ten, der (bes. als Schimpfwort): *Höllenbraten, Teufelsbraten.*

Sa|tans|brut, die ⟨o. Pl.⟩ (bes. als Schimpfwort): *Höllenbrut.*

Sa|tans|mes|se, die: *Teufelsmesse.*

Sa|tans|pilz, der: *giftiger, nach Aas riechender Röhrenpilz mit dickem, rötlich gelbem Stiel u. grauweißem Hut.*

Sa|tans|röhr|ling, der: *Satanspilz.*

Sa|tans|weib, das (bes. als Schimpfwort): *Teufelin* (b).

Sa|tel|lit [auch: ...ˈlɪt], der; -en, -en [lat. satelles (Gen.: satellitis) = Leibwächter, Trabant, wohl aus dem Etrusk.]: **1.** (Astron.) *Himmelskörper, der einen Planeten auf einer unveränderlichen Bahn umkreist:* der Mond ist ein S. der Erde; die -en des Saturn. **2.** (Raumf.) *Flugkörper, der – auf eine Umlaufbahn gebracht – in elliptischer od. kreisförmiger Bahn die Erde (od. den Mond) umkreist u. dabei bestimmte wissenschaftliche od. technische Aufgaben erfüllt, Daten sammelt o. Ä. (z. B. Wettersatellit, Nachrichtensatellit):* ein künstlicher S.; einen -en in eine Umlaufbahn bringen; ein Fernsehprogramm über S. empfangen, ausstrahlen. **3.** kurz für ↑Satellitenstaat: Moskau und seine -en. **4.** (Elektronik) kurz für ↑Satellitenbox.

Sa|tel|li|ten|an|la|ge, die (Ferns.): *Anlage für den Empfang von Programmen des Satellitenfernsehens.*

Sa|tel|li|ten|auf|nah|me, die: vgl. Satellitenfoto.

Sa|tel|li|ten|bild, das (bes. Met.): *Satellitenfoto:* das S. zeigt ein breites Wolkenband über Mitteleuropa.

Sa|tel|li|ten|box, die (Elektronik): *(in Verbindung mit einer großen Box für die tiefen Frequenzen beider Kanäle zur stereophonen Wiedergabe verwendete) kleinere Lautsprecherbox für die hohen u. mittleren Frequenzen eines Kanals.*

Sa|tel|li|ten|emp|fang, der (bes. Ferns.): *Empfang von über Satellit ausgestrahlten Sendungen.*

Sa|tel|li|ten|fern|se|hen, das: *Fernsehen* (1 b), *bei dem die Sendungen über Satelliten übertragen werden.*

Sa|tel|li|ten|film, der (bes. Met.): *aus einer Serie von Satellitenfotos zusammengesetzter Film im Zeitraffer:* auf dem S. erkennt man ein rasch ostwärts ziehendes Wolkenband.

Sa|tel|li|ten|fo|to, das (bes. Met.): *von einem [Wetter]satelliten aus aufgenommenes Foto:* ein S. der Mondoberfläche, der Arabischen Halbinsel.

Sa|tel|li|ten|na|vi|ga|ti|on, die (Seew., Flugw.): *Navigation, bei der die Position des Schiffs od. Flugzeugs mithilfe von einem Satelliten* (2) *ausgesendeter Funksignale bestimmt wird.*

Sa|tel|li|ten|pro|gramm, das (Ferns.): *über Satellit ausgestrahltes Fernsehprogramm.*

Sa|tel|li|ten|rund|funk, der: vgl. Satellitenfernsehen.

Sa|tel|li|ten|schüs|sel, die (ugs.): *Parabolantenne zum Empfang von Programmen des Satellitenfernsehens.*

Sa|tel|li|ten|staat, der: *Staat, der (trotz formaler äußerer Unabhängigkeit) von einem anderen Staat (bes. von einer Großmacht) abhängig ist.*

Sa|tel|li|ten|stadt, die: *größere, weitgehend eigenständige Ansiedlung am Rande einer Großstadt.*

Sa|tem|spra|che, die [nach der Aussprache des Anlauts in altiran. satem = hundert als s] (Sprachw.): *Sprache aus der Gruppe der indogermanischen Sprachen, die die palatalen Verschlusslaute der indogermanischen Grundsprache nicht als Verschlusslaute erhalten, sondern in Reibelaute od. Zischlaute verwandelt haben.*

Sa|tin [zaˈtɛ̃:, auch: zaˈtɛŋ], der; -s, -s [mhd. satin < afrz. satin (= frz. satin), wohl über span. aceituní < arab. zaytūnī = Seide aus Zaitun (= Hafen Tseutung in China)]: *Gewebe, Stoff in Atlasbindung mit glatter, glänzender Oberfläche.*

Sa|tin|blu|se, die: *Bluse aus Satin.*

Sa|ti|re, die; -, -n [lat. satira, älter: satura, eigtl. = mit verschiedenen Früchten gefüllte Schale (übertr. im Sinne von »bunte Mischung«)]: **1.** ⟨o. Pl.⟩ *Kunstgattung (Literatur, Karikatur, Film), die durch Übertreibung, Ironie u. [beißenden] Spott an Personen, Ereignissen Kritik übt, sie der Lächerlichkeit preisgibt, Zustände anprangert, mit scharfem Witz geißelt:* ein Meisterwerk, ein Meister der S.; die Kunst der politischen S. **2.** *künstlerisches Werk, das zur Gattung der Satire* (1) *gehört:* eine beißende, bittere, geistvolle S.; er schreibt -n; eine S. auf die Auswüchse des Konsumverhaltens.

Sa|ti|ren|dich|ter, der: *Dichter, der Satiren schreibt.*

Sa|ti|ren|dich|te|rin, die: w. Form zu ↑Satirendichter.

Sa|ti|ren|schrei|ber, der: *jmd., der Satiren schreibt.*

Sa|ti|ren|schrei|be|rin, die: w. Form zu ↑Satirenschreiber.

Sa|ti|ri|ker, der; -s, - [spätlat. satiricus]: *Schöpfer von Satiren.*

Sa|ti|ri|ke|rin, die; -, -nen: w. Form zu ↑Satiriker.

sa|ti|risch ⟨Adj.⟩ [lat. satiricus]: *in der Art der Satire* (1); *die Mittel der Satire* (1) *anwendend:* eine -e Zeitschrift; ein -er Roman, Essay; -e Zeichnungen, Bilder; ein -er *(Satiren schreibender)* Schriftsteller.

sa|ti|ri|sie|ren ⟨sw. V.; hat⟩ (bildungsspr.): *satirisch darstellen.*

Sa|tis|fak|ti|on, die; -, -en ⟨Pl. selten⟩ [lat. satisfactio = Genugtuung, zu: satisfacere = Genüge leisten, befriedigen, aus: satis = genug (verw. mit ↑satt) u. facere = tun]: **a)** (bildungsspr. veraltend) *Genugtuung* (2), *bes. in Form einer Ehrenerklärung:* S. fordern, verlangen, erhalten; jmdm. S. geben; **b)** (früher, noch Verbindungswesen) *Zurücknahme einer Beleidigung o. Ä. durch die Bereitschaft zum Duell:* unbedingte S.; S. fordern, nehmen, geben, erteilen.

Sa|trap, der; -en, -en [lat. satrapes < griech. satrápēs, eigtl. = der das Reich Schützende]: *Statthalter einer Provinz (im Persien der Antike).*

Sa|tra|pen|wirt|schaft, die ⟨o. Pl.⟩ (abwertend): *Willkür von Behörden.*

Sa|tra|pin, die; -, -nen: w. Form zu ↑Satrap.

Sat|su|ma, die; -, -s [jap.]: *meist kernlose, sehr saftige Mandarine.*

satt [mhd., ahd. sat, alte Partizipialbildung zu einem Verb mit der Bed. »sättigen« u. urspr. = gesättigt] ⟨Adj.⟩: **1. a)** *nicht mehr hungrig; kein Bedürfnis nach Nahrungsaufnahme mehr verspürend:* -e Gäste; sich s. essen; von etwas nicht s. werden; das Baby hat sich s. getrunken; etw. macht s. *(sättigt schnell);* *** sich an etw. nicht s. sehen, hören können** *(nicht aufhören können, etw. Bestimmtes sich anzusehen, anzuhören);* **b)** (abwertend) *mit dem eigenen (relativ hohen) Lebensstandard zufrieden u. daher zu Selbstzufriedenheit, Gleichgültigkeit, Trägheit neigend:* -e Wohlstandsbürger. **2. a)** *(bes. in der Färbung, im Klang) kräftig, voll:* ein -es Rot, Grün; die Tür der Luxuslimousine fiel mit -em Klang ins Schloss; die Stereoanlage, das Motorrad hat einen -en Sound; **b)** (ugs.) *ansehnlich:* -e Gewinne; es kostet -e 580 Mark; -e 16 % Sollzinsen; **c)** (ugs.) *reichlich, gut* (3 b): selbst wenn wenig Verkehr ist, braucht man eine -e Stunde, -e zwei Stunden; eine -e Mehrheit; etw. s. mit Leim einstreichen. **3.** *** etw. s. haben/etw. s. sein/(geh.:) einer Sache ⟨Gen.⟩ s. sein** *(etw. leid sein, nicht länger dulden):* sie war den Ärger s.; **etw. s. bekommen/kriegen** (ugs.; *etw. leid werden).* **4.** (ugs.) *ausreichend, reichlich, überreichlich:* nicht s. zu essen haben *(nicht genug zu essen haben, hungern müssen);* es gab Sonne s. **5. a)** (schweiz.) *eng [anliegend], knapp, straff:* eine s. sitzende Bandage; **b)** (Kfz-T. Jargon) *mit stets vorhandenem gutem Kontakt zur Fahrbahn:* der Wagen liegt s. auf der Straße.

satt|blau ⟨Adj.⟩: *von kräftigem, tiefem Blau.*

satt|braun ⟨Adj.⟩: vgl. sattblau.

Sat|tel, der; -s, Sättel [mhd. satel, ahd. satal, H. u.]: **1. a)** *gepolsterter Sitz in geschwungener Form, der einem Reittier für den Reiter aufgelegt wird:* den S. an-, abschnallen, abnehmen; das Pferd warf ihn aus dem S.; jmdm. in den S. helfen; sich aus dem, in den S. schwingen; mit, ohne S. reiten; *** jmdn. aus dem S. heben/werfen** *(jmdn. aus einer einflussreichen Position drängen);* **fest im S. sitzen** *(seine Position unangefochten behaupten);* **sich im S. halten** *(seine Position behaupten);* **b)** *Gestell für Gepäck, Lasten, das auf dem Rücken eines Lasttiers festgeschnallt wird.* **2.** *Teil des Fahrrads, Motorrads, auf dem man sitzt:* ein harter, stark gefederter, sportlicher, schmaler, breiter, bequemer S.; den S. höher stellen. **3.** kurz für ↑Bergsattel.

Sat|tel|an|hän|ger, der (Fachspr.): *Anhänger ohne Vorderachse, der von einem Sattelschlepper gezogen wird.*

Sät|tel|chen, das; -s, -: Vkl. zu ↑Sattel.

Sat|tel|dach, das: *Dach, das aus zwei schrägen Flächen besteht, die am First zusammenstoßen.*

Sat|tel|de|cke, die: *Decke, die über den Tierrücken gebreitet wird, bevor man den Sattel auflegt.*

sat|tel|fest ⟨Adj.⟩: *sicher durch umfassendes Können, Wissen auf einem bestimmten Gebiet und dadurch allen Anforderungen gewachsen:* in Latein, im Bruchrechnen ist er noch nicht ganz s.

Sat|tel|gurt, der: *vom Sattel aus um den Bauch des Pferdes geschnallter Gurt, der den Sattel festhält.*

Sat|tel|knopf, der: *vorderes, verdicktes Ende des Sattels* (1 a) *in Kugelform.*

sat|teln ⟨sw. V.; hat⟩ [mhd. satel(e)n, ahd. satelōn]: *(einem Tier) einen Sattel auflegen:* ein Pferd s.

Sat|tel|na|se, die: **1.** *Nase, deren Rücken in der Form eines Sattels nach unten gebogen ist.* **2.** (Fachspr.) *schmalster, vorderster Teil des Fahrradsattels.*

Sat|tel|punkt, der (Math.): *Wendepunkt einer*

S

Kurve, in dem die Kurve eine horizontal verlaufende Tangente hat.

Sat|tel|rohr, das (Fachspr.): *Rohr des Fahrradrahmens, in dessen oberem Ende die Sattelstütze steckt.*

Sat|tel|schlep|per, der: *Zugmaschine zum Ziehen von Sattelanhängern.*

Sat|tel|stüt|ze, die (Fachspr.): *im Wesentlichen aus einem im Rahmen steckenden Rohr bestehendes Teil des Fahrrads, an dessen oberem Ende der Sattel befestigt ist u. mit dessen Hilfe er eingestellt wird:* eine gefederte S.

Sat|tel|ta|sche, die: **a)** *(zu beiden Seiten) an dem seitlichen Teil des Sattels* (1 a) *angebrachte Tasche;* **b)** *(am Fahrrad) hinten unter dem Sattel hängende kleine Tasche für Werkzeug, Flickzeug o. Ä.*

Sat|te|lung, Sattlung, die; -, -en: **a)** *das Satteln;* **b)** *Lage u. Art der Befestigung des Sattels auf dem Pferd.*

Sat|tel|zeug, das: *zum Satteln benötigte Dinge.*

Sat|tel|zug, der: *aus einem Sattelschlepper und einem Sattelanhänger bestehender Lastzug.*

satt|gelb ⟨Adj.⟩: vgl. sattblau.

satt|grün ⟨Adj.⟩: vgl. sattblau.

Satt|heit, die; - [mhd. sat(e)heit]: **1. a)** *Zustand des Sattseins (satt* 1 a); **b)** (abwertend) *Zustand des Sattseins (satt* 1 b). **2.** *[Leucht]kraft, Intensität:* die S. der Farben.

sät|ti|gen ⟨sw. V.; hat⟩ [mhd. set(t)igen]: **1.** (geh.) *satt* (1 a) *machen:* jmdn., sich [mit, an etw.] s.; Ü jmds. Ehrgeiz, Neugier, Verlangen, Wissensdrang s. **2.** *(von Speisen) schnell satt machen:* die Suppe sättigt [kaum]; Eierspeisen sind sehr sättigend. **3.** *so viel hinzufügen, dass die Grenze der Aufnahmefähigkeit erreicht ist; so weit steigern, dass ein Grenzwert erreicht ist:* durch ein großes Angebot den Markt s.; gesättigte Farben; eine gesättigte (Chemie; *einen löslichen Stoff in dem Maße enthaltende, als sich maximal darin auflösen lässt)* Lösung. **4.** * **mit/von etw. gesättigt sein** *(besonders viel von etw. enthalten):* die Luft war von Düften gesättigt.

Sät|ti|gung, die; -, -en ⟨Pl. selten⟩ [spätmhd. setigunge]: **1.** *das Sättigen* (1), *Stillen des Hungers; das Sattsein:* die S. der Hungernden; ein Gefühl der S. verspüren. **2.** (Fachspr.) *das Sättigen* (3): die S. einer Lösung, des Marktes; die Luft hat eine hohe S., einen hohen Grad der S. mit Wasserdampf.

Sät|ti|gungs|bei|la|ge, die (Gastr. regional veraltend): *sättigende Beilage* (3).

Sät|ti|gungs|ge|fühl, das ⟨o. Pl.⟩: *Gefühl des Sattseins.*

Sät|ti|gungs|grad, der (Fachspr.): *Grad der Sättigung* (2).

Satt|ler, der; -s, - [mhd. sateler, ahd. satilari]: *jmd., der grobe Lederwaren (z. B. Sättel, Koffer) herstellt* (Berufsbez.).

Satt|le|rei, die; -, -en: **a)** ⟨o. Pl.⟩ *Sattlerhandwerk:* die S. erlernen; **b)** *Werkstatt eines Sattlers.*

Satt|ler|hand|werk, das ⟨o. Pl.⟩: *Handwerk des Sattlers.*

Satt|le|rin, die; -, -nen: w. Form zu ↑Sattler.

Satt|lung: ↑Sattelung.

satt|rot ⟨Adj.⟩: vgl. sattblau.

satt|sam ⟨Adv.⟩ [im 16. Jh. = gut ernährt; üppig, stolz; dann: etwas, was satt macht] (emotional): *mehr als genug, bis zum Überdruss, viel zu sehr:* s. bekannte Missstände.

Sa|tu|ra|ti|on, die; - [spätlat. saturatio = Sättigung, zu lat. saturare, ↑saturieren] (bes. Chemie): *Sättigung.*

sa|tu|rie|ren ⟨sw. V.; hat⟩ [lat. saturare, zu: satur = satt]: (bildungsspr.) *bewirken, dass jmds. Verlangen, etw. Bestimmtes zu bekommen, gestillt ist; befriedigen:* die Gläubiger s.; ⟨auch s. + sich:⟩ er war so blauäugig, zu glauben, mit dem Anschluss Österreichs hätte sich das Dritte Reich bereits saturiert; angesichts des saturierten Marktes lassen einige Automobilhersteller bereits wieder kurzarbeiten.

sa|tu|riert ⟨Adj.⟩ (bildungsspr. abwertend): *satt* (1 b): -e Wohlstandsbürger, Spießbürger.

Sa|tu|riert|heit, die; - (bildungsspr.): *das Saturiertsein.*

Sa|tu|rie|rung, die; -, -en ⟨Pl. selten⟩: *das Saturieren, Saturiertwerden.*

¹Sa|turn (röm. Myth.): Gott der Aussaat.

²Sa|turn, der; -s: zweitgrößter, (von der Sonne aus gerechnet) sechster Planet unseres Sonnensystems.

Sa|tur|na|li|en ⟨Pl.⟩ [lat. Saturnalia]: **1.** *(im alten Rom) Fest des Gottes Saturn:* die S. feiern, begehen; an den S. waren alle Standesunterschiede aufgehoben. **2.** (bildungsspr. selten) *ausgelassenes Fest:* S. feiern.

sa|tur|nisch ⟨Adj.⟩: **a)** (röm. Myth.) *den Gott Saturn betreffend, zu ihm gehörend;* **b)** *den Planeten Saturn betreffend, von ihm ausgehend.*

Sa|turn|mond, der (Astron.): *Mond* (1 b) *des Planeten Saturn.*

Sa|turn|ring, der (Astron.): **a)** ⟨o. Pl.⟩ *den Planeten Saturn genau über seinem Äquator umgebendes System von mehreren ineinander liegenden, weißlich leuchtenden Ringen, die aus vielen einzelnen, den Planeten wie kleine Satelliten umkreisenden Körpern bestehen;* **b)** *zum Saturnring* (a) *gehörender, aus vielen einzelnen, den Planeten Saturn wie kleine Satelliten umkreisenden Körpern bestehender, weißlich leuchtender Ring.*

Sa|tyr, der; -s u. -n, -n [1: lat. Satyrus, griech. Sátyros]: **1.** *in der griechischen Sage lüsterner Waldgeist u. Begleiter des Dionysos mit menschlichem Körper u. tierischen Zügen, entweder mit Pferdeohren, -hufen u. -schwanz od. mit Bocksbart, -hufen u. -hörnern.* **2.** (bildungsspr. selten) *sinnlich-lüsterner Mann.*

Satz, der; -es, Sätze, (als Maß- od. Mengenangabe auch:) - [mhd. sa(t)z = Lage; Verordnung, Gesetz, Vertrag; Ausspruch; Entschluss; Sprung, zu ↑setzen, eigtl. = das Setzen; das Gesetzte; 1: seit dem 16. Jh. (wohl in Weiterführung der mhd. Bed. »Anordnung der Worte, in Worten zusammengefasster Ausspruch«)]: **1.** *im Allgemeinen aus mehreren Wörtern bestehende, in sich geschlossene, eine Aussage, Frage od. Aufforderung enthaltende sprachliche Einheit:* ein kurzer, langer, verschachtelter S.; ein einfacher, eingeschobener, abhängiger S.; Sätze bilden, konstruieren, analysieren; ich möchte dazu noch ein paar Sätze sagen *(mich dazu noch kurz äußern);* mitten im S. abbrechen; in abgehackten, zusammenhanglosen Sätzen sprechen; das lässt sich nicht in/mit einem S. erklären, sagen *(bedarf weitläufigerer Ausführungen).* **2.** *(in einem od. mehreren Sätzen* (1) *formulierte) Erkenntnis, Erfahrung od. Behauptung von allgemeiner Bedeutung; [philosophische od. wissenschaftliche] These:* ein sehr anfechtbarer S.; der S. *(Lehrsatz)* des Euklid, des Pythagoras; einen S. aufstellen, begründen, widerlegen. **3.** (Druckw.) ⟨o. Pl.⟩ **a)** *das Setzen* (3 g) *eines Manuskripts:* der S. beginnt, ist abgeschlossen; das Manuskript geht in [den] S., wird zum S. gegeben; **b)** *gesetzter Text, der die Vorlage für den Druck darstellt; Schriftsatz:* der S. muss korrigiert werden. **4.** (Musik) **a)** *Periode* (8 a); **b)** *in sich geschlossener Teil eines mehrteiligen Musikwerks:* der erste, zweite S. einer Sinfonie, Sonate, Suite; ein schneller, langsamer S.; **c)** *Art, in der ein Musikwerk gesetzt ist; Kompositionsweise:* ein zwei-, drei-, mehrstimmiger S.; ein homophoner, polyphoner S. **5.** (Amtsspr.) *in seiner Höhe festgelegter Betrag, Tarif für etw. [regelmäßig] zu Zahlendes od. zu Vergütendes* (z. B. Steuersatz, Beitragssatz, Zinssatz): ein hoher, niedriger S.; ein S. von 42 Pfennig pro Kilometer; der S. der Sozialhilfe. **6.** *bestimmte Anzahl zusammengehöriger [gleichartiger] Gegenstände [verschiedener Größe]:* ein S. Schüsseln, Kochtöpfe, Schraubenschlüssel; ein S. Reifen; einige S./Sätze Briefmarken; diese Beistelltische werden nur im S. verkauft. **7.** (EDV) *Gruppe in bestimmter Hinsicht zusammengehöriger Daten einer Datei; Datensatz.* **8.** *Bodensatz:* der S. von Kaffee, Wein; beim Abgießen der Flüssigkeit bleibt der S. zurück; auf dem Boden des Gefäßes hat sich ein schlammiger S. gebildet. **9.** (Badminton, Tennis, Tischtennis, Volleyball) *Spielabschnitt, der nach einer bestimmten Zahl von gewonnenen Punkten beendet ist:* einen S. [Tennis] spielen, gewinnen, verlieren; er verlor in drei Sätzen. **10.** *[großer] Sprung; großer [eiliger] Schritt:* einen großen S. machen; er machte einen S. über den Graben, zur Seite; in/mit wenigen Sätzen hatte er ihn eingeholt.

Satz|an|fang, der: *Anfang eines Satzes* (1): am S. schreibt man groß.

Satz|aus|sa|ge, die (Sprachw.): *Prädikat* (3).

Satz|ball, der (Badminton, Tennis, Tischtennis, Volleyball): *Möglichkeit, Gelegenheit eines Spielers, den letzten zum Gewinn eines Satzes* (9) *noch benötigten Punkt zu erzielen.*

Satz|bau, der ⟨o. Pl.⟩ (Sprachw.): *Bau, Gestalt eines Satzes* (1).

Sätz|chen, das; -s, -: Vkl. zu ↑Satz.

Satz|en|de, das: *Ende eines Satzes* (1): der Punkt am S.; das Verb steht am S.

Satz|feh|ler, der (Druckw.): *beim Satz* (3 a) *entstehender Fehler.*

satz|fer|tig ⟨Adj.⟩ (Druckw.): *(von einem Manuskript) so beschaffen, dass es gesetzt werden kann, in Satz* (3 a) *gegeben werden kann:* ein -es Manuskript.

Satz|fet|zen, der: *abgerissener Satz* (1); *durch Lärm o. Ä. nur unvollständig an jmds. Ohr dringender Satz* (1).

Satz|fol|ge, die (Musik): *Abfolge der Sätze einer Komposition.*

Satz|fra|ge, die (Sprachw.): *Entscheidungsfrage.*

Satz|ge|fü|ge, das (Sprachw.): *aus Haupt- u. Nebensatz bzw. -sätzen zusammengesetzter Satz* (1).

Satz|ge|gen|stand, der (Sprachw.): *Subjekt* (2).

Satz|ge|winn, der (Badminton, Tennis, Tischtennis, Volleyball): *Gewinn eines Satzes* (9).

Satz|glied, das (Sprachw.): *aus einem od. mehreren Wörtern bestehender Teil eines Satzes* (1) *mit einer bestimmten syntaktischen Funktion* (z. B. Subjekt, Prädikat, Objekt, Umstandsangabe).

-sät|zig (Musik): in Zusb., z. B. viersätzig *(aus vier Sätzen* 4 b *bestehend).*

Satz|klam|mer, die (Sprachw.): *Satzkonstruktion, bei der das finite Verb im Aussagesatz in zweiter, im Fragesatz in erster Position steht, während die infiniten Teile des Prädikats ans Satzende treten* (z. B. Sie *hat* gestern ein Buch *gekauft*./*Hat* sie gestern ein Buch *gekauft*?).

Satz|kon|struk|ti|on, die (Sprachw.): *Konstruktion eines Satzes* (1).

Satz|leh|re, die: **1.** (Sprachw.) *Syntax.* **2.** (Musik) *Harmonielehre u. Kontrapunkt* (1) *als Grundlage für das Komponieren.*

Satz|me|lo|die, die ⟨Pl. selten⟩ (Sprachw.): *Intonation* (5) *eines Satzes* (1).

Satz|rei|he, die (Sprachw.): *nebenordnende Verbindung mehrerer gleichrangiger Teilsätze zu einem zusammengesetzten Satz* (1).

Satz|spie|gel, der (Druckw.): *die von Text, Abbildungen u. a. eingenommene Fläche einer Druckseite:* den S. vergrößern.

Satz|tech|nik, die (Druckw.): *Technik des Schriftsatzes.*

satz|tech|nisch ⟨Adj.⟩ (Druckw.): *die Satztechnik betreffend.*

Satz|teil, der (Sprachw.): **a)** *Satzglied;* **b)** *Teil eines Satzes* (1).

Satz|tisch, der: *zu einem Satz* (6) *von Tischen gehörender Tisch.*

Sat|zung, die; -, -en ⟨häufig Pl.⟩ [mhd. satzunge = (Fest)setzung, (gesetzliche) Bestimmung; Vertrag; Pfand] (Rechtsspr.): *schriftlich niedergelegte rechtliche Ordnung, die sich ein Zusammenschluss von Personen (z. B. ein Verein) od. eine Körperschaft des öffentlichen Rechts gibt:* eine S. aufstellen; etw. in die S. aufnehmen.

Sat|zungs|än|de|rung, die: *Änderung einer Satzung.*

S

sat|zungs|ge|mäß ⟨Adj.⟩: *der Satzung gemäß:* die -e Behandlung eines Falles; diese Vorgehensweise ist [nicht] s.; etw. s. ausführen.
Satz|ver|bin|dung, die (Sprachw.): *aus mehreren nebengeordneten Hauptsätzen zusammengesetzter Satz* (1).
Satz|ver|lust, der (Badminton, Tennis, Tischtennis, Volleyball): *Verlust eines Satzes* (9).
Satz|vor|la|ge, die (Druckw.): *Manuskript, das Vorlage für den Satz* (3 a) *ist.*
Satz|zei|chen, das (Sprachw.): *grafisches Zeichen, das innerhalb eines Satzes* (1) *bzw. eines Textes bes. die Funktion der Gliederung hat* (z. B. Komma, Punkt usw.).
Satz|zu|sam|men|hang, der ⟨Pl. selten⟩: *Zusammenhang [der einzelnen Wörter] eines Satzes* (1).
Sau, die; -, Säue u. -en [mhd., ahd. sū, viell. eigtl. = Gebärerin od. lautm. (u. eigtl. = Su[su]-Macherin)]: **1. a)** ⟨Pl. Säue⟩ *weibliches Hausschwein, Mutterschwein;* **b)** ⟨Pl. Säue⟩ (landsch.) *Hausschwein:* eine S. schlachten; ***keine S.** (derb; *niemand*): das interessiert doch keine S.; **wie eine gesengte S.** (derb abwertend; *schlecht [in Bezug auf die Ausführung, das Verhalten]*; **die S. rauslassen** (ugs.; *sich ausnahmsweise einmal nicht die gewohnte Selbstdisziplin, Mäßigung o. Ä. auferlegen u. sich stattdessen ganz seiner momentanen Stimmung gemäß verhalten*); **unter aller S.** (derb abwertend; *sehr schlecht*): sein Englisch ist unter aller S.; **jmdn. zur S. machen** (derb; *jmdn. in scharfer Form heruntermachen;* wohl eigtl. = jmdn. so zurichten, dass er einer geschlachteten Sau gleicht); **c)** ⟨Pl. -en⟩ *[weibliches] Wildschwein:* eine S. mit Frischlingen. **2.** ⟨Pl. Säue⟩ (derb abwertend) **a)** *jmd., der schmutzig u. ungepflegt ist, der keinen Wert auf Sauberkeit legt, dessen Verhalten als anstößig, abstoßend od. ekelerregend empfunden wird:* sie, er ist eine alte, geile S.; diese S. hat wieder alles voll gekleckert; **b)** *jmd., dessen Verhalten man als gemein o. ä. empfindet, über den man wütend ist, sich ärgert, den man hasst:* eine dumme, gemeine, faule, fette S.
-sau, die; -, -säue (derb abwertend): drückt in Bildungen mit Substantiven aus, dass eine Person etw. Bestimmtes ist: Faschistensau, Machosau.
sau-, Sau-: 1. (ugs. emotional verstärkend) drückt in Bildungen mit Adjektiven eine Verstärkung aus: *sehr:* saufrech, -gut, -komisch, -teuer. **2.** (derb emotional abwertend) drückt in Bildungen mit Substantiven aus, dass jmd. od. etw. als schlecht, minderwertig, miserabel angesehen wird: Sauklaue, -leben, -wirtschaft. **3.** (ugs. emotional verstärkend) drückt in Bildungen mit Substantiven einen besonders hohen Grad von etw. aus: Sauglück, -hitze.
Sau|ban|de, die (salopp emotional verstärkend, abwertend): *Gruppe von Menschen, deren Verhalten Ärger, Wut hervorruft.*
sau|ber ⟨Adj.⟩ [mhd. sūber, ahd. sūbar, über das Vlat. < lat. sobrius = nüchtern, mäßig, enthaltsam; besonnen; urspr. = sittlich rein]: **1. a)** *frei von Schmutz, Unrat, Verunreinigungen:* -e Hände, Fingernägel; -e Wäsche, Kleider; ein -es *(frisch gewaschenes)* Hemd anziehen; -es Wasser; -e Flüsse; hier ist die Luft noch [relativ] s.; Kunststoffböden lassen sich leichter s. halten; die Beete [von Unkraut] s. halten; er hält sein Auto, sein Werkzeug peinlich s.; die Badewanne s. machen; ⟨auch o. Akk.-Obj.:⟩ ich muss noch s. machen *(die Wohnung in einen sauberen Zustand bringen);* sie geht s. machen *(verdient ihr Geld durch Putzen);* mach dir bitte die Schuhe s., bevor du reinkommst; sie musste das Baby s. machen *(es säubern, ihm die Windel wechseln);* Ü die Partei von Faschisten s. halten; **b)** (Jargon) ↑clean. **2.** *keinen Schmutz verursachend, keine lästigen od. schädlichen Stoffe hervorbringend, mit sich bringend:* ein relativ -es Verfahren zur Papierherstellung; -e Industrien ansiedeln; Strom aus Wasserkraftwerken ist eine der -sten Energieformen; -e (Kfz-T. Jargon; *schadstoffarme*) Motoren, Autos; das Kind ist schon s. *(verrichtet seine Notdurft nicht mehr in die Windel).* **3.** *allen Erfordernissen, den Erwartungen entsprechend, in hohem Maße zufriedenstellend, einwandfrei:* eine -e Schrift, Arbeit; eine -e französische Aussprache; eine [juristisch, politisch] -e Lösung; eine -e Darstellung, Analyse des Problems; s. arbeiten, argumentieren, recherchieren; das Loch ist s. gestopft. **4.** *den geltenden sittlichen, rechtlichen o. ä. Normen entsprechend; zu Beanstandungen keinen Anlass gebend, einwandfrei:* ein -er Charakter; eine -e Haltung; ich fürchte, die Sache ist nicht [ganz] s.; die Kripo hat ihn überprüft, aber er war s. (Jargon; *er hatte sich nichts zuschulden kommen lassen*); bleib s.! (scherzh. ugs. Abschiedsformel); R du bist, die ist doch nicht [mehr ganz] s.! (salopp; *nicht bei Verstand, nicht bei Trost*). **5.** (iron.) *sich in Ablehnung, Verachtung hervorrufender Weise anderen gegenüber verhaltend; nicht anständig:* dein -er Bruder hat mir das eingebrockt; wir werden dem -en Herrn, Burschen das Handwerk legen. **6.** (ugs., bes. südd., österr., schweiz.) *ansehnlich, beträchtlich, beachtlich:* das ist ein -es Sümmchen; (Ausrufe der Anerkennung:) [das ist] s.!; s., s.! **7. a)** (ugs.) *auf Sauberkeit bedacht, reinlich:* ein -er Mensch; er ist s. und ordentlich; **b)** (südd., österr., schweiz.) *schmuck:* ein -es Mädel.
sau|ber hal|ten: s. sauber (1 a).
Sau|ber|hal|tung, die ⟨o. Pl.⟩: *das Sauberhalten:* die S. der Umwelt.
Sau|ber|keit, die; - [mhd. sūberheit]: **1.** *sauberer* (1 a) *Zustand:* hier herrschen Ordnung und S.; auf S. achten, Wert legen. **2.** *saubere* (3) *Beschaffenheit.* **3.** *Lauterkeit, Anständigkeit.*
Sau|ber|keits|er|zie|hung, die: *Erziehung zur Reinlichkeit.*
Sau|ber|keits|fim|mel, der ⟨o. Pl.⟩ (ugs. abwertend): *übertriebener Drang nach Sauberkeit.*
säu|ber|lich ⟨Adj.⟩ [mhd. sūberlich]: *[genau u.] sorgfältig, ordentlich; mit einer bis ins Einzelne gehenden Sorgfalt:* eine -e Trennung der Begriffe; etw. [fein] s. unterstreichen, zusammenlegen, beschriften.
Säu|ber|lich|keit, die; -: *das Säuberlichsein; säuberliche Art.*
sau|ber ma|chen: s. sauber (1 a).
Sau|ber|mann, der ⟨Pl. ...männer⟩ (scherzh.): **a)** *jmd., der ordentlich u. anständig ist, wie man es sich wünscht;* **b)** *jmd., der darauf achtet, dass die Moral gewahrt wird.*
säu|bern ⟨sw. V.; hat⟩ [mhd. sūbern, ahd. sūbaran, sūberen]: **1.** *den Schmutz o. Ä. von etw. entfernen:* seine Kleider, sich vom Schmutz s.; die Schuhe mit einer Bürste s.; die Wunde sorgfältig s.; sich die Fingernägel s. **2.** *von Unerwünschtem, von unerwünschten Personen befreien:* das Beet von Unkraut s.; Bibliotheken von verbotenen Büchern s.; die Verwaltung von politischen Gegnern, ein Gebiet von Partisanen, die Partei von Abweichlern s.
Säu|be|rung, die; -, -en [1: mhd. sūberunge]: **1.** *das Säubern* (1). **2.** *das Säubern* (2): einer S. zum Opfer fallen; ethnische S. (verhüll.; *planmäßiges Beseitigen einer od. mehrerer ethnischer Gruppen durch Vertreibung, Mord u. andere Gräueltaten*).
Säu|be|rungs|wel|le, die (Politik): *Welle* (2 a) *von Säuberungen* (2).
sau|blöd, sau|blö|de ⟨Adj.⟩ (ugs. emotional verstärkend): vgl. saudumm.
Sau|boh|ne, die [die Bohne wurde als Schweinefutter verwendet]: **a)** *(zu den Schmetterlingsblütlern gehörende) Pflanze mit blassgrünen Blättern u. weißen, schwarz gefleckten Blüten, deren große, nierenförmige, bräunliche Samen als Gemüse gegessen werden; Puffbohne;* **b)** *[als Nahrungsmittel verwendeter, noch nicht reifer, grüner] Samen der Saubohne* (a).
Sau|ce: ↑Soße.
Sauce béar|naise [sosbear'nɛ:z], die; - - [frz., nach der frz. Landschaft Béarn] (Kochk.): *dicke weiße Soße aus Weinessig, Weißwein, Butter, Eigelb u. Gewürzen, bes. Estragon u. Kerbel.*
Sauce hol|lan|daise [sosɔlã'dɛ:z], die; - - [frz. = holländische Soße, H. u.] (Kochk.): *Soße, bei der Weißwein, Eigelb u. Butter im Wasserbad cremig gerührt u. mit Pfeffer, Salz u. Zitronensaft abgeschmeckt werden.*
Säu|chen, das; -s, -: Vkl. zu ↑[1]Sau.
Sau|ci|e|re, die; -, -n [frz. saucière, zu: sauce, ↑Soße]: *zum Servieren von Soße verwendete, mit einer Art Untertasse fest verbundene, kleine [ovale] Schüssel [mit Henkel u. schnabelförmig auslaufendem Rand an der gegenüberliegenden Schmalseite].*
Sau|di, der; -s, -s, **Sau|di-Ara|ber,** der: Ew.
Sau|di-Ara|be|rin, die: w. Form zu ↑Saudi-Araber.
Sau|di-Ara|bi|en; -s: Staat auf der Arabischen Halbinsel.
sau|di-ara|bisch ⟨Adj.⟩: *Saudi-Arabien, die Saudi-Araber betreffend; von den Saudi-Arabern stammend, zu ihnen gehörend.*
sau|dumm ⟨Adj.⟩ (ugs. emotional verstärkend): *sehr dumm.*
sau|er ⟨Adj.; saurer, -ste⟩ [mhd., ahd. sūr, H. u.]: **1. a)** *in der Geschmacksrichtung von Essig od. Zitronensaft liegend [u. die Schleimhäute des Mundes zusammenziehend u. den Speichelfluss anregend]:* saure Äpfel, Drops; ein saurer Wein; saure *(sauer eingelegte)* Heringe, Gurken; etw. s. *(unter Beigabe von Essig)* einlegen; ***jmdm. s. aufstoßen** (ugs.; *jmdm. Unbehagen, Ärger o. Ä. verursachen*); **gib ihm Saures!** (salopp; *verprügle ihn tüchtig!*); **b)** *durch Gärung geronnen, dickflüssig geworden u. sauer* (1 a) *schmeckend:* saure Milch, Sahne; die Milch wird, ist s.; **c)** *durch Gärung[sstoffe] verdorben:* saurer Schweißgeruch; das Essen ist s. geworden, riecht s.; **d)** (bes. Landw.) *[Kiesel-, Humus]säuren enthaltend u. kalkarm:* saure Böden; **e)** (Chemie) *Säure enthaltend; die Eigenschaften einer Säure aufweisend:* saure Salze, Gesteine; saure Niederschläge; saurer Regen *(Regen, in dem Schwefeldioxid gelöst ist, sodass das Regenwasser schweflige Säure enthält);* diese Stoffe reagieren [leicht] s. **2.** *jmdm. als Arbeit, Aufgabe o. Ä. schwer werdend; nur unter großen Mühen zu bewältigen:* eine saure Arbeit, Pflicht; s. verdientes, erspartes Geld; die langwierige Arbeit wurde ihr s., kam sie s. an *(fiel ihr schwer, machte ihr Mühe).* **3. a)** *Verdruss über etw., Missmut ausdrückend:* mit saurer Miene; ein saures Lächeln; **b)** (salopp) *über etw. verärgert, wütend:* sie ist ganz schön s. [auf uns]; ich werde gleich s.!; darauf hätte ich auch s. reagiert.
Sau|er|amp|fer, der [verdeutlichende Zus., 2. Bestandteil mhd. ampfer, ahd. ampf(a)ro = Sauerampfer, eigtl. subst. Adj. u. urspr. = der Sauere, Bittere]: *(bes. auf Wiesen wachsende) Pflanze mit länglich elliptischen, säuerlich schmeckenden Blättern u. unscheinbaren rötlichen Blüten.*
Sau|er|bra|ten, der: *in Essig mit Gewürzen marinierter u. geschmorter Rinderbraten.*
Sau|er|brun|nen, der: **a)** *kohlensaure Mineralquelle;* **b)** *kohlensaures Mineralwasser.*
Sau|e|rei, die; -, -en (derb abwertend): *Schweinerei.*
Sau|er|kir|sche, die: **1.** *säuerlich schmeckende, hell- bis dunkelrote Kirsche* (1). **2.** *Kirschbaum von meist strauchigem Wuchs mit Sauerkirschen als Früchten.*
Sau|er|klee, der: *kleine Pflanze mit kleeähnlichen, Oxalsäure enthaltenden Blättern u. gelben, weißen od. roten Blüten.*
Sau|er|kohl, der ⟨o. Pl.⟩ (landsch.): *Sauerkraut.*
Sau|er|kraut, das ⟨o. Pl.⟩ [im 14. Jh. sawer craut]: *fein gehobelter, mit Salz, Gewürzen [u. Wein] der Gärung ausgesetzter u. auf diese Weise konservierter Weißkohl, der gekocht od. roh gegessen wird.*
Sau|er|land, das; -[e]s: westfälische Landschaft.
säu|er|lich ⟨Adj.⟩ [älter: sauerlächt]: **1. a)** *leicht sauer* (1 a): ein -er Apfel, Geschmack; s. schmecken; **b)** *leicht sauer* (1 c): die Milch, die Suppe

S

riecht schon s. **2.** *missvergnügt:* ein -es Lächeln; eine -e Miene; s. lächeln.

Säu|er|lich|keit, die; -: *das Säuerlichsein.*

Säu|er|ling, der; -s, -e [im 16. Jh. Saurling]: *Sauerbrunnen.*

Sau|er|milch, die: *durch Gärung geronnene, dickflüssige Milch; saure, dicke Milch; Dickmilch.*

säu|ern ⟨sw. V.⟩ [mhd. siuren, ahd. sūren]: **1.** *durch Gärenlassen konservieren* ⟨hat⟩: Kohl s. **2.** *durch Gärung sauer werden* ⟨ist/hat⟩: der Kohl säuert schon. **3.** (Kochk.) *durch Zusatz von Essig od. Zitronensaft sauer machen* ⟨hat⟩: den Fisch s. und salzen; die Muscheln in leicht gesäuertem Wasser kochen.

Säu|er|nis, die; - (geh.): **1.** *das Saure, saurer Geschmack:* Äpfel von angenehmer S. **2.** *das Sauersein* (sauer 3b): Frustration und S. machen sich breit.

Sau|er|rahm, der (landsch.): *saure Sahne.*

Sau|er|stoff, der ⟨o. Pl.⟩ [im 18. Jh. für frz. oxygène, zu griech. oxýs = scharf, sauer u. -genes = hervorbringend, eigtl. = Säuremacher, nach dem sauren Charakter vieler Oxide]: *farbloses u. geruchloses Gas, das mit fast allen anderen Elementen Verbindungen bildet (chemisches Element);* Zeichen: O (↑Oxygenium): Luft enthält S.; einen Patienten mit reinem S. beatmen.

sau|er|stoff|arm ⟨Adj.⟩: *arm an Sauerstoff:* -es Wasser.

Sau|er|stoff|ar|mut, die: *Eigenschaft, sauerstoffarm zu sein.*

Sau|er|stoff|be|hand|lung, die (Med.): *Sauerstofftherapie.*

Sau|er|stoff|fla|sche, die: *Flasche aus Stahl zur Aufbewahrung flüssigen Sauerstoffs.*

Sau|er|stoff|ge|rät, das: *Atem[schutz]gerät, das durch künstliche Sauerstoffzufuhr den Aufenthalt in einer Umgebung gestattet, die Sauerstoff nur in für die Atmung unzureichender Menge bietet.*

sau|er|stoff|hal|tig ⟨Adj.⟩: *Sauerstoff enthaltend:* der Planet hat eine -e Atmosphäre.

Sau|er|stoff|man|gel, der ⟨o. Pl.⟩: *Mangel an Sauerstoff:* ein S. im Blut, im Zellgewebe; die Fische sind infolge -s verendet.

Sau|er|stoff|mas|ke, die: *Atemmaske zum Einatmen von Sauerstoff.*

sau|er|stoff|reich ⟨Adj.⟩: *reich an Sauerstoff:* -es Wasser.

Sau|er|stoff|säu|re, die (Chemie): *anorganische Säure, die Sauerstoff enthält.*

Sau|er|stoff|the|ra|pie, die (Med.): *Behandlung* (3a), *bei der dem Organismus künstlich Sauerstoff zugeführt wird.*

Sau|er|stoff|ver|sor|gung, die ⟨o. Pl.⟩: *Versorgung mit Sauerstoff:* die S. des Organismus.

Sau|er|stoff|zelt, das (Med.): *zeltähnlicher Aufbau aus Kunststoff über dem Bett eines Patienten, unter dem dem Patienten mit Sauerstoff angereicherte Atemluft zugeführt wird.*

Sau|er|stoff|zu|fuhr, die: *Zufuhr von Sauerstoff.*

sau|er|süß [auch: ˈ– –ˈ–] ⟨Adj.⟩: **1.** *säuerlich u. süß zugleich [schmeckend]:* -e Gurken; s. eingemachte Kürbisse. **2.** (ugs.) *freundlich, aber dabei missgestimmt:* eine -e Miene.

Sau|er|teig, der [spätmhd. sūwerteic]: *durch Zusatz von Mehl u. Wasser in fortlaufender Gärung gehaltener Teig, der dem Brotteig als Mittel zur Gärung u. Lockerung zugesetzt wird.*

Sau|er|topf, der [urspr. = Gefäß, in dem die sauer gewordenen Weinreste für die Essigherstellung aufbewahrt wurden] (ugs. abwertend): *humorloser Mensch mit vorwurfsvoll-missvergnügter Miene:* lasst euch doch von dem alten S. nicht die gute Laune verderben.

sau|er|töp|fisch ⟨Adj.⟩ (ugs. abwertend): *missvergnügt u. humorlos; griesgrämig:* warum guckst du denn so s.?

Säu|e|rung, die; -, -en ⟨Pl. selten⟩: *das Säuern.*

Sau|er|was|ser, das ⟨Pl. ...wässer⟩: *Sauerbrunnen.*

Sauf|abend, der (salopp, oft abwertend): *geselliges Beisammensein am Abend, bei dem viel Alkohol getrunken wird:* sich zu einem S. treffen.

Sauf|aus, der; -, - (veraltend): *Trunkenbold.*

Sauf|bold, der [zum 2. Bestandteil vgl. Witzbold] (salopp abwertend): *Trunkenbold.*

Sauf|bru|der, der (salopp, oft abwertend): *Saufkumpan.*

sau|fen ⟨st. V.; hat⟩ [mhd. sūfen, ahd. sūfan, eigtl. = schlürfen, saugen, ausquetschen]: **1. a)** *(bes. von größeren Tieren) Flüssigkeit zu sich nehmen:* die Pferde müssen s.; **b)** (salopp) *trinken:* du säufst ja schon wieder!; aus der Flasche s.; **c)** (salopp abwertend) *in großen, gierigen Schlucken od. geräuschvoll, in unkultivierter Weise größere Mengen Flüssigkeit trinken:* tierisch, wie der säuft! **2. a)** *(bes. von größeren Tieren) als Flüssigkeit zu sich nehmen:* bei der Hitze saufen die Tiere mindestens zehn Liter am Tag; **b)** (salopp) *als Getränk zu sich nehmen:* was säufst du denn da?; das Zeug könnte ich den ganzen Tag s.; du säufst zu viel Cola; **c)** *durch Saufen in einen bestimmten Zustand bringen:* der Hund hat den Napf leer gesoffen. **3. a)** (salopp) *Alkohol trinken:* die saufen schon wieder; **b)** (salopp) *(Alkohol) als Getränk zu sich nehmen:* Bier, Schnaps, Wein, Sekt s.; ***einen s.** *(ein alkoholisches Getränk zu sich nehmen);* **c)** ⟨s. + sich⟩ (salopp) *sich durch viel Alkoholgenuss in einen bestimmten Zustand bringen:* sich dumm, arm, krank, zu Tode, um den Verstand s.; **d)** (salopp) *gewohnheitsmäßig Alkohol trinken, alkoholsüchtig sein:* seine Frau säuft.

Säu|fer, der; -s, - (salopp abwertend): *Trinker.*

Sau|fe|rei, die; -, -en (salopp abwertend): *Trinkerei* (1, 2, 3).

Säu|fe|rin, die; -, -nen (salopp abwertend): w. Form zu ↑Säufer.

Säu|fer|le|ber, die (ugs.): *durch übermäßigen Alkoholkonsum hervorgerufene Leberzirrhose.*

Säu|fer|na|se, die (ugs.): *von übermäßigem Alkoholkonsum knollig verdickte, blaurote Nase.*

Säu|fer|wahn, der (Med.): *Delirium tremens.*

Säu|fer|wahn|sinn, der: *Säuferwahn.*

Sauf|ge|la|ge, das (salopp, oft abwertend): *Trinkgelage.*

Sauf|kum|pan, der (salopp, oft abwertend): *Bekannter, mit dem man öfter gemeinsam trinkt* (3a), *trinken* (3a) *geht.*

Sauf|kum|pa|nin, die: w. Form zu ↑Saufkumpan.

Sauf|or|gie, die (salopp, oft abwertend): *Saufgelage.*

Sau|fraß, der (derb emotional abwertend): *schlechtes Essen.*

sau|frech ⟨Adj.⟩ (salopp emotional abwertend): *sehr frech.*

säufst, säuft: ↑saufen.

Sauf|tour, die (salopp): *Zechtour.*

Saug|boh|ner, der: *Gerät zum Staubsaugen u. Bohnern.*

sau|gen ⟨sw./st. V.; hat⟩ [mhd. sūgen, ahd. sūgan, verw. mit ↑saufen]: **1.** ⟨sw. u. st. V.⟩ **a)** *(Flüssiges) mit dem Mund unter Anspannung der Mundmuskulatur, mit dem Rüssel in sich hineinziehen, in sich aufnehmen:* Saft aus einer Apfelsine s.; etw. durch einen Strohhalm s.; Mücken, Flöhe, Zecken, Blutegel saugen Blut; die Bienen saugen Nektar aus den Blüten; ⟨auch o. Akk.-Obj.:⟩ das Baby saugt [an der Mutterbrust]; Ü die Bäume saugen Wasser aus dem Boden; aus etw. neue Kraft s.; **b)** *unter Anspannung der Mundmuskulatur mit dem Mund, den Lippen an etw. ziehen:* an der Zigarette, an der Pfeife s.; die Kleine saugt noch am Daumen. **2.** ⟨sw. V.⟩ **a)** *mit einem Staubsauger reinigen:* den Teppich, die Couch, das Wohnzimmer s.; ⟨auch o. Akk.-Obj.:⟩ hast du nebenan schon gesaugt?; **b)** *mit einem technischen Gerät absaugen, entfernen:* Zement, Getreide aus den Lastkähnen s.; die Luft aus einem Gefäß s.; das Wasser wird mit einer Pumpe nach oben gesaugt; Staub s. *(mit einem Staubsauger Fußböden, Teppiche, Polstermöbel u. Ä. reinigen).* **3.** ⟨s. + sich; sw. u. st. V.⟩ *(Flüssigkeit) in sich aufnehmen, in sich hineinziehen:* der Schwamm hat sich voll Wasser gesaugt; das Löschblatt sog sich voll Tinte.

säu|gen ⟨sw. V.; hat⟩ [mhd. söugen, ahd. sougen, Kausativ zu ↑saugen u. eigtl. = saugen machen od. lassen]: *(einen Säugling od. ein Jungtier an der Brust bzw. an Euter od. Zitzen der Mutter) saugend trinken lassen u. auf diese Weise nähren:* die Kuh säugt ihr Kalb.

Sau|ger, der; -s, -: **1. a)** *in Nachahmung der mütterlichen Brustwarze geformter, mit einem feinen Loch versehener Gummiaufsatz auf einer Flasche, durch den Säuglinge u. Kleinkinder Milch aus der Flasche saugen;* **b)** *Schnuller* (a). **2.** (ugs.) *Staubsauger.*

Säu|ger, der; -s, - (Zool.): *Säugetier.*

Säu|ge|tier, das: *Tier einer der Arten, bei denen die Jungen von den Muttertieren gesäugt werden:* der Blauwal ist ein S.; Fledermäuse sind -e.

saug|fä|hig ⟨Adj.⟩: *gut geeignet, Feuchtigkeit in sich aufzunehmen:* ein sehr -es Material, Papier.

Saug|fä|hig|keit, die ⟨o. Pl.⟩: *Eigenschaft, saugfähig zu sein.*

Saug|fla|sche, die: *Flasche mit aufgesetztem Sauger* (1 a).

Saug|glo|cke, die: **1.** *glockenförmiges Gerät, mit dem bei schwierigen Entbindungen das Kind mittels eines Vakuums aus dem Mutterleib herausgeholt wird.* **2.** *mit einem hölzernen Stiel versehene Halbkugel aus Gummi, mit der über einem verstopften Abfluss ein Vakuum erzeugt wird, um Verstopfungen zu beseitigen.*

Saug|kraft, die ⟨Pl. selten⟩: *Kraft, mit der etw. an- od. abgesaugt wird.*

Säug|ling, der; -s, -e [spätmhd. sügelinc]: **a)** *Kind, das noch an der Brust der Mutter od. mit der Flasche genährt wird:* sie war schon als S. blond; **b)** *Kind im ersten Lebensjahr.*

Säug|lings|al|ter, das ⟨o. Pl.⟩: *Lebensalter des Säuglings* (b).

Säug|lings|aus|stat|tung, die: *Babyausstattung.*

Säug|lings|er|näh|rung, die: *Ernährung von Säuglingen.*

Säug|lings|heim, das: vgl. Kinderheim.

Säug|lings|nah|rung, die: *Nahrung für Säuglinge.*

Säug|lings|pfle|ge, die: *Pflege* (a) *des Säuglings.*

Säug|lings|schwes|ter, die: *auf die Säuglingspflege spezialisierte Krankenschwester.*

Säug|lings|schwim|men, das; -s: *Schwimmunterricht für Säuglinge.*

Säug|lings|sterb|lich|keit, die: vgl. Kindersterblichkeit.

Säug|lings|waa|ge, die: *Waage zum Wiegen von Säuglingen.*

Säug|lings|zim|mer, das: *(auf der Entbindungsstation eines Krankenhauses) Zimmer, in dem die neugeborenen Kinder untergebracht werden.*

Saug|napf, der (Zool.): vgl. Saugorgan.

Saug|or|gan, das (Zool.): *zum Ansaugen od. Sichfestsaugen dienendes Organ bestimmter Tiere.*

Saug|pum|pe, die: *Pumpe zum An-, Absaugen von etw.*

Saug|re|flex, der (Med.): *reflektorisches Saugen bei Säuglingen.*

Saug|rohr, das: *Pipette.*

Saug|rüs|sel, der: **1.** (Zool.) *(bei bestimmten Insekten) Rüssel zum Aufsaugen von Nahrung.* **2.** (Technik) *Vorrichtung an der Zapfpistole einer Tanksäule, die das Austreten gesundheitsschädlicher Dämpfe verhindert.*

Saug|wir|kung, die: *Wirkung, die darin besteht, dass etwas angesaugt wird.*

Sau|hau|fen, der (derb abwertend): *Gruppe von Menschen, die einen ungeordneten Eindruck macht.*

Sau|hund, der (derb abwertend): *gemeiner Kerl.*

sau|igeln ⟨sw. V.; hat⟩ (derb abwertend): *schweinigeln.*

säu|isch ⟨Adj.⟩ [spätmhd. seuwisch]: **1.** (derb abwertend) *gegen den Anstand verstoßend:* -e Geschichten, Witze. **2.** (salopp emotional verstärkend) **a)** *besonders stark, groß:* eine -e Kälte; er hat ein -es Glück gehabt; **b)** ⟨intensivierend bei Adjektiven u. Verben⟩ *sehr:* etw. s. schön finden; mein Knie tut s. weh.

Sau|jagd, die (Jägerspr.): *Jagd auf Wildschweine.*

sau|kalt ⟨Adj.⟩ (ugs. emotional verstärkend): *sehr kalt:* das Wasser war s.; es ist s.

Sau|käl|te, die (ugs. emotional verstärkend): *große Kälte:* draußen ist eine S.

Sau|kerl, der (derb abwertend): *Sauhund.*

Sau|klaue, die (salopp abwertend): *sehr schlechte, schlecht lesbare Handschrift:* er hat eine S.

Sau|la|den, der (salopp abwertend): *schlecht geführtes Geschäft, schlecht geführter Betrieb.*

Säul|chen, das; -s, -: Vkl. zu ↑Säule (1).

Säu|le, die; -, -n [mhd. sūl, ahd. sūl, im Ablaut zu got. sauls = Säule, H. u.; die nhd. Form hat sich aus dem mhd. Pl. siule entwickelt]: **1. a)** *walzenförmige [sich nach oben leicht verjüngende], meist aus Basis, Schaft u. Kapitell bestehende senkrechte Stütze eines Bauwerks, die aber auch frei stehend dekorativen Zwecken dienen kann:* eine dicke, schlanke, kannelierte, steinerne S.; -n aus Marmor; eine dorische, ionische, korinthische S.; er stand da wie eine S. *(fest u. unbeweglich);* der Balkon ruht auf -n, wird von -n getragen, gestützt; der Eingang war von -n flankiert; Ü quadratische S. (Math.; *Quader mit quadratischer Grundfläche);* **b)** *etwas, worauf sich ein größeres Ganzes gründet u. ohne das es keinen Bestand haben könnte:* er zählte zu den -en der Gesellschaft, der Mannschaft, des Kabinetts, der Opposition. **2.** kurz für ↑Zapfsäule: an welcher S. haben Sie getankt? **3.** kurz für ↑Marschsäule. **4.** kurz für ↑Quecksilbersäule, ↑Wassersäule, ↑Luftsäule.

Säu|len|ba|si|li|ka, die (Archit.): *Basilika, die Säulen als Stützen hat.*

Säu|len|ba|sis, die (Archit.): *Basis* (2) *einer Säule.*

Säu|len|di|a|gramm, das: *Diagramm in Form nebeneinander gestellter unterschiedlich hoher Rechtecke od. Quader zur Veranschaulichung von Größenverhältnissen.*

Säu|len|gang, der: *überdachter Gang zwischen zwei Säulenreihen.*

Säu|len|hal|le, die: *von Säulen getragene Wandelhalle, Vorhalle.*

Säu|len|hei|li|ge, der (christl. Rel.): *(in der Ostkirche bes. vom 5. bis ins 10./11. Jh.) in äußerster Askese auf einer kleinen Plattform auf einer Säule lebender Einsiedler; Stylit.*

Säu|len|kak|tus, der: *hoher, meist unverzweigter Kaktus mit stark gerippten Trieben u. großen, langen, bei Nacht sich entfaltenden Blüten.*

Säu|len|ka|pi|tell, das (Archit.): *Kapitell einer Säule.*

Säu|len|ord|nung, die (Archit.): *bestimmte Proportionen der Säulen (bes. im vertikalen Aufbau des antiken Tempels):* die dorische S.

Säu|len|schaft, der (Archit.): *langer Mittelteil einer Säule zwischen Basis u. Kapitell.*

Säu|len|vor|bau, der: *Portikus.*

Sau|lus, der; -: in der Wendung **vom S. zum Paulus werden** o. Ä. *(seine bisherige, falsche Einstellung zu etw. Bestimmtem in einem tief greifenden Sinneswandel zugunsten einer ganz entgegengesetzten, richtigen Einstellung überwinden;* nach Apg. 9, 1 ff., wo über die Bekehrung des Saulus – des späteren Apostels Paulus – berichtet wird).

Saum, der; -[e]s, Säume [mhd., ahd. soum, zu mhd., ahd. siuwen = nähen (vgl. engl. to sew = nähen)]: **1.** *nach der Innenseite [doppelt] umgeschlagener u. dort angenähter Stoffrand eines Kleidungs-, Wäschestücks, durch den ein Ausfransen verhindert werden soll:* ein breiter, schmaler S.; der S. des Rocks, Ärmels; den S. abstecken, umlegen, bügeln, heften, nähen, auftrennen, auslassen. **2.** (geh.) *Rand [einer Fläche]:* am S. der Wiese, des Waldes.

Sau|ma|gen, der (Kochk.): *gefüllter* (1 b) *Magen vom Schwein.*

sau|mä|ßig ⟨Adj.⟩ (salopp): **a)** *unheimlich* (2 a): -es Glück, Pech; es ist s. kalt; es regnet s.; **b)** (abwertend) *miserabel* (a, b): die Bezahlung ist s.; wie hast du geschlafen? – Mäßig bis s. (scherzh.; *nicht sehr gut, ziemlich schlecht).*

Säum|chen, das; -s, -: Vkl. zu ↑Saum (1).

[1]säu|men ⟨sw. V.; hat⟩: **1.** *(ein Kleidungs-, Wäschestück) mit einem Saum* (1) *versehen:* einen Rock s.; das Tuch ist an zwei Seiten gesäumt. **2.** (geh.) *sich zu beiden Seiten von etw., rundherum um etw. befinden; sich an etw. entlang hinziehen:* Sträucher, Bäume säumen den Weg; Tausende säumten den Weg des Rosenmontagszuges; ⟨oft im 2. Part.:⟩ ein von Palmen gesäumter Platz.

[2]säu|men ⟨sw. V.; hat⟩ [mhd. sūmen, H. u.] (geh.): *aus Nachlässigkeit od. Trägheit mit der Ausführung von etw. warten; sich bei etw. zu lange aufhalten:* du darfst nicht länger s.; sie kamen, ohne zu s.; ⟨subst.:⟩ sie machten sich ohne Säumen auf den Weg.

Säu|mer, der; -s, -: *zusätzliches Teil einer Nähmaschine zum [1]Säumen* (1).

säu|mig ⟨Adj.⟩ [mhd. sūmic, ahd. sūmig] (meist geh.): *aus Nachlässigkeit etw. nicht termingerecht ausführend, sich mit etw. zu lange Zeit lassend:* ein -er Zahler; bei der Arbeit s. sein.

Säu|mig|keit, die; - (geh.): *das Säumigsein, säumige Art.*

Saum|naht, die: *Naht* (1 a), *mit der der Saum* (1) *festgenäht ist.*

Säum|nis, die; -, -se od. das; -ses, -se [mhd. sūmnisse]: **1.** (geh.) *das Säumen:* etw. ohne S. erledigen. **2. a)** (Rechtsspr.) *Versäumung eines gerichtlichen Termins zur mündlichen Verhandlung;* **b)** (geh.) *Versäumnis.*

Säum|nis|zu|schlag, der: *Zuschlag, der auf verspätet abgeführte Steuern erhoben wird.*

Saum|pfad, der [zu veraltet Saum = Last]: *Weg im Gebirge für Lasttiere.*

saum|se|lig ⟨Adj.⟩ [mhd. sūmeselic] (geh.): *bei der Ausführung von etw. recht langsam, sich Zeit lassend:* ein -er Mensch; er ist, arbeitet sehr s.

Saum|se|lig|keit, die; - (geh.): *das Saumseligsein, saumselige Art.*

Saum|tier, das [zu veraltet Saum = Last]: *im Gebirge eingesetztes Lasttier.*

Sau|na, die; -, -s u. ...nen [finn. sauna, eigtl. = Schwitzstube]: **1.** *dem Schwitzen dienender Aufenthalt in der die meiste Zeit trockenen Hitze einer Sauna* (2 a), *während dessen von Zeit zu Zeit Wasser zum Verdampfen gebracht wird, indem man es über heiße Steine gießt:* S. ist gut gegen Kreislaufbeschwerden. **2. a)** *[in einem kleinen Holzhäuschen untergebrachter] für Saunabäder bestimmter Raum mit hölzernen od. holzverkleideten Wänden:* die S. einheizen; **b)** *öffentliche od. kommerzielle Einrichtung, in der man gegen ein Entgelt Saunabäder nehmen kann:* eine städtische S.; regelmäßig in die S. gehen.

Sau|na|bad, das: *Sauna* (1): regelmäßige Saunabäder; ein S. nehmen.

sau|nen, sau|nie|ren, ⟨sw. V.; hat⟩: *ein Saunabad nehmen.*

Säu|re, die; -, -n [mhd. s(i)ure, ahd. sūri, zu ↑sauer]: **1.** ⟨o. Pl.⟩ *saure Beschaffenheit:* die S. des Apfels, Weins. **2.** (Chemie) *chemische Verbindung, die in wässriger Lösung Wasserstoffionen abgibt, mit Basen Salze bildet, blaues Lackmuspapier rot färbt u. einen mehr od. weniger sauren Geschmack hat:* eine ätzende S.; die S. zerstört das Gewebe; der Wein enthält kaum S.; er hat zu viel S. *(Magensäure);* salpet[e]rige S. *(vom dreiwertigen Stickstoff abgeleitete Sauerstoffsäure, die nur in kalten, verdünnten wässrigen Lösungen beständig ist).*

säu|re|arm ⟨Adj.⟩: *arm an Säure* (2): ein -er Wein.

säu|re|be|stän|dig ⟨Adj.⟩: *säurefest:* -er Stahl; das Material muss s. sein.

säu|re|fest ⟨Adj.⟩: *unempfindlich, widerstandsfähig gegenüber Säure:* -e Keramik.

säu|re|frei ⟨Adj.⟩: *keine Säure enthaltend.*

Säu|re|ge|halt, der: *Gehalt an Säure.*

Säu|re|grad, der: *Grad der Konzentration einer Säure.*

Sau|re-Gur|ken-Zeit, (auch:) **Sau|re|gur|ken|zeit,** die; -, -en [urspr. in der berlin. Kaufmannsspr. Bez. für die Zeit des Hochsommers, in der die Gurken reifen u. eingelegt werden, in der Ferien sind u. der Geschäftsbetrieb nicht allzu groß ist] (ugs. scherzh.): *Zeit im Ablauf des Jahres, in der es regelmäßig an geschäftlicher, politischer, kultureller o. ä. Aktivität fehlt, in der sich saisonbedingt auf einem bestimmten Gebiet kaum etwas ereignet:* wie jedes Jahr zur S. berichten die Zeitungen heute darüber, dass »Nessie« mal wieder gesichtet worden sein soll.

säu|re|hal|tig ⟨Adj.⟩: *Säure enthaltend:* der Wein ist sehr s.

Säu|re|man|gel, der: *Mangel an Säure (z. B. an Magensäure).*

Säu|re|mes|ser, der: *Gerät zum Messen des pH-Werts einer Lösung.*

Säu|re|rest, der (Chemie): *nach Abspaltung des in einer Säure gebundenen Wasserstoffs bleibender Rest.*

Säu|re|schutz|an|zug, der: *beim Umgang mit stark ätzenden Säuren getragener Schutzanzug.*

Säu|re|über|schuss, der: vgl. Säuremangel.

Säu|re|we|cker, der: **1.** (Physiol.) *die Bildung von Magensäure anregender Stoff:* Alkohol ist ein S. **2.** (Molkereiwesen) *Reinkultur* (3) *von Milchsäurebakterien, die für die Herstellung von Butter zum Rahm hinzugefügt werden u. ihm den notwendigen Säuregrad geben.*

Sau|ri|er, der; -s, - [zu griech. saũros = Eidechse]: *ausgestorbenes, sehr großes, räuberisches bzw. Pflanzen fressendes Reptil des Mesozoikums.*

Saus: in der Fügung **in S. und Braus** *(prassend, ohne irgendwelche materiellen Einschränkungen;* mhd. sūs = das Sausen, Brausen [zu ↑sausen]; mhd. brūs = Lärm [zu ↑brausen]): in S. und Braus leben; ein Leben in S. und Braus.

Sau|se, die; -, -n [zu ↑sausen] (salopp): **a)** *Feier mit großem Alkoholkonsum:* eine große S. veranstalten; **b)** *Zechtour:* eine [richtige] S. machen.

säu|seln ⟨sw. V.; hat⟩ [verkleinernde Weiterbildung zu ↑sausen, eigtl. = ein wenig sausen]: **1.** *[wie] durch eine leichte Bewegung der Luft ein leises Geräusch von sich geben* ⟨hat⟩: der Wind säuselt in den Zweigen; die Blätter, Bäume säuseln [im Wind]; ⟨auch unpers.:⟩ es säuselt in den Zweigen. **2.** (iron.) *mit [verstellter] leiser Stimme etw. zu jmdm. sagen* ⟨hat⟩. **3.** *sich [mit säuselndem Geräusch] sacht, gleitend fortbewegen, irgendwohin bewegen* ⟨ist⟩: Blätter säuseln zur Erde.

sau|sen ⟨sw. V.⟩ [mhd. sūsen, ahd. sūsōn, lautm.]: **1.** *ein anhaltend starkes, scharfes od. gleichmäßig an- und abschwellendes Geräusch wie bei einer Reibung von sich geben* ⟨hat⟩: der Wind sauste [im Kamin]; das Blut sauste ihm in den Ohren; ⟨auch unpers.:⟩ es sauste in seinem Ohr; ⟨subst.:⟩ das Sausen des Windes. **2.** *sich [mit sausendem* (1) *Geräusch] sehr schnell fortbewegen, irgendwohin bewegen* ⟨ist⟩: die Mutter sauste in die Küche; er sauste mit dem Fahrrad um die Ecke; mit dem Auto durch die Stadt s.; die Peitsche sauste auf den Rücken der Pferde; * **jmdn. s. lassen** (ugs.; *sich von jmdm., um dessen Freundschaft, Zuneigung, Partnerschaft o. Ä. man bemüht war, abwenden):* lass ihn sausen, er ist sowieso nicht der Richtige für dich!; **etw. s. lassen** (ugs.; *auf etw. verzichten; aufgeben; nicht weiter betreiben od. verfolgen):* eine Party s. lassen; eine Verabredung s. lassen. **3.** (salopp) *rasseln* (2 b): er ist durchs Examen, durchs Abitur gesaust. **4.** (landsch.) *(von Most, Federweißem) stark gären, schäumen:* der Most fängt schon an zu s.

sau|sen las|sen: s. sausen (2).

Sau|ser, der; -s, - [zu ↑sausen (4)] (landsch.): *Federweißer.*

Sau|se|schritt, der: in der Fügung **im S.** (ugs. scherzh.; *erstaunlich rasch [u. flüchtig, bei nichts länger verweilend];* nach Wilhelm Busch, Julchen: Eins, zwei, drei! Im S. läuft die Zeit, wir laufen mit): wir nähern uns im S. der Jahrtausendwende.

Sau|se|wind, der: **1.** (Kinderspr.) *starker Wind.* **2.** (ugs. scherzh.) *unsteter, sehr lebhafter Mensch.*

Sau|stall, der: **1.** *Stall für Säue, Schweine.* **2.** (salopp abwertend) **a)** *sehr unordentliches, verschmutztes Zimmer o. Ä.:* in diesem S. kön-

S

nen wir keinen Besuch empfangen; **b)** *Sauladen:* in dem S. geht alles drunter und drüber; **c)** *große Unordnung, großes Durcheinander; unhaltbare Zustände:* mach mir hier bloß keinen S.!

Sau|ternes [so'tɛrn], der; -, - [...ns] [nach dem frz. Ort Sauternes]: *fruchtiger, süßer französischer Weißwein.*

sau|tie|ren [zo...] ⟨sw. V.; hat⟩ [frz. (faire) sauter, eigtl. = (in der Pfanne) springen machen < lat. saltare = tanzen, springen] (Kochk.): **a)** *kurz in der Pfanne braten;* **b)** *(bereits gebratene Stücke Fleisch od. Fisch) kurz in frischem, heißem Fett schwenken.*

Sau|wet|ter, das ⟨o. Pl.⟩ (salopp abwertend): *besonders unangenehmes, bes. nasses u. kaltes Wetter.*

sau|wohl ⟨Adv.⟩ (salopp): meist in der Verbindung **sich s. fühlen** *(sich besonders wohl fühlen).*

Sau|wut, die (salopp): *große Wut:* ich hab eine S.!

Sa|van|ne, die; -, -n [span. sabana < Taino (Indianerspr. der Karibik) zavana]: *tropisches Grasland mit einzeln od. in lockeren Gruppen stehenden Bäumen u. Sträuchern:* eine endlose S.

Sa|ve, die; -: rechter Nebenfluss der Donau.

Sa|voir-vi|vre [savwar'vi:vr], das; - [frz. savoir-vivre, eigtl. = das Zu-leben-Wissen] (bildungsspr.): *die Kunst, das Leben zu genießen.*

Sa|vo|yar|de, der; -n, -n: Ew.

Sa|vo|yar|din, die; -, -nen: w. Form zu ↑Savoyarde.

Sa|voy|en; -s: historische Provinz in Ostfrankreich.

[1]Sa|voy|er, der; -s, -: Ew.

[2]Sa|voy|er ⟨indekl. Adj.⟩: die S. Alpen.

Sa|voy|e|rin, die; -, -nen: w. Form zu ↑[1]Savoyer.

sa|voy|isch ⟨Adj.⟩: *Savoyen, die Savoyer betreffend; von den Savoyern stammend, zu ihnen gehörend.*

Sax|horn, das [vgl. Saxophon] (Musik): *dem [2]Kornett ähnliches Horn (3) mit Ventilen statt Klappen.*

Sa|xo|phon, das; -s, -e [nach dem belgischen Instrumentenbauer A. Sax (1814–1894); 2. Bestandteil zu griech. phōnḗ, ↑Phon]: *metallenes, weich klingendes Blasinstrument mit klarinettenartigem Mundstück u. stark konisch geformtem Rohr, das in einen nach oben gebogenen Schalltrichter ausläuft.*

Sa|xo|pho|nist, der; -en, -en: *jmd., der [berufsmäßig] Saxophon spielt.*

Sa|xo|pho|nis|tin, die; -, -nen: w. Form zu ↑Saxophonist.

Sä|zeit, die (seltener): *Saatzeit.*

sb = Stilb.

Sb = Stibium.

SB = Selbstbedienung.

S-Bahn ['ɛs-], die [kurz für: Schnellbahn, Stadtbahn]: *elektrisch betriebene, auf Schienen laufende Schnellbahn für den Personenverkehr in Großstädten u. Ballungsgebieten.*

S-Bahn|hof, der: *Bahnhof der S-Bahn.*

S-Bahn-Sta|ti|on, die: vgl. S-Bahnhof.

S-Bahn-Sur|fen, das (ugs.): *aus Übermut betriebenes waghalsiges Mitfahren auf dem Dach od. an einer Außenseite eines S-Bahn-Wagens.*

S-Bahn-Wa|gen, der: *Wagen der S-Bahn.*

SBB = Schweizerische Bundesbahnen.

s. Br., südl. Br. = südlicher Breite.

Sbrinz, der; -[es] [nach dem Schweizer Ort Brienz (Kanton Bern)]: *[Schweizer] Hartkäse mit kleinen Löchern.*

Sc = Scandium.

sc. = sculpsit; scilicet.

Sca|ling ['skeɪlɪŋ], das; -s [engl. scaling, zu: to scale = abstufen; maßstabsgerecht anfertigen]: *das Vergrößern od. Verkleinern von [Bild]vorlagen vor einer Verwendung in Prospekten od. Anzeigen.*

Scam|pi ⟨Pl.⟩ [ital. (venez.) scampi (Pl.) < griech. (hippó)kampos = großes Meertier]: ital. Bez. für *kleine Krebse einer bestimmten Art.*

Scan|di|um, das; -s [nach Scandia = nlat. Name für Skandinavien; das Element wurde von dem schwed. Chemiker L. F. Nilson (1840–1899) entdeckt]: *silberweißes Leichtmetall* (chemisches Element; Zeichen: Sc).

scan|nen ['skɛnən] ⟨sw. V.; hat⟩ [engl. to scan = abtasten, rastern; skandieren < lat. scandere, ↑skandieren] (Fachspr.): *mit einem Scanner abtasten:* Dokumente s.

Scan|ner ['skɛnɐ], der; -s, - [engl. scanner, zu: to scan, ↑scannen] (Fachspr.): *Gerät, das ein zu untersuchendes Objekt (z. B. den menschlichen Körper od. eine Kopiervorlage) mit einem Licht- od. Elektronenstrahl punkt- bzw. zeilenweise abtastet [u. die erhaltenen Messwerte weiterverarbeitet]; Bildabtaster:* ein S. mit hoher Auflösung; Fotos mit dem S. einlesen.

Scan|ner|kas|se, die: *mit einem Scanner zum [1]Einlesen (2) von Preisen und anderen Daten ausgestattete elektronische Kasse (2 a).*

Scan|ning ['skɛnɪŋ], das; -[s], -s [engl. scanning, zu: to scan, ↑scannen] (Fachspr.): *Untersuchung, Abtasten mithilfe eines Scanners.*

Scat [skæt], der; -, -s [engl.-amerik. scat, eigtl. = Knall (lautm.)] (Jazz): *Gesang (1 a), bei dem (statt eines [Lied]textes) Silben gesungen werden, die keine Bedeutung haben (1 b).*

Scat|ge|sang, der ⟨o. Pl.⟩ (Jazz): *Scat:* Louis Armstrong war ein Meister des -s.

Scene [si:n], die; -, -s ⟨Pl. selten⟩ [engl. scene < (m)frz. scène, ↑Szene] (Jargon): **1.** *Örtlichkeit in einer Stadt, wo Verkäufer u. Käufer von Drogen (2 b) zusammentreffen u. ihre Geschäfte abwickeln.* **2.** *Szene* (4): die alternative S.; er sollte als V-Mann in die autonome S. eingeschleust werden.

sch ⟨Interj.⟩: **1.** *ruhig!, still!:* sch, da kommt jemand!; sch *(kein Wort darüber)*, das darf er nicht wissen. **2.** Ausruf, mit dem man jmdn., ein Tier verscheucht: sch, weg da!

Schab|bes, der; -, - [jidd. schabes < hebr. šabbạt, ↑Sabbat] (jidd.): *Sabbat.*

Scha|be, die; -, -n [1: mhd. schabe = Mottenlarve, zu ↑schaben in der Bed. »abkratzen, nagen«; 2: zu ↑schaben]: **1. a)** *abgeplattetes Insekt von brauner Färbung, das in Ritzen u. Spalten lebt (u. in einigen Arten als Pflanzen- u. Vorratsschädling gilt);* **b)** (südd., schweiz.) *Motte.* **2. a)** *Schabmesser* (2); **b)** *Schabeisen* (1).

Schä|be, die; -, -n [spätmhd. schebe] (Gewerbespr.): *bei der Flachs- u. Hanfgewinnung entstehender Abfall aus holzigen Teilchen.*

Scha|be|fleisch, das: *rohes, durch den Fleischwolf gedrehtes, fett- u. sehnenfreies Rindfleisch.*

Schab|ei|sen, das: **1.** *in der Schabkunst gebrauchtes Werkzeug.* **2.** *Schabmesser* (2).

Scha|be|mes|ser, das: *Schabmesser.*

scha|ben ⟨sw. V.; hat⟩ [mhd. schaben, ahd. scaban, urspr. = mit einem scharfen Werkzeug arbeiten, schneiden, spalten, verw. mit ↑schaffen; 4: H. u.]: **1. a)** *etw. säubern, glätten, von einer Schicht befreien, indem man immer wieder mit etw. Scharfem, Rauem fest darüber streicht, fährt:* Möhren s.; Ü sich den Bart s. *(abrasieren);* **b)** *durch Schaben, Raspeln, Reiben o. Ä. zerkleinern:* Sellerie s. **2. a)** *[mit der scharfen, rauen Seite] auf, an etw. entlangfahren u. dabei ein leises, kratzendes Geräusch hervorbringen; an, auf etw. scheuern:* das rechte Vorderrad schabt am Kotflügel; **b)** *reiben, scheuern:* warum schabst du dir dauernd die Backe? **3.** *durch Schaben entfernen:* den Lack vom Brett s.; die Teigreste aus dem Topf s. **4.** ⟨s. + sich⟩ (Jugendspr.) *sich ärgern:* da würde ich mich auch s.

Scha|ber, der; -s, -: *Schabwerkzeug.*

Scha|be|rei, die; -, -en ⟨Pl. selten⟩ (ugs., meist abwertend): *[dauerndes] Schaben.*

Scha|ber|nack, der; -[e]s, -e [mhd. (md.) schabirnack, mniederd. schavernak, H. u.]: **1. a)** *übermütiger Streich:* jmdm. einen S. spielen; der Junge hat nichts als S. im Kopf; **b)** (selten) *Scherz, Spaß:* etw. aus S. tun. **2.** (landsch. scherzh.) *Kind, das [gern] Schabernack treibt.*

schä|big ⟨Adj.⟩ [mhd. schebic, eigtl. = räudig, zu veraltet Schabe, Schäbe = Krätze, Räude, zu ↑schaben (2 b)] (abwertend): **1. a)** *abgenutzt u. daher unansehnlich; ärmlich:* ein alter -er Koffer; der Mantel sieht schon etwas s. aus; **b)** *armselig; gering:* ein -er Rest. **2.** *verächtlich; unredlich, gemein:* ein -er Kerl; eine -e Handlungsweise. **3.** *kleinlich, geizig:* ein -er Mensch; sich [jmdm. gegenüber] s. zeigen.

Schä|big|keit, die; -, -en: **1.** ⟨o. Pl.⟩ *das Schäbigsein.* **2.** *schäbige Handlung, Äußerung.*

Schab|kunst, die ⟨o. Pl.⟩: *grafische Technik, bei der eine aufgeraute Kupferplatte mit einem speziellen Schabwerkzeug bearbeitet wird; Mezzotinto* (a).

Schab|kunst|blatt, das: *in der Schabkunst ausgeführtes grafisches Blatt.*

Scha|blo|ne, die; -, -n [älter: Schablon < mniederd. schampeliōn, schaplūn = Muster, Modell, H. u.]: **1.** *[ausgeschnittene, ausgestanzte] Form, Vorlage zum (beliebig häufigen) Übertragen bestimmter Umrisse, eines Musters, einer Schrift o. Ä.:* mit einer S. arbeiten. **2.** (meist abwertend) *vorgeprägte, starr vorgegebene, hergebrachte Form; Schema, Klischee:* sich nicht an die S. halten; nach einer S. urteilen.

Scha|blo|nen|druck, der: **1.** *Verfahren zur Vervielfältigung, bei dem beschichtetes Seidenpapier mit einer Schreibmaschine ohne Farbband beschrieben u. dann abgezogen wird.* **2.** *Siebdruck.*

scha|blo|nen|haft ⟨Adj.⟩ (meist abwertend): *nach [einer] Schablone (2) [vor sich gehend, gearbeitet, geformt usw.].*

scha|blo|nen|mä|ßig ⟨Adj.⟩ (meist abwertend): *nach Schablone (2) ausgeführt.*

scha|blo|nie|ren ⟨sw. V.; hat⟩: **1.** *nach einer Schablone (1) bearbeiten, herstellen.* **2.** (selten, meist abwertend) *in eine Schablone (2) pressen, zwängen.*

scha|blo|ni|sie|ren ⟨sw. V.; hat⟩: **1.** *schablonieren* (1). **2.** (meist abwertend) *in eine Schablone (2) pressen:* die Menschen s.; ⟨auch o. Akk.-Obj.:⟩ gedankenlos s.

Schab|mes|ser, das: **1.** *Schabeisen* (1). **2.** *mit zwei Handgriffen versehenes, scharfkantiges Schabwerkzeug zur Bearbeitung von Holz od. Leder.* **3.** *altsteinzeitliches Schabwerkzeug.*

Scha|bra|cke, die; -, -n [H. u., viell. < älter ung. csábrák = Pferde-, Satteldecke od. über das Ung. < türk. çaprak = Satteldecke; 3: wohl nach der übertragenen Verwendung im Sinne von »Kleidung, Rock«]: **1. a)** *verzierte Decke, die unter den Sattel gelegt bzw. über das Pferd gebreitet wird;* **b)** (Jägerspr.) *(bei bestimmten Tieren) sich durch helle Färbung abhebender Teil der Flanken u. des Rückens.* **2. a)** *übergelegte, überhängende Zier- u. Schutzdecke (bes. für Polstermöbel);* **b)** *Behang od. mit Stoff bezogene Verkleidung quer über Fenstern.* **3.** (salopp abwertend) **a)** *altes Pferd:* auf der S. soll ich reiten?; **b)** *alte [hässliche] Frau;* **c)** *alte, abgenutzte Sache.*

Schab|sel, das; -s, - [zu ↑schaben]: *abgeschabtes Teilchen.*

Schab|tech|nik, die: *grafische Technik, bei der die weiße Grundierschicht eines dunkel überstrichenen Papiers durch Schaben od. Ritzen mit speziellen Werkzeugen (Schaber, Stichel o. Ä.) stellenweise freigelegt wird.*

Schab|werk|zeug, das: *Werkzeug zum Schaben.*

Schab|zi[e]|ger, der [der Käse wird in getrocknetem Zustand zerrieben (»geschabt«) u. zum Würzen benutzt]: *(in Kegelform hergestellter) harter [Schweizer] Kräuterkäse.*

Schach, das; -s, -s [mhd. schāch, zu arab. šāh māta, ↑schachmatt]: **1.** ⟨o. Pl.⟩ *Brettspiel für zwei Personen, die mit je sechzehn schwarzen bzw. weißen Schachfiguren (von unterschiedlichem Wert u. mit unterschiedlicher Funktion) abwechselnd ziehen mit dem Ziel, den gegnerischen König matt zu setzen:* S. spielen; eine Partie S. [mit jmdm.] spielen. **2.** (Schachspiel) *unmittelbare Bedrohung des Königs durch eine Schachstellung:* wenn du den Bauern ziehst, droht [hier] S.; S. [an]sagen; die weiße Dame bietet S.; der weiße König, Weiß steht im S., ist im S.; den König aus dem S. ziehen; * **S. und matt!** (↑matt 4); **jmdm., einer Sache S. bieten**

(geh.; *sich jmdm., einer Sache energisch entgegenstellen*); **jmdn., etw. in S. halten** (ugs.; *jmdn., etw. durch Drohung [mit der Waffe], Druck, energisches Verhalten daran hindern, gefährlich zu werden, Schlimmes anzurichten; jmdn., etw. niederhalten*). **3.** (ugs.) **a)** *Schachspiel* (4); **b)** *Partie Schach.*
Schach|auf|ga|be, die: *Schachproblem.*
Schach|brett, das: *quadratisches Spielbrett mit achtmal acht abwechselnd hellen u. dunklen quadratischen Feldern, auf dem Schach gespielt wird.*
schach|brett|ar|tig ⟨Adj.⟩: *wie ein Schachbrett gemustert, angelegt.*
Schach|brett|mus|ter, das: *schachbrettartiges Muster* (3).
Schach|com|pu|ter, der: *Computer mit eingespeistem Schachprogramm, der Partner in einer Schachpartie sein kann.*
Scha|cher, der; -s [hebr. śạkar = Erwerb, zu: śạkar, ↑schachern] (abwertend): *von Gewinnsucht, von kleinlichem, hartnäckigem Streben nach dem größtmöglichen Vorteil bestimmtes Aushandeln von Preisen, von geschäftlichen Abmachungen.*
Schä|cher, der; -s, - [mhd. schāchære, ahd. scāhāri, zu mhd. schāch, ahd. scāh = Raub, H. u.] (bibl.): *Räuber, Mörder.*
Scha|che|rei, die; -, -en (ugs. abwertend): *[dauerndes] Schachern.*
scha|chern ⟨sw. V.; hat⟩ [aus der Gaunerspr. < hebr. śạkar = Handel treiben] (abwertend): *Schacher treiben:* mit einer Ware, um eine Ware, um den Preis s.; Ü um politische Ämter s.
Schach|fi|gur, die: *Figur des Schachspiels:* kostbare handgeschnitzte -en.
Schach|groß|meis|ter, der: *Großmeister* (3).
Schach|groß|meis|te|rin, die: w. Form zu ↑Schachgroßmeister.
schach|matt ⟨Adj.⟩ [mhd. schāch unde mat, über das Roman. < arab. šāh māta = der König ist tot, zu pers. šāh, ↑Schah]: **1.** (Schachspiel selten) *matt* (4): * **s. sein** (↑matt 4); **jmdn. s. setzen** (↑matt 4). **2.** (fam.) *völlig erschöpft.*
Schach|matt, das; -s, -s ⟨Pl. selten⟩ (Schachspiel selten): *Matt.*
Schach|meis|ter|schaft, die: *Meisterschaft im Schach.*
Schach|olym|pi|a|de, die: *alle zwei Jahre veranstaltetes internationales Schachturnier der Nationalmannschaften.*
Schach|par|tie, die: *Partie* (2) *beim Schachspielen.*
Schach|pro|blem, das (Schachspiel): *Aufgabe für einen einzelnen Schachspieler, die beinhaltet, dass bei vorgegebener Figurenstellung das Matt in einer bestimmten Anzahl von Zügen herbeigeführt werden soll.*
Schach|spiel, das: **1.** ⟨o. Pl.⟩ *Schach* (1): die Faszination des -s. **2.** ⟨o. Pl.⟩ *das Schachspielen.* **3.** *Schachpartie:* ein S. abbrechen. **4.** *Schachbrett u. -figuren.*
Schach|spie|ler, der: **a)** *jmd., der das Schachspiel beherrscht;* **b)** *Spieler einer Schachpartie.*
Schach|spie|le|rin, die: w. Form zu ↑Schachspieler.
Schach|stel|lung, die (Schachspiel): *Stellung der Figuren, bei der einer der beiden Könige im Schach* (2) *steht.*
Schacht, der; -[e]s, Schächte [1: mhd. (ostmd.) schaht, niederd. Form von ↑[1]Schaft (niederd. -ht- steht für hochd. -ft-); vermutlich urspr. = Messstange (für die quadratische Fläche eines Schachts 1 a); 5: mniederd. schacht = (Mess)stange, also eigtl. = Prügel (2) mit einer (Mess)stange, vgl. Schacht (1)]: **1. a)** *künstlich hergestellter, meist senkrecht in die Tiefe, bes. in die Erde, führender langer Hohlraum mit mehr od. weniger gleichmäßiger Weite:* einen S. für den Brunnen ausheben; Ü in den engen S. des Innenhofs drang den ganzen Tag kein einziger Sonnenstrahl; **b)** (Bergbau) *als Grubenbau angelegter senkrechter, seltener schräger Schacht* (1 a): einen S. ausmauern; in den S. einfahren; die Strecke wird über mehrere Schächte bewettert; **c)** (Bergbau) *Anlage eines Schachts.* **2.** (Höhlenkunde) *Höhle od. Teil einer Höhle mit vorwiegend senkrechter Erstreckung:* ein zu einem großen Höhlensystem gehörender S. **3.** (Bauw.) *von allen Seiten von Wänden umschlossener hoher, enger Raum:* der S. des Aufzugs. **4.** (Technik) *einem Schacht* (3) *ähnlicher Hohlraum in Maschinen, technischen Anlagen o. Ä.* **5.** ⟨o. Pl.⟩ (nordd. ugs.) *Prügel:* S. kriegen.
schacht|ar|tig ⟨Adj.⟩: *einem Schacht* (1 a) *ähnlich:* ein -er Hohlraum.
Schach|tel, die; -, -n [spätmhd. schahtel, älter: schattel, scatel < ital. scatola (mlat. scatula), ↑Schatulle, H. u.]: **1.** *zum Verpacken, Aufbewahren von Gegenständen, Waren dienender, verhältnismäßig flacher, dünnwandiger, nicht sehr fester Behälter aus Pappe o. Ä. mit Deckel od. Klappe zum Verschließen:* eine leere S.; eine S. mit vergilbten Fotos; etw. in einer S. aufbewahren; * **alte S.** (salopp abwertend; *alte, ältliche Frau;* schon spätmhd. schattel = weibliche Scham; auch verächtl. = Weib). **2.** *Schachtel* (1) *mit der abgepackten Ware[nmenge], die sie enthält:* eine angebrochene, noch fast volle S.; eine S. Streichhölzer.
Schach|tel|be|tei|li|gung, die (Wirtsch.): **1.** *Beteiligung einer Kapitalgesellschaft an einer anderen Kapitalgesellschaft mit mindestens einem Viertel.* **2.** *Anteil aufgrund einer Schachtelbeteiligung* (1).
Schäch|tel|chen, das; -s, -: Vkl. zu ↑Schachtel (1, 2).
Schach|tel|di|vi|den|de, die (Wirtsch.): *Dividende aufgrund einer Schachtelbeteiligung.*
Schäch|te|lein, Schächtlein, das; -s, -: Vkl. zu ↑Schachtel.
Schach|tel|ge|sell|schaft, die (Wirtsch.): *Kapitalgesellschaft, an der eine andere Kapitalgesellschaft eine Schachtelbeteiligung besitzt.*
Schach|tel|halm, der [1. Bestandteil wahrsch. niederd. Schacht für hochd. Schaft (↑Schacht), wegen der »ineinander geschachtelten« Stängelglieder volksetym. angelehnt an ↑Schachtel]: *(zu den Farnen gehörende) Pflanze mit hohlem Stängel, dessen deutlich ausgeprägte Glieder jeweils an der Basis von schuppenförmigen, teilweise miteinander verwachsenen Blättchen umschlossen sind.*
schach|teln ⟨sw. V.; hat⟩ [zu ↑Schachtel]: *mehrfach ineinander stecken, schieben, fügen:* eins ins andere s.; Ü (EDV:) die Prozedur Q ist in der Prozedur P geschachtelt.
Schach|tel|satz, der: *langer, kompliziert gebauter Satz mit mehrfach untergeordneten Nebensätzen.*
Schach|te|lung, (auch:) Schachtlung, die; -, -en: **1.** ⟨Pl. selten⟩ *das Schachteln.* **2.** *das Geschachteltsein, geschachtelte Anordnung.*
schach|ten ⟨sw. V.; hat⟩ [zu ↑Schacht (1 a)] (seltener): **1.** *eine [Bau]grube o. Ä. ausheben.* **2.** *ausheben* (1 b), *ausschachten* (b): eine Grube s.
schäch|ten ⟨sw. V.; hat⟩ [hebr. šạhaṭ = schlachten]: *gemäß religiöser Vorschrift durch Schnitte in den Hals u. Ausblutenlassen schlachten.*
Schäch|ter, der; -s, -: *jmd., der Tiere schächtet.*
Schach|tisch, der: *kleiner Tisch, dessen Platte ein Schachbrett darstellt.*
Schächt|lein: ↑Schächtelein.
Schacht|lung: ↑Schachtelung.
Schacht|ofen, der (Hüttenw.): *metallurgischer Ofen mit einem schachtartigen Innenraum.*
Schacht|soh|le, die (Bergmannsspr.): *Boden eines Schachts* (1 b).
Schacht|sumpf, der (Bergbau): *unterhalb der tiefsten Sohle einer Grube* (3 a) *gelegenes Ende eines Schachts* (1 b), *in dem sich alles der Grube zufließende [Grund]wasser sammelt.*
Schäch|tung, die; -, -en: *das Schächten.*
Schach|tur|nier, das: *Turnier im Schachspielen.*
Schach|uhr, die (Schachspiel): *Uhr mit zwei Zifferblättern, die bei einer wettkampfmäßigen Schachpartie für jeden der beiden Spieler getrennt die Gesamtzeit misst, die zum Ausführen der Züge u. zum Überlegen benötigt wird.*
Schach|welt|meis|ter, der: *Weltmeister im Schach.*
Schach|welt|meis|te|rin, die: w. Form zu ↑Schachweltmeister.
Schach|welt|meis|ter|schaft, die: *Weltmeisterschaft im Schach.*
Schach|zug, der: **1.** *Zug im Schachspiel.* **2.** *geschickte, diplomatische o. ä. Handlung zur Erreichung eines bestimmten Ziels:* ein kluger, raffinierter S.
Schad|bild, das (Fachspr.): *Gesamtheit der sichtbaren Symptome einer Schädigung (bes. von Pflanzen).*
Schad|chen, das; -s, - [über das Jidd. < aram. šadḳan = Heiratsvermittler] (Gaunerspr.): *Heiratsvermittler[in], Kuppler[in].*
scha|de ⟨Adj.⟩ [mhd. schade, in der Verbindung: schade sīn, eigtl. = ein Schaden sein, ↑Schade]: in den Verbindungen **s. sein** *(bedauerlich, betrüblich sein):* es ist sehr, zu s., dass du nicht kommen kannst; ⟨elliptisch:⟩ o wie s.!; **es ist s. um etw., jmdn.** *(was mit etw., jmdm. geschieht, ist bedauerlich):* es ist s. um die [verschwendete] Zeit; um diese Vase ist es nicht [weiter] s.; ⟨elliptisch:⟩ s. drum!; **zu s. für jmdn., für/(auch:) zu etw. sein** *(zu wertvoll, zu gut für jmdn., für etw. sein):* dieser feine Anzug ist eigentlich viel zu s. für ihn, für diesen Zweck; der Wein ist zum Kochen [eigentlich] zu s.; dafür/dazu ist mir meine Zeit zu s.; **sich ⟨Dativ⟩ zu s. für jmdn., für/(auch:) zu etw. sein** *(sich so hoch einschätzen, dass man jmdn., etw. als zu gering, zu minderwertig nicht in Betracht zieht, nicht akzeptiert):* du bist dir wohl zu s. für diese Arbeit?
Scha|de, der; -ns, Schäden [mhd. schade, ahd. scado; altes Verbalabstraktum zu einem untergegangenen Verb mit der Bed. »schaden« (vgl. got. skaþjan = schaden)]: **1.** (veraltet) *Schaden.* **2.** in der Wendung **es soll, wird dein, sein usw. S. nicht sein** (veraltet; *du wirst, er wird usw. dafür belohnt werden).*
Schä|del, der; -s, - [mhd. schedel = Schädel, H. u.; viell. urspr. = Gefäß (zur möglichen Bedeutungsentwicklung vgl. Kopf)]: **1.** *Skelett des Kopfes* (1). **2.** *Kopf* (1) *[in seiner vom Knochenbau bestimmten Form]:* ein mächtiger S.; dem Opfer wurde der S. zertrümmert; jmdm. eins auf, über den S. geben; * **jmdm. brummt der S.** (↑Kopf 1); **jmdm. raucht der S.** (↑Kopf 1); **einen dicken/harten S. haben** *(einen Dickschädel haben);* **sich ⟨Dativ⟩ [an etw.] den S. einrennen** (↑Kopf 1); **mit dem S. durch die Wand wollen** (↑Kopf 1); **jmdn. vor den S. stoßen** (↑Kopf 1). **3.** *Verstand, Kopf* (3): streng deinen S. mal an!; * **jmdm. nicht aus dem S. gehen/wollen** (↑Kopf 3); **jmdm. nicht in den S. [hinein]gehen/[hinein]wollen** (↑Kopf 3).
Schä|del|ba|sis, die (Med.): *knöcherne Basis des Hirnschädels.*
Schä|del|ba|sis|bruch, der (Med.): *Knochenbruch im Bereich der Schädelbasis.*
Schä|del|bruch, der (Med.): *Bruch eines od. mehrerer Knochen des Hirnschädels.*
Schä|del|dach, das (Med.): *oberer, seitlicher u. hinterer, gewölbter Teil des Hirnschädels.*
Schä|del|de|cke, die (bes. Med.): *Schädeldach.*
Schä|del|form, die: *Form des Schädels.*
Schä|del|frak|tur, die (Med.): *Schädelbruch.*
Schä|del|höh|le, die (Med.): *vom Hirnschädel umschlossener Raum.*
Schä|del|kno|chen, der: *einzelner Knochen des Schädels.*
Schä|del|kult, der (Völkerk.): *(bei manchen Naturvölkern anzutreffender) kultischer Brauch der Aufbewahrung u. magischen Verwendung der Schädel [von Ahnen].*
Schä|del|la|ge, die (Med.): *Kopflage.*
Schä|del|leh|re, die ⟨o. Pl.⟩ (Med.): *Lehre vom Bau, vom Messen u. von den Maßen des menschlichen Schädels; Kraniologie.*
Schä|del|lo|se ⟨Pl.⟩ (Zool.): *zu den Chordaten*

S

gehörende kleine, fischähnliche Tiere ohne Extremitäten u. ohne Schädel.

Schä|del|naht, die (Med.): *nahtähnliche Verbindung zwischen aneinander grenzenden Knochen des Schädeldachs; Sutur.*

Schä|del|stät|te, die ⟨o. Pl.⟩ [nach kirchenlat. golgotha, ↑Golgatha] (bibl.): *Golgatha.*

Schä|del|ver|let|zung, die: vgl. Schädelbruch.

scha|den ⟨sw. V.; hat⟩ [mhd. schaden, ahd. scadōn, zu ↑Schaden]: *schädlich, nachteilig sein, eine Beeinträchtigung, einen Nachteil, Verlust darstellen; Schaden zufügen:* jmdm. geschäftlich s.; jmdm., jmds. Ansehen s.; das Lesen bei schlechtem Licht schadet deinen Augen; damit schadest du dir [nur] selbst; das schadet diesem Geizkragen [gar] nichts (ugs.; *geschieht ihm ganz recht*).

Scha|den, der; -s, Schäden [mhd. schade, ↑Schade; das n der heutigen Nominativform ist aus den obliquen Kasus übernommen]: **1.** ⟨o. Pl.⟩ *etw., was die Gegebenheiten, die bestehende Situation in einer negativen, nicht wünschenswerten Weise verändert:* daraus erwächst dir kein S.; davon hat er weder S. noch Nutzen; davon hättest du mehr S. als Nutzen; den entstandenen S. wieder gutmachen; jmdn. vor S. bewahren; es ist nicht zu seinem S./(geh.:) gereicht ihm nicht zum S. *(ist ganz gut, nützlich für ihn),* wenn er durchhält; **R** es soll, wird dein, sein usw. S. nicht sein (↑Schade 2); **Spr** durch S. wird man klug; *** [an etw.] S. nehmen** (geh.; *[in einer bestimmten Hinsicht] geschädigt, beeinträchtigt werden*): er hat an seiner Gesundheit S. genommen. **2. a)** *teilweise Zerstörung; Beschädigung; Defekt:* seit einigen Jahren zeigen sich solche Schäden auch an den meisten Laubbaumarten; der Motor hat einen S.; ein Beauftragter der Versicherung will den S. begutachten; einen S. beheben; **b)** *körperliche, gesundheitliche Beeinträchtigung:* schwere psychische Schäden; sie hat [von Geburt an] einen S. am Auge; sich einen S. zuziehen; sie konnten ohne S. *(unverletzt)* aus dem brennenden Haus geborgen werden; glücklicherweise ist bei dem Unfall niemand zu S. gekommen *(verletzt worden).* **3.** *durch Verlust od. [teilweise] Zerstörung eines Guts entstandene Einbuße:* ein hoher finanzieller S.; der S. kann noch nicht genau beziffert werden; bei dem Unwetter sind unübersehbare Schäden entstanden; Schäden durch Wildunfälle sind mitversichert; einen S. verursachen; einen S. verhüten; einen S. ersetzen; du hättest den S. *(Schadensfall)* sofort der Versicherung melden sollen; die Versicherung hat den S. *(Schadensfall)* erfreulich schnell reguliert; für einen S. Ersatz leisten; er musste mit S. *(mit Verlust)* verkaufen.

Scha|den|be|gren|zung: ↑Schadensbegrenzung.

Scha|den|be|rech|nung, Schadensberechnung, die (Rechtsspr., Versicherungsw.): *Ermittlung des Betrages, den ein zum Schadenersatz Verpflichteter für einen Schaden* (3) *zu leisten hat.*

Scha|den|be|richt, Schadensbericht, der (Rechtsspr., Versicherungsw.): *Bericht über einen entstandenen Schaden.*

Scha|den|be|sei|ti|gung: ↑Schadensbeseitigung.

Scha|den|er|eig|nis: ↑Schadensereignis.

Scha|den|er|satz, (BGB:) Schadensersatz, der (Versicherungsw.): *für einen Schaden* (3) *zu leistender Ausgleich durch jmdn., der dazu verpflichtet ist:* S. leisten; auf S. klagen.

Scha|den|er|satz|an|spruch, der (Rechtsspr.): *Anspruch auf Schadenersatz.*

Scha|den|er|satz|leis|tung, die (Rechtsspr.): *das Leisten von Schadenersatz.*

Scha|den|er|satz|pflicht, die ⟨o. Pl.⟩ (Rechtsspr.): *Verpflichtung zum Schadenersatz.*

scha|den|er|satz|pflich|tig ⟨Adj.⟩ (Rechtsspr.): *verpflichtet, Schadenersatz zu leisten.*

Scha|den|fall: ↑Schadensfall.

Scha|den|fest|stel|lung, Schadensfeststellung, die (Rechtsspr., Versicherungsw.): *Feststellung eines Schadens (bes. als Voraussetzung einer [Versicherungs]leistung).*

Scha|den|feu|er, Schadensfeuer, das: *Brand* (1 a).

Scha|den|frei|heits|ra|batt, der (Versicherungsw.): *(in der Kraftfahrzeugversicherung) Rabatt auf den Versicherungsbeitrag, wenn die Versicherung während eines bestimmten Zeitraums nicht beansprucht wird; Bonus* (1 b).

Scha|den|freu|de, die ⟨o. Pl.⟩: *boshafte Freude über das Missgeschick, Unglück eines andern:* S. empfinden; **R** (iron.:) S. ist die schönste Freude.

scha|den|froh ⟨Adj.⟩: *von Schadenfreude zeugend; voll Schadenfreude:* ein -es Gelächter; s. grinsen.

Scha|den|nach|weis, Schadensnachweis, der (Rechtsspr., Versicherungsw.): vgl. Schadenfeststellung.

Scha|dens|be|gren|zung, Schadenbegrenzung, die ⟨o. Pl⟩: *das Eindämmen, Begrenzen eines Schadens auf ein möglichst geringes Maß.*

Scha|dens|be|rech|nung: ↑Schadenberechnung.

Scha|dens|be|richt: ↑Schadenbericht.

Scha|dens|be|sei|ti|gung, Schadenbeseitigung, die: *Beseitigung eines Schadens* (2 a): der Verursacher des Schadens ist zur S. verpflichtet.

Scha|dens|er|eig|nis, Schadenereignis, das (bes. Rechtsspr., Versicherungsw.): *Ereignis, durch das Schaden entsteht.*

Scha|dens|er|satz usw.: ↑Schadenersatz usw.

Scha|dens|fall, Schadenfall, der (bes. Versicherungsw.): *das Eintreten, Eingetretensein eines Schadens* (3): der Versicherte hat den S. grob fahrlässig herbeigeführt.

Scha|dens|fest|stel|lung: ↑Schadenfeststellung.

Scha|dens|feu|er: ↑Schadenfeuer.

Scha|dens|nach|weis: ↑Schadennachweis.

Scha|dens|ver|hü|tung, Schadenverhütung, die: *Verhütung von Schaden, eines Schadens.*

Scha|dens|ver|si|che|rung, Schadenversicherung, die (Versicherungsw.): *Versicherung gegen Sachu. Vermögensschäden, bei der die Höhe der Leistung die Höhe des Schadens nicht übersteigen kann.*

Scha|den|ver|hü|tung: ↑Schadensverhütung.

Scha|den|ver|si|che|rung: ↑Schadensversicherung.

Schad|fraß, der (Fachspr.): *Fraß* (2) *durch tierische Schädlinge.*

schad|haft ⟨Adj.⟩ [mhd. schadhaft, ahd. scadohaft]: *einen Schaden, Defekt, Mangel aufweisend:* ein -es Dach; -e Stellen ausbessern.

Schad|haf|tig|keit, die; -: *schadhafte Beschaffenheit.*

schä|di|gen ⟨sw. V.; hat⟩ [mhd. schadegen, schedigen, zu: schadec = schädlich]: *bei jmdm., etw. einen Schaden hervorrufen:* jmdn. finanziell s.; jmds. Ruf s.; [sozial] geschädigte Jugendliche.

Schä|di|ger, der; -s, - (Rechtsspr.): *jmd., der einen andern geschädigt hat:* der S. ist haftpflichtversichert.

Schä|di|ge|rin, die (Rechtsspr.): w. Form zu ↑Schädiger.

Schä|di|gung, die; -, -en: **1.** *das Schädigen, Geschädigtwerden:* eine S. seines Rufes, Ansehens. **2.** *das Geschädigtsein, Schaden* (2): materielle -en.

Schad|in|sekt, das (Fachspr.): *Insekt, das als Schädling gilt.*

schäd|lich ⟨Adj.⟩ [mhd. schedelich, ahd. in: unscadelīh = unschädlich]: *zu Schädigungen führend, sich nachteilig auswirkend:* -e Stoffe; -e Einflüsse; ein -es *(ungesundes)* Raumklima.

Schäd|ling, der; -s, -e: *Exemplar von Tier- od. Pflanzenarten, die dem Menschen aufgrund ihrer Lebensweise schaden:* der Borkenkäfer ist der gefährlichste S. unserer Wälder; -e vernichten; die Ernte wurde von -en vernichtet.

Schäd|lings|be|fall, der: *Befall (bes. von Pflanzen) durch Schädlinge.*

Schäd|lings|be|kämp|fer, der: *Fachmann für die Schädlingsbekämpfung* (Berufsbez.).

Schäd|lings|be|kämp|fe|rin, die: w. Form zu ↑Schädlingsbekämpfer.

Schäd|lings|be|kämp|fung, die: *Bekämpfung von Schädlingen.*

Schäd|lings|be|kämp|fungs|mit|tel, das: *Mittel zur Bekämpfung von Schädlingen:* hochgiftige S.

schad|los ⟨Adj.⟩ [mhd. schadelōs = unschädlich, unbenachteiligt]: **1. a)** *keinen Schaden verursachend; unschädlich;* **b)** *ohne Schaden zu nehmen.* **2.** *** sich an jmdm. [für etw.] s. halten** *(sich für einen erlittenen Schaden, einen entgangenen Vorteil o. Ä. auf jmds. Kosten Entschädigung verschaffen);* **sich an etw. [für etw.] s. halten** *(etw. [als Ersatz für etw. Entgangenes] nach Kräften konsumieren);* **jmdn. [für etw.] s. halten** (bes. Rechtsspr., Wirtsch.: *jmdn. [für etw.] entschädigen*).

Schad|los|hal|tung, die ⟨o. Pl.⟩: *das Sich-schadlos-Halten.*

Scha|dor: ↑Tschador.

Schad|stoff, der (Fachspr.): *[chemischer] Stoff, der beim Auftreten in einer gewissen Menge Pflanzen, Tieren, Menschen od. der Umwelt schadet.*

schad|stoff|arm ⟨Adj.⟩ (Fachspr.): *arm an Schadstoffen:* -e *(relativ wenig Schadstoffe ausstoßende)* Autos.

schad|stoff|frei ⟨Adj.⟩ (Fachspr.): *frei von Schadstoffen:* [weitgehend] -e Lebensmittel.

Schad|wir|kung, die (Fachspr.): *durch einen Schädling od. Schadstoff hervorgerufene schädigende Wirkung.*

Schaf, das; -[e]s, -e [mhd. schāf, ahd. scāf, H. u.]: **1.** *mittelgroßes Säugetier mit dickem, wolligem Fell u. beim männlichen Tier oft großen, gewundenen Hörnern, das als Wolle, Fleisch, auch Milch lieferndes Nutztier gehalten wird:* die -e blöken; im Frühjahr, wenn die -e lammen; er ist geduldig wie ein S.; ein S. schlachten; **Spr** ein räudiges S. steckt die ganze Herde an; **Ü** ein verirrtes S. *(ein sündiger, vom rechten Weg abgekommener Mensch;* nach z. B. Matth. 18, 12–13); *** schwarzes S.** *(jmd., der in einer Gemeinschaft unangenehm auffällt, von ihr als Außenseiter betrachtet wird;* nach 1. Mos. 30, 32; in einer Schafherde sind die schwarzen u. die gefleckten Schafe weniger erwünscht, weil man einheitlich weiße Wolle gewinnen möchte, die sich bei weiterer Verarbeitung nach Wunsch färben lässt): sie war schon immer das schwarze S. der Familie; **die -e von den Böcken trennen/scheiden** *(die Guten u. die Schlechten voneinander trennen;* nach dem alten Schäferbrauch, verbreitet durch die Stelle im Matthäusevangelium, wo von Christus gesagt wird, er trenne die guten u. die schlechten Menschen wie der Hirte die Schafe von den Böcken [Matth. 25, 32]). **2. a)** (ugs.) *gutmütig-einfältiger Mensch* (auch als Schimpfwort): du [dummes, blödes] S.!; **b)** Kosewort, bes. für Kinder.

Schaf|bock, der: *männliches Schaf.*

Schäf|chen, das; -s, -: **1. a)** Vkl. zu ↑Schaf (1): das S. ist ihr Lieblingskuscheltier; *** sein S. ins Trockene bringen** (ugs., oft leicht abwertend; *sich [auf Kosten anderer] großen Gewinn, Vorteil verschaffen;* urspr. wohl = Schafe auf trockene, höher gelegene Weiden bringen, um sie vor bestimmten Schmarotzern zu schützen); **sein S. im Trockenen haben** (ugs., oft leicht abwertend; *sich seinen Vorteil gesichert haben*); S. zählen (fam.; *[weil man nicht einschlafen kann] vor sich hin zählen*); **b)** (fam.) *Schäflein* (2). **2.** Vkl. zu ↑Schaf (2 b): komm mal zu mir, mein S.

Schäf|chen|wol|ke, die ⟨meist Pl.⟩: *Zirrokumulus.*

Schä|fer, der; -s, - [mhd. schæfære, spätahd. scāphare]: *jmd., der Schafe hütet u. betreut u. die für die Aufzucht u. Haltung notwendigen Arbeiten verrichtet* (Berufsbez.).

Schä|fer|dich|tung, die (Literaturw.): *Hirtendichtung der europäischen Renaissance u. des Barocks, in der die ländliche Welt der Schäfer u. Hirten manieristisch gestaltet u. auf einer künstlichen, wirklichkeitsfremden Ebene dargestellt wird.*

Schä|fe|rei, die; -, en: **1.** ⟨o. Pl.⟩ *Schafhaltung, -zucht:* er hat die S. aufgegeben. **2.** *Betrieb für Schafzucht.*

Schä|fer|ge|dicht, das (Literaturw.): vgl. Schäferdichtung.

Schä|fer|hund, der: **1.** *dem Wolf ähnlicher großer Hund mit spitzen, stehenden Ohren, langem, buschigem Schwanz u. dunkler bis schwarzer, an der Unterseite oft gelblicher Färbung:* ein deutscher S. **2.** *Hund, der einem Schäfer beim Hüten der Schafe hilft; Hütehund.*

Schä|fe|rin, die; -, -nen: w. Form zu ↑Schäfer.

Schä|fer|kar|ren, der: *zweirädriger, geschlossener Karren, der einem Schäfer zum Wohnen auf der Weide dient.*

Schä|fer|ro|man, der (Literaturw.): vgl. Schäferdichtung.

Schä|fer|stünd|chen, das [nach frz. heure du berger]: **a)** *[heimliches] Beisammensein von Verliebten, bei dem Zärtlichkeiten ausgetauscht werden [u. bei dem es zu sexuellen Handlungen kommt]:* ein S. [mit jmdm.] haben; **b)** (verhüll.) *Ausübung von Geschlechtsverkehr:* dabei kam es zu einem S. zwischen den beiden.

Schaff, das; -[e]s, -e [mhd. schaf = offenes Gefäß; Kornmaß; kleines Schiff, ahd. scaph = Gefäß, urspr. = Ausgehöhltes, verw. mit ↑schaffen]: **1.** (südd., österr.) *offenes Gefäß, Bottich, Zuber.* **2.** (westmd., südd.) *Schrank, Regal.*

Schaf|fe, die; - [zu ↑schaffen (1)] (Jugendspr. veraltend): *großartige Sache, Angelegenheit.*

Schaf|fell, Schafsfell, das: *Fell vom Schaf:* das Baby lag auf einem S.

schaf|fen ⟨st. u. sw. V.; hat⟩ [mhd. schaffen (st. u. sw. V.), ahd. scaffan (st. V.) u. scaffōn (sw. V., Präsensstamm zum Prät. u. 2. Part. des st. V. scepfen, ↑²schöpfen), urspr. = schnitzen, mit dem Schaber bearbeiten, verw. mit ↑schaben]: **1.** ⟨st. V.⟩ *(durch schöpferische Arbeit, schöpferisches Gestalten) neu entstehen lassen; hervorbringen* (2b): ein Kunstwerk s.; der schaffende *(schöpferisch arbeitende)* Mensch, Geist; ⟨subst.:⟩ die Ausstellung gibt einen guten Überblick über Picassos plastisches, bildhauerisches Schaffen *(Werk)*; *** für etw., zu etw. wie geschaffen sein** *(für etw. ganz besonders geeignet, tauglich, passend sein);* **für etw., zu etw. nicht geschaffen sein** *(mit etw. [unüberwindliche] Schwierigkeiten haben, nicht zurechtkommen).* **2.** ⟨st., auch sw. V.⟩ *entstehen, zustande kommen lassen; zustande bringen:* Platz für etw. s.; neue Stellen s.; er weiß immer Hilfe zu s. *(findet immer eine Lösung, eine Möglichkeit zu helfen);* diese Pillen schaffen *(verursachen)* mir nur Beschwerden; sich ⟨Dativ⟩ etwas Bewegung s. *(verschaffen);* (verblasst:) Ersatz, Ausgleich, Abhilfe s.; solche Ereignisse schaffen *(verursachen, erzeugen)* immer Unruhe. **3.** *** sich** ⟨Dativ⟩ **zu s. machen** *(irgendeine [manuelle] Tätigkeit ausführen; hantieren):* was machst du dir da an meinem Schreibtisch zu s.?; **jmdm. zu s. machen** (1. *jmdm. Schwierigkeiten, große Mühe machen.* 2. *jmdn. seelisch belasten, jmdm. Sorgen bereiten:* der Misserfolg hat ihm ganz schön zu s. gemacht). **4.** ⟨sw. V.⟩ **a)** *erfolgreich zum Abschluss bringen, bewerkstelligen; bewältigen:* eine ganze Menge s.; er schafft diese Arbeit allein nicht mehr; das wäre geschafft!; vielleicht schaffst (ugs.; *erreichst)* du noch den früheren Zug; beim letzten Versuch schaffte er den neuen Rekord *(gelang er ihm);* er hat es geschafft, sie zu überreden; **b)** (ugs.) *sehr anstrengen, mitnehmen* (2), *erschöpfen:* die Hitze hat mich heute geschafft; diese Klasse schafft jeden Lehrer; **c)** ⟨s. + sich⟩ (Jargon) *großen Einsatz zeigen, sich verausgaben.* **5.** ⟨sw. V.⟩ *bringen, tragen, transportieren, befördern:* etw. zur Seite s.; die Verletzten ins Krankenhaus s.; das Schwarzgeld hat er sofort ins Ausland geschafft. **6.** ⟨sw. V.⟩ (landsch., bes. südd.) **a)** *arbeiten* (1a): den ganzen Tag s.; (subst.:) (ugs. scherzh., oft iron:) frohes Schaffen!; *** etw. mit jmdm., etw. zu s. haben** *(etw. mit jmdm., etw. zu tun haben):* was habe ich damit zu s.?; was hast du damit zu s.? *(was geht dich das an?);* **b)** *arbeiten* (1b): nur halbtags s.; er hat als Monteur geschafft; **c)** ⟨s. + sich; unpers.⟩ *sich (in bestimmter Weise) arbeiten* (1a, b) *lassen:* mit dem Gerät schafft es sich leichter; mit netten Kollegen schafft es sich halt besser; **d)** ⟨s. + sich⟩ *sich (in einen bestimmten Zustand) arbeiten* (4a): du hast dich müde geschafft; **e)** *arbeiten* (4b): du hast dir die Hände wund geschafft; **f)** *sich plagen, anstrengen, arbeiten* (3a): an dem Berg haben sie ganz schön zu s.; **g)** ⟨s. + sich⟩ *sich (irgendwohin) arbeiten* (3b): ich musste mich durch dichtes Unterholz s.; Ü er hat sich in der Firma ganz nach oben geschafft; **h)** *sich in einem Prozess der Veränderung befinden:* der Most, Teig schafft *(gärt);* das Holz schafft *(verzieht sich)* noch.

Schaf|fens|drang, der ⟨o. Pl.⟩: *starker innerer Antrieb, schöpferisch, produktiv zu arbeiten:* voller S. sein.

Schaf|fens|freu|de, die ⟨o. Pl.⟩: vgl. Schaffensdrang.

schaf|fens|freu|dig ⟨Adj.⟩: *voller Schaffensfreude.*

Schaf|fens|kraft, die ⟨o. Pl.⟩: *Vermögen sich zu betätigen.*

schaf|fens|kräf|tig ⟨Adj.⟩: *voller Schaffenskraft.*

Schaf|fens|lust, die ⟨o. Pl.⟩: vgl. Schaffensdrang: seine S. war auch nach dieser Enttäuschung ungebrochen.

schaf|fens|lus|tig ⟨Adj.⟩: vgl. schaffensfreudig.

Schaf|fens|pro|zess, der: *Prozess, in dem etwas geschaffen* (1) *wird, Prozess schöpferischen Arbeitens.*

Schaf|fe|rei, die; - (landsch., bes. südd., oft abwertend): *[dauerndes] mühseliges, anstrengendes Arbeiten; Plackerei.*

Schaff|hau|sen: Kanton u. Stadt in der Schweiz: der Rheinfall von S.

¹Schaff|hau|ser, der; -s, -: Ew.

²Schaff|hau|ser ⟨indekl. Adj.⟩: der S. Wochenmarkt.

Schaff|hau|se|rin, die; -, -nen: w. Form zu ↑¹Schaffhauser.

schaff|hau|se|risch, schaff|hau|sisch ⟨Adj.⟩: *Schaffhausen, die Schaffhauser betreffend; von den Schaffhausern stammend, zu ihnen gehörend.*

Schaf|fleisch, das: *Fleisch vom Schaf* (1).

Schäff|ler, der; -s, - [zu ↑¹Schaff (1)] (bayr.): *Böttcher.*

Schäff|le|rin, die; -, -nen: w. Form zu ↑Schäffler.

Schäff|ler|tanz, der (bayr.): *traditioneller Volkstanz der Schäffler.*

Schaff|ner, der; -s, - [mhd. schaffenære = Aufseher, Verwalter, umgebildet aus: schaffære, zu ↑schaffen] (veraltend): *jmd., der in öffentlichen Verkehrsmitteln Fahrausweise verkauft, kontrolliert.*

Schaff|ne|rin, die; -, -nen: w. Form zu ↑Schaffner.

schaff|ner|los ⟨Adj.⟩ (Verkehrsw.): *nicht mit einem Schaffner, einer Schaffnerin besetzt; ohne Schaffner[in]:* ein -er Wagen, Zug; alle Linien verkehren schon lange s.

Schaf|fung, die; -: *das Schaffen* (2), *Herstellen, Zustandebringen:* die S. neuer Arbeitsplätze wird vom Staat gefördert.

Schaf|gar|be, die [im 15. Jh. schaffgarbe, schofgarbe, verdeutlichende Zus. mit ↑Schaf für mhd. garwe (spätmhd. garb), ahd. gar(a)wa, weil die Pflanze gerne von Schafen gefressen wird; 2. Bestandteil H. u., viell. zu ↑gar in dessen Bed. »fertig, bereit«, u. dann eigtl. = »bereitgestelltes« Wundheilkraut]: *(zu den Korbblütlern gehörende) auf Wiesen, an Wegrändern wachsende Pflanze mit stark geteilten Blättern u. weißen bis rosafarbenen, in Doldenrispen wachsenden Blüten.*

Schaf|her|de, die: *Herde von Schafen.*

Schaf|hirt, Schaf|hir|te, der: *Hüter einer Schafherde.*

Schaf|hir|tin, die: w. Form zu ↑Schafhirt.

Schaf|käl|te, Schafskälte, die [der Kälteeinbruch erfolgt zur Zeit der Schafschur]: *häufig Mitte Juni in Mitteleuropa auftretender Einbruch von Kaltluft, der von unbeständigem, regnerischem Wetter begleitet ist.*

Schaf|kä|se: ↑Schafskäse.

Schaf|kopf, der [1: nach der dem Kopf eines Schafs ähnelnden Figur, die die notierten Striche für Gewinne u. Verluste bilden]: **1.** ⟨o. Pl.⟩ *Kartenspiel für vier Personen, das mit 32 Karten gespielt wird.* **2.** ↑Schafskopf (2).

Schaf|le|der, das: *aus der Haut von Schafen hergestelltes Leder.*

Schäf|lein, das; -s, -: **1.** Vkl. zu ↑Schaf (1). **2.** (fam.) *jmd., der jmds. Führung, Obhut anvertraut ist.*

Schaf|milch, Schafsmilch, die: *von Milchschafen gewonnene Milch.*

Scha|fott, das; -[e]s, -e [niederl. schavot < afrz. chafaud, chafaut = Gerüst, aus dem Vlat., vgl. Katafalk] (früher): *Stätte, meist erhöhtes Gerüst, auf dem Hinrichtungen durch Enthauptung vorgenommen werden:* das S. besteigen; auf dem S. enden.

Schaf|schur, die: *Schur* (1a) *der Schafe.*

Schafs|fell: ↑Schaffell.

Schafs|käl|te: ↑Schafkälte.

Schafs|kä|se, Schafkäse, der: *aus Schafmilch hergestellter Käse.*

Schafs|kleid, das: in der Wendung **ein Wolf im S. sein** (↑Wolf 1).

Schafs|kopf, der: **1.** ⟨o. Pl.⟩ ↑Schafkopf (1). **2.** (ugs. Schimpfwort) *einfältiger Mensch, Dummkopf:* du S.!; so ein S.!

Schafs|milch: ↑Schafmilch.

Schaf|stall, der: *Stall für Schafe.*

¹Schaft, der; -[e]s, Schäfte [mhd. schaft, ahd. scaft, urspr. = Speer, Speerschaft, eigtl. = abgeschnittener Ast, Stab, zu ↑schaben; vgl. Schacht]: **1. a)** *gerader, lang gestreckter, schlanker Teil eines Gegenstandes (der bei Werkzeugen, Waffen häufig der Handhabung dient);* **b)** *Teil von Handfeuerwaffen, in dem sich der Lauf, die Abzugsvorrichtung u. a. befinden u. der gleichzeitig der Handhabung dient.* **2. a)** *Stamm eines Baumes zwischen der Verzweigung der Wurzeln u. der Verzweigung der Krone;* **b)** (Bot.) *langer, blattloser Stiel von Blüten bei bestimmten Pflanzen, die deutlich abgesetzte Blüten od. Blütenstände tragen.* **3.** (Zool.) **a)** *über die Haut hinausragender Teil eines Haares;* **b)** kurz für ↑Federschaft; **c)** ¹*Kiel* (1). **4. a)** *vom Oberleder gebildeter Teil des Schuhs;* **b)** *die Wade meist bis zum Knie umschließender Teil eines Stiefels.* **5.** (Weberei) *Rahmen aus Metall od. Holz, mit dessen Hilfe in einem Webstuhl die Kettfäden gehoben und gesenkt werden.*

²Schaft, der; -[e]s, Schäfte [landsch. Nebenf. von ↑Schaff (2)] (südd., schweiz.): *Schrank, Regal.*

-schaft, die; -, -en: **1.** bezeichnet in Bildungen mit Substantiven eine Personengruppe oder (seltener) die Gesamtheit von Dingen: Angestelltenschaft, Gerätschaft. **2.** bezeichnet in Bildungen mit Substantiven eine Sache als Ergebnis eines Tuns: Erbschaft, Hinterlassenschaft. **3.** bezeichnet in Bildungen mit Substantiven – seltener mit Adjektiven – eine Beschaffenheit, einen Zustand: Leihmutterschaft, Eigenschaft.

schäf|ten ⟨sw. V.; hat⟩ [mhd. scheften, schiften, ahd. im 2. Part. giscaft = geschäftet]: **1.** *mit einem* ¹*Schaft* (1a) *versehen.* **2.** (Gartenbau veraltend) *veredeln.*

Schaft|le|der, das: *meist weicheres Leder für die Herstellung der* ¹*Schäfte* (4) *bei Schuhen u. Stiefeln.*

Schaft|stie|fel, der: *Stiefel mit hohem, meist festem* ¹*Schaft* (4).

Schaf|wei|de, die: *von Schafen beweidetes Land.*

Schaf|wol|le, die: *vom Schaf stammende [gesponnene] Wolle.*

Schaf|zucht, die: *Aufzucht von Schafen unter wirtschaftlichem Aspekt.*

Schah, der; -s, -s [pers. šāh = König]: **a)** ⟨o. Pl.⟩ *Titel, Würde des [persischen] Herrschers;* **b)** *Träger des Titels Schah* (a); **c)** kurz für ↑Schah-in-Schah (b).

Schah-in-Schah, der; -s, -s [pers. = König der Könige; ↑Schah] (bis 1979): **a)** ⟨o. Pl.⟩ *Titel, Würde des iranischen Kaisers;* **b)** *Träger des Titels Schah-in-Schah* (a).

S

Scha|kal, der; -s, -e [(türk. çakal <) pers. šağāl < altind. śṛgālá-ḥ]: *(in Asien, Südosteuropa u. Afrika heimisches) in Körperbau u. Größe zwischen Fuchs u. Wolf stehendes Raubtier mit schlankem Körper u. langem, buschigem Schwanz, das überwiegend nachts jagt u. sich meist von kleineren Tieren u. Aas ernährt.*

Scha|ke, die; -, -n [aus dem Niederd., H. u.] (Technik): *Ring, ringähnlich geformtes Teil als Kettenglied bestimmter Ketten (z. B. beim Anker).*

Schä|kel, der; -s, - [aus dem Niederd., wohl Vkl. von ↑Schake; vgl. ostfries., niederd. schakel] (Technik): *aus einem an der offenen Seite mit einem Bolzen verschließbaren U-förmigen od. ähnlich geformten Bügel bestehendes Teil, das zum Verbinden ringartiger o. ä. Teile, z. B. der Enden von Ketten, dient:* die Ankerkette besteht aus mehreren durch S. miteinander verbundenen Stücken.

schä|keln ⟨sw. V.; hat⟩ (Technik): *mit einem Schäkel befestigen.*

Schä|ker, der; -s, - [wohl über das Jidd. zu hebr. ḥêq = Busen; weiblicher Schoß] (oft scherzh.): **a)** *jmd., der [gerne] schäkert* (a): na, du kleiner S.!; **b)** *jmd., der [gerne] schäkert* (b).

Schä|ke|rei, die; -, -en: *[dauerndes] Schäkern:* Schluss jetzt mit der S.!

Schä|ke|rin, die; -, -nen: w. Form zu ↑Schäker.

schä|kern ⟨sw. V.; hat⟩: **a)** *scherzen, neckische Späße mit jmdm. machen;* **b)** *scherzend, neckend flirten.*

schal ⟨Adj.⟩ [mhd. (md.) schal < mniederd. schal, eigtl. = trocken, dürr]: **1.** *(von bestimmten Getränken) meist durch zu langes Stehen nicht mehr den erwarteten frischen Geschmack aufweisend; abgestanden:* -es Bier; der Wein schmeckt s. **2.** *[in einer Widerwillen erregenden Weise] jedes Reizes entbehrend, langweilig u. reizlos:* ein -es Gefühl; das Leben erschien ihm s.

Schal, der; -s, -s, auch: -e [(engl. shawl <) pers. šāl]: **a)** *(zum Schutz od. als nur schmückendes Zubehör getragenes) langes, schmales Tuch, das um den Hals gelegt od. geschlungen wird:* einen S. tragen; sich einen S. umlegen; **b)** *seitlich am Fenster herabhängender Teil der Übergardine.*

Scha|lan|der, der; -s, - [H. u.]: *Raum in einer Brauerei, in dem sich die Arbeiter während der Pausen aufhalten, sich umziehen u. essen.*

Schal|brett, das (Bauw.): *für Verschalungen verwendetes rohes Brett.*

¹Schäl|chen, das; -s, -: Vkl. zu ↑Schale (2, 3): ein S. Müsli; ein S. Kaffee trinken.

²Schäl|chen, das; -s, -: Vkl. zu ↑Schal.

Scha|le, die; -, -n [1: mhd. schal(e), ahd. scala, im Sinne von »Abgeschnittenes«, verw. mit ↑¹Schild; 2: mhd. schāle, ahd. scāla, eigtl. = die Abgetrennte, viell. weil Trinkschalen häufig aus den abgetrennten Hirnschalen erschlagener Feinde hergestellt od. flach aus Holz ausgeschnitten wurden]: **1. a)** *eine Frucht, einen Samen umgebende, festere äußerste Schicht:* die S. einer Banane; Kartoffeln in der S., mit S. kochen; **b)** *harte, holzartige, den Kern einer Nuss o. Ä. umschließende Hülle:* die Mandel hat eine harte S.; **Spr** in einer rauen S. steckt oft ein guter Kern *(ein grob, schroff, abweisend wirkender Mensch kann in Wahrheit sehr gutmütig, hilfsbereit o. ä. sein);* **Ü** er hat eine raue S. *(er ist [nur] nach außen hin schroff, unfreundlich);* **c)** *das Innere eines Vogeleis umschließende, harte, vorwiegend aus Kalk aufgebaute, zerbrechliche Hülle:* Eier mit weißer S.; **d)** *bestimmte [Weich]tiere umgebendes, panzerartiges Gehäuse:* -n von Muscheln; **e)** (landsch.) *Rinde* (2): die S. des Käses. **2.** *gewöhnlich flaches, meist rundes od. ovales, oben offenes Gefäß:* eine kleine S. mit Stecknadeln; *** die S. des/seines Spottes, Zorns o. Ä. über jmdn., über jmdm. ausgießen** (geh.; *jmdn. verspotten; jmdn. seinen Zorn spüren lassen;* nach Offenb. 15, 7; 16, 1). **3.** (bes. österr.) *Tasse* (1): eine S. Kaffee. **4.** *etw., was die Form einer Schale* (2), *einer halbierten Hohlkugel hat:* er trank aus der S. seiner hohlen Hand. **5.** *** in S. sein** (ugs.; *besonders fein angezogen sein*); **sich in S. werfen/schmeißen** (ugs.; *sich fein machen*). **6.** (Bauw.) *(aus Spannbeton gegossenes) flächiges, gekrümmtes od. geschwungenes tragendes Bauteil, bes. als Dachkonstruktion.* **7.** (Technik) *selbsttragende [röhrenförmige] Außenhaut, äußere Wandung (bes. eines Flugzeugs).* **8.** (Fachspr.) *unten ausgehöhlter Cabochon* (b). **9.** (Jägerspr.) *(bes. bei Hirsch, Reh, Wildschwein) Klaue* (2). **10.** (Tiermed.) *bes. bei Pferden vorkommende Gelenkentzündung am Fuß, bei der es zu schalenförmigen Auftreibungen des betroffenen Knochens kommt u. die dazu führt, dass das Pferd lahmt.* **11.** (Physik) *(in bestimmten Atom- u. Kernmodellen) Schicht als eine von mehreren als zwiebelschalenartig übereinander liegend gedachten Schichten, aus denen sich eine Elektronenhülle od. ein Atomkern aufbaut.*

Schä|lei|sen, das (Forstw.): *Werkzeug zum Entrinden von Baumstämmen.*

scha|len ⟨sw. V.; hat⟩ [zu ↑Schale (1)] (Bauw.): *eine [Ver]schalung anfertigen, aufbauen; verschalen* (2): morgen wollen sie anfangen zu s.; ⟨subst.:⟩ die Bauarbeiter sind noch beim Schalen.

schä|len ⟨sw. V.; hat⟩ [mhd. scheln, ahd. scelan]: **1. a)** *etw. von seiner Schale* (1 a, c, e) *befreien durch Abschneiden als dünne Schicht od. durch Abziehen:* einen Apfel [mit einem Messer] s.; Kartoffeln s.; Mandeln s.; einen Baumstamm s. *(entrinden);* **b)** ⟨s. + sich⟩ *in einer bestimmten Weise geschält* (1 a) *werden können:* die Kartoffeln schälen sich schlecht; **c)** *(die Schale* 1 a, c, e *von etw.) durch Schälen* (1 a) *entfernen:* die Rinde von den Baumstämmen s.; **d)** *etw. aus seiner Schale* (1 a, c), *Umhüllung o. Ä. [langsam, sorgsam] herauslösen; herausschälen* (1 a): **Ü** sie schälte das Baby mit geübten Händen aus seinen Windeln. **2.** ⟨s. + sich⟩ **a)** *(von der Haut) die oberste, abgestorbene Schicht in Fetzen, in kleinen Stücken abstoßen;* **b)** *eine sich schälende* (2 a) *Haut o. Ä. haben:* ihre Nase schält sich. **3.** *etw. [aus etw.] herausschneiden:* den Knochen aus einem Schinken s.; eine faule Stelle aus einem Apfel s. **4.** (Jägerspr.) *(von bestimmten Wildarten) die Rinde junger Bäume abnagen:* am häufigsten werden Fichten geschält. **5.** (Landw.) *flach pflügen:* ein abgeerntetes Feld s.

Scha|len|bau, der ⟨Pl. -ten⟩: *in Schalenbauweise errichteter [Hallen]bau.*

Scha|len|bau|wei|se, die: **1.** *Bauweise, bei der Schalen* (6) *verwendet werden.* **2.** *(im Fahrzeugbau) Bauweise, bei der die äußeren Wandungen tragende Funktion haben, Schalen* (7) *darstellen.*

Scha|len|brun|nen, der (Archit.): *Brunnen* (2) *mit zwei od. mehreren übereinander liegenden, schalenförmigen Wasserbecken.*

scha|len|för|mig ⟨Adj.⟩: *die Form einer Schale* (2), *einer halbierten Hohlkugel o. Ä. aufweisend.*

Scha|len|kreuz, das (Technik): *im Wind um eine senkrechte Achse rotierendes kreuz- od. sternförmiges Gebilde, an dessen Enden je eine halbkugelförmige Schale* (4) *befestigt ist (als Teil des Windgeschwindigkeitsmessers).*

scha|len|los ⟨Adj.⟩: *keine Schale* (1) *habend.*

Scha|len|ses|sel, der: *Sessel, bei dem Sitzfläche, Rückenlehne u. Seitenteile aus einem Stück bestehen u. die Form einer Schale* (4) *bilden.*

Scha|len|sitz, der: *(bes. in sportlichen Automobilen) Sitz, der aus einer durchgehenden, mit dünnem Schaumstoff gepolsterten Schale* (4) *aus Kunststoff besteht.*

Scha|len|tier, das ⟨meist Pl.⟩ (Kochk.): **a)** *essbares Schalenweichtier (z. B. Muschel, Schnecke);* **b)** *essbares Krustentier (z. B. Garnele, Krebs).*

Scha|len|weich|tier, das (Zool.): *Weichtier (z. B. Muschel, Schnecke, Kopffüßer) mit einer Schale* (1 d); *Konchifere.*

Scha|len|wild, das (Jägerspr.): *Wild, das Schalen* (9) *hat.*

Schäl|hengst, der; -[e]s, -e [verdeutlichende Zus. mit gleichbed. mhd. schel(e), ahd. scelo, wahrsch. urspr. = (Auf)springer, vgl. mhd. schel(lec) = springend, zornig auffahrend]: *Zuchthengst, Beschäler* (1).

Schalk, der; -[e]s, -e u. Schälke [mhd. schalc, ahd. scalc, urspr. = Knecht, Sklave, H. u.] (veraltend): *jmd., der gerne mit anderen seinen Spaß treibt:* er ist ein rechter, großer S.; ihm schaut der S. *(die Schalkhaftigkeit)* aus den Augen; *** jmdm. sitzt der S./jmd. hat den S. im Nacken, hinter den Ohren** (*jmd. ist ein Schalk;* eigtl. = jmdm. sitzt ein schalkhafter Dämon im Nacken).

schalk|haft ⟨Adj.⟩ [mhd. schalchaft = arglistig, boshaft] (geh.): *in der Art eines Schalks:* ein -er Gesichtsausdruck; s. lächeln.

Schalk|haf|tig|keit, die; -, -en (geh.): **1.** ⟨o. Pl.⟩ *schalkhaftes Wesen.* **2.** (selten) *schalkhafte Äußerung o. Ä.*

Schäl|kur, die (Med., Kosmetik): *Behandlung, bei der die obersten Hautschichten (mithilfe einer Salbe o. Ä. od. einer Bestrahlung) abgelöst werden.*

Schall, der; -[e]s, -e od. Schälle, österr. nur: -e [mhd. schal, ahd. scal, zu mhd. schellen, ahd. scellan, ↑schellen]: **1.** (geh.) *nachhallendes Geräusch; schallender Klang; Ton:* ein heller, dumpfer S.; der S. der Trompeten; der S. ferner Trommeln; nie vernommene Schälle *(Laute)* drangen an sein Ohr; *** leerer S. sein** *(bedeutungslos, unwesentlich sein);* **S. und Rauch sein** *(keine Bedeutung haben; vergänglich sein;* nach Goethe, Faust I, 3457). **2.** ⟨o. Pl.⟩ (Physik) *in einem Medium* (3) *wellenförmig sich ausbreitende Schwingungen, die vom menschlichen Gehör wahrgenommen werden können:* das Flugzeug ist schneller als der S.; die Wand reflektiert den S.; die Lehre vom S. *(die Akustik).*

Schall|be|cher, der: **1.** *den Klang prägender u. verstärkender röhren- od. trichterförmiger vorderster Teil eines Blasinstruments.* **2.** *Aufsatz einer Orgelpfeife.*

Schall|bla|se, die (Zool.): *blasenartige Ausstülpung der Mundschleimhaut bei Froschlurchen, die als Resonator wirkt u. die Stimme des Tieres verstärkt.*

Schall|bo|den, der: *Resonanzboden.*

schall|däm|mend ⟨Adj.⟩: *Schalldämmung bewirkend, zur Schalldämmung geeignet; die Ausbreitung des Schalls eindämmend.*

Schall|dämm|stoff, der (Technik): *schalldämmender Baustoff.*

Schall|däm|mung, die: *(auf der Reflexion des Schalls beruhende) Einschränkung der Ausbreitung des Schalls.*

schall|dämp|fend ⟨Adj.⟩: *Schalldämpfung bewirkend, zur Schalldämpfung, Verminderung der Lautstärke geeignet.*

Schall|dämp|fer, der: **1.** (Technik) **a)** *Vorrichtung, Teil einer Maschine o. Ä. zur Verminderung der Lautstärke;* **b)** (Kfz-T.) *Auspufftopf.* **2.** (Musik) *Dämpfer* (1). **3.** (Waffent.) *vorn am Lauf von Handfeuerwaffen aufsetzbares Teil zur Dämpfung des beim Schießen entstehenden Knalls.*

Schall|dämpf|stoff, der (Technik): *schalldämpfender Baustoff.*

Schall|de|ckel, der: *baldachinartiger Überbau einer Kanzel* (1), *der bewirkt, dass die Stimme des Predigers besser gehört wird.*

schall|dicht ⟨Adj.⟩: *keinen Schall durchlassend.*

Schall|druck, der (Akustik): *durch Schwingungen von Schall hervorgerufener Druck.*

Schall|emis|si|on, die (Fachspr.): *Emission von Schallwellen, bes. von Lärm.*

Schall|emp|fin|dung, die: *Wahrnehmung von Schall mit dem Gehör.*

schal|len ⟨sw. u. st. V.; schallte/(seltener:) scholl, hat geschallt⟩ [mhd. schallen, zu ↑Schall]: **a)** *laut u. weithin vernehmlich [u. nachhaltend] tönen, weithin hörbar sein:* schallendes Gelächter; schallend lachen; ⟨auch unpers.:⟩ die Tür fiel ins Schloss, dass es schallte; **b)** *(von einem Schall* 1*) sich ausbreiten, sich fortpflanzen:* Glockengeläut schallte über die Felder; **c)** *von einem Schall* (1) *erfüllt sein:* der Saal schallte von Gelächter.

schal|lern ⟨sw. V.; hat⟩ [Iterativbildung zu ↑schallen] (ugs.): **1.** *mit lauter Stimme singen.*

2. * **jmdm. eine s.** (salopp; *jmdm. eine kräftige Ohrfeige geben*); **eine geschallert kriegen/bekommen** (salopp; *eine kräftige Ohrfeige bekommen*).
Schall|fo|lie, die: *Schallplatte in Form einer dünnen, nur einseitig bespielten Kunststofffolie.*
Schall|ge|ber, der (Akustik): *Schallquelle.*
schall|ge|dämpft ⟨Adj.⟩: *mit einer schalldämpfenden Vorrichtung, z. B. einem Schalldämpfer o. Ä. versehen.*
Schall|ge|schwin|dig|keit, die: *Geschwindigkeit, mit der sich der Schall ausbreitet.*
schall|iso|liert ⟨Adj.⟩: *gegen Schall isoliert.*
Schall|kas|ten, Schall|kör|per, der: *Resonanzkörper.*
Schall|leh|re, die ⟨o. Pl.⟩: *Akustik* (1).
Schall|lei|ter, der: *Medium, in dem sich der Schall (in bestimmter Weise) ausbreitet:* Wasser ist ein guter S.
Schall|loch, das: **a)** *Öffnung, Loch im Resonanzboden od. in der Decke* (8) *eines Saiteninstruments, durch das Schallschwingungen abgestrahlt werden;* **b)** *fensterartige Öffnung an einem Glockenturm, durch die der Klang der Glocken nach außen dringen kann.*
Schall|mau|er, die: *extrem hoher Luftwiderstand, der entsteht, wenn ein Flugzeug o. Ä. Schallgeschwindigkeit erreicht (u. durch dessen Überwindung es zu einem sehr lauten Knall kommt).*
Schall|nach|ah|mung, die (Sprachw.): *Lautmalerei.*
Schall|öff|nung, die: *Öffnung, durch die der Schall austreten kann.*
Schall|or|tung, die: *Ortung mithilfe des Schalls.*
Schall|plat|te, die: *dünne, aus Kunststoff gepresste runde Scheibe mit auf jeder Seite je einer spiralförmigen, feinen Rille, in der Tonaufnahmen gespeichert sind, die mithilfe eines Plattenspielers wiedergegeben werden können.*
Schall|plat|ten|fir|ma, die: *Plattenfirma.*
Schall|plat|ten|ge|schäft, das: **1.** *Laden, in dem Schallplatten verkauft werden.* **2.** ⟨o. Pl.⟩ *Produktion u. Vertrieb von Schallplatten als Erwerbsquelle.*
Schall|plat|ten|hül|le, die: *quadratische Hülle, in der eine Schallplatte verkauft u. aufbewahrt wird; Cover* (b).
Schall|plat|ten|in|dus|trie, die: *Industriezweig, der Schallplatten herstellt, produziert.*
Schall|plat|ten|mu|sik, die: *Musik von Schallplatten.*
Schall|plat|ten|pro|duk|ti|on, die: **1. a)** ⟨o. Pl.⟩ *Herstellung von Schallplatten;* **b)** *Gesamtheit von produzierten Schallplatten.* **2.** *für eine Schallplatte produzierte Aufnahme.*
Schall|plat|ten|samm|lung, die: *Sammlung von Schallplatten.*
Schall|plat|ten|ver|trag, der: *Vertrag, den ein Musiker, eine Sängerin o. Ä. mit einer Plattenfirma abschließt.*
Schall|quel|le, die: *etw., was Schall aussendet, wovon ein Schall ausgeht.*
Schall|rohr, das, **Schall|röh|re,** die: *röhrenförmiger Teil eines Blasinstruments.*
Schall|ro|se, die [nach der Form der Öffnung]: *Schallloch einer Gitarre od. Laute.*
schall|schlu|ckend ⟨Adj.⟩: *(von Baustoffen o. Ä.) die Reflexion von Schallwellen in hohem Maß unterbindend.*
schall|si|cher ⟨Adj.⟩: *schalldicht.*
Schall|si|gnal, das: *akustisches Signal.*
Schall|stück, das: *Schallbecher* (1).
schall|tot ⟨Adj.⟩ (Fachspr.): *keine Schallwellen eindringen lassend, keine Reflexion von Schallwellen aufweisend.*
Schall|trich|ter, der: *trichterförmiger Teil verschiedener Musikinstrumente, Geräte, durch den der Schall verstärkt u. in eine bestimmte Richtung gelenkt wird.*
Schall|über|tra|gung, die (Fachspr.): *Übertragung von Schall (mit technischen Mitteln):* stereophone S.
schall|ver|stär|kend ⟨Adj.⟩: *eine Verstärkung des Schalls bewirkend.*
Schall|wand|ler, der (Elektrot.): *elektroakustischer Wandler* (z. B. Mikrofon).
Schall|wel|le, die (Physik): *von einer Schallquelle ausgehende Welle* (4 a).
Schall|wort, das ⟨Pl. ...wörter⟩ (Sprachw.): *lautmalendes Wort.*
Schall|zei|chen, das (Amtsspr.): *akustisches Zeichen* (z. B. Hupsignal).
Schal|mei, die; -, -en [mhd. schalemī(e) < afrz. chalemie < griech. kalamaía = Rohrflöte, zu: kálamos = (Schilf)rohr]: **1.** (Fachspr.) *Rohrblattinstrument unterschiedlicher Art.* **2.** *Blasinstrument (bes. der Hirten) mit doppeltem Rohrblatt u. 6–7 Grifflöchern auf der Vorderseite.* **3.** *Spielpfeife einer Sackpfeife.* **4.** *Zungenstimme bei der Orgel.* **5.** *einfaches, volkstümliches Blasinstrument mit mehreren gebündelten Röhren aus Metall.*
Schal|mei|en|klang, der: *Klang einer od. mehrerer Schalmeien.*
Scha|lom [hebr. šạlôm = Friede]: hebräische Begrüßungsformel.
Scha|lot|te, die; -, -n [frz. échalote < afrz. échaloigne < spätlat. (cepa) ascalonia, eigtl. = die (Zwiebel) aus Askalon (bibl. Palästina)]: **1.** *Lauch mit röhrenförmigen Blättern u. kugeligen lila Blüten.* **2.** *kleine, eiförmige, mild aromatische Zwiebel einer Schalotte* (1).
schalt: ↑ schelten.
Schalt|an|la|ge, die (Elektrot.): *Anlage zum Verbinden u. Trennen elektrischer Leitungen.*
schalt|bar ⟨Adj.⟩: *sich [in einer bestimmten Weise] schalten* (1 a, 2 a) *lassend:* der Wagen hat ein leicht -es Getriebe.
Schalt|ele|ment, das (Elektrot.): *Element, Bauteil o. Ä. einer Schaltung* (1 b).
schal|ten ⟨sw. V.; hat⟩ [mhd. schalten, ahd. scaltan = stoßen, schieben, wahrsch. eigtl. = spalten; hauen]: **1. a)** *(ein Gerät, eine technische Anlage o. Ä.) durch Betätigen eines Schalters in einen bestimmten (Betriebs)zustand versetzen:* ein Gerät auf »aus« s.; ein Kofferradio auf Batteriebetrieb s.; ⟨auch o. Akk.-Obj.:⟩ vergiss nicht, auf Automatik zu s.; **b)** *[automatisch] geschaltet* (1 a) *werden:* die Ampel schaltet gleich auf Gelb; ⟨auch s. + sich:⟩ die Waschmaschine hat sich gerade wieder auf Schleudern geschaltet; **c)** ⟨s. + sich⟩ *sich in einer bestimmten Weise schalten* (1 a) *lassen:* das Gerät schaltet sich leicht. **2. a)** *eine Gangschaltung betätigen, einen Gang einlegen:* in den Leerlauf s.; **b)** ⟨s. + sich⟩ *sich in einer bestimmten Weise schalten* (2 a) *lassen:* das Getriebe schaltet sich einwandfrei. **3.** *(als zusätzliches Element) in etw. einfügen, einschieben, eingliedern:* eine Parenthese in einen Satz s. **4. a)** (Rundf., Ferns.) *eine Schaltung* (2) *herstellen:* ins Olympiastadion s.; **b)** (Elektrot.) *in einer bestimmten Weise in einen Stromkreis o. Ä. integrieren:* etw. in Reihe s. **5.** (geh.) [1]*verfahren* (1): er kann hier s., wie es ihm beliebt; * **s. und walten** *(nach eigenem Belieben verfahren).* **6.** (ugs.) *etw. Bestimmtes begreifen, verstehen [u. entsprechend reagieren]:* bis er geschaltet hatte, war es zu spät; sie hat gleich [richtig] geschaltet. **7.** (Zeitungsw.) *(als Inserent) veröffentlichen lassen:* eine Anzeige s.
Schal|ter, der; -s, - [2: älter = Schiebefenster, spätmhd. schalter = Schieber, Riegel]: **1. a)** *Vorrichtung zum Herstellen od. Unterbrechen einer elektrischen Verbindung (in Form eines Hebels, eines Druck- od. Drehknopfes):* ein elektrischer S.; einen S. betätigen; an einem S. drehen; **b)** *(bes. beim Fahrrad) Hebel einer Gangschaltung.* **2.** *(bes. in Bahnhofshallen, Postämtern, Banken anzutreffende) aus einer Theke, einer Art Fenster o. Ä. bestehende Einrichtung zur Abfertigung der Kunden:* der S. ist [vorübergehend] geschlossen; Briefmarken gibt es an S. 5; der Mann hinter dem S.
Schal|ter|dienst, der: *Dienst an einem Schalter* (2).
Schal|ter|hal|le, die: *Halle* (1), *in der sich mehrere Schalter* (2) *befinden.*
Schal|ter|schluss, der ⟨o. Pl.⟩: *Zeitpunkt, zu dem die Schalterstunden enden.*
Schal|ter|stun|den ⟨Pl.⟩: *Zeit, während deren die Schalter* (2) *einer bestimmten Einrichtung geöffnet sind.*
Schalt|ge|stän|ge, das (Kfz-T.): *Gestänge, das den Schalthebel* (2) *mit dem Getriebe verbindet.*
Schalt|ge|trie|be, das (Technik): *schaltbares Getriebe.*
Schalt|he|bel, der: **1.** *Hebel eines Schalters* (1 a): der S. steht auf »aus«; * **an den -n der Macht o. Ä. sitzen** *(in einer sehr einflussreichen politischen o. ä. Position sein).* **2.** *Hebel einer Gangschaltung.*
Schalt|jahr, das [mhd. schaltjār, ahd. scaltjār, eigtl. = Jahr, in dem (ein Tag) eingestoßen, -geschaltet wird]: *Jahr mit einem Schalttag:* 1996 war ein S.
Schalt|kas|ten, der: *Kasten, Wandschrank o. Ä., in dem eine Schalttafel untergebracht ist.*
Schalt|knüp|pel, der: *Schalthebel einer Knüppelschaltung.*
Schalt|kreis, der (Elektronik): *eine Einheit bildender Teil einer Schaltung* (1 b).
Schalt|pau|se, die (Rundfunkt.): *durch ein beim Sender erfolgendes [Um]schalten bedingte Sendepause.*
Schalt|plan, der (Elektrot.): *grafische Darstellung der Schaltung einer elektrischen Einrichtung, eines elektrischen Geräts mithilfe von Schaltzeichen.*
Schalt|pult, das: *in der Art eines Pultes schräg liegende Schalttafel.*
Schalt|satz, der (Sprachw.): *als Einschub in einem anderen Satz stehender, nicht abhängiger Satz.*
Schalt|sche|ma, das (Elektrot.): *schematische Darstellung einer Schaltung* (1 a).
Schalt|stel|le, die: *Stelle, von der aus bestimmte, bes. politische Vorgänge gesteuert werden, von der Macht ausgeübt wird.*
Schalt|ta|fel, die (Elektrot.): *Tafel o. Ä., auf der alle zur zentralen Steuerung einer elektrischen Anlage o. Ä. nötigen Schalter, Regler, Instrumente usw. angeordnet sind.*
Schalt|tag, der: *Tag, der alle vier Jahre (als 29. Februar) zusätzlich zu den 365 Tagen eines normalen Jahres eingeschaltet wird, um so immer wieder die Differenz zwischen Kalenderjahr u. Sonnenjahr auszugleichen.*
Schalt|uhr, die: *mit einem elektrischen Schalter gekoppelte Uhr, die es ermöglicht, ein elektrisches Gerät o. Ä. zu einem an der Uhr einzustellenden beliebigen Zeitpunkt automatisch ein- od. auszuschalten.*
Schal|tung, die; -, -en: **1. a)** *Art u. Weise, wie die Bestandteile einer elektrischen Anlage, eines elektrischen Geräts elektrisch miteinander verbunden sind;* **b)** *Gesamtheit von Bauteilen u. zugehörigen elektrischen Verbindungen (in einem Gerät o. Ä.):* eine sauber gelötete S.; **c)** *Schaltplan.* **2.** (Rundf., Ferns.) *Funk-, Fernseh-, Telefonverbindung o. Ä. (zu einem bestimmten Ort).* **3.** *Gangschaltung.*
Schalt|weg, der: *räumlicher Abstand zwischen zwei benachbarten Gängen eines Getriebes, der beim Schalten von bestimmten beweglichen Teilen der Gangschaltung überwunden werden muss.*
Schalt|werk, das (Technik): **1.** *Sperrgetriebe, das eine zeitweise aussetzende Bewegung erzeugt (wie z. B. beim Malteserkreuz 2).* **2.** *(beim Fahrrad) Teil der Kettenschaltung, das die Kette beim Schalten auf einen anderen Zahnkranz befördert u. die Kette jederzeit gespannt hält.*
Schalt|zei|chen, das (Elektrot.): *Symbol zur Darstellung eines Schaltelements in einem Schaltplan o. Ä.*
Schalt|zen|tra|le, die (Technik): *Ort, von dem aus eine technische, bes. eine elektrische Anlage zentral gesteuert werden kann.*
Scha|lung, die; -, -en (Bautechnik): **1.** *das Schalen.* **2.** *aus Brettern, Holzplatten o. Ä. hergestellte Hohlform zum Gießen von Betonteilen.*
Scha|lup|pe, die; -, -n [frz. chaloupe, wohl aus

S

dem Niederl.]: *Beiboot mit Riemen od. einem Segel.*

Scham, die; - [mhd. scham(e), scheme, ahd. scama, urspr. = Beschämung, Schande, H. u.]: **1.** *durch das Bewusstsein, (bes. in moralischer Hinsicht) versagt zu haben, durch das Gefühl, sich eine Blöße gegeben zu haben, ausgelöste quälende Empfindung:* [tiefe] S. empfinden; aus S., vor S. erröten. **2.** *Schamgefühl:* er hat keine S. [im Leibe]; **R** nur keine falsche S. *(hier ist Zurückhaltung, Bescheidenheit o. Ä. nicht am Platz)!* **3.** (selten) *Schamröte.* **4.** (geh. verhüll.) *Schamgegend:* [sich] die S. bedecken.

Scha|ma|de, die; -, -n [frz. chamade < ital. chiamata = Ruf, zu: chiamare < lat. clamare = rufen] (Milit. früher): *mit Trommel od. Trompete gegebenes Zeichen der Kapitulation.*

Scha|ma|ne, der; -n, -n [tungus. shaman] (Völkerk.): *(bei bestimmten Naturvölkern) mit magischen Fähigkeiten, bes. der Fähigkeit, mit Geistern in Verbindung zu treten, ausgestattete Person, die als Priester, Medizinmann o. Ä. fungiert.*

Scha|ma|nin, die; -, -nen: w. Form zu ↑Schamane.

Scham|be|haa|rung, die ⟨Pl. selten⟩: *Schamhaar* (2).

Scham|bein, das [zu ↑Scham (4)] (Anat.): *vorderer Teil des Hüftbeins.*

Scham|bein|fu|ge, die (Anat.): *schmaler Zwischenraum zwischen linkem u. rechtem Schambein.*

Scham|berg, der (Anat.): *mit Schamhaaren bedeckte, leicht hervortretende Erhebung unmittelbar oberhalb der äußeren Geschlechtsorgane (bes. der Frau).*

Scham|drei|eck, das: *der Form eines auf der Spitze stehenden Dreiecks ähnliches Schamhaar (2) der Frau.*

schä|men, sich ⟨sw. V.; hat⟩ [mhd. schemen, schämen, ahd. scamēn, scamōn]: **1.** *Scham (1) empfinden:* sich sehr s.; sich seiner Nacktheit s.; ich schäme mich für dich; sich vor sich selbst s.; schäm dich, so zu lügen!; schämst du dich [denn] gar nicht? *(wie kannst du dich nur so verhalten?).* **2.** *sich aus Scham nicht überwinden können, etw. Bestimmtes zu tun:* er schämt sich, seinen Irrtum einzugestehen.

scham|fi|len ⟨sw. V.; hat⟩ [niederd., wohl umgebildet aus: schamfēren = schimpfieren] (Seemannsspr.): **a)** *(bes. von Leinen o. Ä.) scheuern u. dabei schadhaft werden:* das Tau schamfilt; **b)** *durch Scheuern beschädigen.*

Scham|frist, die (Politik Jargon): *Zeitraum, den jmd. nach bestimmten Ereignissen, Vorfällen o. Ä. aus taktischen Gründen, aus einer gewissen Rücksichtnahme, um des besseren Eindrucks willen verstreichen lässt, ehe er weitere Maßnahmen ergreift, seine wirklichen Absichten offen zutage legt.*

Scham|fu|ge, die (Anat.): *Schambeinfuge.*

Scham|ge|fühl, das ⟨o. Pl.⟩: *Fähigkeit, Scham (1) zu empfinden:* jmds. S. verletzen.

Scham|ge|gend, die ⟨o. Pl.⟩: *Gegend (d) der äußeren Geschlechtsorgane.*

Scham|haar, das: **1.** *in der Schamgegend wachsendes Haar.* **2.** ⟨o. Pl.⟩ *Behaarung der Schamgegend des Menschen.*

scham|haft ⟨Adj.⟩ [mhd. scham(e)haft, ahd. scamahaft]: *sehr leicht dazu neigend, Scham zu empfinden; Scham zeigend; voller Scham:* ein -es junges Mädchen; ein -er Blick; s. die Augen niederschlagen.

Scham|lip|pe, die ⟨meist Pl.⟩ (Anat.): *wulstige Hautfalte des äußeren weiblichen Geschlechtsorgans.*

scham|los ⟨Adj.⟩ [mhd. scham(e)lōs, ahd. scamalos]: **a)** *(im sexuellen Bereich) bestehende Tabus nicht respektierend [u. damit die Gefühle der Mitmenschen verletzend, ihre Entrüstung hervorrufend]:* sie ist eine -e Person; -e Gebärden; **b)** *skrupellos, bedenkenlos gegen die guten Sitten verstoßend:* -e Heuchelei; ein -er Betrug; sich s. [an jmdm.] bereichern; **c)** *dreist, unverschämt:* eine -e Lüge; s. lügen.

Scham|lo|sig|keit, die: **a)** ⟨o. Pl.⟩ *das Schamlossein; schamloses Wesen; schamlose Art;* **b)** *schamlose Handlung, Äußerung.*

Scham|mes, der; -, - [jidd. schammes < hebr. šammaš] (jüd. Rel.): *Diener in einer Synagoge u. Assistent des Vorstehers jüdischer Gemeinden.*

Scha|mott, der; -s (österr. ugs.), **Scha|mot|te** [auch: ...ˈmɔt], die; - [H. u.]: *feuerfester, zur Herstellung von Schamottesteinen o. Ä. verwendeter Ton.*

Scha|mot|te|stein, der: *feuerfester Stein aus Schamotte, bes. zum Auskleiden von Öfen; Ofenstein.*

scha|mot|tie|ren ⟨sw. V.; hat⟩ (österr.): *mit Schamottesteinen auskleiden.*

Scham|pon: ↑Shampoo.

scham|po|nie|ren ⟨sw. V.; hat⟩: *mit Shampoo behandeln, einschäumen.*

Scham|pun: ↑Shampoo.

scham|pu|nie|ren: ↑schamponieren.

Scham|pus, der; - (ugs.): *Champagner, Sekt.*

scham|rot ⟨Adj.⟩: *Schamröte aufweisend:* mit -em Gesicht.

Scham|spal|te, die (Anat.): *spaltartige Öffnung zwischen den äußeren Schamlippen.*

scham|ver|let|zend ⟨Adj.⟩: *das Schamgefühl verletzend.*

scham|voll ⟨Adj.⟩: *schamhaft, voll Scham.*

Schand- (abwertend): drückt in Bildungen mit Substantiven aus, dass etw. als schändlich, skandalös angesehen wird: Schandmauer, -schrift, -vertrag.

schand|bar ⟨Adj.⟩ [mhd. schandebære]: **1.** *von vielen als Schande empfunden; schändlich, abscheulich:* sein -es Benehmen; er hat sich in der Sache s. verhalten. **2.** (ugs.) **a)** *überaus schlecht:* das Gebäude ist in einem -en Zustand; **b)** ⟨intensivierend bei Adj. u. Verben⟩ *sehr, überaus, äußerst:* es hat sich alles s. verteuert.

Schan|de, die; - [mhd. schande, ahd. scanta, verw. mit ↑Scham]: **a)** *etw., was jmds. Ansehen in hohem Maße schadet:* sein Benehmen ist eine S. für die ganze Familie; etw. bringt jmdm. S.; er hat unserem Namen S. gemacht; jmdn., jmds. Namen vor S. bewahren; (scherzh.:) zu meiner S. muss ich gestehen, dass ich es vergessen habe; **b)** *in höchstem Maße beklagenswerter, empörender, skandalöser Vorgang, Zustand, Sachverhalt:* das Elend dieser Menschen ist eine [wahre] S.

Schan|deck, das; -s, -s, **Schan|de|ckel,** der; -s, - [1. Bestandteil wohl zu (ost)fries. schampen = schonen, schützen] (Seemannsspr.): *ganz außen liegende, das Deck seitlich abschließende Planke (1), die die Spanten abdeckt.*

schän|den ⟨sw. V.; hat⟩ [mhd. schenten, ahd. scenten, zu ↑Schande]: **a)** *jmdm., jmds. Ehre, Ansehen o. Ä. Schande zufügen:* er hat das Ansehen der Familie geschändet; **R** Arbeit schändet nicht; **b)** (veraltet) *sexuell missbrauchen:* eine Frau s.; **c)** *etw., was Achtung, Respekt verdient, durch eine Handlung, ein Tun entweihen, beschädigen:* ein Denkmal s.; **d)** (selten) *den Anblick, Eindruck von etw. beeinträchtigen:* das protzige Hochhaus schändet die Landschaft.

Schand|fleck, der (emotional): *etw., was in ärgerlicher Weise den sonst guten Eindruck von etw. beeinträchtigt:* die Mülldeponie ist ein S. in der Landschaft; die Fünf ist ein S. auf seinem Zeugnis.

schänd|lich ⟨Adj.⟩ [mhd. schantlich, schentlich, ahd. scantlih]: **1.** *Empörung hervorrufend; niederträchtig, gemein:* -e Absichten. **2.** (ugs.) **a)** *unerhört; sehr, überaus schlecht;* **b)** ⟨intensivierend bei Adj. u. Verben⟩ *sehr, überaus, äußerst.*

Schänd|lich|keit, die; -, -en: **1.** ⟨o. Pl.⟩ *das Schändlichsein.* **2.** *schändliche Tat.*

Schand|mal, das ⟨Pl. -e u. ...mäler⟩: **1.** (früher) *jmdm. als Zeichen eines Verbrechens, einer Schande beigebrachtes, eingebranntes [2]Mal* (1). **2.** *Schandfleck.*

Schand|maul, das (salopp abwertend): **1.** *freches Mundwerk:* ein S. haben. **2.** *jmd., der ein freches Mundwerk hat* (oft als Schimpfwort).

Schand|pfahl, der (früher): *Pfahl des Prangers, Pranger.*

Schand|schnau|ze, die (derb abwertend): **1.** *Schandmaul* (1). **2.** *Schandmaul* (2).

Schand|tat, die: **1.** (emotional) *verabscheuungswürdige Tat:* eine S. begehen; jmdm. alle -en zutrauen. **2.** (ugs. scherzh.) *leichtsinnige, unbekümmert-übermütige Handlung, Unternehmung:* *** zu jeder S., zu allen -en bereit sein** *(alles mitmachen, was andere vorschlagen, gern möchten).*

Schän|dung, die; -, -en: *das Schänden, Geschändetwerden.*

Schand|ur|teil, das (emotional): *schändliches, dem Rechtsempfinden widersprechendes Urteil.*

Schang|hai [auch: –ˈ–]: Stadt in China.

schang|hai|en ⟨schanghaite, hat schanghait⟩ [engl. to shanghai, nach der chin. Stadt Schanghai, da dies in chinesischen Hafenstädten sehr häufig vorkam] (Seemannsspr.): *betrunken machen, in diesem Zustand für ein Schiff anheuern u. [mit Gewalt] an Bord bringen:* Matrosen s.

Scha|ni|gar|ten, der [zu österr. Schani = Diener, älter auch = Kellner; nach der österr. ugs. Form des frz. m. Vorn. Jean = Johannes, Hans] (österr.): *kleiner Platz für Gäste vor [Vorstadt]gasthäusern.*

[1]Schank, der; -[e]s, Schänke [mhd. schanc = Schenkgefäß, zu ↑schenken] (veraltet): **1.** ⟨o. Pl.⟩ *[1]Ausschank* (1). **2.** *[1]Ausschank* (2 a).

[2]Schank, die; -, -en (österr.): **1.** *[1]Ausschank* (2 a): er sitzt den ganzen Tag in der S. **2.** *[1]Ausschank* (2 b): hinter der S. stehen.

Schank|be|trieb, der: *Schankwirtschaft.*

Schank|bier, das (Fachspr.): *Bier mit einem Gehalt an Stammwürze von 7–8 %.*

Schän|ke: ↑Schenke.

Schan|ker, der; -s, - [frz. chancre < lat. cancer, ↑Krebs (3 a)] (Med.): *Geschlechtskrankheit mit typischen Geschwüren an den Genitalien.*

Schank|er|laub|nis, die: *Schankkonzession.*

Schank|er|laub|nis|steu|er, die: *für eine Schankerlaubnis einmalig zu entrichtende Steuer.*

Schank|kon|zes|si|on, die: *Konzession (1), eine Gastwirtschaft o. Ä. zu betreiben bzw. alkoholische Getränke auszuschenken.*

Schank|raum, der: *Raum, in dem alkoholische Getränke ausgeschenkt werden.*

Schank|stu|be, die: *Schankraum.*

Schank|tisch, der: *Theke* (1).

Schank|wirt, der: *Wirt einer Schankwirtschaft.*

Schank|wir|tin, die: w. Form zu ↑Schankwirt.

Schank|wirt|schaft, die: *Gaststätte, in der nur Getränke ausgeschenkt werden.*

Schan|si: Provinz in China.

Schan|tung, (Fachspr.:) Shantung, **Schan|tung|sei|de,** (Fachspr.:) Shantungseide, die [nach der chin. Provinz Schantung]: *Seidengewebe mit ausgeprägten Fadenverdickungen.*

Schanz|ar|beit, die ⟨meist Pl.⟩ (Milit. früher): *schwere Erdarbeiten mit Spaten.*

Schanz|bau, der ⟨o. Pl.⟩ (Milit. früher): *das Bauen einer Verschanzung.*

[1]Schan|ze, die; -, -n [spätmhd. schanze, auch: Reisigbündel, H. u.]: **1.** (Milit. früher) *als Verteidigungsanlage aufgeworfener Erdwall für einen militärischen Stützpunkt [im Feld]:* -n errichten. **2.** kurz für ↑Sprungschanze. **3.** (Seemannsspr.) *(bes. auf Kriegsschiffen) Aufbau bzw. Deck auf dem hinteren Teil des Schiffes.*

[2]Schan|ze, die [mhd. schanze < afrz. cheance, ↑Chance]: in der Wendung **sein Leben [für jmdn., etw.] in die S. schlagen** (↑Leben 1).

schan|zen ⟨sw. V.; hat⟩: **a)** (Milit. früher) *mit einem Spaten o. Ä. Erdarbeiten zum Anlegen einer [1]Schanze (1) verrichten:* erst mussten die Soldaten s.; **b)** *durch Schanzen (a) schaffen, herstellen, anlegen:* eine Stellung s.

Schan|zen|bau, der ⟨o. Pl.⟩ (Milit. früher): *das Bauen einer Verschanzung.*

Schan|zen|re|kord, der (Skispringen): *größte Weite, die auf einer bestimmten [1]Schanze (2) gesprungen worden ist.*

Schan|zen|tisch, der (Skispringen): *Fläche am Ende des Anlaufs* (2b) *einer* [1]*Schanze* (2), *von der sich der Skispringer abdrückt.*

Schanz|kleid, das (Seemannsspr.): *an der äußeren Seite der Stützen der Reling bei einem Schiff befestigter knie- bis hüfthoher Schutzbezug aus starkem imprägniertem Segeltuch od. Kunststoff.*

Schanz|zeug, das (Milit. früher): *Gerät (z. B. Spaten) für Schanzarbeiten.*

Scha|pel: ↑Schappel.

Schapp, der od. das; -s, -s [niederd. Nebenf. von ↑[1]Schaff] (Seemannsspr.): **a)** *Schrank, Spind;* **b)** *[Schub]fach.*

[1]Schap|pe, die; -, -n [eigtl. = Abfall bei der Seidenherstellung (u. daraus hergestelltes [minderwertiges] Garn), zu landsch. schappen, Nebenf. von ↑schaben] (Textilind.): *Seidengewebe aus Schappeseide.*

[2]Schap|pe, die; -, -n [zu landsch. schappen, ↑[1]Schappe] (Bergmannsspr.): *Werkzeug zum Bohren in lockerem Gestein, das aus einem stählernen Zylinder mit einer Pflugschar ähnlichen Schneiden besteht.*

Schap|pel, das; -s, - [mhd. schap(p)el < afrz. chapel (= frz. chapeau), ↑Chapeau]: **1.** *(im MA. von Frauen als Kopfputz getragener) mit Ornamenten verzierter Metallreif od. Kranz aus Blüten.* **2.** *(zu bestimmten Volkstrachten gehörender, bei festlichen Gelegenheiten von Frauen getragener) Kopfschmuck in der Form einer Krone aus Blüten u. mit Perlen u. Steinen bestickten Bändern.*

Schap|pe|sei|de, die [zu ↑[1]Schappe] (Textilind.): *Florettseide.*

Schap|pe|spin|ne|rei, die: *Spinnerei zur Herstellung von Schappeseide.*

[1]Schar, die; -, -en [mhd. schar, ahd. scara, urspr. = Heeresabteilung, wohl zu ↑[1]scheren u. dann eigtl. = die Abgetrennte]: *größere Anzahl von zusammen auftretenden Menschen od. Tieren:* eine S. spielender Kinder/(seltener:) spielende Kinder; * **in [ganzen, hellen o. ä.] -en** *(in sehr großer Menge, Zahl);* **[ganze] -en von ...** *(sehr viele).*

[2]Schar, die; -, -en, landsch. auch: das; -[e]s, -e (Landw.): kurz für ↑Pflugschar.

Scha|ra|de, die; -, -n [frz. charade, eigtl. = (seichte) Unterhaltung, aus dem Provenz., urspr. wohl lautm.]: *Rätsel, Ratespiel, bei dem ein Wort, das zu erraten ist, meist in seine Silben od. willkürlich in Teile zerlegt, pantomimisch dargestellt wird.*

Schär|baum, der; -[e]s, ...bäume [zu ↑schären] (Weberei): *Kettbaum.*

Schä|re, die; -, -n ⟨meist Pl.⟩ [mniederd. schere, aus dem Anord., zu ↑[1]scheren u. eigtl. = Abgeschnittenes]: *kleine, flache, oft zerklüftete, der Küste vorgelagerte Felseninsel.*

scha|ren ⟨sw. V.; hat⟩ [mhd. schar(e)n, ahd. scarōn] (geh.): **a)** ⟨s. + sich⟩ *sich (in einer* [1]*Schar) zusammenfinden; sich versammeln:* die Klasse scharte sich um den Lehrer; **b)** *als Anhänger* (1) *o. Ä. gewinnen.*

schä|ren ⟨sw. V.; hat⟩ [Nebenf. von ↑[3]scheren (3) in der veralteten Bed. »Seile spannen«] (Weberei): *Kettfäden auf die Walze am Webstuhl wickeln.*

Schä|ren|kreu|zer, der [zu ↑Schäre] (Segeln): *Segelboot mit langem, schlankem Rumpf, mit überhängendem Bug u. Heck u. hohen, schmalen Segeln [u. Kajüte].*

Schä|ren|küs|te, die: *Küste mit vorgelagerten Schären.*

scha|ren|wei|se ⟨Adv.⟩: *in großer Zahl.*

scharf ⟨Adj.; schärfer, schärfste⟩ [mhd. scharf, scharpf, ahd. scarf, scarph, eigtl. = schneidend, zu ↑[1]scheren]: **1. a)** *gut u. leicht schneidend:* ein -es Messer; eine -e Schneide; **Spr** allzu s. macht schartig *(übertriebene Strenge schadet nur);* **b)** *(am Rand o. Ä.) nicht abgerundet u. glatt, sondern in eine Spitze, in einen spitzen Winkel zulaufend [u. deshalb oft verletzend]:* -e Kanten; -e Krallen; die Ränder der Scherben sind s.; **Ü** -e Bügelfalten. **2. a)** *eine beißende, brennende Geschmacksempfindung auslösend:* -er Senf; er trinkt gern -e Sachen (ugs.; *Schnaps*); s. schmecken; eine s. gewürzte Suppe; ⟨subst.:⟩ etwas Scharfes (ugs.; *Schnaps*) trinken; **b)** *(von bestimmten Chemikalien o. Ä.) ätzend, aggressiv* (2b): -e Reinigungsmittel; **c)** *stechend, streng [riechend]:* s. riechen. **3. a)** *(von Tönen, Lauten, Geräuschen u. Ä.) [unangenehm] durchdringend [u. laut];* **b)** *(von Licht) unangenehm hell u. in den Augen schmerzend:* plötzlich traf ihn das -e Licht eines Scheinwerfers; **c)** *ein als unangenehm od. sogar schmerzhaft empfundenes starkes Kältegefühl bewirkend:* es wehte ein -er Ostwind; bei -em Frost. **4. a)** *(bes. von den Augen, vom Gehör) sehr gut funktionierend; genau wahrnehmend:* er hat schärfere Augen als ich; ein -es Gehör; er betrachtete ihn s. *(durchdringend u. aufmerksam prüfend);* **b)** (ugs.) *für gute Sehschärfe sorgend, gutes Sehen ermöglichend:* eine -e Brille. **5.** *deutlich [sichtbar], klar [hervortretend], nicht verschwommen:* -e Umrisse; -e Kontraste; die Videokamera liefert sehr -e Bilder; das Foto ist gestochen s.; mit der Brille sehe ich [alles] absolut s.; ein s. begrenztes Dreieck; was sich zu nah vor dem Objektiv befindet, wird nicht s. abgebildet; **Ü** eine -e Trennung der beiden Begriffe ist kaum möglich; eine -e Grenze gibt es nicht; in -em Gegensatz zu etw. stehen. **6.** *stark ausgeprägt [u. deshalb streng wirkend]:* ein s. geschnittenes Gesicht. **7.** *(das Wichtige, das, worauf es ankommt) genau erfassend, wahrnehmend:* ein -es Auge, einen -en Blick für etw. haben; ein Problem s. analysieren; denk doch mal s. nach. **8.** *geeignet, dem Betroffenen zu schaffen zu machen, ihn empfindlich zu treffen:* eine -e Kritik; ein -er Verweis; er tadelte sie s.; jmdn. s. anfassen. **9.** *massiv* (2), *heftig:* schärfsten Protest einlegen; etw. s. verurteilen; jmdm. s. widersprechen; s. opponieren. **10.** *überaus streng u. unnachsichtig:* ein -es Verhör; ein -es Urteil; er gehört zu den schärfsten Prüfern; jmdn. s. bewachen; ⟨subst.:⟩ ein ganz Scharfer (ugs.; *jmd., der überaus streng nach Vorschrift seinen Dienst als Prüfer, Polizist, Ankläger o. Ä. versieht*). **11.** *heftig, erbittert:* -e Auseinandersetzungen. **12. a)** *sehr schnell; rasant:* in -em Galopp reiten; für einen Siebzigjährigen fährt er ungewöhnlich s.; **b)** *abrupt u. heftig [geschehend, verlaufend]:* eine -e Kurve; eine -e Kehrtwendung machen; s. bremsen; **c)** *stark, heftig, intensiv:* das wochenlange -e Training hat sich ausgezahlt; s. arbeiten; das gewürzte Fleisch wird zunächst s. *(bei großer Hitze)* angebraten. **13.** *(von Hunden) dazu abgerichtet, [auf Befehl] Menschen od. Tiere anzugreifen:* ein -er [Wach]hund; der Hund beißt nur, wenn er s. gemacht wurde; **Ü** das ist reine Propaganda mit dem Zweck, die Leute s. zu machen (ugs.; *sie gegen jmdn. od. etw. aufzubringen, aufzuhetzen*). **14.** *(bei entsprechendem Einsatz) eine zerstörende Wirkung habend:* mit -er Munition schießen; einen -en Schuss abgeben; die Waffe ist s. [geladen]; hier wird s. *(mit scharfer Munition)* geschossen. **15.** (Ballspiele) *(von einem Wurf, Schuss o. Ä.) kraftvoll, wuchtig.* **16.** *deutlich, stark akzentuiert:* s. artikulieren. **17.** (Schiffbau) *(von Bootsformen) spitz zulaufend.* **18.** (ugs.) **a)** *sehr eindrucksvoll u. Begeisterung auslösend:* ein echt -er Typ; **b)** *in seiner Unerhörtheit, Unglaublichkeit kaum noch zu überbieten.* **19.** (ugs.) **a)** *vom Sexualtrieb beherrscht; geil; sinnlich:* ein -er Bursche; ⟨subst.:⟩ so was Scharfes wie die ist mir schon lange nicht mehr begegnet; **b)** *sexuell erregend:* ein -er Porno; -e Sachen *(Pornographie).* **20.** * **s. auf jmdn., etw. sein** (ugs.; *von einem heftigen Verlangen nach jmdm., etw. erfüllt sein*); **nicht s. auf etw. sein** (ugs. untertreibend; *etw. vermeiden wollen, lieber nicht haben, machen wollen*): auf diese Art von Tätigkeit bin ich nicht gerade s. **21.** *ganz nahe, dicht:* die Autos fuhren s. rechts heran; **Ü** s. *(knapp)* kalkulierte Preise.

scharf|äu|gig ⟨Adj.⟩ (selten): *aufmerksam; [alle Vorgänge] scharf* (4a) *beobachtend.*

Scharf|blick, der ⟨o. Pl.⟩: *Fähigkeit, jmdn., etw. klar zu erkennen, zu durchschauen.*

Schär|fe, die; -, -n [mhd. scher(p)fe, ahd. scarfī, scarphī, eigtl. = Schneide]: **1. a)** ⟨o. Pl.⟩ *scharfe* (1) *Beschaffenheit:* die S. der Axt prüfen; **b)** (selten) *etw., was scharf* (1b) *ist.* **2.** ⟨o. Pl.⟩ **a)** *scharfe* (2a) *Beschaffenheit;* **b)** *scharfe* (2b) *Beschaffenheit:* die S. des Putzmittels; **c)** *scharfe* (2c) *Beschaffenheit.* **3.** ⟨o. Pl.⟩ **a)** *scharfe* (3a) *Beschaffenheit:* **b)** *scharfe* (3b) *Beschaffenheit:* die S. des Lichtes mildern; **c)** *scharfe* (3c) *Beschaffenheit:* der eisige Wind hatte an S. noch zugenommen. **4.** ⟨o. Pl.⟩ *Eignung, Tauglichkeit zu scharfer* (4a) *Wahrnehmung:* die S. ihres Gehörs hat nachgelassen. **5.** ⟨o. Pl.⟩ *(bes. von Konturen o. Ä.) Deutlichkeit, Klarheit.* **6.** ⟨o. Pl.⟩ *Eignung, Tauglichkeit zu scharfem* (7), *genauem Erfassen, Wahrnehmen (des Wichtigen):* die S. ihres Verstandes imponierte ihm. **7.** ⟨o. Pl.⟩ *scharfe* (8) *Beschaffenheit, scharfe* (8) *Art u. Weise:* er hat das Buch mit ungewöhnlicher S. kritisiert. **8. a)** ⟨o. Pl.⟩ *scharfe* (9) *Beschaffenheit, scharfe* (9) *Art u. Weise;* **b)** (seltener) *etw., was Schärfe* (8a) *besitzt.* **9.** ⟨o. Pl.⟩ *scharfe* (10) *Beschaffenheit, scharfe* (10) *Art u. Weise:* ein wegen seiner S. allgemein gefürchteter Prüfer. **10.** ⟨o. Pl.⟩ *scharfe* (11) *Beschaffenheit, scharfe* (11) *Art u. Weise:* mit äußerster S. geführte Kämpfe. **11.** ⟨o. Pl.⟩ (Ballspiele) *scharfe* (15) *Beschaffenheit, scharfe* (15) *Art u. Weise.*

schär|fen ⟨sw. V.; hat⟩ [mhd. scherp(f)en, ahd. scerfan]: **1.** *(durch Schleifen od. Wetzen) scharf* (1a) *machen:* die Sense s. **2. a)** *in seiner Funktion verbessern, verfeinern:* ein geschärftes Auge haben; **b)** ⟨s. + sich⟩ *sich ausbilden, sich verfeinern.* **3.** (Waffent.) *scharf* (14) *machen.*

Schär|fen|tie|fe, die (Fot.): *(bei der Einstellung des Objektivs) durch eine kleinste u. eine größte Entfernung begrenzter Bereich, innerhalb dessen die vorhandenen Objekte ausreichend scharf abgebildet werden.*

scharf|kan|tig ⟨Adj.⟩: *scharfe Kanten aufweisend:* -e Möbel; ein -es Blech.

scharf ma|chen: s. scharf (13).

Scharf|ma|cher, der (bes. Politik abwertend): *jmd., der einen besonders harten politischen Kurs verfolgt, der auf Konfrontation u. Scharfmacherei aus ist.*

Scharf|ma|che|rei, die; -, -en ⟨Pl. selten⟩ (bes. Politik abwertend): *[dauerndes] Scharfmachen.*

Scharf|ma|che|rin, die: w. Form zu ↑Scharfmacher.

Scharf|rich|ter, der [urspr. = der mit Schwert od. Beil scharf (10) Richtende]: *Henker.*

Scharf|schie|ßen, das: *Schießen mit scharfer* (14) *Munition.*

Scharf|schuss, der (Ballspiele): *scharfer* (15), *kraftvoller, wuchtiger Schuss [aufs Tor].*

Scharf|schüt|ze, der: **1.** *Schütze mit besonderer Ausbildung u. Ausrüstung, der ein Ziel auch aus großer Entfernung genau trifft.* **2.** (Ballspiele) *besonders guter u. erfolgreicher Torschütze.*

Scharf|schüt|zen|ab|tei|lung, die (Milit.): *Abteilung von Scharfschützen.*

Scharf|schüt|zin, die: w. Form zu ↑Scharfschütze.

Scharf|sicht, die: *Scharfblick.*

scharf|sich|tig ⟨Adj.⟩: *Scharfblick habend, von Scharfblick zeugend.*

Scharf|sinn, der: *wacher Intellekt, der sofort das Wesentliche erfasst.*

scharf|sin|nig ⟨Adj.⟩: *Scharfsinn habend, erkennen lassend.*

Scharf|sin|nig|keit, die; -: *Scharfsinn.*

scharf|za|ckig ⟨Adj.⟩: vgl. scharfkantig.

scharf|zah|nig ⟨Adj.⟩: vgl. scharfkantig.

scharf|zün|gig ⟨Adj.⟩: **a)** *zu scharfen* (8) *Äußerungen neigend;* **b)** *mit scharfer* (8) *Zunge [gesprochen].*

Scharf|zün|gig|keit, die; -: *das Scharfzüngigsein.*

Scha|ria, Scheria, die; - [arab. šarīʿaʰ]: *religiöses Gesetz des Islam, das Normen u. Rechtsgrundsätze für alle Lebensbereiche enthält.*

[1]Schar|lach, der, (auch, österr. nur:) das; -s, -e ⟨Pl. selten⟩ [mhd. (md.) scharlach = (rot gefärbter)

Wollstoff, unter Einfluss des Mniederd. über das Afrz. zu mlat. scarlatum = rot gefärbtes Gewand, aus dem Pers.]: 1. ⟨meist: das⟩ *sehr kräftiger, leuchtender, hellroter Farbton.* 2. (früher) *scharlachrot gefärbter Stoff.*

[2]**Schar|lach,** der; -s [gek. aus der LÜ von vlat. febris scarlatina, nach dem intensiv roten Hautausschlag]: *(am häufigsten bei Kindern auftretende) mit sehr hohem Fieber, Kopf- u. Halsschmerzen u. rotem Hautausschlag einhergehende Infektionskrankheit:* S. haben.

Schar|lach|aus|schlag, der: *bei* [2]*Scharlach auftretender Hautausschlag.*

schar|la|chen ⟨Adj.⟩ [mhd. scharlach(en)] (geh.): *scharlachrot.*

Schar|lach|far|be, die ⟨Pl. selten⟩: [1]*Scharlach* (1).

schar|lach|far|ben, schar|lach|far|big ⟨Adj.⟩: *scharlachrot.*

schar|lach|rot ⟨Adj.⟩: *eine kräftige, leuchtend hellrote Farbe aufweisend.*

Schar|la|tan, der; -s, -e [frz. charlatan < ital. ciarlatano, unter Einfluss von: ciarlare = schwatzen, zu: cerretano = Marktschreier, eigtl. = Einwohner der Stadt Cerreto (die als marktschreierische Händler bekannt waren)] (abwertend): *jmd., der bestimmte Fähigkeiten vortäuscht u. andere damit hinters Licht führt.*

Schar|la|ta|ne|rie, die; -, -n, (seltener:) **Schar|la|ta|nis|mus,** der; -, ...men: a) ⟨o. Pl.⟩ *Verhalten[sweise] eines Scharlatans;* b) *Schwindelei eines Scharlatans.*

Scharm: ↑Charme.

schar|mant: ↑charmant.

Schär|ma|schi|ne, die [zu ↑schären] (Weberei): *Maschine zum Aufwickeln der Kettfäden auf den Schärbaum.*

Schar|müt|zel, das; -s, - [mhd. scharmutzel, -mützel < oberital. scaramuzza, ital. scaramuccia = Gefecht, H. u.] (Milit. veraltet): *kurzer, auf kleinen Raum beschränkter Zusammenstoß weniger gegnerischer Soldaten, bei dem es zu einem kleinen Feuergefecht kommt; Geplänkel* (1).

Schar|nier, das; -s, -e [frz. charnière, über das Galloroman. zu lat. cardo (Gen.: cardinis) = Türangel]: *zur Herstellung einer beweglichen Verbindung (z. B. zwischen Tür u. Rahmen) dienender Beschlag* (1 a) *o. Ä., bei dem zwei Elemente durch einen Stift o. Ä. so miteinander verbunden sind, dass sie sich um dessen Längsachse drehen können.*

Schar|nier|band, das ⟨Pl. ...bänder⟩ (Handw.): *mit einem Scharnier verbundenes, als Scharnier ausgeführtes* [1]*Band* (I 2 i).

Schar|nier|ge|lenk, das; -[e]s, -e (Anat.): *Gelenk* (a), *das Bewegungen nur um eine Achse zulässt.*

Schär|pe, die; -, -n [frz. écharpe = Armbinde < afrz. escherpe = an einer Schlinge (um den Hals) getragene (Pilger)tasche, H. u.]: *oft als Bestandteil von Uniformen od. [Amts]trachten od. als modisches Accessoire um die Hüften od. schräg über Schulter u. Brust getragenes breites Band.*

[1]**Schar|pie,** die; - [frz. charpie, zu afrz. charpir < lat. carpere = pflücken, zupfen] (früher): *(als Verbandmaterial verwendete) zerzupfte Leinwand.*

[2]**Schar|pie** [ˈʃarpi], das; -s, -s [engl. sharpie, sharpy, zu: sharp = scharf]: *in bestimmter Bauweise hergestelltes leichtes Segelboot.*

Schär|rah|men, der (Weberei): *(beim Schären) Rahmen für die Aufnahme der Spulen mit dem Garn.*

schar|ren ⟨sw. V.; hat⟩ [mhd. scharren, Intensivbildung zu mhd. scherren, ahd. scerran = abkratzen, schaben, H. u.]: 1. a) *die Füße, die Krallen o. Ä. wiederholt schleifend über eine Oberfläche bewegen u. dabei ein kratzendes Geräusch verursachen:* der Hund scharrt an der Tür; ⟨auch mit Akk.-Obj.:⟩ die Pferde scharren den Boden; b) *wiederholt über eine Oberfläche schleifen u. dabei ein kratzendes Geräusch verursachen.* 2. *scharrend* (1 a) *nach etw. suchen; durch Scharren aus der Erde o. Ä. zu fördern suchen:* die Hühner scharren [im Sand] nach Würmern. 3. a) *scharrend* (1 a) *befördern:* den Schutt auf einen Haufen s.; Ü Geld s. (abwertend; *raffgierig möglichst viel Geld in seinen Besitz bringen*); b) *durch Scharren* (1 a) *schaffen, herstellen.*

Schar|te, die; -, -n [mhd. schart(e) = Einschnitt, Bruch, Öffnung, zu mhd. schart, ahd. scart = verstümmelt, zerhauen, verw. mit ↑[1]scheren]: 1. a) *schadhafte Stelle in Form einer Einkerbung an dem glatten od. geschliffenen Rand von etw., bes. an einer Schneide:* die Sense hat schon ein paar -n; * **eine S. auswetzen** (↑auswetzen); b) (veraltet) *Riss, Schrunde in der Haut:* eine S. an der Unterlippe haben. 2. kurz für ↑Schießscharte. 3. *[schwer zugänglicher] Einschnitt in einem Bergrücken, schmaler Bergsattel.*

Schar|te|ke, die; -, -n [mniederd. scarte, scarteke = altes Buch, Urkunde, wahrsch. < frz. charte = Urkunde < lat. charta, ↑Karte]: 1. (veraltend abwertend) a) *altes u. seinem Inhalt nach wertloses Buch;* b) *anspruchsloses Theaterstück.* 2. (salopp abwertend) *unsympathische ältere Frau.*

schar|tig ⟨Adj.⟩: 1. *mit Scharten* (1): eine -e Sichel; das Messer ist s. geworden. 2. *Scharten* (3) *aufweisend; tief eingeschnitten.*

Schar|wen|zel, (seltener:) Scherwenzel [ʃɛr...], der; -s, - [1: übertr. von Bed. 2 im Sinne von »jmd., der wie eine Trumpfkarte (beliebig) eingesetzt werden kann«; 2: wohl unter Einfluss von ↑Wenzel < tschech. červenec = (roter) Herzbube, zu: červený = rot]: 1. (veraltend abwertend) *jmd., der herumscharwenzelt; übergeschäftiger, dienstbeflissener Mensch.* 2. (landsch.) *(im Kartenspiel) Bube.* 3. (Jägerspr.) *Fehlschuss.*

schar|wen|zeln, (seltener:) scherwenzeln ⟨sw. V.⟩ [urspr. = das Kartenspiel Scharwenzel spielen] (ugs. abwertend): 1. *sich in jmds. Nähe zu schaffen machen u. dabei immer bereit sein, übertrieben geschäftig u. eilfertig seine Dienste anzubieten, um sich dadurch einzuschmeicheln* ⟨hat⟩. 2. *sich scharwenzelnd* (1) *fortbewegen* ⟨ist⟩.

Schasch|lik, der od. das; -s, -s [russ. šašlyk, aus dem Turkotat., 1. Bestandteil verw. mit türk. şiş, ↑Kebab]: *kleine Stückchen Fleisch, die (zusammen mit Speck, Zwiebeln, Paprika u. Tomaten) auf einen Spieß gereiht, gebraten od. gegrillt werden.*

schas|sen ⟨sw. V.; hat⟩ [zu frz. chasser = (fort)jagen] (ugs.): 1. *jmdn. kurzerhand (aus einem Amt, aus der Schule o. Ä.) entlassen, davonjagen.* 2. (landsch.) *fassen, ergreifen.* 3. (landsch.) *jagen, hetzen, scheuchen.*

schas|sie|ren ⟨sw. V.; ist/hat⟩: *mit kurzen, gleitenden Schritten ohne Drehung geradeaus tanzen.*

schat|ten ⟨sw. V.; hat⟩ [mhd. schatewen, ahd. scatewen] (dichter.): a) *Schatten spenden:* unter schattenden Bäumen; b) *einen Schatten werfen.*

Schat|ten, der; -s, - [mhd. schate(we), ahd. scato, verw. mit griech. skótos = Dunkel]: 1. a) *(mehr od. weniger scharf begrenzter) im Schatten* (1 b) *eines Körpers liegender Ausschnitt einer im Übrigen von direktem Licht beschienenen Fläche, der sich dunkel von der helleren Umgebung abhebt:* die S. werden länger; gegen Abend werfen die Gegenstände lange S.; Ü die Nacht breitet ihre S. über das Land; ein S. lag auf ihrem Glück *(es war durch etwas beeinträchtigt);* * **nur noch der S., ein S. seiner selbst sein** *(äußerlich erkennbar krank u. elend sein);* **jmdm. wie ein S. folgen** *(jmdm. überallhin folgen, ihn nicht aus den Augen lassen);* **die S. der Vergangenheit** *(Vergangenes, das mit seinem negativen Aspekt bis in die Gegenwart nachwirkt);* **einen S., seinen S. auf etw. werfen** (geh.; *etw. beeinträchtigen, in negativer Weise beeinflussen*); **seine S. vorauswerfen** *(schon im Voraus Auswirkungen haben);* **über seinen S. springen** *(sich überwinden, etw. zu tun, was gegen die eigene Natur, die eigenen Vorstellungen, Absichten, Wünsche geht);* **nicht über seinen [eigenen] S. springen können** *(nicht anders handeln können, als es dem eigenen Wesen od. der eigenen Gewohnheit entspricht);* **sich vor seinem eigenen S. fürchten** *(sehr ängstlich sein);* b) ⟨o. Pl.⟩ *Bereich, der vom Licht der Sonne od. einer anderen Lichtquelle nicht unmittelbar erreicht wird u. in dem deshalb nur gedämpfte Helligkeit, Halbdunkel [u. zugleich Kühle] herrscht:* weit und breit gab es keinen S. *(keine schattige Stelle);* ein S. spendender Baum; aus dem S. heraustreten; aus der Sonne in den S. gehen; * **in jmds. S. stehen** *(neben einem anderen nicht die verdiente, gebührende Beachtung, Anerkennung finden);* **jmdn., etw. in den S. stellen** *(jmdn. in seinen Leistungen, etw. an Qualität o. Ä. weit übertreffen):* dieses neue Lexikon stellt alles bisher Dagewesene in den S. 2. *Figur, Gestalt o. Ä., die (dadurch, dass sie sich von einem helleren Hintergrund abhebt) nur in ihren Umrissen, nur schemenhaft als Silhouette erkennbar ist:* ein S. taucht aus dem Dunkel auf; * **einem S. nachjagen** (geh.; *ein unrealistisches Ziel verfolgen*). 3. *dunkle Stelle, dunkler Fleck, der auf etw. erscheint:* S. *(Ringe)* unter den Augen haben; Ü ein S. (geh.; *Makel*) liegt auf seiner Vergangenheit; * **nicht der S. einer Sache** *(nicht die geringste Spur von etw.);* **einen S. haben** (ugs.; *geistig nicht ganz normal sein*). 4. (bildungsspr.) *als Schatten gedachte Gestalt eines Verstorbenen, Abgeschiedenen (im Totenreich der Antike):* das Reich der S. (Myth.; *Totenreich, Unterwelt*); * **in das Reich der S. hinabsteigen** (bildungsspr. verhüll.; *sterben*). 5. *jmd., der einen anderen ständig begleitet, sich in seiner Nähe hält, dessen Aufgabe es ist, einen anderen zu beobachten, zu überwachen:* ihr S. war wieder bei ihr.

Schat|ten|bild, das: 1. *durch einen Schatten* (1 b) *auf einer Fläche erzeugtes schattenrissartiges Bild.* 2. *Schattenriss.*

Schat|ten|bo|xen, das; -s (Boxen): *Art des Trainings, bei dem jmd. gegen einen nur vorgestellten Gegner (gegen den eigenen Schatten od. gegen sein Spiegelbild) boxt.*

Schat|ten|da|sein, das: in den Wendungen **[nur] ein S. führen, fristen** *(nur kümmerlich existieren; sich nicht entwickeln können);* **aus dem S., seinem S. hervor-, heraustreten** *(aus einem Status der Unbedeutendheit, einer kümmerlichen Existenz[form] o. Ä. herauskommen, ihn überwinden).*

schat|ten|haft ⟨Adj.⟩ (geh.): *einem Schatten* (1 a) *ähnlich, nur undeutlich erkennbar:* eine -e Gestalt huschte vorbei; etw. ist nur s. auszumachen; Ü ein -es Dasein führen.

Schat|ten|haus|halt, der (Wirtsch.): *neben dem öffentlichen Haushalt* (3) *bestehender, nicht im eigentlichen Haushaltsplan veranschlagter Haushalt* (3), *der durch bestimmte finanzpolitische Maßnahmen, die Einrichtung zusätzlicher Fonds o. Ä. entsteht.*

Schat|ten|ka|bi|nett, das (Politik): *von einer parlamentarischen Opposition aufgestelltes Kabinett für den Fall eines Regierungswechsels:* ein S. aufstellen.

schat|ten|los ⟨Adj.⟩: *keinen Schatten* (1 b) *bietend, ohne Schatten.*

Schat|ten|mo|rel|le, die: a) *Sauerkirsche* (2) *mit großen, braunroten Früchten;* b) *Frucht der Schattenmorelle* (a).

schat|ten|reich ⟨Adj.⟩: *viel Schatten* (1 b) *bietend; sehr schattig:* ein -es Tal.

Schat|ten|reich, das (Myth.): *Totenreich; Hades.*

Schat|ten|riss, der [vgl. Reißahle]: *Darstellung von Gegenständen u. Personen als nur den Umriss erkennen lassender schwarzer Schatten:* einen S. [von jmdm., etw.] herstellen; ein Meister des -es *(jmd., der es meisterlich versteht, Schattenrisse anzufertigen):* ein mit -en illustriertes Buch.

Schat|ten|sei|te, die: 1. ⟨Pl. selten⟩ *dem Licht, der Sonne abgewandte Seite:* er wohnt auf der S. des Tals; Ü auf der S. leben *(nicht vom Glück begünstigt sein).* 2. ⟨meist Pl.⟩ *negativer Aspekt bei einer sonst positiven Sache; Nachteil; Kehrseite* (2): die -n des technischen Fortschritts.

schạt|ten|sei|tig ⟨Adj.⟩ (österr.): *auf der Schattenseite* (1) *[liegend].*
Schạt|ten spen|dend: s. Schatten (1 b).
Schạt|ten|spen|der, der (geh.): *etw., was jmdm. Schatten* (1 b) *spendet.*
Schạt|ten|spiel, das: **1.** *Schattentheater:* das chinesische S. **2.** *Stück für das Schattentheater:* sich ein S. ansehen. **3.** ⟨meist Pl.⟩ *durch eine bestimmte Stellung einer Hand od. beider Hände vor einer Lichtquelle erzeugtes Schattenbild* (1) *an der Wand (bes. als Kinderspiel):* -e machen.
Schạt|ten|the|a|ter, das ⟨o. Pl.⟩: *Form des Puppenspiels, bei dem sich die Silhouetten flächiger, ausgeschnittener Figuren auf einem von rückwärts angeleuchteten Schirm bewegen.*
Schạt|ten|wirt|schaft, die: *Gesamtheit der wirtschaftlichen Aktivitäten (wie Schwarzarbeit, Nachbarschaftshilfe u. Ä.), die nicht von der Steuer erfasst werden können, weil sie nicht entsprechend deklariert werden.*
schat|tie|ren ⟨sw. V.; hat⟩: **1.** *(in der Malerei) mit Schatten* (1 a) *versehen, durch Andeutung von Schatten* (1 a) *nuancieren; abschattieren:* eine Zeichnung s. **2.** (seltener) *(Farben) abstufen, nuancieren* (a): Farben s. **3.** (Gartenbau) *(bes. Frühbeete, Gewächshäuser u. Ä.) gegen zu starke Sonneneinstrahlung schützen, abschirmen.*
Schat|tie|rung, die; -, -en: **1.** *das Schattieren.* **2.** *das Schattiertsein.* **3.** ⟨meist Pl.⟩ **a)** *Spielart, Variante von etw.;* **b)** *Nuance* (1).
schạt|tig ⟨Adj.⟩ [spätmhd. schatic]: *Schatten* (1 b) *aufweisend; im Schatten* (1 b) *liegend:* hier ist es s. und kühl.
Schạtt|sei|te, die (österr., schweiz.): **1.** *Schattenseite.* **2.** *Schattenseite* (2): jedes Ding hat seine Sonn- und [seine] -n.
schạtt|sei|tig ⟨Adj.⟩ (österr., schweiz.): *schattenseitig.*
Scha|tul|le, die; -, -n [ital. scatola < mlat. scatula, ↑Schachtel]: (bildungsspr.) *kleiner, verschließbarer, meist verzierter Kasten zur Aufbewahrung von Geld od. Wertsachen o. Ä.*
Schạtz, der; -es, Schätze [mhd. scha(t)z, ahd. scaz = Geld(stück), Vermögen, H. u.]: **1.** *angehäufte Menge, Ansammlung von kostbaren Dingen (bes. Schmuck, Gegenständen aus edlem Metall u. Ä.):* der S. der Nibelungen; einen S. vergraben. **2.** *etw., was seinem Besitzer viel wert ist, was zu besitzen ihm viel bedeutet, wichtig ist:* die Münzsammlung war sein kostbarster S. **3.** (geh.) *wertvolles (materielles od. geistiges) Gut, wertvoller Bestand an (materiellen od. geistigen) Gütern:* seine Gesundheit betrachtet er als großen S.; er verfügte über einen S. an/(selten:) von Erfahrung. **4.** (Rechtsspr.) *Fundsache, die so lange verborgen war, dass ihr Eigentümer nicht mehr zu ermitteln ist.* **5. a)** (veraltend) *Geliebte[r], Freund[in]:* er, sie hat einen [neuen] S.; (häufig als Anrede:) [mein] S.; **b)** (ugs.) *geliebter Mensch, bes. Kind:* schläft unser kleiner S. schon?; du bist mein S. *(mein liebes Kind);* **c)** (ugs.) *netter, liebenswerter Mensch:* sie ist ein echter S. **6.** ⟨Pl.⟩ (Bankw.) kurz für ↑Schatzanweisungen.
Schạtz|an|wei|sung, die ⟨meist Pl.⟩ (Bankw., Wirtsch.): *Schuldverschreibung des Staates.*
schätz|bar ⟨Adj.⟩: *sich schätzen, taxieren lassend.*
Schätz|chen, das; -s, -: Vkl. zu ↑Schatz (5).
Schät|ze: Pl. von ↑Schatz.
schät|zen ⟨sw. V.; hat⟩ [mhd. schetzen]: **1. a)** *(ohne exaktes Messen, nur auf Erfahrung gestützt) näherungsweise bestimmen:* den Wert einer Sache s.; er hat die Entfernung gut geschätzt; schätz doch mal, wie viel ich wiege; ich schätze sie *(ihr Alter)* auf 25; jmdn. jünger s., als er ist; es dürften, grob geschätzt, etwa 50 km sein; *** sich glücklich s.** (geh.; *sehr froh sein*): ich hätte mich [schon] glücklich geschätzt, wenn ich nur halb so viel erreicht hätte wie du; **b)** *taxieren* (1 b): etw. [von einem Sachverständigen] s. lassen. **2.** (ugs.) *annehmen, vermuten, für wahrscheinlich halten:* was schätzt du, gibt es heute noch Regen? **3. a)** *(von jmdm.) eine hohe Meinung haben:* jmdn. sehr s.; ich habe ihn mit der Zeit s. gelernt; ein [von allen] sehr geschätzter Kollege; **b)** *(von etw.) viel halten, (auf etw.) besonderen Wert legen; sehr mögen:* er schätzt ihre Zuverlässigkeit [sehr]; er schätzt einen guten Wein; die Annehmlichkeiten von etw. s. lernen; *** etw. zu s. wissen** *(etw. als schätzenswert erkennen, ansehen).*
schät|zen ler|nen: s. schätzen (3 a, b).
schät|zens|wert ⟨Adj.⟩: *Wertschätzung, eine positive Bewertung verdienend.*
Schät|zer, der; -s, -: *Taxator.*
Schät|ze|rin, die; -, -nen: w. Form zu ↑Schätzer.
Schạtz|haus, das: *Thesaurus* (1).
Schạtz|kam|mer, die (früher): *Räumlichkeiten, in denen der Staatsschatz aufbewahrt wird.*
Schạtz|kanz|ler, der: *(in Großbritannien) Finanzminister.*
Schạtz|kanz|le|rin, die: w. Form zu ↑Schatzkanzler.
Schạtz|käst|chen, das (veraltend od. scherzh.): *Kästchen, in dem jmd. etw. für ihn Wertvolles aufbewahrt.*
Schạtz|meis|ter, der: **1.** *jmd., der bei einem Verein, einer Partei o. Ä. die Kasse verwaltet.* **2.** (früher) *mit der Verwaltung des königlichen bzw. staatlichen Vermögens betrauter Beamter.*
Schạtz|meis|te|rin, die: w. Form zu ↑Schatzmeister (1).
Schätz|preis, der: vgl. Schätzwert.
Schạtz|su|che, die: *(systematische) Suche nach verborgenen Schätzen.*
Schạtz|su|cher, der: *jmd., der Schatzsuche betreibt.*
Schạtz|su|che|rin, die: w. Form zu ↑Schatzsucher.
Schạt|zung, die; -, -en: (schweiz.) *[amtliche] Schätzung des Geldwertes einer Sache.*
Schät|zung, die; -, -en [mhd. schetzunge = Steuer]: **1.** *das Schätzen* (1 a): mit seiner S. lag er fast richtig. **2.** *das Schätzen* (1 b): eine S. des Gebäudes vornehmen lassen. **3.** (veraltend) **a)** *Wertschätzung;* **b)** *hohe Bewertung:*
schät|zungs|wei|se ⟨Adv.⟩: **1.** *einer ungefähren Schätzung* (1) *nach:* es sind s. 100 Meter. **2.** (ugs.) *vermutlich, wahrscheinlich:* es liegt s. an der Batterie.
Schätz|wert, der: *angenommener od. durch Taxieren festgesetzter Wert.*
Schau, die; -, -en [mhd. schouwe = prüfendes Blicken, (amtliche) Besichtigung, zu: schouwen, ↑schauen]: **1.** (seltener) *Ausstellung* (2): eine landwirtschaftliche S. **2.** (seltener) *Show:* eine S. mit vielen Stars; *** [die/eine] S. sein** (Jugendspr.; *großartig, toll sein*): die Party war eine S.; **eine S., die große S. abziehen** (ugs.; *sich groß aufspielen; sich in Szene setzen*): jetzt zieht sie wieder die große S. ab; **eine S. machen** (Jugendspr.; 1. *angeben, sich aufspielen.* 2. *sich zieren*); **jmdm. die S. stehlen** *(zu jmds. Lasten an dessen Stelle in den Mittelpunkt des Interesses rücken);* **[einen] auf S. machen** *(die Aufmerksamkeit auf sich zu lenken versuchen; sich aufspielen; prahlen).* **3.** (geh.) *intuitives, schauendes Erfassen (geistiger Zusammenhänge):* eine innere S. **4.** (geh.) *Sicht* (2). **5.** *** zur S. stellen** (1. *den Blicken anderer aussetzen, von anderen betrachten lassen.* 2. *offen, öffentlich [demonstrativ] zeigen.* 3. *vortäuschen*); **zur S. tragen** (1. *demonstrativ zeigen, unverhohlen erkennen lassen.* 2. *vortäuschen*); **zur Schau stehen** (selten; *öffentlich gezeigt werden, ausgestellt sein*).
schau|bar ⟨Adj.⟩ (geh.): *sich erblicken lassend; sichtbar.*
Schau|bar|keit, die; - (geh.): *das Schaubarsein.*
Schau|be, die; -, -n [spätmhd. schaube, schūbe, wohl < ital. giubba, giuppa, ↑Joppe]: *(im späten MA.) mantelartiges Kleidungsstück (für Männer) mit weiten Ärmeln.*
Schau|be|gier, die (geh.): *Begierde, etw. [Bestimmtes] zu sehen.*
Schau|bild, das: **1.** *Diagramm.* **2.** *[maßstäbliche] zeichnerische Darstellung.*
Schau|brot, das ⟨meist Pl.⟩ (jüd. Rel.): *Brot aus ungesäuertem Teig, das im Allerheiligsten der Stiftshütte aufbewahrt wird.*
Schau|der, der; -s, - [zu ↑schaudern] (geh.): **1.** *heftige Empfindung von Kälte; Frösteln, das jmdn. plötzlich befällt (u. bes. im Bereich des Rückens empfunden wird).* **2.** *plötzliches [wegen seiner überwältigenden Heftigkeit] gleichsam körperlich empfundenes Gefühl* (2) *(bes. der Angst, der Beklommenheit, des Entsetzens o. Ä.):* ein S. ergreift jmdn.; ein S. erregender Anblick.
schau|der|er|re|gend ⟨Adj.⟩: *Grauen, Angst, Entsetzen hervorrufend:* der Anblick war s.
schau|der|haft ⟨Adj.⟩ (ugs. abwertend): **1.** *im höchsten Maße jmds. Missfallen erregend, scheußlich; abstoßend, widerlich:* ein -er Anblick; s. schmecken. **2.** ⟨intensivierend bei Adj. u. Verben⟩ *sehr, überaus:* es war s. kalt.
schau|dern ⟨sw. V.; hat⟩ [aus dem Niederd. < mniederd. (mittelfränk.) schudern, Iterativbildung zu mniederd. schüdden = schütte(l)n]: **1.** *für einen kurzen Augenblick einen Schauder* (1), *ein heftiges Kältegefühl haben; frösteln:* ⟨oft unpers.:⟩ ihn/(auch:) ihm schauderte beim Betreten des kühlen Kellers; ⟨subst.:⟩ ihn befiel ein Schaudern. **2.** *einen Schauder* (2) *empfinden:* sie schaudern vor Angst; etw. lässt, macht jmdn. s.; ⟨oft unpers.:⟩ jmdn./(auch:) jmdm. schaudert [es] bei, vor etw.; ⟨subst.:⟩ ein angstvolles Schaudern ergriff sie.
Schau|ef|fekt, der: *eindrucksvoller, spektakulärer optischer Effekt.*
schau|en ⟨sw. V.; hat⟩ [mhd. schouwen, ahd. scouwōn = sehen, betrachten, eigtl. = auf etw. achten, aufpassen; bemerken]: **1.** (bes. südd., österr., schweiz.) **a)** *sehen* (1): mit der neuen Brille kann ich besser s.; **b)** *blicken* (a), *sehen* (2 a): zu Boden s.; jmdm. in die Augen s.; Ü optimistisch in die Zukunft s.; **c)** *dreinblicken:* traurig, fragend s.; Ü der Himmel schaute düster; *** jmd. schaut jmdm. ähnlich** *(jmd. hat Ähnlichkeit mit jmdm.).* **2.** (geh.) *(mit dem geistigen Auge) wahrnehmen, intuitiv erfassen.* **3.** (südd., österr.) *ansehen, betrachten:* Bilder s.; *** schau, schau!** (Ausruf der Verwunderung). **4. a)** (südd., österr.) *sehen* (9 a), *sich um jmdn., etw. kümmern:* ab und zu nach den alten Eltern s.; **b)** (schweiz.) *sich ständig (um jmdn., etw.) kümmern; (jmdn., etw.) betreuen.* **5.** (südd., österr., schweiz.) *sehen* (10 a), *Wert legen, achten:* auf Ordnung s. **6.** (südd., österr., schweiz.) *sehen* (11); *zusehen:* schau, dass du bald fertig wirst. **7.** (südd., österr., schweiz.) *sehen* (5 c); *nachsehen.* **8.** (südd., österr., schweiz.) **a)** *sehen* (8 d); *überlegen:* ich werde s., was ich tun kann; **b)** *sehen* (9 b), *Ausschau halten:* nach einer Alternative s.; **c)** ⟨verblasst im Imp.⟩ (Zustimmung heischende einleitende Floskel): schauen Sie, ich kann wirklich nichts dafür. **9.** (südd., österr., schweiz.) *sehen* (3), *hervorsehen, -ragen.*
[1]Schau|er, der; -s, - [mhd. schūr, ahd. scūr = Sturm, Hagel, Regenschauer; vgl. gleichbed. engl. shower, schwed. skur; 3: wohl unter Einfluss des nicht verwandten ↑Schauder]: **1.** (Met.) **a)** *Niederschlag von großer Intensität, aber kurzer Dauer:* örtliche, gewittrige, vereinzelte S.; abgesehen von gelegentlichen -n, die im Bergland als Schnee niedergehen können, bleibt es trocken; Hagel, Graupeln treten nur in Form von -n auf; **b)** kurz für ↑Regenschauer: das ist bestimmt nur ein [kurzer] S.; wir stellten uns unter und warteten den S. ab; in einen S. geraten; Ü S. roter Funken stoben aus dem Kamin. **2.** (geh.) *Schauder* (1): ein S. durchrieselte, überlief sie; er fühlte einen eisigen S. über den Rücken laufen. **3.** (geh.) ↑Schauder (2): ein S. ergreift, befällt jmdn.; es war ein S. erregender Anblick.
[2]Schau|er, der; -s, - [mhd. schouwære, ahd. scouwāri] (geh.): *Schauender.*
[3]Schau|er, der; -s, - (Seemannsspr.): kurz für ↑Schauermann.
[4]Schau|er, der od. das; -s, - [mhd. schūr, ahd. scūr, Nebenf. von ↑Scheuer] (landsch.): *Schutzdach (gegen Regen od. Sonne).*

schau|er|ar|tig ⟨Adj.⟩ (Met.): *in der Form eines* [1]*Schauers* (1 a): -e Regenfälle.

Schau|er|bild, das (seltener): *Anblick, der jmdn. erschauern lässt.*

Schau|er|ge|schich|te, die: *Geschichte, Erzählung, in der unheimliche, Schauer erregende Dinge vorkommen; Gruselgeschichte:* eine S. über Vampire.

Schau|e|rin, die; -, -nen: w. Form zu ↑[2]Schauer.

schau|er|lich ⟨Adj.⟩: **1.** *Schauder* (2), *Entsetzen erregend; grausig:* eine -e Tat. **2.** (ugs. abwertend) **a)** *jmdm. in höchstem Maß missfallend:* ein -er Geschmack; **b)** ⟨intensivierend bei Adj. u. Verben⟩ *in einem sehr hohen Maß; sehr:* er gibt s. an; sie übertreibt ganz s.

Schau|er|mann, der; -[e]s, Schauerleute [niederl. sjouwer(man), zu: sjouwen = schleppen, hart arbeiten] (bes. Seemannsspr.): *Hafenarbeiter, dessen Tätigkeit im Laden u. Löschen von Fracht besteht:* als S. arbeiten.

Schau|er|mär|chen, das: vgl. Schauergeschichte.

schau|ern ⟨sw. V.; hat⟩ [spätmhd. schawern = gewittern, hageln] (seltener): **1. a)** *einen Kälteschauer verspüren; frösteln:* er schauerte vor Kälte; ⟨auch unpers.:⟩ ihn/ihm schauerte; **b)** *von einem Kälteschauer überlaufen werden.* **2.** *von einem* [1]*Schauer* (2) *ergriffen werden:* er schauerte vor Entsetzen; ⟨auch unpers.:⟩ ihn/ihm schauerte vor Schrecken; es schauerte uns. **3.** ⟨unpers.⟩ *(von Niederschlag) als* [1]*Schauer* (1) *niedergehen.*

Schau|er|wet|ter, das ⟨o. Pl.⟩ (Met.): *durch häufige* [1]*Schauer* (1) *gekennzeichnetes Wetter.*

Schau|fel, die; -, -n [mhd. schūvel, ahd. scūvala, verw. mit ↑schieben]: **1. a)** *(zum Aufnehmen von körnig o. ä. beschaffenem Material, bes. von Erde, Sand o. Ä. bestimmtes) Gerät, das aus einem breiten, in der Mitte leicht vertieften Blatt* (5) *besteht, das in stumpfem Winkel an einem meist langen [Holz]stiel befestigt ist; Schippe:* dazu nehme ich eine S.; etw. auf die S. nehmen; **b)** kurz für ↑Kehrichtschaufel. **2.** (Fachspr.) *vorderes, hochgebogenes Ende des Skis.* **3.** (Jägerspr.) *fächerartig ausgebreitete Schwanzfedern des Auerhahns.* **4.** (Jägerspr.) *verbreitertes Ende am Geweih (von Elch u. Damhirsch); Geweihschaufel.* **5.** (Fachspr.) *Blatt* (5) *von Ruder u. Paddel.* **6.** *einer Schaufel* (1) *ähnliches Teil an bestimmten technischen Geräten (z. B. einem Schaufelradbagger).*

Schau|fel|blatt, das: *Blatt* (5) *der Schaufel* (1).

Schäu|fe|le, das; -s, - [landsch. Vkl. von ↑Schaufel in der Bed. »Schulterstück eines Schlachttiers«] (bes. alemann.): *geräuchertes od. gepökeltes Schulterstück vom Schwein.*

schau|fel|för|mig ⟨Adj.⟩: *etwa die Form eines Schaufelblatts aufweisend.*

Schau|fel|ge|weih, das: *Geweih mit Schaufeln* (3).

Schau|fel|la|der, der: *(bei Erdarbeiten gebrauchtes) Fahrzeug mit hydraulisch sich hebender Schaufel* (6), *bes. zum Abräumen von Erdreich.*

schau|feln ⟨sw. V.⟩ [mhd. schüveln]: **1.** ⟨hat⟩ **a)** *mit einer Schaufel* (1 a) *arbeiten, hantieren;* **b)** *etw. mit einer Schaufel* (1 a) *an eine bestimmte Stelle hin-, von einer bestimmten Stelle wegschaffen:* die Kartoffeln in den Keller s.; Schnee s. *(mit einer Schaufel wegräumen).* **2.** *durch Schaufeln* (1 a) *herstellen, anlegen* ⟨hat⟩: einen Damm s. **3.** *(von einem Raddampfer) sich mithilfe von Schaufelrädern fortbewegen* ⟨ist⟩: der Raddampfer schaufelt flussauf. **4.** (Fußball Jargon) *von unten in hohem Bogen treten* (3 c) ⟨hat⟩.

Schau|fel|rad, das: *aus einem großen Rad bestehender Teil eines technischen Gerätes, an dessen äußerem Rand schaufelförmige Schöpfgefäße angebracht sind.*

Schau|fel|rad|bag|ger, der: *(bes. im Bergbau verwendeter) mit einem Schaufelrad arbeitender Bagger.*

Schau|fens|ter, das [Ende 19. Jh.]: *nach der Straße hin durch eine od. mehrere große Glasscheiben abgeschlossener Raum eines Geschäfts zum Ausstellen von Waren:* volle S.; die S. [neu] dekorieren; etw. aus dem S. nehmen; etw. im S. ausstellen.

Schau|fens|ter|aus|la|ge, die: *Auslage in einem Schaufenster.*

Schau|fens|ter|bum|mel, der: *Bummel durch Geschäftsstraßen, bei dem jmd. die Auslagen in den Schaufenstern betrachtet:* einen S. machen.

Schau|fens|ter|de|ko|ra|ti|on, die: *Dekoration* (1, 2 b) *eines Schaufensters.*

Schau|fens|ter|ein|bruch, der: *Einbruch* (1 a, b) *in ein Schaufenster.*

Schau|fens|ter|pup|pe, die: *Gliederpuppe, an der in Schaufenstern bes. Kleidung ausgestellt wird.*

Schau|fens|ter|schei|be, die: *große Glasscheibe, mit der das Schaufenster verglast ist.*

Schau|fens|ter|wa|re, die: *im Schaufenster ausgestellte Ware.*

Schau|fens|ter|wett|be|werb, der: *Wettbewerb, bei dem (in einem bestimmten Zusammenhang) die gelungenste Gestaltung von Schaufenstern ausgezeichnet wird.*

Schauf|ler, der; -s, - (Jägerspr.): *Elch- od. Damhirsch mit Geweihschaufeln.*

Schau|ge|schäft, das ⟨o. Pl.⟩: *Showbusiness.*

Schau|kampf, der (Boxen): *(nicht im Rahmen eines Wettbewerbs stattfindender) vor einem Publikum durchgeführter Boxkampf.*

Schau|kas|ten, der: *an einer Wand aufgehängter od. als Tisch aufgestellter, an der Vorderseite bzw. Oberseite mit einer Glasscheibe versehener Kasten, in dem etw. ausgestellt wird.*

Schau|kel, die; -, -n [wohl aus dem Niederd. mit Diphthongierung des niederd. ū, z. B. ostfries. Schūkel]: **1. a)** *aus einem an zwei Seilen, Ketten o. Ä. waagerecht aufgehängten Brett o. Ä. bestehendes Spielgerät zum Schaukeln* (1 a) *[für Kinder]:* von der S. fallen; **b)** *Wippe.* **2.** (Dressurreiten) *Lektion, bei der sich das Pferd, ohne anzuhalten, eine bestimmte Anzahl Schritte vor- u. rückwärts bewegt.*

Schau|kel|be|we|gung, die: *schaukelnde Bewegung.*

Schau|kel|brett, das: *Brett, auf dem jmd. beim Schaukeln auf einer Schaukel* (1 a) *sitzt od. steht.*

Schau|ke|lei, die; -, -en (ugs. abwertend): *[dauerndes] Schaukeln.*

Schau|kel|ge|rüst, das: *Gerüst zum Aufhängen einer Schaukel* (1 a).

schau|ke|lig, schauklig ⟨Adj.⟩ (seltener): **a)** *wackelig;* **b)** *schaukelnd* (2 a).

schau|keln ⟨sw. V.⟩ [wohl unter Einfluss des parallel entstandenen ↑Schaukel zu spätmhd. schucken, mniederd. schocken = sich hin und her bewegen; vgl. mniederl. schokken, ↑[2]Schock]: **1. a)** *(auf einer Schaukel o. Ä.) auf u. ab, vor u. zurück, hin u. her schwingen* ⟨hat⟩: wild s.; **b)** *sich mit etw. (auf dem Boden Stehendem) in eine schwingende Bewegung bringen* ⟨hat⟩: auf, mit dem Schaukelpferd s. **2. a)** *sich in einer schwingenden, schwankenden o. ä. Bewegung befinden* ⟨hat⟩: Lampions schaukeln im Wind; **b)** (ugs., oft scherzh.) *sich leicht schwankend, taumelnd fortbewegen* ⟨ist⟩: ein paar Betrunkene schaukelten über den Marktplatz. **3. a)** *in eine schwingende o. ä. Bewegung versetzen* ⟨hat⟩: ein Kind auf den Knien s. *(wiegen);* er lag in der Hängematte und ließ sich von ihr s.; **b)** (ugs. oft scherzh.) *leicht schwingend od. schwankend fortbewegen* ⟨hat⟩. **4.** (salopp) *durch geschicktes Lavieren, Taktieren o. Ä. bewerkstelligen, zustande bringen* ⟨hat⟩: wir werden die Sache schon s.

Schau|kel|pferd, das: *auf gebogenen Kufen stehendes Holzpferd, auf dem Kinder schaukeln können.*

Schau|kel|po|li|tik, die ⟨o. Pl.⟩ (abwertend): *Politik ohne festen Standpunkt, die sich allzu leicht der jeweiligen Situation anpasst od. zwischen verschiedenen Fronten wechselt.*

Schau|kel|stuhl, der: *Lehnstuhl, der auf gebogenen Kufen steht u. dem Benutzer eine leichte Schaukelbewegung ermöglicht.*

schauk|lig: ↑schaukelig.

Schau|lauf, der (Eislauf): *Schaulaufen.*

schau|lau|fen ⟨st. V.; ist; nur im Inf. u. Part. gebr.⟩ (Eislauf): *eine Darbietung im Eiskunstlauf zeigen (bei der es nicht um einen Wettbewerb geht).*

Schau|lau|fen, das; -s (Eislauf): *von Eiskunstläufern dargebotene Schau.*

Schau|lust, die ⟨o. Pl.⟩ (häufig abwertend): *starkes Verlangen, Vorgänge, Ereignisse (die als Sensation erlebt werden) zu beobachten, dabei zuzuschauen.*

schau|lus|tig ⟨Adj.⟩ (häufig abwertend): *Schaulust zeigend, von Schaulust zeugend:* die -e Menge.

Schau|lus|ti|ge, der u. die; -n, -n ⟨Dekl. ↑Abgeordnete⟩ (häufig abwertend): *jmd., der sehr große Schaulust zeigt.*

Schaum, der; -[e]s, Schäume ⟨Pl. selten⟩ [mhd. schūm, ahd. scūm, viell. eigtl. = Bedeckendes u. verw. mit ↑Scheune]: **1.** *aus einer Vielzahl von aneinander haftenden Bläschen bestehende, lockere Masse (die sich auf bzw. aus Flüssigkeiten bildet):* der S. fällt zusammen; den S. von der kochenden Suppe abschöpfen; die Feuerwehr spritzte S. auf die Landebahn *(legte dort einen Schaumteppich);* unterhalb des Wehrs ist der Fluss mit S. bedeckt; brennendes Benzin darf man nur mit S. löschen; Eiweiß zu S. *(Eischnee)* schlagen; ***S. schlagen** (abwertend; *prahlen;* bezieht sich darauf, dass das Volumen einer Flüssigkeit, wenn man sie schaumig rührt od. schlägt, zwar größer wird, die Substanz aber dieselbe bleibt). **2.** *schaumiger Speichel; Geifer.* **3.** (dichter.) *trügerischer Schein; Vergängliches, Unbeständiges.* **4.** (Technik) *(für die verschiedensten Zwecke verwendbarer) fester Werkstoff von schaum- od. schwammartiger Struktur, der durch Schäumen* (3) *geeigneter Stoffe, bes. Kunststoffe, hergestellt wird (z. B. Schaumgummi, Styropor).*

schaum|ar|tig ⟨Adj.⟩: *wie Schaum* (1) *beschaffen:* eine -e Masse.

Schaum|bad, das: **a)** *Badezusatz, der Schaum entwickelt;* **b)** *Wannenbad, dem Schaumbad* (a) *zugesetzt wurde;* **c)** *das Baden im Schaumbad* (b): ein S. nehmen.

schaum|be|deckt ⟨Adj.⟩: *von Schaum bedeckt.*

Schaum|bil|dung, die: *Bildung, Entstehung von Schaum.*

Schaum|bläs|chen, das: *als Bestandteil von Schaum vorhandenes Bläschen.*

schäu|men ⟨sw. V.⟩ [älter: schaumen, mhd. schūmen, ahd. scūman]: **1. a)** *(von flüssigen Stoffen) auf der Oberfläche Schaum* (1) *entwickeln, bilden* ⟨hat⟩: Gischt schäumt; **b)** *in Verbindung mit Wasser Schaum* (1) *entwickeln, bilden* ⟨hat⟩: eine stark schäumende Zahnpasta; **c)** *unter Schaumbildung sich irgendwohin bewegen, fließen* ⟨ist⟩: ein Brecher schäumte über das Deck. **2.** (geh.) *(vor Zorn, Wut o. Ä.) außer sich sein [u. wütend, geifernd seiner Erregung Luft machen]* ⟨hat⟩: er schäumte [vor Wut]. **3.** (Technik) *mithilfe von Luft, Gas o. Ä. porös machen, zu Schaum* (4) *verarbeiten* ⟨hat⟩: geschäumter Kunststoff.

Schaum|ge|bäck, das: *vorwiegend aus Eischnee u. Zucker hergestelltes, lockeres Gebäck.*

schaum|ge|bremst ⟨Adj.⟩ (Fachspr.): *mit reduzierter Schaumkraft:* ein -es Waschmittel.

Schaum|glas, das (Technik): *geschäumtes u. dadurch undurchsichtiges und sehr leichtes Glas.*

Schaum|gold, das: *unechtes Gold aus einer Legierung von Kupfer u. Zink.*

Schaum|gum|mi, der: *aus (natürlichem od. synthetischem) Latex hergestellter Schaumstoff.*

Schaum|gum|mi|pols|ter, das: *Polster aus Schaumgummi.*

schau|mig ⟨Adj.⟩ [im 15. Jh. schūmig]: **a)** *aus Schaum bestehend, schaumartig:* eine -e Masse; Butter und Zucker s. rühren; **b)** *mit Schaum bedeckt.*

Schaum|kamm, der: *mit Schaum bedeckter Wellenkamm.*

Schaum|kraft, die ⟨o. Pl.⟩: *Fähigkeit (einer Sub-*

S

stanz), Schaum zu entwickeln: die S. des Waschpulvers.

Schaum|kro|ne, die: **1.** vgl. Schaumkamm. **2.** *(beim Eingießen in ein Gefäß entstehender) Schaum auf einer Flüssigkeit.*

Schaum|löf|fel, der: *einem flachen, sehr breiten, siebartig durchlöcherten großen Löffel mit langem Stiel ähnliches Küchengerät (zum Abheben von Schaum von der Oberfläche von Flüssigkeiten).*

Schaum|lösch|ge|rät, das: *Feuerlöschgerät zum Löschen (1 b) mit Mitteln, die je nach Brand unterschiedlich wirkende Schäume entwickeln.*

Schaum|rei|ni|ger, der: *Reinigungsmittel, das starken Schaum entwickelt, mit dem etw. gereinigt werden kann.*

Schaum|schlä|ger, der: **1.** (abwertend) *jmd., der (bes. aus Geltungsdrang) bestimmte Qualitäten od. Fähigkeiten vortäuscht, die er in Wahrheit nicht besitzt.* **2.** (seltener) *Schneebesen.*

Schaum|schlä|ge|rei, die (abwertend): **1.** ⟨o. Pl.⟩ *das Prahlen, Schaumschlagen:* nichts als S. **2.** *Äußerung, Verhaltensweise, wie sie für einen Schaumschläger (1) typisch ist.*

Schaum|schlä|ge|rin, die; -, -nen: w. Form zu ↑Schaumschläger (1).

Schaum|stoff, der: *sehr leichter Kunststoff von poröser Struktur.*

Schaum|tep|pich, der (Flugw.): *vor der Notlandung eines Flugzeugs auf die Landebahn eines Flughafens aufgesprühte Schicht aus Schaum, die die Reibung beim Aufkommen auf den Boden verringern soll:* einen S. legen.

Schau|mün|ze, die: *Münze, die aus einem bestimmten Anlass geprägt wird u. keinen Geldwert hat; Gedenkmünze.*

Schaum|wä|sche, die: *Wäsche, bes. Autowäsche mit einem schäumenden Reinigungsmittel.*

Schaum|wein, der [nach frz. vin mousseux]: **1.** *aus Wein hergestelltes alkoholisches Getränk, das Kohlensäure enthält u. moussiert.* **2.** (volkst.) *Sekt.*

Schaum|wein|steu|er, die ⟨Pl. selten⟩: *Verbrauchssteuer auf Schaumwein u. ähnliche Getränke.*

Schau|ob|jekt, das: *zur Schau gestellter Gegenstand.*

Schau|or|ches|ter, das: *Tanz- od. Unterhaltungsorchester, das seine musikalischen Darbietungen mit Schaueffekten verbindet.*

Schau|platz, der: **1.** *Ort, Stelle, an der sich etw. Bestimmtes abspielt, etw. Bestimmtes stattfindet, stattgefunden hat:* der S. des Krieges; am Tage darauf sollte der Ort zum S. einer Katastrophe werden; ***vom S. abtreten** (1. geh. verhüll.; *sterben.* 2. *sich von öffentlicher Tätigkeit zurückziehen*). **2.** (Theater) *Darstellung eines Schauplatzes (1) für eine Theateraufführung (mittels eines Bühnenbildes o. Ä.).*

Schau|pro|zess, der (abwertend): *auf propagandistische Massenwirkung angelegtes öffentliches Gerichtsverfahren.*

Schau|raum, der: *Raum, in dem etw. zum Anschauen ausgestellt wird bzw. ausgestellt ist.*

schau|rig ⟨Adj.⟩: **1.** *Schauder hervorrufend; gruselig, unheimlich:* eine -e Geschichte; s. klingen. **2.** (oft ugs. übertreibend) **a)** *sehr unangenehm, schlimm, schlecht:* eine -e Musik; die Aufführung war s.; das ist ja s.!; **b)** ⟨verstärkend bei Adj. u. Verben⟩ *sehr, überaus:* es war s. kalt.

schau|rig-schön ⟨Adj.⟩: (geh., oft iron., auch scherzh.): *trotz od. wegen bestimmter die Empfindung des Gruselns, des Schauderns auslösender Eigenschaften, Umstände, Begebenheiten in besonderer Weise als angenehm, schön, prickelnd empfunden.*

Schau|sei|te, die: *schönere, reicher geschmückte o. ä. Seite von etw., die normalerweise im Blick des Beschauers ist:* die S. einer Münze.

Schau|spiel, das; -[e]s, -e [im 15. Jh. schowspiel]: **1. a)** ⟨o. Pl.⟩ *Drama (1 a);* **b)** *Bühnenstück ernsten Inhalts, das (im Unterschied zum Trauerspiel) einen positiven Ausgang hat:* ein S. aufführen; **c)** (Theater) *Sparte, die sich mit der Aufführung von Schauspielen (1 b) befasst;* **d)** *Schauspielhaus, Theater.* **2.** (geh.) ⟨Pl. selten⟩ *Anblick, Vorgang, dem eine bestimmte Dramatik eigen ist, der die Aufmerksamkeit auf sich zieht, die Schaulust, Teilnahme o. Ä. weckt.*

Schau|spiel|ele|ve, der: *Schauspielschüler.*

Schau|spiel|ele|vin, die: w. Form zu ↑Schauspieleleve.

Schau|spie|ler, der; -s, -: *jmd., der (nach entsprechender Ausbildung) bestimmte Rollen auf der Bühne od. im Film künstlerisch gestaltet, darstellt* (Berufsbez.): er will S. werden; Ü er ist ein schlechter S. (abwertend; *kann sich nicht gut verstellen*).

Schau|spie|ler|be|ruf, der ⟨o. Pl.⟩: *Beruf des Schauspielers:* das sind die Schattenseiten des -s.

Schau|spie|le|rei, die; -, -en: **1.** (ugs.) *Ausübung des Berufs eines Schauspielers.* **2. a)** (ugs.) *das Schauspielern (a);* **b)** (ugs. abwertend) *das Schauspielern (b):* das ist alles nur S.

Schau|spie|le|rin, die; -, -nen: w. Form zu ↑Schauspieler.

schau|spie|le|risch ⟨Adj.⟩: *den Beruf des Schauspielers betreffend; in der Weise des Schauspielers:* jmds. -e Arbeit; etw. s. darstellen.

schau|spie|lern ⟨sw. V.; hat⟩: **a)** (ugs.) *(oft ohne Ausbildung, ohne Könnerschaft) als Schauspieler auftreten, arbeiten;* **b)** (abwertend) *etw. vortäuschen, spielen, was nicht der Wahrheit, der Wirklichkeit der eigenen Situation entspricht.*

Schau|spiel|haus, das: *Theater, in dem besonders Schauspiele aufgeführt werden.*

Schau|spiel|kunst, die ⟨o. Pl.⟩: *Kunst der darstellerischen Gestaltung durch Sprache, Mimik, Gestik.*

Schau|spiel|mu|sik, die: *Bühnenmusik (b).*

Schau|spiel|schu|le, die: *Ausbildungsstätte für Schauspieler.*

Schau|stel|ler, der; -s, -: *jmd., der (im Wohnwagen von Ort zu Ort ziehend) auf Messen u. Jahrmärkten ein Fahrgeschäft betreibt, etw. zeigt, vorführt.*

Schau|stel|le|rin, die; -, -nen: w. Form zu ↑Schausteller.

Schau|stel|lung, die (selten): **1.** *das Zurschaustellen.* **2.** *Vorführung von etw. (auf dem Jahrmarkt o. Ä.).*

Schau|stück, das: *Gegenstand, der (wegen seiner Kostbarkeit, Seltenheit o. Ä.) nur zum Ansehen bestimmt ist.*

Schau|ta|fel, die: *aufgestellte od. aufgehängte Tafel, auf der etw. (zum Zwecke der Belehrung, Demonstration) dargestellt ist.*

Scheck, der; -s, -s [engl. cheque bzw. amerik. check]: **1.** *Anweisung (auf einem speziellen Formular) eines Kontoinhabers an seine Bank, zulasten seines Kontos einen bestimmten Geldbetrag [an einen Dritten] zu zahlen:* einen S. ausfüllen; einen S. sperren. **2.** *Anrechtsschein, Gutschein.*

Scheck|ab|tei|lung, die (Bankw.): *Abteilung, die für die Verrechnung von Schecks (1) zuständig ist.*

Scheck|be|trug, der: *Betrug durch Abgabe eines ungedeckten Schecks (1).*

Scheck|be|trü|ger, der: *jmd., der einen Scheckbetrug verübt.*

Scheck|be|trü|ge|rin, die: w. Form zu ↑Scheckbetrüger.

Scheck|buch, das [nach engl. cheque-book] (früher): *zu einem Heftchen gebündelte Scheckvordrucke.*

Scheck|dis|kon|tie|rung, die (Bankw.): *Ankauf von ausländischen Schecks (1) unter Abzug der Zinsen.*

[1]Sche|cke, der; -n, -n [zu mhd. schecke = scheckig, zu afrz. eschec = Schach, also eigtl. = schachbrettartig gemustertes Pferd]: *männliches Tier mit scheckigem Fell, bes. Pferd od. Rind.*

[2]Sche|cke, die; -, -n: *weibliches Tier mit scheckigem Fell, bes. Pferd od. Rind.*

Scheck|fä|hig|keit, die (Rechtsspr.): *Berechtigung einer Person, mit Schecks (1) zu zahlen.*

Scheck|fäl|schung, die: *das Fälschen von Schecks (1).*

Scheck|heft, das: *Heftchen, Hülle mit Scheckvordrucken.*

sche|ckig ⟨Adj.⟩ [mhd. scheckeht, zu: schecken = scheckig, bunt machen, zu: schecke, ↑[1]Schecke]: *(von bestimmten Tieren, bes. Pferden od. Rindern) mit größeren weißen Flecken im [schwarzen od. braunen] Fell; gescheckt:* -e Kühe; s. braunes *(unregelmäßige braune Flecken aufweisendes)* Vieh; Ü seine Haut ist ganz s.; ***sich s. lachen** (ugs.; *über etw. sehr lachen*).

sche|ckig braun: s. scheckig.

Scheck|in|kas|so, das (Bankw.): *Inkasso von Schecks (1), die von Kunden bei ihrer Bank eingereicht worden sind.*

Scheck|kar|te, die (Bankw.): *Namenszug, Kontonummer u. a. enthaltende kleine Karte aus Plastik, die dem Aussteller von Schecks (1) als Ausweis dient.*

Scheck|recht, das (Rechtsspr.): *Teil des Rechts, der den Scheckverkehr regelt.*

Scheck|sper|re, die (Bankw.): *das Sperren, Gesperrtsein eines od. mehrerer Schecks (1).*

Scheck|ver|kehr, der (Bankw.): *Zahlungsverkehr mit Schecks (1).*

Scheck|vieh, das; -[e]s: *scheckiges Vieh.*

Scheck|vor|druck, der (Bankw.): *Formular eines Schecks (1):* bewahren Sie Scheckkarte und -e stets getrennt voneinander auf.

Sched|bau, der; -[e]s, -ten [zu engl. shed = Hütte]: *eingeschossiger Bau mit Scheddach.*

Shed|dach, das; -[e]s, ...dächer: *Dach, bes. auf Fabrik- u. Ausstellungshallen, das aus mehreren parallel gebauten Satteldächern (mit sägeartiger Silhouette) besteht.*

scheel ⟨Adj.⟩ [aus dem Niederd. < mniederd. schēl, urspr. = schief(äugig)] (ugs.): *eine auf Missgunst, Neid, Misstrauen od. Geringschätzung beruhende Ablehnung, Feindseligkeit ausdrückend:* ein -es Gesicht machen; jmdn. mit -en Blicken ansehen.

scheel|äu|gig ⟨Adj.⟩: *scheel blickend:* ein -er Nachbar.

scheel bli|ckend: s. scheel.

Schef|fel, der; -s, - [mhd. scheffel, ahd. sceffil, zu ↑[1]Schaff]: *altes Hohlmaß von unterschiedlicher Größe (etwa zw. 50 u. 222 l), bes. für Getreide.*

schef|feln ⟨sw. V.; hat⟩ [älter = in Scheffel (a) füllen] (ugs., oft abwertend): *in großen Mengen in seinen Besitz bringen u. anhäufen.*

schef|fel|wei|se ⟨Adv.⟩ (ugs., oft abwertend): *in großen Mengen.*

Sche|he|ra|za|de, Sche|he|re|za|de [...'za:də], die; -: Märchenerzählerin in »Tausendundeine Nacht«.

Scheib|chen, das; -s, -: Vkl. zu ↑Scheibe (1 a, 2, 3).

scheib|chen|för|mig ⟨Adj.⟩: *in Form einer kleinen Scheibe (1 a, 2).*

scheib|chen|wei|se ⟨Adv.⟩: *in [dünnen] Scheibchen:* die Wurst s. essen; Ü etw. s. (ugs.; *nach u. nach*) berichten.

Schei|be, die; -, -n [mhd. schībe, ahd. scība, urspr. = vom Baumstamm abgeschnittene runde Platte, verw. mit ↑scheiden in dessen urspr. Bed. »abschneiden«]: **1. a)** *flacher, meist runder Gegenstand:* ein Diskus ist eine S. aus Holz; **b)** (Technik) *für eine bestimmte technische Funktion, oft als rotierendes Teil in einer Maschine o. Ä., vorgesehene u. entsprechend ausgeführte, meist kreisrunde [in der Mitte mit einer Bohrung versehene] Scheibe (1 a) (z. B. Bremsscheibe);* **c)** (Sport, Milit.) kurz für ↑Schießscheibe, ↑Zielscheibe: die S. treffen; **d)** kurz für ↑Töpferscheibe; **e)** (ugs.) *CD, Schallplatte:* eine neue S. auflegen. **2.** *durch einen geraden Schnitt von einem größeren Ganzen abgetrenntes flaches, scheibenförmiges Stück (bes. von bestimmten Lebensmitteln):* eine S. Brot; hart gekochte Eier in -n schneiden; ***sich** ⟨Dativ⟩ **von etw. eine S. abschneiden** (ugs.; *etw. als Vorbild nehmen*). **3.** *dünne Glasscheibe,*

S

Fensterscheibe: die -n zerbrachen; der Fahrer kurbelte die S. herunter. **4.** (ugs. verhüll.) *Scheiße* (2): [so eine] S.!

schei|ben ⟨sw. V.; hat⟩ [landsch. Nebenf. von ↑schieben] (bayr., österr.): **1.** *rollen, schieben.* **2.** *kegeln* (1 a).

Schei|ben|brem|se, die (Kfz-T.): *Bremse, bei der die Bremsbeläge in einer zangenartigen Bewegung gegen die Seitenflächen einer rotierenden Scheibe* (1) *gepresst werden.*

schei|ben|för|mig ⟨Adj.⟩: *die Form einer Scheibe* (1 a) *aufweisend.*

Schei|ben|gar|di|ne, die: *Gardine, die dicht an der Scheibe* (3) *am Fensterrahmen angebracht ist.*

Schei|ben|ho|nig, der: **1.** *in Scheiben* (2) *geschnittener Wabenhonig.* **2.** ⟨o. Pl.⟩ (ugs. verhüll.) *Scheiße* (2).

Schei|ben|kleis|ter, der ⟨o. Pl.⟩ (ugs. verhüll.): *Scheiße* (2).

Schei|ben|kupp|lung, die (Kfz-T.): *Kupplung, die mithilfe einer Kupplungsscheibe funktioniert.*

Schei|ben|schie|ßen, das (Sport, Milit.): *der Übung dienendes Schießen od. Preisschießen auf eine Ziel-, Schießscheibe.*

Schei|ben|wasch|an|la|ge, die (Kfz-T.): *(zusammen mit den Scheibenwischern zu benutzende) Vorrichtung an Kraftfahrzeugen zum Aufspritzen von Wasser auf die Windschutz- od. Heckscheibe zum Reinigen verschmutzter Scheiben* (3).

schei|ben|wei|se ⟨Adv.⟩: *in Scheiben* (2).

Schei|ben|wi|scher, der: *an Windschutzscheibe [u. Heckscheibe] eines Kraftfahrzeugs angebrachte Vorrichtung in Form eines an einem Arm befestigten Blattes* (5) *aus Gummi, das sich automatisch in einem Bogen hin und her bewegt, um Regen o. Ä. von der Scheibe* (3) *zu wischen.*

Scheich, der; -s, -s u. -e [arab. šayḫ = Ältester; Stammesoberhaupt]: **1. a)** *Oberhaupt eines arabischen Herrschaftsgebietes [mit dem Titel eines Königs, Prinzen o. Ä.];* **b)** *Oberhaupt eines arabischen Dorfs, eines Familienverbandes o. Ä.;* **c)** ⟨o. Pl.⟩ *arabischer Titel für Männer, die im gesellschaftlichen Leben eine bestimmte Stellung einnehmen.* **2. a)** (salopp abwertend) *unangenehmer Mensch, Kerl:* ein blöder S.; **b)** (Jugendspr.) *Freund eines Mädchens, einer Frau:* sie hat einen neuen S.

Scheich|tum, das; -s, ...tümer: *Territorium mit einem Scheich* (1 a) *als Oberhaupt.*

Schei|de, die; -, -n [mhd. scheide, ahd. sceida, eigtl. = Geschnittenes, Gespaltenes (verw. mit ↑scheiden), urspr. = Hülse aus zwei Holzplatten; 2: nach lat. vagina, ↑Vagina]: **1.** *schmale, längliche, der Form der jeweiligen Klinge angepasste Hülse aus festem Material, in die eine Hieb- od. Stichwaffe bis zum Knauf hineingesteckt wird.* **2.** *von der Gebärmutter nach außen führender, mit Schleimhaut ausgekleideter, schlauchartiger Teil der weiblichen Geschlechtsorgane; Vagina.* **3.** (veraltend) *Grenze* (1 b).

Schei|de|brief, der (veraltend): *Brief, mit dem sich jmd. von einem andern trennt, lossagt:* jmdm. einen S. schreiben.

Schei|de|kun|de, Schei|de|kunst, die ⟨o. Pl.⟩ (früher): *Chemie.*

Schei|de|mün|ze, die [zu ↑scheiden (2 a)] (Geldw. veraltet): *Münze mit geringem Wert.*

schei|den ⟨st. V.⟩ [mhd. scheiden, ahd. sceidan, urspr. = (ab)schneiden, spalten, trennen]: **1.** *(eine Ehe) durch ein Gerichtsurteil für aufgelöst erklären* ⟨hat⟩: ihre Ehe wurde geschieden. **2.** ⟨hat⟩ **a)** (meist geh.) *trennen, abgrenzen:* beide Kontinente sind nur durch eine schmale Meeresstraße voneinander geschieden; Ü Beruf und Privatleben streng voneinander s.; diese beiden Begriffe lassen sich nur schwer voneinander s.; **b)** ⟨s. + sich⟩ *sich verzweigen, auseinander fließen, gehen:* an der großen Tanne scheiden sich die Wege; **c)** (geh.) *unterscheiden* (3); **d)** (bes. Hüttenw., Chemie) *(eine Substanz von einer od. mehreren anderen) trennen, sondern:* Metalle s.; mit Salpetersäure lässt sich Silber von Gold s.; ⟨subst.:⟩ Edelmetalle lassen sich durch Scheiden aus Altmetall zurückgewinnen; **e)** ⟨s. + sich⟩ (meist geh.) *sich trennen.* **3.** ⟨ist⟩ (geh.) *(jmdn. zurücklassend) weggehen, auseinander gehen:* wir schieden grußlos [voneinander]; Ü der Sommer scheidet *(geht dahin);* aus dem Dienst s. *(seinen Dienst aufgeben).*

Schei|den|aus|fluss, der (Med.): *Ausfluss.*

Schei|den|ein|gang, der: *Scheidenöffnung.*

Schei|den|ent|zün|dung, die: *Entzündung der Scheide.*

Schei|den|flo|ra, die: *Flora* (3) *der Scheide* (2).

Schei|den|krampf, der: *krampfhaftes Zusammenziehen der Muskulatur der Scheide* (2).

Schei|den|öff|nung, die: *von den kleinen Schamlippen umschlossene Öffnung der Scheide* (2).

Schei|den|spie|gel, der: *Spiegel, mit dem die Scheide untersucht wird.*

Schei|de|wand, die: *Trennwand.*

Schei|de|weg, der: *Wegscheide, Weggabelung:* * **am S. stehen** *(vor einer schwierigen, schwerwiegenden Entscheidung stehen).*

Schei|dung, die; -, -en [mhd. scheidunge]: **1.** *Ehescheidung:* jmds. S. betreiben; die S. aussprechen; in S. leben *(geschieden sein).* **2.** *das Scheiden* (2 a): die begriffliche S. von Neonazismus und Neofaschismus.

Schei|dungs|an|walt, der: *Rechtsanwalt, der auf Ehescheidungen spezialisiert ist.*

Schei|dungs|an|wäl|tin, die: w. Form zu ↑Scheidungsanwalt.

Schei|dungs|be|geh|ren, das (Rechtsspr.): *Antrag auf Ehescheidung (in Form einer Scheidungsklage).*

Schei|dungs|ge|such, das: *Scheidungsklage.*

Schei|dungs|grund, der: *Umstand, aufgrund dessen eine Ehe geschieden wird:* Ehebruch ist gar nicht der häufigste S.

Schei|dungs|kind, das (Jargon): *Kind, dessen Eltern geschieden wurden.*

Schei|dungs|kla|ge, die: *Klage, mit der jmd. die Scheidung seiner Ehe erwirken will:* der S. stattgeben.

Schei|dungs|pro|zess, der: *um eine Ehescheidung geführter Prozess.*

Schei|dungs|ra|te, die: *Rate* (2), *statistisch ermittelte Anzahl von Ehescheidungen.*

Schei|dungs|ur|teil, das: *Urteil, durch das eine Ehe aufgelöst wird.*

Schei|dungs|wai|se, die (Jargon): *Kind, das durch die Scheidung der Eltern sein Elternhaus verloren hat.*

Scheik, der; -[e]s, -s u. -e: ↑Scheich (1).

Schein, der; -[e]s, -e [mhd. schīn, ahd. scīn, zu ↑scheinen; 3: eigtl. = beweisende (= sichtbare) Urkunde]: **1.** ⟨Pl. selten⟩ **a)** *(unmittelbar von einer Lichtquelle od. von einer reflektierenden Fläche her) scheinendes, eine gewisse Helligkeit bewirkendes Licht; Lichtschein:* der flackernde S. einer Kerze; der S. einer Straßenlaterne fiel ins Zimmer; **b)** (selten) *Hauch* (3 b); * **[um] einen S.** *(seltener; ein bisschen, ein wenig, eine Idee, Spur).* **2.** ⟨o. Pl.⟩ **a)** *äußeres Ansehen, Aussehen, äußeres Bild von etw.; Anschein:* der S. ist, spricht gegen ihn; wenigstens den äußeren S. aufrechterhalten; * **den S. wahren** *(den bestehenden falschen Eindruck aufrechterhalten);* **zum S.** *(in irreführender Absicht);* **b)** *etw. aufgrund einer Täuschung für wirklich Gehaltenes.* **3.** *Bescheinigung* (2): der S. ist ungültig; einen S. ausfüllen; einen S. *(Seminarschein)* machen, noch drei -e *(Seminarscheine)* für das Examen benötigen; auf dem S. *(Lottoschein)* sind drei Richtige; mit dem S. *(Gepäckschein)* kannst du den Koffer abholen; ohne S. *(Angelschein)* darf man hier nicht angeln. **4.** kurz für ↑Geldschein: Münzen und -e; ein Bündel -e; drei ganze -e (salopp; *drei Hundertmarkscheine).*

schein-, Schein-: drückt in Bildungen mit Substantiven oder Adjektiven aus, dass eine Person oder Sache nicht wirklich ist, was sie zu sein scheint: scheinfromm, scheinrevolutionär; Scheinehe, Scheinliberalität.

Schein|an|griff, der: *Angriff, der [zur Irreführung des Gegners] nur vorgetäuscht wird.*

Schein|ar|chi|tek|tur, die (Archit.): *als Quadraturmalerei* (a) *einer Wand aufgemalte od. im Relief aufgetragene architektonische Elemente.*

Schein|ar|gu|ment, das: *einer genaueren Prüfung nicht standhaltendes, nicht stichhaltiges Argument.*

schein|bar ⟨Adj.⟩ [mhd. schīnbære, ahd. scīnbāre = leuchtend, sichtbar]: **I.** ⟨Adj.⟩ **a)** *aufgrund einer Täuschung wirklich, als Tatsache erscheinend, aber in Wahrheit nicht wirklich gegeben:* das ist nur ein -er Widerspruch; er ist nur s. unabhängig; **b)** (selten) *dem Anschein nach gegeben, vorhanden, bestehend:* -es Alter des Täters: 20 Jahre. **II.** ⟨Adv.⟩ (ugs.) *anscheinend:* sie hat es s. vergessen; er sucht s. Streit.

Schein|be|schäf|ti|gung, die: *[berufliche] Tätigkeit, die nur vorgetäuscht wird.*

Schein|be|we|gung, die: *scheinbare Bewegung:* die Bewegungen und -en der Gestirne.

Schein|be|weis, der: *einer genauen Prüfung nicht standhaltende Schlussfolgerung.*

Schein|blü|te, die: **1.** (Bot.) *aus dicht gedrängten Blüten bestehender Blütenstand, der wie eine einzelne Blüte aussieht.* **2.** *scheinbarer [wirtschaftlicher] Aufschwung.*

Schein|da|sein, das: *Scheinexistenz.*

Schein|dol|de, die (Bot.): *Trugdolde.*

Schein|ehe, die: *(um eines bestimmten rechtlichen Status willen) nur zum Schein geschlossene Ehe.*

schei|nen ⟨st. V.; hat⟩ [mhd. schīnen, ahd. scīnan, urspr. = (stumpf) glänzen, schimmern]: **1. a)** *(von Lichtquellen) anhaltend Licht ausstrahlen u. irgendwohin gelangen lassen:* eine Laterne schien durch die Büsche; **b)** *(von Gestirnen) sichtbar am Himmel stehen u. [in einer bestimmten Weise] Licht ausstrahlen:* am hellsten [von allen Sternen] schien die Venus; **c)** *(von Licht) auftreffen, einfallen; fallen* (7 b): das grelle Scheinwerferlicht schien ihr direkt ins Gesicht; **d)** (selten) *glänzen* (b): das Blech schien in der Sonne. **2.** *einen bestimmten Eindruck erwecken, den Anschein haben:* seine Erklärung scheint mir plausibel; neben den Wolkenkratzern schien (*wirkte* 4) die Kathedrale geradezu winzig; er bemühte sich, ruhig zu s. (*erscheinen* 3); ⟨häufig mit Inf. mit »zu«:⟩ sie scheint zu schlafen; die Zeit schien stillzustehen; er scheint es nicht gewusst zu haben; ⟨unpers. mit häufig durch »dass« eingeleitetem Nebensatz:⟩ uns scheint [es], dass dies mit Absicht geschah.

Schein|exis|tenz, die: **1.** ⟨o. Pl.⟩ *nur scheinbare Existenz* (1 a). **2.** (bildungsspr.) **a)** *sinnloses, sinnentleertes Leben:* eine S. führen; **b)** *jmd., der eine Scheinexistenz führt* (2 a).

Schein|frie|de, der: *nur scheinbarer Friede.*

Schein|frucht, die (Bot.): *wie eine einzelne Frucht aussehender Verband von vielen miteinander verwachsenen kleinen Früchtchen* (z. B. Apfel, Feige).

Schein|füß|chen, das (Biol.): *der Fortbewegung dienender Fortsatz aus Plasma bei Einzellern.*

Schein|ge|fecht, das: *nur vorgetäuschte, zum Schein, zum Erwecken eines bestimmten Eindrucks geführte Auseinandersetzung.*

Schein|ge|schäft, das: *Geschäft* (1 a), *das nur vorgetäuscht wird.*

Schein|ge|winn, der (Wirtsch.): *als Gewinn bringend bewertete Differenz zwischen den Anschaffungskosten und den [durch Preissteigerungen bewirkten] höheren Kosten bei der Wiederbeschaffung einer Sache.*

Schein|grün|dung, die (Wirtsch.): *Gründung einer Kapitalgesellschaft ohne die Absicht, die Gesellschaft tätig werden zu lassen.*

schein|hei|lig ⟨Adj.⟩ (abwertend): *Aufrichtigkeit, Nichtwissen od. Freundlichkeit vortäuschend; heuchlerisch:* ein -er Bursche; ein -es Gesicht machen; seine -e Art.

Schein|hei|lig|keit, die (abwertend): *scheinheiliges Wesen, scheinheiliges Verhalten.*

Schein|lö|sung, die: *etw., was nur scheinbar eine Lösung darstellt.*
Schein|prä|pa|rat, das: *Placebo.*
Schein|pro|blem, das: **1.** vgl. Scheinlösung. **2.** (Philos.) *Problem, dessen Lösung prinzipiell nicht möglich ist.*
Schein|schwan|ger|schaft, die (Med.): *Zustand einer Frau, bei dem verschiedene Anzeichen auf eine (tatsächlich aber nicht gegebene) Schwangerschaft hinzudeuten scheinen.*
Schein|tod, der (Med.): *körperlicher Zustand (eines Menschen od. Tiers), bei dem es, weil vorhandene Lebenszeichen kaum zu erkennen sind, so scheint, als sei der Tod eingetreten.*
schein|tot ⟨Adj.⟩: **a)** (Med.) *im Zustand des Scheintods befindlich;* **b)** (salopp, meist scherzh. übertreibend) *(von Menschen) sehr alt:* wir haben lauter -e Lehrer; die ist ja schon s.
Schein|to|te, der u. die: *jmd., der scheintot ist.*
Schein|tür, die: *(in Grabbauten des Altertums) oft künstlerisch gestaltete Stein- od. Holzplatte, die eine Tür andeutet.*
Schein|wer|fer, der [zu ↑Schein (1 a); für frz. réverbère = Reflektor; Lampenspiegel]: *Lampe, die ein stark gebündeltes helles Licht abgibt:* die S. sind nicht richtig eingestellt; das Gebäude wird von -n angestrahlt.
Schein|wer|fer|ke|gel, der: *von einem Scheinwerfer erzeugter Lichtkegel.*
Schein|wer|fer|licht, das: *Licht eines Scheinwerfers, von Scheinwerfern:* bei S. arbeiten; im S. stehen; * **im S. [der Öffentlichkeit] stehen** (↑Rampenlicht a).
Schein|wi|der|stand, der (Elektrot.): *absoluter Betrag des Wechselstromwiderstands.*
Scheiß, der; - (derb abwertend): *etw., womit jmd. nicht einverstanden ist, was jmd. ablehnt od. für belanglos hält:* was soll der S.?; mach keinen S.!; viel S. reden.
scheiß- (derb emotional abwertend): **a)** drückt in Bildungen mit Adjektiven eine Verstärkung aus: *sehr:* scheißfaul, -kalt; **b)** kennzeichnet in Bildungen mit Adjektiven etw. (eine Eigenschaft) als übertrieben, verachtenswert: scheißfein, -höflich.
Scheiß- (derb emotional abwertend): drückt in Bildungen mit Substantiven aus, dass jmd. od. etw. als schlecht, miserabel, verabscheuenswürdig angesehen wird: Scheißladen, -spiel.
Scheiß|ding, das (derb emotional abwertend): *Gegenstand, der nichts taugt.*
Scheiß|dreck, der: **1.** (derb seltener) *Kot* (1). **2.** (derb emotional verstärkend) **a)** *Dreck* (2): kümmer dich um deinen eigenen S.!; * **einen S.** *(überhaupt nicht; überhaupt nichts):* das geht dich einen S. an; **b)** *Dreck* (3): du kaufst auch jeden S.; (in Flüchen o. Ä.:) [so ein] S.!
schei|ße ⟨indekl. Adj.⟩ (derb abwertend): *ausgesprochen schlecht, unerfreulich, ärgerlich:* ich fand die Musik s.
Schei|ße, die; - [mhd. schīʒe, zu ↑scheißen]: **1.** (derb) *Kot* (1): ein Haufen S.; in S. treten; hier stinkt es nach S.; * **jmdm. steht die S. bis zum Hals** (derb; *jmd. befindet sich in einer ziemlich ausweglosen Situation*); **jmdn. aus der S. ziehen** (↑Dreck 1); **aus der [größten] S. [heraus] sein** (↑Dreck 1); **jmdn., etw. durch die S. ziehen** (derb; *übel, verleumderisch über jmdn., etw. reden*); **in der S. sitzen, stecken** (↑Dreck 1). **2.** (derb abwertend) *etw. sehr Schlechtes, Unerfreuliches, Ärgerliches:* der Film ist große S.; R (in Flüchen o. Ä.:) [verfluchte, verdammte] S.!/S. [verfluchte, verdammte]!; so eine S.!; S., dass es schon wieder regnet.
scheiß|egal ⟨Adj.⟩ (derb emotional abwertend): *völlig egal* (I 2).
schei|ßen ⟨st. V.; hat⟩ [mhd. schīʒen, ahd. scīʒan, eigtl. = (aus)scheiden] (derb): **1. a)** *den Darm entleeren:* s. gehen; vor Angst in die Hosen s.; **b)** *eine Darmblähung entweichen lassen:* wer hat hier geschissen? **2.** *eine Person od. Sache gering schätzen, nicht haben wollen, darauf ohne weiteres verzichten können:* auf jmds. Mitleid s.; ich scheiße auf dein Geld. **3.** * **jmdm. was s.** *(keineswegs geneigt sein, jmds. Wunsch zu erfüllen, seiner Aufforderung nachzukommen).*
Schei|ßer, der; -s, -: **1.** (derb abwertend) *unangenehmer Mensch, widerlicher Kerl* (oft als Schimpfwort): hau ab, du S.! **2.** (derb abwertend) *jmd., der gering geschätzt wird, der nichts gilt, nichts darstellt.* **3.** (fam.) Kosewort für einen Säugling, ein Kleinkind: komm her, mein kleiner S.
scheiß|freund|lich ⟨Adj.⟩ (derb abwertend): *übertrieben u. auf eine unechte Weise freundlich.*
Scheiß|haus, das (derb): *Toilette* (2 a).
Scheiß|haus|pa|ro|le, die (derb): *übles Gerücht; Latrinenparole.*
Scheiß|kram, der (derb abwertend): *ärgerliche, lästige Angelegenheit, Sache.*
scheiß|li|be|ral ⟨Adj.⟩ (derb abwertend): *(in einer den reaktionären Kräften nützlichen u. deshalb ärgerlichen Weise) liberal [eingestellt].*
Scheit, das; -[e]s, -e u. (bes. österr. u. schweiz.) -er [mhd. schīt, ahd. scīt, eigtl. = Gespaltenes, Abgetrenntes, ablautend verw. mit ↑scheiden]: *Holzscheit:* ein glühendes S.; ein paar -e/(südd., österr., schweiz.:) -er [Holz] nachlegen.
Schei|tel, der; -s, - [mhd. scheitel(e) = oberste Kopfstelle; Haarscheitel, ahd. sceitila = Kopfwirbel, zu ↑scheiden; **3:** seit etwa 1700 als LÜ von lat. vertex]: **1. a)** *Linie, die das Kopfhaar in eine rechte u. linke Hälfte teilt:* ein gerader S.; einen S. ziehen; sie trägt den S. in der Mitte; * **jmdm. den S. mit der Axt ziehen** (ugs.; *jmdn. erschlagen*); **b)** *(von Menschen u. bestimmten Tieren) oberste Stelle des Kopfes:* genau auf dem S. hatte er einen Wirbel; * **vom S. bis zur Sohle** *(ganz u. gar; von Kopf bis Fuß):* er ist ein Gentleman vom S. bis zur Sohle; **c)** (dichter.) *Kopfhaar.* **2. a)** (bes. Archit.) *oberste Stelle, höchster Punkt von etwas:* der S. des Gewölbes; **b)** (geh., seltener Astron.) *Zenit.* **3.** (Math.) **a)** *Schnittpunkt der Schenkel eines Winkels;* **b)** *Schnittpunkt eines Kegelschnitts mit einer Achse.*
Schei|tel|bein, das: *(bei Mensch u. Wirbeltieren vorkommender) paariger Knochen des Schädeldachs, der beim Menschen die Seitenwände des Schädels bildet.*
Schei|tel|hö|he, die: *Höhe des höchsten Punktes, z. B. eines Berges.*
Schei|tel|kamm, der: *(bes. bei Menschenaffen) Knochen in Form einer Leiste, der längs über die Mitte des Schädels verläuft.*
Schei|tel|käpp|chen, das: *kleine, runde, flache Kopfbedeckung, die von bestimmten Geistlichen getragen wird.*
Schei|tel|kreis, der: **1.** (Astron.) *Kreis, der durch Zenit u. Nadir geht.* **2.** (Math.) *Kreis um den Mittelpunkt einer Ellipse od. Hyperbel mit dem Radius der großen Halbachse.*
schei|teln ⟨sw. V.; hat⟩ [mhd. scheiteln, ahd. in: zisceitilōn]: *mit einem Scheitel* (1 a) *versehen:* [jmdm., sich] das Haar s.; akkurat gescheiteltes Haar.
Schei|tel|punkt, der: **1. a)** (bes. Archit.) *Scheitel* (2 a): der S. des Gewölbes; **b)** (geh., seltener Astron.) *Scheitel* (2 b). **2.** (Math.) *Scheitel* (3).
Schei|tel|win|kel, der (Math.): *Winkel, der einem anderen, gleich großen Winkel an zwei sich schneidenden Geraden gegenüberliegt.*
schei|ten ⟨sw. V.; hat⟩ [zu ↑Scheit] (schweiz.): *zu Scheiten zerhacken, spalten:* Holz s.
Schei|ter|hau|fen, der; -s, -: *(im MA.) Holzstoß für die öffentliche Verbrennung der zum Tode Verurteilten, bes. der vermeintlichen Hexen* (2): jmdn. auf den S. bringen.
schei|tern ⟨sw. V.; ist⟩ [17. Jh., für älter: zerscheitern, geb. zum landsch. Pl. Scheiter von ↑Scheit, eigtl. = in Stücke (Scheite) gehen]: **1. a)** *ein angestrebtes Ziel o. Ä. nicht erreichen, keinen Erfolg haben:* er ist [mit seinen Plänen] gescheitert; die deutsche Mannschaft scheiterte an England mit 0 : 1; **b)** *misslingen, missglücken, fehlschlagen:* am [fehlenden] Geld soll die Sache nicht s.; ihre Klage ist gescheitert; das Gesetz ist [im Parlament] gescheitert; die Friedenskonferenz ist gescheitert; ihre Ehe ist gescheitert; (subst.:) eine Flucht zum Scheitern bringen. **2.** (veraltend) *zerschellen, stranden:* das Schiff ist [auf einem Riff] gescheitert.
Sche|kel, der; -s, - [hebr. šeqel]: **1.** *Währungseinheit in Israel* (1 Schekel = 100 New Agorot). **2.** ↑Sekel.
Schel|de, die; -: Fluss in Frankreich, Belgien u. den Niederlanden.
Schelf, der od. das; -s, -e [engl. shelf = Riff; Brett, ¹Bord] (Geogr.): *Festlandsockel.*
Schel|fe, die; -, -n [spätmhd. schelve, schilf, ahd. scel(i)va, verw. mit ↑Schale (1)] (landsch.): *¹Schote; Schale* (1 a).
schel|fen ⟨sw. V.; hat⟩: seltener für ↑schelfern.
schel|fern ⟨sw. V.; hat⟩ [landsch. Nebenf. von: schelfen = (ab)schälen] (landsch.): *schilfern.*
Schelf|meer, das: **a)** ⟨o. Pl.⟩ *Gesamtheit der über den Schelfen liegenden Teile des Weltmeers;* **b)** *über einem Schelf liegendes Meer.*
Schel|lack [ˈʃɛlak], der; -[e]s, -e [niederl. schellak, aus: schel = Schale; Schuppe u. lak = Lack, das Harz wird in dünne, schalenartige Tafeln gepresst]: *von Schildläusen abgesondertes Harz, das u. a. zur Herstellung von Lacken verwendet wird; Gummilack.*
¹Schel|le, die; -, -n [frühnhd., mhd. nicht belegt, ahd. in: fuoʒscal = Fußfessel, wohl zu ↑Schale]: **1.** *ringförmige Klammer, Bügel zum Befestigen u. Verbinden von Rohren u. Schläuchen o. Ä. od. zum Befestigen von Teilen an Rohren o. Ä.* **2.** ⟨Pl.⟩ (veraltet) *Handschellen.*
²Schel|le, die; -, -n [mhd. schelle, ahd. scella = Glöckchen, zu mhd. schellen, ahd. scellan = tönen, schallen]: **1. a)** *kleines, kugelförmiges, mit einem Schlitz versehenes Glöckchen:* die -n an der Narrenkappe klingeln hell; **b)** (landsch.) *[kleine] Glocke* (1 a). **2.** (landsch.) *[elektrische] Klingel* (1). **3.** ⟨nur Pl.; o. Art. als s. Sg. gebraucht⟩ *Farbe im deutschen Kartenspiel, die dem Karo* (2) *entspricht:* -n sticht.
³Schel|le, die; -, -n [gek. aus ↑Maulschelle] (landsch.): *Ohrfeige.*
schel|len ⟨sw. V.; hat⟩ [zu ↑²Schelle] (landsch.): **1.** *klingeln* (a): das Telefon schellt; (unpers.:) an der Haustür schellt es. **2.** *klingeln* (b): dreimal s. **3.** *klingeln* (c): nach dem Diener s.
Schel|len|baum, der: *Musikinstrument, das aus einer langen Stange zum Tragen u. mehreren quer daran befestigten Stangen besteht, an denen kleine ²Schellen* (1 a) *hängen.*
Schel|len|daus, der (Kartenspiel): *²Daus* (2) *der Farbe Schellen.*
Schel|len|ge|läu|te, das: *Geläute von ²Schellen* (1).
Schel|len|kap|pe, die: *Narrenkappe* (a).
Schel|len|kranz, der: *Musikinstrument, das aus einem Holzreifen mit Schlitzen besteht, in denen an Metallstiften ringförmige Metallscheibchen lose angebracht sind, u. das durch rhythmisches Schlagen od. Schütteln zum Klingen gebracht wird.*
Schel|len|trom|mel, die: *einem Schellenkranz ähnliches Musikinstrument, das zusätzlich mit einem Fell zum Trommeln bespannt ist.*
Schell|fisch, der; -[e]s, -e [aus dem Niederd. < mniederd. schellevisch, zu: schelle = Schale, nach dem in Schichten auseinander fallenden Fleisch]: *im Nordatlantik lebender größerer Knochenfisch mit graubraunem Rücken, weißem Bauch, weißen Seiten u. dunklem Fleck über den Brustflossen, der als Speisefisch geschätzt wird.*
Schell|ham|mer, der; -s, ...hämmer [zu ↑²Schelle; im Ggs. zur Glocke wird die Schelle geschmiedet]: *Hammer zur Herstellung von ²Nieten.*
Schell|hengst, der: ↑Schälhengst.
Schelm, der; -[e]s, -e [mhd. schelm(e), schalm(e), ahd. scelmo, scalmo = Aas; Pest, Seuche, H. u.; schon spätmhd. = verworfener Mensch, Betrüger (als Schimpfwort)]: *jmd., der gern anderen Streiche spielt; Spaßvogel; schelmischer* (1) *Mensch, Schalk:* er ist ein S.
Schel|men|ro|man, der (Literaturw.): *Roman (bes. des 16. u. 17. Jh.s), dessen Held sich als*

S

Umhergetriebener niederer Abkunft mit allen Mitteln, Listen u. Schlichen durchs Leben schlägt.

Schel|men|streich, der: 1. *Streich, mit dem jmd. überlistet wird.* 2. (veraltet) *strafwürdige Tat; Verbrechen.*

Schel|men|stück, das: *Schelmenstreich.*

Schel|me|rei, die; -, -en: 1. a) *Schelmenstreich* (1); b) 〈o. Pl.〉 *zu Neckereien aufgelegte Art.* 2. (veraltet) a) 〈o. Pl.〉 *Schlechtigkeit, Lasterhaftigkeit;* b) *Schelmenstreich* (2).

Schel|min, die; -, -nen: 1. w. Form zu ↑Schelm (1). 2. (veraltet) w. Form zu ↑Schelm (2).

schel|misch 〈Adj.〉 [frühnhd. = schurkisch]: 1. *in der Art eines Schelms* (1); *schalkhaft; verschmitzt.* 2. (veraltet) *in der Art eines Schelms* (2); *betrügerisch, verbrecherisch, böse.*

Schel|te, die; -, -n 〈Pl. selten〉 [mhd. schelte, ahd. scelta = Tadel, strafendes Wort, zu ↑schelten] (geh.): 1. *in schimpfendem Ton geäußerte Worte, mit denen jmd. zurechtgewiesen wird; laut vorgebrachter Tadel.* 2. (Sprachw. veraltend) *abwertender Ausdruck.*

schel|ten 〈st. V.; hat〉 [mhd. schelten, schelden, ahd. sceltan = tadeln, schmähen, verw. mit ↑Schall, ↑²Schelle]: 1. (geh., oft auch landsch.) a) *schimpfen* (1 a): sie schalt, weil ihr niemand half; b) *schimpfen* (1 b): die Mutter schilt das Kind, mit dem Kind. 2. (geh.) a) *herabsetzend als etw. Bestimmtes bezeichnen, hinstellen:* er schalt ihn töricht; b) *tadeln, kritisieren.*

Schelt|re|de, die (geh.): *wortreiche [laute] Äußerung, mit der jmd. gescholten, beschimpft wird.*

Schelt|wort, das (geh.): 1. 〈Pl. -e〉 *scheltende Worte; Scheltrede.* 2. 〈Pl. ...wörter, auch -e〉 *Schimpfwort.*

Sche|ma, das; -s, -s u. -ta, auch: ...men [lat. schema < griech. schẽma = Haltung, Stellung; Gestalt, Figur, Form, zu: échein (Inf. Aor.: schein) = haben, [fest]halten]: 1. *Konzept* (1), *das jmd. [in Gedanken] von einem Sachverhalt hat u. nach dem er sich bei der Beurteilung od. Ausführung von etw. richtet:* ein einfaches S.; ein S. aufstellen; einem S. folgen; diese Idee passt in kein S., lässt sich in kein S. pressen *(entspricht nicht den üblichen Denkschemata);* * **nach S. F** (abwertend; *gedankenlos u. routinemäßig, ohne das Besondere des Einzelfalls zu bedenken;* nach den beim preuß. Heer mit einem F gekennzeichneten, nach einem bestimmten Muster zu schreibenden Frontrapporten). 2. *die wesentlichen Merkmale von etw. wiedergebende, bei der Ausführung, Herstellung von etw. als Vorlage dienende grafische Darstellung.*

Sche|ma|brief, der (Bürow.): *Brief mit festgelegtem Text für wiederholt im Briefwechsel auftretende Situationen.*

Sche|ma|ta: Pl. von ↑Schema.

sche|ma|tisch 〈Adj.〉: 1. *einem [vereinfachenden] Schema entsprechend, folgend:* eine -e Darstellung; etw. s. abbilden. 2. (meist abwertend) *routinemäßig, mechanisch* (4 b): eine -e Tätigkeit.

sche|ma|ti|sie|ren 〈sw. V.; hat〉: *einem Schema* (1, 2) *gemäß darstellen, behandeln.*

Sche|ma|tis|mus, der; -, ...men (bildungsspr. abwertend): 1. a) 〈o. Pl.〉 *mechanisch an einem Schema* (1) *orientiertes Denken u. Handeln:* mit reinem S. sind diese Probleme nicht zu lösen; b) *schematische* (2) *Handlung o. Ä.* 2. a) (österr.) *Rangliste für öffentliche Bedienstete;* b) (kath. Kirche) *statistisches Handbuch von Diözesen od. Orden.*

Schem|bart, der; -[e]s, ...bärte [mhd. schem(e)bart, zu: schem(e), ↑²Schemen]: *Maske mit Bart.*

Schem|bart|lau|fen, das; -s: *(im MA.) Fastnachtsumzug, bei dem Schembärte getragen werden.*

Schem|bart|spiel, das: *Maskenspiel.*

Sche|mel, der; -s, - [mhd. schemel, ahd. (fuoȝ)scamil < spätlat. scamillus, scamellum, Vkl. von lat. scamnum = ¹Bank (1)]: a) *Hocker* (1); b) (bes. südd.) *Fußbank.*

¹Sche|men: Pl. von ↑Schema.

²Sche|men, der, auch: das; -s, - [mhd. schem(e) = Schatten(bild), verw. mit ↑scheinen]: a) *etw., was nur in schwachen Umrissen, nicht deutlich zu erkennen ist;* b) *gespenstische, spukhafte Erscheinung; Trugbild.*

sche|men|haft 〈Adj.〉 (geh.): *nur undeutlich, verschwommen zu erkennen; schattenhaft; wie ein ²Schemen.*

Schenk, der; -en, -en [mhd. schenke, ahd. scenco, zu ↑schenken (5)]: a) (früher) *Mundschenk;* b) (veraltet) *Schankwirt.*

Schenk|be|trieb usw. (seltener): ↑Schankbetrieb usw.

Schen|ke, (auch:) Schänke, die; -, -n [mhd. schenke, zu ↑schenken (5); die ä-Schreibung unter Anlehnung an ↑(Aus)schank]: *Gaststätte, bes. [kleinere] Schankwirtschaft, ¹Ausschank* (2 a).

Schen|kel, der; -s, - [mhd. schenkel, eigtl. = Bein, ablautend verw. mit ↑Schinken; 2: LÜ von lat. crus (anguli)]: 1. *Teil des Beines zwischen Hüfte u. Knie; Oberschenkel:* sich lachend auf die S. schlagen; mit gespreizten -n. 2. (Geom.) a) *Gerade, die mit einer andern Gerade einen Winkel bildet:* die beiden S. des Winkels; b) *Seite eines gleichschenkligen Dreiecks, die ebenso lang ist wie eine zweite Seite dieses Dreiecks;* c) *Seite eines Trapezes, die der gegenüberliegenden Seite nicht parallel ist.* 3. *Teil eines Geräts (z. B. einer Schere, eines Zirkels), der gemeinsam mit einem andern gleichartigen Teil vom gleichen Ansatzpunkt ausgeht.* 4. (Weinbau) *älterer Seitentrieb der Weinrebe.*

Schen|kel|bruch, der: *Bruch* (2 a) *des Schenkels.*

Schen|kel|druck, der (Reiten): *zur Lenkung mit den Schenkeln auf die Flanken des Pferdes ausgeübter Druck.*

Schen|kel|hals, der (Anat.): *Oberschenkelhals.*

Schen|kel|hals|bruch, der, **Schen|kel|hals|fraktur,** die (Med.): *Oberschenkelhalsbruch, -fraktur.*

Schen|kel|kno|chen, der: *Knochen des Ober- od. Unterschenkels.*

Schen|kel|kopf, der (Anat.): *Oberschenkelkopf.*

schen|ken 〈sw. V.; hat〉 [mhd. schenken, ahd. scenken, urspr. = zu trinken geben, eigtl. = schief halten (von einem Gefäß, aus dem eingeschenkt wird) u. zu dem unter ↑Schinken genannten Adj. mit der Bed. »schief, krumm« gehörend]: 1. *jmdm. etw. zum Geschenk machen, zu dauerndem Besitz geben:* jmdm. Geld s.; die Eltern schenkten ihr zum Abitur eine Reise; wir schenken uns dieses Jahr nichts zu Weihnachten; 〈ohne Dativobj.:〉 sie wollten gern etwas s. *(ein Geschenk machen);* 〈ohne Dativ- u. Akkusativobj.:〉 sie schenkt gerne *(macht gerne Geschenke);* [von jmdm.] etw. geschenkt bekommen; nichts geschenkt nehmen *(nichts umsonst haben wollen);* etw. ist [fast, halb] geschenkt (ugs.; *ist sehr billig*); sie trägt meist geschenkte Sachen; R geschenkt ist geschenkt *(was man verschenkt hat, kann man nicht wieder zurückverlangen);* Ü sie schenkte (geh. veraltend; *gebar*) ihm fünf Kinder; sich jmdm. s. (dichter.; *sich jmdm. hingeben* 2 b). 2. *geben, zuteil werden lassen, verleihen:* einem Tier die Freiheit s. *(es freilassen);* jmdm. seine Freundschaft s. *(jmdn. als seinen Freund betrachten);* jmdm. ein Lächeln s. (geh.; *jmdn. anlächeln*); jmdm. das Leben s. (geh.; *jmdn. nicht töten, hinrichten [lassen]*); kannst du mir ein wenig Zeit s. (geh.; *hast du ein wenig Zeit für mich*)? 3. a) *jmdm., sich sparen* (3 a), *ersparen* (2): der Klasse die Hausaufgaben s.; er hat sich und seinen Mitarbeitern nie etwas geschenkt *(immer sehr viel abverlangt);* ihr wird nichts geschenkt *(sie hat es nicht leicht);* R [das ist] geschenkt (ugs.; *darüber brauchen wir nicht zu reden, zu streiten; das ist gar keine Frage*); b) 〈s. + sich〉 *(auf etw.) verzichten; sparen* (3 b): den Vortrag werde ich mir s.; die Mühe hättest du dir s. können. 4. (geh.) a) (veraltend) *(als Getränk) ausschenken, reichen, anbieten;* b) *(ein Getränk) eingießen, einschenken:* Kaffee in die Tassen s.

Schenk|er|laub|nis usw. (seltener): ↑Schankerlaubnis usw.

Schen|kung, die; -, -en (Rechtsspr.): *in Geld od. Sachwerten bestehende Zuwendung an jmdn.*

Schen|kungs|steu|er (Steuerw.:) Schenkungsteuer, die: *Steuer, der eine Schenkung unterliegt.*

Schen|kungs|ur|kun|de, die: *Urkunde über eine Schenkung.*

Schenk|wirt usw. (seltener): ↑Schankwirt usw.

schep|pern 〈sw. V.〉 [lautm.] (ugs.): 1. *(bes. von aneinander schlagenden, durcheinander fallenden o. ä. Gegenständen, Teilen [aus Metall]) klappern, klirren* 〈hat〉: der Eimer fiel scheppernd zu Boden; die Stahltür fiel scheppernd ins Schloss; 〈unpers.:〉 auf der Kreuzung hat es gescheppert (salopp; *gab es eine Kollision*). 2. a) *sich scheppernd (irgendwohin) bewegen* 〈ist〉; b) *mit schepperndem, verzerrtem Klang tönen* 〈hat〉.

Scher|baum, der [zu ↑³scheren (3)]: 1. *Stange der Gabeldeichsel.* 2. *Baumstamm, der beim Flößen zur Eingrenzung der Baumstämme u. zur Abweisung von Hindernissen dient.*

Scher|be, die; -, -n 〈meist Pl.〉 [mhd. scherbe, schirbe, ahd. scirbi, eigtl. = die Schneidende, Scharfkantige, verw. mit mhd. scharben, ↑Scherflein]: *Stück von einem zerbrochenen Gegenstand aus Glas, Porzellan od. Ton:* die -n der Fensterscheibe; die -n auflesen; das Glas zersprang in tausend -n; R -n bringen Glück (scherzhafter Trost, wenn jmdm. etw. Zerbrechliches entzweigegangen ist).

Scher|bel, der; -s, - (landsch.): ↑Scherbe.

scher|beln 〈sw. V.; hat〉: 1. (landsch.) *[mit Schwung u. ausgelassen-fröhlich] tanzen:* s. gehen; die ganze Nacht s. 2. (schweiz.) *unrein, spröde klingen:* ein Gedicht mit scherbelnder Stimme vortragen.

Scher|ben, der; -s, -: 1. (südd., österr.) ↑Scherbe. 2. (südd.) *irdener Topf [für Blumen].* 3. (Keramik) *gebrannter, aber noch nicht glasierter keramischer Werkstoff.*

Scher|ben|ge|richt, das: *Ostrazismus:* Ü ein S. über jmdn. veranstalten (bildungsspr.; *übermäßig streng, hart mit jmdm. ins Gericht gehen*).

Scher|ben|hau|fen, der: *Haufen* (1) *von Scherben:* bei dem Polterabend gab es einen mächtigen S.; * **vor einem S. stehen** *(die bittere Erfahrung machen, dass etw., was große Bedeutung für einen hat, zunichte geworden ist).*

Scher|bett, der od. das; -[e]s, -e: ↑Sorbet.

Scher|chen, das; -s, -: Vkl. zu ↑Schere (1).

Sche|re, die; -, -n [mhd. schære, ahd. scāri (Pl. von: scār = Messer, Schere, ↑²Schar), wohl eigtl. = zwei Messer]: 1. *Werkzeug zum Schneiden, das aus zwei durch einen Bolzen über Kreuz drehbar miteinander verbundenen u. mit ringförmig auslaufenden Griffen versehenen Klingen besteht, deren Schneiden beim Zusammendrücken der Griffe streifend gegeneinander bewegt werden:* eine scharfe S.; die S. schleifen; Ü diese Passage, Filmszene ist der S. zum Opfer gefallen *(ist beim Kürzen od. Zensieren eliminiert worden);* die S. im Kopf *(Selbstzensur).* 2. 〈meist Pl.〉 *scherenartiges Greifwerkzeug bestimmter Krebse u. Spinnentiere.* 3. (landsch.) *Gabeldeichsel.* 4. (Turnen) *im Stütz ausgeführte Übung am Seitpferd, bei der die gestreckten Beine in einer dem Öffnen u. Schließen einer Schere vergleichbaren Bewegung aus der Hüfte in gleichzeitigem Wechsel vor bzw. hinter das Gerät geschwungen werden.* 5. (Ringen) *mit gekreuzten Beinen durchgeführter Griff, bei dem Hals od. Hüfte des Gegners zwischen den Schenkeln u. Knien des Angreifers eingeklemmt wird.* 6. (Basketball) *Deckung eines Spielers von hinten u. vorne gleichzeitig durch zwei Gegenspieler.* 7. *beide nach unten gerichteten Arme der Kandare, an denen die Zügel befestigt werden.* 8. (Gaunerspr.) *von Taschendieben beim Stehlen angewendeter Griff, bei dem zwei Finger (bes. Zeige- u. Mittelfinger) gestreckt in jmds. Tasche geführt werden u. zwischen sie eingeklemmt der*

S

jeweilige Gegenstand aus der Tasche gezogen wird. **9.** (Jargon) *Diskrepanz zwischen zwei Faktoren (die sich in ungünstiger Weise auseinander entwickeln, entwickelt haben).*

[1]**sche|ren** ⟨st., selten auch: sw. V.; hat⟩ [mhd. schern, ahd. sceran, urspr. = ab-, einschneiden; trennen]: **1. a)** *mithilfe einer Schere o. Ä. von Haaren befreien:* Schafe s.; **b)** *mit einer Schere o. Ä. dicht über der Haut abschneiden, [annähernd] bis zum Ansatz wegschneiden:* die Haare s.; **c)** *durch* [1]*Scheren (1 b) der Haare entstehen lassen:* jmdm. eine Glatze s.; **d)** (Textilind.) *durch Abschneiden hervorstehender Fasern die Oberfläche von etw. ausgleichen:* Samt s.; **e)** *durch Schneiden kürzen u. in die gewünschte Form bringen.* **2.** (Gerberei) *entfleischen* (2). **3.** (ugs. seltener) *betrügen* (b).

[2]**sche|ren** ⟨sw. V.; hat⟩ [wohl zu veraltet scheren = ausbeuten, quälen (vgl. ungeschoren), grammat. beeinflusst von ↑[4]scheren] (ugs.): **a)** ⟨s. + sich⟩ *kümmern* (1 b) ⟨nur verneint od. eingeschränkt⟩: sich nicht um die Vorschriften s.; **b)** *kümmern* (2), *interessieren* ⟨nur verneint od. eingeschränkt⟩: es schert sie wenig, was die Leute denken.

[3]**sche|ren** ⟨sw. u. st. V.⟩ [1 a: zu ↑Schere (4); 1 b: zu ↑Schere (1); 2: zu ↑Schere (6); 3: zu ↑schirren]: **1.** ⟨sw. V.; hat⟩ **a)** (Turnen) *am Seitpferd eine Schere ausführen;* **b)** (Gymnastik) *in Bauch- od. Rückenlage die gestreckten Beine kreuzen.* **2.** ⟨sw. V.; hat⟩ (Basketball) *einen Spieler durch zwei Gegenspieler von hinten u. vorne gleichzeitig decken.* **3.** ⟨st. V.; hat⟩ (Seemannsspr.) *(durch etw.) hindurchziehen; einscheren* (2).

[4]**sche|ren** ⟨sw. V.⟩ [spätmhd. schern = schnell weglaufen, ahd. scerōn = ausgelassen sein, eigtl. = springen]: **1.** ⟨s. + sich⟩ *sich [schnellstens] irgendwohin begeben* (meist in Befehlen od. Verwünschungen) ⟨hat⟩: sich an die Arbeit, ins Bett s. **2. a)** (Seemannsspr.) *(von Schiffen) bei schrägem Anströmen des Wassers seitlich ausscheren* (a) ⟨ist⟩; **b)** *aus- od. einscheren.*

Sche|ren|arm, der (Technik): *(an Geräten, Vorrichtungen) Arm* (2), *der sich nach dem Prinzip des Scherengitters auseinander ziehen u. zusammenschieben lässt:* eine Wandlampe mit S.

sche|ren|ar|tig ⟨Adj.⟩: *in der Art einer Schere* (1).

Sche|ren|fern|rohr, das: *Fernrohr mit zwei um das Okular drehbaren Armen, an deren äußeren Enden jeweils ein Objektiv angebracht ist.*

Sche|ren|git|ter, das: *Gitter, das sich zusammenschieben lässt, wobei sich seine gekreuzten [Metall]stäbe scherenartig gegeneinander bewegen.*

Sche|ren|griff, der (Turnen): *Griff, bei dem die eine Hand des Helfers auf der Brust des Übenden u. die andere Hand auf dessen Rücken liegt.*

Sche|ren|schlei|fer, der: **1.** *Handwerker, der Scheren* (1), *Messer o. Ä. schleift* (Berufsbez.). **2.** (landsch. abwertend) *keiner Rasse zuzuordnender [ein wenig verwilderter] Hund.*

Sche|ren|schlei|fe|rin, die: w. Form zu ↑Scherenschleifer (1).

Sche|ren|schnitt, der: *(meist kleinformatiges, oft symmetrisch aufgebautes gegenständliches od. ornamentartiges) durch das Herausschneiden bestimmter Formen aus einem Blatt Papier hergestelltes Bild:* einen S. machen.

Sche|ren|sprung, der (bes. Turnen): *Sprung, bei dem die gestreckten Beine in der Luft scherenartig aneinander vorbeigeführt werden.*

Sche|ren|stel|lung, die (Bergsteigen): *Stellung der Füße quer zum Hang, wobei die Spitze des talseitigen Fußes leicht talwärts gerichtet ist.*

Sche|ren|trep|pe, die: *Treppe, die wie ein Scherengitter auseinander gezogen u. zusammengeschoben werden kann.*

Sche|ren|zaun, der: *Holzzaun, bei dem sich die Latten scherenartig schräg kreuzen.*

Sche|re|rei, die; -, -en ⟨meist Pl.⟩ [zu ↑[2]scheren] (ugs.): *Unannehmlichkeit:* das gibt nur [unnötige] -en.

Scher|fes|tig|keit, die (Technik): *Widerstandsfähigkeit (eines Körpers, eines Werkstoffs) gegenüber einer Beanspruchung durch Scherung* (1).

Scherf|lein, das; -s, - ⟨Pl. selten⟩ [Vkl. von spätmhd. scher(p)f = eine Scheidemünze, wohl zu mhd. scharben, ahd. scarbōn = einschneiden u. eigtl. = Münze mit eingeschnittenem Rand] (geh.): *kleiner Geldbetrag (als Spende für etw., jmdn.).*

Scher|ge, der; -n, -n [mhd. scherge, scherje = Gerichtsdiener, ahd. scario = Scharführer, zu ↑[1]Schar] (abwertend): *jmd., der unter Anwendung von Gewalt jmds. (bes. einer politischen Macht) Aufträge vollstreckt; Handlanger.*

Sche|ria: ↑Scharia.

Sche|rif, der; -s u. -en, -s u. -e[n] [arab. šarīf = der Hochgeehrte]: **a)** ⟨o. Pl.⟩ *Titel der Nachkommen des Propheten Mohammed;* **b)** *Träger des Titels Scherif.*

Scher|kopf, der [zu ↑[1]scheren]: *Teil eines elektrischen Rasierapparats, der das Barthaar abrasiert.*

Scher|maus, die [zu ↑[1]scheren]: **1.** *sehr gut schwimmende u. tauchende dunkelbraune Wühlmaus.* **2.** (südd., österr., schweiz.) *Maulwurf.*

Scher|mes|ser, das: *Messer in einem Gerät, einem Apparat zum* [1]*Scheren* (1).

Sche|rung, die; -, -en [zu ↑Schere]: **1.** (Mechanik) *Verformung eines Materials durch zwei parallel zueinander in entgegengesetzter Richtung wirkende Kräfte.* **2.** (Math.) *durch Parallelverschiebung bestimmter Punkte od. Seiten einer geometrischen Figur bewirkte mathematische Abbildung, bei der die Figur zwar ihre Form, nicht aber ihren Flächeninhalt ändert.*

Scher|wen|zel usw.: ↑Scharwenzel usw.

Scher|wol|le, die [zu ↑[1]scheren (1 a)]: *Schurwolle.*

Scherz, der; -es, -e [mhd. scherz = Vergnügen, Spiel, zu: ↑scherzen]: *nicht ernst gemeinte [witzige] Äußerung, Handlung, die Heiterkeit erregen soll; Spaß:* ein harmloser S.; es war doch nur [ein] S.; dieser S. ging [entschieden] zu weit; [einen] S. machen; seine -e über jmdn., etw. machen; er lässt sich schon einen S. gefallen *(nimmt nicht gleich jede Neckerei übel);* etw. aus, im, zum S. sagen, tun *(etw. nicht ernst meinen);* R das ist doch wohl ein schlechter S. *(das ist doch hoffentlich nicht wahr);* [ganz] ohne S. (als Versicherung, dass etw. Gesagtes, so unglaubhaft es auch klingen mag, wirklich den Tatsachen, der Überzeugung o. Ä. entspricht; *im Ernst*).

scher|zan|do [skɛr...] ⟨Adv.⟩ [ital. scherzando, zu: scherzare, ↑Scherzo] (Musik): *in der Art eines Scherzos* (in Verbindung mit Tempobezeichnungen): allegretto s.

Scherz|ar|ti|kel, der: *kleinerer Gegenstand für Scherze, Schabernack (bes. in der Faschingszeit u. an Silvester).*

scher|zen ⟨sw. V.; hat⟩ [mhd. scherzen = lustig springen, hüpfen, sich vergnügen, verw. mit ↑[4]scheren in dessen urspr. Bed. »springen«]: **1.** (geh.) *einen Scherz, Scherze machen:* über jmdn., etw. s.; ⟨subst.:⟩ mir ist [ganz und gar] nicht nach Scherzen zumute. **2.** *scherzend, im Scherz äußern.*

Scherz|ge|dicht, das: *in Inhalt u. meist auch in der Form scherzhaftes* (b) *Gedicht.*

scherz|haft ⟨Adj.⟩: **a)** *nicht [ganz] ernst gemeint, im Scherz:* eine -e Frage; **b)** *auf spaßige, witzige Weise unterhaltend; launig:* ein -es Lied.

Scher|zo ['skɛrtso], das; -s, -s u. ...zi [ital. scherzo, eigtl. = Scherz, zu: scherzare = scherzen, aus dem Germ.] (Musik): *bewegtes, meist launiges Musikstück (bes. als [dritter] Satz in Sinfonien, Sonaten u. Kammermusik).*

Scherz|rät|sel, das: *Rätsel mit einer überraschenden, lustigen Lösung.*

Scherz|re|de, die: **a)** *scherzhafte Rede* (1); **b)** *scherzhaftes Wort* (1), *Neckerei* (2).

Scherz|wort, das ⟨Pl. -e⟩: **1.** *scherzhafte Bemerkung, Äußerung.* **2.** *scherzhaftes Wort, Bonmot.*

scheu ⟨Adj.⟩ [mhd. schiech = scheu, verzagt; abschreckend, hässlich, H. u.; im Nhd. lautlich an ↑Scheu, scheuen angeglichen]: **a)** *(aus einem bei zu großer Nähe sich einstellenden Unbehagen, aus Ängstlichkeit od. aus Misstrauen) von anderen, bes. von fremden Menschen sich fern haltend:* ein -er Mensch; er hat ein -es Wesen; -e *(Scheu verratende)* Blicke; ein -er *(schüchterner, zaghafter)* Kuss; s. wirken; sich s. umsehen; **b)** *(von bestimmten Tieren) die Nähe bestimmter anderer Tiere u. bes. des Menschen instinktiv meidend u. beim kleinsten Anzeichen einer Gefahr sofort bereit zu fliehen; nicht zutraulich:* ein -es Reh; das Wild ist sehr s.; die Pferde wurden s. *(scheuten* 2); die Pferde s. machen *(erschrecken u. wild machen, in Aufregung versetzen).*

Scheu, die; - [mhd. schiuhe = (Ab)scheu, Schreckbild, zu ↑scheu]: **a)** *das Scheusein; scheues* (a) *Wesen, Verhalten:* eine kindliche S.; eine andächtige S.; eine gewisse S. zeigen; seine S. verlieren; jmdm. S. einflößen; mit heiliger S. (geh.; *Ehrfurcht*); voller S. [vor jmdm. od. etw.] sein; **b)** *scheues* (b) *Wesen, Verhalten:* die Katze ließ sich ohne [jede] S. streicheln.

Scheu|che, die; -, -n [identisch mit ↑Scheu; vgl. scheuchen]: *Vogelscheuche.*

scheu|chen ⟨sw. V.; hat⟩ [identisch mit ↑scheuen (Fortbildung des mhd. Hauchlauts)]: **1.** *durch Gebärden, [drohende] Zurufe jagen* (3), *treiben:* die Fliegen aus dem Zimmer s.; Ü der Regen scheuchte die Urlauber ins Hotel. **2.** (ugs.) *veranlassen, sich an einen bestimmten Ort o. Ä. zu begeben, sich von einem bestimmten Ort wegzubegeben:* jmdn. an die Arbeit s.; die Kinder aus dem Bett s. **3.** (ugs.) *(bes. im Rahmen einer Ausbildung o. Ä.) [in schikanöser Weise] herumkommandieren, zu höchster Anstrengung antreiben:* sich nicht s. lassen.

scheu|en ⟨sw. V.; hat⟩ [mhd. schiuhen, ahd. sciuhen]: **1. a)** *aus Scheu* (a), *aus Furcht vor möglichen Unannehmlichkeiten zu vermeiden suchen; meiden:* Auseinandersetzungen s.; keine Mühe s.; wenn es darauf ankommt, scheut der Hund selbst den Kampf mit einem Wolf nicht; **b)** ⟨s. + sich⟩ *(aus Angst, Hemmungen, Bedenken o. Ä.) zurückscheuen* (1), *zurückschrecken* (2): sich [davor] s., etw. zu tun; sich vor nichts und niemand[em] s. (ugs.; *keinerlei Skrupel haben*). **2.** *(meist von Pferden) durch etw. erschreckt in Panik geraten u. mit einer Fluchtbewegung reagieren.*

Scheu|er, die; -, -n [mhd. schiur(e), ahd. sciura, scūra, verw. mit ↑Scheune] (westmd., südd.): *Scheune:* die Ernte in die S. bringen; ***die S. voll haben** (ugs.; *im Unterschied zu andern genug [von etw.] besitzen*).

Scheu|er|be|sen, der (seltener): *Schrubber.*

Scheu|er|bürs|te, die: *Bürste zum Scheuern* (1 a).

Scheu|er|lap|pen, der: *Lappen zum Scheuern* (1 a), *Putzlappen.*

Scheu|er|leis|te, die: **1.** *Fußleiste.* **2.** (Seew.) *Leiste an einem Boot od. Schiff, die Beschädigungen, z. B. beim Anlegen, verhindern soll.*

Scheu|er|mann|krank|heit, (auch:) **Scheu|ermann-Krank|heit,** die; -, **scheu|er|mann|sche Krank|heit,** die; -n - [nach dem dän. Orthopäden H. W. Scheuermann (1877–1960)]: *die Wirbelsäule betreffende Entwicklungsstörung bei Jugendlichen, die zu Buckel u. starrem Rundrücken führen kann.*

Scheu|er|mit|tel, das: *Reinigungsmittel zum Scheuern* (1 a).

scheu|ern ⟨sw. V.; hat⟩ [mhd. (md.) schiuren, schūren, H. u.]: **1. a)** *(mit Pulver, einer Bürste o. Ä.) kräftig reibend bearbeiten, säubern:* die Dielen s.; Töpfe und Pfannen s.; ⟨auch ohne Akk.-Obj.:⟩ kräftig s. *(reiben);* **b)** *durch Scheuern* (1 a) *entfernen:* sich die Tinte von den Fingern s.; **c)** *durch Scheuern* (1 a) *in einen bestimmten Zustand bringen:* die Fliesen weiß s. **2. a)** *reiben* (3): der Kragen scheuert; **b)** *durch Scheuern* (2 a) *in einen bestimmten Zustand versetzen:* ich habe mir das Knie, mich am Knie wund gescheuert; **c)** *sich kräftig reibend über etw. hinbewegen:* das Tau scheuert an der Bordwand.

S

3. *kräftig reiben [um einen Juckreiz zu vertreiben]:* ich scheuere meinen Rücken, mir den Rücken an der Stuhllehne. 4. * **jmdm. eine, ein paar s.** (salopp; *jmdn. ohrfeigen*); **eine, ein paar gescheuert kriegen/bekommen** (salopp; *geohrfeigt werden*): du kriegst gleich eine gescheuert!

Scheu|er|sand, der: 1. *Sand enthaltendes Pulver zum Scheuern.* 2. *als Scheuermittel dienender Sand.*

Scheu|klap|pe, die ⟨meist Pl.⟩: *(am Zaum von Pferden in Augenhöhe zu beiden Seiten angebrachte) Klappe, die die Sicht nach der Seite u. nach hinten verwehrt u. das Scheuen verhindern soll:* einem Pferd -n anlegen; Ü -n haben, tragen *(eine einseitige Sicht der Dinge haben, borniert sein).*

Scheu|ne, die; -, -n [mhd. schiun(e), ahd. scugin(a) = Schuppen, Obdach, eigtl. = die Bedeckende]: *landwirtschaftliches Gebäude, in dem bes. Heu u. Stroh gespeichert wird.*

Scheu|nen|dre|scher, der: in der Wendung **essen, fressen, futtern wie ein S.** (salopp; *unmäßig viel, große Portionen essen*).

Scheu|nen|tor, das: *Tor einer Scheune.*

Scheu|re|be, die; -, -n [nach dem dt. Züchter G. Scheu (1879–1949)]: **a)** ⟨o. Pl.⟩ *Rebsorte aus einer Kreuzung von Silvaner u. Riesling;* **b)** *aus der Scheurebe (a) hergestellter Wein mit vollem, würzigem Bukett.*

Scheu|sal, das; -s, -e, ugs.: ...säler [spätmhd. schiusel = Schreckbild, Vogelscheuche, zu ↑scheuen] (abwertend): **a)** (seltener) *Ungeheuer, Grauen erregendes [Fabel]tier, [Fabel]wesen;* **b)** *roher, brutaler Mensch, dessen Handeln mit Abscheu erfüllt; widerliche Person;* **c)** *abstoßend hässlicher Mensch, hässliches Tier.*

scheuß|lich ⟨Adj.⟩ [mhd. schiuzlich = scheu; abscheulich, zu: schiuzen = (Ab)scheu empfinden, Intensivbildung zu ↑scheuen] (emotional): 1. **a)** *sehr hässlich, übel, kaum erträglich in seiner Wirkung auf die Sinne:* -e Häuser; eine -e Gegend; ein -er *(äußerst unsympathischer)* Kerl; das Kleid sieht s. aus; **b)** *[durch Gemeinheit, Rohheit] Abscheu, Entsetzen erregend:* ein -es Verbrechen; ein -er Anblick; eine s. verstümmelte Leiche. 2. (ugs.) **a)** *im höchsten Grade unangenehm:* -e Schmerzen; **b)** ⟨intensivierend bei Verben u. Adj.⟩ *auf unangenehme Weise, in äußerstem Maße:* es tat s. weh.

Scheuß|lich|keit, die; -, -en: 1. ⟨o. Pl.⟩ *scheußliche (1, 2 a) Art.* 2. **a)** ⟨meist Pl.⟩ *etw. Scheußliches (1 b), scheußlicher Vorfall, scheußliche Tat;* **b)** *etw. von besonderer Hässlichkeit.*

Schi usw.: ↑Ski usw.

Schia, die; - [arab. šīʿa[h] = Partei]: *religiöse Gruppe des Islam, die allein Ali, den Schwiegersohn des Propheten Mohammed, sowie dessen Nachkommen als rechtmäßige Stellvertreter des Propheten anerkennt.*

schib|beln ⟨sw. V.⟩ [Iterativbildung zu ↑schieben] (westmd.): 1. ⟨hat⟩ **a)** *rollen* (2): ein Fass s.; **b)** ⟨s. + sich⟩ *sich wälzen:* das Kind schibbelt sich im Heu. 2. ⟨ist⟩ *rollen* (1 a, b).

Schicht, die; -, -en [aus dem Niederd., Md. < mniederd., md. schicht = Ordnung, Reihe; Abteilung von Menschen, auch: waagerechte Gesteinslage, Flöz; zu mniederd. schichten, schiften = ordnen, reihen, trennen, aufteilen, verw. mit ↑Schiene; 3: über die Bed. »Flöz« in der Bergmannsspr. übertr. im Sinne von »Abteilung, die gerade in einem Flöz arbeitet«]: 1. *in flächenhafter Ausdehnung in einer gewissen Höhe über, unter od. zwischen anderem liegende einheitliche Masse:* die oberen -en der Luft; auf den Büchern lag eine dicke S. Staub; die Lackierung besteht aus mehreren -en; eine S. Biskuit wechselt mit einer S. Sahnecreme; Ü die verborgensten -en des Bewusstseins. 2. *Gesellschaftsschicht:* die politisch führende S.; die S. der Intellektuellen; zu einer bestimmten [sozialen] S. gehören. 3. **a)** *Abschnitt eines Arbeitstages in durchgehend arbeitenden Betrieben, in denen die Arbeitsplätze in einem bestimmten Turnus mehrmals am Tag besetzt werden:* die S. wechseln; von der S. kommen; **b)** *Gruppe von gemeinsam in einer Schicht* (3 a) *Arbeitenden:* die zweite S. ist eben eingefahren; ein Kollege aus meiner S.

Schicht|ab|lö|sung, die: *Ablösung* (2) *nach einer Schicht* (3 a).

Schicht|ar|beit, die ⟨o. Pl.⟩: *Arbeit in Schichten* (3 a).

Schicht|be|ginn, der: *Beginn einer Schicht* (3 a).

Schich|te, die; -, -n (österr.): *Schicht* (1).

schich|ten ⟨sw. V.; hat⟩ [aus dem Niederd., Md. < mniederd. schichten (↑Schicht), heute als Abl. von ↑Schicht empfunden]: 1. *in Schichten* (1) *übereinander legen, irgendwohin legen:* Blatt auf Blatt s. 2. ⟨s. + sich⟩ *sich in Schichten* (1) *übereinander legen.*

schich|ten|spe|zi|fisch: ↑schichtspezifisch.

schich|ten|wei|se: ↑schichtweise.

Schicht|ge|stein, das (Geol.): *Sedimentgestein.*

Schicht|holz, das: 1. ⟨o. Pl.⟩ *in bestimmter Länge geschnittenes, in Stößen gleicher Höhe aufgeschichtetes Holz.* 2. *Sperrholz aus mehr als drei Schichten.*

schich|tig ⟨Adj.⟩: *lamellar:* eine -e Struktur; s. aufgebaut sein.

-schich|tig: in Zusb.: 1. *aus einer bestimmten Anzahl von Schichten* (1, 2) *[bestehend]:* das Sperrholz ist dreischichtig. 2. *in einer bestimmten Anzahl von Schichten* (3 a) *[erfolgend]:* dreischichtiger Betrieb.

Schicht|kä|se, der: *aus mehreren verschieden fetthaltigen Schichten zusammengesetzter Quark.*

Schicht|press|stoff, der (Technik): *Werkstoff, der aus mehreren mit Kunstharzen imprägnierten [Papier]schichten besteht u. unter Druck hart geworden ist; Laminat.*

schicht|spe|zi|fisch, schichtenspezifisch ⟨Adj.⟩ (Soziol.): *für eine bestimmte Schicht* (2) *charakteristisch, typisch.*

Schicht|stu|fe, die (Geol.): *Stufe im Gelände, die von der härteren Schicht durch Verwitterung u. Abtragung gebildet wird, wobei die weichere Schicht weiträumig abgetragen wird.*

Schich|tung, die; -, -en: *Gestaltung, Aufbau, Anlage in Schichten* (1, 2).

schicht|wei|se, schichtenweise ⟨Adv.⟩: 1. *in einzelnen Schichten* (1), *Schicht für Schicht.* 2. *in einzelnen Gruppen, Gruppe für Gruppe:* s. essen.

schick ⟨Adj.⟩ [frz. chic = famos, niedlich, zu: chic, ↑Schick]: 1. *(in Bezug auf Kleidung, Aufmachung o. Ä.) modisch u. geschmackvoll:* -e Schuhe; eine -e Handtasche; s. aussehen. 2. *hübsch [u. flott]:* ein -er junger Mann. 3. (ugs. emotional) *(dem Modetrend entsprechend u. darum als schön empfunden) Begeisterung hervorrufend; großartig, toll:* ein -es Auto, Sofa, Apartment; ein ganz -es Restaurant; das gilt [heute] als s.

Schick, der; -[e]s [unter Einfluss von frz. chic = Geschicklichkeit, Geschmack; schon frühnhd. schick = Art u. Weise, Gelegenheit, rückgeb. aus ↑schicken]: 1. **a)** *(in Bezug auf Kleidung, Aufmachung o. Ä.) schickes Aussehen:* der unauffällige S. ihrer Kleidung; **b)** *geschmackvolle Eleganz in Auftreten u. Benehmen.* 2. (landsch.) *richtige, gewünschte Form, Ordnung; Richtigkeit:* alles muss seinen S. haben.

schi|cken ⟨sw. V.; hat⟩ [mhd. schicken = (ein)richten, ordnen; abfertigen, entsenden; sich vorbereiten, sich einfügen]: 1. *veranlassen, dass etw. zu jmdm. gelangt, an einen bestimmten Ort gebracht od. befördert wird:* einen Gruß s.; er hat [uns] endlich ein Lebenszeichen geschickt; die Waren werden [Ihnen] ins Haus geschickt; Ü ein Gebet zum Himmel s. 2. **a)** *veranlassen, sich zu einem bestimmten Zweck, mit einem Auftrag o. Ä. an einen bestimmten Ort zu begeben:* jmdn. einkaufen, zum Einkaufen s.; ein Kind in die Schule s.; wer hat dich denn [zu mir] geschickt?; jmdn. in die Verbannung s. *(verbannen);* Ü jmdn. auf die Bretter, zu Boden s. (Jargon, bes. Boxen; *jmdm. einen solchen Schlag versetzen, dass er zu Boden fällt*); **b)** *jmdn. zu bestimmten Diensten o. Ä. rufen, holen lassen:* nach dem Arzt s. 3. ⟨s. + sich⟩ **a)** *eine unangenehme Lage, an der nichts zu ändern ist, geduldig ertragen; sich fügen:* sie schickten sich ins Unvermeidliche; sich in Gottes Willen s. *(ergeben);* **b)** (veraltend) *sich fügen* (4 b), *sich von selbst zu gegebener Zeit regeln; sich bei Gelegenheit ergeben:* das wird sich alles noch s.; **c)** (südd.) *sich aus einem bestimmten Grund mit, bei etw. beeilen:* sich s. müssen. 4. ⟨s. + sich⟩ **a)** *gehören* (5) (meist unpers. u. verneint): es schickt sich nicht, so etwas zu sagen; **b)** (seltener) *sich [herkömmlicherweise] eignen.* 5. (landsch.) *ausreichen, genügen:* ob die Vorräte wohl s.?

Schi|cke|ria, die; - [unter Einfluss von ↑schick geb. zu ital. sciccheria = Schick, Eleganz, zu: scicche < frz. chic, ↑schick] (Jargon, oft abwertend): *in der Mode u. im gesellschaftlichen Leben tonangebende Schicht:* die Münchner S.

Schi|cki|mi|cki, der; -s, -s [sprachspielerische Bildung zu ↑schick] (ugs.): 1. *jmd., der sich betont modisch gibt, Wert auf modische Kleidung, modische Dinge legt.* 2. *modischer Kleinkram.*

schick|lich ⟨Adj.⟩ [mhd. (md.) schicklich = geordnet, zu ↑[1]schicken] (geh.): *einer bestimmten menschlichen od. gesellschaftlichen Situation angemessen; wie es die Konvention [u. das Taktgefühl] vorschreibt:* ein -es Benehmen; jmdm. in -em Abstand folgen; zu einer -en Zeit kommen.

Schick|sal, das; -s, -e [älter niederl. schicksel = Anordnung; Fatum]: **a)** *von einer höheren Macht über jmdn. Verhängtes, ohne sichtliches menschliches Zutun sich Ereignendes, was jmds. Leben entscheidend bestimmt:* ein trauriges, tragisches S.; das S. eines Volkes; sein Schicksal war besiegelt; das S. nahm seinen Lauf; [das ist] S. (ugs.; *das muss man so hinnehmen*); sein S. tragen; das S. vorhersagen; sich seinem S. fügen; sich in sein S. ergeben; sich mit seinem S. abfinden; Ü was wird das S. dieser alten Villen sein? *(was wird mit ihnen geschehen?);* * **jmdn. seinem S. überlassen** *(sich nicht weiter um jmdn. kümmern, ihn allein lassen);* **b)** ⟨o. Pl.⟩ *höhere Macht, die in einer nicht zu beeinflussenden Weise das Leben bestimmt u. lenkt:* das S. hat ihn dazu ausersehen; das S. herausfordern; eine Laune des blinden -s; * **S. spielen** (ugs.; *etw. zu lenken, zu beeinflussen suchen*).

schick|sal|er|ge|ben: ↑schicksalsergeben.

schick|sal|haft ⟨Adj.⟩: **a)** *vom Schicksal bestimmt, ohne menschliches Zutun geschehend, zustande kommend u. unabwendbar:* -e Vorgänge; ein -er Prozess; **b)** *jmds. weiteres Schicksal bestimmend, sich auf jmds. Leben entscheidend auswirkend:* diese Begegnung war für ihn s.

Schick|sals|dra|ma, das (Literaturw.): **a)** ⟨o. Pl.⟩ *Tragödie, in der sich der Held einem dämonischen, unheimlichen Schicksal wehrlos ausgeliefert sieht;* **b)** *einzelne Tragödie der Gattung Schicksalsdrama.*

schick|sals|er|ge|ben, schicksalergeben ⟨Adj.⟩: *seinem Schicksal ergeben, keine Gegenwehr leistend.*

Schick|sals|fra|ge, die: *wesentliche Frage, von deren Entscheidung viel für jmdn., für eine Sache o. Ä. abhängt.*

Schick|sals|fü|gung, die: *Fügung* (1).

Schick|sals|ge|mein|schaft, die: *Gemeinschaft von Menschen, die das gleiche schwere Schicksal verbindet.*

Schick|sals|glau|be, der: *Fatalismus.*

schick|sals|gläu|big ⟨Adj.⟩: *fatalistisch.*

Schick|sals|göt|tin, die (griech., germ. Myth.): *Göttin, dämonische Gestalt, die bei der Geburt eines Menschen dessen Schicksal voraussagt.*

Schick|sals|schlag, der: *trauriges, einschneidendes Ereignis in jmds. Leben:* ein schwerer S.

schick|sals|schwer ⟨Adj.⟩ (geh.): *jmds. Schicksal entscheidend beeinflussend, jmds. Leben einschneidend verändernd:* ein -er Tag.

schick|sals|träch|tig ⟨Adj.⟩ (geh.): *schicksalsvoll.*

Schick|sals|tra|gö|die, die (Literaturw.): *Schicksalsdrama.*
schick|sals|voll ⟨Adj.⟩ (geh.): *schicksalsschwere Ereignisse o. Ä. mit sich bringend, dadurch gekennzeichnet:* in -er Zeit.
Schick|sals|wen|de, die: *in jmds. Leben eintretende schicksalhafte Wende.*
Schick|se, die; -, -n [aus der Gaunerspr. < jidd. schickse(n) = Christenmädchen; Dienstmädchen, zu hebr. šeqeẓ = Unreines; Abscheu]: 1. (salopp abwertend) *leichtlebige Frau.* 2. *(aus jüdischer Sicht) Nichtjüdin.*
Schie|be|büh|ne, die: 1. (Eisenb.) *Vorrichtung, auf der Eisenbahnfahrzeuge von einem Gleis auf ein parallel laufendes gefahren werden können.* 2. (Theater) *Bühne, bei der die Dekorationen auf den Seiten hereingefahren werden.*
Schie|be|dach, das: 1. *zurückschiebbarer Teil im Verdeck eines Personenkraftwagens.* 2. *aufzuschiebendes Dach bei Güterwagen.*
Schie|be|de|ckel, der: *über einen Behälter zu schiebender (statt z. B. zu schraubender) Deckel.*
Schie|be|fens|ter, das: *zum Öffnen nach oben, unten od. nach der Seite zu verschiebendes Fenster.*
schie|ben ⟨st. V.⟩ [mhd. schieben, ahd. scioban, eigtl. = dahinschießen, werfen; 6: unter Einfluss der Gaunerspr.]: 1. ⟨hat⟩ *durch Ausübung von Druck von der Stelle bewegen, vor sich her bewegen, irgendwohin bewegen:* einen Kinderwagen s.; die Kiste über den Flur s.; ⟨auch ohne Akk.-Obj.:⟩ unser Auto sprang nicht an, also mussten wir s. 2. ⟨hat⟩ *irgendwohin tun, stecken* (1 a): Kuchen in den Mund s.; (Fußball Jargon:) der Stürmer schob den Ball ins Tor. 3. ⟨hat⟩ **a)** *durch Schieben* (1 a) *jmdn. irgendwohin drängen;* **b)** ⟨s. + sich⟩ *sich mit leichtem Schieben* (1 a) *durch etw. hindurch od. in etw. hineinbewegen, sich drängen* (2 b): sich durch den Strom der Passanten s.; Ü sich in den Vordergrund zu s. versuchen; **c)** ⟨s. + sich⟩ *sich wie gleitend [vorwärts] bewegen [u. allmählich irgendwohin gelangen]:* ihr Rock schob sich in die Höhe. 4. *jmdn., etw. für etw. Unangenehmes verantwortlich machen* ⟨hat⟩: die Missstände auf die Partei s. 5. ⟨ist⟩ (salopp) **a)** *träge, lässig gehen:* er schob um die Ecke; **b)** (seltener) *Schieber* (5) *tanzen.* 6. (salopp) *gesetzwidrige Geschäfte machen, auf dem schwarzen Markt mit etw. handeln* ⟨hat⟩: Devisen s. 7. (Skat) *(beim Schieberamsch) den Skat nicht aufnehmen, sondern ihn, ohne hineingesehen zu haben, weitergeben* ⟨hat⟩: ich schiebe.
Schie|ber, der; -s, - [zu ↑schieben; 4: vgl. schieben (6), Schiebung]: 1. *verschiebbare Absperrvorrichtung an Türen, Geräten, Rohrleitungen, Maschinen; Riegel:* den S. öffnen. 2. *Essgerät für Kinder, mit dem das Essen auf den Löffel geschoben wird.* 3. (landsch.) *Bettpfanne.* 4. (ugs.) *jmd., der [in wirtschaftlichen Krisenzeiten] unerlaubte, unsaubere Geschäfte macht.* 5. (ugs.) *dem Onestep ähnlicher einfacher Tanz.*
Schie|be|ramsch, der (Skat): *Ramsch, bei dem die Spieler nacheinander den Skat aufnehmen u. zwei [andere] Karten dafür weitergeben.*
Schie|be|rei, die; -, -en: *das Schieben* (1, 3 a, b, 6, 7).
Schie|ber|ge|schäft, das (ugs.): *Geschäft eines Schiebers, von Schiebern.*
Schie|ber|müt|ze, die (ugs.): *größere Schirmmütze.*
Schie|be|sitz, der: *verschiebbarer Sitz.*
Schie|be|tür, die: *Tür, die beim Öffnen zur Seite geschoben, nicht in einer Angel gedreht wird.*
Schie|be|wand, die: *seitlich verschiebbare Wand.*
Schie|be|wi|der|stand, der (Elektrot.): *durch Verschieben eines Läufers* (4) *veränderbarer elektrischer Widerstand.*
Schieb|leh|re, die (Technik): *Messwerkzeug zum Bestimmen von Längen u. Dicken.*
Schie|bung, die; -, -en (ugs.): 1. *Schiebergeschäft:* -en machen, aufdecken. 2. *ungerechtfertigte Bevorzugung, Begünstigung.*
schiech ⟨Adj.⟩ [mhd. schiech, ↑scheu] (österr., bayr., sonst landsch.): 1. *hässlich, abscheulich.* 2. *zornig, wütend.*
schied: ↑scheiden.
schied|lich ⟨Adj.⟩ [mhd. schidelich, 1. Bestandteil zu: schi(e)t, ↑Schiedsrichter] (selten): *(in Streitsachen) versöhnlich, nachgiebig; verträglich, friedfertig:* einen Streit s. und friedlich beilegen.
schied|lich-fried|lich ⟨Adj.⟩: *ohne Streit, im Guten:* sich s. einigen.
Schieds|frau, die: *Friedensrichterin.*
Schieds|ge|richt, das: 1. (Rechtsspr.) **a)** *Institution, die anstelle eines staatlichen Gerichts bei Rechtsstreitigkeiten eine Entscheidung durch Schiedsspruch fällt;* **b)** *Gruppe von Personen, die ein Schiedsgericht bildet.* 2. (Sport) **a)** *Gremium von Kampf- od. Schiedsrichtern, das als höchstes Kampfgericht bei Differenzen zur Entscheidung angerufen wird od. selbst in einen Wettkampf eingreift;* **b)** *Kampfgericht.*
Schieds|kom|mis|si|on, die (Rechtsspr.): *Schiedsgericht.*
Schieds|mann, der ⟨Pl. ...leute od. ...männer⟩ [vgl. mhd. schideman, ↑Schiedsrichter] (Rechtsspr.): *Friedensrichter.*
Schieds|rich|ter, der [älter Schiderichter, urspr. = ehrenamtlich bestellter Vermittler in privaten Streitigkeiten, dafür mhd. schideman; 1. Bestandteil zu mhd. schit, schiet = (Ent)scheidung, verw. mit ↑scheiden]: 1. (Rechtsspr.) *Angehöriger des Schiedsgerichts.* 2. (Ballspiele) *jmd., der das Spiel unparteiisch leitet, bei einem Verstoß gegen die Regeln unterbricht, Strafen ausspricht o. Ä.:* R S. ans Telefon!, S., Telefon! (Fußball Jargon; Ausruf des Unmuts, wenn eine Entscheidung des Schiedsrichters Missfallen hervorruft). 3. (Sport) *Kampfrichter.*
Schieds|rich|ter|ball, der (Ballspiele): *(nach unterbrochenem Spiel) durch einen Wurf vom Schiedsrichter für das Spiel freigegebener Ball.*
Schieds|rich|ter|be|lei|di|gung, die: *Beleidigung des Schiedsrichters durch einen Spieler:* wegen S. vom Platz gestellt werden.
Schieds|rich|ter|ent|schei|dung, die: *(unwiderrufliche) Entscheidung eines Schiedsrichters.*
Schieds|rich|te|rin, die: w. Form zu ↑Schiedsrichter.
schieds|rich|ter|lich ⟨Adj.⟩: *den Schiedsrichter betreffend, zu seinem Amt gehörend:* die -e Gewalt.
Schieds|rich|ter|stuhl, der (Badminton, Tennis, Volleyball): *auf einem Gestell in bestimmter Höhe befestigter Sitz am Rande des Spielfeldes, von dem aus der Schiedsrichter das Feld gut überblicken kann.*
Schieds|spruch, der (Rechtsspr.): *Entscheidung eines Schiedsgerichts.*
Schieds|stel|le, die (Rechtsspr.): *unabhängig vom Gericht arbeitende, mit der Schlichtung von Streitigkeiten betraute Institution.*
Schieds|ver|fah|ren, das (Rechtsspr.): *Verhandlung u. Entscheidung von Rechtsstreitigkeiten durch ein Schiedsgericht.*
schief ⟨Adj.⟩ [mhd. (md.) schief, in md., mniederd. Lautung hochsprachlich geworden; vgl. anord. skeifr]: 1. **a)** *von der Senkrechten abweichend nach rechts od. links geneigt; nicht gerade (wie eigentlich gedacht, vorgesehen):* ein -er Turm; er hält den Kopf s.; der Baum ist s. gewachsen; **b)** *von der Waagerechten nach oben od. unten abweichend; nicht parallel zu etw. anderem (wie eigentlich gedacht, vorgesehen):* einen -en Mund haben; das Bild hängt s.; die Schuhe haben -e *(einseitig abgetretene)* Absätze; Ü jmdm. einen -en *(skeptisch-missgünstigen)* Blick zuwerfen; mit seinen Vermutungen, Ansichten total s. liegen (ugs.; *im Irrtum sein*); die Sache wäre beinahe s. gegangen, s. gelaufen (ugs.; *hätte beinahe nicht den gewünschten Erfolg gehabt, wäre beinahe missglückt*); R [keine Angst, nur Mut] es wird schon s. gehen! (scherzh.; *es wird sicher gelingen*); * **s. gewickelt sein** (ugs.; *sich in etw. gründlich irren*); **jmdn. s. ansehen** (ugs.; *sich reserviert-ablehnend jmdm. gegenüber verhalten; jmds. Verhalten, Äußerung missbilligen und es ihn merken lassen*). 2. *dem wahren Sachverhalt nur zum Teil entsprechend u. daher einen falschen, entstellenden Eindruck vermittelnd:* ein -er Vergleich; das siehst du ganz s.
Schief|blatt, das ⟨Pl. selten⟩: *Begonie.*
Schie|fe, die; -: *schiefe Lage od. Richtung.*
Schie|fer, der; -s, - [mhd. schiver(e), ahd. scivaro = Stein-, Holzsplitter, zu ↑scheiden, zu einem Verb mit der Bed. »spalten, trennen« u. eigtl. = Abgespaltenes, Bruchstück]: 1. *aus dünnen, ebenen Lagen bestehendes Gestein* (1), *das sich leicht in flache Platten spalten lässt:* S. abbauen, brechen. 2. (österr., sonst landsch.) *kleiner Splitter [aus Holz].*
schie|fer|blau ⟨Adj.⟩: *graublau wie Schiefergestein.*
Schie|fer|dach, das: *Dach, das mit Schieferplatten gedeckt ist.*
schie|fer|far|ben, schie|fer|far|big ⟨Adj.⟩: *schiefergrau, -blau.*
schie|fer|grau ⟨Adj.⟩: *blaugrau wie Schiefergestein.*
schie|fe|rig: ↑schiefrig.
[1]schie|fern ⟨sw. V.; hat⟩ [2: mhd. schiveren = (zer)splittern]: 1. (Weinbau) *Erde mit [zerkleinertem] Schiefer bestreuen.* 2. ⟨s. + sich⟩ **a)** *sich in dünne Platten spalten;* **b)** (landsch.) *sich in Splittern [ab]lösen, abschilfern.* 3. ⟨s. + sich⟩ (österr., sonst landsch.) *sich einen Splitter einziehen.* 4. (schweiz.) **a)** *flache Steine über den Wasserspiegel od. eine feste Unterlage hüpfen lassen;* **b)** *(von Steinen, die flach über eine Wasseroberfläche od. eine feste Unterlage geworfen werden) hüpfen, tanzen.*
[2]schie|fern ⟨Adj.⟩: 1. *aus Schiefer bestehend.* 2. *schieferfarben.*
Schie|fer|plat|te, die: *(bes. zum Decken von Dächern verwendete) flache, viereckige Platte aus Schiefer.*
Schie|fer|ta|fel, die (früher): *[kleine] flache Schieferplatte [mit eingravierten Zeilen od. Kästchen u. einem Rahmen aus Holz], auf die (mit Kreide bzw. Griffel) geschrieben werden kann.*
schief ge|hen: s. schief (1 b).
schief ge|wi|ckelt: s. schief (1 b).
Schief|hals, der (Med.): *krankhafte schiefe Stellung des Halses.*
schief|la|chen, sich ⟨sw. V.; hat⟩ (ugs.): *sehr lachen.*
Schief|la|ge, die: 1. *schiefe Lage.* 2. *instabile, kritische, bedrohliche Lage, Krise:* in eine S. kommen, geraten.
schief lau|fen: s. schief (1 b).
schief lie|gen: s. schief (1 b).
schief|rig, schieferig ⟨Adj.⟩: 1. *dem Schiefer* (1) *ähnlich.* 2. *schieferfarben.*
schief tre|ten: s. schief (1 b).
schief|win|ke|lig, schief|wink|lig ⟨Adj.⟩: *keinen rechten Winkel aufweisend.*
schie|len ⟨sw. V.; hat⟩ [mhd. schilhen, ahd. scilihen, zu ↑scheel]: 1. *einen Augenfehler haben, bei dem die Blickrichtung eines od. beider Augen nach innen od. außen abweicht:* stark, leicht [auf einem Auge] s. 2. (ugs.) **a)** *spähen:* durchs Schlüsselloch s.; **b)** *verstohlen irgendwohin blicken:* nach der Tür s.; Ü er schielt nach ihrem Geld *(hat es darauf abgesehen).*
schien: ↑scheinen.
Schien|bein, das [mhd. schinebein, eigtl. = spanförmiger Knochen, 1. Bestandteil zu ↑Schiene in dessen urspr. Bed. »abgespaltenes Stück«, 2. Bestandteil zu ↑Bein (5)]: *vorderer, stärkerer der beiden vom Fuß bis zum Knie gehenden Knochen des Unterschenkels.*
Schien|bein|bruch, der: *Bruch* (2 a) *des Schienbeins.*
Schien|bein|scho|ner, Schien|bein|schüt|zer, der (bes. Fußball, Eishockey): *unter den Strümpfen getragenes Polster, das das Schienbein vor Verletzungen schützt.*
Schie|ne, die; -, -n [mhd. schine, ahd. scina = Schienbein; Holz-, Metallleiste, zu einem Verb

mit der Bed. »schneiden, spalten, trennen« (vgl. z. B. lat. scindere, ↑Szission) u. eigtl. = abgespaltenes Stück, Span; 1: seit dem 18. Jh.]: **1.** *aus Profilstahl bestehender, auf einer Trasse verlegter Teil einer Gleisanlage, auf dem sich Schienenfahrzeuge fortbewegen:* -n [für die Straßenbahn] legen; der Zug ist aus den -n gesprungen *(entgleist).* **2. a)** *schmale lange Latte aus Metall, Holz, Kunststoff o. Ä. mit einem Steg od. einer Rille als führende Vorrichtung für Teile, die durch Gleiten od. Rollen zu bewegen sind:* -n für den Flaschenzug; **b)** *schmale Leiste (meist aus Metall) mit einer Rille zum Zusammenhalten einzelner Teile, zum Schutz od. als Zierde:* an den Kanten der Stufen sind -n aus Messing angebracht. **3.** (Med.) *(aus Holz, Metall, Kunststoff o. Ä. hergestellte) Stütze, die dazu dient, verletzte Gliedmaßen ruhig zu stellen od. (bei Kindern) gelockerte [Milch]zähne zu fixieren.* **4.** *Reißschiene.* **5.** *(in einem Schalt- od. Kraftwerk) stabile, starke, nicht isolierte elektrische Leitung.* **6.** (früher) *aus einer gebogenen Platte bestehender Teil der Rüstung, der Arme od. Beine bedeckt.* **7.** (Jargon) *Weg, Bahn, Kurs:* auf derselben politischen S. bleiben.

-schie|ne, die; -, -n (Jargon): **1.** bezeichnet in Bildungen mit Substantiven einen vorgegebenen Weg, eine Bahn, einen Kurs in Bezug auf jmdn., etw.: Erfolgs-, Partei-, Medienschiene. **2.** (Rundf., Ferns.) bezeichnet in Bildungen mit Substantiven ein Programm, Programmschema: Montags-, Musikschiene.

schie|nen ⟨sw. V.; hat⟩: **1.** *durch eine Schiene* (3) *ruhig stellen:* den gebrochenen Arm s. **2.** (früher) ⟨meist im 2. Part.⟩ *mit einer Rüstung angetan sein.*

Schie|nen|bahn, die: *Bahn, die auf Schienen* (1) *fährt* (z. B. Eisenbahn, Untergrund-, Hochbahn o. Ä.).

Schie|nen|bett, das: *Gleisbett.*

Schie|nen|bus, der: *Triebwagen, dessen Karosserie der eines Omnibusses ähnlich ist.*

Schie|nen|er|satz|ver|kehr, der (Eisenb.): *(bei Störung der Zugverbindung als Ersatz eingesetzte) Omnibusse, die die Reisenden befördern.*

Schie|nen|fahr|zeug, das: *Fahrzeug, das auf Schienen* (1) *fährt od. gleitet.*

schie|nen|ge|bun|den ⟨Adj.⟩: *nur auf Schienen* (1) *fahrend; an Schienen* (1) *gebunden:* -e Fahrzeuge.

Schie|nen|netz, das: *Netz* (2 b) *von Schienen* (1).

Schie|nen|strang, der: *(über eine größere Distanz) zu Gleisen montierte Schienen* (1).

Schie|nen|ver|kehr, der: *über Schienenfahrzeuge abgewickelter Verkehr.*

Schie|nen|weg, der: *Gleis (als Verbindung zwischen Orten).*

¹schier ⟨Adv.⟩ [mhd. schiere = bald, ahd. scēro, scioro = schnell, sofort]: *geradezu, nahezu, fast:* eine s. unübersehbare Menschenmenge; das ist s. unmöglich.

²schier ⟨Adj.⟩ [mhd. schīr = lauter, hell, urspr. = schimmernd, verw. mit ↑scheinen] (landsch.): *[unvermischt] rein; blank* (3): -es Gold; -es Fleisch *(Fleisch ohne Fett, Sehnen u. Knochen);* Ü die -e Bosheit.

Schi|er: Pl. von ↑Schi.

Schier|ling, der; -s, -e [mhd. scherlinc, schirlinc, ahd. scer[i]linc, älter: scerning, zu einem untergegangenen Wort mit der Bed. »Mist« (vgl. mniederd. scharn); die Pflanze wächst bes. bei Dunghaufen]: *(zu den Doldenblütlern gehörende) hoch wachsende, sehr giftige Pflanze mit hohlem Stängel, fiederteiligen Blättern u. großen weißen Doldenblüten.*

Schier|lings|be|cher, der [nach der im antiken Athen üblichen Methode, einem zum Tode Verurteilten einen Trank zu reichen, dem das Gift des Schierlings beigemischt war] (bildungsspr.): *vergifteter Trank, Giftbecher:* den S. nehmen, leeren, trinken (bildungsspr.; *sich mit Gift töten*).

Schieß|be|fehl, der: *Befehl, von der Schusswaffe Gebrauch zu machen:* S. erteilen.

Schieß|bu|de, die: **1.** *(auf dem Rummelplatz) Bude, in der jmd. gegen einen Einsatz auf ein [bewegliches] Ziel schießen kann u. für eine gewisse Anzahl von Treffern einen Preis erhält.* **2.** (Musik Jargon) *Schlagzeug.*

Schieß|bu|den|fi|gur, die: *Figur, die in einer Schießbude u. a. als Ziel dient:* Ü er ist eine richtige S. (ugs.; *wirkt aufgrund seines Äußeren lächerlich u. komisch*).

schie|ßen ⟨st. V.⟩ [mhd. schieʒen, ahd. scioʒan, eigtl. = treiben, jagen, eilen]: **1.** ⟨hat⟩ **a)** *einen Schuss, Schüsse abgeben; von der Schusswaffe Gebrauch machen:* Hände hoch oder ich schieße!; es wurde geschossen; er schoss wild um sich; in die Menschenmenge, auf jmdn. s.; **b)** *mit einer bestimmten Waffe einen Schuss abgeben:* mit der Pistole s.; **c)** *mit etw. (als Geschoss) einen Schuss abgeben:* mit Schrot, mit einem Pfeil s.; Ü wütende Blicke s.; **d)** *sich in bestimmter Weise zum Schießen* (1 a) *eignen:* das Gewehr schießt nicht [mehr]; **e)** *(jmdn. an einer bestimmten Stelle) mit einem Schuss treffen:* er hat ihm, hat ihn in die Wade geschossen; **f)** *(ein Geschoss) durch Abfeuern an ein bestimmtes Ziel bringen:* er hat sich eine Kugel in den Kopf geschossen; einen Satelliten ins All, auf seine Umlaufbahn s.; **g)** *etw. durch einen Schuss, durch Schüsse an etw. verursachen:* Löcher in die Tür s.; er schoss nur Löcher in die Luft (scherzh.; *traf nichts*); **h)** *mit einem Schuss, mit Schüssen treffen u. damit in einen bestimmten Zustand bringen, etw. bewirken:* jmdn. zum Krüppel s. *(jmdn. durch einen Schuss zum Krüppel machen);* **i)** *durch einen Schuss, durch Schüsse etw. erzielen, bekommen:* jmdm. eine Rose s.; **j)** * **jmdm. eine s.** (salopp; *jmdm. eine Ohrfeige geben*); **k)** *(Jagdwild o. Ä.) durch einen Schuss, durch Schüsse erlegen, töten:* Hasen s.; **l)** ⟨s. + sich⟩ (seltener) *duellieren.* **2.** *den Ball mit dem Fuß anstoßen od. werfen, sodass er in eine bestimmte Richtung rollt od. fliegt* ⟨hat⟩: ein Tor s. *(einen Treffer erzielen).* **3.** ⟨ist⟩ **a)** *sich sehr rasch irgendwohin bewegen:* vom Stuhl in die Höhe s.; wir sahen das Auto um die Ecke s.; Ü plötzlich schießt ihr ein Gedanke durch den Kopf; * **jmdn., etw. s. lassen** (ugs.; *auf jmdn., etw. verzichten; etw. nicht weiter betreiben od. verfolgen*): einen Plan s. lassen; **zum Schießen sein** (ugs.; *sehr zum Lachen sein;* wohl eigtl. = zum Purzelbaumschießen vor Ausgelassenheit); **b)** *(bes. von flüssigen Stoffen) sehr schnell an eine bestimmte Stelle od. über etw. hinfließen:* von allen Seiten schoss das Wasser über die Felsen ins Tal; Röte schoss ihr ins Gesicht *(sie wurde plötzlich rot);* **c)** *mit Wucht (wie durch einen Druck) plötzlich aus etw. herauskommen:* Flammen schießen aus dem Dachstuhl; **d)** *sehr schnell wachsen:* man kann die Saat förmlich aus dem Boden s. sehen; Ü überall schießen neue Häuser aus dem Boden. **4.** *[schnell hintereinander] fotografieren* ⟨hat⟩: ein paar Aufnahmen fürs Familienalbum s. **5.** (Jargon) *fixen* (2) ⟨hat⟩. **6.** (Weberei) *(das Schiffchen des Webstuhls) von einer Seite auf die andere schleudern* ⟨hat⟩. **7.** (Bergmannsspr.) *(Gestein) sprengen* ⟨hat⟩. **8.** (österr.) *die Farbe verlieren; bleichen, verschießen* ⟨ist⟩: die Vorhänge sind geschossen.

Schie|ßen, das; -s, -: *[sportliche] Veranstaltung, bei der geschossen wird.*

schie|ßen las|sen: s. schießen (3 a).

Schie|ßer, der; -s, - (Jargon): *Fixer.*

Schie|ße|rei, die; -, -en: **1.** (meist abwertend) *[dauerndes] Schießen.* **2.** *wiederholter Schusswechsel:* bei der S. gestern gab es mehrere Verletzte.

Schie|ße|rin, die; -, -nen (Jargon): w. Form zu ↑Schießer.

Schie|ßet, der, auch: das; -s, -s (schweiz.): *Schießen; Schützenfest.*

Schieß|hund, der (Jägerspr. veraltet): *Jagdhund:* * **aufpassen wie ein S.** (ugs.; *bei etw. scharf aufpassen, damit einem nichts entgeht*).

Schieß|platz, der: *Platz für Schießübungen.*

Schieß|pul|ver, das: *pulverförmiger Explosivstoff* (1): * **das S. [auch] nicht erfunden haben** (↑Pulver 1 c).

Schieß|schar|te, die: *Öffnung im Mauerwerk einer Burg, Festung o. Ä. zum Schießen auf den Feind.*

Schieß|schei|be, die: *beim Übungsschießen als Ziel verwendete [runde] Scheibe mit bestimmten Markierungen.*

Schieß|sport, der: *als Sport betriebenes Schießen.*

Schieß|stand, der: *Anlage für Schießübungen.*

Schieß|übung, die: *Übung im Schießen.*

Schieß|waf|fe, die (schweiz.): *Schusswaffe.*

Schiet, der; -s, (auch:) **Schie|te,** die; - [mniederd. schite] (nordd. salopp): *Scheiße.*

Schiff, das; -[e]s, -e [mhd. schif, ahd. scif, eigtl = ausgehöhlter Stamm, Einbaum; 2: LÜ von mlat. navis < lat. navis = Schiff]: **1.** *großes, bauchiges, an beiden Enden meist schmaler werdendes od. spitz zulaufendes Wasserfahrzeug:* das S. sticht in See, liegt [im Hafen] vor Anker; das S. geriet in Seenot; das S. ist leck, funkt SOS, sinkt; das S. läuft unter schwedischer Flagge; S. [backbord, steuerbord] voraus!; S. klar zum Auslaufen (Meldung des wachhabenden Offiziers an den Kapitän); ein S. vom Stapel lassen; ein S. kapern; Ü (geh.:) das S. des Staates lenken; * **klar S. machen** (1. Seemannsspr.; *das Schiff säubern.* 2. ugs.; *eine Angelegenheit bereinigen.* 3. ugs.; *gründlich aufräumen, sauber machen*). **2.** (Archit.) *Kirchenschiff.*

Schiffahrt usw.: frühere Schreibung für: Schifffahrt usw.

schiff|bar ⟨Adj.⟩: *für Schiffe befahrbar:* dieser Fluss ist für alle Schiffe s.

Schiff|bar|keit, die; -: *das Schiffbarsein.*

Schiff|bar|ma|chung, die; -: *das Schiffbarmachen.*

Schiff|bau (bes. Fachspr.), Schiffsbau, der ⟨o. Pl.⟩: *Bau von Schiffen.*

Schiff|bau|er, Schiffsbauer, der; -s, -: *jmd., der an dem Bau von Schiffen mitwirkt* (Berufsbez.).

Schiff|baue|rin, Schiffsbauerin, die; -, -nen: w. Form zu ↑Schiffbauer.

Schiff|bruch, der (veraltet): *Untergang, Zerstörung eines Schiffes in stürmischer See:* die Überlebenden des -s; * **[mit etw.] S. erleiden** *(keinen Erfolg haben; [mit etw.] scheitern).*

schiff|brü|chig ⟨Adj.⟩: *einen Schiffbruch erlitten habend:* die -e Mannschaft.

Schiff|brü|chi|ge, der u. die ⟨Dekl. ↑Abgeordnete⟩: *jmd., der von einem Schiffbruch betroffen wurde:* S. retten, bergen.

Schiff|brü|cke, Schiffsbrücke, die: *Pontonbrücke.*

Schiff|chen, das; -s, -: **1.** Vkl. zu ↑Schiff (1). **2.** (ugs.) *(bes. zur Uniform getragene) längs gefaltete Kopfbedeckung ohne Rand, die an beiden Enden spitz zuläuft.* **3.** *kleines Metallgehäuse, in dem sich die Spule in der Nähmaschine befindet.* **4.** (Weberei) *[kleines] längliches, an beiden Enden spitz zulaufendes Gehäuse für die Spule des Schussfadens; Weberschiffchen.* **5.** (Handarb.) *kleiner, länglicher, an beiden Enden spitz zulaufender Gegenstand für Occhiarbeit.* **6.** (Bot.) *aus den beiden vorderen, häufig am Rand miteinander verwachsenen Blütenblättern gebildeter Teil der Schmetterlingsblüte.*

Schiff|chen|ar|beit, die (Handarb.): *Occhiarbeit.*

Schif|fe, die; - [zu ↑schiffen (2)] (salopp): *Urin.*

schif|fen ⟨sw. V.⟩ [2: urspr. Studentenspr., zu ↑Schiff in der alten Bed. »Gefäß« (Studentenspr. = Nachtgeschirr); 3: übertr. von (2)]: **1.** (veraltet, noch altertümelnd) *(mit einem Schiff fahren)* ⟨ist⟩: über den Atlantik s. **2.** (salopp) *urinieren* ⟨hat⟩: s. müssen. **3.** (salopp) *heftig regnen* ⟨hat⟩: es schifft heute schon den ganzen Tag.

Schif|fer, der; -s, -: *Führer eines Schiffes.*

Schif|fe|rin, die; -, -en: w. Form zu ↑Schiffer.

Schif|fer|kla|vier, das: *Akkordeon.*

Schif|fer|kno|ten, der: *Knoten, mit dem Seeleute Tauwerk verbinden od. festmachen.*

Schif|fer|müt|ze, die: *dunkelblaue Schirmmütze*

mit hohem steifem Rand u. einer Kordel über dem Schirm.

Schiff|fahrt, die ⟨o. Pl.⟩: *das Fahren von Schiffen auf Gewässern zur Beförderung von Personen und Gütern.*

Schiff|fahrts|ge|richt, das: *Gericht zur Regelung der die Binnenschifffahrt betreffenden Verfahren.*

Schiff|fahrts|ge|sell|schaft, die: *Gesellschaft, die eine od. mehrere Schifffahrtslinien besitzt u. unterhält.*

Schiff|fahrts|kun|de, die: *Gesamtheit aller zur Führung eines Schiffes nötigen Wissensgebiete (bes. Navigation); Nautik.*

Schiff|fahrts|li|nie, die: *von der Schifffahrt befahrene Linie.*

Schiff|fahrts|po|li|zei, die: *Polizei, der die Sicherheit u. Ordnung auf Seewasserstraßen obliegt.*

Schiff|fahrts|recht, das: *Gesamtheit der Rechtsvorschriften zur Regelung der mit der Schifffahrt zusammenhängenden Fragen.*

Schiff|fahrts|stra|ße, die, **Schiff|fahrts|weg,** der: 1. *Wasserstraße, die von der Schifffahrt benutzt wird.* 2. *festgelegte Route für den Schiffsverkehr.*

Schiff|fahrts|zei|chen, das: *Zeichen, das Hinweise für die Navigation auf Binnengewässern gibt.*

Schiffs|an|ker, der: *Anker.*

Schiffs|arzt, der: *an Bord eines Seeschiffs eingesetzter Arzt.*

Schiffs|ärz|tin, die: w. Form zu ↑Schiffsarzt.

Schiffs|bau: ↑Schiffbau.

Schiffs|bauch, der (ugs.): *Inneres eines Schiffes:* die Fracht wird im S. gestaut.

Schiffs|bau|er usw.: ↑Schiffbauer usw.

Schiffs|be|sat|zung, die: *Besatzung eines Schiffes.*

Schiffs|brü|cke: ↑Schiffbrücke.

Schiffs|eig|ner, der: *jmd., dem ein Schiff gehört.*

Schiffs|eig|ne|rin, die: w. Form zu ↑Schiffseigner.

Schiffs|fahrt, die: *Fahrt mit einem Schiff.*

Schiffs|flag|ge, die: *Flagge als Erkennungszeichen u. Verständigungsmittel für Schiffe.*

Schiffs|fracht, die: *Frachtgut eines Schiffes.*

Schiffs|füh|rer, der: *Schiffer.*

Schiffs|füh|re|rin, die: w. Form zu ↑Schiffsführer.

Schiffs|füh|rung, die: *Gesamtheit der am Führen eines Schiffes Beteiligten.*

Schiffs|glo|cke, die: *(auf Schiffen an bestimmter Stelle angebrachte) Glocke aus Messing, deren Klöppel mit einer an diesem befestigten Lederschlaufe bewegt wird.*

Schiffs|he|be|werk, das (Wasserbau): *Anlage mit sehr großen, mit Wasser gefüllten, einem Trog ähnlichen Behältern, in die Schiffe hineinfahren, u. Schienen, auf denen sich diese Behälter bewegen, wodurch ermöglicht wird, dass Schiffe sehr große Niveauunterschiede zwischen zwei Abschnitten einer Binnenwasserstraße überwinden.*

Schiffs|jun|ge, der: *Jugendlicher, der auf einem Schiff als Matrose ausgebildet wird.*

Schiffs|ka|ta|stro|phe, die: *schweres Unglück, in das ein Schiff hineingerät.*

Schiffs|koch, der: *an Bord eines Seeschiffs arbeitender Koch.*

Schiffs|kö|chin, die: w. Form zu ↑Schiffskoch.

Schiffs|kol|li|si|on, die: *Kollision von Schiffen.*

Schiffs|kü|che, die: *Küche eines Schiffes; Kombüse.*

Schiffs|la|dung, die: *Ladung eines Schiffes.*

Schiffs|last, die: *Last* (4).

Schiffs|la|ter|ne, die (Seemannsspr.): *Positionslicht eines Schiffes.*

Schiffs|lis|te, die: *(von größeren Häfen herausgegebene) Liste mit den Ankunfts- u. Abfahrtszeiten der Schiffe.*

Schiffs|mak|ler, der: *Makler, der Fracht, Liegeplatz o. Ä. für ein Schiff vermittelt.*

Schiffs|mak|le|rin, die: w. Form zu ↑Schiffsmakler.

Schiffs|mann|schaft, die: *Schiffsbesatzung.*

Schiffs|ma|schi|ne, die: *Motor eines Schiffes.*

Schiffs|mo|dell, das: *Modell eines Schiffes.*

Schiffs|na|me, der: *Name eines Schiffes.*

Schiffs|of|fi|zier, der: *(in der Handelsschifffahrt) Angestellter des nautischen od. technischen Dienstes eines Schiffes mit nautischem Patent, der den Kapitän in der Schiffsführung unterstützen kann.*

Schiffs|pa|pie|re ⟨Pl.⟩: *Gesamtheit der Urkunden u. Ausweise, die das Schiff, die Ladung, die Besatzung [u. die Passagiere] betreffen.*

Schiffs|pas|sa|ge, die: *Passage* (3) *mit einem Schiff.*

Schiffs|plan|ke, die: *beim Schiffsbau verwendete Planke* (1).

Schiffs|raum, der: *Rauminhalt eines Schiffes.*

Schiffs|re|gis|ter, das (Amtsspr.): *amtliches Verzeichnis der Schiffe eines Bezirks mit den Angaben über die jeweiligen rechtlichen Verhältnisse.*

Schiffs|rei|se, die: *Reise mit dem Schiff.*

Schiffs|rumpf, der: *Rumpf eines Schiffs.*

Schiffs|schrau|be, die: *einem Propeller ähnliches, meist am Heck unterhalb der Wasserlinie angebrachtes Teil eines Schiffes, das durch schnelle Rotation im Wasser das Schiff antreibt.*

Schiffs|ta|ge|buch, das: *Logbuch.*

Schiffs|tau, das: *Tau* (2).

Schiffs|tau|fe, die: *kurz vor dem Stapellauf eines Schiffs erfolgende feierliche Namensgebung.*

Schiffs|ver|kehr, der: *Schifffahrt.*

Schiffs|werft, die: *Werft für den Schiffsbau.*

Schiffs|zim|me|rer, der: **a)** *Zimmermann, der die [Decks]aufbauten u. Ä. von Schiffen herstellt* (Berufsbez.); **b)** *an Bord eines Seeschiffs arbeitender Zimmermann.*

Schiffs|zim|me|rin, die: w. Form zu ↑Schiffszimmerer.

Schiffs|zwie|back, der: *(auf Schiffen als eiserne Ration verwendeter) bes. trockener u. haltbarer Zwieback.*

schif|ten ⟨sw. V.; hat⟩ [engl. to shift] (Seemannsspr.): **1.** *(bei Wind von hinten) das Segel von der einen Seite auf die andere bringen, ohne dabei die Fahrtrichtung zu ändern.* **2.** *(von der Ladung) [ver]rutschen.*

Schi|is|mus, der; - [zu ↑Schia]: *Lehre der Schiiten.*

Schi|it, der; -en, -en: *Anhänger der Schia.*

Schi|i|ten|füh|rer, der: *religiöser Führer der Schiiten.*

Schi|i|tin, die; -, -nen: w. Form zu ↑Schiit.

schi|i|tisch ⟨Adj.⟩: *zur Schia gehörend, sie betreffend.*

Schi|ka|ne, die; -, -n [frz. chicane, zu: chicaner = das Recht verdrehen, ↑schikanieren]: **1.** *[unter Ausnutzung staatlicher od. dienstlicher Machtbefugnisse getroffene] Maßnahme, durch die jmdm. unnötig Schwierigkeiten bereitet werden; kleinliche, böswillige Quälerei:* das ist nur S., die reinste S.; alles S.!; etw. aus S. (ugs.; *um jmdn. zu schikanieren*) tun. **2.** * **mit allen -n** (ugs.; *mit allem, was dazu gehört, mit allem erdenklichen Komfort, Luxus o. Ä.*): ein Sportwagen mit allen -n. **3. a)** (Sport) *in eine Autorennstrecke eingebauter schwieriger Abschnitt, der zur Herabsetzung der Geschwindigkeit zwingt:* die Fahrer gehen in die S.; **b)** (schweiz.) *Hindernis, das auf od. an einer Straße angebracht ist, um Fahrzeuge zu einer Minderung des Tempos zu veranlassen, Fußgänger vom Überqueren einer Straße abzuhalten o. Ä.* **4.** (Technik) *eingebauter fester Körper (z. B. Zapfen, Schwelle), der einen Widerstand bietet.*

schi|ka|nie|ren ⟨sw. V.; hat⟩ [frz. chicaner, H. u.]: *jmdn. mit Schikanen quälen, ärgern:* die Rekruten [bis aufs Blut] s.

schi|ka|nös ⟨Adj.⟩: *Schikanen einsetzend, mit Schikanen arbeitend:* -e Maßnahmen.

[1]Schild, der; -[e]s, -e [mhd. schilt, ahd. scilt, eigtl. = Abgespaltenes, die Schilde der Germanen waren nach röm. Zeugnis aus Brettern hergestellt]: **1.** *eine Schutzwaffe darstellender, auf seiner Rückseite mit einer Handhabe versehener flächiger Gegenstand von verschiedener Form, der – vor den Körper gehalten – dem Kämpfenden zur Abwehr von Attacken mit Hieb- u. Stichwaffen o. Ä. dient:* ein runder S.; * **etw. [gegen jmdn., etw.] im -e führen** (*heimlich etw. planen, was sich gegen jmdn., etw. richtet;* nach dem auf den Schild gemalten Wappen, das den Eingeweihten erkennen ließ, ob der Besitzer des Schildes Freund od. Feind war). **2.** *Wappenschild.* **3.** *schildförmiger, länglicher Schirm an der Vorderseite von Mützen.* **4. a)** (Technik, Waffent.) *Schutzplatte [an Geschützen];* **b)** (Kerntechnik) *Ummantelung des Reaktorkerns, die den Austritt von Strahlung verhindern soll.*

[2]Schild, das; -[e]s, -er [urspr. = [1]Schild (1, 2) als Erkennungszeichen, Amts-, (Wirts)kennzeichen usw.]: **1.** *Tafel, Platte mit einem Zeichen, einer Aufschrift o. Ä.:* ein S. anbringen. **2.** (Jägerspr.) *Fleck auf der Brust (bes. bei Waldhühnern).*

Schild|bo|gen, der (Archit.): *bogenförmiger Abschluss, der sich an der Stelle ergibt, wo ein Tonnengewölbe mit der Wölbung auf eine Mauer auftrifft.*

Schild|bür|ger, der ⟨meist Pl.⟩ [urspr. wohl = mit Schild bewaffneter Bürger (vgl. Spießbürger), dann auf die Einwohner des sächs. Städtchens Schilda(u) bezogen, die Helden eines bekannten Schwankbuches des 16. Jh.s] (abwertend): *jmd., der durch sein törichtes, engstirniges Verhalten u. Handeln bewirkt, dass bei bestimmten Vorhaben deren eigentlicher Zweck in ärgerlicher Weise verfehlt wird.*

Schild|bür|ger|streich, der (abwertend): *Handlung, deren eigentlicher od. ursprünglicher Zweck in törichter Weise verfehlt wird.*

Schild|drü|se, die [benannt nach ihrer Lage am Schildknorpel]: *lebenswichtige, den Seitenflächen des Kehlkopfs u. der oberen Luftröhre aufliegende Hormondrüse mit innerer Sekretion.*

Schild|drü|sen|funk|ti|on, die: *Funktion der Schilddrüse.*

Schild|drü|sen|hor|mon, das: *Hormon der Schilddrüse.*

Schild|drü|sen|über|funk|ti|on, die (Med.): *Überfunktion der Schilddrüse, bei der verstärkt Schilddrüsenhormon gebildet wird; Hyperthyreose.*

Schild|drü|sen|un|ter|funk|ti|on, die (Med.): *Unterfunktion der Schilddrüse, die durch einen Mangel an funktionstüchtigem Schilddrüsengewebe bzw. an Schilddrüsenhormonen verursacht wird; Hypothyreose.*

Schil|der|haus, das [zu Soldatenspr. veraltet schildern = Schildwache stehen]: *Holzhäuschen zum Unterstellen für die Schildwache.*

schil|dern ⟨sw. V.; hat⟩ [mniederd., niederl. schilderen = (Wappen) malen; anstreichen, zu ↑[1]Schild (2)]: *ausführlich beschreiben, darstellen; ein anschauliches, lebendiges Bild von etw., von jmdm. vermitteln:* etw. anschaulich s.

Schil|de|rung, die; -, -en: **1.** *das Schildern:* die S. dieser Vorgänge ist schwierig. **2.** *Darstellung, durch die jmd., etw. geschildert wird:* es liegen verschiedene -en des Ereignisses vor.

Schil|der|wald, der (ugs.): *Häufung von Verkehrsschildern.*

schild|för|mig ⟨Adj.⟩: *in, von der Form eines [1]Schildes* (1).

Schild|knor|pel, der (Anat.): *größter Knorpel des Kehlkopfs.*

Schild|krö|te, die [mhd. schildkrote, nach ihrem Schutzpanzer]: *(bes. in Tropen u. Subtropen) auf dem Land u. im Wasser lebendes, sich an Land sehr schwerfällig bewegendes Tier mit Bauch- u. Rückenpanzer, in den Kopf, Beine u. Schwanz eingezogen werden können.*

Schild|laus, die: *kleines, schädliches Insekt, dessen Weibchen einen mit einer Schutzschicht bedeckten schildförmigen Leib hat.*

Schild|müt|ze, die: *Mütze mit [1]Schild* (3).

Schild|patt, das; -[e]s [2. Bestandteil zu niederd. padde = Kröte]: *gemustertes, gelbes od. hellrotbraunes Horn* (2) *vom Panzer der Karettschildkröte.*

Schild|wa|che, die [mhd. schiltwache, schiltwaht(e) = Wacht in voller Rüstung] (veraltend): **1.** *aus bewaffneten Soldaten bestehende militä-*

rische Wache. **2.** *Wachdienst der Schildwache* (1).

Schịlf, das; -[e]s, -e ⟨Pl. selten⟩ [mhd. schilf, ahd. sciluf, dissimiliert aus lat. scirpus = Binse]: **1.** *Schilfrohr:* ein Dach mit S. decken. **2.** *Röhricht.*

Schịlf|dach, das: *mit Schilfrohr gedecktes Dach.*

schịl|fen ⟨Adj.⟩: *aus Schilf* (1).

schịl|fern, schelfern ⟨sw. V.; hat⟩ (landsch.): *abschilfern:* die Haut schilfert; ⟨auch s. + sich:⟩ seine Haut schilfert sich.

Schịlf|mat|te, die: *Matte aus Schilfrohr.*

Schịlf|rohr, das: *bes. an Ufern von Teichen u. Seen wachsendes Gras mit sehr hoch wachsenden, kräftigen, rohrförmigen Halmen, langen, scharfkantigen Blättern u. verzweigten Rispen aus rotbraunen Ährchen* (2).

schịl|le|rig, schillrig ⟨Adj.⟩ (selten): *schillernd.*

Schịl|ler|lo|cke, die [1: nach den Darstellungen, die Schiller ohne Perücke mit den eigenen Locken zeigen; 2: übertr. von (1)]: **1.** *Blätterteiggebäck mit Schlagsahne- od. Cremefüllung.* **2.** *geräucherter, eingerollter Streifen vom Bauchlappen des Dornhais.*

schịl|lern ⟨sw. V.; hat⟩ [frühnhd. Intensivbildung zu ↑schielen in der früheren Nebenbed. »in mehreren Farben spielen«]: *in wechselnden Farben, Graden von Helligkeit glänzen:* ins Rötliche s.; eine [bunt] schillernde Seifenblase; **Ü** ein schillernder *(schwer durchschaubarer)* Charakter.

Schịl|ler|wein, der: *rötlich schillernder Württemberger Wein aus blauen u. grünen Trauben.*

Schịl|ling, der; -s, -e ⟨aber: 30 Schilling⟩ [mhd. schillinc, ahd. scilling, H. u., viell. eigtl. = schildartige Münze, zu ↑[1]Schild]: **1.** *Währungseinheit in Österreich* (1 Schilling = 100 Groschen): das Heft kostet 20 S.; er hatte nur noch 20 -e; Zeichen: S, ö. S. **2.** *alte europäische Münze.* **3.** ↑Shilling.

schịll|rig: ↑schillerig.

schịl|pen ⟨sw. V.; hat⟩ [lautm.]: ↑tschilpen.

schịlt: ↑schelten.

Schịl|ten ⟨nur Pl.; o. Art.; als s. Sg. gebraucht⟩ [nach den Symbolen auf den Karten; vgl. Schellen (↑[2]Schelle 1 b] (schweiz.): [2]*Schelle* (3).

Schi|mä|re, (bes. österr.:) Chimäre, die; -, -n [frz. chimère < lat. chimaera, ↑Chimäre] (bildungsspr.): *Trugbild, Hirngespinst:* einer S. nachjagen.

Schịm|mel, der; -s, - [1: mhd. schimel, unter Einfluss von: schime = Glanz, verw. mit ↑scheinen; 2: spätmhd. schimmel, aus mhd. schemeliges perd, schimel pfert = Pferd mit der Farbe des Schimmels (1); 3: vgl. Amtsschimmel]: **1.** ⟨o. Pl.⟩ *weißlicher, grauer od. grünlicher Belag, der auf feuchten od. faulenden organischen Stoffen entsteht:* an den Früchten hat sich S. gebildet. **2.** *weißhaariges Pferd.* **3. a)** (ugs.) *Schablone, Schema, Lernhilfe;* **b)** (Musik Jargon) *einer Melodie unterlegter, inhaltlich beliebiger Text, der nur den sprachlichen Rhythmus des endgültigen Textes markieren soll;* **c)** (Rechtsspr. Jargon) *Musterentscheidung, die als Vorbild dient.*

Schịm|mel|be|lag, der: *Belag von Schimmel* (1) *bes. auf Lebensmitteln.*

Schịm|mel|bil|dung, die ⟨Pl. selten⟩: *Bildung von Schimmel* (1).

schịm|me|lig, schimmlig ⟨Adj.⟩ [mhd. schimelec, ahd. scimbalag]: *voll Schimmel* (1): -es Brot; etw. ist s. geworden.

schịm|meln ⟨sw. V.⟩ [mhd. schimelen, ahd. scimbalōn]: **1.** *sich mit Schimmel* (1) *bedecken, schimmelig werden* ⟨hat/ist⟩: das Brot hat, ist geschimmelt. **2.** *schimmelnd irgendwo liegen* ⟨hat⟩: die Akten haben jahrzehntelang in einem feuchten Keller geschimmelt.

Schịm|mel|pilz, der: *auf feuchten od. faulenden organischen Stoffen wachsender Pilz* (2).

Schịm|mel|rei|ter, der; -s: *(in der germanischen Sage u. im Volksglauben) gespenstischer Reiter auf einem Schimmel* (2), *der in den Nächten um die Wintersonnenwende an der Spitze eines Geisterheers durch die Lüfte jagt.*

Schịm|mer, der; -s, - ⟨Pl. selten⟩ [rückgeb. aus ↑schimmern]: **1.** *matter od. sanfter [Licht]schein, schwacher Glanz, leichtes Funkeln:* ein matter, heller S.; der S. des Goldes; im S. der Kerzen. **2.** *Anflug, Hauch, Andeutung, leise Spur:* der S. eines Lächelns lag auf ihrem Gesicht; *** ein S. [von]** *(ein sehr geringes Maß, ein klein wenig):* doch noch einen S. von Hoffnung; **keinen [blassen]/nicht den geringsten, leisesten S. haben** (ugs.; 1. *überhaupt nichts von etw. verstehen.* 2. *von etw. nichts wissen).*

schịm|mern ⟨sw. V.; hat⟩ [aus dem Niederd. < mniederd. schēmeren, md. schemmern, Intensivbildung zu md. schemen = blinken, verw. mit ↑scheinen]: **1.** *einen Schimmer* (1) *verbreiten, von sich geben:* etw. schimmert rötlich; durch die Vorhänge schimmerte Licht. **2.** *sich andeutungsweise, schwach in etw., durch etw. hindurch zeigen, abheben:* die Schrift schimmert durch das Papier.

schịmm|lig: ↑schimmelig.

Schim|pạn|se, der; -n, -n [aus einer westafrik. Sprache]: *(in Äquatorialafrika heimischer) in Gruppen vorwiegend auf Bäumen lebender Menschenaffe mit [braun]schwarzem Fell.*

Schịmpf, der; -[e]s, -e ⟨Pl. selten⟩ [älter = Spott, Hohn; mhd. schimph, ahd. scimph = [2]Scherz, Kurzweil; Kampfspiel, H. u.] (geh.): *Beleidigung, Demütigung, Schmach:* jmdm. einen S. antun, zufügen; *** mit S. und Schande** *(unter unehrenhaften Bedingungen):* jmdn. mit S. und Schande davonjagen.

Schịmp|fe, die; - (ugs.): *Schelte.*

schịmp|fen ⟨sw. V.; hat⟩ [mhd. schimphen, ahd. scimphen = scherzen, spielen, verspotten, H. u.]: **1. a)** *seinem Unwillen, Ärger mit heftigen Worten [unbeherrscht] Ausdruck geben:* ständig s.; sie schimpft auf den Chef; ⟨subst.:⟩ mit [deinem] Schimpfen erreichst du gar nichts; **Ü** schimpfende *(aufgeregt tschilpende)* Sperlinge; **b)** *jmdn. schimpfend* (1 a) *zurechtweisen, ausschimpfen:* die Mutter schimpft mit dem Kind; ⟨landsch. mit Akk.-Obj.:⟩ jmdn. [wegen einer Sache] s. **2. a)** (geh.) *jmdn. herabsetzend, beleidigend als etw. bezeichnen:* jmdn., sich selbst [einen] Esel s.; **b)** ⟨s. + sich⟩ (salopp spött.) *etw. Bestimmtes zu sein vorgeben, sich als etw. nennen, bezeichnen:* und Sie schimpfen sich Fachmann!

Schimp|fe|rei, die; -, -en (abwertend): *[dauerndes] Schimpfen.*

Schịmpf|ka|no|na|de, die (ugs.): *Fülle, Flut von Schimpfwörtern:* eine S. loslassen.

schịmpf|lich ⟨Adj.⟩ [mhd. schimphlich = kurzweilig, scherzhaft, spöttisch] (geh.): *schändlich, entwürdigend, entehrend:* jmdn. s. behandeln.

Schịmpf|na|me, der: *starke Herabsetzung bezweckender [Bei]name; scheltende, stark herabsetzende Benennung:* jmdn. mit -n belegen.

Schịmpf|wort, das ⟨Pl.: ...wörter od. -e⟩: *Beschimpfung, beleidigendes [derbes] Wort:* er überschüttete sie mit heftigen Schimpfworten.

Schịn|del, die; -, -n [mhd. schindel, ahd. scindula < lat. scindula]: *dünnes, oft wie ein Dachziegel geformtes Holzbrettchen zum Decken des Daches u. Verkleiden der Außenwände.*

Schịn|del|dach, das: *mit Schindeln* (1) *gedecktes Dach.*

schịn|deln ⟨sw. V.; hat⟩ [2: eigtl. = mithilfe von Schindeln ruhig stellen]: *mit Schindeln* (1) *decken od. verkleiden.*

schịn|den ⟨unr. V.; schindete/(selten:) schund, hat geschunden⟩ [mhd. schinden, ahd. scinten = enthäuten, schälen, zu einem germ. Subst. mit der Bed. »Haut« (vgl. engl. skin = Haut); 3 a: urspr. Studentenspr. (über die Bed. »erpressen«)]: **1.** *quälen, grausam behandeln, bes. jmdn. durch übermäßige Beanspruchung seiner Leistungsfähigkeit quälen:* Rekruten s.; **Ü** (ugs.:) den Motor s. **2.** ⟨s. + sich⟩ (ugs.) *sich mit etw. sehr abplagen, abmühen:* er hat sich in seinem Leben genug geschunden. **3. a)** (ugs.) *die Bezahlung von etw. umgehen, etw. nicht bezahlen u. so das Geld dafür einsparen:* Fahrgeld s.; **b)** *etw. (was jmdm. eigentlich nicht zusteht) mit zweifelhaften Mitteln erzielen, gewinnen; herausschlagen:* Eindruck, Mitleid s. [wollen]; Zeit s. *(sich so verhalten, dass etw. verzögert wird, Zeit gewonnen wird).*

Schịn|der, der; -s, - [1: zu ↑schinden; 2: mhd. schindære]: **1.** (abwertend) *jmd., der andere schindet.* **2.** (veraltet) *Abdecker.* **3.** (abwertend selten) *Schindmähre.*

Schin|de|rei, die; -, -en (abwertend): **1.** *[dauerndes] Schinden.* **2.** *Qual, Strapaze:* diese Arbeit war eine arge S.

Schịn|de|rin, die; -, -nen: w. Form zu ↑Schinder (1).

schịn|dern ⟨sw. V.; hat⟩ [mhd. schindern = schleifen; polternd schleppen] (obersächs.): *schlittern* (1 a).

Schịnd|lu|der [aus dem Niederd., eigtl. = totes Tier, das geschunden (= abgedeckt) wird]: in der Wendung **mit jmdm., etw. S. treiben** (ugs.; *jmdn., etw. schändlich, übel behandeln;* eigtl. = wie einen Kadaver behandeln, dem die Haut abgezogen wird).

Schịnd|mäh|re, die (abwertend): *altes, abgemagertes, verbrauchtes Pferd.*

Schịn|ken, der; -s, - [mhd. schinke, ahd. scinco = Knochenröhre, Schenkel, zu einem Adj. mit der Bed. »schief, krumm« u. eigtl. = krummer Körperteil; 3: aus der Studentenspr.; urspr. = dickes, in Schweinsleder gebundenes Buch]: **1.** *[Hinter]keule eines Schlachttieres, bes. vom Schwein, die geräuchert od. gekocht gegessen wird:* gekochter, roher S.; [ein Pfund] Schwarzwälder S.; eine Scheibe S. **2.** (salopp) *Oberschenkel; Gesäßbacken.* **3.** (ugs. scherzh. od. abwertend) **a)** *großes, dickes Buch:* ein alter S.; **b)** *großes Gemälde [von geringem künstlerischen Wert];* **c)** *umfangreiches [älteres] Bühnenstück, aufwendiger Film [von geringem künstlerischem Wert].*

Schịn|ken|brot, das: *mit Schinken belegtes [Butter]brot.*

Schịn|ken|röll|chen, das (Kochk.): *[gefülltes] Röllchen aus einer Scheibe Schinken.*

Schịn|ken|speck, der: *Speck, der zu einem Teil aus magerem Schinken besteht.*

Schịn|ken|wurst, die: *Wurst aus grob gehacktem, magerem Schweinefleisch, Speck u. Schinken.*

Schịn|ne, die; -, -n ⟨meist Pl.⟩ (landsch., bes. nordd.): *Kopfschuppe.*

schịn|nig ⟨Adj.⟩ (landsch., bes. nordd.): *voller Kopfschuppen:* -es Haar.

Schin|to|ịs|mus, Shintoismus, der; - [zu jap. shintō = Weg der Götter]: *durch Naturverehrung u. Ahnenkult gekennzeichnete einheimische Religion Japans.*

Schịpp|chen, das; -s, -: **1.** *kleine Schaufel mit kurzem Stiel, der mit einer Hand gefasst wird.* **2.** Vkl. zu ↑Schippe (2): ein S. ziehen, machen.

Schịp|pe, die; -, -n [mniederd., md. schüppe, eigtl. = Gerät zum Schieben, zu mhd. schupfen = schnell u. heftig schieben, zu ↑schieben; 3: nach der Form des Symbols auf der Karte]: **1. a)** (nordd., md.) *Schaufel* (1): im Sandkasten spielen Kinder mit S. und Eimer; *** jmdn., etw. auf die S. nehmen/laden** (ugs.; *jmdn. verulken, über jmdn., etw. spotten;* H. u., viell. eigtl. = wie Dreck, Kehricht behandeln, den man auf die Schaufel nimmt); **b)** ⟨meist Pl.⟩ (ugs. abwertend) *langer Fingernagel.* **2.** (ugs. scherzh.) *missmutig vorgeschobene Unterlippe:* eine S. ziehen, machen. **3.** ⟨nur Pl.; o. Art.; als s. Sg. gebraucht⟩ [2]*Pik* (b, c, d).

schịp|pen ⟨sw. V.; hat⟩ [zu ↑Schippe] (nordd., md.): *schaufeln* (1, 2).

Schịp|pen, das; -, -: *Schippe* (3).

Schịp|pen|ass [auch: – –ˈ–], das: *Pikass.*

schịp|pern ⟨sw. V.⟩ (ugs.): **1.** *eine Reise auf dem Wasser machen, mit dem Schiff fahren* ⟨ist⟩: mit, auf einem Dampfer flussabwärts s. **2.** *mit einem Schiff irgendwohin fahren, transportieren* ⟨hat⟩: Erz von Kanada nach Hamburg s.

Schịpp|lein, das; -s, -: **1.** *Schippchen* (1). **2.** *Schippe* (2).

Schi|ri [auch: ˈʃɪri], der; -s, -s (Sport Jargon): Kurzf. von ↑Schiedsrichter.

Schirm, der; -[e]s, -e [mhd. schirm, ahd. scirm = Schutz, urspr. wohl = Fellüberzug des [1]Schildes]: 1. a) *aufspannbarer Regen- od. Sonnenschutz mit Schaft [u. Griff od. Fuß]:* den S. aufspannen; einen S. *(Regenschirm)* mitnehmen; b) kurz für ↑Fallschirm: der S. hat sich nicht geöffnet; c) (Bot.) *schirmförmiger Hut der Schirmlinge.* 2. kurz für ↑Lampenschirm. 3. a) *schildähnlicher Gegenstand zum Schutz gegen zu helles Licht od. direkte [Hitze]strahlung:* einen S. vor den Ofen stellen; b) (Jägerspr.) *gegen Sicht schützende, aus Reisig, Schilf o. Ä. hergestellte Deckung für den Jäger;* c) *schildähnlicher Teil der Mütze, der bes. die Augen vor Sonnenlicht schützt.* 4. kurz für ↑Bildschirm: diese Sendung wird bald über den S. gehen *(gesendet werden).*

Schirm|bild, das (Fachspr.): 1. *auf dem Bildschirm sichtbar werdendes Bild, bes. Röntgenbild* (1). 2. *Röntgenbild* (2).

Schirm|bild|fo|to|gra|fie, die (Fachspr.): a) *das Herstellen von Röntgenbildern mithilfe der Fotografie;* b) *Röntgenbild.*

Schirm|bild|ge|rät, das (Fachspr.): *Röntgengerät.*

Schirm|bild|rei|hen|un|ter|su|chung, die (Fachspr.): *Röntgenreihenuntersuchung.*

Schirm|bild|stel|le, die: *für die Durchführung von Schirmbildreihenuntersuchungen zuständige Stelle.*

schir|men ⟨sw. V.; hat⟩ [mhd. schirmen, ahd. scirmen, eigtl. = mit dem [1]Schild parieren] (geh.): *schützen, indem etw., was jmdm. od. einer Sache abträglich, schädlich ist, fern gehalten, abgehalten wird:* jmdn. vor Gefahren s.

schirm|för|mig ⟨Adj.⟩: *in, von der Form eines aufgespannten Schirmes.*

Schirm|fut|te|ral, das: *Futteral für einen Regenschirm.*

Schirm|herr, der: *jmd., der offizieller Förderer, Betreuer einer seinem Schutz unterstehenden Institution, Veranstaltung usw. ist.*

Schirm|her|rin, die: w. Form zu ↑Schirmherr.

Schirm|herr|schaft, die: *Amt, Funktion des Schirmherrn, der Schirmherrin; Patronat.*

Schirm|hül|le, die: vgl. Schirmfutteral.

Schirm|ling, der; -s, -e: *schirmförmiger, essbarer Blätterpilz* (z. B. Parasol).

Schirm|ma|cher, der: *Hersteller von Schirmen* (Berufsbez.).

Schirm|ma|che|rin, die: w. Form zu ↑Schirmmacher.

Schirm|müt|ze, die: *Mütze mit Schirm.*

Schirm|pilz, der: *Schirmling.*

Schirm|stän|der, der: *Ständer für Schirme.*

Schi|rok|ko, der; -s, -s [ital. scirocco < arab. šarqī = östlich(er Wind), zu: šarq = Osten]: *heißer [trockener], Staub mitführender Wind im Mittelmeerraum.*

schir|ren ⟨sw. V.; hat⟩ [zu ↑Geschirr (2)]: 1. (seltener) *anschirren.* 2. *mithilfe des Geschirrs* (2) *an, vor, in etw. spannen:* ein Pferd an, vor den Wagen s.

Schirr|meis|ter, der [im 15. Jh. schirremeister] (früher): *Verwalter des Geschirrs* (2), *der Geräte u. Fahrzeuge.*

Schis|ma [auch: ˈsçɪsma], das; -s, …men u. (selten:) -ta [spätmhd. sc(h)isma < kirchenlat. schisma < griech. schísma = Spaltung, zu: schízein = (zer)spalten, zersplittern] (Kirche): a) *Kirchenspaltung;* b) *in der Weigerung, sich dem Papst, den ihm unterstehenden Bischöfen unterzuordnen, bestehendes kirchenrechtliches Delikt.*

Schis|ma|ti|ker, der; -s, - [kirchenlat. schismaticus < griech. schismatikós] (Kirche): *Anhänger einer schismatischen Gruppe; jmd., der ein Schisma* (a) *verursacht hat.*

schis|ma|tisch ⟨Adj.⟩: a) *ein Schisma* (a) *betreffend;* b) *ein Schisma* (a) *betreibend, verursacht habend.*

schiss: ↑scheißen.

Schiss, der; -es, -e ⟨Pl. selten⟩ [zu ↑scheißen]: 1. (derb) a) *Kot;* b) *das Ausscheiden von Kot, Stuhlgang.* 2. ⟨o. Pl.⟩ (salopp) *Angst:* [ganz schön] S. haben, kriegen.

Schis|ser, der; -s, - (salopp abwertend): *ängstlicher Mensch; Angsthase.*

Schis|se|rin, die; -, -nen: w. Form zu ↑Schisser.

Schiss|la|weng: ↑Zislaweng.

[1]Schi|wa: hinduistischer Gott.

[2]Schi|wa, der; -s, -s: *figürliche Darstellung des Gottes Schiwa.*

schi|zo|id ⟨Adj.⟩ [zu griech. -oeidḗs = ähnlich] (Psych., Med.): *die Symptome der Schizophrenie in leichterem Grade zeigend.*

schi|zo|phren ⟨Adj.⟩ [zu griech. phrḗn = Geist, Gemüt]: 1. (Psych., Med.) *an Schizophrenie leidend, für sie kennzeichnend; auf ihr beruhend:* ein -er Patient. 2. (bildungsspr.) a) *in sich widersprüchlich, in hohem Grade inkonsequent:* eine -e Politik; b) *absurd:* eine völlig -e Idee.

Schi|zo|phre|nie, die; -, -n: 1. ⟨Pl. selten⟩ (Psych., Med.) *mit Denkstörungen, Halluzinationen und Wahn einhergehende schwere Psychose:* an S. erkranken. 2. ⟨o. Pl.⟩ (bildungsspr.) *das Schizophrensein; schizophrener* (2) *Charakter:* dieser Fall zeigt die S. seiner Finanzpolitik.

schlab|be|rig, schlabbrig ⟨Adj.⟩ (ugs.): 1. *(bes. von Stoffen) weich u. schmiegsam u. daher locker fallend.* 2. (meist abwertend) *(bes. von Speisen, Getränken) wässrig, dünn [u. fade]:* eine -e Suppe.

Schlab|ber|look, der (Mode Jargon): *Mode, bei der die Kleidungsstücke sehr weit geschnitten sind, sodass sie nur lose am Körper anliegen.*

schlab|bern ⟨sw. V.; hat⟩ [aus dem Niederd. < mniederd. slabbe(re)n = schlurfen, plappern, lautm.]: 1. (ugs.) *eine Flüssigkeit geräuschvoll auflecken:* der Kater schlabbert seine Milch. 2. (ugs. abwertend) *sich, seine Kleidung o. Ä. (aus Ungeschicklichkeit od. Achtlosigkeit) beim Essen od. Trinken beschmutzen:* das Kind hat schon wieder geschlabbert. 3. (ugs.) *sich aufgrund schlabberiger* (1) *Beschaffenheit schlenkernd [hin u. her] bewegen:* ein schlabbernder Rock. 4. (landsch., oft abwertend) *ununterbrochen reden; schwatzen:* lange mit der Nachbarin s.

schlabb|rig: ↑schlabberig.

Schlacht, die; -, -en [mhd. slaht(e), ahd. slahta = Tötung, zu ↑schlagen]: *heftiger, längere Zeit anhaltender [aus mehreren einzelnen, an verschiedenen Orten ausgetragenen Gefechten bestehender] Kampf zwischen größeren militärischen Einheiten:* die S. von, um Verdun; eine schwere, blutige S.; die S. tobte drei Tage lang; eine S. gewinnen, verlieren, für sich entscheiden; jmdm. eine S. liefern; in der S. verwundet werden, fallen; es sieht wie nach einer S. aus (ugs.; *es herrscht ein großes Durcheinander*); Ü die beiden Mannschaften lieferten sich eine [erbitterte] S.; die S. am kalten Büfett (scherzh.; *der allgemeine Andrang auf das kalte Büfett*).

schlacht|bar ⟨Adj.⟩: *(von Haustieren) den gesetzlichen Bestimmungen gemäß zum Schlachten infrage kommend.*

schlach|ten ⟨sw. V.; hat⟩ [mhd. slahten, ahd. slahtōn, zu ↑Schlacht]: 1. *(ein Haustier, dessen Fleisch für die menschliche Ernährung verwendet werden soll) fachgerecht töten:* ein Schwein s.; Ü sein Sparschwein s. 2. (ugs. scherzh.) *anbrechen* (2) *[u. verbrauchen, verzehren]:* eine Tafel Schokolade s.

Schlach|ten|bumm|ler, der [bes. im Dt.-Frz. Krieg 1870/71 aufgekommene Bez. für Zivilisten, die aus Neugierde an die Front kamen] (Sport Jargon): *Anhänger einer [Fußball]mannschaft, der zu einem auswärtigen Spiel seiner Mannschaft mitreist.*

Schlach|ten|bumm|le|rin, die: w. Form zu ↑Schlachtenbummler.

Schlach|ten|ma|ler, der: *Maler, der vorwiegend Szenen von Schlachten darstellt.*

Schlach|ter [mhd. (in Zus.) -slahter, ahd. slahtari, zu ↑schlachten], **Schläch|ter** [mhd. (in Zus.) -slehter], der; -s, -: a) (nordd.) *Fleischer;* b) *Fachkraft, die (bes. in einem Schlachthof) berufsmäßig Tiere schlachtet.*

Schlach|te|rei, Schläch|te|rei, die; -, -en: 1. (nordd.) *Fleischerei.* 2. (emotional abwertend) *massenweises, kaltblütiges Töten.*

Schlacht|feld, das: *Schauplatz einer Schlacht:* er ist auf dem S. geblieben (veraltet verhüll.; *im Krieg gefallen*); die Unglücksstelle glich einem S.; Ü nach der Party war die Wohnung ein S. *(in größter Unordnung).*

Schlacht|fest, das: *anlässlich einer Hausschlachtung veranstaltetes Essen.*

Schlacht|ge|brüll, das (früher): *von in die Schlacht ziehenden Kriegern angestimmtes Gebrüll, durch das man sich gegenseitig anfeuern u. dem Gegner Angst einflößen wollte.*

Schlacht|ge|flü|gel, das: vgl. Schlachttier.

Schlacht|ge|tüm|mel, das ⟨o. Pl.⟩: *bei einer Schlacht entstehendes Getümmel.*

Schlacht|ge|wicht, das (Fachspr.): *Gewicht eines geschlachteten Tiers ohne Haut bzw. Federn, Kopf, Füße u. die meisten Eingeweide.*

Schlacht|haus, das: a) *zu einem Schlachthof od. einer Fleischerei gehörendes Gebäude, in dem geschlachtet wird;* b) *Schlachthof.*

Schlacht|hof, der: a) *in einem größeren Gebäudekomplex untergebrachte Einrichtung, in der Schlachtvieh geschlachtet, zerlegt, weiterverarbeitet wird;* b) *Gebäudekomplex, in dem ein Schlachthof* (a) *untergebracht ist.*

Schlacht|mes|ser, das: *Messer zum Schlachten.*

Schlacht|op|fer, das (Rel.): *Opfer* (1 a), *bei dem ein Tier geschlachtet u. einer Gottheit geopfert wird.*

Schlacht|plan, der (Milit.): *taktischer Plan, nach dem ein Feldherr in einer bevorstehenden Schlacht vorzugehen gedenkt:* Ü wir müssen erst mal einen S. machen (ugs.; *überlegen, wie wir bei unserem Vorhaben vorgehen wollen*).

Schlacht|plat|te, die (Gastr.): *im Wesentlichen aus verschiedenerlei frisch hergestellter Wurst u. Wellfleisch bestehendes Essen.*

schlacht|reif ⟨Adj.⟩: *(von schlachtbaren Tieren) in dem Zustand befindlich, in dem ein Tier sein soll, wenn es geschlachtet wird.*

Schlacht|rei|he, die (Milit. früher): *geschlossene Reihe, breite Formation von zur Schlacht aufgestellten Kriegern.*

Schlacht|ruf, der (früher): *verabredete Parole o. Ä., die in den Kampf ziehende Krieger zur Anfeuerung o. Ä. riefen.*

Schlacht|schiff, das (Milit.): *stark bewaffnetes u. gepanzertes großes Kriegsschiff.*

Schlacht|tag, der: *Tag, an dem geschlachtet wird:* Dienstag ist immer S.

Schlacht|tier, das: *zum Schlachten gehaltenes Haustier.*

Schlach|tung, die; -, -en: *das Schlachten* (1).

Schlacht|vieh, das: vgl. Schlachttier.

schlack ⟨Adj.⟩ [mhd. slack, ahd. slak; vgl. anord. slakr] (schwäb., bayr.): *träge; schlaff.*

Schlack, der; -[e]s [mniederd. slagge, wohl zu: slaggen, slakken, ↑[2]schlacken] (nordd.): 1. *breiige Masse, Brei.* 2. *Schneeregen, Schneematsch.*

Schlack|darm, der (nordd.): *Mastdarm.*

Schla|cke, die; -, -n [aus dem Niederd. < mniederd. slagge = Abfall beim Erzschmelzen, urspr. = Abfall beim Schmieden, zu ↑schlagen]: 1. *bei der Verbrennung von Steinkohle, Koks in kleineren od. größeren Stücken zurückbleibende harte, poröse Masse, Verbrennungsrückstand:* die -n aus dem Ofen holen. 2. (Hüttenw.) *beim Schmelzen, Verhütten von Erz zurückbleibende, beim Erkalten zu einer glasartigen Masse erstarrende Substanz.* 3. (Geol.) *unregelmäßig geformter, blasig-poröser Brocken Lava.* 4. ⟨Pl.⟩ (Physiol.) *Ballaststoffe; nicht verwertbare Substanzen:* die Nahrung sollte reich an -n sein.

[1]schla|cken ⟨sw. V.; hat⟩: *beim Verbrennen Schlacke* (1) *bilden, zurücklassen.*

[2]schla|cken ⟨sw. V.; hat; unpers.⟩ [mniederd. slaggen, H. u., viell. zu slak = schlaff, schwach;

breiig] (nordd.): *als Schlackerschnee zur Erde fallen.*

schla|cken|arm ⟨Adj.⟩: *wenig Schlacken* (4) *enthaltend:* -e Kost.

schla|cken|frei ⟨Adj.⟩: **a)** *keine Schlacken* (4) *enthaltend;* **b)** *keine Schlacken* (1) *enthaltend, zurücklassend:* etw. verbrennt s.

Schla|cken|gru|be, die: *Grube zur Lagerung von [Hochofen]schlacken.*

schla|cken|reich ⟨Adj.⟩: *viel Schlacken* (4) *enthaltend.*

Schla|cken|stof|fe ⟨Pl.⟩: *Schlacke* (4).

schla|cke|rig, schlackrig ⟨Adj.⟩ [zu ↑[1]schlackern] (ugs.): *[1]schlackernd, zum [1]Schlackern neigend:* weite -e Hosenbeine.

[1]schla|ckern ⟨sw. V.; hat⟩ [aus dem Niederd., Intensivbildung zu ↑[2]schlacken, urspr. von schlaff herunterhängenden Segeln] (nordd., westmd.): **a)** *sich lose [herab]hängend ungleichmäßig hin u. her bewegen; schlenkern:* hin und her s.; die schlackernden Gliedmaßen der Marionette; das Rad schlackerte *(rotierte ungleichmäßig);* **b)** *sich schlackernd* (a) *irgendwohin bewegen:* der lange Rock schlackerte gegen ihre Beine; **c)** *(mit etw.) schlackernde* (a) *Bewegungen machen:* mit den Armen s.

[2]schla|ckern ⟨sw. V.; hat⟩ (nordd.): *[2]schlacken.*

Schla|cker|schnee, der (nordd.): *nasser, im Tauen begriffener Schnee.*

[1]schla|ckig ⟨Adj.⟩ (nordd.): *(vom Wetter) mit viel [Schnee]regen verbunden.*

[2]schla|ckig ⟨Adj.⟩ [zu ↑Schlacke]: *viel Schlacke* (1) *enthaltend, aufweisend.*

schlack|rig: ↑schlackerig.

Schlack|wurst, die [eigtl. = Wurst(masse), die in den ↑Schlackdarm gefüllt wird]: *Zervelatwurst.*

Schlaf, der; -[e]s [mhd., ahd. slāf, zu ↑schlafen]: **1. a)** *der Erholung des Organismus dienender Zustand der Ruhe, der Entspannung (bei Menschen u. Tieren), in dem die Augen gewöhnlich geschlossen, das Bewusstsein ausgeschaltet u. viele Körperfunktionen herabgesetzt sind:* ein bleierner, tiefer, erquickender S.; der S. überwältigt, übermannt jmdn.; sie hat einen leichten S. *(wacht leicht auf);* sie konnte keinen S. finden (geh.; *nicht einschlafen*); [einen] S. haben (südd., schweiz.; *schläfrig, müde sein*); aus dem S. erwachen, fahren; jmdn. aus dem S. [er]wecken, reißen; jmdn. in [den] S. singen; die Sorge um den Sohn bringt sie um den, ihren S., raubt ihr den S. (geh.; *quält sie so sehr, dass sie nachts nicht, nur schlecht schlafen kann*); * **den S. des Gerechten schlafen** (scherzh.; *tief u. fest schlafen;* nach Sprüche 24, 15; bezieht sich darauf, dass der Gerechte keine Gewissensqualen kennt u. deshalb ruhig u. fest schläft); **etw. im S. können, beherrschen** o. Ä. *(etw., ohne die geringste Mühe, Konzentration aufwenden zu müssen, können, beherrschen o. Ä.);* **b)** *das [eine bestimmte Zeit dauernde] Schlafen:* mittags hielt er seinen S. **2.** (ugs. scherzh., auch verhüll.) *körnige, gelblich weiße Absonderung der Augen, die sich während des Schlafens in den Augenwinkeln angesammelt hat:* wisch dir mal den S. aus den Augen.

Schlaf|an|zug, der: *Kombination aus zusammengehörender Hose u. Jacke aus einem meist leichten Stoff, die zum Schlafen getragen wird.*

Schlaf|au|ge, das ⟨meist Pl.⟩: **1.** *Auge einer Puppe, das sich schließt, sobald man die Puppe in eine horizontale Lage bringt.* **2.** (Kfz-T. Jargon) *Scheinwerfer, bes. bei sportlichen Autos, der im ausgeschalteten Zustand unsichtbar in der Karosserie versenkt ist u. sich beim Einschalten herausklappt.*

Schlaf|baum, der: *Baum, auf dem eine Gruppe von Vögeln, ein Vogel regelmäßig die Nacht zubringt.*

Schlaf|be|dürf|nis, das: *Bedürfnis nach Schlaf.*

Schläf|chen, das; -s, -: Vkl. zu ↑Schlaf (1 b): mittags machte sie ein kurzes S.

Schlaf|couch, die: *Couch, die sich ausziehen, ausklappen o. Ä. lässt, sodass sie zum Schlafen benutzt werden kann.*

Schlä|fe, die; -, -n [mhd., ahd. slāf, identisch mit ↑Schlaf; der Schlafende liegt meist auf einer der Schläfen; Pl. seit dem 18. Jh. als Sg. gebr.]: *beiderseits oberhalb der Wange zwischen Auge u. Ohr gelegene Region des Kopfes:* graue -n *(graue Haare an den Schläfen)* haben; sich eine Kugel in die S. jagen.

schla|fen ⟨st. V.; hat⟩ [mhd. slāfen, ahd. slāf(f)an, zu einem Adj. mit der Bed. »schlaff (herabhängend)« u. eigtl. = schlaff, matt werden, verw. mit ↑schlaff]: **1. a)** *sich im Zustand des Schlafes befinden:* fest, auf dem Bauch, bei offenem Fenster s.; s. gehen; sich s. legen; schlaf gut, schön!; das Kind schläft noch halb *(ist noch nicht richtig wach);* sich schlafend stellen; **Ü** im Winter schläft die Natur; **b)** ⟨s. + sich; unpers.⟩ *in bestimmter Weise schlafen* (1 a) *können:* auf dem Sofa schläft es sich gut; **c)** ⟨s. + sich⟩ *sich durch Schlafen* (1 a) *in einen bestimmten Zustand bringen:* sich gesund s. **2.** *übernachten, untergebracht sein:* du kannst bei uns s. **3. a)** (verhüll.) *koitieren* (a): die beiden schlafen miteinander; **b)** ⟨s. + sich⟩ (salopp) *[um ein bestimmtes Ziel zu erreichen] nacheinander mit verschiedenen Partnern koitieren:* sie hat sich schon durch die ganze Chefetage geschlafen. **4.** (ugs.) *unaufmerksam sein, nicht aufpassen [u. einen Fehler machen, eine Gelegenheit verpassen]:* die Konkurrenz hat geschlafen und die Marktlücke nicht genutzt.

Schlä|fen|bein, das (Anat.): *Schädelknochen im Bereich der Schläfe.*

Schla|fen|ge|hen, das; -s: *das Sichhinlegen, Sichzurückziehen zum Schlafen.*

Schlä|fen|lo|cke, die ⟨meist Pl.⟩: *Locke* (a) *an der Schläfe.*

Schla|fens|zeit, die; -, -en ⟨Pl. selten⟩: *Zeit, schlafen zu gehen:* es ist S.

Schlä|fer, der; -s, - [mhd. slæfære]: **1.** *jmd., der schläft* (1 a), *Schlafender.* **2.** *Bilch.*

schlä|fe|rig: ↑schläfrig.

Schlä|fe|rin, die; -, -nen: w. Form zu ↑Schläfer (1).

schlaff ⟨Adj.⟩ [mhd., ahd. slaf, verw. mit ↑Schlaf]: **1. a)** *nicht straff, nicht gespannt, locker hängend:* ein -es Seil; -e *(welke)* Haut; die Fahne hing s. am Mast; **b)** *nicht prall, nicht fest:* ein -es Kissen; **c)** *[vor Erschöpfung, Müdigkeit] matt, kraftlos; schlapp:* -e Muskeln; das schwüle Wetter macht einen ganz s. **2.** (abwertend) *träge, energielos [u. unentschlossen], keine Unternehmungslust, Initiative habend:* sei doch nicht immer so s.! **3.** (Jugendspr. abwertend) *keinen Reiz, keinen Schwung habend, langweilig:* eine -e Party.

Schlaff|heit, die; -: *das Schlaffsein.*

Schlaf|fi, der; -s, -s [↑schlaff (2)] (ugs. abwertend): *energieloser, träger, keine Unternehmungslust zeigender Mensch.*

Schlaf|gast, der: *jmd., der dort, wo er Gast ist, auch übernachtet.*

Schlaf|ge|le|gen|heit, die: *zum Schlafen geeigneter Platz [mit einem Bett o. Ä.], zum Schlafen geeignetes Möbelstück o. Ä.*

Schlaf|ge|mach, das (geh.): vgl. Schlafzimmer.

Schlaf|ge|wohn|heit, die ⟨meist Pl.⟩: *das Schlafen betreffende Gewohnheit eines Menschen, Tieres.*

Schla|fitt|chen, das [aus dem Niederd., Md., viell. umgedeutet aus: Schlagfittich = Schwungfedern des Gänseflügels, dann: Rockschoß, Rockzipfel, also eigtl. = an, bei den Flügeln (= am Jackenzipfel) packen]: in Wendungen wie **jmdn. am/beim S. nehmen, kriegen, packen, fassen, haben** o. Ä. (ugs.; *jmdn. fassen u. [für ein geringes Vergehen] zur Rechenschaft ziehen*).

Schlaf|ka|bi|ne, die: *Teil des Führerhauses in einem Fernlastwagen, in dem der Fahrer in einer Art Koje schlafen kann.*

Schlaf|krank|heit, die: *vor allem durch Schlafsucht, nervöse Störungen u. Auszehrung gekennzeichnete, gefährliche (von Tsetsefliegen übertragene) tropische Infektionskrankheit.*

Schlaf|lern|me|tho|de, die (Fachspr.): *Methode zur Vertiefung von [Fakten]wissen, bei der dem Lernenden während des Schlafs Tonbandaufnahmen mit dem Lernstoff vorgespielt werden; Hypnopädie.*

Schlaf|lied, das: *Lied, mit dem man ein Kind in den Schlaf singt.*

schlaf|los ⟨Adj.⟩: **a)** *wachend, ohne zu schlafen verbracht:* -e Nächte; **b)** *keinen Schlaf finden könnend:* sich s. im Bett wälzen.

Schlaf|lo|sig|keit, die; -: *das Schlaflossein:* an S. leiden.

Schlaf|maus, die: *Bilch.*

Schlaf|mit|tel, das: *pharmazeutisches Mittel gegen Schlafstörungen.*

Schlaf|mohn, der ⟨o. Pl.⟩: *weiß od. violett blühender Mohn* (1 a) *einer bes. im östlichen Mittelmeerraum heimischen Art, aus dem Opium gewonnen wird.*

Schlaf|müt|ze, die: **1.** (früher) *im Bett getragene Mütze.* **2.** (ugs.) **a)** *jmd., der übertrieben viel, lange schläft;* **b)** (abwertend) *jmd., der unaufmerksam, langsam, träge ist.*

schlaf|müt|zig ⟨Adj.⟩ (ugs. abwertend): *unaufmerksam, langsam, träge.*

Schlaf|platz, der: *Platz* (2) *zum Schlafen.*

Schlaf|pup|pe, die: *Puppe mit Schlafaugen.*

Schlaf|raum, der: *Raum, bes. in Heimen, Jugendherbergen o. Ä., in dem geschlafen wird.*

schläf|rig, schläferig ⟨Adj.⟩ [mhd. slæferic, ahd. slāfarag]: **a)** *ein Bedürfnis nach Schlaf verspürend, geneigt einzuschlafen; müde* (a): s. werden; die Spritze machte sie s.; **b)** *einen schläfrigen* (a) *Eindruck machend, von Schläfrigkeit zeugend; müde* (b): ein -er Blick; ihre Stimme klang s.

Schläf|rig|keit, die; -: *das Schläfrigsein.*

Schlaf|rock, der: *Morgenrock, Hausmantel o. Ä.:* * **im S.** (Kochk.; *in einem Teigmantel gebacken*): Äpfel im S.

Schlaf|saal, der: *größerer Schlafraum mit vielen Schlafgelegenheiten.*

Schlaf|sack, der: *an drei Seiten geschlossene, sackartige, in der Art einer Steppdecke hergestellte Hülle, die beim Übernachten im Freien, im Zelt o. Ä. eine Bettdecke ersetzt.*

schläfst: ↑schlafen.

Schlaf|stadt, die (ugs., leicht abwertend): *Trabantenstadt ohne Möglichkeiten zu gesellschaftlichem Leben, zur Freizeitgestaltung o. Ä.*

Schlaf|stät|te, die (geh.): *Schlafplatz.*

Schlaf|stel|lung, die: *Haltung des Körpers eines schlafenden Menschen od. Tieres.*

Schlaf|stö|rung, die ⟨meist Pl.⟩ (Med.): *in der Unfähigkeit, einzuschlafen od. nachts durchzuschlafen, bestehende Störung:* unter -en leiden.

Schlaf|sucht, die ⟨o. Pl.⟩ (Med.): *krankhaft gesteigertes Bedürfnis nach Schlaf.*

schläft: ↑schlafen.

Schlaf|ta|blet|te, die: vgl. Schlafmittel: sie war so verzweifelt, dass sie -n genommen hat (ugs. verhüll.; *sich mit einer Überdosis an Schlaftabletten das Leben genommen hat*).

Schlaf|tie|fe, die ⟨o. Pl.⟩: *Tiefe des Schlafs.*

Schlaf|trank, Schlaf|trunk, der: *vor dem Schlafengehen genommener [dem Einschlafen förderlicher] Trunk.*

schlaf|trun|ken ⟨Adj.⟩ (geh.): *noch benommen vom Schlaf, noch nicht richtig wach.*

Schlaf-wach-Rhyth|mus, der (Physiol.): *periodischer Wechsel von Schlafen u. Wachen.*

Schlaf|wa|gen, der: *Eisenbahnwagen mit kojenartigen Betten für die Reisenden.*

schlaf|wan|deln ⟨sw. V.; hat/(auch:) ist⟩: *im Schlaf aufstehen, umhergehen u. verschiedenerlei Handlungen ausführen (ohne sich später daran erinnern zu können); nachtwandeln:* er hat heute wieder geschlafwandelt.

Schlaf|wand|ler, der: *jmd., der schlafwandelt; Somnambule, Nachtwandler.*

Schlaf|wand|le|rin, die; -, -nen: w. Form zu ↑Schlafwandler.

schlaf|wand|le|risch ⟨Adj.⟩: *wie ein Schlafwandler; mit einer Mühelosigkeit, wie sie Schlafwandlern bei ihrem Tun unterstellt wird:* er bewegte sich mit -er Sicherheit.

Schlaf|zim|mer, das: **a)** *besonders eingerichtetes*

Zimmer zum Schlafen; **b)** *Schlafzimmereinrichtung.*

Schla̲f|zim|mer|blick, der (ugs.): *betont sinnlicher Blick [einer Frau] mit nicht ganz geöffneten Lidern [der erotisierend wirken soll]:* einen S. haben.

Schla̲f|zim|mer|ein|rich|tung, die: *Einrichtung* (2 a) *für ein Schlafzimmer* (a).

Schla̲f|zim|mer|mö|bel, das ⟨meist Pl.⟩: *Schlafzimmereinrichtung.*

Schla̲f|zu|stand, der: *Zustand des Schlafens.*

Schlag, der; -[e]s, Schläge [mhd. slac, ahd. slag, zu ↑schlagen; 4: LÜ von lat. apoplexia, ↑Apoplexie; 15: übertragen vom Prägen der Münzen, bei dem das gleiche Bild in eine Vielzahl von Münzen geschlagen wird]: **1. a)** *durch eine heftige, schnelle, ausholende Bewegung herbeigeführtes Auftreffen auf etw., Treffen von jmdm., etw.:* ein heftiger, leichter, tödlicher S.; ein S. auf den Kopf, ins Genick; ein S. mit der Faust, mit einem Stock; einen S. abwehren; jmdm. einen S. geben; der Tennisspieler hat einen harten S. *(schlägt die Tennisbälle hart);* mit einem einzigen S. streckte er seinen Gegner zu Boden; Ü die Polizei führte einen vernichtenden S. *(Einsatz)* gegen das organisierte Verbrechen; *** S. auf S.** *(in rascher Aufeinanderfolge, schnell nacheinander, ohne Unterbrechung):* die Fragen kamen S. auf S.; **ein S. ins Gesicht sein** *(eine schwere Kränkung, Beleidigung sein);* **ein S. unter die Gürtellinie** (ugs.; *unfaires, unerlaubtes Verhalten);* **ein S. ins Kontor** (ugs.; *eine böse, unangenehme Überraschung, eine große Enttäuschung;* wohl eigtl. = ein Ereignis, das wie ein Blitzschlag [in ein Haus o. Ä.] wirkt); **ein S. ins Wasser [sein]** *(ergebnislos, ein Misserfolg [sein]);* **einen vernichtenden** o. ä. **S. gegen jmdn. führen** *(einem Gegner, Widersacher durch einen Angriff, durch gezieltes Vorgehen eine vernichtende Niederlage beibringen, ihn damit bezwingen);* **auf einen S.** (ugs.; *gleichzeitig, auf einmal):* alle erschienen auf einen S.; **mit einem S./**(auch:) **-e** (ugs.; *ganz plötzlich, auf einmal):* die Lage änderte sich mit einem S.; **zum entscheidenden S. ausholen** *(sich anschicken, einem Gegner, Widersacher durch einen Angriff, durch gezieltes Vorgehen eine Niederlage beizubringen u. dadurch eine Entscheidung zu eigenen Gunsten herbeizuführen);* **b)** *durch einen Schlag* (1 a), *einen heftigen Aufprall o. Ä. hervorgerufenes lautes Geräusch:* im Keller tat es einen fürchterlichen S. **2. a)** *in regelmäßigen, rhythmischen [mit einem entsprechenden Ton, Geräusch verbundenen] Stößen erfolgende Bewegung:* er hörte den S. der Wellen; er fühlte die heftigen Schläge ihres Herzens; **b)** *(von einer Uhr, einer Glocke o. Ä.) durch Anschlagen erzeugter Ton, regelmäßige Folge von [gleichen] Tönen:* der S. einer Standuhr klang durch das Haus; ⟨in Verbindung mit einer Zeitangabe:⟩ S. *(genau um)* Mitternacht; **c)** ⟨o. Pl.⟩ *(von bestimmten Singvögeln) lauter, rhythmischer, meist melodischer Gesang in deutlich voneinander abgesetzten Tonfolgen:* der S. der Nachtigall. **3. a)** kurz für ↑Blitzschlag: ein kalter S. *(irgendwo einschlagender, aber nicht zündender Blitz);* **b)** *den Körper treffender, durchlaufender Stromstoß:* er hat bei der Reparatur des Gerätes einen leichten S. bekommen. **4.** (ugs.) kurz für ↑Schlaganfall: der dritte S. hat sie getroffen; *** der S. soll dich treffen!** (salopp; Ausruf der Verwünschung); **jmdn. trifft/rührt der S.** (ugs.; *jmd. ist aufs Höchste überrascht, ist starr vor Staunen, Entsetzen, Schreck);* **wie vom S. getroffen/gerührt sein** (ugs.; *verstört, fassungslos sein, starr vor Entsetzen, Schreck sein).* **5.** *Unheil, das über jmdn. hereingebrochen ist; Unglück, das jmdn. getroffen hat; niederdrückendes, unglückseliges Ereignis:* ein schwerer S.; sie hat die Schläge des Schicksals tapfer ertragen. **6.** (Forstw.) **a)** *das Fällen von Bäumen, Einschlag* (3 a): in diesem Waldgebiet sind einige Schläge vorgesehen; **b)** *Stück eines Waldes, in dem Bäume gefällt werden, gefällt worden sind.* **7.** (Landw.) *zusammenhängendes Stück Ackerland, auf dem in der Regel nur eine Art von Pflanzen angebaut wird:* ein S. Weizen von etwa 100 Hektar. **8.** (Segeln) *Strecke, die beim Kreuzen* (6) *zwischen zwei Wenden zurückgelegt wird.* **9.** (Seemannsspr.) *nicht verknotete, um einen Gegenstand gelegte Schlinge eines Taus:* einen S. auf den Poller legen. **10.** (Schneiderei, Mode) *nach unten sich vergrößernde Weite des Hosenbeins:* eine Hose mit S. **11.** kurz für ↑Taubenschlag. **12.** (veraltend) *Tür eines Autos, einer Kutsche:* den S. öffnen. **13.** (ugs.) *mit einer Kelle, einem großen Löffel zugemessene Portion (bei einer Essenausgabe):* ein S. Suppe; *** [einen] S. bei jmdm. haben** (ugs.; *jmds. Sympathie, Wohlwollen haben; bei jmdm. in gutem Ansehen stehen; sich jmds. Gunst erfreuen;* wohl aus der Soldatenspr., eigtl. = von dem, der das Essen austeilt, einen zusätzlichen Schlag bekommen). **14.** ⟨o. Pl.⟩ (österr.) *Schlagsahne (bes. für den Kaffee):* ein Stück Obstkuchen mit S. **15. a)** kurz für ↑Menschenschlag: ein stämmiger, dunkler, ernster S.; er ist noch ein Beamter vom alten S. *(von der guten, gediegenen alten Art);* Ü das sind noch Möbel alten -s/vom alten S. *(gediegen, gut verarbeitet, wie man sie früher hatte);* **b)** *Gruppe innerhalb einer Rasse von Haustieren, die sich durch typische Merkmale wie Größe, Farbe, Zeichnung o. Ä. von den übrigen Vertretern ihrer Rasse unterscheidet:* ein kleinerer S. von Pferden.

Schla̲g|ab|tausch, der (Boxen): *schnelle Folge von wechselseitigen Schlägen:* ein kurzer, heftiger S.; Ü in der Plenarsitzung kam es zu einem S. *(zu einer kurzen, heftigen Auseinandersetzung)* zwischen Regierung und Opposition.

Schla̲g|ader, die: *Blutgefäß, in dem das Blut vom Herzen zu einem Organ od. Gewebe strömt; Arterie.*

Schla̲g|an|fall, der: *Gehirnschlag, Apoplexie:* einen S. bekommen.

schla̲g|ar|tig ⟨Adj.⟩: *ganz plötzlich, schnell; innerhalb kürzester Zeit [geschehend]; in einem Augenblick:* eine -e Veränderung; etw. wechselt s.; s. wurde ihm alles klar.

Schla̲g|ball, der: **1.** ⟨o. Pl.⟩ *zwischen zwei Mannschaften ausgetragenes, dem Baseball ähnliches Ballspiel, bei dem der Ball mit dem Schlagholz von einem* [2]*Mal* (3 a) *ins Spielfeld geschlagen wird u. der Gegner ihn zu fangen sucht, um das Recht zum Schlagen für seine Mannschaft zu gewinnen.* **2.** *beim Schlagball* (1) *verwendeter kleiner lederner Ball.*

Schla̲g|ball|spiel, das: *Schlagball* (1).

schla̲g|bar ⟨Adj.⟩: *die Möglichkeit bietend, geschlagen, besiegt zu werden:* ein durchaus -er Gegner.

Schla̲g|baum, der: *senkrecht aufrichtbare Schranke (bes. an Grenzübergängen):* den S. öffnen, herunterlassen.

Schla̲g|be|sen, der (Musik): *Stahlbesen.*

Schla̲g|bohr|ma|schi|ne, die: *elektrische Bohrmaschine, bei der sich der Bohrer, während er rotiert, gleichzeitig hämmernd vor- u. zurückbewegt.*

Schla̲g|bol|zen, der: *Teil des Schlosses bei Feuerwaffen, der, durch eine Feder gespannt, bei Betätigung des Abzugs mit seiner abgerundeten Spitze auf das Zündhütchen schlägt u. so die Ladung zündet.*

Schlä̲|gel, der; -s, - [mhd. slegel, ahd. slegil, zu ↑schlagen]: **1.** (Bergmannsspr.) *schwerer, auf beiden Seiten flacher Hammer des Bergmanns; Fäustel.* **2.** (Handw.) *Werkzeug zum Schlagen, [Holz]hammer mit breiter od. abgerundeter Fläche.* **3.** (Musik) *meist paarweise verwendeter Holzstab mit abgerundetem Ende od. einem Kopf aus weichem, elastischem Material zum Anschlagen von Schlaginstrumenten.*

schla̲|gen ⟨st. V.⟩ [mhd. slahen, slā(he)n, ahd. slahan; 14: zu ↑Schlag (15)]: **1.** ⟨hat⟩ **a)** *einen Schlag* (1 a) *versetzen; mit Schlägen traktieren, prügeln* (1 a): jmdn. heftig, nur leicht, mit der Hand, mit einem Stock s.; er ist als Kind viel [von seinen Eltern] geschlagen worden; ⟨auch o. Akk.-Obj.:⟩ er schlägt immer gleich; **b)** ⟨s. + sich⟩ *sich prügeln* (2): er hat sich wieder mit seinem Klassenkameraden geschlagen; **c)** *durch einen Schlag* (1 a), *durch mehrere Schläge in einen bestimmten Zustand versetzen:* jmdn. blutig, bewusstlos, k. o. schlagen; man hat ihn zum Krüppel geschlagen; er hat die ganze Einrichtung kurz und klein geschlagen; **d)** *einen Schlag* (1 a), *mehrere Schläge in eine bestimmte Richtung führen, mit einem Schlag* (1 a) *treffen:* mit der Faust auf den Tisch s.; jmdm./(seltener:) jmdn. auf die Finger, ins Gesicht s.; er schlug ihm/(seltener:) ihn wohlwollend auf die Schulter; er schlug [mit einem Knüppel] gegen, an die Tür; er schlug wild um sich; das Pferd schlägt *(schlägt aus);* **e)** *mit einer raschen, heftigen Bewegung irgendwohin führen [u. auftreffen lassen]:* sie hat ihm das Heft um die Ohren geschlagen; sie schlug entsetzt die Hände vors Gesicht; **f)** *durch einen Schlag* (1 a), *durch mehrere Schläge hervorbringen, entstehen lassen:* Löcher ins Eis s.; eine Inschrift in einen Stein s.; er hat ihm mit dem Stock ein Loch in den Kopf geschlagen; **g)** *durch einen Schlag* (1 a) *od. mehrere Schläge in etw. treiben* (7), *eindringen lassen:* einen Nagel in die Wand s.; Pfähle in den Boden s.; der Adler schlägt die Fänge in seine Beute; **h)** *mit einem Schlag* (1 a), *mit mehreren Schlägen von irgendwo entfernen:* er schlägt ihm den Löffel aus der Hand; [mit dem Hammer] den Putz von der Wand s.; **i)** *durch einen Schlag* (1 a) *od. mehrere Schläge irgendwohin befördern, gelangen lassen:* er schlägt den Ball ins Aus, ins Netz; laut die Türen s. *(zuschlagen);* er schlug seinen Gegner zu Boden *(traf ihn mit einem Schlag so, dass er umfiel);* drei Eier in die Pfanne s. *(sie aufschlagen u. in die Pfanne gleiten lassen);* Kartoffeln durch ein Sieb s. *(drücken);* einen Elfmeter s. *(ausführen);* Ü die Augen zu Boden s. *(niederschlagen);* **j)** *[mit einer Axt o. Ä.] fällen:* Bäume s.; frisch geschlagene Stämme; **k)** *durch Beseitigung von Gestrüpp, durch Fällen von Bäumen entstehen lassen:* eine Schneise in den Wald s.; **l)** *durch schnelle Bewegungen mit einem geeigneten Gerät bearbeiten, sodass ein bestimmter Zustand erreicht wird:* das Eiweiß [mit dem Schneebesen] steif s.; Sahne s. *(Schlagsahne herstellen);* **m)** *(mit einem bestimmten Körperteil) mehrfach in rascher Folge eine heftige Bewegung machen:* der Vogel schlug heftig mit den Flügeln; **n)** *mithilfe von Nägeln o. Ä. befestigen:* ein Schild an die Wand s.; jmdn. ans Kreuz s. *(kreuzigen);* Ü eine Brücke [über einen Fluss] s. *(bauen);* **o)** (veraltend) *mit bestimmten Maschinen prägen:* früher wurden hier Münzen geschlagen; **p)** (verblasst) *durch eine bestimmte Bewegung entstehen lassen, ausführen, bilden, beschreiben:* mit dem Zirkel einen Kreis s.; sie schlug das Kreuz *(bekreuzigte sich);* am Rücken schlägt die Jacke Falten *(entstehen, bilden sich bei der Jacke Falten).* **2. a)** *wiederholt u. in schneller Bewegung [hörbar] gegen etw. prallen, irgendwo auftreffen* ⟨hat/ist⟩: der Regen schlug heftig ans Fenster, gegen die Scheibe; **b)** *mit Heftigkeit, großer Wucht gegen, auf etw. prallen, stoßen, irgendwohin geschleudert werden* ⟨ist⟩: mit dem Kopf gegen die Wand s.; ein Zweig schlug mir ins Gesicht; Wellen schlugen über den Deich; **c)** *sich heftig, geräuschvoll [hin u. her] bewegen, [hin u. her] geschleudert werden* ⟨hat⟩: das Segel schlug mit knallendem Geräusch hin und her. **3. a)** *mit großer Schnelligkeit, Wucht irgendwohin geschleudert werden, auftreffen, eindringen [u. dabei zünden, explodieren]* ⟨ist/(auch:) hat⟩: der Blitz ist/(auch:) hat in die Eiche geschlagen; **b)** *mit Heftigkeit in schneller Bewegung irgendwo hervordringen, sich irgendwohin bewegen* ⟨ist⟩: dicker Qualm schlug aus dem Schlot; bei der Explosion schlug eine riesige Stichflamme zum Himmel. **4. a)** *plötzlich irgendwohin dringen u. sichtbar,* *hörbar, spürbar werden* ⟨ist⟩: die Röte schlug ihr ins Gesicht; ein Geräusch schlug an sein Ohr; **b)** *sich bei jmdm. irgendwo, bes. in einem Organ, plötzlich unangenehm bemerkbar machen, sich schädigend auswirken* ⟨ist⟩: die Nachricht ist ihm auf den Magen geschlagen; ⟨auch s. + sich; hat:⟩ die Erkältung hat sich [ihm] auf die Nieren geschlagen; **c)** ⟨s. + sich⟩ *sich als Belag, Schicht (auf, an etw.) legen* ⟨hat⟩: der Küchendunst hatte sich auf die kalten Fensterscheiben geschlagen. **5.** ⟨hat⟩ **a)** *mit einer raschen Bewegung über etw. legen, decken, ausbreiten:* sie schlug eine Plane über die Waren; er schlug *(legte, schlang)* die Arme um sie; **b)** *in etw. einwickeln, in etw. packen:* ein Geschenk in Seidenpapier s. **6.** ⟨hat⟩ **a)** *mit raschen, rhythmischen Bewegungen zum Erklingen, Tönen bringen:* die Pauke, den Triangel s.; die Zither s. (veraltend; *spielen*); **b)** *durch Schlagen* (6 a) *eines Instruments hervorbringen, erklingen, ertönen lassen:* einen langen Wirbel [auf der Trommel] s.; **c)** *durch rhythmische Bewegungen angeben, hörbar, sichtbar werden lassen:* den Takt [mit dem Fuß] s. **7.** ⟨hat⟩ **a)** *in Schlägen* (2 a), *leichten, regelmäßigen Stößen spürbar sein, arbeiten:* sein Puls schlägt schnell; ihr schlug das Herz [vor Aufregung] bis zum Hals; **Ü** nach seiner Tat schlug ihm das Gewissen (geh.; *fühlte er sich schuldig, bedrückt, machte er sich große Vorwürfe*); **b)** *mit einem Schlag* (2 b), *mit einer Folge von Schlägen, Tönen hörbar werden u. dadurch etw. anzeigen, signalisieren:* die Uhr schlägt Mitternacht *(zeigt durch ihr Schlagen an, dass es Mitternacht ist)*; ich habe eine geschlagene (emotional; *eine ganze, eine volle*) Stunde auf ihn gewartet; **Ü** die Abschiedsstunde hat geschlagen *(ist gekommen, ist angebrochen)*; **c)** *(von bestimmten Singvögeln) den Schlag* (2 c), *einen [rhythmischen] melodischen Gesang ertönen, hören lassen:* im Garten schlug ein Fink. **8.** ⟨hat⟩ **a)** *militärisch besiegen:* den Feind vernichtend s.; **b)** *im Wettkampf, Wettbewerb, Wettstreit o. Ä. besiegen, übertreffen:* er hat den Weltmeister knapp geschlagen; die italienische Mannschaft hat den Gegner 3 : 0, mit 3 : 0 geschlagen; mit dem neuen Modell wollen sie den derzeitigen Marktführer s.; * **[in etw.] nicht zu s. sein** (ugs.; *[in etw.] unschlagbar 2 sein*); **sich geschlagen geben**/(geh.:) **bekennen** *(eingestehen, zugeben, dass man der Bezwungene, der Verlierer ist)*; **c)** ⟨s. + sich⟩ *sich bei etw. in bestimmter Weise behaupten; eine Situation in bestimmter Weise durchstehen:* unsere Mannschaft schlug sich ganz ordentlich; du hast dich in der Diskussion vortrefflich geschlagen; **d)** ⟨s. + sich⟩ (ugs.) *sich in Konkurrenz zu anderen heftig darum bemühen, etw. Bestimmtes zu bekommen, zu erreichen:* die Leute haben sich um die Eintrittskarten [förmlich] geschlagen; **e)** ⟨s. + sich⟩ *mit jmdm. ein Duell* (1), *einen Zweikampf mit Waffen austragen:* sich wegen einer Beleidigung mit jmdm. s. **9.** *(bei bestimmten Brettspielen, bes. Schach, eine Figur, einen Spielstein des Gegners) durch einen Zug aus dem Spiel bringen* ⟨hat⟩: sie schlug seinen Turm mit der Dame; ⟨auch ohne Akk.-Obj.:⟩ die Bauern schlagen schräg. **10.** (geh.) *hart treffen, heimsuchen, in unheilvoller Weise über jmdn. kommen* ⟨hat⟩: er haderte mit dem Schicksal, das ihn unerbittlich schlug; ⟨meist im 2. Part.:⟩ ein [vom Schicksal] geschlagener *(ein gebrochener, ruinierter)* Mann; * **[mit jmdm., etw.] geschlagen sein** *(mit jmdm., etw. großen Kummer haben, es durch jmdn., etw. schwer haben)*. **11.** *zu etw. hinzufügen, dazurechnen* ⟨hat⟩: die Zinsen werden zum Kapital geschlagen; das Gebiet wurde in dem Friedensvertrag zum Osmanischen Reich geschlagen *(ihm angegliedert)*. **12.** *in ein bestimmtes Gebiet, Fach hineinreichen, fallen* ⟨hat/ist⟩: diese Frage schlägt in einen ganz anderen Bereich; das schlägt nicht in mein Fach *(davon verstehe ich nichts)*. **13.** ⟨s. + sich; hat⟩ **a)** *sich in eine bestimmte Richtung wenden, in eine bestimmte Richtung gehen, sie einschlagen:* ich ging zuerst geradeaus und schlug mich dann nach rechts, seitwärts, ins Gebüsch; **b)** *sich (durch etw.) durchschlagen* (5 a): er schlug sich durch die Wälder. **14.** *in der Art, im Wesen, im Aussehen jmdm. ähnlich werden; nach jmdm. geraten* ⟨ist⟩: sie schlägt ganz, mehr nach dem Vater. **15.** (Jägerspr.) *(Beute) greifen u. töten* ⟨hat⟩: Greifvögel schlagen ihre Beute. **16.** ⟨hat⟩ **a)** *(aus etw., jmdm.) herausschlagen* (3): sie will Geld aus ihm s.; **b)** *(aus etw.) herausschlagen* (1 b): Funken aus einem Stein s. **17.** *austragen* ⟨nur mit bestimmten Subst. als Objekten; hat⟩: eine Mensur s.; ⟨adj. 1. Part.:⟩ eine schlagende Verbindung *(Verbindung 8, in der Mensuren geschlagen werden)*.

schla|gend ⟨Adj.⟩: *klar u. eindeutig, sehr überzeugend, stichhaltig:* ein -er Beweis.

Schla|ger, der; -s, - [urspr. wiener., wohl nach dem durchschlagenden Erfolg, der mit einem Blitzschlag verglichen wird]: **1.** *leicht eingängiges, meist anspruchsloses Lied, Musikstück, das für eine bestimmte, meist kürzere Zeit einen hohen Grad an Beliebtheit erreicht:* ein zündender, seichter, bekannter S.; einen S. singen, spielen. **2.** *etw., was (für eine bestimmte Zeit) großen Erfolg hat, sich sehr gut verkauft:* Inlineskates sind in diesem Sommer der große S.

Schlä|ger, der; -s, - [in Zus. mhd. -sleger, ahd. -slagari = jmd., der schlägt]: **1.** (abwertend) *gewalttätiger, roher Mensch, der sich häufig mit anderen schlägt, bei Auseinandersetzungen brutal zuschlägt:* ein übler S. sein. **2.** (Baseball, Schlagball) *Spieler, der den Ball mit dem Schlagholz ins Spielfeld schlägt.* **3.** *(je nach Sportart verschieden gestaltetes) Gerät, mit dem der Ball bzw. der Puck gespielt wird:* den S. *(Tennisschläger)* neu bespannen lassen. **4.** (Fechten) *Hiebwaffe mit gerader Klinge, die bei der Mensur* (2) *verwendet wird.* **5.** (landsch.) *Schneebesen.*

Schla|ger|bran|che, die: *Branche* (a), *die sich mit der Produktion von Schlagermusik befasst.*

Schlä|ge|rei, die; -, -en: *heftige, oft brutale tätliche Auseinandersetzung zwischen zwei od. mehreren Personen:* eine wüste S.; eine S. beginnen; es kam zu einer S.

Schla|ger|fes|ti|val, das: *Festival, bei dem Schlager* (1) *vorgetragen u. von einer Jury bewertet [u. ausgezeichnet] werden.*

Schlä|ge|rin, die, -, -nen: w. Form zu ↑Schläger (1, 2).

Schla|ger|mu|sik, die ⟨o. Pl.⟩: *Musik in der Art von Schlagern* (1).

schlä|gern ⟨sw. V.; hat⟩ (österr.): *Bäume fällen.*

Schla|ger|sän|ger, der: *jmd., der [berufsmäßig] Schlager* (1) *singt.*

Schla|ger|sän|ge|rin, die: w. Form zu ↑Schlagersänger.

Schla|ger|star, der: vgl. Schlagersänger, Schlagersängerin.

Schla|ger|text, der: *Text eines Schlagers.*

Schlä|ger|trupp, der, **Schlä|ger|trup|pe**, die: [1]*Gruppe* (1) *von Schlägern* (1).

Schlä|ger|typ, der: *Schläger* (1), *der in seinem Äußeren bereits eine gewisse Brutalität, Gewalttätigkeit erkennen lässt.*

Schla|ger|wett|be|werb, der: vgl. Schlagerfestival.

schlag|fer|tig ⟨Adj.⟩: *Schlagfertigkeit besitzend, aufweisend; von Schlagfertigkeit zeugend:* eine -e Antwort geben.

Schlag|fer|tig|keit, die ⟨o. Pl.⟩: *Fähigkeit, schnell u. mit passenden, treffenden, witzigen Worten auf etw. zu reagieren.*

Schlag|frau, die: vgl. Schlagmann.

Schlag|hand, die (Boxen): *Hand, in der ein Boxer die größere Schlagkraft besitzt u. mit der er die entscheidenden Schläge ausführt.*

Schlag|holz, das: *beim Schlagball verwendeter, sich zum Griff hin verjüngender Stock aus Holz, mit dem der Ball geschlagen wird.*

Schlag|ho|se, die: *Hose mit Schlag* (10).

Schlag|in|stru|ment, das: *Musikinstrument, dessen Töne auf unterschiedliche Weise durch Anschlagen entstehen.*

Schlag|keu|le, die: *beim Baseball u. Kricket verwendeter, sich zum Griff hin verjüngender keulenähnlicher Stock [aus Holz], mit dem der Ball geschlagen wird.*

Schlag|kraft, die ⟨o. Pl.⟩: **1. a)** *Kraft zum Schlagen, über die jmd. verfügt; Wucht eines Schlages:* er hat eine ungeheure S. in seinen Fäusten; **b)** *Kampfkraft, Kampfstärke:* die militärische S. **2.** *Fähigkeit, eine starke, überzeugende, verblüffende Wirkung zu erzielen; Wirkungskraft, Wirksamkeit:* die S. eines Arguments.

schlag|kräf|tig ⟨Adj.⟩: **1. a)** *große Schlagkraft* (1 a) *besitzend, von Schlagkraft zeugend:* ein äußerst -er Boxer; **b)** *über große Schlagkraft* (1 b), *Kampfkraft verfügend, davon zeugend:* eine -e Armee; **Ü** eine -e Gewerkschaft. **2.** *Schlagkraft* (2), *Überzeugungskraft aufweisend; überzeugend:* ein -es Argument.

Schlag|licht, das ⟨Pl. -er⟩ (bes. Malerei, Fot.): *intensives Licht, Lichtstrahl, der [auf einem Bild] ein Objekt, einen Gegenstand hell, leuchtend aus der dunkleren Umgebung heraushebt:* vorüberfahrende Autos warfen -er in das unbeleuchtete Zimmer; * **ein S. auf jmdn., etw. werfen** *(jmdn., etw. sehr deutlich kennzeichnen, charakterisieren, in seiner Eigenart hervorheben)*: dieser Plan wirft ein [besonderes] S. auf ihn.

Schlag|loch, das: *Loch, aufgerissene Stelle in der Straßendecke.*

Schlag|mann, der ⟨Pl. ...männer⟩: **1.** (Rudern) *im Heck des Bootes sitzender Ruderer, der für alle Tempo u. Rhythmus der Schläge im Boot bestimmt.* **2.** (Baseball) *Batter.* **3.** (Faustball) *Vorderspieler mit besonderer Schlagkraft* (1 a).

Schlag|obers, das (österr.): *Schlagsahne.*

Schlag|ring, der: *aus vier nebeneinander angeordneten, häufig mit Spitzen u. Kanten versehenen, über die Finger zu streifenden metallenen Ringen bestehende Waffe zum Zuschlagen.*

Schlag|sah|ne, die: **1.** *Sahne* (1), *die sich bes. zum Schlagen eignet:* zwei Becher S. kaufen. **2.** *schaumig geschlagene, gesüßte Sahne* (1): Kuchen, Eis mit S.

Schlag|schat|ten, der (bes. Malerei, Fot.): *scharf umrissener Schatten, den [auf einem Bild] eine Person, ein Gegenstand wirft.*

Schlag|sei|te, die ⟨meist o. Art.⟩ (Seemannsspr.): *(von einem Schiff) starke seitliche Neigung:* das Schiff hatte starke S.; * **[eine] S. haben** (ugs. scherzh.; *betrunken sein u. deshalb nicht mehr gerade gehen können, schwanken*).

Schlag|stock, der: **a)** *kurzer, fester, meist aus Hartgummi bestehender Stock (bes. für den polizeilichen Einsatz)*; **b)** (seltener) *Trommelstock.*

Schlag|uhr, die: *Uhr, die durch Anschlagen die Zeit auch akustisch anzeigt.*

Schlag|waf|fe, die: *(vom Altertum bis ins 16./17. Jh. verwendete) Waffe, die dazu dient, einen Gegner im Kampf zu schlagen* (z. B. Streitaxt, Morgenstern 2).

Schlag|werk, das: *Mechanismus in einer Schlaguhr, durch den das Schlagen der Uhr ausgeführt wird.*

Schlag|wet|ter|ex|plo|si|on, die (Bergbau): *durch schlagende* [2]*Wetter* (3) *verursachte Explosion.*

Schlag|wort, das ⟨Pl. ...wörter u. -e⟩ [urspr. = Stichwort für den Schauspieler]: **1.** ⟨Pl. -e, seltener auch: ...wörter⟩ **a)** *prägnanter, oft formelhafter, meist leicht verständlicher u. an Emotionen appellierender Ausspruch, der oft als Parole, als Mittel zur Propaganda o. Ä. eingesetzt wird:* die Schlagworte der Französischen Revolution; **b)** (oft abwertend) *abgegriffener, oft ungenauer, verschwommener, bes. politischer Begriff, den jmd. meist unreflektiert gebraucht; abgegriffene Redensart, Gemeinplatz:* solche -e helfen niemandem. **2.** ⟨Pl. Schlagwörter⟩ (Buchw.) *einzelnes, meist im Titel eines Buches vorkommendes, kennzeichnendes, den Inhalt des Buches charakterisierendes Wort für Karteien, Kataloge o. Ä.*

Schlạg|zei|le, die (Zeitungsw.): *durch große Buchstaben hervorgehobene, bes. auffällige Überschrift eines Beitrags auf der ersten Seite einer Zeitung, einer Zeitungsrubrik:* reißerische -n; er hat schon öfter -n geliefert, für -n gesorgt *(so viel Aufsehen erregt, dass viele Zeitungen mit Schlagzeilen darüber berichteten);* in die -n kommen, geraten *(so viel Aufsehen erregen, dass die Presse mit Schlagzeilen darüber berichtet);* jmdn., etw. in die -n bringen *(bewirken, dass die Presse mit Schlagzeilen über etw., jmdn. berichtet);* * **-n machen** *(über die Presse in der Öffentlichkeit Aufsehen erregen):* die Nachricht machte -n.

Schlạg|zeug, das: *zusammengehörende, von einem einzigen Musiker gespielte Gruppe von Schlaginstrumenten (wie Trommel, Becken, Gong, Triangel u. a.) in einem Orchester, einer Band:* S. spielen; das S. bedienen.

Schlạg|zeu|ger, der; -s, -: *jmd., der [berufsmäßig] Schlagzeug spielt.*

Schlạg|zeu|ge|rin, die; -, -nen: w. Form zu ↑Schlagzeuger.

Schlạks, der; -es, -e [aus dem Niederd., zu niederd. slack = schlaff, schwach, vgl. schlack] (ugs. abwertend): *junger Bursche, der hoch aufgeschossen ist u. sich ungeschickt bewegt.*

schlạk|sig ⟨Adj.⟩ (ugs. abwertend): *hochaufgeschossen u. etw. ungeschickt:* ein -er Bursche.

Schla|mạs|sel, der, auch (österr. nur): das; -s [jidd. schlamassel = Unglück, Pech, zu ↑schlimm u. jidd. massel, ↑[1]Massel] (ugs.): *schwierige, verfahrene Situation, in die jmd. aufgrund eines ärgerlichen Missgeschicks gerät:* da haben wir den S.!

Schlạmm, der; -[e]s, -e u. Schlämme [mhd. (md.) slam = Kot, verw. mit dem unter ↑schlafen genannten Adj. u. wohl eigtl. = schlaffe, weiche Masse]: **a)** *feuchter, breiiger Schmutz; schmierige, aufgeweichte Erde:* arsenhaltige Schlämme; im S. stecken bleiben; **b)** *weiche, schmierige Ablagerung aus Sand, Erde u. organischen Stoffen am Grund von Gewässern:* im S. waten.

Schlạmm|bad, das: *Heilbad* (2) *in mineralischem Schlamm.*

Schlạmm|bei|ßer, der: *Schmerle.*

schlạm|men ⟨sw. V.; hat⟩: **a)** *Schlamm absetzen, bilden;* **b)** *trockene Erde unter Beifügung von Wasser zu Schlamm machen.*

schlạ̈m|men ⟨sw. V.; hat⟩ [spätmhd. slemmen]: **1.** *(ein Gewässer) von Schlamm befreien u. reinigen, entschlammen.* **2.** (Technik) *körnige od. bröckelige Substanzen in Wasser aufwirbeln u. sich absetzen lassen, sodass mithilfe von Sieben u. Filtern die einzelnen Korngrößen sortiert werden können.* **3.** (Gärtnerei) *einschlämmen.*

schlạm|mig ⟨Adj.⟩: **a)** *[viel] Schlamm enthaltend:* -es Wasser; **b)** *mit Schlamm beschmutzt, bedeckt:* ein -er Weg.

Schlạ̈mm|krei|de, die: *durch Schlämmen gereinigte natürliche Kreide, die bes. für Anstriche u. als Polierstoff [in Zahnputzmitteln] verwendet wird.*

Schlạmm|la|wi|ne, die: *lawinenartig zu Tal stürzender Schlamm.*

Schlạmm|pa|ckung, die (Med.): *Packung* (2) *mit sehr warmem Heilschlamm, bes. zur Linderung rheumatischer Leiden.*

Schlạmm|schlacht, die (Jargon): **1.** *Spiel (bes. Fußballspiel) auf aufgeweichtem Spielfeld.* **2.** *Streit (bes. im Bereich der Politik), der unsachlich u. mit herabsetzenden Äußerungen o. Ä. ausgetragen wird:* der ganze Wahlkampf droht eine einzige S. zu werden.

Schlạm|pe, die; -, -n [zu ↑ schlampen] (ugs. abwertend): **1.** *unordentliche, in ihrem Äußeren nachlässige u. ungepflegte weibliche Person; schlampige Frau:* sie ist eine ausgesprochene S. **2.** *Frau, deren Lebensführung als unmoralisch angesehen wird.*

schlạm|pen ⟨sw. V.; hat⟩ [älter u. landsch. auch: schmatzen, schlürfen, unmanierlich essen u. trinken, spätmhd. slampen = schlaff herabhängen] (ugs. abwertend): **1. a)** *ohne die geringste Sorgfalt, in grober Weise nachlässig u. unzuverlässig eine bestimmte Arbeit durchführen, arbeiten:* die Werkstatt hat bei der Reparatur geschlampt; **b)** *unordentlich, schlampig* (b) *mit etw. umgehen:* wenn du nur endlich aufhören wolltest, mit deinen Sachen so zu s. **2.** (landsch. abwertend) *lose [u. liederlich] am Körper herabhängen, um den Körper schlenkern:* die Hose schlampt [um seine Beine].

Schlạm|per, der; -s, - (landsch. abwertend): *schlampige männliche Person.*

Schlam|pe|rei, die; -, -en (ugs. abwertend): **a)** *schlampiges* (b) *Vorgehen, Verhalten; große Nachlässigkeit:* das ist eine unerhörte S.!; **b)** ⟨o. Pl.⟩ *Unordnung, Durcheinander.*

schlạm|pern ⟨sw. V.; hat⟩ (landsch. abwertend): *nachlässig sein.*

schlạm|pig ⟨Adj.⟩ (ugs. abwertend): **a)** *im Äußeren nachlässig u. ungepflegt, liederlich, unordentlich:* ein -er Kerl; s. herumlaufen; **b)** *ohne die geringste Sorgfalt [ausgeführt]; in grober u. auffälliger Weise nachlässig; schluderig:* eine -e Organisation; s. arbeiten.

Schlạm|pig|keit, die; -, -en: **1.** ⟨o. Pl.⟩ *schlampige* (a) *Art, das Schlampigsein.* **2.** *schlampige* (b) *Handlung, Arbeit.*

schlạng: ↑[1,2]schlingen.

schlạ̈n|ge: ↑[1,2]schlingen.

Schlạn|ge, die; -, -n [mhd. slange, ahd. slango, zu ↑[1]schlingen, eigtl. = die sich Windende]: **1.** *(in zahlreichen Arten vorkommendes) Kriechtier mit lang gestrecktem walzenförmigem Körper ohne Gliedmaßen, langer, vorne gespaltener Zunge, das sich in Windungen gleitend fortbewegt:* falsch wie eine S. sein; die S. züngelt, zischt; * **eine S. am Busen nähren** (geh.; *jmdm., in dessen hinterlistigem, heimtückischem Wesen man sich täuscht, vertrauen u. Gutes erweisen;* nach einer Fabel des Äsop, in der ein Bauer eine Schlange unter seinem Hemd wärmt u. später von ihr gebissen wird). **2.** (abwertend) *weibliche Person, die als falsch, hinterlistig, heimtückisch gilt:* sie ist eine richtige S. **3. a)** *lange Reihe von wartenden Menschen:* an der Kasse bildete sich schnell eine S.; * **S. stehen** *(in einer langen Reihe anstehen):* vor dem Fahrkartenschalter S. stehen; **b)** *Autoschlange.* **4.** (Technik) *schlangenförmig gebogenes Rohr als Element einer Heiz- od. Kühlanlage.*

Schlạ̈n|gel|chen, das; -s, - (selten): Vkl. zu ↑Schlange (1).

Schlạ̈n|gel|li|nie, die; -, -n: *geschlängelte Linie* (1 a).

schlạ̈n|geln, sich ⟨sw. V.; hat⟩: **1. a)** *sich in Windungen gleitend fortbewegen:* die Ringelnatter schlängelt sich über den Sand; **b)** *in einer Schlangenlinie verlaufen, sich winden:* ein schmaler Pfad schlängelt sich bergaufwärts; eine geschlängelte *(in kleinen [gleichmäßigen] Windungen gezeichnete)* Linie. **2.** *sich irgendwo, wo kaum noch Raum ist, geschmeidig hindurchbewegen, in eine bestimmte Richtung bewegen:* sie schlängelte sich durch die Menge nach vorn.

schlạn|gen|ar|tig ⟨Adj.⟩: *in der Art einer Schlange* (1).

Schlạn|gen|be|schwö|rer, der: *(bes. in Indien) jmd., der Schlangen zu tanzähnlichen, rhythmischen Bewegungen veranlasst.*

Schlạn|gen|be|schwö|re|rin, die: w. Form zu ↑Schlangenbeschwörer.

Schlạn|gen|biss, der: *Biss einer Schlange, bes. einer Giftschlange.*

Schlạn|gen|ei, das: **1.** *Ei einer Schlange.* **2.** *etw., was etw. Unheilvolles in sich birgt, woraus sich etw. Unheilvolles entwickelt.*

Schlạn|gen|fạ̈n|ger, der: *jmd., der [berufsmäßig] Schlangen fängt.*

Schlạn|gen|fạ̈n|ge|rin, die: w. Form zu ↑Schlangenfänger.

Schlạn|gen|farm, die: *Einrichtung, in der Giftschlangen gehalten od. gezüchtet werden.*

Schlạn|gen|fraß, der ⟨o. Pl.⟩ (salopp abwertend): *Essen, das einem nicht schmeckt, schlecht zubereitet, kaum genießbar ist:* das war der reinste S.!

Schlạn|gen|gift, das: *von den Drüsen der Giftschlangen abgesondertes Gift.*

Schlạn|gen|gur|ke, die: *lange, schlanke Salatgurke.*

Schlạn|gen|haut, die: *Haut der Schlange.*

Schlạn|gen|le|der, das: *aus Schlangenhäuten hergestelltes Leder.*

Schlạn|gen|li|nie, die: *in zahlreichen [gleichmäßigen] Windungen verlaufende Linie:* er fuhr in S.

Schlạn|gen|mensch, der: *Akrobat, der über eine schlangenartige Gelenkigkeit verfügt.*

Schlạn|gen|tanz, der: **1.** *artistischer Tanz, bei dem die Tänzerin eine sich windende Schlange* (1) *hält.* **2.** *(bes. in Indien) Tanz, bei dem die Tänzerin mit Körper u. Armen die Bewegungen einer Schlange nachahmt.*

schlạnk ⟨Adj.⟩ [mhd. (md.) slanc = mager, mniederd. slank = biegsam, verw. mit ↑[1]schlingen]: **1.** *wohlproportioniert groß u. zugleich schmal gewachsen, geformt:* eine -e Figur; ein Mädchen von -em Wuchs; -e Hände; das Kleid macht dich s. *(lässt dich schlank erscheinen);* Ü -e Pappeln, Säulen, Türme; ein Unternehmen schlanker machen *(die Mitarbeiterzahl reduzieren).* **2.** (landsch.) *in der Bewegung nicht irgendwie behindert u. daher entsprechend schnell:* in -em Galopp.

Schlạnk|heits|kur, die: *Kur zum Schlankwerden, zur Gewichtsabnahme.*

Schlạnk|ma|cher, der (Jargon): *Mittel, Medikament, das die Gewichtsabnahme erleichtern, fördern soll.*

schlạnk|weg ⟨Adv.⟩ (ugs.): *ohne Weiteres; ohne zu zögern:* etw. s. ablehnen, behaupten; ich war s. *(einfach)* dazu nicht fähig.

schlạnk|wüch|sig ⟨Adj.⟩ (Fachspr.): *von schlankem Wuchs.*

schlạpp ⟨Adj.⟩ [mniederd., md. slap = schlaff; in niederd. Lautung ins Hochd. übernommen]: **1. a)** *vor Erschöpfung nicht recht bei Kräften, ohne Spannkraft u. Schwung:* nach der langen Wanderung waren wir, fühlten wir uns s.; **b)** (ugs. abwertend) *ohne inneren Antrieb, ohne Energie, Schwung:* er ist ein -er Kerl. **2.** *schlaff hängend; nicht straff:* ein -es Seil; -e Muskeln. **3.** (salopp) *gerade [mal] eben;* momentan gibt es nur -e zwei Prozent Zinsen aufs Sparbuch.

Schlạ̈pp|chen, das; -s, -: Vkl. zu ↑Schlappen.

Schlạp|pe, die; -, -n [eigtl. = Klaps, Ohrfeige, lautm.; schon früh zu ↑schlapp gestellt]: *Niederlage, die jmdn. vorübergehend zurückwirft, Misserfolg, der jmds. Position zunächst schwächt:* bei den Wahlen eine schwere S. einstecken [müssen], erleiden.

schlạp|pen ⟨sw. V.⟩ [zu ↑schlapp] (ugs.): **1.** *schlaff herabhängen* ⟨hat⟩: die Pflanzen schlappen in der Hitze. **2.** *(von Tieren) mit der Zunge schlagend Flüssigkeit aufnehmen* ⟨hat⟩: der Hund schlappte Wasser aus der Pfütze. **3.** *(von Schuhen) zu weit sein, sodass bei jedem Schritt die Ferse aus dem Schuh herauskommt* ⟨hat⟩: die alten Schuhe schlappen. **4.** *langsam schlurfend, nachlässig gehen* ⟨ist⟩: nach Hause s.

Schlạp|pen, der; -s, - [aus dem Niederd.] (ugs.): *weicher bequemer [hinten offener] [Haus]schuh.*

schlạp|pe|rig: ↑schlabberig.

schlạp|pern ⟨sw. V.; hat⟩ (landsch.): **1.** ↑schlabbern. **2.** *schlottern.*

Schlạpp|heit, die; -: *das Schlappsein; schlappe* (1) *Art.*

Schlạpp|hut, der: *weicher Hut mit breiter, schlaff hängender Krempe.*

schlạpp|ma|chen ⟨sw. V.; hat⟩ (ugs.): *infolge übermäßiger Anstrengung od. Beanspruchung am Ende seiner Kräfte sein u. nicht durchhalten:* viele machten bei der Hitze schlapp.

Schlạpp|ohr, das: **1.** (ugs.) *(bei bestimmten Tieren) herunterhängendes Ohr:* ein Hund mit -en. **2.** (salopp abwertend) *Schlappschwanz.*

schlạpp|rig: ↑schlabberig.

Schlạpp|schwanz, der (salopp abwertend): *willensschwacher, energieloser Mensch; Schwächling:* sie ist mit einem S. verheiratet.

Schla|raf|fen|land, das; -[e]s [frühnhd. Schlauraffenland, zu spätmhd. slūraffe = Faulpelz, 1. Bestandteil mhd. slūr = das Herumtreiben; träge od. leichtsinnige Person, verw. mit ↑schlummern]: *märchenhaftes Land der Schlemmer u. Faulenzer:* sie fühlten sich wie im S.

schlau ⟨Adj.⟩ [aus dem Niederd., niederd. slū, eigtl. = schleichend, verw. mit ↑schlüpfen]: *die Fähigkeit besitzend, seine Absichten mit geeigneten Mitteln, die anderen verborgen sind od. auf die sie nicht kommen, zu erreichen; klug u. durchtrieben; auf Schläue hindeutend; Schläue erkennen lassend:* er ist ein -er Bursche; sich, jmdn. s. machen (ugs.; *sich, jmdn. [über eine bestimmte Sache] informieren*); *** aus etw. nicht s. werden** (↑klug b); **aus jmdm. nicht s. werden** (↑klug b).

Schlau|ber|ger, der; -s, - [vgl. Drückeberger] (ugs., oft scherzh.): *jmd., der schlau* (a), *pfiffig ist.*

Schlauch, der; -[e]s, Schläuche [mhd. slūch = abgestreifte Schlangenhaut, Röhre, Schlauch, eigtl. = Schlupfhülse, -hülle, verw. mit ↑schlüpfen]: **1. a)** *biegsame Röhre aus Gummi od. Kunststoff, durch die Flüssigkeiten od. Gase geleitet werden:* einen S. aufrollen, ausrollen, an eine Leitung anschließen; Ü das Kleid ist ein richtiger S. (ugs.; *ist sehr eng*); *** auf dem S. stehen** (salopp; *etw. nicht sofort verstehen, durchschauen; begriffsstutzig sein*); **b)** *durch ein Ventil mit Luft gefüllter, ringförmiger Gummischlauch bei Auto- od. Fahrradreifen:* den S. flicken; **c)** (früher) *sackartiger lederner Behälter für Flüssigkeiten:* ein S. voll Wein. **2.** (ugs.) *langer, schmaler Raum o. Ä.:* das Zimmer ist ein S.

schlauch|ar|tig ⟨Adj.⟩: *einem Schlauch* (1 a) *ähnlich, in der Art eines Schlauches* (1 a).

Schlauch|boot, das: *aufblasbares Boot aus Gummi od. Kunststoff.*

schlau|chen ⟨sw. V.; hat⟩ [aus der Soldatenspr., eigtl. = weich machen wie einen Schlauch]: **1.** (ugs.) **a)** *scharf herannehmen:* die Rekruten s.; **b)** *bis zur Erschöpfung anstrengen:* die Arbeit hat uns ganz schön geschlaucht. **2.** (landsch.) *auf jmds. Kosten gut leben:* du kannst nicht immer bei mir s. **3.** (Fachspr.) *eine Flüssigkeit durch einen Schlauch* (1 a) *in ein Fass leiten.* **4.** (salopp veraltend) *viel Alkohol trinken:* gestern haben wir anständig einen geschlaucht.

schlauch|för|mig ⟨Adj.⟩: *in seiner Form einem Schlauch* (1 a) *ähnlich.*

schlauch|los ⟨Adj.⟩: *ohne Schlauch* (1 b): -e Reifen.

Schlauch|pilz, der: *(in zahlreichen Arten vorkommender) Pilz mit Sporenbildung im Innern von kleinen schlauch- od. keulenförmigen Behältern.*

Schlauch|rei|fen, der: *mit einem Schlauch* (1 b) *versehener Reifen.*

Schlauch|rol|le, die: *Gerät zum Aufrollen eines Wasserschlauches.*

Schlauch|wurm, der: *Wurm mit einem meist ungegliederten und lang gestreckten, größtenteils od. vollständig von einer Kutikula bedeckten Körper.*

Schläue, die; -: *das Schlausein.*

schlau|er|wei|se ⟨Adv.⟩: *aus Schläue:* s. hat er ihr davon nichts gesagt.

Schlau|fe, die; -, -n [ältere Form von ↑[1]Schleife]: **a)** *an etw. befestigtes ringförmiges o. ä. Band aus Leder, Kunststoff o. Ä. als Griff zum Festhalten od. Tragen:* die S. an einem Skistock; die Schnur am Paket mit einer S. versehen; **b)** *schmaler Stoffstreifen, gedrehte Schnur o. Ä. an Kleidungsstücken bes. zum Durchziehen eines Gürtels, Bandes.*

Schlau|fuchs, der (ugs.): *Schlauberger.*

Schlau|heit, die; -: *Schläue.*

Schlau|mei|er, der [vgl. Kraftmeier] (ugs.): *Schlauberger.*

Schla|wi|ner, der; -s, - [wohl urspr. österr., geb. aus dem Namen Slowene (Slawonier); die slowenischen Hausierer galten als besonders begabte Geschäftemacher] (ugs.): *schlauer, pfiffiger Mensch:* der ist vielleicht ein S.!

schlẹcht ⟨Adj.⟩ [mhd., ahd. sleht, urspr. = glatt; eben, zu ↑schleichen in der Bed. »leise gleitend gehen«; Bedeutungswandel über die spätmhd. Bed. »einfach, schlicht«]: **1.** *von geringer Qualität, viele Mängel aufweisend, minderwertig:* -es Essen; -e *(stickige, verbrauchte)* Luft; ein -er Film; der Garten befindet sich in einem -en Zustand; -e Arbeit leisten; eine -e Haltung haben; ein -es/s. Englisch sprechen; der Gedanke ist gar nicht s. *(recht gut);* s. arbeiten; er hat seine Aufgabe s. erledigt; *** jmdn. s. machen** *(Nachteiliges über jmdn., etw. sagen; herabsetzen, verächtlich machen):* alles muss sie s. machen! **2.** *schwach, unzulänglich, (nach Menge, Stärke, Umfang) nicht ausreichend:* ein -es Gehalt; er ist ein -er Esser; ein -es Gedächtnis haben; seine Augen sind s., werden immer -er; die Vorstellung war s. besucht; die Arbeit wird s. bezahlt; s. beleuchtete Straßen; s. hören, sehen; s. geschlafen haben; die Geschäfte gehen s.; s. *(schwer, langsam)* lernen; die Wunde heilt s.; *** nicht s.** (ugs.; *sehr*): sie staunte nicht s., als sie das hörte. **3. a)** *ungünstig, nachteilig für etw., nicht glücklich, schlimm:* -e Zeiten; das ist ein -es Zeichen; -es Wetter; -er Laune/s. gelaunt sein; die Schule hat einen -en Ruf; sie hat einen -en Umgang; ein s. sitzender Anzug; der Schauspieler hat eine -e Presse *(wird nicht gut beurteilt);* sich s. *(nicht den Umgangsformen entsprechend)* benehmen; s. *(elend, krank)* aussehen; -e Manieren haben; eine Erfrischung wäre jetzt nicht s.!; mit jmdm., um jmdn. steht es s./jmdm. geht es s. *(sein Gesundheitszustand od. seine wirtschaftliche Lage ist besorgniserregend);* im Heim hat sie es sehr s. gehabt; wir sind s. dabei weggekommen *(haben weniger erhalten, als wir uns vorgestellt hatten);* etwas s. vertragen; bei der Prüfung hat er s. abgeschnitten; s. über jmdn. reden; heute geht es s., passt es mir s.; **b)** *unangenehm:* das ist eine -e Angewohnheit von ihm. **4.** *charakterlich, moralisch nicht einwandfrei, böse:* in -e Gesellschaft geraten; -e *(unanständige, zweideutige)* Witze erzählen; ⟨subst.:⟩ sie hat nichts Schlechtes getan. **5.** *körperlich unwohl, übel:* mir ist ganz s. **6.** *schwerlich, kaum:* das kann man ihr doch s. sagen! **7.** (veraltet) *schlicht, einfach:* *** s. und recht** *(so gut es geht):* sich s. und recht durchschlagen; **mehr s. als recht** *(aufgrund der Gegebenheiten, Voraussetzungen [leider] nicht besonders gut).*

schlẹcht be|leuch|tet, schlẹcht be|zahlt: s. schlecht (2).

schlẹch|ter|dings ⟨Adv.⟩ [aus älterem: schlechter Dinge] (veraltend): *geradezu, überhaupt, einfach:* das ist s. unmöglich.

schlẹcht ge|hen: s. schlecht (3 a).

schlẹcht ge|launt: s. schlecht (3 a).

schlẹcht|hin ⟨Adv.⟩: **1.** ⟨einem Subst. nachgestellt⟩ *in reinster Ausprägung, an sich, als solche[r]:* er war der Romantiker s. **2. a)** *geradezu, ganz einfach:* sie sagte s. die Wahrheit; **b)** (vor einem Adj.) *absolut, ganz u. gar, geradezu:* das ist s. unmöglich.

Schlẹch|tig|keit, die; -, -en [älter = Geringheit, spätmhd. slehtecheit = Glattheit; Aufrichtigkeit]: **1.** ⟨o. Pl.⟩ *das Schlechtsein; schlechte Eigenschaft, Beschaffenheit:* die S. der Welt. **2.** *schlechte, böse Tat:* für seine -en büßen.

schlẹcht ma|chen: s. schlecht (1).

schlẹcht sit|zend: s. schlecht (3 a).

schlẹcht|weg ⟨Adv.⟩ [mhd. slehtis weg, zu: slehtes = gerade[aus], einfach]: *geradezu, einfach, schlechthin* (2).

Schlecht|wẹt|ter, das ⟨o. Pl.⟩: *schlechtes, ungünstiges Wetter.*

Schlecht|wẹt|ter|front, die (Met.): *schlechtes Wetter verursachende Front* (4).

Schlecht|wẹt|ter|geld, das: *an Bauarbeiter im Winter bei witterungsbedingtem Ausfall der Arbeit zu zahlende Unterstützung.*

Schlecht|wẹt|ter|pe|ri|o|de, die (Met.): *Periode schlechten Wetters.*

Schlẹck, der; -s, -e (südd., schweiz.): *Leckerbissen.*

schlẹ|cken ⟨sw. V.; hat⟩ [spätmhd. slecken = naschen, verw. mit ↑[1]lecken]: **1.** (bes. südd.) **a)** *lecken, leckend verzehren:* die Katze schleckt die Milch; Eis s.; **b)** *an etw. lecken:* die Kinder schleckten am Eis. **2.** (bes. nordd.) *naschen, Süßigkeiten essen:* Schokolade s.; sie schleckt gern.

Schle|cke|rei, die; -, -en (bes. südd., österr.): *Süßigkeit, Leckerei.*

Schlẹ|cker|maul, das (ugs. scherzh.): *jmd., der gern nascht.*

schlẹ|ckern ⟨sw. V.; hat⟩ (landsch.): **1. a)** *schlecken* (1): Milch s.; **b)** *schlecken* (2): Süßigkeiten s. **2.** ⟨unpers.⟩ *nach etw. gelüsten, auf etw. Appetit haben:* mich schleckert nach einem Stück Sahnetorte.

Schlẹck|maul, das (schweiz.): ↑Schleckermaul.

Schle|gel, der; -s, - [mhd. slegel, ahd. slegil, zu ↑schlagen; nach der Form der Keule]: (südd., österr.): *[Hinter]keule von Schlachttieren, Geflügel, Wild.*

Schleh|dorn, der; -[e]s, -e: *(zu den Rosengewächsen gehörender) stark verzweigter, sehr dorniger Strauch mit kleinen weißen, schon im Vorfrühling erscheinenden Blüten u. kugeligen, dunkelblauen, sauren Steinfrüchten.*

Schle|he, die; -, -n [mhd. slēhe, ahd. slēha, slēwa, eigtl. = die Bläuliche]: **1.** *Schlehdorn.* **2.** *Frucht des Schlehdorns.*

Schle|hen|li|kör, der: *mit Schlehen* (2) *hergestellter Likör.*

Schlei, der; -[e]s, -e: ↑Schleie.

Schlei|che, die; -, -n [gek. aus ↑Blindschleiche]: *Echse mit schlangenförmigem Körper, langem Schwanz, der abgeworfen werden kann, meist verkümmerten Gliedmaßen u. beweglichen Augenlidern.*

schlei|chen ⟨st. V.⟩ [mhd. slīchen, ahd. slīhhan, eigtl. = gleiten]: **a)** *sich leise, vorsichtig u. langsam, heimlich [zu einem Ziel] bewegen* ⟨ist⟩: auf Zehenspitzen s.; er ist nachts ums Haus geschlichen; **b)** ⟨s. + sich⟩ *sich heimlich u. leise nähern od. entfernen* ⟨hat⟩: sie hat sich aus dem Haus geschlichen; **c)** *[vor Müdigkeit, Erschöpfung] ganz langsam vorankommen, gehen* ⟨ist⟩: müde schlichen sie nach Hause.

schlei|chend ⟨Adj.⟩: *allmählich, fast unbemerkt beginnend u. sich ausbreitend u. verstärkend:* eine -e Krankheit; -e Inflation.

Schlei|cher, der; -s, - [mhd. slīchære] (abwertend): *heuchlerischer Mensch, der unauffällig agiert u. seine Vorteile sucht.*

Schlei|che|rin, die; -, -nen: w. Form zu ↑Schleicher.

Schleich|han|del, der: *heimlicher, unter Umgehung von Bestimmungen, vorgeschriebenen Handelswegen, Beschränkungen u. Ä. durchgeführter Handel.*

Schleich|kat|ze, die: *(in mehreren Arten bes. in Afrika, Asien vorkommendes) ziemlich kleines, kurzbeiniges Raubtier mit spitzer Schnauze u. langem Schwanz* (z. B. Ichneumon, Manguste, Mungo).

Schleich|weg, der: *verborgener, nur wenigen bekannter Weg.*

Schleich|wer|bung, die: *(bes. in Presse, Rundfunk, Fernsehen) innerhalb eines nicht der Werbung dienenden Beitrags erfolgende Zurschaustellung, Nennung, Anpreisung eines Produktes, Firmennamens o. Ä.*

Schlei|e, die; -, -n [mhd. slīge, slīhe, ahd. slīo, eigtl. = die Schleimige]: *Karpfenfisch mit schleimiger Haut u. sehr kleinen Schuppen, dunkelgrünem bis grünlich braunem Rücken u. zwei kurzen Barteln.*

Schlei|er, der; -s, - [mhd. sleier, sloi(g)er, H. u.]: **1.** *[Kopf od. Gesicht einer Frau verhüllendes] Stück eines feinen, meist durchsichtigen Gewebes:* Kranz u. S.; den S. vor das Gesicht schlagen; die Braut trägt einen langen S.; sie blickte wie durch einen S. *(konnte nicht klar sehen);* *** den**

S

S. [des Geheimnisses] lüften (geh.; *ein Geheimnis enthüllen*); **den S. des Vergessens/der Vergessenheit über etw. breiten** (geh.; *etw. Unangenehmes verzeihen u. vergessen sein lassen*). **2. a)** *Dunst-, Nebelschleier:* ein dichter S. liegt über der Landschaft; **b)** (Fot.) *gleichmäßige, nicht von der Aufnahme herrührende Trübung im Negativ:* der Film hat einen S.; **c)** (Bot.) *mit Hutrand u. Stiel verbundenes, umhüllendes Häutchen bei einigen jungen Pilzen, das später als kleiner Rest am Stiel zurückbleibt;* **d)** (Zool.) *bei bestimmten Vögeln Kranz von kurzen Federn um die Augen herum.*

Schlei|er|eu|le, die: *bräunliche, an der Bauchseite bräunlich gelbe bis weiße Eule mit ausgeprägtem Schleier* (2d) *u. befiederten Läufen.*

schlei|er|haft ⟨Adj.⟩: in der Verbindung **jmdm. s. sein/bleiben** (ugs.; *jmdm. unerklärlich, ein Rätsel sein, bleiben*): wie er das fertig gebracht hat, ist mir s.

Schlei|er|schwanz, der: *Goldfisch von gedrungener Form mit bes. langen, zart u. durchsichtig wie ein Schleier wirkenden Schwanzflossen.*

Schlei|er|tanz, der: *Tanz, bei dem die Tänzerin, sich ver- u. enthüllend, lange Schleier kunstvoll bewegt.*

Schlei|er|wol|ke, die: *den Himmel ganz od. teilweise bedeckende, vorwiegend aus Eiskristallen bestehende Wolkenschicht in höheren Luftschichten.*

Schleif|bank, die ⟨Pl. ...bänke⟩: *Drehbank mit Vorrichtung zum Schleifen.*

[1]Schlei|fe, die; -, -n [älter: Schleuffe, mhd. sloufe, ahd. slouf, zu mhd., ahd. sloufen = schlüpfen machen, an-, ausziehen, Kausativ zu ↑schlüpfen]: **1. a)** *Schnur, Band, das so gebunden ist, dass zwei Schlaufen entstehen:* eine S. binden; die S. am Schuhband ist aufgegangen; **b)** *etw., was in Form einer Schleife* (1 a) *als Schmuck gedacht ist:* sie trug eine rote S. im Haar. **2.** *starke Biegung, fast bis zu einem Kreis herumführende Kurve bei einer Straße, einem Flusslauf o. Ä.:* der Fluss macht eine S.; das Flugzeug zog eine S. über der Stadt. **3.** (EDV) *Folge von Anweisungen od. Befehlen eines Programms* (4), *die mehrmals hintereinander durchlaufen werden kann.*

[2]Schlei|fe, die; -, -n [mhd. sleife, sleipfe, ahd. sleifa, zu ↑[2]schleifen]: (landsch.) *Schlitterbahn.*

[1]schlei|fen ⟨st. V.⟩ [mhd. slīfen, ahd. slīfan, urspr. = gleiten, glitschen]: **1.** ⟨hat⟩ **a)** *durch gleichmäßiges Reiben der Oberfläche an etw. Rauem (z. B. an einem Schleifstein, Wetzstahl o. Ä.) schärfen:* ein Messer s.; **b)** *die Oberfläche von Glas, Edelsteinen o. Ä. mit einem Werkzeug od. einer Maschine bearbeiten, sodass eine bestimmte Form entsteht; glätten:* Diamanten s.; **Ü** geschliffene *(stilistisch ausgefeilte, geistreiche)* Dialoge. **2.** (bes. Soldatenspr.) *hart ausbilden, [aus Schikane] drillen* ⟨hat⟩: die Rekruten s. **3.** (landsch.) *auf einer* [2]*Schleife schlittern* ⟨ist⟩: im Winter sind wir immer geschliffen.

[2]schlei|fen ⟨sw. V.⟩ [mhd., ahd. slei[p]fen = gleiten machen, schleppen; Kausativ zu ↑[1]schleifen]: **1.** *[gewaltsam, mit Mühe] über den Boden od. eine Fläche hinwegziehen* ⟨hat⟩: er schleifte die Kiste über den Hof; die Lokomotive erfasste den Wagen und schleifte ihn noch zwanzig Meter weit; **Ü** jmdn. ins Kino s. *(überreden, dorthin mitzukommen).* **2. a)** *(von Sachen) in der Bewegung den Boden od. eine Fläche reibend berühren* ⟨hat/(seltener:) ist⟩: das Kleid schleift auf den, über den Boden; die Fahrradkette schleift am Schutzblech; **Ü** er ließ einfach alles s. (ugs.; *kümmerte sich um nichts mehr*); **b)** *schlurfen* (1) ⟨ist⟩. **3.** *niederreißen, dem Erdboden gleichmachen* ⟨hat⟩: eine Festung s.

Schlei|fen|flug, der: *[Rund]flug mit vielen* [1]*Schleifen* (2).

Schlei|fer, der; -s, - [1: mhd. slīfære]: **1.** *Facharbeiter, der etw. schleift u. bestimmte Schleifmaschinen bedient* (Berufsbez.). **2.** (bes. Soldatenspr.) *jmd., der jmdn.* [1]*schleift* (2): der Feldwebel ist ein S. **3.** (Musik) *schneller Vorschlag aus zwei od. drei Tönen.* **4.** *alter Bauerntanz in langsamem Dreiertakt.*

Schlei|fe|rei, die; -, -en: **1.** *das* [1]*Schleifen* (1, 2). **2.** *Betrieb od. Werkstatt zum* [1]*Schleifen* (1).

Schlei|fe|rin, die; -, -nen: w. Form zu ↑Schleifer (1, 2).

Schleif|kon|takt, der (Elektrot.): *gleitender Kontakt an einem beweglichen, rotierenden Teil (bei Generatoren, Maschinen o. Ä.).*

Schleif|lack, der: *bes. wertvoller, fester Lack, der sich nach dem Trocknen schleifen lässt.*

Schleif|lack|mö|bel, das ⟨meist Pl.⟩: *Möbel, deren Oberfläche mit Schleiflack bearbeitet ist.*

Schleif|ma|schi|ne, die: *Maschine zum* [1]*Schleifen* (1), *zur spanenden u. polierenden Behandlung von Oberflächen.*

Schleif|mit|tel, das: *feinkörnige, harte u. scharfkantige Substanz (in Form von Pulver, Paste od. als Schleifstein o. Ä.) zum Schleifen von Werkstücken aus Holz, Glas, Metall usw.*

Schleif|pa|pier, das: *festes Papier, auf das Körner eines Schleifmittels aufgeleimt sind* (z. B. Sand-, Schmirgelpapier).

Schleif|spur, die [zu ↑[2]schleifen (1)]: *von etw., was über den Boden geschleift wurde, hinterlassene Spur.*

Schleif|stein, der: *Stein zum* [1]*Schleifen* (1), *Wetzen von etw.*

Schleim, der; -[e]s, -e [mhd. slīm, urspr. = Schlamm, klebrige Flüssigkeit]: **1.** *zähflüssige, klebrige Masse, die von Drüsen u. Zellen abgesondert wird:* die Schnecke sondert einen klebrigen S. ab; S. absondernde Drüsen. **2.** *sämige, dickflüssige bis breiartige Speise [für Magenkranke], aus Körnerfrüchten od. Flocken* (2).

Schleim ab|son|dernd: s. Schleim (1).

Schleim|ab|son|de|rung, die: *Absonderung von Schleim.*

Schleim|beu|tel, der (Anat., Med.): *mit einer schleimigen Flüssigkeit gefülltes Säckchen, das in Lücken von Gelenken od. an stark hervortretenden Muskeln u. Sehnen als Polster gegen Druck u. Reibung dient.*

Schleim|beu|tel|ent|zün|dung, die (Med.): *Entzündung eines Schleimbeutels; Bursitis.*

Schleim|drü|se, die (Med.): *Schleim absondernde Drüse.*

schlei|men ⟨sw. V.; hat⟩: **1.** *Schleim absondern:* das Auge schleimt. **2.** (abwertend) *schmeichelnd, heuchlerisch reden od. schreiben.*

Schlei|mer, der; -s, - (abwertend): *Schmeichler, Heuchler.*

Schlei|me|rin, die; -, -nen: w. Form zu ↑Schleimer.

Schleim|haut, die (Med.): *Schleim* (1) *absondernde Haut, mit der die Höhlungen des Körpers u. bestimmter Organe ausgekleidet sind.*

schlei|mig ⟨Adj.⟩ [mhd. slīmic = klebrig, schlammig]: **1.** *aus Schleim [bestehend]; wie Schleim aussehend; feucht, glitschig:* ein -er Auswurf. **2.** (abwertend) *falsch, freundlich, schmeichelnd u. heuchlerisch:* -es Gerede.

schleim|lö|send ⟨Adj.⟩: *(bei Erkältungskrankheiten) verhärteten Schleim* (1) *lösend:* -er Hustensaft.

Schleim|pilz, der: *auf faulendem Holz od. im Moder gedeihender Mikroorganismus aus vielkernigem Protoplasma ohne Chlorophyll; Myxomyzet.*

Schleim|schei|ßer, der (derb abwertend): *Schleimer.*

Schleim|schei|ße|rin, die: w. Form zu ↑Schleimscheißer.

Schlei|ße, die; -, -n [mhd. sleiʒe, zu ↑schleißen]: **1.** *dünner Span.* **2.** *Schaft der Feder* (1) *nach Abziehen der Fahne* (5).

schlei|ßen ⟨st. u. sw. V.⟩ [mhd. slīʒen, ahd. slīʒ(ʒ)an = spalten, (ab)reißen]: **1.** ⟨st. u. sw. V.; hat⟩ **a)** (früher) *bei Vogelfedern die Fahne* (5) *vom Kiel ablösen:* sie hat Federn geschlissen/geschleißt; **b)** (landsch. veraltend) *Holz in feine Späne spalten.* **2.** ⟨st. V.; ist⟩ (veraltet) *zerreißen, sich in Fetzen auflösen, verschleißen:* das Kleid schliss ziemlich schnell.

schlemm ⟨Adj.⟩ (Bridge, Whist): in den Verbindungen **s. machen/werden/sein** *(alle Stiche bekommen).*

Schlemm, der; -s, -e [engl. slam, eigtl. = Knall, Schlag, zu: to slam = zuschlagen, -knallen] (Bridge, Whist): *gewonnenes Spiel, bei dem man 12 od. alle 13 Stiche bekommt.*

schlem|men ⟨sw. V.; hat⟩ [spätmhd. slemmen = (ver)prassen, wohl unter Einfluss von ↑Schlamm, zu spätmhd. slampen, ↑schlampen]: **a)** *besonders gut u. reichlich essen u. trinken;* **b)** *in schlemmerhafter Weise verzehren:* Hummer s.

Schlem|mer, der; -s, -: *jmd., der gern schlemmt.*

Schlem|me|rei, die; -, -en (oft abwertend): **1.** (o. Pl.) *[dauerndes] Schlemmen* (a). **2.** (selten) *Essen, bei dem geschlemmt wird.*

schlem|mer|haft ⟨Adj.⟩: *in der Art eines Schlemmers, wie ein Schlemmer:* ein -es Leben führen.

Schlem|me|rin, die; -, -nen: w. Form zu ↑Schlemmer.

Schlem|mer|lo|kal, das: *Restaurant, in dem man schlemmen kann.*

Schlem|mer|mahl, das (geh.): *besonders üppiges u. feines Essen.*

schlen|dern ⟨sw. V.; ist⟩ [aus dem Niederd., eigtl. wohl = gleiten, zu ↑[1]schlingen]: **a)** *gemächlich, mit lässigen Bewegungen gehen:* wenn wir so schlendern, kommen wir zu spät; **b)** *sich schlendernd irgendwohin begeben:* durch den Park, die Straßen, zum Hafen s.

Schlen|der|schritt, der; -[e]s, -e: *schlendernder Schritt,* [1]*Gang* (1 a).

Schlen|dri|an, der; -[e]s [2. Bestandteil viell. frühnhd. jan = Arbeitsgang] (ugs. abwertend): *von Nachlässigkeit, Trägheit, einer gleichgültigen Einstellung gekennzeichnete Art u. Weise, bei etw. zu verfahren:* sie duldet keinen S.

Schlen|ker, der; -s, - [zu ↑schlenkern] (ugs.): **a)** *[plötzlich] aus einer [geradlinigen] Bewegung heraus beschriebener Bogen:* der Fahrer konnte gerade noch rechtzeitig einen S. machen; **b)** *wieder auf den eigentlichen Weg zurückführender kleinerer Umweg:* auf der Fahrt haben wir einen kleinen S. über Straßburg gemacht.

Schlen|ke|rich, Schlenkrich, der; -s, -e (ostmd.): *[plötzlicher, heftiger] Stoß, Schwung.*

schlen|kern ⟨sw. V.⟩ [spätmhd. slenkern = schleudern, zu mhd. slenker, slenger, ahd. slengira = Schleuder, zu ↑[1]schlingen]: **1.** ⟨hat⟩ **a)** *(etw., mit etw.) [nachlässig] hin u. her schwingen:* die Arme, mit den Armen s.; **b)** *sich locker, pendelnd hin u. her bewegen:* ein langer Rock schlenkerte ihr um die Beine. **2.** (landsch.) *schlendern* ⟨ist⟩: durch die Straßen s.

Schlenk|rich: ↑Schlenkerich.

schlen|zen ⟨sw. V.; hat⟩ [viell. weitergebildet aus ↑schlenkern od. zu ↑schlendern] (Sport, bes. [Eis]hockey, Fußball): *durch eine ruckartige schiebende od. schaufelnde Bewegung, ohne weit auszuholen, schießen:* den Ball ins Tor s.

Schlepp, der [gek. aus ↑Schlepptau]: in Verbindungen wie **jmdn., etw. in S. nehmen** *(sich daranmachen, jmdn., etw. zu schleppen):* wir ließen uns von einem Jeep in S. nehmen; **im S. [einer Sache]** *(geschleppt werdend):* der Wagen fährt im S. [eines Traktors]; **jmdn., etw. im S. haben** (1. *jmdn., etw. schleppen.* 2. *von jmdm., etw. begleitet, verfolgt o. Ä. werden*).

Schlepp|bü|gel, der (Skisport): *ankerförmiger Teil eines Schlepplifts, gegen den man sich mit dem Gesäß lehnt, um sich den Hang hinaufziehen zu lassen.*

Schlepp|damp|fer, der (Seew.): *Schlepper [mit Dampfantrieb].*

Schlep|pe, die, -, -n [aus dem Niederd., zu ↑schleppen]: **1.** *Teil eines langen, meist festlichen Kleides, der den Boden berührt u. beim Gehen nachgeschleift wird:* eine seidene S. **2. a)** (Pferdesport, Jagdw.) *künstliche Fährte;* **b)** (Jägerspr.) *Fährte (bes. von Wildenten) im Schilf, Rohr o. Ä.* **3.** (Landw.) *von einem Zugtier od. einem Schlepper* (2) *gezogenes Gerät zum Einebnen des Bodens.*

schlep|pen ⟨sw. V.; hat⟩ [mhd. (md.) slepen <

S

mniederd. slēpen, niederd. Entsprechung von ↑²schleifen]: **1. a)** *[unter großem Kraftaufwand] langsam hinter sich herziehen:* der Trawler schleppt ein Netz; der Kahn wird von einem anderen Schiff geschleppt; **b)** *schleppend* (1 a) *irgendwohin bewegen:* einen defekten Wagen in die Werkstatt s.; ein Segelflugzeug auf eine bestimmte Höhe s. **2.** (ugs.) **a)** *jmdn. [gegen dessen Willen] irgendwo hinbringen, irgendwohin mitnehmen:* jmdn. ins Kino, zum Arzt s.; jmdn. mit zu einer Party s.; jmdn. zum Polizeirevier s. *([unter Anwendung von Gewalt] dorthin führen);* **b)** *(Flüchtlinge, Asylsuchende, Arbeitskräfte) gegen Bezahlung illegal von einem Land in ein anderes bringen:* er soll geschleppt haben; ⟨subst.:⟩ er ist beim Schleppen erwischt worden. **3.** (selten) *²schleifen* (2 a): das lange Kleid [auf dem/am Boden]. **4. a)** *(etw. Schweres) unter großer Anstrengung, Mühe tragen:* schwere Säcke s.; **b)** *(etw. Schweres) schleppend* (4 a) *irgendwohin befördern:* Pakete zur Post s.; sie schleppten den Verletzten zu zweit zum Auto; **Ü** jetzt schleppe ich den Brief schon seit drei Tagen durch die Gegend (ugs.; *trage ihn mit mir herum*); **c)** ⟨s. + sich⟩ *sich durch Schleppen* (4 a) *in einen bestimmten Zustand versetzen:* ich habe mich an dem Kasten [halb] zu Tode geschleppt. **5.** (landsch.) *(ein Kleidungsstück) [über eine lange Zeit immer wieder] tragen:* wie lange willst du den Anzug noch s.? **6.** ⟨s. + sich⟩ **a)** *sich mühsam, schwerfällig, mit letzter Kraft fortbewegen, irgendwohin bewegen:* sich gerade noch zum Bett s. können; **Ü** mühsam schleppt sich der Lastwagen über die Steigung; **b)** *sich über eine bestimmte Zeit, Dauer hinziehen:* der Prozess schleppt sich nun schon über drei Jahre. **7.** ⟨s. + sich⟩ (landsch.) *sich schleppend* (4 a) *mit etw. abmühen:* ich musste mich allein mit dem Gepäck s.; **Ü** mit diesem Kummer schleppt er sich schon seit Jahren.

schlep|pend ⟨Adj.⟩: **a)** *schwerfällig, mühsam u. deshalb langsam:* ein -er Gang; die Unterhaltung war anfangs etwas s.; s. gehen, sprechen; **b)** *langsam u. gedehnt:* ein -er Gesang; eine -e Melodie; er spielt das Stück ein wenig s.; **c)** *sich über eine [unangemessen] lange Zeit hinziehend, nicht recht vorankommend, [zu] langsam vor sich gehend:* er beklagte sich über die -e Bearbeitung seines Antrags; die Arbeiten gehen nur s. voran.

Schlep|per, der; -s, -: **1.** *kleineres (mit kräftiger Maschine u. einer speziellen Ausrüstung ausgestattetes) Schiff zum Schleppen u. Bugsieren anderer Schiffe.* **2. a)** *Traktor;* **b)** kurz für ↑Sattelschlepper. **3.** (Bergmannsspr. früher) *Bergarbeiter, dessen Arbeit darin besteht, Förderwagen [durch Ziehen] fortzubewegen.* **4.** (ugs., meist abwertend) **a)** *jmd., der jmdm., einem oft unseriösen, illegalen, betrügerischen o. ä. Unternehmen auf fragwürdige Weise Kunden o. Ä. zuführt:* er ist S. eines Nachtlokals; **b)** *jmd., der Flüchtlinge, Asylsuchende, Arbeitskräfte gegen Bezahlung illegal von einem Land in ein anderes bringt:* S. brachten die Asylsuchenden über die Grenze.

Schlep|pe|rei, die; -, -en ⟨Pl. selten⟩ (ugs. abwertend): **1.** *[dauerndes] Schleppen* (4). **2.** *das Tätigsein als Schlepper* (4).

Schlep|pe|rin, die; -, -nen: w. Form zu ↑Schlepper (4).

Schlepp|kahn, der (Schifffahrt): *Lastkahn ohne eigenen Antrieb, der [von einem anderen Fahrzeug] geschleppt werden muss.*

Schlepp|lift, der (Skisport): *Skilift, bei dem man, auf den Skiern stehend, den Berg hinaufgezogen wird.*

Schlepp|netz, das: *Netz, das [beim Fischfang] durch das Wasser od. über den Grund gezogen wird; Zugnetz.*

Schlepp|pin|sel, der (graf. Technik, Malerei): *flacher, fächerförmiger feiner Haarpinsel zum gleichmäßigen, feinen Verteilen von noch feuchter Farbe.*

Schlepp|schiff, das: *Schiff, das ein anderes schleppt; Schiff zum Schleppen von Schleppkähnen.*

Schlepp|schiff|fahrt, die (Schifffahrt): *Binnenschifffahrt mit Schleppkähnen, geschleppten Flößen.*

Schlepp|seil, das: *Seil zum Schleppen, auch für den Start von Segelflugzeugen.*

Schlepp|start, der (Segelfliegen): *Start eines Segelflugzeugs mithilfe eines schleppenden Motorflugzeugs.*

Schlepp|tau, das: vgl. Schleppseil: ***in jmds. S., im S. [einer Sache]** (1. *von jmdm., etw. geschleppt werdend:* der Kahn fährt im S. [eines Motorschiffes]. 2. *in jmds. Gefolge, Begleitung:* der Star mit einer Gruppe Fans im S.); **jmdn., etw. im S. haben** (1. *jmdn., etw. schleppen.* 2. *von jmdm., etw. begleitet, verfolgt o. Ä. werden*); **jmdn., etw. ins S. nehmen** *(sich daranmachen, jmdn., etw. zu schleppen);* **jmdn. ins S. nehmen** (ugs.; *sich jmds. annehmen u. ihn irgendwohin bringen, ihm weiterhelfen*).

Schlepp|zug, der (Schifffahrt): *Schleppschiff mit einem od. mehreren Schleppkähnen im Schlepp.*

Schle|si|en; -s: historisches Gebiet beiderseits der oberen u. mittleren Oder.

Schle|si|er, der; -s, -: Ew.

Schle|si|e|rin, die; -, -nen: w. Form zu ↑Schlesier.

schle|sisch ⟨Adj.⟩: **a)** *Schlesien, die Schlesier betreffend; von den Schlesiern stammend, zu ihnen gehörend;* **b)** *im Dialekt der Schlesier.*

Schles|wig: Stadt an der Schlei.

Schles|wi|ger, der; -s, -: Ew.

Schles|wi|ge|rin, die; -, -nen: w. Form zu ↑Schleswiger.

Schles|wig-Hol|stein: deutsches Bundesland.

Schles|wig-Hol|stei|ner, der; -s, -: Ew.

Schles|wig-Hol|stei|ne|rin, die; -, -nen: w. Form zu ↑Schleswig-Holsteiner.

schles|wig-hol|stei|nisch ⟨Adj.⟩: zu ↑Schleswig-Holstein.

schles|wi|gisch, schles|wigsch ⟨Adj.⟩: zu ↑Schleswig.

Schleu|der, die; -, -n [frühnhd. sleuder]: **1.** *Gerät zum Schleudern von Steinen o. Ä.:* die Jungen schossen mit -n auf Vögel. **2. a)** kurz für: ↑Wäscheschleuder; **b)** *Zentrifuge.* **3.** (ugs.) *Auto, Motorrad o. Ä.*

Schleu|der|ball, der: **1.** ⟨o. Pl.⟩ *Mannschaftsspiel, bei dem ein Schleuderball (2) möglichst weit geschleudert werden muss, um die gegnerische Mannschaft nach bestimmten Regeln aus dem Spielfeld zu treiben.* **2.** *lederner Ball mit einer Schlaufe.*

Schleu|der|brett, das: *bes. im Zirkus verwendetes, einer Wippe ähnliches Gerät, mit dessen Hilfe sich Artisten gegenseitig in die Höhe schleudern können.*

Schleu|de|rer, Schleudrer, der; -s, -: **1.** *jmd., der schleudert* (1 a, b), *mit einer Schleuder schießt.* **2.** (Kaufmannsspr. Jargon) *jmd., der zu Schleuderpreisen verkauft.*

Schleu|der|gang, der: *Phase eines Waschprogramms, während deren die Maschine schleudert.*

Schleu|der|ge|fahr, die: *Gefahr, ins Schleudern* (2 a) *zu geraten.*

Schleu|de|rin, die; -, -nen: w. Form zu ↑Schleuderer.

Schleu|der|kurs, der (Kfz-W.): *Kursus, in dem Autofahrer lernen, ein ins Schleudern geratenes Fahrzeug zu beherrschen.*

Schleu|der|ma|schi|ne, die: *Zentrifuge.*

schleu|dern ⟨sw. V.⟩ [16. Jh., verw. mit mhd. slūdern = schlenkern, ↑schludern]: **1.** ⟨hat⟩ **a)** *[aus einer drehenden Bewegung heraus] mit kräftigem Schwung werfen, durch die Luft fliegen lassen:* der Hammerwerfer schleuderte den Hammer 60 m weit; **Ü** Jupiter schleudert Blitze; **b)** *durch einen heftigen Stoß, Ruck o. Ä. durch die Luft fliegen lassen, irgendwohin werfen:* bei dem Aufprall wurde sie aus dem Wagen geschleudert. **2.** ⟨ist⟩ **a)** *im Fahren mit heftigem Schwung [abwechselnd nach rechts u. nach links] aus der Spur rutschen:* in der Kurve fing der Wagen plötzlich an zu s.; ⟨subst.:⟩ auf nasser Fahrbahn ins Schleudern geraten; ***ins Schleudern geraten/kommen** (ugs.; *die Kontrolle über etw. verlieren, unsicher werden, sich einer Situation plötzlich nicht mehr gewachsen sehen*); **jmdn. ins Schleudern bringen** (ugs.; *bewirken, dass jmd. die Kontrolle über etw. verliert, unsicher wird, einer Situation plötzlich nicht mehr gewachsen ist*): mit dieser Frage kannst du ihn ins Schleudern bringen; **b)** *sich schleudernd* (2 a) *irgendwohin bewegen:* das Auto ist gegen einen geparkten LKW geschleudert. **3.** ⟨hat⟩ **a)** *in einer Zentrifuge, einer Wäscheschleuder o. Ä. schnell rotieren lassen:* Honig s. *(mithilfe einer Zentrifuge aus den Waben herausschleudern);* Wäsche s. *(mithilfe einer Wäscheschleuder von einem Großteil der Feuchtigkeit befreien);* **b)** *durch Schleuern* (3 a) *aus etw. herausbekommen:* den Honig aus den Waben, das Wasser aus der Wäsche s.

Schleu|der|preis, der (ugs.): *besonders niedriger Preis:* Qualitätsware zu -en.

Schleu|der|sitz, der (Flugw.): *(bes. bei Kampfflugzeugen) besonderer, mit einem Fallschirm versehener Sitz, mit dem sich der ¹Pilot im Notfall aus der Maschine katapultieren kann.*

Schleu|der|stan|ge, die: *Gardinenstange* (b).

Schleu|der|start, der (Flugw.): *Katapultstart.*

Schleud|rer: ↑Schleuderer.

Schleud|re|rin, die; -, -nen: w. Form zu ↑Schleudrer.

schleu|nig ⟨Adj.⟩ [mhd. sliunec = eilig (als Adv.: sliune, sliume), ahd. sliumo, sniumo = sofort, wohl eigtl. = (sich) schnell drehend] (geh.): **a)** *unverzüglich, sofortig, schnellstmöglich:* wir bitten um -ste Erledigung; **b)** *schnell u. eilig:* s. davonlaufen.

Schleu|se, die; -, -n [niederl. sluis < mniederl. slūse, sluise < afrz. escluse < mlat. exclusa, sclusa, zu lat. exclusum, 2. Part. von: excludere = ausschließen, abhalten]: **1.** (Wasserbau) **a)** *Vorrichtung zum Absperren eines Wasserstroms, zum Regulieren des Durchflusses (in Flüssen, Kanälen):* eine S. öffnen, schließen; **Ü** der Himmel öffnet seine -n (geh.; *es beginnt stark zu regnen*); **b)** *aus zwei Toren u. einer dazwischen liegenden Kammer bestehende Anlage (in Binnenwasserstraßen, Hafeneinfahrten), mit deren Hilfe Schiffe Niveauunterschiede überwinden können:* durch eine S. fahren. **2.** *den einzigen Zugang zu einem [abgeschirmten] Raum darstellender, hermetisch abschließbarer [kleiner] Raum, in dem Desinfektionen vorgenommen werden o. Ä. od. der einen Druckausgleich zwischen zwei Räumen, Bereichen verhindern soll:* der Astronaut kann die Kapsel nur durch eine S. verlassen. **3.** (veraltend) *Gully, Kanal* (2).

schleu|sen ⟨sw. V.; hat⟩: **1.** *durch eine Schleuse* (1 b) *bringen:* ein Schiff s. **2.** *eine Schleuse* (2) *passieren lassen, durch eine Schleuse bringen:* der Astronaut wird aus der Kapsel geschleust. **3. a)** *auf einem langen, umständlichen, hindernisreichen Wege [in vielen Etappen] irgendwohin bringen, geleiten o. Ä.:* eine Reisegesellschaft durch den Zoll s.; **b)** *heimlich, auf ungesetzliche Weise o. Ä. irgendwohin bringen:* geheime Unterlagen ins Ausland s.

Schleu|sen|kam|mer, die (Wasserbau): *zwischen den Toren einer Schleuse* (1 b) *liegende Kammer* (4 b).

Schleu|sen|tor, das (Wasserbau): *Tor einer Schleuse* (1).

Schleu|sen|tür, die: *Tür einer Schleuse.*

Schleu|sen|wär|ter, der: *jmd., der eine Schleuse* (1 b) *bedient* (Berufsbez.).

Schleu|sen|wär|te|rin, die: w. Form zu ↑Schleusenwärter.

Schleu|ser, der; -s, - (Jargon): *Schlepper* (4 b).

Schleu|sung, die; -, -en: *das Schleusen; das Geschleustwerden.*

schlich: ↑schleichen.

Schlich, der; -[e]s, -e [1: mhd. slich = schleichender Gang, Schleichweg, List, zu ↑schleichen; 2:

mhd., ahd. slīch, slich = Schlamm; vgl. Schlick]: **1.** ⟨meist Pl.⟩ *List, Trick:* er kennt alle -e; ***jmdm. auf die -e/hinter jmds. -e kommen** *(jmds. Absichten erkennen, durchschauen, jmds. heimliches Treiben entdecken).* **2.** *feinkörniges Erz.*

schlicht [aus dem Niederd., Md. < mniederd. slicht, Nebenf. von ↑schlecht]: **I.** ⟨Adj.⟩ **1.** *auf das Nötigste, das Wesentliche beschränkt, sich beschränkend; in keiner Weise aufwendig, ohne Zierrat od. überflüssiges Beiwerk; einfach u. bescheiden:* -e Kleidung; eine -e Wohnungseinrichtung; eine -e Mahlzeit; eine -e Melodie; -es (geh.; *glattes*) Haar; in -en *(einfachen u. bescheidenen)* Verhältnissen leben. **2.** *nicht besonders gebildet, geistig nicht sehr aufgeschlossen:* ein -es Gemüt haben; es waren alles -e Leute. **3.** *bloß* (I 2), ²*rein* (2 a): das ist eine -e Tatsache. **4.** ***s. um s.** *(im direkten Tausch, Leistung gegen Leistung;* schlicht steht hier in der älteren Bed. »auf geradem Wege, direkt«). **II.** ⟨Partikel; meist unbetont⟩ drückt eine emotionale Verstärkung einer Aussage aus: *ganz einfach, einfach nur; unverblümt gesagt:* das ist s. gelogen; ***s. und einfach** (ugs. verstärkend; *ganz einfach, ohne Umstände [gesagt]*): ich werde es s. und einfach abstreiten; **s. und ergreifend** (ugs. scherzh.; *ganz einfach, ohne Umstände [gesagt]*): er hat es s. und ergreifend vergessen.

schlich|ten ⟨sw. V.; hat⟩ [mhd., ahd. slihten, zu ↑schlecht in der alten Bed. »eben, glatt«, also eigtl. = ebnen, glätten]: **1.** *als unbeteiligter Dritter zwischen streitenden Parteien vermitteln u. deren Streit beilegen:* es gelang ihr nicht, den Streit zu s.; schlichtend [in eine Auseinandersetzung] eingreifen. **2.** (Fachspr.) **a)** *(eine Oberfläche) glätten:* ein hölzernes, metallenes Werkstück s.; **b)** *(Leder) weich u. geschmeidig machen;* **c)** *(Kettfäden) mit einer leimartigen Flüssigkeit behandeln, um sie widerstandsfähiger zu machen.*

Schlich|ter, der; -s, -: *jmd., der etw. schlichtet* (1), *jmd., der dazu eingesetzt ist, eine Einigung zwischen zwei streitenden Parteien herbeizuführen:* sich als S. im Tarifkonflikt zur Verfügung stellen.

Schlich|te|rin, die; -, -nen: w. Form zu ↑Schlichter.

Schlicht|heit, die; -: *das Schlichtsein; schlichte* (1, 2) *Art, Beschaffenheit.*

Schlicht|ho|bel, der: *Hobel zum Glätten (von Holz).*

Schlich|tung, die; -, -en ⟨Pl. selten⟩: *das Schlichten.*

Schlich|tungs|aus|schuss, der: *mit der Schlichtung tariflicher Konflikte beauftragter Ausschuss* (2).

Schlich|tungs|stel|le, die: vgl. Schlichtungsausschuss.

Schlich|tungs|ver|fah|ren, das: *Verfahren der Schlichtung bei tariflichen Konflikten (durch einen Schlichtungsausschuss o. Ä.).*

Schlich|tungs|ver|such, der: *Versuch einer Schlichtung.*

schlicht|weg ⟨Adv.⟩: *schlechtweg.*

Schlick, der; -[e]s, (Arten:) -e [aus dem Niederd. < mniederd. slīk, slick, zu: sliken = gleiten, niederd. Form von ↑schleichen]: *am Boden von Gewässern (bes. im Wattenmeer) abgelagerter od. angeschwemmter, feinkörniger, glitschiger, an organischen Stoffen reicher Schlamm.*

Schlick|ab|la|ge|rung, die: **a)** ⟨o. Pl.⟩ *das Sichablagern von Schlick;* **b)** *aus Schlick bestehende Ablagerung* (1 b).

schli|cke|rig, schlickrig ⟨Adj.⟩ (nordd.): *mit nassem Schmutz, Schlamm behaftet, schlammig, schlickig u. rutschig:* ein -er Feldweg.

schli|ckig ⟨Adj.⟩ (nordd.): *Schlick aufweisend, mit Schlick bedeckt, voller Schlick, aus Schlick bestehend.*

schlick|rig: ↑schlickerig.

Schlick|watt, das: *Watt, dessen Boden überwiegend aus weichem Schlick besteht [u. das schlecht zu begehen ist].*

schlief: ↑schlafen.

Schlief, der; -[e]s, -e ⟨Pl. selten⟩ [zu ↑schliefen od. ↑¹schleifen] (landsch.): *unausgebackener Teig; schliefige Stelle in Brot, Kuchen o. Ä.*

schlie|fen ⟨st. V.; schloff, ist geschloffen⟩ [mhd. slifen, ahd. sliofan; vgl. schlüpfen]: **1.** (österr., südd.) *schlüpfen:* in die Hose s. **2.** (Jägerspr.) *(von Erdhunden, Frettchen) in einen Bau kriechen:* den Erdhund [in den Dachsbau] s. lassen.

schlie|fig ⟨Adj.⟩ [zu ↑Schlief] (landsch.): *nicht ganz ausgebacken, noch teigig, halb roh.*

Schlie|re, die; -, -n: **1.** ⟨o. Pl.⟩ (ostmd.) *schleimige Masse, Schleim.* **2. a)** (Technik) *[streifige] Stelle in einem lichtdurchlässigen Stoff, an dem er eine andere Dichte aufweist u. dadurch andere optische Eigenschaften besitzt;* **b)** (Geol.) *streifige, in der Zusammensetzung vom übrigen Gestein unterschiedene Zone in einem Gestein;* **c)** *Streifen o. Ä. auf einer Glasscheibe, einem Spiegel o. Ä.*

schlie|rig ⟨Adj.⟩ (landsch.): *schleimig, schlüpfrig, glitschig.*

Schließ|an|la|ge, die: *mehrere innerhalb eines Gebäudes o. Ä. eingebaute [Tür]schlösser, deren verschiedene Schlüssel jeweils nur zu einer bestimmten Kombination von Schlössern passen.*

Schlie|ße, die; -, -n: *meist aus Metall bestehender Verschluss (z. B. als Spange, Schnalle):* die S. eines Gürtels.

schlie|ßen ⟨st. V.; hat⟩ [mhd. sliezen, ahd. sliozan, H. u.]: **1. a)** *bei einer Sache bewirken, dass sie nach außen abgeschlossen, zu ist:* eine Flasche s.; die Hand [zur Faust] s.; ein Buch s. *(zuschlagen);* ein hinten geschlossenes *(zu schließendes)* Kleid; **b)** *in eine solche Stellung bringen, so bewegen, handhaben, dass dadurch etw. geschlossen wird:* eine Tür, einen Hahn s.; die Lippen [fest] s. *(in gegenseitige Berührung bringen);* **c)** *(eine Öffnung, einen Durchlass o. Ä.) undurchlässig, unpassierbar o. Ä. machen:* einen Durchgang [mit einer Barriere] s.; eine Lücke s. *(ausfüllen);* **Ü** eine Grenze s. *(das Passieren einer Grenze untersagen).* **2.** ⟨s. + sich⟩ *sich zusammenlegen, -falten:* die Blüten schließen sich. **3.** *sich auf eine bestimmte Weise schließen* (1 b) *lassen:* die Türen schließen automatisch *(werden automatisch geschlossen).* **4.** ⟨s. + sich⟩ *in einen geschlossenen* (1) *Zustand gelangen:* die Tür schloss sich. **5. a)** ⟨s. + sich⟩ *sich anschließen* (4): an den Vortrag schloss sich eine Diskussion; **b)** *anschließen* (3): sie schloss daran noch einige Worte; **c)** *anschließen* (2): schließ die Lampe direkt an die Batterie! **6. a)** ***etw. in sich s.** *(etw. [mit] enthalten):* die Aussage schließt einen Widerspruch in sich; **b)** *einschließen* (3): wir wollen ihn [mit] in unser Gebet s.; **c)** *umfangen, umfassen, umgreifen u. (an einer bestimmten Stelle [am Körper]) festhalten:* die Mutter schloss das Kind fest in die Arme. **7. a)** *etw. für Besucher, Kunden o. Ä. zeitweilig unzugänglich machen:* das Museum ist heute geschlossen; **b)** *geschlossen* (7 a) *werden:* die Läden schließen um 18 Uhr; **c)** *(eine Firma, Institution o. Ä.) veranlassen, den Betrieb einzustellen:* er hat seinen Laden aus Altersgründen geschlossen *(aufgegeben);* **d)** *den Betrieb einstellen, ruhen lassen:* die Fabrik musste s., weil die Zulieferungen ausblieben. **8. a)** *einen Schlüssel im Schloss herumdrehen:* du musst zweimal s.; **b)** *(von einem Schlüssel, einem Schloss) [in einer bestimmten Weise] zu betätigen sein, funktionieren:* der Schlüssel schließt etwas schwer. **9. a)** *einschließen* (1): den Schmuck in eine Kassette s.; **b)** *anschließen* (1): sie schlossen ihre Fahrräder [mit Ketten] an einen Zaun. **10. a)** *(eine Veranstaltung o. Ä.) beenden, für beendet erklären:* eine Sitzung s.; **b)** *zum Ende bringen, beenden:* er schloss seinen Brief mit den Worten ...; ⟨auch o. Akk.-Obj.:⟩ hiermit möchte ich für heute s.; **c)** *zu Ende gehen, enden:* mit dieser Szene schließt das Stück. **11.** *(einen Vertrag o. Ä.) eingehen, abschließen:* mit jmdm. die Ehe s.; Frieden s.; einen Kompromiss s. *(sich auf einen Kompromiss einigen).* **12. a)** *(eine Tatsache, eine Annahme) von etw. ableiten, herleiten:* das lässt sich [nicht] ohne weiteres daraus s.; **b)** *etw. an einem Fall Beobachtetes, Vorhandenes auch für andere Fälle für zutreffend, gültig halten:* **R** du solltest nicht immer von dir auf andere s. (ugs.; *was für dich zutrifft, muss deswegen nicht auch für andere zutreffen*).

Schlie|ßer, der; -s, -: **1.** *Angestellter, der die Zellen im Gefängnis öffnet u. schließt.* **2.** *Türschließer* (1). **3.** *Türschließer* (2).

Schlie|ße|rin, die; -, -nen: w. Form zu ↑Schließer (1, 2).

Schließ|fach, das: **1.** *zur zeitweiligen Aufbewahrung von Gegenständen [gegen eine Gebühr] zur Verfügung stehendes verschließbares Fach* (1) *z. B. zur Gepäckaufbewahrung auf Bahnhöfen.* **2.** *Postfach* (a).

schließ|lich ⟨Adv.⟩: **1. a)** *nach einer langen Zeit des Wartens, nach vielen Verzögerungen, nach einer langwierigen Prozedur; endlich, zum Schluss, zuletzt:* er willigte s. [doch] ein; ***s. und endlich** (ugs. verstärkend; *schließlich*): s. und endlich haben wir es doch geschafft; **b)** kündigt, meist in Verbindung mit »und«, das letzte Glied einer längeren Aufzählung an: sie nahm ihre Jacke, die Tasche, den Koffer und s. den Schirm. **2.** drückt aus, dass die jeweilige Aussage nach Auffassung des Sprechers eine allein ausreichende u. sofort einleuchtende Erklärung, Begründung für etw. anderes darstellt: er ist s. mein Freund.

Schließ|mus|kel, der: **1.** *[ringförmiger] Muskel, der dazu dient, die Öffnung eines Hohlorgans (durch Kontraktion) zu verschließen, geschlossen zu halten.* **2.** (Zool.) *starker Muskel, mit dessen Hilfe Muscheln ihre Schale schließen, geschlossen halten.*

Schlie|ßung, die; -, -en ⟨Pl. selten⟩: *das Schließen* (1, 7 c, 7 d, 10 a, 11).

Schließ|zy|lin|der, der: *zylindrischer Teil eines Sicherheitsschlosses, der mit dem Schlüssel gedreht wird.*

schliff: ↑¹schleifen.

Schliff, der; -[e]s, -e [mhd. slif, zu ↑¹schleifen]: **1. a)** ⟨o. Pl.⟩ *das* ¹*Schleifen* (1 b) *von etw.:* der S. von Diamanten ist mühevoll; **b)** *Art u. Weise, in der etw. geschliffen ist:* die Edelsteine haben einen schönen S. **2. a)** ⟨o. Pl.⟩ *das* ¹*Schleifen* (1 a), *Schärfen* (1), *Herstellen einer Schneide:* beim S. der Messer; **b)** *Art u. Weise, in der etw. geschliffen, mit einer Schneide versehen ist:* die Messer haben einen welligen S. **3.** ⟨o. Pl.⟩ **a)** *verfeinerte Umgangsformen (die jmdm. durch seine Erziehung vermittelt werden); Lebensart, die jmd. erworben hat:* jmdm. S. beibringen; **b)** *bestimmte Vollkommenheit:* der neuen Bedienung fehlt noch der S.

Schliff|art, die: *Art des Schliffs* (1 b, 2 b).

Schliff|flä|che, die: *geschliffene* (1 b) *Fläche von etw.:* die S. eines Edelsteins.

Schliff|form, die: vgl. Schliffart.

schlif|fig: ↑schliefig.

schlimm ⟨Adj.⟩ [mhd. slim(p) = schief, schräg (vgl. ahd slimbi = Schräge), erst im Nhd. = übel, schlecht, böse, H. u.]: **1.** *schwerwiegend u. üble Folgen nach sich ziehend:* ein -er Fehler; das ist sehr s. für ihn *(trifft ihn sehr hart).* **2.** *in hohem Maße unangenehm, unerfreulich; negativ* (2 a); *übel, arg:* eine -e Sache, Lage; es ist alles halb so s.; ist nicht s.! (entschuldigende Floskel: *das macht nichts!*); es hätte -er kommen können; ⟨subst.:⟩ man fürchtet das Schlimmste; es gibt Schlimmeres. **3.** *(in moralischer Hinsicht) schlecht, böse, niederträchtig:* ein -er Bursche; ⟨subst.:⟩ er ist ein ganz Schlimmer (scherzh.; *ein Schwerenöter*). **4.** (fam.) *(von einem Körperteil, Organ o. Ä.) entzündet, verletzt, schmerzend:* er hat einen -en Zahn. **5.** ⟨intensivierend bei Adj. u. Verben⟩ (ugs.) *sehr:* heute ist es s. kalt.

schlimms|ten|falls ⟨Adv.⟩: *im ungünstigsten Falle.*

Schlin|ge, die; -, -n [16. Jh.; zu ↑¹schlingen; mhd. slinge, ahd. slinga = Schleuder]: **1.** *zu runder od. länglicher Form ineinander verknüpftes Stück Schnur, Draht, Stoff o. Ä. [das zusammengezo-*

gen werden kann]: eine S. knüpfen, machen; eine S. aus Draht; *** jmdm. die S. um den Hals legen** *(jmdn. hart bedrängen; jmds. Ruin einleiten).* **2.** *aus einer in bestimmter Weise aufgestellten Drahtschlinge bestehendes Fanggerät:* -n legen, stellen; Ü er hat sich in seiner eigenen S. gefangen *(ist Opfer seiner eigenen List geworden).* **3.** *Teil eines [lockeren] Gewebes o. Ä., der in der Form einer Schlinge* (1) *ähnlich ist:* die -n des Teppichs. **4.** (Eiskunstlauf, Rollkunstlauf) *in einem verkleinerten Achter gelaufene Figur mit einer ovalen Eindrehung.*

Schlin|gel, der; -s, - [älter auch: Schlüngel, zu mhd., mniederd. slingen (↑[1]schlingen) in der Bed. »schleichen, schlendern«, eigtl. = Müßiggänger] (scherzh.): *Kind, junger Mann, der zu vielerlei Streichen o. Ä. aufgelegt ist:* na, du kleiner S.

[1]schlin|gen ⟨st. V.; hat⟩ [mhd. slingen, ahd. slingan = hin und her ziehend schwingen; winden, flechten, auch: sich winden, kriechen, schleichen]: **1. a)** *um etw. winden od. legen [u. die Enden verknüpfen od. umeinander legen]:* einen Schal um den Hals s.; **b)** *(Arme, Hände) fest um jmdn., etw. legen:* die Arme um jmdn., um jmds. Hals s.; **c)** ⟨s. + sich⟩ *sich um etw. herumschlingen, winden:* Efeu schlingt sich um den Baumstamm. **2.** *in etw. flechten:* Bänder ins Haar s. **3.** *durch Umeinanderwinden u. Verknüpfen (der Enden einer Schnur, eines Bandes o. Ä.) herstellen:* einen Knoten s. **4.** *umeinander winden u. verknüpfen:* die Enden eines Seils zu einem Knoten s.

[2]schlin|gen ⟨st. V.; hat⟩ [mhd. (ver)slinden, ahd. (far)slintan, im Frühnhd. mit ↑[1]schlingen lautlich zusammengefallen, H. u., viell. eigtl. = gleiten lassen]: *([gierig], hastig,) ohne [viel] zu kauen, essen, das Essen herunterschlucken:* er schlang seine Suppe in großer Hast; ⟨auch ohne Akk.-Obj.:⟩ er kaut nicht, er schlingt nur.

Schlin|gen|flor, der: [2]*Flor* (2), *der aus Schlingen* (3) *besteht:* ein Teppich aus S.

Schlin|gen|stel|ler, der; -s, -: *jmd., der Schlingen* (2) *zum Tierfang aufstellt.*

Schlin|gen|stel|le|rin, die; -, -nen: w. Form zu ↑Schlingensteller.

Schlin|ger|be|we|gung, die: *Bewegung des Schlingerns* (a) *eines Boots od. Schiffs.*

Schlin|ger|kiel, der: *Kiel, der die Schlingerbewegungen dämpfen soll.*

Schlin|ger|kurs, der (bes. Politik Jargon): *[politischer] Kurs, dem es an Geradlinigkeit fehlt:* der S. einer Partei.

schlin|gern ⟨sw. V.⟩ [aus dem Niederd. < mniederd. slingern = hin und her schlenkern, zu ↑[1]schlingen]: **a)** *(von Schiffen) sich im Seegang o. Ä. um seine Längsachse drehen, wobei abwechselnd die eine u. die andere Längsseite stärker ins Wasser taucht; rollen* ⟨hat⟩: das Boot, Schiff schlingert; *** ins Schlingern geraten/kommen** (↑schleudern 2 a); **b)** *sich schlingernd* (a), *mit Schlingerbewegungen fortbewegen* ⟨ist⟩: die Boote schlingerten durch die raue See.

Schling|pflan|ze, die: *Pflanze, die sich an einer Stütze emporwindet.*

Schling|stich, der (Handarb., Schneiderei): *[Stick]stich, mit dem etw. am Rand befestigt wird.*

Schling|strauch, der: vgl. Schlingpflanze.

Schlipf, der; -[e]s, -e [spätmhd. slipf(e)] (schweiz.): *Berg-, Fels-, Erdrutsch.*

Schlip|pe, die; -, -n [1: mniederd. slip(p)e, eigtl. wohl = (Nach)schleifendes; 2: eigtl. wohl = etw., in das man hineinschlüpft]: **1.** (nordd.) *Rockzipfel.* **2.** (landsch.) *enger Durchgang; schmales Gässchen.*

Schlips, der; -es, -e [aus dem Niederd., Nebenf. von mniederd. slip(p)e; in den Wendungen hat »Schlips« noch die urspr. Bed. »Rockschoß, -zipfel«; ↑Schlippe] (ugs.): *Krawatte* (1): einen S. umbinden, tragen; *** jmdm. auf den S. treten** *(jmdm. zu nahe treten; jmdn. beleidigen);* **sich auf den S. getreten fühlen** *(verletzt, gekränkt sein über jmds. Reden od. Verhalten).*

Schlips|hal|ter, der: *Krawattenhalter.*

Schlips|na|del, die: *Krawattennadel.*

schliss: ↑schleißen.

Schlit|tel, das; -s, - (schweiz., sonst landsch.): *kleiner Schlitten* (1).

schlit|teln ⟨sw. V.; ist⟩ (österr., schweiz.): *rodeln.*

Schlit|ten, der; -s, - [mhd. slite, ahd. slito, zu mhd. slīten = gleiten; vgl. engl. to slide = gleiten]: **1.** *(bes. von Kindern verwendeter) mit zwei vorn hochgebogenen Kufen versehener, niedriger Sitz verschiedener Länge zum gleitenden Fahren im Schnee; Rodelschlitten:* die Kinder fahren S., fahren mit dem S. den Hang hinunter; *** mit jmdm. S. fahren** (ugs. abwertend; *jmdn. hart u. rücksichtslos behandeln).* **2.** *zum Transportieren von Personen od. Sachen dienendes Fahrzeug auf Kufen:* den S. anspannen; *** unter den S. kommen** (veraltend; *[moralisch] herunterkommen, verkommen).* **3.** (salopp) *Auto, auch Motorrad, Fahrrad o. Ä.:* er fährt einen tollen, alten S. **4.** (Technik) *beweglicher, hin- u. herschiebbarer Teil an bestimmten Maschinen, Geräten:* der S. an der Schreibmaschine. **5.** (Schiffbau) *Konstruktion aus Holz, auf dem ein Schiff beim Stapellauf ins Wasser gleitet.* **6.** (derb abwertend) *Prostituierte.*

Schlit|ten|bahn, die: *Rodelbahn.*

Schlit|ten|fahrt, die: *Fahrt mit einem Schlitten* (1, 2).

Schlit|ten|hund, der: *Hund, der dazu verwendet wird, Schlitten* (2) *zu ziehen.*

Schlit|ten|ku|fe, die: *Kufe eines Schlittens* (1, 2).

Schlit|ten|par|tie, die: *Schlittenfahrt.*

Schlit|ter|bahn, die; -, -en (landsch.): *Rutschbahn* (2).

schlit|tern ⟨sw. V.⟩ [aus dem Niederd., Iterativbildung zu mhd. slīten, ↑Schlitten]: **1. a)** *mit einem Anlauf über eine glatte Schnee- od. Eisfläche rutschen* ⟨hat⟩: die Kinder schlitterten; **b)** *sich schlitternd* (1 a) *über etw. hin bewegen* ⟨ist⟩: sie sind über den zugefrorenen Teich geschlittert. **2.** *auf einer glatten Fläche, auf glattem Untergrund [aus]gleiten, ins Rutschen kommen* ⟨ist⟩: der Wagen schlitterte auf der vereisten Straße. **3.** *unversehens, ohne Absicht, ohne es zu wollen in eine bestimmte [unangenehme] Situation hineingeraten; hineinschlittern* (2) ⟨ist⟩: das Unternehmen ist in die Pleite geschlittert.

Schlitt|schuh, der; -[e]s, -e [unter Anlehnung an ↑Schlitten umgebildet aus älter Schrittschuh; vgl. mhd. schritschuoch, ahd. scritescuoh = ein Schuh zu weitem Schritt]: *unter dem Schuh befestigte od. zu befestigende schmale Kufe aus Stahl, die es ermöglicht, sich auf dem Eis gleitend fortzubewegen:* sie sind/haben S. gelaufen, gefahren *(sind Eis gelaufen).*

Schlitt|schuh|lau|fen, das; -s: *Eislauf.*

Schlitt|schuh|läu|fer, der: *Eisläufer.*

Schlitt|schuh|läu|fe|rin, die: w. Form zu ↑Schlittschuhläufer.

Schlitz, der; -es, -e [mhd. sliz, ahd. sliz, sliȝ = Schlitz, Spalte, urspr. = durch Reißen entstandener Spalt, zu ↑schleißen]: **1.** *längliche, schmale Öffnung in etw. [die durch Verschieben von Teilen vorübergehend hergestellt werden kann]:* der S. des Briefkastens; seine Augen wurden zu -en *(wurden bis auf einen schmalen Spalt zugekniffen).* **2.** (ugs.) kurz für ↑Hosenschlitz. **3.** *offener, schmaler, länglicher Einschnitt in einem Kleidungsstück:* ein Rock mit seitlichen -en. **4.** (vulg.) *Vagina.*

Schlitz|au|ge, das: **a)** ⟨meist Pl.⟩ *Auge mit besonders schmaler Lidspalte, das sich scheinbar nicht weit öffnen lässt;* **b)** (oft abwertend) *jmd., der Schlitzaugen* (a) *hat.*

schlitz|äu|gig ⟨Adj.⟩: *Schlitzaugen* (a) *habend:* eine -e Schönheit.

schlit|zen ⟨sw. V.; hat⟩ [mhd. slitzen, zu ↑schleißen] (veraltend): **a)** *mit einem Schlitz* (3), *mit Schlitzen versehen:* ein geschlitzter Rock; **b)** *der Länge nach aufschlitzen:* Fische s. und ausnehmen.

schlitz|för|mig ⟨Adj.⟩: *von, in der Form eines Schlitzes* (1).

Schlitz|ohr, das [2: Betrüger wurden früher durch Einschlitzen der Ohren bestraft u. gekennzeichnet]: **1.** *geschlitzte Ohrmuschel.* **2.** (ugs.) *jmd., der listig, durchtrieben seine Ziele verfolgt.*

schlitz|oh|rig ⟨Adj.⟩ (ugs.): *sehr geschickt, durchtrieben im Verfolgen seiner Ziele:* ein -er Geschäftsmann.

schloff, schlöf|fe: ↑schliefen.

schloh|weiß ⟨Adj.⟩ [älter: schloßweiß = weiß wie ↑Schloßen]: *(meist nur vom Haar alter Menschen) ganz, vollkommen weiß:* er hatte -es Haar.

schloss: ↑schließen.

Schloss, das; -es, Schlösser [mhd., ahd. sloȝ = (Tür)verschluss, Riegel; mhd. auch = Burg, Kastell, zu ↑schließen]: **1. a)** *(an Türen u. bestimmten Behältern angebrachte) Vorrichtung zum Verschließen, Zuschließen mithilfe eines Schlüssels:* ein S. aufbrechen, ölen; der Schlüssel steckt im S.; die Tür ist ins S. gefallen *(ist zugeschlagen);* **b)** kurz für ↑Vorhängeschloss; *** hinter S. und Riegel** (ugs.; *im/ins Gefängnis*): jmdn. hinter S. und Riegel bringen, setzen; hinter S. und Riegel sein; **unter S. und Riegel** (ugs.; *unter Verschluss).* **2.** *Schnappverschluss:* das S. an der Handtasche. **3.** *beweglicher Teil an Handfeuerwaffen, in dem die Patronen eingeführt werden, das Abfeuern u. Auswerfen der Hülse erfolgt:* das S. des Gewehrs. **4. a)** *meist mehrflügeliges (den Baustil seiner Zeit u. den Prunk seiner Bewohner repräsentierendes) Wohngebäude des Adels:* ein verwunschenes S.; das Heidelberger S.; die Schlösser der Loire; das S. in, von, zu Würzburg; im S. wohnen; **b)** ⟨o. Pl.⟩ *Bewohner des Schlosses:* das S. geriet in Aufregung.

Schloss|an|la|ge, die: *weitläufiger Gebäudekomplex eines Schlosses.*

schloss|ar|tig ⟨Adj.⟩: *(in seiner Bauform) einem Schloss ähnlich:* ein -es Gebäude, Bauwerk.

Schloss|berg, der ⟨o. Pl.⟩: *Anhöhe, auf dem ein Schloss steht od. stand.*

Schlöss|chen, das; -s, -: Vkl. zu ↑Schloss (1, 2, 4).

schlös|se: ↑schließen.

Schlo|ße, die; -, -n ⟨meist Pl.⟩ [mhd. slōȝ(e)] (landsch.): *Hagelkorn.*

schlo|ßen ⟨sw. V.; hat; unpers.⟩ [mhd. slōȝen] (landsch.): *hageln* (1).

Schlos|ser, der; -s, - [mhd. sloȝȝer, zu ↑Schloss]: *Handwerker u. Facharbeiter, der Metall u. Kunststoff verarbeitet, bestimmte Gegenstände, Teile daraus herstellt bzw. formt u. montiert* (Berufsbez.).

Schlös|ser: Pl. von ↑Schloss.

Schlos|se|rei, die; -, -en: **1.** *Werkstatt des Schlossers:* in der S. arbeiten. **2.** ⟨o. Pl.⟩ **a)** *das Schlossern:* die S. macht ihm Spaß; **b)** *Schlosserhandwerk:* er hat die S. erlernt. **3.** ⟨o. Pl.⟩ (Bergsteigen) *Gesamtheit der metallenen Gegenstände u. Hilfsmittel, die beim Klettern im Fels benötigt werden.*

Schlos|ser|hand|werk, das ⟨o. Pl.⟩: *Handwerk des Schlossers.*

Schlos|se|rin, die; -, -nen: w. Form zu ↑Schlosser.

schlos|sern ⟨sw. V.; hat⟩ (ugs.): *[gelegentlich u. ohne eigentliche Ausbildung] Arbeiten eines Schlossers verrichten:* er schlossert manchmal.

Schloss|ge|spenst, das: *in einem alten Schloss* (4 a) *hausendes Gespenst.*

Schloss|herr, der: *Besitzer u. Bewohner eines Schlosses.*

Schloss|her|rin, die: **1.** w. Form zu ↑Schlossherr. **2.** *Gemahlin des Schlossherrn.*

Schloss|hof, der: *meist vor dem Schloss* (4 a) *sich erstreckender Hof* (1).

Schloss|hund: nur in der Wendung **heulen wie ein S.** (ugs.; *laut u. heftig weinen).*

Schloss|ka|pel|le, die: vgl. Schlosskirche.

Schloss|kir|che, die: *zu einer Schlossanlage gehörende Kirche* (1).

Schloss|park, der: *zu einem Schloss gehörender Park* (1).

Schloss|ru|i|ne, die: *Ruine eines Schlosses.*

Schlot, der; -[e]s, -e, seltener: Schlöte [mhd., ahd. slāt, viell. zu mhd. slāte = Schilfrohr, also viell.

eigtl. = hohler Halm]: **1.** (landsch.) *Fabrikschornstein, Schornstein eines Dampfschiffs:* aus den -en der Fabriken steigt schwarzer Qualm; er raucht, qualmt wie ein S. (ugs.; *ist ein starker Raucher*). **2.** (Geol.) *(meist senkrecht aufsteigender) Schacht in der Erdkruste, durch den bei der Vulkantätigkeit Gase u. Magma aus dem Erdinnern an die Oberfläche gelangen.* **3.** (Geol.) *Doline in Karstgebieten.* **4.** (ugs. abwertend) **a)** *leichtsinniger, unzuverlässiger o. ä. Mann, Nichtsnutz;* **b)** *unangenehmer Bursche, Kerl.*

Schlö|te: Pl. von ↑Schlot.

schlot|te|rig: ↑schlottrig.

schlot|tern ⟨sw. V.; hat⟩ [mhd. slot(t)ern, Intensivbildung zu: sloten = zittern, urspr. = schlaff herabhängen]: **1.** *(vor Kälte od. durch eine heftige Gefühlsbewegung, bes. Angst, Aufregung o. Ä. bewirkt) heftig zittern:* die Kinder schlotterten [vor Angst, vor Kälte]; sie schlotterte am ganzen Leib; mit schlotternden Knien ging er hinaus. **2.** *(bes. von zu weiten Kleidungsstücken o. Ä.) lose, schlaff (am Körper, einem Körperteil) herabhängen, sich (bei einer Bewegung des Trägers) schlenkernd hin u. her bewegen:* die Hosen schlottern ihm um die Beine.

schlott|rig, schlotterig ⟨Adj.⟩: **1.** *schlotternd* (1): er hatte vor Aufregung -e Knie. **2.** *schlotternd* (2): -e Hosen.

Schlucht, die; -, -en, dichter. veraltet: Schlüchte [aus dem Niederd., Md., für mhd. sluft = das Schlüpfen (niederd. -cht- entspricht hochd. -ft-, vgl. Schacht)]: *enges, tiefes Tal; enger, tiefer, steilwandiger Einschnitt im Gelände:* eine tiefe S.; Ü die düsteren -en der Vorstadt.

schluch|zen ⟨sw. V.; hat⟩ [frühnhd. Intensivbildung zu mhd. slūchen = schlingen, schlucken]: *krampfhaft, stoßweise atmend, weinend [seelischen] Schmerz, tiefe innere Bewegung äußern:* herzzerbrechend s.; mit schluchzender Stimme; Ü schluchzende Geigen.

Schluch|zer, der; -s, -: *einmaliges, kurzes [Auf]schluchzen:* einen S. unterdrücken.

Schluck, der; -[e]s, -e, selten auch: Schlücke (als Mengenangabe auch:) Schluck [mhd. sluc, zu ↑schlucken]: **1. a)** *Flüssigkeitsmenge, die man beim Trinken mit einem Mal schluckt:* einige S. Wasser; einen [kräftigen] S. [aus der Flasche] nehmen; Ü hast du einen S. (ugs.; *etwas*) zu trinken für uns?; **b)** (ugs.) *[alkoholisches] Getränk:* er weiß einen guten S. zu schätzen. **2.** *das Hinunterschlucken einer Flüssigkeitsmenge (als einzelner Vorgang):* in/mit hastigen -en trinken.

Schluck|auf, der; -s [nach niederd. Sluck-up]: *wiederholtes, (durch reflexartige Zusammenziehung des Zwerchfells hervorgerufenes) unwillkürliches, ruckartiges Einatmen, das mit einem glucksenden Geräusch verbunden ist:* den, einen S. kriegen, bekommen, haben.

Schluck|be|schwer|den ⟨Pl.⟩: *Beschwerden beim Schlucken.*

Schlück|chen, das; -s, -: Vkl. zu ↑Schluck.

schlu|cken ⟨sw. V.; hat⟩ [mhd. slucken, Intensivbildung zu einem Verb mit der Bed. »hinunterschlingen«, wohl lautm.]: **1. a)** *durch reflexartige zusammenziehende Bewegung der Zungen- u. Halsmuskeln vom Mund in die Speiseröhre u. den Magen gelangen lassen:* beim Schwimmen versehentlich Wasser s.; die Tabletten soll man [unzerkaut] mit etwas Flüssigkeit s.; **b)** *Zungen- u. Halsmuskeln wie beim Schlucken* (1 a) *von etw. bewegen, betätigen:* eine Angina haben und kaum, nicht s. können. **2.** (salopp) *(etw. Alkoholisches) trinken:* zwei Flaschen Bier täglich s.; hast du was zu s.? **3.** (ugs.) *([schädliche] Stoffe) durch Mund od. Nase in den Körper aufnehmen:* viel Staub s. [müssen]. **4.** (ugs. abwertend) *seinem Besitz, seiner Sphäre einverleiben; in seinen Besitz, in seine Gewalt bringen:* ein Gebiet s.; ein Konzern schluckt die kleineren Betriebe. **5.** (ugs.) **a)** *etw. Unangenehmes widerwillig, aber ohne Widerrede hinnehmen:* einen Tadel, eine Benachteiligung s. [müssen]; **b)** *ohne Anzweiflung hinnehmen, glauben:* eine Entschuldigung, Ausrede s.; sie schien die Geschichte zu s.; **c)** *Mühe haben, etw. innerlich zu verarbeiten, mit etw. fertig zu werden:* an etw. s.; an dieser Niederlage hatte er [ganz schön] zu s. **6.** (ugs.) **a)** *etw. in sich aufnehmen u. verschwinden lassen:* der Boden schluckt viel Wasser; die Fabriktore schlucken die Massen der Arbeiter; der Teppich schluckt *(dämpft)* den Schall; dunkle Farben schlucken *(absorbieren)* viel Licht; **b)** *verbrauchen, verschlingen:* der Motor, der Wagen schluckt viel [Benzin], bis zu 20 Liter auf 100 km; ein großer Teil des Spendenaufkommens wird von der Verwaltung geschluckt; ⟨auch o. Akk.-Obj.:⟩ das Auto schluckt kräftig.

Schlu|cken, der; -s: *Schluckauf.*

Schlu|cker, der; -s, - [2: eigtl. jmd., der alles hinunterschlucken muss; ahd. slucko = Schlemmer] (ugs.): **1.** *jmd., der viel, gerne Alkoholisches trinkt.* **2. armer S.** *(mittelloser, bedauernswerter Mensch).*

Schlu|cke|rin, die; -, -nen: w. Form zu ↑Schlucker (1).

Schluck|imp|fung, die: *Impfung, bei der der Impfstoff nicht eingespritzt, sondern geschluckt wird:* eine S. gegen Kinderlähmung durchführen.

Schluck|specht, der (ugs. scherzh.): *jmd., der viel, gerne Alkohol trinkt.*

Schluck|stö|rung, die: *den Schluckvorgang behindernde Störung.*

schluck|wei|se ⟨Adv.⟩: *Schluck für Schluck, in Schlucken:* die Arznei s. einnehmen ⟨mit Verbalsubstantiven auch attr.:⟩ bei -r Einnahme, Verabreichung.

Schlu|der|ar|beit, die; -, -en (ugs. abwertend): *schludrige Arbeit:* S. leisten.

Schlu|de|rei, die; -, -en (ugs. abwertend): **1.** ⟨o. Pl.⟩ *dauerndes Schludern.* **2.** *Nachlässigkeit, Versäumnis.*

Schlu|de|rer, der; -s, - [spätmhd. slūderer, zu: slūdern, ↑schludern] (ugs. abwertend): *jmd., der schludert; schludriger Mensch.*

schlu|de|rig, schludrig ⟨Adj.⟩ (ugs. abwertend): **1.** *(in Bezug auf die Ausführung von etw.) flüchtig, nachlässig:* eine -e Arbeit, Schrift; ein -er Mensch; etw. s. reparieren; sei nicht so s.! **2.** *(bes. von der Kleidung) schlampig [aussehend]:* -e Kleider.

Schlu|de|rin, Schludrerin, die; -, -nen: w. Form zu ↑Schluderer.

Schlu|der|jan, der; -s, -e [vgl. Dummerjan] (ugs. abwertend): *Schludrian* (1).

schlu|dern ⟨sw. V.; hat⟩ [spätmhd. slūdern = schlendern, schlenkern] (ugs. abwertend): *schludrig arbeiten:* beim Nähen s.; mit dem Material s. *(es vergeuden).*

Schlu|der|wirt|schaft, die; - (ugs. abwertend): *schludrige Wirtschaft, schludrige Führung von Angelegenheiten:* die S. in diesem Haus muss aufhören.

Schlud|re|rin: ↑Schluderin.

Schlu|dri|an, der; -s, -e [1: zur Bildung vgl. Grobian; 2: vgl. Schlendrian] (ugs. abwertend): **1.** *jmd., der schludert; schludriger Mensch:* er ist ein S. **2.** ⟨o. Pl.⟩ *schludrige Arbeitsweise:* Kampf dem S.!

schlud|rig: ↑schluderig.

Schlud|rig|keit, die; -, -en (ugs. abwertend): **1.** ⟨o. Pl.⟩ *schludrige Art, Beschaffenheit.* **2.** *Verhalten, Umstand, der Schludrigkeit* (1) *erkennen lässt.*

Schluff, der; -[e]s, -e u. Schlüffe [1: zu mhd. sluf in der Bed. »das Ausgleiten«]: **1.** *staubfeiner, lehmiger Sand; sehr feines Sediment.* **2.** (südd. veraltend) [2]*Muff.* **3.** (südd., österr.) *enger Durchlass, enger [Durch]gang.*

schlug, schlü|ge: ↑schlagen.

Schlum|mer, der; -s [spätmhd. (md.) slummer, wohl rückgeb. aus ↑schlummern] (geh.): *leichterer, oft kürzerer Schlaf, bes. als Zustand wohltuender Entspannung:* jmdn. aus dem S. reißen; in S. sinken.

Schlum|mer|lied, das (geh.): *Schlaflied.*

schlum|mern ⟨sw. V.; hat⟩ [spätmhd. (md.) slummern, zu: slummen = schlafen, eigtl. = schlaff, schlapp sein]: **1.** (geh.) *im Schlummer liegen:* sanft, ruhig, tief s.; Ü die schlummernde Natur. **2.** *ungenutzt od. unentfaltet, unentwickelt verborgen liegen:* dieser Hinweis hat jahrelang in den Akten geschlummert; in jmdm. schlummern Kräfte; ein schlummerndes Talent entfalten.

Schlum|mer|rol|le, die: vgl. Nackenkissen.

Schlum|mer|stun|de, die (geh.): *kürzerer Zeitraum, der zu einem Schlaf genutzt wird.*

schlum|pen (landsch.): ↑schlampen (1).

Schlumpf, der; -[e]s, Schlümpfe [H. u.]: **1.** (landsch.) *jmd., über dessen Verhalten man auf eine mehr gutmütige Weise empört ist:* du bist aber ein S.! **2.** *zwergenhafte Fantasiegestalt der Comicliteratur.*

Schlumps, der; -es, -e (landsch. abwertend): *[unordentlicher] Mensch, der nicht sonderlich sympathisch wirkt:* er rennt wie ein S. durch die Gegend.

Schlund, der; -[e]s, Schlünde [mhd., ahd. slunt, ablautende Bildung zu ↑[2]schlingen]: **1. a)** *trichterförmiger Raum, der den Übergang zwischen hinterer Mundhöhle u. Speiseröhre bildet; [hinterer] Rachen:* ihm ist eine Gräte im S. stecken geblieben; sich etw. in den S. (salopp; *Mund*) stopfen; **b)** (Jägerspr.) *(beim Schalenwild) Speiseröhre.* **2.** (geh.) *tiefe Öffnung:* der S. eines Kraters.

Schlup: ↑Slup.

schlup|fen (schweiz. veraltet, südd., österr.), **schlüp|fen** ⟨sw. V.; ist⟩ [mhd. slüpfen, slupfen, ahd. slupfen, Intensivbildung zu ↑schliefen]: **1.** *sich gewandt u. schnell [gleitend, durch eine Öffnung] in eine bestimmte Richtung bewegen:* durch den Zaun, unter die Decke s.; die Maus schlüpfte aus dem Loch; Ü die nasse Seife schlüpft *(gleitet)* mir aus der Hand. **2.** *etw. schnell, bes. mit gleitenden, geschmeidigen Bewegungen an-, aus-, überziehen:* in die Schuhe s.; Ü in die Rolle eines anderen s. *(die Rolle eines anderen geschickt übernehmen u. sie ganz ausfüllen).* **3.** *sich aus dem Ei, der Puppe, der Larve herauslösen; ausschlüpfen, auskriechen:* das Küken ist [aus dem Ei] geschlüpft.

Schlüp|fer, der; -s, -: **1.** ⟨oft auch im Pl. mit singularischer Bed.⟩ *Unterhose mit kurzen Beinen, bes. für Damen u. Kinder:* einen neuen S., ein Paar neue S. anziehen. **2.** *bequem geschnittener, sportlicher Herrenmantel mit großen, tiefen Armlöchern.*

Schlupf|loch, das: **1.** vgl. Schlupfwinkel. **2.** *Loch zum Durchschlüpfen, Durchschlupf:* die Katze kroch durch das S. in der Mauer; Ü er hielt sich immer ein paar Schlupflöcher offen.

schlüpf|rig ⟨Adj.⟩ [mhd. slipfe(ri)c = glatt, glitschig, zu: slipfe(r)n, ahd. slipfen = ausgleiten, Intensivbildung zu ↑[1]schleifen; frühnhd. an ↑schlüpfen angelehnt]: **1.** *feucht u. glatt, mit einer Oberfläche, auf, an der jmd. od. etw. leicht abrutscht, ausgleitet:* s. wie ein Aal. **2.** (abwertend) *zweideutig, anstößig, unanständig:* ein -er Witz.

Schlüpf|rig|keit, die; -, -en: **1.** ⟨o. Pl.⟩ *das Schlüpfrigsein.* **2.** *schlüpfrige* (2) *Äußerung, Stelle in einem Buch o. Ä.*

Schlupf|stie|fel, der ⟨meist Pl.⟩: *mühelos anzuziehender Stiefel ohne Reißverschluss o. Ä.*

Schlupf|wes|pe, die: *rot-gelb bis schwarz gefärbte Wespe, deren Larven sich als Parasiten in Eiern, Larven od. Puppen anderer Insekten entwickeln u. diese töten.*

Schlupf|win|kel, der: **1.** *Winkel, geschützte Stelle, wo sich ein Tier verstecken kann:* die Mäuse kommen aus ihren -n. **2.** (oft abwertend) *verborgener, geheimer Zufluchtsort, Versteck:* das Gebirge bot den Banditen sichere S.

Schlup|pe, die; -, -n [niederd. Form von mhd. slupf = Schlüpfen; Schlinge, Strick, zu ↑schlüpfen] (nordd., md.): *Schlinge, Schlaufe.*

schlur|fen ⟨sw. V.⟩ [Nebenf. von ↑schlürfen]: **1.** ⟨ist⟩ **a)** *geräuschvoll [u. schleppend] gehen, indem man die Schuhe über den Boden schleifen lässt:* schlurfende Schritte; **b)** *sich schlurfend* (1 a) *zu* *etw., über etw. hin bewegen:* er schlurfte in die Küche. **2.** (landsch.) *schlürfen* (1, 2) ‹hat›.

schlür|fen ‹sw. V.› [lautm.]: **1.** ‹hat› **a)** *Flüssigkeit geräuschvoll in den Mund einsaugen:* laut s.; **b)** *schlürfend* (1 a) *zu sich nehmen:* ein heißes Getränk vorsichtig s. **2.** *etw. langsam u. mit Genuss in kleinen Schlucken trinken* ‹hat›: ein Glas Likör s. **3.** (landsch.) *schlurfen* (1) ‹ist›.

Schlus̱s, der; -es, Schlüsse [spätmhd. sluȥ, zu ↑schließen]: **1. a)** ‹o. Pl.› *Zeitpunkt, an dem etw. aufhört, beendet wird; letztes Stadium; Ende:* es ist S. [mit etw.] *(etw. hat aufgehört; mit etw. wird aufgehört);* mit dem schönen Wetter ist S.; mit dem Trinken ist jetzt S.; S. für heute!; jetzt ist aber S. [damit]!, S. jetzt! *(jetzt ist es genug!);* beim Erzählen keinen S. *(kein Ende)* finden [können]; am, zum S. des Jahres abrechnen; kurz vor S. *(Laden-, Geschäfts-, Dienstschluss);* damit komme ich zum S. meiner Ausführungen; am/zum S. *(zuletzt, schließlich)* bedankte er sich doch noch; * **mit jmdm. ist S.** (ugs.; 1. *jmd. muss sterben.* 2. *jmd. ist am Ende seiner Kräfte*); **mit jmdm., mit etw. ist S.** (ugs.; *jmd., etw. ist ruiniert*); **S. machen** (1. *Feierabend machen, seine Tagesarbeit beenden.* 2. ugs.; *seine Arbeit, Stellung aufgeben:* er hat bei der Firma S. gemacht); **[mit etw.] S. machen** *([mit etw.] aufhören):* macht endlich S. [mit dem Krieg]!; **[mit sich, mit dem Leben] S. machen** (ugs.; *sich das Leben nehmen*); **[mit jmdm.] S. machen** *(ein Liebesverhältnis, eine Freundschaft, eine Bindung endgültig lösen);* **b)** *letzter Abschnitt, letzter, äußerster Teil einer bes. räumlich festgelegten Folge, Reihe:* S. folgt [im nächsten Heft]; den S. bilden; der Gepäckwagen befindet sich am S. des Zuges. **2. a)** *Folgerung, Ableitung:* ein zwingender, weit reichender S.; die Tatsachen lassen sichere Schlüsse zu; voreilige Schlüsse ziehen, ableiten; aufgrund der Tatsachen kam sie zu dem S., dass ...; **b)** (Logik) *Ableitung von Aussagen aus anderen Aussagen mithilfe von bestimmten Regeln der Logik:* der S. *(das logische Schließen)* vom Allgemeinen auf das Besondere. **3.** (veraltet) **a)** ‹o. Pl.› *das [Ab]schließen:* kurz vor S. des Tores; **b)** *Abkommen, Abschluss; Beschluss; Entschluss.* **4.** (Musik) *abschließende Ton-, Akkordfolge, bes. Kadenz.* **5.** ‹o. Pl.› (Rugby) *Schlussspieler.* **6.** (Börsenw.) *Mindestbetrag od. Mindeststückzahl für die Kursfeststellung.* **7.** ‹o. Pl.› **a)** (Fachspr.) *dichtes [Ab]schließen:* die Fenster haben guten S. *(schließen dicht);* **b)** (Reiten) *festes Anliegen der Schenkel des Reiters, der Reiterin am Pferdeleib:* guten S. *(das Pferd fest zwischen den Schenkeln)* haben. **8.** (Elektrot. Jargon) kurz für ↑Kurzschluss (1).

Schlus̱s|ab|rech|nung, die: vgl. Schlussbilanz.

Schlus̱s|ab|stim|mung, die (Parl.): *letzte, endgültige Abstimmung.*

Schlus̱s|ak|kord, der (Musik): *letzter, abschließender Akkord eines Musikstücks:* Ü der S. (geh.; *Ausklang*) eines Festes.

Schlus̱s|akt, der: **1.** *letzter, abschließender Akt* (1 a, b). **2.** *letzter, abschließender Akt* (2) *eines Bühnenstücks.*

Schlus̱s|ball, der: *Abschlussball.*

Schlus̱s|be|mer|kung, die: vgl. Schlussbericht.

Schlus̱s|be|richt, der: *abschließender Bericht.*

Schlus̱s|bi|lanz, die (Kaufmannsspr.): *Bilanz, die am Schluss [eines Jahres] aufgestellt wird.*

Schlus̱s|bild, das: vgl. Schlussakt (2).

Schlus̱s|chor, der (Musik): *letzter, abschließender Chor* (2) *bes. einer Oper, eines Vokalwerks.*

Schlüs̱|sel, der; -s, - [mhd. slüȥȥel, ahd. sluȥȥil, zu ↑schließen]: **1. a)** *Gegenstand zum Öffnen u. Schließen eines Schlosses* (1): der S. zur Wohnung[stür]; der S. steckt [im Schloss]; den S. abziehen; **b)** kurz für ↑Schraubenschlüssel. **2.** *Mittel zum Erschließen des Zugangs od. Verständnisses:* Fleiß und Umsicht sind der S. zum Erfolg; hierin liegt der S. zur Lösung des Problems. **3. a)** *Anweisung zur Umformung von Informationen, Texten, Zeichen in eine andere Gestalt; Anweisung u. Aufschluss über die Ver- u. Entschlüsselung:* den S. einer Geheimschrift kennen; **b)** *gesonderter Teil von Lehr- u. Übungsbüchern, der die Lösungen der gestellten Aufgaben enthält:* der S. zum Übungsbuch kostet 14 Mark; **c)** *Schema für die Verteilung, Aufteilung, Zuweisung, Aufgliederung:* die Beträge werden nach einem bestimmten S. verteilt. **4.** (Musik) **a)** *am Beginn der Notenlinien stehendes Zeichen der Notenschrift, das den Bereich der Tonhöhen von Noten festlegt; Notenschlüssel;* **b)** *Art der Notation, bei der ein bestimmter Schlüssel* (4 a) *benutzt wird:* die Melodie ist in einem ungebräuchlichen S. geschrieben, notiert.

Schlüs̱|sel-: 1. drückt in Bildungen mit Substantiven aus, dass jmd. oder etw. eine zentrale Stellung einnimmt: Schlüsselcharakter, -gruppe. **2.** drückt in Bildungen mit Substantiven aus, dass etw. ein Mittel zum Zugang, zum Verständnis einer Person od. Sache ist: Schlüsselgedicht, -essay.

Schlüs̱|sel|bart, der: *Bart* (2).

Schlüs̱|sel|be|griff, der: vgl. Schlüsselwort (1 c).

Schlüs̱|sel|bein, das [für frühnhd. Schlüssel der Brust, nach gleichbed. lat. clavicula, LÜ von griech. kleís; nach der S-Form altgriechischer Schlüssel]: *beidseitig ausgebildeter Röhrenknochen des Schultergürtels, der das Brustbein mit dem Schulterblatt verbindet.*

Schlüs̱|sel|bein|bruch, der: [1]*Bruch* (2 a) *des Schlüsselbeins.*

Schlüs̱|sel|be|trieb, der: vgl. Schlüsselindustrie.

Schlüs̱|sel|blu|me, die [spätmhd. slussilblome, nach der Blütenform]: **1.** *im Frühling blühende Pflanze mit rosettenförmig angeordneten Blättern u. kleinen, leuchtend gelben Blüten am Ende eines blattlosen Stängels.* **2.** *Primel.*

Schlüs̱|sel|brett, das: *an der Wand zu befestigendes Brett, das mit Haken zum Aufhängen von Schlüsseln* (1 a) *versehen ist.*

Schlüs̱|sel|bund, der (österr. nur so) u. das; -[e]s, -e: *Anzahl von Schlüsseln, die durch einen Ring o. Ä. zusammengehalten werden.*

Schlüs̱|sel|dienst, der: *kleineres Unternehmen, das Schlüssel, Duplikate von Schlüsseln anfertigt o. Ä.*

Schlüs̱|sel|er|leb|nis, das (bes. Psych.): *Erlebnis, das geeignet ist, jmdn. in seiner persönlichen Eigenart besonders stark anzusprechen u. die entsprechenden Reaktionen hervorzurufen.*

schlüs̱|sel|fer|tig ‹Adj.›: *bezugsfertig.*

Schlüs̱|sel|fi|gur, die: *wichtige, einflussreiche Figur* (5 a, c), *deren Handeln u. Wirken der Schlüssel* (2) *zur Erklärung bestimmter Zusammenhänge ist; wichtige, für eine bestimmte Sache sehr einfluss- u. aufschlussreiche Person:* sie ist die S. dieser politischen Bewegung.

Schlüs̱|sel|fra|ge, die: *zentrale, entscheidende Frage, die den Schlüssel* (2) *zu etw. enthält.*

Schlüs̱|sel|ge|walt, die ‹o. Pl.›: **1.** (Rechtsspr.) *Befugnis des einen Ehepartners, den anderen in Dingen, die die Haushaltsführung betreffen, mit rechtlicher Wirkung zu vertreten.* **2.** (kath. Kirche) *dem Papst u. dem Bischofskollegium übertragene höchste Kirchengewalt.*

Schlüs̱|sel|in|dus|trie, die (Wirtsch.): *Industrie, deren Produkte für die anderen Industriezweige unentbehrlich od. äußerst wichtig sind.*

Schlüs̱|sel|kind, das [früher hatten die Kinder den Wohnungsschlüssel meist um den Hals hängen] (Jargon): *tagsüber (nach dem Schulunterricht od. Kindergarten) weitgehend sich selbst überlassenes Kind berufstätiger Eltern.*

Schlüs̱|sel|loch, das: *Loch im Schloss zum Hineinstecken des Schlüssels* (1 a): durchs S. sehen, gucken.

schlüs̱|seln ‹sw. V.; hat› (Fachspr.): *nach einem bestimmten Schlüssel* (3 c) *aufteilen.*

Schlüs̱|sel|po|si|ti|on, die: *Schlüsselstellung* (1).

Schlüs̱|sel|qua|li|fi|ka|ti|on, die: *äußerst wichtige od. entscheidende Qualifikation* (2 a): -en erwerben.

Schlüs̱|sel|reiz, der (Biol., Psych.): *spezifischer Reiz in Form bestimmter Merkmale (wie Farbe, Duft, Geräusch, Gestalt), der ein bestimmtes [instinktives] Verhalten in Gang setzt:* -e für Triebhandlungen.

Schlüs̱|sel|ring, der: **1.** *Ring, der mehrere Schlüssel* (1 a) *zusammenhält.* **2.** *ringähnlicher oberer Teil des Schlüssels* (1 a).

Schlüs̱|sel|rol|le, die: vgl. Schlüsselstellung (1): jmdm., einer Sache kommt [in einer Auseinandersetzung] eine S. zu.

Schlüs̱|sel|ro|man, der (Literaturw.): *Roman, in dem wirkliche Personen, Zustände u. Geschehnisse verschlüsselt dargestellt werden.*

Schlüs̱|sel|stel|lung, die: **1.** *Stellung von entscheidender Bedeutung, von entscheidendem Einfluss; wichtige od. führende, beherrschende Position:* die S. der Elektronik in der Wirtschaft; jmd., etw. hat eine S. [inne]; in eine S. gelangen. **2.** (Milit.) *militärische Stellung von entscheidender Bedeutung:* -en beziehen, erobern, verlieren.

Schlüs̱|sel|tech|no|lo|gie, die: *Technologie, die in einem bestimmten Bereich eine Schlüsselstellung* (1) *einnimmt, die für einen Bereich äußerst wichtig ist:* als S. hat die Informatik große Bedeutung.

Schlüs̱|sel|über|ga|be, die: **a)** *[feierliche] Übergabe der Hausschlüssel an den Bauherrn, die Bauherrin eines neu erbauten Hauses;* **b)** *Aushändigung der Haus- od. Wohnungsschlüssel an die Mietpartei.*

Schlüs̱|sel|wort, das: **1. a)** ‹Pl. ...wörter› *Kennwort für ein Kombinationsschloss;* **b)** ‹Pl. ...wörter› *Wort, mit dessen Hilfe man einen Text ver- u. entschlüsseln kann;* **c)** ‹Pl. ...wörter u. -e› *Wort von zentraler Bedeutung u. weit gehendem Aufschluss in einem bestimmten Bereich od. Zusammenhang.* **2.** ‹Pl. ...wörter u. -e› *verschlüsseltes Wort; Wort mit verschlüsselter Bedeutung.* **3.** ‹Pl. ...wörter› (EDV) **a)** *(in einer Programmiersprache) Zeichenfolge mit einer festgelegten Bedeutung;* **b)** *Passwort* (2).

Schlus̱s|er|klä|rung, die: *zusammenfassende, abschließende [offizielle] Erklärung.*

schlus̱s|fol|gern ‹sw. V.; schlussfolgerte, hat geschlussfolgert›: *eine Schlussfolgerung aus etw. ziehen, etw. aus etw. als Schlussfolgerung ableiten:* aus meiner Bemerkung schlussfolgerte er, dass etwas nicht stimmen würde.

Schlus̱s|fol|ge|rung, die: *logische Folgerung; Schluss, mit dem etw. aus etw. gefolgert wird:* eine logische, zwingende, überzeugende, falsche S.; aus etw. die richtige S. ziehen.

Schlus̱s|for|mel, die: *abschließende, beschließende Formel* (1): -n in Briefen.

Schlus̱s|frau, die: vgl. Schlussmann.

schlüs̱|sig ‹Adj.› [1: zu ↑Schluss (2); 2: zu ↑Schluss (3 b)]: **1.** *folgerichtig u. den Tatsachen entsprechend aufgrund gesicherter Schlüsse; überzeugend, zwingend:* eine -e Beweisführung, Argumentation; -e (Rechtsspr.; *beweiskräftige Schlüsse zulassende*) Fakten; der Beweis ist [in sich] s.; etw. s. beweisen, widerlegen. **2.** * **sich** ‹Dativ› **s. sein** *(sich in Bezug auf etw. entschlossen, entschieden haben):* ich bin mir immer noch nicht s., ob ich es tun soll; **sich** ‹Dativ› **s. werden** *(sich in Bezug auf etw. fest entschließen, entscheiden):* du musst dir doch endlich s. werden, was du tun willst.

Schlüs̱|sig|keit, die; -: *das Schlüssigsein:* eine Argumentation auf ihre S. prüfen.

Schlus̱s|ka|pi|tel, das: *abschließendes, letztes Kapitel* (1): das S. eines Romans.

Schlus̱s|läu|fer, der (Leichtathletik): *letzter Läufer einer Staffel.*

Schlus̱s|läu|fe|rin, die: w. Form zu ↑Schlussläufer.

Schlus̱s|licht, das ‹Pl. -er›: **1.** *rotes Licht, das an Fahrzeugen das hintere Ende kenntlich macht:* die beiden -er des Autos sind defekt; er sah nur noch die -er [des Zuges] *(verpasste den Zug knapp).* **2.** (ugs.) **a)** *Letzte[r] einer Reihenfolge, Kolonne o. Ä.:* das S. bilden, machen; **b)** *Letzte[r], Schlechteste[r] unter vielen:* dieser Verein ist das S.

Schlus̱s|mann, der ‹Pl. ...männer›: **1.** (Leichtathletik) *Schlussläufer.* **2.** (Ballsport Jargon) *Torwart.* **3.** (Rugby) *Schlussspieler.*

Schluss|pfiff, der (Ballspiele): *Pfiff, mit dem der Schiedsrichter den Schluss des Spiels anzeigt.*

Schluss|pha|se, die: *letzte Phase.*

Schluss|punkt, der: **1.** *den Satzschluss bezeichnender Punkt.* **2.** *endgültiger, deutlicher Abschluss:* der S. einer Entwicklung, einer Feier; ***einen S. unter/hinter etw. setzen** *(etw. Unangenehmes endgültig abschließen, beendet sein lassen):* man sollte einen S. unter/hinter die Sache, Affäre setzen.

Schluss|rech|nung, die: **1.** (Wirtsch., Rechtsspr.) *Schlussabrechnung bes. des Konkursverwalters.* **2.** (Math.) *Dreisatzrechnung.*

Schluss|re|dak|ti|on, die (Zeitungsw., Buchw.): *letzte, abschließende, endgültige Redaktion* (1).

Schluss|re|de, die: **1.** *abschließende Rede od. abschließender Teil einer Rede.* **2.** *Epilog.*

Schluss|re|gel, die (Logik): *Regel für das logische Schließen.*

Schluss-s, das: *in der früheren deutschen Schrift u. im Frakturdruck besonders gestaltetes einfaches s im Auslaut von Wörtern u. Silben* (ẞ).

Schluss|satz, der: **1. a)** *letzter, abschließender Satz:* der S. einer Rede; **b)** (Logik) *Konklusion.* **2.** (Musik) *letzter Satz eines Musikstücks.*

Schluss|spie|ler, der (Rugby): *hinterster Spieler mit der besonderen Aufgabe, das Mal zu verteidigen.*

Schluss|spie|le|rin, die: w. Form zu ↑Schlussspieler.

Schluss|sprung, der (Turnen): *Sprung mit geschlossenen Beinen (häufig als Abschluss einer Übung).*

Schluss|stand, der (bes. Turnen): vgl. Schlussstellung.

Schluss|stein, der: **1.** (Archit.) *[verzierter] Stein im Scheitel eines Bogens od. Gewölbes.* **2.** *etw., was den Abschluss, die Vollendung bildet:* das war der S. der Entwicklung.

Schluss|strich, der: *abschließender Strich am Ende eines Schriftstücks, einer Rechnung:* einen S. unter die Rechnung ziehen; ***einen S. unter etw. ziehen** *(etw. Unangenehmes endgültig abschließen, beendet sein lassen):* man sollte einen S. [unter die Sache, Affäre] ziehen.

Schluss|sze|ne, die: vgl. Schlussakt (2).

Schluss|teil, der: *abschließender Teil; Abschnitt, Teil, der den [Be]schluss bildet:* der S. der Rede, des Romans.

Schluss|ver|an|stal|tung, die: *abschließende Veranstaltung.*

Schluss|ver|kauf, der: *am Ende einer Saison stattfindender Ausverkauf.*

Schluss|wort, das ⟨Pl. -e⟩: *abschließende Äußerung:* das S. halten.

Schluss|zei|chen, das (Fachspr., bes. Funkw.): *Zeichen, das den Schluss, die Beendigung anzeigt.*

Schlut|te, die; -, -n [H. u.] (schweiz.): **1.** *Arbeitskittel.* **2.** *Bettjacke.*

Schma, das; - [hebr. šemaʿ, eigtl. = höre!]: *jüdisches Gebet des täglichen Morgen- u. Abendgottesdienstes.*

Schmach, die; - [mhd. smāch, smæhe, ahd. smāhī, eigtl. = Kleinheit, Geringfügigkeit, zu mhd. smæhe, ahd. smāhi = klein, gering, verächtlich] (geh. emotional): *etw., was als Kränkung, Schande, Herabwürdigung, Demütigung empfunden wird:* die S. einer Niederlage; jmdm. [eine] S. antun; (emotional verstärkend:) er wurde mit S. und Schande aus seinem Amt entlassen; (scherzh.:) S. und Schande über dich!

schmach|ten ⟨sw. V.; hat⟩ [aus dem Niederd. < mniederd. smachten, zu mhd. smāch, ahd. smāhi, ↑Schmach; mhd. in: versmahten (↑verschmachten), ahd. in: gismāhteōn = schwinden, schwach werden] (geh.): **1.** *Entbehrung (bes. Durst, Hunger) leiden:* in der Hitze s.; im Kerker s.; jmdn. s. lassen. **2.** *leidend nach jmdm., nach etw. verlangen; sich schmerzlich sehnen:* nach einem Tropfen Wasser s.; nach der Geliebten s.

schmach|tend ⟨Adj.⟩ (oft spött.): *voll Hingebung u. schmerzlicher Sehnsucht; rührselig, sentimental:* ein -er Blick.

schmäch|tig ⟨Adj.⟩ [mhd. smahtec (mniederd. smachtich) = Hunger leidend, zu: smaht = Hunger, Durst, zu ↑schmachten]: *dünn u. von zartem Gliederbau:* ein -es Kind; jmd. ist klein und s.

Schmacht|korn, das (Landw.): *infolge Notreife nur kümmerlich ausgebildetes Getreidekorn.*

Schmacht|lo|cke, die (ugs. spött.): *in die Stirn gekämmte Locke.*

schmach|voll ⟨Adj.⟩ (geh.): *große Schmach bringend, zufügend; demütigend, erniedrigend:* eine -e Niederlage.

schmack|bar ⟨Adj.⟩ (schweiz.): *schmackhaft.*

Schma|ckes ⟨Pl.⟩ [zu mniederd. smacken = schlagen; geräuschvoll fallen lassen, lautm., vgl. schmatzen] (landsch., bes. rhein.): *Hiebe, Schläge:* S. kriegen; ***mit S.** (landsch. ugs.; *mit Wucht, Schwung, Kraft*): er schlug den Nagel mit S. in die Wand.

schmack|haft ⟨Adj.⟩ [mhd. smachaft, zu: smack, ↑Geschmack]: *wohlschmeckend, von angenehmem Geschmack:* -e Früchte; das Essen s. zubereiten; ***jmdm. etw. s. machen** (ugs.; *jmdm. etw. so darstellen, dass er es für gut hält, Lust dazu bekommt*): jmdm. einen Beruf s. machen.

Schmack|haf|tig|keit, die: -: *das Schmackhaftsein.*

schma|ckig ⟨Adj.⟩ (bes. Werbespr.): *schmackhaft.*

schmad|dern ⟨sw. V.; hat⟩ [wahrsch. verw. mit ↑schmettern, urspr. lautm.] (nordd. salopp abwertend): **1.** *kleckern* (1 a), *sudeln* (1). **2.** ⟨unpers.⟩ *regnen u. schneien zugleich; nass schneien.*

Schmäh, der; -s, -[s] [mhd. smæhe = Beschimpfung; verächtliche Behandlung, zu ↑schmähen] (österr. ugs.): **1. a)** *Kunstgriff, [billiger] Trick;* **b)** *Schwindelei, Unwahrheit;* ***jmdn. am S. halten** *(jmdn. zum Besten halten; jmdm. etw. vormachen).* **2.** ⟨o. Pl.⟩ *verbindliche Freundlichkeit; Sprüche u. Scherze:* Wiener S.; ***S. führen** (österr. ugs.; *Sprüche machen*).

schmä|hen ⟨sw. V.; hat⟩ [mhd. smæhen, ahd. smāhen, zu mhd. smāch, ahd. smāhi, ↑Schmach] (geh.): *mit verächtlichen Reden beleidigen, beschimpfen, schlecht machen:* seinen Gegner s.; jmdn. als Ketzer s.

schmäh|lich ⟨Adj.⟩ [mhd. smæh(e)lich = verächtlich; schimpflich, ahd. smāhlīh = gering, zu mhd. smāch, ahd. smāhi, ↑Schmach] (geh.): *verachtenswert, als eine Schande anzusehen; schändlich:* ein -er Verrat; eine -e Niederlage; jmdn. s. behandeln; s. versagen; (verblasst:) ich habe mich s. *(in übler Weise, sehr)* getäuscht.

Schmäh|re|de, die: **1.** *Rede, mit der jmd., etw. geschmäht wird:* eine S. gegen jmdn. halten. **2.** ⟨meist Pl.⟩ *schmähende Äußerung; Schmähung:* -n führen.

Schmäh|ruf, der: vgl. Schmährede (2).

Schmäh|schrift, die: *Schrift, mit der jmd., etw. geschmäht wird; Pamphlet.*

Schmäh|sucht, die ⟨o. Pl.⟩: *stark ausgeprägte Neigung, andere zu schmähen.*

Schmä|hung, die; -, -en: **1.** *das Schmähen.* **2.** *Schmährede* (2): wüste -en [gegen jmdn., gegen etw.] ausstoßen.

schmal ⟨Adj.; -er u. schmäler, -ste, seltener: schmälste⟩ [mhd., ahd. smal, urspr. = klein, gering; vgl. engl. small]: **1.** *von ziemlich geringer Ausdehnung in der Breite, in seitlicher Richtung:* ein -es Fenster; -e Hände; ein -er Weg; ein -es *(dünnes, kleines)* Büchlein; ihre Augen sind s.; die Lippen s. machen; du bist -er *(dünner)* geworden; eine s. *(eng)* geschnittene Hose. **2.** (geh.) *knapp, unzureichend, karg:* ein -es Einkommen; -e Kost; hier wird nur eine -e *(geringe)* Auswahl geboten; seine Rente ist sehr s. [bemessen].

schmal|brüs|tig ⟨Adj.⟩: *mit schmalem Brustkorb; dünn:* ein -es kleines Kerlchen; Ü ein -er Schrank.

schmä|ler: ↑schmal.

schmä|lern ⟨sw. V.; hat⟩ [spätmhd. smelern = schmäler machen]: *verringern, verkleinern, [im Wert] herabsetzen:* jmds. Rechte, jmdn. in seinen Rechten, den Wert von etw. s.; ich will dir dein Vergnügen nicht s.

Schmä|le|rung, die; -, -en: *das Schmälern; das Geschmälertwerden.*

Schmal|film, der: **1.** *(bes. von Amateuren benutzter) schmaler Film* (2) *für Filmaufnahmen.* **2.** *auf Schmalfilm* (1) *aufgenommener Film* (3 a).

Schmal|fil|mer, der: *jmd., der Schmalfilme* (2) *dreht.*

Schmal|fil|me|rin, die: w. Form zu ↑Schmalfilmer.

Schmal|film|ka|me|ra, die: *Kamera für Schmalfilme.*

Schmal|film|pro|jek|tor, der: vgl. Schmalfilmkamera.

schmal|glied|rig ⟨Adj.⟩: *mit schmalen Gliedern:* -e Hände.

Schmal|hans: nur in der Wendung **bei jmdm. ist S. Küchenmeister** (ugs. veraltend; *bei jmdm. geht es äußerst knapp zu, muss sehr mit dem Essen gespart werden;* seit dem 17. Jh. < mniederd. smalehans = Hungerleider, Geizhals).

schmal|hüf|tig ⟨Adj.⟩: *mit schmalen Hüften.*

schmal|lip|pig ⟨Adj.⟩: *mit schmalen Lippen.*

schmal|ran|dig ⟨Adj.⟩: *mit schmalem Rand.*

Schmal|reh, das (Jägerspr.): vgl. Schmaltier.

Schmal|sei|te, die: **a)** *kürzere Seite (bes. einer [etwa] rechteckigen Fläche):* die -n des Rechtecks, Tischtuchs; **b)** *schmale Seite (bes. eines [etwa] quaderförmigen Gegenstands):* die vier -n des Quaders, Backsteins, Koffers; die beiden langen -n der Streichholzschachtel.

Schmal|spur, die ⟨o. Pl.⟩ (Eisenb.): *Spurweite* (2), *die geringer ist als die Normalspur.*

Schmal|spur|aka|de|mi|ker, der (ugs. abwertend): *jmd., der (im Unterschied zum Vollakademiker) an einer Fachhochschule o. Ä. ausgebildet wurde.*

Schmal|spur|aka|de|mi|ke|rin, die: w. Form zu ↑Schmalspurakademiker.

Schmal|spur|bahn, die: *auf Schmalspur laufende Kleinbahn.*

schmal|spu|rig ⟨Adj.⟩: *mit schmaler Spur, Spurweite versehen]:* eine -e Bahn; der Skiläufer fährt sehr s.

schmäls|te: ↑schmal.

Schmal|te, die; -, -n [ital. smalto, ↑Email]: *pulverig gemahlener, kobaltblauer Farbstoff für feuerfeste Glasuren.*

Schmal|tier, das (Jägerspr.): *(bei Hirschen) weibliches Tier im zweiten Lebensjahr, das noch nicht begattet wurde.*

schmal|wüch|sig ⟨Adj.⟩: *von schmalem Wuchs.*

[1]**Schmalz,** das; -es, (Sorten:) -e [mhd., ahd. smalz, zu ↑schmelzen]: **1.** *eine weiche, streichbare Masse bildendes, ausgelassenes tierisches Fett (bes. von Schweinen od. Gänsen):* S. aufs Brot schmieren. **2.** (landsch.) *Butterschmalz.* **3.** (Jägerspr.) *Fett* (2) *des Dachses u. des Murmeltiers.*

[2]**Schmalz,** der; -es (ugs. abwertend): **1.** *übertrieben empfundenes Gefühl, Sentimentalität:* er sang mit viel S. **2.** *etw. übertrieben Gefühlvolles, Sentimentales:* dieser Film ist ein einziger S. *(ist sehr schmalzig).*

Schmalz|brot, das: *mit* [1]*Schmalz* (1) *bestrichene Brotscheibe.*

schmal|zen ⟨unr. V.; schmalzte, hat geschmalzt/(auch:) geschmalzen⟩ [mhd. smalzen] (Kochk.): *mit* [1]*Schmalz* (1) *zubereiten, bes. mit heißem Schweineschmalz, auch Butter o. Ä. übergießen:* geschmalzte/geschmalzene Nudeln; Ü ein geschmalzener *(sehr hoher)* Preis.

Schmalz|fleisch, das: *fettreiches, zu einer streichfähigen Masse eingekochtes Fleisch.*

Schmalz|ge|ba|cke|ne, das (Kochk.): *in einem Bad aus siedendem Fett hergestelltes Backwerk.*

schmal|zig ⟨Adj.⟩ [mhd. smalzec = fettig, auch schon übertr. = schmeichlerisch] (abwertend): *übertrieben gefühlvoll, sentimental:* ein -es Lied.

Schmalz|tol|le, die (ugs. scherzh.): *pomadisierte Haartolle.*

Schman|kerl, das; -s, -n [tirol. schmankerl = leckeres Essen, H. u.] (bayr., österr.): **a)** *als Tüte geformtes Stück süßen Gebäcks aus einem ganz*

S

dünn ausgebackenen Teig: -n backen; **b)** *besonderer Leckerbissen:* vielerlei -n; Ü musikalische -n.

Schmant, der; -[e]s [mniederd. smand, wohl zu einem Adj. mit der Bed. »weich, glatt«, vgl. engl. smooth = weich, glatt]: **1.** (bes. westmd., nordostd.) **a)** *[saure] Sahne;* **b)** *Haut auf der gekochten Milch.* **2.** (ostmd.) *feuchter [Straßen]schmutz, Schlamm.*

schma|rot|zen ⟨sw. V.; hat⟩ [älter: schmorotzen, spätmhd. smorotzen = betteln, H. u.]: **1.** (abwertend) *faul auf Kosten anderer leben:* er schmarotzt immer noch bei seinen Verwandten. **2.** (Biol.) *(von Tieren u. Pflanzen) als Parasit* (1) *auf od. in einem Lebewesen, einer Pflanze leben:* der Bandwurm schmarotzt im Darm des Menschen; eine schmarotzende Orchidee.

Schma|rot|zer, der; -s, - [spätmhd. smorotzer = Bettler]: **1.** (abwertend) *jmd., der schmarotzt* (1). **2.** (Biol.) *tierischer od. pflanzlicher Organismus, der schmarotzt* (2); *Parasit* (1): viele Pilze sind S.

schma|rot|zer|haft ⟨Adj.⟩: *wie ein Schmarotzer, als Schmarotzer:* s. leben.

Schma|rot|ze|rin, die; -, -nen: w. Form zu ↑Schmarotzer (1).

Schmar|re, die; -, -n [aus dem Niederd. < mniederd. smarre] (ugs.): *[vernarbte] Wunde, Schmiss:* eine lange S. auf der Stirn haben.

Schmar|ren, der; -s, - [eigtl. wohl = breiige Masse, Fett; mit stark auseinander gehenden Bedeutungsentwicklungen verw. mit ↑Schmer]: **1.** (österr., auch südd.) *süße Mehlspeise, bes. Kaiserschmarren.* **2.** (ugs. abwertend) **a)** *etw., was bedeutungslos, minderwertig, ohne künstlerische Qualität ist:* diesen S. lese ich nicht; **b)** *unsinnige Äußerung, Unsinn:* red keinen solchen S.!; **c)** * **einen S.** (drückt Ärger u. Ablehnung aus: *überhaupt nichts*): das geht dich einen S. an!

Schmatz, der; -es, -e, auch: Schmätze [spätmhd. smaz, smūz, zu ↑schmatzen] (ugs.): *[lauter] Kuss:* jmdm. einen S. geben.

Schmätz|chen, das; -s, -: Vkl. zu ↑Schmatz.

schmat|zen ⟨sw. V.; hat⟩ [mhd. smatzen, älter: smackezen = schmatzen, auch: laut küssen, Weiterbildung aus: smacken, ↑Schmackes]: **a)** *Laute hervorbringen, die durch Schließen u. plötzliches Öffnen der nassen Lippen u. der Zunge entstehen:* ihr sollt beim Essen nicht s.!; Ü ⟨unpers.:⟩ sie küssten sich, dass es schmatzte; **b)** *etw. mit einem schmatzenden Laut tun:* die Katze schmatzt ihre Milch.

Schmauch, der; -[e]s [mhd. smouch, zu einem Verb mit der Bed. »rauchen« (vgl. engl. to smoke, ↑Smoking)] (landsch. u. Fachspr.): *dicker, qualmender Rauch, der sich beim Verbrennen von ohne Flamme brennenden, nur glimmenden Stoffen (z. B. Tabak, Schießpulver) entwickelt.*

schmau|chen ⟨sw. V.; hat⟩: *mit Genuss rauchen:* er schmaucht seine Pfeife.

Schmauch|spur, die ⟨meist Pl.⟩ (Kriminalistik): *Reste unverbrannten Pulvers nach einem Schuss:* an der Hand der Toten fanden sich -en.

Schmaus, der; -es, Schmäuse (veraltend, noch scherzh.): *reichhaltige, bes. leckere Mahlzeit, die mit Genuss verzehrt wird.*

schmau|sen ⟨sw. V.; hat⟩ [aus der Studentenspr., urspr. wohl = unsauber essen u. trinken] (veraltend, noch scherzh.): **a)** *vergnügt u. mit Genuss essen:* sie schmausten köstlich; **b)** *mit Behagen verzehren:* die Weihnachtsgans s.

schme|cken ⟨sw. V.; hat⟩ [mhd. smecken (Nebenf. smacken) = kosten, wahrnehmen; riechen, duften, ahd. smecken = Geschmack empfinden]: **1. a)** *mit der Zunge, dem Gaumen den Geschmack von etw. feststellen, erkennen:* wenn man Schnupfen hat, kann man nichts s.; ⟨auch o. Akk.-Obj.:⟩ er schmeckte mit der Zunge; **b)** (südd., österr., schweiz.) *riechen* (1 a): * **jmdn. nicht s. können** (salopp emotional; ↑riechen 1 a). **2. a)** *eine bestimmte Empfindung im Mund hervorrufen, einen bestimmten Geschmack haben:* das Essen schmeckt gut, würzig, angebrannt; die Suppe schmeckt heute nach gar nichts *(ist zu wenig gewürzt);* der Wein schmeckt nach [dem] Korken; ⟨unpers.:⟩ es hat [mir] sehr gut geschmeckt; R das schmeckt nach mehr (ugs.; *schmeckt so gut, dass man mehr davon essen möchte*); **b)** *[bei jmdm.] eine angenehme Empfindung im Mund hervorrufen; für jmdn. einen guten Geschmack haben; jmdm. munden:* das Essen hat [mir] geschmeckt; ⟨meist unpers.:⟩ schmeckt es?; Ü diese Kritik schmeckte ihm gar nicht (ugs.; *missfiel ihm sehr*).

Schmei|che|lei, die; -, -en: *schmeichelnde* (1 a) *Worte:* jmdm. -en sagen.

schmei|chel|haft ⟨Adj.⟩: *das Ansehen u. das Selbstbewusstsein hebend:* -e Reden; diese Worte klingen wenig s. *(enthalten einen Tadel);* Ü diese Fotografie von ihr ist sehr s. *(lässt sie hübscher aussehen, als sie in Wirklichkeit ist).*

schmei|cheln ⟨sw. V.; hat⟩ [mhd. smeicheln, Weiterbildung aus: smeichen, urspr. = streichen]: **1. a)** *übertrieben Gutes über jmdn. sagen, ihn wortreich loben [um sich beliebt zu machen]:* man schmeichelte ihr, sie sei eine große Künstlerin; ⟨auch o. Dativobj.:⟩ er versteht zu s.; sich geschmeichelt fühlen; **b)** *jmds. Selbstgefühl heben:* diese Worte schmeicheln seiner Eitelkeit; **c)** *jmds. äußere Vorzüge zur Geltung bringen, jmdn. in ein günstiges Licht stellen:* dieses Kleid schmeichelt jeder vollschlanken Dame; ⟨häufig im 2. Part.:⟩ die Aufnahme ist geschmeichelt *(lässt den Aufgenommenen vorteilhafter erscheinen, als er in Wirklichkeit aussieht);* **d)** ⟨s. + sich⟩ *(auf etw.) stolz sein, sich etwas einbilden:* ich schmeichle mir, das schon längst erkannt zu haben. **2. a)** (veraltend) *liebkosen, zärtlich sein:* Kinder schmeicheln gern; Ü ein schmeichelndes *(lieblich duftendes)* Parfüm; **b)** ⟨s. + sich⟩ *in jmds. Ohr, Sinne sanft hineindringen, eingehen:* die Klänge schmeicheln sich ins Ohr; schmeichelnde Musik.

Schmeich|ler, der; -s, - [spätmhd. smeicheler]: *jmd., der schmeichelt* (1 a).

Schmeich|le|rin, die; -, -nen: w. Form zu ↑Schmeichler.

schmeich|le|risch ⟨Adj.⟩: *schmeichelnd* (1 a), *sich anbiedernd:* mit -en Worten.

¹schmei|ßen ⟨st. V.; hat⟩ [mhd. smīȥen = (be)streichen, (be)schmieren; schlagen, ahd. in bismīȥan = beschmieren, bestreichen, besudeln, H. u.] (ugs.): **1. a)** *irgendwohin werfen* (2 a), *schleudern:* ein Glas an die Wand s.; [jmdm.] einen Stein ins Fenster s.; alles auf einen Haufen s.; etw. in den Papierkorb s.; die Tür [ins Schloss] s. *(heftig zuschlagen);* Ü jmdn. aus dem Zimmer s. *(hinausweisen* 1); etw. zu Dumpingpreisen auf den Markt s. *(in den Handel bringen);* **b)** *mit etw. werfen:* mit Steinen s.; die Demonstranten schmissen mit Tomaten; Ü mit Geld um sich s. *(viel ausgeben, verschenken);* **c)** ⟨s. + sich⟩ *sich irgendwohin werfen* (2 b): sich weinend aufs Bett s.; er schmiss *(stürzte)* sich auf seinen Gegner; sich vor einen Zug s. *(sich in selbstmörderischer Absicht von einem Zug überrollen lassen);* **d)** *(bes. eine Ausbildung o. Ä.) aus einem Gefühl starker Unlust o. Ä. heraus abbrechen, aufgeben; hinwerfen* (3 b): das Studium s.; sie hat die Therapie geschmissen; **e)** ⟨s. + sich⟩ *sich (mit etw.) bekleiden, kleiden:* zur Feier des Tages hat er sich in seinen Smoking geschmissen; **f)** *skizzieren, hinwerfen* (3 c): eine Karikatur aufs Blatt s. **2.** *ausgeben, spendieren:* eine Lage, Runde [Bier] s. **3.** *mit etw. geschickt fertig werden; etw. umsichtig u. sicher durchführen, bewältigen:* wir werden die Sache schon s. **4.** (Theater, Ferns. Jargon) *[durch Ungeschick, Versagen o. Ä.] verderben, misslingen lassen:* die Vorstellung s.

²schmei|ßen ⟨sw. V.; hat⟩ [mhd. smeiȥen, Vergröberung der Grundbed. von ↑¹schmeißen] (Jägerspr.): *(von Greifvögeln) Kot ausscheiden, sich entleeren.*

Schmeiß|flie|ge, die [man hielt die Eier für ihren Kot]: *große, metallisch blau od. goldgrün glänzende Fliege, die bes. auf Fleisch u. auf Exkrementen ihre Eier ablegt.*

Schmelz, der; -es, -e [vgl. ahd. smelzi = Gold-Silber-Legierung, zu ↑schmelzen]: **1.** *glänzender Überzug, Glasur, Email:* der S. beginnt abzublättern. **2.** *Zahnschmelz:* bei einigen Zähnen ist der S. stark angegriffen. **3.** *Lieblichkeit, von Auge od. Ohr als angenehm empfundene Weichheit im Ausdruck von etw.:* der S. der Stimme; verblasster S. der Jugend.

schmelz|bar ⟨Adj.⟩: *sich schmelzen lassend:* ein leicht -es Material.

Schmelz|but|ter, die: *Butterschmalz.*

Schmel|ze, die; -, -n: **1.** *das [Zer]schmelzen, Flüssigwerden.* **2. a)** (Technik) *in flüssigen Zustand gebrachtes Material, Flüssigkeit aus geschmolzenem Material:* eine S. herstellen; **b)** (Geol.) *Gestein, Erz, das durch Erstarren flüssig gewesener [vulkanischer] Materialien entstanden ist.* **3.** (veraltend) *Schmelzhütte:* in der S. arbeiten.

schmel|zen ⟨st. V.⟩ [1: mhd. smelzen, ahd. smelzan (st. V.), eigtl. = weich werden, zerfließen; 2: mhd., ahd. smelzen (sw. V.), urspr. Kausativ zu ↑schmelzen (1)]: **1.** *unter dem Einfluss von Wärme flüssig werden, zergehen* ⟨ist⟩: Quecksilber schmilzt schon bei ca. – 38°; der Schnee ist [in/an der Sonne] geschmolzen; ⟨subst.:⟩ das Zinn zum Schmelzen bringen; Ü unsere Zweifel schmolzen *(schwanden)* schnell. **2.** *durch Wärme flüssig machen, zergehen lassen* ⟨hat⟩: Erz s.; die Sonne schmolz den Schnee.

schmel|zend ⟨Adj.⟩: *weich, warm, gefühlvoll:* -e Blicke; eine s. singende Nachtigall.

Schmel|ze|rei, die; -, -en: **1.** *Schmelzhütte.* **2.** *das Schmelzen* (2).

schmelz|flüs|sig ⟨Adj.⟩: *durch Schmelzen flüssig.*

Schmelz|glas, das ⟨Pl. …gläser⟩: *Email.*

Schmelz|hüt|te, die: *Hütte* (3) *zur Metallgewinnung.*

Schmelz|kä|se, der: *aus zerkleinertem [Hart]käse unter Zugabe bestimmter Salze durch Schmelzen gewonnener, rindenloser [streichbarer] Käse.*

Schmelz|ofen, der (Technik): *großer Ofen (in einem Hüttenwerk, einer Gießerei o. Ä.), in dem Metalle geschmolzen u. legiert werden.*

Schmelz|punkt, der (Physik): *Temperatur, bei der ein Stoff schmilzt.*

Schmelz|tie|gel, der: *Tiegel zum Schmelzen (von Metall, Glas o. Ä.):* ein S. aus feuerfestem Ton; Ü Amerika – S. der Nationen.

Schmelz|wär|me, die (Physik): *Wärmemenge, die ein Kilogramm eines Materials nach Erreichen der zum Schmelzen nötigen Temperatur verbraucht, bis es vollständig in den flüssigen Zustand übergegangen ist.*

Schmelz|was|ser, das ⟨Pl. …wasser⟩: *beim Schmelzen von Schnee u. Eis entstehendes Wasser:* das S. der Gletscher, von den Gletschern.

Schmer, der od. das; -s [mhd. smer, ahd. smero = Fett] (landsch.): *Bauchfett (bes. beim Schwein).*

Schmer|bauch, der (ugs. abwertend od. scherzh.): **a)** *dicker, vorgewölbter Bauch mit starkem Fettansatz:* einen S. haben; **b)** *jmd., der einen Schmerbauch (a) hat:* wer ist denn der S. da drüben?

Schmer|fluss, der ⟨o. Pl.⟩ (Med.): *Seborrhö.*

Schmerl, der; -s, -e [mhd. smirel, ahd. smerlo] (landsch.): *²Merlin.*

Schmer|le, die; -, -n [mhd. smerl(e)]: *(in vielen Arten vorkommender) Süßwasserfisch mit gedrungenem, walzigem Körper u. wulstigem Maul mit Barteln; Schlammbeißer.*

Schmerz, der; -es, -en [mhd. smerze, ahd. smerzo, eigtl. = etw., was aufreibt]: **1.** *durch Krankheit, Verletzung o. Ä. ausgelöste, sehr unangenehme körperliche Empfindung:* ein stechender, dumpfer S.; rasende, unerträgliche -en; ein jäher S. überfiel sie; wo sitzt der S.?; der S. lässt nach, klingt ab; -en haben; die -en lindern; sie hat den S. kaum gespürt; ein Laut des -es; an heftigen -en leiden; ein vom S. verzerrtes Gesicht; vor S. halb ohnmächtig sein; R S., lass nach! (ugs. scherzh.; ↑Schreck). **2.** *tiefe seelische Bedrü-*

ckung; Kummer, Leid: ein seelischer S.; der S. um den Geliebten übermannte sie; Tränen des Zorns und des -es; jmdn. mit -en (ugs.; *ungeduldig, sehnlichst*) erwarten; etw. erfüllt jmdn. mit S.; R hast du sonst noch -en? (ugs.; *hast du noch mehr [unerfüllbare, sinnlose] Wünsche?*); Spr geteilter S. ist halber S. *(gemeinsam lässt sich Schweres leichter ertragen).*

Schmẹrz|be|kämp|fung, die: *Bekämpfung von Schmerzen:* neue Wege in der S.; ein Mittel zur S.

schmẹrz|emp|find|lich ⟨Adj.⟩: *empfindlich gegen Schmerzen, leicht Schmerzen empfindend.*

Schmẹrz|emp|find|lich|keit, die ⟨o. Pl.⟩: *Empfindlichkeit gegen Schmerzen.*

Schmẹrz|emp|fin|dung, die: a) *Empfindung* (a) *von Schmerzen* (1); b) *Empfindung* (b) *des Schmerzes* (2).

schmẹr|zen ⟨sw. V.; hat⟩ [mhd., ahd. smerzen, eigtl. = (auf)reiben]: **1.** *körperlich wehtun, Schmerzen verursachen:* der Zahn, die Wunde schmerzt; eine stark schmerzende Verletzung; mir/mich schmerzt die Schulter. **2.** *seelisch wehtun, mit Kummer erfüllen:* die harten Worte schmerzten sie sehr; es schmerzt mich, dass du nie geschrieben hast; (auch o. Akk.-Obj.:) dieser Verlust schmerzt.

schmẹr|zen|reich: ↑schmerzensreich.

Schmẹr|zens|geld, das (Rechtsspr.): *Entschädigung in Geld für einen erlittenen immateriellen, bes. körperlichen Schaden:* [ein] S. fordern; Anspruch auf [ein] S. haben.

Schmẹr|zens|laut, der: *Klagelaut.*

Schmẹr|zens|mut|ter, die ⟨o. Pl.⟩ (Kunstwiss.): *Mater dolorosa.*

schmẹr|zens|reich, schmerzenreich ⟨Adj.⟩ (geh.): *voller Schmerzen, viele Schmerzen erleidend:* die -e Maria (christl. Rel.).

Schmẹr|zens|ruf, der: vgl. Schmerzensschrei.

Schmẹr|zens|schrei, der: *Aufschrei, lauter Schrei vor Schmerzen:* einen S. ausstoßen.

schmẹrz|er|füllt ⟨Adj.⟩ (geh.): *von tiefem Schmerz* (2) *erfüllt.*

Schmẹrz|for|schung, die ⟨o. Pl.⟩: *Forschungsgebiet der Medizin, das Ursachen u. Therapien von Schmerzen* (1) *erforscht.*

schmẹrz|frei ⟨Adj.⟩: *ohne Schmerzen* (1), *frei von Schmerzen:* der Patient ist heute s.

Schmẹrz|ge|fühl, das: *Schmerzempfindung.*

schmẹrz|ge|plagt ⟨Adj.⟩: *von Schmerzen geplagt, häufig Schmerzen habend.*

Schmẹrz|gren|ze, die: *Schmerzschwelle:* Ü damit ist die S. *(das Maximum des Zumutbaren, des Hinnehmbaren)* erreicht.

schmẹrz|haft ⟨Adj.⟩: **1.** *körperlichen Schmerz verursachend; mit Schmerzen verbunden:* -es Ziehen im Leib; diese Verletzung ist sehr s. **2.** *seelischen Schmerz verursachend, ein inneres Schmerzgefühl auslösend:* ein -es Erleben; die Trennung war für sie sehr s.

Schmẹrz|kli|nik, die: *Klinik, in der das Phänomen Schmerz erforscht wird u. Patienten mit bestimmten, sehr starken Schmerzen behandelt werden.*

schmẹrz|lich ⟨Adj.⟩ [mhd. smerz(en)lich]: *Leid, Kummer verursachend:* ein -er Verlust; die -sten Erfahrungen; es ist mir s. (geh.; *es tut mir sehr Leid, ich bedauere sehr*), Ihnen mitteilen zu müssen ...; jmdn., etw. s. vermissen.

schmẹrz|lin|dernd ⟨Adj.⟩: *den Schmerz* (1), *die Schmerzen lindernd:* -e Mittel.

Schmẹrz|lin|de|rung, die: *Linderung von Schmerz:* ein Mittel zur S.

schmẹrz|los ⟨Adj.⟩: *keine Schmerzen* (1) *verursachend; ohne Schmerzen:* eine -e Geburt.

Schmẹrz|mit|tel, das: *den Schmerz stillendes Mittel.*

Schmẹrz|pa|ti|ent, der: *Patient, der unter chronischen Schmerzen leidet.*

Schmẹrz|pa|ti|en|tin, die: w. Form zu ↑Schmerzpatient.

Schmẹrz|schwel|le, die (Physiol.): *Grenze, oberhalb deren ein Reiz als Schmerz empfunden wird:* der Lärm überschreitet zeitweise die S.

schmẹrz|stil|lend ⟨Adj.⟩: *den Schmerz, das Schmerzgefühl beseitigend:* -e Mittel.

Schmẹrz|ta|blet|te, die: vgl. Schmerzmittel.

Schmẹrz|the|ra|peut, der; -en, -en (Med.): *Fachmann, bes. Arzt, auf dem Gebiet der Schmerztherapie.*

Schmẹrz|the|ra|peu|tin, die; -, -nen: w. Form zu ↑Schmerztherapeut.

Schmẹrz|the|ra|pie, die; -, -n (Med.): *Behandlung chronischer Schmerzen.*

schmẹrz|un|emp|find|lich ⟨Adj.⟩: *unempfindlich gegen Schmerzen:* sie ist relativ s.

schmẹrz|ver|zerrt ⟨Adj.⟩: *vom Schmerz* (1) *verzerrt:* mit -em Gesicht.

schmẹrz|voll ⟨Adj.⟩: *mit großem Schmerz verbunden, großen Schmerz ausdrückend:* ein -er Abschied.

Schmẹt|ten, der; -s [tschech. smetana] (ostmd.): *Sahne.*

Schmẹt|ter|ball, der (Tennis, Tischtennis, Faustball u. a.): *geschmetterter* (1 c) *Ball:* einen S. schlagen, spielen.

Schmẹt|ter|ling, der; -s, -e [aus dem Obersächs., wohl zu ↑Schmetten; nach altem Volksglauben fliegen Hexen in Schmetterlingsgestalt umher, um Milch u. Sahne zu stehlen]: **1.** *(in vielen Arten vorkommendes) Insekt mit zwei mit feinen Schuppen bedeckten, meist mannigfach gezeichneten, farbigen Flügelpaaren u. einem Saugrüssel; Falter:* ein farbenprächtiger S.; -e sammeln; wie ein S. hin und her flattern *(viele Liebschaften haben).* **2.** (Turnen) *frei gesprungener Salto, bei dem der Körper, am höchsten Punkt fast waagerecht in der Luft befindlich, eine halbe bis dreiviertel Drehung um die eigene Längsachse ausführt; Butterfly* (3). **3.** ⟨o. Art. u. o. Pl.⟩ *Schmetterlingsschwimmen, Schmetterlingsstil:* 100 m S. schwimmen.

Schmẹt|ter|lings|blü|te, die (Bot.): *Blüte, deren Form an einen Schmetterling erinnert, der seine Flügel zusammengelegt hat.*

Schmẹt|ter|lings|blüt|ler, der; -s, - (Bot.): *Pflanze einer weit verbreiteten, artenreichen Familie mit gefiederten Blättern, Schmetterlingsblüten u. Hülsen* (2) *als Früchten.*

Schmẹt|ter|lings|kas|ten, der: *flacher, an der Oberseite mit einer Glasscheibe versehener Holzkasten, in dem präparierte Schmetterlinge aufgespießt aufbewahrt werden.*

Schmẹt|ter|lings|samm|lung, die: *Sammlung von Schmetterlingen in Schmetterlingskästen.*

Schmẹt|ter|lings|schwim|men, das; -s: *Schwimmen im Schmetterlingsstil.*

Schmẹt|ter|lings|stil, der ⟨o. Pl.⟩: *Butterflystil.*

schmẹt|tern ⟨sw. V.⟩ [1: mhd. smetern = klappern, schwatzen, lautm.; Bedeutungswandel im Frühnhd.]: **1.** a) *mit Wucht irgendwohin werfen, schleudern* ⟨hat⟩: ein Glas an die Wand s.; die Welle schmetterte ihn zu Boden; die Tür ins Schloss s.; b) *wuchtig aufprallen, gegen etw. schlagen, fallen* ⟨ist⟩: er ist mit dem Kopf gegen die Planke geschmettert; die Tür fällt schmetternd ins Schloss; c) (bes. Tennis, Tischtennis) *(den Ball) von oben schräg nach unten mit großer Wucht schlagen* ⟨hat⟩: [den Ball] mit der Vorhand s.; ein geschmetterter Ball. **2.** ⟨hat⟩ a) *laut klingen, schallen:* die Trompeten schmettern; vom Platz her schmetterte Marschmusik; b) *mit lauter Stimme singen od. rufen:* ein Lied s.; er schmetterte seine Anklage in den Saal; c) *** **einen s.** (ugs.; *etwas Alkoholisches trinken*).

Schmẹt|ter|schlag, der: **1.** (bes. Faustball, Volleyball) *Schlag, mit dem der Ball geschmettert wird.* **2.** (Tennis, Tischtennis; seltener) *Schmetterball.*

Schmied, der; -[e]s, -e [mhd. smit, ahd. smid, eigtl. = jmd., der mit einem scharfen Werkzeug arbeitet; Schnitzer]: a) *Handwerker, der glühendes Metall auf dem Amboss mit dem Hammer* (1) *bearbeitet, formt* (Berufsbez.): er hat S. gelernt, ist S.; b) *Facharbeiter od. Handwerker, der [Werk]stücke aus Metall erhitzt, härtet o. Ä. u. sie mit handwerklichen Arbeitsmitteln od. maschinell (für die Weiterverarbeitung zu Metallerzeugnissen) in eine bestimmte Form bringt* (Berufsbez.).

schmied|bar ⟨Adj.⟩: *sich schmieden lassend:* [gut] -es Metall.

Schmie̲|de, die; -, -n [mhd. smitte, ahd. smitta]: **1.** a) *Werkstatt eines Schmieds:* in dem Haus war früher eine S.; *** **vor die rechte S. gehen/kommen** *(sich an die richtige Stelle, Person wenden);* b) *Betrieb, in dem Metall durch Schmieden be-, verarbeitet wird.* **2.** *Gebäude, in dem sich eine Schmiede* (1 a, b) *befindet.*

Schmie̲|de|am|boss, der: *Amboss.*

Schmie̲|de|ar|beit, die: *geschmiedetes Erzeugnis, Produkt.*

Schmie̲|de|ei|sen, das: a) *schmiedbares Eisen;* b) *[kunstvoll] geschmiedetes Eisen:* ein Geländer aus S.

schmie̲|de|ei|sern ⟨Adj.⟩: *aus Schmiedeeisen [kunstvoll] hergestellt:* ein -es Tor, Gitter; ein -er Leuchter.

Schmie̲|de|feu|er, das: *Feuer zum Erhitzen von Metall, das geschmiedet werden soll.*

Schmie̲|de|ham|mer, der: **1.** *[schwerer] Hammer, der beim Schmieden verwendet wird.* **2.** *Hammer* (2) *zum Schmieden von Werkstücken.*

Schmie̲|de|hand|werk, das: *Handwerk des Schmiedens* (1).

Schmie̲|de|kunst, die ⟨o. Pl.⟩: **1.** a) *Kunst* (2) *des Schmiedens:* die S. der Eisenzeit; die S. erlernen; b) *als Kunsthandwerk ausgeübte Schmiedekunst* (1 a): die Gittertür ist ein Meisterwerk der barocken S. **2.** *Gesamtheit von Erzeugnissen der Schmiedekunst* (1 b): die Ausstellung zeigt S. der Renaissance.

schmie̲|den ⟨sw. V.; hat⟩ [mhd. smiden, ahd. smidōn, eigtl. = mit einem scharfen Werkzeug arbeiten; schnitzen]: **1.** *glühendes Metall mit dem Hammer od. maschinell bearbeiten, um es in eine bestimmte Form zu bringen:* er schmiedete den Stahl zu einer Klinge. **2.** a) *durch Schmieden* (1) *herstellen:* Gitter s.; eine geschmiedete Klinge; Ü Ferienpläne s.; b) *durch Schmieden* (2 a) *befestigen:* einen Sträfling an eine Kette s.

Schmie̲|de|pres|se, die: vgl. Schmiedehammer.

Schmie̲|din, die; -, -nen: w. Form zu ↑Schmied.

Schmie̲|ge, die; -, -n [mhd. smiuge = Biegung, Krümmung]: **1.** (Schiffbau) *Winkel, der beim Zusammentreffen von zwei gekrümmten Bauteilen entsteht.* **2.** a) (Technik) *Winkelmaß mit beweglichen Schenkeln;* b) (landsch.) *zusammenklappbarer Zollstock.*

schmie̲|gen ⟨sw. V.; hat⟩ [mhd. smiegen, urspr. wohl = rutschen, gleiten, verw. mit ↑schmücken u. ↑schmuggeln]: a) *(aus einem Bedürfnis nach Schutz, Wärme, Zärtlichkeit) sich, einen Körperteil ganz eng an jmdn., an, in etw. Weiches drücken:* sich an den Geliebten s.; sich in die Sofaecke s.; die Kinder schmiegen den Kopf in den Schoß der Oma; b) *sich einer [Körper]form [elastisch] genau anpassen:* das Kleid schmiegt sich an ihren Körper.

schmie̲g|sam ⟨Adj.⟩ [für älter: schmugsam = sich anschmiegend; gefügig]: **1.** a) *sich schmiegend* (b), *sich leicht einer Form anpassend:* weiches, -es Leder; b) (geh.) *anpassungsfähig:* s. sein. **2.** (geh.) *geschmeidig* (2): ein -er Körper.

S

[1]**Schmie̲|re,** die; -, -n [spätmhd. schmir = Schmierfett]: **1.** a) *ölige, fetthaltige Masse, bes. Schmiermittel;* b) (ugs.) *Salbe.* **2.** *schmierige, glitschige Masse:* was hast du denn da für eine eklige S. an deiner schönen Schürze? **3.** (landsch.) a) *Brotaufstrich:* schmeckt dir die S.?; b) *Scheibe Brot mit [streichbarem] Belag:* eine S. mit Leberwurst. **4.** (landsch.) *Prügel:* S. kriegen. **5.** (ugs. abwertend) *provinzielles, niveauloses Theater:* eine grauenvolle S. **6.** (Schülerspr. landsch.) *Pons:* eine S. benutzen.

[2]**Schmie̲|re,** die; - [aus der Gaunerspr. < jidd. schmiro = Bewachung, Wächter, zu hebr. šamar = bewachen] (Gaunerspr.): **1.** *Wache:* *** **[bei etw.] S. stehen** (salopp; *bei einer unerlaubten, ungesetzlichen Handlung die Aufgabe*

haben, aufzupassen u. zu warnen, wenn Gefahr besteht, entdeckt zu werden). **2.** *Polizei* (2): die S. rufen.

schmie|ren ⟨sw. V.; hat⟩ [mhd. smir(we)n, ahd. smirwen, zu ↑Schmer]: **1. a)** *mit Schmiermitteln versehen; ölen:* die quietschenden Türangeln s.; R wer gut schmiert, der gut fährt *(mit Bestechung erreicht man sein Ziel);* *** wie geschmiert** (ugs.; *reibungslos*): alles ging wie geschmiert; **b)** *(durch seine fettige, ölige Beschaffenheit) eine Verringerung der Reibung zwischen zwei Teilen bewirken, sich als Schmiermittel eignen:* Graphit schmiert ausgezeichnet; **c)** *[ein]fetten:* die Stiefel s. **2. a)** *auf etw. streichen, als Brotaufstrich auftragen:* Marmelade aufs Brötchen s.; **b)** *etw. mit etw. bestreichen, mit Aufstrich versehen:* wenn du Hunger hast, schmier dir doch ein Brot; **c)** *streichend über eine Fläche, irgendwohin verteilen:* Mörtel in die Fugen s. **3. a)** (ugs. abwertend) *flüchtig u. nachlässig schreiben, malen:* das Kind schmiert [beim Schreiben] fürchterlich; die Schulaufgaben ins Heft s.; **b)** (ugs.) *nicht sauber, nicht einwandfrei schreiben* (1 b); *Kleckse, Flecken machen, die verwischen:* der Kugelschreiber schmiert. **4.** (abwertend) **a)** *in einer abstoßenden, das ästhetische Empfinden verletzenden Weise schreiben, zeichnen, malen:* Hakenkreuze, [politische] Parolen an Hauswände s.; **b)** *schnell u. ohne die nötige Sorgfalt verfassen:* einen Artikel für die Zeitung s. **5.** (salopp abwertend) *bestechen:* einen Politiker s.; die Polizisten waren geschmiert worden. **6.** (Kartenspiel, bes. Skat, Jargon) *(zum Nutzen des Spielers mit dem man zusammenspielt) eine hohe Karte ausspielen:* warum hast du denn nicht geschmiert? **7.** (Musik Jargon) **a)** *(auf einem Instrument) unsauber spielen;* **b)** *(beim Singen) einen Ton unsauber zum nächsten hinüberziehen.* **8. * jmdm. eine, ein paar s.** (salopp; *jmdn. ohrfeigen*); **eine, ein paar geschmiert kriegen/bekommen** (salopp; *geohrfeigt werden*).

Schmie|ren|ko|mö|di|ant, der (abwertend): **a)** (veraltet) *Schauspieler an einer* [1]*Schmiere* (5); **b)** *jmd., der mit theatralischem Gebaren auf billige, abgeschmackte Weise auf andere zu wirken versucht.*

Schmie|ren|ko|mö|di|an|tin, die: w. Form zu ↑Schmierenkomödiant.

Schmie|ren|the|a|ter, das (abwertend): [1]*Schmiere* (5).

Schmie|rer, der; -s, - (abwertend): **1.** *jmd., der schmiert* (3 a, 4). **2.** (österr.) *Buch, Heft mit einer fertigen Übersetzung, das in der Schule als unerlaubtes Hilfsmittel benutzt wird.*

Schmie|re|rei, die; -, -en (ugs. abwertend): **1.** ⟨o. Pl.⟩ *[dauerndes] Schmieren* (3, 4). **2.** *etw. Geschmiertes* (3, 4).

Schmie|re|rin, die; -, -nen: w. Form zu ↑Schmierer (1).

schmier|fä|hig ⟨Adj.⟩: *(von Öl, Fett o. Ä.) gut schmierend* (1 b): besonders -e Motorenöle.

Schmier|fä|hig|keit, die; -: *(von Öl, Fett o. Ä.) Eigenschaft, gut zu schmieren* (1 b), *schmierfähig zu sein.*

Schmier|fett, das: vgl. Schmiermittel.

Schmier|film, der: *schmieriger* (1) *Film* (1).

Schmier|fink, der; -en, auch: -s, -en (ugs. abwertend): **1. a)** *jmd. (bes. Kind), der schmiert* (3 a); **b)** *Kind, das sich, etw. schmutzig macht, beschmiert:* pass doch auf, du S.! **2. a)** *jmd., der Wände, Mauern o. Ä. mit [politischen] Parolen, Symbolen o. Ä. versieht:* unbekannte -en hatten Naziparolen an die Wände gesprüht; **b)** *jmd., der in einer abstoßenden, niveaulosen Art und Weise schreibt, publiziert.*

Schmier|geld, das (ugs. abwertend): *Bestechungsgeld:* -er [be]zahlen, nehmen.

Schmier|heft, das (ugs.): *Heft, in das man ins Unreine schreibt; Kladde* (1 a).

schmie|rig ⟨Adj.⟩: **1.** *feucht-klebrig [u. rutschig]:* eine -e Schicht; der Regen hatte die Straße s. gemacht. **2. a)** *voller feucht-klebrigen Schmutzes; in klebriger, unappetitlicher Weise schmutzig:* eine -e Schürze; -e Hände haben; **b)** (abwertend) *ungepflegt, unsauber, unappetitlich:* eine -e Absteige. **3.** (abwertend) **a)** *[durch anbiederndes, unangenehm freundliches Verhalten] widerlich, abstoßend:* ein -er Kerl; er grinste s.; **b)** *auf unangenehme Weise zweideutig; unanständig:* -e Witze machen.

Schmier|kä|se, der (landsch.): *Streichkäse.*

Schmier|mit|tel, das: *Mittel zur Schmierung (bes. von Maschinen[teilen]).*

Schmier|nip|pel, der (Technik): *mit einem Kugelventil versehener Verschluss an einer Schmierstelle.*

Schmier|öl, das: vgl. Schmiermittel.

Schmier|sei|fe, die: *weiche, kalihaltige Seife.*

Schmier|stel|le, die (Technik): *Stelle, an der eine Maschine o. Ä. geschmiert werden muss.*

Schmie|rung, die; -, -en: *das Schmieren* (1 a).

Schmier|zet|tel, der: vgl. Schmierheft.

schmilz, schmilzt: ↑schmelzen.

Schmin|ke, die; -, -n [spätmhd. (md.) sminke, smicke, wohl eigtl. = (Auf)geschmiertes]: *kosmetisches Mittel in Form von farbigen Cremes, Pudern, Fettstiften o. Ä., das bes. für die Gesichtshaut, Lippen, Augenbrauen zur Verschönerung od. (bes. in der Schauspielkunst) Veränderung des Aussehens benutzt wird:* S. benutzen, auftragen.

schmin|ken ⟨sw. V.; hat⟩ [spätmhd. sminken, smicken, wohl eigtl. = streichen, schmieren]: *Schminke, Make-up auflegen, auftragen:* jmdm., sich die Lippen, das Gesicht s.; sich leicht, stark, aufdringlich s.; sie schminkt sich nicht *(trägt, verwendet kein Make-up);* Ü der Bericht ist stark geschminkt *(beschönigt sehr).*

Schmink|stift, der: *Schminke in Form eines Stifts.*

Schmink|tisch, der: *Tisch (bes. für Schauspieler) mit Spiegel, an dem sich jmd. schminkt, schminken lässt.*

Schmink|topf, der: *kleines Gefäß mit Deckel für Schminke:* die ist wohl in einen S. gefallen! (salopp scherzh.; *sie ist sehr aufdringlich, auffällig geschminkt*).

[1]**Schmir|gel,** der; -s [frühnhd. smirgel < ital. smeriglio, über das Mlat. zu mgriech. smerí < griech. smýris, wahrsch. verw. mit ↑schmieren]: *feinkörniges Gestein, das als Mittel zum Schleifen benutzt wird.*

[2]**Schmir|gel,** der; -s, - [älter: Schmergel, eigtl. = Klebriges, zu ↑[2]schmirgeln] (ostmd.): *schmutziger Saft, der sich in Tabakspfeifen ansetzt.*

[1]**schmir|geln** ⟨sw. V.; hat⟩ [zu ↑[1]Schmirgel]: **a)** *mit Schmirgel[papier], Schleifpapier o. Ä. bearbeiten, schleifen:* die Rohre vor dem Anstreichen gründlich s.; **b)** *durch Schmirgeln* (a) *entfernen:* den Rost von den Rohren s.

[2]**schmir|geln** ⟨sw. V.; hat⟩ [älter auch: schmurgeln, zu ↑Schmer] (veraltet): *nach schlechtem, ranzigem Fett riechen.*

Schmir|gel|pa|pier, das: *[mit* [1]*Schmirgel beschichtetes] Schleifpapier.*

schmiss: ↑[1]schmeißen.

Schmiss, der; -es, -e [zu ↑[1]schmeißen in der veralteten Bed. »schlagen«]: **1.** (Verbindungswesen) *von einer Mensur* (2) *herrührende Narbe im Gesicht:* -e im Gesicht haben. **2.** ⟨o. Pl.⟩ (ugs.) *mitreißender Schwung:* der Schlager hat S.; S. in eine Sache bringen. **3.** (bes. Theater Jargon) *das* [1]*Schmeißen* (4).

schmis|sig ⟨Adj.⟩ (ugs.): *mitreißenden Schwung habend:* ein -er Marsch; die Kapelle spielte s.; ⟨subst.:⟩ etw. Schmissiges spielen.

Schmok, der; -s [mniederd. smōk, niederd. Form von ↑Schmauch] (nordd.): *Rauch, Qualm.*

schmö|ken ⟨sw. V.; hat⟩ [niederd. Form von ↑schmauchen] (nordd.): *rauchen* (2).

Schmö|ker, der; -s, - [aus der Studentenspr., zu ↑schmöken, eigtl. = altes od. schlechtes Buch, aus dem man einen Fidibus herausriss, um seine Pfeife zu »schmöken«]: **1.** (ugs.) *dickeres, inhaltlich weniger anspruchsvolles Buch, das die Lesenden oft in besonderer Weise fesselt:* ein spannender S. **2.** (nordd. ugs.) *Raucher* (1).

Schmö|ke|rin, die; -, -nen: w. Form zu ↑Schmöker (2).

schmö|kern ⟨sw. V.; hat⟩ (ugs.): *gemütlich etw. Unterhaltendes, Spannendes o. Ä. lesen:* er schmökert gern; Kriminalromane, in einem Buch s.

Schmoll|ecke, die: *Schmollwinkel.*

schmol|len ⟨sw. V.; hat⟩ [mhd. smollen = unwillig schweigen, später auch: lächeln, H. u.]: *aus Unwillen über jmds. Worte od. jmds. Verhalten gekränkt schweigen [u. seine Verstimmung im Gesichtsausdruck erkennen lassen]:* sie schmollt schon den ganzen Tag [mit mir].

schmol|lis ⟨Interj.⟩ (Verbindungswesen): Zuruf beim Brüderschafttrinken.

Schmol|lis: in der Wendung **mit jmdm. S. trinken** (Verbindungswesen; *mit jmdm. Brüderschaft trinken;* viell. nach dem Namen eines alkoholischen Getränks).

Schmoll|mund, der: *(für einen schmollenden Menschen charakteristischer) Mund mit aufgeworfenen, vollen Lippen:* einen S. machen, ziehen.

Schmoll|win|kel, der: in Wendungen wie **sich in den S. zurückziehen** (ugs.; *gekränkt, unmutig, beleidigt auf etw. reagieren u. nicht ansprechbar sein*).

schmolz, schmöl|ze: ↑schmelzen.

Schmo|ne es|re, das; - - [hebr. šĕmônẹ-ʿęśēē = achtzehn; das Gebet umfasste ursprünglich achtzehn Bitten]: *längeres Gebet des werktäglichen jüdischen Gottesdienstes.*

Schmon|zes, der; - [jidd. schmonzes = Unsinn, H. u.; viell. zu ↑Schmus] (ugs. abwertend): *Geschwätz* (a).

Schmon|zet|te, die; -, -n [zu ↑Schmonzes] (ugs. abwertend): *wenig geistreiches [kitschiges] Stück, albernes Machwerk.*

Schmor|bra|ten, der: *geschmortes Stück Fleisch, bes. Rindfleisch.*

schmo|ren ⟨sw. V.; hat⟩ [aus dem Niederd. < mnd. smoren, eigtl. = ersticken]: **1. a)** *kurz anbraten u. dann in Brühe, Fond o. Ä. in einem zugedeckten Topf langsam gar werden lassen:* das Fleisch im eigenen Saft s.; ⟨subst.:⟩ das Stück eignet sich besonders zum Schmoren; **b)** *(von angebratenem Fleisch, Fisch, Gemüse) in Brühe, Fond o. Ä. in einem zugedeckten Topf langsam garen:* der Braten schmort auf dem Herd; *** jmdn. s. lassen** (ugs.; *jmdn. [in einer unangenehmen Situation] längere Zeit im Ungewissen lassen*); **etw. s. lassen** (ugs.; *etw. längere Zeit unbeachtet [liegen] lassen*). **2.** (ugs.) *[in unangenehmer Weise] großer Hitze ausgesetzt sein [u. schwitzen]:* in der prallen Sonne s. **3.** (ugs.) *sich infolge zu hoher Spannung, zu hohen Stromdurchflusses stark erhitzen [u. durchglühen]:* das Kabel schmort.

Schmor|pfan|ne, die: vgl. Schmortopf.

Schmor|topf, der: **a)** *Topf, der bes. zum Schmoren verwendet wird;* **b)** (ugs.) *Gericht aus geschmortem Fleisch.*

Schmu, der; -s [aus der Gaunerspr., H. u.] (ugs.): *etw., was nicht ganz korrekt ist:* erzähl mir keinen S.!; *** S. machen** *(auf relativ harmlose Weise betrügen, mogeln* 1).

schmuck ⟨Adj.⟩ [aus dem Niederd. < mniederd. smuk = geschmeidig, biegsam, zu ↑schmücken] (veraltend): *in der Aufmachung, der äußeren Erscheinung sehr ansprechend, von angenehmem, nettem Aussehen, hübsch:* ein -es Mädchen, Paar; s. aussehen.

Schmuck, der; -[e]s, -e ⟨Pl. selten⟩ [aus dem Niederd., Md., urspr. = Zierrat]: **1.** ⟨o. Pl.⟩ **a)** *das Geschmückt-, Verziertsein; Zierde:* die Hülle dient nur, auch dem S.; **b)** *schmückende* (a) *Ausstattung, Zutat; schmückendes Beiwerk; Verzierung:* die Designerin hat bewusst auf [allen, jeden] S. verzichtet. **2. a)** *meist aus kostbarem Material bestehende Gegenstände (wie Ketten, Reife, Ringe), die zur Verschönerung, zur Zierde am Körper getragen werden:* goldener, silberner, echter, unechter, alter, modischer S.; S. tragen, anlegen; sich mit S. behängen; **b)** (seltener) *Schmuckstück.*

Schmuck|blatt|te|le|gramm, das: *Telegramm, bes. Glückwunschtelegramm, das auf einem mit einem Bild geschmückten Blatt* (2 a) *zugestellt wird.*

schmü|cken ⟨sw. V.; hat⟩ [mhd. smücken, smucken = in etw. hineindrücken; an sich drücken; sich ducken, Intensivbildung zu ↑schmiegen, also urspr. = sich in ein prächtiges Kleid schmiegen]: **a)** *mit schönen Dingen, mit Schmuck* (1 b, 2 a) *ausstatten, verschönern, mit etw. Verschönerndem versehen:* ein Haus s.; die Braut [mit Schleier und Kranz] s.; sie schmückt sich gerne *(trägt gern Schmuck u. schöne Kleider);* **b)** *als Schmuck, Verzierung bei einer Person od. Sache vorhanden sein u. sie dadurch wirkungsvoll verschönern:* Blumen schmückten den Tisch; **Ü** schmückende Beiwörter, Zusätze.

Schmuck|käst|chen, das: *Schmuckkasten;* **Ü** ihre Wohnung, ihr Haus ist das reinste S. (scherzh.; *ist liebevoll ausgestattet u. immer sehr sauber u. ordentlich hergerichtet*).

Schmuck|kas|ten, der: *kleiner Kasten zur Aufbewahrung von Schmuck* (2 a).

Schmuck|körb|chen, das: *Cosmea.*

schmuck|los ⟨Adj.⟩: *keinen Schmuck* (1 b), *keine Verzierung aufweisend u. daher einfach, schlicht, sachlich wirkend:* ein -es Kleid; ein -es *(nicht mit Blumen o. Ä. geschmücktes)* Grab.

Schmuck|na|del, die: *als Schmuckstück dienende Anstecknadel.*

Schmuck|ring, der: *als Schmuckstück dienender Ring.*

Schmuck|stein, der: **a)** *zur Herstellung von Schmuck* (2 a) *verwendeter Stein von besonders schönem Aussehen;* **b)** (Fachspr.) *Edelstein von geringerem Wert* (z. B. Granat, Onyx).

Schmuck|stück, das: **1.** *oft aus kostbarem Material bestehender Gegenstand (wie Kette, Reif, Ring), der zur Verschönerung, zur Zierde am Körper getragen wird:* ein kostbares, goldenes, altes S. **2.** (ugs.) *etw. besonders Schönes, besonders schönes Exemplar seiner Art, Gattung:* wie geht es deinem S. (scherzh.; *deiner Liebsten*)?

Schmuck|wa|ren ⟨Pl.⟩: *Schmuckstücke, die sich als Waren im Handel befinden.*

Schmud|del, der; -s [zu ↑schmuddeln] (ugs. abwertend): *an etw. haftender, etw. bedeckender unangenehmer [klebriger, schmieriger] Schmutz.*

schmud|de|lig, schmuddlig ⟨Adj.⟩ (ugs. abwertend): *mit [klebrigem, schmierigem] Schmutz behaftet; unsauber, schmutzig u. unordentlich:* -e Wäsche; ein -es Lokal.

Schmud|del|kind, das (ugs. abwertend): *schmutziges Kind, das sich auf der Straße aufhält, herumtreibt.*

schmud|deln ⟨sw. V.; hat⟩ [aus dem Niederd., zu mniederd. smudden = schmutzen, verw. mit ↑Moder] (ugs. abwertend): **1.** *nachlässig, unordentlich mit etw. hantieren u. dabei Schmutz machen:* schmudd[e]le nicht wieder so! **2.** *leicht schmuddelig werden, schmutzen:* der Hemdkragen schmuddelt schnell.

Schmud|del|wet|ter, das ⟨o. Pl.⟩ (ugs.): *nasskaltes, regnerisches od. mit Schneeregen o. Ä. einhergehendes Wetter, bei dem auf Straßen u. Wegen leicht Matsch entsteht:* es herrschte S.

schmudd|lig: ↑schmuddelig.

Schmug|gel, der; -s [rückgeb. aus ↑schmuggeln]: *das Schmuggeln* (1).

Schmug|ge|lei, die; -, -en: *[dauerndes] Schmuggeln:* er wurde wegen S. verurteilt.

schmug|geln ⟨sw. V.; hat⟩ [aus dem Niederd., eigtl. = geduckt lauern, sich versteckt halten, verw. mit ↑schmiegen]: **1.** *Waren gesetzwidrig, unter Umgehung des Zolls ein- od. ausführen:* Schnaps, Zigaretten s.; ⟨auch ohne Akk.-Obj.:⟩ hier an der Grenze schmuggeln alle. **2. a)** *heimlich, unerlaubt irgendwohin bringen, schaffen:* er schmuggelte ihr *(steckte ihr heimlich)* einen Zettel in die Handtasche; **b)** ⟨s. + sich⟩ *sich heimlich irgendwohin schleichen:* sich auf ein Schiff s.

Schmug|gel|wa|re, die: *geschmuggelte Ware.*

Schmugg|ler, der; -s, - [älter: Schmuckeler]: *jmd., der [gewerbsmäßig] Schmuggel treibt.*

Schmugg|ler|ban|de, die: [1]*Bande* (1) *von [Schmugglerinnen u.] Schmugglern.*

Schmugg|le|rin, die; -, -nen: w. Form zu ↑Schmuggler.

Schmugg|ler|ring, der: vgl. Schmugglerbande.

schmu|len ⟨sw. V.; hat⟩ [H. u., viell. zu Schmul = veraltete Bez. für: Jude] (bes. berlin.): *schielen* (2 a, b).

schmun|zeln ⟨sw. V.; hat⟩ [spätmhd. (md.) smonczelen, Iterativbildung zu älter: smunzen = lächeln, H. u.]: *aus einer gewissen Belustigung, Befriedigung heraus, mit Wohlgefälligkeit od. Verständnis für etw., mit geschlossenen Lippen [vor sich hin, in sich hinein] lächeln:* freundlich, belustigt s.; ⟨subst.:⟩ die Besucher zum Schmunzeln bringen.

schmur|geln ⟨sw. V.; hat⟩ [Nebenf. von ↑[2]schmirgeln] (landsch.): *braten.*

Schmus, der; -es [aus dem Rotwelschen < jidd. schmuo (Pl.: schmuoss) < hebr. šẹmûạ̊ = Gerücht; Gehörtes] (ugs.): *wortreiches Getue; schöne [schmeichelnde] Worte; Gerede, Geschwätz:* das ist doch alles S.!; so ein S.!

Schmu|se|ka|ter, der (fam.): vgl. Schmusekatze.

Schmu|se|kat|ze, die (fam.): *Person, bes. kleineres Mädchen, die gern schmust* (1): sie ist eine [richtige] S.

Schmu|se|kurs, der (bes. Politik Jargon): *auf Annäherung, Ausgleich abzielender [politischer] Kurs.*

schmu|sen ⟨sw. V.; hat⟩ [rotwelsch schmußen = schwatzen] (ugs.): **1.** *mit jmdm. zärtlich sein, Liebkosungen austauschen:* die beiden schmusten [miteinander]; ein schmusendes Paar. **2.** (abwertend) *sich bei jmdm. anbiedern, jmdm. schmeicheln:* dem Chef s.

Schmu|ser, der; -s, - (ugs.): **1.** *jmd., der [gern] schmust* (1), *zärtlich mit jmdm. ist.* **2.** (abwertend) *Schmeichler:* ein widerlicher S.

Schmu|se|rei, die; -, -en (ugs., oft abwertend): *[dauerndes] Schmusen.*

Schmu|se|rin, die; -, -nen: w. Form zu ↑Schmuser.

Schmutt, der; -[e]s [niederd. Form von ↑Schmutz] (nordd.): *feiner Regen.*

Schmutz, der; -es [spätmhd. smuz, urspr. = Feuchtigkeit, feuchter Schmutz]: *etw. (wie Staub, aufgeweichte Erde o. Ä.), was irgendwo Unsauberkeit verursacht, was etw. verunreinigt:* feuchter, klebriger, trockener S.; etw. macht viel, keinen S.; den S. aufwischen, abwaschen, zusammenkehren; S. abweisende Materialien; die Kinder, die Schuhe waren über und über mit S. bedeckt; etw. vom S. reinigen; **Ü** S. und Schund *(als minderwertig od. moralisch verwerflich angesehene geistige Produkte, bes. Literatur);* * **jmdn. einen feuchten S. angehen** (salopp; ↑Kehricht 1); **jmdn., etw. durch den S. ziehen/in den S. treten, ziehen** *(jmdn., etw. verunglimpfen, jmdn. in übler Weise verleumden);* **jmdn. mit S. bewerfen** *(jmdn. in übler Weise beschimpfen, verleumden).*

schmutz|ab|wei|send ⟨Adj.⟩: *Schmutz nicht, nur schwer annehmend.*

Schmutz|ar|beit, die: *Dreckarbeit.*

Schmutz|bürs|te, die: *Schuhbürste zur Entfernung des gröbsten Schmutzes.*

schmut|zen ⟨sw. V.; hat⟩ [spätmhd. smutzen = beflecken, smotzen = schmutzig sein]: **1.** *Schmutz annehmen; schmutzig werden:* der helle Stoff schmutzt schnell, leicht. **2.** (südwestd., schweiz.) *fetten* (1); *Fett an etw. geben:* das Backblech s.; gut geschmutzte Rösti.

Schmutz|fän|ger, der: **1.** (ugs. oft abwertend) *(der Zierde dienender, sonst nutzloser) Gegenstand, der so beschaffen ist, dass sich leicht Schmutz daran festsetzt.* **2.** *an Fahrzeugen angebrachtes, hinter dem Rad herabhängendes Stück Gummi, das das Emporschleudern des Schmutzes beim Fahren verhindert.* **3.** (Technik) *(in Rohrleitungen angebrachtes) Sieb, das Schmutz auffängt.*

Schmutz|fink, der; -en, auch: -s, -en (ugs.): *jmd., der schmutzig ist, etw. schmutzig macht.*

Schmutz|fleck, Schmutz|fle|cken, der: *durch Schmutz entstandener Fleck:* ein S. im Teppich.

schmut|zig ⟨Adj.⟩ [spätmhd. smotzig]: **1. a)** *mit Schmutz behaftet, nicht sauber* (1 a): -e Wäsche; -e Hände, Füße; ein -es Gesicht; -es *(gebrauchtes, abzuwaschendes)* Geschirr; das ist eine ziemlich -e *(Schmutz verursachende, mit Schmutz einhergehende)* Arbeit; das Wasser, die Luft, die Nordsee ist ziemlich s.; sich, [sich] seinen Anzug s. machen; er macht sich nicht gern s. *(verrichtet nicht gern schmutzige Arbeiten);* **Ü** ein -es *(unklares, nicht reines, ins Graue spielendes)* Blau, Gelb; das s. blaue Meer; ein s. grüner Lodenmantel; s. weiße Hühner; **b)** *auf Sauberkeit, Reinlichkeit, Gepflegtheit keinen Wert legend; unreinlich u. ungepflegt:* der Koch macht einen etwas -en Eindruck; dort ist es mir zu s. **2.** (abwertend) **a)** *frech, respektlos, unverschämt:* lass deine -en Bemerkungen; sein -es Lächeln ärgerte sie; grinse nicht so s.!; **b)** *unanständig, obszön, schlüpfrig:* -e Witze, Gedanken, [Schimpf]wörter; -e Lieder singen; du hast eine -e Fantasie *(du denkst immer gleich an etw. Unanständiges, Zweideutiges);* **c)** *in moralischer Hinsicht sehr zweifelhaft, anrüchig; unlauter:* -e Geschäfte, Praktiken, Tricks; mit -en Mitteln arbeiten; ein -er Krieg; eine -e Gesinnung, Affäre; -es *(auf unredliche Weise erworbenes)* Geld. **3.** (südwestd., schweiz.) *fett, fettig.*

schmut|zig blau, schmut|zig gelb, schmut|zig grün: s. schmutzig (1 a).

Schmut|zig|keit, die; -, -en: **1.** ⟨o. Pl.⟩ *das Schmutzigsein.* **2.** *schmutzige Äußerung, Handlung o. Ä.*

schmut|zig rot, schmut|zig weiß: s. schmutzig (1 a).

Schmutz|lap|pen, der: *Lappen zum Aufwischen des gröbsten Schmutzes.*

Schmutz|par|ti|kel, das, auch: die: [1]*Partikel, das etw. verschmutzt.*

Schmutz|schicht, die: *von Schmutz gebildete Schicht.*

Schmutz|teil|chen, das: *Schmutzpartikel.*

Schmutz|ti|tel, der [das Blatt soll das eigentliche Titelblatt vor Beschmutzung schützen] (Druckw.): *erstes Blatt in einem Buch, auf dem meist nur der verkürzte Titel angegeben ist.*

schmutz|ver|schmiert ⟨Adj.⟩: *mit Schmutz verschmiert:* er wusch sein -es Gesicht.

Schmutz|was|ser, das ⟨Pl. …wässer⟩: *gebrauchtes, schmutziges Wasser; Abwasser.*

Schna|bel, der; -s, Schnäbel [mhd. snabel, ahd. snabul, wohl verw. mit ↑schnappen]: **1.** *(bei verschiedenen Wirbeltieren, bes. den Vögeln) vorspringender, oft spitz auslaufender, von einer Hornschicht überzogener Fortsatz vorn am Kopf:* ein langer, kurzer, spitzer, krummer, breiter, kräftiger, gelber S.; den S. aufsperren, wetzen; der Storch klappert mit dem S. **2.** (ugs.) [1]*Mund* (1 a): mach, sperr mal deinen S. auf!; * **reden, sprechen, wie einem der S. gewachsen ist** (ugs.; *unbekümmert, frei heraus u. ohne Ziererei sprechen*); **den S. halten** (ugs.; ↑[1]Mund 1 a); **den S. [nicht] aufmachen/auftun** (ugs.; ↑[1]Mund 1 a); **sich** ⟨Dativ⟩ **den S. verbrennen** (ugs.; ↑[1]Mund 1 a); **jmdm. [mit etw.] den S. stopfen** (ugs.; ↑[1]Mund 1 a); **seinen S. an jmdm. wetzen** (ugs.; *boshaft, abfällig über jmdn. reden; über jmdn. lästern*). **3.** *kleine Röhre zum Ausgießen an einer Kanne, einem Krug.* **4.** *(bei antiken u. mittelalterlichen Schiffen) verlängerter, spitz zulaufender Bug.* **5.** (Musik) *schnabelförmiges Mundstück bei bestimmten Blasinstrumenten.*

schna|bel|för|mig ⟨Adj.⟩: *wie ein Schnabel* (1) *geformt, an einen Schnabel erinnernd.*

Schna|bel|hieb, der: *mit dem Schnabel* (1) *ausgeführter Hieb, Stoß.*

schnä|beln ⟨sw. V.; hat⟩ [spätmhd. snäbeln]: **1.** *(von bestimmten Vögeln) die Schnäbel aneinander reiben, sich mit den Schnäbeln mehrfach berühren:* die beiden Tauben schnäbeln [miteinander]. **2.** (ugs. scherzh.) *sich zärtlich küssen:* mit jmdm., miteinander s.; ein schnäbelndes Pärchen.

S

Schna|bel|schuh, der: *(im Mittelalter üblicher) Halbschuh ohne Absatz für Männer u. Frauen, dessen Spitze nach vorn stark verlängert u. oft nach oben gebogen ist.*

Schna|bel|tas|se, die: *(vor allem für Bettlägerige gedachte) Tasse, aus der über einen Schnabel (3) in Form einer kleinen Röhre auch im Liegen getrunken werden kann.*

Schna|bel|tier, das: *(in Australien heimisches) Eier legendes u. seine Jungen säugendes Tier mit einem breiten Schnabel, kurzem, sehr dichtem, dunkelbraunem Fell, abgeplattetem Schwanz u. Füßen mit Schwimmhäuten.*

schna|bu|lie|ren ⟨sw. V.; hat⟩ [scherzh. Bildung zu ↑Schnabel] (fam.): *mit Behagen verzehren, essen:* genüsslich s.

Schnack, der; -[e]s, -s u. Schnäcke [urspr. auch hochd.; mniederd. snack, zu ↑schnacken] (nordd.): **1.** *gemütliche Plauderei, Unterhaltung:* einen kleinen S. halten. **2.** (abwertend) *leeres Gerede; Geschwätz, Unsinn:* glaubst du den S. etwa? **3.** *witziger, komischer Ausspruch:* seine Schnäcke sind zum Piepen. **4.** *** ein anderer S. sein** *(mehr taugen, mehr Format haben):*

schna|ckeln ⟨sw. V.; hat⟩ [lautm.] (landsch., bes. bayr.): **1.** *(bes. mit den Fingern od. der Zunge) ein schnalzendes Geräusch hervorbringen:* mit den Fingern s. **2.** *ein knackendes Geräusch von sich geben; krachen* (1): ⟨unpers.:⟩ da vorne an der Ecke hat es geschnackelt *(hat es einen Zusammenstoß gegeben);* Ü bei den Nachbarn hat es mal wieder geschnackelt *(Krach, Streit gegeben);* wenn du noch lange meckerst, dann schnackelts *(gibt es Ohrfeigen, Prügel);* *** es hat [bei jmdm.] geschnackelt** (ugs., bes. südd.; 1. *es ist geglückt, es hat geklappt.* 2. *jmd. hat etw. endlich begriffen, verstanden:* jetzt hats auch bei mir geschnackelt. 3. *jmd. hat sich plötzlich verliebt.* 4. *jmds. Geduld ist erschöpft).*

schna|cken ⟨sw. V.; hat⟩ [(m)niederd. snacken, lautm.] (nordd.): **a)** *reden, sprechen:* in Ruhe über etw. s.; er schnackt [am liebsten] Platt; **b)** *gemütlich, zwanglos plaudern, sich unterhalten:* mit der Nachbarin, über den Gartenzaun s.

Schna|ckerl, das u. der; -s (österr.): *Schluckauf.*

Schna|der|hüp|fel, Schna|der|hüp|ferl, das; -s, - [wohl zu ↑schnattern u. ↑hüpfen] (bayr., österr.): *kurzes, meist vierzeiliges Lied [mit lustigem, oft auch anzüglichem Inhalt], das häufig mit einem Jodler verknüpft ist.*

schnaf|te ⟨Adj.⟩ [H. u.] (berlin. veraltend): *fabelhaft, hervorragend.*

[1]**Schna|ke,** die; -, -n [spätmhd. snāke, H. u.]: **1.** *(zu den Mücken gehörendes) Insekt mit schlankem Körper, langen, dünnen Beinen u. Fühlern u. schmalen Flügeln, das sich von Pflanzensäften ernährt.* **2.** (landsch.) *Stechmücke.*

[2]**Schna|ke,** die; -, -n [älter: Schnacken, zu mniederd. snacken, ↑schnacken; unter Bezug auf ↑Grille (2 a); Mucke (2) an ↑[1]Schnake angelehnt] (nordd. veraltet): *lustiger, drolliger Einfall; Schnurre.*

schnä|ken ⟨sw. V.; hat⟩ [(west)md. Form von mhd. snöuken = schnüffeln, schnuppern] (landsch., bes. westmd.): *naschen.*

Schna|ken|stich, der (landsch.): *Stich einer* [1]*Schnake* (2).

Schnä|ke|rei, die; -, -en (landsch., bes. westmd.): **1.** ⟨o. Pl.⟩ *[dauerndes] Schnäken.* **2.** *Leckerei.*

schnä|kig ⟨Adj.⟩ [zu ↑schnäken] (landsch., bes. westmd.): **1.** *im Essen sehr wählerisch, mäkelig.* **2.** *naschhaft.*

Schnal|le, die; -, -n [mhd. snalle, zu: snal = rasche Bewegung, snallen (↑schnallen), wohl nach dem Auf- u. Zuschnellen des Dorns an einer Schnalle, zu ↑schnell; 4: nach 3]: **1.** *am Ende eines Riemens, Gürtels befestigte Schließe in Form eines Ringes o. Ä., durch die das andere Ende des Riemens, Gürtels durchgesteckt [u. mithilfe eines Dorns 3 a zusätzlich festgehalten] wird:* eine metallene, runde, ovale S.; die S. am Schuh drückt; die S. des Gürtels öffnen, aufmachen, schließen. **2.** (österr.) *Türklinke.* **3.** (Jägerspr.) *(bei Hunden u. Haarraubwild) äußeres weibliches Geschlechtsteil.* **4.** (derb) *weibliches Geschlechtsteil.* **5. a)** (derb, oft Schimpfwort) *Hure;* **b)** (salopp) *Mädchen, junge Frau:* die S. macht mich ganz schön an.

schnal|len ⟨sw. V.; hat⟩ [mhd. snallen = schnellen, sich mit schnappendem Laut bewegen; 2: wohl im Sinne von »(sich) etw. aufschnallen = (sich) etw. im Gedächtnis festmachen«; 3: Nebenf. von mhd. snellen (↑schnellen) = ein Schnippchen schlagen]: **1. a)** *einer Sache mithilfe einer daran befestigten Schnalle* (1) *eine bestimmte Weite geben:* den Riemen, Gürtel enger, weiter s.; **b)** *mithilfe eines mit einer Schnalle* (1) *versehenen Riemens, Gurtes o. Ä. irgendwo befestigen:* eine Decke auf den Koffer s.; **c)** *durch Aufmachen, Lösen von Schnallen an Riemen, Gurten o. Ä. von etw. losmachen u. abnehmen:* die Tasche vom Gepäckträger s. **2.** (salopp) *begreifen, verstehen:* etw. nicht s. **3.** (salopp) *irreführen, täuschen, prellen, übervorteilen:* sie haben ihn ganz schön geschnallt. **4.** (südd.) *schnalzen:* mit den Fingern, mit der Zunge s.

Schnal|len|schuh, der: *Halbschuh, der mit einer Schnalle geschlossen wird od. verziert ist.*

schnal|zen ⟨sw. V.; hat⟩ [spätmhd. snalzen, Intensivbildung zu mhd. snallen, ↑schnallen]: **1.** *durch eine rasche, schnellende Bewegung mit etw. (bes. der Zunge, den Fingern) einen kurzen, knallenden Laut erzeugen:* genießerisch mit der Zunge s.; mit den Fingern s. **2.** (seltener) *schnippen* (1 a).

Schnalz|laut, der (Sprachw.): *(in afrikanischen Sprachen vorkommender) durch Schnalzen mit der Zunge gebildeter Laut.*

schnapp ⟨Interj.⟩: lautm. für ein schnelles Zuschnappen, Zuklappen o. Ä. u. das damit verbundene klappende Geräusch: s., und die Tür war zu.

Schnäpp|chen, das; -s, - (ugs.): *bes. preisgünstig angebotene [Marken]ware, Dienstleistung o. Ä.:* ein S. machen *(etw. vorteilhaft kaufen).*

Schnäpp|chen|jagd, die (ugs.): *das Sichbemühen um preisgünstige Angebote.*

Schnäpp|chen|jä|ger, der (ugs.): *jmd., der sich um preisgünstige Angebote bemüht.*

Schnäpp|chen|jä|ge|rin, die: w. Form zu ↑Schnäppchenjäger.

schnap|pen ⟨sw. V.⟩ [mhd. (md.) mniederd. snappen, Intensivbildung zu mhd. snaben = schnappen, schnauben, urspr. laut- u. bewegungsnachahmend für klappende Kiefer]: **1.** ⟨hat⟩ **a)** *mit dem Maul, den Zähnen, dem Schnabel in rascher Bewegung zu fassen suchen:* der Hund hat nach der Wurst, nach mir geschnappt; das Tier schnappte wild um sich; Ü nach Luft s. (ugs.; *mit offenem Mund rasch u. mühsam atmen, nach Atem ringen);* **b)** *mit dem Maul, den Zähnen, dem Schnabel in rascher Bewegung fassen:* der Hund schnappte die Wurst; Ü lass uns noch ein wenig frische Luft s. *(ins Freie gehen, um an der Luft zu sein).* **2.** ⟨hat⟩ (ugs.) **a)** *schnell ergreifen, mit raschem Zugriff festhalten [und mitnehmen, für sich behalten]:* sich schnell ein Brötchen s.; sie schnappte ihre Mappe und rannte die Treppe runter; den werde ich mir noch s.!; *** etw. geschnappt haben** (ugs.; *etw. begriffen, verstanden haben):* hast du das [endlich] geschnappt?; **b)** *zu fassen bekommen, ergreifen u. festnehmen, gefangen nehmen:* die Polizei hat den Dieb geschnappt. **3. a)** *eine schnellende, oft mit einem klappenden, leise knallenden Geräusch verbundene Bewegung irgendwohin ausführen* ⟨ist⟩: der Riegel ist ins Schloss geschnappt; **b)** *ein durch eine rasche, schnellende Bewegung entstehendes klappendes, leise knallendes Geräusch hervorbringen* ⟨hat⟩: er hörte die Schere nur ein paarmal s., und die Haare waren ab; *** es hat [bei jmdm.] geschnappt** (ugs.; 1. *jmds. Geduld ist zu Ende.* 2. *jmd. hat sich plötzlich verliebt:* bei den beiden hat es geschnappt. 3. *eine Frau ist schwanger geworden:* bei ihr hat es geschnappt).

Schnap|per, der; -s, - (ugs.): **1. a)** *das Schnappen* (1 a) *nach etw.; zuschnappender Biss;* **b)** *kurzes, heftiges Atemholen mit offenem Mund.* **2. a)** *mit einem klappenden Geräusch verbundenes Zuschnappen, Zuklappen:* mit einem S. fiel die Tür ins Schloss; **b)** *Falle* (3 a).

Schnäp|per, Schnepper, der; -s, -: **1.** kurz für ↑Fliegenschnäpper. **2.** (Med. Jargon) *lanzettförmige Nadel zur Entnahme von Blut (am Finger od. Ohrläppchen), die durch Auslösen einer Feder nach vorne schnellt.* **3.** (früher) *Armbrust, mit der vorwiegend Kugeln geschossen werden; Balester.* **4.** (landsch.) *Schnappschloss, bes. Vorhängeschloss.*

Schnapp|rol|lo, Schnapp|rou|leau, das: *Rollo, das in jeder Position feststellbar* (2) *ist.*

Schnapp|schloss, das: *Schloss* (1), *das durch Einrasten, Einschnappen fest schließt:* ein Koffer mit Schnappschlössern.

Schnapp|schuss, der: *Fotografie, deren Motiv gerade so im Bild festgehalten wird, wie es vorgefunden wird:* ein gelungener S.

Schnapp|ver|schluss, der: *Verschluss, der durch Einrasten, Einschnappen fest schließt.*

Schnaps, der; -es, Schnäpse [niederd. Snap(p)s, urspr. = ein Mund voll, schneller Schluck, zu ↑schnappen] (ugs.): *hochprozentiges alkoholisches Getränk, bes. Branntwein; Klarer:* selbst gebrannter, klarer S.; eine Flasche S.

Schnaps|bren|ne|rei, die (ugs.): *Branntweinbrennerei.*

Schnaps|bru|der, der (ugs. abwertend): *gewohnheitsmäßiger Trinker, der bes. hochprozentige alkoholische Getränke zu sich nimmt.*

Schnäps|chen, das; -s, - (fam.): *Schnaps:* ein S. *(Gläschen Schnaps)* trinken.

Schnaps|dros|sel, die (ugs. abwertend): *Person, die gewohnheitsmäßig trinkt, die bes. hochprozentige Getränke zu sich nimmt:* er, sie ist eine alte S.

schnäp|seln, schnap|sen ⟨sw. V.; hat⟩ (ugs. scherzh.): *Schnaps trinken:* er schnapst, schnäpselt gern.

Schnaps|fla|sche, die: *Flasche für, mit Schnaps.*

Schnaps|glas, das ⟨Pl. ...gläser⟩: *kleines Glas für Schnaps.*

Schnaps|idee, die [ein derartiger Einfall kann nur durch zu reichlichen Alkoholgenuss bedingt sein] (ugs.): *unsinniger, seltsamer Einfall; verrückte Idee.*

Schnaps|lei|che, die (ugs. scherzh.): *jmd., der durch allzu reichen Genuss von Alkohol, bes. Schnaps, sinnlos betrunken ist.*

Schnaps|na|se, die (ugs.): *durch übermäßigen Alkoholkonsum knollig verdickte, blaurote Nase.*

Schnaps|zahl, die [wohl nach der Vorstellung, dass ein Betrunkener beim Lesen einfache Ziffern doppelt sieht] (scherzh.): *aus mehreren gleichen Ziffern bestehende Zahl, Nummer o. Ä.*

schnar|chen ⟨sw. V.; hat⟩ [mhd. snarchen, lautm.]: *beim Schlafen meist mit geöffnetem Mund tief ein- u. ausatmen u. dabei ein dumpfes, kehliges Geräusch (ähnlich einem Achlaut) von sich geben:* laut, mit offenem Mund s.; sie schnarcht schon (ugs. scherzh.; *schläft schon fest [u. schnarcht]).*

Schnar|cher, der; -s, - (ugs.): **a)** *jmd., der schnarcht;* **b)** *Ton, Geräusch, das beim Schnarchen entsteht.*

Schnar|che|rei, die; -: *[dauerndes, lästiges] Schnarchen:* seine S. macht mich noch mal wahnsinnig.

Schnar|che|rin, die; -, -nen: w. Form zu ↑Schnarcher (a).

Schnarch|kon|zert, das (ugs. scherzh.): *lautes Schnarchen [mehrerer Personen].*

Schnar|re, die; -, -n [zu ↑schnarren]: *Knarre* (1).

schnar|ren ⟨sw. V.; hat⟩ [mhd. snarren, lautm.]: *[schnell aufeinander folgende] durchdringende, sich hölzern-trocken anhörende Töne ohne eigentlichen Klang von sich geben:* ein schnarrendes Geräusch.

Schnarr|werk, das (Musik): *Gesamtheit aller Zungenstimmen einer Orgel.*

Schnat|ter|en|te, die: 1. *schnatternde* (1) *Ente.* 2. (ugs. abwertend) *Schnattergans* (2).
Schnat|ter|gans, die: 1. vgl. Schnatterente (1). 2. (ugs. abwertend) *Person, die [dauernd] schnattert* (2).
schnat|te|rig, schnattrig ⟨Adj.⟩: *schnatternd.*
Schnat|ter|lie|se, die [zum 2. Bestandteil vgl. Heulliese] (ugs. abwertend): *Mädchen, Frau, die dauernd schnattert* (2).
schnat|tern ⟨sw. V.; hat⟩ [mhd. snateren, lautm.]: 1. *(bes. von Gänsen u. Enten) schnell aufeinanderfolgende, helle, harte, fast klappernde Laute von sich geben:* die Gänse schnatterten. 2. (ugs.) *eifrig, hastig [u. aufgeregt] über allerlei [unwichtige u. alberne] Dinge reden; schwatzen:* unaufhörlich s.
schnatt|rig: ↑schnatterig.
Schnatz, der; -es, Schnätze ([west]md.): *Kopfputz, bes. zur Krone aufgestecktes Haar.*
schnat|zen ⟨sw. V.; hat⟩ [mhd. snatzen = sich putzen, frisieren, H. u.] ([west]md.): 1. *festlich kleiden, schmücken.* 2. *das Haar zur Krone aufstecken.*
schnau|ben ⟨sw., veraltend st. V.; hat⟩ [mhd. (md.) snūben, mniederd. snūven, lautm.]: 1. *geräuschvoll durch die Nase atmen, bes. Luft heftig u. geräuschvoll aus der Nase blasen:* das Pferd schnaubte ungeduldig; **Ü** vor Wut, Entrüstung, Zorn s. *(vor Wut, Entrüstung, Zorn außer sich sein).* 2. ⟨nur sw. V.⟩ (landsch.) *schnäuzen:* laut s.; schnaub dich mal ordentlich.
Schnauf, der; -[e]s, -e (landsch.): *[hörbarer] Atemzug.*
schnau|fen ⟨sw. V.; hat⟩ [mhd. snūfen, mniederd. snūven (↑schnauben), lautm.]: **a)** (landsch.) *atmen* (1); **b)** *tief u. deutlich hörbar, geräuschvoll atmen:* angestrengt, heftig, wütend s.; vor Anstrengung [stark] s.; ⟨subst.:⟩ beim Treppensteigen ins S. kommen.
Schnau|fer, der; -s, -: 1. (ugs.) *[hörbarer] Atemzug:* einen S. tun, hören lassen, vernehmen; * **den letzten S. tun** (ugs. verhüll.; *sterben*); **bis zum letzten S.** (ugs. verhüll.; ↑Atemzug). 2. (schweiz.) *unreifer Junge.*
Schnau|ferl, das; -s, -, österr.: -n (Jargon): *Oldtimer* (1 a).
Schnau|pe, die; -, -n [zu ↑schnaufen] (landsch.): *Schnabel* (3).
Schnauz, der; -es, Schnäuze (schweiz., sonst landsch.): *Schnurrbart.*
Schnauz|bart, der [zu ↑Schnauze (2)]: 1. *großer Schnurrbart.* 2. (ugs.) *Mann mit Schnauzbart* (1).
schnauz|bär|tig ⟨Adj.⟩: *einen Schnauzbart* (1) *habend, tragend:* ein -er Mann.
Schnäuz|chen, das; -s, -: 1. (schweiz., sonst landsch.) Vkl. zu ↑Schnauz. 2. Vkl. zu ↑Schnauze (1, 2 a, 3).
Schnau|ze, die; -, -n [älter: Schnauße, mniederd. snūt(e), lautlich beeinflusst von ↑schnäuzen]: 1. *[stark] hervorspringendes, mit der Nase verbundenes Maul bestimmter Tiere:* eine lange, kurze, stumpfe, spitze S.; die S. des Wolfs, des Fuchses, des Delphins. 2. (salopp) **a)** [1]*Mund* (1 a): jmdn. auf die S. hauen; S.! (derb; *sei, seid still!*); * **die S. voll haben** (salopp; *keine Lust mehr haben, einer Sache überdrüssig sein; mit seiner Geduld am Ende sein*): ich habe die S. [gestrichen] voll; **eine große S. haben** (salopp; *großspurig daherreden, sich wichtig tun, prahlen*); **die S. [nicht] aufkriegen** (salopp; *sich [nicht] entschließen können, etwas zu sagen, sich zu äußern*); **die S. [nicht] aufmachen** (salopp; *sich [nicht] äußern; etwas/nichts sagen*): mach endlich die S. auf!; **die S. halten** (salopp; 1. *schweigen, nicht sprechen.* 2. *ein Geheimnis nicht verraten*); **die S. aufreißen** (salopp; *großspurig daherreden, sich wichtig tun, prahlen*): an deiner Stelle würde ich die S. nicht zu weit, so weit aufreißen; **sich** ⟨Dativ⟩ **die S. verbrennen** (salopp; *sich durch unbedachtes Reden schaden*); **immer mit der S. vorneweg/voran sein** (salopp; *vorlaut sein*); **frei [nach] S., nach S.** (ugs.; *nach Gutdünken*); **b)** *Mundwerk:* eine freche, lose S. haben; **c)** *Gesicht:* jmdm. in die S. schlagen; * **jmdm. die S. polieren/jmdm. eins vor die S. geben** (derb; *jmdm. heftig ins Gesicht schlagen*); **auf der S. liegen** (salopp; *krank zu Bett liegen*); **auf die S. fallen** (salopp; *scheitern, keinen Erfolg haben, eine Niederlage erleiden*). 3. (ugs.) *Schnabel* (3): die S. der Kaffeekanne. 4. (ugs.) *Nase* (2 a).
Schnäu|ze, die; -, -n [zu ↑schnäuzen (2)] (veraltet): *Dochtschere.*
schnau|zen ⟨sw. V.; hat⟩ (ugs.): *laut, verärgert u. vorwurfsvoll [im Befehlston] sprechen, schimpfen:* musst du immer gleich [so] s.?
schnäu|zen ⟨sw. V.; hat⟩ [mhd. sniuzen, ahd. snūzen, lautm., verw. mit ↑Schnauze; 2: vgl. putzen]: *die Nase durch kräftiges Ausstoßen der Luft von Ausscheidungen befreien; [sich, jmdm.] die Nase putzen:* die Nase s.; sich in ein Taschentuch s.
Schnau|zer, der; -s, -: 1. *lebhafter Hund mit gedrungenem Körper, rauem, drahtigem Fell u. einer Art kräftigem Schnauzbart.* 2. (ugs.) *Schnauzbart.*
Schneck, der; -s, -en (landsch., bes. südd., österr.): 1. *Schnecke* (1). 2. *hübsches, reizendes Kind.*
Schne|cke, die; -, -n [mhd. snecke, ahd. snecko, zu einem Verb mit der Bed. »kriechen«]: 1. *Weichtier mit länglichem Körper, zwei Fühlerpaaren am Kopf u. vielfach einem Schneckenhaus auf der Rückenseite, das sich auf einer von ihm selbst abgesonderten Spur aus Schleim auf dem Fuß* (1 d) *sehr langsam fortbewegt:* eine S. kriecht über den Weg; er ist langsam wie eine S.; der Salat ist voller -n; als Vorspeise gab es -n *(als Gericht zubereitete Weinbergschnecken);* * **jmdn. zur S. machen** (ugs.; *jmdm. heftige Vorwürfe machen, sodass er mutlos, schuldbewusst, seelisch bedrückt ist;* geht wohl auf die Vorstellung zurück, dass der Getadelte sich schließlich verkriecht wie eine Schnecke in ihr Schneckenhaus). 2. (ugs.) *flaches, rundes Gebäck [mit Zuckerguss], bei dem der Teig spiralig zusammengerollt ist.* 3. ⟨meist Pl.⟩ *schneckenförmig aufgerollter, über dem Ohr festgesteckter Zopf.* 4. (Anat.) *schneckenförmiger Teil des Innenohrs.* 5. *spiralförmig geschnitzter Abschluss des Halses bestimmter Saiteninstrumente (z. B. der Geige, Bratsche, des Cellos).* 6. (Archit.) **a)** *Volute;* **b)** *Wendeltreppe.* 7. (Technik) *Förderanlage für pulveriges Schüttgut, die aus einem Rohr mit einer darin sich drehenden Wendel besteht.* 8. (Jägerspr.) ⟨meist Pl.⟩ *Horn des männlichen Mufflons.* 9. (landsch. selten) *Schneck* (2). 10. (derb) *weibliches Geschlechtsteil.* 11. **a)** (salopp abwertend) *Hure, Prostituierte;* **b)** (salopp) *Frau, Mädchen.*
schne|cken|för|mig ⟨Adj.⟩: *von der Form eines Schneckenhauses; spiralig gewunden.*
Schne|cken|fraß, der: *Fraß* (2) *durch Schnecken* (1) *(z. B. bei Gemüse).*
Schne|cken|ge|trie|be, das (Technik): *Getriebe, das die Bewegung der Schnecke* (7 a) *auf eine kreuzende Welle überträgt.*
Schne|cken|ge|win|de, das (Technik): *Gewinde mit großer Steigung* (2).
Schne|cken|haus, das: *aus Kalk bestehendes, wie eine Spirale gewundenes, in eine Spitze auslaufendes Gehäuse der Schnecke* (1), *in dessen Gang im Innern sie sich ganz zurückziehen kann:* * **sich in sein S. zurückziehen** *(sich von seiner Umgebung, von den anderen zurückziehen).*
Schne|cken|horn, das ⟨Pl. ...hörner; meist Pl.⟩: *Fühler der Schnecke* (1).
Schne|cken|post, die: *langsame, verzögerte Zustellung, Beförderung von Post:* will man im Konkurrenzkampf nicht unterliegen, ist eine Reform der S. dringend nötig; der Transport ging manchmal wie die S. *(sehr langsam);* * **auf/mit der S.** (scherzh. veraltend; *sehr langsam sich fortbewegend*): auf, mit der S. fahren, reisen, kommen.
Schne|cken|tem|po, das (ugs.): *sehr langsames Tempo:* sich im S. fortbewegen; die Arbeiten kommen nur im S. voran.
schned|de|reng|teng, schned|de|reng|teng|teng ⟨Interj.⟩: lautm. für den Klang der Trompete.
Schnee, der; -s [mhd. snē, ahd. snēo, altes idg. Wort, vgl. z. B. russ. sneg]: 1. *Niederschlag in Form von Schneeflocken:* weißer, frisch gefallener, pulvriger, hoher, tiefer, verharschter, pappiger, matschiger, schmutziger S.; junger S. *(Neu-, Pulverschnee);* schneller S. (Skisport; *schnelles Skifahren ermöglichende Schneeschicht*); stumpfer S. (Skisport; *die Skifahrt bremsende, hemmende Schneeschicht*); es fällt S. *(es schneit);* in der Nacht sind 10 cm S. gefallen; auf den Gipfeln, in den Bergen, draußen liegt S.; der S. knirscht [unter den Sohlen]; S. fegen, schippen, räumen; die Landschaft versinkt im S.; durch den S. stapfen; es riecht nach S. *(es wird bald schneien);* ihre Haut ist weiß wie S.; **R** und wenn der ganze S. verbrennt [die Asche bleibt uns doch] (ugs. scherzh.; *wir lassen uns durch nichts entmutigen*); * **S. von gestern/von vorgestern/vom letzten Jahr/vom vergangenen** o. ä. **Jahr** (ugs.; *Dinge, Tatsachen, die niemanden mehr interessieren*); **aus dem Jahre S.** (österr.; *uralt*): ein Auto aus dem Jahre S.; **Anno S./im Jahre S.** (österr.; *vor sehr langer Zeit*). 2. kurz für ↑Eierschnee: das Eiweiß zu S. schlagen. 3. (Jargon) *Droge* (2 a), *die als weißes Pulver gehandelt wird, bes. Kokain.*
schnee|arm ⟨Adj.⟩: *durch wenig Schnee, geringe Schneefälle gekennzeichnet:* eine -e Gegend.
Schnee|ball, der [1: mhd. sneballe]: 1. *kleinere, mit den Händen geformte feste Kugel aus Schnee:* einen S. formen; mit Schneebällen [auf jmdn., nach jmdm.] werfen. 2. *als Strauch wachsende Pflanze mit [rötlich] weißen, oft in kugelförmigen Trugdolden stehenden Blüten; Schneeballstrauch.*
Schnee|bäll|chen, das (Kochk.): *Kloß aus gekochten, zerquetschten Kartoffeln.*
Schnee|ball|schlacht, die: *gegenseitiges Sichbewerfen mit Schneebällen* (1): eine S. machen.
Schnee|ball|strauch, der (selten): *Schneeball* (2).
Schnee|ball|sys|tem, das: 1. *[verbotene] Form des Warenabsatzes, bei der sich der Käufer verpflichtet, einen Teil des Kaufpreises dadurch zu begleichen, dass er neue Kunden vermittelt, die den gleichen Bedingungen unterliegen.* 2. *Verbreitungsart einer Nachricht o. Ä., bei der jeder Empfänger die erhaltende Information an mehrere Personen weiterverbreitet.*
Schnee|ball|ver|fah|ren, das: vgl. Schneeballsystem.
schnee|be|deckt ⟨Adj.⟩: *mit Schnee* (1) *bedeckt:* -e Berge; das -e Land.
Schnee|bee|re, die [nach der Farbe der Beeren]: *als Strauch wachsende Pflanze mit kleinen, rosa od. weißen, glockenförmigen Blüten u. kleinen, kugeligen, weißen Früchten, die beim Drauftreten mit einem kleinen Knall platzen.*
Schnee|be|sen, der: 1. *bes. zum Schlagen von Eiweiß, Sahne dienendes Küchengerät, dessen unteres Ende aus spiralig gedrehtem, federndem Draht besteht.* 2. (Musik Jargon) *Stahlbesen.*
Schnee|blind|heit, die: *starke Beeinträchtigung des Sehvermögens durch die Strahlung des Schnees in der Sonne.*
Schnee|brett, das: *an bestimmten Abhängen einem Brett ähnlich flach überhängende, an der Oberfläche verfestigte Schneemasse.*
Schnee|bril|le, die: *(stark getönte) Brille zum Schutz gegen Schneeblindheit.*
Schnee|bruch, der: *das Abbrechen von Ästen, Wipfeln od. Stämmen (bes. alter Bäume) unter der Last des Schnees.*
Schnee|de|cke, die: *Schneeschicht, die etw., bes. den Boden, bedeckt:* eine geschlossene S.
schnee|er|hellt ⟨Adj.⟩ (dichter.): *durch das vom Schnee reflektierte Licht erhellt:* eine sternklare, -e Nacht.
Schnee-Eu|le, (auch:) **Schnee|eu|le,** die: *einem*

Uhu ähnliche, weiße Eule mit brauner Zeichnung, die sich bes. von Schneehühnern ernährt u. am Tage aktiv ist.

Schnee|fall, der: *Niederschlag in Form von Schnee:* heftige, anhaltende Schneefälle.

Schnee|feld, das: *größere schneebedeckte Fläche, bes. im Hochgebirge.*

Schnee|flo|cke, die [mhd. snēvlocke]: *kleines, leichtes, lockeres, weißes, zartes Gebilde aus mehreren zusammenhaftenden Eiskristallen:* kleine, dicke -n.

Schnee|frä|se, die: *Schneeräumgerät, das mithilfe von rotierenden Trommeln den Schnee schichtweise aufnimmt u. seitlich nach oben wegschleudert.*

schnee|frei ⟨Adj.⟩: *frei von Schnee.*

Schnee|gans, die: *(in verschiedenen Tundren u. kalten, schneereichen Gegenden lebende) Gans mit weißem Gefieder u. schwarzen Federn an den Schwingen.*

Schnee|ge|bir|ge, das (geh.): *Gebirge mit Gletschern, ewigem Schnee.*

Schnee|ge|stö|ber, das: *von heftigem Wind verwirbelter starker Schneefall.*

schnee|glatt ⟨Adj.⟩: *Schneeglätte aufweisend:* eine -e Fahrbahn.

Schnee|glät|te, die: *durch festgefahrenen Schnee verursachte Straßenglätte.*

Schnee|glöck|chen, das: *zu Beginn des Frühjahrs blühende Pflanze mit langen, schmalen Blättern u. glockenförmiger, weißer Blüte.*

Schnee|gren|ze, die: *Grenze zwischen schneebedecktem u. schneefreiem Gebiet:* oberhalb der S. im ewigen Schnee.

Schnee|ha|se, der: *(bes. in den Alpen lebender) Hase mit relativ kurzen Ohren, dessen Fell im Sommer rotbraun, im Winter weiß ist.*

Schnee|hö|he, die: *Dicke der den Boden bedeckenden Schneeschicht.*

Schnee|huhn, das: *einem Rebhuhn ähnliches Raufußhuhn, dessen Gefieder im Sommer erdfarben, im Winter weiß ist.*

Schnee|hüt|te, die: *aus Schneeblöcken errichtete Hütte; Iglu.*

schnee|ig ⟨Adj.⟩: *von Schnee bedeckt:* -e Gipfel, Hänge.

Schnee|ka|no|ne, die: *Gerät, das künstlichen Schnee erzeugt, um auf Pisten (1) o. Ä. fehlenden Schnee zu ergänzen.*

Schnee|ket|te, die ⟨meist Pl.⟩ (Kfz-W.): *um den Reifen eines [Antriebs]rades herum zu befestigendes, grobmaschiges Netz aus Ketten (1 a), das dazu dient, das Rutschen u. Durchdrehen des Rades auf verschneiter Straße zu verhindern:* -n aufziehen.

Schnee|kö|nig, der (ostmd.): *Zaunkönig:* *** sich freuen wie ein S.** (ugs.; *sich sehr freuen*).

Schnee|kop|pe, die; -: höchster Berg des Riesengebirges.

Schnee|kris|tall, der: *zu einer Schneeflocke gehörender Eiskristall.*

Schnee|krus|te, die: *gefrorene Oberfläche einer Schneedecke.*

Schnee|land|schaft, die: *schneebedeckte winterliche Landschaft.*

Schnee|last, die: *von einer aufliegenden Schneeschicht gebildete Last.*

Schnee|le|o|pard, der: *asiatische Großkatze mit kleinem, rundem Kopf, sehr langem, dicht behaartem Schwanz u. falbem Fell mit schwärzlichen Flecken; Irbis.*

Schnee|mann, der ⟨Pl. ...männer⟩: *plumpe, menschenähnliche Figur aus Schnee [mit einer Mohrrübe als Nase, Kohlen, klein gebrochenen Ästen o. Ä. als Augen u. Mund]:* die Kinder bauen einen S.

Schnee|matsch, der: *halb getauter, matschiger Schnee.*

Schnee|mensch, der: *Yeti.*

Schnee|mo|bil, das: *Kettenfahrzeug zur Fortbewegung im Schnee.*

Schnee|pflug, der: **1.** *Schneeräumgerät, bei dem ein od. zwei gewölbte u. nach vorn geneigte Stahlbleche vor ein Fahrzeug montiert sind, mit deren Hilfe der Schnee auf die Seite geschoben wird.* **2.** (Ski) *Technik zum Abbremsen beim Skifahren, bei der die Enden beider Skier nach außen gedrückt werden.*

Schnee|räu|mer, der, **Schnee|räum|ge|rät,** das: *Gerät, mit dem Straßen u. Gehwege von Schnee geräumt werden.*

Schnee|re|gen, der: *mit Schnee vermischter Regen.*

schnee|reich ⟨Adj.⟩: *durch viel Schnee gekennzeichnet:* ein sehr -er Winter.

Schnee|ro|se, die: *Christrose.*

Schnee|schau|er, der: *schauerartiger Schneefall.*

Schnee|schau|fel, die: *Schaufel mit sehr breitem, gewölbtem Blatt (5) zum Beseitigen von Schnee.*

Schnee|schicht, die: *durch Schneefall entstandene Schicht aus Schnee.*

Schnee|schie|ber, der: *Schneeschaufel.*

Schnee|schmel|ze, die: *das Schmelzen des Schnees bei Tauwetter.*

Schnee|schuh, der: **1.** (veraltet) *Ski.* **2.** *großer, unter den Schuh geschnallter geflochtener Rahmen, der beim Gehen ein Einsinken im Schnee verhindert.*

schnee|si|cher ⟨Adj.⟩: *(von bestimmten Orten, Gebieten) mit einiger Sicherheit genug Schnee zur Ausübung des Wintersports habend.*

Schnee|sturm, der: *mit heftigem Schneefall einhergehender Sturm.*

Schnee|trei|ben, das: *wirbelndes Niederfallen von Schneeflocken bei Wind.*

Schnee|ver|hält|nis|se ⟨Pl.⟩: *Menge u. Beschaffenheit des gefallenen Schnees.*

Schnee|ver|we|hung, die: *durch den Wind angewehte große Menge tiefen, lockeren Schnees.*

Schnee|wech|te, die: *Wechte.*

Schnee|we|he, die: *Schneeverwehung.*

schnee|weiß ⟨Adj.⟩ (emotional): *weiß wie [frisch gefallener] Schnee:* -es Haar.

Schnee|witt|chen, das; -s [2. Bestandteil zu niederd. wit = weiß, eigtl. = Schneeweißchen (nach der im Märchen zum schwarzen Haar kontrastierenden hellen Hautfarbe)]: *(im Volksmärchen) junges Mädchen, das wegen seiner Schönheit von seiner Stiefmutter verfolgt u. schließlich mit einem vergifteten Apfel fast umgebracht wird.*

Schnee|zaun, der: *besonderer Zaun, der freies Gelände od. Straßen u. Ä. vor Schneeverwehungen schützt.*

Schneid, der; -[e]s, südd., österr.: die; - [aus dem Südd., zu ↑Schneide in der mundartl. Bed. »Kraft, Mut«] (ugs.): *Mut, der mit einer gewissen Forschheit, mit Draufgängertum verbunden ist:* es gehört S. dazu, das zu wagen; ihm fehlt der S. *(er traut sich nicht)*; *** jmdm. den/die S. abkaufen** *(jmdm. den Mut zu etw. nehmen)*.

schneid|bar ⟨Adj.⟩: *sich schneiden lassend.*

Schneid|bren|ner, der (Technik): *dem Schweißbrenner ähnliches Gerät zum Zerteilen von Metall.*

Schnei|de, die; -, -n [mhd. snīde, zu: snīden, ↑schneiden]: **1. a)** *geschärfte Kante der Klinge o. Ä. eines zum Schneiden bestimmten Werkzeugs od. Gerätes:* eine scharfe, stumpfe, schartige S.; die S. der Sense, der Schere, der Axt, des Messers; **b)** (selten) *Klinge (1 a), bes. eines Messers.* **2.** (Geogr.) *Grat, First.* **3.** (südd., österr.) *Scheide, Grenze.*

Schnei|de|ge|rät, das: *Gerät zum Schneiden.*

Schneid|ei|sen, das: *ringförmiges Schneidewerkzeug zum Herstellen von Gewinden an der Außenseite von etw.*

Schnei|de|ma|schi|ne, die: *Maschine zum Schneiden.*

Schnei|de|müh|le, die (selten): *Sägewerk.*

schnei|den ⟨unr. V.; hat⟩ [mhd. snīden, ahd. snīdan, urspr. = mit scharfem Gerät schneiden od. hauen; 21: LÜ von engl. to cut a person]: **1. a)** *(mit dem Messer od. einem anderen Schneidewerkzeug) durch einen od. mehrere Schnitte o. Ä. zerteilen, zerlegen:* Papier, Pappe, Holz, Glas s.; Käse, Fleisch, Wurst, Schinken, Brot s.; etw. in Scheiben, Stücke, Würfel, Streifen, zwei Hälften s.; Zwiebeln in Ringe s.; Ü ⟨subst.:⟩ hier ist eine Luft zum Schneiden *(sehr schlechte, verbrauchte Luft)*; **b)** *(mit dem Messer od. einem anderen Schneidewerkzeug) von etw. abtrennen, ablösen; abschneiden; aus etw. herausschneiden:* Blumen, Rosen s.; jmdm., sich eine Scheibe Brot, ein Stück vom Schinken s.; einen Artikel aus der Zeitung s.; im Wald wird Holz geschnitten *(werden Bäume gefällt)*. **2.** *durch Schneiden (1 b) kürzen [u. in eine bestimmte Form bringen]; beschneiden; stutzen:* jmdm. das Haar s.; jmdm., sich die Fingernägel s.; den Rasen, die Hecken, die [Obst]bäume s.; sich ⟨Dativ⟩ die Haare s. lassen. **3. a)** *(aus einem bestimmten Material) durch Bearbeiten mit einem Messer od. einem anderen Schneidewerkzeug herstellen:* sich einen Spazierstock s.; Bretter, Bohlen aus den Stämmen s.; Scherenschnitte aus Papier s.; **b)** *(mit einem Messer od. einem dafür vorgesehenen Werkzeug) in ein Material eingravieren, einschneiden (1 b):* eine Kerbe in einen Stock s.; ein Gewinde s.; **c)** *(mit einem Messer od. einem dafür vorgesehenen Werkzeug) aus einem Material herausarbeiten:* einen Stempel s.; Ü ihr Gesicht war sehr fein, markant geschnitten *(geformt)*; mandelförmig geschnittene Augen. **4.** *(ein Kleidungsstück) zuschneiden:* ein Kleid nach einem Muster s. ⟨meist im 2. Part.:⟩ ein weit, gerade, gut geschnittenes Kleid; der Mantel ist elegant, sportlich geschnitten *(hat einen eleganten, sportlichen Schnitt)*. **5.** (Film, Rundf., Ferns.) **a)** *cutten:* einen Film, ein Tonband s.; ⟨auch ohne Akk.-Obj.:⟩ weich, hart s.; **b)** (selten) *mitschneiden:* eine Sendung [auf Tonband] s.; **c)** (Film, Ferns.) *beim Schneiden (5 a) abrupt von einer Einstellung zur nächsten wechseln:* wo soll geschnitten werden? **6. a)** *jmdm., sich eine Schnittwunde beibringen; sich mit, an etw. Scharfem verletzen:* sich beim Kartoffelschälen s.; sich an einer Scherbe, mit dem Messer s.; ich habe mir/mich in den Finger geschnitten; **b)** *einen Schnitt in etw. machen:* ich habe versehentlich [mit der Schere] in den Stoff geschnitten; pass auf, dass du nicht in die Tischplatte schneidest. **7.** ⟨s. + sich⟩ (landsch.) *sich irren, sich täuschen:* R da hast du dich geschnitten! (ugs.; *da täuschst du dich sehr!*). **8.** (Tiermed.) *kastrieren:* einen Eber s. **9.** (Med. Jargon) **a)** *etw. (in einem chirurgischen Eingriff) aufschneiden:* der Finger ist geschnitten worden; **b)** *an jmdm. einen chirurgischen Eingriff vornehmen, operieren (1):* die Patientin musste geschnitten werden. **10. a)** *(eine Kurve 2) durch Verlassen der äußeren Seite der Fahrbahn abkürzen, nicht ausfahren:* der Fahrer, der Wagen hatte die Kurve geschnitten; **b)** *(beim Überholen, Einordnen) schräg, von der Seite her vor ein anderes Fahrzeug fahren u. es dabei behindern:* ein LKW hatte ihn, seinen Wagen geschnitten. **11.** *(von einer Linie o. Ä.) kreuzen (3):* die Straße schneidet hier die Bahnlinie; zwei sich schneidende Geraden, Kurven, Ebenen. **12.** (Tennis, Tischtennis, Ballspiele) *Drall verleihen:* einen Ball s. **13.** *(ein bestimmtes Gesicht) machen, durch Verziehen des Gesichts hervorbringen:* eine Grimasse s. **14.** *in bestimmter Weise scharf sein, geeignet sein, etw. abzuschneiden, zu zerschneiden:* die Säge schneidet nicht mehr [richtig] *(ist stumpf geworden)*. **15.** *(als Friseur, Friseurin) in bestimmter Weise mit der Schere arbeiten:* die Friseurin schneidet gut, schlecht. **16.** *durch Hineinschneiden mit der Schere od. einem anderen Schneidewerkzeug hervorbringen, [unbeabsichtigt] verursachen:* mit der Schere, dem Messer ein Loch ins Tischtuch s. **17.** *mit dem Messer zerkleinern u. etw. anderem zusetzen:* Wurst, Kräuter in die Suppe s. **18.** *durch Herausschneiden in einem Material herstellen:* Gucklöcher in die Türen s. **19.** *einschneiden (2):* die Gurte schneiden ins Fleisch. **20.** *(bes. von Wind, Kälte u. Ä.) einen scharfen Schmerz (auf der Haut) verursachen:* schneidende Kälte; ein schneidendes *(quälendes, schmerzendes)* Hungergefühl; Ü mit schneidender *(scharfer)* Stimme, mit schneidendem Hohn sprechen. 21. *jmdn. bei einer Begegnung absichtlich, demonstrativ nicht beachten, übersehen u. ihm damit zeigen, dass man nichts mehr mit ihm zu tun haben möchte:* die Nachbarn, Kollegen schneiden ihn. 22. (Skat) *mit einer Karte stechen, aber dabei eine höhere Karte zurückhalten, bis mit ihr eine große Punktzahl gestochen werden kann:* mit dem König s., um sich mit dem Ass die Zehn zu holen.

Schnei|der, der; -s, - [mhd. snīdære; 2: früher spottete man, ein Schneider wiege nicht mehr als 30 Lot (Anspielung auf die sozial schlechte Stellung der Schneider); 8: nach den dünnen, langen Beinen; 9: nach der kleinen Gestalt]: 1. *Handwerker, der (aus Stoffen nach Maß) Kleidung anfertigt, näht* (Berufsbez.): ein guter, teurer S.; er ist [gelernter] S.; etw. beim/vom S. arbeiten, machen, anfertigen, ändern, reparieren, nähen lassen; **R** herein, wenns kein S. ist! (scherzh.; Aufforderung einzutreten; wohl hergenommen von der Vorstellung des seine Rechnungen eintreibenden Schneiders); * **frieren wie ein S.** (ugs.; *sehr frieren;* der Schneider wurde früher wegen seines geringen Körpergewichts für schwächlich, nicht genügend abgehärtet angesehen). 2. (Skat) *Punktzahl 30:* S. ansagen *(ankündigen, dass der Spielgegner keine 30 Punkte bekommen wird);* S./im S. sein *(weniger als 30 Punkte haben);* aus dem S. sein *(mehr als 30 Punkte erreicht haben);* * **aus dem S. sein** (ugs.; *eine schwierige Situation überwunden, das Schlimmste überstanden haben*). 3. (Tischtennis) *(in einem Satz) Punktzahl 11* (in nicht offizieller Wertung): * **jmdn. S. spielen/machen** *(verhindern, dass der Gegner mehr als 11 Punkte erreicht).* 4. (ugs.) kurz für ↑Schneidegerät: ein S. für gekochte Eier, Tomaten. 5. (Jägerspr.) *(in Bezug auf Hirsche, auch Auerhähne u. Birkhähne) schwach entwickeltes Tier.* 6. (Jägerspr.) *Jäger, der auf der Treibjagd ohne Beute geblieben ist.* 7. (Landw.) *kastrierter Eber.* 8. a) *langbeiniges Insekt* (z. B. Wasserläufer, Libelle, Schnake); b) *Weberknecht.* 9. *kleiner Karpfenfisch mit bräunlich grünem Rücken u. gelblichen Bauch- u. Brustflossen.*

Schnei|de|raum, der (Film, Rundf., Ferns.): *Raum zum Schneiden* (5 a) *von Filmen.*

Schnei|de|rei, die; -, -en: 1. *Werkstatt, Atelier eines Schneiders, einer Schneiderin.* 2. (o. Pl.) a) *Ausübung des Schneiderhandwerks; das Schneidern:* die S. hat er an den Nagel gehängt; b) *Schneiderhandwerk:* sie hat die S. gelernt.

Schnei|der|ge|sel|le, der: vgl. Schneidermeister.

Schnei|der|ge|sel|lin, die: w. Form zu ↑Schneidergeselle.

Schnei|der|hand|werk, das (o. Pl.): *Handwerk eines Schneiders, einer Schneiderin.*

Schnei|de|rin, die; -, -nen: w. Form zu ↑Schneider.

Schnei|der|karp|fen, der: *Bitterling* (1).

Schnei|der|krei|de, die: *zum Aufzeichnen des Schnittmusters auf den Stoff o. Ä. verwendete Kreide.*

Schnei|der|lei|nen, das: *Steifleinen.*

Schnei|der|meis|ter, der: *Meister* (1) *im Schneiderhandwerk.*

Schnei|der|meis|te|rin, die: w. Form zu ↑Schneidermeister.

schnei|dern (sw. V.; hat): *[als Schneider, Schneiderin] anfertigen, nähen:* sich etw. s. lassen; sie schneidert ihre Sachen selbst; (subst.:) sie verdient sich ihren Lebensunterhalt mit Schneidern.

Schnei|der|pup|pe, die: *Form, die dem Oberkörper entspricht, über der der Schneider ein in Arbeit befindliches Kleidungsstück absteckt o. Ä.*

Schnei|der|sitz, der (o. Pl.): *Sitzhaltung [eines auf dem Boden Sitzenden], bei der die Oberschenkel gegrätscht u. die Unterschenkel bzw. die Füße über Kreuz darüber gelegt sind:* im S. dasitzen.

Schnei|de|tech|nik, die: *Technik des Schneidens.*

Schnei|de|werk|zeug, das: vgl. Schneidegerät.

Schnei|de|zahn, der: *vorderer Zahn des Gebisses, der durch seine meißelähnliche Form zum Abbeißen geeignet ist.*

schnei|dig (Adj.) [mhd. snīdec = schneidend, scharf, kräftig]: 1. *forsch u. selbstbewusst; mit Schneid:* ein -er Soldat. 2. a) *draufgängerisch, waghalsig:* s. angreifen; b) *flott, sportlich:* eine -e Erscheinung. 3. *mit einer Schneide* (1 a) *versehen; scharfkantig.*

Schnei|dig|keit, die; -: *das Schneidigsein* (1, 2).

Schneid|wa|ren (Pl.): *Schneidegeräte* (wie Messer, Scheren, Rasiergeräte u. Ä.).

schnei|en (sw. V.) [mhd. snīen, ahd. sniwan, verw. mit ↑Schnee]: 1. (unpers.) *(von Niederschlag) als Schnee zur Erde fallen* (hat): es schneit heftig, leise, in dicken Flocken, ununterbrochen; draußen schneit es; es hat aufgehört zu s. 2. a) *in großer Menge, wie Schnee herabfallen* (ist): Blütenblätter schneiten auf die Straße; b) (bes. dichter.) *schneien* (2 a) *lassen* (hat): (meist unpers.:) es schneite Blütenblätter, Konfetti. 3. (ugs.) *hereinschneien* (2)(ist).

Schnei|se, die; -, -n [spätmhd. (md.) sneyße, mhd. sneite, zu ↑schneiden]: 1. *(künstlich geschaffener) gerader, einen Wald zerteilender Streifen von Bäumen u. Sträuchern befreiten Geländes; Waldschneise:* eine S. [in den Wald] schlagen; Ü der Sturm, das abstürzende Flugzeug hatte eine lange S. in den Wald gerissen. 2. kurz für ↑Flugschneise.

schnell (Adj.) [mhd., ahd. snel = behände, kräftig, tapfer, rasch, wohl eigtl. = tatkräftig, H. u.]: 1. a) *(bes. in Bezug auf eine Fortbewegung) durch ein hohes Tempo gekennzeichnet; mit hoher, großer Geschwindigkeit; nicht langsam* (1), *sondern rasch:* ein -es Tempo; eine -e Fahrt; er hat einen -en Gang; [zu] s. fahren; er lief, so s. er konnte; könntest du einen Schritt -er gehen?; s. wachsende Pflanzen; s. sprechen, schreiben, arbeiten; (in Aufforderungen:) s. [s.]!; nicht so s.!; -er!; mach s.! (ugs.; *beeile dich!*); b) *(bes. in Bezug auf eine Tätigkeit, den Ab-, Verlauf von etw. o. Ä.) innerhalb kurzer Zeit [vor sich gehend], nur wenig Zeit in Anspruch nehmend; rasch:* eine -e Drehung, Bewegung; -e Fortschritte; einen -en Entschluss fassen; eine -e Auffassung haben; sich s. ausbreiten, verbreiten, verflüchtigen; s. um sich greifen; etw. s. schaffen; alles ging rasend s.; sich s. einleben, zurechtfinden, an etw. gewöhnen; so s. wie/(seltener:) als möglich; so s. macht ihr das keiner nach *(es wird nicht leicht sein, ihr das nachzumachen);* wie heißt sie noch s. (ugs.; *es liegt mir auf der Zunge, aber ich weiß es im Augenblick nicht mehr*); * **auf die Schnelle** (ugs.; *schnell, in kurzer Zeit*): etw. auf die Schnelle erledigen. 2. *hohe Fahrgeschwindigkeiten ermöglichend:* eine -e Straße, Strecke, Piste, Bahn; ein -es Auto, Flugzeug, Schiff. 3. (ugs.) *ohne großen Zeitaufwand herzustellen, auszuführen, zu erwerben o. Ä.:* -es Geld. 4. *(in Bezug auf eine Tätigkeit, die mit einer gewissen Geschwindigkeit, mit Schnelligkeit vonstatten geht) zügig, flott, rasch:* eine -e Bedienung; sie ist [nicht] sehr s. *(flink)* [bei der Arbeit]; du bist zu s. *(nicht sorgfältig genug);* er arbeitet s.; die Sache ging s. über die Bühne; es ging -er als erwartet; das geht mir zu s. *(ich komme nicht mit);* ich muss noch s. *(kurz)* etwas nachsehen.

Schnell|auf|zug, der: *besonders schnell fahrender Aufzug.*

Schnell|bahn, die (Verkehrsw.): *S-Bahn.*

Schnell|boot, das: *kleines, wendiges, sehr schnelles Kriegsschiff.*

Schnell|brem|sung, die (Eisenb.): *Vollbremsung, die einen Zug sehr schnell zum Stehen bringt:* eine S. auslösen.

Schnell|bü|fett, das: vgl. Schnellgaststätte.

Schnell|bü|ge|lei, die; -, -en (regional): vgl. Schnellreinigung.

Schnell|bus, der: *Linienbus, der die Fahrgäste besonders schnell ans Ziel bringt.*

Schnell|den|ker, der (scherzh.): *jmd., der einen raschen Verstand hat.*

Schnell|den|ke|rin, die: w. Form zu ↑Schnelldenker.

Schnell|dienst, der: *Expressdienst.*

Schnell|durch|gang (seltener), **Schnell|durch|lauf,** der: *schneller Durchgang; schneller Ablauf von etw.:* einen S. durch die Geschichte der Stadt; Probleme im S. besprechen.

Schnel|le, die; -, -n [1: mhd. snelle; 2: zu ↑schnellen]: 1. (o. Pl.) (selten) *Schnelligkeit.* 2. *Stromschnelle.*

schnel|len (sw. V.) [mhd. snellen]: 1. *sich federnd, mit Schnellkraft, mit einem Schwung o. Ä. (in eine bestimmte Richtung, an einen Ort o. Ä.) bewegen* (ist): ein Fisch schnellt aus dem Wasser; ein Pfeil schnellt durch die Luft, in die Luft, von der Sehne; Ü die Preise waren [schlagartig] in die Höhe geschnellt. 2. *mit einer schnellen, schwungvollen Bewegung irgendwohin schleudern* (hat): die Angelschnur ins Wasser s.; der Fisch, der Delphin schnellt sich aus dem Wasser. 3. (landsch.) *schnippen* (2 b): mit den Fingern s.

Schnell|feu|er, das (o. Pl.) (Milit.): *Feuer* (4), *bei dem die einzelnen Schüsse in sehr schneller Folge hintereinander abgegeben werden.*

Schnell|feu|er|ge|schütz, das (Milit.): vgl. Schnellfeuergewehr.

Schnell|feu|er|ge|wehr, das (Milit.): *Selbstladegewehr mit einer Vorrichtung für Schnellfeuer.*

Schnell|feu|er|pis|to|le, die (Milit.): vgl. Schnellfeuergewehr.

Schnell|feu|er|waf|fe, die (Milit.): vgl. Schnellfeuergewehr.

schnell|fü|ßig (Adj.): *mit schnellen, leichten Schritten:* s. daherkommen.

Schnell|gang, der (Technik): *Overdrive.*

Schnell|gast|stät|te, die: *Gaststätte, in der [2]Schnellgerichte serviert werden.*

[1]Schnell|ge|richt, das: *[1]Gericht, das beschleunigte Verfahren abwickelt.*

[2]Schnell|ge|richt, das: *[2]Gericht, das sich schnell u. ohne viel Mühe zubereiten lässt, das schnell serviert werden kann.*

Schnell|hef|ter, der: *Hefter* (1).

Schnel|lig|keit, die; -, -en (Pl. selten) [mhd. snel(lec)heit]: a) *Tempo einer [Fort]bewegung; Geschwindigkeit:* die S. steigern, herabsetzen; b) (o. Pl.) *das Flinksein, Schnellsein bei einer Tätigkeit o. Ä.:* die S., mit der sie arbeitet, ist phänomenal; bei dieser Arbeit kommt es vor allem auf S. an.

Schnell|im|biss, der: a) vgl. Schnellgaststätte; b) (selten) vgl. [2]Schnellgericht.

Schnell|kä|fer, der (Zool.): *Käfer mit lang gestrecktem, flachem Körper, dessen Larven als Pflanzenschädlinge auftreten können.*

Schnell|koch|plat|te, die: *Kochplatte eines Elektroherdes, die besonders schnell heiß wird.*

Schnell|koch|topf, der: *Kochtopf, der mithilfe des Überdrucks des Dampfes besonders schnell gart.*

Schnell|kraft, die (o. Pl.) [zu ↑schnellen]: *Elastizität* (1, 2 a): die S. der Feder.

Schnell|kurs, Schnell|kur|sus, der: *Kurs* (3 a), *in dem ein Lehrstoff, eine Fertigkeit o. Ä. in sehr kurzer Zeit vermittelt wird.*

schnell|läu|fig (Adj.) (Technik): *(von Maschinen o. Ä.) schnell, mit hoher Drehzahl laufend:* eine -e Zentrifuge.

schnell|le|big (Adj.): a) (Fachspr. selten) *kurzlebig* (1): -e Insekten; b) *durch [allzu] raschen Wandel gekennzeichnet, sich schnell verändernd; kurzlebig:* eine -e Mode; die Welt wird immer -er.

Schnell|le|big|keit, die; -: *das Schnelllebigsein.*

Schnell|pres|se, die (Druckw.): *Druckmaschine, bei der ein Zylinder den Papierbogen gegen die Druckform presst.*

Schnell|rei|ni|gung, die: *Reinigung* (2), *die besonders schnell arbeitet; Expressreinigung.*

Schnell|res|tau|rant, das: *Schnellgaststätte.*

Schnell|rich|ter, der: *an einem Schnellverfahren* (2) *beteiligter Richter.*

Schnell|rich|te|rin, die: w. Form zu ↑Schnellrichter.

S

Schnell|schrei|ber, der (ugs.): **a)** *jmd., der schnell schreibt;* **b)** (meist abwertend) *jmd., der (z. B. als Schriftsteller) in besonders rascher Folge Texte veröffentlicht.*

Schnell|schrei|be|rin, die: w. Form zu ↑Schnellschreiber.

Schnell|schritt: in der Fügung **im S.** (seltener; *im Eilschritt*): sich im S. entfernen.

Schnell|schuss, der (Jargon): *etw., was kurzfristig, ohne längere Planung, ohne gründliche Vorbereitung hergestellt wird (z. B. als Reaktion auf ein unvorhergesehenes Ereignis):* das Buch zum Tod des Politikers war ein S.

Schnell|seg|ler, der (früher): *schnelles Segelschiff.*

schnells|tens ⟨Adv.⟩: *so schnell wie möglich; unverzüglich:* etw. s. erledigen; diese Fehler müssen s. abgestellt werden.

schnellst|mög|lich ⟨Adj.⟩: *so schnell wie irgend möglich; möglichst schnell:* etw. auf dem -en Wege transportieren; etw. s. erledigen, ausführen; jmdn. s. informieren.

Schnell|stra|ße, die: *gut ausgebaute, meist wenigstens vierspurige Straße für den Schnellverkehr.*

Schnell|ver|band, der: *Verbandmaterial, mit dem eine Wunde schnell verbunden werden kann.*

Schnell|ver|bin|dung, die: *schnelle Verkehrsverbindung.*

Schnell|ver|fah|ren, das: **1.** (bes. Technik) *technisches Verfahren, bei dessen Anwendung ein Herstellungsprozess o. Ä. besonders schnell abläuft;* *** im S.** (ugs.; *innerhalb [unangemessen] kurzer Zeit*): etw. im S. erledigen. **2.** (Rechtsspr.) *Strafverfahren ohne vorausgehende schriftliche Anklage; beschleunigtes Verfahren.*

Schnell|ver|kehr, der (Verkehrsw.): **1.** *Straßenverkehr mit schnelleren Kraftfahrzeugen:* die Kriechspur sorgt dafür, dass der S. nicht von langsamen Fahrzeugen behindert wird. **2.** *mittels Schnellverbindungen erfolgender Verkehr:* spezielle Flugverbindungen für den S. zwischen den großen Städten; Hochgeschwindigkeitszüge für den Einsatz im S.

schnell wach|send: s. schnell (1 a).

schnell|wüch|sig ⟨Adj.⟩: *schnell wachsend.*

Schnell|zug, der (Eisenb. früher): *D-Zug.*

Schnep|fe, die; -, -n [mhd. snepfe, ahd. snepfa, verw. mit ↑Schnabel]: **1.** *in Wäldern u. sumpfigen Gegenden lebender größerer Vogel mit langen Beinen u. langem, geradem Schnabel.* **2.** (salopp abwertend) **a)** *Mädchen, Frau;* **b)** *Prostituierte.* **3.** (landsch.) *Schnabel* (3).

Schnep|fen|jagd, die: *Jagd auf Schnepfen* (1): *** auf S. gehen** (salopp; *eine Prostituierte aufsuchen*).

Schnep|fen|vo|gel, der ⟨meist Pl.⟩: *an Ufern, in Mooren u. Sümpfen lebender hochbeiniger Vogel mit langem Schnabel.*

Schnep|fen|zug, der (Jägerspr.): *Zug der Schnepfen im Frühjahr u. Herbst.*

Schnep|per: ↑Schnäpper.

schnet|zeln ⟨sw. V.; hat⟩ [Nebenf. von ↑schnitzeln] (schweiz., sonst landsch.): *(Fleisch) in dünne Streifen schneiden:* Leber s.; geschnetzeltes Kalbfleisch.

Schneuß, der; -es, -e [zu veraltet Schneuße = (Vogel)schlinge, Nebenf. von ↑Schneise, nach der länglichen Form] (Archit.): *Fischblase* (2).

Schneu|ze: frühere Schreibung für ↑Schnäuze.

schneu|zen: frühere Schreibung für ↑schnäuzen.

schni|cken ⟨sw. V.; hat⟩ [lautm.] (landsch.): *schnippen* (2 b): mit den Fingern s.

Schnick|schnack, der; -[e]s [aus dem Niederd., verdoppelnde Bildung mit Ablaut zu ↑schnacken] (ugs., meist abwertend): **1.** *wertloses Zeug; Beiwerk, Zierrat o. Ä., der als überflüssig empfunden wird:* billiger, überflüssiger S. **2.** *inhaltslose Worte; leeres Gerede, Geschwätz:* S. reden.

schnie|ben ⟨sw., seltener st. V.⟩ (landsch.): *schnauben* (1).

Schnie|del, der; -s, -, **Schnie|del|wutz,** der; -es, -e [H. u.] (ugs. scherzh.): *Penis.*

schnie|fen ⟨sw. V.; hat⟩ [landsch. Nebenf. von ↑schnaufen] (bes. landsch.): *(beim Atmen, bes. wenn die Nase läuft) die Luft hörbar durch die Nase einziehen.*

schnie|geln ⟨sw. V.; hat⟩ [aus dem Ostmd., zu ↑Schnecke (3)] (ugs., oft abwertend): *(meist auf Männer bezogen) sich mit übertriebener Sorgfalt kleiden, frisieren u. Ä.; sich stutzerhaft zurechtmachen:* sich, sein Haar s.; geschniegeltes Haar; *** geschniegelt und gebügelt/gestriegelt** (ugs. scherzh.; *sehr herausgeputzt*).

schnie|ke ⟨Adj.; schnieker, schniekste⟩ [unter Einfluss von ↑schniegeln zu niederd. snikke(r) = hübsch (zurechtgemacht)] (berlin.): **1.** *schick, elegant:* eine s. Villa. **2.** *großartig; prima* (2): das ist ja s.!

Schnie|pel, der; -s, - [zu niederd. snip(pe) = Zipfel, verw. mit ↑Schnabel]: **1.** (landsch. salopp) *Frack.* **2.** (ugs.) *Penis (bes. eines kleinen Jungen).*

Schnip|fel, der; -s, - [zu ↑schnipfeln] (landsch.): *Schnipsel.*

schnip|feln ⟨sw. V.; hat⟩ [landsch. Nebenf. von ↑schnippeln] (landsch.): *schnippeln* (4).

schnipp, schnapp ⟨Interj.⟩: lautm. für das Geräusch, das beim Schneiden mit einer Schere entsteht.

Schnipp|chen: nur noch in der Wendung **jmdm. ein S. schlagen** (ugs.; *mit Geschick jmds. Absichten [die einen selbst betreffen] durchkreuzen*).

Schnip|pel, der od. das; -s, - (ugs.): *Schnipsel.*

schnip|peln ⟨sw. V.; hat⟩ [landsch. Intensivbildung zu ↑schnippen] (ugs.): **1.** *mit kleinen Schnitten (mit Schere od. Messer) an etw. schneiden u. dabei Teile wegschneiden:* an der Wurst s. **2.** *durch kleine Schnitte (mit Schere od. Messer) hervorbringen, herstellen:* ein Loch [in den Stoff] s. **3.** *mit kleinen Schnitten (mit Schere od. Messer) herausschneiden, entfernen.* **4.** *(mit dem Messer o. Ä.) klein schneiden, zerkleinern:* Bohnen, Kräuter, Pilze s.

schnip|pen ⟨sw. V.; hat⟩ [mhd. snippen = schnappen, wohl lautm.]: **1.** *mit einer schnellenden Bewegung eines Fingers kleine Teilchen o. Ä. von einer Stelle wegschleudern:* die Asche der Zigarette in den Aschenbecher s. **2.** *die Kuppe des Mittelfingers von der Kuppe des Daumens abschnellen lassen u. dabei ein helles Geräusch hervorbringen:* mit den Fingern s.

schnip|pisch ⟨Adj.⟩ [älter auch: schnuppisch, zu frühnhd. aufschnüppich = hochmütig, ostmd. aufschnuppen = die Luft durch die Nase ziehen (um eine Missbilligung zu zeigen), zu ↑schnuppen] (abwertend): *(meist auf junge Mädchen od. Frauen bezogen) kurz angebunden, spitz u. oft respektlos-ungezogen [antwortend, jmdm. begegnend]:* sie ist eine -e Person; s. sein, antworten.

schnips ⟨Interj.⟩: lautm. für ein schnipsendes Geräusch.

Schnip|sel, der od. das; -s, -: *kleines, abgeschnittenes od. abgerissenes Stück von etw.:* Papier in S. zerreißen.

schnip|seln ⟨sw. V.; hat⟩ (ugs.): *schnippeln.*

schnip|sen ⟨sw. V.; hat⟩: *schnippen.*

Schnip|ser, der; -s, -: *schnipsende Bewegung eines Fingers.*

schnitt: ↑schneiden.

Schnitt, der; -[e]s, -e [mhd., ahd. snit, ablautende Bildung zu ↑schneiden]: **1.** *das Einschneiden* (1 a), *Durchschneiden, Abschneiden* (1): der S. [mit dem Messer] ging tief ins Fleisch; der Chirurg weiß genau, wie er den S. zu führen hat; etw. mit einem schnellen, präzise geführten S. durchtrennen, abschneiden. **2. a)** *durch Hineinschneiden in etw. entstandener Spalt; Einschnitt* (1): ein kleiner, langer, gerader, oberflächlicher, tiefer S.; der S. *(die Schnittwunde)* ist gut verheilt; **b)** *durch Abschneiden, Auseinanderschneiden o. Ä. entstandene Schnittfläche:* ein glatter, sauberer S. **3. a)** *das Abmähen (bes. von Gras, Getreide, von Feldern, Wiesen):* der erste, zweite S.; das Korn ist reif für den S.; *** einen/seinen S. [bei etw.] machen** (ugs.; *bei einem Geschäft einen bestimmten Gewinn machen;* bezieht sich urspr. auf die Getreideernte); **b)** *beim Schnitt* (3 a) *Abgemähtes.* **4.** *durch Bearbeitung mit einer Schere od. anderem Schneidewerkzeug hervorgebrachte Form:* sie, ihr Haar hat einen kurzen, modischen S. *(Haarschnitt);* eine Karosserie von stromlinienförmigem S.; Ü eine Wohnung mit gutem S. *(guter Raumaufteilung);* ihr Gesicht, Profil hat, Augen und Mund haben einen klassischen, feinen S. *(ist, sind klassisch, fein geschnitten, geformt).* **5.** (Fachspr., bes. Biol., Med.) *mit dem Mikrotom hergestelltes, sehr dünnes Plättchen aus Organ- od. Gewebeteilen:* ein histologischer S.; -e anfertigen. **6.** (Film, Ferns.) **a)** *das Schneiden* (5 a): den S. besorgte seine Assistentin; **b)** (Ferns.) *Aneinanderreihung der Bilder verschiedener Fernsehkameras zu einer zusammenhängenden Abfolge:* ein harter, weicher S.; **c)** (Film, Ferns.) *Wechsel von einer Einstellung zur nächsten durch Schneiden* (5 c). **7.** *Schnittmuster:* ein Kleidungsstück mit, nach einem S., ohne S. nähen. **8.** (Buchw.) *Gesamtheit der drei Schnittflächen eines Buchblocks:* der S. des Lexikons ist vergoldet. **9.** *[zeichnerische] Darstellung eines Körpers in einer Ebene* (z. B. Längs-, Quer- od. Schrägschnitt): etw. im S. darstellen. **10.** (ugs.) *Durchschnitt[swert, -menge, -maß]; Mittel* (4): er fährt einen S. von 120 km/h; sie raucht im S. *(durchschnittlich)* 20 Zigaretten am Tag. **11. * der goldene S.** (Math.; *Teilungsverhältnis einer Strecke in der Art, dass der größere Teil sich zum kleineren verhält wie die ganze Strecke zum größeren Teil;* LÜ von mlat. sectio aurea): eine Strecke nach dem goldenen S. teilen. **12.** (Math.) *Gesamtheit der gemeinsamen Punkte zweier geometrischer Gebilde.* **13.** (Ballspiele) *Drall, den der Ball durch Anschneiden* (5) *bekommt:* der Ball hatte starken S.; einen Ball mit S. spielen, schlagen.

Schnitt|blu|me, die ⟨meist Pl.⟩: **a)** *Blütenpflanze, von der Schnittblumen (b) gewonnen werden, die zu diesem Zweck angepflanzt, gezogen, gezüchtet werden:* Nelken, Rosen sind -n; **b)** *(für einen dekorativen Zweck, bes. zum Aufstellen in einer Vase [als Teil eines Blumenstraußes], für Gebinde o. Ä.) abgeschnittene Blume* (1 b): frische -n.

Schnitt|boh|ne, die: *Gartenbohne.*

Schnitt|brot, das: *Brot, das in Scheiben geschnitten u. abgepackt verkauft wird.*

Schnitt|chen, das; -s, -: **1.** Vkl. zu ↑Schnitte. **2.** ⟨meist Pl.⟩ *klein geschnittene, mit Fleisch, Fisch, Käse o. Ä. belegte, garnierte Brotscheibe.*

Schnit|te, die; -, -n [mhd. snite, ahd. snita]: **1.** *meist in Querrichtung von etw. abgeschnittene Scheibe* (2): eine S. Weißbrot; von etw. eine S. abschneiden. **2.** *[belegte od. mit Brotaufstrich bestrichene] Brotscheibe:* eine belegte S.; eine S. mit Käse essen. **3.** (österr.) *Waffel.*

Schnitt|ent|bin|dung, die (Med.): *Entbindung durch Kaiserschnitt.*

Schnit|ter, der; -s, - [mhd. snitære, ahd. snitari]: **1.** (veraltend) *Mäher* (2). **2.** *Sensenmann* (2): der Tod als S.; S. Tod (dichter.; *der Tod*).

Schnit|te|rin, die; -, -nen: w. Form zu ↑Schnitter (1).

schnitt|fest ⟨Adj.⟩: *sich gut schneiden lassend:* -e Tomaten.

Schnitt|flä|che, die: **1.** *Fläche, die durch Abschneiden eines Teils an etw. entstanden ist:* eine glatte S. **2.** (Math.) *Gesamtheit der einer Ebene u. einem von ihr geschnittenen Körper gemeinsamen Punkte.*

Schnitt|grün, das ⟨o. Pl.⟩ (Gartenbau): *abgeschnittenes Grün* (2) *bestimmter Pflanzen, das beim Binden von Blumensträußen verwendet wird* (z. B. Farn).

Schnitt|gut, das ⟨o. Pl.⟩: *zu schneidendes Material:* das S. zur Schneidemaschine befördern.

Schnitt|holz, das: *zu Brettern, Bohlen o. Ä. geschnittenes Holz.*

schnit|tig ⟨Adj.⟩ [urspr. = schneidig (1, 2)]: **1.** *(bes. von Autos) von eleganter, sportlicher Form; gut geschnitten* (4): ein -er Sportwagen. **2.** *(von*

Getreide u. Gras) reif zum Schnitt; erntereif: -es Getreide.
Schnịt|tig|keit, die; -: *das Schnittigsein.*
Schnịtt|kur|ve, die (Math.): *Kurve, in der sich zwei Ebenen schneiden.*
Schnịtt|lauch, der [mhd. snit(e)louch, ahd. snitilouh, eigtl. = Lauch, der abgeschnitten werden kann, weil er nachwächst]: *Pflanze mit röhrenartigen, grasähnlichen Blättern, die klein geschnitten bes. als Salatgewürz verwendet werden:* ein Bund S.
Schnịtt|lauch|sa|lat, der: *mit viel Schnittlauch zubereiteter [grüner] Salat.*
Schnịtt|li|nie, die: **a)** *Linie, an der zwei Flächen aufeinander stoßen;* **b)** *Linie, die eine andere kreuzt.*
Schnịtt|meis|ter, der: *Cutter.*
Schnịtt|meis|te|rin, die: w. Form zu ↑Schnittmeister.
Schnịtt|men|ge, die (Math.): *Menge* (2) *aller Elemente, die zwei Mengen gemeinsam sind.*
Schnịtt|mus|ter, das: **a)** *aus Papier ausgeschnittene Vorlage, nach der die Teile eines Kleidungsstücks zugeschnitten werden;* **b)** (ugs.) *Schnittmusterbogen.*
Schnịtt|mus|ter|bo|gen, der: *großer Papierbogen, der mehrere aufgezeichnete Schnittmuster* (a) *enthält.*
Schnịtt|punkt, der: **a)** (Math.) *Punkt, in dem sich Linien od. Kurven schneiden:* der S. zweier Geraden; **b)** *Bereich, Stelle, an der sich Straßen, Strecken o. Ä. kreuzen.*
schnịtt|reif ⟨Adj.⟩: *reif für den Schnitt* (3): -es Gras, Getreide; die Gerste, das Feld, die Wiese ist s.
Schnịtt|sa|lat, der: *Pflücksalat.*
Schnịtt|stel|le, die: **1.** *Nahtstelle* (2). **2.** (EDV) *Verbindungsstelle zwischen Funktionseinheiten eines Datenverarbeitungs- od. -übertragungssystems, an der der Austausch von Daten oder Steuersignalen erfolgt.*
Schnịtt|wun|de, die: *durch einen Schnitt* (2 a) *entstandene Wunde.*
Schnịtz, der; -es, -e [mhd. sniz, zu ↑schnitzen] (landsch.): *[kleineres, geschnittenes] Stück [gedörrtes] Obst:* möchtest du noch einen S. [von dem Apfel]?
Schnịtz|al|tar, der: *Flügelaltar mit geschnitzten Figuren u. Reliefs.*
Schnịtz|ar|beit, die: *Geschnitztes, Schnitzerei.*
Schnịtz|bank, die ⟨Pl. ...bänke⟩: *Werkbank zum Schnitzen o. Ä.*
Schnịt|zel, das; -s, - [spätmhd. snitzel = abgeschnittenes Stück (Obst), Vkl. von mhd. sniz]: **1.** *dünne Scheibe Kalb-, Schweine-, Puten- od. Hähnchenfleisch, die (oft paniert) in der Pfanne gebraten wird:* ein saftiges S.; Wiener S. *(paniertes Schnitzel vom Kalb).* **2.** ⟨auch: der⟩ *abgeschnittenes, abgerissenes kleines Stückchen von etw.; Schnipsel:* die S. zusammenfegen.
Schnịt|zel|bank, die ⟨Pl. ...bänke⟩ [2: nach den Anfangsworten des dabei gesungenen Volksliedes »Ei, du schöne Schnitzelbank«]: **1.** (veraltet) *Schnitzbank.* **2.** *[Fastnachts]brauch, große Tafeln mit bildlichen Darstellungen örtlicher Vorfälle herumzutragen u. diese in Versen satirisch zu kommentieren.*
Schnịt|zel|jagd, die: **1.** (Pferdesport) *Reitjagd, bei der die Teilnehmer eine aus Papierschnitzeln bestehende Spur verfolgen müssen.* **2.** *einer Schnitzeljagd* (1) *ähnliches Kinderspiel, bei dem ein Mitspieler mithilfe einer von ihm ausgelegten Spur aus Papierschnitzeln o. Ä. gefunden werden muss.*
schnịt|zeln ⟨sw. V.; hat⟩ [zu ↑Schnitzel (2), mhd. in: versnitzelen = zerschneiden]: **1.** *(mit einem Messer o. Ä., einer Maschine) in viele kleine Stückchen zerschneiden.* **2.** (landsch.) *schnitzen.*
schnịt|zen ⟨sw. V.; hat⟩ [mhd. snitzen, Intensivbildung zu ↑schneiden]: **a)** *mit einem Messer kleine Stücke, Späne von etw. (bes. Holz) abschneiden, um so eine Figur, einen Gegenstand, eine bestimmte Form herzustellen:* sie kann gut s.; **b)** *schnitzend* (a) *herstellen:* eine Madonna s.; **c)** *durch Schnitzen* (a) *an einer Sache anbringen:* eine Inschrift in eine Holztafel s.
Schnịt|zer, der; -s, - [1: mhd. snitzære, ahd. snizzāre; 2: eigtl. = falscher Schnitt]: **1.** *jmd., der schnitzt* (a), *Schnitzwerke schafft:* er ist ein genialer S. **2.** (ugs.) *aus Unachtsamkeit o. Ä. begangener Fehler, mit dem gegen etw. verstoßen wird:* jmdm. unterläuft ein S.; sich einen groben S. leisten.
Schnit|ze|rei, die; -, -en: **1.** *etw., was jmd. geschnitzt hat; geschnitzte Figur, Verzierung o. Ä.:* wunderschöne -en. **2.** ⟨o. Pl.⟩ *das Schnitzen* (a).
Schnịt|ze|rin, die; -, -nen: w. Form zu ↑Schnitzer (1).
Schnịtz|holz, das: *zum Schnitzen geeignetes Holz:* der Baum liefert ein sehr gutes S.
Schnịtz|kunst, die: *Kunst des Schnitzens, der Herstellung von Schnitzereien:* ein Meisterwerk der S.
Schnịtz|mes|ser, das: *Messer zum Schnitzen.*
schnob, schnö|be: **1.** ↑schnauben. **2.** ↑schnieben.
schno|bern ⟨sw. V.; hat⟩ [Iterativbildung zu ↑schnoben] (landsch.): *schnuppern* (a).
schnöd: ↑schnöde.
Schnọd|der, der; -s [niederd. snodder = Rotz, spätmhd. snuder = Katarrh, verw. mit ↑schnauben] (derb): *Nasenschleim.*
schnọd|de|rig, schnoddrig ⟨Adj.⟩ [zu ↑Schnodder, also eigtl. = rotznäsig] (ugs. abwertend): *provozierend lässig, großsprecherisch, den angebrachten Respekt vermissen lassend:* ihre -e Art; er, sein Ton ist [richtig] s.
Schnọd|de|rig|keit, Schnoddrigkeit, die; -, -en (ugs. abwertend): **a)** ⟨o. Pl.⟩ *das Schnodderigsein;* **b)** *schnodderige Äußerung, Handlung.*
schnọdd|rig: ↑schnodderig.
Schnọdd|rig|keit: ↑Schnodderigkeit.
schnö|de, (bes. südd., österr.:) schnöd ⟨Adj.⟩ [mhd. snœde = vermessen, rücksichtslos; verächtlich, erbärmlich, gering; dünn behaart (von Pelzen), eigtl. = geschoren, H. u.] (geh. abwertend): **1.** *nichtswürdig, erbärmlich, verachtenswert:* um des schnöden Mammons, Geldes willen; aus schnöder Angst. **2.** *in besonders hässlicher, gemeiner Weise Geringschätzung, Verachtung zum Ausdruck bringend u. dadurch beleidigend, verletzend, demütigend:* schnöder Undank; jmdn. s. behandeln, abweisen; sie wurden s. *(kalt u. rücksichtslos)* im Stich gelassen.
schnö|kern ⟨sw. V.; hat⟩ [vgl. schnäken]: **1.** (landsch.) *naschen* (1). **2.** (bes. nordd.) *schnüffeln* (4 a).
schno|pern, schnọp|pern ⟨sw. V.; hat⟩ (landsch.): *schnobern.*
Schnọr|chel, der; -s, - [landsch. Schnorgel, Schnörgel = Mund, Nase, Schnauze, verw. mit ↑schnarchen, lautm.]: **1.** *ein- u. ausfahrbares Rohr zum Ansaugen von Luft für die Maschinen bei Unterwasserfahrt in geringer Tiefe (bei Unterseebooten, auch bei modernen Panzern).* **2.** (Sporttauchen) *mit einem Mundstück versehenes Rohr zum Atmen beim Schwimmen unter Wasser.*
schnọr|cheln ⟨sw. V.; hat⟩: *mithilfe eines Schnorchels tauchen:* begeistert s.; im Urlaub schnorcheln wir.
Schnö̩r|kel, der; -s, - [älter: Schnörchel, Schnörckel, frühnhd. Schnirkel = Laub- u. Blumenwerk an Säulen u. Geräten]: *der Verzierung dienende, gewundene, geschwungene, spiralige o. ä. Form, Linie:* ein schmiedeeisernes Gitter mit allerlei -n.
schnö̩r|ke|lig, schnörklig ⟨Adj.⟩: **a)** *mit [vielen] Schnörkeln versehen;* **b)** *einem Schnörkel ähnelnd, aus Schnörkeln bestehend:* ein -es Ornament.
schnö̩r|kel|los ⟨Adj.⟩: **a)** *nicht geschnörkelt, nicht verschnörkelt, keine Schnörkel aufweisend:* eine -e Unterschrift; **b)** *kein überflüssiges, störendes Beiwerk aufweisend; nüchtern, schlicht:* er spricht eine klare, -e Sprache.
schnö̩r|keln ⟨sw. V.; hat⟩ (ugs.): *mit Schnörkeln versehen, in schnörkeliger Form ausführen:* ⟨meist im 2. Part.:⟩ eine geschnörkelte Vase; Ü eine geschnörkelte Sprache.
Schnö̩r|kel|schrift, die: *schnörkelige Schrift.*
schnö̩rk|lig: ↑schnörkelig.
schnọr|ren ⟨sw. V.; hat⟩ [vgl. schnurren (3)] (ugs.): *gewohnheitsmäßig andere immer wieder um Kleinigkeiten wie Zigaretten, etwas Geld o. Ä. angehen, ohne selbst zu einer Gegenleistung bereit zu sein; nassauern.*
Schnọr|rer, der; -s, - (ugs.): *jmd., der schnorrt:* er ist ein alter S.
Schnọr|re|rin, die; -, -nen: w. Form zu ↑Schnorrer.
Schnö|sel, der; -s, - [aus dem Niederd., wohl verw. mit niederd. snot = Nasenschleim, vgl. Schnodder] (ugs. abwertend): *junger Mann, dessen Benehmen als frech, ungezogen, überheblich empfunden wird.*
schnö|se|lig, schnös|lig ⟨Adj.⟩ (ugs. abwertend): *wie ein Schnösel [sich benehmend]:* sich s. benehmen.
Schnụ|ckel|chen, das; -s, - [wohl zu landsch. schnuckeln = nuckeln (1); naschen; wohl lautm.] (ugs.): **1.** *Schäfchen.* **2.** *Kosewort bes. für ein Mädchen:* komm her, mein kleines S.!
schnụ|cke|lig, schnucklig ⟨Adj.⟩ (ugs.): **a)** *(bes. von jungen Mädchen) durch ein gefälliges, ansprechendes Äußeres anziehend wirkend, attraktiv:* eine -e Blondine; **b)** *durch seine Kleinheit Gefallen erregend, Entzücken hervorrufend; reizend; hübsch; durch seine Gemütlichkeit eine angenehme Atmosphäre verbreitend:* ein -es kleines Häuschen; **c)** *appetitlich:* s. duften; ⟨subst.⟩: etw. Schnuckeliges essen.
Schnụ|cki, das; -s, -s (ugs.): *Schnuckelchen* (2).
Schnụ|cki|putz, der; -es, -e (ugs.): *Schnuckelchen* (2).
schnụck|lig: ↑schnuckelig.
Schnụd|del, der; -s [spätmhd. snudel, vgl. Schnodder] (landsch.): *Nasenschleim.*
schnụd|de|lig, schnuddlig ⟨Adj.⟩: **1.** (landsch.) **a)** *mit Nasenschleim behaftet, beschmutzt;* **b)** *schmuddelig.* **2.** (berlin.) *besonders fein u. lecker [aussehend]:* eine -e Torte.
schnụd|deln ⟨sw. V.; hat⟩ (landsch.): *die Nase hochziehen.*
schnụdd|lig: ↑schnuddelig.
Schnüf|fe|lei, die; -, -en: **1.** (ugs. abwertend) *[dauerndes] Schnüffeln* (4 b). **2.** ⟨Pl. selten⟩ (abwertend) *[dauerndes, gewohnheitsmäßiges] Schnüffeln* (2 a).
schnụ̈f|feln ⟨sw. V.; hat⟩ [aus dem Niederd. < mniederd. snuffelen, verw. mit ↑schnauben]: **1. a)** *(meist von Tieren) in kurzen, hörbaren Zügen durch die Nase die Luft einziehen, um einen Geruch wahrzunehmen:* der Hund schnüffelt an jedem Laternenpfahl; **b)** *(einen Geruch) schnüffelnd* (1 a) *wahrnehmen.* **2.** (Jargon) **a)** *sich durch das Inhalieren von Dämpfen bestimmter leicht flüchtiger Stoffe (z. B. Lösungsmittel von Lacken, Klebstoffen) berauschen:* sie hat schon in der dritten Klasse angefangen zu s.; **b)** *(einen Stoff) zum Schnüffeln* (2 a) *benutzen:* er schnüffelt Alleskleber, Benzol. **3.** (ugs.) *die Nase in wiederholten kurzen Zügen hochziehen:* hör endlich auf zu s.! **4.** (ugs. abwertend) **a)** *[aus Neugier] etw., was einem anderen gehört, heimlich, ohne dazu berechtigt zu sein, durchsuchen, um sich über ihn zu informieren:* er schnüffelte in meinen Unterlagen; ⟨subst.:⟩ er hat sie beim Schnüffeln an, in seinem Schreibtisch erwischt; **b)** *berufsmäßig, im Auftrag Ermittlungen durchführen, [heimlich] bestimmte Informationen beschaffen:* für die Steuerfahndung s.
Schnụ̈f|fel|na|se, die (ugs. abwertend): *jmd., der viel schnüffelt* (4); *Schnüffler* (1): was will denn die S. schon wieder hier?
Schnụ̈f|fel|stoff, der (Jargon): *zum Schnüffeln* (2 a) *geeigneter Stoff:* Alleskleber ist ein beliebter S.
Schnụ̈ff|ler, der; -s, - (ugs. abwertend): **1. a)** *jmd., der gern, viel schnüffelt* (4 a): er ist ein ver-

S

dammter S.; **b)** *jmd., der berufsmäßig, im Auftrag schnüffelt* (4 b) (z. B. Detektiv, Spitzel). **2.** (Jargon) *jmd., der gewohnheitsmäßig schnüffelt* (2 a).

Schnüff|le|rin, die; -, -nen: w. Form zu ↑Schnüffler.

schnul|len ⟨sw. V.; hat⟩ [lautm., vgl. lullen] (landsch.): *saugend lutschen.*

Schnul|ler, der; -s, -: **a)** *kleines, auf einer mit einem Ring versehenen Scheibe aus Plastik befestigtes, einem Sauger* (1 a) *ähnliches Bällchen aus Gummi, das Säuglingen [um sie zu beruhigen] in den Mund gesteckt wird;* **b)** (landsch.) *Sauger* (1 a).

Schnul|ze, die; -, -n [H. u., viell. zu niederd. snulten = gefühlvoll daherreden od. zu niederd. ugs. schnulle = nett, lieb, süß] (ugs. abwertend): **a)** *künstlerisch wertloses, sentimentales, rührseliges, kitschiges Lied od. Musikstück:* eine S. singen, spielen; **b)** *Theaterstück, Fernsehspiel o. Ä. in der Art einer Schnulze* (a).

schnul|zig ⟨Adj.⟩ (ugs. abwertend): **a)** *wie eine Schnulze* (a) *klingend, wirkend;* -e Musik; **b)** *kitschig* (b).

schnup|fen ⟨sw. V.; hat⟩ [mhd. snupfen = schnaufen, Intensivbildung zu ↑schnauben]: **a)** *fein pulverisierten Tabak durch stoßweises, kräftiges Einatmen in die Nasenlöcher einziehen:* der Großvater schnupft; **b)** *(einen fein pulverisierten Stoff) in der Art, wie es beim Schnupfen* (a) *üblich ist, zu sich nehmen:* Kokain s.

Schnup|fen, der; -s, - [spätmhd. snupfe, snūpfe, verw. mit ↑schnauben]: *mit der Absonderung von Schleim, der oft das Atmen durch die Nase stark behindert, verbundene Entzündung der Nasenschleimhäute:* [den, einen] S. haben; sich einen S. holen; ein Mittel gegen S.

Schnup|fen|spray, der od. das: *Nasenspray.*

Schnupf|ta|bak, der: *Tabak zum Schnupfen* (a).

Schnupf|ta|bak|do|se, Schnupf|ta|baks|do|se, die: *Dose für Schnupftabak.*

schnup|pe ⟨Adj.⟩: nur in der Verbindung **[jmdm.] s. sein** (ugs.; *[jmdm.] einerlei, egal, gleichgültig sein;* eigtl. = [für jmdn.] wertlos wie eine Schnuppe 1): das ist doch s.; der Typ ist mir völlig s.

Schnup|pe, die; -, -n [mniederd. snup(p)e, zu: snuppen = den Kerzendocht säubern]: **1.** (nordd., mitteld.) *verkohlter Docht (einer Kerze o. Ä.).* **2.** (selten) kurz für ↑Sternschnuppe.

Schnup|per- (bes. Werbespr.): drückt in Bildungen mit Substantiven aus, dass jmdm. die Möglichkeit geboten wird, mit etw. in Berührung zu kommen, einen ersten Einblick in etw. zu gewinnen, etw. genauer zu erkunden, Erfahrungen in etw. zu sammeln, ohne sich dafür entscheiden zu müssen, ohne sich darauf festlegen zu müssen: Schnupperabo, -preis, -training.

Schnup|per|kurs, der (ugs.): *zeitlich begrenzter Kurs, in dem Anfänger auf einem bestimmten Gebiet einen ersten Einblick gewinnen können.*

schnup|pern ⟨sw. V.; hat⟩ [Iterativbildung zu md. schnuppen, md. Form von ↑schnupfen]: **a)** *(meist von Tieren) in kurzen, leichteren Zügen durch die Nase die Luft einziehen, um einen Geruch [intensiver] wahrzunehmen:* der Hund schnupperte am Baum; **b)** *(einen Geruch) schnuppernd* (a) *wahrnehmen:* Rauch, ein Aroma s.; Ü sie wollte mal wieder Seeluft s. (ugs.; *an der See sein*); **c)** (ugs.) *an einem Schnupperkurs o. Ä. teilnehmen:* wir wollen beim Baseball nur mal s.; ⟨subst.:⟩ kommen Sie doch einmal zum Schnuppern!

¹Schnur, die; -, Schnüre, landsch. u. in der Fachspr. auch: -en [mhd., ahd. snuor, wahrsch. verw. mit ↑nähen u. eigtl. = gedrehtes od. geflochtenes Band (vgl. got. snōrjō = geflochtener Korb; Netz)]: **1.** *langes, dünnes, aus mehreren zusammengedrehten od. -geflochtenen Fäden, Fasern o. Ä. hergestelltes Gebilde:* eine dicke, dünne, lange S.; drei Meter, eine Rolle S.; um das Sofakissen, den Mützenrand lief eine dünne rote S. *(Kordel o. Ä.);* eine S. um etw. wickeln, knoten; eine S. durch etw. ziehen; ich kriege die S. *(den/die Knoten in der Schnur)* nicht auf; die Schnüre des Zelts spannen; seine Jacke war mit silbernen Schnüren *(Kordeln)* besetzt. **2.** (ugs.) *[im Haushalt verwendetes] elektrisches Kabel [an elektrischen Geräten]:* die S. der Lampe, des Staubsaugers ist kaputt, zu kurz.

²Schnur, die; -, -en [mhd. snu(or), ahd. snur(a), H. u.] (veraltet, noch landsch.): *Schwiegertochter.*

schnur|ar|tig ⟨Adj.⟩: *einer Schnur ähnlich:* ein -es Gebilde.

Schnür|band, das ⟨Pl. …bänder⟩ (landsch., bes. nordd.): *Schnürsenkel.*

Schnür|bo|den, der: **1.** (Theater) *Raum über der Bühne, wo die Seile befestigt sind, mit deren Hilfe Kulissen u. Prospekte* (2) *herabgelassen u. hinaufgezogen werden.* **2.** (Schiffbau) *große überdachte Fläche in einer Werft, auf der die einzelnen Teile (z. B. die Spanten) eines zu bauenden Schiffs in natürlicher Größe aufgezeichnet werden.*

Schnür|chen, das; -s, -: Vkl. zu ↑¹Schnur (1): * **wie am S.** (ugs.; *völlig reibungslos, ohne Stockungen, Schwierigkeiten u. in flüssigem Tempo; glatt;* urspr. bezogen auf das Beten des Rosenkranzes): alles klappt wie am S.

schnü|ren ⟨sw. V.⟩ [mhd. snüeren]: **1.** ⟨hat⟩ **a)** *mit etw. (z. B. mit einer Schnur, einem Riemen o. Ä.), was durch mehrere Ösen o. Ä. geführt, fest angezogen u. dann verknotet wird, zubinden:* jmdm., sich die Schuhe s.; ⟨subst.:⟩ Stiefel, ein Mieder zum Schnüren; **b)** *(mehrere einzelne Dinge [gleicher Art]) mithilfe einer Schnur o. Ä. (zu etw.) zusammenbinden:* das Reisig s.; **c)** *durch Zusammenbinden mehrerer einzelner Dinge [gleicher Art] herstellen:* ein Bündel s.; **d)** *mithilfe einer um etw. fest herumgebundenen Schnur o. Ä. gegen ein ungewolltes Sichöffnen, Auseinanderfallen sichern:* ein Paket s.; **e)** *mithilfe einer Schnur o. Ä. befestigen, anbringen:* er schnürte den Seesack auf den Dachgepäckträger; **f)** *(eine Schnur o. Ä.) fest (um etw.) binden:* jmdm., sich einen Riemen um den Bauch s. **2.** ⟨hat⟩ **a)** *[jmdm.] durch zu enges Anliegen an einer Stelle einen unangenehmen, schmerzhaften Druck verursachen:* der Verband schnürt [mich]; **b)** ⟨s. + sich⟩ *sich schnürend irgendwo hineindrücken:* die Riemen schnürten sich in meine Haut. **3.** *(den Körper) mithilfe eines fest geschnürten Mieders in eine bestimmte Form bringen* ⟨hat⟩: [sich ⟨Dativ⟩] die Taille s. **4.** ⟨ist⟩ (Jägerspr.) **a)** *(bes. vom Fuchs) die einzelnen Tritte in einer Linie hintereinander setzend langsam laufen:* Füchse, Luchse, Wölfe schnüren; **b)** *sich schnürend* (4 a) *irgendwohin bewegen:* ein Fuchs schnürte über die Lichtung.

schnur|för|mig ⟨Adj.⟩: *die Form einer Schnur habend.*

schnur|ge|ra|de, (ugs.:) **schnur|gra|de** ⟨Adj.⟩ (emotional): *vollkommen gerade, gerade wie eine gespannte* ¹*Schnur* (1 a): die Straße ist s.

schnur|los ⟨Adj.⟩: *ohne* ¹*Schnur* (2); *keine* ¹*Schnur* (2) *aufweisend:* ein -es Telefon; sich s. rasieren.

Schnürl|re|gen, der; -s, - ⟨Pl. selten⟩ (österr.): *anhaltender, strömender Regen.*

Schnurr|bart, der [aus dem Niederd., zu niederd. snurre = Schnauze, H. u.]: *über der Oberlippe wachsender Bart:* ein buschiger, gepflegter S.; [einen] S. tragen.

schnurr|bär|tig ⟨Adj.⟩: *einen Schnurrbart tragend:* ein -er Polizist.

Schnur|re, die; -, -n [älter = Schnurrpfeife, ↑Schnurrpfeiferei] (veraltend): *kurze unterhaltsame Erzählung von einer spaßigen od. wunderlichen Begebenheit.*

schnur|ren ⟨sw. V.⟩ [mhd. snurren = rauschen, sausen; lautm.; 3: eigtl. = mit der Schnurrpfeife (↑Schnurrpfeiferei) als Straßenmusikant umherziehen; betteln]: **1. a)** *ein anhaltendes, verhältnismäßig leises, tiefes, gleichförmiges, summendes, aus vielen kurzen, nicht mehr einzeln wahrnehmbaren Lauten bestehendes Geräusch von sich geben* ⟨hat⟩: das Spinnrad schnurrt; **b)** *sich schnurrend* (1 a) *(irgendwohin) bewegen* ⟨ist⟩: die Draisine schnurrte auf und davon; **c)** (ugs.) *reibungslos, ohne Stockungen u. rasch ablaufen, vor sich gehen* ⟨hat⟩. **2.** *(bes. von Katzen) als Äußerung des Wohlbefindens einen schnurrenden* (1 a) *Laut hervorbringen* ⟨hat⟩. **3.** (landsch.) *schnorren* ⟨hat⟩.

Schnur|rer, der; -s, - (landsch., meist abwertend): *Schnorrer.*

Schnur|re|rin, die; -, -nen: w. Form zu ↑Schnurrer.

Schnurr|haar, das [zu älter Schnurre = Schnauze (↑Schnurrbart) u. eigtl. = Schnauzenhaar] (Zool.): *langes, kräftiges, auf der Oberlippe der meisten Säugetiere, bes. bei Katzen u. Nagern wachsendes, seitlich weit abstehendes Tasthaar.*

Schnür|rie|men, der: **a)** *Riemen, mit dem etw. verschnürt, zugeschnürt wird;* **b)** *Schnürsenkel [aus Leder].*

schnur|rig ⟨Adj.⟩ [zu ↑Schnurre] (veraltend): *in belustigender Weise komisch:* ein -er Alter.

Schnurr|pfei|fe|rei, die [zu veraltet Schnurrpfeife = schnurrende Pfeife der Kinder, auch der Straßenmusikanten, dann: Kinderei, Unnützes] (veraltet): **a)** *verrückter Einfall, abwegige Idee;* **b)** *Kuriosität* (2): zu Hause hat sie eine ganze Sammlung von solchen -en.

Schnür|schuh, der: *Schuh, der geschnürt wird.*

Schnür|sen|kel, der (regional, bes. nordd., md.): *Schnur od. schmales, festes* ¹*Band* (I 1) *zum Zuschnüren eines Schnürschuhs.*

schnur|sprin|gen ⟨st. V.; meist nur im Inf. u. Part. gebr.⟩ (österr.): *seilspringen:* wollen wir s.?; wir sind schnurgesprungen; schnurspringende Kinder.

Schnur|sprin|gen, das ⟨o. Pl.⟩ (österr.): *Seilspringen.*

Schnür|stie|fel, der: vgl. Schnürschuh.

schnur|stracks ⟨Adv.⟩ (ugs.): **a)** *auf dem kürzesten, schnellsten Wege; geradewegs* (a): sie soll nach der Schule s. nach Hause gehen; **b)** *ohne Umschweife, prompt; geradewegs* (b): s. erklärte sie ihre Kündigung.

Schnü|rung, die; -, -en (selten): **1.** ⟨o. Pl.⟩ *das Schnüren* (1). **2.** *geschnürte Verbindung, Befestigung o. Ä.*

schnurz ⟨Adj.⟩: in der Verbindung **[jmdm.] s. sein** (salopp; ↑schnuppe; H. u.): es ist mir doch s., ob es regnet.

schnurz|egal, schnurz|pie|pe, schnurz|piep|egal ⟨Adj.⟩: in der Verbindung **[jmdm.] s. sein** (salopp; ↑schnuppe): ihm war es s., dass sie Whisky trank und rauchte.

Schnüt|chen, das; -s, -: Vkl. zu ↑Schnute.

Schnu|te, die; -, -n [mniederd. snūt(e) = Schnauze]: **1.** (fam., bes. nordd.) *Mund:* dem Kind die S. abwischen. **2.** * **eine S. ziehen** (ugs.; *eine Miene zeigen, die Verdrossenheit, Enttäuschung, Beleidigtsein o. Ä. ausdrückt*).

Scho|ah, Shoah, die; - [hebr. šô'ā = Katastrophe; Untergang; im Hebr. ausschließlich verwendete Bez. für die Massenvernichtung der Juden unter der nationalsoz. Herrschaft]: *(zur Zeit der nationalsozialistischen Herrschaft) Massenvernichtung der Juden in Deutschland u. Europa; Holocaust* (a).

schob, schö|be: ↑schieben.

Scho|ber, der; -s, - [mhd. schober, ahd. scobar = (Getreide-, Heu)haufen, verw. mit ↑Schopf (in dessen urspr. Bed. »Büschel«) u. ↑Schuppen]: **1.** *überdachtes Brettergerüst, Feldscheune zum Aufbewahren bes. von Heu, Stroh.* **2.** (südd., österr.) *im Freien kasten- od. kegelförmig aufgerichteter Haufen aus Heu o. Ä.:* Heu in S. setzen *(zu Schobern aufschichten).*

scho|bern, schö|bern ⟨sw. V.; hat⟩ [mhd. schoberen] (landsch., österr.): *in Schober* (2) *setzen:* Heu s.

¹Schock, das; -[e]s, -e ⟨aber: 2 Schock⟩ [mhd. schoc, eigtl. = Haufen]: **1.** (veraltend) *Anzahl von 60 Stück:* ein S. holländische/(geh.:) holländischer Eier kostet/(seltener:) kosten 15 Mark. **2.** (ugs.) *Haufen* (2): sie hat ein ganzes S. Kinder.

²Schock, der; -[e]s, -s, selten: -e [frz. choc, zu: choquer = (an)stoßen, beleidigen, wohl < mniederl.

schocken = stoßen; vgl. schaukeln]: 1. *durch ein außergewöhnlich belastendes Ereignis bei jmdm. ausgelöste seelische Erschütterung [aufgrund deren er nicht mehr fähig ist, seine Reaktionen zu kontrollieren]:* ein seelischer, psychischer S.; bei der Nachricht erlitt sie einen S.; sein Entschluss war ein S. für sie, hat ihr einen S. versetzt, gegeben *(hat sie sehr bestürzt, hart getroffen);* unter S. *(Schockwirkung* 2) stehen; Ü nach dem ersten S. *(Schreck)* hat sie sich schnell wieder erholt. 2. (Med.) *akutes Kreislaufversagen mit ungenügender Sauerstoffversorgung lebenswichtiger Organe.*

schock|ar|tig ⟨Adj.⟩: 1. *einem* [2]*Schock ähnlich.* 2. *schlagartig.*

Schock|be|hand|lung, die: 1. *Behandlung eines* [2]*Schocks* (2). 2. *Heilverfahren für bestimmte seelische Krankheiten, bei dem ein Krampfzustand od.* [2]*Schock* (2) *künstlich ausgelöst wird.*

scho|cken ⟨sw. V.; hat⟩ [1, 2: engl. to shock, zu: shock = [2]Schock; 3: zu landsch. schocken = (zu)werfen, verw. mit ↑schaukeln]: 1. (ugs.) *jmdn. erschrecken, aus der Fassung bringen; jmdn. heftig schockieren:* jmdn. durch etw., mit etw. s.; die Bürger der Stadt waren geschockt; der Horrorfilm schockte das Fernsehpublikum; die geschockten Kinder weinten. 2. (Med.) *mit künstlich (z. B. elektrisch) erzeugtem* [2]*Schock* (2) *behandeln:* einen Patienten s. 3. (Handball, Kugelstoßen) *[aus dem Stand] mit gestrecktem Arm werfen.*

Scho|cker, der; -s, - (ugs.): 1. *etw., was schockt* (1). 2. (selten) *jmd., der schockt* (1).

Scho|cke|rin, die; -, -nen: w. Form zu ↑Schocker (2).

Schock|far|be, die (Jargon): *besonders greller Farbton.*

schock|far|ben ⟨Adj.⟩ (Jargon): *eine Schockfarbe aufweisend.*

schock|fros|ten ⟨sw. V.; hat; meist im Inf. u. 2. Part. gebr.⟩: *(Lebensmittel) schockartig* (2) *einfrieren.*

schock|ge|frie|ren ⟨st. V.; hat; meist im Inf. u. 2. Part. gebr.⟩: *schockartig* (2) *einfrieren.*

scho|ckie|ren ⟨sw. V.; hat⟩ [frz. choquer, ↑[2]Schock]: *jmdn. (bes. durch etw., was in provozierender Weise von der sittlichen, gesellschaftlichen Norm abweicht) in Entrüstung versetzen; bei jmdm. heftig Anstoß erregen:* die Bürger s.; schockiert sein; schockierende Meldungen aus dem Kriegsgebiet.

scho|cking: ↑shocking.

Schock|schwe|re|not [zu ↑[1]Schock (1)] (veraltet): Ausruf des Unwillens, der Entrüstung.

Schock|the|ra|pie, die: *Schockbehandlung* (2).

schock|wei|se ⟨Adv.⟩: 1. *im* [1]*Schock* (1): etw. s. verkaufen. 2. (ugs.) *in großer Anzahl, scharenweise.*

Schock|wir|kung, die: 1. *einen* [2]*Schock* (1) *auslösende Wirkung von etw.* 2. *Einwirkung eines* [2]*Schocks* (1).

scho|fel ⟨Adj.; schofler, -ste⟩ [aus der Gaunerspr., zu jidd. schophol = gemein, niedrig < hebr. šafal] (ugs. abwertend): *in einer Empörung, Verachtung o. Ä. hervorrufenden Weise schlecht, schäbig, niederträchtig:* eine schofle Gesinnung; jmdn. s. behandeln; in Geldsachen ist er s. *(in beschämender Weise kleinlich, geizig).*

Scho|fel, der; -s, - (abwertend): 1. *etw. (bes. eine Ware), was als schlecht, schäbig angesehen wird, nichts taugt; Schund.* 2. *männliche Person, die als niederträchtig angesehen wird; Schuft.*

scho|fe|lig, schoflig ⟨Adj.⟩: *schofel.*

Schöf|fe, der; -n, -n [mhd. scheffe(ne), scheppfe(ne), ahd. sceffino, scaffin, eigtl. = der (An)ordnende, zu ↑schaffen in dessen alter Bed. »anordnen«]: *bei Strafgerichten ehrenamtlich eingesetzter Laie, der zusammen mit dem Richter die Tat des Angeklagten beurteilt u. das Maß der Strafe festlegt.*

Schöf|fen|ge|richt, das: *(beim Amtsgericht) aus Richter[n] u. Schöffen gebildetes Strafgericht.*

Schöf|fen|stuhl, der: *Schöffengericht.*

Schöf|fin, die; -, -nen: w. Form zu ↑Schöffe.

Schof|för usw.: ↑Chauffeur usw.

schof|lig: ↑schofelig.

Scho|gun, Shogun, der; -s, -e [jap. shōgun, aus dem Chin.] (hist.): 1. ⟨o. Pl.⟩ *(bis zum 19. Jh.) [erblicher] Titel japanischer kaiserlicher Feldherren, die anstelle der machtlosen Kaiser das Land regieren.* 2. *Träger des Titels Schogun* (1).

Scho|ko|kuss, der: *vorwiegend aus Eischnee u. Zucker bestehendes Gebäck mit Schokoladenüberzug.*

Scho|ko|la|de, die; -, -n [wohl über älter niederl. chocolate < span. chocolate < Nahuatl (mittelamerik. Indianerspr.) chocolatl = Kakaotrank]: 1. *mit Zucker, Milch[pulver], Kakaobutter u. a. gemischte Kakaomasse, die meist zu Tafeln* (1 d) *geformt od. in Figuren gegossen ist:* feinste, dunkle, bittere S.; weiße S. *(Schokolade, die eine helle Farbe aufweist, da sie ohne die Zugabe von Kakao hergestellt wurde);* mit S. überzogene Kekse. 2. a) *Getränk aus geschmolzener, in Milch aufgekochter Schokolade* (1); b) *Getränk aus in heißer Milch od. heißem Wasser gelöstem Schokoladenpulver:* sie bestellte eine Tasse [heiße] S.

scho|ko|la|de|braun: ↑schokoladenbraun.

Scho|ko|la|de|eis: ↑Schokoladeneis.

scho|ko|la|de|far|ben, scho|ko|la|de|far|big: ↑schokoladenfarben, schokoladenfarbig.

Scho|ko|la|de|guss: ↑Schokoladenguss.

scho|ko|la|den ⟨Adj.⟩: *aus Schokolade* (1) *hergestellt:* die -e Glasur des Kuchens.

scho|ko|la|den|braun, schokoladebraun ⟨Adj.⟩: *von warmem Dunkelbraun.*

Scho|ko|la|den|creme, die: *mit geschmolzener Schokolade zubereitete Creme* (2 a, b).

Scho|ko|la|den|ei, das: *eiförmiges Gebilde aus Schokolade.*

Scho|ko|la|den|eis, Schokoladeeis, das: *Eis mit Schokoladengeschmack.*

Scho|ko|la|den|fa|brik, die: *Fabrik zur Herstellung von Schokolade.*

scho|ko|la|den|far|ben, schokoladefarben, **scho|ko|la|den|far|big,** schokoladefarbig ⟨Adj.⟩: *von warmer dunkelbrauner Farbe.*

Scho|ko|la|den|fi|gur, die: *(meist in buntes Stanniolpapier eingewickelte) Figur aus Schokolade.*

Scho|ko|la|den|gla|sur, die: *mit geschmolzener Schokolade od. Schokoladenpulver zubereitete Glasur.*

Scho|ko|la|den|guss, Schokoladeguss, der: *Schokoladenglasur.*

Scho|ko|la|den|ha|se, der: *Schokoladenfigur mit Form eines Hasen.*

Scho|ko|la|den|keks, der: *Keks mit Schokoladenglasur od. einer Füllung aus Schokolade.*

Scho|ko|la|den|pud|ding, der: vgl. Schokoladeneis: S. mit Vanillesoße.

Scho|ko|la|den|pul|ver, das: *gezuckertes Kakaopulver.*

Scho|ko|la|den|sei|te, die (ugs.): *beste Seite* (8 b) *(einer Person od. Sache):* sie hat sich heute von ihrer S. gezeigt.

Scho|ko|la|den|so|ße, die: vgl. Schokoladenglasur.

Scho|ko|la|den|streu|sel ⟨Pl.⟩: *kleine, stiftförmige Teilchen aus Schokolade zum Bestreuen von Gebäck.*

Scho|ko|la|den|tor|te, die: *mit geschmolzener Schokolade od. Schokoladenpulver hergestellte Torte [mit Schokoladenglasur].*

Scho|ko|la|den|über|zug, der: *Schokoladenglasur.*

Scho|ko|rie|gel, der (ugs., Werbespr.): *vorwiegend aus Schokolade bestehende Süßigkeit in Form eines Riegels* (3).

Scho|lar, der; -en, -en [mlat. scholaris, ↑Schüler]: *(bes. im Mittelalter) Schüler, Student.*

Scho|larch, der; -en, -en [mlat. scholarcha, zu: schola (↑Schule) u. griech. árchōn, ↑Archon]: *(im Mittelalter) Vorsteher einer Kloster-, Stifts- od. Domschule.*

Scho|las|tik, die; - [mlat. scholastica = Schulwissenschaft, Schulbetrieb, zu lat. scholasticus = zur Schule gehörend < griech. scholastikós = studierend, zu: scholḗ = (der Wissenschaft gewidmete) Muße, ↑Schule]: 1. *auf die antike Philosophie gestützte, christliche Dogmen verarbeitende Philosophie u. Theologie des Mittelalters (etwa 9.–14. Jh.).* 2. (abwertend) *engstirnige, dogmatische Schulweisheit.*

Scho|las|ti|ker, der; -s, - [mlat. scholasticus]: 1. *Vertreter der Scholastik* (1). 2. *junger Ordensgeistlicher während des philosophisch-theologischen Studiums, bes. bei den Jesuiten.* 3. (abwertend) *Verfechter der Scholastik* (2).

Scho|las|ti|ke|rin, die; -, -nen: w. Form zu ↑Scholastiker (3).

scho|las|tisch ⟨Adj.⟩: 1. *die Scholastik* (1) *betreffend, auf ihr beruhend:* die -e Methode, Philosophie. 2. (abwertend) *spitzfindig u. wirklichkeitsfremd.*

Scho|las|ti|zis|mus, der; -: 1. *einseitige Überbewertung der Scholastik* (1). 2. (abwertend) *Spitzfindigkeit, Wortklauberei.*

Scho|li|ast, der; -en, -en [spätgriech. scholiastḗs]: *Verfasser von Scholien.*

Scho|lie, die; -, -n, **Scho|li|on,** das; -s, Scholien [griech. schólion, zu: scholḗ, ↑Schule]: *erklärende Randbemerkung [alexandrinischer Philologen] in griechischen u. römischen Handschriften.*

scholl, schöl|le: ↑schallen.

Schol|le, die; -, -n [mhd. scholle, ahd. scolla, scollo, eigtl. = Abgespaltenes, zu ↑Schild; 4: mniederd. scholle, nach der flachen Form des Fisches]: 1. a) *beim Pflügen o. Ä. umgebrochenes großes, flaches Stück Erde:* die noch feuchten -n des frisch gepflügten Ackers; mit dem Pflug -n aufwerfen; b) (geh.) ⟨o. Pl.⟩ *landwirtschaftlich nutzbarer Boden; Ackerland:* diese kleine S. war ihr ganzer Besitz; auf eigener S. *(eigenem Grund u. Boden)* sitzen; c) (geh., oft iron.) *Ort, Gegend, wo jmd. zu Hause ist; Heimat.* 2. kurz für ↑Eisscholle. 3. (Geol.) *von Verwerfungen umgrenzter Teil der Erdkruste.* 4. a) *mittelgroße Scholle* (4 b) *mit goldbrauner, gelb bis dunkelrot gefleckter Oberseite, die als Speisefisch sehr geschätzt wird;* b) *(in vielen, zum Teil als Speisefische genutzten Arten in allen Meeren verbreiteter) Plattfisch mit an der Oberseite olivgrünem bis dunkelbraunem geflecktem, an der Unterseite weißem, stark abgeplattetem ovalem Körper.*

Schol|len|ge|bir|ge, das (Geol.): *Gebirge aus Schollen* (3).

Schol|li: nur in dem Ausruf **mein lieber S.!** (ugs.; Ausruf des Erstaunens, der Bewunderung, auch der Erleichterung o. Ä.; zu frz. joli = hübsch, niedlich, in Anreden: [mein] Kleiner): mein lieber S., das war aber knapp!

schol|lig ⟨Adj.⟩ [zu ↑Scholle (1 a)]: 1. *Schollen* (1 a, 2) *aufweisend.* 2. *einer Scholle* (1 a) *ähnlich:* -e Erdklumpen.

Schöll|kraut, das; -[e]s [spätmhd. schelkraut, wohl unter Anlehnung an ↑[2]Schelle zu lat. chelidonia (herba) < griech. chelidónion, zu: chelidṓn = Schwalbe; in den Mittelmeerländern blüht die Pflanze, wenn die Schwalben aus Afrika zurückkehren]: *einen giftigen gelben Milchsaft absondernde Pflanze mit hellgrünen, fiederteiligen Blättern u. kleinen gelben Blüten.*

schöl|te: ↑schelten.

schon [mhd. schōn(e), ahd. scōno, urspr. Adv. von ↑schön, über »auf schöne, gehörige Art u. Weise« u. »vollständig« zur heutigen Bed.]: I. ⟨Adv.⟩ 1. a) drückt aus, dass etw. früher, schneller als erwartet, geplant, vorauszusehen eintritt, geschieht od. eingetreten, geschehen ist: sie kommt s. heute; es ist s. alles vorbereitet; sag bloß, du gehst s.; b) drückt aus, dass kurz nach dem Eintreten eines Vorgangs ein anderer Vorgang so schnell, plötzlich folgt, dass der Zeitunterschied kaum feststellbar, nachvollziehbar ist: er klaute das Fahrrad, und s. war er weg; c) drückt aus, dass vor dem eigentlichen Beginn eines Vorgangs etw. geschieht, geschehen soll, was damit zusammenhängt: ich komme später, du kannst ja s. [mal] die Koffer packen. 2. a) drückt [Erstaunen od. Unbehagen darüber] aus, dass etw. mehr an Zahl, Menge,

S

Ausmaß darstellt, weiter fortgeschritten ist als geschätzt, vermutet, gewünscht: sie ist s. 90 Jahre; ist es etwa s. acht Uhr?; **b)** drückt aus, dass zur Erreichung eines bestimmten Ziels, zur Erlangung einer bestimmten Sache weniger an Zahl, Menge, Ausmaß notwendig ist als geschätzt, vermutet, gewünscht: eine winzige Dosis kann s. tödlich sein; Eintrittskarten gibt es s. für 5 DM. **3. a)** (in Verbindung mit einer Angabe, seit wann etw. existiert, bekannt ist, gemacht wird) betont, dass etw. keine neue Erscheinung, kein neuer Zustand, Vorgang ist, sondern lange zuvor entstanden ist: s. Platon hat diese Ideen vertreten; s. als Kinder/als Kinder s. hatten wir eine Vorliebe für sie; **b)** drückt aus, dass eine Erscheinung, ein Ereignis, Vorgang nicht zum ersten Mal stattfindet, sondern zu einem früheren Zeitpunkt in vergleichbarer Weise stattgefunden hat: wie s. gesagt, sollten wir nicht darauf eingehen; hast du so etwas s. [ein]mal erlebt? **4.** betont, dass – von allem anderen, oft Wichtigerem abgesehen – etw. allein genügt, um eine Handlung, einen Zustand, Vorgang zu erklären o. Ä.: [allein] s. der Gedanke daran ist schrecklich; ich werde ihr das ersparen, ihr geht es s. so schlecht genug. **II.** ⟨Partikel⟩ **1.** ⟨meist unbetont⟩ verstärkt [emotional] eine Aussage, Feststellung: es ist s. ein Elend!; das will s. was heißen; nicht du s. wieder! **2.** ⟨unbetont⟩ (ugs.) drückt in Aufforderungssätzen Ungeduld o. Ä. aus: nun mach [doch] s.!; hör s. auf [mit diesem Blödsinn]! **3.** ⟨unbetont⟩ drückt aus, dass im Falle der Realisierung einer Absicht o. Ä. eine bestimmte Konsequenz erwartet wird: wenn wir s. eine neue Waschmaschine kaufen müssen, dann aber eine ordentliche. **4.** ⟨unbetont⟩ unterstreicht die Wahrscheinlichkeit einer Aussage [in zuversichtlichem Ton als Reaktion auf bestehende Zweifel]: es wird s. [gut] gehen, [wieder] werden; das wirst du s. schaffen. **5.** ⟨meist betont⟩ schränkt eine [zustimmende] Antwort, Aussage ein, drückt eine nur zögernde Zustimmung aus: das stimmt s.; sie hat s. Recht, wenn sie das sagt. **6.** ⟨betont⟩ drückt aus, dass eine Aussage nur bedingt richtig ist, dass eine andere Schlussfolgerung o. Ä. möglich ist: von der Tätigkeit her ist die Stelle nicht sehr interessant, von der Bezahlung her s. **7.** ⟨unbetont⟩ macht eine Äußerung in Frageform als rhetorische Frage kenntlich u. gibt ihr oft einen geringschätzigen Unterton: was sind s. zwei Jahre?; wen interessiert das s.? **8.** ⟨unbetont⟩ (landsch.) *noch* (III 5).

schön ⟨Adj.⟩ [mhd. schœne, ahd. scōni, urspr. = ansehnlich; was gesehen wird, verw. mit ↑schauen]: **1. a)** *von einem Aussehen, das so anziehend auf jmdn. wirkt, dass es als wohlgefällig, bewundernswert empfunden wird:* ein -er Jüngling; -e Mädchen; -e Haare, Augen, Hände, Beine; (scherzh. als Anrede im vertraulichen Ton:) -e Frau, was wünschen Sie?; sich für jmdn., für das Fest s. machen *(mit der Absicht, sich ein besonders angenehmes, reizvolles Aussehen zu verleihen, sorgfältig Gesichts- u. Körperpflege betreiben u. sich gut, hübsch anziehen);* ⟨subst.:⟩ er hat [einen ausgeprägten] Sinn für das Schöne; sie war die Schönste von allen; **b)** *in seiner Art besonders reizvoll, ansprechend, sehr angenehm od. wohltuend auf das Auge od. Ohr wirkend:* -e Farben, Kleider, Weingläser; ein -er Anblick; eine -e Stadt; etw. ist s. anzusehen, sieht s. aus; die Blumen sind sehr s.; er hat sehr s. Orgel gespielt; **c)** *von einer Art, die jmdm. sehr gut gefällt, die jmds. Geschmack entspricht:* sie hat eine -e Wohnung, Schrift; das sind nichts als -e (iron.; *leere, schmeichlerische*) Worte; ein Bild, Buch s. finden; ⟨subst.:⟩ jmdm. etwas Schönes schenken; **d)** *in einer Weise verlaufend, die angenehme Gefühle auslöst:* wir haben einen -en Urlaub verlebt; das war eine -e Zeit; er hatte einen -en Tod *(er ist ohne Qualen, längere Krankheit gestorben);* (in Höflichkeitsformeln:) ich wünsche Ihnen ein -es Wochenende; -e Ferien!; das Wetter ist anhaltend s. *(sonnig u. klar);* s., dass du da bist!; das war alles nicht sehr s. für sie; was hier passiert, das ist nicht mehr s. (ugs.; *übersteigt das erträgliche Maß*); ich hatte mir alles so s. gedacht, aber es ist leider nichts daraus geworden; ⟨subst.:⟩ ich kann mir was Schöneres vorstellen, als bei dem Wetter im Auto zu sitzen; R das ist [doch] zu s., um wahr zu sein; **e)** (bes. nordd.) *gut* (1 a): das riecht, schmeckt s. **2. a)** *von einer Art, die Anerkennung verdient, die als positiv, erfreulich empfunden wird:* das ist ein -er Zug an, von ihr; das war nicht s. von dir; der Wein ist s. klar; **b)** *so beschaffen, dass Lob durchaus angebracht ist:* er hat eine sehr -e Arbeit geschrieben; was nützt das -ste *(ein noch so gutes, das beste)* Gesetz, wenn es jeder ungestraft missachten kann?; das hast du [aber] s. gemacht! **3.** verblasst in Höflichkeitsformeln: [recht] -e Grüße an Ihren Mann; haben Sie recht -en Dank; danke, bitte s. **4.** verblasst als Ausdruck des Einverständnisses: [also, na] s.!; das ist ja alles s. und gut (ugs.; *zwar in Ordnung*), aber ich komme trotzdem nicht. **5.** (in Verbindung mit »so«) verblasst als Ausdruck kritischer od. ironischer Distanz: diese Partei steht, wie es so s. heißt, auf dem Boden der Verfassung. **6.** ⟨als verstärkende Partikel bes. in Aufforderungssätzen⟩ (ugs.) *wie es gewünscht, erwartet wird, wie es angebracht ist:* s. der Reihe nach!; seid s. vorsichtig, still, brav!; passt s. auf! **7.** (ugs.) *im Hinblick auf Anzahl, Menge, Ausmaß beträchtlich:* einen -en Schrecken bekommen; du bist ein ganz -er Angeber, Angsthase; sie hat ein -es *(hohes)* Alter erreicht; das ist eine [ganz] -e Leistung, Menge; das war ganz s. blöd, leichtsinnig von ihm; wir mussten uns ganz s. anstrengen, beeilen. **8.** (ugs. iron.) *wenig erfreulich, zu Unmut, Verärgerung Anlass gebend:* das sind ja -e Aussichten; das war ein -er Reinfall; -e Scheiße!; ⟨subst.:⟩ da hast du etwas Schönes angerichtet!; R das wäre ja noch -er! *(das ist ja unerhört!; das kommt gar nicht infrage!).*

Schon|be|zug, der: *Bezug, der über etw. gezogen wird, um es zu schonen:* Schonbezüge für Autositze.

¹Schö|ne, die; -n, -n ⟨Dekl. ↑Abgeordnete⟩ [mhd. schœne, ahd. scōna] (oft iron.): *schöne Frau;* * **die -n der Nacht** *(die Frauen, die nachts als Bardamen, Stripteasetänzerinnen, Prostituierte o. Ä. tätig sind;* LÜ von frz. belles-de-nuit).

²Schö|ne, die; - [mhd. schœne, ahd. scōnī] (dichter.): *Schönheit* (1).

scho|nen ⟨sw. V.; hat⟩ [mhd. schōnen = schön (= rücksichtsvoll, behutsam) behandeln, zu: schōn(e) (↑schon) in der Bed. »freundlich, rücksichtsvoll«]: **a)** *jmdn., etw. nicht strapazieren, sondern rücksichtsvoll, behutsam behandeln:* seine Stimme, Augen, Kräfte s.; das Auto ist nicht geschont worden; sie schonten ihre Schuhe *(zogen sie nicht an);* die Umwelt s. *(nicht belasten);* warum schonst du deinen erbittertsten Feind?; einen Spieler für ein wichtiges Spiel s. *(in einem anderen, weniger wichtigen Spiel nicht einsetzen);* jmdm. eine schlechte Nachricht schonend beibringen; **b)** ⟨s. + sich⟩ *Rücksicht auf seine Gesundheit nehmen:* sie ist zwar wieder gesund, aber sie muss sich noch etwas s.

schö|nen ⟨sw. V.; hat⟩ [mhd. schœnen = schön machen, schmücken]: **1. a)** (Textilind.) *avivieren;* **b)** (Fachspr.) *trübe Flüssigkeiten, bes. Wein, von Trubstoffen befreien.* **2.** *schöner, angenehmer, besser erscheinen lassen:* das Ergebnis einer Wahl s.; eine geschönte Bilanz; eine schönende Beleuchtung.

¹Scho|ner, der; -s, - [zu ↑schonen]: **1.** (veraltend) *[kleine] Decke, Hülle zum Schutz gegen schnelle Abnutzung von Gebrauchsgegenständen.* **2. a)** kurz für ↑Beinschoner, ↑Knieschoner, ↑Schienbeinschoner o. Ä.; **b)** kurz für ↑Ärmelschoner, ↑Bildschirmschoner o. Ä.

²Scho|ner, der; -s, - [engl. schooner, wohl zu engl. (mundartl.) to scoon = über das Wasser gleiten; Steine übers Wasser hüpfen lassen, also eigtl. = Gleiter]: *Segelschiff mit zwei Masten, von denen der hintere höher als der vordere ist.*

schön|fär|ben ⟨sw. V.; hat⟩: *(etw. [Schlechtes, Fehlerhaftes]) als nicht so schwerwiegend darstellen; (etw.) allzu günstig darstellen; beschönigen.*

Schön|fär|ber, der: *jmd., der schönfärbt.*

Schön|fär|be|rei, die: *schönfärbende Darstellung.*

Schön|fär|be|rin, die: w. Form zu ↑Schönfärber.

schön|fär|be|risch ⟨Adj.⟩: *in der Art eines Schönfärbers; schönfärbend:* eine -e Formulierung.

Schon|frist, die: *Zeitraum, der jmdm. noch gegeben ist, bis etw. für ihn Unangenehmes o. Ä. eintritt, einsetzt:* jmdm. eine S. einräumen, gewähren.

Schon|gang, der (Kfz-T.): **1.** *Overdrive:* Ü nach dem Herzinfarkt empfahlen ihm die Ärzte, den S. einzulegen *(sich künftig mehr zu schonen);* die Mannschaft spielte im S. *(strengte sich nicht sehr an)* und verlor verdient. **2.** *Schonwaschgang.*

Schön|geist, der ⟨Pl. -er⟩ [LÜ von frz. bel esprit] (auch leicht abwertend): *jmd., der sich weniger mit alltäglichen Dingen beschäftigt, sondern in Belletristik, Kunst o. Ä. schwelgt, darin aufgeht.*

Schön|geis|te|rei, die; - (auch leicht abwertend): *einseitige Betonung schöngeistiger Interessen.*

schön|geis|tig ⟨Adj.⟩: *in der Art eines Schöngeistes; sich in Belletristik, Kunst o. Ä. ergehend:* -e Interessen.

Schon|hal|tung, die: *Körperhaltung, die jmd. einnimmt, um einen schmerzenden Körperteil o. Ä. zu entlasten.*

Schön|heit, die; -, -en [mhd. schœnheit]: **1.** ⟨o. Pl.⟩ *das Schönsein* (1): die klassische S. des Stils; ihre strahlende, makellose, jugendliche S.; die S. ihres Gesangs. **2. a)** *etw., was [an einer Sache] schön* (1 b) *ist; das Schöne* (1 b): landschaftliche -en; sie zeigte ihm die -en der Stadt, der Umgebung; **b)** *schöner* (1 a) *Mensch:* sie ist eine [ungewöhnliche, verblühte] S.; er ist nicht gerade eine S.; sie war schon als Kind eine kleine S.

Schön|heits|be|griff, der: *Begriff* (2) *von Schönheit* (1): der S. der Antike.

Schön|heits|chi|rur|gie, die: *chirurgische Kosmetik.*

Schön|heits|emp|fin|den, das: vgl. Schönheitssinn.

Schön|heits|farm, die: *einem Sanatorium ähnliche Einrichtung, in der sich bes. Frauen einer umfassenden kosmetischen Behandlung unterziehen.*

Schön|heits|feh|ler, der: *das äußere Erscheinungsbild beeinträchtigender, aber nicht wesentlicher Mangel:* der Fleck ist [nur] ein S.; Ü das Projekt hat [nur] einen kleinen S., nämlich dass es nicht realisierbar ist.

Schön|heits|fleck, der: *kleiner, dunkler, natürlicher od. aufgemalter Fleck im Gesicht, bes. auf der Wange, über der seitlichen Oberlippe od. am Kinn einer Frau.*

Schön|heits|ide|al, das: vgl. Schönheitsbegriff.

Schön|heits|kö|ni|gin, die: *Siegerin eines Schönheitswettbewerbs.*

Schön|heits|kon|kur|renz, die: vgl. Schönheitswettbewerb.

Schön|heits|mit|tel, das: *Kosmetikum.*

Schön|heits|ope|ra|ti|on, die: *kosmetische* (1) *Operation.*

Schön|heits|pfläs|ter|chen, das: *aufgemalter, angeklebter Schönheitsfleck.*

Schön|heits|pfle|ge, die: *Gesichts-, Haut- u. Körperpflege, die einem ansprechenden, gepflegten, schöneren Aussehen dient; Kosmetik* (1).

Schön|heits|re|pa|ra|tur, die: *Reparatur, die keinen Schaden behebt, sondern nur dem besseren Aussehen von etw. dient.*

Schön|heits|sa|lon, der: *Kosmetiksalon.*

Schön|heits|sinn, der ⟨o. Pl.⟩: *ausgeprägter Sinn für das, was schön* (1 a, b) *ist:* etw. stört jmds. S.

Schön|heits|wett|be|werb, der: *Wettbewerb, bei dem aus einer Anzahl junger Bewerber od. Bewerberinnen der bzw. die Schönste ermittelt wird.*

Schon|kli|ma, das: *Klima mit kaum schwankender Witterung, das den Organismus in keiner Weise belastet.*

Schon|kost, die: *leicht verdauliche Kost, die speziell als Diät für Kranke geeignet ist:* einen Patienten auf S. setzen.
Schön|ling, der; -s, -e (oft abwertend): *gut aussehender Mann mit übertrieben gepflegtem Äußeren.*
schön|ma|chen ⟨sw. V.; hat⟩ (ugs.): **1.** s. schön (1 a, b). **2.** *(von Hunden) Männchen machen.*
Schon|platz, der (regional): *Arbeitsplatz, der jmdm. zugewiesen wird, der aus gesundheitlichen Gründen vorübergehend nicht in der Lage ist, seine übliche Arbeit zu verrichten.*
schön|rech|nen ⟨sw. V.; hat⟩ (bes. Politik Jargon): *(vorliegendes Zahlenmaterial, Daten o. Ä.) beschönigend, zu seinen Gunsten darstellen, interpretieren:* die Arbeitslosenzahl s.
schön|re|den ⟨sw. V.; hat⟩: *beschönigen.*
Schön|re|de|rei, die: **1.** ⟨o. Pl.⟩ *[dauerndes] Schönreden.* **2.** *schönrednerische Darstellung.*
Schön|red|ne|rei, die; -, -en: *Schönrederei.*
schön|red|ne|risch ⟨Adj.⟩: *beschönigend.*
schön|schrei|ben ⟨st. V.; hat⟩: *Schönschrift schreiben:* es macht ihr Spaß schönzuschreiben; ⟨subst.:⟩ im Schönschreiben ist er nicht sonderlich gut.
Schön|schreib|kunst, die: *Kalligraphie.*
Schön|schrift, die: **a)** *ordentliche, regelmäßige Schrift [zu der jüngere Schüler durch Übungen im Deutschunterricht angehalten werden];* **b)** (ugs.) *Reinschrift:* etw. in S. abgeben.
schöns|tens ⟨Adv.⟩ (ugs.): verblasst in Höflichkeitsformeln: ich lasse sie s. grüßen.
Schön|tu|er, der; -s, -: *Schmeichler.*
Schön|tu|e|rei, die: *das Schöntun, Schmeichelei.*
Schön|tu|e|rin, die; -, -nen: w. Form zu ↑Schöntuer.
schön|tun ⟨unr. V.; hat⟩: *schmeicheln.*
Scho|nung, die; -, -en [1: mhd. schōnunge]: **1.** ⟨o. Pl.⟩ *das Schonen; rücksichtsvolle, nachsichtige Behandlung:* ihr Zustand verlangt S.; etw. ohne S. durchsetzen. **2.** *eingezäuntes Waldgebiet mit jungem Baumbestand:* Betreten der S. verboten!; * **jmdm. in die S. scheißen** (derb; *jmdn. verärgern*).
Schö|nung, die; -, -en: *das Schönen* (1).
scho|nungs|be|dürf|tig ⟨Adj.⟩: *der Schonung* (1) *bedürfend:* nach der Operation ist sie noch s.
scho|nungs|los ⟨Adj.⟩: *ohne die geringste Schonung* (1), *Rücksicht:* etw. mit -er Offenheit anprangern.
Scho|nungs|lo|sig|keit, die; -: *schonungsloses Verhalten.*
scho|nungs|voll ⟨Adj.⟩: *schonend, rücksichtsvoll.*
Schon|wasch|gang, der: *Teil des Programms* (1 d) *einer Waschmaschine, der für feine, empfindliche Wäsche vorgesehen ist.*
Schön|wet|ter|de|mo|kra|tie, die (Politik Jargon): *Demokratie* (1 b), *die sich nur in krisenfreien Zeiten bewährt.*
Schön|wet|ter|la|ge, die (Met.): *schönes Wetter, das über einen längeren Zeitraum anhält.*
Schon|zeit, die (Jagdw.): *Zeitraum im Jahr, in dem eine bestimmte Wildart nicht gejagt werden darf.*
Schopf, der; -[e]s, Schöpfe [mhd. schopf, anders gebildet ahd. scuft, urspr. = Büschel, Quaste; verw. mit Schober, ↑Schuppen]: **1. a)** kurz für ↑Haarschopf: ein dichter, wirrer S.; * **sich am eigenen S. aus dem Sumpf ziehen** (↑Sumpf); **b)** (selten) *Haarbüschel.* **2.** (Jägerspr.) *lange Federn am Hinterkopf einiger Vögel (z. B. des Eichelhähers, des Wiedehopfs).* **3.** *Büschel von Blättern (z. B. bei der Ananas).* **4.** *lange Stirnhaare des Pferdes.* **5.** (schweiz., sonst landsch.) **a)** *Schuppen; Nebengebäude;* **b)** *Wetterdach.*
Schopf|bra|ten, der (österr.): *gebratener Kamm* (3 a) *des Schweines.*
Schöpf|brun|nen, der: *Brunnen* (1), *aus dem das Wasser mit Eimern geschöpft wird.*
Schöpf|ei|mer, der: *Eimer zum Schöpfen von Wasser [aus dem Schöpfbrunnen].*
[1]schöp|fen ⟨sw. V.; hat⟩ [mhd. schepfen, scheffen, ahd. scephen, wohl zu ↑[1]Schaff (1)]: **1.** *(eine Flüssigkeit) mit einem Gefäß, mit der hohlen Hand o. Ä. entnehmen, heraus-, nach oben holen:* mit Eimern mussten sie das Wasser aus dem Keller s.; Ü aus der Erfahrung, der Fantasie s. **2.** (geh.) *Atemluft in sich hereinholen:* frische Luft s. **3.** (geh.) *(in Bezug auf geistige Dinge) erhalten, gewinnen, beziehen:* [neuen] Mut s.; sie schöpfte ihre Kraft aus ihrem Glauben; er schöpfte Verdacht und alarmierte die Polizei. **4.** (Jägerspr.) *(von Wild) Wasser zu sich nehmen.* **5.** (Fachspr.) *Papierbrei mit einem Sieb aus der Bütte herausnehmen u. auf die Formplatte gießen.*
[2]schöp|fen ⟨sw. V.; hat⟩ [mhd. schepfen, ahd. scepfen, ↑schaffen] (geh. veraltend): *[er]schaffen.*
[1]Schöp|fer, der; -s, - [mhd. schepfære, ahd. scepfāri = Gott, LÜ von lat. creator]: **a)** *jmd., der etw. Bedeutendes geschaffen, hervorgebracht, gestaltet hat:* er war der S. großer Kunstwerke; **b)** ⟨o. Pl.⟩ *Gott als Urheber der Welt.*
[2]Schöp|fer, der; -s, - [zu ↑[1]schöpfen (1)]: **a)** *Schöpfkelle;* **b)** *Gefäß zum Schöpfen.*
Schöp|fer|geist, der ⟨o. Pl.⟩ (geh.): **1.** *schöpferischer Drang.* **2.** *schöpferischer [2]Geist* (1 a).
Schöp|fe|rin, die; -, -nen: w. Form zu ↑[1]Schöpfer (a).
schöp|fe|risch ⟨Adj.⟩: *etw. Bedeutendes schaffend, hervorbringend, gestaltend; kreativ:* ein -er Mensch, Geist; -e Unruhe; eine -e Pause *(eine Pause, in der jmd. sich durch neue Ideen inspirieren lassen möchte);* er ist [nicht] s. [veranlagt].
Schöp|fer|tum, das; -s: *schöpferisches Wesen, Kreativität* (1).
Schöpf|ge|fäß, das: vgl. Schöpfeimer.
Schöpf|kel|le, die: *großer Schöpflöffel; Kelle:* die Suppe mit einer S. verteilen.
Schöpf|löf|fel, der: *großer, runder od. ovaler, tiefer Löffel mit langem Stiel.*
Schöpf|rad, das: *Wasserrad mit Zellen, in denen beim Drehen des Rades Wasser nach oben befördert wird.*
Schöp|fung, die; -, -en [mhd. schepf(en)unge = Gottes Schöpfung, Geschöpf; 1: wohl unter Einfluss von engl. creation]: **1.** ⟨o. Pl.⟩ *von Gott erschaffene Welt:* die Wunder der S.; der Mensch als die Krone der S. **2.** (geh.) *vom Menschen Geschaffenes; Kunstwerk:* die -en der bildenden Kunst, eines Beethoven; diese Einrichtungen sind ihre S. *(gehen auf sie zurück).* **3.** ⟨o. Pl.⟩ **a)** (geh.) *Erschaffung;* **b)** *Erschaffung der Welt durch Gott.*
Schöp|fungs|akt, der ⟨o. Pl.⟩: *Akt der Schöpfung* (3 b); Ü (geh.:) der dichterische S.
Schöp|fungs|be|richt, der: *Bericht über die Schöpfung* (3 b) *im Alten Testament (bes. 1. Mos. 1).*
Schöp|fungs|ge|schich|te, die ⟨o. Pl.⟩: *Schöpfungsbericht im 1. Buch Mose.*
Schöp|fungs|tag, der: *einer der sieben Tage des Schöpfungsberichts.*
Schöpp|chen, das; -s, -: Vkl. zu ↑Schoppen (1).
schop|pen ⟨sw. V.; hat⟩ [mhd. schoppen, Intensivbildung zu ↑schieben]: **1.** (südd., österr., schweiz.) *hineinstopfen:* er schoppte die Kleider in einen Koffer; Gänse s. *(nudeln* 1). **2. a)** *sich bauschen:* ihre Bluse schoppte über dem Hosenbund; **b)** *bauschen* ⟨meist im 2. Part.⟩: geschoppte Oberteile sind in.
Schop|pen, der; -s, - [frz. (nord- u. ostfrz. Mundart) chopenne < (a)frz. chopine < mniederd. schōpe(n) (mhd. schuofe) = Schöpfkelle, ablautend zu ↑[1]Schaff (1)]: **1.** *Glas mit einem viertel (auch einem halben) Liter Wein (od. auch Bier):* einen S. trinken. **2.** (früher) *Hohlmaß von etwa einem halben Liter.* **3.** (südd., schweiz.) *Milchflasche für einen Säugling.* **4.** (landsch.) *Schuppen.*
Schop|pen|wein, der: *in Gläsern ausgeschenkter offener Wein.*
schop|pen|wei|se ⟨Adv.⟩: *in Schoppen* (1).
Schöps, der; -es, -e (spätmhd. schöpʒ, schopʒ, aus dem Slaw., vgl. niedersorb. skópc, tschech. skopec] (ostmd., österr.): *Hammel.*
Schöp|sen|bra|ten, der (ostmd., österr.): *Hammelbraten.*
Schöp|ser|ne, das; -n ⟨Dekl. ↑[2]Junge⟩ (österr.): *Hammelfleisch.*
schor, schö|re: ↑[1]scheren.
scho|ren ⟨sw. V.; hat⟩ [mhd. schorn, zu: schor = Schaufel] (landsch.): *[um]graben.*
Schorf, der; -[e]s, -e [mhd. schorf, ahd. scorf- (in Zus.), eigtl. = rissige Haut]: **1.** *krustenartig eingetrocknetes, abgestorbenes Hautgewebe:* auf der Wunde hat sich S. gebildet. **2.** (Bot.) *durch Pilze hervorgerufene Pflanzenkrankheit mit schorfartigen Ausbildungen.*
schorf|ar|tig ⟨Adj.⟩: *wie Schorf* (1) *aussehend:* eine -e Kruste.
schorf|be|deckt ⟨Adj.⟩: *von Schorf* (1) *bedeckt:* eine -e Wunde.
schor|fig ⟨Adj.⟩: **a)** *mit Schorf* (1) *bedeckt:* -e Knie; **b)** *aus Schorf* (1) *bestehend:* ein -er Ausschlag; **c)** *in seiner Oberfläche rau, rissig:* eine -e Rinde.
Schörl, der; -[e]s, -e [H. u.]: *schwarzer Turmalin.*
Schor|le, (veraltend:) **Schor|le|mor|le,** die; -, -n [H. u.]: **a)** *Getränk aus mit Mineralwasser gemischtem Wein; Weinschorle:* saure Schorle (landsch.; *mit Mineralwasser verdünnter Wein*); süße Schorle (landsch.; *mit Limonade gemischter Wein*); **b)** kurz für ↑Apfelsaftschorle.
Schorn|stein, der; -s, -e [mhd. schor(n)stein, spätahd. scor(en)stein, urspr. wohl aus der Mauer vorspringender Stein, der den Rauchfang über dem Herd trägt; 1. Bestandteil mniederd. schore = Stütze, zu mhd. schorren, ahd. scorrēn = herausragen, verw. mit ↑[1]scheren]: *über das Dach hinausragender od. auch frei stehend senkrecht hochgeführter Abzugsschacht für die Rauchgase einer Feuerungsanlage:* die -e einer Fabrik ragen in die Luft, rauchen; der S. zieht nicht richtig; der S. wurde gereinigt, gefegt; * **der S. raucht** (ugs.; *das Geschäft geht gut; es kommt Geld herein, wird Geld verdient*); **etw. durch den S. jagen** (ugs.; *etw. durch den Schornstein emittieren* 2); **etw. in den S. schreiben** (ugs.; *etw., bes. Geld, als verloren betrachten;* was im Schornstein angeschrieben ist, wird durch den Ruß bald unleserlich): die hundert Mark, die du ihr geliehen hast, kannst du in den S. schreiben.
Schorn|stein|fe|ger, der: *Handwerker, der den Ruß aus Schornsteinen fegt u. die Funktion von Heizungsanlagen sowie ihren Ausstoß an Schadstoffen überprüft* (Berufsbez.).
Schorn|stein|fe|ge|rin, die; -, -nen: w. Form zu ↑Schornsteinfeger.
Scho|se: ↑Chose.
schoss: ↑schießen.
[1]Schoß, der; -es, Schöße [mhd. schōʒ, ahd. scōʒ(o), scōʒa = Kleiderschoß, Mitte des Leibes, eigtl. = Vorspringendes, Ecke; Zipfel, zu ↑schießen in der veralteten Bed. »emporragen, hervorspringen«; vgl. Geschoss]: **1.** *beim Sitzen durch den Unterleib u. die Oberschenkel gebildete Vertiefung:* sich auf jmds., sich jmdm. auf den S. setzen; sie hatte ihre Puppe auf dem S.; sie nahm das Kind auf den S.; ihre Hände lagen im S.; * **jmdm. in den S. fallen** *(jmdm. zuteil werden, ohne dass er sich darum zu bemühen braucht):* ihr fällt in der Schule alles in den S. **2. a)** (geh.) *Leib der Frau; Mutterleib:* sie trägt ein Kind in ihrem S.; Ü der fruchtbare S. der Erde; er ist in den S. *(die Geborgenheit)* der Familie zurückgekehrt; im S. *(Innern)* der Erde; **b)** (verhüll.) *weibliche Geschlechtsteile.* **3. a)** *an der Taille angesetzter Teil an männlichen Kleidungsstücken wie Frack, Cut, Reitrock:* er stürzte mit fliegenden Schößen hinaus; **b)** *Schößchen.*
[2]Schoß, die; -, -en u. Schöße (österr.): *Damenrock.*
[1]Schoss, der; -es, -e [mhd. schoʒ, ahd. scoʒ, scoʒʒa, zu ↑schießen]: *Schössling.*
[2]Schoss, der; -es, -e[n] u. Schösse[r] [mhd. schoʒ, zu ↑schießen in der Bed. »unterstützend hinzugeben, zuschießen«] (veraltet): *Zoll, Steuer, Abgabe.*
Schöß|chen, das; -s, - [Vkl. von ↑[1]Schoß (3 b)]: *an der Taille gekräuselt od. glockig angesetzter Teil an Damenjacken, Blusen, Kleidern.*

S

Schöß|chen|ja|cke, die: *Damenjacke mit Schößchen.*
Schos|se: Pl. von ↑[1,2]Schoss.
schös|se: ↑schießen.
Schö|ße: Pl. von ↑[1,2]Schoß.
Schös|se: Pl. von ↑[2]Schoss.
Schö|ßel, der, auch: das; -s, - (österr.): 1. *Schößchen.* 2. *Frackschoß.*
schos|sen ⟨sw. V.; hat⟩ [eigtl. = schussartig emporwachsen, mhd. schoʒʒen = (hoch)hüpfen] (Fachspr.): *(von Getreide, Rüben, Salat) schnell u. kräftig in die Höhe wachsen:* früh schossender Weizen.
Scho|sen: Pl. von ↑[2]Schoss.
Schös|ser: Pl. von ↑[2]Schoss.
Schoß|hund, der, **Schoß|hünd|chen,** das: *bes. von Damen gehaltener, zierlicher Hund einer Zwerghundrasse.*
Schoß|kind, das: *kleines Kind, das besonders verwöhnt wird:* ein verzärteltes, verhätscheltes S.; Ü er ist das S. *(Günstling)* des Chefs.
Schöss|ling, der; -s, -e [spätmhd. schöʒling, mhd. schüʒ(ʒe)linc]: **a)** *an einem Strauch, Baum senkrecht wachsender, langer junger Trieb;* **b)** *aus einem Schössling* (a) *gezogene junge Pflanze.*
Schot, die; -, -en [mniederd. schōte, niederd. Form von ↑[1]Schoß in der Bed. »Zipfel«; von der unteren Ecke des Segels übertr. auf das daran befestigte Tau] (Seew.): *Tau, das die Segel in die richtige Stellung zum Wind bringt.*
[1]Scho|te, die; -, -n [mhd. schōte, eigtl. = die Bedeckende, zu ↑Scheune]: **1.** *längliche Kapselfrucht aus zwei miteinander verwachsenen Fruchtblättern u. mehreren Samen an einer Mittelwand:* die reifen -n sind aufgeplatzt, aufgesprungen. **2.** (landsch.) *Erbse* (1).
[2]Scho|te, die; -, -n: *Schot.*
[3]Scho|te, die; -, - [H. u.] (salopp): *[zum Spaß erfundene] Geschichte:* eine S. erzählen.
[4]Scho|te, der; -n, -n [älter auch: Schaude, Schode, über die Gaunerspr. < jidd. schōte, schaute = Narr < hebr. šôṭẹ̄] (salopp): *Narr, Einfaltspinsel.*
scho|ten|för|mig ⟨Adj.⟩: *die Form einer* [1]*Schote aufweisend.*
Scho|ten|frucht, die: [1]*Schote* (1).
[1]Schott, der; -s, -s [frz. chott < arab. (maghrebinisch) šaṭ] (Geogr.): *mit Salzschlamm gefülltes Becken in Nordafrika.*
[2]Schott, das; -[e]s, -en, selten: -e [mniederd. schot = Riegel, Schiebetür, eigtl. = Eingeschossenes, zu ↑schießen]: **1.** (Seemannsspr.) *wasserdichte u. feuersichere Stahlwand im Rumpf eines Schiffes:* die -en öffnen, schließen; -en dicht! (seem. Kommando); Ü die -en dichtmachen (nordd. ugs.; *die Türen u. Fenster schließen*). **2.** *Verschluss eines Wagenkastens.*
Schot|te, der; -n, -n: Ew. zu ↑Schottland.
Schot|ten, der; -s, - [nach dem farblichen Muster des Kilts der Schotten]: *blaugrüner od. bunter groß karierter [Woll]stoff.*
Schot|ten|ka|ro, das: *für Schotten charakteristisches Karomuster.*
Schot|ten|mus|ter, das: *Schottenkaro.*
Schot|ten|rock, der: **1.** *Kilt* (1). **2.** *Damenrock aus Schotten.*
Schot|ten|witz, der: *Witz, der die übertriebene Sparsamkeit als Charakteristikum der Schotten herausstellt.*
Schot|ter, der; -s, - [verw. mit ↑Schutt, schütten, aus dem Md. in die Fachspr. übernommen]: **1.** *Menge kleiner Steine als Untergrund im Straßen- u. Gleisbau:* grober, feiner S.; Bahngleise werden auf S. verlegt. **2.** *Ablagerung von Geröll [in Flüssen, Bächen].* **3.** (salopp) *Geld, bes. in großer Menge:* die Frau hat [schwer] S. *(ist [sehr] reich).*
Schot|ter|de|cke, die: *aus Schottersteinen bestehende Schicht der Straße.*
schot|tern ⟨sw. V.; hat⟩: *mit Schotter* (1) *aufschütten.*
Schot|ter|stein, der: *kleiner Stein für den Straßen- u. Gleisbau.*
Schot|ter|stra|ße, die: *nur mit Schotter* (1) *aufgeschüttete Straße.*
Schot|te|rung, die; -, -en: **1.** *das Schottern.* **2.** *Schotterdecke.*
Schot|tin, die; -, -nen: w. Form zu ↑Schotte.
schot|tisch ⟨Adj.⟩: **a)** *Schottland, die Schotten betreffend; von den Schotten stammend, zu ihnen gehörend:* wir haben -e Freunde; **b)** *in der Sprache der Schotten:* -e Literatur.
Schott|land; -s: Teil von Großbritannien.
Schraf|fe, die; -, -n: **1.** *Strich einer Schraffur.* **2.** *Serife.*
schraf|fen ⟨sw. V.; hat⟩: *schraffieren.*
schraf|fie|ren ⟨sw. V.; hat⟩ [aus dem Niederd. < mniederd. schrafferen, mniederl. schraeffeeren < ital. sgraffiare = kratzen; stricheln, H. u.]: *mit einer Schraffur bedecken:* ein Gebiet auf einer Karte s.
Schraf|fie|rung, die; -, -en: **1.** *das Schraffieren.* **2.** *Schraffur.*
Schraf|fung, die; -, -en: **1.** *das Schraffen.* **2.** *Schraffur.*
Schraf|fur, die; -, -en: *Gesamtheit feiner paralleler Striche, die eine Fläche herausheben:* Waldflächen auf einer Landkarte durch S. kennzeichnen.
schräg ⟨Adj.⟩ [16. Jh., wohl zu dem unter ↑schränken genannten Adj.]: **1.** *von einer [gedachten] senkrechten od. waagerechten Linie in einem spitzen od. stumpfen Winkel abweichend:* eine -e Linie, Wand; den Schreibtisch s. stellen; s. über die Straße gehen; die Rosen s. anschneiden; s. stehende Augen; eine s. laufende Linie; er wohnt s. gegenüber, unter uns. **2.** (ugs., oft abwertend) *von der Norm, vom Üblichen, Erwarteten abweichend [u. daher nicht akzeptabel]:* er ist ein ganz -er Vogel; die Musik ist mir [etwas, entschieden] zu s.
Schräg|bal|ken, der (Heraldik): *diagonal durch den Wappenschild verlaufender Balken* (2 d).
Schräg|band, das ⟨Pl. ...bänder⟩ (Schneiderei): *schräg zum Fadenlauf geschnittenes Band zum Einfassen o. Ä.*
Schrä|ge, die; -, -n [frühnhd. schreg, spätmhd. schreck]: **1.** *schräge Fläche von etw.:* die S. eines Zeltes; die Dachwohnung hatte -n *(schräge Wände).* **2.** *schräge Beschaffenheit, Lage; schräger Verlauf.*
schrä|gen ⟨sw. V.; hat⟩ [mhd. schregen = mit schrägen Beinen gehen]: **a)** *in eine schräge Lage, Stellung bringen:* den Kopf [zur Seite] s.; **b)** *abschrägen.*
Schra|gen, der; -s, - [mhd. schrage = kreuzweise stehende Holzfüße unter Tischen o. Ä., zu ↑schräg] (veraltend, noch landsch.): *in verschiedener Funktion (z. B. als Bett, [Toten]bahre, Sägebock) verwendetes, auf kreuzweise verschränkten [hölzernen] Füßen ruhendes Gestell.*
Schräg|heck, das: *(gewöhnlich mit einer großen, vom Ansatz des Dachs bis zum Niveau der Ladefläche reichenden Heckklappe versehenes) schräg abfallendes Heck eines Pkw.*
Schräg|heit, die; -: *das Schrägsein.*
schräg|hin ⟨Adv.⟩: *in schräger Richtung, schräg* (1).
Schräg|la|ge, die: **a)** *schräge Lage:* in eine S. geraten; etw. in eine S. bringen; **b)** *Schieflage* (2).
schräg lau|fend: s. schräg (1).
Schräg|schnitt, der: *schräg verlaufender Schnitt (bezogen auf eine Ebene od. Achse).*
Schräg|schrift, die (Textverarb.): *Kursivschrift [der Fraktur].*
Schräg|strich, der: **a)** *schräg* (1) *verlaufender Strich;* **b)** *von rechts oben nach links unten verlaufender Strich zwischen zwei Wörtern od. Zahlen zum Ausdruck einer Alternative od. einer Zusammengehörigkeit* (z. B. Ein-/Ausgang).
schrak, schrä|ke: ↑[2]schrecken.
schral ⟨Adj.⟩ [niederd. schrāl = schlecht, elend] (Seemannsspr.): *(vom Wind) in spitzem Winkel von vorn in die Segel fallend u. daher ungünstig.*
Schram, der; -[e]s, Schräme [spätmhd. schram, ↑Schramme] (Bergmannsspr.): *horizontaler od. geneigter Einschnitt in ein abzubauendes Flöz.*
schrä|men ⟨sw. V.; hat⟩ (Bergmannsspr.): *einen Schram machen.*
Schram|me, die; -, -n [mhd. schram(me) = lange Wunde; Riss, Felsspalte, eigtl. = (Ein)schnitt]: *von einem [vorbeistreifenden] spitzen od. rauen Gegenstand durch Abschürfen hervorgerufene, als längliche Aufritzung sichtbare Hautverletzung od. Beschädigung einer glatten Oberfläche:* -n im Gesicht; das Auto hat schon eine S. [abbekommen]; abgesehen von ein paar [kleinen] -n hatte sie keine Verletzungen davongetragen.
Schram|mel|mu|sik, die; -: *von Schrammeln gespielte volkstümliche Wiener Musik.*
Schram|meln ⟨Pl.⟩ [urspr. Name (»D'Schrammeln«) des von den Brüdern Johann u. Josef Schrammel 1877 in Wien gegründeten ersten Quartetts dieser Art]: *aus zwei Violinen, Gitarre u. Akkordeon (urspr. Klarinette) bestehendes Quartett, das volkstümliche Wiener Musik spielt.*
schram|men ⟨sw. V.; hat⟩ [aus dem Niederd. < mniederd. schrammen]: *etw. so streifen, dass eine Schramme, dass Schrammen entstehen; schrammend verletzen, beschädigen:* eine Mauer s.; ich habe mir die Stirn [an der Wand] geschrammt; pass auf, dass du dich nicht schrammst.
Schrank, der; -[e]s, Schränke [spätmhd. schrank = (vergittertes) Gestell, abgeschlossener Raum, mhd. schranc, ahd. scranc = Verschränkung, Verflechtung, zu ↑schränken]: **1.** *höheres, kastenartiges, mit Türen versehenes, oft verschließbares Möbelstück zur Aufbewahrung von Kleidung, Geschirr, Büchern, Nahrungsmitteln u. a.:* einen S. aufstellen, öffnen, abschließen, aufbrechen, ausräumen; sie hat Schränke voll mit Kleidern; etw. aus dem S. nehmen; Kleider in den S. hängen; Ü er ist ein S. (ugs.; *ein großer, breitschultriger, kräftiger Mann*). **2.** (Jägerspr.) *(bes. bei Edelwild) seitliche Abweichung der Tritte von einer gedachten geraden Linie.*
Schrank|bett, das: *hochklappbares, in eine Schrankwand integriertes Bett.*
Schränk|chen, das; -s, -: Vkl. zu ↑Schrank (1).
Schran|ke, die; -, -n [mhd. schranke = absperrendes Gitter, zu ↑schränken]: **1.** *an einem Weg, einer Straße, einer Einfahrt o. Ä. installierte Vorrichtung, die im Wesentlichen aus einer ausreichend langen Stange besteht, die zur Sperrung der Durchfahrt, des Durchgangs aus senkrechter Stellung in die Waagerechte gebracht werden kann:* die -n des Bahnübergangs; die S. wird geschlossen, heruntergelassen, geht hoch; Ü auch die letzten -en zwischen ihnen *(das, was sie noch trennte)* waren gefallen; * **jmdn. in die -n fordern** *(eine Auseinandersetzung mit jmdm. erzwingen u. Rechenschaft von ihm verlangen;* nach den Schranken, die die mittelalterlichen Turnierplätze abgrenzten); **für jmdn. in die -n treten** *(für jmdn. entschieden eintreten;* urspr. = stellvertretend für einen Schwächeren den Kampf mit dem Gegner aufnehmen); **vor die, den -n des Gerichts** *(vor Gericht).* **2.** *Grenze* (2) *des Erlaubten, Möglichen:* die -n der Konvention überwinden; der Fantasie sind keine -n gesetzt *(man darf seiner Fantasie freien Lauf lassen);* keine -n mehr kennen, sich keinerlei -n auferlegen *(hemmungslos, ohne Beherrschung sein);* * **sich in -n halten** (1. geh.; *sich unter Anstrengung beherrschen; an sich halten.* 2. *nicht das erträgliche Maß übersteigen*); **etw. in -n halten** *(etw. das erträgliche Maß nicht übersteigen lassen);* **jmdn. in die/seine -n weisen/verweisen** *(jmdn. zur Mäßigung auffordern).*
Schrank|ele|ment, das: *Schrank* (1) *als Element* (9) *einer Anbauwand o. Ä.*
schrän|ken ⟨sw. V.; hat⟩ [mhd. schrenken = schräg stellen, verschränken, flechten, ahd. screnken = schräg stellen, hintergehen, wohl zu einem Adj. mit der Bed. »schräg, quer«; vgl. schräg]: **1.** (Fachspr.) *die Zähne eines Sägeblattes abwechselnd rechts u. links abbiegen.* **2.** (Jägerspr.) *(bes. von Edelwild) die Tritte in seitlicher Abweichung von einer gedachten geraden Linie aufsetzen.*

Schran|ken, der; -s, - (österr.): *Bahnschranke.*

schran|ken|los ⟨Adj.⟩: **1. a)** *durch keine Schranken (2) behindert od. sich behindern lassend; keine gesetzte Grenze respektierend:* -e Freiheit; **b)** *grenzenlos (2):* ein -es Vertrauen. **2.** (selten) *unbeschränkt:* ein -er Bahnübergang.

Schran|ken|lo|sig|keit, die; -: *schrankenloses (1 a) Wesen; Zügellosigkeit.*

Schran|ken|wär|ter, der: *Bahnwärter.*

Schran|ken|wär|te|rin, die: w. Form zu ↑Schrankenwärter.

Schrank|fach, das: *Fach (1) in einem Schrank (1):* im obersten S.

schrank|fer|tig ⟨Adj.⟩: *(von Wäsche) [in einer Wäscherei] gewaschen, zusammengelegt u. gegebenenfalls gebügelt:* du kannst die Hemden morgen s. abholen.

Schrank|kof|fer, der: *Koffer, in dem Kleidung auf Bügeln hängend transportiert werden kann.*

Schrank|tür, die: *Tür eines Schranks (1).*

Schrank|wand, die: *aus Schrankelementen zusammengesetzte Anbauwand.*

Schran|ze, die; -, -n, seltener: der; -n, -n [mhd. schranze, eigtl. = Person, die ein geschlitztes Kleid trägt] (abwertend): **a)** *jmd., der zur engeren Umgebung einer höher gestellten Persönlichkeit gehört u. ihr nach dem Mund redet;* **b)** (veraltet) *Hofschranze.*

schra|pen (nordd.): ↑schrappen.

Schrap|nell, das; -s, -e u. -s [1: engl. shrapnel, nach seinem Erfinder dem brit. Offizier H. Shrapnel (1761–1842)]: **1.** (Milit. früher) *Kartätsche (1).* **2.** (salopp abwertend) *unattraktive ältere Frau:* sie war schon ein altes S., als er sie geheiratet hat.

schrap|pen ⟨sw. V.⟩ [aus dem Niederd. < mniederd. schrappen, Intensivbildung zu: schräpen, verw. mit ↑scharf] (landsch., bes. nordd.): **1.** *mit schnellen, kurzen, in einer Richtung ausgeführten Bewegungen schaben (1 a)* ⟨hat⟩: Möhren s.; Fische s. *(entschuppen);* Ü sich [den Bart] s. (scherzh.; *sich rasieren).* **2.** ⟨hat⟩ **a)** *durch [kräftiges] Schaben, Kratzen säubern, reinigen:* Töpfe und Pfannen s.; **b)** *durch kräftiges Schaben, Kratzen entfernen:* die alte Farbe von der Wand s. **3. a)** *scheuernd, kratzend sich über eine raue Fläche hinbewegen* ⟨ist⟩: der Kiel schrappte über den Sand; **b)** *kratzen (1 c, d)* ⟨hat⟩: auf der Geige s. **4.** (abwertend) *scheffeln* ⟨hat⟩.

Schrap|per, der; -s, -: **1.** (Technik) *kastenartiges Gerät ohne Boden zum Schürfen u. Fördern von Schüttgut, Salz, Kohle o. Ä.* **2.** (landsch.) *Werkzeug, Gerät zum Schrappen (1, 2).* **3.** (landsch. abwertend) *jmd., der schrappt (4); geiziger, habgieriger Mensch.*

Schrap|pe|rin, die; -, -nen: w. Form zu ↑Schrapper (3).

Schrat, der; -[e]s, -e, (landsch., bes. südd.:) **Schrä|tel,** der; -s, - [mhd. schrat(te), ahd. scrato, H. u.]: *(im alten Volksglauben) koboldhaftes Wesen; zottiger Waldgeist.*

Schratt, der; -[e]s, -e: *Schrat.*

Schrat|te, die; -, -n ⟨meist Pl.⟩ [eigtl. = Zerrissenes, verw. mit ↑schroten] (Geol.): [2]*Karre.*

Schräub|chen, das; -s, -: Vkl. zu ↑Schraube (1).

Schraub|de|ckel, der: *mit einem Gewinde versehener Deckel, der auf das dazugehörige Gefäß aufgeschraubt wird:* Honiggläser haben meist S.

Schrau|be, die; -, -n [mhd. schrūbe, H. u.; vgl. afrz. escroue = [2]Mutter]: **1.** *mit Gewinde u. Kopf versehener [Metall]bolzen, der in etw. eingedreht wird u. zum Befestigen od. Verbinden von etw. dient:* die S. sitzt fest, hat sich gelockert; eine S. anziehen, lockern, lösen; das Türschild mit -n befestigen; Ü die Regierung zieht im Kampf gegen die Schwarzarbeit die S. fester an *(übt stärkeren Druck aus);* *** eine S. ohne Ende** (1. Technik; *Welle mit Schraubengewinde, die in ein Schraubenrad eingreift u. dieses in stete Umdrehung versetzt.* 2. *auf Wechselwirkung zweier od. mehrerer Faktoren beruhender [fruchtloser] Vorgang, dessen Ende nicht abzusehen ist:* Preissteigerung und Lohnerhöhung sind eine S. ohne Ende); **bei jmdm. ist eine S. locker/los[e]** (salopp; *jmd. ist nicht recht bei Verstand, ist nicht normal);* **die S. überdrehen** (ugs.; *mit einer Forderung o. Ä. zu weit gehen).* **2. a)** kurz für ↑Schiffsschraube; **b)** kurz für ↑Luftschraube. **3.** (Sport) **a)** (Turnen, Kunstspringen) *Sprung mit ganzer Drehung um die Längsachse des gestreckten Körpers;* **b)** (Kunstfliegen) *mehrmalige Drehung des Flugzeugs um seine Längsachse.* **4.** (ugs. abwertend) *[etwas absonderliche ältere] Frau.*

schrau|ben ⟨sw. V.; hat⟩ [spätmhd. schrūben]: **1. a)** *anschrauben (a):* ein Schild an die Tür s.; **b)** *abschrauben:* das Nummernschild von der Stoßstange s. **2. a)** *(etw., was mit einem Gewinde versehen ist) durch Drehen in, auf etw. befestigen:* die Muttern auf die Bolzen s.; Haken in die Wand s.; den Deckel fest auf die Flasche s.; **b)** *(etw., was mit einem Gewinde versehen ist) durch Drehen aus, von etw. lösen:* den Deckel vom Marmeladenglas s.; die Birne aus der Fassung s. **3.** *mithilfe einer Schraubenspindel o. Ä. auf eine bestimmte Höhe drehen:* den Klavierschemel höher, niedriger s. **4.** *bewirken, veranlassen, dass etw. in bestimmtem Maße steigt, zunimmt, wächst:* die Preise, Ansprüche, Erwartungen in die Höhe, ständig höher s. **5.** ⟨s. + sich⟩ *sich in schraubenförmigen Windungen irgendwohin bewegen:* das Flugzeug schraubte sich in die Höhe; Ü vorsichtig schraubte sie sich aus der Luke. **6.** (Turnen) *eine Schraube (3 a) ausführen:* bei einem Unterschwung s.

Schrau|ben|bol|zen, der: *mit einem Gewinde versehener Bolzen.*

Schrau|ben|dampf|fer, der: *mit Schiffsschrauben angetriebener Dampfer.*

Schrau|ben|dre|her, der (Fachspr.): *Schraubenzieher.*

schrau|ben|för|mig ⟨Adj.⟩: *in Form einer Schraubenlinie; eine Schraubenlinie aufweisend:* eine -e Bewegung.

Schrau|ben|ge|win|de, das: *Gewinde einer Schraube (1).*

Schrau|ben|kopf, der: *Kopf einer Schraube (1):* ein sechskantiger, geschlitzter S.

Schrau|ben|li|nie, die: *in gleichmäßigen, schräg ansteigenden Windungen verlaufende Linie.*

Schrau|ben|mut|ter, die ⟨Pl. ...muttern⟩: *mit einer zylindrischen Bohrung und einem darin befindlichen Gewinde versehenes Teil, das sich auf eine Schraube (1) mit einem entsprechenden Gewinde drehen lässt;* [2]*Mutter:* die S. fest anziehen, lockern.

Schrau|ben|rad, das (Technik): *Zahnrad mit schraubenförmig gewundenen Zähnen.*

Schrau|ben|sal|to, der (Turnen): *Salto mit Schraube (3 a).*

Schrau|ben|schlüs|sel, der: *(in vielerlei Ausführungen hergestelltes) Werkzeug, mit dem Schrauben (1) u. Muttern gefasst u. gedreht werden können, um sie zu lockern od. fest anzuziehen:* ich habe leider keinen passenden S.

Schrau|ben|spin|del, die (Maschinenbau): *Spindel mit Schraubengewinde.*

Schrau|ben|win|de, die (Technik): *Winde, bei der die Last mithilfe einer Schraubenspindel angehoben wird.*

Schrau|ben|zie|her, der; -s, -: *Werkzeug, das aus einem vorne spatelförmig abgeflachten stählernen Stift mit Handgriff besteht u. zum Anziehen u. Lockern von Schrauben (1) mit geschlitztem Kopf dient; Schraubendreher.*

Schraub|stock, der ⟨Pl. ...stöcke⟩: *zangenartige Vorrichtung, zwischen deren verstellbare Backen ein zu bearbeitender Gegenstand eingespannt wird:* ein Werkstück in den S. [ein]spannen.

Schraub|stol|len, der: *ein-, aufschraubbarer Stollen (3 b).*

Schraub|ver|schluss, der: *mit einem Gewinde versehener Verschluss in Form eines Bolzens, Deckels o. Ä.:* eine Wärmflasche, Sprudelflasche mit S.

Schraub|zwin|ge, die (Technik): *Zwinge, deren Backen von einer Schraubenspindel auf das Werkstück gedrückt werden.*

Schre|ber|gar|ten, der [nach dem dt. Arzt u. Pädagogen D. G. M. Schreber (1808–1861)]: *Kleingarten innerhalb einer Gartenkolonie am Stadtrand.*

Schreck, der; -[e]s, -e [frühnhd. schreck(en), mhd. schrecke, zu ↑[1]schrecken]: *heftige Gemütserschütterung, die meist durch das plötzliche Erkennen einer [vermeintlichen] Gefahr, Bedrohung ausgelöst wird:* ein großer, freudiger, jäher, tödlicher S.; der S. fuhr ihm in die Knochen; der S. saß ihr noch in den Gliedern; ein heftiger S. ergreift, lähmt jmdn.; krieg [bloß, ja] keinen S. (ugs. als Ausdruck der Vorwarnung, der Entschuldigung; *ich hoffe, es stört dich nicht, du nimmst keinen Anstoß daran),* bei mir siehts ganz wüst aus; jmdm. einen S. einjagen; auf den S. [hin] (ugs.; *um uns von dem Schreck zu erholen)* sollten wir erst mal einen Kognak trinken; nachdem sie sich von ihrem [ersten] S. erholt hatte; vor S. zittern, wie gelähmt sein; R [das war] ein S. in der Morgenstunde *(ein wegen der frühen Stunde besonders unangenehmer Schreck);* S., lass nach! (ugs. scherzh.; *auch das noch!);* *** ach du [lieber] S.!, [ach] du mein S.!, [ach du] heiliger S.!** (ugs.; Ausrufe unangenehmen Überraschtseins): ach du lieber S., das habe ich ganz vergessen!

-schreck, der; -[e]s, -e (ugs.): **1.** kennzeichnet in Bildungen mit Substantiven (meist Personenbezeichnungen) eine Person, die jmdn. in Schrecken versetzt, verstört, erschreckt, die einen Schreck für jmdn., etw. darstellt: Beamten-, Rekrutenschreck. **2.** kennzeichnet in Bildungen mit Substantiven eine Sache, die eine Gefahr, Bedrohung für etw. darstellt: Panzer-, Porscheschreck.

Schreck|apha|sie, die (Med.): *Aphasie infolge heftigen Erschreckens.*

Schreck|bild, das: *schreckliches, abschreckendes Bild (3).*

Schre|cke, die; -, -n: *Heuschrecke.*

[1]schre|cken ⟨sw. V.; hat⟩ [mhd. (er)schrecken, ahd. screcken = aufspringen, eigtl. = springen machen]: **1. a)** (geh.) *in Schrecken versetzen, ängstigen:* die Träume, Geräusche schreckten sie; jmdn. mit Drohungen, durch Strafen s. [wollen]; das kann mich nicht s.; ihn schreckten *(schreckten ab, verschreckten)* die hohen Nebenkosten; **b)** [1]*aufschrecken:* das Telefon schreckte ihn aus dem Schlaf; **c)** (dichter.) *vor Schreck, Angst, Ekel o. Ä. zurückfahren; zurückschrecken.* **2.** *abschrecken (2 b):* Eier s. **3.** (Jägerspr.) *(von Hirschen, Rehen) einen Schrecklaut, Schrecklaute ausstoßen.* **4.** (Jägerspr.) *(flüchtiges Haarwild) durch einen plötzlichen Ruf, Pfiff zum Stehen bringen, um es leichter treffen zu können:* er versuchte den Bock zu s.

[2]schre|cken ⟨st. u. sw. V.; schreckt/(veraltet:) schrickt, schreckte/(veraltend:) schrak, ist geschreckt⟩ [mhd. (er)schrecken = [2]aufschrecken, ahd. screckan = springen]: [2]*aufschrecken:* aus dem Schlaf s.

Schre|cken, der; -s, -: **1. a)** ⟨o. Pl.⟩ *von Entsetzen u. Angst bestimmtes, sehr belastendes, quälendes u. oft lähmendes Gefühl:* sie verbreiteten überall [Angst und] S.; die Nachricht rief S. hervor, erregte S.; S. erregende Zustände, Ereignisse; jmdn. in [Angst und] S. versetzen; etw. mit S. feststellen; etw. erfüllt jmdn. mit S. (geh.; *ängstigt jmdn. sehr);* R lieber ein Ende mit S. als ein S. ohne Ende (Ausruf des preußischen Majors Ferdinand v. Schill, der 1809 eine allgemeine Erhebung gegen Napoleon I. auszulösen versuchte); **b)** (bes. landsch.) *Schreck:* einen S. kriegen; jmdm. einen S. einjagen; bei einem Unfall mit dem S. davonkommen *(zwar einen Schreck bekommen, aber sonst keinen Schaden erleiden).* **2.** (geh.) *etw., was Schrecken, Angst hervorruft:* die S. des Krieges; die Antibiotika haben vielen schlimmen Krankheiten ihre[n] S. genommen. **3.** ⟨meist mit best. Art.⟩ (emotional) *jmd., der Schrecken auslöst, als schrecklich (2) empfunden wird:* er ist der S. der Nachbarschaft; der Feldwebel war der S. der Rekruten.

schrẹ|cken|er|re|gend ⟨Adj.⟩: *von einer Art, die Schrecken* (1) *erregt:* sein Anblick war [äußerst] s.; sehr s. aussehen, brüllen.
Schrẹ|ckens|bild, das: *Bild* (2) *des Schreckens.*
schrẹ|ckens|bleich ⟨Adj.⟩: *sehr bleich [vor Schreck].*
Schrẹ|ckens|bot|schaft, die: *Schrecken erregende Botschaft.*
Schrẹ|ckens|herr|schaft, die: *Schrecken verbreitende Herrschaft* (1).
Schrẹ|ckens|laut, der: *als Schreckreaktion ausgestoßener Laut.*
Schrẹ|ckens|mel|dung, die: vgl. Schreckensbotschaft.
Schrẹ|ckens|nach|richt, die: vgl. Schreckensbotschaft.
Schrẹ|ckens|nacht, die: *Nacht, in der etw. Schreckliches* (1) *geschehen ist:* die Erlebnisse jener S. verfolgen sie heute noch in ihren Träumen.
Schrẹ|ckens|re|gime, das: vgl. Schreckensherrschaft.
Schrẹ|ckens|ruf, der: vgl. Schreckenslaut: in laute -e ausbrechen.
Schrẹ|ckens|tat, die: *großen Schrecken erregende Tat.*
Schrẹ|ckens|vi|si|on, die: *Schrecken erregende Vision:* orwellsche -en.
schrẹ|ckens|voll ⟨Adj.⟩ (geh.): **1.** *voll des Schrecklichen* (1): es war eine -e Zeit. **2.** *schreckerfüllt:* ein -er Blick, Schrei; jmdn. s. ansehen; s. zurückweichen.
Schrẹ|ckens|wort, das ⟨Pl. -e⟩: *Schrecken ausdrückendes Wort* (2).
Schrẹ|ckens|zeit, die: *Zeit, in der Gewalt u. Terror herrschen.*
schrẹck|er|füllt ⟨Adj.⟩: *heftig erschrocken.*
schrẹck|er|starrt ⟨Adj.⟩: *starr vor Schreck.*
Schrẹck|ge|spenst, das: **a)** *jmd., der Angst u. Schrecken hervorruft, der als schrecklich* (2) *empfunden wird:* der Hausmeister war das S. für die jüngeren Schüler; **b)** (emotional verstärkend) *etw., was als Bedrohung empfunden wird, woran mit Schrecken gedacht wird:* das S. eines Atomkrieges.
Schrẹck|ge|stalt, die: vgl. Schreckgespenst (1).
schrẹck|ge|wei|tet ⟨Adj.⟩: *infolge eines Schrecks geweitet:* sie starrte mich mit -en Augen an.
schrẹck|haft ⟨Adj.⟩: **1.** *leicht zu erschrecken:* ein -es Kind; nicht sehr s. sein. **2.** (dichter. veraltend) *(in Bezug auf die Heftigkeit eines plötzlichen Gefühls) einem Schreck ähnlich:* sie empfand -es Erstaunen. **3.** (veraltet) *Schrecken erregend, schrecklich* (1): -e Visionen.
Schrẹck|haf|tig|keit, die; -: *das Schreckhaftsein.*
Schrẹck|laut, der: **a)** (selten) *Schreckenslaut;* **b)** (Jägerspr.) *(bes. von Hirschen, Rehen) bei Witterung einer Gefahr [zur Warnung] ausgestoßener spezifischer Laut.*
schrẹck|lich ⟨Adj.⟩ [spätmhd. schriclich]: **1.** *durch seine Art, sein Ausmaß Schrecken, Entsetzen auslösend:* eine -e Nachricht, Geschichte; die Unfallstelle bot einen -en Anblick; sie ist auf ganz -e Weise ums Leben gekommen; es war eine -e Zeit; er war s. (geh.; *löste Angst u. Schrecken aus*) in seinem Zorn; das ist ja s.!; oh, wie s.!; ⟨subst.:⟩ sie haben Schreckliches durchgemacht. **2.** (ugs. abwertend) *in seiner Art, seinem Verhalten o. Ä. so unangenehm, dass es Abneigung od. Entrüstung hervorruft, als unleidlich, unerträglich empfunden wird:* er ist ein -er Mensch, Kerl!; [es ist] wirklich s. [mit ihr], alles macht sie falsch; es ist mir s. *(es widerstrebt mir sehr),* ihr das sagen zu müssen; er hat sich s. aufgeführt. **3.** (ugs.) **a)** *furchtbar* (2 a): eine -e Hitze; -en Hunger haben; **b)** ⟨verstärkend bei Adjektiven u. Verben⟩ *furchtbar* (2 b): jmdn. s. nett, dumm, eingebildet finden; ich bin s. müde; es ist s. warm hier; etw. s. gern tun.
Schrẹck|lich|keit, die; -, -en: *das Schrecklichsein.*
Schrẹck|mit|tel, das: *Mittel zur Abschreckung.*
Schrẹck|nis, das; -ses, -se (geh.): *etw., was Schrecken* (1) *erregt:* das S. des Todes; die -se des Krieges.

Schrẹck|re|ak|ti|on, die: *auf einen Schreck hin erfolgende unwillkürliche Reaktion:* dass der Hund gebissen hat, war eine S.; das kann zu gefährlichen -en führen.
Schrẹck|schrau|be, die (ugs. abwertend): *schreckliche* (2) *Frau, schreckliches Mädchen:* was will die [alte] S. denn jetzt schon wieder?
Schrẹck|schuss, der: *Schuss in die Luft, durch den jmd. erschreckt werden soll:* die Polizei feuerte einige Schreckschüsse ab; Ü die Nachricht war ein S. für sie.
Schrẹck|schuss|pis|to|le, die: *Pistole zum Abfeuern von Schreckschüssen, die mit Gas- od. Platzpatronen geladen wird.*
Schrẹck|se|kun|de, die: *(die normale Reaktionszeit verlängernde) Zeitspanne, während deren eine Person infolge eines Schrecks reaktionsunfähig ist.*
Schrẹd|der: ↑Shredder.
Schrei, der; -[e]s, -e [mhd. schrī, schrei, ahd. screi, zu ↑schreien]: *unartikuliert ausgestoßener, oft schriller Laut eines Lebewesens; (beim Menschen) oft durch eine Emotion ausgelöster, meist sehr lauter Ausruf:* ein lauter, gellender, wütender, lang gezogener, klagender, erstickter S.; ein S. des Entsetzens, der Freude; ein S. entrang sich seiner Kehle, war zu hören, durchbrach die Stille, verhallte; einen S. ausstoßen, von sich geben, unterdrücken; *** der letzte S.** (ugs.; *die neueste, die ganz aktuelle Mode;* LÜ von frz. le dernier cri, ↑Dernier Cri): sie ist stets nach dem letzten S. gekleidet.
Schreib|ar|beit, die ⟨meist Pl.⟩: *durch Schreiben* (1 a) *zu erledigende Arbeit:* [für jmdn.] -en ausführen.
Schreib|be|darf, der: *beim Schreiben benötigtes Arbeitsmaterial.*
Schreib|block, der ⟨Pl. ...blöcke u. -s⟩: *Block* (5), *dessen Blätter zum Beschreiben dienen.*
Schrei|be, die; -, -n: **1.** ⟨o. Pl.⟩ **a)** (ugs.) *Art u. Weise, sich schriftlich auszudrücken:* er hat eine gute, flotte, flüssige S.; **b)** (Sprachw. Jargon) *geschriebene Sprache, schriftliche Form:* eine S. ist keine Rede *(schriftlich drückt man sich anders aus als mündlich).* **2.** (Schülerspr. veraltend) *Schreibgerät.*
schrei|ben ⟨st. V.; hat⟩ [mhd. schrīben, ahd. scrīban < lat. scribere = schreiben, eigtl. = mit dem Griffel einritzen]: **1. a)** *Schriftzeichen, Buchstaben, Ziffern, Noten o. Ä. in einer bestimmten lesbaren Folge mit einem Schreibgerät auf einer Unterlage, meist Papier, [auf]zeichnen:* schön, deutlich, wie gestochen, unleserlich, schnell, langsam s.; sie schreibt auf blauem/blaues Papier *(sie benutzt blaues Papier zum Schreiben);* auf/mit der Maschine s.; mit der Hand, mit dem Bleistift, mit Tinte s.; das Kind lernt s.; ⟨subst.:⟩ jmdm. das Schreiben beibringen; **b)** *(von Schreibgeräten) beim Schreiben* (1 a) *bestimmte Eigenschaften aufweisen:* der Bleistift schreibt gut, weich, hart; **c)** ⟨s. + sich; unpers.⟩ *sich mit den gegebenen Mitteln in bestimmter Weise schreiben* (1 a) *lassen:* auf diesem Papier, mit der neuen Feder schreibt es sich viel besser, flüssiger. **2. a)** *aus Schriftzeichen, Buchstaben, Ziffern o. Ä. in einer bestimmten lesbaren Folge bilden, zusammensetzen:* ein Wort, eine Zahl s.; kannst du Noten s.?; die Adresse auf den Umschlag s.; sie schreibt [auf der Maschine] 250 Anschläge in der Minute; etw. klein, mit Bindestrich s.; Ü Schmerz war in seinen Zügen geschrieben *(drückte sich darin aus);* **b)** *schreibend* (1 a), *schriftlich formulieren, gestalten, verfassen:* einen Brief, eine Beschwerde, ein Protokoll, eine Rechnung, einen Wunschzettel s.; jmdm., an jmdn. eine Karte s.; sie schreibt Romane, Drehbücher; sie hat in Biologie eine Eins geschrieben *(in der Klassenarbeit die Note »Eins« erreicht);* sie schreibt in ihrem Gutachten *(äußert sich darin dahin gehend),* dass der Abstand ausreichend gewesen sei; was schreiben denn die Zeitungen über den Vorfall? *(was wird in den Zeitungen darüber berichtet?);* das geschriebene Wort; das geschriebene *(kodifizierte)* Recht; Ü die Geschichte muss möglicherweise neu geschrieben werden; **c)** *komponieren u. niederschreiben:* eine Symphonie, einen Walzer s. **3. a)** *als Autor künstlerisch, schriftstellerisch, journalistisch o. ä. tätig sein:* er schreibt für eine Zeitung, für den Rundfunk, in einem Magazin; er schrieb gegen die fortschreitende Umweltzerstörung *(ging in seinen Veröffentlichungen schon immer dagegen an);* ⟨subst.:⟩ sie hat kein, großes Talent zum Schreiben; **b)** *in bestimmter Weise sich schriftlich äußern, etw. sprachlich gestalten; einen bestimmten Schreibstil haben:* gut, schlecht, lebendig, spannend s.; sie schreibt englisch und deutsch; er schreibt immer in gutem Deutsch; **c)** *mit der schriftlichen Formulierung, sprachlichen Gestaltung, Abfassung, Niederschrift von etw. beschäftigt sein:* sie schreibt immer noch an ihrer Dissertation. **4. a)** *eine schriftliche Nachricht senden; sich schriftlich an jmdn. wenden:* du hast deinen Eltern, an deine Eltern lange nicht geschrieben; davon/darüber hat er nichts geschrieben *(schriftlich mitgeteilt, berichtet);* ich werde meinen Eltern mal wieder um Geld s. müssen *(sie brieflich um Geld bitten müssen);* **b)** ⟨s. + sich⟩ *mit jmdm. brieflich in Verbindung stehen, korrespondieren:* die beiden schreiben sich/(geh.:) einander schon lange; (ugs.:) ich schreibe mich seit Jahren mit ihr. **5.** ⟨s. + sich⟩ (ugs.) *den Regeln entsprechend eine bestimmte Schreibweise* (1) *haben:* sein Name schreibt sich mit »k« am Ende; sie schreibt sich ohne Bindestrich *(ihr Name wird ohne Bindestrich geschrieben).* **6.** ⟨s. + sich⟩ (veraltend, noch landsch.) [1]*heißen* (1): wie schreibt er sich noch? **7.** (veraltend) *als Datum, Jahreszahl, Jahreszeit o. Ä. haben:* wir schreiben heute den 1. Juni, den elften Vierten, den Dritten; den Wievielten schreiben wir [heute]? **8.** *(von Geldbeträgen o. Ä.) irgendwo schriftlich festhalten, eintragen, verbuchen:* schreiben Sie [mir] den Betrag auf die Rechnung, mein Konto. **9.** *jmdm. schriftlich einen bestimmten Gesundheitszustand bescheinigen:* der Arzt hat ihn arbeitsunfähig, untauglich geschrieben.
Schrei|ben, das; -s, -: *schriftliche Mitteilung meist sachlichen Inhalts, offiziellen Charakters:* ein vertrauliches, geheimes S.; ein förmliches, freundliches S.; ein S. abfassen, aufsetzen.
Schrei|ber, der; -s, - [mhd. schrībære, ahd. scrībāri]: **1.** *jmd., der etw. schreibt, schriftlich formuliert, etw. geschrieben, schriftlich formuliert, abgefasst hat:* der S. eines Briefes, dieser Zeilen. **2.** (veraltend) *jmd., der [berufsmäßig] Schreibarbeiten ausführt; Sekretär, Schriftführer.* **3.** (oft abwertend) *Verfasser, Autor eines literarischen, journalistischen o. ä. Werks:* ein ordentlicher, solider S.; welcher S. hat denn dieses Stück verbrochen? **4.** (ugs.) *Schreibgerät, Stift:* hast du mal 'n S. für mich?
Schrei|be|rei, die; -, -en (abwertend): *[dauerndes] Schreiben:* ich hatte wegen dieses Vorfalls viele unangenehme, unnötige -en.
Schrei|be|rin, die; -, -nen [mhd. schrībærinne]: w. Form zu ↑Schreiber (1, 3).
Schrei|ber|ling, der; -s, -e (abwertend): *Autor, der schlecht [u. viel] schreibt.*
Schrei|ber|see|le, die; -, -n [wohl eigtl. = von der pedantischen Art eines Schreibers (2) bei Behörden] (abwertend): *bürokratischer, kleinlicher Mensch.*
schreib|faul ⟨Adj.⟩: *zu faul, zu bequem zum Schreiben; ungern Briefe schreibend.*
Schreib|fe|der, die: *Feder* (2 a) *zum Schreiben.*
Schreib|feh|ler, der: *beim Schreiben entstehender, unterlaufender Fehler.*
Schreib|ge|rät, das: *Gerät, das zum Schreiben benötigt wird:* -e wie Bleistifte und Kugelschreiber.
schreib|ge|wandt ⟨Adj.⟩: **a)** *fähig, (bes. auf einer Schreibmaschine od. in Stenografie) gewandt, zügig zu schreiben;* **b)** *fähig sich schriftlich gewandt, in gutem Stil auszudrücken.*

Schreib|heft, das: *zum Schreiben dienendes* [2]*Heft* (a) *mit liniertem Papier.*
Schreib|kraft, die: *jmd., der berufsmäßig Schreibarbeiten ausführt.*
Schreib-le|se-Spei|cher, der (EDV): *RAM.*
Schreib|map|pe, die: *Mappe für Schreib-, Briefpapier.*
Schreib|ma|schi|ne, die: *Gerät, mit dessen Hilfe durch Niederdrücken von Tasten Schriftzeichen über ein Farbband auf ein in das Gerät eingespanntes Papier übertragen werden, sodass eine dem Druck ähnliche Schrift entsteht:* eine mechanische, elektrische S.; sie kann gut S. schreiben; sich an die S. setzen; etw. auf der S. schreiben.
Schreib|ma|schi|nen|pa|pier, das: *für die Schreibmaschine geeignetes Schreibpapier.*
Schreib|pa|pier, das: *zum Beschreiben geeignetes, meist weißes Papier.*
Schreib|plat|te, die: *größere Platte* (1), *meist als Teil eines Möbels, die als Unterlage zum Schreiben dient:* der Schrank hat eine herausklappbare S.
Schreib|pro|gramm, das (EDV): *Programm* (4) *zur Textverarbeitung.*
Schreib|pult, das: *Pult* (a) *mit einer Platte* (1) *zum Schreiben.*
Schreib|scha|le, die: *Schale, in der auf einem Schreibtisch die Schreibgeräte, Radiergummis, Büroklammern o. Ä. aufbewahrt werden.*
Schreib|schrift, die: 1. *(mit der Hand geschriebene) Schrift, bei der die einzelnen Buchstaben der Wörter unmittelbar aneinander hängen.* 2. (Druckw.) *einer mit der Hand geschriebenen Schrift nachgebildete, ähnliche Druckschrift* (1).
Schreib|schutz, der (EDV): *Vorrichtung bei Disketten u. Magnetbändern, die ein Löschen u. Überschreiben gespeicherter Daten verhindert.*
Schreib|stift, der: *dünner, länglicher, eine* [1]*Mine* (3) *enthaltender Gegenstand als Schreibgerät.*
Schreib|stil, der: *Stil, in dem jmd. schreibt, sich schriftlich ausdrückt.*
Schreib|stu|be, die: a) (früher) *Raum, in dem schriftliche Arbeiten erledigt, [Hand]schriften angefertigt werden;* b) (Milit.) *Büro im militärischen Bereich, bes. in einer Kaserne:* in der S. Dienst tun.
Schreib|stu|ben|hengst, der (Soldatenspr. abwertend): *Soldat, der in der Schreibstube* (b) *beschäftigt ist.*
Schreib|ta|fel, die: *Tafel* (1 a) *zum Schreiben:* eine S. aus Schiefer.
Schreib|te|le|fon, das: *telefonähnliches Gerät für Gehörlose u. Hörgeschädigte zur Übermittlung von Nachrichten o. Ä.*
Schreib|tisch, der: *einem Tisch ähnliches Möbelstück zum Schreiben, das meist an einer od. an beiden Seiten Schubfächer zum Aufbewahren von Schriftstücken, Akten o. Ä. besitzt.*
Schreib|tisch|gar|ni|tur, die: *aus Schreibschale, Briefbeschwerer, Brieföffner, Schreibunterlage o. Ä. bestehende Garnitur* (1 a) *für den Schreibtisch.*
Schreib|tisch|lam|pe, die: vgl. Schreibtischstuhl.
Schreib|tisch|stuhl, der: *für das Arbeiten an einem Schreibtisch geeigneter, zu einem Schreibtisch gehörender Stuhl.*
Schreib|tisch|tä|ter, der: *jmd., der von verantwortlicher Position aus ein Verbrechen o. Ä. vorbereitet, veranlasst, von andern ausführen lässt.*
Schreib|tisch|tä|te|rin, die: w. Form zu ↑Schreibtischtäter.
Schrei|bung, die; -, -en: *Schreibweise* (1).
schreib|un|kun|dig ⟨Adj.⟩: *des Schreibens nicht kundig, das Schreiben nicht gelernt habend:* -e Menschen in der Dritten Welt; ⟨subst.:⟩ ich ahnte ja nicht, dass ich es mit einem Schreibunkundigen zu tun hatte.
Schreib|un|ter|la|ge, die: *eine glatte Fläche bietende, elastische Unterlage aus Leder, Kunststoff o. Ä. zum Schreiben.*
Schreib|un|ter|richt, der: *(im ersten Jahr der Grundschule einsetzende) Unterweisung im Schreiben.*
Schreib|uten|si|li|en ⟨Pl.⟩: *für [handschriftliche] Schreibarbeiten benötigte Utensilien:* Bleistifte, Notizblöcke, Radiergummis und sonstige S.
Schreib|ver|bot, das: *Verbot, sich als Journalist, Schriftsteller o. Ä. zu betätigen, zu publizieren:* er hatte im Dritten Reich S.
Schreib|wa|ren ⟨Pl.⟩: *zum Schreiben benötigte Gegenstände (als Handelsware).*
Schreib|wa|ren|ge|schäft, das: *Geschäft, Laden, in dem Schreibwaren u. ähnliche Artikel verkauft werden.*
Schreib|wei|se, die: 1. *Art, in der ein Wort geschrieben wird:* die S. verschiedener Fachwörter, eines Namens. 2. vgl. Schreibstil.
schreib|wü|tig ⟨Adj.⟩ (ugs. scherzh.): *gern u. häufig u. fast mit einer Art Versessenheit schreibend:* eine -e Autorin.
Schreib|zeug, das: vgl. Schreibgerät.
schrei|en ⟨st. V.; hat⟩ [mhd. schrīen, ahd. scrīan, lautm.]: 1. a) *einen Schrei, Schreie ausstoßen; sehr laut, oft unartikuliert rufen:* laut, gellend, anhaltend, aus Leibeskräften s.; das Baby hat die ganze Nacht geschrien *(laut geweint);* vor Angst, Schmerz, Freude, Begeisterung s.; die Zuhörer schrien vor Lachen (ugs.; *lachten sehr laut, unbändig*); die Kinder liefen laut schreiend davon; ⟨subst.:⟩ man hörte das Schreien der Möwen; ***zum Schreien sein** (ugs.; *sehr komisch, ungeheuer lustig sein, sehr zum Lachen reizen*); b) ⟨s. + sich⟩ *sich durch Schreien* (1 a) *in einen bestimmten Zustand bringen:* wir haben uns auf dem Fußballplatz heiser geschrien. 2. a) *mit sehr lauter Stimme, übermäßig laut sprechen, sich äußern:* sie hörte den Besucher nebenan wütend, laut, mit erregter Stimme s.; schrei mir doch nicht so ins Ohr!; er ist derjenige, der am lautesten schreit *(sich am heftigsten beklagt),* wenn er ihre Urlaubsvertretung übernehmen soll; b) *mit sehr lauter Stimme, übermäßig laut sagen, ausrufen:* er schrie förmlich seinen Namen; hurra, Hilfe s.; c) *laut schreiend* (1 a, 2 a) *nach jmdm., etw. verlangen:* die Kinder schrien nach ihrer Mutter; die Flüchtlinge schrien nach/um Hilfe; Ü das Volk schrie nach (geh.; *forderte heftig*) Rache, Vergeltung.
schrei|end ⟨Adj.⟩: 1. *sehr grell, auffällig, ins Auge fallend:* -e Farben; s. bunte Teppiche. 2. *große Empörung hervorrufend, unerhört, skandalös:* eine -e Ungerechtigkeit.
Schrei|er, der; -s, -: 1. *jmd., der sehr laut spricht, schimpft, herumschreit, ruft.* 2. *jmd., der sich in aufsässiger, rechthaberischer, zänkischer o. ä. Weise lautstark äußert u. Unruhe stiftet.*
Schrei|e|rei, die; -, -en ⟨Pl. selten⟩ (abwertend): *[dauerndes] Schreien:* mit deiner S. weckst du noch das Kind auf.
Schrei|e|rin, die; -, -nen: w. Form zu ↑Schreier.
Schrei|hals, der (ugs.): *jmd., der viel Geschrei macht, häufig schreit; Schreier:* jetzt seid doch mal ruhig, ihr Schreihälse!
Schrei|krampf, der: *meist als hysterische Reaktion auf etw. auftretendes, unkontrolliertes, lautes Schreien.*
Schrein, der; -[e]s, -e [mhd. schrīn, ahd. scrīni = Behälter < lat. scrinium = zylinderförmiger Behälter für Buchrollen, Salben u. a.] (geh., Fachspr.): *einer Truhe od. einem Schrank ähnlicher Behälter aus Holz meist zum Aufbewahren von kostbareren Dingen, Reliquien o. Ä.*
Schrei|ner, der; -s, - [mhd. schrīnære] (bes. westmd., südd., schweiz.): *Tischler.*
Schrei|ne|rei, die; -, -en (bes. westmd. u. südd.): *Tischlerei.*
Schrei|ne|rin, die; -, -nen: w. Form zu ↑Schreiner.
schrei|nern ⟨sw. V.; hat⟩: (bes. westmd. u. südd.): *tischlern.*
schrei|ten ⟨st. V.; ist⟩ [mhd. schrīten, ahd. scrītan, H. u., viell. urspr. eine bogenförmige Bewegung machen, verw. mit ↑schräg] (geh.): 1. *in gemessenen Schritten, ruhig gehen:* würdevoll, feierlich, aufrecht, langsam, gemächlich s.; sie schritt durch die Halle; Ü er schreitet von Entdeckung zu Entdeckung *(macht eine Entdeckung nach der andern).* 2. *mit etw. beginnen, zu etw. übergehen, etw. in Angriff nehmen:* zur Wahl, zum Angriff s.; jetzt müssen wir zur Tat, zu anderen Maßnahmen s. *(etw. tun, unternehmen, andere Maßnahmen ergreifen).*
Schreit|tanz, der: *alter, in meist langsamen, oft gravitätischen Schritten getanzter Tanz (z. B. Allemande, Pavane).*
Schreit|vo|gel, der: *Stelzvogel.*
schrickst, schrickt: ↑[2]schrecken.
schrie: ↑schreien.
schrieb: ↑schreiben.
Schrieb, der; -s, -e (ugs., oft abwertend): *Schreiben, Brief:* ein kurzer, taktloser, unverschämter S.
Schrift, die; -, -en [mhd. schrift, ahd. scrift, unter dem Einfluss von lat. scriptum zu ↑schreiben]: 1. a) *Gesamtheit der in einem System zusammengefassten grafischen Zeichen, bes. Buchstaben, mit denen Laute, Wörter, Sätze einer Sprache sichtbar festgehalten werden u. so die lesbare Wiedergabe einer Sprache ermöglichen:* die lateinische, kyrillische S.; die S. der Japaner, Chinesen; b) *Folge von Buchstaben, Wörtern, Sätzen, wie sie sich in einer bestimmten materiellen Ausprägung dem Auge darbietet:* die verblasste, kaum noch lesbare S. auf dem Schild; c) *Druckschrift* (1): die S. ist leider sehr klein; für einen Druck verschiedene -en verwenden; d) *Handschrift* (1): eine regelmäßige, krakelige, gut leserliche, lesbare S.; seine S. verstellen. 2. *geschriebener, meist im Druck erschienener längerer Text bes. wissenschaftlichen, literarischen, religiösen, politischen o. ä. Inhalts; schriftliche Darstellung, Abhandlung:* eine philosophische, naturwissenschaftliche S.; sie hat verschiedene -en religiösen Inhalts verfasst, veröffentlicht; die gesammelten -en *(Werke)* eines Dichters; er hat eine fünfseitige S. *(Denkschrift o. Ä.)* ans Landratsamt aufgesetzt, gerichtet; ***die [Heilige] S.** *(die Bibel):* die [Heilige] S. auslegen, zitieren. 3. ⟨Pl.⟩ (schweiz.) *Ausweispapiere, Personaldokumente:* seine -en vorzeigen; das Gericht ordnete den Einzug der -en an.
Schrift|art, die (Druckw.): *durch bestimmte Typen u. Schriftgrade festgelegte Art, in der ein Druck erscheint.*
Schrift|bild, das: 1. (Druckw.) a) *erhabenes spiegelverkehrtes Bild eines Schriftzeichens am Kopf einer Drucktype;* b) *Abdruck eines Schriftbildes* (1 a). 2. *äußere Form, Gestalt, Ausprägung einer Schrift* (1 c, d): ein ausgewogenes, unruhiges, flatteriges S.
Schrift|blind|heit, die (Med.): *Alexie.*
schrift|deutsch ⟨Adj.⟩: a) *hochdeutsch* (a) *in der (bestimmten sprachlichen Gesetzmäßigkeiten folgenden) schriftlichen Form;* b) (schweiz.) *hochdeutsch* (a): ein Wort s. aussprechen.
Schrift|deutsch, das u. ⟨nur mit best. Art.:⟩ **Schrift|deut|sche,** das: a) *das Hochdeutsche in der (bestimmten sprachlichen Gesetzmäßigkeiten folgenden) schriftlichen Form;* b) (schweiz.) *Hochdeutsch:* Schriftdeutsch sprechen.
Schrif|ten|rei|he, die; -, -n: *Reihe von Schriften* (2), *die ein Verlag veröffentlicht.*
Schrif|ten|ver|zeich|nis, das; -ses, -se: *Bibliographie, Literaturverzeichnis.*
Schrift|fäl|scher, der: *jmd., der in betrügerischer Absicht jmds. Handschrift nachahmt, eine Handschrift fälscht.*
Schrift|fäl|sche|rin, die: w. Form zu ↑Schriftfälscher.
Schrift|form, die ⟨o. Pl.⟩ (Rechtsspr.): *[bestimmten Anforderungen genügende] schriftliche Form:* die Kündigung bedarf der S.
Schrift|füh|rer, der: *jmd., der bei Versammlungen, Verhandlungen, in Vereinen, Gremien o. Ä. für Protokolle, die Korrespondenz o. Ä. zuständig ist.*
Schrift|füh|re|rin, die: w. Form zu ↑Schriftführer.
Schrift|ge|lehr|te, der (Rel.): *(im frühen Judentum) Gelehrter, der sich durch gründliche Kenntnisse der religiösen Überlieferung, bes. der Gesetze, auszeichnet.*

S

schrift|ge|mäß ⟨Adj.⟩: *der Schriftsprache entsprechend:* sich s. ausdrücken.

Schrift|gie|ßer, der: *jmd., der in einer Schriftgießerei Drucktypen aus einer Bleilegierung gießt* (Berufsbez.).

Schrift|gie|ße|rei, die: *Betrieb der grafischen Industrie, in dem Drucktypen aus Metall gegossen werden.*

Schrift|gie|ße|rin, die: w. Form zu ↑Schriftgießer.

Schrift|grad, der (Druckw.): *(in der Einheit Punkt angegebene) Größe einer Druckschrift* (1).

Schrift|grö|ße, die (Druckw.): *Schriftgrad.*

Schrift|hö|he, die (Druckw.): *Höhe der Drucktypen einer Druckschrift* (1).

Schrift|kun|di|ge, der u. die; -n, -n ⟨Dekl. ↑Abgeordnete⟩: *Handschriftenkundige[r].*

Schrift|lei|ter, der (veraltend): *Redakteur bei einer Zeitung.*

Schrift|lei|te|rin, die: w. Form zu ↑Schriftleiter.

Schrift|le|sung, die: *(im jüdischen u. christlichen Gottesdienst) Lesung* (1 a) *von Texten aus der Heiligen Schrift.*

schrift|lich ⟨Adj.⟩ [mhd. schriftlich]: *durch Aufschreiben, Niederschreiben festgehalten; in geschriebener Form:* -e Anweisungen, Anträge; eine -e Erklärung abgeben; -e Hausaufgaben erledigen; ihre -en (Schulw.; *durch schriftliche Arbeiten erbrachten*) Leistungen sind befriedigend; etw. s. machen (ugs.; *schriftlich niederlegen*); lass dir das lieber s. geben (ugs.; *lass dir dafür lieber eine schriftliche Bestätigung geben*); etw. s. festhalten; ⟨subst.:⟩ haben Sie etwas Schriftliches darüber in der Hand (ugs.; *besitzen Sie darüber schriftliche Unterlagen, eine schriftliche Bestätigung o. Ä.*)?; im Schriftlichen (Schulw.; *in ihren schriftlichen Leistungen*) ist sie besser als im Mündlichen; R das kann ich dir s. geben (ugs.; *dessen kannst du absolut sicher sein*).

Schrift|pro|be, die: **1.** (Druckw.) *kurzer gedruckter Text meist in verschiedenen Schriftgraden.* **2.** *kurzer geschriebener Text als Handschriftenprobe.*

Schrift|rol|le, die: vgl. Buchrolle.

Schrift|sach|ver|stän|di|ge, der u. die (Rechtsspr., Kriminalistik): *jmd., der als Gutachter bzw. als Gutachterin Urkunden zur Feststellung ihrer Echtheit untersucht u. vergleicht.*

Schrift|satz, der: **1.** (Druckw.) *Satz* (3 b). **2.** (Rechtsspr.) *(im gerichtlichen Verfahren) schriftliche Erklärung der am Verfahren beteiligten Parteien.*

Schrift|set|zer, der: *Facharbeiter, auch Handwerker, der Manuskripte mithilfe von Blei-, Foto- od. Lichtsatz in eine Druckform od. -vorlage umwandelt* (Berufsbez.).

Schrift|set|ze|rin, die: w. Form zu ↑Schriftsetzer.

Schrift|spra|che, die: **a)** *Hoch-, Standardsprache in der (bestimmten sprachlichen Gesetzmäßigkeiten folgenden) schriftlichen Form:* die deutsche S.; **b)** (schweiz.) *Hoch-, Standardsprache.*

schrift|sprach|lich ⟨Adj.⟩: **a)** *die Schriftsprache* (a) *betreffend, zu ihr gehörend:* sich s. ausdrücken; **b)** (schweiz.) *hoch-, standardsprachlich:* die -e Aussprache des Wortes.

Schrift|stel|ler, der: *jmd., der [beruflich] literarische Werke verfasst:* ein bekannter, zeitgenössischer österreichischer S.; er lebt als freier, freischaffender S. in der Schweiz.

Schrift|stel|le|rei, die ⟨o. Pl.⟩: *Tätigkeit als Schriftsteller, Arbeit eines Schriftstellers:* sie hat die S. zu ihrem Beruf gemacht.

Schrift|stel|le|rin, die; -, -nen: w. Form zu ↑Schriftsteller.

schrift|stel|le|risch ⟨Adj.⟩: *den Schriftsteller, die Tätigkeit, das Werk eines Schriftstellers betreffend, dazu gehörend; als Schriftsteller:* ihr -es Werk; sich s. betätigen.

schrift|stel|lern ⟨sw. V.; hat⟩: *als Schriftsteller, Schriftstellerin arbeiten; sich schriftstellerisch betätigen:* ein schriftstellernder Lehrer.

Schrift|stück, das: *offiziell schriftlich Niedergelegtes; offizielles, amtliches Schreiben:* ein S. aufsetzen, verlesen, unterzeichnen.

Schrift|tum, das; -s: *Gesamtheit der veröffentlichten Schriften* (2) *eines bestimmten [Fach]gebiets, einer bestimmten Thematik, Zielsetzung; Literatur.*

Schrift|ty|pe, die: *Drucktype.*

Schrift|ver|kehr, der ⟨o. Pl.⟩: **a)** *Austausch von schriftlichen Äußerungen, [geschäftlichen] Mitteilungen:* in regem S. stehen; **b)** *im Schriftverkehr* (a) *ausgetauschte Schreiben, Schriftstücke:* den gesamten S. durchsehen.

Schrift|wech|sel, der: *Schriftverkehr.*

Schrift|zei|chen, das (bes. Druckw.): *zu einer Schrift* (1 a) *gehörendes, beim Schreiben verwendetes grafisches Zeichen:* griechische, chinesische, arabische S.; geschriebene, gedruckte S.

Schrift|zug, der: **a)** *in einer ganz bestimmten, charakteristischen Weise geschriebenes Wort bzw. kurze Wortgruppe:* der krakelige S. ihrer Unterschrift; der S. des Markennamens ist gesetzlich geschützt; **b)** ⟨Pl.⟩ *in ganz bestimmter, charakteristischer Weise geformte, geprägte Schrift* (1 b, d): deutliche, verschnörkelte Schriftzüge.

schrill ⟨Adj.⟩ [wohl zu ↑schrillen unter Einfluss von engl. shrill = schrill; lautm.; vgl. schrillen]: **1.** *in unangenehmer Weise durchdringend hell, hoch u. grell klingend:* ein -er Ton; -e Schreie, Laute ausstoßen; seine Stimme war s; s. lachen. **2.** *auffallend, aus dem Rahmen fallend; ausgefallen; skurril:* -e Klamotten; -e (*grelle* 1 b) Farben; und doch liebte er diese -e *(extrem auffallende, lärmende, überspannte)* Frau.

schril|len ⟨sw. V.; hat⟩ [unter Einfluss von engl. to shrill = schrillen zu älter: schrellen, schrallen = laut bellen; lautm.]: *schrill tönen:* die Klingel, der Wecker, das Telefon schrillt [durch das Haus].

Schrill|heit, die; -: *das Schrillsein.*

schrin|ken ⟨sw. V.; hat⟩ [engl. to shrink, eigtl. = schrumpfen lassen] (Textilind.): *(einen Wollstoff) durch eine Behandlung mit Feuchtigkeit u. Wärme krumpfecht u. geschmeidig machen.*

schrin|nen ⟨sw. V.; hat⟩ [wohl niederd. Form von veraltet schrinden (mhd. schrinden, ahd. scrintan) = bersten, (auf)reißen] (nordd.): *wehtun, schmerzen.*

Schrip|pe, die; -, -n [in niederd. Form zu frühnhd. schripfen = (auf)kratzen (ablautend verw. mit ↑schrappen) u. eigtl. Bez. für die Einkerbung auf der Oberseite] (bes. berlin.): *länglich breites, an der Oberseite eingekerbtes Brötchen.*

schritt: ↑schreiten.

Schritt, der; -[e]s, -e [mhd. schrit, ahd. scrit, zu ↑schreiten]: **1. a)** *(der Fortbewegung dienendes) Versetzen eines Fußes, meist nach vorn, unter gleichzeitiger Verlagerung des gesamten Körpergewichts auf diesen Fuß:* kleine, lange, ausgreifende, schnelle -e; plötzlich stockte ihr S.; das Kind macht seine ersten, unsicheren -e; er verlangsamte, beschleunigte seinen S., seine -e; einen S. zur Seite machen, tun, gehen; den S. wechseln *(beim Gehen, bes. beim Marschieren, einmal zwei aufeinander folgende Schritte mit demselben Fuß ausführen [z. B. um in den Gleichschritt zu kommen]);* sie war mit wenigen -en an der Tür, blieb nach einigen -en stehen; ein paar -e gehen (ugs.; *spazieren gehen*); Ü von der Gewohnheit ist es oft nur noch ein kleiner S. zur Sucht *(aus einer Gewohnheit kann leicht eine Sucht werden);* sie ging noch einen S. weiter *(tat noch mehr);* er macht einen S. vor und zwei -e zurück *(er kommt nicht voran [fällt sogar noch hinter das Erreichte zurück]);* *** der erste S.** *(dasjenige, womit etw. begonnen wird);* **den zweiten S. vor dem ersten tun** *(nicht in der richtigen Reihenfolge, nicht folgerichtig vorgehen);* **einen S. zu weit gehen** *(die Grenze des Erlaubten, Möglichen überschreiten);* **mit jmdm. S. halten** (1. *genauso schnell wie jmd. gehen:* die Kinder hatten Mühe, mit uns S. zu halten. 2. *sich von jmdm. nicht übertreffen, überrunden lassen:* wir müssen mit der Konkurrenz S. halten); **mit etw. S. halten** *(hinter etw. nicht zurückbleiben):* die Einkommensentwicklung hält mit der Preissteigerungsrate nicht S.; **S. für S.** *(ganz langsam; allmählich);* **auf S. und Tritt** *(ständig [u. überall]):* er verfolgt sie auf S. und Tritt; **b)** *Gleichschritt:* aus dem S. kommen; **c)** *Schritttempo:* bei dem Verkehr konnten wir nur S. fahren. **2.** ⟨o. Pl.⟩ *Art u. Weise, wie jmd. geht:* jmdn. am S. erkennen. **3.** *Maß, das ungefähr die Länge eines Schrittes* (1 a) *hat; Entfernung etwa in der Länge eines Schrittes:* sie stand nur ein paar, wenige -e von uns entfernt; *** jmdm. drei -e vom Leib[e] bleiben** (ugs.; *jmdm. nicht zu nahe kommen*); **sich** ⟨Dativ⟩ **jmdn., etw. drei -e vom Leib[e] halten** (ugs.; *jmdn., etw. von sich fern halten*). **4. a)** (Schneiderei) *Teil der Hose, an dem die Beine zusammentreffen:* der S. hängt zu tief; **b)** *Damm* (2): die Hose kneift im S. **5.** *(einem bestimmten Zweck dienende) Handlung; Maßnahme:* ein entscheidender, bedeutsamer S.; -e [gegen jmdn., etw.] veranlassen; sich weitere, rechtliche -e vorbehalten; *** S. in die richtige Richtung** *(angebrachte, richtige, aber allein noch nicht ausreichende Maßnahme).*

Schritt|feh|ler, der (Basketball, Handball): *Fehler, der darin besteht, dass ein Spieler mit dem Ball in der Hand mehr Schritte macht, als er nach den Regeln darf.*

Schritt|fol|ge, die: *[festgelegte] Aufeinanderfolge von Schritten (z. B. beim Tanzen).*

Schritt|ge|schwin|dig|keit, die: *(meist von fahrenden Fahrzeugen) sehr langsame Geschwindigkeit:* in verkehrsberuhigten Zonen ist S. vorgeschrieben; [mit] S. fahren.

Schritt|kom|bi|na|ti|on, die (Sport): *das Aneinanderreihen bestimmter Schritte [im Rhythmus der Musik].*

Schritt|län|ge, die: **1.** *Länge eines Schrittes.* **2.** (bes. Schneiderei) *Entfernung zwischen Schritt* (4 b) *u. Fußsohle (beim aufrecht stehenden Menschen):* jmds. S. messen.

Schritt|ma|cher, der: **1.** *Pacemacher.* **2.** (Radrennen) *Motorradfahrer, der dicht vor dem Radfahrer fährt u. dadurch Windschutz gibt.* **3.** (Leichtathletik) *Läufer, der durch ein hohes Anfangstempo (das er nicht durchhält) andere Läufer zu einem schnelleren Rennen veranlasst.* **4.** kurz für ↑Herzschrittmacher. **5.** *Person od. Gruppe von Personen, die durch vorwärts drängendes, fortschrittliches Denken od. Handeln den Weg für Neues bereitet.*

Schritt|ma|che|rin, die: w. Form zu ↑Schrittmacher (2, 3, 5).

Schritt|mes|ser, der: *kleines Gerät, das durch Zählen der Schritte die zurückgelegte Strecke misst.*

Schritt|tem|po, das: *Schrittgeschwindigkeit:* im Stau kamen wir nur im S. vorwärts.

schritt|wei|se ⟨Adv.⟩: *in langsamer Weise, Schritt für Schritt:* nur s. vorwärts kommen; wir mussten uns das s. *(allmählich)* erkämpfen; ⟨mit Verbalsubstantiven auch attr.:⟩ Ziel ist die -e Angleichung der Gehälter in Ost und West.

Schro|fen, der; -s, - [mhd. schrof(fe), schrove, verw. mit ↑Scherbe]: **1.** (österr., sonst landsch.) *steiler Fels, steile felsige Klippe.* **2.** (Bergsteigen) *meist nicht sehr steiler, mehr od. weniger stark bewachsener Fels, felsiger Hang.*

schroff ⟨Adj.⟩ [urspr. = rau, steil, rückgeb. aus mhd. schrof(fe), schrove, ↑Schrofen]: **1.** *sehr stark, nahezu senkrecht abfallend od. ansteigend u. zerklüftet:* eine -e Felswand; der Gipfel ragt s. in die Höhe. **2.** *durch eine abweisende u. unhöfliche Haltung ohne viel Worte seine Ablehnung zum Ausdruck bringend:* die -e Weigerung kränkte sie sehr; sie wehrte s. ab. **3.** *plötzlich u. unvermittelt:* sie wandte sich s. ab; seine Aussage stand im -en *(krassen)* Gegensatz zu ihrer Erklärung.

Schroff|heit, die; -, -en: **1.** ⟨o. Pl.⟩ *das Schroffsein.* **2.** *schroffe Äußerung o. Ä.*

schroh ⟨Adj.⟩ [15. Jh., H. u.]: **a)** ([west]md.) *hässlich* (1, 2 a); **b)** (landsch.) *dürr, sehr schlank (von Menschen).*

schröp|fen ⟨sw. V.; hat⟩ [1: mhd. schrepfen, schreffen, verw. mit ↑scharf]: **1.** (Med.) *Blut über einem erkrankten Organ ansaugen, um die Haut besser zu durchbluten od. das Blut durch feine Schnitte in der Haut abzusaugen.* **2.** (ugs.) *jmdm. mit List od. Geschick unverhältnismäßig viel Geld abnehmen:* die Kunden dieser Firma sind jahrelang geschröpft worden. **3.** (Landw., Gartenbau) **a)** *die Entwicklung zu üppig wachsender junger Saat bewusst unterbrechen;* **b)** *die Rinde von Bäumen (z. B. bestimmter Obstbäume) schräg einschneiden.*

Schröpf|kopf, der: *Saugglocke aus Gummi od. Glas zum Schröpfen (1).*

Schröp|fung, die; -, -en: *das Schröpfen (1, 3).*

Schropp|ho|bel: ↑Schrupphobel.

Schrot, der od. das; -[e]s, -e [mhd. schrôt, ahd. scrōt = abgeschnittenes Stück, eigtl. = Hieb, Schnitt, zu ↑schroten]: **1.** ⟨o. Pl.⟩ *grob gemahlene Getreidekörner:* das Vieh mit S. füttern. **2.** *kleine Kügelchen aus Blei für die Patronen bestimmter Feuerwaffen:* mit S. schießen. **3.** (Münzk. veraltend) *Bruttogewicht einer Münze:* den S. ermitteln; ***von altem, echtem usw. S. und Korn** (1. *von Redlichkeit u. Tüchtigkeit.* 2. *der typischen, charakteristischen Art; wie es typisch ist:* ein Abenteurer von echtem S. und Korn; urspr. = Münze, bei der das Verhältnis von Gewicht und Feingehalt richtig bewertet ist; vgl. [1]Korn (6).

Schrot|blatt, das: *Blatt (2 c) eines Schrotschnitts.*

Schrot|brot, das: *aus Schrot (1) gebackenes Brot.*

Schrot|büch|se, die: *Schrotgewehr.*

schro|ten ⟨sw. V.; hat⟩ [mhd. schrōten, ahd. scrōtan, eigtl. = hauen, [ab]schneiden, zu ↑[1]scheren; 2: mhd. schrōten (sw. V.), wohl zu ↑Schrot in dessen alter Bed. »Baumstamm«]: **1.** *(bes. Getreidekörner) grob mahlen, zerkleinern:* das Korn s. **2.** (veraltet) *schwere Lasten rollen, wälzen od. schieben.*

Schrot|flin|te, die: *Flinte:* eine doppelläufige S.

Schrot|ge|wehr, das: *Gewehr, mit dem Schrot (2) verschossen wird.*

Schroth|kur, die [nach dem österr. Landwirt u. Naturheilkundler J. Schroth (1800–1856)]: *[Heil]kur, bei der unter starker Einschränkung der Flüssigkeitszufuhr trockene Brötchen, Getreidebrei u. Vitaminzusätze verabreicht werden.*

Schrot|ho|bel, der [zu ↑schroten (1)]: *Schrupphobel.*

Schrot|korn, das: *einzelnes Korn des Schrots (1).*

Schrot|ku|gel, die: *einzelnes Kügelchen des Schrots (2).*

Schrot|la|dung, die: *bestimmte Menge Schrot (2) als Munition.*

Schröt|ling, der; -s, -e [zu ↑Schrot (3)] (Numismatik): *vom Zain (2) abgetrenntes Stück Metall zum Prägen von Münzen.*

Schrot|mehl, das: *mit Schrot (1) vermischtes Mehl.*

Schrot|müh|le, die: *Mühle (1) zum Schroten (1) von Getreidekörnern.*

Schrot|sä|ge, die [vgl. schroten (2)]: *grobe Säge mit bogenförmigem Blatt (5) zum Zersägen von Baumstämmen.*

Schrot|schnitt, der: *besondere Technik des Holz- u. Metallschnitts, bei der in die Platte geschlagene Punkte auf schwarzem Grund weiß erscheinen.*

Schrott, der; -[e]s, -e [Anfang 20. Jh.; eigtl. niederrhein. Form von ↑Schrot]: **1.** *unbrauchbare, meist zerkleinerte Abfälle aus Metall od. [alte] unbrauchbar gewordene Gegenstände aus Metall o. Ä.:* S. sammeln; etw. als S. verkaufen; mit S. handeln; Berge von S.; ***etw. zu S. fahren** *(etw. schrottreif fahren):* er hat sein neues Auto schon wieder zu S. gefahren. **2.** (abwertend) **a)** (ugs.) *unbrauchbares (oft altes u. kaputtes) Zeug; Plunder:* ich gebe den ganzen S. zum Sperrmüll; **b)** (salopp) *etw., was nichts taugt, etw. Minderwertiges:* Was gibt es denn im Fernsehen? – Ach, nur S.

Schrott|han|del, der: *Handel mit Schrott (1).*

Schrott|händ|ler, der: *Händler, der mit Schrott (1) handelt.*

Schrott|händ|le|rin, die: w. Form zu ↑Schrotthändler.

Schrott|hau|fen, der: **1.** *größere Ansammlung von Schrott (1).* **2.** (ugs. abwertend) *[altes rostendes, verbeultes] Auto:* tausend Mark will er für den S. haben.

Schrott|kar|re (ugs. abwertend): *Schrottmühle.*

Schrott|kis|te (ugs. abwertend): *Schrottmühle.*

Schrott|lau|be, die (ugs. scherzh. abwertend): *Rostlaube.*

Schrott|müh|le, die (ugs. abwertend): *altes schrottreifes Auto.*

Schrott|platz, der: *(von einem Schrotthändler unterhaltener) Sammelplatz für Schrott (1):* die Rostlaube kannst du nur noch auf den S. bringen.

Schrott|preis, der: *Preis, der für Schrott (1) gezahlt wird.*

Schrott|pres|se, die: *Gerät, mit dem sperriger Schrott (1) zusammengepresst wird.*

schrott|reif ⟨Adj.⟩: *unbrauchbar, kaputt u. daher nur noch zum Verschrotten geeignet:* ein -es Auto.

Schrott|trans|port, der: *Transport von Schrott (1).*

Schrott|wert, der: *Wert, den ein Gegenstand hat, wenn man ihn als Schrott (1) ansieht:* der S. des Wracks beträgt etwa 10 Millionen Mark; nach dem Unfall hatte das Auto nur noch S.

Schrub|be|sen, der; -s, - (landsch.): *Schrubber.*

schrub|ben ⟨sw. V.; hat⟩ [aus dem Niederd. < mniederd. schrubben = kratzen, wohl verw. mit ↑[1]scheren] (ugs.): **1. a)** *mit einer Bürste o. Ä. kräftig reiben u. so reinigen:* den Fußboden, die Fliesen s.; ⟨auch ohne Akk.-Obj.:⟩ im Badezimmer muss ich noch s.; **b)** *durch Schrubben (1 a) entfernen:* das Fett von den Kacheln s.; **c)** *durch Schrubben (1 a) in einen bestimmten Zustand bringen:* er hat den Boden spiegelblank geschrubbt. **2.** [1]*schleifen (2 a).*

Schrub|ber, der; -s, -: *einem Besen ähnliche Bürste mit langem Stiel.*

Schrul|le, die; -, -n [im 18. Jh. aus dem niederd. Pl. Schrullen = tolle Einfälle < mniederd. schrul, schrol = verrückte Laune; Groll, verw. mit älter niederl. schrolle = brummen; schimpfen, lautm.]: **1.** *seltsame, wunderlich anmutende Eigenart, Angewohnheit, die zum Wesenszug eines Menschen geworden ist:* sie hat den Kopf voller -n. **2.** (ugs.) *ältere, schrullige Frau:* ach, die alte S. spinnt doch.

schrul|len|haft ⟨Adj.⟩ (ugs.): *schrullig.*

schrul|lig ⟨Adj.⟩ (ugs.): **a)** *(oft von älteren Menschen) befremdende, meist lächerlich wirkende Angewohnheiten od. Prinzipien habend u. eigensinnig daran festhaltend:* ein -er Alter; **b)** *seltsam, närrisch; etw. eigen, verrückt:* -e Geschichten, Behauptungen.

Schrul|lig|keit, die; -, -en: **1.** ⟨o. Pl.⟩ *das Schrulligsein.* **2.** *schrullige Angewohnheit o. Ä.*

schrum|pe|lig: ↑schrumplig.

schrum|peln ⟨sw. V.; ist⟩ [Weiterbildung von niederd., md. schrumpen, Nebenf. von ↑schrumpfen] (landsch.): *schrumpfen.*

schrumpf|be|stän|dig ⟨Adj.⟩: *beständig gegen Schrumpfen (1).*

schrump|fen ⟨sw. V.; ist⟩ [im 17. Jh. für älter schrimpfen, mhd. schrimpfen = rümpfen, einschrumpfen, urspr. = sich krümmen, zusammenziehen]: **1.** *sich zusammenziehen [u. eine faltige, runzlige Oberfläche bekommen]:* die Äpfel sind durch das Einlagern geschrumpft; dieses Gewebe dürfte kaum, nicht s. **2.** *weniger werden; abnehmen:* der Vorrat schrumpft.

schrumpf|frei ⟨Adj.⟩: *nicht schrumpfend:* -e Stoffe, Fasern.

Schrumpf|ger|ma|ne, der (ugs. scherzh.): *Deutscher von relativ kleinem Wuchs.*

schrump|fig ⟨Adj.⟩: *schrumplig.*

Schrumpf|kopf, der (Völkerk.): *(als Trophäe von Kopfjägern) nach einer bestimmten Methode aufbereiteter, eingeschrumpfter Schädel eines getöteten Feindes.*

Schrumpf|le|ber, die (Med.): *als Folge einer Zirrhose geschrumpfte, verhärtete Leber.*

Schrumpf|nie|re, die (Med.): *durch Veränderung des Gewebes geschrumpfte u. verhärtete Niere.*

Schrump|fung, die; -, -en: *das Schrumpfen.*

Schrump|fungs|pro|zess, der: *Vorgang des Schrumpfens (2):* der S. im Baugewerbe kostet viele Arbeitsplätze.

schrump|lig, schrumpelig ⟨Adj.⟩ (ugs.): **1.** *[eingetrocknet u. dadurch] viele Falten aufweisend; runzlig, verschrumpelt:* eine -e Haut haben; die Kartoffeln, Äpfel sind schon etwas s. **2.** *voller Knitter, knittrig:* eine -e Bluse.

Schrund, der; -[e]s, Schründe [Nebenf. von ↑Schrunde] (bes. österr., schweiz.): **1.** *Randspalte eines Gletschers; Abgrund.* **2.** (selten) *Schrunde (1).*

Schrun|de, die; -, -n [mhd. schrunde, ahd. scrunta = Riss, Spalt, Felshöhle, zu veraltet schrinden, ↑schrinnen]: **1.** *(durch Verletzung zugefügter) Riss in der Haut:* ihre Hände waren voller Blasen und -n. **2.** *Schrund (1).*

schrun|dig ⟨Adj.⟩ [1: spätmhd. schründic] (landsch.): **1.** *(von der Haut) rissig u. rau:* eine -e Haut; -e Hände. **2.** *mit Rissen, Spalten:* -e Pfade.

schrup|pen ⟨sw. V.; hat⟩ [eigtl. landsch. Nebenf. von ↑schrubben] (Fachspr.): *Werkstücke durch Abheben dicker Späne grob bearbeiten.*

Schrupp|fei|le, die (Fachspr.): *grobe Feile für grobe Vorarbeiten an Werkstücken.*

Schrupp|ho|bel, Schropphobel, der: *Hobel mit stark gerundeter Schneide zum groben Ebnen von Holzflächen; Schrothobel.*

Schrupp|stahl, der: vgl. Schrupphobel.

Schtetl, Stetl, das; -s, - [jidd. schtetel < mhd. stetel = kleine Stadt] (früher): *überwiegend von Juden bewohnter Ort (in Osteuropa), in dem die Bevölkerung ihren eigenen jüdischen Traditionen lebt.*

Schub, der; -[e]s, Schübe [mhd. schub, schup = Aufschub, Abschieben der Schuld auf andere; urspr. nur Rechtsspr., zu ↑schieben]: **1. a)** (selten) *das Schieben; Stoß:* mit einem kräftigen S. wurde das Hindernis aus dem Weg geräumt; Ü durch die Rolle in diesem Film bekam seine Karriere einen kräftigen S.; **b)** (Physik, Technik) *Kraft, mit der etw. nach vorn getrieben, gestoßen wird; Vortrieb (2):* das Raketentriebwerk erzeugt einen S. von 680 Tonnen; **c)** (Mechanik) *Scherung (1).* **2.** *Anzahl von gleichzeitig sich in Bewegung setzenden, abgefertigten, beförderten Personen od. bearbeiteten Sachen:* der erste S. Brötchen ist schon verkauft; immer neue Schübe von Flüchtlingen kamen an; ***jmdn. auf den S. bringen** (Jargon; *jmdn. zwangsweise [in einem Sammeltransport] irgendwohin befördern*); **per S.** (Jargon; *zwangsweise*). **3.** *in unregelmäßigen Abständen auftretende Erscheinung einer fortschreitenden Erkrankung; einzelner Anfall:* Schizophrenie tritt meist in Schüben auf. **4.** (landsch.) *Schubfach.*

Schub|be|jack, der; -s, -s (nordd.): *Schubiack.*

schub|ben, schub|bern ⟨sw. V.; hat⟩ [mniederd. schubben, niederd. Form von ↑[1]schuppen] (nordd.): *kratzen, scheuern:* der Elefant schubberte sich an einem Baumstamm.

Schub|dü|se, die (Technik): *Düse eines Strahltriebwerks, durch die mittels ausströmender erhitzter Luft der Schub (1 b) erzeugt wird.*

Schu|ber, der; -s, - [zu ↑Schub]: **1.** (Buchw.) *an einer der langen Schmalseiten offener Schutzkarton.* **2.** (österr.) *Absperrvorrichtung, Schieber, Riegel.*

Schub|fach, das: *herausziehbarer offener Kasten, bewegliches Fach (1) in einem Schrank, einer Kommode o. Ä.:* das S. aufziehen, abschließen; die Wäsche ins oberste S. legen.

Schub|fes|tig|keit, die: *Scherfestigkeit.*

Schub|haft, die (österr.): *Abschiebungshaft.*

Schu|bi|ack, der; -s, -s od. -e [niederl. schobbejak, zu: schobben = (sich) kratzen (↑schubben) u. Jack = Jakob] (landsch. abwertend): *niederträchtiger Mensch, Lump.*

Schub|kar|re, die, **Schub|kar|ren,** der: **1.** *einrädrige Karre zum Befördern kleinerer Lasten, die an zwei Stangen mit Griffen angehoben u.*

geschoben wird: bring mir doch bitte noch ein paar -n [voll] Sand. **2.** *gymnastische Übung für zwei, bei der ein Partner die gegrätschten Beine des anderen, im Liegestütz befindlichen Partners fasst u. schiebend mitgeht, während der sich auf den Händen vorwärts bewegt:* [mit jmdm.] S. machen.

Schub|kas|ten, der: *Schubfach.*

Schub|kraft, die: *Schub* (1 b).

Schub|la|de, die: **1.** *Schubfach:* **Ü** sie schreibt für die S. *(was sie schreibt, wird nicht veröffentlicht).* **2.** (ugs.) *Kategorie (in die etw. [leichtfertig, ungerechtfertigterweise] eingeordnet wird):* seine Musik, Malerei passt eigentlich in keine S.; von diesen Leuten wirst du gleich in eine [bestimmte] S. gesteckt; in -n (abwertend; *starren Einteilungsprinzipien)* denken.

Schub|la|den|den|ken, das (ugs. abwertend): *zu sehr an starren Kategorien orientierte, undifferenzierte, engstirnige Denkweise.*

schub|la|di|sie|ren ⟨sw. V.; hat⟩ (schweiz.): *sich (mit etw.) nicht [weiter] befassen:* Pläne, Reformen s.

Schub|la|di|sie|rung, die; -, -en (schweiz.): *das Schubladisieren.*

Schub|lad|kas|ten, der (österr.): *Kommode.*

Schub|leh|re, die (Fachspr.): *Schieblehre.*

Schub|leich|ter, der: *von einem Schubschiff geschobener Leichter* (b).

Schub|leis|tung, die: vgl. Schubkraft (1).

Schubs, der; -es, -e [an ↑Schub angelehnte Weiterbildung von älter Schupp, Schupf, zu mhd. schuppen, schupfen, ↑schubsen] (ugs.): *[leichter] Stoß.*

Schub|schiff, das: *(in der Binnenschifffahrt eingesetztes) aufgrund der speziellen Form des Bugs u. besonders starker Motorisierung zum Schieben von Leichtern u. Prahmen geeignetes Schiff.*

Schub|schlep|per, der: *Schubschiff.*

schub|sen ⟨sw. V.; hat⟩ [zu mhd. (md.) schuppen, ↑[2]schuppen] (ugs.): *(jmdn., etw.) durch plötzliches Anstoßen in eine bestimmte Richtung in Bewegung bringen; jmdm. einen Schubs geben:* jmdn. ins Wasser, vom Stuhl, zur Seite s.; sie wurde unsanft ins Auto geschubst; sie drängelten und schubsten.

Schub|se|rei, die; -, -en (ugs. abwertend): *dauerndes, lästiges Schubsen:* hör auf mit der, deiner S., es geht nicht schneller!

Schub|stan|ge, die: *Pleuelstange.*

Schub|um|kehr, die (Flugw.): *Einrichtung zur Abbremsung eines ausrollenden Düsenflugzeugs durch Umkehrung der Richtung der sonst zum Antrieb dienenden Schubkraft:* ein Defekt an der S. des linken Triebwerks.

Schub|ver|band, der: *Transportmittel der Binnenschifffahrt, das aus Schubschiff u. Leichter[n] u. Prahm[en] besteht.*

schub|wei|se ⟨Adv.⟩: **1.** *in Schüben* (2), *Schub für Schub:* die Leute werden s. eingelassen; ⟨mit Verbalsubstantiven auch attr.:⟩ ein -r Ausbau des Geländekomplexes. **2.** *in Schüben* (3), *Schub für Schub:* die Anfälle treten s. auf; ⟨mit Verbalsubstantiv auch attr.:⟩ der s. Verlauf der Krankheit.

Schub|wir|kung, die: *in einem Schub* (1 b) *bestehende Wirkung:* die Düse übt eine S. aus.

schüch|tern ⟨Adj.⟩ [urspr. = scheu gemacht (von Tieren), aus dem Niederd., zu mniederd. schüchteren = (ver)scheuchen; scheu weglaufen, Weiterbildung von ↑scheu(ch)en]: **a)** *scheu, zurückhaltend, anderen gegenüber gehemmt:* ein -es Kind; mit -er *(Schüchternheit verratender)* Stimme; er steht s. abseits, lächelt s.; **b)** *nur vorsichtig, zaghaft [sich äußernd] in Erscheinung tretend:* eine -e Hoffnung; eine s. vorgebrachte Bitte.

Schüch|tern|heit, die; -: *das Schüchternsein* (a), *Scheu:* kindliche S.; da verlor sie plötzlich alle S.

Schu|cke|lei, die; -, -en (landsch. abwertend): *dauerndes Schuckeln:* von der S. [im Bus] ist ihm übel geworden.

schu|ckeln ⟨sw. V.⟩ [landsch. Nebenf. von ↑schaukeln] (landsch.): **a)** *sich schaukelnd hin u. her bewegen, wackeln* ⟨hat⟩: der Wagen hat mächtig geschuckelt; **b)** *sich schaukelnd, stoßend vorwärts bewegen* ⟨ist⟩: das Auto schuckelte über das Kopfsteinpflaster.

Schu|dra, der; -s, -s [sanskr.]: *Angehöriger der untersten der vier Kasten im alten Indien.*

schuf: ↑schaffen.

SCHUFA®, (auch:) **Schu|fa,** die; - [Kurzwort für: Schutzgemeinschaft für allgemeine Kreditsicherung]: (aus einem Zusammenschluss mehrerer einzelner Gesellschaften bestehende) Einrichtung der deutschen Kreditinstitute u. anderer Unternehmen, bei der die Vertragspartner Auskünfte über [potenzielle] Kreditnehmer einholen können.

schü|fe: ↑schaffen.

Schuf|fel, die; -, -n [aus dem Niederd. < mniederd. schuffel, niederd. Form von ↑Schaufel] (Fachspr.): *im Gartenbau verwendete* [1]*Hacke* (1) *mit flachem, zweischneidigem Blatt.*

Schuft, der; -[e]s, -e [aus dem Niederd., viell. zusgez. aus niederd. Schufut = elender Mensch (eigtl. = Uhu, mniederd. schūfūt, lautm.); der Name des lichtscheuen Vogels wäre dann auf Menschen übertragen worden] (abwertend): *gemeiner, niederträchtiger Mensch; Schurke:* ein gemeiner, elender S.

schuf|ten ⟨sw. V.; hat⟩ [H. u., viell. zu niederd. schoft, älter niederl. schuft = ein Viertel eines Tagewerks, eigtl. = in einem Schub arbeiten; im 19. Jh. aus md. Mundarten in die Studentenspr. übernommen] (ugs.): **a)** *schwer, hart arbeiten:* sein Leben lang s. müssen; **b)** ⟨s. + sich⟩ *durch Schuften* (a) *in einen bestimmten Zustand geraten:* sich müde s.

[1]Schuf|te|rei, die; -, -en ⟨Pl. selten⟩ (ugs. abwertend): *das Schuften, dauerndes Schuften:* der Umzug war vielleicht eine S.!

[2]Schuf|te|rei, die; -, -en [zu ↑Schuft] (abwertend): *Schuftigkeit* (b): diese S. wird er mir büßen!

schuf|tig ⟨Adj.⟩ (abwertend): *niederträchtig, gemein, ehrlos:* ein -er Mensch; das finde ich s.

Schuf|tig|keit, die; -, -en (abwertend): **a)** ⟨o. Pl.⟩ *das Schuftigsein, schuftiges Wesen, Niedertracht;* **b)** *gemeine, niederträchtige Handlung:* -en begehen.

Schuh, der; -[e]s, -e u. - [mhd. schuoch, ahd. scuoh, wohl eigtl. = Schutzhülle]: **1.** ⟨Pl. -e⟩ *Fußbekleidung aus einer festen, aber biegsamen, glatten od. mit Profil* (5) *versehenen Sohle [mit Absatz* (1)*] u. einem Oberteil meist aus weicherem Leder:* hohe, feste, flache, hochhackige -e; ein Paar -e; die -e anziehen, zuschnüren, putzen; diesen S. *(Schuhe dieses Modells)* verkaufen wir sehr viel, gern; **R** umgekehrt wird ein S. draus *(die Sache ist umgekehrt, muss andersherum angefangen werden;* bei bestimmten Schuhen wurde das Oberleder früher so an die Sohle genäht, dass das Werkstück vor der Fertigstellung gewendet werden musste); *** wissen o. Ä., wo [jmdn.] der S. drückt** (ugs.; *die Probleme, Kümmernisse, jmds. geheime Sorgen, Nöte kennen;* auf einen Ausspruch des griechischen Schriftstellers Plutarch [etwa 46–125] zurückgehend); **sich** ⟨Dativ⟩ **die -e [nach etw.] ablaufen** (ugs.; ↑[2]Hacke b); **jmdm. die -e ausziehen** (ugs.; *jmdn. in Erstaunen, Zorn o. Ä. versetzen):* das zieht einem glatt die -e aus; **sich** ⟨Dativ⟩ **etw. an den Schuhen abgelaufen haben** (ugs.; *eine Erfahrung längst gemacht haben, etw. längst kennen;* urspr. von den wandernden Handwerksgesellen stammend); **jmdm. etw. in die -e schieben** *(jmdm. die Schuld an etw. geben).* **2.** ⟨Pl. -e⟩ (Technik) **a)** *Schutzhülle aus Metall od. Kunststoff am unteren Ende eines Pfahls, an Verbindungsstellen von Bauteilen o. Ä.;* **b)** kurz für ↑Bremsschuh, ↑Hemmschuh, ↑Kabelschuh. **3.** ⟨Pl. -⟩ (früher) *Fuß* (4).

Schuh|ab|satz, der: *Absatz* (1).

Schuh|an|zie|her, der; -s, -: *Schuhlöffel.*

Schuh|band, das ⟨Pl. ...bänder⟩ (regional): *Schnürsenkel.*

Schuh|ban|del, das (bayr., österr. ugs.), **Schuh|bän|del,** der od. das (schweiz. ugs.): *Schnürsenkel.*

Schuh|bürs|te, die: *Bürste zum Reinigen od. zum Polieren der Schuhe.*

Schuh|chen, Schüh|chen, das; -s, -: Vkl. zu ↑Schuh.

Schuh|creme, die: *weiche, cremeartige Masse, die als Politur dünn auf das [Ober]leder von Schuhen aufgetragen wird.*

Schuh|fa|brik, die: *Fabrik, in der Schuhe hergestellt werden.*

Schuh|ge|schäft, das: *Geschäft, in dem Schuhe verkauft werden.*

Schuh|grö|ße, die: *in Zahlen ausgedrückte Größe* (1 d) *eines Schuhs:* ich habe S. 39.

Schuh|in|dus|trie, die: *Schuhe herstellende Industrie.*

Schuh|kar|ton, der: *Pappkarton für Schuhe, die zum Verkauf angeboten werden:* ein S. voll Fotos.

Schuh|la|den, der ⟨Pl. ...läden⟩: vgl. Schuhgeschäft.

Schuh|löf|fel, der: *länglicher, löffelartiger Gegenstand, der bei der Ferse in den Schuh gehalten wird, um ein leichteres Hineingleiten des Fußes zu ermöglichen.*

Schuh|ma|cher, der [mhd. schuochmacher]: *Handwerker, der Schuhe repariert, besohlt u. auch [nach Maß] anfertigt* (Berufsbez.).

Schuh|ma|che|rei, die: **1.** ⟨o. Pl.⟩ *Handwerk des Schuhmachers:* die S. erlernen. **2.** *Werkstatt eines Schuhmachers.*

Schuh|ma|che|rin, die; -, -nen: w. Form zu ↑Schuhmacher.

Schuh|mo|de, die: *Mode, die Art, Schnitt u. Beschaffenheit der Schuhe bestimmt:* eine farbenfreudige S.

Schuh|na|gel, der: *kleiner Nagel zum Befestigen der Sohle am Schuh.*

Schuh|pfle|ge|mit|tel, das: *Mittel zum Reinigen, Pflegen* (1 b) *von Schuhen.*

schuh|plat|teln ⟨sw. V.; hat; meist im Inf. u. 2. Part. gebr.⟩: *Schuhplattler tanzen:* er kann s., hat prächtig geschuhplattelt; immer, wenn er schuhplattelt.

Schuh|platt|ler, der [zu platteln = Platten (d. h. Handflächen u. Schuhsohlen) zusammenschlagen]: *(bes. in Oberbayern, Tirol u. Kärnten heimischer) Volkstanz, bei dem die Männer hüpfend u. springend sich in rhythmischem Wechsel mit den Handflächen auf Schuhsohlen, Knie u. Lederhosen schlagen.*

Schuh|put|zer, der: **a)** *jmd., der gegen Entgelt auf der Straße Schuhe putzt;* **b)** *Gerät, mit dem Schuhe in einem Arbeitsgang gereinigt u. poliert werden:* ein elektrischer S.

Schuh|put|ze|rin, die; -, -nen: w. Form zu ↑Schuhputzer (a).

Schuh|soh|le, die: *Sohle* (1): durchgelaufene -n; *** sich** ⟨Dativ⟩ **die -n [nach etw.] ablaufen** (↑[2]Hacke b).

Schuh|span|ner, der: *in einem Schuh festzuklemmender Gegenstand, mit dem der Schuh in seiner Form gehalten werden soll, solange er nicht getragen wird.*

Schuh|spit|ze, die: *Spitze* (1 c) *des Schuhs.*

Schuh|werk, das ⟨o. Pl.⟩: *Schuhe (in Bezug auf Art u. Beschaffenheit):* festes, schlechtes S. tragen.

Schu|ko|steck|do|se®, die [Schuko = kurz für Schutzkontakt]: *Schutzkontaktsteckdose.*

Schu|ko|ste|cker®, der: *Schutzkontaktstecker.*

Schul|ab|gän|ger, der: *jmd., der von der Schule abgeht.*

Schul|ab|gän|ge|rin, die: w. Form zu ↑Schulabgänger.

Schul|ab|schluss, der: *aufgrund des Schulbesuchs* (1) *erworbene Qualifikation, die im Abschlusszeugnis dokumentiert ist:* S.: mittlere Reife, Abitur.

Schul|al|ter, das ⟨o. Pl.⟩: *Altersstufe etwa vom sechsten Lebensjahr bis zur Pubertät.*

Schul|amt, das: **1.** *Behörde für das Schulwesen.* **2.** (veraltet) *Lehramt.*

Schul|an|fang, der ⟨Pl. selten⟩: **1.** *Beginn des*

Schulbesuchs eines Schulanfängers, einer Schulanfängerin: zum S. bekam sie eine Schultüte. 2. *Beginn des Unterrichts nach Ferien, am Anfang eines Schuljahres:* morgen ist S.

Schul|an|fän|ger, der: *Kind, das gerade in die Schule gekommen ist.*

Schul|an|fän|ge|rin, die: w. Form zu ↑Schulanfänger.

Schul|ar|beit, die: 1. *[schriftliche] Hausaufgabe:* ich muss noch [meine] -en machen. 2. (österr.) *Klassenarbeit.*

Schul|arzt, der: *Arzt, der Schüler[innen] u. Lehrkräfte an einer Schule gesundheitlich betreut.*

Schul|ärz|tin, die: w. Form zu ↑Schularzt.

schul|ärzt|lich ⟨Adj.⟩: *vom Schularzt, von der Schulärztin ausgehend; sich auf den Schularzt, die Schulärztin beziehend:* ein -es Attest.

Schul|at|las, der: *auf die Bedürfnisse im Schulunterricht abgestimmter* [2]*Atlas* (1).

Schul|auf|bau, der ⟨o. Pl.⟩: *Aufbau* (3) *der Schule* (1) *nach Schulstufen u. Schultypen.*

Schul|auf|ga|be, die: 1. *Schularbeit* (1). 2. (landsch.) *Klassenarbeit.*

Schul|auf|satz, der: *als Haus- od. Klassenarbeit geschriebener Aufsatz.*

Schul|auf|sicht, die ⟨o. Pl.⟩: *staatliche Aufsicht* (1) *über die Schulen* (1).

Schul|auf|sichts|be|hör|de, die: *für die Schulaufsicht zuständige Behörde.*

Schul|bank, die ⟨Pl. ...bänke⟩ (früher): *mit einem Pult* (a) *verbundene Bank für Schüler:* Ü von der S. [weg] (ugs.; *unmittelbar nach der Schulzeit*) wurde er zum Militär einberufen; ***die S. drücken** (ugs.; *zur Schule gehen*); **miteinander die S./die gleiche S. gedrückt haben/[miteinander] auf einer S. gesessen haben** (ugs.; *in derselben Klasse 1 a gewesen sein*).

Schul|be|hör|de, die: *Schulamt* (1).

Schul|bei|spiel, das: *typisches, klassisches Beispiel.*

Schul|be|such, der: 1. *Besuch der Schule* (1). 2. (schweiz.) *Hospitation eines Schulrates o. Ä. im Schulunterricht.*

Schul|be|trieb, der: ⟨o. Pl.⟩ vgl. Lehrbetrieb (2).

Schul|bi|bli|o|thek, die: *Bibliothek einer Schule.*

Schul|bil|dung, die ⟨o. Pl.⟩: *durch die Schule* (1) *vermittelte Bildung:* eine gute S. haben.

Schul|brot, das: *belegtes Brot, das die Schüler in die Schule mitnehmen.*

Schul|buch, das: *Lehr- u. Arbeitsbuch für den Schulunterricht.*

Schul|bü|che|rei, die: *Schulbibliothek.*

Schul|buch|kom|mis|si|on, die: *Fachkommission zur Prüfung von Schulbüchern [vor deren Einführung an den Schulen].*

Schul|bus, der: *Bus, der Schüler zur Schule u. zurück befördert.*

Schul|chor, der: vgl. Schulorchester.

schuld: in der Wendung **[an etw.] s. sein** *([an etw.] die Schuld haben, [für etw.] verantwortlich sein):* daran bist du ganz allein s.

Schụld, die; -, -en [mhd. schulde, schult, ahd. sculd(a), zu: sculan = ↑sollen, in dessen urspr. Bed. »schulden« u. eigtl. = Geschuldetes]: 1. ⟨o. Pl.⟩ *Ursache von etw. Unangenehmem, Bösem od. eines Unglücks, das Verantwortlichsein, die Verantwortung dafür:* die S. liegt an, bei mir; er hat, trägt die S. an dem Unfall; jmdm. die S. [an etw.] geben *(jmdn. [für etw.] verantwortlich machen);* ***[an etw.] S. haben** *([an etw.] die Schuld haben, [für etw.] verantwortlich sein):* immer soll ich an allem S. haben!; **jmdm., einer Sache [an etw.] S. geben** *(jmdn., etw. für etw. verantwortlich machen):* ich gebe dir ja gar nicht S. [daran]. 2. ⟨o. Pl.⟩ *bestimmtes Verhalten, bestimmte Tat, womit jmd. gegen Werte, Normen verstößt; begangenes Unrecht, sittliches Versagen, strafbare Verfehlung:* eine persönliche, kollektive S.; sich keiner S. bewusst sein *(sich nicht schuldig fühlen; nicht das Gefühl haben, etw. falsch gemacht zu haben);* ***sich etw. zu -en kommen lassen** (↑zuschulden). 3. ⟨meist Pl.⟩ *Geldbetrag, den jmd. einem anderen schuldig ist:* eine S. tilgen, löschen; -en eintreiben, einklagen, einfordern; ***mehr -en als Haare auf dem Kopf haben** (ugs.; *sehr viele Schulden haben;* nach Psalm 40, 13, wo König David die Anzahl seiner Sünden mit den Haaren auf seinem Haupt vergleicht); **tief/bis über die, beide Ohren in -en stecken** (ugs.; *völlig verschuldet sein*). 4. ***[tief] in jmds. Schuld sein/stehen** (geh.; *jmdm. sehr zu Dank verpflichtet sein*).

schụld|be|la|den ⟨Adj.⟩ (geh.): *große Schuld* (2) *auf sich geladen habend.*

Schụld|be|weis, der: *Beweis einer Schuld:* der S. steht noch aus.

schụld|be|wusst ⟨Adj.⟩: *sich seiner Schuld* (1, 2) *bewusst u. deshalb bedrückt, verlegen, kleinlaut:* eine -e *(Schuldbewusstsein ausdrückende)* Miene; s. schweigen.

Schụld|be|wusst|sein, das: *Bewusstsein einer Schuld.*

schụl|den ⟨sw. V.; hat⟩ [mhd. schulden = schuldig, verpflichtet sein; sich schuldig machen < ahd. sculdōn = sich etw. zuziehen, es verdienen, zu ↑Schuld]: a) *zur Begleichung von Schulden od. als Entgelt o. Ä. zahlen müssen:* jmdm. eine größere Summe s.; was schulde ich Ihnen [für die Reparatur]?; b) *aus sittlichen, gesellschaftlichen o. ä. Gründen jmdm. ein bestimmtes Verhalten, Tun, eine bestimmte Haltung schuldig sein:* jmdm. Dank, Respekt, eine Antwort, Erklärung s.; ich schulde (selten; *verdanke*) ihm mein Leben.

Schụl|den|berg, der (ugs.): *große Menge Schulden, große Schuldsumme:* der S. ist auf über 200 000 Mark angewachsen.

Schụl|den|dienst, der (Wirtsch., Bankw.): *Zins- u. Tilgungszahlung eines Schuldners für seine Verbindlichkeiten (aus aufgenommenen Krediten).*

Schụl|den|er|lass, der: *Erlass* (2) *der Schulden eines Schuldners.*

schụl|den|frei ⟨Adj.⟩: a) *nicht verschuldet:* wir sind s.; b) *nicht mit Schulden belastet:* ein -es Grundstück.

Schụl|den|last, die: *bedrückende Menge Schulden.*

schụld|fä|hig ⟨Adj.⟩ (Rechtsspr.): *(aufgrund seiner geistig-seelischen Entwicklungsstufe u. a.) fähig, das Unrecht einer Tat einzusehen u. nach dieser Einsicht zu handeln:* sie wurde aufgrund eines Gutachtens für s. erklärt.

Schụld|fä|hig|keit, die ⟨o. Pl.⟩ (Rechtsspr.): *das Schuldfähigsein.*

Schụld|for|de|rung, die: a) *Einforderung einer Schuld* (3); b) *eingeforderte Schuld* (3): eine S. bezahlen.

Schụld|fra|ge, die ⟨o. Pl.⟩: *Frage nach der Schuld od. Unschuld bes. eines Angeklagten.*

schụld|frei ⟨Adj.⟩: *frei von, ohne Schuld* (2).

Schụld|ge|fühl, das ⟨meist Pl.⟩: *Gefühl, sich nicht so verhalten zu haben, nicht so gehandelt zu haben, wie es gut, richtig gewesen wäre.*

Schụld|ge|ständ|nis, das: *Geständnis einer Schuld:* ein S. machen, ablegen.

schụld|haft ⟨Adj.⟩ (bes. Amtsspr.): *von der Art od. auf eine Weise, dass sich jmd. dadurch schuldig* (1) *macht; durch eigene Schuld* (1): ein -es Verhalten.

Schụld|haft, die (früher): [1]*Haft* (2) *für säumige Schuldner.*

Schul|die|ner, der (veraltet): *Hausmeister einer Schule.*

Schul|dienst, der ⟨o. Pl.⟩: *Lehrtätigkeit an einer Schule* (1); *Dienst* (1 b) *in der Schule:* [als Beamter] im S. tätig sein.

schụl|dig ⟨Adj.⟩ [mhd. schuldec, ahd. sculdig]: 1. *(an etw.) [die] Schuld tragend, in Bezug auf jmdn., etw. Schuld auf sich geladen habend:* die -e Person; der Angeklagte ist [des Mordes] s.; sie hat sich des Betruges s. gemacht (geh.; *hat einen Betrug begangen*); sie ist an dem Unglück s. *(schuld);* sich s. fühlen, bekennen; jmdn. für s. erklären, befinden; auf s. plädieren (Rechtsspr.; *die Schuldigsprechung beantragen*); auf s. erkennen (Rechtsspr.; *einen Schuldspruch fällen*); ***jmdn. s. sprechen** *(jmdn. gerichtlich verurteilen).* 2. a) *(als materielle Gegenleistung) zu geben verpflichtet:* jmdm. [noch] Geld s. sein *(schulden);* was bin ich Ihnen s.? *(was habe ich zu bezahlen?);* Ü jmdm. Dank, Rechenschaft, eine Erklärung s. sein; den Beweis hierfür bist du mir noch s. geblieben *(hast du mir noch nicht gegeben, geliefert);* das ist sie sich selbst s. *(ihr Ehrgefühl verlangt es von ihr);* ***jmdm. nichts s. bleiben** *(auf jmds. Angriff mit gleicher Schärfe reagieren);* b) *aus Gründen des Anstandes, der Höflichkeit geboten, gebührend, geziemend:* mit dem -en Respekt.

Schụl|di|ge, der u. die; -n, -n ⟨Dekl. ↑Abgeordnete⟩: *jmd., der schuldig* (1) *ist.*

Schụl|di|ger, der; -s, - [mhd. schuldigære] (bibl.): *jmd., der sich schuldig* (1) *gemacht hat.*

Schụl|dig|keit, die; -, -en: *das Schuldigsein:* ***seine [Pflicht und] S. tun** *(dasjenige tun, wozu man verpflichtet ist);* **seine S. getan haben** (ugs.; *seinen Zweck erfüllt haben, ausgedient haben u. nicht mehr gebraucht werden):* sobald er seine S. getan hat, werden sie ihn in die Wüste schicken.

Schụl|dig|spre|chung, die; -, -en: *das Fällen des Schuldspruchs.*

Schụld|kom|plex, der: *durch ein gesteigertes Schuldgefühl hervorgerufener Komplex* (2): an einem S. leiden.

schụld|los ⟨Adj.⟩: *nicht schuldig, ohne eigenes Verschulden:* sie war s.; s. in einen Unfall verwickelt werden.

Schụld|lo|sig|keit, die; -: *das Schuldlossein.*

Schụld|ner, der; -s, - [mhd. schuldenære, ahd. sculdenāri]: *jmd., der einem anderen etw., bes. Geld, schuldet.*

Schụld|ner|be|ra|tung, die: *von Verbraucherverbänden, Selbsthilfeorganisationen, kommunalen Behörden o. Ä. durchgeführte Beratung für verschuldete od. überschuldete Personen.*

Schụld|ne|rin, die; -, -nen: w. Form zu ↑Schuldner.

Schụld|recht, das (Rechtsspr.): *Recht* (1 a), *das die Schuldverhältnisse regelt.*

Schụld|schein, der: *schriftliche Bestätigung einer Schuld* (3).

Schụld|spruch, der: *Rechtsspruch, in dem ein Angeklagter schuldig gesprochen wird.*

Schụld|sum|me, die: *geschuldete Summe.*

Schụld|ti|tel, der (Rechtsspr.): *Urkunde, die zur Zahlung einer Schuld verpflichtet* (z. B. Vollstreckungsbefehl).

schụld|tra|gend ⟨Adj.⟩: *die Schuld* (1) *(an etw.) tragend.*

Schụld|tra|gen|de, der u. die; -n, -n ⟨Dekl. ↑Abgeordnete⟩: *jmd., der die Schuld* (1) *(an etw.) trägt.*

Schụld|turm, der (früher): *als Gefängnis dienender Turm zur Verbüßung der Schuldhaft.*

Schụld|um|wand|lung, die (Wirtsch.): *Umschuldung.*

schụld|un|fä|hig ⟨Adj.⟩ (Rechtsspr.): *nicht schuldfähig:* jmdn. für s. erklären.

Schụld|un|fä|hig|keit, die (Rechtsspr.): *das Schuldunfähigsein.*

Schụld|ver|hält|nis, das (Rechtsspr., Wirtsch.): *Rechtsverhältnis zwischen Schuldner u. Gläubiger.*

Schụld|ver|schrei|bung, die (Rechtsspr., Wirtsch.): *meist festverzinsliches, auf den Inhaber lautendes Wertpapier, in dem sich der Aussteller zu einer bestimmten [Geld]leistung verpflichtet.*

schụld|voll ⟨Adj.⟩ (geh.): *voll Schuld* (2), *schuldbewusst.*

Schụld|zins, der (Bankw.): *Zins für Fremdkapital.*

Schụld|zu|wei|sung, die: *das Zuweisen von Schuld:* vor vorschnellen -en warnen.

Schu|le, die; -, -n [1: mhd. schuol(e), ahd. scuola < lat. schola = Unterricht(sstätte); Muße, Ruhe < griech. scholḗ, eigtl. = das Innehalten (bei der Arbeit)]: 1. *Lehranstalt, in der Kindern u. Jugendlichen durch planmäßigen Unterricht Wissen u. Bildung vermittelt werden:* eine öffentliche, private, konfessionelle S.; eine S. für Behinderte; die S. besuchen, wechseln; er will später an die, zur S. gehen (ugs.; *will Lehrer werden*); an einer S. unterrichten; er geht in, auf die höhere S.; sie kommt dieses Jahr in die, zur S. *(wird eingeschult);* noch in die, zur S. gehen *(noch Schüler[in] sein);* wir sind zusammen in die, zur S. gegangen (ugs.; *waren in derselben Klasse, Schule*); von der S. abgehen; sie ist von der S. geflogen (ugs.; *vom Schulbesuch ausgeschlossen worden*); Ü er ist in eine harte S. gegangen, hat eine harte S. durchgemacht *(hat viel Schweres durchgemacht, bittere Erfahrungen im Leben gemacht);* * **aus der S. plaudern** *(interne Angelegenheiten Außenstehenden mitteilen).* **2.** *Schulgebäude:* eine große, moderne S.; die S. betreten, verlassen. **3.** ⟨o. Pl.⟩ *in der Schule erteilter Unterricht:* die S. beginnt um 8 Uhr; heute haben wir, ist keine S.; morgen fällt die S. aus; die S. schwänzen; sie kommt in der S. gut, nicht mit; komm nach der S. bitte gleich nach Hause. **4.** ⟨o. Pl.⟩ *Ausbildung, durch die jmds. Fähigkeiten auf einem bestimmten Gebiet zu voller Entfaltung kommen, gekommen sind; Schulung:* sein Spiel verrät eine ausgezeichnete S.; * **[die] hohe S.** (1. Reiten; *bestimmte Dressurübungen, deren Beherrschung vollendete Reitkunst ist:* hohe S. reiten. 2. *vollkommene Beherrschung einer bestimmten künstlerischen, wissenschaftlichen od. sportlichen Disziplin:* die hohe Schule der Architektur). **5.** ⟨o. Pl.⟩ *Lehrer- u. Schülerschaft einer Schule:* die ganze S. war in der Aula versammelt. **6.** *bestimmte künstlerische od. wissenschaftliche Richtung, die von einem Meister, einer Kapazität ausgeht u. von ihren Schülern u. Schülerinnen vertreten wird:* die S. Dürers; die florentinische S.; Ü er ist ein Pädagoge der alten S. *(der früher herrschenden Richtung);* ein Diplomat alter S.; * **S. machen** *(viele Nachahmer finden):* sein Beispiel sollte S. machen! **7.** *Lehr- u. Übungsbuch für eine bestimmte [künstlerische] Disziplin:* S. des Klavier-, Flötenspiels. **8.** kurz für ↑Baumschule.

schul|ei|gen ⟨Adj.⟩: *der Schule gehörend:* in der -en Turnhalle.

[1]schu|len ⟨sw. V.; hat⟩: **a)** *(in einem bestimmten Beruf, Tätigkeitsfeld) für eine spezielle Aufgabe, Funktion intensiv ausbilden:* jmdn. politisch s.; das ganze Team für seine neue Aufgabe in Sonderkursen s.; ⟨häufig im 2. Part.:⟩ psychologisch geschulte Fachkräfte; **b)** *durch systematische Übung bes. leistungsfähig machen, vervollkommnen:* das Auge s.; durch Auswendiglernen das Gedächtnis s.; er hat sich an den flämischen Malern geschult; ⟨häufig im 2. Part.:⟩ ein geschultes *(geübtes)* Auge, Ohr haben; **c)** *abrichten, dressieren:* Blindenhunde s.

[2]schu|len ⟨sw. V.; hat⟩ [mniederd. schülen = (im Verborgenen) lauern] (nordd.): *schielen* (2 a, b).

Schul|eng|lisch, das: *in der Schule* (1) *erworbene Englischkenntnisse:* sein S. ist bescheiden.

schul|ent|las|sen ⟨Adj.⟩: *aus der Schule* (1) *entlassen.*

Schul|ent|las|se|ne, der u. die ⟨Dekl. ↑Abgeordnete⟩: *jmd., der aus der Schule* (1) *entlassen worden ist.*

Schul|ent|las|sung, die: *Entlassung aus der Schule* (1).

Schü|ler, der; -s, - [mhd. schuolære, ahd. scuolāri < mlat. scholaris < spätlat. scholaris = zur Schule gehörig; Schüler]: **1.** *Junge, Jugendlicher, der eine Schule* (1) *besucht:* ein guter, durchschnittlicher S.; er ist ein ehemaliger S. von ihm; einen S. tadeln, motivieren. **2.** *jmd., der in einem bestimmten wissenschaftlichen od. künstlerischen Gebiet von einer Kapazität, einem Meister ausgebildet wird u. seine Lehre, Stilrichtung o. Ä. vertritt:* ein S. Raffaels; ein S. von Röntgen.

Schü|ler|ar|beit, die: *(bes. im Kunst-, Werkunterricht angefertigte) Arbeit eines Schülers, einer Schülerin.*

Schü|ler|aus|tausch, der: *Austausch von Schülerinnen u. Schülern verschiedener Nationalität (zur Förderung der internationalen Verständigung).*

Schü|ler|aus|weis, der: *Ausweis* (1), *mit dem sich ein Schüler, eine Schülerin ausweisen kann:* Ermäßigung auf S.

Schü|ler|bi|bli|o|thek, die: *den Schülern u. Schülerinnen einer Schule* (1) *zur Verfügung stehende Bibliothek.*

Schü|ler|brief|wech|sel, der: *Briefwechsel zwischen Schülern u. Schülern [verschiedener Länder].*

Schü|ler|fahr|kar|te, die: *ermäßigte Fahrkarte für Schüler u. Schülerinnen.*

schü|ler|haft ⟨Adj.⟩: **1.** (abwertend) *(in der Ausführung o. Ä. von etw.) fehlendes Können, fehlende geistige Reife erkennen lassend; unfertig, unreif:* eine -e Arbeit, Leistung. **2.** *einem Schüler, einer Schülerin entsprechend, ähnlich:* -es Betragen.

Schü|ler|hort, der: *Schulhort.*

Schü|le|rin, die; -, -nen: w. Form zu ↑Schüler.

Schü|ler|lot|se, der: *als Verkehrshelfer ausgebildeter Schüler, der Mitschüler[innen] über verkehrsreiche Fahrbahnen lotst.*

Schü|ler|lot|sin, die: w. Form zu ↑Schülerlotse.

Schü|ler|mit|ver|ant|wor|tung, die: *Schülermitverwaltung* (1).

Schü|ler|mit|ver|wal|tung, die: **1.** *Beteiligung der Schüler u. Schülerinnen an der Gestaltung des Schullebens.* **2.** *aus Schulsprecher[in] u. Klassensprecher[inne]n u. ihren Vertreter[inne]n zusammengesetztes Gremium, das die Schülerschaft in der Schülermitverwaltung* (1) *vertritt* (Abk.: SMV).

Schü|ler|müt|ze, die (früher): *von Schülern getragene Mütze, die durch Farbe, Form o. Ä. die Zugehörigkeit zu einer bestimmten Schule* (1) *u. Klasse* (1 b) *kenntlich machte.*

Schü|ler|par|la|ment, das: *Vertretung der Schülermitverwaltungen verschiedener [höherer] Schulen* (1) *einer [größeren] Stadt.*

Schü|ler|schaft, die; -, -en: *Gesamtheit der Schüler u. Schülerinnen [einer Schule* (1)].

Schü|ler|spra|che, die ⟨o. Pl.⟩: *Jargon* (a) *der Schüler u. Schülerinnen.*

Schü|ler|spre|cher, der: *von Schülern u. Schülerinnen gewählter Mitschüler, der die Interessen der Schülerschaft einer Schule* (1) *vertritt.*

Schü|ler|spre|che|rin, die: w. Form zu ↑Schülersprecher.

Schü|ler|wett|be|werb, der: vgl. Schulwettbewerb.

Schü|ler|zahl, die: *Anzahl der Schüler u. Schülerinnen (z. B. einer Schule, eines Landes):* trotz steigender -en werden die Lehrerstellen weiter abgebaut.

Schü|ler|zei|tung, die: *von Schülern u. Schülerinnen gestaltete u. herausgegebene Zeitung innerhalb einer Schule* (1).

Schul|fach, das: *an der Schule* (1) *unterrichtetes Fach* (4 a).

Schul|fei|er, die: *von der Schule* (1) *veranstaltete Feier.*

Schul|fe|ri|en ⟨Pl.⟩: *staatlich festgelegte Ferien für die Schulen* (1).

Schul|fern|se|hen, das: vgl. Schulfunk.

Schul|fest, das: vgl. Schulfeier.

Schul|fran|zö|sisch, das: vgl. Schulenglisch.

schul|frei ⟨Adj.⟩: *frei von, ohne Schulunterricht:* ein -er Tag; heute ist, haben wir s. (*keine Schule* 3); s. bekommen, kriegen *(vom Unterricht freigestellt werden).*

Schul|freund, der: *[früherer] Mitschüler, mit dem man befreundet ist.*

Schul|freun|din, die: w. Form zu ↑Schulfreund.

Schul|funk, der: *für den Schulunterricht ausgestrahlte Rundfunksendungen, die zur Ergänzung u. Unterstützung des Unterrichtsprogrammes dienen sollen.*

Schul|ge|bäu|de, das: *Gebäude, in dem der Schulunterricht stattfindet; Schule* (2).

Schul|ge|brauch, der: in der Fügung **für den S.** *(zur [Be]nutzung, Verwendung im Schulunterricht [bestimmt]):* das Buch ist in Hessen für den S. zugelassen.

Schul|ge|gen|stand, der (österr.): *Schulfach.*

Schul|geld, das ⟨o. Pl.⟩: *Betrag, der für den Besuch bestimmter Schulen* (1) *zu zahlen ist:* S. zahlen müssen; **R** lass dir dein S. zurückgeben (salopp; *du scheinst in der Schule nichts gelernt zu haben*).

Schul|geld|frei|heit, die ⟨o. Pl.⟩: *Recht zum unentgeltlichen Schulbesuch.*

Schul|ge|setz, das: *rechtliche Grundlage für das Schulwesen eines Bundeslandes.*

Schul|got|tes|dienst, der: *für die Schule* (5) *abgehaltener Gottesdienst.*

Schul|gram|ma|tik, die: vgl. Schulatlas.

Schul|haus, das: vgl. Schulgebäude.

Schul|heft, das: [2]*Heft* (a) *für den Schulgebrauch.*

Schul|hof, der: *zur Schule* (2) *gehörender Hof, auf dem sich die Schüler[innen] während der [großen] Pause aufhalten.*

Schul|hort, der (DDR): *einer Schule* (1) *angegliederter Kinderhort.*

Schul|hy|gi|e|ne, die: *Gesundheitspflege im Bereich der Schule* (1).

schu|lisch ⟨Adj.⟩: *die Schule* (1, 3) *betreffend, durch die, in der Schule [erfolgend]:* -e Fragen; die -e Arbeit; s. versagen.

Schul|jahr, das: **1.** *Zeitraum eines Jahres für die Arbeit an der Schule* (1), *in dem nach einem Lehrplan bestimmte Unterrichtspensen zu bewältigen sind:* das neue S. beginnt am 1. August. **2.** (in Verbindung mit Zahlen) *Klasse* (b): sie ist im 7. S.

Schul|ju|gend, die: *Jugendliche, die die Schule* (1) *besuchen.*

Schul|jun|ge, der (ugs.): *Junge, der die Schule besucht; jüngerer Schüler* (1): jmdn. wie einen [dummen] -n *(wie jmdn., der noch belehrt werden muss, noch unfertig ist)* behandeln.

Schul|ka|me|rad, der: vgl. Schulfreund.

Schul|ka|me|ra|din, die: w. Form zu ↑Schulkamerad.

Schul|kennt|nis|se ⟨Pl.⟩: *in der Schule* (1) *vermittelte, erworbene Kenntnisse:* gute S. besitzen.

Schul|kind, das: *Kind, das die Schule* (1) *besucht:* du bist jetzt ein S.!

Schul|klas|se, die: *Klasse* (1 a, b).

Schul|kol|le|ge, der (landsch., schweiz., österr.): *Mitschüler, Schulkamerad.*

Schul|kol|le|gin, die: w. Form zu ↑Schulkollege.

schul|krank ⟨Adj.⟩ (ugs.): *angeblich krank, um dem Unterricht fernbleiben zu können.*

Schul|land|heim, das: *Heim, in dem sich Schulklassen jeweils für einige Tage zur Erholung u. zum Unterricht aufhalten:* ins S. fahren.

Schul|le|ben, das: *Gesamtheit der Vorgänge, das Geschehen innerhalb der Schule* (1): er nimmt lebhaften Anteil am S.; den Eltern Einblicke ins S. vermitteln.

Schul|lei|ter, der: *Leiter einer Schule* (1).

Schul|lei|te|rin, die: w. Form zu ↑Schulleiter.

Schul|lei|tung, die: **1.** ⟨o. Pl.⟩ *Leitung* (1 a) *einer Schule* (1): mit der S. beauftragt sein. **2.** *Leitung* (1 b) *einer Schule* (1): das ist Aufgabe der S.

Schul|mäd|chen, das (ugs.): vgl. Schuljunge.

Schul|mann, der ⟨Pl. ...männer⟩: *Pädagoge* (1): ein alter, erfahrener S.

Schul|map|pe, die: *Mappe* (2) *für Hefte, Bücher o. Ä., die mit in die Schule* (1) *genommen wird.*

schul|mä|ßig ⟨Adj.⟩: **a)** *der Schule* (3) *entsprechend;* **b)** *was die Schule* (1) *betrifft, angeht; der Schule* (1) *entsprechend.*

Schul|me|di|zin, die ⟨o. Pl.⟩: *allgemein anerkannte, an den Hochschulen gelehrte Lehren u. Praktiken der Heilkunde.*

Schul|meis|ter, der: **1.** (veraltend, sonst ugs. scherzh.) *Lehrer.* **2.** (abwertend) *jmd., der gern schulmeistert.*

Schul|meis|te|rei, die; -, -en: **1.** ⟨o. Pl.⟩ (veraltet, sonst ugs. scherzh.) *Lehrtätigkeit an der Schule* (1); *Lehrberuf.* **2.** (abwertend) *das Schulmeistern; schulmeisterliches Verhalten:* deine ständige S.!

schul|meis|ter|haft ⟨Adj.⟩: *schulmeisterlich.*

Schul|meis|te|rin, die: w. Form zu ↑Schulmeister.

schul|meis|ter|lich ⟨Adj.⟩ (abwertend): *zur Schulmeisterei* (2) *neigend, wie ein Schulmeister* (2).

schul|meis|tern ⟨sw. V.; hat⟩ (abwertend): *in pedantischer Art korrigieren u. belehren:* jmdn. s.; ⟨auch o. Akk.-Obj.:⟩ er schulmeistert gern.

Schul|mu|sik, die ⟨o. Pl.⟩: **1.** *Musikunterricht u. jegliche musikalische Betätigung in der Schule* (1). **2.** *Studienfach an Musikhochschulen.*
Schul|no|te, die: *Note* (2 a).
Schul|or|ches|ter, das: *aus Schülern u. Schülerinnen [u. Lehrkräften] gebildetes Orchester einer Schule* (1).
Schul|ord|nung, die: *Gesamtheit der Bestimmungen zur Regelung eines ordnungsgemäßen Ablaufs des Schulunterrichts:* ein Verstoß gegen die S.
Schul|pä|da|go|gik, die: *Teilgebiet der Pädagogik, das sich auf den Lehrerberuf bezogen mit speziellen pädagogischen Problemen der Schule* (1) *beschäftigt.*
Schul|pflicht, die ⟨o. Pl.⟩: *gesetzliche Vorschrift für schulpflichtige Kinder zum regelmäßigen Besuch einer allgemein bildenden Schule* (1).
schul|pflich|tig ⟨Adj.⟩: *das Alter habend, in dem ein Kind der Schulpflicht nachkommen muss:* ein -es Kind.
Schul|platz, der: vgl. Schulhof.
Schul|po|li|tik, die: *Gesamtheit von Bestrebungen im Hinblick auf das Schulwesen.*
Schul|prak|ti|kum, das: *schulisches Praktikum für Studierende, die den Lehrerberuf ergreifen wollen.*
Schul|psy|cho|lo|gie, die: **1.** *Teilgebiet der angewandten Psychologie, das sich mit den psychologischen schulischen Problemen beschäftigt.* **2.** (veraltet, meist abwertend) *an den Universitäten gelehrte Psychologie (im Unterschied zur Tiefenpsychologie).*
Schul|ran|zen, der: *Ranzen* (1).
Schul|rat, der: *Beamter der Schulaufsichtsbehörde.*
Schul|rä|tin, die: w. Form zu ↑Schulrat.
Schul|recht, das ⟨o. Pl.⟩: *das Schulwesen betreffendes Recht* (1 a).
Schul|re|form, die: *Reform des Schulwesens.*
schul|reif ⟨Adj.⟩: *(von einem Kind) in Bezug auf seine Fähigkeiten so weit entwickelt, dass es eingeschult werden kann.*
Schul|rei|fe, die: *das Schulreifsein.*
Schul|rei|fe|test, der: *Test zur Ermittlung der Schulreife.*
Schul|sack, der (schweiz.): *Ranzen* (1).
Schul|schiff, das: *[Segel]schiff zur Ausbildung von Seeleuten.*
Schul|schluss, der ⟨o. Pl.⟩: **1.** *Ende der täglichen Unterrichtszeit.* **2.** (landsch.) *Ende der Schulzeit, Beendigung der schulischen Ausbildung.*
Schul|schwän|zer, der (ugs.): *Schüler, der die Schule* (3) *schwänzt.*
Schul|schwän|ze|rin, die: w. Form zu ↑Schulschwänzer.
Schul|spei|sung, die ⟨o. Pl.⟩: *Essenausgabe* (1) *in der Schule* (1, 2).
Schul|sport, der: vgl. Schulmusik.
Schul|spre|cher, der: *Schülersprecher.*
Schul|spre|che|rin, die: w. Form zu ↑Schulsprecher.
Schul|stress, der: *starke, auf die Dauer gesundheitliche Schäden verursachende körperlich-seelische Belastung der Schüler u. Schülerinnen durch die besonders hohen intellektuellen Anforderungen in der Schule (u. durch die Vernachlässigung der übrigen Bedürfnisse).*
Schul|stu|fe, die: *mehrere Klassen* (1 b) *umfassende Stufe innerhalb des Schulaufbaus* (z. B. Mittelstufe).
Schul|stun|de, die: *Unterrichtsstunde in der Schule* (1): eine S. ist 45 Minuten lang.
Schul|sys|tem, das: *Zuordnung verschiedener Schulen* (1) *eines Landes mit unterschiedlichen Schulabschlüssen zueinander:* ein dreigliedriges S. mit Hauptschule, Realschule und Gymnasium.
Schul|tag, der: *Tag, an dem Schule* (3) *ist:* noch vier -e, und dann sind sechs Wochen Ferien.
Schul|ta|sche, die: *Schulmappe.*
Schul|ter, die; -, -n [mhd. schulter, ahd. scult(er)ra, H. u.]: **1.** *(beim Menschen) oberer Teil des Rumpfes zu beiden Seiten des Halses, mit dem die Arme verbunden sind:* breite, vom Alter gebeugte -n; die -n bedauernd hochziehen; die, mit den -n zucken *(mit einem Hochziehen der Schulter zu verstehen geben, dass man etw. nicht weiß, jmdn. od. etw. nicht versteht);* jmdm. bis an die, bis zur S. reichen; jmdn. im Zorn an den -n rütteln; jmdm. kameradschaftlich, jovial auf die S. klopfen; der Ringer zwang, legte seinen Gegner auf die -n *(schulterte ihn);* er nahm, hob das Kind auf die -n; den Arm um jmds. -n legen; Ü die ganze Verantwortung liegt, lastet auf seinen -n; ***S. an S.** (1. *so nah, dicht neben jmdm., nebeneinander, dass man sich mit den Schultern [beinahe] berührt.* 2. *gemeinsam [im Einsatz für ein u. dieselbe Sache]:* er kämpfte S. an S. mit seinem Partner); **jmdm., einer Sache die kalte S. zeigen** (ugs.; *einer Person od. Sache keine Beachtung [mehr] schenken, ihr mit Gleichgültigkeit od. Nichtachtung begegnen, sie abweisen, zurückweisen, ablehnen;* viell. nach engl. to give [od. to show] somebody the cold shoulder); **etw. auf die leichte S. nehmen** *(etw. nicht ernst genug nehmen);* **auf beiden -n [Wasser] tragen** *(zwei Parteien gerecht werden wollen);* **jmdn. über die S. ansehen** *(auf jmdn. herabsehen).* **2.** *Teil eines Kleidungsstückes, der die Schulter* (1) *bedeckt:* die linke S. sitzt nicht. **3. a)** *(bei vierfüßigen Wirbeltieren) seitliche, obere, über jedem der beiden Schulterblätter gelegene Rückengegend;* **b)** *oberer, fleischiger Teil des Vorderbeins (bes. bei Schlachtvieh u. Wild):* ein Stück Hammelfleisch von der S.
Schul|ter|blatt, das [mhd. sculter[ren]-, schulterblat]: *(beim Menschen und bei vierfüßigen Wirbeltieren) einer der beiden flachen, breiten Knochen oben auf beiden Seiten des Rückens.*
schul|ter|frei ⟨Adj.⟩: *die Schultern* (1) *nicht bedeckend:* ein -es Abendkleid; s. tragen.
Schul|ter|ge|lenk, das: *Kugelgelenk zwischen Schulterblatt u. Oberarmknochen.*
Schul|ter|gurt, der: *über eine Schulter verlaufender Teil eines Dreipunktgurts.*
Schul|ter|gür|tel, der: *(beim Menschen u. bei vierfüßigen Wirbeltieren) paarig angelegter, aus Schulterblatt u. Schlüsselbein gebildeter Teil des Skeletts.*
Schul|ter|half|ter, das, auch die: *mit einem Schulterriemen befestigtes* [2]*Halfter, das an der Seite unter der Achsel getragen wird.*
schul|ter|hoch ⟨Adj.⟩: **a)** *so hoch, dass es bis zur obersten Grenze der Schulter* (1) *reicht:* ein schulterhoher Zaun; das Reck ist s.; **b)** (Zool.) *eine bestimmte Schulterhöhe aufweisend:* ein 2 Meter schulterhohes Nashorn.
Schul|ter|hö|he, die ⟨o. Pl.⟩: *(beim Menschen und bei vierfüßigen Wirbeltieren) oberer Rand der Schulter* (1, 3 a) *als Punkt der größten Höhe des Rumpfes über dem Boden:* eine S. bis zu 80 Zentimeter.
Schul|ter|klap|pe, die ⟨meist Pl.⟩: *[bei Uniformen zur Kennzeichnung des Dienstgrades] Stoffstreifen auf den Schultern* (2).
Schul|ter|kra|gen, der: *breiter, die Schultern bedeckender Kragen.*
schul|ter|lang ⟨Adj.⟩: *(bes. vom Haar) so lang, dass es bis zu den Schultern reicht.*
schul|tern ⟨sw. V.; hat⟩: **1.** *auf die Schulter[n] nehmen:* den Rucksack s.; er trug das Gepäck geschultert *(auf der Schulter).* **2.** (Ringen) *den Gegner mit beiden Schultern (für eine bestimmte Zeit) auf die Matte drücken u. dadurch besiegen:* er schulterte seinen Gegner in der zweiten Runde.
Schul|ter|pols|ter, das: *(bes. in Mänteln, Jacken) zur Verbreiterung der Schultern* (1) *eingenähtes Polster.*
Schul|ter|rie|men, der: *(zur Uniform) über der Schulter getragener schmaler Lederriemen.*
Schul|ter|schluss, der ⟨o. Pl.⟩: *Zusammenhalten (von Interessengemeinschaften o. Ä.):* der S. der Koalitionsparteien, von Verbündeten.
Schul|ter|schnur, die: *militärisches Abzeichen in Form einer geflochtenen Schnur, die unter die rechte Schulterklappe geknöpft wird.*
Schul|ter|sieg, der (Ringen): *Sieg durch Schultern* (2) *des Gegners.*
Schul|ter|stand, der (Turnen): *Übung (z. B. am Barren), bei der der Turner auf einer od. beiden Schultern steht.*
Schul|ter|stück, das: **1.** *Schulterklappe.* **2.** *Stück von der Schulter* (3 a): zum Schmoren empfehle ich Ihnen ein S.
Schul|ter|ta|sche, die: *mit einem Riemen über der Schulter getragene Tasche.*
Schul|ter|tuch, das ⟨Pl. ...tücher⟩: vgl. Schulterkragen.
Schul|ter|wurf, der (Ringen): *Griff, durch den der Gegner auf beide Schultern geworfen wird.*
Schult|heiß, der; -en, -en [mhd. schultheiȝe, ahd. sculdheiȝe(o), eigtl. = Leistung Befehlender, zu ↑Schuld u. ↑[1]heißen (3)]: **1.** (veraltet) *Gemeindevorsteher.* **2.** (schweiz.) *(im Kanton Luzern) Vorsitzender des Regierungsrates.*
Schul|the|ke, die (schweiz.): *Schulmappe, Schulranzen.*
Schul|trä|ger, der (Amtsspr.): *Institution, Behörde o. Ä., die dazu verpflichtet ist, eine Schule zu unterhalten.*
Schul|tür, die: *Tür des Schulhauses.*
Schul|tü|te, die: *große, spitze, mit Süßigkeiten u. a. gefüllte Tüte aus Pappe, die ein Kind am ersten Schultag als Geschenk bekommt.*
Schul|typ, der: *Typ einer Schule* (1): die Zwergschule ist als S. ausgestorben.
Schu|lung, die; -, -en: **1. a)** *das Schulen* (a); *intensive Ausbildung:* eine politische S. erfahren; **b)** *das Schulen* (b); *Vervollkommnung:* die ständige S. der Stimme, des Reaktionsvermögens. **2.** *Lehrgang, Kurs, in dem jmd. geschult* (a) *wird:* an einer S. für Funktionäre teilnehmen.
Schu|lungs|kurs, der: *Schulung* (2).
Schul|uni|form, die: *von Schülerinnen bzw. Schülern getragene einheitliche Kleidung, die die Zugehörigkeit zu einer bestimmten Schule* (1) *kenntlich macht.*
Schul|un|ter|richt, der: *Unterricht, der in der Schule* (1) *erteilt wird.*
Schul|ver|fas|sung, die: *durch das Schulgesetz geregelte Ordnung einer Schule* (1).
Schul|ver|sa|gen, das: *das Versagen* (1 a) *eines Schülers, einer Schülerin vor den Anforderungen der Schule* (1).
Schul|ver|such, der: *praktische Erprobung neuer Formen der schulischen Organisation u. des Schulunterrichts.*
Schul|ver|wal|tung, die: vgl. Schulamt (1).
Schul|vor|stand, der: *Vorstand einer Schule.*
Schul|wech|sel, der: *Wechsel der besuchten Schule* (1): der Umzug der Eltern machte einen S. erforderlich.
Schul|weg, der: *Wegstrecke zwischen Wohnung u. Schulgebäude:* einen kurzen, weiten S. haben.
Schul|weis|heit, die (abwertend): *nur angelerntes Wissen.*
Schul|we|sen, das ⟨o. Pl.⟩: *alles, was mit der Schule* (1) *zusammenhängt.*
Schul|wett|be|werb, der: *in einer Schule* (1) *veranstalteter od. zwischen verschiedenen Schulen ausgetragener Wettbewerb.*
Schul|wis|sen, das: *Schulkenntnisse.*
Schul|ze, der; -n, -n [spätmhd. schultz, schultesse, gek. aus mhd. schultheiȝe, ↑Schultheiß] (veraltet): *Gemeindevorsteher.*
Schul|zeit, die: *Zeit, Jahre des Schulbesuchs* (1): sie kennt ihn aus der S.
Schul|zen|trum, das: *Gebäudekomplex, in dem verschieden[artig]e Schulen* (1) *untergebracht sind.*
Schul|zeug|nis, das: *Zeugnis über die schulischen Leistungen eines Schülers, einer Schülerin.*
Schul|zim|mer, das: *Klassenzimmer.*
Schum|mel, der; -s (ugs.): *das Schummeln; unbedeutende Betrügerei:* mit S. gewinnen.
Schum|me|lei, die; -, -en (ugs.): *[dauerndes, wiederholtes] Schummeln* (1): eine kleine S.; jmdm. S. vorwerfen.
schum|meln ⟨sw. V.; hat⟩ [H. u., viell. zu einem mundartl. Verb mit der Bed. »sich hastig bewe-

S

gen; schlenkern, schaukeln« u. urspr. bezogen auf die schnellen Bewegungen der Taschenspieler] (ugs.): **1.** *unehrlich handeln, mogeln* (1): beim Kartenspielen s. **2.** *durch Täuschung, Tricks irgendwohin bringen, bewegen, mogeln* (2): Briefe in die Zelle s.

Schụm|mer, der; -s, - [mniederd. schummer, Nebenf. von ↑Schimmer] (landsch.): *Dämmerung.*

schụm|me|rig, schummrig ⟨Adj.⟩ (ugs.): **a)** *halbdunkel, nur schwach be-, erleuchtet; dämmerig:* ein schummriger Hinterhof; **b)** *(von Licht) schwach, keine rechte Helligkeit bewirkend:* im -en Schein einer Kerze; die Beleuchtung ist s.

Schụm|mer|licht, das; -[e]s (ugs.): *Dämmerlicht.*

schụm|mern ⟨sw. V.; hat⟩: **1.** ⟨unpers.⟩ (landsch.) *dämmern* (1 a): es schummerte bereits. **2.** (Fachspr.) *auf einer Landkarte die Hänge in verschiedenen Grautönen darstellen, um eine plastische Wirkung zu erreichen:* hügeliges Gelände auf einer Wanderkarte s.; eine geschummerte Karte.

Schụm|mer|stun|de, die (landsch.): *Dämmerstunde.*

Schụmm|ler, der; -s, - (ugs.): *jmd., der [dauernd] schummelt:* du S.!

Schụmm|le|rin, die; -, -nen: w. Form zu ↑Schummler.

schụmm|rig: ↑schummerig.

schụm|pern ⟨sw. V.; hat⟩ [H. u., viell. Nebenf. von schles. schampern = tänzelnd gehen] (ostmd.): *auf dem Schoß schaukeln, wiegen.*

schụnd: ↑schinden.

Schụnd, der; -[e]s [zu ↑schinden (4), urspr. = Unrat, Kot, eigtl. = Abfall beim Schinden] (abwertend): **1.** *etw. künstlerisch Wertloses, Minderwertiges (bes. jugendgefährdende Literatur):* was liest du da wieder für einen S.?; *** S. und Schmutz** (↑Schmutz 1). **2.** (ugs.) *wertloses, unbrauchbares Zeug, minderwertige Ware:* kauf doch nicht so einen [billigen] S.!

Schụnd|film, der: vgl. Schundliteratur.

Schụnd|heft, das (abwertend): [2]*Heft (c), das Schundliteratur enthält.*

schụn|dig ⟨Adj.⟩ (ugs. abwertend): *minderwertig, wertlos:* so ein -es Zeug!

Schụnd|li|te|ra|tur, die ⟨o. Pl.⟩: *Literatur, die Schund (1) ist.*

Schụnd|ro|man, der: vgl. Schundliteratur.

Schụn|kel|lied, das: *Lied, nach dessen Rhythmus man gut schunkeln (1 a) kann.*

schụn|keln ⟨sw. V.⟩ [niederd., md. Nebenf. von ↑schuckeln]: **1. a)** *sich in einer Gruppe mit untergehakten Armen gemeinsam im Rhythmus einer Musik hin und her wiegen* ⟨hat⟩: spätestens nach dem dritten Glas Wein fangen sie dann an zu s.; ⟨subst.:⟩ ein Lied zum Schunkeln; **b)** *sich schunkelnd (1 a) irgendwohin bewegen* ⟨ist⟩: wir schunkelten von Kneipe zu Kneipe. **2.** (landsch.) **a)** *sich hin u. her wiegen, schaukeln, hin u. her schwanken* ⟨hat⟩: das kleine Boot schunkelte heftig; **b)** *sich schunkelnd (2 a) irgendwohin bewegen* ⟨ist⟩: ein altes Auto schunkelte über die Landstraße.

Schụn|kel|wal|zer, der: vgl. Schunkellied.

Schụpf, der; -[e]s, -e [mhd. schupf, zu ↑schupfen] (südd., schweiz.): *[leichter] Stoß; Schubs.*

schup|fen ⟨sw. V.; hat⟩ [mhd. schupfen, (md.) schuppen, ↑[2]schuppen] (südd., schweiz., österr.): **a)** *stoßen, anstoßen:* jmdn. von hinten s.; **b)** *werfen:* einen Ball s.

Schup|fen, der; -s, - [mhd. schupfe, vgl. Schopf (5)] (österr., südd.): *Schuppen, Wetterdach.*

[1]Schu̱|po, die; -: Kurzwort für ↑Schutzpolizei.

[2]Schu̱|po, der; -s, -s (veraltet): Kurzwort für ↑Schutzpolizist: der Dieb wurde von zwei -s abgeführt.

Schụpp, der; -[e]s, -e [vgl. Schubs] (nordd.): *[leichter] Stoß; Schubs:* jmdm. einen S. geben.

Schụ̈pp|chen, das; -s, -: Vkl. zu ↑Schuppe (1, 3).

Schụp|pe, die; -, -n [mhd. schuop(p)e, ahd. scuobba, scuoppa, urspr. = abgeschabte Fischschuppe, ablautende Bildung zu ↑schaben]: **1.** *kleines hartes Plättchen auf dem Körper mancher Tiere (z. B. der Fische, Reptilien, Schmetterlinge):* die silbrig glänzenden -n des Fisches. **2.** *(bei manchen Pflanzen vorhandenes) einer Schuppe (1) ähnelndes Gebilde:* die -n eines Tannenzapfens. **3.** *etw., was einer Schuppe (1) ähnelt, nachgebildet ist:* die schimmernden -n seines Harnischs. **4. a)** *Hautschuppe;* **b)** *Kopfschuppe.* **5.** *** es fällt jmdm. wie -n von den Augen** (*jmdm. wird etwas plötzlich klar, jmd. hat plötzlich eine Erkenntnis;* nach Apg. 9, 18; bestimmte Augenkrankheiten wurden früher mit Schuppen verglichen, die die Augen bedecken).

Schụ̈p|pel, der; -s, -[n] [wohl weitergebildet aus ↑Schopf] (südd., österr.): *Büschel:* ein S. Stroh.

[1]schụp|pen ⟨sw. V.; hat⟩ [spätmhd. schūpen, schüppen, zu ↑Schuppe]: **1.** *(einen Speisefisch) von den Schuppen befreien:* Fische s. **2.** ⟨s. + sich⟩ **a)** *Hautschuppen bilden u. abstoßen:* seine Haut schuppt sich; ⟨auch ohne »sich«:⟩ die Haut schuppt stark; **b)** *eine sich schuppende (2 a) Haut haben:* du schuppst dich [auf dem Rücken].

[2]schụp|pen ⟨sw. V.; hat⟩ [mhd. (md.) schuppen, ablautende Intensivbildung zu ↑schieben] (landsch.): *leicht anstoßen; schubsen.*

Schụp|pen, der; -s, - [zu ↑Schopf (5), das Schutzdach war urspr. mit Strohbündeln gedeckt; in md. u. niederd. Lautung hochsprachlich geworden]: **1.** *einfacher Bau [aus Holz] zum Unterstellen von Geräten, Materialien, Fahrzeugen u. a.:* ein S. für die Gartengeräte; Ü der neue S-Bahnhof ist ja ein entsetzlicher S. (ugs. abwertend; *ein äußerst hässliches Gebäude).* **2.** (ugs.) *[großräumiges] Lokal* (1): die neue Disco ist ein toller S.

schụp|pen|ar|tig ⟨Adj.⟩: *in der Form an eine Schuppe (1, 2) erinnernd, in der Anordnung an die Schuppen eines Fisches erinnernd:* -e Metallplättchen.

Schụp|pen|baum, der (Paläobotanik): *(ausgestorbener, bes. im Karbon häufiger) Baum, dessen Rinde von schuppenartigen, von den abgefallenen Blättern hinterlassenen Narben bedeckt ist.*

Schụp|pen|bil|dung, die: *das Sichbilden von Schuppen (4 b).*

Schụp|pen|flech|te, die (Med.): *chronische Hautkrankheit, bei der es zur Bildung von roten Flecken u. fest darauf haftenden, silberweißen Hautschuppen kommt; Psoriasis.*

schụp|pen|för|mig ⟨Adj.⟩: vgl. schuppenartig.

schụp|pen|los ⟨Adj.⟩: *keine Schuppen (1) habend:* -e Reptilien, Fische.

schụp|pig ⟨Adj.⟩: **a)** *mit Schuppen (1–3) bedeckt, viele Schuppen aufweisend:* die -e Haut des Reptils; **b)** *mit Schuppen (4) bedeckt, viele Schuppen aufweisend:* sein Haar ist s.; **c)** *im Aussehen an Schuppen (1–3) erinnernd:* ein -es Ornament.

Schụps (südd.): ↑Schubs.

schụp|sen (südd.): ↑schubsen.

Schu̱r, die; -, -en [mhd. schuor, (md.) schūr, zu ↑[1]scheren]: **1. a)** *das [1]Scheren (1 a, b) von Schafen:* die Schafe zur S. zusammentreiben; **b)** *bei der Schur (1 a) gewonnene Wolle.* **2.** (Landw.) *das Mähen von Wiesen, Schneiden von Hecken o. Ä.:* die Hecke hat eine S. nötig.

schü̱|ren ⟨sw. V.; hat⟩ [mhd. schürn, ahd. scuren, viell. eigtl. = stoßen, zusammenschieben, H. u.]: **1.** *(ein Feuer) durch Stochern mit einem Feuerhaken o. Ä. anfachen, zum Aufflammen bringen:* das Feuer s. **2.** *(etw. [aus der Sicht des Sprechenden] Unerwünschtes, Negatives) anstacheln, entfachen, entfesseln [u. steigern]:* jmds. Neid, Eifersucht, Zorn, Angst s.; einen Konflikt s.

Schụrf, der; -[e]s, Schürfe [zu ↑schürfen] (Bergmannsspr.): *bei der Suche nach Lagerstätten ausgehobene, nicht sehr tiefe Grube o. Ä.*

schụ̈r|fen ⟨sw. V.; hat⟩ [mhd. schür(p)fen, ahd. scurphen = aufschneiden, ausweiden; (Feuer) anschlagen, verw. mit ↑scharf (1)]: **1. a)** *(die Haut) durch Schaben, Kratzen o. Ä. mit etw. Scharfem, Rauem oberflächlich verletzen:* sich ⟨Dativ⟩ die Haut, das Knie s.; **b)** *durch Schürfen (1 a) in einen bestimmten Zustand bringen:* sich [den Arm] blutig s.; **c)** ⟨s. + sich⟩ *sich eine Schürfwunde zuziehen:* er hat sich [am Ellenbogen] geschürft. **2.** *sich schabend, scharrend [geräuschvoll] über etw. hinwegbewegen:* der Schild der Planierraupe schürft über den Boden. **3.** (Bauw.) *eine an der Oberfläche liegende Schicht des Bodens abtragen, abgraben (z. B. als Vorarbeit beim Straßenbau).* **4.** (Bergbau) **a)** *an der Oberfläche liegende Schichten des Bodens abtragen, um eine Lagerstätte aufzufinden od. zugänglich zu machen:* dort soll demnächst geschürft werden; **b)** *(im Tagebau) abbauen, fördern:* Braunkohle, Erz s.

Schụ̈r|fer, der; -s, - (Bergbau): *jmd., der schürft* (4 a).

Schụ̈r|fe|rin, die; -, -nen: w. Form zu ↑Schürfer.

Schụ̈rf|gru|be, die (Bergbau, Bauw.): *zur Erkundung der oberen Schichten des Bodens ausgehobene nicht sehr tiefe Grube.*

Schụ̈rf|recht, das: *Recht zum Schürfen (4 a) nach Bodenschätzen.*

Schụ̈rf|wun|de, die: *durch Schürfen (1 a) entstandene Wunde.*

Schü̱r|ha|ken, der: *am unteren Ende hakenförmig gebogene Eisenstange zum Schüren des Feuers.*

Schu|ri|ge|le̱i, die; -, -en (ugs. abwertend): *[dauerndes, wiederholtes] Schurigeln:* ich lasse mir solche -en nicht mehr gefallen.

schu̱|ri|geln ⟨sw. V.; hat⟩ [zu mundartl. schurgeln, schürgeln, (ostmd.) Iterativbildung zu mhd. schürgen, weitergebildet aus: schürn, schüren] (ugs. abwertend): *jmdm. durch fortwährende Schikanen, durch ungerechte Behandlung das Leben schwer machen:* der Meister schurigelte ständig seinen Lehrling.

Schụr|ke, der; -n, -n [älter auch: Schurk, Schork, H. u.; viell. verw. mit ↑schüren; vgl. ahd. fiurscurgo = Feuerschürer] (abwertend): *jmd., der Böses tut, moralisch verwerflich handelt, eine niedrige Gesinnung hat:* ein gemeiner S.; dieser verdammte S.!

Schụr|ken|streich, der (veraltend abwertend): *schurkische Tat.*

Schur|ke|re̱i, die; -, -en (abwertend): *schurkische Tat, Handlung, Handlungsweise:* so eine verdammte S.!

Schụr|kin, die; -, -nen: w. Form zu ↑Schurke.

schụr|kisch ⟨Adj.⟩ (abwertend): *dem Wesen, der Art eines Schurken entsprechend; gemein, niederträchtig:* er hat ziemlich s. gehandelt.

schụr|ren ⟨sw. V.⟩ [mniederd. schurren, Nebenf. von ↑scharren] (landsch.): **1. a)** *ein scharrendes o. ä. Geräusch hervorrufen, verursachen* ⟨hat⟩: die Takelage schurrte; **b)** *sich mit einem schurrenden (1 a) Geräusch irgendwohin bewegen* ⟨ist⟩. **2.** *scharren (1 a)* ⟨hat⟩.

Schu̱r|wol|le, die [zu ↑Schur]: *von lebenden Schafen gewonnene Wolle:* ein Pullover aus reiner, aus echter S.

Schụrz, der; -es, -e [mhd. schurz, eigtl. = kurzes Kleidungsstück, verw. mit: schurz, ahd. scurz = kurz; abgeschnitten, zu ↑[1]scheren]: **a)** *einer Schürze ähnliches, aber meist kürzeres Kleidungsstück, das bei bestimmten Arbeiten getragen wird:* der Schmied trägt einen ledernen S.; **b)** (landsch.) *Schürze;* **c)** kurz für ↑Lendenschurz.

Schụ̈r|ze, die; -, -n [aus dem Niederd. < mniederd. schörte, verw. mit mhd. schurz (↑Schurz), eigtl. = die Abgeschnittene]: *(über der Kleidung getragenes) vor allem die Vorderseite des Körpers [teilweise] bedeckendes, mit angenähten Bändern um Taille u. Hals gehaltenes Kleidungsstück, das bes. zum Schutz der Kleidung bei bestimmten Arbeiten dient:* eine frische S.; eine S. voll Äpfel; [sich] eine S. umbinden, vorbinden; *** jmdm. an der S. hängen** (ugs. abwertend; *im Handeln, in wichtigen Entscheidungen von jmdm. abhängig sein).*

schụ̈r|zen ⟨sw. V.; hat⟩ [mhd. schürzen, zu ↑Schurz]: **1. a)** *(einen langen, weiten Rock o. Ä.) aufheben u. zusammenraffen u. in der Höhe der Hüften festhalten, befestigen:* sie schürzte ihr

Kleid, sich das Kleid und stieg die Treppe hinauf; ⟨häufig im 2. Part.:⟩ mit geschürzten Röcken watete sie durch den Fluss; **b)** *(die Lippen) leicht nach vorne schieben u. kräuseln:* sie schürzte verächtlich die Lippen; **c)** ⟨s. + sich⟩ *(von den Lippen) sich leicht nach vorne schieben u. kräuseln:* ihre Lippen schürzten sich. **2.** (geh.) **a)** *(einen Knoten) binden:* einen Knoten s.; **Ü** im Drama den Knoten s. *(den Konflikt herbeiführen);* **b)** *(etw.) zu einem Knoten verschlingen:* er schürzte die Kordel zu einem Knoten; **c)** ⟨s. + sich⟩ *(zu einem Knoten) werden, (in einen Knoten) übergehen:* ihr Haar schürzt sich im Nacken zum Knoten.

Schür|zen|band, das ⟨Pl. …bänder⟩: *an einer Schürze angenähtes Band, durch das die Schürze gehalten wird:* *** an jmds. S./jmdm. am S. hängen** (↑Schürze 1).

Schür|zen|jä|ger, der (ugs. abwertend): *Mann, der ständig Frauen umwirbt, für erotische, sexuelle Beziehungen zu gewinnen sucht:* er ist ein stadtbekannter S.

Schür|zen|ta|sche, die: *auf eine Schürze aufgesetzte Tasche.*

Schür|zen|zip|fel, der: *Zipfel einer Schürze:* *** an jmds. S./jmdm. am S. hängen** (↑Schürze).

Schurz|fell, das (veraltet): *Lederschurz.*

Schụss, der; -es, Schüsse, (als Mengenangabe auch:) - [mhd. schuʒ, ahd. scuʒ, zu ↑schießen]: **1. a)** *das Abschießen eines Geschosses, das Abfeuern einer Waffe; das Schießen:* ein gezielter S.; ein S. auf eine Scheibe; es fielen zwei Schüsse *(es wurde zweimal geschossen);* der Jäger kam nicht zum S.; **Ü** der Fotograf kam nicht zum S. (ugs.; *kam nicht dazu, ein bestimmtes Motiv zu fotografieren*); *** weit/weitab vom S.** (ugs.; 1. *in sicherer Entfernung von etw. Gefährlichem, Unangenehmem:* er hält sich weit vom S. 2. *fern vom Mittelpunkt des Geschehens, abseits:* das Lokal liegt sehr weit vom S.; aus der Soldatenspr., eigtl. = weit entfernt vom Gefecht, von der Front); **b)** *abgeschossenes, im Flug befindliches Geschoss:* ein S. aus dem Hinterhalt; einen S. abgeben; **Ü** der S. kann leicht nach hinten losgehen (ugs.; *diese Maßnahme kann sich leicht unversehens gegen den Urheber richten*); *** jmdm. einen S. vor den Bug setzen/geben** (ugs.; *jmdn. nachdrücklich warnen, etw., was man missbilligt, fortzusetzen*); **c)** *mit einem Schuss* (1 a) *erzielter Treffer:* ein S. mitten ins Herz; *** ein S. ins Schwarze** (ugs.; *eine genau zutreffende, das Wesentliche einer Sache treffende Bemerkung; vollkommen richtige Antwort, Lösung eines Rätsels o. Ä.*); **ein S. in den Ofen** (ugs.; *ein völliger Fehlschlag;* wohl nach der Vorstellung, dass ein so abgegebener Schuss ohne Wirkung durch den Rauchabzug verpuffe): die Aktion war ein S. in den Ofen; **d)** *beim Abfeuern einer Feuerwaffe entstehender Knall:* ein S. hallte durchs Tal; **e)** *Schussverletzung, Schusswunde:* er liegt mit einem S. im Bein im Lazarett; *** einen S. haben** (ugs.; ↑Vogel); **f)** *für einen Schuss* (1 a) *ausreichende Menge Munition, Schießpulver:* er hatte noch drei S. im Magazin; *** keinen S. Pulver wert sein** (ugs.; *charakterlich, menschlich nichts taugen;* aus der Soldatenspr.; eigtl. = die ehrenhafte Hinrichtung durch die Kugel nicht verdient haben [u. gehängt werden]). **2. a)** *das Schlagen, Treten, Stoßen o. Ä. eines Balles o. Ä. (bes. beim Fußballspiel):* ein S. aufs Tor; zum S. ansetzen; **b)** *durch einen Schuss* (2 a) *in Bewegung versetzter Ball o. Ä.:* der S. ging ins Aus; **c)** *mit einem Schuss* (2 a) *erzielter Treffer:* ein S. gegen die Latte; **d)** ⟨o. Pl.⟩ (Sport Jargon) *Fähigkeit, einen Ball in einer bestimmten Weise zu treten, zu schlagen o. Ä.:* einen strammen S. [im rechten Bein] haben. **3.** (bes. Bergbau) **a)** *für eine Sprengung angelegtes [mit einer Sprengladung versehenes] Bohrloch;* **b)** *zur Gewinnung von Erz o. Ä. durchgeführte Sprengung.* **4.** (Jargon) **a)** *Injektion einer Droge (bes. von Heroin):* der Stoff reicht für zwei Schüsse; *** jmdm., sich einen S. setzen/drücken/machen** *(jmdm., sich eine Droge injizieren);* **der goldene S.** *([in der Absicht, sich das Leben zu nehmen, vorgenommene] Injektion einer tödlichen Dosis Heroin o. Ä.);* **b)** *Menge, Dosis einer Droge (bes. Heroin), die normalerweise für eine Injektion ausreicht:* sich einen S. [Heroin] kaufen. **5.** *** einen S. tun/machen** (ugs.; *[von Kindern, Jugendlichen] in kurzer Zeit ein beträchtliches Stück wachsen*): der Junge hat mit 14 Jahren einen tüchtigen S. getan. **6.** *schnelle, ungebremste Fahrt o. Ä.:* im S. (Skisport; *in Schussfahrt*) zu Tal fahren; *** in S. kommen** (ugs.; 1. *in Schwung, in schnelle Fahrt kommen.* 2. *anfangen, loslegen*). **7.** *kleine Menge einer Flüssigkeit [die, z. B. bei der Bereitung von Speisen, etw. anderem zugesetzt wird]:* einen S. Essig in die Suppe tun; Cola mit S. *(mit etw. Kognak, Rum o. Ä.);* **Ü** sie hat einen S. Leichtsinn im Blut. **8.** (Textilind.) *in Querrichtung verlaufende Fäden in einem Gewebe od. in Querrichtung aufgespannte Fäden auf einem Webstuhl:* der S. ist aus Baumwolle. **9.** [die folgenden Wendungen beziehen sich wohl auf ein Geschütz, das zum Abschuss vorbereitet ist od. wird]: *** in/(seltener auch:) im S. sein** (ugs.; 1. *in Ordnung, in gutem, gepflegtem Zustand sein:* mein Auto ist jetzt wieder [gut] in S. 2. *in guter körperlicher Verfassung sein; gesund, wohlauf sein:* Opa ist noch prima in S.); **in S. kommen** (ugs.; 1. *in einen ordentlichen, guten, gepflegten Zustand kommen:* ich muss dafür sorgen, dass der Garten wieder in S. kommt. 2. *einen guten Gesundheitszustand erlangen:* sie ist nach ihrer Operation schnell wieder in S. gekommen); **etw. in S. bringen/halten/kriegen** o. Ä. (ugs.; *etw. in Ordnung, in einen guten, gepflegten Zustand bringen usw.*): den Laden werden wir schon wieder in S. kriegen.

Schụss|bahn, die: *Bahn, die ein abgefeuertes Geschoss* (1) *beschreibt.*

Schụss|bein, das (Fußball Jargon): *Bein, mit dem ein Fußballspieler [gewöhnlich] schießt.*

schụss|be|reit ⟨Adj.⟩: **1. a)** *bereit, jederzeit sofort zu schießen:* machen Sie sich s.!; **b)** *(von einer Waffe) feuerbereit:* mit -em Gewehr saß er in seinem Versteck. **2.** (ugs.) **a)** *bereit, jederzeit sofort zu fotografieren:* die Fotografen machten sich s.; **b)** *(von einer Kamera) jederzeit sofort ausgelöst werden könnend:* mit -er Kamera erwarteten sie den Star.

Schụs|sel, der; -s, - [wohl zu ↑Schuss in der Bed. »übereilte, schnelle Bewegung«] (ugs., oft abwertend): *schusseliger Mensch:* pass doch auf, du S.!

Schüs|sel, die; -, -n [mhd. schüʒʒel(e), ahd. scuʒʒila < lat. scutula, scutella = Trinkschale, Vkl. von: scutra = flache Schale]: **1. a)** *gewöhnlich tieferes, meist rundes od. ovales, oben offenes Gefäß, das bes. zum Auftragen u. Aufbewahren von Speisen benutzt wird:* eine flache S.; eine S. aus Porzellan; eine S. mit Spinat, voll Pudding; bringen Sie doch bitte noch eine S. Reis!; ein Satz -n; *** vor leeren -n sitzen** (ugs.; *hungern müssen, nichts zu essen haben*); **b)** (veraltend) *etw. in einer Schüssel* (1 a) *Angerichtetes, Aufgetragenes; Gericht, Speise:* eine dampfende S. auftragen. **2.** (salopp, oft abwertend) *Auto:* eine alte S. fahren. **3.** (Jägerspr.) *Teller* (3). **4.** (ugs.) *Satellitenschüssel:* eine S. auf dem Dach.

schüs|sel|för|mig ⟨Adj.⟩: *in der Form einer Schüssel ähnlich:* eine -e Muschel.

schụs|se|lig, schusslig ⟨Adj.⟩ [zu ↑Schussel] (ugs. abwertend): *(aus einer inneren Unausgeglichenheit, aus einem Mangel an Konzentration heraus) zur Vergesslichkeit neigend u. fahrig* (a), *gedankenlos:* sei doch nicht so s.!

Schụs|se|lig|keit, Schussligkeit, die; -, -en (ugs. abwertend): **a)** ⟨o. Pl.⟩ *das Schusseligsein; schusseliges* (a) *Wesen, schusselige Art:* es wird immer schlimmer mit seiner S.; **b)** *schusselige Handlung:* solche -en kann ich mir in meinem Job nicht leisten.

schụs|seln ⟨sw. V.⟩: **1.** (ugs.) *viele vermeidbare, auf Unachtsamkeit beruhende Fehler machen, gedankenlos u. unordentlich arbeiten* ⟨hat⟩: er hat bei seinen Hausaufgaben furchtbar geschusselt. **2.** (ugs.) *schusselig umherlaufen, irgendwohin laufen* ⟨ist⟩: sie schusselte aufgeregt durch die Wohnung. **3.** (landsch.) **a)** *schlittern* (1 a) ⟨hat⟩; **b)** *schlittern* (1 b) ⟨ist⟩.

Schụss|fa|den, der (Textilind.): *in Querrichtung verlaufender Faden in einem Gewebe.*

Schụss|fahrt, die (Skisport): *ungebremste geradlinige Abfahrt.*

Schụss|feld, das: *innerhalb der Schussweite einer Waffe liegender Bereich:* ein freies S. haben; **Ü** der Spieler hatte freies S. (Fußball; *konnte direkt aufs Tor schießen*).

schụss|fer|tig ⟨Adj.⟩: vgl. schussbereit.

schụss|fest ⟨Adj.⟩: **1.** *kugelsicher:* -es Glas. **2.** (Jägerspr.) *an Schüsse* (1 d) *gewöhnt.*

Schụss|ge|le|gen|heit, die (Sport): *Gelegenheit, aufs Tor zu schießen.*

schụss|ge|recht ⟨Adj.⟩ (Jägerspr.): **1.** *(vom Jäger) mit Schusswaffen vertraut.* **2.** *(vom Wild) an einer Stelle befindlich, wo es der Jäger mit hoher Wahrscheinlichkeit treffen kann.*

schụss|ge|wal|tig ⟨Adj.⟩ (Sport Jargon): *große Schusskraft besitzend.*

Schụss|glück, das (Sport Jargon): *Glück beim Schießen aufs Tor.*

Schụss|kraft, die ⟨o. Pl.⟩ (Sport): *Fähigkeit, den Ball mit großer Wucht [aufs Tor] zu schießen.*

Schụss|kreis, der (Hockey): *durch eine halbkreisförmige Linie begrenzter Teil des Spielfeldes vor dem Tor, von dem aus direkt auf dieses Tor geschossen werden darf.*

schụss|lig: ↑schusselig.

Schụss|lig|keit: ↑Schusseligkeit.

Schụss|li|nie, die: *(gedachte) gerade Linie zwischen einer auf ein Ziel gerichteten Schusswaffe u. diesem Ziel:* aus der S. gehen; *** in die/in jmds. S. geraten** *(in eine Lage geraten, in der man heftiger [öffentlicher] Kritik ausgesetzt ist);* **sich in die S. begeben, manövrieren** o. Ä. *(sich heftiger [öffentlicher] Kritik aussetzen).*

Schụss|nä|he, die: *Entfernung, aus der ein Ziel einigermaßen sicher getroffen werden kann:* sich bis auf S. an ein Wild heranpirschen.

Schụss|rich|tung, die: *Richtung eines Schusses* (1 b); *Richtung, in die geschossen wird, werden soll.*

schụss|schwach ⟨Adj.⟩ (Sport Jargon): *kaum in der Lage, gezielt u. erfolgreich aufs Tor zu schießen:* ein -er Stürmer.

schụss|si|cher ⟨Adj.⟩: *kugelsicher.*

schụss|stark ⟨Adj.⟩ (Sport Jargon): vgl. schussschwach.

Schụss|ver|let|zung, die: *durch einen Schuss* (1 b) *verursachte Verletzung.*

Schụss|waf|fe, die: *Waffe, mit der man schießen kann:* der Polizist machte von der S. Gebrauch.

Schụss|wech|sel, der: *gegenseitiges Aufeinanderschießen:* es kam zu einem kurzen S. zwischen den Geiselnehmern und der Polizei.

Schụss|wei|te, die: **1.** *Entfernung, die ein abgeschossenes Geschoss überwindet.* **2.** (Jägerspr.) *Schussnähe:* der Bock blieb außer S.

Schụss|win|kel, der (Sport): *von der Torlinie u. der kürzesten Verbindung zwischen Tor u. schießendem Spieler gebildeter Winkel:* ein ungünstiger, zu spitzer S.

Schụss|wun|de, die: vgl. Schussverletzung.

Schụss|zahl, die: *Anzahl von Schüssen.*

Schu̲s|ter, der; -s, - [spätmhd. schuster, schuo(ch)ster < mhd. schuochsūter, aus: schuoch (↑Schuh) u. sūter, ahd. sūtāri < lat. sutor = (Flick)schuster, eigtl. = Näher]: **1.** *Schuhmacher:* die Schuhe zum S. bringen; Spr S., bleib bei deinem Leisten (*tu nur das, wovon du etwas verstehst, u. pfusche anderen nicht ins Handwerk;* nach einem Ausspruch des altgriech. Malers Apelles, mit dem er auf die Kritik eines Schuhmachers antwortete); *** auf -s Rappen** (scherzh.; *zu Fuß;* eigtl. = mithilfe der Schuhe): auf -s Rappen reisen, kommen. **2.** (salopp abwertend) *Pfuscher, Stümper.* **3.** (landsch.) *Weberknecht.* **4.** (Tischtennis) *Punktzahl 5 (in nicht offizieller Wertung).*

S

Schus|ter|ah|le, die: *besondere, vom Schuhmacher verwendete Ahle.*

Schus|ter|hand|werk, das: *Handwerk des Schusters.*

Schus|ter|jun|ge, der: **1.** (veraltet) *Schusterlehrling:* *** es regnet -n** (berlin. salopp; *es regnet stark;* davon ausgehend, dass es früher in Berlin sehr viele Schusterlehrlinge gab). **2.** (Druckerspr.) *(im Bleisatz entgegen der Regel) auf der vorangehenden Seite bzw. in der vorangehenden Spalte stehende Anfangszeile eines neuen Abschnitts.*

Schus|ter|laib|chen, das (österr.): *großes, rundes, mit Kümmel bestreutes Brötchen aus Weizen- u. Roggenmehl.*

Schus|ter|lehr|ling, der: *Lehrling im Schusterhandwerk.*

schus|tern ⟨sw. V.; hat⟩: **1.** (ugs. veraltend) *als Schuster arbeiten.* **2.** (ugs. abwertend) *pfuschen.*

Schus|ter|pfriem, der: vgl. Schusterahle.

Schus|ter|sche|mel, der: *niedriger, dreibeiniger Schemel, auf dem der Schuhmacher bei der Arbeit sitzt.*

Schus|ter|werk|statt, die: *Werkstatt eines Schusters.*

Schu|te, die; -, -n [1: (m)niederd. schūte, zu ↑schießen (vgl. [1]Schoß), wohl nach dem weit ausladenden Vordersteven; 2: nach der weiten Form]: **1.** *zum Transport bes. von Schüttgut benutztes offenes Wasserfahrzeug (ohne Eigenantrieb):* eine mit Sand beladene S. **2.** *breitrandiger, haubenartiger Frauenhut, dessen Krempe das Gesicht umrahmt.*

Schutt, der; -[e]s [spätmhd. schut, urspr. = künstliche Aufschüttung, zu ↑schütten]: **1.** *in kleinere u. kleinste Stücke zerbröckelte Reste von Gesteinsmassen, Mauerwerk o. Ä., die vormals zu einem größeren [massiven] Ganzen (Fels od. Bauwerk) gehörten:* ein Haufen S.; S. abladen verboten!; *** etw. in S. und Asche legen** *(etw. völlig zerstören u. niederbrennen);* **in S. und Asche liegen** *(völlig zerstört u. niedergebrannt sein);* **in S. und Asche sinken** (geh.; *völlig zerstört u. niedergebrannt werden).* **2.** (landsch.) *Schuttabladeplatz:* etw. auf den S. werfen, fahren.

Schutt|ab|la|de|platz, der: *Platz zum Abladen u. Lagern von Schutt, Abfall, Müll:* Ü den Psychoanalytiker als S. benutzen.

Schütt|bo|den, der (landsch.): *[Dach]boden, Speicher, auf dem Getreide u. Stroh gelagert wird.*

Schüt|te, die; -, -n [zu ↑schütten; 3: mhd. schüt(e)]: **1. a)** *(bes. in Küchenschränken) kleiner, herausziehbarer Behälter (in Form einer Schublade) zur Aufbewahrung loser Vorräte, die sich schütten lassen:* drei Esslöffel Mehl aus der S. nehmen; **b)** *Behälter, worin man loses Material (z. B. Kohlen o. Ä.) tragen u. dessen Inhalt man durch eine oben frei gelassene Öffnung ausschütten kann;* **c)** (bes. Schifffahrt) *Rutsche zum Verladen von Schüttgut.* **2.** (landsch.) **a)** *Bund, Bündel [Stroh]:* zwei -n Stroh; **b)** *Aufgeschüttetes (bes. Stroh, Laub o. Ä.):* auf einer S. *(auf einem Strohlager)* schlafen. **3.** (schweiz.) *Schüttboden.* **4.** (Jägerspr.) **a)** *Futter, das für Fasanen, Rebhühner od. Schwarzwild ausgelegt wird;* **b)** *Futterplatz, wo die Schütte (4 a) ausgelegt wird.*

Schüt|tel|frost, der: *heftiges Zittern am ganzen Körper, verbunden mit starkem Kältegefühl u. schnell ansteigendem Fieber:* mit S. im Bett liegen.

Schüt|tel|läh|mung, die (Med.): *parkinsonsche Krankheit.*

schüt|teln ⟨sw. V.; hat⟩ [mhd. schüt(t)eln, ahd. scutilōn, Intensivbildung zu ↑schütten]: **1. a)** *etw., jmdn. kräftig, kurz u. schnell hin u. her bewegen [sodass er, es in schwankende Bewegung gerät]:* jmdn. [bei den Schultern nehmen und] heftig, kräftig s.; jmdn. aus dem Schlaf s. *(durch Schütteln wecken);* [die Medizin] vor Gebrauch s.!; die Betten s. *(aufschütteln);* der Löwe schüttelt seine Mähne; verneinend den Kopf s.; verwundert den Kopf, mit dem Kopf [über etw.] s.; jmdm. bei der Begrüßung die Hand s.; der Wind schüttelt die Bäume; ein Hustenanfall schüttelte ihn; der Ekel schüttelt sie *(sie muss sich schütteln vor Ekel);* von Angst geschüttelt sein *(vor Angst zittern);* ⟨unpers.:⟩ es schüttelte sie [vor Kälte, Ekel] *(sie schüttelte sich [vor Kälte, Ekel]);* Ü ein von Krisen geschütteltes Land; **b)** ⟨s. + sich⟩ *heftig hin u. her gehende od. drehende Bewegungen machen:* der Hund schüttelt sich; sich vor Lachen s.; **c)** ⟨s. + sich⟩ *sich ekeln.* **2.** *durch Schütteln (1 a) zum Herunter-, Herausfallen bringen:* Obst [vom Baum] s.; den Staub von, aus den Kleidern s. **3.** *[heftig] hin u. her gehende od. drehende Bewegungen machen:* die Kutsche schüttelt.

Schüt|tel|reim, der: *doppelt reimender Paarreim mit scherzhafter Vertauschung der Anfangskonsonanten der am Reim beteiligten Wörter od. Silben* (z. B.: Ich wünsche, dass mein Hünengrab/ich später mal im Grünen hab).

Schüt|tel|rost, der: [1]*Rost (a) in einem Ofen, den man hin- u. herbewegen kann, um die Asche hindurchzuschütteln.*

schüt|ten ⟨sw. V.; hat⟩ [mhd. schüt(t)en, ahd. scutten, eigtl. = heftig bewegen]: **1. a)** *in zusammenhängender od. gedrängter Menge niederrinnen, -fallen, -gleiten lassen, gießen:* Mehl in ein Gefäß s.; Kohlen auf einen Haufen s.; jmdm., sich etw. ins Glas, über das Kleid s.; geschüttete (Fachspr.; *nicht gestapelte, nicht abgepackte*) Briketts; **b)** ⟨unpers.⟩ (ugs.) *heftig regnen:* es schüttete die ganze Nacht; **c)** (ugs.) *durch Hinein-, Darauf-, Darüberschütten von etw. in einen mehr od. weniger gefüllten od. bedeckten Zustand bringen:* den Boden voll Korn s. **2.** (Fachspr.) *(bes. vom Getreide, von einer Quelle) ergiebig sein, einen Ertrag von bestimmter Güte od. Menge liefern:* eine besonders reich schüttende Quelle.

schüt|ter ⟨Adj.⟩ [in oberdeutscher Lautung hochspr. geworden; mhd. schiter, ahd. scetar = dünn, lückenhaft; urspr. = gespalten, zersplittert]: **1.** *spärlich im Wachstum, nicht dicht stehend; dürftig [wachsend]:* ein -er Fichtenwald; sein Haar ist s. [geworden]. **2.** (geh.) *kümmerlich, schwach:* mit -er Stimme.

schüt|tern ⟨sw. V.; hat⟩ [zu ↑schütten]: *(von [heftig] schwingender, stoßender Bewegung) erschüttert werden:* der Fußboden schütterte heftig.

Schutt|feld, das (Geol.): *von Gesteinsschutt bedeckte Fläche.*

Schütt|gut, das (Wirtsch.): *loses Gut, das zum Transport in den Laderaum eines Fahrzeugs geschüttet (u. nicht verpackt) wird* (z. B. Kohle, Getreide).

Schutt|hal|de, die: **1.** *Anhäufung von Schutt.* **2.** (Geol.) *natürliche Anhäufung von Gesteinsschutt am Fuß eines steilen Hangs.*

Schutt|hau|fen, der: *Haufen aus Schutt* (1), *Abfällen.*

Schutt|ke|gel, der (Geol.): *kegelförmige Schutthalde* (2).

Schütt|ofen, der (Hüttenw.): *einem Schachtofen ähnlicher Röstofen.*

Schutt|platz, der: *Schuttabladeplatz.*

Schütt|stein, der (schweiz.): *Ausguss* (1 a).

Schütt|stroh, das: *gebündeltes langes Stroh.*

Schüt|tung, die; -, -en (Fachspr.): **1. a)** *das Schütten (bes. von Schüttgut):* die S. des Materials, der Erde; **b)** *Art, Form des Geschüttetwerdens, -seins (bes. von Schüttgut):* die Kohlen werden in loser S. *(nicht abgepackt)* geliefert. **2.** *das Geschüttete, Aufgeschüttete:* die S. soll einmal die ganze Senke ausfüllen. **3.** (Fachspr.) *Ergiebigkeit einer Quelle, geschüttete* (2) *Menge.*

Schutz, der; -es, -e ⟨Pl. selten, bes. schweiz.⟩ [mhd. schuz, urspr. = (Stau)damm, Wehr; Umdämmung, Aufstauung des Wassers, zu ↑[1]schützen]: **1.** ⟨o. Pl.⟩ *etw., was eine Gefährdung abhält od. einen Schaden abwehrt:* die Hütte war als S. gegen, vor Unwetter errichtet worden; warme Kleider sind der beste S. gegen Kälte; Abhärtung ist ein guter S. gegen Erkältungen; das Dach bot [wenig] S. vor dem Gewitter, gegen das Gewitter; durch den Raubbau am Wald verlor die Insel ihren natürlichen S.; unter einem Baum S. suchen, finden; bei jmdm. S. [vor Verfolgung] suchen; ein S. suchender Flüchtling; den S. *(die Sicherung u. Bewahrung)* der Grundrechte erklärte man zur ersten Aufgabe des Staates; die Verbrecher entkamen unter dem/im S. der Dunkelheit; sich in/unter jmds. S. begeben; ohne männlichen S. *(ohne männliche Begleitung)* wollte sie nicht nach Hause gehen; jmd., etw. steht unter jmds. S.; der Flüchtling stellte sich unter polizeilichen S., unter den S. der Polizei; er wurde unter polizeilichem S. *(unter polizeilicher Aufsicht, Bewachung)* abgeführt; die Veranstaltung stand unter dem S. *(der Schirmherrschaft)* des Bürgermeisters; zum S. der Augen eine Sonnenbrille tragen; ein wirksames Mittel zum S. gegen/vor Ansteckung; Maßnahmen zum S. der Bevölkerung vor Verbrechern; er hat drei Leibwächter zu seinem [persönlichen] S.; (veraltet geh. in bestimmten Wortpaaren:) jmdm. S. und Schirm gewähren; *** jmdn. [vor jmdm., gegen jmdn.] in S. nehmen** *(jmdn. gegen [jmds.] Angriffe, Kritik o. Ä. verteidigen).* **2.** (bes. Technik Jargon) *Vorrichtung, die zum Schutz gegen etw. konstruiert ist:* an einer Kreissäge einen S. anbringen.

[1]Schütz, der; -en, -en: **1.** (veraltet) [1]*Schütze* (1 a). **2.** kurz für ↑Feldschütz.

[2]Schütz, das; -es, -e [zu ↑[1]schützen; vgl. mhd. schuz, ↑Schutz]: **1.** (Fachspr.) *in Wassergräben, Kanälen, an Schleusen, Wehren angebrachte Absperr- u. Regulierungsvorrichtung, bes. in Form einer senkrechten Platte o. Ä., die aufgezogen u. heruntergelassen werden kann.* **2.** (Elektrot.) *(für mit Starkstrom arbeitende Geräte, Anlagen o. Ä. verwendeter) durch einen schwachen Strom betätigter elektromagnetischer Schalter.*

Schutz|an|strich, der: **1.** *Anstrich zum Schutz bes. gegen Korrosion, schädigende Witterungseinflüsse o. Ä.* **2.** (Milit. seltener) *Tarnanstrich.*

Schutz|an|zug, der: vgl. Schutzkleidung.

Schutz|bau, der: vgl. Schutzraum.

Schutz|be|dürf|nis, das ⟨o. Pl.⟩: *Bedürfnis nach Schutz:* das S. der Gesellschaft vor Gewaltakten.

schutz|be|dürf|tig ⟨Adj.⟩: *Schutz nötig habend:* -e Personengruppen.

Schutz|be|foh|le|ne, der u. die ⟨Dekl. ↑Abgeordnete⟩ (Rechtsspr., sonst veraltend, geh.): *jmds. Schutz, Obhut Anvertraute, Anvertrauter; Schützling.*

Schutz|be|häl|ter, der: *spezieller Behälter für bestimmte Stoffe zum Schutz der Umwelt, bes. vor schädlichen Strahlen.*

Schutz|be|haup|tung, die (bes. Rechtsspr.): *unzutreffende Behauptung, mit deren Hilfe jmd. eine Schuld zu verbergen sucht, einer Bestrafung zu entgehen versucht:* eine Aussage als S. werten.

Schutz|be|klei|dung, die: vgl. Schutzkleidung.

Schutz|blech, das: **1.** *halbkreisförmiges, gewölbtes Blech über den Rädern, bes. von Zweirädern, zum Auffangen des Schmutzes.* **2.** *schützendes Blech; schmutzende od. gefährliche bewegliche Teile von Maschinen od. anderen Vorrichtungen abdeckende Verkleidung aus Blech o. Ä.*

Schutz|brief, der: **1.** (Politik, Dipl., bes. früher) *Urkunde mit der staatlichen Zusage des Schutzes.* **2.** (Versicherungsw.) *Versicherung* (2 a) *für Kraftfahrer, die dem Versicherungsnehmer bei Pannen, Unfällen, im Krankheitsfalle o. Ä. im In- u. Ausland die jeweils erforderliche Hilfeleistung garantiert.*

Schutz|bril|le, die: *Brille zum Schutz der Augen vor Verletzungen od. Schädigung.*

Schutz|bünd|nis, das: *Bündnis zum gegenseitigen Schutz.*

Schutz|dach, das: *Schutz gewährendes Dach.*

[1]Schüt|ze, der; -n, -n [mhd. schütze, ahd. scuzz(i)o, zu ↑schießen]: **1. a)** *jmd., der mit einer Schusswaffe schießt:* ein guter S.; der S. *(die Person, die geschossen hatte)* konnte ermittelt werden; **b)** (Sport) *den Ball o. Ä. [ins Tor]*

S

schießender, werfender Spieler: der S. des dritten Tors. 2. Mitglied eines Schützenvereins. 3. a) Soldat des untersten Dienstgrades beim Heer (1 b); b) (DDR) Soldat bei der motorisierten Waffengattung des Heeres (1 b); c) (veraltet) Infanterist. 4. (Astrol.) a) ⟨o. Pl.⟩ Tierkreiszeichen für die Zeit vom 23. 11. bis 21. 12.: im Zeichen des -n geboren sein; b) jmd., der im Zeichen [1]Schütze (4 a) geboren ist: sie ist [ein] S. 5. ⟨o. Pl.⟩ Sternbild am südlichen Sternenhimmel.

[2]**Schüt|ze,** die; -, -n: [2]Schütz (1).

[1]**schüt|zen** ⟨sw. V.; hat⟩ [mhd. schützen, eigtl. = eindämmen, (Wasser) aufstauen, entweder zu ↑schießen (in der alten Bed. »[einen Riegel] vorstoßen«) od. zu ↑schütten (mhd. schüten = [einen Schutzwall] anhäufen)]: 1. jmdm., einer Sache Schutz gewähren, einen Schutz [ver]schaffen: jmdn., ein Land [vor Gefahren, gegen Gefahren] s.; das Eigentum [vor Übergriffen, gegen Übergriffe] s.; etw. vor der Sonne, vor, gegen Nässe s.; sich s. (Kondome benutzen) beim Geschlechtsverkehr; warme Kleidung schützt [dich] vor Kälte; die Dunkelheit schützte den Dieb [vor Entdeckung]; ein schützendes Dach; sich schützend vor ein Kind stellen; eine [vor, gegen Wind] geschützte Stelle. 2. unter gesetzlichen Schutz stellen u. dadurch gegen [anderweitige] [Be]nutzung, Auswertung o. Ä. [1]schützen (1): eine Erfindung durch ein Patent s.; ein Buch urheberrechtlich s. lassen; der Name des Fabrikats ist [gesetzlich] geschützt. 3. unter Naturschutz stellen: eine Landschaft s.; Pflanzen, Tiere s.; geschützte Arten.

[2]**schüt|zen** ⟨sw. V.; hat⟩ (Technik): durch ein [2]Schütz (1) stauen.

Schüt|zen, der; -s, - [spätmhd. schutzen, zu ↑schießen]: Schiffchen (4).

Schüt|zen|bru|der, der: Mitglied eines Schützenvereins.

Schüt|zen|fest, das: 1. mit einem Wettkampf der [1]Schützen (2) verbundenes Volksfest. 2. (Ballsport Jargon) Spiel, in dem eine Seite besonders viele Tore erzielt.

Schutz|en|gel, der [LÜ von kirchenlat. angelus tutelaris]: 1. (bes. nach katholischem Glauben) einem Menschen zum Schutz beigegebener Engel: sein S. hat ihn davor bewahrt; sie hat einen S. gehabt (ist vor dem Schlimmsten bewahrt geblieben). 2. Engel (2 a). 3. (Jargon) Zuhälter.

Schüt|zen|gil|de, die: vgl. Schützenverein.

Schüt|zen|gra|ben, der: zum Schutz der Infanteristen angelegter, beim Kampf Deckung bietender Graben: Schützengräben ausheben, ziehen; im S. liegen.

Schüt|zen|haus, das: Vereinshaus der [1]Schützen (2).

Schüt|zen|hil|fe, die (ugs.): Unterstützung durch hilfreiches, jmds. Vorgehen, Handeln schützendes u. förderndes Verhalten: jmdm. S. geben, gewähren; S. von jmdm. bekommen.

Schüt|zen|kö|nig, der: 1. preisgekrönter Sieger des Wettschießens der [1]Schützen (2) beim Schützenfest. 2. (Ballspiele Jargon) erfolgreichster Torschütze (einer Saison, eines Turniers usw.).

Schüt|zen|kö|ni|gin, die: w. Form zu ↑Schützenkönig.

Schüt|zen|li|nie, die (Milit.): die in gleichmäßigen Abständen nebeneinander aufgestellten [1]Schützen (3 a).

Schüt|zen|loch, das: von einzelnen [1]Schützen (3) ausgehobenes Loch zur eigenen Deckung beim Kampf.

Schüt|zen|pan|zer, der: gepanzertes Kettenfahrzeug, das Panzergrenadieren bzw. [1]Schützen (3 b) als Transport- u. Kampffahrzeug dient.

Schüt|zen|platz, der: Platz, auf dem das Schützenfest stattfindet.

Schüt|zen|steu|e|rung, Schützsteuerung, die (Elektrot.): Steuerung (eines Geräts, einer Anlage) durch [2]Schütze (2).

Schüt|zen|ver|ein, der: der Tradition verpflichteter Verein, dessen Mitglieder das Schießen als Sport o. Ä. betreiben.

Schüt|zen|zunft, die (schweiz.): Schützenverein.

Schüt|zer, der; -s, - [zu ↑[1]schützen]: 1. als besonderer Schutz für etw. angefertigte Sache (als Kurzf. von Zus., wie z. B. Knieschützer, Ohrenschützer). 2. (veraltend geh.) jmd., der jmdm., einer Sache seinen Schutz gewährt; Beschützer.

Schüt|ze|rin, die; -, -nen: w. Form zu ↑Schützer (2).

Schutz|far|be, die: 1. Tarnfarbe. 2. Farbe, die einen Schutzanstrich bildet bzw. dafür geeignet ist.

Schutz|fär|bung, die (Zool.): tarnende u. damit vor Feinden schützende Färbung (bei bestimmten Tieren).

Schutz|film, der: vor Schädigung o. Ä. schützender Film (1), dünner Überzug: Holz mit einem S. überziehen.

Schutz|frist, die (Rechtsspr.): Frist, während deren etw. gesetzlich geschützt ist.

Schutz|ge|biet, das: zu einem bestimmten Zweck abgegrenztes u. vor anderweitiger Nutzung geschütztes Gebiet, bes. Naturschutzgebiet.

Schutz|ge|bühr, die: 1. kleinere Gebühr für etw., die bewirken soll, dass es nur von jmdm. genommen wird, der auch daran interessiert ist: der Katalog ist gegen eine S. von einer Mark erhältlich. 2. (verhüll.) Schutzgeld.

Schutz|geist, der ⟨Pl. -er⟩: schützender guter Geist.

Schutz|geld, das: durch Androhung von Gewalt erpresste regelmäßige Zahlung des Inhabers einer Gaststätte o. Ä. an eine verbrecherische Organisation: -er, S. zahlen.

Schutz|geld|er|pres|sung, die: Erpressung von Schutzgeld.

Schutz|ge|mein|schaft, die (Rechtsspr., Wirtsch.): Zusammenschluss zum Schutz der Interessen von Inhabern unsicherer Wertpapiere: eine S. gründen.

Schutz|ge|wahr|sam, der (Rechtsspr.): dem persönlichen Schutz dienender Gewahrsam für jmdn., dem unmittelbare Gefahr für Leib u. Leben droht: jmdn. in S. nehmen.

Schutz|git|ter, das: zum Schutz angebrachtes Gitter.

Schutz|glas, das ⟨Pl. ...gläser⟩: 1. Glas, das Gegenstände schützen soll: ein Gemälde mit S. versehen. 2. Spezialglas, das gegen körperliche Schädigung schützen soll.

Schutz|glo|cke, die: schützende Glocke (5).

Schutz|gott, der (Myth.): schützender Gott.

Schutz|göt|tin, die: w. Form zu ↑Schutzgott.

Schutz|ha|fen, der (Schifffahrt): Hafen, der Schiffen Schutz (vor Sturm) bietet.

Schutz|haft, die (Rechtsspr.): 1. (verhüll.) (bes. politisch motivierte) Vorbeugehaft: jmdn. in S. nehmen. 2. (früher) Schutzgewahrsam.

Schutz|hau|be, die: 1. dem Schutz dienende Haube (2 d). 2. (Kfz-W.) Haube (2 a).

Schutz|hei|li|ge, der u. die (kath. Rel.): Patron (2): der S. dieser Stadt.

Schutz|helm, der: helmähnlicher Kopfschutz; helmähnliche Kopfbedeckung, die vor allem gegen Schlag u. Stoß schützen soll: der S. des Rennfahrers.

Schutz|herr, der: 1. a) (früher) jmd., der Inhaber besonderer Macht über bestimmte unter seinen Schutz gestellte Abhängige war; b) Inhaber der Schutzherrschaft (1 b) über ein Gebiet. 2. (veraltet) Schirmherr.

Schutz|herr|schaft, die: 1. a) Amt, Funktion des Schutzherrn (1 a); b) Oberhoheit in bestimmten Angelegenheiten (bes. Außenpolitik, Verteidigung od. auch Verwaltung), die ein od. mehrere Staaten über ein fremdes, unter ihren Schutz gestelltes Staatsgebiet ausüben. 2. (veraltet) Schirmherrschaft.

Schutz|hül|le, die: schützende Hülle: das Buch aus der S. (der Buchhülle, dem Schutzumschlag) nehmen.

Schutz|hund, der (Fachspr.): Hund, der zum Schutz von Personen od. Sachen eingesetzt wird.

Schutz|hüt|te, die: wetterfeste Hütte, einfaches [Holz]haus (bes. im Gebirge) zum Schutz gegen Unwetter u. zum Übernachten.

schutz|imp|fen ⟨sw. V.; schutzimpfte, hat schutzgeimpft⟩: einer Schutzimpfung unterziehen.

Schutz|imp|fung, die: Impfung zum Schutz gegen Infektion: eine S. [gegen Pocken] erhalten.

Schüt|zin, die; -, -nen: w. Form zu ↑[1]Schütze (1, 2).

Schutz|kap|pe, die: schützende Kappe (2 a).

Schutz|kar|ton, der (Buchw.): (vor Transportschäden o. Ä.) schützender Karton zum Verpacken eines Buchs.

Schutz|klau|sel, die (Wirtsch., Politik): Vertragsklausel, die angibt, wem unter welchen Bedingungen ein Schutz gegen entstehende wirtschaftliche Nachteile gewährt wird.

Schutz|klei|dung, die: Kleidung, die zum Schutz gegen schädigende Einwirkungen getragen wird.

Schutz|kon|takt, der (Elektrot.): (vor Stromschlag schützender) zusätzlicher Kontakt an Steckern u. Steckdosen.

Schutz|kon|takt|steck|do|se, die (Elektrot.): durch Schutzkontakt gesicherte Steckdose.

Schutz|kon|takt|ste|cker, der (Elektrot.): vgl. Schutzkontaktsteckdose.

Schutz|leu|te: Pl. von ↑Schutzmann.

Schütz|ling, der; -s, -e: jmd., der dem Schutz eines anderen anvertraut ist, der betreut, für den gesorgt wird; Schutzbefohlener.

schutz|los ⟨Adj.⟩: ohne Schutz, hilflos, wehrlos: dem Gegner, dem Unwetter, s. ausgeliefert sein.

Schutz|lo|sig|keit, die; -: das Schutzlossein.

Schutz|macht, die (Politik): 1. Staat, der die Wahrnehmung der Rechte u. Interessen eines dritten Staates gegenüber einem fremden Staat übernommen hat. 2. Staat, der einem anderen Staat Schutz gegen Angriffe von dritter Seite garantiert. 3. Staat, der eine Schutzherrschaft o. Ä. ausübt.

Schutz|mann, der ⟨Pl. ...männer u. ...leute⟩ (ugs.): Polizist (bes. Schutzpolizist).

Schutz|man|tel, der: 1. a) zum Schutz vor etw. dienender Mantel; b) (bild. Kunst) beschützend ausgebreiteter Mantel (bes. der Madonna). 2. (bes. Fachspr.) schützender Mantel (2), schützende Ummantelung.

Schutz|mar|ke, die: Warenzeichen; Fabrik-, Handelsmarke: eingetragene S.

Schutz|mas|ke, die: Maske (2 a), die als Schutz, bes. gegen das Einatmen giftiger Gase bzw. verseuchter Luft vor dem Gesicht getragen wird.

Schutz|maß|nah|me, die: vorbeugende Maßnahme zum Schutz einer Person od. Sache.

Schutz|mau|er, die (auch Fachspr.): zum Schutz für od. gegen jmdn. od. etw. gebaute Mauer.

Schutz|pan|zer, der: schützender Panzer (1–3).

Schutz|pa|tron, der: Schutzheiliger.

Schutz|pa|tro|nin, die: w. Form zu ↑Schutzpatron.

Schutz|pflan|zung, die (Landw., Forstw.): Anpflanzung aus Bäumen od. Sträuchern, die vor allem dem Schutz gegen extreme Witterungseinflüsse, Lawinen o. Ä. dient.

Schutz|pla|ne, die: schützende Plane.

Schutz|plat|te, die: schützende Platte.

Schutz|po|li|zei, die: Zweig der Polizei, dessen Aufgabe im Schutz des Bürgers u. in der Aufrechterhaltung der öffentlichen Ordnung u. Sicherheit besteht.

Schutz|po|li|zist, der: Polizist der Schutzpolizei.

Schutz|po|li|zis|tin, die: w. Form zu ↑Schutzpolizist.

Schutz|raum, der: Raum zum Schutz vor der Wirkung von Angriffswaffen; Luftschutzraum.

Schutz|recht, das (Rechtsspr.): Recht auf den rechtlichen Schutz für geistiges Eigentum, Erfindungen, Gebrauchsmuster, Handelsmarken o. Ä.

Schutz|schei|be, die: als Schutz dienende Glasscheibe.

Schutz|schicht, die: vgl. Schutzfilm.

Schutz|schild, der: schützender Schild (1, 4 a); schildförmiger Schutz.

Schutz|schirm, der (bes. Fachspr.): [vor Strahlung] schützender Schirm (3 a).

S

Schütz|steu|e|rung: ↑Schützensteuerung.
Schutz|stoff, der (Fachspr.): *einen biologischen Schutz bewirkender Stoff* (z. B. Antikörper, Impfstoff).
Schutz su|chend: s. Schutz (1).
Schutz|über|zug, der: vgl. Schutzfilm.
Schutz|um|schlag, der: *ein Buch o. Ä. vor Verschmutzung schützender Umschlag.*
Schutz|ver|band, der: **1.** *eine Wunde schützender Verband.* **2.** (*bes. innerhalb einer Kommune* 1) *Zusammenschluss zum Schutz der Interessen bestimmter Wirtschaftszweige:* der S. [für] Handel und Gewerbe.
Schutz|vor|keh|rung, die: vgl. Schutzmaßnahme.
Schutz|vor|rich|tung, die: *Vorrichtung zum Schutz vor Gefahren:* -en gegen Lawinen.
Schutz|waf|fe, die: **1.** (bes. hist.) *Teil der Kampfausrüstung, der der Bedeckung u. dem Schutz des Körpers od. des Kopfes dient* (bes. Helm, Panzer, Schild). **2.** (Fechten) *Teil der Wettkampfausrüstung, der zum Schutz des Körpers od. des Gesichts dient.*
Schutz|wall, der: vgl. Schutzmauer.
Schutz|weg, der (österr.): *Fußgängerüberweg, Zebrastreifen.*
Schutz|zoll, der (Politik, Wirtsch.): *Einfuhrzoll zum Schutz der einheimischen Wirtschaft gegenüber ausländischen Konkurrenten; Repressivzoll.*
Schw. = Schwester.
Schwa, das; -[s], -[s] [hebr. šĕwạ, Name des Vokalzeichens für den unbetonten e-Laut] (Sprachw.): *in bestimmten unbetonten Silben auftretende, gemurmelt gesprochene Schwundstufe des e, bei fremdsprachlichen Wörtern auch anderer voller Vokale* (Lautzeichen: ə).
schwab|be|lig, schwabblig ⟨Adj.⟩ (ugs.): *in gallertartiger Weise weich u. unfest [bis dickflüssig] u. dabei leicht in eine zitternde, in sich wackelnde Bewegung geratend:* ein -er Pudding; ein -er Bauch.
schwab|beln ⟨sw. V.; hat⟩ [aus dem Md., Niederd., zu: schwabben = schwappen]: **1.** (ugs.) *sich als schwabbelige Masse zitternd, in sich wackelnd hin u. her bewegen:* der Pudding schwabbelte auf dem Teller. **2.** (landsch. abwertend) *unnötig viel reden, Unsinn von sich geben; schwatzen:* hör auf zu s.! **3.** (Technik) *mithilfe von rotierenden, mit Lammfell, Filz o. Ä. belegten Scheiben u. einem Poliermittel glätten, glänzend machen.*
schwabb|lig: ↑schwabbelig.
[1]Schwa|be, der; -n, -n: Ew. zu ↑Schwaben.
[2]Schwa|be, die; -, -n [unter scherzh. Anlehnung an ↑[1]Schwabe zu ↑Schabe]: *Schabe* (1 a).
schwä|beln ⟨sw. V.; hat⟩: *schwäbisch gefärbtes Hochdeutsch, schwäbische Mundart sprechen:* leicht, stark s.
Schwa|ben; -s: Region in Südwestdeutschland.
Schwa|ben|land, das; -[e]s (volkst.): *Schwaben.*
Schwa|ben|spie|gel, der ⟨o. Pl.⟩: Rechtssammlung des deutschen Mittelalters.
Schwä|bin, die; -, -nen: w. Form zu ↑[1]Schwabe.
schwä|bisch ⟨Adj.⟩: **a)** *Schwaben, die [1]Schwaben betreffend, von ihnen stammend, zu ihnen gehörend;* **b)** *in der Sprache der [1]Schwaben.*
schwach ⟨Adj.; schwächer, schwächste⟩ [mhd. swach = schlecht; gering, armselig; kraftlos, eigtl. = schwankend, sich biegend, verw. mit ↑schwingen]: **1. a)** *in körperlicher Hinsicht keine od. nur geringe Kraft besitzend; von mangelnder Kraft zeugend; nicht kräftig:* ein abgemagerter, -er Mann; eine -e Konstitution haben; sie wird immer schwächer; er ist schon alt und s., fühlt sich sehr s.; ⟨subst.:⟩ der Stärkere muss dem Schwachen helfen; Ü jetzt nur nicht s. werden *(nicht schwankend werden, nicht nachgeben);* mach mich nicht s. *(rege mich nicht auf, mach mich nicht nervös)!;* wenn ich diese Frau sehe, werde ich s. *(vergesse ich alle meine Vorsätze u. möchte mit ihr ein Abenteuer haben);* **b)** *in seiner körperlichen Funktion nicht sehr leistungsfähig; anfällig, nicht widerstandsfähig:* ein -es Herz haben; er hat -e Nerven; Ü er hat einen -en Willen *(gibt Versuchungen leicht nach, ist nicht sehr standhaft).* **2.** *dünn, nicht stabil, nicht fest u. daher keine große Belastbarkeit aufweisend:* -e Bretter; ein zu -er Draht; das Eis, die Eisdecke ist noch zu s. zum Schlittschuhlaufen; dieses Glied der Kette ist etwas schwächer als die übrigen; Ü der Plan hat einige -e Stellen. **3.** *nicht sehr zahlreich:* eine -e Beteiligung; der Saal war nur s. besetzt; ein s. bevölkertes Land; das Land ist s. bevölkert, besiedelt. **4.** *keine hohe Konzentration aufweisend, wenig gehaltvoll:* -er Kaffee; eine -e Salzlösung; ein -es Gift. **5.** *keine hohe Leistung* (2 b) *erbringend; keinen hohen Grad an Leistungskraft, Wirksamkeit besitzend; nicht leistungsstark:* ein -er Motor; eine -e Glühbirne; die Brille ist sehr s.; die Firma ist finanziell recht s. *(kann ihren finanziellen Verpflichtungen nur schwer nachkommen).* **6. a)** *in geistiger od. körperlicher Hinsicht keine guten Leistungen erbringend; nicht tüchtig, nicht gut:* eine -e Opposition; er ist der schwächste Schüler in der Klasse; die Mannschaft hat s. gespielt; ⟨subst.:⟩ den Schwächeren in der Klasse muss man helfen; **b)** *als Ergebnis einer geistigen od. körperlichen Leistung in der Qualität unzulänglich, dürftig, wenig befriedigend:* eine -e [schulische] Leistung; ein -es Buch; das ist die schwächste Zeit, die sie seit langem gelaufen ist; eine -e Vorstellung; die deutsche Mannschaft bot ein -es Bild (ugs.; *spielte enttäuschend).* **7.** *nur wenig ausgeprägt; in nur geringem Maße vorhanden, wirkend; von geringem Ausmaß, in geringem Grade; nicht intensiv, nicht heftig, nicht kräftig:* eine -e Strömung; -es Licht; es erhob sich ein -er *(leichter)* Wind; ein -er Puls; eine -e Erinnerung an etw. haben; nur -en Widerstand leisten; -er Beifall; es blieb nur eine -e *(geringe, nur wenig)* Hoffnung; das ist doch nur ein -er Trost (ugs.; *das nutzt doch nichts, hilft auch nur wenig);* ein Land mit s. entwickelter Wirtschaft; diese Silbe ist s. betont; s. betonte Silben; sein Herz, Puls schlägt noch s.; das Feuer brennt nur noch s.; die Blumen duften s.; er hat sich nur s. gewehrt. **8.** (Sprachw.) **a)** *durch gleich bleibenden Stammvokal u. (bei Präteritum u. Partizip) durch das Vorhandensein des Konsonanten »t« gekennzeichnet:* die -e Konjugation; -e *(schwach konjugierte)* Verben; »zeigen« wird s. konjugiert, gebeugt; **b)** *in den meisten Formen durch das Vorhandensein des Konsonanten »n« gekennzeichnet:* die -e Deklination; -e *(schwach deklinierte)* Substantive; s. deklinierte Adjektive; »Mensch« wird s. dekliniert, gebeugt.
-schwach: drückt in Bildungen mit Substantiven – seltener mit Verben (Verbstämmen) – aus, dass die beschriebene Person oder Sache etw. nur in geringem Maße hat, aufweist, kann: devisen-, rechtschreib-, verkehrsschwach.
schwach be|tont: s. schwach (7).
schwach be|völ|kert: s. schwach (3).
schwach|blau ⟨Adj.⟩: *ein zartes, mattes Blau aufweisend.*
Schwä|che, die; -, -n [mhd. sweche = dünner Teil der Messerklinge, swache = Unehre, zu ↑schwach]: **1.** ⟨Pl. selten⟩ **a)** *fehlende körperliche Kraft; Mangel an körperlicher Stärke; [plötzlich auftretende] Kraftlosigkeit:* eine allgemeine S. überkam, befiel sie; sie hat die S. überwunden; er ist vor S. umgefallen, zusammengebrochen; **b)** *fehlende körperliche Funktionsfähigkeit, mangelnde Fähigkeit zu wirken, seine Funktion auszuüben:* eine S. des Herzens; die S. seiner Augen nahm zu. **2. a)** *charakterliche, moralische Unvollkommenheit, Unzulänglichkeit; nachteilige menschliche Eigenschaft, Eigenheit:* jeder hat seine kleinen, verzeihlichen -n; jmds. -n ausnutzen; er kannte seine eigenen -n; einer S. nachgeben; **b)** *Mangel an Können, Begabung [auf einem bestimmten Gebiet], an Beherrschung einer Sache:* die militärische S. eines Gegners; seine S. in Mathematik. **3.** ⟨o. Pl.⟩ *besondere Vorliebe, die jmd. für jmdn., etw. hat, große Neigung zu jmdm., etw.:* seine S. für schöne Frauen, für Abenteuer, für teure Kleidung; er hat eine S. für meine Frau. **4.** *etw., was bei einer Sache als Mangel* (2) *empfunden wird; nachteilige Eigenschaft:* sprachliche, inhaltliche -n eines Werkes; die entscheidende S. dieses Systems ist seine Kompliziertheit.
Schwä|che|an|fall, der: *plötzlich, anfallartig auftretende körperliche Schwäche:* einen S. haben, erleiden.
Schwä|che|ge|fühl, das: *Gefühl körperlicher Schwäche:* ein plötzliches S.
schwä|cheln ⟨sw. V.; hat⟩ (ugs.): **a)** *eine Leistungsschwäche zeigen, in der Leistung nachlassen:* schwächelst du?; **b)** *im Leistungsniveau, in seinem Wert, in seiner Beständigkeit o. Ä. nachgeben:* der Euro schwächelt.
schwä|chen ⟨sw. V.; hat⟩ [mhd. swechen]: **1.** *der körperlichen Kräfte berauben; kraftlos, schwach* (1) *machen; entkräften* (1): das Fieber hat ihn geschwächt; ein geschwächtes Immunsystem; Ü den Gegner durch fortgesetzte Angriffe s. **2.** *seiner Wirksamkeit berauben; in seiner Wirkung herabsetzen, mindern; weniger wirkungsvoll machen:* jmds. Macht s.; der Fehlschlag schwächte seine Position.
schwach ent|wi|ckelt: s. schwach (7).
schwä|cher: ↑schwach.
Schwä|che|zu|stand, der: *Zustand körperlicher Schwäche.*
Schwach|heit, die; -, -en [mhd. swachheit = Unehre, Schmach]: **1.** ⟨o. Pl.⟩ *schwacher* (1) *Zustand; Mangel an Kraft, körperlichen u. seelischen Anforderungen standzuhalten:* die S. seines Körpers; die S. des Alters. **2.** (selten) *Schwäche* (2 a): menschliche -en; *** sich** ⟨Dativ⟩ **-en einbilden** (ugs.; *sich falsche, übertriebene Hoffnungen machen; damit rechnen, dass bestimmte Wünsche erfüllt werden).*
Schwach|kopf, der (abwertend): *dummer Mensch.*
schwäch|lich ⟨Adj.⟩ [mhd. swechlich = schmählich, schlecht]: *körperlich, gesundheitlich ziemlich schwach, oft auch kränklich:* ein -es Kind, Mädchen; er war immer etwas s., sah blass und s. aus.
Schwäch|ling, der; -s, -e (abwertend): *schwächlicher, kraftloser Mensch:* du S., du kannst nicht einmal diesen Koffer hochheben; Ü der Thronfolger war ein S. *(war willensschwach, energielos, hatte kein Durchsetzungsvermögen).*
Schwach|punkt, der: *Schwachstelle.*
schwach|sich|tig ⟨Adj.⟩ (Med.): *an Schwachsichtigkeit leidend:* er ist s.
Schwach|sich|tig|keit, die; - (Med.): *Mangel an Sehkraft; verminderte Sehschärfe; Augenschwäche.*
Schwach|sinn, der ⟨o. Pl.⟩: **1.** (Med. veraltet) *auf erblicher Grundlage beruhende od. im frühen Kindesalter erworbene geistige Behinderung.* **2.** (ugs. abwertend) *Unsinn:* so ein S.!
schwach|sin|nig ⟨Adj.⟩: **1.** (Med. veraltet) *geistig behindert.* **2.** (ugs. abwertend) *blödsinnig* (b): was soll das -e Gequatsche.
schwächs|te: ↑schwach.
Schwach|stel|le, die: *Stelle, an der etw. für Störungen anfällig ist:* eine S. in der Spionageabwehr.
Schwach|strom, der (Elektrot.): *schwacher, niedriger Strom.*
Schwach|strom|lei|tung, die (Elektrot.): *Leitung für Schwachstrom.*
Schwä|chung, die; -, -en: **1.** *das Schwächen* (1), *Entkräften* (1); *das Geschwächt-, Entkräftetsein:* diese Krankheit führte zu einer S. des Körpers; Ü die großen Verluste brachten eine ziemliche S. des Gegners. **2.** *das Schwächen* (2); *das Geschwächtsein:* eine S. seiner Position.
Schwa|de, die; -, -n, **[1]Schwa|den,** der; -s, - [aus dem Niederd. < mniederd. swat, swaden, auch: Furche, H. u.]: *abgemähtes, in einer Reihe liegendes Gras, Getreide o. Ä.:* die Maschine mäht das Getreide und legt es zu einer Schwade zusammen.
[2]Schwa|den, der; -s, - [mhd. swadem, swaden, zu ahd. swedan = schwelend verbrennen, vgl. aisl.

swīđa = brennen; braten]: **1.** ⟨meist Pl.⟩ *in der Luft treibende, sich bewegende wolkenähnliche Zusammenballung von Dunst, Nebel, Rauch o. Ä.:* dunkle S. [von Rauch] hingen über den Häusern; Nebel zog in S. übers Wasser. **2.** (Bergmannsspr.) *schädliche Luft in der Grube [mit hohem Gehalt an Kohlendioxid].*

[1]schwa|den|wei|se ⟨Adv.⟩: *in* [1]*Schwaden:* das Heu wird s. gewendet.

[2]schwa|den|wei|se ⟨Adv.⟩: *in* [2]*Schwaden:* der Nebel zog s. durch das Tal.

schwa|dern ⟨sw. V.; hat⟩ [wohl spätmhd. swadern = rauschen; klappern, mhd. swateren, ↑schwatzen] (südd.): **1.** *schwatzen, sich lebhaft unterhalten.* **2.** *plätschern; plätschernd überschwappen, niederfallen.*

Schwa|dron, die; -, -en [ital. squadrone, eigtl. = großes Viereck, zu: squadra = Viereck, zu lat. quadrus, ↑Quader] (Milit. früher): *kleinste Einheit der Kavallerie.*

schwa|dro|nie|ren ⟨sw. V.; hat⟩ [eigtl. = beim Fechten wild u. planlos um sich schlagen, zu ↑Schwadron; viell. beeinflusst von ↑schwadern]: *wortreich, laut u. lebhaft, unbekümmert, oft auch aufdringlich reden, von etw. erzählen:* von seinen Heldentaten s.

Schwa|fe|lei, die; -, -en (ugs. abwertend): *[dauerndes] Schwafeln; unsinniges, törichtes Gerede.*

schwa|feln ⟨sw. V.; hat⟩ [H. u.] (ugs. abwertend): *sich [ohne genaue Sachkenntnis] wortreich über etw. äußern; unsinnig, töricht daherreden:* was schwafelt er denn da wieder?

Schwa|ger, der; -s, Schwäger [1: mhd. swāger = Schwager; Schwiegervater, -sohn, ahd. suāgur = Bruder der Frau, eigtl. = der zum Schwiegervater Gehörige; 2: älter nhd. (bes. Studentenspr.) auch Anrede an Nichtverwandte]: **1.** *Ehemann einer Schwester; Bruder des Ehemanns, der Ehefrau:* mein [zukünftiger] S. **2.** (früher, bes. als Anrede) *Postillion, Postkutscher.*

Schwä|ge|rin, die; -, -nen [mhd. swægerinne]: *Ehefrau eines Bruders; Schwester des Ehemanns, der Ehefrau.*

Schwä|ger|schaft, die; -, -en ⟨Pl. selten⟩: *verwandtschaftlicher Grad eines Schwagers, einer Schwägerin zu jmdm.*

Schwai|ge, die; -, -n [mhd. sweige, ahd. sweiga, H. u.] (bayr., österr. landsch.): *Alm-, Sennhütte mit zugehöriger Alm.*

Schwai|ger, der; -s, - (bayr., österr.): **1.** *jmd., der eine Schwaige, einen Schwaighof bewirtschaftet.* **2.** *jmd., der in einer Schwaige Käse zubereitet.*

Schwai|ge|rin, die; -, -nen: w. Form zu ↑Schwaiger.

Schwaig|hof, der (bayr., österr.): *Bauernhof, auf dem überwiegend Viehzucht u. Milchwirtschaft betrieben wird.*

Schwälb|chen, das; -s, -: Vkl. zu ↑Schwalbe.

Schwal|be, die; -, -n [mhd. swalbe, swalwe, ahd. swal(a)wa, H. u.]: **1.** *schnell u. gewandt fliegender Singvogel mit braunem od. schwarz-weißem Gefieder, langen, schmalen, spitzen Flügeln u. gegabeltem Schwanz:* die -n kehren im Frühjahr sehr zeitig zurück; **Spr** eine S. macht noch keinen Sommer *(ein einzelnes positives Anzeichen, ein hoffnungsvoller Einzelfall lässt noch nicht auf eine endgültige Besserung der Situation schließen).* **2.** (Fußball Jargon) *geschicktes Sichfallen-Lassen im Kampf um den Ball in der Absicht, einen Frei- oder Strafstoß zugesprochen zu bekommen:* eine S. machen

Schwal|ben|schwanz, der: **1.** *Schwanz der Schwalbe.* **2.** (scherzh. veraltend) **a)** *Frack;* **b)** *langer Rockschoß eines Fracks.* **3.** *größerer Schmetterling mit vorwiegend gelben, schwarz gezeichneten Flügeln, deren hinteres Paar in je eine Spitze ausläuft.*

Schwalk, der; -[e]s, -e [niederd. swalk, zu ↑[1]schwellen] (nordd.): **1.** *Dampf, Rauch, Qualm.* **2.** *Bö.*

schwal|ken ⟨sw. V.; hat⟩ [zu ↑Schwalk (2)] (nordd.): *sich herumtreiben.*

Schwall, der; -[e]s, -e ⟨Pl. selten⟩ [mhd. swal, zu ↑[1]schwellen]: *mit einer gewissen Heftigkeit sich ergießende, über jmdn., etw. hereinbrechende Menge von etw., bes. einer Flüssigkeit:* ein S. Wasser ergoss sich über ihn; ein S. von Biergeruch schlug uns entgegen.

schwal|len ⟨sw. V.; hat⟩ (Jugendspr. abwertend): *unaufhörlich u. schnell reden, unsinniges Zeug reden.*

schwamm: ↑schwimmen.

Schwamm, der; -[e]s, Schwämme [mhd., ahd. swamm, swamp, eigtl. = Schwammiges, Poröses]: **1.** *in zahlreichen Arten bes. im Meer lebendes, auf dem Grund festsitzendes, oft große Kolonien bildendes niederes Tier:* nach Schwämmen tauchen. **2.** *aus dem feinfaserigen Skelett eines bestimmten Schwammes (1) od. aus einem künstlich hergestellten porigen Material bestehender, weicher, elastischer Gegenstand von großer Saugfähigkeit, der bes. zum Waschen u. Reinigen verwendet wird:* ein feuchter, nasser S.; den S. ausdrücken; etw. mit einem S. abwischen; *** S. drüber!** (ugs.; *die Sache soll vergessen sein; reden wir nicht mehr darüber*). **3.** (südd., österr.) *Pilz* (1): Schwämme sammeln. **4.** ⟨Pl. selten⟩ *Hausschwamm:* das Haus hat den S., ist vom S. befallen.

schwamm|ar|tig ⟨Adj.⟩: *einem Schwamm ähnlich.*

Schwämm|chen, das; -s, -: Vkl. zu ↑Schwamm (2, 3).

schwäm|me|r: ↑schwimmen.

Schwam|merl, der; -s, -[n] [mit südd. Verkleinerungssuffix geb. zu ↑Schwamm (3)] (bayr., österr.): *Pilz* (1).

Schwamm|gum|mi, der, auch: das: *weicher, poriger, sehr saugfähiger Gummi:* eine Matte, Unterlage aus S.

schwam|mig ⟨Adj.⟩: **1.** *weich u. porös wie ein Schwamm* (2): eine -e Masse. **2.** (abwertend) *weich u. aufgedunsen, dicklich aufgeschwemmt:* ein -es Gesicht. **3.** (abwertend) *den Inhalt nur sehr vage angebend, ausdrückend; nicht klar u. eindeutig; verschwommen:* ein -er Begriff; eine -e Formulierung; sich s. ausdrücken. **4.** *vom Schwamm (4) befallen:* -e Balken.

Schwamm|tuch, das ⟨Pl. ...tücher⟩: *aus einem schwammartigen synthetischen Material bestehendes dickes Tuch zum Reinigen o. Ä.*

Schwan, der; -[e]s, Schwäne [mhd., ahd. swan, lautm. u. urspr. wohl Bez. für den Singschwan]: **1.** *großer Schwimmvogel mit sehr langem Hals, weißem Gefieder, einem breiten Schnabel u. Schwimmfüßen:* ein stolzer S.; Schwäne füttern; *** mein lieber S.!** (salopp; 1. Ausruf des Erstaunens, der Bewunderung, auch der Erleichterung o. Ä. 2. [scherzhafte] Drohung; wohl gek. aus »Nun sei bedankt, mein lieber Schwan«; R. Wagner, Lohengrin). **2.** ⟨o. Pl.⟩ Sternbild am nördlichen Sternenhimmel.

Schwän|chen, das; -s, -: Vkl. zu ↑Schwan.

schwand, schwän|de: ↑schwinden.

schwa|nen ⟨sw. V.; hat⟩ [mniederd., wohl Scherzübersetzung von lat. olet mihi = »ich rieche«, bei der lat. olere = riechen mit lat. olor = Schwan verknüpft wird] (ugs.): *von jmdm. [als etw. Unangenehmes] [voraus]geahnt werden:* ihm schwante nichts Gutes.

Schwa|nen|ge|sang, der [nach antikem Mythos singt der Schwan vor dem Sterben] (geh.): **a)** *letztes Werk (bes. eines Komponisten od. Dichters);* **b)** *Abgesang (auf etw., was im Niedergang, im Verschwinden begriffen ist).*

Schwa|nen|hals, der: **1.** *Hals eines Schwans.* **2.** (oft scherzh.) *langer, schlanker Hals.*

schwang: ↑schwingen.

Schwang, der [mhd. swanc = schwingende Bewegung; Hieb; lustiger Streich, ahd. in: hinaswang = Ungestüm, ablautende Bildung zu ↑schwingen]: nur noch in der Wendung **im -e sein** *(sehr verbreitet, sehr beliebt, in Mode sein).*

schwän|ge: ↑schwingen.

schwan|ger ⟨Adj.⟩ [mhd. swanger, ahd. swangar, eigtl. = schwer(fällig), H. u.]: *ein Kind im Mutterleib tragend:* eine -e Frau; [von jmdm.] s. sein, werden; sie ist im vierten Monat, zum zweiten Mal s.; *** mit etw. s. gehen** (ugs. scherzh.; *sich schon einige Zeit mit einem bestimmten Plan, einer geistigen Arbeit beschäftigen*).

-schwan|ger: drückt in adj. Bildungen mit Substantiven aus, dass die beschriebene Person od. Sache von etw. [in geheimnisvoller, schicksalhafter Weise] erfüllt ist od. etw. [mysteriöserweise] in sich trägt, birgt: bedeutungs-, hoffnungs-, zukunftsschwanger.

Schwan|ge|re, die; -n, -n ⟨Dekl. ↑Abgeordnete⟩: *schwangere Frau.*

Schwan|ge|ren|be|ra|tung, die: **1.** (DDR) *Beratung von Schwangeren durch die Gesundheitsfürsorge.* **2.** *gesetzlich vorgeschriebene Beratung einer Schwangeren hinsichtlich eines [geplanten] Schwangerschaftsabbruchs.*

Schwan|ge|ren|gym|nas|tik, die: *Schwangerschaftsgymnastik.*

Schwan|ge|ren|kon|flikt|be|ra|tung, die: *Schwangerschaftskonfliktberatung.*

Schwan|ge|ren|vor|sor|ge, die: *Maßnahmen zum Schutz der Schwangeren vor Komplikationen während der Schwangerschaft u. bei der Geburt.*

schwän|gern ⟨sw. V.; hat⟩ [mhd. swengern]: **1.** *(bes. außerhalb der Ehe) schwanger machen:* nachdem er sie geschwängert hatte, ließ er sie sitzen. **2.** *anfüllen, erfüllen:* die Luft war von Rauch geschwängert.

Schwan|ger|schaft, die; -, -en: *das Schwangersein; Zustand einer Frau von der Empfängnis bis zur Geburt des Kindes:* eine ungewollte S.; der Arzt hat bei ihr eine S. im dritten Monat festgestellt; eine S. unterbrechen, abbrechen; in, während der S.

Schwan|ger|schafts|ab|bruch, der: *Abbruch einer Schwangerschaft durch gynäkologische Maßnahmen:* einen S. vornehmen [lassen].

Schwan|ger|schafts|be|ra|tung, die: *Schwangerenberatung.*

Schwan|ger|schafts|be|schwer|den ⟨Pl.⟩: *bei einer Schwangerschaft auftretende Beschwerden.*

Schwan|ger|schafts|er|bre|chen, das; -s: *in den ersten drei Monaten der Schwangerschaft auftretende [morgendliche] Übelkeit mit Brechreiz.*

Schwan|ger|schafts|gym|nas|tik, die: *spezielle Gymnastik für Schwangere zur Erleichterung der Geburt.*

Schwan|ger|schafts|kon|flikt, der: *im Zusammenhang mit einer ungewollten Schwangerschaft entstehender Konflikt* (2).

Schwan|ger|schafts|kon|flikt|be|ra|tung, die: *in einer Beratungsstelle durchgeführtes Gespräch (als Voraussetzung für eine straffreie Abtreibung).*

Schwan|ger|schafts|strei|fen, der ⟨meist Pl.⟩: *bei Schwangeren in der Haut von Bauch u. Hüften auftretender bläulich rötlicher, später gelblich weißer Streifen.*

Schwan|ger|schafts|test, der: *Test zur Feststellung einer Schwangerschaft.*

Schwan|ger|schafts|un|ter|bre|chung, die: *Schwangerschaftsabbruch.*

Schwan|ger|schafts|ur|laub, der (ugs.): *Urlaub, auf den Frauen vor der Entbindung Anspruch haben.*

Schwan|ger|schafts|ver|hü|tung, die: *Empfängnisverhütung.*

Schwan|ger|schafts|zei|chen, das: *Anzeichen für eine Schwangerschaft* (z. B. Ausbleiben der Periode, kindliche Herztöne).

schwank ⟨Adj.⟩ [mhd. swanc, verw. mit ↑schwingen] (geh.): **1. a)** *dünn, schlank u. biegsam:* wie ein -es Rohr im Wind; **b)** *zum Schwanken neigend, schwankend:* er stand auf einer hohen, -en Leiter. **2.** *in sich nicht gefestigt; unstet; unentschieden:* ein -er Mensch.

Schwank, der; -[e]s, Schwänke [mhd. swanc (↑Schwang) = (Fecht)hieb; lustiger Einfall, Streich]: **1.** (Literaturw.) **a)** *kurze launige, oft derbkomische Erzählung in Prosa od. Versen;* **b)** *lustiges Schauspiel mit Situations- u. Typenkomik.* **2.** *lustige, komische Begebenheit; Streich:* einen S. aus seiner Jugend erzählen.

S

schwạn|ken ⟨sw. V.⟩ [spätmhd. swanken, zu ↑schwank]: **1. a)** *sich schwingend hin u. her, auf u. nieder bewegen* ⟨hat⟩: die [Kronen der] Bäume schwankten [im Wind, hin und her]; das Boot schwankte heftig; der Boden schwankte unter ihren Füßen; vor Müdigkeit s.; die Betrunkenen schwankten schon mächtig; mit schwankenden Schritten; **b)** *sich schwankend* (1 a) *fortbewegen, irgendwohin bewegen* ⟨ist⟩: der alte Mann schwankte über die Straße. **2.** *in seinem Zustand, Befinden, Grad, Maß o. Ä. [ständigen] Veränderungen ausgesetzt sein; nicht stabil sein* ⟨hat⟩: die Preise, Kurse, Temperaturen schwanken; die Zahl der Teilnehmer schwankte zwischen 100 und 150; seine Stimme schwankte *(veränderte ihren Klang, versagte teilweise)* [vor Ergriffenheit]; eine schwankende Gesundheit. **3.** *unsicher sein bei der Entscheidung zwischen zwei od. mehreren [gleichwertigen] Möglichkeiten* ⟨hat⟩: zwischen zwei Möglichkeiten s.; sie schwankt noch, ob sie zusagen oder ablehnen soll; sie hat einen Augenblick geschwankt, ehe sie unterschrieben hat; dieser Vorfall ließ ihn wieder s.; sich durch nichts in seinem Vorsatz schwankend machen lassen; ein schwankender *(nicht in sich gefestigter)* Charakter; ⟨subst.:⟩ ins Schwanken geraten.

Schwạn|kung, die; -, -en: *das Schwanken* (2).

Schwạnz, der; -es, Schwänze [mhd. swanz, urspr. = wiegende Bewegung beim Tanz; Schleppe, rückgeb. aus: swanzen = sich schwenkend bewegen, Intensivbildung zu ↑schwanken od. ↑schwingen]: **1.** *(bei Wirbeltieren) Verlängerung der Wirbelsäule über den Rumpf hinaus, meist als beweglicher, schmaler Fortsatz des hinteren Rumpfendes (der zum Fortbewegen, Steuern, Greifen o. Ä. dienen kann):* ein buschiger S.; der Hund kneift den S. ein; der Hund wedelt [vor Freude] mit dem S.; **Ü** der S. eines Papierdrachens; die Kinder bildeten den S. *(Schluss)* des Festzugs; der Vorfall zog einen [ganzen] S. *(eine Reihe)* weiterer Verwicklungen nach sich; *** kein S.** (salopp; *niemand*); **den S. einziehen/einkneifen** (salopp; *sich einschüchtern lassen u. seine [vorher angeberisch geäußerte] Meinung nicht mehr vertreten od. auf seine zu hohen Ansprüche verzichten*); **den S. hängen lassen** (salopp; *bedrückt sein*); **jmdm. auf den S. treten** (salopp; *jmdm. zu nahe treten; jmdn. beleidigen*); **sich auf den S. getreten fühlen** (salopp; *verletzt, gekränkt sein*). **2.** (derb) *Penis.* **3.** (derb abwertend) *(bes. aus weiblicher Sicht) männliche Person:* was will der S. denn hier?

Schwạ̈nz|chen, das; -s, -: Vkl. zu ↑Schwanz (1, 2).

Schwạnz|drü|se, die (Zool.): *an der Schwanzwurzel verschiedener Säugetiere endende Duftdrüse, deren bes. zur Paarungszeit ausgeschiedenes Sekret zur Anlockung des Geschlechtspartners dient.*

schwạ̈n|zeln ⟨sw. V.⟩ [mhd. swenzeln = schwenken; zieren]: **1. a)** *mit dem Schwanz wedeln* ⟨hat⟩: der Hund kam schwänzelnd auf uns zu; **b)** *schwanzwedelnd irgendwohin laufen* ⟨ist⟩: der Dackel schwänzelte zum Gartentor. **2.** (ugs. iron.) **a)** *tänzelnd gehen* ⟨hat⟩: einen schwänzelnden Gang haben; **b)** *sich schwänzelnd* (2 a) *irgendwohin bewegen* ⟨ist⟩: die Diva schwänzelte durch die Tür. **3.** (ugs. abwertend) *scharwenzeln* ⟨hat/ist⟩.

schwạ̈n|zen ⟨sw. V.; hat⟩ [im 18. Jh. in die Studentenspr. übernommen (im Sinne von »bummeln, eine Vorlesung versäumen« = aus gaunerspr. schwentzen = herumschlendern; zieren < mhd. swenzen = (hin u. her) schwenken, Intensivbildung zu: swenken, ↑schwenken] (ugs.): *an etw. planmäßig Stattfindendem, bes. am Unterricht o. Ä. nicht teilnehmen; dem Unterricht o. Ä. fernbleiben, weil man gerade keine Lust dazu hat:* die Schule, eine [Unterrichts]stunde, Biologie, eine Klassenarbeit, eine Vorlesung, den Dienst s.; ⟨auch o. Akk.-Obj.:⟩ er hat neulich wieder geschwänzt.

Schwạnz|en|de, das: *Ende des Schwanzes.*

Schwän|ze|rei, die; -, -en (ugs. meist abwertend): *[dauerndes, wiederholtes] Schwänzen.*

Schwạnz|fe|der, die ⟨meist Pl.⟩: *bes. der Steuerung beim Flug dienende lange, breite Feder am Schwanz eines Vogels.*

Schwạnz|flos|se, die: **1.** *hinterste Flosse eines Fisches.* **2.** (Technik) *Flosse* (3).

schwạnz|las|tig ⟨Adj.⟩: *(von Flugzeugen) hinten zu schwer.*

schwạnz|los ⟨Adj.⟩: *keinen Schwanz habend:* -e Amphibien, Affen.

Schwạnz|lurch, der: *Lurch mit lang gestrecktem Körper, langem Schwanz u. zwei Paar kurzen Gliedmaßen.*

Schwạnz|spit|ze, die: *spitzes Ende eines Schwanzes.*

schwạnz|we|delnd ⟨Adj.⟩: *mit dem Schwanz wedelnd.*

Schwạnz|wur|zel, die: *Stelle am Rumpf, an der der Schwanz beginnt.*

schwạpp, schwipp, schwips ⟨Interj.⟩: lautm. für ein schwappendes, klatschendes Geräusch: schwipp, schwapp!

Schwạpp, der; -[e]s, -e (ugs.): **1.** *schwappendes, klatschendes Geräusch.* **2.** *[Wasser]guss.*

schwạp|pen ⟨sw. V.⟩ [zu ↑schwapp]: **1. a)** *(von Flüssigem) sich in etw. hin u. her bewegen, überfließen [u. dabei ein klatschendes Geräusch verursachen]* ⟨hat⟩: die Lauge schwappte in der Wanne; **b)** *sich schwappend* (1 a) *irgendwohin bewegen* ⟨ist⟩: der Kaffee ist aus der Tasse geschwappt. **2.** *etw. überschwappen lassen u. dabei vergießen* ⟨hat⟩: Bier auf den Tisch s.

Schwä̱|re, die; -, -n [mhd. (ge)swer, ahd. swero, gaswer = Geschwür, zu ↑schwären] (geh.): *eiterndes Geschwür:* -n haben.

schwä̱|ren ⟨sw. V.; hat⟩ [mhd. swern, ahd. sweran, H. u.] (geh.): *eitern u. schmerzen:* schwärende Wunden.

Schwạrm, der; -[e]s, Schwärme [1: mhd., ahd. swarm = Bienenschwarm, zu ↑schwirren; 2: rückgeb. aus ↑schwärmen]: **1.** *größere Anzahl sich [ungeordnet,] durcheinander wimmelnd zusammen fortbewegender gleichartiger Tiere, Menschen:* ein S. Heuschrecken; ein S. schwarzer/(seltener:) schwarze Vögel; ein S. Kinder folgte/folgten dem Wagen; ein S. von Reportern. **2.** ⟨Pl. selten⟩ (emotional) **a)** *jmd., der schwärmerisch verehrt wird:* der Schauspieler ist der S. aller Mädchen; **b)** (selten) *etw., wofür von jmdm. geschwärmt wird:* dieses Modellkleid ist ihr S.

schwạ̈r|men ⟨sw. V.⟩ [mhd. swarmen, swermen = sich als (Bienen)schwarm bewegen; dann im 16. Jh. als Bez. für das Treiben von Sektierern im Sinne von »wirklichkeitsfern denken, sich begeistern«]: **1. a)** *(von bestimmten Tieren, bes. Insekten) sich im Schwarm bewegen* ⟨hat⟩: die Bienen schwärmen jetzt *(fliegen zur Gründung eines neuen Staates aus)*; **b)** *sich schwärmend* (1 a) *irgendwohin bewegen* ⟨ist⟩: die Mücken schwärmten um die Lampe; **Ü** die Menschenmenge schwärmte in das neu eröffnete Kaufhaus. **2.** ⟨hat⟩ **a)** *jmdn. schwärmerisch verehren; etw. sehr gern mögen:* für große Hüte s.; in ihrer Jugend hat sie für meinen Bruder geschwärmt; **b)** *von jmdm., etw. begeistert reden:* von dem Konzert schwärmt er heute noch; ⟨subst.:⟩ sie gerät leicht ins Schwärmen.

Schwạ̈r|mer, der; -s, - [urspr. = Sektierer]: **1.** *jmd., der schwärmt* (2); *unrealistischer Mensch; Fantast:* er ist und bleibt ein S. **2.** *Feuerwerkskörper, der beim Abbrennen unter Funkenentwicklung umherfliegt.* **3.** *bes. in den Tropen heimischer Schmetterling mit langen, schmalen Vorderflügeln u. kleinen Hinterflügeln.*

Schwär|me|rei, die; -, -en: *das Schwärmen* (2 a): eine jugendliche S.

Schwạ̈r|me|rin, die; -, -nen: w. Form zu ↑Schwärmer (1).

schwạ̈r|me|risch ⟨Adj.⟩: *zu sehr gefühlsbetonter Begeisterung, übertriebener Empfindsamkeit neigend od. davon erfüllt u. diesen Wesenszug zum Ausdruck bringend, erkennen lassend:* ein -es junges Mädchen; er ist mir zu s.

Schwạr|te, die; -, -n [mhd. swart(e), urspr. = behaarte menschliche Kopfhaut; Haut von Tieren, H. u.]: **1. a)** *dicke, derbe Haut bes. vom Schwein:* ein Stück S.; die S. abschneiden; **b)** (Jägerspr.) *Haut von Schwarzwild, Dachs u. Murmeltier.* **2.** (ugs., oft abwertend) *(urspr. in Schweinsleder gebundenes) dickes [altes] Buch:* eine dicke S. lesen. **3.** (salopp) *(menschliche) Haut:* *** dass [jmdm.] die S. kracht** *(dass es kaum noch zu ertragen ist)*: sie arbeiten, dass die S. kracht.

Schwạr|ten|ma|gen, der: *Presskopf.*

schwạr|tig ⟨Adj.⟩: *eine Schwarte* (1), *Schwarten aufweisend; von der Art einer Schwarte.*

schwạrz ⟨Adj.; schwärzer, schwärzeste⟩ [mhd., ahd. swarz, urspr. = dunkel, schmutzfarbig; 6: eigtl. = im Dunkeln, im Verborgenen liegend, geschehend]: **1.** *von der dunkelsten Färbung, die alle Lichtstrahlen absorbiert, kein Licht reflektiert:* -es Haar; -er Samt; zu einer Feier im -en Anzug erscheinen; eine Trauerkarte mit -em Rand; sie ist s. gekleidet; ein s. gelockter Junge; am s. geränderten Briefumschlag erkannte man die Trauerpost; der Stoff ist s. gestreift; ⟨subst.:⟩ das kleine Schwarze *(knielanges, festliches schwarzes Kleid)*; **R** das kann ich dir s. auf weiß geben *(darauf kannst du dich verlassen)*; *** s. werden** (Skat ugs.; *keinen Stich bekommen;* zu »schwarz« im Bedeutungszusammenhang »ohne Geld«); **jmd. kann warten, bis er, sie s. wird** (ugs.; *jmd. wird umsonst auf etw. warten;* eigtl. in Bezug auf das Verwesen der Leiche); **s. von etw. sein** (emotional; *gedrängt voll von etw. sein*): der Platz war s. von Menschen; **aus Schwarz Weiß machen [wollen]** *(durch seine Darstellung eine Sache in ihr Gegenteil verkehren [wollen])*; **s. auf weiß** (ugs.; *zur Sicherheit, Bekräftigung schriftlich, sodass man sich darauf verlassen kann;* eigtl. = mit schwarzer Tinte [Druckerschwärze] auf weißes Papier geschrieben [gedruckt]): etw. s. auf weiß haben, besitzen. **2. a)** *von sehr dunklem Aussehen:* -er Pfeffer; der Kuchen ist s. geworden (ugs.; *ist beim Backen verbrannt*); den Kaffee s. *(ohne Milch)* trinken; **b)** *negrid:* sie hat eine -e Mutter und einen weißen Vater. **3.** (ugs.) *von Schmutz dunkel:* du hast dich s. gemacht; *** jmdm. nicht das Schwarze unter dem [Finger]nagel gönnen** (ugs.; *jmdm. gegenüber äußerst missgünstig sein*). **4. a)** (ugs., oft abwertend) *vom Katholizismus geprägt; eine überwiegend katholische Bevölkerung habend:* das Münsterland ist eine ganz -e Gegend; **b)** (Politik Jargon) *christdemokratisch, konservativ [geprägt, regiert o. Ä.]:* im -en Bayern; s. wählen; ⟨subst.:⟩ die Schwarzen wählen. **5. a)** *unheilvoll, düster:* es war vielleicht der schwärzeste Tag in ihrem Leben; immer muss er [alles] s. malen; s. sehen *(die Zukunftsaussichten negativ, pessimistisch einschätzen; Unerfreuliches, Schlimmes befürchten)*; **b)** *böse; niederträchtig:* eine der schwärzesten Taten der Kriminalgeschichte. **6.** (ugs.) *illegal; ohne behördliche Genehmigung, ohne Berechtigung:* -e Geschäfte; etw. s. kaufen; s. über die Grenze gehen; etw. s. *(in Schwarzarbeit)* tun; s. Bus fahren *(mit dem Bus schwarzfahren)*; s. gebrannter Schnaps.

Schwạrz, das; -[es], -: **1.** *schwarze Farbe:* ein tiefes S.; S. *(schwarze Kleidung; Trauerkleidung)* tragen. **2.** ⟨o. Pl.⟩ *Noir.*

schwạrz-, Schwạrz-: kennzeichnet in Bildungen mit Substantiven oder Verben etw. als illegal, ohne behördliche Genehmigung erfolgend: Schwarzbau, -kauf; schwarzschlachten.

Schwạrz|afri|ka; -s: größtenteils von [1,2]Schwarzen bewohnter Teil Afrikas südlich der Sahara.

Schwạrz|ar|beit, die ⟨o. Pl.⟩: *illegale, bezahlte, aber nicht behördlich angemeldete Arbeit, Tätigkeit, für die keine Steuern u. Sozialabgaben entrichtet werden:* S. machen; ein Haus in S. bauen.

schwạrz|ar|bei|ten ⟨sw. V.; hat⟩: *Schwarzarbeit verrichten.*

Schwạrz|ar|bei|ter, der: *jmd., der Schwarzarbeit verrichtet.*

S

Schwarz|ar|bei|te|rin, die: w. Form zu ↑Schwarzarbeiter.
schwarz|äu|gig ⟨Adj.⟩: *schwarze Augen habend.*
Schwarz|bee|re, die (südd., österr.): *Heidelbeere.*
schwarz|blau ⟨Adj.⟩: *tief dunkelblau u. fast in Schwarz übergehend.*
Schwarz|blech, das: *nach dem Auswalzen nicht weiter behandeltes, nicht gegen Korrosion geschütztes, dünnes Eisenblech.*
schwarz|braun ⟨Adj.⟩: *tief dunkelbraun u. fast in Schwarz übergehend.*
Schwarz|bren|ne|rei, die: *Brennerei* (a) *ohne amtliche Genehmigung.*
Schwarz|brot, das: *[überwiegend] aus Roggenmehl gebackenes dunkles Brot.*
schwarz|bunt ⟨Adj.⟩ (Fachspr.): *(von Rindern) schwarz u. weiß gefleckt:* -es Vieh; -e Milchkühe.
Schwarz|dros|sel, die: *Amsel.*
¹Schwar|ze, der; -n, -n ⟨Dekl. ↑Abgeordnete⟩: **1.** *Angehöriger des negriden Menschentypus:* sie ist mit einem -n verheiratet. **2.** ⟨o. Pl.; mit best. Artikel⟩ (veraltet) *der Teufel.* **3.** (österr.) *Tasse schwarzer Kaffee.*
²Schwar|ze, die; -n, -n ⟨Dekl. ↑Abgeordnete⟩: *Angehörige des negriden Menschentypus:* die Sopranistin ist eine S.
³Schwar|ze, das; -n ⟨Dekl. ↑²Junge, das⟩: *schwarze Kreisfläche im Zentrum einer Zielscheibe:* das S. treffen; ein Schuss ins S.; * **ins S. treffen** *(mit etw. genau das Richtige tun, sagen).*
Schwär|ze, die; -, -n [mhd. swerze, ahd. swerza]: **1.** ⟨o. Pl.⟩ *schwarze Färbung, tiefe Dunkelheit einer Sache:* die S. der Nacht. **2.** *schwarzer Farbstoff aus verkohlten Resten tierischer od. pflanzlicher Stoffe.*
Schwar|ze Meer, das; -n -[e]s: über das Mittelmeer mit dem Atlantischen Ozean verbundenes, Europa u. Asien voneinander trennendes Binnenmeer.
schwär|zen ⟨sw. V.; hat⟩ [mhd. swerzen, ahd. swerzan = schwarz machen; 2: zu spätmhd. (rotwelsch) swereze = (Schwärze der) Nacht, eigtl. = bei Nacht Waren über die Grenze schaffen]: **1.** *schwarz machen, färben; mit einer schwarzen Schicht bedecken:* der Ruß hatte ihre Gesichter geschwärzt. **2.** (südd., österr. ugs.) *schmuggeln.*
Schwarz|er|de, die (Geol.): *Steppenschwarzerde.*
schwarz|fah|ren ⟨st. V.; ist⟩: **a)** *[um des finanziellen Vorteils willen] ohne Fahrschein, Fahrkarte fahren;* **b)** *ein Kraftfahrzeug lenken, ohne einen Führerschein zu besitzen.*
Schwarz|fah|rer, der: *jmd., der schwarzfährt.*
Schwarz|fah|re|rin, die: w. Form zu ↑Schwarzfahrer.
Schwarz|fahrt, die: *Fahrt, bei der man schwarzfährt.*
Schwarz|fär|bung, die: *schwarze Färbung.*
Schwarz|fleisch, das (landsch.): *geräucherter durchwachsener Speck.*
schwarz ge|klei|det: s. schwarz (1).
Schwarz|geld, das: *nicht ordnungsgemäß versteuertes Geld.*
schwarz ge|lockt: s. schwarz (1).
schwarz ge|rän|dert: s. schwarz (1).
schwarz ge|streift: s. schwarz (1).
schwarz|grau ⟨Adj.⟩: *tief dunkelgrau u. fast in Schwarz übergehend.*
schwarz|grün ⟨Adj.⟩: *tief dunkelgrün u. fast in Schwarz übergehend.*
schwarz|haa|rig ⟨Adj.⟩: *schwarzes Haar habend.*
Schwarz|han|del, der: *illegaler Handel mit verbotenen od. rationierten Waren:* er betrieb S. mit Zigaretten.
Schwarz|händ|ler, der: *jmd., der mit verbotenen od. rationierten Waren illegal Handel treibt.*
Schwarz|händ|le|rin, die: w. Form zu ↑Schwarzhändler.
Schwarz|hemd, das: **1.** *schwarzes Hemd als Teil der Uniform faschistischer Organisationen, bes. in Italien.* **2.** ⟨meist Pl.⟩ *Träger des Schwarzhemds* (1): die -en marschieren durch die Straßen.

schwarz|hö|ren ⟨sw. V.; hat⟩: **a)** *Rundfunk hören, ohne sein Gerät angemeldet zu haben u. die fälligen Gebühren zu entrichten;* **b)** (veraltend) *[ohne Immatrikulation u.] ohne die fälligen Gebühren zu entrichten, eine Vorlesung an der Universität besuchen.*
Schwarz|kie|fer, die: *Kiefer mit schwarzgrauer, rissiger Rinde.*
Schwarz|kit|tel, der: **1.** (Jägerspr. scherzh.) *Wildschwein.* **2.** (abwertend) *katholischer Geistlicher.* **3.** (bes. Fußball Jargon) *Schiedsrichter.*
Schwarz|künst|ler, der: **1.** *jmd., der die Buchdruckerkunst betreibt.* **2.** *jmd., der die Zauberkunst, die Magie betreibt.*
Schwarz|künst|le|rin, die: w. Form zu ↑Schwarzkünstler.
schwärz|lich ⟨Adj.⟩ [frühnhd. schwartzlich, schwartzlecht; mhd. swarzlot]: *leicht schwarz getönt; ins Schwarze spielend.*
schwarz|lo|ckig ⟨Adj.⟩: *schwarz gelockt.*
schwarz ma|len: s. schwarz (5 a).
Schwarz|ma|le|rei, die (ugs.): *allzu pessimistische Darstellung, Schilderung.*
Schwarz|markt, der: *schwarzer* (6) *Markt* (3 a): etw. auf dem S. kaufen.
Schwarz|markt|preis, der: *auf dem Schwarzmarkt üblicher, überhöhter Preis:* -e zahlen.
Schwarz|pap|pel, die: *Pappel mit rissiger, schwärzlicher Borke u. breiter Krone.*
Schwarz|pul|ver, das [wohl nach der Farbe]: *aus einer Mischung von Kalisalpeter, Schwefel u. Holzkohle bestehendes [Schieß]pulver, das heute für Sprengungen, zur Herstellung von Zündschnüren u. in der Feuerwerkerei verwendet wird.*
Schwarz|rock, der (abwertend): *Geistlicher.*
Schwarz-Rot-Gold, das: Farben der deutschen Fahne von 1919 bis 1933, der Fahne der DDR von 1949 bis 1990 u. der Bundesrepublik Deutschland.
schwarz-rot-gol|den ⟨Adj.⟩: *die Farben Schwarz, Rot u. Gold aufweisend:* die -e Fahne.
schwarz|schlach|ten ⟨sw. V.; hat⟩: *[in Not-, Kriegszeiten] (Schlachtvieh) ohne behördliche Genehmigung schlachten:* im Krieg wurde öfter [ein Schwein] schwarzgeschlachtet.
schwarz|se|hen ⟨st. V.; hat⟩ (ugs.): *fernsehen, ohne sein Gerät angemeldet zu haben u. die fälligen Gebühren zu entrichten.*
schwarz se|hen: s. schwarz (5 a).
Schwarz|se|her, der: **1.** (ugs.) *jmd., der die Zukunftsaussichten negativ, pessimistisch einschätzt.* **2.** *jmd., der schwarzsieht.*
Schwarz|se|he|rei, die; -, -en ⟨Pl. selten⟩ (ugs.): *das Schwarzsehen.*
Schwarz|se|he|rin, die: w. Form zu ↑Schwarzseher.
Schwarz|sen|der, der: *ohne behördliche Genehmigung betriebene Fernmelde-, Funkanlage.*
Schwarz|specht, der: *größerer schwarzer Specht mit rotem Gefieder an Kopf u. Nacken.*
Schwarz|storch, der: *Waldstorch.*
Schwär|zung, die; -, -en: **1.** *das Schwärzen* (1). **2.** (Fot.) *Schwarzfärbung von fotografischem Material.*
Schwarz|wald, der; -[e]s: südwestdeutsches Mittelgebirge.
¹Schwarz|wäl|der, der; -s, -: Ew.
²Schwarz|wäl|der ⟨indekl. Adj.⟩: -er Schinken; -er Kirsch[torte].
Schwarz|wäl|de|rin, die: w. Form zu ↑¹Schwarzwälder.
schwarz-weiß [auch: -ˈ-] ⟨Adj.⟩: **a)** *schwarz u. weiß:* ein s. gestreifter Rock; **b)** *in Schwarz, Weiß u. Abstufungen von Grau:* ein -es Foto, Bild; s. fotografieren.
Schwarz-Weiß-Auf|nah|me, die: *Fotografie, die Farben u. Helligkeiten durch Schwarz, Weiß u. Abstufungen von Grau wiedergibt.*
Schwarz-Weiß-Bild, das: **1.** *Schwarz-Weiß-Foto.* **2.** vgl. Schwarz-Weiß-Zeichnung.
Schwarz-Weiß-Fern|se|her, der,
Schwarz-Weiß-Fern|seh|ge|rät, das: *Fernsehgerät, bei dem die Bilder in Schwarz, Weiß u. Abstufungen von Grau wiedergegeben werden.*

Schwarz-Weiß-Film, der: **1.** *Film* (2) *für Schwarz-Weiß-Aufnahmen.* **2.** *Film* (3 a) *mit Schwarz-Weiß-Aufnahmen.*
Schwarz-Weiß-Fo|to, das: *Schwarz-Weiß-Aufnahme.*
Schwarz-Weiß-Fo|to|gra|fie, die: **1.** ⟨o. Pl.⟩ *fotografisches Verfahren, das Farben u. Helligkeiten durch Schwarz, Weiß u. Abstufungen von Grau wiedergibt.* **2.** *Schwarz-Weiß-Aufnahme.*
Schwarz-Weiß-Ge|rät, das: kurz für ↑Schwarz-Weiß-Fernsehgerät.
Schwarz-Weiß-Kunst, die: *grafische, zeichnerische Technik, bei der keine Farbe verwendet wird.*
schwarz-weiß ma|len: s. malen (1 b).
Schwarz-Weiß-Ma|le|rei, die: *das Schwarz-Weiß-Malen.*
schwarz-weiß-rot ⟨Adj.⟩: *die Farben Schwarz, Weiß u. Rot aufweisend.*
Schwarz-Weiß-Rot, das: Farben der deutschen Fahne von 1871 bis 1918 u. 1933 bis 1945.
Schwarz-Weiß-Zeich|nung, die: *nur Schwarz u. Abstufungen von Grau (auf weißem Grund) aufweisende Zeichnung.*
Schwarz|wild, das (Jägerspr.): *Wildschweine.*
Schwarz|wur|zel, die: *einen milchigen Saft enthaltende Pflanze, deren Pfahlwurzel als Gemüse verwendet wird.*
Schwatz, der; -es, -e [spätmhd. swaz, zu ↑schwatzen] (fam.): *[kürzere] zwanglose Unterhaltung [anlässlich eines zufälligen Zusammentreffens], bei der man sich gegenseitig Neuigkeiten o. Ä. erzählt:* einen [kleinen] S. mit der Nachbarin halten.
Schwatz|ba|se, die (ugs. abwertend): *Person, die gern u. viel schwatzt.*
Schwätz|chen, das; -s, -: Vkl. zu ↑Schwatz.
schwat|zen ⟨sw. V.; hat⟩ [spätmhd. swatzen, ↑schwätzen]: **1.** *plaudern* (1): sie kam, um [ein bisschen] mit uns zu s.; eine fröhlich schwatzende Runde. **2.** (abwertend) **a)** *sich wortreich über oft belanglose Dinge auslassen:* über das Wetter, von einem Ereignis s.; **b)** *etw. schwatzend* (2 a) *vorbringen:* Unsinn s.; **c)** *sich während des Unterrichts leise mit seinem Nachbarn unterhalten:* wer schwatzt denn da fortwährend?; ⟨subst.:⟩ durch sein Schwatzen den Unterricht stören. **3.** (abwertend) *aus einem unbeherrschten Redebedürfnis heraus Dinge weitererzählen, über die man schweigen sollte:* da muss wieder einer geschwatzt haben!
schwät|zen ⟨sw. V.; hat⟩ [spätmhd. swatzen, swetzen, zu mhd. swateren = rauschen, klappern, wohl lautm.; vgl. schwadern] (bes. südd.): **1.** *schwatzen* (1). **2.** (abwertend) **a)** *schwatzen* (2 a); **b)** *schwatzen* (2 b); **c)** *schwatzen* (2 c). **3.** *schwatzen* (3). **4.** (westmd., südd.) *sprechen, reden:* der Kleine fängt schon an zu s.; der Papagei kann s.; kannst du nicht etwas lauter s.?; sie schwätzt schwäbisch.
Schwät|zer, der; -s, - [spätmhd. swetzer] (abwertend): **1.** *jmd., der gern u. viel redet:* der alte S. hört sich einfach gerne reden; er ist ein [dummer] S. **2.** *jmd., der schwatzt* (3): dieser S. plaudert alles aus.
Schwät|ze|rei, die; -, -en (abwertend): *[dauerndes] Schwätzen.*
Schwät|ze|rin, die; -, -nen: w. Form zu ↑Schwätzer.
schwatz|haft ⟨Adj.⟩ (abwertend): *zum Schwatzen* (2, 3) *neigend u. viel, meist Überflüssiges redend, Geheimes ausplaudernd:* ein -er Mensch; er ist sehr s.
Schwatz|haf|tig|keit, die; -: *schwatzhafte Art.*
Schwatz|lie|se, die [zum 2. Bestandteil vgl. Heulliese] (ugs. abwertend): *weibliche Person, die gern u. viel schwatzt.*
Schwe|be, die [mhd. swebe]: in der Fügung **in der S./(österr.:) in S.** (**1.** *frei schwebend:* er hielt das Glas in der S. **2.** *[noch] unentschieden, [noch] offen:* alles bleibt in der S.).
Schwe|be|bahn, die: *an Drahtseilen od. an einer Schiene hängende bzw. auf einem Magnetfeld gleitende Bahn zur Beförderung von Personen u. Lasten.*

S

Schwe|be|bal|ken, der (Turnen): *auf einem Gestell angebrachter, langer [gepolsterter] Balken, auf dem (im Frauenturnen wettkampfmäßig) Übungen zur Ausbildung des Gleichgewichtsgefühls durchgeführt werden.*

Schwe|be|baum, der: **1.** *Schwebebalken.* **2.** (Pferdezucht) *zur Trennung zwischen den einzelnen Ständen der Pferde hängend angebrachtes, geschältes, geglättetes Rundholz od. Stahlrohr.*

Schwe|be|hang, der (Turnen): *Übung am Reck, Barren od. an den Ringen, bei der der Körper frei nach unten hängt u. die Beine nach vorn gestreckt sind.*

schwe|ben ⟨sw. V.⟩ [mhd. sweben, ahd. sweben = sich hin u. her bewegen, verw. mit ↑schweifen]: **1. a)** *sich in der Luft, im Wasser o. Ä. im Gleichgewicht halten, ohne zu Boden zu sinken* ⟨hat⟩: frei s.; in der Luft, über dem Abgrund, zwischen Himmel und Erde s.; Ü in tausend Ängsten s.; in großer Gefahr, in Lebensgefahr s.; er schwebt über dem Ganzen *(steht darüber)*; **b)** *sich schwebend* (1 a) *irgendwohin bewegen* ⟨ist⟩: durch die Luft s.; der Ballon schwebt nach Osten; ein Blatt schwebt zu Boden; Ü schwebende (Sprachw.; *zwischen metrischer Skandierung u. sinngemäßer, natürlicher Sprechweise einen Ausgleich suchende*) Betonung. **2.** *unentschieden, noch nicht abgeschlossen sein; im Gange sein* ⟨hat⟩: sein Prozess schwebt noch; man wollte nicht in das schwebende Verfahren eingreifen.

Schwe|be|stoff: ↑Schwebstoff.

Schwe|be|stütz, der (Turnen): *Übung, bei der der Körper, nur auf die Arme gestützt, frei schwebt u. die Beine nach vorn od. aufwärts gestreckt sind.*

Schwe|be|teil|chen, das: vgl. Schwebstoff.

Schwe|be|zu|stand, der ⟨o. Pl.⟩: *Zustand der Unklarheit, der Unsicherheit, der Unentschiedenheit:* ein politischer S.; die Sache blieb in einem S.

Schweb|stoff, Schwebestoff, der ⟨meist Pl.⟩ (Chemie): *Stoff, der in feinster Verteilung in einer Flüssigkeit od. einem Gas schwebt, ohne [sogleich] abzusinken.*

Schwe|de, der; -n, -n: Ew.: *** alter S.** (ugs.; kameradschaftlich-vertrauliche, oft scherzh. drohende Anrede; *alter Freund;* wahrsch. nach den altgedienten schwedischen Korporalen, die der preuß. Kurfürst Friedrich Wilhelm I. [1620–1688] nach dem 30-jährigen Krieg im Lande beließ u. als Ausbilder in seine Dienste nahm): na, wie gehts, alter S.?

Schwe|den; -s: Staat in Nordeuropa.

Schwe|den|punsch, der: *eiskalt od. heiß serviertes Getränk aus Arrak, Wein u. Gewürzen.*

Schwe|din, die; -, -nen: w. Form zu ↑Schwede.

schwe|disch ⟨Adj.⟩: **a)** *Schweden, die Schweden betreffend; von den Schweden stammend, zu ihnen gehörend;* **b)** *in der Sprache der Schweden.*

Schwe|disch, das; -[s], u. ⟨nur mit best. Art.:⟩ **Schwe|di|sche,** das; -n: *die schwedische Sprache.*

Schwe|fel, der; -s [mhd. swevel, swebel, ahd. sweval, swebal, wahrsch. zu dem auch ↑schwelen zugrunde liegenden Verb u. eigtl. = der Schwelende; verw. mit lat. sulphur, ↑Sulfur]: *nicht metallischer Stoff [von gelber Farbe], der in verschiedenen Modifikationen auftritt u. bei der Verbrennung blaue Flammen u. scharfe Dämpfe entwickelt* (*chemisches Element;* Zeichen: S).

schwe|fel|ar|tig ⟨Adj.⟩: *von, in der Art des Schwefels.*

Schwe|fel|bad, das: **1.** *medizinisches Bad mit schwefelhaltigem Wasser.* **2.** *Kurort für Schwefelbäder.*

Schwe|fel|blu|me, Schwe|fel|blü|te, die ⟨o. Pl.⟩: *durch Destillieren von verunreinigtem Schwefel u. rasches Abkühlen des Dampfes gewonnener Schwefel in Form eines feinen, gelben Pulvers.*

Schwe|fel|di|oxid, (auch:) **Schwe|fel|di|oxyd,** das (Chemie): *bei der Verbrennung von Schwefel entstehendes farbloses, stechend riechendes u. die Schleimhäute reizendes Gas.*

schwe|fel|far|ben, schwe|fel|far|big ⟨Adj.⟩: *von der Farbe des Schwefels:* ein schwefelfarbiges Licht.

Schwe|fel|farb|stoff, der (Chemie): *Schwefel enthaltendes Mittel, mit dem bes. Baumwolle in verschiedenen Tönungen licht- u. waschecht gefärbt werden kann.*

schwe|fel|gelb ⟨Adj.⟩: *hellgelb wie reiner Schwefel, oft mit einem Stich ins Grünliche od. Graue.*

Schwe|fel|ge|ruch, der: *Geruch nach brennendem Schwefel.*

schwe|fel|hal|tig ⟨Adj.⟩: *Schwefel enthaltend.*

Schwe|fel|holz, Schwe|fel|hölz|chen, das (veraltet): *Zündholz.*

schwe|fe|lig: ↑schweflig.

Schwe|fel|kies, der: *Pyrit.*

Schwe|fel|koh|len|stoff, der (Chemie): *Verbindung von Schwefel u. Kohlenstoff, die hochexplosive u. auf Haut u. Lunge stark giftig wirkende Dämpfe bildet.*

Schwe|fel|kur, die (Med.): *Trink- u. Badekur mit schwefelhaltigem Wasser.*

schwe|feln ⟨sw. V.; hat⟩ [15. Jh.]: **1. a)** *(Lebensmittel) mit gasförmigem od. in Wasser gelöstem Schwefeldioxid haltbar machen:* Rosinen s.; geschwefelter Wein; **b)** *(Weinfässer o. Ä.) durch Verbrennen von Schwefel sterilisieren;* **c)** *(Textilien) mit Schwefeldioxid bleichen.* **2.** (Obst-, Weinbau) *in Wasser gelösten, fein verteilten Schwefel auf Obstbäume od. Weinstöcke spritzen:* Reben gegen Mehltau s.

Schwe|fel|pu|der, der: *gelber, schwefelhaltiger Puder zur Behandlung von Hautkrankheiten.*

Schwe|fel|quel|le, die: *schwefelhaltige Heilquelle.*

schwe|fel|sau|er ⟨Adj.⟩: meist in Fügungen wie **schwefelsaures Kalium** (Chemie; *Kaliumsulfat*).

Schwe|fel|säu|re, die ⟨o. Pl.⟩: *Schwefelverbindung in Form einer farblosen, öligen Flüssigkeit, die in konzentrierter Form auch Kupfer u. Silber auflösen kann.*

Schwe|fe|lung, die; -, -en: *das Schwefeln.*

Schwe|fel|ver|bin|dung, die: *chemische Verbindung des Schwefels.*

Schwe|fel|was|ser|stoff, der (Chemie): *farbloses, brennbares, nach faulen Eiern riechendes, stark giftiges Gas, das u. a. in vulkanischen Gasen u. Schwefelquellen vorkommt u. durch Zersetzung von Eiweiß entsteht.*

schwef|lig, schwefelig ⟨Adj.⟩ [mhd. swebelic, ahd. swebeleg]: **a)** *schwefelhaltig:* -e Säure (Chemie; *farblose Flüssigkeit, die aus Schwefeldioxid u. Wasser entsteht, an der Luft aber bald in Schwefelsäure übergeht*); hier riecht es s. *(nach Schwefel)*; **b)** *in Aussehen, Beschaffenheit dem Schwefel ähnlich:* ein -es Gelb; der Himmel war schweflig.

Schwe|gel, die; -, -n [mhd. swegel(e), ahd. swegala, H. u.]: **1. a)** *(im MA.) Holzblasinstrument;* **b)** *mit einer Hand zu spielende, zylindrisch gebohrte Blockflöte mit nur drei Grifflöchern, zu der der Spieler mit der andern Hand eine kleine Trommel schlagen kann.* **2.** *Orgelregister mit zylindrischen Labialpfeifen.*

Schweif, der; -[e]s, -e [mhd. sweif, urspr. = schwingende Bewegung, ahd. sweif = Schuhband, zu ↑schweifen]: **1.** (geh.) *längerer [langhaariger, buschiger] Schwanz:* ein langer, buschiger S.; der S. eines Pferdes; Ü der S. einer Sternschnuppe; ein S. aus Funken. **2.** (Astron.) *Kometenschweif:* auch der S. des Kometen war deutlich zu erkennen.

schwei|fen ⟨sw. V.⟩ [mhd. sweifen, ahd. sweifan = schwingen, in Drehung versetzen, bogenförmig gehen, urspr. = biegen, drehen, schwingen]: **1.** (geh.) *ziellos [durch die Gegend] ziehen, wandern, streifen* ⟨ist⟩: durch die Wälder, die Stadt s.; Ü den Blick s. lassen *(sich umsehen)*. **2.** (Fachspr.) *(einem Werkstück o. Ä.) eine gebogene Gestalt geben* ⟨hat⟩: ein Stück Blech s.

schweif|we|deln ⟨sw. V.; hat⟩: *(von Hunden) mit dem Schwanz wedeln:* schweifwedelnd begrüßte er sein Frauchen.

Schwei|ge|ge|bot, das: *Anordnung, dass [über etw. Bestimmtes] nicht gesprochen werden darf.*

Schwei|ge|geld, das: *Bestechungsgeld, das man jmdm. zahlt, um zu erreichen, dass er über etw. Bestimmtes (z. B. eine Straftat) Stillschweigen bewahrt.*

Schwei|ge|marsch, der: *schweigend durchgeführter Marsch als Ausdruck von Protest u. Trauer.*

Schwei|ge|mi|nu|te, die: *kurzes gemeinsames Schweigen als Ausdruck des Gedenkens:* eine S. einlegen.

schwei|gen ⟨st. V.; hat⟩ [mhd. swīgen, ahd. swīgēn, im Nhd. mit seinem Kausativ mhd., ahd. sweigen = zum Schweigen bringen zusammengefallen, H. u.]: **a)** *nicht [mehr] reden; nicht antworten; kein Wort sagen:* beharrlich, betroffen, verlegen s.; schweig! (herrische Aufforderung: *sag ja nichts mehr [dagegen]!*); ich habe lange geschwiegen; kannst du s. *(etwas, was man dir anvertraut, für dich behalten)*?; vor sich hin s. (ugs.; *wortlos dasitzen*); aus Angst, Höflichkeit s.; der Angeklagte schweigt auf alle Fragen; über, von etw. s. *(nichts davon sagen)*; zu allen Vorwürfen hat er geschwiegen *(sich nicht geäußert, sich nicht verteidigt)*; schweigend dastehen; Ü darüber schweigt die Geschichtsschreibung; *** ganz zu s. von ...** *(und in ganz besonderem Maße ...; und erst recht ...)*: das Hotel war schlecht, ganz zu s. vom Essen; **b)** *nicht [mehr] tönen, keine Klänge, Geräusche [mehr] hervorbringen:* das Radio schweigt; von da an schwiegen die Waffen (geh.; *da war der Krieg zu Ende*).

Schwei|gen, das; -s [mhd. swīgen]: *das Nichtreden; das Nicht-mehr-Reden:* es trat ein eisiges, beklommenes S. ein; es herrschte peinliches, tiefes S.; das S. brechen *(endlich [wieder] reden, aussagen)*; jmd. ist zum S. verurteilt *(darf od. kann aus einem bestimmten Grund nicht aussagen)*; R S. im Walde *([aus Verlegenheit od. Angst] wagt niemand etw. zu sagen)*; *** sich in S. hüllen** *(sich geheimnisvoll über etw. nicht äußern u. dadurch zu Vermutungen Anlass geben)*; **jmdn. zum S. bringen** (1. *jmdn. [mit Gewalt, Drohungen, Versprechungen o. Ä.] veranlassen, nichts mehr zu äußern.* 2. verhüll.; *jmdn. töten*).

Schwei|ge|pflicht, die ⟨o. Pl.⟩: *für Angehörige bestimmter Berufe od. für Amtsträger bestehende Verpflichtung, über ihnen Anvertrautes zu schweigen:* die ärztliche S.; jmdn. von der, seiner S. entbinden.

schweig|sam ⟨Adj.⟩: *nicht gesprächig; wortkarg:* ein [sehr] -er Mensch; warum bist du so s.?

Schweig|sam|keit, die; -: *schweigsame Art.*

Schwein, das; -[e]s, -e [mhd., ahd. swīn; 2: schon mhd., nach der sprichwörtlichen Schmutzigkeit des Tieres]: **1. a)** *kurzbeiniges Säugetier mit gedrungenem Körper, länglichem Kopf, rüsselartig verlängerter Schnauze, rosafarbener bis schwarzer, mit Borsten bedeckter Haut u. meist geringeltem Schwanz; Hausschwein:* das S. grunzt, quiekt; -e mästen; ein S. schlachten; er blutet wie ein S. (derb; *heftig*); sie haben sich wie die -e *(sehr unanständig)* benommen; R wo haben wir denn schon zusammen -e gehütet? (als Zurückweisung der Anrede mit »du«: *seit wann duzen wir uns denn?*); **b)** ⟨o. Pl.⟩ (ugs.) kurz für ↑Schweinefleisch. **2. a)** (derb abwertend, oft als Schimpfwort) *jmd., den man wegen seiner Handlungs- od. Denkweise als verachtenswert betrachtet:* du S.!; **b)** (derb abwertend) *jmd., der sich od. etw. beschmutzt hat:* welches S. hat denn hier gegessen?; **c)** (salopp) *Mensch [als ausgeliefertes Geschöpf]:* er, sie ist ein bedauernswertes S.; *** kein S.** (salopp; *niemand*): das versteht kein S. **3.** *** S. haben** (ugs.; *Glück haben*): da haben wir ja noch mal S. gehabt! **4.** (Zool.) *in mehreren Arten vorkommendes zu den Paarhufern gehörendes Tier (z. B. Haus-, Wild-, Warzenschwein).*

-schwein, das; -[e]s, -e (derb abwertend): drückt in Bildungen mit Substantiven aus, dass eine Person etw. Bestimmtes ist: Kapitalistenschwein, Chauvischwein.

schwei|ne-, Schwei|ne-: 1. (ugs. emotional) drückt in Bildungen mit Adjektiven eine Verstärkung aus: *sehr:* schweineteuer, -kalt. 2. (derb emotional abwertend) drückt in Bildungen mit Substantiven aus, dass jmd. oder etw. als schlecht, minderwertig, miserabel angesehen wird: Schweineladen, -bande. 3. (ugs. emotional) drückt in Bildungen mit Substantiven einen besonders hohen Grad von etw. aus: Schweineglück, -dusel.

Schwei|ne|ba|cke, die (bes. nordd. Kochk.): 1. *Fleisch von der Kinnbacke des Schweins.* 2. (emotional abwertend, oft als Schimpfwort) vgl. Schwein (2 a).

Schwei|ne|bauch, der (Kochk.): *Fleisch vom Bauch des Schweins; Bauchfleisch:* gegrillter, geräucherter S.

Schwei|ne|bors|te, die: *Schweinsborste.*

Schwei|ne|bra|ten, der (Kochk.): *Braten aus Schweinefleisch.*

Schwei|ne|fi|let, das (Kochk.): vgl. Rinderfilet.

Schwei|ne|fleisch, das: *Fleisch vom Schwein* (1 a): kein S. essen.

Schwei|ne|fraß, der (derb emotional abwertend): *Fraß* (1 b).

Schwei|ne|geld, das ⟨o. Pl.⟩ (salopp emotional): *sehr viel Geld:* das kostet ein S.; er hat damit ein S. verdient.

Schwei|ne|gu|lasch, das, auch: der (Kochk.): vgl. Rindergulasch.

Schwei|ne|hack|fleisch, das (Kochk.): vgl. Rinderhackfleisch.

Schwei|ne|hund, (seltener:) Schweinhund, der [urspr. Hund für die Saujagd, dann in der Studentenspr. als grobes Schimpfwort] (derb emotional abwertend, oft als Schimpfwort): *niederträchtiger Kerl; Lump:* du elender S.!; * **der innere S.** *(Feigheit, Trägheit gegenüber einem als richtig erkannten Tun):* den inneren S. überwinden.

Schwei|ne|ko|ben, Schwei|ne|ko|fen, der: *Koben.*

Schwei|ne|ko|te|lett, das (Kochk.): *Kotelett vom Schwein.*

Schwei|ne|le|ber, die: *Leber* (b) *vom Schwein.*

Schwei|ne|len|de, die (Kochk.): *Lendenstück vom Schwein.*

schwei|ne|mä|ßig ⟨Adj.⟩ (derb): *sehr schlecht, miserabel:* das Wetter war s.

Schwei|ne|mast, die: ²*Mast* (1) *von Schweinen.*

Schwei|ne|mäs|te|rei, die: *Betrieb, in dem Schweine gemästet werden.*

Schwei|ne|pest, die: *durch Viren hervorgerufene, meist tödlich verlaufende, ansteckende Krankheit bei Schweinen, die mit inneren Blutungen, Fieber, Entzündungen im Darm u. der Lunge einhergeht.*

Schwei|ne|pries|ter, der (salopp abwertend, oft als Schimpfwort): *männliche Person, die abgelehnt, verachtet wird.*

Schwei|ne|rei, die; -, -en [zu älter schweinen = sich wie ein Schwein benehmen] (derb abwertend): **a)** *unordentlicher, sehr schmutziger Zustand:* wer hat diese S. hier angerichtet?; **b)** *ärgerliche Sache; üble Machenschaft:* S.! Mein Geld ist geklaut worden; **c)** *moralisch Verwerfliches, Anstößiges (meist auf Sexuelles bezogen).*

Schwei|ne|ripp|chen, das, **Schwei|ne|rip|pe,** die (Kochk.): *Rippchen vom Schwein.*

schwei|nern ⟨Adj.⟩ [für älter schweinen, mhd. swînîn] (südd., österr. Kochk.): *aus Schweinefleisch bestehend, mit Schweinefleisch zubereitet.*

Schwei|ner|ne, das; -n ⟨Dekl. ²Junge, das⟩ (südd., österr.): *Schweinefleisch:* ein halbes Kilo -s.

Schwei|ne|rü|cken, der: *Rücken* (3) *vom Schwein.*

Schwei|ne|schmalz, das (Kochk.): *durch Auslassen* (6) *hauptsächlich von zerkleinertem Bauchfett des Schweins gewonnenes weißes, streichbares Fett.*

Schwei|ne|schnit|zel, das (Kochk.): *Schnitzel vom Schwein.*

Schwei|ne|stall, der: *Saustall.*

Schwei|ne|trog, der: *Trog für das Futter der Schweine.*

Schwei|ne|zucht, die: *planmäßige Aufzucht von Schweinen unter wirtschaftlichem Aspekt.*

Schwein|hund: ↑Schweinehund.

Schwein|igel, der [urspr. volkst. Bez. des Igels nach seiner Schnauzenform] (salopp abwertend): **a)** *jmd., der alles beschmutzt:* du S.!; **b)** *unanständiger, bes. obszöne Witze erzählender Mensch.*

Schwein|ige|lei, die; -, -en (salopp abwertend): *Zote.*

schwein|igeln ⟨sw. V.; hat⟩ (salopp abwertend): **a)** *sich als Schweinigel* (a) *aufführen;* **b)** *sich als Schweinigel* (b) *aufführen.*

schwei|nisch ⟨Adj.⟩ [18. Jh.; mhd. swînisch = aus Schweinefleisch zubereitet, bestehend] (ugs. abwertend): **a)** *liederlich, schmutzig:* das Zimmer sieht wirklich s. aus; **b)** *die Regeln des guten Benehmens, des Anstands verletzend:* er benahm sich s.; **c)** *obszön* (1): -e Witze.

Schweins|äug|lein, das: *kleines, blinzelndes, dem Auge eines Schweins ähnelndes Auge.*

Schweins|bors|te, die ⟨meist Pl.⟩: vgl. Borste (1 a).

Schweins|bra|ten, der (südd., österr., schweiz. Kochk.): *Schweinebraten.*

Schweins|ga|lopp: in der Fügung **im S.** (ugs. scherzh.; *schnell u. nicht so sorgfältig*): ich zog mich im S. an und düste zum Bahnhof.

Schweins|hach|se, (südd.:) **Schweins|ha|xe,** die (Kochk.): vgl. Hachse (a).

Schweins|keu|le, die (Kochk.): *Keule* (2) *vom Schwein.*

Schweins|kopf, der: **a)** *Kopf eines [geschlachteten] Schweins;* **b)** (abwertend) *menschlicher Kopf, der wie der Kopf eines Schweins aussieht.*

Schweins|le|der, das: *aus der Haut von Schweinen hergestelltes Leder:* ein in S. gebundenes Buch.

schweins|le|dern ⟨Adj.⟩: *aus Schweinsleder bestehend:* -e Handschuhe.

Schweins|len|de, die (bes. südd., österr. Kochk.): *Schweinelende.*

Schweins|ohr, das: 1. *Ohr eines [geschlachteten] Schweins.* 2. *flaches Gebäck aus Blätterteig in der Form zweier aneinander gelegter Spiralen.*

Schweins|ripp|chen, das, **Schweins|rip|pe,** die (bes. südd., österr. Kochk.): *Rippchen vom Schwein.*

Schweins|schnit|zel, das (österr. Kochk.): *Schweineschnitzel.*

Schweins|stel|ze, die (österr. Kochk.): *Eisbein.*

Schweiß, der; -es, (Med.:) -e [mhd., ahd. sveiʒ]: 1. *wässrige, salzige Absonderung der Schweißdrüsen, die bes. bei körperlicher Anstrengung u. bei großer Hitze aus den Poren der Haut austritt:* der S. bricht jmdm. aus, läuft, rinnt jmdm. [in Strömen] übers Gesicht; der kalte S. stand ihr [in dicken Tropfen] auf der Stirn; sich den S. abwischen; in S. gebadet sein *(heftig, am ganzen Körper schwitzen);* nach S. riechen; Ü die Arbeit hat ihn viel S. gekostet (geh.; *war sehr mühevoll*); * **im -e seines Angesichts** (*unter großer Anstrengung, mit viel Mühe;* nach 1. Mos. 3, 19). 2. (Jägerspr.) *aus dem Körper ausgetretenes Blut (von Wild u. vom Jagdhund).*

Schweiß|ab|son|de|rung, die: *Absonderung von Schweiß* (1).

Schweiß|aus|bruch, der: *plötzlich einsetzendes starkes Schwitzen.*

Schweiß|band, das ⟨Pl. ...bänder⟩: 1. *[Leder]band bes. in Herrenhüten zum Schutz des Materials gegen Schweiß.* 2. (bes. Tennis) *um das Handgelenk getragenes Band aus saugfähigem Stoff, das verhindern soll, dass der Schweiß auf die Handfläche gelangt.*

schweiß|be|deckt ⟨Adj.⟩: *von Schweiß bedeckt:* ein -es Gesicht.

Schweiß|bil|dung, die: *Bildung von Schweiß:* die S. anregen.

Schweiß|bläs|chen, das (Med.): *Friesel.*

Schweiß|blatt, das ⟨meist Pl.⟩: *gegen Achselschweiß schützende Einlage.*

Schweiß|bren|ner, der: *Gerät zum autogenen Schweißen, bei dem durch ein brennbares Gasgemisch eine Stichflamme von hoher Temperatur erzeugt wird.*

Schweiß|drü|se, die ⟨meist Pl.⟩: *Drüse in der Haut, die Schweiß nach außen absondert.*

Schweiß|drü|sen|abs|zess, der: *in der Achselhöhle auftretender Abszess der Schweißdrüse.*

schwei|ßen ⟨sw. V.; hat⟩ [mhd. sweiʒen, ahd. sweiʒʒen = Schweiß absondern; rösten, braten, zu dem unter ↑Schweiß genannten Verb]: 1. *(Werkstoffteile aus Metall od. Kunststoff) unter Anwendung von Wärme, Druck fest zusammenfügen, miteinander verbinden:* Rohre s.; ⟨auch o. Akk.-Obj.:⟩ kannst du s.? 2. (landsch.) *schwitzen.* 3. (Jägerspr.) *(von Wild) bluten; Blut verlieren:* das angeschossene Tier schweißte stark.

Schwei|ßer, der; -s, -: *Facharbeiter, der Werkstoffe schweißt* (Berufsbez.).

Schwei|ße|rin, die; -, -nen: w. Form zu ↑Schweißer.

Schweiß|fähr|te, die (Jägerspr.): *Blutspur von angeschossenem Wild.*

schweiß|feucht ⟨Adj.⟩: *feucht von Schweiß:* -e Haare; er war s.

Schweiß|fleck, der: *Fleck in einem Kleidungsstück, der von Schweiß herrührt.*

Schweiß|fuß, der ⟨meist Pl.⟩: *Fuß mit übermäßiger Schweißabsonderung:* Schweißfüße haben.

schweiß|ge|ba|det ⟨Adj.⟩: *nass von Schweiß:* er, sein Körper war s.

Schweiß|ge|rät, das: *Gerät zum Schweißen* (1).

Schweiß|ge|ruch, der: *unangenehmer Geruch von sich zersetzendem Schweiß.*

schweiß|hem|mend ⟨Adj.⟩: *die Schweißbildung hemmend:* -e Mittel.

Schweiß|hund, der (Jägerspr.): *Jagdhund, der speziell zum Aufspüren des angeschossenen Wildes auf der Schweißfährte abgerichtet ist.*

schwei|ßig ⟨Adj.⟩ [mhd. sweiʒic = schweißnass; blutig, ahd. sweiʒig]: *schweißfeucht; verschwitzt:* -e Hände.

Schweiß|naht, die: *Stelle, an der etw. zusammengeschweißt ist.*

schweiß|nass ⟨Adj.⟩: *nass von Schweiß.*

Schweiß|per|le, die ⟨meist Pl.⟩: *Schweißtropfen auf der Hautoberfläche:* -n traten auf seine Stirn.

Schweiß|rand, der ⟨meist Pl.⟩: *von einem Schweißfleck zurückbleibender Rand in einem Kleidungsstück.*

Schweiß|se|kre|ti|on, die: *Schweißabsonderung.*

schweiß|trei|bend ⟨Adj.⟩: *kräftiges Schwitzen bewirkend:* ein -es Mittel; ein -er Tee; Ü das war eine -e (scherzh.; *mühevolle, anstrengende*) Arbeit, Tätigkeit.

schweiß|trie|fend ⟨Adj.⟩: *von Schweiß triefend.*

Schweiß|trop|fen, der ⟨meist Pl.⟩: *Tropfen von Schweiß:* S. laufen jmdm. über das Gesicht; Ü diese Arbeit hat manchen S. gekostet *(war sehr mühevoll).*

schweiß|über|strömt ⟨Adj.⟩: *von Schweiß überströmt:* ein -es Gesicht.

Schweiß|ver|fah|ren, das: *beim Schweißen* (1) *angewandtes Verfahren.*

schweiß|ver|klebt ⟨Adj.⟩: *klebrig von Schweiß:* -es Haar; der Körper war s.

Schweiz, die; - [2: nach der besonderen Schönheit der (an typisch schweizerische Landschaften erinnernden) Landschaftsformen]: 1. Staat in Mitteleuropa: die französische *(französischsprachige)* S. 2. ⟨in Verbindung mit adj. Abl. von geogr. Namen in Landschaftsnamen wie:⟩ **Fränkische S.** (Landschaft in der Fränkischen Alb); **Sächsische S.** (Landschaft im Elbsandsteingebirge).

¹Schwei|zer, der; -s, - [2: diese Fachkräfte kamen urspr. aus der Schweiz; 3: nach der Ähnlichkeit der Kleidung mit der des ¹Schweizers (4); 4: zu: Schweizergarde = aus Schweizer Soldaten bestehende päpstliche Leibgarde]: 1. Ew. 2. (Landw.) *ausgebildeter Melker:* als S. arbeiten. 3. (landsch.) *(in katholischen Kirchen) Küster.*

S

4. *Angehöriger der päpstlichen Garde.* **5.** kurz für ↑Schweizer Käse.

[2]Schwei|zer ⟨indekl. Adj.⟩: zu ↑Schweiz (1).

Schwei|zer|bür|ger, der: *schweizerischer Staatsbürger.*

Schwei|zer|bür|ge|rin, die: w. Form zu ↑Schweizerbürger.

schwei|zer|deutsch ⟨Adj.⟩: *in der auf den deutschen Mundarten basierenden Verkehrssprache der deutschsprachigen Schweiz:* die -en Mundarten; er spricht s.

Schwei|zer|deutsch, das: vgl. Deutsch.

Schwei|zer|deut|sche, das ⟨nur mit best. Art.⟩: vgl. [2]Deutsche (a).

Schwei|ze|rei, die; -, -en: *kleine private Molkerei auf dem Land.*

Schwei|zer|gar|de, die ⟨o. Pl.⟩: *päpstliche Garde.*

Schwei|zer|haus, das: *Landhaus; Chalet* (2).

Schwei|zer|häus|chen, das: *Sennhütte; Chalet* (1).

Schwei|ze|rin, die; -, -nen: w. Form zu ↑[1]Schweizer (1, 2).

schwei|ze|risch ⟨Adj.⟩: *die Schweiz* (1), *die* [1]*Schweizer* (1) *betreffend; von den* [1]*Schweizern* (1) *stammend, zu ihnen gehörend.*

Schwei|zer Kä|se, der; - -s, - -: [3]*Emmentaler.*

Schwel|brand, der: *Brand, bei dem das Feuer nur schwelt.*

schwe|len ⟨sw. V.; hat⟩ [aus dem Niederd. < mniederd. swelen = schwelen; dörren; Heu machen, verw. mit ↑schwül]: **1.** *langsam, ohne offene Flamme [unter starker Rauchentwicklung] brennen:* das Feuer schwelt [unter der Asche]; eine schwelende Müllhalde; Ü Hass schwelte in ihm (geh.; *war untergründig in ihm wirksam*). **2.** (Technik) *(bes. Stein- u. Braunkohle) unter Luftabschluss erhitzen (wobei z. B. Schwelkoks gewonnen wird).*

schwel|gen ⟨sw. V.; hat⟩ [mhd. swelgen, ahd. swelgan, eigtl. = (ver)schlucken, schlingen]: **1.** *sich ausgiebig u. genießerisch an reichlich vorhandenem gutem Essen u. Trinken gütlich tun:* es wurde geschwelgt und geprasst. **2.** (geh.) **a)** *sich einem Gefühl, einem Gedanken o. Ä. genussvoll überlassen; sich daran berauschen:* in Erinnerungen s.; **b)** *etw., wovon man besonders angetan od. fasziniert ist, im Übermaß verwenden o. Ä.:* in Musik s.

Schwel|ge|rei, die; -, -en: *das Schwelgen.*

Schwel|koh|le, die ⟨Pl. selten⟩ (Technik): *für die Schwelung verwendete Braunkohle.*

Schwel|koks, der ⟨Pl. selten⟩ (Technik): *bei der Schwelung gewonnener Koks.*

Schwel|le, die; -, -n [mhd. swelle, ahd. swelli, swella = tragender Balken, urspr. = Brett, aus Brettern Hergestelltes]: **1.** *(auf dem Boden) in den Türrahmen eingepasster Anschlag* (9) *aus Holz od. Stein; Türschwelle:* eine hohe S.; an der S. stehen bleiben; Ü er darf meine S. nicht mehr betreten (geh.; *meine Wohnung nicht mehr betreten*); wir stehen an der S. (geh.; *am Beginn*) eines neuen Jahrtausends. **2.** *aus Holz, Stahl od. Stahlbeton bestehender Teil einer Gleisanlage, auf dem die Schienen* (1) *befestigt sind; Bahnschwelle:* -n [ver]legen. **3.** (Geogr.) *flache, keine deutlichen Ränder aufweisende submarine od. kontinentale Aufwölbung der Erdoberfläche.* **4.** (Physiol., Psych.) *Reizschwelle.* **5.** (Bauw.) *(beim Fachwerkbau) unterer waagerechter Balken einer Wand mit Riegeln.*

[1]schwel|len ⟨st. V.; ist⟩ [mhd. swellen, ahd. swellan, H. u.]: **1.** *[in einem krankhaften Prozess] an Umfang zunehmen, sich [durch Ansammlung, Stauung von Wasser od. Blut im Gewebe] vergrößern:* die Adern auf der Stirn schwollen ihm; eine geschwollene Backe; Ü die Knospen der Rosen schwellen; schwellende *(volle)* Lippen. **2.** (geh.) *bedrohlich wachsen, an Ausmaß, Stärke o. Ä. zunehmen:* der Fluss schwillt; der Lärm schwoll *(steigerte sich)* zu einem Dröhnen.

[2]schwel|len ⟨sw. V.; hat⟩ [mhd., ahd. swellen, Kausativ zu ↑[1]schwellen]: **1.** (geh.) *blähen, bauschen:* der Wind schwellte die Segel; Ü mit geschwellter Brust (scherzh.; *voller Stolz*) erzählte er von seinen Erfolgen. **2.** (landsch.) *bis zum Weichwerden in Wasser kochen.* **3.** (Gerberei) *Häute, Leder in einer bestimmten Flüssigkeit quellen lassen.*

Schwel|len|angst, die [LÜ von niederl. drempelvrees, aus: drempel = Schwelle u. vrees = Furcht] (bes. Werbepsych.): *(durch innere Unsicherheit gegenüber dem Unvertrauten, Neuen verursachte) Hemmung eines potenziellen Interessenten, Käufers, ein bestimmtes Geschäft, das Gebäude einer öffentlichen Institution o. Ä. zu betreten:* S. haben.

Schwel|len|land, das ⟨Pl. ...länder⟩: *Entwicklungsland, das sich durch seinen technischen Fortschritt dem Stand eines Industriestaates nähert.*

Schwell|kopf, der: **a)** *überlebensgroße Hohlform eines menschlichen Kopfes, die bei Karnevalsumzügen über dem Kopf getragen wird;* **b)** *Träger eines Schwellkopfs* (a).

Schwell|kör|per, der (Anat.): *Gewebe bes. im Bereich der äußeren Geschlechtsorgane, das die Fähigkeit hat, sich mit Blut zu füllen u. dadurch an Umfang u. Festigkeit zuzunehmen.*

Schwel|lung, die; -, -en: **1.** (Med.) **a)** *das* [1]*Schwellen* (1); **b)** *das Angeschwollensein:* die S. der Mandeln ist zurückgegangen; **c)** *angeschwollene Stelle:* eine S. am Knie. **2.** (Geogr.) *rundliche Erhebung.*

Schwe|lung, die; -, -en (Technik): *das Schwelen* (2): die S. von Braunkohle.

Schwem|me, die; -, -n [spätmhd. swemme, zu ↑schwemmen; 4: scherzh. Übertr. von (1)]: **1.** *flache Stelle am Ufer eines Flusses, Teichs o. Ä., an der bes. Pferde u. Schafe (zum Zweck der Säuberung od. der Abkühlung bei großer Hitze) ins Wasser getrieben werden:* die Pferde in die S. reiten, zur S. führen. **2.** (bes. Wirtsch.) *zeitweises, zeitlich begrenztes erhebliches Überangebot (an bestimmten Produkten, Fachkräften o. Ä.):* die derzeitige S. drückt auf die Spargelpreise. **3.** (österr.) *Warenhausabteilung mit niedrigen Preisen.* **4.** (landsch.) *einfaches [Bier]lokal; Kneipe.*

-schwem|me, die; -, -n (emotional verstärkend): drückt in Bildungen mit Substantiven aus, dass jmd., etw. in allzu großer Zahl vorhanden ist od. erwartet wird: Dollarschwemme; Serienschwemme; Juristenschwemme; Milchschwemme.

schwem|men ⟨sw. V.; hat⟩ [mhd. swemmen = schwimmen machen, durch Eintauchen reinigen, Kausativ zu ↑schwimmen]: **1.** *(von fließendem Wasser) tragen, befördern, transportieren; spülen* (3 a): die Flut hatte Tang an den Strand geschwemmt; eine Leiche wurde an Land geschwemmt. **2.** (österr.) *(Wäsche) spülen.* **3.** (Gerberei) *einweichen, wässern:* Felle, Häute s. **4.** (österr.) *(Holz) flößen* (1 a): Baumstämme s.

Schwemm|ke|gel, der (Geol.): *(vor einer Flussmündung) durch Ablagerung des vom Wasser mitgeführten Schutts entstandener fächerförmiger Schuttkegel.*

Schwemm|land, das ⟨o. Pl.⟩: *durch Anschwemmung, Ablagerung von Meeren u. Flüssen entstandenes fruchtbares Land.*

Schwemm|sand, der ⟨o. Pl.⟩: *angeschwemmter Sand.*

Schwen|de, die; -, -n [mhd. swende, ahd. swendi = Rodung, zu mhd. swenden, ahd. swenten = schwinden machen, Kausativ zu ↑schwinden]: *durch Brandrodung urbar gemachtes Stück Land.*

Schwen|gel, der; -s, - [mhd. swengel, swenkel, zu: swenken, ↑schwenken]: **1.** *Klöppel* (1 a): der S. der Glocke. **2.** *beweglicher Teil der Pumpe* (1) *in Form einer leicht geschwungenen Stange, die durch eine Vor- u. Rückwärtsbewegung die Saugvorrichtung im Innern der Pumpe in Tätigkeit setzt; Pumpenschwengel:* der S. der Pumpe. **3.** *(an einem Ziehbrunnen) lange, um eine Querachse drehbar befestigte Stange zum Heraufziehen des mit Wasser gefüllten Eimers.* **4.** (derb) *Penis.*

Schwenk, der; -[e]s, -s, selten: -e [zu ↑schwenken]: **1.** *[rasche] Drehung, Richtungsänderung:* die Kolonne machte einen S. nach rechts. **2.** (Film, Ferns.) *Bewegung, Drehung (der laufenden Kamera um ihre senkrechte od. waagerechte Achse, bei der sie mehr od. weniger lange über das zu fotografierende Objekt wandert):* ein rascher, langsamer S.; ein S. auf jmdn., etw.

Schwenk|arm, der (Technik): *schwenkbarer Arm (als Teil eines Geräts, einer technischen Vorrichtung o. Ä.).*

schwenk|bar ⟨Adj.⟩: *sich schwenken, um eine Achse drehen lassend:* ein -er Kran.

Schwenk|be|reich, der: *Bereich, innerhalb dessen sich etw. schwenken* (4) *lässt:* der S. eines Krans.

schwen|ken ⟨sw. V.⟩ [mhd., ahd. swenken = schwingen machen, schleudern; schwanken, schweben, sich schlingen, zu ↑schwank]: **1.** ⟨hat⟩ **a)** *[mit ausgestrecktem Arm] schwingend hin u. her, auf u. ab bewegen:* Fähnchen s.; die Arme s.; Ü sie schwenkt (ugs. scherzh.; *bewegt aufreizend*) beim Gehen ihren Hintern; **b)** (selten) *mit etw. eine schwingende, schwenkende* (1 a) *Bewegung machen:* mit Fähnchen, den Armen s.; **c)** (landsch.) *durch eine schwenkende* (1 a) *Bewegung von etw. entfernen:* die Tropfen von der nassen Bürste s. **2.** *(zum Reinigen od. Spülen) in Wasser od. Reinigungsflüssigkeit leicht hin u. her bewegen* ⟨hat⟩: die Gläser in heißem Wasser s. **3.** *mit einer Drehung einbiegen; einen Schwenk* (1) *machen* ⟨ist⟩: nach rechts, um die Ecke s.; Ü sie sind in das andere Lager geschwenkt *(gewechselt).* **4.** *etw. mit einem Schwenk* (1) *in eine andere Richtung, Position bringen* ⟨hat⟩: die Kamera s. **5.** ⟨hat⟩ (Kochk.) **a)** *(bereits Gekochtes) kurz, unter leichten Rüttelbewegungen in einer Kasserolle mit heißem Fett hin u. her bewegen:* Gemüse [kurz] in Butter s.; **b)** *kurz in der Pfanne braten:* Fleisch[stücke] s.

Schwen|ker, der; -s, -: kurz für ↑Kognakschwenker.

Schwenk|glas, das ⟨Pl. ...gläser⟩: *Kognakschwenker.*

Schwenk|hahn, der: *schwenkbarer [Wasser]hahn.*

Schwenk|kar|tof|feln ⟨Pl.⟩: *in Butter geschwenkte Salzkartoffeln.*

Schwenk|kran, der: *Kran mit schwenkbarem Ausleger.*

Schwen|kung, die; -, -en: *Schwenk* (1): eine S. nach links, um 90° machen; Ü eine politische S.

schwer ⟨Adj.⟩ [mhd. swære, ahd. swār(i)]: **1. a)** *von großem Gewicht; nicht leicht:* -es Gepäck; die Kiste war s. wie Blei *(sehr schwer);* er ist zu s. (ugs.; *hat ein zu hohes Körpergewicht*); ⟨subst.:⟩ du darfst nichts Schweres *(keine schweren Lasten)* heben; Ü -e *(derbe)* Schuhe; -er *(lehmiger)* Boden; er ist ein großer, -er *(massiger [u. schwerfälliger])* Mann; ein -es *(großkalibriges)* Geschütz; ein -er *(großer, stark motorisierter)* Wagen, LKW; ein -es Motorrad; -e *(dicht gewebte [hochwertige])* Stoffe; das Auto hat -es (ugs.; *viel*) Geld gekostet; die Gangster waren s. bewaffnet *(hatten großkalibrige Waffen bei sich);* Urteil wiegt s. *(hat Bedeutung, ist gewichtig);* sie äußerte s. wiegende, noch -er wiegende, die am -sten wiegenden Bedenken; **b)** *ein bestimmtes Gewicht habend:* der über einen Zentner -e Sack; der Brief ist nur drei Gramm s.; Ü eine mehrere Millionen -e (ugs.; *mehrere Millionen besitzende*) Frau. **2. a)** *große körperliche Anstrengung, großen Einsatz erfordernd; hart* (2), *mühselig:* ein -er Dienst; diese Arbeit ist zu s. *(körperlich zu sehr belastend)* für Frauen; sie muss s. arbeiten; s. hören *(ein schlechtes Gehör haben);* du musst es tun, auch wenns dir s. fällt *(auch wenn du es nicht gern tust);* anfangs habe ich mich/mir mit der neuen Aufgabe s. getan (ugs.; *Schwierigkeiten damit gehabt*); das Buch ist in s. verständlicher Sprache geschrieben; **b)** *einen hohen Schwierigkeitsgrad aufweisend; schwierig, nicht leicht zu bewältigen:* eine -e Aufgabe; hinter ihnen lagen -e Jahre; ein -es *(verantwortungsvolles)* Amt übernehmen; die Klassenarbeit war sehr s.; es war s. für ihn, sie zu überzeugen; er hat sich die Sache unnötig s. gemacht; eine s. lösliche Substanz; es dürfte s. halten *(schwierig sein)*, einen geeigneten Nachfolger zu finden; das Kind ist s. erziehbar; etw. nur s. begreifen; es war ihm immer s. gefallen *(es war schwierig für ihn)*, sich länger zu konzentrieren; sich eine Entscheidung s. machen; sie hat den Tod ihres Vaters viel -er genommen *(bedrückender, problematischer empfunden)* als ihr Bruder; ⟨subst.:⟩ das Schwerste *(der schwierigste Teil der Aufgabe, der Arbeit o. Ä.)* kommt erst noch [auf uns zu]; Ü es s. haben *(viele Schwierigkeiten haben, sich sehr abmühen müssen)*; ⟨subst.:⟩ sie haben Schweres durchgemacht *(hatten Leid o. Ä. zu ertragen)*; **c)** *von hohem geistigem Anspruch; nicht leicht zugänglich u. nicht zur bloßen Unterhaltung geeignet:* -e *(ernste, getragene)* Musik; das Buch ist mir als Urlaubslektüre zu s. **3.** *groß, stark, heftig:* -e Gewitter; ein -er Schock; -e Schäden; ein -es Unglück; das ist ein -er *(schwerwiegender)* Fehler; eine -e Krankheit; sie ist [sehr] schwer behindert; in der Garage steht das bei dem Unfall s. beschädigte Auto; s. krank, s. verletzt, s. verwundet, s. beschädigt sein; jmdm. s. zu schaffen machen; sich s. blamieren; s. beleidigt, in Form sein; das will ich s. hoffen (ugs.; *das erwarte ich auf jeden Fall*). **4. a)** *(von Speisen u. Ä.) sehr gehaltvoll [u. dadurch nicht leicht bekömmlich]; nicht gut verträglich:* -e Weine; -e, s. verdauliche, s. verträgliche Speisen; das Dessert war sehr s.; ⟨subst.:⟩ er darf nichts Schweres essen; **b)** *(von Düften) sehr intensiv u. süßlich:* ein -es Parfüm; **c)** *sehr feucht u. lastend:* -e, warme Treibhausluft. **5.** (Seemannsspr.) *stürmisch:* -es Wetter.

-schwer: 1. drückt in adj. Bildungen mit Substantiven aus, dass die beschriebene Person od. Sache in hohem Maße über etw. verfügt, damit wie mit einer Last angefüllt ist: ereignis-, kalorienschwer. **2.** (ugs.) drückt in adj. Bildungen mit Substantiven aus, dass die beschriebene Person etw. [in großer Menge] besitzt: dollar-, millionenschwer.

Schwer|ar|beit, die ⟨o. Pl.⟩: *schwere körperliche Arbeit.*

Schwer|ar|bei|ter, der: *jmd., der Schwerarbeit leistet.*

Schwer|ar|bei|te|rin, die: w. Form zu ↑Schwerarbeiter.

Schwer|ath|let, der: *jmd., der Schwerathletik betreibt.*

Schwer|ath|le|tik, die: *sportliche Disziplin, die Gewichtheben, Kunst-, Rasenkraftsport u. Ringen umfasst; Kraftsport.*

schwer|ath|le|tisch ⟨Adj.⟩: *der Schwerathlethik zugehörig, eigentümlich.*

schwer|be|hin|dert ⟨Adj.; o. Komp.; Sup.: schwerstbehindert⟩ (Amtsspr.): *durch eine schwere körperliche Behinderung dauernd geschädigt [u. dadurch in der Erwerbsfähigkeit stark gemindert].*

Schwer|be|hin|der|te, der u. die (Amtsspr.): *jmd., der schwerbehindert ist.*

Schwer|be|hin|der|ten|aus|weis, der: *amtlicher Ausweis für eine[n] Schwerbehinderte[n].*

Schwer|be|hin|der|ten|ge|setz, das: *Gesetz zur Sicherung der Eingliederung Schwerbehinderter in Arbeit, Beruf u. Gesellschaft.*

Schwer|ben|zin, das: *(als Ausgangsmaterial für petrochemische Produkte dienendes) Benzin mit einem hohen Siedepunkt.*

schwer|be|schä|digt ⟨Adj.; o. Komp.; Sup.: schwerstbeschädigt⟩ (Amtsspr.): *(durch im Krieg o. Ä. erlittene Verletzungen) schwerbehindert.*

Schwer|be|schä|dig|te, der u. die; -n, -n ⟨Dekl. ↑Abgeordnete⟩ (Amtsspr.): *jmd., der schwerbeschädigt ist.*

schwer be|waff|net: s. schwer (1a).

Schwer|be|waff|ne|te, der u. die: *jmd., der schwer bewaffnet ist.*

schwer|blü|tig ⟨Adj.⟩: *von ernster Natur; langsam u. bedächtig im Denken u. Handeln:* ein -er Menschenschlag; er ist s.

Schwe|re, die; - [mhd. swære, ahd. swāri]: **1. a)** (geh., auch Physik) *Eigenschaft eines Körpers, schwer zu sein, ein Gewicht zu haben:* die Partikel sinken aufgrund ihrer S. auf den Meeresboden; Ü in den Gliedern das Gefühl einer bleiernen S. haben; **b)** (Physik, Astron.) *Schwerkraft* (b): das Gesetz der S. **2.** *Schwierigkeitsgrad:* die S. der Aufgabe. **3.** (geh.) *[großes] Ausmaß; [hoher] Grad:* die S. des Unwetters, der Krankheit, eines Vergehens. **4. a)** *(von Speisen u. Ä.) Gehalt, der etw. schwer verträglich sein lässt:* Weine unterschiedlicher S.; **b)** *(von Düften u. Ä.) Intensität u. Süße:* die S. des Parfums; **c)** *lastende Feuchtigkeit:* die S. der Luft machte uns zu schaffen.

Schwe|re|feld, das (Geophysik): *Gravitationsfeld eines Himmelskörpers, bes. der Erde.*

schwe|re|los ⟨Adj.⟩: *nicht der Schwerkraft unterworfen; ohne Gewicht, ohne Schwere* (1): s. im Raum schweben; Ü der Tag war von einer -en (geh.; *unbeschwerten*) Heiterkeit.

Schwe|re|lo|sig|keit, die; -: *das Schwerelossein:* der Zustand der S.

Schwe|re|nö|ter [auch: – –ˈ– –], der; -s, - [urspr. = jmd., dem man die schwere Not (= Epilepsie) wünscht] (ugs. scherzh.): *Mann, der durch seinen Charme u. eine gewisse Durchtriebenheit Eindruck zu machen u. sich etw. zu verschaffen versteht.*

schwer er|zieh|bar: s. schwer (2b).

Schwer|er|zieh|ba|re, der u. die; -n, -n ⟨Dekl. ↑Abgeordnete⟩: *jmd., der schwer erziehbar ist.*

schwer fal|len: s. schwer (2a, b).

schwer|fäl|lig ⟨Adj.⟩: *(in Bezug auf die körperliche od. geistige Beweglichkeit) langsam u. umständlich, ohne Leichtigkeit:* -e Bewegungen; ein -er Mensch; sich s. bewegen; Ü ein -er Beamtenapparat.

Schwer|fäl|lig|keit, die; -: *schwerfällige Art.*

schwer|flüch|tig ⟨Adj.⟩ (Technik): *nicht leicht verdunstend, verdampfend:* -e Stoffe, Bestandteile.

Schwer|ge|wicht, das: **1.** (Schwerathletik) **a)** ⟨o. Pl.⟩ *zweitschwerste Körpergewichtsklasse;* **b)** *Sportler der Körpergewichtsklasse Schwergewicht* (1a). **2.** (ugs. scherzh.) *jmd. mit großem Körpergewicht:* er/sie ist ein S. **3.** ⟨o. Pl.⟩ *Hauptgewicht (das auf etw. liegt, gelegt wird):* das S. der Arbeit hat sich verlagert.

schwer|ge|wich|tig ⟨Adj.⟩: *mit, von hohem [Körper]gewicht.*

Schwer|ge|wicht|ler, der; -s, -: *Schwergewicht* (1b).

Schwer|ge|wichts|meis|ter|schaft, die: *Meisterschaft in einer Sportart des Schwergewichts* (1a).

schwer|grün|dig ⟨Adj.⟩ (schweiz.): *schwerwiegend.*

schwer hal|ten: s. schwer (2b).

schwer|hö|rig ⟨Adj.⟩: *in seinem Hörvermögen beeinträchtigt; nicht gut hörend:* unsere -e Oma; bist du s.? (ugs.; *1. hör doch genau zu. 2. tu endlich, was ich dir sage!*); Ü mir scheint, ihr seid [auf einem Ohr] s. (ugs.; *ihr wollt nicht hören, ihr stellt euch taub*).

Schwer|hö|ri|ge, der u. die; -n, -n ⟨Dekl. ↑Abgeordnete⟩: *jmd., der schwerhörig ist.*

Schwer|hö|rig|keit, die; -: *das Schwerhörigsein.*

Schwe|rin: Stadt am Schweriner See; Landeshauptstadt von Mecklenburg-Vorpommern.

Schwer|in|dus|trie, die: *Betriebe der Eisen erzeugenden u. Eisen verarbeitenden Industrie sowie des Bergbaus:* das Land hat keine S.

Schwer|kraft, die (Physik, Astron.): **a)** *Gravitation, Gravitationskraft:* die S. der Erde; die S. überwinden; jeder Körper unterliegt der S.; **b)** *auf jeden im Bereich der Gravitation eines Himmelskörpers, bes. der Erde, befindlichen Körper wirkende Kraft, die sich aus der Gravitationskraft des Himmelskörpers u. der durch dessen Rotation bewirkten Zentrifugalkraft zusammensetzt.*

schwer krank: s. schwer (3).

Schwer|kran|ke, der u. die: *schwer kranker Mensch.*

Schwer|las|ter, der (ugs.): vgl. Schwerlastzug.

Schwer|last|trans|port, der (Verkehrsw.): *Transport schwerer Güter.*

Schwer|last|ver|kehr, der (Verkehrsw.): *Verkehr von LKWs, die schwere Güter befördern.*

Schwer|last|zug, der (Verkehrsw.): *Lastzug für Schwertransporte.*

schwer|lich ⟨Adv.⟩ [mhd. swærlīche = drückend, mühsam, ahd. swārlīhho]: *wahrscheinlich nicht; kaum* (1c): das wird ihm s. gelingen; das wird s. zu beweisen sein.

schwer lös|lich: s. schwer (2b).

schwer ma|chen: s. schwer (2b).

Schwer|me|tall, das: *Metall mit hohem spezifischem Gewicht* (z. B. Blei, Cadmium, Eisen, Gold, Quecksilber): der Klärschlamm enthält giftige -e.

Schwer|mut, die; - [rückgeb. aus ↑schwermütig]: *durch Traurigkeit, Mutlosigkeit u. innere Leere gekennzeichneter lähmender Gemütszustand:* sie verfiel, versank in S.

schwer|mü|tig ⟨Adj.⟩ [mhd. swærmüetec]: *an Schwermut leidend, zu Schwermut neigend; Schwermut ausdrückend, von Schwermut geprägt:* ein -er Mensch; nach dem Tod ihres Kindes ist sie s. geworden.

Schwer|mü|tig|keit, die; -: *schwermütige Art; Schwermut.*

schwer neh|men: s. schwer (2b).

Schwer|öl, das: *bei der Destillation von Erdöl u. Steinkohlenteer anfallendes Öl, das als Treibstoff, Schmier- u. Heizöl verwendet wird.*

Schwer|punkt, der (Physik): **1.** *Punkt, der als Angriffspunkt der (auf einen Körper od. ein anderes physikalisches System wirkenden) Schwerkraft zu denken ist:* den S. eines Körpers berechnen; etw. in seinem S. aufhängen, unterstützen; Ü der S. *(das Hauptgewicht)* ihrer Tätigkeit liegt in der Forschung. **2.** *Zentrum* (2): die mittelalterliche Stadt ist ein S. des Fremdenverkehrs.

Schwer|punkt|be|trieb, der (DDR): *Betrieb, der vorrangig bestimmte Produkte herstellt.*

schwer|punkt|mä|ßig ⟨Adj.⟩: *auf bestimmte ausgewählte Bereiche, Themen o. Ä. konzentriert:* ein -er Streik; sich s. mit etw. befassen.

Schwer|punkt|pro|gramm, das: *Programm (eines Vorhabens), das sich auf bestimmte Themen konzentriert.*

Schwer|punkt|streik, der: *Streik, der nicht generell, sondern nur an bestimmten Orten, in bestimmten Schlüsselbetrieben durchgeführt wird.*

Schwer|punkt|the|ma, das: *Thema, auf das man sich hauptsächlich konzentriert.*

schwer|reich ⟨Adj.⟩ (ugs.): *sehr reich:* ein -er Mann; sie ist s.

Schwer|spat, der: *Baryt.*

Schwerst|arbeit, die: vgl. Schwerarbeit.

Schwerst|ar|bei|ter, der: vgl. Schwerarbeiter.

Schwerst|ar|bei|te|rin, die; -, -nen: w. Form zu ↑Schwerstarbeiter.

Schwerst|be|hin|der|te, der u. die: vgl. Schwerbehinderte.

Schwerst|ver|letz|te, der u. die: *jmd., der schwerste Verletzungen erlitten hat.*

Schwert, das; -[e]s, -er [mhd., ahd. swert, swerd, H. u.]: **1.** *(in Altertum u. MA. gebräuchliche) Hieb- u. Stichwaffe mit kurzem Griff u. langer, relativ breiter, ein- od. zweischneidiger Klinge:* ein scharfes S.; ein schartiges S.; ein S. tragen; das S. ziehen, zücken, in die Scheide stecken; sein S. gürten; jmdn. mit dem S. köpfen, durch das S. hinrichten; sich in sein S. stürzen *(Selbstmord mit dem Schwert begehen)*; **R** »-er zu Pflugscharen« (in den 1980er-Jahren aufgekommenes Motto der damaligen Friedensbewegung, in dem deren Forderung nach Abrüstung zum Ausdruck kommt; nach Jes. 2, 4); * **ein zweischneidiges S.** *(etw., was Nutzen, aber auch Schaden bringen kann)*; **das S. des Damokles** (↑Damoklesschwert). **2.** (Schiffbau) *(bei der*

Jolle) Holz- od. Stahlplatte, die durch eine in Längsrichtung im Boden verlaufende Öffnung ins Wasser gelassen wird, um das Abdriften des Bootes zu verringern: das S. absenken, hochklappen.

Schwer|ter|ge|klirr, das: *das Klirren der Schwerter im Gefecht.*

Schwer|ter|tanz, der: *Schwerttanz.*

schwert|för|mig ⟨Adj.⟩: *in der Form einem Schwert ähnelnd:* die -en Blätter der Iris.

Schwert|ge|klirr, das: *Schwertergeklirr.*

Schwert|kampf, der: *Kampf mit Schwertern.*

Schwert|kämp|fer, der: *jmd., der mit einem Schwert kämpft:* ein erfahrener S.

Schwert|knauf, der: *Knauf eines Schwerts.*

Schwert|lei|te, die; -, -n [mhd. swertleite, 2. Bestandteil zu ↑leiten]: *(im MA.) Ritterschlag.*

Schwert|li|lie, die: *Pflanze mit mehr od. weniger breiten u. langen schwertförmigen Blättern u. großen Blüten; Iris.*

Schwert|li|li|en|ge|wächs, das ⟨meist Pl.⟩ (Bot.): *Pflanze einer Familie mit vielen Arten u. Gattungen, zu der u. a. Krokus, Iris u. Gladiole gehören.*

Schwer|trans|port, der: *Schwerlasttransport.*

Schwer|trans|por|ter, der: *Schwerlaster.*

Schwert|tanz, der: *Waffentanz von Männern mit gezogenen Schwertern; Schwertertanz.*

schwer tun: s. schwer (2 a).

Schwert|wal, der: *charakteristisch schwarz u. (bes. an der Unterseite) weiß gefärbter kleinerer Wal mit hoher schwertförmiger Rückenfinne.*

Schwer|ver|bre|cher, der: *jmd., der schwere Verbrechen begangen hat.*

Schwer|ver|bre|che|rin, die: w. Form zu ↑Schwerverbrecher.

schwer ver|dau|lich: s. schwer (4 a).

schwer ver|letzt: s. schwer (3 a).

Schwer|ver|letz|te, der u. die: *jmd., der schwere Verletzungen erlitten hat:* die -n unter den Opfern.

schwer ver|ständ|lich: s. schwer (2 b).

schwer ver|träg|lich: s. schwer (4 a).

schwer ver|wun|det: s. schwer (3 a).

Schwer|ver|wun|de|te, der u. die: *jmd., der schwer verwundet ist.*

schwer|wie|gend ⟨Adj.; -er, -ste⟩: *schwer ins Gewicht fallend, ernst zu nehmend; gewichtig; gravierend:* -e Gründe, Mängel; ein -er Fehler, Irrtum; der Verstoß war nicht sehr s.

Schwes|ter, die; -, -n [mhd., ahd. swester; gemeingerm. Verwandtschaftsbez., verw. z. B. mit russ. sestra]: **1.** *Person weiblichen Geschlechts im Verwandtschaftsverhältnis zu einer anderen Person, die von denselben Eltern abstammt:* meine kleine, jüngere, leibliche, einzige S.; meine S. Inge; ist sie deine S.? **2.** *Mitmensch weiblichen Geschlechts, mit dem man sich verbunden fühlt:* unsere schwarzen -n und Brüder. **3.** *Nonne, Ordensschwester:* eine geistliche S.; in der Anrede: S. Maria; in Namen von Orden: die Barmherzigen -n. **4.** kurz für ↑Krankenschwester: S. sein, werden; S. Anna; nach der S. rufen. **5.** (Jargon) *Homosexueller.*

Schwes|ter|an|stalt, die: vgl. Schwesterfirma.

Schwes|ter|fir|ma, die: *Firma im Verhältnis zu einer od. mehreren anderen, zum selben Unternehmen gehörenden Firmen:* unsere österreichische S.

Schwes|ter|herz, das ⟨o. Pl.⟩ (veraltet, noch scherzh.): *liebe Schwester* (1).

schwes|ter|lich ⟨Adj.⟩ [mhd. swesterlich]: *von, in der Art einer Schwester* (1): -e Zuneigung, Hilfe; [sich] s. *(wie Schwestern)* verbunden sein.

Schwes|ter|lie|be, die: *Liebe einer Schwester (zum Bruder, zur Schwester).*

Schwes|tern|hau|be, die: *zur Berufskleidung einer Krankenschwester gehörende Kopfbedeckung.*

Schwes|tern|haus, das: **1.** *Schwesternwohnheim.* **2.** *(in einem Dorf, einer Stadt gelegenes) Haus, in dem karitativ o. ä. tätige Ordensschwestern leben und arbeiten.*

Schwes|tern|hel|fe|rin, die: *Helferin in der Krankenpflege.*

Schwes|tern|lie|be, die: *Liebe zwischen Schwestern* (1).

Schwes|tern|or|den, der: *Frauenorden.*

Schwes|tern|schaft, die; -: *die Krankenschwestern eines Krankenhauses.*

Schwes|tern|schu|le, die: *Fachschule zur Ausbildung von Krankenschwestern.*

Schwes|tern|schü|le|rin, die: *Schülerin einer Schwesternschule.*

Schwes|tern|tracht, die: **1.** *Berufskleidung der Krankenschwester.* **2.** *Kleidung der Ordensschwester.*

Schwes|tern|wohn|heim, das: *Wohnheim für Krankenschwestern.*

Schwes|tern|zim|mer, das: *(in einem Krankenhaus o. Ä.) Aufenthaltsraum für die Schwestern* (4).

Schwes|ter|par|tei, die: *Partei im Verhältnis zu einer od. mehreren anderen [ausländischen] Parteien gleichen Typs, mit gleicher od. ähnlicher politischer Zielsetzung.*

Schwes|ter|schiff, das: *Schiff im Verhältnis zu einem od. mehreren anderen Schiffen gleichen Typs.*

Schwes|ter|toch|ter, die (veraltet): *Tochter der Schwester.*

Schwib|bo|gen, der [mhd. swiboge, ahd. swibogo, zu ↑schweben, eigtl. = Schwebebogen] **1.** (Archit.) *zwischen zwei parallelen Wänden gespannter großer Bogen* (2) *ohne darüber lastendes Mauerwerk.* **2.** (Volksk.) *Kerzenhalter aus Metall oder Sperrholz in Form eines Schwebebogens.*

schwieg: ↑schweigen.

Schwie|gel: ↑Schwegel.

Schwie|ger, die; -, -n [mhd. swiger, ahd. swigar; alte idg. w. Ggb. zu ↑Schwager in dessen alter Bed. »Schwiegervater«] (veraltet): *Schwiegermutter.*

Schwie|ger|el|tern ⟨Pl.⟩: *Eltern des Ehepartners.*

Schwie|ger|mut|ter, die: *Mutter des Ehepartners:* er versteht sich bestens mit seiner S.

Schwie|ger|sohn, der: *Ehemann der Tochter.*

Schwie|ger|va|ter, der: *Vater des Ehepartners.*

Schwie|le, die; -, -n [mhd. swil(e), ahd. swil(o), ablautende Bildung zu ↑[1]schwellen]: **1.** ⟨meist Pl.⟩ *durch Druck verdickte u. verhärtete Stelle in der Haut:* vom Kohlenschippen -n an den Händen bekommen. **2.** (Med.) *Verdickung des Gewebes durch Narben, die von Entzündungen zurückbleiben.*

schwie|lig ⟨Adj.⟩: *Schwielen* (1) *aufweisend:* -e Hände, Fußsohlen.

Schwie|mel, der; -s, - [spätmhd. (md.) swîmel, zu mniederd. swîmen, mhd. sweimen = schweben] (salopp): **1.** (nordd.) *Schwindel, Taumel.* **2.** ([ost]md.) *liederlich lebender Mensch.*

Schwie|me|lei, die; - ([ost]md. salopp): *liederlicher Lebenswandel:* die S. muss aufhören.

schwie|meln ⟨sw. V.; hat⟩ (salopp): **1.** (nordd.) *taumeln, schwindlig sein.* **2.** (md.) *liederlich leben, sich herumtreiben; zechen.*

schwie|rig ⟨Adj.⟩ [mhd. swiric, sweric = voll Schwären, eitrig, zu ↑schwären; nhd. an ↑schwer angelehnt]: **1. a)** *viel Kraft, Mühe, große Anstrengung [u. besondere Fähigkeiten] erfordernd:* eine -e Aufgabe, Frage; ein -es Experiment, Thema; ein -er Fall; die Prüfungen werden immer -er; die Verhandlungen waren, gestalteten sich s.; **b)** *in besonderem Maße mit der Gefahr verbunden, dass man etw. falsch macht, u. daher ein hohes Maß an Umsicht u. Geschick erfordernd:* sie befindet sich in einer äußerst -en Lage; die Verhältnisse hier sind sehr s. geworden. **2.** *schwer zu behandeln, zufrieden zu stellen:* ein -er Mensch; der Alte ist etwas s., wird immer -er.

Schwie|rig|keit, die; -, -en: **1.** *etw., was der Verwirklichung eines Vorhabens o. Ä. im Wege steht u. nicht ohne weiteres zu bewältigen ist; Problem* (2): erhebliche -en; das ist die S.; die Sache hat ihre S.; auf -en stoßen; die Angelegenheit ist mit -en verbunden; mit jmdm., etw. -en haben *(mit jmdm., etw. nicht, nicht gut zurechtkommen).* **2.** ⟨meist Pl.⟩ *etw., was für jmdn. sehr unangenehm ist, was jmdm. Ärger, Sorgen o. Ä. bereitet, was jmdn. behindert, was jmdm. das Leben schwer macht:* private -en; jmdm. -en machen; es gab -en mit der Behörde; in -en *(eine schwierige 1 b Situation)* kommen, geraten; jmdn. in -en *(eine schwierige 1 b Lage)* bringen; in -en sein. **3.** ⟨o. Pl.⟩ *Eigenschaft, schwierig zu sein:* eine Kür von großer S.; trotz der außerordentlichen S. der Situation.

Schwie|rig|keits|grad, der: *Grad der Schwierigkeit* (3): eine Kür, Texte mit, von hohem S.

schwill, schwillst, schwillt: ↑[1]schwellen.

Schwimm|ab|zei|chen, das: *Abzeichen als Auszeichnung für besondere Leistungen im Schwimmen.*

Schwimm|an|zug, der: **1. a)** *besonders geschnittenes, eng anliegendes Trikot einer Schwimmerin für Wettkampfsport;* **b)** *Sonderanzug eines Kampfschwimmers der Marine.* **2.** (seltener) *Badeanzug.*

Schwimm|art, die (selten): *Art des Schwimmens.*

Schwimm|bad, das: **a)** *(im Freien od. in einem Gebäude befindliche) Anlage* (3) *mit [einem] Schwimmbecken [Umkleidekabinen, Liegewiese(n) o. Ä.]:* ins S. gehen; **b)** *Schwimmbecken.*

Schwimm|bag|ger, der: vgl. Schwimmkran.

Schwimm|be|cken, das: *großes, mit Wasser gefülltes Becken* (2 a), *in dem man schwimmen kann.*

Schwimm|be|we|gung, die ⟨meist Pl.⟩: *mit Armen u. Beinen durchgeführte, fürs Schwimmen charakteristische Bewegung; Schwimmzug.*

Schwimm|bla|se, die: **1.** *mit Luft gefülltes Hohlorgan im Leib eines Fisches, das u. a. die Anpassung an die Wassertiefe ermöglicht.* **2.** *mit Luft gefüllter Hohlraum verschiedener Meeresalgen.*

Schwimm|dock, das: *schwimmfähiges Dock (das sich absenken lässt).*

schwim|men ⟨st. V.⟩ [mhd. swimmen, ahd. swimman, urspr. nur vom Menschen, H. u.]: **1. a)** *sich im Wasser aus eigener Kraft (durch bestimmte Bewegungen der Flossen, der Arme u. Beine) fortbewegen* ⟨ist⟩: die meisten Säugetiere können s.; ihr Bruder kann gut s.; du solltest s. lernen; ich schwimme am liebsten auf dem Rücken; er schwimmt wie eine bleierne Ente (ugs. scherzh.; *kann nicht, nur sehr schlecht schwimmen*); **b)** *zum Vergnügen, um sich sportlich zu betätigen o. Ä. schwimmen* (1 a) ⟨ist/hat⟩: er hat/ist früher viel geschwommen; wart ihr heute schon s.?; ⟨subst.:⟩ ist er immer noch nicht vom Schwimmen zurück?; **c)** *sich schwimmend* (1 a) *irgendwohin bewegen* ⟨ist⟩: ans Ufer, über den See, zur Insel s. **2.** *eine Strecke schwimmend* (1) *zurücklegen* ⟨ist⟩: wir sind zehn Bahnen geschwommen. **3. a)** *in einem sportlichen Wettkampf schwimmen* (1 b), *als Schwimmer[in] an den Start gehen* ⟨ist⟩: sie schwimmt für Italien; **b)** *in einem sportlichen Wettkampf als Schwimmer[in] eine bestimmte Zeit erzielen* ⟨ist/hat⟩: neue Bestzeit s.; **c)** *in einem sportlichen Wettkampf eine bestimmte Strecke schwimmen* (1 b) ⟨ist/hat⟩: 400 m Lagen s. **4. a)** *von einer Flüssigkeit (bes. Wasser) getragen, sich an deren Oberfläche befinden [u. treiben]* ⟨hat; seltener auch: ist⟩: die Kinder ließen auf dem Teich Schiffchen s.; auf/in der Milch schwimmt eine tote Fliege; ein schwimmendes Hotel; Holz, Kork schwimmt *(hat genügend Auftrieb, um nicht unterzugehen);* **b)** *sich schwimmend* (4 a) *irgendwohin bewegen, irgendwohin treiben* ⟨ist⟩: das Papierschiffchen schwamm ans Ufer. **5.** ⟨hat⟩ **a)** *von einer Flüssigkeit übergossen od. bedeckt sein:* der ganze Tisch schwimmt ja [von Bier]!; **b)** *(von einer Flüssigkeit) sich auf, in etw. befinden, stehen:* Berliner Pfannkuchen werden in schwimmendem Fett *(in reichlich flüssigem Fett)* gebacken. **6.** *etw. im Überfluss haben od. genießen* ⟨hat⟩: sie schwammen im Geld. **7.** ⟨ist⟩ **a)** *verschwimmen:* die Buchstaben schwammen vor ihren

Augen; **b)** *in einem Zustand sein, in dem alles undeutlich u. verschwommen ist:* der Kopf schwamm ihm. **8.** (ugs.) *die Situation nicht [mehr] unter Kontrolle haben, ihr nicht [mehr] gewachsen sein, unsicher sein* ⟨hat⟩: der Redner begann zu s.; ⟨subst.:⟩ ins Schwimmen kommen/geraten.

Schwim|mer, der; -s, - [spätmhd. swimmer]: **1.** *jmd., der schwimmen (1) kann:* er ist ein hervorragender S. **2.** *jmd., der das Schwimmen (3) als sportliche Disziplin betreibt.* **3.** (Technik) *(meist Luft enthaltender hohler) Körper, dessen Auftriebskraft zu einem bestimmten technischen Zweck ausgenutzt wird* (z. B. um eine Last über Wasser zu halten, um ein Ventil automatisch zu betätigen, einen Flüssigkeitsstand anzuzeigen): die Benzinzufuhr zum Vergaser wird durch einen S. geregelt.

Schwim|mer|be|cken, das: *für Schwimmer (1) vorgesehenes Becken (2 a) mit bestimmter Wassertiefe in einem Schwimmbad.*

Schwim|me|rei, die; - (ugs.): *das Schwimmen.*

Schwim|me|rin, die; -, -nen: w. Form zu ↑Schwimmer (1, 2).

schwim|me|risch ⟨Adj.⟩: *das Schwimmen betreffend, im Schwimmen:* großes -es Können.

Schwim|mer|ven|til, das (Technik): *durch, über einen Schwimmer (3) betätigtes Ventil.*

schwimm|fä|hig ⟨Adj.⟩: *schwimmend (4 b) im Wasser nicht versinkend:* ein -es Auto.

Schwimm|fest, das: vgl. Sportfest.

Schwimm|flos|se, die: **1.** *aus Gummi o. Ä. hergestelltes, einer Flosse (1) nachempfundenes, am Fuß zu befestigendes von Tauchern u. Schwimmern verwendetes Hilfsmittel zur schnelleren Fortbewegung im Wasser.* **2.** (selten) *Flosse (1).*

Schwimm|fuß, der ⟨meist Pl.⟩: *Fuß mit Schwimmhäuten.*

Schwimm|gür|tel, der: **1.** *Gürtel aus Korkteilen o. Ä., der jmdn. (der nicht schwimmen kann) im Wasser trägt.* **2.** (ugs. scherzh.) *Rettungsring (2).*

Schwimm|hal|le, die: *(im Hallenbad) Halle mit Schwimmbecken.*

Schwimm|haut, die: *Haut zwischen den Zehen bestimmter Tiere, bes. der Schwimmvögel.*

Schwimm|ho|se, die: **1.** (seltener) *Badehose.* **2.** *Hose eines Schwimmanzugs (1 b).*

Schwimm|kä|fer, der: *(in verschiedenen Arten vorkommender) im Wasser lebender Käfer mit elliptisch abgeplatteten Hinterbeinen.*

Schwimm|kis|sen, das: *aufblasbares Kissen aus Gummi o. Ä., das Schwimmende im Wasser trägt:* die Kleine darf nicht ohne S. ins Wasser.

Schwimm|kör|per, der: *(einem bestimmten Zweck dienender) schwimmfähiger Hohlkörper.*

Schwimm|kran, der: *auf einem Ponton montierter Kran.*

Schwimm|kunst, die ⟨meist Pl.⟩: *Fähigkeit zu schwimmen (1 a):* zeig uns doch mal deine Schwimmkünste.

Schwimm|leh|rer, der: *jmd., der [beruflich] das Schwimmen lehrt.*

Schwimm|leh|re|rin, die: w. Form zu ↑Schwimmlehrer.

Schwimm|meis|ter, der: *Aufsichtsperson in einem Schwimmbad.*

Schwimm|meis|te|rin, die: w. Form zu ↑Schwimmmeister.

Schwimm|pan|zer, der: *Panzer, der im Wasser u. auf dem Land verwendet werden kann.*

Schwimm|sport, der ⟨o. Pl.⟩: *das Schwimmen als sportliche Betätigung:* den S. [an den Schulen] fördern.

Schwimm|sta|di|on, das: *größere, stadionähnliche Anlage (3) für das Schwimmen [als Wettkampf].*

Schwimm|stil, der: *Stil (4) des Schwimmens.*

Schwimm|un|ter|richt, der: *Unterricht, in dem das Schwimmen gelehrt wird.*

Schwimm|vo|gel, der: *Vogel mit Schwimmfüßen.*

Schwimm|wes|te, die: *aufblasbare od. aus einem sehr leichten Material, wie z. B. Kork, bestehende Weste, die man trägt, um (in einer Notsituation) im Wasser nicht unterzugehen:* für jeden Passagier ist eine S. an Bord.

Schwimm|zug, der: *Schwimmbewegung.*

Schwin|del, der; -s [1: spätmhd. swindel, rückgeb. aus ↑schwindeln (1); 2: beeinflusst von ↑Schwindler]: **1.** *benommener, taumeliger Zustand mit dem Gefühl, als drehe sich alles um einen, als schwanke der Boden o. Ä.:* ein leichter S. überkam ihn; Fensterputzer arbeiten oft in S. erregender Höhe; Ü die Preise stiegen in S. erregende Höhen. **2.** (ugs. abwertend) *Betrug; bewusste Täuschung, Irreführung:* ein unerhörter S.; der S. kam heraus, flog auf; nichts als S.; auf jeden S. reinfallen *(sich leicht betrügen lassen).* **3.** * **der ganze S.** (salopp abwertend; *alles zusammen*): was kostet der ganze S.?

Schwin|del|an|fall, der: *Anfall von Schwindel (1).*

Schwin|de|lei, die; -, -en (abwertend): **1.** *[kleinere] Betrügerei.* **2.** *[dauerndes] Schwindeln (2):* was soll die S.? Sag doch einfach die Wahrheit.

schwin|del|er|re|gend ⟨Adj.⟩: *Schwindel (1) hervorrufend:* diese Höhe ist wirklich s.; Ü eine s. steile Karriere.

Schwin|del|fir|ma, die (abwertend): *Firma, deren Zweck es ist, auf unlautere, betrügerische Weise Gewinne zu erwirtschaften.*

schwin|del|frei ⟨Adj.⟩: *nicht schwindlig werdend:* bist du s.?

Schwin|del|ge|fühl, das: vgl. Schwindelanfall.

schwin|de|lig: ↑schwindlig.

schwin|deln ⟨sw. V.; hat⟩ [1: mhd. swindeln, ahd. swintilōn, Weiterbildung von ↑schwinden, urspr. = in Ohnmacht fallen; 2: beeinflusst von ↑Schwindler]: **1. a)** ⟨unpers.⟩ *von jmdm. als Zustand des Taumelns, Stürzens empfunden werden, wobei sich alles zu drehen scheint:* mir/(selten:) mich schwindelt; auf dem Sims schwindelte ihm; **b)** *vom Schwindel (1) befallen sein, sodass sich alles zu drehen scheint:* der Blick in die Tiefe machte, ließ mich s.; Ü der Kopf schwindelte ihm, als er den Preis hörte; in schwindelnden *(Schwindel erregenden)* Höhen. **2.** (ugs.) **a)** *(beim Erzählen o. Ä.) [leicht] von der Wahrheit abweichen:* da hast du doch geschwindelt; **b)** *etw. sagen, was nicht [ganz] der Wahrheit entspricht:* das hat er alles geschwindelt; »Er ist leider nicht zu Hause«, schwindelte sie. **3. a)** *durch Täuschungsmanöver irgendwohin bringen, schaffen; schmuggeln; mogeln:* etw. durch den Zoll s.; **b)** ⟨s. + sich⟩ *auf unehrliche Weise irgendwohin gelangen, ein bestimmtes Ziel erreichen:* sich durchs Leben s.; er konnte sich geschickt durch alle Kontrollen s.

schwin|den ⟨st. V.; ist⟩ [mhd. swinden, ahd. swintan]: **1.** (geh.) **a)** *[unaufhaltsam] immer weiter abnehmen, sich verringern [u. schließlich restlos verschwinden, erlöschen, aufhören zu existieren]:* die Vorräte schwinden zusehends; die Kräfte des Patienten schwanden sichtlich; der Schmerz begann allmählich zu s.; das Interesse schwand immer mehr; ⟨subst.:⟩ sein Einfluss war im Schwinden begriffen; **b)** *dahingehen, vergehen:* die Jahre schwinden; **c)** *allmählich entschwinden, verschwinden, sich entfernen:* ihre Gestalt schwand in der Dämmerung; Ü das Lächeln schwand aus ihrem Gesicht. **2.** (Fachspr.) *(von Werkstücken o. Ä.) durch Abkühlen, Erhärten od. Trocknen im Volumen abnehmen.* **3.** (Rundf.) *durch Interferenz an Lautstärke verlieren:* der Sender schwindet.

Schwind|ler, der; -s, - [älter = Fantast, Schwärmer, beeinflusst von engl. swindler = Betrüger] (abwertend): **1.** *jmd., der schwindelt (2):* dem alten S. glaube ich bald gar nichts mehr. **2.** *jmd., der andere um des eigenen Vorteils willen u. zu deren Schaden täuscht; Betrüger:* Hochstapler und andere S.

Schwind|le|rin, die; -, -nen: w. Form zu ↑Schwindler.

schwind|le|risch ⟨Adj.⟩ (abwertend selten): *Schwindel (2) bezweckend; betrügerisch:* -e Geschäfte; in -er Absicht.

schwind|lig, schwindelig ⟨Adj.⟩: **1.** *von Schwindel (1) befallen:* leicht s. werden; ihr wurde [es] auf dem Karussell richtig s.; die Höhe machte sie s.; Ü die Brasilianer spielten die englische Abwehr s. **2.** *schwindelerregend:* s. hoch kreiste ein Adler.

Schwind|sucht, die [spätmhd. swintsucht für griech. phthísis = das Schwinden, Auszehrung] (veraltend): *Lungentuberkulose:* die S. haben.

schwind|süch|tig ⟨Adj.⟩ (veraltend): *an Schwindsucht leidend.*

Schwing|bo|den, der: *leicht nachgebender, federnder Fußboden (in Turn- u. Sporthallen).*

Schwin|ge, die; -, -n [mhd. swinge = Flegel (2), Wanne bes. zum Reinigen von Getreide, zu ↑schwingen]: **1.** (geh.) **a)** *Flügel (1 a) bes. eines großen Vogels mit großer Spannweite:* der Adler breitet seine -n [aus]; Ü die -n der Sehnsucht; **b)** *Flügel (1 b).* **2.** (landsch.) *flacher, ovaler Korb aus Span- od. Weidengeflecht:* eine S. für, mit Kartoffeln. **3.** (Technik) *Teil des Getriebes, das um einen festen Drehpunkt hin u. her schwingt.* **4.** (Landw.) kurz für ↑Flachsschwinge, ↑Hanfschwinge.

Schwin|gel, der; -s, - [mundartl. Nebenform von ↑Schwindel; der Same der Pflanze erzeugte, wenn er ins Mehl gelangte, häufig Schwindelgefühle]: *(in vielen Arten vorkommendes) Süßgras mit rispenförmigen Blütenständen.*

schwin|gen ⟨st. V.⟩ [mhd. swingen, ahd. swingan, verw. mit ↑schwanken]: **1. a)** *sich mit einer gewissen Regelmäßigkeit, einen Bogen beschreibend, hin u. her bewegen* ⟨hat⟩: die Schaukel schwingt; das Pendel s. lassen; an den Ringen s.; **b)** *sich schwingend (1 a) irgendwohin bewegen* ⟨ist⟩: der Artist schwingt am Trapez durch die Kuppel; **c)** (Physik) *Schwingungen (1 b) ausführen* ⟨hat⟩: die Membran schwingt; durch den Gleichschritt begann die Brücke zu s.; eine schwingende Luftsäule. **2.** *[mit ausgestrecktem Arm über seinem Kopf] in einem Bogen geführt hin u. her, auf u. ab bewegen* ⟨hat⟩: eine Fahne s.; die Arme s.; den Weihrauchkessel über dem Altar [hin und her] s.; ein Kind durch die Luft s.; grüßend den Hut s. *(schwenken);* die Axt s. *(damit schlagen).* **3.** ⟨s. + sich; hat⟩ **a)** *sich mit einem Schwung irgendwohin bewegen:* sich aufs Fahrrad, aufs Pferd, in den Sattel s.; der Vogel schwingt sich in die Luft, in die Lüfte; **b)** (landsch., bes. südd.) *weggehen, verschwinden:* der soll sich ja s.! **4.** (geh.) **a)** *als Schall wahrnehmbar sein, klingen, schallen* ⟨hat⟩: der Schlussakkord schwang noch im Raum; **b)** *sich als Schall irgendwohin fortpflanzen* ⟨ist⟩: der Klang der Glocken schwang durch die Stadt; **c)** *schallen (c)* ⟨hat⟩. **5.** *(in jmds. Äußerung o. Ä.) zum Ausdruck kommen* ⟨hat⟩: Kritik schwang in seinen Worten. **6.** (Ski) *in Schwüngen abfahren (1 c)* ⟨ist⟩: ins Tal, zu Tal s. **7.** ⟨s. + sich⟩ (geh.) *in einem Bogen verlaufen, sich in einem Bogen erstrecken* ⟨hat⟩: die Brücke schwingt sich über das Tal. **8.** (Landw.) *(Flachs, Hanf) von Holzresten reinigen* ⟨hat⟩. **9.** (schweiz.) *ringen, indem man den Gegner mit der rechten Hand am Gürtel, mit der linken am aufgerollten Hosenbein fasst u. versucht, ihn zu Boden zu werfen* ⟨hat⟩: mit jmdm. s.; ⟨subst.:⟩ er ist Meister im Schwingen.

Schwin|ger, der; -s, -: **1.** (Boxen) *mit angewinkeltem, steif gehaltenem Arm geführter Schlag, dessen Wirkung durch den Schwung des Körpers unterstützt wird:* einen S. schlagen. **2.** (schweiz.) *jmd., der das Schwingen (9) als sportliche Disziplin betreibt.*

Schwin|ge|rin, die; -, -nen: w. Form zu ↑Schwinger (2).

Schwin|get, der; -s, **Schwing|fest,** das (schweiz.): *sportliche Veranstaltung in festlichem Rahmen mit Wettkämpfen im Schwingen (9).*

Schwing|kreis, der (Elektrot.): *geschlossener Kreis elektrischer Leiter, der einen Kondensator u. eine Spule enthält u. in dem Elektronen zu elektrischen Schwingungen angeregt werden.*

Schwing|quarz, der: *Piezoquarz.*

Schwing|tor, das: *[Garagen]tor, an dessen oberem Ende auf jeder Seite eine Rolle befestigt ist,* *die in waagerechten Führungsschienen läuft u. beim Öffnen das Tor – mithilfe von Spiralfedern od. einem Gegengewicht – nach oben ins Innere des Raumes schwingen lässt.*

Schwịng|tür, die: *in ihren Angeln schwingende, nach innen u. außen zu öffnende Tür.*

Schwịn|gung, die; -, -en: **1. a)** *schwingende* (1 a, b) *Bewegung:* die Lampe war in stetiger S.; **b)** (Physik) *periodische Änderung einer od. mehrerer physikalischer Größen (z. B. des Abstands eines Körpers von seiner Ruhelage, der Stärke eines elektrischen Feldes) in einem physikalischen System:* elektromagnetische, mechanische -en; in S. geraten. **2.** (geh.) *durch einen Impuls veranlasste Regung, Reaktion:* seelische -en. **3.** (geh.) *bogenförmiger Verlauf:* die Brücke zieht sich in eleganter S. über das Tal.

Schwịn|gungs|dämp|fer, der (Technik): *Vorrichtung, durch die eine mechanische Schwingung* (1 b) *verringert wird.*

Schwịn|gungs|dau|er, die (Physik): *Periode* (3 a).

Schwịn|gungs|ebe|ne, die (Physik): *Polarisationsebene.*

Schwịn|gungs|fä|hig|keit, die (Physik): *Fähigkeit zu schwingen* (1 b).

Schwịn|gungs|rich|tung, die (Physik): *Richtung, in der etw. schwingt* (1 c).

Schwịn|gungs|wei|te, die (Physik): *Amplitude.*

Schwịn|gungs|zahl, die (Physik): *Frequenz* (2 a).

Schwịn|gungs|zu|stand, der (Physik): *momentaner Zustand einer physikalischen Größe während des Verlaufs einer Schwingung* (1 b).

schwịpp: ↑schwapp.

schwịp|pen ⟨sw. V.⟩ [aus dem Md., Niederd., ablautend zu ↑schwappen] (landsch.): **1.** *wippen* ⟨hat⟩. **2.** *schwappen* ⟨hat/ist⟩.

Schwịpp|schwa|ger, der [wohl zu ↑schwippen in der Bed. »schief sein«, eigtl. = schiefer (d. h. nicht richtiger) Schwager] (ugs.): *Schwager des Ehepartners, des Bruders od. der Schwester.*

Schwịpp|schwä|ge|rin, die (ugs.): w. Form zu ↑Schwippschwager.

schwịps: ↑schwapp.

Schwịps, der; -es, -e [urspr. österr., zu ↑schwippen (2)] (ugs.): *durch Genuss von Alkohol hervorgerufener leichter Rausch:* einen S. haben.

schwịr|beln ⟨sw. V.; hat⟩ [zu mhd. swerben = sich wirbelnd bewegen] (landsch.): *im Kreis drehen; schwindeln* (1).

schwịr|ren ⟨sw. V.⟩ [aus dem Niederd. < mniederd. swirren, lautm.]: **1. a)** *ein helles, zitterndes Geräusch hervorbringen, hören lassen* ⟨hat⟩: im Spinnennetz schwirrt eine Fliege; die Sehne des Bogens schwirrte; ⟨subst.:⟩ das Schwirren der Telegrafendrähte im Wind; außer dem leisen Schwirren des Ventilators war kein Geräusch zu vernehmen; **b)** *mit schwirrendem* (1 a) *Geräusch fliegen* ⟨ist⟩: Insekten schwirren durch die Nacht; Pfeile schwirrten durch die Luft; **Ü** ihm schwirrten allerlei Gedanken durch den Kopf; **c)** (ugs.) *sich schnell irgendwohin bewegen* ⟨ist⟩: durch den Saal s. **2.** *von etw. erfüllt u. deshalb unruhig u. voller Geräusche sein* ⟨hat⟩: das kleine Dorf schwirrt von Gerüchten.

Schwịtz|bad, das: *starkes Schwitzen bewirkendes Heißluft-, Dampf- od. Wasserbad.*

Schwịtz|bläs|chen, das ⟨meist Pl.⟩: *Bläschen auf der Haut als Folge sehr starker Schweißabsonderung.*

Schwịt|ze, die; -, -n [zu ↑schwitzen (3)] (Kochk.): *Mehlschwitze.*

schwịt|zen ⟨sw. V.; hat⟩ [mhd. switzen, ahd. swizzen, ablautende Bildung zu dem unter ↑Schweiß genannten Verb]: **1. a)** *Schweiß absondern:* stark s.; unter den Armen, am ganzen Körper s.; die Füße schwitzen [mir]; er hat wie ein Affe geschwitzt; vor Anstrengung, Angst, Aufregung s.; schwitzt du nicht (ugs.; *ist es dir nicht viel zu warm*) [in dem dicken Pullover]?; ⟨subst.:⟩ ich bin bei der Arbeit [ganz schön] ins Schwitzen gekommen; **b)** ⟨s. + sich⟩ *durch Schwitzen* (1 a) *in einen bestimmten Zustand kommen:* sie hat sich klatschnass geschwitzt. **2. a)** *sich beschlagen, beschlagen sein, von Kondenswasser nass sein:* die Fenster, die Wände schwitzen; **b)** (auch Fachspr.) *Flüssigkeit, Wasser, Saft o. Ä. absondern:* das gärende Heu schwitzt. **3.** (Kochk.) *in heißem Fett [hell]braun werden lassen:* Mehl [in Butter] s.

schwịt|zig ⟨Adj.⟩ (ugs.): *mit Schweiß bedeckt; schwitzend* (1 a): -e Hände haben.

Schwịtz|kas|ten, der: **1.** (früher) *mit einer Öffnung für den Kopf versehener hölzerner Kasten für Schwitzbäder.* **2.** (Ringen) *Griff, bei dem man die Armbeuge von hinten um den Hals des Gegners legt u. dessen Kopf gegen den eigenen Oberkörper presst:* jmdn. in den S. nehmen.

Schwịtz|kur, die: *Kur mit schweißtreibenden Mitteln, Schwitzbädern o. Ä.*

Schwịtz|pa|ckung, die: vgl. Schwitzbad.

Schwịtz|was|ser, das ⟨o. Pl.⟩: *Kondenswasser.*

Schwọf, der; -[e]s, -e [aus der Studentenspr., eigtl. ostmd. Form von ↑Schweif, beeinflusst von ↑schwofen] (ugs.): **1.** *Tanz* (3): zum S. gehen. **2.** ⟨o. Pl.⟩ *das Schwofen.*

schwọ|fen ⟨sw. V.; hat⟩ [eigtl. ostmd. Form von ↑schweifen] (ugs.): *tanzen:* die ganze Nacht s.

schwoị|en ⟨sw. V.; hat⟩, **schwọ|jen** ⟨sw. V.; schwojete, hat geschwojet⟩ [H. u., vgl. gleichbed. niederl. zwaaien] (Seemannsspr.): *(von vor Anker liegenden Schiffen) sich treibend um den Anker drehen:* das Schiff schwoit, schwojet.

schwoll, schwọ̈l|le: ↑[1]schwellen.

schwọ̈m|me: ↑schwimmen.

schwọr: ↑schwören.

schwọ̈|ren ⟨st. V.; hat⟩ [mhd. swern, swer(i)gen, ahd. swerian, eigtl. = (vor Gericht) sprechen, Rede stehen]: **1. a)** *einen Eid, Schwur leisten, ablegen:* vor Gericht s.; mit erhobener Hand s.; auf die Verfassung s.; falsch s. *(einen Falscheid od. Meineid ablegen);* einen Meineid s.; **b)** *in einem Eid, Schwur versichern od. geloben:* nach der Vernehmung muss der Zeuge s., dass er die Wahrheit gesagt hat; ich schwöre es [so wahr mir Gott helfe] (Eidesformel); ich könnte, möchte s. (ugs.; *bin ganz sicher, fest davon überzeugt*), dass er es war. **2. a)** *nachdrücklich [unter Verwendung von Beteuerungsformeln] versichern; beteuern:* ich schwöre [dir], dass ich nichts weiß; er schwor bei seiner Ehre, bei Gott, unschuldig zu sein; **b)** *geloben; [unter Verwendung von Beteuerungsformeln] feierlich versprechen:* sie hat [mir] geschworen, das nie wieder zu tun. **3.** ⟨s. + sich⟩ (ugs.) *sich etw. ganz fest vornehmen:* er hat sich geschworen, nie wieder zu rauchen. **4.** *jmdn., etw. (für einen bestimmten Zweck) für am besten geeignet halten:* meine Mutter schwört [in solchen Fällen] auf ihren Kräutertee.

Schwụch|tel, die; -, -n [wohl zu landsch. schwuchteln = tanzen, tänzeln] (salopp, oft abwertend): *[femininer] Homosexueller.*

schwụl ⟨Adj.⟩ [eigtl. = ältere Form von ↑schwül; zur Bedeutungsübertragung vgl. »warmer Bruder« (↑Bruder 4)] (ugs.): **1. a)** *(von Männern) homosexuell veranlagt, empfindend:* -e Freunde; s. sein; **b)** *für einen Homosexuellen charakteristisch, zu ihm gehörend; auf (männlicher) Homosexualität beruhend:* -es Empfinden; **c)** *für (männliche) Homosexuelle bestimmt, geschaffen:* -e Kneipen, Zeitschriften. **2.** (selten) *lesbisch.*

schwụ̈l ⟨Adj.⟩ [älter: schwul, aus dem Niederd. < mniederd. swūl, swōl, ablautend verw. mit ↑schwelen]: **a)** *durch Schwüle* (a) *gekennzeichnet:* ein -er Sommernachmittag; es ist heute furchtbar s.; **b)** *bedrückend, beklemmend:* eine -e Atmosphäre; **c)** *betörend, erotisierend:* der -e Duft der Blüten; -e Fantasien.

Schwu̱|le, der u. (selten:) die; -n, -n ⟨Dekl. ↑Abgeordnete⟩ (ugs.): *jmd., der homosexuell veranlagt ist* (Selbstbezeichnung).

Schwü̱|le, die; -: **a)** *als unangenehm empfundene feuchte Wärme od. Hitze:* es herrschte eine gewittrige, unerträgliche S.; **b)** *schwüle* (b) *Stimmung;* **c)** *schwüle* (c) *Art:* Düfte von berauschender S.

Schwu̱|len|bar, die: vgl. Schwulenlokal.

Schwu̱|len|be|we|gung, die ⟨Pl. selten⟩: *Bewegung* (3) *mit dem Ziel, die Gleichberechtigung der Homosexuellen durchzusetzen.*

Schwu̱|len|grup|pe, die: *Gruppe* (2) *von (im Sinne der Schwulenbewegung) engagierten Homosexuellen.*

Schwu̱|len|lo|kal, das: *vorwiegend von männlichen Homosexuellen besuchtes Lokal.*

Schwu̱|len|sze|ne, die (Jargon): *Milieu, Szene der männlichen Homosexuellen.*

Schwu̱|len|treff, der (ugs.): *Ort (meist ein Lokal), an dem sich männliche Homosexuelle treffen:* das Café ist als S. bekannt.

Schwu̱l|heit, die; - (selten): *das Schwulsein; schwules* (1 a, b, 2) *Wesen.*

Schwu̱|li, der; -s, -s [↑-i] (ugs. scherzh.): *Homosexueller.*

Schwu̱|li|bus: in der Wendung **in S.** (ugs. scherzh.; *in Schwierigkeiten, Bedrängnis*).

Schwu̱|li|tät, die; -, -en ⟨meist Pl.⟩ [urspr. Studentenspr.] (ugs.): *Schwierigkeit, Bedrängnis, peinliche Lage:* in -en sein; in -en kommen; in eine S. geraten; jmdn. in [große] -en bringen.

Schwu̱l|sein, das: *(männliche) Homosexualität; Schwulheit.*

Schwụlst, der; -[e]s, Schwülste [mhd. swulst = Geschwulst, ablautende Bildung zu ↑[1]schwellen] (abwertend): *etw., was zur prachtvollen Gestaltung von etw. dienen soll, was aber bombastisch u. überladen wirkt:* der S. barocker Kirchen; seine Gedichte sind frei von allem S.

schwụls|tig ⟨Adj.⟩: **1.** *krankhaft geschwollen, aufgeschwollen, verschwollen, aufgedunsen:* ein -es Gesicht; -e Lippen. **2.** (österr. abwertend) *schwülstig.*

schwụ̈ls|tig ⟨Adj.⟩ (abwertend): *durch Schwulst* (1) *gekennzeichnet:* ein -er Stil; -e Ornamente; er redet allzu s.

schwụm|me|rig, schwụmm|rig ⟨Adj.⟩ [wohl zu ↑schwimmen, eigtl. = das Gefühl des Schwimmens, Schwankens empfinden] (ugs.): **a)** *schwindlig, benommen:* ein -es Gefühl; **b)** *unbehaglich, bang:* bei dem steilen Aufstieg wurde ihr s. zumute.

Schwụnd, der; -[e]s [zu ↑schwinden]: **1. a)** *[allmähliches] Schwinden, Sichverringern:* ein S. (Med.; *Atrophie*) der Muskulatur; **b)** (bes. Kaufmannsspr.) *durch natürliche Einflüsse bewirktes [allmähliches] Abnehmen des Gewichts, Volumens:* das Gewicht des Käses hat sich durch S. um 4 % verringert; **c)** (Kaufmannsspr.) *Verringerung der Menge einer Ware durch teilweisen Verlust, z. B. infolge undichter, beschädigter Verpackung o. Ä.* **2.** (bes. Kaufmannsspr.) *durch Schwund* (1 b, c) *verlorene Menge:* der S. beträgt 7 %, 11 kg, 12 l. **3.** (Rundfunkt., Funkt.) *Fading* (1).

Schwụnd|aus|gleich, der (Rundfunkt., Funkt.): **a)** *das Ausgleichen des Schwundes* (3); **b)** *Vorrichtung in Rundfunkempfängern, Funkgeräten zum automatischen Schwundausgleich* (a).

Schwụnd|stu|fe, die (Sprachw.): *Stufe des Ablauts, bei der der Vokal ausfällt.*

Schwụng, der; -[e]s, Schwünge [spätmhd. swunc, ablautende Bildung zu ↑schwingen]: **1. a)** *kraftvolle, rasche, einen Bogen beschreibende Bewegung:* die Skiläuferin fuhr in eleganten Schwüngen den Hang hinunter; der Reiter setzte in kühnem S. über den Graben; **b)** *geschwungene Linienführung:* der S. ihrer Brauen; in, mit kühnem S. überspannt die Brücke das Tal. **2.** ⟨o. Pl.⟩ *kraftvolle, rasche Bewegung, in der sich jmd., etw. befindet:* der Radfahrer hatte nicht genug S., um die Steigung zu schaffen; *** S. holen** *(sich bes. auf einer Schaukel, an einem Turngerät in ausholender Weise in schnelle Bewegung versetzen);* [die folgenden Wendungen beziehen sich urspr. auf Schwungräder von Maschinen o. Ä.]: *** S. in etw./etw. in S. bringen** (ugs.; *etw. beleben, in Gang bringen*): der neue Chef hat den Laden [wieder] in S. gebracht, hat S. in den Laden gebracht; **jmdn. in S. bringen** (ugs.; *jmdn. veranlassen, aktiv zu werden, intensiver, schneller zu arbeiten o. Ä.*): ich werd euch schon in S. bringen!; **in S. sein** (ugs.; 1. *guter Stimmung sein.* 2. *wütend, böse sein.* 3. *florieren; gut funktionieren:* der Haushalt, der Laden ist gut in S. 4. *bei einer Arbeit o. Ä. gut vorankommen:* wenn er erst richtig in S. ist, schafft er viel); **in S. kommen** o. Ä. (ugs.; 1. *in gute Stimmung geraten.* 2. *wütend, böse werden.* 3. *zu florieren, gut zu funktionieren beginnen.* 4. *bei einer Arbeit o. Ä. gut vorankommen*). **3.** ⟨o. Pl.⟩ *Drang, sich zu betätigen, aktiv zu sein; Elan:* mit viel S. an die Arbeit gehen. **4.** ⟨o. Pl.⟩ *einer Sache innewohnende, mitreißende Kraft:* seine Rede hatte keinerlei S. **5.** ⟨o. Pl.⟩ (ugs.) *größere Menge, Anzahl:* ein S. Zeitungen lag vor der Tür.

Schwung|bein, das (Sport): *Bein, mit dem Schwung geholt wird, um einen Sprung, eine Übung zu unterstützen.*

Schwung|fe|der, die (Zool.): *große, verhältnismäßig steife Feder des Flügels, durch die der zum Fliegen nötige Auftrieb erzeugt wird.*

schwung|haft ⟨Adj.⟩: *(bes. in Bezug auf Geschäfte) rege, viel Erfolg zeitigend:* einen -en Handel mit etw. treiben; die neuen Aktien werden schon s. gehandelt.

Schwung|kraft, die (Physik): *Zentrifugalkraft.*

schwung|los ⟨Adj.⟩: *ohne Schwung* (3, 4).

Schwung|lo|sig|keit, die: *schwunglose Art, schwungloser Charakter.*

Schwung|rad, das (Technik): *aus einem schweren Material gefertigtes* [2]*Rad* (2), *das, einmal in Rotation versetzt, seinen Lauf nur sehr allmählich verlangsamt.*

Schwung|übung, die (Turnen): *Turnübung, die durch das Schwingen des Körpers gekennzeichnet ist.*

schwung|voll ⟨Adj.⟩: **1.** *viel Schwung* (4) *habend:* eine -e Melodie, Rede. **2.** *mit viel Schwung* (2) *ausgeführt:* eine -e Handbewegung. **3.** *elegant, kühn geschwungen, in [eleganten] Bogen verlaufend:* -e Linien, Formen; eine -e Unterschrift.

schwupp ⟨Interj.⟩ [lautm.]: bezeichnet eine plötzliche, ruckartige, rasche u. kurze Bewegung: s., und das Gummi schnellte zurück.

Schwupp, der; -[e]s, -e (ugs.): **1.** *plötzliche, ruckartige, rasche u. kurze Bewegung:* mit einem S. schnappte das Tier seine Beute; *** in einem/auf einen S.** (ugs.; *in einem Zuge, auf einmal*): er erledigte alles auf einen S. **2.** *Stoß:* jmdm. einen [leichten] S. geben. **3.** *Guss* (2 a): er goss ihr einen S. Wasser ins Gesicht.

schwupp|di|wupp ⟨Interj.⟩ [lautm.]: *schwupp.*

schwups ⟨Interj.⟩ [lautm.]: *schwupp.*

Schwups, der; -es, Schwüpse (ugs.): *Schwupp.*

schwur: ↑schwören.

Schwur, der; -[e]s, Schwüre [mhd. swuor, ahd. in: eidswuor, zu ↑schwören]: **a)** *in beteuernder Weise gegebenes Versprechen; Gelöbnis:* ein heiliger S.; einen S. halten, verletzen; er hat den S. getan *(den festen Vorsatz gefasst),* nie mehr zu trinken; **b)** *Eid (vor einer Behörde o. Ä.):* einen S. auf die Fahne, Verfassung leisten.

schwü|re: ↑schwören.

Schwur|fin|ger ⟨Pl.⟩: *Daumen, Zeige- u. Mittelfinger der Schwurhand.*

Schwur|ge|richt, das: *mit hauptamtlichen Richtern u. Schöffen besetzte Strafkammer, die für besonders schwere Straftaten zuständig ist.*

Schwur|ge|richts|ver|hand|lung, die: *Verhandlung vor einem Schwurgericht.*

Schwur|hand, die: *rechte Hand, die jmd. beim Schwören eines Eides (mit ausgestrecktem Daumen, Zeige- u. Mittelfinger) erhebt.*

Schwyz [ʃviːts]: Kanton u. Stadt der Schweiz.

Schwy|zer [ˈʃviːtsɐ], der; -s, -: Ew.

Schwy|zer|dütsch [...dyːtʃ], das; -[s] (schweiz.): *Schweizerdeutsch.*

Schwy|ze|rin, die; -, -nen: w. Form zu ↑Schwyzer.

schwy|ze|risch ⟨Adj.⟩: *Schwyz, die Schwyzer betreffend; von den Schwyzern stammend, zu ihnen gehörend.*

Schwy|zer|tütsch [...tyːtʃ], das; -[s] (schweiz.): *Schweizerdeutsch.*

Sci|ence-Fic|tion [ˈsaɪəns ˈfɪkʃən], (auch:) **Sci|ence|fic|tion,** die; - [engl. science fiction, aus: science = Wissenschaft < [a]frz. science < lat. scientia (↑szientifisch) u. fiction < frz. fiction < lat. fictio, ↑Fiktion]: **a)** *Bereich derjenigen (bes. im Roman, im Film, im Comicstrip behandelten) Thematiken, die die Zukunft der Menschheit in einer fiktionalen, vor allem durch umwälzende Entwicklungen geprägten Welt betreffen;* **b)** *Science-Fiction-Literatur:* S. schreiben, lesen.

Sci|ence-Fic|tion-Au|tor, der: *Verfasser von Science-Fiction-Literatur.*

Sci|ence-Fic|tion-Au|to|rin, die: w. Form zu ↑Science-Fiction-Autor.

Sci|ence-Fic|tion-Film, der: vgl. Science-Fiction-Literatur.

Sci|ence-Fic|tion-Li|te|ra|tur, die ⟨o. Pl.⟩: *Literatur mit Thematiken aus dem Bereich der Science-Fiction* (a).

Sci|ence-Fic|tion-Ro|man, der: vgl. Science-Fiction-Literatur.

Sci|ence-Fic|tion-Se|rie, die: *Serie* (2), *bes. Fernsehserie mit einer Thematik aus dem Bereich der Science-Fiction.*

Sci|en|to|lo|ge [saɪəntɔ..., auch: stsjɛnto...], der; -n, -n: *Angehöriger der Scientology.*

Sci|en|to|lo|gin, die; -, -nen: w. Form zu ↑Scientologe.

Sci|en|to|lo|gy® [saɪənˈtɔlədʒɪ], die; - [engl. scientology, zu: science, ↑Science-Fiction]: *sich selbst als Kirche bezeichnende Bewegung, deren Anhänger behaupten, eine wissenschaftliche Theorie über das Wissen u. damit den Schlüssel zu (mithilfe bestimmter psychotherapeutischer Techniken zu erlangender) vollkommener geistiger u. seelischer Gesundheit zu besitzen.*

scil. = scilicet.

sci|li|cet ⟨Adv.⟩ [lat. scilicet = man höre!; freilich, zusgez. aus: scire licet = man darf wissen] (bildungsspr.): *nämlich* (Abk.: sc., scil.).

Scoo|ter [ˈskuːtɐ], der; -s, - [↑Skooter]: **1.** *Segelboot mit Stahlkufen zum Segeln auf Wasser u. Eis.* **2.** ↑Skooter.

Score [skɔː], der; -s, -s [engl. score < mengl. scor < anord. skor = (Ein)schnitt, Kerbholz]: **1.** (bes. Mannschaftsspiele) *Spielstand, Spielergebnis.* **2.** (Psych.) *Zahlenwert, Messwert z. B. eines Tests.*

sco|ren [ˈskoːrən] ⟨sw. V.; hat⟩ [engl. to score < mengl. scoren < anord. skora = einschneiden, einkerben, zu: skor, ↑Score] (Sport): *einen Punkt, ein Tor o. Ä. erzielen:* für die Bayern scorte der gerade erst eingewechselte Spieler.

Scotch [skɔtʃ], der; -s, -s [1: engl. Scotch, kurz für Scotch whisky = schottischer Whisky]: **1.** *(aus [teilweise] gemälzter Gerste hergestellter) schottischer Whisky.* **2.** kurz für ↑Scotchterrier.

Scotch|ter|ri|er, der [engl. Scotch terrier = schottischer Terrier]: *kleiner, kurzbeiniger Terrier mit gedrungenem Körper u. langhaarigem, rauem, meist grauem Fell.*

Scot|land Yard [ˈskɔtlənd ˈjɑːd], der; - - [nach der früheren Lage des Polizeigebäudes am ehem. schott. Residenzhof (1829–1890 Great Scotland Yard, 1890–1967 New Scotland Yard am Victoria Embankment, seit 1967 in einer Seitenstraße der Victoria Street)]: **1.** Londoner Polizeibehörde. **2.** Gebäude der Londoner Polizeibehörde.

Scout [skaʊt], der; -[s], -s [engl. scout = Kundschafter < mengl. scoute < afrz. escoute, über das Vlat. zu lat. ausculture, ↑auskultieren]: **1.** engl. Bez. für ↑Pfadfinder. **2.** (Jargon) *jmd., der etw. aufspüren soll.*

Scrab|ble® [skræbl], das; -s, -s [engl. scrabble, zu: to scrabble = scharren, herumsuchen, aus dem (M)niederl.]: *Spiel für zwei bis vier Personen, bei dem mit je einem Buchstaben bedruckte Spielsteine nach bestimmten Regeln zu Wörtern zusammengelegt werden.*

Scra|pie [ˈskreɪpiː], die; -, **Scra|pie|krank|heit,** die; - [engl. scrapie, zu: to scrape = kratzen, (ab)schaben] (Tiermed.): *Traberkrankheit.*

scratch [skrætʃ] ⟨Adv.⟩ [engl., zu scratch = hinterste Startlinie bei Handicaprennen] (Golf): *ohne Vorgabe:* er spielt s.

Scrat|ching [ˈskrætʃɪŋ], das; -s [engl. scratching, zu: to scratch = kratzen]: *das Hervorbringen bestimmter akustischer Effekte durch Manipulieren der laufenden Schallplatte (bes. bei Rapmusik).*

Screen [skriːn], der; -s, -s [engl. screen] (EDV): engl. Bez. für *Bildschirm.*

Scree|ning [ˈskriːnɪŋ], das; -s, -s [engl. screening, zu: to screen = prüfen, auswählen, durchsieben] (Fachspr.): *an einer großen Anzahl von Objekten od. Personen in der gleichen Weise durchgeführte Untersuchung (z. B. Röntgenreihenuntersuchung).*

Scrol|len, das; -s, **Scrol|ling** [ˈskroʊlɪŋ], das; -s [zu engl. to scroll = verschieben, zu: scroll = (Buch)rolle] (EDV): *das stetige, vor allem vertikale Verschieben einer Darstellung auf dem Bildschirm, insbesondere über die Bildschirmränder hinaus.*

Scu|do, der; -, ...di [ital. scudo < lat. scutum = länglicher Schild, nach der urspr. Form der Münze]: *frühere italienische Münze.*

sculp|sit [lat. = hat (es) gestochen, 3. Pers. Sg. Perf. von: sculpere = schnitzen, meißeln, eingraben]: *gestochen von ...* (auf Kupferstichen hinter der Signatur od. dem Namen des Künstlers; Abk.: sc., sculps.).

Scyl|la: ↑Szylla.

s. d. = siehe dies; siehe dort.

SDA [ɛsdeˈaː], die: Schweizerische Depeschenagentur.

SDI [ɛsdiˈai; Abk. für engl. strategic defense initiative]: US-amerikanisches Forschungsprojekt zur Stationierung von (Laser)waffen im Weltraum.

SDP [ɛsdeˈpeː], die; - [Abk. für engl. Social Democratic Party]: (zwischen 1981 u. 1990) sozialdemokratische Partei in Großbritannien.

SDR [ɛsdeˈɛr], der: Süddeutscher Rundfunk.

Se = Selen.

Se.: ↑S.

Sea|bor|gi|um [si...], das; -s [nach dem amerik. Chemiker G. T. Seaborg (1912–99)]: *künstlich hergestelltes chemisches Element (ein Transuran;* Zeichen: Sg).

Seal [ziːl, engl.: siːl], der od. das; -s, -s [engl. seal = Robbe]: **1. a)** *Fell bestimmter Robbenarten;* **b)** *aus Seal* (1 a) *hergestellter wertvoller, brauner bis schwarzer Pelz.* **2.** *Kleidungsstück aus Seal* (1 b): sie trug einen S.

Seal|man|tel, der: *Mantel aus Seal* (1 b).

Seal|skin [ˈziːlskɪn, engl.: ˈsiːlskɪn], der od. das; -s, -s [a: engl. sealskin = Robbenfell, zu: skin = Fell]: **a)** *Seal* (1); **b)** *glänzender Plüsch mit langem Flor (als Imitation von Seal).*

Sé|an|ce [zeˈãːs(ə)], die; -, -n [...sn; frz. séance = Sitzung, zu: séant = Sitzung haltend, 1. Part. von: seoir = sitzen < lat. sedere = sitzen]: **1.** (Parapsych.) *spiritistische Sitzung mit einem Medium:* eine spiritistische S. **2.** (bildungsspr. veraltend) *Sitzung.*

SEATO, die; - [Kurzwort für engl. South East Asia Treaty Organization]: (bis 1977) südostasiatisches Verteidigungsbündnis.

Se|bor|rhö, die; -, -en [zu lat. sebum = Talg u. griech. rhóē = das Fließen] (Med.): *gesteigerte Absonderung der Talgdrüsen; Schmerfluss.*

[1]**sec** = Sekans; Sekunde (1 a).

[2]**sec** [sɛk] ⟨indekl. Adj.; nachgestellt⟩ [franz. sec < lat. siccus = trocken]: *dry.*

SECAM-Sys|tem, das; -s [Kurzwort aus frz. séquentiel à mémoire = aufeinander folgend mit Zwischenspeicherung]: *französisches System des Farbfernsehens.*

sechs ⟨Kardinalz.⟩ [mhd., ahd. sehs; vgl. lat. sex = sechs] (als Ziffer: 6): vgl. acht.

Sechs, die; -, -en: **a)** *Ziffer 6;* **b)** *Spielkarte mit sechs Zeichen;* **c)** *Anzahl von sechs Augen beim Würfeln:* eine S. würfeln; **d)** *Zeugnis-, Bewertungsnote 6:* [in Biologie] eine S. haben, kriegen; eine S. schreiben *(eine Arbeit schreiben, die mit der Note 6 bewertet wird);* **e)** (ugs.) *Wagen, Zug der Linie 6:* hier hält nur die S.

Sechs|ach|ser, der; -s, - (ugs.): vgl. Dreiachser.

sechs|ach|sig ⟨Adj.⟩ (mit Ziffer: 6-achsig) (Technik): vgl. dreiachsig.
Sechs|ach|tel|takt, der: vgl. Dreiachteltakt.
Sechs|eck, das: vgl. Achteck.
sechs|eckig ⟨Adj.⟩: vgl. achteckig.
sechs|ein|halb ⟨Bruchz.⟩ (in Ziffern: $6\frac{1}{2}$): vgl. achteinhalb: s. Kilo.
Sechs|en|der, der; -s, - (Jägerspr.): vgl. Achtender.
Sech|ser, der; -s, - [urspr. = Münze vom sechsfachen Wert einer kleineren Einheit; nach 1874 volkst. Bez. für das neu eingeführte 5-Pfennig-Stück der Währung des Deutschen Reiches]: **1.** (landsch.) *Fünfer* (1): das kostet einen S. *(fünf Pfennig).* **2.** (ugs.) vgl. Dreier (2). **3.** (landsch.) vgl. Dreier (3).
sech|ser|lei ⟨best. Gattungsz.; indekl.⟩ [↑-lei]: vgl. achterlei.
Sech|ser|pack, der ⟨Pl. -s u. -e⟩, **Sech|ser|pa|ckung,** die: *Packung, die von einer Ware sechs Stück enthält:* Dosenbier im praktischen Sechserpack.
Sech|ser|rei|he, die: vgl. Achterreihe.
sechs|fach ⟨Vervielfältigungsz.⟩ (mit Ziffer: 6fach): vgl. achtfach.
Sechs|fa|che, das; -n ⟨Dekl. ²Junge, das⟩ (mit Ziffer: 6fache): vgl. Achtfache.
Sechs|flach, das (Math.): *von sechs Vierecken begrenztes Polyeder.*
sechs|flä|chig ⟨Adj.⟩: *sechs Flächen habend.*
Sechs|fläch|ner, der; -s, - (Math.): *Sechsflach.*
sechs|fü|ßig ⟨Adj.⟩ (Verslehre): vgl. fünffüßig.
sechs|ge|schos|sig ⟨Adj.⟩: vgl. achtgeschossig.
sechs|he|big ⟨Adj.⟩ (Verslehre): *sechs Hebungen enthaltend:* ein -er Vers.
sechs|hun|dert ⟨Kardinalz.⟩ (in Ziffern: 600): vgl. hundert.
sechs|jäh|rig ⟨Adj.⟩ (mit Ziffer: 6-jährig): vgl. achtjährig.
Sechs|jäh|ri|ge, der u. die; -n, -n ⟨Dekl. ↑Abgeordnete⟩ (mit Ziffer: 6-Jährige): vgl. Achtjährige.
sechs|jähr|lich ⟨Adj.⟩: vgl. achtjährlich.
Sechs|kant, das od. der; -[e]s, -e (Technik): *Körper (meist aus Metall), dessen Querschnitt ein regelmäßiges Sechseck darstellt.*
Sechs|kant|ei|sen, das (Technik): *stabförmiges Eisen, dessen Querschnitt ein regelmäßiges Sechseck darstellt.*
sechs|kan|tig ⟨Adj.⟩: vgl. achtkantig.
Sechs|ling, der; -s, -e (meist Pl.) [nach dem Muster von Zwilling geb.]: vgl. Fünfling.
sechs|mal ⟨Wiederholungsz., Adv.⟩ (mit Ziffer: 6-mal): vgl. achtmal.
sechs|ma|lig ⟨Adj.⟩ (mit Ziffer: 6-malig): vgl. achtmalig.
sechs|mo|na|tig ⟨Adj.⟩ (mit Ziffer: 6-monatig): vgl. achtmonatig.
sechs|mo|nat|lich ⟨Adj.⟩: vgl. achtmonatlich.
sechs|räd|rig ⟨Adj.⟩: vgl. dreirädrig.
sechs|sai|tig ⟨Adj.⟩: vgl. fünfsaitig.
sechs|sei|tig ⟨Adj.⟩: vgl. achtseitig.
sechs|sil|big ⟨Adj.⟩: vgl. achtsilbig.
Sechs|spän|ner, der; -s, -: vgl. Dreispänner.
sechs|spän|nig ⟨Adj.⟩: vgl. achtspännig.
sechs|spu|rig ⟨Adj.⟩: *sechs Spuren habend:* s. *(in sechs Reihen nebeneinander)* fahren.
sechs|stel|lig ⟨Adj.⟩: vgl. achtstellig: eine -e Zahl; -e *(in die Hunderttausende gehende)* Umsätze.
Sechs|stern, der: *Hexagramm.*
sechs|stö|ckig ⟨Adj.⟩: vgl. achtstöckig.
sechs|strah|lig ⟨Adj.⟩: **1.** *(von Sternen) sechs Zacken habend:* ein -er Stern. **2.** vgl. dreistrahlig.
sechs|stün|dig ⟨Adj.⟩: vgl. achtstündig.
sechs|stünd|lich ⟨Adj.⟩: vgl. achtstündlich.
sechst: in der Fügung **zu s.** *(als Gruppe von sechs Personen):* wir waren zu s.
sechst... ⟨Ordinalz. zu ↑sechs⟩ [mhd. sehste, ahd. seh(s)to] (als Ziffer: 6.): vgl. acht...: am sechsten November; ⟨subst.:⟩ Leo der Sechste.
Sechs|ta|ge|fahrt, die (Motorsport): *sechs Tage dauerndes, durch schwieriges Gelände führendes internationales Rennen für Motorradfahrer.*
Sechs|ta|ge|ren|nen, das (Radsport): *sechs Tage u. sechs Nächte dauerndes, in einer Halle ausgetragenes Rennen.*
sechs|tä|gig ⟨Adj.⟩: vgl. achttägig.
sechs|täg|lich ⟨Adj.⟩: vgl. achttäglich.
sechs|tau|send ⟨Kardinalz.⟩ (in Ziffern: 6 000): vgl. tausend.
sechs|tei|lig ⟨Adj.⟩ (mit Ziffer: 6-teilig): vgl. achtteilig.
sechs|tel ⟨Bruchz.⟩ (als Ziffer: $\frac{1}{6}$): vgl. achtel.
Sechs|tel, das, schweiz. meist: der; -s, - [mhd. sehsteil]: vgl. Achtel (a).
sechs|tens ⟨Adv.⟩ (als Ziffer: 6.): vgl. achtens.
Sechs|und|drei|ßig|flach, das, **Sechs|und|drei|ßig|fläch|ner,** der; -s, - (Math.): *Triakisdodekaeder.*
sechs|und|ein|halb ⟨Bruchz.⟩ (in Ziffern: $6\frac{1}{2}$): vgl. achtundeinhalb.
Sechs|und|sech|zig, das; -: *mit einem Skatblatt gespieltes Kartenspiel für zwei bis vier Mitspielende, bei dem mindestens 66 Punkte erreicht werden müssen, um eine Spielrunde zu gewinnen.*
Sechs|vier|tel|takt [...ˈfɪrtl̩...], der: vgl. Dreivierteltakt.
sechs|wer|tig ⟨Adj.⟩ (Chemie): vgl. dreiwertig.
sechs|wö|chent|lich ⟨Adj.⟩: vgl. achtwöchentlich.
sechs|wö|chig ⟨Adj.⟩: vgl. achtwöchig.
sechs|za|ckig ⟨Adj.⟩: vgl. dreizackig: ein -er Stern.
sechs|zäh|lig ⟨Adj.⟩ (Bot.): *(von Blüten) eine aus sechs od. zweimal sechs Kronblättern bestehende Krone habend.*
sechs|zei|lig ⟨Adj.⟩: vgl. achtzeilig.
Sechs|zy|lin|der, der (ugs.): **a)** kurz für ↑Sechszylindermotor; **b)** *Kraftfahrzeug mit einem Sechszylindermotor.*
Sechs|zy|lin|der|mo|tor, der: *Motor mit sechs Zylindern.*
sechs|zy|lin|drig ⟨Adj.⟩ (mit Ziffer: 6-zylindrig): vgl. achtzylindrig.
sech|zehn ⟨Kardinalz.⟩ [mhd. sehzehen, ahd. seh(s)zēn] (in Ziffern: 16): vgl. acht.
sech|zehn|hun|dert ⟨Kardinalz.⟩ (in Ziffern: 1 600): *eintausendsechshundert:* im Jahre s.; der Wagen hat s. Kubik.
sech|zehn|jäh|rig ⟨Adj.⟩ (mit Ziffern: 16-jährig): vgl. achtjährig.
sech|zehn|tel ⟨Bruchz.⟩ (in Ziffern: $\frac{1}{16}$): vgl. achtel.
[1]**Sech|zehn|tel,** das, schweiz. meist der; -s, -: vgl. Achtel (a).
[2]**Sech|zehn|tel,** die; -, - (Musik): *Sechzehntelnote.*
Sech|zehn|tel|no|te, die (Musik): vgl. Achtelnote.
sech|zig ⟨Kardinalz.⟩ [mhd. sehzic, ahd. seh(s)zug] (in Ziffern: 60): vgl. achtzig.
Sech|zig, die; -: vgl. Achtzig.
sech|zi|ger ⟨indekl. Adj.⟩ (mit Ziffern: 60er): vgl. achtziger.
[1]**Sech|zi|ger,** der; -s, -: vgl. [1]Achtziger.
[2]**Sech|zi|ger,** die; -, - (ugs.): vgl. [2]Achtziger.
Sech|zi|ge|rin, die; -, -nen: w. Form zu ↑[1]Sechziger.
Sech|zi|ger|jah|re [auch: ˈ– – – ˈ– –] ⟨Pl.⟩: vgl. Achtzigerjahre.
sech|zig|jäh|rig ⟨Adj.⟩ (mit Ziffern: 60-jährig): vgl. achtjährig.
sech|zigst... ⟨Ordinalz. zu ↑sechzig⟩ (in Ziffern: 60.): vgl. achtzigst...
sech|zigs|tel ⟨Bruchz.⟩ (in Ziffern: $\frac{1}{60}$): vgl. achtel.
Sech|zigs|tel, das, schweiz. meist der; -s, -: vgl. Achtel (a).
se|cond|hand [ˈsɛkəndˈhænd] ⟨Adv.⟩ [engl. second-hand = aus zweiter Hand, gebraucht]: *aus zweiter Hand, gebraucht:* etw. s. kaufen.
Se|cond|hand [ˈsɛkəndˈhænd], die; -: kurz für ↑Secondhandwaren.
Se|cond|hand|klei|dung [ˈsɛkəndˈhænd...], die ⟨o. Pl.⟩: *gebrauchte Kleidung.*
Se|cond|hand|la|den, der ⟨Pl. ...läden⟩: *Secondhandshop.*
Se|cond|hand|shop, der [engl. second-hand shop]: *Geschäft für Secondhandwaren.*
Se|cond|hand|wa|ren ⟨Pl.⟩: *gebrauchte Waren, bes. gebrauchte Kleidung.*
Se|cret Ser|vice [ˈsi:krɪt ˈsə:vɪs], der; - - [engl. aus: secret = geheim (< mfrz. secret < lat. secretus = abgesondert) u. service, ↑[2]Service]: britischer Geheimdienst.
SED [ɛslˈe:ˈde:], die; -: Sozialistische Einheitspartei Deutschlands (DDR).
Se|da: Pl. von ↑Sedum.
Se|da|rim: Pl. von ↑Seder.
se|dat ⟨Adj.⟩ [lat. sedatus, zu: sedare = beruhigen, beschwichtigen, Kausativ zu: sedere = sitzen] (veraltet, noch landsch.): *gesetzt* (2).
se|da|tiv ⟨Adj.⟩ (Med.): *dämpfend, beruhigend [wirkend]:* ein -es Medikament.
Se|da|tiv, das; -s, -e (Med.): *Sedativum.*
Se|da|ti|va: Pl. von ↑Sedativum.
Se|da|ti|vum, das; -s, ...va (Med.): *sedativ wirkendes Medikament.*
Se|der, der; -[s], Sedarim [hebr. seder, eigtl. = Ordnung] (jüd. Rel.): **1.** *häusliche Feier am ersten u. zweiten Abend des jüdischen Passahfestes.* **2.** *Hauptteil der Mischna u. des Talmuds.*
Se|di|ment, das; -[e]s, -e [lat. sedimentum = Bodensatz, zu: sedere = sitzen; sich setzen, sich senken]: **1.** (Geol.) *etw. durch Sedimentation* (1) *Entstandenes, bes. Gestein.* **2.** (bes. Chemie, Med.) *durch Sedimentation* (2) *entstandener Bodensatz.*
se|di|men|tär ⟨Adj.⟩ (Geol.): *durch Sedimentation* (1) *entstanden:* -e Lagerstätten.
Se|di|men|ta|ti|on, die; -, -en: **1.** (Geol.) *Ablagerung von Stoffen, die an anderer Stelle abgetragen od. von pflanzlichen, tierischen Organismen abgeschieden wurden:* durch S. entstandenes Gestein. **2.** (Chemie, Med.) *das Ausfällen, Sichabsetzen von festen Stoffen; Bildung eines Bodensatzes.*
Se|di|ment|ge|stein, das (Geol.): *sedimentäres Gestein.*
Se|dis|va|kanz, die; -, -en [zu lat. sedis (Gen. von: sedes = Stuhl) u. ↑Vakanz] (kath. Kirche): *Zeitraum, während dessen das Amt des Papstes od. eines Bischofs unbesetzt ist.*
Se|dum, das; -s, Seda [lat. sedum, H. u.]: *Fetthenne.*
[1]**See,** der; -s, Seen [mhd. sē, ahd. sē(o), H. u.]: *größere Ansammlung von Wasser in einer Bodenvertiefung des Festlandes; stehendes Binnengewässer:* ein riesiger, stiller, künstlicher S.; der S. war zugefroren; ein Haus am S.; im S. baden; über den S. rudern; **R** still ruht der S. (ugs.; *es ereignet sich nichts;* nach dem 1871 komponierten Lied des dt. Schriftstellers u. Komponisten Heinrich Pfeil, 1835–1899); **Ü** der Hund hat einen S. gemacht (fam. verhüll.; *hat uriniert*).
[2]**See,** die; -, Seen [schon mniederd. sē]: **1.** ⟨o. Pl.⟩ **a)** *Meer:* eine ruhige S.; die offene S. *(die See in größerer Entfernung von der nächstgelegenen Küste);* bei ruhiger S. *(bei geringem Wellengang);* * **auf S.** *([an Bord eines Schiffes] auf dem Meer);* **auf hoher S.** *(weit draußen auf dem Meer);* **in S. stechen** *(auslaufen* 2*);* **zur S.** (Bestandteil mancher Dienstgrade bei der Marine 1 b; Abk.: z. S.): Leutnant zur S.; **zur S. fahren** *(auf einem Seeschiff beschäftigt sein, Dienst tun);* **zur S. gehen** (ugs.; *Seemann werden*); **b)** (Seemannsspr.) *Seegang; Wellen; Wellengang:* schwere, raue S.; wir hatten [eine] heftige S. **2.** (Seemannsspr.) *[Sturz]welle, Woge:* die -n gingen bis zu sieben Meter hoch; er wurde von einer überkommenden S. von Bord gespült.
See|ad|ler, der: *(vor allem an Gewässern heimischer) großer, rot- bis schwarzbrauner Adler, der sich vorwiegend von Fischen u. Wasservögeln ernährt.*
See|amt, das (Seew.): *Behörde zur Untersuchung von Unfällen auf See (in der Handelsschifffahrt).*
See|ane|mo|ne, die: **a)** *Aktinie;* **b)** *Seerose* (2).
see|ar|tig ⟨Adj.⟩: *einem See ähnlich.*
See|bad, das: *an der See gelegenes Bad* (3).
See|bär, der: **1.** *große Robbe mit dichtem, weichem Fell, das zu Seal verarbeitet wird.* **2.** (Seemannsspr.) *plötzlich auftretende, sehr hohe Welle.* **3.** (ugs. scherzh.) *[alter] erfahrener Seemann:* er ist ein richtiger S.
See|be|ben, das: *in einem vom Meer bedeckten Teil der Erdkruste auftretendes Erdbeben.*
see|be|schä|digt ⟨Adj.⟩ (Seew.): *havariert.*

See|be|stat|tung, die: *(anstelle einer Beerdigung vorgenommene) feierliche Versenkung der Urne mit der Asche des Verstorbenen im Meer.*

See|blick, der ⟨o. Pl.⟩: *Blick, Aussicht auf die, den See:* ein Haus, Zimmer mit S.

See|blo|cka|de, die: *Blockade (1) eines Seewegs, der Seewege.*

See-Ele|fant, (auch:) **See|ele|fant,** der: *große Robbe mit rüsselartig verlängerter Nase.*

see|er|fah|ren ⟨Adj.⟩: *See-Erfahrung habend:* ein -er Skipper.

See-Er|fah|rung, (auch:) **See|er|fah|rung,** die ⟨o. Pl.⟩: *auf See, in der Schifffahrt gewonnene Erfahrung.*

see|fah|rend ⟨Adj.⟩: *(von Nationen o. Ä.) Seefahrt betreibend:* ein -es Volk.

See|fah|rer, der (veraltend): *jmd., der (bes. als Kapitän eines Segelschiffes) weite Seefahrten, Entdeckungsfahrten macht:* der portugiesische S. Vasco da Gama; Sindbad der S.

See|fah|rer|na|ti|on, die: *seefahrende Nation.*

See|fahrt, die: 1. ⟨o. Pl.⟩ *Schifffahrt auf dem Meer (als Wirtschaftszweig):* S. betreiben; R S. ist Not (nach dem Titel des 1913 erschienenen Romans des dt. Schriftstellers Gorch Fock, 1880–1916, der auf die lat. Übers. [navigare necesse est] einer Stelle bei Plutarch zurückgeht). 2. *Fahrt übers Meer:* eine S. machen.

See|fahrt|buch, See|fahrts|buch, das (Seew.): *Ausweis für Seeleute, in dem bei einer Abmusterung vom Kapitän Art u. Dauer des geleisteten Dienstes bescheinigt wird.*

See|fahrt|schu|le, See|fahrts|schu|le, die: *Fachschule od. -hochschule für die Ausbildung von Kapitänen.*

see|fest ⟨Adj.⟩: 1. *seetüchtig.* 2. *nicht leicht seekrank werdend.* 3. *(von Gegenständen an Bord eines Schiffes) gegen ein Umhergeschleudertwerden bei stärkerem Seegang gesichert.*

See|fes|tig|keit, die: *das Seefestsein.*

See|fisch, der: 1. *im Meer lebender Fisch:* Kabeljau, Hering und andere -e. 2. ⟨o. Pl.⟩ *Fleisch von Seefischen (1) als Nahrungsmittel:* wer viel S. isst, hat keinen Jodmangel.

See|fi|sche|rei, die: *Fang von Seefischen.*

See|flot|te, die: *Flotte von Seeschiffen.*

See|fo|rel|le, die: *(in Süßwasserseen lebender) einer Forelle ähnlicher Lachsfisch.*

See|fracht, die: 1. *Fracht (1), die mit dem Schiff befördert wird.* 2. *Fracht (2) für die Beförderung mit dem Schiff.*

See|funk, der: *Funk zwischen Schiffen od. zwischen Stationen an der Küste u. Schiffen.*

See|gang, der ⟨o. Pl.⟩: *stärkerer Wellengang auf dem Meer:* bei [starkem] S.

See|ge|biet, das: *einen Teil eines Meeres, des Weltmeers darstellendes Gebiet.*

See|ge|fecht, das: *Gefecht zwischen feindlichen Kriegsschiffen auf See.*

See Ge|ne|za|reth, (ökum.:) **Gen|ne|sa|ret,** der; -s -: biblischer Name für den See von Tiberias.

see|ge|stützt ⟨Adj.⟩ (Milit.): *auf einem Kriegsschiff stationiert:* -e Mittelstreckenraketen.

See|gras, das: *in Küstennähe auf dem Meeresboden wachsende grasähnliche Pflanze, deren getrocknete Blätter u. a. als Polstermaterial verwendet werden.*

See|gras|ma|trat|ze, die: *mit Seegras gefüllte Matratze.*

See|gur|ke, die (Zool.): *(meist auf dem Meeresboden lebendes) walzenförmiges Tier mit einer lederartigen Haut u. um die Mundöffnung angeordneten, der Nahrungsaufnahme dienenden Tentakeln.*

See|ha|fen, der: 1. *für Seeschiffe geeigneter, erreichbarer Hafen.* 2. *Stadt mit einem Seehafen (1):* Hamburg ist [ein] S.

See|han|del, der: *auf dem Seeweg abgewickelter Handel.*

See|heil|bad, das: *an der See gelegenes Heilbad (1).*

See|herr|schaft, die ⟨o. Pl.⟩: *auf den Besitz einer überlegenen [Kriegs]flotte gegründete Herrschaft (1), Kontrolle über das Meer u. bes. seine Wasserstraßen.*

See|hund, der [frühnhd. für mniederd. sēlhunt, 1. Bestandteil verw. mit engl. seal, ↑Seal]: 1. *Robbe mit (beim erwachsenen Tier) weißgrauem bis graubraunem Fell.* 2. ⟨o. Pl.⟩ *aus dem Fell junger Seehunde hergestellter Pelz:* ein Mantel aus S.

See|hunds|jagd, die: *Jagd auf Seehunde.*

See|igel, der: *am Meeresboden lebendes Tier, dessen kugeliger bis scheibenförmig abgeflachter Körper von einer kalkigen Schale mit langen Stacheln umgeben ist.*

See|jung|fer, die [zu ↑[1]See]: *metallisch bläulich grün glänzende Libelle mit vier gleich großen Flügeln.*

See|jung|frau, die (Myth.): *Meerjungfrau.*

See|ka|dett, der (Milit.): *Offiziersanwärter bei der Marine.*

See|kar|te, die: *nautischen Zwecken dienende Karte (6) mit Angaben für die Navigation.*

see|klar ⟨Adj.⟩ (Seemannsspr.): *fertig zur Fahrt aufs Meer:* ein Schiff s. machen.

See|kli|ma, das (Geogr.): *bes. in Küstengebieten herrschendes, vom Meer beeinflusstes Klima, das sich durch hohe Luftfeuchtigkeit u. verhältnismäßig geringe Temperaturschwankungen auszeichnet.*

see|krank ⟨Adj.⟩: *an Seekrankheit leidend:* sie wird leicht s.

See|krank|heit, die ⟨o. Pl.⟩: *durch das Schwanken eines Schiffes auf bewegtem Wasser verursachte Übelkeit [mit Erbrechen].*

See|krieg, der: *mit Seestreitkräften [u. Flugzeugen] auf See geführter Krieg um die Seeherrschaft.*

See|kuh, die: *großes Säugetier mit massigem, walzenförmigem, unbehaartem Körper, das an Küsten u. in Binnengewässern der Tropen u. Subtropen lebt.*

See|lachs, der: **a)** *Köhler (2);* **b)** ⟨o. Pl.⟩ *Fleisch des Köhlers (2) als Lachsersatz.*

Seel|chen, das; -s, - [2: Vkl. von ↑Seele (3)]: 1. Vkl. zu ↑Seele (1, 2, 3, 7). 2. *psychisch wenig belastbarer, sehr empfindsamer Mensch.*

See|le, die; -, -n [mhd. sēle, ahd. sē(u)la, wahrsch. zu ↑See u. eigtl. = die zum See Gehörende; nach germ. Vorstellung wohnten die Seelen der Ungeborenen u. Toten im Wasser]: 1. *Gesamtheit dessen, was das Fühlen, Empfinden, Denken eines Menschen ausmacht; Psyche:* die menschliche S.; eine zarte, empfindsame S. haben; R nun hat die liebe S. Ruh (meist scherzh.; *nun kann jmd. nichts weiter verlangen, weil er bereits alles erhalten hat od. weil ein Vorrat aufgebraucht, eine Sache entzweigegangen, zerbrochen ist;* nach Luk. 12, 19); zwei -n wohnen, ach, in meiner Brust (*ich habe widerstreitende Gefühle;* nach Goethe, Faust I, 1112); * **die S. baumeln lassen** (ugs.; *sich psychisch entspannen, von allem, was einen psychisch belastet, Abstand gewinnen*); **jmdm. etw. auf die S. binden** (ugs.; *jmdn. eindringlich bitten, sich um etw. zu kümmern*); **jmdm. auf der S. knien** (ugs.; *jmdn. eindringlich bitten, etw. Bestimmtes zu tun*); **auf jmds. S./jmdm. auf der S. liegen/lasten** (geh.; *jmdn. bedrücken*): die Schuld lastete schwer auf seiner S.; **jmdm. auf der S. brennen** (ugs.; *jmdm. ein dringendes Anliegen sein*); **jmdm. aus der S. sprechen/reden** (ugs.; *genau das aussprechen, was jmd. auch empfindet*); **aus ganzer/tiefster S.** (1. *zutiefst:* ich hasse ihn aus ganzer/tiefster S. 2. *mit großer Begeisterung:* sie sangen aus ganzer/tiefster S. [heraus]); **mit ganzer S.** (*mit großem Engagement*); **sich ⟨Dativ⟩ etw. von der S. reden, schreiben** (*über etw., was einen bedrückt, reden, schreiben u. sich dadurch abreagieren*). 2. *substanz-, körperloser Teil des Menschen, der nach religiösem Glauben unsterblich ist, nach dem Tode weiterlebt:* die unsterbliche S.; Schaden an seiner S. nehmen (bibl.; *sündig werden*); * **die S. aushauchen** (geh. verhüll.; *sterben*); **jmdm. die S. aus dem Leib fragen** (ugs.; *jmdn. mit Penetranz alles Mögliche fragen*); **jmdm. die S. aus dem Leib prügeln** (ugs.; *jmdn. heftig verprügeln*); **sich ⟨Dativ⟩ die S. aus dem Leib reden** (ugs.; *alles versuchen, um jmdn. zu überzeugen, zu etw. Bestimmtem zu bewegen*); **sich ⟨Dativ⟩ die S. aus dem Leib schreien** (ugs.; *sehr laut u. anhaltend schreien*); **meiner Seel** (bes. südd., österr.; Ausruf der Bekräftigung, Beteuerung; Verkürzung von »ich schwöre es bei meiner Seele«, einer nach altem Rechtsbrauch üblichen Formel); **hinter etw. her sein wie der Teufel hinter der armen S.** (*gierig, ganz versessen auf etw. sein*). 3. (emotional) *Mensch:* eine brave, ehrliche, treue, schlichte S.; schöne S. (*Menschentypus bes. des 18. Jh.s, bei dem Affekte u. sittliche Kräfte in harmonischem Verhältnis stehen*); keine S. (*niemand*) war zu sehen; der Ort hatte, zählte knapp 5 000 -n (*Einwohner*); R zwei -n und ein Gedanke (*beide denken [wir] dasselbe*); * **eine S. von Mensch/von einem Menschen sein** (*ein sehr gütiger, verständnisvoller Mensch sein*). 4. * **die S. einer Sache sein** (*diejenige Person sein, die in einem bestimmten Bereich dafür sorgt, dass alles funktioniert*): er ist die S. des Geschäfts. 5. (Waffent.) *das Innere des Laufs od. Rohrs einer Feuerwaffe.* 6. (Fachspr.) *innerer Strang von Kabeln, Seilen o. Ä.* 7. (Musik) *Stimmstock von Saiteninstrumenten.*

See|len|amt, das (kath. Kirche): *Totenmesse:* ein S. abhalten.

See|len|blind|heit, die (Med., Psych.): *optische Agnosie (1).*

See|len|bräu|ti|gam, der (bes. Mystik): *Christus als Bräutigam der Seele.*

See|len|fang, der: *mit allen Mitteln betriebene Gewinnung leichtgläubiger Menschen für einen [allein selig machenden] Glauben:* auf S. ausgehen.

See|len|frie|de, See|len|frie|den, der: *innere Ruhe:* seinen Seelenfrieden finden, verlieren.

See|len|ge|mein|schaft, die: *[weit gehende] Übereinstimmung der Art zu empfinden.*

See|len|grö|ße, die: *edle Gesinnung; edles Verhalten.*

See|len|haus|halt, der (ugs.): *(durch das jeweilige Verhältnis von positiven u. negativen Faktoren bestimmte) seelische Verfassung.*

See|len|heil, das (christl. Rel.): *Erlösung der Seele (2) von Sünden:* für sein, jmds. S. beten; Ü sie ist auf mein S. bedacht, kümmert sich um mein S. (scherzh.; *ist darauf bedacht, dass ich nichts Unmoralisches tue*).

See|len|klemp|ner, der (scherzh.): *Psychologe.*

See|len|klemp|ne|rin, die: w. Form zu ↑Seelenklempner.

See|len|la|ge, die (geh.): *Seelenzustand.*

See|len|le|ben, das ⟨o. Pl.⟩ (geh.): *Gesamtheit der seelischen Vorgänge in einem Menschen.*

see|len|los ⟨Adj.⟩ (geh.): **a)** *keine Seele habend:* eine -e Maschine; -e Materie; ein -es Wesen; **b)** *ohne Gefühl, innere Wärme:* er ist ein -er Verführer; ihr Vortrag am Klavier war s.

See|len|mas|sa|ge, die (ugs.): 1. *Versuch, durch psychologisch geschickte Beeinflussung jmds. Willen zu manipulieren, um ihn zu einem bestimmten Verhalten zu veranlassen.* 2. (selten) *freundlicher Zuspruch, der jmdn. [wieder] aufrichtet, tröstet.*

See|len|mes|se, die (kath. Kirche): *Totenmesse.*

See|len|not, die (geh.): *innere, seelische Not, Bedrängnis.*

See|len|qual, die (geh.): vgl. Seelennot.

See|len|ru|he, die: *unerschütterliche Ruhe; Gemütsruhe:* mit völliger S. ließ er das Gezeter über sich ergehen.

see|len|ru|hig ⟨Adj.⟩: *eine unerschütterliche Ruhe aufweisend; mit unerschütterlicher Ruhe:* man kann doch nicht einfach s. zusehen, wie jemand geschlagen wird.

See|len|schmalz, das (ugs. abwertend): *Gefühlsduselei.*

See|len|stär|ke, die (geh.): *psychische Stabilität.*

See|len|taub|heit, die (Med., Psych.): *akustische Agnosie (1).*

See|len|tier, das (bes. Mystik): *Tier, von dem die Vorstellung besteht, dass die Seele eines Verstorbenen nach dem Verlassen des menschlichen Körpers seine Gestalt angenommen hat.*

See|len|ver|fas|sung, die: *Seelenzustand.*

See|len|ver|käu|fer, der (abwertend): **1.** (Seemannsspr. abwertend) *schlecht gebautes od. zum Abwracken reifes Schiff, das eigentlich nicht seetüchtig ist, aber trotzdem auf See eingesetzt wird.* **2.** (ugs.) *jmd., der (z. B. als Verräter, als Menschenhändler) Menschen skrupellos [für Geld] anderen ausliefert.*

See|len|ver|käu|fe|rin, die: w. Form zu ↑Seelenverkäufer (2).

see|len|ver|wandt ⟨Adj.⟩: *gleich od. sehr ähnlich empfindend:* -e Menschen; die beiden sind s.

See|len|ver|wandt|schaft, die: *Übereinstimmung od. große Ähnlichkeit der Art zu empfinden; Seelengemeinschaft:* zwischen den beiden besteht eine [enge] S.

see|len|voll ⟨Adj.⟩ (geh.): *voll innerer Wärme; gefühlvoll:* ein -er Blick; die Pianistin hat nicht allzu virtuos, dafür aber umso -er gespielt.

See|len|wan|de|rung, die (bes. ind. Religionen): *Reinkarnation.*

See|len|zu|stand, der: *[augenblickliche] psychische Verfassung, Gestimmtheit.*

See|leu|te: Pl. von ↑Seemann.

see|lisch ⟨Adj.⟩: *die Seele (1) betreffend, dazu gehörend; psychisch:* -e Regungen, Belastungen, Krankheiten; jmds. -e Verfassung; auf einem -en Tiefpunkt sein; das -e Gleichgewicht verlieren, wieder finden; einen -en Knacks (ugs.; *ein psychisches Trauma*) haben; die Krankheit hatte -e Ursachen, war s. bedingt; s. krank, gesund; jmdn. s. misshandeln; sich s. auf etw. einstellen.

See|lot|se, der (Seew.): *auf See Dienst tuender Lotse* (Berufsbez.).

Seel|sor|ge, die ⟨o. Pl.⟩: *geistliche Beratung, Hilfe in wichtigen Lebensfragen (bes. in innerer Not):* in der S. tätig sein.

Seel|sor|ger, der; -s, -: *jmd., der, bes. als Geistlicher, Seelsorge treibt.*

Seel|sor|ge|rin, die; -, -nen: w. Form zu ↑Seelsorger.

seel|sor|ge|risch ⟨Adj.⟩: *die Seelsorge betreffend; wie ein Seelsorger [handelnd]; einem Seelsorger entsprechend:* -e Arbeit, Aufgaben, Pflichten; jmdn. s. betreuen.

seel|sor|ger|lich ⟨Adj.⟩ (bes. Theol.): *seelsorgerisch.*

seel|sorg|lich ⟨Adj.⟩: *die Seelsorge betreffend; hinsichtlich der Seelsorge.*

See|luft, die ⟨o. Pl.⟩: *frische, kräftig-würzige Luft am, auf dem Meer:* die S. wird dir gut tun; ich möchte mal wieder ein bisschen S. atmen, schnuppern (ugs.; *am Meer sein*).

See|luft|streit|kräf|te ⟨Pl.⟩ (Milit.): *Teil der Kriegsmarine eines Staates, der über Luftfahrzeuge aller Art u. die zu ihrem Betrieb notwendigen Einrichtungen verfügt.*

See|macht, die: *Staat, der über beträchtliche Seestreitkräfte verfügt.*

See|mann, der ⟨Pl. ...leute⟩: *jmd., der auf einem Seeschiff beschäftigt ist* (Berufsbez.).

see|män|nisch ⟨Adj.⟩: *zu einem Seemann gehörend, ihm entsprechend:* -es Geschick; ein -er *(seemannssprachlicher)* Ausdruck.

See|manns|brauch, der: *unter Seeleuten üblicher Brauch.*

See|manns|braut, die: *Freundin, Braut eines Seemanns.*

See|mann|schaft, die; - (Seemannsspr.): *Gesamtheit der seemännischen Fähigkeiten u. Kenntnisse:* zur S. gehören auch wetterkundliche Kenntnisse.

See|manns|garn, das ⟨o. Pl.⟩: *[größtenteils] erfundene, stark übertreibende Darstellung eines Seemanns:* das ist doch alles nur S.; *** S. spinnen** *(von erstaunlichen, angeblich auf einer Seereise erlebten Dingen erzählen;* früher mussten die Matrosen auf See in ihrer Freizeit aus aufgelöstem altem Takelwerk neues Garn wickeln, wobei sie sich von ihren Abenteuern erzählten).

See|manns|grab: in der Wendung **ein S. finden** (geh.; *[als Seemann] auf See umkommen*).

See|manns|heim, das: **a)** *soziale Einrichtung in einer Hafenstadt, die bes. den Zweck hat, Seeleuten in der Fremde Unterkunft, soziale Kontakte u. seelsorgerische Betreuung zu bieten;* **b)** *Gebäude, in dem ein Seemannsheim* (a) *untergebracht ist.*

See|manns|lied, das: vgl. Seemannsbrauch.

See|manns|spra|che, die: *Fach- u. Berufssprache der Seeleute.*

see|manns|sprach|lich ⟨Adj.⟩: *die Seemannssprache betreffend, dazu gehörend.*

See|ma|nö|ver, das: *auf See durchgeführtes Manöver* (1) *der Marine.*

See|mei|le, die: *in der Seefahrt zur Angabe von Entfernungen verwendete Längeneinheit; nautische Meile* (Zeichen: sm).

se|en|ar|tig ⟨Adj.⟩: *seeartig.*

See|not, die ⟨o. Pl.⟩: *durch eine Havarie* (1 a), *durch ungünstiges Wetter o. Ä. auf See entstandene lebensgefährliche Notlage:* jmdn. aus S. retten; in S. geraten; in S. sein.

See|not|ret|tungs|dienst, der: *Rettungsdienst bei Seenot.*

See|not|ret|tungs|flug|zeug, das: vgl. Seenotrettungskreuzer.

See|not|ret|tungs|kreu|zer, der: *für den Einsatz zur Rettung in Seenot geratener Menschen bestimmtes kleineres, aber bes. seetüchtiges Schiff.*

See|not|ruf, der: *Funkspruch, -signal zur Anforderung von Hilfe bei Seenot.*

See|not|si|gnal, das: *Seenotzeichen.*

See|not|zei|chen, das: *Funkzeichen zur Anforderung von Hilfe bei Seenot.*

Se|en|plat|te, die (Geogr.): *flache od. nur leicht hügelige Landschaft mit vielen Seen.*

se|en|reich ⟨Adj.⟩: *reich an Seen:* eine -e Gegend.

See|of|fi|zier, der: *Offizier der Marine* (1 b).

See|pferd, See|pferd|chen, das: *(im Meer lebender) meist in aufrechter Haltung schwimmender kleiner Fisch, dessen mit kleinen knöchernen Plättchen bedeckter, bizarr geformter Körper mit dem nach vorn geneigten Kopf an ein Pferd erinnert.*

See|pro|me|na|de, die: *Promenade an einem Seeufer.*

See|raub, der ⟨Pl. selten⟩: *[auf See begangener] Raub* (1) *eines Schiffes, einer Schiffsladung.*

See|räu|ber, der: *jmd., der [gewohnheitsmäßig] Seeraub begeht; Pirat.*

See|räu|be|rei, die: **1.** ⟨o. Pl.⟩ **a)** *[gewohnheitsmäßige] Betätigung als Seeräuber:* jmdn. wegen fortgesetzter S. hinrichten; **b)** *Seeräuberwesen:* die S. bekämpfen. **2.** ⟨meist Pl.⟩ *seeräuberische Tat; Seeraub:* die ihm zur Last gelegten -en.

see|räu|be|risch ⟨Adj.⟩: *den Tatbestand der Seeräuberei erfüllend; wie ein Seeräuber vorgehend:* ein -er Überfall, Akt.

See|räu|ber|schiff, das: *Schiff von Seeräubern.*

See|räu|ber|we|sen, das: *Gesamtheit der seeräuberischen Aktivitäten:* das S. bekämpfen.

See|recht, das ⟨o. Pl.⟩: *die Nutzung der Meere, bes. die Seeschifffahrt regelndes Recht.*

See|rei|se, die: *übers Meer führende Reise.*

See|ro|se, die: **1.** *(in Binnengewässern wachsende) Pflanze mit großen, glänzenden, runden, auf der Wasseroberfläche schwimmenden Blättern u. weißen od. gelben Blüten.* **2.** *(in vielen Arten vorkommendes) oft lebhaft gefärbtes, im Meer lebendes Tier mit zahlreichen Tentakeln, das an eine Blume erinnert; Seeanemone* (b).

Seer|su|cker ['sɪəsʌkə], der; -s [engl. seersucker < Hindi śirśakar < pers. šir wa šakar = Milch u. Zucker]: *Baumwoll[misch]gewebe mit Kreppeffekt, der durch unterschiedliche Kettspannung u. Mischung von stark u. wenig schrumpfenden Garnen erzielt wird.*

See|sack, der: *bes. von Seeleuten benutzter, mit Tragegurten u. einem Tragegriff versehener größerer Sack aus wasserdichtem Segeltuch zum Verstauen der auf eine Reise mitzunehmenden persönlichen Gegenstände.*

See|sand, der: *am Meeresgrund liegender, vom Meer angespülter feiner Sand.*

See|schiff, das: *seetüchtiges Schiff.*

See|schiff|fahrt, die ⟨o. Pl.⟩: *Schifffahrt, Schiffsverkehr auf See.*

See|schiff|fahrts|stra|ße, die: *Schifffahrtsstraße für die Seeschifffahrt:* die Straße von Dover ist eine der wichtigsten -n.

See|schlacht, die: vgl. Seekrieg.

See|schlan|ge, die: **1.** *(an Küsten warmer Meere vorkommende) im Wasser lebende Giftschlange, die sich vorwiegend von Fischen ernährt.* **2.** (Myth.) *schlangenartiges, im Meer lebendes Ungeheuer.*

See|sei|te, die: *dem Meer zugewandte Seite:* die S. des Deiches.

See|stern, der: *(in vielen Arten vorkommendes) im Meer lebendes sternförmiges Tier mit meist fünf Armen, das an der Oberseite eine raue, stachelige Haut u. an der Unterseite viele kleine, der Fortbewegung dienende Saugorgane besitzt.*

See|stra|ße, die: *über das Meer führende Route, von Schiffen befahrene Strecke.*

See|stra|ßen|ord|nung, die (Rechtsspr.): *internationales Gesetz zur Regelung des Schiffsverkehrs auf See.*

See|streit|kräf|te ⟨Pl.⟩: *Marine* (1 b).

See|stück, das (bild. Kunst): *Gemälde, das die See, die Küste, eine Seeschlacht o. Ä. darstellt; Marine* (2).

See|tang, der: *große, in Küstennähe im Meer wachsende, meist auf Felsen festsitzende Braun- od. Rotalge.*

see|tüch|tig ⟨Adj.⟩: *(von Schiffen, Booten) für die Fahrt auf See geeignet.*

See|ufer, das: *Ufer eines Sees.*

See|un|fall, der: *Unfall (von Schiffen) auf See.*

See|un|ge|heu|er, das: *Meerungeheuer.*

see|un|tüch|tig ⟨Adj.⟩: *nicht seetüchtig.*

See|ver|si|che|rung, die: *Versicherung für den Transport im Seehandel.*

See|vo|gel, der: *am Meer lebender Vogel, der seine Nahrung im Meer findet.*

See|wal|ze, die: *Seegurke.*

See|war|te, die: *bes. der Seefahrt dienendes meereskundliches Forschungsinstitut.*

see|wär|tig ⟨Adj.⟩: *auf der Seeseite gelegen; der See zugewandt; sich in Richtung auf die [offene] See bewegend:* ein -er Wind; -e (Fachspr.; *auf dem Seeweg weiterzubefördernde*) Güter.

see|wärts ⟨Adv.⟩ [↑-wärts]: *zur See hin; der [offenen] See zu:* der Wind weht s.

See|was|ser, das ⟨o. Pl.⟩: *Wasser der See; Meerwasser.*

See|was|ser|aqua|ri|um, das: *Aquarium mit Seewasser.*

See|was|ser|stra|ße, die: *der Seeschifffahrt dienende Wasserstraße.*

See|weg, der: **1.** *von der Schifffahrt benutzte Route über das Meer:* der S. nach Indien. **2.** ⟨o. Pl.⟩ *Weg des Verkehrs, des Transports über das Meer:* etw. auf dem S. befördern.

See|we|sen, das ⟨o. Pl.⟩: *Bereich u. Einrichtungen der Schifffahrt.*

See|wet|ter|amt, das: *für den Seewetterdienst zuständiges Wetteramt.*

See|wet|ter|dienst, der: *Wetterdienst für die Seefahrt.*

See|wind, der: *von der See her wehender Wind.*

See|wolf, der: *im Meer lebender Fisch mit einem auffallend plumpen Kopf u. einem sehr kräftigen Gebiss, der als Speisefisch geschätzt wird; Austernfisch.*

See|zei|chen, das: *Zeichen, das Hinweise für die Navigation auf See gibt:* feste, schwimmende S.

See|zoll|gren|ze, die: *Zollgrenze, die das Zollgebiet eines Landes gegen die offene See abgrenzt.*

See|zun|ge, die: *(bes. im Meer lebender) zu den Plattfischen gehörender Fisch mit gestreckt-ovalem Körper u. einem Augenpaar auf der rechten Kopfseite, der als Speisefisch sehr geschätzt wird.*

Se|gel, das; -s, - [mhd. segel, ahd. segal, wohl urspr. = abgeschnittenes Tuchstück u. verw. mit

↑Säge]: *großflächiges [drei- od. viereckiges] Stück starkes [Segel]tuch o. Ä., das mithilfe bestimmter am Mast eines [Wasser]fahrzeuges o. Ä. befestigter Vorrichtungen ausgespannt wird, damit der Wind gegen seine Fläche drücken u. dem Schiff, Fahrzeug usw. Fahrt geben kann:* volle, pralle, schlaffe S.; die S. klarmachen, reffen, streichen; [die] S. setzen; unter S. (Seemannsspr.; *mit gesetzten Segeln*) die Flussmündung passieren; * **[vor jmdm., etw.] die S. streichen** (geh.; *den Kampf, den Widerstand [gegen jmdn., etw.] aufgeben;* in früherer Zeit war es ein Zeichen der Kapitulation, wenn ein Segelschiff vor dem Feind die Segel einholte); **mit vollen -n** (ugs.; *mit aller Kraft, mit ganzem Einsatz*).

se|gel|ar|tig ⟨Adj.⟩: *wie ein Segel gebildet; in der Art eines Segels.*

Se|gel|boot, das: *Boot, das mit Mast[en] u. Segel ausgerüstet ist u. durch die Kraft des Windes fortbewegt wird.*

Se|gel|fahrt, die: *Fahrt mit dem Segelschiff od. -boot.*

Se|gel|flä|che, die (Fachspr.): *gesamte Fläche der Segel eines Segelboots, -schiffs.*

se|gel|flie|gen ⟨st. V.; nur im Inf. gebr.⟩: *mit dem Segelflugzeug fliegen:* s. lernen; ⟨subst.:⟩ das Wetter ist ideal zum Segelfliegen.

Se|gel|flie|ger, der: **1.** *jmd., der das Segelfliegen betreibt.* **2.** (ugs.) *Segelflugzeug.*

Se|gel|flie|ge|rei, die: *Fliegerei mit Segelflugzeugen.*

Se|gel|flie|ge|rin, die: w. Form zu ↑Segelflieger (1).

Se|gel|flie|ger|oh|ren ⟨Pl.⟩ (salopp): *abstehende Ohren.*

Se|gel|flos|ser, der; -s, -: *im Amazonas heimischer, silbrig grauer, scheibenförmiger Buntbarsch mit dunklen Querstreifen, der als Aquarienfisch beliebt ist;* ²*Skalar.*

Se|gel|flug, der: **1.** ⟨o. Pl.⟩ *antriebsloser Flug* (1) *mit einem Segelflugzeug:* er war ein Pionier des -s. **2.** *antriebsloser Flug* (2) *mit einem Segelflugzeug:* es war mein erster S.

Se|gel|flug|zeug, das: *für motorloses Fliegen (Steigen im Aufwind od. Gleiten mit geringem Höhenverlust) konstruiertes Luftfahrzeug.*

Se|gel|jacht, (seem. auch:) Segelyacht, die: vgl. Segelboot.

Se|gel|ma|cher, der: *Handwerker, der Segel herstellt u. [Reparatur]arbeiten an Segeln, Takelage o. Ä. ausführt* (Berufsbez.).

Se|gel|ma|che|rin, die: w. Form zu ↑Segelmacher.

se|geln ⟨sw. V.⟩ [mhd. sigelen, mniederd. sēgelen, seilen]: **1.** ⟨ist⟩ **a)** *mithilfe eines Segels (u. der Kraft des Windes) fahren, sich fort-, vorwärts bewegen:* das Schiff segelt morgen nach London; das Schiff segelt vor dem, hart am Wind, gegen den Wind; der Schoner segelte unter englischer Flagge; **b)** *sich mit auffälligem Gehabe irgendwohin begeben:* sie kam um die Ecke gesegelt. **2. a)** *mit einem Segelschiff, -boot usw. fahren* ⟨ist/hat⟩: s. lernen, gehen; wir sind stundenlang gesegelt; **b)** ⟨s. + sich; unpers.⟩ *sich unter bestimmten Umständen in bestimmter Weise segeln* (2 a) *lassen* ⟨hat⟩: bei Sturm segelt es sich schlecht. **3.** ⟨hat⟩ **a)** *ein Segelschiff, -boot usw. steuern:* eine Jolle s.; **b)** ⟨s. + sich⟩ *beim Segeln bestimmte Eigenschaften haben:* die Jacht segelt sich gut. **4.** ⟨hat/ist⟩ **a)** *segelnd zurücklegen, bewältigen:* 7 Knoten s.; er ist/(seltener:) hat die Strecke in drei Stunden gesegelt; **b)** *segelnd ausführen, durchführen:* einen anderen Kurs s.; eine Regatta s. *(sich an einer Segelregatta beteiligen);* **c)** *segelnd, als Segler in einem Wettkampf erzielen:* einen neuen Rekord s. **5.** (selten) *mit einem Segelboot, -schiff usw. befördern, an einen bestimmten Ort transportieren* ⟨hat⟩: die nach England gesegelte Teeernte. **6.** ⟨ist⟩ **a)** *schweben; gleitend fliegen:* über uns segelte ein Adler; **b)** (ugs.) *mit Schwung fliegen* (11): das Auto segelte aus der Kurve; **c)** (salopp) *fliegen* (12), *[hin]fallen, stürzen:* auf den Boden s.; **d)** (salopp) *fliegen* (13): von der Schule s.; **e)** (salopp) *eine Prüfung nicht bestehen:* durchs Abi s.

Se|gel|oh|ren ⟨Pl.⟩ (salopp): *abstehende Ohren.*

Se|gel|re|gat|ta, die: *Regatta für Segelboote.*

Se|gel|schiff, das: vgl. Segelboot.

Se|gel|schiff|fahrt, die: *Schifffahrt mit Segelschiffen.*

Se|gel|schul|schiff, das: *als Schulschiff dienendes Segelschiff.*

Se|gel|sport, der: *das Segeln als sportliche Betätigung.*

Se|gel|sur|fen, das; -s: *Windsurfing.*

Se|gel|tuch, das ⟨Pl. -e⟩: *kräftiges, dichtes Gewebe aus Baumwolle, Flachs o. Ä. mit Wasser abweisender Imprägnierung, aus dem Segel, Zelte, Planen usw. hergestellt werden:* Turnschuhe aus S.

Se|gel|werk, das: *Takelage.*

Se|gel|yacht: ↑Segeljacht.

Se|gen, der; -s, - [mhd. segen = Zeichen des Kreuzes, Segen(sspruch), ahd. segan, rückgeb. aus ↑segnen]: **1. a)** ⟨Pl. selten⟩ (bes. Rel.) *durch Gebetsworte, Formeln, Gebärden für jmdn., etw. erbetene göttliche Gnade, gewünschtes Glück u. Gedeihen:* der väterliche, päpstliche S.; jmdm. den S. geben, spenden; den S. empfangen; über jmdn., etw. den S. sprechen *(jmdn., etw. segnen);* heile, heile S.! (Anfang eines Kinderreims, der zur Tröstung bei Schmerzen gesprochen wird); den S. *(die Segensformel)* sprechen, singen; sie leben ohne den S. der Kirche (veraltend; *ohne kirchlich getraut zu sein*) zusammen; es läutete zum S. (kath. Kirche; *zum abschließenden Teil der* ¹*Messe* 1); **b)** ⟨o. Pl.⟩ (ugs.) *Einwilligung, Billigung:* seinen S. zu etw. geben; meinen S. hast du! **2.** ⟨o. Pl.⟩ **a)** *Förderung u. Gedeihen gewährender göttlicher Schutz:* der S. [Gottes, des Himmels] ruhte auf ihr; **b)** *Glück, Wohltat:* der S. der Arbeit; diese Erfindung ist ein wahrer, kein reiner S.; (es ist) ein S., dass es nicht regnet!; diese Erfindung hat keinen S. gebracht; eine S. bringende, spendende Einrichtung; **Spr** sich regen bringt S. *(nicht untätig zu sein ist von Nutzen, lohnt sich).* **3.** ⟨o. Pl.⟩ **a)** *reicher Ertrag:* der S. der Ernte; ist das der ganze S. (ugs. iron.; *ist das alles*)?; **b)** (ugs. iron.) *Menge, Fülle, die [plötzlich] unangenehm in Erscheinung tritt od. jmdm. gegen seinen Willen zuteil wird:* die Stricke rissen, und der ganze S. kam herunter.

se|gen|brin|gend ⟨Adj.⟩ (geh.): *segensreich.*

Se|gen|er|tei|lung, die: *Erteilung eines Segens, bes. des priesterlichen Segens.*

Se|gens|for|mel, die: *Formel, die einen Segen* (1 a) *enthält:* eine S. sprechen.

se|gen|spen|dend ⟨Adj.⟩ (geh.): *segensreich.*

Se|gen|spen|dung, die (geh.): *Segenerteilung.*

se|gens|reich ⟨Adj.⟩: **1.** *reich an Segen* (2 a): jmdm. eine -e Zukunft wünschen. **2.** *reichen Nutzen bringend:* eine -e Erfindung, Einrichtung.

Se|gens|spruch, der: *Spruch, der einen Segen* (1 a) *enthält.*

Seg|ler, der; -s, - [spätmhd. segeler, mniederd. sēgeler = Schiffer]: **1. a)** *Segelschiff; größeres Segelboot;* **b)** *Segelflugzeug.* **2. a)** *jmd., der segelt, Segelsport betreibt;* **b)** (geh.) *segelnder* (6 a) *Vogel.* **3.** *sehr schnell fliegender, der Schwalbe ähnlicher Vogel von graubrauner bis schwärzlicher Färbung mit sichelförmigen, schmalen Flügeln u. kurzem Schwanz.*

Seg|le|rin, die; -, -nen: w. Form zu ↑Segler (2 a).

Seg|ment, das; -[e]s, -e [lat. segmentum = (Ab-, Ein)schnitt, zu: secare, ↑sezieren]: **1.** (bildungsspr., Fachspr.) *Abschnitt, Teilbereich, Teilstück (eines größeren Ganzen).* **2.** (Geom.) **a)** *von einem Kurvenstück u. der zugehörigen Sehne begrenzte Fläche;* **b)** *von einer gekrümmten Fläche u. einer sie schneidenden Ebene begrenzter Teil des Raumes bzw. eines Körpers.* **3. a)** (Zool.) *einer der gleichartigen Abschnitte, aus denen der Körper eines Ringelwurms aufgebaut ist;* **b)** (Med.) *Abschnitt eines [gleichförmig gegliederten] Organs:* die -e der Wirbelsäule. **4.** (Sprachw.) *[kleinster] Abschnitt einer sprachlichen Äußerung, der durch deren Zerlegung in sprachliche (bes. phonetisch-phonologische, morphologische) Einheiten entsteht.*

seg|men|tal ⟨Adj.⟩ (Geom.): *als Segment* (2) *vorliegend; in Form eines Segments.*

seg|men|tär ⟨Adj.⟩: *aus einzelnen Segmenten zusammengesetzt.*

Seg|men|ta|ti|on, die; -, -en: **1.** *Furchung.* **2.** (Sprachw.) *Segmentierung* (2).

seg|men|tie|ren ⟨sw. V.; hat⟩ (bildungsspr., Fachspr.): *[in Segmente] zerlegen, aufgliedern.*

Seg|men|tie|rung, die; -, -en: **1.** (bildungsspr.) *das Segmentieren; das Segmentiertwerden.* **2.** (Sprachw.) *Zerlegung einer komplexen sprachlichen Einheit in einzelne Segmente* (4).

seg|nen ⟨sw. V.; hat⟩ [mhd. segenen, ahd. seganōn < (kirchen)lat. signare, ↑signieren]: **1.** (bes. Rel.) **a)** *(mit der entsprechenden Gebärde) jmdm., einer Sache den Segen* (1 a) *geben:* der Pfarrer segnet das Brautpaar; segnend die Hände ausbreiten; **b)** *über jmdn., etw. das Kreuzzeichen machen:* Brot und Wein s.; **c)** (geh.) *(von Gott) jmdm., einer Sache seinen Segen* (2 a) *geben, gewähren:* Gott segne dich, dein Werk!; gesegnete Ostern! (formelhafter Wunsch). **2.** (geh., oft spött.) *reich bedenken, ausstatten; beglücken:* er segnete sie mit seiner Anwesenheit; ⟨meist im 2. Part.:⟩ [nicht] mit irdischen Glücksgütern gesegnet sein; die Ehe war mit Kindern gesegnet; gesegneten Leibes (veraltet; *schwanger*) sein; ein gesegnetes *(schönes, herrliches)* Fleckchen Erde; im gesegneten *(hohen)* Alter von 88 Jahren; sie hat einen gesegneten (ugs.; *gesunden, guten*) Schlaf, Appetit. **3.** (veraltend) *über etw. glücklich, für etw. dankbar sein; preisen:* ich werde den Tag s., an dem ich diese Arbeit abschließe.

Seg|nung, die; -, -en [mhd. segenunge]: **1.** *das Segnen.* **2.** ⟨meist Pl.⟩ (oft spött.) *segensreiche Wirkung:* die -en des Fortschritts, der Zivilisation.

Se|gre|ga|ti|on, die; -, -en [spätlat. segregatio = Trennung, zu lat. segregare, ↑segregieren; 3: engl. segregation]: **1.** (veraltet) *Ausscheidung, Trennung.* **2.** (Biol.) *Aufspaltung der Erbfaktoren während der Reifeteilung der Geschlechtszellen.* **3.** [auch engl.: sɛgrɪˈgeɪʃən] ⟨bei engl. Ausspr.: Pl. -s⟩ (Soziol.): *Trennung von Personen[gruppen] mit gleichen sozialen (religiösen, ethnischen, schichtspezifischen u. a.) Merkmalen von Personen[gruppen] mit anderen Merkmalen, um Kontakte untereinander zu vermeiden.*

se|gre|gie|ren ⟨sw. V.; hat⟩ [lat. segregare] (bildungsspr.): *trennen, absondern, abspalten.*

Seh|ach|se, die (Med.): **1.** *Achse des Augapfels u. der Linse.* **2.** *Gerade zwischen der Stelle des schärfsten Sehens (dem gelben Fleck) auf der Netzhaut u. dem beim Sehen fixierten Punkt; Sehlinie.*

seh|be|hin|dert ⟨Adj.⟩: *an einer Behinderung, Schwäche des Sehvermögens leidend:* [schwer] -e Kinder; ⟨subst.:⟩ eine Großdruckausgabe für Sehbehinderte.

se|hen ⟨st. V.; hat⟩ [mhd. sehen, ahd. sehan, eigtl. = (mit den Augen) verfolgen (verw. mit lat. sequi = folgen), wahrsch. liegt ein altes Wort der Jägersprache zugrunde, das sich auf den verfolgenden u. spürenden Hund bezog]: **1.** *mit dem Gesichtssinn, mit den Augen optische Eindrücke wahrnehmen:* gut, schlecht, scharf, weit s.; er kann wieder sehen *(ist nicht mehr blind);* sie sieht nur noch auf/mit einem Auge. **2. a)** *den Blick irgendwohin richten, gerichtet halten; blicken [um etw. festzustellen, zu ermitteln]:* auf den Bildschirm s.; aus dem Fenster s.; in die Sonne s.; jmdm. [fest, tief] in die Augen s.; nach der Uhr s.; nach oben, unten, vorn, hinten, links, rechts s.; zum Himmel s.; [nach] rückwärts s.; **b)** *Aufmerksamkeit, Interesse, Erwartung auf jmdn., auf etw. richten od. gerichtet halten:* alles sah auf den kommenden Präsidenten. **3.** *aus etw. ragen u. zu sehen sein; hervorsehen:* das Boot sah nur ein Stück aus dem Wasser. **4.** *eine Lage mit Blick in eine bestimmte Richtung haben:* die Fenster sehen auf den Garten/nach

dem Garten, zur Straße. **5. a)** *erblicken, bemerken [können], als vorhanden feststellen [können]:* jmdn. oft, schon von weitem, vom Fenster aus s.; es war so neblig, dass man die Hand nicht vor den Augen sah; jmdn., etw. [nicht] zu s. bekommen; die Berge waren kaum, nur verschwommen zu s.; von jmdm., etw. ist nichts zu s. *(jmd., etw. ist nicht da);* ich habe sie davonlaufen sehen/(selten:) gesehen; den möchte ich s. *(den gibt es nicht),* der das kann!; sich am Fenster s. lassen *(zeigen);* wann sehen wir uns *(wann treffen wir uns, wann kommen wir zusammen)*?; wir sehen sie häufig bei uns [zu Besuch] (geh.; *sie ist oft bei uns zu Besuch*); überall gern gesehen *(willkommen)* sein; gesehen (*zur Kenntnis genommen;* Vermerk auf Schriftstücken, Akten); (Verweise in Texten:) siehe (Abk.: s.) Seite 99, beiliegenden Prospekt, oben, unten; * **etw. gern s.** *(etw. gern haben):* meine Eltern sehen diese Freundschaft nicht gern; **gern gesehen werden/sein** *(auf Zustimmung stoßen):* so etwas wird/ist hier nicht gern gesehen; **jmdn., etw. nicht mehr s. können** (ugs.; *jmds., einer Sache überdrüssig sein*): ich kann ihn, das Kleid nicht mehr s.; **[und] hast du nicht gesehen** (ugs.; *unversehens*): [und] hast du nicht gesehen, war sie verschwunden; **sich s. lassen können** *(beachtlich sein):* diese Leistung kann sich s. lassen; **sich mit jmdm., etw. s. lassen können** *(gewiss sein können, mit jmdm., etw. einen guten Eindruck zu machen):* mit ihr kann ich mich überall, nirgends s. lassen; **sich [bei jmdm., irgendwo] s. lassen** (ugs.; *bei jmdm., irgendwo erscheinen, einen Besuch machen*): bei meiner Schwester, in der Kneipe kann ich mich seitdem nicht mehr s. lassen; **jmdn. vom Sehen kennen** *(jmdm. schon [öfter] begegnet sein, ihn aber nicht persönlich kennen):* ich kenne sie nur vom Sehen; **b)** *sich (jmdn., etw.) deutlich, lebhaft vorstellen [können], sich (an jmdn., etw.) deutlich erinnern [können]:* ich sehe sie noch deutlich vor mir; sie sah ihren Sohn schon als großen Künstler; er sah sich schon als der neue Chef/(selten:) als den neuen Chef; ich sehe [noch] kein baldiges Ende des Krieges *(halte es nicht für wahrscheinlich);* **c)** *nachsehen:* ich rufe erst mal an, um zu s. *(festzustellen),* ob sie überhaupt da ist.
6. a) *sich (etw., jmdn.) ansehen; betrachten:* den Film habe ich [schon dreimal] gesehen; den Sonnenuntergang hättest du s. sollen!; ich habe ihn leider nie auf der Bühne, live gesehen; das muss man gesehen haben *(das ist sehenswert)*!; von der Altstadt haben wir leider nicht viel zu s. gekriegt; da gibt es nichts [Besonderes] zu s.; lass [es] [mich] s. *(zeige es mir)*!; **b)** ⟨s. + sich⟩ *durch Sehen* (6 a) *in einen Zustand kommen:* sich [an etw.] satt, müde s. **7.** *erleben:* wir haben sie selten so fröhlich, so guter Laune gesehen; hat man so etwas schon gesehen! (Ausruf der Verwunderung); sie hat schon bessere Zeiten, Tage gesehen *(es ging ihr früher besser);* dieser Schrank hat auch schon bessere Zeiten gesehen (scherzh.; *war einmal in einem besseren Zustand*). **8. a)** *[be]merken; feststellen:* nur seinen Vorteil s.; von der einstigen Begeisterung war nichts mehr zu s.; ich sehe schon, so ist das nicht zu machen; da sieht mans wieder!; siehst du [wohl]/(ugs.:) siehste (*merkst du jetzt, dass ich Recht habe;* Äußerung, mit der jmd. darauf hinweist, dass sich eine Ansicht, Befürchtung, Hoffnung bestätigt hat); ich möchte doch [einmal] s. *(feststellen, herausfinden),* ob er es wagt; wir werden [ja, schon] s./wir wollen s. *(warten wir ab, das wird sich dann schon herausstellen);* mal s. (ugs.; *warten wir einmal ab*), wie das Wetter morgen ist; ihr werdet schon s. [was geschieht]! (warnende Äußerung); seht *(ihr müsst wissen),* das war folgendermaßen; wir sahen unsere Erwartungen enttäuscht; wir sehen uns (verblasst: *sind*) genötigt, die Kosten zu erstatten; **b)** *beurteilen, einschätzen:* alles falsch, verzerrt, negativ s.; wir müssen die Lage ganz nüchtern s.; das dürfen Sie nicht so eng s.!; die Dinge s., wie sie sind; so gesehen hat sie nicht ganz Unrecht; menschlich gesehen *(in menschlicher Hinsicht)* ist es ein großartiges Team; auf die Dauer gesehen *(für die Dauer)* ist dies wohl die bessere Lösung; **R** oder wie seh ich das? (ugs.; *oder wie verhält es sich damit?; oder täusche ich mich?; nicht wahr?*); **c)** *erkennen, erfassen:* das Wesen, den Kern einer Sache s.; ich sehe nur allzu deutlich, wie es gemeint ist; sie sieht in ihm nur den *(betrachtet ihn nur als)* Gegner; daran lässt sich s. *(ermessen),* wie schwer sie sich tut; **d)** *überlegen; prüfen; festzustellen suchen:* [ich will] mal s., was sich tun lässt. **9. a)** *[zu jmdm., etw. hingehen u.] sich um jmdn., etw. kümmern:* nach den Kindern s.; sieh bitte mal nach den Kartoffeln auf dem Herd; **b)** *suchen, forschen, Ausschau halten:* nach neuen Möglichkeiten s. müssen. **10. a)** *(auf etw.) besonders achten, besonderen Wert legen:* auf Ordnung, Sauberkeit s.; er sieht nur auf seinen Vorteil, aufs Geld; du solltest mehr auf dich selbst s.; nicht auf den Preis s. *(sich unabhängig vom Preis für od. gegen etw. entscheiden);* **b)** (landsch.) *auf jmdn., etw. aufpassen; jmdn., etw. im Auge behalten:* bitte sieh auf das Kind. **11.** *sich darum kümmern, etw. Bestimmtes zu erreichen:* sieh, dass du bald fertig wirst; sie soll [selbst] s., wie sie das Problem löst; **R** man muss s., wo man bleibt (ugs.; *man muss zusehen, dass man nicht zu kurz kommt*); jmd. soll/kann s., wo er bleibt *(jmd. muss selbst für sich sorgen).*

se|hens|wert ⟨Adj.⟩: *das Ansehen, eine Besichtigung lohnend:* eine -e Ausstellung.

se|hens|wür|dig ⟨Adj.⟩ (seltener): *sehenswert.*

Se|hens|wür|dig|keit, die; -, -en: *etw. wegen seiner Einmaligkeit, außergewöhnlichen Schönheit, Kuriosität o. Ä. besonders Sehenswertes, was nur an einem bestimmten Ort zu finden ist u. deshalb bes. für Touristen von besonderem Interesse ist:* diese Burg ist eine der bedeutendsten -en, die größte S. der Region.

Se|her, der; -s, - [1: zu ↑sehen (5 b)]: **1.** *jmd., dem durch Visionen od. unerklärliche Intuitionen außergewöhnliche Einsichten zuteil werden:* der blinde S. Tiresias. **2.** (Gaunerspr.) *Auskundschafter, Beobachter.* **3. a)** (Jägerspr.) *Auge von zum Raubwild gehörenden Säugetieren u. von Hasen, Kaninchen u. Murmeltieren;* **b)** ⟨meist Pl.⟩ (ugs. scherzh., bes. Jugendspr.) *Auge.*

Se|her|ga|be, die ⟨o. Pl.⟩: *seherische Gabe.*

Se|he|rin, die; -, -nen: w. Form zu ↑Seher (1, 2).

se|he|risch ⟨Adj.⟩: *den Seher* (1) *kennzeichnend, in der Art eines Sehers:* ihre -e Gabe.

Seh|feh|ler, der: *Abweichung von der normalen Fähigkeit des Auges.*

Seh|feld, das: *Gesichtsfeld.*

seh|ge|schä|digt ⟨Adj.⟩: *in Bezug auf die Sehkraft geschädigt.*

Seh|hil|fe, die: *Vorrichtung, Gerät zur Verbesserung der Sehleistung des Auges* (z. B. Brille, Lupe).

Seh|hü|gel, der: *Thalamus.*

Seh|kraft, die ⟨o. Pl.⟩: *Funktionstüchtigkeit des Auges, Fähigkeit des Auges zu sehen:* jmds. S. lässt nach, nimmt ab.

Seh|kreis, der: *Gesichtskreis* (1).

Seh|leis|tung, die: *das Sehen als Leistung des Auges:* die S. des Auges verbessern.

Seh|li|nie, die: *Sehachse* (2).

Seh|loch, das (Anat.): *Pupille.*

Seh|ne, die; -, -n [mhd. sen(e)we, sene, ahd. sen(a)wa, eigtl. = Verbindendes]: **1.** *starker, fester Strang aus straff u. dicht gebündelten Bindegewebsfasern, der (als Teil des Bewegungsapparates) Muskeln mit Knochen verbindet:* ich habe mir beim Turnen eine S. gezerrt; ganz mageres Fleisch ohne Knorpel und -n. **2.** *Strang, starke Schnur o. Ä. zum Spannen des Bogens:* der Pfeil schnellt von der S. **3.** (Geom.) *Gerade, die zwei Punkte einer gekrümmten Linie verbindet:* in den Kreis eine S. einzeichnen.

seh|nen, sich ⟨sw. V.; hat⟩ [mhd. senen, H. u.]: *innig, schmerzlich, sehnsüchtig nach jmdm., etw. verlangen:* sich nach jmdm. s.; sich nach Frieden, Liebe, Ruhe, Freiheit, dem Tod, seinem Bett s.; sie sehnte sich [danach], allein zu sein; sehnendes Verlangen.

Seh|nen, das; -s (geh.): *das Sichsehnen; Sehnsucht:* heißes, inniges S. ergriff sie.

Seh|nen|haut, die (Med.): *eine Sehne umhüllendes Bindegewebe.*

Seh|nen|schei|de, die (Med.): *eine Sehne umhüllender Schlauch aus Bindegewebe, in dem sich die Sehne gleitend bewegt.*

Seh|nen|schnitt, der (Holzverarb.): *parallel zu dessen Längsachse durch einen Baumstamm geführter Schnitt; Fladerschnitt.*

Seh|nerv, der: *paarig angelegter sensorischer Hirnnerv, der mit seinen Verzweigungen in der Netzhaut des Auges endet.*

seh|nig ⟨Adj.⟩ [spätmhd. synnig, senicht]: **1.** *voller Sehnen:* das Fleisch war zäh und s. **2.** *kräftig u. ohne viel Fett:* die -en Beine des Läufers.

sehn|lich ⟨Adj.⟩ [mhd. sen(e)lich, zu ↑sehnen]: *sehnsüchtig verlangend:* jmdn. s., -st erwarten; sie wünscht sich nichts -er als [eigene] Kinder.

Sehn|sucht, die; -, ...süchte [mhd. sensuht]: *inniges, schmerzliches Verlangen nach jmdm., etw. [Entbehrtem, Fernem]:* eine brennende, verzehrende, ungestillte, unbestimmte S.; S. nach [jmds.] Liebe, nach Zärtlichkeit, nach der Heimat; S. haben, bekommen; du wirst schon mit S. (ugs.; *sehnlichst, dringend, ungeduldig*) erwartet!; von [der] S. [nach etw.] erfüllt, gequält, verzehrt sein, werden; vor S. [fast] vergehen; sich vor S. verzehren.

sehn|süch|tig ⟨Adj.⟩: *voller Sehnsucht; innig, schmerzlich verlangend:* etw. s. erwarten, erhoffen, herbeiwünschen.

sehn|suchts|voll ⟨Adj.⟩ (geh.): *sehnsüchtig.*

Seh|öff|nung, die (Anat.): *Pupille.*

Seh|or|gan, das (Fachspr.): *Organ zum Sehen; Auge.*

sehr ⟨Adv.; mehr, am meisten⟩ [mhd. sēre, ahd. sēro (Adv.) = schmerzlich; gewaltig, heftig, sehr, zu mhd., ahd. sēr (Adj.) = wund, verwundet, schmerzlich]: *in hohem Maße:* s. nett, traurig, beschäftigt sein; das ist s. schön; ein s. alter Baum; er wäre dazu s. wohl imstande gewesen; sie hat sich s. gefreut; darüber habe ich mich am meisten geärgert; ich liebte sie von Tag zu Tag mehr; tut es s. weh?; du hättest dich mehr anstrengen müssen; [ich] danke s. *(vielmals);* bitte s. *(vielmals).*

seh|ren ⟨sw. V.; hat⟩ [mhd. sēren, zu: sēr, ↑sehr] (veraltet, noch landsch.): *versehren, verwunden.*

Seh|rohr, das: *Periskop.*

Seh|schär|fe, die: *Grad der Fähigkeit des Auges, Einzelheiten des Gesichtsfeldes scharf zu erkennen.*

Seh|schlitz, der: *schmale, schlitzartige waagerechte Aussparung zum Hindurchsehen:* der S. des Panzers, des Bunkers.

Seh|schu|le, die: *augenärztliche Einrichtung [bes. für Kinder] zur Behandlung von Schwachsichtigkeit u. Schielen durch Übung des Sehens.*

seh|schwach ⟨Adj.⟩: *an Sehschwäche leidend.*

Seh|schwä|che, die: *Schwäche der Sehkraft; Augenschwäche.*

Seh|stö|rung, die: *Störung des Sehvermögens.*

Seh|test, der: *Prüfung der Sehschärfe (z. B. zur Feststellung der Verkehrstauglichkeit beim Erwerb eines Führerscheins):* sich einem S. unterziehen.

Seh|ver|mö|gen, das ⟨o. Pl.⟩: *Fähigkeit des Auges zu sehen:* das S. wiedergewinnen, verlieren.

Seh|wei|se, die: *Weise des Sehens* (8 b): wir haben unterschiedliche -n.

Seh|wei|te, die: **1.** (Med.) *geringste Entfernung, auf die das Auge sich ohne Schwierigkeiten einstellen kann.* **2.** ⟨o. Pl.⟩ (seltener) *Sichtweite:* in [jmds.] S. sein, bleiben.

sei|bern ⟨sw. V.; hat⟩ (landsch.): *(bes. von kleinen Kindern) Speichel aus dem Mund laufen lassen.*

Seich, der; -[e]s, **Sei|che,** die; - [1: mhd. seich(e), ahd. seih, zu ↑seichen (1)] (landsch. derb): **1.** *Harn.* **2.** (abwertend) *(mündlich od. schrift-*

lich geäußerter) Unsinn, [seichtes] Gerede, Geschwätz.

sei|chen ⟨sw. V.; hat⟩ [1: mhd. seichen, ahd. seihhen, Kausativ zu ahd. sīhan (↑seihen) u. eigtl. = ausfließen machen] (landsch. derb): **1.** *harnen:* ins Bett s. **2.** (abwertend) *Unsinn reden, schreiben:* der Moderator soll endlich aufhören zu s.

seicht ⟨Adj.⟩ [mhd. sīht(e), H. u., urspr. wohl = sumpfig, feucht]: **1.** *mit geringer Tiefe; nicht tief:* an einer -en Stelle durch den Fluss waten. **2.** (abwertend) *flach* (4); *banal:* die Show ist mir zu s.; s. daherreden.

Seicht|heit, (seltener:) **Seich|tig|keit,** die; -, -en: **1.** ⟨o. Pl.⟩ *seichte Beschaffenheit.* **2.** *seichte* (2) *Äußerung.*

seid: ↑[1]sein.

Sei|de, die; -, -n [mhd. sīde, ahd. sīda < mlat. seta, H. u.]: **a)** *sehr feiner, dünner Faden vom Kokon eines Seidenspinners:* chinesische S.; Garne, Stoffe aus [echter, reiner] S.; **b)** *feines Gewebe aus Seide* (a): schillernde, schwere, bedruckte S.; S. sollte man nur von Hand waschen.

Sei|del, das; -s, - [mhd. sīdel(īn), über das Mlat. < lat. situla = (Wein)krug, Eimer]: **1.** *Bierglas:* drei S. dunkles Bier/(geh.:) dunklen Biers. **2.** (veraltet) *Flüssigkeitsmaß.*

Sei|del|bast, der [spätmhd. zīdelbast (1. Bestandteil zu veraltet Zeidler, zu mhd. zīdel-, ahd. zīdal- = Honig-, zum 2. Bestandteil vgl. Linde), älter mhd. an ↑Seide angelehnt wegen des seidigen Glanzes der Blüten oder des Bastes (1)]: *als Strauch wachsende Pflanze mit roten, duftenden, vor den Blättern erscheinenden Blüten und erbsengroßen, giftigen Steinfrüchten.*

sei|den ⟨Adj.⟩ [mhd. sīdīn, sīden, ahd. sīdīn]: **a)** *aus Seide bestehend:* ein -es Hemd, Tuch; -e Unterwäsche; **b)** *wie Seide, seidig:* ihr Haar glänzte s.

sei|den|ar|tig ⟨Adj.⟩: *seiden* (b).

Sei|den|at|las, der: [4]*Atlas.*

Sei|den|bast, der: *Seidenleim.*

Sei|den|bau, der ⟨o. Pl.⟩: *(gewerbsmäßige) Erzeugung von Seide.*

Sei|den|blu|se, die: *seidene Bluse.*

Sei|den|fa|den, der: *aus Seide gesponnener Faden.*

Sei|den|ge|we|be, das: *aus Seide hergestelltes Gewebe.*

Sei|den|glanz, der: *matter, seidiger Glanz.*

Sei|den|hemd, das: *seidenes Hemd.*

Sei|den|kleid, das: *seidenes Kleid.*

Sei|den|ko|kon, der: *Kokon des Seidenspinners.*

Sei|den|leim, der: *leimartiger Eiweißstoff, der den Rohseidenfaden umgibt u. verklebt.*

Sei|den|ma|le|rei, die: **1.** ⟨o. Pl.⟩ *Malerei* (1) *auf Seide.* **2.** *einzelne Malerei* (2) *auf Seide:* ein Schal, Lampenschirm mit S.

sei|den|matt ⟨Adj.⟩: *[seidig] matt glänzend.*

Sei|den|pa|pier, das: *sehr dünnes, weiches, durchscheinendes Papier aus Zellstoff.*

Sei|den|rau|pe, die: *Raupe des Seidenspinners.*

Sei|den|rau|pen|zucht, die: *Zucht von Seidenraupen zur Gewinnung von Seide.*

Sei|den|spin|ner, der: *(bes. in Ost- u. Südasien vorkommender) Schmetterling, dessen Raupen zur Verpuppung einen Kokon spinnen, aus dem Seide hergestellt wird.*

Sei|den|spin|ne|rei, die: **a)** *das Verspinnen von Seide* (a); **b)** *Betrieb, in dem Seide* (b) *hergestellt wird.*

Sei|den|stoff, der: vgl. Seidengewebe.

Sei|den|tuch, das ⟨Pl. ...tücher⟩: *seidenes Tuch.*

sei|den|weich ⟨Adj.⟩: *sehr weich* (1b).

sei|dig ⟨Adj.⟩: *weich u. glänzend wie Seide:* ein -es Fell.

Sei|en|de, das; -n, -n ⟨Dekl. ↑[2]Junge, das⟩ (Philos.): *etw., wovon ausgesagt wird, dass es ist; etw., was ist.*

Sei|fe, die; -, -n [1: mhd. seife = Seife, ahd. seifa, seipfa = Seife, auch: (tropfendes) Harz, viell. eigtl. = Tröpfelndes, vgl. mhd. sīfen = tröpfeln, sickern; Seife wurde in flüssiger Form zuerst als Mittel zum Rotfärben der Haare hergestellt; 2: mhd. sīfe (Bergmannsspr.) = Anschwemmung eines Erz führenden Wasserlaufs, zu: sīfen = tröpfeln, sickern, wohl verw. mit dem unter ↑Sieb genannten Verb mit der Bed. »ausgießen, seihen«]: **1.** *meist in Form von handlichen Stücken einer festen Substanz, auch in flüssiger od. pastenartiger Form hergestelltes wasserlösliches Mittel zum Waschen, das bes. in der Körperpflege verwendet wird:* milde, flüssige, parfümierte S.; ein Stück S.; grüne S. *(Schmierseife);* sich die Hände mit S. waschen. **2.** (Geol.) *Anhäufung von schweren od. besonders widerstandsfähigen Mineralen (z. B. Metalle, Erze, Diamanten) in Sand- u. Kieselablagerungen.*

sei|fen ⟨sw. V.; hat⟩: **1.** (landsch.) *abseifen.* **2.** (Geol.) *(Minerale) auswaschen.*

Sei|fen|bla|se, die: *aus den Bläschen von Seifenwasser mithilfe eines Trinkhalms o. Ä. meist von Kindern zum Vergnügen geblasenes u. schnell wieder zerplatzendes kugelartiges Gebilde:* eine schillernde S.; die Kinder machen -n; die Gerüchte zerplatzten wie -n; **Ü** seine Versprechungen entpuppten sich immer wieder als S. *(wurden nicht eingelöst).*

Sei|fen|ge|bir|ge, das (Geol.): *Gebirge mit Ablagerungen von Erzen u. Edelsteinen.*

Sei|fen|kis|te, die (ugs.): *[von Kindern, Jugendlichen] selbst gebasteltes, motorloses Fahrzeug aus Holz mit vier Rädern.*

Sei|fen|kis|ten|ren|nen, das (ugs.): *Wettfahrt mit Seifenkisten.*

Sei|fen|lau|ge, die: *Lauge aus Seife, Seifenpulver.*

Sei|fen|oper, die [LÜ von engl. soap opera, wohl weil solche Produktionen ursprünglich oft über Werbung für Waschmittel finanziert wurden] (Jargon): *[rührselige] Hörspiel- od. Fernsehspielserie, Unterhaltungsserie.*

Sei|fen|pul|ver, das: *Waschmittel, das aus pulverisierter Seife besteht.*

Sei|fen|scha|le, die: *kleine Schale für ein Stück Seife.*

Sei|fen|schaum, der: *Schaum, der sich aus Seife in Verbindung mit Wasser durch Reiben gebildet hat.*

Sei|fen|was|ser, das: *Wasser, das aufgelöste Seife, aufgelöstes Seifenpulver enthält.*

sei|fig ⟨Adj.⟩: **a)** *voller Seife; Seife enthaltend:* du bist hinter den Ohren noch ganz s.; **b)** *wie Seife geartet:* etw. hat einen -en Geschmack.

Sei|ge, die; -, -n [mhd. seige = Bodensenke, zu: seigen = sinken machen, zu: sīgen = sinken] (Bergmannsspr.): *vertiefte Rinne, in der das Grubenwasser abläuft.*

sei|ger ⟨Adj.⟩ (Bergmannsspr.): *senkrecht:* s. verlaufen, stehen.

sei|gern ⟨sw. V.; hat⟩ [mhd. seigern = (aus)sondern, auslesen]: **a)** (veraltet) *sickern;* **b)** (Hüttenw.) *[sich] ausscheiden; ausschmelzen.*

Sei|ge|rung, die; -, -en (Hüttenw.): *Entmischung einer zunächst gleichmäßig zusammengesetzten Legierung im Verlauf des Gießens u. Erstarrens.*

Sei|gneur [zɛnˈjøːɐ̯], der; -s, -s [frz. seigneur = Herr < lat. senior, ↑Senior]: **1.** (hist.) *französischer Grund-, Lehnsherr.* **2.** (bildungsspr. veraltet) *Grandseigneur.*

sei|hen ⟨sw. V.; hat⟩ [mhd. sīhen, ahd. sīhan = seihen; ausfließen, eigtl. = ausgießen; rinnen, träufeln; vgl. seichen, sickern]: *durchseihen.*

Seil, das; -[e]s, -e [mhd., ahd. seil, eigtl. = (Ver)bindendes]: *aus Fasern, Drähten od. sonstigem festem Material zusammengedrehtes Gebilde (das dicker als eine Leine u. dünner als ein Tau ist):* das S. ist gerissen; die Kinder springen über das S.; der Boxer hing angeschlagen in den -en *(in den Seilen des Boxrings);* **Ü** nach dem Kilometermarsch hingen wir am Abend in den -en *(waren ermattet, erschöpft).*

Seil|akro|bat, der: *Artist, der auf einem hoch in der Luft gespannten Seil akrobatische Balanceakte ausführt.*

Seil|akro|ba|tin, die: w. Form zu ↑Seilakrobat.

seil|ar|tig ⟨Adj.⟩: *einem Seil ähnlich.*

Seil|bahn, die: **a)** *der Überwindung von tiefen Taleinschnitten u. großen Höhenunterschieden dienendes Beförderungsmittel, bei dem die Transportvorrichtungen (Gondel, Kabine o. Ä.) an einem Drahtseil, einer Schiene hängend od. auf Schienen laufend von einem Zugseil mit Stromantrieb bewegt werden:* mit der, einer S. fahren; **b)** *gesamte Anlage einer Seilbahn* (a): eine S. [auf einen Berg] bauen.

sei|len ⟨sw. V.; hat⟩ [1: mhd. seilen]: **1.** *Seile herstellen.* **2.** (selten) *an-, abseilen.*

Sei|ler, der; -s, - [spätmhd. seiler]: *Handwerker, der Seile herstellt* (Berufsbez.).

Sei|ler|bahn, die: *langer ebener Platz, auf dem Seile hergestellt werden.*

Sei|le|rei, die; -, -en: **1.** ⟨o. Pl.⟩ *Herstellung von Seilen.* **2.** *Betrieb eines Seilers.*

Sei|le|rin, die; -, -nen: w. Form zu ↑Seiler.

seil|hüp|fen ⟨sw. V.; nur im Inf. u. Part. gebr.⟩: *seilspringen.*

Seil|hüp|fen, das; -s: *Seilspringen.*

Seil|kom|man|do, das (Bergsteigen): *Zuruf zur Verständigung innerhalb einer kletternden Seilschaft.*

Seil|mann|schaft, die (Bergsteigen): *Seilschaft.*

Seil|schaft, die; -, -en: **1.** (Bergsteigen) *Gruppe von Bergsteigern, die bei einer Bergtour durch ein Seil verbunden sind.* **2.** *Gruppe von Personen, die [im politischen Bereich] zusammenarbeiten u. sich gegenseitig begünstigen.*

Seil|schwe|be|bahn, die: *Seilbahn.*

Seil|si|che|rung, die (Bergsteigen): *Sicherung gegen Absturz mithilfe eines Seils.*

seil|sprin|gen ⟨st. V.; nur im Inf. u. Part. gebr.⟩: *Seilspringen spielen:* wollen wir s.?; ein seilspringendes Kind.

Seil|sprin|gen, das ⟨o. Pl.⟩: *mehrmaliges Springen über ein Sprungseil (als Kinderspiel).*

Seil|steu|e|rung, die: *Steuerung eines Fahrzeugs mithilfe von Seilzügen:* ein Bob mit S.

Seil|tanz, der: *das Seiltanzen:* * **Seiltänze vollführen** (ugs.; *jmdm. gegenüber in einer bestimmten Angelegenheit äußerst vorsichtig u. einfallsreich auftreten, um ihn zu etw. zu bewegen*).

seil|tan|zen ⟨sw. V.; nur im Inf. u. Part. gebr.⟩: *auf einem in der Luft gespannten Seil akrobatische Balanceakte ausführen.*

Seil|tän|zer, der: *Seilakrobat.*

Seil|tän|ze|rin, die: w. Form zu ↑Seiltänzer.

Seil|trom|mel, die: *Trommel zum Auf- u. Abwickeln eines Seiles.*

Seil|win|de, die: *mit einem Seil u. einer Seiltrommel arbeitende Winde.*

Seil|zie|hen, das; -s (schweiz.): *Tauziehen.*

Seil|zug, der (Technik): *aus einem [Draht]seil o. Ä. bestehender* [1]*Zug* (4 a): der S. der Kupplung ist gerissen.

Seim, der; -[e]s, -e [mhd. (honec)seim, ahd. (honang)seim, H. u.] (veraltet, noch geh.): *klebrige, zähe Flüssigkeit.*

sei|mig ⟨Adj.⟩ (veraltet, noch geh.): *dick-, zähflüssig.*

[1]sein ⟨unr. Verb; bin, ist, sind, seid; war; ist gewesen⟩ [mhd., ahd. sīn; das nhd. Verb enthält drei verschiedene Stämme: 1. mhd., ahd. bin, urspr. = werde, wachse; 2. mhd., ahd. ist, sint; 3. mhd. was, wāren, ahd. was, wārun, urspr. = war(en) da, verweilte(n), zu ahd. wesan, ↑wesen]: **I. 1. a)** *sich in einem bestimmten Zustand, in einer bestimmten Lage befinden; sich bestimmten Umständen ausgesetzt sehen; eine bestimmte Eigenschaft, Art haben:* gesund, müde, lustig s.; sie war sehr freundlich; wie ist der Wein?; das kann doch nicht wahr s.!; wie alt bist du?; er war bei ihnen zu Gast; ⟨unpers.:⟩ es ist dunkel, kalt hier; es war *(herrschte)* Krieg, herrliches Wetter; es ist besser so; wie war es denn?; **R** dem ist [nicht] so *(die Sache verhält sich [nicht] so);* sei es, wie es wolle; sei dem/dem sei, wie ihm wolle; wie dem auch sei *(wie immer es sich auch verhält; gleichgültig, ob es sich so oder so verhält);* * **es sei denn, [dass]** *(ausgenommen, außer wenn):* ich bin um 8 Uhr da, es sei denn, der Zug hat Verspätung; **nicht so s.** (ugs.; *sich großzügig, nachsichtig zeigen*): ach,

S

sei doch nicht so und gib es mir; **b)** *jmds. Besitz, Eigentum darstellen; jmdm. gehören:* das ist meins/(landsch. ugs.:) mir; Ü ich bin dein (geh. veraltend; *bin dir in Liebe verbunden*); **c)** ⟨unpers.⟩ *von jmdm. als bestimmtes eigenes Befinden festgestellt werden:* mir ist [es] kalt, schlecht, übel; ist dir etwas? (ugs.; *fehlt dir etwas, fühlst du dich nicht wohl?*); * **jmdm. ist, als [ob] …** (*jmd. hat das [unbestimmte] Gefühl, den Eindruck, als [ob] …*): mir ist, als hätte ich ihn gesehen/als ob ich ihn gesehen hätte; **jmdm. ist [nicht] nach etw.** (ugs.; *jmd. hat im Augenblick [keine] Lust auf, zu etw.*): mir ist heute nicht nach Feiern; **d)** ⟨in Verbindung mit einem Gleichsetzungsnominativ⟩ drückt die Identität od. eine Klassifizierung, Zuordnung aus: du bist ein Schuft; ihr seid Lügner; das ist die Hauptsache; R das wärs (*das ist alles [was ich sagen, haben wollte, was getan werden musste]*); * **es s.** (*es getan haben; der Schuldige, Gesuchte sein*): am Ende will es keiner gewesen s.; **wer s.** (ugs.; *es zu etwas gebracht haben; Ansehen genießen*): im Fußball sind wir [wieder] wer; **e)** *(in Bezug auf das Ergebnis einer Rechenaufgabe) zum Resultat haben, ergeben:* dreißig weniger neun ist/(ugs.:) sind einundzwanzig; **f)** ⟨unpers.⟩ *(aufgrund der Zeit) als Umstand, Zustand o. Ä. gegeben sein:* bis dahin wird [es] wieder Herbst s.; dafür ist es jetzt, nie zu spät; gestern war der fünfte Mai. **2. a)** *sich irgendwo befinden, aufhalten:* in Hamburg, in Urlaub s.; wo warst du denn die ganze Zeit?; Bier ist im Kühlschrank; seine Wohnung ist (*liegt*) im dritten Stock; sie ist in/zur Kur (*ist zu einer Kur verreist*); sie sind einkaufen (*sind zum Einkaufen weggegangen*); **b)** *stammen, kommen:* das Paket ist von Mutter; die Milch ist von heute; das Kind ist von ihm (*er ist der Vater des Kindes*). **3. a)** *an einem bestimmten Ort, zu einer bestimmten Zeit stattfinden, vonstatten gehen:* die erste Vorlesung ist morgen; der Vortrag ist in der Stadthalle; * **nicht s.** (ugs.; *nicht erlaubt, möglich o. Ä. sein, nicht geduldet werden*): Rauchen ist [bei mir] nicht; **b)** *an einem bestimmten Ort, zu einer bestimmten Zeit, unter bestimmten Umständen geschehen, sich ereignen:* die meisten Unfälle sind nachts; das letzte Erdbeben war dort 1906; ⟨auch unpers.:⟩ es war im Sommer letzten Jahres; * **mit etw. ist es nichts** (ugs.; *etw. läuft nicht so ab, findet nicht so statt, wie es geplant, beabsichtigt o. Ä. war*): als sie von seiner Vergangenheit hörte, war es nichts mehr mit [der] Heirat; **c)** ⟨meist im Inf. in Verbindung mit Modalverben⟩ *geschehen, vor sich gehen, passieren:* muss das s.?; das kann doch nicht s.! *(das ist doch nicht möglich!)*; das solltest du lieber s. lassen (ugs.; *nicht tun*); war während meiner Abwesenheit irgendwas? (ugs.; *ist während meiner Abwesenheit etwas Erwähnenswertes vorgefallen?*); ⟨auch unpers.:⟩ es sei!, so sei es denn! *(es möge, soll, kann so geschehen!)*; R was s. muss, muss s. (*es ist unvermeidbar*); seis drum (*es ist schon gut, es macht nichts*); * **sei es … sei es; sei es … oder** (*entweder … oder; kann, mag sein [dass] … oder [dass]; ob … oder [ob]*): das Prinzip ist das gleiche, sei es in der Luft, sei es im Wasser; eine muss einlenken, sei es die Mutter oder die Tochter. **4.** *da sein; bestehen; existieren:* alles, was einmal war, heute ist oder einmal s. wird; in diesem Bach sind (*gibt es*) viele Fische; die Königin ist nicht mehr (geh.; *ist gestorben*); das war einmal (*gehört der Vergangenheit an, besteht nicht mehr*); ist [irgend]etwas? (ugs.; *gibt es etw. Besonderes, einen Grund zur Beunruhigung?*); sind (*gibt es*) noch Fragen?; R was nicht ist, kann noch werden (*das kann immer noch in der Zukunft Wirklichkeit werden*); ⟨subst.:⟩ das menschliche Sein (*Leben, Dasein*); R Sein oder Nichtsein, das ist hier die Frage (*hier geht es um eine ganz wichtige Entscheidung; hierbei handelt es sich um eine existenzielle Frage;* nach der Übersetzung der Stelle im Drama »Hamlet« [III, 1] von W. Shakespeare [1564–1616]: To be or not to be, that is the question). **5.** ⟨mit Inf. mit »zu« als Hilfsverb⟩ **a)** entspricht einem mit »können« verbundenen Passiv: … *werden können:* sie ist durch niemanden zu ersetzen (*kann durch niemanden ersetzt werden*); die Schmerzen waren nicht zu ertragen (*waren unerträglich*); **b)** entspricht einem mit »müssen« verbundenen Passiv: … *werden müssen:* der Ausweis ist unaufgefordert vorzuzeigen. **II.** ⟨mit einem 2. Part. als Hilfsverb⟩ **1.** dient der Perfektumschreibung: er ist gestorben; wir sind [über den See] gerudert; ⟨mit Ellipse eines Verbs der Bewegung im Übergang zum Vollverb:⟩ sie sind mit dem Wagen in die Stadt (ugs.; *sind in die Stadt gefahren*). **2.** dient der Bildung des Zustandspassivs: das Fenster ist geöffnet; damit waren wir gerettet; sie sagt, die Rechnung sei längst bezahlt.

[2]sein ⟨Possessivpron.; bezeichnet die Zugehörigkeit od. Herkunft eines Wesens od. Dinges, einer Handlung od. Eigenschaft in Bezug auf eine in der 3. Pers. Sg. genannte Person od. Sache männlichen od. sächlichen Geschlechts⟩ [mhd., ahd. sīn]: **1. a)** ⟨vor einem Subst.⟩ s. Hut; -e Jacke; -e Kinder; (geh.:) Seine Majestät, der Kaiser; einer -er Freunde/von -en Freunden; er hat -en Zug (*den Zug, mit dem er fahren wollte, mit dem er zu fahren pflegt*) verpasst; sie geht in -e Klasse (*in die Klasse, in die auch er geht*); er mit -em (ugs.; *mit dem von ihm gewohnten*) ewigen Genörgel; **b)** ⟨o. Subst.⟩ das Buch ist s. (landsch.; *gehört ihm*); das ist nicht mein Messer, sondern -s/(geh.:) -es. **2.** ⟨subst.⟩ (geh.) ich hatte meine Werkzeuge vergessen und benutzte die seinen; er fuhr zu den Seinen/(auch:) seinen (*zu seiner Familie, seinen Angehörigen*); er hat das Seine/(auch:) seine (*sein Teil; das, was er tun konnte*) getan; R jedem das Seine/(auch:) seine (*jeder soll haben, was ihm zusteht, was er gerne möchte;* vgl. suum cuique); den Seinen/(auch:) seinen gibts der Herr im Schlaf (*manche Leute haben so viel Glück, dass sie ohne Anstrengung viel erreichen;* Ps. 127, 2).

[3]sein [mhd., ahd. sīn] (dichter. veraltet): ↑ seiner.

Sein, das; -s [subst. zu ↑ [1]sein (I 4)] (Philos.): *das Existieren des ideell u. materiell Vorhandenen; die Wirklichkeit, soweit sie dem Daseienden zukommt:* das S. und das Seiende; die Lehre vom S.

Sei|ne [ˈzɛ:n(ə), frz. sɛn], die; -: französischer Fluss.

sei|ner ⟨Gen. der Personalpronomina »er« u. »es«⟩: sie erinnerte sich s.

sei|ner|seits ⟨Adv.⟩ [↑ -seits]: *von ihm, seiner Seite aus:* es war ein Missverständnis s.

sei|ner|zeit ⟨Adv.⟩: **1.** *zu jener Zeit; damals:* s. hatten wir alle nichts zu essen. **2.** (österr. veraltend) *zu seiner, gegebener Zeit:* wir werden s. darüber noch einmal verhandeln.

sei|ner|zei|tig ⟨Adj.⟩: *seinerzeit* (1) *bestehend, vorhanden; damalig:* der -e Innenminister.

sei|nes|glei|chen ⟨indekl. Pron.⟩ [spätmhd. seins geleichen]: *Person, Sache von gleicher Art, gleichem Wert; jmd. wie er, eine Sache wie diese:* dieses Ansinnen sucht s.; von ihm und s. kann man nicht mehr erwarten.

sei|net|hal|ben ⟨Adv.⟩ [gek. aus: von seine(n)t halben, mhd. von sinent halben, ↑ -halben] (veraltend): *seinetwegen.*

sei|net|we|gen ⟨Adv.⟩ [älter: von seine(n)t wegen, mhd. von sīnen wegen]: **a)** *aus Gründen, die ihn betreffen; ihm zuliebe; um seinetwillen:* sie kommt nur s.; er will nicht, dass wir s. extra einen Umweg fahren; **b)** *durch ihn, durch sein Verhalten:* [nur] s. haben wir den Zug verpasst; **c)** *ihn betreffend:* s. mache ich mir keine Sorgen; **d)** *von ihm aus:* er hat gesagt, s. könnten die Kinder mitkommen.

sei|net|wil|len ⟨Adv.⟩ [älter: umb seinet willen, ↑ willen]: nur in der Fügung **um s.** (*mit Rücksicht auf ihn*): um s. hat sie gelogen.

sei|ni|ge, der, die, das; -n, -n ⟨Possessivpron.⟩ [spätmhd. (md.) sīnec] (geh. veraltend): *der, die, das* [2]*seine* (2): sie stellte ihr Fahrrad neben das s.; ⟨subst.⟩ sie soll die Seinige/(auch:) seinige (*seine Frau*) werden; er besucht die Seinigen/(auch:) seinigen (*seine Familie, seine Angehörigen*); er wird das Seinige/(auch:) seinige (*sein Teil*) dazu beitragen.

sein las|sen: s. [1]sein (I 3 c).

Seis|mik, die; - [zu ↑ seismisch]: *Wissenschaft, Lehre von der Entstehung, Ausbreitung u. Auswirkung der Erdbeben.*

seis|misch ⟨Adj.⟩ [zu griech. seismós = (Erd)erschütterung, zu: seíein = erschüttern]: **1.** *die Seismik betreffend:* -e Instrumente, Messungen. **2.** *Erdbeben betreffend:* -e Erschütterungen.

seis|mo-, Seis|mo- ⟨Best. in Zus. mit der Bed.⟩: *Erdbeben* (z. B. seismographisch, Seismogramm).

Seis|mo|graf usw.: ↑ Seismograph usw.

Seis|mo|gramm, das; -s, -e [↑ -gramm]: *Aufzeichnung von Erschütterungen des Erdbodens, bes. von Erdbeben durch ein Seismometer.*

Seis|mo|graph, der; -en, -en [↑ -graph]: *Seismometer.*

seis|mo|gra|phisch ⟨Adj.⟩: *mithilfe eines Seismographen arbeitend, durchgeführt; durch einen Seismographen [ermittelt]:* -e Untersuchungen, Messungen.

Seis|mo|lo|ge, der; -n, -n [↑ -loge]: *Wissenschaftler, Forscher, Fachmann auf dem Gebiet der Seismologie.*

Seis|mo|lo|gie, die; - [↑ -logie]: *Seismik.*

Seis|mo|lo|gin, die; -, -nen: w. Form zu ↑ Seismologe.

seis|mo|lo|gisch ⟨Adj.⟩: *seismisch* (1).

Seis|mo|me|ter, das; -s, - [↑ -meter (1)]: *Gerät zur Registrierung und Messung von Erschütterungen des Erdbodens, bes. von Erdbeben; Seismograph.*

Seis|mo|me|trie, die; - [↑ -metrie]: *Messung von Erdbeben mithilfe eines Seismometers.*

seis|mo|me|trisch ⟨Adj.⟩: *die Seismometrie betreffend; mithilfe eines Seismometers [arbeitend, durchgeführt]:* ein Beben s. ermitteln.

seit [mhd. sīt, ahd. sīd, eigtl. = später als, zu ahd. sīd(ōr) = später, komparativisches Adv. zu einem Adj. mit der Bed. »spät« (vgl. got. seiþus = spät), verw. mit ↑ säen in dessen alter Bedeutungserweiterung »los-, nachlassen; säumen«]: **I.** ⟨Präp. mit Dativ⟩ dient zur Angabe des Zeitpunkts, zu dem, od. der Zeitspanne, bei deren Beginn ein noch anhaltender Zustand, Vorgang begonnen hat: s. kurzem, längerem; s. Jahren, vier Wochen; s. gestern; s. wann bist du wieder hier?; s. Tschernobyl essen wir keine Waldpilze mehr; s. dem Kabelfernsehen (ugs.; *seit es Kabelfernsehen gibt*); * **s. [eh und] je** (*schon immer; solange sich jmd. erinnern kann*): dieses Problem hat mich s. [eh und] je beschäftigt. **II.** ⟨Konj.⟩ gibt den Zeitpunkt an, zu dem ein bestimmter Zustand, Vorgang eingetreten ist: s. sie das letzte Mal hier war, habe ich nichts mehr von ihr gehört.

seit|ab ⟨Adv.⟩: **a)** *an der Seite; abseits:* s. liegende Felder; s. von den Feldern grasten die Ziegen; **b)** (selten) *beiseite* (b).

seit|dem [wohl verkürzt aus mhd. sīt dem māle = seit der Zeit]: **I.** ⟨Adv.⟩ *seit dem Zeitpunkt, seit damals:* nichts hat sich s. hier geändert. **II.** ⟨Konj.⟩ *seit* (II): s. sie liebt, ist sie völlig verändert.

Sei|te, die; -, -n [mhd. sīte, ahd. sīta, eigtl. = die schlaff Herabfallende; 7: nach lat. latus]: **1. a)** *eine von mehreren ebenen Flächen, die einen Körper, Gegenstand begrenzen; aus einer Blickrichtung sichtbarer Teil der Oberfläche eines Körpers, Gegenstands:* die rechte S. einer Kiste; **b)** *linke od. rechte, vordere od. hintere, zwischen oben u. unten befindliche Fläche eines Raumes, Gegenstands, Körpers:* die vordere S. des Hauses; **c)** *rechter od. linker flächiger Teil eines Gegenstands, Körpers:* die rechte S. des Autos muss neu lackiert werden. **2. a)** *rechts od. links [von der Mitte] gelegener Teil einer räumlichen Ausdehnung:* die Angeklagten nahmen fast eine ganze S. des Saales ein; auf, zu beiden -n einer Sache (*links u. rechts neben etw.*);

b) *Ort, Stelle in einer gewissen seitlichen Entfernung von einer Person, Sache:* geh auf die/zur S. *(aus dem Weg)*!; jmdn. zur S. *(beiseite)* nehmen; Ü jmdn. zur S. schieben *(jmdn. [aus einer Position] verdrängen)*; * **etw. auf die S. schaffen/bringen** (ugs.; *etw. aus einem zugänglichen Bereich für eigene Bedürfnisse fortnehmen*); **jmdn. auf die S. schaffen** (salopp; *jmdn. ermorden*); **etw. auf die S. legen** (↑Kante 2): bei dem Gehalt kann er nichts auf die S. legen; **etw. auf der S. haben** (↑Kante 2); **c)** *Teil eines Gebiets, das dies- od. jenseits einer Grenze o. Ä. liegt:* die spanische S. der Pyrenäen; das Dorf liegt auf tschechischer S. **3. a)** *Partie des menschlichen Körpers, die als fließender Übergang zwischen seiner vorderen u. hinteren Fläche in Längsrichtung von Kopf bis Fuß verläuft:* auf einer S. gelähmt sein; ihr Kopf fiel vor Müdigkeit zur S.; Ü sie verbrachte eine glückliche Zeit an der S. ihres Mannes (geh.; *mit ihrem Mann*); * **lange -n haben** (landsch.; *viel essen u. trinken können;* eigtl. wohl = viel Platz im Körper haben); **an jmds. grüne S.** (scherzh.; *in jmds. unmittelbare Nähe;* vgl. grün 5); **jmdn. jmdm., etw. einer Sache an die S. stellen** *(jmdn. jmdm., etw. einer Sache gleichstellen)*; **sich auf die faule S. legen** (↑Haut 1 b); **jmdm. [mit Rat und Tat] zur S. stehen** *(jmdm. helfen, beistehen)*; **jmdm. zur S. treten/springen** *(jmdm. zu Hilfe kommen, jmdn. unterstützen)*; **jmdm. nicht von der S. gehen/weichen** (ugs.; *jmdn. keinen Augenblick allein lassen*); **jmdn. von der S. ansehen** *(jmdn. mit Geringschätzung ansehen, behandeln)*; **jmdn. von der S. anquatschen** (ugs.; *jmdn. aufdringlich, frech ansprechen*); **b)** *Partie des menschlichen Oberkörpers, die als fließender Übergang zwischen Brust u. Rücken in Längsrichtung zwischen Hüfte u. Achsel verläuft; Teil, der über den Hüften u. unter den Rippen liegt:* mir tut die rechte S. weh; sich vor Lachen die -n halten. **4.** *(von Tieren mit vier Beinen) rechte od. linke Hälfte des Körpers, die zwischen Rücken u. Brust, Vorder- u. Hinterbeinen liegt:* sie klopfte ihrem Pferd die -n. **5.** *eine von mehreren möglichen Richtungen:* er wich nach der falschen S. aus; von allen -n *(von überall her)* herbeiströmen. **6. a)** *[auf beiden Seiten 6 b beschriebenes od. bedrucktes] Blatt eines Hefts, Druckerzeugnisses o. Ä.:* die -n umblättern; ein Lesezeichen zwischen die -n legen; * **gelbe -n** *(Branchenverzeichnis als Ergänzungsband zum Telefonbuch)*; **b)** *eine der beiden [bezifferten] Flächen eines Blattes, einer Buch-, Heft-, Zeitungsseite o. Ä.:* leere -n; eine neue S. aufschlagen; schlagt bitte S. 78 auf; das Buch hat 300 -n, ist 300 -n stark; siehe S. 11–15/die -n 11–15; 10 -n bunte/(selten:) bunter Bilder; Fortsetzung auf S. 42; Abk.: S.; **c)** *eine der beiden Flächen eines flachen Gegenstands:* die S. der Münze mit der Zahl; der Stoff hat eine glänzende und eine matte S.; R das ist [nur] die eine/das ist die andere S. der Medaille *(das ist [nur] die eine/das ist die andere von zwei [gegensätzlichen] Erscheinungsformen, die ein u. dieselbe Sache aufweist, die in gewisser Weise zusammengehören)*; Spr alles, jedes Ding hat [seine] zwei -n *(alles, jedes Ding hat [seine] Vor- u. Nachteile)*. **7.** (Math.) **a)** *Linie, die die Fläche eines Vielecks begrenzt:* ein Rechteck mit vier gleich langen -n ist ein Quadrat; **b)** *linkes od. rechtes Glied einer Gleichung od. Ungleichung.* **8. a)** *eine von mehreren Erscheinungsformen; Aspekt, unter dem sich etw. darbietet:* die wirtschaftliche S. des Problems sehen; alles von der leichten, heiteren S. nehmen; **b)** *eine von mehreren Verhaltensweisen, Eigenschaften, Eigenarten, die jmd. zum Ausdruck bringen kann, durch die jmd., etw. geprägt ist:* seine raue, unfreundliche S. herauskehren; ganz neue -n an jmdm. entdecken; [in beiden folgenden Wendungen bedeutet »Seite« urspr. die beim Kampf ungeschützte bzw. geschützte Körperseite]: * **jmds. schwache S. sein** (ugs.; 1. *jmdm. schwer fallen; von jmdm. nicht beherrscht werden:* Mathematik ist ihre schwache S. 2. *eine Schwäche 3 für jmdn., etw. haben*); **jmds. starke S. sein** (ugs.; *jmdm. leicht fallen; von jmdm. besonders gut beherrscht werden*). **9. a)** *eine von mehreren Personen, Parteien (4), die einen unterschiedlichen Standpunkt vertreten od. sich als Gegner, in Feindschaft gegenüberstehen:* ich unterstütze keine S.; man muss immer auch die andere S. hören; **b)** ⟨o. Pl.⟩ *Person, Gruppe, Instanz o. Ä., die einen bestimmten Standpunkt vertritt, eine bestimmte Funktion hat:* von kirchlicher S. wurden Einwände erhoben; **c)** *von einer bestimmten Seite (9 a) in einem Konflikt vertretener Standpunkt:* auf welcher S. stehen Sie eigentlich?; ich stelle mich lieber auf die S. des Schwächeren; das Recht war auf ihrer S. **10.** *Familie eines der beiden Elternteile (als Teil der gesamten Verwandtschaft):* die Großeltern der mütterlichen S.

Sei|ten|air|bag [...ɛːɐ̯bɛk], der: *in der seitlichen Polsterung der Rückenlehne eines Autos eingebauter Airbag, der einen zusätzlichen Schutz bei schrägem od. seitlichem Aufprall bietet.*

Sei|ten|al|tar, der: *Altar neben dem Hochaltar (meist im Seitenschiff).*

Sei|ten|an|sicht, die: *Ansicht, die etw. von der Seite (1 b) her zeigt.*

Sei|ten|arm, der: *Arm (2).*

Sei|ten|auf|prall|schutz, der (Kfz-T.): *seitlich in die Karosserie von Kraftwagen integriertes Stahlrohr, -profil o. Ä. zum Schutz bei seitlichem Aufprall.*

Sei|ten|aus, das (Ballspiele): *Bereich seitlich des Spielfelds.*

Sei|ten|aus|gang, der: *Nebenausgang:* am S. warten.

Sei|ten|aus|li|nie, die (Ballspiele): *Auslinie.*

Sei|ten|blick, der: *Blick zur Seite (2 b), der sich kurz [u. von andern unbemerkt] auf jmdn., etw. richtet u. dabei meist etw. Bestimmtes ausdrückt:* jmdm. einen prüfenden S. zuwerfen; mit einem kurzen S. auf die Kinder wechselte sie das Thema.

Sei|ten|ein|stei|ger, der; -s, - (Jargon): *jmd., der, aus einem anderen [politischen] Bereich kommend, schnell Karriere macht.*

Sei|ten|ein|stei|ge|rin, die; -, -nen: w. Form zu ↑Seiteneinsteiger.

Sei|ten|fach, das: *[kleineres] Fach (1), das sich seitlich von etw. befindet:* eine Tasche mit mehreren Seitenfächern.

Sei|ten|flä|che, die: *Seite (1 b).*

Sei|ten|flü|gel, der: **1.** *Flügel (4).* **2.** *Flügel (2 a) eines Flügelaltars.*

Sei|ten|front, die: *Front (1 a) an der Seite eines Gebäudes.*

Sei|ten|füh|rung, die (Kfz-T.): *das Haften der Reifen (2) beim Kurvenfahren.*

Sei|ten|gang, der: **1. a)** *Gang, der neben dem Hauptgang (1) besteht;* **b)** *seitlich, an der Seite verlaufender Gang:* es gibt in der Kirche zwei Seitengänge. **2.** ⟨o. Pl.⟩ (Reiten) *Übung, bei der das Pferd mit der Vor- und Hinterhand auf zwei verschiedenen Hufschlägen (1) vorwärts u. seitwärts geht.*

Sei|ten|ge|bäu|de, das: *Nebengebäude.*

Sei|ten|ge|wehr, das: **a)** *Bajonett:* das S. aufpflanzen; **b)** (früher) *Degen od. Säbel (der Offiziere).*

Sei|ten|hal|bie|ren|de, die; -n, -n (Math.): *Gerade bzw. Strecke, die eine Ecke eines Dreiecks mit dem Mittelpunkt der gegenüberliegenden Seite verbindet.*

Sei|ten|hieb, der: **1.** (Fechten) *Hieb von der Seite.* **2.** (emotional) *eigentlich nicht zum Thema gehörende Bemerkung, mit der jmd. jmdn., etw. kritisiert, angreift; bissige Anspielung:* jmdm. einen S. versetzen.

Sei|ten|la|ge, die: *Lage auf der Seite (3 a):* den Verletzten in [die stabile] S. bringen; in S. schlafen.

sei|ten|lang ⟨Adj.⟩: *(von schriftlichen Darlegungen) in aller Breite; sich über viele Seiten erstreckend.*

Sei|ten|leit|werk, das (Flugw.): *am Heck befindlicher Teil des Leitwerks zur Steuerung des Flugzeugs bei einer Drehbewegung zur Seite.*

Sei|ten|lo|ge, die (bes. Theater): *Loge an der Seite des Parketts (2).*

Sei|ten|por|tal, das: *Portal an der Seitenfront [einer Kirche] od. seitlich des Hauptportals.*

sei|ten|rich|tig ⟨Adj.⟩: *(von Bildern) den abgebildeten Gegenstand mit nicht vertauschten Seiten abbildend; nicht seitenverkehrt.*

Sei|ten|riss, der (Bauw.): *Zeichnung, Darstellung der Seitenansicht eines Bauwerks, Gegenstands.*

Sei|ten|ru|der, das (Flugw.): *bewegliche Klappe des Seitenleitwerks.*

sei|tens ⟨Präp. mit Gen.⟩ (Papierdt.): *aufseiten, vonseiten.*

Sei|ten|schei|tel, der: *Scheitel auf der linken od. rechten Kopfhälfte.*

Sei|ten|schiff, das (Archit.): *Raum in einer Kirche, der seitlich vom Hauptschiff liegt.*

Sei|ten|schritt, der (bes. Tanzen): *Schritt zur Seite.*

Sei|ten|schwim|men, das; -s: *Schwimmart, bei der der Körper auf der Seite im Wasser liegt.*

Sei|ten|sprung, der: **1.** (veraltet) *Sprung zur Seite.* **2.** *erotisches Abenteuer, vorübergehende sexuelle Beziehung außerhalb der Ehe, einer festen Bindung:* einen S. machen; sie hat ihm den S. verziehen.

Sei|ten|strang, der (Anat., Physiol.): *Nervenbahn, die seitlich in der weißen Substanz des Rückenmarks verläuft.*

Sei|ten|stra|ße, die: *Nebenstraße:* ruhige -n; in eine S. einbiegen.

Sei|ten|strei|fen, der: *in der Regel nicht dem fließenden Verkehr dienender [unbefestigter] Streifen neben der eigentlichen Fahrbahn einer Straße.*

Sei|ten|tal, das: *kleineres Tal, das von einem größeren abzweigt.*

Sei|ten|ta|sche, die: **a)** *seitliche Tasche eines Kleidungsstücks;* **b)** vgl. Seitenfach.

Sei|ten|teil, das, auch: der: *seitliches Teil, Teil an der Seite von etw.*

Sei|ten|trieb, der: *seitlich stehender Trieb.*

Sei|ten|tür, die: *an der Seite (eines Raums, Gebäudes, Fahrzeugs o. Ä.) liegende Tür.*

sei|ten|ver|kehrt ⟨Adj.⟩: *(von Bildern) den abgebildeten Gegenstand, wie ein Spiegelbild, mit vertauschten Seiten abbildend.*

Sei|ten|weg, der: *von einem Weg abgehender schmalerer Weg.*

Sei|ten|wind, der: *Wind, der von seitlicher Richtung kommt:* wir hatten S.

Sei|ten|zahl, die: **1.** *Gesamtheit der Seiten (6 b) eines Druckerzeugnisses.* **2.** *Zahl, mit der eine Seite eines Druckerzeugnisses nummeriert ist.*

seit|her ⟨Adv.⟩ [mhd. sît her, z. T. auch umgedeutet aus dem mhd. Komp. sider = später] (selten): *seitdem (I).*

-sei|tig: **1.** bezeichnet in Bildungen mit Substantiven etw. od. jmdn. als das Mittel od. den Urheber: *mithilfe von, durch:* schreiber-, wasserseitig. **2.** kennzeichnet in Bildungen mit Substantiven die Zugehörigkeit zu etw. od. jmdm.: *zu ... gehörend, ... betreffend:* arbeitnehmer-, leistungsseitig. **3.** bezeichnet in Bildungen mit Substantiven den Ort, die Stelle: *an, auf der Seite von:* nord-, stadtseitig.

seit|lich: **I.** ⟨Adj.⟩ *an, auf der Seite [befindlich]; nach der, zur Seite hin [gewendet]; von der Seite [kommend]:* die -e Begrenzung der Straße; der Eingang ist s.; sie stand s. von mir, schlug sich s. in die Büsche. **II.** ⟨Präp. mit Gen.⟩ *neben:* er stand s. des Weges.

Seit|ling, der; -s, -e: *größerer, fleischiger Blätterpilz, der einen seitwärts stehenden Stiel hat od. ungestielt seitlich angewachsen ist.*

Seit|pferd, das (Turnen): *Pferd (2), das (im Unterschied zum Langpferd) in Querrichtung steht.*

-seits [mit sekundärem s zum Akk. sît von mhd. sîte (↑Seite), z. B. in: jensît, ↑jenseits]: **1.** wird mit Adjektiven und dem Fugenzeichen -er- zur Bildung von Adverbien verwendet: *vonseiten der/des ...; auf ... Seite:* ärztlicher-, psychologischerseits. 2. bezeichnet in Bildungen mit Substantiven, seltener mit Adjektiven + -er-, den Ort, die Stelle: *an, auf der Seite von:* fluss-, linkerseits.

sei̱t|wärts [↑-wärts]: I. ⟨Adv.⟩ a) *zur Seite; an, auf der Seite:* den Körper etwas s. wenden; b) *an, auf der Seite:* s. stehen die Kinder. II. ⟨Präp. mit Gen.⟩ (geh.) *neben* (1 a): s. des Weges.

Sei̱t|wärts|ha|ken, der (Boxen): *Schlag mit angewinkeltem Arm, bei dem die Faust seitlich [von unten nach oben] geführt wird.*

Sejm [sɛjm], der; -s [poln. sejm]: *polnische Volksvertretung.*

sek, Sek. = Sekunde.

Se̱|kans, der; -, ...ạnten [zu lat. secans, ↑Sekante] (Math.): *Verhältnis der Hypotenuse zur Ankathete im rechtwinkligen Dreieck* (Zeichen: sec).

Se|kạn|te, die; -, -n [nlat. linea secans, aus lat. linea (↑Linie) u. secans, 1. Part. von: secare, ↑sezieren] (Math.): *Gerade, die eine Kurve, bes. einen Kreis, schneidet.*

Se̱|kel, Schekel, der; -s, - [hebr. šeqel]: *altbabylonische u. jüdische Gewichts- u. Münzeinheit.*

Se|kre̱t, das; -[e]s, -e [1: zu lat. secretum, 2. Part. von: secernere, ↑sezernieren; 2: lat. secretum = Geheimnis, zu: secretum, ↑¹Sekret (1)]: 1. (Med., Biol.) *Absonderung* (2) *aus einem Organ, einer Wunde; von einer Drüse produzierter u. abgesonderter Stoff, der im Organismus bestimmte biochemische Aufgaben erfüllt (z. B. Speichel, Hormone):* das S. einer Wunde; die Drüsen geben -e ab. 2. (veraltet) *vertrauliche Mitteilung.*

Se|kre|tä̱r, der; -s, -e [(frz. secrétaire <) mlat. secretarius = (Geheim)schreiber; 5: die schwarzen Schmuckfedern am Hinterkopf erinnern an einen früheren Schreiber, der seine Schreibfeder hinters Ohr gesteckt hat]: 1. *jmd., der für jmdn., bes. für eine [leitende] Persönlichkeit des öffentlichen Lebens, die Korrespondenz abwickelt u. technisch-organisatorische Aufgaben erledigt:* er reist immer mit seinem S. 2. a) *leitender Funktionär einer Organisation (z. B. einer Partei, einer Gewerkschaft);* b) (seltener) *Schriftführer:* er ist S. des Vereins. 3. *Beamter des mittleren Dienstes (bei Bund, Ländern u. Gemeinden).* 4. *schrank- od. kommodenartiges Möbelstück mit auszieh- od. herausklappbarer Schreibplatte:* ein zierlicher S. 5. *in der afrikanischen Steppe heimischer, langbeiniger, grauer Greifvogel mit langen Federn am Hinterkopf.*

Se|kre|ta|ri|a̱t, das; -[e]s, -e [mlat. secretariatus = Amt des Geheimschreibers]: a) *der Leitung einer Organisation, Institution, eines Unternehmens beigeordnete, für Verwaltung u. organisatorische Aufgaben zuständige Abteilung;* b) *Raum, Räume eines Sekretariats* (a).

Se|kre|tä̱|rin, die; -, -nen: a) *Angestellte, die für eine Führungskraft die Korrespondenz abwickelt u. technisch-organisatorische Aufgaben o. Ä. erledigt;* b) w. Form zu ↑Sekretär (1–3).

se|kre|tie̱|ren ⟨sw. V.; hat⟩ [1: zu ¹Sekret (1); 2: zu ¹Sekret (2)]: 1. (Med., Biol.) *absondern, ausscheiden.* 2. *(bes. Bücher) unter Verschluss halten:* ein Buch s.

Se|kre|ti|o̱n, die; -, -en [lat. secretio = Absonderung, Trennung, zu: secernere, ↑sezernieren]: 1. (Med., Biol.) *Produktion u. Absonderung eines ¹Sekrets durch eine Drüse:* dieses Mittel fördert die S. der Bauchspeicheldrüse; Drüsen mit äußerer, innerer S. 2. (Geol.) *[teilweise] Ausfüllung von Hohlräumen eines Gesteins von außen nach innen durch Ausscheidungen einer eingedrungenen Minerallösung.*

se|kre|to̱|risch ⟨Adj.⟩ (Med., Biol.): *die Sekretion* (1) *betreffend, sie beeinflussend od. verursachend.*

Sẹkt, der; -[e]s, -e [älter: Seck, gek. aus frz. vin sec < ital. vino secco = süßer, schwerer, aus Trockenbeeren gekelterter Wein, aus: vino = Wein (< lat. vinum) u. secco < lat. siccus, ↑²sec]: *durch Nachgärung gewonnener Schaumwein (der beim Öffnen der Flasche stark schäumt):* deutscher S.; ein Glas S. anbieten; * **Sekt oder Selters** (ugs.; *alles oder nichts*).

Sẹk|te, die; -, -n [mhd. secte < spätlat. secta = philosophische Lehre; Sekte; befolgter Grundsatz, wohl zu lat. sequi (2. Part.: secutum) = folgen]: 1. (veraltend) *kleinere Glaubensgemeinschaft, die sich von einer größeren Religionsgemeinschaft, einer Kirche abgespalten hat, weil sie andere Positionen als die ursprüngliche Gemeinschaft betont, hervorhebt:* eine buddhistische S.; eine S. gründen. 2. (meist abwertend) *kleinere Gemeinschaft, die in meist radikaler, einseitiger Weise bestimmte Ideologien od. religionsähnliche Grundsätze vertritt, die nicht den ethischen Grundwerten der Gesellschaft entsprechen:* in einer S. sein; eine S. verlassen.

Sẹk|ten|be|auf|trag|te, der u. die: *jmd., der beauftragt ist, sich mit den Sekten* (2) *u. deren Aktivitäten zu befassen.*

Sẹkt|fla|sche, die: *dickwandige Flasche für Sekt.*

Sẹkt|früh|stück, das: *am Vormittag serviertes Frühstück mit besonderen Delikatessen u. Sekt.*

Sẹkt|glas, das ⟨Pl. ...gläser⟩: *langstieliges, kelch- od. schalenförmiges Glas für Sekt.*

Sek|tie̱|rer, der; -s, - [zu älter sektieren = eine Sekte bilden]: 1. *Anhänger, Wortführer einer Sekte.* 2. (abwertend) *jmd., der von einer politischen, philosophischen o. ä. Richtung deutlich abweicht.*

Sek|tie|re|re̱i, die; -, -en ⟨Pl. selten⟩ (abwertend): *sektiererisches Verhalten.*

Sek|tie̱|re|rin, die; -, -nen: w. Form zu ↑Sektierer.

sek|tie̱|re|risch ⟨Adj.⟩: 1. *zu einer Sekte gehörend, für sie charakteristisch.* 2. (abwertend) *in der Art eines Sektierers (2); für ihn charakteristisch.*

Sek|tie̱|rer|tum, das; -s: *sektiererische Art, sektiererisches Verhalten.*

Sek|ti|o̱n, die; -, -en [lat. sectio = das Schneiden; der Abschnitt, zu: sectum, 2. Part. von: secare, ↑sezieren]: 1. *Abteilung, Gruppe, Fachbereich innerhalb einer Behörde, Institution, Organisation.* 2. (Med.) *das Sezieren einer Leiche (zur Feststellung der Todesursache).* 3. (Technik) *vorgefertigtes Bauteil, bes. eines Schiffes.*

Sek|ti|o̱ns|be|fund, der (Med.): *Befund einer Sektion* (2).

Sek|ti|o̱ns|chef, der (österr.): *höchster Ministerialbeamter.*

Sek|ti|o̱ns|che|fin, die: w. Form zu ↑Sektionschef.

sek|ti|o̱ns|wei|se ⟨Adv.⟩: *in einzelnen Sektionen* (1).

Sẹkt|kelch, der: *kelchförmiges Sektglas.*

Sẹkt|kel|le|rei, die: *Kellerei, in der Sekt hergestellt wird.*

Sẹkt|kor|ken, der: *pilzförmiger, mit dem oberen Ende auf dem Flaschenrand aufsitzender Korken für Sektflaschen:* die S. knallten.

Sẹkt|kü|bel, der: *Kübel, Gefäß, in dem der Sekt mit Eisstücken kühl gehalten wird.*

Sẹkt|küh|ler, der: *Vorrichtung, Gefäß zum Kühlhalten von Sekt* (z. B. in Form eines Sektkübels).

Sẹkt|lau|ne, die ⟨o. Pl.⟩ (scherzh.): *durch den Genuss von Sekt hervorgerufene beschwingte, übermütige Stimmung, in der sich jmd. leicht zu etw. hinreißen lässt, was ihm hinterher unverständlich vorkommt.*

Sẹk|tor, der; -s, ...o̱ren [1: übertr. von (2); 2: (spät)lat. sector, eigtl. = Schneider, Abschneider, zu: secare, ↑sezieren]: 1. *Bereich, [Sach]gebiet:* der öffentliche, private, gewerbliche S. 2. (Geom.) a) *Kreisausschnitt;* b) *Kreiskegel mit der Spitze im Mittelpunkt einer Kugel.* 3. a) *(in Berlin u. Wien nach dem Zweiten Weltkrieg) von je einer der vier Siegermächte besetztes Besatzungsgebiet;* b) *durch die Aufteilung eines Gebietes (in einzelne Interessengebiete o. Ä.) entstandene Zone.*

Sek|to̱|ren|gren|ze, die: *Grenze zwischen Sektoren* (3 a).

Sẹkt|scha|le, die: *schalenförmiges Sektglas.*

Sẹkt|steu|er, die ⟨Pl. selten⟩: *Verbrauchssteuer auf Sekt.*

Se|kụnd, die; -, -en (österr.): *Sekunde* (3).

Se|kụnd|ak|kord, der (Musik): *dritte Umkehrung des Septimenakkords, bei der die Septime im Bass liegt.*

Se|kun|dạnt, der; -en, -en [lat. secundans (Gen.: secundantis), 1. Part. von: secundare, ↑sekundieren]: 1. *jmd., der jmdm. bei einem Duell od. einer Mensur* (2) *als Berater u. Zeuge persönlich beisteht.* 2. (bes. Boxen, Schach) *persönlicher Betreuer u. Berater bei einem Wettkampf.*

Se|kun|dạn|tin, die; -, -nen: w. Form zu ↑Sekundant.

Se|kun|dạnz, die; -, -en: *das Sekundieren.*

se|kun|dä̱r ⟨Adj.⟩ [frz. secondaire < lat. secundarius = der Zweite der Ordnung nach, zu: secundus, ↑Sekunde]: 1. (bildungsspr.) a) *an zweiter Stelle [stehend], zweitrangig, in zweiter Linie [in Betracht kommend]:* etw. hat nur -e Bedeutung; b) *nachträglich hinzukommend, nicht ursprünglich.* 2. (Chemie) *(von chemischen Verbindungen o. Ä.) jeweils zwei von mehreren gleichartigen Atomen durch zwei bestimmte andere Atome ersetzend od. mit zwei bestimmten anderen verbindend.* 3. (Elektrot.) *den Teil eines Netzgeräts betreffend, über den die umgeformte Spannung als Leistung* (2 c) *abgegeben wird; zu diesem Teil gehörend, mit seiner Hilfe.*

Se|kun|da̱r|arzt, der (österr.): *Assistenzarzt.*

Se|kun|da̱r|ärz|tin, die: w. Form zu ↑Sekundararzt.

Se|kun|dä̱r|elek|tro|nen ⟨Pl.⟩ (Physik): *Elektronen, die beim Auftreffen einer primären Strahlung auf ein Material (bes. Metall) aus diesem herausgelöst werden.*

Se|kun|dä̱r|emis|si|on, die (Physik): *Emission von Sekundärelektronen.*

Se|kun|dä̱r|ener|gie, die (Technik): *aus einer Primärenergie gewonnene Energie.*

Se|kun|da̱r|leh|rer, der (schweiz.): *Lehrer an einer Sekundarschule.*

Se|kun|da̱r|leh|re|rin, die: w. Form zu ↑Sekundarlehrer.

Se|kun|dä̱r|li|te|ra|tur, die (Wissensch.): *wissenschaftliche Literatur über Primärliteratur.*

Se|kun|da̱r|schu|le, die (schweiz.): *Mittelschule* (1), *Realschule.*

Se|kun|dä̱r|sta|tis|tik, die: *statistische Auswertung von Material, das nicht primär für statistische Zwecke erhoben wurde.*

Se|kun|dä̱r|strom, der (Elektrot.): *elektrischer Strom der Sekundärwicklung.*

Se|kun|da̱r|stu|fe, die: *auf der Primarstufe aufbauende weiterführende Stufe, weiterführender Bildungsgang:* S. I *(5.–10. Schuljahr);* S. II *(11.–13. Schuljahr).*

Se|kun|dä̱r|tu|gend, die ⟨meist Pl.⟩: *nicht zu den Grundtugenden gehörende Tugend* (2); *Tugend* (2) *von minderem Rang.*

Se|kun|dä̱r|wick|lung, die (Elektrot.): *Wicklung, Spule eines Transformators, über die elektrische Leistung* (2 c) *abgegeben wird.*

Se|kụn|da|wech|sel, der (Kaufmannsspr.): *zweite Ausfertigung eines Wechsels [für die Abwicklung des überseeischen Zahlungsverkehrs].*

Se|kụ̈nd|chen, das; -s, -: Vkl. zu ↑Sekunde (1).

Se|kụn|de, die; -, -n [verkürzt aus spätlat. pars minuta secunda = zweiter verminderter Teil (der erste verminderte Teil entsteht durch die Teilung der Stunde in 60 Minuten [↑Minute]), zu lat. secundus = (der Reihe od. der Zeit nach) folgend, Zweiter, zu einem alten 2. Part. von: sequi = folgen]: 1. a) *sechzigster Teil einer Minute als Grundeinheit der Zeit;* Abk.: Sek.; Zeichen: s (bei Angabe eines Zeitpunktes:) ^{s}, (älter:) sec; b) (ugs.) *sehr kurze Zeitspanne; Augenblick:* wir dürfen keine S. verlieren; in der nächsten S. war er bereits verschwunden. 2. (Musik) a) *zweiter Ton einer diatonischen Tonleiter;* b) *Intervall von zwei diatonischen Tonstufen.* 3. (Fachspr.) *3 600ster Teil eines Grades* (3); Zeichen: ". 4. (Druckw., Buchw.) *auf der dritten Seite eines Druckbogens in der linken unteren Ecke angebrachte Zahl mit Sternchen zur Kennzeichnung der Reihenfolge für den Buchbinder.*

se|kụn|den|lang ⟨Adj.⟩: *einige, mehrere Sekunden* (1 a) *lang:* eine -e Bewusstlosigkeit.

Se|kụn|den|schlaf, der (ugs.): *durch Übermüdung*

erfolgtes kurzzeitiges Einnicken (besonders beim Autofahren).

se|kụn|den|schnell ⟨Adj.⟩: *sehr schnell; sich innerhalb von Sekunden* (1 b) *vollziehend:* eine -e Reaktion.

Se|kụn|den|schnel|le, die ⟨o. Pl.⟩: meist in der Fügung in S. *(sehr schnell [geschehend, sich vollziehend]).*

Se|kụn|den|zei|ger, der: *die Sekunden [auf einem eigenen Zifferblatt] anzeigender Uhrzeiger.*

se|kun|di̱e̱|ren ⟨sw. V.; hat⟩ [(frz. seconder = beistehen <) lat. secundare = begünstigen, zu: secundus (↑Sekunde) in der übertr. Bed. = begünstigend; begleitend]: **1. a)** (bildungsspr.) *jmdn., etw. [mit Worten] unterstützen:* jmdm./jmdn. s.; **b)** (bildungsspr.) *sekundierend* (1 a), *beipflichtend äußern;* **c)** (Musik) *die zweite Stimme singen od. spielen u. jmdn., etw. damit begleiten:* jmdm. auf der Flöte s. **2.** *jmdm. bei einem Duell od. einer Mensur* (2) *als Berater u. Zeuge persönlich beistehen:* seinem Freund s. **3.** (bes. Boxen, Schach) *einen Teilnehmer während des Wettkampfes persönlich betreuen u. beraten.*

se|kụnd|lich (selten), **se|kụ̈nd|lich** ⟨Adj.⟩: *in jeder Sekunde [einmal] geschehend, sich vollziehend.*

Se|ku|ri̱t® [auch: ...ˈrɪt], das; -s [Kunstwort, zu lat. securitas = Sicherheit]: *nicht splitterndes Sicherheitsglas.*

sel. = selig.

Se̱|la, das; -s, -s [hebr. sẹlạ̈, H. u.]: *in den alttestamentlichen Psalmen häufig auftretendes Wort, das möglicherweise als Anweisung für den musikalischen Vortrag zu verstehen ist.*

¹Se|la|don [auch: zelaˈdõː], das; -s, -s [wohl nach dem graugrünen Gewand des Céladon, ↑²Seladon]: *chinesisches Porzellan mit grüner Glasur in verschiedenen Nuancen.*

²Se|la|don, der; -s, -s [nach dem Schäfer Céladon im Roman »L'Astrée« von H. d'Urfé (1568–1625)] (bildungsspr. veraltet): *schmachtender Liebhaber.*

Se|la|don|por|zel|lan, das: ¹*Seladon.*

Se|la̱m [alei̱|kum]: ↑Salam [alaikum].

Se̱|lam|lik, der; -s, -s [türk. selâmlık]: **1.** *Empfangsraum im orientalischen Haus.* **2.** (hist.) *feierliche Auffahrt des Sultans od. des Kalifen zum Freitagsgebet.*

selb... ⟨Demonstrativpron.⟩ [mhd. selp, ahd. selb, H. u.]: **a)** steht mit dem mit einer Präp. verschmolzenen Art. od. mit vorangehendem Demonstrativpron. u. drückt eine Identität aus: am selben Tag; **b)** ⟨ohne vorangehenden Art.⟩ (veraltet od. ugs.) kurz für ↑derselbe.

selb|drịtt ⟨Adv.⟩ (veraltet): *zu dritt miteinander* (2).

sẹl|ber ⟨indekl. Demonstrativpron.⟩ [mhd. selber, erstarrter stark gebeugter Nom. Sg. von ↑selb...] (ugs.): *selbst* (I).

Sẹl|ber|ma|chen, das; -s (ugs.): *das Selbstherstellen, -hervorbringen einer Sache:* S. spart Geld.

sẹl|big ⟨Demonstrativpron.⟩ [spätmhd. selbic = derselbe] (veraltend, noch altertümelnd): /bezieht sich auf eine vorher genannte Person od. Sache/ *dieser, diese, dieses selbe:* am -en Tag, an -em Tag.

sẹlbst [(spät)mhd. selb(e)s, erstarrter Gen. Sg. Mask. von ↑selb...]: **I.** ⟨indekl. Demonstrativpron.; in betonter Stellung⟩ steht nach dem Bezugswort od. betont nachdrücklich, dass nur die im Bezugswort genannte Person od. Sache gemeint ist u. niemand od. nichts anderes: der Wirt s. *(persönlich)* hat uns bedient; du s. hast es/du hast es s. gesagt *(kein anderer als du hat es gesagt);* obwohl das Haus s. sehr schön ist, möchte ich dort nicht wohnen; sie muss alles s. machen *(es hilft ihr niemand);* er kann sich wieder s. versorgen *(braucht keine Hilfe mehr);* das Kind kann schon s. (ugs.; *allein*) laufen; sie hatte es s. *(mit eigenen Augen)* gesehen; ein s. ernannter Experte; ein s. erwähltes Schicksal; s. gebackenes Brot; ein s. gebautes, s. gebasteltes Modell; s. gebrautes Bier; s. gedrehte Zigaretten; s. gemachte Marmelade; ein s. genähtes Kleid; s. geschriebene Gedichte; s. gesteckte Ziele; sie hat den Pullover s. gestrickt; ein s. gestricktes Programm; im s. gewählten Exil; s. gezogenes Gemüse; die Kerzen sind s. gezogen; s. verdientes Geld; sie denkt immer nur an sich s. *(ist sehr egoistisch);* etw. versteht sich von s. *(ist selbstverständlich);* etw. mit sich s. ausmachen; das kommt ganz von s. *(ohne Anstoß von außen);* * **etw. s. sein** (ugs.; *die Verkörperung einer Eigenschaft sein*): sie ist die die Ruhe s. **II.** ⟨Adv.⟩ *sogar, auch:* s. wenn er wollte, könnte er das nicht tun.

Sẹlbst, das; - [nach engl. the self] (geh.): *das seiner selbst bewusste Ich:* das erwachende, bewusste S.; sein wahres S. finden.

Sẹlbst|ab|ho|ler, der: *jmd., der selbst etw. abholt, was üblicherweise geliefert, zugestellt wird:* ein Möbelmarkt für S.

Sẹlbst|ab|ho|le|rin, die: w. Form zu ↑Selbstabholer.

Sẹlbst|ach|tung, die: *Achtung* (1), *die jmd. vor sich selbst hat; Gefühl für die eigene menschliche Würde:* seine S. wiedergewinnen.

Sẹlbst|ana|ly|se, die (Psych.): *systematische Analyse des eigenen Selbst.*

selb|stän|dig usw: ↑selbstständig usw.

Sẹlbst|an|kla|ge, die: **a)** (geh.) *Anklage, Vorwurf, den jmd. gegen sich selbst richtet [u. mit dem er sich öffentlich eines begangenen Unrechts bezichtigt];* **b)** (selten) *Selbstkritik.*

Sẹlbst|an|ste|ckung, die (Med.): *Infektion durch einen Erreger, der bereits im Körper vorhanden ist.*

Sẹlbst|auf|ga|be, die ⟨o. Pl.⟩: **a)** *das Sich-selbst-Aufgeben als Persönlichkeit;* **b)** *das Verlieren des Lebenswillens, der Lebenskraft.*

Sẹlbst|auf|op|fe|rung, die ⟨Pl. selten⟩: *Hingabe an eine Aufgabe o. Ä., bei der jmd. seine eigenen Bedürfnisse od. Interessen ganz hintanstellt [bis hin zur Opferung des eigenen Lebens].*

Sẹlbst|auf|zug, der (Fachspr.): *Automatik bei einer Uhr, mit deren Hilfe sie sich selbsttätig aufzieht.*

Sẹlbst|aus|lö|ser, der (Fot.): *Vorrichtung an einer Kamera zum automatischen Auslösen des Verschlusses:* Fotos mit S. machen.

Sẹlbst|be|die|nung, die: **1.** *Form des Einkaufs, bei der der Kunde die Waren selbst aus dem Regal o. Ä. nimmt u. an der Kasse bezahlt:* bitte keine S.!; ein Geschäft, eine Tankstelle mit S. **2.** *Form des Sich-selbst-Bedienens in Gaststätten o. Ä. ohne Bedienungspersonal (in denen die Gäste das, was sie verzehren möchten, [am Büfett] selbst zusammenstellen u. an ihren Platz bringen müssen):* eine Cafeteria mit S.

Sẹlbst|be|die|nungs|gast|stät|te, die: *Gaststätte mit Selbstbedienung.*

Sẹlbst|be|die|nungs|la|den, der ⟨Pl. ...läden⟩: *Geschäft mit Selbstbedienung* (1).

Sẹlbst|be|frei|ung, die: **1.** (Rechtsspr.) *Ausbruch eines Gefangenen aus dem Gewahrsam.* **2.** ⟨Pl. selten⟩ (Psych.) *das Sich-frei-Machen von inneren Zwängen, dem Gefühl der Unfreiheit, Unsicherheit o. Ä.*

Sẹlbst|be|fruch|tung, die (Bot.): *Befruchtung einer Pflanze nach Selbstbestäubung.*

Sẹlbst|be|gren|zung, die: vgl. Selbstbeschränkung.

Sẹlbst|be|haup|tung, die ⟨o. Pl.⟩: *das Sichbehaupten eines Individuums in seiner Umwelt.*

Sẹlbst|be|herr|schung, die: *Fähigkeit, Affekte, Gefühle o. Ä. durch den Willen zu steuern, ihnen nicht ungezügelt freien Lauf zu lassen:* [keine] S. haben; die S. verlieren.

Sẹlbst|be|kös|ti|gung, die: *Beköstigung auf eigene Kosten (auf der Reise o. Ä.).*

Sẹlbst|be|mit|lei|dung, die: *das Sich-selbst-Bemitleiden.*

Sẹlbst|be|schei|dung, die (geh.): *das Sichbescheiden, Verzichten auf bestimmte Ansprüche.*

Sẹlbst|be|schrän|kung, die ⟨Pl. selten⟩: *bewusstes Sichbeschränken auf einen bestimmten Bereich:* sich S. auferlegen.

Sẹlbst|be|sin|nung, die (geh.): *Besinnung auf das eigene Handeln u. Denken:* ein Augenblick der S.

Sẹlbst|be|stä|ti|gung, die (Psych.): *Bewusstsein des eigenen Wertes, der eigenen Fähigkeiten o. Ä. (das jmdm. mit einem Erfolgserlebnis zuwächst):* [bei, durch, in etw.] S. suchen.

Sẹlbst|be|stäu|bung, die (Bot.): *Bestäubung einer Blüte durch den von ihr selbst hervorgebrachten Blütenstaub.*

Sẹlbst|be|stim|mung, die ⟨o. Pl.⟩ [c: LÜ von engl. self-determination]: **a)** (Politik, Soziol.) *Unabhängigkeit des Einzelnen von jeder Art der Fremdbestimmung (z. B. durch gesellschaftliche Zwänge, staatliche Gewalt);* **b)** (Philos.) *Unabhängigkeit des Individuums von eigenen Trieben, Begierden u. Ä.;* **c)** (Politik) *Unabhängigkeit eines Volkes von anderen Staaten u. die Unabhängigkeit im innerstaatlichen Bereich.*

Sẹlbst|be|stim|mungs|recht, das ⟨o. Pl.⟩: **a)** (Rechtsspr.) *Recht des Einzelnen auf Selbstbestimmung* (a); **b)** (Völkerrecht) *Recht eines Volkes auf Selbstbestimmung* (c).

Sẹlbst|be|tä|ti|gung, die: *das Sich-selbst-Betätigen:* künstlerische S.

Sẹlbst|be|tei|li|gung, die (Versicherungsw.): *finanzielle Beteiligung in bestimmter Höhe, die der Versicherte bei einem Schadensfall selbst übernimmt.*

Sẹlbst|be|trug, der: *das Nichteingestehen einer Sache vor sich selbst.*

sẹlbst|be|wusst ⟨Adj.⟩: **a)** (Philos.) *Selbstbewusstsein* (a) *aufweisend:* der Mensch als -es Wesen; **b)** *Selbstbewusstsein* (b) *besitzend, ausdrückend; selbstsicher:* sie ist eine sehr -e Frau.

Sẹlbst|be|wusst|sein, das: **a)** (Philos.) *Bewusstsein (des Menschen) von sich selbst als denkendem Wesen;* **b)** *das Überzeugtsein von seinen Fähigkeiten, von seinem Wert als Person, das sich bes. in selbstsicherem Auftreten ausdrückt:* ein ausgeprägtes S. haben; etw. stärkt jmds. S.

Sẹlbst|be|zeich|nung, die: *Bezeichnung, mit der jmd. sich selbst, seine Gruppe o. Ä. benennt.*

Sẹlbst|bild|nis, das: *vom Künstler selbst geschaffenes Bildnis der eigenen Person; Selbstporträt:* ein S. von Dürer.

Sẹlbst|dar|stel|lung, die: **a)** *Darstellung* (3 a) *der eigenen Person, Gruppe o. Ä. (um Eindruck zu machen, seine Fähigkeiten zu zeigen o. Ä.);* **b)** *Selbstbildnis.*

Sẹlbst|dis|zi|plin, die ⟨o. Pl.⟩: *Diszipliniertheit, die jmdn. auszeichnet; Beherrschtheit.*

Sẹlbst|ein|schät|zung, die: *Einschätzung der eigenen Person im Hinblick auf bestimmte Fähigkeiten, Fehler u. Ä.*

Sẹlbst|ent|äu|ße|rung, die (geh.): *gänzliches Zurückstellen der eigenen Bedürfnisse, Wünsche o. Ä. zugunsten eines anderen od. einer Sache.*

Sẹlbst|ent|fal|tung, die: *[Möglichkeit der] Entfaltung der eigenen Anlagen u. Fähigkeiten.*

Sẹlbst|ent|frem|dung, die (bes. marx.): *Entfremdung des Menschen von sich selbst.*

sẹlbst|ent|zünd|lich ⟨Adj.⟩: *(von bestimmten Stoffen) sich selbst entzündend.*

Sẹlbst|ent|zün|dung, die: *das Sich-selbst-Entzünden (eines Stoffes).*

Sẹlbst|er|fah|rung, die ⟨o. Pl.⟩ (Psych.): *das Sich-selbst-verstehen-Lernen durch Sprechen über sich selbst u. seine Probleme (u. durch Konfrontation mit ähnlichen Problemen bei anderen).*

Sẹlbst|er|fah|rungs|grup|pe, die (Psych.): ¹*Gruppe* (2), *die ein Training in Selbsterfahrung absolviert.*

Sẹlbst|er|hal|tung, die ⟨o. Pl.⟩: *Erhaltung des eigenen Lebens.*

Sẹlbst|er|hal|tungs|trieb, der: *Trieb, Instinkt eines Individuums, der auf die Selbsterhaltung ausgerichtet ist.*

sẹlbst er|nannt: s. selbst (I).

Sẹlbst|er|nie|dri|gung, die (geh.): *das Herabwürdigen seiner selbst.*

sẹlbst er|wählt: s. selbst (I).

Sẹlbst|er|zeu|ger, der: *jmd., der bestimmte Dinge (bes. Nahrungsmittel) seines täglichen Bedarfs selbst erzeugt.*

S

Sẹlbst|er|zeu|ge|rin, die: w. Form zu ↑Selbsterzeuger.

Sẹlbst|er|zie|hung, die: *das Sich-selbst-Erziehen.*

Sẹlbst|fah|rer, der: 1. *jmd., der das Fahrzeug, das er benutzt (z. B. seinen Privatwagen, seinen Dienstwagen), selbst lenkt.* 2. (Fachspr.) *Fahrstuhl, der vom Benutzer selbst bedient wird.* 3. *Krankenfahrstuhl, mit dem sich der Behinderte ohne Hilfe fortbewegen kann:* ein elektrischer S. 4. (Schifffahrt) *(in der Binnenschifffahrt) Frachtschiff mit eigenem Antrieb.*

Sẹlbst|fah|re|rin, die: w. Form zu ↑Selbstfahrer (1).

Sẹlbst|fahr|la|fet|te, die (Milit.): *Fahrzeug, auf das ein schweres Geschütz (z. B. Raketenwerfer) montiert ist.*

Sẹlbst|fin|dung, die (geh.): *das Zu-sich-selbst-Finden, Sich-selbst-Erfahren als Persönlichkeit.*

sẹlbst ge|ba|cken, sẹlbst ge|bas|telt, sẹlbst gebaut usw.: s. selbst (I).

sẹlbst|ge|fäl|lig ⟨Adj.⟩ (abwertend): *sehr von sich überzeugt u. auf penetrante Weise eitel, dünkelhaft:* ein -er Mensch.

Sẹlbst|ge|fühl, das ⟨o. Pl.⟩ (geh., seltener): *Gefühl für die eigene Person.*

sẹlbst ge|macht, sẹlbst ge|näht: s. selbst (I).

sẹlbst|ge|nüg|sam ⟨Adj.⟩: *an sich selbst Genüge findend; in sich ruhend u. sich bescheidend, ohne den Ehrgeiz od. das Bestreben, sich hervorzutun od. Besonderes zu erreichen.*

sẹlbst|ge|recht ⟨Adj.⟩ (abwertend): *von der eigenen Unfehlbarkeit überzeugt; zu keiner Selbstkritik fähig, keiner Kritik zugänglich:* ein -er Mensch.

sẹlbst ge|schrie|ben: s. selbst (I).

Sẹlbst|ge|spräch, das ⟨meist Pl.⟩: *jmds. Sprechen, das nicht an einen Adressaten gerichtet ist; Gespräch, das jmd. mit sich selbst führt:* in ein S. vertieft sein.

sẹlbst ge|steckt, sẹlbst ge|strickt, sẹlbst gewählt: s. selbst (I).

sẹlbst|ge|wiss ⟨Adj.⟩ (geh.): *selbstbewusst, selbstsicher.*

sẹlbst ge|zo|gen: s. selbst (I).

sẹlbst|haf|tend ⟨Adj.⟩: *selbstklebend.*

sẹlbst|här|tend ⟨Adj.⟩ (Technik): *(von bestimmten Stoffen) von selbst hart, fest werdend, aushärtend:* -e Klebstoffe.

Sẹlbst|hei|lung, die (Med.): *ohne medizinische Behandlung erfolgende Heilung:* die Fähigkeit des Organismus zur S.

sẹlbst|herr|lich ⟨Adj.⟩: *sich in seinen Entscheidungen, Handlungen aufgrund seiner Machtvollkommenheit mit völliger Selbstverständlichkeit über andere hinwegsetzend:* ein -es Verhalten; s. sein; s. entscheiden.

Sẹlbst|herr|lich|keit, die ⟨o. Pl.⟩: *selbstherrliche Art.*

Sẹlbst|hil|fe, die ⟨o. Pl.⟩: *das Sich-selbst-Helfen:* sie haben in S. *(ohne fremde Hilfe)* gebaut; zur S. schreiten.

Sẹlbst|hil|fe|grup|pe, die: [1]*Gruppe* (2) *von Personen mit gleichartigen Problemen, die sich zusammenschließen, um sich untereinander zu helfen.*

Sẹlbst|hil|fe|or|ga|ni|sa|ti|on, die: vgl. Selbsthilfegruppe.

Sẹlbst|hyp|no|se, die: *Autohypnose.*

Sẹlbst|in|duk|ti|on, die (Elektrot.): *Rückwirkung eines sich ändernden elektrischen Stroms auf sich selbst bzw. auf den von ihm durchflossenen Leiter.*

Sẹlbst|in|sze|nie|rung, die: *das Sich-selbst-in-Szene-Setzen.*

Sẹlbst|iro|nie, die ⟨o. Pl.⟩: *Ironie, mit der jmd. sich selbst begegnet, seine Probleme, Fehler o. Ä. ironisiert:* zur S. fähig sein.

Sẹlbst|jus|tiz, die (Rechtsspr.): *(gesetzlich nicht zulässige) Vergeltung für erlittenes Unrecht, die ein Betroffener selbst übt.*

Sẹlbst|kle|be|fo|lie, die: *Folie mit einer Haftschicht auf der Rück- bzw. Unterseite.*

sẹlbst|kle|bend ⟨Adj.⟩: *durch eine Haftschicht klebend bei Andrücken:* -e Fotoecken, Folien, Etiketten.

Sẹlbst|kon|trol|le, die: *das Sich-selbst-Kontrollieren (in seinen Handlungen, Reaktionen, Meinungsäußerungen u. Ä.):* die S. der Medien.

Sẹlbst|kos|ten ⟨Pl.⟩ (Wirtsch.): *Kosten, die für den Hersteller bei der Fertigung einer Ware bzw. beim Erbringen einer Leistung anfallen:* die S. senken.

Sẹlbst|kos|ten|preis, der (Wirtsch.): *nur die Selbstkosten deckender Preis.*

Sẹlbst|kri|tik, die ⟨Pl. selten⟩: *kritische Betrachtung, Beurteilung des eigenen Denkens u. Tuns, die zugleich Erkenntnis u. Eingestehen eigener Fehler bedeutet:* S. üben; es fehlt ihm an S.

sẹlbst|kri|tisch ⟨Adj.⟩: *Selbstkritik übend, ausdrückend:* sehr s. sein.

Sẹlbst|la|de|ge|wehr, das: vgl. Selbstladewaffe.

Sẹlbst|la|de|pis|to|le, die: vgl. Selbstladewaffe.

Sẹlbst|la|der, der (ugs.): *Selbstladewaffe.*

Sẹlbst|la|de|vor|rich|tung, die: *Vorrichtung zum Selbstladen (bei einer Schusswaffe).*

Sẹlbst|la|de|waf|fe, die: *mehrschüssige Waffe, die sich nach einem abgegebenen Schuss automatisch neu lädt.*

Sẹlbst|läu|fer, der (Jargon): *etw., was wie von selbst, ohne dass viel dafür getan werden müsste, den gewünschten Erfolg hat.*

Sẹlbst|laut, der: *Vokal.*

Sẹlbst|lie|be, die: *egozentrische Liebe zur eigenen Person; Eigenliebe.*

Sẹlbst|lob, das: *das Hervorheben eigener Leistungen o. Ä. vor anderen; Eigenlob.*

sẹlbst|los ⟨Adj.⟩: *nicht auf den eigenen Vorteil bedacht; uneigennützig u. zu Opfern bereit:* -e *(von Selbstlosigkeit zeugende)* Hilfe; s. handeln.

Sẹlbst|lo|sig|keit, die; -: *selbstlose Art.*

Sẹlbst|me|di|ka|ti|on, die (Med.): *Anwendung von Medikamenten nach eigenem Ermessen, ohne Verordnung durch einen Arzt.*

Sẹlbst|mit|leid, das (abwertend): *resignierendes Sich-selbst-Bemitleiden.*

Sẹlbst|mord, der: *das Sich-selbst-Töten; vorsätzliche Auslöschung des eigenen Lebens:* ein versuchter S.; S. begehen, verüben; durch S. enden; jmdn. in den/zum S. treiben; mit S. drohen; Ü etw. ist/wäre [reiner, glatter] S. (ugs.; *etw. ist sehr riskant*); sein Verhalten grenzt an S. *(ist für ihn in höchstem Maße gefährlich).*

Sẹlbst|mord|ab|sicht, die: *Absicht, Selbstmord zu begehen.*

Sẹlbst|mör|der, der: *jmd., der Selbstmord begeht.*

Sẹlbst|mör|de|rin, die: w. Form zu ↑Selbstmörder.

sẹlbst|mör|de|risch ⟨Adj.⟩: 1. (selten) *einen Selbstmord bezweckend, herbeiführend:* ein -er Akt. 2. *sehr gefährlich, halsbrecherisch (u. darum töricht); einem Selbstmord gleichkommend:* ein -es Unternehmen.

Sẹlbst|mord|ge|dan|ke, der ⟨meist Pl.⟩: *Gedanke an Selbstmord:* -n haben.

sẹlbst|mord|ge|fähr|det ⟨Adj.⟩: *in/von einer psychischen Verfassung, die einen Selbstmord befürchten lässt:* -e Patienten; die Gefangene gilt als, ist [stark] s.

Sẹlbst|mord|kom|man|do, das: *Kommando* (3 a), *bei dessen Unternehmung die eigene Tötung in Kauf genommen wird.*

Sẹlbst|mord|ver|such, der: *Versuch, Selbstmord zu begehen.*

Sẹlbst|or|ga|ni|sa|ti|on, die: *spontane Entstehung, Bildung aus sich selbst heraus, ohne von außen wirkende Faktoren.*

Sẹlbst|por|trät, das: *Selbstbildnis.*

Sẹlbst|prü|fung, die: *kritische Auseinandersetzung mit sich selbst, seinen Handlungen o. Ä.:* eine Zeit der S.

sẹlbst|quä|le|risch ⟨Adj.⟩: *im Übermaß selbstkritisch:* -es Verhalten.

sẹlbst|re|dend ⟨Adv.⟩: *natürlich* (II 1): s. werde ich das tun.

Sẹlbst|re|fle|xi|on, die: *Reflexion über die eigene Person.*

Sẹlbst|re|gu|la|ti|on, die: *(bei einer Population, einem Ökosystem) selbsttätige Beseitigung von Störungen o. Ä.*

sẹlbst|rei|ni|gend ⟨Adj.⟩: *sich von selbst reinigend; Selbstreinigung bewirkend.*

Sẹlbst|rei|ni|gung, die (Biol.): *natürlicher Abbau von verunreinigenden Stoffen:* die S. der Flüsse und Seen.

sẹlbst|schlie|ßend ⟨Adj.⟩: *(von Türen) automatisch schließend.*

Sẹlbst|schuss, der ⟨meist Pl.⟩: *(als Sicherungsmaßnahme) Vorrichtung, bei deren Berührung ein Schuss ausgelöst wird:* »Vorsicht, Selbstschüsse!«

Sẹlbst|schuss|an|la|ge, die: *Anlage* (4) *mit Selbstschüssen:* eine S. installieren.

Sẹlbst|schutz, der: *das Sichschützen, Sichabschirmen gegen bestimmte negative Einflüsse, Gefährdungen o. Ä.:* ihr Verhalten war reiner S.

sẹlbst|si|cher ⟨Adj.⟩: *Selbstsicherheit besitzend, zeigend:* sie ist sehr s.

Sẹlbst|si|cher|heit, die ⟨o. Pl.⟩: *in jmds. Selbstbewusstsein begründete Sicherheit im Auftreten o. Ä.:* sehr viel S. besitzen.

sẹlbst|stän|dig, (auch:) selbständig ⟨Adj.⟩ [zu frühnhd. selbstand = Person, spätmhd. selbstēnde = für sich bestehend]: **a)** *unabhängig von fremder Hilfe o. Ä.; eigenständig:* ein -er Mensch; an -es Arbeiten gewöhnt sein; s. handeln, denken; **b)** *nicht von außen gesteuert; in seinen Handlungen frei, nicht von andern abhängig:* ein -er Staat; eine -e Stellung; ein -er Handwerker *(Handwerker mit eigenem Betrieb);* die -en Berufe *(Berufe, in denen man nicht als Arbeitnehmer arbeitet);* nicht -e Arbeit; das Land ist s. geworden *(hat seine staatliche Autonomie erhalten);* * **sich s. machen** (1. *ein eigenes Unternehmen gründen.* 2. scherzh.; *sich lösen, abhanden kommen, weglaufen:* das Kind hat sich unterwegs s. gemacht).

Sẹlbst|stän|di|ge, (auch:) Selbständige, der u. die; -n, -n ⟨Dekl. ↑Abgeordnete⟩: *jmd., der einen selbstständigen* (b) *Beruf ausübt.*

Sẹlbst|stän|dig|keit, (auch:) Selbständigkeit, die; -: **a)** *selbstständige* (a) *Art:* die Kinder zur S. erziehen; **b)** *das Selbstständigsein* (b): seine S. wahren, erringen.

Sẹlbst|steu|e|rung, die (Technik): *automatische Steuerung (einer Maschine o. Ä.).*

Sẹlbst|stu|di|um, das ⟨o. Pl.⟩: *Wissensaneignung durch Bücher:* sich Kenntnisse durch, im S. aneignen.

Sẹlbst|sucht, die ⟨o. Pl.⟩: *nur auf den eigenen Vorteil o. Ä. bedachte, nur die eigene Person kennende Einstellung.*

sẹlbst|süch|tig ⟨Adj.⟩: *durch Selbstsucht bestimmt:* ein -er Mensch; s. handeln.

sẹlbst|tä|tig ⟨Adj.⟩: *automatisch [funktionierend]:* etw. öffnet, schließt, reguliert sich s.

Sẹlbst|täu|schung, die: *Täuschung, der sich jmd. selbst hingibt; Selbstbetrug:* der S. erliegen.

Sẹlbst|tor, das (Ballspiele): *Eigentor.*

Sẹlbst|tö|tung, die (Amtsspr.): *Selbstmord.*

sẹlbst|tra|gend ⟨Adj.⟩ (Technik): *ohne zusätzliche Stützen, Träger o. Ä. Stabilität besitzend:* eine -e Konstruktion.

Sẹlbst|über|he|bung, die (geh.): *Einbildung, Dünkelhaftigkeit.*

Sẹlbst|über|schät|zung, die: *Überschätzung der eigenen Person, der eigenen Fähigkeiten.*

Sẹlbst|über|win|dung, die: *das Überwinden seiner inneren Widerstände gegen etw., jmdn.:* etw. kostet jmdn. S.

Sẹlbst|un|ter|richt, der: *Selbststudium.*

Sẹlbst|ver|ach|tung, die: *Verachtung seiner selbst.*

sẹlbst|ver|ant|wort|lich ⟨Adj.⟩: *eigenverantwortlich.*

Sẹlbst|ver|ant|wor|tung, die ⟨o. Pl.⟩: *Verantwortung für das eigene Handeln.*

Sẹlbst|ver|bren|nung, die: *Form des Selbstmords, bei der jmd. [sich selbst mit Benzin übergießt u.] sich verbrennt.*

sẹlbst ver|dient: s. selbst (I).

sẹlbst|ver|ges|sen ⟨Adj.⟩ (geh.): *so in Gedanken*

S

versunken, dass jmd. die Umwelt gar nicht wahrnimmt: s. dasitzen.

Selbst|ver|ge|wis|se|rung, die (geh.): *Bestätigung des eigenen Selbstbildes.*

Selbst|ver|lag, der ⟨o. Pl.⟩ (Buchw.): *das Verlegen eines Druckwerks durch den Autor selbst:* ein Buch im S. herausbringen.

Selbst|ver|leug|nung, die: *Selbstentäußerung.*

selbst|ver|liebt ⟨Adj.⟩: *von sich selbst angetan u. naiv um sich selbst kreisend.*

Selbst|ver|liebt|heit, die: *das Selbstverliebtsein:* die S. des Dandyismus.

Selbst|ver|mark|tung, die: *Verkauf eigener Produkte direkt an die Verbraucher.*

Selbst|ver|nich|tung, die: *Vernichtung des eigenen Lebens.*

Selbst|ver|pfle|gung, die ⟨o. Pl.⟩: *Verpflegung, die jmd. selbst übernimmt.*

Selbst|ver|schul|den, das; -s (Amtsspr.): *eigenes Verschulden (als Ursache für etw.):* der Unfall geschah durch S.

selbst|ver|schul|det ⟨Adj.⟩: *auf Selbstverschulden zurückzuführen.*

Selbst|ver|sor|ger, der: *jmd., der sich selbst (mit Nahrung, bestimmten Gütern o. Ä.) versorgt.*

Selbst|ver|sor|ge|rin, die: w. Form zu ↑Selbstversorger.

selbst|ver|ständ|lich: **I.** ⟨Adj.⟩ *sich aus sich selbst verstehend:* eine ganz -e Reaktion; etw. ist ganz s. für jmdn.; etw. für s. halten. **II.** ⟨Adv.⟩ *was sich von selbst versteht (sodass jmd. keine Begründung geben, keinen Grund nennen muss); ohne Frage; natürlich* (II 1): ich tue das s. gerne; »Billigst du das?« – »Selbstverständlich [nicht]!«

Selbst|ver|ständ|lich|keit, die; -, -en: *etw., was sich von selbst versteht, was als selbstverständlich angesehen, erwartet, vorausgesetzt wird:* etw. als S. ansehen; sie griff mit der größten S. *(Unbefangenheit, Natürlichkeit)* nach der angebotenen Schokolade.

Selbst|ver|ständ|nis, das ⟨o. Pl.⟩: *Vorstellung von sich selbst, mit der eine Person, eine Gruppe o. Ä. lebt [u. sich in der Öffentlichkeit darstellt]:* ein neues S. entwickeln; **Ü** das S. der Bundesrepublik, der Universität.

Selbst|ver|stüm|me|lung, die: *vorsätzliche Verstümmelung, Verletzung des eigenen Körpers.*

Selbst|ver|such, der: *(zu Forschungszwecken) am eigenen Körper vorgenommener Versuch:* etw. im S. erproben.

Selbst|ver|tei|di|gung, die: *das Sich-selbst-Verteidigen:* das Recht auf S.

Selbst|ver|trau|en, das: *jmds. Vertrauen in die eigenen Kräfte, Fähigkeiten:* ein gesundes, kein, zu wenig S. haben.

Selbst|ver|wal|tung, die [nach engl. self-government]: *unabhängige, eigenverantwortliche Verwaltung von etw.:* kommunale S.; die S. der Universitäten.

Selbst|ver|wirk|li|chung, die (bes. Philos., Psych.): *Entfaltung der eigenen Persönlichkeit durch das Realisieren von Möglichkeiten, die in jmdm. selbst angelegt sind.*

Selbst|vor|wurf, der ⟨meist Pl.⟩: *Vorwurf, den jmd. sich selbst macht.*

Selbst|wähl|fern|ver|kehr, der (Fernspr.): *Fernsprechverkehr ohne Vermittlung durch ein Fernamt.*

Selbst|wert|ge|fühl, das ⟨Pl. selten⟩ (Psych.): *Gefühl für den eigenen Wert.*

Selbst|zah|ler, der (Versicherungsw.): *jmd., der seine Arzt-, Krankenhausrechnung o. Ä. selbst bezahlt.*

Selbst|zah|le|rin, die: w. Form zu ↑Selbstzahler.

Selbst|zer|flei|schung, die (geh.): *zerstörerische Selbstkritik.*

Selbst|zeug|nis, das ⟨meist Pl.⟩: *literarisches Zeugnis eigenen Tuns u. Denkens, Erlebens o. Ä.:* ein Roman in -sen.

selbst|zu|frie|den ⟨Adj.⟩ (häufig abwertend): *auf eine unkritische [leicht selbstgefällige] Weise mit sich u. seinen Leistungen zufrieden u. ohne Ehrgeiz:* ein -er Mensch; mit -em *(von Selbstzufriedenheit zeugendem)* Lächeln; s. sein.

Selbst|zu|frie|den|heit, die (häufig abwertend): *selbstzufriedene Art.*

Selbst|zün|dung, die (Kfz-W.): *das selbsttätige Entzünden des Kraftstoff-Luft-Gemischs beim Dieselmotor.*

Selbst|zweck, der ⟨o. Pl.⟩: *Zweck, der in etw. selbst liegt, der nicht auf etw. außerhalb Bestehendes abzielt:* etw. ist [zum] S. geworden *(hat sich von seinem eigentlichen Ziel losgelöst).*

Selbst|zwei|fel, der: *auf sich selbst, sein eigenes Denken u. Tun gerichteter Zweifel:* von [keinerlei] -n geplagt werden.

sel|chen ⟨sw. V.; hat⟩ [vgl. ahd. arselchen = dörren] (bayr., österr.): *räuchern:* Fleisch, Wurst s.; geselchter Schweinebauch.

Sel|cher, der; -s, - (bayr., österr.): *Fleischer, der Geselchtes herstellt u. verkauft.*

Sel|che|rei, die; -, -en (bayr., österr.): *Fleisch- u. Wursträucherei.*

Sel|che|rin, die; -, -nen: w. Form zu ↑Selcher.

Selch|fleisch, das (bayr., österr.): *Rauchfleisch.*

Seld|schu|ke, der; -n, -n: Angehöriger eines türkischen Volksstammes.

Seld|schu|kin, die; -, -nen: w. Form zu ↑Seldschuke.

Se|lek|ta, die; -, ...ten [zu lat. selectum, 2. Part. von: seligere = auslesen, auswählen] (früher): *Oberklasse für begabte Schüler nach Abschluss der eigentlichen Schule.*

se|lek|tie|ren ⟨sw. V.; hat⟩ [zu ↑Selektion] (bildungsspr.): *aus einer vorhandenen Anzahl von Individuen od. Menge von Dingen diejenigen heraussuchen, deren [positive] Eigenschaften sie für einen bestimmten Zweck besonders geeignet machen:* Saatgut, Tiere für die Zucht s.; selektierende Methoden.

Se|lek|tie|rung, die; -, -en: *das Selektieren.*

Se|lek|ti|on, die; -, -en [engl. selection < lat. selectio = das Auslesen, zu: seligere, ↑Selekta]: **1.** (Biol.) *[natürliche] Auslese u. Fortentwicklung durch Überleben der jeweils stärksten Individuen einer Art:* Züchtung neuer Sorten durch S. **2.** ⟨o. Pl.⟩ (bildungsspr.) *Auswahl:* die S. von Wörtern, die sich syntaktisch kombinieren lassen.

se|lek|tiv ⟨Adj.⟩ [engl. selective = zielgerichtet, zu lat. selectus, ↑Selekta]: **1.** *auf Auswahl, Auslese beruhend; auswählend:* eine -e Wirkung; die Medien können uns nur s. informieren. **2.** (Funkw.) *trennscharf.*

Se|lek|ti|vi|tät, die; -: **1.** (Funkw.): *Trennschärfe.* **2.** (Chemie) *(bei chemischen Reaktionen) Anteil der durch Substanzen od. Organismen zu einem gewünschten Produkt umgesetzten Stoffmenge im Verhältnis zur insgesamt umgesetzten Stoffmenge.* **3.** *selektive Beschaffenheit:* die S. des Kursangebotes beanstanden.

Se|len, das; -s [zu griech. selḗnē = Mond, so benannt wegen der Verwandtschaft mit dem Element Tellur (zu lat. tellus = Erde)]: *Halbmetall, das auch die Eigenschaft eines Halbleiters haben kann u. je nach Dunkel od. Helligkeit seine Leitfähigkeit ändert (chemisches Element;* Zeichen: Se).

Se|le|nat, das; -[e]s, -e (Chemie): *Salz der Selensäure.*

se|le|nig ⟨Adj.⟩ (Chemie): *Selen enthaltend:* -e Säure.

[1]Se|le|nit [auch: ...ˈnɪt], das; -s, -e (Chemie): *Salz der selenigen Säure.*

[2]Se|le|nit [auch: ...ˈnɪt], der; -s, -e [griech. líthos selēnítēs, eigtl. = mondartiger Stein, nach der blassen Farbe]: *Gips* (1).

Se|le|no|lo|ge, der; -n, -n [↑-loge]: *Wissenschaftler auf dem Gebiet der Selenologie.*

Se|le|no|lo|gie, die; - [↑-logie]: *Wissenschaft von der Beschaffenheit u. Entstehung des Mondes; Geologie der Mondgesteine.*

Se|le|no|lo|gin, die; -, -nen: w. Form zu ↑Selenologe.

se|le|no|lo|gisch ⟨Adj.⟩: *die Selenologie betreffend.*

Se|len|säu|re, die ⟨o. Pl.⟩ (Chemie): *Sauerstoffsäure des Selens.*

Se|len|zel|le, die (Physik): *mit Selen als lichtempfindlichem Körper arbeitende Photozelle.*

Self|go|vern|ment [engl.: sɛlfˈgʌvnmənt], das; -s, -s [engl. self-government, zu: government = Regierung]: engl. Bez. für *Selbstverwaltung.*

Self|made|frau [ˈsɛlfmeɪdˈfrau̯], die: *Frau, die sich aus eigener Kraft hochgearbeitet hat.*

Self|made|man [ˈsɛlfmeɪdˈmæn], der; -s, ...men [...ˈmɛn; engl. self-made man, eigtl. = selbstgemachter Mann]: *jmd., der sich aus eigener Kraft hochgearbeitet hat.*

se|lig ⟨Adj.⟩ [mhd. sælec, ahd. sālīg, eigtl. = wohl geartet, gut, glücklich, H. u.]: **1. a)** *[von allen irdischen Übeln erlöst u.] des ewigen Lebens, der himmlischen Wonnen teilhaftig:* s. werden; sie hat ein -es Ende gehabt *(ist in dem Glauben gestorben, die ewige Seligkeit zu erlangen);* bis an mein -es Ende *(bis zum Tod);* Gott hab ihn s. *(gebe ihm die ewige Seligkeit);* der Glaube allein macht s.; jmdn. s. *(der ewigen Seligkeit teilhaftig)* preisen; soll sie doch/von mir aus kann sie s. werden mit ihrem Geld (iron.; *[wenn sie mir nichts abgeben will –] ich kann darauf verzichten*); **R** wers glaubt, wird s. (↑glauben 2 a); ***jmdn. s. sprechen** (kath. Kirche; *jmdn. durch päpstlichen Akt in den Stand begrenzter lokaler Verehrungswürdigkeit erheben):* der Papst hat sie s. gesprochen; **b)** (geh.) *verstorben:* ihr -er Mann; **c)** ⟨nur in Verbindung mit dem Namen⟩ (kath. Kirche) *selig gesprochen:* der Heiligsprechungsprozess der -en Dorothea von Montau. **2. a)** *einem tiefen [spontanen] Glücksgefühl hingegeben:* sie sanken in -en Schlummer; in -em Nichtstun verharren; sie war s. über/(schweiz. auch:) für diese Nachricht; für diese Erfolge ist er wirklich s. (emotional; *glücklich*) zu preisen; sich s. in den Armen liegen; **b)** (ugs.) *leicht betrunken:* nach dem dritten Glas war sie schon ganz s.

-se|lig (meist spött. od. scherzh.): drückt in Bildungen mit Substantiven aus, dass die beschriebene Person in etw. schwelgt, sich dem damit verbundenen oder dadurch ausgelösten Gefühl [allzu] bereitwillig hingibt: bier-, fußball-, tränenselig.

Se|li|ge, der u. die ⟨Dekl. ↑Abgeordnete⟩: **1. a)** ⟨nur Sg.⟩ (veraltet, noch scherzh.) *verstorbener Ehemann bzw. verstorbene Ehefrau:* mein -r sagte immer ...; **b)** ⟨nur Pl.⟩ *Tote als die in die ewige Seligkeit Eingegangenen:* die Gefilde der -n. **2.** (kath. Kirche) *jmd., der selig gesprochen wurde.*

Se|lig|keit, die; -, -en [mhd. sælecheit, ahd. sālicheit]: **1.** ⟨o. Pl.⟩ *Verklärung, Vollendung im Reich Gottes u. ewige Anschauung Gottes:* die ewige S. erlangen, gewinnen, verlieren; **Ü** von einem Sieg hängt doch nicht die S. *(das persönliche Glück, Glücklichsein)* ab. **2.** *tiefes [rauschhaftes] Glücksgefühl:* ihre S. war groß; alle -en des Lebens auskosten; in S. schwimmen (ugs.; *sehr selig sein*); vor S. fast vergehen.

se|lig prei|sen: s. selig (1 a, 2 a).

Se|lig|prei|sung, die: *eschatologische Verheißung der Seligkeit* (1) *in der Bergpredigt.*

se|lig spre|chen: s. selig (1 a).

Se|lig|spre|chung, die; -, -en (kath. Kirche): *Akt des Seligsprechens.*

Sel|ler, der; -s, - [engl. seller = Ware (im Hinblick auf ihren Absatz)] (Werbespr.): kurz für ↑Best-, ↑Longseller.

Sel|le|rie [ˈzɛləri, österr.: ...ˈriː], der; -s, -[s] od. (österr. auch:) die; -, - u. (österr.:) -n [ital. (lombardisch) selleri, Pl. von: sellero < spätlat. selinon < griech. sélinon = Eppich]: *Pflanze mit gefiederten, dunkelgrünen, aromatisch duftenden Blättern u. einer als (essbare) Knolle ausgebildeten Wurzel.*

Sel|le|rie|sa|lat, der: *aus den Knollen von Sellerie bereiteter Salat.*

Sel|ling-Cen|ter, (auch:) **Sel|ling|cen|ter,** [ˈsɛlɪŋsɛntə], das; -s, - [zu engl. to sell = verkaufen u. center, ↑Center] (Wirtsch.): *Gesamtheit der am Verkauf eines Produktes beteiligten Personen.*

sel|ten ⟨Adj.⟩ [mhd. selten, ahd. seltan (Adv.),

H. u.]: **1.** *in kleiner Zahl [vorkommend, vorhanden]; nicht oft, nicht häufig [geschehend]:* ein -es Ereignis; -e Ausnahmen; -e Pflanzen, Tiere, Arten, Steine; ein -er Gast; das geht in den -sten Fällen gut; sie war eine -e *(außergewöhnliche)* Schönheit; Störche werden immer -er; wir sehen uns nur noch s.; er spricht s. darüber; s. so gelacht! (ugs. iron.; *das ist aber gar nicht komisch od. witzig*); Ü er ist ein -er Vogel (ugs.; *ein seltsamer, sonderbarer Mensch*). **2.** ⟨intensivierend bei Adjektiven⟩ *besonders:* ein s. schönes Exemplar; ein s. preiswertes Angebot; sie hat sich s. dumm angestellt.

Sel|ten|heit, die; -, -en: **1.** ⟨o. Pl.⟩ *seltenes Vorkommen:* trotz der [relativen] S. solcher Fälle; das Edelweiß ist wegen seiner S. geschützt. **2.** *etwas selten Vorkommendes:* diese Ausgabe letzter Hand ist eine S.; es ist eine S., dass du mit den Kindern ins Kino gehst.

Sel|ten|heits|wert, der ⟨o. Pl.⟩: *Wert, den etw. aufgrund seiner Seltenheit hat:* ein Exemplar mit, von S.

Sel|ter (seltener), **Sel|ters,** das; -, - [nach der Quelle in dem Ort Niederselters im Taunus]: kurz für ↑Selterswasser: Herr Ober, bitte ein S. (ugs.; *ein Glas Selters*).

Sel|ters|was|ser, Sel|ter|was|ser, das ⟨Pl. (Sorten:) ...wässer⟩: *Mineralwasser mit natürlicher od. künstlich zugesetzter Kohlensäure.*

selt|sam ⟨Adj.⟩ [mhd. seltsæne, ahd. seltsāni, zu ↑selten u. einem alten Adj. mit der Bed. »sichtbar, zu sehen« (zu ↑sehen), also eigtl. = nicht häufig zu sehen, im Nhd. an Bildungen auf -sam angelehnt]: *vom Üblichen abweichend u. nicht recht begreiflich; eigenartig, merkwürdig:* ein -es Erlebnis, Phänomen; das ist s., kommt mir s. vor; sich s. benehmen; ⟨subst.:⟩ ich träumte etwas Seltsames.

selt|sa|mer|wei|se ⟨Adv.⟩: *als Tatbestand, Sachverhalt seltsam anmutend.*

Selt|sam|keit, die; -, -en [spätmhd. selzenkeit]: **a)** ⟨Pl. selten⟩ *seltsame Art; seltsamer Zug:* die S. des Geschehens; **b)** *seltsame Erscheinung, seltsamer Vorgang.*

Sel|vas ⟨Pl.⟩ [span. selva < lat. silva = Wald]: *tropischer Regenwald im Amazonasgebiet.*

Sem, das; -s, -e [griech. sēma = Zeichen, Merkmal] (Sprachw.): *kleinste Komponente einer Wortbedeutung.*

Se|man|tik, die; - [zu griech. sēmantikós = bezeichnend, zu: sēmaínein = bezeichnen, zu: sēma, ↑Sem] (Sprachw.): **1.** *Teilgebiet der Linguistik, das sich mit den Bedeutungen sprachlicher Zeichen u. Zeichenfolgen befasst.* **2.** *Bedeutung, Inhalt (eines Wortes, Satzes od. Textes).*

se|man|tisch ⟨Adj.⟩ (Sprachw.): **1.** *die Semantik (1) betreffend:* -e Forschungen. **2.** *die Semantik (2) betreffend:* ein -er Unterschied.

Se|ma|si|o|lo|gie, die; - [zu griech. sēmasía = das Bezeichnen u. ↑-logie] (Sprachw.): *Lehre von den Wortbedeutungen u. ihren [historischen] Veränderungen.*

se|ma|si|o|lo|gisch ⟨Adj.⟩ (Sprachw.): *die Semasiologie betreffend.*

Se|mei|o|gra|phie, die; - [zu griech. sēma, ↑Sem u. ↑-graphie]: *Zeichenschrift; Notenschrift.*

Se|mem, das; -s, -e [geb. nach ↑Morphem] (Sprachw.): *Bedeutung, inhaltliche Seite eines sprachlichen Zeichens.*

Se|men, das; -s, Semina [lat. semen, ↑Seminar] (Bot.): *Pflanzensamen.*

Se|mes|ter, das; -s, - [zu lat. semestris = sechsmonatig (in der Fügung semestre tempus = Zeitraum von sechs Monaten), zu: sex = sechs u. mensis = Monat]: **a)** *Studienhalbjahr an einer Hochschule:* das [neue] S. beginnt Anfang April; sie hat zehn S. Chemie studiert; ein Student im dritten S.; er ist, steht jetzt im 6. S.; **b)** (Studentenspr.) *jmd., der in einem bestimmten Semester seines Studiums steht;* *** ein älteres/höheres S.** (ugs. scherzh.; *eine ältere Person*): ihr Freund ist schon ein etwas älteres S.

Se|mes|ter|ar|beit, die: vgl. Seminararbeit.

Se|mes|ter|fe|ri|en ⟨Pl.⟩: *Zeit zwischen zwei Semestern, in der keine Lehrveranstaltungen stattfinden.*

-se|mes|trig: in Zusb., z. B. zwei-, dreisemestrig *(zwei, drei Semester [dauernd]).*

se|mi|arid ⟨Adj.⟩ [↑arid] (Geogr.): *überwiegend trocken:* -es Klima.

Se|mi|fi|na|le, das; -s, -, auch: -s (Sport): *Halbfinale.*

se|mi|hu|mid ⟨Adj.⟩ [↑humid] (Geogr.): *überwiegend feucht:* -es Klima.

Se|mi|ko|lon, das; -s, -s u. ...kola [zu griech. kōlon = Glied einer Satzperiode, eigtl. = Körperglied; gliedartiges Gebilde]: *aus einem Komma mit darüber gesetztem Punkt bestehendes Satzzeichen, das etwas stärker trennt als ein Komma, aber doch im Unterschied zum Punkt den Zusammenhang eines [größeren] Satzgefüges verdeutlicht; Strichpunkt.*

se|mi|la|te|ral ⟨Adj.⟩ [↑lateral]: *halbseitig* (a).

se|mi|lu|nar ⟨Adj.⟩ [↑lunar] (Fachspr., bes. Med.): *halbmondförmig:* eine -e Hautfalte.

Se|mi|nar, das; -s, -e, (österr. u. schweiz. auch:) -ien [lat. seminarium = Pflanzschule, zu: semen (Gen.: seminis) = Samen, Sprössling, verw. mit ↑Samen]: **1.** *Lehrveranstaltung [an einer Hochschule], bei der die Teilnehmer unter [wissenschaftlicher] Anleitung bestimmte Themen erarbeiten:* ein S. abhalten, durchführen, leiten, ankündigen, belegen; an einem S. teilnehmen. **2. a)** *Institut (1) für einen bestimmten Fachbereich an einer Hochschule:* das germanistische, philosophische S.; er ist Assistent am S. für Alte Geschichte; **b)** *Gesamtheit der an einem Seminar Beschäftigten u. Studierenden:* das S. macht einen Ausflug. **3. a)** kurz für ↑Priesterseminar; **b)** kurz für ↑Predigerseminar. **4.** *mit dem Schulpraktikum einhergehender Lehrgang für Studienreferendare vor dem 2. Examen.*

Se|mi|nar|ar|beit, die: *innerhalb eines Seminars (1) anzufertigende Arbeit:* eine S. schreiben.

Se|mi|na|rist, der; -en, -en: *jmd., der an einem Seminar (3, 4) ausgebildet wird.*

Se|mi|na|ris|tin, die; -, -nen: w. Form zu ↑Seminarist.

se|mi|na|ris|tisch ⟨Adj.⟩: *in einem Seminar (1, 3, 4) [stattfindend]:* eine -e Ausbildung; einen Stoff s. erarbeiten.

Se|mi|nar|schein, der: *Bescheinigung über die [erfolgreiche] Teilnahme an einem Seminar (1).*

Se|mi|o|lo|gie, die; - [zu griech. sēmeĩon = Zeichen u. ↑-logie]: **1.** (Philos., Sprachw.) *Lehre von den Zeichen; Zeichentheorie.* **2.** (Med.) *Symptomatologie.*

se|mi|o|lo|gisch ⟨Adj.⟩ (Fachspr.): *die Semiologie betreffend:* die Sprache als -es System.

Se|mi|o|tik, die; - [zu griech. sēmeiōtikós = zum (Be)zeichnen gehörend]: **1.** (Philos., Sprachw.) *Semiologie (1).* **2.** (Med.) *Symptomatologie.*

se|mi|o|tisch ⟨Adj.⟩ (Fachspr.): *die Semiotik betreffend.*

se|mi|per|me|a|bel ⟨Adj.⟩ [aus lat. semi- = halb u. ↑permeabel] (Fachspr.): *nur halb, nur für bestimmte Substanzen durchlässig:* eine semipermeable Membran.

se|misch ⟨Adj.⟩ [zu ↑Sem] (Sprachw.): *das Sem betreffend.*

Se|mit, der; -en, -en [nach Sem, dem ältesten Sohn Noahs im A. T.]: Angehöriger einer sprachlich u. anthropologisch verwandten Gruppe von Völkern bes. in Vorderasien u. Nordafrika.

Se|mi|tin, die; -, -nen: w. Form zu ↑Semit.

se|mi|tisch ⟨Adj.⟩: *die Semiten betreffend, zu ihnen gehörend:* die -en Sprachen; ein -es Volk.

Se|mi|vo|kal, der; -s, -e (Sprachw.): *Halbvokal.*

Sem|mel, die; -, -n [mhd. semel(e) = Brot aus Weizenmehl, ahd. semala = fein gemahlenes Weizenmehl < lat. simila] (bes. österr., bayr.): *Brötchen:* frische, knusprige, noch warme -n; eine S. mit Wurst, Käse; eine geriebene S.; in Milch aufgeweichte -n essen; *** weggehen wie warme -n** *(sich besonders schnell u. gut verkaufen lassen).*

sem|mel|blond ⟨Adj.⟩: **a)** *von hellem, gelblichem Blond:* -e Haare; **b)** *mit semmelblondem Haar:* er ist s.

Sem|mel|brö|sel, der, österr.: das ⟨meist Pl.⟩: *Bröckchen von geriebenen Brötchen.*

Sem|mel|knö|del, der (bes. bayr., österr.): *aus Semmeln, Butter, Mehl, Eiern u. Gewürzen zubereiteter Knödel.*

Sem|mel|mehl, das: *fein geriebene Semmelbrösel.*

Sem|per|vi|vum, das; -s, ...va [lat. sempervivum, zu: sempervivus = immer lebend] (Bot.): *Hauswurz.*

sem|pli|ce [...itʃe] ⟨Adv.⟩ [ital. semplice < lat. simplex (Gen.: simplicis)] (Musik): *einfach, schlicht.*

sem|pre ⟨Adv.⟩ [ital. sempre < lat. semper] (Musik): *immer.*

¹Sen, der; -[s], -[s] ⟨aber: 100 Sen⟩ [indones.]: *Währungseinheit in Indonesien* (100 Sen = 1 Rupiah).

²Sen, der; -[s], -[s] ⟨aber: 100 Sen⟩ [jap.]: *Währungseinheit in Japan* (100 Sen = 1 Yen).

sen. = senior.

Se|nat, der; -[e]s, -e [1: lat. senatus, eigtl. = Rat der Alten, zu: senex = alt, bejahrt]: **1.** (hist.) *(im Rom der Antike) Staatsrat als Träger des Volkswillens.* **2.** *(in einem parlamentarischen Zweikammersystem) eine Kammer des Parlaments* (z. B. in den USA). **3. a)** (Bundesrepublik Deutschland) *Landesregierung der Stadtstaaten Hamburg, Bremen u. Berlin;* **b)** *¹Magistrat (2)* (z. B. in Lübeck, Rendsburg); **c)** *beratendes Organ des bayerischen Landtags.* **4.** *beratende Körperschaft mit gewissen Entscheidungskompetenzen, die sich in einem bestimmten Verhältnis aus sämtlichen an einer Universität od. Hochschule vertretenen Personalgruppen zusammensetzt.* **5.** *aus mehreren Richtern zusammengesetztes Gremium an höheren deutschen Gerichten.*

Se|na|tor, der; -s, ...oren [lat. senator]: *Mitglied eines Senats (1–4).*

Se|na|to|rin, die; -, -nen: w. Form zu ↑Senator.

se|na|to|risch ⟨Adj.⟩: *den Senat betreffend.*

Se|nats|be|schluss, der: *Beschluss des Senats.*

Send|bo|te, der (früher): *jmd., der eine Botschaft überbringt:* -n ausschicken; Ü Schneeglöckchen, die -n des Frühlings.

Send|bo|tin, die: w. Form zu ↑Sendbote.

Send|brief, der (früher): *offener Brief.*

Sen|de|an|stalt, die: *Rundfunk-, Fernsehanstalt.*

Sen|de|be|reich, der (Rundf., Ferns.): *Bereich, in dem Sendungen [besonders gut] empfangen werden u. für den bestimmte Sendungen ausgestrahlt werden.*

Sen|de|fol|ge, die (Rundf., Ferns.): **1.** *Reihenfolge der Sendungen.* **2.** (selten) *Sendung in Fortsetzungen.*

Sen|de|ge|biet, das (Rundf., Ferns.): *Sendebereich.*

Sen|de|ge|rät, das (Elektrot.): *Gerät, mit dem man Funksprüche, Rundfunk- od. Fernsehsendungen senden kann.*

Sen|de|leis|tung, die (Elektrot.): *Leistung (2 c) eines Senders, Sendegeräts.*

Sen|de|mast, der: *¹Mast (2) für die Antenne eines Senders (1 b).*

sen|den ⟨unr. V.; sandte/(seltener:) sendete, hat gesandt/(seltener:) gesendet⟩ [mhd. senden, ahd. senten, Kausativ zu einem Verb mit der Bed. »reisen« u. eigtl. = reisen machen, verw. mit ↑Sinn in dessen alter Bed. »Gang, Reise, Weg«]: **1.** (geh.) *¹schicken (1):* jmdm. einen Brief, ein Paket, einen Gruß, Blumen s.; etw. an jmdn. s.; wir senden [Ihnen] die Waren ins Haus. **2.** (geh.) *¹schicken (2 a):* Hilfspersonal in ein Katastrophengebiet s.; Ü die Sonne sandte ihre wärmenden Strahlen zur Erde. **3.** ⟨sendete, hat gesendet, schweiz.: sandte, hat gesandt⟩ **a)** *ausstrahlen (4):* das Fernsehen sendet einen Spielfilm; im Radio wurden Reiserufe gesendet; ⟨auch o. Akk.-Obj.:⟩ die Station sendet auf UKW, rund um die Uhr; **b)** *über eine Funkanlage in den Äther ausstrahlen:* einen Funkspruch s.

Sen|de|pau|se, die (Rundf., Ferns.): *Pause zwischen Sendungen:* nach einer kurzen S. bringen wir das Hörspiel ...; Ü du hast jetzt erst mal S. (ugs.; *sollst still sein*).

Sẹn|der, der; -s, - [2: spätmhd. sender]: **1. a)** *Anlage, die Signale, Informationen u. a. in elektromagnetische Wellen umwandelt u. in dieser Form abstrahlt:* ein [leistungs]starker, schwacher S.; ein anderer S. schlägt durch; **b)** *Rundfunk-, Fernsehsender:* ein privater, öffentlich-rechtlicher, illegaler S.; die angeschlossenen S. kommen mit eigenem Programm wieder; einen S. gut, schlecht empfangen können; ausländische S. hören; einen anderen S. einstellen, suchen; den S. kriege ich schlecht, nicht rein; auf dem S. sein/über den S. gehen (Jargon; *gesendet werden*); das Programm wurde von vielen in- und ausländischen -n übernommen; **c)** *Funkhaus:* jmdn. im S. anrufen. **2.** (selten) *jmd., der jmdn. etw. irgendwohin schickt.*

Sẹn|de|raum, der: *Raum im Funkhaus für Aufnahmen u. Übertragung von Ton- u. Fernsehsendungen.*

Sẹn|de|rei|he, die: *mehrere thematisch zusammenhängende Sendungen.*

Sẹn|de|rin, die; -, -nen: w. Form zu ↑Sender (2).

Sẹn|de|saal, der: vgl. Senderaum.

Sẹn|de|schluss, der: *Ende der Sendezeit* (2).

Sẹn|de|sta|ti|on, die (Funk, Rundf., Ferns.): *Station, die Sendungen ausstrahlt.*

Sẹn|de|strahl, der (Funk): *von einer Antenne ausgesendeter Strahl elektromagnetischer Wellen.*

Sẹn|de|zeit, die: **1.** *Zeit, die für eine Sendung zur Verfügung steht:* unsere S. geht leider zu Ende. **2.** *Zeit, während deren ein Sender Sendungen ausstrahlt.*

Sẹnd|ling, der; -s, -e (schweiz., sonst veraltet): *[Send]bote, -botin.*

Sẹn|dung, die; -, -en [1 a: mhd. sendunge, sandunge = Übersendung; gesandtes Geschenk, ahd. santunga]: **1. a)** (selten) *das Senden* (1): die S. der Bücher ist bereits erfolgt; **b)** *etw. [als bestimmte Menge von Waren] Gesandtes* (1): eine postlagernde, eingeschriebene S.; eine S. zustellen; wir haben gerade eine neue S. erhalten; wir mussten die S. zurückschicken; wir bestätigen Ihnen den Empfang der S. **2.** ⟨o. Pl.⟩ (geh.) *große [geschichtliche] Aufgabe, wichtiger [schicksalhafter] Auftrag; Mission:* die politische S. der Partei. **3. a)** (Rundfunkt., Ferns.) *das Ausstrahlen über einen Sender* (1 b): Achtung, S. läuft; **b)** *Rundfunk-, Fernsehsendung:* eine aktuelle, politische, kulturelle S.; eine S. produzieren, hören, sehen, mitschneiden; die S. wird morgen wiederholt; **c)** *etw. Gesendetes* (3 b): feindliche -en stören.

Sẹn|dungs|be|wusst|sein, das: *jmds. feste Überzeugung, zu einer Sendung* (2) *auserwählt zu sein.*

[1]Se|ne|gal, der; -[s]: Fluss in Westafrika.

[2]Se|ne|gal; -s, (auch:) der; -[s]: Staat in Westafrika: der südliche S.

Se|ne|ga|ler, der; -s, -, Senegalese; -n, -n: Ew.

Se|ne|ga|le|rin, die; -, -nen: w. Form zu ↑Senegaler.

Se|ne|ga|le|se, der; -n, -n: Ew.

Se|ne|ga|le|sin: w. Form zu ↑Senegalese.

se|ne|ga|le|sisch ⟨Adj.⟩: *[2]Senegal, die Senegaler betreffend; von den Senegalern abstammend, zu ihnen gehörend.*

Se|nes|blät|ter usw.: ↑Sennesblätter usw.

Se|nes|zẹnz, die; - [zu lat. senescere = alt werden] (Med.): *das Altern u. die dadurch bedingten körperlichen Veränderungen.*

Sẹnf, der; -[e]s, -e [mhd. sen(e)f, ahd. senef < lat. sinapi(s) < griech. sínapi, viell. aus dem Ägypt.]: **1.** *aus gemahlenen Senfkörnern mit Essig u. Gewürzen hergestellte gelbbraune, breiige, würzig bis scharf schmeckende Masse:* scharfer, milder, bayrischer, französischer S.; ein Glas, eine Tube S.; zu Weißwürsten gehört süßer S.; * **[überall] seinen S. dazugeben** (ugs.; *[ungefragt zu allem] seine Meinung sagen, seinen Kommentar geben*); **einen langen S. machen** (ugs.; *unnötig viel Worte machen*). **2.** *Pflanze, aus deren in Schoten enthaltenen Samenkörnern Senf* (1) *hergestellt wird.*

sẹnf|far|ben, sẹnf|far|big ⟨Adj.⟩: *von der Farbe des Senfs* (1); *bräunlich gelb.*

Sẹnf|gas, das: *braune, ölige, stechend riechende, äußerst giftige Substanz.*

Sẹnf|glas, das ⟨Pl. ... gläser⟩: *[1]Glas* (2 b) *mit Senf.*

Sẹnf|gur|ke, die: *in Stücke geschnittene, in Essig mit Senfkörnern, Zucker, Salz u. Gewürzen eingelegte Gurke.*

Sẹnf|korn, das ⟨Pl. ...körner; meist Pl.⟩: *Samenkorn des Senfs* (2), *das als Gewürz verwendet wird.*

Sẹnf|so|ße, die: *mit Senf* (1) *zubereitete Soße:* hart gekochte Eier in S.

Sẹn|ge ⟨Pl.⟩ [eigtl. wohl = Hieb, der brennt] (landsch.): *Prügel:* S. bekommen, kriegen, beziehen.

sẹn|gen ⟨sw. V.; hat⟩ [mhd. sengen, ahd. in: bisengan, urspr. = brennen, dörren]: **1. a)** (selten) *die Oberfläche einer Sache leicht, ein wenig versengen; ansengen:* sie hat beim Bügeln die Bluse, den Kragen [etwas] gesengt; **b)** *durch leichtes, flüchtiges Abbrennen mit einer Flamme von restlichen Federn befreien; absengen:* eine Gans rupfen und s.; * **s. und brennen** (veraltet; *plündern u. durch Brand zerstören*). **2. a)** *an der Oberfläche leicht, ein wenig brennen:* die Schuhe fingen an zu s.; **b)** *sehr heiß scheinen:* die Mittagssonne sengt; sengende *(sehr große)* Hitze lag über der Stadt. **3.** *sengend hervorbringen, entstehen lassen:* sich mit einer Zigarette ein Loch ins Hemd s. **4.** (Textilind.) *gasieren.*

sẹn|ge|rig, sẹng|rig ⟨Adj.⟩ (landsch.): *angebrannt [riechend]:* ein -er Geruch.

Sen|hor [sɛnˈjoːɐ̯], der; -s, -es [port. senhor < lat. senior, ↑Senior]: **1.** *(in Portugal) Bezeichnung u. Anrede eines Herrn.* **2.** *(in Portugal) Herr* (3), *Besitzer.*

Sen|ho|ra, die; -, -s [port. senhora]: w. Form zu ↑Senhor.

Sen|ho|ri|ta, die; -, -s [port. senhorita]: *(in Portugal) Bezeichnung u. Anrede eines Mädchens, einer unverheirateten [jungen] Frau.*

se|nil ⟨Adj.⟩ [lat. senilis = greisenhaft, zu: senex, ↑Senior]: **1.** (bildungsspr., oft abwertend) *durch Alter körperlich u. geistig nicht mehr voll leistungsfähig; greisenhaft u. in seinen Äußerungen u. Handlungen mehr od. weniger kindisch:* s. werden, sein. **2.** (Med.) *das Greisenalter betreffend; im hohen Lebensalter auftretend:* -e Demenz.

Se|ni|li|tät, die; - (bildungsspr., oft abwertend): *das Senilsein; Greisenhaftigkeit.*

se|ni|or ⟨indekl. Adj.; nur nachgestellt hinter Personennamen⟩ [lat. senior = älter, Komp. von: senex = alt]: dient der Bezeichnung des Vaters zur Unterscheidung vom Sohn, bes. bei Gleichheit von Vor- u. Zunamen: *der Ältere;* Abk.: sen.; [Hans] Krause sen.

Se|ni|or, der; -s, ...oren: **1. a)** ⟨Pl. selten⟩ (oft scherzh.) *Vater (im Verhältnis zum Sohn);* **b)** ⟨o. Pl.⟩ (Kaufmannsspr.) *älterer Teilhaber, Geschäftspartner:* das Geschäft ist vom S. auf den Junior übergegangen. **2.** (Sport) *Sportler im Alter von mehr als 18 od. (je nach Sportart) 20, 21 od. 23 Jahren:* er startet schon bei den -en. **3.** ⟨meist Pl.⟩ *älterer Mensch, Mensch im Rentenalter, Ruheständler:* ermäßigte Fahrten für -en. **4.** *Ältester in einem Kreis, Kollegium o. Ä.:* er ist der S. der Mannschaft. **5.** (Verbindungsw.) *Erster Chargierter eines studentischen Korps.*

Se|ni|or|chef, der (Kaufmannsspr.): *Geschäfts-, Firmeninhaber, dessen Sohn in der Firma mitarbeitet.*

Se|ni|or|che|fin, die: w. Form zu ↑Seniorchef.

Se|ni|o|ren|heim, das: *Altenwohnheim.*

Se|ni|o|ren|klas|se, die (Sport): *Klasse* (4) *der Senioren* (2) *u. Seniorinnen.*

Se|ni|o|rin, die; -, -nen: w. Form zu ↑Senior (1 b, 2, 3).

Se|ni|or|rei|se, die (bes. Werbespr.): *organisierte Reise für Senioren* (3) *u. Seniorinnen.*

Sẹnk|blei, das (Bauw.): *[1]Lot* (1 a).

Sẹn|ke, die; -, -n [mhd. senke, zu ↑senken]: *[größere, flache] Vertiefung im Gelände:* das Haus liegt in einer S.

Sẹn|kel, der; -s, - [mhd. senkel, auch: Zugnetz, Anker, ahd. senkil = Anker, zu ↑senken]: **1.** kurz für ↑Schnürsenkel. **2.** * **jmdn. in den S. stellen** (*jmdn. scharf zurechtweisen;* zu »Senkel« in der älteren Bedeutung »Senkblei«; eigtl. = etw. ins Lot bringen). **3.** * **jmdm. auf den S. gehen** (ugs.; *jmdm. lästig sein, auf die Nerven gehen;* H. u.): der geht mir aber auf den S. mit seinem Gequatsche.

sẹn|ken ⟨sw. V.; hat⟩ [mhd., ahd. senken, eigtl. = sinken machen, versenken, Kausativ zu ↑sinken]: **1. a)** *abwärts, nach unten bewegen:* den Kopf s., gesenkt halten; die Startflagge s.; sie senkten die Fahnen zur Ehrung der Toten; der Dirigent senkte den Taktstock; Ü den Blick, die Augen s. (geh.; *zu Boden blicken*); er senkte die Stimme (geh.; *sprach leiser [u. dunkler]*); mit gesenktem Blick stand er vor ihr; **b)** *nach unten u. in eine bestimmte Lage, an eine bestimmte Stelle bringen:* die Taucherglocke ins Wasser, den Sarg ins Grab s.; Ü jmdm. den Keim des Bösen ins Herz s. **2.** (Bergmannsspr.) **a)** *(die Sohle einer Strecke) tiefer legen;* **b)** *abteufen:* einen Schacht s. **3.** ⟨s. + sich⟩ **a)** *abwärts, nach unten bewegt werden:* die Schranke senkt sich; der Vorhang senkte sich während des rauschenden Finales; das Boot hob und senkte sich in der Dünung; der Brustkorb hebt und senkt sich; **b)** *abwärts, nach unten sinken; herabsinken:* die Äste senkten sich unter der Last des Schnees; Ü Dunkelheit, der Abend, die Nacht senkt sich auf die Erde (geh.; *es wird dunkel, wird Abend, wird Nacht*). **4.** ⟨s. + sich⟩ **a)** *allmählich niedriger werden, in die Tiefe gehen, absinken* (1 b): der Wasserspiegel hat sich [kaum merklich, deutlich] gesenkt; **b)** *leicht abschüssig verlaufen, abfallen* (4): das Gelände senkt sich nach Osten. **5. a)** *bewirken, dass etw. niedriger* (1 a) *wird:* die lange Trockenheit hat den Grundwasserspiegel gesenkt; **b)** *bewirken, dass etw. niedriger* (2) *wird:* das Fieber, den Blutdruck s.; die Löhne, Preise, Steuern, Kosten s. *(herabsetzen).* **6.** (Fachspr.) *mit einem Senker* (1) *ein Bohrloch kegelförmig erweitern.*

Sẹn|ker, der; -s, -: **1.** (Technik) *einem Bohrer ähnliches Werkzeug zum kegelförmigen Erweitern vorgebohrter Löcher.* **2.** (selten) *Steckling; Ableger.*

Sẹnk|fuß, der (Med.): *Fuß, dessen Wölbung sich gesenkt hat.*

Sẹnk|gru|be, die (Bauw.): *auszementierte Grube ohne Abfluss zur Aufnahme von Fäkalien.*

Sẹnk|kas|ten, der (Technik): *Kasten aus Stahl od. Beton mit erhöhtem Druck im Innern, der Arbeiten unter Wasser ermöglicht; Caisson.*

sẹnk|recht ⟨Adj.⟩ [nach der Vorstellung des an einer Schnur gerade nach unten hängenden Senkbleis]: **1. a)** (Geom.) *(mit einer Geraden o. Ä.) einen rechten Winkel bildend:* die Schenkel des Winkels stehen s. aufeinander; **b)** *in einer geraden Linie von unten nach oben od. von oben nach unten verlaufend:* -e Wände, Linien; der Rauch steigt s. in die Höhe; die Felswand ragt fast s. empor; bleib, halt dich s.! (ugs.; *fall nicht um!*); R immer [schön] s. bleiben! (ugs.; *immer Haltung, Fassung bewahren!*); * **das einzig Senkrechte** (ugs.; *das einzig Richtige*). **2.** (schweiz., sonst ugs.) *aufrecht, rechtschaffen:* ein -er Eidgenosse, Bürger, Mann.

Sẹnk|rech|te, die; -n, -n ⟨aber: zwei -[n]⟩: **a)** (Geom.) *[1]Lot* (3); **b)** *senkrechte* (1 b) *Linie.*

Sẹnk|recht|star|ter, der: **1.** *senkrecht startendes und landendes Flugzeug mit einem Ringflügel.* **2.** (ugs.) *jmd., der ohne lange Anlaufzeit eine ungewöhnlich steile Karriere macht; etw., was plötzlich großen Erfolg hat.*

Sẹnk|recht|star|te|rin, die; -, -nen: w. Form zu ↑Senkrechtstarter (2).

Sẹnk|rü|cken, der: *(bei bestimmten Tieren, bes. bei Pferden) Rücken, bei dem die Wirbelsäule nach unten durchgebogen ist.*

S

Senk|schacht, der: *Senkgrube.*

Sen|kung, die; -, -en: **1.** ⟨o. Pl.⟩ *das Senken* (1). **2.** ⟨o. Pl.⟩ *das Senken* (5 b): die S. der Steuern; eine S. der Zinsen um 0,4 %. **3.** (Geol.) *das Sichsenken von Teilen der Erdkruste, das bei vulkanischer Aktivität, bei Gebirgsbildung u. a. auftritt:* dabei kommt es zu -en. **4.** (selten) *Senke.* **5.** (Verslehre) *unbetonte Silbe eines Wortes im Vers.* **6.** (Med.) kurz für ↑Blutsenkung.

Senk|we|he, die ⟨meist Pl.⟩ (Med.): *Vorwehe.*

Senn, der; -[e]s, -e [spätmhd. senne, ahd. senno, wohl aus dem Kelt. u. viell. eigtl. = Melker] (bayr., österr., schweiz.): *Almhirt, der auf der Alm die Milch zu Butter u. Käse verarbeitet.*

¹Sen|ne, der; -n, -n (bayr., österr.): ↑Senn.

²Sen|ne, die; -, -n [mhd. senne] (bayr., österr.): *Alm.*

sen|nen ⟨sw. V.; hat⟩ (bayr., österr.): *als Senn[in] arbeiten.*

Sen|nen|hund, der: *(urspr. zum Hüten der Herden auf den Almen eingesetzter) kräftig gebauter, mittelgroßer Hund mit breitem Kopf u. Hängeohren.*

Sen|ne|rei, die; -, -en (bayr., österr., schweiz.): *Alm, auf der die Milch zu Butter u. Käse verarbeitet wird.*

Sen|nes|blät|ter ⟨Pl.⟩ [mhd. sene < mlat. sene < arab. sannā]: *Blätter verschiedener Arten der Kassie.*

Sen|nes|blät|ter|tee, der: *aus Sennesblättern gebrauter Tee, der als Abführmittel verwendet wird.*

Senn|hüt|te, die; -, -n (bayr., österr.): *Almhütte.*

Sen|nin, die; -, -nen: w. Form zu ↑Senn.

Se|ñor [sɛnˈjoːɐ̯], der; -s, -es [span. señor < lat. senior, ↑Senior]: **1.** *(in Spanien) Bezeichnung u. Anrede eines Herrn.* **2.** *(in Spanien) Herr* (3), *Besitzer.*

Se|ño|ra, die; -, -s [span. señora]: w. Form zu ↑Señor.

Se|ño|ri|ta, die; -, -s [span. señorita]: *(in Spanien) Bezeichnung u. Anrede eines Mädchens, einer unverheirateten [jungen] Frau.*

Sen|sa|ti|on, die; -, -en [frz. sensation, eigtl. = Empfindung < mlat. sensatio, zu spätlat. sensatus = empfindend, zu lat. sensus, ↑sensuell]: **1.** *Aufsehen erregendes, unerwartetes Ereignis; Aufsehen erregende, außergewöhnliche Leistung, Darbietung:* eine technische, medizinische S. [ersten Ranges]; er, sein Auftritt war die S. des Abends; ihre Hochzeit war die S. des Jahres; die Rede des Außenministers war eine politische S.; der Roman ist eine literarische S.; das [Fernseh-, Zirkus]publikum will -en sehen; der Prozess, die Geschichte riecht nach S.; etw. als, zur S. aufbauschen, zur S. machen. **2.** (Med.) *subjektive körperliche Empfindung, Gefühlsempfindung (z. B. Hitzewallung bei Aufregungen).*

sen|sa|ti|o|nell ⟨Adj.⟩ [frz. sensationnel, zu: sensation, ↑Sensation]: *[unerwartet u.] großes Aufsehen erregend:* eine -e Nachricht, Story, Erfindung; ein -es Buch; ein -er archäologischer Fund; einen -en Rekord aufstellen; der Prozess nahm eine -e Wendung; der Erfolg war s.; eine s. aufgemachte Story; sie haben das Spiel s. hoch gewonnen.

Sen|sa|ti|ons|gier, die (abwertend): *Gier nach Sensationen* (1).

Sen|sa|ti|ons|ha|sche|rei, die; -, -en ⟨Pl. selten⟩ (abwertend): *Verhalten, das darauf abzielt, Ereignisse zu Sensationen aufzubauschen, um so Aufsehen zu erregen:* das ist alles nur S.

Sen|sa|ti|ons|jour|na|lis|mus, der (abwertend): *Journalismus im Stil der Sensationspresse.*

sen|sa|ti|ons|lüs|tern ⟨Adj.⟩ (abwertend): *lüstern nach Sensationen* (1): eine -e Menge.

Sen|sa|ti|ons|mel|dung, die: *sensationelle Meldung.*

Sen|sa|ti|ons|pres|se, die (abwertend): *Presse, die Ereignisse zu Sensationen aufbauscht.*

Sen|sa|ti|ons|pro|zess, der: *sensationeller Prozess.*

Sen|sa|ti|ons|sieg, der (bes. Sport): *sensationeller Sieg.*

sen|sa|ti|ons|süch|tig ⟨Adj.⟩ (abwertend): vgl. sensationslüstern.

Sen|se, die; -, -n [mhd. sēnse (md.), segens(e), ahd. segensa, eigtl. = die Schneidende]: *Gerät zum Mähen, dessen langes, bogenförmig gekrümmtes, am freien Ende allmählich spitz zulaufendes Blatt* (5) *rechtwinklig am langen Stiel befestigt ist:* **R** S. sein (salopp; *Schluss sein;* H. u.): bei mir ist jetzt S. *(ich habe endlich genug davon, mache Schluss).*

sen|sen ⟨sw. V.; hat⟩ (selten): *mit der Sense mähen.*

Sen|sen|blatt, das: *Blatt* (5) *einer Sense.*

sen|sen|för|mig ⟨Adj.⟩: *in der Art eines Sensenblattes bogenförmig gekrümmt.*

Sen|sen|mann, der: *(den Tod* 1 *verkörperndes) menschliches Gerippe mit einer Sense:* der Tod als S.

Sen|sen|stein, der: *Wetzstein zum Schärfen der Sense.*

sen|si|bel ⟨Adj.; ...bler, -ste⟩ [frz. sensible < lat. sensibilis = der Empfindung fähig, zu: sentire, ↑Sentenz]: **1.** *von besonderer Feinfühligkeit; seelisch leicht beeinflussbar; empfindsam:* ein sehr sensibler Mensch; ein sensibles Kind; sie ist, wirkt sehr s.; **Ü** die Instrumente reagieren sehr s. **2.** (Med.) *empfindlich gegenüber Schmerzen u. Reizen von außen; schmerzempfindlich:* sensible Nerven. **3.** *besonders viel Sorgfalt, Umsicht, Fingerspitzengefühl o. Ä. erfordernd, heikel:* ein äußerst sensibles Thema ansprechen.

Sen|si|bel|chen, das; -s, - (ugs.): *sehr sensibler, leicht zu verletzender od. zu verunsichernder Mensch:* er, sie ist ein S.

sen|si|bi|li|sie|ren ⟨sw. V.; hat⟩: **1.** (bildungsspr.) *sensibel* (1), *empfindlich machen (für die Aufnahme von Reizen u. Eindrücken):* sie ist durch dieses Erlebnis für das Leid der Flüchtlinge sensibilisiert worden. **2.** (Med.) *(den Organismus) gegen bestimmte Antigene empfindlich machen, die Bildung von Antikörpern bewirken.* **3.** (Fot.) *(von Filmen) lichtempfindlich machen.*

Sen|si|bi|li|sie|rung, die; -, -en: *das Sensibilisieren.*

Sen|si|bi|li|tät, die; - [frz. sensibilité < spätlat. sensibilitas = Empfindbarkeit, zu lat. sensibilis, ↑sensibel]: **1.** (bildungsspr.) *das Sensibelsein* (1). **2.** (Med.) *Reiz-, Schmerzempfindlichkeit (des Organismus u. bestimmter Teile des Nervensystems).* **3.** (Fot.) *(von Filmen) [Licht]empfindlichkeit.*

sen|si|tiv ⟨Adj.⟩ [frz. sensitif < mlat. sensitivus, zu: lat. sentire, ↑Sentenz] (bildungsspr.): *von übersteigerter Feinfühligkeit; überempfindlich.*

Sen|si|ti|vi|tät, die; - (bildungsspr.): *sensitives Verhalten; sensitive Beschaffenheit.*

Sen|si|ti|vi|täts|trai|ning, das (Psych.): *gruppentherapeutische Methode zur Beseitigung von Hemmungen beim Ausdrücken von Gefühlen.*

Sen|si|to|me|ter, das [↑-meter (1)] (Fot.): *Gerät zur Messung der Empfindlichkeit fotografischer Platten u. Filme.*

Sen|so|mo|to|rik, Sensumotorik [auch: – – –ˈ– –], die; - [zu ↑Sensus u. ↑Motorik] (Med., Psych.): *Gesamtheit des durch Reize bewirkten Zusammenspiels von Sinnesorganen u. Muskeln.*

sen|so|mo|to|risch, sensumotorisch ⟨Adj.⟩ (Med., Psych.): *die Sensomotorik betreffend, auf ihr beruhend.*

Sen|sor, der; -s, ...oren [engl. sensor, zu lat. sensus, ↑sensuell] (Technik): **1.** *Messfühler.* **2.** *durch bloßes Berühren zu betätigende Schalter bei elektronischen Geräten.*

sen|so|risch ⟨Adj.⟩ (Med.): *die Sinnesorgane, die Aufnahme von Sinnesempfindungen betreffend:* -e Nerven.

Sen|sor|tas|te, die: *Sensor* (2).

Sen|su|a|lis|mus, der; - [zu spätlat. sensualis, ↑sensuell] (Philos.): *Lehre, nach der alle Erkenntnis allein auf Sinneswahrnehmung zurückzuführen ist.*

Sen|su|a|list, der; -en, -en: *Anhänger, Vertreter des Sensualismus* (1).

Sen|su|a|lis|tin, die; -, -nen: w. Form zu ↑Sensualist.

sen|su|a|lis|tisch ⟨Adj.⟩: **1.** *den Sensualismus* (1) *betreffend.* **2.** (bildungsspr. veraltet) *sinnlich.*

Sen|su|a|li|tät, die; - [spätlat. sensualitas] (Med.): *Empfindungsvermögen (der Sinnesorgane).*

sen|su|ell ⟨Adj.⟩ [frz. sensuel < spätlat. sensualis = sinnlich, zu lat. sensus = Sinn, Wahrnehmung, zu: sentire, ↑Sentenz]: **1.** (bildungsspr. veraltet) *sinnlich.* **2.** *die Sinne, die Sinnesorgane betreffend; sinnlich wahrnehmbar.*

Sen|su|mo|to|rik: ↑Sensomotorik.

sen|su|mo|to|risch: ↑sensomotorisch.

Sen|sus, der; -, - [...suːs] [lat. sensus = Wahrnehmung, Empfindung; Bewusstsein, Gefühl, zu: sentire, ↑Sentenz]: **1.** (Med.) *Empfindungsvermögen (eines Sinnesorgans).* **2.** *** **einen, keinen S. für etw. haben/besitzen** (ugs.; *Gespür, kein Gespür für etw. haben*).

Sen|tenz, die; -, -en [mhd. sentenzie < lat. sententia = Meinung; Urteil; Gedanke, zu: sentire (2. Part.: sensum) = fühlen; urteilen, denken]: **1.** (bildungsspr.) *kurz u. treffend formulierter, einprägsamer Ausspruch, der Allgemeingültigkeit beansprucht; Sinnspruch, Denkspruch.* **2.** ⟨Pl.⟩ (Theol.) *die fundamentalen theologischen Lehrsätze der Kirchenväter u. der Heiligen Schrift enthaltende Sammlung.*

Sen|ti|ment [sãtiˈmã], das; -s, -s [frz. sentiment < mlat. sentimentum, zu lat. sentire, ↑Sentenz] (bildungsspr.): **a)** *Empfindung, Gefühl;* **b)** (selten) *Gefühl der Voreingenommenheit.*

sen|ti|men|tal ⟨Adj.⟩ [engl. sentimental, zu: sentiment < frz. sentiment, ↑Sentiment]: **a)** (oft abwertend) *allzu gefühlsbetont; [übertrieben] gefühlvoll; rührselig:* -e Lieder, Filme, Geschichten; in -er Stimmung sein; ihre Briefe klingen s.; er sang sehr s.; **b)** (selten) *empfindsam [u. leicht schwärmerisch, romantisch].*

Sen|ti|men|ta|li|tät, die; -, -en [engl. sentimentality, zu: sentimental, ↑sentimental] (oft abwertend): **1.** ⟨o. Pl.⟩ *sentimentale Art; allzu große Empfindsamkeit; Rührseligkeit:* seine S. liegt mir nicht; S. empfinden. **2.** ⟨meist Pl.⟩ *etw., worin sich Sentimentalität* (1) *ausdrückt:* keine Zeit für -en haben.

sen|za ⟨Adv.⟩ [ital. senza, zu lat. absentia = Abwesenheit] (Musik): *ohne* (meist in Verbindung mit einer Vortragsanweisung): s. pedale *(ohne Pedal);* s. sordino *(ohne Dämpfer);* s. tempo *(ohne bestimmtes Zeitmaß).*

Se|oul [seˈuː, korean.: soul]: Hauptstadt von Südkorea.

Se|pa|ran|dum, das; -s, ...da ⟨meist Pl.⟩ [zu lat. separandum = das Abzusondernde, Gerundiv von: separare, ↑separieren] (Med.): *Arzneimittel, das gesondert aufbewahrt wird* (z. B. Opiate, Gift).

se|pa|rat ⟨Adj.⟩ [lat. separatum, adj. 2. Part. von: separare, ↑separieren]: *als etw. Selbstständiges von etw. anderem getrennt; für sich; gesondert:* eine Wohnung mit -em Eingang; die einzelnen Bände sind auch s. erhältlich; s. wohnen.

Se|pa|rat-: kennzeichnet in Bildungen mit Substantiven eine Sache als etw. Gesondertes, von anderem Getrenntes: Separatgespräch, -interesse.

Se|pa|rate [ˈsɛp(ə)rɪt], das; -s, -s [engl. separates (Pl.), zu: separate = getrennt, gesondert < lat. separatum, ↑separat] (Mode): *zwei- od. dreiteilige Kombination* (2), *deren Einzelteile man auch getrennt tragen kann:* ein sportliches S.

Se|pa|rat|ein|gang, der: *separater Eingang.*

Se|pa|rat|frie|de, Se|pa|rat|frie|den, der: *Frieden, der nur mit einem von mehreren Gegnern, nur einseitig von einem der Bündnispartner mit dem Gegner abgeschlossen wird.*

Se|pa|ra|ti|on, die; -, -en [lat. separatio = Absonderung, zu: separare, ↑separieren]: **1.** *Gebietsabtrennung (zur Angliederung an einen anderen Staat od. zur politischen Verselbstständigung).* **2.** (veraltend) *Absonderung, Trennung.* **3.** *(bes. im 18. u. 19. Jh.) Verfahren zur Beseitigung der Gemengelage; Flurbereinigung.*

Se|pa|ra|tịs|mus, der; - [vgl. engl separatism] (oft abwertend): *das Streben nach Separation* (1, 2), *bes. nach Gebietsabtrennung, um einen separaten Staat zu gründen.*

Se|pa|ra|tịst, der; -en, -en [engl. separatist, urspr. = religiöser Sektierer, zu: to separate = trennen < lat. separare] (oft abwertend): *Vertreter, Anhänger des Separatismus.*

Se|pa|ra|tịs|tin, die; -, -nen: w. Form zu ↑Separatist.

se|pa|ra|tịs|tisch ⟨Adj.⟩ (oft abwertend): *den Separatismus betreffend, ihn vertretend:* -e Bestrebungen, Tendenzen.

Se|pa|ra̲|tor, der; -s, ...o̲ren [lat. separator = Trenner] (Technik): *Vorrichtung, Gerät, das die verschiedenen Bestandteile eines Gemisches, Gemenges o. Ä. voneinander trennt.*

Sé|pa|rée [zepaˈreː], das; -s, -s: kurz für ↑Chambre séparée.

se|pa|ri̲e|ren ⟨sw. V.; hat⟩ [spätmhd. seperieren < lat. separare = absondern, trennen; 2: frz. séparer < lat. separare, eigtl. = etw. für sich gesondert bereiten, zu: se(d) = für sich; beiseite u. parare = bereiten]: **1.** (Fachspr.) *mithilfe eines Separators trennen.* **2.** (veraltend) *absondern, trennen:* die Gesunden von den Kranken s.

Se|phạr|dim ⟨Pl.⟩ [nach dem Namen einer im A. T. genannten, später auf Spanien bezogenen Landschaft]: *die spanisch-portugiesischen u. die orientalischen Juden.*

se̲|pia ⟨indekl. Adj.⟩ [zu ↑Sepia (2)]: *von stumpfem Grau- od. Schwarzbraun.*

Se̲|pia, die; -, Sepien [lat. sepia < griech. sēpía = Tintenfisch]: **1.** *zehnarmiger Kopffüßer* (z. B. Tintenfisch). **2.** ⟨o. Pl.⟩ *aus einem Drüsensekret der Sepia* (1) *gewonnener schwarzbrauner Farbstoff.*

se̲|pia|braun ⟨Adj.⟩: *sepia.*

Se̲|pia|zeich|nung, die: *Feder- od. Pinselzeichnung mit aus Sepia* (2) *hergestellter Tinte, Tusche.*

Se̲|pie, die; -, -n: ↑Sepia (1).

Sẹp|pel|ho|se, Sẹppl|ho|se, die [nach der (bes. in Bayern häufigen) landsch. Kurzf. »Seppl« des m. Vorn. Josef]: *kurze [Trachten]lederhose mit Trägern.*

Sẹp|pu|ku, das; -[s], -s [jap.] (selten): *Harakiri.*

Sẹp|sis, die; -, Sepsen [griech. sẽpsis = Fäulnis] (Med.): *Blutvergiftung.*

Sẹpt, die; -, -en (Musik): *Septime.*

Sept. = September.

Sẹp|ta: Pl. von ↑Septum.

Sẹpt|ak|kord, der (Musik): *Septimenakkord.*

Sẹp|te, die; -, -n (Musik): *Sept.*

Sẹp|tem A̲r|tes li|be|ra̲|les ⟨Pl.⟩ [lat., zu lat. septem = sieben u. artes liberales, ↑Artes liberales]: *Artes liberales.*

Sep|tẹm|ber, der; -[s], - [mhd. september < lat. (mensis) September = siebenter Monat (des römischen Kalenders), zu: septem = sieben]: *neunter Monat des Jahres;* Abk.: Sept.

Sep|tẹtt, das; -[e]s, -e [relatinisiert aus ital. settetto, zu: sette < lat. septem = sieben] (Musik): **a)** *Komposition für sieben solistische Instrumente od. sieben Solostimmen [mit Instrumentalbegleitung];* **b)** *Ensemble von sieben Instrumental- od. Vokalsolisten.*

Sept|hä|mi̲e, die; -, -n [zu griech. sēptikós (↑septisch) u. haĩma = Blut] (Med.): *Sepsis.*

Sep|ti|kä|mi̲e, Sep|tik|hä|mi̲e, die; -, -n [zu griech. sēptikós (↑septisch) u. haĩma = Blut] (Med.): *Sepsis.*

Sẹp|ti|ma, die; -, Septimen [lat. septima = die Siebente, zu: septem = sieben] (österr. veraltend): *siebte Klasse eines Gymnasiums.*

Sep|ti̲|me, die; -, -n [zu lat. septimus = der Siebente] (Musik): **a)** *siebenter Ton einer diatonischen Tonleiter;* **b)** *Intervall von sieben diatonischen Tonstufen.*

Sep|ti̲|men|ak|kord, der (Musik): *Akkord aus Grundton, Terz, Quint u. Septime od. aus drei übereinander gebauten Terzen.*

Sep|ti|mo̲|le, die; -, -n (Musik): *Septole.*

sẹp|tisch ⟨Adj.⟩ [griech. sēptikós = Fäulnis bewirkend, zu: sẽpsis, ↑Sepsis] (Med.): **1.** *die Sepsis betreffend, darauf beruhend.* **2.** *mit Keimen behaftet.*

Sep|to̲|le, die; -, -n [geb. nach ↑Triole] (Musik): *Folge von sieben Noten, die den Taktwert von 4, 6 od. 8 Noten haben.*

Sep|tu|a|ge|si|ma, die; -, selten auch, wenn o. Art.: ...mä ⟨meist o. Art.⟩ [mlat. septuagesima, eigtl. = der siebzigste (Tag vor Ostern)]: *(im Kirchenjahr) neunter Sonntag vor Ostern:* Sonntag S./Septuagesimä.

Sep|tu|a|gịn|ta, die; - [lat. septuaginta = siebzig; nach der Legende von 72 jüdischen Gelehrten verfasst]: *älteste u. wichtigste griechische Übersetzung des Alten Testaments* (Zeichen: LXX).

Sẹp|tum, das; -s, ...ta u. ...ten ⟨meist Pl.⟩ [spätlat. septum, Nebenf. von: saeptum = Umzäunung] (Anat., Med., Zool.): *Scheidewand.*

se|pul|kra̲l ⟨Adj.⟩ [lat. sepulcralis = zum Grabe gehörig] (veraltet): *das Grab[mal] od. Begräbnis betreffend.*

Se|quel [ˈsiːkwəl], das; -s, -s [engl. sequel = Fortsetzung < mengl. sequel(e) < mfrz. séquelle < lat. sequel(l)a = Folge, zu: sequi, ↑Sequenz] (Film Jargon): *Fortsetzungsfilm, bes. als Nachfolgefilm eines großen Erfolges mit gleichem Personenkreis u. ähnlicher Thematik.*

Se|quẹnz, die; -, -en [spätlat. sequentia = (Reihen)folge, zu lat. sequens (Gen.: sequentis), 1. Part. von: sequi = folgen]: **1.** (Fachspr., bildungsspr.) *Reihe[n]folge, Aufeinanderfolge von etw. Gleichartigem.* **2.** (Musik) *Wiederholung eines musikalischen Motivs auf höherer od. tieferer Tonstufe:* eine S. über die ganze Tastatur. **3.** (Musik) *hymnusartiger Gesang in der mittelalterlichen Liturgie.* **4.** (Film) *aus einer unmittelbaren Folge von Einstellungen gestaltete, kleinere filmische Einheit.* **5.** (Kartenspiel) *Serie aufeinander folgender Karten [gleicher Farbe].* **6.** (EDV) *Folge von Befehlen od. von hintereinander gespeicherten Daten.*

Se|quẹn|zer, der; -s, - (Musik): *meist als Teil eines Synthesizers verwendeter Kleincomputer, der Tonfolgen speichern u. beliebig oft wiedergeben kann.*

se|quen|zi|ẹll, (auch:) sequentiell ⟨Adj.⟩ [nach engl. sequential, zu: sequent = folgend < lat. sequens, ↑Sequenz] (EDV): *(von der Speicherung u. Verarbeitung von Anweisungen eines Computerprogramms) fortlaufend, nacheinander erfolgend:* -e Steuerungssysteme; Daten s. aufrufen.

Se|quẹs|ter, der; -s, - [1: lat. sequester; 2: lat. sequestrum; beide zum Adj. sequester = vermittelnd, zu: sequi, ↑Sequenz; 3: zu spätlat. sequestrare, ↑sequestrieren]: **1.** (Rechtsspr.) *jmd., der amtlich mit der treuhänderischen Verwaltung einer strittigen Sache beauftragt ist.* **2.** ⟨auch: das⟩ (Rechtsspr.) *Sequestration* (1): etw. unter S. stellen. **3.** ⟨auch: das⟩ (Med.) *abgestorbenes Teil eines Gewebes, bes. eines Knochens.*

Se|ques|tra|ti|o̲n, die; -, -en [1: spätlat. sequestratio, zu: sequestrare, ↑sequestrieren]: **1.** (Rechtsspr.) *Verwaltung von etw. durch einen Sequester* (1). **2.** (Med.) *Abstoßung eines Sequesters* (3).

se|ques|tri̲e|ren ⟨sw. V.; hat⟩ [spätlat. sequestrare = absondern, trennen, zu lat. sequester, ↑Sequester]: **1.** (Rechtsspr.) *unter Sequester* (2) *stellen, beschlagnahmen u. zwangsverwalten:* Vermögen s. **2.** (Med.) *ein Sequester* (3) *bilden.*

Se|quo̲|ia, die; -, -s, **Se|quo̲|ie,** die; -, -n [nach Sequoyah, dem Namen eines amerik. Indianerhäuptlings (1760–1843)]: *Mammutbaum.*

Se̲|ra: Pl. von ↑Serum.

Se̲|ra|fim: ↑Seraph.

Se|rail [zeˈraːj, zeˈra̲i(l), frz.: seˈraj], das; -s, -s [frz. sérail < ital. serraglio, türk. saray < pers. sarāy = Palast]: *Palast [eines Sultans], orientalisches Fürstenschloss.*

Se̲|raph, der; -s, -e u. -im, (ökum.:) Serafim [kirchenlat. seraphim (Pl.) < hebr. śěrafim] (Rel.): *(nach dem A. T.) Engel der Anbetung mit sechs Flügeln [u. der Gestalt einer Schlange].*

Se|ra̲|pis: altägyptischer Gott.

Sẹr|be, der; -n, -n: Angehöriger eines südslawischen Volkes.

Sẹr|bi|en; -s: Gliedstaat Jugoslawiens.

Sẹr|bin, die; -, -nen: w. Form zu ↑Serbe.

sẹr|bisch ⟨Adj.⟩: *Serbien, die Serben betreffend; von den Serben stammend, zu ihnen gehörend.*

Sẹr|bisch, das; -[s], u. ⟨nur mit best. Art.:⟩ **Sẹr|bi|sche,** das; -n: *serbische Sprache.*

ser|bo|kro|a̲|tisch ⟨Adj.⟩: *zum Serbokroatischen gehörend, es betreffend.*

Ser|bo|kro|a̲|tisch, das; -[s], u. ⟨nur mit best. Art.:⟩ **Ser|bo|kro|a̲|ti|sche,** das; -n: *in den meisten Teilen des ehemaligen Jugoslawien gesprochene südslawische Sprache.*

Se̲|re [älter ital. sère < lat. senior, ↑senior] (veraltet): höfliche, auf eine männliche Person bezogene Anrede in Italien.

Se̲|ren: Pl. von ↑Serum.

Se|re|na̲|de, die; -, -n [frz. sérénade < ital. serenata, zu: sereno < lat. serenus = heiter; in der Bed. beeinflusst von ital. sera = Abend]: **1.** (Musik) *aus einer lockeren Folge von oft fünf bis sieben Einzelsätzen (bes. Tanzsätzen) bestehende Komposition für [kleines] Orchester:* eine S. für Streicher. **2.** *Konzertveranstaltung [im Freien], auf deren Programm bes. Serenaden* (1) *stehen.*

Serge [zɛrʃ, frz.: sɛrʒ], die, (österr. auch:) der; -, -n [frz. serge, über das Vlat. < lat. serica = seidene Stoffe, zu: sericus < griech. sērikós = seiden] (Textilind.): *Gewebe in Köperbindung aus [Kunst]seide, [Baum]wolle od. Kammgarn.*

Ser|geant [zɛrˈʒant, frz.: sɛrˈʒã, engl. ˈsɑːdʒənt], der; -en, -en, (bei engl. Ausspr.:) -s, -s [frz. sergent bzw. engl. sergeant, aus mlat. serjantus, sergantus = Diener < lat. serviens (Gen.: servientis), 1. Part. von: servire, ↑servieren] (Milit.): **a)** ⟨o. Pl.⟩ frz. bzw. engl. Bez. für *Dienstgrad eines Unteroffiziers;* **b)** *Unteroffizier des Dienstgrades Sergeant* (a).

Se|ri|al [ˈsɪərɪəl], das; -s, -s [engl. serial, zu: series < lat. series, ↑Serie] (Ferns., Rundfunk Jargon): *Serie* (3).

Se̲|rie, die; -, -n [mhd. serje < lat. series = Reihe, Reihenfolge, zu: serere = fügen, reihen, knüpfen]: **1. a)** *bestimmte Anzahl, Reihe gleichartiger, zueinander passender Dinge, die ein Ganzes, eine zusammenhängende Folge darstellen:* eine S. Briefmarken, Fotos, Bilder; **b)** *Anzahl in gleicher Ausführung gefertigter Erzeugnisse der gleichen Art:* etw. in S. *(serienmäßig)* herstellen; etw. in S. schalten (Elektrot.; *hintereinander schalten, in Reihe schalten*); * **S. sein** (Jargon; *zur serienmäßigen Ausstattung gehören*): elektrische Fensterheber sind [bei allen Modellen] S.; **in S. gehen** *(erstmals serienmäßig, in Serienfertigung produziert werden).* **2.** *inhaltlich, thematisch zusammengehörende Folge von Sendungen* (3 b), *Veröffentlichungen von Büchern, Artikeln o. Ä., die in meist regelmäßigen Abständen erfolgen:* nächste Woche beginnt eine neue S. **3.** *Aufeinanderfolge gleicher, ähnlicher Geschehnisse, Erscheinungen:* sie kann auf eine lange S. von Erfolgen zurückblicken.

se|ri|ẹll ⟨Adj.⟩ [frz. sériel, zu: série < lat. series, ↑Serie]: **1.** (selten) *serienmäßig* (a). **2.** (Musik) *eine Kompositionstechnik verwendend, die vorgegebene, konstruierte Reihen von Tönen zugrunde legt u. zueinander in Beziehung setzt:* -e Musik. **3.** (EDV) *(in Bezug auf die Übertragung, Verarbeitung von Daten) zeitlich nacheinander.*

Se̲|ri|en|an|fer|ti|gung, die: *Anfertigung einer bestimmten Anzahl von Erzeugnissen der gleichen Art in gleicher Ausführung.*

Se̲|ri|en|au|to, das: *in Serie gefertigtes Auto:* ein ganz normales S.

Se̲|ri|en|fahr|zeug, das: vgl. Serienauto.

Se̲|ri|en|fer|ti|gung, die: vgl. Serienanfertigung.

Se̲|ri|en|held, der: *Held einer Serie* (2).

Se̲|ri|en|hel|din, die: w. Form zu ↑Serienheld.

Se|ri|en|kil|ler, der (ugs.): *Serienmörder.*
se|ri|en|mä|ßig ‹Adj.›: **a)** *in Serienfertigung [ausgeführt]:* mit der -en Herstellung beginnen; **b)** *bei der Serienanfertigung bereits eingebaut, vorhanden:* das Modell ist s. mit einer Klimaanlage ausgerüstet.
Se|ri|en|mör|der, der: *Mörder* (1), *der eine Reihe gleichartiger Morde begeht; Serienkiller.*
Se|ri|en|pro|duk|ti|on, die: vgl. Serienanfertigung.
se|ri|en|reif ‹Adj.›: *einen Entwicklungsstand aufweisend, der die Serienanfertigung ermöglicht:* ein -er Motor.
Se|ri|en|schal|tung, die (Elektrot.): *Reihenschaltung.*
Se|ri|en|tä|ter, der: *jmd., der eine Reihe gleichartiger Straftaten begeht.*
Se|ri|en|tä|te|rin, die: w. Form zu ↑Serientäter.
Se|ri|en|wa|gen, der: vgl. Serienauto.
se|ri|en|wei|se ‹Adv.›: **1.** *in Serien* (2), *als ganze Serie.* **2.** (ugs.) *in großer Zahl, in großen Mengen.*
Se|ri|fe, die; -, -n ‹meist Pl.› [(engl. serif) wohl zu niederl. schreef = Strich, Linie] (Druckw.): *kleiner, abschließender Querstrich am oberen od. unteren Ende von Buchstaben; Schraffe* (2).
se|ri|fen|los ‹Adj.› (Druckw.): *keine Serifen aufweisend:* eine -e Schrift.
Se|ri|gra|phie, die; -, -n [zu lat. sericus (↑Serge) u. ↑-graphie]: *Siebdruck.*
se|rio ‹Adv.› [ital. serio < lat. serius, ↑seriös] (Musik): *ernst, feierlich, gemessen.*
se|ri|ös ‹Adj.› [frz. sérieux < mlat. seriosus, zu lat. serius = ernsthaft, ernstlich]: **1. a)** *ordentlich, solide* (3) *wirkend; gediegen:* ein -er Herr; diese Leute sind, gelten als, wirken sehr s.; **b)** *ernst u. würdig; feierlich:* er macht immer einen sehr -en Eindruck; **c)** (selten) *solide* (1). **2.** *(bes. in geschäftlicher Hinsicht) vertrauenswürdig, glaubwürdig, zuverlässig:* eine -e Firma; ein -er Geschäftspartner; das ist kein -es Geschäftsgebaren. **3.** *ernst gemeint, ernsthaft, ernst zu nehmen:* solche Anzeigen sind nicht s.
Se|ri|o|si|tät, die; - [mlat. seriositas] (geh.): *seriöse Art, seriöses Wesen.*
Ser|mon, der; -s, -e [spätmhd. sermōn < lat. sermo (Gen.: sermonis) = Wechselrede, Gespräch; Vortrag; 2: wohl unter Einfluss von frz. sermon]: **1.** (veraltet) *Rede, Predigt.* **2.** (ugs.) *langatmiges, langweiliges Gerede:* sie hörte seinen S. geduldig an.
Se|ro|lo|gie, die; - [↑-logie]: *Forschungsgebiet der Medizin, das sich bes. mit dem Serum in Diagnostik u. Therapie befasst.*
se|ro|lo|gisch ‹Adj.›: *die Serologie betreffend:* -e Untersuchungen.
Se|rom, das; -s, -e [zu ↑Serum] (Med.): *Ansammlung einer serösen Flüssigkeit in Wunden od. Narben.*
se|rös ‹Adj.› [zu ↑Serum] (Med.): **1.** *aus Serum bestehend; mit Serum vermischt.* **2.** *Serum, ein serumähnliches Sekret absondernd:* -e Drüsen.
ser|pens ‹Adj.› [lat. serpens, 1. Part. von: serpere = kriechen, schleichen] (Med.): *fortschreitend, sich weiterverbreitend* (z. B. von Hautflechten).
Ser|pen|tin, der; -s, -e [mlat. serpentina, zu lat. serpens (Gen.: serpentis) = Schlange, viell. nach der schlangenhautähnlichen Musterung einzelner Stücke]: **a)** *meist grünes, seltener weißes, braunes od. schwarzes Mineral von geringer Härte, das zur Herstellung kunstgewerblicher Gegenstände verwendet wird;* **b)** *Serpentinit.*
Ser|pen|ti|ne, die; -, -n [zu spätlat. serpentinus = schlangenartig, zu lat. serpens, ↑Serpentin]: **a)** *in vielen Kehren, Windungen schlangenförmig an steilen Berghängen ansteigender Weg:* die S. hinunterfahren; **b)** *Kehre, Windung eines schlangenförmig an steilen Berghängen ansteigenden Weges:* eine steile S.
Ser|pen|ti|nen|stra|ße, die: *in Serpentinen* (b) *verlaufende Straße.*
Ser|pen|ti|nit [auch: ...'nɪt], der; -s, -e: *vorwiegend aus Serpentin* (a) *bestehendes, grünes bis dunkelgrünes, metamorphes Gestein.*

Ser|ra, die; -, -s [port. serra, eigtl. = Säge, < lat. serra]: *Sierra.*
Se|rum, das; -s, Seren u. Sera [lat. serum = Molke, eigtl. = Flüssiges]: **1.** kurz für ↑Blutserum. **2.** kurz für ↑Immunserum.
Se|rum|be|hand|lung, die: *Behandlung durch Injektion von Serum* (2).
Se|rum|ei|weiß|kör|per ‹Pl.› (Med., Biol.): *im Blutserum u. in der Lymphe enthaltene Albumine u. Globuline.*
Se|rum|ge|win|nung, die: *Gewinnung von Serum.*
Se|rum|pro|te|i|ne ‹Pl.› (Med., Biol.): *Serumeiweißkörper.*
Ser|val, der; -s, -e u. -s [frz. serval < port. (lobo) cerval = Luchs < lat. (lupus) cervarius, eigtl. = Hirschwolf, zu: cervus = Hirsch]: *in Steppen u. Savannen Afrikas lebende, kleinere Raubkatze mit kleinem Kopf, großen Ohren u. einem gelblichen bis bräunlichen Fell mit schwarzen Flecken.*
Serve-and-Vol|ley ['sə:v ənd 'vɔlɪ], das; -s [engl., aus: serve = Aufschlag u. volley, ↑Volley] (Tennis): *Aufschlag u. Netzangriff mit dem Ziel, den zurückgeschlagenen Ball volley zu verwandeln.*
Ser|ver ['sə:və], der; -s, - [engl. server, zu: to serve = dienen < afrz. servir < lat. servire, ↑servieren]: **1.** (EDV) *Rechner, der für andere in einem Netzwerk mit ihm verbundene Systeme (z. B. für eine Workstation) bestimmte Aufgaben (z. B. das Speichern von Dateien) übernimmt u. von dem diese ganz od. teilweise abhängig sind.* **2.** (Badminton, Tennis, Tischtennis) *Aufschläger.*
Ser|ve|rin, die; -, -nen: w. Form zu ↑Server (2).
[1]**Ser|vice** [zɛr'vi:s], das; - [...'vi:s] od. -s [...'vi:səs], - [...'vi:s od. ...'vi:sə] [frz. service, eigtl. = Dienstleistung, Bedienung (↑[2]Service), beeinflusst von frz. servir in der Bed. »Speisen auftragen« (↑servieren)]: *in Form, Farbe, Musterung übereinstimmendes, aufeinander abgestimmtes mehrteiliges Ess- od. Kaffeegeschirr:* ein schlichtes, gemustertes, kostbares S.; ein S. für zwölf Personen.
[2]**Ser|vice** ['sə:vɪs], der, auch: das; -, -s [...vɪs od. ...vɪsɪs] ‹Pl. selten› [engl. service = Dienst, Bedienung < (a)frz. service < lat. servitium = Sklavendienst, zu: servire, ↑servieren]: **1.** ‹o. Pl.› **a)** *(im gastronomischen Bereich) Bedienung u. Betreuung von Gästen:* das Hotel ist für seinen guten S. bekannt; **b)** *Kundendienst* (1): für dieses Gerät gibt es einen gut funktionierenden S. **2.** (Tennis) **a)** *Aufschlag* (2): ein harter S.; **b)** *Aufschlagball:* sein erster S. ging ins Netz.
Service|klub, der: *Überregionaler, in einzelnen regionalen Vereinen organisierter Verband, der sich dem Veranstalten kultureller und gesellschaftlicher Ereignisse [sowie karitativen Zielen] verschrieben hat,* z. B. Rotary International und Lions Club.
Ser|vice|netz ['sə:vɪs...], das: *über einen bestimmten Bereich verteilte Einrichtungen für Reparatur, Wartung o. Ä. technischer Erzeugnisse:* die Firma hat ein dichtes S. aufgebaut.
Ser|vice|pro|gramm ['sə:vɪs...], das (Rundf.): *Rundfunksendung von rein informativem, aktuellem Charakter* (z. B. Verkehrsmeldungen, Wetterlage, Veranstaltungskalender).
Ser|vice|teil [zɛr'vi:s...], das: *zu einem* [1]*Service gehörendes Teil.*
Ser|vice|un|ter|neh|men ['sə:vɪs...], das: *Unternehmen, das Dienstleistungen erbringt.*
ser|vie|ren ‹sw. V.; hat› [frz. servir = dienen; bei Tisch bedienen < lat. servire = Sklave sein, dienen, zu: servus = Sklave, Diener]: **1.** *zum Essen, Trinken auf den Tisch bringen [u. zum Verzehr anbieten]:* sie servierte ihren Gästen Tee; ‹auch ohne Akk.-Obj.:› beim Frühstück, Mittagessen s.; Ü er hat uns die tollsten Lügen serviert *(erzählt).* **2.** (Tennis) *den* [2]*Service* (2 a) *ausführen; aufschlagen* (4). **3.** (bes. Fußball) *einem Mitspieler in aussichtsreicher Position (den Ball) genau zuspielen.*
Ser|vie|re|rin, die; -, -nen: *weibliche Person, die [als Angestellte in einer Gaststätte] die Gäste bedient:* als S. arbeiten.

Ser|vier|tisch, der: *kleiner Tisch zum Abstellen von Speisen, Geschirr o. Ä.*
Ser|vier|toch|ter, die (schweiz.): *Serviererin, Kellnerin.*
Ser|vier|wa|gen, der: vgl. Serviertisch.
Ser|vi|et|te, die; -, -n [frz. serviette = Mundtuch, Handtuch, zu: servir (↑servieren), also urspr. = Gegenstand, der beim Servieren benötigt wird]: *meist quadratisches Tuch, das beim Essen zum Abwischen des Mundes u. zum Schutz der Kleidung benutzt wird:* weiße, bunte, leinene -n; -n aus Damast, Papier; sich die S. auf die Knie legen.
Ser|vi|et|ten|ring, der: *größerer Ring, der eine zusammengerollte Serviette zusammenhält:* silberne, hölzerne -e.
ser|vil ‹Adj.› [lat. servilis, zu: servus = Sklave] (bildungsspr. abwertend): *untertänige Beflissenheit zeigend; kriecherisch schmeichelnd:* eine -e Haltung, Gesinnung; ein -es Lächeln.
Ser|vi|li|tät, die; -, -en [frz. servilité, zu: servile < lat. servilis, ↑servil] (bildungsspr. abwertend): **1.** ‹o. Pl.› *servile Art, Gesinnung, Haltung.* **2.** *servile Handlungsweise, Äußerung.*
Ser|vit, der; -en, -en [nach Ordo Servorum Mariae = Orden der Diener Mariens, dem lat. Namen des Ordens]: *Angehöriger eines 1233 gegründeten Bettelordens.*
Ser|vi|tin, die; -, -nen: *Angehörige des weiblichen Zweiges der Serviten.*
Ser|vi|tut, das; -[e]s, -e, (schweiz. auch:) die; -, -en [lat. servitus (Gen.: servitutis) = Verbindlichkeit] (Rechtsspr.): *Dienstbarkeit* (3).
Ser|vo- [zu lat. servus = Sklave, Diener] ‹Best. in Zus. mit Subst. mit der Bed.›: *eine zusätzliche Funktion erfüllend; zusätzlich verstärkend, vergrößernd; Hilfs-,* z. B. Servoeinrichtung, Servomotor.
Ser|vo|len|kung, die (Technik): *Lenkung (bei Kraftwagen), bei der die vom Fahrer aufgewandte Kraft verstärkt wird.*
ser|vus [aus lat. servus = (dein) Diener] (bes. südd., österr.): freundschaftlicher Gruß beim Abschied, zur Begrüßung.
Se|sam, der; -s, -s [lat. sesamum < griech. sēsamon, aus dem Semit.]: **1. a)** *krautige, dem Fingerhut* (2) *ähnliche Pflanze mit weißen bis roten glockigen Blüten, deren flache, glatte längliche Samen sehr ölhaltig sind;* **b)** *Samen des Sesams* (1 a). **2.** * **S., öffne dich!** (scherzh.; Ausruf bei dem [vergeblichen] Versuch, etw. zu öffnen od. ein Hindernis zu überwinden, eine Lösung herbeizuführen, ein bestimmtes Ziel zu erreichen o. Ä.; nach der eine Schatzkammer öffnenden Zauberformel in dem orientalischen Märchen »Ali Baba und die vierzig Räuber« aus »Tausendundeiner Nacht«).
Se|sam|brot, das: *Brot, das mit Sesam* (1 b) *bestreut ist [u. dessen Teig Sesam enthält].*
Se|sam|bröt|chen, das: vgl. Sesambrot.
Se|sam|öl, das: *aus Sesam* (1 b) *gewonnenes Öl.*
Se|schel|len: vgl. Seychellen.
Se|sel, der; -s, - [lat. seselis < griech. séselis]: *in Stauden wachsende Pflanze mit vielstrahligen Dolden u. eiförmigen Früchten, die als Heil- u. Gewürzpflanze verwendet wird.*
Ses|sel, der; -s, - [mhd. seʒʒel, ahd. seʒʒal, zu ↑sitzen]: **1.** *mit Rückenlehne, gewöhnlich auch mit Armlehnen versehenes, meist weich gepolstertes, bequemes Sitzmöbel (für eine Person); Polstersessel:* ein niedriger, tiefer, bequemer, drehbarer S.; sich in einen S. setzen, fallen lassen; Ü der Minister klebt an seinem S. (ugs. abwertend; *will nicht zurücktreten).* **2.** (österr.) *Stuhl.*
Ses|sel|fur|zer, der; -s, - (salopp abwertend): *jmd., der einen [kleinen] Posten innerhalb eines Verwaltungsapparats innehat, auf dem er aus Trägheit, mangelndem Engagement o. Ä. nichts Besonderes leistet.*
Ses|sel|leh|ne, die: *Lehne eines Sessels.*
Ses|sel|lift, der: *Seilbahn mit Einzel- od. Doppelsitzen, die an einem gewöhnlich fest mit dem Seil gekoppelten Bügel hängen.*
sess|haft ‹Adj.› [mhd. seʒhaft, zu mhd., ahd.

seȝ = (Wohn)sitz]: **a)** *einen festen Wohnsitz, einen bestimmten Ort als ständigen Aufenthalt besitzend:* -e Völker, Bauern; **b)** *nicht dazu neigend, seinen Wohnsitz, seinen Aufenthaltsort häufig zu wechseln:* es waren -e Leute, die ihr Dorf nicht verlassen wollten.

Sess|haf|tig|keit, die; -: *das Sesshaftsein.*

¹Ses|si|on, die; -, -en [lat. sessio, zu: sessum, 2. Part. von sedere = sitzen] (bildungsspr.): *sich über einen längeren Zeitraum erstreckende Tagung, Sitzungsperiode.*

²Ses|sion [ˈsɛʃən], die; -, -s [engl. session (< afrz. session) < lat. sessio, ↑¹Session]: kurz für ↑Jamsession.

¹Set [sɛt], das; auch: der; -[s], -s [engl. set, zu: to set = setzen]: **1.** *mehrere zusammengehörende gleichartige od. sich ergänzende Gegenstände:* ein S. aus Kamm, Bürste und Spiegel. **2.** *Deckchen aus Stoff, Bast, Kunststoff o. Ä. (für ein Gedeck), das mit anderen dazu passenden, oft anstelle einer Tischdecke, aufgelegt wird; Platzdeckchen.* **3.** (Sozialpsych.) *körperliche Verfassung u. innere Einstellung, Bereitschaft zu etw.* (z. B. eines Drogenabhängigen). **4.** ⟨der; -[s], -s⟩ (Film, Ferns.) *Szenenaufbau, Dekoration.*

²Set, das; -[s] [engl. set, ↑¹Set] (Druckw.): *Maßeinheit für die unterschiedliche Breite der Einzelbuchstaben einer Monotype.*

Set|te|cen|to [sɛteˈtʃɛnto], das; -[s] [ital. settecento = 18. Jahrhundert, kurz für: mille settecento = 1700] (Kunstwiss.): *Kultur u. Kunst des 18. Jahrhunderts in Italien.*

Set|ter [ˈsɛtɐ], der; -s, - [engl. setter, zu: to set (↑¹Set) in der Bed. »vorstehen«]: *größerer hochbeiniger Hund mit glänzendem, meist rotbraunem, langhaarigem Fell.*

Setz|ei, das (landsch., bes. nordostd.): *Spiegelei.*

set|zen ⟨sw. V.⟩ [mhd. setzen, ahd. sezzen, Kausativ zu ↑sitzen u. eigtl. = sitzen machen]: **1.** ⟨s. + sich; hat⟩ **a)** *[sich irgendwohin begebend] eine sitzende Stellung einnehmen:* jmdn. auffordern, sich zu s.; setzt euch/s.!; sich bequem, aufrecht s.; sich an den Tisch, auf einen Stuhl, neben jmdn., zu jmdm. s.; **b)** verblasst in präpositionalen Verbindungen; drückt aus, dass jmd. bestimmte Verhältnisse für sich herstellt: sich an die Spitze s. (↑Spitze 3 a); sich auf eine andere Spur s. *(als Autofahrer auf eine andere Fahrspur wechseln);* sich an jmds. Stelle s. (↑Stelle 1 a); sich in den Besitz von etw. s. (↑Besitz); sich bei jmdm. in Gunst s. *(sich jmds. Gunst verschaffen);* sich in Bewegung s. (↑Bewegung 1 b); sich ins Unrecht s. (↑Unrecht 1 a); sich mit jmdm. in Verbindung (↑Verbindung 4 b), ins Einvernehmen (↑Einvernehmen) s.; sich zur Wehr s. (↑¹Wehr). **2.** ⟨hat⟩ **a)** *zu bestimmtem Zweck an eine bestimmte Stelle bringen u. eine gewisse Zeit dort belassen; jmdm., einer Sache einen bestimmten Platz geben:* ein Kind auf einen Stuhl, jmdn./sich auf den Schoß s.; einen Topf auf den Herd s.; sich den Hut auf den Kopf s.; den Becher [zum Trinken] an den Mund s.; Karpfen in einen Teich s.; (Brettspiele:) einen Stein s.; ⟨auch o. Akk.-Obj.:⟩ er hat noch nicht gesetzt; **b)** verblasst in präpositionalen Wendungen; drückt aus, dass bestimmte Verhältnisse für jmdn., etw. hergestellt werden, dass jmd., etw. in einen bestimmten Zustand gebracht wird: jmdn. auf schmale Kost s. *(jmdm. wenig zu essen geben);* ein Schiff auf Grund s. *(auflaufen lassen);* etw. außer Betrieb s. *(eine Maschine o. Ä. zu arbeiten aufhören lassen; etw. abstellen);* etw. in Betrieb s. *(eine Maschine o. Ä. zu arbeiten beginnen lassen; etw. anstellen);* Dinge zueinander in Beziehung s. *(eine Beziehung zwischen ihnen herstellen);* ein Wort in Klammern s. *(einklammern);* jmdn. in Erstaunen s. *(jmdn. erstaunen);* etw. an die Stelle von etw. s. (↑Stelle 1 a); etw. ins Werk s. (↑Werk); etw. in Szene s. (↑Szene); etw. in Musik s. (↑Musik); etw. in die Zeitung s. (↑Zeitung); etw. in Tätigkeit s. (↑Tätigkeit 2); ein Pferd in Trab s. (↑Trab); Banknoten in Umlauf s. (↑Umlauf); keinen Fuß mehr über jmds. Schwelle s. (↑Fuß); jmdn. unter Drogen s. *(jmdn. mit [einer hohen Dosis] Drogen willenlos, willfährig machen);* keinen Fuß vor die Tür s. [können] (↑Fuß); die Worte gut zu s. wissen (↑Wort 2). **3.** ⟨hat⟩ **a)** *an der dafür bestimmten Stelle einpflanzen:* Salat, Tomaten s.; Kartoffeln s. *(Saatkartoffeln in die Erde bringen);* **b)** *in einer bestimmten Form aufstellen, lagern:* Getreide in Puppen s.; Holz, Briketts s. *(schichten, stapeln);* **c)** *[herstellen u.] aufstellen:* einen Herd, [Kachel]ofen s.; eine Mauer, einen Zaun s.; jmdm. ein Denkmal, einen Grabstein s. *(errichten);* **d)** *an einem Mast o. Ä. aufstecken, aufziehen:* vor der Ausfahrt die Segel s.; das Boot hatte keine Positionslaternen gesetzt; Ü den [linken, rechten] Blinker s. (Kfz-W.; *das [rechte, linke] Blinklicht einschalten);* **e)** *irgendwohin schreiben:* seine Anschrift links oben auf den Briefbogen s.; seinen Namen unter ein Schreiben s.; ein Gericht auf die Speisekarte s. *(in die Speisekarte aufnehmen);* jmds. Namen, jmdn. auf eine Liste s. *(in eine Liste aufnehmen);* etw. auf den Spielplan, auf die Tagesordnung s. *(in den Spielplan, in die Tagesordnung aufnehmen);* einen Punkt, ein Komma s. *(in einem Text anbringen);* er setzt *(verwendet beim Schreiben)* überhaupt keine Satzzeichen; ein Buch auf den Index s. *(die Lektüre eines Buches verbieten);* [jmdm.] einen Betrag auf die Rechnung s. *(berechnen);* **f)** (Druckw.) *einen Schriftsatz von etw. herstellen:* einen Text, ein Buch [mit der Hand, mit der Maschine] s.; **g)** *bei einer Wette, einem Glücksspiel als Einsatz geben:* ein Pfand s.; seine Uhr als, zum Pfand s.; er hat 100 Mark auf das Pferd gesetzt; ⟨auch o. Akk.-Obj.:⟩ er setzt immer auf dasselbe Pferd; Ü auf jmdn. s. *(an jmds. Erfolg, Sieg glauben u. ihm sein Vertrauen schenken);* verblasst: seine Hoffnung auf jmdn., etw. s. *(in einer bestimmten Angelegenheit darauf hoffen, dass sich durch jmdn., etw. etwas für einen erreichen lässt);* sein Vertrauen auf jmdn., etw. s. (↑Vertrauen); Zweifel in etw. s. (↑Zweifel); **h)** *in Bezug auf etw. eine bestimmte Anordnung treffen, etw. festlegen, bestimmen:* jmdm. eine Frist s.; die Freiheit absolut s. *(auffassen);* einer Sache Grenzen s. *(Einhalt gebieten);* einer Sache ein Ende, Ziel s. *(dafür sorgen, dass etw. aufhört);* du musst dir ein Ziel s. *(etw. zum Ziel, zur Aufgabe machen);* Akzente s. *(auf etw. besonderen Nachdruck legen u. sich dadurch hervortun);* Prioritäten s. (↑Priorität); Zeichen s. (↑Zeichen); **i)** (Sport) *einen Spieler, eine Mannschaft im Hinblick auf die zu erwartende Leistung für den Endkampf einstufen u. ihn, sie teilweise od. ganz aus den Ausscheidungskämpfen herausnehmen:* die deutsche Meisterin wurde als Nummer zwei gesetzt; ⟨subst. 2. Part.:⟩ der erste Gesetzte schied bereits in der Vorrunde aus. **4. a)** *einen großen Sprung über etw. machen; etw. in einem od. mehreren großen Sprüngen überqueren* ⟨ist, auch: hat⟩: das Pferd setzt über den Graben, über ein Hindernis; er setzt über den Zaun, die Mauer; **b)** *ein Gewässer mit technischen Hilfsmitteln überqueren* ⟨ist, auch: hat⟩: die Römer setzten hier über den Rhein; **c)** *über ein Gewässer befördern* ⟨hat⟩: sich vom Fährmann über den Fluss, ans andere Ufer s. lassen. **5.** ⟨s. + sich; hat⟩ **a)** *(in etw.) nach unten sinken:* die Lösung setzt *(klärt)* sich; der Kaffee muss sich erst s. *(der Kaffeegrund muss sich nach dem Brühen erst am Boden sammeln);* das Erdreich setzt *(senkt)* sich; **b)** *als bestimmter Stoff o. Ä. irgendwohin dringen:* Tabakrauch setzt sich in die Kleider; der Staub setzt sich in die Ritzen. **6.** (Jägerspr.) *(von Haarwild außer Schwarzwild) Junge, ein Junges zur Welt bringen* ⟨hat⟩. **7.** * **es setzt etw.** (ugs.; *es gibt Prügel o. Ä.;* hat): gleich setzt es Prügel, Ohrfeigen; wenn du nicht hörst, setzt es was.

Set|zer, der; -s, - [mhd. setzer = Aufsteller, Taxator, ahd. sezzari = Stifter] (Druckw.): *Schriftsetzer.*

Set|ze|rei, die; -, -en (Druckw.): *Abteilung in einem Betrieb des grafischen Gewerbes, in der der Schriftsatz hergestellt wird.*

Set|ze|rin, die; -, -nen: w. Form zu ↑Setzer.

Setz|kas|ten, der: **1.** (Gartenbau) *flacher Kasten für junge Gemüse- od. Blumenpflanzen, die zum Auspflanzen bestimmt sind.* **2.** (Druckw.) *flacher Kasten für die Lettern eines Schriftsatzes.*

Setz|ling, der; -s, -e [mhd. setzelinc (im Weinbau)]: **1.** *Jungpflanze, die für ihr weiteres Gedeihen an einen andern Standort versetzt wird.* **2.** *junger Fisch, der zu weiterem Wachstum in einen Setzteich gebracht wird.*

Setz|ma|schi|ne, die: (Druckw.) *Maschine zur Herstellung eines Schriftsatzes.*

Setz|milch, die (landsch.): *Sauermilch.*

Setz|stu|fe, die: *senkrechtes Brett zwischen zwei Trittstufen der Treppe.*

Setz|teich, der: *Teich, in dem Setzlinge* (2) *herangezogen werden.*

Set|zung, die; -, -en: **1.** *das Setzen* (3 h), *Aufstellen von Normen o. Ä.:* die S. von Prioritäten. **2.** *das Sichsetzen* (5 a) *des Bodens, Baugrundes o. Ä.:* die -en des Bodens.

Setz|waa|ge, die: *Wasserwaage.*

Setz|zeit, die (Jägerspr.): *Zeit im Jahr, in der (bei bestimmten Tierarten) die Jungen zur Welt kommen.*

Seu|che, die; -, -n [mhd. siuche, ahd. siuhhī = Krankheit, Siechtum, zu ↑siech]: *sich schnell ausbreitende, gefährliche Infektionskrankheit:* eine verheerende, gefährliche S.; die S. breitete sich rasch aus, griff um sich, forderte viele Opfer; eine S. bekämpfen, eindämmen; an einer S. erkranken, sterben; Ü diese knatternden Mofas sind eine S. (emotional; *eine verbreitete, äußerst unangenehme Sache).*

Seu|chen|be|kämp|fung, die: *Bekämpfung von Seuchen.*

Seu|chen|ge|fahr, die: *Gefahr, dass eine Seuche ausbricht.*

Seu|chen|ge|setz, das: *Gesetz zur Seuchenbekämpfung.*

Seu|chen|herd, der: *Stelle, von der aus sich eine Seuche ausbreitet.*

seuf|zen ⟨sw. V.; hat⟩ [mhd. siufzen, älter: siuften, ahd. sūft(e)ōn, zu ahd. sūfan = schlürfen (↑saufen), lautm. für das hörbare Einziehen des Atems]: **a)** *als Ausdruck von Kummer, Sehnsucht, Resignation, Erleichterung o. Ä. hörbar tief u. schwer ein- u. [mit klagendem Ton] ausatmen, oft ohne sich dessen bewusst zu sein:* tief, schwer, beklommen, erleichtert, leise s.; Ü das Land seufzte (geh.; *litt*) unter der Reparationslast; **b)** *seufzend* (a) *äußern, sagen:* »ja, ja«, seufzte er schuldbewusst.

Seuf|zer, der; -s, - [älter: Seufze, mhd. siufze, siufte]: *Laut des Seufzens; einmaliges Seufzen:* ein leiser, lauter, befreiender S.; ein S. der Erleichterung; ein S. entrang sich ihm; einen tiefen S. tun; einen S. unterdrücken, ersticken, ausstoßen; seinen letzten S. tun (geh.; *sterben*).

Se|vil|la [...ˈvɪlja]: Stadt in Südspanien.

Sex [zeks, sɛks], der; -[es] [engl. sex < lat. sexus = Geschlecht] (ugs.): **1.** *[dargestellte] Sexualität [in ihrer durch die Unterhaltungsindustrie verbreiteten Erscheinungsform].* **2.** *Geschlechtsverkehr, sexuelle Betätigung:* außerehelicher S.; sicherer, ungeschützter S. *(mit, ohne Kondom);* das Einzige, was er von ihr will, ist S.; sie hat nichts als S. im Kopf; mit jmdm. S. haben. **3.** *Sex-Appeal.* **4.** *Geschlecht, Sexus.*

Se|xa|ge|si|ma, die; -, selten auch, o. Art.: ...mä ⟨meist o. Art.⟩ [mlat. sexagesima, eigtl. = der sechzigste (Tag vor Ostern), zu lat. sexagesimus = der Sechzigste]: *(im Kirchenjahr) achter Sonntag vor Ostern:* Sonntag S./Sexagesimä.

se|xa|ge|si|mal ⟨Adj.⟩: *auf die Grundzahl 60 bezogen:* ein -es Zahlensystem.

Se|xa|ge|si|mal|sys|tem, das ⟨o. Pl.⟩ (Math.): *auf der Grundzahl 60 aufbauendes Zahlensystem.*

Sex and Crime [ˈseks ənd ˈkraɪm; engl. sex and crime, zu: sex (↑Sex) u. crime, ↑Crime]: Kennzeichnung von Filmen (seltener von Zeitschrif-

S

ten) mit ausgeprägter sexueller u. krimineller Komponente.

Sex-Ap|peal ['zɛks..., (engl.:) 'sɛksə'pi:l], der [engl. sex appeal, zu: appeal, ↑Appeal]: *erotische, sexuelle Anziehungskraft:* S. haben.

Sex|be|ses|sen|heit, die: *das Sexbesessensein.*

Sex|bom|be, die (salopp): *Frau, bes. Filmschauspielerin, von der eine starke sexuelle Reizwirkung ausgeht.*

Sex|bou|tique, die: *Sexshop.*

Se|xer, der; -s, - [1: engl. sexer, zu ↑Sex (4)]: **1.** *jmd., der Jungtiere, bes. Küken nach dem Geschlecht sortiert* (Berufsbez.). **2.** (ugs.) *Sexfilm.*

Se|xe|rin, die; -, -nen: w. Form zu ↑Sexer (1).

Sex|film, der: *Film mit hauptsächlich sexuellen Szenen.*

Sex|fo|to, das: *Foto, das eine od. mehrere Personen in sexuell aufreizenden Posen zeigt.*

Sex|idol, das: *sexuelles Idol.*

Se|xis|mus, der; -, ...men [engl. sexism]: **1.** ⟨o. Pl.⟩ *Vorstellung, nach der eines der beiden Geschlechter dem anderen von Natur aus überlegen sei, u. die [daher für gerechtfertigt gehaltene] Diskriminierung, Unterdrückung, Zurücksetzung, Benachteiligung von Menschen, bes. der Frauen, aufgrund ihres Geschlechts.* **2.** *etw., was auf Sexismus beruht, sexistische Verhaltensweise.*

se|xis|tisch ⟨Adj.⟩: *auf Sexismus beruhend, davon bestimmt:* eine -e Einstellung haben; ein -es Verhalten; -e Männer; s. denken, argumentieren.

Sex|ma|ga|zin, das: *Zeitschrift mit Sexfotos u. hauptsächlich sexuellem Themenkreis.*

Sex|mo|dell, das: *Modell für, von Sexfotos.*

Sex|muf|fel, der (salopp scherzh.): *jmd., dem der sexuelle Bereich gleichgültig ist:* sie, er ist ein, kein S.

Se|xo|lo|gie, die; - [↑-logie]: *Wissenschaft, die sich mit der Erforschung der Sexualität u. des sexuellen Verhaltens befasst.*

se|xo|lo|gisch ⟨Adj.⟩: *die Sexologie betreffend, dazu gehörend.*

Sex|or|gie, die: *Beisammensein von Menschen, bei dem sexuelle Bedürfnisse hemmungslos ausgelebt werden:* die Party mündete in eine wilde S.

Sex|prak|tik, die: *sexuelle Praktik.*

Sex|protz, der (salopp scherzh.): *jmd., der sich darin gefällt, den Eindruck eines sexuell besonders aktiven Menschen zu machen.*

Sex|shop, der: *Laden, in dem Bücher, Filme u. dergleichen mit sexuellem Inhalt u. Mittel zur sexuellen Stimulation verkauft werden.*

Sext, die; -, -en [2: (kirchen)lat. sexta (hora) = sechste (Stunde)]: (kath. Kirche) *drittes Tagesgebet des Breviers (zur sechsten Tagesstunde [= 12 Uhr]).*

Sex|ta, die; -, ...ten [nlat. sexta classis = sechste Klasse; a: vgl. Prima (a)] (veraltend): **a)** *erste Klasse des Gymnasiums;* **b)** (österr.) *sechste Klasse des Gymnasiums.*

Sext|ak|kord, der (Musik): *erste Umkehrung des Dreiklangs mit der Terz im Bass* (in der Generalbassbezifferung durch eine unter od. über dem Basston stehende 6 gekennzeichnet).

Sex|tant, der; -en, -en [nlat. sextans, Gen.: sextantis = sechster Teil (nach dem als Messskala benutzten Sechstelkreis)]: *(bes. in der Seefahrt benutztes) Winkelmessinstrument zur Bestimmung der Höhe eines Gestirns.*

Sex|tett, das; -[e]s, -e [relatinisiert aus ital. sestetto, zu: sei < lat. sex = sechs] (Musik): **a)** *Komposition für sechs solistische Instrumente od. (selten) sechs Solostimmen;* **b)** *Ensemble von sechs Instrumental- od. (selten) Vokalsolisten.*

Sex|til|li|on, die; -, -en [zu lat. sexta = sechste, geb. nach ↑Million (eine Sextillion ist die 6. Potenz einer Million)]: *eine Million Quintillionen* (geschrieben: 10^{36}, eine Eins mit 36 Nullen).

Sex|tou|ris|mus, der (ugs.): *Tourismus mit dem Ziel sexueller Kontakte.*

se|xu|al ⟨Adj.⟩ [spätlat. sexualis, ↑sexuell] (selten): *sexuell.*

Se|xu|al|auf|klä|rung, die ⟨o. Pl.⟩: *Aufklärung* (2 b).

Se|xu|al|de|likt, das: *Sexualstraftat.*

Se|xu|al|er|zie|hung, die: *Erziehung, die sich auf die sexuelle Entwicklung u. das sexuelle Verhalten des Menschen bezieht.*

Se|xu|al|ethik, die ⟨o. Pl.⟩: *Ethik im Bereich des menschlichen Geschlechtslebens.*

Se|xu|al|for|schung, die: *Sexologie.*

Se|xu|al|hor|mon, das: *Geschlechtshormon.*

Se|xu|al|hy|gi|e|ne, die: *Hygiene (2) im Bereich des menschlichen Geschlechtslebens.*

se|xu|a|li|sie|ren ⟨sw. V.; hat⟩: *jmdn., etw. in Beziehung zur Sexualität bringen u. die Sexualität in den Vordergrund stellen.*

Se|xu|a|li|tät, die; -, (Fachspr.:) -en: *Gesamtheit der im Geschlechtstrieb begründeten Lebensäußerungen, Empfindungen u. Verhaltensweisen:* die weibliche S.; die S. des Mannes.

Se|xu|al|kun|de, die ⟨o. Pl.⟩: *Schulfach, in dem Kinder u. Jugendliche über die biologischen Grundlagen der menschlichen Sexualität unterrichtet werden.*

Se|xu|al|kun|de|un|ter|richt, der: *Unterricht im Fach Sexualkunde.*

Se|xu|al|le|ben, das ⟨o. Pl.⟩: *sexuelle Aktivität als Teil der Existenz.*

Se|xu|al|mord, der: *Lustmord.*

Se|xu|al|neu|ro|se, die (Med., Psych.): *mit Störungen im Sexualleben zusammenhängende Neurose.*

Se|xu|al|ob|jekt, das: *Person, die zur Befriedigung sexueller Wünsche dient:* die Frau als [bloßes] S.

Se|xu|al|or|gan, das: *Geschlechtsorgan.*

Se|xu|al|pä|da|go|gik, die: *pädagogische Disziplin, deren Aufgabe die theoretische Grundlegung der Sexualerziehung ist.*

Se|xu|al|part|ner, der: *Partner in einer sexuellen Beziehung.*

Se|xu|al|part|ne|rin, die: w. Form zu ↑Sexualpartner.

Se|xu|al|pa|tho|lo|gie, die: *wissenschaftliche Disziplin, die sich mit den krankhaften Störungen u. pathologischen Erscheinungsformen der menschlichen Sexualität befasst.*

Se|xu|al|psy|cho|lo|gie, die: *wissenschaftliche Disziplin, die die psychologischen Aspekte der Sexualität erforscht.*

Se|xu|al|straf|tat, die: *Straftat, die die sexuelle Freiheit eines anderen verletzt* (z. B. Vergewaltigung).

Se|xu|al|tä|ter, der: *jmd., der sich durch sein sexuelles Verhalten strafbar macht, sich sexuell gegen andere vergeht.*

Se|xu|al|tä|te|rin, die: w. Form zu ↑Sexualtäter.

Se|xu|al|trieb, der: *Geschlechtstrieb.*

Se|xu|al|ver|bre|chen, das: vgl. Sexualstraftat.

Se|xu|al|ver|hal|ten, das: *Verhalten im Sexualleben.*

Se|xu|al|ver|kehr, der: *Geschlechtsverkehr.*

Se|xu|al|wis|sen|schaft, die ⟨o. Pl.⟩: *Sexologie.*

Se|xu|al|zy|klus, der (Biol., Med.): *durch Geschlechtshormone gesteuerter periodischer Vorgang.*

se|xu|ell ⟨Adj.⟩ [frz. sexuel < spätlat. sexualis]: *die Sexualität betreffend, darauf bezogen:* -e Kontakte, Tabus; s. erregt sein; jmdn. s. missbrauchen; ⟨subst.:⟩ in ihrer Beziehung stand das Sexuelle im Vordergrund.

Sex und Crime: ↑Sex and Crime.

Se|xu|o|lo|gie, die; - [↑-logie] (bes. regional): ↑Sexologie.

Se|xus, der; -, - [...u:s; lat. sexus = Geschlecht]: 1. ⟨Pl. selten⟩ (Fachspr.) **a)** *differenzierte Ausprägung eines Lebewesens im Hinblick auf seine Aufgabe bei der Fortpflanzung;* **b)** *Geschlechtstrieb als zum Wesen des Menschen gehörige elementare Lebensäußerung; Sexualität:* der S. des Mannes. 2. (Sprachw. selten) *Genus* (2).

Sex|wel|le, die: *[nach einer Zeit weitgehender Tabuisierung der Sexualität] sich in der Allgemeinheit [für kürzere Zeit] ausbreitende sexuelle Freizügigkeit.*

se|xy ['zɛksi, auch: 'sɛksi] ⟨Adj.⟩ [engl. sexy, zu: sex, ↑Sex] (ugs.): *sexuell attraktiv od. zu einer entsprechenden Wirkung verhelfend:* s. Wäsche; sie, er ist, wirkt s.; ich finde sie, ihn s.

Sey|chel|len [ze'ʃɛlən] ⟨Pl.⟩: Inselgruppe u. Staat im Indischen Ozean.

Sey|chel|ler, der; -s, -: Ew.

Sey|chel|le|rin, die; -, -nen: w. Form zu ↑Seycheller.

sey|chel|lisch ⟨Adj.⟩: *die Seychellen, die Seycheller betreffend; von den Seychellern stammend, zu ihnen gehörig.*

se|zer|nie|ren ⟨sw. V.; hat⟩ [lat. secernere = absondern, ausscheiden] (Med., Biol.): *ein Sekret absondern.*

Se|zes|si|on, die; -, -en [lat. secessio = Absonderung, Trennung, zu: secedere = beiseite gehen, sich entfernen; sich trennen]: **1.** *Absonderung; Verselbstständigung von Staatsteilen.* **2. a)** *Absonderung einer Künstlergruppe von einer älteren Künstlervereinigung;* **b)** *Künstlergruppe, die sich von einer älteren Künstlervereinigung abgesondert hat;* **c)** ⟨o. Pl.⟩ *Jugendstil in Österreich.*

se|zes|si|o|nis|tisch ⟨Adj.⟩: *die Sezession betreffend.*

Se|zes|si|ons|krieg, der ⟨o. Pl.⟩: *Bürgerkrieg in den USA von 1861 bis 1865.*

se|zie|ren ⟨sw. V.; hat⟩ [lat. secare = (zer)schneiden, zerlegen] (Anat.): *eine Leiche öffnen u. anatomisch zerlegen:* eine Leiche s.; ⟨auch o. Akk.-Obj.:⟩ im Präparierkurs s.; Ü ein Gefühl, das er genau s. *(zergliedern)* kann.

Se|zier|mes|ser, das (Anat.): *beim Sezieren verwendetes, langes, starkes Messer zum Aufschneiden der großen Organe.*

sf = sforzando, sforzato.

SFB = Sender Freies Berlin.

Sfor, die; - [Kurzwort für engl. Stabilization Force]: *internationale Truppe unter NATO-Führung in Bosnien und Herzegowina.*

s-för|mig, (auch:) **S-för|mig** ⟨Adj.⟩: *die Form eines S aufweisend:* eine -e Kurve, Linie.

sfor|zan|do ⟨Adv.⟩ [ital. sforzando, zu: sforzare, ↑sforzato] (Musik): *sforzato.*

sfor|za|to ⟨Adv.⟩ [ital. sforzato, zu sforzare = anstrengen, verstärken, geb. mit dem Verstärkungspräfix s- (< lat. ex-) zu: forzare, ↑forzando] (Musik): *verstärkt, plötzlich hervorgehoben* (Vortragsanweisung; Abk.: sf, sfz).

sfr, (schweiz. nur:) **sFr.** = [2]Franken.

sfz = sforzando, sforzato.

SG = Sportgemeinschaft.

S. g. = Sehr geehrt... (österr. veraltet vor Briefanschriften).

Sgraf|fi|to: ↑Graffito.

's-Gra|ven|ha|ge [sxra:vən'ha:xə]: offizielle niederländische Form von ↑Den Haag.

sh = Shilling.

Shag [ʃɛk, engl.: ʃæg], der; -s, -s [engl. shag, eigtl. = Zottel]: *fein geschnittener Pfeifentabak.*

Shag|pfei|fe, die: *Pfeife für Shag.*

Shag|ta|bak, der: *Shag.*

[1]Shake [ʃeɪk], der; -s, -s [engl. shake, zu: to shake = schütteln]: **1.** *Mixgetränk.* **2.** *Modetanz bes. der späten 60er-Jahre mit schüttelnden Bewegungen.*

[2]Shake, das; -s, -s (Jazz): *(von Trompete, Posaune od. Saxophon auszuführendes) heftiges Vibrato über einer Einzelnote.*

Shake|hands [...'hændz], das; -, - ⟨meist Pl.⟩ [zu engl. to shake hands = sich die Hand geben]: *Händeschütteln:* S. machen.

Sha|ker ['ʃeɪkə], der; -s, - [engl. shaker]: *Mixbecher.*

Sham|poo [ʃɛm'pu:, auch: ʃam'pu:, 'ʃampu, ʃam'po:, 'ʃampo], **Sham|poon** [ʃɛm'pu:n, auch: ʃam'po:n], das; -s, -s [engl. shampoo, zu: to shampoo = das Haar waschen, eigtl. = massieren < Hindi chhāmpō = knete!]: *flüssiges Haarwaschmittel.*

sham|poo|nie|ren [ʃɛmpu'ni:rən, auch: ʃamp...]: ↑schamponieren.

Shan|tung ['ʃantʊŋ]: *Schantung.*

Shan|ty ['ʃɛnti], das; -s, -s u. …ties […ti:s] [engl. shanty, chantey, zu frz. chanter = singen < lat. cantare]: *Seemannslied mit Refrain.*

Share [ʃɛə], der; -s, -s [engl. share, eigentl. = Teil, Anteil]: engl. Bez. für *Aktie.*

Share|hol|der ['ʃɛəhoʊldə] der; -s, - [engl. shareholder, aus: share, ↑Share u. holder = Inhaber], (Wirtsch.): engl. Bez. für *Aktionär.*

Share|hol|der-Va|lue, (auch:) **Share|hol|der|value** […'vælju:] der; -s, -s [engl. shareholder value], (Wirtsch.): *sich auf die Aktionäre aufteilendes Eigenkapital, Unternehmenswert.*

Share|ware ['ʃɛə'wɛə], die; -, -s [engl. share ware = (mit anderen) geteilte Ware]: *Software, die vor dem Kauf von zahlreichen Nutzern kostengünstig getestet werden darf u. erst nach Eignungsnachweis bezahlt werden muss.*

Shed|bau ['ʃɛt…] usw.: ↑Schedbau usw.

She|riff ['ʃɛrɪf], der; -s, -s [engl. sheriff < aengl. scīrgerēfa = Grafschaftsvogt]: **1.** *hoher Verwaltungsbeamter in einer englischen od. irischen Grafschaft.* **2.** *oberster, auf Zeit gewählter Vollzugsbeamter einer US-amerikanischen Stadt mit begrenzten richterlichen Befugnissen.*

Sher|pa ['ʃɛrpa], der; -s, -s [engl. sherpa, Name für die Angehörigen eines tibetischen Volksstammes]: *als Lastträger bei Expeditionen im Himalaja arbeitender Tibetaner.*

Sher|pa|ni, die; -, -s: w. Form zu ↑Sherpa.

Sher|ry ['ʃɛrɪ], der; -s, -s [engl. sherry < span. jerez, nach dem Namen der span. Stadt Jerez de la Frontera]: *spanischer Likörwein:* ein trockner, weißer S.

Shet|land|po|ny ['ʃɛtlənd…], das [nach den Shetlandinseln nordöstlich von Schottland]: *langhaariges, gedrungenes Pony mit großem Kopf u. kleinen, spitzen Ohren.*

Shet|land|wol|le, die: *Wolle von auf den Shetlandinseln gezüchteten Schafen.*

Shil|ling ['ʃɪlɪŋ], der; -s, -s ⟨aber: 20 Shilling⟩ [↑Schilling]: **1.** *(bis 1971) mittlere Einheit der Währung in Großbritannien* (1 Shilling = 12 Pence; 20 Shilling = 1 Pfund; Zeichen: s, sh). **2.** *Währungseinheit in Kenia u. anderen ostafrikanischen Ländern.*

Shin|to|is|mus usw.: ↑Schintoismus usw.

Shirt [ʃə:t], das; -s, -s [engl. shirt, verw. mit ↑Schürze]: *Hemd, bes. [kurzärmeliges] Baumwollhemd, T-Shirt.*

Shit [ʃɪt], der, auch: das; -s [engl. shit, eigtl. = Scheiße] (Jargon): *Haschisch.*

Sho|ah: ↑Schoah.

sho|cking ['ʃɔkɪŋ] ⟨indekl. Adj.⟩ [engl., 1. Part. von: to shock, ↑schocken]: *schockierend:* sein Benehmen war wirklich s.;

Sho|gun ['ʃo:gʊn]: ↑Schogun.

Shoo|ting ['ʃu:tɪŋ], das; -s, -s [engl. shooting, zu: to shoot = schießen]: kurz für ↑Fotoshooting.

Shoo|ting|star, (auch:) **Shoo|ting-Star** ['ʃu:tɪŋsta:], der; -s, -s [engl. shooting star, eigtl. = Sternschnuppe]: *Person od. Sache, die schnell an die Spitze gelangt; Senkrechtstarter[in].*

Shop [ʃɔp], der; -s, -s [engl. shop, über das Afrz. < mniederl. schoppe = Schuppen]: *Laden, Geschäft.*

shop|pen [ʃɔp…] ⟨sw. V.; hat⟩ [zu engl. to shop, zu: shop, ↑Shop]: *einen Einkaufsbummel machen, einkaufen.*

Shop|ping [ʃɔpɪŋ], das; -s [engl. shopping, zu: to shop, ↑shoppen]: *das Einkaufen.*

Shop|ping-Cen|ter, (auch:) **Shop|ping|center** ['- - - -], das [engl. shopping center]: *Einkaufszentrum.*

Shorts [ʃɔrts, engl.: ʃɔ:ts] ⟨Pl.⟩ [engl. shorts, eigtl. = die Kurzen, zu: short = kurz]: *kurze, sportliche Hose für Damen od. Herren:* ein Paar S.

Short Sto|ry ['ʃɔ:t'stɔ:rɪ], die; - -, - -s, (auch:) **Short|sto|ry,** die; -, -s [engl. short story, aus: short (↑Shorts) u. story, ↑Story]: *Kurzgeschichte.*

Short|track ['ʃɔ:t'træk], der; -s [zu engl. track = Bahn]: *Eisschnelllauf auf einer kurzen (nur ca. 110 m langen) Bahn:* der deutsche Meister im S.

Shor|ty ['ʃɔrti], das, auch: der; -s, -s [engl. shorty = kleines Ding]: *Damenschlafanzug mit kurzer Hose.*

Shou|ting ['ʃaʊtɪŋ], das; -[s] [engl. shouting, zu: to shout = rufen, schreien]: *aus [kultischen] Gesängen der afroamerikanischen Musik entwickelter Gesangsstil des Jazz mit starker Tendenz zu abgehacktem Rufen od. Schreien.*

Show [ʃoʊ], die; -, -s [engl. show, zu: to show = zeigen, darbieten, zur Schau stellen]: *Schau; Vorführung eines großen, bunten Unterhaltungsprogramms in einem Theater, Varieté o. Ä., bes. als Fernsehsendung:* eine S. präsentieren; in einer S. auftreten; mit einer S. auf Tournee gehen; * **eine S. abziehen** (↑Schau 2); **eine S. machen** (↑Schau 2); **jmdm. die S. stehlen** (↑Schau 2).

Show|biz […bɪz], das; - [engl. show biz, 2. Bestandteil engl. ugs. Abk. für: business, ↑Business (nach der Ausspr. der 1. Silbe)] (Jargon): *Showbusiness.*

Show|block, der ⟨Pl. …blöcke⟩: *Show als Einlage (7) in einer Fernsehsendung:* eine durch zwei Showblöcke aufgelockerte Quizsendung.

Show|busi|ness, das [engl. show business, ↑Business]: *Vergnügungs-, Unterhaltungsindustrie, die Unterhaltung bes. in Form von Shows, Revuen u. a. Darbietungen produziert; Schaugeschäft.*

Show|down, (auch:) **Show-down** […'daʊn, engl.: '- -], der; -[s], -s [engl. showdown; eigtl. = das Aufdecken der Karten beim Poker] (bildungsspr.): *[mit dem Untergang, der Vernichtung, der endgültigen Niederlage eines der Kontrahenten endende] dramatische, entscheidende Konfrontation, Kraftprobe.*

Show|ge|schäft, das ⟨o. Pl.⟩: *Showbusiness.*

Show|girl, das [↑Girl]: *in einer Show auftretende Tänzerin od. Sängerin.*

Show|man […mən], der; -s, …men […mən; engl. showman]: **1.** *jmd., der im Showgeschäft tätig ist.* **2.** *jmd., der aus allem eine Schau zu machen versteht.*

Show|mas|ter, der [dt. Bildung aus engl. show (↑Show) u. master, ↑Master]: *jmd., der eine Show arrangiert u. präsentiert.*

Show|mas|te|rin, die: w. Form zu ↑Showmaster.

Show|star, der: *jmd., der durch seine Auftritte in Shows, seine Tätigkeit als Showmaster zum [2]Star (1) geworden ist.*

Show|ta|lent, das: **1.** *besondere Begabung, in Shows aufzutreten, sich vor einem Publikum als Unterhalter o. Ä. zu betätigen:* er hat großes S. **2.** *jmd., der Showtalent (1) hat:* sie, er ist ein S.

Show|view® […vju:], das: *Videoprogrammierung über in Programmzeitschriften ausgedruckten Ziffernreihen.*

Shred|der ['ʃrɛdɐ], Schredder, der; -s, - [engl. shredder, zu: to shred = zerfetzen]: **1.** *Anlage, mit der Autowracks u. andere sperrige Blech- bzw. Metallgegenstände zerkleinert werden.* **2.** *Zerkleinerungsmaschine* (z. B. für Holz).

Shrimp [ʃrɪmp], der; -s, -s ⟨meist Pl.⟩ [engl. shrimp, zu aengl. scrimman = sich winden]: *kleine Krabbe;* [1]*Granat.*

Shuf|fle ['ʃʌfl], der; - [engl. shuffle, zu: to shuffle = schlurfen, schleifen lassen]: *afroamerikanischer Tanz, der durch weit ausholende, schlurfende Bewegungen der Beine gekennzeichnet ist.*

Shuf|fle|board ['ʃʌflbɔ:d], das; -s [engl. shuffleboard, aus: to shuffle (↑Shuffle) u. board = [2]Bord]: *Spiel, bei dem auf einem länglichen Spielfeld Scheiben mit langen Holzstöcken möglichst genau von der Startlinie in das gegenüberliegende Zielfeld geschoben werden müssen.*

Shut|tle [ʃʌtl], der; -s, -s [engl. (space) shuttle; engl. shuttle = im Pendelverkehr eingesetztes Fahrzeug]: **1.** *Raumfähre.* **2. a)** *Pendelverkehr;* **b)** *im Shuttle* (2 a) *eingesetztes Fahr-, Flugzeug:* zwischen den beiden Hotels verkehrt ein S.

Shut|tle|bus, der: *für einen Shuttle* (2 a) *eingesetzter Bus.*

si [si:; ital. si, ↑Solmisation]: *Silbe, auf die beim Solmisieren der Ton h gesungen wird.*

Si = Silicium.

SI [Abk. von frz. Système International d' Unités] = Internationales Einheitensystem.

SIA = Schweizerischer Ingenieur- und Architektenverein.

Si|al, das; -[s] [Kurzwort aus Silicium u. Aluminium] (Geol.): *oberste Schicht der Erdkruste.*

Si|am: alter Name von Thailand.

Si|a|me|se, der; -n, -n: Ew.

Si|a|me|sin, die; -, -nen: w. Form zu ↑Siamese.

si|a|me|sisch ⟨Adj.⟩: -e Zwillinge; ↑Zwilling.

Si|am|kat|ze, die: *aus Asien stammende mittelgroße Katze mit blauen Augen u. meist hellfarbenem Fell, das vorn am Kopf, an den Rändern der Ohrmuscheln sowie an Pfoten u. Schwanzspitze deutlich dunkler gezeichnet ist.*

Si|bi|lant, der; -en, -en [zu lat. sibilans (Gen.: sibilantis), 1. Part. von: sibilare = zischen] (Sprachw.): *Reibelaut, bei dessen Artikulation sich in der Zunge eine Rille bildet, über die die ausströmende Luft nach außen gelenkt wird* (z. B. s, z, sch).

Si|bi|rer, der; -s, -: Ew.

Si|bi|re|rin, die; -, -nen: w. Form zu ↑Sibirer.

Si|bi|ri|en; -s: Teil Russlands im nördlichen Asien.

Si|bi|ri|er, der; -s, -: Ew.

Si|bi|ri|e|rin, die; -, -nen: w. Form zu ↑Sibirier.

si|bi|risch ⟨Adj.⟩: -e (emotional; *sehr große*) Kälte.

Si|byl|le, die; -, -n [lat. Sibylla < griech. Síbylla, in der Antike Name von weissagenden Frauen] (bildungsspr.): *weissagende Frau, geheimnisvolle Wahrsagerin.*

si|byl|li|nisch ⟨Adj.⟩ (bildungsspr.): *geheimnisvoll, rätselhaft:* -e Worte.

sic [auch: zɪk] ⟨Adv.⟩ [lat. = so]: Hinweis darauf, dass eine Auffälligkeit in einem wörtlichen Zitat eine Eigenheit der Quelle selbst ist u. nicht auf ein Versehen des Zitierenden zurückgeht (steht gewöhnlich in Klammern u. gelegentlich durch ein Ausrufezeichen verstärkt hinter der entsprechenden Stelle): *so lautet die Quelle.*

sich ⟨Reflexivpron. der 3. Pers. Sg. u. Pl., Dativ u. Akk.⟩ [mhd. sich, ahd. sih]: **1.** weist auf ein Subst. od. Pron. (meist das Subj. des Satzes) zurück: **a)** ⟨Akk.⟩ er versteckte s.; er hat nicht nur andere, sondern auch s. [selbst] getäuscht; ⟨fest zum Verb gehörend:⟩ s. freuen, schämen, wundern; er muss, sie müssen s. noch ein wenig gedulden; das ließ s. nicht voraussehen *(konnte nicht vorausgesehen werden);* **b)** ⟨Dativ⟩ damit haben sie s. [selbst], s. [und uns] geschadet; ⟨fest zum Verb gehörend:⟩ s. etw. aneignen, einbilden; was maßen Sie s. an!; ⟨als verstärkender, weglassbarer Rückbezug:⟩ er kauft, sie kaufen s. jedes Jahr eine Dauerkarte. **2.** ⟨nach einer Präp.⟩ **a)** hebt den Rückbezug hervor: er hat den Vorwurf auf s. ⟨Akk.⟩ bezogen; man soll die Schuld zuerst bei s. [selbst] suchen; * **etw. an sich** ⟨Dativ⟩ *(etw. in seinem Wesen als solches):* das Ding an s.; die Natur an s. ist weder gut noch böse; **an und für sich, an sich** ⟨Dativ⟩ (↑an 3); **für sich** (↑für 2 a); **von sich aus** *(aus eigenem Antrieb);* **b)** unbetont nach betonter Präp. (außer im Österr.): die Waren an s. ⟨Akk.⟩ nehmen; die Schuld auf s. ⟨Akk.⟩ nehmen; das hat nichts auf s. ⟨Dativ⟩ *(ist unwesentlich);* Geld bei s. haben; das hat viel für s. *(hat viele Vorzüge, Vorteile);* diese Bowle hat es in s. ⟨Dativ⟩ *(enthält mehr Alkohol, als man denkt);* was denken Sie denn, wen Sie vor s. ⟨Dativ⟩ haben! *(wie reden Sie denn mit mir!);* sie haben das Kind zu s. genommen; * **etw. an s.** ⟨Dativ⟩ **haben** (↑an 3); **an s.** ⟨Akk.⟩ **halten** (↑an 3); **nicht [ganz] bei s. sein** (↑bei 2 g); **wieder zu s. kommen** (↑kommen 12). **3.** ⟨Pl.⟩ in reziproker Bed.: *einander:* ⟨Akk.:⟩ s. grüßen, streiten; sie haben s. geküsst; ⟨Dativ:⟩ sie helfen s. [gegenseitig]. **4.** oft in unpers. Ausdrucksweise od. zum Ausdruck einer passivischen Sehweise: hier wohnt es s. schön.

Si|chel, die; -, -n [mhd. sichel, ahd. sihhila, wohl < lat. secula = kleine Sichel, zu: secare, ↑sezieren]:

S

Gerät zum Schneiden von Gras o. Ä., das aus einer halbkreisförmig gebogenen Metallklinge u. einem meist hölzernen Griff besteht: Korn mit der S. schneiden; Ü die Sichel des Mondes.

sị|chel|för|mig ⟨Adj.⟩: *in der Form der Klinge einer Sichel.*

sị|cheln ⟨sw. V.; hat⟩: *mit der Sichel [ab]schneiden:* der Mann sichelte Gras.

sị|cher [mhd. sicher, ahd. sichur, urspr. (Rechtsspr.) = frei von Schuld, Pflichten, Strafe < lat. securus = sorglos, unbekümmert, sicher, zu: cura, ↑Kur]: **I.** ⟨Adj.⟩ **1.** *ungefährdet, gefahrlos, von keiner Gefahr bedroht; geschützt; Sicherheit bietend:* ein -es Verkehrsmittel; eine -e Endlagerung von Atommüll; ein -er Arbeitsplatz; sich in -em *(Schutz bietendem)* Abstand halten; hier bist du s. [vor ihm]; sich vor jmdm., vor Beobachtung s. fühlen; das Geld s. aufbewahren; bei diesem Verkehr kann man nicht mehr s. über die Straße gehen; am -sten/ ⟨subst.:⟩ das Sicherste wäre es, wenn du mit der Bahn führest; **R** s. ist s. *(drückt die Aufforderung od. Absicht aus, in einer best. Situation eine besondere Vorsicht, Aufmerksamkeit o. Ä. walten zu lassen).* **2.** *zuverlässig:* ein -er Beweis; das weiß ich aus -er Quelle; ein -es *(gesichertes)* Einkommen haben. **3.** *aufgrund von Übung, Erfahrung keine Fehler machend:* ein -es Urteil haben; ein Chirurg muss eine -e Hand haben; er ist ein sehr -er [Auto]fahrer; er war sehr s. im gesellschaftlichen Umgang; sie fährt sehr s. [Auto]. **4.** *keine Hemmungen habend, zeigend; selbstsicher:* ein -es Auftreten haben; sie wirkt jetzt viel -er als früher. **5.** *ohne jeden Zweifel bestehend od. eintretend; gewiss:* ein -er Sieg; er ist in den -en Tod gerannt; ein s. wirkendes Schmerzmittel; es ist [so gut wie] s., dass er zustimmt; eine Belohnung ist ihm s. **6.** *keinerlei Zweifel habend:* ich bin s., dass er noch kommt; er ist seiner selbst sehr s. *(hat keinerlei Selbstzweifel).* **II.** ⟨Adv.⟩ **a)** *höchstwahrscheinlich, mit ziemlicher Sicherheit:* s. kommt er bald; er hat es s. vergessen; das ist s./s. ist das sehr schwierig; da lässt sich s. etwas machen; du hast s. davon gehört; **b)** *gewiss, sicherlich, ohne Zweifel:* das ist s. richtig; »Kommst du mit?« »Aber s.!«

-si|cher: **1.** drückt in Bildungen mit Substantiven aus, dass die beschriebene Sache die Gewähr für etw. bietet, im Hinblick auf etw. zuverlässig ist: funktions-, gewinn-, wachstumssicher. **2.** drückt in Bildungen mit Substantiven – seltener mit Verben (Verbstämmen) – aus, dass die beschriebene Person od. Sache in etw. sicher ist, Sicherheit zeigt: koloratur-, kurvensicher. **3.** drückt in Bildungen mit Substantiven od. Verben (Verbstämmen) aus, dass die beschriebene Person od. Sache vor etw., gegen etw. geschützt ist: abhör-, atom-, diebstahlsicher. **4.** drückt in Bildungen mit Verben (Verbstämmen) aus, dass mit der beschriebenen Sache etw. gemacht werden kann (ohne dass es zu Schäden od. Schwierigkeiten kommt): verlege-, waschsicher. **5.** drückt in Bildungen mit Substantiven aus, dass die beschriebene Sache keine vermeidbaren Gefahren für jmdn. od. etw. birgt: kindersicher.

sị|cher|ge|hen ⟨unr. V.; ist⟩: *kein Risiko eingehen; nur dann etw. tun, wenn feststeht, dass es nicht mit einem Risiko verbunden ist:* um sicherzugehen, erkundige dich lieber erst beim Fachmann.

Sị|cher|heit, die; -, -en [mhd. sicherheit, ahd. sichurheit]: **1.** ⟨o. Pl.⟩ *Zustand des Sicherseins, Geschütztseins vor Gefahr od. Schaden; höchstmögliches Freisein von Gefährdungen:* soziale, nationale S.; die öffentliche S. und Ordnung; die S. am Arbeitsplatz; die S. der Arbeitsplätze *(Garantie für das Bestehenbleiben der vorhandenen Arbeitsplätze);* die innere S. *(das Gesichertsein des Staates u. der Bürger gegenüber Terrorakten, Revolten u. Gewaltverbrechen);* die S. hat Vorrang, geht vor; jmds. S. garantieren; ein Gefühl der S.; für mehr S. sorgen; für jmds. S. verantwortlich sein; in S. sein; jmdn., sich, etw. in S. bringen *(jmdn., sich, etw. aus dem Gefahrenbereich wegbringen, [vor dem Zugriff anderer] sichern);* du solltest zur S. deinen Schreibtisch abschließen; ***sich, jmdn. in S. wiegen** *(irrtümlicherweise glauben, jmdn. glauben machen, dass keine Gefahr besteht).* **2.** ⟨o. Pl.⟩ *Gewissheit, Bestimmtheit:* mit an S. grenzender Wahrscheinlichkeit; ich kann es nicht mit [letzter] S. sagen; er ist mit ziemlicher S. gestern schon abgereist. **3.** ⟨o. Pl.⟩ *das Freisein von Fehlern u. Irrtümern; Zuverlässigkeit:* die S. seines Urteils; mit traumwandlerischer S. urteilen. **4.** ⟨o. Pl.⟩ *Gewandtheit, Selbstbewusstsein, sicheres Auftreten:* S. im Benehmen, Auftreten. **5.** (Wirtsch.) *hinterlegtes Geld, Wertpapiere o. Ä. als Bürgschaft, Pfand für einen Kredit:* -en geben, leisten; eine Monatsmiete muss als S. hinterlegt werden; die Bank verlangt -en. **6.** ⟨o. Pl.⟩ (DDR) kurz für ↑Staatssicherheit (2).

Sị|cher|heits|ab|stand, der: *bestimmter einzuhaltender Abstand, der der Sicherheit* (1) *dient:* den S. einhalten.

Sị|cher|heits|be|auf|trag|te, der u. die: *Mitarbeiter in einem Betrieb, einer Organisation, der die Sicherheit überwachen soll:* er ist -r in einer Maschinenbaufabrik.

Sị|cher|heits|be|hör|de, die: vgl. Sicherheitspolizei (a).

Sị|cher|heits|be|stim|mung, die ⟨meist Pl.⟩: *Sicherheitsvorschrift.*

Sị|cher|heits|bin|dung, die (Sport): *Skibindung, die sich beim Sturz automatisch löst.*

Sị|cher|heits|dienst, der: *für die Sicherheit zuständige staatliche oder private Organisation:* der amerikanische, französische S.

Sị|cher|heits|fach, das: *Geheimfach.*

Sị|cher|heits|far|be, die: *kräftige, auch bei schlechter Beleuchtung gut sichtbare Farbe* (z. B. für Fahrzeuge od. für die Bekleidung von Straßenarbeitern).

Sị|cher|heits|film, der: *schwer entflammbarer Film* (2).

Sị|cher|heits|ga|ran|tie, die (bes. Politik): *verbindliche Zusage, für jmds. Sicherheit einzustehen:* es gibt dafür keine S.

Sị|cher|heits|glas, das ⟨Pl. ...gläser⟩: *splitterfreies Glas.*

Sị|cher|heits|grün|de ⟨Pl.⟩: in der Fügung aus -n *(um mögliche Gefahren auszuschließen).*

Sị|cher|heits|gurt, der: **a)** *Gurt, mit dem man sich im Auto od. Flugzeug anschnallt, um bei einem Ruck od. Unfall nicht vom Sitz geschleudert zu werden;* **b)** *(von Bauarbeitern, auch Seglern u. a. benutzter) fester, um den Leib u. über die Schultern gelegter Gurt, an dem Halteleinen befestigt sind.*

Sị|cher|heits|gür|tel, der: *Sicherheitsgurt* (b).

sị|cher|heits|hal|ber ⟨Adv.⟩: *zur Sicherheit, um sicherzugehen:* ich sehe s. noch einmal nach.

Sị|cher|heits|kett|chen, das: *dünnes, lose am Verschluss einer Halskette, eines Armbands o. Ä. hängendes Kettchen, das den Verlust des Schmuckstückes beim etwaigen Aufgehen des Schlosses verhindern soll.*

Sị|cher|heits|ket|te, die: **a)** *kleinere, kurze Kette* (1 a), *die innen so vor der Wohnungstür eingehängt wird, dass diese sich nur einen Spaltbreit öffnen lässt;* **b)** *große Kette* (1 a), *mit der etw. abgesperrt od. gesichert wird.*

Sị|cher|heits|kräf|te ⟨Pl.⟩: *für die öffentliche, die innere Sicherheit zuständige polizeiliche o. ä. bewaffnete Kräfte.*

Sị|cher|heits|lam|pe, die (Bergbau): *tragbare Lampe mit offen brennendem, aber durch ein dichtes Drahtgitter geschütztem Licht, das durch besondere Leuchterscheinungen etwa auftretende gefährliche Gase anzeigt.*

Sị|cher|heits|leis|tung, die: *das Hinterlegen einer Sicherheit* (5): nur gegen S.

Sị|cher|heits|maß|nah|me, die: *der Sicherheit* (1) *dienende Maßnahme:* das ist nur eine S.

Sị|cher|heits|na|del, die: *Nadel, die so gebogen ist, dass sich beide Enden parallel zueinander befinden, sodass die Spitze mit leichtem Druck in die am Ende angebrachte Vorrichtung hineingebracht u. etw. auf diese Weise fest- od. zusammengehalten werden kann.*

Sị|cher|heits|or|ga|ne ⟨Pl.⟩: *mit Staatsschutz u. Spionageabwehr befasste Dienststellen.*

Sị|cher|heits|po|li|tik, die: *Politik, die darauf abzielt, militärische Auseinandersetzungen zu vermeiden od. einzudämmen.*

Sị|cher|heits|po|li|zei, die: **a)** *für die öffentliche Sicherheit zuständige Abteilungen der Polizei* (z. B. Kriminal-, Wasserschutz-, Verkehrspolizei); **b)** (nationalsoz.) *Gestapo.*

Sị|cher|heits|rat, der ⟨o. Pl.⟩: *Organ der Vereinten Nationen zur Beilegung von Konflikten zwischen Staaten der Welt; Weltsicherheitsrat:* Frankreich ist ständiges Mitglied im S. der Vereinten Nationen.

Sị|cher|heits|ri|si|ko, das: **1.** *Gefahr für die Sicherheit:* er sorgte dafür, dass keinerlei S. für die jungen Fahrer entstand. **2.** (Jargon) *Person, Sache, die die Sicherheit gefährdet:* weil sie ein S. darstelle, wurde ihr die Einreise verweigert.

Sị|cher|heits|schloss, das: *(durch einen im Gehäuse drehbar gelagerten, in geschlossenem Zustand aber durch mehrere Stifte festgehaltenen Zylinder) besonders gesichertes [Tür]schloss.*

Sị|cher|heits|schlüs|sel, der: vgl. Sicherheitsschloss.

Sị|cher|heits|stan|dard, der: [1]*Standard* (2) *der Sicherheit:* der relativ hohe S. der westdeutschen Kernkraftwerke.

Sị|cher|heits|sys|tem, das (Technik): *System* (5), *das die Sicherheit von jmdm., etw. gewährleisten soll.*

Sị|cher|heits|ven|til, das (Technik): *Ventil in einem Dampfkessel o. Ä., das sich bei zu hohem Innendruck automatisch öffnet.*

Sị|cher|heits|ver|schluss, der: *zusätzliche Sperre, die das Aufgehen eines Verschlusses, z. B. bei einem Schmuckstück, unmöglich macht.*

Sị|cher|heits|ver|wah|rung, die: *Sicherungsverwahrung.*

Sị|cher|heits|vor|keh|rung, die: vgl. Sicherheitsmaßnahme.

Sị|cher|heits|vor|schrift, die: *um der Sicherheit willen erlassene Vorschrift.*

sị|cher|lich ⟨Adv.⟩ [mhd. sicherlīche, ahd. sichurlīcho]: *aller Wahrscheinlichkeit nach; ganz gewiss; mit ziemlicher Sicherheit:* das war s./s. war das nur ein Versehen.

sị|chern ⟨sw. V.; hat⟩ [mhd. sichern, ahd. sihhurōn, urspr. (Rechtsspr.) = rechtfertigen]: **1. a)** *sicher machen, vor einer Gefahr schützen:* die Tür mit einer Kette s.; jmdn., sich [beim Bergsteigen] durch ein Seil s.; die Grenzen s.; die Arbeitsplätze s.; ein Dokument, Daten s. (EDV; *dauerhaft speichern*); er hat sich nach allen Seiten gesichert *(abgesichert);* das Gewehr s. *(den Abzug blockieren, damit nicht versehentlich ein Schuss gelöst werden kann);* **b)** *garantieren* (b): das Gesetz soll die Rechte der Menschen s.; ⟨oft im 2. Part.:⟩ ein gesichertes Einkommen; seine Zukunft ist gesichert. **2. a)** *in seinen Besitz bringen; verschaffen; (für jmdn. od. sich) sicherstellen:* sich einen Platz, ein Vorkaufsrecht s.; dieser Sprung hat ihm den Sieg gesichert; **b)** *am Tatort Beweismittel polizeilich ermitteln, solange sie noch erkennbar sind:* die Polizei sichert die Spuren, Fingerabdrücke. **3.** (Jägerspr.) *lauschen, horchen, Witterung nehmen:* der Bock sicherte nach allen Seiten; ein sichernder Hirsch.

sị|cher|stel|len ⟨sw. V.; hat⟩: **1.** *in behördlichem Auftrag beschlagnahmen, vor unrechtmäßigem Zugriff od. die Allgemeinheit gefährdender Nutzung sichern:* Diebesgut s.; etw. als Beweismittel s.; das Fluchtfahrzeug konnte sichergestellt werden. **2.** *dafür sorgen, dass etw. sicher vorhanden ist od. getan werden kann; gewährleisten, garantieren* (b): wir müssen s., dass hier nicht eingebrochen werden kann. **3.** (seltener) *zweifelsfrei nachweisen, beweisen:* etw. experimentell s.

Sị|cher|stel|lung, die: *das Sicherstellen.*

Sị|che|rung, die; -, -en [mhd. sicherunge = Bürgschaft, Schutz]: **1. a)** *das Sichern, Schützen, Sicherstellen:* die S. der Arbeitsplätze hat Vorrang; Maßnahmen zur S. des Friedens; **b)** *etw. dem Schutz, dem Sichersein Dienendes:* das Netz sozialer -en *(die gesetzlich verankerten sozialen Leistungen, die den einzelnen Bürger vor sozialer Not schützen);* **c)** (Wirtsch.) *Sicherheit* (5). **2. a)** (Elektrot.) *Vorrichtung, durch die [mithilfe eines dünnen, bei Überhitzung schmelzenden Drahtes] ein Stromkreis unterbrochen wird, falls die entsprechende Leitung zu stark belastet ist od. in ihr eine Störung, ein Kurzschluss auftritt:* eine S. von 10 Ampere; die S. ist durchgebrannt, herausgesprungen; ***jmdm. brennt die S. durch** (ugs.; *jmd. verliert die Beherrschung, die Kontrolle über sich selbst*); **b)** *technische Vorrichtung, mit der etw. so gesichert wird, dass es nicht von selbst aufgehen, wegrutschen, losgehen kann:* jede Schusswaffe muss eine S. haben.

Si|che|rungs|bü|gel, der: a) vgl. Sicherungshaken; b) *Sicherungshebel.*

Si|che|rungs|ha|ken, der: *Haken, mit dem etw. gesichert, festgehalten wird.*

Si|che|rungs|he|bel, der: *Hebel an einer Schusswaffe, der jeweils zum Sichern od. Entsichern umgelegt wird; Sicherungsbügel* (b).

Si|che|rungs|kas|ten, der: *Kasten, in dem die zu einer elektrischen Anlage gehörenden Sicherungen* (2 a) *untergebracht sind.*

Si|che|rungs|ko|pie, die (EDV): *Kopie einer Datei, die jmd. anfertigt, um sich vor einem Verlust von Daten (etwa durch ungewolltes Löschen) zu schützen; Back-up.*

Si|che|rungs|leuch|te, die: *Leuchte zur Absicherung von Verkehrshindernissen* (z. B. Baustellen, liegen gebliebene Fahrzeuge).

Si|che|rungs|maß|nah|me, die: vgl. Sicherheitsmaßnahme.

Si|che|rungs|ver|wahr|te, der u. die; -n, -n ⟨Dekl. ↑Abgeordnete⟩ (Rechtsspr.): *jmd., der in Sicherungsverwahrung sitzt.*

Si|che|rungs|ver|wah|rung, die (Rechtsspr.): *um der öffentlichen Sicherheit willen über die eigentliche Strafe hinaus verhängter Freiheitsentzug für einen gefährlichen Hangtäter.*

si|cher wir|kend: s. sicher (I 5).

Sicht, die; -, -en ⟨Pl. selten⟩ [mhd., ahd. siht, eigtl. = das Sehen, Anblicken; das Gesehene, zu ↑sehen; 1: aus der Seemannsspr.; 3: urspr. mniederd. LÜ von ital. vista]: **1.** ⟨o. Pl.⟩ **a)** *Möglichkeit, [in die Ferne] zu sehen; Zugang, den der Blick zu mehr od. weniger entfernten Gegenständen hat:* gute, freie S. haben; die S. beträgt nur fünfzig Meter; Häuser versperren uns die S. [aufs Meer]; hier sind wir gegen S. geschützt; **b)** *Sichtweite:* ein Schiff kommt/ist in S.; Land in S.!; er verfolgte das Flugzeug mit dem Glas, bis es außer S. war; auf S. *(in direkter Steuerung, nicht im Blindflug nach Instrumenten)* fliegen; Ü ein Ende des Krieges ist leider immer noch nicht in S. (ugs.; *zu erwarten*). **2.** *Betrachtungsweise, Sehweise, Anschauungsweise:* er hat eine eigene S. der Welt entwickelt; aus, in meiner S. ist das anders. **3.** ⟨o. Pl.⟩ (Kaufmannsspr.) *Vorlage:* ein Wechsel auf S.; Fälligkeit bei S.; zehn Tage nach S. zahlbar; ***auf lange/weite/kurze S.** *(für lange, kurze Zeit, Dauer):* auf weite S. planen.

sicht|bar ⟨Adj.⟩: **a)** *mit den Augen wahrnehmbar, erkennbar:* die -e Welt; eine weithin -e Leuchtschrift; im Röntgenbild war das Geschwür deutlich s.; das Schild sollte möglichst gut s. aufgestellt sein; **b)** *deutlich [erkennbar], sichtlich, offenkundig:* -e Fortschritte machen; sein Befinden hat sich s. verschlechtert; die Widersprüche traten immer -er zutage; etw. s. machen *(verdeutlichen).*

Sicht|bar|keit, die; -: *Erkennbarkeit; sichtbare, deutliche Beschaffenheit.*

Sicht|be|hin|de|rung, die: *Behinderung, Einschränkung der Sicht:* es ist mit -en [durch Nebel] zu rechnen.

Sicht|blen|de, die: *Vorhang, leichte Trennwand, Jalousie o. Ä. als Schutz vor unerwünschten Ein- od. Durchblicken.*

Sicht|ein|la|ge, die (Bankw.): *kurzfristige Einlage* (8 a), *über die jederzeit verfügt werden kann.*

sich|ten ⟨sw. V.; hat⟩ [1: aus der Seemannsspr., zu ↑Sicht; 2: mniederd. sichten = sieben, zu ↑Sieb; heute als identisch mit sichten (1) empfunden]: **1.** *in größerer Entfernung wahrnehmen; erspähen:* am Horizont ein Schiff, einen Eisberg s.; Wild s.; (scherzh.:) habt ihr ihn schon irgendwo eine Kneipe gesichtet? **2.** *durchsehen u. ordnen:* einen Nachlass, das Material für eine Doktorarbeit s.

Sicht|feld, das: *Blickfeld.*

Sicht|fens|ter, das (Technik): *in das Gehäuse eines Geräts o. Ä. integrierte Scheibe aus Glas o. Ä., durch die hindurch man ins Innere sehen kann:* das S. des Backofens, in der Tür des Backofens.

Sicht|flug, der (Flugw.): *Flug mit ausreichender Sicht auf den Boden u. entsprechender Orientierung.*

Sicht|gren|ze, die: *Grenze, bis zu der man (aufgrund der Wetter- u. Umweltbedingungen) sehen u. Einzelheiten erkennen kann:* die S. lag bei etwa dreißig Metern.

sich|tig ⟨Adj.⟩ [aus der Seemannsspr.; mhd. sihtec = sichtbar; sehend]: *(vom Wetter u. Ä.) klar, sodass man gute Sicht hat:* die Luft war klar und s.

Sicht|kar|te, die: *Fahrausweis* (1), *der nicht entwertet, sondern nur vorgezeigt wird* (z. B. Zeitkarte).

sicht|lich ⟨Adj.⟩ [mhd. sihtlich = sichtbar]: *offenkundig, deutlich, spürbar, merklich, in sichtbarem Maße:* mit -er Freude; sie war s. erschrocken.

Sicht|li|nie, die (Verkehrsw.): *Linie, von der aus eine Straße, Kreuzung o. Ä. eingesehen werden kann:* bis zur S. vorfahren.

Sicht|schutz, der: *Schutz vor unerwünschten Blicken:* die Hecke bietet einen guten S.

Sich|tung, die; -, -en: **1.** ⟨o. Pl.⟩ *das Sichten* (1): nach S. der Schiffbrüchigen vom Flugzeug aus wurden Rettungsaktionen eingeleitet. **2.** *das Sichten* (2), *Prüfen u. Ordnen:* die S. des Nachlasses.

Sicht|ver|hält|nis|se ⟨Pl.⟩: *[wetterbedingte] Verhältnisse der Sicht* (1 a).

Sicht|ver|merk, der: *Visum.*

sicht|ver|merk|frei ⟨Adj.⟩ (Amtsspr.): *ohne ein Visum erlaubt:* die Einreise ist s.

Sicht|wech|sel, der (Bankw.): *Wechsel, der bei Sicht* (3) *fällig wird.*

Sicht|wei|se, die: *Sicht* (2): eine andere S. der Dinge.

Sicht|wei|te, die: *Entfernung, bis zu der etw. gesehen u. erkannt werden kann; Sicht* (1 b): die S. betrug etwa zweihundert Meter; sich auf S. nähern; außer, in S. sein; Nebel mit -n unter 50 Metern.

Sicht|wer|bung, die: *deutlich u. weithin sichtbare Werbung* (z. B. Plakatwand).

[1]Si|cke, die; -, -n [H. u.] (Technik): *rinnenförmige Vertiefung, Kehlung, [zur Versteifung dienende] Randverzierung.*

[2]Si|cke, die; -, -n [niederd. sike, Vkl. von ↑sie] (Jägerspr.): *Weibchen eines kleinen Vogels* (z. B. der Wachtel).

Si|cker|an|la|ge, die: *Anlage, Vorrichtung, durch die Regenwasser u. Abwässer schneller im Boden versickern können.*

Si|cker|gru|be, die: vgl. Sickeranlage.

si|ckern ⟨sw. V.; ist⟩ [urspr. mundartl., Iterativbildung zu ↑seihen in der urspr. Bed. »ausfließen«]: *(von Flüssigkeiten) allmählich, tröpfchenweise durch etw. hindurchrinnen, spärlich fließen:* das Regenwasser sickert in den Boden; Blut ist durch den Verband gesickert; Ü die Pläne der Regierung waren in die Presse gesickert *(heimlich gelangt).*

Si|cker|schacht, der: *mit Steinen u. Kies gefüllter Schacht, durch den abzuleitendes Wasser in das Grundwasser sickern kann.*

Si|cker|was|ser, das ⟨Pl. ...wässer⟩: **1.** *in den Boden dringendes [Regen]wasser.* **2.** *an einer schadhaften Stelle in einem Deich, Damm o. Ä. durchsickerndes Wasser.*

sic tran|sit glo|ria mun|di [auch: ˈzɪk - - -; spätlat.] (bildungsspr., oft scherzh.): *so vergeht der Ruhm der Welt.*

Side|board [ˈsaɪdbɔːd], das; -s, -s [engl. sideboard, eigtl. = Seitenbrett]: *längeres, niedriges Möbelstück, das als Buffet, Anrichte o. Ä. dient.*

si|de|risch ⟨Adj.⟩ [lat. sidereus, zu: sidus = Stern(bild)]: *auf die Sterne bezogen:* die -e Umlaufzeit *(Umlaufzeit eines Gestirns in seiner Bahn);* ein -es Jahr *(Sternjahr);* -es Pendel *(frei an einem dünnen Faden od. Haar pendelnder Metallring bzw. Kugel, womit angeblich Wasseradern u. Bodenschätze nachgewiesen werden können).*

Si|de|rit [auch: ...ˈrɪt], der; -s, -e [zu griech. sídēros = Eisen]: **1.** *karbonatisches Eisenerz von meist gelblich brauner Farbe; Eisenspat.* **2.** *Meteorit aus reinem Eisen.*

Si|de|ro|lith [auch: ...ˈlɪt], der; -s u. -en, -e[n] [↑-lith]: *Meteorit aus Eisenstein.*

Si|de|ro|pe|nie, die; - [zu griech. síderos (↑Siderit) u. pénēs = arm] (Med.): *Eisenmangel in den Körpergeweben.*

sie ⟨Personalpron.; 3. Pers. Sg. Fem. u. Pl.⟩ [1: mhd. si(e), ahd. si(u); 2 a: mhd. si(e), ahd. sie; b: aus früheren Anreden wie z. B.: Euer Gnaden (sie) haben geruht ...]: **1.** ⟨Fem. Sg.⟩ **a)** steht für ein weibliches Substantiv, das eine Person od. Sache bezeichnet, die bereits bekannt ist, von der schon die Rede war: ⟨Nom.:⟩ »Was macht eigentlich Maria?« – »Sie geht noch zur Schule.«; wenn s. nicht gepflegt wird, geht die Maschine kaputt; er verdient das Geld und s. *(die [Ehe]partnerin)* führt den Haushalt; ⟨Gen.:⟩ ihrer/(veraltet:) ihr: wir werden uns ihrer/(veraltet:) ihr annehmen; ⟨Dativ:⟩ ihr: wir haben es ihr versprochen; ⟨Akk.:⟩ sie: ich werde s. sofort benachrichtigen; **b)** (veraltet) (in Großschreibung) Anrede an eine Untergebene (die weder mit du noch mit Sie angeredet wurde): ⟨Nom.:⟩ hat Sie Ihren Auftrag erledigt?; ⟨Gen.:⟩ Ihrer/(veraltet:) Ihr: ich bedarf Ihrer nicht mehr; ⟨Dativ:⟩ Ihr: wer hat Ihr das erlaubt?; ⟨Akk.:⟩ Sie: ich habe Sie nicht nach Ihrer Meinung gefragt. **2.** ⟨Pl.⟩ **a)** steht für ein Substantiv im Pl. od. für mehrere Substantive, die Personen od. Sachen bezeichnen, die bereits bekannt sind, von denen schon die Rede war: ⟨Nom:⟩ s. wollen heiraten; hier wollen s. (ugs.; *man, die Leute, die Behörden o. Ä.*) jetzt eine Autobahn bauen; ⟨Gen.:⟩ ihrer/(veraltet:) ihr: um sich ihrer/(veraltet:) ihr zu entledigen, verbrannte er die Sachen; ihr aller Leben; ⟨Dativ:⟩ ihnen: er wird sich bei ihnen entschuldigen; ⟨Akk.:⟩ sie: wir haben s. alle nach ihrer Meinung gefragt; **b)** (in Großschreibung) Anrede an eine od. mehrere Personen (die allgemein üblich ist, wenn die Anrede du bzw. ihr nicht angebracht ist): ⟨Nom.:⟩ nehmen Sie doch Platz, meine Herren, mein Herr!; jmdn. mit Sie anreden; ⟨Gen.:⟩ Ihrer: wir werden Ihrer gedenken; ⟨Dativ:⟩ Ihnen: ich kann es Ihnen leider nicht sagen; ⟨Akk.:⟩ Sie: aber, ich bitte Sie!; ⟨subst.:⟩ das förmliche Sie.

Sie, die; -, -s (ugs.): *Person od. Tier weiblichen Geschlechts:* der Dackel ist eine S.

Sieb, das; -[e]s, -e [mhd. sip, ahd. sib, zu einem Verb mit der Bed. »ausgießen, seihen« u. wohl verw. mit ↑Seife]: **1.** *Gerät, das im Ganzen od. am Boden aus einem gleichmäßig durchlöcherten Material od. aus einem netz- od. gitterartigen [Draht]geflecht besteht u. das dazu dient, Festes aus einer Flüssigkeit auszusondern od. kleinere Bestandteile einer [körnigen] Substanz von den größeren zu trennen:* ein feines S.; Tee durch ein S. gießen; Kartoffeln durch ein S. rühren; die Arbeiter schippten Sand auf das S.; Ü sein Gedächtnis ist wie ein S. **2.** (Druckw.) *aus netzartiger Gaze hergestellte Druckform für den Siebdruck.*

sieb|ähn|lich ⟨Adj.⟩: *einem Sieb* (1) *ähnlich.*

sieb|ar|tig ⟨Adj.⟩: *von, in der Art eines Siebs* (1): ein -er Einsatz; s. perforiert.
Sieb|be|spạn|nung, die: *Bespannung* (2 a) *eines Siebs.*
Sieb|druck, der ⟨Pl. -e⟩: **1.** ⟨o. Pl.⟩ *Druckverfahren, bei dem die Farbe durch ein feinmaschiges Gewebe auf das zu bedruckende Material gepresst wird.* **2.** *im Siebdruckverfahren hergestelltes Druckerzeugnis; Schablonendruck* (2); *Serigraphie.*
Sieb|drụ|cker, der: *Drucker, der im Siebdruckverfahren druckt* (Berufsbez.).
Sieb|drụ|cke|rin, die: w. Form zu ↑Siebdrucker.
Sieb|druck|scha|blo|ne, die: *Sieb.*
Sieb|druck|ver|fah|ren, das: *Siebdruck* (1).
[1]sie|ben ⟨sw. V.; hat⟩ [spätmhd. si(e)ben]: **1.** *durch ein Sieb schütten; durchsieben:* Sand, Kies s.; Mehl in eine Schüssel s. **2.** *eine [größere] Anzahl von Personen, von Sachen kritisch durchgehen, prüfen u. eine strenge Auswahl treffen, die Personen, Sachen, die ungeeignet sind, ausscheiden:* Bewerber s.; ⟨auch o. Akk.-Obj.:⟩ bei der Prüfung haben sie [schwer] gesiebt.
[2]sie|ben ⟨Kardinalz.⟩ [mhd. siben, ahd. sibun; vgl. lat. septem = sieben] (als Ziffer: 7): vgl. acht.
Sie|ben, die; -, -en, auch: -: **a)** *Ziffer 7:* eine S. schreiben; die böse S. (*die Unglückszahl* 7); **b)** *Spielkarte mit sieben Zeichen:* eine S. ablegen; **c)** (ugs.) *Wagen, Zug der Linie 7:* wo hält die S.?; vgl. [1]Acht.
sie|ben|ar|mig ⟨Adj.⟩: vgl. achtarmig.
sie|ben|blät|te|rig, sie|ben|blätt|rig ⟨Adj.⟩ (Bot.): vgl. achtblättrig.
Sie|ben|bür|gen; -s: Gebiet in Rumänien.
Sie|ben|bür|ger, der; -s, -: Ew.
Sie|ben|bür|ge|rin, die; -, -nen: w. Form zu ↑Siebenbürger.
sie|ben|bür|gisch ⟨Adj.⟩: *Siebenbürgen, die Siebenbürger betreffend; von den Siebenbürgern stammend, zu ihnen gehörend.*
Sie|ben|eck, das: vgl. Achteck.
sie|ben|eckig ⟨Adj.⟩: vgl. achteckig.
sie|ben|ein|hạlb ⟨Bruchz.⟩ (mit Ziffern: $7\frac{1}{2}$): s. Meter.
Sie|be|ner, der; -s, - (landsch.): vgl. Dreier (3).
sie|be|ner|lei ⟨best. Gattungsz.; indekl.⟩ [↑-lei]: vgl. achterlei.
Sie|be|ner|rei|he, die: vgl. Achterreihe.
sie|ben|fach ⟨Vervielfältigungsz.⟩ (mit Ziffer: 7fach): vgl. achtfach.
Sie|ben|fa|che, das; -n ⟨Dekl. ↑[2]Junge, das⟩ (mit Ziffer: 7fache): vgl. Achtfache.
sie|ben|ge|schos|sig ⟨Adj.⟩: vgl. achtgeschossig.
sie|ben|hụn|dert ⟨Kardinalz.⟩ (in Ziffern: 700): vgl. hundert.
sie|ben|jäh|rig ⟨Adj.⟩ (mit Ziffer: 7-jährig): **a)** vgl. achtjährig (a); **b)** vgl. achtjährig (b): nach -er Ehe; der Siebenjährige Krieg (hist.; *von 1756 bis 1763 dauernder Krieg zwischen England u. Frankreich u. deren Verbündeten*).
Sie|ben|jäh|ri|ge, der u. die; -n, -n ⟨Dekl. ↑Abgeordnete⟩ (mit Ziffer: 7-Jährige): vgl. Achtjährige.
sie|ben|jähr|lich ⟨Adj.⟩ (mit Ziffer: 7-jährlich): vgl. achtjährlich.
Sie|ben|kampf, der (Sport): *Mehrkampf der Frauen in der Leichtathletik.*
sie|ben|köp|fig ⟨Adj.⟩: **1.** *aus sieben Personen bestehend:* ein -es Gremium. **2.** *sieben Köpfe habend:* ein -es Ungeheuer.
sie|ben|mal ⟨Wiederholungsz., Adv.⟩: vgl. achtmal.
sie|ben|ma|lig ⟨Adj.⟩ (mit Ziffer: 7-malig): vgl. achtmalig.
Sie|ben|mei|len|stie|fel ⟨Pl.⟩ [LÜ von frz. bottes de sept lieues]: in Verbindungen wie **S. anhaben** (ugs. scherzh.; *mit sehr großen Schritten [u. deshalb sehr schnell] gehen*); **mit -n** (ugs. scherzh.; **1.** *mit sehr großen Schritten [u. deshalb sehr schnell]:* mit -n gehen. **2.** *sehr schnell:* die Entwicklung schreitet mit -n voran).
Sie|ben|me|ter, der (Hockey, Hallenhandball): *nach bestimmten schweren Regelverstößen verhängte Strafe, bei der der Ball vom Siebenmeterpunkt, von der Siebenmeterlinie aus direkt auf das Tor geschossen wird:* einen S. verhängen.
Sie|ben|me|ter|li|nie, die (Hallenhandball): vgl. Siebenmeterpunkt.
Sie|ben|me|ter|punkt, der (Hockey): *sieben Meter vor dem Tor befindlicher Punkt, von dem aus ein Siebenmeter ausgeführt wird.*
sie|ben|mo|na|tig ⟨Adj.⟩: vgl. achtmonatig.
sie|ben|mo|nat|lich ⟨Adj.⟩: vgl. achtmonatlich.
Sie|ben|mo|nats|kind, das: vgl. Achtmonatskind.
Sie|ben|punkt, der: *Marienkäfer mit sieben schwarzen Punkten auf der roten Oberseite.*
Sie|ben|sạ|chen ⟨Pl.; nur in Verb. mit einem Possessivpronomen⟩ (ugs.): *Sachen, die jmd. für einen bestimmten Zweck braucht, bei sich hat; Habseligkeiten:* seine S. zusammensuchen.
sie|ben|sai|tig ⟨Adj.⟩: vgl. fünfsaitig.
Sie|ben|schlä|fer, der [1: älter = Langschläfer, nach der Legende von sieben Brüdern, die bei einer Christenverfolgung eingemauert wurden u. nach 200-jährigem Schlaf wieder erwachten]: **1.** *Bilch mit auf der Oberseite grauem, auf der Unterseite weißem Fell u. langem, buschigem Schwanz, der einen besonders langen Winterschlaf hält.* **2.** (volkst.) *27. Juni als Lostag einer Wetterregel, nach der es bei Regen an diesem Tag sieben Wochen lang regnet:* morgen ist S.
sie|ben|stel|lig ⟨Adj.⟩: vgl. achtstellig.
sie|ben|stö|ckig ⟨Adj.⟩: vgl. achtstöckig.
sie|ben|strah|lig ⟨Adj.⟩: vgl. sechsstrahlig.
sie|ben|stün|dig ⟨Adj.⟩: vgl. achtstündig.
sie|ben|stünd|lich ⟨Adj.⟩: vgl. achtstündlich.
sie|bent: älter für ↑siebt.
sie|bent... ⟨Ordinalz. zu ↑[2]sieben⟩ [mhd. siebende, siebente, ahd. sibunto] (als Ziffer: 7.): vgl. acht...
Sie|ben|ta|ge|fie|ber, das: *Denguefieber.*
sie|ben|tä|gig ⟨Adj.⟩: vgl. achttägig.
sie|ben|täg|lich ⟨Adj.⟩: vgl. achttäglich.
sie|ben|tau|send ⟨Kardinalz.⟩ (in Ziffern: 7 000): vgl. tausend.
sie|ben|tei|lig ⟨Adj.⟩: vgl. achtteilig.
sie|ben|tel ⟨Bruchz.⟩: ↑siebtel.
Sie|ben|tel, das; schweiz. meist: der; -s, - [aus älter siebenteil]: ↑Siebtel.
sie|ben|tens ⟨Adv.⟩: ↑siebtens.
Sie|ben|uhr|vor|stel|lung, die: vgl. Achtuhrvorstellung.
Sie|ben|uhr|zug, der: vgl. Achtuhrzug.
sie|ben|und|ein|hạlb ⟨Bruchz.⟩ (mit Ziffern: $7\frac{1}{2}$): vgl. achtundeinhalb.
sie|ben|und|sieb|zig ⟨Kardinalz.⟩ (in Ziffern: 77): vgl. acht.
sie|ben|und|sieb|zig|mal ⟨Wiederholungsz.; Adv.⟩: vgl. achtmal.
sie|ben|wer|tig ⟨Adj.⟩ (Chemie): vgl. dreiwertig.
sie|ben|wö|chent|lich ⟨Adj.⟩: vgl. dreiwöchentlich.
sie|ben|wö|chig ⟨Adj.⟩: vgl. dreiwöchig.
sie|ben|za|ckig ⟨Adj.⟩: vgl. dreizackig.
Sie|ben|zahl, die ⟨o. Pl.⟩: *Zahl 7, Anzahl von sieben.*
sie|ben|zei|lig ⟨Adj.⟩: vgl. achtzeilig.
Sieb|mehl, das: *gesiebtes Mehl.*
siebt: in der Fügung **zu s.** (*als Gruppe von sieben Personen*): sie kamen zu s.
siebt... ⟨Ordinalz. zu ↑[2]sieben⟩ [mhd. sibende, sib(en)te, ahd. sibunto] (als Ziffer: 7.): vgl. acht...
Sieb|teil, der (Bot.): *Phloem.*
sieb|tel, siebentel ⟨Bruchz.⟩ (als Ziffer: $\frac{}{7}$): vgl. achtel.
Sieb|tel, Siebentel, das, schweiz. meist der; -s, - [↑Siebentel]: vgl. Achtel (a).
sieb|tens, siebentens ⟨Adv.⟩ (als Ziffer: 7.): vgl. achtens.
sieb|zehn ⟨Kardinalz.⟩ [mhd. sibenzehen] (in Ziffern: 17): vgl. acht.
sieb|zehn|hụn|dert ⟨Kardinalz.⟩ (in Ziffern: 1 700): *eintausendsiebenhundert:* seit [dem Jahre] s.
sieb|zehn|jäh|rig ⟨Adj.⟩ (mit Ziffern: 17-jährig): vgl. achtjährig.
sieb|zehn|tel ⟨Bruchz.⟩ (als Ziffer: $\frac{}{17}$): vgl. achtel.
Sieb|zehn|tel, das, schweiz. meist der; -s, -: vgl. Achtel (a).
Sieb|zehn|und|vier, das; -: *Glücksspiel mit Karten, bei dem es gilt, eine Punktzahl von 21 zu erreichen od. möglichst nahe an diese Punktzahl heranzukommen.*
sieb|zig ⟨Kardinalz.⟩ [mhd. sibenzec, ahd. sibunzug] (in Ziffern: 70): vgl. achtzig.
Sieb|zig, die; -: vgl. Achtzig.
sieb|zi|ger ⟨indekl. Adj.⟩ (mit Ziffern: 70er): vgl. achtziger.
[1]Sieb|zi|ger, der; -s, -: vgl. [1]Achtziger.
[2]Sieb|zi|ger, die; -, - (ugs.): vgl. [2]Achtziger.
Sieb|zi|ge|rin, die; -, -nen: w. Form zu ↑[1]Siebziger.
Sieb|zi|ger|jah|re [auch: '- - - '- -] ⟨Pl.⟩: vgl. Achtzigerjahre.
sieb|zig|jäh|rig ⟨Adj.⟩ (mit Ziffern: 70-jährig): vgl. achtzigjährig.
sieb|zigst... ⟨Ordinalz. zu ↑siebzig⟩ (in Ziffern: 70.): vgl. achtzigst...
sieb|zigs|tel ⟨Bruchz.⟩ (in Ziffern: $\frac{}{70}$): vgl. achtel.
Sieb|zigs|tel, das; schweiz. meist: der; -s, -: vgl. Achtel (a).
siech ⟨Adj.⟩ [mhd. siech, ahd. sioh, H. u.] (geh.): *(bes. von alten Menschen) [schon] über eine längere Zeit u. ohne Aussicht auf Besserung krank, schwach u. hinfällig:* er ist alt und s.
sie|chen ⟨sw. V.; hat⟩ [mhd. siechen, ahd. siuchan, siuchēn] (veraltet): *siech sein.*
Siech|tum, das; -s [mhd. siechtuom, ahd. siohtuom] (geh.): *das Siechsein:* bis der Tod ihn von seinem S. erlöste.
sie|de|heiß ⟨Adj.⟩ (selten): *siedend heiß.*
sie|deln ⟨sw. V.; hat⟩ [mhd. sidelen, ahd. in: gisidalen = einen Sitz anweisen, ansässig machen]: *sich an einem bestimmten Ort (meist in einer noch nicht besiedelten Gegend) niederlassen u. sich dort ein [neues] Zuhause schaffen; eine Siedlung gründen:* hier haben schon die Kelten gesiedelt; Ü an dem See siedeln viele Vogelarten.
Sie|de|lung usw.: ↑Siedlung usw.
sie|den ⟨st. u. sw. V.; hat⟩ [mhd. sieden, ahd. siodan, H. u.]: **1. a)** ⟨Fachspr. nur: siedete, gesiedet⟩ (landsch., Fachspr.) *kochen* (3 a): Wasser siedet bei 100 °C; die Suppe ist siedend heiß (*sehr heiß*); Ü in ihm siedete es (*er war sehr wütend*); **b)** (Kochk.) *so weit erhitzt sein, dass kleine Blasen aufsteigen, ohne dass es jedoch zu der fürs Kochen* (3 a) *kennzeichnenden wallenden Bewegung kommt:* den Fisch in siedendem Wasser gar ziehen lassen; **c)** (landsch.) *zum Kochen bringen:* Wasser s. **2.** ⟨meist: sott, gesotten⟩ (landsch.) **a)** *kochen* (1 a): Eier s.; ⟨auch o. Akk.-Obj.:⟩ in der Küche wurde gebraten u. gesotten; **b)** *kochen* (1 c): etw. gar s.; die Eier hart s. **3.** (landsch.) *kochen* (3 b): die Kartoffeln müssen noch fünf Minuten s. **4.** (landsch.) *kochen* (5): Teer s. **5.** (veraltet) *durch Kochen einer Flüssigkeit herstellen, gewinnen:* Salz, Seife s. **6.** ⟨meist: siedete, gesiedet⟩ (landsch.) *kochen* (6): er siedete [vor Wut]. **7.** ***jmdm. siedend heiß einfallen** (ugs.; *jmdm. zu seinem Schrecken wieder in die Erinnerung kommen als etw., was er zu einer bestimmten Zeit erledigen, beachten o. Ä. sollte*).
Sie|de|punkt, der (Physik): *(vom herrschenden [Luft]druck abhängige) Temperatur, bei der ein bestimmter Stoff vom flüssigen in den gasförmigen Aggregatzustand übergeht, zu kochen beginnt; Kochpunkt:* Öl hat einen höheren S. als Wasser; Ü die Stimmung stieg auf den S. (*erreichte ihren Höhepunkt*).
Sie|der, der; -s, - (selten): **1. a)** kurz für ↑Salzsieder; **b)** kurz für ↑Tauchsieder. **2.** (Technik) *Behälter, in dem Wasser zum Sieden gebracht wird.*
Sie|de|rin, die: w. Form zu ↑Sieder (1 a).
Sied|ler, der; -s, - [älter nhd., spätmhd. in: sidlerguot = Siedlerstätte]: **1.** *jmd., der gesiedelt hat, siedelt; Kolonist:* die jüdischen S. in den von Israel besetzten Gebieten. **2.** *jmd., der eine Heimstätte* (2) *hat.*
Sied|ler|fa|mi|lie, die: vgl. Siedlerfrau.
Sied|ler|frau, die: *Frau eines Siedlers.*
Sied|le|rin, die; -, -nen: w. Form zu ↑Siedler.

S

Sied|ler|stel|le, die: *Heimstätte* (2).
Sied|lung, die; -, -en [nhd., spätmhd. in: sidlungrecht = Siedlungsabgabe]: **1. a)** *Gruppe [gleichartiger, kleinerer] Wohnhäuser [mit Garten] am Stadtrand o. Ä.:* er wohnt in einer modernen, neuen S. [am Stadtrand]; **b)** *die Bewohner einer Siedlung* (1 a): die S. steht geschlossen hinter der Bürgerinitiative. **2.** *menschliche Niederlassung; Ansammlung von Gebäuden, in denen Menschen wohnen, samt den dabei befindlichen, anderen Zwecken dienenden Bauten, Einrichtungen, Verkehrsflächen usw.:* eine ländliche S.; eine römische S. **3.** *Heimstätte* (2). **4.** ⟨o. Pl.⟩ (Papierdt.) *das Ansiedeln von Menschen, bes. auf Heimstätten* (2). **5.** (Zool.) *Kolonie von Tieren.*
Sied|lungs|ar|chä|o|lo|gie, die: *Teilgebiet der Archäologie, das sich mit der Erforschung früh- u. vorgeschichtlicher Siedlungsformen befasst.*
Sied|lungs|form, die: *Form einer menschlichen Siedlung* (2): Hufendorf, Straßendorf und andere ländliche -en.
Sied|lungs|ge|biet, das: vgl. Siedlungsland: die Gegend war römisches S.
Sied|lungs|ge|sell|schaft, die: *gemeinnütziges Unternehmen, dessen Aufgabe es ist, Land zu erwerben u. Siedlerstellen zur Verfügung zu stellen.*
Sied|lungs|haus, das: *zu einer Siedlung* (1 a) *gehörendes Haus.*
Sied|lungs|kun|de, die ⟨o. Pl.⟩: *(als Teilgebiet der Kulturgeographie) Wissenschaft von den Siedlungen* (2).
Sied|lungs|land, das ⟨o. Pl.⟩: *zum Siedeln geeignetes, besiedeltes Land.*
Sied|lungs|po|li|tik, die: *auf die Siedlung* (4) *gerichtete Politik:* die israelische S. [in den besetzten Gebieten].
Sied|lungs|raum, der: vgl. Siedlungsland.
Sieg, der; -[e]s, -e [mhd. sic, sige, ahd. sigi, sigu, eigtl. = das (im Kampf) Festhalten, das Überwältigen]: *Erfolg, der darin besteht, sich in einer Auseinandersetzung, im Kampf, im Wettstreit o. Ä. gegen einen Gegner, Gegenspieler o. Ä. durchgesetzt zu haben, ihn überwunden, besiegt zu haben:* ein glorreicher, knapper, deutlicher S.; ein diplomatischer, militärischer S.; ein S. im Wahlkampf; der S. war schwer erkämpft, teuer erkauft; einen S. [über einen Rivalen] erringen/(geh.:) davontragen; einen S. feiern; auf S. spielen (Sport Jargon; *alles daransetzen, das Spiel zu gewinnen*); S. Heil! (nationalsoz.; Hochruf der Nationalsozialisten); Ü es war ein S. der Gerechtigkeit; ich hatte einen S. über mich selbst errungen *(erfolgreich einer Versuchung widerstanden, eine Schwäche 2a überwunden);* der Vernunft zum S. verhelfen; * **den S. an seine Fahne heften** (geh.; *siegen*).
Sie|gel, das; -s, - [mhd. sigel, mniederd. seg(g)el < lat. sigillum = kleine Figur, Bildchen; Abdruck des Siegelrings, Vkl. von: signum, ↑Signum]: **1. a)** *Stempel zum Abdruck, Eindruck eines Zeichens in weiche Masse, zum Siegeln; Petschaft;* **b)** *Abdruck eines Siegels* (1 a), *einen Siegelabdruck tragendes Stück Siegellack o. Ä., mit dem etw. versiegelt ist:* das S. war beschädigt; ein S. aufbrechen; etw. mit einem S. verschließen, versehen; Ü das Buch trägt unverkennbar sein S. *(ist deutlich als sein Werk zu erkennen);* * **[jmdm.] etw. unter dem S. der Verschwiegenheit, strengster Geheimhaltung** o. Ä. **mitteilen** o. Ä.: *([jmdm.] etw. unter der Voraussetzung, dass es nicht weitergesagt wird, mitteilen).* **2. a)** *Stempel, mit dem man ein Siegel* (2 b) *auf etw. drückt;* **b)** *Stempelabdruck, mit dem Behörden o. Ä. die Echtheit von Dokumenten, Urkunden o. Ä. bestätigen; Dienstsiegel:* das Schriftstück trug das S. des Bundespräsidenten; ein S. fälschen; **3.** *von jmdm. als Siegelbild benutzte Darstellung o. Ä.:* das S. des Königs ist ein Doppeladler.
Sie|gel|ab|druck, der: **1.** *Abdruck eines Siegels* (1 a), *Siegelrings o. Ä.* **2.** *Siegel* (2 b).
Sie|gel|bild, das: *Motiv, Zeichen, das ein Siegel* (1 b, 2 b) *zeigt.*
Sie|gel|kun|de, die ⟨o. Pl.⟩: *Sphragistik.*
Sie|gel|lack, der: *im kalten Zustand harte, bei Erwärmung schmelzende, meist rote Masse zum Versiegeln (bes. von Briefen, Urkunden o. Ä.).*
sie|geln ⟨sw. V.; hat⟩ [mhd. sigelen]: **a)** *mit einem Siegel* (1 b) *versehen:* eine Urkunde s.; **b)** (seltener) *mit einem Siegel* (2 b) *versehen, beglaubigen.*
Sie|gel|ring, der: *Fingerring mit einem in eine Metallfläche od. einen Stein eingravierten Siegelbild, der (anstelle eines Petschafts) zum Siegeln benutzt werden kann.*
Sie|ge|lung, Sieglung, die; -, -en: *das Siegeln.*
sie|gen ⟨sw. V.; hat⟩ [mhd. sigen, ahd. in: ubarsiginōn, zu ↑Sieg]: *als Sieger, Gewinner aus einem Kampf, einer Auseinandersetzung, einem Wettstreit o. Ä. hervorgehen; einen Sieg erringen:* in der Schlacht, im sportlichen Wettkampf s.; über jmdn. s.; die Volkspartei hat gesiegt *(die Wahl gewonnen);* unsere Mannschaft hat [hoch, knapp, mit 2 : 0] gesiegt *(gewonnen);* Ü die Wahrheit wird am Ende s.; R Frechheit siegt (ugs.; *mit Dreistigkeit setzt man sich durch, erreicht man sein Ziel*).
Sie|ger, der; -s, - [frühnhd., vgl. mhd. (rhein.) segere]: *jmd., der bei einem Kampf, Wettstreit o. Ä. den Sieg errungen hat; Gewinner:* der strahlende S.; wer ist [der] S.?; unsere Elf wurde [bei, in dem Turnier] S.; als S. aus einer Wahl, einem Prozess, einem Krieg hervorgehen; die S. ehren; er wurde zum S. nach Punkten, durch technischen K. o. erklärt; * **zweiter S. sein/bleiben** (Sport Jargon; *in einem Zweikampf, Wettkampf einem anderen unterliegen*).
Sie|ger|eh|rung, die: *feierlicher Akt, bei dem die Sieger eines [sportlichen] Wettbewerbs geehrt [u. Urkunden, Medaillen o. Ä. überreicht] werden.*
Sie|ge|rin, die; -, -nen: w. Form zu ↑Sieger.
Sie|ger|jus|tiz, die (meist abwertend): *sehr strenges, hartes, unerbittliches Verhalten einer Siegermacht gegenüber den im Krieg Unterlegenen, das diese oft als willkürlich, rücksichtslos, ungerecht o. Ä. empfinden.*
Sie|ger|kranz, der: *[Lorbeer]kranz, der dem Sieger od. der Siegerin eines Wettbewerbs, Wettstreits aufgesetzt, umgehängt wird.*
Sie|ger|lor|beer, der: *Lorbeer* (3) *zur Ehrung eines Siegers od. einer Siegerin.*
Sie|ger|macht, die: *Macht* (4 a), *die einen Krieg gewonnen hat.*
Sie|ger|mann|schaft, die (bes. Sport): *siegreiche Mannschaft.*
Sie|ger|mie|ne, die: *den Stolz, die Freude über einen Sieg ausdrückende Miene; triumphierende Miene.*
Sie|ger|na|ti|on, die: vgl. Siegermacht.
Sie|ger|po|dest, das: *Podest, auf dem die Sieger[innen] bei einer Siegerehrung stehen.*
Sie|ger|po|kal, der: *Pokal, den der Sieger, die Siegerin od. die Siegermannschaft nach einem sportlichen Wettbewerb erhält.*
Sie|ger|staat, der: vgl. Siegermacht.
Sie|ger|volk, das (seltener): vgl. Siegermacht.
sie|ges|be|wusst ⟨Adj.⟩: *von der Zuversicht erfüllt, dass man siegen, sich durchsetzen, bei einem schwierigen Vorhaben erfolgreich sein wird:* s. auftreten, blicken.
Sie|ges|bot|schaft, die: *Nachricht über einen errungenen Sieg.*
Sie|ges|fei|er, die: *Feier anlässlich eines Sieges.*
Sie|ges|freu|de, die: *Freude über einen errungenen Sieg.*
sie|ges|froh ⟨Adj.⟩: *von Siegesfreude erfüllt, Siegesfreude ausdrückend:* mit -en Gesichtern.
Sie|ges|ge|schrei, das: *lauter Siegesjubel.*
sie|ges|ge|wiss ⟨Adj.⟩ (geh.): *siegessicher.*
Sie|ges|ge|wiss|heit, die ⟨o. Pl.⟩ (geh.): *das Siegesgewisssein.*
Sie|ges|göt|tin, die (Myth.): *Göttin, die den Sieg bringt, bringen soll.*
Sie|ges|ju|bel, der: *Jubel über einen errungenen Sieg:* in S. ausbrechen.
Sie|ges|kranz, der: *als Symbol des Sieges geltender Lorbeerkranz [mit dem ein Sieger gekrönt wird].*
Sie|ges|lor|beer, der (geh.): vgl. Siegeskranz.
Sie|ges|pal|me, die: *Palmenzweig als Symbol des Sieges:* Ü die S. (geh.; *den Sieg*) davontragen.
Sie|ges|po|dest, das: *Siegerpodest.*
Sie|ges|preis, der: *für den Sieg in einem Wettstreit o. Ä. ausgesetzter Preis:* jmdm. den S. überreichen.
Sie|ges|säu|le, die: *zum Andenken an einen militärischen Sieg errichtetes Denkmal in Form einer Säule.*
Sie|ges|se|rie, die (Sport): *Serie von Siegen:* ihre S. riss ab.
sie|ges|si|cher ⟨Adj.⟩: *fest damit rechnend, dass man siegen, sich durchsetzen, bei einem schwierigen Vorhaben erfolgreich sein wird:* s. lächeln, sein.
Sie|ges|stim|mung, die: *gehobene Stimmung, in die jmd. durch einen eben errungenen od. kurz bevorstehenden Sieg gerät.*
Sie|ges|sym|bol, das: *Symbol des Sieges:* der Lorbeer als S.
Sie|ges|tor, das: **1.** (Sport) vgl. Siegestreffer. **2.** *Triumphbogen.*
Sie|ges|tref|fer, der (Sport): *das Spiel, den Wettkampf entscheidender letzter Treffer, durch den der Sieg errungen wird.*
Sie|ges|tro|phäe, die: vgl. Siegespreis.
sie|ges|trun|ken ⟨Adj.⟩ (geh.): *von Siegesfreude überwältigt.*
Sie|ges|wil|le, der: *fester Wille, einen Sieg zu erringen, sich durchzusetzen, Erfolg zu haben:* ungebrochenen -n demonstrieren.
Sie|ges|zei|chen, das: vgl. Siegessymbol.
Sie|ges|zug, der: *siegreicher Vormarsch (einer Armee o. Ä.):* Ü der S. der Elektronik.
sieg|ge|wohnt ⟨Adj.⟩: *häufig siegreich gewesen; an Siege gewöhnt:* eine -e Armee, Mannschaft.
sieg|los ⟨Adj.⟩: *ohne Sieg [geblieben]:* eine -e Mannschaft.
Sieg|lung: ↑Siegelung.
Sieg|prä|mie, die: *(im Profisport, bes. im Fußball) für einen Sieg gezahlte Prämie* (1 a): die S. aushandeln.
sieg|reich ⟨Adj.⟩ [mhd. sigerîche]: **a)** *den Sieg errungen habend:* eine -e Mannschaft; **b)** *mit einem Sieg endend:* ein -er Kampf; **c)** *reich an Siegen:* eine -e Laufbahn als Sportler.
Sieg|wet|te, die: *Pferdewette, bei der auf den Sieg eines bestimmten Pferdes gesetzt wird.*
sieh, sie|he, siehst, sieht: ↑sehen.
SI-Ein|heit, die [↑SI]: *im Internationalen Einheitensystem (= SI) festgelegte Einheit physikalischer Größen.*
Sie|le, die; -, -n [mhd. sil, ahd. silo, zu ↑Seil] (veraltend): *Sielengeschirr:* Ü in den -n *(bis zuletzt arbeitend, mitten in der Arbeit)* sterben.
sie|len, sich ⟨sw. V.; hat⟩ [mhd. (md.) süln, landsch. Nebenf. von ↑suhlen] (landsch.): *sich mit Behagen [herum]wälzen:* sich im Bett s.
Sie|len|ge|schirr, das [zu ↑Siele]: *Geschirr* (2) *für ein Zugtier.*
Sie|mens-Mar|tin-Ofen, der [nach den dt. Industriellen F. u. W. v. Siemens u. dem frz. Ingenieur P. Martin] (Technik): *spezieller Ofen zum Erschmelzen von Stahl aus Roheisen [mit einem Zusatz von Schrott od. oxidischem Eisenerz].*
Sie|mens-Mar|tin-Ver|fah|ren, das (Technik): *Verfahren der Stahlerzeugung mithilfe eines Siemens-Martin-Ofens.*
si|e|na [s...] ⟨indekl. Adj.⟩: *rotbraun:* ein s. Kleid.
Si|e|na, das; -s, -: -s [nach der ital. Stadt Siena]: **1.** *siena Farbe, Färbung.* **2.** kurz für ↑Sienaerde.
Si|e|na|er|de, die: *als Farbstoff zur Herstellung sienafarbener Malerfarbe verwendete, gebrannte tonartige, feinkörnige Erde.*
si|e|na|far|ben, si|e|na|far|big ⟨Adj.⟩: *in der Farbe Siena:* -es Geschirr.
Si|er|ra [s...], die; -, -s u. ...rren [span. sierra < lat. serra = Säge]: span. Bez. für *Gebirgskette.*
Si|er|ra Le|o|ne; - -s: Staat in Afrika.

Si|er|ra-Le|o|ner, der; --s, --, (auch:) **Si|er|ra Le|o|ner,** der; -s, -: Ew.

Si|er|ra-Le|o|ne|rin, die; --, --nen, (auch:) **Si|er|ra Le|o|ne|rin,** die; -, -nen: w. Form zu ↑Sierra Leoner.

si|er|ra-le|o|nisch ⟨Adj.⟩: *Sierra Leone, die Sierra Leoner betreffend; von den Sierra Leonern stammend, zu ihnen gehörend.*

Si|es|ta [s...], die; -, ...sten u. -s [span. siesta < lat. (hora) sexta = die sechste (Stunde des Tages), zu: sextus, ↑Sext]: *Ruhepause, bes. nach dem Mittagessen; Mittagsruhe:* eine kurze S. halten.

sie|zen ⟨sw. V.; hat⟩: *mit Sie* (2b) *anreden:* wir siezen uns.

Si|gel, das; -s, -, Sigle, die; -, -n [lat. sigla (Pl.), synkopiert aus: sigilla, Pl. von: sigillum, ↑Siegel]: *feststehendes [beim Stenografieren verwendetes] Zeichen für ein Wort, eine Silbe od. eine Wortgruppe; Kürzel; Abkürzungszeichen* (z. B. § für »Paragraph«, usw. für »und so weiter«).

Sight|see|ing ['saɪt.siːɪŋ], das; -[s], -s [engl. sightseeing, zu: sight = Sehenswürdigkeit u. to see = (an)sehen]: *Besichtigung von Sehenswürdigkeiten.*

Sight|see|ing|bus ['- - - -], der: *Bus für Besichtigungsfahrten, Stadtrundfahrten.*

Sight|see|ing|tour ['- - - -], die: *Besichtigungsfahrt, Stadtrundfahrt.*

Si|gle ['ziːgl̩, frz. sigle]: ↑Sigel.

Sig|ma, das; -[s], -s [griech. sĩgma, sígma, aus dem Semit., vgl. hebr. sạmẹk]: *achtzehnter Buchstabe des griechischen Alphabets* (Σ, σ, am Wortende: ς).

sign. = signatum.

Si|gna: Pl. von ↑Signum.

Si|gnal [auch: zɪŋ'naːl], das; -s, -e [frz. signal < spätlat. signale, subst. Neutr. von lat. signalis = dazu bestimmt, ein Zeichen zu geben, zu: signum, ↑Signum]: **1.** *[optisches od. akustisches] Zeichen mit einer bestimmten Bedeutung:* optische, akustische -e; das S. zum Angriff; das S. bedeutet Gefahr, freie Fahrt; ein S. geben, blasen, funken; Ü ein hoffnungsvolles S. *(Anzeichen);* * **-e setzen** (bildungsspr.; *etw. tun, was richtungweisend ist; Anstöße geben*): seine Erfindung hat, mit seiner Erfindung hat er -e gesetzt. **2. a)** (Eisenb.) *für den Schienenverkehr an der Strecke aufgestelltes Schild o. Ä. mit einer bestimmten Bedeutung bzw. [fernbediente] Vorrichtung mit einer beweglichen Scheibe, einem beweglichen Arm o. Ä., deren Stellung, oft in Verbindung mit einem Lichtsignal, eine bestimmte Bedeutung hat:* das S. steht auf »Halt«; der Zugführer hatte ein S. übersehen; Ü für die Wirtschaft stehen alle -e auf Investition *(die wirtschaftliche Lage lässt Investitionen angezeigt erscheinen);* **b)** (bes. schweiz.) *Verkehrszeichen für den Straßenverkehr.* **3.** (Physik, Kybernetik) *Träger einer Information (z. B. eine elektromagnetische Welle), der entsprechend dem Inhalt der zu übermittelnden Information moduliert* (3) *wird:* analoge, digitale -e.

Si|gnal|an|la|ge, die (Verkehrsw.): *technische Anlage, mit deren Hilfe [automatisch] Signale* (1) *gegeben werden* (z. B. Ampelanlage).

Si|gnal|ball, der (Seew.): *kugelförmiger Körper, der, an einem Mast o. Ä. aufgezogen, etw. signalisiert.*

Si|gnal|brü|cke, die: *quer über die Gleise gebaute brückenartige Konstruktion, auf der Signale* (2a) *installiert sind.*

Si|gnal|buch, das (Seew.): *Zusammenstellung der in der Seeschifffahrt verwendeten internationalen Signale (in Form eines Buches).*

Si|gna|le|ment [...'mãː, schweiz.: ...'mɛnt], das; -s, -s u. (schweiz.:) -e [frz. signalement, zu: signaler = kurz beschreiben < ital. segnalare, zu: segnale < spätlat. signale, ↑Signal]: **1.** (bes. schweiz.) *kurze Personenbeschreibung mithilfe von charakteristischen [äußeren] Merkmalen:* S.: Ein Meter vierundsechzig groß, schlank, blaue Augen; das S. des Täters. **2.** (Pferdezucht) *Merkmale, die ein bestimmtes Tier charakterisieren.*

Si|gnal|far|be, die: *große Leuchtkraft besitzende u. daher stark auffallende Farbe.*

Si|gnal|feu|er, das: vgl. Signallicht (a).

Si|gnal|flag|ge, die (Seew.): *Flagge mit einer bestimmten Bedeutung zur optischen Nachrichtenübermittlung [mithilfe des Flaggenalphabets].*

Si|gnal|ge|rät, das: vgl. Signalanlage.

Si|gnal|horn, das: **a)** *Horn* (3b); **b)** (früher) *bes. beim Militär verwendetes Horn, mit dem Signale gegeben wurden.*

Si|gnal|in|stru|ment, das: *einfaches Musikinstrument zum Geben von Signalen* (z. B. Trommel, Pfeife, Glocke).

si|gna|li|sie|ren ⟨sw. V.; hat⟩ [französierende Bildung]: **1. a)** *durch ein Signal übermitteln, anzeigen:* [jmdm.] eine Nachricht [mithilfe von Blinkzeichen] s.; jmdm. eine Warnung s.; **b)** *als Signal, wie ein Signal auf etw. hinweisen, etw. deutlich machen:* grünes Licht signalisierte freie Fahrt; das Wahlergebnis signalisiert eine Tendenzwende; **c)** (bildungsspr.) *mit Worten mitteilen, andeuten:* die andere Seite hat bereits Kompromissbereitschaft signalisiert. **2.** (schweiz.) *ausschildern.*

Si|gnal|knopf, der: *Knopf, mit dem ein Signal ausgelöst wird.*

Si|gnal|lam|pe, die: vgl. Signallicht (a).

Si|gnal|licht, das: **a)** *als Signal dienendes Licht;* **b)** (schweiz.) *[Verkehrs]ampel.*

Si|gnal|mast, der: **1.** (Seew.) *Mast, an dem Signale, bes. in Form von Bällen u. Ä., aufgezogen werden.* **2.** (Eisenb.) *Mast, an dem ein Signal* (2a) *befestigt ist.*

Si|gnal|mu|ni|ti|on, die: *Leuchtkugel, -munition, durch deren Abschuss man ein Signal gibt.*

Si|gnal|pa|tro|ne, die: vgl. Signalmunition.

Si|gnal|pfei|fe, die: vgl. Signalinstrument.

Si|gnal|pis|to|le, die: *Pistole, mit der Signalmunition abgeschossen wird.*

si|gnal|rot ⟨Adj.⟩: *stark leuchtend u. auffallend rot:* -e Warnkleidung tragen.

Si|gnal|schrei|bung, die (Sprachw.): *(im Deutschen übliche) Großschreibung, durch die angezeigt wird, dass es sich bei einem bestimmten Wort um ein Substantiv od. um das erste Wort einer wie ein Substantiv gebrauchten Fügung handelt* (z. B. der Hund, das In-den-Tag-hinein-Leben).

Si|gnal|stel|lung, die (Eisenb.): *Stellung eines beweglichen Signals* (2a).

Si|gnal|ton, der: *Ton, der etw. signalisiert.*

Si|gnal|wir|kung, die: *von einer Sache, einem Vorgang ausgehende Wirkung, die darin besteht, dass etw., bes. ein bestimmtes Verhalten von Menschen, ausgelöst wird:* von der Entscheidung des Verfassungsgerichts ging eine S. aus; die Bildung der ersten rot-grünen Koalition auf Landesebene hatte S. [für Bonn].

Si|gna|tar, der; -s, -e [frz. signataire, zu: signer < lat. signare, ↑signieren]: (selten) *Signatarmacht.*

Si|gna|tar|macht, die (Politik): *Staat, der einen internationalen Vertrag unterzeichnet [hat].*

Si|gna|tar|staat, der (Politik): *Signatarmacht.*

si|gna|tum [lat. signatum, 2. Part. von: signare, ↑signieren]: *unterzeichnet* (auf Dokumenten, Verträgen o. Ä. vor dem vor der Unterschrift stehenden Datum; Abk.: sign.).

Si|gna|tur, die; -, -en [1: mlat. signatura, zu lat. signare, ↑signieren]: **1. a)** *Namenszeichen;* **b)** (bildungsspr.) *Unterschrift* (1). **2.** *Kombination aus Buchstaben u. Zahlen, unter der ein Buch in einer Bibliothek geführt wird u. anhand deren man es findet.* **3. a)** *auf das Rezept od. die Verpackung geschriebener Hinweis zum Gebrauch einer Arznei;* **b)** *den Inhalt bezeichnende Aufschrift auf einer Verpackung, einem Behälter o. Ä.* **4.** (Kartographie) *Kartenzeichen.* **5.** (Druckw.) *als Hilfe beim Setzen dienende Markierung (in Form einer Einkerbung) an einer Drucktype.* **6.** (Buchw.) *Ziffer od. Buchstabe auf dem unteren Rand der ersten Seite eines Druckbogens zur Bezeichnung der beim Binden zu beachtenden Reihenfolge der Bogen.*

Si|gnet [zɪn'jeː, auch: zɪ'gnɛt], das; -s, -s u. -e [...ətə] [mlat. signetum, zu lat. signum, ↑Signum]: **1. a)** (Buchw.) *Drucker-, Verlegerzeichen;* **b)** *Marken-, Firmenzeichen; Logo.* **2.** (veraltet) *Petschaft.*

si|gnie|ren ⟨sw. V.; hat⟩ [(kirchen)lat. signare = mit einem Zeichen versehen, besiegeln; das Kreuzzeichen machen, zu: signum, ↑Signum]: **1. a)** *(als Schöpfer, Urheber, Autor von etw.) sein Werk mit der eigenen Signatur* (1) *versehen:* der Autor wird nach der Lesung seinen neuen Roman s.; eine [von Hand] signierte Druckgrafik; **b)** (bildungsspr.) *unterschreiben, unterzeichnen.* **2.** (selten) *mit einer Signatur* (2, 3b, 6) *versehen.*

si|gni|fi|kant ⟨Adj.⟩ [lat. significans (Gen.: significantis) = bezeichnend; anschaulich, adj. 1. Part. von: significare, ↑signifizieren]: **a)** (bildungsspr.) *in deutlicher Weise als wesentlich, wichtig, erheblich erkennbar:* ein -er Unterschied; das wohl -este politische Ereignis des Jahres; **b)** (Statistik) *zu groß, um noch als zufällig gelten zu können:* ein -er Anstieg der Leukämierate; **c)** (bildungsspr.) *in deutlicher Weise als kennzeichnend, bezeichnend, charakteristisch, typisch erkennbar:* -e Merkmale.

Si|gni|fi|kant, der; -en, -en (Sprachw.): *Ausdrucksseite eines sprachlichen Zeichens.*

Si|gni|fi|kanz, die; - [lat. significantia = Deutlichkeit, zu: significare, ↑signifizieren]: *Bedeutsamkeit; das Signifikantsein* (1).

si|gni|fi|zie|ren ⟨sw. V.; hat⟩ [lat. significare, zu: signum (↑Signum) u. facere = machen, tun] (bildungsspr. selten): **a)** *anzeigen;* **b)** *bezeichnen.*

Si|gnor [zɪn'joːɐ̯], der; -, -i [ital. signor(e) < lat. senior, ↑Senior]: *(in Italien) Anrede eines Herrn* (mit folgendem Namen od. Titel).

Si|gno|ra, die; -, ...re u. -s [ital. signora]: **1.** w. Form zu ↑Signor. **2.** w. Form zu ↑Signore.

Si|gno|re, der; -, ...ri [ital. signore, ↑Signor] (in Italien): **1.** *Bezeichnung u. Anrede eines Herrn* (ohne folgenden Namen od. Titel). **2.** *Herr* (3), *Besitzer.*

Si|gno|ria, Si|gno|rie, die; -, -n [ital. signoria, zu: signore, ↑Signore] (hist.): *(im MA.) höchste Behörde der italienischen Stadtstaaten.*

Si|gno|ri|na, die; -, -s, seltener auch: ...ne [ital. signorina, Vkl. von: signora, ↑Signora]: *(in Italien) Bezeichnung u. Anrede eines Mädchens, einer unverheirateten [jungen] Frau.*

Si|gno|ri|no, der; -, -s, auch: ...ni [ital. signorino, Vkl. von: signore, ↑Signore]: *(in Italien) Bezeichnung u. Anrede eines jungen Mannes.*

Si|gnum, das; -s, ...gna [lat. signum = Zeichen] (bildungsspr.): **1.** *Signatur* (1). **2.** *Zeichen, Symbol:* das S. der Macht. **3.** (Med.) *Krankheitssymptom.*

Si|grist ['ziːgrɪst, zi'grɪst], der; -en, -en [mhd. sigrist(e), ahd. sigristo < mlat. sacrista, zu lat. sacrum = das Heilige; Gottesdienst] (schweiz.): *Kirchendiener, Messdiener, Küster.*

Sikh, der; -[s], -s [Hindi sikh, eigtl. = Schüler, zu aind. śiksati = Studien]: *Anhänger der Sikhreligion.*

Sikh|re|li|gi|on, die ⟨o. Pl.⟩: *gegen Ende des 15. Jh.s gestiftete monotheistische indische Religion, deren Anhänger militärisch organisiert sind.*

Si|la|ge [zi'laːʒə], die; - (Landw.): *Ensilage* (b).

Si|las|tik, das; -s [Kunstwort, zu ↑elastisch] (Textilind.; regional veraltend): *weiches, sehr elastisches Gewebe aus gekräuselten Garnen.*

Sil|be, die; -, -n [mhd. silbe, sillabe, ahd. sillaba < lat. syllaba < griech. syllabḗ, zu: syllambánein = zusammennehmen, -fassen, eigtl. = die zu einer Einheit zusammengefassten Laute]: *abgegrenzte, einen od. mehrere Laute umfassende Einheit, die einen Teil eines Wortes od. ein Wort bildet:* eine betonte, lange S.; eine offene (Sprachw.; *mit einem Vokal endende*), eine geschlossene (Sprachw.; *mit einem Konsonanten endende*) S.; das Wort wird auf der vorletzten S. betont; Ü ich glaube dir keine S. *(nichts von dem, was du sagst);* etw. mit keiner S. *(überhaupt nicht)* erwähnen.

Si̱l|ben|län|ge, die: *Quantität* (2 b).
Si̱l|ben|maß, das (Metrik): *(insbes. quantitierendes) Versmaß.*
Si̱l|ben|rät|sel, das: *Rätsel, bei dem aus vorgegebenen Silben Wörter zusammenzufügen sind.*
Si̱l|ben|schrift, die: *Schrift, deren Zeichen jeweils Silben bezeichnen.*
Si̱l|ben|tren|nung, die: *Trennung eines Wortes am Zeilenende nach bestimmten, die Sprechsilben berücksichtigenden Regeln.*
Si̱l|ben|tren|nungs|pro|gramm, das: *Programm* (4), *das die Silbentrennung innerhalb eines Textes automatisch durchführt.*
Si̱l|ber, das; -s [mhd. silber, ahd. sil(a)bar, H. u.]: **1.** *weiß glänzendes, weiches Edelmetall (chemisches Element);* Zeichen: Ag (↑ Argentum): reines S.; der Becher ist aus [massivem, getriebenem] S.; eine S. führende Gesteinsader. **2. a)** *silberne Gegenstände, silbernes Gerät, bes. [Tafel]geschirr, Besteck:* das S. putzen; von S. speisen; **b)** ⟨o. Art.⟩ (Sport Jargon) kurz für ↑ Silbermedaille; **c)** (veraltend) *Silbermünze[n], Geldstück[e] aus Silber:* mit, in S. bezahlen. **3.** *silberne Farbe, silberner Schimmer; Silberglanz:* Ballettschuhe in Rosa und S.
-sil|ber: ↑ -silbler.
Si̱l|ber|ader, die: *silberhaltige Gesteinsader.*
Si̱l|ber|ar|beit, die: *in Silber ausgeführte Arbeit:* kostbare -en.
Si̱l|ber|auf|la|ge, die: *Auflage aus Silber.*
Si̱l|ber|bar|ren, der: *Barren aus massivem Silber.*
Si̱l|ber|berg|werk, das: *Bergwerk zum Abbau von Silbererz.*
Si̱l|ber|be|steck, das: *silbernes Besteck* (1 b): das S. auflegen; mit S. essen.
si̱l|ber|be|stickt ⟨Adj.⟩: *mit Silberfäden bestickt:* ein -es Kissen.
Si̱l|ber|blech, das: *Blech aus Silber.*
Si̱l|ber|blick, der [eigtl. = silbriger Schimmer, Silberglanz] (ugs. scherzh.): *leicht schielender Blick:* sie hat einen S.
Si̱l|ber|bor|te, die: *silberfarbene od. mit Silberfäden durchwirkte Borte.*
Si̱l|ber|braut, die: *Frau, die ihre silberne Hochzeit feiert.*
Si̱l|ber|bräu|ti|gam, der: *Mann, der seine silberne Hochzeit feiert.*
Si̱l|ber|bro|kat, der: *mit Silberfäden durchwirkter Brokat.*
Si̱l|ber|bron|ze, die: **1.** *silberhaltige Kupferlegierung.* **2.** *silbrige Bronze[farbe].*
Si̱l|ber|dis|tel, die: *distelähnliche, meist stängellose Pflanze mit großer, strahlenförmiger, silberweißer Blüte.*
Si̱l|ber|draht, der: *Draht aus Silber.*
Si̱l|ber|erz, das: *silberhaltiges Erz.*
Si̱l|ber|fa|den, der: *silberner, silberfarbener Faden:* das Gewebe ist mit feinen Silberfäden durchwirkt; Ü sein Haar, sein Bart zeigte schon Silberfäden (geh.; *war von grauen, weißen Haaren durchzogen*).
si̱l|ber|far|ben, si̱l|ber|far|big ⟨Adj.⟩: *von der Farbe des Silbers:* ein -es Auto.
Si̱l|ber|fisch, der (landsch.): *Ukelei.*
Si̱l|ber|fisch|chen, das; -s, -: *kleines, flügelloses Insekt mit silbrig glänzendem, beschupptem Körper, das bes. in feuchtwarmen Räumen lebt.*
Si̱l|ber|fuchs, der: **1.** *Fuchs der nördlichen Regionen [Amerikas] mit schwarzen Haaren, die an den Spitzen silberweiß sind.* **2.** *Pelz vom Silberfuchs* (1).
Si̱l|ber füh|rend: s. Silber (1).
si̱l|ber|ge|fasst ⟨Adj.⟩: *in Silber gefasst:* ein -er Rubin.
Si̱l|ber|ge|halt, der: vgl. Goldgehalt.
Si̱l|ber|geld, das: *Geld in Form von Silbermünzen.*
Si̱l|ber|ge|schirr, das: vgl. Silberbesteck.
Si̱l|ber|glanz, der: **1.** (oft dichter.) *silberner Glanz.* **2.** *Argentit.*
si̱l|ber|glän|zend ⟨Adj.⟩: *silbern glänzend.*
si̱l|ber|grau ⟨Adj.⟩: *hellgrau mit silbrigem Schimmer:* ein -er Schal.
Si̱l|ber|haar, das (geh.): *silbergraues od. weißes Haar:* eine alte Dame mit S.
si̱l|ber|haa|rig ⟨Adj.⟩ (geh.): *weißhaarig.*
si̱l|ber|hal|tig ⟨Adj.⟩: *Silber enthaltend:* -es Erz.
si̱l|ber|hell ⟨Adj.⟩: **1.** *hell, hoch u. wohltönend:* ein -es Lachen. **2.** (dichter.) *hell [schimmernd] wie Silber:* ein -er Quell.
Si̱l|ber|hoch|zeit, die: *silberne Hochzeit.*
si̱l|be|rig: ↑ silbrig.
Si̱l|ber|ket|te, die: *silberne Kette.*
Si̱l|ber|kor|del, die: *silberfarbene od. aus Silberfäden gedrehte Kordel.*
Si̱l|ber|le|gie|rung, die: *Legierung des Silbers mit anderen Metallen, bes. Kupfer, Platin, Zinn od. Zink.*
Si̱l|ber|leuch|ter, der: *silberner Leuchter.*
Si̱l|ber|lö|we, der: *Puma.*
Si̱l|ber|me|dail|le, die: *silberne od. versilberte Medaille, die als [sportliche] Auszeichnung für den zweiten Platz (bes. bei den Olympischen Spielen) verliehen wird.*
Si̱l|ber|mi|ne, die: vgl. Silberbergwerk: in einer S. arbeiten.
Si̱l|ber|mö|we, die: *weiße Möwe mit hellgrauer Oberseite, schwarz-weißen Flügelspitzen u. gelbem Schnabel.*
Si̱l|ber|mün|ze, die: *Münze aus Silber od. einer Silberlegierung.*
si̱l|bern ⟨Adj.⟩ [mhd. silberīn, ahd. silbarīn]: **1.** *aus Silber:* ein -er Ring. **2.** *hell, weiß schimmernd; silberfarben:* ein -er Farbton; das -e Mondlicht; ihre Haare waren s. (geh.; *silbergrau, weiß*) geworden; etw. glänzt, schimmert s. **3.** (dichter.) *hell, hoch u. wohltönend:* ein -es Lachen.
Si̱l|ber|pa|pier, das: *Aluminiumfolie, Stanniol [für Verpackungszwecke].*
Si̱l|ber|pap|pel, die: *Pappel mit unterseits dicht behaarten, weißlichen Blättern.*
Si̱l|ber|plat|te, die: *silberne Platte* (3 a) *zum Servieren von Speisen.*
Si̱l|ber|putz|mit|tel, das: *Putzmittel für Silber* (2 a).
Si̱l|ber|rei|her, der: *großer, weißer Reiher mit schwarzen Beinen u. langen Schmuckfedern an Genick u. Schultern.*
Si̱l|ber|schicht, die: *Schicht aus Silber:* mit einer dünnen S. überzogenes Kupfer.
Si̱l|ber|schmied, der: *Handwerker, der Schmuck od. künstlerisch gestaltete [Gebrauchs]gegenstände aus Silber, Kupfer od. Messing anfertigt* (Berufsbez.).
Si̱l|ber|schmie|din, die: w. Form zu ↑ Silberschmied.
Si̱l|ber|schmuck, der: *silberner Schmuck.*
Si̱l|ber|sträh|ne, die: *silbergraue od. weiße Haarsträhne.*
Si̱l|ber|streif, der: in der Fügung **S. am Horizont** (↑ Silberstreifen).
Si̱l|ber|strei|fen, der: *silberner, silbern od. silbergrau schimmernder Streifen:* ein S. auf der Wasserfläche; *** S. am Horizont** (*sich andeutungsweise abzeichnende positive Entwicklung; Anlass zur Hoffnung;* nach einem Ausspruch des dt. Politikers G. Stresemann [1878–1929]).
Si̱l|ber|ta|blett, das: *silbernes Tablett.*
Si̱l|ber|tan|ne, die: *Edeltanne.*
si̱l|ber|ver|gol|det ⟨Adj.⟩: *aus mit einer Goldauflage versehenem Silber bestehend:* -e Gefäße, Statuen.
Si̱l|ber|wäh|rung, die (Wirtsch.): *Metallwährung, bei der das maßgebliche Zahlungsmittel Silbermünzen sind, deren Wert ihrem Silbergehalt entspricht.*
si̱l|ber|weiß ⟨Adj.⟩: *von silbrigem Weiß; hell schimmernd weiß:* -es Haar.
Si̱l|ber|wert, der: *Wert des Silbergehalts:* der S. einer Münze.
Si̱l|ber|zeug, das ⟨Pl. selten⟩ (ugs.): *Silber* (2 a).
Si̱l|ber|zwie|bel, die: *Perlzwiebel.*
-sil|big: in Zusb., z. B. achtsilbig *(aus acht Silben bestehend).*
si̱l|bisch ⟨Adj.⟩ (Sprachw.): *eine Silbe bildend:* ein -es l, n, r; -e Konsonanten.
-silb|ler, -silber, der; -s, - (Verslehre): in Zusb., z. B. Zwölfsilb[l]er *(Vers mit zwölf Silben).*
si̱lb|rig, silberig ⟨Adj.⟩: **1.** *silbern schimmernd, glänzend:* ein -er Glanz; s. schimmern. **2.** (geh.) *hell, hoch u. wohltönend:* der -e Klang eines Cembalos; s. tönen.
Sild, der; -[e]s, -[e] [norw. sild = Hering] (Gastr.): *pikant eingelegter junger Hering.*
Si|le̱n|ti|um, das; -s, ...tien [lat. silentium = Schweigen, zu: silere = still sein]: **1.** ⟨Pl. selten⟩ (veraltend, noch scherzh.) *[Still]schweigen, Stille:* (oft als Aufforderung:) S.! **2.** (Schulw.) **a)** *Zeit, in der die Schüler eines Internats ihre Schularbeiten erledigen sollen;* **b)** *[in der Schule stattfindende] Hausaufgabenbetreuung am Nachmittag.*
Sil|hou|et|te [ziˈluɛtə], die; -, -n [frz. silhouette, nach dem frz. Staatsmann E. de Silhouette (1709–1767), der aus Sparsamkeitsgründen sein Schloss statt mit kostbaren Gemälden mit selbst gemachten Scherenschnitten ausstattete]: **1. a)** *Umriss, der sich [dunkel] vom Hintergrund abhebt:* die S. eines Berges, einer Stadt; **b)** (bild. Kunst) *Schattenriss:* eine S. schneiden *(einen Scherenschnitt anfertigen).* **2.** (Mode) *Umriss[linie]; Form der Konturen:* ein Mantel mit schmaler S.
Si|li|ca̱t usw.: ↑ Silikat usw..
Si|li̱|ci|um, (auch:) Silizium, das; -s [zu lat. silex (Gen.: silicis) = Kiesel (= urspr. Bez. des Elements)] (Chemie): *(chemisch gebunden) in den meisten Gesteinen u. Mineralien enthaltenes säurebeständiges, schwarzgraues, stark glänzendes Halbmetall (chemisches Element;* Zeichen: Si).
si|li̱|ci|um|hal|tig, (auch:) siliziumhaltig ⟨Adj.⟩: *Silicium enthaltend.*
Si|li|co̱n: ↑ Silikon.
si|li̱e|ren ⟨sw. V.; hat⟩ [zu ↑ Silo] (Landw.): *in einem Silo* (2) *einlagern, einsäuern:* Futterpflanzen s.
Si|li|ka̱t, (Fachspr.:) Silicat, das; -[e]s, -e [zu ↑ Silicium] (Chemie): *Salz einer Kieselsäure:* mineralische -e.
Si|li|ko̱n, (Fachspr.:) Silicon, das; -s, -e (Chemie): *aus Silicium, Sauerstoff u. organischen Resten bestehender flüssiger, fester od. elastischer Stoff von hoher Wasser- u. Wärmebeständigkeit, der bes. in der Technik u. Textilindustrie Verwendung findet.*
Si|li|ko̱n|im|plan|tat, das: *aus Silikon gefertigtes Implantat, bes. für die weibliche Brust.*
Si|li|ko̱|se, die; -, -n (Med.): *durch dauerndes Einatmen von Quarzstaub hervorgerufene Staublunge.*
Si|li̱|zi|um usw.: ↑ Silicium usw.
Silk, der; -s, -s [engl. silk]: engl. Bez. für *Seide.*
Sill, der; -s, -e [schwed. sill]: *Sild.*
Si̱|lo, der, auch: das; -s, -s [span. silo = Getreidegrube, H. u.]: **1.** (bes. Fachspr.) *[schacht- od. kastenförmiger] Speicher od. hoher Behälter zur Lagerung von Schüttgut, bes. Getreide, Erz, Kohlen, Zement.* **2.** (Landw.) *Grube od. hoher Behälter zum Einsäuern von Futter.* **3.** (Milit.) kurz für ↑ Raketensilo.
-si|lo, der, auch: das; -s, -s (ugs. abwertend): kennzeichnet in Bildungen mit Substantiven – selten mit Verben (Verbstämmen) – ein Gebäude, das zur Unterbringung einer großen Zahl von Menschen od. Dingen dient, als tristen, nüchternunpersönlich wirkenden Bau: Beamten-, Bücher-, Wohnsilo.
Si|lu̱r, das; -s [nach dem vorkeltischen Volksstamm der Silurer] (Geol.): *dritte Formation des Erdaltertums (zwischen Ordovizium u. Devon).*
Sil|va̱|ner, der; -s, - [viell. zu Transsilvanien = Siebenbürgen (Rumänien), dem angeblichen Herkunftsland]: **a)** ⟨o. Pl.⟩ *Rebsorte mit grünen Beeren in dichten Trauben, die einen milden, feinfruchtigen bis vollmundigen Weißwein liefert;* **b)** *Wein der Rebsorte Silvaner* (a).
Sil|ve̱s|ter, der, auch: das; -s, - [nach Silvester I., Papst von 314 bis 335, dem Tagesheiligen des 31. Dezember]: *letzter Tag des Jahres, 31. Dezember:* S. feiern; [nächsten] S. sind wir nicht zu Hause.
Sil|ve̱s|ter|abend, der: vgl. Silvesternacht.
Sil|ve̱s|ter|ball, der: [2]*Ball am Silvesterabend.*

S

Sil|ves|ter|fei|er, die: vgl. Silvesterball.
Sil|ves|ter|nacht, die: *Nacht von Silvester zum 1. Januar.*
Sil|ves|ter|par|ty, die: vgl. Silvesterball.
Sil|ves|ter|pfann|ku|chen, der: *Pfannkuchen* (2), *der an Silvester gegessen wird.*
Sil|ves|ter|scherz, der: *Scherz, wie er zu Silvester, bei Silvesterfeiern gemacht wird:* diese Ankündigung kam uns wie ein S. vor.
Si|ma, das; -[s] [Kurzwort aus ↑Silicium u. ↑Magnesium] (Geol.): *unterer Teil der Erdkruste, die vorwiegend aus Silicium- u. Magnesiumverbindungen besteht.*
Sim|bab|we; -s: Staat in Afrika.
Sim|bab|wer, der; -s, -: Ew.
Sim|bab|we|rin, die; -, -nen: w. Form zu ↑Simbabwer.
sim|bab|wisch ⟨Adj.⟩: *Simbabwe, die Simbabwer betreffend; von den Simbabwern stammend, zu ihnen gehörend.*
si|mi|le ⟨Adv.⟩ [ital. simile < lat. similis = ähnlich] (Musik): *auf ähnliche Weise weiter; ebenso.*
Si|mi|li, das od. der; -s, -s [ital. simili = die Ähnlichen] (Fachspr.): *Nachahmung, bes. von Edelsteinen.*
si|mi|lia si|mi|li|bus [lat.] (bildungsspr.): *Gleiches [wird] durch Gleiches [geheilt]* (ein Grundgedanke der Volksmedizin).
Si|mi|li|stein, der (Fachspr.): *imitierter Edelstein.*
Sim|mer, das; -s, - [älter: Sümmer, Sumer, mhd. sumber, ahd. sumbir, eigtl. = geflochtener Korb] (früher): *Hohlmaß (unterschiedlicher Größe) für Getreide.*
Sim|mer|ring®, der; -[e]s, -e [nach dem dt. Ingenieur W. Simmer] (Technik): *ringförmige Wellendichtung in Form einer Manschette, die in einem Gehäuse gefasst ist u. durch Federdruck an die Welle gepresst wird.*
Si|mo|nie, die; -, -n [mhd. simoni(e) < kirchenlat. simonia, nach dem Magier Simon, der nach Apg. 8, 18 ff. glaubte, die Macht, die der Hl. Geist verleiht, kaufen zu können] (kath. Kirche): *Kauf u. Verkauf geistlicher Ämter o. Ä.*
sim|pel ⟨Adj.; simpler, -ste⟩ [spätmhd., mniederd. simpel = einfältig < frz. simple = einfach < lat. simplex = einfach, 1. Bestandteil zu: semel = einmal, 2. Bestandteil verw. mit ↑falten (eigtl. = einmal gefaltet)]: **1.** *so einfach, dass es keines besonderen geistigen Aufwands bedarf, nichts weiter erfordert, leicht zu bewältigen ist; unkompliziert:* eine simple Konstruktion, Erklärung; ein simpler Trick; etw. ganz s. ausdrücken; das ist eine simple Tatsache *(ist nichts weiter als eine Tatsache).* **2.** (oft abwertend) *in seiner Beschaffenheit anspruchslos-einfach; nur eben das Übliche und Notwendigste aufweisend; schlicht:* ein simples Kleid kostet schon an die 300 Mark; es fehlt an den -sten Dingen; das fordert der simple *(einfache, selbstverständliche)* Anstand; die Ferienwohnung war sehr s. eingerichtet. **3.** (abwertend) *einfältig, beschränkt:* ein simples Gemüt haben; s. sein, daherreden.
Sim|pel, der; -s, - (landsch. ugs.): *einfältiger, beschränkter Mensch; Einfaltspinsel.*
sim|pel|haft ⟨Adj.⟩ (landsch. ugs.): *einfältig.*
Sim|perl, das; -s, -n [zu mhd. simmerin, Vkl. von: sumber, ahd. sumbir, eigtl. = geflochtener Korb] (österr.): *flacher, geflochtener Brotkorb.*
Sim|pla: Pl. von ↑Simplum.
Sim|plex, das; -, -e u. ...plizia [zu lat. simplex, ↑simpel] (Sprachw.): *nicht zusammengesetztes [u. nicht abgeleitetes] Wort:* das dem Präfixverb zugrunde liegende S.
sim|pli|ci|ter ⟨Adv.⟩ [lat. simpliciter, zu: simplex, ↑simpel] (bildungsspr.): *schlechterdings, schlechthin; unbedingt, ohne Einschränkung.*
Sim|pli|fi|ka|ti|on, die; -, -en (bildungsspr.): *Simplifizierung.*
sim|pli|fi|zie|ren ⟨sw. V.; hat⟩ [mlat. simplificare] (bildungsspr.): *[stark, übermäßig] vereinfachen:* ein Problem s.; etw. in simplifizierter Form, simplifiziert darstellen.
Sim|pli|fi|zie|rung, die; -, -en (bildungsspr.): *simplifizierende Darstellung; [starke, übermäßige] Vereinfachung.*
Sim|pli|zia: Pl. von ↑Simplex.
Sim|pli|zi|tät, die; - [lat. simplicitas, zu: simplex, ↑simpel] (bildungsspr.): *Einfachheit, Schlichtheit:* seine Songs sind von erfrischender S.
Sim|plum, das; -s, ...pla [nlat., zu lat. simplex, ↑simpel] (Wirtsch.): *einfacher Steuersatz.*
Sims, der od. das; -es, -e [mhd. sim(e)ʒ, ahd. in: simiʒstein = Säulenkapitell, viell. verw. mit lat. sima, zu: simus = platt(nasig) < griech. simós]: *waagerechter, lang gestreckter [Wand]vorsprung; Gesims:* Häuser mit breiten -en.
Sim|sa|la|bim, der; -s [H. u., viell. verstümmelt aus ↑similia similibus]: **1.** ⟨o. Art.⟩ Zauberformel. **2.** (abwertend) *Hokuspokus* (2).
Sim|se, die; -, -n [H. u.]: **1.** *(in zahlreichen, zum Teil binsenähnlichen Arten vorkommendes) an feuchten, sumpfigen Stellen wachsendes Riedgras.* **2.** (landsch.) *Binse.*
Si|mu|lant, der; -en, -en [zu lat. simulans (Gen.: simulantis), 1. Part. von: simulare, ↑simulieren]: *jmd., der etw., bes. eine Krankheit, simuliert.*
Si|mu|lan|tin, die; -, -nen: w. Form zu ↑Simulant.
Si|mu|la|ti|on, die; -, -en [lat. simulatio = Vorspiegelung, zu: simulare, ↑simulieren]: **1.** *das Simulieren* (1). **2.** (Fachspr., bildungsspr.) *das Simulieren* (2): die S. eines Raumfluges.
Si|mu|la|tor, der; -s, ...oren (Fachspr.): *Gerät, Anlage, System usw. für die Simulation* (2).
si|mu|lie|ren ⟨sw. V.; hat⟩ [lat. simulare, eigtl. = ähnlich machen, nachbilden; nachahmen, zu: similis = ähnlich]: **1.** *vortäuschen:* eine Krankheit, Gedächtnisschwund s.; ⟨auch o. Akk.-Obj.:⟩ ich glaube, er simuliert [nur] *(ist gar nicht krank, verstellt sich).* **2.** (Fachspr., bildungsspr.) *Sachverhalte, Vorgänge [mit technischen, (natur)wissenschaftlichen Mitteln] modellhaft nachbilden, (bes. zu Übungs-, Erkenntniszwecken) in den Grundzügen wirklichkeitsgetreu nachahmen:* einen Raumflug s.; ökonomische Prozesse mithilfe eines Modells s. **3.** (veraltend, noch landsch.) *grübeln, nachsinnen:* er fing an zu s. [ob, wie es sich erreichen ließe].
si|mul|tan ⟨Adj.⟩ [mlat. simultaneus, zu lat. simul = zugleich, zusammen, zu: similis = ähnlich] (Fachspr., bildungsspr.): *gleichzeitig:* zwei -e Prozesse; er spielte s. gegen 12 Gegner Schach; s. ablaufen, geschehen, erfolgen; s. *(während der zu übersetzende Text gesprochen wird)* dolmetschen, übersetzen.
Si|mul|tan|büh|ne, die (Theater): *Bühne mit mehreren, gleichzeitig sichtbaren Schauplätzen.*
Si|mul|tan|dol|met|schen, das; -s: *während des Vortrags des zu übersetzenden Textes erfolgendes Dolmetschen.*
Si|mul|tan|dol|met|scher, der: *Dolmetscher, der simultan übersetzt.*
Si|mul|tan|dol|met|sche|rin, die: w. Form zu ↑Simultandolmetscher.
Si|mul|ta|ne|i|tät, Simultanität, die; -, -en [frz. simultanéité, zu: simultané = gleichzeitig < mlat. simultaneus, ↑simultan]: **1.** (Fachspr., bildungsspr.) *Gleichzeitigkeit; gleichzeitiges Auftreten, Eintreten:* die S. der Ereignisse. **2.** (Kunstwiss.) *Darstellung von zeitlich od. räumlich auseinander liegenden Ereignissen auf einem Bild.*
Si|mul|ta|ni|tät: ↑Simultaneität.
Si|mul|tan|kir|che, die: *Kirche* (1), *die von mehreren Konfessionen gemeinsam benutzt wird.*
Si|mul|tan|schach, das: vgl. Simultanspiel.
Si|mul|tan|spiel, das (Schach): [1]*Schachspiel, bei dem ein Schachspieler gegen mehrere, meistens leistungsschwächere Gegner gleichzeitig spielt.*
sin = Sinus.
Si|nai [...na-i], der; -[s]: **1.** ägyptische Halbinsel im Norden des Roten Meers: die Halbinsel S./der S. **2.** Gebirge auf der Sinaihalbinsel.
Si|nai|halb|in|sel, die; - (selten): Halbinsel Sinai (1).
Si|nan|thro|pus, der; -, ...pi [zu griech. Sínai = Chinesen; China u. ánthrōpos = Mensch] (Anthrop.): *Pekingmensch.*
sind: ↑[1]sein.
si|ne an|no [lat., zu: sine = ohne u. annus = Jahr] (Buchw. veraltet): *ohne Jahr; ohne Angabe des Erscheinungsjahres* (Abk.: s. a.).
si|ne an|no et lo|co [lat., zu: locus, ↑sine loco] (Buchw. veraltet): *sine loco et anno* (Abk.: s. a. e. l.).
si|ne lo|co [lat., zu: locus = Ort, Stelle] (Buchw. veraltet): *ohne Ort; ohne Angabe des Erscheinungsortes* (Abk.: s. l.).
si|ne lo|co et an|no [lat.] (Buchw. veraltet): *ohne Ort u. Jahr; ohne Angabe des Erscheinungsortes u. -jahres* (Abk.: s. l. e. a.).
si|ne tem|po|re [lat. = ohne Zeit(zugabe), zu: tempus, ↑Tempus] (bildungsspr.): *pünktlich zum angegebenen Zeitpunkt; ohne akademisches Viertel* (Abk.: s. t.).
Sin|fo|nie, Symphonie, die; -, -n [ital. sinfonia < lat. symphonia = Zusammenstimmen, Einklang; mehrstimmiger musikalischer Vortrag < griech. symphōnía, zu: sýmphōnos = zusammentönend]: **1.** *auf das Zusammenklingen des ganzen Orchesters hin angelegtes Instrumentalwerk [in Sonatenform] mit mehreren Sätzen* (4 b): Beethovens S. Nr. 9; eine S. komponieren, spielen, dirigieren. **2.** (geh.) *Ganzes, reiche Gesamtheit, gewaltige Fülle, worin verschiedenartige Einzelheiten eindrucksvoll zusammenwirken:* eine S. von/in/aus Farben, Düften.
Sin|fo|nie|kon|zert, Symphoniekonzert, das: *Konzert eines Sinfonieorchesters.*
Sin|fo|nie|or|ches|ter, Symphonieorchester, das: *großes Orchester zur Aufführung von Werken klassischer Musik.*
Sin|fo|nik, Symphonik, die; - (Musik): **1.** *Kunst der sinfonischen Gestaltung.* **2.** *sinfonisches Schaffen.*
Sin|fo|ni|ker, Symphoniker, der; -s, - (Musik): **1.** *Komponist von Sinfonien.* **2.** ⟨Pl.⟩ *Sinfonieorchester* (in Namen): die Heidelberger Sinfoniker; die Wiener Symphoniker.
Sin|fo|ni|ke|rin, Symphonikerin, die; -, -nen (Musik): w. Form zu ↑Sinfoniker (1).
sin|fo|nisch, symphonisch ⟨Adj.⟩ (Musik): *der Sinfonie in Form, Satz, Klangbild entsprechend, ähnlich:* -e Werke.
Sing. = Singular.
Sing|aka|de|mie, die: *Vereinigung zur Pflege des Chorgesangs* (meist in Namen).
[1]**Sin|ga|pur** [auch: ...'pu:ɐ̯]; -s: Staat auf der Halbinsel Malakka.
[2]**Sin|ga|pur:** Hauptstadt von [1]Singapur.
Sin|ga|pu|rer, der; -s, -: Ew.
Sin|ga|pu|re|rin, die; -, -nen: w. Form zu ↑Singapurer.
sin|ga|pu|risch ⟨Adj.⟩: *Singapur, die Singapurer betreffend; von den Singapurern stammend, zu ihnen gehörend.*
sing|bar ⟨Adj.⟩: *(in bestimmter Weise) zu singen; sich singen lassend:* ein leicht, schwer -er Part.
Sing|dros|sel, die: *(in Wäldern u. Parkanlagen lebender) großer Singvogel, dessen Gefieder auf der Oberseite braun, auf der Bauchseite braunweiß gesprenkelt ist.*
sin|gen ⟨st. V.; hat⟩ [mhd. singen, ahd. singan, eigtl. = mit feierlicher Stimme vortragen; bezeichnete urspr. wohl das feierliche Sprechen von Weissagungen u. religiösen Texten]: **1. a)** *mit der Stimme* (2 a) *(ein Lied, eine Melodie o. Ä.) hervorbringen, vortragen:* gut, tief, laut s.; gemeinsam s.; er singt solo *(als Solist);* sie singt in einem Chor *(gehört einem Chor an);* nach Noten, vom Blatt, zur Laute s.; ⟨subst.:⟩ lautes Singen war zu hören; R du bist wohl s. gewesen (scherzh.; *du hast aber viel Kleingeld bei dir!*); Ü im Garten singen die Vögel; der Teekessel singt auf dem Herd; er hat einen singenden *(stark modulierenden)* Tonfall; **b)** *etw. singend* (1 a) *vortragen, hören lassen:* ein Lied, eine Arie s.; diese Melodie ist leicht, schwer zu s.; R das kannst du s. (ugs.; *da kannst du sicher sein, darauf kannst du dich verlassen*); Ü die Nachtigall singt ihr Lied; **c)** *als Stimmlage haben:* Sopran, Alt, Tenor, Bass s. **2. a)** *durch Singen* (1) *in einen bestimmten Zustand bringen:* sich hei-

S

ser s.; das Kind in den Schlaf s.; **b)** ⟨s. + sich; unpers.⟩ *sich in bestimmter Weise singen* (1) *lassen:* mit trockener Kehle singt es sich schlecht. **3.** (dichter. veraltend) *in dichterischer Sprache, in Versen, in Liedform o. Ä. erzählen, berichten:* die Odyssee, in der der Dichter von den Irrfahrten des Odysseus singt; Ü jmds. Lob s. (geh.; *sich lobend über jmdn. äußern*). **4.** (salopp) *(vor der Polizei, als Angeklagter) Aussagen machen, durch die andere [Komplizen] mit belastet werden:* im Verhör, vor Gericht s.; ⟨subst.:⟩ jmdn. zum Singen bringen.

Sin|ge|rei, die; -, -en ⟨Pl. selten⟩: **1.** ⟨Pl. selten⟩ (oft abwertend) *[dauerndes] Singen:* wenn sie nur endlich mit ihrer S. aufhören wollten! **2.** ⟨o. Pl.⟩ (ugs.) *berufsmäßiges od. als Hobby ausgeübtes Singen* (1): inzwischen ist die S. zu ihrem Beruf geworden.

Sin|gha|le|se, der; -n, -n: Angehöriger einer Sprach- u. Völkergruppe auf Sri Lanka.

Sin|gha|le|sin, die; -, -nen: w. Form zu ↑Singhalese.

sin|gha|le|sisch ⟨Adj.⟩: *die Singhalesen betreffend, zu ihnen gehörend.*

Sin|gha|le|sisch, das; -[s] u. ⟨nur mit best. Art.:⟩ **Sin|gha|le|si|sche**, das; -n: *die singhalesische Sprache.*

Sing|kreis, der: *kleinerer Chor.*

[1]Sin|gle ['sɪŋl], das; -[s], -[s] [engl. single, eigtl. = einzeln(e) < altfrz. sengle < lat. singulus, ↑singulär]: **1.** (Badminton, Tennis) *Einzelspiel (zwischen zwei Spielern).* **2.** (Golf) *Zweierspiel.*

[2]Sin|gle, die; -, -s: *kleine Schallplatte mit nur je einem Titel* (2 b) *auf Vorder- u. Rückseite.*

[3]Sin|gle, der; -[s], -s [engl. single, zu: single, ↑[1]Single]: *jmd., der ohne Bindung an einen Partner lebt:* er, sie ist ein S., lebt als S.

Sin|gle|haus|halt, der: *Haushalt* (1, 2) *eines [3]Singles.*

Sin|grün, das; -s, -[e] [mhd. singrüene, spätahd. singruonī, 1. Bestandteil mhd. sin- = immer (während), ↑Sintflut]: *Immergrün.*

Sing|sang, der ⟨o. Pl.⟩: **a)** *[eintöniges] kunstloses, leises Vor-sich-hin-Singen:* man hörte den S. der Frauen bei der Arbeit; **b)** *einfache Melodie, die jmd. vor sich hin singt:* mit einem leisen S. versucht die Mutter das Kind in Schlaf zu singen.

Sing|schwan, der: *Schwan mit teils gelbem, teils schwarzem Schnabel ohne Höcker, der wohltönende Rufe hören lässt.*

Sing|spiel, das (Musik): *Bühnenstück (meist heiteren, volkstümlichen Inhalts) mit gesprochenem Dialog u. musikalischen Zwischenspielen u. Gesangseinlagen.*

Sing|stim|me, die: **a)** *Stimme* (3 b), *die gesungen wird:* hier setzt die S. ein; **b)** *menschliche Stimme beim Singen:* ein Stück für Klavier, Flöte und S.

Sin|gu|lar, der; -s, -e [lat. (numerus) singularis, ↑singulär] (Sprachw.): **1.** ⟨o. Pl.⟩ *Numerus, der anzeigt, dass es sich um eine einzelne Person od. Sache handelt; Einzahl:* die Formen des -s; das Wort gibt es nur im S. **2.** *Wort, das im Singular* (1) *steht; Singularform:* ich habe die Form irrtümlich für einen S. gehalten.

sin|gu|lär ⟨Adj.⟩ [(frz. singulier <) lat. singularis = zum Einzelnen gehörig; vereinzelt; eigentümlich, zu: singulus = jeder Einzelne; je einer, einzeln] (bildungsspr.): **1.** *nur vereinzelt auftretend o. ä.; selten:* solche Fälle sind ausgesprochen s. **2.** *einzigartig:* eine -e Erscheinung.

Sin|gu|lar|en|dung, die (Sprachw.): *singularische Flexionsendung.*

Sin|gu|la|re|tan|tum, das; -s, -s u. Singulariatantum [zu lat. singularis (↑singulär) u. tantum = nur] (Sprachw.): *Substantiv, das nur im Singular vorkommt:* »Durst« ist ein S.

Sin|gu|lar|form, die (Sprachw.): *singularische Form (eines Worts); Singular* (2).

sin|gu|la|risch ⟨Adj.⟩ (Sprachw.): *im Singular stehend; zum Singular gehörend:* -e Formen, Endungen, Wörter.

Sin|gu|la|ri|tät, die; -, -en [lat. singularitas = das Einzelnsein, Alleinsein, zu: singularis, ↑singulär]: **1.** (bildungsspr.) *das Singulärsein:* die S. des Vorgangs. **2.** (Met.) *mehr od. weniger regelmäßig zu einer bestimmten Zeit des Jahres wiederkehrende, aber für diese Jahreszeit eigentlich nicht typische Wettererscheinung.* **3.** (Math.) *Stelle, an der sich eine Kurve od. Fläche anders verhält als bei ihrem normalen Verlauf.*

Sing|vo|gel, der: *Vogel, der eine mehr od. weniger reiche, melodische Folge von Tönen, Rufen, Lauten hervorzubringen vermag.*

Sing|wei|se, die: *Art u. Weise des Singens.*

si|nis|ter ⟨Adj.⟩ [lat. sinister, eigtl. = links]: **1.** (bildungsspr.) *düster* (1 d), *zwielichtig; unheilvoll:* sinistre Gedanken; die ganze Angelegenheit ist ziemlich s. **2.** (Med.) *links, linker.*

sin|ken ⟨st. V.; ist⟩ [mhd. sinken, ahd. sinkan, H. u.]: **1. a)** *sich (durch sein geringes Gewicht bzw. durch den Auftrieb abgebremst) langsam senkrecht nach unten bewegen; niedersinken:* etw. sinkt [langsam, schnell]; der Ballon sinkt allmählich; Ü er ist moralisch tief gesunken *(in einen Zustand moralischer Zerrüttung geraten);* **b)** *sinkend* (1 a) *an einen bestimmten Ort gelangen; absinken:* in die Tiefe s.; langsam sinken die Blätter zur Erde; Ü gleich sinkt die Sonne hinter den Horizont; **c)** *(von Booten, Schiffen durch das Eindringen von Wasser) auf den Grund eines Gewässers sinken* (1 b); *untergehen:* das Wrack eines gesunkenen Schiffs; **d)** *(durch sein Gewicht) [langsam] in den weichen Untergrund eindringen, einsinken:* in den tiefen Schnee s.; Ü todmüde sank er ins Bett; **e)** *aus einer aufrechten Haltung o. Ä. [langsam] niederfallen, [erschlaffend] niedersinken:* tödlich getroffen sank er zu Boden; sie sank ihm an die Brust; sich/einander in die Arme s. *(einander umarmen);* die Arme, das Buch s. lassen. **2. a)** *niedriger werden; an Höhe verlieren, abnehmen:* das [Hoch]wasser ist gesunken; die Quecksilbersäule sinkt; **b)** *weniger werden, sich vermindern:* das Fieber sinkt; das Thermometer ist auf, unter null gesunken; sinkende Temperaturen; **c)** *(im Wert) fallen, geringer werden, an Wert verlieren:* die Preise sinken; die Aktien sind gesunken; der Dollar ist um einen Cent gesunken; Ü in der Gunst des Publikums, in jmds. Achtung s.; **d)** *kleiner, geringer, weniger werden, nachlassen, abnehmen:* der Verbrauch sinkt; Ü jmds. Mut sinkt.

Sink|kas|ten, der: *Schacht, der Abwasser aufnimmt.*

Sink|stoff, der ⟨meist Pl.⟩: *vom fließenden Wasser mitgeführte feste Bestandteile, die langsam zu Boden sinken.*

Sinn, der; -[e]s, -e [mhd., ahd. sin, eigtl. = Gang, Reise, Weg]: **1. a)** ⟨meist Pl.⟩ *Fähigkeit der Wahrnehmung u. Empfindung (die in den Sinnesorganen ihren Sitz hat):* wache, stumpfe -e; die fünf -e, nämlich das Hören, das Sehen, das Riechen, das Schmecken und das Tasten; etw. schärft die -e; etw. mit den -en wahrnehmen, aufnehmen; seiner -e nicht mehr mächtig sein, nicht mehr Herr seiner -e sein *(sich nicht mehr beherrschen können, außer sich sein);* *** ein sechster S.** *(besonderer Instinkt, mit dem sich etw. richtig einschätzen, vorausahnen lässt):* einen sechsten S. haben; **seine fünf -e zusammennehmen** (ugs.; *aufpassen, sich konzentrieren*); **seine fünf -e nicht beisammenhaben** (ugs.; *nicht recht bei Verstand sein*); **[nicht] bei -en sein** *([nicht] bei klarem Verstand sein):* bist du noch bei -en? (Ausruf der Verärgerung, der Entrüstung über jmds. Verhalten od. Tun); **[wie] von -en sein** *(überaus erregt sein, außer sich sein):* sie war wie von -en vor Angst; **b)** ⟨Pl.⟩ (geh.) *geschlechtliches Empfinden, Verlangen:* die Tänzerin erregte seine -e. **2.** ⟨o. Pl.⟩ *Gefühl, Verständnis für etw.; innere Beziehung zu etw.:* sie hat [viel] S. für Blumen; er hatte wenig S. für Familienfeste *(mochte sie nicht).* **3.** ⟨o. Pl.⟩ **a)** (geh.) *jmds. Gedanken, Denken:* jmds. S. ist auf etw. gerichtet; er hat seinen S. *(seine Einstellung, Haltung [dazu])* geändert; bei der Besetzung der Stelle hatte man ihn im S. *(hatte man an ihn gedacht, wollte man ihn berücksichtigen);* er hat ganz in meinem S. *(wie ich es mir gewünscht habe, hätte)* gehandelt; das ist [nicht ganz] nach meinem S. *(gefällt mir so [nicht ganz]);* *** jmdm. steht der S. [nicht] nach etw.** *(jmd. hat [keine] Lust zu etw., ist [nicht] auf etw. aus);* **jmdm. nicht aus dem S. gehen** (↑Kopf 3); **sich** ⟨Dativ⟩ **etw. aus dem S. schlagen** (↑Kopf 3); **jmdm. durch den S. gehen/fahren** *(jmdm. [plötzlich] einfallen u. ihn beschäftigen);* **etw. im S. haben** *(etw. Bestimmtes vorhaben);* **mit jmdm., etw. nichts im S. haben** *(mit jmdm., etw. nichts zu tun haben wollen);* **jmdm. in den S. kommen** *(jmdm. einfallen);* **jmdm. nicht in den S. wollen** (↑Kopf 3); **b)** (geh.) *Sinnesart, Denkungsart:* seine Frau hat einen realistischen S.; sie war frohen -es. **4.** ⟨o. Pl.⟩ *Sinngehalt, gedanklicher Gehalt; Bedeutung:* der verborgene, geheime, tiefere S. einer Sache; der S. seiner Worte blieb mir verborgen; den S. von etw. begreifen; etw. ergibt [k]einen S.; etw. macht [k]einen S. (ugs.; *etw. ergibt [k]einen Sinn, ist [nicht] verständlich, sinnvoll;* nach engl. something makes sense); jmds. Äußerung dem -e nach wiedergeben; im engeren, weiteren S.; im -e des Gesetzes *(so, wie es das entsprechende Gesetz vorsieht);* *** [nicht] im -e des Erfinders sein** (ugs.; *[nicht] in jmds. ursprünglicher Absicht liegen*). **5.** *Ziel u. Zweck, Wert, der einer Sache innewohnt:* etw. hat seinen S. verloren; es hat keinen, wenig, nicht viel S. *(ist [ziemlich] sinnlos, zwecklos),* damit zu beginnen; etw. macht keinen/wenig S. (ugs.; *hat keinen/wenig Sinn;* nach engl. it doesn't make [any] sense); nach dem S. des Lebens fragen; etw. ist ohne S. *(ist sinnlos);* *** ohne S. und Verstand** *(ohne jede Überlegung; unsinnig, sinnlos);* **weder S. noch Verstand haben** *(völlig unsinnig sein).*

Sinn|be|reich, der: *Sinnzusammenhang.*

sinn|be|täu|bend ⟨Adj.⟩ (geh.): *von starker Wirkung, die Sinne gleichsam betäubend, berauschend:* ein -er Duft.

Sinn|bild, das: *etw. (eine konkrete Vorstellung, ein Gegenstand, Vorgang o. Ä.), was als Bild für einen abstrakten Sachverhalt steht; Symbol:* das Kreuz ist das S. der Passion Christi.

sinn|bild|haft ⟨Adj.⟩ (geh.): *in der Weise eines Sinnbildes, wie ein Sinnbild:* das ist s. zu verstehen.

sinn|bild|lich ⟨Adj.⟩: *als Sinnbild; durch ein Sinnbild; symbolisch:* etw. s. darstellen.

sin|nen ⟨st. V.; hat⟩ [mhd. sinnen, ahd. sinnan, urspr. = gehen, reisen] (geh.): **1.** *in Gedanken versunken [über etw.] nachdenken, Betrachtungen [über etw.] anstellen:* was sinnst du? *(woran denkst du?);* [lange hin und her] s., wie ein Problem zu lösen ist; sie schaute sinnend *(in Gedanken versunken)* aus dem Fenster. **2.** *planend seine Gedanken auf etw. richten; nach etw. trachten:* auf Mord, Rache, Flucht s.; ⟨veraltet mit Akk.-Obj.:⟩ Verrat s.; ⟨subst.:⟩ ihr ganzes Sinnen [und Trachten] war darauf gerichtet, sich dafür zu rächen.

Sin|nen|freu|de, die (geh.): **a)** ⟨o. Pl.⟩ *durch die Sinne* (1 a), *mit den Sinnen erfahrene Lebensfreude:* die S. der Südländer; **b)** ⟨Pl.⟩ *leibliche, sinnliche Genüsse, bes. erotische Abenteuer:* -n genießen.

sin|nen|froh ⟨Adj.⟩ (geh.): *durch Sinnenfreude* (a) *gekennzeichnet:* ein -er Mensch, Bewunderer alles Schönen.

Sin|nen|ge|nuss, der: *das Genießen von Sinnenfreuden.*

Sin|nen|lust, die ⟨o. Pl.⟩: vgl. Sinnenfreude (a).

Sin|nen|mensch, der: *Mensch, dessen Erleben ganz durch die Sinneserfahrung bestimmt ist, für den sinnliche Eindrücke, Erfahrungen, Sinnenfreude wichtig sind.*

Sin|nen|rausch, der ⟨o. Pl.⟩ (geh.): *durch Erregung der Sinne* (1 a) *bewirkter ungezügelter, rauschhafter Zustand.*

sinn|ent|leert ⟨Adj.⟩ (geh.): *keinen Sinn* (4, 5) *mehr aufweisend, in sich tragend; seiner* *ursprünglichen Bedeutung beraubt:* -e Reden; die Arbeit erscheint ihm s.

sịnn|ent|stel|lend ⟨Adj.⟩: *den Sinn* (4) *von etw. entstellend, verfälschend:* eine -e Übersetzung; s. zitieren.

Sịn|nen|welt, die ⟨o. Pl.⟩ (bes. Philos.): *die Welt, so wie sie mit den Sinnen* (1 a) *erfahren wird; die vom Menschen wahrgenommene Welt der Erscheinungen.*

sịnn|er|füllt ⟨Adj.⟩ (geh.): *Sinn* (5) *in sich tragend:* ein -es Leben; -e Arbeit.

Sịn|nes|än|de|rung, die: *Sinneswandel.*

Sịn|nes|art, die: *Wesens-, Denkart eines Menschen:* eine sanfte S. haben.

Sịn|nes|ein|druck, der: vgl. Sinnesreiz: ein optischer S.; der S. täuscht.

Sịn|nes|emp|fin|dung, die: vgl. Sinneswahrnehmung.

Sịn|nes|er|fah|rung, die: *Erfahrung, die durch die Sinne* (1 a) *vermittelt wird.*

Sịn|nes|funk|ti|on, die ⟨meist Pl.⟩: *Aufgabe der Sinnesorgane.*

Sịn|nes|nerv, der: *Nervenstrang, der eine Verbindung zwischen Sinnesorgan u. bestimmten nervösen Zentren (z. B. dem Gehirn) herstellt.*

Sịn|nes|or|gan, das: *(beim Menschen u. bei höheren Tieren) Organ, das der Aufnahme u. Weiterleitung der Sinnesreize dient.*

Sịn|nes|reiz, der (Biol.): *Reiz, der auf ein Sinnesorgan einwirkt.*

Sịn|nes|täu|schung, die: *Wahrnehmung, die auf einer Täuschung der Sinne beruht u. die mit den wirklichen Gegebenheiten od. Vorgängen nicht übereinstimmt.*

Sịn|nes|wahr|neh|mung, die: *Wahrnehmung durch die Sinnesorgane.*

Sịn|nes|wan|del, der: *Änderung der Einstellung zu jmdm., etw.:* ein ganz unbegreiflicher, erfreulicher S.; woher dieser plötzliche S.? *(wie kommt es, dass du auf einmal eine ganz andere Meinung vertrittst?).*

Sịn|nes|zel|le, die ⟨meist Pl.⟩ (Anat., Zool.): *[zu einem Sinnesorgan gehörende] der Sinneswahrnehmung dienende, für die Aufnahme von Sinnesreizen spezialisierte Zelle.*

sịnn|fäl|lig ⟨Adj.⟩: *einleuchtend, leicht verständlich:* ein -er Vergleich.

Sịnn|fra|ge, die ⟨o. Pl.⟩: *Frage nach dem Sinn* (5), *bes. des menschlichen Lebens.*

Sịnn|ge|bung, die; -, -en (geh.): *das Verleihen eines Sinnes* (5).

Sịnn|ge|dicht, das (Literaturw.): *kurzes, oft zweizeiliges Gedicht mit witzigem od. satirischem Inhalt; Epigramm.*

Sịnn|ge|halt, der: *Sinn* (4).

sịnn|ge|mäß ⟨Adj.⟩: **1.** *(in Bezug auf die Wiedergabe einer mündlichen od. schriftlichen Äußerung) nicht dem genauen Wortlaut, jedoch dem Sinn, dem Inhalt nach:* eine -e Wiedergabe; etw. s. übersetzen. **2.** (selten) *sinnvoll; folgerichtig:* ein -es Verhalten.

sịnn|gleich ⟨Adj.⟩: vgl. sinnverwandt.

sin|nie|ren ⟨sw. V.; hat⟩: *ganz in sich versunken über etw. nachdenken; seinen Gedanken nachhängen; grübeln:* er saß in einer Ecke und sinnierte; über etw. s.; ⟨subst.:⟩ ins Sinnieren kommen.

sịn|nig ⟨Adj.⟩ [mhd. sinnec = verständig, besonnen, klug; ahd. sinnig = empfänglich, gedankenreich]: **1.** *sinnreich, sinnvoll:* ein sehr -es Vorgehen; ein -es *(gut gemeintes, aber doch gerade nicht sehr sinnvolles)* Geschenk; ein -er Spruch. **2.** (veraltet) *nachdenklich:* was guckst du so s.? **3.** (landsch.) *bedächtig, langsam, vorsichtig.*

sịn|ni|ger|wei|se ⟨Adv.⟩: *so, wie es sinnvoll ist:* (meist spött. od. iron.:) die Kneipe nennt sich s. »Zum letzten Heller«.

Sịnn|kri|se, die: *psychische Krise, in die jmd. geraten ist, weil er das Leben nicht mehr als sinnvoll erfährt:* dieser Schicksalsschlag hat bei ihr eine schwere S. hervorgerufen.

sịnn|lich ⟨Adj.⟩ [1: mhd. sin(ne)lich]: **1.** *zu den Sinnen* (1 a) *gehörend, durch sie vermittelt; mit den Sinnen* (1 a) *wahrnehmbar, aufnehmbar:* die -e Wahrnehmung; ein -er Reiz; etw. s. wahrnehmen, erfassen. **2. a)** *auf Sinnengenuss ausgerichtet; dem Sinnengenuss zugeneigt:* den -en *(leiblichen)* Genüssen, Freuden zugetan sein; **b)** *auf den geschlechtlichen Genuss ausgerichtet; begehrlich:* -es Verlangen; ein -er Mensch; ein -er *(Sinnlichkeit ausdrückender)* Mund; jmdn. s. erregen.

Sịnn|lich|keit, die; - [1: mhd. sin(ne)lîcheit]: **1.** *das den Sinnen* (1 a) *zugewandte Sein:* die S. der Kunst des Barocks. **2.** *sinnliches* (2) *Verlangen:* eine hingebungsvolle, zügellose S.

sịnn|los ⟨Adj.⟩ [mhd., ahd. sinnelōs = wahnsinnig; bewusstlos, von Sinnen]: **1.** *ohne Vernunft, ohne erkennbaren Sinn* (5); *unsinnig:* ein -er Streit, Krieg; -e Zerstörung, Verschwendung; -es Töten; das ist alles ganz s. **2.** (abwertend) *übermäßig, maßlos:* er hatte eine -e Wut; er war s. *(völlig)* betrunken.

Sịnn|lo|sig|keit, die; -, -en: **1.** ⟨o. Pl.⟩ *das Sinnlossein:* die S. des Krieges. **2.** (selten) *sinnlose Handlung:* -en begehen.

sịnn|reich ⟨Adj.⟩ [mhd. sinnerīche = verständig, scharfsinnig]: **1.** *durchdacht u. zweckmäßig:* eine -e Einrichtung, Erfindung. **2.** (seltener) *einen bestimmten Sinn* (4) *enthaltend; tiefsinnig:* ein -er Spruch. **3.** *sinnig* (1): das ist ja alles sehr s.

Sịnn|spruch, der: *Spruch od. Satz, der eine Lebensregel enthält; Gnome; Sentenz* (1).

sịnn|ver|wandt ⟨Adj.⟩ (Sprachw.): *synonym:* -e Wörter.

sịnn|voll ⟨Adj.⟩: **1.** *durchdacht u. zweckmäßig; vernünftig:* eine -e Einrichtung; -en Gebrauch von etw. machen; es ist [nicht, wenig] s., so zu handeln; ⟨subst.:⟩ wenn ich noch irgendwas Sinnvolles tun kann, sag es bitte. **2.** *für jmdn. einen Sinn* (5) *habend, eine Befriedigung bedeutend:* eine -e Aufgabe; ein -es Leben; ⟨subst.:⟩ etwas Sinnvolles tun, zu tun haben. **3.** *einen Sinn* (4) *ergebend:* ein -er Satz.

sịnn|wid|rig ⟨Adj.⟩ (geh.): *der Bedeutung, dem Sinn* (4) *von etw. zuwiderlaufend:* ein -es Verhalten.

Sịnn|zu|sam|men|hang, der: *Kontext, größerer Zusammenhang, aus dem etw., bes. ein Wort, ein Satz, eine Äußerung o. Ä., erst richtig verstanden, gedeutet werden kann:* ein zwar wörtliches, aber aus dem S. gerissenes Zitat.

Si|no|lo|gie, die; - [zu griech. Sínai (↑Sinanthropus u. ↑-logie]: *Wissenschaft von der chinesischen Sprache u. Kultur.*

sịn|te|mal, sịn|te|ma|len ⟨Konj.⟩ [mhd. sintemāl, eigtl. = seit der Zeit] (veraltet, noch scherzh.): *weil; zumal.*

Sịn|ter, der; -s, - [mhd. sinter, sinder, ahd. sintar = Metallschlacke]: *poröses Gestein (meist Kalkstein), das durch Ablagerung aus fließendem Wasser entstanden ist.*

sịn|tern ⟨sw. V.; hat⟩ (Technik): **a)** *(pulverförmige bis körnige Stoffe, bes. Metall) durch Erhitzen [u. Einwirkenlassen von Druck] oberflächlich zum Schmelzen bringen, zusammenwachsen lassen u. verfestigen:* Erze, keramische Rohmasse s.; **b)** *durch Einwirkung von Hitze [u. Druck] oberflächlich schmelzen, zusammenwachsen u. sich verfestigen:* das Erz sintert und bildet Blöcke.

Sịnt|flut, die ⟨o. Pl.⟩ [mhd., ahd. sin(t)vluot, unter Einfluss von ↑Sünde zu mhd. sin(e)-, ahd. sin(a)- = immer während; gewaltig u. ↑Flut]: *(in Mythos u. Sage) große, katastrophale [die ganze Erde überflutende] Überschwemmung als göttliche Bestrafung:* nach biblischer Überlieferung entgingen nur Noah und seine Familie der S.; (emotional übertreibend:) alles stand unter Wasser, es war die reinste S.; **R** nach mir die S. (was danach kommt, wie es hinterher aussieht, ist mir gleichgültig; nach dem Ausspruch der Marquise von Pompadour nach der Schlacht bei Roßbach [1757]: Après nous le déluge).

sịnt|flut|ar|tig ⟨Adj.⟩: *an eine Sintflut erinnernd:* -e Regenfälle.

Sịn|ti|za, die; -, -s: w. Form zu ↑Sinto (Selbstbezeichnung).

Sịn|to, der; -, ...ti ⟨meist Pl.⟩ [viell. nach der Herkunft der Vorfahren der Sinti aus der nordwestind. Region Sindh]: *Angehöriger einer etwa seit Beginn des 15. Jh.s im deutschsprachigen Raum lebenden Gruppe eines ursprünglich aus Südosteuropa stammenden Volkes* (das vielfach als diskriminierend empfundene »Zigeuner« ersetzende Selbstbezeichnung): die deutschen Sinti und Roma.

Si|nus, der; -, - [...nu:s] u. -se [(m)lat. sinus = Krümmung, H. u.]: **1.** (Math.) *im rechtwinkligen Dreieck das Verhältnis von Gegenkathete zu Hypotenuse* (Zeichen: sin). **2.** (Anat.) **a)** *Hohlraum in Geweben u. Organen;* **b)** *Einbuchtung, Vertiefung an Organen u. Körperteilen;* **c)** *Erweiterung von Gefäßen;* **d)** *venöses Blut führender Kanal zwischen den Hirnhäuten.*

Si|nus|haar, das ⟨meist Pl.⟩: *kräftiges, langes, steifes Sinneshaar als Tastsinnesorgan bei Säugetieren.*

Si|nu|si|tis, die; -, ...itiden (Med.): *Entzündung im Bereich der Nebenhöhlen.*

Si|nus|kur|ve, die (Math.): *zeichnerische Darstellung des Sinus in einem Koordinatensystem in Form einer Kurve* (1 a).

Si|nus|satz, der ⟨o. Pl.⟩ (Math.): *Lehrsatz der Trigonometrie zur Bestimmung von Seiten u. Winkeln in beliebigen Dreiecken.*

Si|oux [ˈziːʊks; engl.: suː], der; -, -: Angehöriger eines nordamerikanischen Indianerstammes.

Si|phon [ˈziːfõ, österr.: ziˈfoːn], der; -s, -s [frz. siphon, eigtl. Heber < lat. sipho < griech. síphōn = (Wasser)röhre, Weinheber, wohl lautm.]: **1.** *Geruchsverschluss:* der S. am Waschbecken ist verstopft, undicht. **2.** *bes. zur Herstellung von Sprudel aus Leitungswasser dienendes Gerät, mittels dessen sich Flüssigkeiten mit Kohlensäure versetzen lassen.*

Si|phon|ver|schluss, der: *Geruchsverschluss.*

Sịp|pe, die; -, -n [mhd. sippe, ahd. sipp(e)a, urspr. = eigene Art]: **1. a)** (Völkerk.) *durch bestimmte Vorschriften u. Bräuche (bes. im religiösen, rechtlichen u. wirtschaftlichen Bereich) verbundene, oft eine Vielzahl von Familien umfassende Gruppe von Menschen mit gemeinsamer Abstammung:* in -n leben; **b)** (meist scherzh. od. abwertend) *Gesamtheit der Mitglieder der [weiteren] Familie, der Verwandtschaft:* sie will mit seiner S. möglichst wenig zu tun haben. **2.** (Biol.) *Gruppe von Tieren od. Pflanzen gleicher Abstammung.*

Sịp|pen|for|schung, die: *Genealogie.*

Sịp|pen|haft, die: *Haft, Haftstrafe für jmdn., der der Sippenhaftung* (2) *unterworfen wird.*

Sịp|pen|haf|tung, die ⟨o. Pl.⟩: **1.** (Völkerk.) *Verantwortlichkeit einer Sippe* (1 a) *für eine Tat, die von einem ihrer Mitglieder begangen wurde.* **2.** (bes. nationalsoz.) *unrechtmäßiges Zur-Rechenschaft-Ziehen der Angehörigen von jmdm., der für etw. bestraft worden ist.*

Sịp|pen|kun|de, die ⟨o. Pl.⟩: *Genealogie.*

sịp|pen|kund|lich ⟨Adj.⟩: *genealogisch.*

Sịpp|schaft, die; -, -en [mhd. sippeschaft = Verwandtschaft(sgrad)]: **1.** (meist abwertend) *Sippe* (1 b): sie bringt wieder ihre ganze S. mit. **2.** (abwertend) *üble Gesellschaft; Gesindel,* [2]*Pack, Bande:* mit dieser S. wollte er nichts zu schaffen haben.

Sir [sɜː], der; -s, -s [engl. sir < frz. sire, ↑Sire]: **1.** ⟨o. Art.; o. Pl.⟩ englische Anrede für einen Herrn (nicht in Verbindung mit einem Namen): nehmen Sie Platz, S. **2. a)** ⟨o. Pl.⟩ *(in Großbritannien) Titel eines Mannes, der dem niederen Adel angehört;* **b)** *Träger des Titels Sir* (2 a): er ist S.; in der Anrede in Verbindung mit dem Vornamen: S. Edward.

Sire [siːr; frz. sire, über das Vlat. < lat. senior, ↑Senior]: *(in Frankreich) Anrede von Königen u. Kaisern; Majestät.*

Si|re|ne, die; -, -n [mhd. sirēn(e), syrēn(e) < spätlat. Siren(a) < griech. Seirēn (Pl. Seirēnes) = eines der weiblichen Fabelwesen der griech.

Mythologie, die mit ihrem betörenden Gesang vorüberfahrende Seeleute anlockten, um sie zu töten; 2: frz. sirène; 3: nach der ungefähren Ähnlichkeit der weiblichen Tiere mit antiken Darstellungen der Fabelwesen]: **1.** (bildungsspr.) *schöne, verführerische Frau.* **2.** *Gerät, das laute, meist lang anhaltende, heulende Töne erzeugt, mit denen Signale bes. zur Warnung bei Gefahr gegeben werden:* die S. der Feuerwehr, des Unfallwagens, des Schiffs, der Fabrik ertönt; es gab Fliegeralarm und die -n heulten. **3.** *Seekuh.*

Si|re|nen|ge|heul, das: *heulende Töne, Signale einer Sirene* (2).

Si|ri|us, der; -: anderer Name für ↑Hundsstern.

sir|ren ⟨sw. V.⟩ [lautm.]: **1.** *einen feinen, hell klingenden Ton von sich geben* ⟨hat⟩: die Mücken sirren; ein sirrendes Geräusch. **2.** *sich mit sirrendem* (1) *Ton, Geräusch irgendwohin bewegen* ⟨ist⟩: Mücken sirrten uns um den Kopf.

Sir|ta|ki, der; -, -s [ngriech. (mundartl.) syrtákē, zu: syrtós = Rundtanz]: *von Männern getanzter griechischer Volkstanz.*

Si|rup, der; -s, (Sorten:) -e ⟨Pl. selten⟩ [mhd. sirup, syrop < mlat. siropus, sirupus = süßer Heiltrank < arab šarāb = Trank]: **a)** *zähflüssige, braune, viel Zucker enthaltende Masse, die bei der Herstellung von Zucker bes. aus Zuckerrüben entsteht:* ein Butterbrot mit S.; **b)** *dickflüssiger, durch Einkochen von Obstsaft mit Zucker hergestellter Saft [der zum Gebrauch mit Wasser verdünnt wird].*

Si|sal, der; -s [nach der mex. Hafenstadt Sisal]: *aus den Blättern der Sisalagave gewonnene, gelblich glänzende Fasern, die bes. zur Herstellung von Schnüren, Seilen, Läufern u. Teppichen verwendet werden.*

Si|sal|aga|ve, die: *Agave mit sehr großen, fleischigen Blättern, aus denen Sisal gewonnen wird.*

sis|tie|ren ⟨sw. V.; hat⟩ [lat. sistere = stehen machen, anhalten]: **1.** (bildungsspr.) *[vorläufig] einstellen, unterbrechen; unterbinden, aufheben:* die Ausführung von etw. s. **2.** (bes. Rechtsspr.) *zur Feststellung der Personalien zur Wache bringen; festnehmen:* den Verdächtigen s.

Si|sy|phus|ar|beit, die ⟨Pl. selten⟩ [nach Sisyphus (Sisyphos), Gestalt der griech. Mythologie, die dazu verurteilt war, einen Felsblock einen steilen Berg hinaufzuwälzen, der kurz vor Erreichen des Gipfels jedes Mal wieder ins Tal rollte]: *sinnlose, vergebliche Anstrengung; schwere, nie ans Ziel führende Arbeit.*

Si|tar, der; -[s], -[s] [Hindi sitār, aus dem Pers.]: *einer Laute od. Gitarre ähnliches indisches Zupfinstrument mit langem Hals u. dreieckigem bis birnenförmigem Körper.*

Sit|com [ˈsɪtkɔm], die; -, -s [engl. sitcom, kurz für: situation comedy = Situationskomödie] (Ferns.): *Situationskomödie (bes. als Fernsehserie).*

Sit-in [sɪtˈlɪn], das; -[s], -s [engl. sit-in, zu: to sit in = teilnehmen, anwesend sein]: *Aktion von Demonstranten, bei der sich die Beteiligten demonstrativ irgendwo, bes. in od. vor einem Gebäude, hinsetzen, um auf Missstände aufmerksam zu machen, gegen etw. zu protestieren o. Ä.*

Sit|te, die; -, -n [mhd. site, ahd. situ, urspr. = Gewohnheit, Brauch, Art u. Weise des Lebens, wahrsch. verw. mit ↑Seil u. eigtl. = Bindung]: **1.** *für bestimmte Lebensbereiche einer Gemeinschaft geltende, dort übliche, als verbindlich betrachtete Gewohnheit, Gepflogenheit, die im Laufe der Zeit entwickelt, überliefert wurde:* uralte, überlieferte -n; dort herrschen ziemlich raue, wilde -n *(dort ist man nicht zimperlich);* das ist dort [so] S. *(ist dort üblich);* das sind ja ganz neue -n! (ugs.; Ausdruck der Verärgerung, wenn etw. nicht so ist, wie man es gewohnt ist u. erwartet hat). **2.** *ethische, moralische Normen, Grundsätze, Werte, die für das zwischenmenschliche Verhalten einer Gesellschaft grundlegend sind:* Verfall und Verrohung der -n; das verstößt gegen die [guten] -n, gegen die [gute] S. **3.** ⟨Pl.⟩ *Benehmen, Manieren, Umgangsformen:* feine, vornehme, schlechte -n haben. **4.** ⟨o. Pl.⟩ (Jargon) kurz für ↑Sittenpolizei: bei der S. arbeiten.

Sit|ten|apos|tel, der (iron.): *Moralapostel.*

Sit|ten|bild, das: **1.** *Schilderung, Beschreibung der Sitten einer bestimmten Epoche, eines bestimmten Volkes, bestimmter Schichten:* dieser Roman ist zugleich ein S. jener Zeit. **2.** *Genrebild.*

Sit|ten|de|zer|nat, das: *Abteilung der Kriminalpolizei, die sich bes. mit Sexualdelikten, unerlaubtem Glücksspiel o. Ä. befasst.*

Sit|ten|ge|mäl|de, das: vgl. Sittenbild.

Sit|ten|ge|schich|te, die: *historische Darstellung der Entwicklung von Sitten eines od. mehrerer Völker.*

Sit|ten|ko|dex, der; -es u. -, -e: *Vorschriften für das Verhalten u. Handeln, die nach Sitte u. Moral eines Volkes, einer Gesellschaftsschicht, Gruppe o. Ä. als verbindlich gelten:* der bürgerliche, gesellschaftliche S.

Sit|ten|ko|mö|die, die: vgl. Sittenstück.

Sit|ten|leh|re, die: *Ethik* (1 a); *Moralphilosophie.*

sit|ten|los ⟨Adj.⟩: *Anstand u. Sitte* (2) *außer Acht lassend; ohne sittliche, moralische Schranken:* eine -e Gesellschaft.

Sit|ten|po|li|zei, die (volkst.): *Sittendezernat.*

Sit|ten|rich|ter, der (oft abwertend): *jmd., der sich [in überheblicher Weise] ein Urteil über die Tugend, Moral anderer anmaßt:* selbst ernannte S.; den S. spielen.

Sit|ten|rich|te|rin, die: w. Form zu ↑Sittenrichter.

Sit|ten|ro|man, der: vgl. Sittenstück.

Sit|ten|schil|de|rung, die: vgl. Sittenstück.

sit|ten|streng ⟨Adj.⟩ (veraltend): *moralisch* (2); *sehr tugendhaft:* ein -er Vater.

Sit|ten|strolch, der (emotional abwertend): *Mann, der Frauen od. Kinder sexuell belästigt.*

Sit|ten|stück, das (Literaturw.): *Drama, das meist in moralisierender, kritischer Absicht die Sitten einer Epoche darstellt.*

Sit|ten|ver|fall, der: *Verfall der Sitten* (2): den allgemeinen S. beklagen.

sit|ten|wid|rig ⟨Adj.⟩ (bes. Rechtsspr.): *gegen die in einer Gesellschaft geltenden Sitten* (2) *verstoßend:* der Vertrag ist s.; sich s. verhalten.

Sit|tich, der; -s, -e [mhd. (p)sitich < lat. psittacus < griech. psíttakos = Papagei]: *(in Amerika, Afrika, Südasien u. Australien heimischer) kleiner, meist sehr bunt gefärbter Vogel mit langem, keilförmigem Schwanz.*

sitt|lich ⟨Adj.⟩ [mhd. sitelich, ahd. situlīh]: **1.** *die Sitte* (2) *betreffend, darauf beruhend, dazu gehörend; der Sitte, Moral* (1) *entsprechend:* -e Einwände, Normen; ihm fehlt die -e Reife; die -e Kraft, der -e Wert *(die im Hinblick auf Sitte, Moral vorbildhafte Wirkung)* eines Kunstwerks. **2.** *die Sitte* (2), *Moral genau beachtend; moralisch einwandfrei; sittenstreng:* ein -es Leben führen.

Sitt|lich|keit, die; -: **1.** *Sitte* (2), *Moral* (1 a): die öffentliche S. gefährden. **2.** *sittliches* (2) *Empfinden, Verhalten eines Einzelnen, einer Gruppe; Moral* (1 b), *Moralität* (1): ein Mensch ohne, von hoher S.

Sitt|lich|keits|de|likt, das: *Sexualstraftat.*

Sitt|lich|keits|ver|bre|chen, das: *schwere Sexualstraftat.*

Sitt|lich|keits|ver|bre|cher, der: *jmd., der ein Sittlichkeitsverbrechen begangen hat.*

sitt|sam ⟨Adj.⟩ [spätmhd. sitsam = ruhig, sacht, bedächtig, ahd. situsam = geschickt, passend] (veraltend): **a)** *Sitte* (2) *u. Anstand wahrend; gesittet* (a); *wohlerzogen u.* [2]*bescheiden* (1): ein -es Benehmen, Betragen; **b)** *schamhaft zurückhaltend; keusch* (b); *züchtig:* s. die Augen niederschlagen.

Sitt|sam|keit, die; - (veraltend): *das Sittsamsein.*

Si|tu|a|ti|on, die; -, -en [frz. situation, zu: situer = in die richtige Lage bringen < mlat. situare, zu lat. situs = Lage, Stellung]: **1. a)** *Verhältnisse, Umstände, in denen sich jmd. [augenblicklich] befindet; jmds. augenblickliche Lage:* eine fatale, heikle, peinliche, brenzlige, gefährliche S.; eine S. erfassen, überblicken; die S. klären, retten, meistern; er war, blieb Herr der S. *(ließ sich nicht verwirren);* sie war der S. durchaus gewachsen; jmdn. in eine unwürdige, kompromittierende S. bringen; er hat sich selbst in eine ausweglose S. manövriert; man hat die beiden in einer verfänglichen S. ertappt; **b)** *Verhältnisse, Umstände, die einen allgemeinen Zustand kennzeichnen; allgemeine Lage:* die politische, wirtschaftliche S. hat sich verändert, zugespitzt, entspannt; so etwas wäre in der heutigen S. nicht denkbar. **2.** (Geogr.) *Lageplan.*

si|tu|a|ti|o|nell ⟨Adj.⟩ (bes. Sprachw.): *situativ.*

si|tu|a|ti|ons|be|dingt ⟨Adj.⟩: *durch die gegebene Situation bedingt:* ein -es Fehlverhalten.

Si|tu|a|ti|ons|ethik, die ⟨o. Pl.⟩: *Richtung der Ethik* (1 a), *die nicht von allgemein gültigen sittlichen Normen ausgeht, sondern die sittliche Entscheidung an der jeweiligen konkreten Situation orientiert.*

si|tu|a|ti|ons|ge|bun|den ⟨Adj.⟩: *an die gegebene Situation gebunden, von ihr abhängig.*

si|tu|a|ti|ons|ge|recht ⟨Adj.⟩: *der gegebenen Situation angemessen, gerecht werdend:* ein -es Verhalten.

Si|tu|a|ti|ons|ko|mik, die: *Komik, die durch erheiternde u. zum Lachen reizende Situationen entsteht:* Sinn für S. haben.

Si|tu|a|ti|ons|ko|mö|die, die: *Komödie, deren komische Wirkung bes. durch Verwechslungen, Verkettung überraschender Umstände, Intrigen o. Ä. entsteht.*

si|tu|a|tiv ⟨Adj.⟩ (bildungsspr.): *die jeweilige Situation betreffend, durch sie bedingt, auf ihr beruhend:* ein s. bedingtes Verhalten.

si|tu|ie|ren ⟨sw. V.; hat⟩ [frz. situer, ↑Situation]: **1. a)** (bes. schweiz., sonst veraltend) *an einem bestimmten Ort errichten, einrichten o. Ä.; platzieren;* **b)** (Sprachw.) *in einen Zusammenhang stellen, einbetten:* eine Aussage s. **2.** ⟨meist im 2. Part.⟩ (geh.) *stellen* (11): gut, schlecht situiert *(finanziell od. beruflich gut, schlecht gestellt)* sein.

Si|tu|ie|rung, die; -, -en: **a)** (bes. schweiz., sonst veraltend) *räumliche Anordnung, Lage;* **b)** (Sprachw.) *Stellung (einer Äußerung) im Kontext.*

Si|tu|la, die; -, Situlen [lat. situla, ↑Seidel]: *vorgeschichtliches, bes. für die Eisenzeit typisches, meist aus Bronze getriebenes, eimerartiges Gefäß.*

Si|tus, der; -, - [...tuːs; lat. situs, ↑Situation]: **1.** (Anat.) *Lage der Organe im Körper, des Fetus in der Gebärmutter.* **2.** (Soziol.) *Funktionsbereich von Personen od. Gruppen mit gleichem Status in der sozialen Hierarchie.*

Sitz, der; -es, -e [mhd., ahd. siz, zu ↑sitzen]: **1. a)** *etw., was zum Daraufsitzen bestimmt ist, was als Sitzgelegenheit dienen soll (z. B. in einem Saal, in od. an einem Fahrzeug, einer Maschine o. Ä.):* sehr schmale, harte, gepolsterte -e; die vorderen -e des Autos sind höhenverstellbar; sein S. ist leer [geblieben]; eine Arena mit ansteigenden -en; * **jmdn. [nicht] vom S. reißen/hauen** (↑Stuhl 1); **b)** *Sitzfläche* (1): sie ließ die -e der Stühle neu beziehen. **2.** *Platz mit Berechtigung zur Stimmabgabe:* er hat S. und Stimme in der Hauptversammlung; die Partei erhielt 40 -e im Parlament. **3.** *Ort, an dem sich eine Institution, Regierung, Verwaltung o. Ä. befindet:* der S. der Regierung ist [in] Berlin; die Stadt ist S. eines Amtsgerichts, eines katholischen Bischofs; die Burg war lange Zeit der S. *(die Residenz)* der Grafen von N.; am S. der Vereinten Nationen in New York; ein internationales Unternehmen mit S. in Mailand. **4.** ⟨o. Pl.⟩ *sitzende Haltung:* der Reiter hat einen guten, schlechten S.; der S. (Turnen; *das Sitzen*) hinter den Händen, auf einem Schenkel; * **auf einen S.** (ugs.; *auf einmal, ohne Unterbrechung*): die Strecke können wir auf einen S. fahren. **5.** ⟨o. Pl.⟩ *Art des Anliegens, Aufliegens von etw., bes. von Kleidungsstücken am Körper:* der S. einer Brille,

S

einer Krawatte, einer Frisur; das Kostüm hat einen guten S. *(sitzt gut);* beim Aufziehen des Reifens ist auf korrekten S. zu achten. **6.** *Hosenboden:* der S. ist durchgescheuert. **7.** (Technik) *Halterung.*

Sitz|bad, das: *Bad, das man im Sitzen nimmt, wobei nur der untere Teil des Rumpfes u. die Beine ins Wasser getaucht werden.*

Sitz|ba|de|wan|ne, die: *kleinere Badewanne für Sitzbäder.*

Sitz|bank, die ⟨Pl. ...bänke⟩: *Bank als Sitzmöbel.*

Sitz|blo|cka|de, die: *im Sitzen durchgeführte Aktion zur Blockierung einer Durchfahrt, Zufahrt o. Ä.:* eine S. organisieren.

Sitz|brett, das: *Brett, das zum Daraufsitzen bestimmt ist, das einen Sitz darstellt:* das S. einer Kutsche, einer Schaukel.

Sitz|ecke, die: *in einer Zimmerecke aufgestellte Eckbank [mit weiteren dazu passenden Sitzmöbeln u. Tisch].*

sit|zen ⟨unr. V.; hat; südd., österr., schweiz.: ist⟩ [mhd. sitzen, ahd. sizzen, verw. mit lat. sedere = sitzen]: **1. a)** *eine Haltung eingenommen haben, bei der man mit Gesäß u. Oberschenkeln bei aufgerichtetem Oberkörper auf einer Unterlage (bes. einem Stuhl o. Ä.) ruht [u. die Füße auf den Boden gestellt sind]:* [auf einem Stuhl] bequem, schlecht s.; das Kind kann nicht still, ruhig s.; am Fenster, auf einer Bank, im Gras, in der Sonne, neben jmdm., hinter jmdm., zu jmds. Füßen s.; er kam ans andere Ende des Tisches, neben mich zu s.; (verblasst:) am Schreibtisch s. *(dort arbeiten);* ich habe den ganzen Tag am Steuer gesessen *(bin Auto gefahren);* an, bei, über einer Arbeit s. *(mit einer Arbeit beschäftigt sein);* bei Tisch, beim Essen s. *(beim Essen sein);* auf der Anklagebank s. *(angeklagt sein);* stundenlang beim Friseur s. *(warten [müssen]);* über den Büchern s. *(eifrig lesen u. studieren, lernen);* den ganzen Tag zu Hause s. *(sich sehr selten nach draußen, unter Menschen begeben);* ⟨mit Dativobj.:⟩ sie hat dem Künstler [für ein Porträt] gesessen *(hat sich ihm [für eine gewisse Zeit irgendwo sitzend] als Modell für ein Porträt zur Verfügung gestellt);* Ü auf seinem Geld s. (ugs.; *sich nicht davon trennen wollen, es auf keinen Fall hergeben*); sie ist s. geblieben (ugs. veraltet; *ist unverheiratet geblieben*); sie hat ihren Mann und die Kinder s. lassen/(seltener:) gelassen (ugs.; *im Stich gelassen*); der Klempner hat uns s. (ugs.; *vergeblich warten*) lassen/(seltener:) gelassen; der Händler ist auf seiner Ware s. geblieben (ugs.; *hat dafür keinen Käufer gefunden*); er ist während seiner Schulzeit zweimal s. geblieben (ugs.; *nicht in die nächsthöhere Klasse versetzt worden*); der Rührkuchen ist s. geblieben (landsch.; *beim Backen nicht aufgegangen*); **b)** (schweiz.) *sich setzen:* auf eine Bank, an den Tisch, zu jmdm. s.; **c)** *(von Tieren) sich auf etw., an einer bestimmten Stelle aufhalten, niedergelassen haben:* an der Wand sitzt eine Spinne; die Henne sitzt [auf den Eiern] *(brütet);* die Pflanze sitzt voller Blattläuse *(an der Pflanze sitzen viele Blattläuse).* **2. a)** *an einem [entfernten] Ort leben u. tätig sein:* sie sitzt in einem kleinen Dorf bei Kiel; die Firma sitzt *(hat ihren Sitz)* in Berlin; auf dem Gut sitzt ein Pächter *(das Gut ist verpachtet);* **b)** *Mitglied in einem Gremium o. Ä. sein:* im Stadtrat, im Aufsichtsrat s.; **c)** (ugs.) *wegen einer Straftat längere Zeit im Gefängnis eingesperrt sein:* im Gefängnis, hinter Gittern, hinter schwedischen Gardinen s. **3.** *sich an einer bestimmten Stelle befinden:* an dem Zweig sitzen mehrere Blüten; der Hut saß ihm schief auf dem Kopf; Ü der Geruch sitzt in den Gardinen; der Schreck, die Angst saß ihm noch in den Gliedern *(wirkte noch in ihm nach);* * **etw. [nicht] auf sich s. lassen [können/wollen]** *(etw. [nicht] unwidersprochen lassen [können/wollen]);* **auf jmdm. s. bleiben** *(an jmdm. hängen bleiben):* der Vorwurf blieb auf ihm s.; **einen s. haben** (salopp; *angetrunken sein*). **4.** *in Schnitt, Form, Größe den Maßen, dem Erscheinungsbild des Trägers entsprechen; passen* (1 a): der Anzug sitzt [gut, tadellos, nicht]; eine gut sitzende Krawatte. **5.** (ugs.) **a)** *so einstudiert, eingeübt sein, dass man das Gelernte perfekt beherrscht [u. richtig anwenden, ausführen kann]:* beim Meister sitzt jeder Handgriff; die Vokabeln müssen einfach s.; **b)** *richtig treffen u. die gewünschte Wirkung erreichen:* der Hieb, die Ohrfeige hat gesessen; Ü das hat gesessen *(diese Bemerkung hat die beabsichtigte [einschüchternde, verletzende o. ä.] Wirkung erreicht).*

sit|zen blei|ben: s. sitzen (1 a).

Sit|zen|blei|ber, der; -s, - (ugs. abwertend): *jmd., der nicht in die nächsthöhere Schulklasse versetzt worden ist.*

Sit|zen|blei|be|rin, die; -, -nen: w. Form zu ↑Sitzenbleiber.

sit|zen las|sen: s. sitzen (1 a).

-sit|zer, der; -s, -: in Zusb., z. B. Zweisitzer (1. *Fahrzeug, Flugzeug mit zwei Sitzen.* 2. *Sofa für zwei Personen*).

Sitz|flä|che, die: **1.** *der Teil einer Sitzgelegenheit, auf dem man sitzt:* Stühle mit samtenen -n. **2.** (ugs. scherzh.) *Gesäß.*

Sitz|fleisch, das: **1.** (ugs. scherzh.) *[mit geistiger Trägheit verbundene] Ausdauer bei einer sitzenden Tätigkeit:* er ist nur durch S. zu diesem Posten gekommen; * **kein S. haben** (ugs.; *nicht lange still sitzen können; nicht die nötige Ausdauer für eine sitzende Tätigkeit haben*); **S. haben** (ugs.; 1. *als Gast bei einem Besuch gar nicht ans Aufbrechen denken.* 2. *lange im Wirtshaus sitzen*). **2.** (salopp scherzh.) *Gesäß.*

Sitz|ge|le|gen|heit, die: *etw., worauf sich jmd. setzen kann:* Stühle oder andere -en.

Sitz|grup|pe, die: *zusammen aufgestellte, zueinander passende Sitzmöbel* (bes. Sessel, Polstergarnitur).

Sitz|hal|tung, die: *Haltung beim Sitzen:* eine gebückte, aufrechte, schiefe S.

-sit|zig: in Zusb., z. B. zweisitzig *(zwei Sitze habend).*

Sitz|kis|sen, das: **1.** *Kissen als Auflage auf einer Sitzfläche.* **2.** *hohes Kissen aus festem Material als Sitzgelegenheit.*

Sitz|mö|bel, das ⟨meist Pl.⟩: *zum Sitzen dienendes Möbelstück.*

Sitz|ord|nung, die: *festgelegte Reihenfolge, in der die Teilnehmerinnen und Teilnehmer an einer Veranstaltung, Sitzung o. Ä. auf den Plätzen* (3) *sitzen:* eine lockere S.; die S. festlegen, ändern.

Sitz|platz, der: *Platz in Form einer Sitzgelegenheit, bes. Stuhl, Sessel in einem Zuschauerraum, Verkehrsmittel:* jmdm. einen S. anbieten, reservieren; ein Saal mit 400 Sitzplätzen.

Sitz|po|si|ti|on, die: *Position, in der jmd. sitzt; Position beim Sitzen:* eine unbequeme S.

Sitz|rei|he, die: *Reihe von Sitzen (z. B. in einem Saal, Fahrzeug o. Ä.):* das Flugzeug hat zehn -n.

Sitz|rie|se, der (ugs. scherzh.): *im Sitzen besonders groß erscheinende Person mit langem Rumpf u. kurzen Beinen.*

Sitz|stan|ge, die: *(in einem Käfig, Stall) Stange als Sitzgelegenheit für Vögel, Geflügel.*

Sitz|streik, der: *auf öffentlichen Plätzen im Sitzen durchgeführte Aktion von Demonstranten:* zu einem S. aufrufen.

Sit|zung, die; -, -en [im 15. Jh. = das Sichniedersetzen]: **1. a)** *Versammlung, Zusammenkunft einer Vereinigung, eines Gremiums o. Ä., bei der über etw. beraten wird, Beschlüsse gefasst werden:* eine öffentliche, geheime, außerordentliche S.; die S. ist geschlossen; der Vorstand hat morgen S.; eine S. einberufen, leiten, vertagen; die S. eröffnen, schließen, unterbrechen; er ist in einer S.; Ü das war eine lange S.! (ugs. scherzh.; *ein langer Aufenthalt auf der Toilette*); **b)** kurz für ↑Karnevalssitzung. **2. a)** *jeweiliges Sitzen für ein Porträt;* **b)** *jeweilige zahnärztliche, psychotherapeutische o. ä. Behandlung, der jmd. sich unterzieht:* die Behandlung erfordert mehrere -en; **c)** *Zusammenkunft einer Gruppe von Leuten, die zu einem bestimmten Zweck regelmäßig zusammenkommen:* das Seminar wird zehn jeweils 90-minütige -en umfassen.

Sit|zungs|be|richt, der: vgl. Sitzungsprotokoll.

Sit|zungs|geld, das (bes. Politik): *Geld, das jmd. für die Teilnahme an einer Sitzung* (1 a) *erhält.*

Sit|zungs|pe|ri|o|de, die: *(bes. im Parlament) Periode, in der Sitzungen abgehalten werden:* die Eröffnung der neuen S.

Sit|zungs|pro|to|koll, das: *Protokoll einer Sitzung* (1 a).

Sit|zungs|saal, der: *Saal, in dem Sitzungen* (1 a, b) *stattfinden.*

Sitz|ver|tei|lung, die: *Verteilung der Sitze* (2) *in einem Parlament, einer Körperschaft o. Ä.:* nach der letzten Hochrechnung ergibt sich folgende S.

Six Days ['sɪks 'deɪz] ⟨Pl.⟩ [kurz für engl. six-day race] (Sport): **1.** engl. Bez. für *Sechstagerennen.* **2.** engl. Bez. für *Sechstagefahrt.*

Six|ty-nine [sɪkstɪ'naɪn], das; - [engl. sixty-nine, eigtl. = neunundsechzig, nach der Stellung der Partner, die mit dem Bild der liegend geschriebenen Zahl 69 verglichen wird] (Jargon): *(von zwei Personen ausgeübter) gleichzeitiger gegenseitiger oraler Geschlechtsverkehr; Soixante-neuf.*

Si|zi|li|a|ner, der; -s, -: Ew. zu ↑Sizilien.

Si|zi|li|a|ne|rin, die; -, -nen: w. Form zu ↑Sizilianer.

si|zi|li|a|nisch ⟨Adj.⟩: *Sizilien, die Sizilianer betreffend; von den Sizilianern stammend, zu ihnen gehörig.*

Si|zi|li|en; -s: süditalienische Insel.

Si|zi|li|er, der; -s, -: Ew. zu ↑Sizilien.

Si|zi|li|e|rin, die; -, -nen: w. Form zu ↑Sizilier.

si|zi|lisch ⟨Adj.⟩: *sizilianisch.*

SJ = Societa[ti]s Jesu.

SK = slowakische Krone.

Ska, der; -[s] [H. u.] (Musik): *in Jamaika aus dem Rhythm and Blues entwickelter Musikstil (Vorläufer des Reggae).*

Ska|ger|rak, das od. der; -s: Meerenge zwischen Norwegen u. Jütland.

skål [sko:l] ⟨Interj.⟩ [schwed., dän. skål, eigtl. = Trinkschale]: dänisch, norwegisch, schwedisch für: *prost!, zum Wohl!*

Ska|la, die; -, ...len u. -s [ital. scala = Treppe, Leiter < lat. scalae (Pl.), zu: scandere, ↑skandieren]: **1.** *(aus Strichen u. Zahlen bestehende) Maßeinteilung an Messinstrumenten:* einen Messwert von, auf einer S. ablesen. **2.** *vollständige Reihe zusammengehöriger, sich abstufender Erscheinungen; Stufenleiter:* eine S. von Brauntönen. **3.** (Musik) *Tonleiter:* eine S. von Tönen. **4.** (Druckw.) *Zusammenstellung der für einen Mehrfarbendruck notwendigen Farben.*

ska|lar ⟨Adj.⟩ [lat. scalaris = zur Leiter, Treppe gehörend] (Math., Physik): *durch reelle Zahlen bestimmt:* -e Größe ([1]Skalar).

[1]Ska|lar, der; -s, -e (Math., Physik): *durch einen reellen Zahlenwert bestimmte Größe.*

[2]Ska|lar, der; -s, -e: *Segelflosser.*

Skal|de, der; -n, -n [aisl. skáld]: *(im MA.) [Hof]dichter u. Sänger in Norwegen u. Island.*

Skal|den|dich|tung, die ⟨o. Pl.⟩ (Literaturw.): *durch kunstvolle metrische Formen u. Verwendung eines eigenen dichterischen Vokabulars gekennzeichnete, im MA. bes. an den norwegischen Höfen vorgetragene altnordische Dichtung, die u. a. Preislieder auf historische Personen od. Ereignisse umfasst.*

skal|disch ⟨Adj.⟩ (Literaturw.): *die Skalden betreffend.*

Ska|le, die; -, -n (Fachspr.): *Skala* (1).

Ska|len|zei|ger, der: *Nadel* (5), *die auf einer Skala* (1) *den Messwert anzeigt.*

ska|lie|ren ⟨sw. V.; hat⟩ [zu ↑Skala] (Psych., Soziol.): *(Verhaltensweisen, Leistungen o. Ä.) in einer statistisch verwendbaren Skala von Werten einstufen.*

Skalp, der; -s, -e [engl. scalp = Hirnschale, Schädel, wohl aus dem Skand.] (früher): *[bei den Indianern Nordamerikas] die dem [getöteten] Gegner als Siegestrophäe abgezogene Kopfhaut [mit Haaren].*

Skal|pell, das; -s, -e [lat. scalpellum, Vkl. von:

scalprum = Messer; Grabstichel, Meißel, zu: scalpere = schneiden; kratzen, ritzen]: *kleines chirurgisches* (c) *Messer mit feststehender Klinge.*

skal|pie|ren ⟨sw. V.; hat⟩ [zu ↑Skalp]: *den Skalp, die Kopfhaut abziehen:* wenn man mit den Haaren in diese Maschine gerät, kann man regelrecht skalpiert werden.

Skal|pie|rung, die; -, -en: **1.** *das Skalpieren, Skalpiertwerden.* **2.** (Med.) *völliges Abgerissenwerden der Kopfhaut (bei einem Unfall).*

Ska|mu|sik, die ⟨o. Pl.⟩: *Ska.*

Skan|dal, der; -s, -e [frz. scandale < kirchenlat. scandalum = Ärgernis < griech. skándalon, eigtl. = Fallstrick]: **1.** *Geschehnis, das Anstoß u. Aufsehen erregt:* ein Aufsehen erregender S.; einen S. vermeiden, vertuschen; in einen S. verwickelt sein; diese Zustände wachsen sich allmählich zu einem S. aus; es ist/das ist ja ein S. *(ist unerhört, skandalös),* wie man ihn behandelt! **2.** (landsch. veraltend) *Lärm, Radau:* es erhob sich ein großer S.

Skan|dal|blatt, das (abwertend): vgl. Skandalpresse.

Skan|däl|chen, das; -s, -: Vkl. zu ↑Skandal (1).

Skan|dal|ge|schich|te, die: *Aufsehen u. Ärgernis erregende Sache, Angelegenheit:* durch -n von sich reden machen.

Skan|dal|nu|del, die (ugs.): *[weibliche] Person, die immer wieder Aufsehen erregt, Ärgernis erregende Affären hat.*

skan|da|lös ⟨Adj.⟩ [frz. scandaleuse, zu: scandale, ↑Skandal]: *Aufsehen u. Empörung erregend; unerhört:* -e Zustände, Praktiken; sein Benehmen ist einfach s.; man hat ihn s. behandelt.

Skan|dal|pres|se, die (abwertend): *niveauloser Teil der Presse, der seine Leser mit reißerischen Berichten über Skandale* (1) *zu interessieren sucht.*

skan|dal|süch|tig ⟨Adj.⟩ (abwertend): *sehr interessiert an Skandalen* (1): ein -es Publikum.

skan|dal|träch|tig ⟨Adj.⟩: vgl. -trächtig: eine -e Situation.

skan|dal|um|wit|tert ⟨Adj.⟩: *häufig zu Skandalen* (1) *Anlass gegeben habend u. daher ständig im Verdacht, neue heraufzubeschwören:* die -e Diva.

skan|die|ren ⟨sw. V.; hat⟩ [lat. scandere, eigtl. = (stufenweise) emporsteigen] (bildungsspr.): **a)** *Verse mit starker Betonung der Hebungen sprechen:* ein Gedicht s.; **b)** *rhythmisch u. abgehackt, in einzelnen Silben sprechen.*

Skan|di|na|vi|en; -s: Teil Nordeuropas.

Skan|di|na|vi|er, der; -s, -: Ew.

Skan|di|na|vi|e|rin, die; -, -nen: w. Form zu ↑Skandinavier.

skan|di|na|visch ⟨Adj.⟩: *Skandinavien, die Skandinavier betreffend; von den Skandinaviern stammend, zu ihnen gehörig.*

Skan|di|um: ↑Scandium.

Ska|phan|der, der; -s, - [zu griech. skáphē = ausgehöhlter Körper u. anḗr (Gen.: andrós) = Mann]: **1.** *Schutzanzug für extreme Druckverhältnisse (z. B. für Raumfahrer).* **2.** (veraltet) *Taucheranzug.*

Ska|ra|bä|us, der; -, ...äen [lat. scarabaeus = Holzkäfer < griech. kárabos]: **1.** (Zool.) *Pillendreher* (1). **2.** *in Stein, Glas od. Metall als Amulett od. Siegel benutzte [altägyptische] Nachbildung des Pillendrehers* (1), *der im alten Ägypten als Sinnbild des Sonnengottes verehrt wurde.*

Ska|ra|muz, der; -es, -e [ital. Scaramuccia, frz. Scaramouche]: *Figur des prahlerischen Soldaten aus der Commedia dell'Arte u. dem französischen Lustspiel.*

Skarn, der; -s, -e [schwed. skarn, eigtl. = Schmutz] (Geol.): *aus Kalkstein, Dolomit od. Mergel entstandenes erzhaltiges Gestein.*

skar|tie|ren ⟨sw. V.; hat⟩ [ital. scartare, ↑Skat] (österr. Amtsspr.): *alte Akten o. Ä. ausscheiden u. vernichten* (3).

Skat, der; -[e]s, -e u. -s [ital. scarto = das Wegwerfen (der Karten); die abgelegten Karten; Ausschuss (3), Makulatur, zu: scartare = Karten wegwerfen, ablegen, zu: carta = Papier; (Spiel)karte < lat. charta, ↑Karte]: **1.** ⟨Pl. selten⟩ *Kartenspiel für drei Spieler, das mit 32 Karten gespielt wird u. bei dem durch Reizen* (4) *festgestellt wird, welcher Spieler gegen die beiden anderen spielt:* [eine Runde] S. spielen; [einen zünftigen] S. dreschen/klopfen (salopp; *Skat spielen).* **2.** *(beim Skat 1) zwei [zunächst] verdeckt liegende Karten:* den S. aufnehmen, liegen lassen.

Skat|abend, der: vgl. Kegelabend.

Skat|blatt, das: *Blatt* (4 c) *für das Skatspiel.*

Skate|board [ˈskeɪtbɔːd], das; -s, -s [engl. skateboard, aus: to skate = gleiten u. board = Brett]: *als Spiel- u. Sportgerät dienendes Brett auf vier federnd gelagerten Rollen, mit dem man sich stehend [durch Abstoßen] fortbewegt u. das nur durch Gewichtsverlagerung gesteuert wird:* (mit, auf einem) S. fahren.

skate|boar|den [ˈskeɪtbɔːdn̩] ⟨sw. Verb; ist⟩ [engl. to skateboard]: [2]*skaten* (a).

Skate|boar|der [ˈskeɪtbɔːdɐ], der; -s, - [engl. skateboarder]: *jmd., der Skateboard fährt.*

Skate|boar|de|rin, die; -, -nen: w. Form zu ↑Skateboarder.

[1]**ska|ten** ⟨sw. V.; hat⟩ [zu ↑Skat] (ugs.): *Skat spielen.*

[2]**ska|ten** [ˈskeɪtn̩] ⟨sw. Verb; ist⟩ [engl. to skate, ↑Skateboard]: **a)** *(mit, auf einem) Skateboard fahren;* **b)** *auf Inlineskatern* (1) *laufen.*

[1]**Ska|ter,** der; -s, - (ugs.): *Skatspieler.*

[2]**Ska|ter** [ˈskeːtɐ], der; -s, - [engl. skater, zu: to skate, ↑[2]skaten]: **a)** *jmd., der mit, auf einem Skateboard fährt;* **b)** *jmd., der auf Inlineskatern* (1) *läuft.*

[1]**Ska|te|rin,** die; -, -nen (ugs.): w. Form zu ↑[1]Skater.

[2]**Ska|te|rin,** [ˈskeːtɐ...], die; -, -nen: w. Form zu ↑[2]Skater.

Skat|kar|te, die: **1.** *Spielkarte für das Skatspiel* (1). **2.** ⟨o. Pl.⟩ *vollständiges Spiel von Spielkarten für das Skatspiel.*

Skat|run|de, die: **1.** *kleiner Kreis von Personen, die zusammen Skat spielen:* eine fröhliche S. **2.** *Runde* (3 b) *beim Skatspiel:* für ein paar -n reicht die Zeit noch.

Skat|spiel, das: **1.** ⟨Pl. selten⟩ *Skat* (1): die Regeln des -s. **2.** ⟨o. Pl.⟩ *das Skatspielen:* regelmäßiges S. **3.** *Partie beim Skat:* ein S. machen. **4.** *Skatkarte* (2).

Skat|spie|ler, der: *jmd., der Skat spielt.*

Skat|spie|le|rin, die: w. Form zu ↑Skatspieler.

Skat|tur|nier, das: *Turnier im Skatspielen.*

Skeet|schie|ßen [ˈskiːt...], das; -s [engl. skeet (shooting), wohl zu anord. skot = Schuss] (Sport): **1.** ⟨o. Pl.⟩ *Wurftaubenschießen, bei dem die Schützen im Halbkreis um die Wurfmaschinen stehen u. auf jede Taube nur einen Schuss abgeben dürfen.* **2.** *Veranstaltung, Wettkampf des Skeetschießens* (1).

Ske|let: ↑[1]Skelett (1 b).

Ske|le|ton [ˈskɛlətn̩, ...letɔn], der; -s, -s [engl. skeleton, eigtl. = Gerippe, Gestell < griech. skeletón, ↑[1]Skelett] (Sport): *niedriger Rennschlitten, den der Fahrer auf dem Bauch liegend lenkt.*

[1]**Ske|lett,** (Fachspr. auch:) Skelet, das; -[e]s, -e [griech. skeletón (sõma) = ausgetrocknet(er Körper), Mumie, zu: skeletós = ausgetrocknet, zu: skéllein = austrocknen, dörren; vertrocknen]: **1.** *die Weichteile des Körpers stützendes [bewegliches] Gerüst bes. aus Knochen; Knochengerüst:* das menschliche S.; in der Höhle wurde ein S. *(Gerippe)* gefunden; Ü er ist fast zum S. abgemagert. **2.** (Bauw.) *aus einzelnen Stützen u. Trägern bestehende tragende Konstruktion; Gerüst:* das S. der Bahnhofshalle steht bereits. **3.** (Bot.) *zur Festigung von Pflanzenorganen dienendes Gewebe.*

[2]**Ske|lett,** die; - (Druckw.): *aus relativ dünnen Strichen bestehende Schrift.*

Ske|lett|bau, der ⟨Pl. -ten⟩ (Bauw.): **1.** ⟨o. Pl.⟩ *das Bauen in Skelettbauweise.* **2.** *Bauwerk in Skelettbauweise.*

Ske|lett|bau|wei|se, die (Bauw.): *Bauweise, bei der Stützen in der Art eines Gerippes den Bau tragen u. die Zwischenräume mit nicht tragenden Wänden ausgefüllt werden.*

Ske|lett|bo|den, der (Geol.): *Boden mit hohem Anteil an Gestein (bes. in Gebirgen).*

ske|let|tie|ren ⟨sw. V.; hat⟩: **1.** *das* [1]*Skelett* (1) *bloßlegen:* Hunderte von Piranhas skelettierten den Kadaver. **2.** (Biol.) *(von Pflanzenschädlingen) ein Blatt bis auf die Rippen abfressen.*

Ske|lett|mus|kel, der (Anat.): *an Teilen des* [1]*Skeletts* (1) *ansetzender Muskel.*

Ske|lett|teil, das: *Teil des, eines* [1]*Skeletts* (1).

Ske|ne, die; -, ...nai [griech. skēnḗ, ↑Szene]: **a)** *im antiken Theater ein Ankleideräume enthaltender Holzbau, der das Proszenium* (2) *nach hinten abschließt;* **b)** *zum Proszenium* (2) *hin gelegene Wand der Skene* (a), *vor der die Schauspieler auftreten.*

Skep|sis, die; - [griech. sképsis = Betrachtung; Bedenken, zu: sképtesthai = schauen, spähen; betrachten]: *[durch] kritische Zweifel, Bedenken, Misstrauen [bestimmtes Verhalten]; Zurückhaltung:* er betrachtet die Entwicklung mit einiger, berechtigter, gesunder S.; [einer Sache gegenüber] voller S. sein.

Skep|ti|ker, der; -s, - [griech. Skeptikós = Philosoph einer Schule, deren Anhänger ihre Meinung nur mit Bedenken, Zweifeln äußerten, subst. Adj. skeptikós, ↑skeptisch]: **1.** *zu einem durch Skepsis bestimmten Denken, Verhalten neigender Mensch:* die S. *(diejenigen, die der Sache skeptisch gegenüberstanden)* sollten leider Recht behalten. **2.** (Philos.) *Anhänger des Skeptizismus* (2).

Skep|ti|ke|rin, die; -, -nen: w. Form zu ↑Skeptiker.

skep|tisch ⟨Adj.⟩ [griech. skeptikós = zum Betrachten, Bedenken gehörig, geneigt]: *zu Skepsis neigend, auf ihr beruhend:* eine -e Miene; ich bin s. *(habe Zweifel, Bedenken),* ob sich der Plan verwirklichen lässt.

Skep|ti|zis|mus, der; -: **1.** *skeptische Haltung:* mit einleuchtenden Argumenten trat er ihrem S. entgegen. **2.** (Philos.) *den Zweifel zum Prinzip des Denkens erhebende, die Möglichkeit einer Erkenntnis der Wirklichkeit u. der Wahrheit infrage stellende Richtung der Philosophie.*

Sketch [skɛtʃ], der; -[es], -e[s] u. -s, (auch:) **Sketsch,** der; -[es], -e [engl. sketch = Skizze, Stegreifstudie < niederl. schets = Entwurf < ital. schizzo, ↑Skizze]: *(bes. im Kabarett od. Varieté aufgeführte) kurze, effektvolle Szene mit meist witziger Pointierung.*

Ski [ʃiː], (auch:) Schi, der; -s, -er, auch: - [norw. ski, eigtl. = Scheit < anord. skíð = Scheit; Schneeschuh, verw. mit ↑Scheit]: *schmales, langes, vorn in eine nach oben gebogene Spitze auslaufendes Brett aus Holz, Kunststoff od. Metall, an dem der Skistiefel mit der Bindung* (2) *befestigt wird, sodass sich jmd. damit [gleitend] über den Schnee fortbewegen kann:* ein Paar S.; S. und Rodel gut (Met.; *die Schneeverhältnisse sind so, dass sich gut Ski laufen u. rodeln lässt);* S. laufen, fahren; die -er an-, abschnallen, wachsen.

Ski|akro|ba|tik, die: *Trickskilaufen.*

Ski|an|zug, der: *Anzug zum Skilaufen.*

Ski|aus|rüs|tung, die: *zum Skifahren benötigte Ausrüstung.*

Ski|bin|dung, die: *Bindung* (2).

Ski|bob, der: **1.** *Sportgerät aus einem dem Fahrradrahmen ähnlichen Gestell, das auf zwei hintereinander angeordneten, kurzen Skiern montiert ist, von denen der vordere mit einem Lenker gesteuert wird.* **2.** *Sportart, bei der der Fahrer mit kurzen Skiern an den Füßen auf einem Skibob* (1) *sitzend einen Hang hinabfährt.*

Ski|bril|le, die: *Schutzbrille für Skiläufer.*

Skiff, das; -[e]s, -e [engl. skiff < frz. esquif < ital. schifo < ahd. scif = Schiff] (Sport): *Einer* (2).

Skif|fle [ˈskɪfl], der, auch: das; -s [engl. skiffle, H. u., viell. lautm.]: *Vorform des Jazz, der auf primitiven Instrumenten, z. B. Waschbrett, Kamm u. Jug, gespielt wird.*

Ski|flie|gen, das; -s, **Ski|flug,** der: *Skispringen von einer Flugschanze.*

S

Ski|fu|ni, der; -, -s [über das Roman. zu lat. funis = Seil] (schweiz.): *großer Schlitten, der von einer seilbahnähnlichen Konstruktion gezogen wird u. Skiläufer bergaufwärts befördert.*

Ski|ge|biet, das: *für den Skilauf geeignetes Gebiet.*

Ski|gym|nas|tik, die: *spezielle Gymnastik, die den Körper für das Skilaufen kräftigt.*

Ski|ha|serl, das; -s, -[n] (südd., österr. scherzh.): **a)** *junge Skiläuferin;* **b)** *Anfängerin im Skilaufen.*

Ski|jö|ring, Ski|kjö|ring, [...jø:rɪŋ], das; -s, -s [norw. kjøring = das Fahren, zu: kjøre = fahren]: *Sportart, bei der ein Skiläufer von einem Pferd od. Motorrad gezogen wird.*

Ski|kurs, (seltener:) **Ski|kur|sus,** der: *Kurs (3 a) im Skilaufen.*

Ski|lang|lauf, der: *Langlauf.*

Ski|lauf, der, **Ski|lau|fen,** das; -s: *das Sichfortbewegen auf Skiern (als sportliche Disziplin):* nordischer, alpiner Skilauf.

Ski|läu|fer, der: *jmd., der Ski läuft.*

Ski|läu|fe|rin, die: w. Form zu ↑Skiläufer.

Ski|leh|rer, der: *jmd., der Unterricht im Skilaufen gibt.*

Ski|leh|re|rin, die: w. Form zu ↑Skilehrer.

Ski|lift, der: *mechanische Vorrichtung, die Skiläufer mit angeschnallten Skiern bergaufwärts befördert.*

Skin, der; -s, -s: kurz für ↑Skinhead.

Skin|head [...hɛd], der; -s, -s [engl. skinhead, eigtl. = Hautkopf, zu: head = Kopf]: *(in einer Clique organisierter) Jugendlicher mit kurz od. kahl geschorenem Kopf, der [auf der Grundlage rechtsradikalen Gedankenguts] zu aggressivem Verhalten neigt.*

Skin|ner-Box, (auch:) **Skin|ner|box,** die; -, -en [nach dem amerik. Psychologen B. F. Skinner (1904–1990)] (Psych.): *zur experimentellen Erforschung von Lernvorgängen bei Tieren konstruierter Käfig.*

Ski|pass, der: *für die Skilifts eines bestimmten Gebiets gültige Zeitkarte.*

Ski|pis|te, die: *Piste (1).*

Skip|per, der; -s, - [engl. skipper = Kapitän < mniederl. schipper = Schiffer] (Jargon): *Kapitän einer [Segel]jacht.*

Skip|pe|rin, die; -, -nen: w. Form zu ↑Skipper.

Ski|ren|nen, das: *Wettlauf auf Skiern.*

Ski|schuh, der: vgl. Skistiefel.

Ski|schu|le, die: vgl. Reitschule (1).

Ski|sport, der: *auf Skiern betriebene sportliche Disziplinen.*

Ski|sprin|gen, das: **1.** ⟨o. Pl.⟩ *Sportart, bei der jmd. auf Skiern eine Sprungschanze hinunterfährt u. nach dem Sprung mit den Skiern auf dem Boden aufsetzt.* **2.** *Wettbewerb im Skispringen (1).*

Ski|sprin|ger, der: *jmd., der das Skispringen als sportliche Disziplin betreibt.*

Ski|sprin|ge|rin, die: w. Form zu ↑Skispringer.

Ski|sprung, der: *Skispringen.*

Ski|spur, die: *Spur eines Skiläufers im Schnee.*

Ski|stie|fel, der: *Stiefel (1 b) aus Leder od. Kunststoff, der dem Fuß beim Skilaufen besonderen Halt gibt u. mit der Bindung (2) befestigt wird.*

Ski|stock, der: *einer von zwei Stöcken, die oben mit einer Schlaufe zum Durchstecken der Hand u. einem Griff versehen sind, unten in eine dornenförmige Spitze auslaufen u. die der Skiläufer in den Schnee stößt, um Schwung zu holen u. die Balance zu halten.*

Ski|wachs, das: *Wachs, mit dem die Lauffläche eines Skis eingerieben wird, damit er besser gleitet.*

Ski|wan|dern, das; -s: *Wandern auf Skiern.*

Skiz|ze, die; -, -n [ital. schizzo, eigtl. = Spritzer (mit der Feder), lautm.]: **1.** *mit groben Strichen hingeworfene, sich auf das Wesentliche beschränkende Zeichnung [die als Entwurf dient]:* eine flüchtige S.; eine S. machen; er fertigte eine Skizze von der Unfallstelle an. **2. a)** *kurzer, stichwortartiger Entwurf; Konzept (1):* die S. einer Rede; **b)** *kurze, sich auf das Wesentliche beschränkende [literarische] Darstellung, Aufzeichnung:* er hielt die wichtigsten Eindrücke seiner Reise in einer kleinen S. fest.

Skiz|zen|block, der ⟨Pl. ...blöcke u. -s⟩: *Block (5), der zur Zeichnung von Skizzen (1) benutzt wird.*

Skiz|zen|buch, das: vgl. Skizzenblock.

skiz|zen|haft ⟨Adj.⟩: *in der Art einer Skizze (1):* -e Entwürfe.

skiz|zie|ren ⟨sw. V.; hat⟩ [ital. schizzare, eigtl. = spritzen]: **1.** *in der Art einer Skizze (1) zeichnen, darstellen:* der Architekt skizziert das Gebäude. **2. a)** *etw. in großen Zügen, sich auf das Wesentliche beschränkend darstellen, aufzeichnen:* er skizzierte das Thema des Vortrags; **b)** *sich für etw. Notizen, ein Konzept (1) machen; entwerfen:* er skizzierte den Text für seine Rede.

Skiz|zier|pa|pier, das: *Papier zum Skizzieren.*

Skiz|zie|rung, die; -, -en ⟨Pl. selten⟩: *das Skizzieren.*

Skla|ve, der; -n, -n [spätmhd. sclave, mhd. slave < mlat. s(c)lavus = Unfreier, Leibeigener < mgriech. sklábos = Sklave, eigtl. = Slawe (die ma. Sklaven im Orient waren meist Slawen)]: **1.** (bes. früher) *jmd., der in völliger wirtschaftlicher u. rechtlicher Abhängigkeit von einem anderen Menschen als dessen Eigentum lebt:* ein afrikanischer, griechischer S.; jmdn. wie einen -n behandeln; einem -n die Freiheit geben. **2.** (oft abwertend) *jmd., der (innerlich unfrei) von etw. od. jmdm. sehr abhängig ist:* zum -n seiner Leidenschaften werden. **3.** (Jargon) *jmd., der sich Schmerzen zufügen lässt, weil er dadurch sexuell erregt wird.*

Skla|ven|ar|beit, die: **1.** (bes. früher) *von Sklaven (1) verrichtete Arbeit.* **2.** (abwertend) *besonders schwere, anstrengende Arbeit.*

Skla|ven|auf|stand, der (bes. früher): *Aufstand von Sklaven gegen ihre Herren.*

Skla|ven|hal|ter, der (bes. früher): *jmd., der Sklaven (1) als Eigentum besitzt.*

Skla|ven|hal|ter|ge|sell|schaft, die ⟨o. Pl.⟩ (bes. marx.): *Gesellschaft, in der die Herrschenden sowohl die Produktionsmittel als auch die Produzenten (die Sklaven) als Eigentum besitzen.*

Skla|ven|han|del, der (bes. früher): *Handel mit Sklaven.*

Skla|ven|markt, der (bes. früher): *Markt, auf dem Sklaven (1) verkauft werden.*

Skla|ven|tum, das; -s (geh.): *Sklaverei.*

Skla|ve|rei, die; -: **1.** (bes. früher) *völlige wirtschaftliche u. rechtliche Abhängigkeit eines Sklaven (1) von einem Sklavenhalter:* die S. abschaffen. **2.** (oft abwertend) **a)** *starke Abhängigkeit von jmdm. od. etw.;* **b)** *harte, ermüdende Arbeit:* diese Arbeit ist die reinste S.

Skla|vin, die; -, -nen: w. Form zu ↑Sklave.

skla|visch ⟨Adj.⟩ (bildungsspr. abwertend): **1.** *blind u. unbedingt gehorsam; unterwürfig; willenlos:* -er Gehorsam; sich s. unterordnen. **2.** *[unselbstständig u.] ohne eigene Ideen ein Vorbild nachahmend, nachbildend:* sich s. an die Vorlage halten.

Skle|ra, die; -, ...ren [zu griech. sklērós = spröde, hart] (Anat.): *Lederhaut des Auges; äußere Hülle des Augapfels aus derbem Bindegewebe.*

Skle|ren|chym, das; -s, -e [zu griech. égchyma = (eingegossene) Flüssigkeit] (Bot.): *festigendes Gewebe in nicht mehr wachsenden Pflanzenteilen.*

Skle|ro|me|ter, das; -s, - [↑-meter (1)]: *Gerät zur Bestimmung der Härte von Mineralien.*

Skle|ro|se, die; -, -n (Med.): *krankhafte Verhärtung von Geweben u. Organen:* multiple S. (Med.; *Erkrankung des Gehirns u. Rückenmarks mit Bildung zahlreicher Verhärtungen von Gewebe, Organen od. Organteilen).*

Skle|ro|ti|ker, der; -s, - (Med.): *jmd., der an Sklerose erkrankt ist.*

Skle|ro|ti|ke|rin, die; -, -nen (Med.): w. Form zu ↑Sklerotiker.

skle|ro|tisch ⟨Adj.⟩ (Med.): **1.** *die Sklerose betreffend, von ihr herrührend:* -e Prozesse. **2.** *an Sklerose leidend.*

Sko|li|o|se, die; -, -n (Med.): *seitliche Verkrümmung der Wirbelsäule.*

skon|tie|ren ⟨sw. V.; hat⟩ [ital. scontare = abziehen, zu ↑Skonto] (Kaufmannsspr.): *Skonto gewähren, von etw. abziehen:* eine Rechnung s.

Skon|to, der od. das; -s, -s, selten auch: ...ti [ital. sconto, zu: scontare = abrechnen, abziehen, zu: contare = zählen, rechnen < lat. computare = berechnen] (Kaufmannsspr.): *Preisnachlass bei sofortiger Zahlung [in bar] od. Einhaltung einer kurzen Zahlungsfrist:* S. verlangen; 2 Prozent S. abziehen.

Skoo|ter [ˈsku:tɐ], der; -s, - [engl. scooter = Roller, zu: to scoot = rasen]: *elektrisch angetriebenes, einem Auto nachgebildetes kleines lenkbares Fahrzeug zum Fahren auf einer großen, meist rechteckigen Bahn:* auf dem Jahrmarkt S. fahren.

Skop|je: Hauptstadt von Mazedonien.

Skop|ze, der; -n, -n [russ. skopec = Kastrat]: *Anhänger einer zu Anfang des 19. Jh.s gegründeten schwärmerischen russischen Sekte, die von ihren Mitgliedern strenge Enthaltsamkeit verlangt.*

Skor|but, der; -[e]s [nlat. (16. Jh.) scorbutus, H. u.] (Med.): *auf einem Mangel an Vitamin C beruhende Krankheit, bei der es bes. zu Blutungen vor allem des Zahnfleisches u. der Haut kommt:* früher erkrankten vor allem viele Seeleute an S.

skor|bu|tisch ⟨Adj.⟩ (Med.): **1.** *auf Skorbut beruhend, für Skorbut charakteristisch, mit Skorbut einhergehend:* -e Symptome. **2.** *an Skorbut erkrankt:* -e Patienten.

Skore [sko:ɐ̯, engl.: skɔ:], das; -s, -s [engl. score, ↑Score] (schweiz. Sport): *Score.*

sko|ren usw. (österr., schweiz. Sport): ↑scoren usw.

Skor|pi|on, der; -s, -e [mhd. sc(h)orpiōn, ahd. scorpiōn (Akk.) < lat. scorpio (Gen.: scorpionis) < griech. skorpíos]: **1.** *(in vielen Arten in den Tropen u. Subtropen verbreitetes, zu den Spinnentieren gehörendes) Tier mit zwei kräftigen Scheren am Vorderkörper u. einem Giftstachel am Ende des langen, vielgliedrigen Hinterleibs.* **2.** (Astrol.) **a)** ⟨o. Pl.⟩ *Tierkreiszeichen für die Zeit vom 24. 10. bis 22. 11.;* **b)** *jmd., der im Zeichen Skorpion (2 a) geboren ist:* sie ist [ein] S. **3.** ⟨o. Pl.⟩ Sternbild am südlichen Sternenhimmel.

Sko|te, der; -n, -n: Angehöriger eines alten irischen Volksstammes in Schottland.

Sko|tin, die; -, -nen: w. Form zu ↑Skote.

skr = schwedische Krone.

Skri|bent, der; -en, -en [zu lat. scribens (Gen.: scribentis), 1. Part. von: scribere = schreiben] (bildungsspr. abwertend): *Vielschreiber, Schreiberling:* ein drittklassiger S.

Skri|ben|tin, die; -, -nen: w. Form zu ↑Skribent.

Skript, das; -[e]s, -e[n] u. -s [engl. script < afrz. escript < lat. scriptum = Geschriebenes, 2. Part. von: scribere, ↑Skribent]: **1.** *Manuskript (1):* Ich habe sein S. gelesen. **2.** *(bes. bei den Juristen) Nachschrift einer Vorlesung.* **3.** ⟨Pl. meist -s⟩ **a)** (Film) *Drehbuch;* **b)** (Rundf., Ferns.) *einer Sendung zugrunde liegende schriftliche Aufzeichnungen.*

Skrip|ta: Pl. von ↑Skriptum.

Skrip|ten: Pl. von ↑Skript, ↑Skriptum.

Skript|girl, das [engl. script girl, aus: script (↑Skript) u. girl (↑Girl)] (Film): *Mitarbeiterin, Sekretärin eines Filmregisseurs, die während der Dreharbeiten alle technischen Daten notiert.*

Skrip|tum, das; -s, ...ten, auch: ...ta [lat. scriptum, ↑Skript] (österr., sonst veraltend): *Skript (1, 2).*

Skro|fel, die; -, -n [lat. scrofulae (Pl.), zu: scrofa = (Zucht)sau; Schweine waren oft mit Drüsenkrankheiten behaftet]: **1.** *Geschwulst an einem Lymphknoten, an der Haut.* **2.** ⟨Pl.⟩ *Skrofulose:* er hat -n.

skro|fu|lös ⟨Adj.⟩ (Med.): *an Skrofulose leidend.*

Skro|fu|lo|se, die; -, -n (Med.): *bei Kindern auftretende tuberkulöse Erkrankung, bei der sich an der Haut u. an den Lymphknoten Geschwülste bilden.*

Skro|ta: Pl. von ↑Skrotum.

S

skro|tal ⟨Adj.⟩ (Med.): *zum Skrotum gehörend, es betreffend.*

Skro|tum, das; -s, ...ta [lat. scrotum] (Med.): *Hodensack.*

[1]Skru|pel, der; -s, - ⟨meist Pl.⟩ [lat. scrupulus = stechendes Gefühl der Angst, Unruhe, eigtl. = spitzes Steinchen, Vkl. von: scrupus = spitzer Stein]: *auf moralischen Bedenken beruhende Hemmung (etw. Bestimmtes zu tun), Zweifel, ob ein bestimmtes Handeln mit dem eigenen Gewissen vereinbar ist:* moralische, religiöse S.; ihn quälten [keine] S.; da hätte ich überhaupt keine S. *(das würde ich ohne weiteres tun).*

[2]Skru|pel, das; -s, - [spätmhd. scropel < lat. scrupulum = kleinster Teil eines Gewichts, ↑[1]Skrupel] (früher): *Apothekergewicht* (etwa 1,25 g).

skru|pel|los ⟨Adj.⟩ (abwertend): *ohne [1]Skrupel; gewissenlos:* -e Geschäftemacher; -er Machtmissbrauch; s. handeln.

Skru|pel|lo|sig|keit, die; -: *skrupellose Art, skrupelloses Wesen.*

Skull, das; -s, -s [engl. scull, H. u.] (Seemannsspr., Rudersport): *mit einer Hand zu führendes (paarweise vorhandenes) Ruder* (1): ein Paar -s.

Skull|boot, das (Seemannsspr., Rudersport): *Ruderboot, das mithilfe von Skulls vorwärts bewegt wird.*

skul|len ⟨sw. V.; hat/ist⟩ [engl. to scull] (Seemannsspr., Rudersport): *mit Skulls rudern.*

Skul|ler, der; -s, - [engl. sculler]: **1.** (Seemannsspr., Rudersport) *Skullboot.* **2.** (Rudersport) *jmd., der das Skullen als Sport betreibt.*

Skul|le|rin, die; -, -nen (Rudersport): w. Form zu ↑Skuller (2).

Skulp|tur, die; -, -en [lat. sculptura, zu: sculpere = (durch Graben, Stechen, Schneiden) etw. schnitzen, bilden, meißeln]: **a)** *Werk eines Bildhauers, Plastik;* **b)** ⟨o. Pl.⟩ *Bildhauerkunst.*

Skulp|tu|ren|samm|lung, die; -, -en: *Sammlung von Skulpturen* (a).

Skunk, der; -s, -s u. -e [engl. skunk < Algonkin (nordamerik. Indianerspr.) skunk]: **1.** ⟨Pl. meist: -e⟩ *Stinktier.* **2.** ⟨Pl. meist: -s⟩ **a)** *Fell eines Skunks* (1); **b)** *aus Skunk* (2 a) *hergestellter Pelz.*

Skunks, der; -es, -e ⟨Pl. selten⟩ (Fachspr.): *Skunk* (2 b): S. wird meist zu Besätzen verarbeitet.

Skup|schti|na, die; - [serb. skupština = Versammlung]: *jugoslawisches Parlament; jugoslawische Bundesversammlung.*

skur|ril ⟨Adj.⟩ [lat. scurrilis, zu: scurra = Witzbold, Spaßmacher] (bildungsspr.): *(in Aussehen od. Wesen) sonderbar, absonderlich anmutend, auf lächerliche od. befremdende Weise eigenwillig; seltsam:* eine -e Idee, Geschichte; ein -er Plan, Einfall; er ist ein etwas -er Mensch; s. anmuten, aussehen, wirken.

Skur|ri|li|tät, die; -, -en [lat. scurrilitas, zu: scurrilis, ↑skurril] (bildungsspr.): **1.** ⟨o. Pl.⟩ *das Skurrilsein, skurrile Art, skurriles Wesen.* **2.** *etw. Skurriles, skurrile Äußerung, Handlung o. Ä.*

S-Kur|ve ['ɛs...], die: *Doppelkurve:* die Straße beschreibt dort eine scharfe S.

[1]Skye [skai]: zu den Inneren Hebriden gehörende schottische Insel.

[2]Skye [skai], der; -s, -s: kurz für ↑Skyeterrier.

Skye|ter|ri|er, der [engl. skye terrier, nach der Insel [1]Skye]: *kleiner Hund mit langem, dichtem, bläulich grauem Haar, einem langen Schwanz u. Hänge- od. Stehohren.*

Sky|ja|cker ['skaidʒɛkɐ], der; -s, - [engl. skyjacker, eigtl. = Himmelsräuber, zu: sky, ↑Skylab] (selten): *Hijacker.*

Sky|ja|cke|rin, die; -, -nen: w. Form zu ↑Hijacker.

Sky|lab ['skailæb; engl., aus: sky = Himmel u. lab(oratory) = Laboratorium]: Name einer amerikanischen Raumstation.

Sky|light ['skailait], das; -s, -s [engl. skylight, zu: light = Licht] (Seemannsspr.): *Oberlicht (auf Schiffen).*

Sky|line ['skailain], die; -, -s [engl. skyline, eigtl. = Horizont, Silhouette, zu: line = Linie]: *[charakteristische] Silhouette einer aus der Ferne gesehenen Stadt:* die berühmte S. von Manhattan.

Sky|l|la: griech. Form von ↑Szylla.

Sky|phos, der; -, ...phoi [griech. skýphos] (Archäol.): *altgriechisches becherartiges Trinkgefäß mit zwei waagerechten Henkeln am oberen Rand.*

Skyth, das; -[s] [nach den Skythen] (Geol.): *unterste Stufe der alpinen Trias.*

Sky|the, der; -n, -n: Angehöriger eines alten iranischen Nomadenvolkes.

Sky|thin, die; -, -nen: w. Form zu ↑Skythe.

sky|thisch ⟨Adj.⟩: *die Skythen betreffend; von den Skythen stammend, zu ihnen gehörend.*

Sky|thisch, das; -[s], u. ⟨nur mit best. Art.:⟩ **Sky|thi|sche,** das; -n: *(tote) Sprache der Skythen.*

Sky|thi|um, das; -s (Geol.): *Skyth.*

s. l. = sine loco.

Slack [slɛk, engl.: slæk], der; -s [engl. slack = Flaute, zu: slack = locker, lose, flau] (Wirtsch.): *Überschuss an [finanziellen] Mitteln eines Unternehmens, der sich in Erfolgszeiten ansammelt u. als Reserve für Krisenzeiten dient.*

Sla|cker ['slækə], der; -s, - [engl. slacker, zu slack = nachlässig, schlampig; verbummelt, verw. mit lat. laxus, ↑lax] (Jargon): *Jugendlicher od. junger Erwachsener, der das Streben nach [beruflichem] Erfolg ablehnt u. die Lebenshaltung eines Müßiggängers, Versagers zur Schau trägt.*

Sla|lom, der; -s, -s [norw. slalåm, eigtl. = leicht abfallende Skispur] (Ski-, Kanusport): *Rennen, bei dem vom Start bis zum Ziel eine Anzahl von Toren durchfahren werden muss, die in Schlangen- od. Zickzacklinien aufgestellt sind:* einen S. fahren, gewinnen; Ü der Weg war derart zugeparkt, dass die Radfahrer [regelrecht] S. fahren (ugs.; *die Hindernisse in einer Art Schlangenlinie umfahren*) mussten.

Sla|lom|kurs, der (Ski-, Kanusport): *Kurs* (2) *eines Slaloms.*

Sla|lom|lauf, der (Skisport): *Slalom.*

Sla|lom|läu|fer, der (Skisport): *Skiläufer, der Slalom fährt.*

Sla|lom|läu|fe|rin, die: w. Form zu ↑Slalomläufer.

Slang [slæŋ], der; -s [engl. slang, H. u.]: **a)** (oft abwertend) *nachlässige, oft fehlerhafte Ausdrucksweise; saloppe Umgangssprache:* der amerikanische S.; S. sprechen; **b)** *Ausdrucksweise bestimmter sozialer, beruflicher o. ä. Gruppen; [Fach]jargon:* der technische, soziologische S.

Slang|wort, das ⟨Pl. ...wörter⟩: *nur im Slang gebräuchliches Wort.*

Slap|stick ['slɛpstɪk, engl.: 'slæpstɪk], der; -s, -s [engl. slapstick, eigtl. = Pritsche (3), zu: slap = Schlag u. stick = Stock]: **a)** *Slapstickkomödie;* **b)** *derbkomische Einlage, grotesk-komischer Gag, wobei meist die Tücke des Objekts als Mittel eingesetzt wird.*

Slap|stick|ko|mö|die, die: *hauptsächlich aus Slapsticks* (b) *bestehende [Film]komödie.*

s-Laut ['ɛs...], der: *im Deutschen durch s, ss, ß wiedergegebener, stimmhaft od. stimmlos gesprochener Laut.*

Sla|ve usw.: ↑Slawe usw.

Sla|we, der; -n, -n: Angehöriger einer in Ost-, Südost- u. Mitteleuropa verbreiteten europiden Völkergruppe.

Sla|win, die; -, -nen: w. Form zu ↑Slawe.

sla|wisch ⟨Adj.⟩: *die Slawen betreffend, zu ihnen gehörend:* ein -es Volk; die -en Sprachen *(die zum Indogermanischen gehörenden Sprachen der slawischen Völker).*

sla|wi|sie|ren ⟨sw. V.; hat⟩ [zum Völkernamen Slawen (Pl.)]: *slawisch machen.*

Sla|wi|sie|rung, die; -: *das Slawisieren.*

Sla|wist, der; -en, -en: *Wissenschaftler auf dem Gebiet der Slawistik.*

Sla|wis|tik, die; -: *Wissenschaft von den slawischen Sprachen, Literaturen [u. Kulturen].*

Sla|wis|tin, die; -, -nen: w. Form zu ↑Slawist.

sla|wis|tisch ⟨Adj.⟩: *die Slawistik betreffend, zu ihr gehörend.*

s. l. e. a. = sine loco et anno.

Slee|per ['sli:pɐ], der; -s, - [engl. sleeper, zu: to sleep = schlafen] (Jargon): **1.** *Liegesitz, bes. in Passagierflugzeugen.* **2.** *(für eine spätere Aufgabe) irgendwo eingeschleuster, aber noch nicht tätiger Spion, Geheimagent o. Ä.*

Sli|bo|witz, Sliwowitz, der; -[es], -e [serbokroat. šljivovica, zu: šljiva = Pflaume]: *Pflaumenschnaps.*

Slice [slais], der; -, -s [...sɪz; engl. slice, eigtl. = Schnitte, Scheibe]: **1.** (Golf) **a)** ⟨o. Pl.⟩ *Schlag, bei dem der Ball im Flug nach rechts abbiegt;* **b)** *mit einem Slice* (1 a) *gespielter Ball:* sein S. verfehlte das Loch. **2.** (Tennis) **a)** ⟨o. Pl.⟩ *Schlag, der mit nach hinten gekippter Schlägerfläche ausgeführt wird, wodurch der Ball einen Rückwärtsdrall erhält:* einen S. schlagen; **b)** *mit einem Slice* (2 a) *gespielter Ball:* diesen S. konnte er nicht retournieren.

sli|cen ['slaisn̩] ⟨sw. V.; hat⟩ [engl. to slice, eigtl. = in Scheiben schneiden] (Golf, Tennis): *einen Slice spielen, schlagen.*

Slick, der; -s, -s [engl. slick, zu: slick = schlüpfrig] (Motorsport): *breiter Rennreifen ohne Profil, bei dem die Haftung auf der Straße durch Schlüpfrigwerden der erwärmten Lauffläche entsteht:* -s fahren.

Slip, der; -s, -s [1: engl. slip = leicht über- oder anzuziehendes Kleidungsstück, bes. kurzes Damenunterkleid, zu: to slip, ↑slippen]: **1.** ⟨seltener auch im Pl. mit singularischer Bed.⟩ *kleinerer Schlüpfer für Damen, Herren u. Kinder, der eng anliegt u. dessen Beinteil in der Beuge des Schenkels endet:* sie trug einen schwarzen S. **2.** (Technik) *Unterschied zwischen dem tatsächlich zurückgelegten Weg eines durch Propeller angetriebenen Flugzeugs, Schiffes u. dem aus der Umdrehungszahl des Propellers theoretisch sich ergebenden Weg.* **3.** (Seemannsspr.) *Anlage zum An-Land-Ziehen von Schiffen.* **4.** (Flugw.) *gezielt seitwärts gesteuerter Gleitflug mit starkem Höhenverlust.* **5.** *[Abrechnungs]beleg bes. bei Bank- u. Börsengeschäften.*

slip|pen ⟨sw. V.; hat⟩ [engl. to slip, eigtl. = gleiten, schlüpfen]: **1.** (Seemannsspr.) *(ein Schiff) auf einem Slip* (3) *an Land ziehen od. zu Wasser bringen.* **2.** (Seemannsspr.) *(ein Tau, eine Ankerkette o. Ä.) lösen, loslassen.* **3.** (Flugw.) *einen Slip* (4) *ausführen.*

Slip|per, der; -s, -[s] [engl. slipper = Pantoffel, zu: to slip, ↑slippen]: **1.** *bequemer, nicht zu schnürender Halbschuh mit flachem Absatz.* **2.** ⟨Pl.: -⟩ (österr.) *lose fallender, sportlich geschnittener Mantel für Männer.*

Sli|wo|witz: ↑Slibowitz.

Slo|gan ['slo:gn̩, engl.: 'sloʊgən], der; -s, -s [engl. slogan, aus gäl. sluaghghairm = Kriegsgeschrei]: *bes. in Werbung u. Politik verwendete Redensart, einprägsame, wirkungsvoll formulierte Redewendung:* ein kurzer, treffender S.; einen neuen S. kreieren.

Sloop [slu:p], die; -, -s [engl. sloop < niederl. sloep = Schaluppe]: *Slup.*

Slot, der; -s, -s [engl. slot, eigtl. = Schlitz] (EDV): *Steckplatz.*

slow [slo:, engl.: sloʊ; engl. slow = langsam] (Musik): *Tempobezeichnung im Jazz, etwa zwischen adagio u. andante.*

Slo|wa|ke, der; -n, -n: Ew.

Slo|wa|kei, die; -: Staat in Mitteleuropa.

Slo|wa|kin, die; -, -nen: w. Form zu ↑Slowake.

slo|wa|kisch ⟨Adj.⟩: *die Slowakei, die Slowaken betreffend; von den Slowaken stammend, zu ihnen gehörend:* die Slowakische Republik.

Slo|wa|kisch, das; -[s], u. ⟨nur mit best. Art.:⟩ **Slo|wa|ki|sche,** das; -n: *Sprache der Slowaken.*

Slo|we|ne, der; -n, -n: Ew.

Slo|we|ni|en; -s: Staat in Südosteuropa.

Slo|we|ni|er, der; -s, -: *Slowene.*

Slo|we|ni|e|rin, die; -, -nen: w. Form zu ↑Slowenier.

Slo|we|nin, die; -, -nen: w. Form zu ↑Slowene.

slo|we|nisch ⟨Adj.⟩: *Slowenien, die Slowenen betreffend; von den Slowenen stammend, zu ihnen gehörend.*

Slo|we|nisch, das; -[s], u. ⟨nur mit best. Art.:⟩ **Slo|we|ni|sche,** das; -n: *Sprache der Slowenen.*

Slow|fox ['slo:..., 'sloʊ...], der; -[es], -e [aus engl. slow (↑ slow) u. fox, ↑ Fox]: *langsamer Foxtrott.*

Slow-Scan|ning-Ver|fah|ren [...'skɛnɪŋ...], das; - [↑ Scanning] (Ferns.): *Verfahren, bei dem das bewegte Bild des Fernsehens scheinbar in Momentaufnahmen zerlegt wird.*

Slum [slam, engl.: slʌm], der; -s, -s ⟨meist Pl.⟩ [engl. slum, eigtl. = kleine, schmutzige Gasse, H. u.]: *Elendsviertel [einer Großstadt].*

Slup, die; -, -s [eindeutschend für ↑ Sloop] (Seemannsspr.): **1.** *einmastige Jacht mit Groß- u. Vorsegel.* **2.** *Sluptakelung.*

Slup|ta|ke|lung, die (Seemannsspr.): *Takelung mit Groß- u. Vorsegel.*

sm = Seemeile.

SM [ɛs'ɛm], der; -[s] (Jargon): = Sadomasochismus.

S. M. = Seine Majestät.

small [smɔ:l] ⟨indekl. Adj.⟩ [engl. small = klein]: *klein (als Kleidergröße;* Abk.: S).

Smalltalk ['smɔ:l 'tɔ:k], der, auch: das; -s, -s, (auch:) **Small Talk,** der, auch: das; - -s, - -s [engl. small talk, zu: talk = Gespräch, Unterhaltung] (bildungsspr.): *leichte, beiläufige Konversation.*

Smal|te: ↑ Schmalte.

Smal|tin, der; -s [frz. smaltine, zu: smalt = Schmalte]: *Speiskobalt.*

Smal|tit [auch: ...'tɪt], der; -s: *Smaltin.*

Sma|ragd, der; -[e]s, -e [mhd. smaragt, smarāt, ahd. smaragdus < lat. smaragdus < griech. smáragdos, H. u.]: **1.** *(Mineral.) tiefgrün gefärbter Beryll* (wertvoller Edelstein). **2.** *Stück Smaragd* (1), *aus Smaragd* (1) *bestehender Schmuckstein:* ein Ring mit einem S.

sma|rag|den ⟨Adj.⟩ [mhd. smaragdīn]: **1.** *aus einem Smaragd, aus Smaragden gearbeitet, mit Smaragden besetzt.* **2.** *(in der Farbe) wie ein Smaragd; smaragdgrün.*

sma|ragd|grün ⟨Adj.⟩: *von leuchtendem hellerem Grün.*

Sma|ragd|ring, der: *Ring mit einem Smaragd* (2).

smart [sma:ɐ̯t, auch: smart; engl.: smɑ:t] ⟨Adj.⟩ [engl. smart, zu: to smart = schmerzen, verletzen, also urspr. = schmerzend, schmerzlich, dann auch: scharf, beißend, schneidend]: **1.** *geschäftstüchtig, clever, gewitzt:* ein -er Kurdirektor. **2.** *von modischer u. auffallend erlesener Eleganz; fein:* s. aussehen.

Smart|card [sma:ɐ̯t...], die; -, -s, (auch:) **Smart Card,** die; - -, - -s [engl. smart card, aus: smart = mit künstlicher Intelligenz arbeitend (↑ smart) u. card = (Chip-, Kredit)karte]: *Plastikkarte mit Mikrochip als Zahlungsmittel, Datenträger od. Ausweis.*

Smash [smæʃ], der; -[s], -s [engl. smash, zu: to smash = (zer)schmettern] (bes. Tennis, Badminton): *Schmetterschlag, -ball.*

Smi|ley [smaɪlɪ], das; -s, -s [engl. smiley, zu: smiley (ugs.) = lächelnd, zu: to smile = lächeln] (EDV): *Emoticon in Form eines kleinen, stilisierten, um 90 Grad gegen den Uhrzeigersinn gedrehten Gesichtes.*

Smog [smɔk, engl.: smɔg], der; -[s], -s [engl. smog, zusgez. aus: smoke = Rauch u. fog = Nebel]: *mit Abgasen, Rauch u. a. gemischter Dunst od. Nebel über Großstädten, Industriegebieten [wenn kein Luftaustausch mit den oberen Luftschichten stattfindet].*

Smog|alarm, der: *Alarm beim Auftreten von Smog:* S. auslösen; bei S. herrscht für bestimmte Fahrzeuge ein Fahrverbot.

Smo|king, der; -s, -s, österr. auch: -e [kurz für engl. smoking suit, smoking jacket = Rauchanzug, Rauchjackett (urspr. nach dem Essen statt des Fracks zum Rauchen getragen), zu: to smoke = rauchen, verw. mit ↑ schmauchen]: *meist schwarzer Abendanzug mit seidenen Revers für kleinere gesellschaftliche Veranstaltungen.*

Smo|king|ja|ckett, das: *Jackett eines Smokings.*

Smör|gås|bord ['smø:rgo:s...], der; -s, -s [schwed. smörgåsbord, eigtl. = Tisch mit Butterbroten, aus: smörgås = Butterbrot; zu: smör = Butter (verw. mit ↑ Schmer) u. bord = Tisch (verw. mit ↑ [1]Bord)] (Kochk.): *Tisch, Tafel mit vielen verschiedenen, meist kalten Vorspeisen.*

Smör|re|bröd, das; -s, -s [dän. smørrebrød, eigtl. = Butterbrot, aus: smörre = Butter u. brød = Brot] (Kochk.): *reich belegtes Brot.*

smor|zan|do ⟨Adv.⟩ [ital. smorzando, zu: smorzare = dämpfen] (Musik): *immer schwächer werdend; verlöschend;* Abk.: smorz.

SMS [ɛsǀɛm'ɛs] [Abk. für engl. Short Message Service]: Kurznachrichtendienst (beim Mobilfunk).

Smut|je, der; -s, -s [niederd. smutje, eigtl. = Schmutzfink, urspr. abwertende Bez.] (Seemannsspr.): *Schiffskoch.*

SMV = Schülermitverwaltung.

Sn = Stannum (↑ Zinn 1).

[1]Snack (nordd.): ↑ Schnack.

[2]Snack [snɛk, engl.: snæk], der; -s, -s [engl. snack, zu mundartl. to snack = schnappen]: *Imbiss* (1).

Snack|bar, die [engl. snack bar, zu: bar, ↑ [1]Bar]: *Imbissstube.*

Snail-Mail ['sneɪlmeɪl], (auch:) **Snail|mail,** die; -, -s [engl. snail mail, eigtl. = Schneckenpost, aus: snail = Schnecke u. mail = Post(sendung)] (EDV, oft scherzh.): *Post* (1, 3) *(im Gegensatz zur elektronischen Post).*

Sniff, der; -s, -s [engl. sniff, eigtl. = das Schnüffeln, zu: to sniff, ↑ sniffen] (Jargon): *das Sniffen.*

snif|fen ⟨sw. V.; hat⟩ [engl. to sniff, eigtl. = durch die Nase einziehen] (Jargon): *schnüffeln* (2).

Snif|fing, das; -s [engl. sniffing] (Jargon): *Sniff.*

Snob [snɔp, engl.: snɔb], der; -s, -s [engl. snob, H. u.] (abwertend): *jmd., der sich durch zur Schau getragene Extravaganz den Schein geistiger, kultureller Überlegenheit zu geben sucht u. nach gesellschaftlicher Exklusivität strebt.*

Sno|bi|e|ty [sno'baɪəti], die; - [↑ High Snobiety]: *High Snobiety.*

Sno|bis|mus, der; -, ...men [engl. snobism] (abwertend): **1.** ⟨o. Pl.⟩ *Haltung, Einstellung eines Snobs; Blasiertheit, Vornehmtuerei.* **2.** *einzelne, für einen Snob typische Eigenschaft, Handlung, Äußerung:* literarische Snobismen.

sno|bis|tisch ⟨Adj.⟩ (abwertend): *in der Art eines Snobs; von Snobismus* (1) *geprägt.*

Snoo|ker ['snu:kə], das; -s, -s [engl. snooker, H. u.] (Billard): **1.** ⟨o. Pl.⟩ *dem Poolbillard ähnliches, jedoch auf einem sehr viel größeren Tisch u. mit mehr Kugeln gespieltes Billardspiel.* **2.** *Situation beim Snooker* (1), *in der ein Spieler die richtige Kugel nicht direkt spielen kann.*

Snow [snoʊ], der; -s [engl. snow = Schnee (3)] (Jargon): *Schnee* (3).

Snow|board ['snoʊbɔ:d], das; -s, -s [engl. snowboard, aus: snow = Schnee u. board = Brett]: *als Sportgerät dienendes Brett für das Gleiten auf Schnee.*

snow|boar|den ['snoʊbɔ:dn̩] ⟨sw. V.; hat/ist⟩: *mit dem Snowboard gleiten.*

Snow|boar|der ['snoʊbɔ:də], der; -s, - [engl. snowboarder]: *jmd., der snowboardet.*

Snow|boar|de|rin, die; -, -nen: w. Form zu ↑ Snowboarder.

Snow|boar|ding ['snoʊbɔ:dɪŋ], das; -s [engl. snowboarding]: *das Snowboarden.*

[1]so: ↑ sol.

[2]so [mhd., ahd. sō; urspr. nur Adv. mit der Bed. »in dieser Weise«]: **I.** ⟨Adv.⟩ **1. a)** ⟨meist betont⟩ bezeichnet eine durch Kontext od. Situation näher bestimmte Art, Weise eines Vorgangs, Zustands o. Ä.: *auf diese, solche Art, Weise; in, von dieser, solcher Art, Weise:* so ist es nicht gewesen; so betrachtet/gesehen, hat er Recht; die so genannten Schwellenländer; (spött.:) wo sind denn deine so genannten Freunde?; das kann man so und so, so oder so *(in dieser u. jener, in dieser od. anderer Weise)* deuten; wir können sie so *(in diesem Zustand)* unmöglich allein lassen; ⟨als Korrelat zu »dass«:⟩ sie spricht so, dass man sie gut versteht; * **so oder so** *(in jedem Fall):* du musst das Geld so oder so zurückzahlen; **b)** ⟨unbetont⟩ mit Ellipse des Verbs bei Zitaten od. Quellenangaben: *mit diesen Worten, in diesem Sinne äußert[e] sich ..., steht es in ...:* man setzt hier ein Komma, so der Duden. **2. a)** ⟨meist betont⟩ bezeichnet ein durch Kontext od. Situation näher bestimmtes [verstärktes] Maß o. Ä., in dem eine Eigenschaft, ein Zustand o. Ä. vorhanden, gegeben ist: *in solchem Maße, Grade; dermaßen:* so einfach ist das gar nicht; (mit entsprechender begleitender Geste:) er ist so groß; alles ging so weit *(bis dahin)* gut, aber dann ...; ⟨oft als Korrelat zu »dass«:⟩ sie war so erschrocken, dass sie kein Wort hervorbringen konnte; * **so weit sein** (ugs.; 1. *fertig, bereit sein.* 2. ⟨unpers.⟩ *[von einem erwarteten Zeitpunkt o. Ä.] gekommen sein:* es ist [noch nicht, bald] so weit); **b)** ⟨betont⟩ im Ausrufesatz od. in einer Art Ausrufesatz; oft in Verbindung mit der Partikel »ja«: *überaus, maßlos:* das tut uns [ja] so Leid!; ich bin so müde; **c)** ⟨meist unbetont⟩ kennzeichnet als Korrelat zu der Vergleichspartikel »wie« od. »als« eine Entsprechung: *ebenso, genauso:* es kam alles so, wie er es vorausgesehen hatte; so weiß wie Schnee *(schneeweiß);* du darfst nehmen, so viel wie du willst; es gefällt mir so wenig wie dir; so früh, bald, rasch, oft, gut wie/als möglich *(möglichst früh, bald usw.).* **3. a)** ⟨meist betont⟩ (ugs.) in der Funktion eines Demonstrativpronomens; weist auf die besondere Beschaffenheit, Art einer Person od. Sache hin: *solch, solche:* so ein schönes Lied!; das ist auch so eine, einer (abwertend; in Bezug auf jmdn., der in eine bestimmte negative Kategorie eingeordnet wird); (intensivierend:) so ein Pech, Zufall! *(das ist wirklich ein großes Pech, ein großer Zufall);* und so was (ugs. abwertend; *solch einen Menschen/solche Menschen)* nennt man nun seinen Freund/seine Freunde; **b)** ⟨unbetont⟩ (veraltet, bibl.) in der Funktion eines Relativpronomens: *welcher, welche, welches:* auf dass ich die, so unter dem Gesetz sind, gewinne (1. Korinther 9, 20). **4.** ⟨betont⟩ (ugs.) *ohne den vorher genannten od. aus der Situation sich ergebenden Umstand, Gegenstand:* ich hatte meine Mitgliedskarte vergessen, da hat man mich so reingelassen; ich habe so *(ohne zusätzliche Arbeit, ohnehin)* schon genug zu tun. **5.** ⟨unbetont⟩ (ugs.) **a)** relativiert die Genauigkeit einer folgenden Zeit-, Maß- od. Mengenangabe: *etwa, schätzungsweise:* so in zwanzig Minuten bin ich fertig; (oft [intensivierend] in Verbindung mit einem bedeutungsgleichen Adv.:) so etwa/gegen 9 Uhr; **b)** nachgestellt in Verbindung mit »und« od. »oder«; als vage Ergänzung od. nachträgliche Relativierung einer genau[er]en Angabe: *Ähnliches:* eine Stunde oder so kann es schon dauern. **6.** ⟨betont⟩ allein stehend od. in isolierter Stellung am Satzanfang: **a)** signalisiert, dass eine Handlung, Rede o. Ä. abgeschlossen ist od. als abgeschlossen erachtet wird, bildet den Auftakt zu einer resümierenden Feststellung od. zu einer Ankündigung: so, das wäre geschafft, erledigt; **b)** drückt als Antwort auf eine Ankündigung, Erklärung Erstaunen, Zweifel aus: so? *(wirklich?)* Das wäre aber sonderbar. **7.** ⟨unbetont⟩ (konsekutiv) **a)** (geh.) *also, deshalb, infolgedessen:* du warst nicht da, so bin ich allein spazieren gegangen; **b)** *in diesem Falle ... [auch]; dann;* brauchst du einen Rat, so ruf mich an; R hilf dir selbst, so hilft dir Gott. **8.** ⟨unbetont⟩ temporal; drückt meist unmittelbare zeitliche Folge aus: *und schon; da:* es dauerte gar nicht lange, so kam er. **II.** ⟨Konj.⟩ **1.** in der Fügung »so dass«: ↑ sodass. **2.** (geh.) konditional: *falls:* so Gott will, sehen wir uns bald wieder. **3.** ⟨so + Adj., Adv.⟩ konzessiv; oft in Korrelation mit »auch [immer]«: *wenn (auch)/obwohl wirklich, sehr:* so Leid es mir tut, ich muss absagen. **4.** ⟨so + Adj., Adv. ... so + Adj., Adv.⟩ vergleichend: so jung sie ist, so unerfahren ist sie. **III.** ⟨Partikel; unbetont⟩ **1.** drückt in Aussagesätzen eine Bekräftigung, Nachdrücklichkeit aus: *wirklich; richtig:* das war so ganz nach meinem Geschmack. **2.** drückt in Aussage- u. Fragesätzen Unbestimmtheit aus u. verleiht dem Gesagten oft den Charakter der Beiläufigkeit: er machte sich so seine Gedanken; wie geht es euch [denn] so? 3. drückt in einleitender Stellung in Aufforderungssätzen eine gewisse Nachdrücklichkeit aus, oft in Verbindung mit »doch«, »schon«: so komm doch/schon endlich!; so glaub mir doch, ich konnte nichts dafür.

SO = Südost[en].

So. = Sonntag.

s. o. = siehe oben.

Soap [soʊp], die; -, -s: Kurzf. von ↑Soapopera.

Soap|ope|ra [ˈsoʊp ˈɔpərə], (auch:) **Soap-Ope|ra,** die; -, -s [engl. soap opera, aus: soap = Seife u. opera = Oper, ↑Seifenoper]: *Seifenoper.*

so|a|ve ‹Adv.› [ital. soave < lat. suavis] (Musik): *lieblich, sanft, süß.*

so|bald ‹Konj.›: *in dem Augenblick, da ...; gleich wenn:* ich rufe an, s. ich zu Hause bin.

Soc|cer [ˈsɔkə], das, auch: der; -s [engl. soccer, zu einer Kurzform »soc.« aus: association football = Verbandsfußball]: amerik. Bez. für: *Fußball.*

So|cial Costs [ˈsoʊʃəl ˈkɔsts], (auch:) **So|cial|costs** ‹Pl.› [zu engl. social = sozial u. cost = Kosten] (Wirtsch.): *Kosten, die bei der industriellen Produktion entstehen (z. B. durch Wasser-, Luftverschmutzung), jedoch von der Gemeinschaft getragen werden müssen.*

So|cial Spon|so|ring [ˈsoʊʃəl ˈspɔnsərɪŋ], das; - -[s], (auch:) **So|cial|spon|so|ring,** das; -[s] [↑Sponsoring] (Jargon): *Sponsoring zugunsten sozialer Einrichtungen o. Ä.*

So|ci|e|tas Je|su, die; - - [nlat. = Gesellschaft Jesu, zu lat. societas, ↑Sozietät] (kath. Kirche): *Jesuitenorden* (Abk.: SJ).

So|ci|é|té ano|nyme [sɔsjeteanɔˈnim], die; - -, -s -s [sɔsjeteanɔˈnim] [frz. société anonyme, aus: société = Gesellschaft (< lat. societas, ↑Sozietät) u. anonyme = anonym (< spätlat. anonymus, ↑anonym)]: frz. Bez. für *Aktiengesellschaft;* Abk.: S. A.

So|ci|e|ty [səˈsaɪətɪ], die; - [engl. society = Gesellschaft < mfrz. société < afrz. societe < lat. societas, ↑Sozietät]: *High Society.*

Söck|chen, das; -s, -: 1. Vkl. zu ↑Socke. 2. *(von Kindern u. [jungen] Frauen getragener) kurzer Strumpf, der nur bis an od. knapp über den Knöchel reicht.*

So|cke, die; -, -n [mhd., ahd. soc < lat. soccus = leichter Schuh (bes. des Schauspielers in der Komödie), zu griech. sýkchos, sykchís = eine Art Schuh]: *kurzer, bis an die Wade od. in die Mitte der Wade reichender Strumpf:* [ein Paar] dicke, wollene -n; -n stricken, waschen; **Ü** laufen, marschieren, bis einem die -n qualmen (ugs.; *sehr schnell, sehr lange laufen, marschieren*); mir qualmen die -n (ugs.; *ich habe mich sehr beeilt*); ***rote S.** (Politik Jargon; *jmd., der in der DDR, bes. als Funktionär der SED, dem herrschenden Regime gedient hat*); **jmdm. die -n ausziehen** (ugs.; *unerträglich sein*): die Musik zieht mir die -n aus; **sich auf die -n machen** (ugs.; *aufbrechen [um irgendwohin zu gehen]*); **von den -n sein** (ugs.; *verblüfft, erstaunt sein*).

So|ckel, der; -s, - [frz. socle < ital. zoccolo < lat. socculus = kleiner Schuh, Vkl. von: soccus, ↑Socke]: **1.** *Block aus Stein o. Ä., auf dem etw., bes. eine Säule, Statue steht:* das Denkmal steht auf einem Sockel aus Granit; **Ü** jmdn. vom S. stürzen. **2.** *unterer [abgesetzter] Teil eines Gebäudes, einer Mauer, eines Möbelstücks o. Ä., der bis zu einer bestimmten Höhe reicht:* der S. des Hauses ist aus Sandstein. **3.** (Elektrot.) *Teil der Halterung, der meist gleichzeitig elektrischen Kontakt mit einem anderen Bauteil herstellt:* der S. der Glühbirne ist zu groß für diese Fassung. **4.** (Wirtsch. Jargon) kurz für ↑Sockelbetrag.

So|ckel|be|trag, der (Wirtsch.): *fester Betrag als Teil einer Lohnerhöhung (der noch um eine prozentuale Erhöhung aufgestockt wird).*

So|cken, der; -s, - (südd., österr., schweiz.): *Socke.*

So|cken|hal|ter, der: *um die Wade geführtes breiteres Gummiband zum Halten der Socke (bei Männern).*

So|da, die; - u. das; -s [span. soda, ital. soda, H. u.]: **1.** *graues bis gelbliches, wasserlösliches Natriumsalz der Kohlensäure, das bes. zur Wasserenthärtung u. zur Herstellung von Seife u. Reinigungsmitteln verwendet wird; Natriumkarbonat.* **2.** ‹das; -› kurz für ↑Sodawasser: einen Whisky [mit] S., bitte.

So|da|le, der; -n, -n [lat. sodalis = Gefährte, Freund; kameradschaftlich] (kath. Kirche): *Mitglied einer Sodalität.*

So|da|li|tät, die; -, -en [lat. sodalitas = Freundschaft, Verbindung, zu: sodalis, ↑Sodale] (kath. Kirche): *Bruderschaft od. Kongregation* (1).

So|da|lith [auch: ...ˈlɪt], der; -s u. -en, -e[n] [zu ↑Soda u. ↑-lith] (Mineral.): *(als Schmuckstein o. Ä. verwendetes) durchsichtiges bis durchscheinendes, meist farbloses od. in Grau- bzw. Blautönen vorkommendes Mineral.*

so|dann ‹Adv.› [mhd. sō danne] (altertümelnd): **1.** *dann* (1); *darauf, danach.* **2.** *des Weiteren, außerdem.*

So|dar, das; -s [engl. sodar, Kurzwort aus: sound detecting and ranging, eigtl. = Schallermittlung und -ortung]: *Verfahren zur Sondierung der unteren Luftschichten, zur Turbulenzmessung u. zur Ortung unsichtbarer Abgase.*

so|dass (auch: so dass) ‹Konj.›: *mit dem Ergebnis, der Folge; und das hatte zur Folge:* er war krank, s. er absagen musste.

So|da|was|ser, das ‹Pl. ...wässer›: *mit Kohlensäure versetztes Mineralwasser.*

Sod|bren|nen, das; -s [zu mhd. sōt(e), zu ↑sieden]: *sich vom Magen bis in den Rachenraum ausbreitende brennende Empfindung, die von zu viel, seltener auch von zu wenig Magensäure herrührt:* ich habe S.

So|di|um, das; -s [engl., frz. sodium]: engl. u. frz. Bez. für *Natrium.*

So|dom, das; - [nach der gleichnamigen bibl. Stadt] (bildungsspr.): *Ort, Stätte der Lasterhaftigkeit u. Verworfenheit;* ***S. und Gomorrha** (*Zustand der Lasterhaftigkeit u. Verworfenheit;* nach 1. Mos. 18 u. 19).

So|do|mie, die; - [spätlat. sodomia, urspr. = Päderastie, Onanie, zu ↑Sodom]: **1.** *Geschlechtsverkehr mit Tieren.* **2.** (veraltet) *Homosexualität.*

so|do|mi|tisch ‹Adj.›: *Sodomie* (1) *treibend.*

So|doms|ap|fel, der; -s, ...äpfel [nach der Übers. des nlat. bot. Namens, eigtl. = Apfel aus Sodom]: *Gallapfel.*

so|eben ‹Adv.›: **a)** *unmittelbar zum gegenwärtigen Zeitpunkt:* ich bin s. dabei, den Fehler zu korrigieren; **b)** *unmittelbar vor dem gegenwärtigen Zeitpunkt:* s. hat dein Freund angerufen.

Soest [zoːst]: Stadt in Nordrhein-Westfalen.

¹Soes|ter [ˈzoːstɐ], der; -s, -: Ew.

²Soes|ter ‹indekl. Adj.›: die S. Börde (Landstrich in Westfalen).

Soes|te|rin [ˈzoːstərɪn]: w. Form zu ↑¹Soester.

So|fa, das; -s, -s [frz. sofa < arab. ṣuffaʰ = Ruhebank]: *gepolstertes Sitzmöbel mit Rückenlehne u. Armlehnen, dessen Sitzfläche für mehrere Personen Platz bietet:* ein bequemes S.; auf dem S. sitzen, schlafen; sich aufs S. setzen, flegeln.

So|fa|ecke, die: *Ecke zwischen Rücken- u. Armlehne eines Sofas:* das Feuerzeug war in die S. gerutscht.

So|fa|kis|sen, das: *Kissen für ein Sofa.*

so|fern ‹Konj.› [vgl. mhd. sō verre = wenn]: *vorausgesetzt, dass:* s. es nicht regnet, fahre ich mit dem Fahrrad.

soff: ↑saufen.

Soff, der; -[e]s (landsch.): **1.** *Suff.* **2.** *Gesöff.*

söf|fe: ↑saufen.

Söf|fel, Söf|fer, der; -s, - (landsch.): *Trinker.*

Söf|fe|rin, die; -, -nen: w. Form zu ↑Söffer.

Sof|fit|te, die; -, -n [(frz. soffite <) ital. soffitta, soffitto, über das Vlat. zu lat. suffixum, 2. Part. von: suffigere = oben an etw. befestigen]: **1.** ‹meist Pl.› (Theater) *vom Schnürboden herabhängende Dekoration, die die Bühne nach oben abschließt.* **2.** kurz für ↑Soffittenlampe.

Sof|fit|ten|lam|pe, die: *röhrenförmige Glühlampe mit einem Anschluss an jedem Ende.*

So|fia [auch: ˈzoː...]: Hauptstadt von Bulgarien.

¹So|fi|a|er, ¹Sofioter, der; -s, -: Ew.

²So|fi|a|er, ²Sofioter ‹indekl. Adj.›.

So|fi|a|e|rin, die; -, -nen: w. Form zu ↑¹Sofiaer.

¹So|fi|o|ter: ↑¹Sofiaer.

²So|fi|o|ter: ↑²Sofiaer.

So|fi|o|te|rin, die; -, -nen: w. Form zu ↑¹Sofioter.

so|fort ‹Adv.› [aus dem Niederd., zusger. aus mniederd. (al)so vōrt, zu: vōrt = alsbald, eigtl. = vorwärts (↑fort)]: **1. a)** *unmittelbar nach einem bestimmten Geschehen:* er musste s. operiert werden, war s. tot; **b)** *ohne zeitliche Verzögerung; unverzüglich:* komm s. her!; du möchtest sie bitte s. anrufen; diese Regelung gilt ab s. *(von diesem Zeitpunkt an);* der Auftrag muss per s. (Kaufmannsspr.; *unverzüglich*) ausgeliefert werden. **2.** *innerhalb kürzester Frist:* ich bin s. fertig; der Arzt muss s. kommen.

So|fort|bild|ka|me|ra, die (Fot.): *Kamera, die einzelne, unmittelbar nach der Aufnahme fertig entwickelte Fotos auswirft.*

So|fort|hil|fe, die: *unverzüglich durchgeführte, wirksam werdende Hilfe (z. B. für unverschuldet in Not geratene Menschen).*

so|for|tig ‹Adj.›: *unmittelbar, ohne zeitlichen Verzug eintretend:* mit -er Wirkung in Kraft treten.

So|fort|maß|nah|me, die: *sofort ergriffene, sofort zu ergreifende Maßnahme.*

soft [sɔft] ‹Adj.› [engl. soft, verw. mit ↑sanft]: **1.** (Musik, bes. Jazz) *weich:* der neue, -ere Sound. **2.** (Jargon) *(von Männern) sanft, weich, seinen Gefühlen Ausdruck gebend.*

Soft|art [...ˈaːt], die; -, (auch:) **Soft Art,** die; - - [aus engl. soft (↑soft) u. art = Kunst, eigtl. = weiche Kunst]: *Kunstrichtung in der Bildhauerei, statt der traditionellen harten Materialien weiche (wie z. B. Filz, Gummi, Kunststoff) zu verwenden.*

Soft|ball [...bɔːl], der; -s [engl.-amerik. softball, zu: ball = ¹Ball]: *Form des Baseballs mit weicherem Ball u. kleinerem Feld.*

Soft|co|py [...kɔpi], die; -, -s, (auch:) **Soft Co|py,** die; - -, - -s [engl. soft copy, eigtl. = weiche (im Sinne von »nicht gegenständliche«) Kopie] (EDV): *Darstellung von Daten auf dem Monitor eines Computers (im Unterschied zur ausgedruckten Hardcopy).*

Soft|drink, der; -s, -s, (auch:) **Soft Drink,** der; - -s, - -s [engl. soft drink, eigtl. = weiches Getränk]: *alkoholfreies Getränk.*

Soft|drug [...ˈdrʌg], die; -, -s, (auch:) **Soft Drug,** die; - -, - -s [engl. soft drug, eigtl. = weiche Droge] (Jargon): *Rauschgift, das nicht süchtig macht* (z. B. Haschisch, Marihuana).

Soft|eis, das [nach engl. soft ice-cream]: *sahniges Speiseeis.*

sof|ten ‹sw. V.; hat› [engl. to soften] (Fot.): *(die Vergrößerung eines Fotos) mit optischen Hilfsmitteln weich zeichnen.*

Sof|tie [...ti], der; -s, -s [engl. softie, softy, eigtl. = Trottel] (Jargon): *[jüngerer] Mann von sanftem, zärtlichem, empfindungsfähigem Wesen.*

Soft|por|no, der: *Sexfilm, in dessen Sexszenen keine besonders ausgefallenen Sexualpraktiken dargestellt u. die Vorgänge nicht besonders detailliert gezeigt werden.*

Soft|rock, der; -[s], (auch:) **Soft Rock,** der; - -[s] [engl. soft rock]: *gemilderte, leisere Form der Rockmusik.*

Soft|sculp|ture [...ˈskʌlptʃə], die; - (auch:) **Soft Sculp|ture,** die; - - [engl. soft sculpture, eigtl. = weiche Skulptur]: *Softart.*

Soft|ware [...weə], die; -, -s [engl. software, eigtl. = weiche Ware]: *(im Unterschied zur Hardware) nicht technisch-physikalischer Funktionsbestandteil einer Datenverarbeitungsanlage (wie z. B. Einsatzanweisung, Programm o. Ä.).*

sog: ↑saugen.

Sog, der; -[e]s, -e [aus dem Niederd. < mniederd. soch, eigtl. = das Saugen, zu ↑saugen]: **1.** *(in der nächsten Umgebung eines Strudels od. Wirbels od. hinter einem sich in Bewegung befindenden Gegenstand, z. B. einem fahrenden Fahrzeug,*

S

auftretende) saugende Strömung in Luft od. Wasser: einen S. erzeugen; in den S. der Schiffsschraube geraten; Ü der S. *(die starke Anziehungskraft)* der großen Städte. **2.** (Meeresk.) *Strömung, die unter landwärts gerichteten Wellen seewärts zieht.*

sog. = so genannt.

so|gar ⟨Adv.⟩ [älter so gar = so vollständig, so sehr (↑ [2]gar)]: **1.** unterstreicht eine Aussage [u. drückt dadurch eine Überraschung aus]: *was gar nicht anzunehmen, zu vermuten war; obendrein; überdies; auch:* das hat s. ihn beeindruckt; das tut sie s. [ausgesprochen] gern; sie ging s. selbst hin. **2.** zur steigernden Anreihung von Sätzen od. Satzteilen: *mehr noch; um nicht zu sagen:* ich schätze sie, ich verehre sie s.; es ist kalt geworden, heute Nacht hat es s. [schon] gefroren.

sö|ge: ↑ saugen.

so ge|nannt: s. [2]so (I 1 a).

so|gleich ⟨Adv.⟩: **1.** *sofort* (1): die Gäste wurden nach ihrer Ankunft s. in ihre Zimmer geleitet. **2.** (selten) *sofort* (2): nehmen Sie bitte s. Ihre Plätze ein!

so|hin ⟨Adv.⟩ (österr., sonst selten): *somit, also.*

Sohl|bank, die; -, ...bänke (Bauw.): *unterer waagerechter Abschluss der Fensteröffnung in der Mauer.*

Soh|le, die; -, -n [mhd. sole, ahd. sola, über das Vlat. zu lat. solum = Grund(fläche), (Fuß)sohle]: **1. a)** *untere Fläche des Schuhs, auch des Strumpfes:* -n aus Leder, Gummi; dünne, dicke -n; die -n sind durchgelaufen; Ü die S. des Bügeleisens *(die Fläche, mit der gebügelt wird)* hat einen Belag; * **eine kesse/heiße S. aufs Parkett legen** (ugs.; *auffallend flott tanzen*); **sich** ⟨Dativ⟩ **etw. [längst] an den -n abgelaufen haben** (↑ Schuh 1); **auf leisen -n** *(ganz unbemerkt, still u. heimlich):* er machte sich auf leisen -n davon; **b)** kurz für ↑ Einlegesohle. **2.** kurz für ↑ Fußsohle: die -n voller Blasen haben; * **sich** ⟨Dativ⟩ **die -n nach etw. ablaufen/wund laufen** (↑ Bein 1). **3.** *Boden eines Tals, Flusses, Kanals o. Ä.* **4.** (Bergmannsspr.) **a)** *Boden, untere Begrenzungsfläche einer Strecke, einer Grube:* die S. des Stollens; **b)** *alle auf einer Ebene liegenden Strecken:* der Brand ist auf der vierten S. ausgebrochen. **5.** (Bergbau) *unmittelbar unter einem Flöz liegende Gesteinsschicht.*

soh|len ⟨sw. V.; hat⟩ [niederrhein. (13. Jh.) solen]: *besohlen:* die Stiefel müssen [neu] gesohlt werden.

Soh|len|gän|ger, der; -s, - (Zool.): *Säugetier, das beim Gehen mit der ganzen Fußsohle auftritt.*

söh|lig ⟨Adj.⟩ [zu ↑ Sohle (4 b)] (Bergmannsspr.): *waagerecht.*

Sohn, der; -[e]s, Söhne [mhd. sun, son, ahd. sun(u), eigtl. = der Geborene]: **1.** *männliche Person im Hinblick auf ihre leibliche Abstammung von den Eltern; unmittelbarer männlicher Nachkomme:* ein natürlicher, unehelicher S.; der älteste, jüngste, einzige, erstgeborene S.; er ist ganz der S. seines Vaters *(ist dem Vater im Wesen o. Ä. sehr ähnlich);* sie wurde vom S. des Hauses *(vom erwachsenen Sohn der Familie)* zu Tisch geführt; Ü er ist ein echter S. der Berge *(im Gebirge geboren u. aufgewachsen u. von diesem Leben geprägt);* dieser große S. *(berühmte Einwohner)* unserer Stadt; S. Gottes (christl. Rel.; Titel Jesu Christi); Vater, S. (christl. Rel.; *Gott in Gestalt Jesu Christi*) und Heiliger Geist; S. des Himmels (frühere Bez. für den Kaiser von China); * **der verlorene S.** (1. geh.; *jmd., der in seinem Tun u. Handeln, seinen Anschauungen o. Ä. nicht den [moralischen] Vorstellungen, Erwartungen seiner Eltern entspricht u. deshalb für diese eine große Enttäuschung bedeutet.* 2. *jmd., von dem man lange keine Nachricht hatte, den man lange nicht gesehen hat:* da kommt ja der verlorene S.!; nach Luk. 15, 11 ff.). **2.** ⟨o. Pl.⟩ (fam.) Anrede an eine jüngere männliche Person: nun, mein S.

Söhn|chen, das; -s, -: Vkl. zu ↑ Sohn (1).

Soh|ne|mann, der; -[e]s (fam.): *[kleiner] Sohn* (1).

soi|gniert [soan'ji:ɐt] ⟨Adj.⟩ [frz. soigné, adj. 2. Part. von: soigner = besorgen, pflegen, aus dem Afränk.] (geh.): *gepflegt* (a–c).

Soi|ree [soa're:], die; -, ...reen [frz. soirée, zu: soir = Abend] (geh.): **a)** *exklusive Abendgesellschaft; festlicher Abendempfang:* er wurde zu einer S. im Hause des Botschafters gebeten; **b)** *[aus besonderem Anlass stattfindende] abendliche Veranstaltung, Festaufführung:* ich war gestern bei/in einer S. im Goethe-Institut.

Soi|xante-neuf [swasãt'nœf], das; - [frz. soixante-neuf, eigtl. = neunundsechzig] (Jargon): *Sixty-nine.*

So|ja, die; -, ...jen [jap. shōyu = Sojasoße; aus dem Chin.]: *Sojabohne* (a): S. anbauen.

So|ja|boh|ne, die: **a)** *niedrige, buschige Pflanze, meist mit behaarten Stängeln u. Blättern, kleinen, weißen od. violetten Blüten u. kleinen runden od. nierenförmigen Samen in langen Hülsen;* **b)** *Same der Sojabohne* (a).

So|ja|öl, das: *aus Sojabohnen* (b) *gepresstes Öl.*

So|ja|so|ße, die: *würzige, salzige od. süße Soße aus vergorenen Sojabohnen* (b).

So|ja|spross, der ⟨Pl. meist -en; meist Pl.⟩: *für Gemüse, Salat verwendeter Keimling einer Sojabohne.*

So|kra|tik, die; - [nach dem griech. Philosophen Sokrates (470–399 v. Chr.)]: *sokratische* (1) *Art des Philosophierens, bei der das vernünftige Begreifen menschlichen Lebens die wesentliche Aufgabe ist.*

So|kra|ti|ker, der; -s, - ⟨meist Pl.⟩ [lat. Socraticus < griech. Sōkratikós]: *Vertreter der Sokratik u. der an sie anknüpfenden Richtungen.*

So|kra|ti|ke|rin, die; -, -nen: w. Form zu ↑ Sokratiker.

so|kra|tisch ⟨Adj.⟩: **1.** *den griechischen Philosophen Sokrates u. seine Lehre betreffend, auf ihr beruhend:* -e Methode *(auf die Gesprächsführung des Sokrates zurückgehende Methode des Lehrenden, durch geschicktes Fragen den Schüler die Antworten u. Einsichten selbst finden zu lassen).* **2.** (bildungsspr.) *in philosophischer Weise abgeklärt, ausgewogen; weise:* eine sehr -e Entscheidung.

sol [ital.]: *Silbe, auf die beim Solmisieren der Ton g gesungen wird.*

[1]Sol, das; -s, -e [Kunstwort aus lat. solutio = Lösung] (Chemie): *kolloide Lösung.*

[2]Sol (röm. Myth.): Gott der Sonne.

So|la|nen: Pl. von ↑ Solanum.

so|lang, so|lan|ge: I. ⟨Konj.⟩ *für die Dauer der Zeit, während der ...:* du kannst bleiben, s. du willst; (bes. verneint oft mit konditionaler Nebenbedeutung:) s. du nicht ohne Fieber bist, darfst du nicht aufstehen; ich muss das erledigen, s. *(innerhalb der Zeit, in der)* ich [noch] Urlaub habe. II. ⟨Adv.⟩ *währenddessen:* mach das ruhig erst fertig, ich warte s.

So|la|nin, das; -s [zu lat. solanum, ↑ Solanum] (Bot., Chemie): *in zahlreichen Nachtschattengewächsen vorkommendes, stark giftiges Alkaloid.*

So|la|num, das; -s, ...nen [lat. solanum] (Bot.): *Nachtschattengewächs.*

so|lar ⟨Adj.⟩ [lat. solaris, solarius, zu sol = Sonne] (Astron., Met., Physik): *die Sonne betreffend, zu ihr gehörend, von ihr ausgehend.*

So|lar|bat|te|rie, die (Physik, Elektrot.): *Sonnenbatterie.*

So|lar|ener|gie, die (Physik): *Sonnenenergie.*

So|la|ri|en: Pl. von ↑ Solarium.

so|la|risch ⟨Adj.⟩: älter für ↑ solar.

So|la|ri|um, das; -s, ...ien [lat. solarium = der Sonne ausgesetzter Ort, zu: solarius, ↑ solar]: *Anlage, Gerät mit künstlich ultraviolette Strahlung erzeugenden Lichtquellen zur Bräunung des Körpers.*

So|lar|jahr, das (Astron.): *Sonnenjahr.*

So|lar|kol|lek|tor, der (Energietechnik): *Sonnenkollektor.*

So|lar|kon|stan|te, die (Met.): *bestimmte Menge der Sonnenstrahlung, die an der Grenze der Atmosphäre* (1 a) *in einer Minute auf einen Quadratzentimeter gestrahlt wird.*

So|lar|mo|bil, das: *mit Solarstrom angetriebenes Fahrzeug.*

So|lar|strom, der: *aus Sonnenenergie gewonnener elektrischer Strom.*

So|lar|tech|nik, die; - (Energietechnik): *Technik, die sich mit der Nutzbarmachung u. den Anwendungsmöglichkeiten der Sonnenenergie befasst.*

so|lar|ter|res|trisch ⟨Adj.⟩ (Astron., Met., Physik): *die Auswirkungen der Sonne auf die Vorgänge in der Erdatmosphäre u. an der Erdoberfläche betreffend:* -e Physik.

so|lar|ther|misch ⟨Adj.⟩ (Met., Physik, Energietechnik): *die Sonnenenergie, -wärme betreffend, davon ausgehend, dadurch bewirkt:* -e Kraftwerke.

So|lar|turm, der (Energietechnik): *zu einem solarthermischen Kraftwerk gehörender Turm, an dessen Spitze die von Spiegeln reflektierte Sonnenstrahlung absorbiert wird.*

So|lar|wind, der (Astron.): *Sonnenwind.*

So|lar|zel|le, die (Physik, Elektrot.): *Sonnenzelle.*

Sol|bad, Solebad, das: **1.** *Heilbad* (1) *mit Solquelle.* **2.** *Heilbad* (2) *in Sole.*

solch: ↑ solcher, solche, solches.

sol|che: ↑ solcher.

sol|cher, solche, solches (solch) ⟨Demonstrativpron.⟩ [mhd. solch, ahd. solīh, zu ↑ [2]so u. ↑ -lich, eigtl. = so gestaltet, so beschaffen]: **1. a)** weist auf die Art od. Beschaffenheit hin: *so geartet, so beschaffen:* [eine] solche Handlungsweise; [ein] solches Vertrauen; ein solcher Glaube; solche Taten; solches Schöne; mit solchen Leuten; die Taten eines solchen Helden/(selten:) die Taten solches Helden; solcher feine/(selten:) feiner Stoff; bei solchem herrlichen/(selten:) herrlichem Wetter; bei solcher intensiven/(auch:) intensiver Strahlung; die Hütten solcher Armen; zwei, einige solche/solcher Fehler; **b)** weist auf den Grad, die Intensität hin: *so groß, so stark:* ich habe solchen Hunger; rede nicht solchen Unsinn!; das macht doch solchen Spaß! **2.** ⟨selbstständig⟩ nimmt Bezug auf etw. in einem vorangegangenen od. folgenden Substantiv od. Satz Genanntes: solche wie die fallen doch immer auf die Füße; die Sache als solche *(an sich)* wäre schon akzeptabel; ⟨subst.:⟩ sie ist keine Solche *(leichtlebige Person);* R es gibt immer solche und solche (ugs.; *es ist nun einmal so, dass nicht alle gleich [angenehm o. ä.] sind*). **3.** ⟨ungebeugt⟩ (geh.) *so [ein]:* solch ein Tag; bei solch herrlichem Wetter/einem solch herrlichen Wetter/solch einem herrlichen Wetter.

sol|cher|art: I. ⟨indekl. Demonstrativpron.⟩ *so geartet:* er kann mit s. Leuten nicht umgehen. II. ⟨Adv.⟩ *auf solche Art, Weise.*

sol|cher|lei ⟨unbest. Gattungsz.; indekl.⟩ [↑ -lei]: *solche Art von, solch:* ⟨attr.:⟩ s. [kostbarer] Hausrat; ⟨allein stehend:⟩ ich habe s. schon gehört.

sol|cher|ma|ßen ⟨Adv.⟩: *solcherart* (II).

sol|cher|wei|se ⟨Adv.⟩: *solcherart* (II).

sol|ches: ↑ solcher.

Sold, der; -[e]s, -e ⟨Pl. selten⟩ [mhd. solt < afrz. solt = Goldmünze < spätlat. solidus (nummus) = gediegene Goldmünze, zu lat. solidus, ↑ solide]: **1.** (veraltend) *Lohn, Entgelt für Kriegsdienste:* S. zahlen, auszahlen, empfangen; * **in jmds. S.** (geh.; *in jmds. Dienst*): im S. Ihrer Majestät; **in jmds. S. stehen** (geh.; *für jmdn. arbeiten u. dafür bezahlt werden*): er stand im S. mehrerer Abwehrorganisationen. **2.** *[monatliche] Bezahlung der Wehrdienst leistenden Soldaten.*

Sol|dat, der; -en, -en [ital. soldato, eigtl. = der in Sold Genommene, subst. 2. Part. von: soldare = in Sold nehmen, zu: soldo < spätlat. solidus, ↑ Sold; 1 b: nach russ. soldat]: **1. a)** *Angehöriger der Streitkräfte eines Landes:* ein einfacher, aktiver S.; S. auf Zeit *(Zeitsoldat);* -en einberufen, einziehen; bei den -en (ugs.; *beim Militär*) sein; R der wird S., kommt zu den -en (Skat Jargon; *diese Karte lege ich verdeckt ab*); **b)** (DDR) *unterster Dienstgrad der Land- u. Luftstreitkräfte.* **2.** *(bei Ameisen u. Termiten) [unfrucht-*

bares] Tier mit besonders großem Kopf u. besonders großen Mandibeln, das in der Regel die Funktion hat, die anderen Tiere des Staats zu verteidigen. 3. Feuerwanze.

Sol|da|ten|fried|hof, der: *[große, einheitlich angelegte] Begräbnisstätte gefallener Soldaten.*

Sol|da|ten|spra|che, die: *Jargon* (a) *der Soldaten.*

Sol|da|ten|tum, das; -s: *das Soldatsein.*

Sol|da|ten|zeit, die: *Militärzeit.*

Sol|da|tes|ka, die; -, ...ken [ital. soldatesca, zu: soldatesco = soldatisch, zu: soldato, ↑Soldat] (abwertend): *gewalttätig u. rücksichtslos vorgehende Soldaten:* eine entfesselte, mordende S.

Sol|da|tin, die; -, -nen: w. Form zu ↑Soldat.

sol|da|tisch ⟨Adj.⟩: *einem Soldaten* (1) *eigen, angemessen; militärisch* (2): -e Pflicht.

Sold|buch, das: *(bis 1945) Buch, das der Ausweis des Soldaten ist [u. Eintragungen über die Auszahlung des Solds enthält].*

Söld|ner, der; -s, - [mhd. soldenære, soldenier]: *Angehöriger eines Söldnerheeres.*

Söld|ner|ar|mee, die: *Armee aus freiwilligen [fremdländischen] Soldaten.*

Söld|ner|füh|rer, der: *oberster Befehlshaber eines Söldnerheeres.*

Söld|ner|heer, das: *Legion* (2).

Söld|ne|rin, die; -, -nen: w. Form zu ↑Söldner.

So|le, die; -, -n [aus dem Niederd. < mniederd. sole (spätmhd. sul, sol) = Salzbrühe zum Einlegen, verw. mit ↑Salz]: *[in stärkerem Maße] Kochsalz enthaltendes Wasser.*

So|le|bad: ↑Solbad.

So|le|lei|tung, die: *[Rohr]leitung für Sole.*

So|le|quel|le: ↑Solquelle.

So|le|salz: ↑Solsalz.

So|le|was|ser: ↑Solwasser.

[1]So|li: Pl. von ↑Solo.

[2]So|li, der; -s (ugs.): Kurzf. von ↑Solidaritätszuschlag.

so|lid: ↑solide.

So|li|dar|bei|trag, der: *Beitrag [in Form einer Abgabe], den eine Gruppe als Teil der Solidargemeinschaft zu leisten hat.*

So|li|dar|ge|mein|schaft, die: *auf dem Solidarismus gründende Gemeinschaft:* die S. der Krankenversicherten.

so|li|da|risch ⟨Adj.⟩ [zu frz. solidaire, zu lat. solidus, ↑solide]: **1.** *mit jmdm. übereinstimmend u. für ihn einstehend, eintretend:* eine -e Haltung; eine -e *(vom Gedanken der Solidarität a bestimmte)* Gesellschaft; s. handeln. **2.** (Rechtsspr.) *gemeinsam verantwortlich; gegenseitig verpflichtet.*

so|li|da|ri|sie|ren ⟨sw. V.; hat⟩ [frz. se solidariser, zu: solidaire, ↑solidarisch]: **a)** ⟨s. + sich⟩ *für jmdn., etw. eintreten, um gemeinsame Interessen u. Ziele zu verfolgen:* sich mit den Streikenden s.; **b)** *zu solidarischem Verhalten bewegen:* er versuchte, auch die restliche Belegschaft zu s.

So|li|da|ri|sie|rung, die; -, -en: *das [Sich]solidarisieren.*

So|li|da|ris|mus, der; - (Philos.): *Lehre von der wechselseitig verpflichtenden Verbundenheit des Einzelnen mit der Gemeinschaft zur Förderung des Gemeinwohls.*

So|li|da|ri|tät, die; -, -en [frz. solidarité, zu: solidaire, ↑solidarisch]: **a)** *unbedingtes Zusammenhalten mit jmdm. aufgrund gleicher Anschauungen u. Ziele:* die S. in, unter der Belegschaft wächst; **b)** *(bes. in der Arbeiterbewegung) auf das Zusammengehörigkeitsgefühl u. das Eintreten füreinander sich gründende Unterstützung:* Spenden für die internationale S.

So|li|da|ri|täts|adres|se, die: *Solidarität* (a) *bekundende Adresse* (2b).

So|li|da|ri|täts|ge|fühl, das ⟨o. Pl.⟩: *Gefühl der Solidarität* (a).

So|li|da|ri|täts|zu|schlag, der (Steuerw.): *(zur Beschaffung der durch die deutsche Vereinigung zusätzlich benötigten Mittel erhobener) Zuschlag zur Einkommens- u. Körperschaftssteuer.*

So|li|dar|pakt, der (Politik): *Übereinkommen zwischen Politik, Unternehmensverbänden u. Gewerkschaften zur Finanzierung außergewöhnlicher Vorhaben durch eine möglichst sozial verträgliche Verteilung der Lasten.*

So|li|dar|zu|schlag, der: *Solidaritätszuschlag.*

so|li|de, (österr. nur:) solid ⟨Adj.⟩ [frz. solide < lat. solidus = gediegen, echt; fest, unerschütterlich; ganz]: **1.** *(in Bezug auf das Material) von fester, massiver, haltbarer Beschaffenheit:* solide Mauern; solides Holz; die Möbel sind sehr s. gearbeitet. **2.** *gut fundiert:* ein solides Geschäft; ein solides Wissen. **3.** *ohne Ausschweifungen, Extravaganzen u. daher nicht zu Kritik, Skepsis Anlass gebend; anständig* (1 a): ein solider Lebenswandel; er hat geheiratet und ist s. geworden.

So|li|di|tät, die; - [1: frz. solidité < lat. soliditas, zu: solidus, ↑solide]: **1.** *solide* (1, 2) *Beschaffenheit.* **2.** *solide* (3) *Lebensweise.*

So|ling, die; -, -s, auch: -e, auch: der od. das; -s, -s [H. u.] (Segeln): *von drei Personen zu segelndes Boot mit einem [2]Kiel* (b) *im Rennsegelsport* (Kennzeichen: Ω).

So|lin|gen: Stadt in Nordrhein-Westfalen.

[1]So|lin|ger, der; -s, -: Ew.

[2]So|lin|ger ⟨indekl. Adj.⟩.

So|lin|ge|rin, die; -, -nen: w. Form zu ↑[1]Solinger.

So|lip|sis|mus, der; - [zu lat. solus (↑solo) u. ipse = selbst] (Philos.): *erkenntnistheoretische Lehre, die alle Gegenstände der Außenwelt u. auch so genannte fremde Ichs nur als Bewusstseinsinhalte des als allein existent angesehenen eigenen Ichs sieht.*

so|lip|sis|tisch ⟨Adj.⟩: *den Solipsismus betreffend.*

So|list, der; -en, -en [frz. soliste, ital. solista, zu ital. solo, ↑solo]: **1.** *jmd., der ein Solo* (1) *singt, spielt od. tanzt:* er tritt als S. auf. **2.** (bes. Fußball Jargon) *Spieler, der einen Alleingang* (b) *unternimmt.*

So|lis|ten|kon|zert, das: *Konzert eines Solisten.*

So|lis|tin, die; -, -nen: w. Form zu ↑Solist.

so|lis|tisch ⟨Adj.⟩: **a)** *den Solisten betreffend;* **b)** *sich als Solist betätigend;* **c)** *für Solo* (1) *komponiert.*

so|li|tär ⟨Adj.⟩ [frz. solitaire = einsam, einzeln < lat. solitarius, zu: solus, ↑solo] (Zool.): *(von Tieren) einzeln lebend; nicht Staaten bildend.*

So|li|tär, der; -s, -e [frz. solitaire]: **1.** *besonders schöner u. großer, einzeln gefasster Brillant.* **2.** (Fachspr.) *[außerhalb des Waldes] einzeln stehender Baum.* **3.** ⟨o. Pl.⟩ *Brettspiel für eine Person, bei dem bis auf ein leer bleibendes Loch in jedem der 33 kreuzförmig auf dem Brett angeordneten Löcher ein Stift steckt u. der Spieler versuchen muss, durch Überspringen eines Stiftes mit einem anderen alle bis auf den letzten vom Brett zu entfernen.* **4.** (bildungsspr.) *Einzelgänger, einsiedlerischer Mensch.*

So|li|tude [zoli'ty:d], **So|li|tü|de** [frz. solitude < lat. solitudo = Einsamkeit, zu: solus, ↑solo]: Name von Schlössern: das Lustschloss S.

[1]Soll, das; -s, Sölle [aus dem Niederd., eigtl. = (sumpfiges) Wasserloch] (Geol.): *kleine, oft kreisrunde [mit Wasser gefüllte] Bodensenke (im Bereich von Grund- u. Endmoränen).*

[2]Soll, das; -[s], -[s] [subst. aus ↑sollen in der veralteten (kaufmannsspr.) Bed. »schulden«]: **1.** (Kaufmannsspr., Bankw.) *alles, was auf der Sollseite steht:* S. und Haben *(Ausgaben u. Einnahmen)* einander gegenüberstellen; das Konto ist im S. *(weist als Kontostand einen negativen Betrag aus).* **2.** (Kaufmannsspr., Bankw.) *Sollseite:* einen Betrag im S. verbuchen. **3.** (Wirtsch.) **a)** *geforderte Arbeitsleistung:* sein [tägliches] S. erfüllen; hinter dem S. zurückbleiben; **b)** *(in der Produktion) festgelegte, geplante Menge; Plansoll, Norm* (3b): ein S. von 500 Autos pro Tag; ein bestimmtes S. festlegen; Ü ich habe heute mein S. nicht erfüllt *(nicht alles geschafft, was ich mir vorgenommen hatte).*

Soll|bruch|stel|le, die (Technik): *Stelle in einem Bauteil o. Ä., die so ausgelegt* (1 d) *ist, dass in einem Schadensfall nur hier ein Bruch erfolgt.*

sol|len ⟨unr. V.; hat⟩ [mhd. soln, suln, Vereinfachung der alten germ. Form mit sk-, ahd. sculan (got. skulan) = schuldig sein; sollen, müssen]: **1.** ⟨mit Inf. als Modalverb: sollte, hat ... sollen⟩ **a)** *die Aufforderung, Anweisung, den Auftrag haben, etw. Bestimmtes zu tun:* er soll sofort kommen; hattest du nicht bei ihm anrufen s.?; der soll mir nur mal kommen! (ugs.; drückt Ärger aus u. eine Art Herausforderung); **b)** drückt einen Wunsch, eine Absicht, ein Vorhaben (des Sprechers od. eines Dritten) aus: *mögen:* du sollst dich hier wie zu Hause fühlen; sollen *(wollen)* wir heute ein wenig früher gehen?; das soll uns nicht stören *(davon wollen wir uns nicht stören lassen);* du sollst alles haben, was du brauchst *(es sei dir zugestanden);* »Der hat vielleicht geflucht!« – »Soll er doch!« (ugs.; abwertend; *meinetwegen!*); was solls? (Ausdruck der Gleichgültigkeit gegenüber einer Sache, die sich doch nicht ändern lässt); **c)** ⟨fragend od. verneint⟩ drückt ein Ratlossein aus: was soll ich nur machen?; **d)** drückt eine Notwendigkeit aus: er soll sofort kommen; **e)** ⟨häufig im 2. Konj.⟩ drückt aus, dass etw. Bestimmtes eigentlich zu erwarten wäre: das sollte sie aber [eigentlich] wissen; du solltest dich schämen; **f)** ⟨häufig im 2. Konj.⟩ drückt aus, dass etw. Bestimmtes wünschenswert, richtig, vorteilhaft o. ä. wäre: dieses Buch sollte man gelesen haben; das sollte man verbieten; **g)** drückt etw. (von einem früheren Zeitpunkt aus gesehen) in der Zukunft Liegendes durch eine Form der Vergangenheit aus: *jmdm. beschieden sein:* er sollte seine Heimat nicht wiedersehen; es hat nicht sein s./hat nicht s. sein (Ausdruck des Bedauerns, der Resignation); **h)** ⟨im 2. Konj.⟩ *für den Fall, dass:* wenn du sie sehen solltest, [dann] sage ihr das bitte; ich versuche es, und sollte ich dabei alles verlieren (geh.; *selbst auf die Gefahr hin, dass ich dabei alles verliere*); **i)** ⟨im Präs.⟩ drückt aus, dass der Sprecher sich für die Wahrheit dessen, was er als Nachricht, Information o. Ä. weitergibt, nicht verbürgt: das Restaurant soll sehr gut sein; er soll Millionär, krank sein; **j)** ⟨im 2. Konj.⟩ dient in Fragen dem Ausdruck des Zweifels, den der Sprecher an etw. Bestimmtem hegt: sollte das [wirklich] wahr sein?; sollte das ihr Ernst sein? **2.** ⟨Vollverb; sollte, hat gesollt⟩ **a)** *tun, machen sollen:* das solltest du aber; was soll [denn] das? *(welchen Zweck hat das [denn]?);* **b)** *sich irgendwohin begeben sollen; irgendwohin gebracht, gelegt* usw. *werden sollen:* ich hätte heute eigentlich in die/zur Schule gesollt; wohin soll denn die neue Stadthalle? *(wo soll sie denn gebaut werden?);* er soll aufs Gymnasium *(soll das Gymnasium besuchen).*

Söl|ler, der; -s, - [mhd. sölre, soller, ahd. solari < lat. solarium, ↑Solarium]: **1.** (Archit.) *Altan.* **2.** (schweiz.) *Fußboden.* **3.** (landsch.) *Dachboden.*

Soll-Ist-Ver|gleich, der (Wirtsch.): *Gegenüberstellung von erwarteten u. tatsächlich entstandenen Kosten u. a. (zum Zweck einer Feststellung der Abweichungen).*

Soll|sei|te, die (Kaufmannsspr., Bankw.): *linke Seite eines Kontos, auf der Aufwendungen, Vermögenszunahmen u. Schuldenabnahmen verbucht werden.*

Soll|stär|ke, die (Milit.): *festgelegte Zahl von Soldaten einer militärischen Einheit.*

Soll|wert, der: *Wert, den eine [physikalische] Größe haben soll.*

Soll|zin|sen ⟨Pl.⟩: *Zinsen, die von einer Bank od. Sparkasse für geliehenes Geld od. für den Betrag, um den ein Konto überzogen wird, gefordert werden.*

Sol|mi|sa|ti|on, die; - [ital. solmisazione, zu den Tonsilben sol u. mi des von Guido v. Arezzo im 11. Jh. erstmals beschriebenen Tonsystems, dessen Silben aus einem mittelalterlichen lat. Hymnus an Johannes den Täufer stammen] (Musik): *unter Verwendung der Silben do, re, mi, fa, sol, la, si entwickeltes System von Tönen (dem das System mit den Bezeichnungen c, d, e, f, g, a, h entspricht).*

S

Sol|mi|sa|ti|ons|sil|be, die (Musik): *Silbe der Solmisation.*

sol|mi|sie|ren ⟨sw. V.; hat⟩ (Musik): *die Solmisation, die Silben der Solmisation anwenden, damit arbeiten, danach singen.*

so|lo ⟨indekl. Adj.⟩ [ital. solo < lat. solus = allein]: 1. (bes. Musik) *als Solist:* s. spielen, singen. 2. (ugs., oft scherzh.) *allein, ohne Partner, ohne Begleitung:* ich bin heute s.

So|lo, das; -s, -s u. Soli: 1. (bes. Musik) *musikalische od. tänzerische Darbietung eines einzelnen Künstlers, meist zusammen mit einem [als Begleitung auftretenden] Ensemble:* ein virtuoses S.; ein S. singen, tanzen; ein Oratorium für Soli, Chor und Orchester. 2. a) (bes. Fußball Jargon) *Alleingang* (b): zu einem S. ansetzen; b) (Kartenspiel) *Spiel eines einzelnen Spielers gegen die übrigen Mitspieler.*

So|lo|ge|sang, der: *solistischer Gesang.*

So|lo|in|stru|ment, das: *für Solospiel eingesetztes, besonders geeignetes Musikinstrument.*

So|lo|kar|ri|e|re, die: a) *Karriere als Solist:* mancher Chorsänger träumt von einer S.; b) *Karriere als Pop-, Rockmusiker, der unter eigenem Namen auftritt, von dem Schallplatten erscheinen usw.*

So|lo|ma|schi|ne, die (Motorsport): *einsitziges Motorrad ohne Beiwagen.*

So|lo|part, der: *Part für einen solistisch auftretenden Künstler:* den S. tanzen.

So|lo|spiel, das ⟨o. Pl.⟩: *solistisches Spielen auf einem Musikinstrument.*

So|lo|stim|me, die: *solistisch eingesetzte, für Sologesang geeignete Stimme.*

So|lo|tanz, der: vgl. Sologesang.

So|lo|tän|zer, der: *als Solist auftretender Tänzer.*

So|lo|tän|ze|rin, die: w. Form zu ↑Solotänzer.

So|lo|thurn: Kanton u. Stadt in der Schweiz.

[1]So|lo|thur|ner, der; -s, -: Ew.

[2]So|lo|thur|ner ⟨indekl. Adj.⟩.

So|lo|thur|ne|rin, die; -, -nen: w. Form zu ↑[1]Solothurner.

so|lo|thur|nisch ⟨Adj.⟩: *Solothurn, die Solothurner betreffend; von den Solothurnern stammend, zu ihnen gehörend.*

Sol|per, der; -s [spätmhd. solper, H. u., wohl verw. mit ↑Sole, Salz] (landsch.): 1. *Salzbrühe für Pökelfleisch.* 2. *Pökelfleisch.*

Sol|quel|le, Solequelle, die [zu ↑Sole]: *Quelle, in deren Wasser Kochsalz gelöst ist.*

Sol|salz, Solesalz, das: *aus Sole gewonnenes Salz.*

Sol|sti|ti|al|punkt, der; -[e]s, -e (Astron.): *Punkt auf der Ekliptik, an dem sich die Sonne zur Zeit einer Sonnenwende befindet; (nördlicher od. südlicher) Wendepunkt der Sonne.*

Sol|sti|ti|um, das; -s, ...ien, **Sol|stiz,** das; - u. -es, -e [lat. solstitium, zu: sol = Sonne u. sistere (Stamm stit-) = (still)stehen] (Astron.): *Sonnenwende* (1).

so|lu|bel ⟨Adj.⟩ [lat. solubilis, zu: solvere, ↑solvent] (Chemie): *löslich, auflösbar:* in Fett soluble Stoffe.

So|lu|tré|en [zolytre'ɛ̃:], das; -[s] [nach dem Fundort unterhalb des Felsens Solutré in Frankreich] (Prähistorie): *westeuropäische Kulturstufe der Jüngeren Altsteinzeit.*

S

sol|vent ⟨Adj.⟩ [ital. solvente < lat. solvens (Gen.: solventis), 1. Part. von: solvere (2. Part.: solutum) = (auf)lösen; eine Schuld abtragen] (bes. Wirtsch.): *zahlungsfähig:* ein -er Käufer.

Sol|venz, die; -, -en (bes. Wirtsch.): *Zahlungsfähigkeit:* die S. der Firma, des Interessenten überprüfen.

Sol|was|ser, Solewasser, das ⟨Pl. ...wässer⟩: a) *Wasser einer Solquelle;* b) *Wasser, dem Salz zugesetzt wurde.*

So|ma, das; -, -ta [griech. sõma (Gen.: sṓmatos) = Körper]: 1. (Med., Psych.) *Körper (im Gegensatz zu Geist, Seele, Gemüt).* 2. (Med., Biol.) *Gesamtheit der Körperzellen eines Organismus (im Gegensatz zu den Keimzellen, Geschlechtszellen).*

So|ma|lia; -s: Staat in Ostafrika.

So|ma|li|er, der; -s, -: Ew.

So|ma|li|e|rin, die; -, -nen: w. Form zu ↑Somalier.

so|ma|lisch ⟨Adj.⟩: *Somalia, die Somalier betreffend; von den Somaliern stammend, zu ihnen gehörend.*

so|ma|tisch ⟨Adj.⟩ [zu ↑Soma]: 1. (Med., Psych.) *das Soma* (1) *betreffend:* die -en Ursachen einer Krankheit; rein s. bedingte Symptome. 2. (Med., Biol.) *das Soma* (2) *betreffend:* -e Zellen, Proteine.

So|ma|to|lo|gie, die; - [↑-logie]: *(als Teilgebiet der Anthropologie) Wissenschaft, Lehre von den allgemeinen Eigenschaften des menschlichen Körpers.*

So|ma|to|psy|cho|lo|gie, die; -: *Teilgebiet der Psychologie, das sich mit den Beziehungen zwischen Körper u. Seele, mit dem Seelenleben in seinen körperlichen Begleiterscheinungen befasst.*

Som|bre|ro, der; -s, -s [span. sombrero = Hut, zu: sombra < lat. umbra = Schatten]: *(in Mittel- u. Südamerika getragener) hoher, kegelförmiger Strohhut mit sehr breitem Rand.*

so|mit ⟨Adv.⟩: *wie daraus zu schließen, zu folgern ist; folglich, also, mithin:* es gehört ihm, und s. kann er/und er kann s. frei darüber verfügen; er war 16 und s. *(damit)* der Jüngste von uns.

Som|me|li|er [sɔmə'li̯e:], der; -s, -s [frz. sommelier, urspr. = Saumtierführer, zu: sommier = Matratze, Sturz(balken), eigtl. = Last-, Saumtier, mlat. sagmarius, zu lat. sagmarius = zum Saumsattel gehörig, zu: sagma = Saumsattel] (Gastr.): *speziell für die Getränke, vor allem den Wein, zuständiger Kellner.*

Som|mer, der; -s, - [mhd. sumer, ahd. sumar]: *Jahreszeit zwischen Frühling u. Herbst als wärmste Zeit des Jahres:* ein verregneter, kühler, heißer S.; es ist S.; der S. kommt, beginnt, neigt sich dem Ende zu; den S., die S. an der See verbringen; den S. über, den ganzen S. lang war er unterwegs; im S. macht er Urlaub; er fährt S. wie Winter *(das ganze Jahr über)* Fahrrad; vor dem nächsten S., vor S. nächsten Jahres wird die Brücke nicht fertig; Ü im S. (dichter.; *auf dem Höhepunkt, in der Mitte*) des Lebens.

Som|mer|abend, der: *Abend im Sommer.*

Som|mer|an|fang, der: *Anfang, Beginn des Sommers* (zwischen 20. u. 23. Juni): morgen ist S.

Som|mer|fahr|plan, der: *während des Sommerhalbjahres geltender Fahrplan* (1).

Som|mer|fell, das: *kürzere, weniger dichte u. oft auch andersfarbige Behaarung vieler Säugetiere im Sommer.*

Som|mer|fe|ri|en ⟨Pl.⟩: *(lange) Schulferien im Sommer.*

Som|mer|fest, das: *im Sommer [im Freien] abgehaltenes Fest.*

Som|mer|fri|sche, die ⟨Pl. selten⟩ (veraltend): a) *Erholungsaufenthalt im Sommer auf dem Land, an der See, im Gebirge:* in die S. fahren; sie ist hier zur S.; b) *Ort für eine Sommerfrische* (a): eine beliebte S. an der See.

Som|mer|frucht, die ⟨o. Pl.⟩: *Sommergetreide.*

Som|mer|ge|trei|de, das (Landw.): *Getreide, das im Frühjahr gesät u. im Sommer des gleichen Jahres geerntet wird.*

Som|mer|halb|jahr, das: *Frühling u. Sommer umfassende Hälfte des Jahres (in der die Tage länger sind als die Nächte).*

Som|mer|haus, das: *meist leichter gebautes Haus auf dem Land, das dem Aufenthalt bes. während des Sommers dient.*

Som|mer|hit|ze, die: *sommerliche* (a) *Hitze.*

söm|me|rig ⟨Adj.⟩ (landsch.): *(von Fischen) erst einen Sommer alt:* -e Karpfen.

Som|mer|kleid, das: 1. a) *leichtes Kleid für den Sommer;* b) ⟨Pl.⟩ *Sommerkleidung.* 2. a) *kürzere, weniger dichte u. oft auch andersfarbige Behaarung vieler Säugetiere im Sommer;* b) *Gefieder mancher Vogelarten im Sommer im Unterschied zum andersfarbigen Gefieder im Winter:* ein Schneehuhn im S.

Som|mer|klei|dung, die: *leichte, für den Sommer geeignete Kleidung.*

Som|mer|kol|lek|ti|on, die: *Kollektion der Sommermode:* der Modeschöpfer stellte seine neue S. vor.

som|mer|lich ⟨Adj.⟩ [mhd. sumerlich, ahd. sumarlih]: a) *für den Sommer typisch, in einem für den Sommer typischen Zustand befindlich, vom Sommer bestimmt:* -e Temperaturen; es herrschte -e Wärme, Hitze; ein warmer, [fast] -er Tag, Abend; eine -e Landschaft; es war s. warm; b) *dem Sommer gemäß:* -e Kleidung; sich s. kleiden; c) *im Sommer stattfindend, sich ereignend, vorkommend:* ein -es Gewitter.

Som|mer|loch, das ⟨o. Pl.⟩ (Jargon): *bes. an wichtigen politischen Nachrichten arme Zeit während der sommerlichen Ferienzeit; Saure-Gurken-Zeit.*

Som|mer|man|tel, der: *leichter Mantel für den Sommer.*

Som|mer|mo|de, die: *Mode für den Sommer:* die neue, diesjährige S.

Som|mer|mo|nat, der: a) ⟨o. Pl.⟩ (veraltet) *Juni;* b) *(ganz od. teilweise) im Sommer liegender Monat:* während der -e, besonders im Juli und August.

Som|mer|mor|gen, der: *Morgen im Sommer.*

som|mern ⟨sw. V.; hat⟩ [1: mhd. sumeren; 2: zu ↑Sommer]: 1. ⟨unpers.⟩ (selten) *Sommer werden:* es sommert schon. 2. (landsch.) *sömmern* (2).

söm|mern ⟨sw. V.; hat⟩ [zu ↑Sommer]: 1. (landsch.) *sonnen* (1). 2. (landsch.) a) *(das Vieh) auf die Sommerweide treiben, im Sommer auf der Weide halten;* b) *(vom Vieh) im Sommer auf der Weide gehalten werden.* 3. (Fischereiw.) *(bestimmte Teiche) zur Verbesserung des Bodens trockenlegen:* den Karpfenteich s.

Som|mer|nacht, die: vgl. Sommerabend: eine laue, sternklare, helle S.

Som|mer|olym|pi|a|de, die: *im Sommer stattfindende Olympiade.*

Som|mer|pau|se, die: *(bei verschiedenen öffentlichen Einrichtungen eintretende) längere Unterbrechung der Tätigkeit, des Arbeitens in den Sommermonaten:* das Theater hat S.; das Gesetz soll noch vor der S. verabschiedet werden.

Som|mer|quar|tier, das: *Ort, an dem sich bestimmte Tiere während des Sommers aufhalten:* wenn die Störche in ihre europäischen -e zurückkehren.

Som|mer|rei|fen, der: *für den Betrieb auf trockener u. regennasser Fahrbahn besonders geeigneter, aber nur bedingt wintertauglicher [Auto]reifen mit feinerem, scharfkantigerem Profil.*

Som|mer|re|si|denz, die: *Residenz eines Fürsten, einer prominenten Persönlichkeit o. Ä. als Aufenthaltsort während des Sommers:* die S. des Königs.

som|mers ⟨Adv.⟩ [mhd. (des) sumers]: *[immer] im Sommer, während des Sommers:* er geht immer zu Fuß, s. wie winters.

Som|mer|saat, die (Landw.): *Nutzpflanzen, die im Frühjahr gesät u. im Sommer geerntet werden.*

Som|mer|sa|chen ⟨Pl.⟩ (ugs.): *leichte, für den Sommer geeignete Kleidung.*

Som|mer|sai|son, die: *Saison* (a) *während der Sommermonate, des Sommerhalbjahrs.*

Som|mers|an|fang: ↑Sommeranfang.

Som|mer|schluss|ver|kauf, der: *im Sommer stattfindender Schlussverkauf:* etw. im S. kaufen.

Som|mer|schuh, der: *leichter, für den Sommer geeigneter Schuh.*

Som|mer|se|mes|ter, das: *im Sommerhalbjahr liegendes Semester.*

Som|mer|sitz, der: vgl. Sommerresidenz.

Som|mer|smog, der: *(bei durch Schadstoffe stark belasteter Luft) hauptsächlich im Sommer entstehender, unter anderem durch eine Erhöhung der Ozonkonzentration in Bodennähe gekennzeichneter Smog.*

Som|mer|son|ne, die: *sommerliche Sonne:* die helle, grelle, heiße S.

Som|mer|son|nen|wen|de, die: *Zeitpunkt, an dem die Sonne während ihres jährlichen Laufs ihren höchsten Stand erreicht.*

Som|mer|spie|le ⟨Pl.⟩: **1.** *während der Sommerpause an bestimmten Orten stattfindende Reihe von Theateraufführungen.* **2.** *im Sommer abgehaltene Wettkämpfe der Olympischen Spiele.*

Som|mer|spros|se, die ⟨meist Pl.⟩ [2. Bestandteil frühnhd. sprusse, wohl eigtl. = sprießender Hautfleck]: *(im Sommer stärker hervortretender) kleiner, bräunlicher Fleck auf der Haut:* er hat -n.

som|mer|spros|sig ⟨Adj.⟩: *Sommersprossen aufweisend; mit Sommersprossen bedeckt:* sie ist blond und s.

som|mers|über ⟨Adv.⟩: *im Sommer, während des Sommers.*

Som|mers|zeit: ↑Sommerzeit (1).

Som|mer|tag, der: **a)** *Tag im Sommer:* ein heißer, schwüler, herrlicher S.; **b)** (Met.) *Tag mit sommerlichen Temperaturen.*

Som|mer|the|a|ter, das ⟨o. Pl.⟩: *während der Sommerpause an bestimmten Orten stattfindende Reihe von Theateraufführungen.*

Söm|me|rung, die; -, -en: **1.** (landsch.) *das Sömmern* (1, 2). **2.** (Fischereiw.) *das Sömmern* (3).

Som|mer|ur|laub, der: *Urlaub im Sommer:* unser S. war leider etwas verregnet.

Som|mer|vo|gel, der (schweiz., sonst landsch.): *Schmetterling.*

Som|mer|weg, der (veraltend): *unbefestigter u. daher nur bei trockenem Wetter benutzbarer Weg.*

Som|mer|wei|de, die: *Weide, auf der das Vieh den Sommer über bleiben kann.*

Som|mer|wet|ter, das ⟨o. Pl.⟩: *sommerliches* (a) *Wetter:* bei herrlichstem S.

Som|mer|zeit, die: **1.** ⟨o. Pl.⟩ *Zeit, in der es Sommer ist:* bald ist die schöne S. schon wieder vorüber. **2.** *gegenüber der sonst geltenden Normalzeit um meist eine Stunde vorverlegte Zeit während des Sommerhalbjahrs:* die S. beginnt dieses Jahr am 27. März.

som|nam|bul ⟨Adj.⟩ [frz. somnambule, zu lat. somnus = Schlaf u. ambulare = umhergehen]: **a)** (Med.) *schlafwandelnd; mondsüchtig:* ein -es Kind; **b)** (bildungsspr.) *schlafwandlerisch.*

Som|nam|bu|le, der u. die; -n, -n ⟨Dekl. ↑Abgeordnete⟩: *jmd., der schlafwandelt.*

Som|nam|bu|lis|mus, der; - [frz. somnambulisme, zu: somnambule, ↑somnambul] (Med.): *das Schlafwandeln; Noktambulismus.*

som|no|lent ⟨Adj.⟩ [spätlat. somnolentus = schlaftrunken, zu lat. somnus = Schlaf] (Med.): *benommen, krankhaft schläfrig.*

son, sone ⟨Demonstrativpron.⟩ [zusgez. aus: so ein(e)] (salopp): *solch:* son Kerl; sone frechen Gören; bei soner Kälte; R es gibt immer sone und solche (↑solcher 2).

so|nach ⟨Adv.⟩ (selten): *demnach.*

So|nant, der; -en, -en [zu lat. sonans (Gen.: sonantis) = tönend; (subst.:) Vokal, adj. 1. Part. von: sonare = tönen] (Sprachw.): *Silben bildender Laut (Vokal od. sonantischer Konsonant wie z. B. [l] in Dirndl).*

so|nan|tisch ⟨Adj.⟩ (Sprachw.): **a)** *den Sonanten betreffend;* **b)** *Silben bildend.*

So|nar, das; -s, -e [engl. sonar, Kurzwort für: sound navigation ranging] (Technik): **1.** ⟨o. Pl.⟩ *Verfahren zur Ortung von Gegenständen im Raum u. unter Wasser mithilfe ausgesandter Schallimpulse.* **2.** *Sonargerät.*

So|nar|ge|rät, das (Technik): *Gerät, das mithilfe von Sonar* (1) *Gegenstände ortet.*

So|na|ta, die; -, ...te (Musik): ital. Bez. für: *Sonate.*

So|na|te, die; -, -n [ital. sonata, eigtl. = Klingstück, zu: sonare < lat. sonare, ↑Sonant] (Musik): *zyklisch angelegte Instrumentalkomposition mit meist mehreren Sätzen (4b) in kleiner od. solistischer Besetzung.*

So|na|ten|form, die ⟨o. Pl.⟩ (Musik): *Sonatensatz.*

So|na|ten|satz, der ⟨o. Pl.⟩ (Musik): *formaler Verlauf bes. des ersten Satzes einer Sonate, Sinfonie, eines Kammermusikwerks o. Ä., der sich meist in Exposition, Durchführung, Reprise [u. Coda] gliedert.*

So|na|ti|ne, die; -, -n [ital. sonatina, Vkl. von: sonata, ↑Sonate] (Musik): *kleinere, leicht spielbare Sonate mit verkürzter Durchführung.*

Son|de, die; -, -n [frz. sonde, H. u.]: **1.** (Med.) *stab-, röhren- od. schlauchförmiges Instrument, das zur Untersuchung od. Behandlung in Körperhöhlen od. Gewebe eingeführt wird:* eine S. in den Magen einführen; einen Patienten mit der S. ernähren. **2.** kurz für ↑Raumsonde: eine S. zum Mond, zur Venus, zur Sonne schicken; etw. mithilfe einer S. erkunden, erforschen. **3.** kurz für ↑Radiosonde: eine S. zur Überwachung der Ozonschicht; eine S. aufsteigen lassen. **4.** (Technik) *Vorrichtung zur Förderung von Erdöl od. Erdgas aus Bohrlöchern.*

son|der ⟨Präp. mit Akk.; meist in Verbindung mit Abstrakta⟩ [mhd. sunder (Adv.), ahd. suntar (Adv.) = abseits, für sich, auseinander, vgl. aind. sanu-tár = abseits] (geh. veraltend): *ohne:* s. allen Zweifel.

Son|der-: drückt in Bildungen mit Substantiven aus, dass etw. nicht dem Üblichen entspricht, sondern zusätzlich dazukommt, für einen speziellen Zweck bestimmt ist: Sonderparteitag, -werkzeug, -zulage.

Son|der|ab|druck, der ⟨Pl. -e⟩: *Sonderdruck.*

Son|der|ab|schrei|bung, die (Wirtsch., Steuerw.): *auf besondere steuerliche Vorschriften zurückzuführende Abschreibung.*

Son|der|ak|ti|on, die (bes. Kaufmannsspr.): *Aktion zur Steigerung des Absatzes, des Umsatzes durch Sonderangebote (mit entsprechenden werblichen Maßnahmen):* eine S. machen.

Son|der|an|ge|bot, das: *auf eine kurze Zeitspanne beschränktes Angebot einer Ware zum Sonderpreis:* er kauft nur -e (ugs.; *Waren, die zum Sonderpreis angeboten werden*); auf -e achten; das gibt es, das ist zurzeit im S. *(wird zurzeit zum Sonderpreis angeboten).*

Son|der|aus|ga|be, die: **1.** *aus bestimmtem Anlass herausgegebene, zusätzliche [einmalige] Ausgabe bes. eines Druckwerks.* **2. a)** ⟨meist Pl.⟩ (Steuerw.) *private Aufwendung, die bei der Ermittlung des [steuerpflichtigen] Einkommens abzuziehen ist;* **b)** *Extraausgabe* (2).

son|der|bar ⟨Adj.⟩ [mhd. sunderbære, -bar = besonder..., ausgezeichnet, spätahd. sundirbær, -bäre = abgesondert]: *vom Üblichen, Gewohnten, Erwarteten abweichend u. deshalb Verwunderung od. Befremden hervorrufend; merkwürdig, eigenartig:* ein -er Mensch, Gast; ein -es Erlebnis, Gefühl; sein Benehmen war s.; ich finde es s., dass du nichts gesagt hast; s. aussehen; es ist so s. still im Haus.

son|der|ba|rer|wei|se ⟨Adv.⟩: *was sonderbar ist, anmutet.*

Son|der|be|auf|trag|te, der u. die: *Beauftragter bzw. Beauftragte mit besonderer Mission.*

Son|der|be|deu|tung, die: *zusätzliche, besondere Bedeutung.*

Son|der|be|richt|er|stat|ter, der: *Berichterstatter, der über besondere Ereignisse an einem bestimmten Ort berichtet.*

Son|der|be|richt|er|stat|te|rin, die: w. Form zu ↑Sonderberichterstatter.

Son|der|brief|mar|ke, die: *aus einem bestimmten Anlass herausgebrachte Briefmarke [mit darauf Bezug nehmendem Motiv].*

Son|der|de|po|nie, die: *Deponie für Sondermüll.*

Son|der|druck, der ⟨Pl. -e⟩: **1.** *als selbstständiges Druckwerk veröffentlichter Abdruck eines einzelnen Beitrags aus einem Sammelwerk od. eines Kapitels o. Ä. aus einer Monographie.* **2.** (selten) *Sonderausgabe* (1).

Son|der|er|laub|nis, die: vgl. Sondergenehmigung.

Son|der|fahrt, die: *Fahrt außerhalb des Fahrplans od. eines Programms.*

Son|der|fall, der: *besonderer [eine Ausnahme darstellender] Fall* (2b): in einem S. wie diesem wollen wir einmal eine Ausnahme machen.

Son|der|form, die: *besondere Form.*

Son|der|frie|de[n], der: *Separatfriede.*

Son|der|ge|neh|mi|gung, die: *besondere, eine Ausnahme darstellende Genehmigung.*

Son|der|ge|richt, das: **1.** (nationalsoz.) *(bei einem Oberlandesgericht, zur Verfolgung politischer Gegner gebildetes) Gericht zur raschen Aburteilung als politisch angesehener Straftaten.* **2.** *Gericht, das auf einem bestimmten Sachgebiet anstelle eines sonst zuständigen Gerichts entscheidet* (z. B. Ehrengericht).

son|der|glei|chen ⟨Adv., nur nachgestellt bei Subst.⟩ (emotional verstärkend): *in seiner Art, seinem Ausmaß unvergleichlich, ohne Beispiel; ohnegleichen:* eine Frechheit, Rücksichtslosigkeit s.

Son|der|heft, das: *Heft einer Zeitschrift als Sonderausgabe.*

Son|der|heit, die; -, -en [mhd. sunderheit] (selten): *Besonderheit:* in S. (geh.; *besonders, im Besonderen).*

Son|der|in|te|res|sen ⟨Pl.⟩: *von einer bestimmten Gruppe, von einem Einzelnen verfolgte spezielle Interessen:* S. haben; auf jmds. S. Rücksicht nehmen.

Son|der|kin|der|gar|ten, der: *Kindergarten für lernbehinderte Kinder.*

Son|der|klas|se, die ⟨o. Pl.⟩: **1.** (ugs.) *hervorragende Qualität [in Bezug auf jmds. Leistungen].* **2.** *besondere Klasse in der Klassenlotterie.*

Son|der|kom|mis|si|on, die: *für einen besonderen Zweck eigens zusammengestellte Kommission:* eine S. der Kriminalpolizei; eine S. bilden.

Son|der|kon|to, das: *für bestimmte [wohltätige] Zwecke eingerichtetes Konto:* ein S. einrichten; etw. auf ein S. einzahlen.

Son|der|kos|ten ⟨Pl.⟩ (Wirtsch.): *aufgrund ihrer Art o. Ä. bei der Kostenrechnung gesondert ausgewiesene Kosten.*

Son|der|leis|tung, die: *besondere, zusätzliche Leistung.*

son|der|lich [mhd. sunderlich, ahd. suntarlīh = abgesondert; ungewöhnlich]: **I.** ⟨Adj.⟩ **1.** (nur in Verbindung mit einer Verneinung o. Ä.) **a)** *besonders, außergewöhnlich groß, stark o. ä.:* er hatte keine -e Lust dazu; etw. ohne -e Mühe schaffen; (subst.:) das hat nichts Sonderliches *(Besonderes)* zu bedeuten; **b)** ⟨intensivierend bei Adj. u. Verben⟩ *besonders, sehr:* ein nicht s. überraschendes Ergebnis; sie hat sich nicht s. gefreut; es geht ihm nicht s. *(nicht besonders gut).* **2.** *sonderbar, seltsam:* ein -er Mensch; -e Angewohnheiten; jmdm. wird s. zumute. **II.** ⟨Adv.⟩ (österr., schweiz., sonst veraltet) *insbesondere, besonders, vor allem:* s. im Herbst; s. der eine.

Son|der|ling, der; -s, -e [zu mhd. sunder = abgesondert]: *jmd., der sich von der Gesellschaft absondert u. durch sein sonderbares, von der Norm stark abweichendes Wesen auffällt:* ein weltfremder, menschenscheuer S.

Son|der|mar|ke, die: kurz für ↑Sonderbriefmarke.

Son|der|ma|schi|ne, die: *aus besonderem Anlass außerhalb des Flugplans eingesetztes Passagierflugzeug.*

Son|der|müll, der: *[giftiger] Abfall, der wegen seiner Gefährlichkeit nur in besonderen Anlagen beseitigt od. in besonderen Deponien gelagert wird.*

[1]**son|dern** ⟨sw. V.; hat⟩ [mhd. sundern, ahd. suntarōn = trennen, unterscheiden] (geh.): *von jmdm., etw. trennen, scheiden, entfernen; zwischen bestimmten Personen od. Dingen eine Trennung bewirken:* die kranken Tiere von den gesunden s.

[2]**son|dern** ⟨Konj.⟩ [spätmhd. (md.) sundern = ohne; außer; aber]: dient nach einer verneinten Aussage dem Ausdrücken, Hervorheben einer Verbesserung, Berichtigung, einer anderen, gegensätzlichen Aussage: *vielmehr; richtiger gesagt, im Gegenteil:* er zahlte nicht bar, s. überwies den Betrag; nicht er hat es getan, s. sie; das ist nicht grün, s. blau; ⟨in der mehrteiligen Konj. »nicht nur ..., s. [auch] ...«:⟩ ich fahre nicht nur wegen der Tagung nach Köln, s. auch, um einen Freund zu besuchen.

Son|der|num|mer, die: **1.** *Sonderausgabe einer*

S

Zeitung, Zeitschrift. **2.** *zusätzliche, besondere Nummer* (2 a).
Sọn|der|pä|da|go|gik, die: *Heilpädagogik.*
Sọn|der|par|tei|tag, der: *aus besonderem Anlass einberufener Parteitag.*
Sọn|der|preis, der: *reduzierter Preis:* etw. zu einem, zum S. abgeben, kaufen, anbieten.
Sọn|der|pro|gramm, das: *zusätzliches, besonderes Programm* (1 a, 3, 5).
Sọn|der|ra|ti|on, die: *zusätzliche Ration.*
Sọn|der|recht, das: *Privileg.*
Sọn|der|re|ge|lung, Sọn|der|reg|lung, die: vgl. Sondergenehmigung.
sọn|ders: in der Verbindung **samt und s.** (↑samt II).
Sọn|der|schu|le, die: *allgemein bildende Pflichtschule für Lernbehinderte, für körperlich od. geistig behinderte od. für schwer erziehbare Kinder u. Jugendliche.*
Sọn|der|spra|che, die (Sprachw.): *sich bes. im Wortschatz von der Gemeinsprache unterscheidende, oft der Abgrenzung, Absonderung dienende Sprache einer sozialen Gruppe.*
Sọn|der|stel|lung, die ⟨Pl. selten⟩: *besondere [privilegierte] Stellung einer Person, einer Sache innerhalb eines Ganzen:* eine S. haben, einnehmen.
Sọn|der|stem|pel, der: *Poststempel, der auf eine besondere Veranstaltung hinweist, auf einen bestimmten Anlass Bezug nimmt.*
Sọn|der|steu|er, die: *Steuer (z. B. Mineralöl-, Kraftfahrzeugsteuer) zur Mitfinanzierung von in Anspruch genommenen Leistungen des Staates.*
Sọn|der|ta|rif, der: *besonderer [reduzierter] Tarif* (z. B. Nachttarif).
Sọn|de|rung, die; -, -en [mhd. sunderunge] (geh.): *das Sondern; Trennung, Scheidung* (2).
Sọn|der|ver|kauf, der: *Verkauf aus besonderem Anlass mit Sonderpreisen* (z. B. Sommerschlussverkauf).
Sọn|der|ver|mö|gen, das (Rechtsspr.): *Vermögen, dem das Gesetz eine rechtliche Sonderstellung einräumt, ohne dass eine juristische Person mit eigener Rechtsperson besteht* (z. B. Vermögen einer Gesellschaft des bürgerlichen Rechts, einer offenen Handelsgesellschaft).
Sọn|der|wunsch, der ⟨meist Pl.⟩: *zusätzlicher, besonderer Wunsch:* einen S. haben, äußern; nicht alle Sonderwünsche erfüllen, berücksichtigen können.
Sọn|der|zei|chen, das (Druckw., EDV): *Zeichen* (1 c), *das weder Buchstabe noch Ziffer ist.*
Sọn|der|zug, der: *aus besonderem Anlass außerhalb des Fahrplans eingesetzter Zug.*
Sọn|der|zu|la|ge, die: *aus besonderem Anlass gewährte Zulage.*
son|di̱e|ren ⟨sw. V.; hat⟩ [frz. sonder, zu: sonde, ↑Sonde]: **1.** (bildungsspr.) *etw. [vorsichtig] erkunden, erforschen, um sein eigenes Verhalten, Vorgehen der Situation anpassen zu können, die Möglichkeiten zur Durchführung eines bestimmten Vorhabens abschätzen zu können:* die öffentliche Meinung, das Terrain s.; sondierende Gespräche *(Sondierungsgespräche).* **2. a)** (Med.) *mit einer Sonde* (1) *medizinisch untersuchen:* eine Wunde, den Magen s.; **b)** *mithilfe technischer Geräte, Sonden o. Ä. untersuchen:* den Boden s. **3.** (Seew.) *loten* (1), *die Wassertiefe messen:* wir sondierten ständig; wir sondierten *(maßen)* 50 Faden Wassertiefe.
Son|di̱e|rung, die; -, -en: **1.** *das Sondieren.* **2.** ⟨meist Pl.⟩ *Sondierungsgespräch.*
Son|di̱e|rungs|ge|spräch, das: *Gespräch, bei dem die Haltung des Gesprächspartners zu einer bestimmten Frage sondiert werden soll.*
so|ne: ↑son.
So|nẹtt, das; -[e]s, -e [ital. sonetto, eigtl. = »Klinggedicht«, zu: s(u)ono < lat. sonus = Klang, Ton, zu: sonare, ↑Sonant] (Dichtk.): *gereimtes Gedicht, das gewöhnlich aus zwei (aufgrund des Reimschemas eine Einheit bildenden) vierzeiligen u. zwei sich daran anschließenden (ebenfalls eine Einheit bildenden) dreizeiligen Strophen besteht.*

Song [sɔŋ], der; -s, -s [engl. song = Lied, ablautende Bildung zu: to sing = singen]: **1.** (ugs.) *Lied (der Unterhaltungsmusik o. Ä.):* ein S. von Bob Dylan, den Beatles. **2.** *(musikalisch u. textlich meist einfaches) einprägsames, oft als Sprechgesang vorgetragenes Lied mit zeitkritischem, sozialkritischem, satirischem o. ä. Inhalt:* ein S. von Brecht und Weill, aus der Dreigroschenoper.
Song|wri|ter [ˈsɔŋraɪtə], der; -s, - [engl. songwriter, eigtl. = Liedschreiber]: *jmd., der Texte [u. Melodien] von Songs schreibt.*
Song|wri|te|rin, die; -, -nen: w. Form zu ↑Songwriter.
Sọnn|abend, der; -s, -e [mhd. sun(nen)ābent, ahd. sunnūnāband, LÜ von aengl. sunnanæfen, eigtl. = Vorabend vor Sonntag, zu: sunnandæg = Sonntag u. æfen = (Vor)abend, verw. mit ↑Abend] (regional, bes. nordd. u. md.): *sechster Tag der mit Montag beginnenden Woche; Samstag:* am ersten S. des Monats; vgl. Dienstag.
sọnn|durch|flu|tet (österr., schweiz.): ↑sonnendurchflutet.
Sọn|ne, die; -, -n [mhd. sunne, ahd. sunna, alte idg. Bez., verw. mit lat. sol = Sonne]: **1.** ⟨o. Pl.⟩ **a)** *als gelb bis glutrot leuchtende Scheibe am Himmel erscheinender, der Erde Licht u. Wärme spendender Himmelskörper:* die aufgehende, untergehende, leuchtende S.; die abendliche, mittägliche, herbstliche, winterliche S.; die goldene S.; die S. geht auf, geht unter; die S. scheint, steht hoch am Himmel, steht im Westen, sinkt hinter den Horizont, brennt vom Himmel herab, bricht durch die Wolken; heute kommt die S. nicht heraus *(die Sonnenscheibe bleibt hinter Wolken od. Nebel verborgen);* die S. hat sich hinter den Wolken versteckt; die S. sticht; die S. lacht *(es herrscht herrliches sonniges Wetter);* die S. im Rücken haben; gegen die S. fahren, spielen, fotografieren; in die S. gucken, blinzeln; die um die S. kreisenden Planeten; sie lebten unter südlicher S. (geh.; *im Süden, in südlichen Breiten*); er ist der glücklichste Mensch unter der S. (geh.; *ist sehr glücklich*); **R** es gibt [doch] nichts Neues unter der S. (*auf der Welt;* nach Pred. 1, 9); die S. bringt es an den Tag (*ein Unrecht bleibt auf die Dauer nicht verborgen;* Titel und Kehrreim eines Gedichts von A. v. Chamisso [1781–1838]); **Spr** es ist nichts so fein gesponnen, es kommt doch an das Licht der -n *(auch was man ganz verborgen halten möchte, kommt eines Tages heraus, wird bekannt);* **Ü** die S. der Liebe, des Friedens, der Freiheit; *** keine S. sehen** (ugs.; *keine Aussicht auf Erfolg haben*); **b)** *Licht [u. Wärme] der Sonne; Sonnenstrahlen; Sonnenschein:* [eine] gleißende, sengende S.; die S. hat ihn gebräunt, hat sein Haar gebleicht; hier kommt die S. den ganzen Tag nicht hin; S. lag über dem Land (geh.; *das Land lag im Sonnenschein*); hier gibt es nicht viel S.; die S. meiden, nicht vertragen können; das Zimmer hat den ganzen Tag über S.; die Pflanzen kriegen hier nicht genug S.; Tomaten brauchen viel S.; etw. zum Trocknen an die S. legen; geh mir aus der S.! *(geh mir aus dem Licht!);* er legt sich stundenlang in die S.; in der [prallen] S. sitzen; etw. in der S. trocknen lassen; in der S. braten, sich von der/in der S. braten lassen (ugs.; *sich sonnen*); sich vor der, vor zu viel S. schützen; *** S. im Herzen haben** (veraltend; *ein fröhlicher Mensch sein*). **2.** (Astron.) *zentraler Stern eines Sonnensystems.* **3.** (seltener) **a)** kurz für ↑Heizsonne; **b)** kurz für ↑Höhensonne.
sọn|nen ⟨sw. V.; hat⟩ [mhd. sunnen = der Sonne aussetzen]: **1. a)** ⟨s. + sich⟩ *sich von der Sonne bescheinen lassen, ein Sonnenbad nehmen:* sich [auf dem Balkon] s.; die Katze liegt auf der Fensterbank und sonnt sich; ⟨schweiz. auch ohne »sich«:⟩ im Badeanzug s.; **b)** (landsch.) *etw. der Sonnenbestrahlung aussetzen, an, in die Sonne legen:* die Betten s. **2.** ⟨s. + sich⟩ *etw. selbstgefällig genießen:* sich in seinem Glück, Ruhm, Erfolg s.

Sọn|nen|al|ler|gie, die (Med.): *durch Sonnenlicht ausgelöste allergische Reaktion der Haut.*
Sọn|nen|an|be|ter, der (scherzh.): *jmd., der sich gern u. häufig in der Sonne aufhält, der sich gern u. häufig der Sonne aussetzt (um braun zu werden).*
Sọn|nen|an|be|te|rin, die: w. Form zu ↑Sonnenanbeter.
Sọn|nen|auf|gang, der: *das Aufgehen* (1) *der Sonne am Morgen:* S. ist morgen um sechs Uhr drei; den S. beobachten; kurz nach, eine Stunde vor S.; bei S.
Sọn|nen|bad, das: *das Einwirkenlassen des Sonnenlichts auf den [teilweise] unbedeckten Körper:* ein S. nehmen.
sọn|nen|ba|den ⟨sw. V.; hat; meist nur im Inf. u. 2. Part. gebr.⟩: *ein Sonnenbad, Sonnenbäder nehmen.*
Sọn|nen|bahn, die (Astron.): *Bahn, auf der sich die Sonne im Laufe eines Jahres durch den Tierkreis bzw. im Laufe eines Tages von Osten nach Westen über das Himmelsgewölbe zu bewegen scheint.*
Sọn|nen|ball, der (dichter.): vgl. Sonnenrad.
Sọn|nen|bank, die ⟨Pl. ...bänke⟩: *die Bräunung des ganzen Körpers bewirkendes, einer* [1]*Bank* (1) *ähnliches Gerät mit UV-Strahlung.*
Sọn|nen|bat|te|rie, die (Physik, Elektrot.): *flächenhaft angeordnete Vielzahl von Sonnenzellen, die Sonnenenergie in Elektroenergie umwandeln; Solarbatterie.*
sọn|nen|be|heizt ⟨Adj.⟩ (Technik): *mithilfe von Sonnenenergie beheizt:* ein -er Pool.
Sọn|nen|be|strah|lung, die: *Bestrahlung durch die Sonne* (1 a): das Material darf keiner [direkten, zu starken] S. ausgesetzt werden.
Sọn|nen|blen|de, die: **1.** *Blende* (1), *die Sonnenlicht abhält:* der Busfahrer klappte die S. herunter. **2.** (Fot.) *Aufsatz auf dem Objektiv einer Kamera zum Abschirmen schräg einfallenden Sonnenlichts; Gegenlichtblende.*
Sọn|nen|blu|me, die [nach der Gestalt der großen Blütenköpfe u. weil die Pflanze sich immer dem Sonnenlicht zuwendet]: *sehr hoch wachsende Pflanze mit rauen Blättern an einem dicken Stängel und einer großen, scheibenförmigen Blüte, bei der der Samenstand von einem Kranz relativ kleiner, leuchtend gelber Blütenblätter gesäumt ist; Helianthus.*
Sọn|nen|blu|men|kern, der ⟨meist Pl.⟩: *ölhaltiger Same der Sonnenblume:* -e kauen; die Vögel mit -en füttern.
Sọn|nen|blu|men|öl, das: *aus Sonnenblumenkernen gepresstes Speiseöl.*
Sọn|nen|brand, der: **1.** *durch zu starke Einwirkung der Sonne hervorgerufene starke Rötung od. Entzündung der Haut:* einen S. haben, bekommen; sie hat sich heute einen schweren S. geholt. **2.** *Zerstörung von Gewebe an Pflanzen durch übermäßig starke Sonneneinstrahlung.* **3.** (geh.) *Sonnenglut.*
Sọn|nen|bräu|ne, die: *durch Sonnenbestrahlung hervorgerufene braune Färbung der Haut:* eine leichte, natürliche S.; ihre S. ist echt.
Sọn|nen|bril|le, die: *Brille mit dunkel getönten Gläsern, die die Augen vor zu starker Helligkeit des Sonnenlichts schützen soll.*
Sọn|nen|creme, die: *Sonnenschutzcreme.*
Sọn|nen|dach, das: *Sonnensegel, Markise.*
Sọn|nen|deck, das: *oberstes, nicht überdachtes Deck auf Schiffen für Passagiere.*
sọn|nen|durch|flu|tet ⟨Adj.⟩ (geh.): *von Sonne durchflutet:* ein -er Raum.
Sọn|nen|ein|strah|lung, die (Met.): *Insolation* (1): eine hohe S.
Sọn|nen|ener|gie, die (Physik): *aus dem Innern der Sonne kommende u. von der Sonnenoberfläche abgestrahlte Energie; Solarenergie:* die S. nutzbar machen; S. in elektrische Energie umwandeln; Elektrizität aus S.; das Auto fährt mit S. *(mit aus Sonnenenergie gewonnener elektrischer Energie).*
Sọn|nen|farm, die (Technik): *Sonnenkraftanlage mit sehr vielen, auf großer Fläche angeordneten*

S

Sonnenkollektoren, in der Sonnenenergie in größerem Maße gewonnen wird.

Sọn|nen|fer|ne, die (Astron.): 1. *Aphel.* 2. *Ferne von der Sonne:* die große S. des Planeten.

Sọn|nen|fins|ter|nis, die [im 16. Jh. für mhd. sunnenvinster] (Astron.): *Finsternis (2), die eintritt, wenn die Sonne ganz od. teilweise durch den Mond verdeckt ist:* eine totale, partielle, ringförmige S.; eine S. beobachten.

Sọn|nen|fleck, Sọn|nen|fle|cken, der ⟨meist Pl.⟩: 1. (Astron.) *Gebiet auf der Sonnenoberfläche, das sich durch seine dunklere Färbung von der Umgebung abhebt.* 2. (seltener) *Sommersprosse.* 3. (geh.) *von der Sonne beschienene Stelle auf einer im Übrigen im Schatten liegenden Fläche.*

sọn|nen|ge|bräunt ⟨Adj.⟩: *von der Sonne* (1 b) *gebräunt.*

sọn|nen|ge|reift ⟨Adj.⟩ (bes. Werbespr.): *in der Sonne zur Reife gelangt:* -e Früchte, Tomaten.

Sọn|nen|glut, die: *große Sonnenhitze.*

Sọn|nen|gott, der (Myth.): *männliche Gottheit, die in Gestalt der Sonne verehrt wird.*

Sọn|nen|göt|tin, die: w. Form zu ↑Sonnengott.

sọn|nen|halb ⟨Adv.⟩ (schweiz.): *auf der Sonnenseite (eines Tals).*

Sọn|nen|hei|zung, die: *Heizungsanlage, die mit Sonnenenergie betrieben wird.*

sọn|nen|hell ⟨Adj.⟩ (dichter.): *hell von Sonnenlicht.*

Sọn|nen|hit|ze, die ⟨o. Pl.⟩: *Hitze, die durch Sonnenstrahlung entsteht.*

sọn|nen|hung|rig ⟨Adj.⟩ (emotional): *großes Verlangen nach Sonnenschein, sonnigem Wetter habend:* -e Urlauber.

Sọn|nen|hut, der [2: nach den breite Blätter aufweisenden großen Blüten]: 1. *leichter Hut mit breiterer Krempe als Schutz gegen die Sonne:* einen S. tragen, aufsetzen. 2. *(zu den Korbblütlern gehörende) hoch wachsende Pflanze mit strahlenförmigen, leuchtend gelben bis braunroten, in der Mitte meist tiefbraunen u. kegelförmig aufgewölbten Blüten.*

Sọn|nen|jahr, das (Astron.): *Zeitraum, innerhalb dessen die Erde alle Jahreszeiten durchläuft; Solarjahr.*

sọn|nen|klar ⟨Adj.⟩: 1. ['– – –] (geh.) *klar u. hell; voll Sonne.* 2. ['– –'–] (ugs.) *ganz eindeutig, offensichtlich; keinen Zweifel lassend:* ein -er Fall, Beweis; es ist doch s., dass er es war.

Sọn|nen|kol|lek|tor, der ⟨meist Pl.⟩ (Energietechnik): *Vorrichtung, mit deren Hilfe Sonnenenergie absorbiert wird; Solarkollektor.*

Sọn|nen|kraft|an|la|ge, die (Energietechnik): *Anlage, die mithilfe von Sonnenkollektoren Sonnenenergie in Wärmeenergie umwandelt* (z. B. Sonnenofen, -wärmekraftwerk).

Sọn|nen|kraft|werk, das: kurz für ↑Sonnenwärmekraftwerk.

Sọn|nen|ku|gel, die: *die Sonne als kugelförmiger Himmelskörper:* die Temperatur im Innern der S.

Sọn|nen|kult, der (Rel.): *Verehrung der Sonne als göttliches Wesen.*

Sọn|nen|licht, das ⟨o. Pl.⟩: *von der Sonne ausgehendes Licht:* grelles S.

sọn|nen|nah ⟨Adj.⟩ (Astron.): *der Sonne nah:* im -en Raum; Merkur hat eine extrem -e Bahn; der sonnennächste Punkt der Umlaufbahn.

Sọn|nen|nä|he, die (Astron.): 1. *Perihel.* 2. *Nähe zur Sonne:* die in extremer S. herrschende Strahlungsintensität.

Sọn|nen|ober|flä|che, die: *als Oberfläche der Sonnenkugel erscheinende Photosphäre der Sonne.*

Sọn|nen|öl, das: *Sonnenschutzöl.*

Sọn|nen|pflan|ze, die (Bot.): *Pflanze, die zu ihrem Wachstum eine hohe Lichtintensität braucht.*

Sọn|nen|pro|tu|be|ranz, die ⟨meist Pl.⟩ (Astron.): *Protuberanz* (1).

Sọn|nen|rad, das (oft geh.): *als Rad gedachte od. dargestellte Sonne.*

Sọn|nen|rös|chen, das [die Blüten öffnen sich nur bei Sonnenschein]: *als niedriger Strauch wachsende Pflanze mit kleinen, eiförmigen Blättern u. gelben, weißen od. roten kleineren Blüten, die in der Form der Heckenrose ähnlich sind.*

Sọn|nen|schei|be, die: *Scheibe, als die die Sonne am Himmel erscheint:* am Rand der S.

Sọn|nen|schein, der [mhd. sunne(n)schīn]: 1. ⟨o. Pl.⟩ *das Scheinen der Sonne:* Regen und S. wechselten sich ab; draußen ist, herrschte strahlender, schönster S.; bei S.; Ü es herrscht eitel S. *(es gibt keine Probleme, alle sind glücklich u. zufrieden).* 2. (fam.) *geliebtes Kind:* unser kleiner S.; (auch als Anrede:) mein kleiner S.!

Sọn|nen|schirm, der: *Schirm zum Schutz gegen Sonnenstrahlen:* einen S. mitnehmen.

Sọn|nen|schutz, der: *etw., was geeignet ist, als Schutz gegen Sonne zu dienen.*

Sọn|nen|schutz|creme, die: *Creme zum Einreiben der Haut, die die schädliche Wirkung der Sonnenbestrahlung abschwächt.*

Sọn|nen|schutz|mit|tel, das: *Mittel (in Form einer Creme, einer Lotion o. Ä.) zum Einreiben der Haut, das die schädliche Wirkung der Sonnenbestrahlung abschwächt.*

Sọn|nen|schutz|öl, das: *Öl zum Einreiben der Haut, das die schädliche Wirkung der Sonnenbestrahlung abschwächt.*

Sọn|nen|se|gel, das: 1. *aufspannbares Schutzdach aus Segeltuch zum Schutz gegen die Sonne.* 2. *(bislang nur als Konzept existierende) aus einer dünnen Folie bestehende großflächige segelartige Vorrichtung zur direkten Ausnutzung des von der Sonne ausgehenden Drucks der Strahlung für den Antrieb eines Raumflugkörpers.*

Sọn|nen|sei|te, die ⟨Pl. selten⟩: *sonnige, zur Sonne hin gelegene, am stärksten der Sonne ausgesetzte Seite von etw.:* Ü die S. *(angenehme, heitere Seite)* des Lebens.

sọn|nen|si|cher ⟨Adj.⟩: *erfahrungsgemäß überwiegend sonniges Wetter habend:* ein relativ -er Urlaubsort.

Sọn|nen|stand, der: *Stand der Sonne am Himmel.*

Sọn|nen|stäub|chen, das ⟨meist Pl.⟩: *in der Luft schwebendes Staubpartikel (das in einem in einen schattigen Bereich fallenden Sonnen- od. Lichtstrahl sichtbar wird).*

Sọn|nen|stich, der (Med.): *durch starke Sonnenbestrahlung verursachte Reizung der Hirnhaut mit starken Kopfschmerzen, Schwindel, Übelkeit u. a.:* einen S. haben, bekommen; * **einen S. haben** (salopp; ↑Stich 2): du hast wohl einen S.!

Sọn|nen|strahl, der: 1. ⟨Pl.⟩ *von der Sonne ausgehende [wärmende] Strahlen* (3): die auftreffenden -en werden reflektiert, absorbiert. 2. ⟨Pl. selten⟩ *von der Sonne herrührender Strahl* (1): durch den Türspalt fiel ein S. [ins Zimmer].

Sọn|nen|strah|lung, die ⟨o. Pl.⟩: *von der Sonne ausgehende Strahlung.*

Sọn|nen|stu|dio, das: *Bräunungsstudio.*

Sọn|nen|sys|tem, das; -s: *von der Sonne u. den sie umkreisenden Himmelskörpern gebildetes System samt dem von ihnen durchmessenen Raum u. der darin befindlichen Materie.*

Sọn|nen|tag, der: 1. *Tag mit sonnigem Wetter.* 2. (Astron.) *Zeitspanne zwischen zwei aufeinander folgenden Durchgängen der Sonne durch den Meridian.*

Sọn|nen|tau, der [das in der Sonne funkelnde Sekret ähnelt Tautropfen]: *Fleisch fressende Pflanze, deren in Form einer Rosette angeordnete Blätter ein Sekret ausscheiden, an dem Insekten haften bleiben u. dann verdaut werden.*

Sọn|nen|tier|chen, das: *Urtierchen von kugeliger Gestalt mit vielen, nach allen Seiten ausstrahlenden Füßen, die dem Beutefang dienen.*

Sọn|nen|uhr, die: *auf einer waagerechten od. senkrechten Fläche angeordnete Skala, auf der der Schatten eines zu ihr gehörenden Stabes die Stunden anzeigt.*

Sọn|nen|un|ter|gang, der: *Untergang* (1) *der Sonne am Abend.*

sọn|nen|ver|brannt ⟨Adj.⟩: *stark sonnengebräunt.*

Sọn|nen|wa|gen, der (Myth.): *Wagen des Sonnengottes, mit dem er über den Himmel fährt.*

Sọn|nen|wär|me, die: *Wärme, die von der Sonne ausgeht.*

Sọn|nen|wär|me|kraft|werk, das (Energietechnik): *Sonnenkraftanlage, in der mithilfe eines durch Sonnenenergie aufgeheizten* [1]*Mediums* (3) *u. angeschlossener Generatoren* (1) *elektrischer Strom erzeugt wird.*

Sọn|nen|war|te, die: *der Beobachtung der Sonne dienendes Observatorium.*

Sọn|nen|wen|de, die [mhd. sunne(n)wende = Umkehr der Sonne]: 1. ⟨auch: Sonnwende⟩ *Zeitpunkt, zu dem die Sonne während ihres jährlichen Laufs ihren höchsten bzw. tiefsten Stand erreicht; Solstitium.* 2. [1]*Heliotrop* (1).

Sọn|nen|wend|fei|er: ↑Sonnwendfeier.

Sọn|nen|wend|feu|er: ↑Sonnwendfeuer.

Sọn|nen|wind, der (Astron.): *ständig von der Sonne ausgehender Strom von Ionen u. Elektronen; Solarwind.*

Sọn|nen|zeit, die ⟨o. Pl.⟩: *dem scheinbaren täglichen Umlauf der Sonne um die Erde entsprechende Zeit, deren Maß die (jahreszeitlich unterschiedliche) wahre Länge eines Tages ist:* wahre S.; mittlere S. *(Zeit, die einem mit konstanter Geschwindigkeit in der Äquatorebene gedachten Umlauf der Sonne entspricht u. der Zeiteinteilung des Tages in 24 Stunden zugrunde liegt).*

Sọn|nen|zel|le, die (Physik, Elektrot.): *Element* (6) *aus bestimmten Halbleitern, das die Energie der Sonnenstrahlen in elektrische Energie umwandelt; Solarzelle.*

sọnn|ge|bräunt (österr., schweiz.): ↑sonnengebräunt.

sọn|nig ⟨Adj.⟩ [im 18. Jh. neben sönnig u. älter sonnicht; mhd. dafür sunneclich]: 1. a) *von der Sonne beschienen:* ein -es Plätzchen; eine -e Parkbank; die Pflanze braucht einen -en Standort; hier ist es mir zu s. *(ist zu viel Sonne);* b) *mit viel Sonnenschein verbunden:* -es Wetter; im -en Süden. 2. *von einer offenen, freundlichen Wesensart; heiter:* ein -er Mensch; ein -es Naturell haben; du hast [vielleicht] ein -es Gemüt! (iron.; *du bist sehr naiv*).

Sọnn|sei|te (österr., schweiz.): ↑Sonnenseite.

Sọnn|tag, der; -s, -e [mhd. sun(nen)tac, ahd. sunnūn tag, LÜ von lat. dies Solis; LÜ von griech. hēméra Hēlíou = Tag der Sonne]: *siebter Tag der mit Montag beginnenden Woche:* an Sonn- und Feiertagen geschlossen; * **Weißer Sonntag** *(Sonntag nach Ostern [an dem in der katholischen Kirche die Erstkommunion stattfindet];* nach kirchenlat. dominica in albis = Sonntag in der weißen Woche [= Osterwoche]; bis zu diesem Sonntag trugen in der alten Kirche die Ostern Getauften ihr weißes Taufkleid); vgl. Dienstag.

Sọnn|tag|abend usw.: vgl. Dienstagabend usw.

sọnn|tä|gig ⟨Adj.⟩: vgl. dienstägig.

sọnn|täg|lich ⟨Adj.⟩: 1. vgl. dienstäglich. 2. *dem Sonntag entsprechend:* eine -e Stille.

sọnn|tags ⟨Adv.⟩: vgl. dienstags: sonn- und feiertags.

Sọnn|tags-: 1. (veraltend od. leicht scherzh.) drückt in Bildungen mit Substantiven aus, dass etw. für besondere Anlässe bestimmt ist und deshalb etwas Besonderes darstellt: Sonntagsbluse, -essen. 2. (häufig abwertend) drückt in Bildungen mit Substantiven (meist Nomina Agentis) aus, dass jmd. eine bestimmte Tätigkeit nur gelegentlich, nicht sehr häufig ausübt und deswegen darin ungeübt ist: Sonntagsdichter, -gärtner.

Sọnn|tags|ar|beit, die ⟨o. Pl.⟩: *sonntags verrichtete Arbeit.*

Sọnn|tags|aus|flüg|ler, der: *jmd., der an einem Sonntag einen Ausflug unternimmt.*

Sọnn|tags|aus|flüg|le|rin, die: w. Form zu ↑Sonntagsausflügler.

Sọnn|tags|bei|la|ge, die: *meist hauptsächlich der Unterhaltung dienende Beilage zur Wochenendausgabe einer Tageszeitung.*

S

Sọnn|tags|bra|ten, der: *für die Hauptmahlzeit am Sonntag zubereiteter, vorgesehener Braten:* der traditionelle S.; im Backofen brutzelte schon der S.

Sọnn|tags|fah|rer, der (abwertend): *Autofahrer, der sein Auto nicht häufig benutzt u. darum wenig Fahrpraxis hat.*

Sọnn|tags|fah|re|rin, die: w. Form zu ↑Sonntagsfahrer.

Sọnn|tags|fahr|ver|bot, das: *an Sonntagen geltendes Verbot zu fahren:* das S. für Lastwagen gilt nur bis 22 Uhr.

Sọnn|tags|got|tes|dienst, der: *sonntäglicher Gottesdienst.*

Sọnn|tags|kind, das: **1.** *an einem Sonntag geborener Mensch, der als besonders vom Glück begünstigt gilt:* er, sie ist ein S. **2.** *Glückskind:* du S.!

Sọnn|tags|kleid, das (veraltend): *nur sonntags getragenes Kleid.*

Sọnn|tags|ru|he, die: **1.** *durch die Arbeitsruhe am Sonntag bedingte Stille auf den Straßen:* es herrscht S. **2.** *an Sonntagen eingehaltene [Arbeits]ruhe:* jmds. S. stören; die S. einhalten, verletzen.

Sọnn|tags|spa|zier|gang, der: *sonntäglicher Spaziergang.*

Sọnn|tags|staat, der ⟨o. Pl.⟩ (scherzh.): *Sonntagskleider.*

Sọnn|tags|zei|tung, die: *an Sonntagen erscheinende Zeitung.*

sọnn|ver|brannt (österr., schweiz.): ↑sonnenverbrannt.

Sọnn|wen|de: ↑Sonnenwende (1).

Sọnn|wend|fei|er, Sonnenwendfeier, die: *gewöhnlich mit dem Anzünden eines Sonnwendfeuers verbundene Feier der Sonnenwende.*

Sọnn|wend|feu|er, Sonnenwendfeuer, das [mhd. sunnewentviur]: *Feuer, das am Tag der Sonnenwende im Freien bes. auf Bergen angezündet wird.*

Son|ny|boy ['sʌnɪ..., auch: 'zɔni...], der; -s, -s [engl. sonny boy = (mein) Söhnchen, (mein) Junge (sonny = Kosef. von: son = Sohn)]: *junger Mann, der Charme u. eine unbeschwerte Fröhlichkeit ausstrahlt, dem die Sympathien zufliegen:* er ist ein [richtiger] S.

So|no|gra|fie: ↑Sonographie.

So|no|gra|phie̱, (auch:) Sonografie, die; -, -n [↑-graphie] (Med.): *Echographie.*

so|nor ⟨Adj.⟩ [frz. sonore < lat. sonorus = schallend, klangvoll, zu: sonor (Gen.: sonoris) = Klang, Ton, zu: sonare, ↑Sonant]: **1.** *voll- u. wohltönend, klangvoll:* eine -e Stimme; ein -es Lachen. **2.** (Sprachw.) *stimmhaft:* -e Konsonanten.

So|no̱r, der; -s, -e (Sprachw.): *stimmhafter Konsonant* (z. B. m, n, l, r).

So|no|ri|tä̱t, die; - (Sprachw.): *Klangfülle eines Lautes, Grad der Stimmhaftigkeit.*

So|nor|laut, der (Sprachw.): *Sonor.*

sọnst ⟨Adv.⟩ [mhd. su(n)st, sus(t), ahd. sus = so (aber, nicht); die heutige Bed. seit dem 14. Jh.]: **1. a)** *bei anderen Gelegenheiten, in anderen Fällen:* heute nicht, s. ja; was hast du denn, du bist doch s. nicht so empfindlich!; s. haben sie uns immer geholfen; da müssen sich die s. so klugen Experten wohl geirrt haben; er hat es wie s. *(wie üblich)* gemacht; hier ist alles noch wie s. *(wie immer);* **b)** *damals, früher einmal:* s. stand hier ein Hospiz. **2.** *darüber hinaus; abgesehen vom Genannten:* nur die beiden Regierungschefs, s. niemand; ich trinke nur Mineralwasser, s. nichts; s. ist dort alles unverändert; kommt s. noch jemand, s. noch wer?; darf es s. noch etwas sein?; habt ihr s. noch Fragen, Wünsche, Einwände?; du oder s. einer/s. jemand/s. wer (ugs.; *jeder Beliebige sonst*) kann das machen; er bildet sich ein, er ist s. jemand/s. was/s. wer (ugs.; *jemand Besonderes*); da hätte ja s. einer/s. jemand/s. was/s. wer (ugs.; oft abwertend; *irgendein übler Mensch*) ins Haus kommen können!; nimm einen Hammer oder s. was (ugs.; *irgendetwas anderes*); ich hätte fast s. was (ugs.; *etwas Schlimmes*) gesagt!; wenn wir früher losgegangen wären, könnten wir jetzt schon s. wo (ugs.; *ganz woanders, ganz weit weg*) sein; mein Mann ist s. wohin (ugs.; *irgendwohin*) gegangen; s. *(weiter)* nichts/nichts s.; R s. noch was?/[aber] s. gehts dir gut?/[aber] s. tut dir nichts weh? (salopp; drückt leicht empörte Ablehnung aus). **3.** *im andern Fall, andernfalls:* tu es jetzt, s. ist es zu spät; zieh dich warm an, s. erkältest du dich; wer, was, wie, wo [denn] s.?

sọnst ei|ner: s. sonst (2).

sọns|tig ⟨Adj.⟩: *sonst noch vorhanden, in Betracht zu ziehen; anderweitig* (1): sein -es Verhalten war gut; -es überflüssiges Gepäck; -er *(anderer, andersartiger)* angenehmer Zeitvertreib; mit -em unveröffentlichtem/(auch:) unveröffentlichten Material; bei Ausnutzung -er arbeitsfreier/(auch:) arbeitsfreien Tage.

sọnst je|mand, sọnst was, sọnst wer usw.: s. sonst (2).

so|ọft ⟨Konj.⟩: *jedes Mal wenn, immer wenn, wie oft auch immer:* s. er kam, brachte er Blumen mit; ich komme, s. du es wünschst; s. ich auch komme, er ist nie zu Hause.

Soo̱r, der; -[e]s, -e [H. u.; viell. zu mniederd. sōr, vgl. engl. sear = verdorrt < aengl. sēar] (Med.): *Pilzinfektion (bes. bei Säuglingen), die sich in grauweißem Belag bes. der Mundschleimhaut äußert.*

So|phịs|ma, das; -s, ...men [lat. sophisma < griech. sóphisma, zu: sophízesthai = ausklügeln, aussinnen, zu: sophós = geschickt, klug] (bildungsspr., seltener): *Sophismus.*

So|phịs|mus, der; -, ...men (bildungsspr.): *sophistischer* (1) *Gedanke; Täuschung bezweckender Trugschluss.*

So|phist, der; -en, -en [(m)lat. sophista, sophistes < griech. sophistḗs, zu: sophós, ↑Sophisma]: **1.** (bildungsspr. abwertend) *jmd., der sophistisch* (1) *argumentiert.* **2.** (Philos.) *Vertreter einer Gruppe griechischer Philosophen u. Rhetoren des 5. bis 4. Jh.s v. Chr., die als Erste den Menschen in den Mittelpunkt philosophischer Betrachtungen stellten u. als berufsmäßige Wanderlehrer Kenntnisse bes. in der Redekunst, der Kunst des Streitgesprächs u. der Kunst des Beweises verbreiteten.*

So|phis|te|rei̱, die; -, -en [mlat. sophistria (ars) = Kunst betrügerischer, blendender Rede] (bildungsspr. abwertend): *sophistisches Spiel mit Worten u. Begriffen, sophistische Argumentation; Haarspalterei.*

so|phis|ti|ca|ted [səˈfɪstɪkeɪtɪd] ⟨indekl. Adj.⟩ [engl. sophisticated, zu mlat. sophisticatum, 2. Part. von: sophisticare, zu lat. sophisticus, ↑sophistisch]: *weltgewandt, kultiviert; geistreich, intellektuell.*

So|phịs|tik, die; - [(m)lat. sophistica (ars) < griech. sophistikḗ (téchnē) = Kunst der Sophisterei, zu: sophistikós, ↑sophistisch]: **1.** (bildungsspr. abwertend) *sophistische* (1) *Denkart, Argumentationsweise:* politische S. **2.** (Philos.) **a)** *geistesgeschichtliche Strömung, deren Vertreter die Sophisten* (2) *waren;* **b)** *Lehre der Sophisten* (2).

So|phis|ti|ka|ti|o̱n, die; -, -en [mlat. sophisticatio = Täuschung] (Philos.): *Argumentation mithilfe von Scheinschlüssen; (bes. nach Kant) Argumentation, durch die eine in Wirklichkeit grundsätzlich unbeweisbare objektive Realität erschlossen werden soll.*

So|phịs|tin, die; -, -nen: w. Form zu ↑Sophist (1).

so|phịs|tisch ⟨Adj.⟩ [lat. sophisticus < griech. sophistikós]: **1.** (bildungsspr. abwertend) *spitzfindig, haarspalterisch [argumentierend], Sophismen benutzend, enthaltend:* ein -er Trick; -e Unterscheidungen; **2.** (Philos.) *zur Sophistik* (2) *gehörend, ihr eigentümlich.*

So|pot ['sɔ...]: poln. Name von ↑Zoppot.

so̱|pra ⟨Adv.⟩ [ital. sopra < lat. supra] (Musik): **1.** *oben* (z. B. in Bezug auf die Hand, die beim [Klavier]spiel übergreifen soll). **2.** *um ein angegebenes Intervall höher.*

So|pra̱n, der; -s, -e [ital. soprano (subst. Adj.), eigtl. = darüber befindlich; Oberer < mlat. superanus = darüber befindlich; überlegen, zu lat. super = oben, auf, über] (Musik): **1. a)** *hohe Singstimme; höchste menschliche Stimmlage:* da erklang ihr reiner S.; sie hat einen weichen, klaren S.; S. singen; **b)** ⟨o. Pl.⟩ *die hohen Frauen- od. Kindersingstimmen in einem Chor:* er, sie singt jetzt im S. mit. **2.** ⟨o. Pl.⟩ **a)** *[solistische] Sopranpartie in einem Musikstück:* den S. übernehmen; **b)** *Sopranstimme* (2) *in einem Chorsatz:* den S. einüben, studieren. **3.** *Sopranistin:* ein lyrischer, dramatischer S.; der S. ist erkrankt.

So|pra|nịst, der; -en, -en: *Sänger (meist Knabe) mit Sopranstimme.*

So|pra|nịs|tin, die; -, -nen: *Sängerin mit Sopranstimme; Sopran* (3).

So|pra̱n|la|ge, die: *Stimmlage des Soprans* (1 a).

So|pra̱n|par|tie, die: *für den Sopran* (1 a) *geschriebener Teil eines Musikstücks.*

So|pra̱n|stim|me, die: **1.** *Sopran* (1 a). **2.** *Noten für die Sopranisten, Sopranistinnen [in einem Chor].*

So|ra|bịs|tik, die; - [zu nlat. sorabicus = sorbisch]: *Wissenschaft, die die sorbische Sprache u. Literatur zum Gegenstand hat.*

so|ra|bịs|tisch ⟨Adj.⟩: *die Sorabistik betreffend.*

Sọr|be, der; -n, -n: Angehöriger einer westslawischen Volksgruppe.

Sor|bet ['zɔrbɛt, auch: zɔr'be:], der od. das; -s, -s, **Sor|bẹtt,** Scherbett, der od. das; -[e]s, -e [(frz. sorbet <) ital. sorbetto < türk. şerbet, aus dem Arab.] (Gastr.): **1.** *eisgekühltes Getränk aus gesüßtem Fruchtsaft od. Wein mit Eischnee od. Schlagsahne.* **2.** *Halbgefrorenes, zu dessen Zutaten Süßwein od. Spirituosen sowie gesüßter Eischnee od. Schlagsahne gehören.*

Sọr|bin, die; -, -nen: w. Form zu ↑Sorbe.

Sor|bi̱n|säu|re, die; -, -n [zu lat. sorbum = Frucht der Eberesche] (Chemie): *bes. als Konservierungsstoff für Lebensmittel dienende organische Säure, die vor allem in Vogelbeeren natürlich vorkommt.*

sọr|bisch ⟨Adj.⟩: zu ↑Sorbe.

Sọr|bisch, das; -[s], u. ⟨nur mit best. Art.:⟩ **Sọr|bi|sche,** das; -n: *die sorbische Sprache.*

Sor|bi̱t [auch: ...'bɪt], der; -s [zu lat. sorbum, ↑Sorbinsäure] (Chemie): *süß schmeckender Alkohol einer in Vogelbeeren, Kirschen u. anderen Früchten vorkommenden Form.*

Sor|di̱|ne, die; -, -n, **Sor|di̱|no,** der; -s, -s u. ...ni [vgl. con sordino] (Musik): *Dämpfer* (1).

sọr|do ⟨Adv.⟩ [ital. sordo < lat. surdus, ↑Sordun] (Musik): *gedämpft.*

Sor|du̱n, der od. das; -s, -e [ital. sordone, zu: sordo < lat. surdus = kaum hörbar, eigtl. = taub]: **1.** *(im 16. u. 17. Jh. gebräuchliches) mit Fagott u. Oboe verwandtes, gedämpft klingendes Blasinstrument mit doppeltem Rohrblatt.* **2.** *dunkel klingendes Orgelregister.*

Sọr|ge, die; -, -n [mhd. sorge, ahd. sorga, eigtl. = Kummer, Gram]: **1.** *(durch eine unangenehme, schwierige, gefahrvolle Situation hervorgerufene) quälende Gedanken; bedrückendes Gefühl der Unruhe u. Angst:* drückende, ernste -n; wirtschaftliche, gesundheitliche, häusliche -n; ihn peinigen schwere -n; auf ihm lastet die bange S. um den Arbeitsplatz; meine S. ist groß, dass er wieder fällt; keine S. *(nur ruhig),* wir schaffen das schon!; ich habe [große] S., ob du das durchhältst *(ich fürchte, du hältst es nicht durch);* ich habe keine S. *(ich bin zuversichtlich),* dass er die Prüfung besteht; sich um jmdn., etw. S., [keine] -n machen; deine Gesundheit macht, bereitet mir [ernstlich] -en; mach dir darum, darüber, deswegen keine -n; jmds. geheime -n und Nöte kennen; jmds. -n [nicht] teilen; seine -n in Alkohol ertränken; jmdm. die -n vertreiben; seine -n vergessen; diese S. sind wir endlich, wenigstens los; um jmdn., jmds. Gesundheit sehr in S. *(sehr besorgt)* sein; etw. erfüllt jmdn. mit S.; R der hat -n! (ugs. iron.; *er regt sich über belanglose, unwichtige Dinge auf*); deine -n möchte ich haben! (ugs. iron.; *du regst dich über belanglose, unwichtige Dinge auf*). **2.** ⟨o. Pl.⟩ *Bemühen um*

S

jmds. Wohlergehen, um etw.; Fürsorge: die S. füreinander; die gegenseitige S.; die S. für die Familie fordert all ihre Kräfte; die Zukunft seiner Kinder war seine größte S.; das ist seine S. *(darum muss er sich kümmern);* das lass nur meine S. sein *(dafür werde ich sorgen; dafür übernehme ich die Verantwortung);* sie wacht mit mütterlicher S. bei dem kranken Kind; erfüllt von liebender S.; * **für jmdn., etw./** (schweiz. auch:) **jmdm., einer Sache S. tragen** (geh.: *für jmdn., etw. sorgen*): tragen Sie bitte S. dafür, dass das nicht wieder vorkommt.

sor|gen ⟨sw. V.; hat⟩ [mhd. sorgen, ahd. sorgēn]: **1.** ⟨s. + sich⟩ *sich Sorgen machen, besorgt, in Sorge sein:* sich sehr, wegen jeder Kleinigkeit s.; sich um jmdn., etw. s.; du brauchst dich nicht zu s., dass mir etwas passiert. **2. a)** *sich um jmds. Wohlergehen kümmern, die Pflichten auf sich nehmen, die zur Erhaltung od. zum Gedeihen einer Sache erfüllt werden müssen:* gut, vorbildlich, schlecht für jmdn. s.; sie sorgt liebevoll für ihre Schützlinge; für Kinder und Alte muss besonders gesorgt werden; wer sorgt während unserer Abwesenheit für den Garten?; **b)** *sich bemühen, dass etw. vorhanden ist, erreicht wird:* für das Essen, für eine gute Ausbildung, für jmds. Unterhalt, für Ruhe und Ordnung s.; es ist für alles [Notwendige] gesorgt; für die Zukunft der Kinder ist gesorgt *(Vorsorge getroffen worden);* **c)** (verblasst) *bewirken, zur Folge haben, hervorrufen:* sein Auftritt sorgte für eine Sensation.

Sor|gen|bre|cher, der (ugs. scherzh.): *Alkohol, bes. Wein, als etw., was die Sorgen vertreibt u. die Stimmung hebt.*

Sor|gen|fal|te, die ⟨meist Pl.⟩: *Falte auf der Stirn als Ausdruck von jmds. Sorgen.*

sor|gen|frei ⟨Adj.⟩ [mhd. sorgenvrī]: *frei von Sorgen:* eine -e Zukunft; s. leben.

Sor|gen|kind, das: *Kind, das den Eltern viel Sorge bereitet:* er war von Anfang an ihr S.

sor|gen|los ⟨Adj.⟩: *ohne Sorgen.*

sor|gen|voll ⟨Adj.⟩: *voller Sorgen, mit großer Sorge:* er beobachtet die Entwicklung s.

Sor|ge|recht, das ⟨o. Pl.⟩ (Rechtsspr.): *in der Regel den Eltern zustehendes Recht, ein minderjähriges Kind zu erziehen, zu beaufsichtigen, seinen Aufenthalt zu bestimmen u. a.:* das S. für die beiden Kinder wurde der Mutter zugesprochen, ging auf den Vormund über.

Sorg|falt, die; - [rückgeb. aus ↑sorgfältig]: *Genauigkeit, Gewissenhaftigkeit, große Behutsamkeit [beim Arbeiten, Hantieren]:* hier fehlt es an der nötigen S.; ihr solltet eure Schulaufgaben mit mehr S. erledigen.

sorg|fäl|tig ⟨Adj.⟩ [spätmhd. sorcveltic = sorgenvoll, eigtl. wohl = mit Sorgenfalten auf der Stirn; die heutige Bed. zuerst im 14. Jh. im Niederd. u. Md.]: *voller Sorgfalt, von Sorgfalt zeugend:* eine -e Arbeit; ein sehr zuverlässiger und -er Mensch; er ist ein sehr -er Arbeiter; ich muss Sie bitten, [dabei] künftig etwas -er zu sein; sie ist, arbeitet, schreibt sehr s.; das muss s. vorbereitet werden.

sorg|lich ⟨Adj.⟩ [mhd. sorclich, ahd. sorglīh, urspr. = Sorge erregend, bedenklich; besorgt] (veraltend): **1.** *fürsorglich.* **2.** *sorgfältig.*

sorg|los ⟨Adj.⟩: **a)** *ohne Sorgfalt; unachtsam:* es ist unverantwortlich, wie s. er mit den kostbaren Gegenständen, mit seiner Gesundheit umgeht; **b)** *unbekümmert, ohne sich Sorgen zu machen:* ein fröhliches, -es Leben; er lebt s. in den Tag hinein.

Sorg|lo|sig|keit, die; -: *das Sorglossein.*

sorg|sam ⟨Adj.⟩ [mhd. sorcsam, ahd. sorgsam, urspr. = Sorge erregend, bedenklich; besorgt] (geh.): *sorgfältig u. bedacht:* ein -es Vorgehen; eine -e Betreuung des Kranken; mit Dias s. umgehen.

Sorg|sam|keit, die; -: *das Sorgsamsein.*

So|ro|rat, das; -[e]s [zu lat. soror = Schwester] (Völkerk.): *Sitte, dass ein Mann nach dem Tode seiner Frau (bei einigen Völkern auch [gleichzeitig] zu ihren Lebzeiten) deren Schwester[n] heiratet.*

Sorp|ti|on, die; -, -en [gek. aus ↑Absorption] (Chemie, Physik): *selektive Aufnahme eines Gases od. gelösten Stoffes durch einen porösen festen od. einen flüssigen Stoff.*

Sor|te, die; -, -n [ital. sorta (wohl < frz. sorte) = Art, Qualität < lat. sors (Gen.: sortis) = Los(stäbchen); Stand, Rang; Art u. Weise; schon mniederd. sorte < mniederl. sorte < frz. sorte]: **1.** *Art, Qualität (einer Ware, einer Züchtung o. Ä.), die sich durch bestimmte Merkmale od. Eigenschaften von anderen Gruppen der gleichen Gattung unterscheidet:* eine edle, gute, schmackhafte, strapazierfähige, wohlschmeckende, billige, minderwertige S.; diese S. [von] Rosen braucht viel Sonne; Stoffe aller -n, in allen -n; bei dieser S. [Zigarren] will ich bleiben; bitte auch noch ein Pfund von der anderen S.; **Ü** in allen -n und Preislagen; er ist eine seltsame S. [Mensch] (ugs.; *ein seltsamer Mensch*); ein Mädchen von der netten S. (ugs.; *ein nettes Mädchen*). **2.** ⟨Pl.⟩ *Devisen* (2 b).

Sor|ten|ge|schäft, das, **Sor|ten|han|del,** der (Bankw.): *Geschäft, Handel mit Sorten* (2).

Sor|ten|markt, der (Bankw.): vgl. Sortenhandel.

Sor|ten|pro|duk|ti|on, die (Wirtsch.): *Art der Fertigung, bei der verschiedene Sorten eines Erzeugnisses od. verschiedene Waren auf gleicher Grundlage mit den Vorteilen einer Massenproduktion hergestellt u. erst gegen Ende des Prozesses zu einem reichhaltigeren Angebot differenziert werden.*

Sor|ten|ver|zeich|nis, das, **Sor|ten|zet|tel,** der (Kaufmannsspr.): *Liste, auf der die lieferbaren Waren [mit Preisen] verzeichnet sind.*

Sor|ter [ˈsɔːtə], der; -s, - [engl. sorter, zu: to sort = sortieren]: *Sortiermaschine.*

sor|tie|ren ⟨sw. V.; hat⟩ [ital. sortire < lat. sortiri = (er)losen, auswählen, zu: sors, ↑Sorte]: *nach Art, Farbe, Größe, Qualität o. Ä. sondern, ordnen:* Waren, Fotos, Bilder, Briefmarken, Briefe s.; die Stücke werden nach der Größe sortiert; etw. alphabetisch, maschinell s.; die Wäsche in den Schrank, das Besteck in die Fächer s. *(einsortieren);* **Ü** ich muss erst mal meine Gedanken s.

Sor|tie|rer, der; -s, -: **a)** *Arbeiter, der Waren, Werkstücke, Materialien u. Ä. sortiert;* **b)** *Arbeiter an einer Sortiermaschine;* **c)** *Sortiermaschine.*

Sor|tie|re|rin, die; -, -nen: w. Form zu ↑Sortierer (a, b).

Sor|tier|ma|schi|ne, die: *Maschine zum automatischen Sortieren.*

sor|tiert ⟨Adj.⟩: **1.** *ein entsprechendes [Waren]angebot aufweisend:* ein reich -es Lager; eine gut -e Buchhandlung; der Laden ist schlecht s.; dieses Geschäft ist sehr gut in französischen Rotweinen s. **2.** *erlesen, ausgewählt, hochwertig:* -e Ware; reine Brasilzigarren, s.

Sor|tie|rung, die; -, -en: **1.** ⟨o. Pl.⟩ *das Sortieren:* die S. erfolgt nach der Größe. **2.** *Reichtum an Sorten, Sortiment* (1).

Sor|ti|ment, das; -[e]s, -e [älter ital. sortimento, zu: sortire, ↑sortieren]: **1.** *Gesamtheit von Waren, die [in einem Geschäft] zur Verfügung stehen; Warenangebot:* ein reiches, vielseitiges S.; wir wollen unser S. [an Lebensmitteln] vergrößern, erweitern. **2. a)** kurz für ↑Sortimentsbuchhandel; **b)** (seltener) kurz für ↑Sortimentsbuchhandlung.

Sor|ti|men|ter, der; -s, - (Jargon): *in einem Sortiment* (2) *tätiger Buchhändler.*

Sor|ti|men|te|rin, die; -, -nen: w. Form zu ↑Sortimenter.

Sor|ti|ments|buch|han|del, der: *Zweig des Buchhandels, der in Läden für den Käufer ein Sortiment von Büchern aus den verschiedenen Verlagen bereithält.*

Sor|ti|ments|buch|hand|lung, die: *Buchhandlung, in der der Kunde Bücher aus beliebigen Verlagen einzeln aussuchen, kaufen od. bestellen kann.*

SOS [ɛsloːˈɛs], das; - [gedeutet als Abk. für engl. save our ship (od. souls) = rette(t) unser Schiff (od. unsere Seelen)]: *internationales [See]notsignal:* SOS funken.

so|sehr ⟨Konj.⟩: *wie sehr ... auch; wenn ... auch noch so:* wir müssen die Veranstaltung absagen, s. ich es bedaure.

So|sein, das (Philos.): *Essenz* (1 b).

so|so: I. ⟨Gesprächspartikel⟩ **a)** dient dazu, eine Information, an der man nicht interessiert ist, die einem gleichgültig ist, zu bestätigen; drückt aus, dass man dem Gesagten relativ gleichgültig gegenübersteht: »Die Kinder haben schön gespielt.« – »Soso, das ist recht.«; **b)** drückt aus, dass man an einer Information Zweifel hat, dass man etwas zweifelnd od. missbilligend zur Kenntnis nimmt: s., du warst gestern krank; »Wir haben die ganze Nacht nur Musik gehört.« – »Soso, Musik gehört!« **II.** ⟨Adv.⟩ (ugs.) *nicht [gerade] gut; leidlich, mittelmäßig:* »Wie geht es dir?« – »Soso.«.

SOS-Ruf, der: *Funkspruch, der SOS sendet:* der S. wurde nicht gehört; einen S. aussenden, empfangen.

So|ße, (fachspr.:) Sauce, die; -, -n [frz. sauce = Tunke, Brühe < vlat. salsa = gesalzen(e Brühe), zu lat. salsus = gesalzen, zu: sal = Salz; schon mhd. salse < vlat. salsa]: **1.** *flüssige bis sämig gebundene Beigabe zu verschiedenen* [2]*Gerichten, Salaten, Nachspeisen o. Ä.:* eine würzige, scharfe S.; **Ü** ein Parteiprogramm mit einer ökologischen S. überziehen; draußen ist eine dicke, furchtbare S. (ugs.: *starker Nebel*). **2.** (salopp abwertend) *feuchter, breiiger Schmutz; Schmutzwasser.*

So|ßen|löf|fel, der: *kleinerer Schöpflöffel mit Schnabel* (3).

sost. = sostenuto.

sos|te|nu|to ⟨Adv.⟩ [ital. sostenuto, zu: sostenere = tragen, stützen < lat. sustinere] (Musik): **a)** *(im Hinblick auf das Fortklingenlassen eines Tons) gleichmäßig;* **b)** *(im Hinblick auf das Tempo) etwas langsamer, getragener:* andante s. (Abk.: sost.).

So|ter, der; -, -e [lat. soter < griech. sōtḗr = (Er)retter, Heiland, zu: sṓzein = (er)retten]: **a)** (christl. Rel.) *Ehrentitel für Jesus Christus;* **b)** *Titel für Herrscher u. Beiname von Göttern der [hellenistischen u. römischen] Antike.*

sott: ↑sieden.

söt|te: ↑sieden.

sot|to ⟨Adv.⟩ [ital. sotto = unter < lat. subtus = unten] (Musik): *(beim Klavierspiel mit gekreuzten Händen) unter der anderen Hand zu spielen.*

sot|to vo|ce [- ˈvoːtʃə] ⟨Adv.⟩ [ital. sotto voce, eigtl. = unter der Stimme] (Musik): *mit gedämpftem Ton u. äußerster Zurückhaltung in Dynamik u. Ausdruck [zu singen, zu spielen];* Abk.: s. v.

Sou [su], der; -, -s [frz. sou < spätlat. solidus, ↑Sold]: **a)** (früher) *französische Münze im Wert von 5 Centimes;* **b)** (bildungsspr. veraltend) *Münze, Geldstück von geringem Wert:* noch ein paar -s haben; dafür gebe ich keinen S. aus.

Sou|bret|te [zu..., auch: su...], die; -, -n [frz. soubrette, eigtl. = verschmitzte Zofe (als Vertraute ihrer Herrin), zu provenz. soubret = geziert, zu lat. superare = übersteigen, zu viel sein] (Musik, Theater): **a)** *naiv-heiteres, komisches Rollenfach für Sopran in Operette, Oper, Singspiel:* die S. übernehmen; **b)** *auf die Soubrette* (a) *spezialisierte Sopranistin.*

Sou|chong [ˈzuːʃɔŋ, auch: ˈsuː...], der; -[s], -s [engl. souchong, zu chines. xiao = klein u. zhong = Sorte]: *chinesischer Tee mit größeren, breiten Blättern.*

Souf|flé, (auch:) **Souf|flee** [zuˈfleː, auch: su...], das; -s, -s [frz. soufflé, eigtl. = der Aufgeblasene, zu: souffler, ↑soufflieren] (Gastr.): *Auflauf.*

Souf|fleur [...ˈfløːɐ̯], der; -s, -e [frz. souffleur, zu: souffler, ↑soufflieren] (Theater): *Mitarbeiter eines Theaters, der während einer Vorstellung im Souffleurkasten sitzt und souffliert* (Berufsbez.).

Souf|fleur|kas|ten, der (Theater): *in der Mitte der*

S

Rampe (2) verdeckt eingelassene, halb offene Kabine, in der der Souffleur, die Souffleuse während einer Vorstellung sitzt.

Souf|fleu|se [...ˈflø:zə], die; -, -n [frz. souffleuse] (Theater): w. Form zu ↑Souffleur.

souf|flie|ren ⟨sw. V.; hat⟩ [frz. souffler, eigtl. = blasen, flüsternd zuhauchen < lat. sufflare = (an-, hinein)blasen, zu: sub = unter u. flare = wehen, blasen]: **a)** *als Souffleur, Souffleuse tätig sein;* **b)** *einem Schauspieler, einer Schauspielerin den Rollentext flüsternd vorsprechen:* dem Schauspieler beim Monolog, die vergessene Textstelle s.; Ü er soufflierte seinem Nebenmann die Antwort.

Soul|fla|ki, der; -[s], -[s] [ngriech. soubláki = kleiner Spieß] (Kochk.): *(in der griechischen Küche) kleiner Fleischspieß.*

Soul [soʊl], der; -s [engl. soul, eigtl. = Inbrunst, Seele, verw. mit ↑Seele]: **a)** *expressiver afroamerikanischer Musikstil als bestimmte Variante des Rhythm and Blues:* die Band spielt Blues und S.; er begeistert das Publikum mit sanftem S.; **b)** *auf Soul* (a) *getanzter Paartanz:* sie tanzten Beat und S.

Soul|mu|sik, die; -: *Soul* (a).

Sound [saʊnd], der; -s, -s [engl. sound, eigtl. = Schall < mengl. soun < (a)frz. son < lat. sonus = Schall]: *(im Jazz u. in der Rockmusik) für einen Instrumentalisten, eine Gruppe od. einen Stil charakteristischer Klang, charakteristische Klangfarbe:* ein weicher, harter S.; ich habe die Gruppe sofort am S. erkannt; Ü der Walkman, die Anlage hat einen hervorragenden S. *(Klang);* Rockmusik im S. *(musikalischen Stil)* der 70er-Jahre.

Sound|kar|te [ˈsaʊnd...], die [engl. sound card, aus sound (↑Sound) u. card = (Steck)karte] (EDV): *spezielle Steckkarte, die der Wiedergabe von Tönen bei Computern dient.*

so|und|so (ugs.): **I.** ⟨Adv.; vorangestellt⟩ *von einer Art u. Weise, deren Beschreibung im gegebenen Zusammenhang nicht wichtig erscheint od. die aus anderem Grunde nicht benannt wird* (meist in mündlicher Rede): wenn etwas s. groß, lang, breit ist, s. viel kostet, dann ...; ich habe ihm s. oft *(schon sehr oft)* gesagt, er soll pünktlich kommen. **II.** ⟨Adj.; nachgestellt⟩ steht anstelle einer genaueren Bezeichnung, eines Namens, eines Zahlworts o. Ä., deren Nennung im gegebenen Zusammenhang nicht wichtig erscheinen od. die aus anderem Grunde nicht mitgeteilt werden: Hausnummer, Paragraph s.; Familienstand, Staatsangehörigkeit s.

so|und|so|vielt... ⟨Ordinalz.⟩ (ugs.): steht anstelle einer genauen Zahl, die im Zusammenhang nicht wichtig erscheint od. die aus anderem Grunde nicht mitgeteilt wird: am soundsovielten Januar.

Sound|track [ˈsaʊndtræk], der; -s, -s [engl. soundtrack, eigtl. = Tonspur] (Jargon): **a)** *Zusammenstellung der für einen Film eingespielten od. zusammengestellten Musikaufnahmen (auf Schallplatte o. Ä.):* den S. zu dem Film gibt es als CD; **b)** *Filmmusik.*

Sou|per [zuˈpe:, auch: su...], das; -s, -s [frz. souper (subst. Inf.), ↑soupieren] (geh.): *festliches Abendessen [mit Gästen]:* ein S. geben; jmdn. zum S. einladen.

sou|pie|ren ⟨sw. V.; hat⟩ [frz. souper, eigtl. = eine Suppe zu sich nehmen, zu: soupe = Suppe] (geh.): *ein Souper einnehmen:* bei, mit jmdm. s.

Sou|sa|phon, (auch:) **Sou|sa|fon**, das; -s, -e [nach dem amerik. Komponisten J. Ph. Sousa (1854–1932) u. ↑-phon]: *(in der Jazzmusik verwendetes) Blechblasinstrument mit kreisförmig gewundenem Rohr, das der Spieler um den Oberkörper trägt.*

Sous|chef [ˈzu:..., auch: ˈsu...], der; -s, -s [frz. souschef, aus: sous = unter u. chef = Chef, Vorsteher]: **1.** (Gastr.) *Stellvertreter des Küchenchefs.* **2.** (schweiz.) *Stellvertreter des Bahnhofsvorstandes.*

Sous|che|fin, die; -, -nen: w. Form zu ↑Souschef.

Sou|ta|ne [zu..., auch: su...], die; -, -n [frz. soutane < ital. sottana, eigtl. = Untergewand, zu: sottano = unter, unterst, zu: sotto, ↑sotto] (früher): *knöchellanges Obergewand des katholischen Geistlichen.*

Sou|ter|rain [ˈzu:tɛrɛ̃, auch: ˈsu:...], das, landsch.: der; -s, -s [frz. souterrain, zu: souterrain = unterirdisch < lat. subterraneus, zu: sub = unter(halb) u. terra = Erde]: *Kellergeschoss.*

South Ca|ro|li|na [ˈsaʊθ kærəˈlaɪnə]; -s: Bundesstaat der USA.

South Da|ko|ta [ˈsaʊθ dəˈkoʊtə]; -s: engl. Form von ↑Süddakota.

Sou|ve|nir [zuvə..., auch: su...], das; -s, -s [frz. souvenir, eigtl. = Erinnerung, zu: se souvenir = sich erinnern < lat. subvenire = einfallen, in den Sinn kommen]: *kleiner Gegenstand, den jmd. zur Erinnerung an eine Reise erwirbt, der jmdm. als Andenken* (2) *geschenkt wird:* eine Miniatur des Eiffelturms als S. aus Paris; [sich] ein S., etw. als S. mitnehmen; Ü die Narbe ist ein S. aus dem Zweiten Weltkrieg (scherzh.; *stammt von einer Verwundung im Zweiten Weltkrieg*).

Sou|ve|nir|la|den, der ⟨Pl. ...läden⟩: *Geschäft, in dem man Souvenirs, Reiseandenken kaufen kann.*

sou|ve|rän [zuvə..., auch: su...] ⟨Adj.⟩ [frz. souverain < mlat. superanus = darüber befindlich, überlegen, zu lat. super = oben, auf, darüber]: **1.** *(auf einen Staat od. dessen Regierung bezogen) die staatlichen Hoheitsrechte ausübend; Souveränität besitzend:* ein -er Staat; das Land ist erst seit wenigen Jahren s. **2.** (veraltend) **a)** *unumschränkt:* ein -er Herrscher, Monarch; **b)** *uneingeschränkt:* die -en Rechte eines Staates. **3.** (geh.) *(aufgrund seiner Fähigkeiten) sicher u. überlegen (im Auftreten u. Handeln):* s. sein; etw. s. beherrschen; die Lage s. meistern.

Sou|ve|rän, der; -s, -e [frz. souverain]: **1.** (veraltend) *unumschränkter Herrscher, Fürst eines Landes.* **2.** (schweiz.) *Gesamtheit der [eidgenössischen, kantonalen od. kommunalen] Stimmbürger.*

Sou|ve|rä|ni|tät, die; - [frz. souveraineté, zu: souverain, ↑souverän]: **1.** *höchste Gewalt; Oberhoheit des Staates:* die staatliche S.; **2.** *Unabhängigkeit eines Staates (vom Einfluss anderer Staaten):* die S. eines Landes verletzen, respektieren; das Land hat seine S. erlangt. **3.** (geh.) *das Souveränsein* (3); *Überlegenheit, Sicherheit:* sie hat die schwierige Aufgabe mit großer S. bewältigt.

Sou|ve|rä|ni|täts|an|spruch, der: *Anspruch eines Landes auf Souveränität* (2).

so|viel ⟨Konj.⟩: **1.** *nach dem, was:* s. ich weiß/mich erinnere, s. mir bekannt ist, kommt er heute; es geht gut voran, s. ich sehe. **2.** *in wie großem Maß auch immer:* s. er sich auch abmüht, er kommt zu keinem Ergebnis.

so viel: s. so (I 2 c).

so|viel|mal ⟨Konj.⟩: *so viele Male; sooft:* s. er es auch versuchte, es war vergebens.

Sow|chos [ˈzɔfçɔs; –ˈ–], der od. das; -, ...ose, **Sow|cho|se**, die; -, -n [russ. sovhoz, gek. aus: sovetskoe hozjajstvo = Sowjetwirtschaft]: *staatlicher landwirtschaftlicher Großbetrieb in der ehemaligen UdSSR.*

so|weit ⟨Konj.⟩: **1.** *nach dem, was; soviel* (I 1): s. ich weiß, ist er verreist; er ist wieder gesund, s. mir bekannt ist. **2.** *in dem Maße, wie:* s. ich es beurteilen kann, geht es ihm gut; s. ich dazu in der Lage bin, will ich gern helfen; alle Beteiligten, s. ich sie kenne, waren Fachleute.

so weit: s. so (I 2 a).

so|we|nig ⟨Konj.⟩: *in wie geringem Maß auch immer:* s. er auch davon weiß, er will immer mitreden.

so we|nig: s. so (I 2 c).

so|wie ⟨Konj.⟩: **1.** dient der Verknüpfung von Gliedern einer Aufzählung: *und [außerdem], und auch, wie auch:* er s. seine Frau war/waren da. **2.** drückt aus, dass sich ein Geschehen unmittelbar nach od. fast gleichzeitig mit einem anderen vollzieht: *gleich, wenn; in dem Augenblick, da ...; sobald:* er wird es dir geben, s. er damit fertig ist; s. sie uns sahen, liefen sie weg.

so|wie|so ⟨Adv.⟩: **a)** *unabhängig davon, auch so, auch ohne das; ohnedies, ohnehin:* das brauchst du ihm nicht zu sagen, das weiß er s. schon; du kannst es mir mitgeben, ich gehe s. dahin; das s.! (ugs.; *das versteht sich von selbst*); **b)** *unvermeidlicherweise, unabänderlicherweise, ohne jeden Zweifel, in jedem Falle:* das versteht er s. nicht; das macht nichts, ich hätte s. keine Zeit gehabt; sie gewinnt, verliert s.

So|wie|so: für einen unbekannten od. aus anderem Grunde nicht genannten Personen-, bes. Familiennamen eingesetztes Element: ⟨meist mit vorangestelltem »Frau«, »Herr« usw.:⟩ das hat Herr S. bereits erledigt.

Sow|jet [auch: ˈzɔvjɛt], der; -s, -s [russ. sovet = Rat] (hist.): **1.** russ. Bez. für ↑[Arbeiter-und-Soldaten-]Rat: der Petrograder S. **2.** *(in der Sowjetunion) Behörde od. Organ der Verwaltung:* ein städtischer, ländlicher S.; der Oberste S. *(oberste Volksvertretung der Sowjetunion).* **3.** ⟨Pl.⟩ *Sowjetunion:* 1961 gelang den -s der erste bemannte Raumflug.

Sow|jet|bür|ger, der: Ew. zu ↑Sowjetunion.

Sow|jet|bür|ge|rin, die: w. Form zu ↑Sowjetbürger.

sow|je|tisch ⟨Adj.⟩: zu ↑Sowjetunion: -es Hoheitsgebiet; die -e Hauptstadt, Grenze, Regierung.

sow|je|ti|sie|ren ⟨sw. V.; hat⟩ (oft abwertend): *nach dem Muster der Sowjetunion organisieren, umstrukturieren:* die Landwirtschaft s.

Sow|je|to|lo|gie, die; - [↑-logie]: *wissenschaftliche Erforschung der Sowjetunion.*

Sow|jet|re|gie|rung, die: *Regierung der Sowjetunion, Sowjetrusslands* (2).

Sow|jet|re|pu|blik, die: **a)** *Gliedstaat der Sowjetunion:* die Kirgisische Sozialistische S.; die zwanzig Autonomen Sozialistischen -en; **b)** (hist.) *Republik, in der die politische Macht von Sowjets* (1) *ausgeübt wird; Räterepublik:* eine S. ausrufen.

sow|jet|rus|sisch ⟨Adj.⟩: zu ↑Sowjetrussland.

Sow|jet|russ|land; -s: **a)** (ugs.) *Sowjetunion;* **b)** (hist.) *bolschewikisches, kommunistisches Russland (vor Gründung der Sowjetunion).*

Sow|jet|stern, der: *roter Stern mit fünf Zacken als Symbol der Sowjetunion.*

Sow|jet|uni|on, die; -: Staat in Osteuropa u. Nordasien (1922–1991); Abk.: SU; vgl. auch UdSSR.

Sow|jet|zo|ne, die: **a)** *sowjetische Besatzungszone (in Deutschland nach dem Zweiten Weltkrieg);* **b)** (veraltet, oft abwertend) *DDR.*

so|wohl ⟨Konj.⟩: nur in der Verbindung **s. ... als/wie [auch] ...** *(nicht nur ..., sondern auch;* verbindet nebengeordnete gleichartige Satzteile, Aufzählungsglieder u. betont dabei nachdrücklich, dass jedem von ihnen gleiches Gewicht zukommt): s. er wie [auch] sie waren/(seltener:) war erschienen; sie spricht s. Englisch als [auch] Französisch als [auch] Italienisch; ein Zimmer, in dem das Kind s. schläft als auch spielt als auch seine Schularbeiten macht.

So|zi, der; -s, -s (ugs., auch abwertend): *Sozialist, Sozialdemokrat, bes. Mitglied einer sozialistischen, sozialdemokratischen Partei.*

so|zi|a|bel ⟨Adj.; ...abler, -ste⟩ [frz. sociable < lat. sociabilis = gesellig, verträglich, zu: socius, ↑Sozius] (Soziol.): *fähig, willig, sich in die Gesellschaft einzupassen; umgänglich, gesellig.*

So|zi|a|bi|li|tät, die; - (Soziol.): *soziables Wesen, Verhalten.*

so|zi|al ⟨Adj.⟩ [frz. social < lat. socialis = gesellschaftlich (1); gesellig, zu: socius, ↑Sozius]: **1. a)** *das (geregelte) Zusammenleben der Menschen in Staat u. Gesellschaft betreffend; auf die menschliche Gemeinschaft bezogen, zu ihr gehörend:* die -e Entwicklung; -e Lasten; die -en Verhältnisse der Bevölkerung, in diesem Land; -es Recht; -e Freiheit; die -e Idee; **b)** *die Gesellschaft u. bes. ihre ökonomische u. politische Struktur betreffend:* -e Ordnung, Politik, Bewegung; -er Fortschritt; mit -en Missständen aufräumen; die -e Frage *(die Gesamtheit der infolge der indus-*

triellen Revolution entstandenen sozialpolitischen Probleme); **c)** *die Zugehörigkeit des Menschen zu einer der verschiedenen Gruppen innerhalb der Gesellschaft betreffend:* -es Ansehen erlangen; -e Gruppen, Schichten; -e Gegensätze, Schranken, Unterschiede, Konflikte; es besteht ein -es Gefälle; **d)** *dem Gemeinwohl, der Allgemeinheit dienend; die menschlichen Beziehungen in der Gemeinschaft regelnd u. fördernd u. den [wirtschaftlich] Schwächeren schützend:* -e Sicherungen; einen -en Beruf *(Sozialberuf)* ergreifen; -e Leistungen *(Sozialleistungen);* -e *(gemeinnützige)* Einrichtungen; sein Verhalten ist nicht sehr s.; eine sowohl s. wie auch ökologisch verträgliche Lösung; s. denken, handeln, empfinden. **2.** *(von Tieren) gesellig, nicht einzeln lebend; Staaten bildend:* -e Insekten.

So|zi|al|ab|bau, der ⟨o. Pl.⟩: *Abbau* (2) *der Sozialleistungen.*

So|zi|al|ab|ga|ben ⟨Pl.⟩: *(in der Höhe vom Bruttoentgelt des Arbeitnehmers abhängende) Beiträge für die Sozialversicherung.*

So|zi|al|amt, das: *Behörde, die für die Durchführung aller gesetzlich vorgeschriebenen Maßnahmen der Sozialhilfe zuständig ist.*

So|zi|al|ar|beit, die ⟨o. Pl.⟩: *Betreuung bestimmter Personen od. Gruppen, die aufgrund ihres Alters, ihrer sozialen Stellung, ihres körperlichen od. seelischen Befindens der Fürsorge bedürfen, u. Maßnahmen, Hilfesuchende zu befähigen, ohne öffentliche Hilfe zu leben.*

So|zi|al|ar|bei|ter, der: *jmd., der in der Sozialarbeit tätig ist* (Berufsbez.).

So|zi|al|ar|bei|te|rin, die: w. Form zu ↑Sozialarbeiter.

So|zi|al|bei|trä|ge ⟨Pl.⟩: *Sozialabgaben.*

So|zi|al|be|ruf, der: *Beruf, bei dem die Arbeit hilfsbedürftigen Mitmenschen gewidmet ist.*

So|zi|al|bin|dung: in der Fügung **S. des Eigentums** *(Bindung des Eigentums unter dem Gesichtspunkt des Gemeinwohls).*

So|zi|al|de|mo|krat, der: **1.** *Vertreter, Anhänger der Sozialdemokratie.* **2.** *Mitglied einer sozialdemokratischen Partei.*

So|zi|al|de|mo|kra|tie, die: *(im 19. Jh. innerhalb der Arbeiterbewegung entstandene) politische Parteirichtung, die die Grundsätze des Sozialismus u. der Demokratie gleichermaßen zu verwirklichen sucht.*

So|zi|al|de|mo|kra|tin, die: w. Form zu ↑Sozialdemokrat.

so|zi|al|de|mo|kra|tisch ⟨Adj.⟩: *die Sozialdemokratie betreffend, auf ihr beruhend.*

So|zi|al|ein|kom|men, das: *alle vom Staat u. der Sozialversicherung gezahlten Unterstützungen an jmdn., der nicht in der Lage ist, [genügend] Geld zu verdienen (z. B. Arbeitslosengeld, Wohngeld, Subventionen).*

So|zi|al|ethik, die ⟨o. Pl.⟩: *Lehre von den sittlichen Pflichten des Menschen gegenüber der Gesellschaft, gegenüber dem Gemeinschaftsleben.*

So|zi|al|fall, der: *jmd., der auf Sozialhilfe angewiesen ist:* er ist ein S., ist zum S. geworden.

So|zi|al|ge|richt, das: *Gericht, das in Streitigkeiten der Sozial- u. Arbeitslosenversicherung, der Kriegsopferversorgung o. Ä. entscheidet.*

So|zi|al|ge|richts|bar|keit, die ⟨o. Pl.⟩: *Ausübung der rechtsprechenden Gewalt durch Sozialgerichte.*

So|zi|al|ge|schich|te, die: **a)** ⟨o. Pl.⟩ *besonderer Teil der Geschichtswissenschaft, der sich vor allem mit der Geschichte sozialer Klassen u. Gruppen, Institutionen u. Strukturen befasst;* **b)** *Werk, das die Sozialgeschichte* (a) *zum Thema hat:* an einer S. des Handwerks im frühen 19. Jahrhundert schreiben.

So|zi|al|hil|fe, die: *Gesamtheit der Hilfen, die einem Menschen in einer Notlage die materielle Grundlage für eine menschenwürdige Lebensführung geben soll.*

So|zi|al|hil|fe|emp|fän|ger, der: *Empfänger von Sozialhilfe.*

So|zi|al|hil|fe|emp|fän|ge|rin, die: w. Form zu ↑Sozialhilfeempfänger.

So|zi|al|im|pe|ri|a|lis|mus, der: **1.** *(nach Lenin) im Ersten Weltkrieg von Teilen der Sozialdemokratie praktizierte Unterstützung der imperialistischen Politik der jeweiligen nationalen Regierung.* **2.** *(von Gegnern gebrauchte) Bezeichnung für die [außen]politische Praxis der sich als sozialistisch verstehenden Sowjetunion.*

So|zi|a|li|sa|ti|on, die; - (Soziol., Psych.): *[Prozess der] Einordnung des (heranwachsenden) Individuums in die Gesellschaft u. die damit verbundene Übernahme gesellschaftlich bedingter Verhaltensweisen durch das Individuum:* frühkindliche S.

so|zi|a|li|sie|ren ⟨sw. V.; hat⟩: **1.** (Wirtsch.) *von privatem in gesellschaftlichen, staatlichen Besitz überführen; verstaatlichen, vergesellschaften:* Industrien, Wirtschaftszweige s.; sozialisierte Betriebe. **2.** (Soziol., Psych.) *jmdn. in die Gemeinschaft einordnen, zum Leben in ihr befähigen.*

So|zi|a|li|sie|rung, die; -, -en: **1.** (Wirtsch.) *das Sozialisieren* (1). **2.** (selten) *Sozialisation.*

So|zi|a|lis|mus, der; -, ...men [engl. socialism, frz. socialisme]: **1.** ⟨o. Pl.⟩ *(nach Karl Marx die dem Kommunismus vorausgehende) Entwicklungsstufe, die auf gesellschaftlichen od. staatlichen Besitz der Produktionsmittel u. eine gerechte Verteilung der Güter an alle Mitglieder der Gemeinschaft hinzielt:* der real existierende S. (DDR; *der [in den sozialistischen Ländern] verwirklichte Sozialismus*); den S. aufbauen; unter dem S. leben. **2.** ⟨Pl. selten⟩ *politische Richtung, Bewegung, die den gesellschaftlichen Besitz der Produktionsmittel u. die Kontrolle der Warenproduktion u. -verteilung verficht:* der demokratische, bürokratische S.

So|zi|a|list, der; -en, -en [a: engl. socialist, frz. socialiste]: **a)** *Anhänger, Verfechter des Sozialismus;* **b)** *Mitglied einer sozialistischen Partei:* zum ersten Mal wurde mit ihm ein S. zum Präsidenten gewählt.

So|zi|a|lis|tin, die; -, -nen: w. Form zu ↑Sozialist.

so|zi|a|lis|tisch ⟨Adj.⟩: **1.** *den Sozialismus betreffend, zum Sozialismus gehörend; in der Art des Sozialismus:* -e Ideale; die -e Revolution; die -en Staaten; als Chile noch s. war; s. regierte Länder. **2.** (österr.) *sozialdemokratisch:* der -e Bundeskanzler.

So|zi|al|kom|pe|tenz, die: *Fähigkeit einer Person, in ihrer sozialen Umwelt selbstständig zu handeln.*

So|zi|al|kri|tik, die ⟨o. Pl.⟩: *Gesellschaftskritik.*

so|zi|al|kri|tisch ⟨Adj.⟩: *die Sozialkritik betreffend, darauf beruhend:* -e Anmerkungen, Songs.

So|zi|al|kun|de, die ⟨o. Pl.⟩: *der politischen Erziehung u. Bildung dienendes Unterrichtsfach, das gesellschaftliche Fragen zusammenhängend darstellt.*

So|zi|al|las|ten ⟨Pl.⟩: *Sozialabgaben u. Sozialleistungen.*

So|zi|al|leh|re, die: *Sozialethik der christlichen Kirchen:* die katholische, evangelische S.

So|zi|al|leis|tun|gen ⟨Pl.⟩: *Gesamtheit aller von staatlichen u. gesellschaftlichen Institutionen od. vom Arbeitgeber entrichteten Leistungen zur Verbesserung der Arbeits- u. Lebensbedingungen u. zur wirtschaftlichen Absicherung des Arbeitnehmers.*

so|zi|al|li|be|ral ⟨Adj.⟩ (Politik): **a)** *soziale u. liberale Ziele verfolgend:* eine -e Politik; **b)** *sozialdemokratisch-freidemokratisch, sozialistisch-liberal:* -e Koalition; die s. regierten Bundesländer.

So|zi|al|me|di|zin, die: *Teilgebiet der Medizin, das sich mit den durch die gesellschaftlichen Gegebenheiten bedingten Ursachen von Erkrankung, Invalidität u. frühem Tod befasst.*

So|zi|al|neid, der: *Neid einer sozialen Gruppe gegenüber einer anderen.*

So|zi|al|öko|lo|gie, die: *Teilgebiet der Ökologie, das sich mit dem Verhältnis zwischen dem sozialen Verhalten des Menschen u. seiner Umwelt befasst.*

So|zi|al|öko|no|mie, die ⟨o. Pl.⟩: *Wissenschaft, die sich mit der gesamten Wirtschaft einer Gesellschaft befasst; Volkswirtschaftslehre.*

So|zi|al|ord|nung, die: *soziale Ordnung innerhalb einer bestimmten Gesellschaftsordnung.*

So|zi|al|pä|da|go|ge, der: *jmd., der in der Sozialpädagogik tätig ist* (Berufsbez.).

So|zi|al|pä|da|go|gik, die: *Teilgebiet der Pädagogik, das sich mit der Erziehung des Einzelnen zur Gemeinschaft u. zu sozialer Verantwortung außerhalb der Familie u. der Schule befasst.*

So|zi|al|pä|da|go|gin, die: w. Form zu ↑Sozialpädagoge.

so|zi|al|pä|da|go|gisch ⟨Adj.⟩: *die Sozialpädagogik betreffend.*

So|zi|al|part|ner, der (Politik): *(bes. bei Tarifverhandlungen) Arbeitgeber od. -nehmer u. ihre Verbände od. Vertreter.*

So|zi|al|plan, der: *soziale* (1 c) *Fragen betreffender Plan, bes. im Hinblick auf zu vermeidende soziale Härtefälle bei betriebsbedingten Entlassungen.*

So|zi|al|po|li|tik, die: *Planung u. Durchführung staatlicher Maßnahmen zur Verbesserung der sozialen Verhältnisse der Bevölkerung; Gesellschaftspolitik.*

so|zi|al|po|li|tisch ⟨Adj.⟩: *die Sozialpolitik betreffend.*

So|zi|al|pres|ti|ge, das: *gesellschaftliches Prestige.*

So|zi|al|pro|dukt, das (Wirtsch.): *(in Geldwert ausgedrückte) Gesamtheit aller Güter, die eine Volkswirtschaft in einem bestimmten Zeitraum gewerbsmäßig herstellt (nach Abzug sämtlicher Vorleistungen).*

So|zi|al|psy|cho|lo|gie, die: *Teilgebiet sowohl der Soziologie als auch der Psychologie, das sich mit den Erlebnis- u. Verhaltensweisen unter dem Einfluss gesellschaftlicher Faktoren befasst.*

So|zi|al|re|form, die: *Reform der gesellschaftlichen Ordnung zugunsten sozial schwächerer Schichten.*

So|zi|al|ren|te, die: *von der Sozialversicherung gezahlte Rente.*

So|zi|al|rent|ner, der: *jmd., der Sozialrente empfängt.*

So|zi|al|rent|ne|rin, die: w. Form zu ↑Sozialrentner.

so|zi|al|re|vo|lu|ti|o|när ⟨Adj.⟩: *auf eine soziale Umwälzung abzielend.*

So|zi|al|staat, der: *demokratischer Staat, der bestrebt ist, die wirtschaftliche Sicherheit seiner Bürger zu gewährleisten u. soziale Gegensätze innerhalb der Gesellschaft auszugleichen.*

So|zi|al|sta|ti|on, die: *Einrichtung zur ambulanten Kranken-, Alten- u. Familienpflege.*

So|zi|al|sta|tis|tik, die: **1. a)** *Statistik sozialer Sachverhalte u. Vorgänge;* **b)** *Statistik der Sozialleistungen.* **2.** *Teilgebiet der Statistik, das soziale Sachverhalte u. Vorgänge erfasst u. beschreibt.*

So|zi|al|struk|tur, die: *Gesellschaftsform.*

So|zi|al|the|ra|pie, die: *Behandlung psychischer od. geistiger Krankheiten bes. bei sozial benachteiligten od. bes. gefährdeten Gruppen mit dem Ziel, den Patienten in das Familien- od. Berufsleben einzugliedern.*

So|zi|al|ver|hal|ten, das: *auf andere Mitglieder der Gruppe bezogenes Verhalten eines Menschen od. Tieres; soziales Verhalten.*

So|zi|al|ver|mö|gen, das: **1.** *sozialen Zwecken dienendes Vermögen eines Betriebes.* **2.** *der Allgemeinheit dienende Vermögenswerte wie Straßen, Brücken o. Ä.*

So|zi|al|ver|si|che|rung, die: *Versicherung des Arbeitnehmers u. seiner Angehörigen, die seine wirtschaftliche Sicherheit während einer Arbeitslosigkeit u. im Alter sowie die Versorgung im Falle einer Krankheit, einer Invalidität o. Ä. gewährleistet.*

So|zi|al|ver|si|che|rungs|bei|trag, der: *Beitrag zur Sozialversicherung.*

so|zi|al|ver|träg|lich ⟨Adj.⟩: *mit sozialen Gesichtspunkten verträglich u. sich nicht nachteilig für die Betroffenen auswirkend.*

S

So|zi|al|wah|len ⟨Pl.⟩: *Wahl der Interessenvertreter für die Organe der Selbstverwaltung in der Sozialversicherung.*

So|zi|al|we|sen, das ⟨o. Pl.⟩: *Gesamtheit aller Maßnahmen der Sozialarbeit u. der Sozialpädagogik.*

So|zi|al|wis|sen|schaf|ten ⟨Pl.⟩: *Gesellschaftswissenschaft* (2).

So|zi|al|woh|nung, die: *mit öffentlichen Mitteln gebaute Wohnung mit relativ geringen Mietkosten für Mieter mit geringem Einkommen.*

So|zi|e|tät, die; -, -en [frz. société < lat. societas = Gesellschaft, Gemeinschaft, zu: socius, ↑Sozius]: **1. a)** (Soziol.) *Gruppe von Personen, deren Zusammengehörigkeit durch gemeinsame soziale Normen, Interessen u. Ziele, aber nicht durch ein gemeinsames Wohngebiet bestimmt ist;* **b)** (Verhaltensf.) *Verband, Gemeinschaft bei Tieren (z. B. Vögeln);* **c)** (bildungsspr.) *Gemeinschaft, Gesellschaft.* **2.** *Zusammenschluss bes. von Angehörigen freier Berufe zu gemeinschaftlicher Ausübung des Berufs:* sie trat einer S. von Wirtschaftsprüfern und Steuerberatern bei.

so|zi|ie|ren, sich ⟨sw. V.; hat⟩ [lat. sociare = vereinigen, zu: socius, ↑Sozius]: *sich wirtschaftlich vereinigen, assoziieren* (2): die beiden Anwälte haben sich soziiert.

so|zi|o-, So|zi|o- [zu lat. socius, ↑Sozius] ⟨Best. in Zus. mit der Bed.⟩: *gesellschaftlich, Gesellschafts-; eine soziale Gruppe betreffend.*

So|zi|o|gra|fie: ↑Soziographie.

So|zi|o|gramm, das; -s, -e [↑-gramm] (Soziol.): *grafische Darstellung sozialer Verhältnisse od. Beziehungen innerhalb einer Gruppe.*

So|zi|o|gra|phie, (auch:) Soziografie, die; - [↑-graphie]: *sozialwissenschaftliche Forschungsrichtung, die die soziale Struktur einer bestimmten Einheit (z. B. eines Dorfes od. einer geographischen Region) empirisch zu untersuchen u. zu beschreiben versucht.*

so|zi|o|kul|tu|rell ⟨Adj.⟩: *die Gesellschaft u. ihre Kultur betreffend; gesellschaftlich-kulturell.*

So|zi|o|lekt, der; -[e]s, -e [geb. nach ↑Dialekt, ↑Idiolekt] (Sprachw.): *Sprachgebrauch einer sozialen Gruppe (z. B. Berufssprache, Jugendsprache).*

So|zi|o|lin|gu|is|tik, die; -: *Teilgebiet der Sprachwissenschaft, das das Sprachverhalten sozialer Gruppen untersucht.*

so|zi|o|lin|gu|is|tisch ⟨Adj.⟩: *die Soziolinguistik betreffend.*

So|zi|o|lo|ge, der; -n, -n [↑-loge]: *Wissenschaftler auf dem Gebiet der Soziologie.*

So|zi|o|lo|gie, die; - [frz. sociologie, gepr. 1830 von dem frz. Philosophen u. Begründer der Wissenschaft A. Comte (1798-1857), zu lat. socius (↑Sozius) u. griech. lógos, ↑Logos]: *Wissenschaft, Lehre vom Zusammenleben der Menschen in einer Gemeinschaft od. Gesellschaft, von den Erscheinungsformen, Entwicklungen u. Gesetzmäßigkeiten gesellschaftlichen Lebens:* S. studieren.

So|zi|o|lo|gin, die; -, -nen: w. Form zu ↑Soziologe.

so|zi|o|lo|gisch ⟨Adj.⟩: *die Soziologie betreffend, zu ihr gehörend, auf ihr beruhend:* -e Phänomene, Untersuchungen; eine -e Betrachtungsweise.

So|zi|o|me|trie, die; - [↑-metrie] (Sozialpsych.): *Testverfahren, durch das die gegenseitigen Kontakte innerhalb einer Gruppe u. die bestehenden Abneigungen u. Zuneigungen ermittelt werden können.*

so|zi|o|öko|no|misch ⟨Adj.⟩ (Soziol.): *die Gesellschaft wie die Wirtschaft, die [Volks]wirtschaft in ihrer gesellschaftlichen Struktur betreffend:* -e Veränderungen.

So|zi|us, der; -, -se, auch: ...zii [lat. socius = Gefährte, Genosse, Teilnehmer, wohl zu: sequi = folgen]: **1.** ⟨Pl. meist: ...zii⟩ (Wirtsch.) *Teilhaber, [Mit]gesellschafter, bes. in einer Sozietät* (2): er wurde als S. in die Praxis aufgenommen. **2.** ⟨Pl. -se⟩ **a)** *Beifahrersitz auf einem Motorrad, -roller o. Ä.;* **b)** *jmd., der auf dem Sozius* (2 a) *mitfährt:* Fahrer und S. wurden bei dem Sturz leicht verletzt. **3.** ⟨Pl. -se⟩ (ugs. scherzh.) *Genosse, Kumpan.*

So|zi|us|sitz, der: *Sozius* (2 a).

so|zu|sa|gen ⟨Adv.⟩: **1.** *wie man es ausdrücken könnte; gleichsam.* **2.** *quasi, ungefähr:* es geschah s. offiziell.

Sp. = Spalte (2).

Space|lab ['speɪslæb], das; -s, -s [engl., aus: space = Weltraum u. lab(oratory) = Laboratorium]: *von ESA u. NASA entwickeltes Raumlabor.*

Space|shut|tle ['speɪs...], der; -s, -s [↑Shuttle]: *Raumfähre.*

Spach|tel, der; -s, - od. (österr. nur so:) die; -, -n [(urspr. bayr. Nebenf. von) spätmhd. spatel, ↑Spatel]: **1.** *kleines, aus einem Griff u. einem [trapezförmigen] Blatt* (5) *bestehendes Werkzeug zum Auftragen, Glattstreichen od. Abkratzen von Farbe, Mörtel, Kitt o. Ä.:* lose Farbe mit einem S. abkratzen; den Gips mit einem S. in die Risse streichen. **2.** *Spachtelmasse:* Unebenheiten mit S. ausgleichen. **3.** (ugs. selten) *Spatel* (1).

Spach|tel|kitt, der: *Kitt* (1).

Spach|tel|mas|se, die: *pastenförmige Masse, die an der Luft nach einiger Zeit hart wird, zum Ausgleichen von Unebenheiten.*

spach|teln ⟨sw. V.; hat⟩: **1. a)** *mit dem Spachtel auftragen:* Gips in die Fugen s.; die Farben sind gespachtelt; **b)** *durch Auftragen von Spachtelmasse glätten:* die Wand s. **2.** (fam.) *mit Freude am Essen u. mit gutem Appetit essen:* die Kinder haben ganz schön gespachtelt.

spack ⟨Adj.⟩ [mniederd. spa(c)k, eigtl. = dürr, trocken, verw. mit: spaken = dürre Äste, mhd. spache = dürres (Brenn)holz, ahd. spahha = Reisig] (bes. nordd.): **1.** *mager, dünn u. schmal:* sie ist schrecklich s. geworden; s. aussehen. **2.** *straff, eng:* der Rock sitzt aber s.

[1]Spa|gat, der (österr. nur so) od. das; -[e]s, -e [ital. spaccata, zu: spaccare = spalten] (Ballett, Turnen): *Figur* (6), *bei der die in entgegengesetzte Richtungen ausgestreckten Beine eine (senkrecht zum aufrechten Körper verlaufende) waagerechte Linie bilden:* [einen] S. machen; in den S. gehen.

[2]Spa|gat, der; -[e]s, -e [ital. spaghetto, ↑[1]Spaghetti] (südd., österr.): *Schnur, Bindfaden.*

Spa|get|ti usw.: ↑Spaghetti usw.

Spa|ghet|ti, (auch:) Spagetti [ʃp..., auch: sp...] ⟨Pl.⟩ [ital. spaghetti (Pl.), Vkl. von: spago = dünne Schnur, H. u.]: *lange, dünne, schnurartige Nudeln:* S. mit Tomatensoße.

Spa|ghet|ti|trä|ger, der (Mode): *(an Sommerkleidern, Unterröcken o. Ä.) sehr schmaler Träger* (3).

spä|hen ⟨sw. V.; hat⟩ [mhd. spehen, ahd. spehōn, verw. mit lat. specere, ↑Spekulum]: **a)** *forschend, suchend blicken:* aus dem Fenster, um die Ecke, durch die Gardine s.; **b)** *Ausschau halten:* er spähte nach ihr.

Spä|her, der; -s, - [mhd. spehære, ahd. spehāri]: *jmd., der etw. auskundschaften soll; Kundschafter:* S. aussenden, ausschicken; er hatte seine S. überall.

Spä|he|rei, die; -, -en: *[dauerndes] Spähen.*

Spä|he|rin, die; -, -nen: w. Form zu ↑Späher.

Späh|pa|trouil|le, die (Milit.): **a)** *zur Aufklärung* (4) *durchgeführte Erkundung, Patrouille* (1); **b)** *Patrouille* (2), *die eine Aufklärung* (4) *durchführt.*

Späh|trupp, der (Milit.): **a)** *Spähpatrouille* (b): einen S. ausschicken; **b)** *Spähpatrouille* (a).

Spa|ke, die; -, -n [mniederd. spake, urspr. = dürrer Ast, verw. mit ↑spack] (Seew.): **a)** *eine der zapfenförmig über den Rand hinausreichenden Speichen des Steuerrads;* **b)** *als Hebel dienende Holzstange.*

spa|kig ⟨Adj.⟩ [mniederd. spakig, urspr. = (von der Sonne) ausgetrocknet, dürr] (nordd.): *faulig u. angeschimmelt.*

Spal|lett, das; -[e]s, -e [ital. spalletta = Brustwehr, Vkl. von: spalla, ↑Spalier] (österr.): *Fensterladen aus Holz.*

Spa|lier, das; -s, -e [ital. spalliera, eigtl. = Schulterstütze, Rückenlehne, zu: spalla = Schulter < lat. spatula, ↑Spatel]: **1.** *meist gitterartiges Gestell aus Holzlatten od. Draht, an dem Obstbäume, Wein o. Ä. gezogen werden:* Rosen an einem S. ziehen; Wein rankt sich an -en empor. **2.** *größere Anzahl von Menschen, die sich so beiderseits eines Weges od. dgl. aufgestellt haben, dass sie eine Gasse bilden:* ein [dichtes] S. bilden; er fuhr durch ein S. jubelnder Menschen; ***S. stehen** *(sich zu einem Spalier 2 aufgestellt haben).*

Spa|lier|obst, das: **a)** *Obst von Spalierbäumen;* **b)** *an Spalieren* (1) *wachsende Obstbäume.*

Spa|lier|obst|baum, der: *an einem Spalier* (1) *wachsender Obstbaum.*

Spalt, der; -[e]s, -e [mhd., ahd. spalt, zu ↑spalten]: **a)** *einen Zwischenraum bildende schmale, längliche Öffnung:* ein schmaler, tiefer S.; ein S. im Fels, im Gletschereis; die Tür einen S. offen lassen, öffnen; die Augen einen S. weit öffnen; **b)** (vulg.) *Spalte* (4).

spalt|bar ⟨Adj.⟩: **a)** (Kernphysik) *sich spalten* (2 a) *lassend:* -es Material; **b)** (Mineral.) *(von Mineralien) sich durch Schlag od. Druck in Stücke zerspalten lassend.*

Spalt|bar|keit, die; - (Kernphysik, Kerntechnik, Mineral.): *das Spaltbarsein.*

spalt|breit ⟨Adj.⟩: *so breit wie ein Spalt* (1 a): eine -e Öffnung.

Spalt|breit, der; -, -: vgl. Fingerbreit: die Tür einen S. öffnen.

Spält|chen, das; -s, -: Vkl. zu ↑Spalt (1), ↑Spalte (1).

Spal|te, die; -, -n [spätmhd. spalte, mhd. (md.) spalde, Nebenf. von ↑Spalt]: **1.** *längerer Riss in einem festen Material:* -n im Fels; im Mauerwerk zeigten sich tiefe, breite -n. **2.** (Druckw.) *blockartiger Teil [gleich langer] untereinander gesetzter Zeilen, der mit einem od. mehreren anderen beim Umbruch* (2 a) *zu einer Seite zusammengestellt wird:* die Buchseite hat zwei -n; der Artikel war eine S. lang, ging über drei -n; der Skandal füllte die -n der Weltpresse *(stand in allen Zeitungen);* das Zitat steht in der linken S. oben. **3.** (bes. österr.) *halbmondförmige [1]Scheibe* (2) *einer Frucht:* einen Apfel in -n schneiden; gibst du mir mal eine S. von deiner Orange? **4.** (vulg.) *Scham.* **5.** (ugs.) *Gesäßspalte.*

spal|ten ⟨unr. V.; spaltete, hat gespalten/(auch:) gespaltet⟩ [mhd. spalten, ahd. spaltan, urspr. = platzen, bersten; splittern]: **1. a)** *[der Länge nach, entlang der Faser] in zwei od. mehrere Teile zerteilen:* mit einer Axt Holz s.; Frost und Hitze haben den Fels gespalten/gespaltet; ein vom Blitz gespaltener Baum; jmdm. mit dem Schwert den Schädel s.; **b)** ⟨s. + sich⟩ *sich in bestimmter Weise spalten* (1 a) *lassen:* das Holz spaltet sich gut, schlecht; **c)** ⟨s. + sich⟩ *sich teilen, [zer]trennen:* ihre Haare, Fingernägel spalten sich; das Mauerwerk hat sich gespalten; ein gespaltener Gaumen *(Wolfsrachen),* eine gespaltene Oberlippe *(Hasenscharte);* **d)** *bewirken, dass die Einheit von etw. nicht mehr besteht, gegeben ist:* eine Partei s.; der Bürgerkrieg hatte das Land in zwei feindliche Lager gespalten; **e)** ⟨s. + sich⟩ *die Einheit verlieren, aufgeben; sich teilen, trennen:* die Partei, seine Anhängerschaft hat sich gespalten; gespaltenes Bewusstsein (Med., Psych.; *Schizophrenie).* **2. a)** (Physik) *zur Energiegewinnung durch Einwirkung schneller Neutronen, energiereicher Gammastrahlen o. Ä. zerlegen:* Atomkerne s.; **b)** (Chemie) *(einen Stoff) in weniger komplexe Bestandteile auflösen, zersetzen:* Nährstoffe werden im Darm durch Enzyme gespalten.

Spal|ten|brei|te, die: *Breite einer Spalte* (2).

spal|ten|lang ⟨Adj.⟩: *einige, mehrere Spalten* (2) *lang:* ein -er Artikel.

spal|ten|wei|se ⟨Adv.⟩: *in Spalten* (2): einen Text s. setzen.

Spalt|fuß, der: **a)** (Zool.) *scherenähnlich geformter Fuß bei Krebstieren;* **b)** (Med.) *Fehlbildung des Fußes, bei der die beiden äußeren Mittelfußknochen jeweils miteinander verwachsen* *sind u. der mittlere kaum od. gar nicht ausgebildet ist, sodass der Fuß scherenartig gespalten erscheint.*

Spalt|griff, der (Ringen): *Griff, bei dem der Angreifer zwischen den Beinen des Gegners hindurchgreift u. die Hände ineinander hakt, um dann den Gegner zu Fall zu bringen.*

Spalt|le|der, das (Gerberei): *durch Abspalten des Narbens hergestelltes Leder.*

Spalt|ma|te|ri|al, das (Kernphysik): *spaltbares Material.*

Spalt|öff|nung, die (Bot.): *(in großer Zahl an den grünen Pflanzenteilen vorhandene) mikroskopisch kleine, längliche, dem Gasaustausch dienende Öffnung.*

Spalt|pilz, der [1: die Pilze vermehren sich durch Spaltung; 2: scherzh. Übertragung von (1) unter Anlehnung an: spalten (1 d)]: **1.** (Biol., Med. veraltet) *Bakterie.* **2.** (scherzh.) *etw., was die Einheit bedroht, wovon die Gefahr einer Spaltung ausgeht.*

Spalt|pro|dukt, das: **1.** (Kernphysik) *bei der Spaltung von Atomkernen entstehendes, stark radioaktives Material.* **2.** (Chemie) *Produkt der Spaltung einer chemischen Verbindung.*

Spal|tung, die; -, -en [mhd. (zer)spaltunge]: **1.** *das Spalten (1 d); das Sichspalten* (spalten 1 e); das *Gespaltensein* (spalten 1 d, e): S. des Bewusstseins (Med.; *Schizophrenie*); **2.** (Physik, Chemie) *das Spalten* (2).

Spal|tungs|ebe|ne, die (Mineral.): *Ebene* (2), *in der ein Mineral gespalten ist, sich spalten lässt.*

Spalt|zo|ne, die (Kerntechnik): *Teil eines Kernreaktors, in dem die Kernspaltung erfolgt.*

Span, der; -[e]s, Späne ⟨meist Pl.⟩ [1: mhd., ahd. spān, urspr. = langes, flaches Holzstück; 2: mhd. span = Zerwürfnis; Spannung, zu ↑spannen; vgl. widerspenstig]: **1.** *(beim Hobeln, Behauen, Schneiden o. Ä.) kleines, als Abfall entstehendes Stückchen des bearbeiteten Materials:* feine, dünne, grobe Späne; die Späne wegfegen, wegpusten; Spr wo gehobelt wird, [da] fallen Späne *(man muss die mehr od. weniger kleinen Nachteile von etw., dessen Ausführung an sich gut u. nützlich ist, eben in Kauf nehmen).* **2.** ***Späne machen** (salopp; *Schwierigkeiten machen; Widerstand leisten*); **mit jmdm. einen S. haben** (landsch.; *mit jmdm. Streit haben*); **einen S. ausgraben** (bes. schweiz.; *Streit suchen*).

span|ab|he|bend ⟨Adj.⟩ (Technik): *spanend:* -e Bearbeitung, Fertigung; -e Verfahren, Werkzeuge, Werkzeugmaschinen.

Spän|chen, das; -s, -: Vkl. zu ↑Span (1).

Span|dril|le, die; -, -n [roman., zu lat. expandere = auseinander spannen] (Archit.): *Zwickel* (2 b).

spa|nen ⟨sw. V.; hat⟩ [zu ↑Span] (Technik): *(Material) mit einem geeigneten Werkzeug in Form von Spänen (von einem Werkstück, um es zu formen, um die Oberfläche zu glätten) abtragen:* die Schneiden der Messer können in radialer und axialer Richtung s.; spanende Bearbeitung, Fertigung; spanende Werkzeuge.

[1]spä|nen ⟨sw. V.; hat⟩: *mit Metallspänen abreiben, abziehen* (6): das Parkett s.

[2]spä|nen ⟨sw. V.; hat⟩ [spätmhd. spänen, mhd. abspenen, zu: spen, ↑Spanferkel] (landsch.): *entwöhnen* (1).

Span|fer|kel, das; -s, - [spätmhd. (md.) spenferkel, mhd. spenvarch, spünne verkelīn, ahd. spen-, spunnifarah, 1. Bestandteil mhd. spen, spünne, ahd. spunni = Mutterbrust, Zitze; Muttermilch]: *junges Ferkel* (1), *das noch gesäugt wird:* ein am Spieß gebratenes S.

Späng|chen, das; -s, -: Vkl. zu ↑Spange.

Span|ge, die; -, -n [mhd. spange = (Quer)balken, Riegel; Eisenband, -beschlag (an Bauteilen, Waffen), dann: (Haar)spange, [2]Fibel, wohl verw. mit ↑spannen]: **1.** *aus festem Material bestehender Gegenstand, mit dem etw. mithilfe eines Dorns* (3 a) *eingeklemmt u. zusammengehalten wird [u. der zugleich als Schmuck dient]:* sie trug eine S. im Haar; etw. wird von einer S. [zusammen]gehalten. **2.** *schmaler, über den Spann führender Lederriemen am Schuh zum Knöpfen od. Schnallen.* **3.** kurz für ↑Armspange. **4.** kurz für ↑Ordensspange. **5.** kurz für ↑Zahnspange. **6.** ⟨meist Pl.⟩ (verhüll.) *Handschelle.*

Spän|gel|chen, das; -s, -: Vkl. zu ↑Spange.

Span|gen|schuh, der: *[Damen]schuh, der mit einer Spange (2) geschlossen wird.*

Spa|ni|el ['ʃpa:niəl, 'spɛn...], der; -s, -s [engl. spaniel < afrz. espagneul < span. español = spanisch, also eigtl. = spanischer Hund]: *in verschiedenen Formen gezüchteter Jagd- u. Haushund mit großen Schlappohren u. seidigem Fell.*

Spa|ni|en; -s: Staat im Südwesten Europas.

Spa|ni|er, der; -s, -: Ew.

Spa|ni|e|rin, die; -, -nen: w. Form zu ↑Spanier.

Spa|ni|o|le, der; -n, -n: *Nachkomme der 1492 aus Spanien vertriebenen Juden.*

spa|nisch ⟨Adj.⟩: *Spanien, die Spanier betreffend; von den Spaniern stammend, zu ihnen gehörend:* -e Sprache, Literatur; ***jmdm. s. vorkommen** (ugs.; *jmdm. seltsam vorkommen;* geht wohl auf die Zeit zurück, als Karl V., ein Spanier, die dt. Kaiserkrone trug u. die Deutschen spanische Mode, spanische Sitten u. Gebräuche kennen lernten, die ihnen fremdartig u. seltsam vorkamen).

Spa|nisch, das; -[s]: **a)** *die spanische Sprache;* **b)** *spanische Sprache u. Literatur als Lehrfach:* er unterrichtet S.; sie hat in S. eine Zwei; bei wem habt ihr S.?

Spa|ni|sche, das; -n ⟨nur mit best. Art.⟩: *Spanisch* (a).

Span|korb, der: *aus dünnen Bändern aus Holz geflochtener Korb.*

spann: ↑spinnen.

Spann, der; -[e]s, -e [zu ↑spannen]: *(beim Menschen) Oberseite des Fußes zwischen dem Ansatz des Schienbeins u. den Zehen; Fußrücken, Rist* (1 a): einen hohen S. haben; der Schuh drückt auf dem S.

Spann|be|ton, der (Bauw.): *Beton mit gespannten* (1 a) *Einlagen aus Stahl, die dem Material besondere Stabilität verleihen.*

Spann|bett|tuch, das: *Spannlaken.*

spän|ne: ↑spinnen.

Span|ne, die; -, -n [2 b: mhd. spanne, ahd. spanna]: **1.** *[zwischen zwei Zeitpunkten sich erstreckender (kürzerer)] Zeitraum:* eine kurze S.; die S. der Bewusstlosigkeit, des Schlafs; dazwischen lag eine S. von 12 Tagen. **2. a)** (selten) *räumliche Erstreckung; Abstand zwischen zwei Punkten:* das ist eine ziemliche S.; **b)** *altes Längenmaß (etwa 20–25 cm, d. h. der Abstand von der Spitze des Daumens bis zur Spitze des kleinen Fingers bei gespreizter Hand):* eine S. lang, breit, dick, hoch. **3. a)** (Kaufmannsspr.) kurz für ↑Handelsspanne; **b)** *Preisunterschied.* **4.** (Forstw.) *Kluppe* (a).

span|nen ⟨sw. V.; hat⟩ [mhd. spannen, ahd. spannan = (sich) dehnen; ziehend befestigen, im Frühnhd. zusammengefallen mit dem Kausativ mhd. spennen = (an)spannen, urspr. = ziehen, sich ausdehnen; vgl. Gespenst; 6: eigtl. = mit dem gespannten Bogen lauernd auf eine Beute warten]: **1. a)** *etw. so dehnen, ziehen, dass es straff, glatt ist:* die Saiten einer Geige, Gitarre s.; das Fell einer Trommel s.; den Geigenbogen *(die Haare des Geigenbogens)* s.; den Bogen *(die Sehne des Bogens)* s.; die Katze spannte ihre Muskeln zum Sprung; gespanntes Gas (Technik; *unter Druck stehendes Gas*); Ü seine Nerven waren zum Zerreißen gespannt; du darfst deine Erwartungen nicht zu hoch s.; **b)** *spannen* (1 a) *u. befestigen:* eine Wäscheleine, ein Seil s.; ein Netz s.; eine Plane über den Wagen s.; **c)** ⟨s. + sich⟩ *straff, fest werden:* als die Pferde anzogen, spannten sich die Gurte; seine Muskeln spannten sich; ihr Gesicht, ihre Züge spannten sich *(sie bekam einen wachsamen, konzentrierten Gesichtsausdruck);* seine Hand spannte sich *(schloss sich fest)* um den Stock, um den Griff seiner Waffe; **d)** *in etw. (z. B. einer Halterung) festklemmen, einspannen:* einen Bogen in die Schreibmaschine s.; ein Werkstück in den Schraubstock s.; **e)** *(durch Betätigen einer entsprechenden Vorrichtung) bereit zum Auslösen machen:* den Hahn einer Pistole, ein Gewehr s.; der Fotoapparat war nicht gespannt. **2.** *zu eng sein, zu straff [über etw.] sitzen u. dadurch eine unangenehme Empfindung verursachen:* die Jacke spannt [mir]; das Kleid spannt [unter den Armen]; Ü nach dem Sonnenbad spannte seine Haut. **3.** *die Gurte eines Zugtieres an einem Fuhrwerk o. Ä. befestigen:* ein Pferd an/vor den Wagen, die Ochsen vor den Pflug s. **4.** ⟨s. + sich⟩ (geh.) *sich [über etw.] erstrecken, wölben:* die Brücke spannt sich über den Fluss; ein Regenbogen spannte sich über den Himmel. **5.** (Fachspr.) *eine bestimmte Spannweite haben:* der Vogel, der Schmetterling spannt 10 cm; die Tragflächen des Flugzeugs spannen zwanzig Meter. **6. a)** (ugs.) *seine ganze Aufmerksamkeit auf jmdn., etw. richten; etw. genau verfolgen, beobachten:* auf die Vorgänge, Gespräche in der Nachbarwohnung s.; die Katze spannt *(lauert)* auf die Maus; er spannt *(wartet ungeduldig)* seit Jahren auf die Erbschaft; die Lage s. *(auskundschaften);* er geht nur an den FKK-Strand, um zu s. *(um seinem Voyeurismus zu frönen);* **b)** (landsch., bes. südd., österr.) *merken; einer Sache gewahr werden:* endlich hat er [es] gespannt, dass du ihn nicht leiden kannst.

span|nend ⟨Adj.⟩ [wohl ausgehend vom Bild einer gespannten Stahlfeder od. der gespannten Muskeln; schon mhd. spannen = freudig erregt sein; voller Verlangen sein]: *Spannung* (1 a) *erregend; fesselnd:* ein -er Roman, Kriminalfilm; eine -e Wahlnacht, Gerichtsverhandlung, Diskussion; die Geschichte ist sehr s.; das Buch ist s. geschrieben; R mach es doch nicht so s.! *(rede nicht um die Sache herum, sondern erzähle ohne Umschweife).*

Span|ner, der; -s, -: **1. a)** *Vorrichtung zum Spannen* (1 a) *von etw.:* den Tennisschläger in den S. stecken; **b)** kurz für ↑Hosenspanner; **c)** kurz für ↑Schuhspanner. **2.** *(in vielen Arten vorkommender) Schmetterling, der in Ruhestellung seine Flügel flach ausbreitet.* **3.** (salopp) **a)** *Voyeur:* er ist ein alter S.; **b)** *jmd., der bei unerlaubten, ungesetzlichen Handlungen die Aufgabe hat, aufzupassen u. zu warnen, wenn Gefahr besteht, entdeckt zu werden.*

-spän|ner, der; -s, -: in Zusb., z. B. Zweispänner *(mit zwei Zugtieren bespanntes Fahrzeug).*

Spann|gar|di|ne, die: *Gardine, die durch oberhalb u. unterhalb der Fensterscheibe angebrachte kleine Stangen gespannt wird.*

-spän|nig: in Zusb., z. B. zweispännig *([von Fuhrwerken] mit zwei Zugtieren bespannt).*

Spann|kraft, die ⟨o. Pl.⟩: *Kraft, Energie, über die jmd. im Hinblick auf die Bewältigung größerer Aufgaben, Anforderungen verfügt:* seine S. hat deutlich nachgelassen.

Spann|la|ken, das: *Laken, dessen Ecken so genäht sind, dass sie genau über die Ecken der Matratze passen u. straff über die Matratze gespannt werden können.*

Spann|rah|men, der (Fachspr.): *Rahmen, in den etw. eingespannt od. in dem etw. festgeklemmt wird.*

Spann|tep|pich, der: *an den Rändern am Fußboden befestigter Teppichboden od. ähnlicher teppichartiger Fußbodenbelag.*

Span|nung, die; -, -en: **1. a)** *auf etw. Zukünftiges gerichtete erregte Erwartung, gespannte Neugier:* im Saal herrschte atemlose, eine ungeheure S.; die S. wuchs, stieg, ließ nach, erreichte ihren Höhepunkt; etw. erregt, erweckt, erzeugt S.; das erhöht die S.; er versetzte uns in S.; er hielt die Leute in S.; sie erwarteten ihn mit/voll S.; **b)** *Beschaffenheit, die Spannung* (1 a) *erregt:* ein Fußballspiel, Film voller S., ohne jede S.; **c)** *Erregung, nervöse Unausgeglichenheit:* psychische -en; ihre S. löste sich allmählich; sich in einem Zustand innerer S. befinden; **d)** *gespanntes Verhältnis; latente Unstimmigkeit, Feindseligkeit:* politische, soziale, wirtschaftliche -en; zwischen

S

ihnen herrscht, besteht eine gewisse S.; die -en zwischen den beiden Staaten sind überwunden. **2.** *Differenz der elektrischen Potenziale zweier Punkte, aufgrund deren zwischen diesen beiden Punkten ein elektrischer Strom fließen kann:* die S. schwankt, sinkt, fällt ab, steigt, beträgt 220 Volt; die S. messen, regeln; die Leitung hat eine hohe, niedrige S., führt S., steht unter S. **3. a)** (selten) *das Spannen* (1 a, b), *Straffziehen;* **b)** *das Gespannt-, Straffsein:* die S. der Saiten hatte nachgelassen; **c)** (Physik) *Kraft im Innern eines elastischen Körpers, die gegen seine durch Einwirkung äußerer Kräfte entstandene Form wirkt:* die S. eines Gewölbes, einer Brücke; die Feder steht unter S.

Spạn|nungs|ab|fall, der (Elektrot.): *Abnahme einer Spannung* (2).

Spạn|nungs|feld, das: *Bereich mit unterschiedlichen, gegensätzlichen Kräften, die aufeinander einwirken, sich gegenseitig beeinflussen u. auf diese Weise einen Zustand hervorrufen, der wie mit Spannung* (2) *geladen zu sein scheint.*

spạn|nungs|füh|rend ⟨Adj.⟩ (Elektrot.): *unter elektrischer Spannung* (2) *stehend.*

Spạn|nungs|ge|biet, das: *Gebiet, in dem es wegen vorhandener Spannungen* (1 d) *leicht zu politischen Krisen, zu kriegerischen Auseinandersetzungen kommen kann.*

Spạn|nungs|ge|fäl|le, das: *Spannungsabfall.*

spạn|nungs|ge|la|den ⟨Adj.⟩: **1.** *voll von Spannungen* (1 d): eine -e Atmosphäre, Stimmung, Situation. **2.** *spannend, spannungsreich.*

Spạn|nungs|herd, der: *Ausgangspunkt, Quelle ständiger, immer wieder neuer Spannungen* (1 d).

spạn|nungs|los ⟨Adj.⟩: **1.** *überhaupt nicht spannend:* es war ein total -es Match. **2.** *frei von Spannungen* (1 d): eine weitgehend -e Koexistenz. **3.** *nicht unter Spannung stehend:* eine -e Leitung.

Spạn|nungs|mes|ser, der (Elektrot.): *Gerät zum Messen der elektrischen Spannung* (2); *Voltmeter.*

Spạn|nungs|prü|fer, der (Elektrot.): *Spannungssucher.*

Spạn|nungs|reg|ler, der (Elektrot.): *Vorrichtung zum Konstanthalten der Spannung* (2) *in elektrischen Anlagen od. Geräten.*

spạn|nungs|reich ⟨Adj.⟩: **1.** *voller Spannung* (1 b): ein -es Fußballspiel. **2.** *voller Spannungen* (1 d).

Spạn|nungs|schwan|kung, die (Elektrot.): *Schwankung der elektrischen Spannung* (2).

Spạn|nungs|su|cher, der (Elektrot.): *Gerät zum Nachweis von Spannung* (2).

Spạn|nungs|tei|ler, der (Elektrot.): *Potenziometer.*

Spạn|nungs|ver|hält|nis, das: *[neue Impulse erzeugendes] Verhältnis von Position u. Gegenposition.*

Spạn|nungs|ver|lust, der (Elektrot.): *Absinken der Spannung* (2).

Spạn|nungs|zu|stand, der: *durch das Vorhandensein von Spannungen* (1 c, d, 2) *gekennzeichneter Zustand.*

Spạnn|vor|rich|tung, die (Technik): *Vorrichtung, die dazu dient, etw. (z. B. den Treibriemen an Maschinen) straff zu spannen:* die S. einer Drahtseilbahn.

Spạnn|wei|te, die: **1.** *Strecke zwischen den Spitzen der ausgebreiteten Flügel eines Vogels od. Insekts, der Tragflächen eines Flugzeugs:* die S. des Flugzeugs beträgt zwölf Meter; die Flügel des Vogels haben eine S. von einem Meter; **Ü** die geistige S. eines Menschen. **2.** (Bauw.) *Entfernung, Erstreckung (eines Bogens, eines Gewölbes) von einem Pfeiler, einem Ende zum anderen.*

Spạn|plat|te, die: *Platte aus zusammengepressten u. verleimten Holzspänen.*

Spạnt, das, Flugw. auch: der; -[e]s, -en ⟨meist Pl.⟩ [aus dem Niederd., wohl zu mniederd. span = Spant, zu ↑spannen] (Schiffbau, Flugw.): *wie eine Rippe geformtes Bauteil zum Verstärken der Außenwand des Rumpfes bei Schiff od. Flugzeug.*

Spạn|ten|riss, der (Schiffbau): *Konstruktionszeichnung, die einen Querschnitt durch den Schiffsrumpf darstellt.*

Spa̲r|be|trag, der: *gesparter Betrag.*

Spa̲r|bren|ner, der: *Brenner* (1), *der wenig Brennstoff verbraucht.*

Spa̲r|brief, der (Bankw.): *Urkunde über eine für einen bestimmten Zeitraum zinsgünstig festgelegte Geldsumme:* in -en angelegtes Geld.

Spa̲r|buch, das: *kleineres Heft, Buch, das beim Sparer verbleibt u. in dem ein Geldinstitut einod. ausgezahlte Sparbeträge u. Zinsguthaben quittiert:* ein S. anlegen, einrichten; sie hat ein S.; auf meinem S. sind zurzeit zweitausend Mark *(mein Sparbuch weist zurzeit ein Guthaben von zweitausend Mark aus).*

Spa̲r|büch|se, die: *Büchse* (1 c), *in die jmd. durch einen dafür vorgesehenen Schlitz Geld steckt, das er sparen möchte:* hier hast du eine Mark für deine S.

Spa̲r|ein|la|ge, die: *auf das Sparkonto eines Geldinstituts eingezahlte Geldsumme.*

spa̲|ren ⟨sw. V.; hat⟩ [mhd. sparn, ahd. sparēn, sparōn = bewahren, schonen, zu ahd. spar = sparsam, knapp, urspr. wohl = weit-, ausreichend]: **1. a)** *Geld nicht ausgeben, sondern [für einen bestimmten Zweck] zurücklegen, auf ein Konto einzahlen:* eifrig, fleißig, viel, wenig s.; bei einer Bank, Bausparkasse s.; auf, für ein Haus s.; sie sparen für ihre Kinder; ⟨mit Akk.-Obj.:⟩ einen größeren Betrag s.; er spart jeden Monat mindestens hundert Mark; wie viel hast du schon gespart? *(zusammengespart);* **Spr** spare in der Zeit, so hast du in der Not; **b)** *sparsam, haushälterisch sein; bestrebt sein, etw. von etw. möglichst wenig zu verbrauchen:* er kann nicht s.; wir müssen s.; sie spart am falschen Ende; er spart mit jedem Pfennig (ugs.; *er ist übertrieben sparsam*); bei dem Essen war an nichts gespart worden *(es war sehr üppig);* ⟨mit Akk.-Obj.:⟩ Strom, Gas s.; **Ü** er sparte nicht mit Lob. **2.** *nicht verwenden, nicht gebrauchen, nicht aufwenden, nicht ausgeben:* wenn wir zu Fuß gehen, sparen wir das Fahrgeld; er brachte den Brief selbst hin, um das Porto zu s.; **Ü** Zeit, Kraft, Arbeit, Nerven s. **3. a)** *ersparen* (2): du sparst dir, ihm viel Ärger, wenn du das nicht machst; die Mühe, den Weg hätten wir uns s. können; **b)** ⟨s. + sich⟩ *sich schenken* (3 b): spar dir deine Erklärungen; deine Ratschläge kannst du dir s. **4.** (veraltet) *sich, etw. schonen:* er sparte sich nicht.

Spa̲|rer, der; -s, -: *jmd., der spart (bes. bei einer Bank od. Sparkasse):* ein eifriger S.; die kleinen S. *(Sparer kleinerer Geldbeträge).*

Spa̲|re|rin, die; -, -nen: w. Form zu ↑Sparer.

Spa̲r|flam|me, die ⟨o. Pl.⟩: *(bes. bei Gasöfen) sehr kleine Flamme, die mit einem Minimum an Brennstoff brennt:* auf S. kochen; **Ü** er arbeitet auf S. (ugs. scherzh.; *ohne sich anzustrengen, mit geringem Kraftaufwand*).

Spa̲r|för|de|rung, die: *[staatliche] Förderung des Sparens durch günstige Zinssätze, Sparprämien o. Ä.*

Spạr|gel, der; -s, -, (schweiz. meist:) -n, (südd., schweiz. auch:) die; -, -n [spätmhd. sparger, über das Roman. (vgl. älter ital. sparago, mlat. sparagus) < lat. asparagus < griech. asp(h)áragos = Spargel; junger Trieb]: **1.** *(als Staude wachsende) Pflanze mit wie feine Nadeln erscheinenden Blättern u. grünlichen Blüten, aus deren Wurzelstock stangenförmige Sprosse hervorwachsen, die (bevor sie an die Erdoberfläche kommen) abgeschnitten u. als Gemüse gegessen werden.* **2.** *Spross, Sprosse des Spargels* (1) *als Gemüse:* frischer, weißer S.; was kostet der S.?; ein Bund, ein Kilo, fünf Stangen S.; fünf dicke S.; S. anbauen, produzieren, stechen, schälen, kochen, essen; es gab S. mit Schinken.

Spạr|gel|beet, das: *Beet mit Spargel* (1).

Spạr|gel|ge|mü|se, das: *als Gemüse zubereiteter Spargel.*

Spạr|gel|grün, das ⟨o. Pl.⟩: *das Grün* (2) *des Spargels* (1).

Spạr|gel|kohl, der: *Brokkoli.*

Spạr|gel|kraut, das ⟨o. Pl.⟩: *Spargelgrün.*

Spạr|gel|spit|ze, die: *zarte Spitze des Spargels* (2).

Spạr|gel|sup|pe, die: *aus Spargel* (2) *zubereitete Suppe.*

Spạr|gel|topf, der: *höherer Topf mit einem Drahtkorb als Einsatz, in dem Stangenspargel zubereitet wird.*

Spa̲r|gro|schen, der (ugs.): *kleinerer Betrag, den jmd. (verbunden mit gewissen Einschränkungen) gespart hat.*

Spa̲r|gut|ha|ben, das: *Guthaben auf einem Sparkonto, in einem Sparbuch ausgewiesenes Guthaben.*

Spa̲r|kas|se, die: **1.** *[öffentlich-rechtliches] Geld- u. Kreditinstitut (das früher hauptsächlich Spareinlagen betreute):* Banken und -n; Geld auf die S. bringen. **2.** *Sparbüchse:* 5 Mark in die S. stecken, werfen.

Spa̲r|kon|to, das: *Konto, auf dem Spareinlagen verbucht werden.*

spär|lich ⟨Adj.⟩ [mhd. sperlīche, ahd. sparalīhho (Adv.), zu spar, ↑sparen]: **a)** *nur in sehr geringem Maße [vorhanden]:* -e Reste; -er Beifall; eine -e Vegetation; ein recht -er Baumbestand; einen -en Haarwuchs haben; die Veranstaltung war nur sehr s. besucht; der Raum war s. beleuchtet; sie war nur s. bekleidet; **b)** *sehr knapp bemessen; kärglich; kaum ausreichend:* -e Kost; ein -es Einkommen; die Rationen waren s.

Spa̲r|maß|nah|me, die: *Maßnahme zur Einschränkung des Verbrauchs, der Kosten:* das Kabinett hat einschneidende -n beschlossen.

Spa̲r|pfen|nig, der (ugs.): *Spargroschen.*

Spa̲r|po|li|tik, die: vgl. Sparmaßnahme.

Spa̲r|prä|mie, die: *Prämie beim Prämiensparen.*

Spa̲r|pro|gramm, das: **1.** (Politik) *Programm* (3) *zur Durchführung von Sparmaßnahmen.* **2.** *Programm* (1 d) *bei elektrischen Haushaltsgeräten zur Reduzierung des Energieverbrauchs.*

Spa̲r|quo|te, die (Wirtsch.): *Verhältnis zwischen der Ersparnis der Volkswirtschaft u. dem Volkseinkommen.*

spạr|ren ⟨sw. V.; hat⟩ [engl. to spar, ↑Sparring] (Boxsport): *zum Training boxen:* mit jmdm. s.

Spạr|ren, der; -s, - [mhd. sparre, ahd. sparro, verw. mit ↑Speer]: **1.** *Dachsparren.* **2.** (Heraldik) *Chevron.* **3.** (ugs.) *etw., was sich anderen als kleine Verrücktheit darstellt; Spleen:* lass ihm doch seinen S.!; einen S. [zu viel, zu wenig, zu viel oder zu wenig] haben (ugs.; *nicht ganz bei Verstand sein*).

spạr|rig ⟨Adj.⟩ (Bot.): *seitwärts abstehend:* -e Äste; s. wachsende Triebe.

[1]Spạr|ring, das; -s, -s [engl. sparring = das Boxen, zu: to spar = boxen, trainieren, H. u.] (Boxsport): *das Sparren.*

[2]Spạr|ring, der; -s, -s (Boxsport): *kleiner, von Boxern zum Schlagtraining verwendeter Übungsball.*

spa̲r|sam ⟨Adj.⟩ [zu ↑sparen]: **1. a)** *auf möglichst geringe Ausgaben, möglichst geringen Verbrauch bedacht:* eine -e Verwendung von Rohstoffen; sie ist sehr s.; mit dem Trinkwasser, dem Heizöl, den Vorräten s. sein, umgehen; s. wirtschaften, leben; etwas s. dosieren; **Ü** s. mit Worten sein; er machte von der Erlaubnis nur s. *(wenig)* Gebrauch; **b)** *wenig Betriebsstoff, Energie od. dgl. verbrauchend:* ein besonders -es Auto; dieser Motor ist sehr s.; dieses Waschpulver ist besonders s. *(ergiebig).* **2. a)** *auf das Nötige, Notwendige beschränkt; karg:* eine -e Farbgebung, Ausdrucksweise; er berichtete in -en Sätzen; eine s. ausgestattete Wohnung; **b)** *nur in geringem Maße, in geringer Menge [vorhanden]; wenig:* -er Beifall.

Spa̲r|sam|keit, die; -, -en ⟨Pl. selten⟩: **1.** *das Sparsamsein* (1 a): übertriebene S.; seine S. grenzt schon an Geiz. **2.** *sparsame* (2 a) *Beschaffenheit; knappe Bemessenheit:* die S. der Farbgebung, der künstlerischen Mittel, der Gestik.

Spa̲r|schwein, das: *Sparbüchse in der Form eines kleinen Schweins:* ein Geldstück ins S. stecken, werfen; das S. schlachten (ugs. scherzh.; *den Inhalt entnehmen*).

Spar|strumpf, der: *zur Aufbewahrung von Erspartem dienender Strumpf:* seinen S. plündern.

Spart, der od. das; -[e]s, -e: *Esparto.*

Spar|ta ['ʃp..., 'sp...]: altgriechische Stadt.

Spar|ta|ki|a|de [ʃp..., sp...], die; -, -n [in Anlehnung an Olympiade zu: Spartakus, ↑Spartakist]: *(in einem sozialistischen Land durchgeführte) Sportveranstaltung mit Wettkämpfen in verschiedenen Disziplinen.*

Spar|ta|kist, der; -en, -en: *Mitglied des Spartakusbundes.*

Spar|ta|kis|tin, die; -, -nen: w. Form zu ↑Spartakist.

Spar|ta|kus|bund, der; -[e]s [nach dem römischen Sklaven Spartakus, dem Führer des Sklavenaufstandes von 73–71 v. Chr.]: *während des Ersten Weltkriegs entstandene linksradikale Bewegung um Karl Liebknecht u. Rosa Luxemburg.*

Spar|ta|ner, der; -s, -: Ew. zu ↑Sparta.

Spar|ta|ne|rin, die; -, -nen: w. Form zu ↑Spartaner.

spar|ta|nisch ⟨Adj.⟩ [die Spartaner waren wegen ihrer strengen Erziehung u. anspruchslosen Lebensweise bekannt]: **1.** *das alte Sparta betreffend.* **2. a)** *besondere Anforderungen an jmds. Willen, Energie, Entsagung, Selbstüberwindung stellend:* eine -e Erziehung; **b)** *einfach, sparsam [ausgestattet]; auf das Nötigste beschränkt; anspruchslos:* ein -es Nachtlager; die Ausstattung ist sehr s.

Spar|ta|rif, der (bes. Werbespr.): *besonders niedriger Tarif:* fahren, telefonieren Sie zum S.

Spar|te, die; -, -n [älter = Amt, Aufgabe, viell. nach der nlat. Wendung spartam nancisci = ein Amt erlangen (LÜ von griech. élaches Spártēn, kósmei = dir wurde Sparta zugeteilt, [jetzt] verwalte [es]; aus Euripides' Drama »Telaphos«)]: **1.** *(bes. als Untergliederung eines Geschäfts- od. Wissenszweigs) Teilbereich, Abteilung eines [Fach]gebiets:* eine S. der Wirtschaft, Verwaltung; die -n Schauspiel, Musiktheater und Ballett. **2.** *Spalte, Teil einer Zeitung, in dem [unter einer bestimmten Rubrik] etw. abgehandelt wird:* der für diese S. verantwortliche Redakteur; die Meldung stand unter, in der S. »Vermischtes«.

Spar|ten|sen|der, der: *Radio-, Fernsehsender, der auf eine bestimmte Kategorie von Programmen spezialisiert ist.*

Spar|te|rie, die, - [frz. sparterie, zu: sparte < lat. spartum, ↑Esparto]: *Flechtwerk aus Span od. Bast.*

Spart|gras, das: *Espartogras.*

Spar|ti|at [ʃp..., sp...], der; -en, -en [griech. Spartiátēs]: *(im Unterschied zu den Heloten u. Periöken) vollberechtigter, von den dorischen Gründern abstammender Bürger des antiken Sparta.*

spar|tie|ren [ʃp..., sp...] ⟨sw. V.; hat⟩ [ital. spartire, eigtl. = (ein)teilen, zu: partire, ↑Partitur] (Musik): *(ein nur in den einzelnen Stimmen vorhandenes [älteres] Musikwerk) in Partitur setzen.*

Spar|zins, der ⟨Pl. -en⟩: **1.** *Zins auf Sparguthaben:* -en zahlen, bekommen. **2.** *für Sparguthaben geltender Zinssatz:* hohe, niedrige -en.

Spas|men: Pl. von ↑Spasmus.

spas|misch ['ʃp..., 'sp...], **spas|mo|disch** ⟨Adj.⟩ [griech. spasmōdes] (Med.): *(vom Spannungszustand der Muskulatur) krampfartig, krampfhaft, verkrampft:* -e Herzrhythmusstörungen.

spas|mo|gen ⟨Adj.⟩ [↑-gen] (Med.): *Krämpfe erzeugend.*

Spas|mo|ly|ti|kum, das; -s, ...ka [zu griech. lýein = lösen] (Med.): *krampflösendes Mittel.*

spas|mo|ly|tisch ⟨Adj.⟩ (Med.): *krampflösend.*

Spas|mus, der; -, ...men [lat. spasmus < griech. spasmós] (Med.): *Krampf, Verkrampfung.*

Spaß, der; -es, Späße [älter: Spasso < ital. spasso = Zeitvertreib, Vergnügen, zu: spassare = zerstreuen, unterhalten, über das Vlat. zu lat. expassum, 2. Part. von: expandere = auseinander spannen, ausbreiten, aus: ex = aus u. pandere = ausspannen, ausbreiten, ausspreizen]: **1.** *ausgelassen-scherzhafte, lustige Äußerung, Handlung o. Ä., die auf Heiterkeit, Gelächter abzielt; Scherz:* ein gelungener, harmloser, alberner, schlechter S.; das war doch nur [ein] S.; dieser S. ging zu weit; sie macht gern S., Späße; hier, da hört [für mich] der S. auf *(das geht [mir] zu weit);* er hat doch nur S. gemacht (ugs.; *hat es nicht [so] ernst gemeint*); keinen S. verstehen *(humorlos sein);* er versteht in Geldangelegenheiten keinen S. *(ist darin ziemlich genau, wenig großzügig);* etw. aus, im, zum S. sagen *(nicht ernst meinen);* R S. muss sein! (kommentierend zu etw., was nur als Scherz gedacht war); S. beiseite (nach einer Reihe scherzhafter Bemerkungen als [Selbst]aufforderung, nun das zu sagen, was man im Ernst meint); [ganz] ohne S. *([ganz] im Ernst);* mach keinen S., keine Späße (ugs.; als Ausruf ungläubigen Staunens). **2.** ⟨o. Pl.⟩ *Freude, Vergnügen, das man an einem bestimmten Tun hat:* jmdm. ist der S. vergangen *(jmd. hat die Freude an etw. verloren);* etw. ist ein teurer S. (*ein kostspieliges Vergnügen* 2); etw. macht großen, richtigen, viel, keinen S.; die Arbeit, das Autofahren macht ihm S.; es macht ihm offenbar S., sie zu ärgern; [ich wünsche dir für heute Abend] viel S.!; lass ihm doch seinen S.!; jmdm. den S. verderben; S. an etw. finden, haben; etw. aus, zum S. tun; R [na,] du machst mir [vielleicht] S.! (iron.; als Ausdruck unangenehmen Überraschtseins, ärgerlichen Erstaunens über jmds. Verhalten); *** aus S. an der Freude** (scherzh.; *zum Spaß, zum Vergnügen*); **aus [lauter] S. und Tollerei** (ugs.; *nur so zum Spaß; aus lauter Übermut*).

Späß|chen, das; -s, -: Vkl. zu ↑Spaß.

spa|ßen ⟨sw. V.; hat⟩ [zu ↑Spaß]: **a)** *zum Spaß etwas sagen, was gar nicht ernst gemeint ist:* ich spaße nicht; Sie spaßen wohl!; *** mit jmdm. ist nicht zu s./jmd. lässt nicht mit sich s.** *(bei jmdm. muss man sich vorsehen);* **mit etw. ist nicht zu s., darf man nicht s.** *(mit etw. darf man nicht unvorsichtig, leichtsinnig sein, etw. muss ernst genommen werden):* mit so einer Infektion ist nicht zu s., geh lieber zum Arzt!; **b)** *(mit jmdm.) lustige Späße machen, ausgelassen sein:* mit jmdm., miteinander s.

spa|ßes|hal|ber ⟨Adv.⟩ (ugs.): *ohne sich etwas Bestimmtes davon zu versprechen, nur um es einmal auszuprobieren:* auf einen Vorschlag s. eingehen; wir können ja s. mal die Rollen tauschen.

spaß|haft ⟨Adj.⟩: *einen Spaß* (1) *enthaltend; Lachen erregend:* -e Redewendungen.

spa|ßig ⟨Adj.⟩: **1.** *Vergnügen bereitend; zum Lachen reizend; komisch wirkend:* eine -e Geschichte; ich finde das überhaupt nicht s. **2.** *gern scherzend; humorvoll, witzig [veranlagt]:* ein -er Bursche.

Spaß|ma|cher, der: *jmd., der andere durch Späße unterhält.*

Spaß|ma|che|rin, die; -, -nen: w. Form zu ↑Spaßmacher.

Spaß|ver|der|ber, der: *jmd., der bei einem Spaß nicht mitmacht u. dadurch anderen das Vergnügen daran nimmt.*

Spaß|ver|der|be|rin, die; -, -nen: w. Form zu ↑Spaßverderber.

Spaß|vo|gel, der: *jmd., der oft lustige Einfälle hat u. andere [gern] mit seinen Späßen erheitert.*

Spas|ti|ker ['ʃp..., 'sp...], der; -s, - [lat. spasticus < griech. spastikós, zu: spasmós, ↑Spasmus]: **1.** (Med.) *an einer spastischen Krankheit Leidender:* er ist S. **2.** (salopp abwertend) *Kretin* (2).

Spas|ti|ke|rin, die; -, -nen: w. Form zu ↑Spastiker.

spas|tisch ⟨Adj.⟩: **1.** (Med.) *mit einer Erhöhung des Muskeltonus einhergehend:* eine -e Verengung der Gefäße; eine -e Lähmung; ein -es Leiden; -e Krämpfe, Anfälle, Zuckungen. **2.** (salopp abwertend) *in der Art eines Spastikers* (2).

[1]Spat, der; -[e]s, -e u. Späte [mhd. spät, auch: Splitter, viell. verw. mit ↑Span, ↑Spaten] (Mineral.): *Mineral, das sich beim Brechen blättrig spaltet* (z. B. Feld-, Flussspat).

[2]Spat, der; -[e]s [mhd. spat, H. u.] (Tiermed.): *(bes. bei Pferden) [zur Erlahmung führende] Entzündung der Knochenhaut am Sprunggelenk.*

spät ⟨Adj.⟩ [mhd. spaete, ahd. spāti, eigtl. = sich hinziehend u. wahrsch. verw. mit ↑sparen]: **1.** *in der Zeit weit fortgeschritten, sich schon [bald] dem Ende zuneigend:* am -en Abend, Vormittag, Nachmittag; bis in die -e Nacht; im -en Frühling, Sommer, neunzehnten Jahrhundert, Mittelalter; in den -en Siebzigerjahren; zu -er Stunde (geh.; *spät abends*); ein -es *(zum Spätwerk zählendes)* Werk des Malers; der -e Goethe *(Goethe als der Autor seines Spätwerks);* wir sind erst ziemlich s. abends angekommen; es ist schon s. am Abend, schon ziemlich s.; gestern [abend] ist es sehr s. geworden (ugs.; *sind wir erst sehr spät ins Bett gekommen*); wie s. ist es? *(wie viel Uhr ist es?);* R je -er der Abend, desto schöner die Gäste (scherzhafte Begrüßung eines später hinzukommenden Gastes). **2.** *später als erwartet, als normalerweise geschehend, eintretend o. Ä.; verspätet, überfällig:* ein -es Frühjahr; eine -e *(spät reifende)* Sorte Äpfel; ein -er Nachkomme; ein -es Glück; -e Reue, Einsicht, Besinnung; mit einem -eren Zug fahren; Ostern ist, fällt, liegt dieses Jahr s.; s. aufstehen, zu arbeiten anfangen; du kommst s., -er als sonst, zu s.; zu s. Kommende ausschließen; eine s. blühende Sorte; wir sind eine Station zu s. ausgestiegen; wenig, einige Zeit, ein Jahr, fünf Minuten -er *(danach);* wir sind s. dran (ugs.; *wir haben uns verspätet, sind im Rückstand*).

spät|abends ⟨Adv.⟩: *spät am Abend:* er war von frühmorgens bis s. unterwegs.

Spät|an|ti|ke, die: *Spätzeit der Antike.*

Spät|aus|sied|ler, der: *Aussiedler, der ab etwa 1980 in die Bundesrepublik Deutschland gekommen ist.*

Spät|aus|sied|le|rin, die; -, -nen: w. Form zu ↑Spätaussiedler.

spät|ba|rock ⟨Adj.⟩: *zum Spätbarock gehörend, aus der Zeit des Spätbarocks stammend.*

Spät|ba|rock, das od. der: *Spätzeit des Barocks.*

Spät|bur|gun|der, der: **a)** ⟨o. Pl.⟩ *Rebsorte mit schwarzblauen Beeren in kompakten Trauben;* **b)** *Wein der Rebsorte Spätburgunder* (a).

Spat|ei|sen|stein, der; -s (Mineral. veraltend): *Eisenspat.*

Spa|tel, der; -s, - (österr. nur so) od. die; -, -n [spätmhd. spatel < lat. spat(h)ula, Vkl. von: spatha < griech. spáthē = längliches, flaches (Weber)holz; breites Unterende am Ruder; Schulterblatt; Schwert]: **1.** *(in der Praxis eines Arztes od. in der Apotheke verwendeter) flacher, länglicher, an beiden Enden abgerundeter Gegenstand (aus Holz od. Kunststoff), mit dem z. B. Salbe aufgetragen wird:* der Arzt drückte die Zunge mit einem S. nach unten. **2.** *Spachtel* (1).

Spa|ten, der; -s, - [spätmhd. spat(e), urspr. = langes, flaches Holzstück u. verw. mit ↑Span]: *(zum Umgraben, Abstechen u. Ausheben von Erde o. Ä. bestimmtes) Gerät aus einem viereckigen, unten mit einer Schneide versehenen [Stahl]blatt u. langem [Holz]stiel mit einem als Griff dienenden Querholz am Ende:* er nahm den S. und fing an umzugraben.

Spa|ten|stich, der: *das Einstechen mit dem Spaten [u. das Umwenden der dabei gelockerten Erde]:* er war schon nach wenigen -en in Schweiß gebadet; *** der erste S./**(seltener auch:) **der S.** *([bes. bei öffentlichen Bauvorhaben üblicher] symbolischer Akt in Form eines Spatenstichs od. eines entsprechenden Vorgangs mit einem Bagger o. Ä. zur feierlichen Eröffnung der Bauarbeiten).*

Spät|ent|wick|ler, der: *Kind od. Jugendlicher, bei dem die psychische od. physische Entwicklung zunächst etwas zurückbleibt, sich später aber ausgleicht.*

Spät|ent|wick|le|rin, die: w. Form zu ↑Spätentwickler.

spä|ter [Komp. zu ↑spät (1)]: I. ⟨Adj.⟩ a) *(nach unbestimmter Zeit) irgendwann eintretend, nachfolgend; kommend:* in -en Jahren; zu einem -en Zeitpunkt; -e Generationen; b) *(bezogen auf einen bestimmten angenommenen, angegebenen Zeitpunkt) nach einer gewissen Zeit eintretend; [zu]künftig:* damals lernte er seine -e Frau kennen. II. ⟨Adv.⟩ *nach einer gewissen Zeit; danach:* er soll s. [einmal] die Leitung der Firma übernehmen; er vertröstete ihn auf s.; wir sehen uns s. noch!; bis s.! (Abschiedsformel, wenn man sich im Laufe des Tages wieder treffen, sprechen wird).

spä|ter|hin ⟨Adv.⟩ (geh.): *später* (II): s. verlor er sie aus den Augen.

spä|tes|tens ⟨Adv.⟩: *nicht später als:* wir treffen uns s. morgen, [am] Freitag, in drei Tagen, um 8 Uhr; die Arbeit muss bis s. 12 Uhr fertig sein.

Spät|fol|ge, die: *erst längere Zeit nach einem Ereignis eintretende Folge.*

Spät|frucht, die: *relativ spät im Jahr reifende Frucht.*

Spät|ge|bä|ren|de, die; -n, -n ⟨Dekl. ↑Abgeordnete⟩: *Frau, die spät ihre erste od. eine weitere Geburt hat.*

Spät|ge|burt, die: 1. *erst einige Zeit nach Ablauf der normalen Schwangerschaftsdauer erfolgende Geburt.* 2. *verspätet geborenes Kind.*

Spät|go|tik, die: vgl. Spätbarock.

spät|go|tisch ⟨Adj.⟩: vgl. spätbarock.

Spa|tha ['sp..., 'ʃp...], die; -, ...then [griech. spáthē, ↑Spatel]: 1. (Bot.) *meist auffällig gefärbtes, den Blütenstand überragendes Hochblatt bei Palmen- u. Aronstabgewächsen.* 2. *zweischneidiges germanisches Schwert.*

Spät|heim|keh|rer, der: *Kriegsgefangener, der erst lange nach Kriegsende entlassen wird.*

Spät|herbst, der: vgl. Spätsommer.

Spät|holz, das ⟨o. Pl.⟩: *(als äußerer Teil des betreffenden Jahresrings sichtbares) im Herbst eines Jahres gebildetes Holz.*

Spa|ti|en: Pl. von ↑Spatium.

spa|ti|ie|ren, spa|ti|o|nie|ren [ʃp..., sp...] ⟨sw. V.; hat⟩ (Druckw.): *mit Spatien (1) versehen.*

spa|ti|ös [ʃp..., sp...] ⟨Adj.⟩ (Druckw. veraltend): *weit [gesetzt]; mit Spatien* (1) *versehen:* -er Druck.

Spa|ti|um [ʃp..., sp...], das; -s, ...ien [lat. spatium = Zwischenraum] (Druckw.): 1. *(bes. zwischen Wörtern, nach Satzzeichen eingefügter) Zwischenraum.* 2. *Ausschluss* (2).

Spät|jahr, das (seltener): *[Spät]herbst:* im S. 1999.

Spät|klas|sik, die: vgl. Spätantike.

spät|klas|sisch ⟨Adj.⟩: vgl. spätbarock.

Spät|la|tein, das: *Latein vom 3. bis etwa 6. Jh.*

spät|la|tei|nisch ⟨Adj.⟩: *in Spätlatein [geschrieben, schreibend].*

Spät|le|se, die: 1. *Lese* (1) *von vollreifen Weintrauben gegen Ende des Herbstes (nach Abschluss der regulären Weinlese).* 2. *(zu den Qualitätsweinen mit Prädikat zählender) Wein aus Trauben der Spätlese* (1).

Spät|ling, der; -s, -e: 1. a) *Nachkömmling;* b) (selten) *spätes* (2) *Kind.* 2. (selten) *Spätwerk.* 3. (selten) *spät* (1) *im Jahr blühende Blume, reifende Frucht.*

Spät|mit|tel|al|ter, das: vgl. Spätbarock.

spät|mit|tel|al|ter|lich ⟨Adj.⟩: vgl. spätbarock.

Spät|nach|mit|tag, der: *später* (1) *Nachmittag.*

spät|nach|mit|tags ⟨Adv.⟩: vgl. spätabends.

spät|nachts ⟨Adv.⟩: vgl. spätabends.

Spät|pha|se, die: *Phase gegen Ende eines bestimmten Zeitraums, einer Epoche.*

Spät|pro|gramm, das (bes. Rundf., Fernsehen): *spätabends od. nachts gesendetes Programm.*

Spät|re|nais|sance, die: vgl. Spätbarock.

Spät|ro|man|tik, die: vgl. Spätbarock.

Spät|scha|den, der: *[gesundheitlicher] Schaden, der als Folge von etw. nicht gleich, sondern erst nach längerer Zeit auftritt:* Spätschäden als Folge einer Operation, einer Krankheit.

Spät|schicht, die: a) *Schicht* (3 a) *am [späten] Abend:* die S. beginnt um 18 Uhr; S. haben; in der S. arbeiten; b) *Arbeiter der Spätschicht* (a): die S. macht um drei Uhr Feierabend.

Spät|som|mer, der: *letzte Phase des Sommers.*

Spät|vor|stel|lung, die: *Vorstellung* (3) *am späten Abend.*

Spät|werk, das: 1. *gegen Ende der Schaffensperiode eines Künstlers entstandenes Werk.* 2. *gegen Ende der Schaffensperiode eines Künstlers entstandener Teil seines Gesamtwerks.*

Spatz, der; -en, auch: -es, -en [mhd. spaz, spatze, Kosef. von mhd. spare, ahd. sparo, ↑Sperling]: 1. *Sperling:* ein junger, frecher, dreister S.; wie ein [junger] S. *(laut u. aufgeregt)* schimpfen; er isst wie ein S. (ugs.; *sehr wenig*); **R** du hast wohl -en unterm Hut? (ugs. scherzh.; als Frage, wenn jmd., z. B. beim Grüßen, entgegen der Etikette den Hut nicht abnimmt); **Spr** besser ein S. in der Hand als eine Taube auf dem Dach *(es ist besser, sich mit dem zu begnügen, was man bekommen kann, als etw. Unsicheres anzustreben);* *** das pfeifen die -en von den/allen Dächern** (ugs.; *das ist längst kein Geheimnis mehr, jeder weiß davon*). 2. a) (fam.) *kleines, schmächtiges Kind;* b) (Kosewort, bes. für Kinder) *Herzchen, Liebling:* komm her, mein [kleiner] S.! 3. (fam.) *Penis.*

Spätz|chen, das; -s, -: Vkl. zu ↑Spatz.

Spät|zeit, die: vgl. Spätphase.

Spat|zen|ge|hirn, Spat|zen|hirn, das (salopp abwertend): *wenig, geringer Verstand:* ein S. haben.

Spät|zin, die; -, -nen (selten): w. Form zu ↑Spatz (1).

Spätz|le ⟨Pl.⟩ [mundartl. Vkl. von ↑Spatz] (bes. schwäb.): *kleine, längliche Stücke aus Nudelteig, die in siedendem Salzwasser gekocht werden.*

Spätz|li ⟨Pl.⟩ (schweiz.): *Spätzle.*

Spät|zün|der, der (ugs. scherzh.): 1. *jmd., der nicht so schnell begreift, Zusammenhänge erkennt.* 2. *Spätentwickler.*

Spät|zün|de|rin, die; -, -nen: w. Form zu ↑Spätzünder.

Spät|zün|dung, die: 1. (Technik) *(aufgrund einer fehlerhaften Einstellung eines Verbrennungsmotors) zu spät erfolgende Zündung.* 2. (ugs. scherzh.) *[zu] spätes Begreifen, [zu] späte Reaktion:* er hatte S.

spa|zie|ren ⟨sw. V.; ist⟩ [mhd. spacieren, spazieren < ital. spaziare < lat. spatiari = einherschreiten, zu: spatium, ↑Spatium]: 1. *gemächlich [ohne bestimmtes Ziel] gehen; schlendern:* auf und ab, durch die Straßen s.; die Besucher spazierten in den großen Saal, durch die Ausstellung; *** s. gehen** *(einen Spaziergang machen):* jeden Tag zwei Stunden s. gehen; wir gehen gerne, viel, oft s.; **s. fahren** *(eine Spazierfahrt machen):* mit dem Auto, dem Fahrrad, der S-Bahn s. fahren; **s. reiten** (selten; *ausreiten* 1 b); **s. gucken** (ugs. scherzh.; *nur zum Zeitvertreib in der Gegend herumgucken*); **jmdn. s. fahren** *(jmdn., z. B. mit dem Auto, zu einer Spazierfahrt mitnehmen, ausfahren* 2 b): ein Baby s. fahren; die Urlaubsgäste s. fahren; **jmdn. s. führen** *(mit jmdm. spazieren gehen u. ihn dabei leiten, geleiten):* einen Kranken, seinen Hund s. führen; **etw. s. führen/tragen** (ugs. scherzh.; *etw. ausführen* 1 d): ein neues Kleid s. führen. 2. (veraltend) *spazieren gehen.*

spa|zie|ren fah|ren, spa|zie|ren füh|ren, spa|zie|ren ge|hen usw.: s. spazieren (1).

Spa|zier|fahrt, die: *Fahrt in die Umgebung, die zur Erholung, zum Vergnügen unternommen wird.*

Spa|zier|gang, der: [1]*Gang* (2) *zur Erholung, zum Vergnügen:* einen ausgedehnten, langen, weiten S. machen; jmdn. auf einem S. begleiten.

Spa|zier|gän|ger, der; -s, -: *jmd., der einen Spaziergang macht.*

Spa|zier|gän|ge|rin, die; -, -nen: w. Form zu ↑Spaziergänger.

Spa|zier|stock, der ⟨Pl. ...stöcke⟩: *Stock mit gekrümmtem Griff, der beim Spazierengehen das Gehen erleichtert.*

Spa|zier|weg, der: *Weg, der sich gut für Spaziergänge eignet:* es gibt dort viele schöne -e.

SPD [ɛspeːˈdeː], die; -: Sozialdemokratische Partei Deutschlands.

Spea|ker ['spiːkɐ], der; -s, - [engl., eigtl. = Sprecher, zu: to speak = sprechen]: 1. *Präsident des britischen Unterhauses.* 2. *Präsident des US-amerikanischen Kongresses.*

Specht, der; -[e]s, -e [mhd., ahd. speht, weitergebildet aus gleichbed. mhd. spech, ahd. speh, H. u.]: *Vogel mit langem, geradem, kräftigem Schnabel, mit dem er, am Baumstamm kletternd, Insekten u. deren Larven aus der Rinde herausholt:* der S. trommelt, hackt, klopft.

Specht|mei|se, die: *Kleiber.*

Spe|cial ['spɛʃl̩], das; -s, -s [engl. special, zu: special = speziell < afrz. especial < lat. specialis, ↑speziell]: *Fernseh-, Rundfunksendung, in der eine Persönlichkeit (meist ein Künstler), eine Gruppe od. ein Thema im Mittelpunkt steht.*

Speck, der; -[e]s, (Sorten:) -e [mhd. spec, ahd. spek, viell. eigtl. = Dickes, Fettes]: 1. a) *zwischen Haut u. Muskelschicht liegendes Fettgewebe des Schweins (das, durch Räuchern u. Pökeln haltbar gemacht, als Nahrungsmittel dient):* fetter, durchwachsener, geräucherter S.; S. räuchern, braten, in Würfel schneiden, auslassen; Erbsen, Bohnen mit S.; **R** ran an den S.! (ugs.; *los!, an die Arbeit!*); **Spr** mit S. fängt man Mäuse *(mit einem verlockenden Angebot kann man jmdn. dazu bewegen, etw. zu tun, auf etw. einzugehen);* *** den S. riechen** (ugs.; ↑Braten); b) *Fettgewebe von Walen u. Robben.* 2. (ugs. scherzh.) *(in Bezug auf jmds. Beleibtheit) Fettpolster:* sie hat ganz schön S. um die Hüften; S. ansetzen (ugs.; *an Gewicht zunehmen*); [keinen] S. auf den Rippen haben (ugs.; *[ganz u. gar nicht] dick sein*).

Speck|bauch, der (ugs., oft scherzh.): *Schmerbauch.*

spe|ckig ⟨Adj.⟩ [zu ↑Speck]: 1. a) *abgewetzt u. auf fettig-glänzende Weise schmutzig:* ein -er Hut, Kragen, Anzug; ein -es *(abgegriffenes, schmutziges)* Buch; der Polstersessel ist mit den Jahren s. geworden, glänzt s.; b) *wie Speck [glänzend].* 2. (ugs. abwertend) *in unangenehmer Weise dick, fett; feist:* ein -er Nacken; -e Backen. 3. (landsch.) *nicht richtig durchgebacken u. deshalb klebrig-teigig:* -es Brot.

Speck|kä|fer, der: *(in vielen Arten vorkommender) kleiner Käfer, dessen Larven aus fetthaltigen Stoffen meist tierischer Herkunft leben.*

Speck|knö|del, der (südd., österr.): *Knödel mit Speckstückchen.*

Speck|ku|chen, der: *mit Speckstückchen belegter Kuchen, der warm gegessen wird.*

Speck|röll|chen, das (ugs. scherzh.): *rund um einen Körperteil verlaufendes Fettpolster.*

Speck|schei|be, die: *Scheibe Speck vom Schwein.*

Speck|schwar|te, die: *Schwarte an einem Stück Speck.*

Speck|sei|te, die: *großes Stück Speck vom Schwein.*

Speck|stein, der: *Steatit:* Skulpturen aus S.

Speck|stück, das: *Stück Speck vom Schwein.*

Speck|stück|chen, das: *kleines Speckstück.*

spe|die|ren ⟨sw. V.; hat⟩ [ital. spedire = versenden < lat. expedire, ↑expedieren]: *(Frachtgut) befördern, versenden:* Möbel, Güter mit der Bahn, mit einem Lastwagen s.; **Ü** der Türsteher spedierte ihn ins Freie (ugs. scherzh.; *warf ihn hinaus*).

Spe|di|teur [...'tøːɐ̯], der; -s, -e [mit französierender Endung zu ↑spedieren]: *Kaufmann, der gewerbsmäßig die Spedition* (a) *von Gütern besorgt.*

Spe|di|teu|rin [...'tøː...], die; -, -nen: w. Form zu ↑Spediteur.

Spe|di|ti|on, die; -, -en [ital. spedizione = Absendung, Beförderung < lat. expeditio, ↑Expedition]: a) *gewerbsmäßige Versendung von Gütern:* die Firma übernahm die S. der Waren; b) *Betrieb, der die Spedition* (a) *von Gütern durchführt; Transportunternehmen;* c) kurz für ↑Speditionsabteilung.

Spe|di|ti|ons|ab|tei|lung, die: *Versand* (2).
Spe|di|ti|ons|fir|ma, die: *Spedition* (b).
Spe|di|ti|ons|ge|schäft, das (Wirtsch.): *Vertrag über den Transport von Gütern.*
Spe|di|ti|ons|kauf|frau, die: vgl. Speditionskaufmann.
Spe|di|ti|ons|kauf|mann, der: *Kaufmann, der im Bereich des Transports u. der Lagerung von Waren tätig ist (Berufsbez.).*
spe|di|tiv ⟨Adj.⟩ [ital. speditivo = hurtig < lat. expeditus = ungehindert, adj. 2. Part. von: expedire, ↑expedieren] (schweiz.): *rasch vorankommend, zügig.*
Speech [spi:tʃ], der; -es, -e u. -es u. die; -, -es [...ɪs; engl. speech] (selten): *Rede, Ansprache:* einen kleinen/eine kleine S. halten.
¹Speed [spi:d], der; -s, -s [engl. speed = Geschwindigkeit] (Sport): *[hohe] Geschwindigkeit, [hohes] Tempo.*
²Speed, das; -s, -s (Jargon): *stimulierende, erregende, aufputschende Droge (bes. Amphetamin).*
Speed|way|ren|nen, [ˈspi:dweɪ...], das [engl. speedway, eigtl. = Schnellstraße] (Sport): *Motorradrennen auf einer Aschen-, Sand- od. Eisbahn.*
Speer, der; -[e]s, -e [mhd. sper, spar(e), ahd. sper, eigtl. = Sparren, Stange, verw. mit lat. sparum, sparus = kurzer Jagdspeer]: **a)** *Waffe zum Stoßen od. Werfen in Form eines langen, dünnen, zugespitzten od. mit einer [Metall]spitze versehenen Stabes;* **b)** (Leichtathletik) *Speer (a) als Sportgerät zum Werfen.*
Speer|schaft, der: *¹Schaft (1 a) des Speers.*
Speer|schleu|der, die (Völkerk.): *Schleuder, mit der man Speere abschießt.*
Speer|spit|ze, die: **1.** *Spitze eines Speers:* eine steinzeitliche, bronzene, eiserne S. **2.** *wichtigster Exponent* (1), *Gesamtheit der wichtigsten Exponenten, bes. einer [politischen] Bewegung o. Ä.*
Speer|wer|fen, das; -s (Leichtathletik): *sportliche Disziplin, bei der der Speer (b) möglichst weit geworfen werden muss.*
Speer|wer|fer, der (Leichtathletik): *jmd., der das Speerwerfen als sportliche Disziplin betreibt.*
Speer|wer|fe|rin, die: w. Form zu ↑Speerwerfer.
spei|ben ⟨st. V.; hat⟩ [mhd. spîwen, ahd. spîwan, ältere Form von mhd. spîen, ahd. spîan, ↑speien] (südd., österr.): **a)** *spucken;* **b)** *erbrechen* (2); *** zum Speiben** (emotional; *äußerst abstoßend, unerträglich*).
Spei|che, die; -, -n [mhd. speiche, ahd. speihha, eigtl. wohl = langes, zugespitztes Holzstück, verw. mit ↑spitz; 2: wohl in Anlehnung an lat. radius = Rad-, Armspeiche]: **1.** *eines der strahlenförmig angeordneten strebenartigen Teile des Rades, die die Felge mit der Nabe verbinden:* eine S. ist verbogen, gerissen, gebrochen; eine S. ersetzen, einsetzen, einfädeln, einziehen, spannen; ein Lenkrad mit vier -n; *** dem Schicksal, dem Rad der Geschichte** o. Ä. **in die -n greifen/fallen** (geh.; *das Schicksal, den Lauf der Geschichte* o. Ä. *aufzuhalten suchen*). **2.** (Anat.) *Knochen des Unterarms auf der Seite des Daumens:* Elle und S.; er hat sich bei dem Sturz die S. [des linken Arms] gebrochen.
Spei|chel, der; -s [mhd. speichel, ahd. speihhil(a), zu ↑speien]: *von den im Mund befindlichen Drüsen abgesonderte Flüssigkeit; Spucke:* der Speichel rann, floss, lief, troff ihm aus dem Mund; der S. läuft ihr im Mund zusammen.
Spei|chel|drü|se, die: *Drüse, die Speichel absondert.*
Spei|chel|fluss, der (Med.): *[übermäßige] Absonderung von Speichel.*
Spei|chel|le|cker, der (abwertend): *jmd., der durch Unterwürfigkeit jmds. Wohlwollen zu erlangen sucht.*
Spei|chel|le|cke|rei, die; -, -en (abwertend): *Kriecherei, unangenehme Schmeichelei (um Vorteile zu erlangen):* seine S. widert mich an; ich ignoriere seine -en einfach.
Spei|chel|le|cke|rin, die; -, -nen: w. Form zu ↑Speichellecker.
spei|cheln ⟨sw. V.; hat⟩: *Speichel aus dem Mund austreten lassen:* im Schlaf, beim Reden s.
Spei|chel|re|flex, der: *in einer vermehrten Speichelabsonderung bestehender Reflex.*
Spei|cher, der; -s, - [mhd. spîcher, ahd. spîhhāri < spätlat. spicarium = Getreidespeicher, zu lat. spica = Ähre]: **1.** *Gebäude zum Aufbewahren von etw.:* Getreide, Saatgut, Waren in einem S. lagern. **2.** (bes. westmd., südd.) *Dachboden:* den S. ausbauen; etw. auf den S. bringen. **3.** *Vorrichtung an elektronischen Rechenanlagen zum Speichern von Informationen:* Daten in den S. eingeben. **4.** (Technik) *oberhalb eines Stauwerks gelegenes Gelände, in dem Wasser aufgestaut wird.*
spei|cher|bar ⟨Adj.⟩: *sich speichern lassend.*
Spei|cher|ele|ment, das (EDV): *Element eines Speichers* (3) *zur Speicherung der kleinsten Dateneinheit.*
Spei|cher|ge|we|be, das (Bot.): *pflanzliches Gewebe, in dem etw. (z. B. Nährstoffe od. Samen) gespeichert wird.*
Spei|cher|ka|pa|zi|tät, die (bes. EDV): *Fassungsvermögen, Kapazität eines Speichers; Fähigkeit, etw. (bis zu einer bestimmten Höchstmenge) zu speichern:* der Rechner hat eine zu kleine S.; wir müssen unsere S. erweitern.
Spei|cher|kraft|werk, das (Technik): *Kraftwerk, dem ein Speicher* (2 a) *vorgelagert ist u. das wegen der ständig zur Verfügung stehenden Reserven an Wasser gleichmäßig Energie produzieren kann.*
Spei|cher|me|di|um, das (EDV): *Datenträger.*
spei|chern ⟨sw. V.; hat⟩: *[in einem Speicher zur späteren Verwendung] aufbewahren, lagern:* Vorräte, Getreide, Futtermittel, Saatgut s.; in dem Stausee wird das Trinkwasser für die Stadt gespeichert; der Kachelofen speichert Wärme für viele Stunden *(gibt die Wärme nur langsam ab);* Daten auf Magnetband s.
Spei|cher|ofen, der: kurz für ↑Nachtspeicherofen.
Spei|cher|or|gan, das (Bot.): *Organ mit Speichergewebe bei überwinternden Pflanzen.*
Spei|cher|platz, der (EDV): **1.** ⟨o. Pl.⟩ *Speicherkapazität:* der S. einer CD reicht dafür nicht aus; S. sparen, verschwenden; den S. erweitern. **2.** *Speicherelement.*
Spei|che|rung, die; -, -en: *das Speichern; das Gespeichertwerden.*
Spei|cher|werk, das (EDV): *Teil einer Datenverarbeitungsanlage, in dem die Daten gespeichert werden.*
Spei|cher|zel|le, die (EDV): *Bauteil von Digitalrechnern für die Speicherung von Daten.*
spei|en ⟨st. V.; hat⟩ [mhd. spî(w)en, ahd. spî(w)an, verw. mit lat. spuere, ↑Sputum; vgl. speiben] (geh.): **a)** *spucken* (1): Blut s.; auf den Boden, jmdm. ins Gesicht s.; **b)** *spucken* (14); **c)** *sich übergeben:* er wurde seekrank und musste s.; *** zum Speien** (emotional; *äußerst abstoßend, unerträglich*).
Spei|gat, Spei|gatt, das [zu ↑speien] (Seemannsspr.): *Öffnung im unteren Teil der Reling, durch die Wasser vom Deck ablaufen kann.*
Speik, der; -[e]s, -e [oberdeutsche Form von älter Spieke < lat. spica (↑Speicher), nach dem einer Ähre ähnlichen Blütenstand]: **1.** *in den Alpen vorkommende Art des Baldrians.* **2.** *Lavendel.* **3.** *in den Alpen vorkommende, blau blühende Primel.*
Speil, der; -s, -e [niederd. spîl(e) = Splitter, Span; Keil, eigtl. = Abgesplittertes]: *dünnes Holzstäbchen, bes. zum Verschließen des Wurstzipfels.*
spei|len ⟨sw. V.; hat⟩: *(bes. einen Wurstzipfel) mit einem Speil verschließen, zusammenstecken.*
¹Speis, die; -, -en [zu ↑Speise] (südd., österr.): *Speisekammer.*
²Speis, der; -es [wohl gek. aus älter Maurerspeise, zu Glockenspeise = zum Glockenguss verwendete Metalllegierung] (bes. westmd., süd[west]d.): *Mörtel.*
Spei|se, die; -, -n [mhd. spîse, ahd. spîsa < mlat. spe(n)sa = Ausgaben; Vorrat(sbehälter); Nahrung < lat. expensa (pecunia) = Ausgabe, Aufwand, zu: expensum, 2. Part. von: expendere = ausgeben, bezahlen; vgl. Spesen]: **a)** *zubereitete Nahrung als einzelnes Essen; ²Gericht:* köstliche, leckere, erlesene, raffiniert zubereitete -n; warme und kalte -n; -n und Getränke sind im Preis inbegriffen; **b)** (geh.) *feste Nahrung:* nicht ausreichend S. haben; *** Speis und Trank** (geh.; *Essen u. Getränk[e]*); **c)** (bes. nordd.) *Süßspeise, Pudding.*
Spei|se|brei, der (Med.): *mit Verdauungssäften durchsetzte Nahrung im Magen u. im Darm.*
Spei|se|eis, das: *aus Milch, Zucker, Säften, Geschmacksstoffen u. a. bestehende, künstlich gefrorene, cremig schmelzende Masse, die zur Erfrischung verzehrt wird.*
Spei|se|fett, das: *zum Verzehr geeignetes Fett* (1).
Spei|se|fisch, der: vgl. Speisefett.
Spei|se|gast|stät|te, die: *Restaurant:* Bars und -n.
Spei|se|kam|mer, die [mhd. spîsekamer]: *Kammer* (1 b) *zum Aufbewahren von Lebensmitteln.*
Spei|se|kar|te, die: *Verzeichnis der in einer Gaststätte erhältlichen Speisen auf einer Karte, in einer Mappe o. Ä.*
Spei|se|lei|tung, die (Technik): *Leitung* (3 a), *durch die etw. mit Gas, Strom o. Ä. gespeist* (3) *wird.*
Spei|se|lo|kal, das: *Restaurant.*
spei|sen ⟨sw. V.; hat⟩ [mhd. spîsen]: **1.** ⟨schweiz. volkst. auch st. V.: spies, hat gespiesen⟩ (geh.) **a)** *eine Mahlzeit zu sich nehmen, essen* (1): ausgiebig, gut, à la carte, nach der Karte s.; zu Abend s.; ich wünsche, wohl zu s., wohl gespeist zu haben (veraltend; als Wunschformel vor bzw. nach einer Mahlzeit); **b)** (seltener) *essen* (2): was wünschen die Herrschaften zu s.? **2.** (geh.) *[mit etw.] verpflegen:* Hungrige, die Armen s. **3.** ⟨schweiz. auch st. V.: spies, hat gespiesen⟩ **a)** *(mit etw. Notwendigem) versorgen:* die Taschenlampe wird aus, von zwei Batterien gespeist; ein aus, von zwei Flüssen gespeister See; **b)** (Technik) *einspeisen* (1).
Spei|sen|auf|zug, der: *[kleiner] Aufzug, mit dem Speisen befördert werden.*
Spei|sen|fol|ge, die (geh.): *Gesamtheit der ¹Gänge (9) einer Mahlzeit; Menü.*
Spei|sen|kar|te, die: ↑Speisekarte.
Spei|se|öl, das: vgl. Speisefett.
Spei|se|pilz, der: vgl. Speisefett.
Spei|se|plan, der: **a)** *Küchenzettel:* einen S. fürs Wochenende aufstellen; **b)** *in Form einer Liste zusammengefasster Speiseplan* (a): der S. einer Kantine.
Spei|se|raum, der: *Raum, in dem Mahlzeiten eingenommen werden:* der S. des Hotels, der Pension.
Spei|se|rest, der: *Rest einer Speise, vom Essen Übriggebliebenes.*
Spei|se|röh|re, die: *aus Muskeln bestehender, innen mit Schleimhaut versehener Kanal zwischen Schlund* (1 a) *u. Magen, durch den die Nahrung in den Magen gelangt; Ösophagus.*
Spei|se|saal, der: *Saal, in dem Mahlzeiten eingenommen werden.*
Spei|se|saft, der: *der Verdauung dienende Flüssigkeit in den Lymphgefäßen des Darms.*
Spei|se|salz, das: *zum Würzen von Speisen geeignetes Salz:* jodiertes S.
Spei|se|wa|gen, der: *Wagen für Fernreisezüge, in dem die Reisenden wie in einem Restaurant essen u. trinken können.*
Spei|se|was|ser, das ⟨Pl. ...wässer⟩ (Technik): *speziell aufbereitetes, zum Speisen* (3) *von Dampfkesseln dienendes Wasser.*
Spei|se|wür|ze, die: *flüssige Würzmischung aus Soja, Kräutern, Gewürzen, Fleischextrakt o. Ä.*
Spei|se|zet|tel, der: *Speiseplan.*
Spei|se|zim|mer, das: *Esszimmer.*
Speis|ko|balt, das; -s [1. Bestandteil zu ↑Speise (2)]: *grauweiße bis stahlgraue Art des Kobalts; Smaltin.*
Spei|sung, die; -, -en [mhd. spîsunge]: **1.** (geh.) *das Speisen* (2); *das Gespeistwerden:* die S. der

S

Armen. 2. (Technik) *das Speisen* (3): die zur S. des Geräts erforderlichen Akkus.

Spei|täub|ling, der [zu ↑speien]: *ungenießbarer Täubling.*

Spei|teu|fel, der: *Speitäubling.*

spei|übel ⟨Adj.⟩: *zum Erbrechen übel:* mir wurde, ist s.

Spek|ta|bi|li|tät [ʃp..., sp...], die; -, -en [lat. spectabilitas = Würde, Ansehen, zu: spectabilis = ansehnlich, zu: spectare, ↑[2]Spektakel]: a) ⟨o. Pl.⟩ *Titel für einen Dekan an einer Hochschule;* b) *Träger des Titels Spektabilität* (a): die -en haben sich geeinigt; Seine S. lässt bitten; (in der Anrede:) Eure, Euer S.

[1]Spek|ta|kel [ʃpɛkˈta:kl̩], der; -s, - ⟨Pl. selten⟩ [urspr. Studentenspr., identisch mit ↑[2]Spektakel; Genuswechsel wohl unter Einfluss von frz. le spectacle] (ugs.): **1.** *großer Lärm, Krach* (1 a): [einen großen] S. machen; macht doch nicht so einen S., Kinder! **2.** *laute Auseinandersetzung, Krach* (2): es gab einen fürchterlichen S.

[2]Spek|ta|kel, das; -s, - [lat. spectaculum = Schauspiel, zu: spectare = schauen, (an)sehen, Iterativbildung von: specere, ↑Spektrum]: a) (veraltet) *[Aufsehen erregendes, die Schaulust befriedigendes] Theaterstück:* ein billiges, schauriges, albernes, sentimentales S.; b) *Aufsehen erregender Vorgang, Anblick; Schauspiel* (2): die Sturmflut, der Start der Rakete war ein beeindruckendes S.; c) *große, viele Zuschauer, Besucher anlockende Veranstaltung.*

spek|ta|keln ⟨sw. V.; hat⟩ (selten): *[1]Spektakel, Lärm machen.*

Spek|ta|ku|la: Pl. von ↑Spektakulum.

spek|ta|ku|lär ⟨Adj.⟩ [zu ↑[2]Spektakel; vgl. frz. spectaculaire, engl. spectacular]: *Staunen, großes Aufsehen erregend:* ein -er Zwischenfall, Auftritt, Abgang, Wahlsieg, Erfolg; ein -es Kopfballtor; -e Protestaktionen, Landschaften, Filmaufnahmen.

spek|ta|ku|lös ⟨Adj.⟩ [zu ↑[2]Spektakel] (veraltet): **1.** *geheimnisvoll-seltsam.* **2.** *auf peinliche Weise Aufsehen erregend.*

Spek|ta|ku|lum, das; -s, ...la (meist scherzh.): *[2]Spektakel.*

Spek|tra: Pl. von ↑Spektrum.

spek|tral [ʃp..., sp...] ⟨Adj.⟩ [zu ↑Spektrum] (Physik): *das Spektrum (1) betreffend, davon ausgehend.*

Spek|tral|ana|ly|se, die: **1.** (Physik, Chemie) *Methode zur chemischen Analyse eines Stoffs durch Auswertung der von ihm ausgestrahlten Spektralfarben.* **2.** (Astron.) *Verfahren zur Feststellung der chemischen u. physikalischen Beschaffenheit von Himmelskörpern durch Beobachtung u. Auswertung der von ihnen ausgestrahlten Spektralfarben.*

Spek|tral|ap|pa|rat, der (Physik): *optisches Gerät, mit dem einfallendes Licht in ein Spektrum* (1 a) *zerlegt werden kann.*

Spek|tral|far|be, die ⟨meist Pl.⟩ (Physik): *eine der sieben ungemischten, reinen Farben verschiedener Wellenlänge, die bei der spektralen Zerlegung von Licht entstehen u. die nicht weiter zerlegbar sind.*

Spek|tral|klas|se, die (Astron.): *nach der Art ihres Spektrums* (1 a) *eingeteilte Klasse von Sternen:* der Stern gehört zur selben S. wie die Sonne.

Spek|tral|li|nie, die (Physik): *von einem Spektralapparat geliefertes, einfarbiges Bild einer linienförmigen Lichtquelle, die Licht einer bestimmten Wellenlänge ausstrahlt.*

Spek|tren: Pl. von ↑Spektrum.

Spek|tro|graf usw.: ↑Spektrograph usw.

Spek|tro|graph, (auch:) Spektrograf [ʃp..., sp...], der; -en, -en [zu ↑Spektrum u. ↑-graph] (Technik): *Spektralapparat zur fotografischen Aufnahme von Spektren.*

Spek|tro|gra|phie, (auch:) Spektrografie, die; -, -n [↑-graphie] (Physik): **1.** *Aufnahme von Spektren mit einem Spektrographen.* **2.** (Astron.) *Auswertung der festgehaltenen Spektren eines Sterns.*

spek|tro|gra|phisch, (auch:) spektrografisch ⟨Adj.⟩: *mit dem Spektrographen [erfolgend]; die Spektrographie betreffend.*

Spek|tro|me|ter, das; -s, - [↑-meter (1)] (Technik): *Spektralapparat besonderer Ausführung zum genauen Messen von Spektren.*

Spek|tro|skop, das; -s, -e [zu griech. skopeĩn = schauen] (Technik): *mit einem Fernrohr ausgestatteter Spektralapparat zur Beobachtung u. Bestimmung von Spektren.*

Spek|tro|sko|pie, die; - (Physik): *Beobachtung u. Bestimmung von Spektren mit dem Spektroskop.*

Spek|trum [ˈʃp..., ˈsp...], das; -s, ...tren, älter: ...tra [1: engl. spectre, spectrum < lat. spectrum = Erscheinung (3), zu: specere (2. Part.: spektum) = sehen, schauen]: **1.** (Physik) a) *Band in den Regenbogenfarben, das entsteht, wenn weißes Licht durch ein gläsernes Prisma fällt u. so in die einzelnen Wellenlängen zerlegt wird, aus denen es sich zusammensetzt;* b) *Gesamtheit der Schwingungen elektromagnetischer Wellen eines bestimmten Frequenzbereichs.* **2.** (bildungsspr.) *reiche Vielfalt:* das [ganze, breite] S. der modernen Literatur, der zeitgenössischen Kunst, der elektronischen Medien.

Spe|ku|la: Pl. von ↑Spekulum.

Spe|ku|lant, der; -en, -en [zu lat. speculans (Gen.: speculantis), 1. Part. von: speculari, ↑spekulieren]: *jmd., der spekuliert* (2).

Spe|ku|lan|tin, die; -, -nen: w. Form zu ↑Spekulant.

Spe|ku|la|ti|on, die; -, -en [lat. speculatio = das Ausspähen, Auskundschaften; Betrachtung, zu: speculari = spähen, sich umsehen]: **1.** a) *auf bloßen Annahmen, Mutmaßungen beruhende Erwartung, Behauptung, dass etw. eintrifft:* wilde, unhaltbare, vage, bloße -en; -en über etw. anstellen; ich möchte mich nicht auf irgendwelche -en einlassen; b) (Philos.) *hypothetische, über die erfahrbare Wirklichkeit hinausgehende Gedankenführung:* metaphysische -en. **2.** (Wirtsch.) *Geschäftstätigkeit, die auf Gewinne aus zukünftigen Veränderungen der Preise abzielt:* vorsichtige, waghalsige -en; er ist durch S. mit Devisen reich geworden; die S. mit Grundstücken, Aktien.

Spe|ku|la|ti|ons|pa|pier, das (Wirtsch.): *Wertpapier, dessen Kurs starken Schwankungen unterliegt u. das daher für Spekulationen* (2) *bes. geeignet ist.*

Spe|ku|la|ti|us, der; -, - [H. u., viell. über das Ostfries. u. Niederrhein. aus gleichbed. älter niederl. speculatie]: *flaches Gebäck aus gewürztem Mürbeteig in Form von Figuren.*

spe|ku|la|tiv ⟨Adj.⟩ [spätlat. speculativus = betrachtend, nachsinnend, zu lat. speculari, ↑spekulieren]: **1.** *in der Art der Spekulation* (1) *[denkend]:* -e Philosophie; -e Entwürfe. **2.** (Wirtsch.) *die Spekulation* (2) *betreffend, auf ihr beruhend:* -e Betätigung.

spe|ku|lie|ren ⟨sw. V.; hat⟩ [mhd. speculieren = spähen, beobachten < lat. speculari, zu: specere, ↑Spekulum]: **1.** (ugs.) *etw. zu erreichen, zu erlangen hoffen; auf etw. rechnen:* auf eine Stelle, eine Erbschaft s.; **2.** *durch Spekulationen* (2) *Gewinne zu erzielen suchen:* an der Börse s.; auf Hausse, auf Baisse, auf ein Anhalten der Hausse s.; mit, (Wirtsch. Jargon:) in Kaffee, Weizen, Grundstücken s. **3.** *(über etw.) Spekulationen* (1 a) *anstellen; mutmaßen:* es lohnt sich nicht, über diese Sache lange zu s.; da[rüber] kann man nur s.

Spe|ku|lum [ˈʃp..., ˈsp...], das; -s, ...la [lat. speculum = Spiegel, zu: specere = (hin-, an)sehen, verw. mit ↑spähen] (Med.): *meist mit einem Spiegel versehenes röhren- od. trichterförmiges Instrument zum Betrachten u. Untersuchen von Hohlräumen u. -organen (z. B. der Nase).*

Spe|läo|lo|gie, die; - [zu lat. spelaeum < griech. spḗlaion = Höhle u. ↑-logie]: *Höhlenkunde.*

spe|läo|lo|gisch ⟨Adj.⟩: *die Speläologie betreffend, dazu gehörend.*

Spelt, der; -[e]s, -e [mhd. spelte, spelze, ahd. spelta, spelza]: *Dinkel.*

Spe|lun|ke, die; -, -n [spätmhd. spelunck(e) < lat. spelunca < griech. spḗlygx = Höhle] (abwertend): a) *wenig gepflegte, verrufene Gaststätte;* b) *unsaubere, elende Behausung, Unterkunft.*

Spelz, der; -es, -e [↑Spelt]: *Dinkel.*

Spel|ze, die; -, -n [zu ↑Spelz]: a) *dünne, harte, trockene Hülse des Getreidekorns;* b) *trockenes Blatt der Grasblüte.*

spel|zig ⟨Adj.⟩: *Spelzen* (a) *enthaltend.*

spen|da|bel ⟨Adj.⟩ [mit romanisierender Endung zu ↑spenden] (ugs.): *in erfreulicher Weise sich bei bestimmten Anlässen vor allem in Bezug auf Essen u. Trinken großzügig zeigend, andere freihaltend:* ein spendabler Herr; er war heute sehr s. und hat uns alle zum Essen eingeladen.

Spen|de, die; -, -n [mhd. spende, ahd. spenta, spenda, zu ↑spenden (nach gleichbed. mlat. spenda, spenta)]: *etw., was zur Hilfe, Unterstützung, Förderung einer Sache od. Person gegeben wird, beitragen soll:* eine große, großzügige, kleine S.; -n an Geld, Kleidung, Medikamenten, Lebensmitteln; -n für wohltätige Zwecke; es gingen viele -n ein; -n sammeln; um eine S. bitten.

spen|den ⟨sw. V.; hat⟩ [mhd. spenden, ahd. spendōn, spentōn < mlat. spendere = ausgeben, aufwenden, zu lat. expendere = ausgeben, bezahlen]: a) *als Spende geben:* Geld, Kleider, Medikamente, Lebensmittel [für die Opfer des Erdbebens] s.; Blut s. *(sich Blut für Blutübertragungen abnehmen lassen);* ein Organ s. *(sich für eine Transplantation entnehmen lassen);* (auch o. Akk.-Obj.:) bereitwillig, großzügig, reichlich, für eine Sammlung, für jmd. s.; Ü die Bäume spenden Schatten; b) *austeilen:* die Sakramente, den Segen, die Taufe s.; Ü Freude s.

Spen|den|ak|ti|on, die: *der Sammlung von Spenden dienende Aktion.*

Spen|den|auf|kom|men, das: *Aufkommen aus Spenden.*

Spen|den|auf|ruf, der: *Aufruf zur Beteiligung an einer Spendenaktion.*

Spen|den|be|schei|ni|gung, die: *Nachweis in Form einer Bescheinigung über Geldspenden, die von der Steuer abgesetzt werden können.*

Spen|den|geld, das ⟨meist Pl.⟩: vgl. Spendenaufkommen: -er sammeln, veruntreuen.

Spen|den|kon|to, das: *bei einer Bank o. Ä. zeitweilig eingerichtetes Konto, auf das Spenden für einen bestimmten Zweck eingezahlt werden können:* ein S. einrichten.

Spen|der, der; -s, - [mhd. spendære, ahd. spentāri]: a) *jmd., der etw. spendet:* ein großzügiger, anonymer S.; wer war der edle S.? (scherzh.; *wer hat das spendiert?*); b) *Organ-, Blutspender;* c) *Behälter, der eine größere Menge od. Anzahl von etw. enthält, was (mithilfe eines Mechanismus o. Ä.) einzeln od. in kleinerer Menge daraus entnommen werden kann:* Rasierklingen, Papiertücher im S.

Spen|der|herz, das (Med.): *von einem Organspender, einer Organspenderin stammendes Herz.*

Spen|de|rin, die; -, -nen: w. Form zu ↑Spender (a, b).

Spen|der|nie|re, die (Med.): vgl. Spenderherz.

spen|die|ren ⟨sw. V.; hat⟩ [mit romanisierender Endung zu ↑spenden] (ugs.): *freigebig, großzügig anderen etw. zum Verzehr, Verbrauch zukommen lassen, für andere bezahlen:* [jmdm.] eine Flasche Wein s.; er spendierte den Kindern ein Eis; lass dein Geld mal stecken, das spendiere ich.

spen|dier|freu|dig ⟨Adj.⟩ (ugs.): *gern spendierend; freigebig.*

Spen|dier|ho|sen ⟨Pl.⟩: in Wendungen u. Fügungen wie **[die, seine] S. anhaben** (ugs. scherzh.; *sich spendabel zeigen*); **in S.** (ugs. scherzh.; *als spendabler Mensch*).

Spen|dier|lau|ne, die ⟨o. Pl.⟩: vgl. Geberlaune: in S. sein.

Speng|ler, der; -s, - [spätmhd. speng(e)ler, zu mhd. spengel(în) = kleine Spange, zu ↑Spange; der Spengler verfertigte urspr. Spangen u. Beschläge] (bes. südd., österr., schweiz.): *Klempner.*

Spẹng|le|re̲i, die; -, -en (bes. südd., österr., schweiz.): **a)** ⟨o. Pl.⟩ *Handwerk des Spenglers;* **b)** *Werkstatt, Betrieb eines Spenglers.*

Spẹng|le|rin, die; -, -nen: w. Form zu ↑Spengler.

Spẹn|zer, der; -s, - [a: engl. spencer, nach dem engl. Grafen G. J. Spencer (1758–1834)]: **a)** *kurze, eng anliegende Jacke [mit Schößchen];* **b)** *kurzärmeliges, eng anliegendes Unterhemd für Damen.*

Spẹr|ber, der; -s, - [mhd. sperwære, ahd. sparwāri; wohl Zus. aus mhd. spar, ahd. sparo = Sperling u. mhd. ar, ahd. aro = Aar u. eigtl. = Sperlingsaar, der Vogel jagt häufig Sperlinge]: *einem Habicht ähnlicher, kleinerer Greifvogel mit graubraunem Gefieder.*

spẹr|bern ⟨sw. V.; hat⟩ (schweiz.): *spähen.*

Spe|rẹnz|chen, Spe|rẹn|zi|en ⟨Pl.⟩ [unter volksetym. Anlehnung an »sich sperren = sich zieren« zu mlat. sperantia = Hoffnung (dass das Sichzieren Wirkung hat)] (ugs.): **1.** *etw., womit jmd. nach Einschätzung anderer unnötiger- u. ärgerlicherweise eine Sache behindert, verzögert; Schwierigkeiten, Umstände* (2): S. machen; lass die S.! **2.** *kostspielige Vergnügungen od. Gegenstände.*

Spẹr|ling, der; -s, -e [mhd. (md.) sperlinc, ahd. sperilig, urspr. wohl Bez. für den jungen Sperling, zu mhd. spar(e), sparwe, ahd. sparo = Sperling, verw. mit griech. spérgoulos = kleiner Vogel]: *kleiner, graubraun gefiederter Vogel mit kräftigem, kegelförmigem Schnabel u. kurzen Flügeln:* ein frecher, kleiner, unscheinbarer S.; die -e tschilpen; **Spr** besser ein S. in der Hand als eine Taube auf dem Dach (↑Spatz 1).

Spẹr|ma [ˈʃp..., ˈsp...], das; -s, ...men u. -ta [spätlat. sperma < griech. spérma (Gen.: spérmatos), zu: speírein, ↑sporadisch] (Biol.): *(bei Mensch u. Tier der Befruchtung der Eizelle dienende) milchige Substanz, die die Spermien u. bestimmte Sekrete enthält; Samenflüssigkeit; Samen* (2).

Sper|ma|to|ge|ne̲|se, die; - (Med., Biol.): *Bildung u. Reifung der Spermien.*

Sper|ma|to|grạmm, das; -s, -e [↑-gramm]: *Spermiogramm.*

Sper|ma|to|phyt, der; -en, -en [zu griech. phytón = Pflanze] (Bot.): *Blüten-, Samenpflanze.*

Sper|ma|tor|rhö̲, die; -, -en [zu griech. rhoḗ = das Fließen] (Med.): *Samenfluss.*

Sper|ma|to|zo̲|on, das; -s, ...zo̲en [zu griech. zō̃on = Lebewesen]: *Spermium.*

Sper|ma|ze̲t, das; -[e]s, **Sper|ma|ze̲|ti,** das; -s [zu lat. cetus < griech. kē̃tos = Wal]: *Walrat.*

Spẹr|men: Pl. von ↑Sperma.

Spẹr|mi|en: Pl. von ↑Spermium.

Sper|mi|o|ge|ne̲|se, die; - (Med., Biol.): *Spermatogenese.*

Sper|mi|o|grạmm, das; -s, -e [↑-gramm] (Med.): *bei der mikroskopischen Untersuchung der Samenflüssigkeit entstehendes Bild von Art u. Anzahl der Samenfäden sowie ihrer Beweglichkeit.*

Spẹr|mi|um, das; -s, ...mien (Biol.): *reife männliche Keimzelle (bei Mensch u. Tier), Samenfaden, -zelle.*

Sper|mi|zi̲d, das; -[e]s, -e (Med.): *den männlichen Samen abtötendes Empfängnisverhütungsmittel.*

spẹrr|ạn|gel|we̲it ⟨Adv.⟩ (emotional): *weit offen; so weit geöffnet wie überhaupt möglich:* die Türen standen s. offen.

Spẹrr|bal|ken, der (seltener): *Sperrbaum.*

Spẹrr|bal|lon, der (Milit.): *Ballon, der der Abriegelung eines Luftraumes dient.*

Spẹrr|baum, der: *Schlagbaum.*

Spẹrr|be|zirk, der: **a)** vgl. Sperrgebiet (a); **b)** *Gebiet, in dem bestimmte, der Eindämmung u. Bekämpfung von Tierseuchen dienende Verbote gelten;* **c)** *Gebiet in einer Stadt, in dem die Prostitution verboten ist.*

Spẹrr|druck, der ⟨o. Pl.⟩ (Druckw.): *gesperrter* [2]*Druck* (1 c): etw. durch S. hervorheben.

Spẹr|re, die; -, -n [1 a: mhd. sperre = Klammer, Buchverschluss, Riegel; 2, 3: zu ↑sperren]: **1. a)** *Gegenstand, Vorrichtung, die verhindern soll, dass etw., jmd. hindurchgelangt:* eine S. errichten, bauen, entfernen, wegräumen; **Ü** eine S. haben (ugs.; *begriffsstutzig sein*); **b)** *schmaler Durchgang, an dem man Fahrkarten, Eintrittskarten o. Ä. vorzeigen od. sich ausweisen muss:* die S. öffnen, schließen; er wartete an der S. auf sie; durch die S. gehen. **2.** *Maßnahme zum Sperren* (2) *[von etw.]:* über die Einfuhr von billigem Wein eine S. *(Embargo)* verhängen. **3.** (Sport) *Verbot, an (offiziellen) Wettkämpfen, Spielen teilzunehmen:* über jmdn. eine S. [von drei Monaten] verhängen; jmds. S. wieder aufheben; jmdn. mit einer S. belegen.

spẹr|ren ⟨sw. V.; hat⟩ [mhd. sperren, ahd. sperran, zu ↑Sparren u. urspr. = mit Sparren versehen; mit Balken abschließen, verrammeln]: **1. a)** *den Zugang, Durchgang, die Zufahrt, Durchfahrt verbieten, verwehren, [mittels einer Barriere o. Ä.] unmöglich machen:* eine Brücke, einen Tunnel, einen Eingang, eine Straße [für den Verkehr] s.; die Häfen sind gesperrt; die Straße war wegen einer Baustelle, eines Unfalls [in beiden Richtungen] gesperrt; die meisten Alpenpässe sind noch gesperrt; **b)** *aufgrund seiner Lage bewirken, dass der Zugang, die Zufahrt zu etw. nicht möglich ist; versperren:* ein quer stehender LKW sperrt die Straße; der Weg war durch einen umgestürzten Baum gesperrt. **2.** *unterbinden:* die Zufuhr, Einfuhr, den Handel s.; jmdm. die Bezüge, den Urlaub, das Taschengeld s. *(vorenthalten, nicht gewähren).* **3.** *(bes. in Fällen, in denen jmd. seinen [Zahlungs]verpflichtungen nicht nachkommt) die normale Abwicklung, die Benutzung von etw. durch bestimmte Maßnahmen zu verhindern suchen, unmöglich machen:* die Bank hat das Konto, seinen Kredit gesperrt; sie ließ die gestohlenen Schecks, die verlorene Kreditkarte sofort s.; einem säumigen Kunden das Gas, den Strom, das Licht s. **4.** (Sport) *einem gegnerischen Spieler durch regelwidrige Behinderung den Weg [zum Ball] versperren:* er hat [mit den Armen] gesperrt; ⟨subst.:⟩ Sperren ohne Ball. **5.** (Sport) *einem Spieler, einer Mannschaft verbieten, an (offiziellen) Wettkämpfen, Spielen teilzunehmen:* der Spieler wurde wegen eines schweren Fouls für drei Monate gesperrt. **6. a)** *(ein Tier) in einen abgeschlossenen Raum bringen, aus dem es nicht von sich aus herauskommen kann:* einen Vogel, Tiger in einen Käfig s.; den Hund in den Zwinger s.; **b)** (emotional) *jmdn. in etw. sperren* (6 a): er wurde ins Gefängnis, in eine Einzelzelle gesperrt. **7.** ⟨s. + sich⟩ *für einen Plan, Vorschlag o. Ä. nicht zugänglich sein; sich einer Sache heftig widersetzen, sich ihr gegenüber verschließen; sich sträuben:* ich sperrte mich gegen dieses Vorhaben, diese Idee, Arbeit; sie sperrt sich gegen alles. **8.** (landsch.) *sich nicht [richtig] schließen lassen, weil etwas klemmt:* die Tür, das Fenster sperrt. **9.** (Druckw.) *spationieren:* diese Wörter sind zu s.; der Name, der Text ist gesperrt gedruckt. **10.** (österr., südd.) **a)** *schließen* (1 b): er hat das Tor hinter sich gesperrt; **b)** *schließen* (7 a, c): das Geschäft, Werk, den Betrieb s.; **c)** *schließen* (8 b): der Schlüssel sperrt nicht. **11.** (Zool.) *(von jungen Vögeln) den Schnabel aufsperren, um gefüttert zu werden.*

Spẹrr|feu|er, das (Milit.): *schlagartig einsetzendes Feuer* (4) *zur Verhinderung eines feindlichen Angriffs.*

Spẹrr|frist, die (Rechtsspr.): *Zeitraum, in dem bestimmte Handlungen nicht vorgenommen werden dürfen; Karenzzeit.*

Spẹrr|ge|biet, das: **a)** *nicht allgemein zugängliches Gebiet:* das Gelände, der Hafen ist militärisches S.; ein fünf Kilometer breiter Grenzstreifen wurde zum S. erklärt; **b)** vgl. Sperrbezirk (c).

Spẹrr|ge|trie|be, das (Technik): *Getriebe mit einer Vorrichtung zum zeitweisen Sperren od. Hemmen einer Bewegung (bes. einer Drehbewegung).*

Spẹrr|gut, das: *sperriges Gut* (3).

Spẹrr|gut|ha|ben, das: *Guthaben auf einem Sperrkonto.*

Spẹrr|he|bel, der (Technik): *Hebel, durch den bewirkt wird, dass eine Maschine o. Ä. zum Stillstand gebracht od. etw., bes. ein Rad, arretiert wird.*

Spẹrr|holz, das [das Material »sperrt« sich gegen Verwerfung]: *(in Form von Platten hergestelltes) Material aus dünnen Schichten Holz, die in quer zueinander verlaufender Faserrichtung aufeinander geleimt sind.*

Spẹrr|holz|plat|te, die: *Platte aus Sperrholz.*

spẹr|rig ⟨Adj.⟩ [mhd. sperric = beschlagnahmt werden könnend, konfiszierbar; widersetzlich]: *aufgrund seiner Form, Größe unverhältnismäßig viel Platz in einem dafür zu engen Raum erfordernd, sich nicht gut irgendwo unterbringen, transportieren lassend:* -e Güter; das Gepäck ist sehr s.

Spẹrr|ket|te, die: *Kette, mit der etw. abgesperrt* (2) *wird.*

Spẹrr|klau|sel, die: *Klausel, durch die etw. ausgeschlossen od. eingeschränkt wird.*

Spẹrr|kon|to, das (Bankw.): *Konto, über das nicht od. nur beschränkt verfügt werden kann.*

Spẹrr|kraut, das [viell. entstellt aus »Speerkraut«]: *(als Staude wachsende) Pflanze mit gefiederten Blättern u. glockigen, blauen, violetten od. weißen Blüten; Jakobsleiter* (3).

Spẹrr|kreis, der (Elektrot., Rundfunk): *Schaltkreis zur Unterdrückung eines den Empfang störenden Senders.*

Spẹrr|ling, der; -s, -e (veraltet): *Knebel* (2).

Spẹrr|li|nie, die (Milit.): *Verteidigungslinie mit Sperren* (1 a).

Spẹrr|müll, der: *sperriger Müll (z. B. Möbel), der nicht in die Mülltonne o. Ä. passt (u. in Sonderaktionen zur Mülldeponie gefahren wird):* das Fahrrad habe ich vom S.; heute ist S. (ugs.; *ist Sperrmüllabfuhr*).

Spẹrr|müll|ab|fuhr, die: *Abfuhr* (1) *von Sperrmüll.*

Spẹrr|rad, das (Technik): *Zahnrad mit Sperrgetriebe.*

Spẹrr|rie|gel, der: vgl. Sperrkette.

Spẹrr|sitz, der [die Plätze waren früher abgesperrt u. nur dem Mieter zugänglich]: *Sitzplatz (im Kino in einer der letzten, im Theater od. Zirkus in einer der ersten Sitzreihen):* zweimal S., bitte; wir saßen S.

Spẹrr|stun|de, die: *Polizeistunde.*

Spẹr|rung, die; -, -en [spätmhd. sperrunge = Hinderung]: **1.** *das Sperren; das Gesperrtsein:* dringende Reparaturarbeiten machen eine S. des Tunnels erforderlich. **2.** (südd., österr.) *Schließung, Stilllegung (eines Betriebs o. Ä.):* durch die S. des Werks gingen der Region über 400 Arbeitsplätze verloren.

Spẹrr|ver|merk, der: *einschränkender Vermerk, an etw. hindernde Eintragung in Dokumenten wie Ausweisen o. Ä.:* ein S. im Sparbuch eines Minderjährigen.

Spẹrr|vor|rich|tung, die: vgl. Sperrkette.

spẹrr|we̲it ⟨Adv.⟩ (ugs.): *sperrangelweit.*

Spẹrr|zoll, der ⟨Pl. ...zölle⟩: *Prohibitivzoll.*

Spẹrr|zo|ne, die: vgl. Sperrgebiet (a).

Spe̲|sen ⟨Pl.⟩ [ital. spese, Pl. von: spesa = Ausgabe, Aufwand < lat. expensa, ↑Speise]: *Kosten, bes. bei der Erledigung eines Geschäfts o. Ä. anfallende Unkosten, Auslagen, die vom Arbeitgeber erstattet werden:* hohe S.; S. machen, haben, abrechnen; **R** außer S. nichts gewesen (scherzh.; *außer der Mühe, den Unkosten ist bei einer bestimmten Unternehmung o. Ä. nichts weiter herausgekommen*).

spe̲|sen|frei ⟨Adj.⟩: *nicht mit Spesen verbunden.*

Spe̲|sen|rech|nung, die: *Zusammenstellung von Spesen.*

Spe̲|sen|rit|ter, der (abwertend): *jmd., der es darauf anlegt, hohe Spesen zu machen u. sich durch Spesen persönliche Vorteile zu verschaffen.*

Spe̲|sen|rit|te|rin, die: w. Form zu ↑Spesenritter.

Spes|sart, der; -s: zwischen Rhön u. Odenwald gelegenes Mittelgebirge.

spẹt|ten ⟨sw. V.; hat⟩ [wohl zu schweiz. Spetter =

S

Hilfskraft, Tagelöhner; Spediteur, H. u.] (schweiz.): *im Tag- od. Stundenlohn zur Aushilfe arbeiten.*

Spet|ter, der; -s, - (schweiz.): *jmd., der spettet.*

Spet|te|rin, die; -, -nen: w. Form zu ↑Spetter.

Spey|er: Stadt am Rhein.

[1]Spey|e|rer, der; -s, -: Ew.

[2]Spey|e|rer ⟨indekl. Adj.⟩: der S. Dom.

Spey|e|rin, die: -, -nen: w. Form zu ↑[1]Speyerer.

spey|e|risch ⟨Adj.⟩: *Speyer, die Speyerer betreffend.*

[1]Spey|rer, der; -s, -: [1]*Speyerer.*

[2]Spey|rer ⟨indekl. Adj.⟩: [2]*Speyerer.*

Spey|re|rin, die; -, -nen: w. Form zu ↑[1]Speyrer.

spey|risch ⟨Adj.⟩: *speyerisch.*

Spe|ze|rei, die; -, -en ⟨meist Pl.⟩ [mhd. specierīe, spezerīe < ital. spezieria < mlat. speciaria = Gewürz(handel), zu lat. species, ↑Spezies]: 1. (veraltend) *überseeisches Gewürz.* 2. ⟨Pl.⟩ (österr. veraltend) *Delikatessen.*

Spe|ze|rei|wa|ren ⟨Pl.⟩ (veraltet): *Spezereien* (2).

[1]Spe|zi, der; -s, -[s] [gek. aus älter: Spezial(freund) = vertrauter Freund] (südd., österr. ugs., seltener: schweiz. ugs.): *jmd., mit dem man in einem besonderen, engeren freundschaftlich-kameradschaftlichen Verhältnis steht:* ein langjähriger S. des Bürgermeisters.

[2]Spe|zi, der od. das; -s, -[s] [H. u.] (ugs.): *Getränk aus Limonade u. Cola.*

spe|zi|al ⟨Adj.⟩ (veraltet): ↑speziell.

Spe|zi|al- ⟨Best. in Zus. mit der Bed.⟩: *speziell, Sonder-,* z. B. Spezialbulletin, -problem, -anfertigung.

Spe|zi|al|arzt, der: *Facharzt.*

Spe|zi|al|ärz|tin, die; -, -nen: w. Form zu ↑Spezialarzt.

Spe|zi|al|aus|bil|dung, die: *Ausbildung, durch die besondere Kenntnisse, Fähigkeiten auf einem bestimmten Gebiet, für eine bestimmte Aufgabe erworben werden.*

Spe|zi|al|aus|druck, der: *Fachterminus.*

Spe|zi|al|aus|füh|rung, die: *spezielle Ausführung* (2b).

Spe|zi|al|fach, das: vgl. Spezialgebiet.

Spe|zi|al|ge|biet, das: *bestimmtes [Fach]gebiet, auf das sich jmd. [beruflich] spezialisiert hat:* ein kleines S. der Archäologie; ein medizinisches, philatelistisches S.; die Halbleitertechnik ist mein S.; auf seinem S. kennt er sich aus.

Spe|zi|al|ge|schäft, das: *Fachgeschäft.*

Spe|zi|al|glas, das: *(für einen besonderen Verwendungszweck hergestelltes) Glas mit besonderen Eigenschaften:* hochwertige Spezialgläser.

Spe|zi|a|li|en ⟨Pl.⟩ (veraltet): *Besonderheiten, Einzelheiten.*

Spe|zi|a|li|sa|ti|on, die; -, -en [frz. spécialisation, zu: (se) spécialiser = sich spezialisieren, zu: spécial, ↑speziell] (selten): *Spezialisierung.*

spe|zi|a|li|sie|ren ⟨sw. V.; hat⟩ [1: unter Einfluss von frz. se spécialiser; 2: frz. spécialiser, ↑Spezialisation]: 1. ⟨s. + sich⟩ *sich, seine Interessen innerhalb eines größeren Rahmens auf ein bestimmtes Gebiet konzentrieren:* nach dem Studium will er sich s.; die Buchhandlung ist auf medizinische Literatur spezialisiert; stark, hochgradig spezialisierte Betriebe, Verlage; eine auf Messgeräte spezialisierte Firma. 2. (veraltend) *einzeln, gesondert aufführen; differenzieren:* die Firma hat die diversen Positionen auf der Rechnung spezialisiert.

Spe|zi|a|li|sie|rung, die; -, -en: 1. *das Sichspezialisieren.* 2. (veraltend) *das Spezialisieren* (2).

Spe|zi|a|list, der; -en, -en [frz. spécialiste, zu: spécial, ↑speziell]: a) *jmd., der auf einem bestimmten [Fach]gebiet über besondere Kenntnisse, Fähigkeiten verfügt:* ein S. in Finanzsachen; frag doch mal einen -en; b) (volkst.) *Facharzt:* zum -en gehen; der Hausarzt hat sie zum -en überwiesen.

Spe|zi|a|lis|ten|tum, das; -s: *das Spezialistsein.*

Spe|zi|a|lis|tin, die; -, -nen: w. Form zu ↑Spezialist.

Spe|zi|a|li|tät, die; -, -en [(frz. spécialité <) spätlat. specialitas = besondere Beschaffenheit, zu lat. specialis, ↑speziell]: a) *etw., was als etw. Besonderes in Erscheinung tritt, als eine Besonderheit von jmdm., etw. bekannt ist, geschätzt wird:* dieses Gebäck ist eine Mannheimer S., eine S. des Hauses, meiner Großmutter; b) *etw., was jmd. bes. gut beherrscht od. gerne tut:* das Restaurieren von Antiquitäten ist ihre S.; solche Recherchen sind seine S.; Eintopf ist seine S. *(er kann ihn besonders gut kochen, kocht ihn besonders gern).*

Spe|zi|a|li|tä|ten|res|tau|rant, das: *Restaurant, das vor allem Spezialitäten* (a), *besonders zubereitete Gerichte anbietet.*

Spe|zi|al|pa|pier, das: vgl. Spezialglas.

Spe|zi|al|sla|lom, der (Skisport): *als Einzelkonkurrenz ausgetragener Slalomlauf.*

Spe|zi|al|sprung|lauf, der (Skisport): *als Einzelkonkurrenz ausgetragenes Skispringen.*

Spe|zi|al|trai|ning, das (Sport): *gezieltes Training zur Steigerung einer bestimmten sportlichen Leistung.*

spe|zi|ell [französierende Umbildung aus älter ↑spezial < lat. specialis = besonder...; eigentümlich, zu: species, ↑Spezies]: I. ⟨Adj.⟩ *von besonderer, eigener Art; in besonderem Maße auf einen bestimmten, konkreten Zusammenhang o. Ä. ausgerichtet, bezogen; nicht allgemein:* -e Wünsche, Fragen, Interessen, Kenntnisse haben; das ist ein [sehr] -es Problem; er ist mein [ganz] -er Freund (iron.: *ich schätze ihn nicht, bin nicht gut auf ihn zu sprechen*); ⟨subst.:⟩ auf dein Spezielles! (ugs.; *auf dein Wohl!*); *** im Speziellen** (bes. schweiz.; *im Besonderen*). II. ⟨Adv.⟩ *besonders* (2 a), *in besonderem Maße, vor allem; eigens:* s. für Kinder angefertigte Möbel; du s./s. du (ugs.; *gerade, erst recht du*) solltest das wissen.

Spe|zi|es [ˈʃpeːtsi̯es, ˈsp...], die; -, - [...eːs; lat. species = äußere Erscheinung; Vorstellung, Begriff; Art; Eigenheit, zu: specere = (hin-, an)sehen]: 1. *besondere, bestimmte Art, Sorte von etw., einer Gattung:* eine besondere S. [von] Mensch. 2. (Biol.) *Art* (4 b): eine ausgestorbene, seltene S.; die S. Mensch, Homo sapiens; unsere S. *(der Mensch).* 3. (Math. veraltet) *Grundrechenart:* die vier S. 4. (Rechtsspr.) kurz für ↑Spezieskauf. 5. (Pharm.) *Teegemisch.*

Spe|zi|es|kauf, der (Rechtsspr.): *Kauf, dessen Gegenstand eine bestimmte individuelle Sache ist (z. B. Kauf eines bestimmten Gebrauchtwagens).*

Spe|zi|fik [ʃp..., sp...], die; - (bildungsspr.): *das Spezifische einer Sache:* aufgrund der S. der dortigen Wirtschaftsstruktur.

Spe|zi|fi|ka: Pl. von ↑Spezifikum.

Spe|zi|fi|ka|ti|on, die; -, -en [mlat. specificatio = Auflistung, Verzeichnis]: 1. (bildungsspr.) *das Spezifizieren.* 2. (bes. Technik) *Vorgabe* (3), *Gesamtheit von Vorgaben, nach denen etw. produziert werden soll.* 3. (veraltet) *spezifiziertes Verzeichnis, spezifizierte Aufstellung, Liste:* eine S. des Inventars. 4. (Logik) *Einteilung in Unterabteilungen (z. B. einer Gattung in Arten).* 5. (Rechtsspr.) *Bearbeitung, Behandlung eines Stoffes in einer Weise, durch die er erheblich verändert wird.*

Spe|zi|fi|kum, das; -s, ...ka [zu spätlat. specificus, ↑spezifisch]: 1. *Besonderheit, Eigentümlichkeit; spezifisches Merkmal:* ein S. der Moschee ist das Minarett. 2. (Med.) *Heilmittel mit sicherer Wirkung gegen eine bestimmte Erkrankung od. Gruppe von Krankheiten.*

spe|zi|fisch ⟨Adj.⟩ [frz. spécifique < spätlat. specificus = von besonderer Art, eigentümlich, zu lat. species (↑Spezies) u. facere = machen]: *für jmdn., etw. besonders charakteristisch, typisch, eigentümlich, ganz in der jmdm. eigenen Art:* die -en Eigenarten, Besonderheiten der Menschenaffen; das -e Gewicht eines Körpers (Physik; *der Quotient aus dem Gewicht eines Körpers u. seinem Volumen*); die -e Wärme eines Stoffs (Physik; *die Wärme, die erforderlich ist, um 1 kg des Stoffs um 1 °C zu erwärmen*); das ist s. englisch; ein s. weibliches, männliches Verhalten.

-spe|zi|fisch: drückt in adj. Bildungen mit Substantiven aus, dass die beschriebene Sache typisch, charakteristisch für etw. ist, einer Sache eigentümlich ist: alters-, fach-, frauenspezifisch.

Spe|zi|fi|tät, die; -, -en: 1. (bildungsspr.) *für jmdn., etw. auf spezifischen Merkmalen beruhende Besonderheit.* 2. (Chemie) *charakteristische Reaktion* (2).

spe|zi|fi|zie|ren ⟨sw. V.; hat⟩ [mlat. specificare] (bildungsspr.): *im Einzelnen darlegen, aufführen; detailliert ausführen, genau[er] bestimmen:* Auslagen, Ausgaben s.; verlangen Sie eine spezifizierte Rechnung; ein spezifizierendes Attribut.

Spe|zi|fi|zie|rung, die; -, -en (bildungsspr.): *das Spezifizieren; Spezifikation.*

Sphä|re, die; -, -n [2: lat. sphaera < griech. sphaĩra = (Himmels)kugel; schon mhd. sp(h)ēre, ahd. in: himelspēra; 1: nach frz. sphère < lat. sphaera, ↑Sphäre (2)]: 1. *Bereich, der jmdn., etw. umgibt:* die private, öffentliche, politische, geistige S. 2. *(in antiker Vorstellung) Schicht des kugelig die Erde umgebenden Himmelsgewölbes;* *** in höheren -n schweben** (scherzh.; ↑Region 2).

Sphä|ren|ge|sang, der (geh.): *als fast überirdisch schön empfundener Gesang.*

Sphä|ren|har|mo|nie, die ⟨o. Pl.⟩: *(nach der Lehre des altgriechischen Philosophen Pythagoras) durch die Bewegung der Planeten entstehendes kosmisches, für den Menschen nicht hörbares, harmonisches Tönen.*

sphä|risch ⟨Adj.⟩ [spätlat. sph(a)ericus < griech. sphairikós]: 1. *die Himmelskugel betreffend:* -e Astronomie. 2. (Math.) *auf die Kugel, die Fläche einer Kugel bezogen, damit zusammenhängend:* -es Dreieck; -e Trigonometrie.

Sphä|ro|id, das; -[e]s, -e [zu lat. sphaeroides < griech. sphairoeidḗs = kugelförmig]: 1. *kugelähnlicher Körper (bzw. seine Oberfläche).* 2. *Rotationsellipsoid* (a): die Erde ist ein S., hat die Form eines -s.

sphä|ro|i|disch ⟨Adj.⟩: *von der Form eines Sphäroids* (1).

Sphä|ro|lith, der; -s u. -en, -e[n] [↑-lith] (Mineral.): *kugeliges mineralisches Aggregat* (3) *aus strahlenförmig angeordneten Bestandteilen.*

Sphä|ro|lo|gie, die; - [↑-logie]: *geometrische Lehre von der Kugel.*

Sphä|ro|me|ter, das; -s, - [↑-meter (1)] (Optik): *Gerät zur Bestimmung des Krümmungsradius von Kugelflächen, bes. von Linsen.*

Sphä|ro|si|de|rit, der; -s, -e: *kugelförmig vorkommender Eisenspat.*

Sphin|gen: Pl. von ↑Sphinx (1).

Sphink|ter, der; -s, Sphinktere [griech. sphigktḗr, zu: sphíggein = zuschnüren] (Anat.): *Ring-, Schließmuskel* (1).

Sphinx, die; -, -e, (Archäol. meist:) der; -, -e u. Sphingen [lat. Sphinx < griech. Sphígx, H. u., viell. zu: sphíggein (↑Sphinkter) in der Bed. »(durch Zauber) festbinden«]: 1. *altägyptisches Steinbild in Löwengestalt, meist mit Männerkopf, als Sinnbild der übermenschlichen Kraft des Königs od. Gottes:* die S. von Gise. 2. ⟨nur: die⟩ (griech. Myth.) *Ungeheuer in Gestalt eines geflügelten Löwen mit Frauenkopf, das jeden Vorüberkommenden verschlingt, der sein ihm aufgegebenes Rätsel nicht lösen kann:* das Rätsel der S.; lächeln wie eine S. *(unergründlich, rätselhaft lächeln);* Ü sie ist eine S. *(ein rätselhafter, undurchschaubarer Mensch).*

Sphra|gis|tik, die; - [zu griech. sphragistikós = zum Siegeln gehörend, zu: sphragís = Siegel]: *Wissenschaft, die sich mit der rechtlichen Funktion u. Bedeutung des Siegels* (1 a) *befasst; Siegelkunde.*

Sphyg|mo|graf: ↑Sphygmograph.

Sphyg|mo|gramm, das; -s, -e [zu griech. sphygmós = Puls u. ↑-gramm] (Med.): *Oszillogramm des Pulses* (1 a).

Sphyg|mo|graph, (auch:) Sphygmograf, der; -en, -en [↑-graph] (Med.): *Gerät zur Aufzeichnung des Pulses* (1 a).

spi|a|na|to [sp...] ⟨Adv.⟩ [ital. spianato, eigtl. = eben, flach, zu: spianare = (ein)ebnen, glätten] (Musik): *einfach, schlicht.*

spic|ca|to [sp...] ⟨Adv.⟩ [ital. spiccato, zu: spiccare = (deutlich) hervortreten] (Musik): *(durch neuen Bogenstrich bei jedem Ton) mit deutlich abgesetzten Tönen [zu spielen] (Vortragsanweisung).*

Spic|ca|to, das; -s, -s u. ...ti (Musik): *die Töne deutlich voneinander absetzendes Spiel bei Streichinstrumenten.*

Spick, der; -[e]s, -e (Schülerspr. landsch.): *Spickzettel* (a).

Spick|aal, der [zu mniederd. spik = trocken, geräuchert, H. u.] (bes. nordd.): *Räucheraal.*

Spi|ckel, der; -s, - [wohl über das Roman. zu lat. spiculum = Spitze, Stachel, Vkl. von: spica, ↑Speicher] (schweiz.): *Zwickel* (1).

spi|cken ⟨sw. V.; hat⟩ [1: mhd. spicken, zu ↑Speck; 4: viell. übertr. von (2) od. Intensivbildung zu ↑spähen]: **1.** *(mageres) Fleisch vor dem Braten mit etw., bes. mit Speckstreifen, versehen, die man mit einer Spicknadel in das Fleisch hineinbringt (damit es bes. saftig, würzig wird):* den Braten s.; ein mit Trüffeln gespickter Rehrücken. **2.** *mit etw. [zu] reichlich versehen, ausstatten:* eine Rede mit Zitaten s.; das Diktat war mit Fehlern gespickt; eine gespickte (ugs.; *mit viel Geld gefüllte*) Brieftasche. **3.** (ugs.) *bestechen* (1). **4.** (Schülerspr. landsch.) **a)** *(von Schülern) während einer Klassenarbeit heimlich Notizen (auf einem Zettel o. Ä.) benutzen;* **b)** *von einem anderen Schüler heimlich abschreiben:* bei/von seinem Nachbarn s.; jmdn. bei der Klassenarbeit s. lassen; ⟨subst.:⟩ er ist beim S. erwischt worden.

Spi|cker, der; -s, - (Schülerspr. landsch.): **1.** *jmd., der spickt* (4). **2.** *Spickzettel* (a).

Spi|cke|rin, die; -, -nen: w. Form zu ↑Spicker (1).

Spick|na|del, die [zu ↑spicken (1)]: *mit aufklappbarer Öse versehener nadelartiger Gegenstand, mit dem man spickt* (1).

Spick|zet|tel, der [zu ↑spicken (4)]: **a)** (Schülerspr. landsch.) *kleiner Zettel mit Notizen zum Spicken* (4 a) *während einer Klassenarbeit:* für den Test mache ich mir einen S.; **b)** (ugs.) *für eine bestimmte bevorstehende Situation als Gedächtnisstütze angefertigte Notizen:* der Moderator warf einen kurzen Blick auf seinen S.

Spi|der [ˈʃpaidɐ, ˈsp..., engl.: ˈspaɪdə], der; -s, - [engl. spider = leichter Wagen, eigtl. = Spinne]: *Roadster.*

spie: ↑speien.

spieb: ↑speiben.

Spie|gel, der; -s, - [mhd. spiegel, ahd. spiagal, über das Roman. < lat. speculum, ↑Spekulum]: **1. a)** *Gegenstand aus Glas od. Metall, dessen glatte Fläche das, was sich vor ihr befindet, als Spiegelbild zeigt:* ein runder, ovaler, rechteckiger, gerahmter S.; ein blanker, blinder, trüber, fleckiger, beschlagener S.; in den S. sehen, gucken; sich im S. betrachten; sie steht ständig vorm S. *(betrachtet sich aus Eitelkeit häufig im Spiegel);* **R** der S. lügt nicht *(im Spiegel sieht man sich so, wie man wirklich aussieht);* **Ü** seine Romane sind ein S. unserer Zeit; *** jmdm. den S. vorhalten** *(jmdn. deutlich auf seine Fehler hinweisen);* **sich ⟨Dativ⟩ etw. hinter den S. stecken können** (ugs.; 1. *etw. behalten können [weil der Sprecher es nicht haben will, es verächtlich zurückweist].* 2. *etw. beherzigen müssen*); **sich ⟨Dativ⟩ etw. nicht hinter den S. stecken** (ugs.; *durch eine scharfe Kritik o. Ä., bes. in einem Schriftstück, beschämt werden*); **b)** (Med.) *Spekulum.* **2. a)** *Oberfläche eines Gewässers:* der S. des Sees glänzte in der Sonne, kräuselte sich im Wind; **b)** *Wasserstand:* der S. des Sees ist gesunken, ist seit gestern um 20 cm gestiegen. **3.** (Med.) *Konzentration eines Stoffs im Blut, im Plasma od. im Serum:* beim Cholesterin sollte der S. zwischen 120 und 250 mg pro 100 ml [Serum] liegen. **4. a)** *seidener Rockaufschlag:* die S. des Fracks; **b)** *andersfarbiger Besatz auf dem Kragen einer Uniform.* **5.** (Zool., Jägerspr.) **a)** *(bei bestimmten Tieren, z. B. beim Reh-, Rot- u. Damwild) heller Fleck um den After;* **b)** *(bei bestimmten Vögeln, z. B. bei Enten) andersfarbige Zeichnung auf den Flügeln.* **6.** (Schiffbau) *senkrecht od. schräg stehende ebene Platte, die den hinteren Abschluss des Rumpfs eines Schiffs, Boots bildet.* **7.** *schematische Darstellung, Übersicht:* die Zeitschrift veröffentlicht jährlich einen S. der Lebenshaltungskosten, der Mietpreise. **8. a)** (Druckw.) *Satzspiegel;* **b)** (Buchw.) *Dublüre* (2). **9. a)** (Archit.) *flaches, häufig mit Fresken o. Ä. verziertes mittleres Feld des Spiegelgewölbes;* **b)** (Tischlerei) *Türfüllung.* **10.** *(im MA.) meist in Prosa verfasstes, moralisch-religiöses, juristisches od. satirisches Werk* (bes. in Titeln): die ersten deutschen S. sind Rechtsbücher. **11.** *innerstes Feld einer Zielscheibe.*

Spie|gel|bild, das: *von einem Spiegel o. Ä. reflektiertes, seitenverkehrtes Bild:* sie betrachtete ihr S. im Schaufenster; **Ü** die Literatur als S. gesellschaftlicher Entwicklung.

spie|gel|bild|lich ⟨Adj.⟩: *in der Art eines Spiegelbildes; seitenverkehrt:* eine -e Abbildung.

spie|gel|blank ⟨Adj.⟩: *so blank, dass es spiegelt* (1 a); *sich jmd., etw. darin spiegeln kann:* -e Fenster; das Silber, die Schuhe, den Lack, das Auto s. polieren.

Spie|gel|ei, das [nach dem spiegelnden Glanz des Dotters]: *Ei, das in eine Pfanne geschlagen u. darin gebraten wird, wobei der Dotter ganz bleibt.*

Spie|gel|fech|te|rei, die; -, -en [viell. eigtl. = das Fechten vor dem Spiegel mit seinem eigenen Bilde, also zum Schein] (abwertend): *vom Wesentlichen ablenkendes, heuchlerisches, nur zum Schein od. zur Täuschung gezeigtes Verhalten.*

Spie|gel|ge|wöl|be, das (Archit.): *Gewölbe* (1) *mit einem Spiegel* (9 a) *als oberem Abschluss.*

Spie|gel|glas, das: **a)** *beidseitig geschliffenes u. poliertes Glas zur Herstellung von Spiegeln;* **b)** (selten) *Spiegel* (1 a).

spie|gel|glatt ⟨Adj.⟩: **a)** *äußerst glatt* (1 b): er war auf der -en Fahrbahn ins Schleudern gekommen; das Parkett war frisch gebohnert und s.; die Straße war s. [gefroren]; **b)** *äußerst glatt* (1 a): eine -e Oberfläche; s. polierte Marmorplatten.

spie|gel|gleich ⟨Adj.⟩ (veraltet): *symmetrisch.*

spie|ge|lig ⟨Adj.⟩ [zu ↑Spiegel] (selten): *eine glänzende, spiegelähnliche Oberfläche habend; Licht (glänzend) widerspiegelnd.*

Spie|gel|karp|fen, der: *Karpfen mit wenigen sehr großen, glänzenden Schuppen.*

spie|geln ⟨sw. V.; hat⟩ [mhd. spiegeln = wie ein Spiegel glänzen; hell wie einen Spiegel machen]: **1. a)** *(wie ein Spiegel Lichtstrahlen zurückwerfend) glänzen:* das Parkett spiegelt [im Licht, vor Sauberkeit]; **b)** *infolge von auftreffendem Licht blenden* (1), *störende Reflexe verursachen:* die Brille, der Bildschirm spiegelt; das Bild war schlecht zu erkennen, weil das Glas spiegelte. **2. a)** ⟨s. + sich⟩ *sich widerspiegeln, als Spiegelbild erscheinen:* die Bäume spiegeln sich im Fluss, auf dem Wasser; **Ü** in ihrem Gesicht spiegelte sich Freude, Erleichterung; in seinen Büchern spiegelt sich der Geist der Zeit; **b)** *das Spiegelbild von etw. zurückwerfen:* die Glastür spiegelt die vorüberfahrenden Autos; **Ü** ihr Gesicht spiegelte Angst. **3.** ⟨s. + sich⟩ (selten) *(auf einer spiegelnden Fläche) sein Spiegelbild betrachten:* sie blieb vor einem Schaufenster stehen, um sich [darin] zu s. **4.** (Med.) *mit dem Spekulum betrachten, untersuchen:* den Kehlkopf, den Darm s. **5.** (Geom.) *eine Spiegelung* (d) *vornehmen:* ein Dreieck an einer Geraden s.

Spie|gel|re|flex|ka|me|ra, die (Fot.): *Kamera mit eingebautem Spiegel, der das vom Objektiv erfasste Bild auf eine Mattscheibe wirft, sodass im Sucher ein genaues Abbild dessen erscheint, was das Objektiv einfängt.*

Spie|gel|saal, der: *Saal, dessen Wände mit Spiegeln verkleidet sind.*

Spie|gel|schrank, der: *Schrank mit außen in die Türen eingesetzten Spiegeln.*

Spie|gel|schrift, die: *seitenverkehrte Schrift:* in S. schreiben.

Spie|gel|strich, der [der Strich hat beim Erstellen eines Satzspiegels (↑Satzspiegel) eine bestimmte drucktechnische Bed.] (Schrift- u. Druckw.): *(einem Gedankenstrich gleichender) der Gliederung dienender waagerechter Strich am Anfang eines eingerückten Absatzes.*

Spie|gel|te|le|skop, das (Optik): *Reflektor* (3).

Spie|gel|tisch, der: *(als Frisiertisch, Schminktisch o. Ä. dienender) Tisch mit einem od. mehreren (zum Teil schwenkbaren) Spiegeln.*

Spie|ge|lung, (selten:) Spieglung, die; -, -en [mhd. spiegelunge]: **a)** *das Spiegeln;* **b)** *das Gespiegeltwerden;* **c)** *Spiegelbild:* was du da gesehen hast, war nur eine S.; **d)** (Geom.) *spiegelbildliches Abbilden eines ebenen od. räumlichen Gebildes beiderseits einer Geraden od. Ebene.*

spie|gel|ver|kehrt ⟨Adj.⟩: *seitenverkehrt:* ein -es Bild, Negativ.

Spieg|lung: ↑Spiegelung.

Spie|ker, der; -s, - [mniederd. spiker, viell. verw. mit lat. spiculum, ↑Spickel] (Schiffbau): *Nagel mit flach rechteckigem Querschnitt u. keilförmiger Spitze.*

spie|kern ⟨sw. V.; hat⟩ (Schiffbau): *mit Spiekern [fest]nageln.*

Spiel, das; -[e]s, -e [mhd., ahd. spil, eigtl. wohl = Tanz(bewegung), H. u.]: **1. a)** *Tätigkeit, die ohne bewussten Zweck zum Vergnügen, zur Entspannung, aus Freude an ihr selbst u. an ihrem Resultat ausgeübt wird; das Spielen* (1 a): sie sah dem S. der Kinder, der Kätzchen zu; das Kind war ganz in sein S. [mit den Puppen, den Bauklötzen] vertieft; das schaffe sie wie im S. *(mühelos);* seine Eltern sind weg, jetzt hat er freies S. *(kann er tun, was er will);* **b)** *Spiel* (1 a), *das nach festgelegten Regeln durchgeführt wird; Gesellschaftsspiel:* ein unterhaltsames, lehrreiches, pädagogisch wertvolles, langweiliges S.; -e für Erwachsene und Kinder; das königliche S. *(Schach);* ein S. machen, spielen, gewinnen, verlieren, abbrechen, aufgeben; dieses S. hast du gemacht *(gewonnen);* es sind noch alle im S. *(es ist noch keiner ausgeschieden);* **c)** *Spiel* (1 b), *bei dem der Erfolg vorwiegend vom Zufall abhängt u. bei dem um Geld gespielt wird; Glücksspiel:* ein verbotenes S.; machen Sie Ihr S. (Roulette: *machen Sie Ihren Einsatz*)!; dem S. verfallen, ergeben sein; sein Geld beim, im S. verlieren; **R** das S. ist aus *(die Sache ist verloren, vorbei);* **Spr** Pech im S., Glück in der Liebe; **Ü** ein offenes, ehrliches S.; Spionage ist ein riskantes, gefährliches S.; **d)** *nach bestimmten Regeln erfolgender sportlicher Wettkampf, bei dem zwei Parteien um den Sieg kämpfen:* ein faires, spannendes, hartes, schönes S.; das S. steht, endete 2 : 0, [1 : 1] unentschieden; die -e der Bundesliga; ein S. anpfeifen, abbrechen, wiederholen, verschieben, austragen; das S. machen (Sport; *das Spiel bestimmen*); einen Spieler aus dem S. nehmen, ins S. nehmen. **2.** ⟨o. Pl.⟩ *Art zu spielen* (3 b): *Spielweise:* ein defensives, offensives S. bevorzugen; dem Gegner das eigene S. aufzwingen; kurzes, langes S. (Golf: *das Schlagen kurzer, langer Bälle*). **3.** *einzelner Abschnitt eines längeren Spiels* (1 b, c, d) *(beim Kartenspiel, Billard o. Ä., beim Tennis):* wollen wir noch ein S. machen?; bis jetzt hat jeder zwei -e gewonnen; die ersten beiden -e des ersten Satzes. **4. a)** *Anzahl zusammengehörender, zum Spielen (bes. von Gesellschaftsspielen) bestimmter Gegenstände:* das S. ist nicht mehr vollständig; ein S. aufstellen, aufbauen; ein neues Spiel [Karten] kaufen; was habt ihr denn für -e?; **b)** (Fachspr.) *Satz* (6): ein S. Stricknadeln *(fünf gleiche Stricknadeln, z. B. zum Stricken von Strümpfen);* ein S. Saiten. **5.** ⟨o. Pl.⟩ **a)** *künstlerische Darbietung, Gestaltung einer Rolle durch einen Schauspieler; das Spielen* (6 a): das gute, schlechte, natürliche, überzeugende S. des Hauptdarstellers; **b)** *Darbietung, Interpretation eines Musikstücks; das*

Spielen (5 a): das gekonnte, temperamentvolle, brillante S. des Pianisten; dem S. der Geigerin lauschen. **6.** *[einfaches] Bühnenstück, Schauspiel:* die geistlichen -e des Mittelalters; ein S. im S. (Literaturw.: *in ein Bühnenwerk in Form einer Theateraufführung eingefügte dramatische Handlung od. Szene*). **7.** (schweiz.) *[Militär]musikkapelle, Spielmannszug:* das S. der 3. Division zog auf. **8.** ⟨o. Pl.⟩ **a)** *das Spielen* (10 a): das S. der Wellen, ihrer Hände, seiner Augen, der Muskeln; Ü das S. der Gedanken, der Fantasie; das freie S. der Kräfte; **b)** (seltener) *das Spielen* (10 b). **9.** *Handlungsweise, die etw., was Ernst erfordert, leicht nimmt; das Spielen* (9): das S. mit der Liebe; ein abgekartetes S.; das war ein S. mit dem Leben *(war lebensgefährlich);* ein falsches/doppeltes S. *(eine unehrliche Vorgehensweise);* das S. zu weit treiben *(in einer Sache zu weit gehen);* [s]ein S. mit jmdm./etw. treiben (*mit jmdm., etw. spielen* 9); aus dem S. wurde bitterer Ernst; R genug des grausamen -s! (scherzh.; *hören wir auf damit!;* nach Schillers Gedicht »Der Taucher«, wo es heißt: »Lasst, Vater, genug sein das grausame Spiel!«).
10. *Bewegungsfreiheit von zwei ineinander greifenden od. nebeneinander liegenden [Maschinen]teilen; Spielraum:* die Lenkung hat zu viel S. **11.** (Jägerspr.) *Schwanz des Birkhahns, Fasans, Auerhahns.* **12.** * **das S. hat sich gewendet** (↑ Blatt 4 a); **ein S. mit dem Feuer** (1. *gewagtes, gefährliches Tun.* 2. *unverbindliches Flirten, Kokettieren*); **bei jmdm. gewonnenes S. haben** *(schon im Voraus wissen, dass man bei jmdm. keine Schwierigkeiten im Hinblick auf die Verfolgung seines Zieles haben wird);* **[mit jmdm., etw.] ein leichtes S. haben** *(mit jmdm., etw. leicht fertig werden);* **das S. verloren geben** *(eine Sache als aussichtslos aufgeben);* **auf dem S. stehen** *(in Gefahr sein verloren zu gehen, Schaden zu nehmen o. Ä.):* bei dieser Operation steht sein Leben auf dem S.; **etw. aufs S. setzen** *(etw. [leichtfertig] riskieren, in Gefahr bringen):* seinen guten Ruf aufs S. setzen; **jmdn., etw. aus dem S. lassen** *(jmdn., etw. nicht in eine Angelegenheit o. Ä. hineinziehen):* lass meine Mutter [dabei] bitte aus dem S.!; **aus dem S. bleiben** *(nicht einbezogen, nicht berücksichtigt werden);* **[mit] im S. sein** *(mitwirken);* **jmdn., etw. ins S. bringen** *(jmdn., etw. [in etw.] mit einbeziehen);* **ins S. kommen** *(wirksam werden).*

Spie̲l|ab|bruch, der (Sport): *Abbruch eines Spiels* (1 d): in der 70. Minute drohte ein S.

Spie̲l|al|ter, das: *Alter, in dem ein Kind vorwiegend spielt.*

Spie̲l|an|wei|sung, die (Musik): *Anweisung des Komponisten an den Musiker, etw. in einer bestimmten Weise zu spielen.*

Spie̲l|an|zug, der: *Anzug, den ein Kind zum Spielen trägt.*

Spie̲l|art, die: *(neben anderen existierende u. von ihnen sich [leicht] unterscheidende) Form, Ausprägung von etw.; Variante:* der Jazz in allen seinen -en.

S

Spie̲l|au|to|mat, der: *Automat für Glücksspiele, den man durch Einwurf einer Münze in Gang setzt.*

Spie̲l|ball, der: **1. a)** (Ballspiele) *in einem Spiel benutzter Ball;* **b)** (Billard) *Karambole;* **c)** (Tennis) *zum Gewinn eines Spiels* (3) *erforderlicher Punkt.* **2.** *Person od. Sache, die jmdm. od. einer Sache machtlos ausgeliefert ist:* ein S. der Götter, des Schicksals sein; das Boot war, wurde ein S. der Wellen.

Spie̲l|bank, die ⟨Pl. -en⟩: *Spielkasino.*

spie̲l|bar ⟨Adj.⟩: *sich spielen* (5 a, 6 a, d) *lassend:* diese Etüde, Rolle ist kaum s.

Spie̲l|be|ginn, der: *Beginn eines Spiels* (1 d): zu, vor, [kurz, gleich] nach S.

Spie̲l|bein, das: **a)** (Sport) *Bein, das bei einer sportlichen Übung zum Balltreten, Schwungholen o. Ä. dient;* **b)** (Kunstwiss.) *im klassischen Kontrapost das den Körper nur leicht stützende, unbelastete Bein.*

Spie̲l|be|trieb, der: *organisatorische Abwicklung u. Durchführung von Spielen* (1 d) *od. Aufführungen* (1): den S. wieder aufnehmen.

Spie̲l|brett, das: **1.** *(entsprechend markiertes) Brett für Brettspiele.* **2.** (Basketball) *Brett, an dem der Korb* (3 a) *hängt.*

Spie̲l|dau|er, die: *Dauer eines Spiels.*

Spie̲l|do|se, die: *mechanisches Musikinstrument in Form einer Dose od. eines Kastens, das, wenn man es aufzieht, eine od. mehrere Melodien spielt.*

Spie̲l|ecke, die: vgl. Spielzimmer.

Spie̲l|ein|satz, der: vgl. Einsatz (2a).

spie̲|len ⟨sw. V.; hat⟩ [mhd. spiln, ahd. spilōn, urspr. = sich lebhaft bewegen, tanzen]: **1. a)** *sich zum Vergnügen, Zeitvertreib u. allein aus Freude an der Sache selbst auf irgendeine Weise betätigen, mit etw. beschäftigen:* die Kinder spielen [miteinander, im Hof, im Sandkasten]; mit einem Ball, der elektrischen Eisenbahn, einer Puppe s.; du darfst noch für eine Stunde s. gehen; sie spielt schon wieder mit ihrem neuen Computer; die Katze spielt mit einem Wollknäuel, einer Maus; spielende Kinder; **b)** *etw. fortwährend mit den Fingern bewegen; an etw. herumspielen:* sie spielte an/mit ihrem Armband, Ohrring; **c)** *ein bestimmtes Spiel* (1 b) *zum Vergnügen, Zeitvertreib, aus Freude an der Sache selbst machen:* Halma, Skat, ein Spiel, ein Gesellschaftsspiel s.; [mit jmdm., gegen jmdn.] Schach spielen; Verstecken, Fangen, Blindekuh s.; wollen wir noch eine Partie s.?; **d)** (Kartenspiel) *im Spiel einsetzen, ausspielen:* Herz, Trumpf, den Buben, eine andere Farbe s.; **e)** *ein bestimmtes Spiel* (1 b) *beherrschen:* spielen sie Skat?; sie spielt sehr gut Schach. **2.** *sich an einem Glücksspiel beteiligen:* hoch, niedrig, riskant, vorsichtig, um Geld, mit hohem Einsatz s.; im Lotto, Toto s.; er begann zu s. *(wurde ein Spieler);* ⟨auch mit Akk.-Obj.:⟩ Lotto, Toto, Roulette s. **3. a)** *[als Sport] ein bestimmtes Ballspiel o. Ä. spielen:* Fußball, Handball, Hockey, Golf, Billard s.; sie spielt hervorragend Tennis; er kann wegen einer Verletzung zurzeit nicht s.; **b)** *einen sportlichen Wettkampf austragen:* die Mannschaft spielt heute [gut, schlecht, enttäuschend, offensiv, auswärts]; gegen einen starken Gegner s.; es wird in der Halle gespielt; um Punkte, um die Meisterschaft s.; **c)** ⟨s. + sich; unpers.⟩ *sich in bestimmter Weise spielen* (3 b) *lassen:* auf nassem Rasen spielt es sich schlecht; **d)** *(einen Ball o. Ä.) im Spiel irgendwohin gelangen lassen:* den Ball, die Scheibe vors Tor s.; die schwarze Kugel über die Bande ins Loch s.; **e)** *(einen Ball o. Ä.) in einer bestimmten Weise im Spiel bewegen:* den Ball hoch, flach s.; **f)** *ein Spiel mit einem bestimmten Ergebnis abschließen, beenden:* unentschieden s.; die deutsche Mannschaft hat 1 : 0 gespielt; **g)** (Ballspiele, Eishockey) *als Spieler* (a) *einen bestimmten Posten* (2 c) *einnehmen:* im Tor, in der Abwehr, halblinks s.; Libero s. *(als Libero spielen).* **4.** ⟨s. + sich⟩ *durch Spielen* (1 a, c, 2, 3 b) *in einen bestimmten Zustand gelangen:* die Kinder haben sich müde, hungrig gespielt; sich beim Roulette um sein Vermögen s. **5. a)** *auf einem Musikinstrument musizieren:* Gitarre s.; sie spielt seit Jahren Cello; sie spielt [gut, schlecht] Klavier *(kann [gut, schlecht] Klavier spielen);* **b)** *auf einem Musikinstrument darbieten:* eine Melodie, Etüde, Sonate [auf dem Klavier] s.; die Kapelle spielte einen Marsch, Volkslieder, Jazz, Tanzmusik; sie spielten [Werke von] Haydn und Mozart; Ü das Radio spielte *(im Radio hörte man)* eine Symphonie; spiel doch mal eine Schallplatte (ugs.; *lege eine Schallplatte auf*)!; **c)** *musizieren:* auswendig, vom Blatt, nach Noten s.; vierhändig, auf zwei Flügeln s.; gekonnt, routiniert, anmutig, mit Gefühl s.; sie spielt im Schulorchester, in einer Rockband; die Band spielt heute in Köln; die Kapelle, die Musik begann zu s.; zum Tanz s.; Ü das Radio spielt *(läuft)* bei ihm den ganzen Tag. **6. a)** *(eine Gestalt in einem Theaterstück, Film) schauspielerisch darstellen:* eine kleine Rolle, die Hauptrolle [in einem Stück] s.; den Hamlet [eindrucksvoll, überzeugend] s.; ⟨auch ohne Akk.-Obj.:⟩ die Hauptdarstellerin spielte manieriert, gut, eindringlich; **b)** *als Darsteller auftreten:* jeden Abend s. müssen; er spielt am Burgtheater *(hat dort ein Engagement als Schauspieler);* **c)** *(ein Bühnenstück) aufführen, (einen Film) vorführen:* eine Komödie, Oper s.; das Staatstheater spielt heute Hamlet; das Kino spielt, im Kino spielen sie schon wieder »Casablanca«; was wird heute im Theater gespielt?; Ü was wird hier gespielt? (ugs.; *was geht hier vor sich?*); **d)** ⟨s. + sich⟩ *durch seine Leistung im Spiel* (1 d, 5 a, b) *in einen bestimmten Rang aufsteigen:* mit dieser Rolle hat er sich ganz nach vorn, in die erste Reihe gespielt; die Mannschaft hat sich an, in die Weltspitze gespielt. **7.** *(von der Handlung eines literarischen Werks o. Ä.) sich irgendwann, irgendwo zutragen:* der Film, Roman spielt im 16. Jh., in Berlin, im Berlin der Zwanzigerjahre. **8. a)** *etw. Bestimmtes zu sein vorgeben; vortäuschen, vorgeben:* den Überlegenen s.; sie spielt gerne die große Dame; ⟨häufig im 2. Part.:⟩ mit gespielter Gleichgültigkeit; gespieltes Interesse; **b)** *eine bestimmte Rolle, Funktion übernehmen:* könntest du nicht mal [den] Mundschenk, [die] Dolmetscherin s.?; sie will nicht den ganzen Tag Hausfrau s. **9.** *leichtfertig, mit launenhafter Willkür mit jmdm., einer Sache umgehen:* mit jmdm., jmds. Gefühlen [nur] s.; [leichtsinnig] mit seinem Leben s. *(sein Leben riskieren);* er spielt gern mit Worten *(liebt Wortspiele).* **10. a)** *[sich] unregelmäßig, ohne bestimmten Zweck, leicht u. daher wie spielerisch [hin u. her] bewegen:* der Wind spielt in den Zweigen, in ihren Haaren; Ü ein Lächeln spielte um ihre Lippen *(ein leichtes Lächeln war auf ihrem Gesicht zu sehen);* **b)** *von einem Farbton in einen anderen übergehen:* ihr Haar spielt [etwas] ins Rötliche; der Diamant spielt *(glitzert)* in allen Farben; ein ins Grünliche spielendes Gelb. **11.** *heimlich irgendwohin gelangen lassen; jmdm. unauffällig zuspielen* (2): jmdm. etw. in die Hände s. **12.** * **etw. s. lassen** *(etw. für eine bestimmte Wirkung einsetzen, wirksam werden lassen):* seine Beziehungen, Verbindungen s. lassen; sie ließ ihren Charme, ihre Reize s.; lass doch mal deine Fantasie s.!; **sich mit etw. s.** (österr.; 1. *etw. nicht ernsthaft betreiben.* 2. *etw. mühelos bewältigen*). **13.** (bes. schweiz.) *funktionieren, wirksam werden.*

spie̲|lend ⟨Adj.⟩: *mühelos:* er löste alle Probleme mit -er Leichtigkeit; etw. s. lernen, schaffen, beherrschen.

Spie̲l|en|de, das: *Ende eines Spiels* (1 d): die Entscheidung fiel kurz vor S.

Spie̲|ler, der; -s, - [mhd. spilære = (Würfel)spieler, ahd. spilāri = Paukenspieler; Mime]: **a)** *jmd., der an einem Spiel* (1 b, d) *teilnimmt:* ein guter, schlechter, starker, schwacher, fairer S.; der Verein hat zwei neue S. verpflichtet; **b)** *jmd., der vom Glücksspiel nicht lassen kann:* ein leidenschaftlicher, besessener S.; zum S. werden; **c)** (seltener) *jmd., der ein Musikinstrument spielt.* **d)** (selten) kurz für ↑ Schauspieler.

Spie|le|rei, die; -, -en: **1.** ⟨o. Pl.⟩ (abwertend) *[dauerndes] Spielen* (1 b): lass die S., iss endlich! **2.** *etw., was leicht ist, weiter keine Mühe macht:* ihre Arbeit war in seinen Augen [nichts als] eine S. **3.** (oft abwertend) *etw. Zusätzliches, aber Entbehrliches, für die eigentliche Sache Unwichtiges.*

Spie̲|le|rin, die; -, -nen: w. Form zu ↑ Spieler.

spie̲|le|risch ⟨Adj.⟩: **1. a)** *von Freude am Spielen zeugend, absichtslos-gelockert:* mit -er Leichtigkeit; die Katze schlug s. nach dem Ball; **b)** *ohne rechten Ernst:* ein -es Leben führen. **2.** *die Technik des Spiels* (2, 5 a, b) *betreffend:* eine ausgezeichnete -e Leistung; eine s. hervorragende Mannschaft.

Spie̲l|feld, das: *abgegrenzte, markierte Fläche für sportliche Spiele.*

Spie̲l|feld|hälf|te, die: *Hälfte* (a) *eines Spielfeldes:* sie kamen kaum aus der eigenen S. heraus.

Spiel|fi|gur, die: *zu einem Brettspiel gehörende Figur:* handgeschnitzte -en; die Dame ist beim Schach die wertvollste S.

Spiel|film, der: *aus inszenierten, gespielten Szenen zusammengesetzter, der Unterhaltung dienender, gewöhnlich abendfüllender [künstlerischer] Film* (3 a), *meist mit einer durchgehenden fiktiven Handlung* (2): sein erster [längerer, abendfüllender] S. war eine Romanverfilmung, ein Episodenfilm; einen S. inszenieren, drehen, zeigen, mitschneiden; der neue TV-Kanal bringt nur -e.

Spiel|flä|che, die: *zum Spielen dienende Fläche.*

spiel|frei ⟨Adj.⟩: *ohne Spiel* (1 d, 5 a), *Vorstellung:* ein -er Tag; die Mannschaft ist dieses Wochenende s.; ich habe zwar heute Abend s., aber zur Probe muss ich trotzdem.

Spiel|füh|rer, der (Sport): *Führer, Kapitän, Sprecher einer Mannschaft* (1 a).

Spiel|füh|re|rin, die: w. Form zu ↑Spielführer.

Spiel|ge|fähr|te, der: *Kind in Bezug auf ein anderes Kind, mit dem es öfter zusammen spielt.*

Spiel|ge|fähr|tin, die: w. Form zu ↑Spielgefährte.

Spiel|geld, das: **1.** *für bestimmte Spiele als Spieleinsatz imitiertes Geld.* **2.** *Einsatz* (2 a) *beim [Glücks]spiel.*

Spiel|ge|rät, das: *für bestimmte Spiele, ein bestimmtes Spiel erforderliches Hilfsmittel (z. B. Wippe, Schaukel, Hüpfball, Stelzen):* auf dem Spielplatz ist ein neues S. aufgestellt worden.

Spiel|hahn, der [zu ↑Spiel (11) od. nach dem Gebaren bei der Balz] (Jägerspr.): *Birkhahn.*

Spiel|hälf|te, die: **1.** *Halbzeit* (1): kurz nach Beginn der zweiten S. **2.** *Spielfeldhälfte.*

Spiel|hal|le, die: *Räumlichkeit, in der zahlreiche verschiedene Spielautomaten dem Besucher die Möglichkeit zu Geschicklichkeitsspielen u. Geldgewinnen geben.*

Spiel|höl|le, die (abwertend): *Spielbank; Räumlichkeit, in der Glücksspiele gespielt werden.*

Spiel|ka|me|rad, der: *Spielgefährte.*

Spiel|ka|me|ra|din, die: w. Form zu ↑Spielkamerad.

Spiel|kar|te, die: *(mit Bildern u. Symbolen bedruckte) Karte eines Kartenspiels.*

Spiel|ka|si|no, das: *gewerbliches Unternehmen, in dem um Geld gespielt wird.*

Spiel|klas|se, die (Sport): *Klasse* (4), *in die Mannschaften nach ihrer Leistung eingestuft werden.*

Spiel|kon|so|le, die: *Konsole* (3).

Spiel|kreis, der: *Gruppe von Personen, die [in ihrer Freizeit] zusammen musizieren od. Theater spielen.*

Spiel|lei|den|schaft, die: *Leidenschaft für Glücksspiele.*

Spiel|lei|ter, der: **a)** *Regisseur;* **b)** *jmd., der ein Spiel (bes. ein Wettspiel, Quiz im Fernsehen) leitet;* **c)** (Sport) *jmd., der als Schiedsrichter ein Spiel leitet;* **d)** (Sport) *für die Abwicklung des Spielbetriebs Verantwortlicher.*

Spiel|lei|te|rin, die: w. Form zu ↑Spielleiter.

Spiel|lei|tung, die: **1.** *Regie.* **2. a)** ⟨o. Pl.⟩ *Leitung* (1 a) *eines Spiels;* **b)** *Leitung* (1 b) *eines Spiels.*

Spiel|ma|cher, der (Sport Jargon): *Spieler, der das Spiel seiner Mannschaft entscheidend bestimmt.*

Spiel|ma|che|rin, die: w. Form zu ↑Spielmacher.

Spiel|mann, der ⟨Pl. …leute⟩ [mhd. spilman, ahd. spiliman, urspr. = Schautänzer, Gaukler]: **1.** *(im MA.) fahrender Sänger, der Musikstücke, Lieder [u. artistische Kunststücke] darbietet.* **2.** *Mitglied eines Spielmannszuges.*

Spiel|manns|dich|tung, die: **1.** *den Spielleuten zugeschriebene Dichtung.* **2.** (Literaturw.) *Gruppe frühhöfischer Epen, die in schwankhafter Weise Begebenheiten bes. der Kreuzzüge erzählen.*

Spiel|manns|zug, der: *bes. aus Trommlern u. Pfeifern bestehende Musikkapelle eines Zuges (einer militärischen Einheit, eines Vereins o. Ä.).*

Spiel|mar|ke, die: *kleine, flache Scheibe aus Pappe, Kunststoff o. Ä., die bei Spielen das Geld ersetzt;* [1]*Fiche; Jeton* (a).

Spiel|mi|nu|te, die (Sport): *Minute der Spielzeit:* die ersten -n; das Tor fiel in der dreißigsten S.

Spiel|mu|sik, die: *auf die Musik des Barocks zurückgreifende, relativ leicht zu spielende Instrumentalmusik.*

Spiel|oper, die (Musik): *dem Singspiel ähnliche deutsche komische Oper.*

Spie|lo|thek, die; -, -en [geb. nach ↑Bibliothek]: **1.** *Einrichtung zum Verleih von Spielen* (4 a). **2.** *Spielhalle.*

Spiel|pau|se, die: *Pause zwischen zwei Abschnitten eines Spiels.*

Spiel|pfei|fe, die: *Pfeife des Dudelsacks, auf der die Melodie gespielt wird; Schalmei* (3).

Spiel|pha|se, die: *Phase eines Spiels* (1 d): in der letzten S. wurde der HSV stärker.

Spiel|plan, der: **1. a)** *Gesamtheit der für die Spielzeit einer Bühne vorgesehenen Stücke:* eine Oper auf den S. setzen, in den S. aufnehmen, vom S. absetzen; **b)** *über den Spielplan* (a) *eines bestimmten Zeitraumes Auskunft gebendes Programm* (2) *einer od. mehrerer Bühnen.* **2.** (Sport) *Plan, nach dem die Spiele einer Meisterschaft, eines Pokals, Turniers abgewickelt werden.*

Spiel|platz, der: *[mit Spielgeräten ausgestatteter] Platz im Freien zum Spielen für Kinder:* ein schöner, fantasievoll gestalteter S.; die Straße ist kein S.; die Kinder treffen sich nachmittags auf dem S., kennen sich vom S.

Spiel|raum, der: *gewisser freier Raum, der den ungehinderten Ablauf einer Bewegung, das ungehinderte Funktionieren von etw. ermöglicht, gestattet:* keinen, genügend S. haben; Ü Spielräume für die schöpferische Fantasie; das Gesetz lässt der Auslegung weiten S.

Spiel|re|gel, die: *Regel, die beim Spielen eines Spiels* (1 b, d) *beachtet werden muss:* die für Schach, Billard, Hockey geltenden -n; die -n kennen, beachten; das ist gegen die -n; Ü die politischen -n kennen; gegen alle -n der Diplomatie verstoßen.

Spiel|run|de, die: *Runde* (3 b) *bei einem Spiel.*

Spiel|sa|chen ⟨Pl.⟩: *Spielzeug* (a).

Spiel|schuld, die ⟨meist Pl.⟩: *beim Glücksspiel entstandene Schuld* (3): [bei jmdm.] -en haben.

Spiel|stand, der: *Stand* (4 a) *bes. eines sportlichen Spiels:* nach der ersten Halbzeit war der S. 1 : 1.

Spiel|stär|ke, die (Sport): *starke spielerische Leistung.*

Spiel|stät|te, die (geh.): *Stätte zum Spielen (z. B. zum Theaterspielen, zum Fußballspielen):* der Fußballverein braucht dringend eine eigene S.

Spiel|stein, der: *kleiner, flacher Gegenstand, mit dem man bestimmte [Brett]spiele spielt.*

Spiel|stra|ße, die: *für den Durchgangsverkehr gesperrte Straße, die zum Spielen für Kinder freigegeben ist.*

Spiel|tag, der (Sport): *Tag, an dem ein od. mehrere Spiele für die Meisterschaft ausgetragen werden:* am ersten S. der Bundesliga.

Spiel|teu|fel, der ⟨o. Pl.⟩ (emotional): *große Leidenschaft für Glücksspiele:* vom S. besessen sein.

Spiel|the|ra|pie, die (Psych.): *Therapie, die (bes. bei Kindern) versucht, im spielerischen Darstellen u. Durchleben psychische Konflikte zu bewältigen.*

Spiel|tisch, der: **1.** *[kleiner] Tisch zum Spielen bes. von Brett- u. Kartenspielen.* **2.** *Teil der Orgel, an dem sich Manuale, Pedale u. Registerknöpfe befinden u. an dem der Spieler sitzt.*

Spiel|trieb, der: *Lust, Freude, Vergnügen am Spiel, an spielerischer Betätigung.*

Spiel|uhr, die: *mit einem Spielwerk ausgestattete Uhr, die die Zeit durch das Spielen einer kleinen Melodie auch akustisch anzeigt.*

Spiel|ver|bot, das (Sport): *Verbot, an einem Spiel* (1 d) *teilzunehmen.*

Spiel|ver|der|ber, der: *jmd., der durch sein Verhalten, seine Stimmung anderen die Freude an etw. nimmt:* sei [doch] kein S.!

Spiel|ver|der|be|rin, die; -, -nen: w. Form zu ↑Spielverderber.

Spiel|ver|ei|ni|gung, die: *Sportverein* (bes. als Name).

Spiel|wa|ren ⟨Pl.⟩: *als Waren angebotenes Spielzeug für Kinder:* S. finden Sie im vierten Obergeschoss.

Spiel|wa|ren|ge|schäft, das: *Fachgeschäft für Spielwaren.*

Spiel|wa|ren|in|dus|trie, die: *Zweig der Industrie, in dem Spielwaren hergestellt werden.*

Spiel|wei|se, die: *Art und Weise zu spielen* (1 c, 3 a, b, 5 a, 6 a).

Spiel|werk, das: *mechanisches Musikwerk (wie es sich in Spieldosen u. Spieluhren findet).*

Spiel|wie|se, die: vgl. Spielplatz: auf die S. dürfen keine Hunde mitgenommen werden; Ü die Verkehrssicherheit darf keine S. für Ideologen sein.

Spiel|zeit, die: **1. a)** *Zeitabschnitt innerhalb eines Jahres, während dessen in einem Theater Aufführungen stattfinden:* im nächsten Monat beginnt die neue S.; sein Engagement läuft zum Ende der nächsten S. aus; **b)** *Zeit, während deren in einem Kino ein Film auf dem Programm steht:* der Film wurde nach einer S. von nur einer Woche abgesetzt. **2.** (Sport) *Zeit, die zum Austragen eines Spieles vorgeschrieben ist.*

Spiel|zeit|hälf|te, die (Sport): *Hälfte der Spielzeit* (2).

Spiel|zeug, das: **a)** ⟨o. Pl.⟩ *Gesamtheit von Spielzeugen* (b): schönes, pädagogisch wertvolles S.; S. aus Holz; überall lag S. herum; sein S. wegräumen; **b)** *Gegenstand zum Spielen für Kinder:* ihr liebstes S. ist der Teddy; lass das Mikroskop, das ist kein S.!; Ü sie ist für ihn nur ein S.

Spiel|zeug|au|to, das: vgl. Spielzeugeisenbahn.

Spiel|zeug|ei|sen|bahn, die: *als Spielzeug dienende kleine Nachbildung einer Eisenbahn.*

Spiel|zeug|pis|to|le, die: vgl. Spielzeugeisenbahn.

Spiel|zim|mer, das: *Zimmer zum Spielen.*

Spiel|zug, der: **a)** *das Ziehen eines Steines od. einer Figur bei einem Brettspiel;* **b)** (Sport) *Aktion, bei der sich Spieler einer Mannschaft den Ball zuspielen.*

Spier, der od. das; -[e]s, -e [mniederd. spīr = kleine Spitze] (nordd.): *kleine, zarte Spitze (bes. von gerade aufgehendem Gras, Getreide).*

Spie|re, die; -, -n (Seemannsspr.): *Rundholz, Stange [der Takelage].*

Spieß, der; -es, -e [1: mhd. spieʒ, ahd. spioʒ, H. u.; 2: mhd., ahd. spiʒ, zu ↑spitz u. eigtl. = Spitze, spitze Stange (der Bratspieß war urspr. ein zugespitzter Holzstab); erst im Nhd. mit Spieß (1) zusammengefallen; 3: bezogen auf den Offizierssäbel, den der (Kompanie)feldwebel früher getragen hat]: **1.** (früher) *Waffe bes. zum Stoßen in Form einer langen, zugespitzten od. mit einer [Metall]spitze versehenen Stange:* mit -en bewaffnete Landsknechte; er durchbohrte ihn mit dem S.; * **den S. umdrehen/umkehren** (ugs.; *nachdem man angegriffen worden ist, seinerseits [auf dieselbe Weise, mit denselben Mitteln] angreifen;* eigtl. = den Spieß des Gegners gegen ihn selbst wenden); **den S. gegen jmdn. kehren** (veraltend; *jmdn. angreifen*); **brüllen/schreien wie am S.** (ugs.; *sehr laut u. anhaltend brüllen/schreien*). **2. a)** *an einem Ende spitzer Stab [aus Metall], auf den Fleisch zum Braten u. Wenden [über offenem Feuer] aufgespießt wird; Bratspieß:* den S. drehen; ein am S. geröstetes Spanferkel; **b)** *Spießchen;* **c)** *Fleischspieß:* das Kind isst höchstens einen S. **3.** (Soldatenspr.) *Hauptfeldwebel* (b). **4.** (Jägerspr.) *(beim jungen Hirsch, Rehbock, Elch) Stange* (6), *die noch keine Enden hat.* **5.** (Druckw.) *durch zu hoch stehenden u. deshalb mitdruckenden Ausschluss* (2) *verursachter schwarzer Fleck zwischen Wörtern u. Zeilen.*

Spieß|bock, der (Jägerspr.): *Rehbock mit Spießen* (4).

Spieß|bür|ger, der [urspr. wohl = mit einem Spieß (1) bewaffneter Bürger (vgl. Schildbürger), dann spöttisch abwertend für den altmodischen Wehrbürger, der noch den Spieß trug statt des moderneren Gewehrs, dann studentenspr. Scheltwort für den konservativen Kleinstädter] (abwertend): *engstirniger Mensch, der sich an den Konventionen der Gesellschaft u. dem Urteil der anderen orientiert.*

Spieß|bür|ge|rin, die: w. Form zu ↑Spießbürger.

spie̲ß|bür|ger|lich ⟨Adj.⟩ (abwertend): *wie ein Spießbürger, von der Art eines Spießbürgers:* ein -es Milieu; -e Vorurteile; s. denken.

Spieß|bür|ger|tum, das (abwertend): **1.** *Existenz[form] u. Lebenswelt des Spießbürgers.* **2.** *Gesamtheit der Spießbürger.*

Spie̲ß|chen, das; -s, -: *spitzes Stäbchen, auf das ein kleines, mundgerechtes Stück einer festen Speise aufgespießt ist, sodass es bequem vom Teller genommen werden kann:* zum Empfang gab es Sekt und S.

spie̲|ßen ⟨sw. V.; hat⟩ [vermengt aus spätmhd. spīȝen = aufspießen (zu ↑Spieß 1) u. mhd. spiȝȝen = an den Bratspieß stecken (zu ↑Spieß 2)]: **1. a)** (selten) *durchstechen, durchbohren;* **b)** (selten) *mit der Spitze stecken, hängen bleiben:* die Feder spießt beim Schreiben [ins Papier]. **2. a)** *mit einem spitzen Gegenstand aufnehmen:* ein Stück Fleisch auf die Gabel s.; **b)** *auf einen spitzen Gegenstand stecken:* Zettel, Quittungen auf einen Nagel s.; auf Nadeln gespießte Schmetterlinge; **c)** (selten) *mit einem spitzen Gegenstand an, auf etw. befestigen, [fest]stecken:* ein Foto an die Wand s. **3.** *(einen spitzen Gegenstand) in etw. hineinstecken, hineinbohren:* eine Stange in den Boden s. **4.** ⟨s. + sich⟩ (österr.) **a)** *sich verklemmen:* die Schublade spießt sich; in der Tischlade spießt sich etwas, ein Kochlöffel; **b)** ⟨oft unpers.⟩ *nicht in gewünschter Weise vorangehen, stocken:* das Aufnahmeverfahren spießt sich.

Spie|ßer, der; -s, - [1: gek. aus ↑Spießbürger]: **1.** (ugs. abwertend) *Spießbürger.* **2.** (Jägerspr.) *junger Rehbock, Hirsch, Elch mit Spießen (4).*

spie̲|ßer|haft ⟨Adj.⟩, **spie̲|ße|risch** ⟨Adj.⟩ (abwertend, seltener): *spießbürgerlich.*

Spie̲|ßer|tum, das; -s (ugs. abwertend): *Spießbürgertum.*

Spie̲ß|ge|sel|le, der [urspr. = Waffengefährte]: **1.** (abwertend) *Helfershelfer.* **2.** (scherzh.) *Kumpan* (a): er saß mit seinen -n am Stammtisch.

Spie̲ß|ge|sel|lin, die: w. Form zu ↑Spießgeselle.

spie̲|ßig ⟨Adj.⟩ [gek. aus ↑spießbürgerlich] (ugs. abwertend): *spießbürgerlich:* ein -er Typ; aus einem -en Elternhaus stammen; sie ist mir zu s., wird von Jahr zu Jahr -er; eine entsetzlich s. eingerichtete Wohnung.

Spie̲ß|ru|te, die [zu ↑Spieß (2)]: *Rute, Gerte, die beim Spießrutenlaufen verwendet wurde:* meist in der Wendung * **-n laufen** (1. Milit. früher; *[zur Strafe] durch eine von Soldaten gebildete Gasse laufen u. dabei Rutenhiebe auf den entblößten Rücken bekommen:* zur Strafe musste er -n laufen. 2. *an vielen [wartenden] Leuten vorbeigehen, die einen neugierig anstarren od. spöttisch, feindlich anblicken).*

Spie̲ß|ru|ten|lau|fen, das; -s: vgl. Spießrute.

Spike [ʃpaik, spaik], der; -s, -s [engl. spike = langer Nagel, Stachel, Dorn; 2: engl. spikes (Pl.)]: **1. a)** *der Rutschfestigkeit dienender spitzer Dorn* (3a) *aus Metall od. Kunststoff für die Sohlen von Schuhen, bes. Laufschuhen* (b), *für die Laufflächen von Reifen:* Schuhe, Winterreifen mit -s; **b)** *als eine Art Fuß unter Komponenten von Hi-Fi-Anlagen, bes. Lautsprecherboxen, montierter, der Vermeidung od. Verringerung unerwünschter Schwingungen dienender spitzer Stift aus Metall:* die Boxen waren mit je drei -s [vom Fußboden] entkoppelt; **c)** *spitzer Stift aus Metall od. Kunststoff.* **2.** ⟨meist Pl.⟩ (Leichtathletik) *Laufschuh* (b) *mit Spikes* (1). **3.** ⟨Pl.⟩ (Kfz-T.) *Spikesreifen.*

Spike|rei|fen, Spikes|rei|fen, der (Kfz-T.): *mit Spikes* (1) *versehener Reifen.*

Spill, das; -[e]s, -e u. -s [mhd. spille, ahd. spilla, Nebenf. von ↑Spindel] (Seemannsspr.): *einer Winde ähnliche Vorrichtung, von deren Trommel die Leine, [Anker]kette nach mehreren Umdrehungen wieder abläuft.*

Spil|la|ge [ʃpɪˈla:ʒə, sp...], die; -, -n [mit dem frz. Suffix -age geb. zu engl. to spill = verschütten] (Wirtsch.): *durch falsche Verpackung verursachter Gewichtsverlust trocknender Waren.*

Spil|le, die; -, -n [mhd. spille, ↑Spill] (bes. nordd.): *Spindel* (1).

spil|le|rig, spillrig ⟨Adj.⟩ [zu ↑Spille] (bes. nordd.): *dürr, schmächtig:* ein -es Mädchen.

Spil|ling, der; -s, -e [spätmhd. spilling, mhd. spilinc, älter: spenilinch, H. u.]: *Haferpflaume.*

spill|rig: ↑spillerig.

Spin [spɪn], der; -s, -s [engl. spin, eigtl. = schnelle Drehung, zu: to spin = spinnen; (sich) drehen]: **1.** (Physik) *bei Drehung um die eigene Achse auftretender Drehimpuls, bes. bei Elementarteilchen u. Atomkernen.* **2.** (Sport) *Effet.*

Spi|na [ˈʃp..., ˈsp...], die; -, ...ae [lat. spina = Dorn, Stachel; Rückgrat] (Anat., Med.): **1.** *spitzer od. stumpfer, meist knöcherner Vorsprung.* **2.** *Rückgrat.*

spi|nal [ʃp..., sp...] ⟨Adj.⟩ [lat. spinalis, zu: spina, ↑Spina] (Anat., Med.): *zur Wirbelsäule, zum Rückenmark gehörend, in diesem Bereich liegend, erfolgend:* -e Kinderlähmung.

Spi|nat, der; -[e]s, (Sorten:) -e [mhd. spinat < span. espinaca (angelehnt an: espina = Dorn < lat. spina, wohl wegen der spitz auslaufenden Blätter) < hispanoarab. ispinăch < arab. isbānaḫ < pers. ispanăğ]: *Pflanze mit hohen Stängeln u. lang gestielten, dreieckigen, kräftig grünen Blättern, die als Gemüse gegessen werden:* S. pflücken, ernten; es gab Spiegelei[er] mit S.

Spi|nat|wach|tel, die (salopp abwertend): *wunderliche od. komisch aussehende ältere weibliche Person.*

Spind, der od. das; -[e]s, -e [aus dem Niederd. < mniederd. spinde = Schrank < mlat. spinda, spenda = Vorrat(sbehälter), zu: spendere, ↑spenden]: *einfacher, schmaler Schrank (bes. in Kasernen):* die -e in den Umkleideräumen.

Spin|del, die; -, -n [mhd. spindel, spinnel, ahd. spin(n)ala, zu ↑spinnen]: **1.** *in Drehung versetzbarer länglicher od. stabförmiger Körper (bes. an Spinnrad od. Spinnmaschine), auf den der gesponnene Faden aufgewickelt wird.* **2.** (Technik) *mit einem Gewinde versehene Welle zur Übertragung einer Drehbewegung od. zum Umsetzen einer Drehbewegung in eine Längsbewegung od. in Druck.* **3.** (Bauw.) *zylindrischer Mittelteil der Wendeltreppe.* **4.** (Gartenbau) *frei stehendes Formobst* (1) *mit einem kräftigen mittleren Trieb, dessen gleich lange, kurze Seitenäste die Früchte tragen.* **5.** (Biol.) *spindelförmige Anordnung sehr feiner, röhrenartiger Proteinstrukturen innerhalb der in Teilung begriffenen Zelle.* **6.** (bes. Kfz-T.) *bes. zur Kontrolle des Frostschutzmittels im Kühlwasser von Kraftfahrzeugen od. der Dichte der Säure in Batterien* (2a) *dienendes Messgerät.*

spin|del|dürr ⟨Adj.⟩ [eigtl. = dünn wie eine Spindel (1)]: *sehr dürr, sehr mager:* -e Beine; ein -es Männchen; sie ist s.

spin|del|för|mig ⟨Adj.⟩: *wie eine Spindel* (1) *geformt.*

Spin|del|trep|pe, die (Bauw.): *Wendeltreppe.*

Spi|nell, der; -s, -e [wohl ital. spinello, Vkl. von: spina < lat. spina, ↑Spina]: *kubisch kristallisierendes, durchsichtiges Mineral.*

Spi|nett, das; -[e]s, -e [ital. spinetta, viell. nach dem Erfinder, dem Venezianer G. Spinetto (um 1500)]: *Tasteninstrument (des 16. u. 17. Jh.s), bei dem die Saiten spitzwinklig zur Klaviatur angeordnet sind u. zu jeder Taste in der Regel nur eine Saite gehört.*

Spin|na|ker [ˈʃpɪnakɐ], der; -s, - [engl. spinnaker, H. u.] (Segeln): *leichtes, großflächiges Vorsegel auf Sportsegelbooten.*

Spin|na|ker|baum, der (Segeln): *Stange, mit der der Spinnaker auf der dem Wind zugekehrten Seite gehalten wird.*

Spinn|drü|se, die: *Drüse der Spinnen* (1), *mancher Insekten u. Schnecken, deren Absonderung als Faden für ein Netz, einen Kokon od. beim Nestbau dient.*

Spinn|dü|se, die (Textilind.): *bei der Herstellung von Chemiefasern verwendete, mit einer fein gelochten Scheibe versehene Düse.*

Spin|ne, die; -, -n [mhd. spinne, ahd. spinna, eigtl. = die Spinnende, Fadenziehende, zu ↑spinnen]: **1.** *(zu den Gliederfüßern gehörendes, in zahlreichen Arten vorkommendes) [Spinndrüsen besitzendes] Tier mit einem in Kopf-Brust-Stück u. Hinterleib gegliederten Körper u. vier Beinpaaren:* die S. spinnt, webt ihr Netz; die S. sitzt, lauert im Netz; **Spr** S. am Morgen [bringt] Kummer und Sorgen, S. am Abend erquickend und labend (urspr. auf das Spinnen bezogen, das materielle Not anzeigt, wenn es schon morgens erforderlich ist, abends dagegen ein geselliges Vergnügen bedeutet); * **pfui S.!** (ugs.; Ausruf des Abscheus, Ekels). **2.** (abwertend) *boshafte, hässliche Frau [von dürrer Gestalt].* **3.** (bes. Verkehrsw.) *Stelle, an der fünf od. mehr Wege, Straßen zusammenlaufen.*

spin|ne|feind ⟨Adj.⟩: in der Wendung **[mit] jmdm. s. sein** (ugs.; *mit jmdm. sehr verfeindet sein;* nach der Beobachtung, dass bestimmte Spinnen zu Kannibalismus neigen): sie waren einander s.

spin|nen ⟨st. V.; hat⟩ [mhd. spinnen, ahd. spinnan, verw. mit ↑spannen, bezeichnete wohl das Ausziehen u. Dehnen der Fasern, das dem Drehen des Fadens vorangeht; 2: nach dem Schnurren des Spinnrades; 3: eigtl. = (eigenartige) Gedanken spinnen; 4: früher gab es Arbeitshäuser, in denen gesponnen werden musste]: **1. a)** *Fasern zu einem Faden drehen:* am Spinnrad sitzen und s.; mit der Hand, maschinell s.; **b)** *durch Spinnen* (1a) *verarbeiten:* Flachs, Wolle s.; **c)** *durch Spinnen* (1a) *herstellen:* Garn s.; **d)** *aus einem (von den Spinndrüsen hervorgebrachten) Faden entstehen lassen:* die Spinne spinnt ihr Netz, einen Faden; ⟨auch o. Akk.-Obj.:⟩ die Spinne spinnt *(baut)* an ihrem Netz; **Ü** ein Netz von Intrigen s.; **e)** (Textilind.) *(Chemiefasern) aus einer Spinnlösung, Schmelze o. Ä., die durch Spinndüsen gepresst wird, erzeugen:* Perlon s. **2.** (landsch.) *(von der Katze) schnurren.* **3. a)** (ugs. abwertend) *nicht recht bei Verstand sein, durch sein absonderliches, skurriles, spleeniges Verhalten auffallen:* du spinnst ja wohl!; der Kerl spinnt doch total!; **Ü** der Vergaser spinnt *(funktioniert nicht mehr richtig);* **b)** (ugs. abwertend) *Unwahres behaupten, vortäuschen:* das ist doch gesponnen *(das stimmt doch nicht).* **4.** (ugs. veraltet) *in einer Haftanstalt eine Strafe verbüßen.*

Spin|nen|bein, das: **1.** *Bein der Spinne* (1). **2.** *sehr dünnes, langes Bein.*

Spin|nen|ge|we|be, das (seltener): *Spinngewebe.*

Spin|nen|netz, das: *von einer Spinne* (1) *hergestelltes Netz.*

Spin|nen|tier, das ⟨meist Pl.⟩: *zu den Gliederfüßern gehörendes Tier mit zweiteiligem, in Kopf-Brust-Stück u. Hinterleib gegliedertem Körper u. vier Beinpaaren:* Spinnen, Weberknechte und Skorpione sind -e.

Spin|ner, der; -s, - [4: zu ↑spinnen (3b)]: **1.** *Facharbeiter in einer Spinnerei* (Berufsbez.). **2.** (ugs. abwertend) *jmd., der wegen seines absonderlichen, skurrilen, spleenigen Verhaltens auffällt, als Außenseiter betrachtet wird.* **3.** (Zool. veraltet) *Nachtfalter, dessen Raupen Kokons spinnen.* **4.** (Angeln) *zum Fang von Raubfischen dienender, mit Angelhaken versehener metallischer Köder, der sich, wenn er durchs Wasser gezogen wird, um die Längsachse dreht u. so einen kleinen Fisch vortäuscht.*

Spin|ne|rei, die; -, -en: **1. a)** ⟨o. Pl.⟩ *das Spinnen* (1a–c, e); **b)** *Betrieb, in dem aus Fasern o. Ä. Fäden gesponnen werden.* **2.** (ugs. abwertend) **a)** ⟨o. Pl.⟩ *[dauerndes] Spinnen* (3a): das ist doch alles S.; **b)** *absonderliche, skurrile, spleenige Idee, Handlungsweise:* deine -en haben uns schon genug Geld gekostet.

Spin|ne|rin, die; -, -nen: w. Form zu ↑Spinner (1, 2).

Spinn|fa|den, der: *gesponnener Faden.*

Spinn|fa|ser, die (Textilind.): *Faser, die versponnen wird.*
Spinn|ge|we|be, das: *Spinnennetz.*
Spinn|lö|sung, die (Textilind.): *Lösung, aus der sich eine Kunstfaser spinnen lässt.*
Spinn|ma|schi|ne, die: *Maschine zum Spinnen* (1 a, e).
Spinn|rad, das: *einfaches Gerät zum Spinnen* (1 a), *dessen über einen Fußhebel angetriebenes Schwungrad die Spindel dreht:* das S. schnurrt; am S. sitzen.
Spinn|ro|cken, der: *Teil am Spinnrad, auf das das zu verspinnende Material gewickelt wird; Rocken.*
Spinn|stoff, der: vgl. Spinnfaser.
Spinn|stu|be, die (früher): *(in den Dörfern) Raum, in dem an Winterabenden Frauen u. Mädchen zum Spinnen zusammenkommen.*
Spinn|web, das; -s, -e (österr.): *Spinnwebe.*
Spinn|we|be, die; -, -n [mhd. spinne(n)weppe, ahd. spinnunweppi, 2. Bestandteil mhd. weppe, ahd. weppi = Gewebe(faden), zu ↑weben]: *Spinnfaden, Spinngewebe, Spinnennetz.*
Spin-off [sp...], das od. der; -[s], -s [engl. spin-off, eigtl. = Nebenprodukt, zu: to spin off = von sich werfen, abstoßen]: **1.** *Übernahme von bestimmten technisch innovativen Verfahren od. Produkten (z. B. aus der Raumfahrt) in andere Technikbereiche.* **2.** *Fernsehproduktion, die aus einer anderen, erfolgreichen Fernsehserie hervorgegangen ist u. bei der Randfiguren der Serie nun die Hauptpersonen sind.*
spin|ti|sie|ren ⟨sw. V.; hat⟩ [H. u., wahrsch. romanisierende Weiterbildung zu dt. ↑spinnen (3 a)] (abwertend): *eigenartigen, wunderlichen, abwegigen Gedanken nachgehen:* anfangen [über etw.] zu s.
Spin|ti|sie|re|rei, die; -, -en (abwertend): **1.** ⟨o. Pl.⟩ *[dauerndes] Spintisieren.* **2.** ⟨meist Pl.⟩ *eigenartiger, abwegiger Gedankengang.*
Spi|on, der; -s, -e [ital. spione, zu: spia = Späher, Beobachter, zu: spiare = spähen, heimlich erkunden, aus dem Germ., verw. mit ↑spähen]: **1. a)** *jmd., der für einen Auftraggeber od. Interessenten, bes. eine fremde Macht, militärische, politische od. wirtschaftliche Geheimnisse auskundschaftet:* ein feindlicher S.; als S. für ein westliches Land tätig sein, arbeiten; einen S. enttarnen, verhaften; **b)** *heimlicher Beobachter od. Aufpasser, der etw. zu erkunden sucht:* er hatte seine -e in der Firma. **2. a)** *Guckloch bes. in einer Tür:* durch den S. sehen; **b)** *außen am Fenster angebrachter Spiegel für die Beobachtung der Straße u. des Hauseingangs.*
Spi|o|na|ge [...ˈnaːʒə], die; - [nach frz. espionnage, zu: espionner, ↑spionieren]: *Tätigkeit für einen Auftraggeber od. Interessenten, bes. eine fremde Macht, zur Auskundschaftung militärischer, politischer od. wirtschaftlicher Geheimnisse:* [für einen Geheimdienst] S. treiben; in der S. arbeiten.
Spi|o|na|ge|ab|wehr, die: *Abwehrdienst.*
Spi|o|na|ge|agent, der (selten): *Spion* (1).
Spi|o|na|ge|agen|tin, die: w. Form zu ↑Spionageagent.
Spi|o|na|ge|fall, der: [1]*Fall* (3) *von Spionage.*
Spi|o|na|ge|netz, das: *über ein Gebiet verbreitetes Netz* (2 d) *von Spionen.*
Spi|o|na|ge|ring, der: vgl. Spionagenetz.
Spi|o|na|ge|tä|tig|keit, die: *in Spionage bestehende Tätigkeit.*
spi|o|nie|ren ⟨sw. V.; hat⟩ [nach frz. espionner, zu: espion = Spion, zu afrz. espier = ausspähen, aus dem Germ.]: **a)** *Spionage treiben, als Spion* (1 a) *tätig sein:* für, gegen eine [feindliche] Macht s.; **b)** (abwertend) *heimlich u. ohne dazu berechtigt zu sein, [herum]suchen, aufpassen, Beobachtungen machen od. lauschen, um etw. herauszufinden.*
Spi|o|nin, die; -, -nen: w. Form zu ↑Spion (1).
Spi|ra|le, die; -, -n [nlat. (linea) spiralis = schneckenförmig gewunden(e Linie), zu lat. spira = gewundene Linie < griech. speĩra]: **1. a)** *sich um eine Achse windende Linie:* das Flugzeug fliegt, beschreibt eine S.; Ü die S. *(wechselseitige Steigerung)* der Gewalt, der Rüstungsanstrengungen; **b)** (bes. Geom.) *gekrümmte Linie, die in immer weiter werdenden Windungen um einen festen Punkt läuft.* **2. a)** *spiralförmiger Gegenstand, spiraliges Gebilde:* eine S. aus Draht; **b)** (ugs.) *spiralförmiges Intrauterinpessar:* wie sicher ist die S.?; sie ließ sich eine S. einsetzen.
Spi|ral|fe|der, die: *spiralförmige Feder* (3).
spi|ral|för|mig ⟨Adj.⟩: *die Form einer Spirale aufweisend.*
spi|ra|lig ⟨Adj.⟩: *spiralförmig; in Spiralwindungen verlaufend.*
Spi|ral|win|dung, die: *Windung einer Spirale* (1).
Spi|rans [ˈʃp..., ˈsp...], die; -, Spiranten, **Spi|rant** [ʃp..., sp...], der; -en, -en [zu lat. spirans (Gen.: spirantis), 1. Part. von: spirare, ↑[2]Spiritus] (Sprachw.): *durch Reibung der ausströmenden Atemluft an Lippen, Zähnen od. dem Gaumen gebildeter Laut; Reibelaut, Frikativ* (z. B. f, sch).
Spi|ri|tis|mus [ʃp..., sp...], der; - [wohl unter Einfluss von engl. spiritism, frz. spiritisme zu lat. spiritus, ↑[2]Spiritus]: *Glaube an Geister, Beschwörung von Geistern [Verstorbener] bzw. der Kontakt mit ihnen durch ein* [1]*Medium* (4 a).
Spi|ri|tist, der; -en, -en: *Anhänger des Spiritismus.*
Spi|ri|tis|tin, die; -, -nen: w. Form zu ↑Spiritist.
spi|ri|tis|tisch ⟨Adj.⟩: *den Spiritismus betreffend:* eine -e Sitzung.
spi|ri|tu|al ⟨Adj.⟩ [(spät)lat. spirit(u)alis, zu lat. spiritus, ↑[2]Spiritus] (selten): *spirituell.*
[1]Spi|ri|tu|al, der; -s u. -en, -en [zu ↑spiritual] (kath. Kirche): *Seelsorger in Priesterseminaren u. Klöstern.*
[2]Spi|ri|tu|al [ˈspɪrɪtjʊəl], das, auch: der; -s, -s [engl. (negro) spiritual, zu: spiritual = geistlich < frz. spirituel, ↑spirituell]: kurz für ↑Negro Spiritual.
Spi|ri|tu|a|lis|mus, der; -: **1.** *philosophische Richtung, die das Wirkliche als geistig od. als Erscheinungsform des Geistes ansieht.* **2.** *religiöse Haltung, die die Erfahrung des göttlichen Geistes, die unmittelbare geistige Verbindung des Menschen mit Gott in den Vordergrund stellt.* **3.** (veraltet) *Spiritismus.*
spi|ri|tu|a|lis|tisch ⟨Adj.⟩: *den Spiritualismus betreffend.*
Spi|ri|tu|al Song [ˈspɪrɪtjʊəl -], der; - -s, - -s [engl. spiritual song, aus: spiritual (↑[2]Spiritual) u. song, ↑Song]: *geistliches Volkslied der weißen Bevölkerung Amerikas aus der Zeit der Erweckungsbewegung.*
spi|ri|tu|ell ⟨Adj.⟩ [frz. spirituel < lat. spiritualis, ↑spiritual]: **a)** (bildungsspr.) *geistig:* jmds. -e Entwicklung fördern; **b)** (bildungsspr. selten) *geistlich:* -e Lieder.
spi|ri|tu|os [ʃp...], **spi|ri|tu|ös** ⟨Adj.⟩ [frz. spiritueux, zu alchemistenlat. spiritus, ↑[1]Spiritus] (selten): *Weingeist in starker Konzentration enthaltend, stark alkoholisch.*
Spi|ri|tu|o|se, die; -, -n ⟨meist Pl.⟩ [alchemistenlat. spirituosa (Pl.), zu ↑spirituos]: *stark alkoholisches Getränk (mit einem Alkoholgehalt von mindestens 20 %, z. B. Branntwein, Likör).*
Spi|ri|tu|o|sen|ge|schäft, das: *Fachgeschäft für Spirituosen.*
[1]Spi|ri|tus, der; -, (Sorten:) -se [alchemistenlat. spiritus = destillierter Extrakt < lat. spiritus, ↑[2]Spiritus]: *technischen Zwecken dienender, vergällter (Ethyl)alkohol:* ein Organ in S. legen, in S. konservieren; mit S. *(auf einem Spirituskocher)* kochen.
[2]Spi|ri|tus [ˈsp...], der; -, - [...tuːs; lat. spiritus, zu: spirare = blasen; (be)hauchen, atmen; leben] (bildungsspr.): *Hauch, Atem, [Lebens]geist.*
Spi|ri|tus|ko|cher, der: *mit* [1]*Spiritus geheizter Kocher.*
Spi|ri|tus Sanc|tus [ˈsp...], der; - - [lat., zu: sanctus = heilig] (christl. Rel.): *Heiliger Geist.*
Spi|tal, das, schweiz. ugs. auch: der; -s, Spitäler [mhd. spitāl, spittel, gek. aus mlat. hospitale, ↑Hospital]: **1.** (österr., schweiz., sonst veraltet, noch landsch.) *Krankenhaus.* **2.** (veraltet) **a)** *Hospital* (2); **b)** *Armenhaus.*
Spi|tal|kos|ten ⟨Pl.⟩ (schweiz.): *Kosten eines Krankenhausaufenthalts.*
Spi|tal|pfle|ge, die (schweiz.): *Behandlung in einem Krankenhaus:* der Verunglückte befindet sich in S.
Spi|tals|kos|ten ⟨Pl.⟩ (österr.): *Kosten eines Krankenhausaufenthalts.*
Spi|tals|pfle|ge, die (österr.): *Behandlung in einem Krankenhaus:* jmdn. in S. bringen *(jmdn. ins Krankenhaus einliefern).*
spitz ⟨Adj.⟩ [mhd. spiz, spitze, ahd. spizzi, verw. z. B. mit lat. spica = Ähre (eigtl. = Spitze)]: **1. a)** *in einer [scharfen] Spitze* (1 a) *endend:* ein -er Nagel; der Bleistift ist nicht s. genug; **b)** *schmal zulaufend:* -e Knie, Schuhe; ein Kleid mit -em Ausschnitt; die -en Bogen *(Spitzbogen)* der Kirche; **c)** (Geom.) *(von Winkeln) kleiner als 90°:* ein -er Winkel. **2.** *(von Tönen, Geräuschen) heftig, kurz u. hoch:* einen -en Schrei ausstoßen. **3.** (ugs.) *schmal, abgezehrt (im Gesicht):* s. aussehen; sie ist [im Gesicht] s. geworden. **4.** *anzüglich, stichelnd:* -e Bemerkungen; sie kann sehr s. sein. **5.** (ugs.) *vom Sexualtrieb beherrscht; geil; sinnlich:* die Frau ist so was von s.; sie macht die Typen s. und lässt sie dann nicht ran. **6. * s. auf jmdn., etw. sein** (↑scharf 20).
Spitz, der; -es, -e [1: wohl subst. Adj. spitz; 2: eigtl. = Ansatz, Beginn (= Spitze) eines Rauschs, vgl. frz. (avoir une) pointe, ↑Pointe; 3: zu ↑Spitz (1)]: **1.** *Hund mit spitzer Schnauze u. aufrecht stehenden, spitzen Ohren, mit geringeltem Schwanz u. meist langhaarigem, schwarzem od. weißem Fell.* **2.** (landsch.) *leichter Rausch.* **3. * mein lieber S.!** (fam.; Anrede, die Verwunderung ausdrückt od. einen mahnenden, drohenden Hinweis beinhaltet). **4. a)** (österr., schweiz.) *Spitze;* **b) * auf S. und Knopf/S. auf Knopf stehen** (südd.; *auf Messers Schneide stehen;* wohl zu ↑Spitze 1 a = Degen-, Schwertspitze u. Knopf in der Bed. »Knauf des Degens, Schwertes«). **5.** (österr.) kurz für ↑Tafelspitz.
Spitz|bart, der: **1.** *nach unten spitz zulaufender Kinnbart.* **2.** (ugs.) *Mann mit Spitzbart* (1).
spitz|bär|tig ⟨Adj.⟩: *einen Spitzbart* (1) *tragend.*
Spitz|bauch, der: *stark vorstehender Bauch* (1 b).
spitz|be|kom|men ⟨st. V.; hat⟩ (ugs.): *mit einem gewissen Spürsinn merken, erkennen, herausfinden* (2 b), *herausbekommen* (2): ich bekam das schnell spitz.
Spitz|ber|gen; -s: Inselgruppe im Nordpolarmeer.
Spitz|bo|gen, der (Archit.): *nach oben spitz zulaufender Bogen* (2): der gotische S.
spitz|bo|gig ⟨Adj.⟩ (Archit.): *mit einem Spitzbogen versehen.*
Spitz|bu|be, der [urspr. = Falschspieler, zu ↑spitz in der veralteten Bed. »überklug, scharfsinnig«; 3: H. u.]: **1.** (veraltend abwertend) *[gerissener] Dieb, Betrüger, Gauner:* -n und Zuhälter. **2.** (fam.) *(bezogen auf einen kleinen Jungen) Frechdachs, Schelm.* **3.** (südd., österr.) *Gebäck, das aus zwei bzw. drei mit Marmelade aufeinander geklebten einzelnen Plätzchen besteht.*
Spitz|bü|bin, die; -, -nen: w. Form zu ↑Spitzbube (1, 2).
spitz|bü|bisch ⟨Adj.⟩: **1.** *verschmitzt, schalkhaft, schelmisch:* s. lächeln, grinsen. **2.** (veraltet abwertend) *diebisch, betrügerisch:* -es Gesindel.
spit|ze ⟨indekl. Adj.⟩ [zu ↑Spitze (5 b)] (ugs.): *großartig, hervorragend u. deshalb Begeisterung, begeisterte Bewunderung o. Ä. hervorrufend, erstklassig:* ein s. Film; ihre Leistung ist einfach s.; er kann s. kochen; ja, s. hast du das gemacht!
Spit|ze, die; -, -n [mhd. spitze, ahd. spizza, spizzī; 8: nach den Zacken des Musters]: **1. a)** *spitzes, scharfes Ende von etw.:* die S. einer Nadel; die S. war abgebrochen; *** einer Sache die S. abbrechen/nehmen** *(einer Sache die Schärfe, die Gefährlichkeit nehmen);* **jmdm., einer Sache die S. bieten** (veraltend; *jmdm., einer Sache mutig entgegentreten;* eigtl. = jmdm. die Spitze des Degens, Schwertes entgegenhalten, um ihn

S

zum Zweikampf herauszufordern); **auf S. und Knopf stehen** (↑Spitz 4 b); **b)** *Ende eines spitz zulaufenden Teils von etw.:* die S. eines Giebels, eines Dreiecks; **c)** *Ende, vorderster Teil von etw. lang Gestrecktem od. Länglichem:* die -n der Finger; die -n *(den vordersten Teil der Schuhsohlen)* erneuern lassen; **d)** *oberes Ende von etw. hoch Aufgerichtetem:* die S. des Kirchturms; die S. *(der Gipfel)* des Berges; * **die S. des Eisbergs** *(der offen liegende, kleinere Teil einer üblen, misslichen Sache, die in Wirklichkeit weit größere Ausmaße hat):* das ist nur die S. des Eisbergs; **e)** kurz für ↑Zigarren-, ↑Zigarettenspitze. **2. a)** *Anfang, vorderster, anführender Teil:* die S. des Zuges; die S. bilden; an der S. marschieren; sich an die S. setzen, stellen; **b)** (Ballspiele) *in vorderster Position spielender Stürmer:* der Hamburger soll S. spielen, als S. eingesetzt werden. **3.** *vordere, führende Position (bes. in Bezug auf Leistung, Erfolg, Qualität):* die S. [über]nehmen, halten, abgeben; an der S. liegen, stehen; sich an die S. setzen; * **an der S. einer Sache stehen** *(die höchste Position in einem bestimmten Bereich innehaben):* an der S. des Konzerns, der Partei stehen; an der S. der Tabelle stehen (Sport; *Tabellenführer sein*). **4. a)** *Spitzengruppe (bezüglich Leistung, Erfolg, Qualität):* die S. bilden; **b)** *führende, leitende Gruppe:* die gesamte S. der Partei, des Konzerns ist zurückgetreten; **c)** ⟨Pl.⟩ *führende, einflussreiche Persönlichkeiten:* die -n der Gesellschaft, der Partei, von Kunst und Wissenschaft. **5. a)** *Höchstwert, Höchstmaß, Gipfel:* die Verkaufszahlen erreichten im letzten Jahr die absolute S.; das Auto fährt, macht 180 km S. (ugs.; *als Höchstgeschwindigkeit*); * **etw. auf die S. treiben** *(etw. bis zum Äußersten treiben);* **b)** (ugs.) *höchste Güte, Qualität (in Bezug auf besonders hervorragende, Begeisterung od. Bewunderung hervorrufende Leistungen):* die Musik, die Mannschaft ist [absolute, einsame] S.; im Telefonieren sind wir S.; ich finde es S., dass du kommst. **6.** *bei einer Aufrechnung übrig bleibender Betrag:* die -n beim Umtausch von Aktien; eine S. von 20 Mark. **7.** *gegen jmdn. gerichtete boshafte Bemerkung:* seine Bemerkung war eine S. gegen dich, gegen das Regime; der Redner teilte einige -n aus; eine S. parieren. **8.** *in unterschiedlichen Techniken aus Fäden hergestelltes Material mit kunstvoll durchbrochenen Mustern:* eine geklöppelte, gehäkelte S.; das Kleid ist mit -n besetzt.

Spit|zel, der; -s, - [urspr. wiener., wohl Vkl. von ↑Spitz (1), also eigtl. = wachsamer kleiner Spitz] (abwertend): *jmd., der in fremdem Auftrag andere heimlich beobachtet, aufpasst, was sie sagen u. tun, und seine Beobachtungen seinem Auftraggeber mitteilt:* er arbeitet als S. für die Polizei, den Verfassungsschutz.

[1]spit|zeln ⟨sw. V.; hat⟩ (abwertend): *als Spitzel tätig sein:* er soll für die Stasi gespitzelt haben.

[2]spit|zeln ⟨sw. V.; hat⟩ [zu ↑Spitze (1 c)] (Fußball): *den Ball leicht mit der Fußspitze irgendwohin stoßen:* den Ball ins Tor s.

spit|zen ⟨sw. V.; hat⟩ [mhd. spitzen = spitzen (1), lauern (b), ahd. in: gispizzan = zuspitzen]: **1.** *mit einer Spitze versehen; anspitzen* (1): einen Bleistift s.; Ü den Mund [zum Pfeifen, zum Kuss] s. *(die Lippen vorschieben u. runden);* der Hund spitzt die Ohren *(stellt die Ohren auf, um zu lauschen).* **2.** (landsch.) **a)** *aufmerksam od. vorsichtig schauen, lugen:* um die Ecke, durch den Türspalt s.; **b)** *aufmerken:* da spitzt du aber! *(da wirst du aber hellhörig!);* **c)** ⟨s. + sich⟩ *dringlich erhoffen, ungeduldig erwarten:* sich auf das Essen s.

Spit|zen-: **1.** (emotional verstärkend) drückt in Bildungen mit Substantiven aus, dass jmd. oder etw. als besonders gut, [qualitativ] erstklassig, zur Spitze gehörend angesehen wird: Spitzenbesetzung, -film, -hotel, -lage. **2.** kennzeichnet in Bildungen mit Substantiven jmdn. oder etw. als eine Person oder Sache, die eine hohe Position, einen hohen oder den höchsten Rang einnimmt: Spitzenagent, -organisation. **3.** drückt in Bildungen mit Substantiven aus, dass etw. (selten jmd.) den höchsten Wert, das höchste Maß darstellt: Spitzenbelastung, -einkommen, -temperatur.

Spit|zen|be|satz, der: *Besatz* (1) *aus Spitze* (8).

Spit|zen|er|zeug|nis, das (emotional verstärkend): *Erzeugnis von höchster Qualität.*

Spit|zen|ge|schwin|dig|keit, die: *Höchstgeschwindigkeit eines Fahrzeugs.*

Spit|zen|grup|pe, die (bes. Sport): *zur Spitze* (3) *gehörende, an der Spitze* (3) *stehende Gruppe.*

Spit|zen|häub|chen, das (früher): Vkl. zu ↑Spitzenhaube.

Spit|zen|hau|be, die (früher): *aus Spitze* (8) *bestehende od. mit Spitzen besetzte Haube.*

Spit|zen|kan|di|dat, der: *Kandidat, der an der Spitze* (2 a) *einer Wahlliste steht.*

Spit|zen|kan|di|da|tin, die: w. Form zu ↑Spitzenkandidat.

Spit|zen|klas|se, die (emotional verstärkend): **1.** *Klasse der Besten, Leistungsstärksten:* der Rennfahrer gehört zur [internationalen] S. **2.** *höchste Qualität:* dieser Sherry ist S.; getestet wurden fünf Hi-Fi-Camcorder der S.; * **S. sein** (ugs.; *[in der Leistung, Qualität] hervorragend, ausgezeichnet sein*); das Essen war S.

Spit|zen|krau|se, die: vgl. Spitzenhaube.

Spit|zen|leis|tung, die (emotional verstärkend): *hervorragende, ausgezeichnete Leistung.*

Spit|zen|mann|schaft, die (emotional verstärkend): *Mannschaft der Spitzenklasse* (1).

spit|zen|mä|ßig ⟨Adj.⟩ (ugs.): *ausgezeichnet, hervorragend:* die Band hat s. gespielt.

Spit|zen|pa|pier, das: **1.** *am Rand wie Spitzen* (8) *durchbrochenes dekoratives Papier für Tortenplatten o. Ä.* **2.** (Wirtsch. emotional verstärkend): *äußerst lukratives Wertpapier.*

Spit|zen|platz, der: *Platz an der Spitze* (3 a): einen S. belegen, erobern.

Spit|zen|po|li|ti|ker, der (emotional verstärkend): vgl. Spitzensportler.

Spit|zen|po|li|ti|ke|rin, die: w. Form zu ↑Spitzenpolitiker.

Spit|zen|po|si|ti|on, die: **1.** *Position an der Spitze* (3). **2.** *führende, leitende Position:* Frauen in -en sind noch die Ausnahme.

Spit|zen|qua|li|tät, die (emotional verstärkend): *beste Qualität.*

Spit|zen|rei|ter, der: *Person, Gruppe, Sache in einer Spitzenposition* (1): der S. der Hitparade, der Rangliste, des Rennens; die Bundesliga hat einen neuen S.

Spit|zen|rei|te|rin, die: w. Form zu ↑Spitzenreiter.

Spit|zen|spiel, das (Sport emotional verstärkend): *Spiel von Spitzenmannschaften gegeneinander.*

Spit|zen|spie|ler, der (Sport emotional verstärkend): vgl. Spitzensportler.

Spit|zen|spie|le|rin, die: w. Form zu ↑Spitzenspieler.

Spit|zen|sport|ler, der (emotional verstärkend): *Sportler der Spitzenklasse* (1); *Champion, Crack.*

Spit|zen|sport|le|rin, die: w. Form zu ↑Spitzensportler.

Spit|zen|stel|lung, die: vgl. Spitzenposition.

Spit|zen|tech|no|lo|gie, die (emotional verstärkend): *dem neuesten Stand entsprechende Technologie von höchster Qualität.*

Spit|zen|wert, der: *Höchstwert.*

Spit|zen|zeit, die: **1.** *Zeit der Höchstbelastung, des größten Andrangs, Verkehrs u. a.:* in -en verkehren die Busse im 10-Minuten-Takt. **2.** (Sport) **a)** (seltener) *beste erzielte Zeit eines Laufs, eines Rennens; Bestzeit;* **b)** (emotional verstärkend) *gestoppte Zeit, die eine Spitzenleistung bedeutet:* -en erreichen.

spitz|fin|dig ⟨Adj.⟩ [viell. zu ↑spitz in der veralteten Bed. »überklug, scharfsinnig« u. zu mhd. vündec, ↑findig] (abwertend): *in ärgerlicher Weise kleinlich, rabulistisch od. sophistisch in der Auslegung, Begründung o. Ä. von etw.:* eine -e Unterscheidung; jetzt wirst du [aber ein bisschen sehr] s.; s. argumentieren.

Spitz|fin|dig|keit, die; -, -en (abwertend): **a)** ⟨o. Pl.⟩ *das Spitzfindigsein;* **b)** *einzelne spitzfindige Äußerung o. Ä.:* sich in -en verlieren.

Spitz|fuß, der (Med.): *deformierter Fuß mit hochgezogener Ferse, der nur ein Auftreten mit Ballen u. Zehen zulässt; Pferdefuß* (1 b).

spitz|ha|ben ⟨sw. V.; hat⟩ (ugs.): *spitzgekriegt, herausbekommen haben:* es dauerte eine ganze Weile, bis er es spitzhatte.

Spitz|ha|cke, die: *[1]Hacke mit spitz zulaufendem Blatt; [1]Pickel* (a): der Mörder hat sein Opfer mit einer S. erschlagen.

spitz|krie|gen ⟨sw. V.; hat⟩ [aus dem Niederd., urspr. wohl = etw. für einen bestimmten Zweck spitz machen] (ugs.): *bemerken, herausbekommen:* bis die das spitzkriegen, sind wir doch längst über alle Berge; er hat den Schwindel gleich spitzgekriegt *(durchschaut).*

Spitz|na|me, der [zu ↑spitz (4)]: *scherzhafter od. spöttischer Beiname:* einen -n haben; jmdm. einen -n geben, verpassen; ich kenne sie nur mit [ihrem] -n; mit -n heißt er Django.

Spitz|säu|le, die (selten): *Obelisk.*

Spitz|sen|ker, der [nach dem kegelförmigen Kopf] (Technik): *Krauskopf* (3).

Spitz|we|ge|rich, der: *Wegerich mit schmalen, lanzettförmigen Blättern.*

spitz|win|ke|lig, spitz|wink|lig ⟨Adj.⟩: *mit einem, in einem spitzen Winkel:* ein -es Dreieck ist ein Dreieck mit drei spitzen Winkeln; s. zusammenlaufen.

Spleen [ʃpliːn, selten: sp...], der; -s, -e u. -s [engl. spleen, eigtl. = (durch Erkrankung der) Milz (hervorgerufene Gemütsverstimmung) < lat. splen = Milz < griech. splēn]: *Schrulle, Marotte; Überspanntheit:* etw. ist jmds. S.; sie hatte den S., jeden nach seiner Abstammung zu fragen; er hat ja einen ganz schönen S. *(ist ja ganz schön eingebildet).*

splee|nig [ˈʃpliːnɪç, selten: ˈsp...] ⟨Adj.⟩: *einen Spleen habend, darstellend; leicht verrückt:* ein -er Mensch, Einfall.

Spleiß, der; -es, -e [zu ↑spleißen]: **1.** (Seemannsspr.) *durch Spleißen hergestellte Verbindung zwischen zwei Seil- od. Kabelenden.* **2.** (landsch.) *Splitter.*

splei|ßen ⟨st. u. sw. V.; hat⟩ [1: urspr. = ein Tau in Stränge auflösen; 2: mhd. (md.) splīʒen = bersten, (sich) spalten, verw. mit ↑spalten; vgl. Splitt]: **1.** (bes. Seemannsspr.) *(Seil-, Kabelenden) durch Verflechten der einzelnen Stränge o. Ä. verbinden:* Seile, Taue s.; ⟨auch o. Akk.-Obj.:⟩ kannst du s.? **2. a)** (landsch. veraltend) *(Holz o. Ä.) spalten;* **b)** (früher) *schleißen* (1 a).

splen|did [ʃp..., sp...] ⟨Adj.⟩ [älter = glänzend, prächtig, unter Einfluss von ↑spendieren < lat. splendidus, zu: splendere = glänzen]: **1.** (bildungsspr. veraltend) *freigebig, großzügig:* ein -er Mensch; er war in -er Laune; jmdn. s. bewirten. **2.** (bildungsspr. veraltend) *kostbar u. prächtig:* -e Dekorationen. **3.** (Druckw.) *weit auseinander gerückt, mit großem Zeilenabstand [auf großem Format mit breiten Rändern]:* -er Satz.

Splen|did Iso|la|tion [ˈsplɛndɪd aɪsəˈleɪʃn̩], die; - - [engl. splendid isolation, eigtl. = glanzvolles Alleinsein] (bildungsspr.): *freiwillige Bündnislosigkeit eines Landes, einer Partei o. Ä.:* viele Jahrzehnte waren die Schweizer stolz auf ihre S. I.; Ü er lebt in einer S. I. *(hat sich ganz zurückgezogen).*

Spließ, der; -es, -e [spätmhd. splīʒe, zu mhd. (md.) splīʒen, ↑spleißen] (Bauw.): *[Holz]span, Schindel o. Ä. unter den Dachziegelfugen.*

Splint, der; -[e]s, -e [aus dem Niederd. < mniederd. splinte, eigtl. = Abgespaltener, verw. mit ↑spleißen, ↑splitten]: **1.** (Technik) *der Sicherung von Schrauben u. Bolzen dienender gespaltener Stift aus Metall, der durch eine quer gebohrte Öffnung in Schrauben u. Bolzen gesteckt u. durch Auseinanderbiegen seiner Enden befestigt wird.* **2.** ⟨o. Pl.⟩ (Bot., Holzverarb.) *weiches Holz (bes. der äußeren Holzschicht eines Stammes).*

spliss: ↑spleißen.

Splịss, der; -es, -e [eigtl. = abgespaltenes Stück, Splitter, nord(west)d. Nebenf. von ↑Spleiß; 2: urspr. landsch. Bez. für: Haarkrankheit, bei der sich die Haarspitzen teilen]: **1.** (Seemannsspr.) *Spleiß* (1). **2.** ⟨o. Pl.⟩ *[pinselförmig] gespaltene Haarspitzen:* ein fetthaltiges Präparat gegen S. anwenden.

Split [ʃplɪt]: Stadt in Kroatien.

Splịtt, der; -[e]s, (Sorten:) -e [aus dem Niederd., eigtl. = abgeschlagenes Stück, Splitter, zu: splitten, Nebenf. von: splīten = spleißen]: *im Straßenbau u. bei der Herstellung von Beton verwendetes Material aus grobkörnig zerkleinertem Stein.*

splịt|ten ⟨sw. V.; hat⟩ [engl. to split = spalten, (auf)teilen < mniederl. splitten, identisch mit niederd. splitten, ↑Splitt]: **1.** (bes. Wirtsch.) *teilen, aufteilen, bes. einem Splitting* (2) *unterziehen:* Aktien s.; einen Auftrag s. **2.** (Politik) *einem Splitting* (3) *unterziehen; aufteilen:* Sie können Ihre Stimmen auch s. **3.** (Sprachw.) *einem Splitting* (4) *unterziehen:* gesplittete Anredeformen.

Splịt|ter, der; -s, - [mhd. splitter, mniederd. splittere, zu ↑spleißen]: **a)** *kleines, flaches spitzes Bruchstück bes. von einem spröden Material:* ein S. aus Holz, Kunststoff, Glas; die S. eines zertrümmerten Knochens; das Glas zersprang in tausend S.; **R** den S. im fremden Auge, aber den Balken im eigenen nicht sehen *(kleine Fehler anderer kritisieren, aber die eigenen viel größeren nicht erkennen od. sich nicht eingestehen wollen;* nach Matth. 7, 3); **b)** *als Fremdkörper in die Haut eingedrungener winziger Splitter* (a) *aus Holz o. Ä.:* einen S. im Finger haben; sich einen S. einreißen, herausziehen.

splịt|ter|fa̱|ser|nạckt ⟨Adj.⟩ [H. u.] (ugs.): *völlig nackt.*

splịt|ter|frei ⟨Adj.⟩: *nicht splitternd* (2 a): -es Sicherheitsglas.

Splịt|ter|grup|pe, die: *kleine (bes. politische, weltanschauliche) Gruppe [die sich von einer größeren abgesplittert hat]:* radikale -n.

splịt|te|rig, splittrig ⟨Adj.⟩: **1.** *leicht splitternd* (1): -es Holz. **2.** *voller Splitter:* ein ungehobeltes, -es Brett.

splịt|tern ⟨sw. V.⟩: **1.** *an der Oberfläche, bes. an den Kanten, Splitter* (a) *bilden* ⟨hat⟩: das Holz splittert [sehr]. **2. a)** *die Eigenschaft haben, beim Brechen zu splittern* (2 b) ⟨hat⟩: dieser Kunststoff splittert nicht; nicht splitterndes Sicherheitsglas; **b)** *in Splitter zerbrechen; zersplittern* ⟨ist⟩: die Fensterscheibe ist [in tausend Scherben] gesplittert.

splịt|ter|nạckt ⟨Adj.⟩ [mniederd. im 15. Jh. splitternaket, H. u.] (ugs.): *völlig nackt.*

Splịt|ter|par|tei, die: vgl. Splittergruppe.

splịt|ter|si|cher ⟨Adj.⟩: **1.** *gegen [Bomben-, Granat]splitter Schutz bietend:* -e Unterstände. **2.** *splitterfrei.*

Splịt|ting [ˈʃp..., ˈsp...], das; -s, -s [engl. splitting, eigtl. = das Spalten, zu: to split, ↑splitten]: **1.** ⟨o. Pl.⟩ (Steuerw.) *Besteuerung von Ehegatten, die sich bei jedem der beiden Ehegatten auf die Hälfte des Gesamteinkommens erstreckt:* das S., das Verfahren des -s einführen. **2.** (Wirtsch.) *Teilung einer Aktie o. Ä. (wenn der Kurswert sich vervielfacht hat).* **3.** (Politik) *Verteilung der Erst- u. Zweitstimme auf verschiedene Parteien.* **4.** (Sprachw.) *Aufteilung einer für beide Geschlechter geltenden maskulinen Personenbezeichnung in eine (ausführliche od. abgekürzte) maskuline und eine feminine Form* (z. B. Schüler in: Schülerinnen und Schüler bzw. Schüler(innen) od. Schüler/-innen).

Splịt|ting|sys|tem, das (Steuerw.): *Splitting* (1).

splịtt|rig: ↑splitterig.

SPÖ = Sozialdemokratische Partei Österreichs; (bis 1991:) Sozialistische Partei Österreichs.

Spoi|ler, der; -s, - [engl. spoiler, zu: to spoil = (Luftwiderstand) vermindern, eigtl. = verderben, ruinieren < mengl. spoilen < afrz. espoillier < lat. spoliare, ↑spoliieren]: **1.** (Kfz-T.) *die aerodynamischen Verhältnisse günstig beeinflussendes Blech- od. Kunststoffteil an Kraftfahrzeugen, das durch Beeinflussung der Luftströmung z. B. eine bessere Bodenhaftung bewirkt.* **2.** (Flugw.) *Klappe an der Oberseite eines Tragflügels, die eine Verminderung des Auftriebs bewirkt.* **3.** (Ski) *Verlängerung des Skistiefels am Schaft als Stütze bei der Rücklage.*

Spö̱|ken|kie|ker, der [niederd., zu: spök = Spuk(gestalt) u. ↑kieken]: **a)** (nordd.) *Geisterseher; Hellseher:* einen S. als Schwindler entlarven; **b)** (ugs. scherzh. od. spött.) *grüblerischer, spintisierender Mensch.*

Spö̱|ken|kie|ke|rei̱, die; -, -en: **a)** (nordd.) *Hellseherei;* **b)** (ugs. scherzh. od. spött.): *Spintisiererei.*

Spö̱|ken|kie|ke|rin, die; -, -nen: w. Form zu ↑Spökenkieker.

Spo̱|li|en [ˈʃp..., ˈsp...] ⟨Pl.⟩ [1: lat. spolia (Pl.), eigtl. wohl = Abgezogenes; 2: mlat. spolia; 3: übertr. von (1)]: **1.** *(im antiken Rom) Beutestücke, erbeutete Waffen.* **2.** (früher) *Nachlass eines katholischen Geistlichen.* **3.** (Archit.) *aus anderen Bauten stammende, wieder verwendete Bauteile* (z. B. Säulen o. Ä.).

spo|li|ie̱|ren ⟨sw. V.; hat⟩ [lat. spoliare, zu: spolium = Beute (Pl.: spolia), ↑Spolien] (veraltet, noch landsch.): *berauben, plündern, stehlen.*

Spon|de̱|us [sp..., ʃp...], der; -, ...en [lat. spondeus (pes) < griech. spondeĩos (poús), zu: spondḗ = (Trank)opfer, nach den hierbei üblichen langsamen Gesängen] (Verslehre): *aus zwei Längen bestehender antiker Versfuß.*

Spon|dy|li̱|tis [ʃp..., sp...], die; -, ...iti̱den (Med.): *Entzündung im Bereich der Wirbel.*

Spọn|gia [ˈʃp..., ˈsp...], die; -, ...ien [lat. spongia < griech. spoggiá] (Biol.): *Schwamm* (1).

Spọn|sa [ʃp..., sp...], die; -, ...sae [...zɛ; lat. sponsa, zu: spondere, ↑Sponsalien]: (in Kirchenbüchern) lat. Bez. für *Braut.*

Spon|sa̱|li|en [ʃp..., sp...] ⟨Pl.⟩ [lat. sponsalia, zu: sponsus = Verlobter, zu: spondere (2. Part.: sponsum) = ver-, geloben] (veraltet): *Verlobungsgeschenke.*

spọn|sern [ʃp..., sp...] ⟨sw. V.; hat⟩ [engl. to sponsor, zu: sponsor, ↑Sponsor]: *(auf der Basis eines entsprechenden Vertrags) finanziell od. auch durch Sachleistungen od. Dienstleistungen unterstützen, [mit]finanzieren (um dafür werblichen o. ä. Zwecken dienende Gegenleistungen zu erhalten):* einen Sportler, einen Künstler, eine Tournee s.; der Rennfahrer wird von einem Kaufhauskonzern gesponsert.

Spọn|sor [ʃp..., sp..., engl.: ˈspɔnsə], der; -s, ...o̱ren u. (bei engl. Ausspr.) -s [engl. sponsor, eigtl. = Bürge < lat. sponsor, zu: spondere, ↑Sponsalien]: **a)** *Wirtschaftsunternehmen o. Ä., das jmdn., etw. (z. B. im Sport) sponsert:* mächtige, finanzstarke -en; die -en der Regatta; S. dieses Rennfahrers, Teams ist jetzt eine andere Firma; **b)** (ugs.) *jmd., der jmdn., etw. finanziell unterstützt, fördert:* der junge Künstler hat in dem reichen Bankier einen großzügigen S. gefunden.

Spọn|so̱|rin [ʃp..., sp...], die; -, -nen: w. Form zu ↑Sponsor.

Spọn|so|ring [ʃp..., sp..., engl.: ˈspɔnsərɪŋ], das; -s [engl. sponsoring]: *das Sponsern:* S. betreiben; der Konzern gibt für [das] S. jährlich zehn Millionen aus.

Spọn|sor|schaft, die; -, -en: *Förderung durch einen Gönner, Geldgeber:* eine S. für jmdn., etw. übernehmen.

Spọn|sor|ship [ˈʃpɔnzoːɐ̯ʃɪp, ˈsp..., engl.: ˈspɔnsəʃɪp], die; - [engl. sponsorship]: *Sponsorschaft.*

Spọn|sus [ʃp..., sp...], der; -, ...si [lat. sponsus, ↑Sponsalien]: (in Kirchenbüchern) lat. Bez. für *Bräutigam.*

spon|ta̱n [ʃp..., auch: sp...] ⟨Adj.⟩ [spätlat. spontaneus = freiwillig; frei, zu lat. (sua) sponte = freiwillig, zu: spons (nur im Gen. spontis u. Abl. sponte üblich) = (An)trieb, freier Wille]: **a)** *aus einem plötzlichen Impuls heraus, auf einem plötzlichen Entschluss beruhend, einem plötzlichen inneren Antrieb, Impuls folgend:* ein -er Entschluss; eine -e *(nicht von außen gesteuerte)* politische Aktion, Demonstration; -e Kontakte mit der Bevölkerung; sie ist [in allen ihren Handlungen, Äußerungen] sehr s.; s. zustimmen, reagieren; **b)** (bildungsspr.; Fachspr.) *von selbst, ohne [erkennbaren] äußeren Anlass, Einfluss [ausgelöst]:* eine -e Entwicklung, Heilung, Fehlgeburt; sich s. entwickeln; s. verschwinden.

Spon|ta|ne|i|tät, (seltener:) **Spon|ta|ni|tät,** die; -, -en ⟨Pl. selten⟩ [frz. spontanéité, zu: spontané < spätlat. spontaneus, ↑spontan; Spontanität direkt zu ↑spontan] (bildungsspr.; Fachspr.): **1.** ⟨o. Pl.⟩ **a)** *spontane Art u. Weise; Impulsivität:* die S. eines Entschlusses; jede S. zunichte machen; an S. verlieren; **b)** *das Vorsichgehen ohne äußeren Anlass od. Einfluss:* die S. von Bewegungen. **2.** *spontane Handlung, Äußerung:* seine -en sind erfrischend.

Spọn|ti [ˈʃp..., ˈsp...], der; -s, -s [zu ↑spontan; ↑-i] (Politik Jargon): *Angehöriger einer undogmatischen linksgerichteten Gruppe.*

spo|ra̱|disch [ʃp..., sp...] ⟨Adj.⟩ [frz. sporadique < griech. sporadikós = verstreut, zu: speírein = streuen, säen; sprengen, spritzen]: **a)** *vereinzelt [vorkommend]; verstreut:* dieses Metall findet man nur s.; **b)** *gelegentlich, nur selten:* -e Besuche; er nimmt nur s. am Unterricht teil.

Spo|rạn|gi|um [ʃp..., sp...], das; -s, ...ien [zu ↑Spore u. griech. aggeĩon = Behälter] (Bot.): *Sporenbehälter.*

Spo̱|re, die; -, -n ⟨meist Pl.⟩ [zu griech. sporá = das Säen, Saat; Same, zu: speírein, ↑sporadisch]: **1.** (Bot.) *meist dickwandige, der ungeschlechtlichen Fortpflanzung dienende Zelle mit meist nur einem Kern:* die -n bildende Generation der Moose; -n tragende Blätter, Pflanzen; Moose, Farne pflanzen sich durch -n fort. **2.** (Zool., Med.) *gegen thermische, chemische u. andere Einflüsse bes. widerstandsfähige Dauerform einer Bakterie.*

Spo̱|ren: Pl. von ↑Spore und ↑Sporn.

Spo̱|ren|be|häl|ter, der (Bot.): *(bei niederen Pflanzen) Zelle od. kapselartiges Organ, in dem die Sporen gebildet werden.*

Spo̱|ren bil|dend: s. ↑Spore (1).

Spo̱|ren|blatt, das (Bot.): *Sporophyll.*

Spo̱|ren|kap|sel, die (Bot.): *(bei den Moosen) kapselartiger Sporenbehälter.*

Spo̱|ren|pflan|ze, die: *blütenlose Pflanze, die sich durch Sporen vermehrt.*

Spo̱|ren|tier|chen, das; -s, - ⟨meist Pl.⟩: *mikroskopisch kleines, einzelliges, parasitisch lebendes Tier; Sporozoon.*

Spo̱|ren tra|gend: s. ↑Spore (1).

Spo̱|ren|trä|ger, der (Bot.): *Sporen tragender Teil einer Sporenpflanze.*

Spọrn, der; -[e]s, Sporen u. (bes. Fachspr.:) -e [mhd. spor(e), ahd. sporo, zu einem Verb mit der Bed. »mit den Füßen treten« u. verw. mit ↑Spur; das -n der mhd. Form stammt aus den flektierten Formen]: **1.** ⟨Pl. Sporen; meist Pl.⟩ *mit einem Bügel am Absatz des Reitstiefels befestigter Dorn od. kleines Rädchen, mit dem der Reiter das Pferd antreibt:* Sporen tragen; einem Pferd die Sporen geben *(die Sporen in die Seite drücken u. es so antreiben);* *** sich** ⟨Dativ⟩ **die [ersten] Sporen verdienen** *(die ersten, eine Laufbahn eröffnenden Erfolge für sich verbuchen können):* sie hat sich als junge Anwältin in der Kanzlei ihres Vaters die Sporen verdient. **2.** ⟨Pl. Sporen, Fachspr. auch -e⟩ **a)** *(bei verschiedenen Vögeln) hornige, nach hinten gerichtete Kralle an der Ferse od. am Flügel;* **b)** *(bei verschiedenen Insekten) starre, aber bewegliche Borste am Bein;* **c)** (Med.) *schmerzhafter knöcherner Auswuchs an der Ferse.* **3.** ⟨Pl. -e⟩ (Bot.) *(bei verschiedenen Pflanzen) längliche, spitz zulaufende Ausstülpung der Blumen- u. Kelchblätter.* **4.** ⟨Pl. -e⟩ *zwischen zwei zusammenlaufenden Tälern liegender u. von vorn schwer zugänglicher Bergvorsprung:* die Burg liegt auf einem S. **5.** ⟨Pl. -e⟩ (früher) *[unter Wasser befindlicher] Vorsprung im Bug eines Kriegsschiffes zum Rammen feindlicher Schiffe.* **6.** ⟨Pl. -e⟩ *Metallbügel od. Kufe am Heck leichter Flugzeuge zum Schutz des Rumpfes beim Landen u. Abheben.* **7.** ⟨Pl. -e⟩ (Milit.) *Vorrichtung an Geschützen,* *mit der ein Zurückrollen nach dem Abfeuern verhindert wird.*

spọr|nen ⟨sw. V.; hat⟩ [mhd. sporen] (veraltend): *(einem Pferd) die Sporen geben:* sein Pferd s.

spọrn|streichs ⟨Adv.⟩ [eigtl. = im schnellen Galopp, adv. Gen. zu veraltet Spor(e)nstreich = Schlag mit dem Sporn]: *(als Reaktion auf etw.) unverzüglich u. ohne lange zu überlegen:* s. zur Polizei eilen.

Spo|ro|zo|on [ʃp..., sp...], das; -s, ...zoen ⟨meist Pl.⟩ [zu griech. zōon = Lebewesen]: *Sporentierchen.*

Spọrt, der; -[e]s, (Arten:) -e ⟨Pl. selten⟩ [engl. sport, urspr. = Zerstreuung, Vergnügen, Zeitvertreib, Spiel, Kurzf. von: disport = Zerstreuung, Vergnügen < afrz. desport, zu: (se) de(s)porter = (sich) zerstreuen, (sich) vergnügen < lat. deportare = fortbringen (↑deportieren) in einer vlat. Bed. »zerstreuen, vergnügen«]: **1. a)** ⟨o. Pl.⟩ *nach bestimmten Regeln [im Wettkampf] aus Freude an Bewegung u. Spiel, zur körperlichen Ertüchtigung ausgeübte körperliche Betätigung:* S. treiben; die S. treibenden Schüler trafen sich jeden Nachmittag; die S. liebende *(sportlich sehr aktive, am sportlichen Geschehen sehr interessierte)* Jugend; zum S. gehen; **b)** ⟨o. Pl.⟩ *Sport* (1 a) *als Fachbereich, Unterrichtsfach o. Ä.:* S. unterrichten, studieren; in der dritten Stunde haben wir S.; in S. hat er immer eine Eins; **c)** ⟨o. Pl.⟩ *sportliches Geschehen in seiner Gesamtheit:* den S. fördern; das Fernsehen bringt zu viel S. *(zu viele Sportsendungen)*; das Sponsoring im S.; **d)** *Sportart:* Fußball ist ein sehr beliebter S.; Schwimmen ist ein gesunder S. **2.** *Liebhaberei, Betätigung zum Vergnügen, zum Zeitvertreib, Hobby:* Fotografieren ist ein teurer S.; er sammelt Briefmarken als, zum S.; * **sich** ⟨Dativ⟩ **einen S. daraus machen, etw. zu tun** (ugs.; *etw. aus Übermut u. einer gewissen Boshaftigkeit heraus [beharrlich u. immer wieder] tun*).

Spọrt|ab|zei|chen, das: *für bestimmte sportliche Leistungen verliehenes Abzeichen.*

Spọrt|ang|ler, der: *Sportfischer.*

Spọrt|ang|le|rin, die: w. Form zu ↑Sportangler.

Spọrt|an|la|ge, die: *Anlage* (3) *zur Ausübung des Sports u. für Sportveranstaltungen.*

Spọrt|an|zug, der: vgl. Sportschuh (a, b).

Spọrt|art, die: *Disziplin* (3): eine der beliebtesten -en.

Spọrt|ar|ti|kel, der ⟨meist Pl.⟩: *zur Ausübung eines Sports benötigter Artikel (wie Kleidungsstück, Gerät).*

spọrt|be|geis|tert ⟨Adj.⟩: *an sportlichen Dingen sehr interessiert.*

Spọrt|be|richt, der: *Bericht über sportliche Ereignisse.*

Spọrt|be|richt|er|stat|tung, die: *Berichterstattung über Sportereignisse.*

Spọrt|boot, das: *Motorboot für den Freizeitsport.*

Spọrt|dress, der: *für sportliche Aktivitäten hergestellte, jeweils geeignete Kleidung.*

Spọrt|er|eig|nis, das: *sportliches Ereignis.*

Spọrt|fan, der: *jmd., der sich für Sport* (1) *begeistert.*

Spọrt|fech|ten, das; -s: *Fechten als sportliche Disziplin.*

Spọrt|feld, das (veraltend): *repräsentative Wettkampfstätte; Stadion.*

Spọrt|fest, das: *festliche Veranstaltung einer Schule, eines Vereins o. Ä. mit sportlichen Wettkämpfen u. Darbietungen.*

Spọrt|fi|schen, das; -s: *Sportfischerei.*

Spọrt|fi|scher, der: *jmd., der den Angelsport als Liebhaberei u. in Wettbewerben betreibt.*

Spọrt|fi|sche|rei, die: *als sportliche Freizeitbeschäftigung ausgeübtes Fischen mit der Angel.*

Spọrt|fi|sche|rin, die: w. Form zu ↑Sportfischer.

Spọrt|flug|zeug, das: *[einmotoriges] der sportlichen Betätigung dienendes Flugzeug.*

Spọrt|freund, (auch:) Sportsfreund, der: **1.** *Freund, Anhänger des Sports* (1). **2.** *Sportkamerad.*

Spọrt|freun|din, die: w. Form zu ↑Sportfreund.

Spọrt|funk|ti|o|när, der: *Funktionär im Bereich des Sports.*

Spọrt|funk|ti|o|nä|rin, die: w. Form zu ↑Sportfunktionär.

Spọrt|geist, der ⟨o. Pl.⟩: *sportliche Gesinnung, Fairness:* [keinen] S. haben, zeigen.

Spọrt|ge|mein|schaft, die (bes. DDR): *organisatorischer Zusammenschluss für den Sport auf unterer Ebene.*

Spọrt|ge|rät, das: *Gegenstand, an dem od. mit dem sportliche Übungen ausgeführt werden.*

Spọrt|ge|wehr, das: vgl. Sportwaffe.

Spọrt|hal|le, die: vgl. Sportanlage.

Spọrt|herz, das (Med.): *Herz eines Sportlers, das sich durch ständiges Training vergrößert u. den gesteigerten Leistungen angepasst hat.*

spor|ti̱v ⟨Adj.⟩ [engl. sportive, frz. sportif]: *vom Sport geprägt, sportlich aussehend, wirkend; sportlich* (2 a): ein -er Typ, Lebensstil; sich s. kleiden.

Spọrt|jour|na|list, der: *Journalist, der über Sportereignisse berichtet.*

Spọrt|jour|na|lis|tin, die: w. Form zu ↑Sportjournalist.

Spọrt|ka|me|rad, der: *jmd., mit dem jmd. gemeinsam [im gleichen Verein] Sport treibt.*

Spọrt|ka|me|ra|din, die: w. Form zu ↑Sportkamerad.

Spọrt|ka|no|ne, Sportskanone, die (ugs.): *jmd., der mit seinen sportlichen Aktivitäten besonders erfolgreich ist, hohes Ansehen genießt.*

Spọrt|klei|dung, die: *Kleidung für den Sport.*

Spọrt|klub, der: *Sportverein.*

Spọrt|leh|rer, der: **a)** *Lehrer [an einer Schule], der Unterricht in Sport erteilt;* **b)** *Coach.*

Spọrt|leh|re|rin, die: w. Form zu ↑Sportlehrer.

Spọrt|ler, der; -s, -: *jmd., der aktiv Sport treibt.*

Spọrt|ler|herz, das: *Sportherz.*

Spọrt|le|rin, die; -, -nen: w. Form zu ↑Sportler.

spọrt|lich ⟨Adj.⟩: **1. a)** *den Sport betreffend, auf ihm beruhend:* -e Höchstleistungen; -es Können; sich s. betätigen; eine s. hervorragende Leistung; **b)** *fair:* -es Benehmen; es war ein ausgesprochen -es Spiel; **c)** *in einer Weise, die dem Sport als imponierender Leistung gleicht, ähnelt:* eine -e Fahrweise; -e Autos, Motoren; er fährt s. **2. a)** *durchtrainiert; wie vom Sport geprägt, voller Spannkraft:* ein -er Typ; einen -en Gang haben; s. aussehen, wirken; **b)** *einfach u. zweckmäßig im Schnitt; flott wirkend:* -e Kleidung; eine s. geschnittene Bluse.

spọrt|lich-ele|gant ⟨Adj.⟩: *(in Bezug auf Kleidung) von sportlicher Eleganz:* -e Kleider.

spọrt|lie|bend ⟨Adj.⟩: *sportlich sehr aktiv u. am sportlichen Geschehen im Allgemeinen sehr interessiert.*

spọrt|mä|ßig: ↑sportsmäßig.

Spọrt|me|di|zin, die ⟨o. Pl.⟩: *Spezialgebiet der Medizin, das sich mit den Wechselwirkungen zwischen Sport u. Gesundheit, den Möglichkeiten u. Grenzen des Hochleistungssports u. der Behandlung von Sportverletzungen befasst.*

Spọrt|nach|rich|ten ⟨Pl.⟩: *Nachrichtensendung vom Sport.*

Spọrt|platz, der: *Sportanlage im Freien:* auf den S. gehen.

Spọrt|rei|ten, das; -s: *als Sport betriebenes Reiten.*

Spọrt|re|por|ter, der: vgl. Sportjournalist.

Spọrt|re|por|te|rin, die: w. Form zu ↑Sportreporter.

Spọrt|schlit|ten, der: *als Sportgerät dienender Schlitten.*

Spọrt|schuh, der: **a)** *sportlicher* (2 b) *Schuh;* **b)** *Turnschuh.*

Spọrt|sei|te, die: *Zeitungsseite, auf der Sportnachrichten u. -berichte stehen.*

Spọrt|sen|dung, die (Rundf., Ferns.): *dem Sport gewidmete Sendung.*

Spọrts|freund: ↑Sportsfreund.

Spọrts|freun|din: die: w. Form zu ↑Sportfreund.

Spọrts|geist: ↑Sportgeist.

Spọrts|ka|no|ne: ↑Sportkanone.

Spọrts|mann, der ⟨Pl. ...leute, seltener: ...männer⟩ [nach engl. sportsman]: **1.** *Mann, der Sport treibt, dessen Neigungen, Interessen dem Sport gehören.* **2.** *Mann, der sich durch sein sportliches* (1 b) *faires Verhalten auszeichnet:* ein echter S. steht zu seinen Fehlern.

spọrts|mä|ßig, sportmäßig ⟨Adj.⟩: *dem Sport gemäß:* -es Benehmen.

Spọrt|spra|che, die: *Fachsprache u. Jargon des Sports.*

Spọrt|stät|te, die (geh.): *Sportanlage.*

Spọrt|stun|de, die: *Unterrichtsstunde im Fach Sport.*

Sports|wear [ˈspɔːtswɛə], der od. das; -[s] [engl. sports wear, aus: sports (Pl.) = Sport u. wear = Kleidung] (Mode): *sportliche Tageskleidung, Freizeitkleidung.*

Spọrt|tau|chen, das; -s: *Tauchen mit od. ohne Gerät als sportlicher Wettbewerb od. zur Unterwasserjagd.*

Spọrt|teil, der: vgl. Sportseite.

Spọrt|to|to, das, auch: der: vgl. Fußballtoto.

Spọrt trei|bend: s. Sport (1 a).

Spọrt|trei|ben|de, der u. die; -n, -n ⟨Dekl. ↑Abgeordnete⟩: *jmd., der regelmäßig Sport treibt.*

Spọrt|un|ter|richt, der: *Unterricht im Fach Sport.*

Spọrt|ver|an|stal|tung, die: *sportliche Veranstaltung.*

Spọrt|ver|band, der: *organisatorischer Zusammenschluss mehrerer Sportvereine zur gemeinsamen Vertretung ihrer Interessen.*

Spọrt|ver|ein, der: *Verein, in dem eine bzw. mehrere Sportarten betrieben werden.*

Spọrt|ver|let|zung, die: *Verletzung, die sich jmd. bei der Ausübung eines Sports zugezogen hat.*

Spọrt|waf|fe, die: *beim Sportfechten od. im Schießsport gebrauchte Waffe.*

Spọrt|wa|gen, der: **1.** *windschnittig gebautes [zweisitziges] Auto mit starkem Motor.* **2.** *Kinderwagen, in dem Kleinkinder, die bereits sitzen können, gefahren werden.*

Spọrt|wart, der: *jmd., der bei einem Verein, Verband o. Ä. für die Organisation sorgt u. die Instandhaltung von Sportplatz u. Sportgeräten überwacht.*

Spọrt|war|tin, die: w. Form zu ↑Sportwart.

Spọrt|wett|kampf, der: vgl. Wettkampf.

Spot [spɔt, ʃpɔt], der; -s, -s [engl. spot, eigtl. = (kurzer) Auftritt, zu: spot = Fleck, Ort]: **1.** *(das eigentliche Programm im Fernsehen, Funk od. Kino unterbrechender) werblichen, propagandistischen o. ä. Zwecken dienender meist sehr kurzer Film od. Text; kurz eingeblendete Werbung:* zwei [kommerzielle] -s von jeweils dreißig Sekunden Länge; er produziert -s. **2. a)** kurz für ↑Spotlight; **b)** *(bes. in Wohnräumen verwendete) dreh- u. schwenkbar befestigte Leuchte, die ein stark gebündeltes Licht abgibt.*

Spọt|ge|schäft, das (Wirtsch.): *Geschäft gegen sofortige Lieferung u. Kasse (im internationalen Verkehr).*

Spọt|light [...lait], das; -s, -s [engl. spotlight = Scheinwerfer(licht)] (Bühnentechnik, Fot., Film): *Scheinwerfer, der das Licht stark bündelt:* ein S. auf jmdn. richten; im S. *(im Schein eines Spotlights).*

Spọtt, der; -[e]s [mhd., ahd. spot]: *Äußerung od. Verhaltensweise, mit der sich jmd. über jmdn., jmds. Gefühle o. Ä. lustig macht, seine Schadenfreude ausdrückt, über jmdn., etw. frohlockt* (1): heimlicher, leichter, scharfer, beißender S.; Hohn und S.; seinen S. mit jmdm., etw. treiben; zum Schaden auch noch den S. haben; dem S. preisgegeben sein; zum S. [der Leute] werden (seltener; *verspottet werden;* nach Ps. 22, 7).

Spọtt|bild, das: **a)** (veraltet) *Karikatur* (1 a); **b)** *als Verspottung wirkende bildhafte Vorstellung od. Erscheinung:* er sah aus wie ein S., war ein S. seiner selbst.

spọtt|bil|lig ⟨Adj.⟩ (ugs.): *sehr, überraschend billig.*

spöt|teln ⟨sw. V.; hat⟩ [zu ↑spotten]: *leicht spöttische Bemerkungen machen, auf versteckte Weise spotten:* über jmdn., etw. s.; spöttelndes Getuschel.

spot|ten ⟨sw. V.; hat⟩ [mhd. spotten, ahd. spot(t)ōn, wohl eigtl. = vor Abscheu ausspucken]: **1.** *(über jmdn., etw.) spöttisch, mit Spott reden, sich lustig machen:* soll er doch, lass ihn doch s. [so viel er will]!; du hast gut, leicht s.; über jmdn., etw./(veraltet:) jmds., einer Sache s. **2.** (geh.) **a)** *etw. nicht ernst nehmen; sich über etw. hinwegsetzen:* eines Rates, einer Warnung s.; er spottete der Gefahr; **b)** *(von Sachen, Vorgängen o. Ä.) sich entziehen* (2 e): das spottet jeder Vorstellung, Beschreibung. **3.** (Zool., Verhaltensf.) *(von Vögeln) Laute aus der Umwelt nachahmen:* gespottete Laute.

Spöt|ter, der; -s, - [mhd. spottære = Spottender, spätahd. spottari = gewerbsmäßiger Spaßmacher]: **1.** *jmd., der [gern] spottet:* ein böser S.; auf der Bank der S. sitzen (geh.; *ein Spötter sein;* nach Ps. 1, 1). **2.** *Gelbspötter.*

Spöt|te|rei, die; -, -en: **a)** ⟨o. Pl.⟩ *das Spotten;* **b)** *Spottrede, spöttische Bemerkung:* seine -en lassen mich kalt.

Spott|ge|dicht, das: *Gedicht, in dem jmd. od. etw. verspottet wird.*

spöt|tisch ⟨Adj.⟩ [spätmhd. spöttischen (Adv.)]: **a)** *Spott ausdrückend:* ein -es Lächeln; -e Worte, Bemerkungen; s. grinsen; **b)** *zum Spott neigend, gern spottend:* ein -er Mensch; sei doch nicht so s.! *(lass doch das Spotten!).*

Spott|lied, das: vgl. Spottgedicht.

Spott|lust, die ⟨o. Pl.⟩: *Lust, Neigung, andere zu verspotten.*

Spott|na|me, der: *jmdm., einer Sache zum Spott beigelegter Name; Spitzname.*

Spott|re|de, die: *spottende, spöttische Rede.*

Spr. = Sprüche Salomos.

sprach: ↑sprechen.

Sprach|at|las, der: *Kartenwerk, das die geographische Verbreitung von [Dialekt]wörtern, Lauten od. anderen sprachlichen Erscheinungen verzeichnet.*

sprach|be|gabt ⟨Adj.⟩: *begabt für das Erlernen von Fremdsprachen.*

Sprach|be|ra|tung, die: *Beratung in grammatischen, rechtschreiblichen od. stilistischen Fragen.*

Spra|che, die; -, -n [mhd. sprāche, ahd. sprāhha, auch: Rede; Beratung, Verhandlung; zu ↑sprechen]: **1.** ⟨o. Pl.⟩ *Fähigkeit des Menschen zu sprechen; das Sprechen als Anlage, als Möglichkeit des Menschen sich auszudrücken:* die menschliche S.; S. und Denken; * **jmdm. bleibt die S. weg, verschlägt es die S.** *(jmd. ist sehr überrascht, weiß nicht, was er sagen soll);* **jmdm. die S. verschlagen/(geh.:) rauben** *(jmdn. sehr überraschen, für jmdn. kaum zu fassen sein).* **2.** ⟨o. Pl.⟩ (meist in bestimmten Wendungen) *das Sprechen; Rede:* * **die S. auf etw. bringen/etw. zur S. bringen** *(etw. zum Thema des Gesprächs machen, von etw. zu sprechen beginnen);* **mit der S. [nicht] herausrücken, herauswollen** *(etw. Bestimmtes gar nicht, nur zögernd sagen, erzählen, eingestehen);* **heraus mit der S.!** (ugs.; *nun sprich schon!, nun sag es schon!, nun gib es schon zu!*); **zur S. kommen** *(erwähnt, besprochen werden).* **3. a)** *Art des Sprechens; Stimme, Redeweise:* eine flüssige S.; ihre S. klingt rau; man erkennt ihn an der S.; der S. nach stammt sie aus Berlin; **b)** *Ausdrucksweise, Stil:* eine schlichte, gehobene, bilderreiche, poetische, geschraubte, gezierte, [un]verständliche S.; die S. der Dichtung, der Werbung, der Gegenwart, des vorigen Jahrhunderts; seine S. ist ungehobelt, ungelenk, ordinär; die Jugend hat ihre eigene S.; ein Ausdruck aus der S. der Jäger; * **eine deutliche/unmissverständliche S. [mit jmdm.] sprechen, reden** *([jmdm.] offen, unverblümt, energisch seine Meinung sagen);* **eine deutliche S. sprechen** *([von Sachen] etw. meist Negatives, was nicht ohne weiteres erkennbar, zu sehen ist, offenbar werden lassen).* **4. a)** *(historisch entstandenes u. sich entwickelndes) System von Zeichen u. Regeln, das einer Sprachgemeinschaft als Verständigungsmittel dient; Sprachsystem:* die lateinische, englische S.; lebende und tote, neuere und ältere -n; die afrikanischen -n; verwandte, indogermanische -n; Französisch ist eine schöne, klangvolle S.; Deutsch gilt als schwere S.; diese S. ist schwer, leicht zu lernen; mehrere -n sprechen, beherrschen; etw. in eine andere S. übersetzen; sie unterhalten sich in englischer S.; Ü die S. des Herzens, der Liebe, der Leidenschaft; die S. *(Verständigung mithilfe bestimmter Signale)* der Bienen, der Buckelwale; * **dieselbe/die gleiche S. sprechen, reden** *(dieselbe Grundeinstellung haben u. sich deshalb gut verstehen);* **eine andere S. sprechen, reden** *(etw. ganz anderes, Gegensätzliches ausdrücken, zeigen);* **in sieben -n schweigen** (scherzh.; *sich überhaupt nicht äußern; [bei einer Diskussion] stummer Zuhörer sein*); **b)** *System von Zeichen (das der Kommunikation o. Ä. dient):* Programmiersprachen und andere formalisierte -n; die S. der [formalen] Logik.

sprä|che: ↑sprechen.

Sprach|ei|gen|tüm|lich|keit, die: *spezielle, eine Sprache kennzeichnende, für sie typische Besonderheit.*

Spra|chen|fra|ge, die ⟨o. Pl.⟩: *aus dem Zusammenleben mehrerer ethnischer Gruppen mit verschiedenen Sprachen innerhalb eines Staates herrührende Problematik.*

Spra|chen|ge|wirr, das: *Gewirr* (2) *von verschiedenen (an einem Ort, in einer Gemeinschaft gesprochenen) Sprachen:* babylonisches S.

Spra|chen|kar|te: ↑Sprachkarte.

Spra|chen|recht, das: *gesetzliche Regelung über Amts-, Staatssprache, Sprache von Minderheiten o. Ä.*

Spra|chen|schu|le, die: *Schule, an der Fremdsprachen gelehrt werden.*

Spra|chen|stu|di|um, Sprachstudium, das: *Studium einer od. mehrerer Fremdsprachen.*

Sprach|ent|wick|lung, die: **1.** *das Sichentwickeln der Sprache (beim Kind).* **2.** *Sprachlenkung.*

Sprach|er|ken|nung, die (EDV): *automatisches bzw. maschinelles Erkennen gesprochener Sprache.*

Sprach|er|ken|nungs|pro|gramm, das (EDV): *Programm* (4), *das die Spracherkennung eines Computers ermöglicht.*

Sprach|er|werb, der (Sprachw.): *das Erlernen der Muttersprache.*

Sprach|er|zie|hung, die: *erzieherische Maßnahmen, die auf den Erwerb der Muttersprache gerichtet sind.*

Sprach|fä|hig|keit, die ⟨o. Pl.⟩ (Sprachw.): *Fähigkeit zur Kommunikation durch Sprache.*

Sprach|fa|mi|lie, die (Sprachw.): *Gruppe verwandter, auf einen gemeinsamen Ursprung zurückzuführender Sprachen.*

Sprach|fet|zen, der ⟨meist Pl.⟩: *an jmds. Ohr dringendes Bruchstück von Gesprochenem; Gesprächsfetzen.*

Sprach|for|scher, der: vgl. Sprachwissenschaftler.

Sprach|for|sche|rin, die: w. Form zu ↑Sprachforscher.

Sprach|for|schung, die: vgl. Sprachwissenschaft.

Sprach|füh|rer, der: *(bes. bei Auslandsreisen zu benutzendes) kleines Buch, das die für den Alltagsgebrauch wichtigsten Wörter u. Wendungen der fremden Sprache mit Ausspracheangaben u. Grundregeln der Grammatik enthält.*

Sprach|ge|biet, das: *Sprachraum.*

Sprach|ge|brauch, der: *die in einer Sprache übliche Ausdrucksweise u. Bedeutung:* nach allgemeinem S.

Sprach|ge|fühl, das ⟨o. Pl.⟩: **a)** *Gefühl, Sinn für den richtigen u. (im Sinne einer gültigen Norm) angemessenen Sprachgebrauch:* ein gutes, kein S. haben; nach meinem S. ist das falsch; **b)** *Stilgefühl.*

Sprach|ge|mein|schaft, die (Sprachw.): *Gesamtheit aller muttersprachlichen Sprecher einer Sprache.*

Sprach|geo|gra|phie, die: *Forschungsrichtung der Sprachwissenschaft, die sich mit der räumlichen Verbreitung sprachlicher Erscheinungen (lautlicher, lexikalischer, grammatischer Art) befasst.*

sprach|geo|gra|phisch ⟨Adj.⟩: *die Sprachgeographie betreffend.*

Sprach|ge|schich|te, die: **1.** ⟨o. Pl.⟩ **a)** *Geschichte* (1 a) *einer Sprache;* **b)** *Wissenschaft von der Sprachgeschichte* (1 a) *als Teilgebiet der Sprachwissenschaft.* **2.** *Werk, das die Sprachgeschichte* (1 a) *zum Thema hat.*

sprach|ge|schicht|lich ⟨Adj.⟩: *die Sprachgeschichte betreffend.*

Sprach|ge|sell|schaft, die: *(im 17. Jh.) gelehrte Vereinigung zur Pflege der deutschen Muttersprache u. der Literatur.*

sprach|ge|stört ⟨Adj.⟩ (Psych., Med.): *an einer Sprachstörung leidend.*

Sprach|ge|walt, die ⟨o. Pl.⟩: *souveräne u. wirkungsvolle Beherrschung der sprachlichen Ausdrucksmittel.*

sprach|ge|wal|tig ⟨Adj.⟩: *Sprachgewalt habend:* ein -er Dichter.

sprach|ge|wandt ⟨Adj.⟩: *gewandt im Ausdruck in der eigenen od. in einer fremden Sprache.*

Sprach|ge|wandt|heit, die: *das Sprachgewandtsein.*

Sprach|gut, das ⟨o. Pl.⟩: *in sprachlicher Form Überliefertes.*

Sprach|heil|kun|de, die ⟨o. Pl.⟩: *Logopädie.*

-spra|chig: in Zusb., z. B. fremdsprachig (↑fremdsprachig); dänischsprachig (vgl. deutschsprachig); fünfsprachig (vgl. zweisprachig).

Sprach|in|sel, die: *kleines Gebiet, in dem eine andere Sprache gesprochen wird als in dem umliegenden Bereich.*

Sprach|kar|te, Sprachenkarte, die: vgl. Sprachatlas.

Sprach|kennt|nis|se ⟨Pl.⟩: *Kenntnis fremder Sprachen:* gute [französische] S. haben.

Sprach|kom|pe|tenz, die (Sprachw.): *Kompetenz* (2).

Sprach|kri|tik, die: **1.** (Sprachw.) **a)** *kritische Beurteilung der sprachlichen Mittel u. der Leistungsfähigkeit einer Sprache;* **b)** *Sprachpflege.* **2.** (Philos.) *erkenntnistheoretische Untersuchung von Sprache auf ihren Wirklichkeits- u. Wahrheitsgehalt hin.*

Sprach|kul|tur, die ⟨o. Pl.⟩: **a)** *Maß, Grad, in dem der Sprachgebrauch den für die jeweilige Sprache geltenden Normen bes. in grammatischer u. stilistischer Hinsicht entspricht;* **b)** *Fähigkeit, die Normen der Sprachkultur* (a) *zu erfüllen;* **c)** (bes. DDR) *Sprachpflege (als Einflussnahme der Gesellschaft auf die Sprache im Hinblick auf die Erreichung eines möglichst hohen sprachlichen Niveaus).*

Sprach|kun|de, die (veraltend): **a)** *Lehre von der Sprache u. ihren Gesetzen;* **b)** *Lehrbuch der Sprachkunde* (a).

sprach|kun|dig ⟨Adj.⟩: *mehrere Sprachen verstehend u. sprechend.*

sprach|kund|lich ⟨Adj.⟩ (veraltet): *die Sprachkunde betreffend.*

Sprach|kurs, Sprach|kur|sus, der: *Kurs in einer Fremdsprache.*

Sprach|laut, der (Sprachw.): *artikulierter Laut (als Teil einer sprachlichen Äußerung).*

Sprach|leh|re, die: *Grammatik* (1, 2).

Sprach|len|kung, die: *[manipulierende] Einflussnahme auf den allgemeinen Sprachgebrauch; planvolle Formung der Standardsprache.*

sprach|lich ⟨Adj.⟩: **1.** *die Sprache* (1) *betreffend:* die -e Entwicklung des Kindes. **2.** *die Sprache* (3 b), *Ausdrucksweise betreffend:* -e Feinheiten, Fähigkeiten; eine -e Entgleisung; ein s. hervorragender Aufsatz. **3.** *die Sprache* (4 a) *betreffend:* im Ausland hat er -e Schwierigkeiten; das ist s. falsch.

-sprach|lich: in Zusb., z. B. fremdsprachlich (↑fremdsprachlich); muttersprachlich (↑muttersprachlich).

sprach|los ⟨Adj.⟩ [mhd. sprāchlos, ahd. sprāhhalōs]: **a)** *sehr überrascht u. deshalb keine Worte findend:* s. [vor Staunen, Schrecken, Entsetzen, Freude] sein; sie sahen einander s. an; **b)** (geh.)

in Schweigen verharrend, zu keiner Äußerung fähig, ohne Worte: in -em Einverständnis.

Sprach|lo|sig|keit, die; -: *das Sprachlossein.*

Sprach|me|lo|die, die: *Intonation* (5).

Sprach|norm, die (Sprachw.): *sprachliche Norm* (1); *Gesamtheit der in einer Sprachgemeinschaft (in Bezug auf Rechtschreibung, Aussprache, Grammatik u. Stil) als üblich u. richtig festgelegten Regeln.*

Sprach|nor|mie|rung, Sprach|nor|mung, die: *das Aufstellen sprachlicher Normen.*

Sprach|per|zep|ti|on, die: *das Wahrnehmen von Sprache, von Sprachlauten.*

Sprach|pfle|ge, die: *Gesamtheit der Maßnahmen, die auf einen normgerechten Sprachgebrauch abzielen; Bemühungen um eine Verbesserung der Sprachbewusstheit u. einen kultivierten Sprachgebrauch.*

Sprach|phi|lo|so|phie, die: *Teilgebiet der Philosophie, das sich mit dem Ursprung u. Wesen sprachlicher Zeichen, mit Sprache u. Idee, Sprache u. Logik befasst.*

sprach|phi|lo|so|phisch ⟨Adj.⟩: *die Sprachphilosophie betreffend.*

Sprach|raum, der: *Gebiet, in dem eine bestimmte Sprache od. Mundart gesprochen wird:* im deutschen, fränkischen S.

Sprach|rohr, das: *trichterförmiges Blechrohr, das – beim Sprechen vor den Mund gehalten – die Stimme verstärkt:* ein Schiff durch das S. anrufen; Ü der Verband versteht sich als S. der dänischen Minderheit; das Blatt ist das S. der Opposition *(spricht in ihrem Namen),* hat sich zum S. der Oppositon gemacht; sie ist nur das S. ihres Chefs (abwertend; *gibt kritiklos seine Meinung weiter*).

Sprach|schatz, der ⟨Pl. selten⟩: *Wortschatz.*

Sprach|schicht, die: vgl. Stilschicht.

Sprach|sil|be, die (Sprachw.): *Morphem.*

Sprach|stamm, der (Sprachw.): *mehrere verwandte, auf einen gemeinsamen Ursprung zurückzuführende Sprachfamilien.*

Sprach|stil, der: *Stil* (1).

Sprach|stö|rung, die: *physisch od. psychisch bedingte Störung im Bereich der Sprache, des Sprechens.*

Sprach|stu|di|um: ↑Sprachenstudium.

Sprach|stu|fe, die (Sprachw.): *sprachgeschichtliche Entwicklungsstufe.*

Sprach|sys|tem, das (Sprachw.): *System aus den in gleicher Weise immer wieder vorkommenden, sich wiederholenden sprachlichen Elementen u. Relationen, das dem Angehörigen einer bestimmten Sprachgemeinschaft zur Verfügung steht.*

Sprach|teil|ha|ber, der (Sprachw.): *Angehöriger einer Sprachgemeinschaft.*

Sprach|teil|ha|be|rin, die: w. Form zu ↑Sprachteilhaber.

Sprach|the|o|rie, die: *auf sprachphilosophischen Reflexionen, Ergebnissen der Sprachwissenschaft beruhende Theorie, deren Gegenstand bes. das Verhältnis von Sprache u. Welt, Sprache u. Denken, Sprache u. Handeln ist.*

Sprach|über|tra|gung, die (Nachrichtent.): *Übertragung des sprachlichen Schalls in einem für die Verständlichkeit ausreichenden Frequenzband.*

Sprach|un|ter|richt, der: *Unterricht in einer Fremdsprache.*

Sprach|ver|ar|bei|tung, die (EDV): *(durch Digitaltechnik ermöglichtes) maschinelles Aufnehmen, Erkennen, Interpretieren u. Erzeugen von Sprachlauten, sprachlichen Signalen.*

Sprach|ver|ste|hen, das; -s (Sprachw.): *Sprachperzeption.*

Sprach|ver|wir|rung, die: *durch Mangel an Übereinkunft im Gebrauch von Begriffen o. Ä. entstehende Unsicherheit in der Verständigung.*

Sprach|wan|del, der (Sprachw.): *Wandel, dem die Sprache unterliegt.*

Sprach|wis|sen|schaft, die: *Wissenschaft, die eine Sprache, Sprachen in Bezug auf Aufbau u. Funktion beschreibt u. analysiert.*

Sprach|wis|sen|schaft|ler, der: *Wissenschaftler auf dem Gebiet der Sprachwissenschaft.*

Sprach|wis|sen|schaft|le|rin, die: w. Form zu ↑Sprachwissenschaftler.

sprach|wis|sen|schaft|lich ⟨Adj.⟩: *die Sprachwissenschaft betreffend.*

Sprach|zweig, der (Sprachwiss.): *einzelne Sprachfamilie (eines Sprachstamms).*

sprang, sprän|ge: ↑springen.

Spray [ʃpreː, spreː; engl.: spreɪ], der od. das; -s, -s [engl. spray, ↑sprayen]: *Flüssigkeit, die durch Druck [mithilfe eines Treibgases] aus einem Behältnis in feinsten Tröpfchen versprüht wird:* ein umweltfreundliches, FCKW-freies S.; ein S. gegen Insekten; das Deodorant gibt es auch als S.

Spray|do|se, die: *mit einem Zerstäuber versehene, ein Spray [u. eine für dessen Zerstäubung ausreichende Menge Treibgas] enthaltende Dose; Sprühdose.*

spray|en ⟨sw. V.; hat⟩ [engl. to spray, wohl < mniederl. spraeien = spritzen, stieben, verw. mit mhd. spræjen, ↑sprühen]: **a)** *mit einer Spraydose sprühen* (1 a): sie sprayte sich etwas Festiger ins Haar; **b)** *mit einer Spraydose versprühen:* Tränengas gegen jmdn. s.; ⟨auch o. Akk.-Obj.:⟩ gegen Ungeziefer s. *(ein Spray einsetzen);* **c)** *mit einer Spraydose sprühen* (1 b): Parolen an Wände s.; gesprayte Graffiti; **d)** *mit Spray besprühen:* jmdm., sich das Haar s.

Spray|er, der; -s, - [engl. sprayer]: *jmd., der sprayt, bes. jmd., der mit Spraydosen Graffiti o. Ä. herstellt:* die jugendlichen S. entkamen unerkannt.

Spray|e|rin, die; -, -nen: w. Form zu ↑Sprayer.

Spread [spred], der; -s, -s [engl. spread, eigtl. = Ausbreitung, Verbreitung, zu: to spread = ausverbreiten] (Börsenw.): **1.** *Differenz zwischen zwei Preisen od. Zinssätzen (z. B. zwischen An- u. Verkaufskurs von Devisen).* **2.** *Aufschlag auf einen vereinbarten speziellen Zinssatz.*

Sprea|ding [ˈsprɛdɪŋ], das; -[s] [zu engl. to spread, ↑Spread] (Börsenw.): *gleichzeitiger Kauf u. Verkauf einer gleichen Anzahl von Optionen o. Ä. mit unterschiedlichen Basispreisen, um so z. B. auf einen fallenden od. steigenden Markt zu spekulieren u. das Risiko eines Verlusts zu begrenzen.*

Sprech|akt, der (Sprachw.): *Akt sprachlicher Kommunikation.*

Sprech|akt|the|o|rie, die (Sprachw.): *Theorie, deren Gegenstand die Analyse der Faktoren, Bedingungen u. Regeln für das Verstehen u. Gelingen von Sprechakten ist.*

Sprech|an|la|ge, die: *elektrische Anlage bes. an Wohnungstüren, über die eine Verständigung mit Personen an der Haustür möglich ist.*

Sprech|bla|se, die: *(bei Comicstrips o. Ä.) vom Mund einer gezeichneten Figur ausgehende, eine Äußerung [meist kreis- od. ellipsenförmig] umschließende Linie:* ein Comic ohne -n; Ü er produzierte nur S. *(machte nichts sagende, wenig originelle, klischeehaft wiederkehrende Aussagen).*

spre|chen ⟨st. V.; hat⟩ [mhd. sprechen, ahd. sprehhan, H. u., urspr. viell. lautm.]: **1. a)** *Sprachlaute, Wörter hervorbringen, bilden:* s. lernen; unser Kind kann noch nicht s.; er war so heiser, dass er kaum s. konnte; vor Aufregung nicht s. können; ⟨subst.:⟩ das Sprechen fiel ihr schwer; **b)** *in bestimmter Weise sprechen* (1 a), *sich in bestimmter Weise ausdrücken:* laut, [un]deutlich, flüsternd, durch die Nase s.; ins Mikrofon, mit verstellter Stimme, in ernstem Ton, mit rollendem R s.; deutsch, englisch s.; mit leichtem Akzent s.; sie spricht gern in Bildern, Versen; ins Unreine gesprochen *(noch nicht genau formuliert),* möchte ich einmal sagen …; ⟨verblasster Imperativ:⟩ mit der notwendigen Infrastruktur, sprich *(nämlich, also, das heißt)* Kindergärten, Schulen usw.; **c)** *der menschlichen Sprache ähnliche Laute hervorbringen:* der Papagei kann s. **2. a)** *mündlich, sprechend* (1 a) *äußern; sagen:* er hat noch kein Wort gesprochen; das Kind kann schon ein paar einzelne Wörter, ganze Sätze s.; der Richter hat das Urteil gesprochen; ein paar einführende Worte, ein Schlusswort s.; er sprach (geh. veraltend; *sagte*): »So soll es geschehen!« **b)** *vorlesen, vortragen, rezitieren, aufsagen:* ein Gebet, den Segen, einen Kommentar, eine Zauberformel s.; **c)** *(eine Sprache) benutzen, beherrschen:* zu Hause spricht er nur Dialekt, Englisch; mehrere Sprachen s.; sprechen Sie Deutsch?; fließend, akzentfrei, ausgezeichnet, schlecht Französisch, Italienisch s.; rheinische Mundart, Slang, Platt, Fachchinesisch, ein völlig unverständliches Kauderwelsch, ein sehr gepflegtes Deutsch s. **3.** *sich äußern, urteilen:* anerkennend, schlecht, in lobenden Worten über jmdn., etw. s., von jmdm., etw. s.; sie weiß, wovon sie spricht (ugs.; *sie kennt das aus eigener Erfahrung*); über sich selbst s.; einige sprechen *(votieren)* für den Vorschlag, andere dagegen; ich spreche hier für die Mehrheit der Bürger *(drücke die Meinung der Mehrheit aus);* * **für, gegen jmdn., etw. s.** *(sich auf die Bewertung, Beurteilung jmds., einer Sache günstig, ungünstig auswirken):* die Umstände sprechen für, gegen den Angeklagten; es spricht eigentlich alles für diesen Bewerber; für dieses Gerät spricht vor allem der günstige Preis; was spricht eigentlich dagegen, dass wir mit der Bahn fahren?; **für, gegen etw. s.** *(ein Indiz für, gegen die Richtigkeit, das Gegebensein von etw. sein):* diese Tatsache spricht für, gegen seine Annahme; das spricht dafür, dagegen, dass es ein Unfall war; **für sich selbst s.** *(keiner weiteren Erläuterung bedürfen);* **auf jmdn., etw. schlecht, nicht gut zu s. sein** *(über jmdn., etw. verärgert sein, jmdn., etw. nicht mögen);* **von etw. s.** *(etw. als Bezeichnung zur Benennung, zur Charakterisierung einer bestimmten Sache benutzen):* von ausgleichender Gerechtigkeit s. **4. a)** *ein Gespräch führen, sich unterhalten, Worte wechseln:* mit jmdm. s., miteinander, zusammen s.; mit sich selbst s. *(Selbstgespräche führen);* sie spricht gerade, dort wird gerade gesprochen (Fernspr.; *bei ihr, dort ist gerade besetzt*); vom Wetter, von den Preisen, über Politik s.; wir haben gerade von dir gesprochen; man kann ruhig darüber s.; wegen der Wohnung sollten wir noch mal mit ihm s.; so *(in diesem Ton)* spricht man nicht mit seiner Mutter!; darüber müssen wir noch s. *(diskutieren);* ich habe noch mit dir zu s. *(etwas zu besprechen);* **b)** *erzählen, berichten:* sie sprach vom letzten Urlaub; davon, darüber hat er schon oft gesprochen; darüber darf ich zu niemandem s.; ⟨subst.:⟩ sie verriet nicht, wie sie ihn zum Sprechen brachte. **5. a)** *(jmdn.) treffen, [zufällig sehen u.] mit ihm Worte wechseln:* ich habe ihn schon lang nicht mehr gesprochen; wir haben uns gestern [telefonisch] gesprochen; **b)** *(jmdn.) erreichen; mit jmdm. Verbindung aufnehmen, ins Gespräch kommen:* wann kann ich den Chef s.?; jmdn. in einer privaten Angelegenheit s.; sie ist im Moment leider nicht, für niemanden zu s. **6.** *einen Vortrag, eine Rede halten:* im Rundfunk, über etw., zu einem kleinen Publikum, vor einem großen Hörerkreis s.; der Redner hat sehr gut, viel zu lange gesprochen; zu einem bestimmten Thema s.; wer spricht heute Abend [zu uns]?; worüber hat er denn gesprochen?; frei s. *(vortragen ohne abzulesen).* **7.** (geh.) *erkennbar sein; sich ausdrücken:* aus seinen Worten spricht Hass, Bewunderung; Zahlen [für sich] sprechen lassen; sein Herz s. lassen *(sich nach seinen Gefühlsregungen richten).* **8.** (schweiz. Amtsspr.) *(einen Kredit, einen Betrag aus öffentlichen Mitteln o. Ä.) bewilligen, zusprechen:* [jmdm.] einen Kredit s.

spre|chend ⟨Adj.⟩: **a)** *anschaulich, deutlich; überzeugend:* ein -es Beispiel; **b)** *ausdrucksvoll* (a): -e Augen; ein -er Blick.

Spre|cher, der; -s, - [mhd. sprechære, spätahd. sprehhari]: **1. a)** *jmd., der von einer Gruppe gewählt u. beauftragt ist, ihre Interessen zu vertreten:* der S. einer Bürgerinitiative; **b)** *Beauf-*

tragter einer Regierung od. hohen Dienststelle, der offizielle Mitteilungen weiterzugeben hat: der außenpolitische S. der Regierung; die Meldung wurde von einem, dem S. des Verteidigungsministeriums dementiert; **c)** *jmd., der in Rundfunk od. Fernsehen als Ansager arbeitet, Nachrichten o. Ä. liest:* er ist, arbeitet als S. beim Rundfunk, im Fernsehen; **d)** *jmd., der eine bestimmte Sprache od. Mundart spricht:* Tonbandaufnahmen von verschiedenen niederdeutschen -n; die S. des Englischen; der ideale S. (↑ Ideal Speaker); **e)** *jmd., dessen Aufgabe es ist, für einen bestimmten Zweck Texte zu sprechen:* professionelle S.; die Personen und ihre S. waren: ...; **f)** *Urheber einer gesprochenen Äußerung:* der auf dem Tonband zu hörende S. ist mit dem Angeklagten identisch. **2.** (Jargon) *Begegnung zwischen einem Häftling u. jmdm., der ihn im Gefängnis besucht:* dem Häftling beim S. einen Kassiber zustecken.

Spre|che|rin, die; -, -nen: w. Form zu ↑ Sprecher (1).

spre|che|risch ⟨Adj.⟩ (selten): *das Sprechen betreffend:* eine hervorragende -e Leistung.

Sprech|er|zie|hung, die: *Erziehung zur richtigen Atemtechnik, zur korrekten Aussprache, zum verständlichen Sprechen.*

Sprech|funk, der: *wechselseitiger Funkkontakt mithilfe von Funksprechgeräten meist über relativ kurze Entfernung (im Flugzeug, Auto u. Ä.):* über S. verhandeln.

Sprech|funk|an|la|ge, die: *Anlage (4) mit Funksprechgeräten für den Sprechfunk.*

Sprech|ge|sang, der: *in verschiedenen Formen dem Sprechen angenäherter Gesang wie in Parlando, Psalmodie, Rezitativ od. als sehr schnell, in oft synkopisch verschobener Rhythmik gesprochene Darbietung wie in der Popmusik.*

Sprech|mu|schel, die: *Teil des Telefonhörers, in den hineingesprochen wird:* die S. zuhalten.

Sprech|pau|se, die: *beim Sprechen, Reden eintretende od. eingelegte Pause:* eine kurze S. einlegen.

Sprech|rol|le, die (Theater): *Rolle, die nur gesprochenen Text enthält (in einem sonst überwiegend gesungenen Stück).*

Sprech|sil|be, die (Sprachw.): *Silbe, die sich aus der natürlichen Aussprache eines Wortes ergibt (im Gegensatz zur Sprachsilbe).*

Sprech|stim|me, die: *menschliche Stimme beim Sprechen:* eine hohe, dunkle, kräftige S. haben.

Sprech|stö|rung, die: vgl. Paraphasie.

Sprech|stun|de, die: **a)** *Zeit, in der jmd. für Gespräche zur Verfügung steht:* S. [ab]halten; wann hat der Professor S.?; zur Klassenlehrerin in die S. gehen; **b)** *Zeit, in der ein Arzt o. Ä. zur Konsultation aufgesucht werden kann u. in der er Behandlungen vornimmt:* S. [ab]halten; zu jmdm. in die S. gehen, kommen; der Zahnarzt hat montags bis freitags von neun bis zwölf S.

Sprech|stun|den|hil|fe, die (veraltend): *Arzthelferin.*

Sprech|tag, der: *Wochentag, an dem eine Behörde für den Publikumsverkehr geöffnet ist.*

Sprech|ver|such, der: *Versuch zu sprechen:* das Kind macht seine ersten -e.

Sprech|wei|se, die: *Redeweise.*

Sprech|werk|zeu|ge ⟨Pl.⟩: *Organe, die die Artikulation, das Sprechen ermöglichen.*

Sprech|zeit, die: **1.** *Redezeit.* **2.** *für ein Gespräch zur Verfügung stehende Zeit:* die S. ist beendet. **3.** (selten) *Sprechstunde.*

Spree, die; -: linker Nebenfluss der Havel.

Spree-Athen: scherzh. Bez. für: Berlin.

Spree|wald, der; -[e]s: von vielen Flussarmen der Spree durchzogene Niederung in der Lausitz.

[1]Spree|wäl|der, der; -s, -: Ew.

[2]Spree|wäl|der ⟨indekl. Adj.⟩: S. Gurken.

Spree|wäl|de|rin, die; -, -nen: w. Form zu ↑ [1]Spreewälder.

Spree|was|ser, das: in der Wendung **mit S. getauft sein** (scherzh.; *in Berlin geboren sein*).

spreiz|bei|nig ⟨Adj.⟩: *mit gespreizten Beinen:* s. dastehen.

Spreiz|dü|bel, der: *spezieller Dübel (1) aus Kunststoff, dessen vorderer, gespaltener Teil beim Eindrehen einer passenden Schraube gespreizt wird.*

Sprei|ze, die; -, -n [1: zu ↑ spreizen in der alten Bed. »stützen«; 2: zu ↑ spreizen (1 a)]: **1.** (Bauw.) *waagerecht angebrachte Strebe, mit der [senkrechte] Bauteile abgespreizt werden.* **2.** (Turnen) *Stellung, Übung, bei der ein Bein gespreizt wird.*

sprei|zen ⟨sw. V.; hat⟩ [entrundete Form von spätmhd. spreutzen, mhd. spriuʒen, spriuzen, ahd. spriuʒan, urspr. = stemmen, stützen, zu ↑ sprießen]: **1. a)** *so weit als möglich [seitwärts] voneinander wegstrecken:* die Beine, Finger, Zehen s.; der Vogel spreizt die Flügel; ⟨oft im 2. Part.:⟩ mit gespreizten Beinen dastehen; **b)** (Rundfunkt.) *den Frequenzbereich in einem Empfänger auseinander ziehen:* gespreizte Kurzwellenbereiche. **2.** ⟨s. + sich⟩ **a)** *sich zieren, [zum Schein] sträuben, etw. Bestimmtes zu tun:* sie spreizte sich erst eine Weile, bevor sie einwilligte; **b)** *sich eitel u. eingebildet gebärden; sich aufblähen (2):* sich wichtigtuerisch s.

Spreiz|fuß, der (Med.): *Verbreiterung des vorderen Fußes mit Abflachung der Fußwölbung.*

Spreiz|sprung, der (Turnen): *Sprung mit gespreizten Beinen.*

Sprei|zung, die; -, -en ⟨Pl. selten⟩: **1.** *das Spreizen (1).* **2.** (Kfz-T.) *Neigungswinkel der Lenkachse eines Rads quer zur Fahrtrichtung.*

Spreng|bom|be, die: *Bombe, die beim Aufschlag eine starke Sprengwirkung auslöst.*

Spren|gel, der; -s, - [mhd., mniederd. sprengel = Weihwasserwedel, zu ↑ sprengen (2 a); das Sinnbild der geistlichen Gewalt wurde auf den kirchlichen Amtsbezirk übertragen]: **a)** *Bezirk, der einem Geistlichen untersteht, der ihm zum Ausüben seines Amtes zugeteilt ist;* **b)** (österr., sonst veraltend) *Amts-, Verwaltungsbezirk; Dienstbereich.*

spren|gen ⟨sw. V.⟩ [mhd., ahd. sprengen, Kausativ zu ↑ springen u. eigtl. = springen machen; 2 a: eigtl. = Wasser springen lassen; 3, 4: eigtl. = das Pferd, das Wild springen machen]: **1.** ⟨hat⟩ **a)** *mithilfe von Sprengstoff zerstören, zum Bersten, zum Einsturz bringen:* eine Brücke, einen Felsen s.; das Fundament muss gesprengt werden; die Luftpiraten drohten, das Flugzeug, sich mit den Geiseln in die Luft zu s.; ⟨auch o. Akk.-Obj.:⟩ im Steinbruch sprengen sie; **b)** *durch Sprengen (1 a) entstehen lassen, schaffen:* ein Loch in eine Felswand s.; sie sprengten einen Tunnel durch den Berg; **c)** *mit Gewalt öffnen, aufbrechen:* eine Tür, ein Schloss, einen Tresor s.; **d)** *durch Druck od. Zug auseinander reißen, zertrümmern:* seine Fesseln, Ketten s.; das gefrierende Wasser, das Eis sprengt den Felsen; Ü Freude sprengte ihm fast die Brust; der Preis sprengt unser Budget; die Spielbank wurde gesprengt *(zahlungsunfähig gemacht);* einen Spionagering, Rauschgiftring s. *(zerschlagen);* **e)** *durch Sprengen (1 d) entstehen lassen, schaffen:* vom Frost gesprengte Risse im Mauerwerk. **2.** ⟨hat⟩ **a)** *mit einem Schlauch od. einem anderen Gerät in einem Strahl, in feinen Strahlen, Tröpfchen über etw. verteilen:* Wasser auf die Wäsche, über die Blumen s.; **b)** *sprengend (2 a) bewässern, anfeuchten; besprengen:* den Rasen, den Hof, die Blumen s. **3.** (geh.) *in scharfem Tempo reiten, galoppieren* ⟨ist⟩: er sprengte vom Hof. **4.** ⟨hat⟩ (Jägerspr.) **a)** *(ein Wild) mithilfe eines Hundes (von irgendwo) aufjagen:* einen Fuchs aus dem Bau s.; **b)** *(von männlichen Rehen, Hirschen, Gämsen) treiben (6).*

Spreng|ge|schoss, das: vgl. Sprengbombe.

Spreng|kam|mer, die: *Hohlraum zur Aufnahme einer Sprengladung.*

Spreng|kap|sel, die: *kleine zylindrische Kapsel aus Metall, die Initialsprengstoff enthält.*

Spreng|kopf, der: *vorderer, die Sprengladung enthaltender Teil eines Torpedos, einer Bombe o. Ä.*

Spreng|kör|per, der: *mit Sprengstoff gefüllter Behälter:* konventionelle, nukleare S.

Spreng|kraft, die: *Wirkungskraft einer Sprengladung; Brisanz (1):* ein Torpedo mit gewaltiger S.

Spreng|la|dung, die: *[1]Ladung (2).*

Spreng|meis|ter, der: *Facharbeiter, der Sprengungen verantwortlich leitet* (Berufsbez.).

Spreng|meis|te|rin, die: w. Form zu ↑ Sprengmeister.

Spreng|satz, der: *Sprengladung:* ein atomarer S.

Spreng|sel, der od. das; -s, - (ugs.): *Sprenkel.*

Spreng|stoff, der: *Substanz, bei der durch Zündung große Gasmengen mit starker Explosivkraft gebildet werden:* ein pulverförmiger S.; Dynamit ist ein gefährlicher S.; Ü politischer S.

Spreng|stoff|an|schlag, der: *Anschlag, bei dem Sprengstoff verwendet wird.*

Spren|gung, die; -, -en: *das Sprengen (1, 2, 4); das Gesprengtwerden.*

Spreng|wir|kung, die: vgl. Sprengkraft.

Spren|kel, der; -s, - [mhd. sprinkel, md. sprenkel, nasalierte Form von mhd. spreckel]: *kleiner Fleck (auf einer andersfarbigen Fläche):* ein weißes Kleid mit [kleinen] bunten -n.

spren|ke|lig, sprenklig ⟨Adj.⟩: *voller Sprenkel.*

spren|keln ⟨sw. V.; hat⟩ [für älter spreckeln, vgl. Sprenkel]: **a)** *mit Sprenkeln, Tropfen, Spritzern versehen:* eine helle Fläche bunt s.; Ü sein Gesicht war mit Sommersprossen gesprenkelt; **b)** *(eine Flüssigkeit) in Tropfen, Spritzern verteilen:* er sprenkelte Wasser auf die Bügelwäsche, blaue Farbe auf die Leinwand.

sprenk|lig: ↑ sprenkelig.

Spreu, die; - [mhd., ahd. spriu, verw. mit ↑ sprühen u. eigtl. = Stiebendes, Sprühendes]: *aus Grannen (1), Hülsen, Spelzen u. Ä. bestehender Abfall des Getreides, der beim Dreschen anfällt:* die S. zusammenfegen; verweht werden wie [die] S. im Wind; Ü zur S. gehören (geh.; *zu den vielen unbedeutenden Menschen gehören*); *** die S. vom Weizen trennen, sondern** (geh.; *das Wertlose vom Wertvollen trennen;* nach Matth. 3, 12).

sprich, sprichst, spricht: ↑ sprechen.

Sprich|wort, das ⟨Pl. ...wörter⟩ [mhd. sprichwort = geläufige Redewendung]: *kurzer, einprägsamer Satz, der eine praktische Lebensweisheit enthält:* ein altes, russisches S.

sprich|wört|lich ⟨Adj.⟩: **a)** *fast zu einer Floskel geworden; proverbiell:* eine -e Redensart, Wendung; **b)** *allgemein bekannt; häufig zitiert:* das ist der -e Tropfen auf den heißen Stein; ihre Unpünktlichkeit ist schon s.

[1]sprie|ßen ⟨sw. V.; hat⟩ [wohl = [2]sprießen, nach spreizen in der alten Bed. »stemmen, stützen«] (Bauw.): *abspreizen (2).*

[2]sprie|ßen ⟨st. V.; ist⟩ [mhd. sprieʒen (ablautend mhd. sprūʒen, vgl. Spross), eigtl. = aufspringen, schnell hervorkommen, verw. mit ↑ sprühen] (geh.): *zu wachsen beginnen, keimen; austreiben:* die Saat sprießt; die Knospen sprießen; der Bart beginnt zu s.; ⟨unpers.:⟩ überall sprießt und grünt es; Ü immer neue Vereine sprießen aus dem Boden.

Spring|brun|nen, der: *Brunnen, bei dem das Wasser aus Düsen in kräftigem Strahl in die Höhe steigt u. in ein Becken zurückfällt.*

sprin|gen ⟨st. V.⟩ [mhd. springen, ahd. springan, urspr. = aufspringen, hervorbrechen, verw. mit dem ↑ Spur zugrunde liegenden Verb mit der Bed. »treten; zappeln, zucken«]: **1.** ⟨ist⟩ **a)** *sich [durch kräftiges Sichabstoßen mit den Beinen vom Boden] in die Höhe, nach vorn schnellen:* gut, hoch s. können; mit Anlauf, aus dem Stand s.; nun spring doch endlich!; die Kinder springen mit dem [Spring]seil; die Fische springen *(schnellen sich aus dem Wasser);* Ü wenn man beim Mühlespiel nur noch drei Steine hat, darf man s. *(seine Steine auf jeden beliebigen freien Punkt setzen);* **b)** *sich springend (1 a) irgendwohin, in eine bestimmte Richtung, von einem bestimmten Platz wegbewegen:* der Hund sprang ihm an die Kehle; die Katze ist auf den Tisch gesprungen; auf, vor einen fahrenden Zug s.; auf die Beine, Füße s. *(mit einer raschen Bewegung aufstehen);* aus dem Fenster, vom

S

Dach s.; aus dem Bett s. *(mit einer raschen, schwungvollen Bewegung aus dem Bett aufstehen)*; aus dem Auto, ins Auto s. *(rasch aus dem Auto, ins Auto steigen)*; hin u. her s.; vor Freude in die Höhe s.; ins Wasser, über Bord s.; vom Pferd s.; über den Graben, von Stein zu Stein s.; zur Seite s.; Ü er springt von einem Thema zum anderen *(wechselt oft unvermittelt das Thema)*; weil mehrere Kollegen krank waren, musste er s. *(je nach Bedarf von einem Arbeitsplatz zum anderen wechseln)*. **2.** ⟨ist/hat⟩ (Sport) **a)** *einen Sprung* (1 b) *ausführen:* jeder darf dreimal s.; bist/hast du schon gesprungen?; **b)** *beim Springen* (2 a) *(eine bestimmte Leistung) erreichen:* er ist/hat 6,20 m, einen neuen Rekord gesprungen; **c)** *(einen bestimmten Sprung) ausführen:* einen Salto s. **3.** *sich rasch in großen Sprüngen, in großen Sätzen fortbewegen* ⟨ist⟩: die Kinder sprangen in alle Richtungen; ein Reh sprang über die Lichtung; Ü wenn sie einen Wunsch hat, springt die ganze Familie *(bemüht sich die ganze Familie ihren Wunsch möglichst schnell zu erfüllen)*; die Flammen sprangen von Haus zu Haus. **4.** ⟨ist⟩ **a)** (südd., schweiz.) *laufen, rennen, eilen:* wenn wir den Bus noch kriegen wollen, müssen wir aber s.; **b)** (landsch.) *[rasch] irgendwohin gehen [um etw. zu besorgen, zu erledigen]:* ich spring nur rasch zum Bäcker, zum Briefkasten. **5.** ⟨ist⟩ **a)** *sich mit einer raschen [ruckartigen] Bewegung irgendwohin bewegen, irgendwohin rücken:* der Zeiger sprang auf die Acht; der Kilometerzähler springt gleich auf 50 000; die Ampel *(das Licht der Ampel)* sprang [von Gelb] auf Rot; **b)** *(aus einer Lage) geschnellt werden:* ein Knopf war ihm von der Jacke gesprungen; der Ball sprang ihm vom Fuß, sprang vom Schläger; **c)** *sich, einem starken Druck nachgebend, mit einem Ruck aus seiner Lage bewegen:* die Lok ist aus dem Gleis gesprungen; die Straßenbahn sprang aus den Schienen *(entgleiste)*; ***etw. s. lassen** (ugs.; *etw. spendieren*): er hat 400 Mark s. lassen. **6.** ⟨ist⟩ **a)** *[aufprallen u.] in die Höhe springen:* der Ball springt nicht mehr; **b)** *sich springend* (6 a) *irgendwohin bewegen:* der Ball sprang über die Torlinie, ins Aus. **7.** (geh.) *spritzend, sprudelnd aus etw. hervortreten* ⟨ist⟩: aus dem Stein sprangen Funken. **8.** ⟨ist⟩ **a)** *einen Sprung* (3), *Sprünge bekommen:* die Vase ist gesprungen; **b)** *zerspringen:* in Scherben, in 1000 Stücke s.; eine Saite ist gesprungen *(gerissen)*; **c)** *aufbrechen, platzen:* gesprungene Lippen.

Sprin|gen, das; -s, -: **1.** ⟨o. Pl.⟩ *Vorgang, Tätigkeit des Springens.* **2.** (Sport, bes. Pferdesport) *Wettbewerb in einer Disziplin, bei der gesprungen wird* (z. B. Jagd-, Ski-, Zeitspringen).

Sprin|ger, der; -s, - [mhd. springer = Tänzer, Gaukler]: **1.** *Sportler, in dessen Disziplin gesprungen wird* (z. B. Fallschirm-, Hoch-, Kunst-, Ski-, Turm-, Weitspringer). **2.** (Zool.) *Tier, das sich [vorwiegend] springend fortbewegt:* Heuschrecken sind S. **3.** *Schachfigur, die ein Feld weit in gerader u. ein Feld weit in schräger Richtung bewegt werden kann; Pferd* (3); *Rössel* (2). **4.** *Arbeitnehmer, der dazu eingestellt ist, je nach Bedarf an verschiedenen Arbeitsplätzen innerhalb eines Betriebes eingesetzt zu werden:* er wurde als S. eingesetzt. **5.** ***junger S.** (ugs.; *junger, unerfahrener Mensch*). **6.** (Landw.) *(bei bestimmten Haustieren) männliches Zuchttier.*

Sprin|ge|rin, die; -, -nen: w. Form zu ↑Springer (1, 2, 4).

Sprin|ger|stie|fel, der: *Schnürstiefel, wie er von Fallschirmspringern (a) getragen wird.*

Spring|flut, die: *bei Voll- u. Neumond auftretende, besonders hohe Flut.*

Spring|ins|feld, der; -[e]s, -e ⟨Pl. selten⟩ (scherzh.): *unerfahrener, unreifer junger Mensch von unbekümmerter Wesensart.*

Spring|kraut, das ⟨o. Pl.⟩: *(in vielen Arten vorkommende) Pflanze, deren reife Früchte bei Berührung aufspringen u. die Samen herausschleudern; Impatiens.*

Spring|prü|fung, die (Reiten): *Prüfung im Springreiten.*

Spring|rei|ten, das (Reiten): *Jagdspringen.*

Spring|rei|ter, der (Reiten): *jmd., der das Springreiten betreibt.*

Spring|rei|te|rin, die: w. Form zu ↑Springreiter.

Spring|tanz, der: *Tanz, bei dem die Schritte vorwiegend springend, hüpfend ausgeführt werden.*

Spring|tur|nier, das (Reiten): *Turnier im Jagdspringen.*

Sprink|ler, der; -s, - [engl. sprinkler, zu: to sprinkle = sprenkeln, Wasser versprengen]: **1.** (Fachspr.) *weißer Nerzpelz mit eingesprengten schwarzen Haaren.* **2. a)** *Rasensprenger;* **b)** *Düse zum Versprühen von Wasser (als Teil einer Sprinkleranlage).*

Sprink|ler|an|la|ge, die: *automatische Feuerlöschanlage, bei der an der Decke Düsen installiert sind, die im Falle eines Brandes automatisch Wasser versprühen.*

Sprint, der; -s, -s [engl. sprint, zu: to sprint, ↑sprinten] (Sport): **1. a)** *Kurzstreckenlauf;* **b)** *Eisschnelllauf über eine kurze Strecke;* **c)** *Fliegerrennen* (1). **2.** *das Sprinten* (1): einen S. einlegen.

sprin|ten ⟨sw. V.⟩ [engl. to sprint, aus dem Nordgerm.]: **1.** (Sport) *eine kurze Strecke mit größtmöglicher Geschwindigkeit zurücklegen* ⟨ist/hat⟩: auf den letzten 200 m s.; sie sprintete die Strecke in 11 Sekunden. **2.** ⟨ist⟩ (ugs.) **a)** *schnell laufen:* ihr müsst s.!; **b)** *schnell irgendwohin laufen:* um die Ecke, über die Straße s.

Sprin|ter, der; -s, - [engl. sprinter, zu: to sprint, ↑sprinten] (Sport): **a)** *Läufer, der auf Kurzstreckenlauf spezialisiert ist;* **b)** *Eisschnellläufer über eine kurze Strecke;* **c)** *Flieger* (5 b).

Sprin|te|rin, die; -, -nen: w. Form zu ↑Sprinter.

Sprint|stre|cke, die (Sport): *Kurzstrecke* (b).

Sprit, der; -[e]s, (Arten:) -e [2: aus dem Niederd., volkst. Umbildung von ↑[1]Spiritus; unter Anlehnung an frz. esprit, ↑Esprit]: **1.** ⟨Pl. selten⟩ (ugs.) *Treibstoff, Benzin:* der S. reicht noch, nicht mehr. **2. a)** ⟨Pl. selten⟩ (ugs.) *Branntwein, Schnaps:* er säuft den S. wie Wasser; **b)** ⟨o. Pl.⟩ (Fachspr.) *Ethylalkohol.*

Sprit|ver|brauch, der (ugs.): *Treibstoff-, Benzinverbrauch.*

Spritz|be|ton, der (Bauw.): *mit hohem Druck in die Schalung od. gegen schon vorhandene Bauteile gespritzter Beton.*

Spritz|beu|tel, der (Kochk.): *Dressiersack.*

Spritz|bild, das (bild. Kunst): *Bild, bei dem die Farbe (mit einer Spritzpistole o. Ä.) auf die Leinwand, aufs Papier gesprüht wird (wobei scharfe Konturen mithilfe von Schablonen erzielt werden).*

Sprit|ze, die; -, -n [mhd. sprütze, sprutze; 3 a: 15. Jh.]: **1.** *mit einer Düse, Tülle o. Ä. versehenes Gerät zum Spritzen, Versprühen o. Ä. von Flüssigkeiten od. weichen, pastenartigen Stoffen:* eine S. zum Versprühen von Pestiziden; mit einer S. kleine Kringel formen. **2. a)** kurz für ↑Injektionsspritze: eine S. mit einer stumpfen Kanüle; eine S. aufziehen, sterilisieren; **b)** *Injektion:* jmdm. eine S. geben, machen, verpassen; eine S. [in das Gesäß] bekommen; der Fixer hat sich eine S. gesetzt; Ü an der S. hängen (Jargon; *von einer Droge abhängig sein, die injiziert wird*); die S. *(das injizierte Präparat)* wirkt schon. **3. a)** *Löschgerät der Feuerwehr; Feuerspritze:* die Feuerwehr rückte mit vier -n an; **b)** *Löschfahrzeug mit eingebauter Spritze* (3 a); **c)** (ugs.) *Endstück eines Schlauchs, durch das der austretende Wasserstrahl reguliert wird; Strahlrohr:* die S. auf die Flammen richten. **4.** (salopp) *[automatische] Feuerwaffe:* die Gangster ballerten mit ihren -n wild um sich. **5.** (ugs.) *Finanzspritze:* eine S. von zehn Mille könnte mich sanieren; das Unternehmen braucht eine S. **6.** (Skat Jargon) *Kontra:* S.!; jmdm. eine S. geben, verpassen; mit S. spielen.

sprit|zen ⟨sw. V.⟩ [16. Jh., entrundet aus mhd. sprützen, eigtl. = hervorschießen, verw. mit ↑[2]sprießen]: **1.** *(eine Flüssigkeit) in Form von Tropfen, Spritzern irgendwohin gelangen lassen* ⟨hat⟩: jmdm. Wasser ins Gesicht s.; versehentlich Tinte, Farbe auf den Boden s.; ⟨auch o. Akk.-Obj.:⟩ spritz doch nicht so!; mit Wasser s. **2.** *durch Druck in Form eines Strahls aus einer engen Öffnung, einer Düse o. Ä. hervorschießen, hervortreten [u. irgendwohin gelangen] lassen* ⟨hat⟩: Wasser, Löschschaum in die Flammen s.; Sahne auf eine Torte s.; ⟨auch o. Akk.-Obj.:⟩ mit dem Gartenschlauch in die Flammen s. **3.** (derb) *ejakulieren* ⟨hat⟩. **4.** ⟨hat⟩ **a)** *durch Bespritzen in einen bestimmten Zustand versetzen:* er hat mich ganz nass gespritzt; **b)** (ugs.) *bespritzen, nass spritzen:* Mama, sie spritzt mich immer! **5. a)** *sich in Form von Spritzern, Tropfen in verschiedenen Richtungen hin verteilen, gespritzt* (1, 2) *werden* ⟨hat⟩: das Fett spritzt; ⟨auch unpers.:⟩ Vorsicht, es spritzt!; Ü die Räder drehten durch, dass der Dreck nur so spritzte; **b)** *irgendwohin spritzen* (5 a) ⟨ist⟩: das Wasser spritzte ihm ins Gesicht; Fett spritzte nach allen Seiten; **c)** ⟨unpers.⟩ (ugs.) *leicht regnen* ⟨hat⟩: es spritzt [nur] ein wenig. **6.** ⟨hat⟩ **a)** *durch Spritzen* (2) *befeuchten, bewässern; sprengen:* den Rasen, den Hof s.; der Tennisplatz muss mal wieder gespritzt werden; **b)** *mit einem Pflanzenschutzmittel o. Ä. besprühen:* Reben s.; gespritztes Obst; **c)** *mithilfe einer Spritzpistole o. Ä. mit Farbe, Lack o. Ä. besprühen:* ein Auto [neu] s.; ein gelb gespritztes Fahrzeug. **7.** *(ein [alkoholisches] Getränk) mit Selterswasser, Limonade o. Ä. verdünnen* ⟨hat⟩: Apfelsaft s.; ein gespritzter Wein. **8.** ⟨hat⟩ **a)** *injizieren:* ein Kontrastmittel, Hormone s.; der Arzt spritzte ihm ein Schmerzmittel [in die Vene]; **b)** (ugs.) *jmdm. eine Injektion verabreichen:* der Arzt hat ihn gespritzt; der Diabetiker muss sich täglich einmal s.; ⟨auch o. Akk.-Obj.:⟩ er hatte gespritzt *(sich Rauschgift injiziert)*. **9.** ⟨hat⟩ **a)** *durch Spritzen* (2) *erzeugen, herstellen:* eine Eisbahn s.; er spritzte eine Blume aus Sahne auf die Torte; **b)** (Fertigungst.) *im Spritzguss herstellen:* gespritzte Kunststoffartikel. **10.** ⟨ist⟩ (ugs.) **a)** *schnell [irgendwohin] laufen:* zur Seite, um die Ecke s.; **b)** *diensteifrig laufen, um jmds. Wünsche zu erfüllen.*

Sprit|zer, der; -s, - [älter = jmd., der spritzt; Spritzgerät]: **1. a)** *kleinere zusammenhängende, durch die Luft fliegende Menge einer Flüssigkeit:* ein paar S. landeten auf ihrer weißen Bluse; **b)** *kleine Menge einer Flüssigkeit, die jmd. in, auf etw. spritzt:* ein S. Zitronensaft; ein paar S. Spülmittel ins Wasser geben; Whisky mit einem S. *(Schuss)* Soda; **c)** *von einem Spritzer* (1 a) *hinterlassener Fleck:* du hast noch ein paar S. [Farbe] im Gesicht. **2.** *jmd., der beruflich spritzt* (6 c): er arbeitet als S. in einer Spielwarenfabrik. **3.** (ugs.) *Fixer* (2): Kiffer und S. **4.** ***junger S.** (↑Springer 5).

Spritz|fahrt, die (ugs. veraltend): *Spritztour.*

Spritz|ge|bäck, (landsch.:) **Spritz|ge|ba|cke|ne,** das: *aus Rührteig mit einer Teigspritze geformtes Gebäck.*

Spritz|ge|rät, das: *Vorrichtung, Gerät zum Zerstäuben von Flüssigkeit.*

Spritz|guss, der ⟨o. Pl.⟩ (Fertigungst.): *Verfahren zur Verarbeitung von thermoplastischen Stoffen, bei dem das erwärmte Material in eine kalte Form gespritzt wird.*

sprit|zig ⟨Adj.⟩: **a)** *anregend, belebend, prickelnd:* ein -er Wein; Parfüms mit -er Note; **b)** *schwungvoll; flott u. flüssig [dargeboten] u. dadurch unterhaltsam:* eine -e Komödie, Inszenierung; die Musik war sehr s.; eine s. geschriebene Reportage; **c)** *wendig, agil:* ein -er Stürmer; **d)** *mit hohem Beschleunigungsvermögen:* ein -er Motor; der Wagen fährt s.

Sprit|zig|keit, die; -: *das Spritzigsein.*

Spritz|lack, der: *zum Spritzen* (6 c) *geeigneter Lack.*

Spritz|pis|to|le, die: *Spritzgerät, bes. zum Lackieren.*

Spritz|schutz, der: *etw., was zum Schutz vor Spritzern, vor Spritzwasser dient* (z. B. Plane, Schutzblech).

S

Spritz|tour, die [aus der Studentenspr.] (ugs.): *kurze Vergnügungsfahrt, kurzer Ausflug, bes. mit einem privaten Fahrzeug:* eine kleine S. machen.

Spritz|was|ser, das ⟨o. Pl.⟩: *spritzendes, in Form von Spritzern irgendwohin gelangtes Wasser.*

spröd (seltener), **sprö|de** ⟨Adj.⟩ [spätmhd. spröd, urspr. bes. im Hüttenwesen von Metallen gesagt, viell. eigtl. = leicht springend u. verw. mit ↑sprühen]: **1. a)** *hart, unelastisch u. leicht brechend od. springend:* sprödes Glas; dieser Kunststoff ist für so einen Zweck zu s.; **b)** *sehr trocken u. daher nicht geschmeidig u. leicht aufspringend od. reißend:* spröde Haare, Nägel, Lippen; zu viel Sonne macht die Haut s. **2.** *rau, hart klingend; brüchig:* eine spröde Stimme. **3. a)** *schwer zu gestalten:* ein sprödes Thema; **b)** *schwer zugänglich, abweisend, verschlossen wirkend:* ein sprödes Wesen haben; sie ist eine spröde Schönheit; eine Landschaft von spröder Schönheit; sich s. geben, zeigen.

Sprö|de, die; - (geh. veraltend), **Spröd|heit,** die; -, **Sprö|dig|keit,** die; -: *spröde Beschaffenheit, sprödes Wesen.*

spross: ↑²sprießen.

Spross, der; -es, -e u. -en [spätmhd. sproß, spruß, zu mhd. sprüȥen, ↑²sprießen; eigtl. Nebenf. von ↑Sprosse u. erst im 18. Jh. von diesem unterschieden]: **1. a)** *[junger] Trieb einer Pflanze; Schössling:* der Baum treibt einen neuen S.; **b)** (Bot.) *meist über der Erde wachsender, Sprossachse u. Blätter einschließender Teil einer Sprosspflanze.* **2.** ⟨Pl. meist -e⟩ (geh.) *Nachkomme, Abkömmling, bes. Sohn [aus vornehmer, adliger Familie]:* der letzte S. eines stolzen Geschlechts; ein S. aus ältestem Adel. **3.** ⟨Pl. nur -en⟩ (Jägerspr.) *Sprosse* (3).

Spross|ach|se, die (Bot.): *Stamm, Stängel (als Blätter tragendes Organ der Sprosspflanzen).*

Spröss|chen, das; -s, -: Vkl. zu ↑Spross, ↑Sprosse.

Spros|se, die; -, -n [1 a: mhd. sproȥȥe, ahd. sproȥȥo, zu ↑²sprießen; wohl nach dem Baumstamm mit Aststümpfen als ältester Form der Leiter od. eigtl. = kurze (Quer)stange; 3: wohl eigtl. im Sinne von »Querstange« od. »Zweig«; 4: vgl. Sommersprosse]: **1. a)** *Querholz, -stange einer Leiter:* die oberste S. der Leiter; eine S. fehlt, ist gebrochen; **Ü** er stand auf der ersten, obersten S. seiner Karriere; **b)** *Querholz, mit dem ein Fenster o. Ä. unterteilt ist.* **2.** (österr.) kurz für ↑Kohlsprosse. **3.** (Jägerspr.) *Spitze eines [Hirsch]geweihs; Ende* (3). **4.** (veraltet) *Sommersprosse; kleiner Leberfleck.*

sprös|se: ↑²sprießen.

spros|sen ⟨sw. V.⟩ [zu ↑Spross] (selten): **a)** *(von Pflanzen) neue Triebe hervorbringen, Sprosse treiben* ⟨hat⟩: im Frühling sprossen Bäume und Sträucher; **b)** *²sprießen* ⟨ist⟩: überall sprossen Blumen [aus der Erde]; **Ü** der Bart will noch nicht so recht s. (scherzh.; *wachsen*).

Spros|sen|kohl, der ⟨o. Pl.⟩ (österr.): *Rosenkohl.*

Spröss|ling, der; -s, -e [1: spätmhd. sproßling; 2: spätmhd. sprüßling]: **1.** (veraltet) *Spross* (1). **2.** (ugs. scherzh.) *Kind* (2), *bes. Sohn (bes. im Kindes-, Jugendalter):* unser S. kommt nächstes Jahr ins Gymnasium.

Spross|pflan|ze, die (Bot.): *Kormophyt.*

Spros|sung, die; -, -en ⟨Pl. selten⟩ (geh. veraltend): *das Sprossen; Knospen.*

Sprott, der; -[e]s, -e (landsch., Fachspr.), **Sprot|te,** die; -, -n [aus dem Niederd., viell. verw. mit ↑Spross u. urspr. = Jungfisch]: *kleiner, heringsähnlicher, im Meer in Schwärmen lebender Fisch, der bes. geräuchert gegessen wird:* geräucherte, marinierte Sprotten; Kieler Sprotten/ (landsch.:) Sprotte *(geräucherte Sprotten [aus der Stadt Kiel]).*

Spruch, der; -[e]s, Sprüche [mhd. spruch, auch = gesprochenes Gedicht, zu ↑sprechen, urspr. = Gesprochenes]: **1. a)** *kurzer, einprägsamer, oft gereimter Satz, der eine Lebensregel, eine Lebensweisheit enthält:* ein kluger, weiser, frommer S.; jmdm. einen S. ins Poesiealbum schreiben; sich einen S. [von Goethe] an die Wand hängen; einen S. beherzigen; ein S. *(Zitat)* aus der Bibel; die Sprüche *(Aussprüche)* Jesu; die Hauswand war mit anarchistischen Sprüchen (ugs.; *Parolen*) beschmiert; **b)** *[lehrhaftes] meist kurzes, einstrophiges Gedicht, Lied mit oft moralischem, religiösem od. politischem Inhalt (bes. in der mittelhochdeutschen Dichtung, auch im Alten Testament):* die politischen Sprüche Walthers von der Vogelweide; das Buch der Sprüche, die Sprüche Salomos *(Buch des Alten Testaments, das eine König Salomo zugeschriebene Sammlung von Spruchweisheiten enthält).* **2.** ⟨meist Pl.⟩ (ugs. abwertend) *nichts sagende Phrase:* das sind doch alles nur Sprüche!; das ist doch nur so ein dummer S.; Sprüche helfen uns nicht weiter; * **Sprüche machen/klopfen** (ugs. abwertend; *sich in groß tönenden Worten äußern, hinter denen nicht viel steckt*). **3.** (ugs.) *etw., was jmd. in einer bestimmten Situation [immer wieder in stets gleicher, oft formelhafter Formulierung] sagt:* der Vertreter leiert an jeder Tür seinen S. herunter; er hat immer denselben S. drauf. **4. a)** *Urteils-, Schiedsspruch o. Ä.;* **b)** *prophetische Äußerung; Orakelspruch:* ein delphischer S.

Spruch|band, das ⟨Pl. ...bänder⟩: **1.** *breites Band aus Stoff, Papier o. Ä., auf dem [politische] Forderungen, Parolen o. Ä. stehen; Transparent* (1). **2.** *(auf Bildern, bes. des MA.s) gemaltes Band mit Erklärungen zu dem jeweiligen Bild, mit den Namen von dargestellten Personen od. Sachen.*

Spruch|dich|ter, der: *Verfasser von Sprüchen* (1 b).

Spruch|dich|te|rin, die: w. Form zu ↑Spruchdichter.

Sprü|che|klop|fer, der (ugs. abwertend): *jmd., der sich häufig in Sprüchen* (2) *ergeht.*

Sprü|che|klop|fe|rei, die; -, -en (ugs. abwertend): *[dauerndes] Sprücheklopfen.*

Sprü|che|klop|fe|rin, die; -, -nen: w. Form zu ↑Sprücheklopfer.

Sprü|chel, das; -s, -[n] (österr.), **Sprü|chel|chen,** das; -s, -: Vkl. zu ↑Spruch (1 a, 3).

Sprüch|lein, das; -s, -: **1.** Vkl. zu ↑Spruch (1 a). **2.** Vkl. zu ↑Spruch (3): sein S. aufsagen.

spruch|reif ⟨Adj.⟩ [zu ↑Spruch (4 a)]: *(in Bezug auf eine Sache, einen Sachverhalt) sich in dem Stadium befindend, in dem darüber gesprochen, entschieden werden kann:* die Sache ist noch nicht s.

Spruch|weis|heit, die: *als Spruch* (1 a) *formulierte Weisheit.*

Spru|del, der; -s, - [zu ↑sprudeln]: **1. a)** *stark kohlensäurehaltiges Mineralwasser:* eine Flasche S.; zwei S. *(zwei Glas Sprudel);* **b)** (österr.) *alkoholfreies Erfrischungsgetränk.* **2.** (veraltet) *Quelle, Fontäne [eines Springbrunnens]; [auf]sprudelndes Wasser.*

spru|deln ⟨sw. V.⟩ [wohl unter Einfluss von prudeln (= landsch. Nebenform von ↑brodeln) weitergebildet aus ↑sprühen]: **1.** ⟨ist⟩ **a)** *wallend, wirbelnd, schäumend (aus einer Öffnung) [hervor]strömen, [hervor]quellen:* eine Quelle sprudelte aus der Felswand; **Ü** die Worte sprudelten nur so über ihre Lippen; die Ideen, die Gewinne s.; **b)** *wallend, schäumend fließen, sich irgendwohin ergießen:* schäumend sprudelt der Champagner ins Glas. **2.** ⟨hat⟩ **a)** *in heftiger, wallender Bewegung sein u. Blasen aufsteigen lassen:* das Wasser begann im Topf zu s.; **b)** *durch viele, rasch aufsteigende u. an der Oberfläche zerplatzende Bläschen in lebhafter Bewegung sein:* der Sekt sprudelt im Glas. **3.** *in lebhafter Bewegung, lebhaft erregt sein, überschäumen* ⟨hat⟩: vor Begeisterung, guter Laune s.; ein sprudelndes Temperament. **4.** (ugs.) *schnell, hastig, überstürzt sprechen* ⟨hat⟩. **5.** (österr.) *quirlen* (1) ⟨hat⟩.

Spru|del|was|ser, das ⟨Pl. ...wässer⟩: *Sprudel* (a).

Sprüh|do|se, die: *Spraydose.*

sprü|hen ⟨sw. V.⟩ [frühnhd., ablautend zu mhd. spræjen = spritzen, stieben, verw. z. B. mit griech. speírein, ↑sporadisch]: **1. a)** *in vielen kleinen, fein verteilten Tröpfchen, in zerstäubter Form an eine bestimmte Stelle gelangen lassen* ⟨hat⟩: Wasser auf die Blätter, über die Pflanzen s.; Pestizide, E 605 s.; (auch o. Akk.-Obj.:) wieder s. *(ein Schädlingsbekämpfungsmittel versprühen)* müssen; **b)** *durch Sprühen* (1 a) *entstehen lassen, irgendwo anbringen* ⟨hat⟩: Graffiti s.; sie sprühten Parolen an Wände; **c)** ⟨unpers.⟩ *leicht regnen; nieseln* ⟨hat⟩: es sprüht [nur ein bisschen]; **d)** *in vielen kleinen, fein verteilten Tröpfchen durch die Luft fliegen* ⟨hat⟩: die Gischt sprühte; **e)** *in vielen kleinen, fein verteilten Tröpfchen irgendwohin fliegen* ⟨ist⟩: Gischt sprühte über das Deck. **2.** ⟨hat⟩ **a)** *etw. in Form vieler kleiner Teilchen von sich schleudern, fliegen lassen* ⟨hat⟩: der Krater sprüht Funken; **Ü** ihre grünen Augen sprühten ein gefährliches Feuer; (auch o. Akk.-Obj.:) ihre Augen sprühten [vor Freude]; er ließ seinen Geist, Witz s.; der Redner sprühte von Ideen, vor Witz; (häufig im 1. Part.:) sein sprühender *(reger, immer neue Ideen hervorbringender)* Geist; in sprühender *(ausgelassener)* Laune; ein sprühendes *(besonders lebhaftes)* Temperament; **b)** *(von kleinen Teilchen) durch die Luft fliegen* ⟨hat⟩: die Funken sprühten; **c)** *in Form vieler kleiner Teilchen irgendwohin fliegen* ⟨ist⟩: die Funken sind über den Teich gesprüht; **d)** *funkeln, glitzern* ⟨hat⟩: sprühende Sterne, Brillanten.

Sprüh|ge|rät, das: *Gerät zum Versprühen flüssiger Stoffe, bes. von Schädlingsbekämpfungsmitteln.*

Sprüh|mit|tel, das: *Mittel zum Besprühen von etw.* (z. B. Insektizid).

Sprüh|re|gen, der (bes. Met.): *Nieselregen.*

Sprüh|sah|ne, die: **1.** *mithilfe einer Sprühsahne* (2) *geschlagene Sahne.* **2.** *mit flüssiger Sahne u. einem Treibmittel gefüllte Sprühdose zur schnellen Verfügbarkeit geschlagener Sahne.*

Sprung, der; -[e]s, Sprünge [1: mhd., spätahd. sprunc, zu ↑springen; 3: eigtl. = aufgesprungener Spalt]: **1. a)** *das Springen; springende Bewegung:* ein hoher, weiter S.; ein S. aus dem Fenster, über einen Graben; einen S. machen, tun; der Hengst vollführte wilde Sprünge; die Katze schnappte den Vogel im S.; in großen Sprüngen überquerte der Hirsch die Lichtung; mit einem gewaltigen S. setzte er über die Mauer; zum S. ansetzen; sich durch einen S. zur Seite retten; der Tiger duckte sich zum S.; **R** S. auf, marsch, marsch! (Milit.; Kommando, aus liegender Haltung aufzuspringen u. sich im Laufschritt in Marsch zu setzen); **Ü** die neue Stelle bedeutet für sie einen großen S. nach vorn *(eine große Verbesserung);* der Schauspieler hat den S. *(das Überwechseln)* zum Film nicht gewagt; sein Herz machte vor Freude einen S.; der Sprung auf den zweiten Tabellenplatz; beim Vorlesen einen S. machen *(ein Textstück o. Ä. überspringen);* die Natur macht keinen S., keine Sprünge *(in der Natur entwickelt sich alles langsam u. kontinuierlich);* * **ein S. ins kalte Wasser** (ugs.; *Aufnahme einer Tätigkeit, die jmdm. völlig neu, völlig unvertraut ist u. von der er nicht weiß, ob er ihr gewachsen sein wird*); **ein S. ins Dunkle/Ungewisse** *(ein Entschluss, von dem jmd. nicht weiß, wie er sich auf sein weiteres Leben auswirken wird);* **keine großen Sprünge machen können/sich erlauben können** (ugs.; *sich, bes. finanziell, nicht viel leisten können*); **auf einen S./**(landsch.:) **einen S.** (ugs.; *für kurze Zeit*): ich gehe [auf] einen S. in die Kneipe; ich komme nur [auf] einen S. vorbei!; **auf dem S. sein/**(seltener:) **stehen** (ugs.; *gerade anfangen wollen, etw. zu tun*): wir sind auf dem -, ins Kino zu gehen; **auf dem S. sein** (ugs.; *in Eile sein, keine Zeit, keine Ruhe haben, sich länger aufzuhalten*): bist du etwa schon wieder auf dem S.?; **b)** *als sportliche Übung o. Ä. (z. B. im Weitsprung, Hochsprung) ausgeführter Sprung:* ein dreifacher S. (beim Eiskunstlauf); ein S. vom 5-Meter-Turm, über den Kasten; ihm gelang ein S. von 8,25 m. **2.** (ugs.) *geringe Entfernung; Katzensprung* (1): von dort ist es nur ein S. bis zur Grenze; er wohnt nur einen S. von hier. **3.** *feiner*

Riss (in einem spröden Material): in der Scheibe ist ein S., sind Sprünge; die Tasse, der Spiegel, das Glas hat einen S.; * **einen S. in der Schüssel haben** (salopp; *nicht recht bei Verstand sein*). 4. (Landw.) *(bei manchen Haustieren) das Bespringen:* der Bulle ist zum S. zugelassen. 5. (Jägerspr.) *hinteres Bein des Hasen.* 6. (Jägerspr.) *Gruppe von Rehen:* ein S. Rehe. 7. (Geol.) *Verwerfung* (2). 8. (Schiffbau) *geschwungene Linie, geschwungener Verlauf eines Decks (von der Seite gesehen).* 9. (Weberei) *Fach* (3). 10. * **jmdm. auf die Sprünge helfen** (ugs.; *jmdm. [durch Hinweise, Zureden o. Ä.] weiterhelfen;* diese u. die folgenden Redewendungen gehen wohl von »Sprung« im Sinne von »Springen, rasche Vorwärtsbewegung« aus; möglich ist aber auch eine Anknüpfung an »Sprung« in der jägerspr. Bed. »Spur [bes. eines Hasen]«); **einer Sache auf die Sprünge helfen** (ugs.; *dafür sorgen, dass etw. wie gewünscht funktioniert*): wir helfen Ihrer Fantasie gern ein wenig auf die Sprünge; **jmdm. auf die Sprünge kommen** (ugs.; ↑Schlich 1).

Sprung|be|cken, das: *Becken (2 a) zum Springen (beim Schwimmsport).*

Sprung|bein, das: 1. *Bein, mit dem ein Springer* (1) *abspringt.* 2. (Anat.) *zwischen Schien- u. Fersenbein gelegener Fußwurzelknochen.*

Sprung|brett, das: 1. (Turnen) *Vorrichtung mit einer schrägen [federnden] Fläche, von der abgesprungen wird:* sie hat das S. nicht gut getroffen; Ü ein Amt, einen Posten als S. *(als gute Ausgangsposition)* [für/(seltener:) in eine Karriere] benutzen. 2. *am Rand eines Schwimmbeckens, Sprungbeckens angebrachtes, langes, stark federndes Brett, von dem aus die Sprünge ins Wasser ausgeführt werden.*

Sprung|fe|der, die: *Spiralfeder aus Stahl (z. B. in Polstermöbeln).*

Sprung|fe|der|ma|trat|ze, die: *Matratze, in der sich Sprungfedern befinden.*

Sprung|fe|der|rah|men, der: *aus einem Rahmen mit vielen darin befestigten Sprungfedern bestehender Teil eines Bettes, auf dem die Matratze aufliegt.*

Sprung|ge|lenk, das (Anat.): *Gelenk zwischen den Unterschenkelknochen u. der Fußwurzel.*

sprung|haft ⟨Adj.⟩: 1. *nicht beständig bei etw. bleibend, sondern häufig abrupt, übergangslos zu etw. anderem wechselnd:* ein furchtbar -er Mensch; er hat ein sehr -es Wesen; -e *(an Gedankensprüngen reiche)* Gedanken. 2. a) *abrupt u. übergangslos:* -e Veränderungen; b) *rasch zunehmend, emporschnellend* (b): ein -er Preisanstieg; s. zunehmen.

Sprung|kas|ten, der (Turnen): *Kasten* (11).

Sprung|lat|te, die (Leichtathletik): *Latte* (2 b).

Sprung|lauf, der (Ski): *Skisprung (als Teil der nordischen Kombination).*

Sprung|pferd, das (Turnen): *Pferd* (2) *ohne Pauschen.*

Sprung|schan|ze, die (Ski): *Anlage für Skispringen mit einer stark abschüssigen Bahn zum Anlaufnehmen; Bakken* (a).

Sprung|seil, das: *[in der Mitte verdicktes, an den Enden mit Griffen versehenes] Seil zum Seilspringen.*

Sprung|tuch, das ⟨Pl. ...tücher⟩: 1. *(von der Feuerwehr verwendetes) aus festem Tuch bestehendes Rettungsgerät zum Auffangen von Menschen, die sich nur durch einen Sprung aus einem brennenden Gebäude retten können.* 2. (Sport) *federnd im Rahmen eines Trampolins aufgehängtes, sehr festes Tuch.*

Sprung|turm, der (Sport): *turmartige Konstruktion mit verschieden hohen Plattformen zum Turmspringen.*

SPS = Sozialdemokratische Partei der Schweiz.

Spu|cke, die; - [zu ↑spucken] (ugs.): *Speichel:* die Briefmarke mit [etwas] S. anfeuchten; * **jmdm. bleibt die S. weg** (ugs.; *jmd. ist vor Überraschung, vor Staunen sprachlos*).

spu|cken ⟨sw. V.; hat⟩ [aus dem Ostmd., wohl Intensivbildung zu dem ↑speien zugrunde liegenden Verb]: 1. a) *Speichel mit Druck aus dem Mund ausstoßen:* häufig s.; Ü der Motor spuckt *(funktioniert nicht mehr ordnungsgemäß)*; b) *(in Verbindung mit Speichel) aus dem Mund von sich geben:* Blut s.; Kirschkerne s.; Ü der Vulkan spuckt glühende Asche und Lava; c) *durch Spucken* (1 a) *Speichel irgendwohin treffen lassen:* auf den Boden, in die Luft, jmdm. ins Gesicht s.; nach jmdm. s.; Ü Männer, die in die Hände spuckten *(die ohne Zögern u. mit Schwung an die Arbeit gingen)*; d) *durch Spucken irgendwohin treffen lassen:* einen Kirschkern aus dem Fenster s. 2. (landsch.) *sich übergeben, erbrechen:* das Kind hat gespuckt; viele Passagiere auf dem Schiff mussten s. 3. (salopp) *jmdn., etw. voller Verachtung ablehnen, zurückweisen:* auf jmdn., auf jmds. Geld s.

Spuck|napf, der: *zum Hineinspucken aufgestelltes Gefäß.*

Spuk, der; -[e]s, -e ⟨Pl. selten⟩ [aus dem Niederd. < mniederd. spōk, spūk, spoek, H. u.]: 1. *Geistererscheinung:* der S. begann Schlag Mitternacht; der S. war vorbei; nicht an S. glauben. 2. a) (abwertend) *Geschehen, das so schrecklich, so ungeheuerlich ist, dass es unwirklich anmutet:* der faschistische S. war endlich vorbei; die Polizei stürmte das Gebäude und machte dem S. ein Ende; b) (ugs. veraltend) *Lärm, Trubel:* die Kinder machen ja einen tollen S.!; Ü die Sache lohnt den ganzen S. *(den Aufwand, die Umstände)* nicht; mach doch deswegen nicht so einen S.! *(so viel Aufhebens!)*. 3. (veraltet) *Spukgestalt, Gespenst.*

spu|ken ⟨sw. V.⟩ [aus dem Niederd. < mniederd. spōken]: a) *als Geist, Gespenst irgendwo umgehen* ⟨hat⟩: der Geist des Schlossherrn spukt hier noch heute; ⟨meist unpers.:⟩ in dem Haus spukt es; hier soll es früher gespukt haben; Ü dieser Aberglaube spukt noch immer in den Köpfen vieler Menschen; b) *sich spukend* (a) *irgendwohin bewegen* ⟨ist⟩: ein Gespenst, der Geist der Ermordeten spukt allnächtlich durch das Schloss; * **bei jmdm. spukt es** (ugs. seltener; *jmd. ist nicht recht bei Verstand*).

Spu|ke|rei, die; -, -en (ugs.): *[dauerndes] Spuken.*

Spuk|geist, der: vgl. Spukgestalt.

Spuk|ge|stalt, die: *Gespenst; Geistererscheinung.*

spuk|haft ⟨Adj.⟩ [aus dem Niederd. < mniederd. spōkaftich]: a) *als Spuk* (1) *auftretend, auf Spuk zurückführbar:* eine -e Gestalt; -e Vorgänge, Erscheinungen; b) (seltener) *wie ein Spuk [wirkend], gespenstisch:* eine -e Atmosphäre.

Spuk|schloss, das: *Schloss, in dem es spukt.*

Spuk|we|sen, das: vgl. Spukgestalt.

Spül|be|cken, das: 1. *Becken* (1) *zum Geschirrspülen (in einer Spüle).* 2. *(bes. in Zahnarztpraxen) kleines Becken* (1) *mit einer Spülvorrichtung, über dem der Patient sich den Mund ausspülen kann.*

Spu|le, die; -, -n [mhd. spuol(e), ahd. spuolo, spuola, eigtl. = abgespaltenes Holzstück (zum Aufwickeln der Webfäden) u. wahrsch. verw. mit ↑spalten]: 1. *Rolle, auf die etw. aufgewickelt wird:* eine leere S.; Garn auf eine S. wickeln; das Tonband, der Film ist von der S. gelaufen; eine S. Garn *(eine Spule mit darauf aufgewickeltem Garn)*. 2. (Elektrot.) *elektrisches Schaltelement, das aus einem meist langen, dünnen, isolierten [Kupfer]draht besteht, der auf eine Spule* (1) *o. Ä. gewickelt ist [u. einen Eisenkern umschließt].*

Spü|le, die; -, -n [zu ↑spülen]: *schrankartiges Küchenmöbel mit ein od. zwei Spülbecken.*

spu|len ⟨sw. V.; hat⟩ [mhd. spuolen, zu ↑Spule]: a) *auf eine Spule wickeln:* mit der Nähmaschine Garn s.; den Film auf eine andere Rolle s.; etw. von einer Spule, Rolle s. *(abspulen)*; das Tonband an den Anfang einer Aufnahme s. *(bis zu der Stelle umspulen, an der die Aufnahme beginnt)*; ⟨auch ohne Akk.-Obj.:⟩ lange s. *(die Spule laufen lassen)* müssen; b) ⟨s. + sich⟩ *automatisch auf eine Spule gewickelt werden.*

spü|len ⟨sw. V.⟩ [mhd. spüelen, ahd. in: irspuolen, H. u.]: 1. ⟨hat⟩ a) *etw. mit einer Flüssigkeit, durch Bewegen in einer Flüssigkeit von Schmutz, Rückständen o. Ä. befreien, reinigen:* den Pullover nach dem Waschen mit viel Wasser, lauwarm s.; ⟨auch o. Akk.-Obj.:⟩ die Waschmaschine spült gerade; b) *spülend* (1 a) *von irgendwo entfernen, irgendwohin schwemmen:* die Seife aus der Wäsche s.; sich das Shampoo aus dem Haar s.; c) *mit Wasser [u. einem Reinigungsmittel] säubern, abwaschen* (2): Geschirr s.; die Teller von Hand s.; sind die Gläser schon gespült?; ⟨auch o. Akk.-Obj.:⟩ wenn du spülst, trockne ich ab. 2. *die Wasserspülung der Toilette betätigen* ⟨hat⟩: vergiss nicht zu s.! 3. a) *(von Flüssigkeiten, bes. Wasser) mitreißen u. irgendwohin gelangen lassen, schwemmen* ⟨hat⟩: die Flut hat ihre Leiche an den Strand, auf den Strand gespült; er wurde [von einer übergehenden See] ins Meer, über Bord gespült; b) (selten) *irgendwohin geschwemmt werden* ⟨ist⟩: Wrackteile spülten auf den Strand. 4. *sich [in größerer Menge, in kräftigem Schwall] irgendwohin ergießen* ⟨ist⟩: das Meer spült ans Ufer.

Spül|gang, der: *Phase des in einer Wasch- od. einer Spülmaschine ablaufenden Programms* (1 d), *während der die Maschine mit klarem Wasser spült* (1 a).

Spül|kas|ten, der: *(bei Toiletten mit Wasserspülung) kastenförmiger Behälter, in dem sich das zum Spülen benötigte Wasser befindet.*

Spül|ma|schi|ne, die: kurz für ↑Geschirrspülmaschine.

spül|ma|schi|nen|fest ⟨Adj.⟩: *(von Geschirr o. Ä.) sich in der Geschirrspülmaschine reinigen lassend, ohne dabei Schaden zu nehmen.*

Spül|mit|tel, das: 1. *(meist flüssiges) Reinigungsmittel, das dem Spülwasser* (2) *zugesetzt wird; Geschirrspülmittel.* 2. *Mittel, das dem Spülwasser* (1) *zugesetzt wird* (z. B. Klarspülmittel, Weichspülmittel).

Spül|stein, der (landsch. veraltend): *Spülbecken* (1).

Spül|tuch, das ⟨Pl. ...tücher⟩: *beim Geschirrspülen verwendetes Tuch.*

Spü|lung, die; -, -en: 1. a) *das Durchspülen von Hohlorganen o. Ä. als therapeutische Maßnahme:* eine S. [der Blase] vornehmen; b) (Technik) *das Spülen zur Entfernung unerwünschter Stoffe.* 2. a) (Technik) *Vorrichtung zum Spülen;* b) *Wasserspülung einer Toilette:* die S. rauscht; die S. betätigen.

Spül|vor|rich|tung, die: *Vorrichtung zum Spülen (z. B. an einer Toilette, einem Spülbecken 2).*

Spül|was|ser, das ⟨Pl. ...wässer⟩: 1. (Technik) *Wasser, mit dem etw. gespült wird od. wurde.* 2. *Wasser, in dem Geschirr gespült wird od. wurde.*

Spul|wurm, der [15. Jh.; zu ↑Spule, nach der Gestalt]: *Fadenwurm, der als Parasit im Darm, bes. von Säugetieren u. Menschen, lebt.*

Spu|man|te, der; -s, -s [ital. spumante, eigtl. = der Schäumende, subst. 1. Part. von: spumare = schäumen]: ital. Bez. für *Schaumwein.*

Spund, der; -[e]s, Spünde u. -e [1: mhd. spunt, über das Roman. zu (spät)lat. (ex)punctum = in eine Röhre gebohrte Öffnung; 2: wohl übertr. von der kleinen Form des Spundes (1)]: 1. ⟨Pl. Spünde⟩ a) *[hölzerner] Stöpsel, Zapfen zum Verschließen des Spundlochs:* einen S. einschlagen; b) (Tischlerei) *Feder* (4 a). 2. ⟨Pl. -e⟩ (ugs.) *jmd., der aufgrund seiner Jugend als unerfahren, nicht kompetent angesehen wird:* was will der junge, unerfahrene S.?

Spund|loch, das: *runde Öffnung in einem Fass zum Füllen u. zum Zapfen.*

Spur, die; -, -en [mhd. spur, spor, ahd. spor, eigtl. = Fußabdruck]: 1. a) *Reihe, Aufeinanderfolge von Abdrücken od. Eindrücken, die jmd., etw. bei der Fortbewegung im Boden hinterlassen hat:* eine alte, frische, tiefe S. im Schnee; die S. eines Schlittens, Pferdes; die S. führt zum, endet am Waldrand, verliert sich; eine S. verfolgen; eine S. aufnehmen *(finden u. zu verfolgen beginnen)*; der Hund wittert, verfolgt eine S.; der Regen hat die -en verwischt; einer S. folgen, nachgehen; Ü die S. der Diebe führt nach Frankreich; von den gestohlenen Gemälden fehlt jede S.; die Polizei ist auf eine S. gestoßen, ist auf der falschen Spur; * **heiße S.** *(wichtiger Anhaltspunkt für die Aufklärung eines Verbrechens o. Ä.):* der Detektiv hat, verfolgt eine heiße S.; **jmdm. auf die S. kommen** (1. *jmdn. als Täter o. Ä. ermitteln.* 2. ↑Schlich 1); **einer Sache auf die S. kommen** *(herausfinden, was es mit einer Sache auf sich hat; etw. aufdecken);* **jmdm. auf der S. sein, bleiben** *(aufgrund sicherer Anhaltspunkte jmdn. [weiterhin] verfolgen);* **einer Sache auf der S. sein, bleiben** *(aufgrund sicherer Anhaltspunkte sich [weiterhin] bemühen, eine Sache zu erforschen, aufzudecken);* **auf jmds. -en wandeln, in jmds. -en treten** (↑Fußstapfe); **b)** (Ski) *Loipe:* die S. legen; in die S. gehen, treten; in der S. sein; **c)** (Jägerspr.) *Reihe, Aufeinanderfolge von Abdrücken der Tritte bestimmter Tiere, bes. des Niederwilds (im Unterschied zu Fährte, Geläuf).* **2.** ⟨meist Pl.⟩ *von einer äußeren Einwirkung zeugende [sichtbare] Veränderung an etw., Anzeichen für einen in der Vergangenheit liegenden Vorgang, Zustand:* -en der Zerstörung, von Gewalt; die -en von etw. tragen, zeigen; [keine] -en hinterlassen; alle -en sorgfältig sichern, verwischen, beseitigen; Ü die -en *(Überreste)* vergangener Kulturen. **3.** (Verkehrsw.) *Fahrspur od. einer Fahrspur ähnlicher abgegrenzter Streifen einer Fahrbahn:* die S. wechseln; die mittlere S.; auf, in der rechten S. fahren. **4. a)** *einen bestimmten Anteil der gesamten Breite eines Magnetbands einnehmender Streifen:* das Bandgerät arbeitet mit vier -en; **b)** (EDV) *abgegrenzter Bereich auf einem Datenträger, in dem eine einfache Folge von Bits gespeichert werden kann:* Magnetplatten mit mehreren -en. **5.** (Technik) *Spurweite:* Autos mit breiter S. und langem Radstand. **6.** (Kfz-T.) *(für das Spurhalten bedeutsame) Stellung von linkem u. rechtem Rad zueinander:* die S. stimmt nicht; die S. kontrollieren, einstellen. **7.** *vom Fahrer mithilfe der Lenkung bestimmte Linie, auf der sich ein Fahrzeug bewegen soll:* das Auto hält gut [die] S. *(bricht nicht seitlich aus).* **8.** *sehr kleine Menge von etw.; ein wenig:* da fehlt noch eine S. Essig; die Suppe ist [um] eine S. zu salzig; -en von Zyankali; Jod benötigt der Körper nur in -en; Ü ohne die leiseste, geringste S. von Furcht; der Empfang war um eine S. zu kühl; * **nicht die S./keine S.** (ugs.; *überhaupt nichts).*

spür|bar ⟨Adj.⟩: **a)** *[körperlich] wahrnehmbar, zu fühlen, zu merken:* eine -e Abkühlung; [deutlich] s. sein; es ist s. kälter geworden; **b)** *sich (in bestimmten Wirkungen) deutlich zeigend; deutlich, merklich:* eine -e Zunahme der Kriminalität; die Gewinne sind s. *(beträchtlich)* gestiegen, zurückgegangen; er war s. *(sichtlich)* erleichtert.

Spur|brei|te, die: **1.** *Breite einer Spur.* **2.** *Spurweite.*

spu|ren ⟨sw. V.; hat⟩: **1.** (ugs.) *tun, was erwartet, befohlen wird:* wer nicht spurt, fliegt. **2.** (selten) *die Spur halten:* der Wagen spurt einwandfrei. **3.** (Ski, Bergsteigen) **a)** *mit einer Spur versehen:* die Loipen sind gespurt; **b)** *sich auf Skiern durch den noch unberührten Schnee bewegen; seine Spur ziehen:* ein spurender Skiläufer.

spü|ren ⟨sw. V.; hat⟩ [mhd. spür(e)n = suchend nachgehen, aufspüren; wahrnehmen, ahd. spurian = eine Spur suchen, verfolgen]: **1.** *körperlich empfinden; wahrnehmen, fühlen:* eine Berührung [auf seiner Haut] s.; einen [leichten] Schmerz im Bein s.; die Kälte kaum s.; sie spürte, wie ihr Puls schneller wurde; er spürte Zorn in sich aufsteigen; seinen Magen, sein Kreuz s. (ugs.; *Magenschmerzen, Kreuzschmerzen haben*); du wirst es noch am eigenen Leibe s., zu s. bekommen; den Alkohol *(seine Wirkung)* s.; er soll die Peitsche zu s. bekommen *(mit der Peitsche geschlagen werden).* **2. a)** *gefühlsmäßig, instinktiv fühlen, merken:* jmds. Enttäuschung, Verärgerung s.; er spürte sofort, dass etwas nicht stimmte; von Kameradschaft war nichts zu s. *(Kameradschaft gab es nicht);* er ließ mich seinen Ärger nicht s. *(zeigte ihn nicht);* sie ließ ihn [allzu deutlich] s. *(zeigte ihm [allzu deutlich]),* dass sie ihn nicht mochte; **b)** (seltener) *verspüren:* ich spürte keine Lust mitzugehen; ich spürte Müdigkeit. **3.** (Jägerspr.) *[mithilfe des Geruchssinns] einer Spur* (1c) *nachgehen, folgen:* die Hunde spüren nach Wild *(suchen nach den Spuren von Wild);* der Hund, der Jäger hat einen Fuchs gespürt.

Spu|ren|ele|ment, das (Biochemie): *Element, das für den Organismus zwar unentbehrlich ist, aber nur in sehr geringen Mengen benötigt wird.*

Spu|ren|si|che|rung, die (Polizeiw.): **1.** *das Sichern der Spuren* (2) *im Rahmen kriminalpolizeilicher Ermittlungen.* **2.** *für die Spurensicherung* (1) *zuständige Abteilung der Polizei:* die S. benachrichtigen; die Kollegen von der S.

Spur|hal|tung, die (Kfz.-T.): *das Spurhalten (eines Fahrzeugs):* optimale S. auch beim Bremsen dank ABS.

Spür|hund, der [mhd. spürhunt, ahd. spurihunt]: *Hund, der dazu abgerichtet ist, Fährten, Spuren zu verfolgen od. Dinge aufzufinden:* -e ansetzen; ein Zollbeamter mit einem S.

-spu|rig: in Zusb., z. B.: zwei-, mehrspurig *(zwei, mehrere Spuren* 3, 4 *habend);* schmalspurig *(eine schmale Spur* 5 *habend).*

spur|los ⟨Adj.⟩: **a)** *keinen Anhaltspunkt für den weiteren Verbleib hinterlassend:* das Buch ist s. verschwunden; **b)** *keine Spuren* (2) *hinterlassend, keine bleibenden Auswirkungen habend:* das Ereignis ist s. an ihr vorübergegangen.

Spür|na|se, die (ugs.): **a)** *scharfer Geruchssinn:* er hat eine gute S.; Ü sie hat eine S. *(Gespür, Spürsinn)* dafür; **b)** *jmd., der eine besondere Gabe hat, Dinge herauszufinden:* er ist eine richtige S.

Spur|ril|le, die ⟨meist Pl.⟩ (Verkehrsw.): *durch häufiges Befahren einer Fahrbahn entstandene, rinnenartige, in Längsrichtung verlaufende Vertiefung:* Achtung, -n!

Spür|sinn, der ⟨o. Pl.⟩: **1.** *scharfer Geruchssinn eines Tieres.* **2.** *feiner Instinkt, der jmdn. Dinge ahnen, spüren, Situationen intuitiv richtig einschätzen lässt:* kriminalistischer S.; einen feinen S. für etw. haben.

Spurt, der; -[e]s, -s, selten: -e [engl. spurt, zu: to spurt, ↑spurten]: **1.** (Sport) *das Spurten* (1): einen S. machen, einlegen; zum S. ansetzen; sie gewann das Rennen im S. **2.** (ugs.) *schneller Lauf, das Spurten* (2): mit einem S. schaffte er den Zug gerade noch. **3.** (Sport) *Spurtvermögen:* einen guten S. haben.

spur|ten ⟨sw. V.⟩ [engl. to spurt, Nebenf. von: to spirt = hervorspritzen, aufspritzen, H. u.]: **1.** (Sport) *(bei einem Lauf) ein Stück einer Strecke, bes. das letzte Stück vor dem Ziel, mit stark beschleunigtem Tempo zurücklegen* ⟨ist/hat⟩: zu s. anfangen. **2.** ⟨ist⟩ (ugs.) **a)** *schnell laufen:* wir sind ganz schön gespurtet; **b)** *schnell irgendwohin laufen:* über den Hof, ins Haus s.

spurt|schnell ⟨Adj.⟩: **a)** (Sport) *beim Spurten besonders schnell:* eine -e Läuferin; **b)** *ein hohes Beschleunigungsvermögen besitzend:* ein -es Auto.

spurt|stark ⟨Adj.⟩: **a)** (Sport): *spurtschnell* (a): ein -er Verteidiger; **b)** *spurtschnell* (b): die neuen Motoren sind s.

Spurt|ver|mö|gen, das (bes. Sport): *Leistungsfähigkeit in Bezug auf das Spurten.*

Spur|wech|sel, der (Verkehrsw.): *das Überwechseln von einer Spur* (3) *in eine andere:* einen S. durch Blinken anzeigen.

Spur|wei|te, die: **1.** (Kfz-T.) *Abstand zwischen linkem u. rechtem Rad eines Fahrzeugs; Spur* (5). **2.** (Eisenb.) *Abstand zwischen den inneren Kanten der Schienen* (1).

Spu|ta: Pl. von ↑Sputum.

spu|ten, sich ⟨sw. V.; hat⟩ [aus dem Niederd. < mniederd. spöden; vgl. spätahd. gispuoten = (sich) eilen, zu ahd. spuot = Schnelligkeit] (veraltend, noch landsch.): *sich beeilen im Hinblick auf etw., was schnell, bis zu einem bestimmten Zeitpunkt getan, erreicht werden sollte:* ich muss mich s.

Sput|nik [ˈʃp..., ˈsp...], der; -s, -s [russ. sputnik = Gefährte]: *(von der UdSSR gestarteter) erster künstlicher Erdsatellit.*

Spu|tum [ˈʃp..., ˈsp...], das; -s, ...ta [lat. sputum, zu: spuere = (aus)spucken] (Med.): *Auswurf.*

Squash [skvɔʃ], das; - [1: engl. squash, zu: to squash = zerquetschen; 2: engl. squash = weiche Masse, nach dem weichen Ball]: **1.** *frisch gepresster Fruchtsaft mit Fruchtfleisch [von Zitrusfrüchten].* **2.** (Sport) *Ballspiel, bei dem ein kleiner Ball gegen eine Wand geschlagen wird u. der Gegner den zurückprallenden Ball seinerseits schlagen muss:* S. spielen [gehen].

Squash|cen|ter, das: *Einrichtung zum Squashspielen.*

Squaw [skvɔː], die; -, -s [engl. squaw < Algonkin (nordamerik. Indianerspr.) squa = Frau]: **1.** *(bei den nordamerikanischen Indianern) Ehefrau.* **2.** *Frau* (1) *nordamerikanisch-indianischer Abstammung:* er ist mit einer S. verheiratet.

Sr = Strontium.

SR = Saarländischer Rundfunk.

Sr. = Seiner.

Sri Lan|ka; - -s: Inselstaat im Indischen Ozean.

Sri-Lan|ker, der; -s, -, (auch:) **Sri Lan|ker,** der; - -s, - -: Ew.

Sri-Lan|ke|rin, die; -, -nen, (auch:) **Sri Lan|ke|rin,** die; - -, - -nen: w. Form zu ↑Sri Lanker.

sri-lan|kisch ⟨Adj.⟩: *Sri Lanka, die Sri-Lanker betreffend.*

ß [ɛsˈtsɛt], das; -, - [(schon in spätma. Handschriften) in der Frakturschrift entstanden aus ſʒ, Ligatur von ſ (sog. langem s) u. ʒ (z) für die Varianten der mhd. z-Schreibung (ʒ[ʒ], sz, z)]: *(nur im Wortinnern u. am Wortende vorkommender, nur als Kleinbuchstabe vorhandener) als stimmloses s gesprochener Buchstabe des deutschen Alphabets.*

SS [ɛsˈ|ɛs], die; - (nationalsoz.): = Schutzstaffel (nationalsozialistische Organisation).

SS. = Sante, Santi.

SSD [ɛs|ɛsˈdeː], der; - (DDR): Staatssicherheitsdienst.

SS-Füh|rer, der (nationalsoz.): *Führer in der SS.*

SS-Mann, der ⟨Pl. SS-Männer, seltener: SS-Leute⟩ (nationalsoz.): *Angehöriger der SS.*

SSO = Südsüdost[en].

SSR [ɛs|ɛsˈ|ɛr], die; -: Sozialistische Sowjetrepublik (bis 1991).

SSW = Südsüdwest[en].

st ⟨Interj.⟩: Lautäußerung, durch die jmd. auf sich aufmerksam machen will.

St = Saint.

St. = Sankt; Stück; Stunde.

s. t. = sine tempore.

Staat, der; -[e]s, -en [spätmhd. sta(a)t = Stand; Zustand; Lebensweise; Würde < lat. status = das Stehen; Stand, Stellung; Zustand, Verfassung; Rang, zu: stare (2. Part. statum) = stehen; sich aufhalten; wohnen; 3a: älter = Vermögen, nach mlat. status = Etat; prunkvolle Hofhaltung]: **1. a)** *Gesamtheit der Institutionen, deren Zusammenwirken das dauerhafte u. geordnete Zusammenleben der in einem bestimmten abgegrenzten Territorium lebenden Menschen gewährleisten soll:* ein souveräner, demokratischer S.; der französische S.; der S. Israel; der S. *(Bundesstaat)* Washington; das bezahlt der S. *(eine Institution des Staates);* einen neuen S. aufbauen, gründen; einen S. anerkennen; den S. vor inneren und äußeren Feinden schützen; den S. verteidigen; einem S. angehören *(zum Staatsvolk eines Staates gehören);* im Interesse, zum Wohle des -es; er ist beim S. *(bei einer Institution des Staates)* angestellt; das höchste Amt im -e; Repräsentanten von S. und Kirche; die Trennung von Kirche und S.; Ü ein S. im Staate *(eine mächtige, der Kontrolle des Staates sich entziehende, in bestimmten Bereichen mit ihm konkurrierende Organisation);* * **von -s wegen** *(auf Veranlassung einer Institution des Staates);* **b)** *Land (dessen Territorium das Staatsgebiet* *eines Staates bildet):* ein kleiner mittelamerikanischer S.; die benachbarten -en; die -en Südamerikas; die Grenze zwischen zwei -en; *** die -en** (ugs.; *die Vereinigten Staaten von Amerika*); c) (schweiz.) [2]*Kanton* (1): der S. Luzern. 2. (Zool.) *Insektenstaat:* der S. der Bienen, Ameisen; -en bildende Insekten. 3. ⟨o. Pl.⟩ a) (ugs. veraltend) *festliche Kleidung:* sich in S. werfen; er kam in vollem S. *(in offizieller, festlicher Kleidung);* b) (veraltet) *Gesamtheit der Personen im Umkreis, im Gefolge einer hoch gestellten Persönlichkeit;* c) *** ein [wahrer] S. sein** (↑Pracht); **[viel] S. machen** *([großen] Aufwand treiben);* **mit jmdm., etw. [nicht viel/keinen] S. machen können** *(mit jmdm., etw. [nicht viel/keinen] Eindruck machen, [nicht sehr/nicht] imponieren können);* **[nur] zum S.** *(nur zum Repräsentieren, um Eindruck zu machen).*

Staa|ten bil|dend: s. Staat (2).

Staa|ten|bund, der: *Konföderation.*

Staa|ten|bünd|nis, das: *Föderation* (1 a).

Staa|ten|ge|mein|schaft, die (bes. DDR): *aus einer Anzahl von Staaten bestehende Gemeinschaft* (3): die sozialistische S.

staa|ten|los ⟨Adj.⟩: *keine Staatsangehörigkeit besitzend:* er ist s.

Staa|ten|lo|se, der u. die; -n, -n ⟨Dekl. ↑Abgeordnete⟩: *jmd., der keine Staatsangehörigkeit besitzt.*

Staa|ten|sys|tem, das (Politik): vgl. Staatenwelt.

Staa|ten|welt, die (Politik): *Gesamtheit der [in einer bestimmten Region bestehenden] Staaten:* die europäische S.

staat|lich ⟨Adj.⟩: **a)** *den Staat* (1 a) *betreffend, zum Staat gehörend:* -e Souveränität; die -e Macht ausüben; -e Interessen vertreten; die -e Anerkennung *(die Anerkennung als Staat)* erlangen; **b)** *dem Staat gehörend, vom Staat unterhalten, geführt:* -e und kirchliche Institutionen; -e Museen; etw. mit -en Mitteln subventionieren; der Betrieb ist s.; **c)** *den Staat vertretend, vom Staat autorisiert:* eine -e Beauftragte; -e Stellen, Behörden; **d)** *vom Staat ausgehend, veranlasst, durchgeführt:* -e Maßnahmen; unter -er Verwaltung stehen; etw. s. subventionieren; ein s. geprüfter, anerkannter Sachverständiger.

Staat|lich|keit, die; -: *Status eines Staates.*

Staats|af|fä|re, die: in der Wendung **eine S. aus etw. machen** (ugs.; ↑Haupt- und Staatsaktion).

Staats|akt, der: **a)** *Festakt, feierliche Festveranstaltung einer Staatsregierung:* er wurde in einem S. mit dem Großen Verdienstkreuz geehrt; **b)** *staatlicher Akt* (1 c).

Staats|ak|ti|on, die: *einschneidende Maßnahme, wichtige Aktion einer Staatsregierung:* *** eine S. aus etw. machen** (↑Haupt- und Staatsaktion).

Staats|amt, das: *hohes staatliches Amt.*

Staats|an|ge|hö|ri|ge, der u. die: *jmd., der eine bestimmte Staatsangehörigkeit hat:* er ist französischer -r.

Staats|an|ge|hö|rig|keit, die; -: *juristische Zugehörigkeit zu einem bestimmten Staat, Nationalität* (1 a): seine S. ist deutsch; die schwedische S. annehmen, besitzen; welche S. haben Sie?; sie bemüht sich um die deutsche S.

Staats|an|ge|stell|te, der u. die: *Angestellte[r] des Staates.*

Staats|an|lei|he, die: **a)** *vom Staat aufgenommene Anleihe;* **b)** *vom Staat ausgestellte Schuldverschreibung.*

Staats|an|walt, der: *Jurist, der die Interessen des Staates wahrnimmt, bes. als Ankläger in Strafverfahren.*

Staats|an|wäl|tin, die: w. Form zu ↑Staatsanwalt.

Staats|an|walt|schaft, die: *staatliches Organ der Rechtspflege, zu dessen Aufgaben bes. die Durchführung von Ermittlungsverfahren u. die Anklageerhebung in Strafsachen gehören:* die S. hat Anklage erhoben.

staats|an|walt|schaft|lich ⟨Adj.⟩: *die Staatsanwaltschaft betreffend, dazu gehörend; den Staatsanwalt betreffend.*

Staats|ap|pa|rat, der: *Apparat* (2) *eines Staates.*

Staats|ar|chiv, das: *staatliches Archiv.*

Staats|auf|sicht, die ⟨o. Pl.⟩: *staatliche Aufsicht:* etw. unter S. stellen.

Staats|aus|ga|be, die ⟨meist Pl.⟩: *vom Staat getätigte Ausgabe.*

Staats|bank, die ⟨Pl. -en⟩: **a)** *öffentlich-rechtliche* [2]*Bank* (1 a); **b)** *(in sozialistischen Ländern) Zentralbank.*

Staats|ban|kett, das: *von einer Staatsregierung veranstaltetes Bankett.*

Staats|be|am|te, der: *Beamter des Staates.*

Staats|be|am|tin, die: w. Form zu ↑Staatsbeamte.

Staats|be|such, der: *offizieller Besuch eines Staatsmannes in einem anderen Staat.*

Staats|bür|ger, der: *Staatsangehöriger; Bürger* (1 a): ein pflichtbewusster S.; er ist amerikanischer S.; *** S. in Uniform** (↑Bürger 1 a).

Staats|bür|ge|rin, die: w. Form zu ↑Staatsbürger.

Staats|bür|ger|kun|de, die: **1.** (früher) *Gemeinschaftskunde.* **2.** (DDR) *Schulfach, dessen Aufgabe die politisch-ideologische Erziehung der Schüler u. Schülerinnen im Sinne der sozialistischen Weltanschauung ist.*

staats|bür|ger|lich ⟨Adj.⟩: *zum Staatsbürger gehörend, ihn betreffend:* -e Rechte und Pflichten.

Staats|bür|ger|schaft, die: *Staatsangehörigkeit:* sie hat die deutsche S.; eine Debatte um die doppelte S.

Staats|chef, der: *Inhaber des höchsten Amtes im Staat:* der libysche S.

Staats|che|fin, die: w. Form zu ↑Staatschef.

Staats|die|ner, der (meist scherzh.): *jmd., der im Staatsdienst tätig ist.*

Staats|die|ne|rin, die: w. Form zu ↑Staatsdiener.

Staats|dienst, der: *berufliche Tätigkeit als Staatsbeamter, -angestellter o. Ä.:* im S. [tätig] sein; in den S. übernommen werden.

staats|ei|gen ⟨Adj.⟩: *in Staatseigentum [befindlich]:* -e Betriebe.

Staats|ei|gen|tum, das ⟨o. Pl.⟩: **a)** *Eigentum* (1 b) *des Staates:* etw. in S. überführen; **b)** *etw., was sich in Staatseigentum* (a) *befindet:* S. sein.

Staats|emp|fang, der: vgl. Staatsbankett.

Staats|exa|men, das: *Staatsprüfung:* sein S. ablegen.

Staats|feind, der: *jmd., der durch seine Aktivitäten dem Staat schadet, den Bestand der staatlichen Ordnung gefährdet:* jmdn. zum S. erklären.

Staats|fein|din, die: w. Form zu ↑Staatsfeind.

staats|feind|lich ⟨Adj.⟩: *gegen den Staat, die bestehende staatliche Ordnung gerichtet:* eine -e Partei, Gesinnung; sich s. äußern.

Staats|fi|nan|zen ⟨Pl.⟩: *Finanzen* (2) *eines Staates.*

Staats|form, die: *Form, Aufbau eines Staates:* eine monarchistische S.

Staats|frau, die: *hoch gestellte Politikerin (von großer Befähigung):* eine große S.

Staats|füh|rung, die: **1.** *Regierung.* **2.** *das Lenken eines Staatswesens.*

Staats|gast, der: *jmd., der dabei ist, einen Staatsbesuch zu machen.*

Staats|ge|biet, das: *Territorium, auf das sich die Gebietshoheit eines Staates erstreckt.*

staats|ge|fähr|dend ⟨Adj.⟩: *den Bestand der staatlichen Ordnung gefährdend:* -e Umtriebe, Schriften.

Staats|ge|fäng|nis, das: *staatliches Gefängnis für Schwerverbrecher, politische Gefangene.*

Staats|ge|heim|nis, das: *etw., was aus Gründen der Staatssicherheit geheim gehalten werden muss:* -se verraten; **Ü** das ist kein S. (ugs.; *das kann man ruhig erzählen*).

Staats|ge|schäft, das ⟨meist Pl.⟩: *mit der Leitung des Staates in Zusammenhang stehendes Geschäft* (3): die -e nehmen ihn ganz in Anspruch.

Staats|ge|walt, die: **a)** ⟨o. Pl.⟩ *Herrschaftsgewalt des Staates:* der Monarch übt die gesamte S. aus; **b)** ⟨Pl. selten⟩ *auf einen bestimmten Bereich beschränkte Gewalt* (1) *des Staates:* die richterliche S. *(Judikative);* die gesetzgebende S. *(Legislative);* die vollziehende S. *(Exekutive);* **c)** ⟨o. Pl.⟩ *Exekutive; Polizei als ausführendes Organ der Exekutive:* Widerstand gegen die S.

Staats|gren|ze, die: *das Gebiet eines Staates umschließende Grenze.*

Staats|gut, das: *Domäne* (1).

Staats|haus|halt, der: *Haushalt* (3), *Etat eines Staates.*

Staats|haus|halts|plan, der: *Haushaltsplan eines Staates.*

Staats|kanz|lei, die: **1.** *(in den meisten Ländern der Bundesrepublik Deutschland) vom Ministerpräsidenten geleitete Behörde.* **2.** (schweiz.) *der Bundeskanzlei entsprechende Behörde eines* [2]*Kantons* (1).

Staats|ka|pi|ta|lis|mus, der (Wirtsch.): *Wirtschaftsform, in der sich der Staat direkt wirtschaftlicher Unternehmen bedient, um bestimmte Ziele zu erreichen.*

Staats|ka|ros|se, die: *von einem Staatsoberhaupt bei bestimmten Anlässen benutzte Karosse* (1): die Königin in der S.; **Ü** die S. (scherzh.; *der repräsentative Dienstwagen*) des Premiers.

Staats|kas|se, die: **a)** *Bestand an Barmitteln, über die ein Staat verfügt; Ärar* (1): etw. aus der S. bezahlen; **b)** *Fiskus:* die Kosten des Verfahrens trägt die S.

Staats|kir|che, die: *mit dem Staat eng verbundene Kirche, die gegenüber anderen Religionsgemeinschaften Vorrechte genießt.*

Staats|kir|chen|tum, das; -s: *kirchenpolitisches System, bei dem das Staatsoberhaupt meist gleichzeitig oberster Würdenträger der Staatskirche ist.*

Staats|kunst, die ⟨o. Pl.⟩ (geh.): *Kunst der Staatsführung* (2): ein Beispiel römischer S.

Staats|kut|sche, die: *Staatskarosse.*

Staats|leh|re, die: *Wissenschaft vom Staat, von den Staatsformen.*

Staats|macht, die ⟨o. Pl.⟩: *vom Staat ausgeübte Macht:* die S. an sich reißen.

Staats|mann, der ⟨Pl. ...männer⟩: *hoch gestellter Politiker (von großer Befähigung):* ein großer S.

Staats|män|nin, die: w. Form zu ↑Staatsmann.

staats|män|nisch ⟨Adj.⟩: *einem guten Staatsmann gemäß:* -e Weitsicht; -es Geschick; s. handeln.

Staats|mi|nis|ter, der: **1.** *(in manchen Staaten, Bundesländern) Minister.* **2.** *Minister, der kein bestimmtes Ressort verwaltet.* **3. a)** ⟨o. Pl.⟩ *(in der Bundesrepublik Deutschland) Titel bestimmter parlamentarischer Staatssekretäre;* **b)** *Träger des Titels Staatsminister* (3 a).

Staats|mi|nis|te|rin, die: w. Form zu ↑Staatsminister.

Staats|mi|nis|te|ri|um, das: **1.** *(in Baden-Württemberg) vom Ministerpräsidenten geleitete Behörde.* **2.** *(in Bayern u. Sachsen) Ministerium.*

Staats|not|stand, der (Staatsrecht): *Notstand* (b).

Staats|ober|haupt, das: *oberster Repräsentant eines Staates.*

Staats|oper, die: vgl. Staatstheater.

Staats|or|gan, das: *staatliches Organ* (4) *zur Ausübung der Staatsgewalt, zur Erfüllung staatlicher Aufgaben:* oberste, nachgeordnete -e.

Staats|par|tei, die: *(bes. in Staaten mit Einparteiensystem) Partei, die die Herrschaft im Staat allein ausübt, die alle wichtigen Staatsorgane u. weite Bereiche des öffentlichen Lebens kontrolliert.*

Staats|phi|lo|soph, der: *jmd., der sich mit Staatsphilosophie befasst.*

Staats|phi|lo|so|phie, die: **1.** ⟨o. Pl.⟩ *Wissenschaft, die sich auf philosophischer Grundlage mit Problemen des Staates u. der Gesellschaft beschäftigt.* **2.** *Staatstheorie auf philosophischer Grundlage:* Rousseaus S.

Staats|phi|lo|so|phin, die: w. Form zu ↑Staatsphilosoph.

staats|phi|lo|so|phisch ⟨Adj.⟩: *die Staatsphilosophie betreffend.*

Staats|po|li|tik, die: *Politik des Staates.*

staats|po|li|tisch ⟨Adj.⟩: *die Staatspolitik betreffend:* -e Aufgaben.

Staats|po|li|zei, die: *politische Polizei.*

Staats|prä|si|dent, der: *Staatsoberhaupt einer Republik.*

Staats|prä|si|den|tin, die: w. Form zu ↑Staatspräsident.

Staats|preis, der: *vom Staat verliehener Preis* (2 a).

Staats|prü|fung, die: *(bei bestimmten akademischen Berufen) von staatlichen Prüfern durchgeführte Abschlussprüfung; Staatsexamen.*

Staats|rai|son (selten), **Staats|rä|son,** die: *Grundsatz, nach dem der Staat einen Anspruch darauf hat, seine Interessen unter Umständen auch unter Verletzung der Rechte des Einzelnen durchzusetzen, wenn dies im Sinne des Staatswohls für unbedingt notwendig erachtet wird:* etw. aus Gründen der S./aus S. tun.

Staats|rat, der: **1.** *kollektives [oberstes] Staatsorgan der Exekutive:* in der DDR war der S. das Staatsoberhaupt. **2.** *(bes. in einigen Kantonen der Schweiz) Regierung* (2). **3. a)** ⟨o. Pl.⟩ *Titel bes. der Mitglieder eines Staatsrates;* **b)** *Träger des Titels Staatsrat.*

Staats|recht, das ⟨o. Pl.⟩: *Gesamtheit derjenigen Rechtsnormen, die den Staat, bes. seinen Aufbau, seine Aufgaben u. das Verhältnis, in dem er zur Gesellschaft steht, betreffen.*

Staats|recht|ler, der; -s, -: *Fachmann auf dem Gebiet des Staatsrechts.*

Staats|recht|le|rin, die; -, -nen: w. Form zu ↑Staatsrechtler.

staats|recht|lich ⟨Adj.⟩: *das Staatsrecht betreffend.*

Staats|re|gie|rung, die: **a)** *Regierung* (2) *eines Staates;* **b)** (in Bayern, Sachsen) *Landesregierung.*

Staats|schatz, der: *staatlicher Vorrat an Devisen u. Gold, auch an Bargeld u. a.*

Staats|schuld, die ⟨meist Pl.⟩: *Schuld* (3) *des Staates.*

Staats|schuld|buch, das: *staatliches Register, in das Staatsschulden eingetragen werden.*

Staats|schutz, der: *Schutz des Staates.*

Staats|schutz|de|likt, das (Rechtsspr.): *Delikt, das sich gegen den Bestand u. die verfassungsmäßigen Einrichtungen des Staates richtet.*

Staats|se|kre|tär, der: **a)** *(in der Bundesrepublik Deutschland) ranghöchster Beamter bes. in einem Ministerium, der den Leiter der jeweiligen Behörde unterstützt u. (in bestimmten Funktionen) vertritt:* parlamentarischer S. *(einem Bundesminister od. dem Bundeskanzler beigeordneter Bundestagsabgeordneter, der den jeweiligen Minister bzw. den Kanzler entlasten soll);* **b)** (DDR) *hoher Funktionär des Staates (als Stellvertreter eines Ministers od. als Leiter eines Staatssekretariats).*

Staats|se|kre|ta|ri|at, das: **1.** ⟨o. Pl.⟩ *als Sekretariat dem Papst unmittelbar zugeordnete oberste Behörde der römischen Kurie.* **2.** (DDR) *einem Ministerium vergleichbares Staatsorgan des Ministerrats.*

Staats|se|kre|tä|rin, die: w. Form zu ↑Staatssekretär.

Staats|si|cher|heit, die ⟨o. Pl.⟩: **1.** *Sicherheit des Staates:* im Interesse der S.; das Ministerium für S. der DDR. **2.** (DDR ugs.) *Staatssicherheitsdienst; Stasi.*

Staats|si|cher|heits|dienst, der: *(in der DDR) politische Geheimpolizei mit geheimdienstlichen Aufgaben;* Abk.: SSD; ugs. Kurzwort: Stasi.

Staats|skla|ve, der: *(im antiken Sparta) dem Staat gehörender Sklave; Helot.*

Staats|spra|che, die: *offizielle Sprache eines Staates.*

Staats|streich, der [nach frz. coup d'État]: *gewaltsamer Umsturz durch etablierte Träger hoher staatlicher Funktionen:* der S. ist gelungen; einen S. durchführen, vereiteln.

Staats|sys|tem, das: *System, nach dem ein Staat politisch aufgebaut ist.*

Staats|the|a|ter, das: *staatliches Theater.*

Staats|the|o|re|ti|ker, der: vgl. Staatsphilosoph.

Staats|the|o|re|ti|ke|rin, die: w. Form zu ↑Staatstheoretiker.

Staats|the|o|rie, die: *Theorie über Wesen, Wert u. Zweck des Staates sowie staatlicher Macht.*

Staats|ver|bre|chen, das: *Staatsschutzdelikt:* R das ist doch kein S.! *(ist doch nicht so schlimm).*

Staats|ver|mö|gen, das: *Vermögen des Staats, in Staatseigentum befindliche Vermögenswerte.*

Staats|ver|schul|dung, die: vgl. Staatsschuld.

Staats|ver|trag, der: *Vertrag zwischen (selbstständigen od. Glied)staaten:* der deutsch-deutsche S.; einen S. mit den Ländern abschließen.

Staats|ver|wal|tung, die: *Verwaltung des Staates.*

Staats|volk, das: *Bevölkerung des zu einem Staat gehörenden Gebiets; Gesamtheit der Staatsangehörigen eines Staates.*

Staats|wap|pen, das: *Wappen eines Staates.*

Staats|we|sen, das: *Staat als Gemeinwesen:* ein demokratisches S.

Staats|wirt|schaft, die: *öffentliche Finanzwirtschaft.*

Staats|wis|sen|schaft, die: *Wissenschaft, die sich mit dem Wesen u. den Aufgaben des Staates befasst.*

Staats|wohl, das: *Wohl des Staates:* parteipolitische Interessen zugunsten des -s hintanstellen.

Staats|ziel, das (Rechtsspr.): *Ziel, zu dessen Verfolgung der Staat (aufgrund einer entsprechenden Bestimmung in der Verfassung) verpflichtet ist:* Umweltschutz als S. in der Verfassung verankern.

Stab, der; -[e]s, Stäbe [mhd. stap, ahd. stab, eigtl. = der Stützende, steif Machende; 2: nach dem Befehlsstab (Marschallstab) des Feldherrn]: **1. a)** *im Querschnitt meist runder, glatter, einem Stock ähnlicher Gegenstand aus Holz, Metall o. Ä.:* ein langer, dünner, elastischer S.; ein S. aus Holz; die eisernen Stäbe des Käfigs, Gitters; * **den S. über jmdn., etw. brechen** (geh.; *jmdn., etw. moralisch verurteilen, verdammen;* früher wurde über dem Kopf eines zum Tode Verurteilten vom Richter vor der Hinrichtung der sog. Gerichtsstab zerbrochen u. ihm vor die Füße geworfen): du solltest nicht vorschnell den S. über sie, ihr Verhalten brechen; **b)** (geh.) *Taktstock:* der Dirigent hob den S.; **c)** kurz für ↑Staffelstab; **d)** kurz für ↑Stabhochsprungstab; **e)** kurz für ↑Zauberstab; **f)** kurz für ↑Abtsstab, ↑Bischofsstab, ↑Marschallstab u. Ä. **2. a)** (Milit.) *Gruppe von Offizieren o. Ä., die den Kommandeur eines Verbandes bei der Erfüllung seiner Führungsaufgaben unterstützen:* er ist Hauptmann beim/(seltener:) im S.; zum S. gehören; **b)** *Gruppe von Mitarbeitern, Experten [um eine leitende Person], die oft für eine bestimmte Aufgabe zusammengestellt wird:* der technische S. eines Betriebs; ein S. von Sachverständigen.

Stäb|chen, das; -s, -: **1.** Vkl. zu ↑Stab (1 a). **2.** ⟨meist Pl.⟩ kurz für ↑Essstäbchen: kannst du mit S. essen? **3.** (Anat.) *lichtempfindliche, spindelförmige Sinneszelle in der Netzhaut des Auges beim Menschen u. den meisten Wirbeltieren.* **4.** (Handarb.) *Masche beim Häkeln, bei der Faden ein od. mehrere Male um die Häkelnadel geschlungen wird, durch den dann, mit zwei- oder mehrfachem Einstechen, vorhandene Maschen durchgezogen werden:* einfache, doppelte S. häkeln. **5.** (ugs.) *Zigarette.*

sta|ben ⟨sw. V.; hat⟩ (Verslehre): *stabreimen.*

stab|för|mig ⟨Adj.⟩: *von der Form eines Stabes* (1 a).

Stab|heu|schre|cke, die: *stabförmige, meist bräunliche, oft flügellose Heuschrecke.*

stab|hoch|sprin|gen ⟨st. V.; ist; meist nur im Inf. u. Part. gebr.⟩ (Sport): *Stabhochspringen betreiben.*

Stab|hoch|sprin|gen, das (Sport): *Sportart, bei der mithilfe eines langen Stabes über eine hoch angebrachte Latte gesprungen wird.*

Stab|hoch|sprung, der (Sport): **a)** ⟨o. Pl.⟩ *das Stabhochspringen (als Disziplin der Leichtathletik);* **b)** *einzelner Sprung im Stabhochspringen.*

Stab|hoch|sprung|an|la|ge, die (Sport): *Anlage für Stabhochsprung.*

Stab|hoch|sprung|stab, der (Sport): *beim Stabhochsprung verwendete runde, elastische Stange.*

sta|bil ⟨Adj.⟩ [lat. stabilis = fest stehend, standhaft, dauerhaft, zu: stare = stehen]: **1. a)** *sehr fest gefügt u. dadurch Beanspruchungen aushaltend:* ein -er Schrank; eine -e Stahlkonstruktion; Mountainbikes haben besonders -e Rahmen; ein s. gebautes Gerüst, Fahrzeug; **b)** (bes. Physik, Chemie, Technik) *in sich konstant bleibend, gleich bleibend, relativ unveränderlich:* ein -er Zustand; ein relativ -er Schaum; eine -e Lösung; ein -es Atom *(Atom, dessen Kern nicht von selbst zerfällt).* **2.** (auch Fachspr.) *so beständig, dass nicht leicht eine Störung, Gefährdung möglich ist; Veränderungen, Schwankungen kaum unterworfen:* eine -e Wirtschaft, Währung, Regierung, politische Lage; -e Preise, Zinsen, Verhältnisse; eine -e Wetterlage; eine politisch nicht sehr -e Region; ein -es Gleichgewicht (Physik; *Gleichgewicht, das bei Veränderung der Lage immer wieder erreicht wird*); etw. s. halten; die Personalstärke s. halten. **3.** *widerstandsfähig; kräftig; nicht anfällig:* eine -e Gesundheit, Konstitution; sie ist im Ganzen nicht sehr s.; sein Kreislauf ist s. geblieben.

Sta|bi|li|sa|ti|on, die; -, -en (seltener): *Stabilisierung.*

Sta|bi|li|sa|tor, der; -s, ...oren: **1.** (Technik) **a)** *Einrichtung, die Schwankungen von elektrischen Spannungen o. Ä. verhindert od. vermindert;* **b)** *(bes. bei Kraftfahrzeugen) Bauteil, das bei der Federung einen Ausgleich bei einseitiger Belastung o. Ä. bewirkt;* **c)** *Vorrichtung in Schiffen, die dem Schlingern entgegenwirkt.* **2. a)** (Chemie) *Substanz, die die Beständigkeit eines leicht zersetzbaren Stoffes erhöht od. eine unerwünschte Reaktion chemischer Verbindungen verhindert od. verlangsamt;* **b)** (Med.) *gerinnungshemmende Flüssigkeit für die Konservierung des Blutes.*

sta|bi|li|sie|ren ⟨sw. V.; hat⟩: **1. a)** *stabil* (1 a) *machen:* ein Gerüst durch Stützen s.; **b)** (bes. Physik, Technik) *stabil* (1 b) *machen.* **2. a)** *stabil* (2), *beständig machen:* die Währung, das Wachstum, die Preise, das Klima s.; einen Zustand s. wollen; **b)** ⟨s. + sich⟩ *stabil* (2), *beständig, sicher werden:* die Beziehungen zu den Alliierten stabilisierten sich. **3. a)** *stabil* (3) *machen:* das Training hat seine Gesundheit, Konstitution stabilisiert; **b)** ⟨s. + sich⟩ *stabil* (3) *werden:* ihr Kreislauf hat sich wieder stabilisiert.

Sta|bi|li|sie|rung, die; -, -en: *das Stabilisieren.*

Sta|bi|li|tät, die; - [lat. stabilitas, zu: stabilis, ↑stabil]: **1.** *das Stabil-, Haltbar-, Fest-, Konstantsein:* die S. einer Konstruktion. **2.** *das Stabil-, Beständig-, Sichersein; das Fest-gefügt-Sein:* die finanzielle, politische S.; die S. der Währung, der Preise; die S. der Beziehungen zwischen Staaten sichern. **3.** *das Stabil-, Widerstandsfähig-, Kräftigsein:* die S. ihrer Konstitution, des Kreislaufs.

Sta|bi|li|täts|po|li|tik, die: *auf wirtschaftliche u. a. Stabilität bedachte Politik.*

Stab|reim, der [nach der Bez. »Stab« (< anord. staft = Stab, Buchstabe) für die Hebung (4)] (Verslehre): **a)** *(in der germanischen Dichtung) besondere Form der Alliteration, die nach bestimmten Regeln u. entsprechend dem germanischen Akzent ausgeprägt ist u. bei der nur die bedeutungsschweren Wörter hervorgehoben werden;* **b)** *Alliteration.*

stab|rei|men ⟨sw. V.; hat; meist nur im Inf. u. 1. Part. gebr.⟩ (Verslehre): *Stabreim, Alliteration zeigen.*

Stabs|arzt, der (Milit.): **a)** ⟨o. Pl.⟩ *dem Hauptmann entsprechender Dienstgrad eines Sanitätsoffiziers;* **b)** *Träger des Dienstgrads Stabsarzt.*

Stabs|ärz|tin, die: w. Form zu ↑Stabsarzt.

Stabs|chef, der (Milit.): *Chef eines Stabes* (2 a).

Stab|sich|tig|keit, die; - (Med.): *Astigmatismus.*

Stabs|of|fi|zier, der (Milit.): *Träger eines der Dienstgrade Major, Oberstleutnant u. Oberst bzw. Korvettenkapitän, Fregattenkapitän u. Kapitän zur See.*

Stabs|quar|tier, das (Milit.): *Sitz der Führung eines Großverbandes.*

Stabs|stel|le, die: **1.** (Milit.) **a)** *Stelle, wo sich ein Stab* (2 a) *befindet;* **b)** *Stab* (2 a) *als organisatorische Einheit.* **2. a)** *Stelle, wo sich ein Stab* (2 b) *befindet, sich zusammenfindet;* **b)** *aus einem Stab* (2 b) *bestehende Leitungsinstanz ohne eigene Entscheidungskompetenz.*

Stab|wech|sel, der (Leichtathletik): *Übergabe des Stabes an den nächsten Läufer, an die nächste Läuferin beim Staffellauf.*

Stab|wurz, die: *Eberraute.*

stacc. = staccato.

stac|ca|to [st..., ʃt...] ⟨Adv.⟩ [ital. staccato, zu staccare = abstoßen, absondern] (Musik): *(von Tönen) so hervorgebracht, dass jeder Ton vom andern deutlich abgesetzt ist* (Abk.: stacc.).

Stac|ca|to: ↑Stakkato.

stach, stä|che: ↑stechen.

Sta|chel, der; -s, -n [mhd. stachel, spätahd. stachil, ahd. stachilla, eigtl. = Stechendes, Spitzes, verw. mit ↑Stich]: **1. a)** *meist dünner, kleiner spitzer Pflanzenteil* (bes. Stachel 1 b, Dorn 1 b): der Kaktus hat -n; sich an den -n der Büsche die Beine zerkratzen; **b)** (Bot.) *(bei bestimmten Pflanzen) spitze, harte Bildung der äußeren Zellschicht (die im Unterschied zum Dorn* 1 b *kein umgewandeltes Blatt, Blattteil o. Ä. ist):* die »Dornen« der Rose sind im botanischen Sinne gar keine Dornen, sondern -n. **2. a)** *(bei bestimmten Tieren) in od. auf der Haut, auf dem Panzer o. Ä. sitzendes, aus Horn, Chitin o. Ä. gebildetes, spitzes, hartes Gebilde:* die -n des Igels; lange -n haben; **b)** kurz für ↑Giftstachel: der S. der Wespe, Hornisse; der giftige S. des Skorpions. **3.** *an einem Gegenstand sitzendes, dornartiges, spitzes Metallstück; spitzer, metallener Stift:* die tödlichen -n seines Morgensterns; *** wider/(auch:) gegen den S. löcken** (↑löcken). **4.** (geh.) **a)** *etw. Peinigendes, Quälendes; Qual:* der S. der Eifersucht; **b)** *etw. unablässig Antreibendes, Anreizendes:* der S. des Ehrgeizes trieb ihn zu immer höheren Leistungen.

Sta|chel|bee|re, die [nach den an den Trieben der Pflanze sitzenden Stacheln]: **1. a)** *(bes. in Gärten gezogener) Strauch mit einzeln wachsenden, dickschaligen, oft borstig behaarten, grünlichen bis gelblichen Beeren mit süßlich-herbem Geschmack;* **b)** ⟨meist Pl.⟩ *Beere der Stachelbeere* (a): -n pflücken, einmachen. **2.** *** chinesische S.** (veraltet; [2]Kiwi).

Sta|chel|beer|mar|me|la|de, die: *Marmelade aus Stachelbeeren.*

Sta|chel|draht, der: *(aus mehreren Drähten bestehender) Draht mit scharfen Stacheln* (3) *in kürzeren Abständen:* eine Rolle, fünfzig Meter S.; einen S. spannen; am/im S. hängen bleiben; *** hinter S.** *(in ein/in einem Gefangenen-, Konzentrations-, Internierungslager):* jmdn. hinter S. bringen.

Sta|chel|draht|zaun, der: *mit Stacheldraht gebauter Zaun:* die Weide war mit einem S. umgeben.

Sta|chel|häu|ter, der; -s, - (Zool.): *(in vielen Arten vorkommendes) im Meer lebendes Tier mit einem Radialsymmetrie aufweisenden Körperbau mit Stacheln aus Kalk auf seiner Oberfläche* (z. B. Seeigel).

sta|che|lig, stachlig ⟨Adj.⟩: *mit Stacheln* (1 a, 2 a) *versehen; voller Stacheln:* ein -er Strauch, Fisch; -e Früchte; ein -er *(kratziger)* Stoppelbart; Ü -e (geh.; *spitze, boshafte*) Reden.

Sta|che|lig|keit, Stachligkeit, die; -: *das Stacheligsein; stachelige Art, Beschaffenheit.*

sta|cheln ⟨sw. V.; hat⟩: **1.** (selten) *mit Stacheln stechen, kratzen:* die Disteln stacheln; das Stroh, sein Bart stachelte ziemlich. **2.** *anstacheln, antreiben:* etw. stachelt jmds. Begierde, Argwohn, Hass, Fantasie; jmdn. zu höheren Leistungen s.

Sta|chel|schwein, das [LÜ von mlat. porcus spinosus; das Tier grunzt wie ein Schwein]: *großes Nagetier mit gedrungenem Körper, kurzen Beinen u. sehr langen, spitzen, schwarz u. weiß geringelten Stacheln* (2 a), *bes. auf dem Rücken.*

stach|lig: ↑stachelig.

Stach|lig|keit: ↑Stacheligkeit.

Sta|del, der; -s, - u. (schweiz.:) Städel, (österr. auch:) Stadeln [mhd. stadel, ahd. stadal, urspr. = Stand(ort), zu ↑stehen] (südd., österr., schweiz.): *Heustadel.*

Sta|di|en: Pl. von ↑Stadion, ↑Stadium.

Sta|di|on, das; -s, ...ien [griech. stádion = Rennbahn, Laufbahn, eigtl. = ein Längenmaß (zwischen 179 m u. 213 m); Rennbahn; urspr. Bez. für die 1 stádion lange Rennbahn im altgriech. Olympia]: **a)** *mit Rängen, Tribünen für die Zuschauer versehene, große Anlage für sportliche Wettkämpfe u. Übungen, bes. in Gestalt eines großen, oft ovalen Sportfeldes:* ein S. für 80 000 Zuschauer, mit 50 000 Sitzplätzen; das S. des örtlichen Fußballvereins; ins S. gehen; **b)** *die Zuschauer in einem Stadion:* das [ganze] S. raste vor Begeisterung.

Sta|di|on|spre|cher, der: *jmd., der bei einer Veranstaltung in einem Stadion die Ansage* (2 a) *macht.*

Sta|di|on|spre|che|rin, die: w. Form zu ↑Stadionsprecher.

Sta|di|um, das; -s, ...ien [zuerst in der med. Fachspr. = Abschnitt (im Verlauf einer Krankheit); lat. stadium < griech. stádion, ↑Stadion]: *Zeitraum aus einer gesamten Entwicklung; Entwicklungsstufe, -abschnitt:* ein frühes, fortgeschrittenes, vorübergehendes, entscheidendes S.; alle Stadien einer Entwicklung durchlaufen; in ein neues S. eintreten, übergehen; er hatte Krebs im letzten S.

Stadt, die; -, Städte [ˈʃtɛ(ː)tə] [mhd., ahd. stat = Ort, Stelle; Wohnstätte, Siedlung; seit dem 12. Jh. ma. Rechtsbegriff, erst vom 16. Jh. an orthographisch von ↑Statt unterschieden]: **1. a)** *größere, dicht geschlossene Siedlung, die mit bestimmten Rechten ausgestattet ist u. den verwaltungsmäßigen, wirtschaftlichen u. kulturellen Mittelpunkt eines Gebietes darstellt; große Ansammlung von Häusern [u. öffentlichen Gebäuden], in der viele Menschen in einer Verwaltungseinheit leben:* eine schön gelegene, malerische, reiche, lebendige, blühende, mittelalterliche, moderne S.; eine kleine S. am Rhein, bei Lyon, in Mexiko; eine Stadt mit/von 750 000 Einwohnern; die älteste, schönste, größte S. des Landes; eine S. der Künste, der Mode; die S. Wien; eine offene (Milit.; *nicht verteidigte*) S.; eine S. besuchen, besichtigen, gründen, zerstören, belagern, einnehmen; die Bürger, Einwohner der S.; am Rande, im Zentrum einer S. wohnen; die Leute aus der S. *(die Städter);* in der S. *(in einer Stadt)* leben; in die S. (1. *in die Innenstadt, ins Einkaufszentrum der Stadt.* 2. *in eine [bestimmte] in der Nähe gelegene Stadt*) gehen, fahren; *** die Ewige S.** (*Rom;* wohl nach Tibull, Elegien II, 5, 23); **die Heilige S.** *(Jerusalem);* **die Goldene S.** *(Prag);* **in S. und Land** (veraltend; *überall, allenthalben*); **b)** ⟨o. Pl.⟩ *Gesamtheit der Einwohner einer Stadt* (1 a): die ganze S. war auf den Beinen. **2.** *Verwaltung einer Stadt:* dafür ist die S. zuständig; er hat die S. verklagt; sie ist, arbeitet bei der S.

Stadt|am|man, der (schweiz.): **1.** *(in einigen Kantonen der Schweiz) Bürgermeister.* **2.** *(im Kanton Zürich) Vollstreckungsbeamter.*

Stadt|an|sicht, die: *Ansicht* (2) *einer Stadt.*

stadt|aus|wärts ⟨Adv.⟩: *aus der Stadt hinaus:* s. fahren.

Stadt|au|to|bahn, die: *Autobahn innerhalb einer Stadt [für den innerstädtischen Verkehr].*

Stadt|bahn, die: *S-Bahn.*

stadt|be|kannt ⟨Adj.⟩: *aufgrund besonderer positiver od. negativer Eigenschaften in einer Stadt allgemein bekannt:* ein -es Spezialitätenrestaurant, Original.

Stadt|be|woh|ner, der: *Bewohner einer Stadt.*

Stadt|be|woh|ne|rin, die: w. Form zu ↑Stadtbewohner.

Stadt|be|zirk, der: *aus einem od. mehreren Stadtteilen bestehende Verwaltungseinheit in einer größeren Stadt.*

Stadt|bi|bli|o|thek, die: *städtische Bibliothek.*

Stadt|bü|che|rei, die: *städtische Bücherei.*

Städt|chen [ˈʃtɛ(ː)tçən], das; -s, -: Vkl. zu ↑Stadt (1): ein hübsches kleines S.; ein verschlafenes S. in der Provinz; R andere S., andere Mädchen *(wenn man den Aufenthalts-, Wohnort wechselt, ergeben sich dadurch neue Liebesbeziehungen).*

Städ|te|bau, der ⟨o. Pl.⟩: *Planung, Projektierung, Gestaltung beim Bau, bei der Umgestaltung von Städten.*

Städ|te|bau|er, der; -s, -: *jmd., dessen Arbeitsgebiet der Städtebau ist.*

Städ|te|bau|e|rin, die: w. Form zu ↑Städtebauer.

städ|te|bau|lich ⟨Adj.⟩: *den Städtebau betreffend.*

Städ|te|bund, der: *(im MA.) Zusammenschluss von Städten zum Schutz ihrer Rechte.*

stadt|ein|wärts ⟨Adv.⟩: *in die Stadt hinein:* s. fahren.

Städ|te|pla|ner, der: *Stadtplaner.*

Städ|te|pla|ne|rin, die: w. Form zu ↑Städteplaner.

städ|te|pla|ne|risch ⟨Adj.⟩: *stadtplanerisch.*

Städ|te|pla|nung, die: *Stadtplanung.*

Städ|ter [ˈʃtɛ(ː)tɐ], der; -s, - [1: mhd. steter]: **1.** *jmd., der in einer Stadt wohnt.* **2.** *jmd., der [in der Stadt aufgewachsen u.] durch das Leben in der Stadt geprägt ist; Stadtmensch.*

Städ|te|rin, die; -, -nen: w. Form zu ↑Städter.

Stadt|far|be, die ⟨meist Pl.⟩: *Farbe* (3 a) *einer Stadt.*

stadt|fein ⟨Adj.⟩: in der Wendung **sich s. machen** (scherzh.; *sich für den Aufenthalt, das Ausgehen in der Stadt anziehen, zurechtmachen*).

Stadt|füh|rer, der: **1.** *jmd., der Reisenden, bes. Reisegruppen, die Sehenswürdigkeiten einer Stadt zeigt.* **2.** *Buch, das Reisenden alles Notwendige über Unterkünfte, Verkehrsmittel, kulturelle Einrichtungen o. Ä. einer Stadt vermittelt.*

Stadt|füh|re|rin, die: w. Form zu ↑Stadtführer (1).

Stadt|gas, das ⟨o. Pl.⟩: *meist durch Verkokung aus Kohle gewonnenes, in den Städten verwendetes Brenngas.*

Stadt|ge|biet, das: *zu einer Stadt gehörendes Gebiet.*

Stadt|ge|mein|de, die: *Gemeinde, die als Stadt verwaltet wird, die zu einer Stadt gehört.*

Stadt|ge|richt, das (hist.): *(in den Städten des MA. u. der frühen Neuzeit) aus dem Stadtrat bestehendes städtisches Gericht.*

Stadt|ge|schich|te, die: **1.** ⟨o. Pl.⟩ *Geschichte* (1 a) *einer Stadt.* **2.** *Geschichte* (1 c) *einer Stadt.*

Stadt|gra|ben, der (früher): *der Befestigung einer Stadt dienender, um die Stadtmauer führender Graben.*

[1]Stadt|gue|ril|la, die: *(bes. in Lateinamerika)* [1]*Guerilla* (b), *die sich in Städten betätigt:* die S. von Peru.

[2]Stadt|gue|ril|la, der: *(bes. in Lateinamerika)* [2]*Guerilla, Guerillero, der sich in Städten betätigt.*

Stadt|hal|le, die: *großer Saal od. ganzes Gebäude mit Sälen für öffentliche Veranstaltungen.*

Stadt|haus, das: **1.** *Gebäude, in dem ein Teil der Verwaltungsbehörden einer Stadt untergebracht ist:* das Amt befindet sich im S. Nord. **2.** *[in seinem Stil im Unterschied zum Landhaus städtischen Erfordernissen entsprechendes] Haus in einer Stadt.*

städ|tisch ⟨Adj.⟩: **1.** *eine Stadt, die Stadtverwaltung betreffend, ihr unterstellt, von ihr verwaltet, zu ihr gehörend; kommunal:* -e Bedienstete, Anlagen, Einrichtungen; die -en Bäder, Kindergärten; die -e Müllabfuhr; das Altenheim ist s., wird s. verwaltet. **2.** *einer Stadt entsprechend, in ihr üblich, für sie, das Leben in ihr charakteristisch; in der Art eines Städters; urban:* eine -e Lebensweise; das -e Wohnen; ihre Kleidung war s.; s. gekleidet sein.

Stadt|käm|me|rer, der: *(in bestimmten Städten) Leiter der städtischen Finanzverwaltung.*

Stadt|käm|me|rin, Stadt|kämm|re|rin, die: w. Form zu ↑Stadtkämmerer.

S

Stạdt|kas|se, die: **1.** *Geldmittel einer Stadt für den laufenden Bedarf, für öffentliche Zwecke:* etw. aus der S. finanzieren. **2.** *Stelle, Behörde, die die Stadtkasse* (1) *verwaltet:* einen Betrag an die S. überweisen, bei der S. bezahlen.

Stạdt|kern, der: *innerer, zentral gelegener Teil einer Stadt.*

Stạdt|kind, das: **1.** *in einer Stadt aufwachsendes Kind.* **2.** *jmd., der in einer Stadt aufgewachsen u. vom Leben in der Stadt geprägt ist.*

Stạdt|kreis, der: *staatlicher Verwaltungsbezirk, der nur aus einer einzelnen, keinem Landkreis eingegliederten Stadt besteht.*

Stạdt|mau|er, die (früher): *der Befestigung einer Stadt dienende, sie umgebende, dicke, hohe Mauer.*

Stạdt|mensch, der: **1.** *jmd., der [in einer Stadt aufgewachsen u.] vom Leben in der Stadt geprägt ist.* **2.** (veraltet) *Städter* (1).

Stạdt|mit|te, die: *[Stadt]zentrum, Stadtkern.*

Stạdt|mu|si|kant, der (früher): vgl. Stadtpfeifer: die Bremer -en *(Esel, Hund, Katze u. Hahn in dem gleichnamigen Tiermärchen).*

Stạdt|park, der: *öffentlicher Park in einer Stadt.*

Stạdt|pfei|fer, der (früher): *in einer Zunft organisierter Musiker im Dienst einer Stadt.*

Stạdt|plan, der: *[2]Plan* (3) *einer Stadt [auf einem zusammenfaltbaren Blatt].*

Stạdt|pla|ner, der: *jmd., der [berufsmäßig] auf dem Gebiet der Stadtplanung tätig ist.*

Stạdt|pla|ne|rin, die: w. Form zu ↑Stadtplaner.

stạdt|pla|ne|risch ⟨Adj.⟩: *die Stadtplanung betreffend; hinsichtlich der Stadtplanung.*

Stạdt|pla|nung, die: *Gesamtheit der Planungen für den Städtebau.*

Stạdt|rand, der: *Rand, Peripherie der, einer Stadt:* am S. wohnen.

Stạdt|rand|er|ho|lung, die; -, -en: *(von kommunalen, kirchlichen o. ä. Institutionen organisierte) Erholung am Rande einer Stadt (bes. für Schulkinder, die während der [Sommer]ferien nicht verreisen können).*

Stạdt|rat, der: **1.** *Gemeindevertretung, oberstes Exekutivorgan einer Stadt:* er ist in den S. gewählt worden. **2.** *Mitglied eines Stadtrates* (1).

Stạdt|rä|tin, die: w. Form zu ↑Stadtrat (2): sie ist schon lange S.

Stạdt|rats|frak|ti|on, die: *Fraktion* (1 a) *im Stadtrat* (1).

Stạdt|recht, das: *(vom MA. bis ins 19. Jh.) Gesamtheit der in einer Stadt geltenden Rechte.*

Stạdt|rund|fahrt, die: *Besichtigungs-, Rundfahrt* (1) *durch eine Stadt.*

Stạdt|säc|kel, der (scherzh.): *Stadtkasse* (1).

Stạdt|sa|nie|rung, die: *das Sanieren* (2 a) *von alten Teilen einer Stadt.*

Stạdt|schrei|ber, der: **1.** (früher) *jmd., bes. Geistlicher od. Rechtsgelehrter, der in einer Stadt die schriftlichen Arbeiten als Protokollführer, Chronist o. Ä. ausführte.* **2.** *Schriftsteller, der von einer Stadt dazu eingeladen wird, für eine befristete Zeit in der Stadt zu leben u. [als eine Art Chronist] über sie zu schreiben.*

Stạdt|schrei|be|rin, die: w. Form zu ↑Stadtschreiber (2).

Stạdt|staat, der: *Stadt, die ein eigenes Staatswesen mit selbstständiger Verfassung darstellt:* die mittelalterlichen -en; zur Bundesrepublik gehören jetzt 13 Flächenstaaten und 3 -en.

Stạdt|strei|cher, der [Ggb. zu ↑Landstreicher]: *jmd., der nicht sesshaft ist, sich meist ohne festen Wohnsitz bes. in Großstädten aufhält.*

Stạdt|strei|che|rin, die: w. Form zu ↑Stadtstreicher.

Stạdt|teil, der: **a)** *eine gewisse Einheit darstellender Teil einer Stadt:* die alten, südlichen -e; ein neuer S. entsteht; **b)** (ugs.) *Gesamtheit der Einwohner eines Stadtteils* (a): morgen weiß es der ganze S.

Stạdt|the|a|ter, das: *Theater, das von einer Stadt verwaltet, unterhalten wird.*

Stạdt|tor, das (früher): *Tor in einer Stadtmauer.*

Stạdt|vä|ter ⟨Pl.⟩ (ugs. scherzh.): *leitende Mitglieder einer Stadtverwaltung, Stadträte.*

Stạdt|ver|kehr, der: *Straßenverkehr in einer Stadt:* der ideale Wagen für den S.; im S. verbraucht das Auto etwa 7 Liter.

Stạdt|ver|ord|ne|te, der u. die; -n, -n ⟨Dekl. ↑Abgeordnete⟩: *Stadtrat* (2).

Stạdt|ver|ord|ne|ten|ver|samm|lung, die: *Versammlung* (1 c) *der Stadtverordneten.*

Stạdt|ver|wal|tung, die: **a)** *Verwaltung* (2 a) *einer Stadt; städtische Verwaltungsbehörde;* **b)** *Räumlichkeiten, Gebäude der Stadtverwaltung* (a); **c)** (ugs.) *Gesamtheit der in der Stadtverwaltung* (a) *beschäftigten Personen.*

Stạdt|vier|tel, das: vgl. Stadtteil.

Stạdt|wer|ke ⟨Pl.⟩: *von einer Stadt betriebene wirtschaftliche Unternehmen, die bes. für die Versorgung, den öffentlichen Verkehr o. Ä. der Stadt zuständig sind.*

Stạdt|zen|trum, das: *Innenstadt; City.*

Sta|fet|te, die; -, -n [1: ital. staffetta, zu: staffa = Steigbügel, aus dem Germ.]: **1. a)** (früher) *reitender Bote [der im Wechsel mit andern Nachrichten überbrachte];* **b)** *Gruppe aus mehreren Personen, Kurieren, die, miteinander wechselnd, etw. schnell übermitteln.* **2.** *sich in bestimmter Anordnung, Aufstellung fortbewegende Gruppe von Fahrzeugen, Reitern als Begleitung von jmdm., etw.:* eine S. von Polizisten auf Motorrädern. **3.** (Sport veraltet) **a)** *Staffel* (1 b); **b)** *Staffellauf.*

Staf|fa|ge [...ˈfa:ʒə], die; -, -n [mit französierender Endung zu ↑staffieren]: **1.** *[schmückendes] Beiwerk; Ausstattung, Aufmachung, die dem schöneren Schein dient, etw. vortäuscht:* die Studiogäste dienten nur als S., waren bloße S.; das ist doch alles nur S. **2.** (bild. Kunst) *(bes. in der Malerei des Barock) Figuren von Menschen od. Tieren zur Belebung von Landschafts- u. Architekturbildern.*

Stạf|fel, die; -, -n [mhd. staffel, stapfel = Stufe, Grad, ahd. staffal, staphal = Grundlage, Schritt, urspr. wohl = erhöhter Tritt, verw. mit ↑Stab]: **1.** (Sport) **a)** *(eine Mannschaft bildende) Gruppe von Sportlern, deren Leistungen in einem Wettkampf gemeinsam gewertet werden:* die S. der Gewichtheber; **b)** (bes. Leichtathletik, Ski, Schwimmen) *Gruppe von (meist vier) Sportlern, die sich auf einer zurückzulegenden Strecke im Wettkampf nacheinander ablösen u. gemeinsam gewertet werden:* die finnische S. geht in Führung; **c)** *Teil einer Spielklasse.* **2.** (Milit.) **a)** *(der Kompanie vergleichbare) Einheit eines Luftwaffengeschwaders:* eine S. Düsenjäger; **b)** *(bei der Kriegsmarine) Formation von Schiffen beim Fahren im Verband, bei der die Schiffe nebeneinander den gleichen Kurs steuern.* **3.** *Stafette* (2): zwei -n Polizei mit Motorrädern eskortierten den Wagen des Präsidenten. **4.** (Ferns.) *aus mehreren Folgen* (2) *bestehende [Produktions]einheit einer Fernsehserie:* die erste S. mit zwölf Folgen endet im Mai. **5.** *Aufeinanderfolge:* eine S. heftiger Winde. **6.** (südd.) *[Absatz einer] Treppe.*

Staf|fe|lei, die; -, -en: *beim Malen, Zeichnen verwendetes Gestell, auf dem das Bild in Höhe u. Neigung verstellt werden kann:* die S. aufstellen; vor der S. sitzen und malen.

Stạf|fel|lauf, der (Leichtathletik, Ski): *Wettkampf, bei dem mehrere Staffeln* (1 b) *gegeneinander laufen [wobei in der Leichtathletik der Läufer einer Staffel nach Durchlaufen seiner Strecke dem jeweils nachfolgenden Läufer den Staffelstab übergeben muss].*

Stạf|fel|läu|fer, der (Leichtathletik, Ski): *Läufer einer Staffel* (1 b).

Stạf|fel|läu|fe|rin, die: w. Form zu ↑Staffelläufer.

stạf|feln ⟨sw. V.; hat⟩: **1.** *in einer bestimmten, schräg abgestuften Anordnung aufstellen, aufeinander setzen, formieren:* Dosen pyramidenartig, zu Pyramiden s.; (Fußball:) die gut, tief, klug gestaffelte Abwehr des Gegners. **2. a)** *nach bestimmten Rängen, Stufungen einteilen:* Preise, Steuern, Gebühren s.; nach Dienstjahren gestaffelte Gehälter; **b)** ⟨s. + sich⟩ *nach bestimmten Rängen, Stufungen gegliedert, eingeteilt sein:* die Telefongebühren staffeln sich nach der Entfernung.

Stạf|fel|stab, der (Leichtathletik): *Stab aus Holz od. Metall, den beim Staffellauf ein Läufer dem nachfolgenden übergeben muss.*

Stạf|fe|lung, Stafflung, die; -, -en: **1.** *das Staffeln.* **2.** *das Gestaffeltsein.*

Stạf|fel|wett|be|werb, der (Sport): *Wettkampf, bei dem Staffeln* (1 b) *gegeneinander antreten.*

staf|fie|ren ⟨sw. V.; hat⟩ [mniederd. stafferen < mniederl. stofferen < afrz. estoffer, ↑Stoff]: **1.** (selten) *ausstaffieren.* **2.** (österr., sonst veralt.) *schmücken, verzieren.* **3.** (Schneiderei) *Stoff auf einen anderen nähen* (z. B. Futter in einen Mantel nähen).

Staf|fie|rung, die; -: *das Staffieren.*

Stạff|lung: ↑Staffelung.

Stag, das; -[e]s, -e[n] [aus dem Niederd. < mniederd. stach, wohl eigtl. = das straff Gespannte] (Seew.): *Drahtseil zum Verspannen u. Abstützen von Masten (in Längsrichtung des Schiffes).*

Stage|di|ving [ˈsteɪdʒdaɪvɪŋ] das; -s, -s [engl. stage diving, aus: stage = Bühne u. diving = das (Ein)tauchen]: *(Bei Rockkonzerten o. Ä.) Sprung des Sängers o. Ä. von der Konzertbühne in das Publikum.*

Stag|fla|ti|on [ʃt..., st...], die; -, -en [engl. stagflation, zusgez. aus: **stag**nation (↑Stagnation) u. in**flation**, ↑Inflation] (Wirtsch.): *Stillstand des Wirtschaftswachstums bei gleichzeitiger Geldentwertung.*

Sta|gna|ti|on [auch: st...], die; -, -en (bildungsspr.): *Stillstand, Stockung bei einer Entwicklung (bes. auf wirtschaftlichem Gebiet):* die augenblickliche S. überwinden.

sta|gnie|ren ⟨sw. V.; hat⟩ [lat. stagnare = gestaut, überschwemmt sein, zu: stagnum = stehendes Gewässer, See, Lache, zu: stare = stehen] (bildungsspr.): *in einer Bewegung, Entwicklung nicht weiterkommen; stillstehen, stocken:* die Wirtschaft [des Landes], die Produktion, der Export stagniert [schon seit mehreren Monaten].

stahl: ↑stehlen.

Stahl, der; -[e]s, Stähle, selten: -e [mhd. stāl, stahel, ahd. stahal, subst. Adj. u. eigtl. = der Feste, Harte]: **1.** *Eisen in einer Legierung, die aufgrund ihrer Festigkeit, Elastizität, chemischen Beständigkeit gut verarbeitet, geformt, gehärtet werden kann:* hochwertiger, rostfreier S.; säurebeständige, leicht rostende Stähle; das Material ist hart wie S.; S. härten, walzen, schmieden, vergüten, polieren, produzieren; eine Konstruktion aus S.; moderne Bauten aus S. und Beton; mit S. armierter Beton; die S. erzeugende, verarbeitende Industrie; ein S. erzeugender Betrieb; Ü Nerven aus S. *(sehr gute Nerven);* **2.** (dichter.) *blanke Waffe, Dolch, Schwert, Messer:* der tödliche S. drang tief in seine Brust ein.

Stahl|ar|bei|ter, der: *in der Stahlindustrie tätiger Arbeiter.*

Stahl|ar|bei|te|rin, die: w. Form zu ↑Stahlarbeiter.

Stahl|band, das ⟨Pl. ...bänder⟩: *stählernes Band.*

Stahl|bau, der: **1.** ⟨o. Pl.⟩ *Bautechnik, bei der wesentliche Bauteile aus Stahl bestehen.* **2.** ⟨Pl. -ten⟩ *Bauwerk, Gebäude, bei dem die tragenden Bauteile aus Stahl bestehen.* **3.** ⟨o. Pl.⟩ *Bereich der Stahl verarbeitenden Bauindustrie* (2).

Stahl|bau|schlos|ser, der: *im Stahlbau* (3) *tätiger Bauschlosser.*

Stahl|bau|schlos|se|rin, die: w. Form zu ↑Stahlbauschlosser.

Stahl|be|sen, der (Musik): *(beim Schlagzeug) Stiel mit einem (den Borsten eines Besens ähnelnden) Bündel aus Stahldrähten.*

Stahl|be|ton, der (Bauw.): *mit Einlagen aus Stahl versehener Beton; armierter Beton.*

Stahl|be|ton|plat|te, die: *Platte aus Stahlbeton:* als Fundament dient eine S.; Hochhäuser aus vorgefertigten -n.

stahl|blau ⟨Adj.⟩: 1. *dunkelblau, schwärzlich bis grünlich blau:* eine -e Luxuslimousine. 2. (oft emotional) *leuchtend blau:* -e Augen.

Stahl|blech, das: *Blech aus Stahl.*

Stahl|draht, der: *Draht aus Stahl.*

stäh|le: ↑stehlen.

Stahl|ein|la|ge, die: *Einlage aus Stahl (z. B. in Beton).*

stäh|len ⟨sw. V.; hat⟩ [mhd. stehelen, stælen = härten (a), zu ↑Stahl] (geh.): *sehr stark, kräftig, widerstandsfähig machen:* regelmäßiges Training stählt die Muskeln; er hat sich, seinen Körper durch Sport gestählt; Ü der Lebenskampf hat ihren Willen gestählt.

stäh|lern ⟨Adj.⟩ [älter: stählin, mhd. stehelin]: 1. *aus Stahl bestehend, hergestellt:* eine -e Brücke, Konstruktion; Ü -e Muskeln *(Muskeln hart wie Stahl).* 2. (geh.) *stark, fest, unerschütterlich:* er hat -e Grundsätze, Nerven; ihr Wille ist s.

Stahl er|zeu|gend: s. Stahl (1).

Stahl|er|zeu|gung, die: *Erzeugung von Stahl.*

Stahl|fe|der, die: 1. *Schreibfeder aus Stahl.* 2. *Feder* (3) *aus Stahl.*

Stahl|fla|sche, die: *Flasche aus Stahl.*

stahl|grau ⟨Adj.⟩: *grau wie Stahl.*

stahl|hart ⟨Adj.⟩: *große Härte, die Härte von Stahl aufweisend:* eine -e Legierung; die Masse wird [beim Brennen], ist [nach dem Abbinden] s.; Ü (oft emotional:) ein -er Händedruck.

Stahl|helm, der: *Schutzhelm aus Stahl für Soldaten.*

Stahl|in|dus|trie, die: *Industrie, in der Stahl hergestellt, verarbeitet wird.*

Stahl|kon|struk|ti|on, die: *Konstruktion* (1 b) *aus Stahl:* der Turm, die Bohrinsel ist eine S.; die Fahrbahn der Brücke ruht auf einer S.

Stahl|na|del, die: *Nadel aus Stahl.*

Stahl|plat|te, die: *Platte aus Stahl:* eine aus großen -n zusammengesetzte Fahrbahn; ein Bild in eine S. gravieren.

Stahl|rohr, das: *Rohr aus Stahl.*

Stahl|ross, das (ugs. scherzh.): *Fahrrad.*

Stahl|sai|te, die: *aus Stahl hergestellte Saite für bestimmte Zupf- u. Streichinstrumente:* die Gitarre ist mit -n bespannt.

Stahl|stab, der: *Stab aus Stahl:* fingerdicke Stahlstäbe.

Stahl|stich, der (Grafik): 1. ⟨o. Pl.⟩ *grafisches Verfahren, bei dem statt einer Kupferplatte (wie beim Kupferstich) eine Stahlplatte verwendet wird.* 2. *nach diesem Verfahren hergestelltes Blatt.*

Stahl|teil, das: *Teil aus Stahl:* schwere -e durch leichtere Alu- oder Kunststoffteile ersetzen.

Stahl|trä|ger, der: *Träger* (2) *aus Stahl.*

Stahl|tros|se, die: *Seil aus Stahldrähten.*

Stahl|tür, die: *Tür aus Stahl:* eine feuerfeste S.; die S. des Tresors.

Stahl ver|ar|bei|tend: s. Stahl (1).

Stahl|ver|for|mung, die: *Industriezweig, der Stücke, Teile, Gegenstände aus Stahl fertigt u. vorwiegend Zulieferer der Automobil- u. Maschinenbauindustrie sowie der elektrotechnischen Industrie ist.*

Stahl|werk, das: *Werk, das Stahl produziert.*

Stahl|wol|le, die: *dünne, gekräuselte, fadenähnliche Gebilde aus Stahl zum Abschleifen u. Reinigen metallener od. hölzerner Flächen.*

Stain|less Steel ['steɪnlɪs 'sti:l], der; - - [engl. stainless steel]: *rostfreier Stahl* (Qualitätsbezeichnung auf Gebrauchsgütern).

stak, stä|ke: ↑stecken (5, 6, 7).

Sta|ke, die; -, -n, Staken, der; -s, - [mniederd. stake, wohl verw. mit ↑Stecken] (nordd.): *lange Holzstange (bes. zum Abstoßen u. Vorwärtsbewegen eines Bootes od. als Stütze beim Fachwerkbau).*

sta|ken ⟨sw. V.⟩ [mniederd. staken, zu ↑Stake(n)] (nordd.): 1. a) *(ein Boot o. Ä.) durch Abstoßen u. weiteres Stemmen mit einer langen Stange gegen den Grund od. das Ufer vorwärts bewegen* ⟨hat⟩: den Kahn, das Boot [durch das Schilf, über den Teich] s.; b) *sich durch Staken* (1 a) *in einem Boot o. Ä. irgendwohin bewegen* ⟨ist⟩: wir stakten ans Ufer. 2. (selten) *staksen* ⟨ist⟩: über den Hof s.; 3. (landsch.) *mit einer Heugabel o. Ä. aufspießen u. irgendwohin befördern* ⟨hat⟩.

Sta|ken: ↑Stake.

Stak|ka|to [ʃt..., st...], Staccato, das; -s, -s u. ...ti [ital. ↑staccato] (Musik): *musikalischer Vortrag, bei dem die Töne staccato gespielt werden.*

stak|sen ⟨sw. V.; ist⟩ [Intensivbildung zu ↑staken (2)] (ugs.): *sich ungelenk, mit steifen Beinen fortbewegen, irgendwohin bewegen:* sie staksten über die feuchte Wiese; mit staksenden Schritten.

stak|sig ⟨Adj.⟩ (ugs.): *ungelenk staksend:* sie hat einen etwas -en Gang; auf -en Beinen, mit -en Schritten; sie ging s. hinaus.

Sta|lag|mit [auch: st..., ...'mɪt], der; -s u. -en, -e[n] [nlat. stalagmites, zu griech. stálagma = Tropfen] (Geol.): *säulenähnlicher Tropfstein, der sich vom Boden einer Höhle nach oben aufbaut.*

sta|lag|mi|tisch ⟨Adj.⟩: *wie Stalagmiten gebildet, geformt.*

Sta|lak|tit [auch: st..., ...'tɪt], der; -s u. -en, -e[n] [nlat. stalactites, zu griech. stalaktós = tröpfelnd] (Geol.): *einem Eiszapfen ähnlicher Tropfstein, der von der Decke einer Höhle nach unten wächst u. herabhängt.*

sta|lak|ti|tisch ⟨Adj.⟩: *wie Stalaktiten gebildet, geformt.*

Sta|lin|grad: Name von Wolgograd 1925–1961.

[1]Sta|lin|gra|der, der; -s, -: Ew.

[2]Sta|lin|gra|der ⟨indekl. Adj.⟩.

Sta|lin|gra|de|rin, die; -, -nen: w. Form von ↑[1]Stalingrader.

Sta|li|nis|mus [ʃt..., st...], der; -: *von J. W. Stalin (1879–1953) geprägte Interpretation des Marxismus u. die darauf beruhenden, von Stalin erstmals praktizierten autoritär-bürokratischen Methoden u. Herrschaftsformen.*

Sta|li|nist, der; -en, -en: *Anhänger, Vertreter des Stalinismus.*

Sta|li|nis|tin, die; -, -nen: w. Form zu ↑Stalinist.

sta|li|nis|tisch ⟨Adj.⟩: *den Stalinismus betreffend, zu ihm gehörend, von ihm bestimmt, seine Züge tragend:* das -e System; die -e Ära.

Stall, der; -[e]s, Ställe [mhd., ahd. stal, eigtl. = Standort, Stelle, wohl verw. mit ↑stehen]: 1. *geschlossener Raum, Gebäude[teil], in dem das Vieh untergebracht ist, gehalten wird:* große, geräumige, moderne Ställe; den S. säubern, ausmisten; einen S. bauen; die Schweine in den S. bringen, treiben; die Tiere bleiben den Winter über im S.; die Rinder stehen im S. *(werden im S. gehalten);* dort sieht es aus wie in einem S. (ugs.; *ist es unerträglich unordentlich u. schmutzig*); Ü den S. müssen wir mal tüchtig ausmisten (ugs.; *hier müssen wir Ordnung schaffen*); sie kommt aus einem guten S. (ugs. scherzh.; *aus gutem Haus*); die beiden kommen aus demselben S. (ugs. scherzh.; *entstammen derselben Familie, haben die gleiche Ausbildung, Erziehung genossen*); * **ein ganzer S. voll** (ugs.; *sehr viele*): einen ganzen S. voll Kinder haben; **den S. wittern** (ugs. scherzh.; *auf dem Nachhauseweg angesichts des nahen Ziels einen starken Drang verspüren, die restliche Strecke möglichst schnell zurückzulegen*). 2. (Jargon) a) kurz für ↑Rennstall (1); b) kurz für ↑Rennstall (2).

Ställ|chen, das; -s, -: 1. Vkl. zu ↑Stall (1). 2. *Laufgitter, Laufstall.*

Stall|dung, der: *im Stall bes. größerer Nutztiere anfallender [1]Mist* (1 a).

Stall|dün|ger, der: *Stalldung.*

stal|len ⟨sw. V.; hat⟩ [1: mhd. stallen, zu ↑Stall; 2: spätmhd. stallen, H. u.; später zusammengefallen mit ↑stallen (1)]: 1. (selten) a) *im Stall unterbringen, in den Stall bringen [u. versorgen]:* die Pferde s.; b) *im Stall stehen, untergebracht sein:* das Pferd stallt. 2. (landsch.) *(von Pferden) urinieren.*

Stall|ge|bäu|de, das: *Gebäude[teil], in dem der Stall, die Stallungen untergebracht sind.*

Stall|ge|ruch, der: *für einen Stall charakteristischer Geruch:* Ü er bringt den richtigen S. (ugs. scherzh.; *die Zugehörigkeit zu einem bestimmten Kreis, Milieu*) mit.

Stall|knecht, der (veraltend): *für die Versorgung des Viehs verantwortlicher Knecht* (1).

Stall|la|ter|ne, die: *stabile, feuersichere Laterne* (1 a) *für den Stall.*

Stall|magd, die: vgl. Stallknecht.

Stall|meis|ter, der: *jmd., der in einem Gestüt, Reitstall o. Ä. als Aufsicht führende Person, als Reitlehrer tätig ist o. Ä.* (Berufsbez.).

Stall|meis|te|rin, die: w. Form zu ↑Stallmeister.

Stall|mist, der: *Stalldung.*

Stal|lung, die; -, -en ⟨meist Pl.⟩ [(spät)mhd. stallunge]: *Stall, Stallgebäude für größere Haustiere:* hinter den -en lag ein großer Reitplatz.

Stall|wäch|ter, der (bes. Politik Jargon): *jmd., der während der [Parlaments]ferien die Aufsicht in einer Behörde o. Ä. führt:* der Staatssekretär als derzeitiger S. im Ministerium.

Stall|wäch|te|rin, die: w. Form zu ↑Stallwächter.

Stamm, der; -[e]s, Stämme [mhd., ahd. stam, wohl im Sinne von »Ständer«, verw. mit ↑stehen]: 1. *Baumstamm:* ein dünner, starker, knorriger, bemooster S.; die Stämme zersägen, ins Sägewerk transportieren. 2. *(bes. bei Naturvölkern) größere Gruppe von Menschen, die sich bes. im Hinblick auf Sprache, Kultur, wirtschaftliche o. ä. Gemeinsamkeiten, gemeinsames Siedlungsgebiet o. Ä. von anderen Gruppen unterscheidet:* nomadisierende, rivalisierende Stämme; die germanischen Stämme; ein westafrikanischer S.; (bibl.:) die zwölf Stämme Israels; (bibl.:) der S. Ephraim; der Letzte seines -es; sie sind vom, gehören zum selben S. *(haben gemeinsame Vorfahren);* * **vom -e Nimm sein** (ugs. scherzh.; *stets auf seinen Vorteil, auf Gewinn bedacht sein; immer alles nehmen, was man bekommen kann*). 3. (Biol.) a) *(im System der Lebewesen, bes. der Tiere) Kategorie mit gemeinsamen, sich von anderen unterscheidenden Merkmalen (zwischen Reich, Unterreich od. Stammesgruppe u. Klasse); Phylum:* der S. der Ringelwürmer umfasst über 8 000 Arten; diese Klasse gehört zum S. der Chordatiere; b) *(in der Mikrobiologie) kleinste Einheit von Mikroorganismen:* ein resistenter S.; c) *(in der Pflanzenzucht) aus einer einzelnen Pflanze hervorgegangene Nachkommenschaft;* d) *(in der Tierzucht) Gruppe von enger verwandten Tieren eines Schlages* (15 b), *die sich durch typische Merkmale wie Größe, Farbe, Zeichnung von den anderen unterscheiden;* e) *(in der Tierhaltung) zusammengehörender Bestand von bestimmten Tieren:* ein S. Bienen *(ein Bienenvolk);* ein S. Hühner *(Hennen u. Hahn).* 4. a) ⟨o. Pl.⟩ *Gruppe von Personen als fester Bestand von etw.:* das Haus hat einen [festen] S. von Mitarbeitern, Kunden, Gästen; b) *größere Einheit einer Jugendorganisation:* ein S. der Pfadfinder; (nationalsoz.:) drei bis fünf Fähnlein bildeten einen S. 5. (Sprachw.) *zentraler Teil eines Wortes, dem andere Bestandteile (wie Vor-, Nachsilben, Flexionsendungen) zugesetzt, angehängt werden* (z. B. *leb*-en, ge-*leb*-t, *leb*-endig). 6. (ugs.) *Stammgericht.*

Stamm|ak|tie, die (Wirtsch.): *Aktie, die keine besonderen Vorrechte einschließt.*

Stamm|baum, der [1: LÜ von mlat. arbor consanguinitatis, nach dem bibl. Bild der »Wurzel (o. Ä.) Jesse«, Jes. 11,1]: 1. *Aufstellung der Verwandtschaftsverhältnisse von Menschen (auch Tieren) zur Beschreibung der Herkunft durch Nachweis möglichst vieler Vorfahren, oft in Form einer grafischen Darstellung od. einer bildlichen Darstellung in Gestalt eines sich verzweigenden Baumes; Ahnentafel, Genealogie* (2): ihr S., der S. ihrer Familie reicht bis ins 17. Jahrhundert; einen S. aufstellen; der Hund hat einen S. *(einen Nachweis für seine reinrassige Abstammung).* 2. *oft als bildliche od. grafische Darstellung veranschaulichte Beschreibung der natürlichen Verwandtschaftsverhältnisse zwi-*

schen systematischen Einheiten des Tier- u. Pflanzenreichs.

Stạmm|be|set|zung, die: *übliche Besetzung mit einem Stamm von Mitwirkenden.*

Stạmm|buch, das: 1. (veraltend) *Buch, in das sich Gäste, Freunde, Bekannte bes. mit Versen, Sinnsprüchen o. Ä. zur Erinnerung eintragen:* könntest du mir noch etwas ins S. schreiben?; ***jmdm. etw. ins S. schreiben** *(jmdn. mit Nachdruck kritisierend auf etw. Tadelnswertes hinweisen).* 2. a) *Familienstammbuch;* b) *Herdbuch.*

Stạmm|burg, die: *Burg, von der ein Adelsgeschlecht seinen Ausgang genommen hat.*

Stặmm|chen, das; -s, -: Vkl. zu ↑Stamm (1).

Stạmm|da|ten ⟨Pl.⟩ (EDV): *gespeicherte Daten, die für einen relativ langen Zeitraum gültig bleiben u. mehrmals verarbeitet werden.*

Stạmm|ein|la|ge, die (Wirtsch.): *Beteiligung (am Stammkapital), die ein Gesellschafter* (2) *einer GmbH zu entrichten hat.*

stạm|meln ⟨sw. V.; hat⟩ [mhd. stammeln, stamelen, ahd. stam(m)alōn, eigtl. = (sprachlich) gehemmt sein]: **1. a)** *(aus Unsicherheit, Verlegenheit, Erregung o. Ä.) stockend, stotternd, unzusammenhängend sprechen:* vor Verlegenheit fing sie an zu s.; **b)** *stammelnd* (1 a) *hervorbringen:* verlegen, errötend eine Entschuldigung s. **2.** (Med.) *bestimmte Laute od. Verbindungen von Lauten nicht od. nicht richtig aussprechen können.*

Stạmm|el|tern ⟨Pl.⟩: *Eltern als Begründer eines Stammes, einer Sippe.*

stạm|men ⟨sw. V.; hat⟩ [mhd. stammen, zu ↑Stamm]: **a)** *seinen Ursprung in einem bestimmten räumlichen Bereich haben:* die Tomaten stammen aus Italien; die Kiwi stammt ursprünglich aus China; woher stammt seine Familie?; er war lange in Berlin, stammt aber eigentlich, ursprünglich aus Dresden *(ist in Dresden geboren);* **b)** *seine Herkunft, seinen Ursprung in einem bestimmten zeitlichen Bereich haben; aus einer bestimmten Zeit überliefert sein, kommen:* diese Münze stammt aus dem 9. Jahrhundert; von wann, aus welcher Zeit stammt das Fossil?; die Brötchen scheinen von gestern, von vor drei Tagen zu s.; **c)** *seine Herkunft, seinen Ursprung in einem bestimmten Bereich, in einer bestimmten Gegebenheit, einem bestimmten Umstand haben:* aus einer Handwerkerfamilie, aus einfachen Verhältnissen s.; das Wort stammt aus dem Lateinischen; **d)** *auf jmdn., etw., auf jmds. Arbeit, Tätigkeit, Betätigung zurückgehen; von jmdm. gesagt, gemacht, erarbeitet worden sein:* der Satz stammt aus seiner Feder, von Sokrates; die Flecken auf dem Tischtuch stammen nicht von mir; von wem stammt denn diese Idee?; das Kind stammt nicht von ihm *(er ist nicht der Vater);* **e)** *von irgendwoher genommen, aus etw. Bestimmtem gewonnen worden sein:* die Milch stammt von einer Ziege; das Holz stammt von skandinavischen Kiefern; das Zitat stammt aus der Bibel; der Schmuck stammt von ihrer Mutter *(wurde ihr von ihrer Mutter geschenkt od. vererbt).*

Stạm|mes|füh|rer, der: *Führer, Häuptling eines Stammes* (2).

Stạm|mes|füh|re|rin, die: w. Form zu ↑Stammesführer.

Stạm|mes|ge|schich|te, die ⟨o. Pl.⟩ (Biol.): *Entwicklungsgeschichte der Lebewesen, ihrer Stämme* (3 a) *u. Arten im Laufe der Erdgeschichte.*

stạm|mes|ge|schicht|lich ⟨Adj.⟩ (Biol.): *die Stammesgeschichte betreffend.*

Stạm|mes|na|me, der: *Name eines Stammes* (2).

Stạm|mes|ver|band, der: *Verband* (4), *wie er durch einen Stamm* (2) *gebildet wird.*

Stạmm|form, die: 1. (Sprachw.) *eine der (z. B. im Deutschen, Englischen od. Lateinischen drei) Formen des Verbs, von denen alle anderen Formen der Konjugation abgeleitet werden können:* die -en des Verbs »gehen«. 2. *Wildform, von der die domestizierten Formen einer Tierart, die Kulturformen einer Pflanzenart abstammen.*

Stạmm|gast, der: *häufige Besucherin, häufiger Besucher eines Lokals o. Ä.:* unsere Stammgäste; sie ist dort S.

Stạmm|ge|richt, das: *preiswertes, meist einfaches Gericht, das in einer Gaststätte bes. für die Stammgäste angeboten wird.*

Stạmm|hal|ter, der (scherzh.): *erster männlicher Nachkomme eines Elternpaares, der den Namen der Familie weitererhalten soll.*

Stạmm|haus, das: 1. *Gebäude, in dem eine Firma gegründet wurde [u. das oft Sitz der Zentrale ist]:* unser S. in Düsseldorf. 2. vgl. Stammburg.

Stạmm|holz, das ⟨o. Pl.⟩ (Forstw.): *aus Baumstämmen von einer gewissen Dicke an gewonnenes Holz.*

stặm|mig ⟨Adj.⟩ [eigtl. = wie ein Stamm (1)]: *kräftig, athletisch gebaut u. meist untersetzt, gedrungen:* ein -er Mann; -e *(kräftige)* Beine, Arme; für einen Hochspringer ist er ziemlich s. [gebaut].

Stặm|mig|keit, die; -: *das Stämmigsein.*

Stạmm|ka|pi|tal, das (Wirtsch.): *Gesamtheit der Stammeinlagen.*

Stạmm|knei|pe, die (ugs.): vgl. Stammlokal.

Stạmm|kun|de, der: *langjähriger, ständiger Kunde eines Geschäftes, einer Firma o. Ä.*

Stạmm|kun|din, die: w. Form zu ↑Stammkunde.

Stạmm|kund|schaft, die: *langjährige, ständige Kundschaft eines Geschäftes, einer Firma o. Ä.*

Stạmm|land, das ⟨Pl. ...länder, hist. fachspr. -e⟩: *Land, in dem ein Volk, ein Volksstamm, ein Geschlecht o. Ä. beheimatet ist, seinen Ursprung hat:* das S. der Habsburger.

Stạmm|lo|kal, das: *Lokal, in dem jmd. Stammgast ist.*

Stạmm|mut|ter, die: vgl. Stammeltern.

Stạmm|per|so|nal, das: *langjähriges Personal, das einen festen Bestand bildet.*

Stạmm|platz, der: *Platz, den jmd. bevorzugt, immer wieder einnimmt:* der Sessel am Fenster ist ihr S.; er saß auf seinem S. am Tresen.

Stạmm|pu|bli|kum, das: *Publikum, das immer wieder, regelmäßig an bestimmten Orten anzutreffen ist, bestimmte Veranstaltungen besucht:* das Theater hat sein, ein S.; sie gehören seit Jahren zum S. des Lokals.

Stạmm|rol|le, die (Milit. früher): *Liste der Mannschaften eines Truppenteils, einer Dienststelle des Heeres, der Luftwaffe.*

Stạmm|sil|be, die (Sprachw.): *Silbe, die der Stamm* (5) *eines Wortes ist.*

Stạmm|sitz, der: 1. vgl. Stammplatz. 2. *Stammhaus* (1): der S. einer Firma. 3. vgl. Stammburg: der S. eines Adelsgeschlechts.

Stạmm|tisch, der: 1. *(meist größerer) Tisch in einer Gaststätte, an dem ein Kreis von Stammgästen regelmäßig zusammenkommt u. der für diese Gäste meist reserviert ist:* darüber haben wir am S. diskutiert; am S. sitzen die Wähler. 2. *Kreis von Personen, die regelmäßig am Stammtisch* (1) *zusammenkommen:* sein ganzer S. war erschienen. 3. *regelmäßiges Zusammenkommen, Sichtreffen eines Kreises von Stammgästen am Stammtisch* (1): donnerstags hat sie S.; ich sehe ihn morgen beim S.; zum S. gehen.

Stạmm|tisch|po|li|tik, die ⟨o. Pl.⟩ (abwertend): *naive politische Diskussion; unqualifiziertes, unsachliches Politisieren am Stammtisch.*

Stạmm|tisch|po|li|ti|ker, der (abwertend): *jmd., der Stammtischpolitik treibt:* diese S. haben doch gar keine Ahnung.

Stạmm|tisch|po|li|ti|ke|rin, die: w. Form zu ↑Stammtischpolitiker.

Stạmm|ton, der (Musik): *Ton ohne Vorzeichen (von dem ein Ton mit Vorzeichen abgeleitet wird).*

Stạmm|ton|art, die (Musik): *(in der altgriechischen Musik) eine der ursprünglichen Tonarten, von denen die übrigen Tonarten abgeleitet sind.*

Stạmm|va|ter, der: vgl. Stammeltern.

Stạmm|vo|kal, der (Sprachw.): *Vokal der Stammsilbe eines Wortes.*

Stạmm|wäh|ler, der: *jmd., der eine Partei, einen Kandidaten immer wieder wählt.*

Stạmm|wäh|le|rin, die: w. Form zu ↑Stammwähler.

Stạmm|wort, das ⟨Pl. ...wörter⟩ (Sprachw.): *Etymon.*

Stạmm|wür|ze, die (Brauerei): *in der Bierwürze vor Eintritt der Gärung enthaltene lösliche Substanzen, bes. Extrakte des Malzes:* das Bier hat 15 % S.

Sta|mo|kap, der; -s (Marxismus-Leninismus): Kurzw. für **staatsmonopolistischer Kapitalismus.**

stạmp|fen ⟨sw. V.⟩ [mhd. stampfen, ahd. stampfōn, urspr. = mit einem Stoßgerät (ahd. stampf) im Mörser zerkleinern]: **1. a)** *heftig u. laut den Fuß auf den Boden treten, mit Nachdruck auftreten* ⟨hat⟩: mit dem Fuß auf den Boden/(auch:) den Boden s.; vor Ärger mit den Füßen s.; die Pferde stampften [mit den Hufen]; die stampfenden Hufe der Pferde; **b)** *sich stampfend* (1 a) *fortbewegen, irgendwohin bewegen* ⟨ist⟩: er stampfte [mit schweren Schritten] auf die andere Straßenseite; **c)** *durch Stampfen* (1 a) *angeben, verdeutlichen* ⟨hat⟩: mit dem Fuß den Takt s.; **d)** *sich durch Stampfen* (1 a) *von etw. befreien* ⟨hat⟩: sich den Schmutz, den Schnee von den Stiefeln s. **2.** ⟨hat⟩ **a)** *durch Stampfen* (1 a), *durch kräftige, von oben nach unten geführte Schläge, Stöße mit einem Gerät zusammendrücken, -pressen, feststampfen:* den lockeren Schnee s.; Sauerkraut s.; ein gestampfter Lehmboden; **b)** *durch kräftige, von oben nach unten geführte Schläge, Stöße mit einem Gerät zerkleinern:* die Kartoffeln [zu Brei] s.; **c)** *durch Stampfen* (2 a) *irgendwohin bewegen, befördern:* Pfähle in den Boden s. **3.** ⟨hat⟩ **a)** *mit wuchtigen Stößen, laut stoßendem, klopfendem Geräusch arbeiten, sich bewegen:* die Motoren, Maschinen stampften; das stampfende Geräusch des schwere Güterzuges; ⟨subst.:⟩ er hörte das schwere Stampfen aus der Fabrikhalle; **b)** (Seemannsspr.) *sich in der Längsrichtung heftig auf u. nieder bewegen:* das Schiff stampft [im heftigen Seegang].

Stạmp|fer, der; -s, -: 1. (Technik) *(als Werkzeug od. Maschine ausgeführtes) Gerät zum Feststampfen von Erde, Straßenbelag o. Ä.* 2. *zum Zerquetschen, Zerstampfen von bestimmten Speisen, bes. Kartoffeln, dienendes einfaches Küchengerät, das aus einem Stiel mit hölzernem, keulenartig verdicktem od. einem metallenen durchbrochenen Ende besteht.* 3. (seltener) *Stößel.*

stand: ↑stehen.

Stạnd, der; -[e]s, Stände [mhd. stant = das Stehen, Ort des Stehens, ahd. in: firstand = Verstand, urstand = Auferstehung, zu mhd. standen, ahd. stantan = stehen, ↑stehen]: **1.** ⟨o. Pl.⟩ **a)** *das aufrechte Stehen [auf den Füßen]:* einen, keinen sicheren S. auf der Leiter haben; vom Reck in den S. springen (Turnen; *auf dem Boden in aufrechter Haltung zum Stehen kommen*); Ü keinen guten S. bei jmdm. haben (ugs.; *es schwer bei jmdm. haben*); bei jmdm., gegen jmdn. einen harten, schweren, keinen leichten S. haben (ugs.; *sich nur schwer behaupten, durchsetzen können*); *** aus dem S. [heraus]** (ugs.; ↑Stegreif); **b)** *das Stillstehen, das Sich-nicht-Bewegen:* aus dem S. *(ohne Anlauf)* auf die Bank springen; aus dem S. spielen (Fußball; *sich den Ball zuspielen, ohne die Position zu ändern*); den Motor im S. laufen lassen; Ü die neue Partei hat aus dem S. [heraus] *(gleich bei ihrer ersten Teilnahme an einer Wahl)* die Fünfprozenthürde genommen. **2. a)** ⟨Pl. selten⟩ *Platz zum Stehen; Standplatz:* der S. eines Jägers, Beobachters; ein S. für Taxen; **b)** kurz für ↑Schießstand; **c)** kurz für ↑Führerstand: den S. bitte nicht betreten. **3. a)** *[für eine begrenzte Zeit] entsprechend her-, eingerichtete Stelle (z. B. mit einem Tisch), an der etw. [zum Verkauf] angeboten*

S

wird: ein S. mit Blumen, Gewürzen; die Händler bauten ihre Stände ab; der Bäcker hat auch einen S. auf dem Markt; kommen Sie auf der Messe zu unserem S., an unseren S.; ein S. mit Informationsmaterial; **b)** *kleiner, abgeteilter Raum eines Stalls; Box* (1). **4.** ⟨o. Pl.⟩ **a)** *im Ablauf einer Entwicklung zu einem bestimmten Zeitpunkt erreichte Stufe:* der damalige S. der Technik, der Forschung; der augenblickliche, jetzige S. der Geschäfte lässt das nicht zu; das Lexikon ist nicht [mehr] auf dem neuesten S.; etw. auf den neuesten S., den S. von 2001 bringen; bei diesem S. der Dinge würde ich davon abraten; jmdn. laufend über den S. der Verhandlungen, des Spiels informieren; **b)** *Beschaffenheit, Verfassung, Zustand, in dem sich jmd., etw. zu einem bestimmten Zeitpunkt befindet:* das Auto, die Wohnung ist gut im Stand[e]/in gutem Stand[e]; etw. wieder in den alten, in einen ordnungsgemäßen S. [ver]setzen; * **außer Stand[e]** (↑außerstand[e]); **im Stand[e]** (↑imstande); **in S.** (↑instand); **in den [heiligen] S. der Ehe treten** (geh.; *heiraten*); **zu Stand[e]** (↑zustande); **c)** *zu einem bestimmten Zeitpunkt erreichter Wert, gemessene Menge, Größe, Höhe o. Ä.:* der letzte, derzeitige S. des Kontos; der S. der [Wert]papiere, der Aktien[kurse], des Dollars ist gut; den S. des Thermometers ablesen; den S. des Motoröls kontrollieren; den S. der Finanzen prüfen; das Hochwasser hatte seinen höchsten S. noch nicht erreicht; der S. der Sonne [am Himmel]. **5. a)** ⟨o. Pl.⟩ kurz für ↑Familienstand: bitte Namen und S. angeben; **b)** kurz für ↑Berufsstand: der S. der Arbeiter; dem S. der Kaufleute, der Handwerker angehören; **c)** *gegenüber anderen verhältnismäßig abgeschlossene Gruppe, Schicht in einer hierarchisch gegliederten Gesellschaft* (1): der S. des Adels, der Geistlichkeit; der geistliche S.; die unteren, niederen, höheren Stände; Leute gebildeten -es; sie hat unter ihrem S. geheiratet; ein Mann von S. *(Adliger);* * **der dritte S.** (hist.; *das Bürgertum neben Adel u. Geistlichkeit;* nach frz. le tiers état); **d)** ⟨Pl.⟩ *Vertreter der Stände* (5c) *in staatlichen, politischen Körperschaften des Mittelalters u. der frühen Neuzeit.* **6.** (schweiz.) *Kanton.* **7.** (Jägerspr.) *Bestand an Wild im Revier.* **8.** kurz für ↑Blütenstand.

[1]Stan|dard [auch: ˈst...], der; -s, -s [engl. standard, eigtl. = Standarte, Fahne (einer offiziellen Institution) < afrz. estandart, ↑Standarte]: **1.** *etw., was als mustergültig, modellhaft angesehen wird u. wonach sich anderes richtet; Richtschnur, Maßstab, Norm:* verbindliche, international festgelegte -s; neue -s setzen. **2.** *im allgemeinen Qualitäts- u. Leistungsniveau erreichte Höhe:* ein hoher S. der Technik; der soziale S. der Industriegesellschaft; einen höheren S. erreichen; die Waschmaschine gehört heute zum S. *(zur Grundausrüstung)* eines Haushalts. **3.** (Fachspr.) *Normal* (1). **4.** (Münzk.) *(gesetzlich festgelegter) Feingehalt einer Münze.*

[2]Stan|dard [ˈstændəd], das; -s, -s (Jazz Jargon): *immer wieder gern gespieltes Musikstück (einer bestimmten Stilrichtung o. Ä.).*

Stan|dard|aus|rüs|tung, die: *allgemein übliche u. gängige Ausrüstung.*

Stan|dard|brief, der: *einer bestimmten Norm entsprechender Brief mit bestimmten Mindest- u. Höchstmaßen u. einem bestimmten Höchstgewicht:* wie viel kostet ein S. [in die Schweiz]?; etw. als S. schicken.

stan|dar|di|sie|ren ⟨sw. V.; hat⟩ [engl. to standardize, zu: standard, ↑[1]Standard]: *[nach einem genormten Muster] vereinheitlichen; normen:* Leistungen s.; standardisierte Bauelemente.

Stan|dar|di|sie|rung, die; -, -en: **1.** *das Standardisieren.* **2.** *das Standardisiertsein.*

Stan|dard|kos|ten ⟨Pl.⟩ (Wirtsch.): *unter bestimmten normierten Gesichtspunkten ermittelte u. in die Plankostenrechnung einbezogene Kosten.*

Stan|dard|mo|dell, das: vgl. Standardausrüstung.

Stan|dard|pa|pie|re ⟨Pl.⟩ (Börsenw.): *Aktien der wichtigsten Gesellschaften, die am meisten gehandelt werden.*

Stan|dard|spra|che, die (Sprachw.): *über den Mundarten, lokalen Umgangssprachen u. Gruppensprachen stehende, allgemein verbindliche Sprachform; gesprochene u. geschriebene Erscheinungsform der Hochsprache.*

stan|dard|sprach|lich ⟨Adj.⟩ (Sprachw.): *zur Standardsprache gehörend, in der Standardsprache:* -e Wörter, Formen, Lautungen; sich s. ausdrücken.

Stan|dard|tanz, der ⟨meist Pl.⟩: *für den Turniertanz festgelegter Tanz* (langsamer Walzer, Tango, Slowfox, Wiener Walzer od. Quickstep).

Stan|dard|werk, das: *grundlegendes Werk (eines Fachgebiets).*

Stan|dard|wer|te ⟨Pl.⟩ (Börsenw.): *Standardpapiere.*

Stan|dar|te [ʃt...], die; -, -n [mhd. stanthart < afrz. estandart = Sammelplatz der Soldaten; Feldzeichen, aus dem Germ.]: **1. a)** (Milit. früher) *[kleine, viereckige] Fahne einer Truppe:* * **bei der S. bleiben** (veraltet; *dem Ehemann treu bleiben*); **b)** *[kleine, viereckige] Fahne als Hoheitszeichen eines Staatsmannes (z. B. am Auto).* **2.** (nationalsoz.) *(in SA u. SS) etwa einem Regiment entsprechende Organisationseinheit.* **3.** (Jägerspr.) *(bei Fuchs u. Wolf) Schwanz.*

Stan|dar|ten|füh|rer, der (nationalsoz.): *Befehlshaber einer Standarte* (2).

Stand|bein, das: **a)** (bes. Sport) *Bein, auf dem jmd. steht;* **b)** (Kunstwiss.) *im klassischen Kontrapost das die Hauptlast des Körpers tragende Bein:* Ü das Unternehmen hat ein weiteres S. *(eine Filiale)* im Ausland.

Stand|bild, das: **1.** *Statue.* **2.** (Film) *Standfoto.* **3.** (Elektronik) *(bei der Wiedergabe von Aufzeichnungen auf Videoband) für längere Zeit auf dem Bildschirm bleibendes, nicht bewegtes einzelnes Bild.*

Stand-by [ˈstændbaɪ], das; -[s], -s [engl. stand-by = Ersatz; Entlastungsflugzeug, zu: to stand by = sich bereithalten]: **1.** *Flugreise (zu verbilligtem Preis) mit Platzvergabe nach einer Warteliste, in die sich die Fluggäste vor der Abflugzeit eintragen.* **2.** (Elektronik) *Schaltung* (1a), *bei der ein Gerät auf die Fernbedienung anspricht, im Übrigen aber abgeschaltet ist:* den Fernseher auf S. schalten.

Stand-by-Be|trieb, der (Elektronik): *Betriebsart, bei der ein Gerät auf die Fernbedienung anspricht, im Übrigen aber abgeschaltet ist:* im S. braucht das Gerät nur wenig Strom.

Ständ|chen, das; -s, - [2: weil im Stehen gespielt od. gesungen wird]: **1.** Vkl. zu ↑Stand (3). **2.** *Musik, die jmdm. aus einem besonderen Anlass meist vor seinem Haus, seiner Wohnung dargebracht wird, z. B. um ihn zu ehren od. ihm eine Freude zu machen:* jmdm. ein S. bringen.

stän|de: ↑stehen.

Stän|de|ge|sell|schaft, die: *Gesellschaftsform (bes. im MA.), die durch die hierarchische Ordnung rechtlich, politisch u. religiös begründeter u. differenzierter Stände* (5c) *gekennzeichnet ist.*

Stän|de|ord|nung, die (hist.): *(im Ständestaat) gesellschaftliche Ordnung nach Ständen.*

Stän|der, der; -s, - [spätmhd. stander, stentner, spätahd. stanter = Stellfass, zu ahd. stantan, ↑Stand; mniederd. stander, stender = Pfosten]: **1.** *auf verschiedene Art konstruiertes, frei stehendes Gestell; Vorrichtung, die dazu dient, etw. daran aufzuhängen, etw. aufrecht hineinzustellen o. Ä.:* den Mantel an den S. *(Kleiderständer)* hängen; die Noten liegen auf dem S. *(Notenständer);* das Fahrrad in den S. *(Fahrradständer)* stellen. **2.** (Jägerspr.) *(beim nicht im Wasser lebenden Federwild) Bein u. Fuß.* **3.** (ugs.) *erigierter Penis:* einen S. bekommen, haben. **4.** (Bauw.) *senkrecht stehender Balken [im Fachwerk].* **5.** (Elektrot.) *fest stehender, elektromagnetisch wirksamer Teil einer elektrischen Maschine.*

Stän|de|rat, der (schweiz.): **a)** ⟨o. Pl.⟩ *Vertretung der Kantone in der Bundesversammlung;* **b)** *Mitglied des Ständerats* (a).

Stän|de|rä|tin, die: w. Form zu ↑Ständerat (b).

Stän|der|pilz, der: *in vielen Arten über die ganze Erde verbreiteter Pilz, der seine Sporen auf speziellen Fruchtkörpern bildet, die auf dafür bestimmten Trägern wachsen.*

Stan|des|amt, das: *Behörde, die Geburten, Eheschließungen, Todesfälle o. Ä. beurkundet.*

stan|des|amt|lich ⟨Adj.⟩: *durch das Standesamt, den Standesbeamten [vollzogen]:* die -e Trauung findet morgen statt; s. getraut werden.

Stan|des|be|am|te, der: *Beamter, dem Beurkundungen, Eintragungen o. Ä. auf dem Standesamt obliegen.*

Stan|des|be|am|tin, die: w. Form zu ↑Standesbeamte.

stan|des|be|wusst ⟨Adj.⟩: *sich der Zugehörigkeit zu einem bestimmten Stand* (5b, c) *bewusst u. entsprechend handelnd u. sich verhaltend.*

Stan|des|be|wusst|sein, das: *Gefühl der Zugehörigkeit zu einem Stand* (5b, c).

Stan|des|eh|re, die (veraltet): *einem bestimmten Stand* (5b, c) *zukommende Ehre.*

stan|des|ge|mäß ⟨Adj.⟩: *dem [höheren] sozialen Stand* (5c), *Status entsprechend:* eine -e Heirat; als [nicht] s. gelten; s. auftreten.

Stan|des|herr, der (hist.): *Angehöriger bestimmter Gruppen des hohen Adels (nach 1806 der mediatisierten Reichsstände mit besonderen Privilegien).*

stan|des|herr|lich ⟨Adj.⟩ (hist.): *die Standesherren betreffend, zu ihnen gehörend, ihnen gehörend:* -e Besitzungen.

Stan|des|kul|tur, die: *spezifische Kultur eines Standes* (5c).

Stan|des|per|son, die: *Person hohen Standes* (5c).

Stan|des|pflicht, die: *mit der Zugehörigkeit zu einem Stand* (5b, c) *verbundene Pflicht.*

Stan|des|pri|vi|leg, das ⟨meist Pl.⟩: *Privileg aufgrund der Zugehörigkeit zu einem höheren Stand* (5c).

Stan|des|schran|ke, die ⟨meist Pl.⟩: *Schranke, Unterschied zwischen den Ständen* (5c).

Stän|de|staat, der (hist.): *(im späten MA. u. der frühen Neuzeit in Europa) Staatsform, in der die hohen Stände* (5c) *unabhängige Herrschaftsgewalt u. politische Rechte innehaben.*

Stan|des|un|ter|schied, der ⟨meist Pl.⟩: vgl. Standesschranke.

Stan|des|zu|ge|hö|rig|keit, die: *Zugehörigkeit zu einem Stand* (5b, c).

stand|fest ⟨Adj.⟩: **1.** *fest, sicher stehend:* eine -e Leiter; Ü nicht mehr ganz s. (ugs.; *leicht betrunken*) sein. **2.** (Technik) *(von Materialien) einer längeren Belastung standhaltend:* -e Stähle.

Stand|fes|tig|keit, die: **1.** *fester, sicherer Stand:* einer Getreidesorte größere S. anzüchten; Ü mit seiner S. ist es nicht weit her (ugs.; *er verträgt nicht viel Alkohol*). **2.** *Standhaftigkeit.*

Stand|flä|che, die: **1.** *Fläche, auf der etw. steht:* für dieses Möbel haben wir keine geeignete S. **2.** *Fläche, Seite eines Gegenstandes, auf der er steht:* Gläser mit einer kleinen S.

Stand|fo|to, das (Film): *(bei Filmaufnahmen) Foto, das Kostümierung u. Arrangement jeder Kameraeinstellung festhält.*

Stand|gas, das (Kfz-T.): *Gas* (3a), *das in einem Kraftfahrzeug dem Motor zusätzlich [im Stand] zugeführt wird.*

Stand|geld, das: *für die gewerbliche Teilnahme am Markt u. die Errichtung eines Verkaufsstandes zu entrichtende Gebühr:* das S. erhöhen; S. zahlen müssen.

Stand|ge|richt, das: *rasch einberufenes Militärgericht, das Standrecht ausübt.*

stand|haft ⟨Adj.⟩: *(bes. gegen Anfeindungen, Versuchungen o. Ä.) fest zu seinem Entschluss stehend; in gefährdeter Lage nicht nachgebend; beharrlich im Handeln, Erdulden o. Ä.:* ein -er Mensch; s. bleiben; sich s. weigern [etw. zu tun].

Stand|haf|tig|keit, die; -: *standhaftes Wesen, Verhalten.*

stạnd|hal|ten ⟨st. V.; hat⟩: **1.** *sich als etw. erweisen, das etw. aushält, einer Belastung o. Ä. zu widerstehen vermag:* die Tür hielt dem Anprall nicht stand; die Deiche haben [der Sturmflut] standgehalten; Ü einer Kritik, der seelischen Belastung s. **2.** *jmdm., einer Sache erfolgreich widerstehen:* den Angriffen des Gegners [nur mühsam] s.; sie hielten stand, bis Verstärkung kam; jmds. Blick[en] s. *(nicht ausweichen).*

Stạnd|hei|zung, die (Kfz-T.): *auch bei stehendem Motor funktionierende zusätzliche Heizung für den Betrieb im stehenden Fahrzeug.*

stän|dig ⟨Adj.⟩: **1.** *sehr häufig, regelmäßig od. [fast] ununterbrochen wiederkehrend, andauernd:* ihre -e Nörgelei; in -er Angst leben; wir haben s. Ärger mit ihm; er kommt s. zu spät. **2. a)** *eine bestimmte Tätigkeit dauernd ausübend:* ein Stab -er Mitarbeiter; der -e Ausschuss tagte; **b)** *dauernd, sich nicht ändernd, fest:* unser -er Wohnsitz.

Stan|ding [ˈstændɪŋ], das; -s [engl. standing, zu: to stand = stehen] (selten): *Rang, Ansehen.*

Stan|ding Ova|tions [ˈstændɪŋ oʊˈveɪʃənz] (auch:) **Stan|ding|ova|tions** ⟨Pl.⟩ [engl. standing ovation (Sg.), aus: standing = stehend u. ovation = Ovation]: *im Stehen dargebrachte Ovationen:* das Publikum verabschiedete den Dirigenten mit S. O.

stän|disch ⟨Adj.⟩: **1.** *die Stände* (5 c) *betreffend; von den Ständen herrührend:* die -e Ordnung, Gesellschaft. **2.** (schweiz.) *aus den Ständen* (6) *kommend, sie betreffend:* -e Kommissionen.

Standl, das; -s, - (bayr., österr.): *Verkaufsstand.*

Stand|lam|pe, die (schweiz.): *Stehlampe.*

Stạnd|lei|tung, die (bes. Rundfunkt.): *für eine gewisse Zeit od. auf Dauer gemietete Telefonleitung zwischen zwei festen Punkten (z. B. zwei Rundfunkstudios).*

Stạnd|ler, der; -s, - [zu ↑Standl] (österr.): *Inhaber eines Verkaufsstandes; Verkäufer an einem Verkaufsstand.*

Stạnd|le|rin, die; -, -nen: w. Form zu ↑Standler.

Stạnd|leuch|te, die: *Parkleuchte.*

Stạnd|licht, das ⟨o. Pl.⟩: *verhältnismäßig schwache Beleuchtung* (1 a) *eines Kraftfahrzeugs, die beim Parken im Dunkeln eingeschaltet wird.*

Stạnd|mie|te, die: *Standgeld.*

Stạnd|ort, der ⟨Pl. -e⟩: **1.** *Ort, Punkt, an dem jmd., etw. steht, sich befindet:* der S. eines Betriebes; seinen S. wechseln; diese Pflanze braucht einen sonnigen S.; Ü jmds. politischen S. kennen. **2.** (Milit.) *Ort, in dem Truppenteile, militärische Dienststellen, Einrichtungen u. Anlagen ständig untergebracht sind; Garnison* (1). **3.** (Wirtsch.) *geographischer Ort, Raum (z. B. Stadt, Region, Land), wo od. von wo aus eine bestimmte wirtschaftliche Aktivität stattfindet:* die Firma will den S. Frankfurt aufgeben, sucht einen neuen S.

Stạnd|ort|be|stim|mung, die: *Bestimmung des Standorts* (1): Ü die Partei nimmt eine neue S. vor *(legt ihren politischen Standpunkt neu fest).*

Stạnd|ort|fak|tor, der (Wirtsch.): *Faktor, der für die Wahl eines Standorts* (3) *für einen industriellen Betrieb o. Ä. maßgebend ist.*

Stạnd|ort|kom|man|dant, der (Milit.): *jmd., der im Bereich des Standorts* (2) *Befehlsbefugnis hat:* ein Befehl des -en.

Stạnd|ort|nach|teil, der (bes. Wirtsch.): *Nachteil, der sich aus dem Standort* (3), *bes. einer Fabrik o. Ä. ergibt.*

Stạnd|ort|vor|teil, der (bes. Wirtsch.): vgl. Standortnachteil.

Stạnd|pau|ke, die [urspr. studentenspr. Verstärkung von Standrede, eigtl. = im Stehen angehörte, kurze (Grab)rede] (ugs.): *Strafpredigt:* jmdm. eine S. halten.

Stạnd|platz, der: *Stand* (2 a).

Stạnd|punkt, der: **1.** (selten) *Stand* (2 a): von diesem S. aus hat man einen guten Rundblick; Ü vom wissenschaftlichen, politischen S. aus. **2.** *bestimmte Einstellung, mit der man etw. sieht, beurteilt:* einen vernünftigen, überholten S. vertreten, haben; auf dem S. stehen, sich auf den S. stellen, dass ...; das ist doch kein S.! *(so darf man doch nicht denken!);* * **jmdm. den S. klar machen** (ugs.; *jmdn. zurechtweisen, indem man ihm nachdrücklich seine Auffassung von etw. darlegt).*

Stạnd|quar|tier, das: *feste Unterkunft für eine längere Zeit an einem bestimmten Ort, von dem aus Wanderungen, Streifzüge, Fahrten o. Ä. unternommen werden können.*

Stạnd|recht, das ⟨o. Pl.⟩ [urspr. Bez. für kurze (eigtl. = im Stehen durchgeführte) Gerichtsverfahren]: *(in bestimmten Situationen vom Militär wahrgenommenes) Recht, nach vereinfachten Strafverfahren Urteile (bes. das Todesurteil) zu verhängen u. zu vollstrecken.*

stạnd|recht|lich ⟨Adj.⟩: *gemäß dem Standrecht:* eine -e Exekution; jmdn. s. erschießen.

Stạnd|seil|bahn, die: *Seilbahn, deren Wagen auf Schienen am Boden laufen.*

Stạnd|spur, die: *durch eine Markierung gekennzeichneter Teil einer Fahrbahn neben der Fahrspur zum Halten im Notfall.*

Stạnd|strei|fen, der: *Standspur.*

Stạnd|uhr, die: *Pendeluhr in einem hohen, schmalen, auf dem Boden stehenden Gehäuse.*

Stand-up [ˈstændˈap], das; -s, -s [engl. stand-up, zu: stand-up = im Stehen, Steh-, zu: to stand up = (auf)stehen]: *Form der Unterhaltung, bei der [improvisierte] lustige Geschichten, Scherze, Gags u. Ä. im Vordergrund stehen.*

Stạnd|ver|mö|gen, das: *Stehvermögen* (b): er hat als Politiker zu wenig S.

Stạnd|waa|ge, die (Gymnastik, Turnen): *Übung, bei der man auf einem gestreckten Bein steht, während man den Oberkörper nach vorn beugt u. das andere Bein gestreckt nach hinten anhebt, bis dieses zusammen mit den Armen eine waagerechte Linie bildet:* in die S. gehen.

Stạn|ge, die; -, -n [mhd. stange, ahd. stanga, eigtl. = die Stechende; Spitze]: **1. a)** *langes, meist rundes Stück Holz, Metall o. Ä., das im Verhältnis zu seiner Länge relativ dünn ist:* eine S. aus Eisen; sie saßen da wie die Hühner auf der S.; Ü er/sie ist eine lange S. (ugs. abwertend; ↑Bohnenstange); * **jmdm. die S. halten** (1. *jmdn. nicht im Stich lassen, sondern für ihn eintreten u. fest zu ihm stehen;* im MA. konnte im gerichtlichen Zweikampf der Unterlegene vom Kampfrichter mit einer Stange geschützt werden. 2. bes. schweiz.; *es jmdm. gleichtun*); [die nächsten beiden Wendungen beziehen sich wohl auf das Fechten mit Spießen (= Stangen), bei dem die Waffe des Gegners durch geschicktes Parieren gleichsam festgehalten wurde od. man den eigenen Spieß immer hart an dem des Gegners hielt]: **jmdn. bei der S. halten** *(bewirken, dass jmd. eine [begonnene] Sache zu Ende führt);* **bei der S. bleiben** *(eine [begonnene] Sache nicht aufgeben, sondern zu Ende führen);* **von der S.** (ugs.; *nicht nach Maß gearbeitet, sondern als fertige [Konfektions-, Massen]ware produziert;* nach den Stangen, an denen in Bekleidungsgeschäften die Textilien hängen): ein Anzug von der S.; **b)** *in bestimmter Höhe waagerecht an der Wand (eines Übungsraums) angebrachte Stange* (1 a) *für das Training von Balletttänzern od. für gymnastische Übungen.* **2. a)** *in seiner Form einer Stange* (1 a) *ähnliches Stück von etw.:* eine S. Zimt; eine S. *(eine bestimmte Anzahl aneinander gereihter u. so verpackter Schachteln)* Zigaretten; * **eine [ganze/hübsche/schöne] S.** (ugs.; *sehr viel;* bezog sich urspr. auf Geld und geht von den in länglichen Rollen verpackten Münzen aus): das kostet wieder ne ganze S./eine schöne S. Geld; **eine S. angeben** (ugs.; *sehr prahlen, großtun*); **eine S. [Wasser] in die Ecke stellen** (salopp; *[von Männern] urinieren;* urspr. wohl Soldatenspr.); **b)** (landsch.) *zylindrisches Glas (für Altbier u. Kölsch).* **3.** (bes. landsch.) *Deichsel:* * **dem Pferd die -n geben** (Trabrennen; *dem Pferd im Finish freien Lauf lassen*). **4.** *der im Maul des Tieres liegende Teil der Kandare.* **5.** (derb) *erigierter Penis.* **6.** ⟨meist Pl.⟩ (Jägerspr.) *Geweihstange.*

Stän|gel, der; -s, - [mhd. stengel, ahd. stengil, zu ↑Stange]: **1.** *(bei Pflanzen) von der Wurzel an aufwärts wachsender schlanker Teil, der die Blätter u. Blüten trägt:* ein dünner, kräftiger S.; der S. einer Tulpe; Ü ich bin fast vom S. gefallen (ugs.; *ich bin sehr überrascht gewesen*); fall [mir] nicht vom S.! (ugs.; *fall nicht herunter, fall nicht um!*). **2.** (derb) *Penis.*

Stän|gel|blatt, das (Bot.): *am Stängel sitzendes, ihn umschließendes Blatt.*

Stän|gel|chen, das; -s, -: Vkl. zu ↑Stange (1 a, 2 a).

-stän|ge|lig: ↑-stänglig.

stän|gel|los ⟨Adj.⟩: *ohne deutlich sichtbaren Stängel* (1).

Stạn|gen|boh|ne, die: *Gartenbohne, die an Stangen rankend wächst.*

Stạn|gen|brot, das: *Brot in Form einer Stange* (1 a).

stạn|gen|för|mig ⟨Ad.⟩: *die Form einer Stange habend.*

Stạn|gen|ge|rüst, das (Bauw.): *aus Holzstangen errichtetes Baugerüst.*

Stạn|gen|holz, das ⟨o. Pl.⟩: **1.** (Fachspr.) *dünnes Langholz.* **2.** (Forstw.) *dem Jungholz folgende Entwicklungsstufe des Baumbestands, in der die einzelnen Stämme einen bestimmten Durchmesser haben u. die unteren Äste bereits entfernt sind.*

Stạn|gen|spar|gel, der: *nicht in Stücke geschnittener, nicht zerkleinerter Spargel* (2).

Stạn|gen|weiß|brot, das: vgl. Stangenbrot.

Stäng|lein, das; -s, -: Vkl. zu ↑Stange (1 a, 2 a).

-stäng|lig, -stängelig: in Zusb., z. B. kurzstänglig *(mit kurzem Stängel).*

Sta|nit|zel, Sta|nitzl, das; -s, - [mundartl. Entstellung von veraltet bayr.-österr. Scharmützel (unter Einfluss von tschech. kornout = Tüte) < ital. scartoccio, Nebenf. von: cartoccio, ↑Kartusche] (bes. österr.): *spitze Tüte.*

stank: ↑stinken.

Stạnk, der; -[e]s [mhd., ahd. stanc, ↑Gestank]: **1.** (ugs.) *Zank, Ärger:* S. machen; es gibt S. **2.** (selten) *Gestank.*

stän|ke: ↑stinken.

Stän|ker, der; -s, - [urspr. = Gestankmacher, zu mhd. stenken, ahd. stenchen (↑stänkern) od. zu ↑Stank]: **1.** (ugs. abwertend seltener) *Stänkerer:* so ein S.! **2.** (Jägerspr.) *Iltis.*

Stän|ke|rei, die; -, -en (ugs. abwertend): *[dauerndes] Stänkern.*

Stän|ke|rer, der; -s, - (ugs. abwertend): *jmd., der [dauernd] stänkert.*

Stän|ke|rin, die; -, -nen: w. Form zu ↑Stänkerer.

stän|kern ⟨sw. V.; hat⟩ [eigtl. = Gestank machen, Weiterbildung von mhd. stenken, ahd. stenchen = stinken machen] (ugs. abwertend): **1.** *mit jmdm., etw. nicht einverstanden sein u. daher – mehr auf versteckte, nicht offene Art – gegen ihn, dagegen opponieren:* mit jmdm. s.; sie stänkert im Betrieb [gegen den Chef]. **2.** *die Luft mit Gestank verpesten:* mit billigen Zigarren s.

Stan|ni|ọl, das; -s, -e [älter ital. stagnolo = Blattzinn, zu: stagno < lat. stagnum, stannum, ↑Stannum]: *dünne, meist silbrig glänzende Folie aus Zinn od. Aluminium.*

Stan|ni|ọl|fo|lie, die: *Stanniol.*

Stan|ni|ọl|pa|pier, das: **1.** *Stanniol.* **2.** *mit Aluminium kaschiertes Papier.*

Stạn|num [ˈʃt..., ˈst...], das; -s [lat. stannum = Mischung aus Blei u. Silber, Zinn]: lat. Bez. für *Zinn* (Zeichen: Sn).

stạn|te pẹ|de [ˈst..., lat. = stehenden Fußes] (ugs. scherzh.): *sofort, auf der Stelle.*

[1]Stạn|ze, die; -, -n [ital. stanza, eigtl. = Wohnraum (übertr.: »Wohnraum poetischer Gedanken«) < mlat. stantia, zu lat. stans (Gen.: stantis), 1. Part. von: stare, ↑Staat]: **1.** (Verslehre) *Strophe aus acht elfsilbigen jambischen Versen; Oktave* (2); *Ottaverime.* **2.** ⟨Pl.⟩ (bild. Kunst) *von Raffael u. seinen Schülern ausgemalte Wohnräume des Papstes Julian II. im Vatikan.*

[2]Stạn|ze, die; -, -n: **1.** *Gerät, Maschine zum Stanzen.* **2.** *Prägestempel.*

stạn|zen ⟨sw. V.; hat⟩ [landsch. stanzen, stenzen = stoßen, schlagen; hart aufsetzen, H. u.]:

1. *(maschinell) unter Druck in eine bestimmte Form pressen; durch Pressen in einer bestimmten Form abtrennen, herausschneiden.* **2.** *etw. auf, in ein Material prägen.* **3.** *durch Stanzen* (1) *hervorbringen, erzeugen.*

Sta|pel, der; -s, - [aus dem Niederd. < mniederd. stapel = (Platz für) gestapelte Ware, niederd. Form von ↑Staffel, zu ↑Stab u. urspr. = Pfosten, Block, Stütze, Säule]: **1. a)** *[ordentlich] aufgeschichteter Stoß, Haufen einer Menge gleicher Dinge; Menge [ordentlich] übereinander gelegter gleicher Dinge:* ein hoher S. Holz, Wäsche; **b)** *Platz od. Gebäude für das Stapeln von Waren.* **2.** (Schiffbau) *Unterlage aus Balken, Holzklötzen od. -keilen, auf der das Schiff während des Baus ruht:* * **(ein Schiff) auf S. legen** (↑[2]Kiel a); **vom S. laufen** *([von Schiffen] nach Fertigstellung ins Wasser gleiten);* **vom S. lassen** (1. *[ein Schiff] nach Fertigstellung ins Wasser gleiten lassen.* 2. ugs. abwertend; *etw. von sich geben [was (bei anderen) auf (spöttische) Ablehnung stößt].* **3.** (Textilind.) *Länge der Faser eines noch zu spinnenden Materials.* **4.** *(im Fell von Schafen) mehrere bes. durch die Kräuselung des Fells verbundene Haarbüschel.*

Sta|pel|be|trieb, der ⟨o. Pl.⟩ (EDV): *Batchprocessing.*

Sta|pel|glas, das ⟨Pl. ...gläser⟩: *Glas, das sich mit anderen Gläsern der gleichen Sorte gut stapeln* (1) *lässt.*

Sta|pel|holz, das ⟨o. Pl.⟩: *Holz, das gespaltet u. in Klafter gestapelt ist.*

Sta|pe|lia, Sta|pe|lie, die; -, ...ien [nach dem niederl. Arzt u. Botaniker J. B. van Stapel, gest. 1636]: *(in Afrika heimische, zu den Sukkulenten gehörende) Pflanze mit großen, sternförmigen Blüten von rotbrauner Färbung u. aasartigem Geruch.*

Sta|pel|lauf, der: *das Hinabgleiten eines neu gebauten Schiffs vom Stapel* (2), *von der Helling ins Wasser.*

sta|peln ⟨sw. V.; hat⟩: **1.** *zu einem Stapel* (1 a) *schichten, aufeinander legen:* Holz s.; Ü Reichtümer s. *(anhäufen).* **2.** ⟨s. + sich⟩ *sich in großer Menge zu Stapeln* (1 a) *aufhäufen:* in der Ecke stapelten sich die Akten.

Sta|pel|platz, der: *Platz für das Stapeln von Waren.*

Sta|pel|ver|ar|bei|tung, die (EDV): *Batchprocessing.*

Sta|pel|wa|re, die ⟨meist Pl.⟩: **1.** vgl. Stapelglas. **2.** (Textilind.) *Kleidungsstück o. Ä., das nicht der Mode unterworfen ist u. deshalb in großen Mengen gefertigt u. gestapelt wird.*

sta|pel|wei|se ⟨Adv.⟩: *in großer Menge, in Stapeln.*

Stap|fe, die; -, -n, **Stap|fen,** der; -s, - [mhd. stapfe, ahd. stapfo]: kurz für ↑Fußstapfe[n].

stap|fen ⟨sw. V.; ist⟩ [mhd. stapfen, ahd. stapfōn, verw. mit ↑Stab]: *mit festen Schritten gehen u. dabei die Beine höher anheben u. kräftig auftreten [sodass der Fuß im weichen Untergrund einsinkt]:* durch den Schnee, Schlamm s.

Stap|ler, der; -s, -: kurz für ↑Gabelstapler.

[1]Star, der; -[e]s, -e, schweiz.: -en [mhd. star, ahd. stara, wohl lautm.]: *größerer Singvogel mit schillerndem, schwarzem Gefieder, kurzem Hals u. langem, spitzem Schnabel.*

[2]Star [st..., auch: ʃt...], der; -s, -s [engl. star, eigtl. = Stern]: **1. a)** (Theater, Film) *gefeierter, berühmter Künstler:* ein großer S.; Ü sie war der S. des Abends *(stand im Mittelpunkt des Interesses);* **b)** *jmd., der auf einem bestimmten Gebiet Berühmtheit erlangt hat.* **2.** kurz für ↑Starboot.

[3]Star, der -[e]s, -e ⟨Pl. selten⟩ [verselbstständigt aus mhd. starblint, ahd. staraplint; 1. Bestandteil wohl verw. mit mhd. star(e)n, ahd. starēn, ↑starren; 2: nach der Kennzeichnung mit einem (roten) Stern] (volkst.): *Erkrankung der Augenlinse:* grauer S. *([2]Katarakt);* grüner S. *(Glaukom);* * **jmdn. den S. stechen** (ugs.; *jmdn. aufklären, wie sich etw. in Wirklichkeit verhält; nach den früher zur Beseitigung des [3]Stars üblichen Praktiken).*

Star|al|lü|ren ⟨Pl.⟩ (abwertend): *eitles, launenhaftes Benehmen, Allüren eines [2]Stars* (1).

Star|an|walt, der: *Anwalt, der auf seinem Gebiet ein [2]Star* (1 b) *ist.*

Star|an|wäl|tin, die: w. Form zu ↑Staranwalt.

Star|auf|ge|bot, das: *Aufgebot an [2]Stars* (1).

starb: ↑sterben.

Star|be|set|zung, die: *aus [2]Stars* (1) *bestehende Besetzung* (2 b).

Star|boot, das [zu ↑[2]Star] (Segeln): *von zwei Personen zu segelndes Boot mit Kiel für den Rennsegelsport* (Kennzeichen: roter Stern).

Sta|ren|kas|ten, der: *Nistkasten für [1]Stare.*

Star|gast, der: *jmd., der als [2]Star* (1) *Gast bei einer Veranstaltung o. Ä. ist.*

stark ⟨Adj.; stärker, stärkste⟩ [mhd. starc, ahd. star(a)ch, verw. mit ↑starren, urspr. wohl = steif, starr]: **1. a)** *viel Kraft besitzend, über genügend Kräfte verfügend; von viel Kraft zeugend; kräftig:* ein -er Mann; -e Arme; ein -er (selten; *fester, kräftiger*) Händedruck; er ist s. wie ein Bär; ⟨subst.:⟩ das Recht des Stärkeren; Ü ein -er Staat; sie hat einen -en Willen *(ist willensstark);* ein -er *(unerschütterlicher)* Glaube; sie ist s. *(charakterfest, willensstark)* genug, mit diesem Schlag fertig zu werden; jetzt heißt es s. bleiben *(nicht schwankend werden, nicht nachgeben);* * **sich für jmdn., etw. s. machen** (ugs.; *sich mit aller Energie für jmdn., etw. einsetzen*); **b)** *(in Bezug auf seine Funktion) sehr leistungsfähig, widerstandsfähig:* ein -es Herz; -e Nerven. **2. a)** *dick, stabil, fest u. daher sehr belastbar:* -e Mauern, Äste; dazu ist das Garn nicht s. genug; **b)** (bes. Werbespr. verhüll.) *dick, beleibt:* Kleider für stärkere Damen; **c)** *eine bestimmte Dicke, einen bestimmten Umfang aufweisend:* eine 20 cm -e Wand; das Buch ist mehrere hundert Seiten s. **3. a)** *zahlenmäßig nicht gering; zahlreich:* beide Vorstellungen waren s. besucht; **b)** *eine große Anzahl von Teilnehmern, Angehörigen, Mitgliedern o. Ä. aufweisend:* ein -es Heer, Aufgebot; **c)** *eine bestimmte Anzahl habend:* eine etwa 20 Mann -e Bande; **d)** (selten) *gut* (3 b): wir werden zwei -e Stunden brauchen. **4.** *eine hohe Konzentration aufweisend; sehr gehaltvoll, -reich:* -er Kaffee; diese Zigaretten sind mir zu s.; Ü -e *(kräftige, intensive)* Farben. **5.** *hohe Leistung bringend; einen hohen Grad von Wirksamkeit besitzend; leistungsstark:* hast du keine stärkere Glühbirne?; das Unternehmen ist finanziell recht s. **6. a)** *gute Leistungen erbringend; tüchtig:* ein -er Spieler; die Schülerin ist in Mathematik s.; **b)** *(als Ergebnis einer geistigen od. körperlichen Leistung) sehr gut, ausgezeichnet:* die Mannschaft bot eine -e Leistung. **7.** *sehr ausgeprägt; in hohem Maße vorhanden, wirkend; von großem Ausmaß; sehr intensiv; sehr kräftig:* es setzte -er Frost ein; -e Schneefälle behindern den Verkehr; er spürte einen -en Druck auf den Ohren; -er Verkehr; einen -en Eindruck machen; das ist eine -e Übertreibung; -en Hunger, -e Schmerzen haben; -e *(gut erkennbare, deutliche)* Zeichen einer Besserung; er ist ein -er Esser, Raucher *(isst, raucht viel);* ein -er *(heftiger)* Wind; die Nachfrage war diesmal besonders s.; s. beschäftigt, verschuldet sein; ein s. wirkendes Mittel; eine s. betonte Silbe; ein s. behaarter Körper; ein s. bevölkertes Land; sie erinnert ihn s. an seine Mutter; die Blumen duften s.; s. erkältet sein; ich habe dich s. im Verdacht, das veranlasst zu haben; es geht s. auf Mitternacht (ugs.; *ist bald Mitternacht*); das war aber wirklich zu s., ja wohl s.! (ugs.; *das war unerhört, eine Frechheit!*). **8.** (Jugendspr.) *großartig, hervorragend, ausgezeichnet u. deshalb jmdn. tief beeindruckend, ihm sehr gefallend:* ein -er Film; ich finde den Typ unerhört s.; sie kann unheimlich s. singen; s.! **9.** (Sprachw.) **a)** *(in Bezug auf Verben) durch einen sich ändernden Stammvokal u. (beim 2. Partizip) durch das Vorhandensein der Endung -en gekennzeichnet:* die -e Konjugation; -e *(stark konjugierte)* Verben; **b)** *(in Bezug auf Substantive) in den Formen der Maskulina u. Neutra durch das Vorhandensein der Endung -[e]s im Genitiv Singular gekennzeichnet:* die -e Deklination; -e *(stark deklinierte)* Substantive.

-stark: **1.** drückt in Bildungen mit Substantiven aus, dass die beschriebene Person oder Sache etw. in hohem Maße, in großer Menge hat, aufweist: charakter-, energie-, umsatzstark. **2.** drückt in Bildungen mit Substantiven oder Verben (Verbstämmen) aus, dass die beschriebene Person od. Sache in etw. besonders leistungsfähig ist, große Qualitäten bei etw. hat: kopfball-, saugstark.

Star|kas|ten, der: *Starenkasten.*

stark be|haart, stark be|völ|kert: s. stark (7).

Stark|bier, das: *Bier mit einem hohen Gehalt an Stammwürze; Doppelbier.*

Stär|ke, die; -, -n [mhd. sterke, ahd. starchī, sterchī; 8: rückgeb. aus ↑stärken (3), schon mhd. sterke = Stärkmehl u. sterchlei = Stärkkleie]: **1.** ⟨o. Pl.⟩ **a)** *körperliche Kraft:* die S. eines Bären; Ü jmds. charakterliche S.; **b)** *Macht:* die militärische S. eines Landes; die USA demonstrieren S.; **c)** *Funktionsfähigkeit, Leistungsfähigkeit:* die S. der Nerven. **2.** *Stabilität bewirkende Dicke, Festigkeit:* Bretter von verschiedener S. **3.** *zahlenmäßige Größe; Anzahl:* die S. einer Armee. **4.** ⟨o. Pl.⟩ *Grad des Gehalts; Konzentration* (4): die S. des Kaffees, Giftes. **5.** *hoher Grad an Leistungskraft, Wirksamkeit:* eine Brille mittlerer S. **6. a)** *Vorhandensein besonderer Fähigkeiten, besonderer Begabung [auf einem bestimmten Gebiet], durch die jmd. eine außergewöhnliche, hohe Leistung erbringt:* darin liegt, zeigt sich seine S.; Mathematik war niemals meine S.; **b)** *etw., was bei jmdm., einer Sache als besonders vorteilhaft empfunden wird; vorteilhafte Eigenschaft, Vorzug:* eine entscheidende S. des Systems. **7.** *Ausmaß, Größe, Grad der Intensität:* die S. des Verkehrs, der Schmerzen nahm zu. **8.** *aus verschiedenen Pflanzen (z. B. Reis, Kartoffeln) gewonnene, weiße, pulvrige Substanz, die u. a. in der Nahrungsmittelindustrie u. zum Stärken von Wäsche verwendet wird.*

Stär|ke|ge|halt, der: *[1]Gehalt an Stärke* (8).

stär|ke|hal|tig ⟨Adj.⟩: *Stärke* (8) *enthaltend.*

Stär|ke|mehl, das: *Stärke* (8).

stär|ken ⟨sw. V.; hat⟩ [mhd. sterken, ahd. sterchen]: **1. a)** *stark* (1) *machen; kräftigen; die körperlichen Kräfte wiederherstellen:* Training stärkt den Körper, die Gesundheit; ein stärkendes Mittel nehmen; Ü jmds. Zuversicht, Selbstvertrauen s.; **b)** ⟨s. + sich⟩ *sich mit Speisen, Getränken erfrischen:* nach dem langen Marsch stärkten sie sich [durch einen, mit einem Imbiss]; stärkt euch erst einmal! **2.** *die Wirksamkeit von etw. verbessern; wirkungsvoller machen:* jmds. Prestige, Position s. **3.** *(Wäsche) mit Stärke* (8) *steif machen:* den Kragen am Oberhemd s.

stär|ker: Komp. zu ↑stark.

Stär|ke|zu|cker, der: *Traubenzucker.*

stark|kno|chig ⟨Adj.⟩: *von festem, starkem Knochenbau.*

stark|lei|big ⟨Adj.⟩: *beleibt.*

stärks|te: Sup. zu ↑stark.

Stark|strom, der (Elektrot.): *elektrischer Strom mit hoher Stromstärke u. meist hoher Spannung.*

Stark|strom|lei|tung, die: *Leitung für Starkstrom.*

Stark|strom|tech|nik, die ⟨o. Pl.⟩: *Teilgebiet der Elektrotechnik, das sich mit der Erzeugung u. Verwendung von Starkstrom befasst.*

Stark|ton, der (Sprachw.): *Hauptakzent.*

Star|kult, der (abwertend): *Kult* (2), *der mit einem [2]Star* (1) *getrieben wird.*

Stär|kung, die; -, -en: **1. a)** *das Stärken* (1 a), *Kräftigen; das Gestärkt-, Gekräftigtsein;* **b)** *etw., womit man sich stärkt* (1 b), *erfrischt; Essen, Trinken, das dazu dient, [wieder] zu Kräften zu kommen:* eine kleine S. zu sich nehmen. **2.** *das Stärken* (2); *das Gestärktsein; Anhebung, Ver-*

besserung der Wirksamkeit: Ziel war die S. der Demokratie.

Stär|kungs|mit|tel, das (Med.): *der Stärkung* (1 a) *dienendes [Arznei]mittel.*

Star|let, Star|lett ['ʃt..., 'st...], das; -s, -s [engl. starlet, eigtl. = Sternchen, zu: star, ↑²Star] (spött. abwertend): *Nachwuchsfilmschauspielerin, die gern ein* ²*Star* (1 a) *werden möchte, sich wie ein Star fühlt, benimmt.*

Starn|ber|ger See, der: See im bayrischen Alpenvorland.

Star|ope|ra|ti|on, die: *operative Entfernung eines* ³*Stars.*

Star|pa|ra|de, die: *das Auftreten mehrerer* ²*Stars* (1) *in einer Veranstaltung o. Ä.*

starr ⟨Adj.⟩ [rückgeb. aus mhd. starren, ↑starren]: **1. a)** *steif; nicht beweglich; nicht elastisch:* meine Finger sind s. vor Kälte; sie saß, stand s. *(konnte sich nicht bewegen)* vor Schreck; **b)** *ohne bewegliches Gelenk; fest [stehend]:* -e Achsen. **2.** *regungs- u. bewegungslos; ohne Lebendigkeit u. Ausdruckskraft:* ihr Lächeln, ihre Miene war s.; er schaute s. geradeaus. **3. a)** *nicht abwandelbar:* ein -es Prinzip; **b)** *starrköpfig, unnachgiebig, streng; rigid* (2): sein -er Sinn; s. an etw. festhalten.

Star|re, die; -: *das Starrsein.*

star|ren ⟨sw. V.; hat⟩ [in der nhd. Form sind zusammengefallen mhd. starren = steif sein, ablautend ahd. storrēn = steif hervorstehen u. mhd. star(e)n, ahd. starēn = unbeweglich blicken]: **1.** *starr* (2) *blicken:* auf jmdn., etw. s. **2. a)** *von etw. voll, ganz bedeckt sein [u. deshalb starr* (1 a)*, steif wirken]:* er, seine Kleidung, das Zimmer starrt vor/von Schmutz; **b)** *sehr viel von etw. aufweisen, sodass kaum noch etw. anderes zu sehen ist; strotzen:* von Waffen s. **3.** *starr [in die Höhe] ragen.*

Starr|heit die; -: *das Starrsein.*

Starr|kopf, der (abwertend): *jmd., der starrköpfig ist.*

starr|köp|fig ⟨Adj.⟩ (abwertend): *eigensinnig auf einer Meinung (die unverständlich, töricht, lächerlich o. ä. erscheint) beharrend.*

Starr|krampf, der: kurz für ↑Wundstarrkrampf.

Starr|sinn, der ⟨o. Pl.⟩ (abwertend): *starrköpfiges Verhalten.*

starr|sin|nig ⟨Adj.⟩ (abwertend): *starrköpfig.*

Star|rum|mel, der (ugs.): ²*Rummel* (1)*, der um einen* ²*Star* (1) *veranstaltet wird.*

Stars and Stripes ['stɑːz ənd 'straɪps] ⟨Pl.⟩ [engl. = Sterne u. Streifen; nach den die Bundesstaaten der USA symbolisierenden Sternen u. den (die 13 Gründungsstaaten symbolisierenden) Längsstreifen]: *Nationalflagge der USA, Sternenbanner.*

Start [auch: start], der; -[e]s, -s, selten: -e [engl. start, zu: to start, ↑starten]: **1. a)** *Beginn eines Wettlaufs, -rennens, -schwimmens o. Ä.:* einen guten S. haben; den S. freigeben *(einen Wettkampf beginnen lassen);* * **fliegender S.** (Motorsport, Radsport; *Start, bei dem sich die Teilnehmer [mit hoher Geschwindigkeit] der Startlinie nähern u. das Rennen beginnt, wenn die Startlinie überfahren wird*); **stehender S.** (Motorsport, Radsport; *Start, bei dem sich die Teilnehmer des Rennens an der Startlinie aufstellen*); **b)** *Stelle, an der ein Start* (1 a) *stattfindet:* die Läufer gehen zum S.; **c)** *das Starten* (1 c)*; Teilnahme an einem Wettkampf:* für offizielle -s gesperrt sein. **2. a)** *Beginn eines Fluges:* der S. der Rakete ist missglückt; den S. der Maschine freigeben (Flugw.; *den Abflug eines Flugzeugs genehmigen*); ein Flugzeug zum S. freigeben; **b)** *Startplatz:* das Flugzeug rollt langsam zum S. **3.** *das Starten* (3): beim S. des Programms. **4. a)** *das Aufbrechen, das Sich-in-Bewegung-Setzen im Hinblick auf ein Ziel:* der S. ins Berufsleben; **b)** *die Anfangszeit, das Anlaufen einer Unternehmung, der Beginn einer Entwicklung, eines Vorhabens o. Ä.:* sie hatte bei ihrer Arbeit einen schlechten S.

Start|auf|la|ge, die (bes. Buchw.): *erste Auflagenhöhe; Anzahl, mit der eine Serienproduktion gestartet* (4 a) *wird.*

Start|bahn, die: *für den Start von Flugzeugen eingerichtete Bahn, Piste auf Flugplätzen.*

Start|be|rech|ti|gung, die: *Starterlaubnis* (2).

start|be|reit ⟨Adj.⟩: *ganz darauf eingestellt, vorbereitet, sofort eingesetzt zu werden, zu starten.*

Start|block, der ⟨Pl. ...blöcke⟩: **1.** ⟨Pl.⟩ (Leichtathletik) *auf dem Boden befestigte Vorrichtung mit einer schrägen Fläche, von der sich die Läufer beim Start mit dem Fuß abdrücken können.* **2.** (Schwimmen) *einem Podest ähnliche Erhöhung am Rande des Schwimmbeckens, von der die Schwimmer beim Startzeichen ins Wasser springen.*

star|ten ⟨sw. V.⟩ [engl. to start = fort-, losgehen, -fahren]: **1. a)** *einen Wettkampf (Wettlauf, -rennen, -schwimmen o. Ä.) beginnen lassen* ⟨hat⟩: das Autorennen s.; **b)** *(auf ein akustisches, auch optisches Signal hin) einen Wettkampf (Wettlauf, -rennen, -schwimmen o. Ä.) beginnen* ⟨ist⟩: zur letzten Etappe s.; Ü der Libero war schneller gestartet *(schneller losgelaufen)* als der Verteidiger; **c)** *an einem Wettkampf aktiv teilnehmen* ⟨ist⟩: bei einem Wettkampf s. **2. a)** *bewirken, dass etw. auf ein Ziel hin in Bewegung gesetzt wird* ⟨hat⟩: eine Rakete s.; **b)** *sich (irgendwohin) in Bewegung setzen* ⟨ist⟩: das Flugzeug ist pünktlich gestartet. **3. a)** *(durch Betätigung einer Taste, des Anlassers o. Ä.) in Gang setzen, in Betrieb nehmen* ⟨hat⟩: den Motor, das Auto s.; **b)** *(durch Betätigung einer Taste, des Anlassers o. Ä.) in Gang gesetzt werden, in Betrieb genommen werden:* der Computer startet. **4. a)** *(eine Unternehmung, ein Vorhaben o. Ä.) beginnen lassen* ⟨hat⟩: eine große Aktion s.; **b)** *aufbrechen, um eine Unternehmung, ein Vorhaben o. Ä. durchzuführen* ⟨ist⟩: sie sind gestern [in den Urlaub, zu einer Expedition] gestartet; **c)** *anlaufen, seinen Anfang nehmen, beginnen* ⟨ist, selten: hat⟩: die Tournee startet in Hamburg.

Star|ter, der; -s, - [engl. starter, zu: to start, ↑starten]: **1.** *jmd., der das Startsignal zu einem Wettkampf gibt.* **2.** *jmd., der an einem Wettkampf teilnimmt.* **3.** *Anlasser.*

Star|te|rin, die; -, -nen: w. Form zu ↑Starter (1, 2).

Star|ter|klap|pe, die: *Choke.*

Start|er|laub|nis, die: **1.** *(vom zuständigen Verband erteilte) Erlaubnis, an offiziellen Wettkämpfen teilzunehmen.* **2.** *Erlaubnis für ein Flugzeug, von einem Flugplatz zu starten.*

Start|flag|ge, die: *Flagge, mit der (durch deren Heben od. Senken) das Zeichen zum Start gegeben wird.*

Start|geld, das: **1.** *Geldbetrag, der vom Wettkampfteilnehmer (für die Deckung der Veranstaltungskosten) entrichtet werden muss.* **2.** *(gew. bei Wettkämpfen mit Berufssportlern) Geldbetrag, den der Veranstalter an den Sportler zahlt, damit dieser teilnimmt.*

Start|hil|fe, die: **1.** *[finanzielle] Hilfe, die jmdm. den Start* (4) *bei etw. erleichtern soll.* **2. a)** *das Anschließen einer intakten [Auto]batterie an eine entladene, um das Starten des Motors zu ermöglichen;* **b)** *Vorrichtung zur kurzfristigen Erhöhung der Benzinzufuhr als Hilfe beim Kaltstart.* **3.** *Rakete zur Beschleunigung beim Start von Flugzeugen u. -körpern.*

Start|hil|fe|ka|bel, das: *bei der Starthilfe* (2 a) *benutztes Kabel, mit dem die intakte Batterie an die entladene angeschlossen wird.*

Start|ka|pi|tal, das: *Anfangskapital.*

start|klar ⟨Adj.⟩: vgl. startbereit.

Start|kom|man|do, das: *Kommando für den Start eines Wettlaufs o. Ä.*

Start|läu|fer, der (beim Staffellauf): *erster Läufer.*

Start|läu|fe|rin, die: w. Form zu ↑Startläufer.

Start|li|nie, die: *markierte Linie, von der aus der Start* (1 a) *erfolgt.*

Start|loch, das (Leichtathletik früher): *Vertiefung im Boden, aus der sich der Läufer beim Start mit dem Fuß abdrücken konnte:* * **in den Startlöchern sitzen** (ugs.; *bereit sein, sofort zu beginnen*).

Start|num|mer, die: *Nummer auf einem Stück Stoff, die ein Wettkampfteilnehmer auf Brust od. Rücken trägt.*

Start|pis|to|le, die: *Pistole für den Startschuss.*

Start|platz, der: *Start* (1 b).

Start|ram|pe, die: *Vorrichtung, von der aus Raketen gestartet werden.*

Start|schuss, der: *Schuss als akustisches Startsignal:* Ü der S. zum Baubeginn.

Start|sei|te, die (EDV): *Homepage* (a).

Start|si|gnal, das: *optisches od. akustisches Signal, mit dem ein Rennen gestartet wird.*

Start-und-Lan|de-Bahn, die: *für Start u. Landung von Flugzeugen eingerichtete Bahn, Piste auf Flugplätzen; Runway.*

Start-up [stɑːt'ʌp], der od. das; -s, -s [engl. start-up, zu: to start up = gründen]: *neu gegründetes Wirtschaftsunternehmen.*

Start|ver|bot, das: vgl. Starterlaubnis.

Start|zei|chen, das: *Startsignal.*

Start-Ziel-Sieg, der: *Sieg eines Wettkampfteilnehmers, der vom Start an an der Spitze liegt.*

¹Sta|si, die; -, seltener: der; -[s] (ugs.): Kurzwort für ↑Staatssicherheitsdienst.

²Sta|si, der; -s, -s (ugs.): *Angehöriger des Staatssicherheitsdienstes.*

stät (schweiz.): ↑stet.

State De|part|ment ['steɪt dɪ'pɑːtmənt], das; - -: Außenministerium der USA.

State|ment ['steɪtmənt], das; -s, -s [engl. statement, zu: to state = festsetzen, erklären, zu: state, über das Afrz. < lat. status, ↑Staat]: **1.** *öffentliche [politische] Erklärung, Verlautbarung:* ein S. abgeben, herausgeben. **2.** (EDV) *Anweisung, Befehl (für den Computer).*

Sta|tik [auch: 'st...], die; - [griech. statikḗ (téchnē) = Kunst des Wägens, zu: statikós = zum Stillstehen bringend, wägend, zu: statós = (still)stehend]: **1.** (Physik) **a)** *Teilgebiet der Mechanik für die Untersuchung von Kräften an ruhenden Körpern;* **b)** *Lehre vom Gleichgewicht der Kräfte an ruhenden Körpern.* **2.** (Bauw.) *Stabilität bewirkendes Verhältnis der auf ruhende Körper, bes. auf Bauwerke, wirkenden Kräfte:* die S. eines Hauses berechnen. **3.** (bildungsspr.) *statischer* (3) *Zustand.*

Sta|ti|ker, der; -s, -: *Bauingenieur mit speziellen Kenntnissen auf dem Gebiet statischer Berechnungen von Bauwerken.*

Sta|ti|ke|rin, die; -, -nen: w. Form zu ↑Statiker.

Sta|ti|on [ʃt...], die; -, -en [lat. statio = das (Still)stehen, Stand-, Aufenthaltsort, zu: stare, ↑Staat]: **1.** *Haltestelle (eines öffentlichen Verkehrsmittels); [kleiner] Bahnhof:* an, auf, bei der nächsten S. aussteigen. **2. a)** *Aufenthalt[sort], Rast[platz] (während einer Fahrt):* die -en seiner Reise waren Wien, Rom und Brüssel; * **freie S.** (veraltend; *unentgeltliche Unterkunft u. Verpflegung*); **S. machen** *(eine Fahrt, Reise für einen Aufenthalt unterbrechen);* **b)** (kath. Kirche) *[geweihte] Stelle des Kreuzwegs u. der Wallfahrt, an der die Gläubigen verweilen.* **3.** *wichtiger, markanter Punkt innerhalb eines Zeitablaufs, eines Vorgangs, einer Entwicklung:* die einzelnen -en ihrer Karriere. **4.** *Abteilung eines Krankenhauses:* die chirurgische S.; der Patient wird auf [die] S. gebracht; der Arzt ist auf S. *(tut Dienst).* **5. a)** *[Stützpunkt mit einer] Anlage für wissenschaftliche, militärische o. ä. Beobachtungen u. Untersuchungen:* eine meteorologische S.; **b)** (selten) *Sender* (1): eine S. suchen, empfangen; **c)** (EDV selten) kurz für ↑Workstation.

sta|ti|o|när ⟨Adj.⟩ [frz. stationnaire < spätlat. stationarius = stillstehend, am Standort bleibend, zu lat. statio, ↑Station]: **1.** (bes. Fachspr.) **a)** *an einen festen Standort gebunden:* ein -es Laboratorium; **b)** *örtlich u. zeitlich nicht verändert; (bes. im Hinblick auf Ort u. Zeit) unverändert.* **2.** (Med.) *an eine Krankenhausaufnahme gebunden; die Behandlung in einer Klinik betreffend; nicht ambulant:* -e Behandlung.

sta|ti|o|nie|ren ⟨sw. V.; hat⟩: **1. a)** *jmdn. (bes. Soldaten) an einen bestimmten Ort bringen, ihn für* *einen Ort bestimmen, an dem er sich eine Zeit lang aufhalten soll:* Truppen in einem Land s.; **b)** *(für einige Zeit) an einen bestimmten Ort bringen, stellen:* Länder, auf deren Boden Atomwaffen stationiert sind. **3.** (veraltet) *sich hinaufstellen; parken.*

Sta|ti|o|nie|rung, die; -, -en: *das Stationieren.*

Sta|ti|ons|arzt, der: *Arzt, dem die Leitung u. Beaufsichtigung einer Station (4) anvertraut ist.*

Sta|ti|ons|ärz|tin, die: w. Form zu ↑Stationsarzt.

Sta|ti|ons|dienst, der: *Dienst in einer Station* (4, 5).

Sta|ti|ons|hil|fe, die: *Hilfsschwester o. Ä. auf einer Station* (4).

Sta|ti|ons|pfle|ger, der: vgl. Stationsschwester.

Sta|ti|ons|schwes|ter, die: *leitende Krankenschwester einer Station* (4).

Sta|ti|ons|vor|stand (österr., sonst landsch.), **Sta|ti|ons|vor|ste|her,** der: *für die Belange des Betriebs (Zugablauf usw.) u. Verkehrs (Fahrkartenverkauf usw.) auf einem Bahnhof verantwortlicher leitender Bahnbeamter; Bahnhofsvorsteher.*

Sta|ti|ons|vor|ste|he|rin, die: w. Form zu ↑Stationsvorsteher.

sta|tisch [auch: 'st...] ⟨Adj.⟩ [zu ↑Statik]: **1.** (Physik) *das von Kräften erzeugte Gleichgewicht betreffend:* -e Gesetze. **2.** (Bauw.) *die Statik* (2) *betreffend:* -e Berechnungen. **3.** (bildungsspr.) *keine Bewegung, Entwicklung aufweisend:* eine -e Gesellschaftsordnung.

Sta|tist, der; -en, -en [zu lat. statum, ↑Staat]: **1.** (Theater, Film) *Darsteller, der als stumme Figur mitwirkt.* **2.** *unbedeutende Person, Rand-, Nebenfigur:* nur S. sein.

Sta|tis|ten|rol|le, die: *Rolle* (5 a) *als Statist.*

Sta|tis|te|rie, die; -, -n: *Komparserie.*

Sta|tis|tik [auch: st...], die; -, -en [zu ↑statistisch]: **1.** ⟨o. Pl.⟩ *Wissenschaft von der zahlenmäßigen Erfassung, Untersuchung u. Auswertung von Massenerscheinungen.* **2.** *schriftlich fixierte Zusammenstellung, Aufstellung der Ergebnisse von Massenuntersuchungen, meist in Form von Tabellen od. grafischen Darstellungen:* amtliche -en; eine S. über etw. erstellen.

Sta|tis|ti|ker, der; -s, -: **1.** *jmd., der sich wissenschaftlich mit den Grundlagen u. Anwendungsmöglichkeiten der Statistik* (1) *befasst.* **2.** *jmd., der eine Statistik* (2) *bearbeitet u. auswertet.*

Sta|tis|ti|ke|rin, die; -, -nen: w. Form zu ↑Statistiker.

Sta|tis|tin, die; -, -nen: w. Form zu ↑Statist.

sta|tis|tisch ⟨Adj.⟩ [wohl zu nlat. statisticus = staatswissenschaftlich, eigtl. = Staatswissenschaft, (auf bestimmten Daten beruhende) Staatenbeschreibung, zu lat. status, ↑Staat]: **1.** *die Statistik* (1) *betreffend.* **2.** *auf Ergebnissen der Statistik* (2) *beruhend; durch Zahlen belegt.*

Sta|tiv [ʃt...], das; -s, -e [zu lat. stativus = (fest)stehend, zu: stare, ↑Staat]: *meist dreibeiniger, gestellartiger Gegenstand für bestimmte feinmechanische Apparate (z. B. Kameras), der zusammengeschoben, zusammengelegt werden kann u. auf dem die Geräte befestigt werden können.*

[1]statt [verkürzt aus ↑anstatt]: **I.** ⟨Konj.⟩ *anstatt, anstelle von:* er faulenzte, s. zu arbeiten, (veraltend:) s. dass er arbeitete. **II.** ⟨Präp. mit Gen.⟩ *an Stelle:* s. des Geldes gab sie ihm ihren Schmuck; ⟨mit Dativ, wenn der Genitiv formal nicht zu erkennen ist⟩: s. Worten will ich Taten sehen.

[2]statt: in den Fügungen *** an jmds. s.** *(anstelle von jmdm.);* **an Eides s.** (↑Eid); **an Kindes s.** (↑Kind 2); **an Zahlungs s.** (↑Zahlung).

Statt, die; - [mhd., ahd. stat, eigtl. = das Stehen; vgl. Stadt] (geh.): *Ort, Platz, Stelle:* nirgends eine bleibende S. (*Ort, wo man leben kann;* nach Hebr. 13, 14, eigtl. = Stadt) haben, finden.

statt|des|sen, (auch:) **statt des|sen** ⟨Adv.⟩: die Party fällt aus – wollen wir s. ins Kino gehen?

Stät|te, die; -, -n [spätmhd. stete, entstanden aus den flektierten Formen von mhd. stat, ↑Statt] (geh.): *Stelle, Platz (im Hinblick auf einen bestimmten Zweck); Ort [als Schauplatz wichtiger Begebenheiten, feierlicher Handlungen o. Ä.], dem eine besondere Bedeutung zukommt od. der einem außerordentlichen Zweck dient:* eine historische S.

statt|fin|den ⟨st. V.; hat⟩: *(als Geplantes, Veranstaltetes) geschehen, vor sich gehen:* die Aufführung findet heute, in der Aula statt.

statt|ge|ben ⟨st. V.; hat⟩ (Amtsdt.): *einer (als Antrag, Gesuch o. Ä. formulierten) Bitte, Forderung o. Ä. entsprechen.*

statt|ha|ben ⟨unr. V.; hat⟩ (geh.): *stattfinden.*

statt|haft ⟨Adj.⟩ (geh.): *von einer Institution zugestanden, durch eine Verfügung erlaubt, zulässig:* es ist nicht s., hier zu rauchen.

Statt|hal|ter, der [1: spätmhd. stathalter, LÜ von mlat. locumtenens, ↑Leutnant]: **1.** (früher) *Vertreter des Staatsoberhauptes od. der Regierung in einem Teil des Landes.* **2.** (schweiz.) **a)** *oberster Beamter eines Bezirks;* **b)** *Stellvertreter des regierenden Landammanns;* **c)** *Bürgermeister.*

Statt|hal|te|rin, die: w. Form zu ↑Statthalter.

Statt|hal|ter|schaft, die: *Ausübung des Amtes als Statthalter* (1).

statt|lich ⟨Adj.⟩ [aus dem Niederd. < mniederd. statelik = ansehnlich, zu ↑Staat (3)]: **1.** *von beeindruckender großer u. kräftiger Statur:* ein -er Mann. **2.** *(in Hinsicht auf äußere Vorzüge) ansehnlich, bemerkenswert:* ein -es Gebäude.

sta|tu|a|risch ⟨Adj.⟩ [lat. statuarius, zu: statua, ↑Statue]: *auf die Bildhauerkunst od. eine Statue bezogen; standbildhaft.*

Sta|tue [auch: 'st...], die; -, -n [lat. statua, zu: statuere (2. Part.: statutum) = aufstellen, zu: stare (2. Part.: statum) = stehen]: *frei stehende [1]Plastik (1), die einen Menschen od. ein Tier in ganzer Gestalt darstellt:* eine S. aus Marmor, Bronze; er stand unbewegt wie eine S.

Sta|tu|et|te, die; -, -n [frz. statuette, Vkl. von: statue < lat. statua, ↑Statue]: *kleine Statue.*

sta|tu|ie|ren ⟨sw. V.; hat⟩ [lat. statuere, ↑Statue] (bildungsspr.): *aufstellen, festsetzen; bestimmen.*

Sta|tur [ʃt...], die; -, -en ⟨Pl. selten⟩ [lat. statura, zu: stare = stehen]: *körperliches Erscheinungsbild, Körperbau, Wuchs:* sie ist zierlich von S.

Sta|tus [auch: 'st...], der; -, - [...tu:s; lat. status, ↑Staat]: **1.** (bildungsspr.) *Lage, Situation:* der wirtschaftliche S. eines Landes. **2. a)** *Stand, Stellung in der Gesellschaft, innerhalb einer Gruppe:* der gesellschaftliche S.; **b)** (Rechtsspr.) *Rechtsstellung.* **3.** (Med.) *Zustand, Befinden.* **4.** (Med.) *durch die Anlage (6) bedingte Neigung zu einer bestimmten Krankheit.*

Sta|tus quo, der; - - [lat. = Zustand, in dem ...] (bes. Rechtsspr.): *gegenwärtiger Zustand.*

Sta|tus quo an|te, der; - - - [lat., zu ante = vorher] (bildungsspr.): *Stand vor dem infrage kommenden Tatbestand od. Ereignis.*

Sta|tus|sym|bol, das: *etw., was jmds. gehobenen Status (2) dokumentieren soll.*

Sta|tut, das; -[e]s, -en [mhd. statut < lat. statutum = Bestimmung, subst. 2. Part. von: statuere, ↑Statue]: *Satzung, Festgelegtes, Festgesetztes* (z. B. bezüglich der Organisation eines Vereins): -en aufstellen.

sta|tu|ta|risch [auch: st...] ⟨Adj.⟩: *auf einem Statut beruhend; satzungsgemäß.*

Stau, der; -[e]s, -s u. -e [rückgeb. aus ↑stauen]: **1. a)** ⟨Pl. selten⟩ *durch Behinderung des Fließens, Strömens o. Ä. bewirkte Ansammlung:* ein S. der Eisschollen an der Brücke; **b)** ⟨Pl. meist -s⟩ *Ansammlung von Fahrzeugen in einer langen Reihe durch Behinderung, Stillstand des Verkehrs:* in einen S. geraten; im S. stehen; **c)** ⟨Pl. selten⟩ (Met.) *Ansammlung (u. Aufsteigen) von Luftmassen vor einem Gebirge, die zu Wolkenbildung u. Niederschlägen führt.* **2.** (selten) *Stauwerk.*

Stau|an|la|ge, die: *Stauwerk.*

Staub, der; -[e]s, (Fachspr.:) -e u. Stäube [mhd., ahd. stoup, zu ↑stieben]: **1.** *etw., was aus feinsten Teilen (z. B. von Sand) besteht, in der Luft schwebt, sich als [dünne] Schicht auf die Oberfläche von etw. legt:* feiner S.; radioaktive Stäube; S. [von den Möbeln] wischen; S. saugen; ich habe gestern S. gesaugt; S. abweisende Materialien; *** S. aufwirbeln** (ugs.; *Aufregung, Unruhe verursachen sowie Kritik u. Empörung hervorrufen*); **den S. (einer Stadt o. Ä.) von den Füßen schütteln** (geh.; *einen Ort, ein Land verlassen, für immer fortgehen;* nach Matth. 10, 14); **sich aus dem Staub[e] machen** (ugs.; *sich [rasch u. unbemerkt] entfernen;* eigtl. = sich in einer Staubwolke heimlich aus dem Schlachtgetümmel entfernen); **jmdn., etw. durch/in den S. ziehen, zerren** (geh.; ↑Schmutz 1); **vor jmdm. im Staub[e] kriechen; sich vor jmdm. in den S. werfen** (geh. veraltet; *sich in demütigender Weise jmdm. unterwerfen [müssen]*); **[wieder] zu S. werden** (geh. verhüll.; *sterben;* nach Prediger Salomo 3, 20). **2.** (Mineral.) *fein verteilte feste Einschlüsse in durchsichtigen Schmucksteinen.*

staub|ab|wei|send ⟨Adj.⟩: *Staub nicht, nur schwer annehmend, haften lassend:* das Gewebe ist s.

staub|be|deckt ⟨Adj.⟩: *von Staub bedeckt.*

Staub|be|sen, der: *Handbesen mit langen, weichen Haaren zum Abstauben.*

Staub|beu|tel, der (Bot.): *Teil des Staubblatts, der die Pollensäcke enthält.*

Staub|blatt, das (Bot.): *Teil der Blüte, der den Blütenstaub enthält.*

Stäub|chen, das; -s, -: *einzelnes Staubteilchen.*

Stäu|be: Pl. von ↑Staub.

Stau|be|cken, das: *Becken für gestautes Wasser.*

stau|ben ⟨sw. V.; hat⟩ [mhd., ahd. stouben, wohl eigtl. = stieben machen]: **1. a)** *Staub absondern, von sich geben:* das Kissen staubt; ⟨unpers.:⟩ beim Fegen staubt es sehr *(gibt es viel Staub);* **b)** *Staub aufwirbeln, herumwirbeln:* du sollst beim Fegen nicht so s. **2.** (landsch.) *mit Mehl bestäuben.* **3.** (selten) *Staub, Schmutzteilchen o. Ä. von etw. entfernen.*

stäu|ben ⟨sw. V.; hat⟩ [mhd. stöuben, ahd. stouben, ↑stauben]: **1.** (selten) *Staub absondern, stauben* (1 a). **2.** *Staub, Schmutzteilchen o. Ä. von etw. entfernen; stauben* (3). **3.** *in kleinste Teilchen zerstieben; wie Staub umherwirbeln.* **4.** *(etw. Pulveriges) fein verteilen, streuen.* **5.** (Jägerspr.) *(vom Federwild) Kot fallen lassen.*

Stau|be|ra|ter, der: *von einem Automobilklub eingesetzter Motorradfahrer, der im Stau steckenden Autofahrern Rat und kleinere Hilfeleistungen anbietet.*

Stau|be|ra|te|rin, die: w. Form zu ↑Stauberater.

Staub|ex|plo|si|on, die: *durch eine Mischung von brennbaren Stäuben mit Luft entstehende Explosion.*

Staub|fa|den, der ⟨meist Pl.⟩ (Bot.): *einem Faden ähnlicher Teil in der Blüte, der den Staubbeutel trägt; Filament* (1).

Staub|fän|ger, der (abwertend): *Gegenstand aus Stoff u. mit vielen Verzierungen; der Zierde einer Wohnung dienender Gegenstand, in dem man nur etw. sieht, worauf sich Staub absetzt.*

staub|fein ⟨Adj.⟩: *fein wie Staub.*

Staub|fil|ter, der, Fachspr. meist: das (Technik): *Filter* (1 b), *mit dem Staub aus der Luft gefiltert wird.*

staub|frei ⟨Adj.⟩: *frei von Staub.*

Staub|ge|fäß, das: *Staubblatt.*

stau|big ⟨Adj.⟩ [mhd. stoubec]: **1.** *voll Staub; mit Staub bedeckt:* -e Straßen. **2.** (landsch. scherzh.) *betrunken.*

Staub|kamm, der: *Kamm mit feinen, sehr eng stehenden Zinken.*

Staub|korn, das ⟨Pl. ...körner⟩: *einzelner, kleiner Teil des Staubs.*

Staub|lap|pen, der: vgl. Staubtuch.

Staub|la|wi|ne, die: *Lawine aus Pulverschnee, bei deren Abgehen der Schnee hoch aufstäubt.*

Stäub|ling, der; -s, -e: *Bofist.*

Staub|lun|ge, die (Med.): *durch beständiges Einatmen von Staub hervorgerufene Erkrankung der Lunge; Pneumokoniose.*

Staub|man|tel, der [urspr. = leichter Mantel, der beim Wandern die Kleidung vor dem Straßenstaub schützen sollte]: *leichter [heller] Mantel aus Popeline.*

S

Staub|par|ti|kel, das, auch: die: *Staubkorn.*
staub|sau|gen ⟨sw. V.; staubsaugte, hat gestaubsaugt⟩: *saugen* (2 a).
Staub|sau|ger, der: *elektrisches Gerät, mit dem man Staub, Schmutz o. Ä. von etw. absaugt.*
Staub|schicht, die: vgl. Schmutzschicht.
Staub|teil|chen, das: *Staubkorn.*
staub|tro|cken ⟨Adj.⟩: **1.** [ˈ-ˈ-] (meist abwertend) *überaus trocken.* **2.** [ˈ- - -] (Fachspr.) *(von Lack) so weit getrocknet, dass sich kein Staub mehr festsetzt.*
Staub|tuch, das ⟨Pl. ...tücher⟩: *weiches Tuch zum Abstauben.*
Staub|we|del, der: vgl. Staubbesen.
Staub|wol|ke, die: *wie eine Wolke aufgewirbelter Staub.*
Staub|zu|cker, der: *Puderzucker.*
stau|chen ⟨sw. V.; hat⟩ [H. u., vgl. (m)niederd. stüken = stoßen, stüke = aufgeschichteter Haufen; 5: wohl aus der Soldatenspr.]: **1.** *heftig auf, gegen etw. stoßen:* den Stock auf den Boden s. **2.** *gegen etw. stoßen u. dadurch zusammendrücken, verbiegen [kürzer u. dicker machen]:* ein Gestänge s. **3.** (Technik) *ein Werkstück (z. B. Nieten, Bolzen) durch Druck mit einem Stempel formen.* **4.** (selten) *verstauchen:* ich stürzte und stauchte mir den Fuß. **5.** (ugs.) *jmdn. kräftig zurechtweisen, ausschimpfen.*
Stau|chung, die; -, -en: *das Stauchen* (1–4).
Stau|damm, der: *Damm zum Stauen von Wasser.*
Stau|de, die; -, -n [mhd. stūde, ahd. stūda, wohl zu ↑stauen]: **1.** (Bot.) *[große] Pflanze mit mehreren, aus einer Wurzel wachsenden kräftigen Stängeln, die im Herbst absterben u. im Frühjahr wieder neu austreiben.* **2.** (landsch., bes. südd.) *Strauch.* **3.** (landsch.) *Kopf* (5 b).
Stau|den|ge|wächs, das: *Staude* (1).
stau|en ⟨sw. V.; hat⟩ [aus dem Niederd. < mniederd. stouwen, eigtl. = stehen machen, stellen, zu ↑stehen]: **1.** *(etw. Fließendes, Strömendes o. Ä.) zum Stillstand bringen [u. dadurch ein Ansammeln bewirken]:* einen Bach s. **2.** ⟨s. + sich⟩ **a)** *(von etw. Fließendem, Strömendem o. Ä.) zum Stillstand kommen u. sich ansammeln:* das Blut staut sich in den Venen; **b)** *sich an einem Ort (vor einem Hindernis o. Ä.) ansammeln:* Autos stauten sich an der Unfallstelle; Ü der Ärger hatte sich in ihm gestaut. **3.** (Seemannsspr.) *(auf einem Schiff) sachgemäß unterbringen, verladen:* Schüttgut, Säcke s.
Stau|en|de, das: *Ende eines Staus* (1 b).
Stau|er, der; -s, -: *jmd., der Frachtschiffe be- u. entlädt* (Berufsbez.).
Stauf|fer|fett, das; -[e]s [nach der amerik. Herstellerfirma Stauffer Chemical Company]: *Fett aus Schmieröl u. tierischem u. pflanzlichem Fett zum Schmieren* (1 a).
Stau|mau|er, die: *hohe [gewölbte] Mauer eines Stauwerks zum Stauen.*
stau|nen ⟨sw. V.; hat⟩ [im 18. Jh. aus dem Schweiz. in die Hochspr. gelangt, schweiz. stünen (Anfang 16. Jh.), eigtl. = erstarren, wohl zu ↑stauen]: **1. a)** *mit großer Verwunderung wahrnehmen:* er staunte, dass sie schon da war; man höre und staune!; **b)** *über etw. sehr verwundert sein:* ich staune [darüber], wie schnell du das geschafft hast; da staunst du [wohl]!; ihr werdet s., wenn ihr seht, wen sie mitgebracht hat; er staunte nicht schlecht (ugs.; *war sehr verwundert*), als seine Frau aufkreuzte. **2.** *sich beeindruckt zeigen u. Bewunderung ausdrücken:* über jmds. Einfallsreichtum s.
Stau|nen, das; -s: **1.** *starke Verwunderung:* jmdn. in S. [ver]setzen. **2.** *staunende Bewunderung:* eine S. erregende Leistung.
stau|nen|er|re|gend ⟨Adj.⟩: *geeignet, Staunen zu erregen:* eine äußerst staunenerregende Leistung.
stau|nens|wert ⟨Adj.⟩ (geh.): *so, dass man es bewundern muss:* mit -em Fleiß.
Stau|pe, die; -, -n [aus dem Md.; vgl. mniederl. stuype = krampfartiger Anfall]: *(durch einen Virus hervorgerufene) Tier-, bes. Hundekrankheit.*
Stau|raum, der: **1.** (Seemannsspr.) *Platz, an dem etw. gestaut* (3) *werden kann.* **2.** (DDR) *durch Sperrlinien markierter Teil der Fahrbahn auf Kreuzungen, auf dem Fahrzeuge halten, solange die Fahrtrichtung gesperrt ist.* **3.** (Fachspr.) *Raum für das aufgestaute Wasser eines Stauwerks.* **4.** *Platz, an dem man etw. unterbringen kann:* ein Schrank mit wenig S.
Stau|see, der: *durch Stauen eines Flusses entstandener See.*
Stau|stu|fe, die: *mit einer Schleuse versehene Stauanlage als Teil gleichartiger Anlagen, die, in Abständen in den Fluss gebaut, dessen Schiffbarkeit ermöglichen.*
Stau|ung, die; -, -en: **1.** *das Stauen* (1). **2.** *Stau* (1 a–c).
Stau|was|ser, das ⟨Pl. ...wasser⟩ (Fachspr.): *(in einer Tide) Wasser fast ohne Strömung (wenn sich die Strömung in umgekehrter Richtung zu bewegen beginnt).*
Stau|wehr, das: [2]*Wehr.*
Stau|werk, das (Fachspr.): *quer durch einen Fluss od. ein Flusstal gebaute Anlage zum Stauen* (1).
Std. = Stunde.
Stdn. = Stunden.
Steak [ste:k; selten: ʃt...], das; -s, -s [engl. steak < aisl. steik = Braten, zu: steikja = braten, urspr. = an den Bratspieß stecken]: *nur kurz gebratene od. zu bratende Fleischscheibe aus der Lende (bes. von Rind od. Kalb).*
Steak|haus, das [engl. steak-house]: *Restaurant, das bes. auf die Zubereitung von Steaks spezialisiert ist.*
Steak|let [ˈste:klət, ˈʃt...], das; -s, -s: *flach gedrückter, kurz gebratener Kloß aus feinem Hackfleisch.*
Steam|kra|cken [ˈsti:m...], das; -s [zu engl. steam = Dampf u. to crack, ↑kracken]: *(bei der Erdölverarbeitung) das Aufspalten von Kohlenwasserstoffen in kleinere Bruchstücke durch hoch erhitzten Wasserdampf.*
Ste|a|rin [auch: st...], das; -s, -e [frz. stéarine, zu griech. stéar (Gen.: stéatos) = Fett, Talg]: *(zur Kerzenherstellung u. für kosmetische Produkte verwendetes) festes, weißes, bei höheren Temperaturen flüssig werdendes Gemisch aus Stearin- u. Palmitinsäure.*
Ste|a|rin|ker|ze, die: *Kerze aus Stearin.*
Ste|a|rin|säu|re, die (Chemie): *an Glyzerin gebundene gesättigte Fettsäure in vielen tierischen u. pflanzlichen Fetten.*
Ste|a|tit [auch: st..., ...ˈtɪt], der; -s, -e [zu griech. stéar, ↑Stearin] (Mineral.): *Talk in besonders dichter Form; Speckstein.*
Stech|ap|fel, der: *(zu den Nachtschattengewächsen gehörende) hochwachsende Pflanze mit großen Blättern, großen, weißen, trichterförmigen Blüten u. stacheligen Kapselfrüchten.*
ste|chen ⟨st. V.; hat⟩ [mhd. stechen, ahd. stehhan; 13, 16: vgl. ausstechen (3)]: **1.** *spitz sein, mit Spitzen o. Ä. versehen sein u. daher eine unangenehme Empfindung auf der Haut verursachen bzw. die Haut verletzen:* Dornen stechen; dein Bart sticht (*ist sehr rau, kratzt*). **2.** *(mit einem spitzen Gegenstand) einen Stich* (1 b) *beibringen; an, mit einem spitzen Gegenstand verletzen:* jmdn. mit einer Stecknadel s.; sich an den Dornen der Rose s. **3. a)** *(von bestimmten Insekten) mit einem Stechrüssel bzw. einem Stachel* (2 b) *ausgestattet sein; die Fähigkeit haben, sich durch Stiche zu wehren od. anzugreifen, Blut zu saugen:* Wespen stechen; **b)** *(von bestimmten Insekten) mit dem Stechrüssel bzw. dem Stachel* (2 b) *einen Stich beibringen:* das Insekt hat ihm/ihn ins Bein gestochen. **4. a)** *(ein spitzer Gegenstand, ein spitzes od. scharfes Werkzeug, eine Stichwaffe o. Ä.) irgendwohin stoßen, irgendwo eindringen lassen:* die Nadel in die Haut, jmdm. ein Messer in den Rücken, in den Bauch s.; **b)** *(mit einem spitzen Gegenstand, einem spitzen, scharfen Werkzeug, einer Stichwaffe o. Ä.) einen Stich in einer bestimmten Richtung ausführen:* mit einer Nadel durch das Leder, in den Stoff s.; er hatte ihm/ihn mit dem Messer in die Brust gestochen. **5.** *durch Einstechen* (1) *in einem Material o. Ä. hervorrufen:* Löcher in das Leder s. **6.** (Fischerei) *mit einem gabelähnlichen Gerät fangen:* Aale s. **7.** *(bestimmte Schlachttiere) durch Abstechen* (1) *töten:* Schweine s. **8.** *mit einem entsprechenden Gerät von der Oberfläche des Bodens ab-, aus dem Boden herauslösen:* Torf, Rasen s. **9.** *durch Abschneiden über der Wurzel ernten:* Feldsalat s.; Spargel s. *(mit einem dafür vorgesehenen Gerät aus dem Boden stechen).* **10.** (Jargon) *tätowieren.* **11.** ⟨unpers.⟩ *in einer Weise schmerzen, die ähnlich wie Nadelstiche wirkt:* es sticht mich [im Rücken]; ein stechender Schmerz. **12.** *(bes. in eine Metallplatte) mit dem Stichel eingraben, gravieren* (1): etw. in Kupfer, in Stahl s. **13.** (Kartenspiel) **a)** *(von einer Farbe) die anderen Farben an Wert übertreffen:* Herz sticht; **b)** *(eine Karte) mithilfe einer höherwertigen Karte an sich bringen:* einen König mit dem Buben s. **14.** (Jägerspr.) *den Stecher* (3) *spannen:* die Büchse s. **15.** (Jägerspr.) *(von bestimmten Tieren) mit der Schnauze im Boden graben:* der Dachs sticht nach Würmern. **16.** (Sport, bes. Reiten) *(bei Punktgleichheit in einem Wettkampf) durch Wiederholung eine Entscheidung herbeiführen:* beim Jagdspringen wird gestochen. **17.** *die Stechuhr betätigen:* er hat zu s. vergessen. **18.** *(von der Sonne) unangenehm grell sein; heiß brennen:* die Sonne sticht heute. **19.** *jmdn. sehr reizen, in Unruhe versetzen:* die Neugier sticht ihn. **20.** *vor einem Hintergrund hervortreten; hervorragen o. Ä.:* Hügel, aus denen Schornsteine stechen. **21.** *(von den Augen, dem Blick) in unangenehmer Weise starr u. durchbohrend sein:* ein stechender Blick. **22.** *einen Übergang in einen bestimmten anderen Farbton aufweisen; einen Stich in etw. haben:* ihr Haar sticht ins Rötliche. **23.** *(vom Stechpaddel) eintauchen:* die Paddel stechen ins Wasser.
Ste|chen, [zu ↑stechen 11, 16]: **1.** ⟨das; -s⟩ *stechender Schmerz:* er hatte in der Seite ein starkes S. **2.** ⟨das; -s, -n⟩ (Sport, bes. Reiten) *bei Punktgleichheit in einem Wettkampf durch Wiederholung herbeigeführte Entscheidung.*
ste|chend ⟨Adj.⟩: *(von Gerüchen) scharf u. durchdringend:* ein -er Geruch.
Ste|cher, der; -s, - [mhd. stechære = Mörder; Turnierkämpfer; Stichwaffe]: **1.** kurz für ↑Kupferstecher (1); *Graveur.* **2.** (abwertend) kurz für ↑Messerstecher. **3.** *Vorrichtung an Jagdgewehren, die es ermöglicht, den Abzug so einzustellen, dass bei leichtester Berührung der Schuss ausgelöst wird.* **4.** (Jägerspr.) *Schnabel der Schnepfe.*
Ste|che|rei, die; -, -en (abwertend); kurz für ↑Messerstecherei.
Ste|che|rin, die; -, -nen: w. Form zu ↑Stecher (1, 2).
Stech|flie|ge, die: *der Stubenfliege ähnliche Fliege mit einem Stechrüssel.*
Stech|fra|ge, die: *Stichfrage.*
Stech|kahn, der: *Kahn, der in flachem Wasser mit einer Stange fortbewegt wird.*
Stech|kar|te, die: *Kontrollkarte der Stechuhr.*
Stech|mü|cke, die: *(in vielen Arten vorkommende) Mücke mit langen Beinen u. Stechrüssel, die als Blutsauger bei Tieren u. Menschen auftritt u. oft Krankheiten überträgt.*
Stech|pad|del, das: *Paddel mit nur einem Blatt [mit dem ein Kanadier* (2) *fortbewegt wird].*
Stech|pal|me, die: *Baum od. Strauch mit glänzenden, immergrünen, häufig dornigen Blättern; Ilex.*
Stech|rüs|sel, der: *Rüssel bestimmter Insekten, mit dem sie zu stechen u. zu saugen vermögen.*
Stech|schritt, der (Milit.): *Paradeschritt.*
Stech|uhr, die: **1.** *mit einem Uhrwerk gekoppeltes Gerät zur Aufzeichnung bes. von Arbeitsbeginn u. -ende.* **2.** *Wächterkontrolluhr.*
Stech|vieh, das (österr.): *Vieh, das bei der Schlachtung gestochen wird.*
Steck|brief, der [1: eigtl. = Urkunde, die eine

Behörde veranlasst, einen gesuchten Verbrecher »ins Gefängnis zu stecken«]: **1.** (Rechtsspr.) *[auf einem Plakat öffentlich bekannt gemachte, mit einem Bild versehene] Beschreibung eines einer kriminellen Tat Verdächtigten, durch die die Öffentlichkeit zur Mithilfe bei seiner Ergreifung aufgefordert wird.* **2.** (Jargon) **a)** *kurze Personenbeschreibung in Daten:* -e der einzelnen Teilnehmer; **b)** *kurze Information über eine Sache, ein [technisches] Produkt.*

stẹck|brief|lich ⟨Adj.⟩: *in Form, mithilfe eines Steckbriefs* (1): jmdn. s. verfolgen, suchen.

Stẹck|do|se, die: *[in die Wand eingelassene] Vorrichtung zur Herstellung eines Kontaktes zwischen Stromkabel u. elektrischem Gerät mithilfe eines Steckers:* den Stecker in die S. stecken.

stẹ|cken ⟨sw., beim intr. Gebrauch im Imperfekt auch unr. V.; hat⟩ [mhd. stecken, in der mhd. Form sind zusammengefallen ahd. stecchēn = festhaften, stecken bleiben u. stecchen = stechend befestigen, Kausativ zu: stehhan, ↑stechen]: **1.** ⟨Imperfekt: steckte⟩ **a)** *[durch eine Öffnung hindurchführen u.] an eine bestimmte Stelle tun (schieben, stellen, legen); hineinstecken:* den Brief in den Umschlag s.; er steckte die Papiere zu sich *(steckte sie ein, nahm sie an sich)*; die Hand durch das Gitter s. *(durchstecken)*; Ü das Kind ins Bett s. (fam.; *dafür sorgen, dass es ins Bett kommt*); Jugendliche in ein Heim s. *(in einem Heim unterbringen)*; jmdn. ins Gefängnis s. (ugs.; *mit Gefängnis bestrafen*); er wurde in eine Uniform gesteckt *(er musste eine Uniform anziehen)*; sie hat viel, ihr ganzes Vermögen, ihre ganze Kraft in das Unternehmen gesteckt *(hineingesteckt, investiert)*; sich hinter jmdn. s. (ugs.; *jmdn. zur Mithilfe bei etw. zu gewinnen suchen; jmdn. anstacheln, ihn bei etw. zu unterstützen*); sich hinter etw. s. (ugs.; *sich mit Eifer an etw., an eine Arbeit machen*); **b)** *an einer bestimmten [dafür vorgesehenen] Stelle einpassen; aufstecken; feststecken:* einen Ring an den Finger s.; Kerzen auf den Leuchter s. **2.** ⟨Imperfekt: steckte⟩ *an, auf, in etw. befestigen, [mithilfe von Nadeln] anheften, anstecken:* ein Abzeichen ans Revers s.; sich das Haar zu einem Knoten s. *(aufstecken)*; ⟨auch ohne Raumergänzung:⟩ der Saum ist nur gesteckt. **3.** ⟨Imperfekt: steckte⟩ (landsch.) *(bes. von Knollen, Zwiebeln o. Ä.) an der dafür bestimmten Stelle in die Erde bringen; setzen, legen:* Zwiebeln s. **4.** ⟨Imperfekt: steckte⟩ (ugs.) *jmdm. heimlich mitteilen, zur Kenntnis bringen:* dem Chef etw. s.; *** es jmdm. s.** (ugs.; *jmdm. unverblümt die Meinung sagen;* wohl nach der Sitte der Femegerichte, Vorladungen mit einem Dolch an die Tür des zu Ladenden zu heften). **5.** ⟨Imperfekt: steckte, geh.: stak; hat; südd., österr., schweiz. auch: ist⟩ **a)** *sich an einer bestimmten Stelle, an die etw. getan (geschoben, gestellt, gelegt) worden ist, befinden:* er hat immer die Hände in den Taschen s.; der Pfahl steckt [fest] in der Erde; Gräten können leicht im Hals s. bleiben; die Radfahrer sind im Schlamm s. geblieben; Ü wo hast du denn gesteckt? (ugs.; *wo warst du denn?*); ich habe eine Erkältung in mir s. (ugs.; *ich habe eine noch nicht richtig zum Ausbruch gekommene Erkältung*); mein Freund steckt (ugs.; *befindet sich*) in Schwierigkeiten; erst in den Anfängen s., s. geblieben sein *(noch nicht weit gediehen sein)*; die Verhandlungen sind s. geblieben; in jmdm. steckt etwas (ugs.; *jmd. ist begabt, befähigt*); der Schreck stak ihm noch in den Gliedern; *** hinter etw. s.** (ugs.; *die Triebfeder, der Veranlasser von etw., einer bestimmten Handlung o. Ä. sein*); **b)** *an einer bestimmten [dafür vorgesehenen] Stelle eingepasst, auf etw. aufgesteckt, an etw. festgesteckt sein:* der Schlüssel steckt im Schloss; ⟨auch ohne Raumergänzung:⟩ der Schlüssel steckt, wurde stecken gelassen (ugs.; *ist nicht abgezogen*); lassen Sie [Ihr Geld] s. (ugs.; *ich lade Sie ein, bezahle für Sie mit*). **6.** ⟨Imperfekt: steckte, geh.: stak; hat; südd., österr., schweiz. auch: ist⟩ *an, auf, in etw. befestigt, [mithilfe von Nadeln] angeheftet, angesteckt sein:* ein Abzeichen steckt an seinem Revers. **7.** ⟨Imperfekt: steckte, geh.: stak; hat; südd., österr., schweiz. auch: ist⟩ *viel, eine Menge, ein großes Maß von etw. aufweisen:* er steckt voller Einfälle. **8.** (ugs.) *aufgeben* (7): die Reise können wir s.

Stẹ|cken, der; -s, - [mhd. stecke, ahd. stecko, verw. mit mhd. stake = langer Stock, Stange od. zu ↑Stich] (landsch.): [1]*Stock* (1): *** den S. nehmen müssen** (↑[1]Hut 1).

stẹ|cken blei|ben: s. stecken (5 a).

stẹ|cken las|sen: s. stecken (5 b).

Stẹ|cken|pferd, das [2: nach engl. hobby-horse]: **1.** *Kinderspielzeug aus einem [hölzernen] Pferdekopf mit daran befestigtem Stock.* **2.** *von Außenstehenden leicht als [liebenswürdige] Schrulle belächelte Liebhaberei, der jmd. seine freie Zeit widmet:* *** sein S. reiten** (scherzh.; *sich seiner Liebhaberei widmen; über ein Lieblingsthema immer wieder sprechen;* vgl. engl. to ride one's hobby-horse).

Stẹ|cker, der; -s, -: *mit Kontaktstiften versehene Vorrichtung, die in die Steckdose gesteckt wird:* den S. herausziehen.

Stẹck|kar|te, die (EDV): *an einem Steckplatz angebrachte Platte aus Kunststoff od. Hartpapier, die bei einem Computer als Platine für elektronische Bauteile dient.*

Stẹck|ling, der; -s, -e: *von einer Pflanze abgetrennter Trieb, der zur Bewurzelung in die Erde gesteckt wird u. aus dem sich eine neue Pflanze entwickelt:* -e von Geranien in Töpfe setzen.

Stẹck|mu|schel, die: *im Mittelmeer vorkommende Muschel, die mit der Spitze im Meeresboden steckt.*

Stẹck|na|del, die: *kleine, zum Heften von Stoff o. Ä. verwendete Nadel mit einem Kopf aus Metall od. buntem Glas:* es ist so still, dass man eine S. fallen hören könnte *(dass nicht das Geringste zu hören ist)*; *** etw., jmdn. suchen wie eine S.** (ugs.; *lange, überall nach etw., jmd. schwer Auffindbarem suchen*); **eine S. im Heuhaufen/Heuschober suchen** (ugs.; *etw. ohne od. nur mit geringen Erfolgsaussichten suchen*).

Stẹck|na|del|kopf, der: *Kopf* (5 a) *der Stecknadel.*

Stẹck|platz, der (EDV): *normierte Anschlussstelle an einem Computer zur Anbringung einer Steckkarte; Slot.*

Stẹck|rü|be, die (landsch.): *Kohlrübe* (1).

Stẹck|schach, das: *kleines Schachspiel, bei dem die Figuren in das Brett gesteckt werden.*

Stẹck|schloss, das: *länglicher, zylindrischer Stift, der zur Sicherung gegen Einbruch in ein Kastenschloss eingesetzt werden kann.*

Stẹck|schlüs|sel, der: *aus einem Stahlrohr bestehender Schraubenschlüssel, dessen Kopfende bei seiner Benutzung auf die Schraubenmutter aufgesteckt wird.*

Stẹck|tuch, das: *Einstecktuch.*

Stẹck|va|se, die: *mit einer Spitze am unteren Ende versehene Vase zum Einstecken in die Erde.*

Stẹck|zwie|bel, die: *junge Zwiebel, die zum Wachsen in die Erde gesteckt wird.*

Ste̲g, der; -[e]s, -e [mhd. stec, ahd. steg, zu ↑steigen u. urspr. = schmaler, erhöhter Übergang über ein Gewässer, auf den man meist hinaufsteigen musste]: **1. a)** *kleine, schmale Brücke über einen Bach, einen Graben o. Ä.;* **b)** *als Überführung dienende schmale Brücke für Fußgänger.* **2. a)** kurz für ↑Bootssteg; **b)** *Brett, das eine Verbindung bes. zwischen einem Schiff u. dem Ufer herstellt.* **3.** (veraltet) *schmaler Pfad.* **4.** *(bei Saiteninstrumenten) senkrecht stehendes kleines Holzbrettchen auf der Oberseite des Instruments, auf dem die Saiten aufliegen.* **5.** *Teil des Brillengestells, durch den die Brille auf der Nase festgehalten wird.* **6.** *(an Steghosen) seitlich am unteren Ende des Hosenbeins angebrachtes, unter der Fußsohle verlaufendes, das Hinaufrutschen des Hosenbeins verhinderndes Gummiband.* **7.** *Teil des Schuhs, der sich zwischen der Lauffläche der Schuhsohle u. dem Absatz befindet.* **8.** *waagerechtes Verbindungsteil zwischen zwei Stuhlbeinen od. Tischbeinen.* **9.** (Technik) *der (im Querschnitt) vertikale Teil eines Trägers, einer Schiene o. Ä. aus Stahl.* **10.** (Druckw.) **a)** *(beim Bleisatz) Material zum Ausfüllen von größeren Flächen einer Kolumne, die ohne Schrift sind;* **b)** *rechtwinklige Leiste aus Eisen zur Bildung der Druckform; Formatsteg;* **c)** *freier Raum an den Seiten einer Druckform.*

Ste̲g|ho|se, die: *[Ski]hose mit einem Steg* (6), *mit dessen Hilfe die Hosenbeine einen straffen Sitz bekommen.*

Ste̲g|reif: nur in der Fügung **aus dem S.** (*ohne Vorbereitung; improvisiert;* mhd. steg[e]reif, ahd. stegareif = Steigbügel, 1. Bestandteil zu ↑steigen, 2. Bestandteil zu ↑[2]Reif in der alten Bed. »Strick« [u. wohl urspr. = Seil- od. Riemenschlinge am Sattel], eigtl. = ohne vom Pferd abzusteigen): etw. aus dem S. vortragen.

Ste̲g|reif|ko|mö|die, die: *Komödie, bei der die Schauspieler die Möglichkeit freier Improvisation haben.*

Steh|auf|man|derl (österr.), **Steh|a̲uf|männ|chen** [auch: ˈ– – – –], das: *kleine Spielzeugfigur, die aus jeder Lage in die Senkrechte zurückkehrt:* Ü sie ist ein S. (ugs.; *ein Mensch, der sich nicht unterkriegen lässt*).

Ste̲h|bier|hal|le, die: *einfaches Lokal, in dem man sein Bier im Stehen trinkt.*

Ste̲h|bünd|chen, das: *Abschluss am Hals (bes. bei Blusen u. Kleidern) in Form eines geraden, hochstehenden Stoffstreifens, der mehr od. weniger dicht am Hals anliegt.*

ste̲|hen ⟨unr. V.; hat, südd., österr. u. schweiz.: ist⟩ [mhd., ahd. stān, stēn]: **1. a)** *sich in aufrechter Körperhaltung befinden; aufgerichtet sein, mit seinem Körpergewicht auf den Füßen ruhen:* gerade, gebückt, still s.; ⟨subst.:⟩ er trinkt den Kaffee im Stehen; *** stehend freihändig** (ugs.; *mühelos*); **b)** *sich stehend* (1 a) *an einem bestimmten Ort, einer bestimmten Stelle befinden:* am Fenster, neben jmdm., einer Sache s.; (als Beteuerungsformel:) so wahr ich hier stehe, ...; (verblasst:) am Herd s. *(mit Kochen beschäftigt sein)*; jmdn. an der Tür s. lassen *(ihn nicht in die Wohnung bitten)*; sie hatten die neue Mitschülerin einfach s. lassen *(sie nicht länger beachtet, sich von ihr abgewandt)*; vor einer Entscheidung s. *(mit einer Entscheidung konfrontiert sein)*; das Kind ist in der Entwicklung s. geblieben *(hat sich nicht weiterentwickelt)*; wo sind wir s. geblieben? *(wo hatten wir unser Gespräch, unsre Tätigkeit o. Ä. unterbrochen?)*; **c)** (schweiz.) *sich stellen;* **d)** *(von Sachen) sich [in aufrechter Stellung] an einem bestimmten Ort, einer bestimmten Stelle befinden, dort [vorfindbar] sein:* hoch, schief s.; die Teller stehen schon auf dem Tisch; die Suppe s. lassen *(nicht [ganz] aufessen)*; er hat die Leiter am Baum s. lassen/(seltener:) s. gelassen; sie mussten alles s. und liegen lassen *(sie mussten überstürzt aufbrechen)*; ich will, dass der Gartenzwerg hier s. bleibt *(an diesem Platz belassen wird)*; ein Koffer ist s. geblieben/wurde s. gelassen *(wurde unabsichtlich stehen gelassen)*; (verblasst:) die Sonne steht hoch am Himmel; er will sich einen Bart s. lassen *(wachsen lassen)*; *** mit jmdm., etw. s. und fallen** *(von jmdm., etw. entscheidend abhängig sein)*; **jmdm. bis zum Hals[e], bis oben/bis hier[hin] s.** (ugs.; *zum Überdruss werden, von jmdm. nicht mehr ertragen werden*). **2. a)** *(auf einer [Wert]skala, innerhalb eines Systems o. Ä.) eine bestimmte Stellung haben:* das Barometer steht hoch, tief, steht auf Regen; die Ampel steht auf Rot; der Dollar stand bei 1,89 DM; **b)** (Sport) *einen bestimmten Spielstand aufweisen:* das Fußballspiel steht 1 : 1. **3.** *(von Kulturpflanzen) in einem bestimmten Stand des Wachstums, Gedeihens sein:* der Weizen steht gut. **4.** *(von Gebäuden) als Bauwerk vorhanden sein:* das Haus steht seit 20 Jahren; nur wenige Gebäude sind bei dem Bombenangriff s. geblieben *(der Zerstörung entgangen)*.

5. *(von Fischen) ruhig (im Wasser) verharren, sich nicht fortbewegen.* 6. (Jägerspr.) *(von Schalenwild) in einem bestimmten Revier seinen ständigen Aufenthalt haben.* 7. (Ski, Eislauf) *einen Sprung stehend, ohne Sturz zu Ende führen:* einen dreifachen Rittberger sicher s. 8. a) *nicht [mehr] fahren, nicht [mehr] in Bewegung sein:* das Auto ist vor der Ampel s. geblieben; Ü ⟨subst.:⟩ einen Angriff zum Stehen bringen *(aufhalten);* b) *nicht [mehr] laufen* (7 a), *nicht mehr in Funktion, in Betrieb sein; stillstehen* (1): der Motor, die Uhr steht; Ü es war, als wäre die Zeit s. geblieben *(als hätte sich nichts verändert).* 9. *an einer bestimmten Stelle in schriftlicher od. gedruckter Form vorhanden sein:* die Nachricht steht in der Zeitung; zu viele Fehler sind s. geblieben/wurden s. gelassen *(sind nicht korrigiert worden);* (verblasst:) etw. steht auf dem Programm *(ist im Programm vorgesehen);* das Geld steht auf dem Konto *(ist als Haben auf dem Konto verzeichnet).* 10. (ugs.) ⟨s. + sich⟩ *in bestimmten (bes. finanziellen) Verhältnissen leben:* er steht sich gut. 11. *ein bestimmtes Verhältnis zu jmdm. haben:* schlecht mit jmdm. s.; ⟨ugs. auch s. + sich:⟩ sich gut mit jmdm. s. 12. *von jmds. Entscheidung abhängen:* es, die Entscheidung steht [ganz] bei dir, ob ... 13. (ugs.) *(im Hinblick auf die Vorbereitung o. Ä. von etw.) fertig, abgeschlossen sein:* seine Rede steht *(ist fertig gestellt);* die Mannschaft steht *(ist zusammengestellt).* 14. a) *für etw. einstehen, Gewähr bieten:* die Marke steht für Qualität; b) *stellvertretend sein:* dieses Beispiel, sein Name steht für viele. 15. *sich zu etw. bekennen:* zu seinem Wort, seinem Versprechen s.; wie stehst du zu der Angelegenheit? *(was für eine Meinung hast du dazu?).* 16. *jmdm. beistehen, zu jmdm. halten:* hinter jmdm., zu jmdm. s. 17. *(in Bezug auf eine Straftat) mit einem bestimmten Strafmaß geahndet werden:* auf eine solche Straftat steht Gefängnis. 18. *in einem bestimmten [Entwicklungs]zustand sein:* die Sache steht gut; Chancen stehen fifty-fifty; ⟨auch unpers.:⟩ mit seiner Gesundheit steht es schlimm; (Frage nach jmds. Ergehen:)[wie geht's,] wie steht's? 19. ⟨unpers. mit Inf. mit »zu«; entspricht einem mit »müssen« gebildeten Passiv⟩: es steht *(ist)* zu erwarten, zu befürchten, zu hoffen, dass ... 20. *(von Kleidungsstücken) zu jmdm. in bestimmter Weise passen; jmdn. kleiden* (1 b): das Kleid, die Farbe steht dir gut; Ü (oft scherzh.:) Lächeln steht dir gut. 21. (landsch.) *leben* (3), *angestellt, beschäftigt sein.* 22. (ugs., bes. Jugendspr.) *von jmdm., einer Sache besonders angetan sein, eine besondere Vorliebe für jmdn., etw. haben:* auf jmdn., auf etw. s. 23. (Seemannsspr.) *(in Bezug auf den Wind) in einer bestimmten Richtung, in bestimmter Weise wehen.* 24. (ugs.) *erigiert sein.*

ste|hen blei|ben: s. stehen (1 b, d, 4, 8, 9).

ste|hen las|sen: s. stehen (1 b, d, 9).

Steh|knei|pe, die (abwertend): vgl. Stehbierhalle.

Steh|kra|gen, der: a) *an Kleidungsstücken Kragen ohne Umschlag, der so geschnitten ist, dass er am Hals hochsteht;* b) (früher) *steifer, nicht umgelegter Hemdkragen für Herrenhemden:* Ü bis an den/bis zum S. in Schulden stecken (ugs.; *völlig verschuldet sein*).

Steh|lam|pe, die: *Lampe mit Fuß u. meist größerem Schirm, die auf dem Boden steht.*

Steh|lei|ter, die: *Leiter mit einem stützenden Teil, die frei zu stehen vermag.*

steh|len ⟨st. V.; hat⟩ [mhd. steln, ahd. stelan, H. u.]: 1. *fremdes Eigentum, etw., was einem nicht gehört, heimlich, unbemerkt an sich nehmen, in seinen Besitz bringen:* er stiehlt; er hat [ihm] das Portemonnaie gestohlen; das Geld für die Sachen hast du [dir] gestohlen; R woher nehmen und nicht s.? (in Bezug auf etwas, was man nicht hat u. nicht beschaffen kann); Ü jmdm. den Schlaf, die Zeit s. *(rauben, ihn darum bringen);* für den Besuch musste sie sich die Zeit s. *(sich die Zeit nehmen, die sie eigentlich nicht hatte);* der Komponist hat [einem anderen, bei/von einem anderen] ein Motiv gestohlen (ugs.; *hat ein Plagiat begangen*); * **jmdm. gestohlen bleiben können/(seltener:) werden können** (ugs.; *jmdm. gleichgültig, für jmdn. vollkommen unwichtig sein*). 2. ⟨s. + sich⟩ *sich heimlich, unbemerkt von einem Ort weg- od. irgendwohin schleichen:* sich aus dem Haus s.; Ü ein Lächeln stahl sich auf ihr Gesicht (geh.; *erschien auf ihrem Gesicht*).

Steh|ohr, das: *(bei bestimmten Tieren) aufrecht stehendes Ohr.*

Steh|par|ty, die: *Party, bei der man nicht an Tischen sitzt.*

Steh|platz, der: *keine Sitzgelegenheit bietender, nur zum Stehen vorgesehener Platz (in einem Stadion, Theater, Verkehrsmittel o. Ä.).*

Steh|pult, das: *hohes Pult, an dem man stehend arbeitet.*

Steh|tisch, der: *(in einem Lokal o. Ä.) hoher Tisch, an dem man steht.*

Steh|ver|mö|gen, das ⟨o. Pl.⟩: a) *Fähigkeit (aufgrund guter körperlicher Verfassung), eine Anstrengung, eine [sportliche] Anforderung o. Ä. gut zu bestehen;* b) *charakterliche Eigenschaft, einer Sache, die sich nicht leicht bewältigen od. im eigenen Sinne lenken lässt o. Ä., mit Zähigkeit od. Unerschütterlichkeit zu begegnen; Durchhaltevermögen.*

Stei|e|rin, die; -, -nen: w. Form zu ↑Steirer.

Stei|er|mark, die; -: österreichisches Bundesland.

[1]Stei|er|mär|ker, der; -s, -: Ew.

[2]Stei|er|mär|ker ⟨indekl. Adj.⟩.

Stei|er|mär|ke|rin, die; -, -nen: w. Form zu ↑[1]Steiermärker.

stei|er|mär|kisch ⟨Adj.⟩: *die Steiermark, die Steiermärker betreffend; von den Steiermärkern stammend, zu ihnen gehörend.*

steif ⟨Adj.⟩ [mhd. (md.) stīf, eigtl. = (bes. von Holzpfählen) unbiegsam, starr; aufrecht]: 1. *nicht weich, wenig biegsam, von einer gewissen Festigkeit u. Starre:* -er Karton; die Wäsche war s. gefroren, war s. wie ein Brett (ugs.; *ganz starr geworden*). 2. *(bes. von Körperteilen, Gelenken, Gliedmaßen) von verminderter od. [vorübergehend] nicht mehr bestehender Beweglichkeit:* ein -er Nacken; er hat ein -es Bein *(sein Kniegelenk ist unbeweglich geworden);* sie ist ganz s. geworden *(hat ihre körperliche Elastizität eingebüßt);* * **die Ohren s. halten** (↑Ohr); **den Nacken s. halten** (↑Nacken). 3. (ugs.) *erigiert.* 4. *(in seiner Haltung, seinen Bewegungen o. Ä.) ohne Anmut; unelastisch; ungelenk; verkrampft wirkend:* ein -er Gang; sich s. bewegen. 5. *förmlich u. unpersönlich; leicht gezwungen wirkend:* ein -er Empfang; er ist ein sehr -er Mensch. 6. *(in Bezug auf bestimmte, in ihrem Ausgangsstadium mehr od. weniger flüssige Nahrungsmittel) [schaumig u.] fest:* Eiweiß s. schlagen. 7. (Seemannsspr.) *von ziemlicher Heftigkeit, Stärke:* ein -er Wind; eine -e *(stark bewegte)* See. 8. (ugs.) *stark, kräftig* (3): ein -er Grog. 9. * **s. und fest** (ugs.; *mit großer Bestimmtheit, unbeirrbar, unerschütterlich*): etw. s. und fest behaupten, glauben.

steif|bei|nig ⟨Adj.⟩ (ugs.): *mit ungelenken, steifen Beinen.*

steif hal|ten: s. steif (2).

Steif|heit, die; -: *das Steifsein* (steif 1–8).

Steig|bü|gel, der: 1. *Fußstütze für den Reiter, die in Höhe der Füße seitlich vom Sattel herabhängt:* * **jmdm. den S. halten** (geh. abwertend; *jmdm. bei seinem Aufstieg, seiner Karriere behilflich sein*). 2. (Anat.) *Gehörknöchelchen, das einem Steigbügel* (1) *ähnelt.*

Steig|bü|gel|hal|ter, der (abwertend): *jmd., der einem anderen bei seinem Aufstieg* (2 a) *Hilfestellung gibt.*

Steig|bü|gel|hal|te|rin, die: w. Form zu ↑Steigbügelhalter.

Stei|ge, die; -, -n [1 a: mhd. steige, zu: steigen = steigen machen; sich erheben, Kausativ zu: stīgen, ↑steigen; 3: mhd. stīge, urspr. wohl = Ort, an dem etwas zusammengedrängt wird]: 1. a) (bes. südd., österr.) *steile Fahrstraße;* b) (landsch.) *kleine Treppe; Stiege.* 2. (bes. südd., österr.) *flache Lattenkiste (in der Obst od. Gemüse zum Verkauf angeboten wird).* 3. (südd., österr.) *Lattenverschlag; Stall (für Kleintiere).*

Steig|ei|sen, das: 1. (Bergsteigen) *unter den Schuhsohlen befestigtes, mit Zacken versehenes Eisen, das den Bergsteiger (im Eis) gegen Abrutschen sichern soll.* 2. *Bügel aus Metall, der, in größerer Zahl in die Wand von Schächten, Kaminen o. Ä. eingelassen, das Hoch- bzw. Hinuntersteigen ermöglicht.* 3. *an die Schuhe anschnallbarer Bügel aus Metall, der das Erklettern hölzerner Leitungsmasten ermöglicht.*

stei|gen ⟨st. V.; ist⟩ [mhd. stīgen, ahd. stīgan, eigtl. = (hinauf)schreiten]: 1. *sich aufwärts, in die Höhe bewegen; hochsteigen* (2): der Nebel steigt. 2. a) *sich gehend an einen höher od. tiefer liegenden Ort, eine höher od. tiefer liegende Stelle begeben:* auf einen Turm, ins Tal s.; b) *sich mit einem Schritt, einem Satz [schwungvoll] an einen höher od. tiefer liegenden Platz bewegen:* auf einen Stuhl, aufs Fahrrad s.; aus dem Auto s.; in den Bus, über die Mauer s.; Ü in die Kleider s. (ugs.; *sich anziehen*). 3. a) *im Niveau höher werden, ansteigen* (2 a): das Fieber ist auf 40° gestiegen; Ü Unruhe und Spannung waren gestiegen; b) *sich erhöhen, größer werden, zunehmen (an Umfang, Wert o. Ä.):* der Preis ist gestiegen; etw. steigt im Preis, im Wert; c) *zunehmen (an Bedeutung, Wichtigkeit), sich mehren:* die Ansprüche steigen. 4. (ugs.) *stattfinden:* eine Party, ein Coup steigt. 5. *(von Pferden) sich auf der Hinterhand aufbäumen.*

Stei|ger, der; -s, - [1: eigtl. wohl = jmd., der häufig (zu Kontrollen o. Ä.) ins Bergwerk steigt; mhd. stīger = Kletterer, Bergsteiger, Besteiger einer Sturmleiter]: 1. (Bergbau) *Ingenieur (Techniker), der als Aufsichtsperson unter Tage arbeitet* (Berufsbez.). 2. *Anlegebrücke der Personenschifffahrt.* 3. (selten) kurz für ↑Bergsteiger.

Stei|ge|rer, der; -s, -: *jmd., der auf einer Versteigerung bietet.*

Stei|ge|rin, die; -, -nen: 1. (selten) w. Form zu ↑Steiger (3). 2. w. Form zu ↑Steigerer.

stei|gern ⟨sw. V.; hat⟩ [spätmhd. steigern, zu mhd. steigen, ↑Steige]: 1. a) *erhöhen, vergrößern:* den Wert, die Produktion s.; eine gesteigerte *(zunehmende)* Nachfrage; b) *etw. zunehmen, sich verstärken lassen:* etw. steigert jmds. Spannung; der Läufer steigert das Tempo. 2. ⟨s. + sich⟩ a) *zunehmen, stärker werden, sich intensivieren:* die Erregung steigerte sich; etw. steigert sich ins Maßlose; seine Leistungen haben sich gesteigert *(verbessert);* die Schmerzen steigerten *(verschlimmerten)* sich mehr und mehr; b) (bes. Sport) *sich in seinen Leistungen verbessern.* 3. ⟨s. + sich⟩ *sich in etw. (einen bestimmten Gemütszustand) versetzen, hineinsteigern.* 4. *bei einer Versteigerung erwerben, ersteigern:* einen Barockschrank s. 5. (Sprachw.) *(bei einem Adjektiv) die Vergleichsformen bilden:* ein Adjektiv s.

Stei|ge|rung, die; -, -en [spätmhd. steigerunge]: 1. *das Steigern* (1). 2. (bes. Sport) *Verbesserung der Leistung.* 3. (Sprachw.) *das Steigern* (5); *Komparation.*

stei|ge|rungs|fä|hig ⟨Adj.⟩: 1. *sich steigern* (1 a) *lassend:* eine -e Produktion. 2. (Sprachw.) *Vergleichsformen bildend.*

Stei|ge|rungs|form, die (Sprachw.): seltener für ↑Vergleichsform.

Stei|ge|rungs|grad, der: *Grad der Steigerung.*

Stei|ge|rungs|ra|te, die (bes. Wirtsch.): *Rate, Umfang der Steigerung in einem bestimmten Zeitraum.*

Stei|ge|rungs|stu|fe, die (Sprachw.): *erste bzw. zweite Stufe der Komparation; Komparativ bzw. Superlativ.*

Steig|fä|hig|keit, die (Kfz-T.): *Leistung eines Motors im Hinblick auf das Befahren von Steigungen.*

Steig|fell, das (Ski): *auf der Laufsohle der Skier*

befestigter, das Abrutschen verhindernder Fellstreifen.

Steig|lei|ter, die: *fest angebrachte, senkrechte Leiter.*

Steig|rie|men, der: *Riemen am Sattel, in dem der Steigbügel hängt.*

Stei|gung, die; -, -en: **1. a)** *das Ansteigen eines Geländes, einer Straße o. Ä.:* eine starke, geringe, sanfte S.; die S. beträgt 12 %; **b)** *ansteigende Strecke; Anstieg:* eine S. *(einen Höhenunterschied)* überwinden/(Sport Jargon:) nehmen. **2.** (Technik) *Weg, um den sich die Schraubenmutter bei einer vollen Umdrehung auf dem Schraubenbolzen verschiebt.*

steil ⟨Adj.⟩ [spätmhd., mniederd. steil, zusgez. aus mhd. steigel, ahd. steigal, ablautend zu: stīgan (↑steigen) u. eigtl. = (auf- od. ab)steigend]: **1.** *stark ansteigend od. abfallend:* ein -er Weg, Abhang; ein -es Dach *(Dach mit starker Neigung);* eine -e Handschrift *(Handschrift, bei der die Buchstaben groß u. nicht nach einer Seite hin geneigt sind);* das Flugzeug stieg s. in die Höhe; Ü eine -e *(schnelle u. in ein hohes Amt führende)* Karriere. **2.** (ugs., bes. Jugendspr.) *imponierend; beeindruckend; auffallend.* **3.** (Ballspiele, bes. Fußball) *über eine größere Distanz nach vorn gespielt:* eine -e Vorlage; der Pass war zu s.

Steil|ab|fahrt, die (bes. Skisport): *steile Abfahrt, Gefällstrecke.*

Steil|dach, das: *Dach mit starker Neigung.*

Steil|feu|er|ge|schütz, das (Milit.): *Geschütz mit kurzem Rohr u. meist großem Kaliber, dessen Geschosse in einem steilen Winkel auftreffen.*

Steil|hang, der: *steil abfallender Hang* (1).

Steil|heit, die; -: *das Steilsein* (1, 3).

Steil|kur|ve, die: *(bei Rennbahnen o. Ä.) stark überhöhte Kurve.*

Steil|küs|te, die: *steil abfallende Küste* (a).

Steil|pass, der (Fußball): *steil nach vorn gespielter Pass* (3).

Steil|ufer, das: *steil abfallendes Ufer.*

Steil|vor|la|ge, die (Fußball): *Steilpass.*

Steil|wand, die: *steile Felswand.*

Stein, der; -[e]s, -e u. (als Maß- u. Mengenangabe:) - [mhd., ahd. stein, wohl eigtl. = der Harte]: **1. a)** ⟨o. Pl.⟩ *feste mineralische Masse (die einen Teil der Erdkruste ausmacht):* hart wie S.; ein Denkmal aus S.; etw. in S. meißeln, hauen; Ü er hat ein Herz aus S. (geh.; *ist hartherzig, mitleidlos*); ihr Gesicht war zu S. geworden, zu S. erstarrt (geh.; *hatte einen starren Ausdruck angenommen*); **b)** *mehr od. weniger großes Stück Stein* (1 a), *Gesteinsstück, das sich in großer Zahl in u. auf der Erdoberfläche befindet:* runde, flache, spitze, dicke -e; -e auflesen, sammeln; mit -en werfen; etw. mit einem S. beschweren; nach dem langen Marsch schlief er wie ein S. (ugs. emotional; *sehr fest*); **R** man könnte ebenso gut -en predigen *(alle Worte, Ermahnungen o. Ä. treffen auf taube Ohren);* * **der S. der Weisen** (geh.; *die Lösung aller Rätsel, Probleme;* alchemistenlat. lapis philosophorum [= arab. al-iksīr, ↑Elixier], die wichtigste magische Substanz der ma. Alchemie, die Unedles edel machen sollte); **der S. des Anstoßes** (geh.; *die Ursache der Verärgerung;* nach Jes. 8, 14 u. a.; vgl. Anstoß 4); **jmdm. fällt ein S. vom Herzen** *(jmd. ist sehr erleichtert über etw.);* **der S. kommt ins Rollen** (ugs.; *eine [schon längere Zeit schwelende] Angelegenheit kommt in Gang*); **es friert S. und Bein** (ugs.; *es herrscht strenger Frost;* zu ↑Bein (5), eigtl. wohl = es friert so sehr, dass der Frost sogar in Steine u. Knochen eindringt); **S. und Bein schwören** (ugs.; *etw. nachdrücklich versichern;* zu ↑Bein (5), viell. urspr. = beim steinernen Altar u. den Knochen eines Heiligen schwören); **den S. ins Rollen bringen** (ugs.; *eine [schon längere Zeit schwelende] Angelegenheit in Gang bringen*); **jmdm. [die] -e aus dem Weg räumen** *(für jmdn. die Schwierigkeiten ausräumen);* **jmdm. -e in den Weg legen** *(jmdm. bei einem Vorhaben o. Ä. Schwierigkeiten machen);* **jmdm. -e geben statt Brot** (geh.; *jmdn. mit leeren [Trost]worten abspeisen, statt ihm wirklich zu helfen;* nach Matth. 7, 9); **weinen, dass es einen S. erweichen könnte** *([laut] heftig weinen);* **den ersten S. auf jmdn. werfen** *(damit beginnen, einen anderen öffentlich anzuklagen, zu beschuldigen o. Ä.;* nach Joh. 8, 7). **2.** *Baustein (verschiedener Art):* -e *(Ziegelsteine)* brennen; -e *(Bruchsteine)* brechen; (im Bauw. als Maßangabe:) eine zwei S. starke Wand; * **kein S. bleibt auf dem anderen** *(alles wird völlig zerstört;* nach Matth. 24, 2); * **keinen S. auf dem anderen lassen** *(etw. völlig zerstören).* **3.** kurz für ↑Edelstein, ↑Schmuckstein: ein echter S.; die Uhr läuft auf 12 -en *(Rubinen in den Lagern);* * **jmdm. fällt kein S. aus der Krone** (↑Perle 1 a). **4.** kurz für ↑Grabstein. **5.** kurz für ↑Spielstein: * **bei jmdm. einen S. im Brett haben** (ugs.; *jmds. besondere Gunst genießen;* urspr. wohl = einen Spielstein bei bestimmten Brettspielen auf dem Felde des Gegners stehen haben [u. durch einen entsprechend geschickten Spielzug die Anerkennung des Gegners finden]). **6.** *hartschaliger Kern der Steinfrucht.* **7.** (Rasenkraftsport) *Quader aus Metall, mit dem beim Steinstoßen gestoßen wird.* **8.** *Konkrement* (z. B. Gallenstein, Nierenstein). **9.** (landsch.) *Bierkrug.*

stein- (emotional verstärkend): drückt in Bildungen mit Adjektiven eine Verstärkung aus: *sehr:* steinmüde, -schwer, -unglücklich.

Stein|ad|ler, der: *großer, im Hochgebirge vorkommender Adler mit vorwiegend dunkelbraunem, am Hinterkopf goldgelbem Gefieder; Königsadler.*

stein|alt (emotional verstärkend) ⟨Adj.⟩: *(von Menschen) sehr alt.*

stein|ar|tig ⟨Adj.⟩: *wie Stein.*

Stein|bau, der ⟨Pl. -ten⟩: *Gebäude, das ganz od. in der Hauptsache aus Stein gebaut ist.*

Stein|bei|ßer, der: **1.** *(zu den Schmerlen gehörender) im Süßwasser lebender Fisch mit grünlich braunem Körper u. dunklen Flecken auf dem Rücken, der sich bei Gefahr in den Sand einbohrt.* **2.** *Seewolf.*

Stein|block, der ⟨Pl. ...blöcke⟩: *großer, massiger Stein.*

Stein|bock, der [mhd. steinboc]: **1.** *im Hochgebirge lebendes, gewandt kletterndes u. springendes, einer Gämse ähnliches Tier mit langen, kräftigen, zurückgebogenen Hörnern.* **2.** (Astrol.) **a)** ⟨o. Pl.⟩ *Tierkreiszeichen für die Zeit vom 22. 12. bis 19. 1.;* **b)** *jmd., der im Zeichen Steinbock* (2 a) *geboren ist:* sie ist [ein] S. **3.** ⟨o. Pl.⟩ Sternbild am südlichen Sternenhimmel.

Stein|bo|den, der: **1.** *steiniger Boden.* **2.** *mit Steinen, Steinplatten belegter [Fuß]boden.*

Stein|brech, der; -[e]s, -e [mhd. steinbreche, LÜ von lat. saxifraga, nach der früheren Verwendung als Heilpflanze gegen Blasen- u. Nierensteine]: *überwiegend im Hochgebirge vorkommende Pflanze mit ledrigen od. fleischigen Blättern u. weißen, gelben od. rötlichen Blüten.*

Stein|brech|ge|wächs, das (Bot.): *Kraut, Strauch od. auch Baum mit einfachen od. zusammengesetzten Blättern u. Blüten in verschiedenartigen Blütenständen.*

Stein|bro|cken, der: vgl. Steinblock.

Stein|bruch, der: *Stelle, Bereich im Gelände, in dem nutzbares Gestein im Tagebau gebrochen, abgebaut wird:* in einem S. arbeiten; das ist eine Arbeit wie im S. (ugs.; *eine äußerst schwere [körperliche] Arbeit*).

Stein|butt, der [nach den steinartigen, knöchernen Höckern in der Haut]: *Plattfisch von fast kreisrundem Umriss des Körpers mit schuppenloser Haut u. gelblich grauer Färbung der Oberseite.*

Stein|druck, der ⟨Pl. -e⟩: **1.** ⟨o. Pl.⟩ *Verfahren des Flachdrucks, bei dem ein geschliffener Stein als Druckform dient; Lithographie* (1 a). **2.** *im Steindruck* (1) *hergestellte Grafik; Lithographie* (2 a).

Stein|ei|che, die: *(im Mittelmeerraum heimischer) immergrüner Baum mit ledrigen, elliptischen bis eiförmigen dunkelgrünen Blättern.*

stei|nern ⟨Adj.⟩ [dafür mhd., ahd. steinīn]: **1.** *aus Stein* (1 a) *[bestehend]:* ein -es Portal; Ü von -er (geh.; *unerschütterlicher*) Ruhe. **2.** *erstarrt, wie versteinert, hart:* ein -es Herz haben; mit -er Miene.

Stein|er|wei|chen: in der Fügung **zum S.** *(heftig, herzzerreißend):* zum S. weinen.

Stein|flie|se, die: *Fliese aus Stein[gut].*

Stein|frucht, die (Bot.): *fleischige Frucht, deren Samen eine harte Schale besitzt.*

Stein|fuß|bo|den, der: *Steinboden* (2).

Stein|gar|ten, der: *gärtnerische Anlage, die bes. mit niedrigen alpinen [Polster]pflanzen bepflanzt u. in den Zwischenräumen mit größeren Steinen belegt ist.*

Stein|gut, das ⟨Arten: -e⟩: **1.** *Ton u. ähnliche Erden, aus denen Steingut* (2) *hergestellt wird.* **2.** *aus Steingut* (1) *Hergestelltes; weiße, glasierte Irdenware.*

Stein|ha|gel, der: vgl. Steinlawine.

Stein|hal|de, die: *durch herabgestürztes Gestein entstandene Art Halde.*

stein|hart ⟨Adj.⟩ (emotional verstärkend, häufig abwertend): *sehr hart; hart wie Stein:* -e Plätzchen.

Stein|hau|fen, der: *Haufen, Anhäufung von Steinen.*

Stein|haus, das: vgl. Steinbau.

Stein|holz, das: *unter Verwendung von zermahlenem Gestein hergestellter wärmedämmender Werkstoff.*

Stein|hu|der Meer, das; - -[e]s: See zwischen Weser u. Leine.

stei|nig ⟨Adj.⟩ [mhd. steinec, ahd. steinag]: *mit vielen Steinen* (1 b) *bedeckt:* -es Gelände; Ü der Weg zum Ziel war s. (geh.; *mühevoll*).

stei|ni|gen ⟨sw. V.; hat⟩ [dafür mhd. steinen, ahd. steinōn]: *mit Steinwürfen töten.*

Stei|ni|gung, die; -, -en: *das Steinigen.*

Stein|kauz, der: *kleiner Kauz mit braun-weißem Gefieder, der in Baumhöhlen u. Mauerlöchern brütet.*

Stein|kern, der (Bot.): *Stein* (6).

Stein|klee, der [nach dem Standort]: *Klee mit lang gestielten Blättern u. gelben od. weißen, in Trauben wachsenden Blüten.*

Stein|koh|le, die: **a)** ⟨o. Pl.⟩ *harte, schwarze, fettig glänzende Kohle mit hohem Anteil an Kohlenstoff:* S. fördern, verheizen, veredeln; **b)** ⟨häufig Pl.⟩ *als Heiz-, Brennmaterial verwendete Steinkohle* (a): -[n] feuern, einkellern; mit -[n] heizen.

Stein|koh|len|berg|bau, der: *Bergbau zur Förderung von Steinkohle.*

Stein|koh|len|berg|werk, das: *Bergwerk zur Förderung von Steinkohle.*

Stein|koh|len|för|de|rung, die: *Förderung von Steinkohle.*

Stein|koh|len|teer, der: *bei der Verkokung von Steinkohle anfallender Teer.*

Stein|ko|ral|le, die: *Koralle, die mit ihrer Kalkausscheidung große Riffe bildet.*

Stein|la|wi|ne, die: *Masse herabstürzenden Felsgesteins.*

Stein|mandl, das; -s, -n [↑Mandl] (bayr., österr.): *Wegzeichen aus Steinen.*

Stein|mehl, das: *sehr fein gemahlenes Gestein.*

Stein|metz, der; -en, -e[n] [mhd. steinmetze, ahd. steinmezzo; 2. Bestandteil über das Galloroman. < vlat. macio = Steinmetz, aus dem Germ.]: *Handwerker, der Steine behaut u. bearbeitet.*

Stein|met|zin, die; -, -nen: w. Form zu ↑Steinmetz.

Stein|obst, das: *Obst mit hartschaligem Kern.*

Stein|pflas|ter, das: *Straßenpflaster aus Steinen* (1 b).

Stein|pilz, der [nach dem festen Fleisch od. dem einem Stein ähnlichen Aussehen der jungen Pilze]: *großer Röhrenpilz mit fleischigem, halb kugeligem, dunkelbraunem Hut u. knolligem, weißem bis bräunlichem Stiel.*

Stein|plat|te, die: *Platte aus Stein.*

stein|reich ⟨Adj.⟩ [2: spätmhd. steinrīche = reich an Edelsteinen]: **1.** ['– –] (selten) *reich an Stei-*

nen; steinig. **2.** ['–'–] (emotional verstärkend) *sehr, ungewöhnlich reich.*

Stein|salz, das: *im Bergbau gewonnenes Natriumchlorid, das u. a. zu Speisesalz aufgearbeitet wird.*

Stein|schlag, der (Fachspr.): **1.** *das Herabstürzen von durch Verwitterung losgelösten Steinen (im Bereich von Felsen, Felsformationen).* **2.** ⟨o. Pl.⟩ (seltener) *Schotter.*

Stein|schleu|der, die: *Schleuder* (1).

Stein|schnei|de|kunst, die ⟨o. Pl.⟩: *Kunst des Gravierens von erhabenen od. vertieften Reliefs in Schmucksteinen.*

Stein|schnei|der, der: *Facharbeiter, der [Edel]steine schneidet* (3c); *Graveur* (Berufsbez.).

Stein|schnei|de|rin, die: w. Form zu ↑Steinschneider.

Stein|set|zer, der: *Pflasterer* (Berufsbez.).

Stein|set|ze|rin, die: w. Form zu ↑Steinsetzer.

Stein|sto|ßen, das; -s (Rasenkraftsport): *Disziplin, bei der ein Quader von bestimmtem Gewicht mit einem Arm möglichst weit gestoßen werden muss.*

Stein|topf, der: *Topf aus Steingut.*

Stein|wall, der: *aus Steinen aufgeschütteter Wall.*

Stein|werk, das: *Steinbruch[groß]betrieb.*

Stein|wurf, der: *das Werfen, der Wurf eines Steines:* * **[nur] einen S. weit [entfernt]** (veraltend; *in nur geringer Entfernung*).

Stein|wüs|te, die (Geogr.): *Wüste, die mit Geröll bedeckt ist; Hammada.*

Stein|zeit, die ⟨o. Pl.⟩: *erste frühgeschichtliche Kulturperiode, in der Waffen u. Werkzeuge hauptsächlich aus Steinen hergestellt wurden.*

stein|zeit|lich ⟨Adj.⟩: *zur Steinzeit gehörend:* **Ü** eine -e (ugs. abwertend; *völlig veraltete*) Methode.

Stein|zeug, das: *glasiertes keramisches Erzeugnis, das hart, nicht durchscheinend u. meist von grauer od. bräunlicher Farbe ist:* rheinisches, Westerwälder S.

Stei|rer, der; -s, -: Bewohner der Steiermark.

stei|risch ⟨Adj.⟩: vgl. Steiermark.

Steiß, der; -es, -e [entrundet aus älter steuß, mhd., ahd. stiuȝ, eigtl. = gestutzter (Körper)teil, zu ↑stoßen]: **1. a)** *Steißbein;* **b)** *Gesäß.* **2.** (Jägerspr.) *(bei Federwild mit sehr kurzen Schwanzfedern) Schwanz.*

Steiß|bein, das [zu ↑Bein (5)] (Anat.): *kleiner, keilförmiger Knochen am unteren Ende der Wirbelsäule.*

Steiß|ge|burt, die (Med.): *Geburt eines Kindes in Steißlage.*

Steiß|la|ge, die (Med.): *Beckenendlage, bei der der Steiß des Kindes bei der Geburt zuerst erscheint.*

-stel: ↑²-tel.

Ste|le ['st..., 'ʃt...], die; -, -n [griech. stḗlē]: (Kunstwiss.) *frei stehende, mit Relief od. Inschrift versehene Platte od. Säule (bes. als Grabstein).*

Stel|la|ge [...'la:ʒə], die; -, -n [(m)niederd. stellage, mit französierender Endung zu: stellen = dt. stellen; 2: der Verkäufer muss bei diesem Geschäft »stillhalten«, die Entscheidung, zu kaufen od. zu verkaufen, liegt nur beim Käufer]: **1.** *Aufbau aus Stangen u. Brettern o. Ä. [zum Abstellen, Aufbewahren von etw.]; Gestell.* **2.** (Börsenw.) *Form des Prämiengeschäftes der Terminbörse.*

stel|lar [ʃt..., st...] ⟨Adj.⟩ [spätlat. stellaris, zu: stella = Stern] (Astron.): *die Fixsterne u. Sternsysteme betreffend.*

Stel|lar|as|tro|no|mie, die: *Wissenschaft von den Eigenschaften der einzelnen Sterne sowie dem Aufbau der Sternsysteme.*

Stell|dich|ein, das; -[s], -[s] [LÜ von frz. rendez-vous, ↑Rendezvous] (veraltend): *verabredetes [heimliches] Treffen von zwei Verliebten; Rendezvous:* ein S. [mit jmdm.] haben; zu einem S. gehen; * **sich ein S. geben** *(zusammentreffen, sich versammeln).*

Stel|le, die; -, -n [wohl frühnhd. Rückbildung aus ↑stellen, urspr. = Ort, wo etw. steht, hingestellt wurde (für gleichbed. mhd. stal, ↑Stall)]: **1. a)** *Ort, Platz, Punkt innerhalb eines Raumes, Geländes o. Ä., an dem sich jmd., etw. befindet bzw. befunden hat, an dem sich etw. ereignet [hat]:* eine schöne S. zum Campen; eine S., wo Pilze wachsen; sich an der vereinbarten S. treffen; stell den Stuhl wieder an seine S. *(an den Platz, wo er üblicherweise steht)!;* sich nicht von der S. rühren *(am gleichen Platz stehen od. sitzen bleiben);* **Ü** sie ist an die S. ihrer Kollegin getreten *(hat ihren Platz eingenommen);* ich an deiner S. würde das nicht machen *(wenn ich du wäre, würde ich das nicht machen);* ich möchte nicht an seiner S. sein/stehen *(möchte nicht in seiner Lage sein);* etw. an die S. von etw. setzen *(etw. durch etw. anderes ersetzen);* * **an S.** (↑anstelle); **auf der S.** *(noch in demselben Augenblick; sofort, unverzüglich, augenblicklich):* lass ihn auf der S. los!; **auf der S. treten** (ugs.; *in einer bestimmten Angelegenheit nicht vorankommen; [in Bezug auf die Entwicklung von etw.] keine Fortschritte machen);* **nicht von der S. kommen** (↑Fleck 3); **zur S. sein** *(im rechten Moment [für etw.] da sein, sich an einem bestimmten Ort einfinden);* **sich zur S. melden** (bes. Milit.; *seine Anwesenheit melden);* **b)** *lokalisierbarer Bereich am Körper, an einem Gegenstand, der sich durch seine besondere Beschaffenheit von der Umgebung deutlich abhebt:* eine entzündete S. auf der Haut; eine schadhafte S. im Gewebe; eine kahle S. am Kopf; die Äpfel haben -n *(Druckstellen);* **Ü** das ist seine empfindliche, verwundbare S. *(in dieser Beziehung ist er sehr empfindlich, leicht verwundbar);* ihre Argumentation hat eine schwache S. *(ist in einem Punkt nicht stichhaltig).* **2. a)** *[kürzeres] Teilstück eines Textes, Vortrags, [Musik]stücks o. Ä.; Abschnitt, Absatz, Passage, Passus:* die entscheidende S. des Beschlusses lautet: ...; eine S. aus dem Buch herausschreiben, zitieren; **b)** *Punkt im Ablauf einer Rede o. Ä.:* etw. an passender, unpassender S. *(im rechten, im falschen Augenblick)* bemerken. **3. a)** *Position* (1b) *(innerhalb einer hierarchischen Ordnung); Platz, den jmd., etw. in einer Rangordnung, Reihenfolge einnimmt:* etw. steht, kommt an oberster, vorderster, erster S.; in einem Wettkampf an achter S. liegen; er steht in der Wirtschaft an führender S.; **b)** (Math.) *(bei der Schreibung einer Zahl) Platz vor od. hinter dem Komma, an dem eine Ziffer steht:* die erste S. hinter, nach dem Komma; eine Zahl mit vier -n. **4.** *Arbeitsstelle, Posten, Beschäftigung:* eine freie, offene S.; eine S. ausschreiben; eine S. finden, bekommen, antreten; seine S. aufgeben, wechseln, verlieren; sich um eine S. bewerben. **5.** kurz für ↑Dienststelle: eine amtliche S.; sich an die vorgesetzte S. wenden; sich bei höherer S. beschweren.

stel|len ⟨sw. V.; hat⟩ [mhd., ahd. stellen, zu ↑Stall u. eigtl. = an einen Standort bringen, aufstellen]: **1. a)** ⟨s. + sich⟩ *sich an einen bestimmten Platz, eine bestimmte Stelle begeben u. dort für eine gewisse Zeit stehen bleiben:* sich ans Fenster s.; stell dich in die Reihe!; er stellte sich ihr in den Weg *(suchte sie am Weitergehen zu hindern);* sich auf die Zehenspitzen s. *(sich auf den Zehenspitzen in die Höhe recken);* ich stelle mich lieber (landsch.; *stehe lieber/bleibe lieber stehen);* **Ü** sich gegen jmdn., etw. s. *(jmdm. in seinem Vorhaben, seinen Plänen o. Ä. die Unterstützung versagen [u. ihm entgegenhandeln]; sich mit etw. nicht einverstanden erklären u. es zu verhindern suchen);* sich hinter jmdn., etw. s. *(für jmdn., etw. Partei ergreifen, jmdn., etw. unterstützen);* sich [schützend] vor jmdn., (seltener:) etw. s. *(für jmdn., etw. eintreten, jmdn., etw. beschützen, verteidigen);* **b)** *an einen bestimmten Platz, eine bestimmte Stelle bringen u. dort für eine gewisse Zeit in stehender Haltung lassen; an einer bestimmten Stelle in stehende Haltung bringen:* ein Kind ins Laufgitter, wieder auf die Füße s.; **Ü** jmdn. vor eine Entscheidung s. *(ihn mit einer Entscheidung konfrontieren);* * **auf sich [selbst] gestellt sein** *([finanziell] auf sich selbst angewiesen sein).* **2.** *etw. an einen bestimmten Platz, eine bestimmte Stelle bringen, tun [sodass es dort steht]:* das Geschirr auf den Tisch s.; die Blumen in die Vase s.; Südweinflaschen s., nicht legen; etw. nicht s. können *(nicht ausreichend Platz dafür haben);* hier lässt sich nicht viel, nichts mehr s.; **Ü** eine Frage in den Mittelpunkt der Diskussion s.; eine Sache über eine andere s. *(mehr als eine andere Sache schätzen, sie bevorzugen).* **3.** *(von Fanggeräten) aufstellen:* Fallen s. **4.** *(von technischen Einrichtungen, Geräten) in die richtige od. gewünschte Stellung, auf den richtigen od. gewünschten Wert o. Ä. bringen, so regulieren, dass sie zweck-, wunschgemäß funktionieren:* die Weichen s.; die Uhr s. *(die Zeiger auf die richtige Stelle rücken);* den Wecker auf 6 Uhr s.; das Radio leiser s.; die Heizung höher, niedriger s. **5.** *dafür sorgen, dass jmd., etw. zur Stelle ist; bereitstellen:* einen Ersatzmann, Zeugen s.; eine Kaution s.; er stellte *(spendierte)* den Wein für die Feier; die Firma stellt ihr Wagen und Chauffeur. **6.** ⟨s. + sich⟩ *einen bestimmten Zustand vortäuschen:* sich krank, schlafend, taub s.; sie stellte sich dumm (ugs.; *tat so, als ob sie von nichts wüsste, als ob sie die Anspielung o. Ä. nicht verstünde).* **7.** *(von Speisen, Getränken) etw. an einen dafür geeigneten Platz stellen, damit es eine bestimmte Temperatur behält od. bekommt:* den Sekt kalt s. **8.** *zum Stehenbleiben zwingen u. dadurch in seine Gewalt bekommen:* die Polizei stellte die Verbrecher. **9.** ⟨s. + sich⟩ **a)** *(von jmdm., der gesucht wird, der eine Straftat begangen hat) sich freiwillig zur Polizei o. Ä. begeben, sich dort melden:* der Täter hat sich [der Polizei] gestellt; **b)** *um einer Pflicht nachzukommen, sich bei einer militärischen Dienststelle einfinden, melden:* er muss sich am 1. Januar s. *(wird einberufen);* **c)** *einer Herausforderung o. Ä. nicht ausweichen; bereit sein, etw. auszutragen:* sich einer Diskussion, dem Herausforderer s. **10.** ⟨s. + sich⟩ *sich in bestimmter Weise jmdm., einer Sache gegenüber verhalten; in Bezug auf jmdn., etw. eine bestimmte Position beziehen, Einstellung haben:* wie stellst du dich zu diesem Problem?; sich positiv, negativ zu jmdm., zu einer Sache s.; sich mit jmdm. gut s. *(mit jmdm. gut auszukommen, seine Sympathie zu gewinnen suchen).* **11.** *jmdm. ein bestimmtes Auskommen verschaffen:* ⟨meist im 2. Part.:⟩ gut, schlecht gestellt sein *(sich in guten, schlechten finanziellen Verhältnissen befinden).* **12.** ⟨s. + sich⟩ (Kaufmannsspr., bes. österr.) *einen bestimmten Preis haben, eine bestimmte Summe kosten:* der Teppich stellt sich auf 8 000 Mark. **13.** *(in Bezug auf die Stellungen u. Bewegungen der Personen [auf der Bühne]) festlegen; arrangieren* (1b): eine Szene s.; dieses Familienfoto wirkt gestellt *(unnatürlich, gezwungen).* **14.** *steif in die Höhe richten, aufstellen:* der Hund stellt die Ohren. **15.** *aufgrund bestimmter Merkmale, Daten o. Ä. erstellen, aufstellen:* eine Diagnose, seine Prognose s.; sie ließ sich, ihm das Horoskop s.; jmdm. eine hohe Rechnung s. (landsch.; *ausstellen).* **16.** (verblasst) [jmdm.] ein Thema, eine Aufgabe s. *(geben);* Bedingungen s. *(geltend machen);* sich auf den Standpunkt s. *(den Standpunkt vertreten),* dass ...; Forderungen s. *(etw. fordern);* eine Bitte s. *(um etw. bitten);* eine Frage s. *(etw. fragen);* einen Antrag s. *(etw. beantragen);* etw. in Rechnung s. *(berechnen);* etw. unter Beweis s. *(beweisen);* jmdn. vor Gericht s. *(anklagen);* sich zur Wahl s. *(sich bereit erklären, sich bei einer Wahl aufstellen zu lassen);* etw. zur Verfügung s. (↑Verfügung 2).

Stel|len|an|ge|bot, das: *Angebot einer freien Stelle* (4), *an freien Stellen.*

Stel|len|aus|schrei|bung, die: *Ausschreibung einer freien Stelle* (4).

Stel|len|be|set|zung, die: *Besetzung einer freien Stelle* (4).

S

Stel|len|dienst|al|ter, das (Amtsspr.): *die Reihenfolge in der Beförderung bestimmendes Dienstalter eines Beamten.*
Stel|len|ge|such, das: *Gesuch, Bewerbung um eine Stelle* (4).
stel|len|los ⟨Adj.⟩: *ohne Anstellung, stellungslos.*
Stel|len|lo|se, der u. die; -n, -n ⟨Dekl. ↑Abgeordnete⟩: *Stellungslose[r].*
Stel|len|markt, der: *Arbeitsmarkt.*
Stel|len|nach|weis, der: *Arbeitsnachweis.*
Stel|len|su|chen|de, der u. die; -n, -n ⟨Dekl. ↑Abgeordnete⟩: *Stellungsuchende.*
Stel|len|ver|mitt|lung, die: *Arbeitsvermittlung.*
Stel|len|wech|sel, der: *Wechsel der Arbeitsstelle.*
stel|len|wei|se ⟨Adv.⟩: *an manchen Stellen* (1 a, 2 a).
Stel|len|wert, der: **a)** (Math.) *Wert einer Ziffer, der von ihrer Stellung innerhalb der Zahl abhängt;* **b)** *Bedeutung einer Person, Sache in einem bestimmten Bezugssystem:* einen hohen S. haben, besitzen.
Stell|flä|che, die: *Fläche zum Stellen* (2) *von Einrichtungsgegenständen, Geräten o. Ä.*
stel|lig ⟨Adv.⟩: in der Verbindung **jmdn. s. machen** (österr.; *ausfindig machen*).
-stel|lig: in Zusb., z. B. vierstellig *(mit vier Stellen* 3 b; *aus vier Stellen bestehend),* mehrstellig, vielstellig.
Stell|ma|cher, der [zu mhd. stelle = Gestell]: *Handwerker, der hölzerne Wagen[teile] anfertigt u. repariert; Wagenmacher* (Berufsbez.).
Stell|ma|che|rin, die: w. Form zu ↑Stellmacher.
Stell|netz, das: *Fischernetz, das auf dem Grund eines Gewässers wie ein Maschenzaun aufgestellt wird.*
Stell|platz, der: **1.** *Platz zum Auf-, Hinstellen o. Ä. von etw.:* ein Campingplatz, Parkplatz mit 250 Stellplätzen. **2.** *Stelle, wo sich jmd. od. eine Gruppe von Personen zu einem bestimmten Zweck hinstellt, aufstellt, versammelt.*
Stell|pro|be, die (Theater): *Probe, bei der die Stellungen der Schauspieler auf der Bühne, ihre Auftritte u. Abgänge festgelegt werden.*
Stell|rad, das: *kleineres Rad an Messgeräten (z. B. Uhren) zum [Ein]stellen, Regulieren.*
Stell|schrau|be, die: vgl. Stellrad.
Stel|lung, die; -, -en [spätmhd. stellung]: **1. a)** *bestimmte Körperhaltung, die jmd. einnimmt:* eine hockende, kauernde S. einnehmen; in gebückter, kniender S. verharren; **b)** *bestimmte Körperhaltung, die die Partner beim Geschlechtsverkehr einnehmen:* eine neue S. ausprobieren; S. neunundsechzig *(Sixty-nine).* **2.** *Art u. Weise, in der etw. steht, eingestellt, angeordnet ist; Stand, Position* (2): die S. der Planeten [zur Sonne]; die S. eines Wortes im Satz; die Hebel müssen alle in gleicher S. sein. **3.** *Platz, den man beruflich einnimmt; Amt, Posten:* eine einflussreiche S.; eine S. suchen, finden, verlieren; die S. wechseln; eine hohe S. einnehmen, innehaben; in eine leitende S. aufrücken, aufsteigen; sich nach einer neuen S. umsehen; sie ist seit einiger Zeit [bei uns] in S. (veraltend; *[bei uns] als Hausgehilfin eingestellt).* **4.** ⟨o. Pl.⟩ *Grad des Ansehens, der Bedeutung von jmdm., etw. innerhalb einer vorgegebenen Ordnung o. Ä.; Rang, Position* (1 b): seine S. als führender Politiker ist erschüttert; sich in exponierter S. befinden. **5.** ⟨o. Pl.⟩ *Einstellung (zu jmdm., etw.):* eine kritische S. zu jmdm. haben; * **zu etw. S. nehmen** *(seine Meinung zu etw. äußern);* **für, gegen jmdn., etw. S. nehmen** *(sich für, gegen jmdn., etw. aussprechen; für jmdn., etw. eintreten, sich gegen jmdn., etw. stellen).* **6.** *ausgebauter u. befestigter Punkt, Abschnitt im Gelände, der militärischen Einheiten zur Verteidigung dient:* die feindlichen -en; die S. verlassen, wechseln, stürmen; neue -en beziehen; in S. gehen *(seine Stellung beziehen);* das Bataillon lag in vorderster S.; Ü geh nur, ich halte die S. *(bleibe hier u. passe auf);* * **S. beziehen** *(in Bezug auf etw. einen bestimmten Standpunkt einnehmen).* **7.** (österr.) *Musterung (Wehrpflichtiger):* zur S. müssen.
Stel|lung|nah|me, die; -, -n: **a)** ⟨o. Pl.⟩ *das Äußern seiner Meinung, Ansicht zu etw.:* eine klare S. zu/gegen etw.; eine S. abgeben; jmdn. um [eine/seine] S. bitten; **b)** *geäußerte Meinung, Ansicht:* die S. des Ministers liegt vor, wurde verlesen.
Stel|lungs|be|fehl, der (Milit.): *Einberufungsbefehl.*
Stel|lungs|kampf, der: *Kampf, der von befestigten Stellungen* (6) *aus geführt wird.*
Stel|lungs|kom|mis|si|on, die (österr.): *für die Musterung, Stellung* (7) *zuständige Kommission.*
Stel|lungs|krieg, der: vgl. Stellungskampf.
stel|lungs|los ⟨Adj.⟩: *ohne Anstellung; arbeitslos* (1).
Stel|lungs|lo|se, der u. die; -n, -n ⟨Dekl. ↑Abgeordnete⟩: *stellungslose Person.*
stel|lungs|pflich|tig ⟨Adj.⟩ (österr. Amtsspr.): *verpflichtet, sich zur Musterung* (2) *einzufinden.*
Stel|lungs|spiel, das ⟨o. Pl.⟩ (Fußball): *(bes. vom Torwart bei seinem Spiel im Tor) das Einnehmen der jeweils richtigen Position.*
Stel|lungs|su|che usw.: ↑Stellungsuche usw.
Stel|lung|su|che, die: *Suche nach einer [An]stellung, Arbeit:* auf S. sein.
Stel|lung|su|chen|de, der u. die; -n, -n ⟨Dekl. ↑Abgeordnete⟩: *jmd., der eine [An]stellung, Arbeit sucht.*
Stel|lungs|wech|sel, der: *Wechsel der Stellung* (1–3, 6).
stell|ver|tre|tend ⟨Adj.⟩: *den Posten eines Stellvertreters innehabend; an jmds. Stelle [handelnd]:* der -e Minister; er leitete s. die Sitzung; s. für die anderen gratulieren; Abk.: stv.
Stell|ver|tre|ter, der: *jmd., der einen anderen vertritt:* der S. des Direktors; einen S. ernennen; (kath. Rel.:) der Papst als S. Gottes/Christi auf Erden.
Stell|ver|tre|te|rin, die: w. Form zu ↑Stellvertreter.
Stell|ver|tre|ter|krieg, der: *bewaffnete Auseinandersetzung zwischen kleineren Staaten, die zum Einflussbereich jeweils verschiedener Großmächte gehören u. gleichsam stellvertretend für diese die Auseinandersetzung führen.*
Stell|ver|tre|tung, die: *Vertretung eines anderen; das Handeln im Namen eines anderen.*
Stell|wand, die: *bewegliche Trennwand (in Großraumbüros, Ausstellungsräumen usw.).*
Stell|werk, das (Eisenb.): *Anlage zur Fernbedienung von Weichen u. Signalen für Eisenbahnen.*
Stell|werks|meis|ter, der (Eisenb.): *Leiter eines Stellwerks.*
Stell|werks|meis|te|rin, die (Eisenb.): w. Form zu ↑Stellwerksmeister.
St.-Elms-Feu|er [zaŋkt...]: ↑Elmsfeuer.
Stelz|baum, Stelzenbaum, der: *Baum mit Stelzwurzeln* (z. B. Mangrove).
Stel|ze, die; -, -n [mhd. stelze, ahd. stelza = Holzbein, Krücke, eigtl. = Pfahl, Stütze, zu ↑stellen]: **1.** ⟨meist Pl.⟩ *in ihrer unteren Hälfte mit einem kurzen Querholz o. Ä. als Tritt für den Fuß versehene Stange, die paarweise (bes. von Kindern zum Spielen) benutzt wird, um in erhöhter Stellung zu gehen:* Kinder laufen gerne -n; kannst du auf -n gehen, laufen?; wie auf -n gehen *(einen staksigen Gang haben).* **2.** *am Boden lebender, zierlicher, hochbeiniger Singvogel mit langem, wippendem Schwanz, der schnell in trippelnden Schritten läuft.* **3.** *Beinprothese in Form eines einfachen Stocks, der an einer dem Amputationsstumpf angepassten ledernen Hülle befestigt ist; Holzbein.* **4.** ⟨meist Pl.⟩ **a)** (salopp) *Bein:* nimm deine -n aus dem Weg!; **b)** (salopp emotional) *langes, dünnes Bein:* sie hat richtige -n. **5.** (österr.) kurz für ↑Kalbsstelze, ↑Schweinsstelze.
stel|zen ⟨sw. V.; ist⟩ [spätmhd. stelzen = auf einem Holzbein gehen]: **1.** *auf Stelzen gehen.* **2.** *sich mit steifen, großen Schritten irgendwohin bewegen:* der Reiher stelzt durch das Wasser; ⟨oft im 2. Part.:⟩ ein gestelzter Gang; Ü eine gestelzte (abwertend; *gespreizte)* Ausdrucksweise.
Stel|zen|baum: ↑Stelzbaum.
Stel|zen|gang: ↑Stelzgang.
Stel|zen|läu|fer, der: **1.** *jmd., der [auf] Stelzen* (1) *läuft.* **2.** *(bes. in den [Sub]tropen) an Meeresküsten u. flachen Seeufern lebender Watvogel mit langen, dünnen, roten Beinen.*
Stel|zen|läu|fe|rin, die: w. Form zu ↑Stelzenläufer (1).
Stelz|fuß, der [spätmhd. stelzervuoȝ]: **1.** *Stelze* (3). **2.** (ugs.) *jmd., der einen Stelzfuß* (1) *hat.* **3.** (Fachspr.) *gerade Stellung der Fessel (beim Pferd).*
stelz|fü|ßig ⟨Adj.⟩: **1.** (ugs.) *mit einem Stelzfuß* (1). **2.** *mit steifen Schritten, wie ein Stelzfuß:* s. auf und ab gehen; Ü eine -e (geh. abwertend; *steife, gespreizte)* Ausdrucksweise. **3.** (Fachspr.) *mit einem Stelzfuß* (3).
Stelz|gang, Stelzengang, der (abwertend): *gestelzter Gang.*
Stelz|läu|fer, der: *Stelzenläufer* (1).
Stelz|läu|fe|rin, die: w. Form zu ↑Stelzläufer.
Stelz|vo|gel, der: *großer Vogel mit sehr langen Beinen u. langem Hals; Schreitvogel* (z. B. Storch, Reiher).
Stelz|wur|zel, die (Bot.): *über die Wasseroberfläche hinaus wachsende Wurzel (bestimmter Bäume in Sumpfgebieten).*
Stemm|bo|gen, der (Ski): *durch Gewichtsverlagerung bei gleichzeitigem Stemmen* (2 b) *des einen Skis gefahrener halber Bogen zur Richtungsänderung.*
Stemm|ei|sen, das, Stemmmeißel, der: *Beitel.*
stem|men ⟨sw. V.; hat⟩ [mhd. stemmen = zum Stehen bringen, hemmen; steif machen, verw. mit ↑stammeln u. ↑stumm, viell. auch mit ↑stehen]: **1.** *indem man die Arme langsam durchstreckt, mit großem Kraftaufwand über den Kopf bringen, in die Höhe drücken:* Gewichte, Hanteln s. **2. a)** *mit großem Kraftaufwand sich, einen bestimmten Körperteil in steifer Haltung fest gegen etw. drücken (um sich abzustützen, einen Widerstand zu überwinden o. Ä.):* sich [mit dem Rücken] gegen die Tür s.; er hatte die Ellbogen auf den Tisch gestemmt *(fest aufgestützt);* die Arme, Hände in die Seite, die Hüften s. (oft als Gebärde der Herausforderung: *die Hände fest über den Hüften auflegen, sodass die Ellbogen nach auswärts stehen);* **b)** (Ski) *(die Skier) schräg auswärts stellen, sodass die Kanten in den Schnee greifen;* **c)** ⟨s. + sich⟩ *sich stemmend* (2 a) *in eine bestimmte Körperhaltung bringen, sich aufrichten:* ich stemme mich in die Höhe. **3.** ⟨s. + sich⟩ *einer Sache od. Person energischen Widerstand entgegenstellen:* sich gegen ein Vorgehen s. **4.** *mit einem Stemmeisen o. Ä. hervorbringen:* ein Loch [in die Wand, Mauer] s. **5.** (salopp) *von einem alkoholischen Getränk (bes. von Bier) eine gewisse, meist größere Menge zu sich nehmen; etw. Alkoholisches trinken:* ein Glas, einen Humpen s. **6.** (salopp) *(meist Sachen, die ein größeres Gewicht haben) stehlen:* eine Stange Zigaretten s. **7.** (salopp) *koitieren.*
Stemm|mei|ßel: ↑Stemmeisen.
Stem|pel, der; -s, - [in niederd. Lautung hochspr. geworden, mniederd. stempel, mhd. stempfel = Stößel, (Münz)prägestock, ahd. stemphil = Stößel, zu ↑stampfen; 5: nach der Form; 6: aus der mhd. Bergmannsspr.]: **1.** *Gerät meist in Form eines mit knaufartigem Griff versehenen, kleineren [Holz]klotzes, an dessen Unterseite, spiegelbildlich in Gummi, Kunststoff od. Metall geschnitten, eine kurze Angabe, ein Siegel o. Ä. angebracht ist, das eingefärbt auf Papier o. Ä. gedruckt wird:* einen S. anfertigen, schneiden [lassen]; den S. auf die Quittung drücken; * **jmdm., einer Sache seinen/den S. aufdrücken** *(jmdn., etw. so beeinflussen, dass seine Mitwirkung deutlich erkennbar ist; jmdm., einer Sache sein eigenes charakteristisches Gepräge verleihen).* **2.** *Abdruck eines Stempels* (1): der S. einer Behörde; der S. ist verwischt, schlecht leserlich; auf dem Formular fehlt noch der S.; der Brief trägt den S. vom 2. Januar 2000, des

heutigen Tages; das Dokument ist mit Unterschrift und S. versehen; * **den S. von jmdm., etw. tragen** *(jmds. Handschrift (2) tragen; von etw. in unverkennbarer Weise geprägt sein).* **3.** (Technik) *[mit einem spiegelbildlichen Relief versehener] stählerner Teil einer Maschine zum Prägen von Formen od. Stanzen von Löchern.* **4.** *auf Waren, bes. aus Edelmetall, geprägtes Zeichen, das den Feingehalt anzeigt od. Auskunft über die Herkunft, den Verfertiger, Hersteller, Besitzer o. Ä. gibt:* der Goldring hat, trägt einen S. **5.** (Bot.) *aus Fruchtknoten, Griffel u. Narbe bestehender mittlerer Teil einer Blüte.* **6.** (Bauw., Bergbau) *kräftiger Stützpfosten [aus Holz]:* die Decke des Stollens ist durch S. abgestützt; Ü sie hat S. (salopp; *auffallend dicke Beine).*

Stem|pel|far|be, die: *Lösung von stark färbenden Farbstoffen zum Durchtränken des Stempelkissens.*

Stem|pel|geld, das ⟨o. Pl.⟩ (ugs. veraltend): *Arbeitslosengeld, -hilfe.*

Stem|pel|kar|te, die (ugs. früher): *Karte für Arbeitslose, die jeweils bei Auszahlung des Arbeitslosengeldes abgestempelt wird.*

Stem|pel|kis|sen, das: *meist in ein flaches Kästchen eingelegtes Stück Filz, das mit Stempelfarbe für den Stempel durchtränkt ist.*

Stem|pel|mar|ke, die: *Gebührenmarke zum Nachweis der entrichteten Stempelsteuer.*

Stem|pel|ma|schi|ne, die: *Maschine zum Abstempeln u. Entwerten von Briefmarken.*

stem|peln ⟨sw. V.; hat⟩ [mniederd. stempeln; 5: seit etwa 1930, eigtl. = aufgrund eines amtl. Stempels Arbeitslosenunterstützung beziehen]: **1.** *etw. mit einem Stempel (2) versehen, um es dadurch in bestimmter Weise zu kennzeichnen, für gültig od. ungültig zu erklären:* Briefe s.; die Briefmarken sind gestempelt *(durch einen Poststempel entwertet).* **2.** *durch Aufdruck eines Stempels (1) hervorbringen, erscheinen lassen:* Name und Anschrift auf den Briefumschlag s. **3.** *mit einem Stempel (4) versehen.* **4.** *in negativer Weise als etw. Bestimmtes kennzeichnen, in eine bestimmte Kategorie fest einordnen:* jmdn. zum Lügner s.; dieser Misserfolg stempelt ihn zum Versager. **5.** (ugs. veraltend) *Arbeitslosengeld, -hilfe beziehen:* s. gehen.

stem|pel|pflich|tig ⟨Adj.⟩ (österr.): *gebührenpflichtig.*

Stem|pel|steu|er, die: *Steuer, deren Entrichtung durch Aufkleben von Stempelmarken o. Ä. belegt wird.*

Stem|pe|lung, (selten:) Stemplung, die; -, -en: *das Stempeln (1–4).*

Stem|pen, der; -s, - [landsch. Nebenf. von ↑Stumpen] (südd., österr.): *kurzer Pfahl, Pflock.*

Stemp|lung: ↑Stempelung.

Sten|del, der; -s, -, **Sten|del|wurz,** die [zu ↑Ständer (3)]: **1.** *(zu den Orchideen gehörende) Pflanze mit meist nur zwei Blättern u. weißen Blüten mit langem Sporn; Waldhyazinthe.* **2.** (landsch.) *Knabenkraut.*

Sten|gel usw.: frühere Schreibung für ↑Stängel usw.

¹Ste|no, die; - ⟨meist o. Art.⟩ (ugs.): Kurzf. von ↑Stenografie: S. schreiben; ein Diktat in S. aufnehmen.

²Ste|no, das; -s, -s (ugs.): Kurzf. von ↑Stenogramm.

Ste|no|block, der ⟨Pl. ...blöcke u. -s⟩: *Stenogrammblock.*

Ste|no|graf, der; -en, -en [zu griech. gráphein = schreiben]: *jmd., der [beruflich] Stenografie schreibt.*

Ste|no|gra|fie, die; -, -n [engl. stenography, zu griech. stenós = eng, schmal u. ↑-graphie]: *Schrift mit verkürzten Schriftzeichen, die ein schnelles [Mit]schreiben ermöglichen; Kurzschrift.*

ste|no|gra|fie|ren ⟨sw. V.; hat⟩: **1.** *Stenografie schreiben:* sie kann [gut] s. **2.** *in Stenografie [mit]schreiben:* eine Rede s.

Ste|no|gra|fin, die; -, -nen: w. Form zu ↑Stenograf.

ste|no|gra|fisch ⟨Adj.⟩: **1.** *die Stenografie betreffend:* -e Zeichen. **2.** *in Stenografie geschrieben, kurzschriftlich:* -e Notizen.

Ste|no|gramm, das; -s, -e [zu griech. stenós (↑Stenografie) u. ↑-gramm]: *Text [den jmd. gesprochen hat] in Stenografie:* ein S. in die Schreibmaschine übertragen; ein S. aufnehmen *(ein Diktat in Stenografie schreiben).*

Ste|no|gramm|block, der ⟨Pl. ...blöcke u. -s⟩: *Block mit liniiertem Papier für Stenogramme.*

Ste|no|graph usw.: ↑Stenograf usw.

Ste|no|kon|to|rist, der: vgl. Stenokontoristin.

Ste|no|kon|to|ris|tin, die: *Kontoristin mit Kenntnissen in Stenografie u. Maschinenschreiben.*

Ste|no|kurs, der (ugs.): *Kurs in Stenografie.*

Ste|no|stift, der: *sehr weicher Bleistift zum Stenografieren.*

Ste|no|ty|pie, die; -, -n [↑Type]: *Abdruck stenografischer Schrift.*

ste|no|ty|pie|ren [ʃt...] ⟨sw. V.; hat⟩ (selten): *in Stenografie [mit]schreiben u. in die Schreibmaschine übertragen.*

Ste|no|ty|pist, der; -en, -en [zusgez. aus: Stenograf-Typist, geb. von dem dt. Stenografen F. Schrey (1850–1938) mit engl. typist »Maschinenschreiber« (zu engl. type »Druckbuchstabe«, typewriter »Schreibmaschine«)]: *jmd., der Stenografie u. Maschinenschreiben beherrscht.*

Ste|no|ty|pis|tin, die; -, -nen: w. Form zu ↑Stenotypist.

Stenz, der; -es, -e [zu landsch. veraltet stenzen = flanieren, bummeln, eigtl. = schlagen, stoßen, vgl. stanzen] (ugs. abwertend): **1.** *selbstgefälliger, geckenhafter junger Mann.* **2.** (selten) *Zuhälter.*

Step, Step|ei|sen: frühere Schreibungen für ↑Stepp, Steppeisen.

Ste|pha|ni|tag, der: ↑Stephanstag.

Ste|phans|tag, der: *Fest des heiligen Stephan* (26. Dezember).

Stepp [ʃtɛp, st...], der; -s, -s [engl. step, eigtl. = Schritt, Tritt]: **1.** *Tanzart, bei der die mit Steppeisen beschlagenen Spitzen u. Absätze der Schuhe in schnellem, stark akzentuiertem Bewegungswechsel auf den Boden gesetzt werden, sodass der Rhythmus hörbar wird.* **2.** (Leichtathletik) *zweiter Sprung beim Dreisprung.*

Stepp|ae|ro|bic, das; -s, auch: die; - ⟨meist o. Art.⟩ [aus ↑Stepp u. ↑Aerobic] (Sport): *Aerobic unter Zuhilfenahme einer stufenartigen Vorrichtung.*

Stepp|ano|rak, der: vgl. Steppdecke.

Stepp|de|cke, die: *mit Daunen od. synthetischem Material gefüllte Bettdecke (1), die durch Steppnähte in [rautenförmige] Felder gegliedert ist.*

Step|pe, die; -, -n [russ. step', H. u.]: *weite, meist baumlose, mit Gras od. Sträuchern [spärlich] bewachsene Ebene* (z. B. Pampa, Prärie, Puszta).

Stepp|ei|sen, das: *Plättchen aus Eisen als Beschlag für Schuhspitze u. -absatz zum ²Steppen.*

¹step|pen ⟨sw. V.; hat⟩ [mhd. steppen, aus dem Md., Niederd., vgl. asächs. steppōn = (Vieh) durch Einstiche kennzeichnen, urspr. = stechen]: *beim Nähen von etw. die Stiche so setzen, dass sie sich auf beiden Seiten des Stoffes lückenlos aneinander reihen:* Nähte, einen Saum s.; eine gesteppte Jacke.

²step|pen [ˈʃt..., ˈst...] ⟨sw. V.; hat⟩ [engl. to step = treten]: *Stepp tanzen.*

Step|pen|be|woh|ner, der: *Bewohner der Steppe.*

Step|pen|be|woh|ne|rin, die: w. Form zu ↑Steppenbewohner.

Step|pen|brand, der: *Brand der Steppe.*

Step|pen|fuchs, der: *(in den Steppen Zentralasiens heimischer) kleinerer Fuchs mit im Sommer rötlichem, im Winter weißem Fell.*

Step|pen|gras, das: *Gras der Steppe.*

Step|pen|huhn, das: *in asiatischen Steppen lebendes, sandfarbenes Flughuhn mit schwarz gefiedertem Bauch.*

Step|pen|schwarz|er|de, die (Geol.): *schwarzbraune, humusreiche Erde der Grassteppe; Schwarzerde* (a).

Step|pen|wolf, der: *Präriewolf:* Ü als einsamer S. streifte er durch das großstädtische Nachtleben.

Step|per [ˈʃt..., ˈst...], der; -s, - [zu ↑²steppen]: *Stepptänzer.*

Step|pe|rei, die; -, -en [zu ↑¹steppen]: *Verzierung mit Steppnähten:* ein Popelinmantel mit dezenter S.

¹Step|pe|rin, die; -, -nen [zu ↑¹steppen]: *Näherin von Steppdecken o. Ä.*

²Step|pe|rin [ˈʃt..., ˈst...], die; -, -nen [zu ↑²steppen]: w. Form zu ↑Stepper.

Stepp|fut|ter, das: *Futter[stoff], auf dessen Innenseite eine Lage Watte, Vlies o. Ä. gesteppt ist.*

Stepp|ja|cke, die: vgl. Steppdecke.

Stepp|ke, der; -[s], -s [niederd. Vkl. von ↑Stopfen] (ugs., bes. berlin.): **a)** *kleiner Junge, Knirps;* **b)** *kleines Kind.*

Stepp|man|tel, der: vgl. Steppdecke.

Stepp|ma|schi|ne, die: *Maschine zum Steppen.*

Stepp|naht, die: *[Zier]naht aus Steppstichen.*

Stepp|schritt, der: *zum Stepp (1) gehörender Tanzschritt.*

Stepp|stich, der: *gesteppter [Zier]stich.*

Stepp|tanz, der: *Stepp (1).*

Stepp|tän|zer, der: *Tänzer, der Stepp tanzt.*

Stepp|tän|ze|rin, die: w. Form zu ↑Stepptänzer.

Ster, der; -s, -e u. -s ⟨aber: 5 Ster⟩ [frz. stère, zu griech. stereós = räumlich]: *Raummeter.*

Ster|be|ab|lass, der (kath. Kirche): *vollkommener Ablass in der Sterbestunde.*

Ster|be|amt, das (kath. Kirche): *Totenmesse* (a).

Ster|be|be|glei|ter, der: *jmd., der einem Sterbenden beisteht.*

Ster|be|be|glei|te|rin, die: w. Form zu ↑Sterbebegleiter.

Ster|be|bett, das: *Bett, in dem ein Sterbender liegt:* an jmds. S. sitzen, gerufen werden; auf dem S. liegen *(im Sterben liegen).*

Ster|be|buch, das: *Personenstandsbuch, in dem Sterbefälle beurkundet werden.*

Ster|be|da|tum, das: *Todesdatum.*

Ster|be|fall, der: *Todesfall.*

Ster|be|ge|bet, das: *Gebet für einen Sterbenden.*

Ster|be|ge|läut, Ster|be|ge|läu|te, das ⟨o. Pl.⟩: *Geläut der Sterbeglocke.*

Ster|be|geld, das ⟨o. Pl.⟩: *von einer Versicherung an den, die Hinterbliebenen gezahltes Geld für Beerdigungskosten.*

Ster|be|glo|cke, die: *Glocke, die bei jmds. Tod od. Begräbnis geläutet wird.*

Ster|be|hel|fer, der: *jmd., der Sterbehilfe (1) leistet.*

Ster|be|hel|fe|rin, die: w. Form zu ↑Sterbehelfer.

Ster|be|hemd, das: *weißes Hemd (2), das dem Toten angezogen wird; Totenhemd.*

Ster|be|hil|fe, die: **1.** *Euthanasie (1 b).* **2.** *Sterbegeld.*

Ster|be|jahr, das: *Todesjahr.*

Ster|be|kas|se, die: *kleinerer Versicherungsverein für Sterbegeld.*

Ster|be|kli|nik, die: *(vorerst Modell einer) Klinik, deren Ziel es ist, Menschen im Endstadium einer unheilbaren Krankheit ohne künstliche Verlängerung des Lebens seelische Sterbehilfe zu geben.*

Ster|be|la|ger, das (geh.): *Sterbebett.*

Ster|be|ma|tri|kel, die (österr. Amtsspr.): *Totenverzeichnis.*

Ster|be|mes|se, die: *Sterbeamt.*

ster|ben ⟨st. V.; ist⟩ [mhd. sterben, ahd. sterban, eigtl. (verhüll.) = erstarren, steif werden, zu ↑starren]: **a)** *aufhören zu leben, sein Leben beschließen:* jung s.; eines sanften Todes (geh.; *sanft*) s.; er starb als gläubiger Christ; an Altersschwäche, an den Folgen eines Unfalls s.; (formelhafter Schluss von Märchen:) und wenn sie nicht gestorben sind, dann leben sie noch heute; ⟨subst.:⟩ im Sterben liegen *(kurz vorm Tode sein;* in Bezug auf einen Schwerkranken, Altersschwachen); R daran, davon stirbt man nicht gleich (ugs.; *das ist nicht so schlimm, nicht so gefährlich*); Ü der Wald stirbt *(geht zugrunde);* seine Hoffnung, Liebe ist gestorben (geh.; *erloschen*); vor Angst, Scham, Langeweile, Neugier s. (ugs.; *sich überaus ängstigen usw.*); ⟨subst.:⟩

dann kam, begann das große Sterben *(Massensterben)*; * **zum Sterben langweilig, müde, einsam** o. Ä. (emotional; *sehr, überaus [in Bezug auf einen negativen Zustand]*): obwohl sie zum Sterben müde war, lief sie weiter; **für jmdn. gestorben sein** *(von jmdm. völlig ignoriert werden, für ihn nicht mehr existieren, weil man seine Erwartungen o. Ä. in hohem Maße enttäuscht hat)*; **gestorben [sein]** (1. salopp; *[in Bezug auf etw. Geplantes o. Ä.] nicht zustande gekommen [sein], nicht ausgeführt, in die Wirklichkeit umgesetzt worden [sein] u. deshalb [vorläufig] nicht mehr zur Diskussion stehend.* 2. Film, Fernsehen Jargon; *abgebrochen od. abgeschlossen [in Bezug auf die Dreharbeit für eine bestimmte Szene]*: »Gestorben!«); **b)** ⟨mit Akk. des Inhalts⟩ *einen bestimmten Tod erleiden*: den Helden-, Hungertod s.; einen qualvollen Tod s.; **c)** *(für etw., jmdn.) sein Leben lassen*: für seinen Glauben, für das Vaterland s.; **d)** *(jmdm.) durch den Tod genommen werden*: ihr ist der Mann gestorben.

-ster|ben, das; -s: drückt in Bildungen mit Substantiven aus, dass etw. [langsam] zugrunde geht, immer weniger wird: Baum-, Fisch-, Zeitungssterben.

Ster|bens|angst, die (emotional verstärkend): *sehr große Angst.*

ster|bens|elend ⟨Adj.⟩ (emotional verstärkend): *sich sehr elend, unwohl, übel fühlend, so elend, dass man glaubt, sterben zu müssen*: ihm ist, er fühlt sich s.

ster|bens|krank ⟨Adj.⟩: **a)** (emotional verstärkend) *sterbenselend*; **b)** *sehr schwer krank, todkrank.*

ster|bens|lang|wei|lig ⟨Adj.⟩ (emotional verstärkend): *äußerst langweilig, uninteressant.*

ster|bens|mü|de ⟨Adj.⟩ (geh. emotional verstärkend): *sehr müde, todmüde.*

Ster|bens|see|le: in der Fügung **keine/nicht eine S.** *(überhaupt niemand)*: davon darf keine S. etwas erfahren.

ster|bens|übel ⟨Adj.⟩ (emotional verstärkend): *sich sehr unwohl, übel fühlend, so übel, dass man glaubt, sterben zu müssen.*

Ster|bens|wort, Ster|bens|wört|chen, das: in der Fügung **kein/nicht ein Sterbenswort/-wörtchen** *(kein einziges Wort, überhaupt nichts*; zusgez. aus »kein sterbendes [= schwaches, kaum hörbares] Wörtchen«): nicht ein S. sagen.

Ster|be|ort, der: *Ort, in dem jmd. gestorben ist.*

Ster|be|ra|te, die: *Mortalität.*

Ster|be|sa|kra|men|te ⟨Pl.⟩ (kath. Kirche): *Sakramente der Buße, der Eucharistie u. der Krankensalbung für Schwerkranke u. Sterbende*: die S. empfangen.

Ster|be|stun|de, die: *Todesstunde.*

Ster|bet, der; -s [spätmhd. sterbat] (schweiz.): *das [Massen]sterben.*

Ster|be|tag, der: *Todestag.*

Ster|be|ur|kun|de, die: *standesamtliche Urkunde über Ort, Tag u. Stunde des Todes einer Person.*

Ster|be|zif|fer, die: *Mortalität.*

Ster|be|zim|mer, das: *Zimmer, in dem jmd. gestorben ist.*

sterb|lich ⟨Adj.⟩ [mhd. sterblich]: **1.** *seiner natürlichen Beschaffenheit nach dem Sterben unterworfen; vergänglich*: alle Lebewesen sind s. **2.** (ugs. emotional verstärkend) *sehr, überaus*: sich s. blamieren; s. verliebt.

Sterb|li|che, der; -n, -n ⟨Dekl. ↑Abgeordnete⟩: **1.** (dichter.) *sterblicher Mensch.* **2.** * **ein gewöhnlicher** o. ä. **-r** *(ein gewöhnlicher Mensch, Durchschnittsmensch).*

Sterb|lich|keit, die; - [1: spätmhd. sterblichheit]: **1.** *sterbliche* (1) *Beschaffenheit; das Sterblichsein.* **2.** *durchschnittliche Anzahl der Sterbefälle*: die S. bei Kreislauferkrankungen ist gestiegen, zurückgegangen.

ste|reo [auch: 'st...] ⟨Adj.⟩: **1.** Kurzf. von ↑stereophon. **2.** (Jargon) *bisexuell.*

Ste|reo, das; -s, -s: **1.** ⟨o. Pl.⟩ Kurzf. von ↑Stereophonie: ein Konzert in S. aufnehmen, senden. **2.** Kurzf. von ↑Stereotypieplatte.

ste|reo-, Ste|reo- [auch: st...; griech. stereós] ⟨Best. in Zus. mit der Bed.⟩: *starr, fest, massiv; räumlich, körperlich* (z. B. stereotyp, Stereoskop).

Ste|reo|an|la|ge, die: *aus einzelnen Geräten (z. B. Plattenspieler, Radio) bestehende kompakte Anlage (4) für den stereophonen Empfang u. die stereophone Wiedergabe von Musik o. Ä.*

Ste|reo|auf|nah|me, die: *stereophone Aufnahme* (8).

Ste|reo|box, die: *[quaderartiger] Resonanzkasten mit eingebauten Stereolautsprechern.*

Ste|reo|emp|fang, der ⟨o. Pl.⟩: *stereophoner Empfang.*

Ste|reo|fern|se|hen, das: *Fernsehen mit stereophoner Tonwiedergabe.*

Ste|reo|fern|se|her, der: *mit zwei Lautsprechern ausgestatteter Fernsehapparat, für stereophonen Empfang u. stereophone Wiedergabe.*

Ste|reo|film, der: *dreidimensionaler Film* (3 a).

Ste|reo|laut|spre|cher, der: *einer von zwei zusammengehörigen Lautsprechern für die stereophone Wiedergabe von Musik o. Ä.*

ste|reo|phon ⟨Adj.⟩ [nach engl. stereophonic, zu griech. stereós = räumlich u. phōnḗ = Klang, Stimme, Ton] (Akustik, Rundfunkt.): *(von Schallübertragungen) über zwei od. mehr Kanäle laufend, räumlich klingend*: eine -e Übertragung, Wiedergabe eines Konzertes; die Oper ist s. aufgenommen; eine Sendung s. empfangen.

Ste|reo|pho|nie, die; - [engl. stereophony, zu: stereophonic, ↑stereophon]: *elektroakustische Schallübertragung über zwei od. mehr Kanäle, die einen räumlichen Klangeffekt entstehen lässt.*

ste|reo|pho|nisch ⟨Adj.⟩: *stereophon.*

Ste|reo|plat|te, die: *Schallplatte, die stereophon abgespielt werden kann.*

Ste|reo|rund|funk|ge|rät, das: *Rundfunkgerät für die stereophone Wiedergabe von Musik, Gesprochenem o. Ä.*

Ste|reo|sen|dung, die: *stereophon ausgestrahlte Sendung.*

Ste|reo|ton, der: *stereophoner Ton.*

Ste|reo|ton|kopf, der: *Tonkopf zum Abspielen von Stereoplatten.*

Ste|reo|tu|ner, der: *Tuner für Stereoempfang.*

Ste|reo|turm, der: *höheres, schmaleres, mit Fächern versehenes Gehäuse, in dem die einzelnen Geräte einer Stereoanlage übereinander angeordnet sind.*

ste|reo|typ ⟨Adj.⟩ [frz. stéréotype, eigtl. = mit gegossenen feststehenden Typen gedruckt, zu griech. stereós = starr, fest u. týpos = Schlag; Eindruck; Muster, Modell]: **1.** (bildungsspr.) *(meist von menschlichen Aussage-, Verhaltensweisen o. Ä.) immer wieder in der gleichen Form [auftretend], in derselben Weise ständig, formelhaft, klischeehaft wiederkehrend*: eine -e Antwort; -e Redensarten; ein -es *(unecht, maskenhaft wirkendes)* Lächeln; etw. s. wiederholen. **2.** (Druckw.) *mit feststehenden Schrifttypen gedruckt.*

Ste|reo|typ, das; -s, -e: **1.** ([Sozial]psych.) *vereinfachendes, verallgemeinerndes, stereotypes Urteil, [ungerechtfertigtes] Vorurteil über sich od. andere od. eine Sache; festes, klischeehaftes Bild.* **2.** (Psychiatrie, Med.) *stereotype (1) sprachliche Äußerung od. motorische Bewegung.*

Ste|reo|ty|pie, die; -, -n: **1.** (Druckw.) **a)** ⟨o. Pl.⟩ *Verfahren zur Abformung von Druckplatten für den [2]Hochdruck (1)*; **b)** *Stereotypieplatte.* **2.** ⟨o. Pl.⟩ (Psychiatrie, Med.) *[krankhaftes] Wiederholen von sprachlichen Äußerungen od. motorischen Abläufen.*

Ste|reo|ty|pie|plat|te, die (Druckw.): *Abguss einer Mater in Form einer festen Druckplatte.*

ste|reo|ty|pisch ⟨Adj.⟩: *stereotyp.*

ste|ril [auch: st...] ⟨Adj.⟩ [frz. stérile < lat. sterilis = unfruchtbar, ertraglos]: **1.** *keimfrei*: ein -er Verband; die Injektionsnadel ist nicht s. **2.** (Biol., Med.) *unfruchtbar, fortpflanzungsunfähig.* **3.** (bildungsspr. abwertend) **a)** *geistig unfruchtbar, unschöpferisch*: -e Ansichten; **b)** *kalt, nüchtern wirkend, ohne eigene Note.*

Ste|ri|li|sa|ti|on, die; -, -en [frz. stérilisation, zu: stériliser, ↑sterilisieren]: *das Sterilisieren* (1, 2).

ste|ri|li|sie|ren ⟨sw. V.; hat⟩ [frz. stériliser, zu: stérile, ↑steril]: **1.** *keimfrei, steril (1) machen*: medizinische Instrumente, Milch s. **2.** (Med.) *unfruchtbar, zeugungsunfähig, steril (2) machen*: sich die Eileiter s. lassen.

Ste|ri|li|sie|rung, die; -, -en: *Sterilisation.*

Ste|ri|li|tät, die; - [frz. stérilité < lat. sterilitas = Unfruchtbarkeit, zu: sterilis, ↑steril]: **1.** *sterile (1) Beschaffenheit; Keimfreiheit.* **2.** (Biol., Med.) *Unfruchtbarkeit, Zeugungsunfähigkeit.*

Ste|rin [ʃt..., st...], das; -s, -e [zu griech. stereós = räumlich, körperlich] (Biochemie): *zu den Steroiden gehörende in tierischen u. pflanzlichen Zellen vorhandene Kohlenstoffverbindung.*

Ster|ling ['ʃtɛr..., 'st..., engl.: 'stə:lɪŋ], der; -s, -e ⟨aber: 5 Pfund Sterling⟩ [engl. sterling < afrz. esterlin, über das Fränk. u. Vlat. zu spätlat. stater < griech. statḗr = ein Gewicht; eine Silbermünze; schon mhd. sterlinc = eine Münze]: *Währungseinheit in Großbritannien; Pfund Sterling* (1 Sterling = 100 New Pence); Zeichen u. Abk.: £, £Stg.

Ster|ling|block, der ⟨o. Pl.⟩: *Länder, deren Währung mit dem englischen Pfund Sterling zu gemeinsamer Währungspolitik verbunden ist.*

Ster|ling|sil|ber, das: *Silberlegierung mit einem hohen Feingehalt (mindestens 925 Teile Silber auf 1 000 Teile der Legierung).*

[1]Stern, der; -s, -e [engl. stern < anord. stjorn = Steuer(ruder)] (Seemannsspr.): *Heck.*

[2]Stern, der; -[e]s, -e [mhd. stern(e), ahd. sterno, viell. zu ↑Strahl u. eigtl. = am Himmel Ausgestreuter]: **1. a)** *als silbrig weißer, funkelnder Punkt bes. am nächtlichen Himmel sichtbares Gestirn*: ein heller, funkelnder S.; Sonne, Mond und -e; die -e stehen am Himmel, blinken, flimmern, leuchten; unter fremden -en (dichter.; *in der Fremde*) leben; Ü mit jmdm. geht ein neuer S. auf *(jmd. tritt als großer Könner auf seinem Gebiet hervor)*; * **-e sehen** (ugs.; *durch einen Schlag, Aufprall o. Ä. ein Flimmern vor den Augen haben u. einer Ohnmacht nahe sein*); **die -e vom Himmel holen wollen** (geh.; *Unmögliches zu erreichen suchen*); **jmdm./für jmdn. die -e vom Himmel holen** *(alles für jmdn. tun*; Äußerung, mit der man jmdm. gegenüber seine große Liebe zum Ausdruck bringen will); **nach den -en greifen** (geh.; *etwas Unerreichbares haben wollen*); **b)** *Gestirn im Hinblick auf seine schicksalhafte Beziehung zum Menschen*: die -e stehen günstig (Astrol.; *ihre Konstellation kündet für jmdn. Glück o. Ä. an*); die -e befragen, in den -en lesen *(durch Sterndeutung die Zukunft vorherzusagen suchen)*; ein glücklicher S., sein guter S. (geh.; *freundliches Geschick, Glücksstern*) hat ihn geleitet; jmds. S. geht auf, ist im Aufgehen (geh.; *jmd. ist zunehmend erfolgreich, ist auf dem Weg, bekannt, berühmt zu werden*); jmds. S. sinkt, ist im Sinken, ist untergegangen, erloschen (geh.; *jmds. Glück, Erfolg, Ruhm lässt nach, ist dahin*); jmd. ist unter einem/keinem guten, glücklichen S. geboren, zur Welt gekommen (geh.; *jmd. hat [kein] Glück im Leben*); * **in den -en [geschrieben] stehen** *(noch ganz ungewiss sein, sich noch nicht voraussagen lassen)*; **unter einem guten, glücklichen, [un]günstigen** o. ä. **S. stehen** (geh.; *in Bezug auf Unternehmungen o. Ä. [un]günstige Voraussetzungen haben, einen guten, glücklichen, [un]günstigen Verlauf nehmen*); **c)** *Himmelskörper [als Objekt wissenschaftlicher Untersuchung]*: ein S. erster, zweiter, dritter Größe; auf diesem S. (dichter.; *auf der Erde*). **2. a)** *Figur, Gegenstand, um dessen kreisförmige Mitte [gleich große] Zacken symmetrisch angeordnet sind, sodass er einem Stern (1 a) ähnlich ist*: ein sechszackiger S.; **b)** *Stern (2 a) als Rangabzeichen, Orden, Hoheitszeichen*: goldene -e auf den Schulterstücken; **c)** *sternförmiges Zeichen zur qualitativen Einstufung von etw. (bes. von Hotels, Restau-*

rants): ein Hotel, ein Kognak mit fünf -en; **d)** *sternförmiges Kennzeichen in Texten, grafischen Darstellungen o. Ä. als Verweis auf eine Anmerkung, Fußnote.* **3.** *(bei Pferden u. Rindern) weißer Fleck auf der Stirn.* **4.** (Jägerspr.) *(beim Wild) Iris.* **5.** (Kosewort) *geliebte Person, Liebling:* du bist mein S.

Stern|bild, das: *als Figur gedeutete Gruppe hellerer Sterne am Himmel:* das S. des Kleinen, Großen Bären.

Stern|blu|me, die: *Blume mit sternförmiger Blüte* (z. B. Aster).

Stern|chen|nu|del, die ⟨meist Pl.⟩: *kleine, sternförmige Nudel (als Suppeneinlage).*

Stern|deu|ter, der: *Astrologe.*

Stern|deu|te|rin, die: w. Form zu ↑Sterndeuter.

Stern|deu|tung, die ⟨o. Pl.⟩: *Astrologie.*

Ster|nen|ban|ner, das: *Stars and Stripes.*

ster|nen|hell: ↑sternhell.

Ster|nen|him|mel, der ⟨o. Pl.⟩: **1.** *nächtlicher Himmel, an dem Sterne sichtbar sind, sternklarer Himmel:* wir hatten einen herrlichen S. **2.** *Himmel mit den (zu bestimmten Zeiten an bestimmten Punkten beobachtbaren) Sternen, Planeten u. anderen Himmelskörpern:* der nördliche, winterliche S.

ster|nen|klar: ↑sternklar.

ster|nen|los: ↑sternlos.

Ster|nen|nacht, die (geh.): *sternklare Nacht.*

Ster|nen|zelt, das ⟨o. Pl.⟩ (dichter.): *Sternenhimmel.*

Stern|fahrt, die: *[sportliche Wett]fahrt bes. mit dem Auto od. Motorrad, die von verschiedenen Ausgangspunkten zum gleichen Ziel führt.*

stern|för|mig ⟨Adj.⟩: *in der Form eines Sternes* (2 a).

Stern|for|scher, der: *jmd., der die Sterne* (1 c) *erforscht; Astronom.*

Stern|for|sche|rin, die: w. Form zu ↑Sternforscher.

stern|ha|gel|be|sof|fen ⟨Adj.⟩ (derb), **stern|ha|gel|voll** ⟨Adj.⟩ (salopp): *völlig, sinnlos betrunken.*

Stern|hau|fen, der (Astron.): *Anhäufung einer größeren Zahl von Sternen (die in der Zusammensetzung, Farbe u. Ä. einander ähnlich sind).*

stern|hell, sternenhell ⟨Adj.⟩: *von Sternen erhellt:* eine -e Nacht.

Stern|him|mel, der ⟨o. Pl.⟩: *Sternenhimmel.*

Stern|holz, das ⟨o. Pl.⟩: *Sperrholz mit sternförmig gegeneinander versetzten Furnierlagen.*

Stern|jahr, das: *Zeit zwischen zwei aufeinander folgenden gleichen Stellungen der Sonne zu einem bestimmten Fixstern, Umlaufzeit der Erde um die Sonne; siderisches Jahr.*

Stern|kar|te, die: *kartographische Darstellung des Sternenhimmels, Himmelskarte.*

stern|klar, sternenklar ⟨Adj.⟩: *so klar, dass man die Sterne deutlich sehen kann:* eine -e Nacht.

Stern|kun|de, die ⟨o. Pl.⟩: *Wissenschaft von den Himmelskörpern; Himmelskunde, Astronomie.*

stern|los, sternenlos ⟨Adj.⟩: *ohne Sterne* (1 a): eine -e Nacht.

Stern|marsch, der: vgl. Sternfahrt: einen S. planen.

Stern|mie|re, die: *Miere mit weißen, sternförmigen Blüten.*

Stern|schnup|pe, die [man hielt die Meteore früher für »Putzabfälle« (↑Schnuppe) von Sternen]: *mit bloßem Auge sichtbarer Meteor.*

Stern|sin|gen, das; -s (landsch.): *das nach altem Brauch dargebotene Singen bestimmter Lieder zum Dreikönigsfest von Kindern, die als Heilige Drei Könige verkleidet von Haus zu Haus ziehen u. dabei einen Stern* (2 a) *mit sich führen.*

Stern|sin|ger, der; -s, - (landsch.): *Kind, das am Sternsingen teilnimmt.*

Stern|sin|ge|rin, die; -, -nen: w. Form zu ↑Sternsinger.

Stern|stun|de, die (geh.): *Zeitpunkt, kürzerer Zeitabschnitt, der in jmds. Leben in Bezug auf die Entwicklung von etw. einen Höhepunkt od. glückhaften Wendepunkt bildet; glückliche, schicksalhafte Stunde:* eine S. der/für die Wissenschaft.

Stern|sys|tem, das (Astron.): *ausgedehnte Ansammlung von vielen Sternen, die ihrer Entwicklung u. Bewegung nach eine Einheit bilden* (z. B. Milchstraßensystem).

Stern|war|te, die: *Observatorium.*

Stern|zei|chen, das: *Tierkreiszeichen* (1).

Ste|ro|i|de [ʃt..., st...] ⟨Pl.⟩ [zu ↑Sterin u. griech. -oeidēs = ähnlich] (Biochemie): *Gruppe biologisch wichtiger organischer Verbindungen.*

[1]**Sterz,** der; -es, -e [zu mundartl. sterzen = steif sein] (südd., österr.): *Speise aus einem mit [Mais]mehl, Grieß o. Ä. zubereiteten Teig, der in Fett gebacken od. in heißem Wasser gegart u. dann in kleine Stücke zerteilt wird.*

[2]**Sterz,** der; -es, -e [mhd., ahd. sterz, eigtl. = Starres, Steifes, zu ↑starren]: **1.** *Schwanz, Bürzel.* **2.** kurz für ↑Pflugsterz.

stet ⟨Adj.⟩ [mhd. stæt(e), ahd. stāti = beständig, zu ↑stehen] (geh.): **a)** *über eine relativ lange Zeit gleich bleibend, keine Schwankungen aufweisend:* das -e Wohlwollen seines Chefs haben; (als Briefschluss:) in -em Gedenken, -er Treue; **b)** *ständig, andauernd:* sie ist den -en Streit mit ihrem Mann leid.

Ste|tho|skop [ʃt..., st...], das; -s, -e [zu griech. stēthos = Brust u. skopeĩn = betrachten] (Med.): *medizinisches Instrument zum Auskultieren; Hörrohr* (1).

ste|tig ⟨Adj.⟩ [mhd. stætec, ahd. stātig, zu ↑stet]: *über eine relativ lange Zeit gleichmäßig, ohne Unterbrechung sich fortsetzend, [be]ständig, kontinuierlich:* die Geburtenrate ist s. gesunken.

Ste|tig|keit, die; - [mhd. stætecheit, ahd. stātekheit]: *stetige Art, Beschaffenheit; Beständigkeit.*

Stetl: ↑Schtetl.

stets ⟨Adv.⟩ [mhd. stætes, erstarrter Gen. von: stæt(e), ↑stet]: *immer, jederzeit:* sie ist s. freundlich; er ist s. zufrieden; s. und ständig (verstärkend; *immerzu).*

Stet|son® [stɛtsn], der; -s, -s [engl. stetson, nach dem Namen des amerik. Hutfabrikanten J. B. Stetson (1830–1906)]: *weicher Filzhut mit breiter Krempe; Cowboyhut.*

Stet|tin: Stadt an der Oder; vgl. Szczecin.

[1]**Steu|er,** das; -s, - [aus dem Niederd. < mniederd. stur(e) = Steuerruder, urspr. = lange Stange zum Staken u. Lenken eines Schiffes, eigtl. = Stütze, Pfahl, zu ↑stauen, verw. mit ↑[2]Steuer]: **a)** *Vorrichtung in einem Fahrzeug zum* [1]*Steuern* (1 a) *in Form eines Rades, Hebels o. Ä.:* das S. herumreißen, herumwerfen; das S. übernehmen *(jmdn. beim Steuern ablösen);* am/hinter dem S. sitzen, stehen; **Ü** er hat das S. *(die Führung)* [der Partei] übernommen, fest in der Hand; **b)** *Ruder* (2): das S. halten, führen.

[2]**Steu|er,** die; -, -n [mhd. stiure, ahd. stiura = Stütze, Unterstützung; [1]Steuer, eigtl. = Stütze, Pfahl, zu ↑stauen, verw. mit ↑[1]Steuer]: **1.** *bestimmter Teil des Lohns, Einkommens od. Vermögens, der an den Staat abgeführt werden muss:* hohe -n; direkte -n (Wirtsch.; *Steuern, die derjenige, der sie schuldet, direkt an den Staat zu zahlen hat);* indirekte -n (Wirtsch.; *Steuern, die im Preis bestimmter Waren, bes. bei Genuss- u. Lebensmitteln, Mineralöl o. Ä., enthalten sind);* -n [be]zahlen, erheben, hinterziehen, eintreiben, erhöhen; der S. unterliegen; etw. mit einer S. belegen; die Unkosten von der S. absetzen. **2.** ⟨o. Pl.⟩ (ugs.) kurz für ↑Steuerbehörde.

Steu|er|an|ge|le|gen|heit, die ⟨meist Pl.⟩: *das, was die Steuern betrifft:* in -en.

Steu|er|auf|kom|men, das ⟨o. Pl.⟩: *Gesamtheit der Einnahmen des Fiskus aus Steuern innerhalb eines bestimmten Zeitraums.*

Steu|er|auf|sicht, die ⟨o. Pl.⟩: *Kontrolle der Steuerpflichtigen durch die Finanzbehörden.*

Steu|er|aus|fall, der: *(den Staat, die Kommunen betreffender) Ausfall von Steuern.*

[1]**steu|er|bar** ⟨Adj.⟩: *sich steuern lassend:* ein -er Flugkörper.

[2]**steu|er|bar** ⟨Adj.⟩ (Amtsspr.): *steuerpflichtig; zu versteuern:* -es Einkommen.

Steu|er|bat|zen, der (schweiz.): *Steuergeld.*

Steu|er|be|am|te, der (veraltend): *Finanzbeamter.*

Steu|er|be|am|tin, die (veraltend): w. Form zu ↑Steuerbeamte.

Steu|er|be|fehl, der (EDV): *Befehl* (1 b).

Steu|er|be|frei|ung, die ⟨o. Pl.⟩: *Befreiung von der Steuerpflicht.*

steu|er|be|güns|tigt ⟨Adj.⟩ (Steuerw.): *[zum Teil] von der Steuer absetzbar (als Teil eines Förderungsprogramms):* -e Wertpapiere.

Steu|er|be|hör|de, die: *Finanzbehörde.*

Steu|er|be|las|tung, die ⟨Pl. selten⟩: *das Belastetsein durch Steuern:* Haushalte mit hoher, geringer S.

Steu|er|be|leg, der: *Beleg für die Steuererklärung.*

Steu|er|be|mes|sungs|grund|la|ge, die (Steuerw.): *bestimmter Betrag, Wert, der bei der Ermittlung der Höhe der zu entrichtenden Steuern zugrunde liegt.*

Steu|er|be|ra|ter, der: *staatlich zugelassener Berater u. Vertreter in Steuerangelegenheiten* (Berufsbez.).

Steu|er|be|ra|te|rin, die: w. Form zu ↑Steuerberater.

Steu|er|be|scheid, der (Steuerw.): *Bescheid des Finanzamts über die Höhe der zu entrichtenden Steuer.*

Steu|er|be|trag, der: *Betrag an Steuer[n].*

Steu|er|be|trug, der (Steuerw.): *Betrug durch Angabe von fingierten steuerlichen Daten.*

Steu|er|be|voll|mäch|tig|te, der u. die: vgl. Steuerberater (Berufsbez.).

steu|er|bord, steuerbords ⟨Adv.⟩ (Seew., Flugw.): *rechts, auf der rechten Schiffs- od. Flugzeugseite.*

Steu|er|bord, das, österr. auch: der ⟨Pl. selten⟩ [nach dem urspr. rechts angebrachten Steuerruder] (Seew., Flugw.): *rechte Seite eines Schiffes (in Fahrtrichtung gesehen) od. Luftfahrzeugs (in Flugrichtung gesehen):* nach S. gehen.

steu|er|bords: ↑steuerbord.

Steu|er|do|mi|zil, das (schweiz.): *der für die Bestimmung, an welchen Kanton Steuern zu zahlen sind, maßgebliche Wohnsitz.*

Steu|er|ein|heit, die [1: nach gleichbed. engl. (central) processing unit, aus: processing = (Daten)verarbeitung u. unit = Einheit; 2: zu ↑[2]Steuer (1)]: **1.** (EDV) *zentraler Bestandteil des Computers, in dem Rechenoperationen ablaufen u. der weitere Funktionen steuert.* **2.** *Teil der Steuerbemessungsgrundlage, nach dem die Zuordnung zu einem bestimmten Steuertarif bestimmt wird.*

Steu|er|ein|nah|me, die ⟨meist Pl.⟩ (Steuerw.): *Einnahme aus Steuern.*

Steu|er|er|hö|hung, die: *Erhöhung von Steuern.*

Steu|er|er|klä|rung, die (Steuerw.): *Angaben eines Steuerpflichtigen über sein Vermögen, Einkommen, Gehalt o. Ä., die dem Finanzamt zur Ermittlung der Höhe der zu entrichtenden Steuern vorgelegt werden müssen:* die S. abgeben.

Steu|er|er|lass, der (Steuerw.): *[teilweiser] Erlass von Steuern.*

Steu|er|er|leich|te|rung, die: *Verringerung der steuerlichen Belastung.*

Steu|er|er|mä|ßi|gung, die (Steuerw.): *Ermäßigung der Steuerschuld.*

Steu|er|er|stat|tung, die (Steuerw.): *Rückzahlung von zu viel gezahlten Steuern.*

Steu|er|fach|ge|hil|fe, der: *bei einem Steuerberater angestellter Gehilfe* (1) (Berufsbez.).

Steu|er|fach|ge|hil|fin, die: w. Form zu ↑Steuerfachgehilfe.

Steu|er|fahn|der, der: *Beamter, der für die Steuerfahndung zuständig ist.*

Steu|er|fahn|de|rin, die: w. Form zu ↑Steuerfahnder.

Steu|er|fahn|dung, die (Steuerw.): **a)** *staatliche Überprüfung der Bücher eines Betriebs bei Verdacht eines Steuervergehens;* **b)** *für die Steuerfahndung zuständige Beamte.*

Steu|er|flucht, die (Steuerw.): **a)** *Umgehung der Steuerpflicht durch das Verbringen von Kapital,*

Vermögen o. Ä. ins Ausland; **b)** *Umgehung der Steuerpflicht durch Verlegen des Wohn- od. Unternehmenssitzes ins Ausland.*

Steu|er|frau, die (Rudersport): w. Form zu ↑Steuermann (3).

steu|er|frei ⟨Adj.⟩: *von der Steuer nicht erfasst; nicht be-, versteuert:* -e Beträge.

Steu|er|frei|be|trag, der (Steuerw.): *steuerfreier Betrag.*

Steu|er|ge|heim|nis, das: *Geheimhaltungspflicht aller Staats-, Steuerbeamten im Hinblick auf Vermögensverhältnisse, Steuerangelegenheiten anderer.*

Steu|er|geld, das ⟨meist Pl.⟩: *Geld, das aus Steuern stammt.*

Steu|er|ge|rät, das: **a)** (Rundfunkt.) *Receiver;* **b)** (Elektrot.) *Gerät zur automatischen Steuerung von Anlagen, Abläufen, Vorgängen o. Ä.:* elektronische -e.

Steu|er|ge|setz, das: *bes. die Erhebung von Steuern betreffendes steuerrechtliches Gesetz.*

Steu|er|gro|schen, der ⟨meist Pl.⟩ (ugs.): *Steuergeld.*

Steu|er|he|bel, der (bes. Flugw.): *Steuerknüppel.*

Steu|er|hin|ter|zie|hung, die (Steuerw.): *Hinterziehung von Steuern.*

Steu|er|ho|heit, die (Steuerw.): *das Recht einer staatlichen Körperschaft, Steuern zu erheben.*

Steu|er|kar|te, die: *Lohnsteuerkarte.*

Steu|er|klas|se, die (Steuerw.): *nach Familienstand u. Anzahl der Kinder festgelegte, innerhalb des Steuertarifs gestaffelte Steuerbemessungsgrundlage für die Einkommens- u. Lohnsteuer.*

Steu|er|knüp|pel, der (bes. Flugw.): [1]*Steuer* (a) *in Form eines Knüppels.*

Steu|er|last, die (Steuerw.): *Belastung durch Steuern.*

steu|er|lich ⟨Adj.⟩ (Steuerw.): *die* [2]*Steuer* (1) *betreffend; auf die* [2]*Steuer* (1) *bezogen:* -e Vergünstigungen.

steu|er|los ⟨Adj.⟩: **a)** *ohne Steuerung;* **b)** *ohne jmdn., der steuert:* das Schiff treibt s. auf dem Meer.

Steu|er|mann, der ⟨Pl. ...leute, seltener: ...männer⟩: **1.** (Seew. früher) *Seeoffizier (höchster Offizier nach dem Kapitän), der für die Navigation verantwortlich ist.* **2.** (Seew.) *Bootsmann* (2). **3.** (Rudersport) *jmd., der ein Boot steuert:* Vierer mit, ohne S. **4.** (Elektrot.) *jmd., der ein Steuerpult bedient.*

Steu|er|mar|ke, die: *Marke als Quittung für bezahlte Steuern, bes. Hundemarke.*

Steu|er|mit|tel, das ⟨meist Pl.⟩: *Steuergeld.*

[1]**steu|ern** ⟨sw. V.⟩ [mhd. stiuren, ahd. stiur(r)en]: **1.** ⟨hat⟩ **a)** *das* [1]*Steuer* (a) *eines Fahrzeugs bedienen u. dadurch die Richtung des Fahrzeugs bestimmen; durch Bedienen des* [1]*Steuers* (a) *in eine bestimmte Richtung bewegen:* ein Boot s.; das Schiff [sicher] in den Hafen s.; einen Ferrari s. *([im Rennen] fahren);* ⟨auch ohne Akk.-Obj.:⟩ nach rechts, seitwärts s.; **b)** (Seew., Flugw.) *steuernd* (1 a) *einhalten;* Westkurs s. **2.** ⟨ist⟩ **a)** *irgendwohin Kurs nehmen; eine bestimmte Richtung einschlagen:* das Schiff, das Flugzeug steuert nach Norden; Ü wohin steuert unsere Politik?; **b)** (ugs.) *sich zielstrebig in eine bestimmte Richtung bewegen:* an die Theke s.; Ü er steuert in sein Unglück. **3.** ⟨hat⟩ **a)** (Technik) *(bei Geräten, Anlagen, Maschinen) den beabsichtigten Gang, Ablauf, das beabsichtigte Programm* (4) *o. Ä. auslösen:* einen Rechenautomaten, die Geschwindigkeit eines Fließbands s.; **b)** *für einen bestimmten Ablauf, Vorgang sorgen; so beeinflussen, dass sich jmd. in beabsichtigter Weise verhält, dass etw. in beabsichtigter Weise abläuft, vor sich geht; lenken:* den Produktionsprozess s.; ein Gespräch geschickt [in die gewünschte Richtung] s. **4.** (geh.) *einer Sache, Entwicklung, einem bestimmten Verhalten von jmdm. entgegenwirken* ⟨hat⟩: dem Unheil, der Not s.

[2]**steu|ern** ⟨sw. V.; hat⟩ [mhd. stiuren = beschenken, eigtl. = [1]steuern] (schweiz., sonst veraltet): *Steuern zahlen.*

Steu|er|oa|se, die (ugs.): *Staat, Kanton o. Ä., der keine od. nur sehr niedrige Steuern erhebt [u. daher für Steuerflucht begehende Ausländer attraktiv ist].*

Steu|er|pa|ket, das (Jargon): *Paket von steuerlichen Maßnahmen:* ein S. verabschieden.

Steu|er|pa|ra|dies, das (ugs.): *Steueroase.*

Steu|er|pflicht, die (Steuerw.): *gesetzliche Verpflichtung, Steuern zu entrichten.*

steu|er|pflich|tig ⟨Adj.⟩ (Steuerw.): **1.** *gesetzlich verpflichtet, Steuern zu entrichten.* **2.** *der Steuerpflicht unterliegend:* -es Einkommen.

Steu|er|pflich|ti|ge, der u. die; -n, -n ⟨Dekl. ↑Abgeordnete⟩ (Steuerw.): *jmd., der steuerpflichtig ist.*

Steu|er|po|li|tik, die: *Gesamtheit der Maßnahmen der Finanzpolitik im steuerlichen Bereich.*

Steu|er|pro|gramm, das (EDV): *Programm* (4), *das den Ablauf anderer Programme* (4) *organisiert, überwacht.*

Steu|er|pro|gres|si|on, die: *progressive steuerliche Mehrbelastung höherer Einkommen.*

Steu|er|prü|fer, der: *Buchprüfer, Wirtschaftsprüfer.*

Steu|er|prü|fe|rin, die: w. Form zu ↑Steuerprüfer.

Steu|er|pult, das (Elektrot.): *Schaltpult.*

Steu|er|rad, das: **a)** vgl. Steuerknüppel; *Lenkrad;* **b)** (Seew.) *Rad des Ruders* (2).

Steu|er|recht, das: *gesetzliche Regelung des Steuerwesens.*

steu|er|recht|lich ⟨Adj.⟩: *das Steuerrecht betreffend.*

Steu|er|re|form, die: *Reform des* [2]*Steuersystems.*

Steu|er|ru|der, das (Seew.): *Ruder* (2).

Steu|er|satz, der (Steuerw.): *Betrag, der einer bestimmten Steuereinheit entspricht.*

Steu|er|schal|ter, der (Technik): *Schalter zur Betätigung einer Steuerung.*

Steu|er|schlupf|loch, das: *gesetzlich zulässige, vom Gesetzgeber jedoch nicht beabsichtigte Möglichkeit für den Steuerzahler, Steuern (zum Nachteil des Staates) zu sparen.*

Steu|er|schrau|be, die: in den Wendungen **die S. anziehen, überdrehen/an der S. drehen** (ugs.; *die Steuern [drastisch] erhöhen*).

Steu|er|schuld, die (Steuerw.): **a)** *Steuer, die noch gezahlt werden muss;* **b)** *Verpflichtung, eine bestimmte Steuer zu zahlen.*

Steu|er|sen|kung, die: *Senkung von Steuern.*

Steu|er|straf|recht, das: *Verstöße gegen die Steuer- u. Zollgesetze betreffendes Strafrecht.*

[1]**Steu|er|sys|tem,** das (Technik): *Steuerung* (1): das S. eines Raumschiffs.

[2]**Steu|er|sys|tem,** das (Steuerw.): *System der Besteuerung.*

Steu|er|ta|bel|le, die (Steuerw.): *Tabelle zur Bestimmung von Steuerbeträgen.*

Steu|er|ta|rif, der (Steuerw.): *Zusammenstellung der Steuerklassen u. Steuersätze.*

Steu|e|rung, die; -, -en [zu ↑[1]steuern]: **1.** (Technik) **a)** *Gesamtheit der technischen Bestandteile eines Fahrzeugs, die für das* [1]*Steuern* (1 a) *notwendig sind:* die S. war blockiert; **b)** *Steuergerät* (b): die [automatische] S. einschalten, betätigen. **2.** ⟨o. Pl.⟩ *(bes. von Schiffen, Flugzeugen) das* [1]*Steuern* (1 a). **3.** ⟨o. Pl.⟩ **a)** (Technik) *das* [1]*Steuern* (3 a): die S. einer Heizungsanlage; **b)** *das* [1]*Steuern* (3 b): die S. von Prozessen.

Steu|e|rungs|an|la|ge, die (Technik): *technische Anlage zur Steuerung von etw.*

Steu|e|rungs|com|pu|ter, der (Elektronik): *Computer zur Steuerung technischer Anlagen, Maschinen o. Ä.*

Steu|er|ven|til, das (Technik): *Ventil zur Steuerung von Kraftmaschinen.*

Steu|er|ver|an|la|gung, die (Steuerw.): *Feststellung, ob u. in welcher Höhe eine Steuerschuld* (b) *besteht.*

Steu|er|ver|ge|hen, das (Steuerw.): *Verstoß gegen die Steuergesetze.*

Steu|er|ver|güns|ti|gung, die (Steuerw.): *Steuererleichterung als staatliche Fördermaßnahme.*

Steu|er|ver|gü|tung, die (Steuerw.): *(bes. bei der Warenausfuhr gewährte) staatliche Vergütung aufgrund gezahlter Steuer.*

Steu|er|vo|raus|zah|lung, die (Steuerw.): *Vorauszahlung auf die endgültige Steuerschuld.*

Steu|er|vor|teil, der: *steuerlicher Vorteil.*

Steu|er|werk, das (EDV): *Teil einer Datenverarbeitungsanlage, der der Abrufung der Steuerbefehle, der Steuerung u. Überwachung der Anlage dient.*

Steu|er|we|sen, das ⟨o. Pl.⟩: *alles mit den* [2]*Steuern* (1) *Zusammenhängende, einschl. Funktion, Organisation u. Verwaltung.*

Steu|er|zah|ler, der: *jmd., der zur Zahlung von Steuern verpflichtet ist.*

Steu|er|zah|le|rin, die: w. Form zu ↑Steuerzahler.

Steu|er|zei|chen, das: *Zeichen an Packungen (bes. bei Tabakwaren), durch das die Erhebung der Verbrauchssteuer gekennzeichnet wird.*

Steu|er|zet|tel, der (ugs.): *Steuerbescheid.*

Steu|er|zu|schlag, der (Steuerw.): *Säumniszuschlag.*

Ste|ven [...vn̩], der; -s, - [mniederd. steven, eigtl. wohl = Stock, Stütze] (Schiffbau): *ein Schiff nach vorn u. hinten begrenzendes Bauteil, das den Kiel nach oben fortsetzt.*

Ste|ward [ˈstjuːɐt], der; -s, -s [engl. steward < aengl. stigweard = Verwalter]: *Betreuer der Passagiere an Bord von Schiffen u. Flugzeugen; Flugbegleiter* (Berufsbez.).

Ste|war|dess [ˈstjuːɐdɛs, auch: ...ˈdɛs], die; -, ...dessen [engl. stewardess, zu: steward, ↑Steward]: w. Form zu ↑Steward.

StGB = Strafgesetzbuch.

sti|bit|zen ⟨sw. V.; hat⟩ [urspr. Studentenspr., H. u.] (fam.): *auf listige Weise entwenden, an sich bringen:* Schokolade s.

Sti|bi|um [ˈʃt..., ˈst...], das; -s [lat. stibi(um) < griech. stíbi]: *Antimon* (Zeichen: Sb).

stich: ↑stechen.

Stich, der; -[e]s, -e [1: mhd. stich, ahd. stih; 12: mhd. stich; 14: gek. aus: Stichentscheid]: **1. a)** *das Eindringen einer Stichwaffe o. Ä. [in jmds. Körper]; der Stoß mit einer Stichwaffe o. Ä.:* ein tödlicher S. mit dem Messer; Ü ein S. [von hinten] *(versteckte spitze, gehässige Bemerkung, boshafte Anspielung);* **b)** *[schmerzhaftes] Eindringen eines Stachels, Dorns o. Ä. [in die Haut]; das Stechen* (2): der S. einer Biene; **c)** (selten) *Einstechen, Einstich.* **2. a)** *Verletzung, die jmdm. durch einen Stich* (1 a, b) *zugefügt wird, durch einen Stich* (1 a, b) *entstanden ist:* der S. eitert, juckt noch; **b)** (seltener) *Einstich[stelle].* **3.** (Fechten) *Stoß, der mit dem Florett od. Degen geführt wird.* **4. a)** *das Einstechen mit der Nadel u. das Durchziehen des Fadens (beim Nähen, Sticken):* sie heftete das Futter mit ein paar -en an; **b)** *der Faden zwischen den jeweiligen Einstichen:* ein paar -e sind aufgegangen. **5.** *stechender Schmerz; Schmerz, der wie ein Stich* (1) *empfunden wird:* -e in der Herzgegend haben, verspüren. **6.** kurz für ↑Kupferstich, ↑Stahlstich: ein wertvoller S. **7.** ⟨o. Pl.⟩ *leichter Farbschimmer, der in einem anderen Farbton mitspielt, ihn wie ein getönter Schleier überzieht:* das Dia hat einen S. ins Blaue; Ü einen S. *(ein bisschen)* zu korrekt; sie hat einen S. ins Ordinäre. **8.** ***einen [leichten] S. haben** (1. ugs.; *[von Speisen, Getränken] nicht mehr ganz einwandfrei, leicht verdorben sein:* die Wurst hat einen S. 2. salopp; *nicht recht bei Verstand, verrückt sein:* du hast ja 'n S.! 3. landsch.; *betrunken sein*). **9.** (landsch.) *(bes. von Speisefett) kleinere Menge, die mit einem Messer o. Ä. herausgestochen worden ist:* einen S. Butter dazugeben. **10.** (Kartenspiel) *Karten, die ein Spieler mit einer höherwertigen Karte durch Stechen an sich bringt; Point* (1 a): alle -e machen; nicht einen S. bekommen. **11.** ***jmdn. im S. lassen** (1. *sich um jmdn., der in eine Notlage geraten ist, sich in einer kritischen Situation befindet, nicht mehr kümmern.* 2. *jmdn., mit dem man* *verbunden war, verlassen.* 3. ugs.; *jmdm. den Dienst versagen:* sein Gedächtnis ließ ihn im S.; wohl eigtl. = jmdn. [im Kampf] den Stichen des Gegners ausgeliefert lassen); **etw. im S. lassen** *(etw. aufgeben, zurücklassen);* **S. halten** *(einer Nachprüfung standhalten, sich als richtig erweisen;* wohl eigtl. = dem Stich des Gegners im Kampf standhalten): ihr Alibi hielt S. **12.** (landsch.) *jäher Anstieg einer Straße.* **13.** (Hüttenw.) *[einmaliger] Durchgang des Walzgutes durch die Walzen.* **14.** (schweiz.) *Wettschießen.*

Stich|blatt, das: (Fechten) *Glocke* (6).

Sti|chel, der; -s, - [mhd. stichel, ahd. stihhil]: kurz für ↑Grabstichel.

Sti|che|lei, die; -, -en (ugs. abwertend): **1. a)** ⟨o. Pl.⟩ *[dauerndes] Sticheln* (1): jmds. ständige S. satt haben; **b)** *einzelne stichelnde* (1) *Bemerkung:* die fortwährenden -en ärgerten sie. **2.** ⟨o. Pl.⟩ *[dauerndes] Sticheln* (2).

sti|cheln ⟨sw. V.; hat⟩ [Intensiv-Iterativ-Bildung zu ↑stechen]: **1.** *versteckte spitze Bemerkungen, boshafte Anspielungen machen; mit spitzen Bemerkungen, boshaften Anspielungen reizen od. kränken:* sie muss ständig s. **2.** *emsig mit der Nadel hantieren, [mit kleinen Stichen] nähen, sticken:* sie stichelten eifrig an ihren Handarbeiten.

Stich|ent|scheid, der [zu ↑stechen (16)]: *Entscheidung durch Stichwahl, Stichkampf o. Ä.*

stich|fest: ↑hieb- u. stichfest.

Stich|flam|me, die: *(bei Explosionen o. Ä.) plötzlich aufschießende, lange, spitze Flamme:* eine S. schoss empor.

Stich|fra|ge, die: *Frage, die bei Punktegleichheit von Kandidaten (z. B. bei einem Quiz) zusätzlich gestellt wird u. deren richtige Beantwortung entscheidend für den Sieg ist.*

stich|hal|tig, (österr.:) **stich|häl|tig** ⟨Adj.⟩ [urspr. = einem Stich mit der Waffe standhaltend]: *einleuchtend u. so gut begründet, dass es allen Gegenargumenten standhält; zwingend, unwiderlegbar:* ein -es Argument; sie hat ihre Thesen s. begründet.

Stich|hal|tig|keit, (österr.:) **Stich|häl|tig|keit,** die; -: *das Stichhaltigsein.*

sti|chig ⟨Adj.⟩ [zu ↑Stich (8)] (landsch.): *(von Speisen, Getränken) nicht mehr ganz einwandfrei, leicht verdorben.*

-sti|chig: in Zusb., z. B. blaustichig *(mit einem Stich 7 ins Blaue).*

Stich|jahr, das: vgl. Stichtag.

Stich|kampf, der [zu ↑stechen (16)] (Sport): *Kampf um die Entscheidung, den Sieg zwischen Wettkämpfern mit gleicher Leistung.*

Stich|ka|nal, der: **1.** (Wasserbau) *Durchstich zwischen zwei größeren Kanälen.* **2.** (Hüttenw.) *Rinne, in die nach dem Anstich eines Hochofens das geschmolzene Erz fließt.*

Stich|ler, der; -s, - [zu ↑sticheln] (abwertend): *jmd., der stichelt* (1).

Stich|le|rin, die; -, -nen: w. Form zu ↑Stichler.

Stich|ling, der; -s, -e [mhd. stichelinc, nach den Stacheln]: *(zu den Raubfischen gehörender) kleiner, schuppenloser Fisch mit Stacheln vor der Rückenflosse.*

Stich|pro|be, die [urspr. = beim Abstich des Hochofens entnommene Probe des flüssigen Metalls]: **1.** *Teil einer Gesamtheit, der nach einem bestimmten Auswahlverfahren zustande gekommen ist:* eine S. gewinnen, ziehen. **2.** *Überprüfung, Untersuchung, Kontrolle einer Stichprobe* (1), *um daraus auf das Ganze zu schließen:* -n machen, vornehmen.

stich|pro|ben|wei|se ⟨Adv.⟩: *in Form, mithilfe von Stichproben.*

Stich|punkt, der ⟨meist Pl.⟩: *Stichwort* (3).

stichst: ↑stechen.

Stich|stra|ße, die: *größere Sackgasse [mit Wendeplatz].*

sticht: ↑stechen.

Stich|tag, der: *amtlich festgesetzter Termin, der für behördliche Maßnahmen, bes. Berechnungen, Erhebungen o. Ä., maßgeblich ist:* S. ist der 10. 1.

Stich|tags|re|ge|lung, die: *Regelung, deren Ausführung an einen bestimmten Stichtag gebunden ist od. wird.*

Stich|ver|let|zung, die: *Verletzung durch einen Stich, durch Stiche* (1 a).

Stich|waf|fe, die: *Waffe (mit einer Spitze, einer spitzen Klinge), mit der jmdm. ein Stich beigebracht werden kann* (z. B. Dolch).

Stich|wahl, die [zu ↑stechen (16)]: *(nach Wahlgängen, die nicht die erforderliche Mehrheit erbracht haben) letzter Wahlgang, der die Entscheidung zwischen den [beiden] Kandidaten mit den bisher meisten Stimmen herbeiführt.*

Stich|wort, das [urspr. = verletzendes Wort]: **1.** ⟨Pl. ...wörter⟩ **a)** *Wort, das in einem Lexikon, Wörterbuch o. Ä. behandelt wird [u. in alphabetischer Reihenfolge zu finden ist]:* das Wörterbuch enthält über hunderttausend Stichwörter; **b)** *einzelnes Wort eines Stichwortregisters:* das S. verweist auf Raumforschung. **2.** ⟨Pl. -e⟩ **a)** (Theater) *Wort, mit dem ein Schauspieler seinem Partner das Zeichen zum Auftreten od. zum Einsatz seiner Rede gibt:* das S. geben; **b)** *Bemerkung, Äußerung o. Ä., die bestimmte Reaktionen, Handlungen auslöst:* die Rede des Ministers gab das S. zu Reformen. **3.** ⟨Pl. -e; meist Pl.⟩ *einzelnes Wort, das man sich als Gedächtnisstütze od. als Grundlage für weitere Ausführungen notiert:* sich -e machen; etw. in -en festhalten.

stich|wort|ar|tig ⟨Adj.⟩: *in Stichworten.*

Stich|wort|re|gis|ter, das, **Stich|wort|ver|zeich|nis,** das: *Verzeichnis von Wörtern, Sachbegriffen, die in einem Buch, Text [vorkommen u.] behandelt werden.*

Stich|wun|de, die: vgl. Stichverletzung.

Stick [auch: stɪk], der; -s, -s [engl. stick, eigtl. = Stängel, Stock, Stecken]: **1.** ⟨meist Pl.⟩ *kleine, dünne Salzstange.* **2.** *Stift als Kosmetikartikel* (z. B. Deodorantstick).

Stick|ar|beit, die (Handarb.): *gestickte Arbeit, Stickerei* (2 b).

Sti|ckel, der; -s, - [mhd. stickel] (südd., schweiz.): *Stange, Pfahl als Stütze für Pflanzen, bes. junge Bäume.*

sti|cken ⟨sw. V.; hat⟩ [mhd., ahd. sticken = fest zusammenstecken zu ↑Stich u. eigtl. = stechen] (Handarb.): **1.** *[durch bestimmte Stiche* (4 b) *mit [farbigem] Garn, [farbiger] Wolle o. Ä. Verzierungen, Muster auf Stoff o. Ä. anbringen:* sie stickt gern. **2. a)** *durch Sticken* (1) *hervorbringen, anfertigen:* Monogramme [auf Taschentücher, in die Tischdecken] s.; **b)** *mit einer Stickerei* (2 a) *versehen:* ⟨meist im 2. Part.:⟩ eine gestickte Bluse.

¹Sti|cker, der; -s, -: *jmd., der Textilien o. Ä. mit Stickereien* (2 a) *versieht* (Berufsbez.).

²Sticker [st...], der; -s, - [engl. sticker, zu: to stick = kleben, befestigen, verw. mit ↑stechen]: *Aufkleber:* ein S. mit dem Aufdruck »Nr. 1« ist auf das Cover geklebt.

Sti|cke|rei, die; -, -en: **1.** ⟨o. Pl.⟩ *[dauerndes] Sticken* (1). **2.** (Handarb.) **a)** *gesticktes Muster, gestickte Verzierung:* eine durchbrochene S.; **b)** *etw., was mit Stickereien* (2 a) *versehen ist; Stickarbeit:* -en herstellen.

Sti|cke|rin, die; -, -nen: w. Form zu ↑¹Sticker.

Stick|garn, das: *Garn zum Sticken.*

sti|ckig ⟨Adj.⟩ [zu veraltet sticken = ersticken]: *(von Luft, bes. in Räumen) so schlecht, verbraucht, dass das Atmen beklemmend unangenehm ist:* -e Luft; ein -er Raum *(ein Raum mit verbrauchter Luft);* im Saal war es furchtbar s.

Stick|mus|ter, das (Handarb.): *Muster zum Sticken.*

Stick|na|del, die (Handarb.): *dicke Nadel zum Sticken.*

Stick|oxid, (auch:) **Stick|oxyd,** das: *Stickstoffoxid.*

Stick|rah|men, der: *Rahmen zum Einspannen des zu bestickenden Stoffes.*

Stick|stoff, der [1. Bestandteil zu veraltet sticken (↑stickig), das Gas »erstickt« brennende Flammen]: *farb- u. geruchloses Gas, das in vielen Verbindungen vorkommt (chemisches Element);* Zeichen: N (↑Nitrogen[ium]).

stick|stoff|frei ⟨Adj.⟩ (Fachspr.): *frei von Stickstoff:* -e Verbindungen.

stick|stoff|hal|tig ⟨Adj.⟩ (Fachspr.): *Stickstoff enthaltend.*

Stick|stoff|oxid, (auch:) **Stick|stoff|oxyd,** das: *Verbindung des Stickstoffs mit Sauerstoff.*

Stick|stoff|ver|bin|dung, die: *stickstoffhaltige Verbindung.*

stie|ben ⟨st., seltener sw. V.⟩ [mhd. stieben, ahd. stioban, H. u.]: **1. a)** *(wie Staub) in Teilchen auseinander wirbeln* ⟨ist/hat⟩: beim Abschwingen stob/stiebte der Schnee; ⟨unpers.:⟩ sie rannten davon, dass es nur so stob; **b)** *sich stiebend* (1 a) *irgendwohin bewegen* ⟨ist⟩: die Funken waren zum Himmel gestoben. **2.** *rasch [u. panikartig] irgendwohin davonlaufen, auseinander laufen, davonfahren* ⟨ist⟩: alles stob mit Gekreisch von dannen; die Hühner sind nach allen Seiten gestiebt/gestoben.

Stief|bru|der, der [1. Bestandteil (in Zus.) mhd. stief-, ahd. stiof-, eigtl. wohl = abgestutzt, beraubt, verwaist, wohl zu ↑stoßen]: **a)** *Bruder, der mit einem Geschwister nur einen Elternteil gemeinsam hat; Halbbruder;* **b)** vgl. Stiefgeschwister (b).

Stie|fel, der; -s, - [mhd. stivel, stival, ahd. stival, vgl. ital. stivale, älter span. estival, afrz. estival]: **1. a)** *langschäftiges Schuhwerk, das meist bis zu den Knien reicht:* hohe, gefütterte S.; das zieht einem [ja] die S. aus (↑Hemd 1 b); [das sind] lauter linke S. (ugs.; *[das ist] alles unbrauchbar);* * **spanischer S.** (früher; *aus zwei schweren Eisenplatten mit Schrauben bestehendes Foltergerät, das die Beine, Füße des Gefolterten zusammenquetschte;* das Foltergerät wurde bes. während der span. Inquisition angewandt); **zwei Paar/zwei verschiedene/zweierlei S. sein** (ugs.; *[zwei] ganz verschiedene, nicht miteinander vergleichbare Dinge sein*); **jmdm. die S. lecken** *(sich jmdm. gegenüber unterwürfig verhalten, sich kriecherisch anbiedern);* **jmdn. aus den -n hauen** (ugs.; *jmdn. sehr überraschen, sprachlos machen*); **jmdn. in die S. scheißen** (derb; *jmdn. in hohem Maße verärgern*); **b)** *fester [Schnür]schuh, der bis über den Knöchel reicht.* **2.** *sehr großes Bierglas in Form eines Stiefels* (1 a): einen S. [Bier] trinken; * **einen [tüchtigen/gehörigen/guten o. ä.] S. vertragen/trinken [können]** (ugs.; *viel Alkohol vertragen [können]*); **sich** ⟨Dativ⟩ **einen S. einbilden** (veraltend; *sehr eingebildet sein*). **3.** * (die folgenden Wendungen gehen von der [monotonen] Arbeit des Schuhmachers aus, der immer wieder Stiefel macht; aus der Vorstellung des »Routinemäßigen« entwickelte sich der Begriff des »Schlechten«:) **einen S. [zusammen]reden, [zusammen]schreiben, [zusammen]spielen** usw. (ugs.; *schlecht, in unsinniger Weise reden, schreiben, spielen, arbeiten usw.*); **seinen [alten] S./im alten S. weitermachen** (ugs.; *in gewohnter Weise weitermachen; immer weiter in der gewohnten Weise vor sich hin arbeiten*); **einen S. arbeiten, fahren** usw. (ugs. abwertend; *schlecht arbeiten, fahren usw.*).

Stie|fel|ab|satz, der: *Absatz des Stiefels.*

Stie|fe|let|te, die; -, -n [mit französierendem Verkleinerungssuffix geb.]: *[eleganter] halbhoher Damen-, Herrenstiefel.*

Stie|fel|knecht, der: *Gerät zum leichteren Ausziehen der Stiefel* (1 a).

Stie|fel|le|cker, der (abwertend veraltend): *Speichellecker.*

Stie|fel|le|cke|rin, die: w. Form zu ↑Stiefellecker.

stie|feln ⟨sw. V.; ist⟩ (ugs.): *[mit weit ausgreifenden (u. schweren) Schritten] gehen:* zum Bahnhof s.

Stie|fel|schaft, der: *Schaft des Stiefels.*

Stief|el|tern ⟨Pl.⟩ [vgl. Stiefbruder]: *Elternpaar, bei dem der Stiefvater bzw. die Stiefmutter wieder geheiratet hat, sodass das Kind mit keinem Elternteil mehr blutsverwandt ist.*

S

Stief|ge|schwis|ter ⟨Pl.⟩ [vgl. Stiefbruder]: a) *Geschwister, die nur einen Elternteil gemeinsam haben; Halbgeschwister;* b) *Kinder in einer Ehe, die weder denselben Vater noch dieselbe Mutter haben, sondern von den jeweiligen Elternteilen mit in die Ehe gebracht worden sind.*

Stief|kind, das [mhd. stiefkint, ahd. stiufchint]: *Kind aus einer früheren Ehe des Ehepartners:* sie behandelt ihre -er wie ihre eigenen; Ü sie ist ein S. des Glücks *(hat wenig Glück, hat selten Glück);* der Umweltschutz ist ein S. der Regierung *(wird von ihr vernachlässigt).*

Stief|mut|ter, die [mhd., ahd. stiefmuoter]: a) *Frau, die mit dem leiblichen Vater eines Kindes verheiratet ist u. die Stelle der Mutter einnimmt;* b) *weiblicher Teil der Pflegeeltern.*

Stief|müt|ter|chen, das [H. u.]: *(früh blühende) kleine Pflanze mit dunkelgrünen, gezähnten Blättern u. zahlreichen, in ihrer Form dem Veilchen ähnlichen Blüten.*

stief|müt|ter|lich ⟨Adj.⟩: *sich so auswirkend, dass jmd., etw. vernachlässigt, zurückgesetzt wird; schlecht; lieblos;* eine -e Behandlung erfahren; s. behandelt werden.

Stief|schwes|ter, die: vgl. Stiefbruder.

Stief|sohn, der: vgl. Stiefkind.

Stief|toch|ter, die: vgl. Stiefkind.

Stief|va|ter, der: vgl. Stiefmutter.

stieg: ↑ steigen.

Stie|ge, die; -, -n [1: mhd. stiege, ahd. stiega, zu ↑ steigen]: 1. a) *steilere, enge Holztreppe; Steige* (1 b); b) (südd., österr.) *Treppe.* 2. *Steige* (2).

Stie|gen|ge|län|der, das (südd., österr.): *Treppengeländer.*

Stie|gen|haus, das (südd., österr.): *Treppenhaus.*

Stieg|litz, der; -es, -e [mhd. stigeliz, aus dem Slaw., wohl lautm.]: *Distelfink.*

stiehl, stiehlst, stiehlt: ↑ stehlen.

stie|kum ⟨Adv.⟩ [zu jidd. stieke = ruhig, zu hebr. šạtaq = schweigen] (ugs.): *ganz heimlich; leise.*

Stiel, der; -[e]s, -e [mhd., ahd. stil, verw. mit lat. stilus (↑ Stil) od. aus diesem entlehnt]: 1. a) *[längeres] meist stab- od. stangenförmiges Stück Holz, Metall o. Ä. als Teil eines [Haushalts]geräts od. Werkzeugs, an dem man es anfasst:* der S. der Pfanne; der S. ist abgebrochen, hat sich gelockert; b) *kleineres, stabförmiges Stück aus festem Material, auf dessen eines Ende eine Süßigkeit o. Ä. gesteckt ist:* Eis am S.; c) *längliches, dünnes Verbindungsstück zwischen Fuß u. Kelch eines [Wein-, Sekt]glases:* Gläser mit kurzem, langem S., ohne S. 2. a) *(bes. von Blumen) Stängel:* ein kurzer, kräftiger S.; Rosen mit langen -en; b) *von einem Zweig, Stängel o. Ä. abzweigender, kürzerer, länglicher, dünnerer Teil von Blättern, Früchten, Blüten o. Ä.:* die -e der Äpfel entfernen. 3. a) *umwickelte Fäden in Form eines kurzen Stiels, mit denen ein Knopf angenäht ist;* b) (Med.) *strangförmige Verbindung zwischen Geweben, Organen o. Ä.*

Stiel|au|ge, das: *(bei bestimmten Krebsarten) auf einer stielförmigen Erhebung sitzendes Facettenauge:* *** -n machen, bekommen, kriegen** (ugs. scherzh.; *auf etw nicht für möglich Gehaltenes od. sehr Erstrebenswertes in deutlich sichtbarer Weise mit Überraschung, Neugierde, Begehrlichkeit blicken*).

Stiel|be|sen, der: *Handbesen mit längerem [geschwungenem] Stiel.*

Stiel|bürs|te, die: *Bürste mit einem Stiel.*

stiel|för|mig ⟨Adj.⟩: *von der Form eines Stiels.*

Stiel|glas, das ⟨Pl. ...gläser⟩: *Glas mit Stiel.*

-stie|lig: in Zusb., z. B. kurzstielig.

Stiel|kamm, der: *Kamm, der an einem Ende in einen Stiel* (1 a) *übergeht.*

stiel|los ⟨Adj.⟩: *ohne Stiel.*

Stiel|pfan|ne, die: vgl. Stielbürste.

Stiel|stich, der (Handarb.): *Zierstich, der von links nach rechts gearbeitet wird u. bei mehreren Stichen eine einem Stiel ähnliche Linie ergibt.*

stie|men ⟨sw. V.; hat⟩ [mniederd. stīmen = lärmen, tosen, zu: stīme = Lärm, Getöse, urspr. wohl = Gewirr] (nordd.): 1. ⟨unpers.⟩ *in kleinen, dichten Flocken stark schneien.* 2. *qualmen.*

stier ⟨Adj.⟩ [1: wahrsch. unter Einfluss von ↑ Stier umgebildet aus mniederd. stūr, ↑ stur; 2: H. u.]: 1. *(vom Augenausdruck) glasig, starr, ausdruckslos [ins Leere] blickend:* mit -em Blick; s. blicken. 2. (österr., schweiz. ugs.) a) *ohne Geld; finanziell am Ende:* die beiden Freunde waren völlig s.; b) *flau* (c); *wie ausgestorben.*

Stier, der; -[e]s, -e [mhd. stier, ahd. stior, eigtl. = Stierkalb, H. u.]: 1. *geschlechtsreifes männliches Rind; Bulle:* Ede brüllt wie ein S. *(schreit laut);* er ging wie ein S. auf seinen Gegner los (ugs.; *griff ihn wild an*); *** den S. bei den Hörnern packen/fassen** *(in einer prekären Lage, Situation entschlossen, ohne Zögern handeln).* 2. (Astrol.) a) ⟨o. Pl.⟩ *Tierkreiszeichen für die Zeit vom 21. 4. bis 21. 5.;* b) *jmd., der im Zeichen Stier* (2 a) *geboren ist:* sie, er ist [ein] S. 3. ⟨o. Pl.⟩ Sternbild am nördlichen Sternenhimmel.

[1]stie|ren ⟨sw. V.; hat⟩ [zu ↑ Stier]: *rindern.*

[2]stie|ren ⟨sw. V.; hat⟩ [zu ↑ stier]: *mit stieren Augen blicken:* vor sich hin, zu Boden, an die Decke s.

Stie|ren|au|ge, das (schweiz.): *Spiegelei:* sie briet mir aus einigen Eiern -n.

Stier|kalb, das: *Bullenkalb.*

Stier|kampf, der: *bes. in Spanien u. Südamerika beliebte Darbietung (in einer Arena), bei der nach bestimmten Regeln ein Stierkämpfer [od. eine Stierkämpferin] einen Kampfstier zum Angriff reizt [u. ihn dann tötet]; Corrida.*

Stier|kämp|fer, der: *jmd., der Stierkampf betreibt.*

Stier|kämp|fe|rin, die: w. Form zu ↑ Stierkämpfer.

Stier|kult, der (Völkerk.): *kultische Verehrung des Stiers (als Symbol von Gottheiten).*

Stier|na|cken, der (oft abwertend): *feister, starker Nacken eines Menschen.*

Stie|sel, Stießel, der; -s, - [wohl landsch. umgebildet aus ↑ Stößel, zu mhd. stieȥen = stoßen] (ugs. abwertend): *Mann, der sich in Ärger hervorrufender Weise unhöflich, unfreundlich, flegelig benimmt, verhält:* dieser S. grüßt nie.

stieß: ↑ stoßen.

Stie|ßel: ↑ Stiesel.

[1]Stift, der; -[e]s, -e [mhd. stift, steft, ahd. steft = Stachel, Dorn, wohl zu ↑ steif; 3: eigtl. = etwas Kleines, Geringwertiges]: 1. a) *dünneres, längliches, an einem Ende zugespitztes Stück aus Metall od. Holz, das zur Befestigung, zum Verbinden von etw. in etw. hineingetrieben wird;* b) (Technik) *zylindrisches od. kegelförmiges Maschinenelement, das Maschinenteile verbindet, zentriert od. vor dem Sichlösen sichert.* 2. kurz für ↑ Blei-, Bunt-, Farb-, Zeichen-, Schreibstift. 3. (ugs.) a) *[jüngster] Lehrling:* der S. muss Bier holen; b) *kleiner Junge; Knirps.* 4. ⟨Pl.⟩ (Imkerspr.) *Eier der Bienenkönigin.*

[2]Stift, das; -[e]s, -e, selten: -er [mhd. stift, zu ↑ [1]stiften]: 1. a) (christl. Kirche) *mit einer Stiftung (meist Grundbesitz) ausgestattete geistliche Körperschaft;* b) *von Mitgliedern eines [2]Stifts* (1 a) *geleitete kirchliche Institution [als theologisch-philosophische Ausbildungsstätte]; Konvikt* (1); c) *Baulichkeiten, die einem [2]Stift* (1 a) *gehören;* d) (österr.) *[größeres] Kloster.* 2. (veraltend) a) *auf einer Stiftung beruhende konfessionelle Privatschule für Mädchen;* b) *Altenheim, das durch eine Stiftung finanziert wird.*

[1]stif|ten ⟨sw. V.; hat⟩ [mhd., ahd. stiften = gründen; einrichten, H. u.]: 1. a) *größere finanzielle Mittel zur Gründung u. Förderung von etw. zur Verfügung stellen:* ein Kloster, ein Krankenhaus s.; einen Preis s.; b) (seltener) *gründen* (1): einen Verein s. 2. a) *als Spende [über]geben:* Geld, Bücher, Kleidung s.; b) *für einen bestimmten Zweck zur Verfügung stellen, spendieren:* den Wein [für die Feier] s. 3. *bewirken, herbeiführen, schaffen:* Frieden, Unruhe s.

[2]stif|ten: in der Verbindung **s. gehen** [H. u.] (ugs.; *sich heimlich, schnell u. unauffällig entfernen, um sich einer Verantwortung zu entziehen od. weil die Situation bedrohlich erscheint*): ich möchte am liebsten s. gehen.

Stif|ter, der; -s, - [mhd. stiftære]: *jmd., der etw. stiftet* (1, 2), *gestiftet hat.*

Stif|ter|fi|gur, die (bild. Kunst): *Darstellung desjenigen, der eine Kirche o. Ä. gestiftet hat od. der Kirche ein Kunstwerk vermacht hat (in oder an dem gestifteten [Bau]werk).*

Stif|te|rin, die; -, -nen: w. Form zu ↑ Stifter.

stif|tisch ⟨Adj.⟩ (veraltet): *zu einem [2]Stift* (1) *gehörend.*

Stifts|da|me, die: 1. (früher) *[adliges] weibliches Mitglied eines [2]Stifts* (1 a), *eines Kapitels* (2); *Kanonisse* (1). 2. (veraltend) *Bewohnerin, Mitglied eines Heims für [alte] allein stehende [adlige] Frauen.*

Stifts|fräu|lein, das (früher): 1. *Stiftsdame.* 2. *junges Mädchen, das in einem [2]Stift* (2 a) *erzogen wurde.*

Stifts|herr, der: *Chorherr* (1, 2).

Stifts|hüt|te, die (israelitische Rel.): *Tempel für das Heiligtum in Form eines Zeltes (auf dem Zug durch die Wüste).*

Stifts|kir|che, die: *zu einem [2]Stift* (1 a) *gehörende Kirche.*

Stifts|vor|ste|he|rin, die: *Vorsteherin eines [2]Stifts* (1 a, b).

Stif|tung, die; -, -en [mhd. stiftunge, ahd. stiftunga]: 1. a) (Rechtsspr.) *Schenkung, die an einen bestimmten Zweck gebunden ist, durch die etw. gegründet, gefördert wird:* eine private, öffentliche, staatliche, wohltätige S.; eine S. an jmdn. machen; er erhält Geld aus einer S.; b) *Institution, Anstalt o. Ä., die durch eine Stiftung* (1 a) *finanziert, unterhalten wird:* eine geistliche S.; eine S. errichten, verwalten. 2. *das Stiften* (2 a).

Stift|zahn, der (Zahnmed.): *mit einem [1]Stift* (1 a) *in der Zahnwurzel befestigter künstlicher Zahn.*

Stig|ma ['st..., 'ʃt...], das; -s, ...men u. -ta [lat. stigma < griech. stígma = Zeichen; Brandmal, eigtl. = Stich]: 1. (bildungsspr.) *etw., wodurch etw. od. jmd. deutlich sichtbar in einer bestimmten, meist negativen Weise gekennzeichnet ist u. sich dadurch von anderem unterscheidet:* das S. des Verfalls, des Verbrechens tragen; er war mit dem S., ein Agent zu sein, behaftet. 2. (kath. Kirche) *Wundmal von Stigmatisierten.* 3. (früher) *Sklaven zur Strafe bei schweren Vergehen eingebranntes Brandmal.* 4. (Bot.) *Narbe* (3). 5. (Biol.) *Augenfleck.* 6. (Zool.) *Atemöffnung bei Insekten, Spinnen, Tausendfüßlern.*

Stig|ma|ta: Pl. von ↑ Stigma.

Stig|ma|ti|sa|ti|on, die; -, -en: 1. (kath. Kirche) *Auftreten der [fünf] Wundmale Jesu Christi bei einem Menschen.* 2. *Brandmarkung der Sklaven im Altertum.* 3. (Med.) *das Auftreten von Hautblutungen u. anderen psychogen bedingten Veränderungen.*

stig|ma|ti|sie|ren ⟨sw. V.; hat⟩ [mlat. stigmatizare] (bildungsspr., Soziol.): *mit einem Stigma* (1) *belegen; brandmarken:* sie war allein durch ihre Schwerhörigkeit stigmatisiert; er ist als Hochstapler stigmatisiert worden.

Stig|ma|ti|sier|te, der u. die; -n, -n ⟨Dekl. ↑ Abgeordnete⟩ (kath. Kirche): *jmd., bei dem die [fünf] Wundmale Jesu Christi erscheinen.*

Stig|men: Pl. von ↑ Stigma.

Stil [ʃtiːl, stiːl], der; -[e]s, -e [lat. stilus, eigtl. = spitzer Pfahl; Schreibgerät, Griffel, Stiel]: 1. *[durch Besonderheiten geprägte] Art u. Weise, etw. mündlich od. schriftlich auszudrücken, zu formulieren:* ihr S. ist elegant, geschraubt; er hat, schreibt einen flüssigen, steifen S. 2. *(von Baukunst, bildender Kunst, Musik, Literatur o. Ä.) das, was im Hinblick auf Ausdrucksform, Gestaltungsweise, formale u. inhaltliche Tendenz o. Ä. wesentlich, charakteristisch, typisch ist:* der romanische, gotische S.; die -e des 19. Jahrhunderts; die Räume haben S.; das Haus ist im S. der Gründerzeit gebaut. 3. ⟨o. Pl.⟩ *Art u. Weise des Sichverhaltens, des Vorgehens:* das ist schlechter politischer S.; er schrie: »Scheiße, Mist, verflucht ...«, und in dem S. ging es weiter; das ist nicht mein S. *(so etwas mache ich nicht);* *** im großen S./großen -s** *(in großem Ausmaß/*

S

großen Ausmaßes): er macht Geschäfte im großen S. **4.** *Art u. Weise, wie eine Sportart ausgeübt wird; bestimmte Technik in der Ausübung einer Sportart:* die verschiedenen -e des Schwimmens; er fährt einen eleganten S. **5.** * **alten -s** *(Zeitrechnung nach dem julianischen Kalender;* Abk.: a. St.); **neuen -s** *(Zeitrechnung nach dem gregorianischen Kalender;* Abk.: n. St.).

stil|bil|dend ⟨Adj.⟩: *zur Ausprägung eines neuen Stils führend, beitragend:* sein Werk wirkte s. für die Epoche.

Stil|blü|te, die: *Äußerung, Formulierung, die durch ungeschickte, falsche od. doppelsinnige Verknüpfung von Redeteilen ungewollt komisch wirkt.*

Stil|bruch, der: *Kombination, Verwendung von verschiedenen Stilen, Stilmitteln, die nicht zueinander passen.*

Stil|ebe|ne, die: *einem Stil* (1), *bes. einem Sprachstil, zugeschriebenes bestimmtes Niveau.*

stil|echt ⟨Adj.⟩: *einem Stil* (2) *tatsächlich entsprechend:* -e Möbel.

Stil|ele|ment, das: *für einen Stil charakteristisches Element:* klassizistische -e verwenden.

Stil|epo|che, die: *durch einen bestimmten Stil* (2) *geprägte Epoche.*

Stil|lett, das; -s, -e [ital. stiletto, Vkl. von: stilo = Dolch, Griffel < lat. stilus, ↑Stil]: *kleiner Dolch mit dreikantiger Klinge.*

Stil|feh|ler, der: *Fehler im Bereich der Stilistik* (1).

Stil|fi|gur, die (Sprachw.): *Figur* (8).

Stil|ge|fühl, das ⟨o. Pl.⟩: *Gefühl für Stil.*

stil|ge|recht ⟨Adj.⟩: *dem (jeweiligen) Stil entsprechend.*

sti|li|sie|ren [ʃt..., st...] ⟨sw. V.; hat⟩ (bildungsspr.): *von dem Erscheinungsbild, wie es in der Natur, Wirklichkeit vorkommt, abstrahieren u. nur in seinen wesentlichen Grundstrukturen darstellen:* eine Pflanze s.; eine stilisierende Darstellungsart; ⟨oft im 2. Part.:⟩ stilisierte Figuren.

Sti|li|sie|rung, die; -, -en: **1.** *das Stilisieren.* **2.** *Stilisiertes.*

Sti|list, der; -en, -en (bildungsspr.): **1.** *jmd., der die sprachlichen Ausdrucksmittel beherrscht:* der Autor ist ein glänzender S. **2.** *jmd., der den Stil* (4) *beherrscht:* die Weltmeister im Eiskunstlauf sind große -en.

Sti|lis|tik, die; -, -en: **1.** ⟨o. Pl.⟩ *Lehre von der Gestaltung des sprachlichen Ausdrucks, vom Stil* (1). **2.** *Lehrbuch der Stilistik* (1).

Sti|lis|tin, die; -, -nen: w. Form zu ↑Stilist.

sti|lis|tisch ⟨Adj.⟩: *den Stil* (1, 2) *betreffend.*

Stil|kun|de, die: **1.** ⟨o. Pl.⟩ *Stilistik* (1). **2.** *Stilistik* (2).

still ⟨Adj.⟩ [mhd. still(e), ahd. stilli, zu ↑stellen, eigtl. = stehend, unbeweglich]: **1.** *so, dass kein od. kaum ein Geräusch, Laut zu hören ist:* es war plötzlich ganz s. im Haus; der Lautsprecher blieb s. *(gab keinen Ton von sich);* s. vor sich hin weinen. **2. a)** *ruhig* (2 a), *frei von Lärm [u. störender Betriebsamkeit]:* ein -es Dorf; **b)** *ruhig* (2 b), *leise:* sie ist eine -e Mieterin; er verhielt sich s.; sei doch [endlich] s.!; Ü es ist s. um jmdn. geworden *(jmd. wird [von der Öffentlichkeit] nicht mehr so beachtet wie früher).* **3.** *ruhig* (1), *[fast] unbewegt, reglos:* die Luft ist s.; s. [da]liegen; die Hände s. halten. **4. a)** *ruhig* (3 a), *frei von Spannungen u. Aufregungen:* überleg dir das in einer -en Stunde; **b)** *ruhig* (3 b), *frei von Hektik:* ein -es *(geruhsames)* Leben führen. **5.** *zurückhaltend, nicht sehr gesprächig; in sich gekehrt:* er ist ein -er, bescheidener Junge; du bist ja heute so s.; s. in der Ecke sitzen. **6. a)** *ohne sich [laut] zu äußern; wortlos:* ein -er Vorwurf; (formelhaft in Todesanzeigen:) in -er Trauer; sie ging s. neben ihm her; **b)** *vor anderen verborgen, heimlich:* sie ist seine -e Liebe; sie hat die -e Hoffnung, dass ...; in -em Einvernehmen; * **im Stillen** (1. *von anderen nicht bemerkt:* er hat seine Flucht im Stillen vorbereitet. 2. *ohne es zu sagen; bei sich selbst:* im Stillen fluchte ich).

still|blei|ben ⟨st. V.; ist⟩: **1.** *sich nicht bewegen.* **2.** *stillhalten* (2).

stil|le ⟨Adj.⟩ (landsch.): ↑still.

Stil|le, die; - [mhd. stille, ahd. stillī]: **1. a)** *durch kein lärmendes, unangenehmes Geräusch gestörter [wohltuender] Zustand:* es herrschte friedliche, sonntägliche S.; S. lag über dem Land; **b)** *Zustand, der dadurch geprägt ist, dass [plötzlich] kein lautes Geräusch, kein Ton mehr zu hören ist, alles schweigt:* eine lähmende, furchtbare S. trat ein, erfüllte den Raum, breitete sich aus; es entstand, herrschte eine peinliche, erwartungsvolle S.; in die S. fiel ein Ruf, ein Schuss; * **gefräßige S.** (scherzh.; *Verstummen der Unterhaltung während des Essens od. danach).* **2.** *Zustand des Ruhigseins:* die S. des Meeres, der Luft; die S. vor dem Sturm (↑Ruhe 1). **3.** * **in aller S.** *(im engsten Familien-, Freundeskreis; ohne alles Aufheben):* die Beerdigung findet in aller S. statt.

Stil|leh|re, die: **1.** ⟨o. Pl.⟩ *Stilistik* (1). **2.** *Stilistik* (2).

stil|len ⟨sw. V.; hat⟩ [mhd., ahd. stillen = still machen, beruhigen]: **1. a)** *(einen Säugling) an der Brust Muttermilch trinken lassen:* ein Kind s.; **b)** *einen Säugling durch regelmäßiges Stillen* (1 a) *ernähren:* sie stillt; stillende Mütter. **2.** *(ein Bedürfnis) befriedigen, zum Aufhören bringen:* seinen Hunger s.; den Durst mit einem Glas Bier s.; seine Rache, Neugier, seine Begierden s.; jmds. Lesehunger s. **3.** *etw. zum Stillstand bringen, eindämmen:* das Blut, jmds. Tränen, den Husten s.; die Schmerzen konnten nicht gestillt werden.

Still|hal|te|ab|kom|men, das: **a)** (Bankw.) *Übereinkunft zwischen Gläubigern u. Schuldnern über die Stundung von Krediten;* **b)** *Übereinkunft zwischen Parteien, die entgegengesetzte Interessen vertreten, für einen bestimmten Zeitraum auf Auseinandersetzungen zu verzichten.*

still|hal|ten ⟨st. V.; hat⟩: **1.** *sich nicht bewegen.* **2.** *etw. geduldig hinnehmen, nicht reagieren, sich nicht wehren.*

Still|le|ben, das [von engl. still life beeinflusste LÜ von niederl. stilleven]: **1.** *bildliche Darstellung von Dingen, bes. Blumen, Früchten, erlegten Tieren u. Gegenständen des alltäglichen Lebens, in künstlerischer Anordnung:* ein S. malen. **2.** *Bild, Kunstblatt mit einem Stillleben* (1): ein S. kaufen.

still|le|gen ⟨sw. V.; hat⟩: *außer Betrieb setzen; den Betrieb von etw. einstellen:* eine Zeche, Eisenbahnlinie s.; die Fabrik wurde stillgelegt.

Still|le|gung, die; -, -en: *das Stilllegen; das Stillgelegtwerden.*

still|lie|gen ⟨st. V.; hat; südd., österr., schweiz. auch: ist⟩: *außer Betrieb sein.*

stil|los ⟨Adj.⟩: **a)** *ohne eigentlichen, ausgeprägten Stil* (2): ein -es Hochhaus; **b)** *einen Verstoß gegen den Stil, das Stilgefühl bedeutend:* Wein aus Biergläsern zu trinken ist s.

Stil|lo|sig|keit, die: **1.** ⟨o. Pl.⟩ *das Stillossein.* **2.** *etwas Stilloses.*

still|schwei|gen ⟨st. V.; hat⟩ (intensivierend): **a)** *schweigen;* **b)** *äußerste Diskretion* (a) *bewahren:* obwohl man sie bedrängte, hat sie stillgeschwiegen.

Still|schwei|gen, das: **a)** (intensivierend) *Schweigen:* über etw. mit S. hinweggehen, etw. mit S. übergehen; * **sich in S. hüllen** (↑Schweigen); **b)** *äußerste Diskretion* (a): S. bewahren, geloben, vereinbaren; jmdm. S. auferlegen.

still|schwei|gend ⟨Adj.⟩: **a)** *ohne ein Wort zu sagen:* etw. s. hinnehmen; **b)** *ohne förmliche, offizielle Abmachung; ohne dass darüber geredet worden wäre:* eine -e Übereinkunft; etw. s. zu den Akten legen.

still|sit|zen ⟨unr. V.; hat; südd., österr., schweiz. auch: ist⟩: *sitzen, ohne sich zu beschäftigen o. Ä.:* er kann nicht s.

Still|stand, der: **a)** ⟨o. Pl.⟩ *Zustand, in dem etw. stillsteht, nicht [mehr] läuft, nicht [mehr] in Betrieb ist:* den Motor zum S. bringen; **b)** *das Aufhören einer Tätigkeit; Zustand, in dem eine Tätigkeit unterbrochen, eingestellt ist:* der S. des Herzens; die Blutung ist zum S. gekommen; **c)** *Zustand, in dem etw. aufhört, sich zu entwickeln, in dem etw. nicht vorankommt, in seiner Entwicklung eingedämmt, unterbrochen wird:* in den Verhandlungen gab es einen S., ist ein S. eingetreten.

still|ste|hen ⟨unr. V.; hat; südd., österr., schweiz. auch: ist⟩: **1.** *nicht mehr in Bewegung, Betrieb sein; in seiner Bewegung, Funktion, Tätigkeit unterbrochen sein:* alle Maschinen stehen seit gestern still; der Verkehr steht still; Herz und Atmung standen still; Ü sein Herz stand vor Schreck, Angst still *(er war vor Schreck, Angst wie gelähmt);* ihr Mundwerk steht nie still *(sie redet ununterbrochen);* die Zeit schien stillzustehen. **2.** (Milit.) *in strammer Haltung u. unbewegt stehen:* die Soldaten s. lassen; (als Kommando:) stillgestanden!

Stil|lung, die; -: *das Stillen; das Gestilltwerden.*

still|ver|gnügt ⟨Adj.⟩: *in einer nach außen kaum sichtbaren Weise vergnügt:* sie lächelte s.

Still|zeit, die: *Zeit des Stillens* (1 b).

Stil|merk|mal, das: *für einen bestimmten Stil charakteristisches Merkmal.*

Stil|mit|tel, das (Sprachw., Musik, bild. Kunst): vgl. Stilelement.

Stil|mö|bel, das: *als Imitation eines früheren Stils hergestelltes Möbelstück.*

Stil|rich|tung, die: *Richtung* (2) *eines Stils.*

Stil|schicht, die: vgl. Stilebene.

stil|si|cher ⟨Adj.⟩: *mit sicherem Gefühl für Stil; eine große Sicherheit in Bezug auf Stil zeigend.*

Stil|übung, die (Stilk.): *Übung zur Verbesserung des sprachlichen Stils.*

stil|voll ⟨Adj.⟩: **a)** *in angemessenem Stil; Stil aufweisend:* -e Möbel; **b)** *von gutem Geschmack, von Gefühl für Stil zeugend:* die Wohnung s. einrichten; sie kleidet sich äußerst s.

stil|wid|rig ⟨Adj.⟩: *einem bestimmten Stil zuwiderlaufend, nicht entsprechend.*

Stimm|ab|ga|be, die: *Abgabe der Stimmen* (6 a) *bei einer Wahl.*

Stimm|auf|wand, der: *Aufwand an Stimmkraft:* etw. mit großem S. verlesen.

Stimm|band, das ⟨meist Pl.⟩: *paariges stimmbildendes Organ in Form eines elastischen Bandes im Kehlkopf.*

Stimm|band|ent|zün|dung, die: *Entzündung an den Stimmbändern.*

stimm|be|rech|tigt ⟨Adj.⟩: *berechtigt, bei einer Wahl od. Abstimmung seine Stimme abzugeben:* alle -en Bürgerinnen und Bürger; die Gastdelegierten sind nicht s.

Stimm|be|rech|tig|te, der u. die; -n, -n ⟨Dekl. ↑Abgeordnete⟩: *jmd., der stimmberechtigt ist.*

Stimm|be|zirk, der: *Wahlbezirk.*

stimm|bil|dend ⟨Adj.⟩: *die Stimmbildung* (1, 2) *betreffend, zu ihr gehörend.*

Stimm|bil|dung, die: **1.** *Bildung der Stimme im Kehlkopf; Phonation.* **2.** *systematische Schulung der Stimme (z. B. Atmung, Resonanz, Tonbildung), die der Herausbildung einer klangschönen, belastbaren Stimme dient.*

Stimm|bruch, der: *Stimmwechsel bei männlichen Jugendlichen in der Pubertät, der sich in einer zwischen Höhe u. Tiefe unkontrolliert schwankenden, leicht überschnappenden Stimme ausdrückt u. zu einem allmählichen Tieferwerden der Stimme führt:* im S. sein.

Stimm|bür|ger, der (schweiz.): *wahlberechtigter Bürger; Wähler.*

Stimm|bür|ge|rin, die: w. Form zu ↑Stimmbürger.

Stimm|chen, das; -s, -: Vkl. zu ↑Stimme (2).

Stim|me, die; -, -n [mhd. stimme, ahd. stimma, stimna, H. u.]: **1.** *Fähigkeit, Vermögen, Laute, Töne zu erzeugen:* Fische haben keine S. **2. a)** *das, was mit einer bestimmten [charakteristischen] Klangfarbe an Lauten, Tönen erzeugt wird, [beim Sprechen, Singen o. Ä.] zu hören ist:* eine tiefe, dunkle, angenehme, laute, kräftige S.; verdächtige -n drangen an ihr Ohr; seine S. überschlägt sich, schnappt über; die S. versagte ihm *(er konnte nicht mehr weitersprechen);* ein furchtbares Schluchzen erstickte ihre S.; seine S. erheben (geh.; *zu sprechen beginnen*); die S.

S

heben *(lauter sprechen),* senken *(leiser sprechen);* in ihrer S. schwang, klang Ärger mit; -n hören *(aufgrund von Sinnestäuschungen od. Wahnvorstellungen hören);* Ü eine innere S. *(ein sicheres Gefühl, eine Vorahnung)* warnte sie; der S. des Herzens, der Vernunft, des Gewissens folgen, gehorchen *(ihr gemäß handeln);* der S. der Natur folgen *(seinen sinnlichen Trieben nachgeben);* **b)** *bestimmter [charakteristischer] Klang, Tonfall einer Stimme* (2 a): eine männliche, kindliche S. haben; seine S. verstellen; mit schwacher, zitternder, belegter *(heiserer)* S. sprechen; **c)** *Stimme* (2 a) *des Menschen beim Singen; Singstimme:* eine volle, tragfähige S.; sie ließ ihre S. ausbilden *(nahm Gesangunterricht);* seine S. verlieren *(nicht mehr so gut singen können wie früher);* die Arie in der Probe mit halber S. singen *(nicht voll aussingen);* der hat S.! *(der kann singen!);* die neue Sopranistin hat keine S. *(kann nicht gut singen);* [nicht/gut] bei S. sein *(beim Singen [nicht] gut disponiert sein).* **3.** (Musik) **a)** *Stimmlage* (b): ein Chor für vier [gemischte] -n; **b)** *Partie, Tonfolge in einer mehrstimmigen Komposition, die von Instrumenten od. Vokalstimmen solistisch od. von mehreren im Orchester, Chor o. Ä. gespielt, gesungen wird:* die erste, zweite S. singen. **4.** (Musik) **a)** *Stimmstock;* **b)** *Register* (3 a). **5.** *jmds. Auffassung, Meinung, Position* (1 d) *[die in die Öffentlichkeit dringt]:* die -n des Protests mehren sich; die S. *(der Wille)* des Volkes; die -n der Presse waren kritisch; -n werden laut, erheben sich, die fordern, dass … **6. a)** *jmds. Entscheidung für jmdn., etw. bei einer Wahl, Abstimmung:* [un]gültige -n; die abgegebenen -n auszählen; sie hat die meisten -n erhalten, auf sich vereinigt; jmdm. seine S. geben *(jmdn. wählen);* eine S. haben *(an der Wahl, Abstimmung teilnehmen können);* seine S. abgeben *(mit abstimmen, wählen);* -n *(Wählerinnen u. Wähler)* gewinnen, verlieren; sich der S. enthalten; der Antrag wurde mit 25 -n angenommen; **b)** *Stimmrecht:* keine S., Sitz und S. im Parlament haben.

stim|men ⟨sw. V.; hat⟩ [mhd. stimmen = rufen; benennen; gleichstimmig machen, zu ↑Stimme]: **1. a)** *den Tatsachen entsprechen; zutreffend sein:* ihre Angabe stimmt; die Adresse stimmt nicht mehr; stimmt es, dass du morgen kündigst?; das kann unmöglich s.!; [das] stimmt [haargenau]!; stimmt auffallend! (iron.; *das hast du richtig erfasst*); R stimmts oder hab ich Recht? (ugs. scherzh.; *verhält es sich etwa nicht so, wie ich behaupte?*); **b)** *in Ordnung sein; keinen Anlass zu Beanstandungen geben:* die Rechnung, die Kasse stimmt [nicht]; trotz der Niederlage stimmte die Moral; die Kasse stimmt bei ihm immer (ugs.; *er hat immer genügend Geld*); Hauptsache, die Kohlen stimmen (ugs.; *die Bezahlung, der Lohn o. Ä. ist zufrieden stellend*); der Preis muss s. *(im angemessenen Verhältnis zum Erworbenen stehen);* bei diesem Auto stimmt einfach alles *(entspricht alles völlig den Erwartungen);* (als Aufforderung, das Geld, das eigentlich herauszugeben 3 a wäre, [als Trinkgeld] zu behalten:) stimmt so!; hier stimmt etwas nicht!; mit meinen Nieren muss etwas nicht s.; bei ihm stimmt es/etwas nicht (salopp; *er ist nicht ganz bei Verstand; sein Verhalten entspricht nicht den üblichen Vorstellungen*). **2.** (seltener) *auf jmdn., zu jmdm., etw. passen* (1): die Beschreibung stimmt auf die Gesuchte; das Blau stimmt nicht zur Tapete. **3.** *in eine bestimmte Stimmung versetzen:* das stimmt mich nachdenklich, traurig; sie stimmte jeden von uns fröhlich. **4.** *seine Stimme* (6 a) *abgeben:* für, gegen den Kandidaten, Vorschlag s.; mit Ja s. **5.** *einem Instrument die richtige Tonhöhe geben; auf die Höhe des Kammertons bringen:* die Geige s.; die Saiten höher, tiefer s.; das Klavier s. lassen; ⟨auch o. Akk.-Obj.:⟩ das Orchester stimmt.

Stim|men|an|teil, der: *Anteil an Stimmen* (6 a).

Stim|men|aus|zäh|lung, die: *Auszählung der abgegebenen Stimmen* (6 a).

Stim|men|ein|bruch, der (salopp): *starker Verlust von Stimmen* (6 a) *bei einer Wahl.*

Stim|men|fang, der ⟨o. Pl.⟩ (abwertend): *das Gewinnen von Stimmen* (6 a) *durch attraktive Darstellung der Ziele des Kandidaten od. der Partei, durch Versprechungen usw.*

Stim|men|ge|winn, der: *Gewinn an Stimmen* (6 a) *bei einer Wahl (im Vergleich zu den vorigen Wahlen).*

Stim|men|gleich|heit, die: *Gleichheit der Zahl der für jede der zur Wahl stehenden Alternativen abgegebenen Stimmen* (6 a).

Stim|men|mehr|heit, die: *Mehrheit der abgegebenen Stimmen* (6 a).

Stimm|ent|hal|tung, die: **a)** (selten) *Verzicht auf die Stimmabgabe:* S. üben; **b)** *Stimmabgabe, durch die zum Ausdruck gebracht wird, dass weder mit Ja noch mit Nein gestimmt wird.*

Stim|men|ver|lust, der: vgl. Stimmengewinn.

Stim|mer, der; -s, - [zu ↑stimmen (5)]: *jmd., der berufsmäßig Instrumente stimmt.*

Stim|me|rin, die; -, -nen: w. Form zu ↑Stimmer.

Stimm|füh|rung, die: **1.** (Musik) **a)** *in einer mehrstimmigen Komposition das Fortschreiten, der Verlauf der einzelnen Stimmen* (3 a) *u. ihr Verhältnis zueinander;* **b)** *Art u. Weise der technischen u. musikalischen Gestaltung der Stimmen* (3 a) *beim Spielen einer mehrstimmigen Komposition.* **2.** (Sprachw.) *Tonfall, Satzmelodie.*

Stimm|ga|bel, die (Musik): *mit Griff versehener Gegenstand aus Stahl in länglicher U-Form, mit dem man durch Anschlagen* (5 b) *eine bestimmte Tonhöhe, bes. die des Kammertons, erzeugen kann.*

stimm|ge|wal|tig ⟨Adj.⟩: *(von der [menschlichen] Stimme) sehr laut u. kräftig; mit großem Volumen:* ein -er Sänger; mit -em Bass singen.

stimm|haft ⟨Adj.⟩ (Sprachw.): *(von Lauten) weich auszusprechen; mit Schwingung der Stimmbänder gebildet* (z. B. b, d, g).

Stimm|haf|tig|keit, die; - (Sprachw.): *das Stimmhaftsein.*

stim|mig ⟨Adj.⟩: *[harmonisch] übereinstimmend, zusammenpassend:* die Illusion einer -en Welt; ihre Argumentation war in sich s.

-stim|mig: in Zusb., z. B. vierstimmig *(mit vier Stimmen* 3 a*).*

Stim|mig|keit, die; -: *das Stimmigsein.*

Stimm|kraft, die: *Kraft* (1) *einer Stimme* (2 a).

Stimm|la|ge, die: **a)** *durch eine bestimmte Höhe od. Tiefe unterschiedene Lage, Färbung einer Stimme* (2 a): seine S. verändern; **b)** (Musik) *Bereich einer Vokal- od. Instrumentalstimme, der durch einen bestimmten Umfang der Tonhöhe gekennzeichnet ist* (z. B. Sopran, Alt, Tenor).

stimm|lich ⟨Adj.⟩: *die Stimme* (2, 3) *betreffend:* s. begabt sein.

stimm|los ⟨Adj.⟩ **a)** *kaum vernehmbar [sprechend]; tonlos:* mit -er Stimme sprechen; **b)** (Sprachw.) *(von Lauten) hart auszusprechen; ohne Schwingung der Stimmbänder gebildet:* -e Konsonanten wie p, t, k.

Stimm|lo|sig|keit, die: *das Stimmlossein.*

Stimm|mit|tel, das: *Mittel der Stimmbildung* (1).

Stimm|or|gan, das: *der Stimmbildung* (1) *dienendes Organ.*

Stimm|recht, das: *Recht, an einer Abstimmung od. an Wahlen teilzunehmen.*

Stimm|rit|ze, die (Anat.): *Ritze zwischen den Stimmbändern; Glottis* (b).

Stimm|schlüs|sel, der (Musik): *Instrument* (1) *zum Stimmen von Saiteninstrumenten, deren Wirbel keinen Griff haben.*

Stimm|stock, der (Musik): **1.** *rundes Holzstäbchen, das im Resonanzkörper eines Streichinstruments zwischen Decke u. Boden in der Höhe der rechten Seite des Stegs steht und bei Schwingungen der Saiten den vollen Klang des Instruments bewirkt; Seele* (7). **2.** *Bauteil des Klaviers, in dem die Wirbel* (5) *befestigt sind.*

Stimm|ton, der (Musik): *Kammerton.*

Stimm|um|fang, der: *Umfang einer Singstimme:* einen großen S. haben.

Stim|mung, die; -, -en: **1. a)** *bestimmte augenblickliche Gemütsverfassung:* seine düstere S. hellte sich auf; ihre fröhliche S. verflog; seine miese S. an jmdm. auslassen; etw. trübt, hebt jmds. S.; jmdm. die S. *(die gute Stimmung, Laune)* verderben; jmdn. in S. versetzen *(animieren);* in bester, aufgeräumter, gedrückter, nachdenklicher, gereizter S. sein; in S. *(in guter Laune, Stimmung)* sein; der Conférencier brachte alle gleich in S. *(in gute, ausgelassene Stimmung);* nicht in der [rechten] S. sein, etw. zu tun; **b)** *augenblickliche, von bestimmten Gefühlen, Emotionen geprägte Art u. Weise des Zusammenseins von [mehreren] Menschen; bestimmte Atmosphäre in einer Gruppe o. Ä.:* es herrschte eine fröhliche, ausgelassene, feierliche, feindselige, deprimierte S.; die S. schlug plötzlich um; für [gute] S. im Saal sorgen; **c)** ⟨Pl.⟩ *wechselnde Gemütsverfassung:* -en unterworfen sein. **2.** *[ästhetischer] Eindruck, Wirkung, die von etw. ausgeht u. in bestimmter Weise auf jmds. Empfindungen wirkt; Atmosphäre* (2 a): die merkwürdige S. vor einem Gewitter; eine feierliche S. umfängt die Besucher; der Maler hat die S. des Sonnenaufgangs sehr gut eingefangen, getroffen; das Bild strahlt S. aus. **3.** *vorherrschende [öffentliche] Meinung, Einstellung, die für od. gegen jmdn., etw. Partei ergreift:* die S. war gegen ihn; für, gegen jmdn., etw. S. machen *(versuchen, andere für, gegen jmdn., etw. einzunehmen).* **4.** (Musik) **a)** *das als verbindliche Norm geltende Festgelegtsein der Tonhöhe eines Instrumentes:* die reine, temperierte S.; die S. auf Kammerton; **b)** *das Gestimmtsein eines Instruments:* die S. der Geige ist unsauber, zu hoch.

Stim|mungs|auf|hel|ler, der: *Antidepressivum:* Ü Bücher als S.

Stim|mungs|ba|ro|me|ter, das (ugs.): *Stimmung* (1 b): ihr S. schwankt beträchtlich; das S. steht auf null, auf »Tief« *(die Stimmung ist sehr schlecht).*

Stim|mungs|bild, das: *bildhafte Schilderung, Darstellung einer Stimmung* (2), *die einer Situation, einem Ereignis o. Ä. zugrunde liegt.*

Stim|mungs|ka|no|ne, die (ugs. scherzh.): *jmd., der [als Unterhalter, Unterhalterin] für Stimmung* (1 b) *sorgt:* sie ist eine [richtige] S.

Stim|mungs|ma|che, die (abwertend): *Versuch, mit unlauteren Mitteln die [öffentliche] Meinung für od. gegen jmdn., etw. zu beeinflussen.*

Stim|mungs|ma|cher, der: **1.** (abwertend) *jmd., der Stimmungsmache betreibt.* **2.** (seltener) *Stimmungskanone.*

Stim|mungs|ma|che|rin, die: w. Form zu ↑Stimmungsmacher.

Stim|mungs|mu|sik, die: *einfache Unterhaltungsmusik, die geeignet ist, ein Publikum in heitere Stimmung* (1 b) *zu versetzen.*

Stim|mungs|um|schwung, der: *Umschwung der Stimmung* (3).

stim|mungs|voll ⟨Adj.⟩: *das Gemüt ansprechend; voller Stimmung* (2): -e Lieder, Gedichte; etw. s. vortragen.

Stim|mungs|wech|sel, der: vgl. Stimmungsumschwung.

Stimm|vieh, das (abwertend): *stimmberechtigte Personen, die nur unter dem Aspekt der Stimmabgabe für jmdn. od. eine Partei gesehen werden.*

Stimm|wech|sel, der: *(in der Pubertät erfolgende) Veränderung der Stimmlage; Mutation* (2).

Stimm|zet|tel, der: *Zettel, Formular für eine schriftliche Stimmabgabe:* die S. abgeben, auszählen.

Sti|mu|lans ['ʃt…, 'st…], das; -, …anzien u. …antia [zu lat. stimulans (Gen.: stimulantis), 1. Part. von: stimulare, ↑stimulieren] (bildungsspr.): *das Nervensystem, den Kreislauf u. Stoffwechsel anregendes Mittel:* Koffein als S. gebrauchen.

Sti|mu|lanz [ʃt…, st…], die; -, -en (bildungsspr.): *Anreiz, Antrieb.*

Sti|mu|la|ti|on, die; -, -en [mlat. stimulatio]: *das Stimulieren; das Stimuliertwerden.*

Sti|mu|li: Pl. von ↑Stimulus.

sti|mu|lie|ren ⟨sw. V.; hat⟩ [lat. stimulare, eigtl. = mit einem Stachel stechen, anstacheln, zu: stimulus, ↑Stimulus]: *zu größerer Aktivität anregen, steigern, anspornen:* der Erfolg stimuliert sie zu immer besseren Leistungen; das Publikum, der Szenenapplaus stimulierte die Schauspieler; das Präparat stimuliert die Magensekretion, den Geschlechtstrieb, hat stimulierende Wirkung; stimulierende Musik; sexuell stimulierend wirken.

Sti|mu|lie|rung, die; -, -en: *das Stimulieren; das Stimuliertwerden.*

Sti|mu|lus ['ʃt..., 'st...], der; -, ...li [lat. stimulus, eigtl. = Stachel]: **1.** (Psych.) *(eine unwillkürliche Reaktion auslösender) Reiz.* **2.** (bildungsspr.) *Anreiz:* etw. ist ein S. für etw., ein S., etw. zu tun.

stink- (salopp emotional verstärkend): drückt in Bildungen mit Adjektiven eine Verstärkung aus/ *sehr:* stinkbürgerlich, -gemütlich.

¹Stin|ka|do|res [...ɛs], die; -, - [mit span. Endung scherzh. geb. zu ↑stinken] (ugs. scherzh.): *schlechte, die Luft verpestende Zigarre.*

²Stin|ka|do|res, der; -, - (ugs. scherzh.): *stark u. unangenehm riechender Käse.*

stink|be|sof|fen ⟨Adj.⟩ (salopp emotional verstärkend): *stark betrunken.*

Stink|bom|be, die: *mit einer penetrant riechenden Flüssigkeit gefüllte kleine Kapsel aus Glas, deren Inhalt beim Zerplatzen frei wird:* -n werfen.

Stink|drü|se, die: *(bei bestimmten Tieren) unter der Haut liegende Drüse, die zur Abwehr ein übel riechendes Sekret absondert.*

Stin|ke|fin|ger, der (ugs.): *hochgestreckter Mittelfinger, der einer Person – mit dem Handrücken auf sie zu – gezeigt wird, um auszudrücken, dass man sie verachtet, von ihr in Ruhe gelassen werden will.*

stin|ken ⟨st. V.; hat⟩ [mhd. stinken, ahd. stincan, eigtl. = stoßen, puffen, dann: dampfen, ausdünsten, H. u.]: **1.** (abwertend) *üblen Geruch von sich geben:* Karbid, Jauche stinkt; aus dem Mund s.; nach Fusel, Fisch s. *(deren üblen Geruch von sich geben);* stinkende Abgase; ⟨auch unpers.:⟩ es stank wie nach Chemikalien. **2.** (ugs.) *eine negative Eigenschaft in hohem Grade besitzen:* er stinkt vor Faulheit!; ⟨im 1. Part.:⟩ stinkend (salopp abwertend; *äußerst)* faul sein. **3.** (ugs.) *eine bestimmte Vermutung, einen Verdacht nahe legen:* das stinkt nach Verrat; nach Geld s. *(allem Anschein nach sehr reich sein);* die Sache/ ⟨unpers.:⟩ es stinkt *(die Sache erscheint verdächtig);* an dieser Sache stinkt etwas *(ist offenbar etwas nicht in Ordnung).* **4.** (salopp) *jmds. Missfallen, Widerwillen erregen:* die Arbeit stinkt mir; ⟨auch unpers.:⟩ mir stinkts.

Stin|ker, der; -s, - (salopp abwertend): **1.** *jmd., der stinkt* (1). **2.** *jmd., der durch etw. das Missfallen des Sprechers hervorruft:* er ist ein reicher S.

Stin|ke|rin, die; -, -nen: w. Form zu ↑Stinker.

stink|faul ⟨Adj.⟩ (salopp emotional verstärkend): *sehr faul.*

stink|fein ⟨Adj.⟩ (salopp emotional verstärkend): *äußerst fein, vornehm.*

Stink|fin|ger, der ⟨meist Pl.⟩ (salopp abwertend): *Finger:* nimm deine [dreckigen] S. da weg!

Stink|fritz, der (ugs.): *Stinker* (1).

Stink|fuß, der (salopp abwertend): vgl. Stinkfinger.

stin|kig ⟨Adj.⟩ [spätmhd. stinkic] (salopp abwertend): **1.** *in belästigender Weise stinkend:* eine -e Zigarre. **2. a)** *das Missfallen des Sprechers hervorrufend; übel, widerwärtig:* eine -e Sache; -e Parolen; ein -er Spießer, Nörgler; **b)** *über etw. verärgert, wütend; sauer* (3b): ich bin echt ganz schön s.

Stink|kä|se, der (emotional): *stark u. unangenehm riechender Käse.*

stink|lang|wei|lig ⟨Adj.⟩ (salopp emotional verstärkend): *äußerst langweilig.*

Stink|lau|ne, die (salopp): *sehr schlechte Laune.*

Stink|mor|chel, die: *eigenartig riechender, dickstieliger Pilz mit fingerhutähnlichem, dunkelolivfarbenem Hut.*

stink|nor|mal ⟨Adj.⟩ (salopp emotional verstärkend): *einer Norm völlig entsprechend und daher unauffällig.*

stink|reich ⟨Adj.⟩ (salopp emotional verstärkend): *sehr reich.*

stink|sau|er ⟨Adj.⟩ (salopp emotional verstärkend): *sehr sauer* (3b).

Stink|stie|fel, der (derb abwertend): *[missgelaunter, unhöflicher] Mann, über den man sich ärgert.*

Stink|tier, das: **1.** *(in Amerika heimischer) Marder mit plumpem Körper, buschigem Schwanz, kleinem, spitzem Kopf u. schwarzem, weiß gestreiftem od. weiß geflecktem Fell, der aus Stinkdrüsen am After ein übel riechendes Sekret auf Angreifer spritzt; Skunk* (1). **2.** (derb abwertend) *Person, die man nicht ausstehen kann.*

stink|vor|nehm ⟨Adj.⟩ (salopp emotional verstärkend): *äußerst vornehm:* -e Leute; ein -es Hotel.

Stink|wut, die (salopp): *große Wut:* eine S. [auf jmdn.] haben; sie hat eine S. im Leibe.

Stint, der; -[e]s, -e [aus dem Niederd. < mniederd. stint, wohl eigtl. = »Kurzer, Gestutzter«]: **1.** *kleiner, silberglänzender, zu den Lachsen gehörender Fisch, der bes. zur Trangewinnung gefangen wird.* **2.** (nordd.) *Junge, junger Mensch:* ***sich freuen wie ein S.** *(sich sehr freuen).*

Sti|pen|di|at, der; -en, -en: *jmd., der ein Stipendium erhält, mithilfe eines Stipendiums Forschung betreibt o. Ä.*

Sti|pen|di|a|tin, die; -, -nen: w. Form zu ↑Stipendiat.

Sti|pen|di|en|ver|ga|be, die: *Vergabe von Stipendien.*

Sti|pen|dist, der; -en, -en (bayr., österr.): *Stipendiat.*

Sti|pen|dis|tin, die; -, -nen: w. Form zu ↑Stipendist.

Sti|pen|di|um, das; -s, ...ien [lat. stipendium = Steuer; Sold; Unterstützung, zu: stips = Geldbeitrag, Spende (zu: stipare = zusammendrängen, -pressen; füllen) u. pendere = (zu)wägen, also eigtl. = das Geldzuwägen]: *Studierenden, jungen Wissenschaftler[inne]n, Künstler[inne]n vom Staat, von Stiftungen, der Kirche o. Ä. gewährte Unterstützung zur Finanzierung von Studium, Forschung, künstlerischen Arbeiten:* ein S. bekommen, beantragen, erhalten; jmdm. ein S. geben, gewähren.

Stipp, der; -[e]s, -e: **1.** ↑Stippe. **2.** ***auf den S.** (landsch., bes. nordd.; *sofort).*

Stip|pe, die; -, -n [mniederd. stip(pe) = Punkt, Stich, zu ↑stippen] (bes. nordd.): **1. a)** *aus ausgebratenem Speck mit Mehl u. Wasser od. Milch od. mit Essig, Zwiebeln, Quark o. Ä. zubereitete breiige Soße;* **b)** *[pikante] Soße, Tunke.* **2.** *Pustel.* **3.** *Kleinigkeit.*

stip|pen ⟨sw. V.; hat⟩ [mniederd. stippen, Nebenf. von ↑¹steppen] (bes. nordd.): **1. a)** *kurz eintauchen, eintunken, tauchen* (2a): Zwieback in den Kaffee s. **b)** *stippend* (1a) *aus etw. herausholen:* das Fett mit einem Stück Brot aus der Pfanne s. **2. a)** *antippen, ¹tippen* (1): jmdn. an die Schulter s.; **b)** *leicht stoßen:* gegen jmds. Arm s.; **c)** *leicht stoßend rücken:* etw. zur Seite s.

Stipp|vi|si|te, die (ugs.): *kurzer Besuch:* [bei jmdm.] eine S. machen.

stirb, stirbst, stirbt: ↑sterben.

Stirn, die; -, -en [mhd. stirn(e), ahd. stirna, eigtl. = ausgebreitete Fläche, zu ↑Strahl]: **1.** *(beim Menschen u. bei bestimmten Wirbeltieren) obere Gesichtspartie; [sich vorwölbender] Teil des Vorderkopfes über den Augen u. zwischen den Schläfen:* eine hohe, niedrige, flache, breite, gewölbte, fliehende, glatte, zerfurchte S.; ihre S. verfinsterte sich, umwölkte sich; die S. runzeln, in Falten ziehen, legen; sich die S. wischen, trocknen, kühlen; über jmdn., etw. die S. runzeln *(etw. an jmdm. missbilligen, es [moralisch] beanstanden);* sich an die S. greifen, tippen; die Schweißtropfen, Schweißperlen standen ihm auf der S.; sich das Haar aus der, in die S. kämmen; man konnte ihm ansehen, was hinter seiner S. vorging *(was er dachte);* ***jmdm., einer Sache die S. bieten** *(jmdm., einer Sache furchtlos entgegentreten);* **die S. haben, etw. zu tun** *(die Unverschämtheit, Dreistigkeit besitzen, etw. zu tun;* verkürzt aus älter »eine eherne Stirn haben« [= unbeugsam sein], nach Jes. 48, 4); **sich** ⟨Dativ⟩ **an die Stirn fassen/greifen** (ugs.; ↑Kopf 1); **jmdm. an der/auf der S. geschrieben stehen** *(deutlich an jmds. Gesicht abzulesen, jmdm. sogleich anzumerken sein);* **jmdm. etw. an der S. ablesen** *(an seinem Gesicht merken, was in ihm vorgeht, was er denkt);* **mit eiserner S.** (1. *unerschütterlich:* mit eiserner S. standhalten; nach Jes. 48, 4. 2. *dreist, unverschämt:* mit eiserner S. leugnen). **2.** (Geol.) *unterster Rand einer Gletscherzunge.*

Stirn|band, das ⟨Pl. ...bänder⟩: *um Stirn u. Hinterkopf od. Stirn u. Nacken (als Schmuck, als Schutz vor Kälte od. beim Sport) getragenes ¹Band* (I 1).

Stirn|bein, das (Anat.): *den vorderen Teil des Schädeldachs bildender Knochen.*

Stirn|fal|te, die: *Falte* (2) *auf der Stirn.*

Stirn|glat|ze, die: *(bei Männern) Glatze oberhalb der Stirn.*

Stirn|haar, das: *Haar oberhalb der Stirn.*

Stirn|höh|le, die: *im Innern des Stirnbeins gelegene, in den mittleren Nasengang mündende Nebenhöhle.*

Stirn|höh|len|ent|zün|dung, die: *Entzündung in der Stirnhöhle.*

Stirn|lo|cke, die: *in die Stirn fallende Locke.*

Stirn|run|zeln, das; -s: *Runzeln der Stirn [als Ausdruck der Missbilligung o. Ä.]:* ihre Äußerungen riefen S. hervor.

stirn|run|zelnd ⟨Adj.⟩: *[missbilligend] die Stirn runzelnd:* s. ein Schreiben lesen.

Stirn|sei|te, die: *Vorderseite, Front[seite]:* die S. eines Gebäudes, Tisches.

Stirn|wand, die: vgl. Stirnseite.

stob, stö|be: ↑stieben.

Stö|ber|hund, der (Jägerspr.): *Jagdhund zum Aufstöbern des Wildes.*

stö|bern ⟨sw. V.⟩ [1: Abl. von älter Stöber = Stöberhund, zu niederd. stöben = aufscheuchen; 2: Iterativbildung zu niederd. stöwen, stöben = stieben; 3: wohl eigtl. = Staub aufwirbeln, zu ↑stöbern (2)]: **1.** (ugs.) *nach etw. suchen [u. dabei Unordnung verursachen], [wühlend] herumsuchen* ⟨hat⟩: in Archiven, in Illustrierten s.; im Sperrmüll nach etw. s. **2.** (landsch.) **a)** ⟨unpers.⟩ *schneien* ⟨hat⟩: es begann zu s.; es hat richtig gestöbert; **b)** *in wirbelnder Bewegung herumfliegen* ⟨hat⟩: stöbernde Schneeflocken; **c)** *stöbernd* (2a) *irgendwohin wehen* ⟨ist⟩: der Wind stöbert durch die Straßen, über den Platz. **3.** (südd.) *gründlich sauber machen* ⟨hat⟩: den Speicher s.

Sto|chas|tik [st..., ʃt...], die; - [griech. stochastikē (téchnē) = zum Erraten gehörend(e Kunst)] (Statistik): *Teilgebiet der Statistik, das sich mit der Untersuchung vom Zufall abhängiger Ereignisse u. Prozesse befasst.*

sto|chas|tisch ⟨Adj.⟩ [griech. stochastikós = mutmaßend] (Statistik): *vom Zufall abhängig:* -e Prozesse; die Nutzung -er Methoden; eine s. verteilte Größe.

sto|chern ⟨sw. V.; hat⟩ [Iterativbildung zu veraltet stochen, mniederd. stōken = schüren, eigtl. = stoßen, stechen, wohl zu ↑stoßen]: *mit einem [stangenförmigen, spitzen] Gegenstand, Gerät wiederholt in etw. stechen:* mit dem Feuerhaken in der Glut s.; sich mit einem Streichholz [nach Speiseresten] in den Zähnen s.; lustlos [mit der Gabel] im Essen s.

¹Stock, der; -[e]s, Stöcke [mhd., ahd. stoc = Baumstumpf, Knüppel; zu ↑stoßen]: **1. a)** *von einem Baum od. Strauch abgeschnittener, meist gerade gewachsener dünner Ast od. Teil eines Astes, der bes. als Stütze beim Gehen, zum Schlagen o. Ä. benutzt wird:* ein langer, dünner, dicker, knotiger S.; [steif] wie ein S. *(in unnatürlich steifer Haltung)* dastehen; den S. *(Prügel)* [als Erziehungsmittel] gebrauchen; den S. zu spüren bekommen *(Prügel bekommen)*; er geht, als wenn er einen S. verschluckt hätte (scherzh.; *er hat einen sehr aufrechten u. dabei steifen Gang*); am S. *(Krückstock)* gehen; sich auf seinen S. *(Spazierstock)* stützen; mit einem S. in etw. herumrühren; jmdm. mit [s]einem S. drohen; etw. mit dem S. *(Zeigestock)* auf der Landkarte zeigen; ein Blinder mit S. *(Blindenstock)*; der Dirigent klopft mit dem S. *(Taktstock)* ab; * **am S. gehen** (ugs.; 1. *in einer schlechten körperlichen Verfassung sein, sehr krank sein.* 2. *in einer schlechten finanziellen Lage sein; kein Geld haben*); **b)** kurz für ↑Skistock: die Stöcke einsetzen. **2.** *Baumstumpf mit Wurzeln:* Stöcke roden; * **über S. und Stein** *(über alle Hindernisse des Erdbodens hinweg)*. **3.** *strauchartige Pflanze:* bei den Rosen sind einige Stöcke erfroren. **4.** kurz für ↑Bienenstock. **5.** *(im MA.) Gestell aus Holzblöcken od. Metall, in das ein Verurteilter an Händen, Füßen [u. Hals] eingeschlossen wird:* im S. sitzen; jmdn. in den S. legen. **6.** (landsch., bes. südd.) *dicker Holzklotz als Unterlage [zum Holzhacken]*. **7.** (südd.) *Gebirgsmassiv.* **8.** (südd., österr.) kurz für ↑Opferstock. **9.** kurz für ↑Kartenstock. **10.** (Eishockey, Hockey, Rollhockey) *Schläger:* * **hoher S.** (Eishockey; *regelwidriges Heben des Stocks über normale Schulterhöhe; Stockfehler* 1).

[2]Stock, der; -[e]s, - ⟨Pl. nur in Verbindung mit Zahlenangaben⟩ [mhd. stoc, eigtl. = Balkenwerk]: *Geschoss* (2), *das höher liegt als das Erdgeschoss; Etage, Obergeschoss, Stockwerk:* sie wohnen einen S. tiefer; das Haus hat vier S., ist vier S. hoch; in welchem S. wohnt ihr?; im S. unter ihr.

[3]Stock, der; -s, -s [engl. stock, eigtl. = Klotz] (Wirtsch.): **a)** *Bestand an Waren; Vorrat, Warenlager;* **b)** *Grundkapital, Kapitalbestand.*

stock- (ugs. emotional verstärkend): drückt in Bildungen mit Adjektiven eine Verstärkung aus/ *von Grund auf, durch und durch:* stockblind, -bürgerlich, -reaktionär.

stock|be|sof|fen ⟨Adj.⟩ (salopp emotional verstärkend), **stock|be|trun|ken** ⟨Adj.⟩ (ugs. emotional verstärkend): *stark betrunken.*

Stock|bett, das: *Etagenbett.*

Stöck|chen, das; -s, -: Vkl. zu ↑[1]Stock (1 a).

stock|dumm ⟨Adj.⟩ (ugs. emotional verstärkend): *äußerst dumm.*

stock|dun|kel ⟨Adj.⟩ (ugs. emotional verstärkend), **stock|dus|ter** ⟨Adj.⟩ (ugs. emotional verstärkend): *völlig dunkel* (1 a).

Stö|cke: Pl. von ↑[1]Stock.

[1]Stö|ckel, der; -s, - (ugs.): kurz für ↑Stöckelabsatz.

[2]Stö|ckel, das; -s, - (österr.): *Nebengebäude.*

Stö|ckel|ab|satz, der: *hoher, spitzer Absatz (bes. am Pumps).*

stö|ckeln ⟨sw. V.; ist⟩ (ugs.): **a)** *auf Stöckelabsätzen in kleinen Schritten ruckartig u. steif gehen;* **b)** *sich stöckelnd* (a) *über etw., zu etw. hin bewegen:* über den Flur, durchs Büro s.

Stö|ckel|schuh, der: *Schuh mit Stöckelabsatz.*

sto|cken ⟨sw. V.⟩ [urspr. = fest, dickflüssig werden, gerinnen, wohl zu ↑[1]Stock, eigtl. = steif wie ein Stock werden; 3: eigtl. = unter der Einwirkung stockender Dünste faulen]: **1.** ⟨hat⟩ **a)** *(von Körperfunktionen o. Ä.) [vorübergehend] stillstehen, aussetzen:* jmdm. stockt der Atem, der Puls, das Herz [vor Entsetzen]; das Blut stockte ihr in den Adern; **b)** *nicht zügig weitergehen; in seinem normalen Ablauf zeitweise unterbrochen sein:* der Verkehr, das Gespräch stockte; die Produktion, Fahrt stockte immer wieder; die Feder stockte ihm *(er konnte nicht weiterschreiben)*; die Antwort kam stockend *(zögernd)*; ⟨subst.:⟩ die Arbeiten gerieten ins Stocken. **2.** *im Sprechen, in einer Bewegung, Tätigkeit aus Angst o. Ä. innehalten* ⟨hat⟩: sie stockte beim Lesen, in ihrer Erzählung [kein einziges Mal]; stockend etw. fragen; er sprach ein wenig stockend *(nicht flüssig)*. **3.** (landsch., bes. südd., österr., schweiz.) *gerinnen, dickflüssig, sauer* (1 b) *werden* ⟨hat/ist⟩: die Milch hat/ist gestockt. **4.** *Stockflecke bekommen* ⟨hat⟩: die alten Bücher haben gestockt.

Sto|ck|en|te, die [wohl zu Stock in der alten Bed. »Baumstumpf, Ast«, nach den häufigen Nistplätzen in ufernahen Gehölzen]: *Ente mit braunem Gefieder, beim Männchen mit dunkelgrünem Kopf u. gelbem Schnabel.*

Stö|ckerl, das; -s, -n (südd., österr.): *Hocker.*

Stock|feh|ler, der: **1.** (Eishockey) *hoher* [1]*Stock* (10). **2.** (Hockey) *unerlaubtes Anheben des* [1]*Stocks* (10) *vor u. nach dem Schlag über Schulterhöhe sowie Schlagen u. Stoppen des Balls mit der abgerundeten Seite des Stocks.*

Stock|fisch, der [spätmhd. stocvisch < mniederd. stokvisch, wohl nach dem Trocknen auf Stangengerüsten]: **1.** *im Freien auf Holzgestellen getrockneter Dorsch o. Ä.* **2.** (ugs. abwertend) *langweiliger, in keiner Weise gesprächiger Mensch.*

Stock|fleck, der: *durch Schimmelpilze auf Textilien, Papier, Holz entstehender heller, bräunlicher od. grauschwarzer, muffig riechender Fleck.*

stock|hei|ser ⟨Adj.⟩ (ugs. emotional verstärkend): *sehr heiser.*

Stock|holm: Hauptstadt von Schweden.

[1]Stock|hol|mer, der; -s, -: Ew.

[2]Stock|hol|mer ⟨indekl. Adj.⟩: das S. Nationalmuseum.

Stock|hol|me|rin, die; -, -nen: w. Form zu ↑[1]Stockholmer.

sto|ckig ⟨Adj.⟩ [1: zu ↑stocken (3); 2: zu ↑stocken (4)]: **1.** [1]*muffig:* s. riechendes Obst. **2.** *Stockflecke aufweisend:* -e Kartoffeln, Bücher; s. gewordene Betttücher.

-stö|ckig [zu ↑[2]Stock]: in Zusb., z. B. zwölfstöckig *(mit 12 Stockwerken)*.

stock|ka|tho|lisch ⟨Adj.⟩ (ugs. emotional verstärkend): *durch u. durch katholisch, vom Katholizismus geprägt.*

stock|kon|ser|va|tiv ⟨Adj.⟩ (ugs. emotional verstärkend): *äußerst konservativ* (1 a, 2).

Stöck|li, das; -s, - (schweiz.): **a)** *Nebengebäude eines Bauernhofs;* **b)** *Altenteil;* **c)** *kleine Kammer des Parlaments; Ständerat.*

stock|nüch|tern ⟨Adj.⟩ (ugs. emotional verstärkend): *völlig nüchtern* (1).

stock|sau|er ⟨Adj.⟩ (salopp emotional verstärkend): *äußerst sauer* (3 b).

Stock|schirm, der: **a)** *Spazierstock mit eingearbeitetem Regenschirm;* **b)** *in der Länge nicht zusammenschiebbarer [Regen]schirm.*

Stock|schlag, der: *Schlag mit einem Stock.*

Stock|schla|gen, das; -s (Eishockey): *regelwidriges Schlagen mit dem* [1]*Stock* (10).

Stock|schnup|fen, der: *Schnupfen mit starker Schwellung der Nasenschleimhaut, bei dem die Atmung durch die Nase sehr behindert ist.*

Stock|spit|ze, die: *[mit Metall beschlagene] Spitze eines Spazierstocks.*

stock|steif ⟨Adj.⟩ (ugs. emotional verstärkend): *von, in sehr gerader u. dabei steifer Haltung:* ein -er Gang; s. dasitzen; Ü -e Hamburger.

stock|taub ⟨Adj.⟩ (ugs. emotional verstärkend): *nicht das geringste Hörvermögen besitzend:* Beethoven war s.

Sto|ckung, die; -, -en: *das Stocken* (1, 2, 3).

Stock|werk, das: **1.** [2]*Stock:* die oberen -e brannten aus. **2.** (Bergmannsspr.) *Gesamtheit aller in einer Ebene gelegenen Grubenbaue.*

Stock|zahn, der (südd., österr., schweiz.): *Backenzahn.*

Stoff, der; -[e]s, -e [wohl über das Niederl. aus afrz. estoffe (= frz. étoffe) = Gewebe; Tuch, Zeug, zu: estoffer (= frz. étoffer) = mit etw. versehen; ausstaffieren]: **1.** *aus Garn gewebtes, gewirktes, gestricktes, in Bahnen aufgerollt in den Handel kommendes Erzeugnis, das bes. für Kleidung, [Haushalts]wäsche u. Innenausstattung verarbeitet wird:* ein [rein]wollener, [rein]seidener S.; ein leichter, schwerer, dicker, knitterfreier, weicher, gemusterter, karierter S.; ein S. aus Baumwolle; S. für ein Kleid, zu einem Kostüm; der S. liegt 90 breit; einen S. bedrucken, zuschneiden, weben, wirken; ein Anzug aus einem teuren S.; etw. mit S. bespannen, auskleiden, überziehen. **2. a)** *in chemisch einheitlicher Form vorliegende, durch charakteristische physikalische u. chemische Eigenschaften gekennzeichnete Materie; Substanz:* pflanzliche, synthetische, wasserlösliche, radioaktive, mineralische, körpereigene -e; Ü aus einem anderen, aus dem gleichen, aus härterem, edlerem S. gemacht, gebildet sein *(von anderer usw. Art sein)*; R der S., aus dem die Träume sind (nach engl. We are such stuff as dreams are made on [Shakespeare, Der Sturm IV, 1]); **b)** ⟨o. Pl.⟩ (Philos.) *Materie* (2 a); *Hyle.* **3.** ⟨o. Pl.⟩ (salopp) **a)** *Alkohol* (2 b): unser S. geht aus; wir haben keinen S. mehr; **b)** *Rauschgift:* jmdm., sich S. besorgen; **c)** *Benzin, Kraftstoff:* bleifreier S.; S.! *(schneller!; gib Gas!)*. **4. a)** *etw., was die thematische Grundlage für eine künstlerische Gestaltung, wissenschaftliche Darstellung, Behandlung abgibt:* ein erzählerischer, dramatischer, frei erfundener, wissenschaftlicher S.; ein S. für eine/(selten:) zu einer Tragödie; als S. für ein Buch dienen; einen S. gestalten, bearbeiten, verfilmen; S. für einen neuen Roman sammeln; einen S. *(Unterrichtsstoff)* in der Schule durchnehmen; **b)** *etw., worüber jmd. berichten, nachdenken kann, worüber man sich unterhalten kann:* der S. *(Gesprächsstoff)* ging ihnen aus; einer Illustrierten S. liefern; S. zu lachen haben; jmdm. viel S. zum Nachdenken geben.

Stoff|aus|tausch, der (Chemie, Physik): *Vorgang, bei dem Materie* (1 b) *zwischen verschiedenen Systemen, Aggregatzuständen o. Ä. ausgetauscht wird.*

Stoff|bahn, die: *Bahn* (4) *eines Stoffes* (1).

Stoff|bal|len, der: *zu einem Ballen aufgerollte Stoffbahn.*

Stoff|be|zeich|nung, die (Sprachw.): *Bezeichnung für einen Stoff* (2 a), *eine Masse, ein Material.*

Stoff|druck, der ⟨o. Pl.⟩: *Druckverfahren, bei dem Farben auf Stoff* (1) *aufgebracht werden.*

Stof|fel, der; -s, - [eigtl. = Kosef. des m. Vorn. Christoph (die Legendengestalt wandelte sich im Volksglauben von einer riesigen zu einer ungeschlachten Gestalt)] (ugs. abwertend): *ungehobelte, etwas tölpelhafte männliche Person.*

stof|fe|lig, stofflig ⟨Adj.⟩ (ugs. abwertend): *ungehobelt.*

Stoff|fet|zen, der: *Fetzen Stoff.*

Stoff|fül|le, die: *Fülle von zu bewältigendem Lehr-, Unterrichtsstoff.*

Stoff|ge|biet, das: *einen bestimmten Lehrstoff umfassendes Gebiet.*

Stoff|ge|misch, das: *Gemisch* (1).

Stoff|hül|le, die: *Hülle* (1 a) *aus Stoff* (1).

stoff|lich ⟨Adj.⟩: **1.** *den Stoff* (4 a) *betreffend:* die -e Fülle war kaum zu bewältigen. **2.** *materiell* (1): die -e Seele. **3.** *den Stoff* (1) *betreffend:* -e Überreste.

Stoff|lich|keit, die; -: *das Bestehen aus einer stofflichen Substanz, aus Materie* (1 a).

stoff|lig: ↑stoffelig.

Stoff|mus|ter, das: **1.** *Muster* (3) *auf einem Stoff* (1). **2.** *Muster* (4) *eines Stoffes* (1).

Stoff|pup|pe, die: *Puppe* (1 a) *aus textilem Material.*

Stoff|rest, der: *Rest eines Stoffballens; beim Zuschneiden übrig gebliebenes Stück Stoff* (1).

Stoff|samm|lung, die: *Sammlung von Stoff* (4 a).

Stoff|tier, das: *(als Kinderspielzeug hergestellte) Nachbildung eines Tieres aus textilem Material.*

Stoff|wech|sel, der ⟨Pl. selten⟩: *Gesamtheit der biochemischen Vorgänge in einem lebenden Organismus, bei denen dieser zur Aufrechterhaltung seiner Funktionen Stoffe aufnimmt, chemisch umsetzt u. abbaut.*

Stoff|wech|sel|krank|heit, die: *auf Störungen des Stoffwechsels beruhende Krankheit.*

Stoff|wech|sel|pro|dukt, das ⟨meist Pl.⟩: *beim Stoffwechsel entstandener Stoff.*

stöh|le: ↑stehlen.

stöh|nen ⟨sw. V.; hat⟩ [mhd. (md.), mniederd. stenen = mühsam atmen, ächzen]: **a)** *bei Schmerzen, bei plötzlicher, starker seelischer Belastung od. bei Wohlbehagen o. Ä. mit einem tiefen, lang gezogenen Laut schwer ausatmen:* laut, leise, wohlig, vor Schmerz, Lust, Wut s.; sie stöhnt bei ihm nur wenig; sich stöhnend aufrichten; Ü alle stöhnen unter der Hitze *(leiden darunter u. klagen darüber);* **b)** *stöhnend* (a) *äußern:* etw. ins Mikrofon s.; »Muss das sein?«, stöhnte sie.

Sto|i|ker [auch: 'st...], der; -s, - [lat. Stoicus < griech. Stoikós, zu: stōikós = stoisch, eigtl. = zur Halle gehörig, zu: stoá, nach der stoá poikílē, einer mit Bildern geschmückten Säulenhalle im antiken Athen]: **1.** *Vertreter des Stoizismus* (1). **2.** (bildungsspr.) *Mensch von stoischer Haltung.*

Sto|i|ke|rin [auch: 'st...], die; -, -nen: w. Form zu ↑Stoiker.

sto|isch [auch: 'st...] ⟨Adj.⟩ [spätmhd. stoysch < lat. stoicus = < griech. stoikós, ↑Stoiker]: **1.** *den Stoizismus betreffend, dazu gehörend.* **2.** (bildungsspr.) *unerschütterlich; gleichmütig, gelassen:* eine -e Haltung, Ruhe; er ertrug alles s., mit -er Gelassenheit.

Sto|i|zis|mus, [auch: st...], der; -: **1.** *Philosophie u. Geisteshaltung, die bes. durch Gelassenheit, Freiheit von Neigungen u. Affekten, durch Rationalismus u. Determinismus gekennzeichnet ist.* **2.** (bildungsspr.) *unerschütterliche, gelassene Haltung; Gleichmut.*

Sto|la ['ʃt..., 'st...], die; -, ...len [(3: mhd. stôl[e], ahd. stola <) lat. stola < griech. stolḗ = Rüstung, Kleidung, zu: stéllein = (mit Kleidern, Waffen) ausrüsten; fertig machen]: **1.** *über einem Kleid o. Ä. getragenes, breites, schalartiges Gebilde, das um Schultern u. Arme gelegt wird:* eine S. aus Pelz tragen. **2.** *über der Tunika getragenes langes Gewand der römischen Matrone, das aus einem langen, in Falten um den Körper drapierten u. von Spangen zusammengehaltenen Stoffstreifen besteht.* **3.** (bes. kath. Kirche) *von Priester u. Diakon getragener Teil der liturgischen Bekleidung in Form eines langen, schmalen, mit Ornamenten versehenen Stoffstreifens.*

Stol|le, die; -, -n [mhd. stolle, ahd. stollo, eigtl. = Pfosten, Stütze, wohl zu ↑stellen] (seltener): *Stollen* (1).

Stol|len, der; -s, - [↑Stolle; 2 b: schon mhd., viell. nach der Abstützung mit Pfosten; 4: die zweite Hälfte »stützt« den Abgesang]: **1.** *länglich geformtes Gebäck aus Hefeteig mit Rosinen, Mandeln, Zitronat u. Gewürzen od. mit einer Füllung aus Marzipan, Mohn o. Ä., das für die Weihnachtszeit gebacken wird:* einen S. backen. **2. a)** *unterirdischer Gang:* einen S. anlegen, ausmauern; einen S. in den Fels treiben; **b)** (Bergbau) *leicht ansteigender, von einem Hang in den Berg vorgetriebener Grubenbau.* **3. a)** *hochstehender, zapfenförmiger Teil des Hufeisens, der ein Ausgleiten verhindern soll;* **b)** *rundes Klötzchen, stöpselförmiger Teil aus Leichtmetall, Leder o. Ä. an der Sohle von Sportschuhen, der ein Ausgleiten verhindern soll:* neue S. einschrauben; die S. wechseln; Schuhe mit S. **4.** (Verslehre) *(im Meistersang) eine der beiden gleich gebauten Strophen des Aufgesangs.*

Stol|len|gang, der: *Stollen* (2).

stol|pern ⟨sw. V.; ist⟩ [Iterativbildung zu gleichbed. älter stolpen, stölpen, eigtl. = steif sein, gehen]: **1. a)** *beim Gehen, Laufen mit dem Fuß an eine Unebenheit, ein Hindernis stoßen, dadurch den festen Halt verlieren u. zu fallen drohen:* das Kind stolperte; über eine Schwelle, jmds. ausgestreckte Beine s.; über seine eigenen Füße *(mit einem Fuß über den anderen)* s.; **b)** *sich stolpernd* (1 a), *ungeschickt, mit ungleichmäßigen Schritten irgendwohin bewegen:* sie stolperten durch die Dunkelheit; Ü durch die Welt s.; von einem Unglück ins nächste s. **2. a)** *über jmdn., etw. zu Fall kommen; an jmdm., etw. scheitern:* über eine Affäre, einen Paragraphen s.; die Mannschaft ist in der ersten Runde gestolpert; **b)** *etw. nicht verstehen u. deshalb länger als beabsichtigt dabei verweilen; an etw. Anstoß nehmen:* über einen Fachausdruck, eine Bemerkung s.; **c)** (ugs.) *jmdm. unvermutet begegnen, auf jmdn. stoßen:* im Urlaub stolperte er über eine alte Bekannte.

Stol|per|stein, der: *Schwierigkeit, an der etw., jmd. leicht scheitern kann:* manchen S. aus dem Weg räumen.

stolz ⟨Adj.⟩ [mhd. stolz = prächtig; hochgemut, spätahd. stolz = hochmütig, urspr. wohl = steif aufgerichtet]: **1. a)** *von Selbstbewusstsein u. Freude über einen Besitz, eine [eigene] Leistung erfüllt; ein entsprechendes Gefühl zum Ausdruck bringend od. hervorrufend:* die -en Eltern; mit -er Freude; das war der -este Augenblick seines Lebens; auf einen Erfolg, auf seine Kinder s. sein; sie ist s., dass sie ihr Ziel erreicht hat; s. wie ein Pfau/wie ein Spanier *(in sehr aufrechter Haltung, selbstsicher u. hochgestimmt)* ging er an uns vorbei; **b)** *in seinem Selbstbewusstsein überheblich u. abweisend:* eine -e Frau; ein -er Gang, Blick; er war zu s., um Hilfe anzunehmen; warum so s.? (Frage an jmdn., wenn er nicht grüßt od. einen Gruß nicht erwidert). **2. a)** *imposant, stattlich:* ein -es Gebäude, Schiff, Schloss; **b)** (ugs.) *(im Hinblick auf Anzahl, Menge, Ausmaß) erheblich, beträchtlich; als ziemlich hoch empfunden; beeindruckend:* eine -e Summe, -e Zahl; ein -er Preis; -e 21 Prozent Gewinn.

Stolz, der; -es [zu ↑stolz]: **a)** *ausgeprägtes, jmdm. von Natur mitgegebenes Selbstwertgefühl:* unbändiger, maßloser, beleidigter S.; sein [männlicher] S. verbietet ihm das; jmds. S. verletzen, brechen; einen gewissen S. besitzen; man hat eben auch seinen S. *(man ist sich für bestimmte Dinge zu schade);* überhaupt keinen S. haben, besitzen *(alles hinnehmen, mit sich machen lassen);* seinen [ganzen] S. an etw. setzen *(sich unter allen Umständen um etw. bemühen);* sich in seinem S. gekränkt fühlen; aus falschem S. *(Stolz am falschen Platz)* etw. ablehnen; **b)** *Selbstbewusstsein u. Freude über einen Besitz, eine [eigene] Leistung:* in ihm regte sich väterlicher, berechtigter S. auf seinen Sohn; jmds. [ganzer] S. sein, [ganzen] S. ausmachen *(das sein, darstellen, worauf jmd. besonders stolz ist);* etw. erfüllt jmdn. mit S.; etw. mit S., voller S. verkünden; von S. geschwellt sein.

stolz|ge|schwellt ⟨Adj.⟩: *von Stolz geschwellt:* mit -er Brust.

stol|zie|ren ⟨sw. V.; ist⟩ [mhd. stolzieren (stolzen) = stolz sein od. gehen]: *sich sehr wichtig nehmend einhergehen, gravitätisch irgendwohin gehen:* auf und ab s.; wie ein Hahn, Gockel s.

stoned [stoʊnd] ⟨Adj.⟩ [engl. stoned, zu: to stone = (sich) betäuben, gefühllos machen, zu stone = Stein] (Jargon): *unter der Wirkung von Rauschmitteln stehend; durch Drogen im Rauschzustand:* die Stars waren alle s.

stone|washed ['stoʊnwɔʃt] ⟨Adj.⟩ [zu engl. stone = Stein u. to wash = waschen]: *(von Stoffen) mit kleinen Steinen vorgewaschen, damit Farbe u. Material so aussehen, als sei das Kleidungsstück nicht mehr neu:* s. Jeans.

stop ⟨Interj.⟩ [st..., ʃt...; engl., zu: to stop, ↑stoppen]: *halt!* (z. B. auf Verkehrsschildern, Drucktasten).

Stop-and-go-Ver|kehr ['stɔpənd'goʊ...], der [engl. stop-and-go = (an)fahrend, dann wieder (an)haltend]: *Verkehr, der durch das nur langsame Vorwärtskommen der Fahrzeuge, die noch dazu häufig anhalten müssen, gekennzeichnet ist.*

Stopf|ei, das: vgl. Stopfpilz.

stop|fen ⟨sw. V.; hat⟩ [mhd. stopfen, ahd. (bi-, ver)stopfōn = verschließen, wohl < mlat. stuppare = mit Werg verstopfen, zu lat. stuppa = Werg, z. T. unter Einfluss von mhd. stopfen, ahd. stopfōn = stechen]: **1.** *ein Loch in einem Gewebe o. Ä. mit Nadel u. Faden ausbessern, indem es mit gitterartig verspannten Längs- u. Querfäden dicht ausgefüllt wird:* ein Loch in der Hose s.; die Socken waren schon an mehreren Stellen gestopft; gestopfte Strümpfe. **2.** *etw. [ohne besondere Sorgfalt] schiebend in etw. hineinstecken:* Sachen in den Koffer s.; er stopfte das Hemd in die Hose; sich Watte in die Ohren s.; das Kind stopft sich alles in den Mund; Ü die Kinder ins Auto s. **3. a)** *stopfend* (2) *mit einer Füllung versehen:* ein Kissen mit Daunen s.; ich stopfte mir eine Pfeife; Ü sich den leeren Bauch s.; der Saal war gestopft voll (ugs.; *war bis auf den letzten Platz gefüllt*); **b)** (Musik) *die Faust od. einen trichterförmigen Dämpfer in die Schallöffnung einführen, dadurch die Tonstärke vermindern u. zugleich die Tonhöhe heraufsetzen:* eine gestopfte Trompete. **4.** *eine Lücke o. Ä. mit etw. ausfüllen u. dadurch schließen; zustopfen:* ein Loch im Zaun, ein Leck mit Werg s.; Ü ein Loch im Etat s. *(ein Defizit beseitigen).* **5.** (landsch.) *nudeln* (1): Geflügel s.; Ü sie wurde mit Eiern und Schinken gestopft. **6.** (fam.) [2]*schlingen* (a): stopf nicht so! **7.** *die Verdauung hemmen:* Kakao stopft. **8.** (ugs.) *sättigend wirken, satt machen:* Brei stopft.

Stop|fen, der; -s, - (landsch.): *Stöpsel, Pfropfen.*

Stopf|garn, das: *Garn zum Stopfen* (1).

Stopf|na|del, die: *dickere Nadel zum Stopfen* (1).

Stopf|pilz, der: *beim Stopfen* (1) *verwendete pilzförmige, hölzerne Unterlage.*

Stop-over ['stɔpǀoʊvə], der -s, -s [engl. stopover]: *Zwischenlandung, Zwischenaufenthalt.*

stopp ⟨Interj.⟩ [Imperativ von ↑stoppen] (ugs.): *halt!:* »Stopp!«, rief der Posten; s. [mal] *(Moment [mal]),* das geht nicht!

Stopp, der; -s, -s [Subst. von ↑stopp]: **1. a)** *das Anhalten aus der Bewegung heraus:* beim S. an der Box einen Reifen wechseln; **b)** *Unterbrechung, vorläufige Einstellung:* ein S. für den Import von Butter. **2.** (Badminton, Tischtennis) *Stoppball.*

Stopp|ball, der (Badminton, [Tisch]tennis): *Ball, der so gespielt wird, dass er unmittelbar hinter dem Netz aufkommt [u. kaum springt].*

[1]**Stop|pel,** die; -, -n [aus dem Niederd. < mniederd.-md. stoppel, wohl < spätlat. stupula < lat. stipula = (Stroh)halm]: **1.** ⟨meist Pl.⟩ *nach dem Mähen stehen gebliebener Rest des [Getreide]halms:* die -n unterpflügen. **2.** ⟨o. Pl.⟩ (selten) *Gesamtheit der Stoppeln; Stoppelfeld.* **3.** ⟨meist Pl.⟩ (ugs.) *Bartstoppel:* die -n kratzen.

[2]**Stop|pel,** der; -s, -[n] [mundartl. Vkl. von ↑Stopfen] (österr.): *Stöpsel* (1).

Stop|pel|acker, der: *Stoppelfeld.*

Stop|pel|bart, der (ugs.): *nachwachsende Bartstoppeln.*

stop|pel|bär|tig ⟨Adj.⟩: *einen Stoppelbart tragend; unrasiert:* ein -er Mann; ein -es Kinn.

Stop|pel|feld, das: *abgemähtes [Getreide]feld mit stehen gebliebenen Stoppeln.*

Stop|pel|haar, das ⟨o. Pl.⟩: *sehr kurz geschnittenes Haar* (2 a).

stop|pel|haa|rig ⟨Adj.⟩: *sehr kurzhaarig* (b): ein -er Junge.

stop|pe|lig, stopplig ⟨Adj.⟩: *mit Stoppelhaaren bedeckt:* ein -es Kinn.

Stop|pel|zie|her, der; -s, - (österr.): *Korkenzieher.*

stop|pen ⟨sw. V.; hat⟩ [aus dem Niederd., Md. < mniederd. stoppen, niederd. Form von ↑stopfen; beeinflusst von engl. to stop = anhalten]: **1. a)** *anhalten* (1 a) *[u. am Weiterfahren hindern]:* ein Auto, ein Schiff s.; die Maschinen wurden gestoppt *(zum Stillstand gebracht, abgestellt);* eine Reisegruppe an der Grenze s.; sie konnten die Verfolger, den Feind s.; einen Spieler s. (Sport; *am Angreifen, Durchbrechen hindern*); den Ball, die Scheibe s. (Fußball, [Eis]hockey; *annehmen u. unter Kontrolle bringen, sodass der Ball, die Scheibe nicht wegspringt*); Ü er war nicht zu s. *(in seinem Redefluss zu bremsen);* **b)** *dafür sorgen, dass etw. aufhört, nicht weitergeht; zum Stillstand kommen lassen; einen Fortgang, eine Weiterentwicklung aufhalten:* der Polizist stoppt den Verkehr; seine Zahlungen, die Produktion s.; eine alarmierende Entwicklung s. **2.** *in seiner Vorwärtsbewegung innehalten; seine Fahrt o. Ä. unterbrechen, nicht fortsetzen; anhalten:* das Auto stoppte an der Kreuzung; der Fahrer konnte nicht mehr s.; Ü stopp mal! (ugs.; *halte einen Augenblick inne!*); der

S

Angriff stoppte *(kam nicht voran).* **3. a)** *mit der Stoppuhr, mit einem elektronischen Zeitmesser messen:* die Zeit s.; **b)** *mithilfe einer Stoppuhr, eines elektronischen Zeitmessers die Geschwindigkeit (mit der sich etw., jmd. bewegt, mit der etw. vor sich geht) ermitteln:* einen Lauf, einen Läufer s.; **c)** *als Ergebnis eines Stoppens* (3 a, b) *erhalten:* ich habe 11 Sekunden gestoppt.

Stop|per, der; -s, -: **1.** (Fußball) *Spieler, der in der Mitte der Abwehr spielt.* **2.** (Seew.) *Haltevorrichtung für ein Tau, eine Ankerkette.* **3.** *(vorne am Rollschuh angebrachte) Platte, runder Klotz aus Hartgummi o. Ä., der zum Stoppen dient.*

Stop|pe|rin, die; -, -nen: w. Form zu ↑Stopper (1).

Stopp|licht, das ⟨Pl. ...lichter⟩: *Bremslicht.*

stopp|lig: ↑stoppelig.

Stopp|schild, das: *Verkehrsschild mit der Aufschrift »STOP«, das das Halten von Fahrzeugen an einer Kreuzung, Einmündung vor der Weiterfahrt vorschreibt.*

Stopp|si|gnal, das: *Signal, das das Stoppen des Fahrzeugs fordert.*

Stopp|stra|ße, die: *Straße, an deren Einmündung in eine andere bevorrechtigte Straße Fahrzeuge vor der Weiterfahrt halten müssen.*

Stopp|uhr, die [LÜ von engl. stopwatch]: *Uhr, deren Uhrwerk durch Druck auf einen Knopf in Bewegung gesetzt u. zum Halten gebracht wird, wobei kürzeste Zeiten gemessen werden können.*

Stöp|sel, der; -s, - [aus dem Niederd., Substantivbildung zu ↑stoppen]: **1.** *runder od. zylinderförmiger Gegenstand aus härterem Material zum Verschließen einer Öffnung:* der S. sitzt fest; den S. aus der Wanne, dem Waschbecken ziehen. **2.** (Elektrot.) *[Bananen]stecker:* den S. in die Buchse stecken. **3.** (ugs. scherzh.) *kleiner [dicker] Junge;* ein frecher S.

stöp|seln ⟨sw. V.; hat⟩: **1. a)** *mit einem Stöpsel* (1) *verschließen:* den Abfluss s.; **b)** *wie einen Stöpsel in etw. hineinstecken:* den Schlüssel in das Zündschloss s.; den Stecker in die Dose s. **2.** (Elektrot. früher) *(eine Telefonverbindung) durch Handvermittlung herstellen.*

Stör, der; -[e]s, -e [mhd. stör(e), stür(e), ahd. stur(i)o, H. u.]: *(vorwiegend im Atlantik u. seinen Nebenmeeren lebender, zum Laichen in die Flüsse aufsteigender) großer, auf dem Rücken blaugrau, auf der Unterseite weißlich gefärbter Fisch.*

Stör|ak|ti|on, die: *einen normalen Ablauf störende Aktion* (1).

stör|an|fäl|lig ⟨Adj.⟩: *(als Erzeugnis der Technik) gegen Störungen anfällig; sehr empfindlich reagierend u. aufgrund von Mängeln öfter nicht mehr funktionstüchtig:* ein -es Gerät; die -e Elektronik; Ü die Wirtschaft des Landes erweist sich als s.

Stör|an|fäl|lig|keit, die: *das Störanfälligsein:* die S. von Atomkraftwerken.

Storch, der; -[e]s, Störche [mhd. storch(e), storc, ahd. stor(a)h, eigtl. = der Stelzer, nach dem steifen Gang]: *(bes. in ebenen, feuchten Gegenden lebender) größerer, schwarz u. weiß gefiederter Stelzvogel mit langem Hals, sehr langem, rotem Schnabel u. langen, roten Beinen, der oft auf Hausdächern nistet:* ein schwarzer, weißer S.; der S. klappert mit dem Schnabel; der S. *(Klapperstorch)* bringt die Kinder; bei ihnen war der S. (fam. scherzh.; ↑Klapperstorch); ***** **wie ein S. im Salat [gehen o. Ä.]** (ugs. scherzh.; *steifbeinig, ungelenk [gehen o. Ä.]*); **der S. hat sie ins Bein gebissen** (fam. scherzh. veraltend: 1. *sie erwartet ein Kind.* 2. *sie hat ein Kind bekommen*); **da/jetzt brat mir einer einen S.!** (ugs. Ausdruck der Verwunderung).

Storch|bein, das (ugs. scherzh.): *langes, sehr dünnes Bein.*

storch|bei|nig ⟨Adj.⟩: *den Beinen eines Storchs ähnlich; Storchbeine habend:* ein -es Kind; s. gehen.

stor|chen ⟨sw. V.; ist⟩ (ugs. scherzh.): *steifbeinig mit langen Schritten gehen:* über den Gang s.

Stor|chen|biss, der: *angeborenes blassrotes od. bläuliches Mal im Nacken von Neugeborenen.*

Stor|chen|gang, der: *der Gangart eines Storchs ähnlicher, stelzender Gang mit hochgezogenen Beinen u. langen Schritten.*

Stor|chen|nest: ↑Storchnest.

Stor|chen|paar, das: *ein Paar* (1 b) *Störche:* auf dem Schornstein nistet ein S.

Stor|chen|schna|bel, der: *Storchschnabel* (1).

Stör|chin, die; -, -nen: *weiblicher Storch.*

Störch|lein, das; -s, -: Vkl. zu ↑Storch.

Storch|nest, Storchennest, das: *Nest des Storchs.*

Storch|schna|bel, der [2: mhd. storcksnabel, ahd. storkessnabul]: **1.** *Schnabel des Storchs.* **2.** *(in vielen Arten vorkommende) Pflanze mit meist handförmigen Blättern, bläulichen od. rötlichen, strahligen Blüten u. Früchten, die an den Schnabel eines Storchs erinnern.* **3.** *Gerät zum Vergrößern od. Verkleinern von Zeichnungen.*

Stör|dienst, der: *für Störungen zuständiger Dienst* (2), *zuständige Dienststelle.*

Store [ʃto:ɐ̯, sto:ɐ̯, schweiz.: ˈʃto:rə], der; -s, -s, schweiz. meist: die; -, -n [frz. store = Rollvorhang < ital. stuora, stuoia < lat. storea = Matte]: *die Fensterfläche in ganzer Breite bedeckender, durchscheinender Vorhang:* ein weißer, duftiger S.; die -s vor-, zuziehen.

stö|ren ⟨sw. V.; hat⟩ [mhd. stœren, ahd. stōr(r)en, urspr. = verwirren, zerstreuen, vernichten, H. u.]: **1.** *jmdn. aus seiner Ruhe od. aus einer Tätigkeit herausreißen, einen gewünschten Zustand od. Fortgang unterbrechen:* einen Schlafenden s.; jmdn. bei der Arbeit, in einem Vorhaben s.; jmds. Ruhe, den Unterricht s.; sich nicht [durch etw.] s. lassen; vor Tagesanbruch nicht gestört werden wollen; durch das ständige Kommen und Gehen dauernd gestört werden; sich durch jmdn., etw. [in seiner Ruhe] gestört fühlen; bitte, lassen Sie sich nicht s. *(durch meine Anwesenheit irgendwie irritieren);* ⟨auch o. Akk.-Obj.:⟩ störe ich [sehr]?; ich weiß nicht, ob wir jetzt s. dürfen; entschuldigen Sie bitte, dass/wenn ich störe. **2.** *nachhaltig beeinträchtigen, zu zerstören, zunichte zu machen drohen:* die Leitung, den Empfang s.; das würde unser Vertrauensverhältnis, die Harmonie nur s.; die guten Beziehungen zu den Nachbarländern sollten nicht gestört werden; Sicherheit und Ordnung wurden dadurch gestört. **3.** *jmds. Vorstellungen, Wünschen o. Ä. zuwiderlaufen u. ihm deshalb missfallen:* die Enge des Raumes störte ihn; es störte sie sehr, dass/wenn man die Form nicht wahrte; das soll mich nicht weiter s. *(beunruhigen, kümmern).* **4.** ⟨s. + sich⟩ (ugs.) *sich an etw. stoßen; an etw. Anstoß nehmen:* sich an jmds. Anwesenheit, an den Autos s.

Sto|ren, der; -s, - (schweiz.): **1.** *Store; Rouleau, Jalousette.* **2.** *aufrollbares schräges Sonnendach; Markise.*

Stö|ren|fried, der; -[e]s, -e [Satzwort, eigtl. = (ich) störe den Fried(en)]: *jmd., der die Eintracht, die Ruhe u. Ordnung stört:* einen S. hinauswerfen, verscheuchen, loswerden.

Stö|rer, der; -s, -: *jmd., der stört* (1, 2).

Stö|re|rei, die; -, -en (abwertend): *[dauerndes] Stören* (1, 2).

Stö|re|rin, die; -, -nen: w. Form zu ↑Störer.

Stör|fak|tor, der: vgl. Störaktion: ein ständiger S.

Stör|fall, der: *Störung in einem Atomkraftwerk.*

Stör|feu|er, das (Milit.): *unregelmäßiges Artilleriefeuer, durch das der Gegner in seinen militärischen Handlungen gestört werden soll:* Ü die Rede wurde als S. angesehen.

Stör|fre|quenz, die: *ein Störgeräusch o. Ä. verursachende Frequenz.*

Stör|ge|räusch, das: *den Empfang störendes Geräusch in einer Leitung, einem Rundfunkgerät o. Ä.*

Stör|ma|nö|ver, das: *der Störung dienendes Manöver.*

Stor|ni: Pl. von ↑Storno.

stor|nie|ren [ʃt..., st...] ⟨sw. V.; hat⟩ [ital. stornare = rückgängig machen]: **1.** (Bankw., Kaufmannsspr.) *eine unrichtige Buchung durch Einsetzen des Betrags auf der Gegenseite aufheben, rückbuchen:* die Bank hat die irrtümliche Gutschrift storniert. **2.** (Kaufmannsspr.) *einen Auftrag rückgängig machen:* eine Bestellung s.

Stor|nie|rung, die; -, -en (Bankw., Kaufmannsspr.): **1.** *das Stornieren* (1); *Stornobuchung.* **2.** *das Stornieren* (2): die S. von Aufträgen.

Stor|no, der od. das; -s, ...ni [ital. storno, eigtl. = Ablenkung, zu: stornare, ↑stornieren] (Bankw., Kaufmannsspr.): *Stornobuchung.*

Stor|no|bu|chung, die; -, -en (Bankw., Kaufmannsspr.): *das Stornieren* (1); *Rückbuchung.*

stör|risch ⟨Adj.⟩ [zu mundartl. Storren = Baumstumpf, mhd. storre, ahd. storro, zu ↑starren, also eigtl. = starr wie ein Baumstumpf]: *sich eigensinnig, starrsinnig widersetzend od. eine entsprechende Haltung erkennen lassend:* ein -es Kind; ihre -e Art; sich s. zeigen; er ist s. wie ein [Maul]esel (ugs.; *sehr störrisch*); s. schweigen.

Stör|risch|keit, die; -: *störrische Art.*

Stör|sen|der, der: *Sender, der systematisch den Empfang anderer Rundfunksender stört.*

stör|si|cher ⟨Adj.⟩: *sicher vor Störungen:* -e Relais.

Stör|si|gnal, das (Nachrichtent.): *Signal, das die Erkennbarkeit einer Nachricht beeinträchtigt.*

Stör|trupp, der: *Gruppe von Personen, die Störaktionen durchführt.*

Stö|rung, die; -, -en [mhd. stœrunge]: **1.** *das Stören* (1); *das Gestörtwerden* (1): eine kurze, kleine, nächtliche S.; häufige -en bei der Arbeit; bitte entschuldigen Sie die S.! **2. a)** *das Stören* (2); *das Gestörtwerden* (2): eine S. des Gleichgewichts; die S. von Ruhe und Ordnung; die Sache verlief ohne S.; **b)** *das Gestörtsein* (2) *u. dadurch beeinträchtigte Funktionstüchtigkeit:* gesundheitliche, nervöse -en; eine technische S. beheben, beseitigen; die Sendung fiel infolge einer S. aus; **c)** (Met.) *[wanderndes] Tiefdruckgebiet:* atmosphärische -en; die -en greifen auf Osteuropa über.

stö|rungs|frei ⟨Adj.⟩ (bes. Technik): *frei von Störungen* (2 b): s. funktionieren.

Stö|rungs|stel|le, die: *für Störungen im Fernsprechverkehr zuständige Abteilung einer Telefongesellschaft.*

Sto|ry [ˈstɔ:rɪ, ˈstɔri], die; -, -s [...rɪz, ...ri:s; engl. story < afrz. estoire < lat. historia, ↑Historie]: **1.** *den Inhalt eines Films, Romans o. Ä. ausmachende Geschichte:* eine spannende, romantische, effektvoll arrangierte S.; der Film hat keine S. **2.** (ugs.) **a)** *ungewöhnliche Geschichte, die sich zugetragen haben soll:* eine tolle S.; glaubst du diese S. etwa?; **b)** *Bericht, Report:* eine S. über einen Parteitag schreiben; der Reporter sucht eine S. *(etw., worüber er schreiben kann).*

Stoß, der; -es, Stöße [mhd., ahd. stōʒ, zu ↑stoßen]: **1. a)** *[gezielte] schnelle Bewegung, die in heftigem Anprall auf jmdn., etw. trifft:* ein leichter, heftiger, kräftiger S.; ein S. mit dem Kopf; jmdm. einen S. in die Seite, vor den Magen, gegen die Schulter geben; dem Reifen einen S. mit dem Fuß versetzen; ***** **jmdm. einen S. versetzen** *(jmdn. plötzlich stark erschüttern u. unsicher machen);* **b)** (Leichtathletik) *das Stoßen der Kugel:* er hat noch zwei Stöße; die Britin tritt zu ihrem letzten S. an. **2.** *Schlag, Stich mit einer Waffe:* einen S. parieren, auffangen; den ersten, den entscheidenden S. führen. **3.** *ruckhaft ausgeführte Bewegung beim Schwimmen, Rudern:* einige Stöße schwimmen; mit kräftigen Stößen rudern. **4. a)** *stoßartige, rhythmische Bewegung:* die Stöße der Wellen; in tiefen, flachen, keuchenden Stößen atmen; **b)** kurz für ↑Erdstoß. **5.** *aufgeschichtete Menge; Stapel:* ein S. [von] Zeitungen, Wäsche, Akten; sie schichteten das Brennholz in Stößen, zu einem S. auf. **6.** (Milit.) *einzelne offensive Kampfhandlung:* den S. des Feindes auffangen.

stoß|ar|tig ⟨Adj.⟩: *von, in der Art eines Stoßes* (1 a) *ausgeführt.*

Stoß|be|trieb, der ⟨o. Pl.⟩: vgl. Stoßverkehr.

Stöß|chen, das; -s, -: Vkl. zu ↑Stoß.

Stoß|dämp|fer, der (Kfz-T.): *Vorrichtung, die die durch Bodenunebenheiten entstehenden Schwingungen dämpfen soll.*

Stö|ßel, der; -s, - [mhd. stœʒel, ahd. stōʒil]: **1.** *kleiner, stabähnlicher, unten verdickter u. abgerundeter Gegenstand zum Zerstoßen, Zerreiben von körnigen Substanzen* (z. B. im Mörser). **2.** (Technik) *zylinderförmiges Bauteil zur Übertragung von stoßartigen Bewegungen von einem Maschinenelement auf ein anderes.*

stoß|emp|find|lich ⟨Adj.⟩: *empfindlich gegen Stöße:* eine nicht -e Armbanduhr.

sto|ßen ⟨st. V.⟩ [mhd. stōʒen, ahd. stōʒan]: **1.** ⟨hat⟩ **a)** *in [gezielter] schneller Bewegung [mit etw.] auf jmdn., etw. auftreffen:* jmdn. mit dem Fuß s.; jmdn./jmdm. in die Seite s.; er stieß mit der Faust an, gegen die Scheibe; der Stier stieß mit den Hörnern nach ihm; **b)** *mit kurzer, heftiger Bewegung eindringen lassen; mit kurzer, heftiger Bewegung in etw. stecken, hineintreiben:* jmdm. ein Messer in die Rippen s.; sie stieß sich einen Dolch durch die Brust; Bohnenstangen in die Erde s.; **c)** *durch Stoßen* (1 a) *in etw. hervorbringen:* ein Loch in die Scheibe s.; **d)** *mit einem Stoß* (1 a) *von einer Stelle weg-, irgendwohin bewegen:* jmdn. aus dem Zug, ins Wasser, von der Leiter, zur Seite s.; sie stieß ihn von sich; die Kugel mit dem Queue s.; er hat die Kugel 20 Meter [weit] gestoßen; Ü jmdn. aus der Gemeinschaft s.; man hat ihn vom Thron gestoßen *(ihn abgesetzt);* die Eltern haben den Sohn von sich gestoßen (geh.; *haben ihn verstoßen*); jmdn. auf etw. s. *(deutlich auf etw. hinweisen).* **2. a)** *in einer schnellen Bewegung unbeabsichtigt kurz u. heftig auf jmdn., etw. auftreffen, mit jmdm., etw. in Berührung kommen* ⟨ist⟩: gegen jmdn. s.; mit dem Kopf an die Decke s.; **b)** ⟨s. + sich⟩ *in einer schnellen Bewegung unbeabsichtigt mit einem Körperteil kurz u. heftig auf jmdn., etw. auftreffen, sodass es schmerzt* ⟨hat⟩: pass auf, dass du dich nicht stößt!; sich an der Tischkante s.; ich habe mich [am Kopf] gestoßen; ich habe mir im Dunkeln an der Tür den Kopf [blutig] gestoßen; sich an der Stirn eine Beule s. *(sich die Stirn stoßen u. eine Beule bekommen).* **3.** ⟨ist⟩ **a)** *jmdm. unvermutet begegnen:* auf alte Bekannte s.; **b)** *unvermutet finden, entdecken, auf etw. treffen:* auf Erdöl s.; beim Aufräumen auf alte Fotos s.; die Polizei stieß auf eine heiße Spur; Ü ihr Plan stieß auf Interesse; sie stieß mit ihrem Plan auf Ablehnung, Kritik, Unverständnis; **4.** *sich jmdm., einer Gruppe anschließen, sich mit etw. vereinigen* ⟨ist⟩: zur Gruppe, zu den Rebellen s. **5.** *direkt auf etw. zuführen* ⟨ist⟩: die Straße stößt auf den Marktplatz. **6.** *an etw. grenzen* ⟨hat⟩: sein Zimmer stößt an das der Eltern; das Grundstück stößt unmittelbar an den Wald. **7.** ⟨s. + sich⟩ *etw. als unangebracht od. unangemessen empfinden u. Unwillen darüber verspüren; an etw. Anstoß nehmen* ⟨hat⟩: sich an jmds. Sprache, Benehmen s. **8.** (Jägerspr.) *sich im steil nach unten gerichteten Flug auf ein Tier stürzen* ⟨ist⟩: der Habicht stößt auf seine Beute. **9.** *eine körnige o. ä. Substanz zerstoßen, zerkleinern* ⟨hat⟩: Zimt [zu Pulver] s.; gestoßener Pfeffer. **10.** ⟨hat⟩ **a)** *sich als Fahrzeug unter ständiger Erschütterung fortbewegen:* der Wagen stößt auf der schlechten Wegstrecke; **b)** *in Stößen* (4 a) *erfolgen:* der Wind stößt *(weht in Stößen);* mit stoßendem Atem sprechen. **11.** *jmdn. [stoßweise] heftig erfassen* ⟨hat⟩: ein Schluchzen stieß sie. **12.** (veraltend) *kurz u. kräftig in etw. blasen* ⟨hat⟩: der Wächter stieß dreimal ins Horn. **13.** (ugs.) *jmdm. etw. unmissverständlich zu verstehen geben* ⟨hat⟩: ich habe ihr das gestern gestoßen. **14.** (vulg.) *(vom Mann) koitieren* ⟨hat⟩: die Freundin s. **15.** ⟨hat⟩ (schweiz.) **a)** *(ein Fahrzeug, z. B. Fahrrad) schieben;* **b)** *(ein Auto) anschieben;* **c)** (Aufschrift auf Türen) *drücken:* Bitte s.!

sto|ßend ⟨Adj.⟩ (schweiz.): *Anstoß, Unwillen erregend, das Gerechtigkeitsempfinden verletzend:* -e Unterschiede; eine Verurteilung wäre s. gewesen.

stoß|fest ⟨Adj.⟩: *unempfindlich gegen Stöße* (1 a): eine -e Uhr, Lackierung.

Stoß|ge|bet, das: *(bei plötzlich auftretender Gefahr) eilig hervorgestoßenes kurzes Gebet:* ein S. zum Himmel senden, schicken.

Stoß|ge|schäft, das ⟨o. Pl.⟩: vgl. Stoßverkehr.

Stoß|kraft, die: **1.** *Kraft eines Stoßes* (1 a): Stoßkräfte auffangen. **2.** ⟨o. Pl.⟩ *vorwärts drängende Kraft:* eine starke politische S.; die S. einer Idee; neue S. entwickeln, gewinnen.

Stoß|rich|tung, die: *Richtung, in die ein Angriff, gegnerisches Vorgehen zielt:* Ü die S. staatlicher Aktivitäten.

Stoß|seuf|zer, der: *seufzend hervorgebrachte Äußerung, die eine Klage, ein Bedauern, einen vergeblichen Wunsch o. Ä. ausdrückt:* einen S. von sich geben.

stoß|si|cher ⟨Adj.⟩ (bes. Technik): *stoßfest.*

Stoß|stan|ge, die: *an einem Kraftfahrzeug vorn u. hinten angebrachtes Kunststoff-, früher Blechteil zum Schutz der Karosserie bei leichten Stößen* (1 a): S. an S. *(ganz eng)* stehen.

stößt: ↑stoßen.

Stoß|trupp, der (Milit.): *besonders ausgerüstete kleine Kampfgruppe für die Durchführung von Sonderaufgaben:* einen S. bilden, zusammenstellen.

Stoß|ver|kehr, der ⟨o. Pl.⟩: *sehr starker Verkehr zu einer bestimmten [Tages]zeit.*

Stoß|waf|fe, die: *Waffe, die stoßend geführt wird* (z. B. Florett, Degen, Säbel).

stoß|wei|se ⟨Adv.⟩: **1.** *in Stößen* (4); *in Abständen ruckartig einsetzend u. nach kurzer Zeit wieder abebbend, schwächer werdend:* ihr Atem ging s.; s. auftretende Schmerzen; ⟨mit Verbalsubstantiven auch attr.:⟩ eine s. Atmung. **2.** *in Stößen* (5): im Keller lagen s. alte Zeitungen; sie trug die Wäsche s. hinaus; ⟨mit Verbalsubstantiv auch attr.:⟩ die s. Abarbeitung der Akten.

Stoß|wel|le, die (Physik): *sich räumlich ausbreitende, abrupte, aber stetige Veränderung von Dichte, Druck u. Temperatur bes. in Gasen.*

Stoß|zahn, der: *starker, oft leicht geschwungener, nach oben od. unten gerichteter Schneidezahn (bes. im Oberkiefer von Rüsseltieren):* die Stoßzähne des Elefanten.

Stoß|zeit, die: **a)** *Zeit des Stoßverkehrs; Hauptverkehrszeit, Rushhour;* **b)** *Zeit des Stoßbetriebs:* -en auf den Postämtern.

Stot|te|rei, die; -, -en: **1.** ⟨o. Pl.⟩ *[dauerndes] Stottern.* **2.** *gestotterte, stockend vorgebrachte Äußerung.*

Stot|te|rer, der; -s, -: *jmd., der stottert.*

stot|te|rig, stottrig ⟨Adj.⟩: *stotternd, stockend.*

Stot|te|rin, die; -, -nen: w. Form zu ↑Stotterer.

stot|tern ⟨sw. V.; hat⟩ [aus dem Niederd. < mniederd. stoter(e)n, Iterativbildung zu: stöten = stoßen, eigtl. = wiederholt mit der Zunge beim Sprechen anstoßen]: **a)** *stockend u. unter häufiger, krampfartiger Wiederholung einzelner Laute u. Silben sprechen:* stark s.; vor Aufregung, Verlegenheit s.; ⟨subst.:⟩ ins Stottern kommen; Ü der Motor stottert (ugs.; *läuft ungleichmäßig*); * **auf Stottern** (ugs.; *auf Raten*); **b)** *(aus Verlegenheit o. Ä.) stockend vorbringen, sagen; stammeln:* eine Ausrede, Entschuldigung, Lüge s.; er stotterte, es tue ihm Leid.

stott|rig: ↑stotterig.

Stot|zen, der; -s, - (schweiz.): *Hinterschenkel des geschlachteten Tieres; Keule.*

stot|zig ⟨Adj.⟩ [alemann. stotzig = steil, zu: Stotz[e] = Hügel, Abhang] (bes. südwestd., schweiz.): *steil:* der Weg war s.

Stov|chen (seltener), **Stöv|chen,** das; -s, - [Vkl. von mniederd. stove, eigtl. = (beheizte) Badestube]: *kleiner Untersatz mit einer Kerze, auf dem etw. warm gehalten werden kann.*

StPO = Strafprozessordnung.

Str. = Straße.

stra|ban|zen, strawanzen ⟨sw. V.; hat⟩ [H. u.] (bayr., österr. mundartl.): *umherstreifen, sich herumtreiben:* er strabanzt den ganzen Tag, statt zu arbeiten.

Stra|ban|zer, Strawanzer, der; -s, - (bayr., österr. mundartl.): *jmd., der strabanzt.*

Stra|ban|ze|rin, die; -, -nen: w. Form zu ↑Strabanzer.

[1]Strac|cia|tel|la [stratʃa'tɛla], das; -[s] [ital. stracciatella, zu: stracciare = zerreißen, zerfetzen]: *Milcheis mit Schokoladestückchen.*

[2]Strac|cia|tel|la, die; -, ...le: *italienische Suppe mit einer aus Eiern, Mehl u. Wasser hergestellten Einlage* (3).

strack ⟨Adj.⟩ [mhd., ahd. strac]: **1.** (landsch.) *gerade, straff, steif:* -es Haar; s. gehen. **2.** (westmd.) *faul, bequem:* sei nicht so s., hilf mir lieber! **3.** (landsch. ugs.) *stark betrunken.*

stracks ⟨Adv.⟩ [mhd. strackes, erstarrter Genitiv von: strac, ↑strack]: **a)** *geradewegs; auf dem kürzesten, schnellsten Weg, ohne Umweg, direkt:* s. in die nächste Kneipe eilen; **b)** *sofort, ohne Verzug, Verzögerung:* sich s. melden.

Strad|dle ['strɛdl], der; -[s], -s [engl. straddle = das Spreizen] (Leichtathletik): *Wälzsprung.*

Straf|ak|ti|on, die: *Aktion* (1), *mit der jmd. bestraft werden soll.*

Straf|an|dro|hung, die: *Androhung einer Strafe.*

Straf|an|stalt, die: *Gefängnis* (1).

Straf|an|trag, der: **1.** *Antrag auf Einleitung eines Strafverfahrens:* S. wegen Einbruchs stellen. **2.** *in einem Strafprozess von der Staatsanwaltschaft gestellter, das Strafmaß betreffender Antrag.*

Straf|an|zei|ge, die: *Mitteilung einer Straftat an die Polizei od. Staatsanwaltschaft:* [eine] S. erstatten.

Straf|ar|beit, die: *zusätzliche [Haus]arbeit, die einem Schüler, einer Schülerin zur Strafe aufgegeben wird.*

Straf|auf|schub, der: *Aufschub des Strafvollzugs.*

Straf|aus|set|zung, die: *das Aussetzen* (5 b) *einer Strafe.*

Straf|bank, die ⟨Pl. ...bänke⟩ (Eishockey, Handball): *Bank, Sitze für Spieler, die wegen einer Regelwidrigkeit vorübergehend vom Spielfeld verwiesen worden sind:* auf der S. sitzen.

straf|bar ⟨Adj.⟩ [spätmhd. strafbar]: *gegen das Gesetz verstoßend u. unter Strafe gestellt:* -e Handlungen; diese Vorgehensweise ist nicht s.; sich s. machen *(eine strafbare Handlung begehen).*

Straf|bar|keit, die; -: *das Strafbarsein.*

Straf|be|fehl, der (Rechtsspr.): *auf Antrag der Staatsanwaltschaft vom Gericht ohne Verhandlung verhängte Strafe für geringfügige Delikte.*

straf|be|wehrt ⟨Adj.⟩ [zu ↑bewehren in der veralteten Bed. »zum Schutz (gegen etwas) mit etwas versehen«] (Rechtsspr.): *mit Strafe bedroht:* eine -e Tat; die -e Vermummung; Diebstahl ist s.

Straf|dau|er, die: *Dauer einer Strafe.*

Stra|fe, die; -, -n [mhd. strāfe = Tadel; Züchtigung]: **a)** *etw., womit jmd. bestraft wird, was jmdm. zur Vergeltung, zur Sühne für ein begangenes Unrecht, eine unüberlegte Tat (in Form des Zwangs, etw. Unangenehmes zu tun od. zu erdulden) auferlegt wird:* eine schwere, abschreckende, exemplarische, drakonische, strenge, [un]gerechte, empfindliche, grausame, [un]verdiente, leichte, milde S.; eine gerichtliche, disziplinarische S.; eine körperliche S. *(Züchtigung);* die S. fiel glimpflich aus; auf dieses Delikt steht eine hohe S. *(es wird hart bestraft);* jmdm. eine S. auferlegen, aufbrummen; man hat ihr die S. teilweise erlassen; eine S. aufheben, aufschieben, verschärfen, mildern, vollstrecken, vollziehen; eine S. aussprechen, [über jmdn.] verhängen; S. verdient haben; er hat seine S. bekommen, weg (ugs.; *ist bestraft worden*); er wird seiner [gerechten] S. nicht entgehen; sie empfand diese Arbeit als S. *(sie fiel ihr sehr schwer);* etw. ist bei S. verboten (Amtsdt.; *wird bestraft*); etw. steht unter S. *(wird bestraft);* etw. unter S. stellen *(drohen, etw. zu bestrafen);* zu einer S. verurteilt werden; zur S. *(als Strafe)* durfte sie nicht mit ins Kino; R S. muss sein!; das ist die S. [dafür]! *(das kommt davon!);* das ist ja eine S. Gottes!; Ü die S. folgt auf dem Fuß *(etw. tritt als negative Folge von etw., was nicht gebilligt wird, ein);* das ist die S. für deine Gutmütigkeit, deinen Leichtsinn! *(deine Gutmütigkeit, dein Leichtsinn ist bestraft worden!);* es ist eine S. *(es ist schwer zu ertragen),* mit ihr arbeiten zu müssen; b) *Freiheitsstrafe:* eine S. antreten, verbüßen, absitzen; das Gericht setzte die S. zur Bewährung aus; c) *Geldbuße:* S. [be]zahlen müssen; zu schnelles Fahren kostet S.

Straf|ecke, die (Hockey): *Freischlag von der Torlinie* (1) *aus.*

stra|fen (sw. V.; hat) [mhd. strāfen, urspr. = tadelnd zurechtweisen, H. u.]: a) *jmdm. eine Strafe auferlegen; bestrafen* (a): jmdn. hart, schwer, empfindlich, unbarmherzig [für etw.] s.; jmdn. körperlich s. *(ihn züchtigen);* sie wurde noch für jede Kleinigkeit mit dem Stock gestraft *(geschlagen);* ein strafender Blick; strafende Worte; sie sah ihn strafend an; R Gott strafe mich, wenn ich lüge; Ü die Geschichte strafte ihn mit Nichtachtung; er ist gestraft genug (ugs.; *das, was geschehen ist, ist schlimm genug für ihn, er braucht nicht noch eine Strafe*); das Schicksal hat ihn schwer gestraft *(er hat ein schweres Schicksal zu tragen);* *** mit jmdm., etw. gestraft sein** *(mit jmdm., etw. großen Kummer haben):* mit dieser Arbeit ist sie wirklich gestraft; b) (selten) *bestrafen* (b): ein Unrecht s.; c) (Rechtsspr. veraltend) *eine Strafe an jmdm., an jmds. Eigentum wirksam werden lassen:* jmdn. an seinem Vermögen, an Leib und Leben s.

Straf|ent|las|se|ne, der u. die; -n, -n ⟨Dekl. ↑Abgeordnete⟩: *jmd., der nach Verbüßung einer Freiheitsstrafe aus der Haft entlassen worden ist.*

Straf|er|lass, der: *Erlass* (2) *einer verhängten Strafe.*

Straf|ex|pe|di|ti|on, die: *[militärische] Aktion gegen Menschen, die sich in irgendeiner Weise widersetzen, gegen ein Land in der Interessensphäre einer [Kolonial]macht.*

straff ⟨Adj.⟩ [spätmhd. straf = streng, hart]: **1.** *glatt, fest [an]gespannt od. gedehnt, nicht locker od. schlaff [hängend]:* ein -es Seil; sie hat eine -e Haut; eine -e Haltung; das Gummiband ist s.; die Saiten sind s. gespannt; die Zügel s. anziehen; die Reifen s. aufpumpen; sie trug ihr Haar s. zurückgekämmt, s. gescheitelt. **2.** *[gut durchorganisiert u.] keinen Raum für Nachlässigkeiten, Abschweifungen, Überflüssiges o. Ä. lassend:* eine -e Leitung, Hierarchie; der Betrieb ist s. organisiert.

Straf|fall, der: *[1]Fall* (3), *der Gegenstand eines Strafprozesses ist.*

straf|fäl|lig ⟨Adj.⟩: *einer Straftat schuldig:* -e Jugendliche; s. werden *(eine Straftat begehen).*

Straf|fäl|lig|keit, die; -: *das Straffälligsein.*

straf|fen (sw. V.; hat): **1.** a) *straff* (1) *machen, spannen:* das Seil, die Leine, die Zügel s.; der Wind straffte die Segel; diese Creme strafft die Haut *(wirkt straffend auf die Haut);* b) ⟨s. + sich⟩ *straff* (1) *werden:* die Leinen strafften sich; er, sein Körper, seine Gestalt straffte sich; ihre Züge strafften sich wieder. **2.** *straff* (2) *gestalten:* die Leitung, die Führung eines Betriebes s.; eine gestraffte Ordnung, Organisation; den Essay, das Programm s. *(durch Beschränkung auf Wesentliches kürzen).*

Straff|heit, die; -: *das Straffsein; straffe Beschaffenheit.*

straf|frei ⟨Adj.⟩: *ohne Strafe; frei von Strafe:* -es Fahren ohne Fahrerlaubnis; s. davonkommen.

Straf|frei|heit, die ⟨o. Pl.⟩: *das Straffreisein:* jmdm. S. zusichern.

Straf|fung, die; -, -en: *das Straffen; das Gestrafftwerden.*

Straf|ge|fan|ge|ne, der u. die: *jmd., der wegen einer Straftat eine Freiheitsstrafe verbüßt.*

Straf|ge|richt, das: **1.** (Rechtsspr.) *für Strafprozesse zuständiges Gericht.* **2.** *Bestrafung Schuldiger:* ein S. des Himmels; ein grausames S. abhalten.

Straf|ge|richts|bar|keit, die: *Gerichtsbarkeit im Bereich des Strafrechts.*

Straf|ge|setz, das: *Gesetz, das bestimmte Handlungen für strafbar erklärt u. ihre Bestrafung regelt.*

Straf|ge|setz|buch, das: *Sammlung der Strafgesetze;* Abk.: StGB.

Straf|ge|setz|ge|bung, die: *strafrechtliche Gesetzgebung.*

Straf|kam|mer, die (Rechtsspr.): *für Strafsachen zuständige Kammer* (8 b).

Straf|ko|lo|nie, die: *Arbeitslager an einem entlegenen Ort für Strafgefangene.*

Straf|kom|pa|nie, die: *(im Krieg) Kompanie, in die Soldaten zur Bestrafung versetzt werden u. die bes. unangenehme od. gefährliche Aufgaben durchführen muss.*

Straf|la|ger, das: *Lager* (1), *in dem Freiheitsstrafen verbüßt werden.*

sträf|lich ⟨Adj.⟩ [mhd. stræflich = tadelnswert]: *so, dass es eigentlich bestraft werden sollte; unverzeihlich, verantwortungslos:* -er Leichtsinn; eine -e Nachlässigkeit; die Kinder s. vernachlässigen.

Sträf|ling, der; -s, -e (meist emotional abwertend): *Strafgefangene bzw. Strafgefangener.*

Sträf|lings|an|zug, der: *(im Schnitt an einen Pyjama erinnernder) lose hängender, gestreifter Anzug für Sträflinge.*

Straf|man|dat, das: *gebührenpflichtige polizeiliche Verwarnung für einfache Übertretungen (bes. im Straßenverkehr):* ein S. für falsches Parken bekommen.

Straf|maß, das: *Höhe [u. Art] einer Strafe:* das S. für Fahnenflucht; das S. auf 20 Jahre festsetzen.

straf|mil|dernd ⟨Adj.⟩: *das Strafmaß aus bestimmten Gründen mindernd:* -e Umstände; etw. als s. berücksichtigen.

Straf|mil|de|rung, die: *Milderung des Strafmaßes.*

Straf|mi|nu|te, die (Sport): a) (bes. Eishockey, Handball) *Minute, für die ein Spieler wegen einer Regelwidrigkeit vom Spielfeld verwiesen wird;* b) *Minute, die (wegen eines Regelverstoßes o. Ä.) zu der bei einem Wettkampf erzielten Zeit hinzugerechnet wird.*

straf|mün|dig ⟨Adj.⟩ (Rechtsspr.): *alt genug, um für strafbare Handlungen belangt werden zu können.*

Straf|por|to, das: *Nachgebühr.*

Straf|pre|digt, die (ugs.): *Vorhaltungen in strafendem Ton:* jmdm. eine S. halten.

Straf|pro|zess, der: *Prozess* (1), *in dem entschieden wird, ob eine strafbare Handlung vorliegt, u. in dem gegebenenfalls eine Strafe festgesetzt wird.*

Straf|pro|zess|ord|nung, die (Rechtsspr.): *einen Strafprozess regelnde Rechtsvorschriften* (Abk.: StPO).

Straf|punkt, der: *Minuspunkt (für nicht erbrachte Leistungen in einem [sportlichen] Wettkampf).*

Straf|raum, der (bes. Fußball): *abgegrenzter Raum um das Tor, in dem der Torwart besondere Rechte zur Abwehr hat u. Regelwidrigkeiten der verteidigenden Mannschaft bes. streng geahndet werden:* in den S. eindringen.

Straf|recht, das: *Gesamtheit der Rechtsnormen, die bestimmte, für das gesellschaftliche Zusammenleben als schädlich angesehene Handlungen unter Strafe stellen u. die Höhe der jeweiligen Strafe bestimmen.*

Straf|recht|ler, der; -s, -: *Jurist, der auf Strafrecht spezialisiert ist.*

Straf|recht|le|rin, die; -, -nen: w. Form zu ↑Strafrechtler.

straf|recht|lich ⟨Adj.⟩: *das Strafrecht betreffend:* -e Ermittlungen; s. liegt nichts gegen sie vor.

Straf|rechts|re|form, die: *Reform des Strafrechts.*

Straf|re|gis|ter, das: *amtlich geführtes Verzeichnis aller gerichtlich bestraften Personen.*

Straf|rich|ter, der (Rechtsspr.): *Richter in Strafprozessen.*

Straf|rich|te|rin, die: w. Form zu ↑Strafrichter.

Straf|sa|che, die: *Handlung, die Gegenstand eines Strafprozesses ist:* die Verhandlung in der S. ... *(gegen ...).*

Straf|se|nat, der: *für Strafsachen zuständiger Senat* (5).

Straf|stoß, der (Ballspiele, Eishockey): *nach bestimmten schweren Regelverstößen verhängte Strafe, bei der der Ball od. Puck direkt u. ungehindert auf das Tor geschossen werden darf* (z. B. Elfmeter, Siebenmeter, Penalty).

Straf|tat, die: *strafbare Handlung, Delikt:* eine S. begehen.

Straf|tat|be|stand, der (Rechtsspr.): *(gesetzlich festgelegte) Merkmale für die Strafwürdigkeit einer Handlung.*

Straf|tä|ter, der: *jmd., der eine Straftat begangen hat:* jugendliche, rückfällige S.

Straf|tä|te|rin, die: w. Form zu ↑Straftäter.

Straf|um|wand|lung, die (Rechtsspr.): *Umwandlung einer Strafe in eine andere.*

Straf|ver|ei|te|lung, die (Rechtsspr.): *vorsätzliche Verhinderung der Bestrafung eines Straftäters.*

Straf|ver|fah|ren, das: vgl. Strafprozess.

Straf|ver|fol|gung, die (Rechtsspr.): *bei Verdacht auf eine Straftat von der Staatsanwaltschaft veranlasste Ermittlungen.*

Straf|ver|merk, der: *Vermerk im Strafregister.*

straf|ver|schär|fend ⟨Adj.⟩ (Rechtsspr.): *eine Erhöhung des Strafmaßes bewirkend:* -e Umstände; das kam s. noch hinzu.

Straf|ver|schär|fung, die (Rechtsspr.): *Verschärfung einer Strafe.*

straf|ver|set|zen (sw. V.; hat; nur im Inf. u. Part. gebr.): *als Strafe jmdn. (bes. einen Beamten od. Soldaten) auf einen anderen [ungünstigeren] Posten, an einen anderen Ort versetzen:* man hat ihn kurzerhand strafversetzt.

Straf|ver|set|zung, die: *das Strafversetzen; das Strafversetztwerden.*

Straf|ver|tei|di|ger, der: *Rechtsanwalt, der als Verteidiger in Strafprozessen auftritt.*

Straf|ver|tei|di|ge|rin, die: w. Form zu ↑Strafverteidiger.

Straf|ver|zei|gung, die (schweiz.): *Strafanzeige.*

Straf|voll|zug, der: *Vollzug einer Verurteilung zu einer Freiheitsstrafe in einem Gefängnis.*

Straf|voll|zugs|an|stalt, die (Rechtsspr.): *Gefängnis.*

Straf|voll|zugs|be|am|te, der: *Beamter im Strafvollzug; Beamter, der Häftlinge beaufsichtigt.*

Straf|voll|zugs|be|am|tin, die: w. Form zu ↑Strafvollzugsbeamte.

straf|wei|se ⟨Adv.⟩: *aus Gründen der Bestrafung [vorgenommen]:* jmdn. s. ausschließen; (mit Verbalsubstantiv auch attr.:) s. Versetzung.

straf|wür|dig ⟨Adj.⟩ (Rechtsspr.): *eine [gerichtliche] Strafe verdienend:* ein -es Verhalten.

Straf|zeit, die: vgl. Strafminute (a).

Straf|zet|tel, der (ugs.): *Strafmandat:* einen S. bekommen.

Strahl, der; -[e]s, -en [älter auch = Pfeil, mhd. strāl(e), ahd. strāla, eigtl. = Streifen, Strich]: **1.** ⟨Pl. selten⟩ *von einer Lichtquelle in gerader Linie ausgehendes Licht, das dem Auge als schmaler, heller Streifen erscheint; Lichtschein:* die sengenden, glühenden -en der Sonne; die warmen -en der Sonne *(der wärmende Sonnenschein);* ein S. fiel durch den Türspalt, auf sein Gesicht; er richtete den S. der Taschenlampe nach draußen; der Wald lag im ersten S. (geh.; *Licht*) der Sonne; Ü ein S. der Hoffnung lag auf ihrem Gesicht. **2.** ⟨Pl. selten⟩ *aus einer engen Öffnung in Form eines Strahls* (1) *hervorschießende Flüssigkeit:* ein dicker, dünner, kräftiger, scharfer S.; den S. des Gartenschlauchs auf das Beet richten. **3.** ⟨Pl.⟩ (Physik) *sich in einer Richtung geradlinig bewegender Strom materieller Teilchen od. elektromagnetischer Wellen:* radioaktive, ultraviolette -en; die -en brechen sich, werden reflektiert, gebündelt, absorbiert; Radium sendet -en aus. **4.** (Math.) *von einem Punkt ausgehende, ins Unendliche laufende gerade Linie.*

Strah|le|mann, der ⟨Pl. ...männer⟩ (ugs.): *jmd., der immer ein strahlendes Lächeln zeigt.*

strah|len ⟨sw. V.; hat⟩ [urspr. vom Blitz gesagt]: **1.** a) *Lichtstrahlen aussenden; große Helligkeit verbreiten; leuchten:* die Sterne strahlen; das Licht strahlt [hell]; die Sonne strahlt am, vom Himmel; ein strahlend heller Tag; strahlendes *(sonniges)* Wetter; bei strahlendem Sonnen-

S

schein; Ü das ganze Haus strahlt vor Sauberkeit; ⟨1. Part.:⟩ sie ist eine strahlende Schönheit, der strahlende Mittelpunkt; **b)** *glänzen, funkeln:* der Diamant strahlt; ihre Augen strahlten vor Begeisterung. **2.** *sehr froh u. glücklich aussehen:* da strahlte er; vor Freude, Stolz s.; über das ganze Gesicht, über beide Backen s.; ⟨1. Part.:⟩ mit strahlendem Gesicht. **3.** *Strahlen* (3) *aussenden:* radioaktives Material strahlt; strahlende Materie.

sträh|len ⟨sw. V.; hat⟩ [mhd. stræln, ahd. strāljan] (landsch., schweiz. mundartl., sonst veraltet): *(langes Haar) kämmen:* ich strähle [mir] mein Haar; Ü ⟨2. Part.:⟩ besser gestrählte (schweiz.; *wohlhabende*) Leute.

Strah|len|be|hand|lung, die: *Behandlung von Krankheiten durch Bestrahlung, bes. mit ionisierenden Strahlen.*

Strah|len|be|las|tung, die (Med.): *Belastung des Organismus durch Einwirkung ionisierender Strahlen.*

Strah|len|bio|lo|gie, die: *wissenschaftliche Forschungsrichtung, die sich mit den Wirkungen ionisierender Strahlen (z. B. der Röntgenstrahlen) auf Zellen, Gewebe, Organe, Organismus beschäftigt.*

Strah|len|bün|del, das: **1.** (Optik) *Gesamtheit von Lichtstrahlen, die durch eine Blende (2) fallen.* **2.** (Math.) *alle von einem Punkt ausgehenden Geraden.*

Strah|len|do|sis, die (Med.): *Dosis ionisierender Strahlen.*

strah|len|för|mig ⟨Adj.⟩: *geradlinig von einem [zentralen] Punkt ausgehend:* die Wege führen s. vom Schloss weg.

Strah|len|kranz, der: *Kranz von Strahlen:* der S. der Sonne.

Strah|len|quel|le, die (Physik): *Substanz, von der ionisierende Strahlen ausgehen.*

Strah|len|scha|den, der, **Strah|len|schä|di|gung,** die (Physik, Med.): *durch Einwirkung ionisierender Strahlen bes. an lebenden Organismen hervorgerufener Schaden.*

Strah|len|schutz, der: *Vorrichtungen u. Maßnahmen zum Schutz gegen Strahlenschäden.*

Strah|len|the|ra|pie, die (Med.): *therapeutische Anwendung ionisierender Strahlen.*

Strah|len|tier|chen, das: *(in vielen Arten u. Formen vorkommender) mikroskopisch kleiner Einzeller.*

Strah|len|tod, der: *Tod durch Einwirkung ionisierender Strahlen.*

Strah|len|un|fall, der: *Unfall, bei dem Menschen erhöhter radioaktiver Strahlung ausgesetzt sind.*

strah|len|ver|seucht ⟨Adj.⟩: *durch Einwirkung ionisierender Strahlen verseucht.*

Strah|ler, der; -s, -: **1. a)** *Gerät, das Strahlen aussendet;* **b)** kurz für ↑Infrarotstrahler, ↑UV-Strahler. **2.** (Physik) **a)** *Substanz, die Strahlen aussendet; Strahlenquelle;* **b)** *Körper* (3 a), *der [Licht]strahlen reflektiert.* **3.** kurz für ↑Heizstrahler. **4.** (schweiz.) *jmd., der Mineralien sucht [u. verkauft].*

Strah|le|rin, die; -, -nen: w. Form zu ↑Strahler (4).

strah|lig ⟨Adj.⟩: *strahlenförmig angeordnet, verlaufend; radiär:* -e Blüten.

Strahl|kraft, die (geh.): *Ausstrahlung* (b): eine Persönlichkeit von großer S.

Strahl|rohr, das: *rohrförmiges Endstück eines Schlauchs, mit dem Stärke u. Geschwindigkeit des austretenden Wasserstrahls eingestellt werden können.*

Strahl|stär|ke, die: *Stärke einer Strahlung.*

Strahl|trieb|werk, das (Technik): *Triebwerk, bei dem die Antriebskraft durch Ausstoßen eines Strahls von Abgas erzeugt wird; Düsentriebwerk, -aggregat.*

Strah|lung, die; -, -en: **1.** (Physik) **a)** *Ausbreitung von Energie od. Materie in Form von Strahlen, die von einer Strahlenquelle ausgehen:* radioaktive, kosmische, atomare S.; **b)** *von einer Strahlenquelle ausgehende Energie od. Materie:* die S. messen. **2.** ⟨Pl. selten⟩ (seltener) *Wirkung, Ausstrahlung.*

Strah|lungs|ener|gie, die (Physik): *in Form von Strahlung ausgesandte, übertragene od. aufgefangene Energie.*

Strah|lungs|fluss, der (Physik): *Menge der je Zeiteinheit von einer Strahlenquelle ausgesandten Strahlungsenergie.*

Strah|lungs|gür|tel, der (Physik): *gürtelförmig um die Erde liegende Zone mit starker ionisierender Strahlung.*

Strah|lungs|in|ten|si|tät, die (Physik): *Intensität einer Strahlung:* die S. messen.

Strähn, der; -[e]s, -e (österr.): *Strähne* (3).

Strähn|chen ⟨Pl.⟩: *einzelne blondierte, getönte od. gefärbte Strähnen* (1): morgen lasse ich mir S. machen.

Sträh|ne, die; -, -n [mhd. stren(e), ahd. streno, eigtl. = Streifen od. Flechte von Haar, Garn o. Ä., zu ↑Strahl]: **1.** *eine meist größere Anzahl glatter, streifenähnlich liegender od. hängender Haare:* eine graue, blonde, lockige S.; ein paar -n fielen ihr in die Stirn; sie ließ sich eine S. heller tönen. **2.** *Reihe von Ereignissen, die für jmdn. alle günstig od. ungünstig sind; Phase:* eine gute, glückliche, unglückliche S. haben. **3.** (landsch.) *zu einem Bündel abgepackte Wolle; Strang* (2 a): fünf -n Wolle.

sträh|nen ⟨sw. V.; hat⟩ (selten): *in Strähnen* (1) *legen, zu Strähnen formen:* jmdm., sich die Haare s.; vom Wasser gesträhntes Haar.

sträh|nig ⟨Adj.⟩: *(bes. von jmds. Haar) Strähnen bildend, in Form von Strähnen [herabhängend]:* -es Haar.

straight [streɪt] ⟨Adj.⟩ [engl., eigtl. = gerade, aufrecht]: **1.** (Jargon) *heterosexuell.* **2.** *geradlinig, konsequent:* er ist -er als ich. **3.** *(eine Melodie) notengetreu, ohne Variation od. Improvisation spielend.*

Stral|sund [auch: –'–]: Hafenstadt an der Ostsee.

Stra|min, der; -s, (Arten:) -e [aus dem Niederd. < niederl. stramien < mniederl. st(r)amijn < afrz. estamin(e), zu lat. stamineus = faserig; eigtl. = grobes Gespinst]: *appretiertes Gittergewebe für [Kreuz]stickerei.*

stramm ⟨Adj.⟩ [aus dem Niederd. < mniederd. stram = gespannt, steif, aufrecht, wohl zu ↑starren]: **1.** *etw., bes. den Körper, fest umschließend; straff:* ein -es Gummiband; den Gürtel s. ziehen; das Hemd, die Hose sitzt [zu] s. **2.** *kräftig gebaut u. gesund, kraftvoll aussehend:* ein -er Junge; ein -es Kind; einen -en Körper, -e Beine, Waden haben. **3.** *mit kraftvoll angespannten Muskeln gerade aufgerichtet:* eine -e Haltung annehmen; eine -e *(zackige)* Kehrtwendung machen. **4.** *energisch u. forsch; nicht nachgiebig; streng:* hier herrscht -e Disziplin; ein -er (ugs.; *engagierter u. linientreuer*) Marxist; ein -er (ugs.; *strenggläubiger*) Katholik; s. rechts sein. **5.** (ugs.) *tüchtig; zügig u. ohne zu rasten:* -er *(kräftiger u. anhaltender)* Applaus; s. zu tun haben; s. marschieren.

stram|men ⟨sw. V.; hat⟩: **1.** *stramm machen, fest spannen:* eine Brise strammte den Fallschirm. **2.** ⟨s. + sich⟩ (veraltend) *stramm* (3) *werden, sich aufrichten.*

Stramm|heit, die; -: *das Strammsein.*

stramm|ste|hen ⟨unr. V.; hat; südd., österr., schweiz. auch: ist⟩: *(bes. von Soldaten) in strammer* (3) *Haltung stehen:* vor dem Major s.; Ü vor seiner Frau muss er s.

stramm|zie|hen ⟨unr. V.; hat⟩: in der Wendung * **jmdm. den Hosenboden s.** (↑Hosenboden).

Stram|pel|an|zug, der: *Strampelhose mit langärmligem Oberteil.*

Stram|pel|hös|chen, das, **Stram|pel|ho|se,** die: *Hose für ein Baby mit Beinlingen u. einem Oberteil, das über den Schultern mit Trägern geschlossen wird.*

stram|peln ⟨sw. V.⟩ [wohl Iterativbildung zu mniederd. strampen = mit den Füßen stampfen, H. u.]: **1.** *mit den Beinen heftige, zappelnde, lebhafte Bewegungen machen* ⟨hat⟩: im Schlaf s.; das Baby strampelt [vor Vergnügen]. **2.** (ugs.) *(mit dem Rad) fahren* ⟨ist⟩: jeden Tag 20 km s.; durch die Gegend, nach Süden, zur Arbeit s.; bergauf mussten sie ganz schön s.; Radler strampeln *(demonstrieren radfahrenderweise)* heute für mehr Radwege. **3.** (ugs.) *sich sehr anstrengen, bemühen (um zu einem bestimmten Ziel, Erfolg zu gelangen)* ⟨hat⟩: ganz schön s. müssen; wir hatten noch sehr zu s., bis uns der Sieg sicher war.

Stram|pel|sack, der: *durchgehendes, aus einem jackenartigen Oberteil u. einem wie ein Sack geschnittenen Unterteil bestehendes Kleidungsstück für ein Baby.*

stramp|fen ⟨sw. V.; hat⟩ [H. u.] (österr.): *(mit dem Fuß) stampfen:* den Schmutz von den Schuhen s.

Stramp|ler, der; -s, -: *Strampelanzug, -hose.*

Strand, der; -[e]s, Strände [mhd., mniederd. strant, eigtl. wohl = Streifen, zu ↑Strahl]: *flacher, sandiger od. kiesiger Rand eines Gewässers, bes. des Meeres (der je nach Wasserstand von Wasser bedeckt sein kann):* ein breiter, schmaler, steiniger S.; sonnige, überfüllte, verschmutzte Strände; der S. der Ostsee; sie gehen an den S. *(Badestrand)*; am S. in der Sonne liegen; die Boote liegen am, auf dem S.; das Schiff ist auf [den] S. gelaufen, geraten; (Seemannsspr.:) der Kapitän setzte das leckgeschlagene Schiff auf [den] S.

Strand|an|zug, der: *leichter, luftiger Anzug, der im Sommer am Strand getragen wird.*

Strand|bad, das: *an einem Fluss od. einem See gelegene Badeanstalt mit Badestrand.*

Strand|burg, die: *am Strand gebauter kreisförmiger Wall aus Sand:* eine S. bauen; in der S. liegen und sich sonnen.

Strand|ca|fé, das: *am Strand gelegenes Café.*

stran|den ⟨sw. V.; ist⟩ [1: spätmhd. stranden]: **1.** *auf Grund laufen u. festsitzen:* der Tanker ist vor der Küste gestrandet; Ü sie war in Linz gestrandet. **2.** (geh.) *mit etw. keinen Erfolg haben, scheitern:* in einem Beruf s.; die Regierung ist mit ihrer Politik gestrandet.

Strand|gras|nel|ke, die: *an Meeresstränden wachsende Grasnelke mit kleinen lila od. rosa Blüten.*

Strand|gut, das ⟨o. Pl.⟩: *vom Meer an den Strand gespülte Gegenstände (meist von gestrandeten Schiffen).*

Strand|ha|fer, der: *(zu den Süßgräsern gehörendes) weißlich grünes Gras mit steifen Stängeln, seitlich eingerollten Blättern u. gelben Ähren, das häufig zur Befestigung von Dünen angepflanzt wird.*

Strand|hau|bit|ze: in der Wendung **voll/betrunken/blau wie eine S. sein** (ugs.; *völlig betrunken sein*).

Strand|ho|tel, das: *am Strand gelegenes Hotel.*

Strand|kleid, das: vgl. Strandanzug.

Strand|korb, der: *nach oben u. allen Seiten geschlossene u. nur nach vorn offene, mit einem bankartigen Teil versehene Sitzgelegenheit aus Korbgeflecht, die am Strand aufgestellt wird u. in die sich jmd. zum Schutz gegen Wind od. Sonne hineinsetzen kann.*

Strand|läu|fer, der: **1.** *(in vielen Arten an Meeresstränden vorkommende) kurzbeinige Schnepfe mit oberseits grauem od. braunem, unterseits weißlichem Gefieder.* **2. a)** *jmd., der am Strand spazieren geht;* **b)** *jmd., der am Strand lebt, dort seine Geschäfte betreibt.*

Strand|läu|fe|rin, die: w. Form von ↑Strandläufer (2).

Strand|le|ben, das: *das Treiben im Sommer am Badestrand.*

Strand|pro|me|na|de, die: *am Strand entlangführende Promenade* (1).

Strand|räu|ber, der: *jmd., der Strandgut raubt.*

Strand|räu|be|rin, die: w. Form zu ↑Strandräuber.

Strand|see, der: *im Küstengebiet liegender See, der durch eine völlige Abschnürung eines Haffs vom offenen Meer entstanden ist.*

Strand|se|geln, das; -s (Sport): *Segeln auf dem Sandstrand mit einem bootsähnlichen Fahrzeug mit drei od. vier Rädern.*

Stran|dung, die; -, -en: *das Stranden.*

Strand|wa|che, die: *Wache am Strand bei drohender Sturmflut.*

Strang, der; -[e]s, Stränge [mhd., ahd. stranc, eigtl. = der Zusammengedrehte]: **1. a)** *Seil, Strick:* die Glocke wird noch mit einem S. geläutet; jmdn. zum Tode durch den S. (geh.: *zum Tode durch Erhängen*) verurteilen; **b)** *Leine (als Teil des Geschirrs von Zugtieren), an der das Tier den Wagen zieht:* die Pferde legten sich mächtig in die Stränge *(begannen kräftig zu ziehen);* * **wenn alle Stränge reißen** (ugs.; *im Notfall, wenn es keine andere Möglichkeit gibt*): wenn alle Stränge reißen, kommen Sie zu mir; **an einem/am gleichen/an demselben S. ziehen** *(das gleiche Ziel verfolgen);* **über die Stränge schlagen/hauen** (ugs.; *die Grenze des Üblichen u. Erlaubten auf übermütige, forsche, unbekümmerte Weise überschreiten;* urspr. vom Ausschlagen eines unruhigen Pferdes über den Zugstrang hinaus). **2. a)** *Bündel von [ineinander verschlungenen] Fäden o. Ä.:* 4 Stränge Garn; **b)** *in der Art eines Strangs* (1 a) *Zusammengedrehtes, Zusammengepresstes o. Ä.:* verschiedene Stränge der Muskeln, Sehnen, Nerven; zwei dünne Stränge Hefeteig; **c)** (Elektrot.) *Teil der Wicklung einer elektrischen Maschine.* **3.** *etw., was sich linienartig in gewisser Länge über etw. hin erstreckt* (z. B. Schienen, eine Rohrleitung): in diesem Tunnel liegt ein S. der Untergrundbahn; ein toter S. *(ein nicht befahrenes Gleis);* Ü der wichtigste S. des Dramas, des Romans; die Handlung des Films besteht aus mehreren Strängen.

Stran|ge, die; -, -n (schweiz.): *Strang* (2 a): eine S. Wolle.

strang|för|mig ⟨Adj.⟩: *in der Form eines Strangs.*

Stran|gu|la|ti|on, die; -, -en [lat. strangulatio, zu: strangulare, ↑strangulieren]: **1.** *das Strangulieren; das Stranguliertwerden:* Tod durch S. **2.** (Med.) *Abschnürung, Abklemmung von Abschnitten des Darms.*

stran|gu|lie|ren ⟨sw. V.; hat⟩ [lat. strangulare < griech. straggaláein, verw. mit ↑Strang]: *durch Zuschnüren, Zudrücken der Luftröhre töten; erdrosseln:* das Kind hätte sich an den Gitterstäben fast stranguliert; die Frau war mit einem Kabel stranguliert worden.

Stran|gu|lie|rung, die; -, -en: *Strangulation* (1, 2).

Stra|pa|ze, die; -, -n [ital. strapazzo, zu: strapazzare, ↑strapazieren]: *große [körperliche], über einige Zeit sich erstreckende Anstrengung:* die -n der letzten Nacht, des Krieges; es ist eine S. *(es ist anstrengend),* ihr zuhören zu müssen; große -n aushalten, auf sich nehmen, ertragen, überstehen; keine S. scheuen; den -n einer solchen Reise nicht mehr gewachsen sein; sich von den -n erholen.

stra|paz|fä|hig ⟨Adj.⟩ (österr.): *strapazierfähig.*

Stra|paz|fä|hig|keit, die ⟨o. Pl.⟩ (österr.): *Strapazierfähigkeit.*

stra|pa|zier|bar ⟨Adj.⟩: *sich strapazieren* (1, 2 a) *lassend:* ein -er Stoff.

Stra|pa|zier|bar|keit, die; -: *das Strapazierbarsein.*

stra|pa|zie|ren ⟨sw. V.; hat⟩ [ital. strapazzare = überanstrengen, H. u.]: **1.** *stark beanspruchen, (bei der Benutzung) nicht schonen; abnutzen:* seine Kleider, seine Schuhe [stark] s.; bei dieser Rallye werden die Autos sehr strapaziert; die tägliche Rasur strapaziert die Haut; Ü strapazierte *(immer wieder verwendete)* Parolen; diese Ausrede ist schon zu oft strapaziert *(benutzt)* worden. **2. a)** *auf anstrengende Weise in Anspruch nehmen:* die Kinder strapazieren die Mutter, die Nerven des Vaters; diese Reise würde ihn zu sehr s.; Ü jmds. Geduld s. (ugs.; *auf eine harte Probe stellen*); **b)** ⟨s. + sich⟩ *sich [körperlich] anstrengen, sich nicht schonen:* ich habe mich so strapaziert, dass ich krank geworden bin.

stra|pa|zier|fä|hig ⟨Adj.⟩: *für strapazierende Benutzung geeignet; starke Beanspruchung vertragend:* -es Material; -e Hosen, Schuhe.

Stra|pa|zier|fä|hig|keit, die ⟨o. Pl.⟩: *das Strapazierfähigsein.*

Stra|pa|zie|rung, die; -, -en: *das Strapazieren.*

stra|pa|zi|ös ⟨Adj.⟩ [geb. mit französierender Endung]: *mit Strapazen verbunden; anstrengend, beschwerlich:* eine -e Wanderung, Arbeit; sie hat einen -en Alltag; die beiden sind sehr s. *(anstrengend).*

Straps [ʃt..., st...], der; -es, -e [engl. straps, Pl. von: strap = Riemen, Gurt, Nebenf. von: strop = (Streich)riemen]: **a)** *Strumpfhalter:* Strumpfhalter mit -en; **b)** *[schmaler] Hüftgürtel mit Strapsen* (a).

Stras|bourg [stras'bu:r]: frz. Form von ↑Straßburg.

Strass, der; - u. -es, -e [nach dem frz. Juwelier G. F. Stras (1700–1773)]: **a)** ⟨o. Pl.⟩ *aus bleihaltigem Glas mit starker Lichtbrechung hergestelltes glitzerndes Material bes. für Nachbildungen von Edelsteinen:* Knöpfe aus S.; **b)** *aus Strass* (a) *hergestellte Nachbildung eines Edelsteins:* eine Jacke mit -en besticken.

straß|ab ⟨Adv.⟩: vgl. straßauf.

straß|auf ⟨Adv.⟩: in der Verbindung **s., straßab/s. und straßab** (geh.; *überall in den Straßen, durch viele Straßen*): ich bin s., straßab gelaufen, um dich zu finden.

Straß|burg: französische Stadt am Rhein.

Sträß|chen, das; -s, -: Vkl. zu ↑Straße.

Stra|ße, die; -, -n [mhd. strāʒe, ahd. strāʒ(ʒ)a < spätlat. strata (via) = gepflastert(er Weg), zu lat. stratum, 2. Part. von: sternere = ausbreiten; bedecken; ebnen]: **1.** *(bes. in Städten, Ortschaften gewöhnlich aus Fahrbahn u. zwei Gehsteigen bestehender) befestigter Verkehrsweg für Fahrzeuge u. (bes. in Städten, Ortschaften) Fußgänger:* eine schmale, breite, belebte, laute, holprige, gepflasterte, kurvenreiche, gut ausgebaute, verstopfte, wenig befahrene, regennasse S.; die S. vom Bahnhof zum Hotel, von Potsdam nach Berlin; die S. ist glatt, ansteigend, abschüssig, schwarz von Menschen, menschenleer; die S. wurde nach einer Ehrenbürgerin benannt; diese S. kreuzt eine andere; die S. führt über den Pass, zum Rathaus, nach Cottbus, zum Strand; die S. schlängelt sich durch das Tal; die S. biegt links ab; die S. überqueren, sperren, fegen, kehren; die S. entlanggehen; links der S. standen Bäume; auf die S. laufen, treten; durch die -n bummeln, schlendern, gehen; in einer ruhigen S. wohnen; das Hotel liegt, ist in der Berliner S.; bei Rot über die S. gehen; er notierte S. und Hausnummer; das Haus liegt dicht an der S.; auf offener S. *(vor den Augen aller, die sich auf einer Straße befinden);* ein junges Mädchen durfte früher nicht allein auf die S. *(nach draußen);* bei Dunkelheit trauten sie sich nicht mehr auf die S. *(nach draußen);* das Fenster, Zimmer geht auf die, zur S. *(liegt zur Straßenseite);* mit dem Auto auf der S. liegen bleiben *(eine Panne haben);* Verkauf [auch] über die S. *(zum Verzehr außerhalb des Lokals o. Ä.);* der Umstieg von der S. auf die Schiene *(vom Straßen- auf den Schienenverkehr);* er wurde von der S. weg *(als er sich auf der Straße befand)* verhaftet; dem Druck der S. *(der in Demonstrationen, Protestaktionen sich artikulierenden Meinung)* nachgeben; den Ausdruck hast du wohl auf der S. *(von Leuten, die sich draußen herumtreiben u. sich derb ausdrücken)* gelernt; Jugendliche von der S. holen *(dafür sorgen, dass sie sich nicht mehr draußen herumtreiben);* Ü auf der S. des Glücks, des Erfolgs; * **mit jmdm., etw. die S. pflastern können** (ugs.; *in viel zu großer Zahl, überreichlich vorhanden sein*); **jmdn. auf die S. setzen/werfen** (ugs.: 1. *jmdn. [nach dessen Meinung unberechtigterweise] aus seiner Stellung entlassen.* 2. *jmdm. [nach dessen Meinung unberechtigterweise] seine Wohnung, sein Zimmer kündigen*); **auf der S. liegen/sitzen/stehen** (ugs.: 1. *ohne Stellung, arbeitslos sein.* 2. *ohne Wohnung sein, keine Bleibe mehr haben*); **auf die S. gehen** (ugs.: 1. *demonstrieren:* für seine Überzeugungen auf die S. gehen. 2. *als Straßenmädchen der Prostitution nachgehen*); **jmdn. auf die S. schicken** (ugs.; *der Straßenprostitution nachgehen lassen*). **2.** ⟨o. Pl.⟩ *Menschen, die in einer Straße wohnen:* die ganze S. hat Angst. **3.** *Meerenge:* die S. von Gibraltar.

Stra|ßen|ab|schnitt, der: *Teilstück einer Straße.*

Stra|ßen|an|zug, der: *in der Öffentlichkeit zu tragender Herrenanzug für den Alltag.*

Stra|ßen|ar|beit, die: **1.** ⟨Pl.⟩: *[Ausbesserungs]arbeiten an einer Straße, an Straßen:* die Durchfahrt ist wegen S. gesperrt. **2.** *Streetwork.*

Stra|ßen|ar|bei|ter, der: **1.** *jmd., der Straßenarbeiten durchführt.* **2.** *Streetworker.*

Stra|ßen|ar|bei|te|rin, die: w. Form zu ↑Straßenarbeiter.

Stra|ßen|bahn, die: *schienengebundenes, mit elektrischer Energie betriebenes Verkehrsmittel für den Stadtverkehr:* die S. nehmen; auf die S. warten; in die S. steigen; mit der S. fahren.

Stra|ßen|bahn|fah|rer, der: **1.** *Führer einer Straßenbahn.* **2.** *jmd., der die Straßenbahn benutzt.*

Stra|ßen|bahn|fah|re|rin, die: w. Form zu ↑Straßenbahnfahrer.

Stra|ßen|bahn|hal|te|stel|le, die: *Haltestelle für Straßenbahnen.*

Stra|ßen|bahn|wa|gen, der: *Wagen der Straßenbahn.*

Stra|ßen|ban|kett, das: [2]*Bankett.*

Stra|ßen|bau, der ⟨o. Pl.⟩: *das Bauen von Straßen.*

Stra|ßen|bau|amt, das: *für den Straßenbau zuständiges Amt.*

Stra|ßen|be|kannt|schaft, die: *Person, die jmd. auf der Straße kennen gelernt hat.*

Stra|ßen|be|lag, der: *Material (z. B. Teer, Schotter) als Bestandteil der Oberfläche einer Straße.*

Stra|ßen|be|leuch|tung, die: *Beleuchtung einer Straße.*

Stra|ßen|be|nut|zungs|ge|bühr, die: *Straßenzoll.*

Stra|ßen|bild, das: *Bild* (2), *das die Straße bietet, wie es sich in gewohnter, charakteristischer Weise darstellt:* etw. belebt das S., passt nicht ins S., gehört zum S.

Stra|ßen|bord, das (schweiz.): *Straßenrand.*

Stra|ßen|bö|schung, die: *Böschung seitlich einer Straße.*

Stra|ßen|ca|fé, das: *Café an einer Straße, in einer Fußgängerzone, bei dem der Gast auch draußen sitzen kann.*

Stra|ßen|dea|ler, der: *(häufig drogenabhängiger) Dealer, der Rauschgift auf der Straße, an öffentlichen Plätzen verkauft.*

Stra|ßen|dea|le|rin, die: w. Form zu ↑Straßendealer.

Stra|ßen|de|cke, die: vgl. Straßenbelag.

Stra|ßen|dorf, das: *Dorf, dessen Häuser alle an einer Straße liegen.*

Stra|ßen|dreck, der (ugs.): *Straßenschmutz.*

Stra|ßen|ecke, die: *von zwei sich schneidenden Straßen [u. zwei einen Winkel formenden Häuserzeilen] gebildete Ecke:* an der S. warten, stehen; das gibt es an jeder S.! (ugs. emotional verstärkend; *überall*).

Stra|ßen|fah|rer, der (Radsport): *Radfahrer, der Straßenrennen fährt.*

Stra|ßen|fah|re|rin, die: w. Form zu ↑Straßenfahrer.

Stra|ßen|fe|ger, der: **1.** (regional) *jmd., der beruflich die Straßen u. Plätze einer Stadt sauber hält.* **2.** (ugs. scherzh.) *Fernsehsendung, die so beliebt ist, dass während der Sendezeit kaum jemand unterwegs ist, die Straßen wie leer gefegt sind.*

Stra|ßen|fe|ge|rin, die; -, -nen: w. Form zu ↑Straßenfeger (1).

Stra|ßen|fest, das: *auf Straßen u. Plätzen gefeiertes Fest.*

Stra|ßen|füh|rung, die: *(durch Planung festgelegter) Verlauf einer Straße.*

Stra|ßen|glät|te, die: *(bes. durch Eis, Schnee, Reif) auf der Straße entstandene Glätte:* Vorsicht, S.!; erhöhte Gefahr von S.

Stra|ßen|gra|ben, der: *entlang der Straße verlaufender Graben:* in den S. fahren; das Auto landete im S.

Stra|ßen|han|del, der: *auf öffentlichen Straßen u. Plätzen stattfindender Handel.*

Stra|ßen|händ|ler, der: *jmd., der Straßenhandel treibt.*
Stra|ßen|händ|le|rin, die: w. Form zu ↑Straßenhändler.
Stra|ßen|jun|ge, der (oft abwertend): *sich viel auf der Straße aufhaltender Junge; Gassenjunge.*
Stra|ßen|kampf, der ⟨oft Pl.⟩: *auf Straßen u. Plätzen ausgetragener Kampf:* Straßenkämpfe zwischen der Polizei und Demonstranten.
Stra|ßen|kar|ne|val, der: *Karnevalstreiben auf den Straßen.*
Stra|ßen|kar|te, die: *Landkarte, die über [Land]straßen u. Autobahnen orientiert.*
Stra|ßen|keh|rer, der; -s, - (regional): *Straßenfeger* (1).
Stra|ßen|keh|re|rin, die; -, -nen: w. Form zu ↑Straßenkehrer.
Stra|ßen|kind, das: 1. ⟨meist Pl.⟩ *(bes. in der 3. Welt) auf den Straßen einer Großstadt lebendes Kind, das kein Zuhause hat u. sich von Betteln, Diebstählen, kleineren Dienstleistungen u. Ä. ernährt.* 2. (oft abwertend) vgl. Straßenjunge.
Stra|ßen|kö|ter, der (abwertend): *Hund, der auf der Straße umherstreunt.*
Stra|ßen|kreu|zer, der (ugs.): *besonders großer, breiter Personenkraftwagen.*
Stra|ßen|kreu|zung, die: *Kreuzung zweier od. mehrerer Straßen.*
Stra|ßen|kri|mi|na|li|tät, die: *Gesamtheit der Straftaten, die in der Öffentlichkeit, auf der Straße (d. h. in einem jedermann zugänglichen Bereich) begangen werden.*
Stra|ßen|kunst, die: *auf öffentlichen Straßen u. Plätzen von Pflastermalern, Straßenmusikanten, Artisten o. Ä. dargebotene Kunst.*
Stra|ßen|künst|ler, der: *jmd., der Straßenkunst betreibt.*
Stra|ßen|künst|le|rin, die: w. Form zu ↑Straßenkünstler.
Stra|ßen|la|ge, die: *Fahreigenschaften eines Kraftfahrzeugs, bes. in Kurven u. auf schlechter Strecke.*
Stra|ßen|lam|pe, die: *(an einem Pfahl, einer Hauswand o. Ä. fest angebrachte) Lampe zur Beleuchtung der Straße bei Dunkelheit.*
Stra|ßen|lärm, der: *durch den Straßenverkehr verursachter Lärm.*
Stra|ßen|la|ter|ne, die: *Laterne zur Beleuchtung der Straße bei Dunkelheit.*
Stra|ßen|mäd|chen, das (ugs., oft abwertend): *junge Frau, die der Straßenprostitution nachgeht.*
Stra|ßen|meis|ter, der: *Vorsteher einer Straßenmeisterei.*
Stra|ßen|meis|te|rei, die: *Dienststelle, die für die Erhaltung u. Erneuerung der Straßen zuständig ist.*
Stra|ßen|meis|te|rin, die: w. Form zu ↑Straßenmeister.
Stra|ßen|mu|si|kant, der: *jmd., der auf der Straße musiziert [um dadurch Geld zu verdienen].*
Stra|ßen|mu|si|kan|tin, die: w. Form zu ↑Straßenmusikant.
Stra|ßen|na|me, der: *Name einer Straße in einer Stadt, Ortschaft.*
Stra|ßen|netz, das: *Gesamtheit der Straßen eines Gebietes.*
Stra|ßen|pas|sant, der: *Passant* (1).
Stra|ßen|pas|san|tin, die: w. Form zu ↑Straßenpassant.
Stra|ßen|pflas|ter, das: *Pflaster einer Straße.*
Stra|ßen|pros|ti|tu|ti|on, die: *Form der Prostitution, bei der Prostituierte sich auf der Straße anbieten.*
Stra|ßen|rand, der: *Rand einer Straße:* am S. halten, stehen.
Stra|ßen|raub, der: *Raub auf offener Straße.*
Stra|ßen|räu|ber, der: *jmd., der Straßenraub verübt.*
Stra|ßen|räu|be|rin, die: w. Form zu ↑Straßenräuber.
Stra|ßen|rei|ni|gung, die: 1. *das Reinigen öffentlicher Straßen u. Plätze, bes. in Städten u. Ortschaften.* 2. *für die Straßenreinigung* (1) *zuständige Dienststelle.*
Stra|ßen|ren|nen, das (bes. Radsport): *auf der Straße stattfindendes [Rad]rennen.*
Stra|ßen|samm|lung, die: *auf der Straße durchgeführte Sammlung* (1).
Stra|ßen|schild, das: **a)** *[an Straßenecken angebrachtes] Schild mit dem Namen der Straße;* **b)** (ugs.) *Wegweiser [mit Entfernungsangabe];* **c)** (ugs.) *Verkehrszeichen.*
Stra|ßen|schlacht, die: *auf Straßen u. Plätzen ausgetragener, heftiger, längere Zeit anhaltender Kampf.*
Stra|ßen|schlucht, die: *von einer Straße mit lückenlos aneinander gereihten Hochhäusern o. Ä. gebildeter Einschnitt; Häuserschlucht.*
Stra|ßen|schmutz, der: *auf der Straße befindlicher, von der Straße stammender Schmutz.*
Stra|ßen|schuh, der: *zum Gehen auf der Straße geeigneter Schuh.*
Stra|ßen|sei|te, die: **a)** *Seite* (2 a) *einer Straße:* auf der anderen S. **b)** *zur Straße gelegene Seite eines Gebäudes:* das Fenster ging zur S.
Stra|ßen|si|gnal, das (schweiz.): *Verkehrszeichen.*
Stra|ßen|sper|re, die: *auf der Straße aufgestelltes Hindernis:* eine S. errichten, durchbrechen.
Stra|ßen|sper|rung, die: *das Sperren, Gesperrtsein einer Straße.*
Stra|ßen|staub, der: vgl. Straßenschmutz.
Stra|ßen|strich, der (salopp): *Strich.* (9 a)
Stra|ßen|the|a|ter, das: **a)** ⟨o. Pl.⟩ *(oft politisch engagiertes) auf Straßen u. Plätzen aufgeführtes Theater;* **b)** *Truppe, die Straßentheater* (a) *macht.*
Stra|ßen|tun|nel, der: *Tunnel, durch den eine Straße verläuft:* der S. am Gotthard.
Stra|ßen|ver|bin|dung, die: vgl. Verkehrsverbindung.
Stra|ßen|ver|hält|nis|se ⟨Pl.⟩: *die Straße betreffende Verhältnisse* (4): trotz schlechter S.
Stra|ßen|ver|kauf, der: 1. vgl. Straßenhandel. 2. *Verkauf über die Straße.*
Stra|ßen|ver|kehr, der: *Verkehr auf den Straßen:* auf den S. achten.
Stra|ßen|ver|kehrs|ord|nung, die: *Gesamtheit der Verordnungen, die das Verhalten der Verkehrsteilnehmer auf öffentlichen Straßen regeln;* Abk.: StVO.
Stra|ßen|ver|kehrs|recht, das ⟨o. Pl.⟩: *Gesamtheit der Vorschriften, die die Benutzung der öffentlichen Straßen, Wege u. Plätze durch Fahrzeuge u. Fußgänger regeln.*
Stra|ßen|wal|ze, die: *im Straßenbau verwendete Baumaschine zum Walzen der Straßendecke.*
stra|ßen|wei|se ⟨Adv.⟩: *nach Straßen [geordnet], Straße für Straße:* die Müllabfuhr erfolgt s.
Stra|ßen|wi|scher, der (schweiz.): *Straßenfeger* (a).
Stra|ßen|wi|sche|rin, die; -, -nen: w. Form zu ↑Straßenwischer.
Stra|ßen|zoll, der: *für die Benutzung einer Straße (z. B. Passstraße) zu entrichtende Gebühr; Maut* (a).
Stra|ßen|zug, der: *Straße mit Häuserreihen:* ganze Straßenzüge werden saniert.
Stra|ßen|zu|stand, der: *Zustand der Straßen im Hinblick auf ihre Befahrbarkeit (z. B. bei winterlicher Witterung).*
Stra|ßen|zu|stands|be|richt, der: vgl. Wetterbericht.
Sträß|lein, das; -s, -: Vkl. zu ↑Straße.
Stra|te|ge [ʃt..., st...], der; -n, -n [frz. stratège < griech. stratēgós, zu: stratós = Heer u. ágein = führen]: *jmd., der nach einer bestimmten Strategie, strategisch vorgeht.*
Stra|te|gie, die; -, -n [frz. stratégie < griech. stratēgía]: *genauer Plan des eigenen Vorgehens, der dazu dient, ein militärisches, politisches, psychologisches o. ä. Ziel zu erreichen, u. in dem man diejenigen Faktoren, die in die eigene Aktion hineinspielen könnten, von vornherein einzukalkulieren versucht:* die richtige, falsche S. anwenden; eine S. des Überlebens, zur Lärmbekämpfung ausarbeiten.
Stra|te|gie|dis|kus|si|on, die: *Diskussion über die zu wählende Strategie.*
Stra|te|gie|pa|pier, das: *Papier* (2), *das eine Strategie darlegt.*
Stra|te|gin, die; -, -nen: w. Form zu ↑Stratege.
stra|te|gisch ⟨Adj.⟩ [frz. stratégique < griech. stratēgikós]: *die Strategie betreffend, auf ihr beruhend:* -e Fragen; unter -en Gesichtspunkten; eine s. wichtige Brücke; -e (Wirtsch.; *langfristige, im Groben festgelegte*) Planung; s. handeln; -e Waffen (Milit.; *Waffen von größerer Sprengkraft u. Reichweite*); -e Güter (Wirtsch.; *für militärische, industrielle u. zivile Bedürfnisse notwendige Güter, die in einem Land nicht [in ausreichendem Maße] vorhanden sind*).
Stra|to|sphä|re, die; - (Met.): *mittlere Schicht der Erdatmosphäre (etwa zwischen 11 u. 50 km Höhe).*
stra|to|sphä|risch ⟨Adj.⟩: *zur Stratosphäre gehörend, in ihr befindlich, vorgehend.*
sträu|ben ⟨sw. V.; hat⟩ [mhd. strūben, ahd. strūbēn = rau machen, zu mhd. strūp = emporstarrend, rau]: 1. **a)** *(von Fell, Gefieder o. Ä.) machen, dass sich etw. [senkrecht, nach allen Seiten] aufstellt:* die Federn s.; der Hund sträubt das Fell; **b)** ⟨s. + sich⟩ *(von Fell, Gefieder o. Ä.) sich aufrichten:* das Fell, das Gefieder sträubt sich; der Katze sträubt sich das Fell; vor Angst sträubten sich ihr die Haare; bei diesen Geschichten sträuben sich einem die Haare *(ist man entsetzt).* 2. ⟨s. + sich⟩ *sich [einer Sache] widersetzen, sich [gegen etw.] wehren:* sich lange, heftig s.; sich mit allen Mitteln, mit Händen und Füßen gegen etw. s.; Ü die Feder sträubt sich, dies zu beschreiben.
Strauch, der; -[e]s, Sträucher [mhd. (md.) strūch, H. u., viell. verw. mit ↑starren u. eigtl. wohl = Emporstarrendes]: *Pflanze mit mehreren an der Wurzel beginnenden, holzigen Zweigen; Busch.*
strauch|ar|tig ⟨Adj.⟩: *einem Strauch ähnlich.*
Strauch|dieb, der (veraltet abwertend, noch als Schimpfwort gebr.): *herumstreifender, sich in Gebüschen versteckt haltender Dieb:* du siehst ja aus wie ein S. (ugs.; *abgerissen, zerlumpt*); wir wurden als Betrüger und -e beschimpft.
Strauch|die|bin, die: w. Form zu ↑Strauchdieb.
strau|cheln ⟨sw. V.; ist⟩ [spätmhd. (md.) strūcheln, wahrscheinlich Intensivbildung zu mhd. strūchen, ahd. strūchōn = anstoßen, stolpern, viell. eigtl. = über einen Strauch, die Wurzeln eines Strauchs fallen]: 1. (geh.) *im Gehen mit dem Fuß unabsichtlich an etw. anstoßen u. in Gefahr kommen zu fallen:* er strauchelte auf die Fahrbahn. 2. **a)** *scheitern, sein Ziel nicht erreichen:* die Mannschaft ist gegen einen Außenseiter gestrauchelt; die Partei strauchelte an der 5 %-Hürde; **b)** *auf die schiefe Bahn geraten:* in der Großstadt s.; gestrauchelte Jugendliche.
strau|chig ⟨Adj.⟩: 1. *mit Sträuchern bestanden:* ein -er Abhang. 2. *in Form eines Strauches [wachsend]:* ein -es Gewächs.
Sträuch|lein, das; -s, -: Vkl. zu ↑Strauch.
Strauch|werk, das: **a)** *Gesträuch* (a); **b)** *von Sträuchern abgeschlagene Zweige, Äste; Gesträuch* (b).
¹Strauß, der; -es, Sträuße [urspr. = Federbusch (bei Vögeln u. auf Helmen), wahrsch. eigtl. = Hervorstehendes, verw. mit ↑strotzen]: *zusammengebundene od. -gestellte abgeschnittene od. gepflückte Blumen, Zweige o. Ä.:* ein frischer, verwelkter, duftender, bunter S.; den S. [Veilchen] in die Vase stellen; jmdm. einen S. weißen Flieder/(geh.:) weißen Flieders schicken, überreichen.
²Strauß, der; -es, -e [mhd. strūʒ(e), ahd. strūʒ < spätlat. struthio < griech. strouthíōn, für: strouthós (mégas) = (großer) Vogel, ²Strauß, H. u.]: *(in den Steppen Afrikas u. Vorderasiens lebender) großer, flugunfähiger Laufvogel mit langem, nacktem Hals, kräftigem Rumpf, hohen Beinen u. schwarz-weißem bis graubraunem Gefieder:* er steckt den Kopf in den Sand wie der Vogel S. *(verschließt seine Augen vor etw. Unangenehmem).*

[3]**Strauß,** der; -es, Sträuße [mhd. strūȝ, verw. mit: striuȝen = sträuben, spreizen]: **1.** (veraltet) *Kampf.* **2.** (veraltend) *Auseinandersetzung, Streit, Kontroverse:* sich einen harten S. liefern; einen S. mit jmdm. ausfechten.

Sträuß|chen, das; -s, -: Vkl. zu ↑[1,3]Strauß.

Sträu|ße: Pl. von ↑[1,3]Strauß.

strau|ßen|ähn|lich ⟨Adj.⟩: *einem* [2]*Strauß ähnlich.*

Strau|ßen|ei, das: *Ei eines* [2]*Straußes.*

Strau|ßen|farm, die: *Farm, auf der (zur Gewinnung von Straußenfedern, Fleisch u. a.)* [2]*Strauße gehalten, gezüchtet werden.*

Strau|ßen|fe|der, die: *(z. B. zur Dekoration von Hüten, zur Herstellung von Federboas verwendete) Schwungfeder des* [2]*Straußes.*

Strauß|wirt|schaft, die [nach dem zur Kennzeichnung des Ausschanks über der Eingangstür hängenden [1]Strauß] (landsch., bes. südd.): *vorübergehend betriebener Ausschank, in dem eigener [neuer] Wein ausgeschenkt wird.*

stra|wan|zen usw.: ↑strabanzen usw.

Stre|be, die; -, -n [zu ↑streben]: *schräg nach oben verlaufende Stütze in Gestalt eines Balkens, Pfostens, einer Stange o. Ä.:* starke, dicke, dünne -n; die Wand musste mit -n gestützt werden.

Stre|be|bal|ken, der: *als Strebe dienender Balken.*

Stre|be|bo|gen, der (Archit.): *Bogen (2) im Strebewerk.*

stre|ben ⟨sw. V.⟩ [mhd. streben, ahd. strebēn, eigtl. = sich (angestrengt) bewegen, kämpfen, älter auch: steif sein, sich strecken, viell. verw. mit ↑starren]: **1.** *sich energisch, zielbewusst, unbeirrt, zügig irgendwohin, zu einem bestimmten Ziel bewegen* ⟨ist⟩: zur Tür, ins Freie, nach vorne s.; die Pflanzen streben (geh.; *strecken sich*) nach dem/zum Licht; Ü zum Himmel strebende (geh.; *in den Himmel ragende*) Türme; die Partei strebt mit aller Energie zur/an die Macht (geh.; *möchte an die Macht kommen*). **2.** *sich sehr, mit aller Kraft, unbeirrt um etw. bemühen; danach trachten, etw. Bestimmtes zu erreichen* ⟨hat⟩: nach Reichtum, Erfolg s.; sie strebte stets *(war stets bestrebt)*, sich zu verbessern; ⟨subst.:⟩ des Menschen Streben nach Glück; sein Streben geht dahin, ist darauf gerichtet, etwas zu ändern.

Stre|ber, der; -s, - (abwertend): *jmd., der sich ehrgeizig u. in egoistischer Weise um sein Fortkommen in Schule od. Beruf bemüht:* er gilt in seiner Klasse, bei seinen Kollegen als S.

stre|ber|haft ⟨Adj.⟩ (abwertend selten): *ehrgeizig u. egoistisch um das Fortkommen in Schule od. Beruf bemüht; die unangenehmen Eigenschaften eines Strebers aufweisend.*

Stre|be|rin, die; -, -nen: w. Form zu ↑Streber.

stre|be|risch ⟨Adj.⟩ (abwertend selten): *streberhaft:* ein -er Yuppie.

Stre|be|werk, das (Archit.): *Gesamtheit der aus Bogen (2) u. Pfeilern (1) bestehenden Konstruktion, die bei gewölbten Bauten die vom Gewölbe aus wirkenden Kräfte ableitet u. auf die Fundamente überträgt.*

streb|sam ⟨Adj.⟩: *eifrig bemüht, sein Fortkommen in Schule od. Beruf mit Fleiß u. Zielstrebigkeit zu fördern:* -e Schüler; sie ist sehr s.

Streb|sam|keit, die; -: *das Strebsamsein; strebsames Verhalten.*

Stre|bung, die; -, -en [zu ↑streben (2)] ⟨meist Pl.⟩ (geh.): *das Streben (2):* politische, kulturelle -en.

Streck|bank, die ⟨Pl. ...bänke⟩: *Folterbank.*

streck|bar ⟨Adj.⟩: *sich strecken lassend; geeignet, gestreckt zu werden.*

Streck|bar|keit, die; -: *das Streckbarsein.*

Streck|bett, das (Med.): *der Geradestellung einer verkrümmten Wirbelsäule dienendes Bett, in dem ein Patient durch Vorrichtungen, die einen Zug ausüben, gestreckt wird.*

Stre|cke, die; -, -n [zu ↑strecken; mhd. in: zilstrecke = Strecke Wegs]: **1. a)** *Stück, Abschnitt eines [zurückzulegenden] Weges von bestimmter od. unbestimmter Entfernung:* eine lange, weite, kurze, kleine S.; es ist eine ziemliche, ordentliche, beträchtliche, ungeheure S. bis dorthin; eine schwierige S., eine S. von 20 km bewältigen, zurücklegen; jmdn. eine S. [Weges] begleiten; die S. bis zur Grenze schaffen wir in einer Stunde; die Pilotin fliegt diese S. *(Route)* öfter; das Land war über weite -n [hin] *(war weithin, zu großen Teilen)* überschwemmt; Ü das Buch war über einige -n *(in einigen Passagen)* ziemlich langweilig; *** auf der S. bleiben** (ugs.; **1.** *nicht mehr weiterkönnen, aufgeben müssen, scheitern:* bei dem scharfen Konkurrenzkampf ist er auf der S. geblieben. **2.** *verloren gehen, vereitelt werden, zunichte werden:* die Reformen sind auf der S. geblieben); **b)** *Abschnitt, Teil einer Eisenbahnlinie, einer Gleisanlage zwischen zwei Stationen:* die S. Saarbrücken–Paris, zwischen Saarbrücken und Paris fährt sie öfter; eine S. ausbauen; eine S. *(die Gleise eines bestimmten Abschnitts)* kontrollieren, begehen, abgehen; der Zug hielt auf freier/offener S. *(außerhalb eines Bahnhofs)*; **c)** (Sport) *für einen Wettkampf festgelegte Entfernung, genau abgemessener Weg, den ein Sportler bei einem Rennen o. Ä. zurücklegen muss:* sie läuft, schwimmt nur die kurzen -n; viele Zuschauer säumten die S., waren an der S.; auf die S. gehen *(starten)*; die Läuferinnen sind noch auf der S. *(unterwegs)*. **2.** (Geom.) *durch zwei Punkte begrenzte gerade Linie:* die S. auf der Geraden abtragen. **3.** (Bergbau) *(der Zu- u. Abfuhr von Materialien dienender) horizontaler Grubenbau.* **4.** (Jägerspr.) *Gesamtheit des bei einer Jagd erlegten [nach der Jagd geordnet auf der Erde niedergelegten] Wildes:* eine ansehnliche S. von fünfzig Hasen; *** etw.** (ein Tier) **zur S. bringen** (Jägerspr.; *[ein Tier] erlegen, auf der Jagd töten*); **jmdn. zur S. bringen** (**1.** *jmdn. [nach langer Verfolgung] überwältigen, verhaften, töten.* **2.** *jmdn. zu Fall bringen, erledigen*).

stre|cken ⟨sw. V.; hat⟩ [mhd. strecken, ahd. strecchen, eigtl. = gerade, strack machen, zu ↑strack]: **1. a)** *(einen Körperteil) in eine gerade, ausgestreckte Haltung bringen; ausstrecken, ausgestreckt halten:* die Arme, Beine, den Körper s.; die Schüler strecken den Finger (landsch.; *halten den ausgestreckten Zeigefinger hoch, um sich zu melden*); wir müssen das gebrochene Bein s. *(in einen Streckverband legen)*; ⟨2. Part.:⟩ in gestrecktem Galopp *(in raschem Galopp mit gestreckten, weit ausgreifenden Beinen des Pferdes)* reiten; Ü ein gestreckter (Math.; *180° aufweisender*) Winkel; **b)** *(sich, einen Körperteil) dehnend ausstrecken, recken:* sich dehnen und [zur Decke] s.; er streckte seine Glieder auf dem weichen Sofa; sie reckte und streckte sich, ehe sie sich erhob; der Hund streckte sich behaglich in der Sonne; sie mussten die Hälse s., um etwas zu sehen; die Torhüterin musste sich gewaltig s. *(musste einen Hechtsprung machen)*, um den Schuss über die Latte zu lenken; Ü der Weg dahin streckt sich (fam.; *ist weiter als erwartet*); **c)** *(einen Körperteil) ausgestreckt in eine bestimmte Richtung halten, irgendwohin recken:* den Kopf aus dem Fenster, durch den Türspalt, in die Höhe, nach vorn s.; die Füße unter den Tisch s., von sich s.; **d)** ⟨s. + sich⟩ *sich irgendwo der Länge nach hinstrecken, ausgestreckt hinlegen:* sich behaglich aufs Sofa, ins Gras s.; sie streckte sich unter die Decke und schlief ein; **e)** ⟨s. + sich⟩ (seltener) *sich räumlich erstrecken; eine bestimmte Ausdehnung haben:* der Wald streckt sich mehrere Kilometer in die Länge; **f)** ⟨s. + sich⟩ (fam.) *größer werden, wachsen:* die Kinder haben sich mächtig gestreckt. **2.** *durch entsprechende Behandlung, Bearbeitung größer, länger, breiter, weiter machen:* sie hat die Schuhe s. lassen; Ü der Schnitt des Kleides streckt sie, ihre Figur *(lässt sie, ihre Figur schlanker u. größer erscheinen)*. **3. a)** *durch Verdünnen, Vermischen mit Zusätzen in der Menge vermehren, ergiebiger machen:* die Soße [mit Wasser] s.; das Heroin ist gestreckt; **b)** *durch Rationieren, Einteilen in kleinere Portionen länger ausreichen lassen:* Holz und Kohle s.; die Vorräte lassen sich nicht mehr lange s. **4.** (Jägerspr.) *erlegen.*

Stre|cken|ab|schnitt, der: *Abschnitt einer Strecke (1):* ein gefährlicher S.

Stre|cken|ar|bei|ter, der: *Arbeiter, der beim Bau, bei der Unterhaltung, Reparatur von Gleisanlagen mit Gleisarbeiten beschäftigt ist.*

Stre|cken|ar|bei|te|rin, die: w. Form zu ↑Streckenarbeiter.

Stre|cken|füh|rung, die: *Verlauf einer Renn-, Bahn-, Flugstrecke.*

Stre|cken|netz, das: vgl. Straßennetz: das S. ausbauen.

Stre|cken|pos|ten, der (Sport): *an einer Rennstrecke eingesetzter Posten (1 b).*

Stre|cken|re|kord, der: *für eine bestimmte Strecke (1 c) geltender Rekord.*

stre|cken|wei|se ⟨Adv.⟩: *über einige, bestimmte Strecken (1 a) hin; an einzelnen, bestimmten Stellen:* die Straße ist s. gesperrt; ⟨mit Verbalsubstantiven auch attr.:⟩ eine s. Versteppung; Ü ein s. *(in einigen Passagen)* sehr lesenswertes Buch; die Mannschaft spielte s. *(zeitweise, in einigen Abschnitten)* hervorragend.

Stre|cker, der; -s, - (Anat.): *Streckmuskel.*

Streck|hang, der (Turnen): *Hang (3) mit gestreckten Armen:* ein S. am Reck, an den Ringen.

Streck|mus|kel, der (Anat.): *Muskel, der dazu dient, ein Glied o. Ä. zu strecken.*

Streck|sitz, der (Turnen): *das Sitzen mit gestreckten Beinen.*

Stre|ckung, die; -, -en: **1.** *das Strecken.* **2.** (Med.) *Phase beschleunigten Wachstums bei Kindern.*

Streck|ver|band, der (Med.): *Verband, der durch Schienen o. Ä. eine Streckung bewirkt u. so eine Verkürzung der Knochen bei der Heilung verhindert.*

Street|ball ['stri:tbɔ:l], der; -s [zu engl. street = Straße u. (basket)ball = (Basket)ball]: *auf Plätzen, Höfen o. Ä. gespielte Variante des Basketballs mit drei Spielern in einer Mannschaft.*

Street|bal|ler ['stri:tbɔ:lə], der; -s, -: *jmd., der Streetball spielt.*

Street|bal|le|rin, die; -, -nen: w. Form zu ↑Streetballer.

Street|work ['stri:twə:k], die; - [zu engl. work = Arbeit]: *Sozialarbeit, bei der Drogenabhängigen, gefährdeten od. straffällig gewordenen Jugendlichen u. a. innerhalb ihres Wohnbereichs od. Milieus von Streetworkern geholfen bzw. Beratung angeboten wird.*

Street|wor|ker ['stri:twə:kə], der; -s, - [engl. street worker, zu: worker = Arbeiter(in)]: *Sozialarbeiter, der Streetwork betreibt.*

Street|wor|ke|rin, die; -, -nen: w. Form zu ↑Streetworker.

Streich, der; -[e]s, -e [mhd. streich, zu ↑streichen in dessen veralteter Bed. »schlagen«]: **1.** (geh.) *Schlag, Hieb:* ein leichter S.; einen S. gegen jmdn. führen; **Spr** von einem/vom ersten -e fällt keine Eiche *(jedes Ding braucht seine Zeit)*; *** auf einen S.** (veraltend; *gleichzeitig, auf einmal*); **[mit etw.] zu S. kommen** (veraltend, noch landsch.; *mit etw. zurechtkommen, Erfolg haben;* zu Streich in der alten Bed. »Schlag«, hier im Sinne von »Zuschlag« bei einer Versteigerung). **2.** *meist aus Übermut, Mutwillen, Spaß ausgeführte Handlung, mit der andere geneckt, getäuscht, hereingelegt werden:* ein übermütiger, lustiger, dummer S.; tolle -e ausführen, verüben, vollführen; einen S. aushecken; zu albernen, verrückten -en aufgelegt sein; *** jmdm. einen S. spielen** (**1.** *jmdn. mit einem Streich necken, hereinlegen:* die Kinder haben dem Lehrer einen S. gespielt. **2.** *jmdm. übel mitspielen, ihn täuschen, narren, im Stich lassen:* mein Gedächtnis, das Schicksal hat mir einen S. gespielt).

Strei|chel|ein|heit, die ⟨meist Pl.⟩ (Psych. Jargon, auch ugs. scherzh.): *gewisses Maß freundlicher Zuwendung in Form von Lob, Zärtlichkeit o. Ä., das jmd. braucht, jmdm. zuteil wird:* seine -en bekommen.

strei|cheln ⟨sw. V.; hat⟩ [frühnhd. Weiterbildung aus dem sw. V. mhd. streichen, ahd. streihhōn = streicheln, zu ↑streichen]: *mit leichten, gleiten-*

den Bewegungen der Hand sanft, liebkosend berühren; leicht, sanft über etw. streichen, hinfahren: jmdn. zärtlich, liebevoll s.; er streichelte ihr Haar, ihr das Haar, ihr übers Haar; sie streichelte das Fell des Hundes, den Hund am Kopf; Ü ein leichter Wind streichelte ihren Körper.

Strei|chel|zoo, der: *Tiergarten od. Gehege, in dem Kinder Tiere, die sie sonst nur aus der Ferne sehen, beobachten u. auch streicheln können.*

strei|chen ⟨st. V.⟩ [mhd. strîchen, ahd. strîhhan, verw. mit ↑Strahl]: **1.** ⟨hat⟩ **a)** *mit einer gleitenden Bewegung [leicht, ebnend, glättend] über etw. hinfahren (3), hinstreichen:* jmdm. zärtlich, liebevoll durch die Haare, über den Kopf, das Gesicht s.; mit der Hand über die Decke s.; er strich sich nachdenklich über den Bart/(auch:) strich sich den Bart; ⟨nur im 2. Part.:⟩ ein gestrichener *(bis zum Rand gefüllter, aber nicht gehäufter)* Esslöffel Mehl; das Maß sollte gestrichen voll *(genau bis zum Rand gefüllt)* sein; der Aschenbecher ist mal wieder gestrichen (ugs.; *übermäßig)* voll; **b)** *mit einer streichenden* (1 a) *Bewegung irgendwohin befördern:* Krümel zur Seite, vom Tisch s.; ich strich ihm das Haar aus der Stirn; mit einem Spachtel Kitt in die Fugen s.; die gekochten Tomaten durch ein Sieb s. **2.** ⟨hat⟩ **a)** *mit streichenden* (1 a) *Bewegungen [mithilfe eines Gerätes] in einer Schicht über etw. verteilen, irgendwo auftragen:* Butter [dick] aufs Brot, Salbe auf die Wunde s.; **b)** *durch Streichen* (2 a) *mit einem Brotaufstrich versehen; bestreichen:* ein Brötchen mit Honig s.; der Vater streicht den Kindern die Brote; **c)** *mithilfe eines Pinsels o. Ä. mit einem Anstrich* (1 b) *versehen; anstreichen:* die Decke, die Wände s.; sie hat die Türen mit Ölfarbe gestrichen; ein grün gestrichener Zaun; Vorsicht, frisch gestrichen! **3.** *(etw. Geschriebenes, Gedrucktes, Aufgezeichnetes) durch einen od. mehrere Striche ungültig machen, tilgen; ausstreichen* ⟨hat⟩: einen Satz [aus einem Manuskript, in einem Text] s.; er hat einige Szenen des Theaterstückes gestrichen; du kannst sie, ihren Namen aus der Liste s.; Nichtzutreffendes bitte s.!; Ü du musst das aus deinem Gedächtnis s. *(musst das vergessen);* Zuschüsse s. *(nicht länger gewähren, abschaffen);* dem Häftling sind alle Vergünstigungen gestrichen worden *(werden ihm nicht länger gewährt);* deinen Urlaub, diese Pläne kannst du s. (ugs.; *aufgeben, fallen lassen);* Stellen s. *(abschaffen, abbauen).* **4.** ⟨ist⟩ **a)** *ohne erkennbares Ziel, ohne eine bestimmte Richtung einzuhalten, irgendwo umhergehen; sich irgendwo umherbewegen:* durch Wälder und Felder, durch die Straßen, ums Haus s.; **b)** (bes. Jägerspr.) *in ruhigem Flug [in geringer Höhe] fliegen, irgendwo umherfliegen:* ein paar Enten streichen aus dem Schilf; **c)** *irgendwo gleichmäßig, nicht sehr heftig wehen:* ein leichter Wind streicht durch die Kronen der Bäume, über die Felder, um die Mauern. **5.** ⟨in den Vergangenheitsformen ungebr.⟩ **a)** (Geol.) *(von schräg verlaufenden Schichten) in bestimmtem Winkel eine gedachte horizontale Linie schneiden;* **b)** (Geogr.) *(von Gebirgen) in eine bestimmte Richtung verlaufen, sich erstrecken:* das Gebirge streicht nach Norden, entlang der Küste. **6.** (Rudern) *(das Ruder) entgegen der Fahrtrichtung bewegen od. stemmen, um zu bremsen od. rückwärts zu fahren* ⟨hat⟩: sie haben die Riemen gestrichen.

Strei|chen, das; -s (Reiten): *Fehler beim Gehen eines Pferdes, bei dem ein Huf die Innenseite des anderen Fußes streift.*

Strei|cher, der; -s, - (Musik): *jmd., der im Orchester ein Streichinstrument spielt.*

Strei|che|rei, die; -, -en ⟨Pl. selten⟩ (abwertend): *[dauerndes] Streichen* (2 c, 3).

Strei|che|rin, die; -, -nen: w. Form zu ↑Streicher.

streich|fä|hig ⟨Adj.⟩: *so beschaffen, so weich, geschmeidig, dass ein Streichen* (2) *leicht möglich ist:* ein -er Käse; -e Wurst; diese Butter bleibt auch gekühlt s.

streich|fer|tig ⟨Adj.⟩: *gebrauchsfertig zum Streichen* (2): -e Farben.

Streich|garn, das: **1.** *weiches Garn, dessen raue Oberfläche dadurch entsteht, dass es aus ungleichmäßig kurzen Fasern besteht u. nur schwach gedreht ist.* **2.** *lockeres, weiches Gewebe aus Streichgarn* (1).

Streich|holz, das: *kleines Stäbchen aus Holz, Pappe o. Ä. mit einem Kopf aus einer leicht entzündlichen Masse, der durch Reiben an einer rauen Fläche zum Brennen gebracht wird:* ein S. anreißen, anzünden, ausblasen; ein brennendes S. an die Zigarre halten; ein abgebranntes S. wegschnippen.

Streich|holz|län|ge, die: *Länge eines Streichholzes:* Haare in S.

Streich|holz|schach|tel, die: *kleine Schachtel mit einer od. zwei Reibflächen, in der Streichhölzer verpackt u. aufbewahrt werden.*

Streich|in|stru|ment, das: *Saiteninstrument, dessen Saiten durch Streichen mit einem Bogen* (5) *zum Tönen gebracht werden* (z. B. Geige).

Streich|kä|se, der: *streichfähiger, als Brotaufstrich verwendeter Käse.*

Streich|or|ches|ter, das: *Orchester, in dem nur Streicher spielen.*

Streich|quar|tett, das: **a)** *mit zwei Geigen, einer Bratsche u. einem Cello besetztes Quartett* (1 a); **b)** *Komposition für ein Streichquartett* (a).

Streich|quin|tett, das: **a)** *mit zwei Geigen, einer Bratsche u. einem Cello sowie einer weiteren Bratsche od. einem weiteren Cello besetztes Quintett* (b); **b)** *Komposition für ein Streichquintett* (a).

Strei|chung, die; -, -en: **a)** *das Streichen* (3); *Kürzung:* einige -en im Drehbuch vornehmen; eine S. rückgängig machen; Ü die S. von Subventionen; die ersatzlose S. *(Abschaffung)* des § 218 fordern; **b)** *gestrichene Stelle in einem Text:* -en kenntlich machen.

Streich|wurst, die: *streichfähige, als Brotaufstrich verwendete Wurst* (z. B. Teewurst).

Streif, der; -[e]s, -e [mhd. strîfe, verw. mit ↑streifen]: (geh.) *Streifen* (1 a): ein heller, silberner S. am Himmel.

Streif|band, das ⟨Pl. ...bänder⟩ (Postw., Bankw.): *zum Versand od. zur Aufbewahrung um eine Drucksache, gebündelte Geldscheine o. Ä. herumgelegter breiter Papierstreifen.*

Streif|chen, das; -s, -: Vkl. zu ↑Streifen (1).

Strei|fe, die; -, -n [zu ↑streifen]: **1.** *kleine Gruppe von Personen, kleine Einheit bei Polizei od. Militär, die Gänge od. Fahrten zur Kontrolle, Erkundung durchführt; Patrouille* (2): eine S. des Bundesgrenzschutzes; sie wurde von einer S. festgenommen. **2.** *von einer Streife* (1) *zur Kontrolle, Erkundung durchgeführter Gang, durchgeführte Fahrt; Patrouille* (1): eine S. machen, durchführen; sie sind, müssen, gehen auf S.

strei|fen ⟨sw. V.⟩ [mhd. streifen]: **1.** *[mit gleitender Bewegung] leicht, nicht sehr heftig berühren* ⟨hat⟩: jmdn. am Arm s.; mit dem Wagen einen Baum s.; der Schuss hat ihn nur gestreift *(oberflächlich verletzt);* Ü ein Windhauch streifte sie, ihre Wangen (geh.); sie streifte mich mit einem Blick *(sah mich kurz an);* Rom haben wir nur gestreift *(flüchtig gesehen).* **2.** *nur oberflächlich, nebenbei behandeln; kurz erwähnen* ⟨hat⟩: eine Frage, ein Problem s.; das Thema nur kurz s. **3.** ⟨hat⟩ **a)** *mit einer streifenden* (1), *leicht gleitenden Bewegung irgendwohin bringen; über etw. ziehen, von etw. wegziehen; abstreifen:* den Ring auf den, vom Finger s.; den Ärmel in die Höhe, nach oben s.; sich das Kleid, den Pullover über den Kopf s. *(ziehen);* sich die Strümpfe von den Beinen s.; **b)** *mit einer streifenden* (1) *leicht gleitenden Bewegung von etw. ablösen, entfernen:* die Beeren von den Rispen, die Asche von der Zigarre s. **4.** ⟨ist⟩ **a)** *ohne erkennbares Ziel, ohne eine bestimmte Richtung einzuhalten wandern, ziehen; irgendwo umherwandern, -ziehen:* durch die Wälder, die Straßen s.; **b)** (selten) *auf Streife* (2) *sein:* streifende Soldaten.

Strei|fen, der; -s, - [mhd. strîfe; 2. gek. aus ↑Filmstreifen]: **1. a)** *farblich von seiner Umgebung abgehobener langer, schmaler Abschnitt einer Fläche:* ein silberner, heller S. am Horizont; das Kleid hat breite, schmale S.; den weißen S. auf der Fahrbahn überfahren; **b)** *langer, schmaler abgegrenzter Teil, Abschnitt von etw.:* ein schmaler S. Land/(geh.:) Landes; **c)** *langes, schmales, bandartiges Stück von etw.:* bunte S. Stoff; Fleisch in S. schneiden; *** **sich für jmdn. in S. schneiden lassen** (ugs.; ↑Stück 1 a). **2.** (ugs.) *Film* (3 a): ein amüsanter S.

Strei|fen|be|am|te, der: *Polizeibeamter, der Dienst als Streife* (1) *versieht.*

Strei|fen|be|am|tin, die: w. Form zu ↑Streifenbeamte.

Strei|fen|dienst, der: **a)** *Dienst, den eine Streife* (1) *versieht:* S. haben; sie wurde zum S. abkommandiert; **b)** *Gruppe von Personen, die den Streifendienst* (a) *versieht.*

strei|fen|för|mig ⟨Adj.⟩: *die Form eines Streifens besitzend.*

Strei|fen|mus|ter, das: *aus Streifen* (1 a) *bestehendes Muster:* ein Kleid mit S.

Strei|fen|po|li|zist, der: *Streifenbeamter.*

Strei|fen|po|li|zis|tin, die: w. Form zu ↑Streifenpolizist.

Strei|fen|wa|gen, der: *Wagen für die Durchführung von Streifen* (2).

strei|fig ⟨Adj.⟩ [dafür mhd. strîfeht, ahd. strîphat]: *[unregelmäßige] Streifen* (1) *aufweisend; in, mit Streifen:* -e Wolken, Schatten; der Stoff wurde nach der Wäsche s. *(hat Streifen bekommen).*

Streif|licht, das ⟨Pl. -er⟩: **1.** (selten) *Licht, das [als schmaler Streifen] nur kurz irgendwo sichtbar wird, irgendwo auftrifft, über etw. hinhuscht:* die -er vorüberfahrender Autos. **2.** *kurze, erhellende Darlegung:* ein paar -er auf etw. werfen, fallen lassen *(etw. kurz charakterisieren).*

Streif|schuss, der: **a)** *Schuss, bei dem das Geschoss den Körper oberflächlich verwundet;* **b)** *durch einen Streifschuss* (a) *verursachte Verletzung:* der Arzt untersuchte den S.

Streif|zug, der: **1.** *Wanderung, Fahrt, bei der ein Gebiet durchstreift, etw. erkundet wird:* einen S., Streifzüge durch die Gegend; vom nächtlichen S. zurückkehren. **2.** *kursorische, hier u. da Schwerpunkte setzende Darlegung, Erörterung:* literarische Streifzüge; ein S. durch die Geschichte.

Streik, der; -[e]s, -s, selten: -e [engl. strike, zu: to strike, ↑streiken]: *gemeinsame, meist gewerkschaftlich organisierte Arbeitsniederlegung von Arbeitnehmern zur Durchsetzung bestimmter wirtschaftlicher, sozialer, die Arbeit betreffender Forderungen; Ausstand* (1): ein langer, spontaner, wilder Streik; ein S. für höhere Löhne, gegen die Beschlüsse der Arbeitgeber; einen S. ausrufen, durchführen, [mit Gewalt] niederschlagen, -werfen; einen Betrieb durch S. stilllegen; im S. stehen; in [den] S. treten; Ü der S. der Ärzte *(die Weigerung der Ärzte, Patienten zu versorgen);* die Gefangenen wollen ihren S. fortsetzen.

Streik|bre|cher, der: *jmd., der während eines Streiks in dem bestreikten Betrieb arbeitet.*

Streik|bre|che|rin, die; -, -nen: w. Form zu ↑Streikbrecher.

strei|ken ⟨sw. V.; hat⟩ [engl. to strike, eigtl. = streichen, schlagen; abbrechen]: **1.** *einen Streik durchführen, sich im Streik befinden:* wochenlang s.; sie streiken für höhere Löhne, gegen die Beschlüsse der Arbeitgeber; ⟨subst. 1. Part.:⟩ die Streikenden wurden ausgesperrt. **2.** (ugs.) **a)** *bei etw. nicht mehr mitmachen, sich nicht mehr beteiligen; etw. aufgeben;* **b)** *plötzlich versagen, nicht mehr funktionieren:* die Pumpe streikte; bei dem hohen Wellengang streikte ihr Magen *(wurde es ihr schlecht, musste sie sich übergeben).*

Streik|geld, das: *während eines Streiks von Gewerkschaften an ihre streikenden Mitglieder als Ersatz für den Ausfall des Lohns gezahltes Geld.*

Streik|kas|se, die: *von den Gewerkschaften für die Unterstützung eines Streiks, die Zahlung des Streikgeldes angelegte Kasse.*

S

Streik|lo|kal, das: *Lokal od. Versammlungsort, in dem sich die Streikenden treffen, ihre Versammlungen abhalten usw.*

Streik|pos|ten, der: **1.** *vor einem bestreikten Betrieb bes. gegen Streikbrecher aufgestellter Posten* (1 b): S. zogen auf. **2.** *Posten* (1 a) *eines Streikpostens:* S. beziehen.

Streik|recht, das: *rechtlich festgelegter Anspruch auf Streik.*

Streit, der; -[e]s, -e ⟨Pl. selten⟩ [mhd., ahd. strīt, wohl eigtl. = Widerstreben, Aufruhr]: **1.** *heftiges Sich-auseinander-Setzen, Zanken [mit einem persönlichen Gegner] in oft erregten Erörterungen, hitzigen Wortwechseln, oft auch in Handgreiflichkeiten:* ein erbitterter, ernsthafter S.; ein wissenschaftlicher, gelehrter S.; der S. der Konfessionen; der S. mit der Schwägerin; es war ein S. um Worte; ein S. über Form und Inhalt; ein S. unter den Kindern, zwischen zwei Parteien; ein S. bricht aus, entbrennt, entsteht; an etw. entzündet sich ein S.; die beiden haben, bekommen oft S. [miteinander]; es gab einen heftigen S.; einen S. anzetteln, entfachen, anfangen, austragen; immer S. suchen *(zum Streiten aufgelegt sein);* den S. beilegen, beenden, begraben; sie sind in S. geraten, liegen im S., sind im S. auseinander gegangen; *** ein S. um des Kaisers Bart** (↑Kaiser 2). **2.** (veraltet) *Waffengang, Kampf:* zum S. rüsten.

Streit|axt, die [spätmhd. strītax] (früher): *als Hieb- od. Wurfwaffe verwendete Axt;* *** die S. begraben** (↑Kriegsbeil).

streit|bar ⟨Adj.⟩ [2: mhd. strītbære] (geh.): **1.** *[ständig] bereit, den Willen besitzend, sich mit jmdm. um etw. zu streiten, sich mit etw. kritisch, aktiv auseinander zu setzen, für od. um etw. zu kämpfen, sich für jmdn., etw. einzusetzen; kämpferisch:* ein -er Charakter; eine -e Politikerin. **2.** (veraltend) *zum Kampf bereit; kriegerisch, tapfer:* -e Ritter.

Streit|bar|keit, die; -: *das Streitbarsein.*

strei|ten ⟨st. V.; hat⟩ [mhd. strīten, ahd. strītan]: **1.** *mit jmdm. Streit* (1) *haben, in Streit geraten; sich mit jmdm. in oft hitzigen Wortwechseln, oft auch in Handgreiflichkeiten heftig auseinander setzen; sich zanken:* müsst ihr immer gleich s.?; ⟨häufig s. + sich:⟩ sich mit seinem Bruder [um nichts, wegen Kleinigkeiten] s.; die streitenden Parteien *(die Gegner)* in einem Prozess; ⟨subst. 1. Part.:⟩ die Streitenden trennen. **2.** *heftig über etw. diskutieren u. dabei die unterschiedlichen, entgegengesetzten Meinungen gegeneinander durchsetzen wollen:* über wissenschaftliche Fragen s.; sie stritten [miteinander] darüber, ob die Sache vertretbar sei; darüber kann man, lässt sich s. *(kann man verschiedener Meinung sein);* ⟨auch s. + sich:⟩ sie stritten sich über den Zweck der Rede, um Grundsätzliches. **3. a)** (geh.) *kämpfen* (4): für die Freiheit, für seinen Glauben s.; gegen [die] Unterdrückung s.; **b)** (veraltet) *eine kriegerische Auseinandersetzung führen.*

Strei|ter, der; -s, - [mhd. strīter, ahd. strītare]: **a)** (geh.) *Kämpfer* (4): ein S. für die Freiheit, gegen soziale Missstände; **b)** (veraltet) *jmd., der in einer kriegerischen Auseinandersetzung, in einem Kampf streitet* (3 b): tapfere S.

Strei|te|rei, die; -, -en (abwertend): *[dauerndes] Streiten* (1, 2).

Strei|te|rin, die; -, -nen: w. Form zu ↑Streiter.

Streit|fall, der: *strittiges, nicht gelöstes Problem, umstrittene Frage:* einen S. schlichten; im S. *(wenn ein Streitfall auftritt, im Falle eines Konflikts).*

Streit|fra|ge, die: *Streitfall.*

Streit|ge|gen|stand, der: **1.** *Gegenstand* (2 b) *eines Streites, einer Auseinandersetzung.* **2.** (Rechtsspr.) *Gegenstand* (2 b) *eines Rechtsstreits im Zivilprozess.*

Streit|ge|spräch, das: *längeres, kontrovers geführtes Gespräch; Diskussion um ein strittiges Thema; Disput:* ein politisches S. zwischen dem Außenminister und dem Oppositionsführer; Kandidaten im S.

Streit|hahn, der (ugs., oft scherzh.), **Streit|hammel,** der (fam., oft scherzh.), **Streit|han|sel,** der (südd., österr. ugs.): *Kampfhahn.* (2)

strei|tig ⟨Adj.⟩ [mhd. strītec, ahd. strītīg = kampflustig; starrsinnig]: **1.** (seltener) *strittig, umstritten:* -e Fragen; *** jmdm. jmdn., etw. s. machen** *(jmdm. das Anrecht auf jmdn., etw. bestreiten, jmdn., etw. für sich beanspruchen):* den Engländern die Vorherrschaft auf dem Meer s. machen. **2.** (Rechtsspr.) *den Gegenstand eines Rechtsstreites darstellend:* -e Tatsachen, Ansprüche.

Strei|tig|keit, die; -, -en ⟨meist Pl.⟩: *[dauerndes] Streiten* (1, 2); *heftige Auseinandersetzung.*

Streit|kraft, die ⟨meist Pl.⟩: *Gesamtheit der militärischen Organe eines Landes, mehrerer zusammengehörender, verbündeter Länder; Truppen:* die feindliche S.; nationale Streitkräfte; der Oberbefehl über die Streitkräfte.

Streit|lust, die ⟨o. Pl.⟩: *[ständige] Bereitschaft, sich mit jmdm. zu streiten.*

streit|lus|tig ⟨Adj.⟩: *[ständig] bereit, sich mit jmdm. zu streiten, einen Streit zu beginnen:* sie blickte ihn s. an.

Streit|macht, die ⟨o. Pl.⟩ (veraltend): *zur Verfügung stehende, kampfbereite Truppe[n].*

Streit|punkt, der: vgl. Streitgegenstand (1).

Streit|sa|che, die: **1.** vgl. Streitfall: in die S. der beiden wollte sie sich nicht einmischen. **2.** (Rechtsspr.) *Rechtsstreit.*

Streit|schrift, die: *Schrift, in der engagiert, oft polemisch wissenschaftliche, religiöse, politische od. ähnliche Fragen erörtert werden; Pamphlet.*

Streit|sucht, die ⟨o. Pl.⟩: *stark ausgeprägte Neigung, mit jmdm. einen Streit anzufangen.*

streit|süch|tig ⟨Adj.⟩: *[ständig] auf Streit aus [seiend].*

Streit|teil, der (österr.): *Partei* (2).

Streit|wa|gen, der: *(in Altertum u. Antike im Kampf, auf der Jagd u. bei Wettkämpfen verwendeter) mit Pferden bespannter, hinten offener, zwei- od. vierrädriger Wagen, den der Lenker stehend lenkt.*

Streit|wert, der (Rechtsspr.): *in einer Geldsumme ausgedrückter Wert des Streitgegenstandes.* (2)

streng ⟨Adj.⟩ [mhd. strenge, ahd. strengi = stark, tapfer, tatkräftig, eigtl. wohl = fest gedreht, straff]: **1. a)** *nicht durch Nachsichtigkeit, Milde, Freundlichkeit gekennzeichnet, sondern eine gewisse Härte, Unerbittlichkeit zeigend; unnachsichtig auf Ordnung u. Disziplin bedacht:* ein -er Lehrer, Vater, Richter; -e Strafen; eine -e Erziehung; ein -er Verweis, Tadel; sie steht unter -er *(verschärfter)* Aufsicht; er sah sie mit -em Blick, -er Miene an; sie ist sehr s. [mit/zu den Kindern]; er zensiert zu s.; jmdn. s. zurechtweisen; jmdn. s. ansehen; ⟨subst.:⟩ etw. wird aufs/auf das Strengste/(auch:) strengste bestraft; **b)** (bes. südd., schweiz.) *anstrengend, mühevoll, beschwerlich, hart:* eine -e Woche, Zeit; der Dienst war ziemlich s.; s. arbeiten. **2. a)** *keine Einschränkung, Abweichung, Ausnahme duldend; ein höchstes Maß an Unbedingtheit, Diszipliniertheit, Konsequenz, Exaktheit verlangend; sehr korrekt, genau, exakt; unbedingt, strikt:* -ste Pünktlichkeit, Diskretion, Verschwiegenheit; -stes Stillschweigen bewahren; er hatte die -e Weisung, niemanden einzulassen; -e Bettruhe, eine -e Diät verordnen; ein -er *(strenggläubiger)* Katholik; im -en Sinne *(streng genommen, eigentlich);* Anweisungen s. befolgen; sich s. an die Regeln halten; Rauchen ist hier s. verboten; du brauchst dies nicht so streng (seltener; *so genau, ernst*) zu nehmen; sie haben die Vorschriften nicht so s. genommen; s. genommen dürfte sie an dem Spiel nicht teilnehmen; etw. s. voneinander trennen; er ging s. methodisch, wissenschaftlich vor; **b)** *in der Ausführung, Gestaltung, Linienführung, Bearbeitung ein bestimmtes Prinzip genau, konsequent, schnörkellos befolgend:* der -e Aufbau eines Dramas; der -e Stil eines romanischen Bauwerks; der -e Schnitt eines Kostüms; ein s. geschnittenes Kleid. **3.** *keine Anmut, Lieblichkeit aufweisend; nicht weich, zart, sondern von einer gewissen Härte, Verschlossenheit zeugend; herb:* -e Züge; diese Frisur macht ihr Gesicht zu s. **4.** *durchdringend auf den Geschmacks- od. Geruchssinn wirkend; herb u. etwas bitter:* der -e Geschmack des Käses; s. im Geschmack sein; s. riechen. **5.** *durch sehr niedrige Temperaturen gekennzeichnet; rau:* ein -er Winter; -er *(starker)* Frost.

Stren|ge, die; - [mhd. strenge, ahd. strengī]: **1.** *strenge* (1 a) *Haltung, Einstellung, Beschaffenheit; das Strengsein; Härte, Unerbittlichkeit:* unnachsichtige, äußerste S.; die S. eines Blicks; S. walten lassen, üben; Kinder mit großer S. erziehen; mit drakonischer S. gegen jmdn. vorgehen. **2. a)** *strenge* (2 a) *Art, Genauigkeit, Exaktheit, Striktheit:* die S. ihrer Lebensführung; **b)** *strenge* (2 b) *Gestaltung, Ausführung; straffe, schnörkellose Linienführung:* die klassische S. eines Bauwerks. **3.** *strenges* (3) *Aussehen, Herbheit:* die S. ihres Mundes; **4.** *strenge* (4) *Art (des Geschmacks, Geruchs):* die S. durch Hinzufügen von Sahne mildern; ein Geruch von beißender S. **5.** *strenge* (5) *Art, Beschaffenheit, Schärfe, Rauheit (der Witterung):* die S. des Frosts; der Winter kam noch einmal mit großer S.

streng ge|nom|men: s. streng (2 a).

streng|gläu|big ⟨Adj.⟩: *streng nach den Grundsätzen des Glaubens lebend, ausgerichtet; die religiösen Vorschriften genau beachtend; sehr fromm; orthodox* (1): ein -er Christ, Moslem.

Streng|gläu|big|keit, die: *das Strenggläubigsein.*

streng neh|men: s. streng (2 a).

strengs|tens ⟨Adv.⟩: *sehr streng* (2 a), *ohne jede Einschränkung, Ausnahme:* sich s. an die Regeln halten; s. untersagt, verboten sein.

Stress [ʃt..., auch: st...], der; -es, -e ⟨Pl. selten⟩ [1936 gepr. von dem österr.-kanad. Biochemiker H. Selye (1907–1982)]: **1.** *erhöhte Beanspruchung, Belastung physischer od. psychischer Art:* der S. einer Reise, beim Autofahren; das erzeugt körperlichen, seelischen S.; im S. sein; im/unter S. stehen. **2.** (ugs.) *Ärger:* S. mit den Eltern; S. machen.

stres|sen ⟨sw. V.; hat⟩ (ugs.): *als Stress auf jmdn. wirken; körperlich, seelisch überbeanspruchen:* dieser Lärm stresst mich; ⟨oft im 2. Part.:⟩ von der Arbeit gestresst sein; gestresste Kollegen.

stress|frei ⟨Adj.⟩ (ugs.): *ohne Stress ablaufend; keinen Stress verursachend:* eine -e Atmosphäre.

stress|ge|plagt ⟨Adj.⟩ (ugs.): *von Stress geplagt:* -e Managerinnen, Väter.

stres|sig ⟨Adj.⟩ (ugs.): *starken Stress bewirkend; aufreibend, anstrengend:* eine -e Woche; die Fahrt, diese Frau war sehr s.

Stress|si|tu|a|ti|on, die: *Situation, die für jmdn. Stress bedeutet.*

Stretch [strɛtʃ], der; -[e]s, -es [ˈstrɛtʃɪs; zu engl. to stretch = dehnen]: *sehr elastisches Gewebe.*

Stret|ching [ˈstrɛtʃɪŋ], das; -s: *aus Dehnungsübungen bestehende Gymnastik.*

Streu, die; -, -en ⟨Pl. selten⟩ [mhd. strewe, ströu(we), zu ↑streuen]: *Stroh, auch Laub o. Ä., das in einer dickeren Schicht verteilt als Belag auf dem Boden z. B. für das Vieh im Stall dient.*

Streu|be|sitz, der (Börsenw.): *auf mehrere, meist kleinere Anleger* (2) *verteilter Besitz* (c) *von Aktien.*

Streu|büch|se, die: *kleineres, geschlossenes Gefäß, dessen Deckel od. obere Fläche mit Löchern zum Ausstreuen eines pulvrigen od. feinkörnigen Inhalts versehen ist.*

Streu|dienst, der: *Gruppe von Personen, die zum Streuen von Straßen, Wegen u. Plätzen bei Glatteis od. Schneeglätte eingesetzt wird.*

Streu|do|se, die: *Streubüchse.*

Streue, die; -, -n ⟨Pl. selten⟩ (schweiz.): *Streu.*

streu|en ⟨sw. V.; hat⟩ [mhd. streuwen, ströuwen, strouwen, ahd. strewen, strouwen, eigtl. = übereinander, nebeneinander breiten; aufschichten]: **1. a)** *[mit leichtem Schwung] werfen od. fallen lassen u. dabei über eine Fläche verteilen:* Mist

S

auf den Acker s.; Sand, Asche [auf das Glatteis] s.; Salz auf/über die Kartoffeln s.; die Kinder streuten in der Kirche Blumen; er hat den Vögeln/für die Vögel Futter gestreut *(hat es ihnen hingestreut);* Ü die Aufträge s. *(an mehrere Personen, Firmen vergeben);* die Zeitung wird weit gestreut *(über ein weites Gebiet verstreut)* verkauft; **b)** *auf Straßen, Wegen, Plätzen ein Streugut gegen Glatteis, Schneeglätte verteilen:* die Straßen [mit Salz] s.; wenn es friert, müssen wir den Bürgersteig s.; ⟨auch o. Akk.-Obj.:⟩ die Hausbesitzer sind verpflichtet zu s. **2.** *die Fähigkeit, Eigenschaft haben, etw. [in bestimmter Weise] zu streuen* (1 a), *herausrinnen zu lassen:* der Salzstreuer streut nicht mehr; die Tüte streut *(hat ein Loch u. lässt den Inhalt herausrinnen).* **3.** (Schießen) *die Eigenschaft haben, sich zerplatzend, explodierend in einem weiten Umkreis zu verteilen:* diese Geschosse streuen nur wenig. **4. a)** *bewirken, dass ein Geschoss vom eigentlichen Ziel abweicht; ungenau treffen:* die Waffe streut stark; **b)** (Fachspr.) *(von Licht-, Röntgenstrahlen, von Teilchen wie Ionen u. a.) von der eigentlichen Richtung, von der geraden Linie nach verschiedenen Seiten abweichen;* **c)** (Statistik) *von einem errechneten Mittelwert, einem angenommenen Durchschnittswert abweichen:* die Messwerte sollten nicht zu sehr s. **5.** (Med.) *die Ausbreitung eines krankhaften Prozesses in Teile des Körpers bzw. im ganzen Organismus verursachen, bewirken:* der Krankheitsherd streut. **6.** (ugs.) *(Informationen, Behauptungen o. Ä.) [aus einer bestimmten Absicht heraus] verbreiten:* Gerüchte [unter die Leute] s.; die Geschäftsleitung ließ s., das Unternehmen würde verkauft.

Streu|er, der; -s, -: *Streubüchse.*

Streu|fahr|zeug, das: vgl. Streuwagen.

Streu|gut, das ⟨o. Pl.⟩: *Material (Sand, Salz) zum Streuen* (1 b) *von Straßen, Wegen u. Plätzen.*

Streu|licht, das ⟨o. Pl.⟩ (Optik): *Licht, das (bes. durch kleine Teilchen wie Staubpartikel o. Ä.) aus seiner ursprünglichen Richtung abgelenkt wird.*

streu|nen ⟨sw. V.; ist/selten: hat⟩ [mhd. striunen = neugierig, argwöhnisch nach etw. suchen, H. u.] (oft abwertend): *ohne erkennbares Ziel irgendwo herumlaufen, -ziehen, bald hier, bald dort auftauchen; sich herumtreiben:* durch die Stadt s.; er ist/(selten:) hat den ganzen Tag gestreunt; der Hund streunt [über die Felder]; streunende Katzen.

Streu|ner, der; -s, - (oft abwertend): *jmd., der [herum]streunt, keinen festen Wohnsitz hat, ziellos von Ort zu Ort zieht.*

Streu|ne|rin, die; -, -nen: w. Form zu ↑Streuner.

Streu|obst|wie|se, die: *mit Obstbäumen bestandene Wiese.*

Streu|pflicht, die ⟨o. Pl.⟩: *Pflicht (einer Gemeinde, eines Hausbesitzers), im Winter bei Glätte zu streuen* (1 b).

Streu|salz, das: *in bestimmter Weise präpariertes, zum Streuen* (1 b) *bestimmtes Salz.*

Streu|sand, der: **1.** vgl. Streusalz. **2.** (früher) *feiner Sand, der zum Trocknen der Tinte auf ein Schriftstück gestreut wurde.*

Streu|sand|büch|se, die (früher): *Büchse für den Streusand* (2).

Streu|sel, der od. das; -s, - ⟨meist Pl.⟩ [urspr. u. noch mundartl. identisch mit ↑Streu]: *aus Butter, Zucker u. etwas Mehl zubereitetes Klümpchen od. Bröckchen zum Bestreuen von Kuchen:* ein Apfelkuchen mit -n.

Streu|sel|ku|chen, der: *mit Streuseln bedeckter Hefekuchen.*

Streu|ung, die; -, -en: **1.** *in einer gewissen Proportionalität, Gleichmäßigkeit erfolgende Verteilung, Verbreitung:* eine breite S. der Werbung. **2.** *das Streuen* (3). **3. a)** *das Abweichen vom eigentlichen Ziel:* die S. einer Waffe; **b)** (Fachspr.) *das Streuen* (4 b), *das Abweichen von der geraden Linie:* die S. des Lichts; **c)** (Statistik) *das Streuen* (4 c), *das Abweichen von einem Mittelwert:* die S. der Werte. **4.** (Med.) *das Streuen* (5).

Streu|wa|gen, der: *Wagen zum Streuen* (1 b) *von Straßen.*

Streu|wie|se, die (Landw.): *durch Artenreichtum gekennzeichnete feuchte Wiese, deren Gräser u. Kräuter als Einstreu verwendet werden.*

Streu|zu|cker, der: *weißer, körniger Zucker.*

strich: ↑streichen.

Strich, der; -[e]s, -e [mhd., ahd. strich, ablautend zu ↑streichen; 9: wohl übertr. von (8)]: **1. a)** *mit einem Schreibgerät o. Ä. gezogene, meist gerade verlaufende, nicht allzu lange Linie:* ein dünner, breiter, waagerechter, gerader S.; -e am Rand; einen senkrechten S. mit dem Lineal ziehen; sie hat die Skizze S. für S. nachgezeichnet; etw. in schnellen großen -en *(schnell u. skizzenhaft)* zeichnen; die Fehler waren mit dicken roten -en unterstrichen; mit einem einzigen S. quer über die Seite machte sie alles ungültig; ihre Lippen wurden zu einem schmalen S. *(sie presste die Lippen so aufeinander, dass sie nur noch als schmale Linie sichtbar waren);* Ü er ist nur noch ein S. (ugs.; *ist sehr dünn geworden*); in wenigen -en, in einigen groben -en *(mit wenigen, andeutenden Worten)* umriss sie ihre Pläne; * **keinen S. [tun/machen u. a.]** (ugs.; *überhaupt nichts [tun, machen]*); **jmdm. einen S. durch die Rechnung/(auch:) durch etw. machen** (ugs.; *jmdm. ein Vorhaben unmöglich machen, es durchkreuzen, zunichte machen*); **einen [dicken] S. unter etw. machen/ziehen** *(etw. als beendet, erledigt betrachten);* **noch auf dem S. gehen können** *(noch nicht so betrunken sein, dass man nicht mehr geradeaus gehen kann);* **unter dem S.** *(als Ergebnis nach Berücksichtigung aller positiven u. negativen Punkte, aller Vor- u. Nachteile):* das Treffen hat unter dem S. nicht viel erbracht; **unter dem S. sein** (ugs.; *sehr schlecht, von geringem Niveau sein;* viell. nach dem Bild eines Eichstrichs); **b)** *(verschiedenen Zwecken dienendes) Zeichen in Form eines kleinen geraden Striches* (1 a): die -e auf der Skala eines Thermometers; der Kompass hat 32 -e. **2.** ⟨o. Pl.⟩ *Art u. Weise der Führung, Handhabung des Zeichenstiftes, Pinsels o. Ä. beim Zeichnen, Malen o. Ä.:* mit feinem, elegantem S. hingeworfen. **3.** ⟨meist Pl.⟩ *durch Anstreichen, Weglassen bestimmter Stellen, Passagen in einem Text erreichte Kürzung; Streichung:* geringfügige -e im Drehbuch vornehmen. **4. a)** *das Streichen* (1 a) *[über etw. hin]:* einige -e mit der Bürste; **b)** ⟨o. Pl.⟩ *Bogenführung:* der kräftige, weiche, klare S. des Geigers, der Cellistin. **5.** ⟨o. Pl.⟩ *Richtung, in der die Haare bei Menschen od. Tieren liegen, die Fasern bestimmter Gewebe verlaufen:* die Haare, das Fell, den Samt gegen den S., mit dem S. bürsten; Ü etw. gegen den S. *(ganz anders als bisher, entgegen den gängigen Gepflogenheiten)* lesen; * **etw. gegen den S. bürsten** (ugs.; *etw. ganz anders als bisher [und dadurch richtiger] darstellen*): hier wird das traditionelle Bild Luthers gründlich gegen den S. gebürstet; * **jmdm. gegen/(auch:) wider den S. gehen** (ugs.; *jmdm. zuwider sein, nicht passen, missfallen*); **nach S. und Faden** (ugs.; *gehörig, gründlich;* aus der Webersprache, eigtl. = bei der Prüfung eines Gesellenstücks den gewebten Faden u. den Strich prüfen): sie hat ihn nach S. und Faden betrogen. **6.** (selten) *streifenartiger, schmaler Teil eines bestimmten Gebietes:* ein bewaldeter S.; ein S. fruchtbaren Landes; **7.** (südd., schweiz.) *lang gestreckte Zitze bei Haustieren, die gemolken werden.* **8.** ⟨Pl. selten⟩ (bes. Jägerspr.) **a)** *ruhiger Flug [in geringer Höhe]:* der S. der Schwalben; **b)** *größere Anzahl, Schwarm dahinfliegender Vögel einer Art:* ein S. Enten zog vorbei. **9.** (salopp) **a)** ⟨o. Pl.⟩ *Prostitution, bei der sich Frauen od. Männer auf der Straße [in bestimmten Gegenden] um bezahlten sexuellen Verkehr bemühen:* sich seinen Unterhalt auf dem S. *(durch Prostitution)* verdienen; * **auf den S. gehen** (salopp; *der Prostitution auf der Straße nachgehen*); **jmdn. auf den S. schicken** (salopp; *jmdn. veranlassen, zwingen, der Prostitution auf der Straße nachzugehen*); **b)** *Straße, Gegend, in der sich Frauen od. Männer aufhalten, um sich zur Prostitution anzubieten:* im Bahnhofsviertel ist der S.

Strich|code, der: *Verschlüsselung der Angaben über Hersteller, Preis, Warenart u. a. in Form unterschiedlich dicker, parallel angeordneter Striche; EAN-Code:* mit einem S. gekennzeichnete Ware.

Stri|chel|chen, das; -s, -: Vkl. zu ↑Strich (1).

stri|cheln ⟨sw. V.; hat⟩: **1.** *mit kleinen, voneinander abgesetzten Strichen zeichnen, darstellen:* die Umrisse von etw. s.; eine gestrichelte Linie. **2.** *mit kleinen, voneinander abgesetzten od. längeren, durchgezogenen, parallel verlaufenden Strichen bedecken, schraffieren:* ein Dreieck s.; ein gestricheltes Quadrat.

Stri|cher, der; -s, - (salopp, oft abwertend): *Strichjunge.*

Stri|che|rin, die; -, -nen: w. Form zu ↑Stricher.

Strich|jun|ge, der (salopp, oft abwertend): *junger Mann, der der Straßenprostitution nachgeht.*

Strich|lein, das; -s, -: Vkl. zu ↑Strich (1).

strich|lie|ren ⟨sw. V.; hat⟩ (österr.): *stricheln.*

Strich|lis|te, die: *Aufzeichnung* (2 a), *bei der mithilfe von kurzen Strichen die Anzahl, die Häufigkeit des Auftretens von etw. festgehalten wird.*

Strich|mäd|chen, das (salopp, oft abwertend): *junge Frau, die der Straßenprostitution nachgeht.*

Strich|männ|chen, das: *mit einfachen Strichen schematisch dargestellte kleine Figur eines Menschen.*

Strich|punkt, der: *Semikolon.*

strich|wei|se ⟨Adv.⟩ (bes. Met.): *in einzelnen, oft nur schmalen Gebietsteilen:* s. regnen; morgens s. Nebel; ⟨mit Verbalsubstantiven auch attr.:⟩ eine s. Abkühlung.

Strich|zeich|nung, die: *nur mit [einfachen] Strichen u. Linien ohne Halbtöne* (2) *gefertigte Zeichnung.*

[1]Strick, der; -[e]s, -e [mhd., ahd. stric = Schlinge, Fessel, H. u.]: **1.** *aus Hanf, Kokosfasern o. Ä. geflochtenes, gedrehtes, meist dickeres Seil, dicke Schnur, bes. zum Anbinden, Festbinden von etw.:* ein kurzer, dicker S.; der S. reißt, löst sich, hält; einen S. um etw. binden, schlingen; der Esel war mit einem S. an den Baum gebunden; * **wenn alle -e reißen** (ugs.; ↑Strang 1 b); **jmdm. aus etw. einen S. drehen** *(eine Verfehlung, eine unvorsichtige, unbedachte Äußerung o. Ä. eines anderen dazu benutzen, ihn zu Fall zu bringen;* bezogen auf die Todesstrafe durch Hängen); **den S. nicht wert sein** (veraltend; *ganz u. gar unwürdig, verkommen, verdorben sein*); **den, einen S. nehmen/(geh.:) zum S. greifen** *(sich erhängen);* **an einem/am gleichen/an demselben S. ziehen** (↑Strang 1 b). **2.** (fam., wohlwollend) *durchtriebener Bursche, Kerl; Galgenstrick* (b): so ein S.!

[2]Strick, das; -[e]s ⟨meist o. Art.⟩ [zu ↑stricken] (bes. Mode): *Gestrick; gestricktes Teil an einem Kleidungsstück, gestrickter Stoff:* ein Pullover aus/in rustikalem S.

stri|cken ⟨sw. V.; hat⟩ [mhd. stricken, ahd. stricchen, zu ↑[1]Strick]: **a)** *einen Faden mit Stricknadeln od. einer Strickmaschine zu einer Art (einem Gewebe ähnelnden) Geflecht von Maschen verschlingen:* sie strickt beim Fernsehen; sie strickt zwei links, zwei rechts, glatt rechts, glatt links; an einem Pullover s.; **b)** *strickend* (a) *anfertigen, herstellen:* Strümpfe, einen Pullover s.; Ü eine ziemlich grob gestrickte Geschichte, Theorie.

Stri|cke|rei, die; -, -en: *Betrieb, in dem maschinell Strickwaren hergestellt werden.*

Strick|garn, das: *Garn zum Stricken.*

Strick|ja|cke, die: *gestrickte Jacke.*

Strick|kleid, das: vgl. Strickjacke.

Strick|lei|ter, die: *aus [1]Stricken* (1) *gefertigte Leiter mit Sprossen aus Holz od. Kunststoff, mit deren Hilfe bes. das Hinauf- u. Herabklettern an Schiffs- od. Häuserwänden bewerkstelligt wird.*

Strick|ma|schi|ne, die: *Maschine zum Herstellen von Strickwaren.*

S

Strick|mo|de, die: *gestrickte Kleidungsstücke betreffende Mode.*
Strick|mus|ter, das: **a)** *unterschiedliche Kombination verschieden gestrickter Maschen zu einem bestimmten Muster:* ein Pullover mit einem einfachen S.; **b)** *Vorlage für ein Strickmuster* (a): eine Mütze nach einem S. stricken; Ü hier geht alles nach dem gleichen S. (scherzh.; *wird alles nach ein u. derselben Methode erledigt*).
Strick|na|del, die: *lange, relativ dicke Nadel zum Stricken.*
Strick|wa|ren ⟨Pl.⟩: *als Handarbeit od. mit der Strickmaschine gestrickte Kleidungsstücke o. Ä.*
Strick|wes|te, die: vgl. Strickjacke.
Strick|zeug, das: **1.** *Handarbeit, an der jmd. strickt.* **2.** *alles, was zum Stricken benötigt wird.*
Strie|gel, der; -s, - [a: mhd. strigel, ahd. strigil < lat. strigilis = Schabeisen]: **a)** *mit Zacken, Zähnen besetztes Gerät, harte Bürste zum Reinigen, Pflegen des Fells bestimmter Haustiere, bes. der Pferde;* **b)** *(in der Antike) Gerät zum Abschaben der Kruste aus Öl, Staub u. Schweiß nach dem Sport.*
strie|geln ⟨sw. V.; hat⟩ [1: mhd. strigelen]: **1.** *mit einem Striegel* (a) *behandeln, reinigen:* die Pferde s.; Ü ich striegelte *(kämmte, bürstete)* mir die Haare; ordentlich gestriegelte *(gekämmte)* Kinder. **2.** (ugs.) *[in kleinlicher, böswilliger Weise] hart herannehmen; schikanieren:* es macht ihm Spaß, seine Leute zu s.
Strie|me, die; -, -n (seltener): *Striemen.*
Strie|men, der; -s, - [mhd. strieme, eigtl. = Streifen, Strich, zu ↑Strahl]: *sich durch dunklere Färbung abhebender, oft blutunterlaufener, angeschwollener Streifen in der Haut, der meist durch Schläge (mit einer Peitsche, Rute o. Ä.) entsteht:* breite, dicke, bereits vernarbte, blutige S. auf dem Rücken.
strie|mig ⟨Adj.⟩: *Striemen aufweisend, mit Striemen bedeckt.*
Strie|zel, der; -s, - [1: mhd. strützel, wohl verw. mit ↑[1]Strauß; 2: H. u., urspr. viell. übertr. von (1)] (landsch.): **1.** *[kleineres] längliches, meist geflochtenes Hefegebäck.* **2.** *frecher Bursche, Lausbub.*
strikt [ʃt..., st...] ⟨Adj.⟩ [lat. strictus = zusammengeschnürt; straff, eng; streng, adj. 2. Part. von: stringere = (zusammen)schnüren]: *keine Einschränkung, Abweichung, Ausnahme duldend; peinlich, genau; sehr streng* (2 a): ein -er Befehl; eine -e Weisung, Anordnung; -e Geheimhaltung; ein -es Verbot; -en Gehorsam fordern; das -e *(genaue)* Gegenteil; etw. s. befolgen, vermeiden; ein Verbot s. beachten; eine s. gehandhabte Nachweispflicht.
strin|gent [ʃt..., st...] ⟨Adj.⟩ [zu lat. stringens (Gen.: stringentis), 1. Part. von: stringere, ↑strikt] (bildungsspr.): *aufgrund der Folgerichtigkeit sehr einleuchtend, überzeugend; logisch zwingend, schlüssig:* eine -e Beweisführung, Argumentation; ein -er Schluss; etw. s. nachweisen.
Strin|genz, die; - (bildungsspr.): *das Stringentsein; logische Richtigkeit, Schlüssigkeit.*
String|tan|ga ['st...], der [aus engl. string = Schnur, Kordel u. ↑Tanga]: *Tanga[slip], dessen rückwärtiger Teil aus einem schmalen, schnurförmigen Stück Stoff o. Ä. besteht.*
Strip [ʃt..., st...], der; -s, -s [1: engl. strip; 2: engl. strip = Streifen]: **1.** Kurzf. von ↑Striptease. **2.** *als einzelner Streifen gebrauchsfertig verpacktes Wundpflaster.*
Strip|lo|kal, das (ugs.): Kurzf. von ↑Stripteaselokal.
Strip|pe, die; -, -n [aus dem Niederd., niederd. Form von mhd. strupfe = Lederschlinge, wohl < lat. struppus, stroppus < griech. stróphos = Seil, zu: stréphein, ↑Strophe]: **1.** (landsch.) *Schnur, Bindfaden, Kordel:* ein Stück S. **2.** (ugs.) *Telefonleitung:* -n ziehen; an der S. hängen *([eifrig, ausgiebig] telefonieren);* wer war denn an der S. *(am Telefon)*?; jmdn. an die S. bekommen, kriegen *(jmdn. als Gesprächspartner ans Telefon bekommen);* sich an die S. hängen *([eifrig, ausgiebig] zu telefonieren beginnen).*
strip|pen ['ʃt..., 'st...] ⟨sw. V.; hat⟩ [zu ↑Strip] (ugs.): *Striptease vorführen; als Stripteasetänzer[in] arbeiten:* sie strippt in einem miesen Lokal.
Strip|pen|zie|her, der; -s, - [zu ↑Strippe] (ugs. scherzh.): **1.** *Elektriker.* **2.** *Drahtzieher* (2).
Strip|per, der; -s, - [engl. stripper, eigtl. = Abstreifer, zu: to strip, ↑strippen]: **1.** (ugs.) *Stripteasetänzer.* **2.** (Med.) *Instrument zum Entfernen eines Pfropfs von Blut od. einer krankhaft veränderten Vene.*
Strip|pe|rei, die; -, -en (ugs., oft abwertend): *das Strippen* (1).
Strip|pe|rin, die; -, -nen: w. Form zu ↑Stripper.
Strip|tease ['ʃtrıpti:s, 'st...], der, auch: das; - [engl. strip-tease, aus: to strip = sich ausziehen u. to tease = necken, reizen]: *(in Nachtlokalen, Varietés o. Ä.) Vorführung von erotisch stimulierenden Tänzen, kleinen Szenen o. Ä., bei denen sich die Akteure nach u. nach entkleiden:* einen S. hinlegen.
Strip|tease|lo|kal, das: *Nachtlokal, in dem Striptease vorgeführt wird.*
Strip|tease|tän|zer, der: *jmd., der einen Striptease vorführt.*
Strip|tease|tän|ze|rin, die: w. Form zu ↑Stripteasetänzer.
stritt: ↑streiten.
Stritt, der; -[e]s [zu ↑streiten] (bayr.): *Streit.*
strit|tig ⟨Adj.⟩ [zu bayr. Stritt = Streit]: *noch nicht geklärt, noch nicht entschieden; verschieden deutbar; umstritten:* ein -es Problem, Thema; -e Fälle, Punkte; die Sache ist [noch] s.
Striz|zi, der; -s, -s [H. u.] (bes. südd., österr., auch schweiz.): **1.** *Zuhälter.* **2.** *leichtsinniger, leichtfertiger, durchtriebener Bursche.*
Stro|bo|light ['strɔbəlaıt], das; -s [engl. strobolight, gek. aus: stroboscopic light]: *Stroboskoplicht.*
Stro|bo|skop [ʃt..., st...], das; -s, -e [zu griech. stróbos = das Im-Kreise-Drehen u. skopeĩn = betrachten] (Physik, Technik): *Vorrichtung zur periodischen Unterbrechung eines Lichtstrahls od. zur Änderung seiner Intensität.*
Stro|bo|skop|licht, das: *mit einem Stroboskop erzeugtes, mit hoher Frequenz gleichmäßig aufblitzendes Licht.*
Stro|ga|noff, das; -s, -s (Kochk.): *Bœuf Stroganoff.*
Stroh, das; -[e]s [mhd. strō, ahd. strao, strō, zu ↑streuen u. eigtl. = Aus-, Hingestreutes]: *trockene Halme von ausgedroschenem Getreide:* frisches, trockenes, feuchtes S.; ein Ballen S.; S. aufschütten, binden, flechten; auf S., im S. schlafen; das Dach ist mit S. gedeckt; das Haus brannte wie S. *(lichterloh);* etw. brennt wie nasses S. *(schlecht);* das Essen schmeckt wie S. (ugs.; *ist trocken, ohne Würze*); *** S. im Kopf haben** (ugs.; *dumm sein*); **leeres S. dreschen** (ugs.; *viel Unnötiges, Belangloses reden*): bei der Diskussion wurde viel leeres S. gedroschen.
Stroh|bal|len, der: *Ballen Stroh.*
stroh|blond ⟨Adj.⟩: *flachsblond.*
Stroh|blu|me, die: **1.** *Immortelle.* **2.** *(zu den Korbblütlern gehörende) Pflanze meist mit großem Körbchen u. zahlreichen kleinen, pergamentenen Blütenblättern in leuchtenden Farben, die als Trockenblume Verwendung findet.*
Stroh|bund, das ⟨Pl. -e⟩: vgl. Strohballen.
Stroh|bün|del, das: vgl. Strohballen.
Stroh|dach, das: *mit Stroh gedecktes Dach.*
stroh|dumm ⟨Adj.⟩ (emotional verstärkend): *sehr dumm.*
stro|hen ⟨Adj.⟩ (seltener), **stro|hern** ⟨Adj.⟩ (seltener) [für mhd. strœwīn]: **a)** *aus Stroh:* eine -e Puppe; **b)** *[trocken] wie Stroh:* die Orange ist s.
stroh|far|ben, stroh|far|big ⟨Adj.⟩: *gelblich wie Stroh.*
Stroh|feu|er, das: *von leicht brennbarem Stroh genährtes, stark, hell u. hoch aufflackerndes Feuer, das schnell verlischt:* Ü das S. der ersten Begeisterung.
stroh|ge|deckt ⟨Adj.⟩: *mit Stroh gedeckt:* -e Häuser.
Stroh|ge|flecht, das: *Geflecht aus Stroh.*
stroh|gelb ⟨Adj.⟩: *strohfarben.*
Stroh|ge|wicht, das (Boxen): **1.** ⟨o. Pl.⟩ *unterste Körpergewichtsklasse.* **2.** *Sportler der Körpergewichtsklasse Strohgewicht.*
Stroh|halm, der: **a)** *trockener Getreidehalm ohne Körner:* der Sturm hat die Bäume wie -e geknickt; *** sich [wie ein Ertrinkender] an einen S. klammern** *(in der kleinsten sich bietenden Möglichkeit doch noch einen Hoffnungsschimmer sehen);* **nach dem rettenden S. greifen** *(eine letzte, wenn auch wenig aussichtsreiche Chance, die aus einer schwierigen, bedrückenden Lage heraushelfen könnte, wahrnehmen, ausnutzen);* **b)** *Trinkhalm.*
Stroh|hut, der: [1]*Hut* (1) *aus einem Strohgeflecht.*
Stroh|hüt|te, die: *Hütte aus Stroh.*
stro|hig ⟨Adj.⟩: **a)** *wie Stroh [aussehend, wirkend]:* -es Haar; **b)** *wie Stroh [beschaffen], hart, trocken u. ohne Geschmack:* -er Zwieback; s. schmecken.
Stroh|kopf, der (ugs. abwertend): *Dummkopf.*
Stroh|la|ger, das: *Lager* (2 a) *aus Stroh.*
Stroh|mann, der ⟨Pl. ...männer⟩ [2: LÜ von frz. homme de paille]: **1.** *Strohpuppe.* **2.** *jmd., der von einem andern vorgeschickt wird, um in dessen Auftrag u. Interesse ein Geschäft zu machen, einen Vertrag abzuschließen usw.:* den S. abgeben, machen; Aktien durch Strohmänner aufkaufen lassen. **3.** (Kartenspiel) *Ersatz für einen fehlenden Spieler.*
Stroh|mat|te, die: *Matte aus einem Strohgeflecht.*
Stroh|pup|pe, die: *aus Stroh gefertigte Figur.*
Stroh|sack, der: *mit Stroh gefüllter Sack als einfache Matratze:* auf Strohsäcken schlafen; *** [ach, du] heiliger/gerechter S.!** (salopp; Ausruf der Verwunderung, des unangenehmen Überraschung, des Erschreckens).
Stroh|stern, der: *aus sternförmig gelegten [in Streifen geschnittenen] Strohhalmen gebastelter Weihnachts[baum]schmuck.*
stroh|tro|cken ⟨Adj.⟩ (emotional): **a)** *zu wenig od. keine Feuchtigkeit enthaltend; sehr trocken:* -e Pflaumen; **b)** *sehr trocken* (3 a), *nüchtern:* die -e Amtsspache.
Stroh|wit|we, die [wohl eigtl. = Frau, die nachts allein auf dem Strohsack liegen muss] (ugs. scherzh.): *Ehefrau, die vorübergehend ohne ihren Mann ist.*
Stroh|wit|wer, der: vgl. Strohwitwe.
Strolch, der; -[e]s, -e [urspr. oberdeutsch, H. u.]: **1.** (abwertend) *jmd., der verwahrlost aussieht, betrügerisch handelt, durchtrieben, gewalttätig ist:* sie wurde von zwei -en angefallen. **2.** (fam. scherzh.) *wilder kleiner Junge, Schlingel:* komm her, du S.!
strol|chen ⟨sw. V.; ist⟩: *untätig, ziellos herumstreifen:* durch die Straßen s.
Strol|chen|fahrt, die (schweiz.): *Fahrt mit einem entwendeten Fahrzeug.*
Strom, der; -[e]s, Ströme [mhd. strōm, stroum, ahd. stroum, eigtl. = der Fließende; 3: nach der Vorstellung einer Strömung]: **1. a)** *großer (meist ins Meer mündender) Fluss:* ein breiter, langer, mächtiger, reißender S.; das Unwetter hat die Bäche in reißende Ströme verwandelt; Ü der S. der Zeit, der Ereignisse; der S. der Rede versiegte; aus dem S. des Vergessens/der Vergessenheit trinken (dichter.; *das Vergangene völlig vergessen*); **b)** *strömende, in größeren Mengen fließende, aus etw. herauskommende Flüssigkeit:* ein S. von Wasser ergoss sich über den Fußboden; *** in Strömen** *(in großen Mengen, sehr reichlich u. heftig):* es regnet in Strömen; bei dem Fest flossen Wein und Sekt in Strömen; **c)** *größere, sich langsam in einer Richtung fortbewegende Menge:* ein S. von Menschen, von Fahrzeugen; Ströme von Auswanderern; der S. der Besucher wälzt sich durch die Hallen. **2.** *Strömung:* sie schwimmt mit dem S., versucht, gegen den S. anzuschwimmen; *** mit dem S. schwimmen** *(sich [immer] der herrschenden Meinung anschließen, sich anpassen);* **gegen/wider den S. schwimmen** (*sich der herrschen-*

S

den Meinung widersetzen, sich nicht anpassen; nach Sir. 4, 31). 3. *fließende Elektrizität, in einer (gleich bleibenden od. periodisch wechselnden) Richtung sich bewegende elektrische Ladung:* elektrischer S.; galvanischer S.; ein S. von zwölf Ampere; starker, schwacher S.; S. aus Kernkraftwerken; man hat ihm den S. gesperrt; dies Gerät verbraucht viel S.; eine S. führende *(unter Strom stehende)* Leitung; eine S. sparende *(wenig Strom verbrauchende)* Glühbirne; Wasserkraft in S. verwandeln; das Gehäuse des Geräts stand unter S.; Ü er stand noch immer unter S. *(war noch immer sehr angespannt).*

strom|ab ⟨Adv.⟩: vgl. flussab.

Strom|ab|le|ser, der: *jmd., der von den Zählern den Verbrauch an Strom (3) abliest [u. das Geld dafür kassiert].*

Strom|ab|le|se|rin, die: w. Form zu ↑Stromableser.

Strom|ab|neh|mer, der: **1.** *Stromverbraucher* (1). **2.** (Technik) *(bei elektrischen Bahnen, Obussen) der Entnahme von Strom (3) (aus einer Oberleitung o. Ä.) dienende Vorrichtung.*

Strom|ab|neh|me|rin, die: w. Form zu ↑Stromabnehmer (1).

strom|ab|wärts ⟨Adv.⟩: *stromab.*

strom|an ⟨Adv.⟩: *stromauf.*

strom|auf ⟨Adv.⟩: vgl. flussauf.

strom|auf|wärts ⟨Adv.⟩: *stromauf.*

Strom|aus|fall, der: *Ausfall der Stromversorgung:* bei S. schaltet sich ein Notstromaggregat ein.

[1]Strom|bo|li ['st...]; -s: eine der Liparischen Inseln.

[2]Strom|bo|li, der; -: Vulkan auf [1]Stromboli.

strö|men ⟨sw. V.; ist⟩ [zu ↑Strom]: **a)** *breit, gleichmäßig [aber mit großer Gewalt] dahinfließen:* im Tal strömt ein mächtiger Fluss; **b)** *(von Flüssigkeiten od. Luft) sich von einem Ausgangspunkt her od. in eine bestimmte Richtung [fort-, hinunter]bewegen:* die Flut strömte über den Deich; Regen strömt ihr ins Gesicht; Blut strömt aus der Wunde, durch die Adern, zum Herzen; aus der defekten Leitung ist Gas geströmt; bei, in strömendem *(starkem)* Regen; **c)** *(von Menschen) sich in Massen in eine bestimmte Richtung fortbewegen:* Menschen strömten auf die Straße, aus der Stadt, durch die Türen, ins Theater, zum Stadion; das Publikum strömt *(kommt in Scharen).*

Strö|mer, der; -s, - [1: mhd. (Gaunerspr.) strömer, wohl zu: strömen = stürmend einherziehen]: **1.** (ugs. abwertend) *Landstreicher:* Ü wo hat der kleine S. (fam.; *Herumtreiber*) denn wieder gesteckt? **2.** ⟨meist Pl.⟩ (Jargon) *Stromerzeuger, jmd., der mit der Stromerzeugung befasst ist.*

stro|mern ⟨sw. V.⟩ (ugs.): **a)** *streifend umherziehen, ziellos wandern* ⟨ist⟩: sie stromern durch die Gegend; **b)** (abwertend) *sich herumtreiben* (2) ⟨hat⟩: statt zu arbeiten, stromert er.

Strom|er|zeu|ger, der: **1.** *Anlage od. Unternehmen zur Stromerzeugung.* **2.** *Strom erzeugendes Unternehmen.*

Strom|er|zeu|gung, die: *Erzeugung von elektrischem Strom.*

Strom füh|rend: s. Strom (3).

Strom|ka|bel, das: *Kabel, in dem elektrischer Strom weitergeleitet wird.*

Strom|kreis, der: *geschlossener, mit einer Stromquelle verbundener Kreis von elektrischen Leitern, in dem Strom fließt.*

Strom|lei|tung, die: vgl. Leitung (3b).

Strom|li|nie, die (bes. Physik): *Linie, die den Verlauf einer Strömung anzeigt.*

Strom|li|ni|en|form, die (bes. Physik, Technik): *(längliche, nach vorn etwas zugespitzte) Gestalt eines Fahrzeugs o. Ä., die der Strömung so angepasst ist, dass sich der Widerstand der Luft od. des Wassers bei der Fortbewegung verringert.*

strom|li|ni|en|för|mig ⟨Adj.⟩: *Stromlinienform aufweisend:* ein -es Fahrzeug; Ü ein -er (abwertend; *allzu glatter, angepasster, opportunistischer*) Typ; er machte Karriere, und zwar s. (leicht abwertend; *in glatten Bahnen, ohne Widerstände*).

Strom|netz, das: vgl. Netz (2a).

Strom|preis, der: *Preis für elektrischen Strom.*

Strom|quel|le, die: *Ausgangspunkt einer elektrischen Spannung:* als S. dient ein Akku.

Strom|rech|nung, die: *Rechnung für Verbrauch an elektrischem Strom.*

Strom|rich|ter, der (Elektrot.): *Gerät zur Umwandlung von Gleichstrom in Wechselstrom u. umgekehrt od. zur Veränderung der Spannung.*

Strom|schlag, der: *Schlag* (3b).

Strom|schnel|le, die [vgl. Schnelle (2)]: *Strecke, auf der ein Fluss plötzlich schneller, reißend fließt;* [1]*Katarakt* (1): gefährliche -n.

Strom|span|nung, die: *Spannung* (2).

Strom spa|rend: s. Strom (3).

Strom|spei|cher, der: *Gerät, Anlage zur Speicherung von elektrischem Strom.*

Strom|sper|re, die: *[befristete] Abschaltung des elektrischen Stroms für ein größeres Gebiet:* nächtliche S.; wir hatten S.

Strom|stär|ke, die: *Menge des in einer bestimmten Zeit durch einen Leiter fließenden Stromes.*

Strom|stoß, der: *als kurzer Stoß auftretender elektrischer Strom; Impuls* (2a).

Strö|mung, die; -, -en: **1.** *das Strömen; strömende, fließende Bewegung (von Wasser od. Luft), Strom* (2): eine warme, kalte, schwache, starke, reißende S.; gefährliche -en; die -en der Luft; eine S. erfasste ihn, riss ihn um; das Wasser hat hier tückische -en; gegen die S., mit der S. schwimmen; das Boot wurde von der S. abgetrieben. **2.** *geistige Bewegung, Richtung, Tendenz:* eine politische, literarische S.; die -en der Zeit; nostalgische -en in der Mode.

Strö|mungs|leh|re, die ⟨o. Pl.⟩ (Physik): *Lehre von der Bewegung u. vom Verhalten flüssiger u. gasförmiger Stoffe.*

Strom|ver|brauch, der: **1.** *das Verbrauchen von elektrischem Strom:* den S. einschränken. **2.** *Menge des verbrauchten elektrischen Stroms:* ein hoher monatlicher S.

Strom|ver|brau|cher, der: **1.** *jmd., der Strom verbraucht:* die privaten S. **2.** *Gerät o. Ä., das Strom verbraucht.*

Strom|ver|brau|che|rin, die: w. Form zu ↑Stromverbraucher (1).

Strom|ver|sor|gung, die: *Elektrizitätsversorgung:* eine flächendeckende S.; die S. sichern, ausbauen.

Strom|wirt|schaft, die: vgl. Energiewirtschaft.

Strom|zäh|ler, der: *Gerät, das die Menge verbrauchten Stroms misst u. anzeigt.*

Stron|ti|um ['ʃt..., 'st...], das; -s [engl. strontium]: *silberweißes, sehr reaktionsfähiges Leichtmetall (chemisches Element;* Zeichen: Sr).

Stro|phan|thin [ʃt..., st...], das; -s, -e: *(als Herzmittel verwendeter) hochwirksamer Extrakt aus den Samen des Strophanthus.*

Stro|phan|thus, der; -, - [zu griech. strophḗ (↑Strophe) u. ánthos = Blüte, nach den gedrehten Fortsätzen der Blätter mancher Arten]: *(in den Tropen vorkommende) meist kletternde Pflanze mit farbigen Blüten, von deren Blättern oft lange Fortsätze herabhängen.*

Stro|phe ['ʃt...], die; -, -n [lat. stropha < griech. strophḗ, eigtl. = das Drehen, die Wendung]: *aus mehreren rhythmisch gegliederten [u. gereimten] Verszeilen bestehender [in gleicher Form sich wiederholender] Abschnitt eines Liedes, Gedichtes od. Versepos:* kurze, lange, vielzeilige, kunstvoll gebaute -n; die erste und die letzte S.; wir singen S. 1 und 5/die -n 1 und 5.

Stro|phen|an|fang, der: *Anfang einer Strophe.*

Stro|phen|en|de, das: *Ende einer Strophe.*

Stro|phen|form, die: **1.** *Form einer Strophe.* **2.** *strophische Form.*

Stro|phen|ge|dicht, das: *strophisches Gedicht.*

-stro|phig: in Zusb., z. B. dreistrophig, mehrstrophig *(aus drei, mehreren Strophen [bestehend]).*

stro|phisch ⟨Adj.⟩: **1.** *in Strophen [abgefasst].* **2.** *(von einer [Lied]strophe) mit der gleichen Melodie zu singen.*

strot|zen ⟨sw. V.; hat⟩ [mhd. strotzen, strozzen, eigtl. = steif emporragen, von etw. starren, zu ↑starren]: **a)** *über eine Eigenschaft, Fähigkeit so uneingeschränkt verfügen, dass sie auffallend zutage tritt:* sie strotzt von/vor Gesundheit, Energie; vor Selbstbewusstsein s. *(äußerst selbstbewusst sein);* **b)** *etw. in großer Menge, Zahl aufweisen:* du strotzt/strotzest *(starrst)* vor Dreck!; das Diktat strotzt *(wimmelt)* von/vor Fehlern.

strub|be|lig, strubblig ⟨Adj.⟩ [spätmhd. strubbelich, strobelecht, zu mhd. strobelen = struppig sein, machen]: *(von Haaren) zerzaust, wirr; struppig:* -e Haare; ein -es Fell; s. aussehen.

Strub|bel|kopf, der: **1.** (ugs.) **a)** *zerzaustes, wirres Haar;* **b)** *jmd., der einen Strubbelkopf (1 a) hat.* **2.** *graubrauner, mit groben Schuppen besetzter Röhrenpilz mit beringtem Stiel.*

strubb|lig: ↑strubbelig.

Stru|del, der; -s, - [spätmhd. strudel, strodel, zu ahd. stredan, ↑strudeln; 2: nach dem spiraligen Muster der aus dem Teigrolle geschnittenen Stücke]: **1.** *Stelle in einem Gewässer, wo das Wasser eine schnelle Drehbewegung macht u. dabei meist zu einem Mittelpunkt hin nach unten zieht, sodass an der Oberfläche eine trichterförmige Vertiefung entsteht; Wasserwirbel:* ein gefährlicher, tückischer S. zog die Schwimmerin in die Tiefe; in einen S. geraten; von einem S. erfasst werden; Ü in den S. der Ereignisse hineingerissen werden. **2.** (bes. südd., österr.) *Speise aus einem sehr dünn auseinander gezogenen Teig, der mit Apfelstückchen u. Rosinen od. einer anderen Füllung belegt, zusammengerollt u. gebacken od. gekocht wird.*

stru|deln ⟨sw. V.; hat⟩ [spätmhd. strudeln, strodeln = sieden, brodeln, zu ahd. stredan = wallen, (leidenschaftlich) glühen]: **a)** *Strudel bilden, in wirbelnder Bewegung sein* das Wasser strudelt hier; eine strudelnde Schiffsschraube; **b)** *etw. in einem Strudel irgendwohin befördern:* Nahrung in den Magen s.

Stru|del|wurm, der: *(in vielen Arten im Meer u. im Süßwasser verbreiteter) Plattwurm, dessen Körper dicht mit Wimpern bedeckt ist, mit deren Hilfe er sich schwimmend fortbewegt.*

Struk|tur [ʃt..., st...], die; -, -en [lat. structura = Zusammenfügung, Ordnung; Bau, zu: structum, 2. Part. von: struere = aufbauen, aneinander fügen]: **1.** *Anordnung der Teile eines Ganzen zueinander; gegliederter Aufbau, innere Gliederung:* eine komplizierte S.; die S. eines Atoms, eines Kristalls; ererbte -en von Zellen; die politische, gesellschaftliche, wirtschaftliche S. eines Landes; die S. sichtbar machen; etw. in seiner S. verändern. **2.** *Gefüge, das aus Teilen besteht, die wechselseitig voneinander abhängen; in sich strukturiertes Ganzes:* die S. der deutschen Sprache; geologische -en *(Bauformen, Gebilde).* **3.** (Textilind.) *reliefartig gestaltete Oberfläche von Stoffen.*

struk|tu|ral ⟨Adj.⟩ (bes. Sprachw.): *sich auf die Struktur von etw. beziehend, in Bezug auf die Struktur:* -e Sprachbeschreibung.

Struk|tu|ra|lis|mus, der; - [frz. structuralisme]: **1.** (Sprachw.) *wissenschaftliche Richtung, die Sprache als ein geschlossenes Zeichensystem versteht u. die Struktur dieses Systems erfassen will.* **2.** *Forschungsmethode in der Völkerkunde, die eine Beziehung zwischen der Struktur der Sprache u. der Kultur einer Gesellschaft herstellt u. die alle jetzt sichtbaren Strukturen auf geschichtslose Grundstrukturen zurückführt.* **3.** *Wissenschaftstheorie, die von einer synchronen Betrachtungsweise ausgeht u. die allem zugrunde liegenden, unwandelbaren Grundstrukturen erforschen will.*

struk|tu|ra|lis|tisch ⟨Adj.⟩: *den Strukturalismus betreffend, vom Strukturalismus ausgehend.*

Struk|tur|ana|ly|se, die (Fachspr.): *Analyse der Struktur (1, 2), der einzelnen Strukturelemente von etw. (z. B. in der Chemie, Wirtschafts-, Literaturwissenschaft).*

Struk|tur|ele|ment, das: *einzelnes Element, Glied einer komplexen Struktur* (1, 2).

S

struk|tu|rell ⟨Adj.⟩ [frz. structurel]: **a)** *eine bestimmte Struktur aufweisend, von der Struktur her:* -e Unterschiede; **b)** *struktural:* die -e Grammatik.

Struk|tur|for|mel, die (Chemie): *formelhafte grafische Darstellung vom Aufbau einer Verbindung.*

struk|tu|rie|ren ⟨sw. V.; hat⟩: **a)** *mit einer bestimmten Struktur* (1) *versehen, einer bestimmten Struktur entsprechend aufbauen, organisieren, gliedern:* die Wirtschaft völlig neu s.; sie versuchte, ihre Rede anders zu s.; ⟨meist im 2. Part.:⟩ ein strukturiertes Ganzes; die Gruppen sind sehr unterschiedlich strukturiert; **b)** ⟨s. + sich⟩ *sich gliedern, mit einer bestimmten Struktur* (1) *versehen sein:* die Gesellschaft strukturiert sich durch solche Gruppen.

struk|tu|riert ⟨Adj.⟩ (Textilind.): *mit einer bestimmten Struktur* (3) *versehen:* [stark, grob] -es Gewebe.

Struk|tu|riert|heit, die; -: *das Stukturiertsein.*

Struk|tu|rie|rung, die; -, -en: **a)** *das Strukturieren;* **b)** *das Vorhandensein einer Struktur.*

Struk|tur|kri|se, die (Wirtsch.): *Krise, die durch einen lange andauernden Rückgang der Nachfrage u. damit der Produktion u. der Arbeitsmöglichkeiten in einer Branche ausgelöst wird.*

Struk|tur|plan, der (Wirtsch., Politik, Kultur): *Plan für Veränderungen der Struktur u. eine Umorganisation auf einem größeren Gebiet.*

Struk|tur|po|li|tik, die: *wirtschaftspolitische Maßnahmen des Staates, die der Verbesserung der wirtschaftlichen Struktur dienen sollen.*

struk|tur|po|li|tisch ⟨Adj.⟩: *die Strukturpolitik betreffend, auf ihr beruhend.*

Struk|tur|re|form, die: *Reform der wirtschaftlichen, gesellschaftlichen o. ä. Struktur* (1).

struk|tur|schwach ⟨Adj.⟩ (Wirtsch.): *wenig Arbeitsmöglichkeiten bietend, industriell nicht entwickelt:* -e Gebiete.

Struk|tur|ta|pe|te, die: *Tapete mit Struktur* (3).

Struk|tur|wan|del, der: *Wandel, Änderung, Umgestaltung der wirtschaftlichen, gesellschaftlichen o. ä. Struktur* (1).

strul|len ⟨sw. V.; hat⟩ [mniederd. strullen, zu ↑strudeln] (bes. nordd., md. salopp): *[in kräftigem Strahl, geräuschvoll] urinieren.*

Strumpf, der; -[e]s, Strümpfe [mhd. strumpf, eigtl. = (Baum)stumpf, Rumpf(stück), viell. im Sinne von »Steifes, Festes« zu ↑starren]: *gewirkter od. gestrickter Teil der Kleidung, der den Fuß u. das [ganze] Bein bedeckt:* dicke, dünne, nahtlose Strümpfe; Strümpfe aus Wolle; ein S. mit Naht; Strümpfe stricken, stopfen; die Strümpfe anziehen, ausziehen; sie trägt keine Strümpfe; auf Strümpfen *(ohne Schuhe);* ein Loch, eine Laufmasche im S. haben; sie geht am liebsten ohne Strümpfe; ein paar Mark im S. *(zu Hause, im Sparstrumpf)* haben; * **jmds. Strümpfe ziehen Wasser** (ugs.; *die Strümpfe rutschen herunter u. bilden dadurch Falten;* wohl nach der Vorstellung, dass die Strümpfe sich mit Wasser vollgesogen haben u. nicht mehr am Bein halten); **sich auf die Strümpfe machen** (ugs.; ↑Socke).

S

Strumpf|band, das ⟨Pl. ...bänder⟩: **1.** *breiteres, zum Festhalten ringförmig um einen [Knie]strumpf zu legendes Gummiband.* **2.** *Strumpfhalter.*

Strümpf|chen, das; -s, -: Vkl. zu ↑Strumpf.

Strumpf|hal|ter, der: *paarweise für jedes Bein an einem Hüfthalter o. Ä. angebrachtes [breites] Gummiband mit kleiner Schließe zum Befestigen der Strümpfe.*

Strumpf|hal|ter|gür|tel, der: *Hüftgürtel.*

Strumpf|ho|se, die: *eng an Fuß, Bein u. Unterleib anliegende, gewirkte od. gestrickte Hose (bes. für Frauen u. Kinder), die wie ein Strumpf angezogen wird.*

Strumpf|mas|ke, die: *zur Tarnung [bei Raubüberfällen] über den Kopf u. vor das Gesicht gezogener Strumpf.*

Strumpf|naht, die: *an der hinteren Seite eines Damenstrumpfes verlaufende Naht.*

Strumpf|wa|ren ⟨Pl.⟩: *alle Arten von Strümpfen, die als Ware verkauft werden.*

Strunk, der; -[e]s, Strünke [spätmhd. (md.) strunk, viell. eigtl. = der Gestutzte, Verstümmelte, zu ↑starren]: **a)** *stiel-, stängelähnlicher kurzer, dicker, fleischiger od. holziger Teil bestimmter Pflanzen [der als Rest übrig geblieben ist, wenn der verzehrbare Teil entfernt ist]:* den S. herausschneiden; der Kohl war bis auf die Strünke abgefressen; **b)** *dürrer Stamm od. Stumpf eines abgestorbenen Baumes:* das Feuer hatte nur kahle Strünke zurückgelassen.

Strünk|chen, das; -s, -: Vkl. zu ↑Strunk.

¹strun|zen ⟨sw. V.; hat⟩ [urspr. = umherschweifen, H. u.] (bes. [süd]westd.): *prahlen:* mit dem neuen Fahrrad s.

²strun|zen ⟨sw. V.; hat⟩ [wohl lautm.] (bes. westmd. salopp): *urinieren.*

strup|pig ⟨Adj.⟩ [aus dem Niederd. < mniederd. strubbich, verw. mit ↑sträuben]: *(von Haaren, vom Fell) borstig, zerzaust in alle Richtungen stehend:* -e Haare; ein -er Bart; ein -er Hund *(ein Hund mit struppigem Fell);* s. aussehen; Ü -es *(wirres)* Gebüsch.

Strup|pig|keit, die; -: *struppiges Aussehen.*

struw|we|lig ⟨Adj.⟩ (landsch.): *strubbelig.*

Struw|wel|kopf, der (landsch.): *Strubbelkopf* (1).

Struw|wel|pe|ter, der [älter auch: Strubbelpeter, bes. bekannt geworden durch die Titelgestalt des 1845 erschienenen Kinderbuches von H. Hoffmann] (ugs.): *Kind mit strubbeligem Haar.*

Strych|nin [ʃt..., st...], das; -s [frz. strychnine, zu lat. strychnos < griech. strýchnos = ein Pflanzenname]: *farbloses, in Wasser schwer lösliche Kristalle bildendes, giftiges Alkaloid aus den Samen eines indischen Baumes.*

Stu|art|kra|gen, der [nach der schottischen Königin Maria Stuart (1542–1587)]: *steifer, breiter, nach hinten hochstehender [Spitzen]kragen.*

Stüb|chen, das; -s, -: Vkl. zu ↑Stube (1).

Stu|be, die; -, -n [mhd. stube, ahd. stuba = heizbarer (Bade)raum, H. u.]: **1.** (landsch., sonst veraltend) *Zimmer, Wohnraum:* eine große, helle, geräumige, niedrige, wohnliche S.; in der warmen S. sitzen; R [nur immer] rein in die gute S.! (ugs. scherzh.; Aufforderung zum Eintreten); * **gute S.** (1. veraltend; *nur bei besonderen Anlässen benutztes u. dafür eingerichtetes Zimmer:* Großmutters gute S. 2. scherzh.; *schöner, gepflegter, als vorzeigbar geltender Teil eines Ortes o. Ä.:*). **2. a)** *größerer gemeinschaftlicher Wohn- u. Schlafraum für eine Gruppe von Soldaten, Touristen, Schülern eines Internats o. Ä.;* **b)** *Bewohner, Mannschaft einer Stube.* (2 a)

Stu|ben|äl|tes|te, der u. die: *jmd., der darauf zu achten hat, dass Ordnung, Sauberkeit, Disziplin in einer Stube* (2 a) *herrschen.*

Stu|ben|ar|rest, der (ugs.): *(als Strafe ausgesprochenes) Verbot (für ein Kind), sein Zimmer od. die Wohnung zu verlassen u. [zum Spielen] nach draußen zu gehen:* S. haben, bekommen.

Stu|ben|dienst, der: **a)** *Ordnungsdienst für eine Stube* (2 a): wer hat heute S.?; **b)** *die mit dem Stubendienst* (a) *beauftragte[n] Person[en].*

Stu|ben|flie|ge, die: *vor allem in Wohnräumen vorkommende Fliege.*

Stu|ben|ge|lehr|sam|keit, die (veraltend abwertend): *weltfremde, nur aus Büchern gewonnene Gelehrsamkeit.*

Stu|ben|ge|lehr|te, der u. die (veraltend abwertend): *jmd., der ohne Verbindung zum Leben u. zur Praxis wissenschaftlich arbeitet:* sie ist alles andere als eine S.

Stu|ben|ge|nos|se, der: *Stubenkamerad.*

Stu|ben|ge|nos|sin, die: w. Form zu ↑Stubengenosse.

Stu|ben|ho|cker, der (ugs. abwertend): *jmd., der kaum aus dem Zimmer, aus der Wohnung geht u. sich lieber zu Hause beschäftigt.*

Stu|ben|ho|cke|rei, die; -, -en (ugs. abwertend): *Verhalten, Lebensweise eines Stubenhockers.*

Stu|ben|ho|cke|rin, die: w. Form zu ↑Stubenhocker.

Stu|ben|ka|me|rad, der: *jmd., der zur gleichen Stube* (2 a) *gehört.*

Stu|ben|ka|me|ra|din, die: w. Form zu ↑Stubenkamerad.

Stu|ben|kü|ken, das (Kochk.): *sechs bis acht Wochen altes, gemästetes Küken.*

Stu|ben|mäd|chen, das (veraltend): **a)** *Hausangestellte, die die Zimmer sauber zu halten hat;* **b)** *Zimmermädchen im Hotel.*

stu|ben|rein ⟨Adj.⟩: **a)** *(von Hunden u. Katzen) so zur Sauberkeit erzogen, dass die Notdurft nur im Freien verrichtet wird:* das Tier ist s.; **b)** (scherzh.) *nicht unanständig, nicht anstößig, moralisch sauber:* der Witz ist s.

Stu|ben|wa|gen, der: *nur für das Zimmer bestimmter Korbwagen, in dem Säuglinge in den ersten Wochen schlafen.*

Stüb|lein, das; -s, -: *Stübchen.*

Stuck, der; -[e]s [ital. stucco, aus dem Langob., verw. mit ahd. stucki (↑Stück) in der Bed. »Rinde; feste, überkleidende Decke«]: **a)** *Gemisch aus Gips, Kalk, Sand u. Wasser zur Formung von Plastiken u. Ornamenten:* Formen aus S.; die Decke ist in S. gearbeitet; **b)** *Verzierung od. Plastik aus Stuck* (a): eine Altbauwohnung mit hoher Decke und S.

Stück, das; -[e]s, -e (als Maßangabe auch: Stück) [mhd. stücke, ahd. stucki, urspr. = Abgeschlagenes, (Bruch)stück, zu ↑stoßen]: **1. a)** *abgetrennter od. abzutrennender Teil eines Ganzen:* ein rundes, quadratisches, schmales S.; ein S. Draht, Stoff; ein Stück aus dem Magen schneiden; er musste die -e *(Teile)* mühsam zusammensuchen; der Kleinste hat mal wieder das größte S. erwischt; aus vielen kleinen -en wieder ein Ganzes machen; Papier in -e reißen; vor Wut alles in -e schlagen; die Scheibe zerbrach in tausend -e; die Scherben S. für S. einsammeln; * **nur ein S. Papier sein** *(zwar schriftlich festgelegt, aber keineswegs gesichert sein, wertlos sein);* **sich** ⟨Dativ⟩ **von jmdm., etw. ein S. abschneiden [können]** (↑¹Scheibe 2); **sich für jmdn. in -e reißen lassen** (ugs.; *alles für jmdn. tun, sich immer u. überall für ihn einsetzen, aufopfern*); **in vielen, in allen -en** *(in vieler, in jeder Hinsicht);* **b)** *einzelner, eine Einheit bildender Teil eines Ganzen:* den Kuchen in -e schneiden; zwei S./-e Kuchen essen; aus einem Text ein S. *(einen Absatz, Abschnitt)* vorlesen; er kann ganze -e *(Passagen)* aus dem »Faust« auswendig; jmdn. ein S., (geh.:) ein S. Weg[e]s *(eine gewisse Strecke eines Weges)* begleiten; lass uns ein S. spazieren gehen; Ü ein hartes S. *(viel)* Arbeit; wir sind damit ein gutes S. vorangekommen; ein S. deutscher Geschichte; das hat ein schönes S. *(ziemlich viel)* Geld gekostet; die Entwicklung ein S. weit *(zum Teil, in gewisser Hinsicht)* verschlafen haben; * **im/am S.** (landsch.; *nicht in Einzelteile zerlegt, nicht aufgeschnitten o. Ä.*): Käse am S. kaufen; **an/in einem S.** (ugs.; *ununterbrochen, ohne aufzuhören, ohne Unterbrechung*): es gießt in einem S. **2.** *bestimmte Menge eines Stoffes, Materials o. Ä., die [in handelsüblicher Form, Abmessung] ein in sich begrenztes Ganzes bildet:* ein S. Seife, Butter; zwei S./-e Zucker; ein S. *(eine begrenzte Fläche)* Land kaufen; hast du mal ein S. *(ein Blatt, einen Bogen)* Papier für mich? **3. a)** *einzelner Gegenstand, einzelnes Tier, einzelne Pflanze o. Ä. aus einer größeren Menge von Gleichartigem, aus einer Gattung:* zwanzig S. Vieh; bitte fünf S. von den rosa Rosen!; die Eier kosten das S. 30 Pfennig/30 Pfennig das S.; die Bilder wurden S. für S. nummeriert; die Produktion von Waschmaschinen wurde um 50 000 S. erhöht; ⟨vorangestellt vor ungenauen Mengenangaben Pl. -er:⟩ -er dreißig (ugs.; *etwa dreißig Stück*); * **kein S.** (ugs.; *kein bisschen, keine Spur; nichts dergleichen*): daran ist kein S. wahr; **b)** *[in seiner Besonderheit auffallendes] Exemplar von etw.:* dieser Ring ist ein seltenes, besonders schönes S.; die ältesten -e stammten aus der Barockzeit; pass auf das gute S. (leicht spött.; in Bezug auf etw., was von einem anderen bes. geschätzt wird) auf!; Ü du bist [u. bleibst] unser bestes S. (ugs. scherzh.; *für uns der beste, von uns am meisten geliebte Mensch*); die Größe seines besten -s *(seines Penis)*; * **große -e auf jmdn. halten** (ugs.; *jmdn. sehr schätzen, von jmds. Fähigkeiten überzeugt sein*; wahrsch. nach der Vorstellung eines hohen Wetteinsatzes in Form großer, wertvoller Münzen). 4. ⟨Pl. selten⟩ *Tat, Streich:* da hat er sich aber ein S. geleistet!; * **ein starkes o. ä. S. sein** (ugs.; *unerhört, eine Unverschämtheit sein*); **ein S. aus dem Tollhaus** *(ein unglaubliches, groteskes, irrwitziges Geschehen, Vorkommnis)*. 5. (ugs. abwertend) *jmd., der im Hinblick auf seine Art, seinen Charakter abgelehnt, abgewertet wird:* sie ist ein raffiniertes, mieses S.; du verdammtes S.! 6. a) *Theaterstück, Schauspiel:* ein modernes, klassisches, unterhaltsames S.; ein S. schreiben, inszenieren; wer spielt in dem S. die Hauptrolle?; b) *Musikstück:* ein S. für Cello und Klavier; er spielt drei -e von Chopin; das S. muss ich erst üben. 7. * **aus/(älter:) von freien -en** (*freiwillig; unaufgefordert;* H. u.): ich half aus freien -en.

Stuck|ar|beit, die: *plastische Verzierung aus Stuck* (a).

Stück|ar|beit, die ⟨o. Pl.⟩: 1. *Arbeit nach Stückzahlen, Akkordarbeit.* 2. (ugs.) *ungenügende, unvollständige Arbeit; Flickwerk.*

Stu|cka|teur [...'tøːɐ̯], der; -s, -e [frz. stucateur < ital. stuccatore, zu stucco, ↑Stuck]: *Handwerker, der Stuckarbeiten ausführt.*

Stu|cka|teu|rin [...'tøːrɪn], die; -, -nen: w. Form zu ↑Stuckateur.

stück|chen|wei|se ⟨Adv.⟩: *stückweise.*

Stuck|de|cke, die: *mit Stuck (b) verzierte Decke eines Raumes.*

stü|ckeln ⟨sw. V.; hat⟩ [spätmhd. stückeln]: *aus kleinen Stücken zusammensetzen:* ich muss den Bezug s.; der Rock ist gestückelt.

Stü|cke|lung, Stücklung, die; -, -en: 1. *das Stückeln.* 2. (Bankw.) *Aufteilung von Geld, Wertpapieren u. Ä. in Stücke von verschiedenem [Nenn]wert.*

stü|cken ⟨sw. V.; hat⟩ [mhd. stücken]: *stückeln.*

Stü|cker: ↑Stück (3 a).

Stü|cke|schrei|ber, der: *jmd., der Theaterstücke o. Ä. verfasst.*

Stü|cke|schrei|be|rin, die: w. Form zu ↑Stückeschreiber.

Stück|gut, das: *als Einzelstück zu beförderndes Gut* (3).

Stück|kos|ten ⟨Pl.⟩ (Wirtsch.): *für ein Stück od. eine Einheit berechnete durchschnittliche Herstellungskosten.*

Stück|lohn, der (Wirtsch.): *nach der Menge der gefertigten Stücke od. der erbrachten zählbaren Leistungen berechneter Lohn; Akkordlohn:* im S. arbeiten.

Stück|lung: ↑Stückelung.

Stück|preis, der: *Preis für ein Einzelstück* (a).

stuck|ver|ziert ⟨Adj.⟩: *mit Stuck verziert.*

Stück|wa|re, die ⟨Pl. selten⟩: *nach Stück (2) verkaufte Ware.*

stück|wei|se ⟨Adv.⟩: *in einzelnen Stücken, Stück für Stück.*

Stück|werk, das: meist in der Verbindung **S. sein/bleiben** *(recht unvollkommen u. daher unbefriedigend sein, bleiben).*

Stück|zahl, die (Wirtsch.): *Anzahl der zu produzierenden od. produzierten Stücke einer Ware innerhalb einer bestimmten Zeit.*

stud. = studiosus; vgl. Student (a).

Stu|dent, der; -en, -en [mhd. studente = Lernender, Schüler < mlat. studens (Gen.: studentis), 1. Part. von lat. studere, ↑studieren]: a) *jmd., der an einer Hochschule studiert; Studierender:* er ist S. der Theologie, an der Musikhochschule, im dritten Semester; Abk.: stud. (z. B. stud. med.); b) (veraltet) *Schüler einer höheren Schule.*

Stu|den|ten|aus|tausch, der: vgl. Schüleraustausch.

Stu|den|ten|aus|weis, der: *von einer Hochschule ausgestellter Ausweis für Studierende.*

Stu|den|ten|be|we|gung, die: *von Studierenden ausgehende u. getragene Protestbewegung:* die S. der 60er-Jahre.

Stu|den|ten|blu|me, die [nach dem Vergleich der Blütenköpfe mit den früher üblichen bunten Studentenmützen]: a) *Tagetes;* b) *Calendula.*

Stu|den|ten|bu|de, die (ugs.): *von einer od. einem Studierenden bewohntes möbliertes Zimmer.*

Stu|den|ten|ehe, die: *Ehe, bei der die Eheleute noch studieren.*

Stu|den|ten|fut|ter, das: *Mischung aus Nüssen, Mandeln u. Rosinen zum Knabbern.*

Stu|den|ten|ge|mein|de, die: *Zusammenschluss evangelischer od. katholischer Studierender einer Hochschule unter Leitung eines Studentenpfarrers.*

Stu|den|ten|heim, das: *Studentenwohnheim.*

Stu|den|ten|lied, das: *aus studentischen Traditionen überliefertes u. gemeinschaftlich gesungenes Lied.*

Stu|den|ten|müt|ze, die: *von Verbindungsstudenten getragene Mütze in den Farben ihrer Verbindung.*

Stu|den|ten|par|la|ment, das: *innerhalb einer studentischen Selbstverwaltung gewählte Vertretung der Studierenden.*

Stu|den|ten|pfar|rer, der: *mit der seelsorgerischen Arbeit an u. mit Studierenden in einer Studentengemeinde beauftragter Pfarrer.*

Stu|den|ten|pfar|re|rin, die: w. Form zu ↑Studentenpfarrer.

Stu|den|ten|re|vol|te, die: *Revolte, in der Studierende gegen bestimmte Verhältnisse aufbegehren.*

Stu|den|ten|schaft, die; -, -en ⟨Pl. selten⟩: *Gesamtheit der immatrikulierten Studentinnen u. Studenten [einer Hochschule].*

Stu|den|ten|spra|che, die (Sprachw.): *Sondersprache der Studierenden.*

Stu|den|ten|un|ru|hen ⟨Pl.⟩: vgl. Studentenbewegung.

Stu|den|ten|ver|bin|dung, die: *Bund von Studenten, in dem bestimmte Bräuche u. Ziele weitergeführt werden u. dem auch die ehemals Aktiven weiter angehören; Korporation* (2).

Stu|den|ten|werk, das: *Einrichtung an Hochschulen zur sozialen Betreuung der Studierenden.*

Stu|den|ten|wohn|heim, das: *Wohnheim für Studentinnen u. Studenten.*

Stu|den|tin, die; -, -nen: w. Form zu ↑Student.

stu|den|tisch ⟨Adj.⟩: a) *Studenten, Studentinnen betreffend, zu ihnen gehörend:* -es Brauchtum; b) *von, durch, mit Studenten, Studentinnen:* die -e Protestbewegung.

[1]**Stu|di**, der; -s, -s [↑ -i] (Jargon): *Student.*

[2]**Stu|di**, die; -, -s: *Studentin.*

Stu|die, die; -, -n [rückgeb. aus ↑Studien, Pl. von ↑Studium]: 1. *Entwurf, skizzenhafte Vorarbeit zu einem größeren Werk bes. der Kunst:* der Maler hat zuerst verschiedene -n einzelner Figuren angefertigt. 2. *wissenschaftliche Untersuchung über eine Einzelfrage:* eine S. über die Studentenbewegung der 60er-Jahre; Ü das Stück ist eine psychologische S. Heinrichs.

Stu|di|en: Pl. von ↑Studium, Studie.

Stu|di|en|ab|bre|cher, der; -s, -: *jmd., der ohne Examen sein Studium aufgibt.*

Stu|di|en|ab|bre|che|rin, die; -, -nen: w. Form zu ↑Studienabbrecher.

Stu|di|en|ab|schluss, der: *Abschluss eines Studiums durch ein Examen.*

Stu|di|en|an|fän|ger, der: *jmd., der sein Studium beginnt.*

Stu|di|en|an|fän|ge|rin, die: w. Form zu ↑Studienanfänger.

Stu|di|en|auf|ent|halt, der: *längerer Aufenthalt an einem Ort, bes. im Ausland, um dort zu studieren.*

Stu|di|en|aus|ga|be, die: *preiswerte Ausgabe eines Buches zu Studienzwecken.*

Stu|di|en|be|ra|tung, die: *(an Hochschulen eingerichtete) Beratung, die Studierende über die Studiengänge informiert u. ihnen Hilfe bei fachlichen od. persönlichen Problemen anbietet.*

Stu|di|en|be|wer|ber, der: *Bewerber um einen Studienplatz.*

Stu|di|en|be|wer|be|rin, die: w. Form zu ↑Studienbewerber.

Stu|di|en|di|rek|tor, der: *um einen Rang befördeter Oberstudienrat [als Stellvertreter des Direktors].*

Stu|di|en|di|rek|to|rin, die: w. Form zu ↑Studiendirektor.

Stu|di|en|fach, das: *Fachgebiet, auf dem ein Studium durchgeführt wird od. wurde.*

Stu|di|en|fahrt, die: vgl. Studienaufenthalt.

Stu|di|en|freund, der: *Freund aus der Zeit des Studiums.*

Stu|di|en|freun|din, die: w. Form zu ↑Studienfreund.

Stu|di|en|gang, der: *[vorgeschriebene] Abfolge von Vorlesungen, Seminaren, Übungen, Praktika im Verlauf eines Studiums bis zum Examen.*

Stu|di|en|ge|bühr, die: *Gebühr, die [semesterweise] für ein Studium an die Hochschule zu zahlen ist.*

Stu|di|en|grup|pe, die: *Gruppe, die gemeinsam etw. erforscht, studiert.*

stu|di|en|hal|ber ⟨Adv.⟩: 1. *um sich einen Einblick zu verschaffen, um sich ein Urteil bilden zu können.* 2. *wegen des Studiums:* sie lebt zurzeit s. in Göttingen.

Stu|di|en|jahr, das: *Zeitraum von einem Jahr während eines Studiums.*

Stu|di|en|kol|leg, das: *Vorbereitungskurs an einer Hochschule, bes. für ausländische Studierende.*

Stu|di|en|kol|le|ge, der: *Kommilitone.*

Stu|di|en|kol|le|gin, die: w. Form zu ↑Studienkollege.

Stu|di|en|ob|jekt, das: *etw., woran jmd. etw. studieren kann.*

Stu|di|en|ord|nung, die: *vom Staat od. einer Hochschule erlassene Bestimmungen über die Abfolge eines Studiums bis zur Prüfung.*

Stu|di|en|platz, der: *Platz (4) für ein Universitätsstudium:* keinen S. bekommen.

Stu|di|en|pro|fes|sor, der: *Gymnasiallehrer, der Studienreferendare in Fachdidaktik ausbildet.*

Stu|di|en|pro|fes|so|rin, die: w. Form zu ↑Studienprofessor.

Stu|di|en|rat, der: 1. *beamteter Lehrer an einer höheren Schule.* 2. (DDR) *Ehrentitel für einen Lehrer.*

Stu|di|en|rä|tin, die: w. Form zu ↑Studienrat.

Stu|di|en|re|fe|ren|dar, der: *Anwärter auf das höhere Lehramt nach der ersten Staatsprüfung.*

Stu|di|en|re|fe|ren|da|rin, die: w. Form zu ↑Studienreferendar.

Stu|di|en|rei|se, die: vgl. Studienaufenthalt.

Stu|di|en|zeit, die: *Zeit, Jahre des Studiums* (1).

Stu|di|en|zweck, der: *auf das Studium (1, 2 a) ausgerichteter Zweck, zu dem jmd. etw. Bestimmtes tut:* zu -en in London sein.

stu|die|ren ⟨sw. V.; hat⟩ [mhd. studi(e)ren < mlat. studiare < lat. studere = sich wissenschaftlich betätigen, etw. eifrig betreiben]: 1. a) *eine Hochschule besuchen:* sein Sohn studiert; sie studiert jetzt im achten Semester, hat zehn Semester studiert; b) *an einer Hochschule Wissen, Kenntnisse auf einem bestimmten Fachgebiet erwerben:* Jura s.; sie studiert Gesang bei Prof. N.; ⟨auch o. Akk.-Obj.:⟩ sie studiert in Bonn, an der PH; c) (veraltet) *eine höhere Schule besuchen.* 2. a) *genau untersuchen, beobachten, erforschen:* die Verhältnisse an Ort und Stelle, die Sitten fremder Völker s.; sie studierte ihren Gegner, sein Mienenspiel; b) *genau, prüfend durchlesen, durchsehen:* die Akten s.; (ugs.:) die Speisekarte s.; c) *einüben, einstudieren:* eine Rolle für das Theater s.; die Artisten studieren eine neue Nummer.

Stu|die|ren|de, der u. die; -n, -n ⟨Dekl. ↑Abgeordnete⟩: *jmd., der an einer Hochschule studiert; Student, Studentin.*

Stu|dier|stu|be, die (veraltend): *Arbeitszimmer eines Wissenschaftlers, eines Studenten.*

stu|diert ⟨Adj.⟩ (ugs.): *an einer Hochschule wissenschaftlich ausgebildet:* sie hat drei -e Kinder.

Stu|dier|te, der u. die; -n, -n ⟨Dekl. ↑Abgeordnete⟩ (ugs.): *jmd., der studiert hat.*

Stu|di|ker, der; -s, - (ugs. scherzh., sonst veraltend): *Student.*

Stu|dio, das; -s, -s [ital. studio, eigtl. = Studium, Studie < (m)lat. studium, ↑Studium]: **1.** *Künstlerwerkstatt, Atelier.* **2.** *Produktionsstätte für Rundfunk-, Fernsehsendungen, Kinofilme, Schallplatten, CDs usw.* **3.** *kleines [Zimmer]theater od. Kino, in dem bes. experimentelle Stücke, Filme od. Inszenierungen gebracht werden.* **4.** *Übungsraum für Tänzer.* **5.** *abgeschlossene Einzimmerwohnung.*

Stu|dio|büh|ne, die: vgl. Studio (3).

Stu|dio|gast, der: *jmd., der als Gast zu einer Talkshow o. Ä. in ein Studio (2) eingeladen ist.*

stu|dio|mä|ßig ⟨Adj.⟩: *technisch so hervorragend wie im Studio (2).*

Stu|dio|mu|si|ker, der: *Musiker (a) im Bereich der Unterhaltungsmusik, der für Plattenaufnahmen anderer Künstler engagiert wird.*

Stu|dio|mu|si|ke|rin, die: w. Form zu ↑Studiomusiker.

Stu|dio|qua|li|tät, die: *hohe technische Qualität, wie sie nur im Studio (2) erreicht wird.*

Stu|di|o|sus, der; -, ...si [zu lat. studiosus = eifrig, wissbegierig] (ugs. scherzh.): *Student.*

Stu|di|um, das; -s, ...ien [spätmhd. studium < (m)lat. studium = eifriges Streben, wissenschaftliche Betätigung]: **1.** ⟨o. Pl.⟩ *das Studieren (1); akademische Ausbildung an einer Hochschule:* das medizinische S.; das S. der Theologie; dieses S. dauert mindestens acht Semester; das S. [an einer Universität] aufnehmen, [mit dem Staatsexamen] abschließen; sein S. abbrechen, beenden; er hat sein S. erfolgreich absolviert. **2. a)** *eingehende [wissenschaftliche] Beschäftigung mit etw.:* das S. an der Leiche; umfangreiche Studien treiben; sich dem S. *(der Erforschung)* antiker Münzen widmen; dabei kann man so seine Studien machen *(aufschlussreiche Beobachtungen anstellen);* **b)** ⟨o. Pl.⟩ *kritische Prüfung [eines Textes], kritisches Durchlesen:* beim S. der Akten; (ugs.:) ins S. der Zeitung vertieft sein; **c)** ⟨o. Pl.⟩ *Einstudierung* (1): das S. einer Rolle.

Stu|fe, die; -, -n [1 a: mhd. stuofe, ahd. stuof(f)a, eigtl. wohl = Trift, Spur]: **1. a)** *einzelne Trittfläche einer Treppe bzw. Treppenleiter:* die unterste, oberste S.; -n aus Stein; die Treppe hat hohe -n; die -n knarren; die -n hinuntersteigen; drei -n auf einmal nehmen; die -n zum Altar hinaufschreiten; Vorsicht, S.!, Achtung, S.! (warnende Hinweise); **b)** *aus festem Untergrund (Fels, Eis o. Ä.) herausgearbeiteter Halt für die Füße:* -n in den Gletscher schlagen. **2. a)** *Niveau* (3); *Stadium der Entwicklung o. Ä.; Rangstufe:* in der sozialen Rangordnung die höchste S. einnehmen; auf bestimmten -n der Entwicklung; bei der dritten S. der Gesundheitsreform; *** auf einer S. [mit jmdm., etw.]/auf der gleichen S. [wie jmd., etw.] stehen** *(den gleichen [geistigen, menschlichen] Rang haben; gleichwertig sein);* **jmdn., etw. auf eine S. [mit jmdm., etw.]/auf die gleiche S. [wie jmd., etw.] stellen** *(jmdn., etw. als im Rang gleichwertig beurteilen, darstellen, im Niveau, im Rang einander gleichstellen);* **sich mit jmdm. auf eine/auf die gleiche S. stellen** *(sich jmdm. gleichstellen);* **b)** *Grad* (1 a), *Ausmaß von etw.:* die höchste S. des Glücks; **c)** (seltener) *Abstufung* (2), *Schattierung von etw.:* Farbtöne in vielen -n. **3.** (Technik) **a)** *(bei mehrstufigen Maschinen, Apparaten o. Ä.) einzelne, auf einem bestimmten Niveau verlaufende Phase des Arbeitens:* die verschiedenen -n eines Schalters; Ü das Konzept zur Sanierung sieht zwei -n vor; **b)** *(bei mehrstufigen Raketen) Teil der Rakete mit einer bestimmten Antriebskraft; Raketenstufe:* die erste S. absprengen. **4.** (Geol.) *nächstfolgende Untergliederung einer Abteilung* (2 d). **5.** (Mineral.) *Gruppe von frei stehenden u. gut kristallisierten Mineralien.* **6.** kurz für ↑Vegetationsstufe: eine alpine S. **7.** (Geogr.) *stärker geneigter Bereich einer Bodenfläche, der flachere Teile voneinander trennt.* **8.** (Musik) *bestimmte Stelle, die ein Ton innerhalb einer Tonleiter einnimmt:* in der C-Dur-Tonleiter ist c die erste S. **9.** (Schneiderei) *waagerecht abgenähte Falte an einem Kleidungsstück.*

stu|fen ⟨sw. V.; hat⟩: **1.** *stufen-, treppenartig aufgliedern, anlegen, ausbilden:* einen Hang s.; ⟨meist im 2. Part.:⟩ gestufte Giebel. **2.** *nach dem Grad, dem Wert, der Bedeutung o. Ä. staffeln* (2 a), *abstufen:* die Preise s.

stu|fen|ar|tig ⟨Adj.⟩: *in der Art von Stufen* (1); *[ähnlich] wie Stufen.*

Stu|fen|bar|ren, der (Turnen): *¹Barren (2) mit verschieden hohen ¹Holmen* (1 a).

Stu|fen|brei|te, die: *Breite einer Treppenstufe.*

Stu|fen|dach, das: *Dach aus mehreren stufenartig angeordneten kleineren Dächern (z. B. bei einer Pagode).*

Stu|fen|fol|ge, die: **a)** *hierarchisch geordnete Aufeinanderfolge von Rangstufen;* **b)** *Aufeinanderfolge von in einzelnen Stufen (2 a) verlaufenden Entwicklung.*

stu|fen|för|mig ⟨Adj.⟩: *von der Form einer Stufe* (1).

Stu|fen|füh|rer|schein, der: *stufenweise zu erwerbender Führerschein für ein Motorrad.*

Stu|fen|gang, der: *[längerer] Gang, der über einzelne Stufen führt.*

Stu|fen|heck, das: *stufenförmig abfallendes Heck bei einem Pkw.*

Stu|fen|lei|ter, die: *stufenartig aufgebaute Hierarchie* (a): auf der gesellschaftlichen S. unten stehen.

stu|fen|los ⟨Adj.⟩ (Technik): *ohne Stufen* (3 a).

Stu|fen|plan, der: *Plan für eine Entwicklung o. Ä. in einzelnen Stufen* (2 a).

Stu|fen|py|ra|mi|de, die (Kunstwiss.): *Pyramide mit gestuften Flächen.*

Stu|fen|rock, der: *Damenrock aus waagerecht aneinander gesetzten Stoffbahnen.*

Stu|fen|schnitt, der: *stufiger* (2) *Haarschnitt.*

stu|fen|wei|se ⟨Adv.⟩: *allmählich; [methodisch] in einzelnen aufeinander folgenden Stufen; graduell* (2): etw. s. ausbauen; ⟨mit Verbalsubstantiven auch attr.:⟩ -r Abbau von Zöllen.

stu|fig ⟨Adj.⟩: **1.** (Geogr.) *Stufen (7) aufweisend:* diese Landschaft ist s. [gegliedert]. **2.** *stufenartig; gestuft:* das Haar s. schneiden.

Stu|fung, die; -, -en: **1.** *das Stufen.* **2.** *das Gestuftsein.*

Stuhl, der; -[e]s, Stühle [mhd., ahd. stuol, eigtl. = Gestell, verw. mit ↑stehen ; 4: spätmhd., aus der mhd. Wendung »ze stuole gān = zum Nachtstuhl gehen«, vgl. Stuhlgang]: **1.** *mit vier Beinen, einer Rückenlehne u. gelegentlich Armlehnen versehenes Sitzmöbel für eine Person:* ein wackliger S.; ein S. mit hoher Lehne; Stühle stehen um den Tisch; die Stühle aufstellen, auf den Tisch stellen; jmdm. einen S. anbieten *(ihn zum Sitzen auffordern);* sich auf einen S. setzen; auf dem S. sitzen, hin und her rutschen; vom S. aufstehen, aufspringen; Ü ihr S. *(ihr Arbeitsplatz)* war inzwischen anderweitig besetzt; *** elektrischer S.** *(einem Stuhl ähnliche Vorrichtung, auf der sitzend ein zum Tode Verurteilter durch Starkstrom hingerichtet wird;* LÜ von engl. electric chair); **heißer S.** (Jugendspr.; *[schweres] Motorrad, Moped o. Ä.);* **jmdm. den S. vor die Tür setzen** (1. *jmdn. aus seinem Haus weisen.* 2. *jmdm. [in spektakulärer Form] kündigen);* **[fast] vom S. fallen** (ugs.; *sehr überrascht, entsetzt über etw. sein);* **jmdn. [nicht] vom S. reißen/hauen** (ugs.; *jmdn. [nicht] sehr erstaunen, begeistern);* **sich zwischen zwei Stühle setzen** *(sich zwei Möglichkeiten o. Ä. gleichermaßen verscherzen);* **zwischen zwei Stühlen sitzen** *(in der unangenehmen Lage sein, sich zwei Möglichkeiten o. Ä. gleichermaßen verscherzt zu haben).* **2.** kurz für ↑Behandlungsstuhl. **3.** (kath. Kirche) nur in bestimmten Fügungen: der Apostolische, Heilige S., der S. Petri (Bez. für *das Amt des Papstes, den Papst als Träger des Amtes u. die päpstlichen Behörden);* der bischöfliche S. *(Bischofssitz).* **4. a)** kurz für ↑Stuhlgang (a); **b)** *Kot (1) vom Menschen.*

Stuhl|bein, das: *einzelnes Bein eines Stuhls* (1).

Stühl|chen, das; -s, -: Vkl. zu ↑Stuhl (1).

Stuhl|ent|lee|rung, die (Med.): *das Ausscheiden von Stuhl* (4 b).

Stüh|le|rü|cken, das; -s: *das hörbare Rücken, Zurückschieben der Stühle bes. beim Aufstehen bzw. beim allgemeinen Aufbruch:* Ü ein großes S. *(ein Wechsel in den Positionen)* setzte ein.

Stuhl|gang, der ⟨o. Pl.⟩ [spätmhd. stuolganc, eigtl. = Gang zum (Nacht)stuhl, vgl. Stuhl (4)]: **a)** *Stuhlentleerung:* [keinen, regelmäßig] S. haben; **b)** *Stuhl.* (4 b)

Stuhl|kis|sen, das: *flaches, quadratisches Kissen für den Stuhl* (1).

Stuhl|leh|ne, die: **a)** *Rückenlehne am Stuhl* (1); **b)** (seltener) *Armlehne am Stuhl* (1).

Stuhl|rei|he, die: vgl. Sitzreihe.

Stuhl|schieds|rich|ter, der (Tennis): *Schiedsrichter.*

Stuhl|schieds|rich|te|rin, die: w. Form zu ↑Stuhlschiedsrichter.

Stuhl|ver|stop|fung, die: *erschwerte od. verminderte Stuhlentleerung; Obstipation.*

Stuk|ka|teur usw. [...'tøːɐ̯]: frühere Schreibung für ↑Stuckateur usw.

Stul|le, die; -, -n [wohl < südniederl., ostfries. stul = Brocken, Klumpen u. eigtl. = dickes Stück od. viell. Nebenf. von ↑Stolle(n)] (nordd., bes. berlin.): *[bestrichene, belegte] Scheibe Brot:* -n schmieren.

Stul|pe, die; -, -n [aus dem Niederd., wohl rückgeb. aus ↑stülpen]: *breiter, sich nach oben trichterförmig erweiternder Aufschlag an Ärmeln, Handschuhen u. Stiefeln.*

stül|pen ⟨sw. V.; hat⟩ [wahrsch. aus dem Niederd. < mniederd. stulpen = umstürzen, verw. mit ↑stellen]: **a)** *etw. (was in der Form dem zu bedeckenden Gegenstand entspricht) auf, über etw. decken:* den Kaffeewärmer über die Kanne s.; **b)** *(bes. in Bezug auf eine Kopfbedeckung) rasch, nachlässig aufsetzen, über den Kopf ziehen:* [sich] eine Mütze auf den Kopf s.; **c)** *das Innere von etw. nach außen, etw. von innen nach außen kehren:* die Taschen nach außen s.; die Lippen nach vorn s.; **d)** *durch Umdrehen, Umstülpen des Behältnisses o. Ä. (den Inhalt) an eine bestimmte Stelle bringen:* Hundefutter aus der Dose auf den Teller s.

Stul|pen|stie|fel, der: *Stiefel mit Stulpen.*

stumm ⟨Adj.⟩ [mhd., ahd. stum, eigtl. = (sprachlich) gehemmt, zu ↑stemmen in dessen urspr. Bed. »hemmen«]: **1.** *ohne die Fähigkeit, [Sprach]laute hervorzubringen:* ein -es Kind; von Geburt an s. sein; sich s. stellen *(sich aus einem bestimmten Grund absichtlich nicht zu etw. äußern);* er war s. vor Schreck *(konnte vor Schreck nichts sagen);* **Spr** besser s. als dumm; Ü zerbombte Städte, -e Zeugen des Krieges. **2. a)** *schweigsam; sich nicht durch Sprache, durch Laute äußernd:* ein -er Zuhörer; alle blieben s. *(sprachen nicht);* warum bist du so s.? *(sprichst du so wenig?);* Ü ein -er Laut (Sprachw.; *Buchstabe, der nicht gesprochen wird* [z. B. das stumme »h« im Französischen]); das Radio blieb s. *(funktionierte nicht mehr);* *** jmdn. s. machen** (salopp; *jmdn. umbringen);* **b)** *nicht von Sprechen begleitet; wortlos:* eine -e Klage; ein -er Gruß; sie sahen sich s. an; s. [und starr] dasitzen.

Stum|me, der u. die; -n, -n ⟨Dekl. ↑Abgeordnete⟩: *jmd., der stumm (1) ist.*

Stum|mel, der; -s, - [mhd. stumbel, zu ahd. stumbal = verstümmelt, verw. mit ↑Stumpf]: *übrig gebliebenes kurzes Stück (von einem kleineren länglichen Gegenstand):* die Kerzen sind bis auf kurze S. heruntergebrannt; mit dem S. eines Bleistifts schreiben; der Aschenbecher ist voller S. *(Zigarettenstummel).*

Stum|mel|chen, Stüm|mel|chen, das; -s, -: Vkl. zu ↑Stummel.

Stụm|mel|schwanz, der: *(bes. bei einem Hund) kurzer [gestutzter] Schwanz.*

Stụmm|film, der (früher): *Spielfilm ohne Ton (bei dem lediglich eingeblendete Zwischentexte den Gang der Handlung kurz zusammenfassen).*

Stụmm|heit, die; -: *das Stummsein* (1, 2).

Stụm|pen, der; -s, - [mhd. stumpe, Nebenf. von ↑Stumpf]: **1.** (landsch.) *[Baum]stumpf.* **2.** *stumpf abgeschnittene, kurze Zigarre:* S. rauchen. **3.** *grob vorgeformter Filz o. Ä., der zu einem Hut verarbeitet wird.*

Stüm|per, der; -s, - [aus dem Niederd., Md. < mniederd. stumper, stümper, zu: stump = Stumpf, urspr. = schwächlicher, armseliger Mensch] (abwertend): *jmd., der sein Fach nicht beherrscht:* hier waren S. am Werk.

Stüm|pe|re̲i, die; -, -en (abwertend): **1.** ⟨o. Pl.⟩ *stümperhaftes Arbeiten.* **2.** *einzelne stümperhafte Arbeit, Leistung.*

stüm|per|haft ⟨Adj.⟩ (abwertend): *ohne Könnerschaft; unvollkommen, schlecht:* eine -e Arbeit; etw. ist sehr s. [ausgeführt].

Stüm|pe|rin, die; -, -nen: w. Form zu ↑Stümper.

stüm|pern ⟨sw. V.; hat⟩ (abwertend): *stümperhaft arbeiten.*

stụmpf ⟨Adj.⟩ [mhd. stumpf, spätahd. stumph, urspr. = verkürzt, verstümmelt, verw. mit ↑Stumpf; 5: nach lat. angulus obtusus = stumpfer Winkel]: **1. a)** *(von Schneidwerkzeugen) nicht [mehr] gut schneidend; nicht scharf* (1 a): ein -es Messer; **b)** *(von einem länglichen Gegenstand) nicht in eine Spitze auslaufend; nicht [mehr] spitz:* eine -e Nadel. **2.** *an einem Ende abgestumpft, ohne Spitze* (1 b): ein -er Kegel. **3.** *(in Bezug auf die Oberfläche von etw.) leicht rau; nicht glatt u. ohne Glanz:* -es Metall; der Schnee ist s. *(nass, klebrig; ohne die erwünschte Glätte);* ihr Haar war von der Sonne ganz s. *(glanzlos)* geworden. **4.** *(bes. von Farben) matt, glanzlos:* ein -es Rot; die Farbe ist s. geworden. **5.** (Geom.) *(von Winkeln) zwischen 90° u. 180° betragend:* ein -er Winkel. **6.** (Med.) *(von Verletzungen) keine blutende Wunde hinterlassend:* eine -e Verletzung. **7.** (Verslehre) *(vom Reim) männlich* (4 b). **8. a)** *ohne geistige Aktivität, ohne Lebendigkeit; ohne Empfindungsfähigkeit:* ein ganz -er Mensch; s. dahinleben; **b)** *abgestumpft u. teilnahmslos, fast leblos:* -e Augen; ein -er Blick; gegen Schmerzen/gegenüber Schmerzen völlig s. werden; s. vor sich hin starren.

Stụmpf, der; -[e]s, Stümpfe [mhd. stumpf(e), ahd. stumph, eigtl. = verstümmelter Rest (eines Baumes od. Körperteils)]: *nach Abtrennung, Abnutzung, Verbrauch von etw. (seiner Form nach Langgestrecktem) verbliebenes kurzes Stück:* der S. einer Kerze; seine Zähne waren nur noch Stümpfe; *** mit S. und Stiel** *(ganz u. gar, bis zum letzten Rest).*

Stụ̈mpf|chen, das; -s, -: Vkl. zu ↑Stumpf.

Stụmpf|heit, die; - [mhd. stump(f)heit]: *das Stumpfsein.*

Stụmpf|sinn, der ⟨o. Pl.⟩ [rückgeb. aus ↑stumpfsinnig]: **1.** *Teilnahmslosigkeit, Dumpfheit u. geistige Trägheit:* in S. verfallen, versinken. **2.** *Stupidität* (1 b): der S. einer Arbeit. **3.** (selten) *Unsinn* (2): er redet lauter S.

stụmpf|sin|nig ⟨Adj.⟩: **1.** *in Stumpfsinn* (1) *versunken; teilnahmslos:* ein -es Leben; s. vor sich hin starren. **2.** *stupid* (b): eine -e Arbeit. **3.** (selten) *unsinnig* (1).

Stụmpf|sin|nig|keit, die; -: *das Stumpfsinnigsein.*

stụmpf|win|ke|lig, stụmpf|wink|lig ⟨Adj.⟩ (Geom.): *einen stumpfen Winkel bildend.*

Stünd|chen, das; -s, - (fam.): *ungefähr eine Stunde* (1) *(die sich jmd. Zeit nimmt für etw., jmdn.):* sie wollte auf ein S., für ein S. kommen; *** jmds. letztes S. ist gekommen/hat geschlagen** (↑Stündlein).

stün|de: ↑stehen.

Stụn|de, die; -, -n [mhd. stunde, stunt = Zeit(abschnitt, -punkt); Gelegenheit; Frist, ahd. stunta = Zeit(punkt), eigtl. = das Stehen]: **1.** *Zeitraum von sechzig Minuten; der vierundzwanzigste Teil eines Tages;* Abk.: Std.; Zeichen: st, h (Astron.: ^{h}): eine halbe, viertel, ganze, volle, gute, knappe S.; anderthalb -n; eine S. früher, vor dem Essen; es ist noch keine S. vergangen; die -n dehnten sich endlos; eine S. Zeit haben; drei -n *(Weg-, Autostunden o. Ä.)* von hier entfernt; eine geschlagene S., über eine S. warten; er hat -n und -n/-n und Tage *(sehr lange)* dazu gebraucht; die -n bis zur Rückkehr zählen *(ihr mit Ungeduld entgegensehen);* eine S. [lang] telefonieren; um diese S. ist es passiert; sie bekommt 65 Mark für die S., in der S., pro S. *(pro Arbeitsstunde);* 100 km in der S., pro S. fahren; in drei viertel -n; von S. zu S. *(zunehmend im Ablauf der Stunden)* wurden sie ruhiger; von einer S. zur anderen hatte sich alles geändert; R besser eine S. zu früh als eine Minute zu spät; *** jmds. letzte S. hat geschlagen/ist gekommen** (↑Stündlein); **wissen, was die S. geschlagen hat** *(wissen, wie die Lage wirklich ist);* **ein Mann o. Ä. der ersten S.** *(jmd., der von Anbeginn bei etw. dabei war, mitgewirkt hat).* **2.** (geh.) **a)** *Zeit, Zeitspanne von kürzerer Dauer (in der etw. Bestimmtes geschieht):* eine glückliche S.; die morgendlichen -n; sie haben schöne -n miteinander verlebt; in -n der Not; in guten und bösen -n zusammenstehen; *** jmds. schwere S.** (dichter.; *die Zeit von jmds. Niederkunft*); **blaue S.** (dichter.; *Zeit der Dämmerung*); **b)** *Augenblick; Zeitpunkt:* die S. der Rache ist gekommen; die Gunst der S. *(den günstigen Augenblick)* nutzen; etw. ist das Gebot der S. (geh.; *ist in diesem Augenblick zu tun geboten*); ihre [große] S. *(der Augenblick, in dem sie ihre Fähigkeiten o. Ä. zeigen konnte)* war gekommen; er kam noch zu später, vorgerückter S. (geh.; *spät am Abend*); sich zur gewohnten S. (geh.; *zur gewohnten Zeit*) treffen; zur S. (geh.; *im gegenwärtigen Augenblick*) ist nichts bekannt; *** die S. der Wahrheit** *(der Augenblick, wo sich etw. beweisen, sich jmd., etw. bewähren muss);* **die S. null** *(durch ein einschneidendes [historisches] Ereignis bedingter Zeitpunkt, an dem aus dem Nichts od. unter ganz neuen Voraussetzungen etw. völlig neu beginnt);* **von Stund an** (geh. veraltend; *von diesem Augenblick an*). **3. a)** *Schulstunde, Unterrichtsstunde (in der Schule):* wie viele -n habt ihr heute?; die letzte S. fällt aus; **b)** (ugs.) *als Privat-, Nachhilfestunde o. Ä. erteilter Unterricht:* die S. kostet 60 Mark, dauert 45 Min.; -n [in Englisch] erteilen, nehmen, geben.

stụn|den ⟨sw. V.; hat⟩: *prolongieren:* jmdm. die fällige Rate s.

Stụn|den|de|pu|tat, das: *Anzahl der von einer Lehrkraft zu gebenden Unterrichtsstunden.*

Stụn|den|ge|bet, das: *Hora* (b).

Stụn|den|ge|schwin|dig|keit, die: *Geschwindigkeit, die (von einem Fahrzeug) durchschnittlich in einer Stunde erreicht wird.*

Stụn|den|halt, der (schweiz.): *[stündliche] Marschpause.*

Stụn|den|ho|tel, das (verhüll.): *Hotel, in dem Paare stundenweise ein Zimmer mieten, um geschlechtlich zu verkehren.*

Stụn|den|ki|lo|me|ter, der ⟨meist Pl.⟩ (ugs.): *(als Maß für die Geschwindigkeit von Verkehrsmitteln) Kilometer pro Stunde:* er fuhr mit fast 200 -n (Abk.: km/h).

stụn|den|lang ⟨Adj.⟩: **a)** *einige, mehrere Stunden lang; einige, mehrere Stunden dauernd:* -e Wanderungen; sich s. mit etw. beschäftigen; **b)** (emotional übertreibend) *[in ärgerlicher Weise] sehr lang, übermäßig lang:* s. telefonieren; ich kann nicht s. auf dich warten!

Stụn|den|lohn, der: *Lohn, der nach Arbeitsstunden bemessen wird.*

Stụn|den|plan, der: **a)** *festgelegte Abfolge von Schul-, Arbeitsstunden o. Ä.;* **b)** *nach Wochentagen u. Stunden* (1) *in Kästchen unterteiltes Blatt Papier [in Form eines Vordrucks], auf dem der Stundenplan* (a) *eingetragen wird.*

Stụn|den|takt, der ⟨o. Pl.⟩: *regelmäßig im zeitlichen Abstand von einer Stunde wiederkehrender Ablauf o. Ä. von etw.:* die Züge verkehren im S.

stụn|den|wei|se ⟨Adv.⟩: *(nur) für einzelne Stunden* (1), *nicht dauernd:* s. arbeiten; ⟨mit Verbalsubstantiven auch attr.:⟩ eine s. Belegung.

Stụn|den|zahl, die: *Anzahl der Unterrichts-, Arbeitsstunden o. Ä.*

Stụn|den|zei|ger, der: *kleinerer der beiden Zeiger der Uhr, der die Stunden anzeigt.*

Stụ̈nd|lein, das; -s, -: Vkl. zu ↑Stunde (1): *** letztes S.** (veraltend, noch scherzh.; *Sterbestunde*); **jmds. letztes S. hat geschlagen/ist gekommen** (veraltend, noch scherzh.; *jmds. Tod, Ende steht bevor, naht*).

stụ̈nd|lich ⟨Adj.⟩ [spätmhd. stundelich]: **a)** *jede Stunde* (1), *alle Stunde:* ein -er Wechsel; der Zug verkehrt, fährt s.; **b)** *in der allernächsten Zeit; jeden Augenblick:* ihr Tod kann s. eintreten; **c)** *ständig, dauernd; immerzu; zu jeder Stunde* (1): eine Frage, die mich s. quält.

Stụn|dung, die; -, -en: *das Stunden; Prolongation.*

Stụnk, der; -s [urspr. berlin., obersächs., zu ↑stinken] (ugs. abwertend): *Streit; Ärger:* S. anfangen; S. machen; mit jmdm. S. haben.

Stunt [stʌnt], der; -s, -s [engl. stunt = Kunststück, Trick, H. u.]: *gefährliches, akrobatisches Kunststück [als Szene eines Films]:* spektakuläre -s.

Stunt|frau, die: vgl. Stuntman.

Stunt|man [...mən], der; -s, ...men [...mən; engl. stunt man, aus ↑Stunt u. engl. man = Mann] (Film): *Mann, der sich auf Stunts spezialisiert hat u. in entsprechenden Filmszenen anstelle des eigentlichen Darstellers eingesetzt wird.*

stu|pẹnd [ʃt..., st...] ⟨Adj.⟩ [spätlat. stupendus, zu lat. stupere, ↑stupid] (bildungsspr.): *(bes. aufgrund seines Ausmaßes o. Ä.) erstaunlich; verblüffend:* -e Kenntnisse; ihre Virtuosität ist s.

stu|pi̲d, stu|pi̲|de [ʃt..., st...] ⟨Adj.; stupider, stupideste⟩ [frz. stupide < lat. stupidus, zu: stupere = betäubt, erstarrt sein; verblüfft, überrascht sein] (bildungsspr. abwertend): **a)** *beschränkt; geistlos; ohne geistige Beweglichkeit od. Interessen:* ein stupider Mensch; s. in den Tag dösen; **b)** *langweilig, monoton, stumpfsinnig:* eine stupide Arbeit; der Kritiker fand die Aufführung s.

Stu|pi|di|tä̲t, die; -, -en [lat. stupiditas, zu: stupidus, ↑stupid] (bildungsspr. abwertend): **1.** ⟨o. Pl.⟩ **a)** *Beschränktheit; Geistlosigkeit;* **b)** *Langeweile, Monotonie; Stumpfsinn.* **2.** *von Geistlosigkeit, Dummheit zeugende Äußerung, Handlung, Verhaltensweise.*

Stups, der; -es, -e [zu ↑stupsen] (ugs.): *Schubs.*

stup|sen ⟨sw. V.; hat⟩ [niederd., md.] (ugs.): *schubsen:* jmdn. mit dem Ellenbogen s.

Stup|ser, der; -s, - (ugs.): *Stups.*

Stups|näs|chen, das: Vkl. zu ↑Stupsnase.

Stups|na|se, die: *kleine, leicht aufwärts gebogene Nase.*

stups|na|sig ⟨Adj.⟩: *mit Stupsnase.*

stur ⟨Adj.⟩ [aus dem Niederd. < mniederd. stūr, eigtl. = standfest; dick, breit, zu ↑stehen] (ugs. emotional abwertend): **a)** *nicht imstande, nicht willens, sich auf jmdn., etw. einzustellen, etw. einzusehen; eigensinnig an seinen Vorstellungen o. Ä. festhaltend:* ein -er Beamter; er ist ein -er Bock; furchtbar s./s. wie ein Panzer sein *(sich jedem Einwand o. Ä. gegenüber sperren);* s. an etw. festhalten, auf etw. bestehen; er bleibt s. [bei seiner Meinung]; auf s. schalten (ugs.; *auf keinen Einwand, keine Bitte o. Ä. eingehen*); **b)** *ohne von etw. abzuweichen:* s. geradeaus gehen; s. nach Vorschrift arbeiten; **c)** (seltener) *stupide* (b).

stür|be: ↑sterben.

Stur|heit, die; - (ugs. abwertend): *das Stursein.*

Stụrm, der; -[e]s, Stürme [mhd., ahd. sturm]: **1.** *sehr heftiger, starker Wind:* ein heftiger, verheerender S.; der S. wütet, tobt, wühlt das Meer auf, hat viele Bäume entwurzelt, Dächer abgedeckt, hat sich gelegt, flaut ab; der S. erreichte Orkanstärke; eisige Stürme heulten, pfiffen um das Haus; bei/in S. und Regen draußen sein; Ü ein S. der Begeisterung; im S. der Gefühle; *** S. im Wasserglas** (*große Aufregung um eine ganz nichtige Sache;* nach frz. tempête dans un verre d'eau, einem Ausspruch des frz. Staatstheoretikers Montesquieu [1689–1755]). **2.** *heftiger, schnell vorgetragener Angriff mit dem Ziel, den [völlig unvorbereiteten] Gegner zu überraschen, seine Verteidigung zu durchbrechen:* eine Festung im S. nehmen; den Befehl zum S. auf die Stadt geben; zum S. blasen; Ü ein S. *(Ansturm)* auf die Geschäfte; eine Frau, das Herz einer Frau im S. erobern; *** S. läuten/klingeln/schellen** *(mehrmals hintereinander laut klingeln* **b**; urspr. = die Sturmglocke läuten); **gegen etw. S. laufen** *(gegen etw. Geplantes heftig protestieren, ankämpfen).* **3. a)** (Sport) *Gesamtheit der Stürmer:* der S. der Nationalelf; **b)** *das Stürmen* (4 b); *Angriffsspiel vor dem gegnerischen Tor:* im S. zu drucklos spielen. **4.** ⟨o. Pl.⟩ (österr.) *in Gärung übergegangener Weinmost; Federweißer.* **5.** (nationalsoz.) *Gliederung, Einheit nationalsozialistischer Organisationen.*

Stụrm|ab|tei|lung, die (nationalsoz.): *uniformierte u. bewaffnete Kampftruppe als Gliederung der NSDAP* (Abk.: SA).

Stụrm|an|griff, der: *Sturm* (2).

Stụrm|bann, der (nationalsoz.): *Gliederung, Einheit der SS.*

Stụrm|bö, die: *sehr heftige Bö.*

Stụrm|böe, die: seltener für ↑Sturmbö.

Stụrm|bruch, der: *durch heftigen Sturm verursachter Schaden im Wald.*

stụ̈r|men ⟨sw. V.⟩ [mhd. stürmen, ahd. sturmen, zu ↑Sturm]: **1. a)** ⟨unpers.⟩ *(vom Wind) mit großer Heftigkeit, mit Sturmstärke wehen* ⟨hat⟩: es stürmte heftig, die ganze Nacht; **b)** *(vom Wind) heftig, mit Sturmstärke irgendwohin wehen* ⟨ist⟩: der Wind stürmt über die Felder; ein Orkan stürmt ums Haus. **2.** *ohne sich von etw. aufhalten zu lassen, sich wild rennend, laufend von einem Ort weg- od. zu ihm hinbegeben* ⟨ist⟩: aus dem Haus, auf den Schulhof, zum Ausgang s.; der Chef stürmte ins Büro. **3.** ⟨hat⟩ (bes. Milit.) **a)** *etw. im Sturm* (2) *nehmen:* eine Stadt, Festung, Stellung s.; Ü die Kassen s. *(in großer Zahl zu ihnen drängen);* die Zuschauer stürmten die Bühne; **b)** *einen Sturmangriff führen:* die Infanterie hat gestürmt; stürmende Einheiten. **4.** ⟨hat⟩ (Sport) **a)** *als Stürmer, im Sturm* (3) *spielen:* am linken Flügel, für den HSV s.; **b)** *offensiv, auf Angriff spielen:* pausenlos s.

Stụ̈r|mer, der; -s, - [mhd. sturmære = Kämpfer; 2: zu landsch. veraltet Sturm = Hutrand]: **1.** (Sport) *im Angriffsspiel spielender Spieler mit der besonderen Aufgabe, Tore zu erzielen:* S. spielen. **2.** (Verbindungsw.) *(von Verbindungsstudenten getragene) Studentenmütze von der Form eines nach vorn geneigten Kegelstumpfs.* **3.** *Federweißer.* **4.** (veraltet) *draufgängerischer Mensch.*

Stụ̈r|me|rin, die: w. Form zu ↑Stürmer (1).

Stụ̈r|mer und Drạ̈n|ger, der; -s - -s, - - - (Literaturw.): *Dichter des Sturm und Drangs.*

Stụrm|flut, die: **1.** *(oft schwere Schäden verursachendes) durch auflandigen Sturm bewirktes, außergewöhnlich hohes Ansteigen des Wassers an Meeresküsten u. in Flussmündungen.* **2.** (Fachspr.) *erheblich über dem mittleren Hochwasser* (1) *liegende Flut* (1).

stụrm|frei ⟨Adj.⟩ [1: aus der Studentenspr., übertr. von (2)]: **1.** (scherzh.) *die Möglichkeit bietend, ungehindert Besuch zu empfangen:* eine -e Bude. **2.** (Milit. veraltet) *(von einer Stellung o. Ä.) uneinnehmbar.*

Stụrm|füh|rer, der (nationalsoz.): *Führer eines SA-Sturms.*

Stụrm|ge|läut, Stụrm|ge|läu|te, das (geh.): *das Läuten der Sturmglocke.*

stụrm|ge|peitscht ⟨Adj.⟩ (geh.): *vom Sturm gepeitscht:* die -e See.

Stụrm|glo|cke, die (früher): *Glocke, die bei Gefahr, Aufruhr, Feuer o. Ä. geläutet wurde.*

Stụrm|hau|be, die (früher): *Helm, der vom Fußvolk getragen wurde.*

stụ̈r|misch ⟨Adj.⟩ [mhd. stürmische (Adv.)]: **1. a)** *mit Sturm* (1), *stark windig:* -es Wetter; die Überfahrt war sehr s. *(dabei herrschte stürmisches Wetter);* Ü es waren -e *(ereignisreiche, turbulente)* Tage; **b)** *von Sturm* (1) *bewegt; sehr unruhig:* das -e Meer; die See war sehr s. **2. a)** *ungestüm, leidenschaftlich:* ein -er Liebhaber; eine -e Begrüßung; nicht so s.! (oft als scherzh. Abwehr); **b)** *vehement; mit Verve, mit Schärfe; mit einer ungezügelten Gefühlsäußerung:* ein -er Protest; -er *(sehr großer, frenetischer)* Beifall. **3.** *mit großer Schnelligkeit ablaufend, sich vollziehend; rasant* (1 c): eine -e Entwicklung; der Aufschwung war, vollzog sich sehr s.

Stụrm|lauf, der [urspr. zu ↑Sturm (2)]: **1.** *Ansturm auf etw.:* ein S. auf das gegnerische Tor. **2.** *rascher Lauf:* im S. durchquerten sie das Gelände.

Stụrm|läu|ten, das; -s (früher): *das Läuten der Sturmglocke.*

Stụrm|lei|ter, die: **1.** (früher) *Leiter, deren man sich beim Erstürmen von Festungsmauern o. Ä. bediente.* **2.** (Seemannsspr.) *Jakobsleiter* (2).

Stụrm|pan|zer, der (Milit.): *stark gepanzertes, mit Steilfeuerwaffen ausgerüstetes Fahrzeug.*

Stụrm|scha|den, der ⟨meist Pl.⟩: *Schaden, der durch Einwirkung von Sturm* (1) *entstanden ist.*

Stụrm|schritt, der: in der Fügung **im S.** *(mit großen Schritten; schnell, eilig;* zu ↑Sturm 2).

Stụrm|spit|ze, die (bes. Fußball): *weit vorgeschobener, in vorderster Position spielender Stürmer* (1).

Stụrm|stär|ke, die: *Windstärke, die einem Sturm entspricht.*

Stụrm|ti|de, die (Seew.): *durch Wind beeinflusste Tide* (a).

Stụrm|tief, das (Met.): *Tiefdruckgebiet mit sehr niedrigem Luftdruck u. hohen Windgeschwindigkeiten.*

Stụrm und Drạng, der; - - -[e]s u. - - - [nach dem neuen Titel des Dramas »Wirrwarr« des dt. Dramatikers F. M. Klinger (1752–1831)] (Literaturw.): *gegen die einseitig verstandesmäßige Haltung der Aufklärung revoltierende, durch Gefühlsüberschwang, Naturgefühl* (1) *u. Freiheitsgefühl gekennzeichnete literarische Strömung in Deutschland von etwa 1767 bis 1785.*

Stụrm-und-Drạng-Pe|ri|o|de, die, **Stụrm-und-Drạng-Zeit,** die ⟨o. Pl.⟩ (Literaturw.): *Zeit, Periode des Sturm und Drangs:* Ü in seiner S. (scherzh.; *in seiner Jugendzeit).*

Stụrm|vo|gel, der (Zool.): *auf dem offenen Meer lebender, gewandt fliegender u. segelnder Vogel* (z. B. Albatros).

Stụrm|war|nung, die (Seew.): *(der Schifffahrt gegebene) Warnung vor Sturm.*

Stụrm|war|nungs|zei|chen, das (Seew.): *optisches Zeichen, das die Schifffahrt auf einen herannahenden Sturm aufmerksam machen soll.*

Stụrm|zei|chen, das: *Sturmwarnungszeichen.*

stụrm|zer|zaust ⟨Adj.⟩: *vom Sturm zerzaust:* -e Bäume.

Stụrz, der; -es, Stürze u. -e [mhd., ahd. sturz, zu ↑stürzen; 6: eigtl. = Emporragendes, -starrendes, verw. mit ↑²Sterz]: **1.** ⟨Pl. Stürze⟩ **a)** *das Stürzen* (1 a): ein S. aus dem Fenster, in die Tiefe; bei einem S. vom Pferd hat er sich verletzt; Ü ein S. *(plötzliches starkes Absinken)* der Temperatur; **b)** *das Hinstürzen aus aufrechter Haltung:* ein S. auf dem Eis, mit dem Fahrrad; bei der Abfahrt gab es schwere Stürze. **2.** ⟨Pl. Stürze⟩ *[durch Misstrauensvotum] erzwungenes Abtreten einer Regierung, eines Regierenden, Ministers o. Ä.:* den S. der Regierung, eines Ministers vorbereiten, herbeiführen; den S. *(die Abschaffung)* der Monarchie erzwingen; etw. führt zum S. eines Regimes. **3.** ⟨Pl. Stürze⟩ (Kfz-T.) kurz für ↑Achssturz: ein negativer *(oben nach innen geneigter),* positiver *(oben nach außen geneigter)* S. **4.** ⟨Pl. -e u. Stürze⟩ (Bauw.) *[waagrechter] oberer Abschluss einer Maueröffnung in Form eines Trägers aus Holz, Stein od. Stahl:* ein bogenförmiger S.; einen S. einbauen. **5.** ⟨Pl. Stürze⟩ (südd., österr., schweiz.) kurz für ↑Glassturz: einen S. über etw. stülpen. **6.** ⟨Pl. -e u. Stürze⟩ (westmd.) *Baumstumpf.*

Stụrz|bach, der: *Gießbach:* Ü es regnete in Sturzbächen *(sehr heftig).*

stụrz|be|sof|fen (derb), **stụrz|be|trun|ken** ⟨Adj.⟩ (ugs.): *völlig betrunken u. nicht mehr in der Lage, [aufrecht] zu gehen.*

Stụ̈r|ze, die; -, -n [mhd. stürze]: **1.** (landsch.) *Deckel eines Gefäßes, bes. eines Topfs.* **2.** (Musik) *Schalltrichter von Blechblasinstrumenten.*

Stụr|zel, Stụ̈r|zel, der; -s, - [2: Vkl. von ↑Sturz (6)] (landsch.): **1.** *Stürze* (1). **2.** *stumpfes Ende; [Baum]stumpf.*

stụ̈r|zen ⟨sw. V.⟩ [mhd. stürzen, sturzen, ahd. sturzen = umstoßen; fallen, ablautend verw. mit mhd. sterzen = steif emporragen u. mit ↑²Sterz, zu ↑starren u. eigtl. = auf den Kopf stellen od. gestellt werden]: **1.** ⟨ist⟩ **a)** *aus mehr od. weniger großer Höhe jäh in die Tiefe fallen:* aus dem Fenster, in die Tiefe s.; er ist vom Dach, Baugerüst gestürzt *(heruntergestürzt);* Ü die Preise stürzen *(fallen rapide innerhalb kurzer Zeit);* die Kurse sind gestürzt *(sind innerhalb kurzer Zeit stark zurückgegangen);* **b)** *mit Wucht hinfallen, zu Boden fallen:* schwer, unglücklich, nach hinten s.; er ist auf der Straße, beim Rollschuhlaufen, mit dem Fahrrad gestürzt; **c)** (geh.) *zusammenbrechen:* die Mauern stürzten. **2.** ⟨ist⟩ **a)** *unvermittelt, ungestüm, mit großen Sätzen auf eine Stelle zu-, von ihr wegeilen:* an die Tür, aus dem Zimmer, ins Haus, zum Ausgang s.; jmdm., sich in die Arme s. *(jmdn., einander ungestüm umarmen);* **b)** *(von Wasser o. Ä.) mit Vehemenz hervorbrechen, heraus-, herabfließen:* das Wasser stürzt über die Felsen zu Tal; Regen stürzte vom Himmel; **c)** (geh.) *steil abfallen* (4): die Felsen stürzen steil ins Meer. **3.** ⟨s. + sich⟩ *wild, ungestüm über jmdn. herfallen, jmdn. angreifen, anfallen* ⟨hat⟩: der Löwe stürzt sich auf das Zebra; Ü die Kinder stürzten sich auf die Süßigkeiten *(machten sich gierig darüber her).* **4.** *[in zerstörerischer, (selbst)mörderischer Absicht] aus einer gewissen Höhe hinunterstürzen* ⟨hat⟩: jmdn., sich in die Tiefe, von der Brücke, aus dem Fenster s.; Ü seine Maßlosigkeit hat ihn ins Verderben, ins Unglück gestürzt; das Land in einen Bürgerkrieg s. **5.** ⟨s. + sich⟩ *sich mit Leidenschaft, Eifer o. Ä. einer Sache verschreiben* ⟨hat⟩: sich in die Arbeit s.; sich ins Vergnügen, ins Nachtleben s. *(intensiv daran teilnehmen).* **6.** ⟨hat⟩ **a)** *(ein Gefäß) umkippen, umdrehen (sodass der Inhalt sich herauslöst od. herausfällt):* die Kuchenform, den Topf s.; [bitte] nicht s.! (Aufschrift auf Transportkisten mit zerbrechlichem Inhalt); **b)** *durch Stürzen* (6 a) *aus einer Form* (3) *herauslösen:* den Kuchen s. **7. a)** *[gewaltsam] aus dem Amt entfernen, aus der Regierungsgewalt entfernen* ⟨hat⟩: einen Minister s.; eine Regierung, die Republik s. **b)** (selten) *aus bestimmtem Anlass gestürzt* (7 a) *werden* ⟨ist⟩: darüber wird der Minister vermutlich s.; **8.** (landsch.) *ein abgeerntetes Feld umpflügen* ⟨hat⟩.

Stụrz|flug, der: *fast senkrecht nach unten gehender Flug:* im S. stießen die Möwen hinunter; der Pilot setzte zum S. an.

Stụrz|flut, die: *herabstürzende Wassermassen.*

Stụrz|ge|burt, die (Med.): *extrem schnell verlaufende Geburt* (1 a).

Stụrz|helm, der: *(von Motorradfahrern u. a. getragene) über Ohren u. Nacken reichende, gepolsterte, helmartige Kopfbedeckung aus Kunststoff od. Leichtmetall, die bei einem Sturz Kopf u. Genick schützen soll.*

Stụrz|kap|pe, die: *(bes. im Pferdesport u. im Radsport übliche) helmartige Kopfbedeckung mit dicker Polsterung.*

Stụrz|see, die: *Brecher* (1).

Stuss, der; -es [jidd. stuss < hebr. šẹṭụṯ = Unsinn, Torheit; 2: mundartl. Nebenf. von gleichbed. ↑Stoß]: (ugs. abwertend) *(in ärgerlicher Weise) unsinnige Äußerung, Handlung; Unsinn:* so ein S.!; S. reden, verzapfen.

Stu̱|te, die; -, -n [mhd., ahd. stuot, ursprüngl. = Herde von (Zucht)pferden, wahrsch. zu ↑stehen u. eigtl. = Stand, zusammenstehende Herde od.

Standort (einer Herde); seit Anfang des 15. Jh.s zur Bez. des einzelnen weiblichen Zuchtpferdes (die Herden bestanden überwiegend aus weiblichen Tieren)]: **a)** *weibliches Pferd;* **b)** *(von Eseln, Kamelen, Zebras) weibliches Tier.*

Stu|ten, der; -s, - [mniederd. stute(n), zu: stūt = dicker Teil des Oberschenkels, nach der Form] (landsch.): **a)** *Rosinenbrot;* **b)** *Gebäckstück aus Hefeteig.*

Stu|ten|biss, der (ugs.): *aggressives Verhalten, aggressive Einstellung einer Frau gegenüber anderen (als Konkurrentinnen angesehenen) Frauen.*

stu|ten|bis|sig ⟨Adj.⟩ (ugs.): *als Frau anderen (als Konkurrentinnen angesehenen) Frauen gegenüber aggressiv, streitbar.*

Stu|te|rei, die; -, -en (veraltet): *Gestüt.*

Stutt|gart: Stadt am Neckar; Landeshauptstadt von Baden-Württemberg.

[1]Stutz, der; -es, -e u. Stütze [vgl. Stutzen]: **1.** (landsch.) *plötzlicher, heftiger Stoß:* *** auf den S.** (landsch.; *plötzlich, unversehens*). **2.** (landsch.) **a)** *etw., was gestutzt, gekürzt ist; kurzer Gegenstand;* **b)** *Stutzen* (1). **3.** (landsch.) *Wandbrett.* **4.** (schweiz.) *abschüssige Stelle, steiler Abhang.*

[2]Stutz, der; -es, Stütze ⟨doch auch: 5 Stutz⟩ (schweiz. salopp): *[2]Franken* (1).

Stütz, der; -es, -e [zu ↑stützen (2 a); von dem dt. Erzieher F. L. Jahn (1778–1852) in die Turnerspr. eingef.] (Geräteturnen): *Grundhaltung, bei der der Körper entweder mit gestreckten od. mit gebeugten Armen auf dem Gerät aufgestützt wird:* ein Sprung in den S.

Stütz|bal|ken, der: *Balken mit stützender Funktion.*

Stüt|ze, die; -, -n [mhd. stütze, zu ↑stützen]: **1.** (Bauw.) *senkrecht stehender, tragender Bauteil* (z. B. Pfosten, Säule): -n aus Holz, Stahlbeton. **2.** *Gegenstand, Vorrichtung verschiedener Art, die die Aufgabe hat, etw., jmdn. zu stützen:* Sitze mit -n für Kopf u. Füße; die Apfelbäume brauchen -n; ein Stock diente ihm nach seinem Unfall als S. **3.** *jmd., der für einen anderen Halt, Hilfe, Beistand bedeutet:* an jmdm. eine [treue, wertvolle] S. haben; für jmdn. eine S. sein. **4.** (veraltend) *Haushaltshilfe.* **5.** (ugs.) *Arbeitslosengeld:* seine S. abholen; er lebt jetzt von der/(selten) auf S.

[1]stut|zen ⟨sw. V.; hat⟩ [spätmhd. stutzen = zurückschrecken, eigtl. = anstoßen, gehemmt werden; Intensivbildung zu mhd. stōȥen, ↑stoßen]: **1.** *plötzlich verwundert, irritiert aufmerken u. in einer Tätigkeit o. Ä. innehalten:* einen Augenblick lang s. **2. a)** (bes. Jägerspr.) *(bes. von Schalenwild) plötzlich stehen bleiben u. sichern;* **b)** (landsch.) *scheuen* (2): das Pferd stutzte bei dem Geräusch, vor den Bahngleisen.

[2]stut|zen ⟨sw. V.; hat⟩ [wohl zu ↑Stutzen]: **a)** *kürzer schneiden [u. in eine bestimmte Form bringen]; beschneiden* (1 a): Bäume s.; **b)** *kupieren* (1 a): einem Pferd, einem Hund den Schwanz s.; Hühner mit gestutzten Flügeln; **c)** (scherzh.) *(bes. in Bezug auf Kopf- u. Barthaar) kürzer, kurz schneiden:* jmdm., sich den Bart, die Haare s.

stüt|zen ⟨sw. V.; hat⟩ [mhd. in: be-, uf-, understützen, ahd. in: er-, untarstuzzen, zu einem Subst. mit der Bed. »Stütze, Pfosten« u. eigtl. = Stützen unter etw. setzen, von unten halten]: **1.** *durch eine Stütze* (1, 2) *Halt geben; von der Seite od. von unten her abstützen, unterstützen (um etw. in seiner Lage zu halten):* eine Mauer, einen Ast s.; das Gewölbe wird von Säulen gestützt; der Verletzte wurde von zwei Personen gestützt *(sie fassten ihn beim Gehen unter);* Ü ein Regime s. **2. a)** ⟨s. + sich⟩ *etw., jmdn. als Stütze* (2) *brauchen, benutzen; sich aufstützen:* sich auf jmdn., auf einen Stock s.; sich [mit den Händen, den Ellenbogen] auf den Tisch s.; sich auf die Ellenbogen s.; Ü er kann sich auf reiche Erfahrungen s.; **b)** *etw. auf etw. aufstützen; etw. abstützen:* die Hände in die Seiten s.; den Kopf in die Hände s.; Ü zahlreiche Beweise stützten die Anklage. **3.** ⟨s. + sich⟩ *auf etw. beruhen; etw. zur Grundlage haben:* das Urteil stützt sich auf Indizien; etw. stützt sich auf Fakten, auf bloße Vermutungen. **4. a)** (Bankw., Börsenw.) *durch bestimmte Maßnahmen (z. B. Stützungskäufe) einen Wertverlust von etw. verhindern:* eine Währung, den Kurs einer Aktie s.; **b)** (Wirtsch.) *durch bestimmte Maßnahmen (z. B. Zuschüsse) die Preise von Konsumgütern niedrig halten:* staatlich gestützte Preise.

Stut|zen, der; -s, - [mhd. stutz(e), stotze, mit verschiedenen Bedeutungen zu ↑stoßen]: **1.** *Jagdgewehr mit kurzem Lauf.* **2.** (Technik) *kurzes Rohrstück, das an ein anderes angesetzt od. angeschraubt wird.* **3.** (Technik) *größere Schraubzwinge.* **4.** ⟨meist Pl.⟩ **a)** *kurzer Wadenstrumpf* (2); **b)** *(von Fußballspielern getragener) bis zum Knie reichender Strumpf [mit Steg].*

Stüt|zen|kon|struk|ti|on, die (Bauw.): *Konstruktion mit Stützen.*

Stut|zer, der; -s, - [1: zu ↑[1]stutzen in der veralteten Bed. »(in modischer Kleidung) umherstolzieren«, eigtl. wohl = steif aufgerichtet umhergehen; 2: zu ↑[2]stutzen]: **1.** (veraltend abwertend) *eitler, auf modische Kleidung Wert legender Mann.* **2.** *knielanger, zweireihiger Herrenmantel.* **3.** (schweiz.) *Stutzen* (1).

stut|zer|haft ⟨Adj.⟩ (veraltend abwertend): *wie ein Stutzer* (1): ein -er Aufzug; sich s. kleiden.

Stutz|flü|gel, der: *kurz gebauter Flügel* (5).

Stütz|griff, der (Turnen): *Griff, mit dem die Hilfestellung* (1 b) *den Übenden am Oberarm fasst, um ihn zu stützen.*

stut|zig ⟨Adj.⟩ [zu ↑[1]stutzen]: in den Verbindungen **s. werden** ([1]stutzen 1; *misstrauisch werden*): beim Anblick des vergammelten Hauses wurde sie s.; **jmdn. s. machen** *(jmdm. befremdlich erscheinen; jmdn. Verdacht schöpfen lassen).*

Stütz|keh|re, die (Turnen): *aus dem Stütz heraus geführter Schwung mit einer Kehre zurück in den Stütz.*

Stütz|kor|sett, das: *orthopädisches Korsett zur Stützung bes. der Wirbelsäule od. Hüfte.*

Stütz|kurs, der: *für schwache Schüler eingerichteter Kurs* (3 a).

Stütz|mau|er, die: *Mauer, die einen von der Seite einwirkenden Druck von Erdmassen aufnehmen soll.*

Stütz|pfei|ler, der: *Pfeiler mit stützender Funktion.*

Stütz|pfos|ten, der: *Pfosten mit stützender Funktion.*

Stütz|punkt, der: **1.** *als Ausgangspunkt für bestimmte [strategisch, taktisch wichtige] Unternehmungen dienender, entsprechend ausgebauter Ort; Basis* (4): militärische -e; einen S. beziehen, errichten. **2.** *Punkt, an dem eine Last auf etw. ruht.*

Stütz|rad, das: *[kleines] Rad, das eine stützende Funktion hat (z. B. ein Kinderfahrrad gegen Umkippen absichert).*

Stütz|sprung, der (Turnen): *Sprung über ein Gerät, bei dem sich der Turner auf dem Gerät abstützt.*

Stütz|strumpf, der: *Strumpf aus elastischem Gewebe, der die Gefahr drohender Blutstauungen in den Beinen verringern u. den Rücktransport des Blutes ins Herz fördern soll.*

Stüt|zung, die; -, -en: *das Stützen.*

Stütz|ver|band, der (Med.): *Verband, der stützende* (1) *Funktion hat.*

StVO = Straßenverkehrsordnung.

sty|len [ˈstai̯ln̩] ⟨sw. V.; hat⟩ [engl. to style, zu: style < mengl. stile < afrz. style < lat. stilus, ↑Stil] (Jargon): **1.** *das Styling von etw. entwerfen, gestalten:* eine neue Karosserie s.; ⟨meist im 2. Part.:⟩ allzu gestylte Gebrauchsgegenstände. **2.** *zurechtmachen* (2): das Model war perfekt gestylt.

Sty|ling [ˈstai̯lɪŋ], das; -s, -s [engl. styling = das Gestalten, zu: to style, ↑stylen]: *Formgebung, Design, Gestaltung:* den Möbeln ein modernes S. geben.

Sty|list [ˈstai̯lɪst], der; -en, -en [engl. stylist, zu: style, ↑stylen]: *jmd., der das Styling entwirft* (Berufsbez.).

Sty|lis|tin, die; -, -nen: w. Form zu ↑Stylist.

Sty|lit [st..., ʃt...], der; -en, -en [spätgriech. stylítēs = zu einer Säule gehörig, zu griech. stŷlos = Säule] (christl. Rel.): *frühchristlicher Säulenheiliger.*

Styx [ʃt..., st...], der; - (griech. Myth.): *Fluss der Unterwelt.*

SU = Sowjetunion.

s. u. = sieh[e] unten!

[1]Su|a|he|li, Swahili, der; -[s], -[s] u. die; -, -[s]: Afrikaner[in] mit [2]Suaheli als Muttersprache.

[2]Su|a|he|li, Swahili, das; -[s]: *zu den Bantusprachen gehörende, in weiten Teilen Ostafrikas gesprochene Sprache.*

[1]Sub, das; -s, -s (Skat): *Supra.*

[2]Sub [zap, engl.: sʌb], der; -s, -s [Kurzf. von engl. subculture = Subkultur, aus: sub- (< lat. sub = unter) u. culture = Kultur] (Jargon): **1.** *Lokalität, Wirkungsbereich, Treffpunkt o. Ä. einer subkulturellen Gruppe.* **2.** *Angehöriger einer subkulturellen Gruppe:* er fühlt sich nicht als S.

[3]Sub, die; - (Jargon): kurz für ↑Subkultur: zur Hamburger S. gehören.

sub-, Sub- [lat. sub = unter(halb)]: bedeutet in Bildungen mit Substantiven, Adjektiven und Verben *unter, sich unterhalb befindend, niedriger als ...* (in räumlicher und hierarchischer Hinsicht): Subdirigent; subimperialistisch; subdifferenzieren.

sub|al|pin, (seltener:) **sub|al|pi|nisch** ⟨Adj.⟩ [zu lat. sub = unter(halb) u. ↑alpin] (Geogr.): *zum Bereich zwischen der oberen Grenze des Bergwalds u. der Baumgrenze gehörend.*

sub|al|tern ⟨Adj.⟩ [spätlat. subalternus = untergeordnet, aus lat. sub = unter(halb) u. alternus, ↑Alternative]: **1. a)** *nur einen untergeordneten Rang einnehmend, nur beschränkte Entscheidungsbefugnisse habend:* ein -er Beamter; **b)** (bildungsspr. abwertend) *geistig unselbstständig, auf einem niedrigen geistigen Niveau stehend:* seine geistige Reife ist s. **2.** (bildungsspr. abwertend) *in beflissener Weise unterwürfig, untertänig, devot:* dieses -e Grinsen!

Sub|al|ter|ne, der u. die; -n, -n ⟨Dekl. ↑Abgeordnete⟩: *jmd., der subaltern* (1 a) *ist.*

Sub|al|ter|ni|tät, die; -: *das Subalternsein.*

Sub|bot|nik, der; -[s], -s [russ. subbotnik, zu: subbota = Sonnabend; die Arbeit wurde urspr. nur sonnabends geleistet] (DDR): *in einem besonderen Einsatz freiwillig u. unentgeltlich geleistete Arbeit.*

Sub|bot|nik|schicht, die (DDR): *Schicht im Rahmen des Subbotniks.*

Sub|di|a|kon, der; -s, -e [zu lat. sub = unter(halb) u. ↑Diakon] (kath. Kirche früher): *Geistlicher, der unter einem Diakon steht.*

Sub|do|mi|nant|ak|kord, der; -[e]s, -e, **Sub|do|mi|nant|drei|klang,** der; -[e]s, ...klänge (Musik): *Subdominante* (b).

Sub|do|mi|nan|te, die; -, -n [zu lat. sub = unter u. ↑Dominante] (Musik): **a)** *vierte Stufe* (8) *einer diatonischen Tonleiter;* **b)** *auf einer Subdominante* (a) *aufgebauter Dreiklang.*

sub|gla|zi|al ⟨Adj.⟩ [zu lat. sub = unter u. ↑glazial] (Geol.): *unter dem Gletscher[eis] befindlich, vor sich gehend.*

su|bi|to ⟨Adv.⟩ [ital. subito < lat. subito, Adv. von: subitus = plötzlich; dringend, eilig, zu: subire = unter etw. gehen; sich heranschleichen; überfallen, erfassen, aus: sub = unter u. ire = gehen]: **1.** (Musik): *schnell, sofort anschließend.* **2.** (ugs.) *schnell, sofort:* verschwinde, aber s.!

Sub|jekt, das; -[e]s, -e [2: spätlat. subiectum, eigtl. = das (einer Aussage od. Erörterung) Zugrundeliegende, subst. 2. Part. von lat. subicere = darunter werfen, unter etw. legen, zu: sub = unter u. iacere = werfen]: **1.** (Philos.) *mit Bewusstsein ausgestattetes, denkendes, erkennendes, handelndes Wesen; Ich:* zu einem verantwortungsvollen S. heranwachsen. **2.** (Sprachw.) *Satzglied, in dem dasjenige (z. B. eine Person, ein Sachverhalt) genannt ist, worü-*

ber im Prädikat eine Aussage gemacht wird; Satzgegenstand: grammatisches, logisches S.; das S. steht im Nominativ. 3. (abwertend) *verachtenswerter Mensch:* ein übles, verkommenes S.; kriminelle -e. 4. (Musik) *Thema einer kontrapunktischen Komposition, bes. einer Fuge.*

sub|jek|tiv ⟨Adj.⟩ [1: spätlat. subiectivus, zu lat. subiectus = unter etw. liegend; untergeben, adj. 2. Part. von: subicere, ↑Subjekt; 2: zu Subjekt (1)] (bildungsspr.): 1. *zu einem Subjekt* (1) *gehörend, von einem Subjekt ausgehend, abhängig:* das -e Bewusstsein; er ist sich s. keiner Schuld bewusst. 2. *von persönlichen Gefühlen, Interessen, von Vorurteilen bestimmt; voreingenommen, befangen, unsachlich:* ein allzu -es Urteil; etw. [zu] s. beurteilen.

sub|jek|ti|vie|ren ⟨sw. V.; hat⟩ (bildungsspr.): *dem persönlichen, subjektiven* (1) *Bewusstsein gemäß betrachten, beurteilen, interpretieren.*

Sub|jek|ti|vis|mus, der; -, ...men: 1. ⟨o. Pl.⟩ (Philos.) *philosophische Anschauung, nach der es keine objektive Erkenntnis gibt, sondern alle Erkenntnisse in Wahrheit Schöpfungen des subjektiven Bewusstseins sind.* 2. (bildungsspr.) *subjektivistische* (2) *Haltung; Ichbezogenheit.*

sub|jek|ti|vis|tisch ⟨Adj.⟩: 1. (Philos.) *zum Subjektivismus* (1) *gehörend, ihn betreffend, von ihm geprägt.* 2. (bildungsspr.) *ichbezogen:* eine sehr -e Sicht; er betrachtet die Dinge zu s.

Sub|jek|ti|vi|tät, die; - (bildungsspr.): 1. (bes. Philos.) *subjektives* (1) *Wesen (einer Sache), das Subjektivsein:* die S. jeder Wahrnehmung. 2. (bildungsspr.) *subjektive* (2) *Haltung; das Subjektivsein:* jmdm. S. vorwerfen.

Sub|junk|ti|on, die; -, -en [lat. subiunctio = Anfügung, zu: subiunctum, 2. Part. von: subiungere = hinzufügen, verbinden] (Sprachw.): 1. *objektsprachliche Verknüpfung von Aussagen zu einer neuen Aussage derselben Grundstufe mit der logischen Partikel der Bedingung »wenn – dann«.* 2. *Hypotaxe.* 3. *Konjunktion* (1).

Sub|ka|te|go|rie, die; -, -n [zu lat. sub = unter u. ↑Kategorie] (bes. Sprachw.): *Unterordnung, Untergruppe einer Kategorie.*

sub|ka|te|go|ri|sie|ren ⟨sw. V.; hat⟩ (Fachspr., bes. Sprachw.): *in Subkategorien einteilen.*

sub|klas|si|fi|zie|ren ⟨sw. V.; hat⟩ [zu lat. sub = unter u. ↑klassifizieren] (Fachspr., bes. Sprachw.): *subkategorisieren.*

Sub|kon|ti|nent, der; -[e]s, -e [zu lat. sub = unter u. ↑Kontinent] (Geogr.): *größerer Teil eines Kontinents, der aufgrund seiner Größe u. Gestalt eine gewisse Eigenständigkeit hat:* der indische S.

Sub|kul|tur, die; -, -en [zu lat. sub = unter u. ↑Kultur] (Soziol.): *innerhalb eines Kulturbereichs, einer Gesellschaft bestehende, von einer bestimmten gesellschaftlichen, ethnischen o. ä. Gruppe getragene Kultur mit eigenen Normen u. Werten.*

sub|kul|tu|rell ⟨Adj.⟩: *zu einer Subkultur gehörend, sie betreffend.*

sub|lim ⟨Adj.⟩ [lat. sublimis = in die Höhe gehoben; erhaben, zu: sub = unter(halb) u. limen = Schwelle] (bildungsspr.): a) *nur mit großer Feinsinnigkeit wahrnehmbar, verständlich; nur einem sehr feinen Verständnis, Empfinden zugänglich:* -er Witz; die -e Schönheit der Kunstwerke; b) *von Feinsinnigkeit, einem feinen Verständnis, Empfinden zeugend:* eine -e Interpretation.

Sub|li|ma|ti|on, die; -, -en: 1. (Chemie) *das Sublimieren* (2 a). 2. (bildungsspr., Psych.) *Sublimierung* (1).

sub|li|mie|ren ⟨sw. V.⟩ [lat. sublimare = erhöhen, zu: sublimis, ↑sublim]: 1. ⟨hat⟩ a) (bildungsspr.) *auf eine höhere Ebene erheben, ins Erhabene steigern; verfeinern, veredeln:* ein Gefühl s.; b) (bildungsspr., Psych.) *(einen Trieb) in künstlerische, kulturelle Leistung o. Ä. umsetzen:* seine Begierden s. 2. (Chemie) a) *vom festen unmittelbar in den gasförmigen Aggregatzustand übergehen (od. umgekehrt)* ⟨ist⟩: das Eis sublimiert; ⟨auch s. + sich; hat:⟩ das Eis sublimiert sich; b) *etw. vom festen unmittelbar in den gasförmigen Aggregatzustand überführen (od. umgekehrt)* ⟨hat⟩: einen Stoff s.

Sub|li|mie|rung, die; -, -en: 1. (bildungsspr., Psych.) *das Sublimieren* (1). 2. (Chemie) *das Sublimieren* (2).

Sub|li|mi|tät, die; - [lat. sublimitas = Erhabenheit, zu: sublimis, ↑sublim] (bildungsspr.): *das Sublimsein, sublime Art.*

sub|ma|rin ⟨Adj.⟩ [zu lat. sub = unter u. ↑marin] (Fachspr.): *unterseeisch.*

Sub|mer|genz, die; - [zu lat. submergere, ↑submers] (Geol.): *Submersion* (1).

sub|mers ⟨Adj.⟩ [zu lat. submersum, 2. Part. von: submergere = untertauchen, aus: sub = unter(halb) u. mergere = (ein)tauchen] (Biol.): *(von Wasserpflanzen) unter der Wasseroberfläche befindlich, lebend.*

Sub|mer|si|on, die; -, -en [spätlat. submersio = das Untertauchen, zu lat. submersum, ↑submers]: 1. (Geol.) *Untertauchen des Festlandes unter den Meeresspiegel.* 2. (veraltet) *Überschwemmung.* 3. (Theol.) *Hineintauchen des Täuflings ins Wasser.*

sub|mi|kro|sko|pisch ⟨Adj.⟩ (Fachspr.): *unter einem optischen Mikroskop nicht mehr erkennbar.*

sub|miss ⟨Adj.⟩ [lat. submissus, eigtl. = gesenkt, adj. 2. Part. von: submittere = (sich) senken, aus: sub = unter(halb) u. mittere = schicken, senden] (bildungsspr. veraltet): *unterwürfig, untertänig.*

Sub|mis|si|on, die; -, -en [1: unter Einfluss von gleichbed. frz. soumission zu lat. submittere, ↑submiss; 2: (spät)lat. submissio, zu lat. submittere, ↑submiss]: 1. (Wirtsch.) a) *öffentliche Ausschreibung eines zu vergebenden Auftrags;* b) *Vergabe eines öffentlich ausgeschriebenen Auftrags [an denjenigen, der das günstigste Angebot macht];* c) (DDR) *Kaufhandlung;* d) (DDR) *Musterausstellung der Herstellerbetriebe zur Entgegennahme von Aufträgen des Handels.* 2. (bildungsspr. veraltet) a) *Untertänigkeit;* b) *das Sichunterwerfen.*

sub|mit|tie|ren ⟨sw. V.; hat⟩ [lat. submittere, ↑submiss] (Wirtsch.): *sich auf eine Submission* (2 a) *hin bewerben.*

sub|or|bi|tal ⟨Adj.⟩ [engl. suborbital] (Raumf.): *nicht in eine Umlaufbahn gelangend.*

Sub|or|di|na|ti|on, die; -, -en [2, 3: mlat. subordinatio, aus lat. sub = unter u. ordinatio, ↑Ordination]: 1. (Sprachw.) *Hypotaxe.* 2. (bildungsspr.) *das Unterordnen (einer Sache unter eine andere):* die S. der Teile unter das Ganze. 3. (veraltend) a) *Unterordnung, das Sichunterordnen; [unterwürfiger] Gehorsam, bes. gegenüber einem militärischen Vorgesetzten:* S. unter den Willen des anderen; b) *untergeordnete, abhängige Stellung.*

sub|or|di|nie|ren ⟨sw. V.; hat⟩ [mlat. subordinare, aus lat. sub = unter u. ordinare, ↑ordinieren]: 1. (Sprachw.) *(einen Satz) unterordnend* (2) *bilden* ⟨meist im 1. od. 2. Part.⟩: ein subordinierter Satz; subordinierende *(unterordnende)* Konjunktion. 2. (veraltend, noch bildungsspr.) *unterordnen* (3 a).

Sub|pri|or, der; -s, ...oren [zu lat. sub = unter(halb) u. ↑Prior]: *Stellvertreter eines Priors.*

Sub|pro|le|ta|ri|at, das; -[e]s, -e [zu lat. sub = unter u. ↑Proletariat]: *Gruppe, die in einer Gesellschaft wirtschaftlich [u. kulturell] unter den schlechtesten Bedingungen* (2) *lebt [u. dadurch eine gesellschaftliche Randstellung einnimmt].*

sub|si|di|är ⟨Adj.⟩ [frz. subsidiaire < lat. subsidiarius = als Aushilfe dienend, zu: subsidium, ↑Subsidium] (bildungsspr., Fachspr.): a) *unterstützend, Hilfe leistend:* die -e Mitfinanzierung durch die Gemeinde; b) *behelfsmäßig, als Behelf dienend.*

sub|si|di|a|risch ⟨Adj.⟩ (bildungsspr. veraltend): *subsidiär.*

Sub|si|di|a|ri|tät, die; -: 1. (Politik, Soziol.) *gesellschaftspolitisches Prinzip, nach dem übergeordnete gesellschaftliche Einheiten (bes. der Staat) nur solche Aufgaben an sich ziehen dürfen, zu deren Wahrnehmung untergeordnete Einheiten (bes. die Familie) nicht in der Lage sind.* 2. (Rechtsspr.) *das Subsidiärsein einer Rechtsnorm.*

Sub|si|di|a|ri|täts|prin|zip, das ⟨o. Pl.⟩ (Politik, Soziol.): *Subsidiarität* (1): nach dem S. muss der Staat hier eingreifen.

Sub|si|di|en: Pl. von ↑Subsidium.

Sub|si|di|en|ver|trag, der (Politik): *Vertrag über Subsidien* (1).

Sub|si|di|um, das; -s, ...ien [lat. subsidium = Hilfe, Beistand u. subsidia (Pl.) = Hilfsmittel]: 1. ⟨Pl.⟩ (Politik) a) *einem Krieg führenden Staat von einem Verbündeten [aufrund eines Subsidienvertrags] zur Verfügung gestellte Hilfsgelder (od. materielle Hilfen):* der Staat wollte nur Subsidien zahlen, aber nicht direkt in den Krieg eingreifen; b) *staatliche Beihilfen* (1). 2. (veraltet) *Beistand, Unterstützung.*

Sub|sis|tenz, die; -, -en ⟨Pl. selten⟩ [spätlat. subsistentia = Bestand, zu lat. subsistere, ↑subsistieren]: 1. ⟨o. Pl.⟩ (Philos.) *(in der Scholastik) das Bestehen durch sich selbst, das Substanzsein.* 2. (bildungsspr. veraltet) a) *Lebensunterhalt, materielle Lebensgrundlage;* b) ⟨o. Pl.⟩ *materielle Existenz.*

Sub|sis|tenz|wirt|schaft, die ⟨o. Pl.⟩ (Wirtsch.): *Wirtschaftsform, die darin besteht, dass eine kleine wirtschaftliche Einheit (z. B. ein Bauernhof) alle für den eigenen Verbrauch benötigten Güter selbst produziert u. deshalb vom Markt unabhängig ist.*

sub|sis|tie|ren ⟨sw. V.; hat⟩ [lat. subsistere = stillstehen, standhalten]: 1. (Philos.) *für sich, unabhängig von anderem bestehen.* 2. (bildungsspr. veraltet) *seinen Lebensunterhalt haben.*

Sub|skri|bent, der; -en, -en [zu lat. subscribens (Gen.: subscribentis), 1. Part. von: subscribere, ↑subskribieren] (Buchw.): *jmd., der etw. subskribiert.*

Sub|skri|ben|tin, die; -, -nen: w. Form zu ↑Subskribent.

sub|skri|bie|ren ⟨sw. V.; hat⟩ [lat. subscribere = unterschreiben, aus: sub = unter u. scribere (2. Part.: scriptum) = schreiben] (Buchw.): *sich verpflichten, ein noch nicht [vollständig] erschienenes Druckerzeugnis zu einem späteren Zeitpunkt abzunehmen:* ein Lexikon s.

Sub|skrip|ti|on, die; -, -en [lat. subscriptio = Unterschrift, zu: subscribere, ↑subskribieren]: 1. (Buchw.) *das Subskribieren:* etw. durch S. bestellen, kaufen. 2. *am Schluss einer antiken Handschrift stehende Angaben über Inhalt, Verfasser usw.* 3. (Börsenw.) *schriftliche Verpflichtung, eine Anzahl emittierter Wertpapiere zu kaufen.*

Sub|spe|zi|es, die; -, - [zu lat. sub = unter u. ↑Spezies] (Biol.): *Unterart.*

sub|stan|ti|al usw.: ↑substanzial usw.

sub|stan|ti|ell usw.: ↑substanziell usw.

Sub|stan|tiv [auch: - - ˈ-], das; -s, -e [spätlat. (nomen) substantivum, eigtl. = Wort, das für sich allein (be)steht, zu lat. substantia, ↑Substanz] (Sprachw.): *Wort, das ein Ding, ein Lebewesen, einen Begriff, einen Sachverhalt o. Ä. bezeichnet; Nomen* (1), *Haupt-, Ding-, Nennwort:* ein S. deklinieren.

sub|stan|ti|vie|ren ⟨sw. V.; hat⟩ (Sprachw.): *zu einem Substantiv machen, als Substantiv gebrauchen:* ein Adjektiv s.; ⟨oft im 2. Part.:⟩ ein substantiviertes Verb.

Sub|stan|ti|vie|rung, die; -, -en (Sprachw.): 1. ⟨o. Pl.⟩ *das Substantivieren.* 2. *substantivisch gebrauchtes Wort (einer anderen Wortart).*

sub|stan|ti|visch [auch: - - ˈ- -] ⟨Adj.⟩ (Sprachw.): *als Substantiv, wie ein Substantiv [gebraucht], durch ein Substantiv [ausgedrückt]; hauptwörtlich; nominal* (1 b): eine -e Ableitung; eine verbale Konstruktion s. übersetzen; -er Stil *(Nominalstil).*

Sub|stanz, die; -, -en [mhd. substancie < lat. substantia = Bestand, Wesenheit, Inbegriff, zu:

substare = in, unter etw. vorhanden sein, aus: sub = unter u. stare = stehen]: **1.** *Stoff, Materie:* eine flüssige, gasförmige, chemische S. **2.** ⟨o. Pl.⟩ *das [als Grundstock] Vorhandene, [fester] Bestand:* die Erhaltung der baulichen S. *(der Bausubstanz);* die Firma lebt von der S. *(vom Vermögen, Kapital);* * **etw. geht [jmdm.] an die S.** (ugs.; *etw. zehrt an jmds. körperlichen od. seelischen Kräften*). **3.** ⟨o. Pl.⟩ (bildungsspr.) *das den Wert, Gehalt Ausmachende; das Wesentliche, der Kern:* die geistige S. einer Nation; in die S. eingreifende Veränderungen. **4.** (Philos.) **a)** *für sich Seiendes, unabhängig (von anderem) Seiendes;* **b)** *das eigentliche Wesen der Dinge.*

sub|stan|zi|al, (auch:) substantial ⟨Adj.⟩ [spätlat. substantialis = wesentlich, zu lat. substantia, ↑Substanz]: *substanziell.*

sub|stan|zi|ell, (auch:) substantiell ⟨Adj.⟩ [frz. substantiel < spätlat. substantialis, ↑substantial]: **1.** (bildungsspr.) *die Substanz* (1) *betreffend, stofflich, materiell.* **2.** *die Substanz* (2) *betreffend, zu ihr gehörend, sie [mit] ausmachend:* ein -er Gewinn, Zuwachs. **3.** (bildungsspr.) *die Substanz* (3) *einer Sache betreffend; wesentlich:* -e Verbesserungen; eine s. neue Politik. **4.** (veraltend) *nahrhaft, gehaltvoll:* eine -e Mahlzeit. **5.** (Philos.) *wesenhaft.*

sub|stanz|los ⟨Adj.⟩ (bildungsspr.): *keine od. zu wenig Substanz* (3) *habend.*

sub|sti|tu|ie|ren ⟨sw. V.; hat⟩ [lat. substituere, zu: sub = unter u. statuere = stellen]: (bildungsspr.; Fachspr.) *an die Stelle von jmdm., etw. setzen, gegen etw. austauschen, ersetzen:* Phosphate in Waschmitteln s.; ein Substantiv durch ein Personalpronomen s.

¹Sub|sti|tut, das; -[e]s, -e [zu lat. substitutum, 2. Part. von: substituere, ↑substituieren] (bildungsspr.): *etw., was als Ersatz dient; Surrogat.*

²Sub|sti|tut, der; -en, -en [lat. substitutus = Stellvertreter]: **1.** *Assistent od. Vertreter eines Abteilungsleiters im Einzelhandel* (Berufsbez.). **2. a)** (bildungsspr. veraltend) *Stellvertreter, Ersatzmann;* **b)** (Rechtsspr.) *[Unter]bevollmächtigter.*

Sub|sti|tu|tin, die; -, -nen: w. Form zu ↑²Substitut.

Sub|sti|tu|ti|on, die; -, -en [lat. substitutio, zu: substituere, ↑substituieren] (bildungsspr., Fachspr.): *das Substituieren.*

Sub|strat, das; -[e]s, -e [mlat. substratum = Unterlage, subst. 2. Part. von lat. substernere = unterlegen]: **1.** (bildungsspr.; Fachspr.) *das einer Sache Zugrundeliegende; [materielle] Grundlage; Basis:* organische -e. **2.** (Philos.) *Substanz* (4 b) *als Träger von Eigenschaften.* **3.** (Biol.) *Nährboden bes. für Mikroorganismen:* ein S. zur Züchtung von Viren. **4.** (Sprachw.) **a)** *Sprache eines [besiegten] Volkes im Hinblick auf den Niederschlag, den sie in der übernommenen od. aufgezwungenen Sprache [des Siegervolkes] gefunden hat;* **b)** *aus einem Substrat* (4) *stammendes Sprachgut einer Sprache.* **5.** (Biochemie) *bei einer Fermentation abgebaute Substanz.*

sub|su|mie|ren ⟨sw. V.; hat⟩ [aus lat. sub = unter u. sumere (2. Part.: sumptum) = nehmen]: **1.** (bildungsspr.) *einem Oberbegriff unterordnen, unter einer Kategorie einordnen; unter einem Thema zusammenfassen:* einen Begriff einem anderen s.; etw. unter eine/unter einer Überschrift s. **2.** (Rechtsspr.) *einen konkreten Sachverhalt dem Tatbestand* (2) *einer Rechtsnorm unterordnen; prüfen, ob ein konkreter Sachverhalt den Merkmalen einer bestimmten Rechtsnorm entspricht.*

Sub|sump|ti|on: ↑Subsumtion.

Sub|sum|ti|on, die; -, -en: **1.** (bildungsspr.) *das Subsumieren* (1). **2.** (Rechtsspr.) *Unterordnung eines Sachverhalts unter den Tatbestand* (2) *einer Rechtsnorm.*

Sub|sys|tem, das; -s, -e [zu lat. sub = unter u. ↑System] (Fachspr., bes. Sprachw., Soziol.): *Bereich innerhalb eines Systems, der selbst Merkmale eines Systems aufweist.*

sub|til ⟨Adj.⟩ [mhd. subtil < afrz. subtil < lat. subtilis, eigtl. = fein gewebt] (bildungsspr.): **a)** *mit viel Feingefühl, mit großer Sorgfalt, Genauigkeit vorgehend od. ausgeführt; in die Feinheiten gehend; nuanciert, differenziert:* eine -e Beschreibung der Atmosphäre; an die Stelle der Folter sind -ere *(feiner ausgeklügelte, verfeinerte)* Methoden getreten; **b)** *fein strukturiert [u. daher schwer zu durchschauen, zu verstehen]; schwierig, kompliziert:* ein -es Problem, System.

Sub|ti|li|tät, die; -, -en [lat. subtilitas, zu: subtilis, ↑subtil] (bildungsspr.): **1.** ⟨o. Pl.⟩ *das Subtilsein.* **2.** *etw. Subtiles; Feinheit* (2).

sub|tra|hie|ren ⟨sw. V.; hat⟩ [lat. subtrahere = unter etw. hervorziehen; entziehen, wegnehmen, aus: sub = unter u. trahere (2. Part.: tractum) = ziehen, schleppen] (Math.): *abziehen* (14): 7 von 18 s.

Sub|trak|ti|on, die; -, -en [spätlat. subtractio = das Sichentziehen, Abweichen, zu lat. subtrahere, ↑subtrahieren] (Math.): *das Subtrahieren:* Gleichungen durch S. umformen.

Sub|tro|pen ⟨Pl.⟩ [zu lat. sub = unter u. ↑²Tropen] (Geogr.): *zwischen den Tropen u. der gemäßigten Zone gelegene Klimazone.*

sub|tro|pisch [auch: -ˈ- -ˈ- -] ⟨Adj.⟩ (Geogr.): *die Subtropen betreffend, für sie kennzeichnend:* eine -e Flora; der -e Regenwald.

Sub|un|ter|neh|men, das [zu lat. sub = unter u. ↑Unternehmen] (Wirtsch.): *von einem Subunternehmer betriebenes Unternehmen:* eine Firma als S. beschäftigen.

Sub|un|ter|neh|mer, der (Wirtsch.): *Unternehmer, der von einem anderen Unternehmer od. Unternehmen, das einen Auftrag übernommen hat, damit betraut wird, einen Teil dieses Auftrags auf dessen Rechnung auszuführen.*

Sub|un|ter|neh|me|rin, die (Wirtsch.): w. Form zu ↑Subunternehmer.

Sub|ur|ba|ni|sa|ti|on [zʊpǀʊr...], die; - [engl. suburbanization]: *Ausdehnung der Großstädte durch Angliederung von Vororten u. Trabantenstädten.*

Sub|ven|ti|on, die; -, -en ⟨meist Pl.⟩ [lat. subventio = Hilfeleistung, zu lat. subvenire aus: sub = unter u. venire = kommen] (Wirtsch.): *zweckgebundener, von der öffentlichen Hand gewährter Zuschuss zur Unterstützung bestimmter Wirtschaftszweige, einzelner Unternehmen:* hohe -en erhalten.

sub|ven|ti|o|nie|ren ⟨sw. V.; hat⟩ (Wirtsch.): *durch Subventionen unterstützen, fördern:* das Theater wird staatlich subventioniert.

Sub|ven|ti|o|nie|rung, die; -, -en: *das Subventionieren.*

Sub|ver|si|on, die; -, -en [spätlat. subversio, zu lat. subversum, 2. Part. von: subvertere = (um)stürzen, aus: sub = unter u. vertere = (um)kehren, -wenden, -drehen] (bildungsspr.): *meist im Verborgenen betriebene, auf die Untergrabung, den Umsturz der bestehenden staatlichen Ordnung zielende Tätigkeit.*

sub|ver|siv ⟨Adj.⟩ [engl. subversive < lat. subversum, ↑Subversion] (bildungsspr.): *Subversion betreibend; umstürzlerisch:* -e Elemente, Pläne; sich s. betätigen; Ü Theater soll s. sein.

Sub|woo|fer [ˈsʌbwʊfə], der; -s, - [engl. subwoofer, aus: sub = unter u. woofer = Tieftonlautsprecher] (Elektronik): *(in Verbindung mit zwei kleineren Satellitenboxen zur stereophonen Wiedergabe verwendete) große Lautsprecherbox für die tiefen Frequenzen beider Kanäle.*

Such|ak|ti|on, die: *[groß angelegte] organisierte Suche:* eine polizeiliche S.

Such|an|zei|ge, die: **1.** *Anzeige bei der Polizei, durch die diese veranlasst wird, jmdn., etw. zu suchen.* **2.** *Anzeige in einer Zeitung, durch die jmd. mitteilt, dass er etw. sucht.*

Such|baum, der (EDV): *Baum* (3) *mit einer hierarchischen Struktur, in den Daten leicht u. schnell eingeordnet u. in dem sie leicht u. schnell wieder gefunden werden können.*

Such|bild, das: *Vexierbild* (a).

Such|dienst, der: **1.** *Organisation, die sich mit Nachforschungen über den Verbleib vermisster Personen befasst:* der S. des Roten Kreuzes. **2.** (EDV) vgl. Suchmaschine.

Su|che, die; -, -n [mhd. suoche, ahd. in: hūssuacha = Durchsuchung]: **1.** *Vorgang, Tätigkeit des Suchens:* eine vergebliche S.; die S. nach den Verschütteten aufgeben; etw. nach langer S. wieder finden; auf der S. nach einem Job, einer Frau, dem Sinn des Lebens sein *(einen Job, eine Frau, den Sinn des Lebens suchen);* auf die S. gehen, sich auf die S. [nach jmdm., etw.] machen *(aufbrechen, um jmdn., etw. zu suchen);* jmdn. auf die S. [nach jmdm., etw.] schicken *(jmdn. ausschicken, jmdn., etw. zu suchen).* **2.** (Jägerspr.) *Jagd (bes. auf Niederwild), bei der das Wild von Hunden gesucht u. aufgescheucht wird.*

su|chen ⟨sw. V.; hat⟩ [mhd. suochen, ahd. suohhen, eigtl. = suchend nachgehen, nachspüren, urspr. wohl auf den Jagdhund bezogen]: **1. a)** *sich bemühen, jmdn., etw. Verlorenes, Verstecktes zu finden:* jmdn., etw., nach jmdm., etw. s.; jmdn., etw. fieberhaft, krampfhaft, verzweifelt, überall s.; eine Stelle in einem Buch, einen Ort auf einer Landkarte s.; im Wald Pilze, Beeren s. *(sammeln);* wir haben dich schon überall gesucht!; jmdn. polizeilich, steckbrieflich s.; die Polizei sucht noch nach dem Täter, nach Spuren; solche Leute muss man schon s. (ugs.; *solche Leute sind äußerst selten*); ⟨auch o. Obj.:⟩ ich habe überall, stundenlang [vergeblich] gesucht; da kannst du lange s. (ugs.; *dein Suchen ist zwecklos*); sich suchend umsehen; such, such! (Aufforderung an einen Hund, eine Spur aufzunehmen); R wer sucht, der findet (nach Matth. 7, 7); Ü seine Hand suchte im Dunkeln nach dem Lichtschalter *(tastete danach);* er verließ die Heimat, um sein Glück in der Fremde zu s.; * **seinesgleichen s.** *(nicht zu übertreffen, einmalig sein):* seine Einsatzbereitschaft sucht ihresgleichen; * **Suchen spielen** (landsch.; *Versteck spielen*); **b)** *sich bemühen, etw. Bestimmtes, was man braucht, zu erlangen, erwerben:* einen Job, eine Wohnung s.; er sucht eine Frau *(möchte gern heiraten u. versucht, eine zu ihm passende Frau kennen zu lernen);* die Polizei sucht Zeugen; (in Anzeigen:) Verkäuferin gesucht; Bungalow [zu kaufen, zu mieten] gesucht; R da haben sich zwei gesucht und gefunden (ugs.; *die beiden passen gut zueinander*); Ü der angestaute Ärger sucht sich ein Ventil; **c)** *bemüht sein, durch Überlegen, Nachdenken etw. herauszufinden, zu entdecken, zu erkennen:* einen Ausweg s.; nach dem Fehler in der Rechnung, nach Gründen s.; nach dem Sinn des Lebens, nach der Wahrheit s.; er sucht nach Worten *(bemüht sich, die passenden Worte zu finden);* er sucht *(vermutet, argwöhnt)* hinter allem etwas Schlechtes; die Gründe dafür sind in seiner Vergangenheit zu s. *(liegen in seiner Vergangenheit).* **2. a)** *bemüht, bestrebt sein, eine bestimmte Absicht zu erreichen; sich die Realisierung, Erfüllung von etw. wünschen* (oft verblasst): seinen Vorteil s.; [jmds./bei jmdm.] Schutz, Rat s.; Ruhe, Vergessen s.; jmds. Gesellschaft, Nähe s.; er sucht das Gespräch mit der Jugend; Streit s.; sein Recht s.; was sucht denn der Kerl hier? (ugs.; *was will er hier, warum ist er hier?*); * **irgendwo nichts zu s. haben** (ugs.; *irgendwo nicht hingehören, nicht sein dürfen*): du hast hier überhaupt nichts zu s.; **b)** *auf etw. zu-, irgendwohin streben:* Pflanzen suchen stets das Licht; die Küken suchen die Wärme der Henne. **3.** ⟨mit Inf. + zu⟩ (geh.) *versuchen, trachten, bemüht sein:* jmdm. zu helfen s.; etw. zu vergessen s.

Su|cher, der; -s, - [1: mhd. suochære, ahd. suochari]: **1.** (selten) *jmd., der sucht.* **2.** (Fot.) *optische Einrichtung an Kameras, mit deren Hilfe der vom Objektiv erfasste Bildausschnitt erkennbar gemacht wird.*

Such|fra|ge, die (EDV): *an eine Datenverarbeitungsanlage gegebener Auftrag, eine Information zu suchen.*

Such|hund, der: *Spürhund.*

Such|ma|schi|ne, die: *auf einen bestimmten*

S

Namen lautendes Programm im Internet, das mithilfe umfangreicher, aus Internetadressen bestehender Datenbanken die gezielte Suche nach Informationen im Internet ermöglicht: eine Homepage mit einer S. finden.

Such|mel|dung, die: *Meldung* (2) *über eine gesuchte Person.*

Sucht, die; -, Süchte und Suchten [mhd., ahd. suht = Krankheit, ablautende Bildung zu ↑siechen]: **1.** *krankhafte Abhängigkeit von einem bestimmten Genuss- od. Rauschmittel o. Ä.:* die S. nach Alkohol; eine S. bekämpfen; an einer S. leiden; jmdn. von einer S. heilen; das Tablettenschlucken ist bei ihr zur S. geworden. **2.** *übersteigertes Verlangen nach etw., einem bestimmten Tun; Manie* (1): seine S. nach Vergnügungen; ihn trieb die S. nach Geld. **3.** (veraltet) *Krankheit:* die fallende S. *(Epilepsie).*

Sucht|ge|fahr, die: *Gefahr, dass eine Sucht* (1) *entsteht.*

sucht|ge|fähr|det ⟨Adj.⟩: *gefährdet, süchtig* (1) *zu werden.*

süch|tig ⟨Adj.⟩ [mhd. sühtec, ahd. suhtig = krank]: **1.** *an einer Sucht* (1) *leidend:* s. [nach etw.] sein, werden; von etw. s. werden. **2.** *ein übersteigertes Verlangen, eine Sucht* (2) *habend; versessen; begierig:* ein nach Sensationen -es Publikum.

-süch|tig: drückt in Bildungen mit Substantiven – seltener mit Verben (Verbstämmen) – aus, dass die beschriebene Person einen übermäßig starken Hang zu etw. hat, auf etw. versessen, nach etw. begierig ist: fernseh-, fortschritts-, profitsüchtig.

Süch|ti|ge, der u. die; -n, -n ⟨Dekl. ↑Abgeordnete⟩: *jmd., der süchtig* (1) *ist.*

sucht|krank ⟨Adj.⟩: *an einer Sucht* (1) *leidend.*

Sucht|mit|tel, das: *Arznei-, Rauschmittel, das süchtig* (1) *macht.*

Such|trupp, der: *Gruppe von Personen, die eine Suchaktion durchführen.*

Sucht|ver|hal|ten, das (Fachspr.): *durch eine Sucht bedingtes Verhalten:* das S. Alkoholabhängiger.

su|ckeln ⟨sw. V.; hat⟩ [Intensivbildung zu ↑saugen] (landsch.): **a)** *in rasch aufeinander folgenden, kurzen Zügen saugen:* das Kind suckelt an seiner Flasche; **b)** *suckelnd* (a) *trinken:* Limonade mit dem Strohhalm s.

[1]**Su|cre** ['sukre]: Hauptstadt von Bolivien.

[2]**Su|cre,** der; -, - [span. sucre, nach dem südamerik. General u. Politiker A. J. de Sucre y de Alcalá (1795–1830), dem ersten Präsidenten Boliviens]: *Währungseinheit in Ecuador* (1 Sucre = 100 Centavos).

Sud, der; -[e]s, -e [mhd. sut, ablautende Bildung zu ↑sieden]: **a)** *Flüssigkeit, in der etw. gekocht wurde:* den S. abgießen; den Braten aus dem S. *(Bratensaft)* nehmen; **b)** (meist Fachspr.): *Flüssigkeit, in der etw. ausgekocht wurde:* ein S. aus Kräutern gegen Erkältung; **c)** *im Sudhaus erhitzte Bierwürze.*

Süd, der; -[e]s, -e [mhd. sūd = Süd(wind), zu mniederl. suut = im, nach Süden (seit dem 15. Jh. in der Form süd unter Anlehnung an die niederl. mundartl. ü-Aussprache), H. u., viell. eigtl. = nach oben (= in der Richtung der aufsteigenden Sonnenbahn)]: **1.** ⟨o. Pl.; unflekt.; o. Art.⟩ **a)** (bes. Seemannsspr.; Met.) *Süden* (1) (gewöhnlich in Verbindung mit einer Präp.): der Wind kommt aus/von S.; **b)** (nachgestellte nähere Bestimmung bei geographischen Namen o. Ä.) als Bez. des südlichen Teils od. zur Kennzeichnung der südlichen Lage, Richtung: Frankfurt-S.; Fabriktor S. (Abk.: S). **2.** ⟨Pl. selten⟩ (Seemannsspr., dichter.) *Südwind:* es wehte ein warmer S.

Süd|af|ri|ka; -s: **1.** südlicher Teil Afrikas. **2.** Republik im Süden Afrikas.

Süd|afri|ka|ner, der: Ew.

Süd|afri|ka|ne|rin, die: w. Form zu ↑Südafrikaner.

süd|afri|ka|nisch ⟨Adj.⟩: *Südafrika, die Südafrikaner betreffend; aus Südafrika stammend.*

Süd|ame|ri|ka; -s: südlicher Teil Amerikas (1).

Süd|ame|ri|ka|ner, der: Ew.

Süd|ame|ri|ka|ne|rin, die: w. Form zu ↑Südamerikaner.

süd|ame|ri|ka|nisch ⟨Adj.⟩: *Südamerika, die Südamerikaner betreffend; aus Südamerika stammend.*

Su|dan; -s, (auch:) der; -s: Staat in Mittelafrika: der Anteil -s an der Libyschen Wüste; in den S. reisen.

Su|da|ner, der; -s, -: Ew.

Su|da|ne|rin, die; -, -nen: w. Form zu ↑Sudaner.

Su|da|ne|se, der; -n, -n: Ew.

Su|da|ne|sin, die; -, -nen: w. Form zu ↑Sudanese.

su|da|ne|sisch ⟨Adj.⟩: *den Sudan, die Sudaner betreffend; aus dem Sudan stammend.*

Süd|asi|en; -s: südlicher Teil Asiens.

Süd|da|ko|ta; -s: Bundesstaat der USA.

süd|deutsch ⟨Adj.⟩: **a)** *zu Süddeutschland gehörend, aus Süddeutschland stammend:* die -e Bevölkerung, Landschaft; -e Mundarten; **b)** *für Süddeutschland, die Süddeutschen charakteristisch:* mit -em Akzent sprechen.

Süd|deutsch|land; -s: südlicher Teil Deutschlands.

Su|del, der; -s, - [zu mniederd. sudde = Sumpf]: **1.** (schweiz.) *Kladde* (2). **2.** (landsch.) **a)** ⟨o. Pl.⟩ *Schmutz;* **b)** *Pfütze.*

Su|del|heft, das (landsch.): *Kladde* (1 a).

su|deln ⟨sw. V.; hat⟩ [in dem Verb sind zwei gleich lautende frnhd. Verben zusammengefallen; das erste ist verw. mit ↑sieden u. bedeutete »sieden, kochen«, das zweite gehört zu ↑Sudel u. bedeutete »beschmutzen, im Schmutz wühlen«] (ugs. abwertend): **1.** *mit etw. Flüssigem, Breiigem, Nassem so umgehen, dass Schmutz entsteht, Dinge beschmutzt werden:* das Kind hat beim Essen gesudelt. **2. a)** *nachlässig u. unsauber schreiben; schmieren* (3 a); **b)** *nachlässig u. liederlich arbeiten; pfuschen* (1 a).

Su|del|wet|ter, das ⟨o. Pl.⟩ (landsch. abwertend): *unfreundliches, nasses Wetter.*

Sü|den, der; -s [spätmhd. süden (vom Mniederl. lautl. beeinflusst), mhd. süden, sunden, ahd. sundan]: **1.** ⟨meist o. Art.⟩ *dem Norden entgegengesetzte Himmelsrichtung, in der die Sonne am Mittag ihren höchsten Stand erreicht* (gewöhnlich in Verbindung mit einer Präp.): der Wind kommt von S. (Abk.: S). **2. a)** *gegen Süden* (1), *im Süden gelegener Bereich, Teil (eines Landes, Gebiets o. Ä.):* im S. Frankreichs; **b)** *das Gebiet der südlichen Länder; südlicher Bereich der Erde, bes. Südeuropa:* der sonnige S.; wir fahren in den Ferien in den S.

Su|de|ten ⟨Pl.⟩: Gebirge in Mitteleuropa.

su|de|ten|deutsch ⟨Adj.⟩: *das Sudetenland, die Sudetendeutschen betreffend; aus dem Sudetenland stammend.*

Su|de|ten|deut|sche, der u. die: Ew. zu ↑Sudetenland.

Su|de|ten|land, das; -[e]s: ehemaliges deutsches Siedlungsgebiet in der Tschechischen Republik.

su|de|tisch ⟨Adj.⟩: zu ↑Sudeten.

Süd|fens|ter, das: *an der Südseite eines Gebäudes gelegenes Fenster.*

Süd|flü|gel, der: **a)** *südlicher Flügel* (4) *eines Gebäudes;* **b)** *südlicher Flügel* (3 a) *einer Armee o. Ä.*

Süd|frucht, die ⟨meist Pl.⟩: *aus den Tropen od. Subtropen importierte Frucht* (1 a): Apfelsinen, Bananen und andere Südfrüchte.

Süd|halb|ku|gel, die: *südliche Halbkugel.*

Sud|haus, das [zu ↑Sud]: *Gebäude[teil] einer Brauerei, in dem die Bierwürze bereitet wird.*

Süd|ko|rea, -s: Staat im südlichen Teil der Halbinsel Korea.

Süd|küs|te, die: *südliche* (1) *Küste eines Landes, Kontinents.*

Süd|län|der, der; -s, -: *jmd., der aus einem südlichen, am Mittelmeer liegenden Land stammt.*

Süd|län|de|rin, die; -, -nen: w. Form zu ↑Südländer.

süd|län|disch ⟨Adj.⟩: *zu den südlichen Ländern gehörend, von dort stammend, für sie charakteristisch.*

süd|lich [mniederd. sutlich, mniederl. zuydelik]: **I.** ⟨Adj.⟩ **1.** *im Süden* (1) *gelegen:* die südlichste Stadt Europas; das -e Afrika *(der südliche Teil Afrikas);* das ist schon sehr weit s. **2. a)** *nach Süden* (1) *gerichtet, dem Süden zugewandt:* in -er Richtung; **b)** *aus Süden* (1) *kommend:* -e Winde. **3. a)** *zum Süden* (2 b) *gehörend, aus ihm stammend:* die -en Länder, Völker: ein -es Klima; **b)** *für den Süden* (2 b), *seine Bewohner charakteristisch:* sein -es Temperament. **II.** ⟨Präp. mit Gen.⟩ *südlich von; weiter im, gegen Süden [gelegen] als:* s. des Flusses; s. Kölns (selten; *südlich von Köln*). **III.** ⟨Adv.⟩ *im Süden:* s. von Köln.

Süd|licht, das ⟨Pl. -er⟩: *im Süden auftretendes Polarlicht.*

Süd|ost, der: **1.** ⟨o. Pl.; unflekt.; o. Art.⟩ **a)** (bes. Seemannsspr., Met.) *Südosten* (1) (gewöhnlich in Verbindung mit einer Präp.); **b)** (als nachgestellte nähere Bestimmung bes. bei geographischen Namen; vgl. Süd 1 b; Abk.: SO). **2.** ⟨Pl. selten⟩ (Seemannsspr.; dichter.) *Südostwind.*

Süd|os|ten, der: **1.** ⟨meist o. Art.⟩ *Richtung zwischen Süden u. Osten* (gewöhnlich in Verbindung mit einer Präp.; Abk.: SO). **2.** vgl. Süden (2 a).

süd|öst|lich: **I.** ⟨Adj.⟩ vgl. südlich (I 1, 2). **II.** ⟨Präp. mit Gen.⟩ vgl. südlich (II). **III.** ⟨Adv.⟩ vgl. südlich (III).

Süd|ost|wind, der: vgl. Südwind.

Süd|pol, der: **1.** *südlicher Pol eines Planeten (bes. der Erde) u. der Himmelskugel.* **2.** *Pol eines Magneten, der das natürliche Bestreben hat, sich nach Süden auszurichten.*

Süd|see, die; -: Pazifischer Ozean, bes. sein südlicher Teil.

Süd|sei|te, die: *nach Süden gelegene Seite eines Gebäudes o. Ä.*

Süd|spit|ze, die: *südliche Spitze (bes. einer Insel).*

Süd|staa|ten ⟨Pl.⟩: Bundesstaaten im Süden der USA.

Süd|süd|ost, der: **1.** ⟨o. Pl.; unflekt.; o. Art.⟩ (Seemannsspr., Met.): *Südsüdosten* (gewöhnlich in Verbindung mit einer Präp.; Abk.: SSO). **2.** ⟨Pl. selten⟩ (Seemannsspr.) *von Südsüdosten wehender Wind.*

Süd|süd|os|ten, der ⟨meist o. Art.⟩: *Richtung zwischen Süden u. Südosten* (gewöhnlich in Verbindung mit einer Präp.; Abk.: SSO).

Süd|süd|west, der: **1.** ⟨o. Pl.; unflekt.; o. Art.⟩ (Seemannsspr., Met.): *Südsüdwesten* (gewöhnlich in Verbindung mit einer Präp.; Abk.: SSW). **2.** ⟨Pl. selten⟩ (Seemannsspr.) *von Südsüdwesten wehender Wind.*

Süd|süd|wes|ten, der ⟨meist o. Art.⟩: *Richtung zwischen Süden u. Südwesten* (gewöhnlich in Verbindung mit einer Präp.; Abk.: SSW).

Süd|ti|rol, -s: **1.** südlich des Brenners gelegener Teil Tirols, Gebiet der Provinz Bozen in der norditalienischen Region Trentino-Südtirol. **2.** (hist.) (seit 1919 zu Italien gehörender) Teil des österreichischen Kronlandes Tirol.

süd|wärts ⟨Adv.⟩ [↑-wärts]: **a)** *in südliche[r] Richtung, nach Süden:* s. fahren, blicken; **b)** (selten) *im Süden:* s. zog ein Gewitter auf.

Süd|west, der: **1.** ⟨o. Pl.; unflekt.; o. Art.⟩ **a)** (bes. Seemannsspr., Met.) *Südwesten* (1) (gewöhnlich in Verbindung mit einer Präp.; Abk.: SW); **b)** (als nachgestellte nähere Bestimmung bes. bei geographischen Namen) vgl. Süd (1 b). **2.** ⟨Pl. selten⟩ (Seemannsspr.; dichter.) *Südwestwind.*

Süd|west|afri|ka; -s: früherer Name von ↑Namibia.

Süd|wes|ten, der: **1.** ⟨meist o. Art.⟩ *Richtung zwischen Süden u. Westen* (gewöhnlich in Verbindung mit einer Präp.; Abk.: SW). **2.** vgl. Süden (2 a).

Süd|wes|ter, der; -s, -: *von Seeleuten getragener Hut aus Wasser abweisendem Material mit breiter Krempe, die hinten bis über den Nacken reicht u. vorne hochgeschlagen wird.*

süd|west|lich: **I.** ⟨Adj.⟩ vgl. südlich (I 1, 2). **II.** ⟨Präp. mit Gen.⟩ vgl. südlich (II). **III.** ⟨Adv.⟩ vgl. südlich (III).

Süd|west|wind, der: vgl. Südwind.
Süd|wind, der: *von Süden wehender Wind.*
Su|es: ägyptische Stadt.
Su|es|ka|nal, der; -s: Kanal zwischen Mittelmeer u. dem Golf von Sues.
Su|ez usw.: ↑Sues usw.
Suff, der; -[e]s [zu ↑saufen, urspr. = guter Schluck, Zug] (salopp): **1.** *Betrunkenheit:* im Suff hat er einen Unfall verursacht. **2. a)** *Trunksucht:* dem S. verfallen, sich dem S. ergeben; **b)** *das Trinken von Alkohol in großen Mengen:* der S. ruiniert den Menschen, macht den Menschen kaputt.
süf|feln ⟨sw. V.; hat⟩ (ugs.): **a)** *(bes. ein alkoholisches Getränk) genüsslich trinken:* Wein s.; **b)** *trinken* (3 a): er süffelt täglich ein paar Schnäpse.
süf|fig ⟨Adj.⟩ (ugs.): *(bes. von Wein) angenehm schmeckend u. gut trinkbar:* -es Bier; ein -er Wein.
Süf|fig|keit, die; -: *das Süffigsein.*
süf|fi|sant ⟨Adj.⟩ [frz. suffisant, eigtl. = (sich selbst) genügend, 1. Part. von: suffire = genügen < lat. sufficere] (bildungsspr. abwertend): *ein Gefühl von [geistiger] Überlegenheit genüsslich zur Schau tragend, selbstgefällig, spöttisch-überheblich:* mit -er Miene; s. lächeln.
Süf|fi|sanz, die; -: *süffisantes Wesen, süffisante Art.*
Suf|fix, das; -es, -e [zu lat. suffixum, subst. 2. Part. von: lat. suffigere, eigtl. = unten anheften, zu: sub = unten u. figere = anheften] (Sprachw.): *an ein Wort, einen Wortstamm angehängtes Ableitungsmorphem; Nachsilbe* (z. B. -ung, -heit, -chen).
suf|fi|zi|ent ⟨Adj.⟩ [lat. sufficiens (Gen.: sufficientis), adj. 1. Part. von: sufficere, ↑süffisant]: **1.** (bildungsspr. selten) *aus-, zureichend.* **2.** (Med.) *(von der Funktion, Leistungsfähigkeit eines Organs) ausreichend.*
Suf|fi|zi|enz, die; -, -en [spätlat. sufficientia, zu lat. sufficere, ↑süffisant]: **1.** ⟨Pl. selten⟩ (bildungsspr.) *Zulänglichkeit, Können.* **2.** (Med.) *ausreichende Funktionstüchtigkeit, Leistungsfähigkeit (eines Organs).*
Suf|fra|gan, der; -s, -e [mlat. suffraganeus, zu spätlat. suffragium = Hilfe < lat. suffragium, ↑Suffragium] (kath. Kirche): *einem Erzbischof unterstellter, einer Diözese vorstehender Bischof.*
Suf|fra|get|te, die; -, -n [(frz. suffragette <) engl. suffragette, zu: suffrage = (Wahl)stimme < lat. suffragium, ↑Suffragan]: **a)** *radikale Frauenrechtlerin in Großbritannien vor 1914;* **b)** (veraltend abwertend) *Frauenrechtlerin.*
Suf|fra|gi|um, das, -s, ...ien [lat. suffragium]: **1. a)** *politisches Stimmrecht;* **b)** *Abstimmung.* **2.** *Gebet zu den Heiligen um ihre Fürbitte.*
Su|fi, der; -[s], -s [arab. ṣūfī, zu: ṣūf = grober Wollstoff, nach der Kleidung]: *Anhänger, Vertreter des Sufismus.*
Su|fis|mus, der; -: *Mystik des Islams.*
Su|fist, der; -en, -en: *Sufi.*
su|fis|tisch ⟨Adj.⟩: *den Sufismus betreffend.*
sug|ge|rie|ren ⟨sw. V.; hat⟩ [lat. suggerere = von unten herantragen; eingeben, einflüstern, zu: sub = unter u. gerere (2. Part.: gestum) = tragen, bringen; zur Schau tragen] (bildungsspr.): **1.** *jmdm. etw. [ohne dass ihm dies bewusst wird] einreden od. auf andere Weise eingeben [um dadurch seine Meinung, sein Verhalten o. Ä. zu beeinflussen]; einflüstern* (2): sie suggerierte ihm, dass er störte. **2.** *darauf abzielen, einen bestimmten [den Tatsachen nicht entsprechenden] Eindruck entstehen zu lassen:* der Artikel suggeriert den Lesern, das Urteil sei zu milde.
Sug|ges|ti|on, die; -, -en [(frz. suggestion <) (spät)lat. suggestio = Eingebung, Einflüsterung, zu lat. suggerere, ↑suggerieren] (bildungsspr.): **1. a)** ⟨o. Pl.⟩ *geistig-seelische Beeinflussung eines Menschen [mit dem Ziel, ihn zu einem bestimmten Verhalten zu veranlassen]:* jmds. Meinung durch S. manipulieren; **b)** *etw., was jmdm. suggeriert wird.* **2.** ⟨o. Pl.⟩ *suggestive* (b) *Wirkung, Kraft.*
sug|ges|tiv ⟨Adj.⟩ [wohl nach engl. suggestive, frz. suggestif] (bildungsspr.): **a)** *darauf abzielend, jmdm. etw. zu suggerieren; auf Suggestion* (1 a) *beruhend:* die -e Wirkung der Werbung; eine -e Frage *(Suggestivfrage);* **b)** *eine starke psychische, emotionale Wirkung ausübend; einen anderen Menschen [stark] beeinflussend:* die -e Wirkung dieses Romans; s. *(beschwörend)* sprechen.
Sug|ges|tiv|fra|ge, die (bildungsspr.): *Frage, die so gestellt ist, dass eine bestimmte Antwort besonders nahe liegt.*
Suh|le, die; -, -n [rückgeb. aus ↑suhlen] (bes. Jägerspr.): *kleiner Tümpel, schlammige, morastige Stelle im Boden (wo sich Tiere suhlen).*
suh|len, sich ⟨sw. V.; hat⟩ [spätmhd. süln, suln, ahd. sullen, verw. mit ↑[1]Soll] (bes. Jägerspr.): *(vom Rot- u. Schwarzwild) sich in einer Suhle wälzen.*
Süh|ne, die; -, -n ⟨Pl. selten⟩ [mhd. süene, suone, ahd. suona, H. u., viell. eigtl. = Beschwichtigung, Beruhigung] (geh.): *etw., was jmd. auf sich nimmt, was jmd. tut, um ein begangenes Unrecht, eine Schuld zu sühnen* (a); *Buße:* S. [für etw.] leisten; jmdm. eine S. auferlegen; [von jmdm.] S. verlangen, erhalten.
Süh|ne|geld, das (veraltet): *als Schadenersatz gezahltes Geld.*
Süh|ne|kreuz, das: *zum Andenken an Ermordete od. durch Unglücksfälle zu Tode Gekommene errichtetes Kreuz aus Stein.*
süh|nen ⟨sw. V.; hat⟩ [mhd. süenen, ahd. suonan, viell. eigtl. = beschwichtigen, still machen] (geh.): **a)** *eine Schuld abbüßen, für ein begangenes Unrecht eine Strafe, Buße auf sich nehmen:* eine Schuld, ein Verbrechen s.; er hat seine Tat/für seine Tat mit dem Leben, mit dem Tode gesühnt; **b)** (selten) *ein begangenes Unrecht bestrafen, um es den Schuldigen sühnen* (a) *zu lassen:* das Gericht hat das Verbrechen durch eine hohe Strafe gesühnt.
Süh|ne|op|fer, das (Rel.): *Sühnopfer.*
Süh|ne|ver|such, der (Rechtsspr.): *förmlicher Versuch des Gerichts o. Ä. zur gütlichen Beilegung eines Prozesses.*
Sühn|op|fer, das (Rel.): *als Sühne für eine begangene Sünde dargebrachtes Opfer.*
Süh|nung, die; -, -en ⟨Pl. selten⟩ (geh.): *das Sühnen.*
sui ge|ne|ris ⟨als nachgestelltes Attribut⟩ [lat. = seiner eigenen Art] (bildungsspr.): *nur durch sich selbst eine Klasse bildend; einzig, besonders, [von] eigener Art.*
Sui|te [ˈsvi:t(ə), auch: ˈsu̯i:tə], die; -, -n [frz. suite, eigtl. = Folge, zu: suivre < lat. sequi = folgen]: **1.** *[2]Flucht* (2) *von [luxuriösen] Räumen, bes. Zimmerflucht in einem Hotel:* eine S. bewohnen, mieten. **2.** (Musik) *aus einer Folge von in sich geschlossenen, nur lose verbundenen Sätzen (oft Tänzen) bestehende Komposition.* **3.** (veraltet) *Gefolge einer hoch gestellten Persönlichkeit:* der Prinz erschien mit seiner S. **4.** (veraltet) *lustiger Streich.*
Su|i|zid, der od. das; -[e]s, -e [zu lat. sui = seiner u. -cidere = töten, eigtl. = das Töten seiner selbst] (bildungsspr.): *Selbstmord.*
su|i|zid|ge|fähr|det ⟨Adj.⟩: *selbstmordgefährdet.*
Su|jet [zyˈʒe:, frz.: syˈʒɛ], das; -s, -s [frz. sujet < spätlat. subiectum, ↑Subjekt] (bildungsspr.): *Gegenstand, Motiv* (3), *Thema einer [künstlerischen] Gestaltung:* er bevorzugt die alltäglichen -s.
Suk|ka|de, die; -, -n [aus dem Roman., vgl. ital. zuccata = kandierter Kürbis, zu: zucca = Kürbis]: *kandierte Schale von Zitrusfrüchten.*
suk|ku|lent ⟨Adj.⟩ [1: spätlat. succulentus, zu lat. succus, zu: sugere = saugen]: **1.** (Bot.) *(von pflanzlichen Organen) saftreich u. fleischig.* **2.** (Anat.) *(von Geweben) flüssigkeitsreich.*
Suk|ku|len|te, die; -, -n ⟨meist Pl.⟩ (Bot.): *Fettpflanze.*
suk|ze|die|ren ⟨sw. V.; hat⟩ [lat. succedere, eigtl. = von unten nachrücken, zu: sub = unter u. cedere = einhergehen; vonstatten gehen] (veraltet): *nachfolgen, in jmds. Rechte eintreten.*
Suk|zes|si|on, die; -, -en [lat. successio = Nachfolge, zu: successum, 2. Part. von: succedere, ↑sukzedieren]: **1.** *Erbfolge* (a, b). **2.** *** apostolische S.** (kath. Rel.; *nach katholischer Lehre die Fortführung der Nachfolge der Apostel darstellende Amtsnachfolge der Priester*). **3.** (Ökologie) *zeitliche Aufeinanderfolge der an einem Standort einander ablösenden Pflanzen- u. Tiergesellschaften.* **4.** *Übernahme der Rechte u. Pflichten eines Staates durch einen anderen.*
suk|zes|siv ⟨Adj.⟩ [spätlat. successivus = nachfolgend, zu lat. succedere, ↑sukzedieren] (bildungsspr.): *allmählich, nach u. nach, schrittweise [eintretend, erfolgend]:* ein -er Aufwärtstrend.
suk|zes|si|ve ⟨Adv.⟩ [mlat. successive] (bildungsspr.): *allmählich, nach u. nach:* s. werden wir uns die ganze Ausrüstung anschaffen.
Suk|zes|sor, der; -s ...oren [lat. successor, zu: succedere, ↑sukzedieren] (veraltet): *[Rechts]nachfolger.*
Sul|fat, das; -[e]s, -e [zu ↑Sulfur] (Chemie): *Salz der Schwefelsäure.*
Sul|fid, das; -[e]s, -e (Chemie): *salzartige Verbindung des Schwefelwasserstoffs.*
sul|fi|disch ⟨Adj.⟩ (Chemie): *Schwefel enthaltend.*
Sul|fit [auch: ...ˈfɪt], das; -s, -e (Chemie): *Salz der schwefligen Säure.*
Sul|fo|nie|rung, die; -, -en (Chemie): *chemische Reaktion zur Einführung einer bestimmten Schwefelverbindung in organische Moleküle.*
Sul|fur, das; -s [lat. sulfur]: lat. Bez. für ↑Schwefel (chem. Zeichen: S).
Sul|ky [ˈzʊlki, engl.: ˈsʌlkɪ], das; -s, -s [engl. sulky, H. u.] (Pferdesport): *bei Trabrennen verwendetes zweirädriges Gefährt.*
Sul|tan, der; -s, -e [arab. sulṭān = Herrscher, urspr. = Herrschaft; schon mhd. soldân < älter ital. soldano = Sultan]: **1. a)** ⟨o. Pl.⟩ *Titel islamischer Herrscher;* **b)** *Träger des Titels Sultan* (a). **2.** *türkischer Teppich aus stark glänzender Wolle.*
Sul|ta|nat, das; -[e]s, -e: **1.** *Herrschaftsgebiet eines Sultans.* **2.** *Herrschaft eines Sultans.*
Sul|ta|nin, die; -, -nen: *Frau eines Sultans.*
Sul|ta|ni|ne, die; -, -n [eigtl. wohl = »fürstliche« Rosine, nach der Größe]: *große, helle, kernlose Rosine.*
Sül|ze, die; -, -n [mhd. (md.) sülze, sulz(e), ahd. sulza, sulcia = Salzwasser, Gallert, zu ↑Salz]: **1. a)** *aus kleinen Stückchen Fleisch, Fisch o. Ä. in Aspik bestehende Speise:* eine Scheibe S.; *** S. im Kopf haben** (landsch. ugs.; ↑Stroh); *** aus jmdm. S. machen** (ugs.; ↑Hackfleisch); **b)** *Aspik:* Hering in S. **2.** (Jägerspr.) *Salzlecke.*
sül|zen ⟨sw. V.; hat⟩ [1: spätmhd. sülzen]: **1. a)** *zu Sülze* (1 a) *verarbeiten:* gesülzter Schweinskopf; **b)** *zu Sülze* (1 b) *erstarren:* etw. s. lassen. **2.** (salopp abwertend) *viel und töricht reden.*
sul|zig ⟨Adj.⟩: **a)** (selten) *gallertig, gallertartig;* **b)** *(von Schnee) angeschmolzen u. breiig.*
Sülz|ko|te|lett, das: *Kotelett in Sülze* (1 b).
Sulz|schnee, der: *breiiger Altschnee.*
Sülz|wurst, die: *in einen Darm gefüllte Sülze* (1 a).
Su|ma|tra [auch: ˈzu:...]; -s: zweitgrößte der Großen Sundainseln.
Su|mer; -s: das alte Mittel- u. Südbabylonien.
Su|me|rer, der; -s, -: Ew.
Su|me|re|rin, die; -, -nen: w. Form zu ↑Sumerer.
su|me|risch ⟨Adj.⟩: *die Sumerer betreffend; von den Sumerern stammend, zu ihnen gehörend.*
summ ⟨Interj.⟩: lautm. für das Geräusch fliegender Insekten, bes. Bienen.
Sum|ma, die; -, Summen [lat. summa, eigtl. = oberste Zahl (als Ergebnis einer von unten nach oben ausgeführten Addition), zu: summus = oberster, höchster]: **1.** (veraltet) *Summe* (1); (Abk.: Sa.). **2.** (MA.) *auf der scholastischen Methode aufbauende, systematische Gesamtdarstellung eines Wissensstoffes (bes. der Theologie u. der Philosophie).*

sum|ma cum lau|de [lat. = mit höchstem Lob]: *mit Auszeichnung (bestes Prädikat bei der Doktorprüfung).*

Sum|mand, der; -en, -en [lat. (numerus) summandus, Gerundivum von: summare, ↑summieren] (Math.): *Zahl, die hinzuzuzählen ist, addiert wird.*

sum|ma|risch ⟨Adj.⟩ [mlat. summarius]: *mehreres gerafft zusammenfassend [u. dabei wichtige Einzelheiten außer Acht lassend]:* ein -er Überblick; Einwände s. abtun.

sum|ma sum|ma|rum [lat. = Summe der Summen]: *alles zusammengerechnet; alles in allem; insgesamt:* s. s. kostet uns die Reise 3 000 Mark.

Sümm|chen, das; -s, - [Vkl. von ↑Summe (2)] (ugs. iron.): *Summe* (2) *von gewisser Höhe; ins Gewicht fallende, nicht unbedeutende Summe:* das kostet ein hübsches S.

Sum|me, die; -, -n [mhd. summe < lat. summa, ↑Summa]: **1.** (bes. Math.) *Ergebnis einer Addition:* die S. von 20 und 4 ist, beträgt 24; eine S. errechnen, herausbekommen; die Zahlenreihe ergibt folgende S.; **Ü** eine vorläufige S. *(Bestandsaufnahme)* unseres Wissens; **2.** *Geldbetrag in bestimmter Höhe:* eine kleine, größere, beträchtliche, erhebliche, stattliche S.; eine S. von 40 Mark; die volle S. zahlen. **3.** (selten) *Summa* (2).

¹sum|men ⟨sw. V.; hat⟩ (veraltet): **1.** *summieren* (1 a). **2.** ⟨s. + sich⟩ *summieren* (2).

²sum|men ⟨sw. V.⟩ [spätmhd. summen, lautm.]: **1. a)** *einen leisen, etwas dumpfen, gleichmäßig vibrierenden Ton von sich geben, vernehmen lassen* ⟨hat⟩: die Bienen summen; die Kamera, der Ventilator summt; es summt im Hörer; ⟨subst.:⟩ das Summen der Insekten, des Motors; **b)** *summend* (1 a) *irgendwohin fliegen* ⟨ist⟩: Mücken summen um die Lampe. **2.** *(Töne, eine Melodie) mit geschlossenen Lippen summend* (1 a) *singen* ⟨hat⟩: ein Lied, eine Melodie, einen Ton s.; ⟨auch o. Akk.-Obj.:⟩ er summte leise vor sich hin.

Sum|men|aus|druck, der (Math.): *Bezeichnung für eine Summe od. für den Grenzwert einer Summe mit unendlich vielen Gliedern.*

Sum|mer, der; -s, - [zu ↑²summen (1 a)]: *Vorrichtung, die einen Summton erzeugt:* als der S. ertönte, drückte sie gegen die Tür.

sum|mie|ren ⟨sw. V.; hat⟩ [mhd. summieren < mlat. summare < spätlat. summare = auf den Höhepunkt bringen, zu lat. summus, ↑Summa]: **1. a)** *zu einer Summe zusammenzählen:* Beträge s.; **b)** *zusammenfassen, vereinigen:* Fakten s. **2.** ⟨s. + sich⟩ *mit der Zeit immer mehr werden, anwachsen, indem etw. zu etw. Vorhandenem hinzukommt, u. sich dabei in bestimmter Weise auswirken:* die Ausgaben summieren sich.

Summ|ton, der; -[e]s, ...töne: *²summender* (1 a) *Ton.*

Su|mo, das; - [jap. sumō, zu: sumafu = sich wehren]: *japanische Form des Ringkampfs.*

Su|mo|kampf, der: *sportlicher Kampf im Sumo.*

Su|mo|rin|ger, der: *Sportler, der Sumo betreibt:* er hat die große und schwere Statur eines -s.

Sumpf, der; -[e]s, Sümpfe [mhd. sumpf, ablautend verw. mit ↑Schwamm]: *ständig feuchtes Gelände [mit stehendem Wasser] bes. in Flussniederungen u. an Seeufern:* Sümpfe entwässern, trockenlegen, austrocknen; **Ü** ein S. von Korruption; *** sich am eigenen Schopf/Zopf/sich an den eigenen Haaren aus dem S. ziehen** *(sich ohne fremde Hilfe aus einer fast ausweglosen Lage befreien, retten;* nach einer Lügenerzählung des Freiherrn K. F. H. von Münchhausen).

Sumpf|bi|ber, der: *¹Nutria.*

Sumpf|blü|te, die (ugs. abwertend): *Auswuchs, negative Erscheinung an einem Ort, in einem Bereich moralischen Verfalls.*

Sumpf|dot|ter|blu|me, die: *(bes. auf sumpfigen Wiesen wachsende) Pflanze mit dickem, hohlem Stängel, herz- bis nierenförmigen, dunkelgrünen, glänzenden Blättern u. glänzend dottergelben Blüten.*

sump|fen ⟨sw. V.; hat⟩ [2: aus der Studentenspr.]: **1.** (veraltet) *sumpfig werden; versumpfen.* **2.** (salopp) *bis spät in die Nacht hinein zechen u. sich vergnügen:* nächtelang s. **3.** (Fachspr.) *¹Ton vor der Bearbeitung in Wasser legen.*

sümp|fen ⟨sw. V.; hat⟩ (Bergbau): *entwässern* (1 a).

Sumpf|fie|ber, das: *Malaria.*

Sumpf|gas, das: *bei Fäulnis bes. in Sümpfen entstehendes Gas mit hohem Gehalt an Methan.*

Sumpf|ge|biet, das: *sumpfiges Gebiet.*

Sumpf|huhn, das: **1.** *(in Sumpfgebieten lebende) Ralle mit schwarzbrauner, oft weiß getüpfelter Oberseite u. heller, schwarz u. weiß gestreifter Unterseite.* **2.** (salopp scherzh.): *jmd., der sumpft* (2).

sump|fig ⟨Adj.⟩: *(in der Art eines Sumpfes) ständig von Wasser durchtränkt:* eine -e Stelle, Wiese.

Sumpf|land, das ⟨o. Pl.⟩: *sumpfiges Gebiet.*

Sumpf|ot|ter, der: *Nerz* (1).

Sumpf|pflan|ze, die: *auf sumpfigem Boden wachsende Pflanze (deren Wurzeln sich meist ständig im Wasser befinden).*

Sumpf|wald, der: *Wald, dessen Boden unter Wasser steht, jedoch regelmäßig od. alle paar Jahre trockenfällt* (1).

Sums, der; -es (ugs.): *unnötiges Gerede:* [(k)einen] großen S., viel, wenig S. um etw. machen.

sum|sen ⟨sw. V.⟩ (veraltet, noch landsch.): **1.** *²summen* (1 a, 2) ⟨hat⟩. **2.** *²summen* (1 b) ⟨ist⟩.

Sun|belt ['sʌnbelt], (auch:) **Sun-Belt,** der; - -s [engl.-amerik. sunbelt, eigtl. = Sonnengürtel]: *klimatisch begünstigte südliche Gebiete der USA.*

Sund, der; -[e]s, -e [mniederd. sund, H. u.]: *Meerenge.*

Sun|da|in|seln ⟨Pl.⟩: südostasiatische Inselgruppe: die Großen, die Kleinen S.

Sün|de, die; -, -n [mhd. sünde, sunde, ahd. sunt(e)a, H. u.]: **a)** *Übertretung eines göttlichen Gebots:* eine schwere, lässliche S.; eine S. begehen; seine -n beichten, bekennen, bereuen; jmdm. seine -n vergeben; *** faul wie die S.** (emotional; *sehr faul*); **etw. wie die S. fliehen/meiden** (emotional; *sich ängstlich von etw. zurückhalten*); **eine S. wert sein** (scherzh.; *äußerst begehrenswert sein, sodass die Sünde, sich dadurch verführen zu lassen, als gerechtfertigt gilt*); **b)** ⟨o. Pl.⟩ *Zustand, in dem sich jmd. durch eine Sünde* (a) *od. durch die Erbsünde befindet:* die Menschheit ist in S. geraten; die beiden leben in S. (veraltet; *leben unverheiratet zusammen*); **c)** *Handlung der Unvernunft, die nicht zu verantworten ist; Verfehlung gegen bestehende [moralische] Normen:* architektonische -n; es wäre eine [wahre] S. *(eine Dummheit)*, wenn ...; sie hat ihm seine -n *(Fehltritte)* verziehen.

Sün|den|ba|bel, das (abwertend): *Ort, Stätte moralischer Verworfenheit, wüster Ausschweifung, des Lasters.*

Sün|den|be|kennt|nis, das: *Bekenntnis seiner Sünden* (a): das S. beim Abendmahl.

Sün|den|bock, der [urspr. = der mit den Sünden des jüdischen Volkes beladene u. in die Wüste gejagte Bock (nach 3. Mos. 16, 21 f.)] (ugs.): *jmd., auf den man seine Schuld abwälzt, dem man die Schuld an etw. zuschiebt:* einen S. brauchen, gefunden haben; jmdn. zum S. für etw. machen.

Sün|den|fall, der ⟨o. Pl.⟩ [mhd. sunden vall = sündiges Vergehen; seit dem 17. Jh. für den »Fall« Adams u. Evas] (christl. Rel.): *das Sündigwerden des Menschen, sein Abfall von Gott durch die Sünde Adams u. Evas* (1. Mos. 2, 8–3, 24): der S. und die Vertreibung aus dem Paradies.

Sün|den|lohn, der ⟨o. Pl.⟩ (geh.): **1.** *Strafe für jmds. Sünden.* **2.** *Geld, das jmd. (z. B. ein Mörder) für sein verwerfliches Tun erhält.*

Sün|den|pfuhl, der (abwertend): *Sündenbabel.*

Sün|den|re|gis|ter, das: **a)** (ugs. scherzh.) *Anzahl von Sünden* (c), *die jmd. begangen hat:* sein S. ist ziemlich lang *(er hat sich ziemlich viel zuschulden kommen lassen);* **b)** (kath. Kirche früher) *Verzeichnis einzelner Sünden für die Beichte.*

Sün|den|schuld, die ⟨o. Pl.⟩: *auf jmdm. lastende, von ihm als Schuld empfundene Sünden.*

Sün|den|stra|fe, die: *Sündenlohn* (1).

Sün|den|ver|ge|bung, die ⟨Pl. selten⟩: *Vergebung der Sünden* (a).

Sün|der, der; -s, - [mhd. sündære, sünder, ahd. sundāri]: *jmd., der eine Sünde* (a) *begangen hat, der sündigt* (a): wir sind allzumal S., wir sind alle [arme] S. *(sündige Menschen;* nach Röm. 3, 23); ein reuiger S.

Sün|de|rin, die; -, -nen [mhd. sündærinne, sünderinne]: w. Form zu ↑Sünder.

Sün|der|mie|ne, die; -, -n (selten): *schuldbewusster Gesichtsausdruck.*

Sünd|flut, die; -: [spätmhd. sündvluot, volkst. Umdeutung]: ↑Sintflut.

sünd|haft ⟨Adj.⟩ [1: mhd. sündehaft, ahd. sunt(a)haft]: **1. a)** (geh.) *mit Sünde behaftet; eine Sünde* (a) *bedeutend:* ein -es Leben; -e Gedanken; s. handeln; **b)** *eine Sünde* (c) *bedeutend:* mit dem Geld so um sich zu werfen ist s. (scherzh.; *unverzeihlich*). **2.** (ugs.) **a)** *überaus hoch:* das ist ein -er Preis; **b)** *überaus viel:* für -es Geld mieteten wir uns einen Wagen; **c)** ⟨intensivierend bei Adj.⟩ *sehr, überaus:* s. schön sein; das Kleid war s. teuer.

Sünd|haf|tig|keit, die; -: *das Sündhaftsein* (1 a).

sün|dig ⟨Adj.⟩ [mhd. sündec, ahd. suntig]: **a)** *gegen göttliche Gebote verstoßend:* die -e Welt; -er Hochmut; sich als -er Mensch *(sich im Zustand der Sünde* b) *fühlen);* **b)** *gegen Sitte u. Moral verstoßend; verworfen, lasterhaft:* diese Straße ist die -ste Meile der Stadt.

sün|di|gen ⟨sw. V.; hat⟩ [mhd. sundigen, weitergeb. aus: sünden, sunden unter Einfluss von: sündec, ↑sündig]: **a)** *gegen göttliche Gebote verstoßen:* ich habe gesündigt; (bibl.:) an Gott, gegen Gott s.; in Gedanken, mit Worten s.; **b)** *gegen bestehende [Verhaltens]normen verstoßen; etw. tun, was man eigentlich nicht tun dürfte:* gegen die Natur, auf dem Gebiet des Städtebaus s.; ich habe gestern gesündigt *(zu viel getrunken)*, und jetzt habe ich Kopfschmerzen.

Sun|na, die; - [arab. sunnaʰ, eigtl. = Brauch; Satzung]: *Gesamtheit der überlieferten Aussprüche, Verhaltens- u. Handlungsweisen des Propheten Mohammed als Richtschnur muslimischer Lebensweise.*

Sun|nit, der; -en, -en: *Anhänger der orthodoxen Hauptrichtung des Islams, die sich auf die Sunna stützt.*

Sun|ni|tin, die; -, -nen: w. Form zu ↑Sunnit.

sun|ni|tisch ⟨Adj.⟩: *die Sunna, die Sunniten betreffend.*

su|per ⟨indekl. Adj.⟩ [lat. super = oben, (dar)über; über – hinaus] (ugs.): *großartig, hervorragend:* eine s. Schau; seine Freundin ist, tanzt s.; das Restaurant ist s.

Su|per, das; -s ⟨meist o. Art.⟩: Kurzf. von ↑Superbenzin.

su|per-, Su|per- (ugs. emotional verstärkend): **1.** drückt in Bildungen mit Adjektiven eine Verstärkung aus/*sehr, äußerst:* superbequem, -geheim, -weich. **2.** drückt in Bildungen mit Substantiven aus, dass jmd. oder etw. als ausgezeichnet, hervorragend angesehen wird: Superauto, -hotel, -wetter. **3.** drückt in Bildungen mit Substantiven einen besonders hohen Grad, ein besonders hohes Ausmaß von etw. aus: Supergage, -stuss, -talent.

Su|per-8-Film [zupe'laxt...], der: *(8 mm breiter) Schmalfilm.*

Su|per-8-Ka|me|ra, die: *Kamera für Super-8-Filme.*

su|perb, sü|perb ⟨Adj.⟩ [frz. superbe < lat. superbus] (bildungsspr.): *ausgezeichnet, vorzüglich:* das Diner war, schmeckte superb.

Su|per|ben|zin, das; -s, -e: *Benzin von hoher Klopffestigkeit, mit hoher Oktanzahl.*

Su|per|cup, der; -s, -s (Fußball): **1.** *Pokalwettbewerb zwischen den Europapokalgewinnern der Landesmeister u. der Pokalsieger.* **2.** *Siegestrophäe beim Supercup* (1).

su|per|fein ⟨Adj.⟩ (ugs. emotional verstärkend): *sehr, überaus fein.*

su|per|fi|zi|ell ⟨Adj.⟩ [spätlat. superficialis, zu lat.

superficies, ↑Superfizies] (Fachspr.; bildungsspr.): *an der Oberfläche liegend, oberflächlich.*

Su|per|fi|zi|es, die; -, - [...tsi̯eːs; lat. superficies = Erbpacht, eigtl. = (Ober)fläche; Gebäude, zu: super = oben, (dar)über u. facies = äußere Beschaffenheit, Aussehen] (Rechtsspr. veraltet): *Baurecht.*

Su|per|frau, die; -, -en (ugs. emotional verstärkend): vgl. Supermann (a).

Su|per-G [...dʒiː], der; -[s], -[s] [engl., wohl kurz für: supergiant = riesengroß, Riesen-]: *Superriesenslalom.*

Su|per-GAU, der; -s, -s (ugs. emotional verstärkend): *allergrößter GAU:* der S. von Tschernobyl.

Su|per|hit, der; -[s], -s (ugs. emotional verstärkend): *überaus publikumswirksamer Hit.*

Su|per|in|ten|dent [auch: ˈzuː...], der; -en, -en [kirchenlat. superintendens (Gen.: superintendentis), subst. 1. Part. von: superintendere = die Aufsicht haben, zu lat. intendere, ↑intendieren]: *(in einigen evangelischen Landeskirchen) geistlicher Amtsträger, der einem Dekanat* (1) *vorsteht.*

Su|per|in|ten|den|tur, die; -, -en: **a)** *Amt eines Superintendenten;* **b)** *Amtssitz eines Superintendenten.*

su|pe|ri|or ⟨Adj.⟩ [lat. superior, Komp. von: superus = ober...] (bildungsspr.): *überlegen.*

Su|pe|ri|or, der; -s, ...oren [lat. superior = der Obere] (kath. Kirche): *Vorsteher eines Klosters od. Ordens.*

Su|pe|ri|o|rin, die; -, -nen (kath. Kirche): w. Form zu ↑Superior.

Su|pe|ri|o|ri|tät, die; - [mlat. superioritas, zu (m)lat. superior, ↑superior] (bildungsspr.): *Überlegenheit.*

su|per|klug ⟨Adj.⟩ (ugs. iron.): **a)** *sich für besonders klug haltend;* **b)** *für besonders klug geltend.*

Su|per|la|tiv, der; -s, -e [1: spätlat. (gradus) superlativus]: **1.** (Sprachw.) *zweite Steigerungsstufe in der Komparation; Höchststufe* (z. B. schönste, am besten). **2.** (bildungsspr.) **a)** ⟨meist Pl.⟩ *etw., was zum Besten gehört u. nicht zu überbieten ist:* eine Veranstaltung, ein Fest, ein Land der -e; **b)** *Ausdruck höchsten Wertes, Lobes:* von jmdm., etw. in -en sprechen.

Su|per|lear|ning [ˈsjuːpələːnɪŋ], das; -s [zu ↑super-, Super- u. engl. learning = das Lernen]: *Lernmethode für Fremdsprachen, die darin besteht, durch gezielte Entspannungsübungen eine bessere Aufnahmefähigkeit zu erreichen.*

su|per|leicht ⟨Adj.⟩ (ugs. emotional verstärkend): *sehr, überaus leicht* (1 a, 2 a).

Su|per|leicht|ge|wicht, das (Schwerathletik): **a)** ⟨o. Pl.⟩ *Körpergewichtsklasse im Judo u. im Boxen;* **b)** *Sportler der Körpergewichtsklasse Superleichtgewicht* (1 a).

Su|per|macht, die; -, ...mächte (ugs. emotional verstärkend): *dominierende Großmacht.*

Su|per|mann, der; -[e]s, ...männer (ugs. emotional verstärkend): **a)** *Mann, der große Leistungen vollbringt;* **b)** *besonders männlich wirkender Mann.*

Su|per|markt, der; -[e]s, ...märkte [engl. supermarket, aus: super- = sehr, überaus u. market = Markt]: *großer Selbstbedienungsladen od. entsprechende Abteilung in einem Kaufhaus bes. für Lebensmittel, die in umfangreichem Sortiment [u. zu niedrigen Preisen] angeboten werden:* im S. an der Kasse anstehen.

su|per|mo|dern ⟨Adj.⟩ (ugs. emotional verstärkend): *überaus modern, dem neuesten Stand, Trend entsprechend:* ein -es Faxgerät.

Su|per|no|va, die (Astron.): *besonders lichtstarke Nova.*

Su|per|oxid, (auch:) **Su|per|oxyd,** das; -[e]s, -e [zu lat. super = oben, (dar)über u. ↑Oxid] (Chemie): *Peroxid.*

Su|per|preis, der; -es, -e (ugs. emotional verstärkend): **a)** *besonders günstiger Preis* (1); **b)** *besonders attraktiver Preis* (2).

Su|per|rie|sen|sla|lom, der (Ski): *(zu den alpinen Wettbewerben gehörender) Riesenslalom, der dem Abfahrtslauf angenähert ist; Super-G.*

su|per|schlank ⟨Adj.⟩ (ugs. emotional verstärkend): *sehr, überaus schlank.*

su|per|schlau ⟨Adj.⟩ (ugs. iron.): *sich für besonders schlau haltend.*

Su|per|schwer|ge|wicht, das (Schwerathletik): **a)** ⟨o. Pl.⟩ *Körpergewichtsklasse im Boxen, im Gewichtheben u. im Ringen;* **b)** *Sportler der Körpergewichtsklasse Superschwergewicht* (1).

su|per|so|nisch ⟨Adj.⟩ [engl. supersonic, zu lat. super = über u. sonus = Schall, Ton]: *über der Schallgeschwindigkeit; schneller als der Schall.*

Su|per|star, der; -s, -s (ugs. emotional verstärkend): *überragender ²Star* (1 a).

Su|per|strat, das; -[e]s, -e [frz. superstrat, geb. mit dem frz. Präfix super- (< lat. super = über) nach: substrat = Substrat] (Sprachw.): *Sprache eines Erobervolkes im Hinblick auf den Niederschlag, den sie in der Sprache der Besiegten gefunden hat.*

Su|per|vi|si|on [engl.: ˈsjuːpəˈvɪʒən], die; - [engl. supervision < mlat. supervisio = Aufsicht, zu: supervisum, ↑Supervisor]: **a)** *(in einem Betrieb, einer Organisation o. Ä.) zur Klärung von Konflikten, Problemen innerhalb eines Teams, einer Abteilung o. Ä. u. zur Erhöhung der Arbeits- und Leistungsfähigkeit eingesetzte Methode;* **b)** *(in der psychoanalytischen Praxis) Beratung u. Beaufsichtigung von Psychotherapeuten.*

Su|per|vi|sor [engl.: ˈsjuːpəvaɪzə], der; -s, -s [engl. supervisor < mlat. supervisor = Beobachter, zu: supervisum, 2. Part. von: supervidere = beobachten, kontrollieren]: **1.** (Wirtsch.) *Person, die innerhalb eines Betriebes Aufseher- u. Kontrollfunktionen wahrnimmt:* der S. bemängelte die schlechte Organisation. **2. a)** *psychologisch ausgebildete männliche Person, die berufsmäßig Supervision* (a) *betreibt:* der S. ließ alle Berater ihre Erwartungen aussprechen; **b)** *(in der psychoanalytischen Praxis) Psychoanalytiker, Psychotherapeut, Psychologe, der Supervision* (b) *betreibt.* **3.** (EDV) *Kontroll- u. Überwachungsgerät bei elektronischen Rechenanlagen:* der S. kann die elektronische Kontrolle von Telefongesprächen übernehmen.

Su|per|vi|so|rin, die; -, -nen: w. Form zu ↑Supervisor.

su|per|wich|tig ⟨Adj.⟩ (ugs. emotional verstärkend): *sehr, überaus wichtig.*

Süpp|chen, das; -s, -: Vkl. zu ↑Suppe: *** sein S. am Feuer anderer kochen** (ugs.; *sich auf Kosten anderer Vorteile verschaffen*); **sein eigenes S. kochen** (ugs.: *in einer Gemeinschaft nur für sich leben, seine eigenen Ziele verfolgen*).

Sup|pe, die; -, -n [mhd. suppe, soppe, urspr. = flüssige Speise mit Einlage od. eingetunkte Schnitte, unter Einfluss von (a)frz. soupe = Fleischbrühe mit Brot als Einlage (aus dem Germ.), verw. mit ↑saufen od. unmittelbar zu mhd. sufen, ↑saufen; vgl. mhd. supfen, mniederd. suppen = schlürfen, trinken, Intensivbildungen zu ↑saufen]: *warme od. kalte flüssige Speise [mit Einlage], die vor dem Hauptgericht od. als selbstständiges Gericht serviert wird:* eine warme, klare, legierte, dicke, dünne S.; eine S. mit Einlage; eine S. kochen, löffeln; die S. auftun; ein Teller, Schlag S.; **Ü** draußen ist eine furchtbare S. (ugs.; *starker Nebel*); mir läuft die S. (ugs.; *der Schweiß*) am Körper herunter; *** die S. auslöffeln [die man sich/die jmd. jmdm. eingebrockt hat]** (ugs.; *die Folgen eines Tuns tragen*); **jmdm./sich eine schöne S. einbrocken** (ugs.; *jmdn./sich in eine unangenehme Lage bringen*); **jmdm. die S. versalzen** (ugs.; *jmds. Pläne durchkreuzen; jmdm. die Freude an etw. verderben*); **jmdm. in die S. spucken** (salopp; *jmdm. eine Sache verderben*); **jmdm. in die S. fallen** (salopp; *jmdn. besuchen, während er beim Essen ist*).

sup|pen ⟨sw. V.; hat⟩ [eigtl. = triefen, tröpfeln, urspr. lautm. nach dem Geräusch, das nasse, klebrige Masse von sich gibt, wenn man in sie tritt] (landsch.): *Flüssigkeit absondern:* die Wunde suppt.

Sup|pen|ein|la|ge, die: *Einlage* (3).

Sup|pen|ex|trakt, der: *kochfertiger Extrakt zur Herstellung einer Suppe.*

Sup|pen|fleisch, das: *Rindfleisch zum Kochen, das zur Herstellung einer Suppe verwendet wird.*

Sup|pen|ge|mü|se, das: *für Suppen verwendetes Gemüse* (z. B. Mohrrüben, Sellerie).

Sup|pen|ge|würz, das: *Mischung aus getrockneten Küchenkräutern zum Würzen von Suppen.*

Sup|pen|grün, das: *aus Mohrrüben, Sellerie, Porree u. Petersilie bestehendes, frisches Suppengemüse, das in einer Suppe mitgekocht wird.*

Sup|pen|huhn, das: *Huhn zum Kochen, das zur Herstellung einer Suppe verwendet wird.*

Sup|pen|kas|per, der [nach der Gestalt des Suppenkaspar aus dem Kinderbuch »Der Struwwelpeter«, ↑Struwwelpeter] (ugs.): *jmd., bes. Kind, das keine Suppe od. das allgemein wenig isst.*

Sup|pen|kü|che, die: *öffentliche, karitative Einrichtung, die warme Mahlzeiten für Bedürftige anbietet.*

Sup|pen|löf|fel, der: *Esslöffel für die Suppe.*

Sup|pen|schüs|sel, die: *Schüssel, in der Suppe aufgetragen wird.*

Sup|pen|tas|se, die: *meist an beiden Seiten mit einem Henkel versehene Tasse für Suppe.*

Sup|pen|tel|ler, der: *tiefer Teller für Suppe.*

Sup|pen|wür|fel, der: *zu einem Würfel gepresste, kochfertige Mischung, die, mit [heißem] Wasser zubereitet, eine Suppe ergibt.*

sup|pig ⟨Adj.⟩: **a)** *flüssig wie Suppe;* **b)** *schlammig, morastig.*

Sup|ple|ant, der; -en, -en [frz. suppléant, zu: suppléer < lat. supplere = ergänzen] (schweiz.): *Ersatzmann [in einer Behörde].*

Sup|ple|an|tin, die; -, -nen: w. Form zu ↑Suppleant.

Sup|ple|ment, das; -[e]s, -e [lat. supplementum = Ergänzung, zu: supplere, ↑Suppleant]: **1.** *Ergänzungsband; Beiheft.* **2.** kurz für ↑Supplementwinkel.

sup|ple|men|tär ⟨Adj.⟩: *ergänzend.*

Sup|ple|ment|band, der ⟨Pl. ...bände⟩ (Buchw.): *Ergänzungsband.*

Sup|ple|ment|win|kel, der (Math.): *Winkel, der einen gegebenen Winkel zu 180° ergänzt.*

sup|ple|to|risch ⟨Adj.⟩ (veraltet): *ergänzend, nachträglich; stellvertretend.*

Sup|pli|kant, der; -en, -en [zu lat. supplicans (Gen.: supplicantis), 1. Part. von: supplicare = bitten, flehen] (veraltet): *Bittsteller.*

Sup|pli|kan|tin, die; -, -nen (veraltet): w. Form zu ↑Supplikant.

Sup|pli|ka|ti|on, die; -, -en [lat. supplicatio = öffentliche Demütigung vor Gott, zu: supplicare, ↑Supplikant] (veraltet): *Bittgesuch, Bitte.*

sup|po|nie|ren ⟨sw. V.; hat⟩ [lat. supponere = unterlegen, unterstellen, zu: sub = unter u. ponere = setzen, stellen, legen] (bildungsspr.): *voraussetzen, unterstellen, annehmen.*

Sup|port, der; -[e]s, -e [frz. support, zu: supporter < kirchenlat. supportare = unterstützen]: **1.** (EDV) **a)** *Hilfe, Unterstützung bei Hardware- und Softwareproblemen;* **b)** *Abteilung in einer Behörde, Firma o. Ä., die für Support* (1 a) *zuständig ist.* **2.** (Technik) *verstellbarer Schlitten* (4) *an Werkzeugmaschinen, der das Werkstück od. das Werkzeug trägt.*

Sup|po|si|ti|on, die; -, -en [lat. suppositio = Unterlegung, Unterstellung, zu: supponere, ↑supponieren]: **1.** (bildungsspr.) *Voraussetzung, Annahme.* **2.** (Philos.) *Verwendung ein u. desselben Wortes zur Bezeichnung von Verschiedenem.*

Sup|po|si|to|ri|um, das; -s, ...ien [spätlat. suppositorium = das Untergesetzte] (Med.): *Zäpfchen* (2).

Sup|pres|si|on, die; -, -en [lat. suppressio, zu: suppressum, 2. Part. von: supprimere, ↑supprimieren] (Fachspr.): *Unterdrückung, Zurückdrängung.*

sup|pres|siv ⟨Adj.⟩ (Fachspr.; bildungsspr.): *unterdrückend, hemmend.*

sup|pri|mie|ren ⟨sw. V.; hat⟩ [lat. supprimere, zu:

sub = unter u. premere = drücken] (Fachspr.; bildungsspr.): *unterdrücken, hemmen, zurückdrängen.*

Su|pra, das; -s, -s [lat. supra = darüber] (Skat): *Erwiderung auf ein Re; Sub.*

Su|pra|lei|ter, der: (Elektrot.): *elektrischer Leiter, der in der Nähe des absoluten Nullpunktes völlig widerstandslos Strom leitet.*

su|pra|na|ti|o|nal ⟨Adj.⟩ [aus lat. supra = über – hinaus u. ↑national]: *überstaatlich, übernational:* die Vereinigung ist s. organisiert.

su|pra|na|tu|ral ⟨Adj.⟩ [zu lat. supra = über – hinaus u. naturalis = natürlich] (Philos.): *übernatürlich.*

Su|pra|na|tu|ra|lis|mus, der; -: **1.** (Philos.) *Glaube an das Übernatürliche, an ein die erfahrbaren Dinge bestimmendes übernatürliches Prinzip.* **2.** (ev. Theol.) *dem Rationalismus entgegengesetzte Richtung in der evangelischen Theologie des 18./19. Jh.s.*

su|pra|seg|men|tal ⟨Adj.⟩ [aus lat. supra = über – hinaus u. ↑segmental] (Sprachw.): *nicht von der Segmentierung* (2) *erfassbar* (z. B. der Akzent).

Su|pre|mat, der od. das; -[e]s, -e [zu lat. supremus = der oberste, Sup. von: superus = ober...] (bildungsspr.): *Oberhoheit, Vorrang[stellung].*

Su|pre|ma|tie, die; -, -n (bildungsspr.): *das Übergeordnetsein über eine andere Macht o. Ä.; Vorrang.*

Su|preme Court [sjʊˈpriːm ˈkɔt], der; - -s, - -s [engl., aus: supreme = höchst... u. court = Gericht]: *oberster Gerichtshof (bzw. oberste Instanz) in einigen Staaten mit angloamerikanischem Recht.*

Sur|di|tas, die; - [zu lat. surditas, zu: surdus = taub] (Med.): *Taubheit.*

Sur|do|mu|ti|tas, die; - [geb. aus ↑Surditas u. ↑Mutitas] (Med.): *Taubstummheit.*

Su|re, die; -, -n [arab. sūra^h]: *Kapitel des Korans.*

Surf|board [ˈsəːfbɔːd], das; -s, -s [engl. surfboard, zu: to surf (↑surfen) u. board = Brett]: *Surfbrett.*

Surf|brett [ˈsəːf...], das; -[e]s, -er: *flaches, stromlinienförmiges Brett aus Holz od. Kunststoff, das beim Surfing verwendet wird.*

sur|fen [ˈsəːfn̩] ⟨sw. V.⟩ [engl. to surf, zu: surf = Brandung, H. u.]: **1.** *Surfing betreiben* ⟨hat/ist⟩. **2. a)** *Windsurfing betreiben* ⟨hat/ist⟩: sie lernt s.; **b)** *surfend* (2 a) *irgendwohin gelangen* ⟨ist⟩: über den See s. **3.** (EDV Jargon) *(im Internet) wahllos od. gezielt nach Informationen suchen, indem durch das Anklicken von Hyperlinks* (b) *nacheinander verschiedene Seiten* (11) *aufgerufen werden* ⟨hat/ist⟩: im Internet s.

Sur|fer [ˈsəːfɐ], der; -s, - [engl. surfer]: **1.** *jmd., der Surfing* (1) *betreibt.* **2.** *Windsurfer.* **3.** (EDV) *jmd., der surft* (3): die S. können im Internet inzwischen beinahe alles käuflich erwerben.

Sur|fe|rin, die; -, -nen: w. Form zu ↑Surfer.

Sur|fing [ˈsəːfɪŋ], das; -s [engl. surfing, zu: to surf, ↑surfen]: **1.** *Wassersport, bei dem man sich, auf einem Surfbrett stehend, von den Brandungswellen ans Ufer tragen lässt.* **2.** *Windsurfing.*

Su|ri|nam, der; -s: ↑[1,2]Suriname.

[1]Su|ri|na|me [sy...], Surinam; -s: Staat im Nordosten Südamerikas.

[2]Su|ri|na|me [sy...], Surinam, der; -s: Fluss in [1]Suriname.

Su|ri|na|mer, der; -s, -: Ew.

Su|ri|na|me|rin, die; -, -nen: w. Form zu ↑Surinamer.

su|ri|na|misch ⟨Adj.⟩: *Surinam, die Surinamer betreffend; von den Surinamern stammend, zu ihnen gehörend.*

Sur|prise-Par|ty [səˈpraɪz...], (auch:) **Sur|prise-par|ty,** die; -, -s u. ...ties [engl. surprise party, aus: surprise = Überraschung u. party, ↑Party]: *Party, mit der man jmdn. überrascht u. die ohne sein Wissen arrangiert wurde.*

sur|re|al [auch: zyr...] ⟨Adj.⟩ (bildungsspr.): *traumhaft-unwirklich:* dieses peinliche Erlebnis kam ihr s. vor.

Sur|re|a|lis|mus, der; - [frz. surréalisme, aus: sur (< lat. super) = über u. réalisme = Realismus]: *(nach dem Ersten Weltkrieg in Paris entstandene) Richtung moderner Kunst u. Literatur, die das Unbewusste, Träume, Visionen u. Ä. als Ausgangsbasis künstlerischer Produktion ansieht.*

Sur|re|a|list, der; -en, -en [frz. surréaliste]: *Vertreter des Surrealismus.*

Sur|re|a|lis|tin, die; -, -nen: w. Form zu ↑Surrealist.

sur|re|a|lis|tisch ⟨Adj.⟩: *den Surrealismus betreffend, dafür typisch.*

sur|ren ⟨sw. V.⟩ [lautm.]: **a)** *ein dunkel tönendes, mit schneller Bewegung verbundenes Geräusch von sich geben, vernehmen lassen* ⟨hat⟩: der Ventilator surrt; die Maschinen, die Rädchen surrten; es surrte in der Leitung; **b)** *sich surrend* (a) *irgendwohin bewegen, fahren o. Ä.* ⟨ist⟩: Fliegen, Käfer surren über das Gras; der Lift surrte nach oben.

Sur|ro|gat, das; -[e]s, -e [zu lat. surrogatum, 2. Part. von: surrogare = jmdn. an die Stelle eines anderen wählen lassen, zu: sub = unter u. rogare = bitten, also eigtl. = als einen von unten Nachfolgenden bitten]: **1.** (Fachspr.) *Stoff, Mittel o. Ä. als behelfsmäßiger, nicht vollwertiger Ersatz.* **2.** (Rechtsspr.) *Ersatz für einen Gegenstand, Wert.*

Sur|vey [ˈsəːveɪ], der; -[s], -s [engl. survey, eigtl. = Überblick, zu: to survey = überblicken, -schauen < afrz. surveier, aus sur (< lat. super) = über u. veier (= frz. voir) < lat. videre = sehen]: **1.** *(in der Markt- u. Meinungsforschung) Erhebung, Ermittlung, Befragung.* **2.** (Wirtsch.) *Gutachten eines Sachverständigen im Warenhandel.*

Sur|vi|val|trai|ning [səˈvaɪvl...], (auch:) **Sur|vi|val-Trai|ning,** das [engl. survival training, aus: survival = Überleben, Überlebens- u. ↑Training]: *Überlebenstraining.*

Su|se, die; -, -n [Kurzf. des w. Vorn. Susanne; vgl. Heulsuse] (ugs. abwertend): *weibliche Person, die auf nichts achtet u. sich alles gefallen lässt.*

Su|shi [ˈzuːʃi], das; -s, -s [jap.]: *aus rohem Fisch [Fleisch, Krustentieren, Gemüse, Pilzen u. a.] auf einer Unterlage aus Reis bestehendes Gericht.*

sus|pekt ⟨Adj.⟩ [lat. suspectus, adj. 2. Part. von: suspicere = (be)argwöhnen, zu: sub = unten u. spicere, specere = sehen, also eigtl. = von unten her ansehen] (bildungsspr.): *von einer Art, dass sich bei jmdm. Zweifel hinsichtlich der Qualität, Nützlichkeit, Echtheit o. Ä. einstellen; verdächtig, fragwürdig, zweifelhaft:* ein -es Unternehmen; er war mir äußerst s.

sus|pen|die|ren ⟨sw. V.; hat⟩ [spätmhd. suspendieren < lat. suspendere = aufhängen; in der Schwebe lassen; beseitigen, zu: sub = unter u. pendere = hängen]: **1. a)** *[einstweilen] des Dienstes entheben; aus einer Stellung entlassen:* einen Beamten vom Dienst s.; **b)** *von einer Verpflichtung befreien:* jmdn. vom Wehrdienst s. **2.** *zeitweilig aufheben:* die diplomatischen Beziehungen zu einem Land s. **3.** (Chemie) *Teilchen eines festen Stoffes in einer Flüssigkeit so fein verteilen, dass sie schweben.* **4.** (Med.) *(Glieder) aufhängen, hochhängen, hochlagern.*

Sus|pen|die|rung, die; -, -en: *das Suspendieren* (1, 2).

Sus|pen|si|on, die; -, -en [spätmhd. suspension < (spät)lat. suspensio = Unterbrechung, zu lat. suspendere, ↑suspendieren]: **1.** *das Suspendieren* (1, 2). **2.** (Chemie) *feinste Verteilung sehr kleiner Teilchen eines festen Stoffes in einer Flüssigkeit, sodass sie darin schweben.* **3.** (Med.) *(von Körperteilen) das Anheben, Aufhängen, Hochlagern.*

sus|pen|siv ⟨Adj.⟩: *(von Sachen) etw. suspendierend* (2); *von suspendierender Wirkung:* ein -es Veto[recht].

Sus|pen|siv|ef|fekt, der (Rechtsspr.): *aufschiebende Wirkung durch Einlegen eines Rechtsbehelfs.*

Sus|pen|so|ri|um, das; -s, ...ien [zu lat. suspensum, 2. Part. von: suspendere, ↑suspendieren]: **1.** (Med.) *beutelförmige Tragevorrichtung für erschlaffte, zu schwer herabhängende Glieder (z. B. die weibliche Brust).* **2.** (Sport) *beutelförmiger Schutz für die männlichen Geschlechtsteile.*

süß ⟨Adj.⟩ [mhd. süeȝe, ahd. suoȝi; urspr. wohl den Geschmack süßer Fruchtsäfte bezeichnend; vgl. lat. suavis = lieblich, angenehm]: **1. a)** *in der Geschmacksrichtung von Zucker od. Honig liegend u. meist angenehm schmeckend; nicht sauer, bitter:* -e Trauben; -er Wein; -e *(nicht gesäuerte)* Milch; er isst gern -e Sachen *(Süßigkeiten, Kuchen o. Ä.)*; ⟨subst.:⟩ sie essen gern Süßes; **b)** *in seinem Geruch süßem Geschmack entsprechend:* die Blüten haben einen -en Duft. **2. a)** (geh.) *zart, lieblich klingend u. eine angenehme Empfindung hervorrufend:* eine -e Kantilene; **b)** (emotional) *[hübsch u.] Entzücken hervorrufend:* ein -es Gesicht; ein -es Kind; ⟨subst.:⟩ na, mein Süßer?; **c)** (emotional, oft geh.) *eine angenehme Empfindung auslösend:* ein -er Schmerz; -es Nichtstun; träum s.! **3.** *[übertrieben] freundlich, liebenswürdig:* ein -es Lächeln; jmdn. mit -en Reden einlullen.

Sü|ße, die; - [mhd. süeȝe, ahd. suoȝī]: *das Süßsein; süße* (1–3) *Art.*

sü|ßen ⟨sw. V.; hat⟩ [mhd. süeȝen, ahd. suoȝen = angenehm machen]: *süß* (1 a) *machen:* [etw.] mit Zucker, Honig s.; Süßstoff süßt stärker als Zucker.

Süß|gras, das ⟨meist Pl.⟩: *Gras* (1).

Süß|holz, das ⟨o. Pl.⟩ [spätmhd. süeȝholz]: *süß schmeckende Wurzeln eines Süßholzstrauches, die bes. zur Gewinnung von Lakritze dienen:* * **S. raspeln** (ugs.; *jmdm. in auffallender Weise schmeicheln, schöntun;* unter Anlehnung an ↑süß 3 bezogen auf das früher übliche Gewinnen von Süßstoffen durch Zerreiben von Süßholz).

Süß|holz|rasp|ler, der; -s, - (ugs.): *jmd., der in auffallender Weise jmdm. schmeichelt, schöntut.*

Süß|holz|rasp|le|rin, die; -, -nen: w. Form zu ↑Süßholzraspler.

Süß|holz|saft, der: *eingedickter Saft aus Süßholz zur Gewinnung von Lakritze.*

Süß|holz|strauch, der: *(in mehreren Arten bes. im Mittelmeergebiet u. in Asien verbreitete, zu den Schmetterlingsblütlern gehörende) kraut- od. strauchartige Pflanze mit gefiederten Blättern u. weißen, gelben, blauen od. violetten Blüten.*

Sü|ßig|keit, die; -, -en [mhd. süeȝecheit = Süße, zu: süeȝec = süß]: **1.** ⟨meist Pl.⟩ *etw. Süßes in Form von Schokolade, Praline, Bonbon o. Ä.:* -en essen, knabbern. **2.** ⟨Pl. selten⟩ (geh.) *das Süßsein; süße* (2, 3) *Art.*

Süß|kar|tof|fel, die: *Batate* (b).

Süß|kir|sche, die: **1.** *größere, dunkelrote bis gelbe, süß schmeckende Kirsche.* **2.** *Kirschbaum mit Süßkirschen als Früchten.*

süß|lich ⟨Adj.⟩ [mhd. süeȝlich, ahd. suoȝlih = süß, freundlich]: **1.** *[auf unangenehme Weise] leicht süß* (1): ein -er [Bei]geschmack, Geruch; die erfrorenen Kartoffeln schmecken s. **2.** (abwertend) *weichlich-gefühlvoll u. ins Kitschige abgleitend:* ein -es Gedicht. **3.** (abwertend) *übertrieben u. geheuchelt freundlich, liebenswürdig:* ein -es Lächeln; mit -er Miene.

Süß|lich|keit, die; -: *das Süßlichsein; süßliche* (1–3) *Art.*

Süß|mit|tel, das: *Mittel zum Süßen.*

Süß|most, der: *Most* (2).

Süß|rahm, der: *ungesäuerter Rahm.*

Süß|rahm|but|ter, die: *Butter aus Süßrahm.*

süß|sau|er ⟨Adj.⟩: **1.** *sauersüß* (1): eine süßsaure Soße; sie essen die Bohnensuppe meist s. [zubereitet]. **2.** (ugs.) *sauersüß* (2): er lächelte s.

Süß|spei|se, die: *süße Speise [als Nachtisch].*

Süß|stoff, der: *synthetische od. natürliche Verbindung, die ohne entsprechenden Nährwert stärker als Zucker süßt* (z. B. Saccharin).

Süß|wa|ren ⟨Pl.⟩: *Nahrungs- u. Genussmittel, die einen hohen Gehalt an Zucker haben.*

Süß|wa|ren|ge|schäft, das: *Spezialgeschäft für Süßwaren.*

Süß|was|ser, das ⟨Pl. ...wasser⟩: *Wasser von Flüssen, Binnenseen im Unterschied zum salzigen Meerwasser.*

Süß|was|ser|fisch, der: *in Süßwasser lebender Fisch.*

Süß|was|ser|po|lyp, der: *in Süßwasser einzeln lebendes Nesseltier, das sich vorwiegend durch Knospung fortpflanzt.*

Süß|weich|sel, die: *bes. in Südosteuropa angepflanzte Sauerkirsche.*

Süß|wein, der: *Wein, dessen Geschmack durch die Süße bestimmt wird.*

sus|zep|ti|bel ⟨Adj.; ...bler, -ste⟩ [spätlat. susceptibilis = fähig (etw. aufzunehmen)] (bildungsspr. veraltet): *empfindlich, reizbar.*

Sus|zep|ti|bi|li|tät, die; -: 1. (bildungsspr. veraltet) *Empfindlichkeit, Reizbarkeit.* 2. (Physik) a) * **[di]elektrische S.** *(Verhältnis zwischen dielektrischer Polarisation u. elektrischer Feldstärke);* b) * **magnetische S.** *(Verhältnis zwischen Magnetisierung u. magnetischer Feldstärke).*

Su|ta|ne: ↑Soutane.

Süt|ter|lin|schrift, die; - [nach dem dt. Graphiker L. Sütterlin (1865–1917)]: *deutsche Schreibschrift (die von 1935 bis 1941 an deutschen Schulen verwendet wurde).*

Su|tur, die; -, -en [lat. sutura = Naht]: 1. (Anat.) *starre Verbindung zwischen Knochen in Form einer sehr dünnen Schicht faserigen Bindegewebes.* 2. (Med.) *Naht* (1 b). 3. (Geol.) *zackige Naht in Kalksteinen, die durch Lösung unter Druck entsteht.*

su|um cu|i|que [lat.] (bildungsspr.): *jedem das Seine!*

su|ze|rän ⟨Adj.⟩ [frz. suzerain, geb. nach: souverain (↑souverän) zu älter: sus = darüber < lat. susum = nach oben] (selten): *(von einem Staat) die Oberhoheit über einen anderen Staat ausübend.*

SV = Sportverein; Schülervertretung.

sva. = so viel als.

SVP = Schweizerische Volkspartei.

svw. = so viel wie.

SW = Südwest[en].

Swa|hi|li: [1, 2]Suaheli.

Swap [svɔp], der; -s, -s [zu engl. to swap = (aus)tauschen] (Bankw., Börsenw.): 1. *Austausch bestimmter Rechte, Pflichten o. Ä.* 2. *Differenz zwischen dem Kassakurs u. dem Terminkurs.*

Swap|ge|schäft ['svɔp...], das; -[e]s, -e [engl. swap, zu: to swap, ↑Swap] (Bankw., Börsenw.): *[von den Zentralbanken] meist zum Zweck der Sicherung von Devisenkursen vorgenommener Austausch von Währungen in einer Verbindung von Kassageschäft* (1) *u. Termingeschäft.*

Swap|per ['svɔpɐ], der; -s, - [engl. swapper, zu: to swap, ↑Swap] (Jargon): *jmd., der Partnertausch betreibt.*

Swap|pe|rin ['svɔ...], die; -, -nen: w. Form zu ↑Swapper.

Swa|si, der u. die; -, -: Ew. zu ↑Swasiland.

Swa|si|land: Staat im südlichen Afrika.

Swa|si|län|der, der; -s, - (österr.): *Swasi.*

Swa|si|län|de|rin, die; -, -nen: w. Form zu ↑Swasiländer.

swa|si|län|disch ⟨Adj.⟩: *Swasiland, die Swasi betreffend; von den Swasi stammend, zu ihnen gehörend.*

Swea|ter ['sve:tɐ], der; -s, - [engl. sweater, eigtl. = Schwitzer, zu: to sweat = schwitzen (lassen, machen)]: 1. (veraltend) *Pullover.* 2. *Vermittler zwischen Arbeitgeber u. Arbeiter im Sweatingsystem.*

Swea|ting|sys|tem ['sve:tɪŋ...], das; -s, -e [engl. sweating system, eigtl. = Schwitzsystem]: *Arbeitsverhältnis, bei dem zwischen Unternehmer u. Arbeiter ein Vermittler tritt, der die Aufträge in möglichst niedrigen Lohnsätzen an die Arbeiter vergibt.*

Sweat|shirt ['swetʃœ:t], das; -s, -s [engl. sweatshirt, zu: shirt, ↑Shirt]: *weit geschnittener Sportpullover (meist aus Baumwolle).*

Sweep|stake ['swi:psteɪk], das od. der; -s, -s [engl. sweepstake, aus: to sweep = einstreichen (2) u. stake = Wetteinsatz]: 1. *zu Werbezwecken durchgeführte Verlosung, bei der die Gewinnlose vor der Verlosung festgelegt werden.* 2. *Wettbewerb [im Pferderennsport], bei dem die ausgesetzte Prämie aus den Eintrittsgeldern besteht.*

Sweet [swi:t], der; - [engl. sweet = süß; sentimental; verw. mit ↑süß]: *dem Jazz nachgebildete Unterhaltungsmusik.*

Sweet|heart ['swi:thɑ:t], das; -, -s [engl. sweetheart, aus: sweet = lieblich u. heart = Herz]: engl. Bez. für *Liebste, Liebster:* sein S. hat ihn verlassen.

SWF = Südwestfunk.

Swim|ming|pool, Swim|ming-Pool ['swɪmɪŋpu:l], der; -s, -s [engl. swimming-pool, zu: to swim = schwimmen u. pool = Teich, Pfütze]: *(auf einem Privatgrundstück befindliches) Schwimmbecken innerhalb od. außerhalb eines Gebäudes.*

[1]Swing, der; -[s], -s [engl. swing, eigtl. = das Schwingen, zu: to swing = schwingen]: 1. ⟨o. Pl.⟩ a) *rhythmische Qualität des Jazz, die durch die Spannung zwischen dem Grundrhythmus u. den melodisch-rhythmischen Akzenten sowie durch Überlagerungen verschiedener Rhythmen entsteht;* b) *(bes. 1930–1945) Jazzstil, bei dem die afroamerikanischen Elemente hinter europäischen Klangvorstellungen zurücktreten.* 2. kurz für ↑Swingfox.

[2]Swing, der; -[s] [engl. swing, eigtl. = das Schwingen, ↑[1]Swing] (Wirtsch.): *(bei zweiseitigen Handelsverträgen) Betrag, bis zu dem ein Land, das mit der Lieferung im Verzug ist, vom Handelspartner Kredit erhält.*

swin|gen ⟨sw. V.; hat⟩ [engl. to swing]: 1. a) *in der Art des [1]Swing* (1 a) *ein Musikstück spielen, Musik machen;* b) *zur Musik des [1]Swing* (1 b) *tanzen;* c) *[in der Art des [1]Swing* (1a)] *schwungvoll, lebhaft o. Ä. sein:* die Musik swingt; swingende Melodien, Rhythmen. 2. (Jargon verhüll.) *Gruppensex betreiben.*

Swin|ger, der; -s, - [engl. swinger = jmd., der hin und her schwingt]: 1. (Mode) *Kurzmantel in schwingender Weite.* 2. (Jargon verhüll.): *jmd., der swingt* (2).

Swing|fox, der; -[es], -e: *aus dem Foxtrott entwickelter Gesellschaftstanz.*

swin|ging ⟨indekl. Adj.⟩ [engl. swinging]: *schwungvoll, aufregend* (meist in Verbindung mit Städtenamen).

Swin|ging, das; -s [engl. swinging = das Hin-und-her-Schwingen] (Jargon verhüll.): *Gruppensex.*

Swiss|air [...ɛ:ɐ̯], die; -: Luftfahrtgesellschaft der Schweiz.

swit|chen ['swɪtʃn̩] ⟨sw. V.; hat⟩ [engl. to switch = umschalten, umleiten]: 1. (Wirtsch.) *ein Switchgeschäft tätigen.* 2. (ugs.) *mithilfe der Fernbedienung von einem zum anderen Fernsehkanal schalten; zappen:* sie switchen durch alle Kanäle.

Switch|ge|schäft ['swɪtʃ...], das; -[e]s, -e [engl. switch = Umleitung (von Kapital)] (Wirtsch.): *über ein Drittland abgewickeltes Außenhandelsgeschäft.*

Syd|ney ['sɪdnɪ]: Stadt in Australien.

syl|la|bisch ⟨Adj.⟩ [spätlat. syllabicus < griech. syllabikós, zu: syllabḗ = Silbe]: 1. (bildungsspr.) *silbenweise.* 2. (Musik) *silbenweise komponiert, sodass jeder Silbe des Textes eine Note zugehörig ist.*

Syl|lep|se, Syl|lep|sis, die; -, ...epsen [spätlat. syllepsis < griech. sýllēpsis = das Zusammennehmen] (Rhet.): *Ellipse* (2), *bei der ein Satzteil anderen in Person, Numerus od. Genus verschiedenen Satzteilen zugeordnet wird* (z. B. ich gehe meinen Weg, ihr den eurigen).

Syl|lo|gis|mus, der; -, ...men [lat. syllogismus < griech. syllogismós, eigtl. = das Zusammenrechnen] (Philos.): *aus zwei Prämissen gezogener logischer Schluss vom Allgemeinen auf das Besondere.*

Syl|lo|gis|tik, die; - (Philos.): *Lehre von den Syllogismen.*

syl|lo|gis|tisch ⟨Adj.⟩ [lat. syllogisticus < griech. syllogistikós (Philos.): *den Syllogismus, die Syllogistik betreffend.*

Sym|bi|ont, der; -en, -en [zu griech. symbiōn (Gen.: symbioũntos), 1. Part. von: symbioũn = zusammenleben] (Biol.): *Lebewesen, das mit Lebewesen anderer Art in Symbiose lebt.*

sym|bi|on|tisch ⟨Adj.⟩ (Biol.): ↑symbiotisch.

Sym|bi|o|se, die; -, -n [griech. symbíōsis = das Zusammenleben] (Biol.): *das Zusammenleben von Lebewesen verschiedener Art zu gegenseitigem Nutzen:* in S. leben; Ü die mitteralterliche S. zwischen Staat und Kirche.

sym|bi|o|tisch ⟨Adj.⟩ (Biol.): *eine Symbiose darstellend:* Ü eine -e Mutter-Kind-Beziehung.

Sym|bol, das; -s, -e [lat. symbolum < griech. sýmbolon = (Kenn)zeichen, eigtl. = Zusammengefügtes; nach dem zwischen verschiedenen Personen vereinbarten Erkennungszeichen, bestehend aus Bruchstücken (z. B. eines Ringes), die zusammengefügt ein Ganzes ergeben, zu: symbállein = zusammenwerfen; zusammenfügen, zu: sýn = zusammen u. bállein = werfen]: 1. *Sinnbild:* ein religiöses, christliches S.; die Taube als S. des Friedens. 2. (Fachspr.) *Formelzeichen; Zeichen:* ein mathematisches, chemisches, logisches S. 3. *(in der Antike) durch Boten überbrachtes Erkennungszeichen zwischen Freunden, Vertragspartnern o. Ä.* 4. *christliches Tauf- od. Glaubensbekenntnis.*

Sym|bol|cha|rak|ter, der ⟨o. Pl.⟩: *symbolhafte Bedeutung:* etw. bekommt S.

Sym|bol|fi|gur, die: *Figur* (5a), *Person, die ein Symbol darstellt:* sie wurde zur S. für den Kampf gegen Unterdrückung.

Sym|bol|ge|halt, der: *symbolhafter Gehalt:* diese Tradition besitzt einen hohen S.

sym|bol|haft ⟨Adj.⟩: *in der Art eines Symbols [wirkend].*

Sym|bol|haf|tig|keit, die; -, -en ⟨Pl. selten⟩: *das Wirken in der Art eines Symbols.*

Sym|bo|lik, die; -: 1. a) *symbolische Bedeutung, symbolischer Gehalt:* die S. der Wanderschaft in diesem Roman; b) *symbolische Darstellung.* 2. a) *Verwendung von Symbolen:* die S. der Rose in der Kunst; b) *Wissenschaft von den Symbolen u. ihrer Verwendung.* 3. *Lehre von den christlichen Bekenntnissen.*

sym|bo|lisch ⟨Adj.⟩ [spätlat. symbolicus < griech. symbolikós]: a) *als Symbol für etw. anderes stehend; ein Symbol darstellend:* eine -e Geste, Handlung; b) *sich des Symbols bedienend:* eine -e Bedeutung; eine -e Ausdrucksweise.

sym|bo|li|sie|ren ⟨sw. V.; hat⟩ [frz. symboliser < mlat. symbolizare = in Einklang bringen]: a) *symbolisch darstellen:* der Fisch symbolisiert das Christentum; b) ⟨s. + sich⟩ *sich symbolisch darstellen* (5 a).

Sym|bo|lis|mus, der; - [1: frz. symbolisme, zu: symbole = Symbol < lat. symbolum, ↑Symbol]: 1. *(von Frankreich Ende des 19. Jh.s ausgehende) Kunstrichtung, die in Abkehr von Realismus u. Naturalismus den künstlerischen Inhalt in Symbolen wiederzugeben versucht.* 2. (Fachspr. selten) *System von Formelzeichen.*

Sym|bol|kraft, die ⟨o. Pl.⟩: *Kraft, als Symbol zu wirken:* die S. historischer Erinnerungen.

Sym|bol|kun|de, die ⟨o. Pl.⟩: *Ikonologie.*

Sym|bol|spra|che, die: 1. (EDV) *Assembler* (1). 2. *eine dichte Symbolik* (2 a) *aufweisende Sprache:* die S. der romantischen Lyrik.

sym|bol|träch|tig ⟨Adj.⟩: *beladen mit Symbolik.*

Sym|me|trie, die; -, -n [lat. symmetria < griech. symmetría = Ebenmaß, zu: sýmmetros = gleichmäßig, zu: sýn = zusammen u. métron = Maß]: 1. *Eigenschaft eines ebenen od. räumlichen Gebildes, beiderseits einer [gedachten] Achse ein Spiegelbild zu ergeben; spiegelbildliche Gleichheit:* die S. zweier geometrischer Figuren; die S. eines Gesichts. 2. (Musik, Literaturw.) *wechselseitige Entsprechung von Teilen in Bezug auf die Größe, die Form od. die Anordnung.*

Sym|me|trie|ach|se, die (bes. Geom.): *[gedachte]*

S

Linie durch die Mitte eines Körpers, Achse einer räumlichen Drehung od. einer Spiegelung in einer Ebene.

Sym|me|trie|ebe|ne, die (bes. Geom.): *[gedachte] Ebene, zu deren beiden Seiten sich alle Erscheinungen spiegelbildlich gleichen.*

sym|me|trisch ⟨Adj.⟩: **1.** *auf beiden Seiten einer [gedachten] Achse ein Spiegelbild ergebend:* eine -e geometrische Figur. **2.** (Musik, Literaturw.) *wechselseitige Entsprechungen in Bezug auf die Form, Größe od. Anordnung von Teilen aufweisend.* **3.** (Med.) *auf beiden Körperseiten gleichmäßig auftretend.*

sym|pa|the|tisch ⟨Adj.⟩ [mlat. sympatheticus < spätgriech. sympathētikós = mitempfindend, zu griech. sympátheia, ↑Sympathie]: **1.** (bildungsspr.) *eine geheimnisvolle Wirkung ausübend:* eine -e Vorahnung. **2.** (veraltet) *Sympathie empfindend, auf Sympathie beruhend:* -er Dativ (Sprachw.; *Dativ des Zuwendens, Mitfühlens,* z. B. *dem Freund* die Hand schütteln).

Sym|pa|thie, die; -, -n [lat. sympathia < griech. sympátheia = Mitleiden, Mitgefühl, zu: sympathḗs = mitleidend, mitfühlend, zu: sýn = mit, zusammen u. páthos = Leid, Schmerz]: **1.** *aufgrund gewisser Übereinstimmung, Affinität positive gefühlsmäßige Einstellung zu jmdm., einer Sache:* S. für jmdn. empfinden; wenig, große S. für jmdn. haben; bei aller S. *(bei allem Wohlwollen),* so geht das nicht. **2.** (Naturphilos.) *Verbundenheit aller Teile des Ganzen, sodass, wenn ein Teil betroffen ist, auch alle anderen Teile betroffen sind.* **3.** *(im Volksglauben) Vorstellung von einer geheimen gegenseitigen Einwirkung aller Wesen u. Dinge aufeinander.*

Sym|pa|thie|be|kun|dung, die: *das Bekunden von Sympathie (für jmdn., eine Sache).*

Sym|pa|thie|bo|nus, der: *Vorteil, Vorsprung aufgrund der Sympathie, die jmdm. entgegengebracht wird.*

Sym|pa|thie|streik, der: *Streik zur Unterstützung anderer Streikender.*

Sym|pa|thie|trä|ger, der: *jmd., der bei anderen Sympathie erweckt.*

Sym|pa|thie|trä|ge|rin, die; -, -nen: w. Form zu ↑Sympathieträger.

Sym|pa|thi|kus, der; - [nlat. (nervus) sympathicus, ↑sympathisch (3)] (Anat., Physiol.): *Teil des vegetativen Nervensystems, der bes. die Eingeweide versorgt.*

Sym|pa|thi|sant, der; -en, -en [zu ↑sympathisieren]: *jmd., der mit einer [extremen] politischen od. gesellschaftlichen Gruppe (seltener einer Einzelperson), Anschauung sympathisiert, sie unterstützt:* ein S. dieser Partei, der RAF.

Sym|pa|thi|san|ten|tum, das; -s: **1.** *Gesamtheit der Sympathisanten.* **2.** *das Sympathisantsein; Verhalten, Denken eines Sympathisanten.*

Sym|pa|thi|san|tin, die; -, -nen: w. Form zu ↑Sympathisant.

sym|pa|thisch ⟨Adj.⟩ [frz. sympathique; 3: mlat., eigtl. = gleichzeitig betroffen]: **1.** *Sympathie erweckend:* ein -er Mensch; eine -e Stimme; er ist mir s.; das allein schon machte ihn [uns] s.; jmdn. s. finden; s. aussehen; Ü seine Rede war s. *(angenehm)* kurz. **2.** (veraltet) *mitfühlend; aufgrund innerer Verbundenheit gleich gestimmt:* sie nahmen s. an ihrer Trauer teil. **3.** (Physiol.) *zum vegetativen Nervensystem gehörend; den Sympathikus betreffend:* das -e Nervensystem.

sym|pa|thi|sie|ren ⟨sw. V.; hat⟩: *die Anschauungen einer Gruppe, einer Einzelperson teilen, ihnen zuneigen, sie unterstützen:* sie sympathisiert mit den Demonstranten.

Sym|pho|nie usw.: ↑Sinfonie usw.

Sym|pi, der; -s, -s [↑-i] (Jargon): *Sympathisant.*

Sym|po|si|on [auch: ...ˈpo:...], das; -s, ...ien [(1: beeinflusst von engl. symposium < spätlat. symposium <) griech. sympósion, eigtl. = gemeinsames Trinken, zu: sympínein = gemeinsam trinken, zu: sýn = zusammen u. pínein = trinken]: **1.** *Zusammenkunft von Wissenschaftlern, Fachleuten, bei der bestimmte fachbezogene Themen (in Vorträgen u. Diskussionen) erörtert werden:* ein internationales S. **2.** *(im antiken Griechenland) Trinkgelage, bei dem das [philosophische] Gespräch im Vordergrund stand.* **3.** *Sammelband mit Beiträgen verschiedener Autoren zu einem Thema:* ein S. herausgeben.

Sym|po|si|um [auch: ...ˈpo:...], das; -s, ...ien: lat. Form von ↑Symposion: die Akademie veranstaltete ein S. über Sprachwandel.

Symp|tom, das; -s, -e [spätlat. symptoma < griech. sýmptōma (Gen.: symptṓmatos) = vorübergehende Eigentümlichkeit, zufallsbedingter Umstand, zu: sympíptein = zusammenfallen, -treffen, sich zufällig ereignen, zu: sýn = zusammen u. píptein = fallen]: **a)** (Med.) *Anzeichen einer Krankheit; für eine bestimmte Krankheit charakteristische Erscheinung:* klinische -e; ein S. für Gelbsucht; die -e von Diphtherie; **b)** (bildungsspr.) *Anzeichen einer [negativen] Entwicklung; Kennzeichen:* die -e dieser Entwicklung sind Gier und Egoismus.

Symp|to|ma|tik, die; - (Med.): **1.** *Gesamtheit von Symptomen:* die typische S. einer Krankheit. **2.** *Symptomatologie.*

symp|to|ma|tisch ⟨Adj.⟩ [griech. symptōmatikós = zufällig]: **1.** (bildungsspr.) *bezeichnend für etw.:* ein -er Fall; die Wiederentdeckung des Manierismus war s. für die moderne Lyrik. **2.** (Med.) *die Symptome betreffend; nur auf die Symptome, nicht auf die Ursache einer Krankheit einwirkend:* eine -e Behandlung.

Symp|to|ma|to|lo|gie, die; - [↑-logie] (Med.): *Lehre von den Symptomen* (a); *Semiologie* (2), *Semiotik* (2).

Symp|to|men|kom|plex, der; -es, -e (Med.): *Zusammentreffen mehrerer charakteristischer Symptome* (a).

syn-, Syn- [griech. sýn = zusammen, mit]: drückt in Bildungen mit Substantiven, Adjektiven und Verben ein Miteinander, ein Zusammenwirken aus: Synorganisation; synoptisch; synchronisieren.

Sy|na|go|ge, die; -, -n [mhd. sinagōgē < kirchenlat. synagoga < griech. synagōgḗ = Versammlung, zu: synágein = zusammenführen, aus: sýn = zusammen u. ágein = führen]: **1. a)** *Gebäude, Raum, in dem sich die jüdische Gemeinde zu Gebet u. Belehrung versammelt;* **b)** *sich versammelnde jüdische Gemeinde.* **2.** (bild. Kunst) *zusammen mit der Ecclesia* (2) *dargestellte weibliche Figur (mit einer Binde über den Augen u. einem zerbrochenen Stab in der Hand) als Allegorie des Alten Testamentes.*

Sy|nal|gie, die; -, -n [zu griech. sýn = zugleich, zusammen (mit) u. álgos = Schmerz] (Med.): *das Mitempfinden von Schmerzen in einem nicht erkrankten Körperteil.*

Sy|nap|se, die; -, -n [griech. sýnapsis = Verbindung] (Biol., Med.): *der Übertragung von Reizen dienende Verbindung zwischen einer Nerven- od. Sinneszelle u. einer anderen Nervenzelle od. einem Muskel.*

Sy|nap|sis, die; - [griech. sýnapsis, ↑Synapse] (Biol.): *Paarung der sich entsprechenden Chromosomen während der ersten Phase der Reduktionsteilung.*

Syn|äs|the|sie, die; -, -n [griech. synaísthēsis = Mitempfindung]: **a)** (Med.) *Reizempfindung eines Sinnesorgans bei Reizung eines andern (wie etwa das Auftreten von Farbempfindungen beim Hören bestimmter Töne);* **b)** (Literaturw.) *(bes. in der Dichtung der Romantik u. des Symbolismus) sprachlich ausgedrückte Verschmelzung mehrerer Sinneseindrücke* (z. B. schreiendes Rot).

syn|äs|the|tisch ⟨Adj.⟩: **a)** *die Synästhesie betreffend;* **b)** *durch einen nichtspezifischen Reiz erzeugt:* -e Sinneswahrnehmungen.

Sy|na|xis, die; -, ...xen [mgriech. sýnaxis, zu griech. synagein, ↑Synagoge]: *Gottesdienst in der griechisch-orthodoxen Kirche.*

syn|chron ⟨Adj.⟩ [zu griech. sýn = zusammen, zugleich u. chrónos = Zeit]: **1.** (Fachspr.) *gleichzeitig; mit gleicher Geschwindigkeit [ab]laufend:* alle Bewegungen verlaufen s. **2.** (Sprachw.) **a)** *als sprachliche Gegebenheit in einem bestimmten Zeitraum geltend, anzutreffen:* die Erforschung des -en Sprachzustandes; **b)** *synchronisch* (a): eine -e Sprachbetrachtung.

Syn|chron|ge|trie|be, das (Technik): *synchronisiertes* (2) *Getriebe* (1).

Syn|chro|nie, die; - [frz. synchronie, zu: synchrone = synchron] (Sprachw.): **a)** *Zustand einer Sprache in einem bestimmten Zeitraum (im Gegensatz zu ihrer geschichtlichen Entwicklung);* **b)** *Beschreibung sprachlicher Phänomene, eines sprachlichen Zustandes innerhalb eines bestimmten Zeitraums.*

Syn|chro|ni|sa|ti|on, die; -, -en [engl. synchronization]: **1.** *Synchronisierung.* **2.** *Ergebnis einer Synchronisation* (1).

syn|chro|nisch ⟨Adj.⟩ [a: frz. synchronique] (Sprachw.): **a)** *die Synchronie betreffend:* die -e Sprachwissenschaft; -e Wörterbücher; **b)** *synchron* (2 a): -e Funktionszusammenhänge.

syn|chro|ni|sie|ren ⟨sw. V.; hat⟩ [vgl. engl. synchronize, frz. synchroniser]: **1.** (bes. Film) **a)** *Bild u. Ton in zeitliche Übereinstimmung bringen;* **b)** *zu den Bildern eines fremdsprachigen Films, Fernsehspiels die entsprechenden Worte der eigenen Sprache sprechen, die so aufgenommen werden, dass die Lippenbewegungen der Schauspieler (im Film) in etwa mit den gesprochenen Worten übereinstimmen:* einen Film s.; die synchronisierte Fassung eines Films. **2.** (Technik) *den Gleichlauf zwischen zwei Vorgängen, Maschinen od. Geräte[teile]n herstellen.* **3.** *zeitlich aufeinander abstimmen:* die Arbeit von zwei Teams s.

Syn|chro|ni|sie|rung, die; -, -en: *das Synchronisieren.*

Syn|chro|nis|mus, der; -, ...men: **1.** ⟨o. Pl.⟩ (Technik) *Gleichlauf.* **2.** *(für die geschichtliche Datierung wichtiges) zeitliches Zusammentreffen von Ereignissen.* **3.** (Film, Ferns.) *zeitliches Übereinstimmen von Bild, Sprechton u. Musik.*

syn|chro|nis|tisch ⟨Adj.⟩: **1.** (Technik) *den Synchronismus* (1) *betreffend.* **2.** *Gleichzeitiges zusammenstellend.*

Syn|chro|ni|zi|tät, die; -, -en: **1.** ⟨o. Pl.⟩ *das Synchronsein.* **2.** (Film, Ferns.) *Synchronismus.* **3.** (Psych.) *(nach C. G. Jung) Gleichzeitigkeit, zeitliches Zusammentreffen von psychischen u. physischen Vorgängen, das kausal nicht erklärbar ist (z. B. bei der Telepathie).*

Syn|chro|nop|se, die; -, -n [zu griech. ópsis = das Sehen]: *Gegenüberstellung von Ereignissen (die zur gleichen Zeit, aber in verschiedenen Bereichen od. Ländern eintraten) in tabellarischer Form.*

syn|chro|nop|tisch ⟨Adj.⟩: *die Synchronopse betreffend.*

Syn|chron|schwim|men, das: *von Mädchen od. Frauen als Solo, im Duett od. in Gruppen betriebenes Wettkampfschwimmen, bei dem eine Harmonie von Bewegungsrhythmus u. Rhythmus der Musik angestrebt wird; Kunstschwimmen.*

Syn|chron|ver|schluss, der (Fot.): *Kameraverschluss, der einen elektrischen Kontakt zur Auslösung eines Blitzlichtes schließt.*

Syn|co|pa|ted Mu|sic [ˈsɪŋkəpeɪtɪd ˈmju:zɪk], die; - - [engl., aus: syncopated = synkopiert u. music = Musik]: *Jazzmusik.*

Syn|det, das; -s, -s ⟨meist Pl.⟩ [geb. aus engl. synthetic **det**ergents = synthetische Detergenzien]: **1.** ⟨Pl.⟩ (Fachspr.) *synthetische Tenside.* **2.** (Kosmetik) kurz für ↑Syndetseife.

syn|de|tisch ⟨Adj.⟩ [griech. sýndetos = zusammengebunden] (Sprachw.): *durch eine Konjunktion verbunden.*

Syn|det|sei|fe, die (Kosmetik): *Seife für besonders empfindliche Haut, die auf der Basis von synthetischen Tensiden hergestellt ist.*

Syn|di|ka|lis|mus, der; - [frz. syndicalisme, zu: syndic < lat. syndicus, ↑Syndikus]: *gegen Ende des 19. Jh.s in der Arbeiterbewegung entstandene Richtung, die in den gewerkschaftlichen Zusammenschlüssen der Lohnarbeiter u. nicht* *in einer politischen Partei den Träger revolutionärer Bestrebungen sah.*

Syn|di|ka|list, der; -en, -en [frz. syndicaliste]: *Anhänger des Syndikalismus.*

Syn|di|ka|lis|tin, die; -, -nen: w. Form zu ↑Syndikalist.

Syn|di|kat, das; -[e]s, -e [1: wohl frz. syndicat, zu: syndic, ↑Syndikalismus; 2: engl. syndicate; 3: mlat. syndicatus]: **1.** (Wirtsch.) *Kartell, bei dem die Mitglieder ihre Erzeugnisse über eine gemeinsame Verkaufsorganisation absetzen müssen.* **2.** *als geschäftliches Unternehmen getarnter Zusammenschluss von Verbrechern.* **3.** *Amt eines Syndikus.*

Syn|di|kus, der; -, -se, auch: ...izi [lat. syndicus = Rechtsbevollmächtigter einer Stadt od. Gemeinde < griech. sýndikos = Sachverwalter, Anwalt, zu: sýn = zusammen u. díkē = Weise, Sitte; Recht; Rechtssache] (Rechtsspr.): *ständiger Rechtsbeistand eines großen Unternehmens, eines Verbandes, einer Handelskammer.*

Syn|drom, das; -s, -e [griech. syndromḗ = das Zusammenlaufen, Zusammenkommen, aus: sýn = zusammen u. dromḗ = Lauf] (Med.): *Krankheitsbild, das aus einem Symptomenkomplex besteht:* an einem S. leiden.

Sy|nek|do|che, die; -, ...ochen [lat. synekdoche < griech. synekdochḗ, eigtl. = das Mitverstehen] (Rhet.): *das Ersetzen eines Begriffs durch einen engeren od. weiteren* (z. B. »Kiel« für »Schiff«).

sy|nek|do|chisch ⟨Adj.⟩ (Rhet.): *die Synekdoche betreffend.*

Sy|ner|get, der; -en, -en ⟨meist Pl.⟩ [griech. synergétēs = Mitarbeiter, zu: synergeîn, ↑Synergie]: *Synergist.*

Sy|ner|ge|tik, die; - [zu ↑synergetisch]: *interdisziplinäres Forschungsgebiet zur Beschreibung komplexer Systeme, die aus vielen miteinander kooperierenden Untersystemen bestehen.*

sy|ner|ge|tisch ⟨Adj.⟩ [griech. synergētikós, zu: synergétēs, ↑Synerget] (Fachspr.): *zusammen-, mitwirkend.*

Sy|ner|gie, die; -, -n [griech. synergía = Mitarbeit, zu: synergeîn = zusammenarbeiten]: **1.** (Psych.) *Energie, die für den Zusammenhalt u. die gemeinsame Erfüllung von Aufgaben zur Verfügung steht:* so kann man -n bei der Zusammenarbeit nutzen. **2.** ⟨o. Pl.⟩ (Chemie, Pharm., Physiol.) *Synergismus* (1).

Sy|ner|gie|ef|fekt, der ⟨meist Pl.⟩: *positive Wirkung, die sich aus dem Zusammenschluss od. der Zusammenarbeit zweier Unternehmen o. Ä. ergibt.*

Sy|ner|gis|mus, der; -: **1.** (Chemie, Pharm., Physiol.) *Zusammenwirken von Substanzen od. Faktoren, die sich fördern.* **2.** (christl. Theol.) *Heilslehre, nach der der Mensch neben der Gnade Gottes ursächlich am eigenen Heil mitwirken kann.*

Sy|ner|gist, der; -en, -en ⟨meist Pl.⟩: **1.** (Med.) *gleichsinnig zusammenwirkendes Organ.* **2.** ⟨Pl.⟩ (Med.) *Arzneimittel, die sich in additiver od. potenzierender Weise ergänzen.* **3.** *Anhänger des Synergismus* (2).

Sy|ner|gis|tin, die; -, -nen: w. Form zu ↑Synergist (3).

Syn|ka|ry|on, das; -s, ...rya u. ...ryen [aus griech. sýn = zusammen u. káryon = Nuss; Kern] (Biol.): *durch die Vereinigung zweier Kerne entstandener diploider Zellkern.*

Syn|ki|ne|se, die; -, -n [griech. sygkínēsis] (Med.): *unwillkürliche Mitbewegung (von Muskeln).*

Syn|ko|pe, die; -, ...open [spätlat. syncope < griech. sygkopḗ, zu: sygkóptein = zusammenschlagen]: **1.** [ˈzʏnˈko:pə] (Musik) *rhythmische Verschiebung durch Bindung eines unbetonten Wertes an den folgenden betonten.* **2.** [ˈzʏnkopə] **a)** (Sprachw.) *Ausfall eines unbetonten Vokals zwischen zwei Konsonanten im Wortinnern* (z. B. ew'ger); **b)** (Verslehre) *Ausfall einer Senkung im Vers.* **3.** [ˈzʏnkopə] (Med.) *plötzliche, kurzzeitige Ohnmacht infolge einer Störung der Gehirndurchblutung.*

syn|ko|pie|ren ⟨sw. V.; hat⟩: **1.** (Musik) *durch eine Synkope* (1), *durch Synkopen rhythmisch verschieben.* **2. a)** (Sprachw.) *einen unbetonten Vokal zwischen zwei Konsonanten ausfallen lassen;* **b)** (Verslehre) *eine Senkung im Vers ausfallen lassen.*

syn|ko|pisch ⟨Adj.⟩: **1.** (Musik) *in Synkopen* (1) *ablaufend; eine Synkope, Synkopen aufweisend.* **2.** (Sprachw., Verslehre) *die Synkope* (2) *betreffend.*

Syn|kre|tis|mus, der; - [spätgriech. sygkrētismós = Vereinigung zweier Streitender gegen einen Dritten]: **1.** (bildungsspr.) *Vermischung verschiedener Religionen, philosophischer Lehren o. Ä.* **2.** (Sprachw.) *Kasussynkretismus.*

Syn|kre|tist, der; -en, -en (bildungsspr.): *Vertreter des Synkretismus* (1).

Syn|kre|tis|tin, die; -, -nen: w. Form zu ↑Synkretist.

syn|kre|tis|tisch ⟨Adj.⟩: *den Synkretismus* (1) *betreffend.*

Sy|nod, der; -[e]s, -e [russ. sinod < griech. sýnodos, ↑Synode]: *(bis 1917) oberstes Organ der russisch-orthodoxen Kirche:* der Heilige S.

sy|no|dal ⟨Adj.⟩ [spätlat. synodalis, zu lat. synodus, ↑Synode]: *die Synode betreffend.*

Sy|no|da|le, der u. die; -n, -n ⟨Dekl. ↑Abgeordnete⟩: *Mitglied einer Synode.*

Sy|no|dal|ver|fas|sung, die: *Verfassung der evangelischen Landeskirchen, bei der die rechtliche Gewalt von der Synode* (1) *ausgeht.*

Sy|no|dal|ver|samm|lung, die: *Synode.*

Sy|no|de, die; -, -n [lat. synodus < griech. sýnodos = gemeinsamer Weg; Zusammenkunft, aus: sýn = zusammen u. hodós = Weg]: **1.** (ev. Kirche) *aus Beauftragten (Geistlichen u. Laien) der Gemeinden bestehende Versammlung, die Fragen der Lehre u. kirchlichen Ordnung regelt u. [unter bischöflicher Leitung] Trägerin kirchlicher Selbstverwaltung ist.* **2.** (kath. Kirche) *beratende, beschließende u. gesetzgebende Versammlung von Bischöfen in einem Konzil [unter Vorsitz des Papstes].*

sy|no|disch ⟨Adj.⟩ [1: spätlat. synodicus]: **1.** (selten) *synodal.* **2.** (Astron.) *auf die Stellung von Sonne u. Erde zueinander bezogen.*

sy|no|nym ⟨Adj.⟩ [spätlat. synonymos < griech. synṓnymos] (Sprachw.): *mit einem anderen Wort od. einer Reihe von Wörtern von gleicher od. ähnlicher Bedeutung, sodass beide in einem bestimmten Zusammenhang austauschbar sind; sinnverwandt:* -e Redewendungen; einen Ausdruck mit einem andern s. gebrauchen.

Sy|no|nym, das; -s, -e, auch: Synonyma [lat. (verbum) synonymum < griech. synṓnymon, zu: sýn = zusammen u. ónoma (ónyma) = Name, Begriff] (Sprachw.): *synonymes Wort:* »Antlitz« und »Visage« sind -e von »Gesicht«; Ü das Auto, das bisherige S. für individuelle Bewegungsfreiheit *(das bisher für individuelle Bewegungsfreiheit stand).*

Sy|no|ny|men|wör|ter|buch: ↑Synonymwörterbuch.

Sy|no|ny|mie, die; - [spätlat. synonymia < griech. synōnymía] (Sprachw.): *inhaltliche Übereinstimmung von verschiedenen Wörtern od. Konstruktionen in derselben Sprache.*

Sy|no|ny|mik, die; -, -en: **1.** ⟨o. Pl.⟩ *Teilgebiet der Sprachwissenschaft, das sich mit der Synonymie befasst.* **2.** *Synonymwörterbuch.* **3.** ⟨o. Pl.⟩ (selten) *Synonymie.*

sy|no|ny|misch ⟨Adj.⟩ (Sprachw.): **1.** *die Synonymie betreffend:* die -e Konkurrenz zwischen -bar und -lich. **2.** (veraltend) *synonym.*

Sy|no|nym|wör|ter|buch, das: *Wörterbuch, in dem Synonyme in Gruppen zusammengestellt sind.*

Sy|nop|se, Sy|nop|sis [auch: –ˈ– –], die; -, Synopsen [spätlat. synopsis = Entwurf, Verzeichnis < griech. sýnopsis = Übersicht, Überblick]: **1.** (Fachspr.) **a)** *vergleichende Gegenüberstellung von Texten;* **b)** *Anordnung der Texte der Synoptiker in parallelen Spalten.* **2.** (bildungsspr.) *Zusammenschau:* das Werk ist eine großartige Synopsis dieser Fachrichtung.

Sy|nop|ti|ker, der; -s, - ⟨meist Pl.⟩: *einer der drei Evangelisten (Matthäus, Markus, Lukas), deren Texte beim Vergleich weitgehend übereinstimmen.*

Syn|tag|ma, das; -s, ...men u. -ta [griech. sýntagma = Zusammengestelltes, zu: syntássein, ↑Syntax]: **1.** (Sprachw.) *Verknüpfung von Wörtern zu Wortgruppen, Wortverbindungen* (z. B. von »in« u. »Eile« zu »in Eile«). **2.** (veraltet) *Sammlung von Schriften, Aufsätzen, Bemerkungen verwandten Inhalts.*

syn|tag|ma|tisch ⟨Adj.⟩ (Sprachw.): *die Beziehung, die zwischen ein Syntagma bildenden Einheiten besteht, betreffend.*

Syn|tak|tik, die; - (Sprachw.): *Teilgebiet der Semiologie* (1), *das sich mit der Untersuchung der formalen Beziehungen zwischen den Zeichen einer Sprache befasst.*

syn|tak|tisch ⟨Adj.⟩ (Sprachw.): *die Syntax* (a, b) *betreffend.*

Syn|tax, die; -, -en [lat. syntaxis < griech. sýntaxis, eigtl. = Zusammenstellung, aus: sýn = zusammen u. táxis = Ordnung] (Sprachw.): **a)** *in einer Sprache übliche Verbindung von Wörtern zu Wortgruppen u. Sätzen; korrekte Verknüpfung sprachlicher Einheiten im Satz:* die S. *(syntaktische Verwendung)* einer Partikel; **b)** *Lehre vom Bau des Satzes als Teilgebiet der Grammatik; Satzlehre;* **c)** *wissenschaftliche Darstellung der Syntax* (b).

Syn|the|se, die; -, -n [spätlat. synthesis < griech. sýnthesis, zu: syntithénai = zusammensetzen, -stellen, -fügen, aus: sýn = zusammen u. tithénai = setzen, stellen, legen]: **1. a)** (Philos.) *Vereinigung verschiedener [gegensätzlicher] geistiger Elemente, von These* (2) *u. Antithese* (1) *zu einem neuen [höheren] Ganzen:* eine S. der beiden Weltanschauungen; **b)** (Philos.) *Verfahren, von elementaren zu komplexen Begriffen zu gelangen.* **2.** (Chemie) *Aufbau einer Substanz aus einfachen Stoffen.*

Syn|the|se|fa|ser, die: *Chemiefaser* (z. B. Nylon).

Syn|the|sis, die; -, ...thesen (selten): *Synthese* (1).

Syn|the|si|zer [ˈzʏntəsaizɐ, engl. ˈsɪnθɪsaɪzə], der; -s, - [engl. synthesizer, zu: to synthesize = synthetisch zusammensetzen]: *elektronisches Musikinstrument, das aus einer Kombination aufeinander abgestimmter elektronischer Bauelemente (zur Erzeugung von Klängen u. Geräuschen) besteht.*

Syn|the|tics ⟨Pl.⟩ [engl. synthetics, zu: synthetic = synthetisch (2)]: **a)** *auf chemischem Wege gewonnene Textilfasern; Gewebe aus Kunstfasern;* **b)** *Textilien aus Synthetics* (a).

Syn|the|tik, das; -s ⟨meist o. Art.⟩: *[Gewebe aus] Kunstfaser, Chemiefaser.*

syn|the|tisch ⟨Adj.⟩ [1: zu ↑Synthese (1), nach griech. synthetikós = zum Zusammenstellen geeignet, zu: sýnthetos = zusammengesetzt, zu: syntithénai (↑Synthese); 2: zu ↑Synthese (2)]: **1.** (bildungsspr.) *auf Synthese* (1) *beruhend; zu einer Einheit zusammenfügend, verknüpfend; zusammensetzend:* eine -e Methode; -e Geometrie *(Geometrie, die auf Grundbegriffen [wie Punkt u. Gerade] aufbaut, ohne dabei Koordinaten u. algebraische Methoden zu verwenden);* -e Sprachen *(Sprachen, bei denen syntaktische Beziehungen am Wort selbst u. nicht durch selbstständige Wörter ausgedrückt werden);* -es Urteil (Philos.; *Urteil, das die Erkenntnis erweitert u. etw. hinzufügt, was nicht bereits in dem Begriff des betreffenden Gegenstandes enthalten ist).* **2.** (Chemie) *die Synthese* (2) *betreffend:* -e Fasern, Edelsteine; einen Stoff s. herstellen; die Bonbons schmecken s. *(künstlich).*

syn|the|ti|sie|ren ⟨sw. V.; hat⟩ (Chemie): *durch Synthese* (2) *herstellen.*

Syn|thi, der; -s, -s [↑-i] (Jargon): *Synthesizer.*

Syph, die; - u. der; -s (salopp): Kurzf. von ↑Syphilis.

Sy|phi|lis, die; - [nach dem Titel eines lat. Lehrgedichts des 16. Jh.s, in dem die Geschichte eines geschlechtskranken Hirten namens Syphilus erzählt wird]: *chronisch verlaufende Geschlechtskrankheit, die mit Schädigungen der*

S

Haut, der inneren Organe, Knochen, des Gehirns u. Rückenmarks einhergeht.

Sy|phi|li|ti|ker, der; -s, -: *jmd., der an Syphilis leidet.*

Sy|phi|li|ti|ke|rin, die; -, -nen: w. Form zu ↑Syphilitiker.

sy|phi|li|tisch ⟨Adj.⟩: *die Syphilis betreffend.*

Sy|ra|kus: Stadt auf Sizilien.

Sy|rer, der; -s, -: Ew. zu ↑Syrien.

Sy|re|rin, die; -, -nen: w. Form zu ↑Syrer.

Sy|ri|en; -s: Staat im Vorderen Orient.

sy|risch ⟨Adj.⟩: *Syrien, die Syrer betreffend; von den Syrern stammend, zu ihnen gehörend.*

Sy|ro|lo|gie, die; - [↑-logie]: *Wissenschaft von den Sprachen, der Geschichte u. den Altertümern Syriens.*

sys|tal|tisch ⟨Adj.⟩ [spätlat. systalticus < griech. systaltikós] (Med.): *zusammenziehend.*

Sys|tem, das; -s, -e [spätlat. systema < griech. sýstēma = aus mehreren Teilen zusammengesetztes u. gegliedertes Ganzes, zu: synistánai = zusammenstellen; verknüpfen, zu: sýn = zusammen u. histánai = (hin)stellen, aufstellen]: **1.** *wissenschaftliches Schema, Lehrgebäude:* ein philosophisches S.; Erkenntnisse in ein S. bringen. **2.** *Prinzip, nach dem etw. gegliedert, geordnet wird:* ein ausgeklügeltes S.; dahinter steckt S. *(dahinter verbirgt sich, wohl durchdacht, eine bestimmte Absicht);* ein S. haben; S. in etw. bringen *(etw. nach einem Ordnungsprinzip einrichten, ablaufen o. Ä. lassen);* nach einem S. vorgehen. **3.** *Form der staatlichen, wirtschaftlichen, gesellschaftlichen Organisation; Regierungsform, Regime:* ein faschistisches, parlamentarisches S.; das bestehende gesellschaftliche S. *(die bestehende Gesellschaftsordnung).* **4.** (Naturw., bes. Physik, Biol.) *Gesamtheit von Objekten, die sich in einem ganzheitlichen Zusammenhang befinden u. durch die Wechselbeziehungen untereinander gegenüber ihrer Umgebung abzugrenzen sind:* [an]organische -e; ein geschlossenes ökologisches S. **5.** *Einheit aus technischen Anlagen, Bauelementen, die eine gemeinsame Funktion haben:* technische -e; ein S. von Kanälen; ein S. *(einheitliches Gefüge)* von außen liegenden Strebebögen und Pfeilern trägt das Dach.
6. a) (Sprachw.) *Menge von Elementen, zwischen denen bestimmte Beziehungen bestehen:* semiotische, sprachliche -e; -e von Lauten und Zeichen; **b)** *in festgelegter Weise zusammengeordnete Linien o. Ä. zur Eintragung u. Festlegung von etw.:* das geometrische S. der Koordinaten; ein S. von Notenlinien; **c)** (bes. Logik) *Menge von Zeichen, die nach bestimmten Regeln zu verwenden sind:* das S. der Notenschrift, des Alphabets. **7. a)** (Biol.) *nach dem Grad verwandtschaftlicher Zusammengehörigkeit gegliederte Zusammenstellung von Tieren, Pflanzen;* **b)** ***periodisches S.** (Chemie; *Periodensystem*).

Sys|tem|ab|sturz, der (EDV): *Absturz* (3).

Sys|tem|ad|mi|nis|tra|tor, der (EDV): *jmd., der für die Betreuung einer Datenverarbeitungsanlage zuständig ist.*

Sys|tem|ad|mi|nis|tra|to|rin, die: w. Form zu ↑Systemadministrator.

Sys|tem|ana|ly|se, die (Fachspr.): *Analyse von Systemen* (3).

Sys|tem|ana|ly|ti|ker, der: *jmd., der mit den Methoden der betriebswirtschaftlichen Systemanalyse u. a. Arbeitsabläufe in Betrieben untersucht u. den Einsatz von Datenverarbeitungsanlagen organisiert* (Berufsbez.).

Sys|tem|ana|ly|ti|ke|rin, die: w. Form zu ↑Systemanalytiker.

Sys|te|ma|tik, die; -, -en: **1.** (bildungsspr.) *planmäßige, einheitliche Darstellung, Gestaltung nach bestimmten Ordnungsprinzipien:* nach einer bestimmten S. vorgehen. **2.** ⟨o. Pl.⟩ (Biol.) *Wissenschaft von der Vielfalt der Organismen mit ihrer Erfassung in einem System* (7 a): Begründer der S. ist C. von Linné.

Sys|te|ma|ti|ker, der; -s, -: **1.** *jmd., der systematisch vorgeht.* **2.** *Wissenschaftler auf dem Gebiet der Systematik* (2).

sys|te|ma|tisch ⟨Adj.⟩ [spätlat. systematicus < griech. systēmatikós = zusammenfassend; ein System bildend, zu: sýstēma, ↑System]: **1.** *nach einem System* (2) *vorgehend, einem System folgend; planmäßig u. konsequent:* die -e Verfolgung von Minderheiten; wichtig ist ein -es Vorgehen. **2.** (Fachspr.) *einem bestimmten System entsprechend:* ein -er Katalog.

sys|te|ma|ti|sie|ren ⟨sw. V.; hat⟩: *in ein System bringen, in einem System darstellen:* die Flexion s.

Sys|tem|bau|wei|se, die: *Bauweise, bei der vorgefertigte Bauteile eines kompletten Programms am Bestimmungsort zusammengefügt werden.*

sys|tem|be|dingt ⟨Adj.⟩: *durch das betreffende System* (3, 5) *bedingt:* -e Mängel.

Sys|tem|dis|ket|te, die (EDV): *Diskette, die das Betriebssystem enthält.*

sys|tem|ei|gen ⟨Adj.⟩: *systemimmanent.*

sys|tem|er|hal|tend ⟨Adj.⟩: *durch sein Vorhandensein das betreffende System* (3) *erhaltend.*

sys|tem|feind|lich ⟨Adj.⟩: *nicht systemkonform.*

sys|tem|im|ma|nent ⟨Adj.⟩: *einem System* (1, 3) *innewohnend; in den Rahmen eines Systems* (1, 3) *gehörend.*

sys|te|misch ⟨Adj.⟩ (Biol., Med.): *den gesamten Organismus betreffend:* -e Insektizide, Mittel (Biol.; *Pflanzenschutzmittel, die von der Pflanze über die Blätter od. die Wurzeln mit dem Saftstrom aufgenommen werden u. einen wirksamen Schutz gegen Viren u. Insekten bieten, ohne die Pflanze selbst zu schädigen*).

sys|tem|kon|form ⟨Adj.⟩: *mit einem bestehenden politischen System* (3) *im Einklang:* das Regime verlangt -es Verhalten.

Sys|tem|kri|tik, die: *Kritik an der wirtschaftlichen, sozialen od. politischen Ordnung eines Systems* (3).

Sys|tem|kri|ti|ker, der: *jmd., der Systemkritik vorbringt:* der S. wurde politisch verfolgt.

Sys|tem|kri|ti|ke|rin, die: w. Form zu ↑Systemkritiker.

sys|tem|kri|tisch ⟨Adj.⟩: *Systemkritik übend:* er wurde wegen -er Äußerungen inhaftiert.

Sys|tem|soft|ware, die (EDV): *Gesamtheit der Programme einer Datenverarbeitungsanlage, die vom Hersteller mitgeliefert werden u. die Anlage betriebsbereit machen.*

sys|tem|spe|zi|fisch ⟨Adj.⟩: *für ein bestimmtes System spezifisch.*

sys|tem|the|o|re|tisch ⟨Adj.⟩: die Systemtheorie betreffend.

Sys|tem|the|o|rie, die: *formale Theorie der Beziehungen zwischen den Elementen eines Systems* (4), *des Zusammenhangs zwischen Struktur u. Funktionsweise von gekoppelten Systemen als Teilgebiet der Kybernetik.*

Sys|tem|ver|än|de|rung, die: *[revolutionäre] Veränderung eines Systems* (3).

Sys|tem|wet|te, die: *(im Lotto) Wette nach einem bestimmten System* (2).

Sys|tem|zu|sam|men|bruch, der (EDV): *Systemabsturz.*

Sys|tem|zwang, der: *einschneidende Beschränkung in der Handlungsfreiheit, die durch das Eingebundensein in ein System* (2, 3) *verursacht ist.*

Sys|to|le [auch: ...'to:lə], die; -, ...olen [griech. systolḗ = Zusammenziehung, Kürzung]: **1.** (Med.) *mit der Diastole rhythmisch abwechselnde Zusammenziehung des Herzmuskels.* **2.** (antike Metrik) *Kürzung eines langen Vokals od. eines Diphthongs.*

sys|to|lisch ⟨Adj.⟩ (Med.): *die Systole* (1) *betreffend:* -er Blutdruck *(Blutdruck im Augenblick der Zusammenziehung des Herzmuskels).*

s. Z. = seinerzeit.

Szcze|cin ['ʃtʃɛtʃi:n]: poln. Name von ↑Stettin.

Sze|na|rio, das; -s, -s [ital. scenario < spätlat. scaenarium, ↑Szenarium]: **1.** (Film) *szenisch gegliederter Entwurf eines Films [als Entwicklungsstufe zwischen Exposé u. Drehbuch].* **2.** (Theater) *Szenarium* (1). **3.** (Fachspr.) *(in der öffentlichen u. industriellen Planung) hypothetische Aufeinanderfolge von Ereignissen, die zur Beachtung kausaler Zusammenhänge konstruiert wird:* bei der Ausschaltung sämtlicher Risiken muss dieses S. in Betracht gezogen werden. **4.** *Beschreibung, Entwurf, Modell der Abfolge von möglichen Ereignissen oder der hypothetischen Durchführung einer Sache:* der Politiker entwarf ein düsteres S. der wirtschaftlichen Entwicklung.

Sze|na|ri|um, das; -s, ...ien [spätlat. scaenarium = Ort, wo die Bühne errichtet wird, zu: scaenarius = zur Bühne gehörig, zu lat. scaena, ↑Szene]: **1.** (Theater) *für die Regie u. das technische Personal erstellte Übersicht mit Angaben über Szenenfolge, auftretende Personen, Requisiten, Verwandlungen des Bühnenbildes o. Ä.* **2.** (Film) *Szenario* (1): sie hatte für diese Serie das S. geschrieben. **3.** (Fachspr.) *Szenario* (3). **4. a)** (bildungsspr.) *Schauplatz, Szenerie* (2): das Gebäude ist ein wunderbares S. für die Ausstellung; **b)** *Szenario* (4): ein düsteres S. der Zukunft.

Sze|ne, die; -, -n [(frz. scène <) lat. scaena, scena < griech. skēnḗ, eigtl. = Zelt; Hütte; 4: nach engl. scene, ↑Scene]: **1.** *kleinere Einheit eines Aktes* (2), *Hörspiels, Films, die an einem speziellen Ort spielt u. durch das Auf- od. Abtreten einer od. mehrerer Personen begrenzt ist:* eine gestellte S.; erster Akt, dritte S.; die S. spielt im Kerker, ist abgedreht, aufgenommen; eine S. proben, wiederholen, drehen. **2.** *Schauplatz einer Szene* (1); *Ort der Handlung:* die S. stellte ein Hotelzimmer dar; es gab Beifall auf offener S. *(Szenenapplaus);* Ü dann betrat der Parteivorsitzende die S. *(erschien der Parteivorsitzende);* ***die S. beherrschen** *(dominieren, in den Vordergrund treten, in einem Kreis die Aufmerksamkeit auf sich ziehen);* **in S. gehen** *(zur Aufführung gelangen);* **etw. in S. setzen** (1. *etw. inszenieren, aufführen.* 2. *etw. arrangieren:* ein Programm Punkt für Punkt, einen Staatsstreich in S. setzen); **sich in S. setzen** *(die eigene Person herausstellen, effektvoll zur Geltung bringen).* **3. a)** *auffallender Vorgang, Vorfall, der sich zwischen Personen [vor andern] abspielt:* eine rührende, traurige S.; **b)** *[theatralische] Auseinandersetzung; heftige Vorwürfe, die jmdm. gemacht werden:* jmdm. -n/eine S. machen. **4.** ⟨Pl. selten⟩ *charakteristischer Bereich für bestimmte Aktivitäten:* die literarische S.; die Bonner [politische] S.; die Attentäter sind der rechten S. zuzuordnen; er kennt sich in der S. *(Scene)* aus.

-sze|ne, die; - (ugs.): bezeichnet einen für etw. charakteristischen Bereich: Bücher-, Jazz-, Rauschgift-, Sex-, Techno-, Theaterszene.

Sze|ne|gän|ger, der; -s, - (ugs.): *jmd., der zu einer Szene* (4) *gehört:* die S. lassen sich in dieser Bar nicht mehr blicken.

Sze|ne|gän|ge|rin, die; -, -nen: w. Form zu ↑Szenegänger.

Sze|ne|knei|pe, die (ugs.): *kleines Lokal, in dem vor allem diejenigen verkehren, die zu einer Szene* (4) *gehören.*

Sze|nen|ap|plaus, der: *Applaus, den ein Darsteller auf der Bühne als unmittelbare Reaktion auf eine besondere Leistung erhält.*

Sze|nen|fol|ge, die: *Folge von Szenen* (1, 3 a), *Darstellungen.*

Sze|nen|wech|sel, der (Theater): *Wechsel der Szene* (2) *[mit Veränderung der Kulissen].*

Sze|ne|rie, die; -, -n [zu ↑Szene]: **1.** (Theater) *Bühnendekoration, -bild einer Szene* (1, 2): die S. einer Gelehrtenstube. **2.** *Schauplatz eines Geschehens, einer Handlung; Rahmen, in dem sich etw. abspielt:* die -n des Romans; sie waren überwältigt von dieser S. *(landschaftlichen Kulisse).*

Sze|ne|treff, der (ugs.): *Ort, an dem sich diejenigen treffen, die zu einer Szene* (4) *gehören.*

sze|nisch ⟨Adj.⟩: **a)** *die Szene* (1) *betreffend; in der Art einer Szene [dargestellt]:* eine -e Erzählweise; **b)** *die Szene (2), die Inszenierung betreffend:* die -e Leitung bei dieser Inszenierung.

Sze̲|no|gra|phi̲e, die; - [griech. skēnographía = Kulissenmalerei]: *Entwurf u. Herstellung der Dekoration u. der Bauten für Filme.*

Sze̲|no|test, der; -[e]s, -e u. -s [zu ↑Szene u. ↑Test; älter »Sceno-Test«] (Psych.): *Test für Kinder, bei dem mit Puppen, Tieren u. Bausteinen Szenen* (3 a) *darzustellen sind, wodurch (unbewusste) kindliche Konflikte zum Ausdruck gelangen sollen.*

Szẹp|ter, das; -s, - (veraltend): ↑Zepter.

szi|en|ti̲|fisch [stsi̯ɛ...] ⟨Adj.⟩ [spätlat. scientificus, zu lat. scientia = Wissen(schaft), zu: scire = wissen] (Fachspr.): *wissenschaftlich.*

Szi|en|tịs|mus, der; - [zu lat. scientia, ↑szientifisch]: **1.** (Fachspr.) *Wissenschaftstheorie, nach der die Methoden der exakten [Natur]wissenschaften auf die Geistes- u. Sozialwissenschaften übertragen werden sollen; auf strenger Wissenschaftlichkeit gründende Haltung.* **2.** *Lehre der Christian Science, nach der Sünde, Tod u. Krankheit Einbildungen sind, die durch das Gebet zu Gott geistig überwunden werden können.*

Szin|til|la|ti|o̲n, die; -, -en [lat. scintillatio = das Funkeln, zu: scintillare, ↑szintillieren]: **1.** (Astron.) *das Glitzern der Sterne.* **2.** (Physik) *das Entstehen von Lichtblitzen beim Auftreffen radioaktiver Strahlen auf fluoreszierende Stoffe.*

szin|til|li̲e|ren ⟨sw. V.; hat⟩ [lat. scintillare, zu: scintilla = Funke] (Astron., Physik): *funkeln, leuchten, flimmern.*

Szis|si|o̲n, die; -, -en [spätlat. scissio, zu lat. scissum, 2. Part. von: scindere = spalten] (veraltet): *Spaltung, [Ab]trennung.*

Szis|su̲r, die; -, -en [lat. scissura, zu: scissum, ↑Szission] (veraltet): *Spalte, Riss.*

Szyl|la, (eindeutschend für lat.:) Scylla, (griech.:) Skylla: in der Wendung **zwischen S. und Charybdis** (bildungsspr.; *in einer Situation, in der nur zwischen zwei Übeln zu wählen ist;* nach dem sechsköpfigen Seeungeheuer der griechischen Mythologie, das in einem Felsenriff in der Straße von Messina gegenüber der Charybdis, einem gefährlichen Meeresstrudel, auf vorbeifahrende Seeleute lauerte).

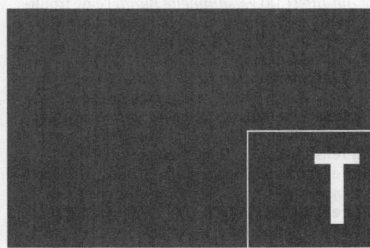

t, T [teː], das; - (ugs.: -s), - (ugs.: -s) [mhd., ahd. t]: *zwanzigster Buchstabe des Alphabets; ein Konsonant:* ein kleines t, ein großes T schreiben.

t = Tonne.

τ, T: ↑³Tau.

ϑ, Θ: ↑Theta.

T = Tritium.

Ta = Tara.

Tạb, der; -[e]s, -e od. [tæb], der; -s, -s [engl. tab, H. u.] (Bürow.): *der Kenntlichmachung bestimmter Merkmale dienender, vorspringender Teil am oberen Rand einer Karteikarte.*

Ta̲|bak [auch: ˈtabak, bes. österr.: taˈbak], der; -s, (Sorten:) -e [span. tabaco, viell. aus einer Indianerspr. der Karibik]: **1. a)** *(zu den Nachtschattengewächsen gehörende) nikotinhaltige Pflanze mit großen, behaarten Blättern u. in Trauben od. Rispen stehenden weißen, gelben od. rosa, oft stark duftenden Blüten:* T. anbauen, pflanzen, ernten, brechen; **b)** *Tabakblätter:* T. fermentieren, beizen; die T. verarbeitende Industrie. **2. a)** *aus getrockneten u. durch Fermentierung geschmacklich veredelten Blättern der Tabakpflanze hergestelltes Produkt zum Rauchen* (2 a): ein leichter, milder, starker T.; [eine Pfeife] T. rauchen; *** starker T.** (↑Tobak); **b)** kurz für ↑Kautabak: T. kauen; **c)** kurz für ↑Schnupftabak: T. schnupfen. **3.** ⟨o. Art.; o. Pl.⟩ *herbe Duftnote der ätherischen Öle des Tabaks.*

Ta̲|bak|bau, der ⟨o. Pl.⟩: *Anbau von Tabak* (1 a).

Ta̲|bak|beu|tel: ↑Tabaksbeutel.

Ta̲|bak|blatt, das: *Blatt der Tabakpflanze.*

Ta̲|bak|do|se: ↑Tabaksdose.

Ta̲|bak|ge|schäft, das: *Geschäft in dem Tabakwaren verkauft werden.*

Ta̲|bak|in|dus|trie, die: *Tabakwaren erzeugende Industrie.*

Ta̲|bak|kä|fer, der: *an trockenen pflanzlichen Stoffen, bes. Tabakwaren, als Schädling auftretender, braunschwarzer od. braunroter Käfer.*

Ta̲|bak|la|den, der: *Tabakgeschäft.*

Ta̲|bak|meis|ter, der: *(in der Tabakindustrie) Fachmann, der für die Tabakmischungen, ihr Aroma verantwortlich ist.*

Ta̲|bak|meis|te|rin, die: w. Form zu ↑Tabakmeister.

Ta̲|bak|pfei|fe: ↑Tabakspfeife.

Ta̲|bak|pflan|ze, die: *Tabak* (1 a).

Ta̲|bak|pflan|zer, der: *jmd., der Tabak* (1 a) *anbaut.*

Ta̲|bak|pflan|ze|rin, die: w. Form zu ↑Tabakpflanzer.

Ta̲|bak|pflan|zung, die: vgl. Tabakbau.

Ta̲|bak|plan|ta|ge, die: vgl. Tabakbau.

Ta̲|bak|rauch: ↑Tabaksrauch.

Ta̲|bak|rau|cher, der: *Raucher von Tabak* (2 a).

Ta̲|bak|rau|che|rin, die: w. Form zu ↑Tabakraucher.

Ta̲|baks|beu|tel, Tabakbeutel, der: *kleiner Beutel für Pfeifentabak.*

Ta̲|bak|schnup|fen, das; -s: *das Schnupfen von Schnupftabak.*

Ta̲|baks|do|se, Tabakdose, die: vgl. Tabaksbeutel.

Ta̲|baks|kol|le|gi|um, das: *fast täglich zusammenkommende Abendgesellschaft König Friedrich Wilhelms I. von Preußen.*

Ta̲|baks|pfei|fe, Tabakpfeife, die: *Pfeife* (2).

Ta̲|baks|rauch, Tabakrauch, der: *Rauch von Tabak* (2 a).

Ta̲|bak ver|ar|bei|tend: s. Tabak (1 b).

Ta̲|bak|wa|re, die ⟨meist Pl.⟩: *aus Tabak* (1 b) *hergestelltes Produkt.*

Ta|bạs|co®, der; -s, **Ta|bạs|co|so|ße,** die; - [nach dem mex. Bundesstaat Tabasco]: *aus roten Chillies hergestellte, sehr scharfe Würzsoße.*

ta|bel|la|risch ⟨Adj.⟩ [zu lat. tabellarius = zu den (Stimm)tafeln o. Ä. gehörend, zu: tabella, ↑Tabelle]: *in Tabellenform:* eine -e Übersicht.

ta|bel|la|ri|si̲e|ren ⟨sw. V.; hat⟩ (Fachspr.): *in Tabellenform bringen:* Ergebnisse t.

Ta|bel|la|ri|um, das; -s, ...ria: *aus Tabellen* (1) *bestehende Zusammenstellung, Übersicht, bes. als Anhang eines Buches.*

Ta|bẹl|le, die; -, -n [lat. tabella = Stimm-, Merk-, Rechentafel, Vkl. von: tabula, ↑Tafel]: **1.** *listenförmige Zusammenstellung, Übersicht; [Zahlen]tafel:* eine T. der wichtigsten Ereignisse; eine T. mit statistischen Daten **2.** (Sport) *Tabelle* (1), *die die Rangfolge von Mannschaften, Sportlern (einer Spielrunde, eines Wettbewerbs) entsprechend den von ihnen erzielten Ergebnissen wiedergibt:* die T. anführen; der Verein belegt einen guten Platz in der T.

Ta|bẹl|len|en|de, das (Sport): *Ende der Tabelle* (2): am T. stehen.

Ta|bẹl|len|form, die: *Form einer Tabelle* (1): etw. in T. darstellen.

Ta|bẹl|len|füh|rer, der (Sport): *Verein, Mannschaft an der Spitze der Tabelle* (2): Bayern München ist T.

Ta|bẹl|len|füh|re|rin, die: w. Form zu ↑Tabellenführer.

Ta|bẹl|len|kal|ku|la|ti|on, die (EDV, Wirtsch.): *mithilfe eines speziellen Programms* (4) *erfolgende Kalkulation* (1), *bei der die Daten tabellarisch auf dem Bildschirm angeordnet sind u. jede Änderung eines Parameters zur automatischen Anpassung aller davon abhängigen Werte führt.*

Ta|bẹl|len|platz, der (Sport): *Platz in der Tabelle* (2).

Ta|bẹl|len|stand, der ⟨o. Pl.⟩ (Sport): *Stand der Tabelle* (2).

ta|bel|li̲e|ren ⟨sw. V.; hat⟩ (Fachspr.): *Angaben auf maschinellem Wege in Tabellenform darstellen:* tabellierte Werte.

Ta|ber|na̲|kel, das, auch (bes. kath. Kirche): der; -s, - [mhd. tabernakel < mlat. tabernaculum = Zelt, Hütte, Vkl. von: taberna, ↑Taverne]: **1.** (kath. Kirche) *kunstvoll gestalteter Schrein in der Kirche (bes. auf dem Altar), worin die geweihten Hostien aufbewahrt werden.* **2.** (Archit.) *Baldachin* (3).

Ta̲|bes [...es], die; - [lat. tabes, zu: tabere = schmelzen, schwinden, abnehmen] (Med.): **1.** *Rückenmarksschwindsucht.* **2.** (veraltet) *Schwindsucht, Auszehrung.*

ta|be̲|tisch ⟨Adj.⟩ (Med.): *tabisch.*

ta̲|bisch ⟨Adj.⟩ (Med.): **a)** *die Tabes betreffend;* **b)** *an Tabes leidend.*

Ta|bleau [taˈbloː], das; -s, -s [frz. tableau, zu: table = Tisch; Tafel, Brett < lat. tabula, ↑Tafel]: **1. a)** (Theater) *wirkungsvoll gruppiertes Bild auf der Bühne;* **b)** (veraltet) *Gemälde.* **2.** (bes. Literaturw.) *breit ausgeführte, personenreiche Schilderung:* das antike T. der Odyssee. **3.** (österr.) *Mieterverzeichnis im Flur eines Mietshauses.* **4.** (Druckw.) *Zusammenstellung von im gleichen Maßstab angefertigten Vorlagen für eine Gesamtaufnahme in der Reproduktionstechnik.*

Ta|blẹtt, das; -[e]s, -s, auch: -e [frz. tablette, Vkl. von: table, ↑Tableau]: *Brett mit erhöhtem Rand zum Servieren:* ein volles T.; ein T. mit dampfendem Kaffee, Toast und Marmelade; das T. absetzen, hinaustragen; etw. auf einem T. servieren; *** jmdm. etw. auf einem silbernen T. servieren/anbieten** o. Ä. *(jmdm. etw. so präsentieren, dass er nur noch zuzugreifen braucht, sich nicht mehr selbst darum bemühen muss);* **nicht aufs T. kommen** (ugs.; *nicht infrage kommen*).

Ta|blẹt|te, die; -, -n [frz. tablette, identisch mit: tablette, ↑Tablett]: *bes. Arzneimittel von der Form eines kleinen runden, mehr od. weniger flachen Scheibchens (zum Einnehmen):* -n gegen Kopfschmerzen; jmdm. -n verschreiben; -n [ein]nehmen, schlucken, in Wasser auflösen.

ta|blẹt|ten|ab|hän|gig ⟨Adj.⟩: vgl. drogenabhängig.

Ta|blẹt|ten|ab|hän|gi|ge, der u. die: vgl. Drogenabhängige.

Ta|blẹt|ten|miss|brauch, der: *Missbrauch* (1 b) *von Tabletten.*

Ta|blẹt|ten|sucht, die: *Sucht nach Tabletten.*

ta|blẹt|ten|süch|tig ⟨Adj.⟩: *süchtig nach Tabletten.*

Ta|blẹt|ten|süch|ti|ge, der u. die: vgl. Drogensüchtige.

¹Ta̲|bor, der; -[s]: Berg in Israel.

²Ta̲|bor: tschechische Stadt.

ta|bu̲ ⟨indekl. Adj.⟩ [engl. taboo, tabu < Tonga (polynes. Sprache) tabu, tapu, wohl = geheiligt]: *einem Tabu* (2) *unterliegend:* dieses Thema ist t.; Ü in diesem Restaurant sind Jeans t. (ugs.; *nicht erlaubt, verpönt*).

Ta|bu̲, das; -s, -s: **1.** (Völkerk.) *Verbot, bestimmte Handlungen auszuführen, bes. geheiligte Personen od. Gegenstände zu berühren, anzublicken, zu nennen, bestimmte Speisen zu genießen:* etw. ist mit [einem] T. belegt, durch [ein] T. geschützt. **2.** (bildungsspr.) *ungeschriebenes Gesetz, das aufgrund bestimmter Anschauungen innerhalb einer Gesellschaft verbietet, bestimmte Dinge zu tun:* ein gesellschaftliches T.; ein T. errichten, aufrichten, verletzen, brechen; an ein/einem T. rühren; gegen ein T. verstoßen.

ta|bu|i̲e|ren usw.: ↑tabuisieren usw.

ta|bu|i|si̲e|ren ⟨sw. V.; hat⟩ (Fachspr., bildungsspr.): *zum Tabu* (2) *machen:* tabuisierte Themen.

Ta|bu|i|si̲e|rung, die; -, -en (Fachspr., bil-

T

dungsspr.): *das Tabuisieren:* die T. von Tod und Sterben in den modernen Gesellschaften.

ta|bu|is|tisch ⟨Adj.⟩: *das Tabu betreffend; in der Art eines Tabus.*

Ta|bu|la gra|tu|la|to|ria, die; - -, ...lae ...iae [...lɛ ...ri̯ɛ; lat., zu: tabula (↑Tafel) u. gratulatorius = Glück wünschend] (bildungsspr.): *Liste der Gratulanten (in Fest-, Jubiläumsschriften o. Ä.).*

Ta|bu|la ra|sa, die; - - [(unter engl. u. frz. Einfluss <) mlat. tabula rasa = abgeschabte (u. wieder beschreibbare) Schreibtafel, aus lat. tabula (↑Tafel) u. rasa, w. 2. Part. von: radere, ↑rasieren]: **1.** (Philos.) *ursprünglicher Zustand der Seele (vor ihrem Geprägtwerden durch Eindrücke, Erfahrungen).* **2.** (bildungsspr.) *etw., was durch nichts [mehr] vorgeprägt ist, [einen Neubeginn ermöglicht].* **3.** in der Verbindung **[mit etw.] T. r. machen** (*[mit etw.] unnachsichtig aufräumen, rücksichtslos Ordnung, Klarheit schaffen;* nach frz. faire table rase).

Ta|bu|la|tor, der; -s, ...oren [engl. tabulator, zu: to tabulate = in Tabellenform anlegen < spätlat. tabulare = mit Brettern belegen, beschlagen, zu lat. tabula, ↑Tafel] (Technik, Bürow.): *Vorrichtung an Schreib-, Rechenmaschinen o. Ä. für das Weiterrücken des Wagens auf vorher eingestellte Stellen beim Schreiben von Tabellen o. Ä.*

Ta|bu|the|ma, das: *tabuisiertes Thema:* Gewalt in der Ehe war lange Zeit ein absolutes T.

Ta|bu|ver|let|zung, die: *Verletzung eines Tabus.*

Ta|bu|wort, das (Sprachw., Psych.): *Wort, Name, der ein Tabu (1) berührt, den man deshalb meidet u. durch einen anderen ersetzt* (z. B. »der Leibhaftige« anstelle von »Teufel«).

Ta|che|les [jidd. tachles = Ziel, Zweck < hebr. taklît]: in der Wendung **T. reden** (ugs.; *jmdm. unverblümt die Meinung sagen;* urspr. = Zweckmäßiges reden; zur Sache kommen).

Ta|chis|mus [taˈʃɪsmʊs], der; - [frz. tachisme, zu: tache = (Farb)fleck, wohl über das Vlat. < got. taikn(s) = Zeichen]: *Richtung der abstrakten Malerei, die Empfindungen durch spontanes Auftragen von Farbe auf die Leinwand auszudrücken sucht.*

Ta|chis|to|skop, das; -s, -e [zu griech. táxistos, Sup. von: tachýs (↑tachy-, Tachy-) u. skopeĩn = betrachten] (Psych.): *Apparat zur Darbietung verschiedener optischer Reize bei psychologischen Tests zur Prüfung der Aufmerksamkeit.*

Ta|cho, der; -s, -s (ugs.): Kurzf. von ↑Tachometer (1).

Ta|cho|graph, der; -en, -en [↑-graph]: *Fahrtschreiber.*

Ta|cho|me|ter, der, auch: das; -s, - [engl. tachometer, geb. von dem brit. Ingenieur B. Donkin (1768–1855), zu griech. taxýs = schnell, táchos = Geschwindigkeit u. métron, ↑-meter (1)]: **1.** *Messgerät, das die Fahrgeschwindigkeit eines Fahrzeugs anzeigt; Geschwindigkeitsmesser.* **2.** *Drehzahlmesser.*

Ta|cho|me|ter|na|del, die: *Nadel (5) eines Tachometers:* die T. zeigt 100 Stundenkilometer [an].

Ta|cho|me|ter|stand, der: *(auf dem Tachometer erscheinender) Kilometerstand:* ein T. von 11 000 km.

Ta|cho|na|del, die (ugs.): *Tachometernadel:* die T. stand auf 200.

T

Ta|cho|stand, der (ugs.): *Tachometerstand.*

ta|cho-, Ta|cho- (vgl. auch: tachy-, Tachy-) [griech. táchos = Geschwindigkeit] ⟨Best. in Zus. mit der Bed.⟩: *schnell; Geschwindigkeits-:* Tachometer.

Ta|chy|gra|phie, die; -, -n [zu spätgriech. tachygrapheĩn = schnell schreiben]: *Kurzschriftsystem des griechischen Altertums.*

ta|chy-, Ta|chy- (vgl. auch: tacho-, Tacho-) [griech. tachýs = schnell] ⟨Best. in Zus. mit der Bed.⟩: *schnell; Geschwindigkeits-:* Tachygraphie.

ta|cken ⟨sw. V.; hat⟩ [lautm.]: *kurze, harte, [schnell u.] regelmäßig aufeinander folgende Geräusche von sich geben:* ein Maschinengewehr tackt.

Ta|cker, der; -s, - [engl. tacker, zu: to tack = anheften] (Fachspr.): *Gerät, mit dem etw. geheftet werden kann.*

ta|ckern ⟨sw. V.; hat⟩ (ugs.): *mit dem Tacker heften.*

Tac|tus, der; - [lat. tactus, eigtl. = Berührung, zu: tangere (2. Part.: tactum) = berühren] (Med.): *Tastsinn.*

Ta|del, der; -s, - [1: unter Einfluss von ↑tadeln; 2: mhd., mniederd. tadel = Fehler, Mangel, Gebrechen, H. u.]: **1. a)** *[in scharfer Weise vorgebrachte] missbilligende Äußerung, die sich auf jmds. Tun, Verhalten bezieht:* ein scharfer, schwerer T.; einen T. aussprechen, [einen] T. verdienen; ihn trifft kein T. *(er hat keine Schuld):* einen T. erhalten; jmdm. einen T. erteilen; die Worte enthielten einen versteckten T.; etw. gibt zu T. Anlass; ***öffentlicher T.** (DDR Rechtsspr.; *gerichtliche Strafe, durch die jmd. wegen eines Vergehens öffentlich getadelt wird*): jmdn. zu einem öffentlichen T. verurteilen; **b)** (früher) *Eintragung ins Klassenbuch, mit der ein Tadel (1 a) vom Lehrer (für das Zeugnis) festgehalten wurde:* einen T. eintragen. **2.** (geh.) *Makel* (meist in Verbindung mit einer Verneinung o. Ä.): an ihm, seinem Leben war kein T.; seine Kleidung ist ohne T.

ta|del|frei, tadelsfrei ⟨Adj.⟩: *ohne Tadel (2) seiend:* ein -er Ruf.

ta|del|los ⟨Adj.⟩ (emotional): *in bewundernswerter Weise gut, einwandfrei:* -e Kleidung; ein -es Verhalten; er antwortete in -em Französisch; sich t. benehmen; etw. ist t. in Schuss.

ta|deln ⟨sw. V.; hat⟩ [spätmhd. tadelen = verunglimpfen, zu ↑Tadel (2)]: *[in scharfer Weise] jmdm. sein Missfallen o. Ä. über ihn selbst, sein Verhalten, Tun o. Ä. zum Ausdruck bringen:* jmdn. [wegen seines Verhaltens, für sein Verhalten] streng, scharf t.; jmds. Arbeit t.; ⟨auch ohne Akk.-Obj.:⟩ ich tadle nicht gern; tadelnde Worte.

ta|delns|wert ⟨Adj.⟩: *Tadel verdienend:* ein -es Verhalten.

ta|dels|frei: ↑tadelfrei.

Ta|del|sucht, die ⟨o. Pl.⟩ (abwertend): *besonderer Hang zu tadeln.*

ta|del|süch|tig ⟨Adj.⟩ (geh. abwertend): *von Tadelsucht erfüllt.*

Tad|schi|ke, der; -n, -n: Angehöriger eines iranischen Volks in Mittelasien.

Tad|schi|kin, die; -, -nen: w. Form zu ↑Tadschike.

tad|schi|kisch ⟨Adj.⟩: *Tadschikistan, die Tadschiken betreffend; von den Tadschiken stammend, zu ihnen gehörend.*

Tad|schi|kis|tan, -s: Staat im Südosten Mittelasiens.

Taek|won|do [tε...], das; - [korean. taekwondo, aus: tae = Fuß(technik), kwon = Hand(technik) u. do = hervorragender Weg]: *dem Karate ähnlicher koreanischer Kampfsport.*

Taf. = Tafel (2 b).

Ta|fel, die; -, -n [mhd. tavel(e), ahd. taval, über das Roman. (vgl. ital. tavola) < lat. tabula = Brett, (Schreib)tafel; 3 a: nach den (im MA.) auf Gestelle gelegten Tischplatten]: **1. a)** *[größere] Platte, die zum Beschreiben, Beschriften, Bemalen od. zur Anbringung von Mitteilungen dient* (z. B. Gedenk-, Hinweis-, Schiefer-, Wandtafel): eine hölzerne, steinerne T.; -n mit Hinweiszeichen; der Lehrer schreibt etw. an die T.; **b)** (schweiz.) *Verkehrsschild;* **c)** kurz für ↑Schalttafel; **d)** *[kleineres] plattenförmiges Stück:* eine T. Schokolade; die -n der Wandverkleidung; Leim in -n; **e)** (Geol.) *Teil der Erdkruste aus ungefalteten, überwiegend flach liegenden Schichten;* **f)** (bild. Kunst) kurz für ↑Tafelbild. **2. a)** *Tabelle:* eine T. der natürlichen Logarithmen; **b)** (Druckw.) *ganzseitige Illustration, Übersicht o. Ä. (bes. in einem Buch):* dieses Tier ist auf T. 18 abgebildet. **3.** (geh.) **a)** *großer, für eine festliche Mahlzeit gedeckter Tisch:* eine festlich geschmückte T.; die T. [ab]decken; an jmds. T. *(bei jmdm.)* speisen; **b)** ⟨o. Pl.⟩ *das Speisen [an der Tafel]; [festliche] Mahlzeit:* vor, während, nach der T.; [jmdn.] zur T. *(zu Tisch)* bitten; ***die T. aufheben** (*die gemeinsame Mahlzeit beenden [u. vom Tisch aufstehen];* urspr. = nach dem Essen die Tischplatte[n] aufheben u. wegtragen [wie es im MA. üblich war]); **c)** ⟨o. Pl.⟩ *(erlesenes) Essen, (feine) Küche (3 b):* er legt großen Wert auf eine feine T.; **d)** (selten) *Tafelrunde (1).*

Ta|fel|ap|fel, der: vgl. Tafelobst.

ta|fel|ar|tig ⟨Adj.⟩: *in der Art, Form einer Tafel (1, 2).*

Ta|fel|auf|satz, der: *Gegenstand, der bes. als Tischschmuck auf die festliche Tafel (3 a) gestellt wird.*

Ta|fel|berg, der (Geol.): *Berg von vorwiegend flacher Gesteinsschichtung, dessen oberer Teil ein Plateau (2) bildet.*

Ta|fel|be|steck, das: *wertvolleres Essbesteck.*

Ta|fel|bild, das (bild. Kunst): *auf eine [Holz]tafel, auf versteifte Leinwand o. Ä. gemaltes Bild.*

Tä|fel|chen, das; -s, -: Vkl. zu ↑Tafel (1 a, d).

ta|fel|fer|tig ⟨Adj.⟩: *(von konservierten Gerichten o. Ä.) fertig zubereitet [u. vor dem Verzehr nur noch zu erwärmen].*

ta|fel|för|mig ⟨Adj.⟩: *von der Form einer Tafel (1 a, d).*

Ta|fel|freu|den ⟨Pl.⟩ (geh.): *Vergnügen beim genussvollen Verzehren von Speisen u. Getränken einer ausgiebigen [festlichen] Mahlzeit.*

Ta|fel|ge|bir|ge, das (Geol.): vgl. Tafelberg.

Ta|fel|ge|schirr, das: *wertvolleres, zum Decken einer Tafel (3 a) benötigtes Geschirr.*

Ta|fel|kul|tur, die ⟨o. Pl.⟩: vgl. Esskultur.

Ta|fel|lap|pen, der: vgl. Tafelschwamm.

Ta|fel|leuch|ter, der: *Leuchter für die festlich gedeckte Tafel (3 a).*

Ta|fel|ma|le|rei, die: vgl. Tafelbild.

Ta|fel|mu|sik, die (früher): *während einer festlichen Mahlzeit gespielte Musik.*

ta|feln ⟨sw. V.; hat⟩ [mhd. tavelen] (geh.): *genussvoll, ausgedehnt essen u. trinken.*

tä|feln ⟨sw. V.; hat⟩ [mhd. tevelen, ahd. tavalōn]: *(Wände, Decken) mit [Holz]tafeln verkleiden:* ein getäfelter Raum.

Ta|fel|obst, das (Kaufmannsspr.): *Obst einer für den unmittelbaren Verzehr geeigneten Sorte.*

Ta|fel|öl, das: *Speiseöl guter Qualität.*

Ta|fel|run|de, die [1: mhd. tavelrunde < afrz. table ronde = Tafelrunde des Königs Artus, eigtl. = runde Tafel; 2. Bestandteil heute angelehnt an ↑Runde (1 a)] (geh.): **1.** *zum Essen u. Trinken um die Tafel (3 a) versammelte Runde:* eine fröhliche T. **2.** *geselliges Beisammensein einer Tafelrunde (1):* zu einer T. einladen.

Ta|fel|salz, das: *Speisesalz.*

Ta|fel|schie|fer, der: *zur Herstellung von Schreibtafeln geeigneter, dunkel gefärbter Tonschiefer.*

Ta|fel|schwamm, der: *Schwamm zum Säubern der [Wand]tafel.*

Ta|fel|sil|ber, das: *Tafelbesteck aus Silber.*

Ta|fel|spitz, der (österr.): **a)** *äußerstes Ende vom Rinderschwanzstück;* **b)** *Rindfleischspeise.*

Tä|fe|lung, die; -, -en: **1.** *das Täfeln.* **2.** *Wand-, Deckenverkleidung aus Holz.*

Ta|fel|wa|gen, der: *Wagen mit offener, tafelförmiger Ladefläche ohne feste Seitenwände; Rollwagen.*

Ta|fel|was|ser, das ⟨Pl. ...wässer⟩: *Mineralwasser in Flaschen.*

Ta|fel|wein, der: **1.** *Tischwein.* **2.** *(nach dem deutschen Weingesetz) Wein der untersten Güteklasse.*

Ta|ferl|klas|se, die; -, -n [Taferl = südd., österr. Vkl. von: (Schiefer)tafel] (österr. scherzh.): *erste Volksschulklasse.*

taff ⟨Adj.⟩ [jidd. toff < hebr. tôv = gut] (salopp): *robust, hart:* ein -er Typ.

Täf|lung (seltener): ↑Täfelung.

Taft, der; -[e]s, -e [älter: Taffet < ital. taffettà < pers. tāftah, eigtl. = Gewebtes, zu: tāftan = drehen, winden, weben]: *steifer (vielfach zum Abfüttern von Kleidungsstücken verwendeter) Stoff aus Seide od. Kunstseide:* das Kleid ist ganz auf T. gearbeitet (Schneiderei; *mit Taft gefüttert*).

Taft|bin|dung, die (Textilind.): *Leinwandbindung bei [Kunst]seidengeweben o. Ä.*

Taft|kleid, das: *[festliches] Kleid aus Taft.*

[1]Tag, der; -[e]s, -e [mhd. tac, ahd. tag, wahrsch. zu einem Verb mit der Bed. »brennen« u. eigtl. = (Tages)zeit, wo die Sonne brennt]: **1.** *Zeitraum etwa zwischen Sonnenaufgang u. Sonnenuntergang, zwischen Beginn der Morgendämmerung u. Einbruch der Dunkelheit:* ein trüber, regnerischer T.; die -e werden kürzer, länger, nehmen ab; der T. bricht an, graut, erwacht (geh.; *die Morgendämmerung tritt ein*); der T. neigt sich, sinkt (geh.; *die Abenddämmerung tritt ein*); es wird, ist T.; wir müssen fertig werden, solange es noch T. *(hell)* ist; er redet viel, wenn der T. lang ist (ugs.; *auf seine Worte kann man nicht viel geben*); T. und Nacht *(ständig);* ein Unterschied wie T. und Nacht *(ein krasser Unterschied);* des -[e]s (geh.; *tags* 1); am -e; bei Tag[e] *(bei Tageslicht)* sieht der Stoff ganz anders aus; wir kamen noch bei T. nach Hause; bis in den T. hinein schlafen; [drei Stunden] vor T. (geh.; *vor Tagesanbruch*); **R** es ist noch nicht aller -e Abend *(es kann sich noch vielerlei ändern);* jetzt wird's T.! *(jetzt verstehe ich!);* **Spr** man soll den T. nicht vor dem Abend loben *(man soll erst den Ausgang von etw. abwarten, bevor man urteilt);* * **guten T./(ugs.:) T.** (Grußformel): [zu] jmdm. guten T. sagen; jmdm. [einen] guten T. wünschen; **[bei] jmdm. guten T. sagen** (ugs.; *bei jmdm. einen kurzen Besuch machen*); **etw. an den T. legen** *(überraschend erkennen lassen, zeigen):* er legte einen verdächtigen Eifer an den T.; **etw. an den T. bringen/ziehen** *(aufdecken, enthüllen);* **an den T. kommen** *(bekannt werden, sich herausstellen);* **bei -e besehen** *(genauer betrachtet);* **unter -s** *(während des Tages, tagsüber);* **über, unter Tag[e]** (Bergmannsspr.; *über, unter der Erdoberfläche*): über -e arbeiten. **2. a)** *Zeitraum von Mitternacht bis Mitternacht, Zeitraum von 24 Stunden, in dem sich die Erde einmal ganz um ihre Achse dreht:* ein schöner, ereignisreicher T.; der neue T.; ein halber T.; ein freier *(arbeitsfreier)* T.; ein schwarzer T. *(Unglückstag);* heute war ein rabenschwarzer T. für sie; die sieben -e der Woche; heute ist sein [großer] T. *(ein bedeutender Tag für ihn);* der T. hat 24 Stunden; der T. jährt sich heute zum zweiten Mal; T. und Stunde *(Datum u. Uhrzeit)* des Treffens stehen fest; sie hat heute ihren/einen guten, schlechten T. *(sie ist heute gut, schlecht gestimmt);* welchen T. *(welches Datum)* haben wir heute?; sich ein paar schöne -e machen *(sich ein paar Tage lang etwas gönnen);* der Brief muss, kann jeden T. *(in Kürze)* ankommen; ich erwarte die Sendung jeden T.; alle drei -e; dreimal am T. *(dreimal täglich);* früh, spät am Tag[e]; am T. vorher; auf/für ein paar -e verreisen; auf den T. [genau]; T. für T. *(täglich);* in den T. hinein reden *(viel Unüberlegtes reden);* in guten und bösen -en zusammenhalten; in den nächsten -en; heute in, vor drei -en; den T. über, über T. *(tagsüber);* einen T. um den anderen *(jeden zweiten Tag);* es ging von T. zu T. *(stetig)* aufwärts; von einem T. auf den anderen *(plötzlich);* jmdn. von einem T. auf den andern *(fortlaufend)* vertrösten; **Ü** tun, was der T. *(die tägliche Pflicht)* fordert; jmdm. den T. *(die Zeit)* stehlen; sich ⟨Dativ⟩ einen guten, faulen T. machen (ugs.; *es sich gut gehen lassen, faulenzen*); keinen guten T. bei jmdm. haben (geh.; *es nicht gut bei jmdm. haben*); er faulenzt den lieben langen T. *(während des ganzen Tages);* **R** morgen ist auch noch ein T. *(es hat noch Zeit, hat keine Eile);* heute ist nicht mein T.! *(heute geht alles schief, klappt nichts!);* * **der Jüngste T.** (Rel.; *der Tag des Jüngsten Gerichts;* eigtl. = allerletzter Tag); **acht -e** *(eine Woche);* **der T. des Herrn** (geh. veraltend; *der Sonntag*); **T. der offenen Tür** *(Tag, an dem Betriebe, Verwaltungsstellen usw. von Außenstehenden besichtigt werden können);* **der T. X** *(noch unbestimmter Tag, an dem etw. Entscheidendes geschehen wird, durchgeführt werden soll);* **eines -es** *(an irgendeinem Tage, irgendwann einmal);* **eines schönen -es** *(künftig irgendwann einmal);* **dieser -e** (1. *in den nächsten Tagen.* 2. *in den letzten Tagen, neulich*); **auf meine, deine** usw. **alten -e** *(in meinem, deinem usw. Alter noch);* **in den T. hinein leben** *(sorglos dahinleben);* **b)** *Ehren-, Gedenktag:* T. des Kindes; T. der Deutschen Einheit (deutscher Nationalfeiertag; seit 1990 am 3. Oktober); T. der Republik (Nationalfeiertag der DDR; am 7. Oktober); **c)** ⟨Pl.⟩ (geh.) *Zeit, die jmd. durchlebt, erlebt:* die -e der Jugend; es kommen auch wieder bessere -e *(Zeiten);* er hat schon bessere -e gesehen *(früher ging es ihm besser);* seine -e *(sein Leben)* in Muße verbringen; seine -e beschließen (geh.; *sterben*); Erinnerungen aus fernen -en *(aus ferner Vergangenheit);* noch bis in unsere -e *(bis in unsere Gegenwart);* * **jmds. -e sind gezählt** *(jmd. wird nicht mehr lange leben);* **jmds. -e als etw./irgendwo sind gezählt** *(jmd. wird etw./irgendwo nicht mehr lange sein, bleiben können):* seine -e als Kanzler, in der Firma sind gezählt; **die -e von etw. sind gezählt** *(etw. wird nicht mehr lange andauern, existieren);* **d)** ⟨Pl.⟩ (ugs. verhüll.) *[Tage der] Menstruation:* sie hat ihre -e.

[2]Tag [tæg], der; -, -s [engl. tag, eigtl. = Schild, Etikett, (Kenn)zeichen; Anhänger, Anhängsel] (Musik): *angehängter kurzer Schlussteil bei Jazzstücken.*

[3]Tag [tæg], das; -s, -s [engl. tag, ↑[2]Tag] (EDV): *auf dem Bildschirm eines Computers dargestelltes sichtbares Zeichen zur Strukturierung z. B. eines Textes.*

tag|ak|tiv ⟨Adj.⟩ (Zool.): *(von bestimmten Tieren) während des Tages die zum Leben notwendigen Aktivitäten entwickelnd u. nachtsüber schlafend.*

tag|aus ⟨Adv.⟩: in der Fügung **t., tagein** *(jeden Tag; alle Tage hindurch).*

Tag|bau, der (südd., österr., schweiz.): *Tagebau.*

Tag|blatt, das (südd., österr., schweiz.): *Tageblatt.*

Tag|blind|heit, die: *Nachtsichtigkeit.*

Täg|chen [Vkl. zu ↑[1]Tag] (landsch.): *guten Tag!*

Tag|dieb, der (südd., österr., schweiz.): *Tagedieb.*

Tag|die|bin, die: w. Form zu ↑Tagdieb.

Ta|ge|bau, der ⟨Pl. -e⟩ (Bergbau): **1.** ⟨o. Pl.⟩ *Bergbau über Tage:* Kohle im T. abbauen. **2.** *Anlage für den Tagebau* (1): einen T. besichtigen.

Ta|ge|blatt, das (veraltet): *Tageszeitung* (noch in Namen von Tageszeitungen).

Ta|ge|buch, das: **1.** *Buch, Heft für tägliche Eintragungen persönlicher Erlebnisse u. Gedanken:* ein T. führen. **2.** *Buch, Heft für laufende Eintragungen dienstlicher Vorgänge.* **3.** (Buchf.) *Buch, Heft für laufende Eintragungen von Buchungen zur späteren Übertragung ins Hauptbuch.*

Ta|ge|buch|auf|zeich|nung, die: *Aufzeichnung in einem Tagebuch* (1).

Ta|ge|buch|ein|trag, der: **a)** *Tagebuchaufzeichnung;* **b)** *Eintrag ins Tagebuch* (2, 3).

Ta|ge|dieb, der [eigtl. = wer dem lieben Gott den Tag stiehlt] (abwertend): *Nichtstuer, Müßiggänger.*

Ta|ge|die|bin, die: w. Form zu ↑Tagedieb.

Ta|ge|geld, das: **1. a)** *Pauschbetrag, der für Verpflegungskosten bei Dienstreisen abgerechnet werden kann;* **b)** ⟨Pl.⟩ *Aufwandsentschädigung, Diäten.* **2.** *[von der Krankenversicherung bei Krankenhausaufenthalt gezahlte] Vergütung für einen Tag.*

tag|ein ⟨Adv.⟩: ↑tagaus.

ta|ge|lang ⟨Adj.⟩: *mehrere Tage dauernd:* ein -er Kampf; t. warten müssen.

Ta|ge|lohn, der: *(bes. in der Land- u. Forstwirtschaft) nach Arbeitstagen berechneter [u. täglich ausbezahlter] Lohn:* im T. *(als Tagelöhner)* stehen, arbeiten.

Ta|ge|löh|ner, der; -s, -: *[Land]arbeiter im Tagelohn.*

Ta|ge|löh|ne|rin, die; -, -nen: w. Form zu ↑Tagelöhner.

Ta|ge|marsch, der: *Tagesmarsch.*

ta|gen ⟨sw. V.; hat⟩ [1: mhd. tagen = Gericht halten; (vor Gericht) verhandeln, zu: tac (↑[1]Tag) = Verhandlung(stag); 2: mhd. tagen, ahd. tagēn]: **1.** *eine Tagung, Sitzung abhalten:* das Gericht tagt; ein Kongress, das Parlament tagt; **Ü** wir haben noch bis in den frühen Morgen hinein getagt *(waren fröhlich beisammen).* **2.** ⟨unpers.⟩ (geh.) *dämmern* (1 a): es fängt schon an zu t.; **R** jetzt tagt mirs, tagt es bei mir! *(jetzt verstehe ich!).*

Ta|ge|rei|se, die (früher): **1.** *einen Tag dauernde Reise (bes. mit Pferd u. Wagen):* nach Wien sind es 10 -n. **2.** *Strecke, die man in einer Tagereise* (1) *zurücklegt:* der Ort liegt 3 -n entfernt.

Ta|ges|ab|lauf, der: *Ablauf eines Tages:* ein geregelter T.

Ta|ges|ak|tu|a|li|tät, die: **1.** vgl. Tagesereignis. **2.** ⟨o. Pl.⟩ *das Tagesaktuellsein:* die auf T. bedachten Journalisten.

ta|ges|ak|tu|ell ⟨Adj.⟩: *von diesem Tag stammend u. daher ganz aktuell:* es müssen jeweils die -en Aufgaben bewältigt werden.

Ta|ges|an|bruch, der: *Anbruch des Tages:* bei, vor T.

Ta|ges|an|zug, der: *üblicherweise am Tag getragener Anzug; Straßenanzug.*

Ta|ges|ar|beit, die: **1.** *Arbeit eines Tages:* das ist eine T. **2.** *tägliche Arbeit, Aufgabe:* die T. erledigen.

Ta|ges|be|darf, der: *täglicher Bedarf.*

Ta|ges|be|richt, der: *Bericht über die Ereignisse des Tages.*

Ta|ges|creme, die: *Gesichtscreme für den Tag.*

Ta|ges|de|cke, die: *Zierdecke, die am Tage über das Bett gebreitet wird.*

Ta|ges|dienst, der: *am Tag zu versehender Dienst (bes. im Unterschied zum Nachtdienst).*

Ta|ges|ein|nah|me, die: *Einnahme* (1) *eines Tages.*

Ta|ges|ein|tei|lung, die: *zeitliche Einteilung des Tages für einzelne Vorhaben o. Ä.:* eine vernünftige T.

Ta|ges|er|eig|nis, das: *Ereignis des Tages.*

Ta|ges|fahrt, die: *Fahrt, die einen Tag dauert u. wieder zum Ausgangspunkt zurückführt.*

Ta|ges|form, die (Sport): *Kondition, in der sich eine Mannschaft, ein Wettkampfteilnehmer (an einem bestimmten Tag) befindet:* die T. entscheidet über den Sieg.

Ta|ges|ge|richt, das: *[2]Gericht, das auf der Tageskarte eines Restaurants steht.*

Ta|ges|ge|schäft, das: **1.** *tägliche Arbeit:* das T. ist von einem festen Ablauf bestimmt. **2.** (Wirtsch.) *Bar- od. Kreditgeschäft, bei dem der Gegenstand des Geschäfts sofort zu liefern ist.*

Ta|ges|ge|sche|hen, das: *Geschehen des Tages; aktuelles Geschehen:* ein Bericht vom T.

Ta|ges|ge|spräch, das: *hauptsächliches Gesprächsthema eines bestimmten Tages:* dieses Ereignis war [das] T.

Ta|ges|hälf|te, die: *Hälfte eines [Arbeits]tages:* in der zweiten T.

Ta|ges|heim, das: *Heim, in dem Kinder tagsüber untergebracht werden können.*

ta|ges|hell (seltener): ↑taghell.

Ta|ges|kar|te, die: **1.** *für den jeweiligen Tag geltende Speisekarte mit Gerichten, die schon zubereitet, für diesen Tag vorbereitet sind.* **2.** *Fahr- od. Eintrittskarte, die einen Tag lang gültig ist.*

Ta|ges|kas|se, die: **1.** *tagsüber zu bestimmten Zeiten geöffnete Kasse.* **2.** vgl. Tageseinnahme: die T. abrechnen.

Ta|ges|kauf, der (Wirtsch.): *Tagesgeschäft.*

Ta|ges|kli|nik, die: *psychiatrische Klinik, in der die Patienten nur am Tag verweilen, tagsüber behandelt werden.*

Ta|ges|krip|pe, die: vgl. Tagesheim.

Ta|ges|kurs, der (Börsenw.): *für die Abrechnung bei Wertpapier[ver]käufen o. Ä. gültiger Kurs des Tages:* Devisen zum T. kaufen.

Ta|ges|leis|tung, die: *Leistung, die an einem Tag erbracht wird, zu erbringen ist.*

Ta|ges|licht, das ⟨o. Pl.⟩: *Licht, Helligkeit des Tages:* helles, künstliches T.; durch das Kellerfenster fällt T.; das Zimmer hat kein T.; noch bei T. *(bevor es Abend wird)* zurückkehren; * **das T.**

scheuen (↑Licht 1b); **etw. ans T. bringen/ziehen/zerren/holen** (↑Licht 1b); **ans T. kommen** (↑Licht 1b).

Ta|ges|licht|pro|jek|tor, der: *Overheadprojektor.*

Ta|ges|lo|sung, die: **1.** *Losung für den Tag:* die T. bekannt geben. **2.** (österr.) *Tageseinnahme.*

Ta|ges|marsch, der: **1.** vgl. Tagesfahrt. **2.** *Strecke, die jmd. an einem Tag marschiert:* drei Tagesmärsche von hier.

Ta|ges|mut|ter, die ⟨Pl. ...mütter⟩: *Frau, die kleinere Kinder bes. von berufstätigen Müttern tagsüber, meist zusammen mit eigenen, in ihrer Wohnung gegen Bezahlung betreut.*

Ta|ges|ord|nung, die [LÜ von frz. ordre du jour, dieses LÜ von engl. order of the day]: *Programm* (1b) *einer Sitzung:* etw. auf die T. setzen, von der T. absetzen; etw. steht auf der T.; zur T. übergehen *(die Beratung beginnen);* zur T.! (Mahnung, beim Thema der Tagesordnung zu bleiben); *** an der T. sein** *(häufig vorkommen;* in Bezug auf etw., was als negativ empfunden wird): Raubüberfälle waren an der T.; **über etw. zur T. übergehen** *(über etw. hinweggehen, etw. nicht weiter beachten).*

Ta|ges|ord|nungs|punkt, der: *einzelner Punkt* (4a) *einer Tagesordnung.*

Ta|ges|po|li|tik, die: *Politik, die auf die aktuellen, rasch wechselnden Fragen des Tages bezogen ist.*

ta|ges|po|li|tisch ⟨Adj.⟩: *die Tagespolitik betreffend, zu ihr gehörend:* -e Erwägungen, Entscheidungen.

Ta|ges|pres|se, die ⟨o. Pl.⟩: *Tageszeitungen eines bestimmten Tages:* die T. lesen.

Ta|ges|ra|ti|on, die: *Ration für einen Tag:* er hatte bereits seine ganze T. vertilgt.

Ta|ges|raum, der: *(in Kliniken, Heimen o. Ä.) Aufenthaltsraum.*

Ta|ges|rei|se, die: *Tagereise.*

Ta|ges|satz, der: **1.** (Rechtsspr.) *nach dem täglichen Nettoeinkommen u. den übrigen wirtschaftlichen Verhältnissen ermittelte Einheit, in der Geldstrafen festgesetzt werden:* der Täter wurde zu zehn Tagessätzen verurteilt. **2.** *festgesetzte tägliche Kosten für Unterbringung [u. Behandlung] eines Patienten im Krankenhaus o. Ä.*

Ta|ges|stät|te, die: vgl. Tagesheim.

Ta|ges|sup|pe, die: vgl. Tagesgericht.

Ta|ges|tour, die: vgl. Tagesfahrt.

Ta|ges|zeit, die: *bestimmte Zeit am Tage:* um diese T. ist wenig Betrieb; zu allen -en; *** zu jeder Tageszeit/Tages- und Nachtzeit** *(immer, zeitlich ohne Einschränkung).*

Ta|ges|zei|tung, die: *Zeitung, die jeden [Wochen]tag erscheint.*

Ta|ge|tes, die; -, - [spätlat. tagetes; nach Tages, einem schönen Jüngling]: *(zu den Korbblütlern gehörende) Pflanze mit gelben bis braunen, oft gefüllten Blüten u. strengem Duft.*

ta|ge|wei|se ⟨Adv.⟩: *an einzelnen Tagen:* t. aushelfen.

Ta|ge|werk, das [2: mhd. tagewerc, ahd. tagawerch]: **1.** ⟨o. Pl.⟩ (früher, noch geh.) *tägliche Arbeit, Aufgabe:* sein T. vollbracht haben; seinem T. nachgehen. **2.** (früher) *Arbeit eines Tages:* jedes T. einzeln bezahlen. **3.** (früher) *altes (meist einem Morgen od. Joch entsprechendes) Feldmaß.*

Tag|fal|ter, der: *bei Tage fliegender Falter.*

Tag|geld (südd., österr., schweiz.): ↑Tagegeld.

tag|gen [ˈtægn̩] ⟨sw. V.; hat⟩ [engl. to tag, eigtl. = mit einem Anhänger, Schild o. Ä. versehen] (EDV): *(einen Text) mithilfe von* [3]*Tags strukturieren.*

tag|hell ⟨Adj.⟩: **1.** *völlig hell durch das Tageslicht:* es war schon t. **2.** *hell wie am Tage:* das Gelände ist nachts t. erleuchtet.

-tägig: in Zusb., z. B. achttägig *(acht Tage dauernd);* mehrtägig *(mehrere Tage dauernd).*

Ta|gli|a|tel|le [talja...] ⟨Pl.⟩ [ital. tagliatelle (Pl.), eigtl. = (Ab)geschnittene]: *dünne, italienische Bandnudeln.*

täg|lich ⟨Adj.⟩ [mhd. tagelich, ahd. tagalīh]: *jeden Tag (vor sich gehend, wiederkehrend):* die -e Arbeit; der -e Bedarf, Gebrauch; unser -es Brot gib uns heute (Bitte aus dem Vaterunser); t. Sport treiben; t. acht Stunden arbeiten; die Tabletten sind dreimal t. zu nehmen; -es Geld (Bankw.; *zwischen den Banken od. am Geldmarkt gehandeltes Leihgeld, das täglich kündbar ist).*

-täglich: in Zus., z. B. achttäglich *(alle acht Tage wiederkehrend, stattfindend).*

Tag|lohn usw. (südd., österr., schweiz.): ↑Tagelohn usw.

Tag|pfau|en|au|ge, das: *Tagfalter mit je einem großen blau, gelb u. schwarz gezeichneten runden Fleck auf den rotbraunen Flügeln.*

tags ⟨Adv.⟩ [mhd. tages, ahd. dages, erstarrter Gen. Sg. von ↑[1]Tag]: **1.** *am Tage, während des Tages:* er arbeitet t. im Garten. **2. * t. zuvor/davor** *(am vorhergehenden Tag);* **t. darauf** *(am darauf folgenden Tag).*

Tag|schicht, die: **1.** *Schichtarbeit während des Tages.* **2.** *Gesamtheit der in der Tagschicht* (1) *Arbeitenden eines Betriebes.*

Tag|schmet|ter|ling, der: *Tagfalter.*

Tag|sei|te, die: *der Sonne zugewandte Seite der Erde:* die T. der Erde; Ü sie lebt auf der T. *(der hellen, freundlichen Seite)* des Lebens.

tags|über ⟨Adv.⟩: *den [ganzen] Tag über, während des Tages:* t. ist niemand zu Hause.

tag|täg|lich ⟨Adj.⟩: *jeden Tag ohne Ausnahme:* die -e Erfahrung, Arbeit; es war t. dasselbe.

Tag|traum, der: *Wachtraum:* sich in Tagträumen verlieren.

Tag|träu|mer, der: *jmd., der Tagträumen nachhängt.*

Tag|träu|me|rei, die; -, -en: *das Tagträumen.*

Tag|träu|me|rin, die: w. Form zu ↑Tagträumer.

Tag|und|nacht|glei|che, die; -, -n: *Äquinoktium.*

Ta|gung, die; -, -en [zu mhd. tagen, ↑tagen (1)]: *dem Gedanken-, Informationsaustausch o. Ä. dienende, ein- od. mehrtägige Zusammenkunft der Mitglieder von Institutionen, Fachverbänden usw.; Kongress* (1): eine T. veranstalten, abhalten; an einer T. teilnehmen; auf einer T. sprechen.

Ta|gungs|bü|ro, das: *Büro, das die organisatorische Arbeit während einer Tagung übernimmt.*

Ta|gungs|ge|bäu|de, das: vgl. Tagungsort.

Ta|gungs|ort, der ⟨Pl. -e⟩: *Ort, an dem eine Tagung stattfindet.*

Ta|gungs|teil|neh|mer, der: *jmd., der an einer Tagung teilnimmt.*

Ta|gungs|teil|neh|me|rin, die: w. Form zu ↑Tagungsteilnehmer.

tag|wei|se (bes. südd., österr., schweiz.): ↑tageweise.

Tag|werk (bes. südd., österr.): ↑Tagewerk.

Ta|hi|ti; -s: größte Insel der Gesellschaftsinseln.

Tai: ↑[1,2,3]Thai.

Tai-Chi [...ˈtʃiː], das; -[s] [1. chin. tàijí (Pinyin), aus: tài = äußerst, extrem u. jí = Grenze; 2: kurz für chin. tàijí quán, zu: quán (Pinyin), zu: quan = Faust, eigtl. = die Faust des höchsten Letzten]: **1.** *(in der chinesischen Philosophie) Urgrund des Seins, aus dem alles entsteht.* **2.** *(aus einer chinesischen Technik der Selbstverteidigung hervorgegangene) Abfolge von Übungen mit langsamen, fließenden Bewegungen von meditativem Charakter; Schattenboxen.*

Tai-Chi-Chu|an [...tʃiˈtʃuan], das; -[s] [chin. taiji quan (Pinyin), Tai-Chi (2)]: *Tai-Chi* (2).

Tai|fun, der; -s, -e [engl. typhoon (unter Einfluss von älter engl. typhon = Wirbelwind) < chin. (kantonesisch) tai fung, eigtl. = großer Wind]: *tropischer Wirbelsturm (bes. in Ostasien).*

Tai|ga, die; - [russ. tajga]: *großes, von Sümpfen durchzogenes Waldgebiet (bes. in Sibirien).*

Tail|le [ˈtaljə, österr.: ˈtailjə], die; -, -n [frz. taille (Körper)schnitt, Wuchs, zu: tailler = (zer)schneiden < spätlat. taliare, ↑Teller; 4: frz. taille; diese Mittellage »trennt« die höheren von den tiefen Lagen; 5, 6: frz. taille, eigtl. = Zuteilung]: **1.** *zwischen Hüfte u. Brustkorb gelegener schmalster Abschnitt des Rumpfes* (1); *Gürtellinie* (a): eine schlanke T.; auf T. *(in der Taille eng anliegend)* sitzen, gearbeitet sein; das Kleid wird in der T. von einem Gürtel zusammengehalten; jmdn. um die T. fassen; Frauen mit T. 63 *(mit 63 cm Taillenweite).* **2.** *mehr od. weniger eng anliegender, die Taille bedeckender Teil von Kleidungsstücken:* ein Kleid in der T. enger machen. **3.** (veraltet) *Mieder* (2); *** per T.** (bes. berlin.; *ohne Mantel*): per T. gehen. **4.** (Musik) *(vom 16. bis 18. Jh.) Tenorlage in der französischen Vokal- u. Instrumentalmusik.* **5.** (Kartenspiel) *(bes. beim Pharo) das Aufdecken der Karten, um Gewinn od. Verlust des Wettbetrages zu ermitteln.* **6.** *(in Frankreich von 1439 bis 1789) von den nicht privilegierten Ständen erhobene Steuer.*

tail|len|be|tont ⟨Adj.⟩ (Mode): *mit betonter Taille:* eine -e Jacke.

Tail|len|hö|he, die (Schneiderei): *Höhe der Taille* (2) *(beim stehenden Menschen vom Boden aus gemessen):* in, bis zur T.

Tail|len|um|fang, der: *Taillenweite.*

Tail|len|wei|te, die (Schneiderei): *Weite (eines Kleidungsstücks) in der Taille* (2).

tail|lie|ren [taˈjiːrən] ⟨sw. V.; hat⟩ [frz. tailler, ↑Taille]: **1.** *auf Taille arbeiten:* ein tailliertes Kleid. **2.** (Kartenspiel) *die Karten aufdecken.*

Tai|peh [auch taiˈpeː]: Hauptstadt von Taiwan.

Tai|wan; -s: Inselstaat in Ostasien.

Tai|wa|ner, der; -s, -: Ew.

Tai|wa|ne|rin, die; -, -nen: w. Form zu ↑Taiwaner.

tai|wa|nisch ⟨Adj.⟩: *Taiwan, die Taiwaner betreffend; von den Taiwanern stammend, zu ihnen gehörend.*

Take [teːk, engl.: teɪk], der od. das; -s, -s [engl. take, zu: to take = ein-, aufnehmen]: **1.** (Film, Ferns.) **a)** *Einstellung* (3); **b)** *(für die Synchronisation zu verwendender) zur wiederholten Abspielung zusammengeklebter Filmstreifen:* -s drehen. **2.** (Jargon) *Zug aus einer Haschisch- od. Marihuanazigarette.*

Ta|kel, das; -s, - [mniederd. takel = (Schiffs)ausrüstung, H. u.] (Seemannsspr.): **1.** *schwere Talje.* **2.** *Takelage.*

Ta|ke|la|ge [...ˈlaːʒə], die; -, -n [mit französierender Endung zu ↑Takel]: *Gesamtheit der Vorrichtungen, die die Segel eines Schiffs tragen (bes. Masten, Spieren, Taue); Takel-, Segelwerk.*

ta|keln ⟨sw. V.; hat⟩ (Seemannsspr.): *(ein Schiff) mit Takelage versehen.*

Ta|ke|lung, Taklung, die; -, -en (Seemannsspr.): **1.** *das [Auf]takeln.* **2.** *[Art der] Tagelage.*

Ta|kel|werk, das: *Takelage.*

Take-off [ˈteɪk|ɔf], das od. der; -s, -s [engl. takeoff, zu: to take off = abheben]: *Start (einer Rakete, eines Flugzeugs):* der T. glückte; fertig zum T. sein; Ü das T. einer Show.

Take-over [ˈteik|oʊvə], das od. der; -s, -s [engl. take-over, zu: to take over = übernehmen] (Wirtsch.): *Kauf, Übernahme eines Unternehmens bzw. Übernahme der Leitung* (1a) *eines erworbenen Unternehmens.*

Tak|lung: ↑Takelung.

Takt, der; -[e]s, -e [1: eigtl. = Taktschlag, (stoßende) Berührung < lat. tactus = Berührung; Gefühl, zu: tactum, 2. Part. von: tangere, ↑tangieren; 4: frz. tact < lat. tactus]: **1.** ⟨o. Pl.⟩ *Einteilung eines musikalischen, bes. eines rhythmischen Ablaufs in gleiche Einheiten mit jeweils einem Hauptakzent am Anfang u. festliegender Untergliederung:* der T. eines Walzers; den T. angeben, wechseln, [ein]halten, schlagen, klopfen; aus dem T. kommen; im T. bleiben, singen; Ü jmdn. aus dem T. bringen *(aus dem Konzept bringen, stören, verwirren);* aus dem T. kommen *(gestört, verwirrt werden);* *** den T. angeben** *(zu bestimmen haben).* **2. a)** *betont beginnende, je nach Taktart in zwei od. mehr Teile gleicher Zeitdauer untergliederte Einheit des Taktes* (1): ein halber, ganzer T. [Pause]; ein paar -e eines Liedes singen; mitten im T. abbrechen; Ü ein paar -e (ugs.; *ein wenig)* ausruhen; dazu möchte ich auch ein paar -e (ugs.; *etwas; einige Worte, Sätze)* sagen; mit dem muss ich mal ein paar -e

T

reden (ugs.; *ein ernstes Wort reden, ihn zur Rechenschaft ziehen*); **b)** (Verslehre) *Abstand von Hebung* (4) *zu Hebung bei akzentuierenden Versen.* **3. a)** ‹o. Pl.› *rhythmisch gegliederter Ablauf von Bewegungsphasen:* der T. der Hämmer; im T., gegen den T. rudern; im T. bleiben, aus dem T. kommen; **b)** (Technik) *Hub* (2); **c)** (EDV) *kleinste Phase im Rhythmus synchronisierter Vorgänge;* **d)** (Technik) *Produktions-, Arbeitsabschnitt bei der automatischen Fertigung bzw. bei der Fertigung in Fließarbeit;* **e)** *gleichmäßiger Rhythmus, in dem etw. abläuft, in den etw. zeitlich gegliedert ist.* **4.** ‹o. Pl.› *Feingefühl (im Umgang mit anderen Menschen):* [viel, wenig, keinen] T. haben; die Ausführung dieses Plans fordert, verlangt T.; es an T. fehlen lassen; etw. mit großem, feinem T. behandeln.

Takt|art, die (Musik): *Art des Taktes* (1), *Metrums.*

tak|ten ‹sw. V.; hat› (Technik): **a)** *in Arbeitstakten* (3) *[be]arbeiten;* **b)** *in Takten* (3 b) *arbeiten lassen, laufen lassen.*

Takt|fahr|plan, der (Eisenb.): *Fahrplan für in regelmäßigem zeitlichem Takt* (3 e) *verkehrende Züge.*

Takt|feh|ler, der: *Verstoß gegen den Takt* (4).

takt|fest ‹Adj.›: **1. a)** *den Takt* (1) *genau einhaltend, sicher im Takt:* t. sein, singen; **b)** *in festem, gleich bleibendem Takt* (2 a): t. marschieren. **2.** (selten) *sicher (in Können u. Wissen):* auf einem Gebiet t. sein.

Takt|ge|fühl, das ‹o. Pl.›: *[Gefühl für] Takt* (4): T., kein T. haben; ein Mensch ohne T.

[1]tak|tie|ren ‹sw. V.; hat›: *den Takt* (1) *schlagen, angeben:* der Musiklehrer taktierte mit den Händen.

[2]tak|tie|ren ‹sw. V.; hat› [zu ↑Taktik]: *taktisch vorgehen, sich taktisch klug verhalten:* geschickt, klug t.

Tak|tie|rer, der; -s, -: *jmd., der [2]taktiert:* er ist ein geschickter T.

Tak|tie|re|rin, die; -, -nen: w. Form zu ↑Taktierer.

Tak|tik, die; -, -en [frz. tactique < griech. taktikḗ (téchnē) = die Kunst der Anordnung u. Aufstellung, zu: taktikós = zum (An)ordnen gehörig, geschickt, zu: tássein, táttein = anordnen, aufstellen]: *aufgrund von Überlegungen im Hinblick auf Zweckmäßigkeit u. Erfolg festgelegtes Vorgehen:* eine wirksame, verfehlte T.; die T. des Hinhaltens; eine T. verfolgen, einschlagen, entwickeln, aufgeben; nach einer bestimmten T. vorgehen.

Tak|ti|ker, der; -s, -: *jmd., der taktisch klug vorgeht.*

Tak|ti|ke|rin, die; -, -nen: w. Form zu ↑Taktiker.

tak|til ‹Adj.› [lat. tactilis = berührbar, zu: tactum, ↑Takt] (Biol.): *das Tasten, die Berührung, den Tastsinn betreffend, mithilfe des Tastsinns [erfolgend]:* -e Reize.

tak|tisch ‹Adj.›: *die Taktik betreffend, auf [einer] Taktik beruhend; klug, berechnend, planvoll:* -e Überlegungen; ein -er Fehler; -e Manöver; -e Anweisungen; etw. ist t. klug, falsch; t. vorgehen; -e Waffen (Milit.; *Waffen von geringerer Sprengkraft u. Reichweite*); -e Zeichen (Milit.; *Zeichen [auf Karten usw.], die auf militärische Einrichtungen, Anlagen o. Ä. hinweisen*).

takt|los ‹Adj.›: *ohne Takt* (4); *verletzend; indiskret; indezent:* ein -er Mensch; es war t. [von dir], darauf anzuspielen; sich t. verhalten.

Takt|lo|sig|keit, die; -, -en: **1.** ‹o. Pl.› *taktlose Art, Verhaltensweise:* er ist bekannt für seine T. **2.** *taktlose Handlung, Äußerung; Indiskretion* (2): grobe -en begehen; sich eine T. zuschulden kommen lassen.

Takt|maß, das (Musik): *Metrum* (2 a).

takt|mä|ßig ‹Adj.›: *im gleichen, festen Takt* (3).

Takt|mes|ser, der: *Metronom.*

Takt|stock, der: *dünner, kurzer Stock, mit dem der Dirigent den Takt* (1) *angibt:* den T. heben, führen; den T. schwingen (scherzh.; *dirigieren*).

Takt|teil, der (Musik): *Teil des Taktes* (2 a): betonter, unbetonter T.

Takt|ver|fah|ren, das (Technik): *Verfahren der Fließarbeit, bei dem die einzelnen Arbeitsvorgänge in geregeltem Zeittakt aufeinander folgen bzw. sich wiederholen.*

takt|voll ‹Adj.›: *Takt* (4) *zeigend, mit Takt[gefühl]:* eine wenig -e Bemerkung; sich t. benehmen; t. über etw. hinweggehen.

Takt|zeit, die (Technik): *Zeitspanne eines Arbeitstaktes* (2).

Tal, das; -[e]s, Täler, (dichter.:) -e [mhd., ahd. tal, eigtl. = Biegung, Vertiefung, Senke]: **1.** *(in der Regel durch einen Wasserlauf hervorgerufener) tiefer Einschnitt in der Erdoberfläche von mehr od. weniger großer Längenausdehnung:* ein enges, tiefes T.; das T. verengt sich, öffnet sich; über Berg und T.; das Vieh ins T./zu T. treiben; Ü die Wirtschaft befindet sich in einem T. *(hat schlechte Konjunktur);* * **T. der Tränen** (geh.; *die Welt mit ihrem Leiden*). **2.** ‹o. Pl.› *Gesamtheit der Bewohner eines Tals* (1): das ganze T. war da.

tal|ab, tal|ab|wärts ‹Adv.›: *das Tal hinunter, abwärts:* wir fahren jetzt t.

Ta|lar, der; -s, -e [ital. talare < lat. talaris (vestis) = knöchellanges (Gewand), zu: talus = Knöchel]: *Amtstracht von Geistlichen, Richtern u. (bei besonderen Anlässen) Hochschullehrern in Form eines langen, weiten Obergewands mit weiten Ärmeln.*

Tal|aue, die: *bes. aus Wiesen bestehender Teil der Talsohle.*

tal|auf, tal|auf|wärts ‹Adv.›: *das Tal hinauf, aufwärts.*

tal|aus ‹Adv.›: *aus dem Tal hinaus:* t. tut sich die weite Ebene auf.

Tal|aus|gang, der: *Ausgang, Ende eines Tals.*

Tal|brü|cke, die: *Straßen- od. Bahnbrücke, die über ein Tal hinwegführt.*

Täl|chen, das; -s, -: Vkl. zu ↑Tal (1).

tal|ein, tal|ein|wärts ‹Adv.›: *in das Tal hinein:* sie fuhren 3 Kilometer t.; das Haus liegt weiter t. *(weiter oben im Tal).*

Tal|en|ge, die: *Verengung eines Tals, Schlucht.*

Ta|lent, das; -[e]s, -e [1: frühnhd. = (anvertrautes) materielles Gut, dann: (angeborene) Fähigkeit, identisch mit (2); 2: lat. talentum < griech. tálanton = (einem bestimmten Gewicht entsprechende) Geldsumme, eigtl. = Waage; Gewogenes]: **1. a)** *Begabung, die jmdn. zu ungewöhnlichen bzw. überdurchschnittlichen Leistungen auf einem bestimmten, bes. auf künstlerischem Gebiet befähigt:* er hat ein T. zur Schauspielerei; musikalisches, pädagogisches T.; T. für Sprachen haben, besitzen; außergewöhnliche -e entwickeln; ein T. verkümmern lassen; er war ein Mann von T. *(er hatte Talent, Begabung);* nicht ohne T. *(recht talentiert)* sein; **b)** *jmd., der Talent* (1 a) *hat:* er, sie ist ein aufstrebendes, viel versprechendes T.; junge -e fördern; neue -e entdecken. **2.** *altgriechische Gewichts- u. Münzeinheit.*

Ta|lent|för|de|rung, die: *Förderung von Talenten.*

ta|len|tiert ‹Adj.›: *Talent* (1 a) *besitzend, begabt:* ein -er Nachwuchsspieler; für Mathematik ist er wenig t.

ta|lent|los ‹Adj.›: *ohne Talent* (1 a).

Ta|lent|schmie|de, die (Jargon): *Ausbildungsstätte für begabten Nachwuchs (bes. in der Musik u. im Sport):* dieser Verein ist eine T. für junge Fußballer.

Ta|lent|su|che, die: *Suche nach Talenten* (1 b): auf T. gehen.

Ta|ler, der; -s, - [im 16. Jh. gek. aus »Joachimstaler«, nach St. Joachimsthal in Böhmen (heute Jáchymov, Tschechische Republik)]: **a)** *Silbermünze in Deutschland bis in die Mitte des 18. Jh.s.;* **b)** *Silbermünze im Wert von drei Reichsmark.*

Tä|ler: Pl. von ↑Tal.

Tal|fahrt, die: **a)** (Schifffahrt) *stromabwärts gehende Fahrt;* **b)** *abwärts führende Fahrt auf einer Straße o. Ä.:* eine gefährliche T.; Ü die T. *(der Kursrückgang)* des Dollars; die T. der Poesie; die T. von etw. wird gestoppt, setzt sich weiter fort, hält an.

Talg, der; -[e]s, (Sorten:) -e [aus dem Niederd. < mniederd. talch, viell. eigtl. = das fest Gewordene]: **1.** *(aus dem Fettgewebe bes. der Nieren von Rindern od. Schafen gewonnenes) festes, gelbliches Fett.* **2.** *Fett, das von den Drüsen der Haarbälge abgesondert wird.*

Talg|drü|se, die: *in den oberen Teil der Haarbälge mündende Drüse (bei Menschen u. Säugetieren), die Talg absondert u. dadurch Haut u. Haare geschmeidig erhält.*

tal|gig ‹Adj.›: **a)** *von Talg [herrührend]:* -e Flecken auf dem Tischtuch; **b)** *wie Talg.*

Talg|ker|ze, die: *Talglicht.*

Talg|licht, das ‹Pl. -er›: *Kerze aus Talg:* * **jmdm. geht ein T. auf** (↑Licht 2 b).

Ta|li|ban ‹Pl.› [Paschto, eigtl. = die, die Erkenntnis suchen]: *Angehörige einer radikalen islamischen Miliz in Pakistan, die sich vor allem aus afghanischen Flüchtlingen rekrutiert.*

Ta|lisch, der; -, - [nach dem Volk der Talyschen]: *Orientteppich mit farbiger Musterung auf elfenbeinfarbenem Grund.*

Ta|lis|man, der; -s, -e [span. talismán, ital. talismano < arab. ṭilasm = Zauberbild < mgriech. télesma = geweihter Gegenstand, zu griech. teleĩn = vollenden, vollbringen; weihen, zu: télos = Ende, Ziel]: *kleiner Gegenstand, Erinnerungsstück, dem jmd. eine zauberkräftige, Glück bringende Wirkung zuschreibt:* einen T. um den Hals tragen.

Tal|je, die; -, -n [mniederd. tallige, (m)niederl. talie < ital. taglia < lat. talea, ↑Teller] (Seemannsspr.): *Flaschenzug.*

[1]Talk, der; -[e]s [frz. talc < span. talque < arab. ṭalq]: *mattweiß, gelblich bis braun schimmerndes, sich fettig anfühlendes, weiches Mineral (das sich leicht zu Pulver zermahlen lässt).*

[2]Talk [tɔːk], der; -s, -s [engl. talk, zu: to talk, ↑talken] (Jargon): *Plauderei, Unterhaltung, [öffentliches] Gespräch:* der T. ist zum festen Bestandteil des Fernsehprogramms geworden.

talk|ar|tig ‹Adj.›: *in der Art von [1]Talk.*

tal|ken [ˈtɔːkn̩] ‹sw. V.; hat› [engl. to talk = reden, sprechen] (Jargon): **1.** *eine Talkshow durchführen.* **2.** *sich unterhalten, Konversation machen:* der Showmaster talkt mit Studiogästen.

Tal|ker [ˈtɔːkɐ], der; -s, - [engl. talker = Sprecher, zu: to talk, ↑talken]: **1.** (EDV) *Gerät, das Daten sendet.* **2.** (Jargon) *Talkmaster:* als beliebtester T. im Fernsehen hat er eine zweite Show erhalten.

Talk|er|de, die; - [↑[1]Talk]: *Magnesia.*

Tal|ke|rin, die; -, -nen: w. Form zu ↑Talker (2).

Talk|mas|ter [ˈtɔːk...], der; -s, - [geb. nach ↑Showmaster]: *jmd., der eine Talkshow leitet.*

Talk|mas|te|rin, die; -, -nen: w. Form zu ↑Talkmaster.

Talk|run|de [ˈtɔːk...], die: *Runde von Personen, die an einem [2]Talk teilnehmen:* an einer T. teilnehmen.

Talk|show [ˈtɔːk...]; die; -, -s [engl. talk show, aus: talk (↑[2]Talk) u. show, ↑Show] (Ferns.): *Unterhaltungssendung, in der ein Gesprächsleiter [bekannte] Personen durch Fragen zu Äußerungen über private, berufliche u. allgemein interessierende Dinge anregt:* eine T. mit mehreren Teilnehmern; eine T. moderieren.

Tal|kum, das; -s: *pulverisierter weißer [1]Talk, der u. a. zur Herstellung von Pudern verwendet wird.*

Tal|kum|pu|der, der, auch: das: *Talkum.*

Tal|lin: ältere Schreibung von ↑Tallinn.

Tal|linn: Hauptstadt von Estland.

Tal|mi, das; -s [gek. aus älter Talmigold, H. u.]: *etw. (Schmuck o. Ä.), was keinen besonderen Wert hat, nicht echt ist.*

Tal|mi|gold, das: *goldfarbene Metalllegierung.*

Tal|mud, der; -[e]s, -e [hebr. talmụd, eigtl. = Lehre]: **1.** ‹o. Pl.› *Sammlung der Gesetze u. religiösen Überlieferungen des Judentums nach der Babylonischen Gefangenschaft:* im T. lesen. **2.** *Exemplar des Talmuds* (1).

T

Tal|mu|dis|mus, der; -: *aus dem Talmud geschöpfte Lehre u. Weltanschauung.*
Tal|mul|de, die (Geogr.): *flaches, muldenförmiges Tal.*
Ta|lon [ta'lõ:, österr.: ta'lo:n], der; -s, -s [frz. talon, eigtl. Rest < vlat. talo < lat. talus, ↑Talar]: **1. a)** (Börsenw.) *Teil eines Wertpapiers, mit dem ein neuer Schein für die Dividende bezogen werden kann;* **b)** *Kontrollabschnitt (einer Eintrittskarte, Wertmarke o. Ä.).* **2.** (Spiele) **a)** *Kartenrest (beim Geben);* **b)** *Stoß von [verdeckten] Karten im Glücksspiel; Kartenstock;* **c)** *noch nicht verteilte, verdeckt liegende Steine, von denen sich die Spieler der Reihe nach bedienen.* **3.** (Musik) *Frosch* (3).
Tal|schaft, die; -, -en: **1.** (schweiz., westösterr.): *Gesamtheit der Bewohner eines Tales.* **2.** (Geogr.) *(in den Alpen u. a. Hochgebirgen) Tal in seiner Gesamtheit (mit seinen Nebentälern).*
Tal|schi: ↑Talski.
Tal|sei|te, die: *die talabwärts gerichtete Seite (einer am Hang verlaufenden Straße o. Ä.).*
tal|sei|tig ⟨Adj.⟩: *an der Talseite [liegend], zur Talseite [gerichtet].*
Tal|sen|ke, die (Geogr.): vgl. Talmulde: in der T. sprudelt ein Bach.
Tal|ski, der: *der bei der Fahrt am Hang talseitig geführte, belastete Ski.*
Tal|sper|re, die: *Anlage, die aus einem ein Gebirgstal absperrenden Staudamm, dem dahinter aufgestauten See u. einem Kraftwerk besteht.*
Tal|sta|ti|on, die: *unterer Haltepunkt einer Bergbahn.*
tal|wärts ⟨Adv.⟩ [↑-wärts]: *in Richtung zum Tal:* der Weg führt t.
Ta|ma|got|chi [...tʃi], das, auch: der; -s, -s [aus jap. tamago = Ei u. engl. watch = (Armband-/Taschen)uhr]: **1.** *kleines, eiförmiges elektronisches Gerät, auf dessen Display* (2) *eine kleine Fantasiegestalt erscheint, die auf bestimmte akustische Signale hin wie ein Lebewesen versorgt werden kann:* mit dem T. spielen. **2.** *kleine Fantasiegestalt auf dem Display* (2) *eines Tamagotchis* (1).
Ta|ma|rin|de, die; -, -n [mlat. tamarinda < arab. tamr hindī, eigtl. = indische Dattel]: **1.** *tropischer Baum mit paarig gefiederten, immergrünen Blättern, gelblichen Blüten u. essbaren Früchten.* **2.** *Frucht der Tamarinde.*
Ta|ma|ris|ke, die; -, -n [vlat. tamariscus < lat. tamarix]: *(als Strauch wachsende) Pflanze mit kleinen, schuppenartigen Blättern u. rosafarbenen, in Trauben stehenden Blüten.*
Tam|bour ['tambu:ɐ̯, auch: -'-], der; -s, -e u. (schweiz.:) -en [frz. tambour = Trommel < afrz. tabour, tambor < pers. tabīr; Nasalierung im Roman. wohl unter Einfluss von arab. ṭanbūr, ↑Tanbur]: **1.** (veraltend) *Trommler (bes. beim Militär).* **2.** (Archit.) *[mit Fenstern versehener] zylindrischer Bauteil, auf dem die Kuppel eines Bauwerks aufsitzt.* **3.** (Spinnerei) *mit stählernen Zähnen besetzte Trommel an einer Karde* (2). **4.** (Papierherstellung) *Trommel zum Aufrollen von Papier.*
Tam|bou|rin [tãbu'rɛ̃], das; -s, -s [frz. tambourin, zu: tambour, ↑Tambour]: *bes. in der Provence gespielte längliche, zylindrische Trommel, die mit zwei Fellen bespannt ist.*
Tam|bour|ma|jor, der: *Leiter eines Spielmannszuges.*
Tam|bur, der; -s, -e [frz. tambour (à broder), ↑Tambour]: **1.** (Handarb.) *trommelartiger Stickrahmen, in den der Stoff zum Tamburieren* (1) *fest eingespannt wird.* **2.** ↑Tanbur.
Tam|bu|rin [auch: '- - -], das; -s, -e [frz. tambourin, ↑Tambourin]: **1.** *Schellentrommel.* **2.** *leichtes trommelartiges, mit der Hand zu schlagendes, unten offenes Gerät, mit dem z. B. bei gymnastischen Übungen der Takt geschlagen wird.* **3.** *Tambur* (1).
Ta|mil, das; -[s]: *Sprache der Tamilen.*
Ta|mi|le, der; -n, -n: Angehöriger eines vorderindischen Volkes.
Ta|mi|lin, die; -, -nen: w. Form zu ↑Tamile.
ta|mi|lisch ⟨Adj.⟩: *die Tamilen betreffend, von ihnen stammend, zu ihnen gehörend.*
Tam|pen, der; -s, - [niederl. tamp] (Seemannsspr.): **a)** *Endstück eines Taus, einer Leine:* der T. ist durchgescheuert; * **am T.** *(am Ende einer Reihe o. Ä., hinten);* **b)** *[kurzes] Stück Tau:* den T. befestigen, kappen.
Tam|pon [auch: tam'po:n, tã'põ:], der; -s, -s [frz. tampon < mfrz. ta(m)pon = Pflock, Stöpsel, Zapfen, aus dem Germ.]: **1. a)** (Med.) *Bausch aus Watte, Mull o. Ä. bes. zum Aufsaugen, Abtupfen von Flüssigkeiten, zum Verbinden od. Ausstopfen von Wunden, zum Stillen von Blutungen;* **b)** *Tampon* (a) *von länglicher Form, der von Frauen während der Menstruation benutzt wird.* **2.** (bild. Kunst) *mit Stoff, Filz o. Ä. bespanntes Gerät, mit dem gestochene Platten für den Druck eingeschwärzt werden:* die Farbe mit einem T. auftragen.
tam|po|nie|ren ⟨sw. V.; hat⟩ [frz. tamponner, zu: tampon, ↑Tampon] (Med.): *mit Tampons* (1 a) *ausstopfen:* eine Wunde t.
Tam|tam [auch: '- -], das; -s, -s [1: frz. tam-tam, aus dem Kreol. über das Engl. < Hindi ṭamṭam, lautm.]: **1. a)** *asiatisches, mit einem Klöppel geschlagenes Becken; Gong;* **b)** *afrikanische Holztrommel.* **2.** ⟨o. Pl.⟩ (ugs. abwertend) *laute Betriebsamkeit, mit der auf etw. aufmerksam gemacht werden soll:* großes, viel T. [um jmdn., etw.] machen, veranstalten.
tan = Tangens.
Tan|bur [auch: -'-], Tambur, der; -s, -e u. -s [arab. ṭanbūr, wohl aus dem Pers.] (Musik): *arabische Laute mit kleinem Resonanzkörper u. langem Hals, drei bis vier Stahlsaiten u. vielen Bünden.*
Tand, der; -[e]s [mhd. tant = leeres Geschwätz, Possen, H. u., viell. über die roman. Kaufmannsspr. (vgl. span. tanto = Kaufpreis, Spielgeld) zu lat. tantum = so viel] (veraltend): *wertloses Zeug:* billiger T.
Tän|de|lei, die; -, -en: **a)** *das Tändeln* (a); **b)** (veraltend) *das Tändeln* (b).
Tan|del|markt (österr.), **Tän|del|markt,** der (landsch.): *Trödelmarkt, Flohmarkt.*
tän|deln ⟨sw. V.; hat⟩ [Iterativbildung zu spätmhd. tenten = Possen treiben, zu ↑Tand]: **a)** *etw. mehr in spielerisch-leichter als in ernsthafter Weise tun, ausführen:* mit dem Ball t., statt aufs Tor zu schießen; **b)** (veraltend) *schäkern, flirten.*
Tan|dem [...ɛm], das; -s, -s [engl. tandem < lat. tandem = auf die Dauer, schließlich; mlat. = der Länge nach (hintereinander)]: *Fahrrad für zwei Personen mit zwei hintereinander angeordneten Sitzen u. Tretkurbeln:* [auf, mit einem] T. fahren; Ü die beiden Spieler sind ein eingespieltes T.; das T. Schmidt – Müller.
tang = Tangens.
Tang, der; -[e]s, -e [dän., norw. tang, schwed. tång, wahrsch. = dichte Masse]: *Seetang.*
Tan|ga, der; -s, -s [portug. tanga < Tupi (südamerik. Indianerspr.) tanga = Lendenschurz]: *modischer Minibikini.*
Tan|ga|hös|chen, das: *Tangaslip.*
Tan|ga|slip, der: *Minislip.*
Tan|gens [...gɛns], der; -, - [zu lat. tangens, ↑Tangente] (Math.): *im rechtwinkligen Dreieck das Verhältnis von Gegenkathete zu Ankathete* (Zeichen: tan, tang, tg).
Tan|gens|satz, der ⟨o. Pl.⟩ (Math.): *Lehrsatz der ebenen Trigonometrie, der besagt, dass der Quotient aus Summe u. Differenz zweier Dreieckseiten gleich dem Quotienten aus dem Tangens der halbierten Summe u. der halbierten Differenz der den Seiten gegenüberliegenden Winkel ist.*
Tan|gen|te, die; -, -n [1: nlat. linea tangens, aus lat. linea (↑Linie) u. tangens, 1. Part. von: tangere, ↑tangieren]: **1.** (Math.) *Gerade, die eine Kurve in einem Punkt berührt:* eine T. ziehen. **2.** *Autostraße, die am Rande eines Ortes vorbeiführt.*
Tan|gen|ten|vier|eck, das (Math.): *aus vier an einen Kreis gelegten Tangenten* (1) *gebildetes Viereck.*
tan|gen|ti|al ⟨Adj.⟩ (Math.): *eine gekrümmte Fläche od. Linie berührend:* eine -e Fläche.
Tan|ge|ri|ne, die; -, -n [nach der marokkanischen Stadt Tanger]: *kleine, kernlose mandarinenähnliche Zitrusfrucht.*
tan|gie|ren ⟨sw. V.; hat⟩ [lat. tangere = berühren]: **1.** (bildungsspr.) *jmdn. in bestimmter Weise [innerlich] berühren, im Denken od. Handeln beeinflussen:* das tangiert mich, meine Interessen nicht; Ü das Projekt wird von den Sparmaßnahmen nicht tangiert *(nicht betroffen, nicht beeinträchtigt).* **2.** (Math.) *(von Geraden od. Kurven) eine gekrümmte Linie od. Fläche in einem Punkt berühren:* der Kreis wird von der Geraden im Punkt P tangiert.
Tan|go, der; -s, -s [span. tango, H. u.]: *aus Südamerika stammender Gesellschaftstanz in langsamem* $^2/_4$- *od.* $^4/_8$-*Takt mit synkopiertem Rhythmus.*
Tan|gram, das; -s [engl. tangram, H. u., viell. aus dem Chin.]: *Spiel, bei dem aus Dreiecken, Quadraten o. Ä. Figuren gelegt werden.*
Tank, der; -s, -s, seltener: -e [engl. tank, H. u.; 2: urspr. Deckname für die ersten engl. Panzerwagen]: **1.** *größerer Behälter zum Aufbewahren od. Mitführen von Flüssigkeiten:* der T. ist voll, leer, fasst 70 Liter [Wasser, Benzin]; den T. füllen. **2.** (veraltend) *Panzer* (4).
Tank|de|ckel, der: *Tankverschluss.*
tan|ken ⟨sw. V.; hat⟩ [engl. to tank]: *(Treibstoff als Vorratsmenge) in den dafür vorgesehenen Tank* (1) *füllen:* Benzin t.; er tankte dreißig Liter [Super]; ⟨auch ohne Akk.-Obj.:⟩ hast du schon getankt?; Ü frische Luft, Sonne, Schlaf t.; er hatte reichlich getankt (salopp; *Alkohol getrunken*).
Tan|ker, der; -s, - [engl. tanker]: *mit großen Tanks* (1) *ausgerüstetes Schiff für den Transport bes. von Erdöl:* ein riesiger, schwerfälliger T.
Tan|ker|flot|te, die: *Flotte von Tankern.*
Tank|fahr|zeug, das: *Fahrzeug mit großem Tank zum Transport von flüssigen Stoffen [bes. Benzin, Heizöl].*
Tank|flug|zeug, das: *für die Betankung anderer Flugzeuge in der Luft ausgerüstetes Flugzeug.*
Tank|fül|lung, die: *Flüssigkeitsmenge, die einen Tank* (1) *füllt.*
Tank|in|halt, der: **a)** *Rauminhalt eines Tanks* (1); **b)** *die [noch] im Tank befindliche Menge an Treibstoff o. Ä.*
Tank|la|ger, das: *Vorratsstelle für Benzin, Öl o. Ä.*
Tank|last|wa|gen, der: *Tankwagen.*
Tank|last|zug, der: *großer Tankwagen.*
Tank|säu|le, die: *Zapfsäule.*
Tank|schiff, das: *Tanker.*
Tank|schloss, das: *abschließbarer Tankverschluss.*
Tank|stel|le, die: *Anlage mit Zapfsäulen, wo man Fahrzeuge mit Treibstoff u. Öl versorgen kann:* eine freie *(nicht einem Mineralölkonzern gehörende)* T.
Tank|stopp, der (ugs.): *das Anhalten zum Zweck des Auftankens:* einen T. machen.
Tank|uhr, die: vgl. Benzinuhr.
Tank|ver|schluss, der: *Verschluss für den Benzintank des Autos.*
Tank|wa|gen, der: *Tankfahrzeug.*
Tank|wart, der: *Angestellter od. Pächter einer Tankstelle* (Berufsbez.).
Tank|war|tin, die; -, -nen: w. Form zu ↑Tankwart.
Tank|zug, der: *Tanklastzug.*
Tann, der; -[e]s, -e [mhd. tan(n) = Wald] (dichter.): *[Tannen]wald:* im finstern T.
Tann|ast, der (schweiz.): *Ast einer Tanne.*
Tänn|chen, das; -s, -: Vkl. zu ↑Tanne (1 a).
Tan|ne, die; -, -n [mhd. tanne, ahd. tanna, wohl eigtl. = Bogen (aus Tannenholz)]: **1.** *hoher, immergrüner Nadelbaum mit vorne abgestumpften, oberseits dunkelgrünen, unterseits zwei weiße Streifen aufweisenden Nadeln u. aufrecht stehenden Zapfen:* sie ist schlank wie eine T. *(sehr schlank).* **2.** *Tannenholz:* der Fußboden ist aus T.

tan|nen ⟨Adj.⟩ [mhd. tennen, tennīn]: *aus Tannenholz bestehend:* -e Pfähle.

Tan|nen|baum, der: **a)** (ugs.) *Tanne* (1 a); **b)** *Weihnachtsbaum:* den T. schmücken.

Tan|nen|grün, das ⟨o. Pl.⟩: *abgeschnittene Tannenzweige:* die Tische waren mit T. geschmückt.

Tan|nen|holz, das: *Holz der Tanne* (1 a).

Tan|nen|ho|nig, der: *Honig aus den Sekreten bestimmter auf Tannen lebender Insekten.*

Tan|nen|na|del, die: *Nadel* (6) *der Tanne.*

Tan|nen|rei|sig, das: *Reisig von Tannen* (1 a).

Tan|nen|ster|ben, das; -s: *durch Verschmutzung der Luft u. an Trieben u. Nadeln saugende Schädlinge verursachtes, periodisch auftretendes Absterben von Weißtannen.*

Tan|nen|wald, der: *Wald, der hauptsächlich aus Tannen od. Fichten besteht.*

Tan|nen|zap|fen, der: vgl. Fichtenzapfen.

Tan|nen|zweig, der: *[abgeschnittener] Zweig einer Tanne od. Fichte.*

Tan|nin, das; -s, (Sorten:) -e [frz. tan(n)in, zu: tan = Gerberlohe, wohl aus dem Kelt.]: *aus Holz, Rinden, Blättern, bes. aber aus* ²*Gallen* (2) *verschiedener Pflanzen gewonnene Gerbsäure.*

Tann|zap|fen, der (schweiz., sonst landsch.): ↑Tannenzapfen.

Tan|sa|nia [auch: ...'ni:a]; -s: Staat in Afrika.

Tan|sa|ni|er, der; -s, -: Ew.

Tan|sa|ni|e|rin, die; -, -nen: w. Form zu ↑Tansanier.

tan|sa|nisch ⟨Adj.⟩: *Tansania, die Tansanier betreffend; von den Tansaniern stammend, zu ihnen gehörend.*

Tan|se, die; -, -n [ablautend zu schweiz. mundartl. dinsen = auf der Schulter (weg)tragen, mhd. dinsen, ahd. dinsan = ziehen, schleppen] (schweiz.): *[auf dem Rücken zu tragende] Bütte aus Holz od. Metall, für Trauben, Milch, Wasser o. Ä.*

Tan|ta|lus|qua|len ⟨Pl.⟩ [nach dem griech. Sagenkönig Tantalus] (bildungsspr.): *Qualen, die dadurch entstehen, dass etwas Ersehntes zwar in greifbarer Nähe, aber doch nicht zu erlangen ist:* T. leiden.

Tant|chen, das; -s, -: Kosef. zu ↑Tante (1).

Tan|te, die; -, -n [frz. (urspr. Kinderspr.) tante < afrz. ante < lat. amita = Vatersschwester, Tante]: **1.** *Schwester od. Schwägerin der Mutter od. des Vaters:* unsere T. [Anna]; (fam. auch als Eigenname:) T. hat angerufen; -s Haus. **2. a)** (Kinderspr.) *[bekannte] weibliche Erwachsene:* sag der T. guten Tag!; **b)** (ugs. abwertend) *Frau:* eine alte, blöde, alberne, komische T. **3.** (salopp, meist abwertend) *Tunte* (2).

-tan|te [zu Tante 2 b], die; -, -n (ugs. abwertend): vgl. -onkel.

Tan|te-Em|ma-La|den, der; -s, Tante-Emma-Läden: *kleines Einzelhandelsgeschäft alten Stils.*

tan|ten|haft ⟨Adj.⟩ (abwertend): *betulich.*

Tan|ti|e|me [tã...], die; -, -n [frz. tantième, zu: tant = so(undso) viel < lat. tantus = so viel]: **a)** *Gewinnbeteiligung an einem Unternehmen:* T. beziehen; **b)** ⟨meist Pl.⟩ *an einen Autor, Musiker u. a. gezahlte Vergütung für Aufführung od. Wiedergabe seines musikalischen od. literarischen Werkes.*

Tan|tra, das; -[s] [sanskr. tantra = Gewebe; System; Lehre]: **1.** *Lehrsystem des Tantrismus.* **2.** *Schriften des Tantrismus.*

tan|trisch ⟨Adj.⟩: *das Tantra betreffend.*

Tan|tris|mus, der; -: *religiöse Strömung in Indien seit dem 1. Jh. n. Chr., die mit magisch-mystischen Mitteln Befreiung vom Irdischen sucht.*

Tanz, der; -es, Tänze [mhd. tanz, mniederd. dans, danz, wohl über das Mniederl. < (a)frz. danse, zu: danser, ↑tanzen]: **1.** *[geordnete] Abfolge von Körperbewegungen, die nach einem durch Musik od. eine andere akustische Äußerung (wie Schlagen, Stampfen o. Ä.) hervorgebrachten Rhythmus ausgeführt wird:* alte, moderne, kultische Tänze; ein langsamer, schreitender, wilder T.; lateinamerikanische Tänze; er hat keinen T. ausgelassen *(immer getanzt);* ein Tänzchen wagen (scherzh.; *sich aufschwingen, zu tanzen*); darf ich [Sie] um den nächsten T. bitten?; jmdn. zum T. auffordern; zum T. aufspielen; *** ein T. auf dem Vulkan** *(ausgelassene Lustigkeit in gefahrvoller Zeit, Situation;* nach frz. Nous dansons sur un volcan); **der T. ums Goldene Kalb** *(das Streben, die Gier nach Geld u. Besitz;* ↑Kalb 1 a). **2.** *Musikstück, zu dem getanzt werden kann.* **3.** ⟨o. Pl.⟩ *Veranstaltung, auf der getanzt wird:* heute ist in dem Café T.; zum T. gehen. **4.** (ugs.) *heftige, durch Verbissenheit gekennzeichnete Auseinandersetzung, in die jmd. einen anderen aus Verärgerung o. Ä. verwickelt:* wenn ich zu spät komme, gibt es wieder einen T.

Tanz|abend, der: *Abendveranstaltung, bei der getanzt wird.*

tanz|bar ⟨Adj.⟩: *(von Musik) zum Tanzen geeignet.*

Tanz|bar, die: *Bar* (1), *in der auch getanzt wird.*

Tanz|bär, der: *dressierter Bär, der [auf Jahrmärkten] tänzerische Bewegungen ausführt.*

Tanz|bein, das: in der Wendung **das T. schwingen** (ugs. scherzh.; *[ausgelassen, ausdauernd] tanzen*).

Tanz|bo|den, der: *[erhöhte] Tanzfläche.*

Tanz|ca|fé, das: *Café, in dem eine Tanzkapelle spielt.*

Tänz|chen, das; -s, -: Vkl. zu ↑Tanz (1, 4).

tän|zeln ⟨sw. V.⟩: **a)** *sich mit leichten, federnden od. hüpfenden Schritten bewegen* ⟨hat⟩: das Pferd tänzelt nervös; sie entschwand tänzelnd; er hat einen tänzelnden Gang; **b)** *sich tänzelnd fortbewegen* ⟨ist⟩: sie tänzelte durchs Zimmer.

tan|zen ⟨sw. V.⟩ [mhd. tanzen, mniederd. dansen < (a)frz. danser, viell. aus dem Germ. u. eigtl. = sich hin u. her bewegen]: **1.** ⟨hat⟩ **a)** *einen Tanz* (1), *Tänze ausführen:* gut t.; t. gehen; er kann nicht t.; mit jmdm. t.; nach den Klängen einer Zigeunerkapelle t.; **Ü** über dem Wasser tanzen die Mücken; das Schiff tanzt auf den Wellen; die Buchstaben tanzten *(verschwammen)* vor seinen Augen; er schlug auf den Tisch, dass die Gläser tanzten *(hochhüpften);* **b)** ⟨t. + sich⟩ *durch Tanzen in einen bestimmten Zustand geraten* ⟨hat⟩: sich müde, in Ekstase t. **2.** *tanzend* (1 a) *ausführen, darstellen* ⟨hat⟩: [einen] Walzer, Tango t.; Ballett t.; sie tanzt klassische Rollen; eine getanzte Oper; ein getanztes *(durch Tanz dargestelltes)* Märchen. **3.** *sich tanzend od. mit hüpfenden Schritten fortbewegen* ⟨ist⟩: durch den Saal t.; vor Freude von einem Bein auf das andere t.

Tän|zer, der; -s, - [mhd. tenzer, tanzer]: **1.** *jmd., der tanzt:* er ist ein guter T. **2.** *jmd., der den künstlerischen Tanz ausübt, Balletttänzer (Berufsbez.).*

Tan|ze|rei, die; -, -en: **1.** (ugs.) *kleines Tanzfest:* zu einer T. gehen. **2.** (oft abwertend) *[dauerndes] Tanzen.*

Tän|ze|rin, die; -, -nen [mhd. tenzerinne]: w. Form zu ↑Tänzer.

tän|ze|risch ⟨Adj.⟩: **a)** *in der Art des Tanzes:* -e Bewegungen; **b)** *in Bezug auf den Tanz:* die Aufführung war t. schwach.

Tanz|fest, das: *Tanzvergnügen.*

Tanz|fi|gur, die: *Figur* (6).

Tanz|flä|che, die: *zum Tanzen vorgesehene Fläche.*

Tanz|gar|de, die: vgl. Garde (3).

Tanz|girl, das: *Girl* (2).

Tanz|grup|pe, die: *Gruppe von Personen, die Tänze vorführt.*

Tanz|ka|pel|le, die: ²*Kapelle* (2).

Tanz|kunst, die: **1.** ⟨o. Pl.⟩ *Ausdruckstanz, Ballett als Kunstgattung.* **2.** *tänzerisches Können:* seine Tanzkünste sind kläglich.

Tanz|kurs, Tanz|kur|sus, der: **a)** *Lehrgang für das Tanzen;* **b)** *Gesamtheit der Teilnehmer eines Tanzkurses* (a).

Tanz|leh|rer, der: *Lehrer, der Tanzunterricht erteilt.*

Tanz|leh|re|rin, die: w. Form zu ↑Tanzlehrer.

Tanz|lied, das: *Lied, das beim [Volks]tanz gesungen wird.*

Tanz|lo|kal, das: vgl. Tanzbar.

Tanz|ma|rie|chen, das; -s, - [vgl. Funkenmariechen]: *zu einer Karnevalsgesellschaft gehörendes junges Mädchen, das mit anderen zusammen tanzt.*

Tanz|maus, die: *Maus, die sich durch krankhafte Veränderung in den Gleichgewichtsorganen ständig gleichsam tanzend im Kreis bewegt.*

Tanz|mu|sik, die: *Musik, nach der getanzt* (2 a) *wird.*

Tanz|or|ches|ter, das: *Orchester, das Tanzmusik spielt.*

Tanz|paar, das: *miteinander tanzendes Paar.*

Tanz|part|ner, der: *Partner beim Tanz.*

Tanz|part|ne|rin, die: w. Form zu ↑Tanzpartner.

Tanz|schritt, der: *zu dem jeweiligen Tanz gehörender, charakteristischer Schritt; Pas.*

Tanz|schuh, der: **a)** *Damenschuh zum Tanzen;* **b)** *Schuh für künstlerischen Tanz, bes. Ballett.*

Tanz|schu|le, die: *private Einrichtung, in der Gesellschaftstanz gelehrt wird.*

Tanz|sport, der: *als Sport betriebener Gesellschaftstanz.*

Tanz|stun|de, die: *Unterrichtsstunde im Tanzen [in einer Tanzschule]:* -n geben, nehmen; in die T. gehen *(einen Tanzkurs besuchen).*

Tanz|tee, der: *nachmittägliche Tanzveranstaltung.*

Tanz|the|a|ter, das: *modernes choreographisches Theater* (2), *im Unterschied zum klassischen Ballett.*

Tanz|tur|nier, das: *Wettbewerb im Tanzsport.*

Tanz|un|ter|richt, der: vgl. Tanzstunde.

Tanz|ver|an|stal|tung, die: *Tanz* (3).

Tanz|ver|gnü|gen, das: vgl. Tanzerei (1).

Ta|o|is|mus, der; -: *Richtung der chinesischen Philosophie, als deren Begründer Laotse gilt.*

ta|o|is|tisch ⟨Adj.⟩: *den Taoismus betreffend.*

Tape [te:p, teɪp], das, auch: der; -, -s [engl. tape, eigtl. = Band, Streifen, H. u.]: *Magnetband, bes. Tonband.*

Tape|deck, das: *Tonbandgerät zum Anschluss an einen externen Verstärker (z. B. als Baustein einer Stereoanlage).*

Ta|per|greis, der; -es, -e [zu ↑tapern] (ugs. abwertend): *Tattergreis.*

ta|pe|rig ⟨Adj.⟩ (landsch., bes. nordd.): *tatterig.*

ta|pern ⟨sw. V.; ist⟩ [zu mniederd. tapen = tappen] (nordd.): *sich unbeholfen, unsicher fortbewegen.*

Ta|pet, das [urspr. (Decke auf einem) Konferenztisch < lat. tapetum, ↑Tapete]: nur in den Wendungen **aufs T. kommen** (ugs.; *zur Sprache kommen;* eigtl. = auf den Konferenztisch gelegt werden); **etw. aufs T. bringen** (ugs.; *etw. zur Sprache bringen;* nach frz. mettre [une affaire] sur le tapis).

Ta|pe|te, die; -, -n [mlat. tapeta = Wandverkleidung < (v)lat. tap(p)eta, Neutr. Pl. von: tap(p)etum, ↑Teppich]: *meist mit Mustern bedrucktes Papier o. Ä., das in Bahnen auf Wände geklebt wird, um einem Raum ein schöneres Aussehen zu geben:* eine geblümte, abwaschbare, vergilbte T.; 2 Rollen T., -n.

Ta|pe|ten|bahn, die: *Bahn* (4) *einer Tapete.*

Ta|pe|ten|kleis|ter, der: *Klebstoff, mit dem Tapeten geklebt werden.*

Ta|pe|ten|mus|ter, das: *Muster* (3), *mit dem eine Tapete bedruckt ist.*

Ta|pe|ten|tür, die: *Tür, die in einer Wandfläche liegt u. mit der gleichen Tapete tapeziert ist wie die Wand.*

Ta|pe|ten|wech|sel, der (ugs.): *(vorübergehende od. dauernde) Veränderung der gewohnten Umgebung (durch Reise, Umzug, Wechsel der Arbeitsstelle o. Ä.):* er hat einen T. dringend nötig.

Ta|pe|zier, der; -s, -e (südd.): ↑Tapezierer.

Ta|pe|zier|ar|beit, die: *Arbeit des Tapezierers.*

Ta|pe|zier|bürs|te, die: *breite Bürste mit langen, weichen Borsten, die beim Tapezieren verwendet wird.*

ta|pe|zie|ren ⟨sw. V.; hat⟩ [ital. tappezzare]: **1.** *(Wände) mit Tapeten bekleben, verkleiden:* eine Wand, ein Zimmer [neu] t.; kannst du t.?;

ein dunkel tapezierter Raum; Ü die Wand war mit Fotos tapeziert. **2.** (österr.) *(Polstermöbel) mit Stoff beziehen.*

Ta|pe|zie|rer, der; -s, -: *Handwerker, der Tapezierarbeiten durchführt.*

Ta|pe|zie|re|rin, die; -, -nen: w. Form zu ↑Tapezierer.

Ta|pe|zier|tisch, der: *zusammenlegbarer Tisch mit einer langen Platte zum Auflegen u. Bestreichen der einzelnen Tapetenbahnen.*

Ta|pe|zie|rung, die; -, -en: **a)** *das Tapezieren;* **b)** *fertig angebrachte Tapeten; Verkleidung mit Tapeten.*

tap|fer ⟨Adj.⟩ [mhd. tapfer = fest, gedrungen; schwer, (ge)wichtig; ansehnlich; streitbar, ahd. tapfar = schwer, gewichtig, H. u.]: **1. a)** *sich furchtlos u. zum Widerstand bereit mit Gefahren u. Schwierigkeiten auseinander setzend:* ein -er Kämpfer, Soldat; -en Widerstand leisten; sich t. verteidigen; **b)** *beherrscht, Schmerzen u. seelische Regungen, Gefühle nicht sichtbar werden lassend; ohne zu klagen, seine Angst unterdrückend* (bezieht sich oft auf das Verhalten von Kindern): beim Zahnarzt war der Kleine sehr t.; sie haben sich t. gehalten *(waren standhaft);* t. unterdrückte er die Tränen. **2.** (ugs. veraltend) *tüchtig* (3 b): es ist genug Kuchen da, greift nur t. zu!

Tap|fer|keit, die; - [spätmhd. tapfer(ig)keit = (Ge)wichtigkeit]: **a)** *unerschrockenes, mutiges Verhalten im Augenblick der Gefahr:* T. beweisen; seine T. vor dem Feind; **b)** *das Tapfersein* (1 b): er hat sein Leiden mit beispielloser T. ertragen.

Tap|fer|keits|me|dail|le, die: *militärische Auszeichnung für Tapferkeit vor dem Feind.*

Ta|pi|o|ka, die; -, **Ta|pi|o|ka|stär|ke,** die; - [Tupi (südamerik. Indianerspr.) tipioc(a), eigtl. = Rückstand]: *Stärkemehl aus den Knollen des Manioks.*

Ta|pir ['ta:pi:ɐ̯, österr.: ta'pi:ɐ̯], der; -s, -e [frz. tapir < Tupi (südamerik. Indianerspr.) tapira]: *plumpes Säugetier in den tropischen Wäldern Amerikas u. Asiens mit kurzem, dichtem Fell u. einem kurzen Rüssel.*

Ta|pis|se|rie, die; -, -n [frz. tapisserie, zu: tapis = Teppich]: **a)** *Wandteppich.* **b)** *Stickerei auf gitterartigem Grund.*

tapp ⟨Interj.⟩: lautm. für das Geräusch auftretender [nackter] Füße.

tap|pen ⟨sw. V.⟩ [zu frühnhd. tappe, mhd. tāpe = Tatze, Pfote, H. u.]: **a)** *sich mit leisen, dumpf klingenden Tritten [unsicher u. tastend] vorwärts bewegen* ⟨ist⟩: barfuß durchs Zimmer t.; im Dunkeln in eine Pfütze t.; Ü in eine Falle t.; **b)** *(von Füßen, Schritten) ein dumpfes Geräusch verursachen* ⟨hat/ist⟩: er ging mit tappenden Schritten; **c)** (veraltend) *unsicher tastend nach etw. greifen* ⟨hat⟩: nach dem Schalter t.

täp|pisch ⟨Adj.⟩ [mhd. tæpisch] (meist abwertend): *ungeschickt, unbeholfen; linkisch:* ein -er Bursche; -e Bewegungen; wie kann man nur so t. sein!

tap|rig: ↑taperig.

Taps, der; -es, -e: (ugs. abwertend) *ungeschickter Mensch:* du T.!

tap|sen ⟨sw. V.; hat/ist⟩ (ugs.): *tappen* (a, b).

tap|sig ⟨Adj.⟩ (ugs.): *plump u. schwerfällig [u. dabei drollig wirkend]:* ein -es Bärchen; t. gehen.

Tap|sig|keit, die; -, -en: **a)** ⟨o. Pl.⟩ *das Tapsigsein;* **b)** *tapsige Handlung.*

Ta|ra, die; -, ...ren [ital. tara, eigtl. = Abzug für Verpackung < arab. ṭarḥ = Abzug, zu: ṭaraḥa = entfernen, beseitigen] (Kaufmannsspr.): **1.** *Gewicht der Verpackung einer Ware.* **2.** *Verpackung einer Ware* (Abk.: T, Ta).

Ta|ran|tel, die; -, -n [ital. tarantola, wohl nach der Stadt Taranto = Tarent, weil dort die Spinne bes. häufig vorkommt]: *(im Mittelmeergebiet heimische) in Erdlöchern lebende, große giftige Spinne, deren Biss schmerzhaft ist:* * **wie von der/einer T. gestochen/gebissen** (ugs.; *in plötzlicher Erregung sich wild gebärdend, wie besessen*).

Ta|ran|tel|la, die; -, -s u. ...llen [ital. tarantella, wohl nach Taranto, ↑Tarantel]: *mit Kastagnetten u. Schellentrommel getanzter, süditalienischer [Volks]tanz in schnellem, sich steigerndem 3/8- od. 6/8-Takt.*

tar|do ⟨Adv.⟩ [ital. tardo < lat. tardus] (Musik): *langsam.*

Ta|ren: Pl. von ↑Tara.

ta|rie|ren ⟨sw. V.; hat⟩ [ital. tarare, zu: tara, ↑Tara]: **1.** (Wirtsch.) *die Tara (einer verpackten Ware) bestimmen.* **2.** (Physik) *das Gewicht auf einer Waage durch Gegengewichte ausgleichen.*

Ta|rif, der; -s, -e [frz. tarif < ital. tariffa < arab. ta'rīf = Bekanntmachung, zu: 'arafa = wissen]: **1. a)** *festgesetzter Preis; Entgelt, Gebühr für etw. (z. B. für die Inanspruchnahme von Dienstleistungen):* die -e der Bahn, der Post; für Großkunden gilt ein besonderer, verbilligter T.; **b)** *Verzeichnis der Tarife* (1 a): ein Auszug aus dem amtlichen T. **2.** *ausgehandelte u. vertraglich festgelegte Höhe u. Staffelung von Löhnen, Gehältern:* die Gewerkschaft hat die -e gekündigt; neue -e aushandeln; nach, über T. bezahlt werden.

Ta|rif|ab|schluss, der: *Abschluss eines Tarifs* (2).

Ta|rif|an|ge|stell|te, der u. die: *jmd., der unter einen bestimmten Tarif* (2) *fällt.*

Ta|rif|aus|ei|nan|der|set|zung, die: *Auseinandersetzung* (2 a) *zwischen den Tarifparteien um neue Tarife* (2).

Ta|rif|au|to|no|mie, die: *Recht der Sozialpartner, ohne staatliche Einmischung Tarifverträge auszuhandeln u. zu kündigen.*

Ta|rif|be|reich, der: *Bereich, für den ein Tarif* (2) *Gültigkeit hat.*

Ta|rif|be|zirk, der: vgl. Tarifbereich.

Ta|rif|er|hö|hung, die: *Erhöhung von Tarifen* (1 a).

ta|rif|fä|hig ⟨Adj.⟩: *berechtigt, Tarifverhandlungen zu führen.*

Ta|rif|fä|hig|keit, die ⟨o. Pl.⟩: *das Tariffähigsein.*

Ta|rif|ge|biet, das: *Tarifbereich.*

Ta|rif|grup|pe, die: vgl. Lohngruppe.

Ta|rif|ho|heit, die: *[staatliches] Recht zur Festlegung von Gebühren u. Tarifen* (1 a).

ta|ri|fie|ren ⟨sw. V.; hat⟩: *die Höhe einer Leistung tariflich festlegen, in einen Tarif einordnen:* Zahnersatzleistungen t.

Ta|ri|fie|rung, die: *das Tarifieren.*

Ta|rif|kom|mis|si|on, die: *vom jeweiligen Tarifpartner zur Verhandlung u. zum Abschluss eines [neuen] Tarifvertrages bevollmächtigtes Gremium.*

Ta|rif|kon|flikt, der: *die Tarife* (2) *betreffender Konflikt zwischen Tarifpartnern.*

ta|rif|lich ⟨Adj.⟩: *den Tarif[vertrag] betreffend:* die -e Eingruppierung von Mitarbeitern.

Ta|rif|lohn, der: *dem Tarif* (2) *entsprechender Lohn.*

ta|rif|los ⟨Adj.⟩: *keinen geltenden Tarif* (2) *habend:* ein -er Zustand.

Ta|rif|par|tei, die: *einer der beiden jeweiligen Tarifpartner.*

Ta|rif|part|ner, der ⟨meist Pl.⟩: *Vertragspartner eines Tarifvertrags.*

Ta|rif|part|ne|rin, die: w. Form zu ↑Tarifpartner.

Ta|rif|po|li|tik, die: vgl. Lohnpolitik.

ta|rif|po|li|tisch ⟨Adj.⟩: *die Tarifpolitik betreffend.*

Ta|rif|recht, das ⟨o. Pl.⟩: *für Abschluss u. Einhaltung von Tarifverträgen geltende Rechtsbestimmungen.*

ta|rif|recht|lich ⟨Adj.⟩: *das Tarifrecht betreffend, darauf beruhend.*

Ta|rif|run|de, die (Jargon): *Gesamtheit der (meist einmal im Jahr stattfindenden) Tarifverhandlungen in allen Branchen.*

Ta|rif|strei|tig|keit, die ⟨meist Pl.⟩: *Streit um Tarife unter den Tarifpartnern.*

Ta|rif|ver|ein|ba|rung, die: *Vereinbarung über die Höhe der Tarife* (2).

Ta|rif|ver|hand|lung, die ⟨meist Pl.⟩: *Tarife betreffende Verhandlung der Tarifpartner.*

Ta|rif|ver|trag, der: *Vertrag zwischen Arbeitgeber[n] u. Gewerkschaft über Löhne u. Gehälter sowie über Arbeitsbedingungen.*

ta|rif|ver|trag|lich ⟨Adj.⟩: *einen Tarifvertrag betreffend:* -e Regelungen; etw. t. festlegen, absichern.

Tarn|an|strich, der (Milit.): *Anstrich, der zur Tarnung dienen soll.*

Tarn|an|zug, der (Milit.): *Kampfanzug in Tarnfarben.*

tar|nen ⟨sw. V.; hat⟩ [mhd. tarnen, ahd. tarnan, zu: tarni = heimlich, verborgen]: *jmdn., etw. vor dem Erkannt-, Gesehenwerden schützen, indem man ihn, es verhüllt od. der Umgebung angleicht:* eine Stellung, ein Geschütz t.; sich mit etw. t.; der Spitzel hat sich als Reporter getarnt; eine gut getarnte Radarfalle.

Tarn|far|be, die: *Farbe, die eine Tarnung bewirken soll.*

tarn|far|ben ⟨Adj.⟩: *mit einer Tarnfarbe versehen:* -e Zelte, Fahrzeuge, Kampfanzüge.

Tarn|fär|bung, die (Zool.): *Schutzfärbung.*

Tarn|fir|ma, die: vgl. Tarnorganisation.

Tarn|kap|pe, die [mhd. tarnkappe = Tarnmantel, zu: kappe, ↑Kappe] (Myth.): *Kappe, die den Träger unsichtbar macht; Nebelkappe:* eine T. tragen.

Tarn|kap|pen|bom|ber, der (Milit. Jargon): *Bombenflugzeug, das durch eine besondere Technik gegen Ortung geschützt ist bzw. dessen Ortung erschwert ist.*

Tarn|na|me, der: *Name, mit dem jmd. od. etw. unter Eingeweihten bezeichnet wird, sodass andere nicht wissen können, von wem oder wovon die Rede ist.*

Tarn|netz, das (Milit.): *zur Tarnung von etw. verwendetes Netz:* Geschütze mit -en abdecken.

Tarn|or|ga|ni|sa|ti|on, die: *Organisation (Partei, Verein o. Ä.) mit vorgeschobenen Zielen, durch die anderweitige [illegale] Aktivitäten verdeckt werden sollen.*

Tar|nung, die; -, -en: **a)** ⟨o. Pl.⟩ *das Tarnen:* Zweige dienten zur T.; **b)** *etw., was dem Tarnen dient:* unter einer T. liegen.

Ta|rock, das (österr. nur so) od. der; -s, -s [ital. tarocco, H. u.]: **a)** *in verschiedenen Formen gespieltes, altüberliefertes Kartenspiel zu dritt:* T. spielen; **b)** ⟨nur: der⟩ *eine der 21 zum alten Tarockspiel gehörenden Sonderkarten.*

Ta|rock|spiel, das: **1.** ⟨o. Pl.⟩ *das Tarock* (a). **2.** *das Tarockspielen.*

Ta|rot [ta'ro:], das od. der; -s, -s [engl. tarot, frz. tarot < ital. tarocco, ↑Tarock]: *dem Tarock verwandtes Kartenspiel, dessen Karten bes. spekulativen symbolischen Deutungen dienen.*

[1]Tar|tan ['tartan, engl.: 'tɑ:tən], der; -[s], -s [engl. tartan]: *für einen Clan* (1) *spezifische Musterung des Kilts* (1).

[2]Tar|tan® ['tartan], der; -s [Kunstwort]: *(aus Kunstharzen hergestellter) wetterfester Belag für Laufbahnen.*

Tar|tan|bahn, die: *Laufbahn aus [2]Tartan.*

Tar|tüf|fe|rie, die; -, -n [frz. tartuf(f)erie] (bildungsspr.): *Heuchelei.*

Tar|tu|fo, das; -s, -s [ital. tartufo = Trüffel (↑Kartoffel), nach Farbe und Form]: *mit Schokolade, Kakao o. Ä. überzogene Halbkugel aus Speiseeis.*

Täsch|chen, das; -s, -: Vkl. zu ↑Tasche.

Ta|sche, die; -, -n [mhd. tasche, ahd. tasca, H. u.]: **1.** *etw., was meist aus flexiblem Material hergestellt ist, meist einen od. zwei Henkel od. einen Tragegriff hat u. zum Unterbringen von Dingen bestimmt ist, die jmd. bei sich tragen möchte:* eine lederne T.; eine T. aus Leder, zum Umhängen, für die Einkäufe. **2. a)** *ein-, aufgenähter Teil in einem Kleidungsstück (zum Hineinstecken von kleineren Gegenständen):* eine aufgesetzte, große, tiefe T.; etw. aus der T. holen, ziehen; die Hände in die -n stecken; [sich] etw. in die T. stecken; * **sich** ⟨Dativ⟩ **die eigenen -n füllen** (ugs.; *sich bereichern*); **jmdm. auf der T. liegen** (ugs.; *sich von jmdm. unterhalten lassen*); **etw. aus eigener/der eigenen T. bezahlen** *(etw. selbst bezahlen);* **[für etw. tief] in die T. greifen [müssen]** (ugs.; *für etw. viel zahlen [müssen]*); **in die eigene T. arbeiten, wirtschaften** (ugs.; *auf betrügerische Weise Profit machen*); **jmdn. in**

die T. stecken (ugs.; *jmdm. weit überlegen sein*); sich selbst in die/sich in die [eigene] T. lügen (ugs.; *sich etw. vormachen*); etw. [schon] in der T. haben (ugs.; *[schon] die Gewissheit haben, etw. zu bekommen*); **b)** *in od. an einem Koffer, einer Akten-, Bücher-, Reisetasche, einem Rucksack od. dgl. befindliches Fach, in dem sich kleinere Dinge verstauen lassen:* der Rucksack hat außen zwei -n.

Tạ|schen|aus|ga|be, die: *kleine, handliche Ausgabe eines Buches.*

Tạ|schen|buch, das: *broschiertes, gelumbecktes Buch in einem handlichen Format.*

Tạ|schen|dieb, der: *Dieb, der andere bestiehlt, indem er ihnen Wertgegenstände, das Portemonnaie u. a. aus der Tasche entwendet.*

Tạ|schen|die|bin, die: w. Form zu ↑Taschendieb.

Tạ|schen|dieb|stahl, der: *Diebstahl von Wertgegenständen, Portemonnaies u. a. aus Taschen.*

Tạ|schen|fei|tel, das (südd., österr. ugs.): *Taschenmesser.*

Tạ|schen|for|mat, das: *kleines, handliches Format von etw.:* ein Wörterbuch im T.; **Ü** (ugs. scherzh.:) ein Casanova im T.

Tạ|schen|geld, das: *kleinerer Geldbetrag, der jmdm., der selbst kein eigenes Geld hat (bes. einem Kind) regelmäßig gegeben wird:* das Kind bekommt 10 Mark T.

Tạ|schen|geld|ent|zug, der: *Entzug des Taschengeldes (aus pädagogischen Gründen).*

Tạ|schen|in|halt, der: *Inhalt einer Tasche.*

Tạ|schen|ka|len|der, der: *Kalender im Taschenformat.*

Tạ|schen|kamm, der: *Kamm im Taschenformat.*

Tạ|schen|klap|pe, die: *Patte.*

Tạ|schen|krebs, der: *große, meist rotbraune Krabbe mit glattem Panzer u. kräftigen Scheren.*

Tạ|schen|lam|pe, die: *handliche, von einer Batterie gespeiste Lampe, die man bei sich führen kann.*

Tạ|schen|le|xi|kon, das: *Lexikon im Taschenformat.*

Tạ|schen|mes|ser, das [mhd. taschenmeʒʒer]: *Messer, dessen Klinge sich in eine dafür vorgesehene Vertiefung im Griff klappen lässt, sodass es in der Tasche mitgeführt werden kann.*

Tạ|schen|rech|ner, der: *kleiner elektronischer Rechner, der in der Tasche mitgeführt werden kann.*

Tạ|schen|schirm, der: *zusammenschiebbarer Regenschirm, der gut in einer Handtasche, Aktentasche o. Ä. untergebracht werden kann.*

Tạ|schen|spie|gel, der: *Spiegel im Taschenformat.*

Tạ|schen|spie|ler, der (veraltend): *jmd., der Taschenspielerkunststücke vorführt.*

Tạ|schen|spie|le|rei, die: *Taschenspielerkunststück.*

Tạ|schen|spie|le|rin, die: w. Form zu ↑Taschenspieler.

Tạ|schen|spie|ler|kunst|stück, das: *große Fingerfertigkeit erfordernder Zaubertrick, bei dem jmd. wie durch Magie Gegenstände auftauchen u. verschwinden lässt.*

Tạ|schen|spie|ler|trick, der (abwertend): *Trick, durch den jmd. getäuscht, jmdm. etw. vorgespiegelt werden soll:* er hat sich das Geld mit allerlei -s ergaunert.

Tạ|schen|tuch, das (Pl. ...tücher): *kleines viereckiges Tuch, das in der Tasche mitgeführt wird, zum Naseputzen o. Ä.*

Tạ|schen|uhr, die: *kleine Uhr, die [an einer Kette befestigt] in der Tasche (2), bes. der Westentasche, getragen wird.*

Tạ|schen|wör|ter|buch, das: *Wörterbuch im Taschenformat.*

Tạ|scherl, das; -s, -n (österr. Kochk.): *mit Marmelade o. Ä. gefüllte Teigtasche.*

Tasch|kent: Hauptstadt von Usbekistan.

Tạsch|ner, der; -s, - [spätmhd. tasch(e)ner] (österr., südd.): *Täschner.*

Tạ̈sch|ner, der; -s, -: *jmd., der Lederwaren wie Handtaschen, Brieftaschen, Aktentaschen u. a. herstellt* (Berufsbez.).

Täsch|ne|rei, die; -, -en: vgl. Sattlerei.

Tạsch|ne|rin, die; -, -nen: w. Form zu ↑Taschner.

Tạ̈sch|ne|rin, die; -, -nen: w. Form zu ↑Täschner.

Task, der; -[e]s, -s [engl. task = Aufgabe < mengl. taske < afrz. tasche, über das Vlat. < mlat. taxa, ↑Taxe] (EDV): *in sich geschlossene Aufgabe, dargestellt durch einen Teil eines Programms od. ein ganzes Programm.*

Task|force, (auch:) **Task-Force** [...fɔrs], die; -, -s [...fɔrsɪs; engl. task force, zu: force = Kolonne, Trupp, Einheit]: *für eine begrenzte Zeit gebildete Arbeitsgruppe mit umfassenden Entscheidungskompetenzen zur Lösung komplexer Probleme.*

Tạ̈ss|chen, das; -s, -: Vkl. zu ↑Tasse.

Tạs|se, die; -, -n [frz. tasse < arab. ṭās(a^h) < pers. ṭašt = Becken, Untertasse]: **a)** *kleines Trinkgefäß von unterschiedlicher Form mit einem Henkel an der Seite:* eine T. aus Porzellan; trink deine T. aus!; (als Maß:) zwei Tassen starker Kaffee/(geh.:) starken Kaffees; die Kanne fasst sechs -n; eine T. Grieß; jmdn. zu einer T. Tee *(zum Teetrinken)* einladen; **R** hoch die -n! (ugs.; *lasst uns trinken, anstoßen!*); * **trübe T.** (ugs. abwertend; *langweiliger, temperament-, schwungloser Mensch*); **b)** *Tasse* (1 a) *mit dazugehöriger Untertasse:* * **nicht alle -n im Schrank/(auch:) Spind haben** (ugs.; *nicht recht bei Verstand sein*).

tạs|sen|fer|tig ⟨Adj.⟩: *(von Instantgetränken, -suppen o. Ä.) so vorbereitet, dass es nach Übergießen mit heißem Wasser sofort getrunken, verzehrt werden kann.*

Tas|ta|tur, die; -, -en [älter ital. tastatura, zu: tasto, ↑Taste]: **a)** *Klaviatur* (1); [1]*Manual* (1), *auch Pedal* (5 a) *einer Orgel;* **b)** *größere Anzahl von in bestimmter Weise (meist in mehreren übereinander liegenden Reihen) angeordneten Tasten* (2); **c)** (EDV) *Gerät mit in Feldern angeordneten Tasten zur Eingabe von Daten od. zum Auslösen bestimmter Funktionen.*

tast|bar ⟨Adj.⟩: *mit dem Tastsinn wahrnehmbar.*

Tạs|te, die; -, -n [ital. tasto, eigtl. = das (Werkzeug zum) Tasten, zu: tastare, über das Vlat. < lat. taxare, ↑taxieren]: **1. a)** *länglicher, rechteckiger Teil an bestimmten Musikinstrumenten, der beim Spielen mit einem Finger niedergedrückt wird, um einen bestimmten Ton hervorzubringen:* sie haut in die/haut, hämmert auf die -n; * **in die -n greifen** *(Klavier o. Ä. spielen);* **b)** *(zu einem Pedal* 5 a *gehörender) Fußhebel; Fußtaste, Pedal* (5 b). **2.** *einem Druckknopf* (2) *ähnlicher, oft viereckiger Teil bestimmter Geräte, Maschinen, der bei der Benutzung, bei der Bedienung des jeweiligen Geräts mit dem Finger niedergedrückt wird:* die -n des Telefons, des Taschenrechners, der Schreibmaschine.

Tast|emp|fin|dung, die: *Wahrnehmung durch den Tastsinn.*

tạs|ten ⟨sw. V.; hat⟩ [mhd. tasten, aus dem Roman. (vgl. ital. tastare, ↑Taste)]: **1. a)** *(bes. mit den ausgestreckten Händen) vorsichtig fühlende, suchende Bewegungen ausführen, um Berührung mit etw. zu finden:* der Blinde tastete mit einem Stock; sie bewegte sich tastend zur Tür; **Ü** ein erster tastender Versuch; tastende *(vorfühlende)* Fragen; **b)** *tastend* (1 a) *nach etw. suchen:* nach dem Lichtschalter t.; seine rechte Hand tastete nach der Brieftasche; **c)** *tastend* (1 a) *wahrnehmen, feststellen:* man kann die Geschwulst [mit den Fingern] t. **2.** ⟨t. + sich⟩ *sich tastend* (1 a) *irgendwohin bewegen:* sie tastete sich zum Lichtschalter, über den dunklen Flur. **3.** (bes. Fachspr.) **a)** *eine mit einer Tastatur* (b) *ausgestattete Maschine bedienen;* **b)** *(einen Text, Daten o. Ä.) mithilfe einer Tastatur* (b), *einer Taste* (2) *übertragen, übermitteln, eingeben o. Ä.:* einen Funkspruch t.

Tạs|ten|druck, der ⟨Pl. ...drücke⟩: vgl. Knopfdruck.

Tạs|ten|in|stru|ment, das: *Musikinstrument mit Tasten* (1 a).

Tạs|ten|te|le|fon, das: *Telefon mit Tastatur* (b).

Tạs|ter, der; -s, -: **1.** (Fachspr.) *jmd., der mittels einer Tastatur eine Maschine bedient.* **2.** *tastenartiger Druckknopf, Drucktaste o. Ä.*

Tạst|haar, das: **a)** (Zool.) *(bei Säugetieren) als Tastsinnesorgan fungierendes langes, steifes Haar;* **b)** (Bot.) *(bei bestimmten Pflanzen) Haar* (3), *das dazu dient, Berührungen zu registrieren.*

Tạst|or|gan, das: vgl. Tastsinn.

Tạst|sinn, der ⟨o. Pl.⟩: *Fähigkeit von Lebewesen, mithilfe bestimmter Organe Berührungen wahrzunehmen.*

Tạst|sin|nes|or|gan, das: *dem Tasten dienendes Sinnesorgan.*

Tạst|ver|such, der: *vorsichtig tastender Versuch, mit dem jmd. an etw. herangeht.*

tat: ↑tun.

Tat, die; -, -en [mhd., ahd. tāt, zu ↑tun]: **1. a)** *etw., was jmd. tut, getan hat; Handlung:* eine edle, selbstlose, kluge, böse T.; große, kühne, feige, ruchlose, verbrecherische -en; das ist die T. eines Wahnsinnigen; einen Entschluss in die T. umsetzen; sie steht zu ihrer T.; ein Mann der T. *(jmd., der entschlossen handelt);* **b)** *Vergehen, Straftat o. Ä.:* der Angeklagte hat die T. gestanden; * **jmdn. auf frischer T. ertappen** o. Ä. *(jmdn. bei der Ausführung einer verbotenen Handlung ertappen).* **2.** * **in der T.** *(tatsächlich):* das ist in der T. schwierig; in der T., du hast Recht!

Ta|ta|mi, die; -, -s [jap. tatami, eigtl. Bez. für ein Flächenmaß (etwa 1,65 m²), dann übertr. auf eine Matte in dieser Größe]: *mit Stroh gefüllte Matte, die z. B. als Unterlage für Futons dient.*

[1]**Ta|tar,** der; -en, -en (hist.): Angehöriger eines Volks in Südrussland, der Ukraine u. Westsibirien.

[2]**Ta|tar,** das; -s, -[s] [nach den Tataren, die auf Kriegszügen angeblich das Fleisch für ihre Mahlzeiten unter dem Sattel weich ritten]: *mageres Hackfleisch vom Rind, das (mit Zwiebeln, Pfeffer u. Salz vermischt) roh gegessen wird.*

Ta|ta|ren|mel|dung, die [nach der von einem tatarischen Reiter in osmanischen Diensten 1854 nach Bukarest gebrachten Falschmeldung von der Einnahme Sewastopols, die nachhaltig das Geschehen in der Politik u. an der Börse beeinflusste] (veraltend): *nicht sehr glaubhafte [Schreckens]nachricht.*

Ta|ta|rin, die; -, -nen: w. Form zu ↑[1]Tatar.

ta|ta|risch ⟨Adj.⟩: *die* [1]*Tataren betreffend.*

Tat|be|stand, der: **1.** *Gesamtheit der unter einem bestimmten Gesichtspunkt bedeutsamen Tatsachen, Gegebenheiten; Sachverhalt, Faktum:* einen T. feststellen, verschleiern. **2.** (Rechtsspr.) *(gesetzlich festgelegte) Merkmale für eine bestimmte Handlung od. für einen bestimmten Sachverhalt:* mit dieser Äußerung ist der T. der Beleidigung erfüllt.

Tat|be|tei|li|gung, die (Rechtsspr.): *Beteiligung an einer Straftat.*

Tat|be|weis, der (Rechtsspr.): *Beweis für eine Straftat:* den T. antreten.

tä|te: ↑tun.

Tat|ein|heit, die ⟨o. Pl.⟩ (Rechtsspr.): *Verletzung mehrerer Strafgesetze durch eine Handlung:* Mord in T. mit Raub.

Ta|ten|drang, der ⟨o. Pl.⟩: *Drang, sich zu betätigen, etw. zu leisten:* er war voller T.

ta|ten|los ⟨Adj.⟩: *nicht handelnd, in ein Geschehen nicht eingreifend:* t. zusehen, herumstehen.

Ta|ten|lo|sig|keit, die; -: *das Sich-tatenlos-Verhalten.*

Tä|ter, der; -s, - [mhd. (in Zus.) -tæter, eigtl. zu ↑Tat, heute zu ↑tun gestellt]: *jmd., der eine Tat* (1 b) *begeht, begangen hat:* der mutmaßliche T. wurde festgenommen; die Polizei hat von den -n noch keine Spur.

Tä|ter|be|schrei|bung, die: *Personenbeschreibung eines Täters.*

Tä|te|rin, die; -, -nen: w. Form zu ↑Täter.

Tä|ter|kreis, der: *Kreis von Personen, die an einer Straftat beteiligt waren.*

Tä|ter|schaft, die; -, -en: **1.** ⟨o. Pl.⟩ *das Tätersein:* es gibt keinen Beweis für seine T. **2.** (schweiz.)

Gesamtheit der an einer Straftat beteiligten Täter.

Tat|fahr|zeug, das: vgl. Tatwaffe.

Tat|form, die (Sprachw.): [1]*Aktiv.*

Tat|her|gang, der: *Hergang einer Tat* (1 b).

tä|tig ⟨Adj.⟩ [frühnhd.; mhd. -tætec, ahd. -tātīg nur in Zus.]: **1. a)** *beschäftigt, beruflich arbeitend:* als Lehrer, bei der Stadt, für eine Bank t. sein; **b)** *sich betätigend:* Vater ist in der Küche t.; Ü der Vulkan ist noch t. *(nicht erloschen);* * **t. werden** (bes. Amtsspr.; *in Aktion treten; eingreifen*). **2.** *rührig, aktiv* (1 a): ein -er Mensch; unentwegt t. sein. **3.** *in Taten, Handlungen sich zeigend, wirksam werdend; tatkräftig:* -e Anteilnahme, Nächstenliebe.

tä|ti|gen ⟨sw. V.; hat⟩ (Kaufmannsspr., Papierdt.): *ausführen, vollziehen:* einen Kauf, ein Geschäft, Einkäufe t.

Tä|tig|keit, die; -, -en: **1. a)** *das Tätigsein, das Sichbeschäftigen mit etw.:* seine geschäftliche, ärztliche, verlegerische T. aufgeben; nach zweijähriger T. als Lehrer, für die Partei; **b)** *Gesamtheit derjenigen Verrichtungen, mit denen jmd. in Ausübung seines Berufs zu tun hat; Arbeit:* eine interessante, gut bezahlte T.; die aufreibende T. eines Organisators. **2.** ⟨o. Pl.⟩ *das In-Betrieb-Sein, In-Funktion-Sein:* die T. des Herzens; das Aggregat tritt automatisch in T.

-tä|tig|keit, die; -, -en: **1.** bezeichnet in Bildungen mit Substantiven – seltener mit Verben (Verbstämmen) – eine bestimmte Art des Tätigseins: Atem-, Bau-, Spionagetätigkeit. **2.** bezeichnet in Bildungen mit Substantiven ein Tätigsein in einer bestimmten Rolle: Partisanen-, Agententätigkeit.

Tä|tig|keits|be|reich, der: *Bereich* (b), *in dem jmd. tätig ist.*

Tä|tig|keits|be|richt, der: *Bericht über die Arbeit einer Organisation, eines Gremiums o. Ä. während eines bestimmten Zeitraums.*

Tä|tig|keits|be|schrei|bung, die: *Beschreibung u. Aufzählung der Tätigkeitsmerkmale für eine bestimmte berufliche Tätigkeit.*

Tä|tig|keits|feld, das: vgl. Tätigkeitsbereich.

Tä|tig|keits|ge|biet, das: vgl. Tätigkeitsbereich.

Tä|tig|keits|merk|mal, das ⟨meist Pl.⟩: *für eine bestimmte berufliche Tätigkeit charakteristisches Merkmal.*

Tä|tig|keits|pro|fil, das: vgl. Tätigkeitsbeschreibung.

Tä|tig|keits|wort, das (Sprachw.): *Verb.*

Tä|ti|gung, die; -, -en ⟨Pl. selten⟩ (Kaufmannsspr., Papierdt.): *das Tätigen.*

Tat|kraft, die: *zum Handeln erforderliche Energie u. Einsatzbereitschaft:* etw. mit großer T. vorantreiben.

tat|kräf|tig ⟨Adj.⟩: **a)** *Tatkraft besitzend, erkennen lassend:* ein -er Mensch; **b)** *voller Tatkraft, mit Tatkraft:* eine -e Mithilfe; sich t. für etw. einsetzen.

tät|lich ⟨Adj.⟩ [vgl. mniederd. dātlīk]: *körperliche Gewalt einsetzend; handgreiflich:* -e Auseinandersetzungen; t. werden; jmdn. t. angreifen.

Tät|lich|keit, die; -, -en ⟨meist Pl.⟩: *tätliche Auseinandersetzung:* es kam zu -en.

Tat|mensch, der: *jmd., der zu raschem, entschlossenem Handeln neigt.*

Tat|mo|tiv, das: *Motiv für eine Tat* (1 b).

Tat|ort, der ⟨Pl. -e⟩: *Ort, an dem sich eine Tat* (1 b) *zugetragen hat:* etw. am T. zurücklassen.

tä|to|wie|ren ⟨sw. V.; hat⟩ [engl. to tattoo, frz. tatouer, zu tahit. tatau = (eintätowiertes) Zeichen]: **a)** *durch Einbringen von Farbstoffen in die eingeritzte Haut eine farbige Musterung, bildliche Darstellung o. Ä. schaffen, die nicht wieder verschwindet;* **b)** *mit einer Tätowierung versehen:* jmdn., jmds. Hand t.; sich [an den Armen] t. lassen; tätowierte Arme; **c)** *durch Tätowieren* (1 a) *hervorbringen, entstehen lassen:* jmdm. eine Rose auf den Arm t.

Tä|to|wie|rer, der; -s, -: *jmd., der das Tätowieren [gewerbsmäßig] ausübt.*

Tä|to|wie|re|rin, die; -, -nen: w. Form zu ↑Tätowierer.

Tä|to|wie|rung, die; -, -en: **1.** *das Tätowieren.* **2.** *durch Tätowieren entstandenes Bild o. Ä.*

Tat|sa|che, die [nach engl. matter of fact]: *wirklicher, gegebener Umstand; Faktum:* eine historische, unleugbare, unabänderliche, traurige, bedauerliche T.; es ist [eine] T., dass er trinkt; T.! (ugs.; *wirklich!, das ist wahr!*); die -n verdrehen, entstellen, verfälschen; das entspricht [nicht] den -n *(der Wahrheit);* eine Vorspiegelung, Vortäuschung falscher -n; * **vollendete -n schaffen** *(nicht mehr rückgängig zu machende Umstände herbeiführen);* **den -n ins Auge sehen** *(die gegebenen Umstände nicht ignorieren);* **jmdn. vor die vollendete T./vor vollendete -n stellen** *(jmdn. mit einem eigenmächtig geschaffenen Sachverhalt konfrontieren);* **vor vollendeten -n stehen** *(sich mit einem Sachverhalt konfrontiert sehen, den ein anderer eigenmächtig geschaffen hat).*

Tat|sa|chen|be|richt, der: *den Tatsachen entsprechender Bericht über ein Geschehen.*

Tat|sa|chen|ro|man, der (Literaturw.): *Roman, der auf wirklichen Geschehnissen beruht, in dem wirkliche Personen u. Zustände dargestellt werden.*

tat|säch|lich [auch: –ˈ– –]: **I.** ⟨Adj.⟩ *als Tatsache vorhanden; wirklich, real, faktisch:* vermeintliche und -e Vorzüge; die -en Umstände; sein -er (ugs.; *richtiger*) Name ist Karl. **II.** ⟨Adv.⟩ *wirklich; in der Tat:* so etwas gibt es t.; ist das t. wahr?; t.?; sie ist es t.

Tat|säch|lich|keit [auch: –ˈ– – –], die; -: *tatsächliche, reale Beschaffenheit, Existenz.*

tät|scheln ⟨sw. V.; hat⟩ [weitergebildet aus mhd. tetschen = klatschen, patschen, lautm.]: *(als eine Art Liebkosung) wiederholt mit der Hand [auf jmds. bloße Haut] leicht schlagen:* jmds. Hand t.; dem Pferd den Hals t.

tat|schen ⟨sw. V.; hat⟩ [auch: tätschen, mhd. tetschen, ↑tätscheln] (ugs. abwertend): *in plumper Art u. Weise irgendwohin fassen* (2): an die Scheiben, auf den Käse t.

Tat|ter|greis, der [1. Bestandteil zu ↑tattern] (ugs. abwertend): *zittriger, seniler alter Mann.*

Tat|ter|grei|sin, die: w. Form zu ↑Tattergreis.

Tat|te|rich, der; -s [aus der Studentenspr., urspr. = das Zittern der Hände nach starkem Alkoholgenuss] (ugs.): *[krankhaftes] Zittern der Finger, Hände:* den T. haben, kriegen.

tat|te|rig, tattrig ⟨Adj.⟩ (ugs.): **a)** *zitterig:* mit -en Fingern; **b)** *aufgrund hohen Alters zitterig u. unsicher:* ein -er Greis.

Tat|te|rig|keit, Tattrigkeit, die; - (ugs.): *das Tatterigsein.*

tat|tern ⟨sw. V.; hat⟩ [urspr. = schwatzen, stottern, wohl lautm.] (ugs.): *(bes. mit den Fingern, auch am ganzen Körper) zittern.*

Tat|ter|sall [ˈtatɐzal, engl.: ˈtætəsɔːl], der; -s, -s [nach engl. Tattersall's (horse market) = Londoner Pferdebörse u. Reitschule des engl. Stallmeisters R. Tattersall (1724–1795)]: **a)** *kommerzielles Unternehmen, das Reitpferde vermietet, Reitturniere durchführt u. Ä.;* **b)** *Reitbahn, -halle.*

Tat|too [tɛˈtuː], der od. das; -s, -s [engl. tattoo < tahit. tatau, ↑tätowieren]: *Tätowierung.*

tatt|rig usw.: ↑tatterig usw.

ta|tü|ta|ta ⟨Interj.⟩: lautm. für den Klang eines Martin-Horns o. Ä.

Ta|tü|ta|ta, das; -s, -s (ugs.): *Klang des Martin-Horns o. Ä.:* mit Blaulicht und T.

Tat|ver|dacht, der: *Verdacht auf jmds. Täterschaft:* unter T. stehen.

tat|ver|däch|tig ⟨Adj.⟩: *unter Tatverdacht stehend.*

Tat|ver|däch|ti|ge, der u. die: *jmd., der einer Tat verdächtigt wird.*

Tat|waf|fe, die: *Waffe, mit der eine Straftat begangen wurde.*

Tätz|chen, das; -s, -: Vkl. zu ↑Tatze (1, 2).

Tat|ze, die; -, -n [mhd. tatze, H. u.; viell. Lallwort der Kinderspr. od. lautm.]: **1.** *Fuß, Pfote eines größeren Raubtieres (bes. eines Bären):* der Bär, der Tiger hob seine T. **2.** (salopp, oft abwertend) *[große, kräftige] Hand:* nimm deine T. da weg!

Tat|zeit, die: vgl. Tatort.

Tat|zeu|ge, der: *Zeuge einer Straftat.*

Tat|zeu|gin, die: w. Form zu ↑Tatzeuge.

Tätz|lein, das; -s, -: Vkl. zu ↑Tatze (1, 2).

[1]Tau, der; -[e]s [mhd., ahd. tou, verw. mit ↑Dunst]: *Feuchtigkeit der Luft, die sich im Allgemeinen in den frühen Morgenstunden in Form von Tröpfchen auf dem Boden, an Pflanzen u. a. niederschlägt:* es ist T. gefallen.

[2]Tau, das; -[e]s, -e [aus dem Niederd. < mniederd. tou(we) = Werkzeug, (Schiffs)gerät, Tau, zu: touwen (mhd., ahd. zouwen) = ausrüsten, bereiten, zustande bringen, also urspr. = Werkzeug, mit dem etw. gemacht wird]: *starkes Seil (bes. zum Festmachen von Schiffen o. Ä.):* ein kräftiges, dickes, starkes T.

[3]Tau, das; -[s], -s [griech. taũ]: *neunzehnter Buchstabe des griechischen Alphabets* (Τ, τ).

taub ⟨Adj.⟩ [mhd. toup, ahd. toub, urspr. = empfindungslos, stumpf(sinnig), eigtl. = benebelt, verwirrt, betäubt, verw. mit ↑Dunst]: **1.** *ohne die Fähigkeit, etw. akustisch wahrnehmen zu können; gehörlos:* ein -es Kind; ihr linkes Ohr ist t.; bist du denn t.? (ugs.; *hörst du denn nichts?*); Ü sie stellt sich t. *(geht auf etwas Bestimmtes nicht ein);* er war t. für, gegen alle Bitten *(ging nicht auf sie ein).* **2.** *(in Bezug auf Körperteile) ohne Empfindung; wie abgestorben:* vor Kälte -e Finger; ein -es Gefühl in den Armen. **3.** *einen bestimmten, für die jeweilige Sache eigentlich charakteristischen Bestandteil, eine bestimmte, eigentlich charakteristische Eigenschaft nicht habend:* eine -e *(keinen Kern enthaltende)* Nuss; -es (Bergmannsspr.; *kein Erz enthaltendes*) Gestein.

taub|blind ⟨Adj.⟩: *taub u. blind zugleich.*

Taub|blin|de, der u. die: *jmd., der weder hören noch sehen kann.*

Taub|blind|heit, die: *das Taubblindsein.*

Täub|chen, das; -s, -: Vkl. zu ↑[1]Taube.

[1]Tau|be, die; -, -n [mhd. tūbe, ahd. tūba, H. u., viell. lautm. od. zu ↑Dunst u. eigtl. = die Dunkle (nach dem Gefieder)]: **1.** *mittelgroßer Vogel mit gedrungenem Körper, kleinem Kopf, kurzem, leicht gekrümmtem Schnabel u. niedrigen Beinen (der auch gezüchtet u. als Haustier gehalten wird):* die -n girren, gurren, rucksen, schnäbeln [sich]. **2.** ⟨meist Pl.⟩ *jmd., der für eine gemäßigte, nicht militante, nicht radikale Politik eintritt, der kompromissbereit ist.*

[2]Tau|be, der u. die; -n, -n ⟨Dekl. ↑Abgeordnete⟩: *jmd., der taub* (1) *ist.*

tau|ben|blau ⟨Adj.⟩: *blass graublau.*

Tau|ben|dreck, der (ugs.): *Taubenkot.*

Tau|ben|ei, das: *Ei einer Taube.*

tau|ben|ei|groß ⟨Adj.⟩: *etwa von der Größe eines Taubeneis:* -e Hagelkörner.

tau|ben|grau ⟨Adj.⟩: *blass blaugrau.*

Tau|ben|haus, das: *Taubenschlag.*

Tau|ben|ko|bel, der (südd., österr.): *Taubenschlag.*

Tau|ben|kot, der: *Kot von Tauben.*

Tau|ben|nest, das: *Nest von Tauben.*

Tau|ben|schlag, der: *(oft auf einem hohen Pfahl stehendes) kleines Häuschen, Verschlag, in dem Tauben gehalten werden:* * **es geht zu wie im T.** (ugs.; *es herrscht ein ständiges Kommen u. Gehen*).

Tau|ben|züch|ter, der: *jmd., der Tauben züchtet.*

Tau|ben|züch|te|rin, die: w. Form zu ↑Taubenzüchter.

Tau|ber [mhd. tūber], **Täu|ber,** der; -s, -, **Tau|berich, Täu|be|rich,** der; -s, -e [geb. nach ↑Enterich]: *männliche Taube.*

Taub|heit, die; -: *das Taubsein.*

Täu|bin, die; -, -nen: *weibliche Taube.*

Täub|lein, das; -s, -: Vkl. zu ↑[1]Taube.

Täub|ling, der; -s, -e [viell. zu ↑[1]Taube (nach der graublauen Farbe mancher Arten) od. zu ↑taub (3)]: *Blätterpilz mit trockenem, mürbem, leicht brechendem Fleisch u. oft lebhaft gefärbtem Hut.*

Taub|nes|sel, die [mhd. toupneȝȝel, 1. Bestandteil zu ↑taub (3)]: *(zu den Lippenblütlern gehörende) Pflanze mit weißen, gelben od. roten Blüten u. Blättern, die denen der Brennnessel ähnlich sind, aber keine brennenden Hautreizungen verursachen.*

taub|stumm ⟨Adj.⟩: *aufgrund angeborener Taubheit unfähig, artikuliert zu sprechen.*

Taub|stum|me, der u. die: *jmd., der taubstumm ist.*

Taub|stum|men|spra|che, die: *Zeichensprache, mit der sich Taubstumme verständigen.*

Taub|stumm|heit, die: *das Taubstummsein.*

Tauch|boot, das: *Unterseeboot, das nur für kurze Zeit getaucht bleiben kann.*

tau|chen ⟨sw. V.⟩ [mhd. tuchen, ahd. in: intūhhan, H. u.]: **1. a)** *mit dem Kopf od. dem ganzen Körper unter die Wasseroberfläche gehen* ⟨hat, auch: ist⟩: die Ente taucht; er taucht nicht gern; **b)** *sich [als Taucher (1)] unter Wasser [in größere Tiefen] begeben* ⟨ist⟩: sie tauchte in die Fluten, drei Meter tief; das U-Boot ist auf den Grund getaucht; Ü ins Dunkel t.; die Sonne taucht ins Meer; **c)** *tauchend (1 a) nach etw. suchen, etw. zu erreichen, zu finden suchen* ⟨hat, auch: ist⟩: nach Schwämmen t.; **d)** *unter Wasser verschwinden [u. unter Wasser bleiben]* ⟨hat, auch: ist⟩: das U-Boot taucht, hat mehrere Stunden getaucht; er kann zwei Minuten [lang] t.; **e)** *auftauchen* (1) ⟨ist⟩: aus dem Wasser, an die Oberfläche t. **2. a)** *in Wasser, in eine Flüssigkeit stecken, halten, senken* ⟨hat⟩: den Pinsel in die Farbe, die Hand ins Wasser t.; Ü der Raum war in gleißendes Licht getaucht (geh.; *von gleißendem Licht erfüllt*); **b)** *unter Gewaltanwendung mit dem Kopf od. ganz unter Wasser bringen* ⟨hat⟩: jmdn. t.

Tau|cher, der; -s, -: *jmd., der taucht* (1).

Tau|cher|an|zug, der: *wasserdichter Anzug zum Tauchen.*

Tau|cher|bril|le, die: *eng am Gesicht anliegende Schutzbrille für Taucher.*

Tau|cher|glo|cke, die: *unten offene Stahlkonstruktion, in deren großem, mit Druckluft wasserfrei gehaltenem Innenraum Arbeiten unter Wasser ausgeführt werden können.*

Tau|che|rin, die; -, -nen: w. Form zu ↑Taucher.

Tau|cher|krank|heit, die: *Caissonkrankheit.*

Tauch|ge|rät, das: *Gerät, das es einem Menschen ermöglicht, sich längere Zeit unter Wasser aufzuhalten.*

Tauch|ku|gel, die: *von einem Schiff aus an einem Kabel herablassbares kugelförmiges Tauchgerät für große Tiefen.*

Tauch|sie|der, der: *elektrisches Gerät zum schnellen Erhitzen von Wasser, dessen spiralförmiger Teil in das zu erhitzende Wasser getaucht wird.*

Tauch|sport, der: vgl. Schwimmsport.

Tauch|sta|ti|on, die: in der Wendung **auf T. gehen** (ugs.; *sich zurückziehen, sodass man von anderen nicht so leicht erreicht werden kann*).

[1]tau|en ⟨sw. V.; hat; unpers.⟩ [mhd. touwen, ahd. touwōn] (seltener): *(von Luftfeuchtigkeit) sich als [1]Tau niederschlagen:* es hat [stark] getaut.

[2]tau|en ⟨sw. V.⟩ [mhd. touwen, ahd. douwen, eigtl. = schmelzen, sich auflösen, dahingehen, bereits im Mhd. angelehnt an ↑[1]Tau]: **1. a)** ⟨unpers.⟩ *als Tauwetter gegenwärtig sein* ⟨hat⟩: seit gestern taut es; **b)** *(von Gefrorenem) durch den Einfluss von Wärme schmelzen, weich werden* ⟨ist⟩: der Schnee ist [von den Dächern] getaut. **2.** *zum Tauen (1 b) bringen* ⟨hat⟩: die Sonne taut den Schnee.

Tauf|be|cken, das: *Taufstein.*

Tauf|buch, das: *Taufregister.*

Tau|fe, die; -, -n [mhd. toufe, ahd. toufi(n)]: **1. a)** ⟨o. Pl.⟩ (christl. Rel.) *Sakrament, durch das man in die Gemeinschaft der Christen aufgenommen wird:* die T. spenden, empfangen; **b)** (christl. Rel.) *Ritual, bei dem ein Geistlicher die Taufe (1 a) spendet, indem er den Kopf des Täuflings mit [geweihtem] Wasser besprengt od. begießt od. den Täufling in Wasser untertaucht:* eine T. vornehmen; * **etw. aus der T. heben** (ugs.; *etw. gründen, begründen, ins Leben rufen*). **2.** *feierliche Namensgebung, besonders Schiffstaufe:* bei der T. der »Bremen«.

tau|fen ⟨sw. V.; hat⟩ [mhd. toufen, ahd. toufan, zu ↑tief u. eigtl. = tief machen (= tief [ins Wasser] ein-, untertauchen)]: **1.** *an jmdm. die Taufe* (1 b) *vollziehen:* jmdn. t.; sie ist [nicht, evangelisch] getauft; ein getaufter *(zum Christentum konvertierter)* Jude. **2. a)** *einem Täufling im Rahmen seiner Taufe* (1 b) *einen Namen geben:* der Pfarrer taufte ihn auf den Namen Karl; er wurde nach seinem Großvater [Otto] getauft; **b)** *jmdm., einem Tier, einer Sache einen Namen geben; nennen:* seinen Hund »Waldi« t.; wie willst du dein Boot t.?; **c)** *einer Sache in einem feierlichen Akt einen Namen geben:* eine Glocke t.; das Schiff wurde auf den Namen »Bremen« getauft.

Täu|fer, der; -s, - [mhd. toufære, ahd. toufāri]: *jmd., der jmdn. tauft* (1).

Täu|fe|rin, die; -, -nen: w. Form zu ↑Täufer.

Tauf|ge|schenk, das: *Geschenk für ein Kind aus Anlass seiner Taufe.*

Tauf|ka|pel|le, die: [1]*Kapelle* (2) *für Taufen* (1 b).

Tauf|kir|che, die: *(in frühchristlicher Zeit üblicher) zur Durchführung von Taufen* (1 b) *[neben einer Kirche] errichteter sakraler Bau; Baptisterium* (2).

Tauf|kis|sen, das: *Steckkissen, in dem ein Säugling bei der Taufe* (1 b) *getragen wird.*

Tauf|kleid, das: *häufig reich verziertes, weißes Kleidchen mit einer schleppenartigen Verlängerung, das dem Säugling zur Taufe angezogen wird.*

Tau|flie|ge, die [nach dem nlat. zool. Namen Drosophilidae, zu griech. drósos = Tau, Feuchte u. phileīn = lieben]: *kleine Fliege, die sich besonders in der Nähe faulender Früchte aufhält.*

Täuf|ling, der; -s, -e: *jmd., der getauft wird.*

Tauf|ma|tri|kel, die (österr. Amtsspr.): *Taufregister.*

Tauf|na|me, der: *Name, auf den man getauft worden ist.*

Tauf|pa|te, der: [1]*Pate* (1).

Tauf|pa|tin, die: w. Form zu ↑Taufpate.

Tauf|re|gis|ter, das: *von der Kirchengemeinde geführtes Buch für urkundliche Eintragungen über vollzogene Taufen* (1 b).

tau|frisch ⟨Adj.⟩: **a)** *noch feucht von morgendlichem Tau:* -e Wiesen; **b)** *sehr frisch, ganz frisch:* ein Strauß -er Blumen; Ü das Hemd ist noch t.; sie ist nicht mehr ganz t. *(sieht nicht mehr ganz jung aus).*

Tauf|ri|tu|al, das: *bei einer Taufe* (1) *vollzogenes Ritual.*

Tauf|ri|tus, der: vgl. Taufritual.

Tauf|scha|le, die: vgl. Taufstein.

Tauf|schein, der: *Urkunde, in der jmds. Taufe* (1 b) *bescheinigt wird.*

Tauf|stein, der: *(in einer Kirche aufgestelltes) oft in Stein gehauenes od. in Stein eingelassenes, meist auf einem hohen Fuß o. Ä. ruhendes Becken für das zum Taufen verwendete Wasser; Baptisterium* (1).

Tauf|zeu|ge, der: vgl. [1]Pate (1).

Tauf|zeu|gin, die: w. Form zu ↑Taufzeuge.

tau|gen ⟨sw. V.; hat⟩ [mhd. tougen, tugen, zu flektierten ahd. Formen, z. B. toug = es taugt, nützt]: **a)** *sich für einen bestimmten Zweck, eine bestimmte Aufgabe eignen; geeignet, brauchbar sein* (meist verneint): das Messer taugt nicht zum Brotschneiden; er taugt nicht zu schwerer, für schwere Arbeit; das Buch taugt nicht für Kinder; **b)** *eine (bestimmte) Güte, einen (bestimmten) Wert, Nutzen haben* (meist verneint): das Messer, der Film taugt nichts, nicht viel.

Tau|ge|nichts, der; -[es], -e [älter: tögenicht, mniederd. döge-, dögenicht(s)] (veraltend abwertend): *nichtsnutziger Mensch.*

taug|lich ⟨Adj.⟩: **a)** *(zu etw.) taugend; geeignet:* ein nicht -es Werkzeug; er ist zu schwerer Arbeit, dafür, als Pilot nicht t.; **b)** *wehrdiensttauglich:* er ist [beschränkt, voll] t.

-taug|lich: drückt in Bildungen mit Substantiven aus, dass etw. für die beschriebene Sache geeignet ist: alltags-, höhentauglich.

Taug|lich|keit, die; -: *das Tauglichsein.*

Tau|mel, der; -s [rückgeb. aus ↑taumeln]: **a)** *Schwindel[gefühl], Gefühl des Taumelns:* ein [leichter] T. befiel, überkam sie; **b)** *rauschhafter Gemütszustand, innere Erregung; Begeisterung, Überschwang:* ein T. der Freude ergriff sie; er geriet in einen [wahren] T. des Glücks.

tau|me|lig, taumlig ⟨Adj.⟩: **1. a)** *benommen:* mir ist, wird ganz t.; **b)** *von einem Taumel* (b) *erfasst:* ihm wurde ganz t. vor Glück. **2.** *taumelnd, schwankend:* in -em Flug dahingleiten.

tau|meln ⟨sw. V.⟩ [mhd. tūmeln, ahd. tūmilōn, Iterativbildung zu mhd. tūmen, ahd. tūmōn = sich im Kreise drehen, schwanken, verw. mit ↑Dunst]: **a)** *wie benommen hin u. her schwanken [u. zu fallen drohen]* ⟨ist/hat⟩: vor Müdigkeit, Schwäche t.; das Flugzeug begann zu t.; **b)** *taumelnd [irgendwohin] gehen, fallen, fliegen o. Ä.* ⟨ist⟩: hin und her, gegen die Wand t.; ein Blatt taumelte zu Boden.

taum|lig: ↑taumelig.

tau|nass ⟨Adj.⟩: *nass von Tau:* -e Wiesen.

Tau|punkt, der (Physik): *Temperatur, bei der in einem Gemisch aus Gas u. Dampf das Gas mit der vorhandenen Menge des Dampfes gerade gesättigt ist.*

Tau|ro|ma|chie, die; -, -n [span. tauromaquia, zu griech. taūros = Stier u. máchesthai = kämpfen]: **1.** ⟨o. Pl.⟩ *Technik des Stierkampfs.* **2.** *Stierkampf.*

Tau|salz, das [zu ↑[2]tauen]: *Streusalz.*

Tausch, der; -[e]s, -e ⟨Pl. selten⟩ [rückgeb. aus ↑tauschen]: *Vorgang des Tauschens; Tauschgeschäft:* ein guter, schlechter T.; einen T. machen; etw. im T. für etw. erhalten.

tau|schen ⟨sw. V.; hat⟩ [mhd. tūschen = (be)lügen, anführen, Nebenf. von: tiuschen (↑täuschen), eigtl. = in betrügerischer Absicht aufschwatzen]: **a)** *jmdm. eine Sache od. Person überlassen u. dafür als Gegenleistung etw., jmdn. anderes von ihm erhalten:* etw. gegen etw. t.; Briefmarken t.; die Plätze, die Partner t.; sie hat das Zimmer mit ihm getauscht; ⟨auch o. Akk.-Obj.:⟩ wollen wir [mit den Plätzen] t.?; Ü Blicke t. *(sich kurz gegenseitig ansehen);* Zärtlichkeiten t. *(sich liebkosen);* **b)** *jmdn. [vorübergehend] an seine Stelle treten lassen, sich vertreten lassen u. dafür seinerseits [zu einer anderen Zeit] den anderen vertreten:* sie hat mit einer Kollegin getauscht; ich möchte mit ihm nicht t. *(ich möchte nicht an seiner Stelle sein).*

täu|schen ⟨sw. V.; hat⟩ [mhd. tiuschen = unwahr reden, anführen, aus dem Niederd. (vgl. mniederd. tüschen = anführen, betrügen), H. u.]: **1. a)** *jmdm. absichtlich einen falschen Eindruck vermitteln; jmdn. irreführen:* jmdn. t.; lass dich [von ihr] nicht t.!; ich sehe mich in meinen Erwartungen getäuscht *(meine Erwartungen haben sich nicht erfüllt);* wenn mich nicht alles täuscht, … *(wenn ich mich nicht sehr irre, …);* ⟨auch ohne Akk.:⟩ er hat in der Klausur getäuscht *(mit unerlaubten Mitteln gearbeitet);* **b)** *einen falschen Eindruck entstehen lassen:* das Neonlicht täuscht; das Haus ist nicht so hoch, das täuscht; täuschend *(zum Verwechseln)* ähnlich; **c)** (bes. Sport) *einen Gegner zu einer bestimmten Reaktion, Bewegung verleiten, die man dann zum eigenen Vorteil ausnutzen kann:* sie täuschte geschickt. **2.** ⟨t. + sich⟩ *sich irren:* wenn ich mich nicht täusche, hat es eben geklingelt; da täuschst du dich!; ich habe mich in ihr getäuscht.

Täu|scher, der; -s, - [mhd. tiuschære]: *jmd., der andere täuscht, irreführt.*

Tau|sche|rei, die; -, -en (ugs.): *[dauerndes] Tauschen.*

Täu|sche|rei, die; -, -en (ugs. abwertend): *[dauerndes] Täuschen* (1 a, c).

Täu|sche|rin, die; -, -nen: w. Form zu ↑Täuscher.

Tausch|ge|schäft, das: *Geschäft, das darin besteht, dass etw. gegen etw. anderes getauscht wird.*

Tausch|han|del, der: **1.** *Tauschgeschäft.* **2.** ⟨o. Pl.⟩ (Wirtsch.) *im Tausch von Waren bestehender Handel.*

Tau|schie|rung, die; -, -en [zu mfrz. tauchie < älter ital. tausia < arab. taušiyya^{h} = Verzierung]: *(aus edlerem Metall hergestellte) Einlegearbeit in Metall.*

Tausch|ob|jekt, das: *etw., was getauscht wird.*

Täu|schung, die; -, -en: **1.** *das Täuschen* (1): eine plumpe, raffinierte, arglistige, versuchte T.; auf eine T. hereinfallen. **2.** *das Sichtäuschen; das Getäuschtsein:* einer T. erliegen; gib dich darüber keiner T. hin; optische T. *(optische Wahrnehmung, die mit der Wirklichkeit nicht übereinstimmt).*

Täu|schungs|ab|sicht, die: *Absicht, jmdn. zu täuschen.*

Täu|schungs|ma|nö|ver, das: *Manöver* (3), *mit dem jmd. getäuscht werden soll.*

Täu|schungs|ver|such, der: *Versuch, jmdn. zu täuschen.*

Tausch|weg, der ⟨o. Pl.⟩: *Tausch als Art u. Weise, etw. zu erwerben:* auf dem, im T.

Tausch|wert, der ⟨o. Pl.⟩: *Wert, den etw. als Tauschobjekt hat.*

tau|send ⟨Kardinalz.⟩ [mhd. tūsunt, ahd. dūsunt, wahrsch. verdunkelte Zus. u. eigtl. = vielhundert, 2. Bestandteil zu ↑hundert, 1. Bestandteil zu einem Wort mit der Bed. »schwellen«] (in Ziffern: 1 000): **a)** t. Kilometer; ein paar, einige t. Mark; t. und abertausend/(auch:) Tausend und Abertausend Ameisen; ich wette t. zu/gegen eins (ugs.; *ich bin ganz sicher*), dass sie noch kommt; **b)** (ugs. emotional) *unübersehbar viele, sehr viele, ungezählte:* t. Ausreden, Wünsche haben; ich muss t. Sachen erledigen; t. Ängste ausstehen *(sehr große Angst haben);* (Grußformeln in Briefen:) t. Grüße; t. Küsse; (Dankesformel:) t. Dank; vgl. hundert.

[1]Tau|send, die; -, -en: *Zahl 1 000.*

[2]Tau|send, das; -s, -e u. -: **1.** ⟨Pl.: -⟩ vgl. [1]Hundert (1): vom T. (*Promille;* Abk.: v. T.; Zeichen: ‰); Abk.: Tsd. **2.** ⟨Pl. -e⟩ vgl. [1]Hundert (2).

tau|send|ein ⟨Zahladj.⟩ (in Ziffern: 1 001): vgl. [1]ein (I).

tau|send|eins ⟨Kardinalz.⟩ (in Ziffern: 1 001): vgl. [1]eins (I).

Tau|sen|der, der; -s, -: **1.** (ugs.) *Tausendmarkschein:* für einen T. *(für tausend Mark).* **2.** (Math.) vgl. Hunderter (2). **3.** vgl. Achttausender.

tau|sen|der|lei ⟨best. Gattungsz.; indekl.⟩ [↑-lei] (ugs.): vgl. hunderterlei.

Tau|sen|der|stel|le, die (Math.): vgl. Hunderterstelle.

tau|send|fach ⟨Vervielfältigungsz.⟩ (mit Ziffern: 1 000fach): **a)** vgl. achtfach; **b)** (ugs.) *ungezählte Male:* eine t. bewährte Methode.

Tau|send|fa|che, das; -n ⟨Dekl. ↑[2]Junge, das⟩ (mit Ziffern: 1 000fache): vgl. Achtfache.

Tau|send|fü|ßer, der, **Tau|send|füß|ler,** der; -s, - [LÜ von lat. millepeda < griech. chiliópous]: *(zu den Gliederfüßern gehörendes) Tier mit einem in viele Segmente gegliederten Körper u. sehr vielen Beinen.*

Tau|send|jahr|fei|er, die (in Ziffern: 1 000-Jahr-Feier): vgl. Hundertjahrfeier.

tau|send|jäh|rig ⟨Adj.⟩ (in Ziffern: 1 000-jährig): vgl. hundertjährig.

Tau|send|künst|ler, der [eigtl. = jmd., der tausend Künste kann] (ugs. scherzh.): *jmd., der vielseitig begabt, bes. handwerklich sehr geschickt ist.*

Tau|send|künst|le|rin, die: w. Form zu ↑Tausendkünstler.

tau|send|mal ⟨Wiederholungsz., Adv.⟩: **a)** vgl. achtmal; **b)** (ugs.) vgl. hundertmal (b).

tau|send|ma|lig ⟨Adj.⟩ (in Ziffern: 1 000-malig): vgl. achtmalig.

Tau|send|mark|schein, der (in Ziffern: 1 000-Mark-Schein): *Geldschein mit dem Wert von tausend Mark.*

tau|send|pro|zen|tig ⟨Adj.⟩ [Verstärkung zu ↑hundertprozentig] (ugs.): vgl. hundertfünfzigprozentig.

Tau|send|sa|sa, Tau|send|sas|sa, der; -s, -[s] [eigtl. Substantivierung der verstärkten alten Interjektion sa!, ↑heisa] (emotional): *vielseitig begabter Mensch, dem man Bewunderung zollt:* der T. hat es selbst repariert.

Tau|send|schön, das; -s, -e, **Tau|send|schön|chen,** das; -s, - [eigtl. = über alle Maßen schöne Blume]: *(zu den Korbblütlern gehörende) kleine, im frühen Frühjahr blühende Pflanze, meist mit gefüllten weißen od. roten Blüten.*

tau|sends|t... ⟨Ordinalz. zu ↑tausend⟩ (in Ziffern: 1 000.): vgl. sechst....

tau|sends|tel ⟨Bruchz.⟩ (in Ziffern: $\frac{1}{1000}$): vgl. achtel.

[1]Tau|sends|tel, das, schweiz. meist: der; -s, -: vgl. Achtel (a).

[2]Tau|sends|tel, die; -, - (ugs.): kurz für ↑Tausendstelsekunde: mit einer T. fotografieren.

Tau|sends|tel|se|kun|de, die: *der tausendste Teil einer Sekunde.*

tau|send|und|ein ⟨Zahladj.⟩ (in Ziffern: 1 001): *tausendein:* für -e Mark; Märchen aus Tausendundeiner Nacht.

tau|send|und|eins ⟨Kardinalz.⟩ (in Ziffern: 1 001): *tausendeins.*

Tau|to|lo|gie, die; -, -n [lat. tautologia < griech. tautología, eigtl. = das Dasselbesagen, zu: tautó, zusgez. aus: tò autó = dasselbe u. lógos, ↑Logos] (Rhet., Stilk.): **a)** *Fügung, die einen Sachverhalt doppelt wiedergibt (z. B. nackt und bloß);* **b)** (seltener) *Pleonasmus.*

tau|to|lo|gisch ⟨Adj.⟩ (Rhet., Stilk.): *eine Tautologie darstellend, durch eine Tautologie ausgedrückt.*

Tau|trop|fen, der: *Tropfen von Tau.*

Tau|was|ser, das ⟨Pl. -⟩: *Schmelzwasser.*

Tau|werk, das ⟨o. Pl.⟩: *[2]Tau (als Material, im Hinblick auf seine Beschaffenheit):* schweres T.

Tau|wet|ter, das ⟨o. Pl.⟩: *(auf Frost folgende) wärmere Witterung, bei der Schnee u. Eis schmelzen:* Ü ein T. *(eine entspannte Atmosphäre)* in den Beziehungen der Staaten.

Tau|zie|hen, das; -s: *Spiel, bei dem zwei Mannschaften an den beiden Enden eines [2]Taus ziehen, wobei es gilt, die gegnerische Mannschaft auf die eigene Seite herüberzuziehen:* ein Wettkampf im T.; Ü ein T. *(Hin und Her)* um die Besetzung des höchsten Staatsamtes.

Ta|ver|ne, die; -, -n [ital. taverna < lat. taberna]: *italienisches Wirtshaus.*

Ta|xa: Pl. von ↑Taxon.

Ta|xa|me|ter, das od. der; -s, - [zu mlat. taxa (↑Taxe) u. ↑-meter (1)]: *Fahrpreisanzeiger.*

ta|xa|tiv ⟨Adj.⟩ (österr.): *vollständig, erschöpfend.*

Ta|xa|tor, der; -s, ...oren [mlat. taxator] (Wirtsch.): *als Schätzer tätiger Sachverständiger.*

Ta|xa|to|rin, die; -, -nen: w. Form zu ↑Taxator.

Ta|xe, die; -, -n [mlat. taxa = geschätzter Preis; Steuer, zu lat. taxare, ↑taxieren]: **1.** *Gebühr, [amtlich] festgesetzter Preis.* **2.** *[durch einen Taxator] geschätzter, ermittelter Preis.* **3.** *Taxi.*

ta|xen ⟨sw. V.; hat⟩: *taxieren* (1).

Ta|xi, das, schweiz. auch: der; -s, -s [frz. taxi, gek. aus: taximètre, unter Einfluss von: taxe = Gebühr, zu griech. táxis = Ordnung u. frz. -mètre < griech. métron = Maß]: *(von einem Berufsfahrer gelenktes) Auto, mit dem man sich (bes. innerhalb einer Stadt) befördern lassen kann:* ein T. rufen, bestellen, nehmen; T. fahren.

Ta|xi|der|mie, die; - [zu griech. táxis = Ordnung u. derma = Haut, Fell] (Fachspr.): *Präparation von Tieren.*

Ta|xi|der|mist, der; -en, -en (Fachspr.): *jmd., der Tiere präpariert* (1 a).

Ta|xi|der|mis|tin, die; -, -nen: w. Form zu ↑Taxidermist.

ta|xier|bar ⟨Adj.⟩: *sich taxieren lassend.*

ta|xie|ren ⟨sw. V.; hat⟩ [frz. taxer < lat. taxare = prüfend betasten, (ab)schätzen, Iterativbildung zu: tangere, ↑tangieren]: **1. a)** (ugs.) *schätzen* (1 a): *den Wert, die Größe von etw. t.;* die Entfernung auf 200 Meter, zu kurz, falsch t.; ich taxiere ihn *(sein Alter)* auf etwa 45; **b)** *(als Sachverständiger) den [Zeit-, Markt]wert von etw. ermitteln, bestimmen; schätzen* (1 b): ein Grundstück, ein Haus t., t. lassen; das Gemälde wurde auf 7 000 Mark taxiert. **2.** (ugs.) *prüfend, kritisch betrachten, um sich ein Urteil zu bilden:* etw. mit Kennerblick t. **3.** (bildungsspr.) *einschätzen.*

Ta|xie|rung, die; -, -en: *das Taxieren.*

Ta|xi|fah|rer, der: *(berufsmäßiger) Fahrer eines Taxis.*

Ta|xi|fah|re|rin, die: w. Form zu ↑Taxifahrer.

Ta|xi|fahrt, die: *Fahrt mit einem Taxi.*

Ta|xi|len|ker, der (österr.): *Taxifahrer.*

Ta|xi|len|ke|rin, die: w. Form zu ↑Taxilenker.

Ta|xi|stand, der: *Standplatz von Taxis.*

Ta|xi|stand|platz, der: *Standplatz von Taxis.*

Ta|xi|un|ter|neh|men, das: *Unternehmen, das Taxis unterhält.*

Ta|xi|way ['tæksıweı], der; -s, -s [engl. taxiway, zu: to taxi = rollen u. way = Weg]: *Piste, die zur od. von der Start-und-Lande-Bahn führt.*

Ta|xi|zen|tra|le, die: *Zentrale von Taxiunternehmen, von der aus die einzelnen Wagen eingesetzt werden.*

Ta|xon, das; -s, Taxa [zu griech. táxis = Ordnung] (Biol.): *Gruppe von Lebewesen (z. B. Stamm, Art) als Einheit innerhalb der biologischen Systematik.*

Ta|xo|no|mie, die; - [zu griech. táxis = Ordnung u. nomos = Gesetz] (Bot., Zool.): *Zweig der Systematik, der sich mit der Einordnung der Lebewesen in Taxa befasst.*

ta|xo|no|misch ⟨Adj.⟩: *die Taxonomie (1, 2) betreffend.*

Ta|xus, der; -, - [lat. taxus]: *Eibe.*

Ta|xus|he|cke, die: *Hecke aus Taxus.*

Tax|wert, der: *Schätzwert.*

Tb, Tbc, die; -: kurz für ↑Tuberkulose.

Tbc-krank, Tb-krank ⟨Adj.⟩: *an Tuberkulose leidend.*

Tbc-Kran|ke, Tb-Kranke, der u. die: *jmd., der an Tuberkulose leidet.*

Tb-krank: ↑Tbc-krank.

Tb-Kran|ke: ↑Tbc-Kranke.

T-Bone-Steak ['ti:boʊn...], das; -s, -s [engl. T-bone steak, eigtl. = Steak mit T-förmigem Knochen]: *Steak aus dem Rippenstück des Rinds.*

Teach-in [ti:tʃ'|ın], das; -s, -s [engl. teach-in, zu: to teach = lehren, geb. nach ↑Go-in u. a.] (Jargon): *(bes. an Hochschulen) [demonstrative] Zusammenkunft zu einer politischen Diskussion, bei der bestimmte Missstände o. Ä. aufgedeckt werden sollen.*

Teak [ti:k], das; -s [engl. teak < port. teca < Malayalam tekka]: kurz für ↑Teakholz.

Teak|holz, das: *hartes gelbes bis dunkelgoldbraunes Holz eines tropischen Baums.*

Team [ti:m], das; -s, -s [engl. team < aengl. tēam = Nachkommenschaft, Familie; Gespann]: **1.** *Gruppe von Personen, die gemeinsam an einer Aufgabe arbeiten:* ein T. von Fachleuten, von Ärztinnen; ein T. bilden; in einem T. arbeiten. **2.** *Mannschaft* (1).

Team|ar|beit, die ⟨o. Pl.⟩: *Teamwork.*

Team|chef, der (Sport Jargon): *Betreuer, Trainer einer Mannschaft* (1 a).

Team|che|fin, die: w. Form zu ↑Teamchef.

team|fä|hig ⟨Adj.⟩: *in der Lage, in einem Team* (1) *zu arbeiten.*

Team|fä|hig|keit, die ⟨o. Pl.⟩: *Fähigkeit, in einem Team* (1) *zu arbeiten.*

Team|geist, der ⟨o. Pl.⟩: *Zusammengehörigkeitsgefühl, partnerschaftliches, kameradschaftliches Verhalten innerhalb einer Gruppe, eines Teams.*

Team|ma|na|ger, der: vgl. Teamchef.

Team|ma|na|ge|rin, die: w. Form zu ↑Teammanager.

Team|work [...wə:k], das; -s [engl. team-work, zu: work = Arbeit]: *Gemeinschaftsarbeit* (a).

Tea|room ['ti:ru:m], der, schweiz. auch: das; -s, -s [engl. tea-room, aus: tea = Tee u. room = Raum] (schweiz.): *Café, in dem keine alkoholischen Getränke serviert werden.*

Tea|ser ['ti:zə], der; -s, - [engl. teaser, zu: to tease = necken, reizen]: *etw., was zu Werbezwecken eingesetzt wird u. durch seine ungewöhnliche, originelle Aufmachung o. Ä. Neugier erweckt.*

tech|ni|fi|zie|ren ⟨sw. V.; hat⟩ [zu ↑Technik u. lat. facere = machen]: *Errungenschaften der Technik auf etw. anwenden.*

Tech|ni|fi|zie|rung, die; -, -en: *das Technifizieren.*

Tech|nik, die; -, -en [nlat. technica = Kunstwesen; Anweisung zur Ausübung einer Kunst od. Wissenschaft, zu nlat. technicus < griech. technikós = kunstvoll; sachverständig, fachmännisch, zu: téchnē = Handwerk, Kunst(werk, -fertigkeit); Wissenschaft]: **1.** ⟨o. Pl.⟩ *alle Maßnahmen, Einrichtungen u. Verfahren, die dazu dienen, die Erkenntnisse der Naturwissenschaften für den Menschen praktisch nutzbar zu machen:* die moderne T.; ein Wunder der T.; auf dem neuesten Stand der T. **2.** *besondere, in bestimmter Weise festgelegte Art, Methode des Vorgehens, der Ausführung von etw.:* die virtuose, brillante, saubere T. der Pianistin; eine T. erlernen, beherrschen. **3.** ⟨o. Pl.⟩ *technische Ausrüstung, Einrichtung für die Produktion:* eine Werkstatt mit modernster T.; unsere T. ist veraltet. **4.** ⟨o. Pl.⟩ *technische Beschaffenheit eines Geräts, einer Maschine o. Ä.:* mit der T. einer Maschine vertraut sein. **5.** ⟨o. Pl.⟩ *Stab von Technikern:* unsere T. hat ein Problem. **6.** (österr.) *technische Hochschule.*

Tech|ni|ka, Tech|ni|ken: Pl. von ↑Technikum.

Tech|ni|ker, der; -s, - [älter: Technikus < lat. technicus < griech. technikós = in der Kunst Erfahrener; Lehrer]: **1.** *Fachmann auf dem Gebiet der Technik.* **2.** *jmd., der die Technik* (2) *auf einem bestimmten Gebiet beherrscht:* er ist kein, ein guter T.

Tech|ni|ke|rin, die; -, -nen: w. Form zu ↑Techniker.

tech|nik|feind|lich ⟨Adj.⟩: *der Technik* (1) *gegenüber nicht aufgeschlossen.*

Tech|nik|feind|lich|keit, die ⟨o. Pl.⟩: *technikfeindliche Einstellung, Haltung.*

tech|nik|gläu|big ⟨Adj.⟩: *der Technik* (1) *naiv vertrauend, sie nicht in Frage stellend.*

Tech|ni|kum, das; -s, ...ka, auch: ...ken: *technische Fachschule.*

tech|nisch ⟨Adj.⟩ [nlat. technicus, ↑Technik]: **1.** *die Technik* (1) *betreffend, zu ihr gehörend:* -e Berufe; -e Hochschulen; -e Probleme. **2.** *die Technik* (2) *betreffend:* -es Können; ein t. brillanter Musiker.

-tech|nisch: kennzeichnet in Bildungen mit Substantiven – seltener mit Verben (Verbstämmen) – die Zugehörigkeit zu diesen/ *etw. betreffend, in Bezug auf etw.:* abfall-, angebots-, lerntechnisch.

tech|ni|sie|ren ⟨sw. V.; hat⟩: *mit technischen Geräten ausrüsten.*

Tech|ni|sie|rung, die; -, -en: *das Technisieren; das Technisiertwerden.*

Tech|no ['tɛkno], das od. der; -[s] [engl. techno, zu: techno, kurz für: technological = technisch (die Musik wird synthetisch erzeugt)]: *elektronische, von bes. schnellem Rhythmus bestimmte Tanzmusik (bes. in Diskotheken).*

Tech|no|krat, der; -en, -en [engl. technocrat]: **1.** *Vertreter, Anhänger der Technokratie.* **2.** *jmd., der auf technokratische* (2) *Weise handelt, entscheidet.*

Tech|no|kra|tie, die; - [engl. technocracy, zu griech. téchnē (↑Technik) u. engl. -cracy = -herrschaft, zu griech. krateîn = herrschen]: *Beherrschung der Produktions- u. anderer Abläufe mithilfe der Technik u. Verwaltung.*

Tech|no|kra|tin, die; -, -nen: w. Form zu ↑Technokrat.

tech|no|kra|tisch ⟨Adj.⟩ [engl. technocratic]: **1.** *die Technokratie betreffend.* **2.** (abwertend) *allein von Gesichtspunkten der Technik u. Verwaltung bestimmt u. auf das Funktionieren gerichtet.*

Tech|no|lo|ge, der; -n, -n [↑-loge]: *Fachmann, Wissenschaftler auf dem Gebiet der Technologie.*

Tech|no|lo|gie, die; -, -n [älter = Lehre von den Fachwörtern; Systematik der Fachwörter < nlat. technologia < spätgriech. technología = einer Kunst gemäße Abhandlung, zu griech. téchnē (↑Technik) u. lógos, ↑Logos]: **1.** *Wissenschaft von der Umwandlung von Roh- u. Werkstoffen in fertige Produkte u. Gebrauchsartikel, indem naturwissenschaftliche u. technische Erkenntnisse angewendet werden.* **2.** *Gesamtheit der zur Gewinnung od. Bearbeitung von Stoffen nötigen Prozesse u. Arbeitsgänge; Produktionstechnik:* moderne, neue -n einführen, anwenden.

Tech|no|lo|gie|park, der: *Gelände, auf dem Firmen moderne Technologien entwickeln.*

Tech|no|lo|gie|trans|fer, der (Fachspr.): *Weitergabe von wissenschaftlichen u. technischen Kenntnissen u. Verfahren.*

Tech|no|lo|gin, die; -, -nen: w. Form zu ↑Technologe.

tech|no|lo|gisch ⟨Adj.⟩: *die Technologie betreffend, zu ihr gehörend, auf ihr beruhend:* die -e Entwicklung.

Tech|tel|mech|tel, das; -s, - [H. u.]: *Flirt* (b): ein T. mit jmdm. haben.

Te|ckel, der; -s, - [niederd.] (Fachspr.): *Dackel.*

TED, der; -s [Kurzwort aus: Teledialog]: *Computer, der telefonische Stimmabgaben, bes. bei Fernsehsendungen, registriert u. hochrechnet.*

Ted|dy [...di], der; -s, -s [Kosef. des engl. m. Vorn. Theodore; nach dem Spitznamen des amerik. Präsidenten Theodore Roosevelt (1858–1919)]: **1.** kurz für ↑Teddybär. **2.** kurz für ↑Teddyfutter.

Ted|dy|bär, der [engl. teddy bear]: *einem* [1]*Bären nachgebildetes Stofftier für Kinder.*

Ted|dy|fut|ter, das: [2]*Futter aus Plüsch o. Ä.*

Te|de|um, das; -s [nach den lat. Anfangsworten des Hymnus »Te deum (laudamus) = Dich, Gott (loben wir)«] (kath. Kirche): *Hymnus der lateinischen Liturgie.*

[1]**Tee,** der; -s, (Sorten:) -s [älter: Thee (< niederl. thee) < malai. te(h) < chin. (Dialekt von Fukien) t'e]: **1.** *Teesträucher:* T. anbauen, [an]pflanzen. **2. a)** *getrocknete [u. fermentierte] junge Blätter u. Blattknospen des Teestrauchs:* schwarzer, aromatisierter, grüner, chinesischer, indischer T.; ein Päckchen, eine Dose T.; **b)** *anregendes, im Allgemeinen heiß getrunkenes Getränk von meist goldbrauner bis dunkelbrauner Farbe aus mit kochendem Wasser übergossenem Tee* (2 a): starker, dünner T.; T. mit Rum, mit Zitrone; der T. muss ziehen; T. trinken; zwei T. *(Tassen, Gläser Tee)* bitte. **3. a)** *zur Bereitung von Tee* (3 b) *bestimmte getrocknete Pflanzenteile.* **b)** *als Getränk [mit heilender od. schmerzlindernder Wirkung] bereiteter Aufguss von dazu geeigneten Pflanzenteilen:* ein T. aus Lindenblüten. **4.** *gesellige Zusammenkunft [am Nachmittag], bei der Tee [u. Gebäck] gereicht wird:* jmdn. zum T. einladen.

[2]**Tee** [ti:], das; -s, -s [engl. tee, H. u.] (Golf): **1.** *kleiner Stift aus Holz od. Kunststoff, der in den Boden gedrückt u. von dem aus der Golfball geschlagen wird.* **2.** *kleine Fläche, von der aus der Ball geschlagen wird.*

Tee|bä|cke|rei, die (österr.): *Teegebäck.*

Tee|beu|tel, der: *kleiner mit* [1]*Tee (2 a, 3 a) gefüllter Beutel, den man zur Bereitung von Tee* (2 b, 3 b) *mit kochendem Wasser übergießt.*

Tee|blatt, das ⟨meist Pl.⟩: *[getrocknetes] Blatt des Teestrauchs.*

Tee|but|ter, die (österr.): *Markenbutter.*

Tee-Ei, (auch:) **Tee|ei,** das: *eiförmiger, mit vielen feinen Löchern versehener Behälter [aus Metall], in den man Teeblätter füllt, um Tee aufzubrühen.*

Tee|ge|bäck, das: *Gebäck, das man zum Tee isst.*

Tee|ge|schirr, das: vgl. Kaffeegeschirr.

Tee|glas, das ⟨Pl. ...gläser⟩: [1]*Glas, aus dem man Tee trinkt.*

Tee|haus, das: vgl. Kaffeehaus.

Tee|kan|ne, die: *bauchige Kanne* (1 a), *in der Tee zubereitet u. serviert wird.*

Tee|kes|sel, der: **1.** *Wasserkessel bes. für die Bereitung von* [1]*Tee* (2 b, 3 b). **2.** *Gesellschaftsspiel, bei dem gleich lautende Wörter (z. B.* [1]*Ball u.* [2]*Ball) erraten werden müssen.*

Tee|kü|che, die: *kleine Küche, in der man Tee, Kaffee, einen Imbiss o. Ä. bereiten kann.*

Tee|licht, das ⟨Pl. -er u. -e⟩: *kleine Kerze für ein Stövchen* (1).

Tee|löf|fel, der: *(in der Größe zur Tee- od. Kaffeetasse passender) kleinerer Löffel* (1 a).

Tee|ma|schi|ne, die: *Samowar.*

Teen [ti:n], der; -s, -s ⟨meist Pl.⟩ [engl. teens (Pl.)], **Teen|ager** ['ti:neɪdʒə], der, -s, - [engl. teenager, zu: -teen = -zehn (in: thirteen usw.) u. age = Alter]: *Jugendliche[r] im Alter etwa zwischen 13 u. 19 Jahren:* kichernde, verwöhnte T.

Tee|nie, Tee|ny ['ti:ni], der; -s, -s [zu ↑Teen unter Einfluss von engl. teeny = winzig] (Jargon): *Teenager.*

Tee|pflü|cker, der: *Arbeiter, der in einer Teeplantage Tee pflückt.*

Tee|pflü|cke|rin, die; -, -nen: w. Form zu ↑Teepflücker.

Tee|plan|ta|ge, die: *Plantage, auf der* [1]*Tee* (1) *angebaut wird.*

Teer, der; -[e]s, (Arten:) -e [aus dem Niederd. < mniederd. ter(e), eigtl. = der zum Baum Gehörende]: *(durch Schwelung, Verkokung od. Vergasung organischer Substanzen, z. B. Kohle, Holz, entstehender) zähflüssiger, brauner bis tiefschwarzer, stechend riechender Stoff:* es roch nach T.

Teer|de|cke, die: *Straßenbelag mit Teer als Bindemittel.*

tee|ren ⟨sw. V.; hat⟩: **1.** *mit Teer [be]streichen:* Planken t. **2.** *mit einer Teerdecke versehen:* geteerte Straßen.

Teer|fle|cken, der: *durch Teer verursachter Flecken.*

teer|hal|tig ⟨Adj.⟩: *Teer enthaltend.*

Teer|pap|pe, die: *mit Teer getränkte Dachpappe.*

Teer|sal|be, die: *teerhaltige Salbe.*

Teer|stra|ße, die: *geteerte Straße.*

Tee|scha|le, die: *Teetasse.*

Tee|ser|vice, das: vgl. Kaffeeservice.

Tee|strauch, der: *(in den Tropen beheimatete) als Strauch wachsende Pflanze mit immergrünen, ledrigen Blättern, aus denen* [1]*Tee (2 a) hergestellt wird.*

Tee|stu|be, die: *Tearoom.*

Tee|tas|se, die: *flache, weite Tasse, aus der man Tee trinkt.*

Tee|wa|gen, der: *Servierwagen.*

Tee|wurst, die: *geräucherte feine Mettwurst.*

Tee|ze|re|mo|nie, die: *(bes. in China u. Japan) Zeremonie des Zubereitens u. Trinkens von Tee.*

Tef|lon® [auch: tɛf'lo:n], das; -s [Kunstwort]: *Kunststoff, der gegen Hitze u. andere chemische Einwirkungen beständig ist u. bes. zum Beschichten von Pfannen o. Ä. verwendet wird.*

tef|lon|be|schich|tet ⟨Adj.⟩: *mit Teflon beschichtet.*

Tef|lon|pfan|ne, die: *innen mit Teflon beschichtete Pfanne.*

Te|gu|ci|gal|pa [...si...]: Hauptstadt von Honduras.

Te|he|ran [auch: ...'ra:n]: Hauptstadt von Iran.

Teich, der; -[e]s, -e [mhd. tīch, aus dem Ostniederd., urspr. identisch mit ↑Deich]: *kleineres stehendes Gewässer; kleiner See:* ein kleiner, künstlicher T.; einen T. anlegen; * **der große T.** (ugs. scherzh.; *der Atlantische Ozean*).

Teich|molch, der: *in Tümpeln u. Wassergräben lebender, braun bis olivgrün gefärbter Molch mit runden braunen Flecken.*

Teich|rohr|sän|ger, der: *Rohrsänger mit brauner Oberseite u. weißlicher Unterseite, der bes. im Schilfrohr nistet.*

Teich|ro|se, die: *in Teichen u. Tümpeln wachsende Wasserpflanze, deren herzförmige Blätter auf dem Wasser schwimmen u. deren kleine,* *kugelige, gelbe Blüten auf langen Stängeln über die Wasseroberfläche hinausragen; Mummel.*

Teich|wirt|schaft, die (Fachspr.): *Wirtschaftszweig, der Fischwirtschaft u. Fischzucht in Teichen betreibt.*

Teig, der; -[e]s, -e [mhd. teic, ahd. teig, eigtl. = Geknetetes]: *(aus Mehl u. Wasser, Milch u. anderen Zutaten bereitete) weiche, zähe [knetbare] Masse, aus der Brot, Kuchen o. Ä. hergestellt wird:* den T. ansetzen, ausrollen, zu Brezeln formen, gehen lassen, kneten, rühren.

teig|ar|tig ⟨Adj.⟩: *wie Teig beschaffen.*

Teig|fla|den, der: *Fladen* (2).

tei|gig ⟨Adj.⟩: **1.** *nicht richtig durchgebacken, nicht ganz ausgebacken:* der Kuchen ist innen t. **2. a)** *in Aussehen u. Beschaffenheit wie Teig:* eine -e Masse; **b)** *blass u. schwammig:* -e Haut; **3.** *voller Teig:* -e Hände.

Teig|mas|se, die: *Teig.*

Teig|räd|chen, das: *kleines, mit einem Stiel verbundenes Rädchen, mit dessen Hilfe ausgerollter Teig geschnitten werden kann.*

Teig|rol|le, die: **1.** *aus Teig geformte Rolle* (1 a). **2.** *Nudelholz.*

Teig|sprit|ze, die: vgl. Dressiersack.

Teig|ta|sche, die: *zwei kleine Vierecke aus Teig, die an den Rändern zusammengeklebt u. mit einer Füllung versehen sind.*

Teig|wa|re, die ⟨meist Pl.⟩: *Nahrungsmittel von verschiedener Form aus Mehl od. Grieß u. Eiern (z. B. Nudeln) als Beilage* (3) *od. als Einlage* (3).

Teil [mhd., ahd. teil, H. u.]: **1.** ⟨der; -[e]s, -e⟩ **a)** *etw., was mit anderem zusammen ein Ganzes bildet, ausmacht:* der hintere, obere, untere, vordere T. von etw.; der erste T. des Romans; der fünfte T. *(ein Fünftel)* von einem Kilo; **b)** *zu einem größeren Ganzen gehörende Menge, Masse o. Ä.; Teilbereich:* weite -e des Landes sind verwüstet; ein wesentlicher T. ihrer Rede, der größte T. der Arbeit steht noch aus; ich habe das Buch zum großen, zum größten T. gelesen; das war zum T. *(teils)* Missgeschick, zum T. *(teils)* eigene Schuld; es waren zum T. *(teilweise)* sehr schöne Verse. **2.** ⟨der od. das; -[e]s, -e⟩ **a)** *etw., was jmd. von einem Ganzen hat; Anteil:* seinen, sein T. abbekommen; sie erbten zu gleichen -en; ich für mein[en] T. *(was mich betrifft)*; *** sich** ⟨Dativ⟩ **sein T. denken** *(sich seine eigenen Gedanken zu etw. machen, ohne sie jedoch als Kritik laut werden zu lassen)*; **b)** *etw., was jmd. zu einem Ganzen beiträgt; Beitrag:* ich will gern mein[en] T. dazu beisteuern, tun. **3.** ⟨der; -[e]s, -e⟩ **a)** *Person od. Gruppe von Personen, die in bestimmter Beziehung zu einer anderen Person od. Gruppe von Personen steht:* sie war immer der aktive T. dieser Partnerschaft; diese Auseinandersetzung ist für beide, alle -e peinlich; **b)** (Rechtsspr.) *Partei* (2): der klagende, schuldige T.; beide -e anhören. **4.** ⟨das; -[e]s, -e⟩ *[einzelnes kleines] Stück, das zwar auch zu einem Ganzen gehört, dem aber eine gewisse Selbstständigkeit zukommt:* ein defektes T. ersetzen; sie prüft jedes T. sorgfältig; etw. in seine -e *(Einzelteile)* zerlegen; *** ein gut T.** *(ein nicht geringes Maß)*: dazu gehört ein gut T. Dreistigkeit. **5.** (bes. Jugendspr.) *Ding, Sache:* was hat das T. denn gekostet?

Teil|ab|schnitt, der: vgl. Bauabschnitt (2): der erste T. der neuen Autobahn ist fertig.

Teil|an|sicht, die: *Ansicht, die nur einen Teil von etw. zeigt.*

Teil|as|pekt, der: *Aspekt, der nur einen Teil von etw. berücksichtigt.*

teil|bar ⟨Adj.⟩: *sich teilen lassend:* durch drei -e Zahlen.

Teil|bar|keit, die; -: *das Teilbarsein.*

Teil|be|reich, der: *Bereich, der Teil eines umfassenderen Bereichs ist.*

Teil|be|trag, der: *Betrag, der Teil eines Gesamtbetrages ist.*

Teil|chen, das; -s, -: **1.** Vkl. zu ↑Teil (4). **2.** *sehr kleiner Körper (einer Materie, eines Stoffs o. Ä.);* [2]*Partikel.* **3.** (landsch.) *Gebäckstück:* ein paar T. zum Kaffee holen.

Teil|chen|be|schleu|ni|ger, der (Kerntechnik): *Vorrichtung zur Beschleunigung von Elementarteilchen; Akzelerator.*

Teil|chen|strah|lung, die (Physik): *Korpuskularstrahlung.*

tei|len ⟨sw. V.; hat⟩ [mhd., ahd. teilen]: **1. a)** *ein Ganzes in Teile zerlegen:* etw. in zwei, in viele, in gleiche Teile t.; ein geteiltes Land; **b)** *eine Zahl in eine bestimmte Anzahl gleich großer Teile zerlegen; dividieren:* eine Zahl durch zehn t. **2. a)** *(unter mehreren Personen) aufteilen:* wir teilten den Gewinn [unter uns]; wir haben redlich, brüderlich geteilt; **b)** *etw., was man besitzt, zu einem Teil einem anderen überlassen:* teil [dir] die Kirschen mit Fritz; (auch o. Akk.-Obj.:) sie teilt nicht gern; Ü jmds. Ansicht t. *(der gleichen Ansicht sein).* **3.** *ein Ganzes in zwei Teile zerteilen:* der Vorhang teilt das Zimmer. **4. a)** *gemeinsam (mit einem anderen) nutzen, benutzen, gebrauchen:* das Zimmer, das Bett mit jmdm. t.; **b)** *gemeinschaftlich mit anderen von etw. betroffen werden; an einer Sache im gleichen Maße wie ein anderer teilhaben:* jmds. Schicksal, Los t.; jmds. Trauer, Freude t. *(innerlich mitempfindend daran teilnehmen).* **5.** ⟨t. + sich⟩ (geh.) *zu gleichen Teilen sich an etw. beteiligen, an etw. teilhaben:* wir teilen uns in den Gewinn, in den Besitz des Grundstücks. **6.** ⟨t. + sich⟩ *nach verschiedenen Richtungen auseinander gehen:* nach der Biegung teilt sich der Weg; Ü hier teilen sich unsere Ansichten; geteilter Meinung sein.

Tei|ler, der; -s, - (Math.): *Divisor.*

Teil|er|folg, der: *auf einen bestimmten Bereich beschränkter Erfolg.*

Teil|er|geb|nis, das: vgl. Teilerfolg.

Teil|fa|bri|kat, das: vgl. Halbfabrikat.

Teil|fra|ge, die: *Frage* (2), *die Teil eines größeren Fragenkomplexes ist.*

Teil|ge|biet, das: *Fachrichtung innerhalb eines größeren Faches in der Wissenschaft.*

Teil|ge|ständ|nis, das: *Geständnis, mit dem jmd. nur einen Teil einer Schuld o. Ä. gesteht.*

Teil|ha|be, die: *das Teilhaben:* T. an etw.

teil|ha|ben ⟨unr. V.; hat⟩ [mhd. teil haben, ahd. teil habēn]: *beteiligt sein; teilnehmen; partizipieren:* an den Freuden, am Glück, am Erfolg der anderen t.

Teil|ha|ber, der; -s, -: *jmd., der mit einem Geschäftsanteil an einer Personengesellschaft beteiligt ist; Sozius* (1); *Kompagnon; Partner* (2): er ist mein T.

Teil|ha|be|rin, die; -, -nen: w. Form zu ↑Teilhaber.

Teil|ha|ber|schaft, die; -: *Eigenschaft des Teilhaberseins.*

teil|haf|tig ⟨Adj.⟩ [mhd. teilhaft(ic)]: in der Verbindung **einer Sache t. werden/sein** (geh. veraltend; *in den Besitz od. Genuss einer Sache gelangen, gelangt sein*): einer Ehre t. werden.

Teil|kas|ko, die; - (ugs.): kurz für ↑Teilkaskoversicherung.

teil|kas|ko|ver|si|chern ⟨sw. V., hat; meist nur im Inf. u. 2. Part. gebr.⟩: *(ein Kraftfahrzeug) gegen Diebstahl u. Schäden durch Brand, Naturgewalten o. Ä. versichern.*

Teil|kas|ko|ver|si|che|rung, die: *Kraftfahrzeugversicherung, durch die ein Fahrzeug teilkaskoversichert ist.*

Teil|lö|sung, die: *Lösung eines Teils eines Problems.*

Teil|men|ge, die (Math.): *Menge* (2), *die in einer anderen als Teil enthalten ist.*

teil|mö|bliert ⟨Adj.⟩: *zum Teil möbliert.*

Teil|nah|me, die; -, -n: **1.** *das Teilnehmen* (1), *Mitmachen:* die T. an dem Kurs ist freiwillig. **2. a)** *innere [geistige] Beteiligung; Interesse; Anteilnahme:* ohne besondere T.; **b)** (geh.) *durch eine innere Regung angesichts des Schmerzes, der Not anderer hervorgerufenes Mitgefühl:* jmds. T. erwecken; jmdm. seine aufrichtige, herzliche T. *(sein Beileid)* aussprechen.

Teil|nah|me|be|din|gung, die: *Bedingung, unter der man an etw. Bestimmten teilnehmen kann.*

teil|nah|me|be|rech|tigt ⟨Adj.⟩: *zur Teilnahme berechtigt.*

Teil|nah|me|be|rech|tig|te, der u. die ⟨Dekl. ↑Abgeordnete⟩: *jmd., der zur Teilnahme* (1) *berechtigt ist.*

Teil|nah|me|kar|te, die: *Karte* (1), *mit der jmd. an einem bestimmten Preisausschreiben teilnehmen kann.*

teil|nahms|los ⟨Adj.⟩: *innere Abwesenheit verratend:* ein -es Gesicht; t. dabeisitzen.

Teil|nahms|lo|sig|keit, die; -: *das Teilnahmslossein.*

teil|nahms|voll ⟨Adj.⟩: *Teilnahme* (2) *zeigend.*

teil|neh|men ⟨st. V.; hat⟩ [mhd. teil nemen, ahd. teil neman]: **1. a)** *bei etw. (einer Handlung, einem Ablauf, einem Geschehen) dabei sein; beiwohnen:* am Gottesdienst t.; **b)** *aktiver Teilnehmer an einer bestimmten Unternehmung, Veranstaltung sein:* an einem Betriebsausflug, einer Demonstration, einem Wettbewerb, einem Preisausschreiben t.; **c)** *(als Lernender) bei etw. mitmachen:* am Unterricht, an einem Seminar t. **2.** *Anteil nehmen, teilhaben; bei etw. mitfühlen:* an jmds. Glück, Freude, Leid t.; ⟨im 1. Part.:⟩ teilnehmende Worte.

Teil|neh|mer, der: *jmd., der an etw. teilnimmt* (1).

Teil|neh|me|rin, die; -, -nen: w. Form zu ↑Teilnehmer.

Teil|neh|mer|kreis, der: *Gesamtheit aller an einer Sache teilnehmenden Personen.*

Teil|neh|mer|lis|te, die: *Liste, in der Teilnehmer aufgeführt sind.*

Teil|neh|mer|zahl, die: *Zahl der Teilnehmerinnen u. Teilnehmer.*

Teil|pro|blem, das: vgl. Teilfrage.

Teil|ren|te, die: **1.** *(Form der) Altersrente, bei der der Empfänger nur einen Teil der vollen Rente bezieht u. dafür noch mit einer verringerten Stundenzahl weiter in seinem Beruf arbeitet.* **2.** *(in der Unfallversicherung) Teil der vollen Rente, die jmd. wegen einer durch Unfall bedingten Minderung seiner Erwerbsfähigkeit bekommt.*

Teil|re|pu|blik, die: *als Gliedstaat zu einem Bundesstaat gehörende Republik.*

teils ⟨Adv.⟩ [urspr. adv. Gen.]: *zum Teil:* Unfallopfer mit t. lebensgefährlichen Verletzungen; wir hatten t. Regen, t. Sonnenschein; »War es schön im Urlaub?« – »Teils, t. *(zum Teil ja, zum Teil nicht)*«.

Teil|stre|cke, die: *Teil einer Strecke* (1, 2).

Teil|streit|kraft, die: *Teil der gesamten Streitkräfte (z. B. Marine).*

Teil|strich, der: *einzelner Strich einer Maßeinteilung.*

Teil|stück, das: *einzelnes Stück, das Teil von einem Ganzen ist.*

Tei|lung, die; -, -en [mhd. teilunge, ahd. teilunga]: **a)** *das Teilen:* eine T. der Gewalten *(Gewaltenteilung)*; **b)** *das Geteiltsein:* die T. Koreas in zwei Staaten.

teil|wei|se ⟨Adv.⟩: *zum Teil:* t. zerstört werden; sie sind t. gefahren und t. zu Fuß gelaufen.

Teil|zah|lung, die: *Zahlung in Raten.*

Teil|zah|lungs|kre|dit, der: *Kredit, der in festgesetzten Raten zurückgezahlt wird.*

Teil|zah|lungs|preis, der (Wirtsch.): *(bei Abzahlungskäufen) Preis, der aus dem Gesamtbetrag von Anzahlung u. allen vom Käufer zu entrichtenden Raten einschließlich Zinsen u. sonstiger Kosten besteht.*

Teil|zeit, die ⟨o. Pl.⟩: kurz für ↑Teilzeitbeschäftigung: in T. arbeiten.

Teil|zeit|ar|beit, die: *Teilzeitbeschäftigung.*

teil|zeit|be|schäf|tigt ⟨Adj.⟩: *nur stundenweise beschäftigt; Teilzeitarbeit verrichtend.*

Teil|zeit|be|schäf|tig|te, der u. die: *jmd., der eine Teilzeitbeschäftigung hat.*

Teil|zeit|be|schäf|ti|gung, die: *Beschäftigung* (1 b), *die keinen vollen Arbeitstag bzw. nicht alle Tage der Woche umfasst.*

Teil|zeit|job, der (ugs.): *Teilzeitbeschäftigung.*

Teil|zeit|kraft, die: *Teilzeitbeschäftigte[r].*

Teil|zeit|stel|le, die: vgl. Teilzeitbeschäftigung.

Te|in: ↑Thein.

Teint [tɛ̃:, auch: tɛŋ], der; -s, -s [frz. teint, eigtl. =

Färbung, Tönung, subst. 2. Part. von: teindre < lat. tingere, ↑Tinte]: **a)** *Gesichtsfarbe, Hauttönung:* ein blasser, dunkler T.; **b)** *[Beschaffenheit der] Gesichtshaut:* einen unreinen T. haben.

T-Ei|sen, das: *Profilstahl in Form eines T.*

Tẹk|no, das od. der; -[s] [die kk-Schreibung für das als k ausgesprochene ch in ↑Techno soll die akustische Härte veranschaulichen]: *minimalistische Variante des Techno.*

Tek|to̱|nik, die; - [zu griech. tektonikós = die Baukunst betreffend, zu téktōn = Baumeister] (Geol.): *Teilgebiet der Geologie, das sich mit dem Bau der Erdkruste u. ihren inneren Bewegungen befasst.*

tek|to̱|nisch ⟨Adj.⟩: **1.** *die Tektonik betreffend.* **2.** (Geol.) *durch Bewegung der Erdkruste hervorgerufen, auf sie bezogen:* -es Beben.

-tel [entstanden aus ↑Teil, vgl. mhd. dritteil = Drittel]: bildet mit Zahlwörtern die entsprechenden Bruchzahlen: neuntel; ⟨mit Fugen-s:⟩ hundertstel; ⟨subst.:⟩ Sechstel.

Te̱|le, das; -[s], -[s] ⟨Pl. selten⟩ (Jargon): kurz für ↑Teleobjektiv.

te|le-, Te|le- [griech. tēle (Adv.) = fern, weit, unklare Bildung zu: télos = Ende; Ziel, Zweck]: **1.** ⟨Best. in Zus. mit der Bed.:⟩ *fern, weit, in der/die Ferne* (z. B. Teleobjektiv, telekinetisch). **2.** steht in Bildungen mit Substantiven für *Fernsehen:* Teleshow.

Te̱|le|ar|beit, die; - [zu ↑tele-, Tele- (1)]: *(Form der) Heimarbeit* (a), *bei der der Arbeitnehmer über ein elektronisches Kommunikationsnetz mit dem jeweiligen Arbeitgeber verbunden ist.*

Te̱|le|ar|beits|platz, der; -[e]s, ...plätze: vgl. Telearbeit.

Te̱|le|ban|king, das; -[s] (Bankw.): *Abwicklung von Bankgeschäften über Post od. Telekommunikation.*

Te̱|le|brief, der; -[e]s, -e: *Brief, der über Fernsprechkabel od. [Satelliten]funk übermittelt wird.*

Te̱|le|dienst, der: *über elektronische Netzwerke angebotene Dienstleistung.*

Te̱|le|fax, das; -, -e [zu ↑Faksimile, das x steht wohl in Anlehnung an ↑Telex]: *Fax.*

Te̱|le|fax|num|mer, die: *Faxnummer.*

Te|le|fo̱n [auch: 'te:ləfo:n], das; -s, -e [zu griech. tēle (Adv.) = fern, weit, unklare Bildung zu: télos = Ende; Ziel, Zweck u. phōnḗ = Stimme]: **1.** *Apparat (mit Handapparat u. Wählscheibe od. Drucktasten), der über eine Drahtleitung od. drahtlos (über eine Funkverbindung) Telefonate möglich macht:* das T. klingelt; T. *(ein Anruf)* für dich; ein schnurloses, mobiles T.; ans T. gehen; am T. gewünscht, verlangt werden; sich ans T. hängen (ugs.; *telefonieren*). **2.** *Telefonanschluss:* er hat kein T.

Te|le|fo̱n|ak|ti|on, die: *über Telefon laufende Aktion* (1).

Te|le|fo̱n|an|la|ge, die: *Anlage, die alle zu einem Telefonanschluss gehörenden Einrichtungen umfasst.*

Te|le|fo̱n|an|ruf, der: *Anruf* (2).

Te̱|le|fon|an|sa|ge|dienst, der: *Einrichtung einer Telefongesellschaft, die es ermöglicht, telefonisch bestimmte (auf Tonband gesprochene) Informationen, wie Sportergebnisse, Kino- u. Theaterprogramme, Uhrzeit o. Ä., abzurufen.*

Te|le|fo̱n|an|schluss, der: *Anschluss an ein Telefonnetz.*

Te|le|fo|na̱t, das; -[e]s, -e: *Telefongespräch:* ein T. führen.

Te̱|le|fon|auf|trags|dienst, der: *Einrichtung einer Telefongesellschaft, durch die bestimmte telefonisch zu erledigende Aufträge von Telefonkunden ausgeführt werden.*

Te|le|fo̱n|aus|kunft, die ⟨o. Pl.⟩: vgl. Auskunft (2).

Te|le|fo̱n|ban|king, das: *Erledigung persönlicher Bankangelegenheiten per Telefon.*

Te|le|fo̱n|buch, das: *[amtliches] Verzeichnis der Inhaber eines Telefonanschlusses in einem bestimmten Bezirk.*

Te|le|fo̱n|dienst, der: **1.** ⟨o. Pl.⟩ *Tätigkeit, die darin besteht, Anrufe* (2) *anzunehmen u. weiterzuleiten od. zu beantworten.* **2.** *Angebot einer Telefongesellschaft (z. B. Telefonansagedienst).*

Te|le|fo̱n|ge|bühr, die ⟨meist Pl.⟩: *Entgelt, das für die Inanspruchnahme eines Telefonanschlusses, eines Telefondienstes* (2) *od. für ein Telefonat o. Ä. zu entrichten ist.*

Te|le|fo̱n|ge|sell|schaft, die: *Gesellschaft* (4 b), *die ein Telefonnetz betreibt u. telefonische Dienstleistungen anbietet.*

Te|le|fo̱n|ge|spräch, das: *Gespräch, das man mit jmdm. über Telefon führt.*

Te|le|fo̱n|han|del, der: **1.** (Börsenw.) *Handel mit Wertpapieren zwischen Banken außerhalb der Börsen.* **2.** (Wirtsch.) *Telefonverkauf.*

Te|le|fo̱n|häus|chen, das: *Telefonzelle.*

Te|le|fo̱n|hö|rer, der: *Handapparat* (1): zum T. greifen *(telefonieren).*

Te|le|fo|ni̱e, die; -: **1.** *Sprechfunk.* **2.** *Fernmeldewesen.*

te|le|fo|ni̱e|ren ⟨sw. V.; hat⟩: **1.** *(mit jmdm.) mithilfe eines Telefons* (1) *sprechen:* mit jmdm., nach England t.; nach einem Taxi t. *(telefonisch ein Taxi bestellen).* **2.** (bes. schweiz.) *anrufen* (3): jmdm. t.

Te|le|fo|nie|re|re̱i, die; -, -en (abwertend): *[dauerndes] Telefonieren.*

te|le|fo̱|nisch ⟨Adj.⟩: **1.** *per Telefon; fernmündlich:* eine -e Anfrage, Mitteilung; etw. t. erledigen. **2.** *das Telefon betreffend, auf ihm beruhend.*

Te|le|fo|ni̱st, der; -en, -en: *jmd., dessen Aufgabe es ist, ein Telefon zu bedienen, telefonische Gespräche zu vermitteln.*

Te|le|fo|ni̱s|tin, die; -, -nen: w. Form zu ↑Telefonist.

Te|le|fo̱n|ka|bel, das: *Kabel für die Telefonleitung.*

Te|le|fo̱n|kar|te, die: *kleine Karte, auf der eine bestimmte Anzahl von Gebühreneinheiten gespeichert ist, und die anstelle von Münzen zum Telefonieren in öffentlichen Telefonzellen verwendet wird.*

Te|le|fo̱n|kun|de, der: *Kunde einer Telefongesellschaft.*

Te|le|fo̱n|kun|din, die: w. Form zu ↑Telefonkunde.

Te|le|fo̱n|lei|tung, die: *Leitung* (3 c), *über die Telefongespräche geführt werden.*

Te|le|fo̱n|mar|ke|ting, das: *Gewinnung u. Betreuung von Kunden über telefonische Kontakte.*

Te̱|le|fon|ne|ben|stel|le, die: *an einen Telefonanschluss gekoppelter zweiter Anschluss ohne eigene Telefonnummer.*

Te|le|fo̱n|netz, das: *zum Telefonieren genutztes Telekommunikationsnetz.*

Te|le|fo̱n|num|mer, die: *Nummer, unter der jmd. telefonisch erreicht werden kann.*

Te|le|fo̱n|rech|nung, die: *Rechnung über in einem bestimmten Zeitraum angefallene Telefongebühren.*

Te|le|fo̱n|rund|spruch, der; -[e]s, (schweiz.): *Drahtfunk.*

Te|le|fo̱n|schnur, die: *Kabel, das das Telefon* (1) *mit der Steckdose verbindet.*

Te|le|fo̱n|seel|sor|ge, die: *überkonfessionelle Einrichtung, die Menschen, die Hilfe, Rat od. Zuspruch suchen, die Möglichkeit gibt, anonym ein seelsorgerliches Gespräch zu führen.*

Te|le|fo̱n|sex, der (ugs.): *auf sexuelle Stimulation zielender telefonischer Kontakt, den jmd. gegen Bezahlung mit einer meist weiblichen Person herstellt.*

Te|le|fo̱n|ter|ror, der: *durch [nächtliche] anonyme Anrufe mit Drohungen o. Ä. ausgeübter Terror.*

Te|le|fo̱n|über|wa|chung, die: *systematisches Abhören von Telefongesprächen.*

Te|le|fo̱n|ver|bin|dung, die: *Verbindung* (4 b) *durch Telefon.*

Te|le|fo̱n|ver|kauf, der (Wirtsch.): *Form des Verkaufs, bei der man sich durch telefonische Kontakte um Geschäftsabschlüsse bemüht.*

Te|le|fo̱n|ver|kehr, der: *telefonische Kommunikation.*

Te|le|fo̱n|ver|zeich|nis, das: vgl. Telefonbuch.

Te|le|fo̱n|zel|le, die: *Kabine* (2 b), *in der ein Telefon installiert ist.*

Te|le|fo̱n|zen|tra|le, die: *Stelle, von der aus Telefongespräche vermittelt werden.*

te|le|ge̱n ⟨Adj.⟩ [engl. telegenic, geb. nach: photogenic (↑fotogen), zu: tele(vision) = Fernsehen]: vgl. fotogen.

Te|le|gra̱f, der; -en, -en [frz. télégraphe, zu griech. tēle (↑tele-, Tele- 1) u. gráphein = schreiben]: *Einrichtung zur Übermittlung von Nachrichten durch elektrische Signale.*

Te|le|gra̱|fen|al|pha|bet, das: *Gesamtheit der zum Telegrafieren verwendeten Codes u. Zeichen.*

Te|le|gra̱|fen|amt, das: *für die Telegrafie zuständige Dienststelle der Post.*

Te|le|gra̱|fen|lei|tung, die: *elektrische Leitung für telegrafische Nachrichtenübermittlung.*

Te|le|gra̱|fen|mast, der: *Mast, über den die Telegrafenleitungen laufen.*

Te|le|gra̱|fen|stan|ge, die: vgl. Telegrafenmast.

Te|le|gra|fi̱e, die; - [frz. télégraphie, zu: télégraphe, ↑Telegraf]: *Übermittlung von Nachrichten mithilfe eines Telegrafen.*

te|le|gra|fi̱e|ren ⟨sw. V.; hat⟩ [frz. télégraphier, zu: télégraphie, ↑Telegrafie]: *eine Nachricht telegrafisch übermitteln:* [jmdm.] etw. t.

te|le|gra̱|fisch ⟨Adj.⟩ [frz. télégraphique, zu: télégraphe, ↑Telegraf]: *durch ein Telegramm [übermittelt]:* eine -e Mitteilung; Geld t. anweisen.

Te|le|grạmm, das; -s, -e [frz. télégramme, engl. telegram, zu griech. tēle (↑tele-, Tele- 1) u. gráphein = schreiben]: **1.** *per Telegraf übermittelte Nachricht:* ein T. aufgeben, schicken. **2.** *Formular, auf dem der Text eines Telegramms* (1) *ausgedruckt ist.*

Te|le|grạmm|bo|te, der: *Postbote, der Telegramme zum Empfänger bringt.*

Te|le|grạmm|bo|tin, die: w. Form zu ↑Telegrammbote.

Te|le|grạmm|stil, der ⟨o. Pl.⟩: *knappe, nur stichwortartig formulierende Ausdrucksweise:* im T.

Te|le|graph usw.: ↑Telegraf usw.

Te̱|le|kar|te, die; -, -n: *kleine Karte, die von einer Telefongesellschaft ausgegeben wird u. die zum Telefonieren von Telefonzellen od. Handys aus verwendet wird, wobei die Gebühren über eine Rechnung abgerechnet werden.*

Te|le|ki|ne̱|se, die; - [zu ↑tele-, Tele- (1) u. griech. kínēsis = Bewegung] (Parapsych.): *das Bewegtwerden von Gegenständen durch okkulte Kräfte.*

te|le|ki|ne̱|tisch ⟨Adj.⟩: *die Telekinese betreffend, auf ihr beruhend.*

Te̱|le|kol|leg, das; -s, -s u. -ien [zu ↑tele-, Tele- (2) u. ↑Kolleg]: *Vorlesungsreihe im Fernsehen mit einem Schlusskolloquium als staatlich anerkannter Prüfung am Ende jedes Semesters.*

Te̱|le|kom|mu|ni|ka|ti|on, die; - [zu ↑tele-, Tele- (1)]: *Kommunikation* (1), *Austausch von Informationen u. Nachrichten mithilfe der Nachrichtentechnik, bes. der neuen elektronischen Medien.*

Te̱|le|kom|mu|ni|ka|ti|ons|netz, das: *Gesamtheit der Vermittlungs- u. Übertragungseinrichtungen, die die Telekommunikation ermöglichen.*

Te̱|le|ko|pie, die; -, -n: *durch Telekopierer übermittelter Text.*

Te̱|le|ko|pie|rer, der; -s, - [zu ↑tele-, Tele- (1)]: *Gerät, das zu fotokopierendes Material aufnimmt u. per Telefonleitung an ein anderes Gerät weiterleitet, das in kurzer Zeit eine Fotokopie der Vorlage liefert.*

Te|le|kra|ti̱e, die; -, -n [zu ↑tele-, Tele- (2) u. ↑-kratie] (bildungsspr., oft abwertend od. scherzh.): *Vorherrschaft, übermäßiger Einfluss des Fernsehens.*

Te̱|le|mar|ke|ting, das; -[s] [zu ↑tele-, Tele- (1) u. ↑Marketing] (Wirtsch.): *Telefonmarketing.*

Te|le|ma̱|tik, die; - [Kurzwort aus ↑Telekommunikation u. ↑Informatik]: **1.** *Forschungsbereich, in dem man sich mit der wechselseitigen Beeinflussung u. Verflechtung verschiedener nachrichtentechnischer Disziplinen befasst.* **2.** *Einsatz von Mitteln der Telekommunikation für* *bestimmte Zwecke (z. B. Steuerung von Systemen, Gestaltung von Unterricht usw.).*

te|le|ma|tisch ⟨Adj.⟩: *die Telematik (2) betreffend, auf ihr beruhend.*

Te|le|me|di|zin, die [zu ↑tele-, Tele- (1) u. ↑Medizin (1)]: *Einsatz von Mitteln der Telekommunikation zu medizinischen Zwecken (z. B. Diagnostik).*

Te|le|ob|jek|tiv, das; -s, -e [zu ↑tele-, Tele- (1) u. ↑Objektiv] (Fot.): *Objektiv, mit dem man Detailaufnahmen od. Großaufnahmen von relativ weit entfernten Objekten machen kann.*

Te|le|o|lo|gie, die; - [zu griech. télos = Ende; Ziel, Zweck u. ↑-logie] (Philos.): *Auffassung, nach der Ereignisse od. Entwicklungen durch bestimmte Zwecke od. ideale Endzustände im Voraus bestimmt sind u. sich darauf zubewegen.*

te|le|o|lo|gisch ⟨Adj.⟩: *die Teleologie betreffend, auf ihr beruhend.*

Te|le|pa|thie, die; - [engl. telepathy, zu ↑tele-, Tele- (1) u. griech. páthos, ↑Pathos] (Parapsych.): *Wahrnehmung von Gedanken, Gefühlen o. Ä. einer anderen Person ohne Vermittlung der Sinne; Gedankenlesen (2).*

te|le|pa|thisch ⟨Adj.⟩ [wohl nach engl. telepathic] (Parapsych.): *die Telepathie betreffend; auf dem Weg der Telepathie.*

Te|le|phon usw.: ↑Telefon usw.

Te|le|promp|ter®, der; -s, - [engl. teleprompter, aus: tele- < griech. tēle (↑tele-, Tele- 2) u. prompter = Souffleur] (Jargon): *Vorrichtung, die es bes. dem Moderator od. Ansager im Fernsehen ermöglicht, seinen vorzutragenden Text von einem Monitor abzulesen, ohne dass er den Blick senken muss.*

Te|le|shop|ping, das; -s [engl. teleshopping, zu: shopping, ↑Shopping]: *Einkauf, bei dem der Käufer die Waren am Bildschirm sieht u. sie telefonisch od. über Btx bestellt.*

Te|le|skop, das; -s, -e [nlat. telescopium, zu griech. tēleskópos = weit schauend, zu: tēle (↑tele-, Tele- 1) u. skopeĩn = beobachten, betrachten]: *(bes. zur Beobachtung der Gestirne verwendetes) optisches, mit stark vergrößernden Linsen, Prismen, Spiegeln ausgestattetes Gerät mit ineinander zu schiebenden Teilen; Fernrohr.*

Te|le|skop|an|ten|ne, die: *Antenne aus dünnen Metallrohren, die man ineinander schieben kann.*

te|le|sko|pisch ⟨Adj.⟩: **a)** *zu einem Teleskop gehörend;* **b)** *mithilfe des Teleskops.*

Te|le|spiel, das [zu ↑tele-, Tele- (2) u. ↑Spiel]: **1.** *Spiel, das mithilfe eines an ein Fernsehgerät anzuschließenden Geräts gespielt wird, wobei der Bildschirm als Spielfeld od. -brett dient u. der Spieler den Spielablauf von Hand steuert.* **2.** *Gerät, mit dem man Telespiele (1) spielt.*

Te|le|text, der; -[e]s [engl. teletext, aus: tele- < griech. tēle (↑tele-, Tele- 2) u. text = Text]: *System zur elektronischen Übermittlung von Texten u. ihrer Darstellung auf dem Bildschirm eines Fernsehgeräts.*

Te|le|vi|si|on [engl. Ausspr.: ˈtɛlɪvɪʒən], die; - [engl. television, aus: tele- < griech. tēle (↑tele-, Tele- 2) u. vision < (a)frz. vision < lat. visio, ↑Vision]: *Fernsehen* (Abk.: TV).

Te|lex, das; österr. u. schweiz.: der; -, -e [Kurzwort aus engl. teleprinter exchange = Fernschreiber-Austausch]: **1.** *Fernschreiben.* **2. a)** *Fernschreiber;* **b)** ⟨o. Pl.⟩ *Fernschreibnetz.*

te|le|xen ⟨sw. V.; hat⟩: *[als] ein Fernschreiben übermitteln.*

Tel|ler, der; -s, - [mhd. tel[l]er, telier, aus dem Roman., im Sinne von »Vorlegeteller zum Zerteilen des Fleisches« zu spätlat. taliare = spalten, schneiden, zerlegen, zu lat. talea = abgeschnittenes Stück]: **1.** *Teil des Geschirrs (1 a) von runder (flacher od. tieferer) Form, von dem Speisen gegessen werden:* ein tiefer, flacher, vorgewärmter, leerer T.; ein T. [voll] Suppe; seinen T. leer essen. **2.** *kleine, runde, durchbrochene Scheibe (aus Kunststoff), die den Skistock wenige Zentimeter über seinem unteren Ende umgibt.* **3.** *runder, flacher Teil eines Plattenspielers, auf den die Schallplatte aufgelegt wird.*

Tel|ler|ei|sen, das (Jagdw.): *aus zwei Bügeln u. einer tellerförmigen Platte bestehendes Fangeisen.*

Tel|ler|fleisch, das (bes. österr.): *gekochtes u. in Stücke geschnittenes Rind- od. Schweinefleisch, das in der Suppe serviert wird.*

tel|ler|för|mig ⟨Adj.⟩: *von der Form eines flachen Tellers (1).*

Tel|ler|ge|richt, das: *(in Gaststätten) einfaches Gericht, das auf dem Teller serviert wird.*

Tel|ler|mi|ne, die: *tellerförmige* [1]*Mine (2).*

Tel|ler|rand, der: *Rand des Tellers (1):* * **über den T. blicken, schauen o. Ä.** *(etw. von einer höheren Warte aus betrachten; über seinen eingeschränkten Gesichtskreis hinausblicken, um etw. richtig einzuschätzen).*

Tel|ler|samm|lung, die: *Sammlung besonders wertvoller od. schöner Teller.*

Tel|ler|wä|scher, der: *jmd., der in einem Lokal (1) gegen Bezahlung Geschirr spült.*

Tel|ler|wä|sche|rin, die: w. Form zu ↑Tellerwäscher.

Tem|pel, der; -s, - [mhd. tempel, ahd. tempal < lat. templum, eigtl. = vom Augur mit dem Stab am Himmel u. auf der Erde zur Beobachtung u. Deutung des Vogelflugs abgegrenzter Beobachtungsbezirk, H. u.]: **1.** *[geweihtes] Gebäude als Kultstätte einer nicht christlichen Glaubensgemeinschaft:* ein indischer, antiker T.; ein T. des Zeus. **2.** *einem Tempel od. Pavillon ähnliches Gebäude, meist mit Säulen, die das Dach tragen.*

Tem|pel|bau, der: vgl. Kirchenbau (1, 2).

Tem|pel|die|ner, der: vgl. Kirchendiener.

Tem|pel|die|ne|rin, die: w. Form zu ↑Tempeldiener.

Tem|pel|herr, der: *Templer.*

Tem|pe|ra, die; -, -s [ital. tempera, zu: temperare = mischen < lat. temperare, ↑temperieren]: kurz für ↑Temperafarbe.

Tem|pe|ra|far|be, die: *aus anorganischen Pigmenten, einer Emulsion aus bestimmten Ölen u. einem Bindemittel hergestellte Farbe, die auf Papier einen matten u. deckenden Effekt hervorruft.*

Tem|pe|ra|ma|le|rei, die: **1.** ⟨o. Pl.⟩ *Technik des Malens mit Temperafarben.* **2.** *mit Temperafarben gemaltes Bild.*

Tem|pe|ra|ment, das; -[e]s, -e [lat. temperamentum = richtiges Verhältnis gemischter Dinge, gehörige Mischung; rechtes Maß, zu: temperare, ↑temperieren]: **1.** *für ein Individuum spezifische, relativ konstante Weise des Fühlens, Erlebens, Handelns u. Reagierens:* ein sanguinisches, cholerisches, melancholisches, phlegmatisches T.; sie hat ein aufbrausendes, kühles, ausgeglichenes T. **2.** ⟨o. Pl.⟩ *lebhafte, leicht erregbare Wesensart; Schwung; Feuer:* das T. geht oft mit mir durch; sie hat [kein, wenig] T.

Tem|pe|ra|ment|bol|zen: ↑Temperamentsbolzen.

tem|pe|ra|ment|los ⟨Adj.⟩: *ohne Temperament (2).*

Tem|pe|ra|ment|lo|sig|keit, die; -: *das Temperamentlossein.*

Tem|pe|ra|ments|aus|bruch, der: *Ausbruch (3) des Temperaments (2).*

Tem|pe|ra|ments|bol|zen, Temperamentbolzen, der (ugs.): *Mensch, der viel Temperament hat:* er/sie ist ein T.

Tem|pe|ra|ments|sa|che, die: in der Wendung T. sein *(vom Temperament abhängen).*

tem|pe|ra|ment|voll ⟨Adj.⟩: *[sehr] lebhaft, lebendig; voller Temperament (2):* ein -er Mensch; Ü ein -es *(schnelles, spritziges)* Fahrzeug.

Tem|pe|ran|ti|um, das; -s, ...ia [zu lat. temperans (Gen.: temperantis), 1. Part. von: temperare, ↑temperieren] (Med.): *Beruhigungsmittel.*

Tem|pe|ra|tur, die; -, -en [lat. temperatura = gehörige Mischung, Beschaffenheit, zu: temperare, ↑temperieren]: **1.** *Wärmegrad eines Stoffes; gemessene Wärme von etw., bes. der Luft:* mittlere, gleich bleibende, ansteigende, sinkende -en; die höchste, die niedrigste T.; eine angenehme, unerträgliche T.; die T. des Wassers, der Luft; der Wein hat die richtige T.; die T. steigt, fällt, sinkt [unter Null, unter den Nullpunkt], geht zurück; -en bis zu 40 °C; die T. messen, kontrollieren. **2.** (Med.) *ein wenig über dem Normalen liegende Körpertemperatur:* T., erhöhte T. *(leichtes Fieber)* haben.

Tem|pe|ra|tur|ab|fall, der: *das [schnelle] Abfallen, Sinken der Temperatur (1).*

Tem|pe|ra|tur|ab|nah|me, die: *das Abnehmen der Temperatur (1).*

Tem|pe|ra|tur|an|stieg, der: *das Ansteigen der Temperatur (1).*

Tem|pe|ra|tur|aus|gleich, der: *Ausgleich zwischen unterschiedlichen Temperaturen (1).*

tem|pe|ra|tur|be|stän|dig ⟨Adj.⟩: *widerstandsfähig, unempfindlich gegenüber der Einwirkung bestimmter Temperaturen (1) od. gegenüber Temperaturschwankungen.*

Tem|pe|ra|tur|ge|fäl|le, das: *Gefälle (2) der Temperatur (1).*

Tem|pe|ra|tur|kur|ve, die: *grafische Darstellung der über einen bestimmten Zeitraum gemessenen Temperaturen (1, 2).*

Tem|pe|ra|tur|reg|ler, der: *Vorrichtung, die das Einhalten einer bestimmten Temperatur (1) bewirkt; Thermostat.*

Tem|pe|ra|tur|rück|gang, der: vgl. Temperaturanstieg.

Tem|pe|ra|tur|schwan|kung, die ⟨meist Pl.⟩: vgl. Temperaturanstieg.

Tem|pe|ra|tur|ska|la, die (Physik): *Skala zur Angabe der Temperatur u. Temperaturunterschiede.*

Tem|pe|ra|tur|sturz, der: *plötzlicher starker Temperaturrückgang.*

Tem|pe|ra|tur|un|ter|schied, der ⟨häufig Pl.⟩: *Unterschied in der Temperatur (1).*

Tem|pe|renz, die; - [engl. temperance < lat. temperantia, zu: temperans (Gen.: temperantis), adj. 1. Part. von: temperare, ↑temperieren] (bildungsspr.): *Enthaltsamkeit, Mäßigkeit im Alkoholgenuss.*

tem|pe|rie|ren ⟨sw. V.; hat⟩ [lat. temperare = sich mäßigen; in das gehörige Maß setzen, in das richtige (Mischungs)verhältnis bringen]: **1.** *auf eine mäßig warme, auf den Bedarf gut abgestimmte Temperatur bringen:* den W. temperieren; das Badewasser ist gut temperiert. **2.** (geh.) *(auf Leidenschaften o. Ä.) mäßigend einwirken:* seine Gefühle t. **3.** (Musik) *(die Oktave) in zwölf gleiche Halbtonschritte einteilen:* temperierte Stimmung.

Tem|pe|rie|rung, die; -, -en: *das Temperieren.*

Tem|pi: Pl. von ↑Tempo.

Temp|ler, der; -s, - [(a)frz. templier, zu: temple < lat. templum, ↑Tempel] (hist.): *Angehöriger eines geistlichen Ritterordens im Mittelalter, der zum Schutz der Jerusalempilger verpflichtet war; Tempelherr.*

Temp|ler|or|den, der ⟨o. Pl.⟩ (hist.): *Orden der Templer.*

tem|po [ital. tempo = Zeit(maß, -raum) < lat. tempus, ↑Tempus] (Musik): in bestimmten Fügungen: t. di marcia [- di ˈmartʃa] *(im Marschtempo);* t. giusto [- ˈdʒusto] *(in angemessener Bewegung);* t. primo *(im früheren, anfänglichen Tempo);* t. rubato (↑rubato).

Tem|po, das; -s, -s u. Tempi [ital. tempo, ↑tempo]: **1.** ⟨Pl. -s⟩ *Geschwindigkeit, mit der etw., bes. eine Handlung, eine Bewegung abläuft:* hier ist, gilt T. 30 (ugs.; *hier darf nur mit 30 km/h gefahren werden*); ein zügiges T., ein bestimmtes T. vorlegen; das T. erhöhen; sie nahm die Kurve in/mit hohem T.; ein T. draufhaben (ugs.; *schnell fahren, arbeiten o. Ä.*); T. [T.]! (ugs.; *los, beeilt euch!, beeile dich!*). **2.** ⟨Pl. meist Tempi⟩ (Musik) *(für den Vortrag geeignetes, den Besonderheiten eines Werkes angemessenes) musikalisches Zeitmaß.* **3.** ⟨Pl. -s⟩ (ugs.): kurz für ↑Tempotaschentuch.

Tem|po-30-Zo|ne, die (Verkehrsw.): *Zone (1 a), in*

der eine Höchstgeschwindigkeit von 30 km/h gilt.

Tẹm|po|li|mit, das (Verkehrsw.): *Geschwindigkeitsbeschränkung:* ein T. einführen, beachten.

Tem|po|mat [zu ↑Tempo u. ↑Automat], der; -[e]s, -e u. -en, -en (Kfz-T.): *automatischer Regler der Fahrgeschwindigkeit bei Kraftfahrzeugen, der die Geschwindigkeit auf einem bestimmten Wert hält bzw. nach oben begrenzt.*

Tẹm|po|ra: Pl. von ↑Tempus.

tem|po|ral ⟨Adj.⟩ [lat. temporalis, zu ↑Tempus] (Sprachw.): *zeitlich:* eine -e Konjunktion.

Tem|po|ral|ad|verb, das (Sprachw.): *Adverb der Zeit (z. B. heute, neulich).*

Tem|po|ral|be|stim|mung, die: *Adverbialbestimmung der Zeit.*

Tem|po|ral|satz, der: *Adverbialsatz der Zeit.*

tem|po|rär ⟨Adj.⟩ [frz. temporaire < lat. temporarius, zu: tempus, ↑Tempus] (bildungsspr.): *zeitweilig [auftretend]; vorübergehend:* eine -e Beschäftigung.

tẹm|po|reich ⟨Adj.⟩ (bes. Sport): *mit Tempo gespielt:* eine -e Partie.

Tẹm|po|sün|der, der: *jmd., der eine Geschwindigkeitsbeschränkung nicht einhält.*

Tẹm|po|sün|de|rin, die: w. Form zu ↑Temposünder.

Tẹm|po|ta|schen|tuch, das [Tempo®] (ugs.): *Papiertaschentuch.*

Tẹm|po|wech|sel, der: *Wechsel der Geschwindigkeit, des Tempos.*

Tẹm|pus, das; -, Tempora [lat. tempus = Zeit, urspr. viell. = (Zeit)spanne u. zu einem Verb mit der Bed. »spannen; dehnen«] (Sprachw.): *Zeitform.*

ten. = tenuto.

Ten|dẹnz, die; -, -en [wohl unter Einfluss von älter engl. tendence, frz. tendance, zu lat. tendere = spannen, (sich aus)strecken]: **1. a)** *sich abzeichnende, jmdm. od. einer Sache innewohnende Entwicklung:* eine T. zeichnet sich ab, hält an, setzt sich fort, kehrt sich um, ist rückläufig; es herrscht die T., die T. geht dahin, ...; die Preise haben eine steigende T.; die T. *(Grundstimmung)* an der Börse ist fallend, steigend, lustlos; **b)** ⟨meist Pl.⟩ *Strömung* (2), *Richtung:* neue -en in der Musik. **2. a)** *Hang, Neigung:* sie hat die T., alles negativ zu beurteilen; **b)** (oft abwertend) *Darstellungsweise, mit der ein bestimmtes (meist politisches) Ziel erreicht werden soll:* diese Zeitung hat, verfolgt eine T.; ein Roman mit T.

Ten|dẹnz|be|trieb, der: *Betrieb, der bestimmten ideellen (z. B. politischen, pädagogischen, religiösen) Zielsetzungen dient.*

Ten|dẹnz|dich|tung, die (oft abwertend): *Dichtung, die eine Tendenz* (2 b) *verfolgt.*

ten|den|zi|ẹll ⟨Adj.⟩: *einer allgemeinen Entwicklung, Tendenz entsprechend, sich auf sie beziehend:* etw. nimmt t. zu, ab.

ten|den|zi|ös ⟨Adj.⟩ [frz. tendancieux, zu: tendance, ↑Tendenz] (abwertend): *von einer weltanschaulichen, politischen Tendenz beeinflusst u. daher nicht objektiv:* -e Presseberichte; sie schreibt t.

Ten|dẹnz|li|te|ra|tur, die (oft abwertend): vgl. Tendenzdichtung.

Ten|dẹnz|un|ter|neh|men, das: vgl. Tendenzbetrieb.

Ten|dẹnz|wen|de, die: *Wende, Umkehr in der Tendenz* (1 a): eine T. herbeiführen; eine T. am Arbeitsmarkt, in der Politik.

Tẹn|der, der; -s, - [engl. tender, gek. aus: attender = Pfleger, zu: to attend = pflegen, aufwarten, über das Afrz. < lat. attendere = hinspannen, hinstrecken; aufmerksam beachten, zu: tendere, ↑Tendenz]: *Anhänger der Dampflokomotive, in dem Brennmaterial u. Wasser mitgeführt wird.*

ten|die|ren ⟨sw. V.; hat⟩ [rückgeb. aus ↑Tendenz] (bildungsspr.): *zu etw. hinneigen, auf etw. gerichtet sein:* die Partei tendiert nach links, rechts; gegen null, nach oben, nach unten t.; die Aktien tendieren schwächer, uneinheitlich (Börsenw.; *entwickeln sich im Kurs schwächer, uneinheitlich*).

Tẹnn, das; -s, -e (schweiz.): *Tenne.*

Tẹn|ne, die; -, -n [mhd. tenne, ahd. tenni, H. u.]: *fest gestampfter od. gepflasterter Platz [in der Scheune] bes. zum Dreschen* (1).

Tẹn|nis, das; - [engl. tennis < mengl. tenes, tenetz, zu (a)frz. tenez! = nehmt, haltet (den Ball)!, Imperativ Pl. von: tenir = halten < lat. tenere, wohl Zuruf des Aufschlägers an seinen Mitspieler]: *Ballspiel, bei dem ein kleiner Ball von zwei Spielern (od. Paaren von Spielern) nach bestimmten Regeln mit Schlägern über ein Netz hin- u. zurückgeschlagen wird.*

Tẹn|nis|arm, der: vgl. Tennisellbogen.

Tẹn|nis|ball, der: *kleiner, fester, mit weißem, gelbem od. rosa Filz überzogener Ball, der beim Tennis verwendet wird.*

Tẹn|nis|court, der: *Court.*

Tẹn|nis|crack, der (Jargon): *Crack* (1) *im Tennis.*

Tẹn|nis|dress, der: *beim Tennis getragener Dress.*

Tẹn|nis|ell|bo|gen, Tẹn|nis|el|len|bo|gen, der (Med.): *(durch Überanstrengung des Arms [beim Tennisspielen] auftretende) Entzündung bestimmter Teile des Ellbogengelenks.*

Tẹn|nis|hemd, das: vgl. Tennishose.

Tẹn|nis|ho|se, die: *[kurze] weiße, beim Tennisspielen getragene Hose.*

Tẹn|nis|kleid, das: vgl. Tennishose.

Tẹn|nis|klei|dung, die: vgl. Tennisdress.

Tẹn|nis|klub, der: vgl. Sportklub.

Tẹn|nis|match, das: *Match im Tennis.*

Tẹn|nis|part|ner, der: *Partner* (1 d) *beim Tennis.*

Tẹn|nis|part|ne|rin, die: w. Form zu ↑Tennispartner.

Tẹn|nis|platz, der: **1.** *Spielfeld für das Tennisspiel.* **2.** *Anlage mit mehreren Spielfeldern für das Tennisspiel.*

Tẹn|nis|schlä|ger, der: *(zum Tennisspiel benutzter) Schläger* (3) *in Form eines meist ovalen Rahmens mit in der Art eines Gitters gespannten Saiten u. langem Griff.*

Tẹn|nis|schuh, der: *(beim Tennis getragener) flexibler, meist weißer Sportschuh.*

Tẹn|nis|spiel, das: vgl. Skatspiel (1–3).

Tẹn|nis|spie|len, das; -s: *das Ausüben der Sportart Tennis.*

Tẹn|nis|spie|ler, der: *jmd., der Tennis spielt.*

Tẹn|nis|spie|le|rin, die: w. Form zu ↑Tennisspieler.

Tẹn|no, der; -s, -s [jap. tennō, eigtl. = himmlischer (Herrscher)]: **a)** ⟨o. Pl.⟩ *Titel des japanischen Herrschers;* **b)** *Träger des Titels Tenno* (a).

[1]Te|nor, der; -s, Tenöre, österr. auch: -e [ital. tenore, eigtl. = (die Melodie) haltende (Hauptstimme) < lat. tenor, ↑[2]Tenor] (Musik): **1.** *hohe Männersingstimme:* T. singen; er hat einen strahlenden, hohen, hellen T. **2.** ⟨o. Pl.⟩ *solistische Tenorpartie in einem Musikstück:* den T. singen. **3.** *Sänger mit Tenorstimme:* ein berühmter T. **4.** ⟨o. Pl.⟩ *die Sänger mit Tenorstimme in einem [gemischten] Chor:* der erste, zweite T.; der T. setzte ein.

[2]Te|nor, der; -s [lat. tenor = ununterbrochener Lauf; Fortgang; Ton(höhe) einer Silbe; Zusammenhang, Sinn, Inhalt, zu: tenere = (gespannt) halten]: *grundlegender Gehalt, Sinn (einer Äußerung o. Ä.); grundsätzliche Einstellung:* alle seine Äußerungen hatten den gleichen T.

Te|no|re, Te|nö|re: Pl. von ↑[1]Tenor.

Te|nor|horn, das: *Blechblasinstrument in Tenorlage.*

Te|nor|la|ge, die: *Stimmlage des [1]Tenors* (1).

Te|nor|par|tie, die: *für den [1]Tenor* (1) *geschriebener Teil eines Musikwerks.*

Te|nor|sän|ger, der: *Sänger mit einer Tenorstimme.*

Te|nor|schlüs|sel, der: *auf der 4. Linie des Notensystems liegender C-Schlüssel.*

Te|nor|stim|me, die: **1.** *hohe Männersingstimme.* **2.** *Noten für den [1]Tenor* (1).

Ten|sid, das; -[e]s, -e ⟨meist Pl.⟩ [zu lat. tensum, 2. Part. von: tendere, ↑Tendenz] (Chemie): *in Wasch- u. Reinigungsmitteln enthaltene Substanz.*

Ten|ta|kel, der od. das; -s, - ⟨meist Pl.⟩ [zu lat. tentare, Nebenf. von: temptare = (prüfend) betasten]: **1.** *Fangarm.* **2.** (Bot.) *haarähnliches, ein klebriges Sekret absonderndes Gebilde auf der Blattoberfläche Fleisch fressender Pflanzen.*

ten|ta|tiv ⟨Adj.⟩ [frz. tentatif, engl. tentative] (bildungsspr.): *versuchs-, probeweise.*

Te|nü, Te|nue [tə'ny], das; -s, -s [frz. tenue, eigtl. subst. 2. Part. von: tenir = sich halten (2 b)] (schweiz.): *vorgeschriebene Art der Kleidung, Uniform, Anzug.*

te|nu|to ⟨Adv.⟩ [ital. tenuto, 2. Part. von: tenere = halten < lat. tenere] (Musik): *ausgehalten, getragen.*

Tẹpp, der; -en, -en (landsch., österr.): *Depp.*

tẹp|pert ⟨Adj.⟩ (österr.): *deppert.*

Tẹp|pich, der; -s, -e [mhd. tep[p]ich, ahd. tep[p]ih, über das Roman. (vgl. afrz. tapiz) < lat. tap(p)etum, tapete, tapes < griech. tápēs, tápis, viell. aus dem Pers.]: *geknüpfter, gewebter od. gewirkter rechteckiger od. runder Fußbodenbelag:* ein echter, alter, wertvoller, persischer, chinesischer T.; der T. ist abgetreten; für den Staatsbesuch wurde ein roter T. ausgerollt; einen T. knüpfen, weben, wirken; den T. klopfen, saugen, zusammenrollen; ein Zimmer mit -en auslegen; Ü ein T. aus Moos; *** auf dem T. bleiben** (ugs.; *sachlich, im angemessenen Rahmen bleiben*); **etw. unter den T. kehren** (ugs.; *etw. vertuschen, nicht offen austragen*).

Tẹp|pich|bo|den, der: *den Boden eines Raumes von Wand zu Wand bedeckender textiler Fußbodenbelag.*

Tẹp|pich|flie|se, die: *viereckige, aus textilem Fußbodenbelag zugeschnittene Platte zum Auslegen eines Raumes.*

Tẹp|pich|händ|ler, der: *jmd., der mit Teppichen handelt.*

Tẹp|pich|händ|le|rin, die: w. Form zu ↑Teppichhändler.

Tẹp|pich|keh|rer, der; -s, -: *flacher, unten offener Kasten mit langem Stiel u. beim Schieben sich drehenden, walzenförmigen Bürsten zum Reinigen von Teppichen.*

Tẹp|pich|kehr|ma|schi|ne, die: *elektrisch angetriebener Teppichkehrer.*

Tẹp|pich|klop|fer, der: *zum Ausklopfen von Teppichen dienendes, meist aus geflochtenem Rohr* (1 a) *bestehendes Haushaltsgerät.*

Tẹp|pich|knüp|fer, der: *jmd., der Teppiche knüpft.*

Tẹp|pich|knüp|fe|rin, die; -, -nen: w. Form zu ↑Teppichknüpfer.

Tẹp|pich|stan|ge, die: *waagerecht befestigte Stange, über die Teppiche zum Klopfen gelegt werden.*

Te|qui|la [te'ki:la], der; -[s] [nach der mex. Stadt Tequila]: *mexikanischer Branntwein aus Pulque.*

Te|ra- [zu griech. téras (Gen.: tératos) = etw. ungewöhnlich Großes] ⟨Best. von Zus. mit der Bed.⟩: *das 10^{12}fache einer [physikalischen] Einheit* (Zeichen: T).

Te|ra|me|ter, der; -s, -: *eine Billion Meter.*

Tẹrm, der; -s, -e [frz. terme, eigtl. = Grenze, Begrenzung < (m)lat. terminus, ↑Termin]: **1.** (Math., Logik) *[Reihe von] Zeichen in einer formalisierten Theorie, mit der od. dem eines der in der Theorie betrachteten Objekte dargestellt wird.* **2.** (Physik) *Zahlenwert der Energie eines mikrophysikalischen Systems (eines Atoms, Moleküls od. Ions).*

Ter|min, der; -s, -e [mhd. termin < mlat. terminus = Zahlungsfrist, Termin; inhaltlich abgegrenzter Begriff < lat. terminus = Ziel, Ende, eigtl. = Grenzzeichen, Grenze]: **1. a)** *(für etw. Bestimmtes) festgelegter Zeitpunkt; Tag, bis zu dem od. an dem etw. geschehen soll:* der festgesetzte T. rückte heran; der letzte, äußerste T. für die Zahlung ist der 1. Mai; einen T. festsetzen, vereinbaren, bestimmen, einhalten, überschreiten, versäumen; einen T. [beim Arzt] haben *(angemeldet sein);* sich einen T. geben lassen; etw. auf einen späteren T. verschieben; **b)** *das Treffen zu einem Termin* (1 a): sie hat in der nächsten Zeit viele -e; von T. zu T. hasten. **2.** (Rechtsspr.) *vom Gericht festgesetzter Zeitpunkt bes. für eine Gerichtsverhandlung:* heute ist T. in Sachen ...; einen gerichtlichen T. anberaumen, aufheben, wahrnehmen, versäumen, vertagen, verlegen.

Ter|mi|nal [ˈtøːɐ̯minəl, ˈtœr..., engl.: ˈtəːmɪnl; engl. terminal (station), zu: terminal = das Ende bildend, End- < lat. terminalis = zur Grenze gehörend, Grenz-, zu: terminus, ↑Termin]: **1.** ⟨der, auch: das; -s, -s⟩ **a)** *Halle auf einem Flughafen, in der die Fluggäste abgefertigt werden;* **b)** *Anlage zum Be- und Entladen in Bahnhöfen od. in Häfen.* **2.** ⟨das; -s, -s⟩ (EDV) *Vorrichtung für die Ein- u. Ausgabe von Daten an einer Datenverarbeitungsanlage.*

Ter|min|än|de|rung, die: *Änderung eines Termins.*

Ter|min|ar|beit, die: *Arbeit, die zu einem bestimmten Termin fertig gestellt sein muss.*

Ter|min|bör|se, die (Börsenw.): *Markt der Termingeschäfte an der Börse.*

Ter|min|druck, der ⟨o. Pl.⟩: vgl. Zeitdruck: unter T. stehen.

Ter|min|ein|la|ge, die (Bankw.): *Einlage (bei einer Bank o. Ä.) mit fester Laufzeit od. Kündigungsfrist.*

ter|min|ge|bun|den ⟨Adj.⟩: *(im Hinblick auf die Fertigstellung o. Ä.) an einen festen Termin gebunden:* -e Arbeiten.

Ter|min|geld, das (Bankw.): *Termineinlage.*

ter|min|ge|mäß ⟨Adj.⟩: *gemäß einem Termin:* -e Fertigstellung; eine Arbeit t. einreichen.

ter|min|ge|recht ⟨Adj.⟩: *einem Termin gerecht.*

Ter|min|ge|schäft, das (Börsenw.): *Börsengeschäft, das zum Tageskurs abgeschlossen wird, dessen Erfüllung jedoch zu einem vereinbarten späteren Termin erfolgt.*

Ter|mi|ni: Pl. von ↑Terminus.

ter|mi|nie|ren ⟨sw. V.; hat⟩ [zu ↑Termin; schon mhd. terminieren = begrenzen < lat. terminare]: **1.** *befristen:* den Prozess auf 20 Verhandlungstage t. **2.** *zeitlich festsetzen:* eine Veranstaltung fest, auf den 10. Januar t.

Ter|mi|nie|rung, die; -, -en: *das Terminieren.*

Ter|mi|ni tech|ni|ci: Pl. von ↑Terminus technicus.

Ter|min|ka|len|der, der: *Kalender* (1) *zum Notieren von Terminen:* etw. in seinem T. notieren; sie hat einen vollen T. *(ist überaus eingespannt).*

Ter|min|kurs, der (Börsenw.): *Börsenkurs für Termingeschäfte.*

ter|min|lich ⟨Adj.⟩: *den Termin betreffend:* etw. t. festlegen, vereinbaren, einplanen.

Ter|min|not, die ⟨o. Pl.⟩: vgl. Zeitnot.

Ter|mi|no|lo|gie, die; -, -n [zu ↑Terminus u. ↑-logie]: *Gesamtheit der in einem Fachgebiet üblichen Fachwörter u. -ausdrücke; Nomenklatur* (a).

ter|mi|no|lo|gisch ⟨Adj.⟩: *die Terminologie betreffend.*

Ter|min|plan, der: *Plan über einzuhaltende Termine.*

Ter|min|pla|nung, die: *Planung von Terminen.*

Ter|min|schwie|rig|kei|ten ⟨Pl.⟩: *Schwierigkeiten bei der Einhaltung von Terminen:* T. haben.

Ter|min|über|schrei|tung, die: *Überschreitung eines gesetzten Termins.*

Ter|mi|nus, der; -, Termini [mlat. terminus < lat. terminus, ↑Termin]: *festgelegte Bezeichnung, Fachausdruck.*

Ter|mi|nus tech|ni|cus, der; - -, Termini technici [nlat.]: *Fachausdruck.*

Ter|min|ver|schie|bung, die: *Verschiebung eines Termins.*

Ter|mi|te, die; -, -n [zu spätlat. termes (Gen.: termitis) = Holzwurm]: *den Schaben ähnliches Staaten bildendes Insekt bes. der Tropen u. Subtropen.*

Ter|mi|ten|hü|gel, der: *kegelförmiger Bau der Termiten.*

Ter|mi|ten|staat, der: *Staat* (2) *von Termiten.*

ter|när ⟨Adj.⟩ [frz. ternaire < spätlat. ternarius, zu lat. terni = je drei] (Chemie): *aus drei Elementen aufgebaut.*

Ter|no, der; -s, -s [ital. terno] (österr.): *Reihe von drei gesetzten od. gewonnenen Nummern im Lotto.*

Ter|pen, das; -s, -e [gek. aus ↑Terpentin] (Chemie): *als Hauptbestandteil ätherischer Öle vorkommende organische Verbindung.*

Ter|pen|tin, das, österr. meist: der; -s, -e [spätlat. (resina) ter(e)bint(h)ina = Harz der Terebinthe (eine Pistazienart), zu lat. terebinthinus < griech. terebínthinos = zur Terebinthe gehörend]: **a)** *Harz verschiedener Nadelbäume* (z. B. der Kiefer); **b)** (ugs.) *Terpentinöl.*

Ter|pen|tin|öl, das: *Öl aus Terpentin* (a), *das als Lösungsmittel für Harze u. Lacke dient.*

Ter|psi|cho|re [...ç...] (griech. Myth.): Muse des Tanzes u. des Chorgesangs.

Ter|rain [tɛˈrɛ̃ː], das; -s, -s [frz. terrain < lat. terrenum = Erde, Acker, zu: terrenus = aus Erde bestehend, zu: terra = Erde]: *Gelände:* das T. erkunden; Ü an T. gewinnen, verlieren; mit diesem Thema begibt sie sich auf ein gefährliches T.

Ter|ra in|co|gni|ta, die; - - [lat.] (bildungsspr.): *unbekanntes, unerforschtes Gebiet.*

Ter|ra|kot|ta, die; -, ...tten (österr. nur so), **Ter|ra|kot|te,** die; -, -n [ital. terracotta, aus: terra = Erde < lat. terra u. cotto = gebrannt, 2. Part von: cuocere < lat. coquere, ↑kochen]: **1.** ⟨o. Pl.⟩ *ohne Glasur gebrannter* [1]*Ton, der beim Brennen eine weiße, gelbe, braune od. rote Färbung annimmt.* **2.** *Gefäß od. Plastik aus Terrakotta* (1).

Ter|ra|ri|en|kun|de, die ⟨o. Pl.⟩: *Lehre von der Haltung u. Zucht von Tieren im Terrarium.*

Ter|ra|ri|um, das; -s, ...ien [geb. nach ↑Aquarium zu lat. terra = Erde]: **1.** *[Glas]behälter zur Haltung, Zucht u. Beobachtung von Lurchen u. Kriechtieren.* **2.** *Gebäude [in einem zoologischen Garten], in dem Lurche u. Kriechtiere gehalten werden.*

Ter|ras|se, die; -, -n [frz. terrasse, eigtl. = Erdaufhäufung, über das Aprovenz. zu lat. terra = Erde]: **1.** *größere Fläche an einem Haus für den Aufenthalt im Freien:* eine glasgedeckte, sonnige T.; auf der T. frühstücken. **2.** *stufenartiger Absatz* (4), *das Gefälle eines Hanges unterbrechende ebene Fläche:* -n für den Weinbau anlegen.

ter|ras|sen|ar|tig ⟨Adj.⟩: *in der Art von Terrassen* (2).

Ter|ras|sen|feld|bau, der: *Anbau von Nutzpflanzen an Hängen, die in Terrassen* (2) *angelegt sind.*

ter|ras|sen|för|mig ⟨Adj.⟩: *die Form von Terrassen* (2) *aufweisend:* -e Weinberge.

Ter|ras|sen|gar|ten, der: *in Terrassen* (2) *angelegter Garten.*

Ter|ras|sen|haus, das: *[an einen Hang gebautes] Haus, bei dem jedes Stockwerk gegenüber dem darunter liegenden um einige Meter zurückgesetzt ist, sodass jede Wohnung eine eigene Terrasse* (1) *hat.*

Ter|ras|sen|tür, die: *Tür, die auf eine Terrasse* (1) *führt.*

ter|ras|sie|ren ⟨sw. V.; hat⟩ [frz. terrasser]: *einen Hang terrassenförmig anlegen:* terrassierte Gärten.

Ter|ras|sie|rung, die; -, -en: **a)** *das Terrassieren;* **b)** *das Terrassiertsein.*

Ter|raz|zo, der; -[s], ...zzi [ital. terrazzo, eigtl. = Terrasse]: *aus Zement u. verschieden getönten Steinchen hergestellter Werkstoff, der für Fußböden, Spülsteine usw. verwendet wird.*

Ter|raz|zo|fuß|bo|den, der: *Fußboden aus Terrazzo.*

ter|res|trisch ⟨Adj.⟩ [1: lat. terrestris, zu: terra = Erde]: **1.** (bildungsspr., Fachspr.) *die Erde betreffend; zur Erde gehörend:* -e Strahlung; -er Rundfunk *(im Unterschied zum Satellitenrundfunk).* **2. a)** (Geol.) *(von Ablagerungen u. geologischen Vorgängen) auf dem Festland gebildet, geschehend:* ein -es Beben; **b)** (Biol.) *auf dem Land lebend, auftretend:* -e Tiere.

Ter|ri|er, der; -s, - [engl. terrier (dog), eigtl. = Erdhund < afrz. (chien) terrier, zu spätlat. terrarius = den Erdboden betreffend, zu lat. terra = Erde; nach der Eignung als Jagdhund für die Jagd auf Wild, das in Bauen lebt]: *in vielen Rassen gezüchteter, kleiner bis mittelgroßer Hund.*

Ter|ri|ne, die; -, -n [frz. terrine, eigtl. = irden(e Schüssel) < afrz. terin, über das Vlat. < lat. terrenus = irden, zu: terra = Erde]: *große, runde od. ovale, nach unten [in einem Fuß] schmal zulaufende Schüssel [mit Deckel]:* eine T. mit Suppe.

ter|ri|to|ri|al ⟨Adj.⟩ [(frz. territorial <) spätlat. territorialis, zu lat. territorium, ↑Territorium]: *ein Territorium* (2) *betreffend, zu ihm gehörend:* die -e Integrität eines Staates; -e Ansprüche, Forderungen.

Ter|ri|to|ri|al|ar|mee, die (Milit.): *(bes. in England u. Frankreich) örtliche [aus Freiwilligen bestehende] Truppe zur Unterstützung des aktiven Heeres im Kriegsfall; Landwehr, Miliz* (1 b).

Ter|ri|to|ri|al|ge|wäs|ser, das: *Hoheitsgewässer.*

Ter|ri|to|ri|al|heer, das (Milit.): *größtenteils aus Reservisten bestehender, im Falle einer Mobilmachung die Verteidigung des eigenen Territoriums übernehmender Teil des Heeres.*

Ter|ri|to|ri|a|li|tät, die; -: *Zugehörigkeit zu einem Territorium* (2).

Ter|ri|to|ri|a|li|täts|prin|zip, das ⟨o. Pl.⟩ (Rechtsspr.): *Grundsatz, nach dem bei Geltung u. Anwendung des Rechts das Hoheitsgebiet eines Staates ausschlaggebend ist.*

Ter|ri|to|ri|al|staat, der (hist.): *(in der Zeit des Feudalismus) der kaiserlichen Zentralgewalt nicht unterworfener Staat (Fürstentum).*

Ter|ri|to|ri|al|ver|tei|di|gung, die (Milit.): *vom Territorialheer der Bundeswehr unter nationalem Kommando wahrzunehmende militärische Aufgabe, die darin besteht, das reibungslose Operieren der Verbände der NATO auf dem Territorium der Bundesrepublik Deutschland zu gewährleisten u. die Zivilverteidigung zu unterstützen.*

Ter|ri|to|ri|um, das; -s, ...ien [lat. territorium = zu einer Stadt gehörendes Ackerland, Stadtgebiet, zu: terra = Erde]: **1.** *Gebiet, Land, Bezirk; Grund u. Boden:* ein unbesiedeltes, unerforschtes T. **2.** *Hoheitsgebiet eines Staates, Herrschaftsbereich:* deutsches, Schweizer T.

Ter|ror, der; -s [(frz. terreur <) lat. terror = Schrecken (bereitendes Geschehen), zu: terrere = in Schrecken setzen]: **1.** *[systematische] Verbreitung von Angst u. Schrecken durch Gewaltaktionen (bes. zur Erreichung politischer Ziele):* blutiger T. **2.** *Zwang; Druck [durch Gewaltanwendung]:* die Geheimpolizei übte T. aus. **3.** *große Angst:* T. verbreiten. **4.** (ugs.) **a)** *Zank u. Streit:* bei denen zu Hause ist, herrscht immer T.; **b)** *großes Aufheben um Geringfügigkeiten:* wegen jeder Kleinigkeit T. machen.

Ter|ror|akt, der: vgl. Terroranschlag.

Ter|ror|an|schlag, der: *terroristischer Anschlag* (2).

Ter|ror|herr|schaft, die: *Terror verbreitende Herrschaft* (1).

ter|ro|ri|sie|ren ⟨sw. V.; hat⟩ [frz. terroriser, zu: terreur, ↑Terror]: **1.** *durch Gewaltaktionen in Angst u. Schrecken halten, durch Terror* (1) *einschüchtern, unterdrücken:* die Bevölkerung t. **2.** (abwertend) *mit hartnäckiger Aufdringlichkeit belästigen, unter Druck setzen:* mit seinem ewigen Nörgeln terrorisiert er mich.

Ter|ro|ri|sie|rung, die; -, -en: *das Terrorisieren; das Terrorisiertwerden.*

Ter|ro|ris|mus, der; -, ...men ⟨Pl. selten⟩ [frz. terrorisme, zu: terreur, ↑Terror]: **1.** *Einstellung u. Verhaltensweise, die darauf abzielt, [politische] Ziele durch Terror* (1) *durchzusetzen:* den T. bekämpfen. **2.** *Gesamtheit der Personen, die Terrorakte verüben:* der internationale T.

Ter|ro|rist, der; -en, -en [frz. terroriste, zu terreur, ↑Terror]: *Anhänger des Terrorismus* (1); *jmd., der Terrorakte verübt.*

Ter|ro|ris|tin, die; -, -nen: w. Form zu ↑Terrorist.

ter|ro|ris|tisch ⟨Adj.⟩: *sich des Terrors bedienend; Terror ausübend, verbreitend:* -e Vereinigungen, Anschläge.

Ter|ror|jus|tiz, die: *bes. gegen politisch missliebige Personen willkürlich verfahrende, zu unverhältnismäßig hohen Strafen verurteilende Justiz* (2).
Ter|ror|maß|nah|me, die: *terroristische Maßnahme.*
Ter|ror|or|ga|ni|sa|ti|on, die: *Organisation, deren Zweck es ist, Terrormaßnahmen zu planen und durchzuführen.*
Ter|ror|re|gime, das: vgl. Terrorherrschaft.
Ter|ror|sze|ne, die: *Bereich derer, die Terrorakte planen u. ausführen.*
Ter|ror|trup|pe, die: *Truppe, deren Aufgabe die Ausführung von Terrormaßnahmen ist.*
Ter|ror|wel|le, die: *gehäuftes Vorkommen von Terrorakten.*
Ter|tia, die; -, ...ien [1: nlat. tertia (classis) = dritte Klasse, zu lat. tertius = dritter; vgl. Prima (a)]: **a)** (veraltend) *vierte u. fünfte Klasse eines Gymnasiums;* **b)** (österr.) *dritte Klasse eines Gymnasiums.*
Ter|ti|a|ner, der; -s, -: *Schüler einer Tertia* (1).
Ter|ti|a|ne|rin, die; -, -nen: w. Form zu ↑Tertianer.
ter|ti|är ⟨Adj.⟩ [1: frz. tertiaire < lat. tertiarius = das Drittel enthaltend, zu: tertius, ↑Tertia; 2: zu ↑Tertiär]: **1.** (bildungsspr.) **a)** *die dritte Stelle in einer Reihe einnehmend;* **b)** *drittrangig.* **2.** (Geol.) *das Tertiär betreffend.*
Ter|ti|är, das; -s [eigtl. = die dritte (Formation), nach der älteren Zählung des Paläozoikums als Primär] (Geol.): *ältere Formation des Känozoikums.*
Ter|ti|um Com|pa|ra|ti|o|nis, das; - -, ...ia - [lat. = das Dritte der Vergleichung] (bildungsspr.): *das Gemeinsame, in dem zwei verschiedene Gegenstände od. Sachverhalte übereinstimmen.*
Terz, die; -, -en [1: zu lat. tertia (vox) = die dritte (Stimme); 2: eigtl. = dritte Fechtbewegung, zu lat. tertius = der Dritte; 3: (kirchen)lat. tertia (hora) = die 3. Stunde]: **1. a)** (Musik) *dritter Ton einer diatonischen Tonleiter;* **b)** *Intervall von drei diatonischen Tonstufen.* **2.** (Fechten) *Klingenlage, bei der die Spitze der Klinge, vom Fechter aus gesehen, nach rechts oben zeigt u. in Höhe des Ohrs des Gegners steht.* **3.** (kath. Kirche) *Hora* (a) *des Stundengebets (um 9 Uhr).*
Ter|zett, das; -[e]s, -e [ital. terzetto, zu: terzo < lat. tertius = Dritter]: **1.** (Musik) **a)** *Komposition für drei Singstimmen [mit Instrumentalbegleitung]:* ein T. singen; **b)** *dreistimmiger musikalischer Vortrag:* [im] T. singen; **c)** *drei gemeinsam singende Solisten.* **2.** (oft iron.) *Gruppe von drei Personen, die häufig gemeinsam in Erscheinung treten od. gemeinsam eine Handlung durchführen:* ein berüchtigtes T. **3.** (Dichtk.) *eine der beiden dreizeiligen Strophen des Sonetts.*
Terz|quart|ak|kord, der (Musik): *zweite Umkehrung des Septimenakkords mit der Quint als Basston u. der darüber liegenden Terz u. Quart.*
Te|sa|film®, der; -[e]s [Kunstwort]: *durchsichtiges Klebeband.*
Tes|sin, das; -s: Kanton der Schweiz.
[1]Tes|si|ner, der; -s, -: Ew.
[2]Tes|si|ner ⟨indekl. Adj.⟩.
Tes|si|ne|rin, die; -, -nen: w. Form zu ↑[1]Tessiner.
tes|si|nisch ⟨Adj.⟩: *das Tessin, die [1]Tessiner betreffend; aus dem Tessin stammend.*
Test, der; -[e]s, -s, auch: -e [engl. test < afrz. test (> mhd. test) = Topf (für alchemistische Versuche) < lat. testum, zu: testa = Platte, Deckel; (Ton)schale, Scherbe]: *nach einer genau durchdachten Methode vorgenommener Versuch, Prüfung zur Feststellung der Eignung, der Eigenschaften, der Leistung o. Ä. einer Person od. Sache:* ein wissenschaftlicher, klinischer, psychologischer T.; einen T. aus-, erarbeiten; Werkstoffe gründlichen -s unterziehen.
Tes|ta|ment, das; -[e]s, -e [mhd. testament = Vertrag, Bündnis; Urkunde; Testament (2) < lat. testamentum, zu: testari = Zeuge sein, zu: testis = Zeuge; 2: kirchenlat. testamentum, für entspr. griech. diathḗkē, dies für hebr. bĕrît]: **1.** *letztwillige schriftliche Erklärung, in der jmd. die Verteilung seines Vermögens nach seinem Tode festlegt:* ein handgeschriebenes T.; sein T. machen, aufsetzen, ändern; ein T. anfechten; der Anwalt eröffnete das T.; jmdn. in seinem T. bedenken. **2.** * **Altes T.** (christl. Rel.; *älterer Teil der Bibel*); **Neues T.** (christl. Rel.; *jüngerer Teil der Bibel*).
tes|ta|men|ta|risch ⟨Adj.⟩: *durch ein Testament* (1) *festgelegt; letztwillig:* ein -es Vermächtnis; etw. t. verfügen.
Tes|ta|ments|er|öff|nung, die (Rechtsspr.): *das Eröffnen* (2b) *des Testaments nach dem Tod des Erblassers.*
Tes|ta|ments|er|rich|tung, die (Rechtsspr.): *das Errichten* (2b) *eines Testaments.*
Tes|ta|ments|voll|stre|cker, der (Rechtsspr.): *vom Erblasser testamentarisch eingesetzte Person, die für die Erfüllung der im Testament festgelegten Bestimmungen zu sorgen hat.*
Tes|ta|ments|voll|stre|cke|rin, die: w. Form zu ↑Testamentsvollstrecker.
Tes|ta|ments|voll|stre|ckung, die (Rechtsspr.): *das Vollstrecken* (1) *eines Testaments.*
Tes|tat, das; -[e]s, -e [zu lat. testatum = bezeugt, 2. Part. von: testari, ↑Testament]: *Bescheinigung, Beglaubigung.*
Test|bild, das (Ferns.): *außerhalb des Programms ausgestrahltes Bild (meist einer geometrischen Figur), an dem die Qualität des Empfangs festgestellt werden kann.*
Test|bo|gen, der: *Bogen* (6), *auf dem Testfragen aufgelistet sind:* die T. auswerten.
tes|ten ⟨sw. V.; hat⟩ [engl. to test, zu: test, ↑Test]: *einem T. unterziehen:* jmdn. [auf seine Intelligenz] t.; einen Werkstoff [auf seine Festigkeit] t.; Sie können selbst t. *(ausprobieren),* ob diese Stühle geeignet sind.
Tes|ter, der; -s, -: *jmd., der jmdn. od. etw. testet.*
Test|er|geb|nis, das: *Ergebnis* (b) *eines Tests.*
Tes|te|rin, die; -, -nen: w. Form zu ↑Tester.
Test|es|ser, der: *jmd., der als Tester in einem Restaurant o. Ä. Mahlzeiten einnimmt.*
Test|es|se|rin, die: w. Form zu ↑Testesser.
Test|fah|rer, der: *Berufsfahrer, der neue Kraftfahrzeuge auf ihre Fahreigenschaften prüft.*
Test|fah|re|rin, die: w. Form zu ↑Testfahrer.
Test|fahrt, die: vgl. Testflug.
Test|fall, der: *erstmals eintretender [1]Fall* (2b), *der als Beispiel, Probe für einen gleichartigen Fall gewertet wird.*
Test|flug, der: *Flug, bei dem ein Flugzeug erprobt wird.*
Test|fra|ge, die: *Frage, mit der jmd. getestet werden soll.*
Test|ge|län|de, das: *Gelände, das für bestimmte Tests verwendet wird, auf dem bestimmte Tests durchgeführt werden.*
tes|tie|ren ⟨sw. V.; hat⟩ [lat. testari = bezeugen, Zeuge sein, zu: testis = Zeuge] (Rechtsspr.): *ein Testament errichten.*
tes|tier|fä|hig ⟨Adj.⟩ (Rechtsspr.): *rechtlich in der Lage, ein Testament zu errichten.*
Tes|ti|kel, der; -s, - [lat. testiculus, Vkl. von: testis = Hode] (Med.): *Hoden.*
Test|lauf, der (Technik): *Probelauf.*
Test|markt, der: *Markt* (3 b), *auf dem ein Produkt, eine Ware o. Ä. getestet, zu Versuchszwecken angeboten, eingeführt wird.*
Test|me|tho|de, die: *bei einem Test angewandte Methode.*
Test|ob|jekt, das: *etw., was getestet wird, woran etw. getestet wird:* als T. dienen.
Tes|tos|te|ron, das; -s [zu lat. testis, ↑Testikel u. ↑Steroide] (Med.): *männliches Keimdrüsenhormon.*
Test|per|son, die: *jmd., an dem od. mit dem etw. getestet wird.*
Test|pi|lot, der: *[1]Pilot, der Testflüge durchführt.*
Test|pi|lo|tin, die: w. Form zu ↑Testpilot.
Test|rei|he, die: *Reihe von Tests.*
Test|stopp, der: *Stopp von Atomtests.*
Test|stopp|ab|kom|men, das: *Abkommen über einen Teststopp.*
Test|stre|cke, die: *Strecke, auf der Kraftfahrzeuge o. Ä. getestet werden.*
Test|strei|fen, der: *mit chemischen Reagenzien präparierter Papier- od. Kunststoffstreifen zum Nachweis bestimmter Stoffe in Lösungen.*
Tes|tung, die; -, -en: *das Testen; das Getestetwerden.*
Test|ver|fah|ren, das: vgl. Testmethode.
Test|wahl, die: *Wahl* (2 a), *die, bes. im Hinblick auf kommende Wahlen, in ihrem Ergebnis einen bestimmten Trend erkennen lässt.*
Te|ta|nus [auch: ˈtɛ...], der; - [lat. tetanus = Genickstarre < griech. tétanos = krankhafte Verzerrung, Starre (von Körperteilen), eigtl. = Spannung, zu: teínein = spannen, ausdehnen] (Med.): *nach Infektion einer Wunde auftretende Krankheit, die sich durch Muskelkrämpfe, Fieber u. a. äußert; [Wund]starrkrampf.*
Te|ta|nus|ba|zil|lus, der: *Erreger des Tetanus.*
Te|ta|nus|imp|fung, Te|ta|nus|schutz|imp|fung, die: *Schutzimpfung gegen Tetanus.*
Te|ta|nus|se|rum, das: *bei der Tetanusschutzimpfung verwendetes Serum.*
Te|ta|nus|sprit|ze, die: *Injektion* (1) *eines Tetanusserums.*
Tête-à-Tête, Tete-a-Tete, das; -, -s [frz. tête-à-tête]: **a)** (veraltend, noch scherzh.) *zärtliches Beisammensein; Schäferstündchen:* ein T. haben; **b)** (veraltet) *Gespräch unter vier Augen.*
tetr-, Tetr-: ↑tetra-, Tetra-.
te|tra-, Te|tra-, (vor Vokalen auch:) tetr-, Tetr- [griech. tetra- = vier-, zu: téttares = vier] ⟨Best. von Zus. mit der Bed.⟩: *vier* (z. B. Tetraeder, tetragonal).
Te|tra|chlor|ethy|len, das; -s (Chemie): *Perchlorethylen.*
Te|tra|chlor|koh|len|stoff, der; -[e]s [die Wasserstoffatome sind durch vier Chloratome ersetzt] (Chemie): *farblose, nicht brennbare, hochgiftige Verbindung des Methans, die vorwiegend als Lösungsmittel verwendet wird.*
Te|tra|eder, das; -s, - [zu griech. hédra = Fläche] (Geom.): *von vier gleichseitigen Dreiecken begrenzter Körper; dreiseitige Pyramide.*
Te|tra|gon, das; -s, -e [spätlat. tetragonum < griech. tetrágōnon, zu: gōnía = Winkel, Ecke] (Math.): *Viereck.*
te|tra|go|nal ⟨Adj.⟩ [spätlat. tetragonalis] (Math.): *viereckig.*
Te|tra|lo|gie, die; -, -n [griech. tetralogía, zu: lógos, ↑Logos]: *Folge von vier selbstständigen, aber thematisch zusammengehörenden Werken (bes. der Literatur u. Musik).*
Te|tra|pak (als ®: Tetra Pak), der, -s, -s: *meist quaderförmiger Karton zum Verpacken bes. von Getränken.*
teu|er ⟨Adj.; teurer, -ste⟩ [mhd. tiure, ahd. tiuri, H. u.]: **1.** *einen hohen Preis habend, viel Geld kostend, hohe Preise verlangend, mit hohen Kosten verbunden:* teure Waren, Weine, Klamotten, Autos, Reisen; eine teure [Miet]wohnung; ein teurer Sport; ein teures Vergnügen; ein teurer Laden; das Kleid, das Restaurant, der Schneider ist mir zu t.; t. wohnen; Ü er hat seinen Leichtsinn t. bezahlt *(sein Leichtsinn hat schlimme Folgen für ihn gehabt);* er wird sein Leben so t. wie möglich verkaufen *(wird sich bis aufs Äußerste verteidigen);* ein t. *(mit hohen eigenen Verlusten)* erkaufter Sieg; * **jmdn./ (auch:) jmdm. t. zu stehen kommen** *(üble Folgen für jmdn. haben).* **2.** (geh.) *jmds. Wertschätzung besitzend; hoch geschätzt:* mein teurer Freund; sein Auto ist ihm lieb und t.; ⟨subst.:⟩ meine Teure, Teuerste (scherzh. Anrede; *meine Liebe*).
Teu|e|rung, die; -, -en [spätmhd. tiurung, urspr. = Preis]: *das Teurerwerden; Preisanstieg.*
Teu|e|rungs|ra|te, die: *Rate der Teuerung in einem bestimmten Zeitraum.*
Teu|e|rungs|wel|le, die: *innerhalb eines kurzen Zeitraums auftretende Reihe von Teuerungen.*
Teu|e|rungs|zu|la|ge, die: *wegen des Anstiegs der Lebenshaltungskosten gezahlte Zulage zum Lohn od. Gehalt.*
Teu|e|rungs|zu|schlag, der: vgl. Teuerungszulage.
Teu|fel, der; -s, - [mhd. tiuvel, tievel, ahd. tiufal,

wahrsch. über das Got. < kirchenlat. diabolus, ↑Diabolus]: **a)** ⟨o. Pl.⟩ *Widersacher Gottes, dessen Reich die Hölle ist; Gestalt, die das Böse verkörpert; Satan:* der leibhaftige T.; den T. austreiben, verjagen, bannen; Faust verkaufte, verschrieb seine Seele dem T., schloss einen Pakt mit dem T.; R der T. steckt im Detail *(Kleinigkeiten bereiten die meisten Probleme);* das/es müsste doch mit dem T. zugehen, wenn ... (ugs.; *es ist ganz unwahrscheinlich, dass ...*); wenn man vom T. spricht, ist er nicht weit (scherzh. Ausruf, wenn jemand, von dem man gerade gesprochen hat, unerwartet auftaucht); Ü der Kerl ist ein T. [in Menschengestalt] *(ist höchst böse, grausam);* ein armer T. *(ein bedauernswerter, unglücklicher Mensch; jmd., der völlig mittellos ist);* * **der T. ist los** (ugs.; *es gibt Streit, Aufregung, Lärm o. Ä.;* nach Offenb. 20, 2 ff.): in der Firma ist der T. los; **jmdn. reitet der T.** (ugs.; *jmd. treibt Unfug, stellt mutwillig etw. an;* nach altem Volksglauben setzt sich der Teufel denen, die er in seine Gewalt bekommen will, auf den Rücken u. reitet auf ihnen); **hole/hol dich** usw. **der T./der T. soll dich** usw. **holen** (salopp; Ausrufe der Verwünschung); **T. auch!/T., T.!** (salopp; Ausrufe der Bewunderung, des Staunens); **pfui T.!** (ugs.; Ausruf der Abscheu); **[das] weiß der T.** (salopp; ↑Kuckuck 1); **etw. fürchten/scheuen o. Ä. wie der T. das Weihwasser** (ugs.; *etw. sehr scheuen*); **hinter etw. her sein wie der T. hinter der armen Seele** (ugs.; *gierig, ganz versessen auf etw. sein, etw. unbedingt haben wollen*); **den T.** (salopp; *gar nicht[s]; nicht im Geringsten*): den T. werde ich tun [mich zu entschuldigen]!; er kümmert sich den T. um sie; **den T. an die Wand malen** (ugs.; *ein Unglück dadurch heraufbeschwören, dass man darüber spricht;* nach einer bei der Beschwörung des Teufels üblichen Praktik); **des -s sein** (ugs.; *etw. völlig Unvernünftiges tun, im Sinn haben;* eigtl. = dem Teufel gehören [= vom Teufel besessen sein]); **auf T. komm raus** (ugs.; *aus Leibeskräften; so stark, heftig, schnell o. ä. wie möglich; um jeden Preis*); **in -s Küche kommen** (ugs.; *in eine äußerst schwierige Lage geraten;* im Mittelalter stellte man sich die Hölle als eine Art Hexenküche, als eine Küche des Teufels vor, wo die Sünder über dem Feuer gebraten werden, also eigtl. = in die Hölle kommen); **wie der T.** (ugs.; *außerordentlich stark, intensiv, heftig, schnell*): er ist gerannt, gefahren wie der T.; **zum T. gehen/sich zum T. scheren** (salopp; ↑Henker); **zum/beim T. sein** (salopp; *verloren, defekt o. Ä. sein*); **jmdn. zum T. wünschen** (salopp; *jmdn. weit fort wünschen*); **b)** *Dämon, böser Geist der Hölle.*

Teu|fe|lei, die; -, -en (abwertend): *sehr bösartige, niederträchtige Handlung.*

Teu|fe|lin, die; -, -nen [mhd. tiuvelin(ne)] (abwertend): *sehr böse, grausame Frau.*

Teu|fels|an|be|tung, die: *Anbetung* (a) *des Teufels.*

Teu|fels|aus|trei|bung, die: *Exorzismus.*

Teu|fels|bra|ten, der (ugs.): **a)** (scherzh. wohlwollend) *jmd., der etw. Tollkühnes o. Ä. getan hat;* **b)** (abwertend) *Tunichtgut; boshafter, durchtriebener Mensch.*

Teu|fels|frat|ze, die: *Fratze* (1 a), *wie sie dem Teufel zugeschrieben wird.*

Teu|fels|glau|be, der: *Glaube an die Existenz des Teufels.*

Teu|fels|kerl, der (ugs.): *Mann, der wegen seiner Tollkühnheit, seines Draufgängertums bewundert wird.*

Teu|fels|kreis, der: *ausweglos scheinende Lage, die durch eine nicht endende Folge unangenehmer, einander bedingender Geschehnisse, Faktoren herbeigeführt wird; Circulus vitiosus* (2): den T. durchbrechen; in einen T. geraten.

Teu|fels|mes|se, die: *der* [1]*Messe* (1) *nachgebildete orgiastische Feier zu Ehren des Teufels od. einer Hexe.*

Teu|fels|weib, das (ugs.): *Teufelin.*

Teu|fels|werk, das (veraltend): *vermeintliches Werk des Teufels.*

Teu|fels|zeug, das (ugs. abwertend): *für gefährlich gehaltene Sache:* dieser Schnaps ist vielleicht ein T.

teuf|lisch ⟨Adj.⟩ [mhd. tiuvelisch]: **1.** *äußerst bösartig u. grausam; den Schaden, das Leid eines anderen bewusst, boshaft herbeiführend u. sich daran freuend; diabolisch; satanisch:* ein -er Plan; eine -e Fratze; ein -es Spiel; etw. macht jmdm. -en Spaß; t. grinsen. **2.** (ugs.) **a)** *sehr groß, stark, mächtig:* eine -e Ähnlichkeit; ein -er Durst; **b)** ⟨intensivierend bei Adj. u. Verben⟩ *sehr, überaus:* es ist t. kalt; man muss t. aufpassen.

Teu|to|ne, der; -n, -n [lat. Teutoni (Pl.) = zusammenfassende Bez. aller germ. Stämme, eigtl. = Volk im Norden Germaniens] (abwertend, auch scherzh.): *[typischer] Deutscher.*

Teu|to|nen|grill, der (ugs. scherzh.): *Strand in einem südlichen Urlaubsland, an dem sich massenhaft deutsche Touristen sonnen.*

Teu|to|nin, die; -, -nen: w. Form zu ↑Teutone.

teu|to|nisch ⟨Adj.⟩ [lat. Teutonicus = germanisch] (abwertend, auch scherzh.): *[typisch] deutsch:* -e Tugenden.

Te|xas; Texas': Bundesstaat der USA.

Text, der; -[e]s, -e [spätmhd. text < spätlat. textus = Inhalt, Text, eigtl. = Gewebe der Rede < lat. textus = Gewebe, zu: textum, 2. Part. von: texere = weben, flechten; kunstvoll zusammenfügen]: **1. a)** *[schriftlich fixierte] im Wortlaut festgelegte, inhaltlich zusammenhängende Folge von Aussagen:* ein literarischer T.; der T. lautet wörtlich: ...; einen T. entwerfen, abfassen, kommentieren, interpretieren, korrigieren, verändern, verfälschen, auswendig lernen, übersetzen; der Schauspieler kann seinen T. *(Rollentext)* noch nicht richtig; schlagt euren T. *(euer Buch mit dem Text)* auf!; ein Buch mit vielen Bildern und wenig T.; * **weiter im T.!** (ugs.; Aufforderung, fortzufahren); **b)** *Stück Text* (1 a), *Auszug aus einem Buch o. Ä.:* der Lehrer teilte die -e aus. **2.** *zu einem Musikstück gehörende Worte:* der T. des Liedes ist von Luther. **3.** *(als Grundlage einer Predigt dienende) Bibelstelle:* über einen T. predigen. **4.** *Unterschrift zu einer Illustration, Abbildung.*

Text|ana|ly|se, die (bes. Sprachw.): *Analyse* (1) *eines Textes.*

Text|auf|ga|be, die (Math.): *in einen Text eingekleidete Aufgabe* (2 d).

Text|aus|ga|be, die: *Ausgabe* (4 a) *eines [literarischen] Textes.*

Text|buch, das: *Buch, das den Text eines musikalischen Werks enthält; Libretto.*

Text|dich|ter, der: *Dichter des Textes zu einem Musikstück od. Musikwerk.*

Text|dich|te|rin, die: w. Form zu ↑Textdichter.

tex|ten ⟨sw. V.; hat⟩: *Werbe- od. Schlagertexte verfassen.*

Tex|ter, der; -s, -: *jmd., der [berufsmäßig] textet.*

Text|er|fas|sung, die (Fachspr.): *das [maschinelle] Erfassen von Texten.*

Tex|te|rin, die; -, -nen: w. Form zu ↑Texter.

Text|fas|sung, die: *Fassung* (2 b) *eines Textes.*

tex|til ⟨Adj.⟩ [frz. textile < lat. textilis = gewebt, gewirkt, zu: textum, ↑Text]: **1.** *aus verspinnbarem Material [hergestellt]; gewebt, gewirkt:* -es Material. **2.** *die Textilindustrie, die Textiltechnik betreffend:* -es Arbeiten, Gestalten.

Tex|til, das; -s: **1.** (seltener) *Kleidungsstück.* **2.** ⟨meist ohne Art.⟩ *textiles Material.*

Tex|til|ar|bei|ter, der: *Arbeiter in der Textilindustrie.*

Tex|til|ar|bei|te|rin, die: w. Form zu ↑Textilarbeiter.

Tex|til|be|trieb, der: *Betrieb der Textilindustrie.*

Tex|til|che|mie, die: *Teilgebiet der Chemie, das sich mit der Gewinnung, Herstellung u. Verarbeitung textiler Rohstoffe befasst.*

Tex|til|druck, der ⟨o. Pl.⟩: *Stoffdruck.*

Tex|til|er|zeug|nis, das: *Erzeugnis der Textilindustrie.*

Tex|til|fa|brik, die: *Fabrik der Textilindustrie.*

Tex|til|fa|bri|kant, der: *Fabrikant einer Textilfabrik.*

Tex|til|fa|bri|kan|tin, die: w. Form zu ↑Textilfabrikant.

Tex|til|fa|ser, die: *textile Faser.*

tex|til|frei ⟨Adj.⟩ (ugs. scherzh.): *ohne Bekleidung, nackt:* -er Strand *(Nacktbadestrand).*

Tex|ti|lie die; -, -n: **1.** ⟨meist Pl.⟩ *textiles Material.* **2.** *Gegenstand, bes. Kleidungsstück aus textilem Material.*

Tex|til|in|dus|trie, die: *Industriezweig, der Waren aus Textilien* (1) *herstellt.*

Tex|til|in|ge|ni|eur, der: *für die Fabrikation von Textilerzeugnissen ausgebildeter Ingenieur* (Berufsbez.).

Tex|til|in|ge|ni|eu|rin, die: w. Form zu ↑Textilingenieur.

Tex|til|kenn|zeich|nung, die: *Angabe [auf einem Etikett] an Textilien über die Art des Stoffes u. seine Zusammensetzung.*

Tex|til|strand, der (ugs. scherzh.): *Strand, an dem (im Gegensatz zum Nacktbadestrand) Badeanzüge od. -hosen getragen werden.*

Tex|til|tech|nik, die: **1.** ⟨o. Pl.⟩ *technische Einrichtungen zur Herstellung von Textilien* (1). **2.** *Verfahren zur Herstellung von Textilien* (1).

tex|til|ver|ar|bei|tend ⟨Adj.⟩: *Textilien* (1) *verarbeitend:* die -e Industrie.

Tex|til|ver|ede|lung, Tex|til|ver|ed|lung, die (Textilind.): *Gesamtheit aller Verfahren (wie Färben, Appretieren o. Ä.), durch die Textilerzeugnisse im Hinblick auf Gebrauch, Schönheit o. Ä. verbessert werden.*

Tex|til|wa|ren ⟨Pl.⟩: *Textilien.*

Text|in|ter|pre|ta|ti|on, die (bes. Sprachw.): vgl. Textanalyse.

Text|kri|tik, die ⟨Pl. selten⟩ (Fachspr.): *philologisches Verfahren zur möglichst wortgetreuen Erschließung eines nicht erhaltenen ursprünglichen Textes mithilfe späterer überlieferter Fassungen.*

text|kri|tisch ⟨Adj.⟩: *mit den Methoden der Textkritik [erstellt].*

text|lich ⟨Adj.⟩: *den Text betreffend; hinsichtlich des Textes:* die -e Gestaltung.

Text|lin|gu|is|tik, die: *Zweig der Linguistik, der sich mit den über den einzelnen Satz hinausgehenden Regularitäten, mit dem Aufbau u. Zusammenhang von Texten u. mit Textsorten befasst.*

text|lin|gu|is|tisch ⟨Adj.⟩: *die Textlinguistik betreffend, auf ihr beruhend.*

Text|mar|ker, der: *Marker* (4).

Text|pas|sa|ge, die: *Passage* (4) *eines Textes.*

Text|sor|te, die (bes. Sprachw.): *Sorte, Typus von Texten* (z. B. Gespräch, Erzählung, Werbespruch).

Text|stel|le, die: *Stelle* (2 a) *in einem Text:* eine schwierige T. erklären.

Text|teil, der: *Teil einer wissenschaftlichen Arbeit, eines schriftstellerischen Werkes o. Ä., der nur aus dem fortlaufenden Text (ohne Anmerkungen, Register usw.) besteht.*

Tex|tur, die; -, -en [lat. textura = Gewebe, zu: texere, ↑Text] (bildungsspr.): *[innerer] Aufbau, Zusammenhang:* die dramaturgische T. des Stücks.

Text|ver|ar|bei|tung, die (Bürow., EDV): *Verfahren zur Rationalisierung des Formulierens, Diktierens, Schreibens, Vervielfältigens o. Ä. von Texten.*

Text|ver|ar|bei|tungs|pro|gramm, das (Bürow., EDV): *Computerprogramm, das zur Erstellung, Änderung u. Speicherung von Texten dient.*

Text|ver|ar|bei|tungs|sys|tem, das (Bürow., EDV): *Computer, mit dem in Verbindung mit geeigneter Software die Textverarbeitung elektronisch erfolgt.*

T-för|mig ⟨Adj.⟩: *in der Form eines lateinischen T.*

tg = Tangens.

Th = Thorium.

TH = technische Hochschule.

[1]**Thai,** der; -[s], -[s]: **1.** (ugs.) *Thailänder.* **2.** Angehöriger einer Völkergruppe in Südostasien.

[2]Thai, die; -, -[s]: w. Form zu ↑ [1]Thai.
[3]Thai, das; -: *(bes. in Thailand gesprochene) südostasiatische Sprache.*
Thai|land; -s: Staat in Hinterindien.
Thai|län|der, der; -s, -: Ew.
Thai|län|de|rin, die; -, -nen: w. Form zu ↑ Thailänder.
thai|län|disch ⟨Adj.⟩: *Thailand, die Thailänder betreffend; von den Thailändern stammend, zu ihnen gehörend.*
Tha|la|mus, der; -, ...mi [griech. thálamos = Kammer] (Anat.): *Hauptteil des Zwischenhirns.*
Tha|las|so|the|ra|pie, die; -, -n (Med.): *die Heilwirkung von Seebädern u. Meeresluft nutzende Therapie.*
Tha|lia (griech. Myth.): Muse der heiteren Dichtkunst.
Thal|li|um, das; -s [zu griech. thallós = Spross, grüner Zweig (nach der grünen Linie im Spektrum)]: *bläulich weiß glänzendes, sehr weiches Schwermetall (chemisches Element;* Zeichen: Tl).
Tha|na|to|lo|ge, der; -n, -n [↑ -loge]: *Forscher, Wissenschaftler auf dem Gebiet der Thanatologie.*
Tha|na|to|lo|gie, die; - [↑ -logie]: *Forschungsrichtung, die sich mit den Problemen des Sterbens u. des Todes befasst.*
Tha|na|to|lo|gin, die; -, -nen: w. Form zu ↑ Thanatologe.
tha|na|to|lo|gisch ⟨Adj.⟩: *die Thanatologie betreffend.*
Tha|na|tos, der; - [griech. thánatos] (griech. Myth.): *Tod.*
The|a|ter, das; -s, - [älter: Theatrum, eingedeutscht nach frz. théâtre < lat. theatrum < griech. théatron, zu: théa = das Anschauen, die Schau; Schauspiel]: **1. a)** *zur Aufführung von Bühnenwerken bestimmtes Gebäude:* ein kleines, modernes T.; das T. war leer, gut besetzt; sie trafen sich vor dem T.; **b)** *Theater* (1 a) *als kulturelle Institution:* beim T. abonniert sein; am, beim T. sein (ugs.; *bes. als Schauspieler[in] am Theater tätig sein*); **c)** ⟨o. Pl.⟩ *Aufführung im Theater* (1 a); *Vorstellung:* das T. beginnt um 20 Uhr; nach dem T. gehen wir in ein Restaurant; die Kinder spielen T. *(führen etw. auf);* ***T. spielen** (ugs.; *etw., bes. ein Leiden o. Ä., nur vortäuschen*); **d)** ⟨o. Pl.⟩ *Theaterpublikum:* das ganze T. lachte; **e)** *Ensemble, Mitglieder eines Theaters* (1 b): das T. geht auf Tournee. **2.** ⟨o. Pl.⟩ *darstellende Kunst [eines bestimmten Volkes, einer bestimmten Epoche, Richtung] mit allen Erscheinungen:* das antike T.; absurdes T. (Literaturw.; *Form des Dramas, die durch absurde Handlungen u. absurde Dialoge die Situation des Menschen in einer sinnentleerten Welt, die Verkümmerung der zwischenmenschlichen Kommunikation enthüllen will*); episches T. (Literaturw.; *[im Sinne der marxistischen Kunsttheorie des sozialistischen Realismus von Bertolt Brecht theoretisch begründete u. ausgebildete] demonstrierend erzählende Form des Dramas, deren Ziel es ist, mithilfe des Verfremdungseffekts den Zuschauer zum rationalen Betrachter des Vorgangs auf der Bühne zu machen u. zu kritischer Stellungnahme zu zwingen*); das Ensemble zeigte vorzügliches T.; T. machen *([bes. als Regisseur] Theaterarbeit machen).* **3.** ⟨o. Pl.⟩ (ugs. abwertend) *Unruhe, Verwirrung, Aufregung, als unecht od. übertrieben empfundenes Tun:* es gab viel T. in, wegen dieser Sache; so ein T.!; ein furchtbares T. um/wegen etw. machen, aufführen.
The|a|ter|abend, der: *Abend* (2) *mit einer Theatervorstellung.*
The|a|ter|abon|ne|ment, das: *Abonnement auf eine bestimmte Anzahl von Aufführungen bei einem Theater während einer Spielzeit.*
The|a|ter|agen|tur, die: *Agentur, die Schauspielern, Regisseuren o. Ä. Engagements vermittelt.*
The|a|ter|ar|beit, die: *künstlerisches Arbeiten, künstlerische Arbeit am Theater.*
The|a|ter|auf|füh|rung, die: *Aufführung eines Bühnenstückes.*
The|a|ter|be|such, der: *Besuch einer Theateraufführung.*
The|a|ter|be|su|cher, der: *Besucher einer Theateraufführung.*
The|a|ter|be|su|che|rin, die: w. Form zu ↑ Theaterbesucher.
The|a|ter|büh|ne, die: *Bühne* (1 a).
The|a|ter|don|ner, der (spött.): *großartige Ankündigung von etw., was sich in Wirklichkeit aber als ohne große Wirkung, Bedeutung erweist:* das war alles nur T.
The|a|ter|en|sem|ble, das: *Ensemble* (1 a) *eines Theaters* (1 b).
The|a|ter|fo|yer, das: *Wandelhalle im Theater.*
The|a|ter|gar|de|ro|be, die: *Garderobe* (3, 4).
The|a|ter|ge|mein|de, die: *Theaterring.*
The|a|ter|glas, das: *Opernglas.*
The|a|ter|grup|pe, die: *Gruppe* (2), *Kreis von Menschen, die sich zum Theaterspielen zusammengeschlossen haben.*
The|a|ter|kar|te, die: *Eintrittskarte für eine Theatervorstellung.*
The|a|ter|kas|se, die: *Kasse* (4 c) *in einem Theater* (1 a).
The|a|ter|kri|tik, die: **a)** ⟨o. Pl.⟩ *kritische publizistische Auseinandersetzung mit aufgeführten Bühnenwerken, bes. im Hinblick auf die Art, Angemessenheit, Qualität ihrer Aufführungen;* **b)** *kritische Besprechung eines Bühnenwerks u. seiner Aufführung.*
The|a|ter|kri|ti|ker, der: *Kritiker* (2), *der sich vorwiegend mit Theateraufführungen befasst.*
The|a|ter|kri|ti|ke|rin, die: w. Form zu ↑ Theaterkritiker.
The|a|ter|lo|ge, die: *Loge* (1 a) *im Theater.*
The|a|ter|ma|cher, der (Jargon): *jmd., der als Regisseur am Theater, bes. am Schauspiel, arbeitet.*
The|a|ter|ma|che|rin, die: w. Form zu ↑ Theatermacher.
The|a|ter|pre|mi|e|re, die: *Ur- od. Erstaufführung eines Bühnenstücks (auch einer Neuinszenierung).*
The|a|ter|pro|be, die: *Probe* (3) *für eine Theateraufführung.*
The|a|ter|pro|gramm, das: *Programm* (2), *das über eine Theateraufführung informiert.*
The|a|ter|pu|bli|kum, das: **a)** *Publikum, das [öfter] ins Theater geht, [regelmäßig] Theateraufführungen besucht;* **b)** *Publikum einer Theateraufführung.*
The|a|ter|re|gie, die: *verantwortliche künstlerische Leitung bei der Gestaltung eines Werkes für eine Aufführung am Theater.*
The|a|ter|re|gis|seur, der: *Regisseur an einem Theater.*
The|a|ter|re|gis|seu|rin, die: w. Form zu ↑ Theaterregisseur.
The|a|ter|ring, der: *Organisation zum regelmäßigen [verbilligten] Besuch von Theatervorstellungen.*
The|a|ter|saal, der: *Saal, in dem Theateraufführungen stattfinden.*
The|a|ter|schaf|fen|de, der u. die; -n, -n ⟨Dekl. ↑ Abgeordnete⟩: *Bühnenschaffende.*
The|a|ter|schau|spie|ler, der: *Schauspieler, der am Theater spielt.*
The|a|ter|schau|spie|le|rin, die: w. Form zu ↑ Theaterschauspieler.
The|a|ter|skan|dal, der: *Skandal anlässlich einer Theateraufführung.*
The|a|ter|star, der: *Theaterschauspielerin od. -schauspieler von größerer Bekanntheit.*
The|a|ter|stück, das: *für das Theater geschriebenes dramatisches Werk.*
The|a|ter|tech|nik, die: *Bühnentechnik.*
The|a|ter|tech|ni|ker, der: *Techniker, Fachmann auf dem Gebiet der Theatertechnik.*
The|a|ter|tech|ni|ke|rin, die: w. Form zu ↑ Theatertechniker.
The|a|ter|vor|stel|lung, die: vgl. Theateraufführung.
The|a|ter|welt, die ⟨o. Pl.⟩: *Gesamtheit der am Theater* (1 b) *künstlerisch Tätigen im Hinblick auf ihre Rolle in der Gesellschaft.*
The|a|ter|wis|sen|schaft, die: *Wissenschaft vom Theater u. seiner Geschichte.*
The|a|ter|wis|sen|schaft|ler, der: *Wissenschaftler auf dem Gebiet der Theaterwissenschaft.*
The|a|ter|wis|sen|schaft|le|rin, die: w. Form zu ↑ Theaterwissenschaftler.
the|a|ter|wis|sen|schaft|lich ⟨Adj.⟩: *die Theaterwissenschaft betreffend, zu ihr gehörend.*
The|a|tra|lik, die; - (bildungsspr.): *theatralische* (2) *Art, theatralisches Wesen.*
the|a|tra|lisch ⟨Adj.⟩ [lat. theatralis, zu: theatrum, ↑ Theater] (bildungsspr.): **1.** *das Theater* (1 b, 2), *die Schauspielkunst betreffend.* **2.** *in seinem Gehaben, seinen Äußerungen gespreizt-feierlich, pathetisch:* -e Gebärden.
the|a|tra|li|sie|ren ⟨sw. V.; hat⟩ (bildungsspr.): *dramatisieren* (1).
The|in, Tein, das; -s [frz. théine, zu: thé = Tee]: *in den Blättern des Teestrauches enthaltenes Koffein.*
The|is|mus, der; - [zu griech. theós = Gott] (Philos., Rel.): *Lehre von einem persönlichen Gott als Schöpfer u. Lenker der Welt.*
-thek, die; -, -en [zu griech. thḗkē = Behältnis, geb. nach ↑ Bibliothek u. a.]: bezeichnet in Bildungen mit Substantivableitungen eine Zusammenstellung, Sammlung von [zum Verleih bestimmten] Dingen oder die diese enthaltenden Räumlichkeiten: Artothek, Videothek.
The|ke, die; -, -n [lat. theca = Hülle, Büchse < griech. thḗkē = Abstellplatz, Kiste, zu: tithénai = setzen, stellen, legen]: **a)** *in einem Lokal o. Ä. mit einer Art Tischplatte versehener, langer, höherer, kastenförmiger Einrichtungsgegenstand, an dem die Getränke ausgeschenkt werden; Schanktisch:* an der T. stehen, sitzen; hinter der T. stehen; **b)** *mit einer Art Tischplatte [u. einem gläsernen Aufbau für Waren] versehener, langer, höherer, kastenförmiger Einrichtungsgegenstand in Geschäften o. Ä., an dem Kunden, Gäste bedient werden:* sie reichte ihm die Brötchen über die T.; ***unter der T.** (↑ Ladentisch).
The|ma, das; -s, ...men u. (bildungsspr. veraltend:) -ta [lat. thema < griech. théma = Satz, abzuhandelnder Gegenstand, eigtl. = das (Auf)gesetzte, zu: tithénai = setzen, stellen, legen]: **1.** *Gegenstand einer wissenschaftlichen Untersuchung, künstlerischen Darstellung, eines Gesprächs o. Ä.:* ein interessantes, beliebtes, heikles, aktuelles, politisches, literarisches T.; dieses T. ist tabu, ist erschöpft; das ist für mich kein T. *(das steht nicht zur Diskussion);* ein T. berühren, [eingehend] behandeln, aufgreifen, anschneiden, fallen lassen; das T. wechseln; im Aufsatz das T. verfehlen; vom T. abkommen, abschweifen; das gehört nicht zum T.; zum eigentlichen T. zurückkommen; ***[das ist] kein T.** (ugs.; *das ist selbstverständlich, klar, darüber muss nicht weiter geredet werden*). **2.** (Musik) *Melodie, die den musikalischen Grundgedanken einer Komposition od. eines Teils derselben bildet:* das T. einer Fuge.
The|ma|tik, die; -, -en ⟨Pl. selten⟩: **1.** *Thema* (1), *bes. im Hinblick auf seine Komplexität, die Vielfältigkeit seiner Aspekte.* **2.** (Musik) *Art od. Kunst der Einführung u. Ausführung, Verarbeitung eines Themas* (2).
the|ma|tisch ⟨Adj.⟩: **1.** *ein Thema* (1) *betreffend, ihm entsprechend:* etw. nach -en Gesichtspunkten ordnen; der Film ist t. sehr aktuell, interessant. **2.** (Musik) *ein Thema* (2) *aufweisend, betreffend, ihm entsprechend:* eine Fülle -er Einfälle.
the|ma|ti|sie|ren ⟨sw. V.; hat⟩ (bildungsspr.): *zum Thema* (1) *von etw. machen, als Thema diskutieren:* die Angst t.;Probleme t.
The|ma|ti|sie|rung, die; -, -en: *das Thematisieren.*
The|ma|wech|sel, der: *Wechsel des Themas* (1) *in einem Gespräch o. Ä.*
The|men: Pl. von ↑ Thema.

The|men|be|reich, der: *Bereich, zu dem bestimmte Themen gehören.*
The|men|ka|ta|log, der: *Verzeichnis, Aufstellung von Themen* (1).
The|men|kom|plex, der: *Themenkreis.*
The|men|kreis, der: *Gruppe zusammengehörender Themen* (1).
The|men|stel|lung, die: *bestimmte Art, in der ein Thema* (1) *gestellt, formuliert ist.*
The|men|wahl, die: *Wahl* (1) *eines Themas* (1).
The|men|wech|sel, der: *Themawechsel.*
Them|se, die; -: englischer Fluss.
theo-, Theo- [griech. theós = Gott] ⟨Best. in Zus. mit der Bed.⟩: *Gottes-, Götter-; göttlich* (z. B. theokratisch, Theologie).
The|o|krat, der; -en, -en (bildungsspr.): *Vertreter, Anhänger der Theokratie.*
The|o|kra|tie, die; -, -n [spätgriech. theokratía, zu griech. krátos = Stärke; Gewalt; Herrschaft] (bildungsspr.): *Herrschaftsform, bei der die Staatsgewalt allein religiös legitimiert u. von einer als Gott bzw. Stellvertreter Gottes auf Erden angesehenen Einzelperson od. von der Priesterschaft ausgeübt wird.*
the|o|kra|tisch ⟨Adj.⟩ (bildungsspr.): *die Theokratie betreffend; in der Art einer Theokratie.*
The|o|lo|ge, der; -n, -n [lat. theologus < griech. theólogos = Gottesgelehrter, eigtl. = von Gott Redender, zu: lógos, ↑Logos]: *jmd., der Theologie studiert, studiert hat u. auf diesem Gebiet beruflich, wissenschaftlich tätig ist.*
The|o|lo|gie, die; -, -n [spätlat. theologia < griech. theología = Lehre von den Göttern, zu: theológos, ↑Theologe]: *wissenschaftliche Lehre von einer als wahr vorausgesetzten [christlichen] Religion, ihrer Offenbarung, Überlieferung u. Geschichte; Glaubenslehre:* katholische, evangelische, islamische, jüdische T. studieren.
The|o|lo|gie|stu|di|um, das: *Studium der Theologie.*
The|o|lo|gin, die; -, -nen: w. Form zu ↑Theologe.
the|o|lo|gisch ⟨Adj.⟩: *die Theologie betreffend, zu ihr gehörend, auf ihr beruhend.*
the|o|lo|gi|sie|ren ⟨sw. V.; hat⟩: *etw. unter theologischem Aspekt erörtern.*
The|o|lo|gi|sie|rung, die; -, -en: *das Theologisieren; das Theologisiertwerden.*
The|o|rem, das; -s, -e [lat. theorema < griech. theṓrēma, eigtl. = das Angeschaute, zu: theōreîn, ↑Theorie] (bildungsspr.): *aus Axiomen einer wissenschaftlichen Theorie gewonnener Satz* (2); *Lehrsatz.*
The|o|re|ti|ker, der; -s, -: *jmd., bes. ein Wissenschaftler, der die theoretischen Grundlagen für etw. erarbeitet, der sich mit der Theorie eines [Fach]gebietes auseinander setzt.*
The|o|re|ti|ke|rin, die; -, -nen: w. Form zu ↑Theoretiker.
the|o|re|tisch ⟨Adj.⟩ [spätlat. theoreticus < griech. theōrētikós = beschauend, untersuchend, zu: theōreîn, ↑Theorie]: **1.** *die Theorie von etw. betreffend:* -e Kenntnisse; die -e Fahrprüfung; -e Chemie, Physik; etw. t. begründen. **2.** *[nur] gedanklich, die Wirklichkeit nicht [genügend] berücksichtigend:* -e Fälle, Möglichkeiten; das ist mir alles zu t.; was du sagst, ist t. richtig, aber in der Praxis kaum durchzuführen.
T
the|o|re|ti|sie|ren ⟨sw. V.; hat⟩ (bildungsspr.): *theoretische Überlegungen anstellen.*
The|o|rie, die; -, -n [spätlat. theoria < griech. theōría = das Zuschauen; Betrachtung, Untersuchung, zu: theōreîn = zuschauen, zu: theōrós = Zuschauer (zu: théā = das Anschauen; Schau) u. horân = sehen]: **1. a)** *System wissenschaftlich begründeter Aussagen zur Erklärung bestimmter Tatsachen od. Erscheinungen u. der ihnen zugrunde liegenden Gesetzlichkeiten:* eine unbeweisbare, kühne T.; die zahlreichen -n über die Entstehung der Erde; eine T. entwickeln, vertreten, ausbauen, beweisen; **b)** *Lehre über die allgemeinen Begriffe, Gesetze, Prinzipien eines bestimmten Bereichs der Wissenschaft, Kunst, Technik:* die T. des Romans. **2. a)** ⟨o. Pl.⟩ *rein begriffliche, abstrakte [nicht praxisorientierte od. -bezogene] Betrachtung[sweise], Erfassung von etw.:* das ist alles reine T.; die T. in die Praxis umsetzen, mit der Praxis verbinden; *** graue T. sein** (bildungsspr.; *nicht der Wirklichkeit entsprechen, sich in der Praxis nicht durchführen lassen*); **b)** ⟨meist Pl.⟩ *wirklichkeitsfremde Vorstellung; bloße Vermutung:* sich in -n versteigen.
The|o|ri|en|streit, der: *aus unterschiedlichen Positionen in Bezug auf bestimmte Theorien erwachsende Auseinandersetzung.*
The|o|soph, der; -en, -en [mlat. theosophus < spätgriech. theósophos = in göttlichen Dingen erfahren, zu: theós = Gott u. sophós = klug]: *Anhänger der Theosophie.*
The|o|so|phie, die; -, -n [spätgriech. theosophía]: *religiöse Lehre, nach der eine höhere Einsicht in den Sinn aller Dinge nur in der mystischen Schau Gottes gewonnen werden kann.*
The|o|so|phin, die; -, -nen: w. Form zu ↑Theosoph.
the|o|so|phisch ⟨Adj.⟩: *die Theosophie betreffend.*
The|ra|peut, der; -en, -en [griech. therapeutḗs = Diener, Pfleger, zu: therapeúein, ↑Therapie] (Med., Psych.): *Arzt im Hinblick auf seine Aufgabe, gegen Krankheiten bestimmte Therapien anzuwenden.*
The|ra|peu|tik, die; - (Med.): *Lehre von der Behandlung der Krankheiten.*
The|ra|peu|ti|kum, das; -s, ...ka (Med., Psych.): *Heilmittel.*
The|ra|peu|tin, die; -, -nen: w. Form zu ↑Therapeut.
the|ra|peu|tisch ⟨Adj.⟩: *die Therapie betreffend, zu einer Therapie gehörend:* -e Mittel, Maßnahmen; t. angewandte Antibiotika.
The|ra|pie, die; -, -n [griech. therapeía, eigtl. = das Dienen; Dienst, zu: therapeúein = dienen] (Med., Psych.): *Heilbehandlung:* eine gezielte, erfolgreiche, medikamentöse T.; eine T. anwenden.
The|ra|pie|form, die: *Form, Art der Therapie.*
The|ra|pie|grup|pe, die (Med., Psych.): *Gruppe von Patienten, die sich einer Gruppentherapie unterziehen.*
The|ra|pie|platz, der: *Platz* (4) *für die Teilnahme an einer Therapie.*
the|ra|pier|bar ⟨Adj.⟩: *sich therapieren lassend; heilbar.*
the|ra|pie|ren ⟨sw. V.; hat⟩ (Med., Psych.): *einer Therapie unterziehen:* einen Patienten, ein Leiden t.
the|ra|pie|re|sis|tent ⟨Adj.⟩: *keiner Therapie zugänglich:* -e Krankheiten.
The|ra|pie|rung, die; -, -en: *das Therapieren; das Therapiertwerden.*
therm-, Therm-: ↑thermo-, Thermo-.
ther|mal ⟨Adj.⟩ [(engl., frz. thermal) zu griech. thérmē, ↑Therme] (selten): **1.** *durch Wärme bewirkt, die Wärme betreffend:* das -e Spektrum. **2.** *auf warme Quellen bezogen, mithilfe warmer Quellen.*
Ther|mal|bad, das: **1.** *Heilbad* (1) *mit Thermalquelle.* **2.** *Heilbad* (2) *in Wasser von einer Thermalquelle.* **3.** *Thermalschwimmbad.*
Ther|mal|quel|le, die: *warme Heilquelle.*
Ther|mal|schwimm|bad, das: *von einer Thermalquelle gespeistes Frei- od. Hallenbad.*
Ther|mal|was|ser, das ⟨Pl. ...wässer⟩: *Wasser von einer Thermalquelle.*
Ther|me, die; -, -n [lat. thermae (Pl.) < griech. thérmai = heiße Quellen, Pl. von: thérmē = Wärme, zu: thermós = warm]: **1.** *Thermalquelle.* **2.** ⟨Pl.⟩ *Badeanlage der römischen Antike.*
Ther|mik, die; - (Met.): *durch starke Erwärmung des Bodens u. der darüber liegenden Luftschichten hervorgerufener Aufwind.*
ther|misch ⟨Adj.⟩ (Fachspr.): *die Wärme betreffend, durch Wärme verursacht, auf ihr beruhend:* -e Energie.
Ther|mo|an|zug, der; -[e]s, ...anzüge: vgl. Thermomantel.
Ther|mo|be|häl|ter, der; -s, -: vgl. Thermosflasche.
Ther|mo|druck, der; -[e]s, -e (EDV): *Verfahren zum Herstellen von farbigen Ausdrucken aus dem Datenbestand eines Computersystems.*
Ther|mo|dy|na|mik, die; -: *Untersuchung des Verhaltens physikalischer Systeme bei Temperaturänderungen, bes. beim Zu- und Abführen von Wärme.*
ther|mo|dy|na|misch ⟨Adj.⟩: *die Thermodynamik betreffend.*
ther|mo|elek|trisch ⟨Adj.⟩: *die Thermoelektrizität betreffend, auf ihr beruhend, durch sie betrieben, bewirkt.*
Ther|mo|elek|tri|zi|tät, die; -: *Gesamtheit der Erscheinungen in elektrisch leitenden Stoffen, bei denen Temperaturunterschiede elektrische Spannungen bzw. Ströme hervorrufen u. umgekehrt.*
Ther|mo|fens|ter, das; -s, -: *Fenster mit Isolierglas.*
Ther|mo|gra|phie, die; - [↑-graphie]: *Verfahren zur Aufnahme von Objekten mittels ihrer an verschiedenen Stellen unterschiedlichen Wärmestrahlung.*
Ther|mo|ho|se, die; -, -n: vgl. Thermomantel.
Ther|mo|ly|se, die; - [↑Lyse] (Chemie): *durch Erhitzen bewirkte Spaltung chemischer Verbindungen; thermische Dissoziation.*
Ther|mo|man|tel, der; -s, ...mäntel: *in besonderer Weise gefütterter, meist mit einem Vlies* (2), *einer Art Wattierung versehener, warmer, aber relativ leichter Mantel.*
Ther|mo|me|ter, das, österr., schweiz. auch: der; -s, - [↑-meter (1)]: *Gerät zum Messen der Temperatur:* das T. zeigt 5 Grad über null, fällt, klettert [auf 10 Grad].
ther|mo|nu|kle|ar ⟨Adj.⟩ [↑nuklear] (Physik): *auf Kernfusion beruhend, sie betreffend.*
Ther|mo|pane® [...ˈpeɪn], das; - [zu engl. pane = Fensterscheibe]: *aus zwei od. mehreren Scheiben bestehendes Fensterglas* (a), *das wegen eines Vakuums zwischen den Scheiben isolierende Wirkung hat.*
Ther|mo|pane|fens|ter, das: *Fenster mit Thermopane.*
Ther|mo|pa|pier, das; -s, -e: *für ein bestimmtes Druckverfahren benötigtes Spezialpapier mit einer Schicht, die sich unter Wärmeeinwirkung verfärbt (z. B. für Faxgeräte).*
Ther|mo|pau|se, die; - [zu griech. paũsis = Ende] (Met.): *obere Grenze der Thermosphäre.*
Ther|mo|plast, der; -[e]s, -e (Chemie): *thermoplastischer Kunststoff.*
ther|mo|plas|tisch ⟨Adj.⟩ [↑plastisch] (Chemie): *bei höheren Temperaturen ohne chemische Veränderung erweichbar u. verformbar:* -e Kunststoffe.
Ther|mos|fla|sche, die; -, -n [Thermos®]: *doppelwandiges flaschenähnliches Gefäß zum Warm- bzw. Kühlhalten bes. von Getränken.*
Ther|mos|kan|ne, die; -, -n [Thermos®]: vgl. Thermosflasche.
Ther|mo|sphä|re, die; - (Met.): *oberhalb der Mesosphäre gelegene Schicht der Erdatmosphäre, in der die Temperatur mit der Höhe stark ansteigt.*
Ther|mos|tat, der; -[e]s u. -en, -e[n] [zu griech. statós = stehend, gestellt]: *[automatischer] Temperaturregler.*
Ther|mo|the|ra|pie, die; -, -n (Med.): *Heilbehandlung durch Anwendung von Wärme.*
ther|mo-, Ther|mo-, (vor Vokalen auch:) therm-, Therm- [zu griech. thermós = warm, heiß od. thérmē, ↑Therme] ⟨Best. in Zus. mit der Bed.⟩: *Wärme, Hitze; Wärmeenergie; Temperatur* (z. B. thermoelektrisch, Thermometer).
the|sau|rie|ren ⟨sw. V.; hat⟩ [zu ↑Thesaurus] (Wirtsch.): *(Geld, Wertsachen, Edelmetalle) anhäufen, horten:* Gewinne t.
The|sau|rie|rung, die; -, -en (Wirtsch.): *das Thesaurieren.*
The|sau|rus, der; -, ...ren u. ...ri [1: lat. thesaurus < griech. thēsaurós]: **1.** *(in der Antike) Gebäude in einem Heiligtum* (a) *zur Aufbewahrung kostbarer Weihgaben.* **2.** *Titel wissenschaftlicher Sammelwerke, bes. großer Wörterbücher der alten*

Sprachen. **3.** *alphabetisch u. systematisch geordnete Sammlung von Wörtern eines bestimmten [Fach]bereichs.*

The|se, die; -, -n [lat. thesis < griech. thésis, eigtl. = das Setzen, Stellen, zu: tithénai = setzen, stellen]: **1.** (bildungsspr.) *behauptend aufgestellter Satz (2), der als Ausgangspunkt für die weitere Argumentation dient:* eine kühne, überzeugende, fragwürdige, wissenschaftliche, politische, theologische T.; eine T. aufstellen, entwickeln, formulieren, verfechten, widerlegen. **2.** (Philos.) *(in der dialektischen Argumentation) Behauptung, der eine Antithese (1) gegenübergestellt wird.*

the|sen|haft ⟨Adj.⟩: *in der Art einer These* (1).

The|sen|pa|pier, das: *Papier* (2), *in dem Thesen zu einem bestimmten Thema aufgelistet sind.*

Thes|pis|kar|ren, der; -s, - [nach dem Tragödiendichter Thespis (6. Jh. v. Chr.), dem Begründer der altgriech. Tragödie] (bildungsspr. scherzh.): *Wanderbühne.*

The|ta, das; -[s], -s [griech. thẽta, aus dem Semit.]: *achter Buchstabe des griechischen Alphabets* (Θ, ϑ).

Thi-: ↑Thio-.

Thi|a|min, das; -s, -e [zu ↑Thio- u. ↑Amin; Vitamin B_1 geht bei der Oxidation in einen schwefelgelben Farbstoff über]: chem. Bez. für *Vitamin B_1.*

Thing, das; -[e]s, -e [nhd. historisierend für ↑²Ding]: *(bei den Germanen) Volks-, Heeres- u. Gerichtsversammlung, auf der alle Rechtsangelegenheiten eines Stammes behandelt wird:* ein T. einberufen, abhalten.

Thing|platz, der, **Thing|stät|te,** die: *Platz für die Thinge.*

Think|tank [ˈθɪŋktæŋk], (auch:) **Think-Tank,** der; -s, -s [engl. think tank, ↑Denkfabrik]: *Denkfabrik.*

Thio-, (vor Vokalen auch:) Thi- [griech. theĩon] (Chemie) ⟨Best. in Zus. mit der Bed.⟩: *Schwefel* (z. B. Thiosäure, Thiamin).

Tho|mas [nach dem Apostel Thomas, vgl. Joh. 20, 24–29]: in der Fügung **ungläubiger T.** *(Mensch, der nicht bereit ist, etw. zu glauben, wovon er sich nicht selbst überzeugt hat).*

Thon, der; -s, -s, auch: -e [frz. thon < lat. thunnus, ↑Thunfisch] (schweiz.): *Thunfisch.*

Thor (germ. Myth.): Gott des Donners.

Tho|ra [auch, österr. nur: ˈtoːra], die; - [hebr. tôrā] (jüd. Rel.): *die fünf Bücher Mosis; mosaisches Gesetz.*

tho|ra|kal ⟨Adj.⟩ (Med.): *den Thorax* (1) *betreffend, an ihm gelegen.*

Tho|ra|rol|le, die: *[Pergament]rolle mit dem Text der Thora.*

Tho|ra|schrein, der: *zur Aufbewahrung der Thorarolle dienender Schrein in der Synagoge.*

Tho|rax, der; -[es], -e, Fachspr. ...aces [...tseːs; lat. thorax < griech. thṓrax (Gen.: thṓrakos) = Brust(panzer)] (Anat.): **1.** *Brustkorb.* **2.** *(bei Gliederfüßern) mittleres, zwischen Kopf u. Hinterleib liegendes Segment* (3).

Tho|ri|um, das; -s [nach dem Gott ↑Thor]: *radioaktives, weiches, silberglänzendes Schwermetall (chemisches Element;* Zeichen: Th).

Thrill [θrɪl], der; -s, -s [engl. thrill, zu: to thrill, ↑Thriller]: *Nervenkitzel.*

Thril|ler [ˈθrɪlɐ], der; -s, - [engl. thriller, zu: to thrill = zittern machen; packen, fesseln, eigtl. = durchbohren, durchstoßen]: *Film, auch Theaterstück od. Roman, der Spannung u. Nervenkitzel erzeugt:* ein psychologischer, politischer T.; einen T. schreiben, lesen; sich einen T. ansehen.

Throm|ben: Pl. von ↑Thrombus.

Throm|bo|ly|se, die; -, -n [↑Lyse] (Med.): *meist medikamentöse Auflösung eines Thrombus.*

Throm|bo|se, die; -, -n [griech. thrómbōsis, eigtl. = das Gerinnen(machen), zu: thrómbos = Klumpen, Pfropf] (Med.): *völliger od. teilweiser Verschluss eines Blutgefäßes durch Blutgerinnsel.*

Throm|bo|se|nei|gung, die: *das Anfälligsein für Thrombosen.*

throm|bo|tisch ⟨Adj.⟩ (Med.): *die Thrombose betreffend; auf einer Thrombose beruhend.*

Throm|bo|zyt, der; -en, -en [zu griech. kýtos = Wölbung] (Med.): *Blutplättchen.*

Throm|bus, der; -, ...ben [nlat., zu griech. thrómbos, ↑Thrombose] (Med.): *zu einer Thrombose führendes Blutgerinnsel.*

Thron, der; -[e]s, -e [mhd. t(h)rōn < afrz. tron < lat. thronus < griech. thrónos]: **1. a)** *[erhöht aufgestellter] meist reich verzierter Sessel eines Monarchen für feierliche Anlässe:* ein prächtiger, goldener T.; den T. besteigen *(die monarchische Herrschaft antreten);* jmdm. auf den T. folgen *(jmds. Thronfolge antreten);* jmdn. vom T. stoßen *(als Monarchen entmachten);* ***jmds. T. wackelt** (ugs.; *jmds. einflussreiche, führende Stellung ist bedroht);* **b)** *monarchische Herrschaft, Regierung:* auf den T. verzichten. **2.** (fam. scherzh.) *Nachttopf, Toilette:* das Baby sitzt schon allein auf dem T.

Thron|an|wär|ter, der: *Anwärter auf die monarchische Herrschaft.*

Thron|an|wär|te|rin, die: w. Form zu ↑Thronanwärter.

Thron|be|stei|gung, die: *Antritt der monarchischen Herrschaft.*

Thrön|chen, das; -s, - (fam. scherzh.): Vkl. zu ↑Thron (2).

thro|nen ⟨sw. V.; hat⟩ [zu ↑Thron]: *auf erhöhtem od. exponiertem Platz sitzen u. dadurch herausragen, die Szene beherrschen:* er thronte am oberen Ende der Tafel.

Thron|er|be, der: *gesetzmäßiger Erbe der Rechte eines Herrschers; Kronerbe.*

Thron|er|bin, die: w. Form zu ↑Thronerbe.

Thron|er|he|bung, die: *feierliche Einsetzung eines Herrschers; Inthronisation.*

Thron|fol|ge, die ⟨o. Pl.⟩: *Nachfolge in der monarchischen Herrschaft:* die T. antreten.

Thron|fol|ger, der; -s, -: *jmd., der die Thronfolge antritt.*

Thron|fol|ge|rin, die; -, -nen: w. Form zu ↑Thronfolger.

Thron|prä|ten|dent, der: *jmd., der Anspruch auf einen Thron* (1 b) *erhebt; Kronprätendent.*

Thron|prä|ten|den|tin, die: w. Form zu ↑Thronprätendent.

Thron|räu|ber, der: *Usurpator.*

Thron|räu|be|rin, die: w. Form zu ↑Thronräuber.

Thron|re|de, die: *Rede, mit der ein konstitutioneller Monarch die Sitzungsperiode des Parlaments eröffnet.*

Thron|saal, der: *Saal, in dem der Thron* (1 a) *steht.*

Thu|ja, (österr. auch:) **Thu|je,** die; -, ...jen [griech. thyĩa] (Bot.): *Lebensbaum* (1).

Thun|fisch, (auch:) Tunfisch, der; -[e]s, -e [lat. thunnus, thynnus < griech. thýnnos]: *(bes. im Atlantik u. Mittelmeer lebender) großer Fisch mit blauschwarzem Rücken, silbrig grauen Seiten, weißlichem Bauch u. mondsichelförmiger Schwanzflosse.*

Thur|gau, der; -s: Schweizer Kanton.

Thü|rin|gen; -s: deutsches Bundesland.

¹Thü|rin|ger, der; -s, -: Ew.

²Thü|rin|ger ⟨indekl. Adj.⟩: T. Wald; T. Bratwurst.

Thü|rin|ge|rin, die; -, -nen: w. Form zu ↑¹Thüringer.

thü|rin|gisch ⟨Adj.⟩: *Thüringen, die Thüringer betreffend.*

Thus|nel|da, Tusnelda, die; -, -s [aus der Soldatenspr.; nach Thusnelda, der Gattin des Cheruskerfürsten Arminius, die 15 n. Chr. den Römern ausgeliefert wurde u. dann die Geliebte des Germanicus, später auch seiner Generäle sowie verschiedener Vertreter der gehobenen Gesellschaftsschicht war] (salopp abwertend): *weibliche Person [als zu einem Mann gehörende Partnerin].*

THW = Technisches Hilfswerk.

Thy|mi|an, der; -s, -e [mhd. thimean, tymian, spätahd. timiãm, unter Einfluss von lat. thymiama = Räucherwerk, zu lat. thymum < griech. thýmon = Thymian]: **a)** *in kleinen Sträuchern wachsende Pflanze mit würzig duftenden, kleinen, dunkelgrünen, auf der Unterseite silbrig weißen Blättern u. meist hellroten bis violetten Blüten, die als Gewürz u. zu Heilzwecken verwendet wird;* **b)** ⟨o. Pl.⟩ *Gewürz aus getrockneten u. klein geschnittenen od. pulverisierten Blättern des Thymians* (a).

Thy|mol, das; -s [zu ↑Thymian u. ↑Alkohol]: *stark antiseptisch wirkender Bestandteil der ätherischen Öle des Thymians.*

Thy|mus, der; -, ...mi [griech. thýmos = Brustdrüse neugeborener Kälber] (Anat.): *hinter dem Brustbein gelegenes drüsenartiges Gebilde, das sich nach der Geschlechtsreife zurückbildet.*

Thy|mus|drü|se, die: *Thymus.*

Ti = Titan.

Ti|a|ra, die; -, ...ren [(m)lat. tiara = (Bischofs)mütze, Tiara (1) < griech. tiára]: **1.** *kegelförmige, mit goldener Spitze od. mit einem Diademreif versehene Kopfbedeckung altpersischer u. assyrischer Könige.* **2.** *(heute nicht mehr getragene) hohe, aus drei übereinander gesetzten Kronen bestehende Kopfbedeckung des Papstes als Zeichen seiner weltlichen Macht.*

Ti|ber, der; -s: italienischer Fluss.

¹Ti|bet [...ɛt], der; -s, -e [1: nach ²Tibet; 2: nach (1), wegen der größeren Qualität gegenüber anderer Reißwolle] (Textilind.): **1.** *Mohair.* **2.** *Reißwolle aus neuen Stoffen.*

²Ti|bet; -s: **1.** autonome Region in der Volksrepublik China. **2.** Hochland in Zentralasien.

Ti|be|ta|ner, der; -s, -: *Tibeter.*

Ti|be|ta|ne|rin, die; -, -nen: w. Form zu ↑Tibetaner.

ti|be|ta|nisch ⟨Adj.⟩: *tibetisch.*

Ti|be|ter, der; -s, -: Ew.

Ti|be|te|rin, die; -, -nen: w. Form zu ↑Tibeter.

ti|be|tisch ⟨Adj.⟩: *²Tibet, die Tibeter betreffend; von den Tibetern stammend, zu ihnen gehörend.*

Ti|be|tisch, das; -[s] u. ⟨nur mit best. Art.:⟩ **Ti|be|ti|sche,** das; -n: *tibetische Sprache.*

Tic, der; -s, -s [frz. tic, wohl laut- u. bewegungsnachahmend] (Med.): *in kurzen Abständen wiederkehrende, unwillkürliche, nervöse Muskelzuckung (bes. im Gesicht).*

tick ⟨Interj.⟩: lautm. für ein tickendes (1 a) Geräusch.

Tick, der; -[e]s, -s [1: eindeutschend für ↑Tic; wohl beeinflusst von älter, noch landsch. ticken = ¹tippen]: **1.** (ugs.) *lächerlich od. befremdend wirkende Eigenheit, Angewohnheit; sonderbare Einbildung, in der jmd. lebt:* einen kleinen T. haben. **2.** *Tic.* **3.** (ugs.) *Nuance* (2): er ist einen T. besser als du.

ti|cken ⟨sw. V.; hat⟩ [1: lautm. zu ↑tick; 2: übertr. von (1); 3: viell. unter Einfluss von ↑tickern nach engl. to tick (off) = abhaken; 4: wohl zu älter, noch landsch. Tick (zu ↑tick) = tickender (1 a) Schlag, kurze Berührung; 5: wohl übertr. von (4)]: **1. a)** *in [schneller] gleichmäßiger Aufeinanderfolge einen kurzen, hellen [metallisch klingenden] Ton hören lassen:* die Uhr tickt; der Holzwurm tickt im Gebälk; **b)** *ein tickendes* (1 a) *Geräusch verursachen.* **2.** (ugs.) *denken und handeln:* etwas langsam t.; du tickst wohl/bei dir tickt es wohl nicht [ganz] richtig *(du bist wohl nicht recht bei Verstand).* **3.** (salopp) *begreifen, verstehen:* hast du das endlich getickt? **4.** (selten) *¹tippen.* **5.** (Jargon) *zusammenschlagen [u. berauben].*

Ti|cker, der; -s, - [1: engl. ticker, zu: to tick = ticken (1); 2: zu ticken (1); 3: zu ↑Tick (2); 4: zu ↑ticken (4)]: **1.** (Jargon) *vollautomatischer Fernschreiber zum Empfang von [Börsen]nachrichten.* **2.** (Med. Jargon) *Gerät zur Überwachung der Pulsfrequenz.* **3.** *jmd., der an einem Tick* (2) *leidet.* **4.** (Jargon) *jmd., der jmdn. zusammenschlägt [u. beraubt].*

ti|ckern ⟨sw. V.; hat⟩ (Jargon): **a)** *durch den Ticker* (1) *übermitteln* ⟨hat⟩: dpa hat die Meldung bis Südamerika getickert; **b)** *durch den Ticker* (1) *übermittelt werden* ⟨ist⟩: die Nachricht ist über den Fernschreiber getickert.

Ti|cket, das; -s, -s [engl. ticket, eigtl. = Zettel < afrz. e(s)tiquet(te) = frz. étiquette, ↑¹Etikette]: 1. a) *Fahrschein (bes. für eine Flug- od. Schiffsreise);* b) *Eintrittskarte.* 2. (selten) *Partei-, Wahlprogramm.*

tick|tack ⟨Interj.⟩: lautm. für das Ticken (1 a) (bes. einer Uhr).

Tick|tack, die; -, -s (Kinderspr.): *Uhr.*

Ti|de, die; -, -n [mniederd. tīde, getīde = (Flut)zeit, zu: tīde = Zeit] (nordd., bes. Seemannsspr.): a) *Steigen u. Fallen des Wassers im Ablauf der Gezeiten;* b) ⟨Pl.⟩ *Gezeiten* (a).

Ti|de|ha|fen, der: *Hafen, dessen Wasserstand von Ebbe u. Flut abhängt.*

Ti|de|hub, Ti|den|hub, der: *Unterschied des Wasserstandes zwischen Hochwasser* (1) *u. Niedrigwasser* (b).

Tie-Break ['taıbreık], (auch:) **Tie|break,** der od. das; -s, -s [aus engl. tie = unentschiedenes Spiel u. break, ↑Break (1 b)] (bes. Tennis): *besondere Zählweise, durch die ein Spiel, Satz o. Ä. bei unentschiedenem Stand schneller zum Abschluss gebracht wird.*

tief ⟨Adj.⟩ [mhd. tief, ahd. tiuf, urspr. = eingesunken, hohl]: 1. a) *von beträchtlicher Ausdehnung senkrecht nach unten; weit nach unten reichend:* ein -er Abgrund; -e Wurzeln; -er Schnee *(Schnee, der so hoch liegt, dass man darin einsinkt);* das Wasser, der Brunnen ist [sehr] t.; t. im Schnee einsinken; t. verschneite *(mit viel Schnee bedeckte)* Wälder; Ü t. in Gedanken [versunken] sein; sie steckt t. in Schulden; er ist t. gefallen, gesunken *(moralisch verkommen);* b) ⟨in Verbindung mit Maßangaben nachgestellt⟩ *eine bestimmte Ausdehnung nach unten aufweisend; in einer bestimmten Weite, Ausdehnung nach unten reichend:* eine fünf Meter -e Grube; c) *sich in geringer Entfernung vom [Erd]boden befindend; niedrig* (1 b): -e Wolken; t. hängende Zweige; das Flugzeug fliegt t.; die t. stehende Sonne; d) *[weit] nach unten (zum [Erd]boden, zur unteren Begrenzung von etw. hin) gehend, reichend:* eine -e Verbeugung machen; sich t. bücken; ein t. ausgeschnittenes Kleid; e) *in niedriger Lage [befindlich]:* das Haus liegt -er als die Straße; eine Etage -er *(weiter unten)* befinden sich Ladenräume; die -er *(weiter unten am Berg)* liegenden Wälder; t. *(weit)* unten im Tal; f) *auf einer Skala, innerhalb einer Werte-, Rangordnung im unteren Bereich sich befindend; niedrig:* -e Temperaturen; das Barometer steht t. *(zeigt niedrigen Luftdruck an);* -er liegende Messwerte; Ü ein moralisch t. stehender Mensch; g) *(von Geschirr o. Ä.) nicht flach, sondern [zur Mitte hin] vertieft:* ein -er Teller. 2. a) *von beträchtlicher Ausdehnung nach hinten; von der vorderen Grenze eines Raumes, Geländes [relativ] weit in den Hintergrund reichend:* ein -er Wald; die Bühne ist sehr t.; b) ⟨in Verbindung mit Maßangaben nachgestellt⟩ *eine bestimmte Ausdehnung nach hinten aufweisend:* ein 30 cm -es Regal. 3. a) *von beträchtlicher Ausdehnung nach innen; [relativ] weit ins Innere von etw. [reichend, gerichtet]:* eine -e Wunde; sich t. in den Finger schneiden; die Höhle erstreckt sich t. in den Berg hinein; der Feind drang t. ins Land ein; t. *(kräftig)* [ein-, aus]atmen; * **bei jmdm. nicht t. gehen** *(jmdn. nur wenig beeindrucken, berühren);* b) ⟨in Verbindung mit Maßangaben nachgestellt⟩ *eine bestimmte Ausdehnung nach innen aufweisend:* eine 10 cm -e Stichwunde; c) *weit innen, im Innern von etw. [befindlich]:* im -en, -sten Afrika; er hat t. liegende Augen. 4. a) *zeitlich weit vorgeschritten; weit (in einen bestimmten Zeitraum hineinreichend); spät:* bis t. in die Nacht, den Herbst [hinein]; b) *zeitlich auf dem Höhepunkt stehend; (in Bezug auf einen bestimmten Zeitraum) mitten (darin):* im -en Winter; t. in der Nacht. 5. a) *(als solches) intensiv vorhanden, gegeben, stark ausgeprägt:* -er Schlaf; -e Freude; in -er Bewusstlosigkeit liegen; t. nachdenken. b) ⟨intensivierend bei Adj. u. Verben⟩ *sehr, zuinnerst:* jmdn. t. beeindrucken, beschämen; etw. t. bedauern; t. beleidigt, betroffen, betrübt, erschüttert sein; sie war t. gekränkt; er sprach mit t. bewegter Stimme; jmdm. sein t. empfundenes Beileid aussprechen; eine t. gefühlte Verbundenheit; sie waren t., aufs Tiefste/(auch:) tiefste empört. 6. *nicht oberflächlich, vordergründig, sondern zum Wesentlichen vordringend:* eine -e Einsicht; eine t. blickende, dringende Analyse; t. reichende Fragen stellen; eine t. schürfende Unterhaltung; eine t. gehende, t. greifende Umgestaltung der Gesellschaft; was ist der -ere *(eigentliche)* Sinn dieser Maßnahmen? 7. a) *im Farbton sehr intensiv; kräftig, voll, dunkel:* ein -es Blau; b) *(von der Stimme, von Tönen) dunkel klingend:* eine -e Stimme.

Tief, das; -s, -s: 1. (Met.) *Tiefdruckgebiet; Depression* (3): ein ausgedehntes T.; das T. rückt näher, zieht vorbei, zieht ab; Ü seelische -s *(Depressionen* 1). 2. (Seemannsspr.) *[Fahr]rinne im Wattenmeer, meist zwischen Sandbänken.*

Tief|aus|läu|fer, der (Met.): *Ausläufer eines Tiefdruckgebiets.*

Tief|bau, der: 1. a) ⟨o. Pl.⟩ *Teilgebiet des Bauwesens, das die Planung u. Errichtung von Bauten umfasst, die an od. unter der Erdoberfläche liegen* (z. B. Straßenbau, Kanalisation); b) (Fachspr.) ⟨Pl. -ten⟩ *Bau an od. unter der Erdoberfläche.* 2. ⟨Pl. -e⟩ *Untertagebau.*

Tief|bau|amt, das: *Bauamt im Tiefbau* (1 a).

Tief|bau|in|ge|ni|eur, der: *im Tiefbau* (1 a) *tätiger Ingenieur.*

Tief|bau|in|ge|ni|eu|rin, die: w. Form zu ↑Tiefbauingenieur.

tief be|lei|digt: s. tief (5 b).

tief be|trof|fen: s. tief (5 b).

tief be|trübt: s. tief (5 b).

tief be|wegt: s. tief (5 b).

tief|blau ⟨Adj.⟩: *von tiefem* (7 a) *Blau.*

tief bli|ckend: s. tief (6).

tief|boh|ren ⟨sw. V.; hat⟩ (Fachspr.): *(zur Exploration u. Förderung von Erdöl u. Erdgas) Bohrlöcher bis in große Tiefe bohren.*

Tief|boh|rung, die: *das Tiefbohren.*

tief|braun ⟨Adj.⟩: vgl. tiefblau.

tief drin|gend: s. tief (6).

¹Tief|druck, der ⟨o. Pl.⟩ (Met.): *niedriger Luftdruck.*

²Tief|druck, der: a) ⟨o. Pl.⟩ *Druckverfahren, bei dem die in die Druckform gravierten, gestochenen o. ä. u. druckenden Teile der Druckform tiefer liegen als die nicht druckenden;* b) ⟨Pl. -e⟩ *im ²Tiefdruck (a) hergestelltes Erzeugnis.*

Tief|druck|ge|biet, das (Met.): *Gebiet mit niedrigem Luftdruck; Tief* (1).

tief|dun|kel ⟨Adj.⟩: vgl. tiefblau.

Tie|fe, die; -, -n [mhd. tiefe, ahd. tiufi]: 1. *Ausdehnung senkrecht nach unten; [große] Entfernung unter der Erdoberfläche od. dem Meeresspiegel:* der Brunnen hat eine T. von zehn Metern; aus der T. des Wassers emportauchen; in die T. blicken, stürzen; den Sarg in die T. *(in das Grab)* lassen; in einer T. von 30 Metern; Ü das Jahr verläuft ohne Höhen und -n. 2. a) *Ausdehnung nach hinten, innen:* die T. der Bühne, des Schrankes, einer Wunde; b) *[weit] hinten gelegener Teil, Bereich eines Raumes, Geländes; Inneres* (1): aus der T. des Parks drang leise Musik; Ü die verborgensten -n des menschlichen Herzens. 3. ⟨o. Pl.⟩ *Tiefgründigkeit, wesentlicher, geistiger Gehalt:* die philosophische T. seiner Gedanken. 4. ⟨o. Pl.⟩ *(von Gefühlen, Empfindungen) das Tiefsein* (5); *großes Ausmaß, Heftigkeit:* die T. ihres Schmerzes, ihrer Liebe. 5. ⟨o. Pl.⟩ *(von Farben) sehr dunkle Tönung:* die T. des Blaus. 6. ⟨o. Pl.⟩ *(von der Stimme, von Tönen) tiefer* (7 b) *Klang.*

Tief|ebe|ne, die (Geogr.): *Tiefland mit sehr geringen Höhenunterschieden.*

tief emp|fun|den: s. tief (5 b).

Tie|fen|be|strah|lung, die (Med.): *(im Unterschied zur Oberflächenbehandlung) Strahlenbehandlung von tiefer liegenden Krankheitsherden (z. B. einer Krebsgeschwulst).*

Tie|fen|ge|stein, das (Geol.): *Intrusivgestein; plutonisches Gestein.*

Tie|fen|li|nie, die: *(auf geographischen o. ä. Karten eingezeichnete) Verbindungslinie zwischen benachbarten Punkten, die in gleicher Tiefe unter einer Bezugsfläche liegen.*

Tie|fen|psy|cho|lo|gie, die: *Forschungsrichtung der Psychologie u. Psychiatrie, die die Bedeutung des Vor- u. Unbewussten für das Seelenleben u. Verhalten des Menschen zu erkennen sucht.*

Tie|fen|rausch, der (Med.): *beim Tieftauchen auftretende, einem Alkoholrausch ähnliche Erscheinung, die zu Bewusstlosigkeit u. zum Tod führen kann.*

tie|fen|scharf ⟨Adj.⟩ (Optik, Fot.): *Tiefenschärfe besitzend; mit Tiefenschärfe:* ein -es Bild.

Tie|fen|schär|fe, die (Fot.): *Schärfentiefe.*

Tie|fen|se|hen, das; -s (Med.): *Fähigkeit, die Entfernung der Gegenstände im Raum richtig einzuschätzen; räumliches Sehen.*

Tie|fen|strö|mung, die (Geogr.): *Wasserströmung in den größeren Tiefen der Ozeane (die für den Austausch polarer u. tropischer Wassermassen sorgt).*

Tie|fen|wir|kung, die: 1. *sich nicht nur an der Oberfläche, sondern gezielt in den tieferen Schichten von etw. (z. B. der Haut) entfaltende Wirkung:* die T. eines Kosmetikums. 2. *Effekt räumlicher Tiefe* (2 a): die T. eines Gemäldes.

Tie|fen|zo|ne, die (Geol.): *Bereich in bestimmter Tiefe* (1) *unter der Erdoberfläche.*

tief|ernst ⟨Adj.⟩: *sehr, äußerst ernst* (1).

tief er|schüt|tert: s. tief (5 b).

Tief|flie|ger, der: *Flugzeug, das im Tiefflug fliegt [um Ziele auf dem Boden anzugreifen].*

Tief|flug, der: *Flug eines Flugzeuges in geringer Höhe.*

Tief|gang, der; -[e]s (Schiffbau): *senkrechter Abstand von der Wasserlinie bis zur unteren Kante des Kiels eines Schiffes:* das Schiff hat nur geringen T.; Ü [keinen] geistigen T. haben.

Tief|ga|ra|ge, die: *unterirdische Garage.*

tief|ge|frie|ren ⟨st. V.; hat⟩: *[zur Konservierung] bei tiefer Temperatur schnell einfrieren:* Lebensmittel t.; tiefgefrorenes Fleisch.

tief|ge|fros|tet ⟨Adj.⟩: *tiefgekühlt, tiefgefroren.*

tief ge|fühlt: s. tief (5 b).

tief ge|hend: s. tief (6).

tief ge|kränkt: s. tief (5 b).

tief|ge|kühlt: ↑tiefkühlen.

tief grei|fend: s. tief (6).

tief|grün ⟨Adj.⟩: vgl. tiefblau.

tief|grün|dig ⟨Adj.⟩: 1. *von Gedankentiefe zeugend; zum Wesen von etw. vordringend, es erfassend:* -e Betrachtungen. 2. (Landw.) *(in Bezug auf den Boden) nicht von verhärteten Schichten, Gestein o. Ä. durchsetzt, sodass die Wurzeln tief in die Erde dringen können:* ein -er Boden.

Tief|grün|dig|keit, die: *das Tiefgründigsein.*

tief hän|gend: s. tief (1 c).

tief|küh|len ⟨sw. V.; hat⟩: *tiefgefrieren:* zubereitete Gerichte t.; tiefgekühlte Fertiggerichte.

Tief|kühl|fach, das: *Gefrierfach.*

Tief|kühl|kost, die: *durch Tiefkühlung konservierte Nahrungsmittel.*

Tief|kühl|schrank, der: *Gefrierschrank.*

Tief|kühl|tru|he, die: *Gefriertruhe.*

Tief|küh|lung, die: *das Tiefgefrieren.*

Tief|la|der, der: *Anhänger für Schwertransporte mit tief liegender Ladefläche.*

Tief|land, das ⟨Pl. ...länder, auch: -e⟩: *in geringer Höhe (unter 200 m) über dem Meeresspiegel gelegenes Flachland.*

tief lie|gend: s. tief (1 e, f, 3 c).

Tief|punkt, der: *tiefster Punkt, negativster od. bes. negativer Abschnitt einer Entwicklung, eines Ablaufs o. Ä.:* die Stimmung hatte ihren T. erreicht; einen seelischen T. haben *(sehr deprimiert sein).*

tief rei|chend: s. tief (6).

tief|re|li|gi|ös ⟨Adj.⟩: *von tiefer Religiosität [erfüllt, zeugend].*

tief|rot ⟨Adj.⟩: vgl. tiefblau.

Tief|schlaf, der: *bes. tiefer Schlaf; Stadium des tiefsten Schlafes.*

Tief|schlag, der (Boxen): *(verbotener) Schlag, der unterhalb der Gürtellinie auftrifft.*

Tief|schnee, der: *tiefer [pulvriger] Schnee.*

tief schür|fend: s. tief (6).

tief|schwarz ⟨Adj.⟩: vgl. tiefblau.

Tief|see, die (Geogr.): *Bereich des Weltmeeres, der tiefer als 1 000 m unter dem Meeresspiegel liegt.*

Tief|see|tau|cher, der: *Taucher, der in der Tiefsee taucht.*

Tief|see|tau|che|rin, die: w. Form zu ↑Tiefseetaucher.

Tief|sinn, der [rückgeb. aus ↑tiefsinnig] ⟨o. Pl.⟩: **a)** *Neigung, tief in das Wesen der Dinge einzudringen; grüblerisches Nachdenken:* in T. verfallen *(schwermütig werden);* **b)** *tiefere, hintergründige Bedeutung.*

tief|sin|nig ⟨Adj.⟩ [urspr. = scharfsinnig, schlau]: **1.** *Tiefsinn (b) habend, davon zeugend:* -e Betrachtungen anstellen. **2.** (veraltend) *trübsinnig, gemütskrank, schwermütig.*

Tief|stand, der ⟨o. Pl.⟩: *[bes.] tiefer (1 f) Stand (innerhalb einer Entwicklung).*

tief|sta|peln ⟨sw. V.; hat⟩: *den Wert, die Fähigkeiten, Leistungen o. Ä. bes. der eigenen Person bewusst als geringer hinstellen, als sie in Wirklichkeit sind; untertreiben.*

Tief|stap|ler, der: *jmd., der tiefstapelt.*

Tief|stap|le|rin, die; -, -nen: w. Form zu ↑Tiefstapler.

tief ste|hend: s. tief (1c, f).

Tiefst|preis, der: *[denkbar] niedrigster Preis:* etw. zum T., zu -en verkaufen.

Tief|strah|ler, der: *(für Straßen, große Hallen, Fußballplätze o. Ä.) starke Lampe für direkte Beleuchtung von oben.*

Tiefst|tem|pe|ra|tur, die: *tiefste, tiefstmögliche Temperatur:* die nächtliche T. lag bei minus 3 Grad.

Tiefst|wert, der: vgl. Tiefsttemperatur.

tief|trau|rig ⟨Adj.⟩ (oft emotional): *sehr, überaus traurig.*

tief ver|schneit: s. tief (1a).

Tie|gel, der; -s, - [mhd. tegel, tigel, ahd. tegel = irdener Topf, H. u., viell. zu ↑Teig u. eigtl. = aus Ton geformtes Gefäß]: *oft feuerfestes, meist flacheres rundes Gefäß zum Erhitzen, Schmelzen, auch zum Aufbewahren bestimmter Stoffe:* ein irdener, metallener T.

Tier, das; -[e]s, -e [mhd. tier, ahd. tior, urspr. Bez. für das wild lebende Tier im Gegensatz zum Haustier, wahrsch. eigtl. = atmendes Wesen]: **1.** *mit Sinnes- u. Atmungsorganen ausgestattetes, sich von anderen tierischen od. pflanzlichen Organismen ernährendes, in der Regel frei bewegliches Lebewesen, das nicht mit der Fähigkeit zu logischem Denken u. zum Sprechen befähigt ist:* wilde, zahme -e; ein männliches, kastriertes T.; die niederen -e; das T. ist verendet; er benahm sich wie ein [wildes] T.; -e halten, füttern, züchten, dressieren, abrichten; -e beobachten; **R** jedem Tierchen sein Pläsierchen (ugs. scherzh.: *jeder muss leben, handeln, wie er es für richtig hält*); **Spr** quäle nie ein T. zum Scherz, denn es fühlt wie du den Schmerz; **Ü** er ist ein T. *(er ist ein roher, brutaler, triebhafter Mensch);* sie ist ein gutes T. (salopp; *sie ist gutmütig u. ein bisschen beschränkt*); das T. *(die Rohheit, Triebhaftigkeit)* brach in ihm durch; wenn sie ihm das antut, wird er zum T. *(wird er gewalttätig);* * **ein hohes/großes T.** (ugs.; *eine Person von großem Ansehen, hohem Rang).* **2.** (Jägerspr.) *weibliches Tier beim Rot-, Dam- u. Elchwild.*

Tier|art, die (Zool.): *(in der zoologischen Systematik) Kategorie von Tieren, die in ihren hauptsächlichsten Merkmalen übereinstimmen u. sich untereinander fortpflanzen können.*

Tier|arzt, der: *Arzt, der auf die Behandlung von kranken Tieren, auf die Bekämpfung von Tierseuchen, auch auf die Untersuchung u. Überwachung bei der Herstellung, Lagerung o. Ä. von Fleisch u. anderen tierischen Produkten spezialisiert ist; Veterinär.*

Tier|ärz|tin, die: w. Form zu ↑Tierarzt.

tier|ärzt|lich ⟨Adj.⟩: *vom Tierarzt ausgehend; sich auf den Tierarzt beziehend.*

Tier|bild, das: *Bild, auf dem ein od. mehrere Tiere dargestellt sind.*

Tier|buch, das: *Buch, bei dem ein od. mehrere Tiere im Mittelpunkt stehen.*

Tier|fa|bel, die: *Fabel* (1).

Tier|fang, der ⟨o. Pl.⟩: *Fang* (1 a) *von Tieren.*

Tier|film, der: *dokumentarischer Film über Tiere.*

Tier|freund, der: *jmd., der gern mit Tieren umgeht.*

Tier|freun|din, die: w. Form zu ↑Tierfreund.

Tier|gar|ten, der [mhd. tiergarte]: *[meist kleinerer] Zoo.*

Tier|ge|he|ge, das: *Gehege* (2).

Tier|geo|gra|phie, (auch:) Tiergeografie, die: *Geozoologie.*

tier|geo|gra|phisch (auch:) tiergeografisch ⟨Adj.⟩: *die Tiergeographie betreffend.*

Tier|ge|schich|te, die: vgl. Tierbuch.

Tier|ge|sell|schaft, die (Biol.): *mehrere Tiere einer od. verschiedener Arten, die zu einem Verband zusammengeschlossen sind.*

Tier|haar, das: *Haar eines Tieres.*

tier|haft ⟨Adj.⟩ (seltener): *einem Tier ähnlich; in der Art eines Tieres; animalisch* (b).

Tier|hal|ter, der: *jmd., der ein od. mehrere Haustiere hält.*

Tier|hal|te|rin, die: w. Form zu ↑Tierhalter.

Tier|hal|tung, die ⟨o. Pl.⟩: *das Halten eines od. mehrerer Haustiere.*

Tier|hand|lung, die: *Geschäft, in dem meist kleinere Tiere verkauft werden.*

Tier|haut, die: *Haut* (1 b).

Tier|heil|kun|de, die: *Tiermedizin.*

Tier|heim, das: **a)** *Einrichtung zur Unterbringung kleinerer [herrenloser] Haustiere, bes. von Hunden u. Katzen;* **b)** *Gebäude, in dem ein Tierheim (a) untergebracht ist.*

tie|risch ⟨Adj.⟩ [für mhd. tierlich]: **1. a)** *ein Tier, Tiere betreffend; einem Tier, Tieren eigen; für Tiere charakteristisch:* -e Organismen, Parasiten; **b)** *von einem Tier, von Tieren stammend, herrührend; animalisch* (a): -es Fett. **2.** (oft abwertend) *nicht dem Wesen, den Vorstellungen von einem Menschen entsprechend; dumpf, triebhaft; roh, grausam:* -es Verlangen; sein Benehmen war t.; **Ü** das ist ja wirklich t. (salopp; *unverschämt, frech*). **3.** (salopp) **a)** *sehr groß, sehr stark; mächtig:* -en Durst, Hunger haben; **b)** ⟨intensivierend bei Adj. u. Verben⟩ *sehr, ungeheuer, in starkem Maße:* hier ist es t. kalt.

Tier|ka|da|ver, der: *Kadaver* (1).

Tier|kli|nik, die: *Klinik, in der Tiere mit bestimmten schweren Erkrankungen od. Verletzungen behandelt werden.*

Tier|kör|per, der: *Körper eines Tieres.*

Tier|kreis, der ⟨o. Pl.⟩ [für älter: Tierzirkel, LÜ von lat. zodiacus < griech. zōdiakós (kýklos), zu: zṓdion = Sternbild des Tierkreises, eigtl. = kleines Gebilde, Vkl. von: zōon = Lebewesen, Tier] (Astron., Astrol.): *die Sphäre des Himmels umspannende Zone von zwölf Sternbildern entlang der Ekliptik, die von der Sonne auf ihrer scheinbaren Bahn einmal jährlich durchlaufen wird.*

Tier|kreis|stern|bild, das (Astron., Astrol.): *im Tierkreis liegendes Sternbild; Himmels-, Sternzeichen.*

Tier|kreis|zei|chen, das (Astron., Astrol.): **1.** *Tierkreissternbild.* **2.** *Abschnitt der Ekliptik, der den Namen eines der zwölf Tierkreissternbilder trägt.*

Tier|kun|de, die: *Zoologie.*

Tier|laut, der: *Laut, den ein Tier (in einer für seine Art charakteristischen Weise) hervorbringt.*

tier|lieb ⟨Adj.⟩: *sich gern mit Tieren befassend, gern mit ihnen umgehend.*

Tier|lie|be, die ⟨o. Pl.⟩: *ausgeprägte Neigung, sich mit Tieren zu befassen, mit ihnen umzugehen; besondere Zuneigung zu Tieren.*

Tier|mär|chen, das: vgl. Tierbuch.

Tier|me|di|zin, die ⟨o. Pl.⟩: *Wissenschaft vom gesunden u. kranken Organismus der Tiere, von Krankheiten der Tiere, ihrer Verhütung u. Heilung; Tierheilkunde, Veterinärmedizin.*

tier|me|di|zi|nisch ⟨Adj.⟩: *die Tiermedizin betreffend, darauf beruhend.*

Tier|mehl, das: *aus toten Tierkörpern hergestelltes mehlartiges Tierfutter.*

Tier|park, der: *oft großflächig angelegter zoologischer Garten.*

Tier|pfle|ger, der: *jmd., der mit Pflege, Aufzucht o. Ä. von Tieren beschäftigt ist* (Berufsbez.).

Tier|pfle|ge|rin, die: w. Form zu ↑Tierpfleger.

Tier|quä|ler, der: *jmd., der Tierquälerei betreibt.*

Tier|quä|le|rei, die: *unnötiges Quälen, rohes Misshandeln von Tieren:* T. ist strafbar.

Tier|quä|le|rin, die: w. Form zu ↑Tierquäler.

Tier|reich, das ⟨o. Pl.⟩: *Bereich, Gesamtheit der Tiere in ihrer Verschiedenartigkeit.*

Tier|schau, die: *häufig von einem Zirkus veranstaltete Schau, Ausstellung lebender, bes. exotischer Tiere.*

Tier|schutz, der: *Gesamtheit der gesetzlichen Maßnahmen zum Schutz von Tieren vor Quälerei, Aussetzung, Tötung ohne einsichtigen Grund o. Ä.*

Tier|schüt|zer, der: *jmd., der sich beim Tierschutz engagiert, betätigt.*

Tier|schüt|ze|rin, die: w. Form zu ↑Tierschützer.

Tier|schutz|ge|biet, das: *Reservat* (1) *für bestimmte Tiere.*

Tier|schutz|ver|ein, der: *Verein, der sich dem Tierschutz widmet.*

Tier|seu|che, die: *bei Haustieren u. wild lebenden Tieren auftretende Seuche.*

Tier|stim|me, die: *für ein bestimmtes Tier charakteristische Stimme, Lautäußerung.*

Tier|ver|such, der: *wissenschaftliches Experiment an od. mit lebenden Tieren.*

Tier|welt, die ⟨o. Pl.⟩: *Gesamtheit der Tiere (bes. im Hinblick auf ihr Vorkommen in einem bestimmten Bereich); Fauna.*

Tier|zucht, die ⟨o. Pl.⟩: *das Züchten von Tieren unter wirtschaftlichem Aspekt.*

Tif|fa|ny|lam|pe [ˈtɪfanɪ...], die; -, -n [nach dem Namen des amerik. Malers u. Künstlers L. C. Tiffany (1848 bis 1933), eines wichtigen Vertreters des Jugendstils bes. auf dem Gebiet der Glaskunst]: *Lampe mit einem aus bunten Glasstücken in bestimmter Technik zusammengefügten Schirm.*

tif|teln ⟨sw. V.; hat⟩: *tüfteln.*

Ti|ger, der; -s, - [verdeutlichend mhd. tigertier, ahd. tigiritior < lat. tigris < griech. tígris]: **1.** *(in Asien heimisches, zu den Großkatzen gehörendes) sehr kräftiges, einzeln lebendes Raubtier von blass rötlich gelber bis rotbrauner Färbung mit schwarzen Querstreifen.* **2.** (ugs.) *Katze mit Tigerfärbung; getigerte Katze.*

Ti|ger|au|ge, das [nach der Färbung]: *(als Schmuckstein verwendetes) goldgelbes bis goldbraunes, an den Bruchstellen seidigen Glanz aufweisendes Mineral.*

Ti|ger|fär|bung, die: *der Zeichnung u. Farbe eines Tigerfells ähnliche Färbung.*

Ti|ger|fell, das: *Fell eines Tigers.*

Ti|ge|rin, die; -, -nen: w. Form zu ↑Tiger.

Ti|ger|kat|ze, die: *(in Süd- u. Mittelamerika heimisches) Raubtier mit gelbem, meist schwarz geflecktem Fell.*

Ti|ger|land, das ⟨Pl. ...länder⟩ [wohl nach der wirtschaftlichen Kraft, Dynamik dieser Länder]: *Schwellenland in Ost- u. Südostasien.*

ti|gern ⟨sw. V.⟩: **1.** (selten) *mit einer an ein Tigerfell erinnernden Musterung versehen* ⟨hat⟩. **2.** (ugs.) *irgendwohin, zu einem oft weiter entfernten Ziel gehen, marschieren* ⟨ist⟩: durch die Straßen t.

Ti|ger|staat, der: vgl. Tigerland.

Ti|gris, der; -: Strom in Vorderasien.

Til|de, die; -, -n [span. tilde < katal. titlla, title < lat. titulus, ↑Titel]: 1. *diakritisches Zeichen in Gestalt einer kleinen liegenden Schlangenlinie, das im Spanischen über einem n die Palatalisierung, im Portugiesischen über einem Vokal die Nasalierung angibt* (z. B. span. ñ [nj] in Señor, port. ã [ã] in São Paulo). 2. *(in Wörterbüchern) Zeichen in Gestalt einer kleinen liegenden Schlangenlinie auf der Mitte der Zeile, das die Wiederholung eines Wortes od. eines Teiles davon angibt.*

til|gen ⟨sw. V.; hat⟩ [mhd. til(i)gen, ahd. tiligōn < angelsächs. dīlegian < lat. delere = vernichten; (Geschriebenes) auslöschen]: 1. (geh.) *als fehlerhaft, nicht mehr gültig, als unerwünscht gänzlich beseitigen; auslöschen, ausmerzen:* eine Aktennotiz t.; die Spuren seiner Tat t.; Ü jmdn. aus der Erinnerung t. 2. (Wirtsch., Bankw.) *durch Zurückzahlen beseitigen, ausgleichen, aufheben:* ein Darlehen [durch monatliche Ratenzahlungen nach und nach] t.; Ü eine Schmach t.

Til|gung, die; -, -en: *das Tilgen; das Getilgtwerden.*

Til|si|ter, der; -s, -, **Til|si|ter Kä|se,** der; - -s, - - [nach der Stadt Tilsit im ehemaligen Ostpreußen, heute: Sowjetsk]: *hellgelber Schnittkäse mit kleinen Löchern u. mit kräftigem Geschmack.*

Tim|bre [ˈtɛ̃:brə, auch: ˈtɛ̃:bɐ], das; -s, -s [frz. timbre = Klang, Schall, älter = eine Art Trommel < mgriech. týmbanon < griech. týmpanon, ↑Tympanon] (bes. Musik): *charakteristische Klangfarbe eines Instruments, einer Stimme, bes. einer Gesangsstimme:* ein dunkles T.; sein T. ist unverwechselbar.

tim|brie|ren [tɛ̃...] ⟨sw. V.; hat⟩ (Musik): *mit einer bestimmten Klangfarbe versehen; einer Sache ein bestimmtes Timbre verleihen:* sie versuchte, ihre Stimme heller zu t.

ti|men [ˈtaimən] ⟨sw. V.; hat⟩ [engl. to time, zu: time = Zeit]: 1. (seltener) *die Zeit von etw. [mit der Stoppuhr] messen; stoppen, abstoppen:* den gesamten Ablauf von etw. t. 2. *für etw. den geeigneten, passenden Zeitpunkt bestimmen, benutzen u. dadurch einen gut koordinierten Ablauf herbeiführen:* die Termine waren gut, genau, exakt, schlecht getimt; die Aktionen müssen in Zukunft besser getimt werden; (Sport:) einen Ball genau t.; eine gut getimte Flanke.

Time-out [ˈtaimˈaut], das; -[s], -s [engl. time-out, zu: out = aus] (Basketball, Volleyball): *Auszeit.*

Ti|mer [ˈtaimɐ], der; -s, - [engl. timer, zu: to time, ↑timen]: *elektronischer Zeitmesser, der zeitlich gebundene Vorgänge (z. B. in Videorekordern u. zur Vorprogrammierung) exakt regelt.*

Time|sha|ring [ˈtaimʃɛərɪŋ], das; -s, -s [engl. timesharing, eigtl. = Zeitzuteilung, zu: to share = teilen, beteiligen]: 1. *Miteigentum an einer Ferienwohnung o. Ä., die für festgelegte Zeiten des Jahres den einzelnen Miteigentümern zur Verfügung steht.* 2. (EDV) *Verfahren zur koordinierten, gleichzeitigen Benutzung von Großrechenanlagen mit vielen Benutzern.*

ti|mid, ti|mi|de ⟨Adj.⟩ [frz. timide < lat. timidus] (bildungsspr.): *schüchtern; ängstlich.*

Ti|mi|di|tät, die; - [frz. timidité < lat. timiditas, zu: timidus, ↑timid] (bildungsspr.): *Schüchternheit, Furchtsamkeit.*

Ti|ming [ˈtaimɪŋ], das; -s, -s [engl. timing, zu: to time, ↑timen]: *das Timen, Aufeinanderabstimmen der Abläufe:* ein genaues, exaktes, schlechtes T.; (Sport:) das T. seiner Pässe, Bälle ist hervorragend.

tin|geln ⟨sw. V.⟩ [rückgeb. aus ↑Tingeltangel] (Jargon): a) *als Akteur im Showgeschäft abwechselnd an verschiedenen Orten bei Veranstaltungen unterschiedlicher Art auftreten ⟨hat⟩:* in Diskotheken t.; b) *tingelnd (a) umherziehen, -reisen ⟨ist⟩:* er tingelte durch Kasinos und Kneipen.

Tin|gel|tan|gel [österr.: - -ˈ- -], das (österr. nur so), auch: der; -s, - [urspr. berlin. für Café chantant (frz. veraltet = Café mit Musik-, Gesangsdarbietungen); lautm. für die hier gespielte Musik] (veraltend abwertend): 1. *als niveaulos, billig empfundene Unterhaltungs-, Tanzmusik:* das T. der Musikautomaten. 2. *Lokal, in dem verschiedenerlei Unterhaltung ohne besonderes Niveau geboten wird:* sie arbeitet als Tänzerin in einem T. 3. *Unterhaltung, wie sie in einem Tingeltangel (2) geboten wird.*

Tink|tur, die; -, -en [lat. tinctura = Färbung, zu: tinctum, ↑Tinte]: 1. *dünnflüssiger, meist alkoholischer Auszug aus pflanzlichen od. tierischen Stoffen.* 2. (veraltet) *Färbung.*

Tin|nef, der; -s [jidd. tinnef = Schmutz, Kot < hebr. ṭinnûf] (ugs. abwertend): 1. *wertloses Zeug, Kram, Plunder:* es gibt da nur T. zu kaufen. 2. *Unsinn:* red keinen T.!

Tin|ni|tus, der; -, - [lat. tinnitus = das Klingeln, Geklingel] (Med.): *(bes. bei Erkrankungen des Innenohrs) subjektiv wahrgenommenes Rauschen, Klingeln od. Pfeifen in den Ohren.*

Tin|te, die; -, -n [mhd. tin(c)te, ahd. tincta < mlat. tincta (aqua) = gefärbt(e Flüssigkeit); Tinktur, zu lat. tinctum, 2. Part. von: tingere = färben]: 1. *intensiv gefärbte Flüssigkeit zum Schreiben, Zeichnen:* blaue, rote T.; sympathetische T. *(Geheimtinte);* die T. kleckst, trocknet rasch ab, ist eingetrocknet; die T. *(das mit Tinte Geschriebene)* muss erst trocknen; mit T. schreiben; Ü über dieses Thema ist schon viel [überflüssige] T. verspritzt, verschwendet worden *(ist schon viel Überflüssiges geschrieben worden);* * **klar wie dicke T. sein** (↑Kloßbrühe); [in den folgenden Wendungen steht »Tinte« für undurchsichtige, dunkle Flüssigkeit]: **in der T. sitzen** (ugs.; *in einer sehr misslichen, ausweglosen Situation sein);* **in die T. geraten** (ugs.; *in eine sehr missliche, ausweglose Situation geraten).* 2. (geh.) *Färbung, Farbe.*

tin|ten|blau ⟨Adj.⟩: *tiefblau, dunkelblau.*

Tin|ten|fass, das: *kleines, Tinte enthaltendes Gefäß, das bes. beim Schreiben mit Feder u. Tinte benutzt wird.*

Tin|ten|fisch, der: *Kopffüßer.*

Tin|ten|fleck, der: *durch Tinte hervorgerufener Fleck.*

Tin|ten|gum|mi, der: *Radiergummi zum Radieren von Tinte.*

Tin|ten|kil|ler, der (Schülerspr.): *Tintenlöscher* (2).

Tin|ten|klecks, der: *großer Tintenfleck (bes. auf Papier).*

Tin|ten|kleck|ser, der (ugs. abwertend): *Schreiberling.*

Tin|ten|ku|li, der: *Kugelschreiber, der anstelle einer Mine mit Farbe ein Röhrchen mit Tinte besitzt.*

Tin|ten|lö|scher, der: 1. *Löschwiege.* 2. *einem Filzschreiber ähnliches Gerät, mit dessen Spitze etw. mit blauer Tinte Geschriebenes nachgezeichnet u. so gelöscht werden kann.*

Tin|ten|pilz, der: *größerer Tintling mit weißen, später rosa u. schließlich schwarzen Lamellen, die nach der Sporenreife tintenartig zerfließen.*

tin|ten|schwarz ⟨Adj.⟩: *tiefschwarz.*

Tin|ten|stift, der: *Kopierstift.*

Tin|ten|strahl|dru|cker, der [LÜ von engl. ink-jet printer]: *Drucker (2), bei dem die Schriftzeichen mithilfe eines [durch kleine Düsen gepressten od. aufgeladenen u. elektrostatisch abgelenkten] Strahls einer farbigen tintenähnlichen Flüssigkeit erzeugt werden; Farbstrahldrucker.*

Tin|ten|tod, der (Schülerspr.): *Tintenlöscher* (2).

Tin|ten|wi|scher, der (früher): *kleines Bündel an einem Ende zusammengehefteter Läppchen, bes. aus weichem Leder, zum Reinigen der Schreibfeder.*

tin|tig ⟨Adj.⟩: 1. *mit Tinte beschmiert, voller Tinte:* du hast -e Finger. 2. *die Farbe dunkler Tinte aufweisend, wie dunkle Tinte wirkend.*

Tint|ling, der; -s, -e: *weißer, grauer bis brauner Blätterpilz mit schwarzbraunen Sporen, dessen faltig zerfurchter Hut manchmal im Alter zu einer dunklen Masse zerfließt.*

Tip: frühere Schreibung für ↑Tipp.

tipp, tapp ⟨Interj.⟩: lautm. für das Geräusch leichter, kleiner Schritte.

Tipp, der; -s, -s [engl. tip = Anstoß, Andeutung; (Gewinn)hinweis, wohl zu: to tip = leicht berühren, anstoßen]: 1. (ugs.) *nützlicher Hinweis, guter Rat, der jmdm. bei etw. hilft; Fingerzeig, Wink:* ein nützlicher, wertvoller T.; jmdm. einen guten T., ein paar -s geben; er hatte einen sicheren T. für die Börse; durch einen T. aus der Unterwelt kam die Polizei auf die richtige Spur. 2. *(bei Toto, Lotto, in Wettbüros o. Ä.) schriftlich festgehaltene Vorhersage von Siegern bei sportlichen Wettkämpfen, von Zahlen bei Ziehungen, die bei Richtigkeit einen Gewinn bringt:* wie sieht dein T. aus?; seinen T. (ugs.; *Tippschein*) abgeben. 3. engl. Bez. für *Trinkgeld.*

Tip|pel, der; -s, - [1: zu ↑[1]tippen]: 1. (nordd.) *Tüpfel.* 2. (österr. ugs.) *Dippel* (2).

Tip|pel|bru|der, der [zu ↑tippeln] (meist scherzh.): *Landstreicher.*

tip|peln ⟨sw. V.; ist⟩ [urspr. Gaunerspr., zu ↑[1]tippen] (ugs.): 1. *[einen weiten, lästigen Weg] zu Fuß gehen, wandern:* die letzte Bahn war weg, und wir mussten t.; nach Hause t. 2. (seltener) *trippeln.*

[1]tip|pen ⟨sw. V.; hat⟩ [1: aus dem Md., Niederd., urspr. wohl lautm., vermischt mit niederd. tippen = tupfen; 3: unter Einfluss von (1) nach engl. to typewrite, zu: typewriter = Schreibmaschine]: 1. *etw. mit der Finger-, Fußspitze, einem dünnen Gegenstand irgendwo leicht u. kurz berühren, leicht anstoßen:* an, gegen die Scheibe t.; er tippte grüßend an seine Mütze; sie hat ihm/(auch:) ihn auf die Schulter getippt; er tippte kurz aufs Gaspedal; Ü im Gespräch an etw. t. *(vorsichtig auf etw. zu sprechen kommen);* daran ist nicht zu t. (ugs.; *das ist einwandfrei).* 2. (landsch.) *Tippen spielen.* 3. (ugs.) a) *Maschine schreiben:* ich kann nur mit zwei Fingern t.; b) *auf der Schreibmaschine schreibend verfertigen:* ein Manuskript t.; ein ordentlich getippter Brief.

[2]tip|pen ⟨sw. V.; hat⟩ [zu ↑Tipp, wohl nach engl. to tip = einen (Gewinn)hinweis geben]: 1. (ugs.) *für etw. eine Voraussage machen; etw. für sehr wahrscheinlich halten:* du hast richtig, gut, falsch getippt; auf jmds. Sieg t.; ich tippe darauf, dass sie kommt. 2. a) *im Toto od. Lotto wetten, Tipps (2) abgeben:* er tippt jede Woche; b) *in einem Tipp (2) vorhersagen:* sechs Richtige t.

Tip|pen, das; -s [zu ↑[1]tippen; wer das Spiel aufnehmen will, »tippt« mit dem Finger auf den Tisch] (landsch.): *dem Mauscheln ähnliches Kartenspiel.*

Tip|per, der; -s, -: *jmd., der* [2]*tippt* (2 a).

Tip|pe|rin, die; -, -nen: w. Form zu ↑Tipper.

Tipp|feh|ler, der: *Fehler, der beim Maschineschreiben entsteht.*

Tipp|fräu|lein, das (ugs. veraltend): *weibliche Person, die [berufsmäßig] Schreibarbeiten auf der Schreibmaschine ausführt.*

Tipp|ge|mein|schaft, die: *Gruppe von Personen, die bei Toto od. Lotto gemeinsame Tipps* (2) *abgeben.*

Tipp|schein, der: *vorgedruckter Schein, in den die Tipps (2) eingetragen werden.*

Tipp|se, die; -, -n [zu ↑[1]tippen (3)] (ugs. abwertend): *Maschinenschreiberin; Schreibkraft; Sekretärin.*

tipp|topp ⟨Adj.⟩ [engl. tiptop, eigtl. = Höhepunkt, »Spitze der Spitze«, verstärkende Zus. aus: tip = Spitze u. top, ↑top] (ugs.): *sehr gut, tadellos, ausgezeichnet:* ein -es Mädchen; sie ist immer t. gekleidet.

Tipp|zet|tel, der: *Tippschein.*

Ti|ra|de, die; -, -n [frz. tirade, eigtl. = länger anhaltendes Ziehen, zu: tirer = ziehen, abziehen (5) od. < ital. tirata = Tirade, zu: tirare = ziehen]: 1. (bildungsspr. abwertend) *wortreiche, geschwätzige [nichts sagende] Äußerung; Wortschwall:* sich in langen, endlosen -n ergehen.

2. (Musik) *Lauf von schnell aufeinander folgenden Tönen als Verzierung zwischen zwei Tönen einer Melodie.*

Ti|ra|mi|su, das; -s, -s [ital. tirami su, eigtl. = zieh mich hoch (im Sinne von »mach mich munter«, wohl in Anspielung auf den Kaffee u. den Alkohol)]: *aus einer Art Sahnequark, in etwas Alkoholischem u. Kaffee getränkten Biskuits u. a. hergestellte schaumige, gekühlt servierte Süßspeise.*

Ti|ra|na: Hauptstadt von Albanien.

ti|ri|li ⟨Interj.⟩: lautm. für das hohe Singen, Zwitschern von Vögeln.

Ti|ri|li, das; -s: *das Tirilieren:* das T. der Lerchen.

ti|ri|lie|ren ⟨sw. V.; hat⟩: *(von Vögeln, bes. Lerchen) in hohen Tönen singen, zwitschern:* eine Lerche tiriliert.

ti|ro ⟨Interj.⟩ [frz. tire haut! = schieß hoch!, zu: tirer (↑Tirade) u. haut = hoch] (Jägerspr.): Zuruf bei Treibjagden, auf vorbeistreichendes Federwild zu schießen.

Ti|ro, der; -s, ...onen [lat. tiro, viell. < griech. teírōn] (veraltet): **1.** *Anfänger.* **2.** *Rekrut.*

Ti|rol; -s: österreichisches Bundesland.

¹Ti|ro|ler, der; -s, -: Ew.

²Ti|ro|ler ⟨indekl. Adj.⟩.

Ti|ro|le|rin, die; -, -nen: w. Form zu ↑¹Tiroler.

ti|ro|le|risch ⟨Adj.⟩ (bes. österr.): *tirolisch.*

ti|ro|lisch ⟨Adj.⟩: *Tirol, die ¹Tiroler betreffend; von den ¹Tirolern stammend, zu ihnen gehörend.*

Tisch, der; -[e]s, -e [mhd. tisch, ahd. tisc = Tisch; Schüssel < lat. discus = Wurfscheibe; flache Schüssel, Platte < griech. dískos = Wurfscheibe (↑Diskus)]: **1. a)** *Möbelstück, das aus einer waagerecht auf einer Stütze, in der Regel auf vier Beinen, ruhenden Platte besteht, an der gegessen, gearbeitet, auf die etw. gestellt, gelegt werden kann:* ein runder, ausziehbarer T.; der T. war reich gedeckt *(es gab reichlich u. gut zu essen);* der T. wackelt; den T. ausziehen, decken, abwischen; jmdm. einen T. [im Restaurant] reservieren; am T. sitzen, arbeiten; sich [miteinander] an einen T. setzen; etw. auf den T. stellen, legen; das Essen steht auf dem T.; wir saßen alle um einen großen T.; die Teller vom T. nehmen; vom T. aufstehen; *** runder T.** *(Kreis, Gremium von gleichberechtigten Partnern):* etw. am runden T. verhandeln; **[mit etw.] reinen T. machen** (ugs.; *klare Verhältnisse schaffen;* wohl bezogen auf den Schreib- oder Arbeitstisch, auf dem bei Schluss der täglichen Arbeit keine Rechnungen, Schriftstücke usw. od. Werkzeuge liegen sollen); **am grünen T., vom grünen T. aus** *(ganz theoretisch, bürokratisch; ohne Kenntnis der wirklichen Sachlage;* die Beratungstische der Behörden waren früher häufig grün bezogen); **jmdn. an einen T. bringen** *(zwei od. mehrere Parteien zu Verhandlungen zusammenführen);* **sich mit jmdm. an einen T. setzen** *(mit jmdm. Verhandlungen führen, reden);* **etw. auf den Tisch [des Hauses] legen** *(etw. [offiziell] zur Kenntnis bringen, vorlegen;* wohl eigtl. = dem Parlament [= dem hohen Haus] etw. vortragen); **bar auf den T. des Hauses** (ugs.; *in bar*); **auf den T. hauen/schlagen** (ugs.; *sich anderen gegenüber energisch einsetzen, durchsetzen*); **jmdn. über den T. ziehen** (ugs.; *jmdn. übervorteilen, hereinlegen*); **unter den T. fallen** (ugs.; *nicht berücksichtigt, getan werden; nicht stattfinden*): das Projekt ist unter den T. gefallen; **unter den T. fallen lassen** (ugs.; *nicht berücksichtigen, beachten, durchführen; nicht stattfinden lassen*); **jmdn. unter den T. trinken/**(salopp:) **saufen** (ugs.; *sich beim gemeinsamen Trinken mit jmdm. als derjenige erweisen, der trinkfester ist*); **von T. und Bett getrennt sein, leben** *(nicht mehr in ehelicher Gemeinschaft leben);* **vom T. sein** (ugs.; *erledigt, bewerkstelligt sein*); **vom T. müssen** (ugs.; *erledigt werden müssen*): die Sache muss heute noch vom T.; **etw. vom T. bringen** (ugs.; *etw. erledigen, bewerkstelligen*); **etw. vom T. wischen/fegen** (ugs.; *etw. als unwichtig abtun, als unangenehm beiseite schieben*); **zum T. des Herrn gehen** (geh.; *am Abendmahl teilnehmen, zur Kommunion gehen*); **b)** *Personen, die an einem Tisch (1 a) sitzen:* der ganze T. brach in Gelächter aus. **2.** ⟨o. Art.; in Verbindung mit bestimmten Präp.⟩ *Mahlzeit, Essen:* sie sind, sitzen bei T.; nach T. pflegt er zu ruhen; darf ich zu T. bitten?; bitte, zu T.!

Tisch|bein, das: *Bein eines Tisches.*

Tisch|be|sen, der: *kleinere [einem Besen ähnliche] Bürste zum Entfernen der Krümel vom Tisch.*

Tisch|com|pu|ter, der: *Heimcomputer; Personalcomputer.*

Tisch|da|me, die: *Dame (1 a), die bei einem Essen an der rechten Seite eines bestimmten Herrn sitzt.*

Tisch|de|cke, die: *Decke (1), mit der ein Tisch zum Schutz, zur Zierde o. Ä. bedeckt wird.*

Tisch|de|ko|ra|ti|on, die: *Dekoration (3) eines zum Essen gedeckten Tisches.*

Tisch|ecke, die: *Ecke (1 a) einer Tischplatte.*

ti|schen ⟨sw. V.; hat⟩ [zu ↑Tisch] (veraltet, noch schweiz.): *den Tisch für das Essen vorbereiten, decken.*

Tisch|en|de, das: *Ende (2 a) eines Tischs:* am oberen, unteren T. sitzen.

Tisch|fern|spre|cher, der: *Tischtelefon.*

tisch|fer|tig ⟨Adj.⟩: *zum Servieren bearbeitet u. vorbereitet:* ein -es Gericht.

Tisch|feu|er|zeug, das: *großes, meist schweres Feuerzeug, das seinen Platz auf einem Tisch hat.*

Tisch|fuß|ball, der, **Tisch|fuß|ball|spiel,** das ⟨o. Pl.⟩: *Spiel, bei dem es gilt, mit kleinen Figuren eine Kugel auf einem dem Fußballplatz nachgebildeten Spielfeld so zu treffen, dass sie ins Tor des Gegners rollt, geschleudert wird.*

Tisch|ge|bet, das: *vor od. nach dem Essen gesprochenes Gebet.*

Tisch|ge|sell|schaft, die: *Gruppe von Personen, die [zum Essen] um einen Tisch versammelt sind.*

Tisch|ge|spräch, das: *Gespräch, das beim Essen geführt wird.*

Tisch|glo|cke, die: *kleine Glocke mit einem Stiel, die ihren Platz auf einem Tisch hat u. mit der jmd. herbeigerufen wird, mit der sich jmd. Gehör verschaffen o. Ä. kann.*

Tisch|grill, der: *kleinerer Grill (1), der auf einen Esstisch gestellt u. dort bedient werden kann.*

Tisch|herr, der: vgl. Tischdame.

Tisch|kan|te, die: *Kante einer Tischplatte.*

Tisch|kar|te, die: *mit dem Namen einer Person versehene kleine Karte, die an den Platz eines gedeckten Tisches gelegt, gestellt wird, an dem die Person sitzen soll.*

Tisch|lam|pe, die: *kleinere Lampe, die auf den Tisch gestellt wird.*

Tisch|läu|fer, der: *schmale, lange Tischdecke, die die Tischplatte nicht ganz bedeckt.*

Tisch|lein|deck|dich, das; - [nach dem grimmschen Märchen »Tischchen, deck dich!«, in dem ein Tischlergeselle nach abgeschlossener Lehrzeit von seinem Meister mit einem Tisch belohnt wird, der sich auf Geheiß mit den köstlichsten Speisen u. Getränken deckt] (meist scherzh.): *Möglichkeit, gut u. sorglos leben zu können, ohne eigenes Bemühen gut versorgt zu werden:* das Mietshaus ist ein [richtiges, wahres] T. für ihn.

Tisch|ler, der; -s, - [spätmhd. tischler, tischer, eigtl. = Tischmacher]: *Handwerker, der Holz (u. auch Kunststoff) verarbeitet, bestimmte Gegenstände, bes. Möbel, daraus herstellt od. bearbeitet, einbaut o. Ä.; Schreiner* (Berufsbez.).

Tisch|ler|ar|beit, die: *Arbeit (1 a, 4 a) eines Tischlers.*

Tisch|le|rei, die; -, -en: **1.** *Werkstatt eines Tischlers.* **2.** ⟨o. Pl.⟩ **a)** *das Tischlern:* die T. macht ihm keinen Spaß; **b)** *Handwerk des Tischlers:* die T. erlernen.

Tisch|ler|hand|werk, das: *Handwerk des Tischlers.*

Tisch|le|rin, die; -, -nen: w. Form zu ↑Tischler.

tisch|lern ⟨sw. V.; hat⟩ (ugs.): **a)** *[gelegentlich u. ohne eigentliche Ausbildung] Tischlerarbeiten verrichten:* er tischlert gelegentlich; **b)** *durch Tischlern (a) herstellen, anfertigen:* Regale t.

Tisch|ler|werk|statt, die: *Werkstatt eines Tischlers.*

Tisch|ma|nie|ren ⟨Pl.⟩: *Manieren bei Tisch (2).*

Tisch|nach|bar, der: *jmd., der an einem Tisch, bes. beim Essen, unmittelbar neben einem andern sitzt.*

Tisch|nach|ba|rin, die: w. Form zu ↑Tischnachbar.

Tisch|ord|nung, die: *Sitzordnung an einem Tisch.*

Tisch|plat|te, die: *Platte eines Tischs:* eine polierte T.

Tisch|rech|ner, der: *kleiner Rechner (2), der seinen Platz auf einem Tisch hat.*

Tisch|re|de, die: *Rede, die bei einem festlichen Essen gehalten wird.*

Tisch|run|de, die: *Tischgesellschaft.*

Tisch|schmuck, der: *Tischdekoration.*

Tisch|te|le|fon, das: *auf den Tischen eines Nacht-, Tanzlokals o. Ä. stehendes Telefon, mit dessen Hilfe Kontakt zu Personen an anderen Tischen aufgenommen werden kann.*

Tisch|ten|nis, das: *dem Tennis ähnliches Spiel, bei dem ein Ball aus Zelluloid auf einer auf einem Gestell ruhenden, durch ein Netz in zwei Hälften geteilten Platte von einem Spieler mithilfe eines Schlägers möglichst so gespielt wird, dass er für den gegnerischen Spieler schwer zurückzuschlagen ist.*

Tisch|ten|nis|ball, der: *kleiner Ball aus Zelluloid für das Tischtennisspiel.*

Tisch|ten|nis|plat|te, die: *Platte für das Tischtennisspiel.*

Tisch|ten|nis|schlä|ger, der: *Schläger aus Holz für das Tischtennisspiel, dessen Blatt (5) auf beiden Seiten einen Belag aus Gummi od. Kunststoff hat.*

Tisch|ten|nis|spiel, das: *Tischtennis.*

Tisch|tuch, das ⟨Pl. ...tücher⟩: *bes. bei den Mahlzeiten verwendete Tischdecke:* ein weißes T.; Ü das T. zwischen uns ist zerschnitten *(unsere Beziehung, Verbindung, Freundschaft ist endgültig beendet).*

Tisch|vor|la|ge, die: *Handout.*

Tisch|wä|sche, die: *Gesamtheit der bes. bei den Mahlzeiten verwendeten Tischdecken u. Servietten aus Stoff.*

Tisch|wein, der: *leichter, eher herber Wein, der bes. geeignet ist, bei den Mahlzeiten getrunken zu werden; Tafelwein (1).*

Tisch|zeit, die: *Zeit, in der die Mittagsmahlzeit eingenommen wird:* wir haben in der Firma eine halbe Stunde T.

Tit. = Titel.

¹Ti|tan, (auch:) Titane, der; ...nen, ...nen [lat. Titan(us) < griech. Titán]: **1.** (griech. Myth.) *Angehöriger eines Geschlechts riesenhafter Götter, die von Zeus gestürzt wurden.* **2.** (bildungsspr.) *jmd., der durch außergewöhnlich große Leistungen, durch große Machtfülle o. Ä. beeindruckt:* die -en der Musik.

²Ti|tan, das; -s [aus älterem Titanium, zu ↑¹Titan]: *silberweißes, hartes Leichtmetall, das sich an der Luft mit einer fest haftenden Oxidschicht überzieht (chemisches Element;* Zeichen: Ti).

Ti|ta|ne: ↑¹Titan.

Ti|tan|erz, das: *²Titan enthaltendes Erz.*

ti|ta|nisch ⟨Adj.⟩: **1.** (selten) **a)** *die ¹Titanen (1) betreffend, zu ihnen gehörend;* **b)** *von den ¹Titanen (1) stammend, herrührend.* **2.** (bildungsspr.) *von, in der Art eines ¹Titanen (2); gewaltig:* eine -e Tat, Leistung.

Ti|tel [auch: ˈtɪtl̩], der; -s, - [mhd. tit(t)el, ahd. titul(o) < lat. titulus]: **1. a)** *jmds. Rang, Stand, Amt, Würde kennzeichnende Bezeichnung, die als Zusatz vor den Namen gestellt werden kann:* einen akademischen T., den T. eines Professors haben; einen T. erwerben, erlangen; jmdm. einen T. verleihen, aberkennen; sich einen [falschen, hochtrabenden] T. beilegen; jmdn. mit seinem T. anreden; er machte keinen Gebrauch von seinem T.; **b)** *im sportlichen Wettkampf errungene Bezeichnung eines bestimmten Ran-*

ges, einer bestimmten Würde: den T. eines Weltmeisters haben, tragen, halten, abgeben müssen, verlieren; sie hat sich mit dieser Übung den T. im Bodenturnen gesichert, geholt. **2. a)** *kennzeichnender Name eines Buches, einer Schrift, eines Kunstwerks o. Ä.:* ein kurzer, langatmiger, irreführender, einprägsamer, reißerischer T.; der T. eines Romans, eines Films, eines Schlagers; das Buch hat, trägt einen viel versprechenden T.; das Fernsehspiel wird jetzt unter einem anderen T. gezeigt; **b)** *unter einem bestimmten Titel* (2 a) *bes. als Buch, Schallplatte o. Ä. veröffentlichtes Werk:* diese beiden T. sind vergriffen; der letzte T. des Sängers wurde ein riesiger Erfolg; **c)** kurz für ↑Titelblatt (a): den T. künstlerisch gestalten. **3.** (Rechtsspr.) *Abschnitt eines Gesetzes- od. Vertragswerks.* **4.** (Wirtsch.) *in einem Haushalt* (3) *Anzahl von Ausgaben, Beträgen, die unter einem bestimmten Gesichtspunkt zu einer Gruppe zusammengefasst sind:* für diesen T. des Etats sind mehrere Millionen Mark angesetzt.

Ti|tel|an|wär|ter, der: *Anwärter auf einen Titel* (1 b).

Ti|tel|an|wär|te|rin, die: w. Form zu ↑Titelanwärter.

Ti|tel|as|pi|rant, der: *Titelanwärter.*

Ti|tel|as|pi|ran|tin, die: w. Form zu ↑Titelaspirant.

Ti|tel|bild, das: **a)** *dem eigentlichen Titelblatt gegenüberstehende, meist mit einem Kupferstich geschmückte zweite Titelseite;* **b)** *Abbildung auf dem Titelblatt von Zeitschriften.*

Ti|tel|blatt, das: **a)** (Buchw.) *erstes od. zweites Blatt eines Buches, das die bibliographischen Angaben, wie Titel* (2 a), *Name des Verfassers, Auflage, Verlag, Erscheinungsort o. Ä., enthält;* **b)** *Titelseite* (a).

Ti|te|lei, die; -, -en (Buchw.): *dem eigentlichen Text eines Druckwerks vorangehende Anzahl von Seiten, die Titelblatt, Vorwort, Inhaltsverzeichnis o. Ä. enthalten u. oft mit gesonderten Seitenzahlen versehen sind.*

Ti|tel|fi|gur, die: vgl. Titelgestalt.

Ti|tel|ge|schich|te, die: *größerer Beitrag in einer Zeitschrift o. Ä., auf den die Titelseite, meist mit einem entsprechenden Bild, Bezug nimmt.*

Ti|tel|ge|stalt, die: *Gestalt eines literarischen o. ä. Werkes, deren Name auch den Titel des Werkes bildet.*

Ti|tel|ge|winn, der: *das Erringen eines Titels* (1 b).

Ti|tel|held, der: vgl. Titelgestalt.

Ti|tel|hel|din, die: w. Form zu ↑Titelheld.

Ti|tel|kampf, der: *sportlicher Wettkampf, bei dem es um einen Titel* (1 b) *geht.*

Ti|tel|kir|che, die (kath. Kirche): *Kirche in der Stadt Rom, die einem Kardinal zugewiesen ist.*

ti|tel|los ⟨Adj.⟩: *ohne Titel* (1, 2 a).

Ti|tel|me|lo|die, die: *Melodie, die zu Beginn einer Fernseh-, Rundfunksendung, eines Films erklingt [u. den gleichen Titel trägt wie diese].*

ti|teln [auch: ˈtɪtl̩n] ⟨sw. V.; hat⟩ [spätmhd. titelen]: **a)** (seltener) *betiteln* (1 a); **b)** (Zeitungsw.) *zum Titel* (2 a), *zur Titelzeile einer Schrift, eines Artikels in einer Zeitung od. Zeitschrift machen.*

Ti|tel|rol|le, die: *Rolle der Titelgestalt in einem Schauspiel, Film o. Ä.*

Ti|tel|sei|te, die: **a)** *erste, äußere Seite einer Zeitung, Zeitschrift, die den Titel* (2 a) *enthält:* die Zeitungen brachten die Meldungen auf der T.; **b)** *Titelblatt* (a).

Ti|tel|song, der: vgl. Titelmelodie.

Ti|tel|ver|tei|di|ger, der: *Sportler, der seinen Titel* (1 b) *in einem Wettkampf verteidigt.*

Ti|tel|ver|tei|di|ge|rin, die: w. Form zu ↑Titelverteidiger.

Ti|tel|zei|le, die: *den Titel* (2 a) *enthaltende, gedruckte Zeile.*

Ti|ti|ca|ca|see, der; -s: See in Südamerika.

Ti|to|is|mus, der; -: *(von dem Staatspräsidenten J. Tito [1892–1980] entwickelter) Nationalkommunismus im ehem. Jugoslawien.*

Tit|te, die; -, -n [aus dem Niederd. < mniederd. titte, niederd. Form von ↑Zitze] (derb): *weibliche Brust.*

Ti|tu|lar|bi|schof, der (kath. Kirche): *Bischof, der die Weihe eines Bischofs hat, aber keine Diözese leitet.*

ti|tu|lie|ren ⟨sw. V.; hat⟩ [spätlat. titulare, zu lat. titulus, ↑Titel]: **1.** (veraltend) *mit dem Titel* (1 a) *anreden:* sie mussten ihn [als/mit] Herr Doktor t. **2.** *mit einem meist negativen Begriff als jmdn., etw. bezeichnen:* sie hat ihn [als/mit] »Flasche« tituliert. **3.** (selten) *betiteln* (a).

Ti|tu|lie|rung, die; -, -en: *das Titulieren.*

Ti|vo|li [auch: ˈtiv...], das; -[s], -s [nach der gleichnamigen ital. Stadt bei Rom (Badeort)]: **1.** *Vergnügungsstätte, Gartentheater.* **2.** *italienisches Kugelspiel.*

ti|zi|an ⟨indekl. Adj.⟩ [nach dem ital. Maler Tizian (um 1477–1576)]: **a)** kurz für ↑tizianblond; **b)** kurz für ↑tizianrot.

ti|zi|an|blond ⟨Adj.⟩: *rotblond.*

ti|zi|an|rot ⟨Adj.⟩: *(bes. vom Haar) ein leuchtendes goldenes bis braunes Rot aufweisend.*

tja [tja(ː)] ⟨Interj.⟩ (ugs.): drückt eine zögernde Haltung, Nachdenklichkeit, Bedenken, auch Verlegenheit od. Resignation aus: t., nun ist es zu spät.

tkm = Tonnenkilometer.

Tl = Thallium.

TL = [2]Lira.

To, die; -, -s, **Tö,** die; -, -s (ugs. verhüll.): *Toilette* (3): die To aufsuchen.

Toast [toːst], der; -[e]s, -e u. -s [engl. toast, zu: to toast, ↑toasten; 2: nach dem früheren engl. Brauch, vor einem Trinkspruch ein Stück Toast in das Glas zu tauchen]: **1. a)** *geröstetes Weißbrot in Scheiben:* eine Scheibe T.; **b)** *einzelne Scheibe gerösteten Weißbrots:* -s mit Butter bestreichen; **c)** *zum Toasten geeignetes, dafür vorgesehenes Weißbrot [in Scheiben]; Toastbrot* (a): ein Paket T. kaufen. **2.** *Trinkspruch:* einen T. ausbringen.

Toast|brot, das: **a)** *Toast* (1 c); **b)** *Toast* (1 b).

toas|ten ⟨sw. V.; hat⟩ [engl. to toast < afrz. toster = rösten < spätlat. tostare, zu lat. tostum, 2. Part. von: torrere = dörren, trocknen]: **1.** *(bes. von Weißbrot) in Scheiben rösten* (1 a): soll ich noch eine Scheibe t.? **2.** *einen Trinkspruch (auf jmdn., etw.) ausbringen.*

Toas|ter, der; -s, - [engl. toaster, zu: to toast, ↑toasten]: *Röster* (1).

To|ba|go: vgl. Trinidad.

To|bak, der; -[e]s, -e (veraltet): *Tabak* (2 a): * **starker T.** (ugs., oft scherzh.; *etw., was von jmdm. als unerhört, als Zumutung, Unverschämtheit empfunden wird*).

To|bel, der (österr. nur so) od. das (schweiz. nur so); -s, - [mhd. tobel, wohl eigtl. = Senke] (Geogr.; südd., österr., schweiz.): *enge Schlucht, bes. im Wald.*

to|ben ⟨sw. V.⟩ [mhd. toben, ahd. tobōn, tobēn, zu ↑taub u. eigtl. = taub, dumm, von Sinnen sein]: **1.** *sich wild, wie wahnsinnig gebärden; rasen, wüten* ⟨hat⟩: vor Eifersucht t.; als er das erfuhr, hat er getobt wie ein Wilder; das Publikum tobte [vor Begeisterung]; Ü sein Herz tobte. **2. a)** *wild u. ausgelassen, laut u. fröhlich lärmend, schreiend irgendwo umherlaufen; herumtollen* ⟨hat⟩: die Kinder haben den ganzen Nachmittag im Garten getobt; hört endlich auf zu t.!; **b)** *sich tobend* (2 a) *irgendwohin bewegen* ⟨ist⟩: die Kinder tobten durch die Straßen. **3. a)** *in wilder Bewegung, entfesselt [u. von zerstörerischer Wirkung] sein* ⟨hat⟩: das Meer, ein Gewitter tobt; der Kampf hat bis in die Nacht hinein getobt; Ü die Verzweiflung tobte in ihm; **b)** *sich tobend* (3 a) *irgendwohin bewegen* ⟨ist⟩: der Krieg tobte durchs Land.

To|be|rei, die; -, -en (abwertend): *[dauerndes] Toben* (1, 2).

Tob|sucht, die ⟨o. Pl.⟩ [mhd. tobesuht]: *ungezügelte, sich wild u. ziellos austobende Wut, Zustand höchster Erregung, der sich in unbeherrschter, oft zielloser Aggressivität u. Zerstörungswut äußert:* in einem Anfall von T. zerschlug er das Mobiliar.

tob|süch|tig ⟨Adj.⟩ [mhd. tobesühtic]: *an Tobsucht leidend, zur Tobsucht neigend, von Tobsucht erfüllt:* ein -er Mensch, Kranker.

Tob|suchts|an|fall, der: *Anfall von Tobsucht:* einen T. erleiden, bekommen.

Toch|ter, die; -, Töchter [mhd., ahd. tohter]: **1.** *weibliche Person im Hinblick auf ihre leibliche Abstammung von den Eltern; unmittelbarer weiblicher Nachkomme:* die kleine, erwachsene T.; sie ist ganz die T. ihres Vaters *(ist, sieht ihm sehr ähnlich);* die T. des Hauses *(die erwachsene Tochter der Familie);* Ihre Frau T.; Ihr, Ihres Fräulein T.; Ü die große T. *(berühmte Einwohnerin)* unserer Stadt; sich unter den Töchtern des Landes (scherzh.; *den Mädchen in der Gegend*) umsehen; eine T. der Freude (geh. verhüll.; *eine Prostituierte;* LÜ von frz. fille de joie); höhere Töchter (veraltet, noch scherzh.; *Mädchen aus gutbürgerlichem Hause*). **2.** ⟨o. Pl.⟩ (veraltend) Anrede an eine jüngere weibliche Person: nun, meine T.? **3.** (schweiz. veraltend) *erwachsene, unverheiratete weibliche Person, Mädchen, Fräulein, bes. als Angestellte in einer Gaststätte od. einem privaten Haushalt.* **4.** (Jargon) kurz für ↑Tochtergesellschaft.

Töch|ter|chen, das; -s, -: Vkl. zu Tochter (1).

Toch|ter|fir|ma, die: vgl. Tochtergesellschaft.

Toch|ter|ge|schwulst, die: *Metastase.*

Toch|ter|ge|sell|schaft, die (Wirtsch.): *Kapitalgesellschaft, die [innerhalb eines Konzerns] von einer Muttergesellschaft abhängt.*

Toch|ter|kir|che, die: *Filialkirche.*

töch|ter|lich ⟨Adj.⟩: **1.** *die Tochter betreffend, ihr zugehörend, von ihr stammend:* die -en Warnungen. **2.** *einer Tochter entsprechend, gemäß; wie eine Tochter:* -e Liebe.

Toch|ter|zel|le, die (Biol.): *durch Teilung einer Zelle entstandene neue Zelle.*

Tod, der; -[e]s, -e ⟨Pl. selten⟩ [mhd. tōt, ahd. tōt, subst. Bildung zu dem unter ↑tot genannten Verb]: **1.** *Aufhören, Ende des Lebens; Augenblick des Aufhörens aller Lebensfunktionen eines Lebewesens:* ein plötzlicher T.; ein langer, qualvoller T. *(eine lange, qualvolle Zeitspanne bis zum Eintritt des Todes);* der T. ist durch Ersticken eingetreten; der T. kam, trat um 18 Uhr ein; dieser Verlust war sein T. *(führte dazu, dass er starb);* auf den Schlachtfeldern wurden Millionen -e gestorben (dichter.; *kamen Millionen Menschen ums Leben*); einen schweren, leichten T. haben; den T. eines Gerechten sterben; den T. fürchten, nicht scheuen; jmdm. den T. wünschen; Kinder, kommt rein, ihr holt euch noch den T. (emotional übertreibend; *ihr werdet auf den Tod krank*); eines natürlichen, gewaltsamen -es sterben; jmdm. die Treue halten bis in den/bis zum T.; jmdn. in den T. treiben; für seine Überzeugung in den T. gehen (geh.; *sein Leben opfern*); er hat seinen Leichtsinn mit dem T./-e bezahlen müssen; jmdn. vom T./-e erretten; ein Tier zu -e schinden *(so schinden, dass es stirbt);* er ist zu -e erkrankt *(so sehr erkrankt, dass er dabei sterben könnte);* er hat sich zu -e gestürzt *(ist so unglücklich gestürzt, dass er dadurch zu Tode gekommen ist);* er wurde zum -e verurteilt; diese Krankheit führt zum T.; R umsonst ist [nur] der T. [und der kostet das Leben] *(es gibt nichts umsonst, für alles muss bezahlt werden);* Ü mangelndes Vertrauen ist der T. *(bedeutet das Ende)* jeder näheren menschlichen Beziehung; * **der schwarze T.** *(die Pest);* **der weiße T.** *(der Tod durch Lawinen, durch Erfrieren im Schnee);* **den T. finden** (geh.; *ums Leben kommen*); **tausend -e sterben** (emotional übertreibend; *voller Angst, Zweifel, Unruhe sein*); **des -es sein** (geh. veraltend; *sterben müssen*); **auf den T.** (geh.; *in einer Weise, die das Leben bedroht, die lebensgefährlich ist*): auf den T. krank, erkältet sein; **auf/**(seltener:) **für den T.** (ugs. emotional übertreibend; *in äußerstem Maße, ganz u. gar, überhaupt*): er konnte ihn auf den/für den T. nicht ausstehen;

mit T. abgehen (veraltet; *sterben*); **zu -e kommen** (geh.; *den Tod finden*); **zu -e** (emotional übertreibend; *sehr, aufs Äußerste, schrecklich*): sich zu -e langweilen; er war zu -e erschrocken; **etw. zu -e reiten** (*etw. bis zum Überdruss wiederholen; so oft behandeln o. Ä., dass es seiner Wirkung beraubt wird*). **2.** (oft dichter. od. geh.) *in der Vorstellung als meist schaurige, düstere, grausame Gestalt gedachte Verkörperung des Todes* (1); *die Endlichkeit des Lebens versinnbildlichende Gestalt:* der T. als Sensenmann; der T. klopft an, lauert auf der Straße, nahm ihm die Feder aus der Hand; er sah aus wie der leibhaftige T.; dem T. entfliehen, trotzen; er ist dem T. von der Schippe gesprungen (scherzh.; *ist einer tödlichen Gefahr entronnen, hat eine lebensgefährliche Krankheit überwunden*); er hat dem T. ins Auge gesehen (*war in Lebensgefahr*); mit dem T./-e ringen (*lebensgefährlich erkrankt, dem Sterben nahe sein*); ***T. und Teufel** (*alles Mögliche, alle möglichen Leute*); **T. und Teufel!** (Fluch); **weder T. noch Teufel/sich nicht vor T. und Teufel fürchten** (*sich vor nichts fürchten*).

tod- (emotional verstärkend): drückt in Bildungen mit Adjektiven eine Verstärkung aus/*sehr:* todfroh, -hungrig.

tod|bleich ⟨Adj.⟩: *totenbleich.*

tod|brin|gend ⟨Adj.⟩: *den Tod herbeiführend:* -e Krankheiten, Gifte.

Tod|dy [...di], der; -[s], -s [engl. toddy < Hindi tāṛī = Palmensaft]: **1.** *Palmwein.* **2.** *Mixgetränk mit Arrak.*

tod|elend ⟨Adj.⟩ (emotional verstärkend): *sehr elend:* er fühlte sich t.

tod|ernst ⟨Adj.⟩ (emotional verstärkend): *sehr ernst, ganz u. gar ernst:* mit -er Miene.

To|des|ah|nung, die: *Ahnung* (1) *des nahen Todes.*

To|des|angst, die: **1.** *Angst vor dem [nahen] Tod.* **2.** (emotional verstärkend) *sehr große Angst:* ich stehe immer Todesängste aus, wenn meine Kinder mit dem Motorrad unterwegs sind.

To|des|an|zei|ge, die: *Anzeige* (2), *in der jmds. Tod mitgeteilt wird.*

To|des|da|tum, das: vgl. Todesjahr.

To|des|dro|hung, die: *Drohung, jmdn. zu töten.*

To|des|en|gel, der: *den Tod verkündender Engel; Engel des Todes.*

To|des|er|klä|rung, die: *amtliches Schriftstück, durch das eine verschollene Person für tot erklärt wird.*

To|des|fall, der: *Tod eines Menschen in einer Gemeinschaft, bes. innerhalb der Familie:* das Geschäft ist wegen -[e]s geschlossen.

To|des|fol|ge, die ⟨o. Pl.⟩ (Rechtsspr.): *Tod eines Menschen als Folge einer bestimmten Handlung:* Körperverletzung mit T.

To|des|furcht, die (geh.): vgl. Todesangst (1).

To|des|ge|fahr, die (seltener): *Lebensgefahr.*

To|des|jahr, das: *Jahr, in dem jmd. gestorben ist.*

To|des|kampf, der: *das Ringen eines Sterbenden mit dem Tod; Agonie:* ein langer, schwerer T.

To|des|la|ger, das: *[Konzentrations]lager, in dem Häftlinge in großer Zahl sterben od. getötet werden.*

To|des|mut, der: *großer Mut in gefährlichen Situationen, bei denen auch das Leben auf dem Spiel stehen kann.*

to|des|mu|tig ⟨Adj.⟩: *Todesmut beweisend; sehr mutig.*

To|des|nach|richt, die: *Nachricht vom Tode eines Menschen.*

To|des|not, die (geh.): *äußerste Not* (1), *bei der Todesgefahr für jmdn. besteht:* in T., in Todesnöten sein.

To|des|op|fer, das: *Mensch, der bei einem Unglück, einer Katastrophe o. Ä. umgekommen ist:* der Verkehrsunfall forderte drei T.

To|des|qual, die (geh.): vgl. Todesnot.

To|des|ra|te, die: *Rate* (2), *statistisch ermittelte Anzahl von Todesfällen.*

To|des|schrei, der: *vom Menschen od. Tier in Todesnot ausgestoßener Schrei.*

To|des|schuss, der: *[gezielter] Schuss, durch den jmd. getötet wird.*

To|des|schüt|ze, der: *jmd., der einen Menschen erschossen hat.*

To|des|schwa|dron, die: *(bes. in Südamerika) faschistische, meist paramilitärisch organisierte Gruppe, Einheit, die mit tödlichen, terroristischen Gewaltaktionen ihr Ziel verfolgt.*

To|des|spi|ra|le, die (Eis-, Rollkunstlauf): *Figur im Paarlauf, bei der die Partnerin fast horizontal zum Boden auf einem Bein fahrend um die Achse des Partners gezogen wird.*

To|des|stoß, der: *mit einer Stichwaffe ausgeführter Stoß, durch den der Tod eines [bereits dem Tode nahen] Menschen od. Tieres herbeigeführt wird:* einem verletzten Tier den T. geben, versetzen.

To|des|stra|fe, die: *Strafe, bei der eine Tat mit dem Tod geahndet wird:* etw. bei T. verbieten.

To|des|stun|de, die: *Stunde, die jmdm. den Tod bringt, in der jmd. stirbt.*

To|des|tag, der: vgl. Todesjahr.

To|des|ur|sa|che, die: *Ursache für den Tod eines Menschen od. eines Tieres:* die T. feststellen.

To|des|ur|teil, das: *gerichtliches Urteil, mit dem über jmdn. die Todesstrafe verhängt wird:* das T. an jmdm. vollstrecken, vollziehen.

To|des|ver|ach|tung, die: *Nichtachtung des Todes in einer gefährlichen Lage, Situation; Furchtlosigkeit bei Todesgefahr:* ***etw. mit T. tun** (scherzh.; *etw. mit großer Überwindung u. ohne sich dabei etw. anmerken zu lassen tun*).

To|des|zeit, die: *Zeitpunkt, zu dem jmd. gestorben ist.*

To|des|zel|le, die: *Gefängniszelle für Häftlinge, die zum Tode verurteilt sind.*

To|des|zo|ne, die: *Gebiet, Bezirk, in dessen Grenzen der unerlaubte Aufenthalt tödliche Gefahren bringt.*

Tod|feind, der [mhd. tôtvīent] (emotional verstärkend): *hasserfüllter, unversöhnlicher Feind, Gegner:* jmds. T. sein; ***jmdm. T. sein** (geh. veraltend; *jmdm. äußerst feindlich gegenüberstehen*): die beiden waren sich, einander T.

Tod|fein|din, die: w. Form zu ↑Todfeind.

tod|ge|weiht ⟨Adj.⟩ (geh.): *dem Tod nicht mehr entgehen könnend:* -e Häftlinge.

tod|krank ⟨Adj.⟩: *sehr schwer krank [u. dem Tode nahe]:* er ist ein -er Mann.

tod|lang|wei|lig ⟨Adj.⟩ (emotional verstärkend): *sehr, äußerst langweilig:* ein -er Abend, Vortrag.

töd|lich ⟨Adj.⟩ [mhd. tœtlich, ahd. tōdlīh]: **1.** *den Tod verursachend, herbeiführend, zur Folge habend; mit dem Tod als Folge:* ein -er Unfall; (bes. Rechtsspr.:) Körperverletzung mit -em Ausgang; eine -e *(lebensbedrohende)* Gefahr; er ist t. verunglückt; Ü solche Äußerungen in seiner Gegenwart können t. sein (emotional übertreibend; *können gefährlich sein, sehr unangenehme, üble Folgen haben*). **2.** (emotional übertreibend) **a)** *sehr groß, stark, ausgeprägt:* -er Hass; etw. mit -er *(absoluter)* Sicherheit erraten; **b)** ⟨intensivierend bei Verben u. Adj.⟩ *sehr, überaus, in höchstem Maße:* sich t. langweilen.

tod|mü|de ⟨Adj.⟩ (emotional verstärkend): *sehr, äußerst müde:* sie sank t. ins Bett.

tod|schick ⟨Adj.⟩ (ugs. emotional verstärkend): *sehr, außerordentlich schick:* eine -e Frau; sie kleidet sich immer t.

tod|si|cher (ugs. emotional verstärkend): **I.** ⟨Adj.⟩ *ganz u. gar sicher* (2, 5), *völlig zuverlässig, gewiss, gesichert; ohne den geringsten Zweifel eintretend, bestehend:* ein -er Tipp; eine -e Sache. **II.** ⟨Adv.⟩ *mit größter Wahrscheinlichkeit, Sicherheit; ganz ohne Zweifel:* er kommt t., hat sich t. verspätet.

tod|still ⟨Adj.⟩ (emotional verstärkend, seltener): *totenstill.*

Tod|sün|de, die [mhd. tôtsünde] (kath. Kirche): *schwere, im Unterschied zur lässlichen Sünde den Verlust der übernatürlichen Gnade u. der ewigen Seligkeit bewirkende Sünde:* eine T. begehen.

tod|trau|rig ⟨Adj.⟩ (emotional verstärkend): *sehr, außerordentlich traurig.*

tod|un|glück|lich ⟨Adj.⟩ (emotional verstärkend): *sehr, äußerst unglücklich.*

Toe|loop ['tu:lu:p, 'to:lu:p, engl.: 'toʊlu:p], der; -[s], -s [engl. toe loop (jump), aus: toe = Schuhspitze, Zeh u. loop, ↑Looping] (Eis-, Rollkunstlauf): *vorwärts eingeleiteter Sprung, bei dem nach dem Anlauf mit der Zacke des Schlittschuhs ins Eis eingestochen u. nach einer Drehung in der Luft auf dem Fuß, mit dem abgesprungen wurde, gelandet wird.*

töff ⟨Interj.⟩ (Kinderspr.): lautm. für das Geräusch des Motors, einer Hupe o. Ä.

Töff, das, auch: der; -s, -s (schweiz. mdal.): *Motorrad.*

Tof|fee [...fi, auch: ...fe], das; -s, -s [engl. toffee, H. u.]: *weicher Sahnebonbon.*

Töff|töff, das; -s, -s [↑töff] (Kinderspr.): **1.** *Auto.* **2.** *Motorrad, -roller.*

To|fu, der; -[s] [jap. tōfu, aus dem Chines.]: *aus Sojabohnen gewonnenes käseähnliches geschmacksneutrales Nahrungsmittel.*

To|ga, die; -, ...gen [lat. toga, eigtl. = Bedeckung]: *weites Obergewand der [vornehmen] Römer.*

To|go; -s: Staat in Westafrika.

To|go|er, der; -s, -: Ew.

To|go|e|rin, die; -, -nen: w. Form zu ↑Togoer.

to|go|isch ⟨Adj.⟩: *Togo, die Togoer betreffend; von den Togoern stammend, zu ihnen gehörend.*

To|go|le|se, der; -n, -n: Ew.

To|go|le|sin, die; -, -nen: w. Form zu ↑Togolese.

to|go|le|sisch ⟨Adj.⟩: *togoisch.*

To|hu|wa|bo|hu, das; -[s], -s [hebr. tohû wạ vohû = Wüste u. Öde, nach der Lutherschen Übersetzung des Anfangs der Genesis (1. Mos. 1,2)]: *völliges Durcheinander; Wirrwarr, Chaos.*

Toi|lẹt|te [toa...], die; -, -n [frz. toilette, eigtl. = Vkl. von: toile < lat. tela = Tuch, urspr. = Tuch, worauf man das Waschzeug legt; 2 a: frz. cabinet de toilette]: **1. a)** ⟨o. Pl.⟩ (geh.) *das Sichankleiden, Sichfrisieren, Sichzurechtmachen:* die morgendliche T. beenden; T. machen (*sich ankleiden, frisieren, zurechtmachen*); **b)** *Damenkleidung, bes. für festliche Anlässe:* man sah bei dem Ball viele kostbare, herrliche -n; die Damen erschienen in großer T.; **c)** (veraltet) kurz für ↑Frisiertoilette. **2. a)** *meist kleinerer Raum mit einem Klosettbecken [u. Waschgelegenheit]:* eine öffentliche T.; auf die, in die, zur T. gehen; **b)** *Klosettbecken in einer Toilette* (2 a): etw. in die T. werfen.

Toi|lẹt|te|ar|ti|kel usw. (österr., sonst selten): ↑Toilettenartikel usw.

Toi|lẹt|ten|ar|ti|kel, der: *Artikel* (3) *für die Toilette* (1 a), *für die Körperpflege.*

Toi|lẹt|ten|be|cken, das: *Klosettbecken, Toilette* (2 b).

Toi|lẹt|ten|fens|ter, das: *Fenster einer Toilette* (2 a).

Toi|lẹt|ten|frau, die: *Frau, die öffentliche Toiletten* (2 a) *reinigt u. in Ordnung hält.*

Toi|lẹt|ten|häus|chen, das: *im Freien, meist in der Nähe einer öffentlichen Anlage aufgestellte Toilette* (2 a) *für die Benutzung durch Teilnehmende einer Veranstaltung o. Ä.*

Toi|lẹt|ten|mann, der ⟨Pl. ...männer⟩: vgl. Toilettenfrau.

Toi|lẹt|ten|pa|pier, das: *Papier zur Säuberung nach der Toilettenbenutzung.*

Toi|lẹt|ten|sitz, der: *auf dem Toilettenbecken befestigter [hochklappbarer], ringförmiger Sitz aus Plastik od. Holz.*

Toi|lẹt|ten|spie|gel, der: *großer Spiegel, bes. als Teil einer Frisiertoilette.*

Toi|lẹt|ten|spruch, der: *etw., meist Anzügliches, was jmd. an die Wand einer öffentlichen Toilette geschrieben hat; Klospruch.*

Toi|lẹt|ten|tisch, der: *Frisiertoilette.*

Toi|lẹt|ten|tür, die: *Tür einer Toilette* (2 a).

Toi|lẹt|ten|wa|gen, der: *meist von einer Zugmaschine gezogener großer Wagen, in den Toiletten* (2 a) *installiert sind u. der bei Jahrmärkten, Großveranstaltungen im Freien o. Ä. eingesetzt wird.*

Toi|lẹt|ten|was|ser, das ⟨Pl. ...wässer⟩: *Eau de Toilette.*

toi, tọi, toi [lautm. für dreimaliges Ausspucken] (ugs.): 1. drückt aus, dass man jmdm. für ein Vorhaben, bes. für einen künstlerischen Auftritt, Glück, Erfolg wünscht: t., t., t. für deine Prüfung! 2. (häufig zusammen mit »unberufen!« dieses verstärkend) drückt aus, dass man etw. nicht [1]berufen (4) will: bisher bin ich, [unberufen] t., t., t., ohne jeden Verlust davongekommen.

To|kai|er, Tokajer [toˈkaiɐ, ˈto:kaiɐ], der; -s, - [nach der ung. Stadt Tokaj]: *süßer, aus Ungarn stammender Dessertwein von hellbrauner Farbe.*

To|kai|er|wein, der: *Tokaier.*

To|ka|jer: ↑Tokaier.

To|ka|jer|wein, der: *Tokaier.*

To|ken [ˈtoʊkən], das; -s, -s [engl. token = Zeichen, Marke] (bes. EDV): *Folge zusammengehöriger Zeichen od. Folge von Bits.*

Tọ|kio: Hauptstadt von Japan.

[1]Tọ|ki|o|er, der; -s, -: Ew.

[2]Tọ|ki|o|er ⟨indekl. Adj.⟩.

Tọ|ki|o|e|rin, die; -, -nen: w. Form zu ↑[1]Tokioer.

[1]To|ki|o|ter, der; -s, -: Ew.

[2]To|ki|o|ter ⟨indekl. Adj.⟩.

To|ki|o|te|rin, die; -, -nen: w. Form zu ↑[1]Tokioter.

Tọ|kyo usw.: vgl. Tokio usw.

to|le|ra|bel ⟨Adj.; ...abler, -ste⟩ [lat. tolerabilis, zu: tolerare, ↑tolerieren] (bildungsspr.): *geeignet, toleriert, gebilligt zu werden; annehmbar, erträglich.*

to|le|rạnt ⟨Adj.⟩ [(frz. tolérant <) lat. tolerans (Gen.: tolerantis) = duldend, ausdauernd, adj. 1. Part. von: tolerare, ↑tolerieren]: 1. *(in Fragen der religiösen, politischen o. a. Überzeugung, der Lebensführung anderer) bereit, eine andere Anschauung, Einstellung, andere Sitten, Gewohnheiten u. a. gelten zu lassen:* ein -er Mensch; eine -e Einstellung; t. sein gegen andere/gegenüber anderen. 2. (ugs. verhüll.) *in sexueller Hinsicht großzügig; den verschiedenen sexuellen Praktiken gegenüber aufgeschlossen* (bes. in Inseraten übliche Ausdrucksweise).

To|le|rạnz, die; -, -en [1: lat. tolerantia, zu: tolerare, ↑tolerieren]: 1. ⟨o. Pl.⟩ (bildungsspr.) *das Tolerantsein* (1); *Duldsamkeit:* T. gegen jmdn. üben. 2. (Med.) *begrenzte Widerstandsfähigkeit des Organismus gegenüber [schädlichen] äußeren Einwirkungen (bes. gegenüber Giftstoffen od. Strahlen).* 3. (bes. Technik) *zulässige Differenz zwischen der angestrebten Norm u. den tatsächlichen Maßen, Größen, Mengen o. Ä.:* maximale, enge -en.

To|le|rạnz|be|reich, der (bes. Technik): *Bereich, innerhalb dessen eine Abweichung von der Norm noch zulässig ist.*

To|le|rạnz|gren|ze, die: *Grenze des Tolerierbaren.*

to|le|rie|r|bar ⟨Adj.⟩: *tolerabel.*

to|le|rie|ren ⟨sw. V.; hat⟩ [lat. tolerare = (er)dulden]: 1. (bildungsspr.) *dulden, zulassen, gelten lassen (obwohl es nicht den eigenen Vorstellungen o. Ä. entspricht):* jmdn. t.; der Staat toleriert diese Aktivitäten. 2. (bes. Technik) *eine Toleranz* (3) *in bestimmten Grenzen zulassen.*

To|le|rie|rung, die; -, -en: *das Tolerieren; das Toleriertwerden.*

tọll ⟨Adj.⟩ [mhd. tol, dol, ahd. tol = dumm, töricht, eigtl. = getrübt, umnebelt, verwirrt, zu ↑Dunst]: 1. (veraltet) *sich aufgrund einer Psychose auffällig benehmend.* 2. (veraltet) *tollwütig.* 3. a) *ungewöhnlich, unglaublich:* eine -e Geschichte; b) (ugs.) *großartig, prächtig:* eine -e Figur haben; eine -e Frau; der Film war t.; die Mannschaft hat t. gespielt; c) (ugs.) *sehr groß, stark:* eine -e Hitze; d) (ugs.) ⟨intensivierend bei Verben u. Adj.⟩ *sehr:* sich t. freuen; t. verliebt sein; e) (ugs.) *schlimm:* sie trieben -e Streiche; f) (ugs.) *ausgelassen u. wild:* in -er Fahrt ging es bergab.

tọll|dreist ⟨Adj.⟩ (veraltend): *sehr dreist:* -e Geschichten.

Tọl|le, die; -, -n [md., niederd. Nebenf. von mhd. tolde, ↑Dolde]: *Haartolle.*

tọl|len ⟨sw. V.⟩ [spätmhd. tollen, zu ↑toll]: a) *(von Kindern u. spielenden Hunden, Katzen) wild, ausgelassen spielend u. lärmend herumspringen* ⟨hat⟩: die Kinder tollen im Garten; b) *sich tollend* (a) *irgendwohin bewegen* ⟨ist⟩: durch die Wiesen t.

Tol|le|rei, die; -, -en (ugs.): *das Herumtollen.*

Tọll|haus, das (früher): *Haus, in dem psychotische Menschen von der Gesellschaft abgesondert leben.*

Tọll|heit, die; -, -en [mhd. tolheit]: a) ⟨o. Pl.⟩ *das Tollsein; Verrücktheit, Unsinnigkeit;* b) *verrückte, überspannte, närrische Handlung:* ich habe genug von deinen -en!

Tol|li|tät, die; -, -en [zu ↑toll u. ↑Majestät] (scherzh.): *Faschingsprinz, -prinzessin.*

Tọll|kir|sche, die [die in den Beeren enthaltenen Alkaloide bewirken Erregungs- u. Verwirrtheitszustände]: *(zu den Nachtschattengewächsen gehörende) als hohe Staude wachsende Pflanze mit eiförmigen Blättern, rötlich violetten Blüten u. schwarzen, sehr giftigen Beeren als Früchten; Belladonna* (a).

tọll|kühn ⟨Adj.⟩ (leicht abwertend): *von einem Wagemut [zeugend], der die Gefahr nicht achtet; sehr waghalsig:* ein -es Unternehmen.

Tọll|kühn|heit, die: 1. ⟨o. Pl.⟩ *das Tollkühnsein.* 2. *tollkühne Tat, Handlung.*

Tọll|patsch, der; -[e]s, -e [älter: Tolbatz, wohl unter Einfluss von ↑toll u. ↑patschen < älter ung. talpas = breiter Fuß; breitfüßig; urspr. Neckame für den ung. Infanteristen]: *sehr ungeschickter Mensch.*

tọll|pat|schig ⟨Adj.⟩: *ungeschickt, unbeholfen (in seinen Bewegungen, in seinem Verhalten o. Ä.):* ein -er Mensch; sich t. anstellen.

Tọll|wut, die [zusger. aus älter: tolle Wut] (Med.): *(bei Haus- u. Wildtieren vorkommende) gefährliche, einen Zustand von Übererregtheit hervorrufende Viruskrankheit, die durch den Speichel kranker Tiere auch auf den Menschen übertragen werden kann.*

tọll|wü|tig ⟨Adj.⟩: *von Tollwut befallen.*

Tol|patsch usw.: frühere Schreibung für ↑Tollpatsch usw.

Tọ̈l|pel, der; -s, - [1: frühnhd., älter auch: dörpel, törpel, H. u.; 2: nach den unbeholfen wirkenden Bewegungen des Vogels auf dem Land]: 1. (abwertend) *ungeschickter, unbeholfener, einfältiger Mensch:* so ein T.! 2. *(zu den Ruderfüßern gehörender) großer Meeresvogel mit schwarz-weißem Gefieder.*

tọ̈l|pel|haft ⟨Adj.⟩ (abwertend): *von, in der Art eines Tölpels* (1).

To|lu|bal|sam, der ⟨o. Pl.⟩ [nach der Stadt Tolú in Kolumbien, dem früheren Hauptausfuhrhafen]: *(aus einem in Südamerika beheimateten Baum gewonnener) Balsam, der vor allem in der Parfümindustrie verwendet wird.*

To|lu|ol, das; -s [zu ↑Tolubalsam u. ↑Alkohol; nach dem starken Geruch] (Chemie): *als Lösungsmittel für Lacke, Öle o. Ä. verwendeter, farbloser, benzolartig riechender Kohlenwasserstoff.*

To|ma|hawk [...ha:k], der; -s, -s [engl. tomahawk < Algonkin (nordamerik. Indianerspr.) tomahak]: *Streitaxt der nordamerikanischen Indianer.*

To|ma|te, die; -, -n [frz. tomate < span. tomate < Nahuatl (mittelamerik. Indianerspr.) tomatl]: a) *(zu den Nachtschattengewächsen gehörende) als Gemüsepflanze angebaute Pflanze mit Fiederblättern, gelben, sternförmigen Blüten u. runden, [orange]roten, fleischigen Früchten;* b) *Frucht der Tomate* (a): reife -n; sie bewarfen den Redner mit faulen -n; rot werden wie eine T. (ugs. scherzh.; *heftig erröten*); *** [eine] treulose T.** (ugs. scherzh.: *jmd., der einen anderen versetzt, im Stich lässt;* H. u.); **-n auf den Augen haben** (salopp abwertend; *etw., jmdn. aus Unachtsamkeit übersehen*).

To|ma|ten|ket|chup, der od. das: vgl. Ketchup.

To|ma|ten|mark, das: *eingedicktes Fruchtfleisch reifer Tomaten.*

To|ma|ten|saft, der: *aus Tomaten hergestellter Saft.*

To|ma|ten|sa|lat, der: *aus in Scheiben geschnittenen Tomaten mit gehackten Zwiebeln, Gewürzen, Speiseöl od. saurer Sahne o. Ä. zubereiteter Salat.*

To|ma|ten|sau|ce, To|ma|ten|so|ße, die: *aus Tomatenmark od. gekochten, passierten* (3) *Tomaten zubereitete Soße.*

To|ma|ten|sup|pe, die: *aus gekochten, passierten* (3) *Tomaten zubereitete, hergestellte Suppe:* eine Büchse, ein Teller T.

Tọm|bo|la, die; -, -s u. ...len [ital. tombola, zu: tombolare = purzeln, nach dem »Purzeln« der Lose in der Lostrommel]: *Verlosung von [gestifteten] Gegenständen meist anlässlich von Festen:* eine T. veranstalten.

Tọm|my [...mi], der; -s, -s [engl., kurz für: Tommy (= Thomas) Atkins = Bez. für »einfacher Soldat« (nach den früher auf Formularen vorgedruckten Namen)]: Spitzname für den britischen Soldaten im Ersten u. Zweiten Weltkrieg.

To|mọf|fel, die; -, -n [zusgez. aus Tomate u. Kartoffel]: *durch Kreuzung zwischen Kartoffel u. Tomate mithilfe der Gentechnik entwickelte Pflanze.*

To|mo|gra|phie, (auch:) Tomografie, die; - [zu griech. tomḗ = Schnitt u. ↑-graphie]: *Verfahren der Röntgenuntersuchung* (bes. Computertomographie).

[1]Ton, der; -[e]s, (Arten:) -e [Verdumpfung von frühnhd. tahen, than, mhd. tāhe, dāhe, ahd. dāha, eigtl. = (beim Austrocknen) Dichtwerdendes]: *bes. zur Herstellung von Töpferwaren verwendetes lockeres, feinkörniges Sediment von gelblicher bis grauer Farbe:* T. formen, brennen; Gefäße aus T.

[2]Ton, der; -[e]s, Töne [mhd. tōn, dōn = Lied; Laut, Ton, ahd. tonus < lat. tonus = das (An)spannen (der Saiten); Ton, Klang < griech. tónos, zu: teínein = (an)spannen, dehnen; 5: wohl nach frz. ton < lat. tonus]: 1. a) *vom Gehör wahrgenommene gleichmäßige Schwingung der Luft, die (im Unterschied zum Klang) keine Obertöne aufweist:* ein hoher, tiefer T.; der T. verklingt; einen T., Töne hervorbringen; b) *(aus einer Reihe harmonischer Töne* 1 a *zusammengesetzter) Klang* (1): ein klarer, runder T.; ein ganzer, halber T. (Musik; *Abstand eines Tones vom nächsten innerhalb einer Tonleiter*); den T. (Musik; *die Tonstufe*) a auf dem Klavier anschlagen; [den Sängerinnen und Sängern] den T. *(die Tonhöhe)* angeben; R der T. macht die Musik *(es kommt auf die* [1]*Tonart* 2 *an, in der jmd. etwas sagt, vorbringt);* Ü man hört den falschen T., die falschen Töne in seinen Äußerungen *(man hört, dass das, was er sagt, nicht ehrlich gemeint ist);* *** den T. angeben** *(tonangebend sein);* **jmdn., etw. in den höchsten Tönen loben** *(jmdn., etw. überschwänglich loben);* c) (Rundf., Film, Ferns.) *Tonaufnahme:* den T. steuern, aussteuern; einem Film T. unterlegen; T. ab! – T. läuft! *(Kommando u. Bestätigung des Kommandos bei der Aufnahmearbeit).* 2. a) ⟨meist Sg.⟩ *Rede-, Sprech-, Schreibweise, Tonfall* (2): sein T., der T. seines Briefes ist arrogant; was ist das für ein T.? (Ausdruck der Entrüstung); bei ihnen herrscht ein ungezwungener, rauer T. *(Umgangston);* nicht den richtigen T. finden; einen überheblichen T. anschlagen; ich verbitte mir diesen T.!; sich einen anderen T. ausbitten; etw. in einem freundlichen T. sagen; sich im T. vergreifen; *** einen [furchtbaren o. ä.] T. am Leib haben** (ugs. abwertend; *in ungebührlicher Weise sprechen, sich äußern*); **einen anderen, schärferen o. ä. T. anschlagen** *(von nun an größere Strenge walten lassen);* b) (ugs.) *Wort; Äußerung:* keinen T. reden, verlauten lassen; er konnte vor Überraschung, Heiserkeit keinen T. heraus-, hervorbringen; er hätte nur einen T. zu sagen brauchen; ich möchte keinen T. mehr hören (ugs.; Aufforderung bes. an ein Kind, keine Widerrede mehr zu geben); R hast du/haste/hat der Mensch Töne? (salopp; Ausruf des Erstaunens; *hat man dafür noch Worte?*); * **große/dicke Töne reden, schwingen, spucken** (ugs. abwertend; *großspurig, angeberisch reden*); **der gute,** (seltener:) **feine T.** (*Regeln des Umgangs;* nach A. v. Knigge, ↑Knigge): den guten T. verletzen; etw. gehört zum guten T. **3.** *Betonung* (1), *Akzent* (1 a): die zweite Silbe trägt den T. **4.** (Literaturw.) *(in der Lyrik des MA. u. im Meistersang) sich gegenseitig bedingende Strophenform u. Melodie; Einheit von rhythmisch-metrischer Gestalt u. Melodie.* **5.** kurz für ↑Farbton: kräftige, warme, matte Töne; Polstermöbel und Tapeten sind im T. aufeinander abgestimmt; die Farbe ist einen T. (ugs.; *eine Nuance*) zu grell; * **T. in T.** *([in Bezug auf zwei od. mehrere Farbtöne] nur in Nuancen voneinander abweichend u. einen harmonischen Zusammenklang darstellend).*

Ton|ab|neh|mer, der: kurz für Tonabnehmersystem.

Ton|ab|neh|mer|sys|tem, das: *(beim Plattenspieler) am vorderen Ende des Tonarms befestigter Teil (in dem sich die Grammophonnadel befindet) mit der Aufgabe, die mechanischen Schwingungen in elektrische Wechselspannung umzuwandeln.*

to|nal (Adj.) [wohl frz. tonal, zu: ton < lat. tonus, ↑[2]Ton] (Musik): *auf die Tonika der Tonart bezogen, in der ein Musikstück steht.*

To|na|li|tät, die; - [wohl frz. tonalité, zu: tonal, ↑tonal] (Musik): **a)** *jegliche Beziehung zwischen Tönen, Klängen u. Akkorden;* **b)** *Bezogenheit von Tönen, Klängen u. Akkorden auf die Tonika der Tonart, in der ein Musikstück steht.*

ton|an|ge|bend (Adj.): *als nachzuahmendes Vorbild geltend; eine maßgebliche Rolle spielend:* die -en Kreise; t. sein.

Ton|arm, der: *(beim Plattenspieler) schwenkbarer Arm* (2), *dessen vorderes Ende das Tonabnehmersystem trägt.*

[1]Ton|art, die: **1.** (Musik) *Stufenfolge von Tönen, die auf einen bestimmten Grundton bezogen ist u. gleichzeitig ein bestimmtes Tongeschlecht aufweist:* eine Sonate steht in der T. C-Dur, a-Moll. **2.** *Art u. Weise, in der jmd. spricht, etw. äußert; Tonfall* (2): eine respektlose T.; * **eine andere, schärfere o. ä. T. anschlagen** (↑[2]Ton 2 a).

[2]Ton|art, die: *bestimmte Art* [1]*Ton.*

ton|ar|tig (Adj.): *so ähnlich wie* [1]*Ton.*

Ton|auf|nah|me, die: *Tonaufzeichnung.*

Ton|auf|nah|me|ge|rät, das: *Gerät, das akustische Vorgänge auf Tonband, Tonspur od. Schallplatte aufzunehmen vermag.*

Ton|auf|zeich|nung, die (Rundf., Ferns.): *das Aufzeichnen* (2) *von akustischen Vorgängen mithilfe von Tonaufnahmegeräten.*

Ton|aus|fall, der (Rundf., Ferns.): *Ausfallen des* [2]*Tones* (1) *bei einer Sendung.*

Ton|band, das (Pl. ...bänder): **1.** *schmales, auf einer Spule aufgewickeltes, mit einer magnetisierbaren Schicht versehenes Kunststoffband, das zur magnetischen Speicherung bes. von Musik u. Sprache dient:* etw. auf T. [auf]nehmen; [etw.] auf T. sprechen. **2.** (ugs.) kurz für ↑Tonbandgerät.

Ton|band|auf|nah|me, die: *elektroakustische Tonaufnahme auf ein Tonband.*

Ton|band|ge|rät, das: *Gerät zur magnetischen Aufzeichnung u. Wiedergabe bes. von Musik u. Sprache.*

Ton|band|pro|to|koll, das: *auf Tonband aufgenommenes Protokoll.*

Ton|be|zeich|nung, die (Musik): *Bezeichnung der einzelnen* [2]*Töne* (1 b) *eines Tonsystems* (z. B. durch Buchstaben).

Ton|bild, das: *Lichtbild, Dia mit gleichzeitig laufendem, synchronisiertem* [2]*Ton* (1).

Ton|bo|den, der: *tonhaltiger Boden.*

Ton|buch|sta|be, der: *zur Tonbezeichnung verwendeter Buchstabe des Alphabets.*

Ton|dau|er, die: *Zeitdauer, in der ein* [2]*Ton* (1 b) *gehalten wird.*

Ton|dich|tung, die (Musik): *zur Programmmusik gehörende [Form der] Orchestermusik.*

To|ne: Pl. von ↑[1]Ton.

Tö|ne: Pl. von ↑[2]Ton.

tö|nen (sw. V.; hat) [1: mhd. doenen, toenen; 3: zu ↑[2]Ton (5)]: **1.** *als* [2]*Ton* (1) *od. Schall hörbar sein:* hell, laut, dumpf t.; aus der Bar tönte Musik. **2. a)** (ugs. abwertend) *prahlerisch, angeberisch reden:* er tönte mal wieder; von seinen Erfolgen t.; »Meine Mannschaft wird gewinnen«, tönte *(verkündete großspurig)* der Trainer; **b)** (schweiz.) *klingen* (2). **3.** *in der Färbung abschattieren, um Nuancen verändern; mit einer bestimmten Färbung versehen:* die Wände beige t.; sie hat ihr Haar [rötlich] getönt; getönte Brillengläser.

To|ner, der; -s, - [engl. toner, zu: tone = Ton; Farbgebung, Schattierung < (a)frz. ton < lat. tonus, ↑[2]Ton] (Druckw.): *Farbpulver als Druckfarbe für Kopiergeräte, Drucker o. Ä.*

Ton|er|de, die: **1.** (seltener) [1]*Ton.* **2.** (Chemie) *Oxid des Aluminiums.* **3.** * **essigsaure T.** (1. *weißes, teilweise in Wasser lösliches Pulver, das in der Farbenindustrie Verwendung findet.* 2. volkst.; *wässrige Lösung der essigsauren Tonerde, die in der Medizin für Umschläge u. a. verwendet wird*).

tö|nern (Adj.): *aus* [1]*Ton.*

Ton|fall, der (Pl. selten): **1.** *Art des Sprechens im Hinblick auf Sprachmelodie, Intonation, die Eigenart des Klanges der Sprache eines Sprechenden:* sie hat einen schwäbischen T.; er sprach mit singendem T. **2.** [1]*Tonart* (2).

Ton|film, der: *Spielfilm, bei dem (im Unterschied zum Stummfilm) auch der* [2]*Ton* (1) *aufgezeichnet ist (u. synchron mit der Bildfolge abläuft).*

Ton|fol|ge, die: *Aufeinanderfolge von* [2]*Tönen* (1).

Ton|ga; -s: Inselstaat im südlichen Pazifischen Ozean.

[1]Ton|ga|er, der; -s, -: Ew.

[2]Ton|ga|er (indekl. Adj.).

Ton|ga|e|rin, die; -, -nen: w. Form zu ↑[1]Tongaer.

Ton|ga|in|seln (Pl.): Inselgruppe im südlichen Pazifischen Ozean.

ton|ga|isch (Adj.): *Tonga, die* [1]*Tongaer betreffend; von den* [1]*Tongaern stammend, zu ihnen gehörend.*

Ton|ga|spra|che, die (o. Pl.): *polynesische Sprache der* [1]*Tongaer.*

Ton|ge|bung, die: **1.** (Musik) *Intonation* (3). **2.** (Sprachw.) *Intonation* (5).

Ton|ge|fäß, das: *tönernes Gefäß.*

Ton|ge|schirr, das: *tönernes Geschirr.*

Ton|ge|schlecht, das (Musik): *nach Dur u. Moll unterschiedener Charakter einer* [1]*Tonart* (1).

Ton|gut, das (o. Pl.): *keramische Erzeugnisse.*

ton|hal|tig, (österr.:) **ton|häl|tig** (Adj.): [1]*Ton enthaltend:* -e Erde.

Ton|hö|he, die: *Höhe eines* [2]*Tons* (1 a).

To|ni: Pl. von ↑Tonus.

To|nic, das; -[s], -s [engl. tonic (water), zu: tonic = stärkend, belebend < frz. tonique < griech. tonikós, ↑Tonikum]: **1.** *mit Kohlensäure u. Chinin versetzte, leicht bitter schmeckende Limonade [zum Verdünnen von hochprozentigen alkoholischen Getränken].* **2.** *Gesichtswasser, Haarwasser.*

To|nic|wa|ter [...ˈwɔːtə], das; -, -: *Tonic.*

to|nig (Adj.): [1]*Ton enthaltend:* -e Erde.

-to|nig: in Zusb., z. B. hochtonig.

-tö|nig: in Zusb., z. B. eintönig.

[1]To|ni|ka, die; -, ...ken [ital. (vocale) tonica, zu: tonico = betont, zu: tono < lat. tonus, ↑[2]Ton] (Musik): **a)** *Grundton einer Tonleiter;* **b)** *Grundton eines Musikstücks;* **c)** *Dreiklang auf der ersten Stufe;* Zeichen: T.

[2]To|ni|ka: Pl. von ↑Tonikum.

To|ni|kum, das; -s, ...ka [nlat., zu griech. tonikós = gespannt; Spannkraft bewirkend, zu: tónos, ↑[2]Ton] (Pharm.): *kräftigendes Mittel.*

Ton|in|ge|ni|eur, der (Rundf., Ferns., Film): *für die Tonaufnahmen u. ihre Wiedergabe verantwortlicher Techniker.*

Ton|in|ge|ni|eu|rin, die: w. Form zu ↑Toningenieur.

[1]to|nisch (Adj.) (Musik): *die* [1]*Tonika (c) betreffend:* ein -er Dreiklang.

[2]to|nisch (Adj.) (Med.): **a)** *den Tonus* (1) *betreffend;* **b)** *(von Muskeln) angespannt, sehr stark kontrahiert:* -e Krämpfe; **c)** *kräftigend; stärkend:* -e Medikamente.

Ton|ka|me|ra, die: **1.** (Film) *Apparat, der Tonaufnahmen macht.* **2.** *Filmkamera, die gleichzeitig Tonaufnahmen machen kann.*

Ton|kopf, der: *Tonabnehmer.*

ton|kräf|tig (Adj.) (schweiz.): *eine intensive Farbe aufweisend.*

Ton|kunst, die (o. Pl.) (geh.): *Musik (als Kunstgattung).*

Ton|la|ge, die (Musik): vgl. Tonhöhe: eine hohe, tiefe T.

Ton|lei|ter, die (Musik): *Abfolge von* [2]*Tönen* (1 b) *(im Abstand von Ganz- u. Halbtönen) innerhalb einer Oktave.*

Ton|loch, das: *Griffloch.*

ton|los (Adj.): *ohne Klang, Ausdruck:* mit -er Stimme sprechen.

Ton|ma|le|rei, die (Musik): *Wiedergabe von Vorgängen der Umwelt durch Tonfolgen, Klänge, Klangeffekte.*

ton|ma|le|risch (Adj.): *die Tonmalerei betreffend, mit ihren Mitteln.*

Ton|mi|scher, der (Film, Funk, Ferns.): **1.** *Mischpult.* **2.** *jmd., der am Mischpult arbeitet.*

Ton|mi|sche|rin, die: w. Form zu ↑Tonmischer (2).

Ton|na|ge [tɔˈnaːʒə], die; -, -n [frz. tonnage, zu: tonne = Tonne < mlat. tunna, ↑Tonne] (Seew.): **1.** *in Bruttoregistertonnen angegebener Rauminhalt eines Schiffes.* **2.** *gesamte Flotte (einer Reederei, eines Staates).*

Tönn|chen, das; -s, -: **1.** Vkl. zu ↑Tonne (1). **2.** (ugs. scherzh.) *kleiner dicker Mensch:* sie ist ein [richtiges kleines] T.

Ton|ne, die; -, -n [1: mhd. tonne, tunne, ahd. tunna < mlat. tunna = Fass, wohl aus dem Kelt.]: **1.** *großer, aus Metall bestehender [geschlossener u. nur mit einem Spundloch versehener] zylindrischer Behälter zum Aufnehmen, Transportieren o. Ä. bes. von flüssigen Stoffen:* eine T. mit Öl, Benzin; etw. in -n transportieren; er ist dick wie eine T. *(sehr dick).* **2.** kurz für ↑Bruttoregistertonne. **3.** *Maßeinheit von tausend Kilogramm:* eine T. Kohlen; eine T. kanadischer Weizen/(geh.:) kanadischen Weizens; eine Maschine mit einem Gewicht von 5 -n (Abk.: t). **4.** (früher) *Hohlmaß bes. für Wein u. Bier* (100 bis 700 l). **5.** (Seew.) *einer Tonne* (1) *ähnliches, schwimmendes, verankertes Seezeichen (mit verschiedenen Funktionen).* **6.** (ugs. scherzh.) *großer dicker Mensch:* er ist eine [richtige] T. **7.** (Archit.) kurz für ↑Tonnengewölbe.

Ton|nen|ge|wöl|be, das (Archit.): *Gewölbe, dessen Querschnitt einen Halbkreis darstellt.*

Ton|nen|ki|lo|me|ter, der (Transportwesen): *Einheit für die Berechnung von Transportkosten im Güterverkehr je Tonne u. Kilometer* (Abk.: tkm).

ton|nen|schwer (Adj.): vgl. zentnerschwer.

ton|nen|wei|se (Adv.): *in der Menge, im Gewicht von Tonnen* (3): die Kirschen verfaulten t.; (mit Verbalsubstantiven auch attr.:) die -e Vernichtung von Lebensmitteln.

Ton|pfei|fe, die: *Pfeife* (2) *aus weißem* [1]*Ton.*

Ton|qua|li|tät, die: *akustische Qualität eines* [2]*Tones* (1 b), *einer musikalischen Wiedergabe.*

Ton|satz, der (Musik): **1.** *mehrstimmige musikalische Komposition.* **2.** (o. Pl.) *Harmonielehre u. Kontrapunkt (als Grundlage für das Komponieren).*

Ton|schicht, die: *aus* [1]*Ton bestehende Bodenschicht.*

Ton|schie|fer, der (Geol.): *meist bläulich graues, schiefriges Sedimentgestein.*

Ton|spur, die (Film): *schmaler, die Tonaufzeichnung enthaltender Teil eines Films* (2).

Ton|stär|ke, die: *Lautstärke* (a) *eines* [2]*Tons* (1).

Ton|stö|rung, die (Rundf., Film, Ferns.): *Störung bei der Wiedergabe des* [2]*Tons* (1).

Tọn|stück, das (veraltend): *Musikstück.*
Tọn|stu|dio, das (bes. Rundf., Film, Ferns.): *Raum für die Tonaufnahme.*
Tọn|stu|fe, die (Musik): *Stelle, die ein bestimmter [2]Ton (1 b) innerhalb der Tonleiter einnimmt.*
Ton|sur, die; -, -en [mlat. tonsura < lat. tonsura = das [1]Scheren; Schur, zu: tonsum, 2. Part. von: tondere = scheren (1 a)] (kath. Kirche früher): *kreisrund kahl geschorene Stelle auf dem Kopf von Geistlichen, bes. Mönchen.*
Tọn|sys|tem, das (Musik): *systematische Ordnung des Bestandes an [2]Tönen (1 b).*
Tọn|tau|be, die (früher): *Scheibe aus [1]Ton als Ziel beim Tontaubenschießen.*
Tọn|tau|ben|schie|ßen, das (früher): *Wurftaubenschießen.*
Tọn|tech|ni|ker, der: *vor allem bei Rundfunk, Film od. Fernsehen tätiger Techniker, der für die Tonaufnahme u. -wiedergabe verantwortlich ist.*
Tọn|tech|ni|ke|rin, die: w. Form zu ↑Tontechniker.
Tọn|trä|ger, der (Fachspr.): *Vorrichtung zur Aufnahme u. Speicherung akustischer Vorgänge (wie Schallplatte, CD, Kassette).*
Tö|nung, die; -, -en: **1.** *das Tönen* (3). **2.** *das Getöntsein.*
To|nus, der; -, Toni [lat. tonus < griech. tónos, ↑[2]Ton]: **1.** (Physiol.) *Muskeltonus.* **2.** (Musik) *Ganzton.*
Tọn|wa|re, die ⟨meist Pl.⟩: *Gegenstand, bes. Gefäß aus gebranntem [1]Ton.*
Tọn|wert, der (Fot.): *Abstufung von Grau in einem Schwarz-Weiß-Bild.*
Tọn|wie|der|ga|be, die (bes. Rundf., Ferns., Film): *Wiedergabe des [2]Tons (1 c), einer Tonaufzeichnung.*
Tọn|zei|chen, das: *Note* (1 a).
Tool [tu:l], das; -s, -s [engl. tool = Werkzeug] (EDV): *Programm, das bestimmte zusätzliche Aufgaben innerhalb eines anderen Programms übernimmt.*
top ⟨Adj.⟩ [engl. top = oberst..., höchst..., zu ↑[1]Top] (ugs. emotional verstärkend): *von höchster Güte, hervorragend; auf dem aktuellsten Stand, hochmodern:* er ist immer t. gekleidet.
[1]Tọp, das; -s, -s [engl. top = Oberteil] (Textilind.): *einem T-Shirt ähnliches, zu Röcken u. Hosen getragenes Oberteil [mit weitem Ausschnitt u. ohne Ärmel].*
[2]Tọp, der; -s, -s [engl. top] (Golf): *Schlag, bei dem der Ball oberhalb seines Zentrums getroffen wird.*
TOP, der ⟨in Verbindung mit Zahlen, o. Art. u. unflektiert⟩: = Tagesordnungspunkt: fünf Wortmeldungen zu TOP 2 [und 3].
[1]tọp-, [1]Tọp- [zu ↑top] (ugs. emotional verstärkend): **1.** drückt in Bildungen mit Adjektiven eine Verstärkung aus/*sehr, in hohem Maße:* topaktuell, -modisch. **2.** drückt in Bildungen mit Substantiven eine Verstärkung aus: Topflop, -terroristin. **3.** drückt in Bildungen mit Substantiven aus, dass etw. als ausgezeichnet, hervorragend angesehen wird: Topagentur, -angebot, -lage, -modell, -veranstaltung. **4.** drückt in Bildungen mit Substantiven aus, dass jmd. oder etw. als besonders gut, höchstrangig, als [qualitativ] erstklassig angesehen wird: Topathlet, -ausbildung, -favorit, -material, -model, -modell, -star.
[2]top-, [2]Top-: ↑topo-, Topo-.
tọp|ak|tu|ell ⟨Adj.⟩ (emotional verstärkend): *hochaktuell:* -e Frisuren.
To|pas [österr.: ˈto:pas], der; -es, -e [mhd. topâze < lat. topazus < griech. tópazos]: *farbloses bzw. in vielen hellen Farben vorkommendes, durchsichtiges, glänzendes Mineral, das als Schmuckstein verwendet wird.*
Tọpf, der; -[e]s, Töpfe [aus dem Ostmd., mhd. (md.) topf, H. u., viell. zu ↑tief u. eigtl. = trichterförmige Vertiefung]: **1.** *aus feuerfestem Material bestehendes, [beidseitig] mit einem Henkel versehenes, zylindrisches Gefäß [mit Deckel], in dem Speisen gekocht werden; Kochtopf:* ein gusseiserner T.; ein T. [mit, voll] Suppe; einen T. Kartoffeln *(einen mit Kartoffeln gefüllten Topf)* aufsetzen; **R** jeder T. findet seinen Deckel *(jeder, alles findet das ihm gemäße, zu ihm passende Gegenstück);* * **wie T. und Deckel zusammenpassen** (ugs.; *sehr gut zusammenpassen*); **seine Nase in alle Töpfe stecken** (ugs. abwertend; *sehr neugierig sein*); **jmdm. in die Töpfe gucken** (ugs.; *sich neugierig um jmds. Angelegenheiten kümmern*); **alles in einen T. werfen** (ugs.; *alles, alle gleich [schlecht] beurteilen, ohne die bestehenden Unterschiede zu berücksichtigen*). **2. a)** *offenes [bauchiges] Gefäß mit Henkel u. Tülle zur Aufnahme von Flüssigkeiten, bes. von Milch:* ein T. [mit, voll] Milch; **b)** *mehr od. weniger hohes, zylindrisches od. bauchiges Gefäß (bes. aus Keramik od. Porzellan) meist ohne Deckel für die Aufnahme von Nahrungsmitteln:* ein T. aus Steingut; ein T. [mit] Schmalz; **Ü** die Einkünfte gingen alle in den gemeinsamen, in den großen T. *(wurden Gemeinschaftseigentum);* **c)** kurz für ↑Nachttopf: auf dem T. sitzen; er muss mal auf den T. (ugs. scherzh.; *auf die Toilette gehen*); **d)** *meist sich nach oben erweiterndes Gefäß mit kreisförmiger Grundfläche (bes. aus Ton) zum Einpflanzen, Halten von Topfpflanzen:* Geranien in Töpfe pflanzen.
Tọpf|blu|me, die: *blühende Pflanze, die im Topf (2 d) gezogen wird.*
Töpf|chen, das; -s, -: Vkl. zu ↑Topf.
Tọpf|de|ckel, der: *Deckel eines Topfs* (1).
Töp|fe: Pl. von ↑Topf.
Tọp|fen, der; -s [spätmhd. topfe, H. u., viell. eigtl. = zu kleinen Klumpen (spätmhd. topf, ↑Tupf) geronnene Milch] (bayr., österr.): *[1]Quark* (1).
Töp|fer, der; -s, - [mhd. töpfer]: **1.** *jmd., der Töpferwaren aus [1]Ton herstellt* (Berufsbez.). **2.** *Ofensetzer.*
Töp|fe|rei, die; -, -en: **1.** *Betrieb od. Werkstatt eines Töpfers* (1). **2.** ⟨o. Pl.⟩ **a)** *Töpferhandwerk:* die T. erlernen; **b)** *Gegenstand aus [1]Ton od. Keramik; Töpferware.*
Töp|fer|hand|werk, das ⟨o. Pl.⟩: *Handwerk des Töpfers (1), das [2]Töpfern.*
Töp|fe|rin, die; -, -nen: w. Form zu ↑Töpfer.
töp|fern ⟨sw. V.; hat⟩: **a)** *Gegenstände aus [1]Ton, Keramiken herstellen:* in der Freizeit töpfert er gern; **b)** *durch Töpfern (a) herstellen:* Krüge, Vasen t.; getöpferte Teller.
Töp|fer|schei|be, die: *horizontal sich drehende Scheibe, auf der man beim Töpfern Gefäße formt; Drehscheibe* (2).
Töp|fer|ton, der ⟨Pl. -e⟩: *[1]Ton für die Töpferei.*
Töp|fer|wa|re, die ⟨meist Pl.⟩: *getöpferte Tonware.*
Tọpf|gu|cker, der (scherzh.): **a)** *jmd., der neugierig in die Kochtöpfe guckt, um zu sehen, was es zu essen gibt;* **b)** *jmd., der sich neugierig um Angelegenheiten anderer kümmert.*
Tọpf|gu|cke|rin, die: w. Form zu ↑Topfgucker.
tọp|fit ⟨Adj.⟩ [↑[1]top-, [1]Top-] (ugs. emotional verstärkend): *in bester körperlicher Verfassung, Form* (2).
Tọpf|krat|zer, der: *einem kleinen Schwamm ähnlicher Topfreiniger aus Stahlwolle od. Kunststoff.*
Tọpf|ku|chen, der: *Napfkuchen.*
Tọpf|lap|pen, der: *kleiner, meist quadratischer [aus mehreren Stofflagen bestehender od. gehäkelter] Lappen zum Anfassen heißer Kochtöpfe, Kuchenbleche o. Ä.*
Tọp|form, die [↑[1]top-, [1]Top-] (ugs. emotional verstärkend, bes. Sport): *Bestform.*
Tọpf|pflan|ze, die: *Zierpflanze, die im Zimmer im Topf (2 d) gehalten wird.*
Tọpf|rei|ni|ger, der: *zum Säubern von Kochtöpfen bestimmter Gegenstand.*
Tọpf|schla|gen, das; -s: *Spiel, bei dem ein Kind mit verbundenen Augen einen auf dem Boden aufgestellten Kochtopf, unter dem eine kleine Belohnung versteckt ist, tastend finden u. mit einem Löffel o. Ä. auf ihn schlagen muss.*
tọp|ge|setzt [zu engl. top, ↑top] ⟨Adj.⟩ (bes. schweiz.; Sport): *als Nummer eins gesetzt* (3 i).
Tọp|la|der, der [zu engl. top, ↑[1]Top]: **1.** *Waschmaschine, in die die Wäsche von oben eingefüllt wird.* **2.** *Kassetten- od. Videorekorder, dessen Kassettenfach u. Bedienelemente sich (im Unterschied zum Frontlader 3) auf der Oberseite des Gerätes befinden.*
tọp|less ⟨Adj.⟩ [engl., eigtl. = ohne Oberteil, aus: top (↑[1]Top) u. -less = ohne, -los]: *mit unbedecktem Busen, busenfrei; »oben ohne«.*
Tọp|ma|nage|ment, das [zu engl. top, ↑top] (Wirtsch.): *oberste Leitung eines Großunternehmens o. Ä.*
Tọp|ma|na|ger, der (Wirtsch.): *jmd., der zum Topmanagement gehört.*
Tọp|ma|na|ge|rin, die: w. Form zu ↑Topmanager.
Tọp|mann|schaft, die [↑[1]top-, [1]Top-] (emotional verstärkend): *Spitzenmannschaft.*
tọp|mo|disch ⟨Adj.⟩ [↑[1]top-, [1]Top-] (ugs. emotional verstärkend): *modisch sehr aktuell:* -e Kleidung.
to|po-, To|po-, (vor Vokalen auch:) top-, Top- [griech. tópos] ⟨Best. in Zus. mit der Bed.⟩: *Ort, Stelle, Gegend, Gebäude* (z. B. topographisch, Topologie, Toponymik).
To|po|gra|phie, die; -, -n [spätlat. topographia < griech. topographía]: **1.** (Geogr.) *Beschreibung u. Darstellung geographischer Örtlichkeiten.* **2.** (Met.) *kartographische Darstellung der Atmosphäre.* **3.** (Anat.) *Beschreibung der Körperregionen u. der Lage der einzelnen Organe zueinander; topographische Anatomie.*
to|po|gra|phisch ⟨Adj.⟩: *die Topographie betreffend.*
To|poi: Pl. von ↑Topos.
Tọ|pos, der; -, Topoi [griech. tópos, eigtl. = Ort, Stelle] (Literaturw.): *festes Schema, feste Formel, feststehendes Bild o. Ä.*
tọpp ⟨Interj.⟩ [aus der niederd. Rechtsspr., Bez. des (Hand)schlags (bei Rechtsgeschäften), H. u.] (veraltend): Ausruf der Bekräftigung nach einer vorausgegangenen [mit einem Handschlag besiegelten] Abmachung o. Ä.: *einverstanden!:* t., die Wette gilt!
Tọpp, der; -s, -e[n] u. -s [mniederd. top = Spitze, niederd. Form von ↑Zopf]: **1.** (Seemannsspr.) *Spitze eines Mastes:* eine Flagge im T. führen; * **vor T. und Takel** *(ohne jegliche Besegelung).* **2.** (scherzh.) *oberster Rang im Theater.*
tọppen ⟨sw. V.; hat⟩ [1: zu ↑Topp (1); 2, 3, 4: engl. to top, zu: top, ↑[1]Top]: **1.** (Seemannsspr.) *eine Rah od. einen Baum zur Mastspitze ziehen, hochziehen.* **2.** (Chemie) *(bei der Destillation von Erdöl) die niedrig siedenden Bestandteile abdestillieren.* **3.** (Golf) *den Ball beim Schlagen oberhalb des Zentrums treffen.* **4.** (ugs.) *jmdn. od. etw. [bei einer Sache] übertreffen.*
Tọp|po|si|ti|on, die [↑[1]top-, [1]Top-] (ugs. verstärkend): *Spitzenposition.*
Tọpp|se|gel, das [zu ↑Topp] (Seew.): *oberstes Segel.*
Tọp|qua|li|tät, die [↑[1]top-, [1]Top-] (emotional verstärkend): *beste Qualität, Spitzenqualität.*
top|se|cret [ˈtɔpsi:krɪt], ⟨Adj.⟩ [engl., aus: top (↑top) u. secret = geheim]: *streng geheim:* die Sache ist t.
Tọp|spiel, das [↑[1]top-, [1]Top-] (Sport emotional verstärkend): *Spitzenspiel.*
Tọp|spin, der; -s, -s [engl. top spin, eigtl. = Kreiseldrall, aus: top (↑top) u. spin = Drall, eigtl. = von oben gegebener Drall] (bes. Golf, Tennis, Tischtennis): **a)** *starke Drehung des Balles um seine horizontale Achse in Flugrichtung;* **b)** *Schlag, bei dem der Ball so angeschnitten od. überrissen wird, dass er einen Topspin (a) vollführt.*
Tọp|star, der [↑[1]top-, [1]Top-] (emotional verstärkend): *[2]Star (1) der Spitzenklasse.*
Tọp|tẹn, die; -, -s, (auch:) **Tọp Tẹn,** die; - -, - -s [engl. top ten, aus: top (↑top) u. ten = zehn] (Jargon): *die zehn Besten; die ersten zehn Titel, Werke o. Ä. einer Hitparade, Hitliste; aus zehn Titeln, Werken o. Ä. bestehende Hitparade, Hitliste:* sie spielten Titel aus den T. T. der deutschen Schlager.
Tọp|zu|schlag, der (Sport): *Zuschlag, den der Ver-*

anstalter bei einem Spitzenspiel bes. im Fußball erhebt.

[1]Tor, das; -[e]s, -e [mhd., ahd. tor, zu ↑Tür]: **1. a)** *[große] Öffnung in einer Mauer, in einem Zaun o. Ä., die durch ein Tor (1b) verschlossen wird; breiter Eingang, breite Einfahrt:* die Stadtmauer hat zwei -e; durch das T. fahren; **b)** *[einod. zweiflügelige] Vorrichtung aus Holz, Metall o. Ä., die [in Angeln drehbar] ein Tor (1a) verschließt:* ein schmiedeeisernes T.; die -e der Schleuse; das T. der Garage öffnet sich automatisch; das T. öffnen, schließen; ans T. klopfen; *** vor den -en ...** (geh.; *[in Bezug auf ein Gebäude, eine Stadt] außerhalb; in unmittelbarer Nähe*): sie haben ein Haus vor den -en der Stadt; **c)** (meist in Verbindung mit Namen) *selbstständiger Torbau mit Durchgang:* das Brandenburger T. **2.** ([Eis]hockey, Fußball, Handball u. a.) **a)** *durch zwei Pfosten u. eine sie verbindende Querlatte (2) markiertes Ziel, in das der Ball zu spielen ist:* das T. verfehlen; das T. hüten *(Torhüter sein)*; am T. vorbeischießen; auf ein T. spielen (Jargon; *das Spiel so überlegen führen, dass der Gegner nicht dazu kommt, Angriffe zu starten*); aufs, ins T. schießen; der Ball landete im T.; wer steht im T.? *(wer ist Torhüter[in]?)*; übers T. köpfen, vors T. flanken; *** ins eigene T. schießen** (ugs.; *etw. tun, womit man sich selbst schadet*); **b)** *Treffer mit dem Ball in das Tor (2a):* bisher sind zwei -e gefallen; ein T. schießen, erzielen; mit 2:1 -en siegen; T.! *(Ausruf bei einem gefallenen Tor)*. **3.** (Ski) *durch zwei in den Schnee gesteckte Stangen markierter Durchgang, der bes. beim Slalom passiert werden muss:* eng gesteckte -e; -e abstecken, ausflaggen.

[2]Tor, der; -en, -en [mhd. tōre, eigtl. = der Umnebelte, Verwirrte, zu ↑Dunst] (geh. veraltend): *jmd., der töricht, unklug handelt, weil er Menschen, Umstände nicht richtig einzuschätzen vermag; weltfremder Mensch:* ein gutmütiger, reiner, tumber T.

Tor|aus, das; - (Ballspiele): *Raum hinter den Torlinien des Spielfeldes.*

Tor|aus|li|nie, die (Ballspiele): *Torlinie (1).*

Tor|bau, der ⟨Pl. -ten⟩ (Archit.): *selbstständiges Gebäude od. Teil eines größeren Komplexes, der von einem [1]Tor (1a) durchbrochen ist.*

Tor|chan|ce, die (Ballspiele): *Chance, ein [1]Tor (2b) zu erzielen.*

Tor|dif|fe|renz, die (Ballspiele): *Differenz zwischen der Zahl der eigenen u. der gegnerischen [1]Tore (2b).*

To|re|a|dor, der; -s u. -en, -e[n] [span. toreador, zu: torear = mit dem Stier kämpfen, zu: toro < lat. taurus = Stier]: *[berittener] Stierkämpfer.*

Tor|ecke, die (Ballspiele): *Eck (2).*

Tor|ein|fahrt, die: *von einem [1]Tor (1a) gebildete Einfahrt (2a).*

To|re|ra, die; -, -s: w. Form zu ↑Torero.

Tor|er|folg, der (Ballspiele): *erzieltes [1]Tor (2b).*

To|re|ro, der; -[s], -s [span. torero < lat. taurarius, zu: taurus, ↑Toreador]: *Stierkämpfer.*

To|res|schluss: in der Fügung **[kurz] vor T.** *(im letzten Augenblick)*: kurz vor T. kamen sie an.

Torf, der; -[e]s, (Arten:) -e [aus dem Niederd. < mniederd. torf, zu einem Verb mit der Bed. »spalten, reißen« u. eigtl. = der Abgestochene, Losgelöste]: **1.** *(im Moor) durch Zersetzung von pflanzlichen Substanzen entstandener dunkelbrauner bis schwarzer Boden von faseriger Beschaffenheit, der getrocknet auch als Brennstoff verwendet werden kann:* T. stechen; den T. trocknen, pressen; T. auf die Beete streuen. **2.** ⟨o. Pl.⟩ *aus Torf (1) bestehender Moorboden; Moor.*

torf|ar|tig ⟨Adj.⟩: *ähnlich wie Torf (1), in der Art von Torf (1).*

Torf|bo|den, der: *Torf (2).*

Torf|er|de, die: *Torf (1) enthaltende Erde.*

Torf|feu|e|rung, die ⟨o. Pl.⟩: *Feuerung (2) mit Torf (1).*

tor|fig ⟨Adj.⟩: *aus Torf (1) bestehend; Torf (1) enthaltend:* -er Boden.

Torf|moor, das: *Torfboden aufweisendes Moor.*

Torf|moos, das ⟨Pl. -e⟩: *(bes. in Mooren vorkommendes) häufig rot od. braun gefärbtes Laubmoos.*

Torf|mull, der: *getrockneter Torf (1), der (im Garten) zur Verbesserung des Bodens verwendet wird.*

Tor|frau, die (Ballspiele): *Torwartin.*

Torf|ste|cher, der: *jmd., der Torf (1) sticht.*

Torf|ste|che|rin, die: w. Form zu ↑Torfstecher.

Torf|stich, der: **1.** *Gewinnung von Torf (1) durch Abstechen (2).* **2.** *Stelle, an der Torf (1) gestochen wird.*

Torf|streu, die: *Streu aus Torf (1).*

tor|ge|fähr|lich ⟨Adj.⟩ (Sport): *häufig erfolgreich aufs [1]Tor (2a) schießend, werfend:* ein -er Stürmer, Angriff.

Tor|ge|le|gen|heit, die (Ballspiele): *Torchance.*

Tor|heit, die; -, -en [mhd. tōrheit, zu ↑[2]Tor] (geh.): **1.** ⟨o. Pl.⟩ *mangelnde Klugheit; Dummheit (1), Unvernunft:* eine unglaubliche, schreckliche T.; etw. zeugt von jmds. T. **2.** *törichte (a) Handlung:* eine große T. begehen.

Tor|hü|ter, der: **1.** (Ballspiele) *Torwart (1).* **2.** (früher) *Torwart (2).*

Tor|hü|te|rin, die: w. Form zu ↑Torhüter (1).

tö|richt ⟨Adj.⟩ [mhd. tōreht, zu ↑[2]Tor] (abwertend): **a)** *unklug, unvernünftig:* ein -es Verhalten; es wäre sehr t., das zu tun; **b)** *dümmlich; einfältig:* ein -er Mensch; t. lächeln, fragen; **c)** *unsinnig; ohne Sinn; vergeblich:* eine -e Hoffnung; **d)** (seltener) *lächerlich; albern.*

tö|rich|ter|wei|se ⟨Adv.⟩ (abwertend): *in törichter (a) Weise:* ich habe mich t. nicht vorher informiert.

To|ries: Pl. von ↑Tory.

Tö|rin, die; -, -nen [mhd. tœrinne]: w. Form zu ↑[2]Tor.

To|ri|no: italienische Form von ↑Turin.

tö|risch ⟨Adj.⟩ [mhd. tœrisch = in der Art eines [2]Toren, töricht] (bayr., österr.): *taub; schwerhörig.*

Tor|jä|ger, der (Ballspiele Jargon): *Spieler, der viele [1]Tore (2b) erzielt.*

Tor|jä|ge|rin, die: w. Form zu ↑Torjäger.

[1]Tor|kel, der; -s, - od. die; -, -n [mhd. torkel, ahd. torcula < mlat. torcula, lat. torculum, zu: torquere, ↑Tortur] (landsch.): *Weinpresse, -kelter aus Holz.*

[2]Tor|kel, der; -s, - [zu ↑torkeln] (landsch. ugs.): **1.** ⟨o. Pl.⟩ *Taumel; Schwindel; Rausch.* **2.** *** T. haben** *(unverdientes Glück haben)*. **3.** *Tollpatsch.*

tor|ke|lig, torklig ⟨Adj.⟩ (landsch. ugs.): *schwindlig u. daher unsicher auf den Beinen.*

tor|keln ⟨sw. V.⟩ [spätmhd. torkeln < mlat. torculare = keltern, zu: torcula (↑[1]Torkel), also eigtl. = sich wie eine Kelter (ungleichmäßig) bewegen] (ugs.): **a)** *(bes. bei Trunkenheit od. aufgrund eines Schwächezustandes o. Ä.) taumeln; schwankend gehen* ⟨ist/hat⟩: als er aufstand, torkelte er; **b)** *sich torkelnd (a) an einen bestimmten Ort, an eine bestimmte Stelle bewegen* ⟨ist⟩: auf die Straße t.

tork|lig: ↑torkelig.

Törl, das; -s, - (österr.): *[1]Tor (4).*

Tor|lat|te, die: *waagerechte obere Begrenzung des [1]Tores (2a).*

Tor|li|nie, die (Ballspiele): **1.** *Begrenzungslinie eines Spielfeldes, auf der sich eines der Tore befindet.* **2.** *zwischen den Pfosten des [1]Tores (2a) markierte Linie.*

tor|los ⟨Adj.⟩ (Ballspiele): *ohne [1]Tor (2b):* eine -e erste Halbzeit.

Tor|mann, der ⟨Pl. ...männer, auch: ...leute⟩: *Torwart (1).*

Törn, der; -s, -s [engl. turn < afrz. torn, to(u)r, ↑Tour] (Seemannsspr.): **1.** *Fahrt mit einem Segelboot.* **2.** *Zeitspanne, Turnus für eine bestimmte, abwechselnd ausgeführte Arbeit an Bord* (z. B. Wachtörn). **3.** *(nicht beabsichtigte) Schlinge in einer Leine.* **4.** (Jargon) *Turn (2).*

Tor|na|do, der; -s, -s [1: span. tornado, zu: tornar < lat. tornare = drehen]: **1.** *(in Nordamerika auftretender) heftiger Wirbelsturm.* **2.** (Segeln) *von zwei Personen zu segelnder Katamaran (1) für den Rennsegelsport* (Kennzeichen: *T*).

tör|nen ⟨sw. V.; hat⟩ (Jargon): *[2]turnen.*

Tor|netz, das (Ballspiele): *Netz (1a) eines [1]Tores (2a).*

Tor|nis|ter, der; -s, - [umgebildet aus älter ostmd. Tanister, aus dem Slaw.; vgl. poln., tschech. mundartl. tanistra = Ranzen (< mgriech. tágistron = Futtersack)]: **a)** *auf dem Rücken getragener größerer Ranzen der Soldaten;* **b)** (landsch.) *Schulranzen.*

To|ro, der; -s, -s [span. toro < lat. taurus]: span. Bez. für *Stier.*

To|ron|to: kanadische Stadt.

tor|pe|die|ren ⟨sw. V.; hat⟩: **1.** (Milit.) *(ein Schiff) mit Torpedos beschießen, versenken.* **2.** (abwertend) *in gezielter Weise bekämpfen u. dadurch stören, verhindern:* Pläne, ein Vorhaben t.

Tor|pe|do, der; -s, -s [nach lat. torpedo = Zitterrochen (der seinen Gegner bei Berührung durch elektrische Schläge »lähmt«), eigtl. = Erstarrung, Lähmung, zu: torpere = betäubt, erstarrt sein]: *großes, zigarrenförmiges Geschoss (mit einer Sprengladung), das von Schiffen, bes. U-Booten, od. Flugzeugen gegen feindliche Schiffe abgeschossen wird u. sich mit eigenem Antrieb selbsttätig unter Wasser auf das Ziel zubewegt:* einen T. abfeuern, abschießen.

Tor|pfos|ten, der: *Pfosten eines [1]Tores (2a).*

Tor|pos|ten, der: *Posten (1b), der ein [1]Tor (1a) bewacht.*

Tor|raum, der (Ballspiele): *abgegrenzter Raum vor dem [1]Tor (2a).*

Tor|raum|li|nie, die (Handball): *den Torraum begrenzende halbkreisförmige Linie.*

tor|reif ⟨Adj.⟩ (Ballspiele, bes. Fußball): *so geartet, dass ein [1]Tor (2b) erzielt werden kann:* eine -e Situation; ein Spiel mit vielen -en Szenen.

Tor|schluss (seltener): ↑Toresschluss.

Tor|schluss|pa|nik, die ⟨Pl. selten⟩: *Angst, etw. Entscheidendes zu versäumen:* T. bekommen, haben; aus T. *(aus Furcht, keinen Partner/keine Partnerin mehr zu finden)* heiraten.

Tor|schuss, der (Ballspiele): *Schuss aufs od. ins [1]Tor (2a).*

Tor|schüt|ze, der (Ballspiele): *Spieler, der ein [1]Tor (2b) geschossen hat.*

Tor|schüt|zen|kö|nig, der (Jargon): *Spieler, der die meisten Tore geschossen hat.*

Tor|schüt|zen|kö|ni|gin, die: w. Form zu ↑Torschützenkönig.

Tor|schüt|zin, die: w. Form zu ↑Torschütze.

Tor|se|lett, das; -s, -s [zu ↑Torso, geb. nach ↑Korselett]: *(zur Damenunterwäsche gehörendes) einem Unterhemd ähnliches Wäschestück mit Strapsen.*

Tor|si: Pl. von ↑Torso.

Tor|si|on, die; -, -en [zu spätlat. torsum, Nebenf. des lat. 2. Part. tortum, ↑Tortur]: **1.** (Physik, Technik) *schraubenförmige Verdrehung lang gestreckter elastischer Körper durch entgegengesetzt gerichtete Drehmomente.* **2.** (Math.) *Verdrehung einer Raumkurve.* **3.** (Med.) *Drehung eines Organs.*

Tor|si|ons|fes|tig|keit, die (Physik, Technik): *Widerstand eines Körpers gegen eine auf ihn einwirkende Torsion (1).*

Tor|so, der; -s, -s od. ...si [ital. torso, eigtl. = Kohlstrunk; Fruchtkern < spätlat. tursus für lat. thyrsus = Stängel (eines Gewächses), Strunk < griech. thýrsos = Bacchusstab]: **1.** (Kunstwiss.) *(unvollständig erhaltene od. gestaltete) Statue mit fehlenden Gliedmaßen [u. fehlendem Kopf].* **2.** (bildungsspr.) *etw., was nur [noch] als Bruchstück, als unvollständiges Ganzes vorhanden ist:* der Roman blieb ein T.

Tor|stan|ge, die: **1.** (Ballspiele) *Torpfosten.* **2.** (Ski) *eine der Stangen, mit denen die [1]Tore (3) bes. beim Slalom markiert werden.*

Tort, der; -[e]s [frz. tort = Unrecht < spätlat. tortum, zu lat. tortus = gedreht, gewunden, adj. 2. Part. von: torquere, ↑Tortur] (veraltend): *Kränkung, Verdruss:* jmdm. einen T. antun, zufügen; den T. tue ich mir nicht an *(dieser Mühe unterziehe ich mich nicht).*

Tört|chen, das; -s, - [Vkl. zu ↑Torte (1)]: *kleines [rundes] Gebäckstück mit einer Füllung od. belegt mit Obst [das mit Guss (3) überzogen ist].*

Tor|te, die; -, -n [ital. torta < spätlat. torta = rundes Brot, Brotgebäck, H. u.]: **1.** *feiner, meist aus mehreren Schichten bestehender, mit Creme o. Ä. gefüllter od. mit Obst belegter u. in verschiedener Weise verzierter Kuchen von meist kreisrunder Form:* eine T. backen; die T. anschneiden. **2.** (Jugendspr. veraltend) *Mädchen.*

Tor|te|lett, das; -s, -s, **Tor|te|let|te,** die; -, -n [französierende Bildungen zu ↑Torte]: *kleiner Tortenboden aus Mürbe-, auch Blätter- od. Hefeteig mit meist höherem Rand, der mit Obst belegt, mit Creme gefüllt od. auch mit pikanten Füllungen versehen werden kann.*

Tor|tel|li|no, der; -s, ...ni ⟨meist Pl.⟩ [ital. tortellino, Vkl. von: tortello = gefüllte Nudel, kleine Pastete, Vkl. von: torta, ↑Torte]: *kleiner, mit Fleisch, Gemüse o. Ä. gefüllter Ring aus Nudelteig.*

Tor|tel|lo|ne, der; -s, ...ni ⟨meist Pl.⟩ [ital. tortellone, zu: tortello, ↑Tortellino]: *größerer Tortellino.*

Tor|ten|bo|den, der: *in flacher, runder Form (mit erhöhtem Rand) gebackener Mürbe- od. Biskuitteig, der mit Obst belegt wird.*

Tor|ten|guss, der: **a)** *gelatinehaltiges Pulver zum Zubereiten eines Tortengusses* (b); **b)** *gelierende Masse aus mit Fruchtsaft od. Wasser u. Zucker aufgekochtem Tortenguss* (a), *die über eine Obsttorte gegossen wird.*

Tor|ten|he|ber, der: *einer Kelle* (3) *ähnliches Küchengerät, das zum Abheben eines Tortenstücks von der Tortenplatte dient.*

Tor|ten|plat|te, die: *flache, runde Platte, auf die eine Torte gelegt wird.*

Tor|ten|schau|fel, die: *Tortenheber.*

Tor|ten|sprit|ze, die: *Spritze* (1 a) *zum Verzieren von Torten.*

Tor|ten|stück, das: *Stück* (1 b) *einer Torte.*

Tor|til|la [tɔrˈtɪlja], die; -, -s [span. tortilla, Vkl. von: torta < spätlat. torta, ↑Torte]: **1.** *(in Lateinamerika) aus Maismehl hergestelltes Fladenbrot.* **2.** *(in Spanien) Omelette.*

Tört|lein, das; -s, - [Vkl. zu ↑Torte (1)]: *Törtchen.*

Tor|tur, die; -, -en [mlat. tortura = Folter < lat. tortura = Krümmung; das Grimmen; Verrenkung, zu: tortum, 2. Part. von: torquere = (ver)drehen; martern]: **1.** (früher) *Folter* (1). **2.** *Qual; Quälerei, Strapaze:* die Behandlung beim Zahnarzt war eine T.

Tor|ver|hält|nis, das: vgl. Tordifferenz.

Tor|wa|che, die (früher): *Wache* (2) *an einem Stadttor.*

Tor|wäch|ter, der: **1.** vgl. Torwache. **2.** (Ballspiele Jargon) *Torwart* (1).

Tor|wäch|te|rin, die: w. Form zu Torwächter (2).

Tor|wart, der: **1.** (Ballspiele) *Spieler, der im* [1]*Tor* (2 a) *steht, um den Ball abzuwehren.* **2.** (früher) *Torwache.*

Tor|war|tin, die: w. Form zu ↑Torwart (1).

Tor|weg, der: *Durchgang, Durchfahrt durch ein* [1]*Tor* (1 a) *(meist an Häusern).*

To|ry [ˈtɔri, engl. ˈtɔːrɪ], der; -s, -s u. Tories [ˈtɔriːs, engl.: ˈtɔːrɪz; engl. Tory, aus dem Ir., eigtl. = Verfolger, Räuber (Bez. für irische Geächtete des 16. u. 17. Jh.s), zu: tóir = verfolgen]: **a)** (früher) *Angehöriger einer britischen Partei, aus der im 19. Jh. die Konservative Partei hervorging;* **b)** *Vertreter der konservativen Politik in Großbritannien.*

to|sen ⟨sw. V.⟩ [mhd. dōsen, ahd. dōsōn, eigtl. = schwellen, anschwellend rauschen]: **1. a)** *in heftiger, wilder Bewegung sein u. dabei ein brausendes, dröhnendes Geräusch hervorbringen* ⟨hat⟩: der Sturm, die Brandung, der Gießbach tost; Ü tosender Lärm, Beifall; **b)** *sich tosend* (1 a) *fortbewegen* ⟨ist⟩: ein Frühjahrssturm ist durch das Tal getost. **2.** (veraltet) *tollen, toben* ⟨hat⟩.

to|si|sche Schloss, das; -n -es, -n Schlösser [nach dem österr.-ital. Schlosser Tosi] (österr.): *Sicherheitsschloss.*

Tos|ka|na, die; -: mittelitalienische Region.

[1]Tos|ka|ner, der; -s, -: Ew.

[2]Tos|ka|ner ⟨indekl. Adj.⟩.

Tos|ka|ne|rin, die; -, -nen: w. Form zu [1]Toskaner.

tos|ka|nisch ⟨Adj.⟩: *die Toskana, die* [1]*Toskaner betreffend; von den* [1]*Toskanern stammend, zu ihnen gehörend.*

tot ⟨Adj.⟩ [mhd., ahd. tōt, urspr. Part. zu einem germ. Verb mit der Bed. »sterben«, also eigtl. = gestorben]: **1. a)** *in einem Zustand, in dem die Lebensfunktionen erloschen sind; nicht mehr lebend, ohne Leben:* -e Soldaten; ein -es Tier; ein t. geborenes Baby; der Käfer stellte sich t. *(gab durch regungsloses Verharren vor, tot zu sein);* wenn du das tust, bist du ein -er Mann! (salopp; als übertreibende Drohung); sofort, auf der Stelle t. sein; sie lag [wie] t. im Bett; er konnte nur noch t. geborgen werden; t. umfallen, zusammenbrechen; klinisch t. sein; R lieber t. als rot (abwertend; *es ist besser, tot zu sein, als in einer kommunistischen Gesellschaft zu leben*); Ü die Leitung [des Telefons] ist t. *(funktioniert nicht [mehr], ist unterbrochen);* * **mehr t. als lebendig [sein]** *(am Ende seiner Kräfte, völlig erschöpft, übel zugerichtet [sein]);* **halb t. vor Angst/Furcht/Schrecken** o. Ä. **sein** (ugs.; *vor Angst/Furcht/Schrecken o. Ä. völlig gelähmt, nicht mehr [re]aktionsfähig sein*); **b)** *als Mensch, Lebewesen nicht mehr existierend; gestorben:* als t. gelten; den Vermissten für t. erklären [lassen]; Ü ihre Liebe war t.; für mich ist dieser Kerl t. *(ich beachte, kenne ihn nicht mehr);* * **t. und begraben** (ugs.; *längst in Vergessenheit geraten*); **c)** *organisch nicht mehr belebt, abgestorben:* ein -er Baum; -es Gewebe; ein -es Gewässer; Ü eine -e *(nicht mehr gesprochene)* Sprache; -es *(nicht anwendbares, nicht produktiv nutzbares)* Wissen; **d)** *sich als Körper nicht aus sich heraus entwickeln könnend; anorganisch:* -e Materie; die -e Natur; -es Gestein (1. *Fels.* 2. Bergbau; *Schichten ohne Kohle od. Erzgehalt*). **2. a)** *ohne [seine natürliche] Frische u. Lebendigkeit:* mit -en Augen ins Leere blicken; ein -es Grau; **b)** *ohne Anzeichen, Spuren von Leben, Bewegung; leb-, bewegungslos; ausgestorben, unbelebt:* t. und grau lag das Meer vor uns; die Gegend wirkt t.; Ü er war geistig t.; **c)** *(für den Verkehr o. Ä.) nicht nutzbar, nicht genutzt:* der -e Arm eines Flusses; ein -es Gleis; die Strecke ist t. *(stillgelegt);* -es Kapital *(Kapital, das keinen Ertrag abwirft);* **d)** *nicht mehr brauchbar, erledigt, am Ende; ausgedient habend, nicht mehr zur Diskussion stehend.*

to|tal ⟨Adj.⟩ [frz. total < mlat. totalis = gänzlich, zu lat. totus = ganz; gänzlich]: **1. a)** *in einem bestimmten Bereich, Gebiet, Zustand o. Ä. ohne Ausnahme alles umfassend; in vollem Umfang; vollständig:* ein -er Misserfolg; der -e Krieg; eine -e Mondfinsternis; bis zur -en Erschöpfung; -es *(den Zuschauer in das dramatische Geschehen auf der Bühne einbeziehendes)* Theater; **b)** ⟨ugs. intensivierend bei Adj. u. Verben⟩: *völlig, ganz u. gar, durch u. durch:* t. übermüdet, pleite, verrückt sein; er machte alles t. verkehrt; etw. t. vergessen; das ist t. (salopp; *außerordentlich, sehr*) gut. **2.** (bildungsspr. selten) *totalitär:* der -e Staat. **3.** (schweiz.) *insgesamt, gesamt.*

To|tal, das; -s, -e [frz. total, ↑total] (schweiz.): *Gesamtheit; Gesamtsumme.*

To|tal|an|sicht, die: *Gesamtansicht.*

To|tal|aus|fall, der: *totaler* (1) *Ausfall* (2).

To|tal|aus|ver|kauf, der: *vollständiger Ausverkauf:* T. wegen Geschäftsaufgabe.

To|ta|le, die; -, -n (Film, Fot.): **a)** *Kameraeinstellung, die das Ganze einer Szene erfasst:* von der Großaufnahme in die T. gehen, fahren, überleiten, wechseln; **b)** *Gesamtansicht:* die T. der Hochhäuser.

To|ta|li|sa|tor, der; -s, ...oren [1: latinis. aus frz. totalisateur = Zählwerk, Registriermaschine, zu: totaliser = alles addieren, zu: total, ↑total]: **1.** *staatliche Einrichtung zum Abschluss von Wetten auf Rennpferde;* Kurzwort: ↑Toto (a). **2.** (Met.) *Sammelgefäß für Niederschläge.*

to|ta|li|tär ⟨Adj.⟩ [geb. mit französierender Endung]: **a)** (Politik abwertend) *mit diktatorischen Methoden jegliche Demokratie unterdrückend, das gesamte politische, gesellschaftliche, kulturelle Leben [nach dem Führerprinzip] sich total unterwerfend, es mit Gewalt reglementierend:* ein -er Staat, -es Regime; **b)** (bildungsspr. selten) *die Gesamtheit umfassend.*

To|ta|li|ta|ris|mus, der; - (Politik abwertend): *totalitäres System; totalitäre Machtausübung.*

to|ta|li|ta|ris|tisch ⟨Adj.⟩ (bildungsspr., Politik): *einen Totalitätsanspruch* (a) *erhebend; totalitär:* eine -e Bewegung.

To|ta|li|tät, die; -, -en [frz. totalité, zu: total, ↑total]: **1.** ⟨Pl. selten⟩ **a)** (Philos.) *universeller Zusammenhang aller Dinge u. Erscheinungen in Natur u. Gesellschaft;* **b)** (bildungsspr.) *Ganzheit; Vollständigkeit.* **2.** ⟨Pl. selten⟩ (bildungsspr.) *totale Machtausübung; totaler Machtanspruch:* die T. des Staates, der Partei angreifen. **3.** (Astron.) *totale Sonnen-, Mondfinsternis.*

To|ta|li|täts|an|spruch, der (bildungsspr.): **a)** *totaler Herrschafts-, Machtanspruch;* **b)** *Anspruch auf Totalität* (1 b).

to|ta|li|ter ⟨Adv.⟩ [mlat. totaliter] (bildungsspr.): *ganz u. gar.*

To|tal|ope|ra|ti|on, die (Med.): *vollständige operative Entfernung eines Organs, bes. der Gebärmutter u. der Eierstöcke.*

To|tal|scha|den, der: *(bes. von Kraftfahrzeugen) Schaden, der so groß ist, dass eine Reparatur nicht mehr möglich od. wirtschaftlich vertretbar ist:* an beiden Wagen entstand T.; sein Wagen hat T.; Ü der hat einen T. (salopp; *ist völlig verrückt*).

tot|ar|bei|ten, sich ⟨sw. V.; hat⟩ (ugs. emotional): *sich bei einer Arbeit bis zur Erschöpfung verausgaben.*

tot|är|gern, sich ⟨sw. V.; hat⟩ (ugs. emotional): *sich maßlos ärgern.*

tot|bei|ßen ⟨st. V.; hat⟩: *durch Beißen* (2 a) *töten.*

To|te, der u. die; -n, -n ⟨Dekl. ↑Abgeordnete⟩ [mhd. tōte, ahd. tōto]: *jmd., der tot, gestorben ist:* die -n begraben; bei dem Unfall gab es zwei T. *(Todesopfer);* sie gedachten der -n, trauerten um die -n; wie ein -r (ugs.; *fest [und lange]*) schlafen; das ist ja ein Lärm, um T. aufzuwecken *(das ist ein ungeheurer Lärm);* na, bist du von den -n auferstanden? (ugs. scherzh. zu jmdm., der sich wegen Krankheit, einer Reise o. Ä. lange nicht hat sehen lassen; *lebst du noch?; gibt es dich noch/wieder?*); R die -n soll man ruhen lassen *(man soll nichts Nachteiliges über sie sagen).*

To|tem [...ɛm], das; -s, -s [engl. totem < Algonkin (nordamerik. Indianerspr.) ototeman] (Völkerk.): *(bei Naturvölkern) tierisches, pflanzliches Wesen oder Ding, das als Ahne od. Verwandter bes. eines Klans* (a) *gilt, als zauberkräftiger Helfer verehrt wird u. nicht getötet od. verletzt werden darf [u. in bildlicher o. ä. Form als Zeichen des Klans gilt].*

To|te Meer, das; -n -[e]s: stark salzhaltiger See in Palästina.

To|te|mis|mus, der; - (Völkerk.): *Glaube an die übernatürliche Kraft eines Totems u. seine Verehrung.*

To|tem|pfahl, der: *(bei den Indianern Nordwestamerikas) hoher geschnitzter u. bemalter Pfahl mit Darstellungen des Totemtiers u. einer menschlichen Ahnenreihe.*

To|tem|tier, das: **a)** *als Totem verehrtes Tier;* **b)** *Figur* (2) *eines Totemtiers* (a).

tö|ten ⟨sw. V.; hat⟩ [mhd. tœten, ahd. tōden, zu ↑tot, also eigtl. = totmachen]: **1. a)** *den Tod von jmdm., etw. herbeiführen, verursachen, verschulden:* jmdn. vorsätzlich, heimtückisch, durch Genickschuss, mit Gift t.; bei dem Unfall wurden drei Menschen getötet; ⟨auch ohne Akk.-Obj.:⟩ (bibl.:) du sollst nicht t.; **b)** ⟨t. +

sich⟩ *Selbstmord begehen.* **2.** (ugs.) *bewirken, dass etw. zerstört, vernichtet wird:* Bakterien t.; den Nerv eines Zahns t.; die Kippe t. *(ausdrücken);* Ü Gefühle t.; die Zeit t. *(totschlagen);* ein paar Flaschen Bier t. *(leer trinken).*

to̲|ten|ähn|lich ⟨Adj.⟩: *ähnlich wie bei einem Toten:* in einen -en Schlaf fallen.

To̲|ten|amt, das (kath. Kirche): *Totenmesse* (a).

To̲|ten|bah|re, die [mhd. tōtenbāre]: *Gestell, auf dem der Sarg während der Trauerfeier steht.*

To̲|ten|be|schwö|rung, die: *Beschwörung von [Geistern der] Toten.*

To̲|ten|bett, das [mhd. tōt(en)bette]: *Sterbebett:* am T. des Vaters; jmdm. auf dem T. *(der im Sterben liegt)* ein Versprechen abnehmen.

to̲|ten|blạss ⟨Adj.⟩ (emotional verstärkend): *leichenblass.*

to̲|ten|blẹich ⟨Adj.⟩ (emotional verstärkend): *totenblass.*

To̲|ten|eh|rung, die: *Ehrung eines Toten, von Toten in offiziellem Rahmen.*

To̲|ten|fei|er, die: *Feier zum ehrenden Gedenken eines, von Toten.*

To̲|ten|fest, das: **a)** (Rel.) *in den verschiedensten Riten begangenes Fest zu Ehren der Toten;* **b)** (ev. Kirche) *Ewigkeitssonntag;* **c)** (kath. Kirche) *Allerseelen.*

To̲|ten|fleck, der ⟨meist Pl.⟩ (Med.): *nach dem Tod eintretende Verfärbung der Haut.*

To̲|ten|frau, die: *Leichenfrau.*

To̲|ten|ge|dächt|nis, das (Rel.): *Brauch, an bestimmten Tagen der Verstorbenen in der Liturgie zu gedenken.*

To̲|ten|ge|läut, To̲|ten|ge|läu|te, das: *Geläut der Totenglocke.*

To̲|ten|ge|leit, das (geh.): *Teilnahme an jmds. [feierlicher] Beerdigung.*

To̲|ten|ge|richt, das (Rel.): **a)** *[göttliches] Gericht im Jenseits über einen Verstorbenen;* **b)** *[göttliches] Gericht am Weltende.*

To̲|ten|glo|cke, die: *Glocke, die bei Beerdigungen geläutet wird.*

To̲|ten|grä|ber, der: **1.** *Aaskäfer, der seine Eier in Gruben ablegt u. in diese kleine Tierkadaver zieht, die von den ausgeschlüpften Larven ausgefressen werden.* **2.** *jmd., der [auf einem Friedhof] Gräber aushebt.*

To̲|ten|hemd, das: *Sterbehemd.*

To̲|ten|kla|ge, die: **a)** *Klage um einen Toten;* **b)** (Literaturw.) *Gedicht, das Schmerz u. Trauer um einen Toten ausdrückt.*

To̲|ten|kopf, der: **1.** *Schädel* (1) *eines Toten.* **2.** *Zeichen in Form eines stilisierten Totenkopfes* (1): ein Schild, Etikett mit einem T. (als Hinweis, dass etw. lebensgefährlich [giftig] ist). **3.** *Totenkopfschwärmer.*

To̲|ten|kopf|äff|chen, das: *(in Mittel- u. Südamerika vorkommender) kleiner Kapuzineraffe mit auffallend weißem Gesicht.*

To̲|ten|kopf|schwär|mer, der: *großer Schmetterling mit einer einem Totenkopf ähnlichen Zeichnung auf dem Rücken.*

To̲|ten|kult, der (Völkerk.): *kultische Verehrung von Verstorbenen.*

To̲|ten|la|ger, das (geh.): *Totenbett.*

To̲|ten|mahl, das (geh.): [1]*Mahl* (2) *der Trauergäste zu Ehren eines Verstorbenen.*

To̲|ten|mas|ke, die: *Abguss aus Gips, Wachs o. Ä. vom Gesicht eines Toten.*

To̲|ten|mes|se, die (kath. Kirche): **a)** *meist am Tage der Beisetzung gehaltene* [1]*Messe* (1) *für einen Verstorbenen; Toten-, Sterbeamt; Requiem* (1); **b)** [1]*Messe* (1) *für Verstorbene.*

To̲|ten|op|fer, das (Völkerk.): *Opfer, das einem Verstorbenen dargebracht wird.*

To̲|ten|reich, das (Myth.): *(in der Vorstellung alter Kulturvölker existierendes) Reich, in das die Verstorbenen eingehen.*

To̲|ten|schein, der: *ärztliche Bescheinigung, durch die jmds. Tod offiziell bestätigt u. die Todesursache angegeben wird.*

To̲|ten|sonn|tag, der (ev. Kirche): *Ewigkeitssonntag.*

To̲|ten|stadt, die (Völkerk.): *Nekropole.*

To̲|ten|star|re, die: *einige Stunden nach Eintreten des Todes beginnende Erstarrung der Muskulatur; Leichenstarre.*

to̲|ten|stịll ⟨Adj.⟩ (emotional verstärkend): *[in beklemmender Weise] so still, dass überhaupt kein Geräusch zu hören ist.*

To̲|ten|stịl|le, die: *tiefe [beklemmende] Stille.*

To̲|ten|tanz, der: **a)** (bild. Kunst) *[spätmittelalterliche] allegorische Darstellung eines Reigens, den der Tod* (2) *mit Menschen jeden Alters u. Standes tanzt;* **b)** (Musik) *meist mehrteilige Komposition, die Dialog u. Tanz des Todes* (2) *mit den Menschen zum Thema hat.*

To̲|ten|vo|gel, der [der Ruf der Vögel galt als Vorbote des Todes] (volkst.): *Stein-, Waldkauz, Schleiereule.*

To̲|ten|wa|che, die: *Wache am Bett od. Sarg eines Verstorbenen bis zu seiner Beerdigung:* die T. halten.

To̲t|er|klär|te, der u. die; -n, -n ⟨Dekl. ↑Abgeordnete⟩ (Rechtsspr. veraltet): *vermisste od. verschollene Person, die für tot erklärt worden ist.*

to̲t|fah|ren ⟨st. V.; hat⟩: *durch An-, Überfahren töten:* er hat ihn totgefahren.

tot ge|bo|ren: s. tot (1 a).

To̲t|ge|bo|re|ne ⟨Pl.; Dekl. ↑Abgeordnete⟩ (Amtsspr., Statistik): *Totgeburten* (b).

To̲t|ge|burt, die: **a)** *Geburt eines toten Kindes, Tieres:* eine T. haben; **b)** *tot geborenes Kind, Junges.*

To̲t|ge|glaub|te, der u. die; -n, -n ⟨Dekl. ↑Abgeordnete⟩: *eine verschollene Person, die fälschlicherweise für tot gehalten wurde.*

To̲t|ge|sag|te, der u. die; -n, -n ⟨Dekl. ↑Abgeordnete⟩: *jmd., der totgesagt wurde.*

to̲t|krie|gen ⟨sw. V.; hat⟩ (ugs.): *es fertig bringen, dass etw. vernichtet wird, jmd. zugrunde geht:* mit deiner übertriebenen Gießerei wirst du die Pflanzen noch alle t.; *** nicht totzukriegen sein** (scherzh.; 1. *so viel Energie, Elan haben, dass man auch bei großer Anstrengung nicht aufgibt, ermüdet o. Ä.:* der Conférencier war einfach nicht totzukriegen. 2. *sehr strapazierfähig, haltbar* (b) *sein:* der alte Pulli ist nicht totzukriegen).

to̲t|la|chen, sich ⟨sw. V.; hat⟩ (ugs. emotional): *sehr lachen [müssen]:* seine Komik ist unnachahmlich, wir haben uns alle totgelacht; *** zum Totlachen [sein]** *(sehr komisch, lustig, drollig [sein]).*

to̲t|lau|fen, sich ⟨st. V.; hat⟩ (ugs.): *(im Laufe der Zeit) an Wirkung, Kraft o. Ä. verlieren u. schließlich aufhören:* die Verhandlungen liefen sich tot.

to̲t|ma|chen ⟨sw. V.; hat⟩ (ugs.): **1.** *[mutwillig, vorsätzlich] töten* (1 a): warum hast du den schönen Schmetterling totgemacht?; Ü die Konkurrenz t. **2.** ⟨t. + sich⟩ (emotional) *seine Gesundheit, Nerven ruinieren:* sich für jmdn., etw. t.

To̲|to, das, auch: der; -s, -s [geb. unter lautlicher Anlehnung an ↑Lotto]: **a)** Kurzwort für: Totalisator (1); **b)** kurz für ↑Sport-, Fußballtoto: im T. tippen.

To̲|to|an|nah|me|stel|le, die: vgl. Lottoannahmestelle.

To̲|to|block, der ⟨Pl. ...blöcke⟩: vgl. Lottoblock.

To̲|to|schein, der: *Wettschein mit vorgedruckten Zahlenreihen, in denen man das vermutete Ergebnis bestimmter Fußballspiele ankreuzt.*

To̲|to|spiel, das: vgl. Lottospiel.

To̲|to|zet|tel, der: *Totoschein.*

To̲t|punkt, der (Technik): *Stellung eines Mechanismus, bei der eines seiner Glieder durch Richtungswechsel kurzzeitig in Ruhe ist.*

to̲t|re|den ⟨sw. V.; hat⟩ (ugs. emotional): *ununterbrochen auf jmdn. einreden.*

to̲t|rei|ten ⟨st. V.; hat⟩ (ugs.): *bis zum Überdruss behandeln, bereden, über etw. diskutieren:* ein Thema t.

to̲t|sa|gen ⟨sw. V.; hat⟩: *von jmdm. fälschlicherweise behaupten, dass er tot ist.*

to̲t|sau|fen, sich ⟨st. V.; hat⟩ (salopp emotional): *sich durch ständigen übermäßigen Alkoholkonsum zugrunde richten.*

to̲t|schie|ßen ⟨st. V.; hat⟩ (ugs.): *mit einer Schusswaffe töten.*

To̲t|schlag, der ⟨o. Pl.⟩ (Rechtsspr.): *Tötung eines Menschen, für die das Gericht im Unterschied zum Mord keine niedrigen Beweggründe geltend macht:* T. im Affekt.

to̲t|schla|gen ⟨st. V.; hat⟩: *durch einen Schlag, durch Schläge töten:* eine Ratte mit einem Stock t.; R dafür lasse ich mich [auf der Stelle] t. (ugs. emotional; *das ist ganz bestimmt so*); du kannst mich t./und wenn du mich totschlägst (ugs. emotional; *du kannst machen, was du willst, es hilft alles nichts*), ich weiß nichts davon; lieber/eher lasse ich mich t., als dass ich das tue (ugs. emotional; *nichts u. niemand kann mich dazu bringen, das zu tun*); Ü die Zeit, den Tag t. (ugs.; *sich langweilen u. versuchen, mit irgendeiner Beschäftigung die Zeit, den Tag vergehen zu lassen*).

To̲t|schlä|ger, der: **1.** (abwertend) *jmd., Verbrecher, der einen Totschlag, Totschläge begangen hat.* **2.** *[mit Stoff, Leder o. Ä. überzogene] stählerne Spirale od. an seinem oberen Ende mit einer Bleikugel versehener Stock als Mordwaffe.*

To̲t|schlä|ge|rin, die: w. Form zu ↑Totschläger (1).

to̲t|schwei|gen ⟨st. V.; hat⟩: *etw. nicht erwähnen, um den Eindruck zu erwecken, es sei gar nicht existent; dafür sorgen, dass jmd., etw. in der Öffentlichkeit nicht genannt, bekannt wird.*

tot stel|len: s. tot (1 a).

to̲t|stür|zen, sich ⟨sw. V.; hat⟩: *sich zu Tode stürzen.*

to̲t|tram|peln ⟨sw. V.; hat⟩ (ugs.): vgl. tottreten.

to̲t|tre|ten ⟨st. V.; hat⟩: *durch [Darauf]treten töten.*

To̲|tum, das; -s, Tota [lat. totum, zu: totus, ↑total] (bildungsspr.): *das Ganze; Gesamtbestand.*

Tö̲|tung, die; -, -en ⟨Pl. selten⟩: *das Töten* (1 a, 2).

Tö̲|tungs|ab|sicht, die (Rechtsspr.): *Absicht, jmdn. zu töten.*

Tö̲|tungs|ver|such, der (Rechtsspr.): *Versuch, jmdn. zu töten.*

Touch [tatʃ], der; -s, -s [engl. touch, zu: to touch = berühren < afrz. touchier, ↑touchieren] (ugs.): *etw., was jmdm., einer Sache als leicht angedeutete Eigenschaft ein besonderes Fluidum gibt.*

Touch|bild|schirm [tatʃ...], der (EDV): *Bildschirm* (3 c), *der auf Antippen mit dem Finger bzw. mit einem Stift reagiert.*

tou|chie|ren [tuˈʃiːrən, tʊ'...] ⟨sw. V.; hat⟩ [frz. toucher = berühren, befühlen < afrz. touchier, urspr. lautm.]: **1.** (bes. Sport) *berühren* (1): ein Hindernis t.; den Gegner mit der Klinge, die Billardkugel mit der Queue t. **2.** (Med.) *(von außen zugängliche Körperhöhlen) zu diagnostischen Zwecken austasten:* die Mundhöhle, das Rektum t. **3.** (Med.) *mit dem Ätzstift abätzen.*

Touch|screen [tatʃ...], der [engl. touch screen, zu: screen, ↑Screen] (EDV): *Touchbildschirm.*

tough [taf] ⟨Adj.⟩ [engl. tough, verw. mit ↑zäh] (ugs.): *robust; nicht empfindlich; durchsetzungsfähig:* er ist ein -er Typ.

Tou|pet [tuˈpeː], das; -s, -s [frz. toupet, zu afrz. to(u)p = Haarbüschel, aus dem Germ., verw. mit Topp]: **1.** (früher) *Haartracht, bei der das Haar über der Stirn toupiert war.* **2.** *(bes. für Herren) Haarteil, das als Ersatz für teilweise fehlendes eigenes Haar getragen wird.*

tou|pie|ren ⟨sw. V.; hat⟩ [zu ↑Toupet]: *das Haar strähnenweise in Richtung des Haaransatzes in schnellen u. kurzen Bewegungen kämmen, um es fülliger erscheinen zu lassen.*

Tour [tuːɐ̯], die; -, -en [frz. tour, eigtl. = Dreheisen; Drehung < afrz. tor(n) < lat. tornus, ↑Turnus]: **1.** *Ausflug* (1), *[Rund]fahrt:* eine schöne T. in die Berge, eine T. durch Europa; auf einer T. sein; *** auf T. sein, gehen** (ugs.; *[geschäftlich, dienstlich] unterwegs* (b) *sein, sich auf eine Fahrt, Tournee o. Ä. begeben*). **2.** *bestimmte Strecke:* er macht, fährt heute die T. Frankfurt-Mannheim; er musste die ganze T. zurücklaufen; eine T. mit dem Bus fahren. **3.** ⟨Pl. selten⟩ **a)** (ugs., oft abwertend) *Art u. Weise, mit Tricks,*

Täuschungsmanövern o. Ä. etw. zu erreichen: immer dieselbe T.!; die T. zieht bei mir nicht!; eine neue T. ausprobieren; etw. auf die sanfte, naive, gemütliche T. machen; nun wird er es mit einer anderen T. versuchen; *** auf die dumme o. ä. T. reisen/reiten** *(etw. auf scheinbar naive, dummdreiste o. ä. Weise zu erreichen suchen);* **seine T. kriegen, haben** *(einen Anfall von schlechter Laune bekommen, haben);* **b)** (ugs.) *Vorhaben, Unternehmen [das nicht ganz korrekt, rechtmäßig ist]:* die T. ist schief gegangen; jmdm. die T. vermasseln; sich auf üble, nicht ganz saubere -en einlassen; für dich ist die T. gelaufen *(du hast Pech gehabt).* **4.** ⟨meist Pl.⟩ (Technik) *Umdrehung, Umlauf eines rotierenden Körpers, bes. einer Welle:* der Motor läuft auf vollen, höchsten -en; die Maschine kam schnell auf -en; der günstigste Drehzahlbereich liegt zwischen 5 500 und 7 500 -en *(Umdrehungen pro Minute);* eine Schallplatte mit 45 -en; *** in einer T.** (ugs.; *ohne Unterbrechung, andauernd, ständig*): mit den neuen Mietern gibt es in einer T. Ärger; **jmdn. auf -en bringen** (ugs.; 1. *erregen; in Schwung, Stimmung bringen.* 2. *jmdn. wütend machen*); **auf -en kommen, sein** (ugs.; 1. *in Erregung, Stimmung, Schwung geraten, sein:* am frühen Morgen komme ich nie so recht auf -en. 2. *wütend werden, sein:* du musst das Thema nur ansprechen, dann kommt er schon auf -en; 3. *in Gang kommen, zu funktionieren beginnen*); **auf vollen/höchsten -en laufen** (ugs.; *äußerst intensiv betrieben werden*): sicher können wir erst sein, wenn die Produktion auf vollen -en läuft. **5.** *in sich geschlossener Abschnitt einer Bewegung:* bei der dritten T. der Quadrille brach die Musik plötzlich ab; zwei -en *(Reihen)* links, zwei -en rechts stricken. **6.** (Reiten, bes. österr.) *einzelne Lektion* (1 d) *im Dressurreiten.*

Tour de France [turdə'frã:s], die; - - -, -s - - [turdə'frã:s, frz.]: *alljährlich in Frankreich von berufsmäßigen Radfahrern ausgetragenes Straßenrennen, das über zahlreiche Etappen führt u. als schwerstes Straßenrennen der Welt gilt.*

Tour d'Ho|ri|zon [turdɔri'zõ], die, auch: der; - -, -s - [turdɔri'zõ; frz. tour d'horizon, zu: horizon = Horizont; Blickfeld, Gesichtskreis] (bildungsspr.): *informativer Überblick (über zur Diskussion stehende Themen).*

tou|ren ['tu:rən] ⟨sw. V.; hat⟩: **1.** (Jargon) *auf Tournee gehen, sein.* **2.** (ugs.) *auf Tour* (1) *gehen, sein.*

Tou|ren|rad, das: *stabileres Fahrrad für längere Fahrten.*

Tou|ren|wa|gen, der (Motorsport): *(in beschränkter Serie hergestellter) Wagen für Rallyes.*

Tou|ren|zahl, die (Technik): *Drehzahl.*

Tou|ren|zäh|ler, der (Technik): *Drehzahlmesser.*

Tou|ris|mus [tu...], der; - [zu ↑Tourist]: *das Reisen, der Reiseverkehr [in organisierter Form] zum Kennenlernen fremder Orte u. Länder u. zur Erholung:* den T. fördern, bremsen.

-tou|ris|mus, der; -: bezeichnet in Bildungen mit Substantiven, die jmdn., etw. oder einen bestimmten Anlass, Zweck nennen, ein Reisen, ein betriebsames Herumfahren: Abfall-, Abtreibungs-, Katastrophen-, Polit-, Sextourismus.

Tou|ris|mus|in|dus|trie, die: *Gesamtheit der Einrichtungen, Dienstleistungen u. Ä., die dem Tourismus dienen.*

Tou|rist, der; -en, -en [wohl < engl. tourist, zu tour = Ausflug < frz. tour, ↑Tour]: **1.** *[Urlaubs]reisender; jmd., der reist, um fremde Orte u. Länder kennen zu lernen.* **2.** (veraltet) *Ausflügler, Wanderer, Bergsteiger.*

Tou|ris|ten|at|trak|ti|on, die: *etw., was eine besondere Attraktion für Touristen darstellt.*

Tou|ris|ten|füh|rer, der: vgl. Fremdenführer.

Tou|ris|ten|füh|re|rin, die: w. Form zu ↑Touristenführer.

Tou|ris|ten|klas|se, die: *billigere Klasse* (7 a) *mit geringerem Komfort für Touristen.*

Tou|ris|tik [tu...], die; -: **1.** *organisierter Reise-, Fremdenverkehr; mit dem Tourismus zusammenhängendes.* **2.** (veraltet) *das Wandern, Bergsteigen.*

Tou|ris|tik|bör|se, die: *Messe, Ausstellung von Reiseveranstaltern o. Ä.*

Tou|ris|tin, die; -, -nen: w. Form zu ↑Tourist.

tou|ris|tisch ⟨Adj.⟩: *die Touristik, den Tourismus betreffend; für den Tourismus charakteristisch, zum Tourismus gehörend:* die Wasserfälle sind eine -e Attraktion.

Tour|né [tʊr'ne:], das; -s, -s [zu frz. tourné, 2. Part. von tourner, ↑Tournee] (Kartenspiel): *aufgedecktes Kartenblatt, dessen Farbe als Trumpffarbe gilt.*

Tour|ne|dos [tʊrnə'do:], das; - [...o:(s)], - [...o:s; frz. tournedos, zu: tourner (↑Tournee) u. dos = Rücken] (Kochk.): *wie ein Steak zubereitete runde Lendenschnitte von der Filetspitze des Rinds.*

Tour|nee, die; -, -s u. ...een [frz. tournée, subst. w. 2. Part. von: tourner = (um)drehen, (sich) wenden, rund formen < lat. tornare, ↑[1]turnen]: *Gastspielreise von Künstler[inne]n, Artist[inn]en:* eine T. starten, machen.

Tour|nee|the|a|ter, das: *Theater* (1 b), *das Tourneen* (1) *veranstaltet.*

tour|nie|ren ⟨sw. V.; hat⟩ [frz. tourner, ↑Tournee]: **1.** (Kochk.) *in der gewünschten Form ausstechen* (z. B. Butter). **2.** (Kartenspiel) *die Spielkarten wenden, aufdecken.*

Tow|er ['taʊə], der; -[s], - [engl. (control) tower < (a)frz. tour < lat. turris = Turm]: *turmartiges Gebäude auf Flugplätzen zur Überwachung des Flugverkehrs; Kontrollturm.*

Town|ship ['taunʃip], die; -, -s [engl. township, zu: town = Stadt]: *von Farbigen bewohnte städtische Siedlung in Südafrika.*

to|xi-, To|xi-, (vor Vokalen auch:) tox-, Tox- [gek. aus ↑toxiko-, Toxiko-] ⟨Best. in Zus. mit der Bed.⟩: *Gift* (z. B. toxigen, Toxikose, Toxalbumin).

to|xi|gen, toxogen ⟨Adj.⟩ [↑-gen] (Med.): **1.** *Giftstoffe erzeugend* (z. B. von Bakterien). **2.** *durch eine Vergiftung entstanden, verursacht.*

To|xi|ka: Pl. von ↑Toxikum.

to|xi|ko-, To|xi|ko-, (vor Vokalen auch:) toxik-, Toxik- [griech. toxikón (phármakon) = Pfeilgift, zu: tóxon = Bogen (4)] ⟨Best. in Zus. mit der Bed.⟩: *Gift* (z. B. toxikologisch, Toxikämie).

To|xi|ko|lo|gie, die; - [↑-logie]: *Lehre von den Giften u. ihren Einwirkungen auf den Organismus.*

to|xi|ko|lo|gisch ⟨Adj.⟩: *die Toxikologie betreffend, darauf beruhend.*

To|xi|kum, das; -s, ...ka [lat. toxicum < griech. toxikón, ↑toxiko-, Toxiko-] (Med.): *Gift[stoff].*

To|xin, das; -s, -e (Med., Biol.): *von Bakterien, Pflanzen od. Tieren abgeschiedener od. beim Zerfall von Bakterien entstandener organischer Giftstoff.*

to|xisch ⟨Adj.⟩ (Med.): **1.** *giftig.* **2.** *durch Gift verursacht, auf einer Vergiftung beruhend:* -e Krankheiten, Schädigungen.

To|xi|zi|tät, die; - (Med.): *Giftigkeit einer Substanz (bezogen auf ihre Wirkung auf den lebenden Organismus).*

to|xo|gen: ↑toxigen.

TP = Triangulationspunkt, trigonometrischer Punkt.

Trab, der; -[e]s [mhd. drap, rückgeb. aus: draben, ↑traben]: *mittelschnelle Gangart zwischen Schritt u. Galopp von Vierfüßern, bes. von Pferden:* in lockerem, leichtem, hartem, schärfstem T. reiten; das Pferd in T. setzen; in T. fallen; Ü er setzte sich in T. (ugs.; *begann zu laufen*); mach ein bisschen T. dahinter! (ugs.; *beschleunige die Sache etwas!*); [nun aber] ein bisschen T.! (ugs.; *beeil dich*); *** jmdn. auf T. bringen** (ugs.; *jmdn. zu schnellerem Handeln bewegen, zu einer Tätigkeit antreiben*); **auf T. kommen** (ugs.; *rasch vorankommen*); **auf T. sein** (ugs.; *in Eile sein; viel zu tun haben*); **jmdn. in T. halten** (ugs.; *jmdn. nicht zur Ruhe kommen lassen*).

Tra|bant, der; -en, -en [spätmhd. (ostmd.) drabant = (hussitischer) Landsknecht, H. u.]: **1. a)** (Astron.) *Satellit* (1): der Mond ist ein T. der Erde; **b)** (Raumf.) *Satellit* (2). **2. a)** (früher) *Leibwächter einer vornehmen Standesperson;* **b)** (früher) *ständiger Begleiter einer vornehmen Standesperson; Gefolgsmann; Diener;* **c)** (abwertend) *jmd., der von einer einflussreichen Person völlig abhängig, ihr bedingungslos ergeben ist.* **3.** ⟨Pl.⟩ (ugs. scherzh.) *jmds. (kleine) Kinder:* wo habt ihr eure -en gelassen? **4.** (Elektronik) *zusätzlicher elektronischer Impuls zur Synchronisierung von Fernsehbildern.*

Tra|ban|ten|stadt, die: *Satellitenstadt; Wohnstadt.*

tra|ben ⟨sw. V.⟩ [mhd. draben < mniederd., mniederl. draven, aus der altflämischen Ritterspr., urspr. wohl lautm.]: **1.** *im Trab laufen, reiten* ⟨hat/ist⟩. **2.** (ugs.) *in oft beschleunigtem Tempo, meist zu einem bestimmten Ziel laufen; mit beschleunigten Schritten gehen* ⟨ist⟩: der Junge trabte zur Schule; eilig trabte sie hinter ihm her.

Tra|ber, der; -s, -: *für Trabrennen gezüchtetes Pferd.*

Tra|ber|bahn, die: *Trabrennbahn.*

Tra|ber|krank|heit, die [nach dem bei der Krankheit auftretenden schleppenden Gang] (Tiermed.): *bes. bei Schafen auftretende tödliche Viruskrankheit; Scrapie.*

Tra|ber|pferd, das: *Traber.*

Tra|ber|wa|gen, der: *Sulky.*

Trab|renn|bahn, die: *Rennbahn für Trabrennen.*

Trab|ren|nen, das: *Pferderennen, bei dem die Pferde nur im Trab rennen dürfen u. bei dem der Jockey im Sulky sitzt.*

Trace [treɪs], das; -, -s ['treɪsɪz; engl. trace, eigtl. = Spur] (EDV): **1.** *Aufzeichnung des Ablaufs eines Programms* (4). **2.** *Protokoll über den Ablauf eines Programms* (4).

Tra|chea [auch: 'traxea], die; -, ...een [zu griech. tracheĩa, w. Form von: trachýs = rau, nach dem Aussehen] (Med.): *Luftröhre.*

tra|che|al ⟨Adj.⟩ (Med.): *zur Luftröhre gehörend, damit zusammenhängend.*

Tra|chee, die; -, -n [zu ↑Trachea]: **1.** (Zool.) *Atmungsorgan der meisten Gliedertiere.* **2.** (Bot.) *Gefäß* (2 b).

Tra|che|en: Pl. von ↑Trachea, Trachee.

Tra|che|i|de, die; -, -n [zu griech. -(o)eidēs = ähnlich, zu: eĩdos = Aussehen, Form] (Bot.): *dem Transport von Wasser u. der Festigung dienende, lang gestreckte pflanzliche Zelle.*

Tra|che|o|skop, das; -s, -e [zu griech. skopeĩn = betrachten] (Med.): *Endoskop zur Untersuchung der Luftröhre.*

Tra|che|o|sko|pie, die; -, -n (Med.): *Untersuchung der Luftröhre mit dem Tracheoskop.*

Tra|che|o|to|mie, die; -, -n [zu griech. tomḗ = Schnitt] (Med.): *Luftröhrenschnitt.*

Tracht, die; -, -en [mhd. traht(e), ahd. draht(a), zu ↑tragen, eigtl. = das Tragen, Getragenwerden; das, was getragen wird]: **1.** *für eine bestimmte Volksgruppe o. Ä. od. bestimmte Berufsgruppe typische Kleidung:* bunte, bäuerliche, ländliche Tiroler -en; das Brautpaar hatte T. angelegt. **2.** (Imkerspr.) *von den Bienen eingetragene Nahrung, bes. Nektar, Pollen, Honigtau.* **3.** (Landw.) *Stellung einer Fruchtart in der Anbaufolge [u. deren Ertrag].* **4.** (landsch. veraltend) *Traggestell für die Schultern zum Tragen von Körben u. Eimern.* **5.** (veraltet, noch landsch.) *Last (die jmd., etw. trägt):* eine T. Holz, Heu, Stroh; *** eine T. Prügel** (ugs.; *Schläge;* zu »Tracht« in der älteren Bed. »aufgetragene Speise«; Prügel, die man jmdm. verabreicht, wurden früher oft mit Gerichten, die man jmdm. serviert, verglichen): eine T. Prügel/(auch:) eine T. bekommen, kriegen; jmdm. eine [gehörige] T. Prügel verpassen.

Tracht|bie|ne, die (Imkerspr.): *[Honig]biene, die Tracht* (2) *einträgt.*

trach|ten ⟨sw. V.; hat⟩ [mhd. trahten, ahd. trahtōn < lat. tractare, ↑traktieren] (geh.): *bemüht sein, etw. Bestimmtes zu erreichen, zu erlangen:* nach Ehre, Ruhm t.; einen Plan zu verhindern t.; danach t., etw. zu verändern.

Trach|ten|an|zug, der: *im Stil einer bestimmten Volkstracht nachempfundener Anzug.*

Trach|ten|fest, das: *Fest, bei dem die Teilnehmenden in Trachten erscheinen.*

Trach|ten|grup|pe, die: *Gruppe, die bei bestimmten Veranstaltungen in Trachten Volkstänze o. Ä. aufführt.*

Trach|ten|ho|se, die: vgl. Trachtenanzug.

Trach|ten|hut, der: vgl. Trachtenanzug.

Trach|ten|ja|cke, die: vgl. Trachtenanzug.

Trach|ten|ka|pel|le, die: *in Tracht auftretende, Volksmusik spielende Kapelle.*

Trach|ten|kleid, das: vgl. Trachtenanzug.

Trach|ten|kos|tüm, das: vgl. Trachtenanzug.

Trach|ten|look, der: *Mode, Moderichtung, bei der die Kleidung an bestimmten Trachten orientiert, ihnen nachempfunden ist, Anklänge an bestimmte Trachten aufweist.*

Trach|ten|ver|ein, der: *Verein, bei dem Pflege u. Bewahrung alter Volkstrachten u. des damit zusammenhängenden Brauchtums im Mittelpunkt stehen.*

träch|tig ⟨Adj.⟩ [mhd. trehtec, zu: tracht = Leibesfrucht (↑Tracht)]: **1.** *(von Säugetieren) ein Junges, Junge tragend:* eine -e Stute. **2.** (geh.) *von etw. erfüllt, mit etw. angefüllt:* ein von, mit Gedanken -es Werk.

-träch|tig: drückt in Bildungen mit Substantiven aus, dass die beschriebene Person oder Sache in beträchtlichem Maße von etw. erfüllt ist oder etw. in sich trägt, birgt: erfolgs-, profit-, kosten-, fehler-, skandalträchtig.

Träch|tig|keit, die; -: **1.** *das Trächtigsein* (1). **2.** (geh.) *das Trächtigsein* (2).

Track [trɛk], der; -s, -s [engl. track, eigtl. = Spur, Bahn]: **1.** (Schifffahrt) *übliche Schiffsroute zwischen zwei Häfen.* **2.** *der Übertragung von Zugkräften dienendes Element (wie Seil, Kette, Riemen).* **3.** (Jargon) *Musikstück, Nummer (bes. auf einer CD od. LP).* **4.** (EDV) *Spur* (4b).

Track|ball [ˈtrɛkbɔːl], der; -s, -s [zu engl. ball = Kugel] (EDV): *Rollkugel.*

Trade|mark [ˈtreɪdmɑːk], die; -, -s [engl. trademark, eigtl. = Handelsmarke]: englische Bez. für *Warenzeichen.*

tra|die|ren ⟨sw. V.; hat⟩ [lat. tradere (2. Part.: traditum), zu: trans = über – hin u. dare = geben] (bildungsspr.): *überliefern; etw. Überliefertes weiterführen, weitergeben:* Rechtsnormen t.; tradierte Vorstellungen, Sprachformen.

Tra|ding [ˈtreɪdɪŋ], das; -s [engl. trading, zu: to trade = Handel treiben]: **1.** (Wirtsch.) *Handel.* **2.** (Börsenw.) *das Ausnutzen kurzfristiger Kursschwankungen durch häufige Käufe u. Verkäufe von Wertpapieren.*

Tra|di|ti|on, die; -, -en [lat. traditio, zu: tradere, ↑tradieren]: **a)** *etw., was im Hinblick auf Verhaltensweisen, Ideen, Kultur o. Ä. in der Geschichte, von Generation zu Generation [innerhalb einer bestimmten Gruppe] entwickelt u. weitergegeben wurde [u. weiterhin Bestand hat]:* eine alte, bäuerliche T.; demokratische -en pflegen; eine T. bewahren, hochhalten, fortsetzen; an der T. festhalten; mit der T. brechen; die Strandrennen sind hier schon T. *(feste Gewohnheit, Brauch)* geworden; **b)** (selten) *das Tradieren:* die T. dieser Werte ist unsere Pflicht.

Tra|di|ti|o|na|lis|mus, der; - [frz. traditionalisme, zu: tradition < lat. traditio, ↑Tradition] (bildungsspr.) *geistige Haltung, die bewusst an der Tradition festhält, sich ihr verbunden fühlt.*

Tra|di|ti|o|na|list, der; -en, -en: *Vertreter, Anhänger des Traditionalismus.*

Tra|di|ti|o|na|lis|tin, die; -, -nen: w. Form zu ↑Traditionalist.

tra|di|ti|o|na|lis|tisch ⟨Adj.⟩: (bildungsspr.) *den Traditionalismus* (1) *[in übertriebener Weise] vertretend, auf ihm beruhend.*

Tra|di|tio|nal Jazz [trəˈdɪʃənəl ˈdʒæz], der; - - [engl.] (Musik): *traditioneller Jazz (ältere Stilrichtungen bis etwa 1940).*

tra|di|ti|o|nell ⟨Adj.⟩ [frz. traditionnel, zu: tradition, ↑Traditionalismus]: *einer Tradition entsprechend, auf ihr beruhend; herkömmlich:* die -e Familienstruktur; etw. ist schon t. geworden.

tra|di|ti|ons|be|wusst ⟨Adj.⟩: *der Tradition verbunden, sich ihr verpflichtet fühlend:* ein -es Volk.

tra|di|ti|ons|ge|bun|den ⟨Adj.⟩: *von der Tradition bestimmt, ihr verhaftet:* ein -es Denken.

tra|di|ti|ons|ge|mäß ⟨Adj.⟩: *der Tradition, dem Brauch gemäß:* das Familientreffen findet t. am 15. Mai statt.

tra|di|ti|ons|reich ⟨Adj.⟩: *reich an Traditionen.*

traf: ↑treffen.

träf ⟨Adj.⟩ (schweiz.): *treffend:* ein -er Ausdruck.

trä|fe: ↑treffen.

Tra|fo [auch: ˈtrafo], der; -[s], -s: Kurzwort für: Transformator.

Tra|fo|häus|chen, das, **Tra|fo|sta|ti|on,** die: vgl. Transformatorenhäuschen.

träg: ↑träge.

Tra|gant, der; -[e]s, -e [mhd. dragant < spätlat. tragantum, tragacantha < griech. tragákantha]: **1.** *(zu den Schmetterlingsblütlern gehörende) Pflanze, meist mit gefiederten Blättern, deren Spitzen häufig zu Dornen umgebildet sind, u. Blüten verschiedener Farbe in Trauben, Ähren od. Köpfchen.* **2.** *aus verschiedenen Arten des Tragants* (1) *gewonnene, gallertartige quellbare Substanz, die bes. zur Herstellung von Klebstoffen verwendet wird.*

Trag|bah|re, die: *einem Feldbett ähnliches Gestell zum Transport von Kranken, Verletzten od. Toten.*

trag|bar ⟨Adj.⟩: **1.** *sich [gut, ohne große Mühe] tragen lassend:* -e Radios, Fernseher. **2.** *(von Kleidung) gut zu tragen:* eine Kollektion von durchaus, sehr -en Kleidern und Mänteln; diese Mode ist nicht t. **3. a)** *für jmdn. keine [zu] große [finanzielle] Belastung darstellend:* wirtschaftlich, finanziell [nicht mehr] t. sein; ⟨subst.:⟩ bei der Steuererhöhung bis an die Grenze des Tragbaren gehen; **b)** *erträglich* (a) *(in verneinenden od. einschränkenden Kontexten):* dieser Zustand ist kaum noch t.; der Minister ist für die Partei nicht mehr t. *(sein Verhalten o. Ä. kann von der Partei nicht mehr hingenommen werden).*

trä|ge, träg ⟨Adj.⟩ [mhd. træge, ahd. trāgi, ablautende Bildung zu aisl. tregr = unwillig, langsam]: **1.** *lustlos u. ohne Schwung; nur widerstrebend sich bewegend, aktiv werdend:* ein träger Mensch; das politisch träge Bürgertum; der Wein, die Hitze hat mich ganz t. gemacht; er war zu t. *(faul),* um mitzuspielen; geistig t. sein; Ü mit trägen *(schwerfälligen, langsamen)* Bewegungen, Schritten. **2.** (Physik) *im Zustand der Trägheit* (2): eine träge Masse.

Tra|ge, die; -, -n: *Tragbahre, -gestell.*

Tra|ge|ei|gen|schaft, die: *Eigenschaft von Textilien im Hinblick auf ihre Tragbarkeit.*

Tra|ge|griff, der: *Griff, an dem etw. getragen werden kann, der das Tragen von etw. erleichtert.*

Tra|ge|gurt, Traggurt, der: *Gurt zum Tragen, Transportieren von jmdm., etw.*

Tra|ge|kom|fort, der (Werbespr.): *Komfort, den ein Kleidungsstück beim Tragen zeigt.*

Tra|ge|korb, Tragkorb, der: *[größerer] Korb zum Tragen, Transportieren von Lasten, bes. auf dem Rücken.*

tra|gen ⟨st. V.; hat⟩ [mhd. tragen, ahd. tragan, H. u.]: **1. a)** *jmdn., etw. mit seiner Körperkraft halten, stützen u. so fortbewegen, irgendwohin bringen:* ein Kind auf dem Arm, in den Armen, huckepack t.; den Sack auf dem Rücken, den Korb auf dem Kopf t.; einen Koffer, jmdm. die Tasche t.; ein Einkaufsnetz in der Hand, über der Schulter t.; ein Paket zur Post t.; der Hund trug eine Ratte im Maul; die Sanitäter trugen den Verletzten [auf einer Trage] zum Krankenwagen; ⟨auch o. Akk.-Obj.:⟩ jmdm. t. helfen; wir hatten schwer zu t. *(waren schwer bepackt);* Ü das Pferd trägt den Reiter *(auf ihm sitzt der Reiter);* meine Beine, Knie tragen mich kaum noch *(ich kann kaum noch laufen);* das Auto wurde aus der Kurve getragen *(kam in der Kurve von der Fahrbahn ab);* ⟨auch o. Akk.-Obj.:⟩ laufen, so schnell die Füße tragen; *** [schwer] an etw. zu t. haben** *(etw. als Last, Bürde empfinden; schwer unter etw. leiden);* **b)** ⟨t. + sich⟩ *sich in bestimmter Weise tragen* (1a) *lassen:* der Koffer trägt sich leicht, gut; das Gepäck lässt sich am besten auf der Schulter t. **2. a)** *[das volle Gewicht von] etw. von unten stützen:* das Dach wird von [starken] Säulen getragen; tragende Balken, Konstruktionen; Ü die Regierung wird nicht vom Vertrauen des Volkes getragen; das Unternehmen trägt sich selbst *(braucht keine Zuschüsse);* die tragende *(grundlegende)* Idee eines Werkes; eine tragende Rolle *(Hauptrolle)* spielen; **b)** *ein bestimmtes Gewicht, eine bestimmte Last aushalten [können]:* die Brücke trägt auch schwere Lastwagen; ⟨auch o. Akk.-Obj.:⟩ das Eis trägt schon; *** zum Tragen kommen** *(wirksam werden, Anwendung finden [von etw., was zur Anwendung bereitliegt]);* **c)** *(vom Wasser, von der Luft) jmdn., etw. tragend* (2a) *[fort]bewegen, ohne dass jmd., etw. untergeht:* Salzwasser trägt; sich von den Wellen t. lassen. **3. a)** *[in bestimmter Weise] etw. ertragen:* sie trägt ihr Leiden mit Geduld; etw. mit Fassung t.; er hat ein schweres Los zu t.; **b)** *etw. auf sich nehmen, übernehmen [müssen]:* keine Verantwortung t. wollen; die Folgen t.; das Risiko trägst du! **4. a)** *einen Körperteil in einer bestimmten Stellung halten:* dabei trug der Hund seinen Schwanz hoch; den Kopf schief, aufrecht, gesenkt t.; **b)** *einen Körperteil mithilfe von etw. stützend halten:* den Arm in einer Schlinge, Schiene t. **5. a)** *mit etw. Bestimmtem bekleidet sein; etw. angezogen, aufgesetzt o. Ä. haben:* ein ausgeschnittenes Kleid, Jeans t.; [eine] Tracht, Uniform t.; sie trägt Trauer, Schwarz; diese Farbe kann ich nicht t. *(sie steht mir nicht);* das trägt man [heute] nicht mehr *(das ist nicht mehr modern);* man trägt wieder kurz/lang *(kurze/längere Röcke sind wieder modern);* getragene *(bereits gebrauchte)* Anzüge, Schuhe; **b)** *etw. als [Gebrauchs]gegenstand, Schmuck o. Ä. an, auf einem Körperteil an sich haben:* eine Maske, Perücke t.; eine Brille t. *(Brillenträger[in] sein);* [einen] Bart t. *(Bartträger sein);* einen Ring [am Finger], eine Kette [um den Hals] t.; eine Blume im Haar t.; **c)** ⟨t. + sich⟩ (seltener) *in bestimmter Weise gekleidet sein:* sich nach der letzten Mode t.; **d)** *in bestimmter Weise frisiert sein:* sie trägt ihr Haar offen, lang, kurz, gelockt, in einem Knoten; einen Mittelscheitel t.; **e)** ⟨t. + sich⟩ *eine bestimmte Trageeigenschaft haben:* der Stoff trägt sich sehr angenehm. **6.** *[für einen bestimmten Zweck] bei sich haben:* er trägt einen Revolver; immer einen Pass bei sich t. **7.** (geh.) *haben:* einen Titel, einen berühmten Namen t.; das Buch trägt diesen Titel; der Grabstein trägt keine Inschrift. **8.** *(Früchte o. Ä.) hervorbringen:* der Acker trägt Roggen; ⟨auch o. Akk.-Obj.:⟩ der Baum trägt gut, wenig, noch nicht; Ü das Kapital trägt Zinsen. **9.** *(von weiblichen Säugetieren) trächtig sein:* die Kuh trägt [ein Kalb]; ein tragendes Muttertier. **10.** *eine bestimmte Reichweite haben:* das Gewehr trägt nicht so weit; eine tragende *(kräftige, über eine größere Entfernung noch gut hörbare)* Stimme haben. **11.** (verblasst in Verbindung mit Abstrakta) drückt das Vorhandensein von etw. bei jmdm. aus: Bedenken t. *(haben),* etw. zu tun; nach jmdm. Verlangen, an etw. die Schuld t.; für jmdn., etw./(schweiz. auch:) jmdm., einer Sache Sorge t. (geh.: *für jmdn., etw. sorgen*). **12.** ⟨t. + sich⟩ *sich innerlich mit etw. beschäftigen, es in Erwägung ziehen:* er trägt sich mit dem Plan, mit dem Gedanken, sein Haus zu verkaufen.

Trä|ger, der; -s, - [spätmhd. treger, mhd. trager, ahd. tragari]: **1. a)** *jmd., der Lasten trägt:* für eine Expedition T. anwerben; **b)** kurz für ↑Gepäckträger (1); **c)** *jmd., der Kranke, Verletzte o. Ä. transportiert:* eine Ambulanz mit zwei -n. **2. a)** (Bauw.) *tragendes Bauteil:* T. aus Stahl; einen T. [in die Decke] einziehen; **b)** (bes. Technik) *etw., was etw. anderes trägt, hält, stützt, mit sich führt o. Ä.* **3.** *Stoffstück, das in Form eines Streifens paarweise an bestimmten Kleidungsstücken angebracht ist u. über die*

Schulter geführt wird: ein Kleid mit breiten -n. 4. a) *jmd., der etw. innehat, etw. ausübt:* T. mehrerer Preise sein; T. der Staatsgewalt sein; b) *jmd., der etw. stützt, der die treibende Kraft von etw. ist:* der T. einer Entwicklung sein; c) *Körperschaft, Einrichtung, die [offiziell] für etw. verantwortlich ist u. dafür aufkommen muss:* T. des Kindergartens ist die Kirche. 5. (Technik) *Trägerwelle.* 6. *jmd., etw., dem etw. Bestimmtes innewohnt u. durch den bzw. das es in Erscheinung tritt:* die psychischen Erscheinungen und ihr T., der Mensch als Ich.

-trä|ger, der; -s, -: 1. drückt in Bildungen mit Substantiven aus, dass eine Person etw. [bekommen] hat, mit etw. versehen ist: Bart-, Preis-, Ordensträger. 2. drückt in Bildungen mit Substantiven aus, dass eine Person oder Sache etw. mit sich führt, transportiert, liefert: Eiweiß-, Virus-, Wärmeträger. 3. drückt in Bildungen mit Substantiven aus, dass eine Person oder Sache etw. darstellt oder auslöst: Angst-, Bedeutungs-, Hoffnungs-, Sympathieträger.

Trä|ger|flug|zeug, das: *Flugzeug, das auf einem Flugzeugträger stationiert ist.*

Trä|ge|rin, die; -, -nen: w. Form zu ↑Träger (1, 4, 6).

Trä|ger|kleid, das: *Kleid mit Trägern* (3).

Trä|ger|ko|lon|ne, die: *Kolonne von Austrägern.*

trä|ger|los ⟨Adj.⟩: *ohne Träger* (3): ein -es Sommerkleid.

Trä|ger|ra|ke|te, die: *mehrstufige Rakete* (1 b).

Trä|ger|rock, der: *Rock mit angeschnittenem ärmellosem Oberteil aus dem gleichen Stoff.*

Trä|ger|schaft, die; -, -en: a) *Gesamtheit der Trägerinnen u. Träger* (4 c): die Anstalt wird unter einer erweiterten T. weitergeführt; b) *Eigenschaft, Trägerin, Träger* (4 c) *zu sein.*

Trä|ger|schür|ze, die: vgl. Trägerrock.

Trä|ger|wel|le, die (Funkt.): *elektromagnetische Welle, die zur Übertragung von Nachrichten moduliert werden kann.*

Tra|ge|ta|sche, Tragtasche, die: a) *[größere] mit Riemen od. Bügeln versehene [Einkaufs]tasche, die mit der Hand getragen wird;* b) kurz für ↑Plastiktragetasche.

Tra|ge|tuch, das ⟨Pl. ...tücher⟩: *Tuch* (1), *das um Hals u. Hüfte geschlungen wird, sodass ein Baby darin getragen, befördert werden kann.*

Tra|ge|zeit, Tragzeit, die: *Zeit der Trächtigkeit* (1).

trag|fä|hig ⟨Adj.⟩: *so beschaffen, konstruiert, gebaut, dass eine bestimmte Last getragen, eine bestimmte Belastung* (1) *ausgehalten werden kann:* -es Eis; die Überdachung ist nicht t.

Trag|fä|hig|keit, die ⟨o. Pl.⟩: *tragfähige Beschaffenheit.*

Trag|flä|che, die (Flugw.): *eine der beiden (dem dynamischen Auftrieb dienenden) rechteckigen od. trapezförmigen Flächen, die sich seitlich am Rumpf eines Flugzeugs befinden.*

Trag|flä|chen|boot, das: *Motorboot, unter dessen Rumpf sich Flächen befinden, die den Tragflächen des Flugzeugs ähnlich sind u. den Rumpf des Motorboots mit zunehmender Geschwindigkeit über das Wasser heben; Gleitboot.*

Trag|flü|gel, der: *Tragfläche.*

Trag|flü|gel|boot, das: *Tragflächenboot.*

Trag|ge|rüst, das: *tragendes Gerüst, tragende Konstruktion:* das T. eines Daches.

Trag|ge|stell, das: *Gestell zum Tragen, Transportieren von jmdm., etw.*

Trag|gurt: ↑Tragegurt.

Träg|heit, die; -, -en ⟨Pl. selten⟩ [1: mhd., ahd. trācheit]: 1. ⟨o. Pl.⟩ *das Trägesein:* geistige T.; zur T. neigen. 2. (Physik) *Eigenschaft jeder Masse, ihren Bewegungszustand beizubehalten, solange keine äußere Kraft einwirkt, die diesen Zustand ändert; Beharrungsvermögen.*

Träg|heits|ge|setz, das (Physik): *Gesetz* (2), *nach dem jeder Körper im Zustand der Ruhe od. in einer gleichförmigen Bewegung verharrt, solange keine äußere Kraft auf ihn einwirkt.*

Träg|heits|mo|ment, das (Physik): *Größe des Widerstands, den ein rotierender Körper einer Änderung seiner Geschwindigkeit entgegensetzt.*

Trag|him|mel, der (seltener): *Baldachin* (2).

Trag|holz, das: *Fruchtholz.*

Tra|gik, die; - [zu ↑tragisch]: 1. *schweres, schicksalhaftes, von Trauer u. Mitempfinden begleitetes Leid:* darin lag die T. [seines Lebens, in seinem Leben, dieses Unfalls]. 2. (Literaturw.) *das Tragische (in einer Tragödie).*

Tra|gi|ko|mik [auch: ˈtra:...], die; - (bildungsspr.): *Verbindung von Tragik u. Komik, deren Wirkung darin besteht, dass das Tragische komische Elemente u. das Komische tragische Elemente enthält.*

tra|gi|ko|misch [auch: ˈtra:...] ⟨Adj.⟩ (bildungsspr.): *die Tragikomik betreffend, auf ihr beruhend, Tragikomik ausdrückend.*

Tra|gi|ko|mö|die [auch: ˈtra:...], die; -, -n [lat. tragicomoedia, zu: tragicus (↑tragisch) u. comoedia, ↑Komödie] (Literaturw.): *tragikomisches Drama.*

tra|gisch ⟨Adj.⟩ [lat. tragicus < griech. tragikós, eigtl. = bocksartig, vgl. Tragödie]: 1. *auf verhängnisvolle Weise eintretend u. schicksalhaft in den Untergang führend u. daher menschliche Erschütterung auslösend:* ein -es Ereignis, Erlebnis; ein -er Unfall; auf -e Weise ums Leben kommen; der Film endet t.; das ist alles nicht, halb so t. (ugs.; *schlimm*); nimm nicht alles gleich so t. (ugs.; *ernst*). 2. (Literaturw., Theater) *zur Tragödie gehörend, auf sie bezogen; Tragik ausdrückend:* eine -e Rolle spielen; die -e Heldin eines Dramas; ein -er Dichter.

Trag|joch, das: vgl. Traggestell.

Trag|kon|struk|ti|on, die (Technik): *tragende Konstruktion.*

Trag|korb: ↑Tragekorb.

Trag|kraft, die (bes. Technik, Bauw.): *Tragfähigkeit.*

Trag|last, die: *Last* (1 a).

Tra|gö|die, die; -, -n [lat. tragoedia < griech. tragōdía = tragisches Drama, Trauerspiel, eigtl. = Bocksgesang, zu: trágos = Ziegenbock u. ōdḗ = Gesang; viell. nach den mit Bocksfellen als Satyrn verkleideten Chorsängern in der griech. Tragödie]: 1. a) ⟨o. Pl.⟩ *dramatische Gattung, in der Tragik* (2) *dargestellt wird:* die antike, klassische T.; b) *Tragödie* (1 a) *als einzelnes Drama:* eine T. in/mit fünf Akten. 2. a) *tragisches Geschehen, schrecklicher Vorfall:* Zeuge einer T. werden; b) (ugs. emotional übertreibend) *etw., was als schlimm, katastrophal empfunden wird:* diese Niederlage ist keine T.; mach doch keine, nicht gleich eine T. daraus! *(nimm es nicht schwerer, als es ist!).*

Tra|gö|di|en|dich|ter, der: *Dichter von Tragödien, Trauerspielen.*

Tra|gö|di|en|dich|te|rin, die: w. Form zu ↑Tragödiendichter.

Trag|rie|men, der: *Riemen, mit dem eine Last [auf der Schulter] getragen wird.*

Trag|rol|le, die (Technik): *Rolle an einem Förderband, die dessen Gurt trägt u. führt.*

Trag|schicht, die (Straßenbau): *Schicht unter der Decke* (4) *einer Straße, Fahrbahn.*

Trag|seil, das (bes. Technik, Bauw.): *Seil, das die Last trägt (im Unterschied zum Zugseil).*

Trag|ses|sel, der: *Sessel, der an Griffen getragen werden kann.*

trägst: ↑tragen.

trägt: ↑tragen.

Trag|ta|sche: ↑Tragetasche.

Trag|tier, das (selten): *Lasttier.*

Trag|wei|te, die: 1. *Ausmaß, in dem sich etw. [ziemlich weit reichend] auswirkt:* sich der T. von etw. bewusst sein; etw. in seiner ganzen T. erkennen; ein Ereignis von großer T. 2. *Schussweite einer Waffe.* 3. (Seew.) *Entfernung, aus der ein Leuchtfeuer oder die Lichter eines Schiffes bei normaler Sicht noch eindeutig zu erkennen sind.*

Trag|werk, das: 1. (Flugw.) *Tragflügel, Querruder u. Landeklappen eines Flugzeugs.* 2. (Bauw.) *lastentragender Bauteil.*

Trag|zeit: ↑Tragezeit.

Trai|ler [ˈtreɪlə], der; -s, - [engl. trailer, zu: to trail = ziehen, (nach)schleppen < mfrz. traill(i)er, über das Vlat. < lat. trahere, ↑traktieren]: 1. *Anhänger* (2) *(bes. zum Transport von Containern).* 2. a) (Film, Ferns.) *werbende Ankündigung eines Films, einer Fernsehserie o. Ä. durch einen Spot aus zusammengestellten Szenen.* b) (Film) *nicht belichteter Filmstreifen am inneren Ende einer Filmrolle.*

Trai|nee [treɪˈni:], der; -s, -s [engl. trainee, zu: to train, ↑trainieren] (Wirtsch.): *jmd. (bes. Hochschulabsolvent[in]), der innerhalb eines Unternehmens eine praktische Ausbildung in allen Abteilungen erhält u. dadurch für seine spätere Tätigkeit vorbereitet wird.*

Trai|nee|pro|gramm, das: *Inhalt und Verlauf der Ausbildung von Trainees:* ein T. absolvieren.

Trai|ner [ˈtrɛ:nɐ, ˈtre:nɐ], der; -s, - [engl. trainer, zu: to train, ↑trainieren]: a) (Sport) *jmd., der Sportler trainiert:* den T. entlassen, wechseln; b) (Pferdesport) *jmd., der für Unterhalt u. Training von Pferden sorgt.*

Trai|ner|bank, die ⟨Pl. ...bänke⟩: [1]*Bank* (1) *am Rand eines Spielfelds, auf der der Trainer* (a) *u. die Auswechselspieler sitzen.*

Trai|ne|rin, die; -, -nen: w. Form zu ↑Trainer.

Trai|ner|li|zenz, die: *Lizenz für die Tätigkeit als Trainer, als Trainerin.*

Trai|ner|schein, der: vgl. Trainerlizenz.

trai|nie|ren ⟨sw. V.; hat⟩ [engl. to train, eigtl. = erziehen; ziehen, (nach)schleppen < frz. traîner = (nach)ziehen, über das Vlat. < lat. trahere, ↑traktieren]: a) *durch systematisches Training auf etw., bes. auf einen Wettkampf vorbereiten, in gute Kondition bringen:* eine Fußballmannschaft, ein Pferd t.; einen trainierten Körper haben; auf etw. trainiert *(genau vorbereitet)* sein; b) *Training betreiben:* er trainiert hart, eisern [für die nächsten Spiele]; c) *(bestimmte Übungen, Fertigkeiten) durch Training technisch vervollkommnen:* den doppelten Rittberger t.; Ü sein Gedächtnis t.; sich im Rechnen t.; d) (ugs.) *einüben* (1 a): Rollschuhfahren t.

Trai|ning, das; -s, -s [engl. training, zu: to train, ↑trainieren]: *planmäßige Durchführung eines Programms von vielfältigen Übungen zur Ausbildung von Können, Stärkung der Kondition u. Steigerung der Leistungsfähigkeit:* ein hartes T.; das T. abbrechen, aufnehmen; Ü geistiges T.; autogenes T.; nicht mehr im T. sein *(nicht mehr in der Übung sein).*

Trai|ning on the Job [ˈ- ɔn θə ˈ-], das; -s - - -, -s - - - [engl., zu ↑Job] (bes. Wirtsch.): *Gesamtheit der Methoden zur Ausbildung, zur Vermittlung u. Erprobung praktischer Kenntnisse u. Fähigkeiten direkt am Arbeitsplatz.*

Trai|nings|an|zug, der: *aus langärmeligem Blouson u. langer, an den Knöcheln eng anliegender Hose bestehender Sportanzug zum Warmhalten des Körpers.*

Trai|nings|dress, der: *beim Trainieren zu tragende Sportkleidung.*

Trai|nings|ein|heit, die (Sport): *kleinster Abschnitt der Phasen, Perioden, in die das gesamte Training einer Sportlerin, eines Sportlers, einer Mannschaft aufgeteilt ist.*

Trai|nings|ho|se, die: *zum Trainingsanzug gehörende Hose.*

Trai|nings|ja|cke, die: vgl. Trainingshose.

Trai|nings|la|ger, das ⟨Pl. ...lager⟩: *Lager, in dem [Spitzen]sportler[innen] trainieren:* ein T. beziehen; ins T. fahren.

Trai|nings|mög|lich|keit, die: 1. *Möglichkeit, irgendwo zu trainieren:* keine T. haben. 2. *mögliche Übung für das Training [in einer Sportart]:* neue -en testen.

Trai|nings|pro|gramm, das: *Programm* (3), *Plan* (1 a), *nach dem ein Training aufgebaut ist.*

Trai|nings|schuh, der: *meist leichterer, beim Trainieren* (a) *getragener Schuh.*

Trai|nings|zeit, die (Sport): *im Training gefahrene, gelaufene Zeit.*

Trai|teur [trɛˈtøːɐ̯], der; -s, -e [frz. traiteur, zu: traiter = be-, verhandeln < lat. tractare, ↑traktieren]: **1.** (selten) *Leiter einer Großküche.* **2.** (schweiz.) *Hersteller, Verkäufer u. Lieferant von Fertiggerichten.*

Trai|teu|rin, die; -, -nen: w. Form zu ↑Traiteur.

Trai|teur|stand, der (schweiz.): *Verkaufsstand einer Traiteurin, eines Traiteurs* (2).

Tra|keh|ner, der; -s, - [nach dem Ort Trakehnen im ehemaligen Ostpreußen]: *Pferd einer edlen Rasse des deutschen Warmbluts.*

Trakt, der; -[e]s, -e [lat. tractus = das (Sich-hin)ziehen; Ausdehnung; Lage; Gegend, zu: tractum, 2. Part. von: trahere, ↑traktieren]: **1. a)** *größerer, in die Breite sich ausdehnender Teil eines Gebäudes, auch Teil eines großen Schiffes:* der südliche T. des Schlosses; **b)** *Gesamtheit der Bewohner, Insassen eines Trakts* (1 a): der südliche T. des Gefängnisses rebellierte. **2.** (Med.) *Ausdehnung in die Länge, Strecke, Strang.* **3.** *Landstrich.*

Trak|tan|den|lis|te, die; -, -n [zu ↑Traktandum] (schweiz.): *Tagesordnung.*

Trak|tan|dum, das; -s, ...den [lat. tractandum = was behandelt werden soll, Gerundiv von: tractare, ↑traktieren] (schweiz.): *Verhandlungsgegenstand.*

Trak|tat, das od. der; -[e]s, -e [lat. tractatus = Abhandlung, Erörterung, zu: tractare, ↑traktieren]: **1.** (bildungsspr.) **a)** (veraltend) *Abhandlung:* theologische, wissenschaftliche, politische -e; **b)** *Flug-, Streit-, Schmähschrift.* **2.** (veraltet) *(Staats)vertrag.*

Trak|tät|chen, das; -s, - (abwertend): *religiöse [Erbauungs]schrift.*

trak|tie|ren ⟨sw. V.; hat⟩ [lat. tractare = herumzerren, bearbeiten, behandeln, Intensivbildung zu: trahere (2. Part.: tractum) = (nach)ziehen; beziehen (auf)]: **1.** *mit etw. Unangenehmem, als unangenehm Empfundenem auf jmdn., etw. einwirken:* jmdn. mit Vorwürfen t.; hat sie dich auch mit ihren Geschichten traktiert?; jmdn. mit dem Stock, mit Schlägen t. *(jmdn. schlagen, verprügeln).* **2.** (veraltend) *jmdm. etw. in reichlicher Menge anbieten:* jmdn. mit Süßigkeiten t.

Trak|ti|on, die; -, -en [zu lat. tractum, ↑Trakt]: **1.** (Physik, Technik) *das Ziehen; Zug* (3), *Zugkraft.* **2.** (Eisenb.) *Art des Antriebs von Zügen [durch Triebfahrzeuge].*

Trak|tor, der; -s, ...oren [engl. tractor, zu lat. tractum, ↑Trakt]: **1.** *speziell zum Ziehen von angehängten Lasten, bes. von landwirtschaftlichen Maschinen, Geräten, dienendes Kraftfahrzeug.* **2.** (EDV) *Vorrichtung am Drucker* (2), *die zur Bewegung bzw. zur Positionierung von Endlospapier dient.*

Trak|to|ren|bau, der ⟨o. Pl.⟩: *Industriezweig, der Traktoren* (1) *herstellt.*

Trak|tor|fah|rer, der: *jmd., der [berufsmäßig] Traktor* (1) *fährt.*

Trak|tor|fah|re|rin, die: w. Form zu ↑Traktorfahrer.

Trak|tur, die; -, -en [spätlat. tractura = das Ziehen] (Musik): *Vorrichtung bei der Orgel, die den Tastendruck von Manual od. Pedal weiterleitet.*

tral|la, tral|la|[la]la [trala(la)ˈlaː, ˈtrala(la)la] ⟨Interj.⟩ [lautm.]: (oft am Anfang od. Ende eines Liedes stehend) als Ausdruck fröhlichen Singens ohne Worte.

träl|lern ⟨sw. V.; hat⟩ [eigtl. = tralla singen]: **a)** *(ein Lied, eine Melodie) ohne Text, ohne genaue Artikulation der Wörter munter vor sich hin singen:* sie trällert vergnügt bei der Arbeit; **b)** *trällernd* (a) *ertönen lassen:* ein kleines Lied t.

[1]Tram, der; -[e]s, -e u. Träme [mhd. (md.) trām(e)] (österr.): *Tramen.*

[2]Tram, die; -, -s, (schweiz.:) das; -s, -s [engl. tram, Kurzf. von: tramway = Straßenbahn(linie), eigtl. = Schienenweg, aus: tram = (Holz)schiene; Schienenstrecke; Wagen (unterschiedlichster Art) < mniederd., mniederl. trame (dafür mhd. trām[e], drām[e] = (Quer)balken, die ältesten Schienen bestanden aus Holzbalken) u. way = Weg] (südd., österr. veraltend, schweiz.): *Straßenbahn.*

Tram|bahn, die (südd.): *Straßenbahn.*

Trä|me: Pl. von [1]Tram.

Tra|men, der; -s, - [↑[1]Tram] (südd.): *Balken.*

Tra|mi|ner, der; -s, - [nach dem Weinort Tramin in Südtirol]: **1.** *in Südtirol angebauter Rotwein, Tiroler Landwein (verschiedener Rebsorten).* **2. a)** ⟨o. Pl.⟩ *Rebsorte mit mittelgroßen, erst spät reifen Trauben;* **b)** *aus Traminer* (2 a) *hergestellter vollmundiger Weißwein von sehr geringer Säure.*

Tra|mon|ta|na, Tra|mon|ta|ne, die; -, ...nen [ital. tramontana, zu: tramontano = (von) jenseits der Berge < lat. transmontanus]: *kalter Nordwind in Italien.*

Tramp [trɛmp; älter: tramp], der; -s, -s [engl. tramp, zu: to tramp, ↑trampen]: **1.** *Landstreicher, umherziehender Gelegenheitsarbeiter, bes. in Nordamerika.* **2.** *Trampschiff.* **3.** *Fußwanderung.*

Tram|pel, der od. das; -s, - [zu ↑trampeln] (ugs. abwertend): *ungeschickt-schwerfälliger Mensch:* so ein altes T.!

tram|peln ⟨sw. V.⟩ [spätmhd. (md.) trampeln, Iterativbildung zu mniederd. trampen = derb auftreten, wandern, nasalierte Nebenf. von ↑trappen]: **1.** *mehrmals mit den Füßen heftig aufstampfen* ⟨hat⟩: sie trampeln vor Ungeduld; Beifall t. *(durch Trampeln seinen Beifall zu erkennen geben);* trampelnde Hufe; **Ü** ⟨subst.:⟩ die Hinterachse kommt auf unebener Straße leicht ins Trampeln (Kfz-T. Jargon; *hat eine schlechte Straßenlage u. bewirkt die Empfindung, dass das Wagenheck nach der Seite hin wegspringt).* **2.** ⟨hat⟩ **a)** *durch Trampeln* (1) *in einen bestimmten Zustand bringen:* er wurde von der Menge zu Tode getrampelt; **b)** *durch Trampeln* (1) *entfernen:* du musst [dir] den Schnee, Schmutz von den Schuhen t.; **c)** *durch Trampeln* (1) *herstellen:* einen Pfad [durch den Schnee] t. **3.** (abwertend) *schwerfällig, ohne Rücksicht zu nehmen, irgendwo gehen, sich fortbewegen, irgendwohin treten* ⟨ist⟩: warum bist du durch, auf das frische Beet getrampelt?

Tram|pel|pfad, der: *durch häufiges Darüberlaufen entstandener schmaler Weg.*

Tram|pel|tier, das [1: nach dem plumpen Gang]: **1.** *(bes. in Innerasien heimisches) zweihöckriges Kamel.* **2.** (salopp abwertend) *unbeholfener, ungeschickter Mensch:* pass doch auf, du T.!

tram|pen [ˈtrɛmpn̩, älter: ˈtram...] ⟨sw. V.; ist⟩ [engl. to tramp, eigtl. = stampfend auftreten, verw. mit ↑trampeln]: **1.** *(durch Winken o. Ä.) Autos anhalten u. sich mitnehmen lassen u. auf diese Weise irgendwohin fahren, reisen; per Anhalter fahren:* nach Paris, durch ganz Europa t. **2.** (veraltend) *als Tramp* (1) *umherziehen.*

Tram|per [ˈtrɛmpɐ], der; -s, -: *jmd., der trampt* (1).

Tram|pe|rin, die; -, -nen: w. Form zu ↑Tramper.

Tram|po|lin [...iːn, auch: – – ˈ–], das; -s, -e [ital. trampolino, wohl zu: trampolo = Stelze, viell. verw. mit ↑trampeln]: *Gerät (für Sport od. Artistik) mit stark federndem, an einem Rahmen befestigtem Teil, einem Sprungtuch* (2) *o. Ä., zur Ausführung von Sprüngen.*

Tram|po|lin|sprin|gen, das: *das Springen auf dem Trampolin:* er hat sich beim T. verletzt.

Tram|po|lin|sprung, der: *Sprung auf dem Trampolin.*

Tramp|schiff, das: *[Fracht]schiff, das nach Bedarf u. nicht auf festen Routen verkehrt.*

Tram|way [ˈtramvai̯], die; -, -s [engl. tramway, ↑[2]Tram] (österr.): *Straßenbahn.*

Tran, der; -[e]s, (Arten:) -e [aus dem Niederd. < mniederd. trān, niederd. Entsprechung von mhd. tran (↑Träne) u. eigtl. = (durch Auslassen von Fischfett gewonnener) Tropfen; 2: wohl nach einer mundartl. Bed. »Tropfen Alkohol«]: **1.** *aus dem Speck von Walen u. Robben od. von bestimmten Seefischen gewonnenes Öl:* T. sieden. **2.** * **im T.** (ugs.; 1. *[durch Alkohol, Drogen, Müdigkeit] benommen.* 2. *[bei einer zur Gewohnheit, Routine gewordenen Tätigkeit] zerstreut, geistesabwesend:* etw. im T. vergessen).

Tran|ce [ˈtrãːs(ə), selten: traːns], die; -, -n [...sn̩; engl. trance < afrz. transe = das Hinübergehen (in den Tod), zu: transir = hinübergehen; verscheiden < lat. transire, ↑[1]Transit]: *(bes. durch Hypnose erreichter) dem Schlaf ähnlicher Dämmerzustand:* in T. fallen; jmdn. in T. versetzen.

tran|ce|ar|tig ⟨Adj.⟩: *einer Trance ähnlich, wie in Trance.*

Tran|ce|zu|stand, der: *Trance.*

Tran|che [ˈtrãːʃ(ə)], die; -, -n [...ʃn̩; frz. tranche, zu: trancher, ↑tranchieren]: **1.** (Kochk.) *fingerdicke Scheibe von Fleisch od. Fisch.* **2.** (Wirtsch.) *Teilbetrag einer Emission (von Wertpapieren, Briefmarken o. Ä.).*

Trän|chen, das; -s, -: Vkl. zu ↑Träne.

Tran|chier|be|steck, das: *aus einer großen Gabel mit Griff u. zwei festen langen Zinken [u. einem aufklappbaren Bügel als Handschutz] sowie einem breiten, vorn zugespitzten, sehr scharfen Messer zum Tranchieren von Braten u. Ä. bestehendes Besteck.*

Tran|chier|brett, das: *großes Holzbrett mit einer am Rande umlaufenden Rille zum Auffangen des Bratensaftes.*

tran|chie|ren [trãˈʃiːrən, auch: tran...] ⟨sw. V.; hat⟩ [frz. trancher = ab-, zerschneiden, zerlegen, H. u.] (Kochk.): *(einen Braten, Wild, Geflügel) kunstgerecht zerteilen, [in Scheiben] aufschneiden:* die Gans fachgerecht t.

Trä|ne, die; -, -n [mhd. trēne, eigtl. = umgelauteter, als Sg. aufgefasster Pl. von: trān = Träne, Tropfen, zusgez. aus: trahen, ahd. trahan, H. u.; vgl. Tran]: **1.** *(bei starker Gemütsbewegung od. durch äußeren Reiz) im Auge entstehende u. als Tropfen heraustretende klare Flüssigkeit:* eine heimliche, verstohlene T.; salzige -n; -n der Rührung, des Schmerzes; jmdm. treten [die] -n in die Augen, stehen -n in den Augen; -n liefen ihr über die Wangen; bei ihr sitzen die -n locker *(sie weint leicht);* jmdm. kommen leicht [die] -n; -n vergießen; mit Mühe die -n zurückhalten; eine T. zerdrücken *(ein wenig vor Rührung weinen);* sich die -n *(das Weinen)* verbeißen; bittere -n weinen; sie hat keine T. vergossen; -n in den Augen haben; wir haben -n gelacht *(sehr gelacht);* als die Kinder hörten, dass sie zu Hause bleiben mussten, gab es -n *(weinten sie);* er war den -n nahe *(fing fast an zu weinen);* dies verschlissene alte Stück ist keine T. wert *(es lohnt sich nicht, ihm nachzutrauern);* sie ist in -n aufgelöst, schwimmt, zerfließt in -n *(weint sehr heftig);* mit den -n kämpfen *(dem Weinen nahe sein);* mit -n in den Augen rief er nach seiner Tochter; mit von -n erstickter Stimme; etw. rührt jmdn. zu -n; **Ü** ich vertrage keinen Alkohol, gib mir bitte nur eine T. [voll] *(ganz wenig);* * **jmdm., einer Sache keine T. nachweinen** *(jmdm., einer Sache nicht nachtrauern);* **mit einer T. im Knopfloch** (ugs. scherzh.; *gerührt;* scherzh. Umdrehung von »mit einer Blume im Knopfloch u. einer Träne im Auge«). **2.** (salopp abwertend) *unangenehmer [langweiliger] Mensch:* er ist eine ganz müde, trübe T.

trä|nen ⟨sw. V.; hat⟩ [mhd. trahenen, trēnen]: *Tränen hervor-, heraustreten lassen, absondern:* ihre Augen begannen zu t.

Trä|nen|bein, das (Anat.): *zur Augenhöhle gehörender kleiner, plättchenartiger Knochen bei Vögeln, Säugetieren u. beim Menschen.*

Trä|nen|drü|se, die ⟨meist Pl.⟩: *(in den Augenwinkeln beim Menschen u. vielen Tieren liegende) Drüse, die die Tränenflüssigkeit absondert:* * **auf die -n drücken** (leicht abwertend; *mit etw. durch die Art der Darstellung Rührung u. Sentimentalität hervorrufen wollen*): er drückte mit seiner Rede auf die -n; der Film drückte gewaltig auf die -n.

trä|nen|er|stickt ⟨Adj.⟩ (geh.): *(von der Stimme) durch nur mit Mühe zurückgedrängtes Weinen* *stockend und nicht klar:* mit -er Stimme sprechen.

trä|nen|feucht ⟨Adj.⟩: *(von den Augen) feucht von Tränen.*

Trä|nen|fluss, der ⟨Pl. selten⟩: *(über eine gewisse Zeit) unaufhaltsames Fließen der Tränen; heftiges Weinen.*

Trä|nen|flüs|sig|keit, die: *von den Tränendrüsen abgesonderte Flüssigkeit.*

Trä|nen|gas, das: *gasförmige chemische Substanz, die auf die Tränendrüsen wirkt u. sie zu starker Flüssigkeitsabsonderung reizt, sodass ein Betroffener nichts mehr sehen kann.*

Trä|nen|na|sen|gang, der (Anat.): *in den unteren Nasengang mündender Gang, der die Tränenflüssigkeit ableitet.*

trä|nen|nass ⟨Adj.⟩: *nass von Tränen.*

trä|nen|reich ⟨Adj.⟩: *mit vielen Tränen:* ein -er Abschied.

Trä|nen|sack, der: **1.** *Sack* (3). **2.** (Anat.) *in einer Ausbuchtung des Tränenbeins gelegene, erweiterte obere Verlängerung des Tränennasenganges.*

Trä|nen|schlei|er, der: *durch Tränen hervorgerufene Trübung vor den Augen.*

trä|nen|se|lig ⟨Adj.⟩ (leicht abwertend): *gefühlvoll u. sentimental in Tränen schwelgend, seinen Tränen rückhaltlos hingegeben:* in -er Stimmung sein.

Trä|nen|tier, das (salopp abwertend): **1.** *jmd., der leicht weint.* **2.** *unangenehmer [langweiliger] Mensch.*

trä|nen|über|strömt ⟨Adj.⟩: *von Tränen überströmt.*

Tran|fun|sel, Tran|fun|zel, die (ugs. abwertend): **1.** *sehr schwache, trübe Lampe.* **2.** *[langweiliger] langsamer, [geistig] schwerfälliger Mensch.*

tra|nig ⟨Adj.⟩: **1. a)** *voller Tran;* **b)** *wie Tran:* das Öl schmeckt t. **2.** (ugs. abwertend) *langweilig; langsam:* sei nicht so t.!

trank: ↑trinken.

Trank, der; -[e]s, Tränke ⟨Pl. selten⟩ [mhd. tranc, ahd. trank, zu ↑trinken] (geh.): *Getränk:* ein bitterer, köstlicher T.; man hatte ihr einen heilenden T. gebraut.

trän|ke: ↑trinken.

[1]Trän|ke: Pl. von ↑Trank.

[2]Trän|ke, die; -, -n [mhd. trenke, ahd. trenka, zu ↑tränken]: *Stelle an einem Gewässer, wo Tiere trinken können, getränkt werden:* das Vieh zur T. treiben.

trän|ken ⟨sw. V.; hat⟩ [mhd. trenken, ahd. trenkan, Kausativ zu ↑trinken u. eigtl. = trinken machen]: **1.** *(Tieren) zu trinken geben:* die Pferde t.; Ü der Regen tränkt die Erde. **2.** *sich mit einer Flüssigkeit voll saugen lassen:* einen Wattebausch in Alkohol t.; mit Öl getränktes Leder; Ü der Boden war von Blut getränkt.

Tränk|lein, das; -s, -: Vkl. zu ↑Trank.

Trank|op|fer, das: **a)** *das Opfern* (1) *eines Getränkes (bes. Wein);* **b)** *Getränk (bes. Wein) als Opfergabe.*

Trank|sa|me, die; - [aus ↑Trank u. dem Suffix -same (zu mhd. samen, ↑zusammen)] (schweiz.): *Getränk.*

Tränk|stoff, der: *Substanz, mit der ein Werkstoff (z. B. Holz) zum Färben, Isolieren od. zur Erzielung bestimmter Eigenschaften getränkt wird.*

Tran|lam|pe, die: **1.** (früher) *Lampe, die durch einen mit Tran getränkten Docht brennt.* **2.** (ugs. abwertend) *Tranfunzel.*

Tran|qui|li|zer [ˈtræŋkwɪlaɪzə], der; -s, - ⟨meist Pl.⟩ [engl. tranquillizer, zu: to tranquillize = beruhigen, zu: tranquil < lat. tranquillus = ruhig] (Med., Psych.): *beruhigendes Medikament gegen Depressionen, Angst- u. Spannungszustände o. Ä.*

trans-, Trans- [trans-; lat. trans]: bedeutet in Bildungen mit Verben od. Substantiven *hindurch, quer durch, hinüber, jenseits, über ... hinaus* (lokal, temporal u. übertr.): transportieren; Transaktion.

Trans|ak|ti|on, die; -, -en [spätlat. transactio = Vollendung, Abschluss, Übereinkunft, zu lat. transactum, 2. Part. von: transigere = (ein Geschäft) durchführen, zu: trans = hinüber, hindurch u. agere, ↑agieren]: **1.** *größere [riskante] finanzielle Unternehmung, über die üblichen Gepflogenheiten hinausgehendes Geldgeschäft (wie Fusion, Kapitalerhöhung, Verkauf von Anteilen).* **2.** (Psych.) *[wechselseitige] Beziehung.*

trans|al|pin, trans|al|pi|nisch ⟨Adj.⟩ [aus lat. trans = jenseits u. ↑alpin]: *[von Rom aus gesehen] jenseits der Alpen [gelegen].*

trans|at|lan|tisch ⟨Adj.⟩ [aus lat. trans = jenseits u. ↑atlantisch]: *jenseits des Atlantiks [gelegen], überseeisch.*

Trans|bai|ka|li|en; -s: Landschaft östlich vom Baikalsee.

Tran|schier|be|steck usw. (österr.): ↑Tranchierbesteck usw.

tran|schie|ren (österr.): ↑tranchieren.

Trans|fer, der; -s, -s [engl. transfer, eigtl. = Übertragung, Überführung, zu: to transfer, ↑transferieren]: **1.** (Wirtsch.) *Wertübertragung im zwischenstaatlichen Zahlungsverkehr; Zahlung in ein anderes Land in dessen Währung.* **2.** *Überführung, Weitertransport im internationalen Reiseverkehr:* T. mit Sonderbus vom Flughafen zum Hotel. **3.** (Berufssport, bes. Fußball) *mit der Zahlung einer Ablösesumme verbundener Wechsel eines Berufsspielers von einem Verein zum andern.* **4.** (bildungsspr. veraltend) *Übersiedlung, Umsiedlung in ein anderes Land.* **5. a)** (Psych., Päd.) *Übertragung der im Zusammenhang mit einer bestimmten Aufgabe erlernten Vorgänge auf eine andere Aufgabe;* **b)** (Sprachw.) *[positiver] Einfluss der Muttersprache auf das Erlernen einer Fremdsprache.* **6.** (Genetik): kurz für ↑Gentransfer. **7.** (bildungsspr.) *Übermittlung, Weitergabe:* der T. von Informationen, Daten, Know-how.

trans|fe|ra|bel ⟨Adj.; ...bler, -ste⟩ [engl. transferable, zu: to transfer, ↑transferieren] (Wirtsch.): *zum Umwechseln od. Übertragen in eine fremde Währung geeignet.*

Trans|fer|ab|kom|men, das (Wirtsch.): *zwischenstaatliches Abkommen über die Abwicklung des internationalen Zahlungsverkehrs.*

Trans|fer|be|fehl, der (EDV): *Transportbefehl.*

trans|fe|rie|ren ⟨sw. V.; hat⟩ [engl. to transfer < lat. transferre = hinüberbringen, aus: trans = hinüber u. ferre = tragen, bringen]: **1.** (Wirtsch.) **a)** *einen Transfer* (1) *durchführen;* **b)** *Geld überweisen:* eine Summe auf ein Konto t. **2.** (Berufssport, bes. Fußball) *einen Berufsspieler von Verein zu Verein gegen eine Ablösesumme übernehmen od. abgeben.* **3.** (österr. Amtsspr.) *versetzen* (1 b).

Trans|fer|lis|te, die (Berufssport, bes. Fußball): *Liste der für einen Transfer* (3) *zur Verfügung stehenden Spieler.*

Trans|fer|stra|ße, die (Technik): *Fertigungsstraße, bei der Bearbeitung u. Weitertransport automatisch erfolgen.*

Trans|fer|sum|me, die (Berufssport, bes. Fußball): *Ablösesumme.*

Trans|fi|gu|ra|ti|on, die; -, -en [lat. transfiguratio = Umwandlung, zu: transfigurare = verwandeln, umbilden]: **a)** ⟨o. Pl.⟩ (Rel.) *Verklärung Christi u. Verwandlung seiner Gestalt in die Daseinsweise himmlischer Wesen;* **b)** (bild. Kunst) *Darstellung der Transfiguration* (a).

Trans|for|ma|ti|on, die; -, -en [spätlat. transformatio, zu lat. transformare, ↑transformieren] (Fachspr.; bildungsspr.): *das Transformieren.*

trans|for|ma|ti|o|nell ⟨Adj.⟩: *die Transformation betreffend.*

Trans|for|ma|tor, der; -s, ...oren [nach frz. transformateur, zu: transformateur = umwandelnd, zu: transformer < lat. transformare, ↑transformieren]: *elektrische Maschine, mit der die Spannung eines Stromes erhöht od. vermindert werden kann.*

Trans|for|ma|to|ren|häus|chen, das: *im Freien errichtete Anlage in Form eines [flachen] kleinen Hauses, in der ein Transformator installiert ist.*

trans|for|mie|ren ⟨sw. V.; hat⟩ [1: lat. transformare, aus: trans = hinüber u. formare, ↑formieren]: **1.** (Fachspr.; bildungsspr.) *umwandeln, umformen, umgestalten.* **2.** (Physik) *mithilfe eines Transformators elektrischen Strom umspannen.*

Trans|for|mie|rung, die; -, -en (Fachspr.; bildungsspr.): *Transformation.*

Trans|fu|si|on, die; -, -en [lat. transfusio = das Hinübergießen, zu: transfusum, 2. Part. von: transfundere = hinübergießen, aus: trans = hinüber u. fundere = gießen, fließen lassen] (Med.): *Bluttransfusion:* eine T. vornehmen.

trans|gen ⟨Adj.⟩ [zu lat. trans = hinüber, hindurch u. ↑Gen] (Gentechnik): *(in Bezug auf Pflanzen u. Tiere) ein zusätzliches, eingeschleustes Gen von einer anderen Art in sich tragend:* -e Pflanzen, Tiere.

Tran|si, der; -s, -s [↑-i] (Jargon): *Transvestit.*

Tran|sis|tor, der; -s, ...oren [engl. transistor, Kurzwort aus **trans**fer = Übertragung (zu lat. transferre, ↑transferieren) u. res**istor** = elektrischer Widerstand (zu lat. resistere, ↑resistieren), also eigtl. = Übertragungswiderstand]: **1.** (Elektronik) *als Verstärker, Gleichrichter, Schalter dienendes elektrisches Bauelement aus einem kristallinen Halbleiter mit mindestens drei Elektroden.* **2.** kurz für ↑Transistorradio.

Tran|sis|tor|ge|rät, das (Technik): *Transistorradio.*

Tran|sis|tor|ra|dio, das: *Rundfunkgerät mit Transistoren (statt Röhren).*

[1]Tran|sit [auch: ...ˈzɪt, ˈtranzɪt], der; -s, -e [ital. transito < lat. transitus = Übergang, Durchgang, zu: transire = hinübergehen, aus: trans = hinüber, hindurch u. ire = gehen] (bes. Wirtsch.): *Durchfuhr von Waren od. Durchreise von Personen durch ein Drittland:* diese Straße ist hauptsächlich für den T.

[2]Tran|sit, das; -s, -s: kurz für ↑Transitvisum.

Tran|sit|ab|kom|men, das: *zwischenstaatliches Abkommen über den Transitverkehr.*

Tran|sit|gut, das ⟨meist Pl.⟩: *Gut* (3), *das seinen Bestimmungsort im* [1]*Transit erreicht.*

Tran|sit|hal|le, die: *Transitraum.*

Tran|sit|han|del, der: *Handel zwischen zwei Ländern, wobei die Waren ein drittes Land transitieren müssen.*

tran|si|tie|ren ⟨sw. V.; hat⟩ [zu ↑[1]Transit] (Wirtsch.): *(von Waren od. Personen) durchfahren, durchlaufen, passieren:* die Sendung muss mehrere Länder t.

tran|si|tiv ⟨Adj.⟩ [spätlat. transitivus, eigtl. = übergehend, zu lat. transire, ↑[1]Transit] (Sprachw.): *(in Bezug auf Verben) ein Akkusativobjekt nach sich ziehend u. ein persönliches Passiv bildend; zielend:* -e Verben.

Tran|sit|land, das ⟨Pl. ...länder⟩: *Durchfuhrland.*

tran|si|to|risch ⟨Adj.⟩ [(spät)lat. transitorius = vorübergehend, zu: transire, ↑[1]Transit] (bes. Wirtsch.): *vorübergehend, nur kurz andauernd; später wegfallend:* -e Züge aufweisen.

Tran|sit|raum, der: *Aufenthaltsraum für Transitreisende auf einem Flughafen.*

Tran|sit|rei|sen|de, der u. die: *Reisende[r] im Transitverkehr.*

Tran|sit|stra|ße, die: vgl. Transitstrecke.

Tran|sit|stre|cke, die: *Strecke für den Transitverkehr.*

Tran|sit|ver|bot, das (bes. Wirtsch.): *Verbot des* [1]*Transits.*

Tran|sit|ver|kehr, der: *Durchgangsverkehr von Personen, Waren durch das Hoheitsgebiet eines Staates.*

Tran|sit|vi|sum, das: *Visum für Transitreisende.*

Tran|sit|wa|re, die: *Ware als Gegenstand des Transithandels.*

Tran|sit|weg, der: vgl. Transitstrecke.

Tran|sit|zoll, der: *Zoll für Transitwaren.*

Trans|jor|da|ni|en; -s: 1920–1946 östlich des Jordans gelegenes britisches Mandatsgebiet.

Trans|kau|ka|si|en; -s: Teil Kaukasiens südlich des Großen Kaukasus.

Trans|kei, die; -: 1976–1994 formal unabhängiges Gebiet innerhalb der Republik Südafrika.

trans|kon|ti|nen|tal ⟨Adj.⟩ [aus lat. trans = hinüber u. ↑kontinental]: *einen Kontinent überquerend, sich über einen ganzen Kontinent erstreckend.*

tran|skri|bie|ren ⟨sw. V.; hat⟩ [lat. transcribere = schriftlich übertragen, zu: trans = hinüber u. scribere = schreiben]: **1.** (Sprachw.) **a)** *in eine andere Schrift übertragen, bes. Wörter aus einer Sprache mit nicht lateinischer Schrift od. Buchstaben mit diakritischen Zeichen mit lautlich ungefähr entsprechenden Zeichen des lateinischen Alphabets wiedergeben;* **b)** *in eine phonetische Umschrift übertragen.* **2.** (Musik) *die Originalfassung eines Musikstücks für ein anderes od. für mehrere Instrumente umschreiben.*

Tran|skript, das; -[e]s, -e: *transkribierter Text.*

Tran|skrip|ti|on, die; -, -en [spätlat. transcriptio = Übertragung (2), zu lat. transcribere, ↑transkribieren]: *das Transkribieren.*

Trans|la|ti|on, die; -, -en [1: lat. translatio = das Versetzen, die Übersetzung, zu: translatum, 2. Part. von transferre = hinüberbringen; 3: frz. translation < lat. translatio]: **1.** (Fachspr.; bildungsspr.) *Übertragung, Übersetzung.* **2.** (Physik) **a)** *geradlinig fortschreitende Bewegung eines Körpers, bei der alle seine Punkte parallele Bahnen in gleicher Richtung durchlaufen;* **b)** *Parallelverschiebung (z. B. von Kristallgittern).* **3.** (Sprachw.) *Übertragung eines Wortes einer bestimmten Wortart in die syntaktische Position einer anderen.* **4.** (kath. Kirche) *Überführung der Reliquien eines Heiligen an einen anderen Ort.*

Trans|li|te|ra|ti|on, die; -, -en [zu lat. trans = hinüber u. littera = Buchstabe] (Sprachw.): *buchstabengetreue Umsetzung eines nicht in lateinischen Buchstaben geschriebenen Wortes in lateinische Schrift [unter Verwendung diakritischer Zeichen].*

Trans|mis|si|on, die; -, -en [(spät)lat. transmissio = Übersendung, Übertragung, zu: transmissum, 2. Part. von: transmittere, ↑transmittieren]: **1.** (Technik) *Vorrichtung zur Kraftübertragung von einem Antriebssystem auf mehrere Arbeitsmaschinen.* **2.** (Physik) *Durchgang von Strahlen (Licht) durch ein* [1]*Medium* (3) *ohne Änderung der Frequenz.*

Trans|mis|si|ons|rie|men, der: *bei einer Transmission* (1) *verwendeter breiter Riemen.*

Trans|mit|ter, der; -s, - [engl. transmitter, eigtl. = Übermittler, zu: to transmit < lat. transmittere, ↑transmittieren]: **1.** (Messtechnik) *Transformator zur Umwandlung einer zu messenden elektrischen Größe.* **2.** (Med., Physiol.) *Stoff, Substanz zur Weitergabe, Übertragung von Erregungen im Nervensystem.*

Trans|mit|ter|sub|stanz, die (Med.): *Transmitter* (2).

trans|mit|tie|ren ⟨sw. V.; hat⟩ [lat. transmittere, aus: trans = hinüber u. mittere = schicken, senden] (Fachspr.; bildungsspr.): *übertragen, -senden.*

trans|mu|tie|ren ⟨sw. V.; hat⟩ [lat. transmutare, aus: trans = hinüber u. mutare, ↑mutieren] (Fachspr.; bildungsspr.): *um-, verwandeln.*

trans|na|ti|o|nal ⟨Adj.⟩ [aus lat. trans = (hin)über u. ↑national] (Politik, Wirtsch.): *übernational, mehrere Nationen umfassend, übergreifend.*

trans|oze|a|nisch ⟨Adj.⟩ [aus lat. trans = über – hinaus, jenseits u. ↑ozeanisch]: *jenseits des Ozeans [liegend]:* -e Kulturen.

Transp. = Transport.

trans|pa|da|nisch ⟨Adj.⟩ [lat. transpadanus, aus: trans = jenseits u. Padanus = am od. im [1]Po, zu: Padus = lat. Name des [1]Po]: *jenseits des* [1]*Po liegend (von Rom aus gesehen).*

trans|pa|rent ⟨Adj.⟩ [frz. transparent < mlat. transparens (Gen.: transparentis), 1. Part. von: transparere = durchscheinen, aus lat. trans = hindurch u. parere, ↑[2]parieren]: *durchsichtig, durchscheinend, Licht durchlassend:* -es Papier; -e Stoffe, Vorhänge; Ü etw. t. machen *(machen, dass andere sehen können, was od. wie etw. getan wird).*

Trans|pa|rent, das; -[e]s, -e: **1.** *Spruchband* (1). **2.** *Bild aus Glas, durchscheinendem Papier, Stoff o. Ä., das von hinten beleuchtet wird.*

Trans|pa|rent|pa|pier, das: *durchscheinendes [buntes] Seiden- od. Pergamentpapier.*

Trans|pa|rent|sei|fe, die: *Seife* (1)*, die durch Zusatz von Glyzerin od. Ethylalkohol ein transparentes Aussehen hat.*

Trans|pa|renz, die; -: **1.** (bildungsspr.) *das Durchscheinen; Durchsichtigkeit, [Licht]durchlässigkeit:* Farben von leuchtender T. **2.** (Optik) *[Maß für die] Lichtdurchlässigkeit (als Kehrwert der Opazität* 1).

Trans|pa|renz|lis|te, die: *dem Preisvergleich dienende Zusammenstellung der auf dem Markt befindlichen Arzneimittel.*

Tran|spi|ra|ti|on, die; - [frz. transpiration, zu: transpirer, ↑transpirieren]: **1.** (bildungsspr.) *Absonderung von Schweiß durch die Haut:* der Tee soll die T. anregen. **2.** (Bot.) *Abgabe von Wasserdampf durch die Spaltöffnungen der Pflanzen.*

tran|spi|rie|ren ⟨sw. V.; hat⟩ [frz. transpirer < mlat. transpirare, zu lat. trans = hindurch u. spirare, ↑[2]Spiritus] (Fachspr., sonst geh., meist scherzh.): *schwitzen* (1 a): stark t.; er transpirierte in den Achselhöhlen.

Trans|plan|tat, das; -[e]s, -e [zu spätlat. transplantare, ↑transplantieren] (Med.): *transplantiertes od. zu transplantierendes Gewebe od. Organ.*

Trans|plan|ta|ti|on, die; -, -en: **1.** (Med.) *das Transplantieren eines Gewebes od. eines Organs auf einen anderen Körperteil od. einen anderen Menschen:* eine T. vornehmen, durchführen. **2.** (Bot.) *Veredlung durch Aufpfropfen eines Edelreises.*

Trans|plan|teur [...ˈtøːɐ̯], der; -s, -e: *Arzt, der eine Transplantation* (1) *durchführt.*

Trans|plan|teu|rin, die; -, -nen: w. Form zu ↑Transplanteur.

trans|plan|tie|ren ⟨sw. V.; hat⟩ [spätlat. transplantare = verpflanzen, versetzen, zu lat. plantare, ↑Plantage] (Med.): *lebendes Gewebe, Organe operativ in einen lebenden Organismus einsetzen:* jmdm. eine fremde Niere t.; man hat ihm Haut von seinem Oberschenkel ins Gesicht transplantiert.

Trans|pon|der, der; -s, - [engl. transponder, zusgez. aus: **trans**mitter (↑Transmitter) u. res**ponder** = Antwortgeber] (Nachrichtent.): *nachrichtentechnische Anlage, die von einer Sendestation ausgehende Funksignale aufnimmt, verstärkt u. [auf einer anderen Frequenz] wieder abstrahlt (z. B. in der Radartechnik).*

trans|po|nie|ren ⟨sw. V.; hat⟩ [lat. transponere = versetzen, umsetzen, aus: trans = hinüber u. ponere, ↑Position]: **1.** (Musik) *ein Tonstück in eine andere Tonart übertragen:* die Arie musste für ihre Stimme tiefer transponiert werden; transponierende Instrumente *([Blas]instrumente, deren Part in anderer Tonhöhe notiert wird, als er erklingt).* **2.** (bildungsspr.) *(in einen anderen Bereich) übertragen; versetzen, verschieben.* **3.** (Sprachw.) *in eine andere Wortart überführen.*

Trans|port, der; -[e]s, -e [frz. transport, zu: transporter, ↑transportieren]: **1.** *das Transportieren; Beförderung von Dingen od. Lebewesen:* der T. von Gütern auf der Straße, mit der Bahn, auf/mit Lastwagen, mit Containern, per Schiff, Flugzeug; der Verletzte hat den T. ins Krankenhaus überstanden. **2.** *für den Transport* (1) *zusammengestellte Menge von Waren, vorgesehene Anzahl von Tieren od. Personen:* ein T. Pferde, Autos, Soldaten; ein T. mit Lebensmitteln ist angekommen.

trans|por|ta|bel ⟨Adj.⟩ [frz. transportable, zu: transporter, ↑transportieren]: *sich leicht transportieren* (1 a)*, an einen anderen Ort schaffen lassend:* ein transportables Fernsehgerät *(Portable);* die ganze Anlage ist t.

Trans|port|an|la|ge, die: *Förderanlage.*

Trans|port|ar|bei|ter, der: *beim Be- u. Entladen in einer Spedition o. Ä. beschäftigter Arbeiter.*

Trans|port|ar|bei|te|rin, die: w. Form zu ↑Transportarbeiter.

Trans|por|ta|ti|on, die; -, -en [frz. transportation < lat. transportatio = Übersiedelung, zu: transportare, ↑transportieren] (selten): *Transportierung.*

Trans|port|band, das ⟨Pl. ...bänder⟩: *Förderband.*

Trans|port|be|fehl, der (EDV): *Befehl* (1 b)*, der bewirkt, dass der Inhalt eines Speicherplatzes in einen anderen Speicherplatz kopiert wird.*

Trans|port|be|häl|ter, der: *Container* (1).

Trans|por|ter, der; -s, - [engl. transporter, zu: to transport < (m)frz. transporter, ↑transportieren]: *Auto, Schiff od. Flugzeug mit viel Laderaum für [Fern]transporte:* die Waren wurden in einen T. geladen.

Trans|por|teur [...ˈtøːɐ̯], der; -s, -e [frz. transporteur, zu: transporter, ↑transportieren]: **1.** *jmd., der etw. transportiert* (1). **2.** (Math. veraltend) *Winkelmesser.* **3.** *gezahnte Vorrichtung an der Nähmaschine, mit der der Stoff Stich für Stich weitergeschoben wird.*

Trans|por|teu|rin, die; -, -nen: w. Form zu ↑Transporteur (1).

trans|port|fä|hig ⟨Adj.⟩: *einen Transport* (1) *erlaubend, für einen Transport* (1) *geeignet:* -e Patienten.

Trans|port|fä|hig|keit, die: *das Transportfähigsein.*

Trans|port|fahr|zeug, das: vgl. Transporter.

Trans|port|flug|zeug, das: vgl. Transporter.

Trans|port|füh|rer, der: *jmd., der für einen Transport* (2) *verantwortlich ist.*

Trans|port|füh|re|rin, die: w. Form zu ↑Transportführer.

Trans|port|ge|fähr|dung, die (Rechtsspr.): *strafbare fahrlässige od. mutwillige Handlung, durch die die Sicherheit des Verkehrs (auf der Straße od. Schiene, auf dem Wasser od. in der Luft) gefährdet wird.*

trans|por|tie|ren ⟨sw. V.; hat⟩ [frz. transporter < lat. transportare = hinüberschaffen, -bringen, aus: trans = hinüber u. portare = tragen, bringen]: **a)** *an einen anderen Ort bringen, befördern:* Güter auf Lastwagen, mit der Bahn, per Schiff, im Flugzeug t.; Ü Nerven transportieren Impulse ins Gehirn; Wörter transportieren Bedeutungen *(vermitteln sie, geben sie weiter);* **b)** (Technik) *mechanisch bewegen, weiterschieben:* ein kleines Zahnrad transportiert den Film im Apparat; ⟨auch o. Akk.-Obj.:⟩ die Maschine, die Kamera transportiert nicht richtig.

Trans|por|tie|rung, die; -, -en: *das Transportieren; das Transportiertwerden.*

Trans|port|kis|te, die: *Kiste für den Transport* (1) *von Gegenständen od. Tieren.*

Trans|port|kos|ten ⟨Pl.⟩: *Kosten für einen Transport* (1).

Trans|port|mit|tel, das: *zum Transportieren* (1 a) *von Gütern u. Personen dienendes Kraft-, Schienen-, Luft- od. Wasserfahrzeug; Transporter.*

Trans|port|schiff, das: vgl. Transporter.

Trans|port|un|ter|neh|men, das: *Spedition* (b).

Trans|port|we|sen, das ⟨o. Pl.⟩: *Einrichtungen u. Vorgänge, die den Transport* (1) *betreffen.*

Trans|po|si|ti|on, die; -, -en [zu lat. transpositum, 2. Part. von: transponere, ↑transponieren]: **1.** (Musik) *das Transponieren* (1). **2.** (Sprachw.) *das Transponieren* (3).

Trans|pu|ter [...ˈpjuːtɐ], der; -s, - [engl. transputer, zusgez. aus: **trans**mitter (↑Transmitter) u. com**puter**, ↑Computer]: *sehr leistungsfähiger Mikrocomputer mit vielen Prozessoren.*

Trans|ra|pid®, der; -[s] [Kunstwort aus lat. trans = hinüber u. ↑rapid]: *Magnetschwebebahn.*

Trans|se|xu|a|lis|mus, der; - [zu lat. trans = hinüber u. ↑sexual] (Med., Psych.): *psychische Identifizierung eines Menschen mit dem Geschlecht, das seinem eigenen körperlichen Geschlecht entgegengesetzt ist, häufig mit dem Wunsch nach Geschlechtsumwandlung.*

T

Trans|se|xu|a|li|tät, die: *Transsexualismus.*
trans|se|xu|ẹll ⟨Adj.⟩: *sich dem entgegengesetzten Geschlecht zugehörig fühlend u. häufig Geschlechtsumwandlung durch eine Operation erstrebend od. erreicht habend.*
Trans|se|xu|ẹl|le, der u. die; -n, -n ⟨Dekl. ↑Abgeordnete⟩: *jmd., der transsexuell ist, empfindet.*
trans|si|bi|risch ⟨Adj.⟩ [aus lat. trans = hindurch u. ↑sibirisch]: *Sibirien durchquerend.*
Trans|sil|va|ni|en; -s: alter Name von ↑Siebenbürgen.
Trans|sub|stan|ti|a|ti|on, die; -, -en [mlat. transsubstantiatio = Wesensverwandlung, zu lat. trans = hinüber u. substantia, ↑Substanz] (kath. Kirche): *durch die Konsekration (2) im Messopfer sich vollziehende Verwandlung von Brot u. Wein in Leib u. Blut Jesu Christi.*
Trans|syl|va|ni|en usw.: ↑Transsilvanien usw.
Trans|uran, das ⟨meist Pl.⟩ [aus lat. trans = über – hinaus u. ↑Uran] (Chemie): *künstlich erzeugtes, radioaktives chemisches Element mit höherem Atomgewicht als Uran.*
trans|ura|nisch ⟨Adj.⟩ (Chemie): *im periodischen System der Elemente hinter dem Uran stehend.*
Tran|su|se, die [↑Suse] (ugs. abwertend): vgl. Tranfunzel (2).
trans|ver|sal ⟨Adj.⟩ [mlat. transversalis, zu lat. transversus = quer liegend, adj. 2. Part. von: transvertere = hinüberwenden, aus: trans = hinüber u. vertere = drehen, wenden] (Fachspr.): *quer verlaufend, schräg; senkrecht zur Hauptachse od. Richtung der Ausbreitung [stehend, schwingend].*
Trans|ver|sal|schwin|gung, die ⟨meist Pl.⟩ (Physik): *Schwingung, die senkrecht zu der Richtung verläuft, in der sich eine Welle ausbreitet.*
Trans|ver|sal|wel|le, die (Physik): *Welle, bei der die Schwingungsrichtung der Teilchen senkrecht zur Richtung verläuft, in der sie sich ausbreitet.*
trans|ves|tie|ren ⟨sw. V.; hat⟩ (Med., Psych.): *mittels Kleidung, Schminke u. Gestik die Rolle des anderen Geschlechts annehmen wollen.*
Trans|ves|tịs|mus, Transvestitismus, der; - [zu lat. trans = (hin)über u. vestis, ↑Weste] (Med., Psych.): *Bedürfnis (1), z. B. mittels Kleidung, Schminke u. Gestik, die Rolle des anderen Geschlechts anzunehmen.*
Trans|ves|tit, der; -en, -en: *Mann, der sich zum Lustgewinn wie eine Frau kleidet.*
trans|ves|ti|tisch ⟨Adj.⟩: *die Transvestiten, den Transvestismus betreffend.*
Trans|ves|ti|tịs|mus: ↑Transvestismus.
trans|zen|dẹnt ⟨Adj.⟩ [zu lat. transcendens (Gen.: transcendentis), 1. Part. von: transcendere, ↑transzendieren]: **1.** (Philos.) *die Grenzen der Erfahrung u. der sinnlich erkennbaren Welt überschreitend; übersinnlich, übernatürlich.* **2.** (Math.) *über das Algebraische hinausgehend:* -e Funktionen, Gleichungen.
trans|zen|den|tal ⟨Adj.⟩ [mlat. transcendentalis = übersinnlich] (Philos.): **a)** *transzendent (1);* **b)** *vor jeder subjektiven Erfahrung liegend u. die Erkenntnis der Gegenstände an sich erst ermöglichend.*
Trans|zen|den|tal|phi|lo|so|phie, die ⟨o. Pl.⟩ (Philos.): *(nach Kant) Wissenschaft von den transzendentalen (b) Bedingungen.*
Trans|zen|dẹnz, die; - [spätlat. transcendentia = das Überschreiten]: **a)** (bildungsspr.) *jenseits der Erfahrung, des Gegenständlichen Liegendes:* die T. Gottes; **b)** (Philos.) *das Überschreiten der Grenzen von Erfahrung u. Bewusstsein, des Diesseits.*
trans|zen|die|ren ⟨sw. V.; hat⟩ [lat. transcendere = hinübergehen, -steigen; überschreiten, zu: trans = hinüber u. scandere = (be)steigen] (bildungsspr.): *die Grenzen eines Bereichs überschreiten.*
Trap, der; -s, -s [engl. trap, eigtl. = Falle, H. u.] (Fachspr.): *Geruchsverschluss.*
Tra|pez, das; -es, -e [spätlat. trapezium < griech. trapézion, eigtl. = Tischchen, Vkl. von: trápeza = Tisch]: **1.** (Geom.) *Viereck mit zwei parallelen, aber ungleich langen Seiten.* **2.** *an zwei frei hängenden Seilen befestigte kurze Holzstange für turnerische, artistische Schwungübungen:* am, auf dem T. turnen; am T. hängen.
Tra|pez|akt, der: *am Trapez ausgeführte Zirkusnummer.*
tra|pez|för|mig ⟨Adj.⟩: *die Form eines Trapezes (1) aufweisend.*
Tra|pez|künst|ler, der: *Artist, der Übungen am Trapez vorführt.*
Tra|pez|künst|le|rin, die: w. Form zu ↑Trapezkünstler.
Tra|pe|zo|e|der, das; -s, - [zu ↑Trapez u. griech. hédra = Fläche] (Geom.): *von [gleichschenkligen] Trapezen begrenzter Körper.*
Tra|pe|zo|id, das; -[e]s, -e [zu griech. -oeidēs = ähnlich, zu: eĩdos = Aussehen, Form] (Geom.): *Viereck, das keine zueinander parallelen Seiten hat.*
trapp ⟨Interj.⟩: lautm. für das Geräusch trappelnder Schritte od. Pferdehufe od. den rhythmischen Gleichklang beim Marschieren.
Trạp|pe, die; -, -n, (Jägerspr. auch:) der; -n, -n [mhd. trappe, H. u., viell. aus dem Slaw.]: *(in mehreren Arten vorkommender, dem Kranich verwandter) größerer brauner Vogel mit weißem Bauch, schwarz gebändertem Schwanz u. bartartigen Federn an der Unterseite des Halses.*
trạp|peln ⟨sw. V.⟩ [zu ↑trappen]: **a)** *mit kleinen, schnellen u. hörbaren Schritten gehen* ⟨ist⟩: hinter ihm trappelten die Kinder; **b)** *in schnellem Wechsel kurz u. hörbar auf den Boden treten* ⟨hat⟩: man hörte Hufe t.
trạp|pen ⟨sw. V.; ist⟩ [aus dem Niederd. < mniederd. trappen, urspr. lautm.]: *mit kurzen u. hörbaren Schritten gehen.*
Trạp|per, der; -s, - [engl. trapper, eigtl. = Fallensteller, zu: trap, ↑Trap] (früher): *Pelztierjäger in Nordamerika.*
Trap|pịst, der; -en, -en [frz. trappiste, nach der Abtei La Trappe in der Normandie]: *Angehöriger des Trappistenordens.*
Trap|pis|ten|or|den, der ⟨o. Pl.⟩: *(von reformerischen Zisterziensern gegründeter) in strengster Askese u. absolutem Schweigegebot lebender Orden.*
Trap|pịs|tin, die; -, -nen: *Angehörige des weiblichen Zweiges des Trappistenordens.*
Trạp|schie|ßen, das [zu engl. trap (↑Trap) = Wurfmaschine beim Trapschießen]: **1.** ⟨o. Pl.⟩ *Wurftauben- od. Tontaubenschießen, bei dem die Schützen in einer Linie parallel vor den Wurfmaschinen stehen u. jeweils zwei Schüsse auf die in wechselnden Richtungen geworfenen Tauben abgeben dürfen.* **2.** *Veranstaltung, Wettkampf des Trapschießens (1).*
trạp|sen ⟨sw. V.; ist/hat⟩ [zu ↑trappen] (landsch. ugs.): *schwerfällig, stampfend gehen:* traps nicht so!
tra|ra ⟨Interj.⟩ [lautm.]: ein fröhliches Horn- od. Trompetensignal nachahmender Ausruf.
Tra|ra, das; -s: **a)** *Hornsignal;* **b)** (ugs. abwertend) *großes Aufsehen, Lärm, Umstände:* viel, großes T. [um etw.] machen; es gab wieder allerhand T.
Trash [træʃ] der; -s [engl. trash, H. u.]: *Schund, Ramsch o. Ä.:* gelebter T. in plüschiger Atmosphäre.
Trash|kul|tur, die: *Hang zum Billigen, Schrillen, Geschmacklosen u. Ä., der in Kleidung, Ernährung, äußerer Erscheinung u. Sprache zum Ausdruck kommt.*
Trạss, der; -es, -e [niederl. tras, älter: terras < frz. terrasse, ↑Terrasse] (Geol.): *vulkanischer Tuff.*
Tras|sạnt, der; -en, -en [zu ↑Trassat] (Wirtsch.): *Aussteller einer Tratte.*
Tras|sạn|tin, die; -, -nen: w. Form zu ↑Trassant.
Tras|sạt, der; -en, -en [ital. trassato, zu: trarre (Perf.: trassi), ↑Tratte] (Wirtsch.): *zur Bezahlung eines Wechsels Verpflichteter.*
Tras|sa|tin, die; -, -nen: w. Form zu ↑Trassat.
Trạs|se, die; -, -n [frz. tracé = Spur, Umriss, zu: tracer, ↑trassieren]: **a)** *geplante, im Gelände abgesteckte Linienführung eines Verkehrsweges, einer Versorgungsleitung o. Ä.:* eine T. führen; **b)** *Bahnkörper; Damm, auf dem eine Straße od. Gleise verlaufen.*
Trạs|see, das; -s, -s [frz. tracé, ↑Trasse] (schweiz.): *Trasse.*
tras|sie|ren ⟨sw. V.; hat⟩ [1: frz. tracer = vorzeichnen, entwerfen < afrz. tracier = eine Spur ziehen, über das Vlat. zu lat. tractum, 2. Part. von: trahere, ↑traktieren; 2: zu ↑Tratte]: **1.** *eine Trasse zeichnen, im Gelände festlegen, abstecken, anlegen:* die neue Strecke t. **2.** (Wirtsch.) *einen Wechsel [auf jmdn.] ziehen od. ausstellen.*
trat, trä|te: ↑treten.
Tratsch, der; -[e]s [zu ↑tratschen] (ugs. abwertend): *Klatsch (2 a).*
Trat|sche, die; -, -n (ugs. abwertend): *jmd., der tratscht:* er ist eine ganz schöne T.
trat|schen ⟨sw. V.; hat⟩ [urspr. lautm.] (ugs. abwertend): *[gehässig] klatschen (4 a):* ständig im Treppenhaus stehen und t.
Trat|sche|rei, die; -, -en (ugs. abwertend): *das Tratschen:* die T. wollte kein Ende nehmen.
Trat|te, die; -, -n [ital. tratta, eigtl. = die Gezogene, 2. Part. von: trarre = ziehen < lat. trahere, ↑traktieren] (Bankw.): *gezogener Wechsel (aufgrund dessen der od. die Bezogene am Fälligkeitstag die Wechselsumme dem Remittenten zu zahlen hat).*
Trat|to|ria, die; -, ...ien [ital. trattoria, zu: trattore = Gastwirt, zu: trattare = verpflegen, beköstigen < lat. tractare, ↑traktieren]: *einfaches Speiselokal [in Italien].*
Trau|al|tar, der: meist in den Wendungen **[mit jmdm.] vor den T. treten** (geh.; *sich [mit jmdm.] kirchlich trauen lassen*); **jmdn. zum T. führen** (geh. veraltet; *eine Frau heiraten*).
Träub|chen, das; -s, -: Vkl. zu ↑Traube (1, 2).
Trau|be, die; -, -n [mhd. trūbe, ahd. thrūbo, H. u., viell. eigtl. = Klumpen]: **1.** (Bot.) *Blütenstand, bei dem jede Blüte einzeln an einem kleinen, von der Hauptachse abgehenden Stiel hängt:* die Trauben des Goldregens. **2. a)** *traubig um den Stiel angeordnete Beeren, bes. des Weinstocks:* eine volle, dicke, schöne T.; die Johannisbeeren hingen in dichten, roten -n am Strauch; **b)** ⟨meist Pl.⟩ kurz für ↑Weintraube: grüne, blaue, süße, säuerliche -n; -n ernten; ein Kilo -n kaufen; *** jmdm. hängen die -n zu hoch/sind die -n zu sauer** (*jmd. tut so, als wollte er etw. eigentlich Begehrenswertes gar nicht haben, um nicht zugeben zu müssen, dass ihm die Sache zu mühsam ist od. seine Fähigkeiten dazu nicht ausreichen;* nach einer äsopischen Fabel). **3.** *dicht gedrängte (auf einen bestimmten Punkt fixierte) Menge (bes. von Menschen):* eine T. summender Bienen; sie hingen in -n an der Straßenbahn.
trau|ben|för|mig ⟨Adj.⟩: *von der Form einer Traube (1, 2 a).*
Trau|ben|hy|a|zin|the, die: *(zu den Zwiebelpflanzen gehörende) im frühen Frühjahr blühende, kleine Pflanze mit blauen, in Trauben (1) stehenden Blüten u. bläulich grünen, schmalen Blättern.*
Trau|ben|kur, die: *Diätkur mit Weintrauben.*
Trau|ben|le|se, die: *das Ernten von Weintrauben.*
Trau|ben|saft, der: *aus Weintrauben hergestellter Saft.*
Trau|ben|säu|re, die (Chemie): *in Weinbeeren enthaltene Form der Weinsäure.*
Trau|ben|wick|ler, der: *Schmetterling, dessen Raupen Blüten u. Beeren der Weinreben anfressen.*
Trau|ben|zu|cker, der: *natürlicher Zucker, der bes. in Pflanzensäften, Früchten u. im Honig vorkommt; Glucose; Stärkezucker.*
trau|big ⟨Adj.⟩ (Bot.): *wie eine Traube (1), in Trauben:* t. angeordnete Blüten.
trau|en ⟨sw. V.; hat⟩ [mhd. trūwen, ahd. trū(w)ēn, eigtl. = fest werden, verw. mit ↑treu, urspr. = glauben, hoffen, zutrauen; 3: schon mhd., eigtl. = (dem Manne) anvertrauen]: **1.** *Vertrauen zu jmdm., etw. haben; jmdm., einer Sache Glauben schenken; nichts Böses hinter jmdm., etw.*

vermuten: dieser Frau kann man t.; ich traue seinen Worten nicht [recht]; seinen Versprechungen ist nicht zu t.; Spr trau, schau, wem! *(man soll sich einen Menschen erst genau ansehen, ehe man ihm vertraut).* **2.** ⟨t. + sich⟩ **a)** *etw. zu tun wagen, sich getrauen* (meist verneint od. fragend): ich traue mich/(selten, landsch.:) mir nicht, auf den Baum zu klettern; ⟨auch o. Inf.:⟩ du traust dich ja nicht *(hast keinen Mut)!*; **b)** *sich an eine Stelle od. von der Stelle wagen* (meist verneint od. fragend): traust du dich allein in die Stadt, aus dem Haus? **3.** *von Amts wegen in einer staatlichen od. kirchlichen Zeremonie ehelich verbinden:* der Standesbeamte, Pfarrer hat das Paar getraut; sich t. lassen.

Trau|er, die; - [mhd. trūre, zu ↑trauern]: **1. a)** *[tiefer] seelischer Schmerz über einen Verlust od. ein Unglück:* T. erfüllte ihn, überkam ihn; die T. über den Verlust war groß; T. um jmds. Tod empfinden; sie hat T., ist in T. *(trauert um einen Toten);* etw. versetzt jmdn. in tiefste T.; voll/voller T. [über etw.] sein; (formelhaft in Todesanzeigen:) in stiller T.; in tiefer T.; **b)** *[offizielle] Zeit des Trauerns nach einem Todesfall:* bis zum Begräbnis wurden drei Tage T. angeordnet; er hat schon vor Ablauf der T. *(des Trauerjahres)* wieder geheiratet. **2.** *Trauerkleidung:* T. tragen; eine Dame in T.

Trau|er|akt, der: *offizielle Trauerfeier.*

Trau|er|an|zei|ge, die: *Todesanzeige.*

Trau|er|ar|beit, die ⟨o. Pl.⟩ (Psychoanalyse): *(nach S. Freud) psychische Verarbeitung der Trauer* (1 a), *die jmd. über den Verlust einer Bezugsperson empfindet.*

Trau|er|bin|de, die: *Trauerflor.*

Trau|er|brief, der: *Brief mit Trauerrand.*

Trau|er|fah|ne, die: *Fahne mit Trauerflor.*

Trau|er|fall, der: *Todesfall:* ein T. in der Familie.

Trau|er|fei|er, die: *[kirchliche] Feier zur od. vor der Bestattung bzw. Einäscherung eines Verstorbenen.*

Trau|er|flor, der: *schwarzes Band [aus feinem, florartigem Gewebe], das als Zeichen der Trauer am Ärmel, in einem Knopfloch od. um den Hut getragen od. an eine Fahne geknüpft wird.*

Trau|er|gast, der ⟨meist Pl.⟩: *Teilnehmer[in] an einer Trauerfeier [u. beim anschließenden Zusammensein mit der Familie].*

Trau|er|ge|leit, das: *Gesamtheit derjenigen, die in einem Trauerzug mitgehen.*

Trau|er|ge|mein|de, die (geh.): *Gesamtheit der Teilnehmer u. Teilnehmerinnen an einer Trauerfeier.*

Trau|er|ge|sell|schaft, die: *Gesamtheit der Trauergäste, bes. der nach der Feier noch [im Trauerhaus] versammelten Familienangehörigen u. Freunde.*

Trau|er|got|tes|dienst, der: vgl. Trauerfeier.

Trau|er|haus, das: *Haus o. Ä., in dem sich ein Trauerfall ereignet hat, die Angehörigen eines Verstorbenen, einer Verstorbenen in Trauer sind.*

Trau|er|jahr, das: *Zeitraum von einem Jahr nach dem Tod eines nahen Angehörigen.*

Trau|er|kar|te, die: vgl. Trauerbrief.

Trau|er|klei|dung, die: *schwarze Kleidung als Zeichen der Trauer.*

Trau|er|man|tel, der: *Tagschmetterling mit samtig braunschwarzen, gelb od. weiß geränderten Flügeln.*

Trau|er|marsch, der (Musik): *(als Begleitmusik für einen Trauerzug gedachter) langsamer, getragener Marsch.*

Trau|er|mie|ne, die (ugs.): *bekümmerter Gesichtsausdruck:* eine T. aufsetzen.

trau|ern ⟨sw. V.; hat⟩ [mhd. trūren, ahd. trūrēn, wahrsch. eigtl. = den Kopf sinken lassen od. die Augen niederschlagen (als Zeichen der Trauer)]: **1.** *seelischen Schmerz empfinden, betrübt sein u. entsprechendes Verhalten zeigen:* um einen lieben Menschen, um jmds. Tod t.; die trauernden Hinterbliebenen. **2.** *Trauerkleidung tragen:* sie hat lange getrauert.

Trau|er|nach|richt, die: *Trauer auslösende Nachricht, bes. von einem Todesfall.*

Trau|er|rand, der: *schwarzer Rand bei Trauerbriefen, -karten, -anzeigen:* sie bevorzugte bei Kondolenzbriefen Papier ohne T.; Ü seine Fingernägel haben Trauerränder (ugs. scherzh.; *sind unter dem Nagel schmutzig).*

Trau|er|re|de, die: *Rede, die zur Würdigung der Verstorbenen bei einer Trauerfeier gehalten wird.*

Trau|er|schlei|er, der: *von Frauen in Trauer (bes. Witwen) getragener Schleier.*

Trau|er|spiel, das [für »Tragödie«]: **1.** *Theaterstück mit tragischem Ausgang.* **2.** (ugs.) *etw. Schlimmes, Beklagenswertes:* es ist ein T., dass man sich das gefallen lassen muss.

Trau|er|tag, der: *Tag der Trauer.*

Trau|er|wei|de, die: *Weide mit hängenden Zweigen.*

Trau|er|zug, der: *Zug von Trauernden, die jmdm. das letzte Geleit geben.*

Trauf, der; -s, -e [landsch. Form von ↑Traufe] (Forstw.): *Waldmantel.*

Trau|fe, die; -, -n [mhd. trouf(e), ahd. trouf, zu ↑triefen, also eigtl. = die Triefende]: *Dachtraufe.*

träu|feln ⟨sw. V.⟩ [Iterativbildung zu ↑träufen]: **1.** *in etlichen kleinen Tropfen (auf, in etw.) fallen lassen* ⟨hat⟩: Benzin in das Feuerzeug t.; ein Medikament in die Augen, ins Ohr t. **2.** (veraltend) *in zahlreichen kleineren Tropfen fallen, herausfließen, heraustreten* ⟨ist⟩.

träu|fen ⟨sw. V.; hat/ist⟩ [mhd. tröufen, ahd. troufan, Kausativ zu ↑triefen] (veraltet): *träufeln.*

Trau|for|mel, die: *vom Standesbeamten bzw. vom Geistlichen beim Vollziehen einer Trauung gesprochene Formel.*

Trau|ge|spräch, das: *vorbereitendes Gespräch zwischen Brautleuten u. Pfarrer über Bedeutung u. Wesen der Ehe.*

trau|lich ⟨Adj.⟩ [wohl geb. nach vertraulich/vertraut zu dem unverwandten ↑traut]: **a)** *den Eindruck von Gemütlichkeit u. Geborgenheit erweckend; heimelig:* ein -es Zimmer; beim -en Schein der Lampe; **b)** (seltener) *vertraulich, vertraut:* in -er Runde.

Traum, der; -[e]s, Träume [mhd., ahd. troum, H. u.]: **1.** *im Schlaf auftretende Vorstellungen, Bilder, Ereignisse, Erlebnisse:* ein schöner, seltsamer T.; wilde, schreckliche Träume; es war [doch] nur ein T.; wenn Träume in Erfüllung gingen!; Träume auslegen, deuten; aus einem T. gerissen werden, aufschrecken; er redet im T.; das ist mir im T. erschienen; das Kind lebt noch im Reich der Träume; es ist mir wie ein T.; Spr Träume sind Schäume *(besagen nichts, sind belanglos);* * **nicht im T.** *(nicht im Entferntesten):* nicht im T. hätte ich an eine solche Möglichkeit gedacht. **2. a)** *sehnlicher, unerfüllter Wunsch:* der T. vom Glück; Fliegen war schon immer sein T.; es ist ihr T., Schauspielerin zu werden; sein T. hat sich endlich erfüllt; das ist der T. meines Lebens *(mein sehnlichster Wunsch);* der T. [vom eigenen Haus] ist ausgeträumt, ist vorbei; aus [ist] der T.! (ugs.; *es besteht keine Hoffnung mehr, dass der Wunsch in Erfüllung geht*); das habe ich in meinen kühnsten Träumen nicht zu hoffen gewagt!; * **der amerikanische T.** *(das Ideal von einer wohlhabenden demokratischen Gesellschaft in Amerika als dem Land der unbegrenzten Möglichkeiten;* LÜ von engl. the American dream); **b)** (ugs.) *etw. traumhaft Schönes; Person, Sache, die wie die Erfüllung geheimer Wünsche erscheint:* das ist ja ein T. von einem Haus!; dort kommt sein blonder T. *(ein hübsches, blondes Mädchen [von dem er schwärmt]);* die Braut in einem T. *(wunderschönen Kleid)* aus weißer Seide und Spitzen.

Traum- (Bildungen z. T. emotional): drückt in Bildungen mit Substantiven aus, dass jmd. oder etw. so ideal ist, wie man es sich immer erträumt [hat]: Traumhaus, -mann, -reise.

Trau|ma, das; -s, ...men u. -ta [griech. traũma (Gen.: traúmatos) = Wunde]: **1.** (Psych., Med.) *starke seelische Erschütterung, die [im Unterbewusstsein] noch lange wirksam ist:* ein T. haben, erleiden; das Erlebnis führte bei ihm zu einem T./wurde zum T. für ihn. **2.** (Med.) *durch Gewalteinwirkung entstandene Verletzung des Organismus.*

trau|ma|tisch ⟨Adj.⟩ [griech. traumatikós = zur Wunde gehörend, zu: trauma, ↑Trauma]: **1.** (Psych., Med.) *das Trauma* (1) *betreffend, darauf beruhend, dadurch entstanden:* -e Erlebnisse; sein Leiden ist t. bedingt. **2.** (Med.) *durch Gewalteinwirkung [entstanden].*

Trau|ma|to|lo|gie, die; - [↑-logie]: *Wissenschaft u. Lehre von der Wundbehandlung u. -versorgung.*

Traum|be|ruf, der (emotional): *idealer Beruf; Beruf, wie jmd. ihn sich ersehnt, erträumt.*

Traum|bild, das: **1.** *im Traum* (1) *erscheinendes Bild.* **2.** *Wunschbild, Fantasievorstellung.*

Traum|buch, das: *Buch mit Traumdeutungen.*

Traum|deu|ter, der: *jmd., der Träume zu erklären versucht.*

Traum|deu|te|rin, die: w. Form zu ↑Traumdeuter.

Traum|deu|tung, die: *Deutung von Träumen [in Bezug auf ihre psychischen Hintergründe].*

träu|men ⟨sw. V.; hat⟩ [mhd. tröumen, troumen, ahd. troumen, zu ↑Traum]: **1. a)** *einen bestimmten Traum* (1) *haben:* schlecht, unruhig t.; sie hat von ihrem Vater geträumt; [schlaf gut und] träum süß! (fam. Gruß vor dem Schlafengehen); **b)** *etw. Bestimmtes im Traum* (1) *erleben:* etwas Schreckliches t.; er träumte/(geh.:) ihm träumte, er sei in einem fernen Land; das hast du doch nur geträumt!; * **sich** ⟨Dativ⟩ **etw. nicht/nie t. lassen** *(an die Möglichkeit von etw. überhaupt nicht denken).* **2. a)** *seine Gedanken schweifen lassen; unaufmerksam, nicht bei der Sache sein u. sich stattdessen Fantasien hingeben:* in den Tag hinein t.; mit offenen Augen t.; träum nicht! *(pass auf!);* der Fahrer muss geträumt haben; R du träumst wohl! (ugs.; in Bezug auf eine für völlig abwegig gehaltene Äußerung von jmdm.; *das ist ja wohl absurd!*); Ü der Waldsee lag träumend da; **b)** *etw. wünschen, ersehnen, erhoffen:* sie träumte von einer großen Karriere.

Trau|men: Pl. von ↑Trauma.

Träu|mer, der; -s, - [mhd. troumære]: **1.** *Mensch, der gern träumt* (2 a), *seinen Gedanken nachhängt u. mit der Wirklichkeit nicht recht fertig wird.* **2.** *jmd., der gerade träumt* (1 a); *Träumender:* die Glocke riss die T. aus dem Schlaf.

Träu|me|rei, die; -, -en: *etw., was sich jmd. erträumt; Wunsch-, Fantasievorstellung:* sich seinen -en hingeben.

Traum|er|geb|nis, das (emotional): *sehr positives, höchst erfreuliches Ergebnis (a), wie es sich jmd. ersehnt, erträumt hat, aber nicht erwarten konnte.*

Träu|me|rin, die; -, -nen: w. Form zu ↑Träumer.

träu|me|risch ⟨Adj.⟩: *verträumt:* -e Augen.

Traum|fa|brik, die [LÜ von engl. dream-factory] *(bes. in Bezug auf Hollywood) Produktionsstätte für Filme, die durch Darstellung einer glänzenden Scheinwelt den Wunschträumen des Publikums entgegenzukommen sucht.*

Traum|frau, die (ugs. emotional): *ideale Frau; Frau, wie man sie sich ersehnt, erträumt.*

Traum|ge|sicht, das ⟨Pl. -e⟩ (geh.): *Traumbild.*

traum|haft ⟨Adj.⟩: **a)** *wie in einem Traum:* -e Vorstellungen; mit -er Sicherheit; **b)** (ugs.) *überaus schön:* eine -e Landschaft; das Kleid ist t. [schön].

Traum|in|halt, der: *Inhalt* (2 a) *eines Traums* (1).

Traum|mann, der (ugs. emotional): vgl. Traumfrau.

Traum|no|te, die (emotional): *höchste erreichbare Punktzahl für eine Übung, einen Wettkampf, eine Kür o. Ä.*

Traum|paar, das (emotional): *ideales Paar* (1 a).

Traum|tän|zer, der (abwertend): *wirklichkeitsfremder, kaum erreichbaren Idealen nachhängender Träumer.*

Traum|tän|ze|rin, die: w. Form zu ↑Traumtänzer.

traum|ver|lo|ren ⟨Adj.⟩: *in Gedanken versunken, vor sich hin träumend:* t. dasitzen.

traum|wan|deln ⟨sw. V.; hat/(auch:) ist⟩: *schlafwandeln.*

Traum|wand|ler, der: *Schlafwandler.*

Traum|wand|le|rin, die; -, -nen: w. Form zu ↑Nachtwandler.

traum|wand|le|risch ⟨Adj.⟩: *schlafwandlerisch.*

Traum|welt, die: *nur in den eigenen Träumen existierende Welt.*

Trau|ner, der; -s, - [eigtl. = Schiff auf der Traun (Nebenfluss der Donau)] (österr.): *flaches Lastschiff.*

trau|rig ⟨Adj.⟩ [mhd. trūrec, ahd. trūrac, zu ↑trauern]: **1.** *Trauer empfindend, ausdrückend, bekümmert, betrübt; in niedergedrückter Stimmung:* ein -es Kind; ein -es Gesicht machen; jmdn. mit großen, -en Augen anblicken; sie hat uns einen sehr -en Brief geschrieben; worüber bist du so t.?; sie ist, wirkt [sehr] t.; dass du fortgehst, macht mich sehr t. **2. a)** *Trauer, Kummer, Betrübnis hervorrufend, verursachend; schmerzlich, beklagenswert:* eine -e Nachricht; das ist ein sehr -er Fall, ein -es Kapitel; sie kamen zu der -en Erkenntnis, dass sie sich besser trennen sollten; eine -e *(freudlose)* Jugend haben; [es ist] t., dass man nichts ändern kann; **b)** *kümmerlich, erbärmlich:* es ist nur noch ein -er Rest vorhanden; in -en Verhältnissen leben.

Trau|rig|keit, die; -, -en [mhd. trūrecheit, ahd. trūragheit]: **a)** ⟨o. Pl.⟩ *das Traurigsein* (1): eine große T. erfüllte ihr Herz; jmdn. überkommt, befällt tiefe T.; **b)** *trauriges Ereignis:* reden wir nicht von solchen -en.

Trau|ring, der: *meist glatter, steinloser Ring als Zeichen des Ehestands; Ehering.*

Trau|schein, der: *Urkunde über die vollzogene Trauung.*

Trau|spruch, der (ev. Kirche): *Spruch, den sich ein Brautpaar anlässlich seiner Trauung als Losung aussucht.*

traut ⟨Adj.⟩ [mhd., ahd. trūt, H. u.] (geh. veraltend, oft scherzh.): **a)** *anheimelnd, den Eindruck von Geborgenheit erweckend:* das -e Heim; der Traum vom -en Familienglück; **b)** *vertraut:* im -en Familienkreis, Freundeskreis; ein -er (dichter. veraltend; *lieber, geliebter*) Freund.

Trau|te, die; - [zu ↑trauen] (ugs.): *innere Bereitschaft zum Entschluss, etw. zu tun, was Überwindung kostet:* er möchte etw. sagen, aber ihm fehlt die T.; keine/nicht die rechte T. [zu etw.] haben.

Trau|to|ni|um ®, das; -s, ...ien [unter Anlehnung an ↑Harmonium nach dem Erfinder F. Trautwein (1889–1956)]: *elektroakustisches Musikinstrument mit Lautsprecher u. kleinem Spieltisch, auf dem statt einer Klaviatur an verschiedenen Stellen niederzudrückende Drähte gespannt sind, die durch Schließung eines Stromkreises alle Töne u. Obertöne im Klang der verschiedensten Instrumente hervorbringen können.*

Trau|ung, die; -, -en [zu ↑trauen (3); spätmhd. trūunge = Vertrauen]: *[mit einer Feier verbundener] Akt des Trauens* (3): eine kirchliche, standesamtliche T.; eine T. vollziehen.

Trau|zeu|ge, der: *jmd., der bei einer Trauung als Zeuge anwesend ist:* wer sind eure -n?

Trau|zeu|gin, die: w. Form zu ↑Trauzeuge.

Tra|vel|ler|scheck, der [nach engl. traveller's cheque]: *Reisescheck.*

tra|vers ⟨Adj.⟩ [frz. en travers = quer < lat. transversus = quer liegend, schief, adj. 2. Part. von: transvertere, ↑traversieren] (Textilind.): *quer gestreift.*

Tra|vers [traˈvɛːɐ̯], der; - [...ɛːɐ̯(s)] (Dressurreiten): *Seitengang, bei dem das äußere Hinterbein des Pferdes dem inneren Vorderbein folgt.*

Tra|ver|sa|le, die; -, -n (Dressurreiten): *diagonale Vorwärtsbewegung, bei der der Körper des Pferdes weitgehend parallel zu den Begrenzungslinien der Bahn ausgerichtet bleibt.*

Tra|ver|se, die; -, -n [frz. traverse, über das Vlat. zu lat. transversus, ↑travers]: **1.** (Archit., Technik) *Querbalken* (a), *quer verlaufender Träger.* **2.** (Wasserbau) *(in größerer Zahl) senkrecht zur Strömung in den Fluss gebaute Buhne, die eine Verlandung der eingeschlossenen Flächen beschleunigen soll.* **3.** (Technik) *quer verlaufendes Verbindungsstück zweier fester od. parallel beweglicher Maschinenteile.* **4.** (Fechten) *Bewegung seitwärts, mit der ein Fechter dem gegnerischen Angriff ausweicht.* **5.** (Bergsteigen) *Quergang.*

tra|ver|sie|ren ⟨sw. V.⟩ [frz. traverser = durchqueren, über das Vlat. < lat. transvertere = umwenden, aus: trans = hinüber u. vertere = drehen, wenden]: **1.** (bildungsspr. veraltet) *durchkreuzen; verhindern* ⟨hat⟩. **2.** (Dressurreiten) *die Reitbahn im Travers durchreiten* ⟨hat/ist⟩. **3.** (Fechten) *durch eine Traverse* (4) *dem gegnerischen Angriff ausweichen* ⟨hat/ist⟩. **4.** (Bergsteigen, Ski) *(eine Wand, einen Hang o. Ä.) in horizontaler Richtung überqueren* ⟨hat/ist⟩.

Tra|ver|tin, der; -s, -e [ital. travertino, älter auch: tiburtino < lat. lapis Tiburtinus = Stein aus Tibur (heute Tivoli bei Rom)]: *Kalksinter, Kalktuff, der zur Verkleidung von Fassaden, als Bodenbelag o. Ä. verwendet wird.*

Tra|ves|tie, die; -, -n [engl. travesty, eigtl. = Umkleidung, zu frz. travesti = verkleidet, adj. 2. Part. von: (se) travestir, ↑travestieren] (Literaturw.): **1. a)** ⟨o. Pl.⟩ *komisch-satirische literarische Gattung, die bekannte Stoffe der Dichtung ins Lächerliche zieht, indem sie sie in eine ihnen nicht angemessene Form überträgt;* **b)** *einzelnes Werk der Gattung Travestie* (1). **2.** ⟨o. Pl.⟩ *Gesamtheit dessen, was mit der Travestieshow, der weiblichen Kostümierung von Männern zusammenhängt.*

tra|ves|tie|ren ⟨sw. V.; hat⟩ [frz. (se) travestir, eigtl. = (sich) verkleiden < ital. travestire, aus: tra- = hinüber, hindurch (<lat. trans) u. vestire = (be)kleiden (< lat. vestire)]: **1.** (Literaturw.) *in die Form einer Travestie* (1 a) *bringen.* **2.** (bildungsspr.) *ins Lächerliche ziehen.*

Tra|ves|tie|show, die: *Show, bei der vorwiegend Männer in Frauenkleidung auftreten.*

Trawl [trɔːl], das; -s, -s [engl. trawl, H. u.] (Fischereiw.): *Grund[schlepp]netz.*

Traw|ler [ˈtrɔːlə], der; -s, - [engl. trawler] (Fischereiw.): *mit einem Grund[schlepp]netz arbeitendes Fangschiff.*

Trax, der; -[es], -e [gek. aus amerik. Traxcavator ®, wohl geb. aus engl. track (Pl.: tracks) = Spur, Gleis bzw. tractor = Zugmaschine u. excavator = Exkavator (2)] (schweiz.): **a)** *fahrbarer Bagger;* **b)** *Schaufellader.*

Treat|ment [ˈtriːtmənt], das; -s, -s [engl. treatment, eigtl. = Behandlung, zu: to treat = behandeln] (Film, Ferns.): *erste schriftliche Fixierung des Handlungsablaufs, der Schauplätze u. der Charaktere der Personen eines Films.*

Tre|be, die; - [H. u., viell. zu ↑treife im Sinne von »verbotenes Tun«] (ugs.): in den Wendungen **auf [der] T. sein; sich auf [der] T. befinden** *(sich [als Ausreißer] herumtreiben);* **auf [die] T. gehen** *(aus einem Heim, aus der Familie davonlaufen u. sich über längere Zeit herumtreiben).*

Tre|be|gän|ge|rei, die; - (ugs.): *Herumtreiberei von jugendlichen Ausreißern.*

Tre|ber ⟨Pl.⟩ [mhd. treber (Pl.), ahd. trebir (Pl.), zu ↑trübe] (Fachspr.): **a)** *bei der Bierherstellung anfallende Rückstände von Malz;* **b)** (seltener) *Trester.*

Tre|cen|to [treˈtʃɛnto], das; -[s] [ital. trecento = 14. Jahrhundert, kurz für: mille trecento = 1300] (Kunstwiss., Literaturw.): *italienische Frührenaissance* (14. Jh.).

Treck, der; -s, -s [mniederd. trek = (Kriegs)zug; Prozession, zu ↑trecken]: *Zug von Menschen, die sich mit ihrer auf Wagen, meist Fuhrwerke, geladenen Habe gemeinsam aus ihrer Heimat wegbegeben (bes. als Flüchtlinge, Siedler o. Ä.):* einen T. bilden, zusammenstellen.

tre|cken ⟨sw. V.; hat/ist⟩ [mhd. trecken, mniederd. trecken, Intensivbildung zu mhd. trechen = ziehen, H. u.]: **1.** *mit einem Treck wegziehen.* **2.** (landsch.) *ziehen:* treck fest, sonst rollt der Wagen zurück.

Tre|cker, der; -s, -: *Traktor, Schlepper.*

[1]Treff, das; -s, -s [älter: Trefle < frz. trèfle, eigtl. = Kleeblatt < griech. tríphyllon]: *Kreuz* (6).

[2]Treff, der; -s, -s (ugs.): **a)** *Zusammenkunft, Treffen:* einen T. vereinbaren, mit jmdm. haben. **b)** *Ort einer Zusammenkunft eines Treffens; Treffpunkt:* ihr T. ist ein Lokal in der Altstadt.

Treff|ass, das [zu ↑[1]Treff]: *Kreuzass.*

tref|fen ⟨st. V.⟩ [mhd. treffen, ahd. tref(f)an, urspr. = schlagen, stoßen]: **1.** ⟨hat⟩ **a)** *(von einem Geschoss, einem Schuss, Schlag o. Ä.) jmdn., etw. erreichen u. mit mehr od. weniger großer Wucht berühren [u. dabei verletzen, beschädigen]:* die Kugel, der Pfeil, der Stein hat ihn getroffen; der Schuss traf ihn am Kopf, in den Rücken; der Faustschlag traf ihn im Gesicht/ins Gesicht; von einer Kugel tödlich getroffen, sank sie zu Boden; ⟨auch o. Akk.-Obj.:⟩ der erste Schuss traf *(war ein Treffer);* Ü er fühlte sich von den Vorwürfen nicht getroffen *(bezog sie nicht auf sich);* jmdn. trifft keine Schuld *(jmd. ist für etw. nicht verantwortlich zu machen);* **b)** *(mit einem Schlag, Stoß, Wurf, Schuss) erreichen u. mit mehr od. weniger großer Wucht berühren [u. dabei verletzen, beschädigen]:* ein Ziel, die Zielscheibe t.; ins Tor t.; [beim ersten Schuss] ins Schwarze t.; der Jäger traf das Reh [in den Rücken]; ⟨auch o. Akk.-Obj.:⟩ er hat [gut, schlecht, nicht] getroffen. **2.** ⟨hat⟩ **a)** *jmdm. Bekannten zufällig begegnen:* einen Kollegen zufällig, unterwegs, auf der Straße t.; was meinst du, wen ich getroffen habe?; Ü ihre Blicke hatten sich getroffen *(sie hatten sich auf einmal angesehen);* **b)** *mit jmdm. ein Treffen* (1) *haben, aufgrund einer Verabredung zusammenkommen:* er trifft seine Freunde jede Woche; die beiden treffen sich/(geh.:) einander häufig; ⟨t. + sich:⟩ ich treffe mich heute mit meinen Freunden. **3.** ⟨ist⟩ **a)** *jmdm. unvermutet begegnen, auf jmdn. stoßen* (3 a): am Bahnhof traf sie auf einen alten Bekannten; **b)** *etw. unvermutet vorfinden, antreffen; auf etw. stoßen* (3 b): auf merkwürdige Dinge t.; Missstände dieser Art trifft man hier vielerorts; Ü auf Widerstand, Ablehnung, Schwierigkeiten t.; **c)** *auftreffen.* **4.** (Sport) *(bei einem Wettkampf) jmdn. als Gegner [zu erwarten] haben* ⟨ist⟩: die Mannschaft trifft morgen auf den Nordmeister. **5.** *(in Bezug auf etw., wofür Kenntnisse od. ein sicherer Instinkt o. Ä. nötig sind) [heraus]finden, erkennen, erraten* ⟨hat⟩: den richtigen Ton [im Umgang mit jmdm.] t.; mit dem Geschenk hast du ihren Geschmack getroffen; du hast genau das Richtige getroffen; auf dem Foto ist er nicht gut getroffen *(es zeigt ihn [nicht] so, wie man ihn kennt);* getroffen! (freudiger Ausruf der Bestätigung; *richtig [geraten]!*). **6.** *(im Innersten) verletzen, erschüttern* ⟨hat⟩: jmdn. tief, schwer t.; die Todesnachricht hat ihn furchtbar getroffen; jmdn. in seinem Stolz, bis ins Innerste t. **7.** *jmdm., einer Sache [bewusst, absichtlich] Schaden zufügen; schaden* ⟨hat⟩: mit dem Boykott versucht man die Wirtschaft des Landes zu t.; eine Missernte hat die Bauern hart getroffen. **8.** ⟨in Verbindung mit »es«⟩ *in bestimmter Weise vorfinden* ⟨hat⟩: es gut, schlecht t.; sie haben es im Urlaub mit dem Wetter bestens getroffen; du triffst es heute gut *(die Gelegenheit ist günstig).* **9.** ⟨t. + sich; unpers.⟩ *sich in bestimmter Weise fügen* ⟨hat⟩: es trifft sich gut, ausgezeichnet, dass du gerade kommst; R wie es sich so trifft! *(wie es so kommt, geschieht; wie es der Zufall will).* **10.** *ausführen, realisieren* ⟨hat; meist in Verbindung mit einem Verbalsubstantiv⟩: Anordnungen, Verfügungen, Vorbereitungen t.; eine Vereinbarung, Entscheidung t.; eine Wahl, Absprache t.

Tref|fen, das; -s, - [3: zu mhd. treffen = dem Feind begegnen]: **1.** *geplante [private od. offizielle] Begegnung, Zusammenkunft:* regelmäßige T.; ein T. der Schulkameraden, der Staatschefs; ein T. verabreden, vereinbaren, veranstalten; an einem T. teilnehmen; zu einem T. kommen. **2.** (Sport) *Wettkampf:* ein faires, spannendes T.; das T. endete, ging unentschieden aus. **3.** (Milit. veraltet) *kleineres Gefecht;* *** etw. ins T. führen** (geh.; *etw. als Argument für od. gegen etw. vorbringen).*

tref|fend ⟨Adj.⟩: *der Sache völlig angemessen, entsprechend; vollkommen passend, genau richtig:* ein -er Vergleich; ein -es Urteil; etw. t. charakterisieren.

Tref|fer, der; -s, -: **1. a)** *Schuss, Schlag, Wurf o. Ä., der trifft:* auf 10 Schüsse 8 T. haben; das Schiff bekam, erhielt einen T. *(wurde von einem Geschoss getroffen);* **b)** (Ballspiele) *Tor:* ein T. fällt; einen T. erzielen; **c)** (Boxen) *Schlag, mit dem der Gegner getroffen wird:* einen T. landen, markieren; **d)** (Fechten) *Berührung des Gegners mit der Waffe:* ein sauberer, ungültiger, gültiger T.; einen T. erhalten, verhindern, landen. **2.** *Gewinn (in einer Lotterie o. Ä.):* auf viele Nieten kommt ein T.; einen T. machen; **Ü** einen T. haben (ugs.; *Glück haben).*

Tref|fer|an|zei|ge, die (Fechten, Schießen): *Gerät, das einen Treffer* (1 a, d) *anzeigt.*

Tref|fer|quo|te, die (Fechten, Schießen): *Quote* (a) *der erzielten Treffer.*

Tref|fer|zahl, die (Fechten, Schießen): *Anzahl von erzielten Treffern.*

treff|lich ⟨Adj.⟩ [für mhd. treffe(n)lich, zu ↑treffen] (veraltend): **a)** *durch große innere Vorzüge, durch menschliche Qualität ausgezeichnet (u. daher Anerkennung verdienend):* ein -er Mensch, Wissenschaftler; **b)** *sehr gut, ausgezeichnet; vorzüglich, vortrefflich:* ein -er Wein; sie ist eine -e Beobachterin; sich t. auf etw. verstehen; ⟨subst.:⟩ er hat Treffliches geleistet.

Treff|punkt, der: **1. a)** *Ort, an dem sich Personen (einer Abmachung, Vereinbarung folgend) treffen:* die Kneipe galt als T. der Unterwelt; einen T. vereinbaren; sie kam nicht zu dem T., den sie ausgemacht hatten; **b)** *Ort, der zu einer Art Zentrum geworden ist:* Paris, T. der Mode. **2.** (Geom.) *Berührungs-, Schnittpunkt von Geraden.*

treff|si|cher ⟨Adj.⟩: **a)** *ein Ziel sicher treffend:* ein -er Schütze, Spieler; **Ü** eine -e Ausdrucksweise, Sprache *(eine Sprache, die einen Sachverhalt präzise wiedergibt);* **b)** *sicher in der Beurteilung, Einschätzung o. Ä. von etw.:* ein -es Urteilsvermögen haben.

Treff|si|cher|heit, die ⟨o. Pl.⟩: *treffsichere Art.*

Treib|ach|se, die (Technik): *(bes. bei Lokomotiven) angetriebene Achse.*

Treib|ar|beit, die: **a)** ⟨o. Pl.⟩ *Technik des Treibens* (8 a) *von Metallblech zu [künstlerischen] Gegenständen, Gefäßen u. Ä.;* **b)** *einzelner in der Technik der Treibarbeit* (a) *hergestellter [künstlerischer] Gegenstand.*

Treib|ball, der: **1.** ⟨o. Pl.⟩ *Spiel zwischen zwei Parteien, bei dem jede Partei versucht, den Ball möglichst weit auf die gegnerische Seite zu werfen u. damit die Gegenpartei entsprechend weit von der Mittellinie wegzutreiben.* **2.** (Badminton) *Schlag, bei dem der Ball in Schulterhöhe sehr flach geschlagen wird.*

Treib|ball|spiel, das: *Treibball* (1).

Treib|eis, das: *auf dem Wasser treibende Eisschollen.*

trei|ben ⟨st. V.⟩ [mhd. trīben, ahd. trīban, H. u.]: **1.** *jmdn., ein Tier, etw. (durch Antreiben, Vor-sich-her-Treiben o. Ä.) dazu bringen, sich in eine bestimmte Richtung zu bewegen, an einen bestimmten Ort zu begeben* ⟨hat⟩: die Kühe auf die Weide t.; Gefangene in ein Lager t.; er ließ sich von der Strömung t.; der Wind treibt das Laub durch die Alleen *(weht es vor sich her);* den Ball vor das Tor t. *(durch wiederholtes Anstoßen vor das Tor spielen);* Wild, Hasen t. (Jägerspr.; *bei einer Treibjagd den Schützen zutreiben);* **Ü** er lässt sich zu sehr t. *(verhält sich zu passiv im Leben);* der ewige Streit in der Familie hat die Kinder aus dem Haus getrieben *(sie zum Verlassen des Elternhauses veranlasst);* der Schmerz trieb ihr die Tränen in die Augen; der Boom hat die Preise in die Höhe, nach oben getrieben *(eine Preissteigerung zur Folge gehabt).* **2.** *jmdn. (durch sein Verhalten o. Ä.) in einen extremen Seelenzustand versetzen, dazu bringen, etw. Bestimmtes (Unkontrolliertes) zu tun* ⟨hat⟩: jmdn. in den Tod, in den, [bis] zum Selbstmord, in den Wahnsinn, zur Raserei, zum Äußersten t. **3.** *jmdn. ungeduldig, durch Drängen zu etw. veranlassen* ⟨hat⟩: jmdn. zur Eile, zum Aufbruch t.; er trieb die Männer zur schnellen Erledigung der Arbeit; muss man dich immer t., damit du etwas tust? treib [ihn] nicht immer so!; ⟨auch unpers.:⟩ es trieb ihn, ihr zu danken; **Ü** seine Eifersucht hatte ihn zu dieser Tat getrieben. **4.** *antreiben* (2) ⟨hat⟩: das Wasser treibt die Räder; die Maschine wird von Wasserkraft getrieben. **5. a)** *von einer Strömung [fort]bewegt werden* ⟨ist/hat⟩: etw. treibt auf dem, im Wasser; das Schiff treibt steuerlos auf dem Meer; Eisschollen trieben auf dem Fluss; Treibgut war/hatte auf dem Fluss getrieben; Nebelschwaden treiben in der Luft; treibende *(am Himmel dahinziehende)* Wolken; **Ü** er hat die Dinge zu lange t. lassen *(sich selbst überlassen);* **b)** *in eine bestimmte Richtung, auf ein Ziel zu bewegt werden* ⟨ist⟩: der Ballon treibt landeinwärts; Treibgut war ans Ufer getrieben; **Ü** man weiß nicht, wohin die Dinge treiben *(wie sie sich entwickeln).* **6.** (Jägerspr.) *(von männlichen Tieren in der Paarungszeit) das weibliche Tier verfolgen, vor sich hertreiben* ⟨hat⟩: die Böcke treiben die Ricken. **7.** ⟨hat⟩ **a)** *(durch Schläge mit einem Werkzeug o. Ä.) in etw. eindringen lassen; hineintreiben, einschlagen:* einen Keil in den Baumstamm, Pflöcke in den Boden t.; **b)** *(von Hohlräumen bestimmter Art) durch Bohrung o. Ä. irgendwo herstellen, schaffen:* einen Schacht [in die Erde] t.; einen Tunnel durch den Berg, in den Fels t.; **c)** *zum Zerkleinern o. Ä. durch eine bestimmte Maschine, ein Gerät durchpressen* (1): etw. durch ein Sieb, durch den Fleischwolf t. **8.** ⟨hat⟩ **a)** *(zu Platten dünn ausgewalztes Metall) in kaltem Zustand mit dem Hammer, der Punze formen, gestalten:* Silber, Messing t.; eine Schale aus getriebenem Gold; **b)** *durch Treiben* (8 a) *herstellen:* ein Gefäß [aus, in Silber] t. **9.** (ugs.) *harntreibend, schweißtreibend sein, wirken* ⟨hat⟩: Bier, Lindenblütentee treibt; ein treibendes Medikament. **10.** ⟨hat⟩ **a)** *sich mit etw. zu Erlernendem o. Ä. kontinuierlich befassen:* Französisch, Philosophie t.; sie treibt neuerdings wieder mit großem Eifer ihre Studien; **b)** (ugs.) *sich mit etw. beschäftigen; etw. machen, tun:* Unfug t.; was habt ihr bei dem schlechten Wetter, den ganzen Tag getrieben?; **c)** *sich mit etw. zum Zwecke des Erwerbs befassen:* Handel, ein Gewerbe, ein Handwerk t.; Ackerbau und Viehzucht t.; **d)** in verblasster Bed. in Verbindung mit Subst.; drückt aus, dass etw. mit bestimmter Konsequenz betrieben, verfolgt wird: Spionage t. *(spionieren);* Verschwendung, Luxus, Aufwand t. *(verschwenderisch, luxuriös, aufwendig leben);* seinen Spott mit jmdm. t.; Missbrauch mit etw. t. **11.** ⟨in Verbindung mit »es«; hat⟩ **a)** (ugs. abwertend) *etw. in einem Kritik herausfordernden Übermaß tun:* es toll, zu bunt, zu arg t.; er hat es zu weit getrieben *(in seinem Verhalten den Bogen überspannt);* **b)** *mit jmdm. in einer Kritik herausfordernden Art umgehen:* sie haben es übel mit den Flüchtlingen getrieben; *** es [mit jmdm.] t.** (ugs. verhüll.; *[mit jmdm.] geschlechtlich verkehren).* **12.** ⟨hat⟩ (seltener) *(bes. von Hefe od. entsprechend versetztem Teig) aufgehen* (4): die Hefe, der Hefeteig muss noch t.; das Backpulver treibt den Teig *(lässt ihn aufgehen).* **13.** ⟨hat⟩ **a)** *austreiben* (4 a), *ausschlagen* (9): die Bäume, Sträucher beginnen zu t.; **b)** *austreiben* (4 b): Sträucher und Bäume treiben Blüten. **14.** (Gartenbau) *im Treibhaus o. Ä. unter besonderen Bedingungen züchten, heranziehen* ⟨hat⟩: Maiglöckchen, Flieder, Paprika in Gewächshäusern t.; im Frühbeet getriebener Salat.

Trei|ben, das; -s, -: **1.** ⟨o. Pl.⟩ **a)** *[geschäftiges] Durcheinanderlaufen, gleichzeitiges Sichtummeln o. Ä. (einer größeren Zahl von Menschen):* es herrschte ein lebhaftes, buntes T.; das ausgelassene T. der spielenden Kinder; sie stürzten sich in das närrische T. *(das Faschingstreiben);* **b)** *jmds. Tun, Handeln:* jmds. heimliches, schändliches, wüstes T.; jmds. T. *(seinen Machenschaften)* ein Ende machen. **2.** (Jägerspr.) **a)** *Treibjagd;* **b)** *Gelände, Bereich, in dem ein Treiben* (2 a) *stattfindet.* **3.** (Bergbau) *das Auf- u. Abwärtsbewegen von Fördergefäßen od. Körben im Schacht.*

Trei|ber, der; -s, - [mhd. trīber, ahd. tripāri; 5: LÜ von engl. driver]: **1.** (Jägerspr.) *jmd., der (zusammen mit anderen) bei einer Treibjagd den Schützen das Wild zutreibt.* **2.** *jmd., der bes. Lasttiere führt, Vieh [auf die Weide] treibt; Viehtreiber:* T. brachten die Tiere zum Markt. **3.** (abwertend) *Antreiber.* **4.** (Segeln) *kleiner Besan* (a) *einer zweimastigen Jacht.* **5.** (EDV) *Programm* (4), *mit dem ein peripheres* (3) *Gerät gesteuert wird.*

Trei|be|rin, die; -, -nen: w. Form zu ↑Treiber (1, 2, 3).

Treib|gas, das: **1.** *brennbares Gas, meist Flüssiggas, das als Kraftstoff zum Antrieb von Verbrennungsmotoren verwendet wird.* **2.** *in Spraydosen u. a. verwendetes, unter Druck stehendes Gas.*

Treib|gut, das ⟨o. Pl.⟩: *etw., was als herrenloses Gut auf dem Wasser, bes. auf dem Meer, treibt.*

Treib|haus, das: *heizbares Gewächshaus, in dem Pflanzen gezüchtet bzw. unter bestimmten (im Freien nicht gegebenen) Bedingungen gehalten werden.*

Treib|haus|ef|fekt, der ⟨o. Pl.⟩: *Einfluss der Erdatmosphäre auf den Wärmehaushalt der Erde, der der Wirkung des Daches eines Treibhauses ähnelt.*

Treib|haus|kul|tur, die ⟨o. Pl.⟩: *Kultur* (3 b) *von Pflanzen im Treibhaus.*

Treib|holz, das ⟨o. Pl.⟩: *auf dem Wasser treibendes Holz, bes. auf dem Meer treibende od. an den Strand angeschwemmte Trümmer aus Holz.*

Treib|jagd, die (Jägerspr.): *Jagd, bei der das Wild durch Treiber* (1) *aufgescheucht u. den Schützen zugetrieben wird:* eine T. veranstalten. **Ü** sie machten eine T. auf die versprengten Gegner.

Treib|la|dung, die: *Mittel (z. B. Pulver), das durch seine Explosionskraft ein Geschoss in Bewegung setzt.*

Treib|mit|tel, das: **1.** (Chemie) *gasförmiger od. Gas entwickelnder Stoff, der bestimmten festen Stoffen (z. B. Schaumstoff, Beton) zugesetzt wird, um sie porös zu machen.* **2.** (Kochk.) *dem Teig beigegebener Stoff (z. B. Backpulver, Hefe), der ein Aufgehen* (4) *bewirkt.* **3.** (Chemie) *Treibgas* (2).

Treib|netz, das (früher): *(von der Hochseefischerei verwendetes) Fangnetz, das (entsprechend beschwert) senkrecht im Wasser hängt u. mit dem Fangschiff in der Strömung treibt.*

Treib|öl, das: *ölförmiger Kraftstoff für Dieselmotoren [auf Schiffen].*

Treib|rad, das (Technik): *von einem Motor angetriebenes Rad eines Fahrzeugs, einer Maschine, das seinerseits eine [Fort]bewegung in Gang setzt bzw. hält.*

Treib|rie|men, der (Technik): *breiter Riemen aus Leder, Gummi od. Kunststoff, der (als Teil einer Transmission) die Drehbewegung überträgt.*

Treib|sand, der: *Mahlsand.*

Treib|satz, der (Technik): *Gemisch von chemischen Substanzen, das eine Raketen, Feuerwerkskörper o. Ä. vorantreibende Energie entfaltet.*

Treib|schlag, der (Badminton, Golf, Tennis, Tischtennis): *harter Schlag, mit dem der Ball weit gespielt wird; Drive* (3).

Treib|stoff, der: *Kraftstoff:* fester, flüssiger, gasförmiger T.

Trei|del, der; -s, -n (früher): *Seil, Tau zum Treideln.*

trei|deln ⟨sw. V.; hat⟩ [aus dem Niederd., zu mnie-

T

derd. treilen, mniederl. treylen < mengl. to trailen (= engl. to trail, ↑Trailer)] (früher): *einen Lastkahn vom Treidelpfad aus (mit Menschenkraft bzw. mithilfe von Zugtieren) stromaufwärts ziehen, schleppen.*

Trei|del|pfad, der: *schmaler, am Ufer eines Flusses od. Kanals entlangführender Weg für das Treideln.*

trei|fe ⟨Adj.⟩ [jidd. tre(i)fe, trebe < hebr. ṭaref]: *den jüdischen Speisegesetzen nicht gemäß; nicht koscher* (1).

Trek|kie, der; -[s], -s [engl. Trekkie, nach dem Namen der Serie] (Jargon): *Fan, Anhänger der Science-Fiction-Serie »Star Trek«.*

Trek|king, das; -s, -s [engl. trekking = das Wandern, Trecken, zu: to trek < afrikaans (= niederl.) trekken, ↑trecken]: *[von einem Reiseunternehmen organisierte] mehrtägige Wanderung in einer kleineren Gruppe mit Führung durch oft unwegsames Gebiet im Hochgebirge.*

Trek|king|bike [...baik], das; -s, -s [aus ↑Trekking u. engl. bike = Fahrrad]: *Fahrrad, das bes. für längere Touren mit Gepäck geeignet ist.*

Tre|ma, das; -s, -s od. -ta [griech. trēma (Gen.: trḗmatos) = die Punkte, Löcher des Würfels, eigtl. = Öffnung, Durchbohrtes]: **1.** (Sprachw.) *diakritisches Zeichen in Form von zwei Punkten, z. B. über dem einen von zwei nebeneinander stehenden, getrennt zu sprechenden Vokalen.* **2.** (Med.) *Lücke zwischen den mittleren Schneidezähnen.*

tre|mo|lan|do ⟨Adv.⟩ [ital. tremolando, zu: tremolare, ↑tremolieren] (Musik): *mit Tremolo* (1) *auszuführen* (Abk.: trem.).

tre|mo|lie|ren, tremulieren ⟨sw. V.; hat⟩ [ital. tremolare, eigtl. = zittern, beben < vlat. tremulare, zu lat. tremulus, ↑Tremolo] (Musik): **1.** *mit Tremolo* (1) *spielen.* **2.** *mit Tremolo* (2) *singen.*

Tre|mo|lo, das; -s, -s od. ...li [ital. tremolo, zu lat. tremulus = zitternd, zu: tremere = zittern, beben] (Musik): **1.** *(bei Tasten-, Streich- od. Blasinstrumenten) rasche, in kurzen Abständen erfolgende Wiederholung eines Tons od. Intervalls:* den letzten Ton könnte man mit einem leichten T. ausklingen lassen. **2.** *(beim Gesang) das starke (als unnatürlich empfundene) Bebenlassen der Stimme:* sie sang mit einem unerträglichen T.

Tre|mor, der; -s, ...ores [...e:s; lat. tremor = das Zittern] (Med.): *durch rhythmisches Zucken bestimmter Muskeln hervorgerufene rasche Bewegungen einzelner Körperteile.*

Tre|mu|lant, der; -en, -en [zu vlat. tremulare, ↑tremolieren]: *Mechanismus an der Orgel, mit dem das Beben der Töne bewirkt wird.*

tre|mu|lie|ren: ↑tremolieren.

Trench|coat [ˈtrɛntʃkoʊt], der; -[s], -s [engl. trench coat, eigtl. = Schützengrabenmantel, aus: trench = (Schützen)graben u. coat, ↑Coat]: *zweireihiger [Regen]mantel (aus Gabardine, Popeline) mit lose aufliegendem, passenartigem Schulterstück, Schulterklappen u. Gürtel.*

Trend, der; -s, -s [engl. trend, zu: to trend = sich neigen, sich erstrecken, in einer bestimmten Richtung verlaufen]: *(über einen gewissen Zeitraum bereits zu beobachtende, statistisch erfassbare) Entwicklung[stendenz]:* der neue, vorherrschende, modische T.; der T. geht hin zu Vereinfachungen, geht in eine andere Richtung; der T. hält an, setzt sich fort; damit liegt er voll im T. (ugs.; *hat er genau das Richtige getroffen, entspricht er ganz dem Zeitgeschmack*).

Trend|mel|dung, die: *[durch Funk od. Fernsehen verbreitete] Meldung* (2), *die einen Trend bes. bei gerade abgeschlossenen Wahlen* (2 a) *anzeigt.*

Trend|scout [...skaut], der; -s, -s [zu engl. scout = Kundschafter]: *jmd., der Trends nachspürt.*

Trend|set|ter, der [engl. trend-setter, 2. Bestandteil engl. setter = Anstifter] (Jargon): **a)** *jmd., der (weil man ihn als maßgebend ansieht o. Ä.) etw. Bestimmtes allgemein in Mode bringt, der einen Trend auslöst;* **b)** *Produkt, dessen Erscheinen auf dem Markt einen neuen Trend auslöst.*

Trend|set|te|rin, die: w. Form zu ↑Trendsetter (a).

Trend|sport|art, die: *Sportart, die im Trend liegt.*

Trend|wen|de, die: *Wende im Trend.*

tren|dy ⟨Adj.⟩ [engl. trendy, zu: trend, ↑Trend] (Jargon): *modisch; dem vorherrschenden Trend entsprechend:* Handy ist t.; Sushi gilt als t.

trenn|bar ⟨Adj.⟩: *sich [voneinander] trennen lassend.*

Trenn|di|ät, die ⟨o. Pl.⟩: *Diät [für eine Schlankheitskur], bei der an einzelnen, aufeinander folgenden Tagen alternierend nur eiweißhaltige bzw. nur kohlehydrathaltige Speisen gegessen werden dürfen.*

tren|nen ⟨sw. V.; hat⟩ [mhd. trennen, ahd. in: en-, intrennen, eigtl. = [ab]spalten]: **1. a)** *(durch Zerschneiden der verbindenden Teile) von etw. lösen; abtrennen* (1): das Futter aus der Jacke t.; die Knöpfe vom Mantel, den Kragen vom Kleid t.; bei dem Unfall wurde ihm der Kopf vom Rumpf getrennt; **b)** *auftrennen* (1): ein Kleid, eine Naht t. **2. a)** *etw. Zusammengesetztes, Zusammenliegendes o. Ä. in seine Bestandteile zerlegen:* ein Stoffgemisch t.; etw. chemisch, durch Kondensation t.; **b)** *die Verbindung (eines Stoffes o. Ä. mit einem anderen) auflösen; isolieren* (1 b): das Erz vom Gestein t.; das Eigelb vom Eiweiß t.; **c)** (Technik) *zerteilen:* das Material lässt sich mit Spezialsägen t.; ⟨subst.:⟩ Verfahren zum Trennen duroplastischer Kunststoffe. **3. a)** *(Personen, Sachen) in eine räumliche Distanz voneinander bringen, auseinander reißen, ihre Verbindung aufheben:* die beiden Waisen sollten nicht getrennt werden; der Krieg hatte die Familie getrennt; nichts konnte die Liebenden t.; sie waren lange voneinander getrennt gewesen; **b)** *absondern, von [einem] anderen scheiden; isolieren* (1 a): das Kind von der Mutter, Mutter und Kind voneinander t.; die männlichen Tiere wurden von den weiblichen getrennt. **4.** ⟨t. + sich⟩ **a)** *von einer bestimmten Stelle an einen gemeinsamen Weg o. Ä. nicht weiter fortsetzen; auseinander gehen:* sie trennten sich an der Straßenecke, vor der Haustür; nach zwei Stunden Diskussion trennte man sich; Ü die Mannschaften trennten sich 0 : 0 (Sport; *gingen mit dem Ergebnis 0 : 0 auseinander*); die Firma hat sich von diesem Mitarbeiter getrennt (verhüll.; *hat ihn entlassen*); **b)** *eine Gemeinschaft, Partnerschaft auflösen, aufgeben:* sich freundschaftlich, in Güte t.; das Paar hat sich getrennt; die Teilhaber des Unternehmens haben sich getrennt *(ihr gemeinsames Unternehmen aufgelöst);* sie hat sich von ihrem Mann getrennt; getrennt *(nicht gemeinsam)* leben, schlafen, wohnen; getrennte Schlafzimmer, getrennte Kasse haben; **c)** *etw. hergeben, weggeben, nicht länger behalten (obgleich es einem schwer fällt, es zu entbehren):* sich von Erinnerungsstücken nur ungern t., nicht t. können; er ist ein guter Spieler, aber er kann sich nicht vom Ball t. (Fußball Jargon; *spielt zu spät ab*); Ü sich von einem Gedanken, einer Vorstellung t.; sich von einem Anblick nicht t. können. **5.** *unterscheiden, auseinander halten:* Begriffe klar, sauber t.; man muss die Person von der Sache t. **6.** *zwischen einzelnen Personen od. Gruppen eine Kluft bilden:* die verschiedene Herkunft trennte sie; uns trennen Welten *(wir sind auf unüberbrückbare Weise verschieden);* ⟨subst.:⟩ zwischen ihnen gibt es mehr Trennendes als Verbindendes. **7. a)** *eine Grenze [zu einem benachbarten Bereich] bilden, darstellen:* ein Zaun, eine hohe Hecke trennte die Grundstücke; **b)** *sich zwischen verschiedenen Bereichen o. Ä. befinden; etw. gegen etw. abgrenzen:* der Kanal trennt England vom Kontinent; nur ein Graben trennte die Besucher des Zoos von den Tieren; Ü nur noch wenige Tage trennen uns von den Ferien. **8.** *(eine telefonische od. Funkverbindung) unterbrechen:* die Verbindung wurde getrennt; wir waren eben kurz getrennt *(unsere Verbindung war eben kurz unterbrochen).* **9.** (Rundfunkt., Funkw.) *eine bestimmte Trennschärfe besitzen:* das Rundfunkgerät trennt gut, scharf, nicht genügend. **10.** *nach den Regeln der Silbentrennung zerlegen, abteilen:* ein Wort t.; »st« durfte früher nicht getrennt werden; ⟨auch ohne Akk.-Obj.:⟩ richtig, falsch t.

Trenn|kost, die: vgl. Trenndiät.

Trenn|li|nie, die: *einer Trennung dienende Linie.*

Trenn|mes|ser, das: *kleines scharfes Messer zum Trennen von Nähten.*

trenn|scharf ⟨Adj.⟩: **1.** (Rundfunkt., Funkw.) *gute Trennschärfe besitzend; selektiv:* ein -er Empfänger. **2.** (bes. Philos., Statistik) *exakt unterscheidend, abgrenzend.*

Trenn|schär|fe, die ⟨o. Pl.⟩: **1.** (Rundfunkt., Funkw.) *Eigenschaft eines Empfangsgeräts, der eingestellten Frequenz benachbarte (störende) Frequenzen zu unterdrücken.* **2.** (bes. Philos., Statistik) *Exaktheit des Unterscheidens, Abgrenzens.*

Trenn|schei|be, die: **1.** *[dicke] Glasscheibe, die bestimmte Bereiche voneinander abtrennt:* eine Kabine mit kugelsicherer T. **2.** (Technik) *Schleifscheibe zum Trennen* (2 c).

Tren|nung, die; -, -en: **1.** *das Trennen* (2): die T. eines Stoffgemischs. **2.** *das Trennen* (3); *das Getrenntsein.* **3.** *das Trennen* (4 b); *das Getrenntsein:* die T. von Tisch und Bett (kath. Kirchenrecht; *Aufhebung, das Aufgehobensein der ehelichen Lebensgemeinschaft, wodurch jedoch die Ehe selbst nicht aufgehoben ist*); in T. (*[von Ehepartnern] getrennt*) leben. **4.** *das Trennen* (5); *das Getrenntsein:* eine saubere T. der Begriffe. **5.** *das Trennen* (8); *das Getrenntsein:* die T. einer telefonischen Verbindung. **6.** *das Trennen* (10); *Silbentrennung.*

Tren|nungs|ent|schä|di|gung, die: *Ausgleichszahlung für Mehrkosten, die einem Arbeitnehmer dadurch entstehen, dass er aus dienstlichen Gründen nicht bei seiner Familie wohnen kann.*

Tren|nungs|li|nie, die: *Linie, die (bes. im abstrakten Sinne) etw. trennt, abgrenzt.*

Tren|nungs|schmerz, der ⟨o. Pl.⟩: *Schmerz über die Trennung von einem Menschen.*

Tren|nungs|strich, der: **1.** (Sprachw.) *kurzer waagerechter Strich, der bei der Silbentrennung gesetzt wird.* **2.** (seltener): vgl. Trennungslinie; * **einen T. ziehen/machen** *(den Abstand, die Grenze zwischen zwei Bereichen o. Ä. deutlich herausstellen).*

Tren|nungs|zei|chen, das (Sprachw.): vgl. Trennungsstrich (1).

Trenn|wand, die: *Wand, die bestimmte Bereiche voneinander abtrennt, Innenräume abteilt:* eine T. einziehen, errichten.

Tren|se, die; -, -n [älter niederl. trensse < span. trenza = Geflecht, Tresse]: **1. a)** *aus einem [in der Mitte mit einem Gelenk versehenen] schmalen Eisenteil bestehendes Gebiss* (3) *(am Pferdezaum), an dessen Enden sich je ein bzw. zwei Ringe bes. für die Befestigung der Zügel befinden;* **b)** *Trensenzaum:* einem Pferd die T. anlegen. **2.** (landsch.) *Schnur; Litze.*

Tren|sen|ring, der: *an den Enden der Trense* (1 a) *angebrachter Ring für die Befestigung bes. der Zügel.*

Tren|sen|zaum, der: *Zaumzeug mit einer Trense* (1 a).

Trente-et-qua|rante [trãtekaˈrã:t], das; - [frz. trente-et-quarante, eigtl. = dreißig u. vierzig]: *Glücksspiel mit Karten.*

Tren|ti|no-Süd|ti|rol; -s: amtliche deutsche Benennung für die das Trentino und Südtirol (1) umfassende norditalienische Region.

tren|zen ⟨sw. V.; hat⟩ [wohl lautm.] (Jägerspr.): *(vom Rothirsch in der Brunft) eine rasche Folge von abgebrochenen, nicht lauten Tönen von sich geben.*

Tre|pang, der; -s, -e od. -s [engl. trepang < malai. teripang]: *(in China als Nahrungsmittel verwendete) getrocknete Seegurke.*

trepp|ab ⟨Adv.⟩: *die Treppe hinunter, abwärts:* t. laufen, springen.

trepp|auf ⟨Adv.⟩: *die Treppe hinauf, aufwärts:* t. steigen; (oft in dem Wortpaar:) t., treppab; sie war den ganzen Tag t., treppab *(häufig Treppen laufend)* unterwegs.

Trepp|chen, das; -s, -: **1.** Vkl. zu ↑Treppe. **2.** (Sport Jargon) *Siegerpodest:* sie stand bereits zum zweiten Mal ganz oben auf dem T. *(war zum zweiten Mal Siegerin).*

Trep|pe, die; -, -n [mhd. treppe, mniederd. treppe, eigtl. = Tritt, verw. mit ↑trappen]: *von Stufen gebildeter Aufgang* (2 a), *der unterschiedlich hoch liegende Ebenen innerhalb u. außerhalb von Gebäuden verbindet bzw. an Steigungen im Gelände angelegt ist:* eine breite, steile, steinerne, hölzerne T.; eine T. aus Marmor; die alte T. knarrt; die T. führt, geht in den Keller; die T. ist frisch gebohnert; die T. hinaufgehen, hinuntergehen, herunterkommen, herunterfallen; bis zur Plattform des Turms sind es mehrere -n, geht es mehrere -n hinauf; die T. aufwischen, reinigen, putzen; sie macht (ugs.; *putzt, bohnert o. Ä.*) gerade die T.; sie wohnen eine T. *(ein Stockwerk)* höher, tiefer; Schmitt, drei -n (ugs.; *3. Stock*); * **die T. hinauf-, rauffallen/hochfallen** (ugs.; *[beruflich] unerwartetermaßen in eine bessere Position gelangen*); **die T. hinunter-, runtergefallen sein** (ugs. scherzh.; *die Haare [schlecht, zu kurz] geschnitten bekommen haben*).

Trep|pen|ab|satz, der: *ebene Fläche, die [an einer Biegung] die Stufenfolge einer Treppe unterbricht.*

trep|pen|ar|tig ⟨Adj.⟩: *einer Treppe ähnelnd.*

trep|pen|för|mig ⟨Adj.⟩: *die Form einer Treppe aufweisend.*

Trep|pen|ge|län|der, das: *Geländer an einer Treppe.*

Trep|pen|haus, das: *abgeschlossener [mit Fenstern versehener] Teil eines Hauses, in dem sich die Treppe befindet.*

Trep|pen|läu|fer, der: *auf einer Treppe ausgelegter Läufer* (2).

Trep|pen|lei|ter, die: *Stehleiter mit mehreren Stufen.*

Trep|pen|schritt, der (Ski): *(beim Aufstieg) quer zum Hang ausgeführter Schritt mit den Skiern.*

Trep|pen|stei|gen, das; -s: *das Treppenhinaufgehen:* das T. fällt ihr sehr schwer.

Trep|pen|stu|fe, die: *Stufe einer Treppe.*

Trep|pen|witz, der [LÜ von frz. esprit d'escalier; eigtl. = Einfall, den man erst beim Weggang (auf der Treppe) hat] (iron.): *Vorfall, der wie ein schlechter Scherz wirkt:* ein T. der Weltgeschichte (nach dem Titel eines Buches von W. L. Hertslet [1839–1898]).

Tre|sen, der; -s, - [älter = Ladenkasse (unter der Theke), mniederd., mhd. tresen = Schatz(kammer), ahd. treso < lat. thesaurus, ↑Tresor] (bes. nordd.): **1.** *Theke* (a): am T. stehen. **2.** *Ladentisch.*

Tre|sor, der; -s, -e [frz. trésor < lat. thesaurus = Schatz(kammer) < griech. thēsaurós; schon mhd. tresor, trisor = Schatz(kammer) < (a)frz. trésor]: **1.** *Panzerschrank, in dem Geld, Wertgegenstände, Dokumente o. Ä. aufbewahrt werden:* Schmuck in den T. legen, im T. aufbewahren; einen T. aufschweißen, knacken, aufbrechen. **2.** *Tresorraum einer Bank.*

Tre|sor|raum, der: *besonders gesicherter Raum, Gewölbe einer Bank, in dem Tresore* (1) *aufgestellt sind.*

Tre|sor|schlüs|sel, der: *Schlüssel zu einem Tresor.*

Tres|pe, die; -, -n [mhd. tresp(e), H. u.]: *(in zahlreichen Arten vorkommendes) Gras mit vielblütigen, in Rispen wachsenden Ährchen* (2).

tres|pig ⟨Adj.⟩: *(bes. von ausgesätem Getreide) mit Trespen durchsetzt; voller Trespen.*

Tres|se, die; -, -n ⟨meist Pl.⟩ [frz. tresse, H. u.]: *als schmückender Besatz an Kleidungsstücken, Livreen od. zur Rangbezeichnung an Uniformen dienende, meist mit Metallfäden durchzogene, schmale, flache Borte.*

tres|sie|ren ⟨sw. V.; hat⟩ [frz. tresser = flechten, zu: tresse, ↑Tresse]: *(beim Herstellen von Perücken) kurze Haare mit Fäden aneinander knüpfen.*

Tres|ter, der; -s, - [mhd. trester, ahd. trestir, zu ↑trübe u. eigtl. = mit trübem Bodensatz Versehenes]: **1.** (landsch.) *Branntwein aus Trester* (2 b); *Obstwasser.* **2.** ⟨Pl.⟩ (Fachspr.) **a)** *bei der Kelterung von Trauben anfallende feste Rückstände;* **b)** *bei der Herstellung von Obst- u. Gemüsesäften verbleibende feste Rückstände.*

Tres|ter|brannt|wein, der: *aus Trestern (bes. von Trauben) gewonnener Branntwein.*

Tret|au|to, das: *Auto für Kinder, das durch Betätigen einer Tretkurbel fortbewegt wird.*

Tret|balg, der: *(bei Harmonium od. Orgel) mit einem Fußhebel zu betätigender Blasebalg.*

Tret|boot, das: *kleines Boot, das durch Betätigen einer Tretkurbel fortbewegt wird:* T. fahren.

Tret|ei|mer, der: *Mülleimer, dessen Deckel sich durch Betätigen eines Fußhebels öffnen lässt.*

tre|ten ⟨st. V.⟩ [mhd. treten, ahd. tretan, H. u.]: **1.** *einen Schritt, ein paar Schritte in eine bestimmte Richtung machen; sich mit einem Schritt, einigen Schritten an eine bestimmte Stelle bewegen* ⟨ist⟩: treten Sie näher!; ans Fenster, an die Rampe t.; auf den Balkon, auf den Flur, aus dem Haus t.; durch die Tür t.; ins Zimmer, in einen Laden t.; ins Leere t. *(mit dem Fuß an eine Stelle geraten, wo es keinen Halt gibt);* nach vorn, nach hinten t.; neben jmdn. t.; über die Schwelle t.; von einem Fuß auf den anderen t. *(das Körpergewicht ständig verlagern);* vor die Tür t.; vor den Spiegel t.; er trat leise zu ihm; zur Seite t. *(einen Schritt zur Seite tun [um Platz zu machen]);* Ü an jmds. Stelle t. *(jmds. Platz einnehmen);* er war in dem Streit auf ihre Seite getreten *(hatte ihre Partei ergriffen);* in jmds. Bewusstsein t. *(jmdm. bewusst werden);* der Schweiß war ihr auf die Stirn getreten; die Sonne trat hinter die Wolken *(verschwand [vorübergehend] dahinter);* der Fluss ist über die Ufer getreten. **2. a)** *(unabsichtlich, durch ein Missgeschick o. Ä.) seinen Fuß auf, in etw. setzen* ⟨ist/seltener: hat⟩: er ist auf einen Regenwurm, auf seine Brille getreten; in eine Pfütze t.; in, auf einen Nagel t.; ich bin/habe ihm auf den Fuß getreten; er war/hatte dem Hund auf den Schwanz getreten; du bist/hast in etwas (verhüll.; *in Kot, der an den Schuhen hängen geblieben ist*) getreten; **b)** *mit Absicht [trampelnd, stampfend] seinen Fuß auf, in etw. setzen* ⟨hat⟩: sie traten auf die brennenden Zweige. **3.** ⟨hat⟩ **a)** *jmdm., einer Sache einen Tritt* (3) *versetzen:* er hat den Hund getreten; den Ball, das Leder t. (Fußball Jargon; *Fußball spielen*); ⟨auch o. Akk.-Obj.:⟩ das Pferd, der Esel tritt *(schlägt oft aus);* Ü man muss ihn immer t. (ugs.; *ihn drängen*), damit er etwas tut; **b)** *jmdn., etw. mit einem Tritt* (3) *an einer bestimmten Stelle treffen; einen Tritt* (3) *in eine bestimmte Richtung ausführen:* jmdm./(seltener:) jmdn. in den Bauch t.; er hat ihm/(seltener:) ihn ans, gegen das Schienbein getreten; er trat gegen die Tür; Ü nach unten t. (ugs. abwertend; *die durch Vorgesetzte erzeugten Frustrationen an den Abhängigen abreagieren*); **c)** (bes. Fußball) *durch einen Tritt* (3) *an eine bestimmte Stelle gelangen lassen:* den Ball ins Tor, ins Aus t. **4.** *einen mit dem Fuß, den Füßen zu bedienenden Mechanismus o. Ä. durch [wiederholtes] Niederdrücken in Gang setzen bzw. halten* ⟨hat⟩: die Pedale t.; den Blasebalg der Orgel t.; die Bremse t.; die Kupplung t.; ⟨mit Präp.-Obj.:⟩ auf die Bremse, aufs Gas[pedal], auf die Kupplung t.; die Radfahrer traten kräftig in die Pedale. **5.** *durch Tritte* (1), *durch wiederholtes Betreten (in etw.) bahnen* ⟨hat⟩: einen Pfad [durch den Schnee, durch das hohe Gras] t. **6.** (Fußball) *durch einen Schuss* (2 a) *ausführen* ⟨hat⟩: eine Ecke, einen Freistoß, einen Elfmeter t. **7.** ⟨hat⟩ **a)** *durch Darauftreten an eine bestimmte Stelle gelangen lassen:* sich einen Nagel in den Schuh, einen Dorn in den Fuß t.; **b)** *durch heftiges Auftreten (von etw.) entfernen:* sich den Lehm von den Schuhen t.; **c)** *durch Treten* (2) *in einen bestimmten Zustand versetzen, zu etw. Bestimmtem machen:* ihr tretet ja die Beete ganz platt!; **d)** *durch Treten* (3 a) *(an einer bestimmten Sache) entstehen lassen, hervorbringen:* [jmdm.] eine Delle ins Auto t.; **e)** *(etw. an den Füßen od. Schuhen Haftendes) unabsichtlich irgendwohin befördern:* ihr tretet mir ja den ganzen Dreck in die Wohnung. **8.** ⟨verblasst in Verbindung mit Subst.; drückt den Beginn einer Handlung o. Ä. aus; ist:⟩ in jmds. Dienste, in den Staatsdienst t.; in Verhandlungen t.; in den Hungerstreik t.; in Kontakt, in Verbindung, in den Ehestand, in den Ruhestand t.; sie ist in ihr 50. Jahr getreten. **9.** (seltener) *eintreten* (5) ⟨ist⟩: das Raumschiff ist in seine Umlaufbahn getreten. **10.** *(von Geflügel u. größerem Federwild) begatten* ⟨hat⟩: der Hahn tritt die Henne.

Tre|ter, der; -s, -: **1.** ⟨meist Pl.⟩ (ugs., öfter abwertend) *[flacher, bequemer, ausgetretener] Schuh.* **2.** (Fußball Jargon) *Fußballspieler, der besonders unfair spielt.*

Tre|te|rei, die; -, -en (ugs.): *[dauerndes] Treten.*

Tre|te|rin, die; -, -nen: w. Form zu ↑Treter (2).

Tret|kur|bel, die: *mit dem Fuß, den Füßen zu betätigende Kurbel (z. B. am Fahrrad).*

Tret|mi|ne, die: *Mine, die dicht unter der Erdoberfläche verlegt wird u. beim Darauftreten, Darüberfahren o. Ä. explodiert.*

Tret|müh|le, die: **1.** (früher) *Tretwerk.* **2.** (ugs. abwertend) *gleichförmiger, ermüdender [Berufs]alltag:* aus der T. herauswollen.

Tret|rad, das: *Kraft übertragender Teil eines Tretwerks in Form eines einem Mühlrad ähnlichen Rades, das durch Menschen od. Tiere in ständiger Bewegung gehalten wird.*

Tret|rol|ler, der: *Roller* (1), *der mithilfe eines Fußhebels fortbewegt wird.*

Tret|werk, das: *Vorrichtung, die mithilfe eines Tretrades Antriebskraft für einfache Maschinen erzeugt.*

treu ⟨Adj.⟩ [mhd. triuwe für älter mhd. getriuwe, ahd. gitriuwi, wohl zu dem ↑Teer zugrunde liegenden idg. Wort für »Baum« u. eigtl. = stark, fest wie ein Baum]: **1. a)** *zuverlässig, beständig in seiner Gesinnung ([einem] anderen, einer Sache gegenüber):* ein -er Freund, Gefährte; er hat ein -es Herz; sie ist eine -e Seele (fam.; *ein Mensch von großer Verlässlichkeit u. Anhänglichkeit*); (in Briefschlüssen:) dein -er Sohn; in -em Gedenken, -er Liebe dein[e] ...; er war t. bis in den Tod; t. zu jmdm. stehen; jmdn. t. lieben; ein t. gesinnter Freund, Genosse; jmdm. t. ergeben sein; (in Briefschlüssen:) Ihr t. ergebener [Freund] Hans Mayer; ein t. sorgender (fam.; *um das Wohlergehen seiner Familie sehr besorgter*) Familienvater; Ü sie ist immer sich selbst t. geblieben *(hat ihre Gesinnung, ihr innerstes Wesen nicht verleugnet);* seinem Glauben, seinen Grundsätzen t. sein/bleiben *(sie nicht verleugnen);* das Glück, der Erfolg ist ihm t. geblieben *(hat ihn bisher nicht verlassen);* **b)** *(von einem [Ehe]partner) keine anderen sexuellen Beziehungen eingehend, den anderen nicht durch Ehebruch o. Ä. betrügend:* ein -er Ehemann; er, sie ist nicht t., kann nicht t. sein *(hat immer wieder andere Sexualpartner);* jmdm., einander t. sein, bleiben; **c)** (ugs.) *unbeirrt, unerschütterlich an jmdm., einer Sache festhaltend; anhänglich:* ein -er Anhänger der Monarchie; sie ist eine -e Kundin von uns *(kauft immer hier);* **d)** *zuverlässig, beständig [an einer einmal eingegangenen Bindung festhaltend]:* ein -er Mitarbeiter, Verbündeter, Partner; jmdm. -e Dienste geleistet haben; er wurde geehrt für 25 Jahre -e/-er Mitarbeit; jmdm. t. dienen; t. seine Pflicht erfüllen. **2.** (ugs.) *treuherzig; ein wenig naiv, von kindlichem Gemüt [zeugend]:* sie hat einen -en Blick, -e Augen; jmdn. t. ansehen; t. und brav, t. und bieder *(gläubig, ohne zu zögern)* tat er alles, was man von ihm verlangte. **3.** (geh.) *getreu* (2).

-treu: 1. drückt in Bildungen mit Substantiven aus, dass die beschriebene Person oder Sache mit etw. übereinstimmt, etw. genau wiedergibt, einer Sache genau entspricht: längen-, text-, vertragstreu. **2.** drückt in Bildungen mit Substantiven aus, dass die beschriebene Person fest zu

T

jmdm., etw. steht, jmdm., etw. treu ergeben ist: arafat-, moskautreu; NATO-treu. **3.** drückt in Bildungen mit Substantiven aus, dass die beschriebene Sache in etw. beständig, konstant ist: form-, mischungstreu.

treu|deutsch ⟨Adj.⟩ (ugs., meist abwertend): *typisch deutsch.*

treu|doof ⟨Adj.⟩ (ugs. abwertend): *treuherzig u. naiv; ein wenig dümmlich:* ein -er Gesichtsausdruck.

Treue, die; - [mhd. triuwe, ahd. triuwa]: **1. a)** *das Treusein* (1 a): ewige, unwandelbare, unverbrüchliche T.; jmdm. T. schwören, geloben; jmdm., einander die T. halten, bewahren; er hat [dem Freund] die T. gebrochen *(ist [dem Freund] untreu geworden);* an jmds. T. glauben, zweifeln; (in Briefschlüssen:) in alter T. Ihr, dein[e] ...; * **meiner Treu!** (veraltet; Ausruf der Bewunderung); * **Treu und Glauben** (Rechtsspr.; *Rechtsgrundsatz, nach dem der Rechtsprechende nicht starr einem Gesetz folgen darf, wenn das Ergebnis eines solchen Vorgehens gegen das Rechtsempfinden verstößt bzw. als unbillig empfunden wird*); **auf/**(seltener:) **in Treu und Glauben** (ugs.; *im Vertrauen auf die Redlichkeit, Richtigkeit o. Ä.*): jmdm. etw. auf Treu und Glauben überlassen; in Treu und Glauben handeln; **b)** *das Treusein* (1 b): die eheliche T.; **c)** *das Treusein* (1 c): er kann sich auf die T. seiner Fans verlassen; **d)** *das Treusein* (1 d): in T. *(treulich)* zu jmdm. stehen, halten. **2.** *(in Bezug auf die Vorlage, die Wiedergabe, die Dokumentation von etw.) Genauigkeit, Zuverlässigkeit:* die historische, sachliche, dokumentarische T. von etw. bemängeln; die höchstmögliche T. der Tonwiedergabe anstreben.

Treue|ge|löb|nis, das: *Gelöbnis, durch das sich jmd. zur Treue verpflichtet.*

Treu|eid, der: **1.** *Eid, mit dem jmd. Treue schwört.* **2.** (hist.) *Lehnseid.*

Treue|pflicht, (selten:) Treupflicht, die ⟨Pl. selten⟩ (Rechtsspr.): *Verpflichtung beider Parteien eines Arbeitsvertrags, die Interessen des Vertragspartners wahrzunehmen, im engeren Sinn die Verpflichtung des Arbeitnehmers, die Interessen des Arbeitgebers wahrzunehmen.*

Treue|prä|mie, die: *zusätzliches Arbeitsentgelt, das einem Arbeitnehmer nach längerer Betriebszugehörigkeit gewährt wird.*

treu er|ge|ben: s. treu (1 a).

Treue|schwur, (seltener:) Treuschwur, der: vgl. Treueid (1).

Treue|ver|spre|chen, das: vgl. Treuegelöbnis.

treu ge|sinnt: s. treu (1 a).

Treu|hand, die ⟨o. Pl.⟩ (Rechtsspr.): **1.** *Treuhandschaft.* **2.** kurz für ↑Treuhandanstalt.

Treu|hand|an|stalt, die: *(von 1990 bis 1994) Bundesbehörde, die mit der Sanierung, Privatisierung durch Verkauf od. Schließung von Betrieben, Immobilien u. Ä. der DDR beauftragt ist.*

Treu|hän|der, der; -s, - (Rechtsspr.): *jmd., der eine Treuhandschaft für einen anderen ausübt; Fiduziar:* jmdn. als T. einsetzen.

Treu|hän|de|rin, die; -, -nen: **1.** w. Form zu ↑Treuhänder. **2.** *Gesellschaft, die eine Treuhandschaft ausübt.*

treu|hän|de|risch ⟨Adj.⟩: *in Treuhandschaft [erfolgend]; fiduziarisch:* etw. t. verwalten.

Treu|hand|schaft, die; -, -en: *Ausübung od. Verwaltung fremder Rechte durch eine dazu bevollmächtigte Person.*

treu|her|zig ⟨Adj.⟩: *von einer naiven Arglosigkeit, Offenheit, Gutgläubigkeit, Harmlosigkeit [zeugend]:* ein -er Mensch; jmdn. t. anschauen.

Treu|her|zig|keit, die; -: *treuherziges Wesen.*

treu|lich ⟨Adj.⟩ (veraltend): *getreulich* (2): eine -e Wiedergabe; etw. t. ausführen, aufbewahren.

treu|los ⟨Adj.⟩: **a)** *ohne Treue* (1 a), *ohne Verlässlichkeit:* -e Freunde; t. gegen jmdn. handeln; **b)** (seltener) *nicht treu* (1 b); *untreu* (b): ein -er Liebhaber, Ehemann; sie war t.

Treu|lo|sig|keit, die; -: *treuloses Wesen:* er ist die T. in Person.

Treu|pflicht: ↑Treuepflicht.

Treu|schwur: ↑Treueschwur.

treu sor|gend: s. treu (1 a).

Tre|vi|ra®, das; -[s] [Kunstwort]: *bes. für synthetische Gewebe verwendete Faser aus Polyester.*

Tri, das; - (Jargon): *Trichlorethylen.*

Tri|a|de, die; -, -n [1: spätlat. trias (Gen.: triados) < griech. triás, zu: tría, Neutr. von: treĩs = drei; 6: nach engl. triad, urspr. kurz für einzelne Gruppierungen der Triad Society, LÜ der chin. Bez. mit der Bed. »Gesellschaft der dreifachen Einheit (= von Himmel, Erde u. Mensch)«, Name einer im 18. Jh. in China gegründeten Geheimgesellschaft, die angeblich die Mandschu-Dynastie stürzen wollte]: **1.** (bildungsspr.) *Dreizahl, Dreiheit.* **2.** (Rel.) *Gruppe von drei Gottheiten.* **3.** (Verslehre) *Gruppe aus drei Strophen, die sich aus Strophe, Antistrophe u. Epode* (2) *zusammensetzt (bes. in der griechischen Tragödie).* **4.** (Math.) *Größe, die sich bei der dyadischen Multiplikation von drei Vektoren ergibt.* **5.** (Chemie) *Gruppe von drei besonders nahe verwandten Elementen, die in der historischen Entwicklung des Periodensystems der chemischen Elemente eine Rolle spielt.* **6.** *von Chinesen außerhalb Chinas getragene, bes. im Rauschgifthandel tätige kriminelle Geheimorganisation.* **7.** ⟨o. Pl.⟩ (Wirtsch.) *Gruppe der drei wichtigsten Wirtschaftsregionen der Erde (Nordamerika, Europa, Japan).*

Tri|a|ge [tri'a:ʒə], die; -, -n [frz. triage, zu: trier, ↑Trieur]: **1.** (Kaufmannsspr.) *Ausschuss [bei Kaffeebohnen].* **2.** (Med.) *Einteilung der Verletzten (bei einer Katastrophe) nach der Schwere der Verletzungen.*

Tri|a|kis|do|de|ka|e|der, das; -s, - [zu griech. triákis dṓdeka = drei mal zwölf u. hédra = Fläche] (Math.): *Körper, der von 36 Flächen begrenzt wird; Sechsunddreißigflach.*

Tri|a|kis|ok|ta|e|der, das; -s, - [zu griech. triákis oktṓ = drei mal acht u. hédra = Fläche] (Math.): *Körper, der von 24 Flächen begrenzt wird; Vierundzwanzigflach.*

Tri|al ['traɪəl], das; -s, -s [engl. trial, eigtl. = Probe, Versuch]: *Geschicklichkeitsprüfung für Motorradfahrer.*

Tri|al-and-Er|ror-Me|tho|de ['traɪələnd'ɛrə...], die; - [zu gleichbed. engl. trial and error, eigtl. = Versuch u. Irrtum]: *(in der Kybernetik) Methode, den besten Weg zur Lösung eines Problems zu finden, indem man verschiedene Wege beschreitet u. so nach u. nach Fehler u. Fehlerquellen ausschaltet.*

Tri|an|gel [österr.: tri'aŋl], der, österr.: das; -s, - [lat. triangulum = Dreieck, zu: tres, tria = drei u. angulus = Winkel, Ecke]: **1.** *Schlaginstrument, das aus einem runden Stahlstab besteht, der zu einem an einer Seite offenen, gleichseitigen Dreieck gebogen ist, u. das – frei hängend – mit einem Metallstäbchen angeschlagen wird.* **2.** (landsch.) *(bes. in Kleidungsstücken) Riss in Form eines rechten Winkels; Dreiangel.*

tri|an|gu|lär ⟨Adj.⟩ [spätlat. triangularis, zu lat. triangulum, ↑Triangel] (bildungsspr. selten): *dreieckig.*

Tri|an|gu|la|ti|on, die; -, -en [zu mlat. triangulare = dreieckig machen]: **1.** (Geodäsie) *das Triangulieren.* **2.** (Archit.) *Verwendung des gleichseitigen, auch des spitzwinkligen Dreiecks als Grundlage für Maße u. Verhältnisse innerhalb eines Bauwerks (bes. in der Gotik).* **3.** *bestimmte Veredelungsart bei Gehölzen.*

Tri|an|gu|la|ti|ons|punkt, der (Geodäsie): *durch Triangulation* (1) *bestimmter u. im Gelände markierter Punkt* (Abk.: TP).

tri|an|gu|lie|ren ⟨sw. V.; hat⟩ (Geodäsie): *ein Netz von trigonometrischen Punkten herstellen.*

Tri|as, die; -, - [1: spätlat. trias, ↑Triade; 2: nach der Dreiteilung in untere, mittlere u. obere Trias]: **1.** (bildungsspr., Fachspr.) *Dreizahl, Dreiheit.* **2.** ⟨o. Pl.⟩ (Geol.) *älteste Formation des Mesozoikums.*

Tri|as|for|ma|ti|on, die ⟨o. Pl.⟩ (Geol.): *Trias* (2).

tri|as|sisch ⟨Adj.⟩ (Geol.): *zur Trias* (2) *gehörend, die Trias* (2) *betreffend.*

Tri|ath|let, der; -en, -en (Sport): *jmd., der Triathlon betreibt.*

Tri|ath|le|tin, die; -, -nen: w. Form zu ↑Triathlet.

Tri|ath|lon, das; -s [aus griech. tri- = drei- u. āthlon (↑Athlet), geb. nach ↑Biathlon] (Sport): **1.** *drei lange, an einem Tag in Folge zu absolvierende Strecken im Schwimmen, Radfahren u. Laufen umfassende sportliche Disziplin.* **2.** *Kombination aus Skilanglauf, Scheibenschießen u. Riesenslalom als wintersportliche Disziplin.*

Tri|ba|die, die; -, **Tri|ba|dis|mus,** der; - (Med., Sexualk.): *Homosexualität unter Frauen.*

Tri|ba|lis|mus, der; - [zu lat. tribus, ↑Tribus]: *stärkeres Orientiertsein des kulturellen, politischen u. gesellschaftlichen Bewusstseins auf den eigenen Stamm in afrikanischen Staaten.*

Tri|bo|lo|gie, die; - [↑-logie]: *Wissenschaft von Reibung, Verschleiß u. Schmierung gegeneinander bewegter Körper.*

Tri|bo|lu|mi|nes|zenz, die; -, -en (Physik): *beim Zerbrechen von Kristallen auftretende schwache Leuchterscheinung.*

Tri|bo|tech|nik, die; -: *Teilbereich der Technik, der sich mit den technischen Aspekten der Tribologie befasst.*

Tri|bra|chys, der; -, - [lat. tribrachys < griech. tríbrachys, eigtl. = dreifach kurz] (antike Verslehre): *Versfuß aus drei Kürzen.*

Tri|bun, der; -s od. -en, -e[n] [lat. tribunus, zu: tribus, ↑Tribus]: **1.** *Volkstribun.* **2.** *zweithöchster Offizier einer altrömischen Legion.*

Tri|bu|nal, das; -s, -e [frz. tribunal < lat. tribunal = Tribunal (1); schon mhd. tribunal = (erhöhter) Richterstuhl < lat. tribunal; 4: nach frz. le tribunal]: **1.** *(im antiken Rom u. a. der Rechtsprechung dienender) erhöhter Platz auf dem Forum Romanum.* **2.** (geh.) *[hohes] Gericht; [hoher] Gerichtshof:* vor ein T. kommen, gestellt werden; vor dem T. stehen. **3.** *Forum, das in einer öffentlichen Untersuchung gegen behauptete Rechtsverstöße von Staaten o. Ä. protestiert:* ein T. abhalten.

Tri|bu|nat, das; -[e]s, -e [lat. tribunatus, zu: tribunus, ↑Tribun]: *Amt, Würde eines Tribuns* (1).

Tri|bü|ne, die; -, -n [frz. tribune < ital. tribuna < lat. tribunal, ↑Tribunal]: **1.** *Rednertribüne.* **2. a)** *großes [hölzernes] Gerüst od. fester, meist überdachter Bau [als Teil einer Arena o. Ä.] mit ansteigenden Sitzreihen für Zuschauer, Zuhörer (von unter freiem Himmel stattfindenden Veranstaltungen):* eine T. errichten; auf der T. sitzen; sie spielten vor vollen -n; **b)** *Gesamtheit der Zuschauer, Zuhörer auf einer Tribüne* (2 a): die [ganze] T. pfiff, klatschte Beifall.

tri|bu|ni|zisch ⟨Adj.⟩ [lat. tribunicius, zu: tribunus, ↑Tribun]: *einen Tribunen betreffend, zu ihm gehörend, ihm eigen:* -e Gewalt *(Machtbefugnis eines Tribuns).*

Tri|bus, die; -, - [...bu:s; 1: lat. tribus, eigtl. = einer der drei ältesten Stämme des antiken Rom (1. Bestandteil zu: tri = drei-)]: **1.** *Wahlbezirk im antiken Rom.* **2.** (Bot., Zool. veraltend) *zwischen Gattung u. Familie stehende Kategorie.*

Tri|but, der; -[e]s, -e [lat. tributum, eigtl. = dem Tribus (1) auferlegte Steuerleistung, zu: tributum, 2. Part. von: tribuere = zu-, einteilen, zu: tribus, ↑Tribus]: *Geld- od. Sachleistung, Abgabe, die bes. ein besiegtes Volk dem Sieger zu erbringen hat:* einen T. fordern, nehmen, zahlen, leisten, entrichten; jmdm. einen T. auferlegen; Ü der Bau der Eisenbahnstrecke forderte einen hohen T. [an Menschenleben] *(viele Opfer);* * **einer Sache [seinen] T. zollen** *(etw. berücksichtigen, anerkennen; sich einer Sache beugen).*

tri|but|pflich|tig ⟨Adj.⟩: *zur Zahlung von Tribut verpflichtet.*

Tri|chi|ne, die; -, -n [engl. trichina, eigtl. = Haarwurm, zu griech. tríchinos = aus Haaren bestehend, zu: thríx (Gen.: trichós) = Haar]: *parasitischer Fadenwurm, der sich im Muskelgewebe von Säugetieren einkapselt (u. durch den Verzehr von trichinösem Fleisch auch auf den Menschen übertragen werden kann).*

tri|chi|nen|hal|tig ⟨Adj.⟩: *trichinös.*

T

Tri|chi|nen|schau, die: *Untersuchung des zum Verzehr bestimmten Fleisches auf Trichinen.*
tri|chi|nös ⟨Adj.⟩: *von Trichinen befallen.*
Tri|chi|no|se, die; -, -n (Med.): *durch Trichinen hervorgerufene Krankheit.*
Tri|chlor|ethen, Tri|chlor|ethy|len, das; -s [zu lat. tri- = drei-; das Derivat ist durch drei Chloratome substituiert]: *(bes. in der Metallindustrie als Reinigungsmittel verwendetes) farbloses, nicht brennbares Lösungsmittel (das bei Inhalation narkotisch wirkt).*
Tri|cho|to|mie, die; -, -n [spätgriech. trichotomía = Dreiteilung, zu griech. trícha = dreifach u. tomḗ = Schnitt]: **1.** (Philos.) *Anschauung von der Dreigeteiltheit der Menschen in Leib, Seele u. Geist.* **2.** (Rechtsspr.) *Einteilung der Straftaten nach dem Grad ihrer Schwere in Übertretungen, Vergehen u. Verbrechen.*
tri|cho|to|misch ⟨Adj.⟩ (bildungsspr.): *dreigeteilt.*
Trich|ter, der; -s, - [mhd. trihter, trahter, trehter, spätahd. trahtare, trahter, træhter < lat. traiectorium, eigtl. = Gerät zum Hinüberschütten, zu: traiectum, 2. Part. von: traicere = hinüberwerfen; hinüberbringen; hinüberschütten, -gießen, zu: trans = hinüber u. iacere = werfen, schleudern]: **1.** *(zum Abfüllen, Eingießen von Flüssigkeiten od. rieselnden Stoffen in Flaschen od. andere Gefäße mit enger Öffnung bestimmtes) Gerät von konischer Form, das an seinem unteren Ende in ein enges Rohr übergeht:* ein T. aus Glas; etw. durch einen T. gießen, mit einem T. einfüllen; *** **der Nürnberger T.** *(Lernmethode, bei der sich der Lernende nicht anzustrengen braucht, bei der ihm der Lernstoff mehr od. weniger mechanisch eingetrichtert wird;* nach dem Titel des in Nürnberg erschienenen Buches »Poetischer Trichter, die Teutsche Dicht- u. Reimkunst … in sechs Stunden einzugießen« von G. Ph. Harsdörffer [1607–1658]); **auf den [richtigen] T. kommen** (ugs.; *merken, erkennen, wie etw. funktioniert, wie etw. zu machen, anzufassen ist, was zu tun ist u. Ä.*); **jmdn. auf den [richtigen] T. bringen** (ugs.; *jmdn. auf den Einfall, die Idee bringen, wie etw. auszuführen, ein Problem zu lösen ist*). **2. a)** kurz für ↑Schalltrichter; **b)** *Schallbecher.* **3.** kurz für ↑Granat-, Bombentrichter. **4.** (Geogr.) *Krater eines Vulkans.*
trich|ter|för|mig ⟨Adj.⟩: *in der Form einem Trichter ähnlich.*
Trich|ter|ling, der; -s, -e: *(zu den Blätterpilzen gehörender) Pilz mit zuerst flachem, später trichterförmigem Hut.*
Trich|ter|mün|dung, die (Geogr.): *trichterförmige Mündung (eines Flusses).*
Tri|ci|ni|um, das; -s, …ia u. …ien [spätlat. tricinium = Dreigesang, zu lat. tri- = drei u. canere = singen] (Musik): *(im 16./17. Jh.) dreistimmiger Satz für drei Instrumente od. für Singstimme mit Begleitung.*
Trick, der; -s, -s [engl. trick < frz. (norm.) trique = Betrug, Kniff, zu: trekier (= frz. tricher) = beim Spiel betrügen, H. u.]: **a)** *listig ausgedachtes, geschicktes Vorgehen; [unerlaubter] Kunstgriff, Manöver, mit dem jmd. getäuscht, betrogen wird:* ein raffinierter, billiger, übler T.; er kennt alle, jede Menge -s; sie ist auf einen gemeinen T. eines Gauners hereingefallen; Ü (Sport, bes. Ballspiele:) mit einem gekonnten T. hat er seinen Gegner ausgespielt; **b)** *oft einfache, aber wirksame Methode, Handhabung von etw. zur Erleichterung einer Arbeit, Lösung einer Aufgabe o. Ä.; Kniff, Finesse:* technische -s anwenden; es gibt einen ganz simplen T., wie man sich die Arbeit erleichtern kann; *** **T. siebzehn** (ugs.; *die genau richtige Methode, der passende Kunstgriff, Kniff;* H. u.): Wie hast du das bloß hingekriegt? – T. siebzehn!; **c)** *bei einer artistischen Vorführung ausgeführte, verblüffende Aktion; eingeübter, wirkungsvoller Kunstgriff von Artisten o. Ä.:* der T. eines Zauberers, Akrobaten; sensationelle -s zeigen, vorführen.
Trick|auf|nah|me, die: *mit besonderen technischen Verfahren hergestellte Film- od. Tonaufnahme, mit der eine besondere, oft verblüffende Wirkung erzielt wird.*
Trick|be|trug, der: *mithilfe eines Tricks* (a) *durchgeführter Betrug.*
Trick|film, der: vgl. Trickaufnahme.
Trick|kis|te, die (ugs.): *Gesamtheit der Tricks* (a, b), *über die jmd. verfügt:* der Europameister musste [tief] in die T. greifen *(sehr geschickt, trickreich spielen),* um die gefährliche Situation zu überstehen.
trick|reich ⟨Adj.⟩: *über vielerlei Tricks* (a, b) *verfügend, sie häufig anwendend; finessenreich:* ein -er Politiker, Unterhändler; sie war die -ste Spielerin auf dem Platz.
trick|sen ⟨sw. V.; hat⟩ (ugs., bes. Sport Jargon): **a)** *sich eines Tricks bedienen, mit allerlei Tricks arbeiten:* er kann gut t.; **b)** *mithilfe von Tricks, eines Tricks bewerkstelligen:* irgendwie werden wir das, die Sache schon t.
Trick|ser, der; -s, - (ugs.): *jmd., der [in einer bestimmten Weise] trickst, zu tricksen versteht.*
Trick|se|rei, die; -, -en (ugs. abwertend): *[unschönes] Tricksen.*
Trick|se|rin, die; -, -nen: w. Form zu ↑Trickser.
[1]**Trick|ski,** der: *spezieller, besonders elastischer Ski zum Trickskilaufen.*
[2]**Trick|ski,** das; -s (ugs.): kurz für ↑Trickskilaufen.
Trick|ski|lau|fen, das; -s: *Sportart, bei der auf Trickskiern besonders kunstvolle, artistische Schwünge, Drehungen, Sprünge o. Ä. ausgeführt werden.*
Trick|track, das; -s, -s [frz. trictrac, urspr. lautm.]: [4]*Puff.*
tri|cky ⟨indekl. Adj.⟩ [engl. tricky, zu: trick, ↑Trick] (ugs.): *trickreich.*
Tri|dent, der; -[e]s, -e [lat. tridens (Gen.: tridentis), eigtl. = drei Zähne habend, zu: tri- = drei- u. dens = Zahn] (bildungsspr.): *Dreizack.*
[1]**Tri|den|ti|ner,** der; -s, -: Ew. zu ↑Trient.
[2]**Tri|den|ti|ner** ⟨indekl. Adj.⟩: die T. Stadtansicht.
Tri|den|ti|ne|rin, die; -, -nen: w. Form zu ↑[1]Tridentiner.
tri|den|ti|nisch ⟨Adj.⟩: zu ↑Trient: das Tridentinische Konzil *(Tridentinum).*
Tri|den|ti|num, das; -s: das Konzil von Trient (1545–1563).
Tri|du|um, das; -s, …duen [lat. triduum, zu: tri- = drei- u. dies = Tag] (bildungsspr.): *Zeitraum von drei Tagen.*
trieb: ↑treiben.
Trieb, der; -[e]s, -e [mhd. trīp, zu: trīben, ↑treiben u. eigtl. = das Treiben]: **1. a)** *(oft vom Instinkt gesteuerter) innerer Antrieb, der auf die Befriedigung starker, oft lebensnotwendiger Bedürfnisse zielt:* ein heftiger, unwiderstehlicher, unbezähmbarer, blinder, tierischer T.; ein edler, natürlicher, mütterlicher T.; sexuelle, verdrängte, sadistische -e; einen T. *(starken Hang)* zum Verbrechen haben; sie spürte den T. in sich, sich schöpferisch zu betätigen; seine -e zügeln, bezähmen, beherrschen, verdrängen, befriedigen; seinen -en nachgeben, freien Lauf lassen; er lässt sich ganz von seinen -en leiten, ist von seinen -en beherrscht, bestimmt; **b)** ⟨o. Pl.⟩ (veraltend) *Lust, Verlangen, etw. zu tun:* nicht den leisesten, keinen besonderen T. zu etw. haben. **2.** *junger, sich gerade bildender Teil einer Pflanze, der später Blätter entwickelt u. oft verholzt; junger Spross* (1 a): ein kräftiger T.; die Pflanze hat junge, frische -e entwickelt; die -e an einem Obstbaum be-, zurückschneiden. **3.** (Technik) **a)** *Übertragung einer Kraft, eines Drehmoments;* **b)** *Vorrichtung zur Übertragung einer Kraft, eines Drehmoments.* **4.** (Technik) *Zahnrad mit einer nur geringen Anzahl von Zähnen.*
trieb|be|dingt ⟨Adj.⟩: *mit einem Trieb* (1 a) *zusammenhängend, durch ihn verursacht:* -e Verhaltensweisen.
Trieb|be|frie|di|gung, die: *Befriedigung eines Triebs* (1 a), *bes. des Geschlechtstriebs.*
Trieb|fahr|zeug, das: vgl. Triebwagen.
Trieb|fe|der, die: *Feder* (3), *die den Antrieb* (1) *von etw. bewirkt:* die T. eines Uhrwerks; Ü Hass war die eigentliche T. *(der eigentliche Beweggrund)* zu diesem Verbrechen.
trieb|haft ⟨Adj.⟩: *von einem Trieb* (1 a), *bes. dem Geschlechtstrieb, bestimmt, darauf beruhend; einem Trieb folgend [u. daher nicht vom Verstand kontrolliert]:* ein -er Mensch; -e Handlungen; er ist, handelt t.
Trieb|haf|tig|keit, die; -: *triebhaftes Wesen.*
Trieb|hand|lung, die: *von einem Trieb* (1 a), *Instinkt ausgelöste, gesteuerte Handlung, Verhaltensweise.*
Trieb|kraft, die: **1.** (seltener) *Kraft, die etw. (eine Maschine o. Ä.) antreibt, in Bewegung setzt, hält.* **2. a)** *Fähigkeit, einen Teig aufgehen* (4) *zu lassen:* die T. von Hefe, Backpulver; **b)** (Bot.) *Fähigkeit, durch die Erde hindurch nach oben zu wachsen:* die T. des Saatguts. **3.** (bes. Soziol.) *Faktor, der als Ursache, Motiv o. Ä. die Entstehung, Entwicklung von etw. vorantreibt:* Ehrgeiz, Eifersucht, Liebe war die T. seines Handelns.
Trieb|le|ben, das ⟨o. Pl.⟩: *Gesamtheit der Handlungen, Verhaltensweisen, Lebensäußerungen, die durch Triebe* (1 a), *bes. durch den Geschlechtstrieb, bedingt sind:* ein normales, ausgeprägtes T. haben.
trieb|mä|ßig ⟨Adj.⟩: *auf den Trieb* (1 a) *bezogen.*
Trieb|rad, das (Technik): *Treibrad.*
Trieb|sand, der: *Mahlsand.*
Trieb|stoff, der (schweiz.): *Treibstoff.*
Trieb|tä|ter, der: *jmd., der aus dem Drang zur Befriedigung eines Triebes* (1 a), *bes. des Geschlechtstriebs, eine Straftat begeht.*
Trieb|tä|te|rin, die: w. Form zu ↑Triebtäter.
Trieb|ver|bre|chen, das: *aus dem Drang zur Befriedigung eines Triebes* (1 a), *bes. des Geschlechtstriebs, als Triebhandlung begangenes Verbrechen.*
Trieb|wa|gen, der: *Schienenfahrzeug (der Eisenbahn, Straßenbahn, U-Bahn o. Ä.) mit eigenem Antrieb durch Elektro- od. Dieselmotor.*
Trieb|werk, das: *Vorrichtung, Maschine, die die zum Antrieb (z. B. eines Flugzeugs) erforderliche Energie liefert.*
Trief|au|ge, das: *[ständig] triefendes Auge.*
trief|äu|gig ⟨Adj.⟩ (ugs.): *Triefaugen habend.*
trie|fen ⟨st. u. sw. V.; triefte/(geh.:) troff, getrieft/(selten:) getroffen⟩ [mhd. triefen, ahd. triufan, H. u.]: **1.** *in zahlreichen, großen Tropfen od. kleinen Rinnsalen* (b) *irgendwohin fließen* ⟨ist⟩: der Regen trieft; aus der Wunde troff Blut; das Regenwasser triefte vom Dach, von den Ästen; ihm ist der Schweiß von der Stirn getrieft. **2.** *tropfend nass sein; so nass sein, dass Wasser, Flüssigkeit in großer Menge heruntertropft, -rinnt, -fließt, austritt* ⟨hat⟩: wir, unsere Kleider trieften vom Regen; sein Mantel hat von/vor Nässe getrieft; die Wurst triefte von/vor Fett; sie war so erkältet, dass ihre Nase ständig triefte *(Schleim absonderte);* mit triefenden Kleidern, Haaren; wir waren triefend nass *(völlig, durch u. durch nass);* Ü seine Hände triefen von Blut (geh.; *er hat viele Menschen umgebracht*); er trieft nur so von/vor Überheblichkeit, Sarkasmus, Boshaftigkeit (abwertend; *ist außerordentlich überheblich, sarkastisch, boshaft*).
trief|nass ⟨Adj.⟩: *triefend nass, vor Nässe triefend:* die Wäsche war noch t.
[1]**Triel,** der; -[e]s, -e [H. u., wohl lautm.]: *schnepfenähnlicher Vogel.*
[2]**Triel,** der; -[e]s, -e [mhd. triel, eigtl. = der Gespaltene; Spalte] (südd.): **1.** *Mund, Maul.* **2.** *Wamme.*
trie|len ⟨sw. V.; hat⟩ (südd.): *sabbern.*
Trie|ler, der; -s, (südd.): **1.** *jmd., der sabbert.* **2.** *Sabberlätzchen.*
Trie|le|rin, die; -, -nen: w. Form zu ↑Trieler (1).
Tri|en|ni|um, das; -s, …ien [lat. triennium, zu: tri- = drei- u. annus = Jahr] (bildungsspr.): *Zeitraum von drei Jahren.*
Tri|ent: Stadt in Italien.
[1]**Tri|en|ter,** der; -s, -: Ew.
[2]**Tri|en|ter** ⟨indekl. Adj.⟩: das T. Rathaus.
Tri|en|te|rin, die; -, -nen: w. Form zu ↑[1]Trienter.
Trier: Stadt an der Mosel.
[1]**Trie|rer,** der; -s, -: Ew. zu ↑Trier.

T

[2]Trie|rer ⟨indekl. Adj.⟩: die T. Altstadt.

Trie|re|rin, die; -, -nen: w. Form zu ↑ [1]Trierer.

trie|risch ⟨Adj.⟩: *Trier, die Trierer betreffend; zu den Trierern gehörend.*

Tri|est: Stadt in Italien.

[1]Tri|es|ter, der; -s, -: Ew.

[2]Tri|es|ter ⟨indekl. Adj.⟩: der T. Wein.

Tri|es|te|rin, die; -, -nen: w. Form zu ↑ [1]Triester.

Tri|eur [tri'øːɐ̯], der; -s, -e [frz. trieur = Sortierer, zu: trier = (aus)sortieren]: *Maschine zum Trennen u. Sortieren von Getreidekörnern u. Sämereien.*

trie|zen ⟨sw. V.; hat⟩ [aus dem Niederd., mniederd. tritzen = an Seilen auf- u. niederziehen, zu: tritze = Winde, Rolle; früher wurde häufig auf Segelschiffen als Strafe für ein Vergehen der Verurteilte an einem unter den Armen durchgeschlungenen Seil an der Rahe hochgezogen] (ugs.): *jmdn. peinigen, mit etw. ärgern, quälen, ihm damit heftig zusetzen:* die Kinder haben die Mutter so lange getriezt, bis sie nachgab.

triff, triffst, trifft: ↑ treffen.

Tri|fle [traɪfl], das; -s, -s [engl. trifle, eigtl. = Kleinigkeit]: *kuchenartige englische Süßspeise.*

Tri|fo|kal|bril|le, die; -, -n [aus lat. tri- = drei-, ↑ fokal u. ↑ Brille]: *Brille mit Trifokalgläsern.*

Tri|fo|kal|glas, das; -es, ...gläser: *Brillenglas aus drei verschieden geschliffenen Teilen für drei Entfernungen.*

Trift, die; -, -en [mhd. trift, zu ↑ treiben u. eigtl. = das Treiben]: **1.** *Drift.* **2.** (landsch.) **a)** *Hutung;* **b)** *vom Vieh benutzter Weg mit spärlicher Grasnarbe zwischen der Weide u. dem Stall, der Tränke od. dem Platz zum Melken.*

trif|ten ⟨sw. V.; hat⟩: *flößen* (1 a).

[1]trif|tig ⟨Adj.⟩ [mniederd. driftich] (Seemannsspr.): *herrenlos, hilflos im Meer treibend.*

[2]trif|tig ⟨Adj.⟩ [spätmhd. triftic, eigtl. = (zu)treffend, zu ↑ treffen]: *sehr überzeugend, einleuchtend, schwerwiegend; zwingend, stichhaltig:* -e Gründe, Argumente, Motive; eine -e Entschuldigung.

Tri|ga, die; -, -s u. ...gen [lat. triga, zu: tri- = drei- u. iugum = Joch] (bildungsspr.): *Dreigespann.*

Tri|ge|mi|nus, der; -, ...ni [nlat. (Nervus) trigeminus = dreifacher Nerv] (Anat., Physiol.): *im Mittelhirn entspringender Hirnnerv, der sich in drei Äste gabelt [und u. a. die Gesichtshaut u. die Kaumuskeln versorgt].*

Tri|ge|mi|nus|neu|ral|gie, die (Med.): *mit äußerst heftigen Schmerzen verbundene Neuralgie im Bereich eines od. mehrerer Äste des Trigeminus.*

Trig|ger, der; -s, - [engl. trigger, älter: tricker < niederl. trekker = Abzug, Drücker, eigtl. = Zieher, zu: trekken = ziehen] (Elektrot.): **1.** *[elektronisches] Bauelement zum Auslösen eines [Schalt]vorgangs.* **2.** *einen [Schalt]vorgang auslösender Impuls.*

Tri|glyph, der; -s, -e, **Tri|gly|phe,** die; -, -n [lat. triglyphus < griech. tríglyphos, eigtl. = Dreischlitz, zu: tri- = drei- u. glýphein = aushöhlen, schnitzen] (Archit.): *am Fries des dorischen Tempels mit Metopen abwechselndes dreiteiliges Feld.*

tri|go|nal ⟨Adj.⟩ [spätlat. trigonalis, zu lat. trigonium < griech. trígōnon = Dreieck](Math.): *dreieckig.*

Tri|go|no|me|trie, die; - [↑ -metrie]: *Teilgebiet der Mathematik, das sich mit der Berechnung von Dreiecken unter Benutzung der trigonometrischen Funktionen befasst.*

tri|go|no|me|trisch ⟨Adj.⟩: *die Trigonometrie betreffend, darauf beruhend:* -e Berechnungen; -e Funktion *(Winkelfunktion als Hilfsmittel bei der Berechnung von Seiten u. Winkeln eines Dreiecks);* -er Punkt (Geodäsie; *Triangulationspunkt).*

tri|klin, tri|kli|nisch ⟨Adj.⟩ [zu lat. tri- = drei- u. griech. klínein = neigen]: *eine Kristallform betreffend, bei der sich drei verschieden lange Achsen schiefwinklig schneiden.*

Tri|ko|li|ne, die; - [Kunstwort]: *sehr feiner Popelin aus Baumwolle.*

tri|ko|lor ⟨Adj.⟩ [spätlat. tricolor, zu lat. tri- = drei- u. color = Farbe] (selten): *dreifarbig.*

Tri|ko|lo|re, die; -, -n [frz. (drapeau) tricolore]: *dreifarbige Fahne [Frankreichs].*

Tri|kom|po|si|tum, das; -s, ...ta [aus lat. tri- = drei- u. ↑ Kompositum] (Sprachw.): *dreigliedrige Zusammensetzung* (z. B. Einzimmerwohnung).

[1]Tri|kot [tri'koː; auch: 'trɪko], der, selten auch: das; -s, -s [frz. tricot, zu: tricoter = stricken, H. u.]: *auf einer Maschine gestricktes, gewirktes elastisches, dehnbares Gewebe:* Unterwäsche aus T.

[2]Tri|kot, das; -s, -s: *meist eng anliegendes Kleidungsstück, das sich am Körper dehnt u. bes. bei sportlichen Betätigungen getragen wird:* die Balletttänzer trugen schwarze -s; das T. anziehen, wechseln; das gelbe T. (Radsport; *Trikot in gelber Farbe, das während eines Etappenrennens derjenige trägt, der die jeweils beste Gesamtleistung aufweist).*

Tri|ko|ta|ge [...'taːʒə], die; -, -n ⟨meist Pl.⟩ [frz. tricotage, zu: tricoter, ↑ [1]Trikot]: *auf der Maschine gestricktes, gewirktes Material; aus* [1]*Trikot gefertigte Ware:* ein Geschäft für Miederwaren und -n.

Tri|kot|hemd, das: *aus* [1]*Trikot gefertigtes Hemd* (1).

Tri|kot|wer|bung, die: *Werbung auf den Trikots von Sportlern.*

tri|la|te|ral ⟨Adj.⟩ [aus lat. tri- = drei- u. ↑ lateral] (Politik, Fachspr.): *dreiseitig, von drei Seiten ausgehend, drei Seiten betreffend:* -e Verträge.

Tril|ler, der; -s, - [ital. trillo, wohl lautm.]: *rascher, mehrmaliger Wechsel zweier Töne (bes. eines Tones mit einem benachbarten Halb- od. Ganzton als musikalische Verzierung einer Melodie):* einen T. spielen, singen, exakt ausführen, nur andeuten; die T. einer Nachtigall; ***** **einen T. haben** (salopp; *nicht recht bei Verstand sein).*

tril|lern ⟨sw. V.; hat⟩: **1. a)** *mit Trillern, Trillern ähnlichen Tönen, tremolierend singen od. pfeifen:* sie singt und trillert den ganzen Tag; **b)** *trillernd* (1 a) *hervorbringen, ertönen lassen:* sie trillerte und trällerte ein Lied nach dem andern; im Gebüsch trillerte eine Nachtigall ihr Lied. **2. a)** *auf einer Trillerpfeife pfeifen:* er trillerte einmal kurz; **b)** *trillernd* (2 a) *hervorbringen, ertönen lassen:* ein Signal t. **3.** ***** **einen t.** (ugs.; *ein alkoholisches Getränk trinken).*

Tril|ler|pfei|fe, die: *Pfeife* (1 d), *mit der ein dem Triller ähnlicher Ton erzeugt wird.*

Tril|li|ar|de, die; -, -n [zu lat. tri- = drei- u. ↑ Milliarde]: *tausend Trillionen* (= 10^{21}).

Tril|li|on, die; -, -en [frz. trillion, zu: tri- (< lat. tri-) = drei- u. million, ↑ Million]: *eine Million Billionen* (= 10^{18}).

Tri|lo|gie, die; -, -n [griech. trilogía, zu: tri- = drei- u. lógos, ↑ Logos]: *Folge von drei selbstständigen, aber thematisch zusammengehörenden, eine innere Einheit bildenden Werken (bes. der Literatur, auch der Musik, des Films).*

Tri|ma|ran, der; -s, -e [zu lat. tri- = drei- u. ↑ Katamaran u. eigtl. = Dreirumpfboot]: *Segelboot mit breitem mittlerem Rumpf u. zwei schmalen, wie Ausleger* (3 b) *gebauten seitlichen Rümpfen.*

Tri|mes|ter, das; -s, - [zu lat. trimestris = dreimonatig, zu: tri- = drei- u. mensis = Monat; vgl. Semester]: **1.** *Zeitraum von drei Monaten.* **2.** *Drittel eines Schul- od. Studienjahres.*

Tri|me|ter, der; -s, - [lat. trimeter, zu griech. trímetros = drei Takte enthaltend, zu tri- = drei- u. métron, ↑ Meter]: *(in der griech. Metrik) aus drei metrischen Einheiten bestehender Vers.*

Trimm, der; -[e]s [engl. trim, zu: to trim, ↑ trimmen] (Seemannsspr.): **1.** *Lage eines Schiffes bezüglich Tiefgang u. Schwerpunkt.* **2.** *gepflegter Zustand eines Schiffes.*

Trimm-dich-Pfad, der [zu ↑ trimmen (1)]: *häufig durch einen Wald führender, meist als Rundstrecke angelegter Weg mit verschiedenartigen Geräten u. Anweisungen für Übungen, die der körperlichen Ertüchtigung dienen.*

trim|men ⟨sw. V.; hat⟩ [engl. to trim < aengl. trymman = in Ordnung bringen; fest machen, zu: trum = fest, stark]: **1.** *durch sportliche Betätigung, körperliche Übungen leistungsfähig machen:* er trimmt seine Schützlinge; sich täglich durch Waldläufe t.; **Ü** sie hat seinen Sohn für die Klassenarbeit getrimmt. **2.** (ugs.) *[durch wiederholte Anstrengungen] zu einem bestimmten Aussehen, zu einer bestimmten Verhaltensweise, in einen bestimmten Zustand bringen, in bestimmter Weise zurechtmachen, bestimmte Eigenschaften geben:* seine Kinder auf Höflichkeit, auf Ordnung t.; sie trimmt sich auf jugendlich; das Lokal ist auf antik getrimmt. **3. a)** *(einem Hund) durch Scheren od. Ausdünnen des Fells das für seine Rasse übliche, der Mode entsprechende Aussehen verleihen:* einen Pudel t.; **b)** *durch Bürsten des Fells von abgestorbenen Haaren befreien.* **4. a)** (Seew., Flugw.) *durch zweckmäßige Beladung, Verteilung des Ballasts (bei Flugzeugen auch mithilfe spezieller Vorrichtungen in die richtige Lage bringen [u. dadurch eine optimale Steuerung ermöglichen]:* ein Schiff, Flugzeug t.; ein gut, schlecht getrimmtes Boot; das Ruder t. *(so einstellen, dass eine optimale Fluglage entsteht);* **b)** (Seew.) *(die Ladung eines Schiffs) zweckmäßig an Bord verteilen, verstauen:* die Fässer t.; die Ladung muss ordnungsgemäß getrimmt werden; Kohlen t. *(das Schiff mit Kohlen beladen);* **c)** (Seew. früher) *Kohlen von den Bunkern zur Feuerung schaffen.* **5.** (Funkt., Elektronik) *[mithilfe von Trimmern (2)] auf die gewünschte Frequenz einstellen, abgleichen* (3): die Schwingkreise t. **6.** (Kerntechnik) *bei Kernreaktoren kleine Abweichungen vom kritischen Zustand ausgleichen.*

Trim|mer, der; -s, -: **1.** (ugs.) *jmd., der sich durch Trimmen* (1) *ertüchtigt, der sich trimmt.* **2.** (Funkt., Elektronik) *kleiner, verstellbarer Drehkondensator zum Trimmen* (5), *Abgleichen* (3) *von Schwingkreisen.* **3.** (Seew. früher) kurz für ↑ Kohletrimmer.

Trim|me|rin, die; -, -nen: w. Form zu ↑ Trimmer (1).

Trimm|trab, der: *Dauerlauf, durch den sich jmd. trimmt* (1).

Trim|mung, die; -, -en ⟨o. Pl.⟩ (Seew., Flugw.): **a)** *das Trimmen* (4 a, b); **b)** *durch Trimmen* (4 a, b) *erreichte Lage.*

tri|morph ⟨Adj.⟩ [griech. trímorphos, zu: tri- = drei- u. morphē = Gestalt, Form] (Fachspr., bes. Mineral., Biol.): *in dreierlei Gestalt, Form vorkommend:* -e Pflanzen, Kristalle.

tri|när ⟨Adj.⟩ [spätlat. trinarius, zu lat. trini, Pl. von: trinus = je drei; dreifach, zu: tres = drei] (Fachspr.): *drei Einheiten, Glieder enthaltend; dreiteilig:* -e Nomenklatur (Biol.; *wissenschaftliche Benennung von Unterarten von Pflanzen u. Tieren durch den Namen der Gattung, der Art u. der Unterart).*

Tri|ne, die; -, -n [Kurzf. des w. Vorn. Katharina]: **1.** (ugs. abwertend) *meist als träge, ungeschickt, unansehnlich o. Ä. angesehene weibliche Person:* sie ist eine dumme, liederliche, faule T. **2.** (salopp abwertend) *Tunte* (2).

Tri|ni|dad: Insel vor der Nordküste Südamerikas.

Tri|ni|dad und To|ba|go; - - -s: Inselstaat vor der Nordküste Südamerikas.

Tri|ni|ta|ri|er, der; -s, - [zu ↑ Trinität]: **1.** *Angehöriger eines katholischen Bettelordens.* **2.** *Anhänger der Lehre von der Trinität.*

tri|ni|ta|risch ⟨Adj.⟩ (christl. Rel.): *die [Lehre von der] Trinität betreffend.*

Tri|ni|tät, die; - [mlat. trinitas = Heilige Dreifaltigkeit < lat. trinitas (Gen.: trinitatis) = Dreizahl, zu: trinus, ↑ trinär] (christl. Theol.): *Dreiheit der Personen (Vater, Sohn u. Heiliger Geist) in Gott; Dreieinigkeit, Dreifaltigkeit:* die christliche Lehre von der T. Gottes.

Tri|ni|ta|tis, das; - ⟨meist o. Art.⟩, **Tri|ni|ta|tis|fest,** das: *Dreifaltigkeitssonntag.*

trink|bar ⟨Adj.⟩: *zum Trinken, als Getränk geeignet:* -es Wasser; die Milch hat einen Stich, ist aber noch t.; der Wein ist durchaus t. (ugs.; *schmeckt nicht schlecht);* ⟨subst.:⟩ hast du was Trinkbares (ugs.; *etw. zu trinken)* im Haus?

Trink|be|cher, der: vgl. Trinkgefäß.

trịn|ken ⟨st. V.; hat⟩ [mhd. trinken, ahd. trinkan, H. u., viell. zu einem Verb mit der Bed. »ziehen« u. eigtl. = einen Zug tun]: **1. a)** *Flüssigkeit, ein Getränk zu sich nehmen:* langsam, genussvoll, schnell, hastig, gierig t.; sie isst und trinkt gerne; aus der Flasche t.; in/mit kleinen Schlucken, in großen Zügen t.; lass mich mal [von dem Saft] t.; die Mutter gibt dem Kind [von der Milch] zu t.; **b)** ⟨t. + sich⟩ *sich in bestimmter Weise trinken* (2) *lassen:* der Wein trinkt sich gut *(schmeckt gut);* **c)** *durch Trinken* (1 a) *in einen bestimmten Zustand bringen:* das Baby hat sich satt getrunken; du hast dein Glas noch nicht leer getrunken *(hast noch nicht ausgetrunken).* **2.** *als Flüssigkeit, als Getränk zu sich nehmen; trinkend* (1 a) *verzehren:* Wasser, Milch, Tee, Kaffee, Bier, Wein t.; sie trinkt am liebsten Mineralwasser; sie trinkt keinen Alkohol; ein Bier, eine Tasse Kaffee, einen Schluck Wasser, eine Flasche Bier, ein Glas Wein t.; trinkst du noch ein Glas?; er trinkt keinen Tropfen *(überhaupt keinen Alkohol);* der Kognak lässt sich t., ist zu t., den Kognak kann man t. (ugs.; *der Kognak schmeckt gut*); **Ü** die ausgedörrte Erde trank den Regen (dichter.; *saugte ihn auf*); die Schönheit, das Leben t. (dichter.; *voll in sich aufnehmen*); * **einen t.** (ugs.; *ein alkoholisches Getränk trinken*): er geht öfter einen t.; **sich** ⟨Dativ⟩ **einen t.** (ugs.; ↑ saufen 3 b). **3. a)** *Alkohol, ein alkoholisches Getränk zu sich nehmen:* in der Kneipe sitzen und t.; man merkte, dass sie alle getrunken hatten; **b)** *einen Schluck eines alkoholischen Getränks mit guten Wünschen für jmdn., etw. zu sich nehmen:* auf jmdn., jmds. Wohl, Glück, Gesundheit t.; lasst uns nun alle auf ein gutes Gelingen, auf eine glückliche Zukunft t.!; **c)** ⟨t. + sich⟩ *sich durch den Genuss alkoholischer Getränke in einen bestimmten Zustand, in bestimmte Umstände bringen:* sich krank, arm, um den Verstand t.; **d)** *gewohnheitsmäßig alkoholische Getränke in zu großer Menge zu sich nehmen; alkoholsüchtig sein:* aus Verzweiflung, aus Kummer t.; sie hat angefangen zu t.; er trinkt; ⟨subst.:⟩ er kann das Trinken nicht mehr lassen.

Trịn|ker, der; -s, - [mhd. trinker, ahd. trinkari]: *jmd., der trinkt* (3 d); *Alkoholiker:* ein notorischer, chronischer, heimlicher, starker T.; zum T. werden.

Trin|ke|rei̲, die; -, -en: **1.** ⟨Pl. selten⟩ (meist abwertend) *[dauerndes] Trinken* (1 a). **2.** (abwertend) *das Trinken* (3 d): die T. hat ihn, seine Leber ruiniert; das kommt von der T. **3.** (ugs.) *Trinkgelage.*

Trịn|ke|rin, die; -, -nen: w. Form zu ↑ Trinker.

trịnk|fer|tig ⟨Adj.⟩: *sich gleich (ohne vorherige Zubereitung o. Ä.) trinken lassend:* -e Mixgetränke, Kakaogetränke; -er Eistee, Branntwein; ein Liter Konzentrat ergibt fünf Liter -en Saft.

trịnk|fest ⟨Adj.⟩: *imstande, große Mengen von alkoholischen Getränken zu sich zu nehmen, ohne erkennbar betrunken zu werden.*

Trịnk|fes|tig|keit, die: *das Trinkfestsein.*

trịnk|freu|dig ⟨Adj.⟩: *stets u. gern bereit, alkoholische Getränke zu sich zu nehmen.*

Trịnk|ge|fäß, das: *meist mit einem Henkel versehenes Gefäß, aus dem man trinken kann.*

Trịnk|ge|la|ge, das (oft scherzh.): *geselliges Beisammensein, bei dem sehr viel Alkohol getrunken wird.*

Trịnk|geld, das [das Geld war urspr. zum Vertrinken bestimmt]: *[kleinere] Geldsumme, die jmdm. für einen erwiesenen Dienst [über einen zu entrichtenden Preis hinaus] gegeben wird:* ein hohes, großes, reichliches, fürstliches, anständiges, geringes, kleines, mageres T.; ein gutes T., grundsätzlich kein T. geben; viele -er, keinen Pfennig T. bekommen; kein T. annehmen; jmdm. ein T. zustecken, in die Hand drücken.

Trịnk|glas, das ⟨Pl. ...gläser⟩: vgl. Trinkgefäß.

Trịnk|hal|le, die: **1.** *Halle in einem Heilbad, in der das Wasser von Heilquellen entnommen u. getrunken werden kann.* **2.** *Kiosk, an dem es vor allem Getränke zu kaufen gibt.*

Trịnk|halm, der: *zurechtgeschnittener Strohhalm od. langes, dünnes Röhrchen aus Kunststoff, mit dessen Hilfe ein Getränk eingesaugt u. getrunken werden kann:* man sollte Bier nicht mit einem T. trinken.

Trịnk|krug, der: vgl. Trinkgefäß.

Trịnk|kur, die: *Kur, bei der eine bestimmte Menge einer Flüssigkeit, bes. Mineralwasser, regelmäßig getrunken wird.*

Trịnk|lied, das (veraltend): *Lied, das bes. bei einem geselligen Beisammensein gemeinsam gesungen wird u. in dem das Trinken u. der Alkohol, meist der Wein, besungen wird.*

Trịnk|scha|le, die: *schalenförmiges Trinkgefäß.*

Trịnk|scho|ko|la|de, die: **a)** *Schokoladenpulver zum Herstellen von Getränken, bes. Kakao;* **b)** *aus Trinkschokolade* (a) *hergestelltes Getränk.*

Trịnk|sit|te, die ⟨meist Pl.⟩: *das Trinken (bes. von alkoholischen Getränken) betreffende Sitte, Gewohnheit eines Menschen, einer bestimmten Gruppe, eines Volkes.*

Trịnk|spruch, der: *bei festlichen Gelegenheiten, oft bei einem Festessen, gehaltene kleine Rede, vorgebrachter Spruch o. Ä., verbunden mit der Aufforderung, die Gläser zu erheben u. gemeinsam zu trinken; Toast* (2): einen T. auf jmdn., etw. halten, ausbringen; jmdn. in, mit einem T. würdigen, hochleben lassen.

Trịnk|was|ser, das ⟨Pl. ...wässer⟩: *[durch Trinkwasseraufbereitung gewonnenes] für den menschlichen Genuss geeignetes Wasser.*

Trịnk|was|ser|auf|be|rei|tung, die: *der Gewinnung von Trinkwasser dienende Aufbereitung von Wasser.*

Trịnk|was|ser|sprud|ler, der; -s, -: *Gerät zum Versetzen* (7) *mit Kohlensäure.*

Trịnk|was|ser|ver|sor|gung, die: *Versorgung mit Trinkwasser.*

Tri|no̲m, das; -s, -e [zu lat. tri- = drei-, geb. nach ↑ Binom] (Math.): *aus drei durch Plus- od. Minuszeichen verbundenen Gliedern bestehender mathematischer Ausdruck.*

tri|no̲|misch ⟨Adj.⟩ (Math.): *ein Trinom betreffend; dreigliedrig.*

Tri̲o, das; -s, -s [ital. trio, zu: tri- < lat. tri- = drei-]: **1.** (Musik) **a)** *Komposition für drei solistische Instrumente, seltener auch für Singstimmen;* **b)** *in eine Komposition, bes. in Sätze wie Menuett od. Scherzo, eingeschobener Teil, der durch eine kleinere Besetzung, andere Tonart u. ruhigeres Tempo gekennzeichnet ist.* **2.** *Ensemble von drei Instrumental-, seltener auch Vokalsolisten.* **3.** (oft iron.) *Gruppe von drei Personen, die häufig gemeinsam in Erscheinung treten od. gemeinsam eine [strafbare] Handlung durchführen, zusammenarbeiten o. Ä.*

Tri|o̲|de, die; -, -n [zu griech. tri- = drei-, geb. nach ↑ Diode] (Elektrot.): *Röhre* (4 a) *mit drei Elektroden.*

Tri|o̲|le, die; -, -n [zu lat. tri- = drei-]: **1.** (Musik) *Folge von drei gleichen Noten, die zusammen die gleiche Zeitdauer haben wie zwei, seltener auch vier Noten gleicher Gestalt.* **2.** (bildungsspr.) *Triolismus.*

Tri|o|lẹtt, das; -[e]s, -e [frz. triolet] (Literaturw.): *achtzeilige Gedichtform mit zwei Reimen, bei der die erste Zeile als vierte u. die ersten beiden als letzte Zeilen wiederholt werden.*

Tri|o|lịs|mus, der; - (bildungsspr.): *Geschlechtsverkehr zwischen drei Partnern.*

Trip, der; -s, -s [engl. trip, zu: to trip = trippeln]: **1.** (ugs.) *[kurzfristig, ohne große Vorbereitung unternommene] Reise, Fahrt; Ausflug:* einen kleinen, kurzen, längeren T. unternehmen; einen T. nach Venedig machen; (oft untertreibend:) er ist von seinem T. in die Staaten wieder zurück. **2.** (Jargon) **a)** *mit Halluzinationen o. Ä. verbundener Rauschzustand nach dem Genuss von Rauschgift, Drogen:* der T. war vorbei; auf dem T. *(im Rauschzustand)* sein; **b)** *Dosis einer halluzinogenen Droge, bes. LSD, die einen Rauschzustand herbeiführt:* einen T. [ein]werfen, [ein]schmeißen (Jargon; *nehmen*). **3.** (Jargon, oft abwertend) *Phase, in der sich jmd. mit etw. Bestimmtem besonders intensiv beschäftigt, in der ihn eine Sache besonders stark interessiert, begeistert:* ist er immer noch auf seinem religiösen T.?

[1]Tri̲|pel, das; -s, - [frz. triple = dreifach < lat. triplus, zu: tri- = drei-, zum 2. Bestandteil vgl. doppelt] (Math.): *mathematische Größe aus drei Elementen.*

[2]Tri̲|pel, der; -s, - (veraltet): *dreifacher Gewinn.*

Tri|pel|al|li|anz, die (Völkerr.): *Allianz dreier Staaten.*

Tri|pel|kon|zert, das (Musik): *Konzert für drei Soloinstrumente u. Orchester.*

Triph|tho̲ng, der; -s, -e [zu griech. tri- = drei-, geb. nach ↑ Diphthong] (Sprachw.): *aus drei nebeneinander stehenden, eine Silbe bildenden Vokalen bestehender Laut, Dreilaut* (z. B. ital. miei = meine).

Tri|pli|ka̲t, das; -[e]s, -e [zu lat. triplicatum, 2. Part. von: triplicare = verdreifachen, zu: triplex = dreifach, aus: tri- = drei- u. -plex, wohl zu: plaga (< griech. pláx) = Fläche] (selten): *dritte Ausfertigung eines Schreibens, eines Schriftstücks.*

Tri|pli|zi|tä̲t, die; - [spätlat. triplicitas, zu: triplex, ↑ Triplikat] (Fachspr., bildungsspr. selten): *dreifaches Vorkommen, Auftreten.*

tri|plo|i̲d ⟨Adj.⟩ [zu griech. tri- = drei-, geb. nach ↑ haploid] (Biol.): *(von Zellkernen) einen dreifachen Chromosomensatz enthaltend.*

Trip|ma|dam, die; -, -en [frz. tripe-madame, H. u.]: *(zu den Fetthennen gehörende) Pflanze mit graugrünen, fleischigen Blättern u. gelben od. weißen Blüten.*

Tri|po̲|den: Pl. von ↑ Tripus.

Tri̲|po|lis: Hauptstadt von Libyen.

trip|peln ⟨sw. V.; ist⟩ [spätmhd. trippeln, lautm.]: **a)** *kleine, schnelle Schritte machen:* das Mädchen trippelte; trippelnde *(kleine, schnelle)* Schritte; **b)** *sich trippelnd* (a) *irgendwohin bewegen:* das Kind trippelte durch das Zimmer.

Trip|pel|schritt, der: *kleiner, schneller, leichter Schritt:* sie lief mit geschäftigen -en durchs Zimmer.

Trip|per, der; -s, - [zu niederd. drippen = tropfen, also eigtl. = Tropfer (nach dem eitrigen Ausfluss aus der Harnröhre)]: *Gonorrhö:* [den, einen] T. haben; sich den T. holen.

Trip|tik: ↑ Triptyk.

Trip|ty|chon, das; -s, ...chen u. ...cha [zu griech. tríptychos = dreifach, aus drei Schichten, Lagen übereinander bestehend, zu: trís = dreimal u. ptýx, ptýchē = Falte, Schicht, Lage od. ptýssein = mehrfach übereinander legen, falten] (Kunstwiss.): *aus einem mittleren Bild u. zwei beweglichen, meist je halb so breiten Flügeln bestehende bildliche Darstellung, bes. gemalter od. geschnitzter dreiteiliger Flügelaltar.*

Trip|tyk, (auch:) Triptik, das; -s, -s [engl. triptique < frz. triptyque, zu griech. tríptychos, ↑ Triptychon]: *dreiteilige Bescheinigung zum Grenzübertritt von Wasserfahrzeugen u. Wohnwagen* (1).

Tri̲|pus [...u:s], der; -, ...po̲den [griech. trípous, eigtl. = dreibeinig, -füßig, zu: tri- = drei- u. poús (Gen.: podós) = Fuß]: *altgriechisches dreifüßiges Gestell (als Weihegeschenk u. Siegespreis).*

Tri|so|mi̲e, die; -, ...i̲en [zu lat., griech. tri- = drei u. ↑ Chromosom] (Med.): *Auftreten eines überzähligen Chromosoms, das im diploiden Chromosomensatz nicht zweimal, sondern dreimal vorkommt:* T. 21 *(Downsyndrom).*

trịst ⟨Adj.⟩ [mhd. triste < (a)frz. triste < lat. tristis] (bildungsspr.): *durch Öde, Leere, Trostlosigkeit, Eintönigkeit gekennzeichnet; trostlos; freudlos:* ein -er Anblick; eine -e Häuserfront, Gegend; es war ein -er Regentag; ein -es Leben, Dasein; hier sieht es aber t. aus.

Tris|tesse [...'tɛs], die; -, -n ⟨Pl. selten⟩ [...sn̩; frz. tristesse < lat. tristitia, zu: tristis, ↑ trist] (bildungsspr.): *Traurigkeit, Melancholie, Schwermut; Trostlosigkeit, Freudlosigkeit.*

Trịs|ti|chon, das; -s, ...chen [zu griech. trístichos =

T

aus drei Reihen, Zeilen, Versen bestehend, aus: tri- = drei- u. stíchos = Reihe, Ordnung, Glied] (Verslehre): *Gedicht, Vers, Strophe aus drei Zeilen.*

tri|syl|la|bisch ⟨Adj.⟩ (Sprachw.): *dreisilbig.*

Tri|syl|la|bum, das; -s, ...ba [spätlat. trisyllabum, zu: trisyllabus = dreisilbig < griech. trisýllabos, zu: tri- = drei- u. syllabḗ = Silbe] (Sprachw.): *dreisilbiges Wort.*

Tri|ta|go|nist, der; -en, -en [griech. tritagōnistḗs, zu: trítos = der Dritte u. agōnistḗs, ↑Agonist]: *(im altgriechischen Drama) dritter Schauspieler.*

Tri|ti|um, das; -s [zu griech. trítos = Dritter, nach der Massenzahl 3]: *radioaktives Isotop des Wasserstoffs; überschwerer Wasserstoff* (Zeichen: T od. ^{3}H).

¹Tri|ton, das; -s, ...onen [zu griech. trítos = der Dritte]: *Atomkern des Tritiums.*

²Tri|ton (griech. Myth.): fischleibiger Meergott (Sohn Poseidons).

³Tri|ton, der; ...onen, ...onen (griech. Myth.): Meergott im Gefolge Poseidons.

Tri|tons|horn, das ⟨Pl. ...hörner⟩ [nach dem griech. Meeresgott Triton]: *(in wärmeren Regionen) im Meer lebende, große Schnecke mit schlankem, kegelförmigem Gehäuse; Trompetenschnecke.*

Tri|to|nus, der; - [zu griech. trítonos = mit drei Tönen, aus: tri- = drei- u. tónos, ↑²Ton] (Musik): *Intervall von drei Ganztönen; übermäßige Quarte; verminderte Quinte.*

tritt: ↑treten.

Tritt, der; -[e]s, -e [mhd. trit, zu ↑treten]: **1.** *(bes. beim Gehen) das einmalige Aufsetzen eines Fußes:* leichte, leise, schwere, kräftige -e; sie hat einen falschen T. gemacht und sich dabei den Fuß verstaucht; die Dielen knarrten bei jedem T., unter seinen -en. **2.** ⟨o. Pl.⟩ **a)** *Art u. Weise, wie jmd. seine Schritte setzt:* einen leichten, federnden T. haben; man erkennt sie an ihrem T.; sie näherten sich mit festem T.; **b)** *Gehen, Laufen, Marschieren in einem bestimmten gleichmäßigen Rhythmus, mit bestimmter gleicher Schrittlänge:* den gleichen T. haben; er hatte den falschen T. *(marschierte nicht im gleichen Schritt mit den andern);* beim Marschieren aus dem T. geraten, kommen; im T. *(im Gleichschritt)* marschieren; * **T. fassen** (1. bes. Soldatenspr.; *den Gleichschritt aufnehmen.* 2. *[wieder] in geregelte, feste Bahnen kommen; sich stabilisieren u. die gewohnte Leistung erbringen*). **3.** *Fußtritt* (1 a): jmdm. einen kräftigen T. [in den Hintern] geben, versetzen; einen T. in den Bauch bekommen; * **einen T. bekommen/kriegen** (ugs.; *entlassen, fortgejagt werden*). **4. a)** *Trittbrett; Stufe* (1 a): den T. an einer Kutsche herunterklappen; **b)** *Stufe* (1 b): -e in den Gletscher schlagen. **5. a)** *einer kleinen Treppe ähnliches transportables Gestell mit zwei od. drei Stufen:* auf den T. steigen; **b)** (veraltend) *kleineres Podest, Podium, erhöhter Platz in einem Raum.* **6.** (Jägerspr.) **a)** *einzelner Abdruck des Fußes bes. von Hochwild;* **b)** ⟨meist Pl.⟩ *Fuß von Hühnern, Tauben, kleineren Vögeln.*

Tritt|brett, das: *vor der Tür eines Fahrzeugs angebrachte Stufe, Fläche, die das Ein- u. Aussteigen erleichtert.*

Tritt|brett|fah|rer, der (abwertend): *jmd., der an Unternehmungen anderer Anteil hat, davon zu profitieren versucht, ohne selbst etw. dafür zu tun:* mehrere T. wollten aus der Entführung Kapital schlagen.

Tritt|brett|fah|re|rin, die: w. Form zu ↑Trittbrettfahrer.

tritt|fest ⟨Adj.⟩: **1.** *so beschaffen, dass beim Betreten, Besteigen, Daraufstehen ein fester Stand gewährleistet ist:* ein -er Untergrund; die Leiter ist nicht t. **2.** *so beschaffen, dass sich etw., bes. die Oberfläche von etw., auch durch häufiges Darauftreten nicht schnell abnutzt:* ein besonders -er Teppichboden.

Tritt|flä|che, die: *Fläche zum Darauftreten, zum Daraufsetzen des Fußes:* die T. einer Treppenstufe.

Tritt|lei|ter, die: *kleinere Stehleiter mit meist breiteren, stufenartigen Sprossen.*

Tritt|sche|mel, der: *Schemel, auf den getreten werden kann.*

tritt|si|cher ⟨Adj.⟩: **1.** *so beschaffen, dass beim Betreten, Besteigen, Daraufstehen ein fester Stand gewährleistet ist:* -e Sohlen. **2.** *Sicherheit beim Darauftreten zeigen; sicher im Betreten, Besteigen, Daraufstehen o. Ä. sein.*

Tritt|si|cher|heit, die: *das Trittsichersein; trittsichere Beschaffenheit, trittsicheres Verhalten.*

trittst: ↑treten.

Tri|umph, der; -[e]s, -e [lat. triumphus = feierlicher Einzug des Feldherrn; Siegeszug; Sieg]: **1. a)** *großer, mit großer Genugtuung, Freude erlebter Sieg, Erfolg:* ein beispielloser, riesiger, ungeheuer, unerhörter T.; der T. eines Politikers, Schauspielers, einer Sportlerin, einer Mannschaft; ein T. der Technik, der Wissenschaft; einen T. erringen, erleben; sie genoss den T.; alle gönnten ihr den, ihren T.; die Sängerin feierte einen großen T., feierte -e *(hatte sehr großen Erfolg)* bei ihrem Gastspiel; **b)** ⟨o. Pl.⟩ *große Genugtuung, Befriedigung, Freude über einen errungenen Erfolg, Sieg o. Ä.:* der Abschluss dieses Unternehmens war für ihn ein großer T.; T. spiegelte sich, zeigte sich in seiner Miene, klang in seiner Stimme; die siegreiche Mannschaft wurde im T. *(mit großem Jubel, großer Begeisterung)* durch die Straßen geleitet. **2.** *Triumphzug.*

tri|um|phal ⟨Adj.⟩ [lat. triumphalis, zu: triumphus, ↑Triumph]: **a)** *einen Triumph* (1) *darstellend, durch seine Großartigkeit begeisterte Anerkennung findend, auslösend:* der -e Erfolg der Theateraufführung; das Debüt des Bundestrainers war t.; **b)** *von begeistertem Jubel begleitet; mit großem Jubel, großer Begeisterung:* jmdm. einen -en Empfang bereiten; einen -en Einzug halten; die Sieger wurden t. gefeiert, empfangen.

Tri|um|pha|tor, der; -s, ...oren [lat. triumphator, zu: triumphare, ↑triumphieren]: **1.** *(in der römischen Antike) in einem Triumphzug einziehender siegreicher Feldherr.* **2.** (bildungsspr.) *jmd., der einen großen Sieg, große Erfolge errungen hat.*

Tri|umph|bo|gen, der (Archit.): **1.** *(bes. in der Antike) meist aus Anlass eines Sieges, zur Ehrung eines Feldherrn od. Kaisers errichtetes Bauwerk in Gestalt eines großen, frei stehenden Tores mit einem od. mehreren bogenförmigen Durchgängen.* **2.** *(bes. in mittelalterlichen Kirchen) Bogen* (2) *vor der Apsis od. dem Querschiff, der häufig mit einer Darstellung des Triumphes Christi od. der Kirche geschmückt ist.*

Tri|umph|ge|schrei, das: *großer, lauter Jubel über einen Triumph* (1 a), *Sieg, Erfolg.*

tri|um|phie|ren ⟨sw. V.; hat⟩ [spätmhd. triumphieren < lat. triumphare, zu: triumphus, ↑Triumph]: **a)** *Triumph* (1 b) *empfinden:* endlich t. können; er hatte leider zu früh triumphiert; heimlich triumphierte sie wegen seiner Schlappe; triumphierend lachen; etw. mit triumphierender Miene sagen; **b)** *einen vollständigen Sieg über jmdn., etw. erringen; sich gegenüber jmdm., etw. als siegreich, sehr erfolgreich erweisen:* über seine Gegner, Rivalen, Feinde t.; der Mensch hat über diese Krankheit triumphiert; Ü der Geist triumphiert über die Natur.

Tri|umph|wa|gen, der: *(in der römischen Antike) Wagen, bes. Quadriga, für den Triumphator.*

Tri|umph|zug, der: *(in der römischen Antike) prunkvoller Festzug für einen siegreichen Feldherrn u. sein Heer:* der T. führte zum Kapitol; Ü die siegreichen Sportler wurden im T. *(begleitet von einer jubelnden Menge)* durch die Stadt gefahren.

Tri|um|vir, der; -s u. -n, -n [lat. triumvir (Pl. triumviri), zu: tres (Gen.: trium) = drei u. vir = Mann]: *(in der römischen Antike) Mitglied eines Triumvirats.*

Tri|um|vi|rat, das; -[e]s, -e [lat. triumviratus, zu: triumvir, ↑Triumvir]: *(in der römischen Antike) ¹Bund* (1 a) *dreier Männer (als eine Art Kommission zur Erledigung bestimmter Staatsgeschäfte):* ein T. schließen, einsetzen.

tri|va|lent ⟨Adj.⟩ [zu lat. tri- = drei-, geb. nach ↑bivalent] (Fachspr.): *dreiwertig.*

tri|vi|al ⟨Adj.⟩ [frz. trivial < lat. trivialis = jedermann zugänglich, allgemein bekannt, zu: trivium, ↑Trivium] (bildungsspr.): **a)** *im Ideengehalt, gedanklich, künstlerisch recht unbedeutend, durchschnittlich; platt, abgedroschen:* -e Gedanken, Bemerkungen, Worte, Weisheiten, Thesen; etw. t. finden; **b)** *alltäglich, gewöhnlich; nichts Auffälliges aufweisend:* ein ganz -es Menü; eine Beamtenlaufbahn einzuschlagen erschien ihr allzu t.

Tri|vi|a|li|tät, die; -, -en [frz. trivialité, zu: trivial, ↑trivial] (bildungsspr.): **1.** ⟨o. Pl.⟩ *das Trivialsein:* die T. seiner Gedanken, ihres Lebens. **2.** *triviale Äußerung, Idee:* in diesem Text stehen nur -en.

Tri|vi|al|li|te|ra|tur, die: *der Unterhaltung dienende, inhaltlich unkomplizierte u. mit einfacheren sprachlichen Mitteln arbeitende Literatur.*

Tri|vi|al|na|me, der: *volkstümliche Bezeichnung des wissenschaftlichen Namens einer Tier-, Pflanzenart, einer Chemikalie.*

Tri|vi|al|ro|man, der: vgl. Trivialliteratur.

Tri|vi|um, das; -s [lat. trivium = Kreuzung dreier Wege, zu: tri- = drei- u. via = Weg, Straße]: *Gesamtheit der drei unteren Fächer (Grammatik, Rhetorik, Dialektik) im mittelalterlichen Universitätswesen.*

Tri|zeps, der; -[es], -e [zu lat. triceps = dreiköpfig, zu: tri- = drei- u. caput = Haupt, Kopf] (Anat.): *an einem Ende in drei Teile auslaufender Muskel.*

tro|chä|isch ⟨Adj.⟩ [lat. trochaicus < griech. trochaïkós] (Verslehre): *aus Trochäen bestehend, nach der Art des Trochäus, in Trochäen:* -e Verse.

Tro|chä|us, der; -, ...äen [lat. trochaeus < griech. trochaîos, eigtl. = schnell] (Verslehre): *Versfuß aus einer langen (betonten) u. einer kurzen (unbetonten) Silbe.*

tro|cken ⟨Adj.⟩ [mhd. trucken, ahd. truckan, H. u.]: **1. a)** *nicht von Feuchtigkeit (bes. Wasser) durchdrungen od. von außen, an der Oberfläche damit benetzt, bedeckt; frei von Feuchtigkeit, Nässe:* -e Wäsche, Schuhe; sie soll das -e Geschirr in den Schrank stellen; -e Erde; -er Boden; -e Straßen; -e Luft; -e Kälte *(kalte Witterung mit geringer Luftfeuchtigkeit);* sie hörte alles -en Auges (geh.; *ohne weinen zu müssen, ohne Rührung*) an; -e Bohrungen (Jargon; *ergebnislose Bohrungen nach Erdöl*); die Farben, die Haare sind noch nicht t.; etw. t. *(in trockenem Zustand)* bügeln, reinigen; sich t. *(mit einem elektrischen Rasierapparat)* rasieren; wir sind noch t. *(bevor es regnete)* nach Hause gekommen; wenn wir hier noch länger t. sitzen (ugs.; *nicht mit Getränken versorgt werden*), gehen wir; einige Milchkühe standen t. (Landw.; *gaben aufgrund ihres Trächtigseins keine Milch*); ⟨subst.:⟩ sie war froh, als sie wieder auf dem Trock[e]nen war *(auf trockenem, festem Boden stand, an Land war);* im Trock[e]nen *(an einem trockenen, vor dem Regen geschützten Platz);* **auf dem Trock[e]nen sitzen/(auch:) sein** (ugs.; 1. *nicht mehr weiterkommen, festsitzen u. keine Lösung finden.* 2. *bes. aus finanziellen Gründen in Verlegenheit, handlungsunfähig sein.* 3. scherzh.; *vor einem leeren Glas sitzen, nichts mehr zu trinken haben;* urspr. wohl bezogen auf ein Schiff, das auf Grund gelaufen ist od. bei Ebbe festliegt); **b)** *keine, nur geringe Niederschläge aufweisend; niederschlags-, regenarm:* -es Klima; ein -er Sommer, Herbst; es war im Ganzen ein sehr -es Jahr; bei -em Wetter *(wenn es nicht regnet)* ist er immer draußen; **c)** *die ursprünglich vorhandene [erwünschte] Feuchtigkeit verloren, abgegeben habend; ausgetrocknet, ausgedorrt:* -es Holz, Laub, Heu; -e Zweige;

er mag kein -es *(altbackenes, nicht mehr frisches)* Brot; sie hatte einen ganz -en Hals; ihre Lippen waren t.; das Brot ist leider t. geworden; **d)** *einen geringen, nicht genügenden Gehalt an feuchter, bes. fettiger Substanz aufweisend:* eine -e Haut haben; das Fleisch dieser Tiere ist im Allgemeinen ziemlich t.; der Braten ist fast zu t. geworden; **e)** *ohne Aufstrich, Belag, ohne Beilage, [flüssige] Zutat:* -es Brot an die Hühner verfüttern; sie isst lieber -en Kuchen als Obstkuchen; wir mussten die Kartoffeln, das Fleisch t. *(ohne Soße)* essen; **f)** (Jargon) *als Alkoholsüchtiger auf den Genuss jeglicher alkoholischer Getränke verzichtend:* -e Alkoholiker; er ist seit 20 Jahren t.; **g)** (ugs.) *(von einem Kleinkind) nicht mehr einnässend:* unsere Kleine ist noch nicht, war schon mit 2 Jahren t. **2.** *(von Weinen o. Ä.) wenig unvergorenen Zucker enthaltend:* sie bevorzugt -e Weine; der Sekt, Sherry ist mir zu t., ist extra t. **3. a)** *sehr nüchtern, allzu sachlich, ohne Ausschmückung, Fantasie u. daher oft ziemlich langweilig; nicht anregend, nicht unterhaltsam:* eine -e Abhandlung, Arbeit; ein -er Bericht; ein -er Beruf; die -en Zahlen einer statistischen Erhebung; er ist ein ziemlich -er *(nüchterner u. langweiliger)* Mensch; das Thema ist mir zu t.; **b)** *sich schlicht, nüchtern auf die reine Information beschränkend; ohne Umschweife:* eine -e Antwort, Bemerkung, Äußerung; sein Ton, seine Ausdrucksweise ist immer ziemlich t.; sie hat es ihr ganz t. ins Gesicht gesagt; **c)** *in seiner Sachlichkeit, Ungerührtheit, Unverblümtheit erheiternd, witzig wirkend:* alle lachten über ihre -en Bemerkungen, Einwürfe, Zwischenrufe; einen -en Humor haben. **4.** *dem Klang nach spröde, hart, scharf [u. kurz]:* der -e Knall eines Gewehrs; ein -es Lachen, Husten; die Boxen bringen die Bässe schön t.; der Ton des Instruments klingt, ist sehr t.; die Akustik in diesem Saal ist t. *(es gibt wenig Nachhall).* **5. a)** (Sport Jargon, bes. Boxen, Fußball) *in der Ausführung hart u. genau, dabei meist ohne große Vorbereitung durchgeführt u. für den Gegner überraschend:* ein -er Schuss aus 17 Metern; **b)** (Kfz-T. Jargon) *stramm, straff, nicht locker oder weich:* eine -e Federung.

Tro̩|cken|an|la|ge, die: *Anlage zum Trocknen.*

Tro̩|cken|bat|te|rie, die (Elektrot.): *aus Trockenelementen gebildete Batterie.*

Tro̩|cken|bee|re, die (Bot.): *Beerenfrucht mit bei der Reife eintrocknender Fruchtwand.*

Tro̩|cken|bee|ren|aus|le|se, die: **1.** Beerenauslese (1) *aus rosinenartig geschrumpften, edelfaulen, einzeln ausgelesenen Trauben.* **2.** *aus Trockenbeerenauslese* (1) *gewonnener, feinster Wein.*

Tro̩|cken|blu|me, die: *(dekorativen Zwecken dienende) getrocknete Blume (z. B. Strohblume).*

Tro̩|cken|bo|den, der: *Boden* (7) *zum Trocknen der Wäsche.*

Tro̩|cken|dock, das: *Dock* (1), *das nach Einfahrt des zu dockenden Schiffs mit einem Tor verschlossen u. leer gepumpt wird.*

Tro̩|cken|ei, das: *Eipulver.*

Tro̩|cken|eis, das: *Kühlmittel aus Kohlendioxid, das durch starke Abkühlung in einen festen bzw. schneeartigen Zustand gebracht worden ist.*

Tro̩|cken|ele|ment, das (Elektrot.): *galvanisches Element* (6), *bes. zur Herstellung bestimmter Batterien, bei dem der ursprünglich flüssige Elektrolyt durch Zusatz geeigneter Substanzen pastenartig verdickt worden ist.*

tro̩|cken|fal|len ⟨st. V.; ist⟩ (Fachspr.): **a)** *(von überfluteten Flächen, bes. vom Watt) durch Abfließen des Wassers zum Vorschein kommen:* das Watt fällt zweimal täglich trocken; **b)** *(von schwimmenden Objekten) sich mit dem Absinken des Wasserspiegels auf eine trockenfallende Fläche senken:* die Boote im Tidehafen fallen bei Ebbe trocken.

Tro̩|cken|fäu|le, die: *Pflanzenkrankheit, bei der das pflanzliche Gewebe (bes. von Früchten, Wurzeln u. Knollen) verhärtet, morsch wird.*

Tro̩|cken|fleisch, das: *(zur Haltbarmachung) getrocknetes Fleisch.*

Tro̩|cken|fut|ter, das (bes. Landw.): *getrocknetes, aus trockenen Bestandteilen bestehendes Futter (bes. im Unterschied zu Grünfutter).*

Tro̩|cken|füt|te|rung, die (Landw.): *Fütterung mit Trockenfutter.*

Tro̩|cken|ge|biet, das (Geogr.): *Gebiet der Erde (wie Wüste, Steppe, Savanne) mit wenig Regen u. starker Verdunstung.*

Tro̩|cken|ge|stell, das: *Gestell, auf das etw. zum Trocknen gehängt wird.*

Tro̩|cken|ge|wicht, das (Kaufmannsspr.): *Gewicht einer Ware in trockenem Zustand, nach einem Vorgang des Trocknens.*

Tro̩|cken|hau|be, die: *elektrisches Heißluftgerät zum Trocknen der Haare, bei dem ein glockenartiger, an eine Haube* (1 a) *erinnernder Teil, dem die Heißluft entströmt, über den Kopf gestülpt wird:* sie saß gerade unter der T.

Tro̩|cken|heit, die; -, -en: **1.** ⟨o. Pl.⟩ *das Trockensein, trockene Beschaffenheit, trockener Zustand.* **2.** ⟨Pl. selten⟩: *Dürreperiode.*

Tro̩|cken|kurs, der: *die realen Bedingungen noch ausschließender, vorbereitender Kurs zum Erlernen u. Einüben der Grundlagen von etw.*

tro̩|cken|le|gen ⟨sw. V.; hat⟩: **1.** *einem Baby die nassen Windeln entfernen u. durch frische ersetzen:* das Baby muss trockengelegt werden. **2.** *durch Kanalisieren, Drainage, Dammbau o. Ä. entwässern:* ein Moor t. **3.** (Jargon) *einen Süchtigen, bes. einen Alkoholsüchtigen von seiner Sucht befreien.*

Tro̩|cken|le|gung, die; -, -en: *das Trockenlegen.*

Tro̩|cken|mas|se, die: *Substanz einer gesamten Masse ohne den Anteil an Wasser:* der Fettgehalt von Käse wird auf die T. bezogen; 30 % in der T. (Abk.: i. Tr.).

Tro̩|cken|milch, die: *durch Entzug von Wasser haltbar gemachte Milch in Form eines weißen Pulvers; Milchpulver.*

Tro̩|cken|mit|tel, das (Chemie): *Substanz, die leicht Wasser aufnimmt u. zum Trocknen von Gasen, Flüssigkeiten u. Feststoffen verwendet wird.*

Tro̩|cken|obst, das: *Dörrobst, Backobst.*

Tro̩|cken|pe|ri|o|de, die: *Trockenzeit.*

Tro̩|cken|platz, der: *zum Trocknen der Wäsche vorgesehener Platz im Freien.*

Tro̩|cken|pres|se, die (Fot.): *elektrisch beheizte, gewölbte Metallplatte zum Trocknen der Fotografien nach dem Entwickeln u. Wässern.*

Tro̩|cken|ra|sie|rer, der (ugs.): **1.** *elektrischer Rasierapparat.* **2.** *jmd., der sich mit einem elektrischen Rasierapparat rasiert.*

Tro̩|cken|ra|sur, die: *die Rasur mit einem elektrischen Rasierapparat.*

Tro̩|cken|raum, der: *zum Trocknen von Wäsche, Kleidern vorgesehener Raum.*

tro̩|cken|rei|ben ⟨st. V.; hat⟩: *durch Reiben mit einem Tuch o. Ä. trocknen:* das Geschirr t.; du musst dir die Haare t.

Tro̩|cken|schleu|der, die: *Wäscheschleuder.*

tro̩|cken|schleu|dern ⟨sw. V.; hat⟩: *mithilfe einer Trockenschleuder trocknen:* die Wäsche wird trockengeschleudert.

tro̩|cken sit|zen: s. trocken (1 a).

Tro̩|cken|spi|ri|tus, der: *weiße, feste Substanz in Form von Tabletten, kleinen Tafeln o. Ä., die wie Spiritus brennt.*

Tro̩|cken|star|re, die (Zool.): *(bei manchen Tieren wie Fröschen, Krokodilen o. Ä.) Zustand der Starre, der bei großer Trockenheit, bes. während der Trockenzeit, eintritt.*

tro̩|cken ste|hen s. trocken (1 a)

Tro̩|cken|sub|stanz, die: *Trockenmasse.*

Tro̩|cken|übung, die (Sport): *das eigentliche Erlernen u. Einüben einer bestimmten Tätigkeit vorbereitende Übung, wobei noch keine realen Bedingungen herrschen.*

Tro̩|cken|wä|sche, die: *Wäsche in trockenem Zustand:* die Waschmaschine fasst 5 kg T.

tro̩|cken|wi|schen ⟨sw. V.; hat⟩: vgl. trockenreiben.

Tro̩|cken|zeit, die: *(in tropischen u. subtropischen Regionen) zwischen den Regenzeiten liegende Periode ohne od. mit nur geringen Niederschlägen.*

tro̩ck|nen ⟨sw. V.⟩ [aus mhd. truckenen, ahd. truckanēn = trocken werden u. mhd. trücke(ne)n, ahd. trucknen = trocken machen]: **1.** *trocken* (1 a, c) *werden, nach u. nach seine Feuchtigkeit, Nässe verlieren* ⟨ist/(auch:) hat⟩: etw. trocknet schnell, leicht, gut, nur langsam, schlecht; die Wäsche trocknet an der Luft, auf der Leine, im Wind; die aufgehängten Netze sind schon/haben schon getrocknet; er ließ sich [in der Sonne] t. **2.** ⟨hat⟩ **a)** *trocken* (1 a) *machen, werden lassen:* die Wäsche auf dem Balkon t.; die Haare mit einem Föhn t.; der Wind hatte ihre Kleider schon wieder getrocknet; seine Stirn, seine Augen mit einem Taschentuch t.; sie trocknete dem Kind den Kopf; ich trockne mir die Hände an der Schürze; **b)** *trocknend* (2 a) *beseitigen, entfernen, zum Verschwinden bringen:* sie versuchte rasch, den ausgelaufenen Wein, den Fleck zu t.; hast du dir die Tränen, den Schweiß getrocknet?; **c)** *einer Sache Feuchtigkeit, Wasser entziehen, um sie haltbar zu machen; dörren:* Äpfel, Pflaumen, Pilze, Gemüse t.; das Fleisch wird an der Luft getrocknet; getrocknete Erbsen.

Tro̩ck|ner, der; -s, -: **1.** *(meist in öffentlichen Toiletten u. Ä.) Gerät zum Trocknen der Hände mit Heißluft.* **2.** kurz für ↑Wäschetrockner.

Tro̩ck|nung, die; -: *das Trocknen* (1, 2 a, c).

Tro̩d|del, die; -, -n [spätmhd. tradel, zu ahd. trădo = Franse, Quaste, H. u.]: *kleinere Quaste, die meist an einer Schnur o. Ä. irgendwo herunterhängt:* die -n an einem Lampenschirm; eine Wollmütze mit einer T.

Tro̩d|del|blu|me, die: *(in den Alpen heimische) Pflanze mit runden Rosettenblättern u. blauvioletten od. rosafarbenen, glockenförmigen, nickenden Blüten.*

Trö̩|del, der; -s [spätmhd. in: tredelmarkt, H. u.]: **1.** (ugs., oft abwertend) *alte, als wertlos, unnütz angesehene Gegenstände (bes. Kleider, Möbel, Hausrat); alter, unnützer Kram:* den ganzen T. kannst du wegwerfen. **2.** kurz für ↑Trödelmarkt.

Trö|de|le̲i, die; -, -en (ugs. abwertend): *als lästig, störend, hinderlich empfundenes Trödeln* (1).

Trö̩|del|kram, der (ugs. abwertend): *Trödel* (1).

Trö̩|del|la|den, der ⟨Pl. ...läden⟩ (ugs.): *Laden eines Trödlers* (2).

Trö̩|del|markt, der: *Flohmarkt.*

trö̩|deln ⟨sw. V.⟩ [1: H. u.; 2: zu ↑Trödel]: **1. a)** (ugs., oft abwertend) *beim Arbeiten, Tätigsein, Gehen langsam sein, nicht zügig vorankommen, die Zeit verschwenden* ⟨hat⟩: auf dem Nachhauseweg, bei der Arbeit t.; **b)** (ugs.) *sich langsam [ohne festes Ziel] irgendwohin bewegen, schlendern* ⟨ist⟩: durch die Stadt, nach Hause t. **2.** (seltener) *mit Trödel* (1) *handeln* ⟨hat⟩.

Trö̩d|ler, der; -s, - [1: zu ↑trödeln (1 a); 2: zu ↑trödeln (2)]: **1.** (ugs. abwertend) *jmd., der [ständig] trödelt* (1 a). **2.** (ugs.) *jmd., der mit Trödel* (1) *handelt; Gebraucht-, Altwarenhändler.*

Trö̩d|le|rin, die; -, -nen: w. Form zu ↑Trödler.

Tro̩|er, der; -s, - (Fachspr.): *Trojaner.*

Tro̩|e|rin, die; -, -nen: w. Form zu ↑Troer.

troff, trö̩f|fe: ↑triefen.

trog: ↑trügen.

Tro̲g, der; -[e]s, Tröge [mhd. troc, ahd. trog, zu ↑Teer in dessen eigtl. Bed. »Baum, Eiche« u. eigtl. = hölzernes Gefäß; (ausgehöhlter) Baumstamm]: **1.** *großes, längliches, offenes Gefäß, das je nach Verwendungszweck meist aus Holz od. Stein gefertigt ist:* ein großer, hölzerner T.; der T. eines Brunnens; den Teig in einem T. *(Backtrog)* kneten; den Schweinen das Futter in die Tröge schütten. **2.** (Geol.) *lang gestrecktes, durch Senkung entstandenes Becken, das mit Sedimenten angefüllt ist.* **3.** (Met.) *Gebiet tiefen Luftdrucks innerhalb der Strömung auf der Rückseite eines sich abbauenden Tiefdruckgebiets.*

trö̲|ge: ↑trügen.

Tro̲g|tal, das [zu ↑Trog (2)] (Geogr.): *von Gletschern umgeformtes, wannenförmiges Tal.*

T

Troi|cart [trọa'ka:ɐ̯], der; -s, -s: *Trokar.*

Troi|er: ↑Troyer.

Troi|ka [auch: 'tro:ika], die; -, -s [russ. trojka, zu: troe = drei]: *russisches Dreigespann:* Ü an der Spitze des Staates stand eine T. *(drei gemeinsam regierende Politiker).*

tro|isch ⟨Adj.⟩ (Fachspr.): *trojanisch.*

Tro|ja: antike Stadt in Kleinasien.

Tro|ja|ner, der; -s, -: Ew.

Tro|ja|ne|rin, die; -, -nen: w. Form zu ↑Trojaner.

tro|ja|nisch ⟨Adj.⟩: *Troja, die Trojaner betreffend; von den Trojanern stammend, zu ihnen gehörend.*

Tro|kar, der; -s, -e u. -s [frz. trocart, trois-quarts für: trois carres = drei Kanten] (Med.): *für Punktionen verwendetes chirurgisches Instrument, das aus einer kräftigen, an der Spitze dreikantigen Nadel u. einem Röhrchen besteht.*

Troll, der; -[e]s, -e [aus dem Skand. (vgl. schwed. troll), vermischt mit älter Troll, mhd. troll (wohl zu ↑trollen) = grober, ungeschlachter Kerl] (bes. germ. Myth.): *dämonisches Wesen, das männlich od. weiblich sein, die Gestalt eines Riesen od. eines Zwergs haben kann.*

Troll|blu|me, die [wohl zu veraltet trollen = rollen, wälzen, nach den kugeligen Blüten]: *(zu den Hahnenfußgewächsen gehörende) Pflanze mit handförmig geteilten Blättern u. leuchtend gelben, kugeligen Blüten.*

trol|len ⟨sw. V.⟩ [mhd. trollen, H. u.; vgl. veraltet trollen = rollen, wälzen] (ugs.): **a)** ⟨t. + sich⟩ *[langsam, kleinlaut, beschämt, ein wenig unwillig] weggehen* ⟨hat⟩: troll dich!; sie trollte sich in ihr Zimmer; **b)** *langsam, gemächlich irgendwohin gehen, sich fortbewegen* ⟨ist⟩: nach Hause, durch die Straßen t.

Trol|ley ['trɔli], der; -s, -s [engl. trolley = Einkaufswagen; Kofferkuli, wohl urspr. mundartl. u. zu: to troll = laufen, gehen, vgl. ↑trollen]: *mit Rollen versehener Koffer, den man an einem ausziehbaren Griff hinter sich herziehen kann.*

Trol|ley|bus ['trɔli...], der; ...busses, ...busse [engl. trolleybus, aus: trolley = Kontaktrolle an der Oberleitung u. bus = Bus] (bes. schweiz.): *Oberleitungsomnibus.*

Trol|lin|ger, der; -s, - [wohl entstellt aus »Tirolinger«, nach der urspr. Herkunft aus Südtirol]: **1.** ⟨o. Pl.⟩ *spät reifende Rebsorte mit großen, rot- bis tiefblauen Beeren.* **2.** *leichter, herzhafter Rotwein aus Trollinger* (1).

Trom|be, die; -, -n [frz. trombe < ital. tromba, eigtl. = Trompete] (Met.): *Wind-, Wasserhose.*

Trom|mel, die; -, -n [mhd. trumel, zu: tru(m)me = Schlaginstrument, lautm.]: **1.** *Schlaginstrument, bei dem über eine zylindrische Zarge aus Holz od. Metall an beiden Öffnungen ein [Kalb]fell gespannt ist u. auf dem mit Trommelstöcken ein dumpfer Ton unbestimmter Höhe erzeugt wird:* eine große, kleine T.; die -n dröhnten dumpf; die T. schlagen, rühren; ***die T. für jmdn., etw. rühren** (ugs.; *für jmdn., etw. eifrig Werbung treiben, Propaganda machen*). **2. a)** *zylindrischer Behälter [als Teil eines Geräts o. Ä.] zur Aufnahme von etw.:* die T. des Revolvers, Maschinengewehrs; die T. der Waschmaschine, Betonmischmaschine; ein Los aus der T. nehmen; **b)** *zylindrischer Gegenstand zum Aufwickeln eines Kabels, Seils o. Ä.;* **c)** kurz für ↑Bremstrommel.

Trom|mel|brem|se, die (Kfz-T.): *Bremse, bei der die Bremsbacken gegen die Innenwand einer Trommel* (2 c) *gedrückt werden.*

Trom|me|lei, die; -, -en (oft abwertend): *[dauerndes] Trommeln.*

Trom|mel|fell, das: **1.** *über eine Trommel* (1) *gespanntes [Kalb]fell.* **2.** *elastische Membran* (2), *die das Mittelohr zum äußeren Gehörgang hin schließt u. die akustischen Schwingungen auf die Gehörknöchelchen überträgt:* ihr war das T. geplatzt; bei dem Lärm platzt einem ja das T.!

Trom|mel|feu|er, das (Milit.): *anhaltendes, starkes Artilleriefeuer [zur Vorbereitung eines Angriffs]:* unter T. liegen; Ü sie war dem T. der Fragen von Journalisten ausgesetzt.

trom|meln ⟨sw. V.; hat⟩ [spätmhd. trumelen]: **1. a)** *die Trommel* (1) *schlagen:* laut t.; **b)** *trommelnd* (1 a) *spielen:* einen Marsch t. **2. a)** *in kurzen [rhythmischen] Abständen [heftig] (an, auf, gegen etw.) schlagen, klopfen:* [mit den Fingern] auf den/(selten:) dem Tisch t.; er trommelt mit den Fäusten gegen/(selten:) an die Tür, auf die Theke; **b)** *durch Trommeln* (1 a, 2 a) *erreichen, dass jmd. [aufwacht u.] herauskommt:* jmdn. aus dem Bett, aus dem Schlaf t.; **c)** *etw. durch Trommeln* (2 a) *hören, vernehmen lassen:* den Rhythmus [auf die Tische] t.; **d)** *mit einem Geräusch wie beim Trommeln* (1 a) *auftreffen:* der Regen trommelt auf das Verdeck des Wagens, auf das/(selten:) dem [Blech]dach, an das Fenster; **e)** *heftig klopfen* (2): sie spürte ihr Herz t.; ⟨auch unpers.:⟩ es trommelt in meinem Schädel. **3.** (Jägerspr.) *heftig mit den Vorderläufen schlagen:* der Hase trommelt.

Trom|mel|re|vol|ver, der: *Revolver* (1).

Trom|mel|schlag, der: *Schlag auf eine Trommel* (1).

Trom|mel|stock, der: [1]*Stock zum Trommeln* (1).

Trom|mel|wasch|ma|schi|ne, die: *Waschmaschine, bei der die Wäsche in einer Trommel* (2 b) *gewaschen wird.*

Trom|mel|wir|bel, der: *schnelle Aufeinanderfolge kurzer Trommelschläge.*

Tromm|ler, der; -s, -: *jmd., der trommelt* (1 a).

Tromm|le|rin, die; -, -nen: w. Form zu ↑Trommler.

Trom|pe, die; -, -n [(a)frz. trompe (↑Trompete), eigtl. = Trompete (nach der Form)] (Archit.): *(in der Baukunst des Orients u. des europäischen MA.) Kehle* (3) *in Form eines nach unten geöffneten Trichters, mit der ein quadratischer Raum in einen achteckigen übergeführt wird.*

Trompe-l'Œil [trõp'lœj], das, auch: der; -[s] [frz., eigtl. = Augentäuschung] (bildende Kunst): **1.** *(bes. im Manierismus u. im Barock) Vortäuschung realer Gegenständlichkeit mit malerischen Mitteln.* **2.** *(in der Innenarchitektur der 1980er-Jahre) Raumgestaltung mit Effekten des Trompe-l'Œil* (1).

Trom|pe|te, die; -, -n [mhd. trum(p)et < mfrz. trompette, Vkl. von afrz. trompe = Trompete, wahrsch. aus dem Germ.]: *Blechblasinstrument mit kesselförmigem Mundstück* (1), *drei Ventilen* (2 a) *u. gerader, gebogener od. gewundener zylindrisch-konischer Röhre:* eine gestopfte T.; die -n schmetterten; [auf der] T. blasen.

trom|pe|ten ⟨sw. V.; hat⟩ [spätmhd. trometen]: **1. a)** *Trompete blasen:* ein Straßenmusikant trompetete; **b)** *etw. auf der Trompete blasen:* einen Tusch, Marsch t. **2. a)** *Laute hervorbringen, die denen einer Trompete ähnlich sind:* die Elefanten trompeteten; sie trompetet (ugs. scherzh.; *schnäuzt sich laut*); **b)** *lautstark äußern, schmetternd verkünden:* eine Nachricht, Neuigkeit [durch das ganze Quartier] t.

Trom|pe|ten|baum, der [nach der Form der Blüten]: *(in Nordamerika u. Ostasien heimischer) Baum mit sehr großen Blättern, kleinen, weißen, trichterförmigen Blüten in Rispen od. Trauben u. langen Schotenfrüchten.*

Trom|pe|ten|schne|cke, die: *Tritonshorn.*

Trom|pe|ten|si|gnal, das: *auf einer Trompete geblasenes Signal.*

Trom|pe|ten|stoß, der: *kurzes, rasches Blasen in eine Trompete.*

Trom|pe|ten|tier|chen, das: *trichterförmiges Wimpertierchen.*

Trom|pe|ter, der; -s, - [spätmhd. trumpter]: *jmd., der [berufsmäßig] Trompete spielt.*

Trom|pe|te|rin, die; -, -nen: w. Form zu ↑Trompeter.

Tro|pa|ri|um, das; -s, ...ien [1: zu ↑[2]Tropen, geb. nach ↑Aquarium; 2: zu ↑Tropus]: **1.** *Anlage, Haus (in Zoos) mit tropischem Klima zur Haltung bestimmter Pflanzen u. Tiere.* **2.** *Buch der römisch-katholischen Kirche, das Tropen* (2 b) *enthält.*

Tro|pe, die; -, -n [griech. tropḗ, eigtl. = (Hin)wendung, Richtung, zu: trépein = wenden] (Stilk.): *bildlicher Ausdruck, Wort (Wortgruppe), das nicht im eigentlichen, sondern im übertragenen Sinne gebraucht wird* (z. B. Bacchus für Wein).

[1]Tro|pen: Pl. von ↑Trope, ↑Tropus.

[2]Tro|pen ⟨Pl.⟩ [eigtl. = Wendekreise, griech. tropaí (hēlíou) = Sonnenwende, Pl. von: tropḗ, ↑Trope]: *Gebiete beiderseits des Äquators (zwischen den Wendekreisen) mit ständig hohen Temperaturen:* sie war lange in den T.

Tro|pen|an|zug, der: *leichter Anzug für heiße Klimazonen.*

Tro|pen|fie|ber, das: *schwere Form der Malaria.*

Tro|pen|helm, der: *als Kopfbedeckung in heißen Ländern getragener flacher Helm aus Kork mit Stoffüberzug.*

Tro|pen|in|sti|tut, das: *der Erforschung, Bekämpfung u. Heilung von Tropenkrankheiten dienendes Institut.*

Tro|pen|kli|ma, das: *tropisches Klima.*

Tro|pen|kol|ler, der: *starker Erregungszustand, der bei Bewohnern gemäßigter Zonen beim Aufenthalt in den* [2]*Tropen auftreten kann.*

Tro|pen|krank|heit, die: *speziell in den* [2]*Tropen od. Subtropen auftretende Krankheit* (z. B. Malaria).

Tro|pen|me|di|zin, die: *Teilgebiet der Medizin, das sich mit Erforschung u. Behandlung der Tropenkrankheiten befasst.*

Tro|pen|pflan|ze, die: *in den* [2]*Tropen heimische Pflanze.*

tro|pen|taug|lich ⟨Adj.⟩: *aufgrund seiner Konstitution fähig, in den* [2]*Tropen zu leben u. zu arbeiten.*

[1]Tropf, der; -[e]s, Tröpfe [im 13. Jh. tropf(e), zu ↑triefen; nach der Vorstellung »nichtig, unbedeutend wie ein Tropfen«] (oft abwertend): *jmd., der als einfältig, bedauernswert angesehen wird:* ein armer, aufgeblasener T.

[2]Tropf, der; -[e]s, -e [zu ↑tropfen] (Med.): *Vorrichtung, bei der aus einer Flasche o. Ä. Flüssigkeit, bes. eine Nährstofflösung, durch einen Schlauch [ständig] in die Vene des Patienten tropft:* einen T. anlegen; am T. hängen; Ü am finanziellen T. des Staates hängen.

tropf|bar ⟨Adj.⟩: *(von Flüssigkeiten) fähig, Tropfen zu bilden; nicht zähflüssig.*

Tröpf|chen, das; -s, -: Vkl. zu ↑Tropfen (1 a).

Tröpf|chen|in|fek|ti|on, die (Med.): *Infektion, bei der Krankheitserreger (z. B. von Grippe) über feinste Speichel- od. Schleimtröpfchen beim Sprechen, Husten u. Niesen übertragen werden.*

Tröpf|chen|mo|dell, das ⟨o. Pl.⟩ (Kernphysik): *anschauliches Kernmodell, in dem der Atomkern als Tröpfchen einer Flüssigkeit aus Protonen u. Neutronen behandelt wird.*

tröpf|chen|wei|se ⟨Adv.⟩: **1.** *in kleinen Tropfen:* eine Medizin t. verabreichen; ⟨mit Verbalsubstantiven auch attr.:⟩ eine t. Verabreichung. **2.** (ugs.) *in kleinen, [zögernd] aufeinander folgenden Teilen; nach u. nach:* ein Manuskript t. abliefern.

tröp|feln ⟨sw. V.⟩ [spätmhd. trepflen, Weiterbildung zu ↑tropfen]: **1.** *in kleinen Tropfen schwach [u. langsam] niederfallen od. an etw. herabrinnen* ⟨ist⟩: Blut tröpfelt auf die Erde, aus der Wunde. **2.** *(irgendwohin) tröpfeln* (1) *lassen u. in od. auf etw. bringen* ⟨hat⟩: die Medizin auf den Löffel, auf ein Stück Zucker t. **3.** ⟨unpers.⟩ (ugs.) *in vereinzelten kleinen Tropfen regnen* ⟨hat⟩: es tröpfelt schon, nur.

trop|fen ⟨sw. V.⟩ [mhd. tropfen, ahd. tropfōn, zu ↑Tropfen]: **1.** *(von einer Flüssigkeit) in einzelnen Tropfen herabfallen od. auch an etw. herunterrollen* ⟨ist⟩: der Regen tropft vom Dach; der Schweiß tropfte ihnen von der Stirn; Tränen tropften aus ihren Augen, auf den Brief; ⟨unpers.:⟩ es tropft vom Dach, von den Bäumen, von der Decke. **2.** *einzelne Tropfen von sich geben, an sich herunterrollen lassen* ⟨hat⟩: der [undichte, nicht richtig zugedrehte] Wasserhahn tropft; die Kerze tropft; ihm tropft die Nase. **3.** *(irgendwohin) tropfen* (1) *lassen; träufeln* ⟨hat⟩: [jmdm., sich] eine Tinktur auf die Wunde, in die Augen t.

Trop|fen, der; -s, - [mhd. tropfe, ahd. tropfo, zu

↑triefen]: 1. a) *kleine Flüssigkeitsmenge von kugeliger od. länglich runder Form:* ein großer, kleiner T.; ein T. Wasser, Öl, Blut; dreimal täglich 15 T. von etw. einnehmen; die ersten T. fallen *(es fängt an zu regnen);* es regnet dicke T.; der Schweiß stand ihm in feinen, dicken T. auf der Stirn; Spr steter T. höhlt den Stein *(durch ständige Wiederholung von etw. erreicht man schließlich [bei jmdm.] sein Ziel;* nach lat. gutta cavat lapidem); Ü ein bitterer T., ein T. Wermut in ihrer Freude; b) *sehr kleine Menge einer Flüssigkeit:* ein paar T. Parfüm, Sonnenöl; einige T. bittere/(geh.:) bitterer Medizin; es ist kein T. Milch mehr im Hause; er hat keinen T. Alkohol zu sich genommen; die Gläser bis auf den letzten T. *(völlig)* leeren; * **ein T. auf den heißen Stein sein** (ugs.; *angesichts des bestehenden Bedarfs viel zu wenig, eine zu vernachlässigend kleine u. daher wirkungslose Menge sein*). 2. ⟨Pl.⟩ *Medizin, die in Tropfen* (1 a) *eingenommen wird:* jmdm. T. verschreiben; seine T. [ein]nehmen. 3. * **ein guter/edler T.** (emotional; *guter Wein, Branntwein*).

Trop|fen|fän|ger, der: *an einem Gefäß, bes. an der Tülle einer [Kaffee]kanne, angebrachter kleiner Schwamm zum Auffangen restlicher Tropfen nach dem Ausschenken.*

trop|fen|wei|se ⟨Adv.⟩: 1. *in aufeinander folgenden Tropfen od. sehr kleinen Mengen einer Flüssigkeit:* eine Medizin t. einnehmen. 2. (ugs.) *tröpfchenweise* (2): ein Geständnis t. ablegen.

Tropf|fla|sche, die: *kleine Flasche zum Einträufeln von Medizin.*

Tropf|in|fu|si|on, die (Med.): *über einen* ²*Tropf erfolgende Infusion.*

tropf|nass ⟨Adj.⟩: *triefend nass:* -e Kleider; die Kinder waren t.; Wäsche t. *(ohne sie auszuwringen)* aufhängen.

Tropf|stein, der: *Absonderung von Kalkstein aus tropfendem Wasser als Stalagmit od. Stalaktit.*

Tropf|stein|höh|le, die: *Höhle, in der sich Tropfstein gebildet hat.*

Tro|phäe, die; -, -n [(frz. trophée <) (spät)lat. trop(h)aeum < griech. tropaion = Siegeszeichen, zu: tropḗ = Wendung (des Feindes), Flucht (↑Trope)]: 1. *erbeutete Fahne, Waffe o. Ä. als Zeichen des Sieges über den Feind:* -n aus dem Dreißigjährigen Krieg; -n erbeuten. 2. kurz für ↑Jagdtrophäe. 3. *aus einem bestimmten Gegenstand bestehender Preis für den Sieger in einem [sportlichen] Wettbewerb:* sie hat die T. errungen.

tro|phisch ⟨Adj.⟩ [zu griech. trophḗ = Nahrung, Ernährung] (Med.): *die Ernährung [der Gewebe] betreffend.*

Tro|pho|lo|ge, der; -n, -n [↑-loge]: *Wissenschaftler auf dem Gebiet der Trophologie.*

Tro|pho|lo|gie, die; - [↑-logie]: *Ernährungswissenschaft.*

Tro|pho|lo|gin, die; -, -nen: w. Form zu ↑Trophologe.

tro|pho|lo|gisch ⟨Adj.⟩: *die Trophologie betreffend.*

Tro|pi|cal [...ikl], der; -s, -s [engl. tropical, eigtl. = tropisch]: *leichtes, poröses Kammgarngewebe in Leinwandbindung für leichte Sommeranzüge u. Damenkleidung.*

Tro|pi|ka, die; - [nlat. Malaria tropica] (Med.): *besonders schwere Form der Malaria.*

tro|pisch ⟨Adj.⟩: 1. *die* ²*Tropen betreffend, dazu gehörend, dafür charakteristisch:* der -e Regenwald, Urwald; das -e Afrika; -e Pflanzen[arten]. 2. *durch seine Art Vorstellungen von den* ²*Tropen weckend:* -e Temperaturen; -es Sommerwetter.

Tro|pis|mus, der; -, ...men [zu griech. tropḗ (↑Trope), trópos = Wendung, Richtung] (Biol.): *durch äußere Reize verursachte Bewegung von Teilen festgewachsener Pflanzen od. festsitzender Tiere auf die Reizquelle hin od. von dort weg.*

Tro|po|pau|se [auch: ˈtroːpo...], die; - [zu griech. paũsis = Ende] (Met.): *zwischen Troposphäre u. Stratosphäre liegende atmosphärische Schicht.*

Tro|po|sphä|re, die; - (Met.): *unterste Schicht der Atmosphäre, in der sich die Wettervorgänge abspielen.*

trop|po: ↑ma non troppo.

Tro|pus, der; -, Tropen [1: lat. tropus < griech. trópos = Wendung, Richtung; Art u. Weise; 2: mlat. tropus < spätlat. tropus = Gesang(sweise)]: 1. *Trope.* 2. (mittelalterl. Musik) a) *Kirchentonart;* b) *textliche [u. musikalische] Ausschmückung, Erweiterung liturgischer Gesänge.*

Tross, der; -es, -e [spätmhd. trosse = Gepäck(stück) < (a)frz. trousse = Bündel, zu: trousser = aufladen (u. festschnüren), über das Vlat. < lat. torquere = winden, drehen, ↑Tortur (Lasten wurden urspr. auf Tragtieren mit Seilen umwunden u. so gesichert)]: 1. (Milit., bes. früher) *die Truppe mit Verpflegung u. Munition versorgender Wagenpark:* der T. lag in einem anderen Dorf; beim T. sein. 2. *Gefolge* (a): die Königin mit ihrem T.; Ü viele marschierten im T. der Nationalsozialisten *(waren deren Mitläufer).* 3. *Zug von gemeinsam sich irgendwohin begebenden Personen:* der Betriebsrat und ein T. von jungen Arbeitnehmern; dann setzt sich der T. der Demonstranten in Bewegung.

Tros|se, die; -, -n [aus dem Niederd. < mniederd. trosse, über das Mniederl. < (a)frz. trousse (↑Tross) od. < frz. drosse = Ruder-, Steuertau (über das Roman. viell. < lat. tradux = Weinranke, ²Reis)]: *starkes Tau aus Hanf, Draht o. Ä., das bes. zum Befestigen des Schiffes am Kai u. zum Schleppen verwendet wird:* die -n loswerfen.

Trost, der; -[e]s [mhd., ahd. trōst, zu ↑treu u. eigtl. = (innere) Festigkeit]: *etw., was jmdn. in seinem Leid, seiner Niedergeschlagenheit aufrichtet:* ein wahrer, rechter, süßer, geringer T.; die Kinder sind ihr ganzer, einziger T.; ihre Worte waren ihm ein T.; es war ihr ein gewisser T., zu wissen, dass ihr Konkurrent auch keinen Erfolg hatte; das ist ein schwacher, magerer T. (iron.; *das hilft mir hierbei gar nicht*); ein T. *(nur gut)*, dass es bald vorbei ist; jmdm. T. spenden; bei Gott, in etw. T. suchen, finden; aus etw. T. schöpfen; etw. gibt, bringt jmdm. T.; T. bringende Worte; als T. *(Trostpflaster)* bekommst du eine Tafel Schokolade; des -es bedürfen; nach geistlichem T. *(nach Trost durch Gottes Wort)* verlangen; zum T. kann ich Ihnen sagen, dass Sie nicht vollkommen umsonst hierher gekommen sind; * **nicht [ganz/recht] bei T./(auch:) -e sein** (ugs.; *nicht recht bei Verstand sein;* H. u.).

trost|be|dürf|tig ⟨Adj.⟩: *Trost benötigend.*

Trost brin|gend: s. Trost.

trös|ten ⟨sw. V.; hat⟩ [mhd. trœsten, ahd. trōsten, zu ↑Trost]: 1. a) *durch Teilnahme u. Zuspruch jmds. Leid lindern:* jmdn. [in seinem Leid, Kummer, Schmerz, Unglück] t.; jmdn. mit teilnehmenden Worten [über einen Verlust] t.; wir trösteten uns gegenseitig damit, dass wir ja bald in Urlaub gehen würden; sie wollte sich nicht t. lassen *(war untröstlich);* tröstende Worte; tröstend den Arm um jmdn. legen; b) *einen Trost für jmdn. bedeuten:* dieser Gedanke tröstete sie. 2. ⟨t. + sich⟩ a) *sich über etw. Negatives mit etw. beruhigen:* sich mit dem Gedanken, damit t., dass es nicht unbedingt perfekt sein muss; b) *sich für einen Verlust o. Ä. mit jmdm., etw. einen Ersatz schaffen:* über die Niederlage hatte er sich mit einem Kognak getröstet; sich mit einer anderen Frau t.

Trös|ter, der; -s, - [mhd. trœster, trœstære = Tröster; Helfer; Bürge; Heiliger Geist]: *jmd., der jmdn. tröstet:* er war ihr T. in schweren Stunden; Ü die Arbeit, Musik, der Alkohol war oft ihr T.

Trös|te|rin, die; -, -nen [mhd. trœstærinne, trœsterinne]: w. Form zu ↑Tröster.

tröst|lich ⟨Adj.⟩ [mhd. trœstelich]: *Trost bringend:* -e Worte; ein -er Brief; es ist t. *(beruhigend)* zu wissen, dass es noch mitfühlende Menschen gibt; das klingt t.; ⟨subst.:⟩ diese Vorstellung, dieser Gedanke hatte etwas Tröstliches für sie.

trost|los ⟨Adj.⟩ [mhd. trōst(e)lōs, ahd. drōstolōs]: a) *in seinem Leid, seiner ausweglosen Lage o. Ä. ohne einen Trost:* mir war t. zumute; sich trost- und hilflos fühlen; b) *auf deprimierende Art schlecht:* -e Verhältnisse; ein -es Einerlei; das Wetter war t.; um seine Frau war es t. bestellt; c) *(von einer Landschaft, Örtlichkeit o. Ä.) öde, ohne jeden Reiz, hässlich:* eine -e Gegend; -e Fassaden; einen -en Eindruck machen; dieser Anblick ist t.

Trost|lo|sig|keit, die; -: *das Trostlossein; trostloses Wesen, trostlose Art.*

Trost|pflas|ter, das (scherzh.): *kleinere Entschädigung für einen Verlust, eine Benachteiligung, einen Misserfolg o. Ä.*

Trost|preis, der: *(bei einem [Rate]wettbewerb) kleine Entschädigung für jmdn., der keinen Preis gewonnen hat:* einen T. erhalten.

trost|reich ⟨Adj.⟩: *jmdm. Trost bringend; zu trösten vermögend:* -e Worte; die Antwort war nicht sehr t.

Trost|spruch, der: vgl. Trostwort.

Trös|tung, die; -, -en [mhd. trœstunge]: *Trost, der jmdm. von irgendwoher zuteil wird:* religiöse -en; er starb, versehen mit den -en der Kirche (kath., orthodoxe Kirche; *nach Empfang der Sterbesakramente*).

trost|voll ⟨Adj.⟩: *Trost enthaltend:* es ist t., zu wissen, dass ich mich immer noch auf dich verlassen kann.

Trost|wort, das ⟨Pl. -e⟩: *tröstendes Wort:* jmdm. ein paar -e sagen.

Trott, der; -[e]s, -e [wohl aus dem Roman., vgl. ital. trotto, frz. trot = Trab, zu ital. trottare = traben bzw. frz. trotter = traben, viell. verw. mit ↑treten]: 1. *langsame [schwerfällige] Gangart [von Pferden]:* die Pferde gehen im T. 2. (leicht abwertend) *immer gleicher, eintöniger Ablauf:* der alltägliche T.; es geht alles seinen gewohnten T.; in den alten T. verfallen, zurückfallen *(die alten Gewohnheiten annehmen).*

Trot|tel, der; -s, - [zu ↑trotten, trotteln, wahrsch. eigtl. = Mensch mit täppischem Gang] (ugs. abwertend): *jmd., der als einfältig, ungeschickt, willenlos angesehen wird, als jmd., der nicht bemerkt, was um ihn herum vorgeht:* ein harmloser, alter T.; ich bin doch kein, nicht dein T.!; jmdn. als T. behandeln.

trot|tel|haft ⟨Adj.⟩ (ugs. abwertend): *in der Art eines Trottels, an einen Trottel erinnernd:* sein Benehmen war t.

trot|te|lig, trottlig ⟨Adj.⟩ (ugs. abwertend): *sich wie ein Trottel verhaltend; trottelhaft:* ein -er Alter; bist du denn schon so t.?

Trot|te|lig|keit, Trottligkeit, die; - (ugs. abwertend): *das Trotteligsein.*

trot|teln ⟨sw. V.; ist⟩ [zu ↑trotten] (ugs.): *mit kleinen, unregelmäßigen Schritten langsam u. unaufmerksam gehen:* das kleine Mädchen trottelte hinter den Erwachsenen.

trot|ten ⟨sw. V.; ist⟩ [zu ↑Trott]: *langsam, schwerfällig, stumpfsinnig irgendwohin gehen, sich fortbewegen:* durch die Stadt, zur Schule, nach Hause t.; die Kühe trotten in den Stall.

Trot|teur [...ˈtøːɐ̯], der; -s, -s [1: frz. trotteur, eigtl. = der zum schnellen Gang Geeignete, zu: trotter = traben, trotten, wohl aus dem Germ.; 2: zu frz. trotter im Sinne von »flanieren«]: 1. *eleganter, bequemer Laufschuh mit flachem od. mittlerem Absatz.* 2. (veraltend) *kleiner Hut für Damen.*

trott|lig usw.: ↑trottelig usw.

Trot|toir [...ˈtoaːɐ̯], das; -s, -e u. -s [frz. trottoir, zu: trotter, ↑Trotteur] (schweiz., sonst veraltend od. landsch.): *Bürgersteig.*

trotz ⟨Präp. mit Gen., seltener mit Dativ⟩ [aus formelhaften Wendungen wie »Trotz sei ...«, »zu(m) Trotz«]: *obwohl eine Person od. Sache einem bestimmten Vorgang, Tatbestand o. Ä. entgegensteht, ihn eigentlich unmöglich machen sollte; ungeachtet; ohne Rücksicht auf:* t. aller Bemühungen; t. heftiger Schmerzen; t. Beweisen; sie traten die Reise t. dichten Nebels/t. dichtem Nebel an; t. Frosts und Schnees/t. Frost und Schnee; t. des Regens gingen wir spazieren;

T

t. allem/alledem blieben sie Freunde; t. der/den Strapazen ihrer Tournee waren die Akteure quicklebendig.

Trotz, der; -es [mhd. traz, (md.) trotz, H. u.]: *hartnäckiger [eigensinniger] Widerstand gegen eine Autorität aus dem Gefühl heraus, im Recht zu sein:* kindlicher, kindischer, unbändiger, hartnäckiger T.; wogegen richtet sich ihr T.?; dem Kind den T. auszutreiben versuchen; jmdm. T. bieten; etw. aus T., mit stillem, geheimem, bewusstem T. tun; in wütendem T. mit dem Fuß aufstampfen; Ü diese Krankheit bietet der Medizin immer noch T.; * **jmdm., einer Sache zum T.** *(trotz, entgegen):* den Kritiken zum T.; allen Warnungen zum T.

Trotz|al|ter, das ⟨o. Pl.⟩: *Phase in der Entwicklung des Kindes, in der es den eigenen Willen erfährt u. durchzusetzen versucht.*

trotz|dem [II: entstanden aus: trotz dem, dass …]: I. ['– –, auch: '–'–] ⟨Adv.⟩ *ohne Rücksicht darauf zu nehmen, dessen ungeachtet:* sie wusste, dass es verboten war, aber sie tat es t.; es ging ihm schlecht, t. erledigte er seine Arbeit. II. [–'–] ⟨Konj.⟩ (ugs.) *obwohl, obgleich:* er kam, t. (standardsprachl.: *obwohl*) er krank war.

trot|zen ⟨sw. V.; hat⟩ [mhd. tratzen, trutzen, zu ↑Trotz]: **1.** (geh.) *in festem Vertrauen auf seine Kraft, sein Recht einer Person od. Sache, die eine Bedrohung darstellt, Widerstand leisten, der Herausforderung durch sie standhalten:* den Gefahren, den Stürmen, der Kälte, dem Hungertod, dem Schicksal t.; er wagte es, dem Chef zu t.; Ü diese Krankheit scheint jeder Behandlung zu t. **2. a)** *aus einem bestimmten Anlass trotzig* (1) *sein:* das Kind trotzte; **b)** *trotzend* (2 a) *äußern, sagen;* **c)** (landsch.) *jmdm. böse sein:* mit jmdm. t.

Trot|zer, der; -s, - (Bot.): *zweijährige Pflanze, die im 2. Jahr keine Blüten bildet.*

trot|zig ⟨Adj.⟩ [mhd. tratzic, (md.) trotzic]: **1.** *(bes. von Kindern) hartnäckig bestrebt, seinen eigenen Willen durchzusetzen; sich dem Eingriff eines fremden Willens widersetzend od. ein entsprechendes Verhalten ausdrückend:* ein -es Kind; ein -es Gesicht machen; eine -e Antwort geben; t. schweigen. **2.** *Trotz bietend; trotzend* (1): ein -es Lachen.

Trotz|kis|mus, der; -: *von dem russischen Revolutionär u. Politiker L. D. Trotzki (1879–1940) u. seinen Anhängern vertretene Variante des Kommunismus mit der Forderung der unmittelbaren Verwirklichung der Weltrevolution.*

Trotz|kist, der; -en, -en: *Anhänger des Trotzkismus.*

Trotz|kis|tin, die; -, -nen: w. Form zu ↑Trotzkist.

trotz|kis|tisch ⟨Adj.⟩: *den Trotzkismus betreffend, zu ihm gehörend, ihm anhängend.*

Trotz|kopf, der: *jmd., der trotzig ist; trotziges Kind:* ein kleiner T.

trotz|köp|fig ⟨Adj.⟩: *trotzig, sich wie ein Trotzkopf verhaltend:* ein -es Kind.

Trotz|pha|se, die (Psych.): *Trotzalter.*

Trotz|re|ak|ti|on, die: *aus Trotz heraus erfolgende Reaktion.*

Trou|ba|dour ['tru:badu:ɐ̯, auch: – –'–], der; -s, -e u. -s [frz. troubadour < aprovenz. trobador = Dichter, zu: trobar = dichten]: *provenzalischer Dichter u. Sänger des 12. u. 13. Jh.s als Vertreter einer höfischen Liebeslyrik, in deren Mittelpunkt die Frauenverehrung stand:* Ü die jüngste Langspielplatte des bretonischen -s (bildungsspr. scherzh. od. iron.; *Chanson-, Schlagersängers*).

Trou|ble ['trʌbl], der; -s [engl. trouble, zu: to trouble < (a)frz. troubler, ↑Trubel] (ugs.): *Ärger, Unannehmlichkeit[en]:* er hat T. mit seiner Frau; hier ist mal wieder ganz großer T.; es gibt T., wenn ich zu spät komme.

Trou|pi|er [tru'pi̯e:], der; -s, -s [frz. troupier, zu: troupe, ↑Truppe] (veraltend): *altgedienter, erfahrener Soldat.*

Trou|vail|le [tru'va:jə], die; -, -n [frz. trouvaille, zu: trouver = finden] (bildungsspr.): *(von Kunstgegenständen, -werken, Sammelobjekten o. Ä.) glücklicher Fund, wertvolle Entdeckung.*

Trou|vère [tru'vɛ:r], der; -s, -s [frz. trouvère, zu: trouver (= finden) in der alten Bed. »Verse erfinden, dichten« (vgl. Troubadour)]: *nordfranzösischer Dichter u. Sänger des 12. u. 13. Jh.s.*

Troy|er, Troier, der; -s, - [mniederd. troye = Jacke, Wams; mhd. treie, troie, wohl nach dem Namen der frz. Stadt Troyes]: **a)** (Seemannsspr.) *wollenes Unterhemd od. Strickjacke der Matrosen;* **b)** *grobmaschiger dickerer Rollkragenpullover, dessen Rollkragen sich mit einem Reißverschluss öffnen u. umlegen lässt.*

Troyes [troa]: Stadt in Frankreich.

Troy|ge|wicht, das; -[e]s, -e [engl. troy weight, nach der frz. Stadt Troyes]: *in Großbritannien u. den USA verwendetes Gewicht für Edelmetalle u. Edelsteine.*

Trub, der; -[e]s [zu ↑trübe] (Fachspr.): *bei der Bier- u. Weinherstellung nach der Gärung im Filter od. in den Fässern auftretender Niederschlag.*

trüb: ↑trübe.

trü|be, (seltener:) trüb ⟨Adj.⟩ [mhd. trüebe, ahd. truobi, wahrsch. rückgeb. aus mhd. trüeben, ahd. truoben (↑trüben) u. eigtl. wohl = aufgewühlt, aufgerührt]: **1. a)** *(bes. von etw. Flüssigem) [durch aufgerührte, schwebende od. abgelagerte Teilchen] nicht durchsichtig, klar, sauber:* eine trübe Flüssigkeit, Pfütze; trübes Glas; trübe Fensterscheiben; die Kranke hat trübe *(glanzlose)* Augen; der Wein, der Saft, der Spiegel ist t.; * **im Trüben fischen** (ugs.; *unklare Zustände zum eigenen Vorteil ausnutzen;* wohl nach der früheren Gewohnheit der Fischer, den Schlamm am Ufer aufzuwühlen, um Fische aufzuscheuchen u. in ihre Netze zu treiben); **b)** *nicht hell leuchtend, kein volles Licht verbreitend:* trübes Licht; eine trübe Funzel, Glühbirne; **c)** *nicht von der Sonne erhellt u. verhältnismäßig dunkel; [dunstig u.] nach Regen aussehend, verhangen, regnerisch:* trübes Wetter; ein trüber Himmel, Tag, Morgen; heute ist es t.; **d)** *(von Farben) nicht hell u. leuchtend:* ein trübes Gelb. **2. a)** *gedrückt, von traurigen od. düsteren Gedanken erfüllt od. auf eine entsprechende Verfassung hindeutend:* eine trübe Stimmung; es waren trübe Stunden, Tage; er sprach mit trüber Stimme; t. blicken; **b)** *von zweifelhafter Qualität u. unerfreulich:* trübe Erfahrungen; das ist eine trübe Sache; die Quellen, aus denen diese Nachricht stammt, sind t. *(fragwürdig).*

Trü|be, die; -, -n: **1.** ⟨o. Pl.⟩ *trübe* (1, 2) *Beschaffenheit, Art.* **2.** (Fachspr.) *Aufschlämmung fester Stoffe in Wasser od. einer anderen Flüssigkeit.*

Tru|bel, der; -s [frz. trouble = Verwirrung; Unruhe, zu: troubler = trüben; verwirren, beunruhigen, über das Vlat. zu lat. turba = Verwirrung; Lärm, Schar, Haufe]: *[mit Gewühl* (2) *verbundenes] lebhaftes geschäftiges od. lustiges Treiben:* in der Stadt herrschte [ein] großer T.; sie wollten dem T. des Festtags entgehen; in dem T. waren die Kinder verloren gegangen; sie stürzten sich in den dicksten T.; aus dem T. nicht herauskommen *(nicht zur Ruhe kommen);* Ü im T. der Ereignisse.

trü|ben ⟨sw. V.; hat⟩ [mhd. trüeben = trüb machen, ahd. truoben = verwirren, in Unruhe bringen, eigtl. = den Bodensatz aufrühren]: **1. a)** *trübe* (1 a) *machen u. verunreinigen:* der chemische Zusatz trübt die Flüssigkeit; der Tintenfisch trübt das Wasser; die Scheiben sind bis zur Undurchsichtigkeit getrübt; **b)** ⟨t. + sich⟩ *trübe* (1 a) *werden:* die Flüssigkeit, der Saft, das Wasser trübt sich; ihre Augen haben sich getrübt *(sind glanzlos geworden).* **2.** (selten) **a)** *trübe* (1 c), *dunkler machen:* der Himmel war von keiner Wolke getrübt; **b)** ⟨t. + sich⟩ *trübe* (1 c), *dunkler werden:* der Himmel trübte sich. **3. a)** *eine gute Gemütsverfassung, gute Beziehungen, einen guten Zustand o. Ä. beeinträchtigen:* etw. trübt die gute Stimmung, jmds. Glück, Freude; seit dem Zwischenfall war ihr gutes Verhältnis getrübt; **b)** ⟨t. + sich⟩ *durch etw. in seinem guten Zustand o. Ä. beeinträchtigt werden, sich verschlechtern:* ihr gutes Einvernehmen trübte sich erst, als er erneut undurchsichtige Entscheidungen fällte. **4. a)** *die Klarheit des Bewusstseins, des Urteils, einer Vorstellung o. Ä. beeinträchtigen, jmdn. unsicher darin machen:* etw. trübt jmds. Blick [für etw.], Urteil; **b)** ⟨t. + sich⟩ *durch etw. unklar werden, sich verwirren:* ihr Bewusstsein, ihre Erinnerung hatte sich getrübt.

Trüb|glas, das ⟨o. Pl.⟩ (Fachspr.): *[durch Zusatz bestimmter Stoffe] undurchsichtig gemachtes Glas* (z. B. Milch-, Opalglas).

Trüb|sal, die; -, -e [mhd. trüebesal, ahd. truobisal] (geh.): **1.** *Leiden, die jmdn. bedrücken:* viel, große T., viele -e erdulden müssen. **2.** ⟨o. Pl.⟩ *tiefe Betrübnis:* sich der T. hingeben; jmdn. in seiner T. trösten; sie waren voller T.; * **T. blasen** (ugs.; *betrübt sein u. seinem Kummer nachhängen, ohne etw. anderes tun zu können;* viell. eigtl. = »Trauer(musik) blasen«).

trüb|se|lig ⟨Adj.⟩: **1.** *durch seine Beschaffenheit (z. B. Ärmlichkeit, Öde) von niederdrückender Wirkung auf das Gemüt:* eine -e Gegend, Baracke; -e *(triste)* Farben. **2.** *traurigen Gedanken nachhängend od. eine entsprechende Gemütsverfassung ausdrückend:* -e Gedanken; eine -e Stimmung; sie machte ein -es Gesicht; t. in einer Ecke sitzen.

Trüb|se|lig|keit, die; -: *trübselige Art.*

Trüb|sinn, der ⟨o. Pl.⟩: *trübselige Gemütsverfassung; düstere, trübe Stimmung.*

trüb|sin|nig ⟨Adj.⟩: *trübe gestimmt, niedergeschlagen, Trübsinn ausdrückend:* ein -er Mensch; t. dasitzen.

Trub|stoff, der ⟨meist Pl.⟩ (Fachspr.): *Trub.*

Trü|bung, die; -, -en: **1.** *das Getrübtsein, Verunreinigtsein:* eine leichte, starke T.; eine T. ist eingetreten, verschwindet wieder; eine T. der Augen, der Linse feststellen. **2. a)** *Beeinträchtigung eines guten Zustandes o. Ä.:* eine T. ihrer Freundschaft; **b)** *Beeinträchtigung des klaren Bewusstseins, Urteils o. Ä.* **3.** *Verringerung der Lichtdurchlässigkeit, bes. der Atmosphäre, durch Dunst:* eine T. der Luft.

Truch|sess, der; -es u. (älter:) -en, -e [mhd. truh(t)sæʒe, ahd. truh(t)sāʒ(ʒ)o, wohl zu: truht = Trupp, Schar u. sāʒo (↑Sass), also eigtl. = Vorsitzender einer Schar]: *(im MA.) Vorsteher der Hofverwaltung, der u. a. mit der Aufsicht über die Tafel beauftragt war.*

Truck [trʌk], der; -s, -s [engl. truck, H. u.]: englische Bez. für *Lastwagen.*

Tru|cker ['trʌkɐ], der; -s, - [engl. trucker, zu: truck = Lastkraftwagen]: englische Bez. für *Lastwagenfahrer.*

Truck|sys|tem ['trʌk…], das ⟨o. Pl.⟩ [engl. truck system, zu: truck = Tausch, H. u.] (früher): *Entlohnung von Arbeitern durch Waren.*

tru|deln ⟨sw. V.⟩ [H. u.; 3: nach der »trudelnden« Bewegung des rollenden Würfels]: **1.** *langsam u. ungleichmäßig irgendwohin rollen; sich um sich selbst drehend fallen, sich nach unten bewegen* ⟨ist⟩: der Ball, die Kugel trudelt; die welken Blätter trudeln auf die Erde; ⟨subst.:⟩ das Flugzeug geriet ins Trudeln. **2.** (ugs. scherzh.) *langsam irgendwohin gehen, fahren* ⟨ist⟩: durch die Gegend t. **3.** (landsch.) *würfeln* ⟨hat⟩: im Wirtshaus sitzen und t.

Trüf|fel, die; -, -n, ugs. meist: der; -s, - [frz. truffle, Nebenf. von: truffe, über das Ital. od. Aprovenz. < vlat. tufera < lat. tuber, eigtl. = Höcker, Beule, Geschwulst; Wurzelknolle]: **1.** *(unter der Erde wachsender) knolliger Schlauchpilz mit rauer, dunkler Oberfläche, der als Speise- u. Gewürzpilz verwendet wird:* Leberwurst mit -n. **2.** *kugelförmige Praline aus schokoladenartiger, oft mit Rum aromatisierter u. in Kakaopulver gewälzter Masse.*

Trüf|fel|le|ber|pas|te|te, die: *Leberpastete mit Trüffeln* (1).

trüf|feln ⟨sw. V.; hat⟩: *mit Trüffeln* (1) *würzen.*

trug: ↑tragen.

Trug, der; -[e]s [für mhd. trüge, ahd. trugī, zu

↑trügen] (geh.): a) *das Trügen; Betrug, Täuschung:* * **Lug und T.** (↑Lug); b) *von etw. ausgehende Täuschung; Vorspiegelung:* ein T. der Sinne, der Fantasie.

Trug|bild, das [mhd. trugebilde = Teufelsbild, Gespenst, ahd. trugebilde = täuschendes Bild]: *auf einer Sinnestäuschung beruhende Erscheinung; Bild der Fantasie:* ein T. narrte ihn.

Trug|dol|de, die (Bot.): *Blütenstand, dessen Blüten ungefähr in einer Ebene liegen, wobei die Blütenstiele im Unterschied zur Dolde aber nicht von einem einzigen Punkt ausgehen; Scheindolde, -blüte* (1).

trü|ge: ↑tragen.

trü|gen ⟨st. V.; hat⟩ [mhd. triegen, ahd. triugan, verw. mit ↑Traum]: *jmds. Erwartungen unerfüllt lassen; zu falschen Vorstellungen verleiten; täuschen, irreführen:* dieses Gefühl trog sie; meine Ahnungen, Hoffnungen hatten mich nicht getrogen; wenn mich meine Erinnerung nicht trügt *(wenn ich mich richtig erinnere),* war das vor zwei Jahren; ⟨häufig o. Akk.-Obj.:⟩ der [äußere] Schein trügt; das Erscheinungsbild trügt; dieses Gefühl trog.

trü|ge|risch ⟨Adj.⟩ [zu veraltet Trüger = Betrüger]: a) *auf einer (möglicherweise verhängnisvollen) Fehleinschätzung der Lage beruhend:* ein -es Gefühl [der Sicherheit]; sich in einer -en *(nur scheinbar bestehenden)* Sicherheit wiegen; b) *geeignet, zu einer gefährlichen Fehleinschätzung der Lage zu verleiten:* -er Schein, Glanz; die augenblickliche Ruhe ist t.; das Eis ist t. *(trägt nicht);* c) (veraltend) *jmdn. täuschend, ihm etw. vorgaukelnd:* sie spielt ein -es Spiel; seine Behauptungen erwiesen sich als t.

Trug|schluss, der [1: zu ↑Schluss (2); 2: zu ↑Schluss (4)]: 1. a) *nahe liegender, auf den ersten Blick richtig erscheinender falscher Schluss:* ein verhängnisvoller T.; dass teure Waren immer besser sind als billigere, ist ein T.; b) (Logik) *zur Täuschung od. Überlistung des Gesprächspartners angewandter Fehlschluss.* 2. (Musik) *Form der Kadenz, bei der nach der Dominante nicht die zu erwartende Tonika, sondern ein anderer, meist mit der Tonika verwandter Akkord eintritt.*

Tru|he, die; -, -n [mhd. truhe, truche, ahd. truha, trucha, eigtl. = Gefäß, Gerät aus Holz, verw. mit ↑Trog, zu ↑Teer in dessen eigtl. Bed. »Baum, Eiche«]: *mit aufklappbarem Deckel versehenes kastenartiges Möbelstück, in dem Wäsche, Kleidung, Wertsachen o. Ä. aufbewahrt werden:* eine eichene, geschnitzte, bemalte T.; die T. war mit Briefen angefüllt.

Tru|hen|de|ckel, der: *Deckel einer Truhe.*

Trul|la, die; -, -s, **Trul|le,** die; -, -n [wohl zu veraltet Troll, ↑Troll] (salopp abwertend): *[als unordentlich angesehene] weibliche Person:* seine Frau ist vielleicht eine T.!

Trum, der od. das; -[e]s, -e u. Trümer [Nebenf. von ↑²Trumm]: 1. (Bergbau) a) *Teil einer Fördereinrichtung od. -anlage;* b) *kleiner Gang.* 2. (Maschinenbau) *frei laufender Teil des Förderbandes od. des Treibriemens.*

¹Trumm, der od. das; -[e]s, -e u. Trümmer: *Trum.*

²Trumm, das; -[e]s, Trümmer [mhd., ahd. drum = Endstück, Splitter, H. u.] (landsch.): *großes Stück, Exemplar von etw.:* ein schweres T.; ein T. von [einem] Buch; ein T. von einem Mannsbild/(selten:) ein T. Mannsbild.

Trüm|mer: ⟨Pl.⟩ [spätmhd. trümer, drümer, Pl. von: drum, ↑²Trumm]: *Bruchstück, Überreste eines zerstörten größeren Ganzen, bes. von etw. Gebautem:* rauchende, verstreut liegende T.; die T. eines Flugzeugs; T. beseitigen, wegräumen; die Stadt lag in -n *(war völlig zerstört),* war in T. gesunken (geh.; *war zerstört worden*); der Betrunkene hat alles in T. geschlagen *(entzweigeschlagen);* bei der Explosion sind alle Fensterscheiben in T. gegangen *(entzweigegangen);* etw. in T. legen *(völlig zerstören);* viele waren unter den -n begraben; Ü er stand vor den -n seines Lebens.

Trüm|mer|feld, das: *mit Trümmern bedeckte Fläche, bedecktes Gelände:* die Stadt war [nur noch] ein einziges T.

Trüm|mer|frak|tur, die (Med.): *Knochenbruch, bei dem [zahlreiche] Knochensplitter entstehen.*

Trüm|mer|frau, die: *Frau, die (nach dem Zweiten Weltkrieg) mit der Beseitigung der Trümmer und dem Wiederaufbau der zerstörten Städte beschäftigt ist.*

Trüm|mer|grund|stück, das: *Grundstück mit den Trümmern des früheren Hauses.*

trüm|mer|haft ⟨Adj.⟩ (seltener): *fragmentarisch:* -e Erinnerungen.

Trüm|mer|hau|fen, der: *Haufen von Trümmern.*

Trumpf, der; -[e]s, Trümpfe [urspr. volkst. Vereinfachung von ↑Triumph unter Einfluss von frz. triomphe in der Bed. »Trumpf«]: 1. *eine der [wahlweise] höchsten Karten bei Kartenspielen, mit der andere Karten gestochen werden können:* ein hoher, niedriger T.; was ist T.?; Pik ist T.; lauter T./Trümpfe haben; [einen] T. an-, ausspielen, ziehen, spielen, bedienen; seinen T. behalten; die Hand voller Trümpfe, nur noch T. auf/in der Hand haben; R T. ist die Seele des Spiels (das Ausspielen eines Trumpfes begleitende Floskel). 2. *entscheidendes Argument od. Mittel, das jmd. einsetzt, um sich einen Vorteil zu verschaffen, um etw. anderes od. andere zu übertreffen:* alle Trümpfe waren aufseiten der Opposition; * **T. sein** *([gerade] von größter Wichtigkeit sein, [zurzeit] sehr geschätzt werden):* hier waren Kraft und Schnelligkeit T.; **wissen, zeigen, was T. ist** (ugs.; *wissen, zeigen, wie sich die Sache verhält, wie etw. zuzugehen hat*); **einen T. in der [Hinter]hand/im Ärmel haben** *(ein Erfolg versprechendes Mittel in Reserve haben);* **einen T. aus dem Ärmel ziehen** *(ein Erfolg versprechendes Mittel zum Einsatz bringen);* **alle Trümpfe in der Hand/in [den] Händen haben** *(die stärkere Position innehaben);* **jmdm. die Trümpfe aus den Händen nehmen** *(jmds. Vorteil zunichte machen);* **einen T./alle Trümpfe aus der Hand geben** *(auf einen Vorteil/alle Vorteile verzichten);* **einen T. ausspielen** *(ein Erfolg versprechendes Mittel zum Einsatz bringen; auftrumpfend vorbringen).*

Trumpf|ass [auch: –'–], das: *Ass der Trumpffarbe:* T. ausspielen; Ü er ist unser T. *(unser bester Mann).*

trump|fen ⟨sw. V.; hat⟩: *Trumpf spielen.*

Trumpf|far|be, die: *Farbe, die Trumpf ist.*

Trumpf|kar|te, die: *Karte der Trumpffarbe.*

Trunk, der -[e]s, Trünke ⟨Pl. selten⟩ [mhd. trunc, ahd. trunk, zu ↑trinken] (geh.): 1. a) (geh.) *etw., was jmd. gerade trinkt; Getränk:* ein erfrischender, labender T.; b) (veraltend) *Schluck, den jmd. von etw. nimmt:* ein T. Wasser; c) (veraltet) *das Trinken.* 2. (geh.) *das Trinken* (3 d): er ist dem T. verfallen, hat sich dem T. ergeben.

Trünk|chen, das; -s, -: Vkl. zu ↑Trunk.

trun|ken ⟨Adj.⟩ [mhd. trunken, ahd. trunchan, trunkan, zu ↑trinken] (geh.): 1. *sich durch die Wirkung alkoholischer Getränke in einem Rauschzustand befindend; berauscht, betrunken:* sie waren t. von/vom Wein; jmdn. [mit Schnaps] t. machen. 2. *in einen Rausch* (2) *versetzt od. einen entsprechenden Gemütszustand erkennen lassend:* -er Übermut; -e Freude; -e Tage; t. von/vor Freude, Begeisterung, Glück; von einer Idee t. sein; der Sieg, die Musik machte sie t.

Trun|ken|bold, der; -[e]s, -e [mhd. trunkenbolt; zum 2. Bestandteil vgl. Witzbold] (abwertend): *Trinker, Alkoholiker:* sein Vater war ein T.

Trun|ken|heit, die; - [mhd. trunkenheit, ahd. drunkanheit]: 1. *das Trunkensein* (1); *Betrunkenheit:* T. am Steuer; er befand sich im Zustand völliger T. 2. (geh.) *das Trunkensein* (2): eine leichte T. überkam sie.

Trunk|sucht, die; -: *Sucht nach Alkoholgenuss; suchtartige Gewöhnung an Alkoholgenuss.*

trunk|süch|tig ⟨Adj.⟩: *an Trunksucht leidend; der Trunksucht verfallen.*

Trupp, der; -s, -s [frz. troupe, ↑Truppe]: *kleine, meist in Bewegung befindliche Gruppe von Soldaten od. anderen zusammengehörigen Personen, die gemeinsam ein Vorhaben ausführen:* ein T. Emigranten; ein T. [berittener/(seltener:) berittene] Polizisten; ein T. Soldaten zog/(seltener:) zogen durch die Straßen; sie marschierten in einzelnen -s.

Trüpp|chen, das; -s, -: Vkl. zu ↑Trupp.

Trup|pe, die; -, -n [frz. troupe, H. u., wohl aus dem Germ.]: 1. a) *militärischer Verband:* eine motorisierte T.; reguläre, alliierte, eigene, feindliche, flüchtende, meuternde -n; die T. war angetreten; seine -n zusammenziehen, abziehen, in Marsch setzen; * **von der schnellen T. sein** (ugs.; *etw. sehr, allzu schnell erledigen*); b) ⟨o. Pl.⟩ *an der Front kämpfende Streitkräfte:* eine schlecht ausgerüstete T.; die kämpfende T.; die Schlagkraft, die Moral der T. verbessern; der Dienst bei der T.; er wurde wegen Entfernung von der T. bestraft. 2. *Gruppe zusammen auftretender Schauspieler, Artisten, Sportler o. Ä.:* eine T. von Artisten.

Trup|pen|ab|bau, der: *Reduzierung der Truppenstärke.*

Trup|pen|ab|zug, der: *Abzug von Truppen.*

Trup|pen|be|treu|ung, die: *kulturelle Betreuung einer Truppe* (1).

Trup|pen|be|we|gung, die ⟨meist Pl.⟩: *Veränderung des Standorts von Truppen* (1).

Trup|pen|ein|heit, die: *Einheit* (3) *der Truppe.*

Trup|pen|gat|tung, die: *Zusammenfassung einzelner nach militärischem Auftrag, nach Ausrüstung u. Bewaffnung unterschiedener Truppen des Heeres.*

Trup|pen|kon|tin|gent, das: *von einem Land zur Verfügung gestellte Menge an Truppen* (1).

Trup|pen|pa|ra|de, die: *Truppenschau.*

Trup|pen|schau, die: *öffentliche Vorführung von Truppen u. Ausrüstungsgegenständen; Parade* (1).

Trup|pen|stär|ke, die: *zahlenmäßige Stärke einer Truppe:* die T. verringern.

Trup|pen|teil, der: *Einheit* (3).

Trup|pen|übung, die: *militärische Übung, Manöver* (1) *von Truppen.*

Trup|pen|übungs|platz, der: *Gelände mit Unterkünften u. Anlagen für die Gefechtsausbildung von Truppen.*

Trup|pen|ver|band[s]|platz, der: *dem Bataillon zugeordnete Sanitätsstelle, die im Krieg die erste ärztliche Versorgung von Verwundeten übernimmt.*

trupp|wei|se ⟨Adv.⟩: *in Trupps:* die Pioniere gingen t. vor; ⟨mit Verbalsubstantiven auch attr.:⟩ das t. Vorgehen.

Trü|sche, die; -, -n [H. u.]: *Aalquappe.*

Trust [trast, engl.: trʌst, selten: trʊst], der; -[e]s, -e u. -s [engl. trust, kurz für trust company, aus: trust = Treuhand u. company = Gesellschaft] (Wirtsch.): *Zusammenschluss mehrerer Unternehmen unter einer Dachgesellschaft, meist unter Aufgabe ihrer rechtlichen u. wirtschaftlichen Selbstständigkeit, zum Zwecke der Monopolisierung.*

trust|ar|tig ⟨Adj.⟩: *einem Trust ähnlich:* ein -er Zusammenschluss von Unternehmen.

Trus|tee [tras'ti:], der; -s, -s [engl. trustee, zu: to trust = (ver)trauen]: engl. Bez. für *Treuhänder.*

trust|frei ⟨Adj.⟩: *nicht an einen Trust gebunden.*

Trut|hahn, der; -[e]s, ...hähne [1. Bestandteil der Lockruf »trut«; vgl. Pute]: *männliches Truthuhn; Puter.*

Trut|hen|ne, die; -, -n: *weibliches Truthuhn; Pute* (1).

Trut|huhn, das; -[e]s, ...hühner: 1. *großer Hühnervogel mit rötlich violettem, nacktem Kopf u. Hals mit Karunkeln, der wegen seines Fleisches als Haustier gehalten wird.* 2. *Truthenne.*

Trutz, der; -es [mhd. (md.) trutz, Nebenf. von ↑Trotz] (veraltet): *Gegenwehr, Widerstand:* jmdm. T. bieten; ⟨meist in dem Wortpaar:⟩ zu Schutz und T.

Trutz|burg, die (früher): *Burg, die zur Belagerung einer gegnerischen Burg erbaut wurde.*

T

trut|zen ⟨sw. V.; hat⟩ [mhd. (md.) trutzen] (veraltet): *trotzen (1).*

trut|zig ⟨Adj.⟩ [mhd. trutzig, Nebenf. von ↑trotzig] (geh. veraltend): *den Eindruck von Gegenwehr, Widerstand erweckend:* eine -e Stadtmauer.

Try|pa|no|so|ma, das; -s, ...men [zu griech. trýpanon = Bohrer u. sõma = Körper]: *als Krankheitserreger bei Menschen, Haustieren auftretendes Geißeltierchen.*

Tryp|sin, das; -s [wohl zu griech. thrýptein = zerbrechen u. ↑Pepsin] (Med.): *Eiweiß spaltendes Enzym der Bauchspeicheldrüse.*

Tsat|si|ki: ↑Zaziki.

Tschad; -s, (auch:) der; -[s]: Staat in Zentralafrika: die Bevölkerung des T./des -s.

Tscha|der, der; -s, -: Ew.

Tscha|de|rin, die; -, -nen: w. Form zu ↑Tschader.

tscha|disch ⟨Adj.⟩: *Tschad, die Tschader betreffend; von den Tschadern stammend, zu ihnen gehörend.*

Tscha|dor [auch: ...ˈdo:ɐ̯], Tschadyr, der; -s, -s [pers. čādur]: *(von persischen Frauen getragener) langer, den Kopf u. teilweise das Gesicht u. den Körper bedeckender Schleier.*

Tschad|see, der; -s: See in Zentralafrika.

Tscha|dyr: ↑Tschador.

Tscha|ko, der; -s, -s [ung. csákó = Husarenhelm]: *(früher) im Heer u. (nach 1918) von der Polizei getragene zylinder-, helmartige Kopfbedeckung.*

Tschan|du, das; -s [engl. chandoo < Hindi candū]: *zum Rauchen zubereitetes Opium.*

Tschap|ka, die; -, -s [poln. czapka] (früher): *Kopfbedeckung der Ulanen, bei der auf einem runden Helm ein viereckiges Oberteil mit nach vorn weisender Spitze sitzt.*

Tschar|dasch: frühere Schreibung für ↑Csardas.

tschau: ↑ciao.

Tsche|che, der; -n, -n: Ew. zu ↑Tschechische Republik.

Tsche|chi|en; -s: kurz für: Tschechische Republik.

Tsche|chin, die; -, -nen: w. Form zu ↑Tscheche.

tsche|chisch ⟨Adj.⟩: **a)** *die Tschechische Republik, die Tschechen betreffend; von den Tschechen stammend, zu ihnen gehörend;* **b)** *in der Sprache der Tschechen.*

Tsche|chisch, das; -[s] u. ⟨nur mit best. Art.:⟩ **Tsche|chi|sche,** das; -n: *die tschechische Sprache.*

Tsche|chi|sche Re|pu|blik, die; -n -: Staat in Mitteleuropa.

Tsche|cho|slo|wa|ke, der; -n, -n (früher): Ew. zu ↑Tschechoslowakei.

Tsche|cho|slo|wa|kei, die; -: ehem. Staat in Mitteleuropa.

Tsche|cho|slo|wa|kin, die; -, -nen: w. Form zu ↑Tschechoslowake.

tsche|cho|slo|wa|kisch ⟨Adj.⟩ (früher): *die Tschechoslowakei, die Tschechoslowaken betreffend.*

Tsche|ka, die; - [russ. čeka]: *(von 1917 bis 1922) politische Polizei in der Sowjetunion.*

Tscher|kes|se, der; -n, -n: Angehöriger einer Gruppe kaukasischer Volksstämme.

Tscher|kes|sin, die; -, -nen: w. Form zu ↑Tscherkesse.

tscher|kes|sisch ⟨Adj.⟩: *die Tscherkessen betreffend, von ihnen stammend, zu ihnen gehörend.*

Tscher|no|sem, Tscher|no|sjom, das; -s [russ. černozëm]: *Steppenschwarzerde.*

Tsche|ro|ke|se, der; -n, -n: Angehöriger eines nordamerikanischen Indianerstamms.

Tsche|ro|ke|sin, die; -, -nen: w. Form zu ↑Tscherokese.

Tschi|buk, der; -s, -s [türk. çubuk]: *irdene, lange türkische Tabakspfeife mit kleinem, deckellosem Kopf.*

tschil|pen ⟨sw. V.; hat⟩ [lautm.]: *(vom Sperling) kurze, helle Laute von sich geben.*

tsching ⟨Interj.⟩: lautm. für den Klang eines Beckens.

tsching|bum, tsching|de|ras|sa|bum, tsching|de|ras|sas|sa ⟨Interj.⟩: lautm. für den Klang von Becken u. Trommel.

tschüs [auch: tʃʏs], tschüss [älter: atschüs, Nebenf. von niederd. adjüs, wohl < span. adiós < lat. ad deum, ↑ade] (ugs.): *auf Wiedersehen!* (Abschiedsgruß bes. unter Verwandten u. guten Bekannten): t., alter Junge!; wir wollen dir nur noch t. sagen *(uns bei dir verabschieden).*

Tschüs [auch: tʃʏs], Tschüss, das; -, - (ugs.): Abschiedsgruß bes. unter Verwandten u. guten Bekannten: jmdm. ein fröhliches T. zurufen; wir wollen dir nur noch T. sagen *(uns bei dir verabschieden).*

tschüss: ↑tschüs.

Tschüss: ↑Tschüs.

Tsd. = ²Tausend (1).

Tse|tse|flie|ge [ˈtse:tse..., auch: ˈtsɛtsɛ...], die; -, -n [Bantu (afrik. Eingeborenenspr.) tsetse (lautm.)]: *(im tropischen Afrika heimische) Stechfliege, die durch ihren Stich Krankheiten, bes. die Schlafkrankheit, überträgt.*

T-Shirt [ˈti:ʃə:t], das; -s, -s [engl. T-shirt, wohl nach dem T-förmigen Schnitt]: *kurzärmliges Oberteil aus Trikot.*

Tsu|ga, die; -, -s u. ...gen [jap.]: *Hemlocktanne.*

Tsu|na|mi, der; -, -s [jap. tsunami, eigtl. = Hochwasser]: *durch Seebeben ausgelöste Flutwelle im Pazifischen Ozean.*

T-Trä|ger, der (Bauw.): *T-förmiger Stahlträger.*

TU, [te:ˈ|u:], die; -, -s: technische Universität.

Tu|a|reg ⟨Pl. v. ↑Targi⟩: Berber in den Gebirgen der westlichen Zentralsahara u. dem sich südlich anschließenden Sahel.

tua res agi|tur [lat.] (bildungsspr.): *es geht um deine Sache!*

Tu|ba, die; -, ...ben [lat. tuba, eigtl. = Röhre, Tube]: **1. a)** *tiefstes Blechblasinstrument mit oval gewundenem Rohr, nach oben gerichtetem Schalltrichter, meist vier Ventilen* (2 a) *u. seitlich hervorragendem Mundstück;* **b)** *altrömisches Blasinstrument (Vorläufer der Trompete).* **2.** (Anat.) *Tube* (2).

Tu|ba|spie|ler, der; *jmd., der Tuba spielt.*

Tu|ba|spie|le|rin, die; w. Form zu ↑Tubaspieler.

Tüb|bing, der; -s, -s [aus dem Niederd. zu (m)niederd. tubbe = Röhre] (Bergbau): *Segment eines gusseisernen Rings zum Ausbau wasserdichter Schächte.*

Tu|be, die; -, -n [engl. tube < frz. tube < lat. tubus = Röhre]: **1.** *aus biegsamem Metall od. elastischem Kunststoff gefertigter, kleiner, röhrenförmiger Behälter mit Schraubverschluss für pastenartige Stoffe, die zur Entnahme in gewünschter Menge herausgedrückt werden:* eine T. Zahnpasta, Hautcreme, Senf; eine T. aufschrauben, verschließen, zusammendrücken, zudrehen; Farbe aus der T. drücken; * **auf die T. drücken** (salopp; *etw., bes. die Geschwindigkeit, beschleunigen*): in der zweiten Halbzeit drückte der Meister stärker auf die T. **2.** (Anat.) **a)** *röhrenförmige Verbindung zwischen der Paukenhöhle des Ohrs u. dem Rachen;* **b)** *Eileiter.*

tube|less [ˈtju:blɪs] ⟨Adj.⟩: engl. Bez. für *schlauchlos* (auf Autoreifen).

Tu|ben: Pl. von ↑Tuba, Tubus.

Tu|ben|ka|tarrh, der: *Entzündung der Tube* (2 a).

Tu|ben|schwan|ger|schaft, die (Med.): *Eileiterschwangerschaft.*

Tu|ber|kel, der; -s, -, österr. auch: die; -, -n [lat. tuberculum = Höckerchen, Vkl. von: tuber, ↑Trüffel]: **1.** (Med.) *knötchenförmige Geschwulst, bes. bei Tuberkulose.* **2.** (Anat.) *kleiner Höcker, Vorsprung (bes. an Knochen).*

Tu|ber|kel|bak|te|rie, die, **Tu|ber|kel|ba|zil|lus,** der (Med.): *Erreger der Tuberkulose.*

tu|ber|ku|lar ⟨Adj.⟩ (Med.): *mit der Bildung von Tuberkeln einhergehend; knotig.*

tu|ber|ku|lös, (österr. auch:) tuberkulos ⟨Adj.⟩ [frz. tuberculeux, zu: tubercule = Tuberkel < lat. tuberculum, ↑Tuberkel] (Med.): **a)** *die Tuberkulose betreffend, damit zusammenhängend:* -e Hirnhautentzündung; **b)** *an Tuberkulose leidend; schwindsüchtig.*

Tu|ber|ku|lo|se, die; -, -n: *meist chronisch verlaufende Infektionskrankheit mit Tuberkeln in den befallenen Organen (z. B. Lunge, Knochen);* Abk.: Tb, Tbc: latente, verkapselte T.; offene T. *(Stadium der Lungentuberkulose mit bröckeligem [blutigem] Auswurf, sodass die Ansteckungsgefahr besonders groß ist).*

tu|ber|ku|lo|se|frei ⟨Adj.⟩: *frei von Tuberkulose.*

tu|ber|ku|lo|se|krank ⟨Adj.⟩: *an Tuberkulose erkrankt, leidend.*

tu|be|rös, (fachspr. auch:) tuberos ⟨Adj.⟩ [lat. tuberosus = voller Höcker, Knoten, zu: tuber, ↑Trüffel] (Med.): *höckerig, knotenartig, geschwulstartig.*

Tu|be|ro|se, die; -, -n [zu lat. tuberosus (↑tuberös), eigtl. = die Knollenreiche]: *(in Mexiko heimische, zu den Liliengewächsen gehörende) Pflanze mit weißen, in Trauben wachsenden, stark duftenden Blüten.*

Tü|bin|gen: Stadt am Neckar.

¹Tü|bin|ger, der; -s, -: Ew.

²Tü|bin|ger ⟨indekl. Adj.⟩: das T. Rathaus.

Tü|bin|ge|rin, die; -, -nen: w. Form zu ↑¹Tübinger.

Tu|bist, der; -en, -en: *Tubaspieler.*

Tu|bis|tin, die; -, -nen: w. Form zu ↑Tubist.

Tu|bus, der; -, ...ben u. -se [lat. tubus, ↑Tube]: **1.** (Optik) *Rohr an optischen Geräten, das die Linsen aufnimmt.* **2.** (Fachspr.) *Rohransatz an Glasgeräten.* **3.** (Med.) *Kanüle (2), die [für Narkosezwecke] in die Luftröhre eingeführt wird.*

Tuch, das; -[e]s, Tücher u. -e [mhd., ahd. tuoch, H. u.]: **1.** ⟨Pl. Tücher⟩ *[viereckiges, gesäumtes] Stück Stoff o. Ä. für bestimmte Zwecke:* ein wollenes, seidenes, buntes T.; flatternde, wehende Tücher; jmdm., sich ein T. um den Kopf binden; ein T. umnehmen, um die Schultern legen, über die Schultern nehmen; ein T. im Halsausschnitt, unter dem Mantel tragen; ein T. über den Patienten decken; zum Zeichen der Kapitulation hängten sie weiße Tücher aus den Fenstern; etw. in ein T. wickeln, einschlagen; etw. mit einem T., mit Tüchern abdecken; der Torero reizt den Stier mit dem roten T. *(mit der Muleta, einem an einem Stab befestigten scharlachroten Tuch):* * **ein rotes/das rote T. für jmdn. sein/wie ein rotes T. auf jmdn. wirken** (ugs.; *durch sein Vorhandensein, seine Art von vornherein jmds. Widerwillen u. Zorn hervorrufen;* nach dem beim Stierkampf verwendeten roten Tuch); **in trockenen Tüchern sein** *([nach längeren Verhandlungen o. Ä.] glücklich erledigt, abgeschlossen sein).* **2.** ⟨Pl. -e⟩ **a)** *Streichgarn- od. Kammgarngewebe in Tuch- od. Köperbindung mit einer filzartigen Oberfläche:* feines, leichtes, festes, glattes T.; ein Stück, 3 m, ein Ballen T.; T. weben, rauen, walken, scheren; sie trug einen Mantel aus englischem T.; **b)** (Seemannsspr.) kurz für ↑Segeltuch.

Tuch|an|zug, der: *Anzug aus Tuch* (2 a).

tuch|ar|tig ⟨Adj.⟩: *wie Tuch* (2 a) *geartet.*

Tuch|bin|dung, die (Textilind.): *Leinwandbindung.*

Tü|chel|chen, das; -s, -: Vkl. zu ↑Tuch (1).

tu|chen ⟨Adj.⟩: *aus Tuch* (2 a) *bestehend.*

Tu|chent, die; -, -en [H. u., viell. aus dem Slaw.] (österr.): *Federbett.*

Tuch|fa|brik, die: *Textilfabrik bes. für Tuche, Wollstoffe.*

Tuch|fa|bri|kant, der: *Fabrikant bes. von Tuchen, Wollstoffen; Besitzer einer Tuchfabrik.*

Tuch|fa|bri|kan|tin, die: w. Form zu ↑Tuchfabrikant.

Tuch|füh|lung, die ⟨o. Pl.⟩ [urspr. Soldatenspr.] (scherzh.): *enger Abstand zum Nebenmann, sodass dieser leicht berührt wird:* T. mit jmdm. haben; T. zu jmdm. halten; auf T. [mit jmdm.] sein, sitzen; Ü keine T. *(keine Kontakte, Beziehungen zu andern)* mehr haben; die T. verlieren; wir bleiben auf T. *(in Verbindung);* wir kamen schnell auf T. *(kamen uns schnell näher).*

Tuch|han|del, der: *Handel mit Tuchen* (2 a).

Tüch|lein, das; -s, -: Vkl. zu ↑Tuch (1).

Tuch|ma|cher, der (früher): *Handwerker, der Tuche* (2 a) *o. Ä. herstellt; Facharbeiter der Textilindustrie* (Berufsbez.).

Tuch|ma|che|rin, die: w. Form zu ↑Tuchmacher.

Tuch|sei|te, die: *rechte Seite, Oberseite eines Tuchs* (2 a), *Wollstoffs.*

tüch|tig ⟨Adj.⟩ [mhd. tühtic, zu mhd., ahd. tuht = Tüchtigkeit, Tapferkeit, Gewalt, zu ↑taugen]: **1.** *seine Aufgabe mit Können u. Fleiß erfüllend:* ein -er [Mit]arbeiter; eine -e Frau, Kraft; sie ist sehr t. [in ihrem Fach]; ⟨subst.:⟩ der Tüchtige schafft es; R freie Bahn dem Tüchtigen! **2.** *als Leistung von guter Qualität; im Hinblick auf etw. sehr brauchbar:* das ist eine -e Arbeit, Leistung; (iron.:) t., t.!; ⟨subst.:⟩ der Junge sollte etwas Tüchtiges lernen. **3.** (ugs.) **a)** *hinreichend in Menge, Ausmaß, Intensität:* ein -es Stück Arbeit; eine -e Tracht Prügel, Portion Optimismus; ein -er Schrecken fuhr ihr in die Glieder; noch einen -en Schluck nehmen; sie ist ein -er Esser *(nimmt reichlich vom Essen);* **b)** ⟨intensivierend bei Verben u. Adj.⟩ *so sehr, hinreichend viel:* es ist t. kalt; t. essen, zu tun haben; sie wurde t. ausgelacht; über Nacht hat es t. geschneit.

-tüch|tig: drückt in Bildungen mit Substantiven – seltener mit Verben (Verbstämmen) – aus, dass die beschriebene Person oder Sache für etw. gut geeignet ist, die für etw. erforderlichen Voraussetzungen besitzt: flug-, hochsee-, verkehrstüchtig.

Tüch|tig|keit, die; - [mhd. tühtecheit]: **1.** *das Tüchtigsein* (1): sportliche T.; seine T. im Beruf. **2.** *gute Tauglichkeit in bestimmter Hinsicht:* körperliche T.

Tu|cke, die; -, -n [wohl zu veraltet Tuck (mhd. tuc, ↑Tücke) = bösartiger Charakter]: **1.** (ugs. abwertend) *[erwachsene, ältere] weibliche Person, die nicht geschätzt wird, die jmdm. lästig ist.* **2.** (salopp abwertend) *[femininer] Homosexueller.*

Tü|cke, die; -, -n [mhd. tücke, tucke, eigtl. = Handlungsweise, Tun, entweder Pl. od. feminine Bildung von mhd. tuc = Schlag, Stoß; (arglistige) Handlung(sweise)]: **1.** ⟨o. Pl.⟩ *hinterhältigheimtückische Boshaftigkeit:* jmds. T. fürchten; sie ist, steckt voller T.; Ü er fürchtete die T. des Schicksals; * **die T. des Objekts** *(ärgerliche Schwierigkeit, die sich unvermutet beim Gebrauch von etw. zeigt;* erstmals im Roman »Auch einer« von F. Th. Vischer [1807–1887]). **2.** ⟨meist Pl.⟩ *heimtückische Handlung:* es gibt keine T., zu der sie nicht fähig wäre; Ü er war allen -n des Meeres ausgesetzt. **3.** ⟨meist Pl.⟩ *nicht ohne weiteres erkennbare, verborgene Eigenschaft (einer Sache), die einen in ärgerliche, gefährliche Situationen bringen kann:* der Motor hat [seine] -n.

tu|ckern ⟨sw. V.⟩ [aus dem Niederd., urspr. wohl lautm.]: **1. a)** *gleichmäßig aufeinander folgende klopfende, stumpf-harte Laute von sich geben* ⟨hat⟩: der Motor tuckert; ein tuckerndes Geräusch; **b)** *sich mit tuckerndem Geräusch (irgendwohin) fortbewegen* ⟨ist⟩: ein Lastkahn tuckerte gemächlich stromauf. **2.** (landsch.) *[schmerzhaft] pochen, klopfen, zucken* ⟨hat⟩: der kranke Zahn tuckerte immer stärker.

tü|ckisch ⟨Adj.⟩ [spätmhd. tückisch, zu mhd. tuc, ↑Tücke]: **a)** *durch Tücke* (1) *gekennzeichnet, voller Tücke* (1) *steckend; von Tücke zeugend:* ein -er Mensch, Plan; **b)** *nicht gleich erkennbare, verborgene Gefahren in sich bergend, durch Unberechenbarkeit gefährlich:* eine -e Krankheit; ein -es Klima; der Torwart konnte den -en Aufsetzer gerade noch abwehren; die Kurve ist bei solchem Wetter besonders t.; **c)** *eine unbestimmte Gefahr andeutend, signalisierend.*

tuck|tuck ⟨Interj.⟩ [lautm.]: Lockruf für Hühner.

tü|de|lig ⟨Adj.⟩ [zu landsch. tüdeln = zaudern, zögern] (nordd.): *(infolge höheren Alters) leicht einfältig u. unbeholfen:* Opa ist schon ein bisschen t.

Tü|der, der; -s, - [mniederd. tud(d)er] (nordd.): *Seil zum Anbinden eines weidenden Tiers.*

tü|dern ⟨sw. V.; hat⟩ [1: zu ↑Tüder; 2: viell. sekundär vermischt mit (1)] (nord[ost]d.): **1. a)** *(ein Tier auf der Weide) anbinden, anpflocken;* **b)** *[unordentlich, nachlässig] binden* (3). **2.** *in Unordnung bringen.*

Tu|dor|bo|gen ['tju:də..., auch: 'tu:dɔr..., ...do:ɐ̯...], der; -s, - u. (bes. südd., österr. u. schweiz.) ...bögen [nach dem engl. Königshaus der Tudors] (Archit.): *für den Tudorstil charakteristischer flacher Spitzbogen.*

Tu|dor|stil, der; -[e]s (Archit.): *spätgotischer Baustil in England.*

Tuff, der; -s, (Arten:) -e [ital. tufo < lat. tofus] (Geol.): **1.** *lockeres, poröses, aus verfestigtem vulkanischem Material bestehendes Gestein.* **2.** *Sinter.*

Tuff|fels, Tuff|fel|sen, der: *Felsen aus Tuff.*

Tuff|stein, der [spätmhd. tuf(t)stein, spätahd. tufstein]: **1.** *Tuff.* **2.** *Baustein aus Tuff* (1).

Tüf|tel|ar|beit, die; -, -en (ugs.): *tüftelige Arbeit.*

Tüf|te|lei, die; -, -en (ugs.): **1.** ⟨o. Pl.⟩ *das Tüfteln.* **2.** *Tüftelarbeit.*

Tüf|te|ler: ↑Tüftler.

Tüf|te|le|rin, die; -, -nen: w. Form zu ↑Tüfteler.

tüf|te|lig, tüftlig ⟨Adj.⟩ (ugs.): **1.** *viel Tüftelei, langes Tüfteln erfordernd, mit Tüftelei verbunden:* eine -e Arbeit. **2.** (oft abwertend) *einen [übermäßig] ausgeprägten Hang zum Tüfteln habend, zu übertriebener Sorgfalt, Genauigkeit neigend:* ein -er Mensch.

tüf|teln ⟨sw. V.; hat⟩ [H. u.] (ugs.): *sich mit viel Geduld u. Ausdauer mit etw. Schwierigem, Kniffligem in seinen Einzelheiten beschäftigen:* sie tüftelte so lange an der Maschine, bis sie wieder lief.

Tuf|ting|ver|fah|ren ['taftɪŋ...], das ⟨o. Pl.⟩ [engl. tufting = das Anordnen in Büscheln, zu: to tuft = in Büscheln anordnen]: *Verfahren zur Herstellung von Teppichen u. Auslegeware, bei dem der Flor erzeugt wird, indem kleine Schlingen in ein Grundgewebe eingenäht u. dann aufgeschnitten werden.*

Tüft|ler, Tüfteler, der; -s, - (ugs.): *jmd., der gern tüftelt.*

Tüft|le|rin, die; -, -nen: w. Form zu ↑Tüftler.

tüft|lig: ↑tüftelig.

Tu|gend, die; -, -en [mhd. tugent, ahd. tugund, zu ↑taugen u. eigtl. = Tauglichkeit, Kraft]: **1.** ⟨o. Pl.⟩ *Tugendhaftigkeit:* T. üben; niemand zweifelt an seiner T.; sie ist ein Ausbund an/von T. **2.** *sittlich wertvolle Eigenschaft (eines Menschen):* die T. der Gerechtigkeit, Aufrichtigkeit, Bescheidenheit; die christlichen, sozialistischen -en; weibliche, männliche, preußische, militärische -en; jeder Mensch hat seine -en und seine Fehler. **3.** ⟨o. Pl.⟩ (veraltet) **a)** *Keuschheit;* **b)** *Jungfräulichkeit* (1).

Tu|gend|bold, der; -[e]s, -e [zum 2. Bestandteil vgl. Witzbold] (iron.): *jmd., der sich besonders tugendhaft gibt.*

tu|gend|haft ⟨Adj.⟩ [mhd. tugenthaft = tüchtig, gewaltig; edel, fein gesittet]: *den geltenden sittlichen Normen gemäß lebend, sich verhaltend; sittlich einwandfrei; moralisch untadelig, vorbildlich:* -es Verhalten.

Tu|gend|haf|tig|keit, die; -: *das Tugendhaftsein.*

tu|gend|los ⟨Adj.⟩ (veraltend): *sittenlos; zuchtlos; ohne Tugend* (1).

tu|gend|reich ⟨Adj.⟩ (veraltend): *tugendhaft.*

Tu|gend|wäch|ter, der (oft abwertend): *jmd., der über die Tugend anderer wacht.*

Tu|gend|wäch|te|rin, die: w. Form zu ↑Tugendwächter.

Tu|kan [auch: tu'ka:n], der; -s, -e [span. tucán < Tupi u. Guaraní (südamerik. Indianersprachen) tuka(no)]: *(in Süd- u. Mittelamerika heimischer) größerer, in Baumhöhlen nistender Vogel mit farbenprächtigem Gefieder u. sehr großem, leuchtend farbigem Schnabel.*

Tu|la|rä|mie, die; - [zum Namen der County Tulare (Kalifornien, USA), wo die Krankheit erstmals beobachtet wurde, u. zu griech. haĩma = Blut] (Med.): *Seuche bei wild lebenden Nagetieren, die auch auf den Menschen übertragen werden kann; Hasenpest.*

Tu|li|pan, der; -[e]s, -e, **Tu|li|pa|ne,** die; -, -n (veraltet): *Tulpe.*

Tüll, der; -s, (Arten:) -e [frz. tulle, nach der frz. Stadt Tulle]: *bes. für Gardinen verwendetes, lockeres, netzartiges Gewebe (aus Baumwolle, Seide, Chemiefasern):* Florentiner T. *(feiner, mit Rankenmustern bestickter Tüll).*

Tüll|är|mel, der: *Ärmel aus Tüll.*

tüll|ar|tig ⟨Adj.⟩: *wie Tüll geartet:* ein -es Gewebe.

Tül|le, die; -, -n [mhd. tülle, ahd. tulli = röhrenförmige Verlängerung der Pfeil- od. Speerspitze] (landsch.): **1.** *Schnabel* (3): die T. einer Kaffeekanne. **2.** *röhrenartiger Teil eines Werkzeugs o. Ä., in den etw., z. B. ein Stiel, hineingesteckt wird.*

Tüll|gar|di|ne, die: *Gardine aus Tüll.*

Tul|pe, die; -, -n [älter: Tulipa(n) (↑Tulipan), in der heutigen Form < niederl. tulp < türk. tülbent, tülbant, pers. tülband = Turban, nach dem turbanförmigen Blütenkelch]: **1.** *(zu den Liliengewächsen gehörende, in vielen Züchtungen existierende) im Frühjahr blühende Pflanze mit meist aufrecht auf einem hohen Stängel sitzender, großer, kelchförmiger Blüte.* **2.** *[Bier]glas mit einem Stiel, das in der Form einer Tulpenblüte ähnelt.* **3.** (salopp) *sonderbarer Mensch:* er ist eine seltsame T.; du bist mir vielleicht eine T.!

Tul|pen|blü|te, die: **1.** *Blüte einer Tulpe* (1). **2.** *das Blühen der Tulpen* (1); *Zeit, in der die Tulpen blühen:* wir fahren zur T. *(um die Tulpenblüte zu sehen)* nach Holland.

Tul|pen|zwie|bel, die: *Zwiebel* (1 a) *einer Tulpe.*

-tum, das; -s [mhd., ahd. -tuom, zum Suffix erstarrtes Subst. mhd., ahd. tuom = Macht; Würde, Besitz; Urteil, zu ↑tun]: **1.** bezeichnet in Bildungen mit Substantiven einen Zustand, eine Beschaffenheit, Eigenschaft oder ein Verhalten von jmdm.: Chaotentum, Erpressertum, Profitum. **2.** bezeichnet in Bildungen mit Substantiven eine Personengruppe: Bürgertum. **3.** bezeichnet in Bildungen mit Substantiven das Territorium von jmdm.: Scheichtum, Herzogtum.

tumb ⟨Adj.⟩ [mhd. tump, ↑dumm] (leicht spött.): *arglos-unbekümmert, einfältig-naiv:* er ist ein -er Tor.

[1]Tum|ba, die; -, Tumben [1: spätlat. tumba < griech. týmba]: **1.** *sarkophagähnliches Grabmal, dessen Deckplatte meist mit einem in Stein gehauenen Bildnis des Beigesetzten geschmückt ist.* **2.** (kath. Kirche) *Attrappe eines auf einer Totenbahre stehenden Sarges, die zur Totenmesse in der Kirche aufgestellt wird.*

[2]Tum|ba, die; -, -s [span. tumba, zu: retumbar = ertönen]: *Conga* (2).

Tum|ben: Pl. von ↑[1]Tumba.

Tumb|heit, die; - [mhd. tumbheit] (leicht spött.): *das Tumbsein.*

tum|meln ⟨sw. V.⟩ [mhd., ahd. tumelen, Nebenf. von ↑taumeln]: **1.** ⟨t. + sich⟩ *sich irgendwo lebhaft, ausgelassen hin u. her bewegen* ⟨hat⟩: die Kinder tummeln sich im Garten, im Wasser. **2.** ⟨t. + sich⟩ (landsch.) *sich beeilen* (1) ⟨hat⟩: jetzt müssen wir uns aber t.!

Tum|mel|platz, der [urspr. = Reitbahn, Kampfplatz]: *Ort, an dem Menschen einer bestimmten Kategorie sich besonders gern aufhalten, an dem sie sich wohl fühlen, sich frei entfalten, sich ihren Bedürfnissen entsprechend verhalten können:* Schwabing, ein T. exzentrischer Originale.

Tumm|ler, der; -s, - [eigtl. = »Taumler«]: **1.** *(vom 16. bis 18. Jahrhundert beliebtes) becherartiges Trinkgefäß mit abgerundetem Boden, das sich (nach dem Prinzip des Stehaufmännchens) aus jeder Schräglage heraus von selbst in die senkrechte Lage bewegt.* **2.** *(auf Jahrmärkten o. Ä. betriebenes) karussellartiges Gerät, das sich im Kreis dreht u. gleichzeitig eine Aufundabbewegung beschreibt u. in dem die Karussellfahrenden mit dem Rücken nach außen u. gegen ein sicherndes Gitter gelehnt sitzen.*

Tümm|ler, der; -s, - [1: nach den lebhaften Bewegungen; 2: eigtl. = Taube mit taumelndem Flug]: **1.** *dem Delphin ähnliches, meist gesellig lebendes Meeressäugetier.* **2.** *in vielen Rassen vorkommende Haustaube, die besonders hoch u. lange fliegen kann.*

Tu|mor [ugs. auch: tu'mo:ɐ̯], der; -s, ...oren, ugs.

auch: ...ore [lat. tumor = Schwellung, zu: tumere = geschwollen sein] (Med.): **1.** *Geschwulst:* gutartige, bösartige -en/(ugs. auch:) -e. **2.** *krankhafte Anschwellung eines Organs od. eines Teils eines Organs.*

Tu|mor|mar|ker, der (Med.): *von Tumorzellen herrührende Substanz, anhand deren Konzentration in Körperflüssigkeiten die Ausdehnung u. der Grad der Bösartigkeit einer Geschwulst bestimmt werden können.*

Tu|mor|zel|le, die (Med.): *zu einem Tumor gehörende Körperzelle.*

Tüm|pel, der; -s, - [aus dem Md., älter nhd. Tümpfel, mhd. tümpfel, ahd. tumphilo, eigtl. = Vertiefung, zu ↑tief]: *Ansammlung von Wasser in einer kleineren Senke, Vertiefung im Boden:* ein kleiner T. schlammigen Wassers.

Tu|mu|li: Pl. von ↑Tumulus.

Tu|mult, der; -[e]s, -e [lat. tumultus, verw. mit tumere, ↑Tumor]: *verwirrendes, lärmendes Durcheinander aufgeregter Menschen:* ein heftiger, riesiger, unglaublicher T. erhob sich, entstand; der T. hat sich etwas gelegt; ihre Worte gingen im allgemeinen T. unter; bei der Demonstration kam es zu schweren -en.

tu|mult|ar|tig ⟨Adj.⟩: *tumultuarisch:* -e Szenen; eine -e Versammlung.

Tu|mul|tu|ant, der; -en, -en [zu lat. tumultuare = lärmen, zu: tumultus, ↑Tumult] (bildungsspr. selten): *Unruhestifter, Ruhestörer; Aufrührer.*

Tu|mul|tu|an|tin, die; -, -nen: w. Form zu ↑Tumultuant.

tu|mul|tu|a|risch ⟨Adj.⟩ [lat. tumultuarius, zu: tumultus, ↑Tumult] (bildungsspr.): *mit Lärm, Erregung, Tumult verbunden, einhergehend:* -e Szenen im Parlament.

tu|mul|tu|ie|ren ⟨sw. V.; hat⟩ [lat. tumultuari, zu: tumultus, ↑Tumult]: *lärmen; einen Auflauf erregen.*

tu|mul|tu|os (seltener), **tu|mul|tu|ös** ⟨Adj.⟩ [frz. tumultueux < lat. tumultuosus, ↑tumultuoso] (bildungsspr.): *tumultuarisch:* -e Ereignisse.

tu|mul|tu|o|so ⟨Adv.⟩ [ital. tumultuoso < lat. tumultuosus, zu: tumultus, ↑Tumult] (Musik): *stürmisch, heftig, lärmend.*

Tu|mu|lus, der; -, ...li [lat. tumulus = (Grab)hügel, zu: tumere, ↑Tumor] (Archäol.): *[vorgeschichtliches] Hügelgrab.*

tun ⟨unr. V.; hat⟩ [mhd., ahd. tuon, eigtl. = setzen, stellen, legen]: **I. 1. a)** *eine Handlung ausführen; sich mit etw. beschäftigen:* etw. ungern, gern, selbst, allein, auf eigene Verantwortung, von sich aus, unaufgefordert, freiwillig t.; so etwas tut er nicht; sie hat viel Gutes getan; sie hat genau das Richtige, Falsche getan *(sich richtig, falsch verhalten);* er tat, was/wie ihm befohlen; wenn du nichts [Besseres] zu t. hast, komm doch mit!; ich habe anderes, Besseres, Wichtigeres zu t., als hier herumzusitzen; sie tut nichts als meckern (ugs.; *meckert ständig*); ich möchte einmal gar nichts t. *(faulenzen);* was willst du nach dem Examen t.? *(was sind deine Pläne?);* ich weiß nicht, was ich t. soll *(wie ich mich verhalten soll; womit ich mich beschäftigen soll);* so etwas tut man nicht *(gehört sich nicht);* so tu doch etwas! *(greife ein!; handele!);* er hat sein Möglichstes, Bestes getan *(sich nach Kräften bemüht);* man sollte das eine t. und das andere nicht lassen *(beides tun);* du kannst t. und lassen, was du willst *(niemand macht dir Vorschriften);* tu, was du willst! *(es ist mir gleichgültig, wie du handelst, dich verhältst);* sie hat getan, was sie konnte *(sich nach Kräften bemüht);* er hat alles [Erdenkliche] getan *(alle seine Möglichkeiten ausgeschöpft),* um das zu verhindern; was tust du hier? *(was willst du hier, warum bist du hier?);* was kann ich für dich t.? *(wie kann ich dir behilflich sein?);* kann ich etwas für dich t.? *(dir helfen?);* du musst etwas für deine Gesundheit, deine Haut, für dich t. *(etw. tun, was deiner Gesundheit, deiner Haut, dir gut tut);* die Regierung sollte mehr für die Rentner t. *(stärker in ihrem Interesse handeln);* dagegen muss man etwas, kann man nichts t. *(dagegen muss man, kann man nicht angehen);* was wirst du mit dem Geld t.? *(wie wirst du es verwenden?);* du kannst damit t., was du willst *(darüber frei verfügen);* was tust du *(hast du vor)* mit dem Messer?; dafür, dass das auch in Zukunft so bleibt, müssen wir etwas t. *(uns einsetzen);* es hat sich so ergeben, ohne dass ich etwas dazu getan hätte *(ohne mein Dazutun);* sie hatte nichts Eiligeres zu t., als es weiterzuerzählen *(erzählte es sofort weiter);* ⟨auch o. Akk.-Obj.:⟩ tu langsam! (landsch.; *nicht so schnell!*); was t.? *(was soll man in dieser Situation machen?);* R man tut, was man kann *(man bemüht sich nach Kräften);* ich will sehen, was sich t. lässt *(ich werde mein Möglichstes tun);* was tut man nicht alles! *(man versucht, dem anderen einen Gefallen zu tun, obgleich es einem nicht leicht fällt);* Ü was tut denn die tote Fliege in meiner Suppe? *(sie gehört doch hier nicht hinein!);* **b)** *(etw. Bestimmtes) verrichten, erledigen, vollbringen:* sie tut ihre Arbeit, Pflicht; ich habe noch etwas Wichtiges zu t.; es bleibt nur noch eines zu t.; wer hat das getan? *(wer ist der Schuldige?);* was hat sie denn getan? *(sich zuschulden kommen lassen?);* der Tischler hat viel zu t. *(viele Aufträge);* tus doch! *(mach deine Drohung doch wahr!);* du tust es ja doch nicht *(ich glaube dir nicht, dass du es wirklich tust);* nach getaner Arbeit; ⟨auch o. Akk.-Obj.:⟩ ich habe zu t. *(muss arbeiten);* ich hatte dort [geschäftlich] zu t. *(war dort, um etwas [Geschäftliches] zu erledigen);* Mutter hatte noch in der Küche zu t.; * **mit etw. ist es [nicht] getan** *(etw. genügt [nicht]):* mit ein paar netten Worten ist es nicht getan; **es nicht unter etw. t.** (ugs.; ↑machen 1 c); **es t.** (ugs. verhüll.; *koitieren*); **c)** nimmt die Aussage eines vorher im Kontext gebrauchten Verbs auf: ich riet ihr zu verschwinden, was sie auch schleunigst tat; ⟨unpers.:⟩ es sollte am nächsten Tag regnen, und das tat es dann auch; **d)** *ausführen, machen:* einen Blick aus dem Fenster, einen Sprung, einen Schritt t.; eine Äußerung, einer Sache Erwähnung t.; ⟨unpers.:⟩ plötzlich tat es einen furchtbaren Knall; **e)** *hervor-, zustande bringen, bewirken:* ein Wunder t.; (verblasst:) seine Wirkung t. *(wirken);* R was tuts? (ugs.; *na und?; was solls?*); was tut das schon? (ugs.; *was macht das schon?*); das tut nichts *(das ist unerheblich, spielt keine Rolle);* **f)** *zuteil werden lassen; zufügen, antun; in einer bestimmten Weise an jmdm. handeln:* jmdm. [etw.] Gutes t.; jmdm. einen Gefallen t.; du hast dir was an der Stirn getan *(dich verletzt);* er hat viel an ihr getan (ugs.; *hat ihr viel Gutes getan*); warum hast du mir das getan *(angetan)*?; er tut dir nichts *(fügt dir kein Leid zu);* ⟨auch o. Dativobj.:⟩ der Hund tut nichts *(beißt nicht).* **2.** * **es t.** (**1.** ugs.; *den gewünschten Zweck erfüllen; genügen, ausreichen:* das billigere Papier tut es auch; Sahne wäre besser, aber Milch tut es auch; die Schuhe tun es noch einen Winter. **2.** *funktionieren, gehen:* das Auto tuts noch einigermaßen, tuts nicht mehr so recht). **3.** (landsch. ugs.) *funktionieren, gehen:* das Radio tut nicht [richtig]. **4.** (ugs.) *irgendwohin bringen, befördern, setzen, stellen, legen:* tu es an seinen Platz, in den Müll, in den Schrank; Salz an, in die Suppe t.; das Geld tue ich auf die Bank; den Kleinen tun wir zur Oma *(geben wir in ihre Obhut);* sie taten (ugs.; *schickten*) die Tochter aufs Gymnasium. **5.** *durch sein Verhalten einen bestimmten Anschein erwecken; sich geben, sich stellen:* freundlich, vornehm, geheimnisvoll, überrascht t.; sie tat dümmer, als sie war; er tut [so], als ob/als wenn/wie wenn er nichts wüsste, als wüsste er nichts, als sei nichts gewesen; ⟨elliptisch:⟩ sie tut nur so [als ob] *(sie gibt das nur vor, verstellt sich nur);* tu doch nicht so! *(verstell dich doch nicht so!).* **6.** ⟨t. + sich⟩ *sich ereignen; vorgehen, geschehen; im Gange sein; sich verändern:* in der Politik, im Lande tut sich etwas, einiges; es tut sich immer noch nichts. **7.** * **es mit jmdm., etw. zu t. haben** *(jmdn., etw. von bestimmter Art vor sich haben):* wir haben es hier mit einem gefährlichen Verbrecher, Virus zu t.; Sie scheinen nicht zu wissen, mit wem Sie es zu t. haben (als Zurechtweisung); **[es] mit etw. zu t. haben** (ugs.; *an etw. leiden; mit etw. Schwierigkeiten haben*): sie hat mit einer Grippe zu t.; er hat es mit dem Herzen zu t.; **[es] mit jmdm., etw. zu t. bekommen**/(ugs.:) **kriegen** *(von jmdm. zur Rechenschaft gezogen werden o. Ä.):* sonst kriegst du es mit mir zu t.!; **mit sich [selbst] zu t. haben** *(persönliche Probleme haben, die einen beschäftigen);* **mit etw., jmdm. zu t. haben** *(mit etw., jmdm. umgehen, in Berührung kommen; sich mit etw., jmdm. befassen, auseinander setzen müssen):* in ihrem Beruf hat sie viel mit Büchern zu t.; er hat noch nie [etwas] mit der Polizei zu t. gehabt; **mit etw. zu t. haben** (**1.** *mit etw. zusammenhängen, mit etw. in [ursächlichem] Zusammenhang stehen:* das hat vielleicht etwas mit dem Wetter zu t. **2.** ugs.; *etw. Bestimmtes darstellen, sein; als etw. Bestimmtes bezeichnet werden können:* mit Kunst hat das wohl kaum etwas zu t.); **mit etw. nichts zu t. haben** (**1.** *für etw. nicht zuständig, verantwortlich sein; mit etw. nicht befasst sein:* mit dem Binden der Bücher haben wir nichts zu t. **2.** *nicht als [Mit]schuldiger für etw. [mit]verantwortlich sein:* er hat mit dem Mord nichts zu t.); **mit jmdm., etw. nichts zu t. haben wollen** *(jmdn., etw. meiden; sich aus etw. heraushalten);* **es ist um jmdn., etw. getan** (geh.; ↑geschehen 2); **jmdm. ist [es] um jmdn., etw. zu t.** (geh.; *jmdm. geht es um jmdn., etw.*): es ist mir um dich, deine Gesundheit zu t. **II.** ⟨Hilfsverb⟩ **1.** ⟨mit vorangestelltem, ugs. auch nachgestelltem Infinitiv⟩ dient zur Betonung des Vollverbs: singen tut sie gerne; (ugs.:) ich tu bloß noch schnell die Blumen gießen; (scherzh.:) t. tut keiner was. **2.** ⟨mit Infinitiv⟩ (landsch.) dient zur Umschreibung des Konjunktivs: das täte *(würde)* mich schon interessieren.

Tun, das; -s: *jmds. Ausführung einer Handlung, Beschäftigung mit etw.:* ein sinnvolles T.; * **jmds. T. und Treiben** (geh.; *das, was jmd. tut, treibt*); **jmds. T. und Lassen** (geh.; *jmds. Handlungsweise*).

Tün|che, die; -, (Arten:) -n [frühnhd. tünche, mhd. tüniche, ahd. tunicha, rückgeb. aus ↑tünchen]: **1.** *weiße od. getönte Kalkfarbe, Kalkmilch od. Leimfarbe zum Streichen von Wänden.* **2.** ⟨o. Pl.⟩ (abwertend) *etw., was das wahre Wesen verdeckt, verdecken soll:* ihre Höflichkeit ist nur T.

tün|chen ⟨sw. V.; hat⟩ [mhd. tünchen, ahd. (mit kalke) tunihhōn, eigtl. = be-, verkleiden, zu: tuniha < lat. tunica, ↑Tunika]: *mit Tünche (1) anstreichen:* eine Wand t.

Tün|cher, der; -s, - (landsch.): *Maler* (2).

Tün|che|rin, die; -, -nen: w. Form zu ↑Tüncher.

Tun|dra, die; -, ...ren [russ. tundra]: *baumlose Steppe nördlich der polaren Waldgrenze; Kältesteppe.*

Tu|nell, das; -s, -e (südd., österr., schweiz.): *Tunnel.*

tu|nen ['tju:nən] ⟨sw. V.; hat⟩ [engl. to tune] (Kfz-T.): *frisieren* (2b): ein getunter Motor, Wagen.

Tu|ner ['tju:nɐ], der; -s, - [engl. tuner, zu: to tune, ↑tunen]: **1.** (Elektronik) *Gerät (meist als Teil einer Stereoanlage) zum Empfang von Hörfunksendungen.* **2.** (Elektronik) *Teil eines Rundfunk- od. Fernsehgerätes, mit dessen Hilfe das Gerät auf eine bestimmte Frequenz, einen bestimmten Kanal eingestellt wird.* **3.** (Kfz-T. Jargon) *Spezialist für Tuning.*

Tu|ne|rin ['tju:nərɪn], die; -, -nen: w. Form zu ↑Tuner (3).

[1]Tu|ne|ser: ↑Tunesier.

[2]Tu|ne|ser ⟨indekl. Adj.⟩.

Tu|ne|se|rin, die; -, -nen: w. Form zu ↑[1]Tuneser.

Tu|ne|si|en; -s: Staat in Nordafrika.

Tu|ne|si|er, der; -s, -: Ew.

Tu|ne|si|e|rin, die; -, -nen: w. Form zu ↑Tunesier.

tu|ne|sisch ⟨Adj.⟩: *Tunesien, die Tunesier betreffend; von den Tunesiern stammend, zu ihnen gehörend.*

Tun|fisch: ↑Thunfisch.
Tun|gu|se, der; -n, -n: Angehöriger eines sibirischen Volksstammes; Ewenke.
Tun|gu|sin, die; -, -nen: w. Form zu ↑Tunguse.
Tu|nicht|gut, der; - u. -[e]s, -e [eigtl. = (ich) tu nicht gut]: *jmd., der Unfug treibt, Schlimmes anrichtet.*
Tu|ni|ka, die; -, ...ken [lat. tunica, aus dem Semit.]: **1.** *(im antiken Rom von Männern u. Frauen getragenes) [ärmelloses] [Unter]gewand.* **2.** *ärmelloses, vorne offenes Übergewand, das mit Gürtel über einem festlichen Kleid aus dem gleichen Stoff getragen wird.*
Tu|ni|ka|te, die; -, -n ⟨meist Pl.⟩ [zu lat. tunicatus = mit einer Tunika bekleidet, zu: tunica, ↑Tunika]: *Manteltier.*
Tu|ning ['tju:nɪŋ], das; -s [engl. tuning, zu: to tune, ↑tunen] (Kfz-T.): *das Tunen.*
Tu|nis: Hauptstadt von Tunesien.
¹Tu|ni|ser, der; -s, -: Ew.
²Tu|ni|ser ⟨indekl. Adj.⟩.
Tu|ni|se|rin, die; -, -nen: w. Form zu ↑¹Tuniser.
tu|ni|sisch ⟨Adj.⟩: *Tunis, die Tuniser betreffend; von den Tunisern stammend, zu ihnen gehörend.*
Tun|ke, die; -, -n [zu ↑tunken] (Kochk.): *[kalte] Soße:* Heringsfilets in pikanter T.; *** in der T. sitzen** (ugs. seltener; ↑Tinte 1).
tun|ken ⟨sw. V.; hat⟩ [mhd. tunken, ahd. thunkōn, eigtl. = benetzen, anfeuchten] (landsch.): *eintauchen* (1): Brot in die Soße, in den Kaffe t.
tun|lich ⟨Adj.⟩ [zu ↑tun] (veraltend): **1.** *ratsam; angebracht:* ein Umweg wäre -er. **2.** *möglich* (1): etw. so rasch wie nur t. erledigen.
tun|lichst ⟨Adv.⟩: **1. a)** *möglichst* (1 b): Lärm soll t. vermieden werden; **b)** *möglichst* (2): man hoffte auf eine Beteiligung in t. großer Zahl. **2.** *auf jeden Fall, unbedingt:* Autofahrer sollten t. auf Alkohol verzichten.
Tun|nel, der; -s, -, seltener: -s [engl. tunnel < afrz. ton(n)el = Tonnengewölbe, Fass, zu: tonne < mlat. tunna, ↑Tonne]: **a)** *unterirdisches röhrenförmiges Bauwerk, bes. als Verkehrsweg durch einen Berg, unter einem Gewässer hindurch o. Ä.:* der T. ist für Gefahrguttransport gesperrt; einen T. bauen; der Zug fährt durch einen T.; **b)** *unterirdischer Gang:* einen T. graben; **c)** (Rugby) *(bei einem Gedränge 3) freier Raum zwischen den Spielern.*
tun|nel|ähn|lich ⟨Adj.⟩: *einem Tunnel ähnlich.*
Tun|nel|bau, der ⟨o. Pl.⟩: *das Bauen eines Tunnels* (a, b).
Tun|nel|bund, der (Mode): *¹Bund (2), durch den ein Gürtel gezogen werden kann.*
Tun|nel|gurt, der, **Tun|nel|gür|tel,** der (Mode): *besonderer, zum Einziehen in einen Tunnelbund bestimmter Gürtel.*
tun|ne|lie|ren ⟨sw. V.; hat⟩ (österr.): *(durch etw. hindurch) einen Tunnel bauen:* einen Berg t.
Tun|ne|lie|rung, die; -, -en (österr.): *das Tunnelieren; Tunnelbau.*
tun|neln ⟨sw. V.; hat⟩ (Sport Jargon): *jmdm., bes. dem Tormann, den Ball zwischen den Beinen hindurchspielen:* er tunnelte den Torwart.
Tun|te, die; -, -n [1: aus dem Niederd., urspr. wohl lautm. für das Sprechen eines Geisteskranken; 2: übertr. von (1)]: **1.** (ugs. abwertend) *Tante* (2 b). **2.** (salopp, auch abwertend) *Homosexueller mit femininem Gebaren.*
tun|ten|haft ⟨Adj.⟩: **1.** (ugs. abwertend) *tantenhaft.* **2.** (salopp, meist abwertend) *von, in der Art einer Tunte* (2).
tun|tig ⟨Adj.⟩ (ugs. abwertend): **1.** *tuntenhaft* (1): -e Betulichkeit. **2.** (salopp, meist abwertend) *tuntenhaft* (2).
Tun|wort: ↑Tuwort.
Tupf, der; -[e]s, -e [mhd. topfe, ahd. topho, eigtl. = (leichter) Stoß, Schlag, zu ↑stoßen, im Nhd. an ↑tupfen angelehnt] (südd., österr., schweiz.): *Tupfen.*
Tüpf|chen, das; -s, -: Vkl. zu ↑Tupfen.
Tüp|fel, das od. der; -s, - [spätmhd. dippfel, Vkl. von ↑Tupf] (selten): *Tüpfelchen.*
Tüp|fel|chen, das; -s, - [Vkl. von ↑Tüpfel]: *kleiner Tupfen:* du hast ein schwarzes T. auf der Backe; Ü nicht ein T. *(nicht das Geringste)* an etw. ändern; *** das T. auf dem i** *(die Zutat, die einer Sache noch die letzte Abrundung gibt).*
Tüp|fel|farn, der [nach den als Tüpfel erscheinenden Sporenhäufchen]: *immergrüner Farn mit einfach gefiederten, derben, dunkelgrünen Blättern.*
tüp|fe|lig, tüpflig ⟨Adj.⟩: **1.** (selten) *getupft, gesprenkelt.* **2.** (landsch.) *pingelig.*
tüp|feln ⟨sw. V.; hat⟩: *mit Tupfen, Tüpfeln versehen:* etw. blau t.; ⟨meist im 2. Part.:⟩ ein getüpfeltes Fell.
tup|fen ⟨sw. V.; hat⟩ [1: mhd. nicht belegt, ahd. tupfan, zu ↑tief u. eigtl. = tief machen, eintauchen; 2: zu ↑Tupf]: **1. a)** *leicht an, auf etw. stoßen, ¹tippen* (1): jmdm. auf die Schulter t.; **b)** *tupfend* (1 a) *berühren:* er tupfte sich den Mund mit der Serviette, die Stirn mit einem Taschentuch; **c)** *(etw.) tupfend* (1 a) *entfernen od. aufbringen:* sich [mit einem Tuch] den Schweiß von der Stirn t. **2.** *mit Tupfen versehen:* einen Stoff t.; ⟨meist im 2. Part.:⟩ ein [blau] getupftes Kleid.
Tup|fen, der; -s, - [urspr. Pl. von ↑Tupf]: *kleiner farbiger, punktähnlicher Fleck; Punkt:* ein weißes Kleid mit roten T.
Tup|fer, der; -s, -: **1.** (ugs.) *Tupfen:* eine Krawatte mit lustigen -n; Ü Blumen als bunte T. im Krankenhaus. **2.** *Stück locker gefalteter Verbandsmull zum Betupfen von Wunden (zur Blutstillung, Reinigung u. a.).*
tüpf|lig: ↑tüpfelig.
¹Tu|pi, der; -[s], -[s]: Angehöriger einer südamerikanischen Sprachfamilie im tropischen Waldgebiet.
²Tu|pi, das; -: *Indianersprache in Südamerika.*
Tür, die; -, -en [mhd. tür, ahd. turi]: **1. a)** *Vorrichtung in Form einer in Scharnieren hängenden, meist rechteckigen Platte zum Verschließen eines Durchgangs, eines Einstiegs o. Ä.:* die T. quietscht, klemmt, knarrt, schließt nicht richtig, ist geschlossen; eine T. [ab]schließen, aushängen, anlehnen; die T. hinter sich zumachen; er hörte, wie die T. ging *(geöffnet od. geschlossen wurde);* an die T. klopfen; ein Auto mit vier -en; einen Brief unter der T. durchschieben; sie wohnt eine T. weiter *(nebenan);* R mach die T. von außen zu! (ugs.; *geh hinaus!*); [ach] du kriegst die T. nicht zu! (ugs.; *ach du meine Güte!*); Ü das wird dir so manche T. öffnen *(manche Möglichkeit eröffnen);* ihr stehen alle -en offen *(ihre [beruflichen] Möglichkeiten sind sehr vielfältig);* er fand nur verschlossene -en *(er stieß überall auf Ablehnung; niemand unterstützte ihn);* wir dürfen die T. nicht zuschlagen/müssen die T. offen halten *(wir müssen die Möglichkeit zu verhandeln, uns zu einigen, erhalten);* sie fand überall offene -en *(sie war überall willkommen, fand überall Unterstützung);* *** jmdm. die T. einlaufen/einrennen** (ugs.; ↑Bude 2 b); **jmdm. die T. vor der Nase zuschlagen** (ugs.; 1. *im letzten Augenblick vor jmdm. die Tür zumachen.* 2. *jmdn. schroff zurückweisen*); **[bei jmdm.] offene -en einrennen** (ugs.; *bei jmdm. mit großem Engagement für etw. eintreten, was dieser ohnehin befürwortet*); **einer Sache T. und Tor öffnen** *(einer Sache Vorschub leisten; etw. unbeschränkt ermöglichen):* dadurch wird dem Missbrauch T. und Tor geöffnet; **hinter verschlossenen -en** *(ohne die Anwesenheit von Außenstehenden, ohne Außenstehende zuzulassen; geheim):* sie verhandeln hinter verschlossenen -en; **mit der T. ins Haus fallen** (ugs.; *sein Anliegen ohne Umschweife, [allzu] unvermittelt vorbringen*); **vor verschlossener T. stehen** *(niemanden zu Hause antreffen);* **zwischen T. und Angel** (ugs.; *in Eile, ohne genügend Zeit für etw. zu haben; im Weggehen*); **b)** *als Eingang o. Ä. dienende, meist rechteckige Öffnung in einer Wand [die mit einer Tür (1 a) verschlossen wird]; Türöffnung:* die T. geht ins Freie; eine T. zumauern; aus der T. treten; sie steckte den Kopf durch die T.; der Schrank geht nicht durch die T.; sie stand in/unter der T.; er hatte den Fuß bereits in der T.; R da ist die T.! (ugs.; nachdrückliche Aufforderung an jmdn., den Raum zu verlassen); *** jmdm. die T. weisen** (geh.; *jmdn. mit Nachdruck auffordern, den Raum zu verlassen; jmdn. abweisen*); **vor die T.** *(ins Freie, nach draußen):* vor die T. gehen; **jmdn. vor die T. setzen** (ugs.; 1. *jmdn. hinausweisen.* 2. *jmdn. entlassen; jmdm. kündigen*); **vor seiner eigenen T. kehren** (ugs.; *sich um seine eigenen Angelegenheiten kümmern*); **vor der T. stehen** *(nach dem Kalender bald eintreten, gefeiert, begangen werden können; unmittelbar bevorstehen):* Ostern steht vor der T. **2. a)** *einer Tür (1 a) ähnliche, meist jedoch kleinere Vorrichtung zum Verschließen einer Öffnung:* die T. eines Ofens, Vogelkäfigs, Schrankes; **b)** *mit einer Tür (2 a) verschließbare Öffnung:* sie griff durch die T. des Käfigs nach dem Goldhamster.
Tür|an|gel, die: *Angel (2) zum Einhängen einer Tür.*
Tur|ba, die; -, Turbae [lat. turba = ¹Schar] (Musik): *Chor (1 a) in Passionen (2 c) u. Ä.*
Tur|ban, der; -s, -e [älter Turband, Tulban(t) < türk. tülbent < pers. dulband]: **1.** *aus einem in bestimmter Weise [über einer kleinen Kappe] um den Kopf gewundenen langen, schmalen Tuch bestehende Kopfbedeckung (bes. der Muslime u. Hindus).* **2.** *um den Kopf drapierter Schal als modische Kopfbedeckung für Damen.*
Tür|be, die; -, -n [türk. türbe, aus dem Arab.]: *islamischer, bes. türkischer, turmförmiger Grabbau mit kegel- od. kuppelförmigem Dach.*
Tur|bel|la|rie, die; -, -n ⟨meist Pl.⟩ [zu lat. turbo, ↑Turbine]: *Strudelwurm.*
Tur|bi|ne, die; -, -n [frz. turbine, zu lat. turbo (Gen.: turbinis) = Wirbel; Kreisel, verw. mit lat. turba, ↑turbulent] (Technik): *Kraftmaschine, die die Energie strömenden Gases, Dampfes od. Wassers mithilfe eines Schaufelrades in eine Rotationsbewegung umsetzt.*
Tur|bi|nen|an|trieb, der: *Antrieb durch eine Turbine.*
Tur|bi|nen|flug|zeug, das: vgl. Turbinenschiff.
tur|bi|nen|ge|trie|ben ⟨Adj.⟩ (Technik): *von einer Turbine angetrieben:* ein -er Generator.
Tur|bi|nen|haus, das: *Gebäude, in dem sich die Turbinen (z. B. eines Wasserkraftwerks) befinden.*
Tur|bi|nen|schiff, das: *Schiff mit Turbinenantrieb.*
Tur|bo, der; -s, -s [zu ↑Turbine, geb. mit dem Wortbildungselement -o (wie z. B. Chemo-, Techno-)] (Kfz-W. Jargon): **1.** kurz für ↑Turbolader, ↑Turbomotor: Ü den T. einschalten (ugs.; *sich mehr anstrengen, mehr leisten*). **2.** *Auto mit Turbomotor* (1).
tur|bo|elek|trisch ⟨Adj.⟩ (Technik): *mit von einem Turbogenerator geliefertem Strom arbeitend.*
Tur|bo|ge|ne|ra|tor, der (Technik): *durch eine Turbine angetriebener Generator.*
Tur|bo|la|der, der: *mit einer Abgasturbine arbeitende Vorrichtung zum Aufladen (3) eines Motors.*
Tur|bo|mo|tor, der: **1.** *Motor mit einem Turbolader.* **2.** *mit einer Gasturbine arbeitendes Triebwerk (z. B. bei Hubschraubern).*
tur|bu|lent ⟨Adj.⟩ [lat. turbulentus = unruhig, stürmisch, zu: turba = Verwirrung, Lärm]: **1.** *durch großes Durcheinander, große [sich in Lärm äußernde] Lebhaftigkeit, allgemeine Erregung, Aufregung, Unruhe gekennzeichnet; sehr unruhig, ungeordnet:* ein -es Wochenende; -e Szenen spielten sich im Parlament, im Gerichtssaal ab; die Sitzung verlief äußerst t. **2.** (Physik, Astron., Met.) *durch das Auftreten von Wirbeln gekennzeichnet, ungeordnet:* -e Strömungen.
Tur|bu|lenz, die; -, -en [lat. turbulentia, zu: turbulentus, ↑turbulent]: **1.** *sehr unruhiger Verlauf, turbulentes Geschehen:* die T. der letzten Wochen; die -en meistern; in finanzielle -en *(Schwierigkeiten)* geraten. **2.** (Physik, Astron., Met.) *turbulente (2) Strömung; Wirbel:* die T. des Wassers; an den Tragflächen bilden sich

T

-en; Ü die Partei durchfliegt zurzeit -en *(ist zurzeit in Schwierigkeiten).*

Tür|drü|cker, der: 1. *Türöffner.* 2. *Klinke* (1).

Tü|re, die; -, -n (bes. landsch.): *Tür.*

Turf [tʊrf, engl.: tə:f], der; -s [engl. turf = Rasen, verw. mit ↑Torf] (Pferdesport Jargon): *Pferderennbahn (als Schauplatz von Pferderennen als gesellschaftlichem Ereignis).*

Tür|fal|le, die (schweiz.): *Türklinke.*

Tür|flü|gel, der: *Flügel* (2 a) *einer Flügeltür.*

Tür|fül|lung, die: *Füllung* (3).

Tür|glo|cke, die (veraltend): *Türklingel.*

Tur|gor, der; -s [spätlat. turgor = das Geschwollensein, zu lat. turgere = angeschwollen sein]: 1. (Med.) *Druck der in einem Gewebe enthaltenen Flüssigkeit.* 2. (Bot.) *Druck der in den Zellen einer Pflanze enthaltenen Flüssigkeit auf die Zellwände.*

Tür|griff, der: *Klinke* (1).

Tür|he|ber, der: *Vorrichtung, durch die eine Tür beim Öffnen automatisch leicht angehoben wird.*

Tür|hü|ter, der (veraltet): *jmd., der vor einer Tür steht u. darüber wacht, dass kein Unerwünschter, Unbefugter o. Ä. eintritt.*

-tü|rig: in Zusb., z. B. viertürig *(mit vier Türen).*

Tu|rin: italienische Stadt.

[1]Tu|ri|ner, der; -s, -: Ew.

[2]Tu|ri|ner ⟨indekl. Adj.⟩.

Tu|ri|ne|rin, die; -, -nen: w. Form zu ↑[1]Turiner.

tu|ri|nisch ⟨Adj.⟩: *Turin, die Turiner betreffend; von den Turinern stammend, zu ihnen gehörend.*

Tür|ke, der; -n, -n [2: viell. nach älter Türke = eingedrillte Gefechtsübung, dann: staatliche Maßnahme, die in der österreichisch-ungarischen Monarchie unter Ausnutzung der Furcht vor den Türkeneinfällen getroffen wurde]: 1. Ew.: wir hatten Hunger und beschlossen, zum -n (ugs.; *in ein türkisches Restaurant*) zu gehen. 2. (oft als diskriminierend empfunden) **a)** (ugs.) *etw., was dazu dient, etwas nicht Vorhandenes, einen nicht existierenden Sachverhalt vorzuspiegeln:* ein grandioser T.; *** einen -n bauen/** (veraltend:) **stellen** *(etw. in der Absicht, jmdn. zu täuschen, als wirklich, als echt hinstellen);* **b)** (Ferns., Rundf. Jargon) *wie eine dokumentarische Aufnahme präsentierte, in Wahrheit aber nachgestellte Aufnahme:* die Szene war ein T.

Tür|kei, die; -: Staat in Vorderasien u. Südosteuropa.

tür|ken (sw. V.; hat) (ugs.; oft als diskriminierend empfunden): *fingieren, fälschen:* ein Interview t.; getürkte Autounfälle.

Tür|ken|sä|bel, der: *Säbel mit gekrümmter Klinge.*

Tür|ken|tau|be, die [nach dem urspr. Herkunftsland]: *der Lachtaube ähnliche, graubraune Taube mit einem schwarzen, weiß geränderten Band über dem Nacken.*

Tür|ket|te, die: *Sicherheitskette* (a).

Tur|key [ˈtə:kɪ], der; -s, -s [engl. cold turkey, eigtl. = kalter Truthahn(aufschnitt), H. u.] (Jargon): *mit qualvollen Entzugserscheinungen einhergehender Zustand, in den ein [Heroin]süchtiger gerät, wenn er seine Droge nicht bekommt:* auf [den] T. kommen; auf [dem] T. sein.

Tür|kin, die; -, -nen: w. Form zu ↑Türke (1).

tür|kis ⟨indekl. Adj.⟩: *grünblau; blaugrün:* ein t. Tuch; ⟨nicht standardsprachl.:⟩ ein -es Kleid.

[1]Tür|kis, der; -es, -e [mhd. turkīs, turkoys < (m)frz. turquoise, zu afrz. turquois = türkisch, also eigtl. = türkischer (Edelstein), wohl nach den ersten Fundorten]: 1. *sehr feinkörniges, undurchsichtiges, blaues, blaugrünes od. grünes Mineral:* hier wird T. gewonnen. 2. *aus Türkis* (1) *bestehender Schmuckstein:* ein erbsengroßer T.

[2]Tür|kis, das; -: *türkis Farbton:* ein helles T.

tür|kisch ⟨Adj.⟩: **a)** *die Türkei, die Türken betreffend; von den Türken stammend, zu ihnen gehörend:* ein -es Restaurant, Bad; **b)** *in der Sprache der Türken [verfasst].*

Tür|kisch, das; -[s] u. ⟨nur mit best. Art.:⟩ **Tür|kische,** das; -n: *die türkische Sprache.*

tür|ki|sen ⟨Adj.⟩: *türkis.*

tür|kis|far|ben, tür|kis|far|big ⟨Adj.⟩: *türkis.*

tur|ki|sie|ren (sw. V.; hat): *türkisch machen; der türkischen Sprache, den türkischen Verhältnissen angleichen.*

Tür|klin|gel, die: *elektrische Klingel, die außen an der Haustür betätigt wird (für Besucher).*

Tür|klin|ke, die: *Klinke* (1).

Tür|klop|fer, der: *aus einem massiven, an einer waagerechten Achse hängenden, oft kunstvoll gestalteten Metallstück bestehende Vorrichtung zum Anklopfen (bes. an schweren, alten Türen).*

Turk|me|ne, der; -n, -n: 1. Angehöriger eines Turkvolkes. 2. Ew. zu ↑Turkmenistan. 3. *turkmenischer Orientteppich.*

Turk|me|ni|en; -s (veraltend): *Turkmenistan.*

Turk|me|nin, die; -, -nen: w. Form zu ↑Turkmene (1, 2).

turk|me|nisch ⟨Adj.⟩: *Turkmenistan, die Turkmenen betreffend; von den Turkmenen stammend, zu ihnen gehörend.*

Turk|me|nis|tan; -s: Staat im Südwesten Mittelasiens.

Tür|knauf, der: *Knauf einer Tür.*

Tur|ko|lo|ge, der; -n, -n [↑-loge]: *jmd., der sich mit Turkologie befasst.*

Tur|ko|lo|gie, die; - [↑-logie]: *Wissenschaft von Sprache, Literatur u. Kultur der Turkvölker.*

Turko|lo|gin, die; -, -nen: w. Form zu ↑Turkologe.

Turk|spra|che, Türk|spra|che, die (Sprachw.): *von einem Turkvolk gesprochene Sprache* (z. B. das Türkische).

Turk|volk, Türk|volk, das: *Volk einer Gruppe in Südost- u. Osteuropa, in Mittel-, Nord- u. Kleinasien beheimateter Völker mit einander ähnlichen Sprachen.*

Turm, der; -[e]s, Türme [mhd. turn, turm, spätahd., torn, über das Afrz. < lat. turris]: 1. **a)** *hoch aufragendes, auf verhältnismäßig kleiner Grundfläche stehendes Bauwerk, das oft Teil eines größeren Bauwerks ist:* der T. einer Kirche; ein frei stehender T.; einen T. besteigen; auf einen T. steigen; eine Kathedrale mit zwei gotischen Türmen; Ü auf ihrem Schreibtisch stapeln sich Akten zu Türmen; *** elfenbeinerner T.** (bildungsspr.; ↑Elfenbeinturm); **b)** (früher) *Schuldturm; Hungerturm; in einem Turm gelegenes Verlies, Gefängnis:* jmdn. in den T. werfen, stecken. 2. *Schachfigur, die (beliebig weit) gerade zieht.* 3. (Fachspr.) *frei stehende Felsnadel.* 4. *Geschützturm:* der T. eines Panzers. 5. *turmartiger Aufbau eines Unterseebootes.* 6. kurz für ↑Sprungturm. 7. (Technik) *senkrechter Teil eines Turmdrehkrans, in dem sich das Führerhaus befindet u. an dem der Ausleger befestigt ist.* 8. kurz für ↑Stereoturm.

Tur|ma|lin, der; -s, -e [(frz., engl. tourmaline <) singhal. turamalli]: 1. *in verschiedenen Farben vorkommendes Mineral, das zur Herstellung von Schmuck u. in der Technik verwendet wird.* 2. *Edelstein aus Turmalin* (1).

Turm|bau, der ⟨Pl. -ten⟩: 1. ⟨o. Pl.⟩ *das Bauen eines Turms:* der T. zu Babel. 2. *Turm* (1 a).

Türm|chen, das; -s, -: Vkl. zu ↑Turm (1 a).

Turm|dreh|kran, der (Technik): *hoch aufragender fahrbarer Drehkran.*

[1]tür|men (sw. V.; hat) [mhd. türnen, turmen = mit einem Turm versehen]: 1. *etw. an eine Stelle bringen u. so aufschichten, dass dabei ein hoher Stapel, Haufen o. Ä. entsteht; auftürmen* (a): sie türmte die Bücher auf den Tisch; Äpfel zu einer Pyramide t. 2. ⟨t. + sich⟩ **a)** *sich auftürmen:* auf dem Schreibtisch türmen sich die Akten [zu Bergen]; **b)** (geh.) *aufragen:* vor uns türmt sich das Gebirge.

[2]tür|men (sw. V.; ist) [H. u., wohl aus der Gaunerspr.] (salopp): *sich aus einer unangenehmen Situation durch eilige Flucht befreien:* die Jungen türmten, als der Besitzer kam; aus dem Knast t.; über die Grenze t.

Tür|mer, der [mhd. türner, turner] (früher): *in einem Turm wohnender Turmwächter u. Glöckner.*

Turm|fal|ke, der: *Falke mit auf dem Rücken rotbraunem, beim Männchen dunkel geflecktem, beim Weibchen dunkel gestreiftem Gefieder, der bes. in Mauernischen von Gebäuden, Türmen nistet.*

Turm|hahn, der: *Wetterhahn auf einer Turmspitze.*

Turm|hau|be, die: *oberster Teil, Dach, Helm eines Turms.*

turm|hoch ⟨Adj.⟩ (emotional): *haushoch:* turmhohe Wellen.

Turm|mu|sik, die (Musik): 1. ⟨o. Pl.⟩ *Musik, wie sie im MA. von Türmern od. Stadtpfeifern zu bestimmten Stunden von einem Turm herab auf einem Horn o. Ä. gespielt wurde.* 2. *als Turmmusik* (1) *geschriebene Komposition:* -en von Beethoven und Hindemith.

Turm|spit|ze, die: *Spitze* (1 d) *eines Turms.*

Turm|sprin|gen, das ⟨o. Pl.⟩: *Disziplin des Schwimmsports, in der Sprünge von einem Sprungturm ausgeführt werden.*

Turm|uhr, die: *Uhr in einem Turm mit einem großen, außen angebrachten Zifferblatt (meist mit einem Schlagwerk):* die T. schlägt [vier].

Turm|wäch|ter, der (früher): *Wächter auf einem Turm, der die Aufgabe hat, das Ausbrechen von Feuer, das Herannahen von Feinden o. Ä. zu melden.*

Turm|zim|mer, das: *Zimmer im Turm eines Schlosses o. Ä.*

Turn [tə:n], der; -s, -s [engl. turn, zu: to turn = drehen (über das Afrz.) < lat. tornare, ↑turnen]: 1. (Flugw. Jargon) *Kurve.* 2. (Jargon) *bes. durch Haschisch, Marihuana bewirkter Rauschzustand:* einen T. haben; auf dem T. sein.

Turn|an|zug, der: *beim Turnen getragener Dress.*

Turn|around [tə:nəˈraʊnd], der; -[s], -s [engl. turnaround, zu: to turn around = umdrehen, umkehren] (bes. Wirtsch.): *Umschwung bes. in der wirtschaftlichen Situation eines Unternehmens; Überwindung einer Krise.*

Turn|beu|tel, der: *Beutel* (1 a) *für das Turnzeug.*

[1]tur|nen (sw. V.) [mhd. nicht belegt, ahd. turnēn = drehen, wenden < lat. tornare = runden (1 a), drechseln, zu: tornus, ↑Turnus; als angeblich »urdeutsches« Wort von F. L. Jahn (1778–1852) in die Turnerspr. eingef.]: 1. ⟨hat⟩ (Sport) **a)** *sich unter Benutzung besonderer Geräte (Barren, Reck, Pferd u. a.) sportlich betätigen:* sie kann gut t.; am Barren t.; wir turnen heute draußen (ugs.; *unser Turnunterricht findet heute im Freien statt*); **b)** *turnend ausführen:* eine Kür, einen Flickflack t. 2. (ugs.) **a)** *sich mit gewandten, flinken Bewegungen kletternd, krabbelnd, hüpfend irgendwohin bewegen* ⟨ist⟩: sie ist geschickt über die gefällten Stämme geturnt; **b)** *herumturnen* (2) ⟨hat⟩.

[2]tur|nen [ˈtø:ɐnən, ˈtœrnən] (sw. V.; hat) [rückgeb. aus ↑[2]anturnen] (Jargon): 1. *sich durch Drogen, bes. Haschisch o. Ä. in einen Rauschzustand versetzen:* du brauchst dich nicht zu verstecken, wenn du turnst. 2. *(von Drogen) eine berauschende Wirkung haben:* der Stoff turnt [nicht besonders]; Ü die Musik turnt wahnsinnig.

Tur|nen, das; -s: *Sportart, Unterrichtsfach* [1]*Turnen* (1): sie hat in/im T. eine Eins.

Tur|ner, der; -s, -: *jmd., der* [1]*turnt* (1 a): die deutschen T. errangen mehrere Medaillen.

Tur|ne|rei, die; -, -en (ugs., oft abwertend): 1. ⟨o. Pl.⟩ *[dauerndes] Turnen.* 2. *[waghalsige] Kletterei:* lass diese -en!

Tur|ne|rin, die; -, -nen: w. Form zu ↑Turner.

tur|ne|risch ⟨Adj.⟩: *das* [1]*Turnen* (1) *betreffend:* eine überragende -e Leistung.

Tur|ner|kreuz, das: *aus vier symmetrisch in der Form eines Kreuzes angeordneten großen F (den Anfangsbuchstaben von »frisch, fromm, fröhlich, frei«, dem Wahlspruch der Turner) bestehendes Zeichen der Turner.*

Tur|ner|schaft, die; -, -en: *Gesamtheit von Turnern.*

Tur|ner|spra|che, die: *Turnsprache.*

Turn|fest, das: vgl. Sportfest.

Turn|ge|rät, das: vgl. Sportgerät.

Turn|hal|le, die: *größeres Gebäude, das für den*

Turnunterricht, für Turnen, sportliche Betätigung errichtet u. dementsprechend ausgerüstet ist.

Turn|hemd, das: *zum Turnen zu tragendes Trikothemd.*

Turn|ho|se, die: *zum Turnen zu tragende kurze [schwarze] Hose.*

Tur|nier, das; -s, -e [mhd. turnier, turnīr, zu: turnieren < afrz. tourn(o)ier = Drehungen, Bewegungen machen; die Pferde bewegen, im Kreis laufen lassen; am Turnier teilnehmen, zu: torn = Drehung; Dreheisen < lat. tornus, ↑Turnus]: **1.** *(im MA.) festliche Veranstaltung, bei der Ritterkampfspiele durchgeführt werden.* **2.** *[über einen längeren Zeitraum sich erstreckende sportliche] Veranstaltung, bei der in vielen einzelnen Wettkämpfen aus einer größeren Anzahl von Teilnehmern, Mannschaften ein Sieger ermittelt wird:* ein T. veranstalten, austragen, ausrichten; an einem T. teilnehmen; sie ist beim T. um die Europameisterschaft [im Tennis, Schach] Zweite geworden.

Tur|nier|platz, der: *Anlage für Turniere im Pferdesport.*

Tur|nier|rei|ter, der: *an Turnieren teilnehmender Reiter.*

Tur|nier|rei|te|rin, die: w. Form zu ↑Turnierreiter.

Tur|nier|sieg, der: *Sieg in einem Turnier.*

Tur|nier|tanz, der: 1. ⟨o. Pl.⟩ *Tanzsport.* **2.** *für Tanzturniere zugelassener Tanz:* Rumba und Samba sind Turniertänze.

Tur|nier|tän|zer, der: *an Turnieren teilnehmender Tänzer.*

Tur|nier|tän|ze|rin, die: w. Form zu ↑Turniertänzer.

Turn|leh|rer, der: vgl. Sportlehrer (a).

Turn|leh|re|rin, die: w. Form zu ↑Turnlehrer.

Turn|saal, der (bes. österr.): *Turnhalle.*

Turn|sa|chen ⟨Pl.⟩ (ugs.): *Sachen* (1), *bes. Kleidung, zum Turnen.*

Turn|schuh, der: *absatzloser Schuh [aus flexiblem Material], der beim Ausüben bestimmter Sportarten getragen wird:* * **fit wie ein T.** (ugs.; *sehr fit*).

Turn|schuh|ge|ne|ra|ti|on, die ⟨o. Pl.⟩: *Generation von Jugendlichen (bes. der 80er-Jahre), deren Unbekümmertheit in der Kleidung in der Bevorzugung von Turnschuhen als ständig getragenem Schuhwerk zum Ausdruck kommt.*

Turn|spra|che, die: *Fachsprache der Turner.*

Turn|stun|de, die: *Unterrichtsstunde im Turnen.*

Turn|übung, die: *einzelne Übung im Turnen.*

Turn|un|ter|richt, der: *Schulunterricht im Turnen.*

Tur|nü|re, die; -, -n [frz. tournure, eigtl. = Drehung < spätlat. tornatura = Drechslerei, zu lat. tornare, ↑¹turnen]: **1.** ⟨o. Pl.⟩ (bildungsspr. veraltet) *Gewandtheit im Benehmen, Auftreten.* **2.** (Mode früher) *im Kleid verborgenes, das Gesäß stark betonendes großes Polster.*

Tur|nus, der; - (österr. auch -ses), -se [mlat. turnus < lat. tornus = Dreheisen < griech. tórnos]: **1.** *[im Voraus] festgelegte Wiederkehr, Reihenfolge; regelmäßiger Wechsel, regelmäßige Abfolge von sich stets wiederholenden Ereignissen, Vorgängen:* ein starrer T.; einen T. unterbrechen; die Meisterschaften finden in einem T. von 4 Jahren statt; sie lösen sich im T. ab; er führt das Amt im T. mit seiner Kollegin. **2.** *Durchgang* (2 a): dies ist der letzte T. der Versuchsreihe. **3.** (österr.) *Schicht* (3).

tur|nus|ge|mäß ⟨Adj.⟩: *einem gegebenen Turnus* (1) *gemäß:* sie wird den Vorsitz t. am ersten Januar übernehmen.

tur|nus|mä|ßig ⟨Adj.⟩: *sich in einem bestimmten Turnus* (1) *wiederholend:* diese Kongresse finden t. statt.

Turn|ver|ein, der: *Verein von Turnern.*

Turn|zeug, das: *Turnsachen.*

Tür|öff|ner, der: *elektrische Anlage, mit deren Hilfe ein Haustürschloss von innen durch Knopfdruck zum Öffnen freigegeben wird.*

Tür|öff|nung, die: vgl. Fensteröffnung.

Tür|pfos|ten, der: *einer der beiden Pfosten der Tür.*

Tür|rah|men, der: vgl. Fensterrahmen (a).

Tür|rie|gel, der: *Riegel einer [Haus-, Wohnungs]tür.*

Tür|schild, das: *außen an einer Tür befestigtes (Namens-, Firmen)schild.*

Tür|schlie|ßer, der: **1.** *jmd., der die Aufgabe hat, die Tür[en] eines Raums zu schließen [u. zu öffnen]* (z. B. im Kino, Theater). **2.** *mechanische Vorrichtung, die bewirkt, dass eine Tür sich automatisch schließt.*

Tür|schlie|ße|rin, die: w. Form zu ↑Türschließer (1).

Tür|schloss, das: *Schloss einer Tür.*

Tür|schnal|le, die (österr.): *Türklinke.*

Tür|schwel|le, die: *Schwelle* (1).

Tür|spalt, der: *Spalt zwischen einer ein wenig offen stehenden Tür u. dem Türpfosten:* durch den T. gucken.

Tür|staf|fel, der; -s, - u. die; -, -n (österr.): *Schwelle* (1).

Tür|ste|her, der: *jmd., der vor einer Tür steht u. darüber wacht, dass kein Unerwünschter, Unbefugter eintritt.*

Tür|ste|he|rin, die: w. Form zu ↑Türsteher.

Tür|stock, der ⟨Pl. ...stöcke⟩ (südd., österr.): *Türrahmen.*

Tür|sturz, der ⟨Pl. -e u. ...stürze⟩ (Bauw.): *Sturz* (4) *einer Tür.*

tur|teln ⟨sw. V.; hat⟩ [2: lautm.]: **1.** (scherzh.) *sich auffallend zärtlich-verliebt jmdm. gegenüber verhalten:* die beiden turteln heftig [miteinander]. **2.** (veraltet) *gurren:* oben turtelte eine Taube.

Tur|tel|tau|be, die [mhd. turteltūbe, ahd. turtul(a)tūba < lat. turtur, lautm.]: *kleine Taube mit grauem, an Brust u. Hals rötlichem Gefieder u. einem großen, schwarz-weiß gestreiften Fleck auf jeder Seite des Halses:* **Ü** das sind die reinsten -n! (ugs. scherzh.; *die beiden turteln 1 ständig*).

Tür|vor|hang, der: *(anstelle einer Tür 1 a) in einer Türöffnung hängender Vorhang.*

Tür|vor|la|ge, die (schweiz.): *Türvorleger.*

Tür|vor|le|ger, der: *vor einer (Haus-, Wohnungs)tür liegender Vorleger.*

TuS = Turn- und Sportverein.

¹Tusch, der; -[e]s, -e [wohl unter Einfluss von frz. touche = Anschlag (5) zu mundartl. tuschen = stoßen, schlagen; stoßartig dröhnen, lautm.]: *von einer Kapelle [mit Blasinstrumenten] schmetternd gespielte, kurze, markante Folge von Tönen:* die Kapelle spielte einen kräftigen T.

²Tusch, der; -es, -e (österr. ugs.): *Tusche.*

Tu|sche, die; -, -n [rückgeb. aus ↑tuschen]: **1.** *intensiv gefärbte Flüssigkeit mit Bindemitteln, die bes. zum Beschriften u. Zeichnen verwendet wird.* **2.** (landsch.) *Wasserfarbe.* **3.** kurz für ↑Wimperntusche.

Tu|sche|lei, die; -, -en (oft abwertend): **1.** ⟨o. Pl.⟩ *[dauerndes] Tuscheln.* **2.** *tuschelnde Äußerung.*

tu|scheln ⟨sw. V.; hat⟩ [zu landsch. tuschen = zum Schweigen bringen] (oft abwertend): **a)** *in flüsterndem Ton [u. darauf bedacht, dass niemand mithört] zu jmdm. hingewendet sprechen:* mit jmdm. t.; sie tuscheln hinter seinem Rücken (*klatschen* 4 a) [über seinen Gesundheitszustand]; **b)** *tuschelnd sagen:* jmdm. etw. ins Ohr t.

tu|schen ⟨sw. V.; hat⟩ [frz. toucher, ↑touchieren]: **1. a)** *mit Tusche malen:* eine Landschaft t.; zart getuschte Wolken; **b)** *mit Tusche ausgestalten:* ein Aquarell mit getuschten Konturen. **2.** *mit Wimperntusche einstreichen:* jmdm., sich die Wimpern t.

Tusch|ma|le|rei, die: **1.** ⟨o. Pl.⟩ *(bes. in Ostasien verbreitete) Malerei mit schwarzer Tusche* (1) *(auf Seide od. Papier).* **2.** *Werk der Tuschmalerei* (1).

Tusch|zeich|nung, die: **1.** *mit Tusche* (1) *ausgeführte Zeichnung.* **2.** (landsch.) *mit Wasserfarben gemaltes Bild.*

Tus|nel|da: ↑Thusnelda.

Tus|si, die; -, -s [mit ↑-i (1) geb. Kosef. zu ↑T(h)usnelda] (salopp, oft abwertend): **a)** *weibliche Person:* was will die T.?; **b)** *weibliche Person, mit der ein Mann befreundet ist; Freundin:* er lässt seine T. zu Hause.

tut ⟨Interj.⟩ (Kinderspr.): lautm. für den Klang eines Horns, einer Hupe o. Ä.

Tüt|chen, das; -s, -: Vkl. zu ↑Tüte (1 a).

Tu|te, die; -, -n [eigtl. = Trichterförmiges, nicht umgelautete Form von ↑Tüte, angelehnt an ↑tuten]: **1.** (ugs.) *Signalhorn.* **2.** (landsch.) *Tüte.*

Tü|te, die; -, -n [aus dem Niederd. < mniederd. tute = Trichterförmiges, H. u.]: **1. a)** *meist aus festerem Papier bestehendes, trichterförmiges od. rechteckiges Verpackungsmittel:* eine spitze T.; eine Tüte [voll/mit] Bonbons, Zucker; eine T. Milch *(Milchtüte mit Milch);* * **angeben wie eine T. voll Mücken** (salopp; *mächtig angeben*); **-n kleben/drehen** (ugs.; *als Häftling einsitzen;* früher mussten die Häftlinge Tüten kleben); **nicht in die T. kommen** (ugs.; *nicht infrage kommen*); **b)** kurz für ↑Eistüte; **c)** (ugs.) kurz für ↑Lohntüte; **d)** (ugs.) kurz für ↑Plastiktüte. **2.** (Jargon) *beutelartiges Gerät, mit dem ein polizeilicher Alkoholtest bei einem Autofahrer durchgeführt wird:* in die T. blasen *(sich einem Alkoholtest unterziehen).* **3.** (salopp) *Person, die jmd. abschätzig od. verwundert betrachtet:* verschwinde, du T.!; er ist eine lustige T.

tu|ten ⟨sw. V.; hat⟩ [aus dem Niederd. < mniederd. tūten, lautm.]: **a)** *(von einem Horn, einer Hupe o. Ä.) [mehrmals] einen gleichförmigen [lang gezogenen, lauten, dunklen] Ton hören lassen:* das Nebelhorn tutet; **b)** *(mit einem Horn, einer Hupe o. Ä.) einen tutenden* (a) *Ton ertönen lassen:* der Dampfer tutete [dreimal]; * **von Tuten und Blasen keine Ahnung haben** (salopp; *keine Kenntnisse auf einem bestimmten Gebiet haben; nichts von etw. verstehen*).

Tü|ten|sup|pe, die (ugs.): *in einer Tüte abgepackte Instantsuppe.*

tü|ten|wei|se ⟨Adv.⟩: **a)** *in einer Tüte verpackt:* die Bonbons t. verkaufen; **b)** *in großer, in Tüten gemessener Menge:* t. überschüttet mit Prospekten.

Tu|tor, der; -s, ...oren [(1: engl. tutor <) lat. tutor, zu: tueri = schützen]: **1.** (Päd.) **a)** *jmd., der Tutorien abhält;* **b)** *[Lehrer und] Ratgeber, Betreuer von Studierenden, Schüler[inne]n;* **c)** *Mentor* (b). **2.** (röm. Recht) *Erzieher, Vormund.*

Tu|to|rin, die; -, -nen: w. Form zu ↑Tutor (1).

Tu|to|ri|um, das; -s, ...rien (Päd.): *meist in einer kleineren Gruppe abgehaltene, von Dozenten od. älteren, graduierten Studierenden geleitete, oft ein Seminar begleitende, ergänzende Übung an einer Hochschule.*

Tut|ti|frut|ti, das; -[s], -[s] [ital. tutti frutti = alle Früchte]: **1.** *Süßspeise aus, mit verschiedenerlei Früchten.* **2.** (veraltet) *Allerlei.*

Tu|tu [ty'ty:], das; -[s], -s [frz. tutu, eigtl. Lallwort der Kinderspr.]: *von Balletttänzerinnen getragenes kurzes Röckchen.*

TÜV, der; -, -[s] [Kurzwort für: Technischer Überwachungs-Verein]: *Institution, die u. a. die vorgeschriebenen regelmäßigen technischen Überprüfungen von Kraftfahrzeugen vornimmt:* (ugs.:) einen Wagen durch den T., über den T. bringen, kriegen; durch den T. kommen.

Tu|va|lu; -s: Inselstaat im Pazifischen Ozean.

Tu|wort, Tunwort, das ⟨Pl. ...wörter⟩ (im Schulgebrauch unterer Klassen): *Verb.*

TV = Turnverein.

TV [te:'fau, auch: ti:'vi:] = Television.

TV-Se|rie [te:'fau...], die: *Fernsehserie.*

TV-Star, der: *durch das Fernsehen bekannt gewordener ²Star* (1).

Tweed [tvi:t], der; -s, -s u. -e [engl. tweed, nach dem schottischen Fluss Tweed, der durch das Gebiet, wo der Stoff hergestellt wird, fließt] (Textilind.): *meist klein gemusterter od. melierter, aus grobem Garn locker gewebter Stoff.*

Twen, der; -[s], -s [zu engl. twenty = zwanzig]: *junger Mensch in den Zwanzigern.*

Twill, der; -s, -s u. -e [engl. twill, verw. mit ↑Zwillich] (Textilind.): **a)** (veraltend) *Gewebe aus Baumwolle od. Zellwolle (z. B. für Jacken-,*

Hosentaschen); **b)** *Gewebe aus Seide od. Chemiefasern (bes. für leichte Kleider).*

Twin|set, das, auch: der; -[s], -s [engl. twinset, aus: twin = Zwilling u. set, ↑[1]Set] (Mode): *Pullover u. Jacke aus gleichem Material u. in gleicher Farbe.*

[1]Twist, der; -es, -e [engl. twist, zu: to twist = (zusammen)drehen; winden; verrenken]: *[Stopf]garn aus mehreren zusammengedrehten Baumwollfäden.*

[2]Twist, der; -s, -s [engl. twist, eigtl. = Drehung; das Verrenken (der Glieder), zu: to twist, ↑[1]Twist]: **1.** *Tanz im $^4/_4$-Takt, bei dem die Tänzer mit hin- u. herdrehenden Bewegungen auf den Fußspitzen getrennt tanzen.* **2.** (Tennis) **a)** ⟨o. Pl.⟩ *Drall eines geschlagenen Balles;* **b)** *mit Twist* (2 a) *gespielter Ball.* **3.** (Turnen) *Schraube* (3 a).

twis|ten ⟨sw. V.; hat⟩ [engl. to twist]: *Twist tanzen.*

Ty|coon [taɪˈkuːn], der; -s, -s [engl. tycoon < jap. taikun, eigtl. = großer Herrscher] (bildungsspr.): **1.** *Magnat* (1). **2.** *mächtiger Führer (z. B. einer Partei).*

Tym|pa|na: Pl. von ↑Tympanon, ↑Tympanum.

Tym|pa|non, das; -s, ...na [griech. týmpanon, eigtl. = Handtrommel, nach der (halbrunden) Form]: **1.** (Archit.) **a)** *oft mit Skulpturen, Reliefs geschmücktes Giebelfeld (bei antiken Tempeln);* **b)** *(bes. im Kirchenbau des MA.) oft mit Reliefs geschmücktes nach oben bogenförmig abschließendes Feld über dem Türsturz eines Portals.* **2.** (Musik) *Hackbrett* (2).

Tym|pa|num, das; -s, ...na [lat. tympanum < griech. týmpanon]: **1.** (Archit.) *Tympanon* (1). **2.** *(in der Antike) Handtrommel, kleine Pauke.*

Typ, der; -s, -en [lat. typus < griech. týpos = Gepräge, Schlag, zu: týptein = schlagen, hauen]: **1. a)** *durch bestimmte charakteristische Merkmale gekennzeichnete Kategorie, Art (von Dingen od. Personen); Typus* (1 a): der T. des Spießbürgers; die -en der Reformation; kein T. für schnelle Entscheidungen sein; er ist nicht der T., so etwas zu tun, der so etwas tut *(es ist nicht seine Art, so etwas zu tun);* ich bin nicht der T. dafür, dazu; sie ist genau mein T. (ugs.; *gehört zu jenem Typ Frauen, der auf mich besonders anziehend wirkt*); dein T. wird verlangt (salopp; *jmd. möchte dich sprechen*); dein T. ist hier nicht gefragt (salopp; *du bist hier unerwünscht*); eine Partei neuen -s; Fehler dieses -s; sie sind sich vom T. [her] sehr ähnlich; sie gehört zu jenem T. [von] Frauen, der leicht aufgibt; **b)** *Individuum, das einem bestimmten Typ* (1 a), *Menschenschlag zuzuordnen ist; Typus* (1 b): ein hagerer, cholerischer, ruhiger, stiller, ängstlicher T.; er ist ein ganz anderer T. als sein Bruder. **2.** ⟨auch: -en, -en⟩ (ugs.) *[junge] männliche Person, zu der eine irgendwie persönlich geartete Beziehung besteht, hergestellt wird:* ein dufter, beknackter, netter, mieser T.; dein T. *(Freund)* wartet; einen T., einen -en kennen lernen. **3.** ⟨o. Pl.⟩ (bes. Philos.) ↑Typus (2). **4.** (Technik) *Modell, Bauart:* der T. ist serienmäßig mit Gürtelreifen ausgestattet; eine Maschine des -s, vom T. Boeing 707; ein Fertighaus älteren -s. **5.** (Literaturw.) ↑Typus (3).

Ty|pe, die; -, -n [nach frz. type rückgeb. aus: Typen (Pl.)]: **1.** (Druckw.) *Drucktype.* **2.** *einer Drucktype ähnliches, kleines Teil einer Schreibmaschine, das beim Drücken der entsprechenden Taste auf das Farbband u. das dahinter eingespannte Papier schlägt.* **3.** (bes. österr.) *Typ* (4). **4.** (ugs.) *durch seine besondere, ungewöhnliche Art auffallender Mensch: eigenartiger, sonderbarer, schrulliger Mensch:* eine originelle, merkwürdige, ulkige T.

Ty|pen|be|zeich|nung, die: *Bezeichnung für einen Typ* (4).

Ty|pen|ko|mö|die, die (Literaturw.): *Komödie, deren komische Wirkung auf dem Handeln bestimmter stehender Typen* (1 b) *beruht.*

Ty|pen|leh|re, die ⟨o. Pl.⟩ (bes. Psych.): *Typologie.* (1)

Ty|pen|rad, das: *scheibenförmiges, typentragendes Teil einer elektrischen Schreibmaschine.*

Ty|pen|schild: ↑Typschild.

Ty|phus, der; - [griech. tỹphos = Rauch; Umnebelung, zu: tỹphein = dampfen]: *gefährliche, mit Hautausschlag, Durchfällen, Darmgeschwüren, starken Bauchschmerzen u. schweren Bewusstseinsstörungen verbundene fieberhafte Infektionskrankheit.*

Ty|phus|er|kran|kung, die: *Erkrankung an Typhus.*

Ty|phus|er|re|ger, der: *Erreger von Typhus.*

Ty|pik, die; -, -en [zu ↑Typ]: **1.** (Psych.) *Wissenschaft von den psychologischen Typen; Typenlehre.* **2.** (veraltet) *Typologie* (4).

Ty|pin, die; -, -nen (Jargon scherzh.): w. Form zu ↑Typ (2).

ty|pisch [spätlat. typicus < griech. typikós = figürlich, bildlich] ⟨Adj.⟩: **1. a)** *einen [bestimmten] Typ* (1 a) *verkörpernd, dessen charakteristische Merkmale in ausgeprägter Form aufweisend:* er ist ein -er, der -e Berliner; ein -es Beispiel, Produkt; dieser Fall ist t. für die ganze Branche; **b)** *für einen bestimmten Typ* (1 a), *für etw., jmdn. Bestimmtes charakteristisch, kennzeichnend, bezeichnend:* -e Merkmale, Symptome, Eigenarten; die -e gebeugte Haltung; -e Werke des Manierismus; eine t. deutsche Eigenart; t. Frau, Mann, Karin (ugs., oft leicht abwertend; *das ist charakteristisch für Frauen, Männer, für Karin*); [das war mal wieder] t.! (ugs. abwertend; *es war nichts anderes [von ihm, ihr usw.] zu erwarten*); sie hat ganz t. reagiert. **2.** (veraltet) *als Muster geltend.*

ty|pi|scher|wei|se ⟨Adv.⟩: *in einer Art u. Weise, die typisch, charakteristisch ist:* sie hat es t. wieder vergessen.

ty|pi|sie|ren ⟨sw. V.; hat⟩ (bildungsspr., Fachspr.): **1.** *nach Typen* (1 a) *einteilen; einem Typ zuordnen.* **2.** *(bei der Darstellung, Gestaltung bes. in Kunst u. Literatur) die typischen Züge, das Typische einer Person, Sache hervorheben; als Typus* (3) *darstellen, gestalten.*

Ty|pi|sie|rung, die; -, -en (bildungsspr., Fachspr.): *das Typisieren.*

Ty|po|gra|phie, (auch:) Typografie, die; -, -n [frz. typographie] (Druckw.): **1.** ⟨o. Pl.⟩ *Kunst der Gestaltung von Druckerzeugnissen nach ästhetischen Gesichtspunkten; Buchdruckerkunst.* **2.** *typographische Gestaltung (eines Druckerzeugnisses).*

ty|po|gra|phisch, (auch:) typografisch ⟨Adj.⟩ [frz. typographique] (Druckw.): *zur Typographie gehörend, die Typographie betreffend.*

Ty|po|lo|gie, die; -, -n [↑-logie]: **1.** (bes. Psych.) ⟨o. Pl.⟩ *Wissenschaft, Lehre von den [psychologischen] Typen* (1 b); *Typenlehre.* **2.** (bes. Psych.) *System von [psychologischen] Typen:* unterschiedliche -n der Wissenschaftler. **3.** (bes. Psych.) *Gesamtheit typischer Merkmale:* die T. des Bankräubers. **4.** (Theol.) *Wissenschaft, Lehre von der Vorbildlichkeit alttestamentlicher Personen u. Ereignisse für das Neue Testament u. die christliche Kirche.*

ty|po|lo|gisch ⟨Adj.⟩: *die Typologie betreffend, zur Typologie gehörend.*

Typ|schild, Typenschild, das ⟨Pl. -er⟩: *an einem technischen Gerät o. Ä. befestigtes Schild [aus Blech] mit Angaben über den Typ* (4).

Ty|pus, der; -, Typen [lat. typus < griech. týpos, ↑Typ]: **1.** (bildungsspr.) **a)** *Typ* (1 a): eine Partei neuen T.; **b)** *Typ* (1 b): er ist der T. eines erfolgreichen Managers. **2.** (bes. Philos.) *Urgestalt, Grundform, Urbild, das ähnlichen od. verwandten Dingen od. Individuen zugrunde liegt.* **3.** (Literaturw., bild. Kunst) *als klassischer Vertreter einer bestimmten Kategorie von Menschen gestaltete, stark stilisierte, keine individuellen Züge aufweisende Figur.*

Ty|rann, der; -en, -en [mhd. tyranne < lat. tyrannus < griech. týrannos]: **1. a)** *Gewaltherrscher, Despot:* der T. Stalin; **b)** *(im antiken Griechenland) ohne gesetzliche Bindungen herrschender Alleinherrscher; [grausamer] Gewaltherrscher:* der T. Peisistratos. **2.** (abwertend) *autoritäre Person, die ihre Stellung, Macht dazu missbraucht, andere, bes. Abhängige, Untergebene, zu tyrannisieren; Despot* (2): ihr Chef, ihr Mann ist ein T.; unser Jüngster ist ein kleiner T. (scherzh.; *er tyrannisiert uns ständig*).

Ty|ran|nei, die; -, -en [spätmhd. thiranney, mniederd. tirannie, unter Einfluss von afrz. tyrannie < lat. tyrannis < griech. tyrannís] ⟨Pl. selten⟩: **a)** *Gewalt-, Willkür-, Schreckensherrschaft:* die T. des Königs; Ü die T. der Presse; **b)** (bildungsspr.) *tyrannisches, willkürliches Verhalten:* unter der T. des Vaters leiden.

Ty|ran|nen|herr|schaft, die: *Tyrannei* (a).

Ty|ran|nen|mord, der: *Tötung, Ermordung eines Tyrannen.*

Ty|ran|nen|mör|der, der: *jmd., der einen Tyrannenmord begangen hat.*

Ty|ran|nen|mör|de|rin, die: w. Form zu ↑Tyrannenmörder.

Ty|ran|nin, die; -, -nen: w. Form zu ↑Tyrann.

ty|ran|nisch ⟨Adj.⟩ [lat. tyrannicus < griech. tyrannikós]: *herrschsüchtig, despotisch; rücksichtslos [u. grausam] die eigene Stärke, Macht einsetzend:* ein -er Herrscher, Vater.

ty|ran|ni|sie|ren ⟨sw. V.; hat⟩ [frz. tyranniser, zu: tyran = Tyrann < lat. tyrannus, ↑Tyrann] (abwertend): *in tyrannischer Art u. Weise behandeln, rücksichtslos [be]herrschen, jmdm. seinen Willen aufzwingen:* seine Umgebung, seine Familie t.

Ty|ran|no|sau|rus, der; -, ...rier [zu griech. saũros, ↑Saurier]: *riesiger, auf den Hinterbeinen sich fortbewegender Fleisch fressender Dinosaurier.*

Ty|ran|no|sau|rus Rex, der; - - [zu lat. rex, ↑[1]Rex]: *zu den Tyrannosauriern gehörender Saurier.*

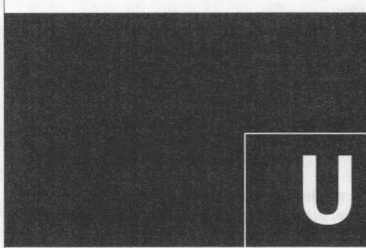

u, U [uː], das; - (ugs.: -s), - (ugs.: -s) [mhd., ahd. u]: *einundzwanzigster Buchstabe des Alphabets:* ein kleines u, ein großes U schreiben.

ü, Ü [yː], das; - (ugs.: -s), - (ugs.: -s) [mhd. ü(e)]: *Umlaut aus u, U.*

U = Unterseeboot; Uran.

u., (in Firmen auch:) & = und.

u. a. = und and[e]re, und and[e]res, unter ander[e]m, unter ander[e]n.

u. ä. = und ähnlich.

u. Ä. = und Ähnliche[s].

u. a. m. = und and[e]re mehr, und and[e]res mehr.

u. [od. **U.**] **A. w. g.** = um [od. Um] Antwort wird gebeten.

U-Bahn, die; -, -en: kurz für ↑Untergrundbahn.

U-Bahn|hof, der: *Bahnhof der U-Bahn.*

U-Bahn-Netz, das: *Netz* (2 b), *in dem die Züge der U-Bahn fahren.*

U-Bahn-Sta|ti|on, die: *U-Bahnhof.*

übel ⟨Adj.; übler, übelste⟩ [mhd. übel, ubel, ahd. ubil] (geh.): **1.** *ein unangenehmes Gefühl hervorrufend; dem Empfinden sehr unangenehm, zuwider; mit Widerwillen wahrgenommen:* übler Fusel; ü. schmecken; eine ü. riechende Flüssigkeit; nicht ü. (ugs.; *eigentlich recht gut*). **2.** *nicht so, wie es dem Wunsch, der Absicht entsprochen hätte; sich zum Nachteil entwickelnd; mit Widrigkeiten, Beschwernissen verbunden:* übles Wetter; eine üble Situation; das kann ü. ausgehen; ein ü. beleumundeter, ü. beleumdeter Zeitgenosse; ein ü. gesinnter *(nicht wohlwollend gesinnter)* Nachbar; das ist ihr ü. bekommen; er hat dies ü. vermerkt *(war ärgerlich, böse darüber)*; jmdm. etw. ü. nehmen; er hat deine Bemerkung sehr, ernstlich ü. genommen *(war* *deswegen sehr gekränkt, wurde sehr unwillig);* sie ist wirklich ü. dran *(befindet sich in einer misslichen Lage).* **3.** *Unbehaglichkeit, Unwohlsein ausdrückend; nicht heiter u. angenehm:* eine üble Laune; ein ü. gelaunter Kollege; jmdm. ist ü. *(jmd. hat das Gefühl, sich übergeben zu müssen),* wird ü. *(muss sich übergeben).* **4. a)** *(in Bezug auf sittlich-moralische Werte) schlecht; sehr fragwürdig, anrüchig:* ein übler Ruf; in üble Gesellschaft geraten; eine üble Spelunke; **b)** *(dem Grad nach) schlimm, arg:* jmdm. ü. mitspielen; ü. zugerichtet werden; man wollte ihr ü. tun (selten; *wollte ihr etw. Schlechtes antun*); jmdm. ü. wollen *(jmdm. nicht freundlich gesinnt sein).*

Übel, das; -s, - [mhd. übel, ahd. ubil]: **1.** *etw., was als übel, unangenehm, zuwider betrachtet wird, was übel ist:* das Ü. der Arbeitslosigkeit; *** ein notwendiges Ü.** *(etw. Unangenehmes, was aber unbedingt erforderlich u. nicht zu umgehen ist, sich nicht vermeiden lässt);* **das kleinere Ü., das kleinere von zwei -n** *(etw., was weniger unangenehme Folgen hat, weniger Nachteile mit sich bringt als etw. Vergleichbares);* **zu allem Ü.** *(noch obendrein [zu allen ungünstigen Umständen]):* zu allem Ü. fing es nun an zu regnen. **2.** (meist geh.) *Leiden, Krankheit:* die Symptome eines alten -s. **3.** ⟨o. Pl.⟩ (geh. veraltend) *das Böse:* der Grund, die Wurzel allen -s; erlöse uns von dem Ü. (Bitte des Vaterunsers); *** von/(geh. auch:) vom Ü. sein** *(schlecht, schlimm sein, sich unheilvoll auswirken).*

übel be|leum|det: s. übel (2).

übel ge|launt: s. übel (3).

übel ge|sinnt: s. übel (2).

Übel|keit, die; -, -en: **1.** ⟨o. Pl.⟩ *Gefühl des Unwohlseins.* **2.** *Zustand, in dem jmdm. übel ist.*

übel|lau|nig ⟨Adj.⟩: *verärgert u. besonders schlecht gelaunt:* ein -er Chef.

Übel|lau|nig|keit, die; -, -en: *das Übellaunigsein.*

übel neh|men: s. übel (2).

übel rie|chend: s. übel (1).

Übel|sein, das: *Unwohlsein, Unpässlichkeit.*

Übel|stand, der: *Übel* (1); *Kalamität* (1).

Übel|tat, die [mhd. übeltât, ahd. ubitât] (geh.): *üble* (1) *[gesetzeswidrige] Tat.*

Übel|tä|ter, der [mhd. übeltæter]: *jmd., der etw. Schlechtes, Verbotenes getan hat.*

Übel|tä|te|rin, die: w. Form zu ↑Übeltäter.

übel tun: s. übel (4b).

Übel|wol|len, das; -s: *unfreundliche Gesinnung, Missgunst.*

übel wol|len: s. übel (4b).

üben ⟨sw. V.; hat⟩ [mhd. üeben, uoben = bebauen; pflegen; ins Werk setzen, ahd. uoben = Landbau treiben; pflegen]: **1.** *(in einem bestimmten Tätigkeitsbereich) sich für eine spezielle Aufgabe, Funktion intensiv ausbilden:* jeden Tag, stundenlang ü.; der Turner übt *(trainiert)* am Barren. **2.** *etw. sehr oft [nach gewissen Regeln] wiederholen, um es dadurch zu lernen:* heute üben wir einparken/[das] Einparken; mit einigen geübten Griffen. **3.** *durch systematische Tätigkeit eine Fähigkeit erwerben, zu voller Entfaltung bringen, besonders leistungsfähig machen:* durch Auswendiglernen das Gedächtnis ü.; mit geübtem Blick. **4.** ⟨ü. + sich⟩ *möglichst große Geschicklichkeit in etw. zu erwerben, sich in etw. geschickt zu machen, zu vervollkommnen suchen:* sich am Klavier ü.; geübt im Reiten sein; Ü sich in Geduld ü. **5.** (geh.) **a)** *ausüben* (3): Einfluss auf jmdn. ü.; **b)** *ausführen* (3c): den Kaiserschnitt ü. **6. a)** *(ein Musikinstrument) beherrschen lernen:* sie übt [täglich zwei Stunden] Orgel; **b)** *auf einem Musikinstrument spielen lernen:* einen Marsch, eine Etüde ü.; sie übten [Werke von] Haydn. **7.** (verblasst) **a)** *jmdm. gegenüber sich in seinem Verhalten, Urteilen einer bestimmten Tugend befleißigen:* Milde, Gnade, Gerechtigkeit, Geduld, Nachsicht ü. *(milde, gnädig, gerecht, geduldig, nachsichtig sein);* **b)** *etw. durch ein entsprechendes Tun zur Ausführung kommen lassen:* Kritik, Rache, Solidarität, Vergeltung, Verrat ü.

über [mhd. über (Adv., Präp.) ahd. ubar (Adv.: ubiri), zu ↑auf]: **I.** ⟨Präp. mit Dativ u. Akk.⟩ **1.** (räumlich) **a)** ⟨mit Dativ⟩ kennzeichnet die Lage in der Höhe u. in bestimmtem Abstand von der oberen Seite von jmdm., etw.: die Lampe hängt ü. dem Tisch; sie wohnt ü. uns *(ein Stockwerk höher);* 500 m ü. dem Meer; **b)** ⟨mit Akk.⟩ kennzeichnet die Bewegung in Richtung einer höher als jmd., etw. gelegenen Stelle: das Bild ü. das Sofa hängen; **c)** ⟨mit Dativ⟩ drückt aus, dass sich etw. unmittelbar auf etw. anderem befindet, etw. umgibt, es ganz od. teilweise bedeckt, einhüllt: den Mantel ü. dem Kleid tragen; Nebel liegt ü. der Wiese; **d)** ⟨mit Akk.⟩ drückt aus, dass etw. unmittelbar auf etw. anderem zu liegen kommt u. bedeckend, verdeckend wirkt: eine Decke ü. den Tisch breiten; einen Pulli über die Bluse ziehen; er legte die Jacke ü. den Stuhl; **e)** ⟨mit Akk.⟩ kennzeichnet einen Ort od. eine Stelle, die von jmdm. od. etw. überquert wird: ü. den Platz gehen; sie fuhr ü. die Brücke; er schwamm ü. den See, sprang ü. den Zaun; ein Flug ü. die Alpen; **f)** ⟨mit Akk.⟩ kennzeichnet einen Ort od. eine Stelle, über die sich etw. in unmittelbarer Berührung bewegt: die Hand strich ü. ihr Haar; der Wind strich ü. die Felder; Tränen liefen ihr ü. das Gesicht; ein Schauer lief mir ü. den Rücken; **g)** ⟨mit Dativ⟩ kennzeichnet eine Lage auf der andern Seite von etw.: sie wohnen ü. der Straße; ü. den Bergen leben; **h)** ⟨mit Akk.⟩ kennzeichnet eine Erstreckung, Ausdehnung von unten nach oben od. von oben nach unten, zu einem bestimmten höher bzw. tiefer gelegenen Punkt, der dabei überschritten wird: bis ü. die Knöchel im Schlamm versinken; der Rock reicht ü. das Knie *(er bedeckt das Knie);* der Fluss tritt ü. die Ufer; der Sekt läuft ü. den Rand des Glases; **i)** ⟨mit Akk.⟩ bezeichnet eine Fortbewegung in horizontaler Richtung, wobei ein bestimmter Punkt, eine bestimmte Stelle überschritten wird, über sie hinausgegangen, -gefahren wird: unser Weg führte uns ü. die Altstadt hinaus; **j)** ⟨mit Akk.⟩ drückt aus, dass ein bestimmter Ort, Bereich passiert wird, um irgendwohin zu gelangen: wir sind ü. die Dörfer gefahren; ü. Karlsruhe nach Stuttgart fahren; dieser Zug fährt nicht ü. Rostock. **2.** (zeitlich) **a)** ⟨mit Akk.⟩ drückt eine Zeitdauer, eine zeitliche Erstreckung aus; *während:* ü. Mittag zu Hause sein; Wäsche ü. Nacht einweichen; ü. lange Jahre *(viele Jahre lang)* war er Vorsitzender; ich will ü. das Wochenende segeln; ü. Pfingsten verreisen; **b)** ⟨mit Akk.⟩ (landsch.) drückt den Ablauf einer Frist aus: heute ü. *(in)* drei Wochen; **c)** ⟨mit Dativ⟩ drückt aus, dass etw. während eines anderen Vorgangs erfolgt; *bei:* sie ist ü. der Arbeit, ü. den Büchern *(beim Lesen der Bücher)* eingeschlafen; **d)** ⟨mit Akk.⟩ drückt aus, dass ein bestimmter Zeitraum abgelaufen ist, dass eine bestimmte zeitliche Grenze überschritten ist: du solltest ü. dieses Alter hinaus sein; er ist ü. die besten Jahre hinaus; es ist zwei Stunden ü. die Zeit. **3. a)** ⟨mit Dativ⟩ zur Angabe einer Reihen- od. Rangfolge: der Major steht ü. dem Hauptmann; mit seiner Leistung ü. dem Durchschnitt liegen; **b)** ⟨mit Dativ⟩ bezeichnet einen Wert o. Ä., der überschritten wird: eine Temperatur ü. null, ü. dem Gefrierpunkt; etw. liegt ü. dem Mittelwert; **c)** ⟨mit Akk.⟩ drückt die höchste Stufe einer Rangordnung o. Ä. aus: Musik geht ihr ü. alles; es geht doch nichts ü. ein gutes Essen; **d)** ⟨mit Akk.⟩ drückt ein Abhängigkeitsverhältnis aus: ü. jmdn. herrschen; ü. etw. verfügen; [keine] Macht ü. jmdn., etw. haben; er spielte sich zum Herrn ü. Leben und Tod auf. **4.** ⟨mit Akk.⟩ (emotional verstärkend) in Verbindung mit zwei gleichen Substantiven als Ausdruck einer Häufung, des Überhandnehmens von etw.: Schulden ü. Schulden; Fehler ü. Fehler. **5.** ⟨mit Dativ⟩ drückt eine Folge von etw. aus; *infolge:* ü. dem Streit ging ihre Freundschaft in die Brüche; ü. dem Lärm aufwachen. **6.** ⟨mit Akk.⟩ drückt aus, dass das Ausmaß von etw. eine bestimmte Grenze überschreitet: etw. geht ü. jmds. Kraft, Verstand; ü. ein zulässiges Maß hinausgehen. **7.** ⟨mit Akk.⟩ bezeichnet Inhalt od. Thema einer mündlichen od. schriftlichen Äußerung: ein Essay ü. Schiller; einen Bericht ü. eine Reise verfassen; erzähl nicht solchen Blödsinn ü. mich! **8.** ⟨mit Akk.⟩ bezeichnet die Höhe eines Betrages, einen Wert; *in Höhe von, im Wert von:* eine Rechnung ü. 500 DM; einen Scheck ü. 300 DM ausstellen. **9.** ⟨mit Akk.⟩ bezeichnet das Mittel, die Mittelsperson o. Ä. bei der Durchführung von etw.: einen Aufruf ü. alle Sender bringen; er bekam die Anschrift ü. einen Freund *(durch die Vermittlung eines Freundes),* die Telefonnummer ü. die Auskunft. **10.** ⟨mit Akk.⟩ (geh.) bezeichnet bei Verwünschungen die Person od. Sache als Ziel dieser Verwünschung: Fluch ü. dich und dein Haus! **11.** ⟨mit Akk.⟩ in Abhängigkeit von bestimmten Verben: ü. etw. weinen, lachen, sprechen, entsetzt sein; sich ü. etw. freuen, ärgern, aufregen; sich ü. etw. einigen; ü. was (ugs.; *worüber*) wir auch reden; sie saß ü. ihren Spaghetti. **12.** ⟨mit Akk.⟩ kennzeichnet in Verbindung mit Kardinalzahlen das Überschreiten einer bestimmten Anzahl; *von mehr als:* Kinder ü. 10 Jahre; in Mengen ü. 100 Exemplare. **II.** ⟨Adv.⟩ **1. a)** bezeichnet das Überschreiten einer Quantität, Qualität, Intensität o. Ä.; *mehr als:* der Stoff ist ü. einen Meter breit; ü. 10 Pfund schwer, ü. 18 Jahre [alt] sein; Gemeinden von ü. 10 000 Einwohnern; die ü. Siebzigjährigen; ü. eine Woche [lang] dauern; ü. 80 Gäste sind eingeladen; **b)** *** ü. und ü.** *(völlig; von oben bis unten):* er war ü. und ü. mit Schmutz bedeckt. **2.** drückt aus, dass etw. über etw. getan, gelegt, genommen wird: Segel ü.!; (milit. Kommando:) Gewehr ü.! **3.** ⟨mit vorangestelltem Akk.⟩ drückt eine zeitliche Erstreckung aus; *durch ... hindurch; während:* den ganzen Tag ü. fleißig lernen. **4.** ⟨als abgetrennter Teil von Adverbien wie »darüber«⟩ (landsch.): da habe ich noch gar nicht ü. nachgedacht. **III.** ⟨Adj.⟩ (ugs.) **1.** *übrig:* vier Mark sind ü.; es ist noch Kaffee ü.; dafür habe ich immer was ü. **2. a)** *überlegen:* kräftemäßig ist er mir ü.; sie ist ihm geistig um einiges ü.; **b)** *zu viel, sodass jmd. einer Sache überdrüssig ist:* es ist mir ü., ihn immer wieder darum zu bitten.

über-: 1. (verstärkend) drückt in Bildungen mit Adjektiven eine Verstärkung aus/*sehr, überaus:* überdeutlich, -glücklich. **2.** drückt in Bildungen mit Adjektiven aus, dass eine Eigenschaft über etw. hinausgeht: überindividuell, -national. **3.** drückt in Bildungen mit Adjektiven oder Verben aus, dass das übliche Maß überschritten wird, dass etw. zu sehr ausgeprägt ist, dass jmd. etw. zu viel, zu sehr tut: überehrgeizig, -elegant; überbuchen, -würzen. **4.** drückt in Bildungen mit Verben aus, dass jmd. einer Sache überdrüssig ist, sie nicht mehr mag: überessen, -haben. **5.** drückt in Bildungen mit Verben ein Bedecken, ein Sicherstrecken aus: überfluten, -pudern. **6.** drückt in Bildungen mit Substantiven und einer Endung aus, dass eine Sache oben oder an der Oberseite mit etw. versehen wird: überdachen, -golden. **7.** drückt in Bildungen mit Verben ein Wechseln (von einer Stelle o. Ä. auf eine andere) aus: übersiedeln, -springen.

Über-: 1. kennzeichnet in Bildungen mit Substantiven ein Zuviel an, von etw.: Überkontrolle, -subventionierung. **2.** kennzeichnet in Bildungen mit Substantiven etw. Übergeordnetes: Überministerium. **3.** kennzeichnet in Bildungen mit Substantiven jmdn. oder etw. als über allem stehende, alles beherrschende [ideale] Figur oder Sache: Überdoktor, -film.

über|all [auch: – –´–] [mhd. überal, ahd. ubaral] ⟨Adv.⟩: **a)** *an jeder Stelle, an allen Orten; in jedem Bereich:* jmdn. ü. suchen; sich ü. auskennen; ü. auf der Erde; ü. und nirgends zu Hause sein; er ist ü. *(bei allen Leuten)* beliebt; Seveso ist ü. *(die Möglichkeit, dass es zu einem Giftgasunglück wie dem in Seveso kommt, besteht*

U

überall); **b)** *bei jeder Gelegenheit:* sie drängt sich ü. vor.

über|all|her ⟨Adv.⟩: *von allen Orten; aus allen Richtungen:* die Tiere kamen plötzlich ü.; von ü. Hafer einkaufen.

über|all|hin ⟨Adv.⟩: *an alle Stellen; in alle Richtungen:* jmdm. ü. folgen.

über|al|tert ⟨Adj.⟩: **1.** *einen relativ hohen, sehr hohen Anteil alter Menschen aufweisend:* eine -e Führung. **2. a)** *nicht mehr dem gegenwärtigen Stand der [technischen] Entwicklung entsprechend; überholt:* -e Waffen; **b)** *nicht mehr der gegenwärtigen Zeit entsprechend; überholt:* eine -e Moral.

Über|al|te|rung, die; -, -en ⟨Pl. selten⟩: *das Überaltertsein.*

Über|an|ge|bot, das; -[e]s, -e: *Angebot, das [wesentlich] höher ist als die Nachfrage, das die Nachfrage [bei weitem] übersteigt:* ein Ü an Äpfeln, an Fachkräften.

über|ängst|lich ⟨Adj.⟩: *übermäßig ängstlich.*

über|an|stren|gen ⟨sw. V.; hat⟩: *jmdm., sich eine zu große körperliche od. geistige Anstrengung zumuten (u. dadurch gesundheitlich schaden):* sie hat sich, ihre Kräfte, ihr Herz überanstrengt.

Über|an|stren|gung, die; -, -en: **1.** *zu große Anstrengung:* -en meiden. **2.** *das [Sich]überanstrengen.*

über|ant|wor|ten ⟨sw. V.; hat⟩ (geh.): **1.** *jmdn., etw. in jmds. Obhut u. Verantwortung geben, jmdm. anvertrauen:* ein Kind Pflegeeltern ü.; Funde dem Museum ü. **2.** *jmdm., einer Sache ausliefern:* einen Verbrecher dem Gericht, der Gerechtigkeit ü.

Über|ant|wor|tung, die; -, -en ⟨Pl. selten⟩: *das Überantworten.*

über|ar|bei|ten ⟨sw. V.; hat⟩: **1.** *bearbeiten, durcharbeiten u. dabei verbessern [u. ergänzen]; eine nahezu neue Fassung (von etw.) erarbeiten:* einen Text ü.; das Drama ist vom Autor noch einmal überarbeitet worden. **2.** ⟨ü. + sich⟩ *sich durch zu viel Arbeit überanstrengen:* sie hat sich überarbeitet; ⟨oft im 2. Part.:⟩ er ist total überarbeitet.

Über|ar|bei|tung, die; -, -en: **1. a)** *das Überarbeiten* (1): bei der Ü. des Dramas; **b)** *etw., was überarbeitet* (1) *wurde, überarbeitete Fassung von etw.;* die Ü. des Romans vom gleichen Autor. **2.** ⟨o. Pl.⟩ (selten) *das Überarbeitetsein* (2).

über|aus ⟨Adv.⟩ (geh.): *in ungewöhnlich hohem Grade, Maße:* sie ist ü. geschickt, misstrauisch; das irritiert ihn ü.

über|ba|cken ⟨unr. V.; überbäckt/überbackt, überbackte/(veraltend:) überbuk, hat überbacken⟩: *(eine bereits gekochte Speise o. Ä.) bei großer Hitze kurz backen (sodass sie nur an der Oberfläche leicht braun wird):* etw. mit Käse ü.

Über|bau, der; -[e]s, -e u. -ten [3: mhd. überbū]: **1.** ⟨Pl. -e; selten⟩ (marx.) *Gesamtheit der politischen, juristischen, religiösen, weltanschaulichen o. ä. Vorstellungen u. die ihnen entsprechenden Institutionen in dialektischer Wechselwirkung mit der materiellen Basis* (z. B. soziale u. wirtschaftliche Verhältnisse): der ideologische Ü. **2.** (Bauw.) **a)** *Teil eines Bau[werk]s, der über etw. hinausragt;* **b)** *auf Stützpfeilern liegender Teil (einer Brücke).*

über|bau|en ⟨sw. V.; hat⟩: *über die Grenze [eines Grundstücks] bauen.*

über|bau|en ⟨sw. V.; hat⟩: *mit einem Dach [als Schutz], einem darüber errichteten Bauwerk o. Ä. versehen.*

Über|bau|ung, die; -, -en: **1.** *das Überbauen.* **2.** *über etw. errichtetes Dach, Bauwerk o. Ä.*

über|be|an|spru|chen ⟨sw. V.; hat⟩: *zu stark beanspruchen:* du überbeanspruchst das Kind; überbeanspruchte Böden.

Über|be|an|spru|chung, die; -, -en: *das Überbeanspruchen.*

Über|bein, das; -[e]s, -e [mhd. überbein, zu ↑Bein (5)]: *knotenförmige Geschwulst (bes. an Hand- u. Fußrücken); Ganglion* (2).

über|be|kom|men ⟨st. V.; hat⟩: **1.** (ugs.) *jmds., einer Sache überdrüssig werden:* das Gerede ü. **2.** * **einen/eins, ein paar ü.** (ugs.; *einen Schlag, Schläge bekommen).*

über|be|las|ten ⟨sw. V.; hat⟩: *zu stark belasten.*

Über|be|las|tung, die; -, -en: *das Überbelasten.*

über|be|le|gen ⟨sw. V.; hat⟩: *(in einem Krankenhaus, Hotel o. Ä.) zu viele Personen unterbringen:* Arrestzellen ü.; überbelegte Hotels.

Über|be|le|gung, die; -, -en: *das Überbelegen; das Überbelegtsein.*

über|be|lich|ten ⟨sw. V.; hat⟩ (Fot.): *zu lange belichten* (a): sie überbelichtet die Filme manchmal; vermeiden, Filme überzubelichten.

Über|be|lich|tung, die; -, -en: *das Überbelichten; das Überbelichtetwerden.*

Über|be|schäf|ti|gung, die; -, -en ⟨Pl. selten⟩ (Wirtsch.): *Zustand der Wirtschaft, bei dem das Angebot an Beschäftigungsmöglichkeiten größer ist als die Zahl der Arbeitssuchenden.*

über|be|setzt ⟨Adj.⟩: *mit zu vielen Personen besetzt:* ein -er Bus; Ü ein völlig -er Markt.

über|be|to|nen ⟨sw. V.; hat⟩: *zu stark betonen:* er überbetont die Mängel, sollte vermeiden, sie überzubetonen.

Über|be|to|nung, die; -, -en: *das Überbetonen; das Überbetontwerden.*

über|be|trieb|lich ⟨Adj.⟩: *über den [einzelnen] Betrieb hinausgehend:* -e Zulagen; diese Einrichtung wird ü. genutzt.

über|be|völ|kert ⟨Adj.⟩: *übervölkert.*

Über|be|völ|ke|rung, die; - ⟨o. Pl.⟩: *Übervölkerung.*

über|be|wer|ten ⟨sw. V.; hat⟩: *zu hoch bewerten:* sie überbewertete ihre Rolle, Leistung; man versucht, dies nicht überzubewerten.

Über|be|wer|tung, die; -, -en: *das Überbewerten; das Überbewertetwerden.*

über|be|zah|len ⟨sw. V.; hat⟩: *zu hoch bezahlen* (1 b): er wird überbezahlt.

über|biet|bar ⟨Adj.⟩: *sich überbieten lassend; zum Überbieten geeignet:* ein kaum -es Beispiel für Intoleranz.

über|bie|ten ⟨st. V.; hat⟩: **1.** *mehr bieten (als ein anderer Interessent):* jmdn. bei einer Auktion beträchtlich, um einige Hundert Mark ü. **2.** *übertreffen* (a); *besser sein als jmd. od. etw.; in noch größerem Ausmaß vorhanden sein:* er hat den Rekord [beim Kugelstoßen] um zwei Zentimeter überboten; ihre Frechheit wird nur noch von ihrer Dummheit überboten; sie überboten einander, sich [gegenseitig] an Eifer; diese Anmaßung ist kaum zu ü.

über|bin|den ⟨st. V.; hat⟩ (schweiz.): *[eine Verpflichtung] auferlegen:* jmdm. Pflichten ü.; die Kosten des Verfahrens wurden den Klägern überbunden.

Über|biss, der; -es, -e (ugs.): *das Überstehen der oberen Schneidezähne über die unteren bei normaler Stellung der Kiefer.*

Über|bleib|sel, das; -s, - (ugs.): *[Über]rest; Relikt* (1).

über|blen|den ⟨sw. V.; hat⟩: **1.** (Rundf., Ferns., Film) *Ton, Bild einer Einstellung allmählich abblenden mit gleichzeitigem Aufblenden eines neuen Bildes, Tons.* **2.** (selten) *überstrahlen.*

Über|blen|dung, die; -, -en: *das Überblenden.*

Über|blick, der; -[e]s, -e: **1.** *Blick von einem erhöhten Standort, von dem aus etw. zu übersehen ist:* von der Burg aus hat man einen guten Ü. über die Stadt. **2.** *Übersicht* (1): ihr fehlt der Ü.; er hat völlig den Ü. verloren; sich einen genauen Ü. über etw. verschaffen. **3.** *Übersicht* (2): das Werk bietet einen Ü. über den Stand der Forschung; Archäologie im Ü.

über|bli|cken ⟨sw. V.; hat⟩: **1. a)** *übersehen* (1): ein Gelände schlecht ü. können; **b)** *(durch seine Lage) einen Blick auf etw. ermöglichen:* das Hotel überblickt den Park. **2.** *übersehen* (2): eine Situation, Lage rasch ü.; sie überblickt noch nicht *(kann noch nicht absehen),* wann alles fertig ist.

über|bor|den ⟨sw. V.⟩ [zu ↑³Bord]: **1.** *über die Ufer treten* ⟨ist⟩. **2. a)** *über das normale [u. erträgliche] Maß hinausgehen* ⟨ist⟩: die Defizite überborden allmählich; ⟨meist im 1. Part.:⟩ ein überbordendes Temperament, eine überbordende Fantasie haben; **b)** *über gesetzte Grenzen hinausgehen* ⟨hat⟩: die Aufführung überbordete den engen Rahmen des Theaters.

über|bra|ten ⟨st. V.; hat⟩: in der Wendung **jmdm. einen/eins, ein paar ü.** (ugs.; **1.** *jmdm. einen Schlag, Schläge versetzen.* **2.** *jmdn. derb zurechtweisen, scharf kritisieren [u. bloßstellen].* **3.** *jmdm. eine [vernichtende] Niederlage beibringen).*

über|breit ⟨Adj.⟩: vgl. überlang.

Über|brei|te, die; -, -n: vgl. Überlänge (2): Reifen mit Ü.

über|bren|nen ⟨st. V.; hat⟩: in der Wendung **jmdm. einen/eins, ein paar ü.** (ugs.; *jmdm. einen Schlag, Schläge versetzen).*

über|brin|gen ⟨unr. V.; hat⟩ (geh.): *jmdm. etw. bringen, zustellen:* jmdm. einen Brief, eine Nachricht ü.; jmds. Glückwünsche/von jmdm. Glückwünsche ü. *(in jmds. Namen gratulieren).*

Über|brin|ger, der; -s, -: *jmd., der etw. überbringt.*

Über|brin|ge|rin, die; -, -nen: w. Form zu ↑Überbringer.

Über|brin|gung, die; -, -en ⟨Pl. selten⟩: *das Überbringen.*

über|brück|bar ⟨Adj.⟩: *sich überbrücken lassend:* kaum -e Gegensätze.

über|brü|cken ⟨sw. V.; hat⟩: **1.** *durch etw. eine schwierige, peinliche Situation o. Ä. überwinden:* Zeit ü. müssen; Gegensätze ü. *(ausgleichen).* **2.** (selten) *eine Brücke über etw. bauen:* das Tal ü.

Über|brü|ckung, die; -, -en: *das Überbrücken; Überbrücktwerden.*

Über|brü|ckungs|bei|hil|fe, die: *finanzielle Hilfe zur Überbrückung bestimmter Notsituationen.*

Über|brü|ckungs|geld, das: *Überbrückungsbeihilfe.*

Über|brü|ckungs|kre|dit, der (Bankw.): *Kredit, der einen vorübergehenden Mangel an finanziellen Mitteln überbrückt.*

über|bu|chen ⟨sw. V.; hat⟩: *Buchungen* (2) *über die vorhandene Kapazität hinaus vornehmen:* einen Flug ü.; ⟨oft im 2. Part.:⟩ überbuchte Hotels.

Über|bu|chung, die; -, -en: *das Überbuchen; das Überbuchtsein.*

über|bür|den ⟨sw. V.; hat⟩ (schweiz.): *aufbürden.*

Über|dach, das; -[e]s, ...dächer: *[als Schutz] über etw. errichtetes Dach.*

über|da|chen ⟨sw. V.; hat⟩: *ein Dach [als Schutz] über etw. errichten; mit einem Dach versehen:* ⟨oft im 2. Part.:⟩ eine überdachte Tribüne.

Über|da|chung, die; -, -en: **1.** *das Überdachen.* **2.** *Überdach:* eine provisorische Ü.

über|dau|ern ⟨sw. V.; hat⟩: **a)** *(ohne zu vergehen, ohne zerstört zu werden) überstehen:* dieses Bauwerk hat alle Kriege überdauert; **b)** *hinter sich bringen, lebend überstehen; überleben* (1): die Larven überdauern den Winter in der Erde.

Über|de|cke, die; -, -n: *Decke, die [als Schutz] über etw. gelegt wird.*

über|de|cken ⟨sw. V.; hat⟩ (ugs.): *jmdm. [etw. als] eine Decke überlegen:* er deckt uns ein Tischtuch über.

über|de|cken ⟨sw. V.; hat⟩: **1. a)** *bedecken* (2) *u. dadurch [weitgehend] den Blicken entziehen:* ein Mantel überdeckt den Körper; Ü der Fischgeruch konnte nicht überdeckt werden; **b)** *bedecken* (1), *verdecken* (b): Mitesser mit Make-up ü.; Ü Schwächen ü. **2.** *überdachen.*

Über|de|ckung, die; -, -en: **1.** *das Überdecken.* **2.** *Überdachung* (2).

über|deh|nen ⟨sw. V.; hat⟩: *zu stark dehnen:* einen Muskel ü.; Ü ein Wort ü.

über|den|ken ⟨unr. V.; hat⟩: *über etw. [intensiv, prüfend] nachdenken:* er wollte die Sache, Lage, den Fall [noch einmal] ü.

über|deut|lich ⟨Adj.⟩: **1.** *allzu deutlich.* **2.** *sehr, überaus deutlich:* das Problem ü. erkennen.

über|dies ⟨Adv.⟩: *über dieses, über das alles hinaus; obendrein, außerdem:* ich habe keine Zeit, und ü. fehlt mir das Geld.

U

über|di|men|si|o|nal ⟨Adj.⟩: *übermäßig groß, riesig:* sie trägt gern -e Brillen.

über|di|men|si|o|nie|ren ⟨sw. V.; hat⟩ (bes. Fachspr., Technik): *so dimensionieren, auslegen, dass das angemessene, richtige, vernünftige Maß überschritten wird:* ⟨meist im 2. Part.:⟩ überdimensionierte Lautsprecher.

über|do|sie|ren ⟨sw. V.; hat⟩: *zu hoch dosieren:* um [ein Waschmittel] nicht überzudosieren.

Über|do|sis, die; -, ...dosen: *zu große Dosis:* eine Ü. Schlaftabletten schlucken; der Fixer war an einer Ü. [Heroin] gestorben.

über|dre|hen ⟨sw. V.; hat⟩: **1.** *[an] etw. zu fest, zu stark drehen:* eine Schraube, Feder ü. **2.** *einen Motor mit zu hoher Drehzahl laufen lassen.* **3.** *bei einem Sprung den Körper zu stark drehen:* den Axel ü. **4.** (Film) *den Film schneller als normal durch die Kamera laufen lassen.*

über|dreht ⟨Adj.⟩ (ugs.): **1.** *durch starke [seelische] Belastung, Übermüdung unnatürlich wach, munter.* **2.** *überspannt, verrückt:* eine -e Komödie.

Über|druck, der; -[e]s, ...drücke (Physik): *Druck, der den normalen Atmosphärendruck übersteigt.*

über|dru|cken ⟨sw. V.; hat⟩: *über etw. Gedrucktes nachträglich drucken.*

Über|druss, der; -es [mhd. überdrȣʒ, zu: überdrieʒen, ahd. überdriuʒan, vgl. verdrießen]: *Widerwille, Abneigung gegen etw., womit jmd. [ungewollt] sehr lange eingehend befasst war:* aus Ü. am Leben; bis zum Ü. streiten; Zeichen von Ü.

über|drüs|sig ⟨Adj.⟩: in der Verbindung **jmds., einer Sache/(seltener:) jmdn., etw. ü. sein, werden** (geh.; *Widerwillen, Abneigung gegen jmdn., etw. empfinden, zu empfinden beginnen*): er ist ihrer Lügen, des Lebens ü.

über|dün|gen ⟨sw. V.; hat⟩: **1.** *zu viel düngen:* den Boden ü.; das Gemüse war überdüngt. **2.** (Ökologie) *mit zu vielen Nährstoffen belasten:* Tenside überdüngen die Gewässer; ⟨oft im 2. Part.:⟩ ein überdüngter See.

Über|dün|gung, die; -, -en: **1.** *zu starkes Düngen, Gedüngtsein.* **2.** (Ökologie) *Belastung mit zu vielen Nährstoffen.*

über|durch|schnitt|lich ⟨Adj.⟩: *über dem Durchschnitt liegend:* -e Leistungen; ihre Intelligenz ist ü.; ü. verdienen.

über|eck ⟨Adv.⟩ [aus ↑über u. ↑Eck]: *quer vor eine Ecke von einer Wand zur anderen:* den Schreibtisch ü. stellen; die beiden saßen ü. *(sodass eine Ecke des Tischs, an dem sie saßen, zwischen ihnen lag).*

Über|ei|fer, der; -s (oft abwertend): *allzu großer falscher Eifer:* etw. aus Ü. tun; etw. im Ü. vergessen.

über|eif|rig ⟨Adj.⟩ (oft abwertend): *allzu eifrig, mit Übereifer:* ein -er Polizist.

über|eig|nen ⟨sw. V.; hat⟩: *als Eigentum auf jmdn. übertragen:* sie hatte alles dem Tierschutzverein übereignet.

Über|eig|nung, die; -, -en: *das Übereignen; das Übereignetwerden.*

Über|ei|le, die; -: *zu große Eile:* in ihrer Ü. hat sie das Wichtigste vergessen.

über|ei|len ⟨sw. V.; hat⟩: **1. a)** *etw. zu rasch u. ohne die Folgen genügend bedacht zu haben, ausführen, vornehmen:* ich möchte nichts ü.; ⟨oft im 2. Part.:⟩ eine übereilte Tat, Flucht, Heirat; der Entschluss war wohl etwas übereilt; **b)** ⟨ü. + sich⟩ *in einer Sache zu rasch u. ohne Überlegung vorgehen:* du solltest dich damit nicht ü. **2.** (Jägerspr.) *(vom jungen Hirsch) beim Ziehen die Hinterläufe vor die Vorderläufe setzen.*

Über|ei|lung, die; -, -en: *das Übereilen.*

über|ei|nan|der ⟨Adv.⟩: **1.** *einer, eine, eines über dem, der anderen; einer über den anderen, eine über die andere, eines über das andere:* die Dosen ü. aufstellen; die Bretter ü. legen, schichten; die Beine ü. schlagen; die Bauklötzchen ü. setzen, stellen; es soll alles geordnet ü. liegen, sitzen, stehen; ü. angeordnet sein; ü. wohnen; sie trug zwei Pullover ü. **2.** *über sich [gegenseitig]:* ü. reden, schimpfen; ü. herfallen, stolpern; sich ü. ärgern.

über|ei|nan|der le|gen, über|ei|nan|der lie|gen, über|ei|nan|der schich|ten usw.: s. übereinander.

über|ein|kom|men ⟨st. V.; ist⟩ (geh.): *sich mit jmdm. über etw. einigen:* wir sind übereingekommen, nichts verlauten zu lassen.

Über|ein|kom|men, das; -s, -: *Einigung, Abmachung hinsichtlich bestimmter Punkte, Bedingungen o. Ä.:* ein Ü. treffen, erzielen; eine stillschweigende Ü. verletzt haben; zu einem Ü. gelangen.

Über|ein|kunft, die; -, ...künfte: *Übereinkommen:* eine stille Ü. zwischen den beiden Kontrahenten.

über|ein|stim|men ⟨sw. V.; hat⟩: **1.** *die gleiche Meinung mit jmdm. haben:* wir stimmen mit Ihnen [darin] überein, dass etwas unternommen werden muss. **2.** *in seiner Art, seinem Wesen o. Ä. einer Sache gleichen, mit ihr im Einklang stehen:* die Farbe der Vorhänge stimmt mit dem Ton der Tapeten überein; ihre Aussagen, Aufzeichnungen stimmten überein; übereinstimmende *(konforme)* Ansichten; etw. übereinstimmend *(gleichermaßen, in gleicher Weise)* feststellen.

Über|ein|stim|mung, die; -, -en: **1.** *das Übereinstimmen* (1): keine Ü. erzielen. **2.** *das Übereinstimmen* (2): frappante -en zwischen einzelnen Gedichten; [mit etw.] in Ü. stehen.

über|emp|find|lich ⟨Adj.⟩: **1.** *übertrieben empfindlich; sensitiv:* -e Nerven; bei diesem Thema ist sie immer ü. **2.** (Med.) *allergisch:* gegen etw. ü. sein; ü. reagieren.

Über|emp|find|lich|keit, die; -, -en: **1.** *das Überempfindlichsein; überempfindliche Art.* **2.** (Med.) *Allergie.*

über|er|fül|len ⟨sw. V.; hat⟩ [LÜ von russ. perevypolnit']: *über das gesteckte Planziel hinaus produzieren:* das Soll ü.; sie übererfüllt die Norm.

Über|er|fül|lung, die; -, -en: *das Übererfüllen; das Übererfülltwerden.*

Über|er|näh|rung, die; -: *Nahrungsaufnahme, die das notwendige Maß, den notwendigen Bedarf übersteigt.*

über|er|reg|bar ⟨Adj.⟩: *allzu leicht erregbar.*

Über|er|reg|bar|keit, die; -: *das Übererregbarsein; übererregbare Art.*

über|es|sen ⟨unr. V.; hat⟩: *häufig u. viel von etw. essen u. dadurch die Lust darauf verlieren, es nicht mehr mögen:* ich habe mir Nugat übergegessen.

über|es|sen, sich ⟨unr. V.; hat⟩: *mehr essen, als verträglich ist:* ich habe mich an dem/mit Marzipan übergessen.

über|fach|lich ⟨Adj.⟩: *über das eigene Fachgebiet hinausreichend, nicht fachbezogen:* -e Aspekte.

über|fah|ren ⟨st. V.⟩ (selten): **1.** *von einem Ufer aus ans andere befördern* ⟨hat⟩: der Fährmann hat uns übergefahren; ich ließ mich von einem Fischer auf die Insel ü. **2.** *von einem Ufer ans andere fahren* ⟨ist⟩: wir sind mit der Fähre übergefahren.

über|fah|ren ⟨st. V.; hat⟩: **1.** *mit einem Fahrzeug über jmdn., ein Tier hinwegfahren u. ihn, es dabei [tödlich] verletzen:* einen Fußgänger ü.; unsere Katze ist überfahren worden. **2.** *als Fahrer etw. übersehen u. daran vorbeifahren; an etw. vorbeifahren, ohne es zu beachten:* eine rote Ampel, ein Stoppschild ü. **3.** *über etw. hinfahren; darüber fahren:* eine Kreuzung ü.; die durchgehende Linie darf nicht überfahren werden. **4.** (ugs.) *von jmdm., der unvorbereitet ist u. keine Zeit zum Überlegen od. zu Gegenmaßnahmen hat, etw. gegen dessen eigentliches Wollen erlangen:* lass dich von ihr nicht ü.; ich fühle mich dadurch überfahren. **5.** (Sport Jargon) *hoch, eindeutig besiegen.*

Über|fahrt, die; -, -en: *Fahrt mit dem Schiff von einem Ufer zum anderen, von einer Küste zur anderen:* eine lange, stürmische Ü.

Über|fall, der; -[e]s, ...fälle: **1.** *plötzlicher, unvermuteter Angriff, bei dem jmd., etw. überfallen* (1) *wird:* ein dreister, nächtlicher Ü.; Ü. auf ein Liebespaar, auf die Bank; Ü Mutters Überfälle (ugs. scherzh.; *überraschende Besuche*). **2.** *Teil eines Kleidungsstücks, das weit über einen Bund fällt.*

über|fall|ar|tig ⟨Adj.⟩: *in der Art eines Überfalls* (1) *vor sich gehend:* ein -er Angriff.

über|fal|len ⟨st. V.; ist⟩: **1.** (selten) *über etw. hinfallen.* **2.** (Jägerspr.) *(von Schalenwild) ein Hindernis überspringen.*

über|fal|len ⟨st. V.; hat⟩: **1.** *unvermutet, plötzlich anfallen, angreifen, über jmdn., etw. herfallen:* jmdn. nachts, hinterrücks, auf der Straße ü.; eine Bank, einen Geldboten, eine Postkutsche, ein Land [ohne Kriegserklärung] ü.; Ü die Kinder überfielen *(bestürmten)* mich mit tausenderlei Wünschen; er wurde von den Journalisten mit Fragen überfallen; entschuldige, dass ich dich überfalle *(unangemeldet besuche).* **2.** *(von Gedanken, Gefühls-, körperlichen Zuständen) jmdn. plötzlich u. mit großer Intensität ergreifen:* Heimweh, ein Schauder überfiel uns; eine plötzliche Müdigkeit, großer Hunger hat ihn überfallen. **3.** (Jägerspr.) *(vom Schalenwild) überspringen, springend kreuzen.*

Über|fall|ho|se, die: *Kniebundhose, deren Überfall* (2) *im Bereich des Knies die Verschlüsse des Bundes bedeckt.*

über|fäl|lig ⟨Adj.⟩ [1: eigtl. = über die Fälligkeit hinaus; 2: eigtl. = überaus fällig]: **1.** *(bes. von Flugzeugen, Schiffen o. Ä.) zur erwarteten, fälligen Zeit nicht eingetroffen; über den planmäßigen Zeitpunkt des Eintreffens hinaus ausbleibend:* die Maschine ist schon lange ü.; das Schiff ist seit gestern ü. **2.** *längst fällig:* ein [längst] -er Besuch, Schritt; seine deutlichen Worte waren ü.; der Wechsel ist ü. *(ist zum Zeitpunkt der Fälligkeit nicht eingelöst worden).*

Über|fall|kom|man|do, (österr.:) **Über|falls|kom|man|do,** das (ugs.): *alarmbereiter Einsatzdienst der Polizei.*

über|fär|ben ⟨sw. V.; hat⟩: **1.** (Textilind.) *ein zweifarbig gemustertes Gewebe mit einer dritten Farbe färben (u. damit eine Änderung der beiden vorhandenen Farben bewirken).* **2.** (Fachspr.) *mit einer bestimmten Färbung versehen.*

über|fein ⟨Adj.⟩: *allzu fein; im Übermaß fein; übersteigert fein.*

über|fei|nern ⟨sw. V.; hat⟩: *im Übermaß verfeinern:* eine überfeinerte Kultur.

Über|fei|ne|rung, die; -, -en ⟨Pl. selten⟩: *allzu große Verfeinerung; überfeinerte Art.*

über|fet|tet ⟨Adj.⟩: *zu viel Fett enthaltend, zu fett:* -e Milchprodukte.

über|fi|schen ⟨sw. V.; hat⟩: **a)** *durch zu vieles Fischen [zu] stark reduzieren:* einen Fischbestand ü.; **b)** *durch zu vieles Fischen im Fischbestand [zu] stark reduzieren:* einen See ü.; überfischte Gewässer.

Über|fi|schung, die; -, -en: *das Überfischen; das Überfischtwerden, Überfischtsein.*

über|flie|gen ⟨st. V.; hat⟩: **1.** *über jmdn., etw. hinwegfliegen:* die Alpen [in 10 000 m Höhe] ü.; der Satellit überfliegt Europa zweimal täglich. **2.** *mit den Augen schnell über etw. hingehen u. dabei bestrebt sein, das Wesentliche zu erfassen:* einen Text rasch ü.; ich habe das Flugblatt, den Brief nur kurz überflogen. **3.** *rasch u. fast unmerklich über ein Gesicht o. Ä. hinweggehen:* ein Lächeln, eine leichte Röte überflog ihr Gesicht.

Über|flie|ger, der; -s, - [zu ↑überfliegen in der veralteten Bed. »übertreffen, überwinden«]: *jmd., der begabter, intelligenter, tüchtiger ist als der Durchschnitt.*

Über|flie|ge|rin, die; -, -nen: w. Form zu ↑Überflieger.

über|flie|ßen ⟨st. V.; ist⟩ [mhd. übervlieʒen, ahd. ubarvlioʒan]: **1.** (geh.) **a)** *überlaufen* (1 a): das Benzin ist [aus dem Tank] übergeflossen; **b)** *überlaufen* (1 b): die Wanne ist übergeflossen; Ü ihr Herz floss über von Mitleid. **2.** *in etw. ein-*

fließen [u. sich damit vermischen]: die Farben fließen ineinander über.

über|flie|ßen ⟨st. V.; hat⟩ (selten): *(von Flüssigkeiten) über etw. hinwegfließen:* ein kleiner Bach überfloss den Weg.

Über|flug, der; -[e]s, ...flüge: *das Überfliegen* (1).

über|flü|geln ⟨sw. V.; hat⟩ [urspr. Soldatenspr., eigtl. = die eigenen Flügel (3 a) an den feindlichen vorbeischieben]: *andere [ohne große Anstrengungen] in ihren Leistungen übertreffen u. so den Vorrang vor ihnen bekommen:* die Konkurrenz [in etw.] ü.

Über|flü|ge|lung, Über|flüg|lung, die; -, -en ⟨Pl. selten⟩: *das Überflügeln.*

Über|fluss, der; -es [mhd. übervluʒ, LÜ von mlat. superfluitas od. lat. abundantia (↑ Abundanz), eigtl. = das Überquellen, -strömen]: *übergroße, über den eigentlichen Bedarf hinausgehende Menge:* ein Ü. an Nahrungsmitteln; etw. ist in Ü., im Ü. vorhanden, steht in Ü., im Ü. zur Verfügung; etw. im Ü. besitzen; im Ü. leben; zu allem Ü., zum Ü. *(obendrein, zu allem, was ohnehin schon ausreichend gewesen wäre)* hatten wir dann auch noch eine Panne.

Über|fluss|ge|sell|schaft, die [Lehnübertragung von engl. affluent society] (abwertend): *Gesellschaft* (1) *mit unverhältnismäßig hohem Wohlstand breiter Bevölkerungskreise.*

über|flüs|sig ⟨Adj.⟩ [mhd. übervlüʒʒec = überströmend; überreichlich, LÜ von spätlat. superfluus]: *für einen Zweck nicht erforderlich u. ihm nicht dienlich, daher überzählig u. unnütz:* eine -e Anschaffung; -e Worte machen; -e Pfunde abspecken; es ist ganz ü., ich halte es für ü., dass du dich sorgst; ich komme mir hier [ziemlich, total] ü. vor.

über|flüs|si|ger|wei|se ⟨Adv.⟩: *obgleich überflüssig, unnötigerweise:* der Kommentar, den er ü. dazu abgegeben hat.

Über|flüs|sig|keit, die; -, -en: **1.** ⟨o. Pl.⟩ *das Überflüssigsein.* **2.** (selten) *etw. Überflüssiges.*

über|flu|ten ⟨sw. V.; ist⟩ (selten): *über die Ufer treten:* der Fluss ist übergeflutet.

über|flu|ten ⟨sw. V.; hat⟩: **1.** *in einer großen Welle über etw. hinwegströmen u. überschwemmen* (1): die See überflutete den Polder; das linke Ufer war sofort überflutet; Ü ein Gefühl der Scham überflutete sie; eine Welle der Gewalt überflutet das Land. **2.** *überschwemmen* (2): der Markt wird mit Neuheiten geradezu überflutet. **3.** (selten) *überflutet* (1) *werden:* die Keller überfluteten.

Über|flu|tung, die; -, -en: *das Überfluten; Überflutetwerden.*

über|for|dern ⟨sw. V.; hat⟩: *zu hohe Anforderungen an jmdn., sich, etw. stellen:* ein Kind mit Aufgaben ü.; das Herz, den Kreislauf ü.; das überfordert die Vorstellungskraft; ⟨oft im 2. Part.:⟩ sich überfordert fühlen; die Feuerwehr war überfordert.

Über|for|de|rung, die; -, -en: *das Überfordern; das Überfordertwerden.*

über|frach|ten ⟨sw. V.; hat⟩ (veraltend): [1]*überladen:* ein Schiff ü.; Ü (geh.:) der Roman ist mit Symbolismen überfrachtet.

Über|frach|tung, die; -, -en: *das Überfrachten; das Überfrachtetwerden.*

über|fra|gen ⟨sw. V.; hat⟩: *jmdm. Fragen stellen, die er nicht beantworten kann, auf die zu antworten sein Wissen nicht ausreicht:* ⟨meist im 2. Part.:⟩ da bin ich überfragt; damit war er sichtlich überfragt.

über|frem|den ⟨sw. V.; hat⟩: *mit fremden Einflüssen durchsetzen; als fremder Einfluss in etw. beherrschend werden:* ein Land ü.; ⟨meist im 2. Part.:⟩ eine überfremdete Sprache.

Über|frem|dung, die; -, -en: *das Überfremden; das Überfremdetsein:* die Furcht vor Ü. *(vor der Anwesenheit zu vieler dauernd hier lebender Ausländer)* ist unbegründet.

über|fres|sen, sich ⟨st. V.; hat⟩: *zu viel fressen* (1 a): Tiere in freier Wildbahn überfressen sich nicht; (salopp, meist abwertend von Menschen:) ich habe mich überfressen.

über|frie|ren ⟨st. V.; ist⟩: *an der Oberfläche leicht frieren* (2 b): die nasse Straße überfror, war überfroren; Glätte durch überfrierende Nässe.

Über|frie|rung, die; -, -en: *das Überfrieren.*

Über|fuhr, die; -, -en (österr.): *Fähre:* mit der Ü. die Donau überqueren; *** die Ü. versäumen/verpassen** *(nicht rechtzeitig Maßnahmen treffen, etw. Bestimmtes so lange hinauszögern, bis es nicht mehr möglich ist).*

über|füh|ren, [1]über|füh|ren ⟨sw. V.; hat⟩: **1.** *(mithilfe eines Transportmittels) von einem Ort an einen anderen bringen:* die Leiche wurde nach Moskau übergeführt; der Wagen muss überführt werden. **2.** *etw. von einem Zustand in einen anderen bringen:* eine Flüssigkeit wird in den gasförmigen Zustand überführt/übergeführt.

[2]über|füh|ren ⟨sw. V.; hat⟩: **1.** *jmdm. eine Schuld, eine Verfehlung o. Ä. nachweisen:* jmdn. eines Verbrechens, des Mordes ü.; er war [als Täter] überführt; Ü sie wurde nie der Bescheidenheit überführt. **2.** (selten) *über etw. hinwegführen:* die Baustelle wird von einer Hochstraße überführt.

Über|füh|rung, die; -, -en: **1. a)** *das Transportieren von einem Ort an einen anderen:* die Kosten für die Ü. des Verletzten [in die Spezialklinik]; **b)** *das* [1]*Überführen* (2). **2.** *das Erbringen des Nachweises von jmds. Schuld o. Ä.:* die Indizien reichen zur Ü. des Verdächtigen nicht aus. **3.** *Brücke, die einen Verkehrsweg über etw. hinwegführt:* an der ersten Kreuzung nach der Ü. links abbiegen.

Über|füh|rungs|kos|ten ⟨Pl.⟩: *Kosten für eine Überführung* (1): die Ü. übernimmt die Versicherung.

Über|fül|le, die; -: *allzu große Menge, Vielfalt:* die Ü. des Angebots wirkt erdrückend.

über|fül|len ⟨sw. V.; hat⟩: *übermäßig, über das Normalmaß füllen:* die Verwundeten überfüllten die Straße; ⟨meist im 2. Part.:⟩ der Saal, der Zug war restlos überfüllt; die Hotels sind mit Flüchtlingen überfüllt; überfüllte Bahnen, Flughäfen.

Über|fül|lung, die; -, -en ⟨Pl. selten⟩: *das Überfülltsein:* das Bad, Museum musste zeitweise wegen Ü. geschlossen werden.

Über|funk|ti|on, die; -, -en (Med.): *[krankhaft] übersteigerte Tätigkeit eines Organs:* an einer Ü. der Schilddrüse leiden.

über|füt|tern ⟨sw. V.; hat⟩: **a)** *einem Tier zu viel Futter geben:* einen Hund ü.; Ü die Schüler wurden mit Lernstoff überfüttert; **b)** (fam.) *jmdm. (meist einem Kind) mehr zu essen geben, als es zur Ernährung braucht.*

Über|füt|te|rung, die; -, -en ⟨Pl. selten⟩: *das Überfüttern; das Überfüttertwerden.*

Über|ga|be, die; -, -n [mhd. übergābe]: **1.** *das Übergeben* (1 a): die Ü. der Schlüssel an den Nachmieter. **2.** *das Übergeben* (3): die Ü. der Stadt.

Über|ga|be|ver|hand|lung, die ⟨meist Pl.⟩: *Verhandlungen über eine Übergabe* (2).

Über|gang, der; -[e]s, ...gänge [mhd. überganc, ahd. ubarkanc]: **1. a)** *das Überqueren, Überschreiten, Hinübergehen:* beim Ü. über die Pyrenäen; **b)** *Stelle, Einrichtung zum Überqueren, Passieren:* ein Ü. für Fußgänger; einen Ü. über den Fluss suchen. **2.** *Wechsel zu etw. anderem, Neuem, in ein anderes Stadium:* allmähliche, kontinuierliche, unvermittelte Übergänge; der Ü. vom Wachen zum Schlafen; der Ü. *(die Überleitung zu einem anderen Thema)* war abrupt; beim Ü. vom Handbetrieb auf maschinelle Fertigung; eine Farbkomposition mit zarten Übergängen *(Abstufungen);* ohne jeden Ü. *(ganz unvermittelt, abrupt).* **3.** ⟨o. Pl.⟩ **a)** *Übergangszeit;* **b)** *Zwischenlösung:* dieses kleine Apartment ist ein Ü., dient nur als Ü. **4.** *(bei der Bahn) zusätzliche, nachträglich gelöste Fahrkarte für die nächsthöhere Klasse:* einen Ü. [nach]lösen. **5.** *das Übergehen* (1): der Ü. des Eigentums auf den Staat.

Über|gangs|bei|hil|fe, die: *bei der Entlassung aus der Bundeswehr (nach mindestens zwei Jahren Wehrdienst) geleistete Zahlung an Soldaten.*

Über|gangs|form, die: *durch eine fortschreitende Entwicklung bedingte Erscheinungsform.*

Über|gangs|geld, das: *Geld, das die gesetzliche Unfallversicherung zahlt, wenn ein Arbeitnehmer durch einen Arbeitsunfall od. eine Berufskrankheit arbeitsunfähig geworden ist.*

Über|gangs|laut, der (Sprachw.): *(meist nicht wahrgenommene) Phase zwischen zwei aufeinander folgenden Artikulationsstellungen.*

über|gangs|los ⟨Adj.⟩: *ohne Übergang* (2).

Über|gangs|lö|sung, die: *vorläufige, provisorische Lösung (eines Problems), die alsbald durch eine dauerhaftere abgelöst werden soll.*

Über|gangs|man|tel, der: *leichter Mantel für die Übergangszeit* (2).

Über|gangs|pha|se, die: vgl. Übergangszeit (1).

Über|gangs|re|ge|lung, die: *vorläufige Regelung für den Übergang von einem alten [Rechts]zustand in einen neuen.*

Über|gangs|sta|di|um, das: vgl. Übergangszeit (1).

Über|gangs|stu|fe, die: *Übergangsstadium.*

Über|gangs|zeit, die: **1.** *Zeit zwischen zwei Entwicklungsphasen, Epochen o. Ä.; Zeit des Übergangs zwischen zwei Ereignissen o. Ä.* **2.** *Zeit zwischen Sommer u. Winter od. Winter u. Sommer:* ein Mantel für die Ü.

Über|gar|di|ne, die; -, -n: *über den Store zu ziehende Gardine:* die -n zuziehen.

über|ge|ben ⟨st. V.; hat⟩ [mhd. übergeben]: **1. a)** *dem zuständigen Empfänger etw. aushändigen u. ihn damit in den Besitz von etw. bringen:* jmdm. einen Brief, das Geld ü.; den Staffelstab an den nächsten Läufer ü.; dem Eigentümer die Schlüssel ü.; sie übergab das Telefongespräch an den zuständigen Herrn; Ü das Papier den Flammen ü. (geh.; *verbrennen*); **b)** *jmdm. etw. zum Aufbewahren geben, anvertrauen:* den Schlüssel einem Nachbarn ü.; jmdm. etw. zu treuen Händen ü.; **c)** *etw. übereignen,* [1]*übertragen* (5 b): er hat sein Geschäft dem Sohn übergeben. **2. a)** *jmdn., etw. einer Instanz o. Ä. zur Bearbeitung des entsprechenden Falles überlassen:* der Dieb wurde der Polizei übergeben; ich werde die Angelegenheit meinem Anwalt ü.; das Beweismaterial dem Gericht ü.; **b)** *jmdm. eine Aufgabe übertragen, die Weiterführung einer bestimmten Arbeit o. Ä. überlassen:* sein Amt ü.; jmdm., an jmdn. die Führung ü. **3.** *aufgrund einer Kapitulation dem Gegner die Verfügungsgewalt über eine Stadt, Festung o. Ä. übertragen:* die Stadt wurde nach schweren Kämpfen [an den Feind] übergeben. **4.** *etw. zur Nutzung freigeben:* eine Straße dem Verkehr ü.; das Gebäude seiner Bestimmung ü. **5.** ⟨ü. + sich⟩ *sich erbrechen:* die Passagiere mussten sich mehrmals ü.

über|ge|ben ⟨st. V.; hat⟩ (ugs.): **1.** *über jmdn., etw. decken, breiten, legen:* als sie fror, gab er ihr die Stola über. **2.** *** jmdm. einen/eins ü.** (ugs.; *jmdm. einen Schlag, Hieb versetzen*).

über|ge|hen [mhd. übergān, übergēn, ahd. ubargān] ⟨unr. V.; ist⟩: **1.** *Besitz eines anderen werden:* das Grundstück wird in den Besitz der Gemeinde, in fremde Hände, vom Vater auf den Sohn ü.; die Stadt ging an Baden über. **2.** *mit etw. aufhören u. etw. anderes beginnen; überwechseln* (2 b): zur Tagesordnung, zu einem anderen Punkt, Thema ü.; zum Angriff ü.; sie gehen immer mehr dazu über, online zu buchen. **3.** *überwechseln* (2 a); *überlaufen* (2): ins feindliche Lager, auf die andere Seite ü. **4.** *allmählich in ein anderes Stadium kommen:* in Gärung ü.; bald wird der Schnee in Regen ü.; die Leiche war schon in Verwesung übergegangen. **5.** *sich ohne sichtbare Grenze vermischen:* das Meer schien in den Himmel überzugehen. **6.** (Seemannsspr.) *über etw. hinwegschlagen:* schwere Seen gingen über; er wurde von einem übergehenden Brecher über Bord gespült. **7.** (Seemannsspr.) *(von Ladung) auf eine Seite rutschen:* die Ladung geht leicht über. **8.** (geh.) *überfließen* (1 a), *überlaufen* (1 a): die Sektflasche so öffnen, dass kein

Schaum übergeht. **9.** (Jägerspr.) *(vom weiblichen Schalenwild) kein Kalb od. Kitz haben.*
über|ge|hen ⟨unr. V.; hat⟩: **1. a)** *über etw. hinweggehen* (1); *etw. absichtlich nicht wahrnehmen:* er überging unsere Einwände, Bitten, Wünsche; **b)** *etw. auslassen, überspringen:* ein Kapitel, einige Seiten ü.; ich übergehe diesen Punkt zunächst; **c)** *(bestimmte Bedürfnisse) nicht beachten:* den Hunger, die Müdigkeit ü. **2. a)** *jmdn. nicht beachten:* sie überging ihn; **b)** *jmdn. nicht berücksichtigen:* jmdn. bei der Gehaltserhöhung, im Testament ü.; er fühlt sich übergangen. **3.** (selten) *über etw. [hinweg]gehen.* **4.** (Jägerspr.) **a)** *über eine Fährte od. Spur gehen, ohne sie zu bemerken;* **b)** *an Niederwild vorbeigehen, ohne es zu sehen.*
Über|ge|hung, die; -: *das Übergehen* (1, 2); *das Übergangenwerden.*
über|ge|nau ⟨Adj.⟩ (oft abwertend): *allzu genau* (I).
über|ge|nug ⟨Adv.⟩ (oft abwertend): *mehr als genug:* ü. Whisky getrunken haben.
über|ge|ord|net ⟨Adj.⟩: *in seiner Bedeutung, Funktion wichtiger, umfassender als etw. anderes:* ein -es Problem, Ziel; Fragen von -er Bedeutung.
Über|ge|päck, das; -[e]s (Flugw.): *Gepäck mit Übergewicht:* ich hatte [fünf Kilo] Ü.
über|ge|scheit ⟨Adj.⟩ (iron.): *überklug.*
Über|ge|wicht, das; -[e]s, -e: **1. a)** ⟨o. Pl.⟩ *(von Personen) über dem Normalgewicht liegendes* [1]*Gewicht* (1 a): [fünf Kilo] Ü. haben; das lästige Ü. abtrainieren; **b)** ⟨Pl. selten⟩ *(von Briefen, Paketen o. Ä.)* [1]*Gewicht* (1 a), *das die für die Beförderung zulässige Grenze übersteigt:* der Brief hat [zehn Gramm] Ü. **2.** * **[das] Ü. bekommen/kriegen** (ugs.; *das Gleichgewicht verlieren u. überkippen, [hinunter]fallen*): du kriegst gleich Ü.! **3. a)** ⟨o. Pl.⟩ *Vormachtstellung, Vorherrschaft:* das wirtschaftliche Ü. [über jmdn., etw.] haben, gewinnen, behaupten; **b)** ⟨Pl. selten⟩ *größere, zu große Bedeutung; größeres, zu großes* [1]*Gewicht* (3): im Lehrplan haben die naturwissenschaftlichen Fächer ein klares Ü.
über|ge|wich|tig ⟨Adj.⟩: *Übergewicht* (1 a) *habend:* -e Patienten; ü. sein.
über|gie|ßen ⟨st. V.; hat⟩: **1.** *Flüssigkeit über jmdn., etw. gießen:* man hat mir einen Eimer Wasser übergegossen. **2.** *verschütten:* sie zitterte und goss die Milch über. **3.** (selten) *umgießen* (1).
über|gie|ßen ⟨st. V.; hat⟩: *über jmdn., sich, etw. eine Flüssigkeit gießen:* die Teeblätter mit kochendem Wasser ü.; er übergoss sich mit Benzin und verbrannte sich; Ü sie wurde mit Hohn und Spott übergossen.
über|gla|sen ⟨sw. V.; hat⟩: *mit Glas decken* (1 b); *mit einem Glasdach versehen:* den Balkon ü. [lassen]; die Halle ist überglast; ein überglaster Innenhof.
Über|gla|sung, die; -, -en: **1.** *das Überglasen.* **2.** *etw., womit etw. überglast ist.*
über|glück|lich ⟨Adj.⟩: *sehr, außerordentlich glücklich* (2): das macht mich ü.
über|grät|schen ⟨sw. V.; hat⟩ (Turnen): *mit einer Grätsche überspringen:* den Kasten, das Pferd ü.
über|grei|fen ⟨st. V.; hat⟩: **1.** *(bes. beim Klavierspielen, Geräteturnen) mit der einen Hand über die andere greifen.* **2.** *sich auch auf etw. anderes ausdehnen; auch etw. od. (seltener) jmdn. anderes erfassen:* das Feuer griff rasch auf die umliegenden Gebäude über; die Epidemie, der Streik hat auf andere Gebiete übergegriffen. **3.** *unzulässigerweise in einen fremden Bereich eingreifen:* in den Bereich der Justiz ü.
über|grei|fend ⟨Adj.⟩: *[von übergeordneter Bedeutung, Wichtigkeit, Gültigkeit u. deshalb] auch andere Bereiche erfassend, innerhalb eines bestimmten Bereichs alles bestimmend:* etw. ü. für Europa regeln.
-über|grei|fend: drückt in Bildungen mit Substantiven aus, dass die beschriebene Sache etw. erfasst, umfasst, sich von etw. auf etw. ausdehnt: behörden-, parteiübergreifend.
Über|griff, der; -[e]s, -e: *unrechtmäßiger Eingriff in die Angelegenheiten, den Bereich o. Ä. eines anderen:* ein feindlicher, militärischer Ü.; -e des Staates.
über|groß ⟨Adj.⟩: *übermäßig, ungewöhnlich groß* (1 a, 4, 5).
Über|grö|ße, die; -, -n: *Größe (bes. in der Konfektion), die die durchschnittlichen Maße überschreitet.*
über|grü|nen ⟨sw. V.; hat⟩: *mit Grün* (2) *überdecken.*
über|ha|ben ⟨unr. V.; hat⟩ (ugs.): **1.** *(ein bestimmtes Kleidungsstück) [lose] über ein anderes angezogen haben:* sie hatte einen Mantel über. **2.** *einer Sache überdrüssig sein:* ich habe ihre Nörgelei, die Warterei, deine Freunde über. **3.** (landsch.) *[als Rest] übrig haben:* ein paar Mark [vom Lohn] ü.
über|hand: in der Verbindung **ü. nehmen** (*[in Bezug auf etw. Negatives] in übermächtiger Weise an Zahl, Stärke zunehmen; stark anwachsen, sich stark vermehren*): das Ungeziefer, der Verkehrslärm nimmt allmählich ü; die Überfälle haben ü. genommen.
Über|hand|nah|me, die; - [zu veraltet »Überhand« für ↑Oberhand]: *das Überhandnehmen.*
Über|hang, der; -[e]s, ...hänge [mhd. überhanc = Umhang; überhängende Zweige u. Früchte von Obstbäumen; Übergewicht]: **1. a)** (bes. Archit.) *etw., was über die eigene Grundfläche hinausragt; auskragender* (a) *Teil, bes. eines Fachwerkbaus;* **b)** [1]*überhängende* (b) *Felswand;* **c)** *etw., was* [1]*überhängt* (c); [1]*überhängende* (c) *Zweige o. Ä.:* den Ü. abschneiden. **2.** *über ein bestimmtes Maß, die [augenblickliche] Nachfrage hinausgehende Menge von etw.:* ein Ü. von Wohnungen; Überhänge an Waren haben.
[1]**über|hän|gen** ⟨st. V.; hat⟩: **a)** (bes. Archit.) *über die eigene Grundfläche hinausragen, auskragen* (a): ⟨oft im 1. Part.:⟩ das überhängende Obergeschoss; **b)** *stärker als die Senkrechte, als ein rechter Winkel geneigt sein;* [1]*hängen* (2 b): die Felswand hängt über; ⟨oft im 1. Part.:⟩ eine überhängende Wand; **c)** *herabhängend über etw. hinausreichen; über ein Grundstück hinaus auf das angrenzende* [1]*hängen:* ⟨oft im 1. Part.:⟩ ein überhängender Ast.
[2]**über|hän|gen** ⟨sw. V.; hat⟩: *über die Schulter[n]* [2]*hängen; umhängen:* jmdm. einen Mantel ü.; ich hängte [mir] das Gewehr über.
[1]**über|hän|gen** ⟨st. V.; hat⟩ (seltener): *auf etw. herunterhängen u. es dadurch [teilweise] bedecken:* die Mauer war von Efeu überhangen.
[2]**über|hän|gen** ⟨sw. V.; hat⟩ (seltener): *etw. über etw.* [2]*hängen u. es so bedecken, verhängen:* sie überhängte den Käfig mit einem Tuch.
Über|hang|man|dat, das (Politik): *Direktmandat, das eine Partei über die ihr nach dem Verhältniswahlrecht zustehenden Parlamentssitze hinaus gewinnt.*
über|happs ⟨Adv.⟩ [mundartl. Entstellung von ↑überhaupt in der veralteten (landsch.) Bed. »Kleinigkeiten nicht beachtend, oberflächlich«] (österr. ugs.): **1.** *ungefähr; annäherungsweise.* **2.** *obenhin.*
über|hart ⟨Adj.⟩: *sehr, ungewöhnlich hart* (4): die ü. spielende Mannschaft.
über|has|ten ⟨sw. V.; hat⟩: **a)** *zu hastig ausführen:* nur nichts ü.!; ⟨oft im 2. Part.:⟩ ein überhasteter Schritt; überhastet handeln, urteilen; **b)** ⟨ü. + sich⟩ *(in seinem Handeln, Reden) sich keine Zeit zum Überlegen lassen; wegen zu großer Hast unüberlegt sein.*
Über|has|tung, die; -, -en: *das [Sich]überhasten.*
über|häu|fen ⟨sw. V.; hat⟩: **a)** *jmdm. etw. im Übermaß zukommen, zuteil werden lassen:* jmdn. mit Geschenken, Lob, Beleidigungen, guten Ratschlägen, Vorwürfen ü.; mit Arbeit überhäuft sein; **b)** (selten) *etw. in so großer Anzahl irgendwo hinstellen, hinlegen, dass es die ganze Fläche bedeckt, sich dort stapelt:* den Schreibtisch mit Akten ü.
Über|häu|fung, die; -, -en: *das Überhäufen; das Überhäuftwerden.*
über|haupt [spätmhd. über houbet = über das Haupt, die Häupter (der Tiere) hin, d. h. ohne (sie) zu zählen]: **I.** ⟨Adv.⟩ **1.** drückt eine Verallgemeinerung aus: *insgesamt [gesehen]:* eines der erfolgreichsten Spiele ü.; ich bin ü. selten zu Hause. **2.** verstärkend bei Verneinungen: *[ganz u.] gar:* das stimmt ü. nicht; das war ü. nicht vorgesehen, möglich; davon kann ü. keine Rede sein. **3. a)** (in Verbindung mit »und«) *abgesehen davon, überdies:* und ü., auf den Einzelnen kam es nicht an; **b)** *und schon gar; besonders:* man wird, ü. im Alter, nachlässiger. **II.** ⟨Partikel; unbetont⟩ *eigentlich* (III): wie ist das ü. passiert?; was willst du ü.?
über|he|ben ⟨st. V.; hat⟩: **1.** (veraltend) *entheben* (1), *von etw. befreien:* das überhebt uns allen weiteren Nachdenkens; das überhebt dich nicht einer Antwort; **2.** ⟨ü. + sich⟩ *anmaßend sein, sich überheblich zeigen:* ich will mich nicht ü. **3.** ⟨ü. + sich⟩ (landsch.) *sich verheben:* überheb dich [an der schweren Kiste] bloß nicht!; Ü an dieser Inszenierung hat sie sich überhoben *(übernommen).*
über|heb|lich ⟨Adj.⟩: *sich selbst überschätzend, in selbstgefälliger, dünkelhafter Weise auf andere herabsehend:* ein -er Mensch, Ton; ü. lachen.
Über|heb|lich|keit, die; -, -en: **a)** ⟨o. Pl.⟩ *das Überheblichsein; überhebliche Art:* sie sagte das ohne jede Ü.; **b)** (selten) *überhebliches Verhalten, überhebliche Äußerung.*
über|hei|zen ⟨sw. V.; hat⟩: *zu stark heizen* (1 b): die Wohnung ü.; überheizte Räume.
über|hell ⟨Adj.⟩: *äußerst, allzu hell.*
über|hin ⟨Adv.⟩ (veraltend): *obenhin.*
über|hit|zen ⟨sw. V.; hat⟩: **a)** *über das Normalmaß erhitzen* (1): das Wasser ü.; **b)** ⟨ü. + sich⟩ *zu heiß werden:* der Motor hatte sich überhitzt; ⟨meist im 2. Part.:⟩ die Bremsen sind überhitzt; Ü überhitzte *(übermäßig erregte)* Gemüter; eine überhitzte *(übersteigerte)* Konjunktur.
Über|hit|zung, die; -, -en ⟨Pl. selten⟩: *das Überhitzen; das Überhitztwerden.*
über|hö|hen ⟨sw. V.; hat⟩: **1.** *[einen Teil von etw.] höher machen, bauen; erhöhen* (1): einen Damm ü.; ⟨meist im 2. Part.:⟩ überhöhte Kurven. **2.** *übermäßig erhöhen* (3), *hochstilisieren, verklären:* ⟨meist im 2. Part.:⟩ der überhöhte Kanzler.
über|höht ⟨Adj.⟩: *die normale Höhe übersteigend; zu stark erhöht* (2 a); *zu hoch* (I 2): -e Mieten; mit -er Geschwindigkeit fahren; die Preise waren ü.
Über|hö|hung, die; -, -en: **1.** *übermäßige Erhöhung* (3) *von etw.* **2.** *das Überhöhen.*
über|ho|len ⟨sw. V.; hat⟩ [nach engl. to overhaul]: **1.** *an das andere Ufer befördern:* hol über! (früher; Ruf nach dem Fährmann). **2.** (Seemannsspr.) *(von Schiffen) sich unter dem Druck des Windes auf die Seite legen:* das Schiff hat [nach Backbord] übergeholt. **3.** (Seemannsspr.) *(Segel) auf die andere Seite holen* (5): hol über! (Kommandoruf).
über|ho|len ⟨sw. V.; hat⟩: **1. a)** *durch größere Geschwindigkeit eine Person od. Sache einholen u. an ihr vorbeifahren, vorbeilaufen:* ein Auto, einen Radfahrer ü.; kurz vor dem Ziel wurde sie doch noch überholt; ⟨auch ohne Akk.-Obj.:⟩ links ü.; ⟨subst.:⟩ zum Überholen ansetzen; Ü die Alten haben die Jungen zahlenmäßig überholt; **b)** *leistungsmäßig jmdm. gegenüber einen Vorsprung gewinnen:* er hat seine Mitschüler überholt; die USA wurden wirtschaftlich überholt. **2.** *auf [technische] Mängel überprüfen u. reparieren, wieder völlig instand setzen:* einen Wagen, einen Motor, eine Maschine, ein Gerät [gründlich] ü.
Über|hol|ma|nö|ver, das (bes. Verkehrsw.): *im Überholen eines anderen Verkehrsteilnehmers bestehendes Manöver* (2): ein riskantes, misslungenes Ü.
Über|hol|spur, die (Verkehrsw.): *Fahrspur, die beim Überholen zu benutzen ist:* auf die Ü. wechseln, gehen; Ü ein Leben auf der Ü. *(ein hektisches, rasantes, rastloses Leben).*
über|holt ⟨Adj.⟩: *nicht mehr der gegenwärtigen*

Zeit, dem augenblicklichen Stand der Entwicklung entsprechend: eine [technisch] längst -e Anlage; -e Ansichten, Statistiken; diese Begriffe sind ü.; das Verfahren ist durch die technische Entwicklung ü.

Über|ho|lung, die; -, -en: *das Überholen* (2): der Wagen muss zur Ü. in die Werkstatt.

über|ho|lungs|be|dürf|tig ⟨Adj.⟩: *in einem Zustand, der eine Überholung erforderlich macht:* der Motor ist ü.; Ü ihr Bild von Deutschland ist ü.

Über|hol|ver|bot, das (Verkehrsw.): *Verbot, ein anderes Kraftfahrzeug zu überholen:* ist hier immer noch Ü.?; an der Steige besteht, gilt ein Ü. für LKW.

Über|hol|vor|gang, der (bes. Verkehrsw.): *Vorgang des Überholens.*

über|hö|ren ⟨sw. V.; hat⟩ (ugs.): *zu oft hören, anhören* (1 b) *u. deshalb kein Gefallen mehr daran finden:* ich habe mir diesen Song übergehört.

über|hö|ren ⟨sw. V.; hat⟩ [mhd. überhœren = aufsagen lassen, lesen lassen, befragen; nicht hören]: **1. a)** *aus Mangel an Aufmerksamkeit o. Ä. nicht hören* (1 b): das Telefon, das Klingeln ü.; **b)** *auf eine Äußerung o. Ä. absichtlich nicht reagieren, darüber einfach hinweggehen:* eine Anspielung, einen Vorwurf [geflissentlich] ü.; das möchte ich [lieber] überhört haben! (als Entgegnung auf eine als unangebracht empfundene Bemerkung, auf die jmd. nicht eingehen will). **2.** (veraltet) *abhören* (1).

Über-Ich, das; -[s], -[s] (Psych.): *durch die Erziehung entwickelte u. als eine Art Richtschnur der Kontrolle dienende, regulierende Instanz der Persönlichkeit.*

über|in|di|vi|du|ell ⟨Adj.⟩: *über das Individuum* (1, 3) *hinausgehend.*

über|in|ter|pre|tie|ren ⟨sw. V.; hat⟩: *bei der Interpretation von etw. mehr u. anderes an Bedeutung herauslesen, als tatsächlich darin enthalten ist:* eine Textstelle, eine Äußerung, ein Verhalten ü.

über|ir|disch ⟨Adj.⟩: **1.** *sich den irdischen Maßstäben entziehend, der Erde entrückt:* ein -es Wesen; sie war von -er Schönheit. **2.** *oberirdisch:* die Strecke der U-Bahn wird hier ü. geführt.

über|käm|men ⟨sw. V.; hat⟩ (ugs.): *flüchtig noch einmal kämmen* (1 a): sich, [sich] das Haar ü.

über|kan|di|delt ⟨Adj.⟩ [zu niederd. kandidel = heiter, lustig, wohl zu lat. candidus = heiter, ↑Kandidat] (ugs.): *in exaltierter od. leicht verrückter Weise überspannt:* eine -e Person; sie ist ziemlich, ein bisschen ü.

Über|ka|pa|zi|tät, die; -, -en ⟨meist Pl.⟩ (Wirtsch.): *(auf längere Sicht nicht auszunutzende) zu große Kapazität* (2 b): -en abbauen.

über|kip|pen ⟨sw. V.; ist⟩: *auf einer Seite zu schwer werden u. über sie kippen, umfallen:* das Tablett kippte über; die Leiter ist nach vorne übergekippt; Ü ihre Stimme kippte [vor Wut] über *(klang plötzlich sehr hoch u. schrill).*

über|kle|ben ⟨sw. V.; hat⟩: *etw. auf etw. kleben u. es dadurch verdecken:* Plakate ü.

Über|kleid, das; -[e]s, -er (veraltend): *Kleidungsstück, das über anderen Kleidungsstücken getragen wird.*

über|klei|den ⟨sw. V.; hat⟩ (geh. veraltend): *überdecken, verkleiden* (2).

Über|klei|dung, die; -, -en (geh. veraltend): **1.** *das Überkleiden.* **2.** *etw., was zum Überkleiden von etw. dient.*

über|klet|tern ⟨sw. V.; hat⟩: *über etw. klettern:* sie überkletterten die Mauer, den Zaun.

über|klug ⟨Adj.⟩ (iron.): *bestrebt, überaus klug zu sein.*

über|knö|cheln ⟨sw. V.; hat⟩ (österr. ugs.): *sich den Fuß verstauchen, verrenken:* ich habe mir den Fuß überknöchelt.

über|ko|chen ⟨sw. V.; ist⟩: *(von Flüssigkeiten) so stark kochen* (3 a), *dass die Flüssigkeit über den Rand des Gefäßes fließt:* die Milch ist übergekocht; Ü bei diesen Worten kochte er fast über *(geriet er in große Wut).*

über|ko|chen ⟨sw. V.; hat⟩ (österr., sonst landsch.): *aufkochen* (2): die Marmelade soll überkocht werden.

über|kom|men ⟨st. V.; ist⟩: **1.** (Seemannsspr.) *(von Seewasser) an Deck spülen, spritzen:* schwere Brecher kamen über, waren übergekommen. **2.** (landsch.) *(an einem [Reise]ziel) in bestimmter Weise ankommen:* komm gut über! **3.** (landsch.) **a)** *mit etw. herausrücken* (2 a): komm doch mit dem Geld über!; **b)** *mit etw. herausrücken* (2 b): sie kam nicht damit über, woher sie das Geld hatte.

[1]über|kom|men ⟨st. V.; hat⟩ [mhd. über komen, ahd. ubarqueman]: **1.** *(von Empfindungen, Gefühlen) plötzlich u. mit großer Intensität ergreifen:* Mitleid, Angst, Ekel, Zorn überkam sie [bei diesem Anblick]; bei diesem Gedanken überkam es uns heiß, kalt *(schauderte uns).* **2.** (veraltend) *als Erbanlage o. Ä. erhalten, überliefert bekommen, erben* (2): die Lethargie hat sie von der Mutter überkommen.

[2]über|kom|men ⟨Adj.⟩ [2. Part. von ↑[1]überkommen (2 b)] (geh.): *hergebracht, schon seit langem bestehend, einer früheren Epoche entstammend u. überliefert:* -e Bräuche, Konventionen.

über|kom|pen|sie|ren ⟨sw. V.; hat⟩: **1.** (Fachspr.) *in übersteigertem Maße kompensieren* (1): seine Minderwertigkeitsgefühle mit betonter Männlichkeit ü. **2.** (Wirtsch.) *mehr als kompensieren* (2): den Preisrückgang durch einen erhöhten Absatz ü.

über|kon|fes|si|o|nell ⟨Adj.⟩: *die Konfessionen* (2) *übergreifend, nicht von ihnen abhängend.*

Über|kopf|ball, der (Tennis): *über dem Kopf geschlagener Ball.*

über|kreu|zen ⟨sw. V.; hat⟩: **1.** *kreuzen* (2), *überqueren:* den Platz ü. **2.** *kreuzen* (1): die Arme ü.; ⟨oft im 2. Part.:⟩ mit überkreuzten Beinen dasitzen. **3.** *kreuzen* (3), *überschneiden:* etw. überkreuzt etw.; zwei sich/(geh.:) einander überkreuzende Linien. **4.** ⟨ü. + sich⟩ (seltener) *sich kreuzen* (4), *mit jmdm. Streit, Differenzen haben:* ihre Meinungen, Interessen überkreuzen sich.

über|krie|gen ⟨sw. V.; hat⟩ (ugs.): **1.** *überbekommen* (1): ich kriege ihn, sein Gerede langsam über. **2.** * **einen/eins, ein paar ü.** *(einen Schlag, Schläge bekommen).*

über|kro|nen ⟨sw. V.; hat⟩ (Zahnmed.): *mit einer Zahnkrone versehen:* einen Zahn ü.

Über|kro|nung, die; -, -en (Zahnmed.): **1.** *das Überkronen; das Überkrontwerden.* **2.** *Zahnkrone.*

über|krus|ten ⟨sw. V.; hat⟩: **1.** (Kochk.) *gratinieren.* **2.** *mit einer Kruste* (b) *bedecken:* der Wagen war mit Eis überkrustet.

über|ku|geln, sich ⟨sw. V.; hat⟩: *sich kugelnd* (2), *wälzend überschlagen:* die kleinen Bären überkugelten sich.

über|küh|len ⟨sw. V.; hat⟩ (Kochk. österr.): *abkühlen lassen:* die Krapfen ü.

über|la|den ⟨st. V.; hat⟩ (selten): *umladen* (1).

[1]über|la|den ⟨st. V.; hat⟩: **1.** *zu sehr, zu schwer beladen:* einen Wagen, ein Schiff ü.; Ü sich den Magen ü. *(zu viel essen);* mit Arbeit überladen sein *(durch zu viel Arbeit überlastet sein).* **2.** *übermäßig laden* (4): den Akku nicht ü. dürfen.

[2]über|la|den ⟨Adj.⟩: *so überreich mit etw., bes. Schmuck, Zierrat, versehen, dass es erdrückend wirkt, das Einzelne gar nicht mehr zur Geltung kommt; barock* (a): ein -er Stil; die Fassade ist ü. mit Ornamenten.

Über|la|den|heit, die; -: *das Überladensein.*

Über|la|dung, die; -, -en: *das [1]Überladen.*

über|la|gern ⟨sw. V.; hat⟩: **1.** *sich über etw. lagern* (2 c): von Lava überlagertes Gestein. **2.** *in bestimmten Bereichen überschneiden; teilweise überdecken:* der Sender wird von einem anderen überlagert; diese Ereignisse haben sich überlagert. **3.** *zu lange lagern* (3 a) *u. dadurch an Qualität verlieren:* Batterien überlagern bei uns nie; ⟨meist im 2. Part.:⟩ überlagerte Medikamente.

Über|la|ge|rung, die; -, -en: **a)** *das Überlagern, das Überlagertwerden; das Überlagertsein;* **b)** (Physik) *Interferenz* (1).

Über|land|bahn, die: **1.** *zwischen Städten u. Nachbarorten verkehrende Klein- od. Straßenbahn.* **2.** (früher) *transkontinentale Eisenbahn.*

Über|land|bus, der: *Bus, der über den Stadtbereich hinaus verkehrt u. bes. in ländlichen Gegenden die Verbindung zwischen benachbarten Ortschaften herstellt.*

Über|land|fahrt, die: *über mehrere Ortschaften führende Fahrt* (2 a) *in ländlichen Gegenden.*

Über|land|lei|tung, die: *Leitung* (3 b) *eines Kraftwerks, das ein größeres Gebiet versorgt.*

Über|land|ver|kehr, der: *Verkehr zwischen benachbarten Ortschaften, bes. in ländlichen Gegenden.*

über|lang ⟨Adj.⟩: **a)** *besonders, außergewöhnlich lang* (1 a): ein -er Rock; **b)** (ugs.) *ungewöhnlich groß, hoch gewachsen:* ein -er Kerl; **c)** *besonders, außerordentlich lang* (1 d), *ausführlich:* ein -er Aufsatz; **d)** *besonders, außerordentlich, übermäßig lang* (2 a): ein -er Vortrag.

Über|län|ge, die; -, -n: **1.** vgl. Übergröße: Hosen in Ü. **2.** *über das Normalmaß hinausgehende Länge* (1 a): die Ladung hat Ü. **3.** *die übliche Dauer überschreitende Länge* (3 a) *von etw.:* die meisten Produktionen haben Ü.; ein Film mit Ü.

über|lap|pen ⟨sw. V.; hat⟩: *in bestimmten Bereichen teilweise überdecken, überlagern:* ein Teil überlappt den anderen; Ü die Klänge überlappen sich oft; [sich] überlappende Termine.

über|las|sen ⟨st. V.; hat⟩ (landsch.): *übrig lassen.*

über|las|sen ⟨st. V.; hat⟩: **1.** *auf etw., den Gebrauch, Nutzen von etw. zugunsten einer anderen Person [vorübergehend] verzichten, es ihr zur Verfügung stellen:* jmdm. etw. bereitwillig, nur ungern, leihweise ü.; die Stadt dem Feind kampflos, als Pfand ü.; sie überließ ihnen während ihres Urlaubs ihre Wohnung; er hat mir sein Auto billig, für tausend Mark überlassen *(verkauft).* **2.** *in jmds. Obhut geben:* sie überlässt die Kinder der Fürsorge der Großmutter; jmdn. sich selbst ü. *(allein, ohne Aufsicht o. Ä. lassen).* **3.** *jmdn. etw. nach dessen eigenem Urteil tun, entscheiden lassen, sich selbst dabei nicht einmischen:* jmdm. eine Aufgabe, die Wahl, die Entscheidung ü.; überlass das gefälligst mir! *(misch dich hier nicht ein!);* er überließ nichts dem Zufall. **4. a)** *jmdn. einem bestimmten Zustand, in dem er Hilfe o. Ä. braucht, preisgeben:* jmdn. dem Elend, seiner Verzweiflung ü.; Ü das Haus dem Verfall ü.; **b)** ⟨ü. + sich⟩ *sich von Empfindungen o. Ä. ganz beherrschen lassen, sich ihnen hingeben:* sich [ganz] seinem Schmerz, dem Heimweh ü.; sich seinen Träumen ü.

Über|las|sung, die; -, -en: *das Überlassen* (1).

über|las|ten ⟨sw. V.; hat⟩: **a)** *zu schwer belasten* (1 a): einen Aufzug, ein Regal ü.; **b)** *über die gegebenen Möglichkeiten hinaus beanspruchen u. dadurch in seiner Funktionsfähigkeit beeinträchtigen:* ein Telefonnetz ü.; ⟨meist im 2. Part.:⟩ die Autobahn ist total überlastet; **c)** *allzu sehr belasten* (2): das Herz, den Kreislauf ü.; jmdn. beruflich ü.; ⟨oft im 2. Part.:⟩ die Gerichte sind mit Bagatelldelikten überlastet; die überlastete Justiz.

Über|las|tung, die; -, -en: *das Überlasten; das Überlastetwerden.*

Über|lauf, der; -[e]s, ...läufe: **1.** *Anlage, Vorrichtung zum Abfluss von überschüssigem Wasser:* der Ü. der Badewanne; am Ü. der Talsperre. **2.** (Fachspr.) *das Überschreiten eines Zahlenbereichs (z. B. der höchsten Ziffernstelle bei einem Taschenrechner).*

Über|lauf|be|cken, das: *Becken, in dem beim Überlauf* (1) *das Wasser aufgefangen wird.*

über|lau|fen ⟨st. V.; ist⟩ [mhd. überloufen]: **1. a)** *über den Rand eines Gefäßes, Behältnisses fließen:* Benzin ist [aus dem Tank] übergelaufen; übergelaufene Milch; **b)** *so sehr mit Flüssigkeit gefüllt sein, dass diese überfließt* (1 a): die Wanne läuft gleich ü.!; der Tank, Topf ist übergelaufen. **2.** *auf die andere, gegnerische Seite* *überwechseln:* Hunderte von Soldaten sind [zu den Rebellen, zum Feind] übergelaufen.

über|lau|fen ⟨st. V.; hat⟩: **1.** *als unangenehme, bedrohliche Empfindung überkommen* (1): ein Frösteln überlief sie; es überläuft mich [eis]kalt *(es schaudert mich),* wenn ich das höre. **2.** (bes. Sport) **a)** *über jmdn., etw. hinaus laufen:* eine Markierung ü.; der Staffelläufer überlief beim Wechsel seinen Kameraden; **b)** *über etw. laufend hinwegsetzen:* sie überlief die Hürden technisch perfekt; **c)** *laufend durchbrechen, umspielen:* die Abwehr ü. **3.** *in so großer Anzahl aufsuchen, dass die dafür vorgesehene Einrichtung, der Raum o. Ä. [fast] nicht mehr ausreicht:* wir werden hier von Vertretern überlaufen; ⟨meist im 2. Part.:⟩ der Arzt, die Praxis ist furchtbar überlaufen; Kurse sind stark überlaufen; ein überlaufener Skiort. **4.** *(in Bezug auf Farben, Farbtöne) die Oberfläche von etw. leicht überziehen:* ⟨meist im 2. Part.:⟩ rötlich überlaufene Blüten. **5.** (Seemannsspr.) *über etw. hinwegfahren.* **6.** (schweiz.) *überlaufen* (1 b): im Frühjahr überläuft der See.

Über|läu|fer, der; -s, - [mhd. überloufer]: *Soldat, der zum Gegner überläuft* (2).

Über|läu|fe|rin, die; -, -nen: w. Form zu ↑Überläufer.

über|laut ⟨Adj.⟩: *übermäßig, zu* ^{1}*laut:* -e Musik.

über|le|ben ⟨sw. V.; hat⟩ [mhd. überleben]: **1.** *etw. (Schweres, Gefahrvolles) lebend überstehen:* eine Katastrophe, einen Unfall, den Krieg ü.; der Patient wird die Nacht nicht ü.; das überleb ich nicht! (emotional; *das ist mehr, als ich vertragen kann!*); du wirst es schon, wirst es wohl ü.! (oft iron.; Ausdruck der Beschwichtigung); ⟨auch o. Akk.-Obj.:⟩ in Gefangenschaft ü.; die kräftigsten Organismen überleben; Ü das Theaterstück überlebte die Premiere nur um ein halbes Jahr; ⟨subst.:⟩ die Firma kämpft ums Überleben; dem Verein geht es nur ums Überleben (Sport; *um den Erhalt der Spielklasse*). **2.** *über jmds. Tod hinaus leben:* sie sollte ihren Mann [um fünf Jahre] ü.; Ü seine Lehre überlebte ihn nicht lange. **3.** ⟨ü. + sich⟩ *nicht mehr in die gegenwärtige Zeit passen; veraltet sein:* diese Mode wird sich bald ü.; diese Ansichten hatten sich nach kurzer Zeit überlebt; überlebte Vorstellungen.

Über|le|ben|de, der u. die; -n, -n ⟨Dekl. ↑Abgeordnete⟩: *jmd., der ein Unglück o. Ä. überlebt* (1) *hat:* die -n der Katastrophe; die Rettungsmannschaften suchen nach -n.

Über|le|bens|chan|ce, die: *Möglichkeit [etw.] zu überleben* (1).

über|le|bens|fä|hig ⟨Adj.⟩: *fähig zu überleben, den Existenzkampf zu bestehen.*

Über|le|bens|fra|ge, die: *Frage, Angelegenheit, von der das Überleben abhängt:* die regelmäßige Versorgung mit dem Medikament ist für ihn eine Ü.

über|le|bens|groß ⟨Adj.⟩: *die natürliche, wirkliche Größe übersteigend; größer als lebensgroß:* eine -e Büste, Statue.

Über|le|bens|grö|ße, die: *Größe, die die natürliche, wirkliche Größe übersteigt:* Skulpturen und Bilder in Ü.

Über|le|bens|kampf, der: *Kampf ums Überleben.*

Über|le|bens|stra|te|gie, die: *Strategie zur Sicherung des Überlebens.*

Über|le|bens|trai|ning, das [nach engl. survival training]: *Training, systematische Ausbildung zur Erlernung von Fähigkeiten u. Fertigkeiten, um in Notsituationen zu überleben.*

über|le|gen ⟨sw. V.; hat⟩: **1.** *über jmdn., etw. legen:* ich habe ihr [noch] eine Decke übergelegt. **2.** (ugs.) *jmdn. zur Bestrafung übers Knie legen u. ihn auf das Gesäß schlagen:* der Vater hat ihn tüchtig übergelegt. **3.** ⟨ü. + sich⟩ *sich über etw. beugen; sich zur Seite neigen:* er legte sich so weit über, dass er beinahe vom Balkon gestürzt wäre; das Schiff hat sich [hart nach Steuerbord] übergelegt.

^{1}**über|le|gen** ⟨sw. V.; hat⟩ [mhd. überlegen = bedecken, überziehen; überrechnen; die heutige Bed. wohl aus »(in Gedanken immer wieder) umdrehen«]: *sich in Gedanken mit etw. beschäftigen, um zu einem bestimmten Ergebnis, Entschluss zu kommen:* etw. gründlich, reiflich, genau ü.; das muss alles gut, in Ruhe überlegt sein; es ist, wäre zu ü., ob sich das wirklich lohnt; ich muss mir die Sache noch einmal ü.; ich habe mir meine Worte genau überlegt *(ich bin mir durchaus bewusst, was ich damit sage);* er hat es sich anders überlegt *(hat seinen Entschluss geändert);* ich muss mir noch sehr ü. *(es ist sehr fraglich),* ob ich annehme; [lange] hin und her ü.; nun überleg doch mal *(bedenke),* wie sich das auswirkt!; Maßnahmen ü. *(ersinnen).*

^{2}**über|le|gen** ⟨Adj.⟩ [2. Part. von frühnhd. überliegen = überwinden, mhd. überligen = im Ringkampf oben zu liegen kommen]: **a)** *in Bezug auf bestimmte Fähigkeiten, auf Stärke od. Anzahl andere weit übertreffend:* ein -er Geist, Kopf; ein -er *(klarer)* Sieg; jmdm. an Intelligenz, Kraft, Ausdauer [weit, haushoch] ü. sein; sie waren uns kräftemäßig, zahlenmäßig ü.; sich [in etw.] ü. zeigen; die Mannschaft hat ü. 3 : 0 *(mit einem klaren Sieg von 3 : 0)* gewonnen; Ü die -e römische Zivilisation; **b)** *[in herablassender Weise] das Gefühl geistiger Überlegenheit zum Ausdruck bringend:* eine -e Miene aufsetzen; ü. lächeln.

Über|le|ge|ne, der u. die; -n, -n ⟨Dekl. ↑Abgeordnete⟩: *jmd., der jmdm. überlegen ist.*

Über|le|gen|heit, die; -: *das Überlegensein* (a): geistige, körperliche, zahlenmäßige Ü.; die wirtschaftliche, militärische Ü. eines Staates.

Über|le|gen|heits|ge|fühl, das: *Gefühl der Überlegenheit.*

über|le|gens|wert ⟨Adj.⟩: *wert, überlegt, erwogen zu werden:* ein -er Plan, Gedanke; deine Idee ist durchaus ü.

über|legt ⟨Adj.⟩: *sorgfältig abwägend, durchdacht:* eine [sehr] -e Antwort; ü. handeln.

Über|le|gung, die; -, -en: **a)** ⟨o. Pl.⟩ *das* ^{1}*Überlegen:* das ist der Ü., einer [kurzen] Ü. wert; bei ruhiger, sorgfältiger Ü.; mit [wenig], ohne Ü. handeln; nach reiflicher Ü. stimmten sie zu; **b)** ⟨meist Pl.⟩ *Folge von Gedanken, durch die sich jmd. vor einer Entscheidung o. Ä. über etw. klar zu werden versucht:* -en anstellen; etw. in seine -en [mit] einbeziehen.

über|lei|ten ⟨sw. V.; hat⟩: *zu etw. Neuem hinführen, einen Übergang herstellen:* zu einem neuen Thema ü.

Über|lei|tung, die; -, -en: **1.** *das Überleiten.* **2.** *etw., was der Überleitung* (1) *dient.*

über|le|sen ⟨st. V.; hat⟩: **1.** *beim Lesen übersehen:* bei der Korrektur Fehler ü. **2.** *[nur] rasch u. nicht sehr genau lesen, um den Inhalt des Textes erst einmal ganz allgemein beurteilen zu können:* einen Brief [noch einmal] ü.

Über|licht|ge|schwin|dig|keit, die; -: *Geschwindigkeit, die höher ist als die Lichtgeschwindigkeit.*

über|lie|fern ⟨sw. V.; hat⟩: **1.** *einer späteren Generation weitergeben:* Herodot überliefert folgende Geschichte; ⟨oft im 2. Part.:⟩ überlieferte Bräuche, Regeln; der Name des Künstlers ist nicht überliefert; etw. ist mündlich, schriftlich überliefert. **2.** (geh. veraltend) *in jmds. Gewalt übergeben, ausliefern:* jmdn. der Justiz, der Gerechtigkeit, dem Feind ü.

Über|lie|fe|rung, die; -, -en: **1. a)** ⟨o. Pl.⟩ *das Überliefern* (1): die mündliche Ü. von Mythen, Sagen; **b)** *etw., was überliefert* (1) *worden ist:* die jüdische, religiöse Ü.; wenn man der Ü. glauben darf. **2.** *überkommener Brauch; Tradition:* alte -en pflegen; an der Ü. festhalten.

über|lis|ten ⟨sw. V.; hat⟩: *sich durch List jmdm. gegenüber einen Vorteil verschaffen:* die Verfolger ü.; die gegnerische Abwehr, den Torwart ü.; Ü Viren haben das Immunsystem überlistet.

Über|lis|tung, die; -, -en ⟨Pl. selten⟩: *das Überlisten; das Überlistetwerden.*

überm ⟨Präp. + Art.⟩ (ugs.): *über dem.*

Über|macht, die; - [wohl rückgeb. aus ↑übermächtig]: *in Anzahl od. Stärke [weit] überlegene Macht:* die militärische Ü. der USA; die Ü. besitzen; vor der feindlichen Ü. zurückweichen; in der Ü. sein *(die Übermacht haben).*

über|mäch|tig ⟨Adj.⟩ [spätmhd. übermehtic]: **1.** *allzu mächtig* (1 a): ein -er Gegner; eine -e Konkurrenz. **2.** *als Gefühl o. Ä. sehr stark u. daher ganz davon beherrscht:* ein -es Verlangen; sein Verlangen wurde ü.

über|ma|len ⟨sw. V.; hat⟩ (ugs.): *über den Rand, die vorgezeichneten Umrisse von etw. malen:* er hat beim Ausmalen ein paarmal übergemalt.

über|ma|len ⟨sw. V.; hat⟩: *[nochmals] über etw. malen u. es dadurch verdecken:* die Fresken wurden übermalt.

Über|ma|lung, die; -, -en: **1.** *das Übermalen.* **2.** *an einem Gemälde o. Ä. später hinzugefügte Malerei:* -en entfernen.

über|man|gan|sau|er ⟨Adj.⟩: meist in Fügungen wie **übermangansaures Kali[um]** (Chemie veraltet; *Kaliumpermanganat*).

über|man|nen ⟨sw. V.; hat⟩ [urspr. wohl = mit sehr vielen »Mannen« angreifen]: **1.** *(von Gefühlen, körperlichen Zuständen) mit solcher Intensität auf jmdn. einwirken, dass er sich dagegen nicht wehren kann:* der Schmerz, der Schlaf, Verzweiflung übermannte ihn. **2.** (veraltet) *überwältigen* (1): die Wachen wurden übermannt.

über|manns|hoch ⟨Adj.⟩: *höher als mannshoch:* eine übermannshohe Mauer; das Gebüsch war ü.

Über|man|tel, der; -s, ...mäntel (veraltend): *Überwurf* (1).

über|mar|chen ⟨sw. V.; hat⟩ (schweiz., sonst veraltet): *eine festgesetzte Grenze, ein Limit überschreiten.*

Über|mar|chung, die; -, -en (schweiz., sonst veraltet): *das Übermarchen.*

Über|maß, das; -es, -e [mhd. übermaʒ]: **1.** ⟨o. Pl.⟩ *über das Normale hinausgehendes* ^{1}*Maß* (3); *ungewöhnlich große [nicht mehr erträgliche od. zuträgliche] Menge, Intensität von etw.:* ein Ü. an Arbeit, Belastungen; ein Ü. an, von Leid; etw. im Ü. haben, besitzen, genießen; das strapazierte uns bis zum, im Ü. **2.** (Technik) *im Verhältnis zu einem Außenteil zu großes* ^{1}*Maß* (2), *zu großer Durchmesser des dazugehörenden Innenteils.*

über|mä|ßig ⟨Adj.⟩ [mhd. übermæʒec]: **a)** *über das normale od. erträgliche, zuträgliche* ^{1}*Maß* (3) *hinausgehend:* eine -e Hitze, Belastung; -er Alkoholgenuss; nicht ü. trinken; **b)** ⟨intensivierend bei Adj. u. Verben⟩ *sehr, über die Maßen, überaus:* ü. hohe Kosten; sich ü. anstrengen; ich mag sie nicht ü.

Über|mensch, der; -en, -en [rückgeb. aus ↑übermenschlich, urspr. = Mensch, der sich zu Höherem berufen fühlt; zum Schlagwort geworden durch Nietzsches Zarathustra (1883–85)]: **1.** (Philos.) *dem gewöhnlichen Menschen weit überlegener [u. daher zum Herrschen bestimmter], die Grenzen der menschlichen Natur übersteigender, gottähnlicher Mensch.* **2.** (ugs.) *besonderer, zu außerordentlichen Leistungen befähigter Mensch.*

über|mensch|lich ⟨Adj.⟩: **1.** *über die Grenzen der menschlichen Natur hinausgehend:* eine [geradezu] -e Leistung. **2.** (veraltend) *übernatürlich, göttlich:* auf -e Hilfe hoffen.

über|mit|teln ⟨sw. V.; hat⟩: *(mithilfe von etw.) zukommen, an jmdn. gelangen lassen; (als Mittler) überbringen:* jmdm. [seine] Grüße ü.; jmdm. eine Nachricht, einen Text, Glückwünsche [telefonisch] ü.

Über|mit|te|lung, (häufiger:) **Über|mitt|lung,** die; -, -en ⟨Pl. selten⟩: *das Übermitteln; das Übermitteltwerden.*

Über|mitt|lungs|weg, der: *Weg, auf dem etw., bes. eine Nachricht, übermittelt wird.*

über|mor|gen ⟨Adv.⟩ [mhd. übermorgen, ahd. ubar morgan]: *in zwei Tagen; an dem auf den morgigen Tag folgenden Tag:* wir treffen uns ü. [Mittag, um acht Uhr].

über|mü|den ⟨sw. V.; hat⟩: *übermäßig ermüden,*

müde machen: wir dürfen die Kinder nicht ü.; ⟨meist im 2. Part.:⟩ ich war total übermüdet; völlig übermüdete Flüchtlinge.

Über|mü|dung, die; -, -en ⟨Pl. selten⟩: *das Übermüdetsein:* vor Ü. weinen.

Über|mut, der; -[e]s [mhd. übermuot, ahd. ubermuot]: **1.** *ausgelassene Fröhlichkeit, die sich in leichtsinnigem, mutwilligem Verhalten ausdrückt:* jmds. Ü. dämpfen; etw. aus purem, lauter Ü. tun; er hat es im Ü. getan. **2.** (veraltend) *Selbstüberschätzung zum Nachteil anderer:* **Spr** Ü. tut selten gut.

über|mü|tig ⟨Adj.⟩ [mhd. übermüetec, ahd. ubarmuotig]: **1.** *voller Übermut* (1); *von Übermut* (1) *zeugend:* ein -er Streich; ü. herumtollen; werdet nicht ü., Kinder! **2.** (veraltend) *stolz, überheblich.*

Über|mut|ter, die; -, ...mütter: *weibliche Person, die in einem bestimmten Bereich die beherrschende Figur ist, zu der die anderen respektvoll aufschauen:* die Ü. Helene Weigel.

übern ⟨Präp. + Art.⟩ (ugs.): *über den.*

über|nächst... ⟨Adj.⟩: *dem nächsten* (2), *der nächsten folgend:* übernächstes Jahr.

über|nach|ten ⟨sw. V.; hat⟩: *(bes. auf Reisen) ruhend, schlafend (irgendwo) die Nacht verbringen:* bei Freunden, im Hotel, im Zelt, im Freien ü.; auf der Rückreise haben wir in Lyon übernachtet.

über|näch|tig ⟨Adj.⟩ (bes. österr., schweiz.): *übernächtigt.*

Über|näch|tig|keit, die; - (bes. österr., schweiz.): *das Übernächtigtsein.*

über|näch|tigt ⟨Adj.⟩: *durch allzu langes Wachsein angegriffen [u. die Spuren der Übermüdung deutlich im Gesicht tragend]:* wir waren alle völlig ü.; blass und ü. aussehen.

Über|nächt|ler, der; -s, - (schweiz.): **a)** *Landstreicher, der im Stall o. Ä. übernachtet;* **b)** *jmd., der irgendwo als Gast übernachtet.*

Über|nächt|le|rin, die; -, -nen: w. Form zu ↑Übernächtler.

Über|nach|tung, die; -, -en: *das Übernachten:* die Zahl der -en; nur Ü. mit Frühstück buchen.

Über|nah|me, die; -, -n: **1.** ⟨Pl. selten⟩ *das Übernehmen* (1–3) *von etw., jmdm.* **2.** *etw., was übernommen* (3) *worden ist:* wörtliche -n aus einem Werk.

Über|nahms|stel|le, die (österr. veraltend): *Annahmestelle.*

über|na|ti|o|nal ⟨Adj.⟩: *über den einzelnen Staat hinausgehend, nicht national begrenzt:* eine -e Instanz.

über|na|tür|lich ⟨Adj.⟩: **1.** *über die Gesetze der Natur hinausgehend u. mit dem Verstand nicht zu erklären:* -e Erscheinungen, Fähigkeiten. **2.** *über das natürliche* (1 c) *Maß hinausgehend:* Statuen in -er Größe.

über|neh|men ⟨st. V.; hat⟩: **1.** (ugs.) *sich über die Schulter[n] hängen:* sie hat die Tasche übergenommen. **2.** (Seemannsspr.) **a)** *(Wasser) infolge hohen Seegangs an Deck bekommen:* das Schiff nahm haushohe Seen über; **b)** (seltener) *an Bord nehmen, übernehmen* (2 b): wir nahmen die Fracht über.

über|neh|men ⟨st. V.; hat⟩: **1. a)** *etw., was jmdm. übergeben wird, entgegennehmen:* den Staffelstab ü.; Waren ü.; **b)** *als Nachfolger in Besitz, Verwaltung nehmen, weiterführen:* sie hat das Geschäft [ihres Vaters] übernommen; er übernahm den Hof in eigene Bewirtschaftung; die Küche haben wir vom Vormieter übernommen; den Konkurrenten feindlich ü. *(ihn gegen dessen Willen durch Kauf der Aktienmehrheit o. Ä. in seinen Besitz bringen);* **c)** *etw., was jmdm. angetragen, übertragen wird, annehmen u. sich bereit erklären, die damit verbundenen Aufgaben zu erfüllen:* eine Aufgabe [freiwillig, nur ungern, notgedrungen] ü.; der Kopilot übernahm das Steuer; ein Amt, einen Auftrag, die Aufsicht [über etw.], den Vorsitz, die Leitung, das Kommando, eine Patenschaft, eine Vertretung, die Titelrolle ü.; das Innenministerium ü. *(Innenminister werden);* Regierungsverantwortung ü. *(sich an der Regierung beteiligen);* die Kosten für etw. ü. *(dafür aufkommen);* ich übernehme es, die Eintrittskarten zu besorgen; ⟨häufig verblasst:⟩ die Haftung für etw. ü. *(für etw. haften);* die Garantie für etw. ü. *(etw. garantieren);* die Bürgschaft für etw., jmdn. ü. *(für etw., jmdn. bürgen);* die Verantwortung für etw. ü. *(etw. verantworten);* die Verpflichtung zu etw. ü. *(sich zu etw. verpflichten).* **2. a)** *von einer anderen Stelle zu sich nehmen u. bei sich [in einer bestimmten Funktion] eingliedern, einstellen; als neues Mitglied aufnehmen:* Lehrer in den Schuldienst ü.; die Angestellten werden von der neuen Firma übernommen; **b)** (Seemannsspr.) *an Bord nehmen:* Passagiere, Proviant ü. **3.** *etw. von jmd. anderem verwenden:* Ideen, Methoden [von jmdm.] ü.; eine Textstelle wörtlich ü. **4.** ⟨ü. + sich⟩ *sich zu viel zumuten; sich überanstrengen:* sie hat sich bei der Klettertour übernommen; übernimm dich nur nicht!; sich mit etw. finanziell ü. *(seine Mittel überziehen).* **5. a)** (österr. ugs.) *übertölpeln;* **b)** (veraltend) *übermannen* (1).

über|ner|vös ⟨Adj.⟩: *übermäßig, allzu nervös.*

über|ord|nen ⟨sw. V.; hat⟩: **1.** *einer Sache den Vorrang geben u. etw. anderes dagegen zurückstellen:* den Beruf der Familie ü. **2. a)** *jmdn. als Weisungsbefugten, eine weisungsbefugte Institution o. Ä. über jmdn., etw. stellen:* jmdn. jmdm. ü.; ⟨meist im 2. Part.:⟩ er ist ihr übergeordnet; sich an eine übergeordnete Instanz wenden; **b)** *etw. in ein allgemeines System als umfassendere Größe, Kategorie einordnen:* übergeordnete Begriffe.

Über|or|ga|ni|sa|ti|on, die; -: *Übermaß an Organisation* (1, 2).

über|ört|lich ⟨Adj.⟩ (Amtsspr.): *nicht örtlich* (2) *begrenzt:* auf -er Ebene.

über|par|tei|lich ⟨Adj.⟩: *in seinen Ansichten über den Parteien* (1 a) *stehend, von ihnen unabhängig:* eine -e Zeitung; das Rote Kreuz ist ü.

Über|par|tei|lich|keit, die; -: *das Überparteilichsein.*

über|pflan|zen ⟨sw. V.; hat⟩ (ugs.): *verpflanzen* (1), *überpflanzen* (1 b).

über|pflan|zen ⟨sw. V.; hat⟩: **1. a)** (Med. selten) *transplantieren;* **b)** (veraltend) *verpflanzen* (1). **2.** (veraltend) *auf der ganzen Fläche bepflanzen:* einen Garten zur Hälfte mit Rasen ü.; mit Oleander überpflanzte Hänge.

Über|pflan|zung, die; -, -en: **1.** (Med. selten) *Transplantation.* **2.** (veraltend) *das Überpflanzen* (1 b, 2), *Überpflanztwerden, Überpflanztsein.*

über|pin|seln ⟨sw. V.; hat⟩ (ugs.): *übermalen, überstreichen:* einen Flecken an der Tapete [mit etwas Wandfarbe] ü.

über|plan|mä|ßig ⟨Adj.⟩ (Wirtsch.): *über das geplante Maß, über den* [2]*Plan* (1 b) *hinausgehend:* -e Ausgaben.

über|pri|vi|le|giert ⟨Adj.⟩: *übermäßig privilegiert.*

Über|pro|duk|ti|on, die; -, -en (Wirtsch.): **a)** ⟨o. Pl.⟩ *das normale Maß übersteigende Produktion* (1 a): die Ü. von Autos; **b)** *überschüssige Produktion* (1 b): der Betrieb ist auf seiner Ü. sitzen geblieben.

über|pro|por|ti|o|nal ⟨Adj.⟩: *(in Zahl, Ausmaß o. Ä.) das richtige Maß überschreitend; unverhältnismäßig hoch, zahlreich:* ü. steigende Kosten; Beamte sind im Bundestag ü. vertreten.

über|prüf|bar ⟨Adj.⟩: *sich überprüfen* (a) *lassend:* -e Thesen; die Telefonrechnung ist für den Kunden praktisch nicht ü.

Über|prüf|bar|keit, die; -: *das Überprüfbarsein.*

über|prü|fen ⟨sw. V.; hat⟩: **a)** *nochmals prüfen, ob etw. in Ordnung ist, seine Richtigkeit hat, funktioniert:* eine Rechnung, ein Alibi, jmds. Papiere, jmds. Angaben kritisch ü.; eine Anlage auf ihre Funktionsfähigkeit ü.; jmdn. politisch ü. *(feststellen, ob jmd. die gewünschte politische Einstellung hat);* den Kassenbestand ü. *(revidieren);* bei der Kontrolle überprüfte *(kontrollierte)* die Polizei nahezu alle Fahrzeuge; **b)** *noch einmal überdenken, durchdenken:* eine Entscheidung, seine Anschauungen ü.; eine Position, Haltung, Theorie ü.

Über|prü|fung, die; -, -en: *das Überprüfen.*

über|pu|dern ⟨sw. V.; hat⟩ (ugs.): *noch einmal pudern* (1): sie versuchte, die Gesichter überzupudern.

über|pu|dern ⟨sw. V.; hat⟩: *mit Puder, einer pudrigen Schicht bedecken:* sie war damit beschäftigt, sich das Gesicht zu ü.; den Kuchen mit Zucker und Zimt ü.

über|pünkt|lich ⟨Adj.⟩: *sehr, allzu pünktlich:* er kam, war ü.

Über|qua|li|fi|ka|ti|on, die; -, -en ⟨Pl. selten⟩: *Qualifikation* (2 a), *die im Verhältnis zu den Anforderungen zu hoch ist.*

über|qua|li|fi|ziert ⟨Adj.⟩: *eine Überqualifikation aufweisend.*

über|quel|len ⟨st. V.; ist⟩: **a)** *über den Rand eines Gefäßes, Behältnisses* [1]*quellen* (1 a): der Teig quoll über, ist übergequollen; **b)** *so voll sein, dass der Inhalt überquillt* (a); *übervoll sein:* der Papierkorb quillt über; ⟨oft im 1. Part.:⟩ ein überquellender Briefkasten; die Altstadt quoll von Menschen über; **Ü** mit überquellender Dankbarkeit; überquellend von Duft.

über|quer ⟨Adv.⟩ (österr., sonst veraltend): *über Kreuz; quer über etw.:* Holzscheite zum Trocknen ü. legen; *** ü. gehen** (ugs.; *fehlschlagen*); **mit jmdm. ü. kommen** (ugs.; *mit jmdm. uneins werden*).

über|que|ren ⟨sw. V.; hat⟩: **1.** *sich in Querrichtung über etw., eine Fläche hinwegbewegen:* die Kreuzung, den Ozean ü. **2.** *in seinem Verlauf schneiden:* das Bett des Flusses überquerte ihren Weg.

Über|que|rung, die; -, -en: *das Überqueren.*

über|ra|gen ⟨sw. V.; hat⟩: *in horizontaler Richtung über die Grundfläche von etw. hinausragen:* der Balken ragt [ein wenig] über; ein überragender *(vorspringender)* Giebel.

über|ra|gen ⟨sw. V.; hat⟩: **1.** *durch seine Größe, Höhe [in bestimmtem Maß] über jmdn., etw. hinausragen:* er überragt seinen Vater um Haupteslänge; das Hochhaus überragt die umliegenden Häuser beträchtlich. **2.** *in auffallendem Maße, weit übertreffen:* jmdn. an Geist, Kultiviertheit ü.; ⟨auch o. Akk.-Obj.:⟩ nur der Torwart überragte (Sport Jargon; *zeigte eine überragende Leistung*).

über|ra|gend ⟨Adj.⟩: *jmdn., etw. Vergleichbares an Bedeutung weit übertreffend:* eine -e Persönlichkeit, Leistung; ein -er Erfolg; ein -er Denker, Künstler; er spielte an diesem Tag ü.

über|ra|schen ⟨sw. V.; hat⟩ [zu ↑rasch, urspr. = plötzlich über jmdn. herfallen, (im Krieg) überfallen]: **1.** *anders als erwartet sein, unerwartet kommen, etw. Unerwartetes tun u. deshalb in Erstaunen versetzen:* ihre Absage, die Entscheidung hat mich überrascht; er überraschte mich mit einer Frage; von etw. [un]angenehm, nicht weiter, nicht im Geringsten überrascht sein; wir waren über den herzlichen Empfang überrascht; sich überrascht von etw. zeigen; überrascht aufblicken; ⟨auch o. Akk.-Obj.:⟩ es überrascht nicht, dass so wenig Leute kamen. **2.** *mit etw. nicht Erwartetem erfreuen:* jmdn. mit einem Geschenk, mit seinem Besuch ü.; **R** lassen wir uns ü. *(warten wir es ab);* ich lasse mich [gern] ü. (oft iron.; *wir werden es ja sehen).* **3.** *bei einem heimlichen od. verbotenen Tun völlig unerwartet antreffen:* die Einbrecher wurden [von der Polizei] überrascht; er überraschte die beiden in flagranti. **4.** *jmdn. ganz unvorbereitet treffen, über ihn hereinbrechen:* das Erdbeben überraschte die Menschen im Schlaf; vom Regen überrascht werden.

über|ra|schend ⟨Adj.⟩: *jmdn. unvorbereitet treffend od. in Erstaunen setzend:* ein -er Angriff, Vorstoß; ein -er Erfolg, Wahlsieg; diese Wendung war für mich ü.; das Angebot kam [völlig] ü.; das ging ja ü. schnell.

über|ra|schen|der|wei|se ⟨Adv.⟩: *zu jmds. Überraschung* (1): ü. kam sie sogar pünktlich.

Über|ra|schung, die; -, -en: **1.** ⟨o. Pl.⟩ *das Überraschtsein* (1): die Ü. war groß; etw. löst Ü. aus;

U

Mühe haben, seine Ü. zu verbergen; für eine Ü. sorgen; in der ersten Ü. konnte sie nicht antworten; vor/(seltener:) aus lauter Ü. ließ sie die Gabel fallen; zu meiner [großen, nicht geringen] Ü. musste ich erleben, wie er versagte; zur allgemeinen Ü. konnte sie sich durchsetzen. **2. a)** *etw., was jmdn. überrascht* (1): das war eine erfreuliche, schöne, unangenehme, schlimme, böse Ü.; eine Ü. erleben; jmdm. eine Ü. bereiten; das Zimmer brachte keine -en *(nichts Überraschendes);* auf -en gefasst sein; **b)** *etw. Schönes, womit jmd. nicht gerechnet hat:* das ist aber eine Ü.!; mein Besuch soll eine Ü. sein; für jmdn. eine kleine Ü. *(ein kleines Geschenk)* haben.

Über|ra|schungs|an|griff, der: *unerwarteter, überraschender Angriff:* der Feind plante einen Ü.

Über|ra|schungs|coup, der: *unerwarteter, überraschender Coup.*

Über|ra|schungs|ef|fekt, der: *auf einem Überraschungsmoment beruhender Effekt* (1) *von etw.:* mit etw. einen Ü. auslösen.

Über|ra|schungs|ei®, das: *in Stanniolpapier eingewickeltes hohles Schokoladenei, in dessen Innerem sich eine kleine Figur aus Kunststoff [in Form von zusammensetzbaren Einzelteilen] befindet.*

Über|ra|schungs|er|folg, der: *unerwarteter, überraschender Erfolg.*

Über|ra|schungs|gast, der: *überraschend erscheinender Gast, bes. jmd., der als [namentlich] nicht angekündigter Gast in einer Fernsehshow o. Ä. mitwirkt.*

Über|ra|schungs|mann|schaft, die (Sport Jargon): *Mannschaft, die durch ihr unerwartet gutes Spiel überrascht.*

Über|ra|schungs|mo|ment, das: *in jmds. Überraschung* (1) *bestehendes* [2]*Moment* (1): das Ü. war ein entscheidender Vorteil.

Über|ra|schungs|sieg, der: *unerwarteter, überraschender Sieg.*

Über|ra|schungs|sie|ger, der: *jmd., der einen Überraschungssieg errungen hat.*

Über|ra|schungs|sie|ge|rin, die: w. Form zu ↑Überraschungssieger.

über|re|a|gie|ren ⟨sw. V.; hat⟩: *eine Überreaktion zeigen:* die Ministerin hat überreagiert.

Über|re|ak|ti|on, die; -, -en: *unverhältnismäßige, unangemessen heftige Reaktion.*

über|re|den ⟨sw. V.; hat⟩ [mhd. überreden, eigtl. = mit Rede überwinden]: *durch [eindringliches Zu]reden dazu bringen, dass jmd. etw. tut, was er ursprünglich nicht wollte:* jmdn. zum Mitmachen, zum Kauf, zu einem Schnaps ü.

Über|re|dung, die; -, -en ⟨Pl. selten⟩: *das Überreden.*

Über|re|dungs|kraft, die (seltener): vgl. Überredungskunst.

Über|re|dungs|kunst, die: *Kunst* (2), *jmdn. zu etw. zu überreden:* seine ganze Ü. aufbieten.

über|re|gi|o|nal ⟨Adj.⟩: *nicht regional* (1) *begrenzt:* -e Zeitungen.

über|reich ⟨Adj.⟩: *überaus reich* (2).

über|rei|chen ⟨sw. V.; hat⟩: *bes. auf förmliche od. feierliche Weise übergeben:* jmdm. ein Geschenk, einen Scheck, einen Blumenstrauß, eine Urkunde ü.

über|reich|lich ⟨Adj.⟩: *überaus reichlich* (a).

Über|rei|chung, die; -, -en: *[förmliche, feierliche] Übergabe.*

Über|reich|wei|te, die; -, -n (Nachrichtent.): *unter besonderen atmosphärischen Bedingungen vorkommende ungewöhnlich große Reichweite eines Funksenders.*

über|reif ⟨Adj.⟩: *den Zustand der vollen Reife* (1) *überschritten habend; zu reif* (1): -es Obst; die Tomaten sind schon ü.

Über|rei|fe, die; -: *das Überreifsein.*

über|rei|ßen ⟨st. V.; hat⟩ (Tennis, Tischtennis): *durch Hochreißen des Schlägers beim Ausführen eines Schlages mit einem Drall versehen:* einen Ball ü.; ein überrissener, überrissen gespielter Lob.

über|rei|zen ⟨sw. V.; hat⟩: **1.** *durch zu starke od. viele Reize* (1), *zu große Belastung übermäßig erregen, angreifen:* die Nerven ü.; ⟨meist im 2. Part.:⟩ in überreiztem Zustand; sie war überreizt. **2.** (Kartenspiel, bes. Skat) **a)** ⟨ü. + sich⟩ *höher reizen* (4), *als es die Werte, die sich aus den eigenen Karten ergeben, zulassen:* ich habe mich [bei diesem Spiel] überreizt; **b)** *sich in Bezug auf eine bestimmte Spielkarte überreizen* (a): er hat seine Karte überreizt.

Über|reizt|heit, die; -: *überreizter Zustand.*

Über|rei|zung, die; -, -en: **a)** *das Überreizen* (1); **b)** *Überreiztheit.*

über|ren|nen ⟨unr. V.; hat⟩: **1.** *in einem Sturmangriff besetzen [u. weiter vorrücken]:* die feindlichen Stellungen ü.; Ü die Mannschaft wurde in der zweiten Halbzeit praktisch überrannt. **2.** (ugs.) *überfahren* (4). **3.** *so gegen jmdn. rennen, dass er zu Boden stürzt; umrennen:* sie überrannte mich fast.

über|re|prä|sen|tiert ⟨Adj.⟩: *unverhältnismäßig stark repräsentiert, vertreten:* Lehrer sind im Bundestag ü.

Über|rest, der; -[e]s, -e ⟨meist Pl.⟩: *etw., was [verstreut, wahllos od. ungeordnet] von einem ursprünglich Ganzen als Letztes zurückgeblieben ist:* ein trauriger, kläglicher Ü. einer alten Festung; die -e der griechischen Kultur; *** die sterblichen -e** (geh. verhüll.; *der Leichnam).*

über|ris|sen ⟨Adj.⟩ (schweiz.): *zu hoch angesetzt, übertrieben:* -e Forderungen.

Über|rock, der; -[e]s, ...röcke (veraltet): **1.** *Überzieher* (1). **2.** *Gehrock.*

Über|roll|bü|gel, der: *(bes. bei Sport- od. Rennwagen) über dem Sitz verlaufender breiter Bügel aus Stahl, der dem Fahrer Schutz bieten soll, falls sich der Wagen bei einem Unfall überschlägt.*

über|rol|len ⟨sw. V.; hat⟩: *abrollend überstreifen:* sich, dem Partner ein Kondom ü.

über|rol|len ⟨sw. V.; hat⟩: **1.** *mit Kampffahrzeugen überfahren* (3) *[u. erobern, bezwingen]:* feindliche Stellungen ü.; Ü die Opposition ließ sich nicht ü.; der Markt wird von billigen Produkten überrollt. **2.** *über eine Person od. Sache rollen* (1 b, d) *u. sie umwerfen od. mitreißen:* sie, das Auto wurde von einem Panzer überrollt; Ü von einer Krise überrollt werden.

über|rum|peln ⟨sw. V.; hat⟩ [zu ↑[1]rumpeln, eigtl. = mit Getöse überfallen]: *jmdn., der völlig unvorbereitet ist, mit etw. überraschen, sodass er sich nicht wehren od. nicht ausweichen kann:* den Gegner ü.; lass dich von dem Vertreter bloß nicht ü.; er hat sie mit seiner Frage, seiner Einladung überrumpelt.

Über|rum|pe|lung, Über|rump|lung, die; -, -en: *das Überrumpeln.*

über|run|den ⟨sw. V.; hat⟩: **1.** (Sport) *(bei Wettbewerben im Laufen od. Fahren auf einem Rundkurs) mit einer ganzen Runde Vorsprung überholen:* der BMW wurde überrundet. **2.** *durch bessere Leistungen, Ergebnisse o. Ä. übertreffen:* seine Klassenkameraden ü.; die Firma hat die Konkurrenz längst überrundet.

Über|run|dung, die; -, -en: *das Überrunden; das Überrundetwerden.*

übers ⟨Präp. + Art.⟩ (bes. ugs.): *über das:* ü. Wetter reden.

über|sä|en ⟨sw. V.; hat⟩: *(eine Fläche) mit etw. versehen, indem es in großer Anzahl darüber verteilt wird:* das Land mit einem dichten Netz von Autobahnen ü.; Ü jmdn. mit Küssen ü.

über|sät ⟨Adj.⟩: *über die ganze Fläche hin dicht mit etw. [Gleichartigem] bedeckt:* ihr Gesicht war mit/von Pickeln ü.

über|satt ⟨Adj.⟩: *mehr als satt, allzu satt.*

über|sät|ti|gen ⟨sw. V.; hat⟩: *über den Sättigungsgrad hinaus sättigen* (3): den Fernsehzuschauer mit Talkshows ü.; übersättigte Lösung (Chemie; *Lösung, die von dem gelösten Stoff eine die Löslichkeit übersteigende Menge enthält).*

über|sät|tigt ⟨Adj.⟩: *von etw. so viel habend, dass jmd. nicht mehr in der Lage ist, es zu schätzen od. zu genießen:* -e Wohlstandsbürger; mit Sensationen ü. sein.

Über|sät|ti|gung, die; -, -en: *das Übersättigtsein.*

über|säu|ern ⟨sw. V.; hat⟩: **a)** *mit zu viel Säure* (2) *anreichern, belasten:* saurer Regen übersäuert die Böden; ⟨meist im 2. Part.:⟩ einen übersäuerten Magen haben; **b)** (bes. Sportmedizin) *übersäuert werden:* die Muskeln sollen nicht ü.

Über|säu|e|rung, die; -, -en ⟨Pl. selten⟩ *das Übersäuern; Übersäuertsein.*

Über|schall|ge|schwin|dig|keit, die; -: *Geschwindigkeit, die höher ist als die Schallgeschwindigkeit:* mit Ü. fliegen.

Über|schall|knall, der; -[e]s, -e: *lauter, zweimaliger Knall, der zu hören ist, wenn ein Flugzeug mit Überschallgeschwindigkeit vorbeifliegt.*

über|schat|ten ⟨sw. V.; hat⟩: *beschatten* (1): Eichen überschatten den Platz; Ü der Unfall überschattete das Fest *(dämpfte die Stimmung).*

Über|schat|tung, die; -, -en: *das Überschatten.*

über|schät|zen ⟨sw. V.; hat⟩: *zu hoch einschätzen* (1): jmds., seine [eigenen] Kräfte ü.; die Wirkung der Lehre ist kaum zu ü.; wenn du dich da mal nicht überschätzt!

Über|schät|zung, die; -, -en: *das Überschätzen:* Alkohol kann leicht zur Ü. der eigenen Fähigkeiten führen.

Über|schau, die; - (geh.): *Übersicht.*

über|schau|bar ⟨Adj.⟩: **a)** *in seiner Anlage, seinem Aufbau klar u. mit einem Blick zu erfassen; übersichtlich:* den Text -er gestalten; Ü ein -es Leben; **b)** *in seinem Umfang begrenzt u. so eine konkrete Vorstellung von etw. ermöglichend:* eine [gerade noch] -e Menge, Anzahl; ein -er Zeitraum; das Risiko blieb ü.

Über|schau|bar|keit, die; -: *das Überschaubarsein.*

über|schau|en ⟨sw. V.; hat⟩: **1.** *übersehen* (1): von hier kann man das Gelände gut ü. **2.** *übersehen* (2): die Folgen seines Tuns nicht ü. können.

über|schäu|men ⟨sw. V.; ist⟩: **a)** *schäumend über den Rand eines Gefäßes fließen:* das Bier schäumt über; **b)** *den Inhalt überschäumen lassen:* er goss das Glas so voll, dass es überschäumte; Ü vor Temperament [geradezu] ü.; eine überschäumende *(unbändige)* Freude.

über|schie|ßen ⟨st. V.; ist⟩: **1.** (landsch.) *[kochend] überlaufen* (1 a): die Milch ist übergeschossen. **2.** (bes. Wirtsch.) *über ein bestimmtes noch akzeptables, gesundes Maß hinausgehen:* der Markt könnte ü.; ⟨oft im 1. Part.:⟩ überschießende Fantasie.

über|schie|ßen ⟨st. V.; hat⟩: **1.** (bes. Jägerspr.) *über etw. hinwegschießen:* ein Wild ü. **2.** (Jägerspr.) *in einem bestimmten Gebiet mehr schießen* (1 k), *als der Wildbestand verträgt od. als vorgesehen war:* das Revier ist überschossen.

über|schla|fen ⟨st. V.; hat⟩: *(eine Angelegenheit, die eine Entscheidung verlangt) überdenken u. sich dafür wenigstens bis zum nächsten Tage Zeit lassen:* alles noch einmal ü. wollen.

Über|schlag, der; -[e]s, ...schläge: **1.** *schnelle Berechnung der ungefähren Größe einer Summe od. Anzahl:* einen Ü. der Kosten machen. **2.** *ganze Drehung um die eigene Querachse:* einen Ü. am Barren machen. **3.** (Kunstfliegen) *Looping.* **4.** *elektrische Entladung zwischen zwei spannungsführenden Teilen in Form eines Funkens od. Lichtbogens.*

über|schla|gen ⟨st. V.⟩: **1.** *übereinander schlagen* ⟨hat⟩: die Beine ü.; ⟨oft im 2. Part.:⟩ mit übergeschlagenen Beinen dasitzen. **2.** *sich [schnell mit Heftigkeit] über etw. hinausbewegen* ⟨ist⟩: die Wellen schlugen über; Funken sind übergeschlagen *(übergesprungen);* Ü der Streik schlägt über auf die Nachbarstaaten. **3.** *(von Gemütsbewegungen o. Ä.) sich steigernd in ein Extrem übergehen* ⟨ist⟩: die Begeisterung ist in Fanatismus übergeschlagen. **4.** (seltener) [1]*überschlagen* (4) ⟨ist⟩: ihre Stimme schlägt über; ⟨oft im 1. Part.:⟩ mit überschlagender Stimme.

[1]über|schla|gen ⟨st. V.; hat⟩ [mhd. überslahen, ahd. ubirslahan; 2: wohl nach dem Umwenden u. Betrachten mehrerer (Buch)seiten]: **1.** *in einer Reihenfolge auslassen:* beim Lesen ein paar Seiten ü.; eine Mahlzeit ü. **2. a)** *(die ungefähre*

Größe einer Summe od. Zahl) schnell berechnen: die Zahl der Teilnehmer ü.; sie überschlug, was die Reise kosten würde; **b)** *sich nochmals vergegenwärtigen:* Eindrücke ü. **3.** ⟨ü. + sich⟩ *nach vorne od. hinten überkippen u. sich um die eigene Querachse drehen:* der Wagen überschlug sich zweimal; die Wellen überschlugen sich; Ü der Verkäufer überschlug sich fast (ugs.; *war überaus beflissen*); sich vor Liebenswürdigkeit ü. (ugs.; *überaus liebenswürdig sein*). **4.** ⟨ü. + sich⟩ *(von der Stimme) plötzlich in eine sehr hohe, schrill klingende Tonlage umschlagen:* meine Stimme überschlägt sich. **5.** ⟨ü. + sich⟩ *so dicht aufeinander folgen, dass man [fast] den Überblick verliert:* die Ereignisse, Nachrichten überschlugen sich.

[2]**über|schla|gen** ⟨Adj.⟩ [urspr. 2. Part. zu landsch. überschlagen = lau werden] (landsch.): *lauwarm:* das Wasser soll ü. sein.

über|schlä|gig ⟨Adj.⟩: *durch einen Überschlag* (1), *durch Überschlagen erfolgend:* die -en *(überschlägig berechneten)* Kosten; etw. ü. berechnen.

über|schlank ⟨Adj.⟩: *übermäßig schlank:* eine -e Tänzerin; Ü -e Türme.

über|schnap|pen ⟨sw. V.⟩ (ugs.): **1.** *nicht länger fähig sein, vernünftig zu denken u. zu handeln; den Verstand verlieren* ⟨ist⟩: er schnappt langsam über; du bist wohl übergeschnappt! **2.** [1]*überschlagen (4)* ⟨ist⟩.

über|schnei|den ⟨unr. V.; hat⟩ [mhd. übersnîden = übertreffen]: **1.** *teilweise überdecken:* die Flächen überschneiden sich/(geh.:) einander; der Kreis überschneidet das Dreieck; Ü die beiden Themenkreise überschneiden sich. **2.** ⟨ü. + sich⟩ *[teilweise] zur gleichen Zeit stattfinden:* die beiden Sendungen überschneiden sich; der Kongress überschnitt sich teilweise mit der Auktion.

Über|schnei|dung, die; -, -en: *das Sichüberschneiden.*

über|schnei|en ⟨sw. V.; hat⟩: *mit Schnee bedecken:* ⟨meist im 2. Part.:⟩ überschneite Gräber.

über|schnell ⟨Adj.⟩: *übermäßig schnell.*

über|schnit|ten ⟨Adj.⟩ (Schneiderei): *(von Ärmeln) unterhalb der Schulter angesetzt:* -e Ärmel; die Ärmel sind ü.

über|schrei|ben ⟨st. V.; hat⟩: **1.** *mit einer Überschrift versehen:* das Kapitel ist mit »Gerda« überschrieben. **2.** *jmdm. schriftlich, notariell als Eigentum übertragen:* er hat das Haus auf den Namen seiner Frau/auf seine Frau überschrieben. **3.** (Kaufmannsspr. veraltend) *durch Wechsel o. Ä. anweisen:* die Forderung ist noch nicht überschrieben.

Über|schrei|bung, die; -, -en: **1.** *das Überschreiben* (2). **2.** (Kaufmannsspr. veraltend) *das Überschreiben* (3).

über|schrei|en ⟨st. V.; hat⟩: **1.** *durch Schreien übertönen:* einen Redner ü. **2.** ⟨ü. + sich⟩ *so laut schreien, dass einem [fast] die Stimme versagt:* sich im, vor Zorn ü.

über|schrei|ten ⟨st. V.; hat⟩ (mhd. überschrîten): **1.** *über etw. hinweg-, hinausgehen:* die Schwelle, den Rhein, die Grenze ü.; ⟨subst.:⟩ Überschreiten der Gleise verboten!; Ü etw. überschreitet jmds. Fähigkeiten, eine gewisse Größe; sie hat die siebzig bereits überschritten *(ist bereits über siebzig Jahre alt).* **2.** *sich nicht an das Festgelegte halten, darüber hinausgehen:* seine Befugnisse ü.; er hat das Tempolimit um mindestens 50 km/h überschritten.

Über|schrei|tung, die; -, -en: *das Überschreiten* (2); *das Überschrittenwerden.*

Über|schrift, die; -, -en: *etw., was zur Kennzeichnung des Inhalts über einem Text geschrieben steht:* eine kurze, fett gedruckte Ü.; wie lautet die Ü. des Artikels?; unter der Ü. »Hinweise für Benutzer« finden Sie die Erklärung; Ü unter der Ü. der Sozialverträglichkeit Stellen abbauen.

Über|schuh, der; -[e]s, -e: *wasserdichter Schuh aus Gummi o. Ä., der zum Schutz über den Schuh gezogen wird.*

über|schul|det ⟨Adj.⟩: *übermäßig verschuldet, mit Schulden belastet:* die -en Länder der Dritten Welt; das Anwesen ist ü.

Über|schul|dung, die; -, -en: *das Überschuldetsein.*

Über|schuss, der; -es, ...schüsse [urspr. Kaufmannsspr.; mhd. überschuz = über etw. Hinausragendes]: **1.** *Ertrag von etw. nach Abzug der Unkosten; Reingewinn; Plus* (1): hohe Überschüsse erzielen, haben. **2.** *über den eigentlichen Bedarf, über ein bestimmtes Maß hinausgehende Menge von etw.:* es besteht ein Ü. an Fachkräften; seinen Ü. an Temperament loswerden.

über|schüs|sig ⟨Adj.⟩: *über den eigentlichen Bedarf hinausgehend:* -es Wasser, Fett; -e Energie, Kräfte.

über|schüt|ten ⟨sw. V.; hat⟩ (ugs.): **1.** *über jmdn. schütten:* jmdm. einen Eimer kaltes Wasser ü. **2.** *verschütten:* sie hat ihren Kaffee übergeschüttet.

über|schüt|ten ⟨sw. V.; hat⟩: *über jmdn., etw. schütten u. ihn, es so bedecken:* jmdn., etw. mit Säure, Jauche, Konfetti ü.; Ü jmdn. mit Reklame, Geschenken, Vorwürfen, Lob, Liebe ü.

Über|schüt|tung, die; -, -en: *das Überschütten; das Überschüttetwerden.*

Über|schwang, der; -[e]s, Überschwänge ⟨Pl. selten⟩ [mhd. überswanc = Überfließen; Verzückung, zu: überswingen = überwallen]: **1.** *Übermaß an Gefühl, Begeisterung:* etw. in jugendlichem Ü. tun; im Ü. der Freude, der Begeisterung umarmten sie sich. **2.** (veraltend) *[überströmende] Fülle:* der Ü. winziger Ornamente.

über|schwäng|lich ⟨Adj.⟩ [mhd. überswenclich = übermäßig groß, zu ↑Überschwang]: *von [übermäßig] heftigen Gefühlsäußerungen begleitet, auf exaltierte Weise [vorgebracht]:* -e Freude, Begeisterung; -es Lob; jmdn. ü. feiern, loben.

Über|schwäng|lich|keit, die; -, -en: **1.** ⟨o. Pl.⟩ *überschwängliches Wesen, Verhalten.* **2.** *überschwängliche Handlung, Äußerung.*

über|schwap|pen ⟨sw. V.; ist⟩ (ugs.): **a)** *über den Rand des Gefäßes schwappen:* pass auf, dass nichts überschwappt!; **b)** *mit etw. so angefüllt sein, dass der Inhalt überschwappt* (a): der Eimer schwappte über.

über|schwem|men ⟨sw. V.; hat⟩: **1.** *über etw. strömen u. es unter Wasser setzen:* der Fluss hat den Weg überschwemmt; Ü das Land wurde von Touristen überschwemmt. **2.** *in überreichlichem Maß mit etw. versehen:* der Markt wurde mit billigen Produkten überschwemmt; mit Informationen überschwemmt werden.

Über|schwem|mung, die; -, -en: **a)** *das Überschwemmen:* die Ü. richtete große Schäden an; **b)** *Ergebnis einer Überschwemmung* (a): das Hochwasser hat zu verheerenden -en geführt; Ü du hast im Bad eine Ü. angerichtet (ugs.; *hast viel Wasser verspritzt*).

Über|schwem|mungs|ge|biet, das: *Gebiet, das überschwemmt ist od. war.*

Über|schwem|mungs|ka|ta|stro|phe, die: vgl. Brandkatastrophe.

über|schweng|lich usw.: frühere Schreibung für ↑überschwänglich usw.

über|schwer ⟨Adj.⟩: *übermäßig schwer.*

Über|schwung, der; -[e]s, ...schwünge (österr.): [1]*Koppel* (a).

Über|see [aus: über See]: in präpositionalen Fügungen wie **aus, in, nach, von Ü.** *(aus, in, nach, von Gebieten, die jenseits des Meeres, des Ozeans liegen):* Touristen aus Ü.; Freunde, Verwandte in Ü. haben.

Über|see|damp|fer, der: *im Überseeverkehr eingesetzter Dampfer.*

Über|see|ha|fen, der: *Hafen für den Überseeverkehr.*

Über|see|han|del, der: *Handel nach u. von Übersee.*

über|see|isch ⟨Adj.⟩: *aus, in, nach Übersee:* -e Gebiete.

Über|see|ver|kehr, der: vgl. Überseehandel.

über|seh|bar ⟨Adj.⟩: **1.** *sich [in einer bestimmten Weise] übersehen* (1) *lassend:* ein gut -es Gelände. **2.** *sich [in einer bestimmten Weise] übersehen* (2) *lassend:* die Folgen der Katastrophe sind noch nicht ü.

über|se|hen ⟨st. V.; hat⟩ (ugs.): *etw. allzu oft sehen u. es deshalb nicht mehr sehen mögen:* ich habe mir das Bild übergesehen; die Tapete sieht man sich schnell über.

über|se|hen ⟨st. V.; hat⟩: **1.** *frei, ungehindert über etw. hinwegsehen können:* von dieser Stelle kann man die ganze Bucht ü. **2.** *in seinen Zusammenhängen erfassen, verstehen:* das Ausmaß von etw. ü.; die Folgen lassen sich noch nicht ü. **3. a)** *versehentlich nicht sehen:* einen Fehler, einen Hinweis, ein Stoppschild ü.; der Defekt war bei der Inspektion übersehen worden; mit ihren roten Haaren ist sie nicht zu ü.; Ü hast du übersehen, dass wir verabredet sind?; **b)** *absichtlich nicht sehen, bemerken:* sie übersah seine obszöne Geste; jmdn. geflissentlich ü.

über|sen|den ⟨unr. V.; hat; übersandte/(auch:) übersendete, übersandt/(auch:) übersendet⟩: *zusenden, schicken:* wir übersenden Ihnen die Ware umgehend; als Anlage/in der Anlage übersenden wir Ihnen die Unterlagen.

Über|sen|dung, die; -, -en: *das Übersenden:* um die Ü. der Dokumente bitten.

über|sen|si|bel ⟨Adj.⟩: *übermäßig sensibel; hypersensibel.*

über|setz|bar ⟨Adj.⟩: *sich in eine andere Sprache übersetzen lassend:* dieses Wortspiel ist nicht ü.

Über|setz|bar|keit, die; -: *das Übersetzbarsein.*

über|set|zen ⟨sw. V.⟩ [1 a: mhd. übersetzen, ahd. ubarsezzen]: **1. a)** *von einem Ufer ans andere befördern* ⟨hat⟩: der Fährmann hat uns ans andere Ufer, auf die Insel übergesetzt; **b)** *von einem Ufer ans andere fahren* ⟨hat/ist⟩: die Truppen setzten zum anderen Ufer, ans/aufs Festland über. **2.** *über etw. (z. B. den Fuß, Finger) hinwegführen* ⟨hat⟩: bei diesem Tanz muss der Fuß übergesetzt werden; ⟨subst.:⟩ das Übersetzen üben (Musik; *beim Klavierspielen mit einem Finger über den Daumen greifen*).

über|set|zen ⟨sw. V.; hat⟩ [17. Jh., wohl nach lat. traducere, transferre]: **1.** *(schriftlich od. mündlich) in einer anderen Sprache [wortgetreu] wiedergeben:* einen Text wörtlich, Wort für Wort, frei, sinngemäß ü.; bei einem Interview [die Antworten aus dem/vom Englischen ins Deutsche] ü.; kannst du mir diesen Brief ü.?; der Roman ist in viele Sprachen übersetzt worden. **2.** *(eine Sache in eine andere) umwandeln:* Geräusche in Musik ü.

Über|set|zer, der; -s, -: **a)** *jmd., der berufsmäßig Übersetzungen* (1 b) *anfertigt:* er will Ü. werden; **b)** *jmd., der einen bestimmten Text, das Werk eines bestimmten Autors übersetzt* (1) *hat:* wer ist der Ü. [des Buches]?; eine Anmerkung des -s.

Über|set|ze|rin, die; -, -nen: w. Form zu ↑Übersetzer.

über|setzt ⟨Adj.⟩: **a)** (schweiz., sonst landsch.) *überhöht:* -e Preise, Gebühren; **b)** (Fachspr.) *zu viel von etw. aufweisend; überlastet:* der Markt ist ü.; **c)** (Technik) *durch eine bestimmte Übersetzung* (2) *gekennzeichnet:* das Motorrad war nicht gut ü.

Über|set|zung, die; -, -en: **1. a)** ⟨Pl. selten⟩ *das Übersetzen* (1): für die Ü. des Textes [aus dem/vom Spanischen ins Deutsche] hat er drei Stunden gebraucht; **b)** *übersetzter* (1) *Text:* eine wörtliche, kongeniale, freie, moderne Ü.; die Ü. ist miserabel; eine Ü. von etw. machen, anfertigen, liefern; die Bibel in der Ü. von Luther; einen Roman in der Ü. lesen. **2.** (Technik) *Verhältnis der Drehzahlen zweier über ein Getriebe gekoppelter Wellen; Stufe der mechanischen Bewegungsübertragung:* eine andere Ü. wählen; er fuhr mit einer größeren Ü.

Über|set|zungs|ar|beit, die: *im Übersetzen bestehende Arbeit:* -en übernehmen.

Über|set|zungs|bü|ro, das: *Büro, in dem (gegen Bezahlung) Übersetzungen* (1 b) *angefertigt werden:* ein Ü. beauftragen.

Über|set|zungs|feh|ler, der: *Fehler beim Übersetzen* (1): gravierende Ü.

Über|set|zungs|ver|hält|nis, das (Technik): *Übersetzung* (2).

Über|sicht, die; -, -en: **1.** ⟨o. Pl.⟩ *[Fähigkeit zum] Verständnis bestimmter Zusammenhänge; Überblick:* jmdm. fehlt die Ü.; [eine] klare Ü. [über etw.] haben; sich die nötige Ü. über die Lage verschaffen; die Ü. verlieren. **2.** *bestimmte Zusammenhänge wiedergebende, knappe [tabellenartige] Darstellung:* eine kurze Ü. über den Lehrstoff; eine Ü. über die anstehenden Fragen geben.

über|sicht|lich ⟨Adj.⟩: **1.** *gut zu überblicken:* ein einigermaßen -es Gelände; die Straßenkreuzung ist sehr ü. [angelegt]. **2.** *aufgrund seiner Anlage gut u. schnell lesbar, erfassbar:* ein sehr schön -er Stadtplan; das Buch ist sehr ü. [gestaltet, gegliedert].

Über|sicht|lich|keit, die; -: *das Übersichtlichsein.*

Über|sichts|kar|te, die: *Landkarte mit kleinem Maßstab, die (unter Verzicht auf Details) ein großes Gebiet darstellt.*

über|sie|deln, über|sie|deln ⟨sw. V.; ist⟩: *seinen [Wohn]sitz an einen anderen Ort verlegen:* er, die Firma wird [von Mainz] nach Köln ü.; die Messe ist nach Bozen übersiedelt *(verlegt worden);* Ü der Tourismus siedelt von Wien nach Budapest über *(er verlagert sich von Wien nach Budapest).*

Über|sie|de|lung, Über|sie|de|lung: ↑ Übersiedlung.

über|sie|den ⟨st. u. sw. V.; sott/(auch:) siedete über, ist übergesotten/(auch:) übergesiedet⟩: *überkochen.*

Über|sied|ler, Über|sied|ler, der; -s, -: *jmd., der irgendwohin übergesiedelt ist.*

Über|sied|le|rin, Über|sied|le|rin, die; -, -nen: w. Form zu ↑ Übersiedler.

Über|sied|lung, Über|sied|lung, die; -, -en: *das Übersiedeln.*

über|sinn|lich ⟨Adj.⟩: *über das sinnlich Erfahrbare hinausgehend:* -e Kräfte besitzen.

Über|sinn|lich|keit, die; -: *übersinnliche Art.*

Über|soll, das; -[s], -[s]: *über das geforderte* [2]*Soll* (3) *hinausgehende Leistung:* ein Ü. erfüllen.

über|som|mern, (schweiz.:) **über|söm|mern** ⟨sw. V.; hat⟩: **1. a)** *den Sommer verbringen:* das Vieh übersommert auf der Alp; **b)** *den Sommer über aufbewahrt werden, seinen Platz haben:* Winterreifen übersommern am besten liegend; ⟨subst.:⟩ die Ski zum Übersommern in den Keller bringen. **2. a)** (Kürschnerei) *(Pelze) fachgerecht den Sommer über aufbewahren:* die Pelze werden von einem Fachgeschäft übersommert; **b)** *übersommern* (1 a) *lassen:* sie übersommern ihr Vieh in den Bergen.

über|sonnt ⟨Adj.⟩ (geh.): *von der Sonne beschienen:* -e Hänge.

über|span|nen ⟨sw. V.; hat⟩: **1.** *in einem weiten Bogen über etw. hinwegführen, sich über etw. spannen:* eine Hängebrücke überspannt [in 50 m Höhe] das Tal. **2. a)** *bespannen:* die Tischplatte mit Wachstuch ü.; **b)** *eng anliegend bedecken:* ein Bolero überspannt die Bluse. **3.** *zu stark spannen:* eine Saite, eine Feder ü.

über|spannt ⟨Adj.⟩: **a)** *über das Maß des Vernünftigen hinausgehend:* -e Ansichten, Ideen; -e *(zu hohe)* Forderungen; **b)** *übermäßig erregt, lebhaft u. dabei verschroben; exaltiert* (2); *exzentrisch* (2): ein -es Wesen haben; sie ist ziemlich ü.; ich finde ihr Verhalten etwas ü.

Über|spannt|heit, die; -, -en: **1.** ⟨o. Pl.⟩ *überspanntes Wesen:* das Ergebnis ihrer Ü. **2.** *überspannte Handlung, Äußerung.*

Über|span|nung, die; -, -en: **1.** *zu starke Spannung (von Saiten, Federn o. Ä.).* **2. a)** ⟨o. Pl.⟩ *das Überspannen* (1, 2); **b)** *Material, mit dem etw. überspannt* (1, 2) *ist.* **3.** *das Überspannen* (3).

über|spie|len ⟨sw. V.; hat⟩: **1.** *etw. Negatives zu verdecken suchen, indem jmd. schnell darüber hinweggeht, davon ablenkt, damit es anderen nicht bewusst wird:* eine peinliche Situation [mit Humor, geschickt] ü.; seine Nervosität, Ängstlichkeit, Verlegenheit ü. **2. a)** *(einen Film od. eine Tonaufnahme) zur Herstellung einer Kopie (auf ein Magnetband o. Ä.) übertragen:* eine Platte [auf ein Tonband, auf eine Kassette] ü.; kann ich mir die CD, das Video, den Film mal ü.?; **b)** *(ein Band, eine auf einem Band vorhandene Aufnahme) durch erneutes Bespielen des Bandes löschen:* den Film überspiele ich später wieder; **c)** *(bes. einen Film od. eine akustische Aufnahme) per Funk, Telefon o. Ä. an einen anderen Ort übermitteln:* den folgenden Bericht, Film hat uns unser Korrespondent soeben aus Kairo überspielt. **3.** (Sport) *ausspielen* (3): die gesamte gegnerische Abwehr ü.

über|spielt ⟨Adj.⟩: **a)** (Sport) *durch allzu häufiges Spielen überanstrengt:* ein -er Libero; **b)** (österr.) *abgespielt:* ein altes -es Instrument; das Klavier ist ü.

Über|spie|lung, die; -, -en: **a)** *das Überspielen;* **b)** (Funkw., Ferns.) *überspielte Sendung, Aufnahme.*

über|spin|nen ⟨st. V.; hat⟩: *mit Spinnweben überziehen.*

über|spit|zen ⟨sw. V.; hat⟩: *auf die Spitze, zu weit treiben; übertreiben:* eine Forderung ü.; ⟨oft im 2. Part.:⟩ eine etwas überspitzte Formulierung; das ist überspitzt ausgedrückt.

Über|spitzt|heit, die; -, -en: **1.** ⟨o. Pl.⟩ *überspitzte Art.* **2.** *überspitzte Darstellung, Äußerung.*

Über|spit|zung, die; -, -en: *das Überspitzen:* zur Ü. neigende Journalisten.

über|spre|chen ⟨st. V.; hat⟩ (Funkw., Ferns.): *in eine aufgenommene [fremdsprachige] Rede einen anderen Text od. eine Übersetzung hineinsprechen.*

über|sprin|gen ⟨st. V.; ist⟩: **1.** *sich schnell, wie mit einem Sprung an eine andere Stelle bewegen:* der [elektrische] Funke ist übergesprungen; Ü ihre Fröhlichkeit sprang auf alle über. **2.** *schnell, unvermittelt zu etw. anderem übergehen:* der Redner sprang auf ein anderes Thema über.

über|sprin|gen [mhd. überspringen, ahd. ubarspringan] ⟨st. V.; hat⟩: **1.** *mit einem Sprung überwinden:* einen Graben, ein Hindernis ü.; sie hat im Hochsprung 1,90 m übersprungen; Ü das überspringt die Grenze des Erträglichen. **2.** *(einen Teil von etw.) auslassen:* ein Kapitel, einige Seiten, den Sportteil ü.; solche Erbanlagen überspringen manchmal einige Generationen; eine Klasse ü. *(in die übernächste Klasse versetzt werden).*

Über|sprin|gung, die; -, -en: *das Überspringen.*

über|spru|deln ⟨sw. V.; ist⟩: *über den Rand des Gefäßes sprudeln:* das kochende Wasser sprudelt über, ist übergesprudelt; Ü sein Temperament ist übergesprudelt; vor/von Witz, Einfällen ü.

über|sprü|hen ⟨sw. V.⟩: **1.** *von etw. ganz erfüllt sein u. dem temperamentvoll Ausdruck geben* ⟨ist⟩: vor Freude, Begeisterung ü. **2.** *über jmdn. sprühen* ⟨hat⟩: sie hatte sich sofort das neue Parfüm übergesprüht.

über|sprü|hen ⟨sw. V.; hat⟩: **1.** *besprühen:* den Rasen mit Wasser ü.; sich die Frisur mit Haarspray ü.; die Pflanzen waren mit Pestiziden übersprüht worden. **2.** *sprühend überdecken:* alte Graffiti [mit neuen] ü.; übersprühte Parolen.

Über|sprung|hand|lung, die; -, -en (Verhaltensf.): *(bei Mensch u. Tier) in einer Konfliktsituation auftretende Handlung od. Verhaltensweise ohne sinnvollen Bezug zu dieser Situation.*

über|spü|len ⟨sw. V.; hat⟩: *über etw. hinwegfließen, sich über etw. ergießen:* die Wellen überspülen den Strand; der Fluss hat die Uferstraße überspült.

über|spur|ten ⟨sw. V.; hat⟩ (Sport): *spurtend überholen:* sie überspurtete leicht die vor ihr laufende Spitzengruppe.

über|staat|lich ⟨Adj.⟩: *über den einzelnen Staat hinausgehend:* eine -e Organisation.

über|stän|dig ⟨Adj.⟩: **1.** (Landw.) *trotz ausreichender Reife, genügenden Wachstums o. Ä. noch nicht gemäht, geschlagen, geschlachtet:* -es Getreide; ein -er Baum; die Hühner waren ü. **2.** (veraltet) *längst überholt, veraltet:* nach -em Brauch. **3.** (veraltend) *übrig geblieben:* ein -er Rest.

über|stark ⟨Adj.⟩: *übermäßig stark.*

über|ste|chen ⟨st. V.; hat⟩ (Kartenspiel): *eine höhere Trumpfkarte ausspielen:* er hat übergestochen.

über|ste|chen ⟨st. V.; hat⟩ (Kartenspiel): *beim Stechen mit einer höheren Trumpfkarte übertreffen:* jmdn. ü.

über|ste|hen ⟨unr. V.; hat; südd., österr., schweiz. auch: ist⟩: *über etw. hinausragen; vorspringen:* das oberste Geschoss steht [um] einen Meter über; der Rand hat übergestanden.

über|ste|hen ⟨unr. V.; hat⟩: *etw. Mühe-, Gefahrvolles hinter sich bringen:* eine Gefahr, eine Krise, eine Krankheit ü.; der Dom überstand den Krieg ohne größere Schäden; der Patient hat die Operation gut überstanden; das Schlimmste ist überstanden; nachdem die Anfangsschwierigkeiten überstanden waren; das hätten wir, das wäre überstanden! (Ausruf der Erleichterung); der Großvater hat es überstanden (verhüll.; *ist gestorben).*

über|stei|gen ⟨st. V.; ist⟩: *hinübersteigen:* die Gangster sind vom Nachbarhaus [aus] übergestiegen.

über|stei|gen ⟨st. V.; hat⟩: **1.** *durch Hinübersteigen überwinden:* einen Zaun, eine Mauer ü. **2.** *über etw. hinausgehen, größer sein als etw.:* das übersteigt unsere [finanziellen] Möglichkeiten; die Kosten übersteigen den Voranschlag [um etwa 300 Mark]; das übersteigt *(übertrifft)* unsere Erwartungen [bei weitem]; diese Frechheit übersteigt jedes Maß, alles bisher Dagewesene.

über|stei|gern ⟨sw. V.; hat⟩: **1.** *über jedes normale Maß hinaus steigern:* seine Forderungen ü.; ⟨oft im 2. Part.:⟩ ein übersteigertes Geltungsbedürfnis, Selbstbewusstsein. **2.** ⟨ü. + sich⟩ *sich übermäßig steigern:* er übersteigerte sich in seinem Zorn.

Über|stei|ge|rung, die; -, -en: *das Übersteigern.*

Über|stei|gung, die; -, -en: *das Übersteigen.*

über|stel|len ⟨sw. V.; hat⟩ (Amtsspr.): *(bes. einen Gefangenen) weisungsgemäß einer anderen Stelle übergeben:* die beiden GIs wurden der amerikanischen Militärpolizei überstellt.

Über|stel|lung, die; -, -en: *das Überstellen.*

über|stem|peln ⟨sw. V.; hat⟩: *etw. durch Stempeln [absichtlich] unkenntlich machen:* alte Postleitzahlen ü.

über|steu|ern ⟨sw. V.; hat⟩: **1.** (Elektrot.) *(einen Verstärker) mit zu hoher Spannung überlasten, sodass bei der Wiedergabe Verzerrungen im Klang auftreten:* ⟨oft im 2. Part.:⟩ die Aufnahme ist übersteuert; eine übersteuerte Gitarre. **2.** (Kfz-T.) *bei normalem Ausschlag der Räder verhältnismäßig stark in die Kurve gehen:* der Wagen übersteuert leicht.

Über|steu|e|rung, die; -, -en: *das Übersteuern.*

über|stim|men ⟨sw. V.; hat⟩: **1.** *in einer Abstimmung besiegen:* den Vorsitzenden ü.; du bist überstimmt (ugs.; *dein Vorschlag o. Ä. ist abgelehnt).* **2.** *mit Stimmenmehrheit ablehnen:* der Antrag wurde überstimmt.

Über|stim|mung, die; -, -en: *das Überstimmen.*

über|strah|len ⟨sw. V.; hat⟩: **1. a)** (geh.) *Strahlen über etw. werfen:* die Sonne überstrahlt das Tal; Ü die Freude überstrahlte ihr Gesicht; **b)** *durch seine größere Helligkeit etw. anderes weniger hell, unsichtbar machen.* **2.** *eine so starke Wirkung ausüben, dass etw. anderes daneben verblasst:* ihr Charme überstrahlte alles.

über|stra|pa|zie|ren ⟨sw. V.; hat⟩: *allzu sehr strapazieren:* den Wagen, den Motor ü.; das überstrapazierte Herz; Ü ein Argument, jmds. Geduld ü.

über|strei|chen ⟨st. V.; hat⟩: **1.** *(auf der ganzen Oberfläche) bestreichen:* etw. grün ü.; die Flecken, die Graffiti [mit weißer Farbe] ü. **2.** (Fachspr.) *(einen bestimmten [Mess]bereich) umfassen, abdecken.*

über|strei|chen ⟨st. V.; hat⟩: *indem ein vorhandener alter Anstrich überstrichen wird, neu strei-*

chen: die Wände werden nicht neu tapeziert, sondern einfach übergestrichen.

über|strei|fen ⟨sw. V.; hat⟩: **a)** *über einen Körperteil streifen:* [jmdm., sich] einen Ring, ein Kondom ü.; **b)** *(ein Kleidungsstück) rasch, ohne besondere Sorgfalt anziehen:* ich streife [mir] noch schnell einen Pullover, Handschuhe über; Ü das Nationaltrikot ü. *(in der Nationalmannschaft spielen).*

über|streu|en ⟨sw. V.; hat⟩: *(auf der ganzen Oberfläche) bestreuen:* den Kuchen mit Zucker ü.; die Ölspur wurde sorgfältig mit Sägemehl überstreut.

über|strö|men ⟨sw. V.; ist⟩ (geh.): **1. a)** *über den Rand (eines Gefäßes) strömen:* das Wasser ist übergeströmt; Ü überströmende *(sehr große)* Herzlichkeit, Dankbarkeit; **b)** *überlaufen* (1 b); Ü vor Seligkeit, Glück ü. **2.** *auf jmdn. übergehen:* seine gute Laune ist auf alle übergeströmt.

über|strö|men ⟨sw. V.; hat⟩: *über eine Fläche strömen u. sich darauf ausbreiten:* der Fluss überströmte die Wiesen; Tränen überströmten ihr Gesicht; sein Körper war von Schweiß, Blut überströmt.

Über|strumpf, der; -[e]s, ...strümpfe (veraltend): *[den Fuß frei lassender] Strumpf zum Überziehen über einen anderen.*

über|stül|pen ⟨sw. V.; hat⟩: *eine Sache über eine andere, über jmdn. (bes. jmds. Kopf) stülpen* (a): meine Schwester stülpte mir den Fahrradhelm über.

über|stumpf ⟨Adj.⟩ (Geom.): *(von Winkeln) größer als 180° u. kleiner als 360°:* ein -er Winkel.

Über|stun|de, die; -, -n: *Stunde, die zusätzlich zu den festgelegten täglichen Arbeitsstunden gearbeitet wird:* [un]bezahlte -n; -n machen *(über die festgesetzte Zeit hinaus arbeiten).*

Über|stun|den|zu|schlag, der: *Zuschlag, der für Überstunden bezahlt wird.*

über|stür|zen ⟨sw. V.; hat⟩: **1. a)** *übereilt, in Hast u. ohne genügend Überlegung tun:* eine Entscheidung ü.; man soll nichts ü.; ⟨oft im 2. Part.:⟩ eine überstürzte Flucht; bei ihrer überstürzten Abreise; überstürzt handeln, reagieren; **b)** (selten) ⟨ü. + sich⟩ *sich übermäßig beeilen:* sich beim Essen, Sprechen ü. **2.** ⟨ü. + sich⟩ **a)** (veraltend) *sich überschlagen* (3): die Wogen überstürzten sich; **b)** *[allzu] rasch aufeinander folgen:* die Ereignisse, die Nachrichten überstürzten sich; ein sich überstürzender *(rapide sich beschleunigender)* Prozess.

Über|stür|zung, die; -: *das Überstürzen:* etw. ohne Ü. erledigen.

über|ta|keln ⟨sw. V.; hat⟩ (Seemannsspr.): *(im Verhältnis zur Größe des Schiffs u. zu den herrschenden Windverhältnissen) zu viele Segel setzen.*

über|ta|rif|lich ⟨Adj.⟩: *über dem Tarif* (2) *liegend:* -e Leistungen, Zulagen; ein ü. entlohnter Angestellter.

über|täu|ben ⟨sw. V.; hat⟩: *durch seine starke Wirkung etw. anderes (bes. eine Empfindung) weniger wirksam machen:* das Kopfweh übertäubte die Zahnschmerzen.

Über|täu|bung, die; -, -en ⟨Pl. selten⟩: *das Übertäuben.*

über|tau|chen ⟨sw. V.; hat⟩ (österr.): *(eine Krankheit, Krise) ohne weiteres überstehen:* eine Grippe ü.

über|tech|ni|siert ⟨Adj.⟩: *allzu sehr technisiert:* eine -e Medizin.

über|teu|ern ⟨sw. V.; hat⟩: *übermäßig teuer machen:* Produkte ü.; ⟨meist im 2. Part.:⟩ überteuerte Waren; etw. überteuert verkaufen.

Über|teu|e|rung, die; -, -en: *das Überteuern; das Überteuertsein.*

über|tip|pen ⟨sw. V.; hat⟩: *einen Tippfehler ausbessern, indem der falsche Buchstaben o. Ä. durch [mehrmaliges] Anschlagen einer anderen Taste unleserlich gemacht wird.*

über|ti|teln ⟨sw. V.; hat⟩: *betiteln* (a).

Über|ti|te|lung, die; -, -en (Theater): *auf einer Art elektronischer Anzeigetafel oberhalb der Bühne gezeigter deutscher Text bei der Aufführung fremdsprachiger Bühnenwerke.*

über|töl|peln ⟨sw. V.; hat⟩ [wohl zu ↑Tölpel u. eigtl. = zum Tölpel machen]: *(jmdn., der in einer bestimmten Situation nicht gut aufpasst) in plumper, dummdreister Weise überlisten:* lass dich [von ihm] nicht ü.!; sie hat versucht, mich zu ü.

Über|töl|pe|lung, Über|tölp|lung, die; -, -en: *das Übertölpeln; das Übertölpeltwerden.*

über|tö|nen ⟨sw. V.; hat⟩: **a)** *lauter sein als eine Person od. Sache u. dadurch bewirken, dass diese nicht gehört wird:* der Chor übertönte die Solistin; Ü der Weihrauch wurde von anderen Gerüchen übertönt; **b)** (selten) *übertäuben.*

Über|tö|nung, die; -, -en: *das Übertönen.*

Über|topf, der; -[e]s, ...töpfe: *(als Schmuck dienender) Blumentopf aus Keramik, Porzellan o. Ä., in den eine in einen einfachen Blumentopf eingetopfte Pflanze gestellt wird.*

über|tou|ren ⟨sw. V.; hat⟩ (Technik): *überdrehen.* (2)

über|tou|rig ⟨Adj.⟩ (Technik): *zu hochtourig:* einen Wagen ü. fahren.

Über|trag, der; -[e]s, ...träge (bes. Buchf.): *Summe von Posten einer Rechnung o. Ä., die auf die nächste Seite, in eine andere Unterlage* (2) *übernommen wird.*

über|trag|bar ⟨Adj.⟩: **1.** *sich* [1]*übertragen* (4) *lassend:* diese Methode ist [nicht ohne weiteres] auf andere Gebiete ü. **2.** *sich, ohne seine Gültigkeit zu verlieren, vom Inhaber an jmdn. anderes weitergeben lassend:* eine -e Zeitkarte; dieser Ausweis ist nicht ü. **3.** *sich [in einer bestimmten Weise]* [1]*übertragen* (6 a) *lassend; infektiös, ansteckend:* eine [durch Tröpfcheninfektion] -e Krankheit; die Viren sind auch auf den Menschen ü. **4.** *sich* [1]*übertragen* (1 c) *lassend.*

Über|trag|bar|keit, die; -: *das Übertragbarsein.*

[1]**über|tra|gen** ⟨st. V.; hat⟩: **1. a)** *als Übertragung* (1) *senden:* das Fußballspiel [live, direkt] aus dem Stadion ü.; **b)** *auf ein Magnetband, eine bespielbare Platte od. dgl. aufnehmen:* eine Aufnahme auf [ein] Tonband ü.; **c)** (Nachrichtent., EDV) *(Signale, Informationen, Daten) zu einem anderen Gerät, auf einen anderen Datenträger, in einen anderen Speicher od. dgl. transportieren:* Daten, Bilder [per Datenleitung, übers Internet, über Satellit] ü.; Signale digital ü. **2. a)** (geh.) *einen [literarischen] Text schriftlich so übersetzen, dass er auch in der Übersetzung eine gültige sprachliche Gestalt hat:* sie hat den Roman vom/aus dem Spanischen ins Russische übertragen; **b)** *in eine andere Form bringen; umwandeln:* die Daten auf Lochkarten ü. **3.** *an anderer Stelle nochmals hinschreiben, zeichnen od. dgl.:* einen Aufsatz ins Heft ü.; die Zwischensumme auf die nächste Seite ü.; das Muster auf den Stoff ü. **4.** *auf etw. anderes, ein anderes Gebiet anwenden:* man kann diese Maßstäbe nicht auf die dortige Situation ü.; ein Wort übertragen, in übertragener *(nicht wörtlich zu verstehender, sondern sinnbildlicher)* Bedeutung gebrauchen. **5. a)** (bes. Technik) *(Kräfte o. Ä.) weitergeben, -leiten:* die Antriebswellen übertragen die Kraft des Motors auf die Räder; **b)** *(bes. ein Amt, eine Aufgabe) übergeben:* jmdm. die Leitung eines Projekts ü.; den Gerichten die Wahrnehmung bestimmter Funktionen ü.; **c)** *abgeben, abtreten:* bestimmte Rechte auf die Tochtergesellschaft ü.; **d)** (bes. Med.) *anderswohin bringen, gelangen lassen:* ein fremdes Gen auf, in eine befruchtete Eizelle ü.; jmdm. Blut ü.; **e)** *(Geld) transferieren:* den Gewinn auf ein Schweizer Konto ü. **6. a)** *eine Krankheit weitergeben; jmdn. anstecken:* diese Insekten übertragen die Krankheit [auf den Menschen]; **b)** ⟨ü. + sich⟩ *jmdn. befallen:* die Krankheit überträgt sich nur auf anfällige Personen. **7. a)** ⟨ü. + sich⟩ *auf jmdn. einwirken u. ihn dadurch in der gleichen Weise beeinflussen:* ihre Nervosität, Stimmung übertrug sich auf die Kinder; **b)** *bei jmdm. wirksam werden lassen:* sie konnte ihre Begeisterung sogar auf absolut nüchterne Menschen ü. **8.** (Med.) *(ein Kind) zu lange austragen* (2): sie hat ihn um drei Wochen übertragen; ⟨meist im 2. Part.:⟩ ein übertragenes Kind.

[2]**über|tra|gen** ⟨Adj.⟩ (österr.): *abgetragen; gebraucht:* -e Kleidung; etw. ü. kaufen.

Über|trä|ger, der; -s, - (Med.): *Lebewesen, das eine Krankheit überträgt:* die Tsetsefliege ist der Ü. der Schlafkrankheit.

Über|trä|ge|rin, die; -, -nen: w. Form zu ↑Überträger.

Über|tra|gung, die; -, -en: **1. a)** *Sendung* (3) *direkt vom Ort des Geschehens:* das Fernsehen bringt, sendet eine Ü. aus dem Konzertsaal, des Fußballspiels; **b)** *das Übertragen* (1 b); **c)** (Nachrichtent., EDV) *das* [1]*Übertragen* (1 c): die Ü. der Daten erfolgt über das Internet. **2. a)** *Übersetzung* (1): Shakespeares Dramen in der Ü. von Schlegel und Tieck; **b)** *Umwandlung:* die Ü. des Prosatextes in Verse. **3.** *Anwendung:* die Ü. dieses Prinzips auf andere Bereiche. **4.** ⟨o. Pl.⟩ **a)** (bes. Technik) *das* [1]*Übertragen* (5 a): die Ü. der Kraft auf die Räder; **b)** *das* [1]*Übertragen* (5 b): die Ü. aller Ämter auf den Nachfolger. **5.** *das* [1]*Übertragen* (6 a); *Ansteckung, Infektion:* die Ü. dieser Krankheit erfolgt durch Insekten. **6.** (Med.) *zu lange andauernde Schwangerschaft.*

Über|tra|gungs|ka|nal, der (Nachrichtent.): *Einrichtung (z. B. Leitung) od. Medium (z. B. Atmosphäre), das Signale von einem Sender zu einem Empfänger transportiert.*

Über|tra|gungs|wa|gen, der: *Wagen, in den technische Einrichtungen zur Übertragung von Fernseh- und Rundfunksendungen eingebaut sind.*

über|trai|nie|ren ⟨sw. V.; hat⟩ (Sport): *im Training zu stark beanspruchen:* ⟨oft im 2. Part.:⟩ er macht einen übertrainierten Eindruck, wirkt übertrainiert.

über|tref|fen ⟨st. V.; hat⟩ [mhd. übertreffen, ahd. ubartreffan]: **a)** *(auf einem bestimmten Gebiet, in bestimmter Hinsicht) besser sein als jmd.:* jmdn. in der Leistung, leistungsmäßig ü.; jmdn. an Ausdauer, Fleiß, Mut [weit, bei weitem, um vieles] ü.; im Schach ist er kaum zu ü.; sie hat sich selbst übertroffen *(hat mehr geleistet, als von ihr erwartet wurde);* **b)** *bestimmte Eigenschaften in größerem Maße besitzen:* diese Kirche übertrifft alle anderen an Schönheit; **c)** *über etw. hinausgehen:* das Ergebnis übertraf alle Erwartungen, die schlimmsten Befürchtungen.

über|trei|ben ⟨st. V.; hat⟩ [mhd. übertrīben = zu weit treiben]: **a)** *in aufbauschender Weise darstellen:* er muss immer furchtbar, maßlos ü.; ich übertreibe nicht, wenn ich sage, dass er zu den größten Poeten seiner Zeit gehörte; das ist übertrieben *(das ist eine Übertreibung* 2 a); **b)** *etw. (an sich Positives, Vernünftiges o. Ä.) zu weit treiben, in übersteigertem Maße tun:* seine Ansprüche, die Sauberkeit, die Sparsamkeit ü.; übertreib es nicht mit dem Training!; **R** man kann alles ü.; ⟨oft im 2. Part.:⟩ übertriebene Höflichkeit, Genauigkeit, Pünktlichkeit; solche aufwendigen Geschenke [zu machen] finde ich [etwas, reichlich] übertrieben; übertrieben misstrauisch, vorsichtig sein.

Über|trei|bung, die; -, -en: **1. a)** *das Übertreiben* (a): man kann dies ohne Ü. sagen; **b)** *das Übertreiben* (b). **2. a)** *übertreibende* (a) *Schilderung:* er neigt zu -en; **b)** *Handlung, mit der jmd. etw. übertreibt* (b): sich vor -en hüten.

über|tre|ten ⟨st. V.⟩: **1.** (Sport) *über eine Markierung treten* ⟨hat/ist⟩. **2.** *über die Ufer treten* ⟨ist⟩: der Fluss ist nach den Regenfällen übergetreten. **3.** *irgendwohin gelangen* ⟨ist⟩. **4.** (bes. österr.) *in eine andere Phase, einen anderen Lebensabschnitt o. Ä. eintreten* ⟨ist⟩: in den Ruhestand ü. **5.** *sich einer anderen (weltanschaulichen) Gemeinschaft, einer anderen Anschauung, Konfession anschließen* ⟨ist⟩: zum Katholizismus, zum Islam ü.

über|tre|ten [mhd. übertreten = darniedertreten, überwinden] ⟨st. V.; hat⟩: **1.** ⟨ü. + sich⟩ *sich vertreten* (4): sie übertrat sich den Fuß. **2.** *gegen ein*

U

Gebot o. Ä. verstoßen: ein Gebot, ein Gesetz, eine Vorschrift ü.

Über|tre|tung, die; -, -en: **a)** *das Übertreten* (2): eine leichte, schwere Ü.; **b)** (Rechtsspr. früher, noch schweiz.) *Straftat geringerer Schwere:* eine Ü. begehen.

Über|tre|tungs|fall: in der Fügung **im Übertretungsfall[e]** (Amtsdt.; *im Falle der Übertretung* a).

über|trie|ben: ↑übertreiben.

Über|trie|ben|heit, die; -, -en: **1.** ⟨o. Pl.⟩ *das Übertriebensein.* **2.** (selten) *Übertreibung* (2 b).

Über|tritt, der; -[e]s, -e [mhd. übertrit = Fehltritt, Vergehen; Lossagung, Abfall]: **1.** *das Übertreten* (5): die Zahl der -e zu dieser Partei nimmt zu. **2.** *das Übertreten* (3). **3.** (bes. österr.) *das Übertreten* (4): Ü. aufs Gymnasium.

über|trock|nen ⟨sw. V.; ist⟩ (österr., sonst landsch.): *an der Oberfläche trocknen:* die in Scheiben geschnittenen Kartoffeln ü. lassen.

über|trump|fen ⟨sw. V.; hat⟩: **1.** (Kartenspiel) *durch Ausspielen eines Trumpfs besiegen:* jmdn., jmds. Karte ü. **2.** *weit übertreffen:* jmdn., jmds. Leistung ü.

über|tun ⟨unr. V.; hat⟩ (ugs.): *umlegen, umhängen:* tu dir lieber noch eine Jacke über.

über|tun, sich ⟨unr. V.; hat⟩ (selten): *sich übernehmen* (4): übertu dich nicht!

über|tün|chen ⟨sw. V.; hat⟩: *mit Tünche überstreichen:* die Parolen ü.; Ü die eigene Ideenlosigkeit mit nichts sagenden Worten ü.

Über|tün|chung, die; -, -en: *das Übertünchen; das Übertünchtwerden.*

über|über|mor|gen ⟨Adv.⟩ (ugs.): *am Tag nach übermorgen:* wir bleiben noch bis ü.

Über|va|ter, der; -s, ...väter: *männliche Person, die in einem bestimmten Bereich die beherrschende Figur ist, zu der die anderen respektvoll aufschauen:* der Ü. Freud; der Ü. der Partei.

über|ver|si|chern ⟨sw. V.; hat⟩: *(für jmdn., sich, etw.) eine Überversicherung* (2) *abschließen:* ⟨meist im 2. Part.:⟩ der Versicherte, der Hausrat war überversichert.

Über|ver|si|che|rung, die; -, -en: **1.** ⟨o. Pl.⟩ *das [Sich]überversichern.* **2.** *Versicherung, deren Summe den Wert des Versicherten übersteigt.*

über|ver|sor|gen ⟨sw. V.; hat⟩: *im Übermaß versorgen:* ⟨meist im 2. Part.:⟩ die Region ist medizinisch, mit Zahnärzten überversorgt.

Über|ver|sor|gung, die; -, -en: *das Überversorgen; das Überversorgtsein.*

über|völ|kern ⟨sw. V.; hat⟩: *in zu großer Anzahl bevölkern* (1 b): Touristen übervölkern den Ort.

über|völ|kert ⟨Adj.⟩: *zu dicht bewohnt, besiedelt:* die Region, die Erde ist ü.; Ü der See war nicht so ü. wie andere.

Über|völ|ke|rung, die; -: *das Übervölkern; das Übervölkertsein.*

über|voll ⟨Adj.⟩: **a)** *übermäßig voll:* der Koffer war ü.; **b)** *völlig überfüllt:* ein -er Bus.

über|vor|sich|tig ⟨Adj.⟩: *übertrieben vorsichtig.*

über|vor|tei|len ⟨sw. V.; hat⟩: *sich auf Kosten eines anderen einen Vorteil verschaffen durch Ausnutzung seiner Unwissenheit, Unaufmerksamkeit:* seine Kunden ü.; sich [von jmdm.] übervorteilt fühlen.

Über|vor|tei|lung, die; -, -en: *das Übervorteilen; das Übervorteiltwerden.*

über|wach ⟨Adj.⟩: *hellwach u. angespannt:* -e Augen, Sinne.

über|wa|chen ⟨sw. V.; hat⟩: **1.** *genau verfolgen, was jmd. (der verdächtig ist) tut; jmdn., etw. durch ständiges Beobachten kontrollieren* (1): einen Verdächtigen ständig, auf Schritt und Tritt, scharf ü.; vom Verfassungsschutz, von der Geheimpolizei überwacht werden; jmds. Wohnung, Telefon ü. **2.** *beobachtend, kontrollierend für den richtigen Ablauf einer Sache sorgen; darauf achten, dass in einem bestimmten Bereich alles mit rechten Dingen zugeht:* die Ausführung eines Befehls ü.; der Supermarkt wird mit Videokameras überwacht; die Polizei überwacht den Verkehr.

über|wach|sen ⟨st. V.; hat⟩: **1.** *durch Wachsen die Oberfläche von etw. bedecken:* das Moos hat den Pfad überwachsen; ⟨meist im 2. Part.:⟩ die Grabplatte ist [mit, von Efeu] überwachsen. **2.** (selten) *durch Wachsen an Größe übertreffen:* das Gebüsch hat den Zaun überwachsen.

Über|wa|chung, die; -, -en: **1.** *das Überwachen* (1); *das Überwachtwerden:* die Ü. des Tatverdächtigen, seines Telefons [durch die Geheimpolizei] war illegal. **2.** *das Überwachen* (2); *das Überwachtwerden:* die Ü. des Straßenverkehrs durch die Polizei.

Über|wa|chungs|dienst, der: *Dienst* (2), *dessen Aufgabe es ist, jmdn., etw. zu überwachen:* ein politischer, technischer Ü.

Über|wa|chungs|staat, der (abwertend): *Staat, der seine Bürger bis ins Kleinste überwacht.*

Über|wa|chungs|sys|tem, das: *System, das dazu dient, jmdn., etw. zu überwachen:* ein elektronisches Ü.

über|wal|len ⟨sw. V.; ist⟩: *beim Kochen Blasen werfend über den Rand des Gefäßes laufen:* die Milch ist übergewallt; Ü vor Glück, Zorn ü. (geh.; *Glück, Zorn besonders intensiv empfinden u. dem lebhaft Ausdruck verleihen*).

über|wäl|ti|gen ⟨sw. V.; hat⟩ [zu ↑Gewalt]: **1.** *mit körperlicher Gewalt bezwingen u. wehrlos machen:* der Angreifer wurde überwältigt. **2.** *mit solcher Intensität auf jmdn. einwirken, dass er sich dieser Wirkung nicht entziehen kann:* Angst, Neugier, Freude überwältigte sie; er wurde vom Schlaf überwältigt *(übermannt);* ⟨oft im 2. Part.:⟩ sie war von dem Anblick überwältigt.

über|wäl|ti|gend ⟨Adj.⟩: **1.** *in höchstem Maße beeindruckend, großartig [u. bewegend]:* ein -es Erlebnis; ein -er Anblick; von -er Pracht sein; ihre Leistungen sind nicht [gerade] ü. (oft spött.; *sind [kaum] mittelmäßig*); ü. schön. **2.** *sehr groß:* mit -er Mehrheit gewählt werden.

Über|wäl|ti|gung, die; -, -en: *das Überwältigen; das Überwältigtwerden.*

über|wäl|zen ⟨sw. V.; hat⟩ (bes. Wirtsch.): *(Kosten o. Ä.) an einen anderen weitergeben, ihm aufbürden:* eine Preiserhöhung [auf die Verbraucher] ü.

Über|wäl|zung, die; -, -en (bes. Wirtsch.): **1.** *das Überwälzen; das Überwälztwerden.* **2.** *überwälzter Betrag, Anteil.*

über|wech|seln ⟨sw. V.; ist⟩: **1.** *von einer Stelle zu einer anderen wechseln, sich an eine andere Stelle bewegen:* von der linken auf die rechte Fahrspur ü.; bei der nächsten Brücke wechseln wir aufs andere Ufer über; bestimmte Viren wechseln vom Menschen auf ein Tier über; Ü er wechselte von »Sie« in »du« über. **2. a)** *sich einer anderen Gemeinschaft o. Ä. anschließen:* zu einer anderen Partei, Firma, Konfession ü.; er ist ins feindliche Lager, auf die Realschule übergewechselt; **b)** *mit etw. anderem beginnen:* zu einem anderen Thema ü. **3.** (Jägerspr.) *(vom Hochwild) sich in ein anderes Revier bewegen.*

Über|weg, der: **1.** kurz für ↑Fußgängerüberweg. **2.** *Bahnübergang.* **3.** *zum Überqueren, Hinüberwechseln geeignete, vorgesehene Stelle:* gesicherte -e an allen Kreuzungen. **4.** *Brücke, Überführung o. Ä.*

über|we|hen ⟨sw. V.; hat⟩ (geh.): *wehend über etw. hinweggehen.*

über|wei|den ⟨sw. V.; hat⟩: *zu intensiv als Weide nutzen:* die Hänge überweidet haben.

Über|wei|dung, die; -, -en (Pl. selten): *das Überweiden; das Überweidetwerden.*

über|wei|sen ⟨st. V.; hat⟩ [mniederd. overwīsen = (Geld) überweisen]: **1.** *(einen Geldbetrag) zulasten eines Kontos einem bestimmten anderen Konto gutschreiben lassen:* die Miete [per Dauerauftrag] ü.; das Stipendium bekommt er auf sein Girokonto überwiesen; die Bank hat das Geld überwiesen *(hat den Überweisungsauftrag bearbeitet).* **2.** *einen Patienten zur weiteren Behandlung mit einem Überweisungsschein zu einem anderen Arzt schicken:* sie wurde [vom Hausarzt] zu einem/an einen Facharzt überwiesen. **3.** *zur Erledigung, Bearbeitung o. Ä. zuweisen:* eine Akte einer anderen/an eine andere Behörde ü. **4.** (österr. selten, sonst veraltet) [1]*überführen* (1).

Über|wei|sung, die; -, -en: **1. a)** *das Überweisen* (1), *Überweisenlassen:* die Bank mit der Ü. der Summe beauftragen; eine Rechnung per Ü. bezahlen; **b)** *überwiesener Geldbetrag:* die Ü. ist noch nicht [auf meinem Konto] eingegangen. **2. a)** *das Überweisen* (2). **b)** kurz für ↑Überweisungsschein: haben Sie eine Ü.?

Über|wei|sungs|auf|trag, der (Bankw.): **1.** *Auftrag eines Bankkunden an seine Bank, zulasten seines Kontos einen Geldbetrag zu überweisen:* einen Ü. erteilen. **2.** *Überweisungsformular:* einen Ü. ausfüllen, abgeben.

Über|wei|sungs|for|mu|lar, das: *vorgedrucktes Formular für einen Überweisungsauftrag* (1).

Über|wei|sungs|schein, der: *vom behandelnden Arzt ausgestellter Schein zur Überweisung des Patienten an einen Facharzt.*

über|weit ⟨Adj.⟩: *übermäßig weit.*

Über|wei|te, die; -, -n: vgl. Übergröße.

Über|welt, die; -, -en: *transzendenter Bereich außerhalb der sinnlich erfassbaren Welt.*

über|welt|lich ⟨Adj.⟩: *über die Welt hinaus.*

über|wend|lich ⟨Adj.⟩ [zu ↑[1]winden] (Handarb.): *so [gearbeitet], dass die Stiche über die [aneinander gelegten] Kante[n] des Stoffs hinweggehen:* eine -e Naht; ü. nähen.

über|wer|fen ⟨st. V.; hat⟩ [mhd. überwerfen, ahd. ubarwerfan]: *(ein Kleidungsstück) lose über die Schultern legen, mit einer schnellen Bewegung umhängen:* jmdm., sich eine Jacke ü.

über|wer|fen, sich ⟨st. V.; hat⟩ [eigtl. = sich (im Spiel od. Kampf) am Boden rollen]: *mit jmdm. in Streit geraten [und daher den Kontakt zu ihm abbrechen]:* sie hatten sich wegen der Erbschaft überworfen.

Über|wer|fung, die; -, -en: *das Sichüberwerfen.*

Über|we|sen, das; -s, - (selten): *übermenschliches Wesen:* ein Ü. malen; Ü unseren Staat als Ü. ansehen.

über|wie|gen ⟨st. V.; hat⟩ (ugs. selten): *zu viel wiegen:* der Brief wiegt über.

über|wie|gen ⟨st. V.; hat⟩: **1.** *die größte Bedeutung, das stärkste* [1]*Gewicht* (3) *haben u. daher das Bild, den Charakter von etw. bestimmen:* im Süden des Landes überwiegen Laubwälder; es überwog die Meinung, dass wir etwas unternehmen sollten; das religiöse Element überwiegt; ⟨oft im 1. Part.:⟩ der überwiegende *(größere)* Teil der Bevölkerung; die überwiegende Mehrzahl *(die bei weitem meisten).* **2.** *stärker, einflussreicher, bedeutender sein als etw. anderes:* das Interesse überwog den Abscheu.

über|wie|gend ⟨Adv.⟩: *vor allem, hauptsächlich:* ein ü. von Deutschen bewohntes Gebiet; morgen soll es ü. heiter werden; eine ü. katholische Gegend.

über|wind|bar ⟨Adj.⟩: **1.** *sich überwinden* (1) *lassend:* der Gegner ist ü. **2. a)** *sich überwinden* (2 a) *lassend:* ein nur schwer -er Zaun; Ü nicht oder nur schwer -e Ängste; **b)** *sich überwinden* (2 b) *lassend:* das traditionelle Feindbild ist durchaus ü. **4.** *sich überwinden* (4) *lassend:* ein -es Trauma.

über|win|den ⟨st. V.; hat⟩ [mhd. überwinden, überwinnen, ahd. ubarwintan, ubarwinnan]: **1.** (geh.) *besiegen:* er hat seinen Gegner nach hartem Kampf überwunden; der Stürmer überwand den gegnerischen Torhüter (Ballspiele Jargon; *erzielte gegen ihn ein Tor*); Ü eine Krankheit ü. **2. a)** *durch eigene Anstrengung mit etw., was ein Hindernis darstellt, was Schwierigkeiten bietet, fertig werden; meistern:* eine Mauer, eine Barriere, eine Hürde, ein Hindernis ü.; mit einem Mountainbike kannst du praktisch jede Steigung ü.; Ü Schwierigkeiten, Probleme ü.; seinen Widerwillen, seine Angst, Schüchternheit, seine Bedenken, Hemmungen, sein Misstrauen ü.; **b)** *im Laufe einer Entwicklung hinter sich lassen:* ein überlebtes System, die Teilung des Landes, die Apartheid, den Imperialismus ü.; den Kubismus ü.; die Krise ist jetzt überwunden; längst überwundene Standpunkte. **3.** ⟨ü. + sich⟩ *etw., was einem widerstrebt, schwer fällt, schließlich doch tun:* sich [dazu] ü., die Steuererklärung zu machen; zu einer Entschuldigung konnte sie sich nicht ü. **4.** *(mit einer seelischen Belastung, Erschütterung o. Ä.) fertig werden; verarbeiten, verkraften:* sie musste erst einmal den Schock ü.; er hat den Tod seiner Frau nie ganz überwunden.

Über|win|der, der; -s, -: *jmd., der jmdn., etw. überwindet, überwunden hat.*

Über|win|de|rin, die; -, -nen: w. Form zu ↑Überwinder.

Über|win|dung, die; - [mhd. uberwindunge]: **1.** *das Überwinden* (1, 2, 4); *das Überwundenwerden, Überwundensein.* **2.** *das Sichüberwinden; Selbstüberwindung:* es kostet [einige, kaum, viel] Ü., das zu tun.

über|win|tern ⟨sw. V.; hat⟩: **1.** *den Winter [in Sicherheit vor den mit ihm einhergehenden Bedrohungen u. Widrigkeiten] verbringen:* diese Vögel überwintern in Afrika; wir wollen auf Mallorca ü.; Ü unsere Blumenkästen überwintern im Keller. **2.** *(bes. Pflanzen) den Winter über [vor Frost geschützt] aufbewahren:* die Geranien müssen an einem kühlen, dunklen Ort überwintert werden.

Über|win|te|rung, die; -, -en: *das Überwintern.*

über|wöl|ben ⟨sw. V.; hat⟩: **1.** *sich über etw. wölben:* eine Kuppel überwölbt den Saal. **2.** *mit einem Gewölbe, einer Kuppel o. Ä. versehen, überdecken:* eine Halle ü.

Über|wöl|bung, die; -, -en: **1.** *das Überwölben.* **2.** *Gewölbe.*

über|wu|chern ⟨sw. V.; hat⟩: *wuchernd bedecken:* das Gestrüpp hat das Beet völlig überwuchert; ⟨oft im 2. Part.:⟩ eine von Efeu [dicht] überwucherte Mauer.

Über|wu|che|rung, die; -, -en: *das Überwuchern.*

Über|wurf, der; -[e]s, ...würfe: **1.** *loser Umhang, Mantel; loses Gewand, das über anderer Kleidung getragen wird.* **2.** (bes. österr., schweiz.) *Decke, die als Zierde über Betten o. Ä. gelegt wird.* **3.** (Ringen) *Griff, bei dem der Gegner ausgehoben* (6) *u. über die eigene Schulter od. den eigenen Kopf nach hinten zu Boden geworfen wird.*

über|wür|zen ⟨sw. V.; hat⟩: *zu stark würzen:* ⟨oft im 2. Part.:⟩ die Suppe ist überwürzt; überwürzte Speisen.

Über|zahl, die; -: **a)** *Mehrzahl, Mehrheit:* die Ü. der Vorschläge war unbrauchbar; in diesem Beruf sind Frauen in der Ü.; **b)** (selten) *allzu große Anzahl:* die Ü. der Arbeitslosen stellt ein gefährliches Potenzial dar.

über|zah|len ⟨sw. V.; hat⟩: *zu hoch bezahlen; überbezahlen:* mit 10 DM ist diese Ware überzahlt.

über|zäh|len ⟨sw. V.; hat⟩: *[noch einmal, schnell] nachzählen:* sie überzählte ihr Geld.

über|zäh|lig ⟨Adj.⟩: *eine bestimmte Anzahl (die für etw. gebraucht wird) übersteigend:* -e Exemplare.

über|zeich|nen ⟨sw. V.; hat⟩: **1.** (Börsenw.) *Anteile (eines Wertpapiers o. Ä.) in einem das Angebot übersteigenden Maße vorbestellen:* die Anleihe ist um 20 % überzeichnet worden. **2.** *in zu stark vereinfachender, zugespitzter Weise darstellen:* der Autor hat die Figur des Vaters [stark] überzeichnet; ⟨oft im 2. Part.:⟩ die Story ist zu sehr überzeichnet.

Über|zeich|nung, die; -, -en: *das Überzeichnen.*

Über|zeit, die; -, -en (schweiz.): *Zeit, die zusätzlich zu den festgelegten täglichen Arbeitsstunden gearbeitet wird; Überstunden.*

Über|zeit|ar|beit, die; - (schweiz.): *in Überstunden geleistete Arbeit.*

über|zeit|lich ⟨Adj.⟩: *für alle Zeit Geltung habend, nicht zeitgebunden:* ein Kunstwerk mit -er Aussage.

über|zeu|gen ⟨sw. V.; hat⟩ [mhd. überziugen, urspr. = jmdn. vor Gericht durch Zeugen überführen]: **1. a)** *(einen anderen) durch einleuchtende Gründe, Beweise dazu bringen, etw. als wahr, richtig, notwendig anzuerkennen:* jmdn. von der Richtigkeit einer Handlungsweise, von der Wahrheit ü.; sie hat mich von ihrer Unschuld überzeugt; wir konnten ihn nicht [davon] ü./er war nur schwer [davon] zu ü./er ließ sich nicht [davon] ü., dass er Unrecht hatte; ihre Ausführungen haben mich nicht überzeugt; **b)** *in seinen Leistungen den Erwartungen voll u. ganz entsprechen:* im Rückspiel wusste die Mannschaft zu ü.; ⟨oft im 1. Part.:⟩ überzeugende *(einleuchtende, glaubhafte)* Gründe, Argumente, Beweise; eine Aufgabe überzeugend *(voll u. ganz befriedigend)* lösen; eine Rolle überzeugend spielen, verkörpern; was er sagt, klingt [für mich] [recht, nicht ganz] überzeugend. **2.** ⟨ü. + sich⟩ *sich durch eigenes Nachprüfen vergewissern:* sich persönlich, mit eigenen Augen von etw. ü.; du kannst dich jederzeit [selbst] davon ü., dass es so ist; bitte überzeugen Sie sich selbst!; ⟨oft im 2. Part.:⟩ [felsen]fest, hundertprozentig von der Unschuld des Jungen überzeugt sein; ich bin davon überzeugt, dass er der Täter ist, dass er lügt; ich bin von ihr, ihren Leistungen nicht überzeugt *(habe keine allzu gute Meinung von ihr, ihren Leistungen);* er ist sehr von sich selbst überzeugt *(ist allzu selbstbewusst, recht eingebildet).*

über|zeugt ⟨Adj.⟩: *fest an etw. Bestimmtes glaubend:* eine -e Verfechterin der Marktwirtschaft; er ist [ein] -er Katholik.

Über|zeugt|heit, die; -: *das Überzeugtsein.*

Über|zeu|gung, die; -, -en: **1.** ⟨o. Pl.⟩ (seltener) *das Überzeugen* (1): die Ü. der Zweifler gelang ihm. **2.** *feste, unerschütterliche [durch Nachprüfen eines Sachverhalts, durch Erfahrung gewonnene] Meinung; fester Glaube:* jmds. religiöse, weltanschauliche, politische Ü.; es war seine ehrliche Ü., dass sie sich ändern würde; seine Ü. klar, fest vertreten; die Ü. gewinnen/haben, dass ihr nicht zu helfen ist; der Ü. sein, dass das Richtige getan wurde; etw. aus [innerer] Ü., mit Ü. tun; für seine Ü. eintreten; meiner Ü. nach/nach meiner Ü. ist er der Täter; sich von seiner Ü. nicht abbringen lassen; zu der Ü. kommen/gelangen, dass etwas getan werden muss; sich offen zu seiner Ü. bekennen.

Über|zeu|gungs|ar|beit, die: *Bemühungen, die darauf abzielen, andere (bes. im politischen Bereich) von etw. zu überzeugen:* ehe dieses Konzept mehrheitsfähig werden kann, ist noch viel Ü. nötig, zu leisten.

Über|zeu|gungs|kraft, die: *Fähigkeit zu überzeugen:* den Argumenten fehlt es an Ü.

Über|zeu|gungs|tä|ter, der (Rechtsspr.): *jmd., der eine Straftat begangen hat od. begeht, weil er sich dazu aufgrund seiner religiösen, politischen o. ä. Überzeugung berechtigt od. verpflichtet fühlt.*

Über|zeu|gungs|tä|te|rin, die; -, -nen: w. Form zu ↑Überzeugungstäter.

über|zie|hen ⟨unr. V.; hat⟩: **1.** *ein Kleidungsstück über den Körper od. einen Körperteil ziehen; [über etw. anderes] anziehen:* ich zog [mir] eine warme Jacke über; zieh dir was über, es ist kalt draußen; Sie können die Hose auch gern mal ü. *(anprobieren).* **2.** * **jmdm. einen/eins, ein paar ü.** *(jmdm. einen Schlag, Schläge versetzen).*

über|zie|hen ⟨unr. V.; hat⟩ [mhd. überziehen = über etw. ziehen; bedecken; überfallen; 3 a: im Bankw. Lehnbedeutung nach engl. to overdraw]: **1. a)** *mit einer [dünnen] Schicht von etw. bedecken od. umhüllen, als [dünne] Schicht von etw. auf der Oberfläche von etw. vorhanden sein:* die Torte mit Guss ü.; etw. mit Lack, einem Schutzfilm ü.; ⟨oft im 2. Part.:⟩ von/mit etw. überzogen sein; **b)** *beziehen* (1a): etw. mit Leder, Stoff ü.; die Betten müssen frisch überzogen werden. **2. a)** *nach u. nach bedecken:* kalter Schweiß bedeckte ihr Gesicht; **b)** ⟨ü. + sich⟩ *sich nach u. nach mit etw. bedecken:* der Himmel überzog sich mit Wolken. **3. a)** *von etw. (was einem zusteht) zu viel in Anspruch nehmen:* den Etat ü.; sein Konto [um 800 DM] ü. *([800 DM] mehr abheben, als auf dem Konto gutgeschrieben ist);* die Pause, die Sendezeit ü.; ⟨auch o. Akk.-Obj.:⟩ der Moderator hat schon wieder überzogen; **b)** *übertreiben, zu weit treiben:* man soll seine Kritik nicht ü.; ⟨oft im 2. Part.:⟩ der Kommentar war im Ton überzogen; eine überzogene Reaktion, Lohnforderung. **4.** (bes. Tennis, Tischtennis) *mit Topspin spielen:* der Spieler überzog die hohen Bälle. **5.** (Fliegerspr.) *zu steil hochziehen:* er überzog die Maschine. **6.** *(mit etw.) heimsuchen* (2): sie überzogen das Land mit Krieg; jmdn. mit einer Klage, mit Klagen ü. (Rechtsspr.; *gegen jmdn. klagen).*

Über|zie|her, der; -s, -: **1.** *[leichter] Herrenmantel.* **2.** (salopp) *Präservativ.*

Über|zie|hung, die; -, -en: **1.** *das Überziehen; das Überzogenwerden.* **2.** *Betrag, um den etw. überzogen wird.*

Über|zie|hungs|kre|dit, der (Bankw.): *Dispositionskredit.*

über|züch|tet ⟨Adj.⟩: *(von Tieren u. Pflanzen) durch einseitige od. übertriebene Züchtung bestimmte Mängel aufweisend, nicht mehr gesund u. widerstandsfähig:* -e Rassen, Sorten; Ü der Motor ist völlig ü.

Über|züch|tung, die; -, -en: *das Überzüchtetsein.*

über|zu|ckern ⟨sw. V.; hat⟩: **1.** *mit Zucker, Zuckerguss bedecken:* den Kuchen ü. **2.** *(von Schnee) wie mit Puderzucker bedecken:* Schnee überzuckerte die Altstadt. **3.** *zu stark zuckern:* überzuckerter Saft. **4.** *mit zu viel Glukose belasten:* bei einem Mangel an Insulin wird der Organismus überzuckert.

Über|zug, der; -[e]s, ...züge: **1.** *Schicht, mit der etw. überzogen* (1 a) *ist:* die Torte hat einen Ü. aus Schokolade; Draht mit einem Ü. aus Kunststoff. **2.** *auswechselbare Hülle, Bezug:* Überzüge für die Polster nähen.

über|zwerch [mhd. überwerch, über twerch, zu ↑zwerch] (landsch., bes. südd., österr.): **I.** ⟨Adv.⟩ *quer; über Kreuz:* die Beine ü. legen. **II.** ⟨Adj.⟩ **1.** *verschroben; mürrisch:* ein -er Kerl. **2.** *übermütig.*

üb|lich ⟨Adj.⟩ [zu ↑üben, eigtl. = was geübt wird]: *den allgemeinen Gewohnheiten, Gebräuchen entsprechend; in dieser Art immer wieder vorkommend:* die -en Ausreden, Entschuldigungen; wir verfahren nach der -en Methode; das ist hier so, ist längst nicht mehr, ist allgemein ü.; sie kam wie ü. *(wie man es von ihr gewohnt ist)* zu spät.

üb|li|cher|wei|se ⟨Adv.⟩: *gewöhnlich:* eine ü. tödlich verlaufende Krankheit.

Üb|lich|keit, die; -, -en: **a)** ⟨o. Pl.⟩ *das Üblichsein:* die Höhe des Honorars, des Trinkgelds richtet sich nach der Ü.; **b)** *etw., was üblich ist.*

U-Boot, (militär. Fachspr. auch:) Uboot, das: kurz für ↑Unterseeboot.

U-Boot-Be|sat|zung, die: *Besatzung eines U-Boots.*

U-Boot-Ha|fen, der: *Hafen für U-Boote.*

U-Boot-Krieg, der: *Krieg, bei dem der Einsatz von U-Booten eine herausragende Rolle spielt.*

üb|rig ⟨Adj.⟩ [mhd. überec, zu ↑über]: **1.** *als Rest noch vorhanden; verbleibend, restlich:* die -en Sachen; alle -en *(anderen)* Gäste sind bereits gegangen; von der Suppe ist noch etwas ü.; von der Torte ist nichts, sind zwei Stücke ü. geblieben; von ihrer anfänglichen Begeisterung ist nicht viel ü. geblieben; ich habe noch etwas Geld ü.; falls du [noch etwas] Farbe ü. behältst, bewahre sie gut auf; die Geier ließen von dem Kadaver nicht viel ü.; lasst mir etwas davon ü.! *(hebt mir etw. davon auf!);* ein -es (seltener; *noch ein)* Mal; er, sie kann es auch nicht besser als die Übrigen *(anderen);* das, alles Übrige *(Weitere)* erzähle ich dir später; * **ein Übriges tun** *(etw. tun, was zusätzlich noch getan werden kann);* **für jmdn. etwas, nichts usw. ü. haben** *(für jmdn. Sympathie, keine Sympathie empfinden);* **für etw. etwas, nichts usw. ü. haben** *(etw. mögen, nicht mögen):* für Sport hat er etwas, nichts, wenig, eine Menge ü.; **jmdm. bleibt nichts [anderes/weiter] ü. [als ...]** *(jmd. kann nichts anderes tun, hat keine andere Wahl [als ...]):* es bleibt ihr ja auch gar nichts anderes ü.

[als es zu tun]; **nichts zu wünschen ü. lassen** *(den Erwartungen voll und ganz entsprechen):* der Service ließ nichts zu wünschen ü.; **[sehr, einiges usw.] zu wünschen ü. lassen** *(den Erwartungen [überhaupt] nicht entsprechen):* die Bedienung ließ einiges, viel, sehr zu wünschen ü.; ihre Leistung lässt zu wünschen ü.; **im Übrigen** *(abgesehen von diesem einen Fall; ansonsten, außerdem, zudem):* [und] im Übrigen will ich damit nichts zu tun haben. **2.** (selten) *überflüssig:* er ist hier völlig ü.

üb|rig be|hal|ten, üb|rig blei|ben: s. übrig (1).

üb|ri|gens ⟨Adv.⟩ [zu ↑übrig, wohl geb. nach ↑erstens usw.]: *nebenbei bemerkt:* du könntest mir ü. einen Gefallen tun; ü., hast du davon schon gehört?

üb|rig las|sen: s. übrig (1).

Übung, die; -, -en [mhd. üebunge, ahd. uobunga]: **1.** ⟨o. Pl.⟩ **a)** *das Üben:* das macht die Ü.; das ist alles nur Ü. *(Übungssache);* das erfordert [viel] Ü.; etw. zur Ü. tun; **Spr** Ü. macht den Meister; **b)** *durch häufiges Wiederholen einer bestimmten Handlung erworbene Fertigkeit; praktische Erfahrung:* keine, nicht genügend Ü. haben; ich bin aus der, außer Ü.; in der Ü. sein, bleiben. **2. a)** *Material u. Anleitung zum Üben von im Unterricht Gelerntem; Übungsaufgabe, Übungsstück* (a): -en zur Rechtschreibung, zur Bruchrechnung; ein Lehrbuch mit -en; **b)** *Übungsstück* (b): -en für Flöte; eine Ü. wiederholen. **3.** (bes. Sport) *[zum Training häufig wiederholte] Folge bestimmter Bewegungen:* eine Ü. am Reck; eine gymnastische Ü. zur Entspannung der Wirbelsäule; er beendete seine Ü. mit einem doppelten Salto. **4.** *als Probe für den Ernstfall durchgeführte Unternehmung:* an einer militärischen Ü. teilnehmen; die Feuerwehr rückt zu einer Ü. aus. **5.** *Lehrveranstaltung an der Hochschule, in der etw., bes. das Anwenden von Grundkenntnissen, von den Studierenden geübt wird:* eine Ü. in Althochdeutsch, über Goethes Lyrik abhalten, ansetzen; an einer Ü. teilnehmen. **6.** (kath. Rel.) *der inneren Einkehr dienende Betrachtung, Meditation* (2) *als Teil der Exerzitien:* der Mönch unterzieht sich den täglichen geistlichen -en. **7. a)** (landsch., bes. südd., österr., schweiz.) *Brauch, Sitte, Gewohnheit:* nach alter Ü. **b)** (bes. Rechtsspr.) *Art und Weise, etw. Bestimmtes regelmäßig zu handhaben, Gepflogenheit, Praxis* (1 b). **8.** (bes. schweiz.) *Unternehmen* (1), *Unterfangen:* die Kosten der Ü. werden unterschätzt.

Übungs|ar|beit, die: *[Klassen]arbeit, die der Einübung des Gelernten dient [u. nicht zensiert wird].*

Übungs|auf|ga|be, die: *Aufgabe zur Einübung des Gelernten:* das Buch enthält zahlreiche -n.

Übungs|buch, das: *Lehrbuch, das hauptsächlich Übungen* (2 a), *Übungsaufgaben, Übungsstücke* (a) *enthält.*

Übungs|flug, der (bes. Milit.): *der Übung, dem Training dienender Flug:* einen Ü. absolvieren; zu einem Ü. starten.

Übungs|ge|län|de, das: *Gelände für militärische Übungen.*

Übungs|ge|rät, das (Turnen): *Turngerät, an dem nur im Training geturnt wird.*

übungs|hal|ber ⟨Adv.⟩: *zur Übung* (1 a): ü. die Handschrift nachahmen.

Übungs|hang, der (Ski): *nicht zu steiler Hang, an dem das Skifahren erlernt u. geübt wird.*

Übungs|lei|ter, der: *jmd., der in einer Organisation in leitender Funktion für den Bereich des Übens, für das Training o. Ä. zuständig ist:* die Ü. des Sportvereins.

Übungs|lei|te|rin, die: w. Form zu ↑Übungsleiter.

Übungs|mu|ni|ti|on, die: *Munition, bes. Patronen* (1), *bei der das Geschoss durch eine entsprechende Nachbildung aus Kunststoff ersetzt ist; Platzpatronen.*

Übungs|platz, der: **1.** vgl. Übungsgelände. **2.** *Sportplatz, der nur für das Training (u. nicht für Wettkämpfe) genutzt wird.*

Übungs|sa|che: in der Wendung **[reine] Ü. sein** *(durch Übung 1 erlernt, beherrscht werden können):* das Programmieren des Rekorders ist Ü.

Übungs|schie|ßen, das: *[militärische] Übung, bei der das Schießen gelernt, geübt, trainiert wird.*

Übungs|stück, das: **a)** *kurzer Text für Schüler zum Übersetzen u. Einüben des im Sprachunterricht Gelernten;* **b)** (Musik) *kurzes Musikstück, anhand dessen das Spielen auf einem Instrument geübt wird; Etüde.*

Übungs|teil, der (Sport): *Teil einer Übung* (3): ein schwieriger Ü.

Übungs|zweck, der: *in der Einübung einer bestimmten Fertigkeit bestehender Zweck:* die Puppen werden für -e hergestellt; zu -en auf Kohlköpfe schießen..

Ucker|mark, die; -: Landschaft in Nordostdeutschland.

u. desgl. [m.] = und desgleichen [mehr].

u. dgl. [m.] = und dergleichen [mehr].

Udi|to|re, der; - u. -n, ...ri u. -n [ital. uditore, eigtl. = Zuhörer < lat. auditor, zu: audire = hören]: *Auditor* (1).

u. d. M. = unter dem Meeresspiegel.

ü. d. M. = über dem Meeresspiegel.

UdSSR, die; - [Abk. für **U**nion **d**er **S**ozialistischen **S**owjet**r**epubliken]: Abk. des amtlichen Namens der Sowjetunion.

UEFA, die; - [Kurzwort für frz. **U**nion **E**uropéenne de **F**ootball **A**ssociation]: Europäischer Fußballverband.

Ufer, das; -s, - [mhd. uover, mniederd. över, wahrsch. alte Komparativbildung zu ↑ab u. eigtl. = weiter rückwärts gelegener Teil (vom Binnenland aus gesehen)]: *Bereich, in dem der Spiegel* (2 a) *eines Gewässers, bes. eines Binnengewässers, an höher gelegenes Land grenzt:* ein steiles, flaches, hohes U.; das gesamte U. des Sees befindet sich in Privatbesitz, ist bewaldet; das gegenüberliegende, jenseitige, diesseitige U. [des Flusses, des Sees]; das westliche, linke U. des Rheins; das U., die U. befestigen; das [sichere] U. erreichen; ans U. schwimmen; wir ließen uns ans andere U. [des Flusses] rudern; der Fluss ist über die U. getreten *(hat das umliegende Land überflutet);* *** vom anderen U. sein** (ugs.; *homosexuell sein*); **zu neuen -n** *(neuen Zielen, einem neuen Leben entgegen).*

Ufer|be|fes|ti|gung, die: **1.** *das Befestigen eines Ufers.* **2.** *feste Anlage od. Bepflanzung, die das Ufer gegen Abspülungen durch das Wasser schützen soll.*

Ufer|bö|schung, die: *Böschung an einem Ufer:* eine steile, mit Büschen bewachsene U.

ufer|los ⟨Adj.⟩ (emotional): *ohne Maß u. ohne Ende; grenzenlos [ausufernd]:* -e Korruption; u. ansteigende Ausgaben; *** ins Uferlose gehen, steigen, wachsen** usw. *(ausufern):* die Aktienkurse steigen ins Uferlose; ins Uferlose wachsende Personalkosten.

Ufer|lo|sig|keit, die: *das Uferlossein.*

Ufer|pro|me|na|de, die: vgl. Strandpromenade.

Ufer|re|gi|on, die: *Region, Bereich am Ufer eines Gewässers.*

Ufer|schutz, der: *Uferbefestigung* (2).

Ufer|stra|ße, die: *an einem Gewässer, am Ufer entlangführende Straße; Quai* (b).

Ufer|strei|fen, der: *am Ufer sich entlangziehender Streifen Land.*

Ufer|weg, der: *am Ufer entlangführender Weg.*

Ufer|zo|ne, die: vgl. Uferregion.

uff ⟨Interj.⟩: [abschließend-bekräftigende] Äußerung im Zusammenhang mit einer Anstrengung, Belastung: u., das war schwer!

Uffz. = Unteroffizier.

UFO, Ufo, das; -[s], -s [Kurzwort aus engl. **u**nidentified **f**lying **o**bject]: *[für ein außerirdisches Raumfahrzeug gehaltenes] unbekanntes u. nicht identifiziertes Flugobjekt:* er will ein U. gesehen, gesichtet, beobachtet haben.

Ufo|lo|ge, der; -n, -n: *Anhänger der Ufologie.*

Ufo|lo|gie, die; - [engl. ufology]: *(in den USA entstandene) Heilslehre, nach der außerirdische Wesen auf die Erde kommen, um sie zu erretten.*

Ufo|lo|gin, die; -, -nen: w. Form zu ↑Ufologe.

U-för|mig, (auch:) **u-för|mig** ⟨Adj.⟩: *die Form eines U aufweisend:* ein -es Rohr; der Magnet ist U.

Ugan|da; -s: Staat in Afrika.

Ugan|der, der; -s, -: Ew.

Ugan|de|rin, die; -, -nen: w. Form zu ↑Ugander.

ugan|disch ⟨Adj.⟩: *Uganda, die Ugander betreffend; von den Ugandern stammend, zu ihnen gehörend.*

uh ⟨Interj.⟩: Ausruf des Widerwillens, Abscheus, Grauens: uh, wie kalt!

U-Haft, die; -: kurz für ↑Untersuchungs**haft:** in U. sitzen; jmdn. in U. nehmen.

U-Häk|chen, das; -s, -, **U-Ha|ken,** der; -s, -: *kleiner, nach oben offener Bogen, der in der [deutschen] Schreibschrift zur Unterscheidung vom n über das kleine u gesetzt wird.*

Uhr, die; -, -en [mhd. ūr(e), (h)ōre < mniederd. ūr(e) = Stunde < afrz. (h)ore < lat. hōra, ↑Hora]: **1.** *Instrument* (1), *mit dem die Zeit durch Zeiger auf einem Zifferblatt od. unmittelbar durch Ziffern angegeben wird:* eine mechanische, elektrische, automatische, wasserdichte, goldene, genau gehende, quarzgesteuerte U.; die U. tickt, geht vor, ist stehen geblieben, zeigt halb zwölf, schlägt Mittag; die U. aufziehen, [richtig] stellen; auf die U. sehen; auf, nach meiner U. ist es halb sieben; Ü eine innere U. (ugs.; *ein ziemlich genaues Zeitgefühl*) haben; sie fühlt, dass ihre biologische U. tickt *(dass das Alter, in dem sie keine Kinder mehr bekommen kann, näher rückt);* *** jmds. U. ist abgelaufen** (1. *jmd. muss sterben.* 2. *jmd. muss abtreten* 2 a); **irgendwo gehen/ticken die -en anders** *(irgendwo gelten andere Maßstäbe, ist das [öffentliche] Leben anders geregelt):* **wissen, was die U. geschlagen hat** *(wissen, wie die Lage wirklich ist);* **rund um die U.** (ugs.; *durchgehend im 24-Stunden-Betrieb, Tag und Nacht*): die Raststätten sind rund um die U. geöffnet; rund um die U. erreichbar sein. **2.** *bestimmte Stunde der Uhrzeit:* fünf U. ist mir zu früh; es ist genau/Punkt acht U.; wie viel U. ist es? *(welche Uhrzeit haben wir?);* es geschah gegen drei U. morgens, nachts, früh; der Zug fährt [um] elf U. sieben/11.07 U.; um wie viel U. *(zu welcher Uhrzeit)* seid ihr verabredet?; Sprechstunde von 16 bis 19 U.; Zeichen: ^{h}.

Uhr|arm|band, Uhr|band, das ⟨Pl. ...bänder⟩: *Armband, mit dem eine Armbanduhr am Handgelenk gehalten wird.*

Ühr|chen, das; -s, -: Vkl. zu ↑Uhr (1).

Uh|ren|bau|er, der; -s, -: **a)** *Unternehmen der Uhrenindustrie;* **b)** *Beschäftigter in der Uhrenindustrie.* **c)** *jmd., der in handwerklicher Arbeit Uhren herstellt.*

Uh|ren|bau|e|rin, die: w. Form zu ↑Uhrenbauer.

Uh|ren|fa|brik, die: *Fabrik, in der Uhren hergestellt werden.*

Uh|ren|ge|häu|se, das: *Uhrgehäuse.*

Uh|ren|ge|schäft, das: *Fachgeschäft für Uhren.*

Uh|ren|in|dus|trie, die: *Uhren herstellende Industrie.*

Uh|ren|la|den, der: *Uhrengeschäft.*

Uh|ren|ra|dio, das: *Radio, das mit einer Uhr kombiniert ist, die als Wecker funktioniert u. zur eingestellten Zeit das Radio einschaltet.*

Uhr|ge|häu|se, das: *Gehäuse* (1) *einer Uhr.*

Uhr|glas, das: *Glas über dem Zifferblatt einer Uhr.*

Uhr|kas|ten, der: *kastenartiges Gehäuse* (1) *einer (Stand-, Wand)uhr.*

Uhr|ket|te, die: *Kette zum Befestigen einer Taschenuhr an der Kleidung.*

Uhr|ma|cher, der: **a)** *Handwerker, der Uhren verkauft u. repariert (Berufsbez.);* **b)** *jmd., der Uhren konstruiert, entwickelt, baut.*

Uhr|ma|che|rei, die; -, -en: **1.** ⟨o. Pl.⟩ *Handwerk des Uhrmachers:* die U. erlernen. **2.** *Werkstatt des Uhrmachers.*

Uhr|ma|che|rin, die: w. Form zu ↑Uhrmacher.

Uhr|pen|del, das: *Pendel einer Uhr; Perpendikel.*

Uhr|ta|sche, die: *kleine Tasche (im Anzug, in der Weste) für eine Taschenuhr.*

Uhr|werk, das: *Werk* (6) *der Uhr;* *** wie ein U.** *(mit* *größter Präzision, reibungslos, perfekt):* der Motor läuft wie ein U.; die Aktion lief wie ein U. ab.

Uhr|zei|ger, der: *in der Mitte des Zifferblatts angebrachter u. um dieses sich drehender Zeiger einer Uhr, der die Stunden bzw. Minuten anzeigt.*

Uhr|zei|ger|rich|tung, die (seltener): *Uhrzeigersinn.*

Uhr|zei|ger|sinn, der: *Richtung, in der die Zeiger einer Uhr umlaufen:* sich entgegen dem U. drehen; im U. laufen.

Uhr|zeit, die: *durch die Uhr angezeigte Zeit:* kannst du mir die genaue U. sagen?; um welche U. warst du gestern dort?; jeden Tag zur gleichen U.

Uhr|zeit|an|ga|be, die: *Angabe einer Uhrzeit.*

Uhu, der; -s, -s [aus dem Ostmd., lautm.]: *(zu den Eulen gehörender) großer, in der Dämmerung jagender Vogel mit gelbbraunem, dunkelbraun geflecktem Gefieder, großen, orangeroten Augen, dickem, rundem Kopf u. langen Federn an den Ohren.*

ui ⟨Interj.⟩: Ausruf staunender Bewunderung.

ui je ⟨Interj.⟩ (österr.): *oje.*

Ukas, der; -ses, -se [russ. ukaz, zu: ukazat' = auf etw. hinweisen; befehlen] (scherzh.): *Anordnung, Erlass:* ein U. der Regierung; einen ministeriellen U. erlassen, befolgen.

Uke|lei, der; -s, -e u. -s [aus dem Slaw.]: *silberglänzender Karpfenfisch mit blaugrünem Rücken;* [2]*Laube.*

Ukra|i|ne [auch: ...'krai̯...], die; -: Staat im Südwesten Osteuropas.

Ukra|i|ner [auch: ...'krai̯...], der; -s, -: Ew.

Ukra|i|ne|rin [auch: ...'krai̯...], die; -, -nen: w. Form zu ↑Ukrainer.

ukra|i|nisch [auch: ...'krai̯...] ⟨Adj.⟩: *die Ukraine, die Ukrainer betreffend; von den Ukrainern stammend, zu ihnen gehörend.*

Ukra|i|nisch [auch: ...'krai̯...], das; -[s] u. ⟨nur mit best. Art.:⟩ **Ukra|i|ni|sche,** [auch: ...'krai̯...], das; -n: *Sprache der Ukrainer.*

Uku|le|le, die od. das; -, -n [hawaiisch ukulele, eigtl. = hüpfender Floh]: *kleine Gitarre mit vier Stahlsaiten.*

UKW [u:ka:'ve:] ⟨o. Art.⟩: kurz für ↑Ultrakurzwelle: UKW einstellen; auf UKW senden.

UKW-Emp|fän|ger, der: *Rundfunkempfänger für Ultrakurzwelle.*

UKW-Sen|der, der: vgl. UKW-Empfänger.

Ul, die; -, -en [mniederd. ule] (nordd.): **1.** *Eule* (1): Spr was dem einen sin Ul, ist dem andern sin Nachtigall, wat den eenen sin Ul, is den annern sin Nachtigall *(was der eine überhaupt nicht mag, kann für den andern höchst erstrebenswert sein).* **2.** *Eule* (3).

Ulan, der; -en, -en [poln. ułan < türk. oğlan = Knabe, Bursche] (früher): *mit einer Lanze bewaffneter Reiter.*

Ulan-Ba|tor: Hauptstadt der Mongolei.

Ul|cus, das; -, ...cera: med. fachspr. für ↑Ulkus.

Ulk, der; -[e]s, -e ⟨Pl. selten⟩ [urspr. Studentenspr., aus dem Niederd. < mniederd. ulk = Lärm, Unruhe, Händel, lautm.]: *Spaß, lustiger Unfug; Jux:* einen U. machen; [seinen] U. mit jmdm. treiben; er hat es nur aus U. getan.

ul|ken ⟨sw. V.; hat⟩: *[mit jmdm.] Ulk machen:* mit jmdm. u.; du ulkst ja bloß!

Ul|ke|rei, die; -, -en: **a)** ⟨o. Pl.⟩ *das Ulken;* **b)** *Spaß, Ulk.*

ul|kig ⟨Adj.⟩ (ugs.): **a)** *spaßig, komisch, lustig:* -e Zeichnungen, Verse, Geschichten; mit der Pappnase sah er wirklich u. aus; **b)** *seltsam, absonderlich:* er ist ein -er Mensch, Vogel; ein -es Gefühl, Benehmen; es ist doch irgendwie u., dass er sich überhaupt nicht mehr blicken lässt.

Ulk|na|me, der: *Spitzname.*

Ulk|nu|del, die (ugs.): *ulkige* (a) *Nudel* (4).

Ul|kus, das; -, Ulzera [lat. ulcus (Gen.: ulceris)] (Med.): *Geschwür, schlecht heilende Wunde in der Haut od. Schleimhaut.*

Ulm: süddeutsche Stadt an der Donau.

Ul|me, die; -, -n [spätmhd. ulme, mhd. ulmboum, entlehnt aus od. urverw. mit lat. ulmus, eigtl. = die Rötliche, Bräunliche, nach der Farbe des Holzes]: **1.** *Laubbaum mit eiförmigen, gesägten Blättern u. büschelig angeordneten Blüten u. Früchten.* **2.** *Holz der Ulme:* ein Tisch aus massiver U.

Ul|men|blatt, das: *Blatt der Ulme.*

Ul|men|ster|ben, das; -s: **1.** *massenhaftes Absterben von Ulmen durch das Ulmensterben* (2). **2.** *durch einen Schlauchpilz verursachte Krankheit der Ulme.*

Uls|ter [engl.: 'ʌlstə], der; -s, - [engl. ulster, nach der früheren nordir. Provinz Ulster, wo der Stoff zuerst hergestellt wurde u. Mäntel daraus gefertigt wurden]: **1.** *loser, zweireihiger Mantel aus Ulster* (2) *[für Herren] mit Rückengürtel u. breiten* [1]*Revers.* **2.** *aus grobem Streichgarn hergestellter, gerauter Stoff.*

ult. = ultimo.

Ul|ti|ma Ra|tio, die; - - [zu lat. ultimus = der Äußerste, Letzte u. ratio, ↑Ratio] (geh.): *letztes geeignetes Mittel, letztmöglicher Weg:* Gewalt ist die U. R.

ul|ti|ma|tiv ⟨Adj.⟩ [1.: zu ↑Ultimatum, 2.: zu lat. ultimus = der Äußerste, Letzte]: **1.** *mit Nachdruck [fordernd]; in der Art eines Ultimatums [erfolgend]:* -e Drohungen, Forderungen; jmdn. u. zum Rücktritt auffordern. **2.** (bes. Werbespr.) *sich nicht mehr verbessern lassend, das höchste Stadium einer Entwicklung darstellend:* die -e Videokamera; das -e Angebot.

Ul|ti|ma|tum, das; -s, ...ten [mlat. ultimatum, subst. 2. Part. von kirchenlat. ultimare = zu Ende gehen, zum Ende kommen, im letzten Stadium sein < lat. ultimare, zu: ultimus = der Äußerste, Letzte] (bildungsspr.): *[auf diplomatischem Wege erfolgende] Aufforderung, eine schwebende Angelegenheit befriedigend zu lösen unter Androhung harter Gegenmaßnahmen, falls der andere nicht Folge leistet:* das U. ist auf sechs Monate befristet; das U. *(die in dem Ultimatum gesetzte Frist)* läuft morgen ab; [jmdm.] ein U. stellen; ein U. ablehnen, erfüllen.

ul|ti|mo ⟨Adv.⟩: *am Letzten [des Monats]:* u. Mai; Abk.: ult.

Ul|ti|mo, der; -s, -s [ital. (a di) ultimo = am letzten (Tag) < lat. ultimo (mense Junio) = am letzten Tag (des Monats Juni), zu: ultimus = der Äußerste, Letzte] (Kaufmannsspr.): *letzter Tag [des Monats]:* Zahlungsfrist bis [zum] U.

Ul|tra, der; -s, -s [frz. ultra(-royaliste) < lat. ultra, ↑ultra-, Ultra-] (Jargon): **1.** *Vertreter des äußersten Flügels einer Partei; [Rechts]extremist.* **2.** *[rechtsradikaler] Hooligan (bes. in Spanien u. Italien).*

ul|tra-, Ul|tra- [lat. ultra = jenseits; über ... hinaus, erstarrter Ablativ Fem. von: ulter = jenseitig, zu: uls = jenseits]: **1.** drückt in Bildungen mit Adjektiven eine Verstärkung aus: *in höchstem Maße, extrem, äußerst:* ultrakonservativ, -modern, -radikal. **2.** bedeutet in Bildungen mit Adjektiven od. Substantiven *jenseits von ..., über ... hinaus, hinausgehend über:* ultrarot; Ultraschall.

Ul|tra|kurz|wel|le, die; -, -n: **a)** (Physik, Funkt., Rundf.) *elektromagnetische Welle mit besonders kleiner Wellenlänge;* **b)** (Rundf.) *Wellenbereich der Ultrakurzwellen* (1 a): auf U. schalten; das Programm wird nur auf U. ausgestrahlt.

Ul|tra|kurz|wel|len|emp|fän|ger, der: *UKW-Empfänger.*

Ul|tra|kurz|wel|len|sen|der, der: *UKW-Sender.*

Ul|tra|kurz|wel|len|the|ra|pie, die (Med.): *Therapie, bei der der Patient mit in tiefere Körperschichten eindringenden Ultrakurzwellen* (1 a) *bestrahlt wird.*

Ul|tra|leicht|flug|zeug, das: *meist sehr einfach konstruiertes, extrem leichtes, ein- od. zweisitziges, von einem kleinen Motor angetriebenes Luftfahrzeug.*

ul|tra|ma|rin ⟨indekl. Adj.⟩: *tiefblau in leuchtendem, reinem Farbton.*

Ul|tra|ma|rin, das; -s [zu mlat. ultramarinus = überseeisch, zu lat. marinus (↑marin); der Stein, aus dem die Farbe urspr. gewonnen wurde, kam aus Übersee]: *leuchtend blaue Farbe.*

Ul|tra|mon|ta|nis|mus, der; -: *auch auf das politische Denken einwirkende streng päpstliche Gesinnung, Gesamtheit der diese Gesinnung teilenden Kräfte.*

ul|tra pos|se ne|mo ob|li|ga|tur [lat.]: *Unmögliches zu leisten, kann niemand verpflichtet werden* (Grundsatz des röm. Rechts).

ul|tra|rot ⟨Adj.⟩ (Physik): *infrarot.*

Ul|tra|rot, das; -s (Physik): *Infrarot.*

Ul|tra|schall, der; -[e]s (Physik): **1.** *Schall, dessen Frequenz oberhalb der menschlichen Hörgrenze liegt.* **2.** (ugs.) kurz für ↑Ultraschallbehandlung, Ultraschalluntersuchung: zum U. gehen.

Ul|tra|schall|be|hand|lung, die (Med., Technik): *Behandlung mit Ultraschall.*

Ul|tra|schall|di|a|gnos|tik, die (Med.): *Sonographie.*

Ul|tra|schall|kar|di|o|gra|phie, die; -, -n (Med.): *Echokardiographie.*

Ul|tra|schall|prü|fung, die (Technik): *Materialprüfung mithilfe von Ultraschall u. Echolot.*

Ul|tra|schall|schwei|ßung, die (Technik): *Verfahren zum Verschweißen bes. von Kunststoffteilen mit Ultraschallwellen.*

Ul|tra|schall|un|ter|su|chung, die (Med., Technik): *Untersuchung mithilfe von Ultraschallwellen.*

Ul|tra|schall|wel|le, die: *Welle* (4 a) *des Ultraschalls.*

Ul|tra|strah|lung, die; -, -en: *Höhenstrahlung.*

ul|tra|vi|o|lett ⟨Adj.⟩ (Physik): *im Spektrum an Violett anschließend; zum Bereich des Ultravioletts gehörend:* -e Strahlung.

Ul|tra|vi|o|lett, das; -s (Physik): *unsichtbare, im Spektrum an Violett anschließende Strahlen mit kurzer Wellenlänge, die chemisch u. biologisch stark wirksam sind* (Abk.: UV).

Ul|ze|ra: Pl. von ↑Ulkus.

um [mhd. umbe, ahd. umbi, urspr. = um ... herum, zu beiden Seiten]: **I.** ⟨Präp. mit Akk.⟩ **1.** (räumlich, oft in Korrelation mit »herum«) **a)** bezeichnet eine [kreisförmige] Bewegung im Hinblick auf einen in der Mitte liegenden Bezugspunkt: um das Haus [herum]gehen; um die Sonne kreisen; um die Welt segeln, reisen; um ein Kap herumsegeln; um ein Hindernis herumfahren; sich um seine eigene Achse, um sich selbst drehen; um die Ecke biegen, fahren, kommen; der Laden ist gleich um die Ecke *(an einem Ort, den man gleich erreicht, wenn man um die Ecke geht);* Ü bei ihnen dreht sich alles um das Kind; **b)** drückt aus, dass etw. eine Lage hat od. erhält, aufgrund deren es eine Mitte, ein Inneres umschließt, umgibt: sie trug eine Kette um den Hals; er band dem Tier einen Strick um den Hals; sie saßen um den Kamin; sie setzten sich um einen Tisch; er hat schwarze Ringe um die Augen, eine Binde um den Arm; um den Platz herum stehen Bäume; die Gegend um Kiel [herum]; der Zaun um den Garten; eine Mauer um etw. bauen; um die Burg läuft ein Graben; Ü die Clique um seinen Bruder Klaus; **c)** ⟨um (betont) + sich⟩ bezeichnet ein von einem Mittelpunkt ausgehendes Tun od. Denken, einen nach allen Seiten ausstrahlenden Einfluss: er schlug wie wild um sich; die Seuche hat immer weiter um sich gegriffen; er wirft mit Schimpfworten nur so um sich. **2. a)** bezeichnet einen genauen Zeitpunkt: um sieben [Uhr] bin ich wieder da; der Zug geht um sechs Uhr neun; **b)** bezeichnet (oft in Korrelation mit »herum«) einen ungefähren Zeitpunkt, Wert o. Ä.: um Weihnachten, um die Mittagszeit [herum]; so um den 15. Mai [herum]; das Haus dürfte um eine Million [herum] wert sein; **c)** *vorüber, zu Ende:* die Pause ist u.; wenn die nächsten zehn Minuten u. sind. **3. a)** drückt einen regelmäßigen Wechsel aus: einen Tag um den anderen *(jeden zweiten Tag);* **b)** ⟨Subst. + um + gleiches Subst.⟩ drückt eine kontinuierliche Folge aus: Tag um Tag verging, ohne dass er etwas unternahm; Schritt um Schritt geht es vorwärts.

4. bezeichnet [in Verbindung mit einem Komp.] einen Differenzbetrag o. Ä.: einen Preis um die Hälfte, um zehn Mark reduzieren; den Rock um 5 cm kürzen; er ist um einen Kopf größer als ich; er hat sich um einen Meter verschätzt, um eine Minute verspätet. **5.** (landsch.) dient zur Angabe eines Kaufpreises, Gegenwertes: *für.* **6.** stellt in Abhängigkeit von bestimmten Wörtern eine Beziehung zu einem Objekt od. einem Attribut her: jmdn. um etw. beneiden, betrügen; er kämpft um sie; der Kampf um die Weltmeisterschaft; um Verständnis bitten; hier sind die Papiere und die Unterlagen, um die Sie mich gebeten hatten; um etw. losen, würfeln, wetten; jmdn. um seinen Lohn, Schlaf bringen; um jmdn. trauern, weinen, werben; mit der Bitte um Stellungnahme; die Sorge um die Kinder; das Wissen um diese Tat; der Skandal um die infizierten Blutkonserven; ich bin eigentlich ganz froh um diese Verzögerung; um was (ugs.; *worum*) geht es denn?; ich weiß nicht, um was (ugs.; *worum*) er sich Sorgen macht; da kümmer ich mich gar nich um (nordd. ugs.; *darum kümmere ich mich gar nicht*). **II.** ⟨Adv.⟩ **1.** *ungefähr, etwa:* das Gerät wird [so] um zweitausend Mark wert sein; ⟨oft mit folgendem »die«:⟩ es waren um die hundert Leute; es hat so um die hundert Mark gekostet; sie kam mit um die zwanzig Freunden. **2.** * **um und um** (landsch.; *ganz, rundherum, völlig*): die Sache ist um und um faul. **III.** ⟨Konj.⟩ **a)** ⟨um zu + Inf.⟩ leitet (manchmal weglassbar) einen finalen Infinitiv od. Infinitivsatz ein: ⟨zum Ausdruck einer Absicht, eines Zwecks:⟩ er tut das nur, um mich zu ärgern; sie fuhr in die Stadt, um einzukaufen; ich lief, um den Bus nicht zu verpassen; sie trug eine Sonnenbrille, um nicht erkannt zu werden; ⟨zum Ausdruck einer Eignung:⟩ einen Wagen, um das Holz zu transportieren, habe ich leider nicht; ich kenne nur eine Methode, um das Problem zu lösen; ⟨nach bestimmten Verben auch mit Bezug auf das Objekt des übergeordneten Satzes:⟩ ich habe sie zum Bäcker geschickt, um Brötchen zu holen; ⟨nicht standardspr. ohne Bezug auf das Subjekt des übergeordneten Satzes:⟩ er wird gelobt, um ihn zu motivieren; **b)** leitet (manchmal weglassbar) einen konsekutiven Inf. od. Infinitivsatz ein: um gewählt zu werden, braucht er mindestens 287 Stimmen; er war [gerade noch] schnell genug, um es zu schaffen; ich war naiv genug, nicht so naiv, um es zu glauben; der Proviant reicht aus, um das Ziel zu erreichen *(ist so reichlich bemessen, dass das Ziel damit erreicht werden kann);* er ist reich genug, um es zu kaufen *(so reich, dass er es kaufen kann);* ich hatte nicht die/nicht genug/zu wenig Zeit, um ihn zu besuchen *(nicht so viel Zeit, dass ich ihn hätte besuchen können);* das Kind ist, war noch zu klein, um das zu verstehen *(als dass es das verstehen könnte, hätte verstehen können);* er ist zu krank, um zu verreisen *(als dass er verreisen könnte, wollte, dürfte);* sie war glücklich, um in die Luft zu springen *(dass sie in die Luft hätte springen mögen);* es ist, um aus der Haut zu fahren *(zum Aus-der-Haut-Fahren);* **c)** leitet einen weiterführenden Inf. od. Infinitivsatz ein: das Licht wurde immer schwächer, um schließlich ganz zu erlöschen; er wachte kurz auf, um gleich wieder einzuschlafen; ⟨nicht standardspr., wenn »um zu« als final missdeutet werden kann:⟩ er hat als Lyriker begonnen, um erst im Alter Romane zu schreiben; er ging morgens aus dem Haus, um zu stolpern und sich ein Bein zu brechen.

ụm|ackern ⟨sw. V.; hat⟩: *umpflügen.*

ụm|adres|sie|ren ⟨sw. V.; hat⟩: *(eine Postsendung) mit einer anderen Adresse versehen:* die Post der Urlauber u.

ụm|än|dern ⟨sw. V.; hat⟩: *ändern, verändern:* ein Kleid, einen alten Anzug u.; sie musste den Text u.

Ụm|än|de|rung, die; -, -en: *das Umändern.*

ụm|ar|bei|ten ⟨sw. V.; hat⟩: *in wesentlichen Merkmalen verändern, umgestalten:* ein Kostüm [nach neuester Mode] u.; er arbeitete das Drama in ein Hörspiel um.

Ụm|ar|bei|tung, die; -, -en: **a)** *das Umarbeiten.* **b)** *das Umgearbeitete:* das Hörspiel ist die U. eines Theaterstücks.

um|ạr|men ⟨sw. V.; hat⟩: *die Arme um jmdn. legen, jmdn. mit den Armen umschließen [u. an sich drücken]:* jmdn. zärtlich, liebevoll u.; sie umarmten sich [gegenseitig]/(geh.:) einander [leidenschaftlich, zum Abschied, beim Wiedersehen]; Ü er war so glücklich, dass er am liebsten die ganze Welt umarmt hätte.

Um|ạr|mung, die; -, -en: *das [Sich]umarmen; das Umarmtwerden, -sein:* sich aus der, jmds. U. lösen.

Ụm|bau, der; -[e]s, -e u. -ten: **1. a)** *das Umbauen:* der U. [des Gebäudes] hat über eine Million Mark gekostet; unser Geschäft bleibt wegen U./-s bis zum 10. Mai geschlossen; Ü der ökologische U. der Wirtschaft; **b)** *das Umgebaute.* **2.** *etw. um ein Bauwerk, Möbelstück o. Ä. Herumgebautes, Umkleidung:* ein U. aus Holz, Kunststoff.

Ụm|bau|ar|beit, die ⟨meist Pl.⟩: *dem Umbau dienende Arbeit:* die -en werden vorraussichtlich etwa vier Monate dauern; für die Dauer der -en.

ụm|bau|en ⟨sw. V.; hat⟩: *baulich, in seiner Struktur verändern:* ein Haus, ein Geschäft, einen Bahnhof u.; die Bühne u. *(Kulissen u. Versatzstücke umstellen);* das Schiff soll zu einem schwimmenden Hotel umgebaut werden; ⟨auch o. Akk.-Obj.:⟩ wir bauen um; Ü die Verwaltung, eine Organisation, das Wirtschaftssystem, die Gesellschaftsordnung u.

um|bau|en ⟨sw. V.; hat⟩: *mit Bauwerken, Mauern, Versatzstücken o. Ä. umgeben, einfassen:* einen Platz mit Wohnhäusern u.; 20 000 m³ umbauter (Fachspr.; *von Wänden, Decken u. a. eines Gebäudes umschlossener*) Raum.

ụm|be|hal|ten ⟨st. V.; hat⟩ (ugs.): *umgelegt, umgebunden* usw. *behalten:* den Schal, die Schürze u.

ụm|be|nen|nen ⟨unr. V.; hat⟩: *anders benennen:* eine Firma, eine Straße u.; das ehemalige Leningrad ist wieder in St. Petersburg umbenannt worden.

Ụm|be|nen|nung, die; -, -en: *das Umbenennen.*

Ụm|ber, der; -s, -n [2: lat. umbra (↑Umbra), viell. nach der dunklen Färbung]: **1.** ⟨o. Pl.⟩ *Umbra* (2). **2.** *(im Mittelmeer heimischer) großer, dem Barsch ähnlicher Fisch von bunter Färbung, der trommelnde Laute hervorbringt.*

ụm|be|schrei|ben ⟨st. V.; hat⟩ (Geom.): *(ein Vieleck) so um einen Kreis herum zeichnen, dass alle Seiten den Kreis berühren; (einen Kreis) als Umkreis eines Vielecks zeichnen:* jedem Dreieck lässt sich ein Kreis u.; wir beschreiben dem Kreis k ein Quadrat um; ⟨meist im 2. Part.:⟩ ein umbeschriebener Kreis.

ụm|be|set|zen ⟨sw. V.; hat⟩: *einer anderen als der ursprünglich vorgesehenen Person zuteilen, an jmdn. anderes vergeben:* eine Rolle u.; Ämter, Posten u.

Ụm|be|set|zung, die; -, -en: *das Umbesetzen:* eine U. vornehmen.

ụm|be|sin|nen, sich ⟨st. V.; hat⟩: *sich anders besinnen.*

Ụm|be|sin|nung, die; -, -en: *das Sichumbesinnen; Wandel im Bewusstsein.*

ụm|be|stel|len ⟨sw. V.; hat⟩: **1.** *zu einer anderen Zeit od. an einen anderen Ort bestellen:* ich werde das Taxi [zu deiner Wohnung, auf 18 Uhr] u. **2.** *eine Bestellung* (1 a) *ändern:* Herr Ober, ich würde [den Wein] gerne noch einmal u.

ụm|bet|ten ⟨sw. V.; hat⟩: **1.** *in ein anderes Bett legen:* zwei Schwestern betteten den Schwerkranken um. **2.** *von einem Grab in ein anderes bringen:* jmdn., jmds. Gebeine, einen Leichnam [in einen Sarkophag] u.

Ụm|bet|tung, die; -, -en: *das Umbetten.*

ụm|bie|gen ⟨st. V.⟩: **1.** ⟨hat⟩ **a)** *nach einer Seite biegen:* den Draht u.; **b)** (ugs.) *abwenden, verhindern.* **2.** ⟨ist⟩ **a)** *in eine ganz andere Richtung gehen, fahren:* dort musst du [scharf] nach links u.; **b)** *eine Biegung in eine ganz andere Richtung machen:* der Weg bog nach Süden um.

ụm|bil|den ⟨sw. V.; hat⟩: **a)** *in seiner Form od. Zusammensetzung [ver]ändern, umgestalten:* die Regierung, das Kabinett u.; **b)** ⟨u. + sich⟩ *sich in seiner Form od. Zusammensetzung [ver]ändern:* die Laubblätter bilden sich teilweise zu Ranken um.

Ụm|bil|dung, die; -, -en: *das [Sich]umbilden; das Umgebildetwerden.*

ụm|bin|den ⟨st. V.; hat⟩: **1.** *durch Binden bewirken, dass sich etw. um etw., jmdn. befindet:* einem Kind ein Lätzchen u.; er band [sich] einen Schlips, einen Schal, eine Schürze, ein Beffchen um. **2.** *(ein Buch) anders einbinden, neu binden.*

um|bịn|den ⟨st. V.; hat⟩: vgl. umwịckeln.

¹ụm|bla|sen ⟨st. V.; hat⟩: **a)** *durch Blasen umwerfen:* ein Kartenhaus u.; der Wind hat den Mast, den Radfahrer glatt umgeblasen; **b)** (ugs.) *umlegen* (4 b).

²um|bla̲|sen ⟨st. V.; hat⟩: *um jmdn., etw. herum blasen, wehen:* ein kalter Wind umblies ihn; ⟨oft im 2. Part.:⟩ auf dem vom eisigen Ost umblasenen Gipfel.

Ụm|blatt, das; -[e]s, Umblätter: *den feinen Tabak einhüllendes, unter dem äußeren Deckblatt liegendes Blatt einer Zigarre.*

ụm|blät|tern ⟨sw. V.; hat⟩: *(in einem Buch, Heft o. Ä.) ein Blatt auf die andere Seite wenden:* die Seiten [eines Buches] u.; ⟨auch o. Akk.-Obj.:⟩ kann ich u.?; könntest du mir [beim Klavierspielen] u.?

Ụm|blick, der; -[e]s, -e: *das Sichumblicken.*

ụm|bli|cken, sich ⟨sw. V.; hat⟩: **a)** *nach allen Seiten, in die Runde blicken, seine Umgebung in Augenschein nehmen:* sich nach allen Seiten u.; **b)** *den Kopf drehen u. nach hinten, zur Seite blicken:* er ging weg, ohne sich noch einmal [nach uns] umzublicken.

Ụm|bra, die; -, ...ren [lat. umbra = Schatten (roman. auch = braune Erdfarbe)]: **1.** (Astron.) *dunkler Kern eines Sonnenflecks.* **2.** ⟨o. Pl.⟩ **a)** *erdbraune Malerfarbe aus eisen- u. manganhaltigem Ton;* **b)** *erdbraune Farbe.*

Um|bra̲l|glas®, das; -es, ...gläser: *getöntes Brillenglas, das ultraviolette u. ultrarote Strahlen nicht durchlässt.*

um|brạn|den ⟨sw. V.; hat⟩ (geh.): *brandend umspülen.*

um|brau̲|sen ⟨sw. V.; hat⟩: *sich brausend um jmdn., etw. herum bewegen:* der Sturm umbrauste uns, den Turm.

ụm|bre|chen ⟨st. V.⟩: **1.** ⟨hat⟩ **a)** *knicken u. nieder-, umwerfen:* der Sturm hat etliche Bäume umgebrochen; **b)** *[erstmals] umpflügen.* **2.** *herunterbrechen, um-, niederfallen* ⟨ist⟩: die Baumkronen sind unter der Schneelast umgebrochen.

um|brẹ|chen ⟨st. V.; hat⟩ (Druckw.): *(den Text eines Buches, einer Zeitung o. Ä.) in Seiten, Spalten einteilen.*

Um|brẹ|cher, der; -s, - (Druckw.): *Metteur.*

Um|brẹ|che|rin, die; -, -nen (Druckw.): w. Form zu ↑Umbrecher.

Ụm|bri|en; -s: Region in Mittelitalien.

ụm|brin|gen ⟨unr. V.; hat⟩ [mhd. umbebringen]: *gewaltsam ums Leben bringen, töten:* jmdn. mit Gift, auf bestialische Weise u.; er hat sich [selbst] umgebracht; Ü die Arbeit bringt einen halb um; sich für jmdn. fast u. *(für jmdn. alles nur Mögliche tun);* das Material ist nicht umzubringen (ugs.; *ist sehr haltbar*); R was mich nicht umbringt, macht mich nur stärker (nach Friedrich Nietzsches »Götzen-Dämmerung oder Wie man mit dem Hammer philosophiert« [1888]).

ụm|brisch ⟨Adj.⟩: *Umbrien, die Umbrier betreffend; von den Umbriern stammend, zu ihnen gehörend.*

Ụm|bruch, der; -[e]s, Umbrüche: **1.** *grundlegende Änderung, Umwandlung, bes. im politischen Bereich:* politische, gesellschaftliche Umbrüche; sich im U. befinden; im U. sein. **2.** ⟨o. Pl.⟩ (Druckw.) **a)** *das Umbrẹchen:* den U. machen, vornehmen; **b)** *umbrochener Satz* (3 b): den U.

lesen. 3. (Landw.) *das Umbrechen der Ackerkrume.* 4. (Bergbau) *um einen Schacht herumgeführte Strecke.*

ụm|bu|chen ⟨sw. V.; hat⟩: 1. (Wirtsch.) *an einer anderen Stelle im Konto od. auf ein anderes Konto buchen:* einen Betrag u. 2. *etw. anderes buchen, eine Buchung* (2) *ändern:* eine Reise, einen Flug u.

Ụm|bu|chung, die; -, -en: 1. (Wirtsch.) *das Umbuchen* (1). 2. *das Umbuchen* (2): das Reisebüro hat für die U. [des Flugs] eine Gebühr berechnet.

ụm|da|tie|ren ⟨sw. V.; hat⟩: 1. *neu, anders datieren* (2): neue Erkenntnisse haben die Archäologen veranlasst, den Fund [um rund hundert Jahre, ins dritte Jahrhundert, auf 1070] umzudatieren. 2. *mit einem anderen Datum versehen:* einen Brief u.

ụm|de|cken ⟨sw. V.; hat⟩: *(einen gedeckten Tisch) anders decken:* den Tisch u.; (auch o. Akk.-Obj.:) dann muss ich noch einmal u.

ụm|de|ko|rie|ren ⟨sw. V.; hat⟩: *anders, neu dekorieren:* das Schaufenster, den Saal u.

ụm|den|ken ⟨unr. V.; hat⟩: 1. *sich eine neue Denkweise, eine neue Sicht der Dinge zu Eigen machen:* wenn wir die globale Umweltkatastrophe noch verhindern wollen, müssen wir radikal u.; es ist an der Zeit umzudenken; allmählich fängt man auch hierzulande an umzudenken; ⟨oft subst.:⟩ auch bei der Industrie hat erfreulicherweise ein Prozess des Umdenkens eingesetzt. 2. *denkend, im Denken umgestalten, umbilden, umformen.*

Ụm|denk|pro|zess, Ụm|den|kungs|pro|zess, der: *Prozess des Umdenkens:* bei den Politikern hat ein U. eingesetzt; einen U. in Gang setzen.

ụm|deu|ten ⟨sw. V.; hat⟩: *einer Sache eine andere Deutung geben:* ein Symbol, einen Mythos, einen Begriff u.; ein Wort volksetymologisch u.; ein heidnisches Fest im Sinne des Christentums u.; eine Niederlage in einen Erfolg u.

Ụm|deu|tung, die; -, -en: *das Umdeuten.*

ụm|dich|ten ⟨sw. V.; hat⟩: *(ein Gedicht, eine Dichtung) dichtend verändern.*

Ụm|dich|tung, die; -, -en: 1. *das Umdichten.* 2. *durch Umdichten einer Vorlage entstandener Text.*

ụm|di|ri|gie|ren ⟨sw. V.; hat⟩: *an einen andern Ort dirigieren* (2 b): die Fähre wurde nach Ostende umdirigiert.

ụm|dis|po|nie|ren ⟨sw. V.; hat⟩: *anders disponieren:* aufgrund seiner plötzlichen Erkrankung mussten wir kurzfristig u.

um|drạ̈n|gen ⟨sw. V.; hat⟩: *sich eng, dicht um jmdn., etw. drängen:* er war von Fotografen, Reportern, Autogrammjägern umdrängt.

ụm|dre|hen ⟨sw. V.⟩: 1. ⟨hat⟩ **a)** *[eine halbe Umdrehung weit] um die eigene Achse drehen; herumdrehen:* den Schlüssel im Schloss u.; jmdm. den Arm u.; er drehte sich um und ging hinaus; Ü eine Entwicklung u. *(eine neue, der ursprünglichen entgegengesetzte Richtung geben);* einen Spion u. *(für die andere Seite gewinnen);* **b)** *andersherum drehen, auf eine andere, die entgegengesetzte Seite legen, setzen, stellen; herumdrehen:* die Tischdecke, die Matratze u.; ein Blatt, einen Stein, eine Münze u.; behutsam drehte sie den auf dem Rücken liegenden Käfer wieder um; er drehte den Zettel um und beschrieb auch die Rückseite; könntest du bitte mal die Platte, die Kassette u.?; die Seite u. *(umblättern);* **c)** ⟨u. + sich⟩ *den Kopf wenden, um jmdn., etw. hinter, neben sich sehen zu können:* sich nach seinem Hintermann, einem hübschen Mädchen u.; sie ist eine Frau, nach der sich die Männer umdrehen; **d)** *das Innere nach außen kehren, umkrempeln* (2): die Taschen u.; die Hose vor der Wäsche u.; die Jacke kann man auch u. *(kann man auch wenden, um sie mit der anderen Seite nach außen zu tragen).* 2. *umkehren* (1) ⟨hat/(auch:) ist⟩: das Boot, der Wagen dreht um; sie mussten kurz vor dem Gipfel u.

Ụm|dre|hung, die; -, -en: *Umkehrung, Verkehrung ins Gegenteil.*

Um|dre̱|hung, die; -, -en: *einmalige Drehung um die eigene Achse:* eine ganze, halbe, viertel U.; der Motor *(die Kurbelwelle des Motors)* macht 4 000 -en [in der Minute].

Um|dre̱|hungs|ach|se, die: *Rotationsachse.*

Um|dre̱|hungs|ge|schwin|dig|keit, die: *Rotationsgeschwindigkeit.*

Um|dre̱|hungs|zahl, die: *Drehzahl.*

Ụm|druck, der; -[e]s, -e: 1. ⟨o. Pl.⟩ *grafische Technik, bei der auf einem Spezialpapier mithilfe fetthaltiger Farbe ein Abzug gemacht od. eine Zeichnung aufgetragen wird, von der dann eine [neue] Platte aus Stein od. Metall hergestellt werden kann.* 2. *im Umdruck* (1) *hergestellter Druck.*

ụm|dru|cken ⟨sw. V.; hat⟩: 1. *im Umdruckverfahren drucken.* 2. *anders, mit anderem Text drucken.*

Ụm|druck|ver|fah|ren, das: *Umdruck* (1).

um|dụn|keln ⟨sw. V.; hat⟩ (geh.): *umdüstern* (1).

um|dụ̈s|tern, ⟨sw. V.; hat⟩ (geh.): 1. *dunkel, düster erscheinen lassen.* 2. ⟨u. + sich⟩ *von allen Seiten düster werden:* der Himmel umdüsterte sich.

um|ei|nạn|der ⟨Adv.⟩: *einer um den anderen:* u. herumtanzen; die Gestirne drehen sich um ihre Achsen und u.; sie kümmerten sich nicht u.; aus Sorge u.

ụm|ent|schei|den, sich ⟨st. V.; hat⟩: *seine Entscheidung wieder ändern, sich neu entscheiden, zu einer anderen Entscheidung gelangen:* wenn es nicht schon zu spät wäre, würde ich mich noch einmal u.

ụm|er|zieh|bar ⟨Adj.⟩: *sich umerziehen lassend.*

ụm|er|zie|hen ⟨unr. V.; hat⟩: *zu einer anderen Einstellung, Haltung erziehen.*

Ụm|er|zie|hung, die; -, -en: *das Umerziehen.*

ụm|eti|ket|tie|ren ⟨sw. V.; hat⟩: *mit einem anderen Etikett versehen:* Weinflaschen, Karteikästen, Aktenordner u.

Ụm|eti|ket|tie|rung, die; -, -en: *das Umetikettieren; das Umetikettiertwerden.*

um|fạ̈|cheln ⟨sw. V.; hat⟩ (dichter.): *sanft, fächelnd um jmdn. wehen:* Wind umfächelt mich.

ụm|fah|ren ⟨st. V.⟩: 1. *fahrend anstoßen u. zu Boden werfen* ⟨hat⟩: ein Verkehrsschild u.; von einem Skiläufer umgefahren werden. 2. (landsch. ugs.) *einen Umweg fahren* ⟨ist⟩: da bist du aber weit umgefahren.

um|fa̱h|ren ⟨st. V.; hat⟩: **a)** *um etw. herumfahren; fahrend ausweichen:* ein Hindernis, eine Halbinsel, ein Kap u.; wir haben die Innenstadt auf der Ringstraße umfahren; Ortskundige werden gebeten, die Unfallstelle, den Streckenabschnitt weiträumig zu u.; **b)** *fahrend umrunden:* er hat den ganzen See mit dem Rad umfahren.

Ụm|fahrt, die; -, -en (seltener): *Umweg.*

Um|fa̱h|rung, die; -, -en: 1. *das Umfahren.* 2. (bes. österr., schweiz.) *Umgehungsstraße.*

Um|fa̱h|rungs|stra|ße, die (österr., schweiz.): *Umgehungsstraße.*

Ụm|fall, der; -[e]s, Umfälle (abwertend): *das Umfallen* (2): mit dem U. des wichtigsten Zeugen hatte niemand gerechnet.

ụm|fal|len ⟨st. V.; ist⟩: 1. **a)** *aus einer aufrechten, senkrechten Stellung heraus zur Seite fallen:* die Vase, das Fahrrad ist umgefallen; die Lampe fällt leicht um; er ist mit seinem Stuhl umgefallen; ein umgefallenes Verkehrsschild lag quer auf der Fahrbahn; **b)** *aus Schwäche hinfallen, zusammenbrechen:* ohnmächtig, tot u.; sie fielen um wie die Fliegen; ⟨subst.:⟩ zum Umfallen müde sein. 2. (abwertend) *seinen bisher vertretenen Standpunkt aufgeben, seine Meinung ändern:* wenn nur drei Liberale umfallen, kommt das Gesetz nicht durch.

Ụm|fal|ler, der; -s, - (ugs.): 1. (abwertend): *jmd., der umfällt* (2), *umgefallen ist, zum Umfallen neigt.* 2. *Umfall.* 3. *das Umfallen, Umstürzen.*

Ụm|fal|le|rin, die; -, -nen: w. Form zu ↑Umfaller (1).

ụm|fäl|schen ⟨sw. V.; hat⟩: *in unlauterer Weise als etw. anderes erscheinen lassen, zu etw. anderem stilisieren.*

Ụm|fäl|schung, die,-, -en: *das Umfälschen; das Umgefälschtwerden.*

Ụm|fang, der; -[e]s, Umfänge [mhd. umbevanc = Kreis; Umarmung, rückgeb. aus ↑umfangen]: 1. **a)** (bes. Math.) *(bei Flächen) Länge der eine Fläche begrenzenden Linie od. (bei Körpern) Schnittlinie zwischen der Oberfläche eines Körpers u. einer bestimmten den Körper schneidenden Ebene:* der U. eines Kreises mit dem Radius r beträgt 2πr; der U. eines Polygons ist die Summe seiner Seitenlängen; der U. der Erde ist am Äquator am größten, beträgt rund 40 000 Kilometer; den U. von etw. messen, berechnen; der Stamm der alten Eiche hat einen U. von 10 m; die Kragenweite ergibt sich aus dem [am Halsansatz gemessenen] U. des Halses; **b)** *[räumliche] Ausdehnung, Ausmaß, Größe:* der relativ große, kleine, bescheidene U. des Grundstücks, des Gebäudes; der U. der Bibliothek wird auf etwa 200 000 Bände geschätzt; der U. des Schadens lässt sich noch nicht genau beziffern; der U. ihres Wissens ist beachtlich; das Naturschutzgebiet hat einen erheblichen U., einen U. von etwa 1000 km²; die beiden Texte haben etwa den gleichen U.; das Buch hat einen U. von 800 Seiten; ein Bauch, Busen von beträchtlichem U. 2. *gesamter Bereich, den etw. umfasst, einschließt, auf den sich etw. erstreckt:* ihre Stimme hat einen erstaunlichen U., einen U. von drei Oktaven; die Kosten werden in vollem U. *(in voller Höhe, vollständig)* erstattet; er war in vollem Umfang[e] geständig *(hat alles gestanden).*

um|fạn|gen ⟨st. V.; hat⟩ [älter: umfahen, mhd. umbevāhen, ahd. umbifāhan, zu ↑fangen in dessen alter Bed. »fassen«] (geh.): *mit den Armen umfassen, fest in die Arme schließen; umarmen:* sie hielt das Kind [mit beiden Armen] umfangen; Ü tiefe Stille, Dunkelheit umfing uns.

ụm|fäng|lich ⟨Adj.⟩: *[ziemlich] umfangreich, groß:* eine -e [Gemälde]sammlung.

ụm|fang|mä|ßig: ↑umfangsmäßig.

ụm|fang|reich ⟨Adj.⟩: *einen großen Umfang* (2) *habend; umfassend, groß:* -e Berechnungen, Nachforschungen, Investitionen, Texte; ein -er Katalog, Index; ein -es Programm; das Lexikon, die Literatur zu dem Thema, die Bibliothek ist sehr u.

Ụm|fangs|be|rech|nung, die: *Berechnung des Umfangs:* bei handschriftlichen Manuskripten sind -en relativ schwierig.

ụm|fangs|mä|ßig, umfangmäßig ⟨Adj.⟩: *dem Umfang entsprechend, in Bezug auf den Umfang.*

Ụm|fangs|win|kel, der (Math.): *Winkel zwischen zwei auf dem Kreis sich schneidenden Sehnen eines Kreises.*

ụm|fär|ben ⟨sw. V.; hat⟩: *anders färben, mit einer neuen Farbe einfärben:* sich die Haare u. lassen.

Ụm|fär|bung, die; -, -en: *das Umfärben.*

ụm|fas|sen ⟨sw. V.; hat⟩: 1. *anders fassen* (8); *mit einer anderen Fassung* (1 a) *versehen:* die Brillanten sollten umgefasst werden. 2. (landsch., bes. nordd.) *den Arm um jmdn., etw. legen:* er fasste sie zärtlich um; umgefasst gehen.

um|fạs|sen ⟨sw. V.; hat⟩: 1. *mit Händen od. Armen umschließen:* jmdn., jmds. Taille, Arme u.; sich [gegenseitig]/(geh.:) einander u. 2. **a)** *einfassen, umgeben:* den Garten mit einer Hecke u.; **b)** (Milit.) *von allen Seiten einkreisen, einschließen:* die feindlichen Truppenverbände u. 3. **a)** *haben, bestehen aus:* das Werk umfasst sechs Bände; **b)** *einschließen, enthalten, zum Inhalt haben.*

um|fạs|send ⟨Adj.⟩: *vielseitig, reichhaltig, viele Teile enthaltend; nahezu vollständig:* eine -e Reform; -e Kenntnisse; ein -es Geständnis ablegen; jmdn. u. informieren.

Um|fạs|sung, die; -, -en: **a)** *das Umfassen;* **b)** *Einfassung* (2), *Umzäunung:* eine U. aus Buchsbaum.

Um|fạs|sungs|mau|er, die: *Mauer, die etw. umgibt.*

Ụm|feld, das; -[e]s, -er [1: gepr. von dem dt. Psychologen G. E. Müller (1850–1934)]: 1. (bes. Psych., Soziol.) *auf jmdn., etw. unmittelbar ein-*

U

wirkende Umgebung (b): das soziale U. eines Kriminellen. **2.** *Umgebung* (a).

Ụm|fi|nan|zie|rung, die; -, -en (Wirtsch.): *Umwandlung von kurzfristigen in langfristige Kredite, von Fremd- in Eigenkapital od. von Krediten in Wertpapiere.*

ụm|fir|mie|ren ⟨sw. V.; hat⟩: **1.** *(von Industrieunternehmen o. Ä.) eine andere Form, einen anderen Namen annehmen:* in eine AG u. **2.** *(bes. Industrieunternehmen o. Ä.) eine andere Form, einen anderen Namen geben:* ein Unternehmen u.

Ụm|fir|mie|rung, die; -, -en: *das Umfirmieren.*

um|flat|tern ⟨sw. V.; hat⟩: **1.** *flatternd umfliegen* (a): Nachtfalter umflattern die Lampe. **2.** *flatternd umgeben:* ihre langen Haare umflatterten ihr Gesicht.

um|flech|ten ⟨st. V.; hat⟩: *mit Flechtwerk umhüllen:* sie tranken Chianti aus großen [mit Stroh] umflochtenen Flaschen.

ụm|flie|gen ⟨st. V.; ist⟩: **1.** (landsch. ugs.) *einen Umweg fliegen:* wir mussten weit u. **2.** (ugs.) *umfallen* (1): die Vase ist umgeflogen.

um|flie|gen ⟨st. V.; hat⟩: **a)** *fliegend umkreisen, umrunden:* Mücken umfliegen das Licht; die Astronauten sollen den Mond dreimal u.; **b)** *im Bogen an etw. vorbeifliegen:* ein Hindernis u.; auf ihrem Zug in den Süden umfliegen die Vögel das Hochgebirge.

um|flie|ßen ⟨st. V.; hat⟩: *um jmdn., etw. fließen; fließend umgeben:* in engem Bogen umfließt der Strom den Berg; Ü das Seidenkleid umfloss ihre Gestalt.

um|flo|ren ⟨sw. V.; hat⟩ [zu ↑²Flor]: **1.** *mit einem Trauerflor versehen:* das Bild des Verstorbenen ist umflort. **2.** (geh.) **a)** ⟨u. + sich⟩ *sich wie mit einem Schleier bedecken, umgeben:* ihr Blick umflorte sich *(wurde verschleiert u. trübe von Tränen);* **b)** *als eine Art Schleier, wie eine Art Schleier bedecken, umgeben:* ein Nebelstreif umflorte die Herankommenden; ⟨meist im 2. Part.:⟩ mit von Trauer umflorter *(verdunkelter)* Stimme.

um|flu|ten ⟨sw. V.; hat⟩ (geh.): *als große Wassermasse umgeben, umfließen.*

Ụm|flu|ter, der; -s, -: *der Abführung von Hochwasser dienendes, natürliches od. künstliches zweites Gewässerbett zur Entlastung eines Wasserlaufs.*

ụm|for|ma|tie|ren ⟨sw. V.; hat⟩ (EDV): *neu, anders formatieren.*

ụm|for|men ⟨sw. V.; hat⟩: *in eine andere Form bringen; in der Form verändern, umändern:* einen Roman, ein Gedicht, eine Gleichung u.; Gleichstrom in/zu Wechselstrom u.; Wärmeenergie in Elektrizität u.; der Schall wird vom Mikrofon in ein elektrisches Signal umgeformt; die Kolbenbewegung wird mithilfe einer Pleuelstange in eine Drehbewegung umgeformt.

Ụm|for|mer, der; -s, - (Elektrot.): *Maschine, mit der elektrische Energie einer Form, Spannung od. Frequenz in eine andere umgeformt wird.*

ụm|for|mu|lie|ren ⟨sw. V.; hat⟩: *neu, anders formulieren:* einen Text, einen Satz u.

Ụm|for|mung, die; -, -en: *das Umformen; das Umgeformtwerden.*

Ụm|fra|ge, die; -, -n [spätmhd. umbfrage = reihum gerichtete Frage]: **a)** *[systematische] Befragung einer [größeren] Anzahl von Personen, z. B. nach ihrer Meinung zu einem bestimmten Problem:* eine repräsentative U.; die U. hat ergeben, dass mindestens dreißig Prozent der in der Stadt Beschäftigten Pendler sind; eine U. [zur/über die Atomkraft] machen, durchführen; etw. durch eine U. ermitteln; **b)** *Rück-, Rundfrage bei einer Reihe von zuständigen od. betroffenen Stellen.*

ụm|fra|gen ⟨sw. V.; hat; nur im Inf. u. 2. Part. gebr.⟩: *eine Umfrage machen.*

um|frie|den, (seltener:) **um|frie|di|gen** ⟨sw. V.; hat⟩ [vgl. einfried(ig)en] (geh.): *einfried[ig]en.*

Um|frie|di|gung, (häufiger:) **Um|frie|dung,** die; -, -en: **1.** ⟨o. Pl.⟩ *das Umfrieden.* **2.** *Mauer, Hecke o. Ä., die etw. umfriedet.*

ụm|fül|len ⟨sw. V.; hat⟩: *aus einem Gefäß od. Behälter in einen andern füllen.*

Ụm|fül|lung, die; -, -en: *das Umfüllen.*

um|funk|ti|o|nie|ren ⟨sw. V.; hat⟩: *[eigenmächtig, gegen den Willen eines andern] für einen anderen als den eigentlichen, ursprünglichen Zweck nutzen, zu etw. Andersartigem machen:* eine Vorlesung in ein Happening, Pausenhöfe zu Spielplätzen u.

Ụm|funk|ti|o|nie|rung, die; -, -en: *das Umfunktionieren.*

Ụm|gang, der; -[e]s, Umgänge [2 a: mhd. umbeganc, ahd. umbigang]: **1.** ⟨o. Pl.⟩ **a)** *gesellschaftlicher Verkehr [mit jmdm.]; Beziehung, persönliche Verbindung:* [nahen, freundschaftlichen, intimen, vertrauten] U. mit jmdm. haben, pflegen; guten, schlechten U. haben *(mit Menschen verkehren, die einen guten, schlechten Einfluss auf einen haben);* durch den [häufigen, regelmäßigen, täglichen] U., im U. mit Amerikanern hat sie sehr gut Englisch gelernt; * **für jmdn. kein U. sein** (ugs.; *zu jmdm. gesellschaftlich nicht passen*): der, die ist doch kein U. für dich!; **für jmdn. der richtige** o. ä. **U. sein** (ugs.; *zu jmdm. gesellschaftlich gut passen*); **b)** *das Ụmgehen* (3 a) *(mit jmdm., etw.):* der U. mit Büchern, mit Geld; durch einen sparsamen U. mit Energie, Wasser die Umwelt entlasten; sie ist erfahren im U. mit Kindern, Tieren. **2. a)** (bild. Kunst, Archit.) *Rundgang* (2); **b)** *kirchlicher Umzug; Prozession um einen Altar, ein Feld o. Ä. herum:* Priester und Gemeinde machten einen U./zogen im U. um die Kirche; **c)** (selten) *Rundgang* (1).

ụm|gäng|lich ⟨Adj.⟩: *(von einem Menschen, auch Tier) verträglich, freundlich, gut mit sich umgehen lassend, keine Schwierigkeiten bereitend; konziliant:* sie ist ein -er Mensch, hat eine -e Art; sie ist sehr u.

Ụm|gäng|lich|keit, die; -: *das Umgänglichsein.*

Ụm|gangs|form, die ⟨meist Pl.⟩: *Art des Umgangs* (1 a) *mit anderen Menschen; Art, sich zu benehmen; Manier* (2): gute, gepflegte, schlechte -en besitzen; jmdm. [gute] -en beibringen.

Ụm|gangs|recht, das ⟨o. Pl.⟩ (Rechtsspr.): *Verkehrsrecht* (1).

Ụm|gangs|spra|che, die: **1.** (Sprachw.) **a)** *Sprache, die im täglichen Umgang mit anderen Menschen verwendet wird; zwischen Hochsprache u. Mundart stehende, von regionalen, soziologischen, gruppenspezifischen Gegebenheiten beeinflusste Sprachschicht;* **b)** *nachlässige, saloppe bis derbe Ausdrucksweise; Slang* (a): U. sprechen; ein Ausdruck aus der U.; in der U. steht nach »wegen« meist der Dativ. **2.** *Sprache, in der eine Gruppe miteinander umgeht, sich unterhält.*

ụm|gangs|sprach|lich ⟨Adj.⟩: *zur Umgangssprache gehörend, in der Umgangssprache.*

Ụm|gangs|ton, der ⟨Pl. ...töne⟩: *Art, in der Mitglieder einer Gruppe miteinander sprechen; Sprechweise innerhalb einer Gruppe:* im Betrieb herrscht ein herzlicher U.

um|gar|nen ⟨sw. V.; hat⟩ [eigtl. = mit Garnen (2) einschließen]: *durch Schmeichelei, Koketterie o. Ä. für sich zu gewinnen suchen:* mit schönen Worten umgarnte er seine Sekretärin.

Um|gar|nung, die; -, -en: *das Umgarnen.*

um|gau|keln ⟨sw. V.; hat⟩ (geh.): *gaukelnd umgeben, umflattern:* Schmetterlinge umgaukeln uns.

ụm|ge|ben ⟨st. V.; hat⟩ (ugs.): *um jmdn., etw. herumlegen; umhängen:* gib dem Kind ein Cape um!

um|ge|ben ⟨st. V.; hat⟩ [mhd. umbegeben, ahd. umbigeban, eigtl. = etw. um etw. herumgeben, LÜ von lat. circumdare]: **a)** *auf allen Seiten (um jmdn., sich od. etw.) herum sein lassen:* sie umgibt sich mit Fachleuten; Ü jmdn. mit Liebe u.; sich mit einer Aura des Geheimnisvollen u.; jmdn. mit einer Gloriole u. *(jmdn. glorifizieren);* **b)** *sich von allen Seiten um jmdn., etw. herum befinden:* eine Hecke umgibt das Haus; er war von Feinden umgeben; ⟨oft im 2. Part.:⟩ der von Fachwerkhäusern umgebene Marktplatz; Ü tiefe Stille, Dunkelheit umgab mich.

Ụm|ge|bin|de, das; -s, - (Bauw. ostmd.): *das Dach tragende Konstruktion aus Pfosten u. Balken, innerhalb deren die nicht tragenden Hauswände stehen.*

Um|ge|bung, die; -, -en: **a)** *Gesamtheit dessen, was jmdn., etw. umgibt, bes. Landschaft, Bauwerke, Straßen usw. im Umkreis um einen Ort, ein Haus o. Ä.:* die unmittelbare, nächste, weitere U. der Stadt; die Stadt hat eine schöne, waldreiche, hügelige U.; in einer reizvollen, hässlichen U. wohnen; wo gibt es hier in der U. *(in dieser Gegend)* ein Schwimmbad?; **b)** *Kreis von Menschen, Bereich, Milieu* (1), *in dem jmd. lebt:* das Kleinkind braucht seine vertraute U.; sie versuchte, sich der neuen U. anzupassen; die Menschen seiner nächsten U.; aus der U. des Kanzlers war zu erfahren, dass er nicht kandidieren wolle.

Ụm|ge|gend, die; -, -en (ugs.): *Gegend um etw. herum.*

ụm|ge|hen ⟨unr. V.; ist⟩: **1. a)** *im Umlauf sein, sich von einem zum andern ausbreiten:* ein Gerücht, die Angst geht um; im Kindergarten gehen die Masern um; **b)** *als Gespenst umherschleichen, spuken:* der alte Graf beginnt wieder umzugehen; in dem alten Schloss geht ein Gespenst um. **2.** *sich in Gedanken (mit etw.) beschäftigen:* mit einem Plan, einem Gedanken u. **3. a)** *in bestimmter Weise behandeln:* gut, vorsichtig, behutsam, hart, grob mit jmdm., etw. u.; verantwortungsvoll, sparsam, verschwenderisch mit den natürlichen Ressourcen u.; sie geht sehr nachlässig mit ihren Sachen um; mit Geld nicht u. können *(nicht haushalten können);* mit einem Werkzeug, einem Gerät u. können *(es zu benutzen, zu handhaben wissen);* freundlich miteinander u.; **b)** (veraltend) *mit jmdm. Umgang* (1 a) *haben, verkehren:* niemand mochte mit ihm u.; sie gehen schon lange miteinander um; Spr sage mir, mit wem du umgehst, und ich sage dir, wer du bist; **c)** *(mit etw., was einem zu schaffen macht) [in einer bestimmten Weise] zurechtkommen, fertig werden.* **4.** (landsch. ugs.) *einen Umweg machen.*

um|ge|hen ⟨unr. V.; hat⟩ [mhd. umbegān, umbegēn, ahd. umbigān]: **a)** *um etw. im Bogen herumgehen, -fahren od. verlaufen:* ein Hindernis u.; die Straße umgeht die Stadt in weitem Bogen; **b)** *(etw. Unangenehmes) vermeiden:* die Anleger gehen ins Ausland, um die Kapitalertragssteuer zu u.; sie hat den kritischen Punkt geschickt umgangen; das lässt sich nicht u.; **c)** *bei etw. so vorgehen, dass damit vermieden wird, etw. zu beachten, dem sonst entsprochen werden müsste:* Gesetze, Vorschriften u.

ụm|ge|hend ⟨Adj.⟩ (bes. Papierdt.): *sofort, so schnell wie möglich, ohne jede Verzögerung erfolgend:* um -e Erledigung, Zahlung, Antwort wird gebeten; bitte informieren Sie mich u.; Mutter schickte u. das Geld.

Um|ge|hung, die; -, -en: **1. a)** *das Umgehen* (a). **b)** *das Umgehen* (b): sie hat ihm das Haus zur U. der Erbschaftssteuer schon zu ihren Lebzeiten überschrieben; **c)** *das Umgehen* (c). **2.** kurz für ↑Umgehungsstraße: eine neue U. bauen; die U. benutzen, fahren.

Um|ge|hungs|ge|schäft, das (Rechtsspr.): *Rechtsgeschäft, bei dem bestimmte Rechtsfolgen umgangen werden.*

Um|ge|hungs|stra|ße, die: *[Fernverkehrs]straße, die um einen Ort[skern] herumgeführt wird.*

ụm|ge|kehrt ⟨Adj.⟩ [eigtl. 2. Part. von ↑umkehren (3)]: *entgegengesetzt, gegenteilig; gerade andersherum:* in -er Reihenfolge, Richtung; im -en Falle, Verhältnis; mit -em Vorzeichen; es, die Sache ist genau u.: Nicht er hat sie verführt, sondern sie ihn.

ụm|ge|stal|ten ⟨sw. V.; hat⟩: *anders gestalten:* einen Raum, ein Schaufenster, einen Platz u.; einen Hof zu einem Spielplatz u.; Ü die politischen Verhältnisse u.

Ụm|ge|stal|tung, die; -, -en: *das Umgestalten; das Umgestaltetwerden.*

ụm|ge|wöh|nen, sich ⟨sw. V.; hat⟩: *sich neu an*

etw. gewöhnen, sich an etw. anderes gewöhnen: in ihrem Alter kann man sich nicht mehr u.

Um|ge|wöh|nung, die; -: *das Sichumgewöhnen.*

um|gie|ßen ⟨st. V.; hat⟩: **1.** *aus einem Gefäß in ein anderes gießen:* sie goss den Wein in eine Karaffe um. **2.** *(Gegenstände aus Metall) schmelzen u. in eine andere Form gießen:* Lettern, eine Glocke u. **3.** (ugs.) *durch versehentliches Umstoßen eines Gefäßes dessen Inhalt verschütten:* wer hat die Milch umgegossen?

um|git|tern ⟨sw. V.; hat⟩: *mit einem Gitter umgeben, umfrieden:* ⟨meist im 2. Part.:⟩ ein umgitterter Platz.

Um|git|te|rung, die; -, -en: **a)** *das Umgittern;* **b)** *Gitter, das etw. umgibt.*

um|glän|zen ⟨sw. V.; hat⟩ (dichter.): *mit Glanz umgeben.*

um|gol|den ⟨sw. V.; hat⟩ (dichter.): *in goldenen Schein hüllen.*

um|gra|ben ⟨st. V.; hat⟩: *durch Graben die oberste Schicht des Erdbodens umwenden:* den Garten, ein Beet u.; ⟨auch o. Akk.-Obj.:⟩ er ist im Garten und gräbt um.

Um|gra|bung, die; -, -en: *das Umgraben.*

um|grei|fen ⟨st. V.; hat⟩: **1.** *mit den Händen in einen anderen Griff wechseln:* am Lenkrad u.; er hatte bei der Riesenfelge zu spät umgegriffen. **2.** (selten) *weit ausgreifen, sich erstrecken.*

um|grei|fen ⟨st. V.; hat⟩: **1.** *mit den Händen umschließen, umfassen:* er umgriff die Stange mit beiden Händen; sie hielt die Stuhllehne umgriffen. **2.** *in sich begreifen; umfassen* (3).

um|gren|zen ⟨sw. V.; hat⟩: *ringsum abgrenzen, umschließen:* eine Hecke umgrenzt das Grundstück; Ü ⟨oft im 2. Part.:⟩ ein klar umgrenztes Aufgabengebiet.

Um|gren|zung, die; -, -en: **a)** *das Umgrenzen;* **b)** *etw. umschließende Grenzlinie:* sich innerhalb der U. aufhalten.

um|grün|den ⟨sw. V.; hat⟩ (Wirtsch.): *(ein Unternehmen) aus einer Rechtsform in eine andere überführen:* eine Kommanditgesellschaft in eine Aktiengesellschaft u.

Um|grün|dung, die; -, -en (Wirtsch.): *das Umgründen.*

um|grup|pie|ren ⟨sw. V.; hat⟩: *anders, neu gruppieren, ordnen.*

Um|grup|pie|rung, die; -, -en: *das Umgruppieren.*

um|gu|cken, sich ⟨sw. V.; hat⟩ (ugs.): **1. a)** *sich umsehen* (1 a), *umblicken* (a): sich neugierig, verwundert u.; sich in einem Laden ein bisschen u. *(sich die angebotenen Waren ansehen);* **R** du wirst dich noch u. *(du wirst sehen, dass du dir Illusionen gemacht hast);* **b)** *sich umsehen* (1 b): sich in der Welt u. **2.** *sich umsehen* (2), *umblicken* (b): sie ging hinaus, ohne sich noch einmal [nach uns] umzugucken; guck dich jetzt bitte nicht um. **3.** *sich nach etw. umsehen* (3): sich nach einem Job, einer Wohnung, einem Mann u.

um|gür|ten ⟨sw. V.; hat⟩ (veraltend): *als Gürtel umlegen, mit einem Gürtel umschnallen:* sie hat [dir] den Riemen umgegürtet; er gürtete sich das Schwert um.

um|gür|ten ⟨sw. V.; hat⟩ (veraltend): *mit einem Gürtel, etw. Gürtelartigem versehen:* der Ritter wurde mit dem Schwert umgürtet.

um|ha|ben ⟨unr. V.; hat⟩ (ugs.): *um den Körper od. einen Körperteil tragen:* einen Mantel, eine Uhr, eine Schürze u.; *** **nichts um- und nichts anhaben** (ugs.; *nur sehr spärlich bekleidet sein*): die armen Kinder hatten nichts um und nichts an.

um|ha|cken ⟨sw. V.; hat⟩: **a)** *durch Hacken fällen:* einen Baum u.; **b)** *mit der Hacke auflockern:* die Erde, die Beete u.

um|hä|keln ⟨sw. V.; hat⟩: *einen Rand um etw. häkeln:* ⟨meist im 2. Part.:⟩ ein mit gelber Spitze umhäkeltes Taschentuch.

um|hal|sen ⟨sw. V.; hat⟩: *jmdm. um den Hals fallen:* das Kind umhalste seine Mutter; sie umhalsten sich/(geh.:) einander.

Um|hal|sung, die; -, -en: *das Umhalsen.*

Um|hang, der; -[e]s, Umhänge [mhd., ahd. umbehanc = Vorhang, Decke, Teppich]: *[mantelartiges] ärmelloses Kleidungsstück zum Umhängen* (2); *Cape, Pelerine.*

um|hän|gen ⟨sw. V.; hat⟩: **1.** *in anderer Art od. an anderer Stelle aufhängen:* Bilder, die Wäsche u. **2.** *um den Hals od. über die Schulter hängen, umlegen:* jmdm., sich einen Mantel, eine Decke, eine Schürze u.; sie hängte sich ihre Handtasche um; sie hatte sich ein schweres Collier umgehängt.

¹um|hän|gen ⟨st. V.; hat⟩: *um jmdn., etw. herum angebracht sein, [herab]hängen:* Fahnen umhingen den Balkon.

²um|hän|gen ⟨sw. V.; hat⟩: *ringsum behängen, umkleiden:* das Rednerpult war mit Fahnen umhängt.

Um|hän|ge|ta|sche, Umhängtasche, die: *Tasche, die an einem Riemen o. Ä. über der Schulter getragen wird.*

Um|hän|ge|tuch, Umhangtuch, Umhängtuch, das: *großes Tuch zum Umhängen* (2).

Um|häng|ta|sche: ↑Umhängetasche.

Um|hang|tuch, Um|häng|tuch: ↑Umhängetuch.

um|hau|en ⟨unr. V.⟩: **1. a)** ⟨haute/(geh.:) hieb um, hat umgehauen⟩ *mit der Axt o. Ä. fällen:* sie ließ den Baum u.; mit wenigen Schlägen hatte er die Birke umgehauen; **b)** ⟨haute um, hat umgehauen⟩ (ugs.) *mit einem kräftigen Schlag umwerfen, niederstrecken:* einen Angreifer u. **2.** (salopp) ⟨haute um, hat umgehauen/(landsch.:) umgehaut⟩ **a)** *so in der Widerstandskraft o. Ä. beeinträchtigen, dass jmd., etw. einer Sache nicht mehr standhalten kann:* drei Gläser Schnaps hauen ihn einfach um; diese Dosis haut den stärksten Mann um; die Hitze, der Gestank hätte mich fast, hat mich glatt umgehauen; **b)** *sehr beeindrucken, erstaunen, verblüffen, erschüttern, sprachlos machen:* mich haut so schnell nichts um!; das haut einen um!

um|he|gen ⟨sw. V.; hat⟩ (geh.): **1.** *liebevoll umsorgen u. betreuen:* sie umhegte die Kinder zärtlich. **2.** (veraltend) *einfrieden.*

um|her ⟨Adv.⟩ (meist geh.): *ringsum, im Umkreis:* weit u. lagen Trümmer.

um|her|bli|cken ⟨sw. V.; hat⟩: *um sich blicken, nach allen Seiten Ausschau halten:* fragend, suchend u.

um|her|fah|ren ⟨st. V.⟩: **a)** *herumfahren* (2 a) ⟨ist⟩. **b)** *herumfahren* (2 b) ⟨hat⟩: ich ließ mich ein bisschen [in der Stadt, in der Gegend] u.

um|her|flat|tern ⟨sw. V.; ist⟩: *herumflattern* (1).

um|her|flie|gen ⟨st. V.⟩: **a)** *herumfliegen* (a) ⟨ist⟩; **b)** *durch die Luft, durch den Raum fliegen* (11) ⟨ist⟩; **c)** *herumfliegen* (b) ⟨hat⟩.

um|her|ge|hen ⟨unr. V.; ist⟩: *herumgehen* (1).

um|her|ir|ren ⟨sw. V.; ist⟩: *suchend hin und her laufen, ohne den richtigen Weg zu wissen:* in der Gegend u.

um|her|ja|gen ⟨sw. V.⟩: **1.** *von einem Platz zum andern, von einer Tätigkeit zur andern treiben, hetzen* ⟨hat⟩. **2.** *hastig von einem Platz zum anderen, von einer Tätigkeit zur andern eilen* ⟨ist⟩.

um|her|krie|chen ⟨st. V.; ist⟩: *herumkriechen* (1).

um|her|kur|ven ⟨sw. V.; ist⟩ (ugs.): *herumkurven.*

um|her|lau|fen ⟨st. V.; ist⟩: **1.** *hin u. her laufen, herumlaufen* (1): Polizeistreifen laufen umher. **2.** *herumlaufen* (4): barfuß u.

um|her|lie|gen ⟨st. V.; hat, südd., österr. u. schweiz.: ist⟩: **a)** *herumliegen* (2 a); **b)** *herumliegen* (2 b).

um|her|ra|sen ⟨sw. V.; ist⟩ (ugs.): *herumrasen.*

um|her|rei|sen ⟨sw. V.; ist⟩: *herumreisen.*

um|her|rei|ten ⟨st. V.; ist⟩: *herumreiten* (1 a).

um|her|ren|nen ⟨unr. V.; ist⟩ (ugs.): *herumrennen* (1).

um|her|rut|schen ⟨sw. V.; ist⟩: *herumrutschen.*

um|her|schau|en ⟨sw. V.; hat⟩ (landsch.): *umherblicken.*

um|her|schi|cken ⟨sw. V.; hat⟩: *herumschicken.*

um|her|schlei|chen ⟨st. V.; ist⟩: *herumschleichen* (1).

um|her|schlen|dern ⟨sw. V.; ist⟩: *herumschlendern:* auf der Promenade u.

um|her|schlep|pen ⟨sw. V.; hat⟩ (ugs.): *herumschleppen* (1).

um|her|schwei|fen ⟨sw. V.; ist⟩: *schweifend umhergehen, -streifen:* Ü seine Augen im Zimmer u. lassen.

um|her|schwir|ren ⟨sw. V.; ist⟩: *herumschwirren.*

um|her|sit|zen ⟨unr. V.; hat, südd., österr. u. schweiz.: ist⟩: *herumsitzen* (1).

um|her|spa|zie|ren ⟨sw. V.; ist⟩: *herumspazieren* (a).

um|her|sprin|gen ⟨st. V.; ist⟩ (ugs.): *herumspringen.*

um|her|ste|hen ⟨unr. V.; hat, südd., österr. u. schweiz.: ist⟩: **1.** *herumstehen* (1). **2.** *herumstehen* (3).

um|her|stol|zie|ren ⟨sw. V.; ist⟩: *herumstolzieren:* er stolzierte umher wie ein Gockel, wie der Hahn auf dem Mist.

um|her|strei|chen ⟨st. V.; ist⟩: *herumstreichen* (1).

um|her|strei|fen ⟨sw. V.; ist⟩: *herumstreifen.*

um|her|streu|en ⟨sw. V.; hat⟩: *planlos verstreuen, ausstreuen:* Papierschnitzel u.

um|her|streu|nen ⟨sw. V.; ist⟩ (abwertend): *herumstreunen.*

um|her|toben ⟨sw. V.; hat/ist⟩ (ugs.): *herumtoben* (1).

um|her|tol|len ⟨sw. V.; ist⟩: *herumtollen.*

um|her|tra|gen ⟨st. V.; hat⟩: *herumtragen* (1).

um|her|trei|ben ⟨st. V.⟩: **1.** *herumtreiben* (1) ⟨hat⟩. **2.** *irgendwo planlos hin u. her treiben, getrieben werden* ⟨ist⟩: ein Stück Holz treibt in den Wellen umher. **3.** ⟨u. + sich⟩ (abwertend) *sich herumtreiben* (2) ⟨hat⟩: sich in der Gegend u.

um|her|wan|dern ⟨sw. V.; ist⟩: *herumwandern* (1): in der Gegend, [ruhelos] im Zimmer u.

um|her|wir|beln ⟨sw. V.⟩: **1.** *herumwirbeln* (1) ⟨hat⟩: er wurde vom Sturm umhergewirbelt. **2.** *herumwirbeln* (2) ⟨ist⟩.

um|her|zie|hen ⟨unr. V.; ist⟩: *herumziehen* (1 a).

um|hin|kom|men ⟨st. V.; ist⟩ [spätmhd. umbehin = um etw. herum]: *umhinkönnen* (meist verneint): sie kam nicht umhin, ihm zuzuhören.

um|hin|kön|nen ⟨unr. V.; hat⟩: *es umgehen, vermeiden können (etw. Bestimmtes zu tun)* (meist verneint): nicht, kaum, schwerlich u., etw. zu tun.

um|hö|ren, sich ⟨sw. V.; hat⟩: *hier u. dort zuhörend u. nachfragend etw. Bestimmtes zu erkunden suchen:* hör dich doch mal nach einem guten Restaurant um!; ich werde mich mal [danach] u., was durchschnittlich dafür gezahlt wird.

um|hül|len ⟨sw. V.; hat⟩: *einhüllen, [wie] mit einer Hülle umgeben.*

Um|hül|lung, die; -, -en: **1.** (o. Pl.) *das Umhüllen.* **2.** *Hülle, die etw. umgibt:* etw. aus seiner U. herausnehmen.

Umi|ak, der od. das; -s, -s [eskim. umiaq]: *offenes, von Frauen gerudertes Boot der Eskimos.*

U/min = Umdrehungen pro Minute.

Um|in|ter|pre|ta|ti|on, die; -, -en: *das Uminterpretieren.*

um|in|ter|pre|tie|ren ⟨sw. V.; hat⟩: *auf andere Art interpretieren.*

um|ju|beln ⟨sw. V.; hat⟩: *jubelnd feiern* (1 c).

um|kämp|fen ⟨sw. V.; hat⟩: *heftig um etw. kämpfen:* die Stellungen u.; ⟨meist im 2. Part.:⟩ ein heiß umkämpfter Sieg.

Um|kar|ton, der; -s, -s (Gewerbespr.): *Verpackung aus Pappe, die etw. meist bereits Verpacktes vor Beschädigung schützen soll.*

Um|kehr, die; -: *das Umkehren:* sie entschlossen sich zur U.; Ü für eine U. *(dafür, dass man sein als falsch, als Irrweg erkanntes Verhalten von Grund auf ändert)* ist es noch nicht zu spät.

um|kehr|bar ⟨Adj.⟩ (auch Fachspr.): *sich umkehren* (3 a) *lassend:* eine nicht, kaum mehr -e Entwicklung.

um|keh|ren ⟨sw. V.⟩: **1.** *kehrtmachen u. zurückgehen, -fahren usw.* ⟨ist⟩: auf halbem Wege u. **2.** ⟨hat⟩ (selten) **a)** *auf die andere Seite bzw. von unten nach oben kehren, drehen, wenden:* ein Blatt Papier, einen Tisch u.; ⟨oft im 2. Part.:⟩ ein umgekehrter *(auf dem Kopf stehender)* Pyramidenstumpf; auf der Netzhaut entsteht ein umgekehrtes und seitenverkehrtes *(auf dem Kopf stehendes)* Bild des Objekts; **b)** ⟨u. + sich⟩

sich umdrehen (1 c), *umwenden* (2): ich kehrte mich noch einmal [nach ihr] um; **c)** *auf die andere Seite bzw. von innen nach außen drehen:* die Jacke, die Strümpfe, die Hosentaschen u.; Ü das ganze Haus [nach etw.] u. *(gründlich durchsuchen);* **d)** ⟨u. + sich⟩ *von innen nach außen gedreht werden; sich umstülpen.* **3.** ⟨hat⟩ **a)** *ins Gegenteil verkehren:* ein Verhältnis u.; **b)** ⟨u. + sich⟩ *sich ins Gegenteil verkehren:* die Entwicklung, die Tendenz, der Trend hat sich umgekehrt.

Um|kehr|farb|film, der (Fot.): *Farbfilm, der beim Entwickeln sofort ein Positiv liefert.*

Um|kehr|film, der (Fot.): *Film, der beim Entwickeln sofort ein Positiv liefert.*

Um|kehr|funk|ti|on, die (Math.): *inverse Funktion.*

Um|kehr|schluss, der (Rechtsspr.): *(bei der Gesetzesauslegung) Schlussfolgerung, die darin besteht, dass ein Rechtssatz, der einen bestimmten abgegrenzten Tatbestand regelt, für die nicht genannten Fälle nicht anwendbar ist:* daraus folgt im U., dass …

Um|keh|rung, die; -, -en: **1.** *das [Sich]umkehren* (3): die U. der Reihenfolge, einer Aussage, einer Entwicklung, eines Trends. **2.** (Musik) **a)** *Veränderung eines Intervalls* (2) *durch Versetzen des oberen Tons in die untere od. des unteren Tons in die obere Oktave;* **b)** *Veränderung eines Akkords durch Versetzung des untersten Tons in die obere Oktave;* **c)** *Ergebnis der Umkehrung* (2 a, b).

um|kip|pen ⟨sw. V.⟩: **1.** ⟨ist⟩ **a)** *das Übergewicht bekommen u. [zur Seite] kippen:* die Vase kippt leicht um; das Boot, die Leiter ist umgekippt; sie ist mit dem Stuhl umgekippt; **b)** (ugs.) *ohnmächtig werden u. umfallen:* in der stickigen Luft sind einige umgekippt; **c)** (ugs. abwertend) *sich stärkerem Einfluss beugen u. seine Meinung, Gesinnung, Haltung ändern; umfallen:* im Kreuzverhör ist die Zeugin umgekippt; wenn nur drei Abgeordnete umkippen, kann das Gesetz schon scheitern; **d)** (ugs.) *plötzlich [ins Gegenteil] umschlagen:* die Stimmung im Saal kippte plötzlich um; jmds. Stimme kippt um *(schlägt in eine andere Stimmlage um);* **e)** (ugs.) *(vom Wein) durch zu lange Lagerung sauer, ungenießbar werden;* **f)** (Jargon) *(von Gewässern) biologisch absterben, nicht mehr die Voraussetzung für organisches Leben bieten:* das Meer, der See droht umzukippen. **2.** ⟨hat⟩ *etw. zum Umkippen* (1 a) *bringen:* eine Kiste, einen Eimer u.; die Randalierer haben Autos umgekippt und in Brand gesetzt; pass auf, du kippst gleich dein Glas um.

um|klam|mern ⟨sw. V.; hat⟩: *jmdn., etw. gewaltsam, krampfhaft umfassen:* jmdn., etw. [mit beiden Armen, mit Armen und Beinen] u.; etw. umklammert halten; Ü Furcht umklammerte ihn.

Um|klam|me|rung, die; -, -en: **1.** *das Umklammern:* die U. der Handgelenke. **2.** *umklammernder Griff.*

um|klapp|bar ⟨Adj.⟩: *sich umklappen lassend:* eine -e Rücksitzlehne.

um|klap|pen ⟨sw. V.⟩: **1.** *auf die andere Seite, in eine andere Richtung klappen* ⟨hat⟩: die Rücklehne eines Autositzes u. **2.** (ugs.) *umkippen* (1 b) ⟨ist⟩.

Um|klei|de, die; -, -n (ugs.): *Umkleideraum.*

Um|klei|de|ka|bi|ne, die: *Kabine* (2 a) *zum Umkleiden.*

um|klei|den ⟨sw. V.; hat⟩ (geh.): *umziehen* (2): das Kind, sich u.; ⟨subst.:⟩ jmdm. beim Umkleiden behilflich sein.

um|klei|den ⟨sw. V.; hat⟩: *mit etw. Schützendem, Schmückendem o. Ä. umgeben, ringsum verkleiden:* einen Kasten mit grünem Tuch u.

Um|klei|de|raum, der: *Raum* (1) *zum Umkleiden.*

Um|klei|dung, die; -, -en ⟨Pl. selten⟩ (selten): *das Umkleiden.*

Um|klei|dung, die; -, -en: **1.** ⟨Pl. selten⟩ *das Umkleiden.* **2.** *Umkleidendes:* die samtene U. war beschädigt.

um|kni|cken ⟨sw. V.⟩: **1.** ⟨hat⟩ **a)** *so umbiegen, dass ein Knick entsteht:* ein Blatt Papier u.; **b)** *zur Seite biegen, bis ein Knick entsteht:* Grashalme u.; der Sturm hat den Baum umgeknickt. **2.** *zur Seite knicken* ⟨ist⟩: das Streichholz ist beim Anreißen umgeknickt. **3.** *mit dem Fuß zur Seite knicken* ⟨ist⟩: [mit dem Fuß] u.

um|kom|men ⟨st. V.; ist⟩ [mhd. umbekomen]: **1.** *durch einen Unfall, bei einem Unglück den Tod finden; ums Leben kommen:* im Krieg, bei einem Erdbeben u.; unzählige Seevögel kamen durch die, bei der Ölpest um. **2.** (ugs. emotional) *etw. kaum ertragen, aushalten können:* vor Hitze, Langeweile u.; im Dreck u. **3.** *(von Lebensmitteln) nicht verbraucht werden u. verderben:* nichts u. lassen.

um|ko|pie|ren ⟨sw. V.; hat⟩ (Fot.): *von einem Negativ bzw. Positiv ein weiteres Negativ bzw. Positiv herstellen:* einen Film [auf ein anderes Material, Format] u.

um|kral|len ⟨sw. V.; hat⟩: *mit den Krallen, wie mit Krallen umfassen:* der Adler umkrallte seine Beute mit beiden Fängen; seine Finger umkrallten die Türklinke.

um|krän|zen ⟨sw. V.; hat⟩: *bekränzend umwinden:* die Tafel war mit Blumen umkränzt; Ü der See ist von Wäldern umkränzt.

Um|krän|zung, die; -, -en: **1.** ⟨Pl. selten⟩ *das Umkränzen.* **2.** *Umkränzendes.*

Um|kreis, der; -es, -e: **1.** ⟨o. Pl.⟩ *umgebendes Gebiet, [nähere] Umgebung:* die Menschen, die im U. der Stadt wohnen; die Explosion war 80 km im U./im U. von 80 km zu hören; im ganzen U. gibt es kein Schwimmbad; im weiten/weit im U. wachsen keine Bäume. **2.** (Geom.) *Kreis, der durch alle Ecken eines Vielecks geht:* den U. eines Dreiecks, eines regelmäßigen Sechsecks zeichnen.

um|krei|sen ⟨sw. V.; hat⟩: *sich kreisförmig o. ä. um jmdn., etw. bewegen:* die Planeten umkreisen die Sonne; Ü seine Gedanken umkreisten das Thema.

Um|krei|sung, die; -, -en: *das Umkreisen.*

um|krem|peln ⟨sw. V.; hat⟩: **1.** *aufkrempeln:* [jmdm., sich] die Hemdsärmel, die Hosenbeine u. **2.** *auf die andere Seite, von innen nach außen kehren:* Strümpfe, seine Hosentaschen u.; Ü das ganze Haus [nach etw.] u. *(gründlich durchsuchen).* **3.** (ugs.) *von Grund auf ändern, umgestalten:* der neue Chef hat den ganzen Betrieb, hat hier erst mal alles umgekrempelt; der Trainer hat die Mannschaft völlig umgekrempelt.

Um|la|de|bahn|hof, der: *Bahnhof zum Umladen von Gütern; Umschlagbahnhof.*

um|la|den ⟨st. V.; hat⟩: **1.** *von einem Behälter, Wagen o. Ä. in einen anderen laden:* Güter [auf Laster, Schiffe] u.; die Kohle wird im Hafen vom Schiff in Bahnwaggons umgeladen. **2.** *entladen u. mit etw. anderem laden:* einen Laster, einen Frachter u.

Um|la|dung, die; -, -en: *das Umladen.*

Um|la|ge, die; -, -n: *umgelegter Betrag (je Person, Beteiligten usw.):* die U. beträgt 65 Mark pro Person.

um|la|gern ⟨sw. V.; hat⟩: *anders lagern (als vorher):* das Getreide [in trockene Räume] u.; einen Patienten, Verletzten vorsichtig u.

um|la|gern ⟨sw. V.; hat⟩: *stehend od. gelagert in großer Zahl umgeben:* Reporter umlagerten den Star, den Präsidenten.

Um|la|ge|rung, die; -, -en: *das Umlagern.*

Um|la|ge|rung, die; -, -en: *das Umlagern.*

Um|land, das; -[e]s: **a)** *eine Stadt umgebendes, wirtschaftlich u. kulturell überwiegend auf sie ausgerichtetes Gebiet:* die im U. [der Stadt] wohnenden Pendler; **b)** *Region, Gegend, Landschaft um ein Gewässer.*

um|las|sen ⟨st. V.; hat⟩ (ugs.): *umgelegt, umgebunden, umgehängt usw. lassen:* die Uhr, die Schürze, den Schal u.

Um|lauf, der; -[e]s, Umläufe: **1. a)** ⟨o. Pl.⟩ *kreisende Bewegung, das Kreisen, Umlaufen* (3 a) *[um etw.]:* der U. (*Rotation* 1) der Erde um die Sonne; **b)** *einzelne Kreisbewegung beim Umlaufen:* die Erde braucht für einen U. [um die Sonne] ein Jahr. **2.** ⟨o. Pl.⟩ *Kreislauf, Zirkulation; das Umlaufen* (4): der U. des Blutes im Gefäßsystem. **3.** ⟨o. Pl.⟩ *das In-Gebrauch-Sein (von etw.) als Zahlungsmittel o. Ä.:* der U. von Bargeld; etw. aus dem U. ziehen; diese Münze ist seit zehn Jahren in/im U.; Falschgeld in U. bringen, geben, setzen; damals kamen die ersten Silbermünzen in U.; Ü ein Gerücht in U. bringen *(dafür sorgen, dass es weitergetragen wird);* ein Wort kommt in U. *(in Gebrauch, wird populär).* **4.** *(in einem Betrieb, einer Behörde) umlaufendes Schriftstück, Rundschreiben o. Ä., das gelesen [abgezeichnet] u. weitergegeben wird.* **5.** *Fingerentzündung.* **6.** (Reitsport) *(erstes, zweites usw.) Zurücklegen des Parcours bei einem Wettbewerb im Springreiten.* **7.** (Wirtsch., Verkehrsw.) vgl. Umlaufzeit (2).

Um|lauf|bahn, die (Astron., Raumf.): *Bahn eines umlaufenden Himmelskörpers, Satelliten o. Ä.; Orbit:* die -en der Planeten; einen Satelliten in eine U. um die Erde schießen, bringen.

um|lau|fen ⟨st. V.⟩: **1.** *laufend anstoßen u. dadurch umwerfen* ⟨hat⟩: jmdn., etw. u. **2.** (landsch.) *versehentlich einen Umweg machen* ⟨ist⟩. **3.** ⟨ist⟩ **a)** *sich um etw. drehen, um etw. kreisen:* ein auf einer elliptischen Bahn umlaufender Himmelskörper; **b)** *sich um eine Achse drehen; rotieren:* ein umlaufendes Rad; **c)** *ringsherum verlaufen:* ein umlaufender Balkon; **d)** (Met.) *(vom Wind) dauernd die Richtung wechseln:* umlaufende Winde. **4.** *sich im Kreislauf befinden, zirkulieren* ⟨ist⟩: das im Gefäßsystem umlaufende Blut. **5.** *im Umlauf* (3) *sein, immer weitergegeben, weitervermittelt werden; kursieren, zirkulieren* ⟨ist⟩: über ihn laufen allerlei Gerüchte um.

um|lau|fen ⟨st. V.; hat⟩: *[im Kreis] um etw. [herum]laufen:* er hat den Platz umlaufen; der Mond umläuft die Erde in 28 Tagen.

Um|lauf|ge|schwin|dig|keit, Umlaufsgeschwindigkeit, die: *Geschwindigkeit, mit der etw. umläuft* (3).

Um|lauf|ren|di|te, die (Wirtsch.): *Rendite festverzinslicher, im Umlauf befindlicher Wertpapiere.*

Um|laufs|ge|schwin|dig|keit: ↑Umlaufgeschwindigkeit.

Um|laufs|zeit: ↑Umlaufzeit.

Um|lauf|ver|mö|gen, das (Wirtsch.): *einem Unternehmen nur kurzfristig gehörender, für den Umsatz bestimmter Teil seines Vermögens.*

Um|lauf|zeit, Umlaufszeit, die: **1.** *Zeit[dauer] des Umlaufs* (1, 2). **2.** (Wirtsch., Verkehrsw.) *Zeit, die ein Fahrzeug od. Schiff bis zur nächsten Bereitstellung unterwegs ist.*

Um|laut, der; -[e]s, -e (Sprachw.): **1.** ⟨o. Pl.⟩ *Veränderung eines Vokals, bes. der Wechsel eines a, o, u, au zu ä, ö, ü, äu:* der Plural wird oft mit U. [des Stammvokals] gebildet. **2.** *durch Umlauten entstehender Vokal (ä, ö, ü od. äu):* wie werden die -e beim Alphabetisieren behandelt?; standardsprachlich hat der Plural von »Lager« keinen U.; movierte Formen mit U.

um|lau|ten ⟨sw. V.; hat; meist im Passiv⟩ (Sprachw.): *zum Umlaut machen:* das a, der Stammvokal wird im Plural oft umgelautet; die umgelautete Pluralform ist fachsprachlich.

um|leg|bar ⟨Adj.⟩: *sich umlegen* (3) *lassend:* eine -e Rückbank.

Um|le|ge|ka|len|der, der; -s, -: *Kalender, dessen Blätter sich umlegen* (3) *lassen.*

um|le|gen ⟨sw. V.; hat⟩: **1.** *um den Hals, die Schultern, den Körper, einen Körperteil legen:* jmdm., sich einen Schal, eine Decke, einen Verband u. **2. a)** *der Länge nach auf den Boden, auf die Seite legen:* einen Mast u.; Bäume u. *(fällen);* der Regen hat das Getreide umgelegt *(niedergedrückt);* **b)** ⟨u. + sich⟩ *umknicken* (2); *niedergedrückt werden:* das Getreide hat sich umgelegt. **3.** *umklappen; auf die andere Seite klappen, legen:* einen Hebel u.; den Kragen, eine Stoffkante, ein Kalenderblatt u.; die Lehne der Rückbank lässt sich [nach vorn] u. **4. a)** (ugs.) *zu Boden werfen:* jmdn. mit einem Boxhieb u.;

b) (salopp) *kaltblütig umbringen, bes. erschießen;* **c)** (derb) *(als Mann) zum Geschlechtsverkehr verleiten, verführen:* ein Mädchen u. **5. a)** *anders, an eine andere Stelle, in ein anderes Zimmer usw. legen:* einen Kranken u.; **b)** *anders, an eine andere Stelle, mit anderem Verlauf usw. legen:* ein Kabel u.; ein Telefongespräch u. *(auf einen anderen Apparat legen);* **c)** *(Termine o. Ä.) auf einen anderen Zeitpunkt legen:* einen Termin, eine Veranstaltung u. **6.** *anteilmäßig verteilen:* die Heizkosten werden nach einem bestimmten Schlüssel auf die Mietparteien umgelegt; Bauland u. (Fachspr.; *Bauland neu in Grundstücke aufteilen u. diese anteilsmäßig den Eigentümern der ursprünglichen Grundstücke zuteilen).*

um|le|gen ⟨sw. V.; hat⟩: **1.** *mit etw., was zur Verzierung, Garnierung o. Ä. außen herumgelegt wird, umgeben:* den Braten mit Pilzen u.; **2.** *umhüllen, einhüllen.*

Um|le|gung, die; -, -en: *das Umlegen.*

um|lei|ten ⟨sw. V.; hat⟩: *anders leiten, [streckenweise] einen anderen Weg leiten:* den Verkehr, einen Zug, einen Bach u.; die Anrufe werden automatisch zu einem anderen Apparat umgeleitet.

Um|lei|tung, die; -, -en: **1.** *das Umleiten.* **2.** *Strecke, über die der Verkehr umgeleitet wird:* die Strecke ist gesperrt, aber es gibt eine U.; eine U. fahren, einrichten.

Um|lei|tungs|schild, das: *Hinweisschild für eine Umleitung.*

um|len|ken ⟨sw. V.; hat⟩: **1. a)** *in eine andere, bes. in die entgegengesetzte Richtung lenken* (1 a); *umwenden:* den Wagen u.; **b)** *sein Fahrzeug umlenken* (1 a): der Fahrer lenkte um. **2.** *einen anderen Weg, in eine andere Richtung, an ein anderes Ziel lenken* (2 a): einen Seilzug [über eine Rolle] u.; der Lichtstrahl wird umgelenkt; Ü Investitionsmittel u.

Um|len|kung, die; -, -en ⟨Pl. selten⟩: *das Umlenken.*

um|ler|nen ⟨sw. V.; hat⟩: **1.** *sich durch erneutes Lernen* (1) *umstellen:* bereit sein umzulernen. **2.** *etw. anderes, einen anderen Beruf, eine andere Methode o. Ä. lernen* (2).

um|lie|gend ⟨Adj.⟩: *in der näheren Umgebung, im Umkreis von etw. liegend:* Neustadt und die -en Dörfer.

Um|luft, die; - (Technik): **1.** *Luft klimatisierter Räume, die abgesaugt, aufbereitet u., mit Außenluft gemischt, zurückgeleitet wird.* **2.** *(in Umluftbacköfen, Mikrowellenherden) Heißluft, die durch ein Gebläse ständig umgewälzt wird:* mit U. backen, braten, grillen; den Ofen, die Mikrowelle auf U. schalten *(das Heißluftgebläse einschalten).*

Um|luft|herd, der: *Herd mit einem Backofen, der mit Umluft* (2) *arbeitet; Heißluftherd.*

um|ma|chen ⟨sw. V.; hat⟩ (ugs.): **1.** *umbinden, umlegen:* ich werde dem Hund ein Halsband u. **2.** *umhacken, umhauen, umschlagen.*

um|man|teln ⟨sw. V.; hat⟩ (bes. Fachspr.): *mit einem Mantel* (2) *umgeben:* ⟨meist im 2. Part.:⟩ ein mit Kunststoff ummanteltes Kabel.

Um|man|te|lung, die; -, -en (bes. Fachspr.): **1.** *das Ummanteln.* **2.** *Mantel* (2).

um|mau|ern ⟨sw. V.; hat⟩: *mit einer Mauer umgeben.*

Um|mau|e|rung, die; -, -en: **1.** *das Ummauern.* **2.** *Mauer, mit der etw. umgeben ist.*

U

um|mel|den ⟨sw. V.; hat⟩: *abmelden u. woanders anmelden, auf einen anderen Namen usw. melden:* bei jedem Wohnsitzwechsel muss man sich u.; ein Auto u.

Um|mel|dung, die; -, -en: *das Ummelden.*

um|mo|deln ⟨sw. V.; hat⟩: *ändern, umgestalten, umformen.*

Um|mo|de|lung, Um|mod|lung, die; -, -en: *das Ummodeln.*

um|mün|zen ⟨sw. V.; hat⟩: **1.** *durch Umwandeln in etw. verwerten, auswerten:* wissenschaftliche Erkenntnisse in technische Neuerungen u.; es gelang der Mannschaft nicht, ihre Überlegenheit in Tore umzumünzen. **2.** (meist abwertend) *[verfälschend] in, zu etw. umdeuten:* eine Niederlage in einen Sieg/zu einem Sieg u.

Um|mün|zung, die; -, -en: *das Ummünzen.*

um|nach|ten ⟨sw. V.; hat⟩ [eigtl. = mit Nacht umgeben] (geh.): *(geistig) verdunkeln, trüben, verwirren:* der Wahnsinn hat seinen Verstand umnachtet; ⟨meist im 2. Part.:⟩ geistig umnachtet *(verwirrt, wahnsinnig)* sein.

Um|nach|tung, die; -, -en (geh.): *das Umnachtetsein; geistige Verwirrung, Wahnsinn:* er hat es im Zustand geistiger U. getan.

um|nä|hen ⟨sw. V.; hat⟩: *umschlagen* (1) *u. festnähen:* eine Hose u. *(die Hosenbeine [kürzen u.] umnähen).*

um|nä|hen ⟨sw. V.; hat⟩: *durch Nähen befestigen, einfassen:* eine umnähte Kante.

um|ne|beln ⟨sw. V.; hat⟩: **1.** (selten) *ringsum in Nebel hüllen.* **2.** *(jmdm. den Blick, den Verstand) trüben:* ⟨meist im 2. Part.:⟩ [vom Alkohol] leicht umnebelt sein; einen etwas, leicht umnebelten Blick haben.

Um|ne|be|lung, Um|neb|lung, die; -, -en: *das Umnebeln; das Umnebeltsein.*

um|neh|men ⟨st. V.; hat⟩ (ugs.): *sich etw. umlegen, umhängen:* einen Mantel, eine Stola u.

um|nie|ten ⟨sw. V.; hat⟩ (salopp): **a)** *niederschießen;* **b)** *niederschlagen;* **c)** *umfahren.*

um|nut|zen ⟨sw. V.; hat⟩ (Amtsspr.): *für einen anderen, neuen Zweck nutzen:* ein Gebäude u.

Um|nut|zung, die; -, -en (Amtsspr.): *das Umnutzen.*

Um|or|ga|ni|sa|ti|on, die; -, -en: *Umorganisierung.*

um|or|ga|ni|sie|ren ⟨sw. V.; hat⟩: *anders, neu organisieren:* das Schulwesen, die Verwaltung, die Produktion u.

Um|or|ga|ni|sie|rung, die; -, -en: *das Umorganisieren.*

um|ori|en|tie|ren, sich ⟨sw. V.; hat⟩: *sich anders, neu orientieren:* sich beruflich, politisch, wirtschaftlich u.

Um|ori|en|tie|rung, die; -, -en: *das Sichumorientieren.*

um|pa|cken ⟨sw. V.; hat⟩: **1.** *in etw. anderes packen:* seine Sachen aus der Tasche in den Koffer u. **2.** *anders, neu packen:* seine Sachen, den Koffer, das Auto u.; ⟨auch o. Akk.-Obj.:⟩ ich muss noch einmal [ganz] u.

um|pflan|zen ⟨sw. V.; hat⟩: *an einen anderen Ort pflanzen:* die Blumen [in größere Töpfe] u.

um|pflan|zen ⟨sw. V.; hat⟩: *mit etw., was ringsherum gepflanzt wird, umgeben:* der Rasen ist mit Blumen umpflanzt.

Um|pflan|zung, die; -, -en: *das Umpflanzen.*

Um|pflan|zung, die; -, -en: *das Umpflanzen.*

um|pflü|gen ⟨sw. V.; hat⟩: *mit dem Pflug bearbeiten, umbrechen, überall umwenden:* den Acker u.; Ü der Boden war von Panzerketten umgepflügt.

um|po|len ⟨sw. V.; hat⟩ (Physik, Elektrot.): *die Pole von etw. vertauschen.*

Um|po|lung, die; -, -en: *das Umpolen.*

um|prä|gen ⟨sw. V.; hat⟩: **1.** *mit einer anderen Prägung versehen, die Prägung von etw. ändern:* Münzen u.; Ü etw. prägt jmds. Charakter um. **2.** (Verhaltensf.) *anders, neu prägen* (2 b).

Um|prä|gung, die; -, -en: *das Umprägen.*

um|pro|gram|mie|ren ⟨sw. V.; hat⟩ (EDV): *anders, neu programmieren* (2): einen Computer, Videorekorder u.

Um|pro|gram|mie|rung, die; -, -en (EDV): *das Umprogrammieren.*

um|pum|pen ⟨sw. V.; hat⟩: vgl. umfüllen: die Ladung des Tanklastzugs u.

um|pus|ten ⟨sw. V.; hat⟩ (ugs.): *umblasen.*

um|quar|tie|ren ⟨sw. V.; hat⟩: *jmdn. in einem anderen, neuen Quartier unterbringen.*

Um|quar|tie|rung, die; -, -en: *das Umquartieren.*

um|rah|men ⟨sw. V.; hat⟩: *mit einem anderen Rahmen* (1 a) *versehen:* das Bild muss umgerahmt werden.

um|rah|men ⟨sw. V.; hat⟩: **1.** *wie mit einem Rahmen* (1 a) *umgeben:* ein Bart umrahmt sein Gesicht. **2.** *einer Sache einen bestimmten Rahmen* (3 a) *geben:* ein Streichquartett umrahmte den Vortrag mit Kammermusik.

Um|rah|mung, die; -, -en: *das Umrahmen.*

Um|rah|mung, die; -, -en: **1.** *das Umrahmen.* **2.** *Umrahmendes; Rahmen.*

um|ran|den ⟨sw. V.; hat⟩: *rundum mit einem Rand versehen:* eine Stelle rot, mit Rotstift u.; einen Brunnen mit Steinen u.; ⟨oft im 2. Part.:⟩ mit Buchsbaum umrandete Beete.

um|rän|dert ⟨Adj.⟩: *ringsum gerändert:* rot -e Augen.

Um|ran|dung, die; -, -en: **1.** *das Umranden.* **2.** *Umrandendes; Rand.*

um|ran|gie|ren ⟨sw. V.; hat⟩: **1.** *durch Rangieren anders [zusammen]stellen:* einen Zug u. **2.** *durch Rangieren das Gleis wechseln:* der Zug, die Lok muss u.

um|ran|ken ⟨sw. V.; hat⟩: *rankend umgeben; sich um etw. ranken:* Efeu umrankt das Fenster; Ü (geh.:) Sagen, Anekdoten umranken jmdn., etw.

Um|raum, der; -[e]s, Umräume (bes. Fachspr.): *umgebender Raum.*

um|räu|men ⟨sw. V.; hat⟩: **1.** *an eine andere Stelle räumen:* die Möbel u.; die Bücher in ein anderes Regal u. **2.** *durch Umräumen* (1) *umgestalten:* ein Zimmer u.

Um|räu|mung, die; -, -en: *das Umräumen.*

um|rech|nen ⟨sw. V.; hat⟩: *ausrechnen, wie viel etw. in einer anderen Einheit* (2) *ergibt:* Dollars in Mark, Zoll in Zentimeter, Zentner in Kilogramm u.

Um|rech|nung, die; -, -en: *das Umrechnen.*

Um|rech|nungs|kurs, der: *Kurs* (4), *zu dem eine Währung in eine andere umgerechnet wird.*

um|rei|ßen ⟨st. V.; hat⟩: **1.** *zu Boden reißen, durch heftige Bewegung umwerfen, zum Umfallen bringen:* der Sturm hat das Zelt, das Gerüst umgerissen. **2.** *durch Umwerfen o. Ä. niederreißen, zerstören:* einen Mast, einen Zaun u.

um|rei|ßen ⟨st. V.; hat⟩: *knapp, in großen Zügen u. dabei in seinen wesentlichen Punkten darstellen:* die Situation, den Sachverhalt, den Tatbestand mit ein paar Sätzen, mit wenigen Worten u.; ⟨oft im 2. Part.:⟩ fest umrissene *(fest abgegrenzte, klare)* Vorstellungen von etw.

um|rei|ten ⟨st. V.⟩: *reitend umwerfen* ⟨hat⟩.

um|rei|ten ⟨st. V.; hat⟩: *um etw. herumreiten* (1 b): das Feld u.

um|ren|nen ⟨unr. V.; hat⟩: *rennend anstoßen u. dadurch umwerfen:* jmdn., etw. u.; der Hund hat das Kind, den Papierkorb glatt umgerannt.

um|rin|gen ⟨sw. V.; hat⟩ [mhd. umberingen, ahd. umbi(h)ringen, zu: mhd. umberinc, ahd. umbi(h)ring = Umkreis, zu ↑Ring]: *(von Personen) in größerer Anzahl, dicht umgeben, umstehen; umdrängen.*

Um|riss, der; -es, -e [zu ↑Riss (3)]: *äußere, rings begrenzende Linie bzw. Gesamtheit von Linien, wodurch sich jmd., etw. [als Gestalt] von seiner Umgebung abhebt, auf einem Hintergrund abzeichnet:* der U. eines Hauses, eines Mannes; im Nebel wurden die -e eines Schiffs sichtbar; etw. im U., in groben -en zeichnen; Ü etw. nimmt allmählich feste -e *(feste Gestalt)* an.

Um|riss|li|nie, die ⟨meist Pl.⟩: *Linie des Umrisses; Kontur:* die -n eines Gebirges.

Um|riss|zeich|nung, die: *Zeichnung, die nur die Umrisse von etw. zeigt.*

Um|ritt, der; -[e]s, -e: *Umzug zu Pferd.*

um|ru|beln ⟨sw. V.; hat⟩ (ugs.): *in eine andere Währung umwechseln.*

um|rüh|ren ⟨sw. V.; hat⟩: *durch Rühren bewegen u. [durcheinander] mischen:* die Suppe [mit dem Kochlöffel] u.; die Farbe muss gut umgerührt werden.

um|run|den ⟨sw. V.; hat⟩: *rund um etw. herumgehen, -fahren usw.:* den See [zu Fuß, mit dem Auto] u.

Um|run|dung, die; -, -en: *das Umrunden.*

um|rüs|ten ⟨sw. V.; hat⟩: **1. a)** *anders ausrüsten, bewaffnen als bisher:* eine Armee [auf andere Bewaffnung] u.; **b)** *seine Rüstung umstellen:* die Streitkräfte haben [auf neue Kampfflugzeuge]

umgerüstet. 2. (bes. Fachspr.) *umbauen u. anders ausrüsten:* etw. für einen anderen Zweck u.; ein Kraftwerk auf Gasbetrieb u.; ⟨auch o. Akk.-Obj.:⟩ rechtzeitig auf Winterreifen u.
Ụm|rüs|tung, die; -, -en: 1. *das Umrüsten* (1). 2. (bes. Fachspr.) *das Umrüsten* (2); *das Umgerüstetwerden.*
ụms ⟨Präp. + Art.⟩: *um das:* u. Haus gehen; nicht auflösbar in festen Verbindungen: u. Leben kommen.
ụm|sä|beln ⟨sw. V.; hat⟩ (bes. Fußball Jargon): *einen gegnerischen Spieler grob u. unfair zu Fall bringen, indem man ihm mit dem Fuß die Beine wegzieht.*
¹ụm|sa|cken ⟨sw. V.; hat⟩ [zu ↑¹sacken]: *in andere Säcke umfüllen:* Mehl u.
²ụm|sa|cken ⟨sw. V.; ist⟩ [zu ↑²sacken] (ugs.): *(ohnmächtig) umfallen.*
ụm|sä|gen ⟨sw. V.; hat⟩: *mithilfe der Säge umlegen, fällen:* einen Baum, einen Mast u.
ụm|sat|teln ⟨sw. V.; hat⟩: 1. *mit einem anderen Sattel versehen:* ein Pferd u. 2. (ugs.) *eine andere Ausbildung beginnen, einen anderen Beruf ergreifen, die Disziplin, das Betätigungsfeld o. Ä. wechseln:* er hat [auf Wirt] umgesattelt; er hat nach drei Semestern Chemie auf Jura umgesattelt.
Ụm|satz, der; -es, Umsätze [mniederd. ummesat = Tausch, zu: ummesetten, ↑umsetzen (3 d)]: 1. *Gesamtwert (innerhalb eines bestimmten Zeitraums) abgesetzter Waren, erbrachter Leistungen:* der U. steigt; Werbung hebt den U.; die Kneipe hat, macht am Abend im Schnitt 3 000 Mark U., einen U. von 3 000 Mark; U. machen (Jargon; *einen beträchtlichen Umsatz erzielen*); einen großen, guten U. an/(seltener:) von/in Seife haben *(beim Verkauf von Seife einen hohen, zufrieden stellenden Umsatz erzielen);* die Kellner sind am U. beteiligt. 2. (Fachspr., bes. Med., Chemie) *Umsetzung (von Energie, von Stoffen).*
Ụm|satz|ana|ly|se, die (Wirtsch.): *den Umsatz* (1) *betreffende Analyse.*
Ụm|satz|an|stieg, der: *Anstieg des Umsatzes* (1).
Ụm|satz|be|tei|li|gung, die: *Beteiligung am Umsatz* (1).
Ụm|satz|pro|vi|si|on, die: 1. (Wirtsch.) *vom Umsatz* (1) *berechnete Provision.* 2. (Bankw.) *vom Umsatz* (1) *eines Kontos bzw. als Teil der Kreditkosten berechnete Provision.*
Ụm|satz|rück|gang, der: *Rückgang des Umsatzes* (1).
ụm|satz|schwach ⟨Adj.⟩: *keine hohen Umsätze* (1) *erzielend, mit sich bringend:* -e Filialen werden geschlossen.
ụm|satz|stark ⟨Adj.⟩: *hohe Umsätze* (1) *erzielend, mit sich bringend:* eine -e Gaststätte, Tankstelle, Handelskette.
Ụm|satz|stei|ge|rung, die: *Steigerung des Umsatzes* (1).
Ụm|satz|steu|er, die: *auf den Umsatz* (1) *erhobene Steuer.*
Ụm|satz|ver|gü|tung, die: 1. (Wirtsch.) *vom Umsatz* (1) *berechnete Vergütung.* 2. (Bankw.) *vom Umsatz* (1) *eines Kontos bzw. als Teil der Kreditkosten berechnete Vergütung.*
ụm|säu|men ⟨sw. V.; hat⟩: *umschlagen, einschlagen u. ¹säumen* (1): den Stoffrand, ein Kleid u.
um|säu|men ⟨sw. V.; hat⟩: 1. *rundum ¹säumen* (1), *mit einem Saum* (1) *umgeben.* 2. (geh.) *rings, rundherum ¹säumen* (2), *als Saum* (2) *umgeben:* ⟨meist im 2. Part.:⟩ ein von Hecken umsäumter Weg.
ụm|schaf|fen ⟨st. V.; hat⟩ (geh.): *aus etw. durch Umgestaltung etw. Neues schaffen.*
Ụm|schaf|fung, die; -, -en (geh.): *das Umschaffen.*
ụm|schal|ten ⟨sw. V.; hat⟩: 1. a) *durch Schalten* (1 a) *anders einstellen:* den Strom u.; die Kamera auf manuelles Fokussieren u.; das Netz auf Wechselstrom u.; ⟨auch o. Akk.-Obj.:⟩ auf Abblendlicht, auf Batteriebetrieb u.; mit dieser Taste schaltet man [auf Großbuchstaben] um; wir schalten ins Stadion um *(stellen eine Funk-, Fernsehverbindung zum Stadion her);* b) *automatisch [um]geschaltet* (1 a) *werden:* die Ampel schaltet [auf Gelb] um; ⟨auch u. + sich:⟩ wenn der Strom ausfällt, schaltet sich das Gerät [automatisch] auf Akkubetrieb um. 2. *schalten* (2 a): [vom 3., 5.] in den 4. Gang u.; rechtzeitig vor der Steigung auf das kleine Kettenblatt u. 3. (ugs.) *sich umstellen, auf etw. anderes einstellen:* nach dem Urlaub wieder [auf Arbeit] u.; vergiss in Dover nicht, auf Linksverkehr umzuschalten!; wenn er nach Hause kommt, schaltet er sofort, automatisch auf Dialekt um.
Ụm|schal|ter, der; -s, -: 1. (Technik) *[Gerät mit einem] Schalter zum Umschalten* (1). 2. *Umschalttaste* (a).
Ụm|schalt|he|bel, der: *Hebel zum Umschalten* (1).
Ụm|schalt|tas|te, die: a) *Schreibmaschinentaste zum Umschalten von Klein- auf Großbuchstaben;* b) (EDV) *Taste zum Umschalten [von Klein- auf Großbuchstaben], Shifttaste.*
Ụm|schal|tung, die; -, -en: *das Umschalten.*
Um|scha|lung, die; -, -en: *Verschalung* (2).
um|schat|ten ⟨sw. V.; hat⟩ (geh.): *mit Schatten umgeben.*
Ụm|schau, die; -: *das Sichumsehen; Rundblick:* wir laden zur freien U. in unseren Ausstellungsräumen ein; * **[nach jmdm., nach etw.] U. halten** *(sich [nach jmdm., nach etw.] suchend umsehen).*
ụm|schau|en, sich ⟨sw. V.; hat⟩ (bes. südd., österr., schweiz.): 1. a) *umsehen* (1 a): sich neugierig, verwundert [im Zimmer] u.; b) *umsehen* (1 b). 2. *umsehen* (2): sich [nach jmdm., etw.] u. 3. *umsehen* (3).
um|schäumt ⟨Adj.⟩ (Fachspr.): *mit Schaum* (4) *umgeben.*
ụm|schich|ten ⟨sw. V.; hat⟩: 1. a) *anders, neu schichten* (1); b) (bes. Finanzw.) *anders, neu verteilen:* den Etat u. *(eine neue Verteilung der Etatmittel vornehmen).* 2. ⟨u. + sich⟩ *sich in Schichtung, Aufbau, Verteilung verändern:* die Bevölkerung schichtet sich um *(die Struktur der Bevölkerung verändert sich).*
ụm|schich|tig ⟨Adj.⟩: *sich [in Schichten] ablösend, abwechselnd:* u. arbeiten.
Ụm|schich|tung, die; -, -en: 1. a) *das Umschichten* (1 a); b) (bes. Finanzw.) *das Umschichten* (1 b). 2. *das Sichumschichten.*
ụm|schif|fen ⟨sw. V.; hat⟩: *(zum weiteren Transport) auf ein anderes Schiff bringen:* Güter, Waren u.; die Passagiere wurden umgeschifft.
um|schif|fen ⟨sw. V.; hat⟩: *mit dem Schiff umfahren* (a): eine Klippe u.; das Kap konnte wegen der starken Gegenströmung nicht umschifft werden.
Ụm|schif|fung, die; -, -en: *das Ụmschiffen.*
Um|schif|fung, die; -, -en: *das Umschiffen.*
Ụm|schlag, der; -[e]s, Umschläge [4: mhd. umbeslac; 5: mniederd. ummeslach = Tausch, Jahrmarkt]: 1. a) *etw., womit etw., bes. ein Buch, eingeschlagen, eingebunden ist;* b) kurz für ↑Briefumschlag. 2. *[feuchtes] warmes od. kaltes Tuch, das zu Heilzwecken um einen Körperteil gelegt wird:* kalte, heiße Umschläge. 3. *umgeschlagener Rand an Kleidungsstücken:* eine Hose mit U.; Ärmel mit breiten Umschlägen. 4. ⟨o. Pl.⟩ *plötzliche, unvermittelte starke Veränderung, plötzliche Umkehrung, Verkehrung; das Umschlagen* (5): ein plötzlicher U. der Stimmung; es kann leicht zu einem U. ins Gegenteil kommen. 5. ⟨o. Pl.⟩ (Wirtsch.) a) *Umladung von Gütern bzw. Überführung zwischen Lager u. Beförderungsmittel;* b) *umgeschlagene* (6) *Menge;* c) *Umsatz, Verwandlung, Nutzbarmachung von Werten, Mitteln.* 6. ⟨o. Pl.⟩ (Handarb.) *das Ụmschlagen* (7) *des Fadens beim Stricken.*
Ụm|schlag|bahn|hof, der: *Umladebahnhof.*
ụm|schla|gen ⟨st. V.⟩ [mhd. umbeslahen = sich ändern, eigtl. = in andere Richtung schlagen]: 1. *[den Rand von] etw. in eine andere Richtung, auf die andere Seite wenden* ⟨hat⟩: den Kragen, die Ärmel, den Teppich u.; die Seiten eines Buchs u. *(umwenden).* 2. *durch einen Schlag od. durch Schläge zum Umschlagen* (4), *Umfallen bringen* ⟨hat⟩: Bäume u. 3. *jmdm., sich etw. umlegen* (1), *umwerfen* (3) ⟨hat⟩: jmdm., sich ein Tuch, eine Decke u. 4. ⟨ist⟩ a) *(in seiner ganzen Länge od. Breite) plötzlich auf die Seite schlagen, umkippen* (1 a), *umstürzen* (1): das Boot, der Kran ist plötzlich umgeschlagen; b) *(vom Wind) plötzlich stark die Richtung ändern:* der Wind ist [nach Westen] umgeschlagen. 5. *sich plötzlich, unvermittelt verkehren, stark ändern* ⟨ist⟩: das Wetter schlug um; etw. schlägt ins, in sein Gegenteil um; die Stimmung ist [in allgemeine Verzweiflung] umgeschlagen; ihre Stimme schlug um *(ging plötzlich in eine andere Stimmlage über);* der Wein ist umgeschlagen *(ist trüb geworden u. hat einen schlechten Geruch u. Geschmack angenommen).* 6. *(Güter, meist in größeren Mengen, regelmäßig) umladen* ⟨hat⟩. 7. (Handarb.) *den Faden um die Nadel legen* ⟨hat⟩.
um|schla|gen ⟨st. V.; hat⟩ (Druckw.): *(Druckbogen) wenden:* umschlagene Bogen.
Ụm|schlag|ent|wurf, der: *Entwurf für den Umschlag* (1 a): der U. stammt vom Autor selbst.
Ụm|schla|ge|tuch, Umschlagtuch, das; -[e]s, ...tücher: *großes Tuch, das um Kopf u. Schultern geschlagen wird.*
Ụm|schlag|ha|fen, der: *Hafen für den Güterumschlag.*
Ụm|schlag|platz, der: *Platz, Ort, an dem Güter umgeschlagen werden:* die Stadt ist ein wichtiger U. [für den Osthandel].
Ụm|schlag|tuch: ↑Umschlagetuch.
um|schlei|chen ⟨st. V.; hat⟩: *im Kreis, im Bogen um jmdn., um etw. schleichen.*
um|schlie|ßen ⟨st. V.; hat⟩: 1. a) *umzingeln, einschließen:* die feindlichen Stellungen u.; b) *umgeben [u. einschließen]; sich um jmdn., etw. schließen.* 2. a) *mit den Armen, Händen usw. umfassen:* jmdn. [mit beiden Armen] fest u.; b) *(von Armen, Händen usw.) umfassen:* jmds. Finger umschließen etw. ganz fest. 3. *einschließen, in sich begreifen, zum Inhalt haben.*
Um|schlie|ßung, die; -, -en: *das Umschließen* (1).
ụm|schlin|gen ⟨st. V.; hat⟩: *jmdm., sich etw. um den Körper, einen Körperteil schlingen:* sich ein Halstuch u.
um|schlin|gen ⟨st. V.; hat⟩: 1. *(mit den Armen) umfassen:* jmds. Nacken, Taille u.; ⟨oft im 2. Part.:⟩ die beiden hielten sich [fest] umschlungen. 2. *sich um etw. herumschlingen:* Kletterpflanzen umschlangen den Stamm der Pappel. 3. *etw. mit etw. umwinden* (1).
Um|schlin|gung, die; -, -en: *das Umschlingen* (1, 2); *das Umschlungensein.*
Ụm|schluss, der; -es, Umschlüsse [zu: umschließen]: *Strafgefangenen, Untersuchungshäftlingen gewährter gegenseitiger Besuch bzw. zeitweiliger gemeinsamer Aufenthalt in einer Zelle:* jmdm. U. gewähren.
um|schmei|cheln ⟨sw. V.; hat⟩: 1. *jmdm. schöntun, jmdn. schmeichelnd umwerben:* zahlreiche Verehrer umschmeichelten sie; ⟨oft im 2. Part.:⟩ sie fühlte sich umschmeichelt. 2. *mit schmeichelnder Zärtlichkeit umgeben:* das Kind umschmeichelt die Mutter; Ü ein leichter Wind umschmeichelte ihr Gesicht.
ụm|schmei|ßen ⟨st. V.; hat⟩ (ugs.): 1. *umwerfen* (1): eine Vase, einen Stuhl u. 2. *umwerfen* (4 a): ihn schmeißt so leicht nichts um. 3. a) *umstoßen* (2 a); b) *umstoßen* (2 b): das würde unseren ganzen Plan u.
ụm|schmel|zen ⟨st. V.; hat⟩: *durch Schmelzen umformen.*
Ụm|schmel|zung, die; -, -en: *das Umschmelzen.*
ụm|schnal|len ⟨sw. V.; hat⟩: *umlegen u. mit der Schnalle schließen:* ich schnallte [mir] das Koppel um.
um|schnü|ren ⟨sw. V.; hat⟩: *mit einer Schnur o. Ä. fest umwickeln [u. zuschnüren]:* ein Bündel u.; ein Paket mit Bindfaden u.; Ü (geh.:) den Gegner u. (Milit.; *einschließen*).
Um|schnü|rung, die; -, -en: 1. *das Umschnüren; das Umschnürtwerden.* 2. *etw., womit etw. umschnürt ist.*
ụm|schrei|ben ⟨st. V.; hat⟩: 1. *(Geschriebenes)*

umarbeiten: einen Aufsatz, ein Drehbuch, eine Komposition u. **2.** *([Aus]geschriebenes) schriftlich ändern:* eine Rechnung u. **3.** *transkribieren* (1): chinesische Schriftzeichen in lateinische Schrift u. **4.** *durch Änderung einer schriftlichen Eintragung übertragen; woanders eintragen:* Vermögen, Grundbesitz [auf jmdn., auf jmds. Namen] u. lassen; einen Betrag auf ein anderes Konto u.

um|schrei|ben ⟨st. V.; hat⟩: **1.** *um-, abgrenzend beschreiben, festlegen, bestimmen:* jmds. Aufgaben [genau, kurz] u. **2. a)** *anders, mit anderen, bes. mit mehr als den direkten Worten [verhüllend] ausdrücken od. beschreiben:* etw. gleichnishaft u.; man kann es nicht übersetzen, man muss es u.; eine Sache, einen Sachverhalt, eine Situation [schamhaft] u.; **b)** (Sprachw.) *(eine einfache Wortform) durch einen bedeutungsgleichen komplexeren Ausdruck ersetzen:* im Englischen wird das Verb in verneinten Sätzen meist mit »to do« umschrieben; die Österreicher umschreiben *(bilden)* das Perfekt von »stehen« mit [dem Hilfsverb] »sein«. **3.** (bes. Geom.) *rund um etw. zeichnen, beschreiben:* ein Dreieck mit einem Kreis u.

Um|schrei|bung, die; -, -en: *das Umschreiben.*

Um|schrei|bung, die; -, -en: **1.** *das Umschreiben.* **2.** *umschreibender Ausdruck, Satz.*

um|schrie|ben ⟨Adj.⟩ [2. Part. zu ↑umschreiben (1)] (Fachspr.): *deutlich abgegrenzt, umgrenzt, bestimmt:* genau umschriebene Bestimmungen; ein -es (Med.; *lokalisiertes*) Ekzem.

Um|schrift, die; -, -en: **1.** (Sprachw.) **a)** *Lautschrift:* phonetische U.; **b)** *Transkription:* die U. eines russischen Namens; einen chinesischen Text in U. wiedergeben. **2.** *umgeschriebener, umgearbeiteter Text.* **3.** *kreisförmige Beschriftung entlang dem Rand, bes. bei Münzen.*

um|schub|sen ⟨sw. V.; hat⟩ (ugs.): *durch Schubsen umstoßen:* jmdn., etw. u.

um|schul|den ⟨sw. V.; hat⟩ (Finanzw.): **1.** *(Anleihen, Kredite o. Ä.) umwandeln, bes. durch günstigere Kredite ablösen:* Kredite um.; ⟨auch o. Akk.-Obj.:⟩ wir müssen rechtzeitig u. **2.** *(einen Schuldner) durch Umschulden* (1) *von Anleihen, Krediten o. Ä. in eine andere, bes. eine günstigere finanzielle Lage bringen:* jmdn. u.

Um|schul|dung, die; -, -en (Finanzw.): *das Umschulden.*

um|schu|len ⟨sw. V.; hat⟩: **1.** *in eine andere Schule schicken, einweisen:* ein Kind [auf ein Gymnasium] u. **2. a)** *für eine andere berufliche Tätigkeit ausbilden:* jmdn. zum Maurer u.; **b)** *sich umschulen lassen:* ich habe auf Maurer umgeschult. **3.** (selten) *politisch umerziehen.*

Um|schü|ler, der; -s, -: *jmd., der umgeschult* (1) *wird od. worden ist.*

Um|schü|le|rin, die; -, -nen: w. Form zu ↑Umschüler.

Um|schu|lung, die; -, -en: *das Umschulen.*

um|schüt|ten ⟨sw. V.; hat⟩: **1.** *durch Umwerfen des Gefäßes verschütten:* die Milch u. **2.** *aus einem Gefäß in ein anderes schütten, umfüllen:* Milch, Salz [in ein anderes Gefäß] u.

um|schwär|men ⟨sw. V.; hat⟩: **1.** *im Schwarm, in Schwärmen um jmdn., etw. fliegen:* von Mücken, Tauben umschwärmt werden. **2.** *jmdn. schwärmerisch verehrend, bewundernd in großer Zahl umgeben:* sie war von vielen umschwärmt.

um|schwe|ben ⟨sw. V.; hat⟩: *schwebend umrunden, umgeben:* Rauchschwaden umschwebten die Lampe; wir wurden von Glühwürmchen umschwebt.

Um|schweif, der; -[e]s, -e ⟨meist Pl.⟩ [mhd. umbesweif = Kreisbewegung, zu ↑Schweif]: *unnötiger Umstand, bes. überflüssige Redensart:* -e hassen; keine -e machen *(geradeheraus sagen, was man meint, will);* etw. ohne -e erklären, tun.

um|schwei|fen ⟨sw. V.⟩ [mhd. umbesweifen] (geh.): *herumschweifend umkreisen* ⟨hat⟩.

um|schwen|ken ⟨sw. V.; ist⟩: **1.** *in eine andere, bes. in die entgegengesetzte Richtung schwenken* (3): die Kolonne schwenkte [nach Norden] um. **2.** (abwertend) *seine Ansicht, Gesinnung, Haltung [plötzlich] wechseln.*

um|schwir|ren ⟨sw. V.; hat⟩: *schwirrend umkreisen, umrunden:* Mücken umschwirrten uns, die Lampe.

Um|schwung, der; -[e]s, Umschwünge: **1.** *einschneidende, grundlegende Veränderung, Wendung:* ein politischer, wirtschaftlicher U.; es trat ein [plötzlicher] U. der/in der allgemeinen Stimmung, öffentlichen Meinung ein. **2.** (Turnen) *ganze Drehung um ein Gerät, durch deren Schwung der Körper in die Ausgangsstellung zurückgebracht wird:* einen U. [am Reck] machen, ausführen. **3.** (schweiz.) *zum Haus gehörendes umgebendes Land.*

um|se|geln ⟨sw. V.; hat⟩: **1. a)** *mit dem Segelschiff umfahren* (a): eine Untiefe u.; **b)** *mit dem Segelschiff umfahren* (b): eine Insel, einen Kontinent, die Welt u. **2.** *segelnd umfliegen.*

Um|se|ge|lung, Um|seg|lung, die; -, -en: *das Umsegeln.*

um|se|hen, sich ⟨st. V.; hat⟩: **1. a)** *nach allen Seiten, ringsumher sehen:* sich neugierig, verwundert [im Zimmer] u.; sich nach allen Seiten u.; du darfst dich bei mir nicht u. *(es ist nicht aufgeräumt bei mir);* R du wirst dich noch u. (ugs.; *du wirst sehen, dass du die Illusionen gemacht hast*); **b)** *überall, in vieler Hinsicht Eindrücke u. Erfahrungen sammeln:* sich in einer Stadt u.; sich in der Elektrobranche u. **2.** *sich umdrehen, den Kopf wenden, um jmdn., etw. zu sehen, nach jmdm., etw. zu sehen:* indem sie wegging, sah sie sich immer wieder [nach uns, nach dem Haus] um; sie sah sich nach ihrem Hintermann, Verfolger um. **3.** *sich darum kümmern, jmdn., etw. irgendwo zu finden u. für sich zu erlangen:* sich nach einer Stellung, einer Wohnung, einem Babysitter u.

Um|se|hen, das: in der Fügung **im U.** *(im Nu).*

um sein: s. um (I 2 c).

um|sei|tig ⟨Adj.⟩: *auf der Rückseite (des Blattes) [stehend]:* bitte vergleichen Sie den -en Text; die Maschine ist u. abgebildet.

um|seits ⟨Adv.⟩ (Amtsdt.): *auf der Rückseite (des Blattes).*

um|setz|bar ⟨Adj.⟩: *sich umsetzen* (1 a, 2, 3 a, c, d) *lassend.*

um|set|zen ⟨sw. V.; hat⟩ [1 a: mhd. umbesetzen; 3 d: mniederd. ummesetten = tauschen]: **1. a)** *an eine andere Stelle, auf einen anderen Platz setzen:* die Bienenstöcke u.; einen Müllcontainer u.; die Goldfische [in einen anderen Teich] u.; einen Schüler u. *(ihm einen anderen Sitzplatz anweisen);* die beiden Schüler haben sich umgesetzt *(haben andere Sitzplätze eingenommen);* einen Beschäftigten u. *(ihm einen anderen Arbeitsplatz zuweisen);* **b)** (Eisenb.) *umrangieren:* einen Waggon, einen Zug [auf ein anderes Gleis] u.; **c)** (Gewichtheben) *das Gewicht vom Boden bis zur Brust heben u. dann die Arme unter die Hantelstange bringen:* die Hantel u.; ⟨auch o. Akk.-Obj.:⟩ mit Ausfall, mit Hocke u.; **d)** (Turnen) *(die das Gerät greifenden Hände) so mitdrehen, wie es die Verlagerung des Körperschwerpunktes erfordert:* beim Felgaufschwung muss man die Hände u. **2.** *umpflanzen:* eine Pflanze [in einen anderen Topf] u.; so einen großen Baum kann man nicht mehr u. **3. a)** *in einen anderen Zustand, in eine andere Form umwandeln, verwandeln:* Wasserkraft in Strom u.; Energie [in eine andere Form, in Arbeit] u.; Stärke wird in Zucker umgesetzt; **b)** ⟨u. + sich⟩ *umgesetzt* (3 a) *werden:* Bewegung setzt sich in Wärme um; **c)** *umwandeln, umgestalten [u. dadurch verdeutlichen, verwirklichen]:* Prosa in Verse u.; Gefühle in Musik u.; Erkenntnisse in die Praxis u.; Pläne, Projekte u. *(verwirklichen);* sein ganzes Geld in Bücher u. (ugs.; *für Bücher ausgeben*); **d)** *(einen bestimmten, dem Umsatz* (1) *entsprechenden Betrag) als Erlös für Waren od. Leistungen erzielen:* Waren [im Wert von 3 Millionen Mark] u. *(absetzen).*

Um|set|zer, der; -s, - (Nachrichtent.): *Vorrichtung zum Umsetzen* (3 a) *bes. einer Frequenz in eine andere.*

Um|set|zung, die; -, -en: *das Umsetzen* (1 a, 2, 3 a, c, d).

Um|sicht, die; - [rückgeb. aus ↑umsichtig]: *kluges, zielbewusstes Beachten aller wichtigen Umstände; Besonnenheit:* [große] U. zeigen; mit U. handeln, vorgehen.

um|sich|tig ⟨Adj.⟩ [mhd. umbesihtic, LÜ von lat. circumspectus]: *Umsicht zeigend; mit Umsicht [handelnd]:* ein -er Mitarbeiter; u. handeln, vorgehen.

Um|sich|tig|keit, die; -: *das Umsichtigsein.*

um|sie|deln ⟨sw. V.⟩: **1.** *anderswo ansiedeln, ansässig machen* ⟨hat⟩: einen Teil der Bevölkerung [aus einem Gebiet] u. **2.** *umziehen, anderswohin ziehen* ⟨ist⟩: von Bonn nach Berlin u.; in ein anderes Land u.

Um|sie|de|lung: ↑Umsiedlung.

Um|sied|ler, der; -s, -: *jmd., der umgesiedelt wird.*

Um|sied|le|rin, die; -, -nen: w. Form zu ↑Umsiedler.

Um|sied|lung, Umsiedelung, die; -, -en: *das Umsiedeln.*

um|sin|ken ⟨st. V.; ist⟩: *zu Boden, zur Seite sinken, langsam umfallen* (1 b): ohnmächtig u.

um|so ⟨Konj.⟩: **a)** drückt [in Verbindung mit je + Komp.] eine proportionale Verstärkung aus; *desto:* je früher [wir es tun], u. besser [ist es]; je schneller der Wagen, u. größer die Gefahr; wenn du Schwierigkeiten machst, dauert es nur u. *(entsprechend)* länger; nach einer Ruhepause wird es u. besser gehen!; **b)** drückt eine Verstärkung aus [die als Folge des im mit »als« od. »weil« angeschlossenen Nebensatz genannten Sachverhalts od. Geschehens anzusehen ist]: diese Klarstellung ist u. dringlicher, als/weil es bisher nur Gerüchte gab; du musst früh ins Bett, u. mehr als du morgen einen schweren Tag hast; dazu hat er kein Recht, u. weniger als er selbst keine weiße Weste hat; u. besser *(das ist ja noch besser)*!

um so: frühere Schreibung für ↑umso.

um so mehr: frühere Schreibung für: umso mehr (↑umso).

um|sonst ⟨Adv.⟩ [mhd. umbe sus = für nichts, eigtl. = um, für ein So (mit wegwerfender Handbewegung), zu ↑sonst]: **1.** *ohne Gegenleistung, unentgeltlich:* etw. u./(landsch.:) für u. bekommen; jmdm. etw. u. geben, machen; etw. gibt es, etw. ist u. **2. a)** *ohne die erwartete od. erhoffte [nutzbringende] Wirkung; vergebens, vergeblich:* u. auf jmdn. warten; sich u. anstrengen, bemühen; alle Mahnungen, Versuche waren u.; die ganze Mühe, Arbeit war u.; R das hast du nicht u. getan (ugs. verhüll.; *das zahle ich dir heim*)!; **b)** *ohne Zweck, grundlos:* ich habe nicht u. davor gewarnt.

um|sor|gen ⟨sw. V.; hat⟩: *mit Fürsorge umgeben:* jmdn. mit Hingabe, rührend u.

um so we|ni|ger: frühere Schreibung für: umso weniger (↑umso).

um|span|nen ⟨sw. V.; hat⟩: **1.** *anders anspannen:* Pferde, Ochsen u. **2.** (Elektrot.) *(Strom mithilfe eines Transformators) auf eine andere Spannung bringen, transformieren:* Strom [von 220 Volt auf 9 Volt] u.

um|span|nen ⟨sw. V.; hat⟩: **1. a)** *(mit den Armen, Händen) umfassen:* einen Baumstamm [mit den Armen] u.; **b)** *eng umschließen (u. dabei Spannung zeigen, Druck ausüben):* seine Hände umspannten ihre Handgelenke. **2.** *umfassen, einschließen, umschließen:* diese Epoche, Entwicklung umspannt einen Zeitraum von über hundert Jahren; ⟨oft im 1. Part.:⟩ ein den ganzen Globus umspannendes Netzwerk.

Um|span|ner, der; -s, -: *Transformator.*

Um|span|nung, die; -, -en: *das Umspannen.*

Um|span|nung, die; -, -en: *das Umspannen.*

Um|spann|werk, das: *Anlage zum Umspannen von Strom* (3).

um|spei|chern ⟨sw. V.; hat⟩ (EDV): *(gespeicherte Daten) auf ein anderes Speicherwerk bringen.*

um|spie|len ⟨sw. V.; hat⟩: **1.** *sich spielerisch leicht*

U

um etw., jmdn. bewegen: die Wellen umspielen die Klippen; nach der neuen Mode umspielt der Rock das Knie. **2.** (Musik) **a)** *paraphrasieren* (2); **b)** *(beim Spielen) in mehrere Töne auflösen, verzieren:* den Hauptton u. **3.** (Ballspiele) *mit dem Ball den Gegner geschickt umgehen* (a): den Libero, den Torwart u.

um|spịn|nen ⟨st. V.; hat⟩: *mit einem Gespinst umgeben, durch [Ein]spinnen mit etw. umgeben:* ein Kabel, eine Saite u.

ụm|sprin|gen ⟨st. V.; ist⟩: **1.** *plötzlich, unvermittelt wechseln:* der Wind sprang [von Nord auf Nordost] um; die Ampel war schon [auf Rot] umgesprungen; die Tide springt um. **2.** (abwertend) *mit jmdm., etw. willkürlich u. in unangemessener bzw. unwürdiger Weise umgehen, verfahren:* rüde, grob, übel mit jmdm. u.; es ist empörend, wie man mit uns umspringt. **3.** (Ski) *einen Umsprung* (1) *ausführen.*

um|sprịn|gen ⟨st. V.; hat⟩: *hüpfend, springend umkreisen:* die Hunde umspringen den Jäger.

Ụm|sprung, der; -[e]s, Umsprünge: **1.** (Ski) *Sprung u. Drehung in der Luft.* **2.** (Turnen) *das Ụmspringen* (4 b).

um|spu|len ⟨sw. V.; hat⟩: *auf eine andere Spule spulen:* einen Faden, ein Tonband, einen Film [auf eine andere Spule] u.

um|spü|len ⟨sw. V.; hat⟩: *ringsum bespülen:* der Felsen wird von der Brandung, vom Meer umspült.

Ụm|stand, der; -[e]s, Umstände [mhd. umbestant, urspr. = das Herumstehen, die Herumstehenden, zu mhd. umbestēn, ahd. umbistēn, ↑umstẹhen]: **1.** *zu einem Sachverhalt, einer Situation, zu bestimmten Verhältnissen, zu einem Geschehen beitragende od. dafür mehr od. weniger wichtige Einzelheit, einzelne Tatsache:* ein wichtiger, wesentlicher U.; wenn es die Umstände *(die Verhältnisse)* erlauben, kommen wir gern; einem Angeklagten mildernde Umstände zubilligen; alle [näheren] Umstände [eines Vorfalls] schildern; dem Patienten geht es den Umständen entsprechend *(so gut, wie es in seinem Zustand möglich ist);* besonderer Umstände halber eine Ausnahme machen; unter diesen, solchen, den gegenwärtigen, den gegebenen Umständen ist das nicht möglich, bin ich nicht dazu bereit; das darf unter [gar] keinen Umständen *(auf keinen Fall)* passieren; er muss unter allen Umständen *(auf jeden Fall, unbedingt)* sofort zurückkommen; * **unter Umständen** *(vielleicht, möglicherweise);* **in anderen/(geh.:) gesegneten Umständen sein** (verhüll.; *schwanger sein*); **in andere Umstände kommen** (verhüll.; *schwanger werden*). **2.** ⟨meist Pl.⟩ *in überflüssiger Weise zeitraubende, die Ausführung von etw. [Wichtigerem] unnötig verzögernde Handlung, Verrichtung, Äußerung usw.; unnötige Mühe u. überflüssiger, zeitraubender Aufwand:* sie hasst Umstände; mach [dir] meinetwegen keine [großen] Umstände!; nur keine Umstände!; bleib doch zum Essen, es macht [mir] wirklich überhaupt keine Umstände; etw. ist mit [sehr viel, zu viel] Umständen verbunden; was für ein U. *(wie umständlich)!*; ohne alle Umstände *(ohne lange zu zögern)* mit etw. beginnen.

ụm|stän|de|hal|ber ⟨Adv.⟩: *wegen veränderter, wegen besonderer Umstände:* das Haus ist u. zu verkaufen.

ụm|ständ|lich ⟨Adj.⟩: **1.** *mit Umständen* (2) *verbunden, vor sich gehend; Umstände machend:* -e Vorbereitungen; diese Methode ist [mir] zu u.; das Gerät ist sehr u. [in der Bedienung, zu bedienen]; statt u. mitzuschreiben, lässt er ein Tonband laufen. **2.** *in nicht nötiger Weise gründlich, genau u. daher mehr als sonst üblich Zeit dafür benötigend:* -e Vorbereitungen; sie ist [in allem] sehr u.; etw. u. erklären, beschreiben, formulieren, ausdrücken.

Ụm|ständ|lich|keit, die; -: **1.** (o. Pl.) *das Umständlichsein.* **2.** *etwas Umständliches, von Umständlichkeit* (1) *zeugende Handlung, Äußerung.*

Ụm|stands|an|ga|be, die (Sprachw.): *Adverbialbestimmung.*

Ụm|stands|be|stim|mung, die (Sprachw.): *Adverbialbestimmung.*

Ụm|stands|er|gän|zung, die (Sprachw.): *für die grammatische Vollständigkeit eines Satzes notwendige Umstandsangabe.*

Ụm|stands|für|wort, das (Sprachw.): *Pronominaladverb.*

ụm|stands|hal|ber ⟨Adv.⟩ (seltener): *umständehalber.*

Ụm|stands|klei|dung, die: *besonders geschnittene Kleidung für Frauen, die schwanger sind.*

Ụm|stands|krä|mer, der (ugs. abwertend): *umständlicher Mensch.*

Ụm|stands|krä|me|rin, die: w. Form zu ↑Umstandskrämer.

Ụm|stands|satz, der (Sprachw.): *Adverbialsatz.*

Ụm|stands|wort, das ⟨Pl. ...wörter⟩ (Sprachw.): *Adverb.*

ụm|ste|chen ⟨st. V.; hat⟩ (Landw.): *umgraben:* ein Beet u.

um|stẹ|chen ⟨sw. V.; hat⟩ (landsch.): *umstecken* (2).

ụm|ste|cken ⟨st. V.; hat⟩: **1.** *anders stecken:* einen Stecker, die Spielkarten u. **2.** *den Rand bes. eines Kleidungsstücks umschlagen u. mit Nadeln feststecken:* einen Saum u.

um|stẹ|cken ⟨sw. V.; hat⟩: *ringsum bestecken.*

ụm|ste|hen ⟨unr. V.; ist⟩ (österr. ugs., bayr.): **1.** *verenden, umkommen:* ein umgestandenes Tier. **2.** *von einer Stelle wegtreten:* steh ein wenig um, damit ich den Boden kehren kann!

um|stẹ|hen ⟨unr. V.; hat⟩ [mhd. umbestēn, ahd. umbistēn]: *ringsum stehend umgeben:* Neugierige umstanden den Verletzten, den Unfallort; ⟨oft im 2. Part.:⟩ ein von Weiden umstandener Teich.

ụm|ste|hend ⟨Adj.⟩: **1.** *ringsum stehend:* die -en Leute; ⟨subst.:⟩ die Umstehenden lachten. **2.** *umseitig:* vergleichen Sie dazu bitte [die] -e Erklärung; u./im -en Text finden Sie nähere Angaben; die Abbildung wird u. erläutert.

Ụm|stei|ge|fahr|schein, Umsteigfahrschein, der: *Fahrschein, der zum Umsteigen berechtigt.*

ụm|stei|gen ⟨st. V.; ist⟩: **1. a)** *aus einem Fahrzeug in ein anderes überwechseln:* in Köln müssen wir [in einen D-Zug, nach Aachen] u.; in einen Bus, in ein anderes Auto, in die Linie 8 u.; **b)** (Ski) *die Richtung ändern durch Anheben u. Seitwärtsstellen eines Skis u. Nachziehen des andern.* **2.** (ugs.) *von etw. zu etw. anderem, Neuem überwechseln (um es nunmehr zu besitzen, zu benutzen):* auf einen anderen Wagen, eine andere Automarke u.; [vom Auto] auf öffentliche Verkehrsmittel, aufs Fahrrad u.; [von Haschisch] auf harte Drogen u.; nach dem dritten Glas Wein stieg er auf Mineralwasser um.

Ụm|stei|ger, der; -s, -: **1.** (ugs.) *Umsteigefahrschein:* du brauchst einen U. **2.** (Jargon) *jmd., der seinen Beruf wechselt.* **3.** *jmd., der umsteigt* (1 a). **4.** *jmd., der umsteigt* (2).

Ụm|stei|ge|rin, die; -, -nen: w. Form zu ↑Umsteiger (2, 3, 4).

Ụm|steig|fahr|schein: ↑Umsteigefahrschein.

Ụm|stell|bahn|hof, der (Eisenb.): *Bahnhof, auf dem Güterwagen umgestellt bzw. anderen Zügen zugeteilt werden.*

ụm|stel|len ⟨sw. V.; hat⟩: **1.** *anders, an eine andere Stelle, an einen anderen Platz stellen:* Bücher, Möbel u.; einen Waggon u.; Sätze in einem Text u.; eine Fußballmannschaft u. (Sport; *die Aufstellung einer Fußballmannschaft ändern*). **2.** *anders stellen, einstellen; umschalten:* einen Hebel, die Weiche u.; die Uhr [auf Sommerzeit] u. **3. a)** *auf etw. anderes einstellen; zu etw. anderem [mit etw., jmdm.] übergehen:* die Heizung [von Öl] auf Erdgas u.; sie hat ihre Ernährung [auf Rohkost] umgestellt; die Produktion auf Spielwaren u.; ein Feld auf Bioanbau u.; sich [auf einen anderen Lebensstil] u.; ⟨auch o. Akk.-Obj.:⟩ wir haben auf Spielwaren, auf Selbstbedienung, auf Erdgas umgestellt; **b)** *auf veränderte Verhältnisse einstellen, veränderten Verhältnissen anpassen:* sein Leben [auf die moderne Zeit] u.; sich auf ein anderes Klima u.

um|stẹl|len ⟨sw. V.; hat⟩: *sich rings um jmdn., etw. [herum]stellen, rings um jmdn., etw. herum in Stellung gehen, damit jmd., etw. nicht entweichen kann:* das Wild wurde umstellt; das Gebäude ist [von Scharfschützen] umstellt.

Ụm|stel|lung, die; -, -en: *das [Sich]ụmstellen.*

Um|stẹl|lung, die; -, -en: *das Umstẹllen.*

Ụm|stel|lungs|pro|zess, der: *Prozess* (2) *der Anpassung an veränderte Verhältnisse.*

ụm|stem|peln ⟨sw. V.; hat⟩: *anders, neu stempeln.*

ụm|steu|ern ⟨sw. V.; hat⟩: *den politischen o. ä. Kurs ändern, korrigieren:* in der Geldpolitik rechtzeitig u.

Ụm|steu|e|rung, die; -, -en: **1.** *das Umsteuern.* **2.** (Technik) **a)** *Umkehrung der Drehrichtung einer Maschine;* **b)** *Vorrichtung für die Umsteuerung* (2 a).

Ụm|stieg, der; -[e]s, -e: *das Überwechseln zu etw. anderem, Neuem:* der U. [von Haschisch] auf Heroin.

ụm|stim|men ⟨sw. V.; hat⟩: **1.** *anders stimmen, die Stimmung (eines Musikinstrumentes) ändern:* ein Saiteninstrument u. **2.** (Med.) *die Bereitschaft des Körpers bzw. eines Organs zu bestimmten vegetativen Reaktionen ändern:* ein Organ durch Reiztherapie u. **3.** *jmdn. zu einer anderen Haltung veranlassen, bes. jmdn. dazu bewegen, seine Entscheidung zu ändern:* sie ließ sich nicht u.

Ụm|stim|mung, die; -, -en: *das Umstimmen.*

ụm|sto|ßen ⟨st. V.; hat⟩: **1.** *durch einen Stoß umwerfen, zu Fall bringen:* jmdn., eine Vase u. **2. a)** *rückgängig machen, fallen lassen:* eine Entscheidung, ein Programm, ein Testament u.; **b)** *zunichte machen:* dieses Ereignis stößt unsere Pläne um.

um|strah|len ⟨sw. V.; hat⟩ (dichter.): *umglänzen:* umstrahlte Marmorfiguren.

um|strei|chen ⟨st. V.; hat⟩: **1.** *herumstreichend umkreisen.* **2.** *auf allen Seiten über jmdn., etw. hinstreichen* (2).

ụm|stri|cken ⟨sw. V.; hat⟩: *anders, neu stricken:* der Pullover müsste wieder umgestrickt werden.

um|strị|cken ⟨sw. V.; hat⟩: **1.** (veraltet) *eine Person od. Sache umgeben, sodass sie sich verwickelt u. festgehalten wird:* Tang umstrickte den Taucher; Ü von Intrigen umstrickt sein. **2.** *umgarnen.*

Um|strị|ckung, die; -, -en: *das Umstrịcken.*

um|strịt|ten ⟨Adj.⟩ [adj. 2. Part. zu veraltet umstreiten = mit jmdm. streiten]: *in seiner Gültigkeit, in seinem Wert dem Streit der Meinungen unterliegend:* eine -e Theorie, Frage, Methode; ein -es Bauvorhaben, Gesetz; der Autor war u.

um|strö|men ⟨sw. V.; hat⟩: *um jmdn., etw. strömen.*

ụm|struk|tu|rie|ren ⟨sw. V.; hat⟩: *anders, neu strukturieren:* die Verwaltung, das Gesundheitswesen, einen Betrieb, ein Buch u.

Ụm|struk|tu|rie|rung, die; -, -en: *das Umstrukturieren:* eine U. der Wirtschaft, des Schulsystems, der Streitkräfte.

ụm|stu|fen ⟨sw. V.; hat⟩ (bes. Amtsspr.): *anders, neu einstufen.*

ụm|stül|pen ⟨sw. V.; hat⟩: **1.** *etw. (bes. einen Behälter o. Ä.) auf den Kopf stellen, umdrehen, sodass die Öffnung unten ist:* einen Eimer u. **2. a)** *stülpen* (c): seine Taschen u.; die Ärmel u.; **b)** ⟨u. + sich⟩ *umgestülpt* (2 a) *werden:* der Schirm hat sich umgestülpt. **3.** *grundlegend ändern:* ein System, jmds. Leben u.

Ụm|sturz, der; -es, Umstürze: *gewaltsame grundlegende Änderung der bisherigen politischen u. öffentlichen Ordnung durch revolutionäre Beseitigung der bestehenden Regierungsform:* ein politischer U.; der U. ist gescheitert; einen U. planen, vorbereiten, herbeiführen, vereiteln; an einem U. beteiligt sein; auf einen U. hinarbeiten; er gelangte durch einen U. an die Macht; Ü diese Erfindung bedeutete einen U. *(eine Umwälzung)* in der Technik.

Ụm|sturz|be|we|gung, die: *politische Bewegung, die einen Umsturz zum Ziel hat.*

ụm|stür|zen ⟨sw. V.⟩ [1, 2: mhd. ummesturzen]: **1.** *zu Boden, zur Seite stürzen* ⟨ist⟩: der Kran, die Mauer ist umgestürzt; ich bin mit dem Stuhl umgestürzt; ⟨oft im 2. Part.:⟩ die Fahrbahn ist durch einen umgestürzten Baum, Lastwagen blockiert. **2.** *etw. [an]stoßen, sodass es umstürzt* (1); *zum Umstürzen* (1) *bringen* ⟨hat⟩: Tische und Bänke u.; Ü ein [politisches] System u. *(durch Umsturz abschaffen);* eine Regierung u. *(durch Umsturz beseitigen).* **3.** ⟨hat⟩ **a)** *eine radikale, grundlegende [Ver]änderung von etw. bewirken:* etw. stürzt alle Pläne, alle bisher gültigen Theorien, Vorstellungen um; **b)** *rückgängig machen, umwerfen* (4 b): eine Entscheidung u.

Ụm|stürz|ler, der; -s, - (oft abwertend): *jmd., der einen Umsturz herbeiführen will bzw. [mit] vorbereitet.*

Ụm|stürz|le|rin, die; -, -nen: w. Form zu ↑Umstürzler.

ụm|stürz|le|risch ⟨Adj.⟩ (oft abwertend): *einen Umsturz bezweckend, vorbereitend:* -e Ideen, Bestrebungen; jmdm. -e Tätigkeit vorwerfen.

Ụm|sturz|ver|such, der: *Versuch, einen politischen Umsturz herbeizuführen.*

um|tạn|zen ⟨sw. V.; hat⟩: *tanzend umkreisen.*

ụm|tau|fen ⟨sw. V.; hat⟩: **1.** (ugs.) *umbenennen:* eine Straße, eine Schule, ein Schiff u. **2.** *nach anderem (katholischem) Ritus taufen:* sich u. lassen.

Ụm|tausch, der; -[e]s, -e ⟨Pl. selten⟩: **1. a)** *das Umtauschen* (1 a): nach dieser Frist ist kein U. mehr möglich; diese Artikel sind vom U. ausgeschlossen; **b)** *das Umtauschen* (1 b): der Verkäufer ist zum U. verpflichtet. **2.** *das Umtauschen* (2).

ụm|tau|schen ⟨sw. V.; hat⟩: **1. a)** *etw., was jmds. Wünschen nicht entspricht, zurückgeben u. etw. anderes dafür erhalten:* seine Weihnachtsgeschenke u.; etw. in, gegen etw. u.; **b)** *etw., was jmds. Wünschen nicht entspricht, zurücknehmen u. etw. anderes dafür geben:* das Geschäft hat [mir] die Ware ohne weiteres umgetauscht. **2. a)** *(Geld) hingeben, einzahlen u. dafür den Gegenwert in einer bestimmten anderen Währung erhalten:* vor der Reise Geld u.; Dollars, tausend Mark in Peseten u.; Devisen in die Landeswährung u.; **b)** *(Geld) entgegennehmen u. dafür den Gegenwert in einer bestimmten anderen Währung geben, auszahlen:* würden Sie [mir] 100 Mark in Peseten u.?

Ụm|tausch|recht, das: *Recht, eine Ware umzutauschen.*

um|to̱|ben ⟨sw. V.; hat⟩ (geh.): *sich tobend um jmdn., etw. herum bewegen.*

Ụm|topf, der; -[e]s, Umtöpfe: *Übertopf.*

ụm|top|fen ⟨sw. V.; hat⟩: *(eine Topfpflanze) mit neuer Erde in einen andern [größeren] Topf setzen:* der Kaktus muss umgetopft werden.

um|to̱|sen ⟨sw. V.; hat⟩ (geh.): *sich tosend um jmdn., etw. herum bewegen:* der Sturm umtost das Haus.

ụm|trei|ben ⟨st. V.; hat⟩: **1.** *jmdn. mit Unruhe, unruhiger Sorge erfüllen, ihm keine Ruhe lassen, ihn stark beschäftigen:* Angst, die Sorge um die Zukunft, die Frage nach dem Sinn des Lebens, sein [schlechtes] Gewissen trieb ihn um. **2.** ⟨u. + sich⟩ (geh.) *umherstreifen, sich herumtreiben* (2). **3.** (selten) *kreisen, zirkulieren lassen.* **4.** (landsch.) *betreiben* (3).

Ụm|trieb, der; -[e]s, -e: **1. a)** ⟨Pl.⟩ (abwertend) *meist gegen den Staat od. bestimmte Kreise gerichtete, geheime Aufwiegelungsversuche, umstürzlerische Aktivitäten:* politische, gefährliche, verbrecherische -e; er wurde wegen hochverräterischer -e verhaftet; **b)** (landsch.) *Aktivitäten einer Person, in einem bestimmten Bereich:* der Ort seiner jugendlichen -e. **2. a)** (Forstw.) *Zeitspanne vom Pflanzen eines Baumbestandes bis zum Abholzen;* **b)** (Landw., Weinbau) *Dauer der Nutzung mehrjähriger Pflanzen od. eines Viehbestandes.* **3.** (Bergbau) *Grubengang, der an einem Schacht vorbei- od. um ihn herumgeführt wird.* **4.** ⟨meist Pl.⟩ (bes. schweiz.) *Umstand* (2).

ụm|trie|big ⟨Adj.⟩ (landsch.): *betriebsam, rege, rührig:* ein -er Mensch; sie ist sehr u.

Ụm|trie|big|keit, die; - (landsch.): *umtriebige Art.*

Ụm|trunk, der; -[e]s, Umtrünke ⟨Pl. selten⟩: *gemeinsames Trinken in einer Runde:* anschließend findet ein U. statt; einen U. veranstalten, halten; an seinem Geburtstag lädt er seine Kollegen immer zu einem [kleinen] U. ein.

ụm|tun ⟨unr. V.; hat⟩ (ugs.): **1.** *umlegen, umbinden:* jmdm., sich eine Decke, eine Schürze u. **2.** ⟨u. + sich⟩ **a)** *zu einem bestimmten Zweck einen Ort, Bereich näher kennen zu lernen versuchen:* sich in einer Stadt, in einer Branche, in der Welt u.; **b)** *sich um jmdn., etw. bemühen:* sich nach einer Arbeit, Wohnung u.

U̱-Mu|sik, die; -: kurz für ↑Unterhaltungsmusik.

Ụm|ver|pa|ckung, die; -, -en (Kaufmannsspr.): *zusätzliche äußere Verpackung, in der eine abgepackte Ware angeboten wird.*

ụm|ver|tei|len ⟨sw. V.; hat⟩ (bes. Wirtsch.): *[durch eine Redistribution] anders, neu verteilen:* die Lasten, die Arbeit, das Eigentum u.

Ụm|ver|tei|lung, die; -, -en (bes. Wirtsch.): *das Umverteilen.*

um|wạch|sen ⟨st. V.; hat⟩: *ringsum wachsend umgeben.*

um|wạl|len ⟨sw. V.; hat⟩ (geh.): *wallend umgeben.*

Um|wạl|lung, die; -, -en: **1.** *das Umwallen.* **2.** *Wall.*

Ụm|wälz|an|la|ge, die: *Anlage zum Umwälzen von Wasser o. Ä.*

ụm|wäl|zen ⟨sw. V.; hat⟩: **1.** *auf die andere Seite wälzen:* einen Stein u.; Ü umwälzende *(eine grundlegende Veränderung bewirkende)* Ereignisse, Maßnahmen. **2.** *(Luft, Wasser o. Ä.) in einem geschlossenen Raum in Bewegung versetzen u. für eine erneute Verwendung geeignet machen.* **3.** (selten) *überwälzen.*

Ụm|wälz|pum|pe, die: *Pumpe zum Umwälzen von Wasser o. Ä.*

Ụm|wäl|zung, die; -, -en: **1.** *grundlegende Veränderung bes. gesellschaftlicher o. ä. Verhältnisse:* soziale, historische -en; eine geistige, technische, wirtschaftliche U.; es vollzog sich eine tief greifende U. [in der Gesellschaft]. **2.** *das Umwälzen* (2).

ụm|wan|del|bar ⟨Adj.⟩: *sich ụmwandeln lassend:* eine -e Strafe.

ụm|wan|deln ⟨sw. V.; hat⟩: **a)** *zu etw. anderem machen, die Eigenschaften von etw., auch jmdm. verändern:* eine Scheune in einen Saal u.; Mietwohnungen in Eigentumswohnungen u.; mechanische Energie in Elektrizität u.; bei der Gärung wird der Zucker in Alkohol und Kohlensäure umgewandelt; einen Zeitvertrag in einen unbefristeten Vertrag u.; eine Firma, eine GmbH in eine KG u.; eine Freiheitsstrafe in eine Geldstrafe u.; seit seiner Krankheit, durch dieses Ereignis ist er wie umgewandelt; **b)** ⟨u. + sich⟩ *sich in seiner Art völlig verändern:* beide hatten sich von Grund auf umgewandelt.

um|wạn|deln ⟨sw. V.; hat⟩ (geh.): *wandelnd umrunden:* einen Platz, einen Teich u.

Ụm|wan|de|lung: ↑Umwandlung.

um|wạn|den ⟨sw. V.; hat⟩: *mit Wänden, Verschalungen umgeben.*

um|wạn|dern ⟨sw. V.; hat⟩: *wandernd umrunden:* einen See, eine Insel u.

Ụm|wand|lung, (seltener:) Ụmwandelung, die; -, -en: *das Ụmwandeln.*

Ụm|wand|lungs|pro|zess, der: *Prozess* (2) *der Umwandlung.*

Um|wạn|dung, die; -, -en: **1.** *das Umwanden.* **2.** *Wand, Verschalung.*

um|we̱|ben ⟨st. V.; hat⟩ (geh.): *auf geheimnisvolle Weise, gleichsam wie ein Gewebe umgeben:* ⟨meist im 2. Part.:⟩ eine von Legenden, von manchem Geheimnis umwobene Gestalt.

ụm|wech|seln ⟨sw. V.; hat⟩: **a)** *wechseln* (2 a); **b)** *wechseln* (2 b).

Ụm|wech|se|lung, (häufiger:) **Ụm|wechs|lung,** die; -, -en: *das Umwechseln.*

Ụm|weg, der; -[e]s, -e: *Weg, der nicht direkt an ein Ziel führt u. daher länger ist:* ein kleiner, weiter, großer U.; einen U. [über einen anderen Ort] machen, gehen, fahren; sie erreichten ihr Ziel auf -en; Ü er hat auf -en *(über Dritte)* davon erfahren; der Erreger gelangt auf dem U. über einen Zwischenwirt in den menschlichen Organismus.

ụm|we|gig ⟨Adj.⟩ (veraltend): *auf Umwegen [verlaufend]:* u. ans Ziel gelangen.

ụm|we|hen ⟨sw. V.; hat⟩: *durch Wehen umwerfen:* der Sturm hätte ihn beinah, hat die Bretterwand [glatt] umgeweht.

um|we̱|hen ⟨sw. V.; hat⟩: **a)** *um jmdn., etw. wehen* (1 a): ein laues Lüftchen umwehte uns; **b)** *um jmdn., etw. wehen* (1 c): Blütenduft umwehte sie.

Ụm|welt, die; -, -en ⟨Pl. selten⟩ [älter = umgebendes Land, Gegend (LÜ von dän. omverden), dann für ↑Milieu; a: im biolog. Sinn 1909 verwendet von dem dt. Biologen J. v. Uexküll (1864–1944)]: **a)** *auf ein Lebewesen einwirkende, seine Lebensbedingungen beeinflussende Umgebung:* die soziale, kulturelle, technische, geistige U.; eine gesunde, intakte U.; die U. des Menschen; die U. prägt den Menschen; die U. schützen, schonen, verschmutzen, zerstören, belasten; der U. schaden; die Schadstoffe gelangen in die U.; **b)** *Menschen in jmds. Umgebung (mit denen jmd. Kontakt hat, in einer Wechselbeziehung steht):* er fühlt sich von seiner U. missverstanden.

Ụm|welt|au|to, das (Jargon): *Katalysatorauto.*

ụm|welt|be|dingt ⟨Adj.⟩: *durch die Umwelt* (a) *bedingt:* -e Schäden, Krankheiten.

Ụm|welt|be|din|gung, die ⟨meist Pl.⟩: *durch die Umwelt* (a) *bestimmte Gegebenheit, Bedingung:* sich auf veränderte -en einstellen.

ụm|welt|be|las|tend ⟨Adj.⟩: *die natürliche Umwelt belastend:* -e Stoffe, Produktionsprozesse, Anlagen.

Ụm|welt|be|las|tung, die: *Belastung, Schädigung der natürlichen Umwelt durch Schmutz, schädliche Stoffe o. Ä.:* die U. durch Schwermetalle; die vom Straßenverkehr ausgehenden -en.

ụm|welt|be|wusst ⟨Adj.⟩: *sich der vom Menschen ausgehenden Gefährdung der natürlichen Umwelt bewusst:* ein sehr -er Mensch; sie ist kein bisschen u.; sich u. verhalten.

Ụm|welt|be|wusst|sein, das: *das Wissen um die vom Menschen ausgehende Gefährdung der natürlichen Umwelt, um die Bedeutung einer intakten Umwelt.*

Ụm|welt|che|mi|ka|lie, die ⟨meist Pl.⟩: *chemischer Stoff, der durch Industrie, Landwirtschaft u. a. in die Umwelt* (a) *gelangt u. geeignet ist, Gefährdungen für Lebewesen u. Umwelt heraufzubeschwören.*

Ụm|welt|de|likt, das: *Verstoß gegen Gesetze u. Bestimmungen zum Schutz der Umwelt.*

Ụm|welt|ein|fluss, der ⟨meist Pl.⟩: *von der Umwelt* (a) *ausgehender Einfluss (auf ein Lebewesen):* die Erkrankung ist auf Umwelteinflüsse zurückzuführen.

Ụm|welt|fak|tor, der: *Faktor, der mit anderen zusammen die Umwelt* (a) *eines Lebewesens bildet u. bestimmt.*

ụm|welt|feind|lich ⟨Adj.⟩: *die natürliche Umwelt beeinträchtigend:* eine [ausgesprochen] -e Produktionsweise; sich u. verhalten.

Ụm|welt|for|schung, die ⟨o. Pl.⟩: **a)** (Biol.) *Ökologie* (1); **b)** (Soziol.) *Erforschung der durch die Tätigkeit des Menschen auftretenden Veränderungen der natürlichen Umwelt.*

Ụm|welt|fra|ge, die: *die natürliche Umwelt, ihre Gefährdung, ihren Schutz betreffende Frage:* über -n diskutieren.

ụm|welt|freund|lich ⟨Adj.⟩: *die natürliche Umwelt nicht [übermäßig] beeinträchtigend:* -e Waschmittel, Verpackungen, Verkehrsmittel; u. produzieren, Strom herstellen; sich u. verhalten.

ụm|welt|ge|fähr|dend ⟨Adj⟩: *die natürliche Umwelt gefährdend.*

Ụm|welt|ge|fähr|dung, die: *Gefährdung der natürlichen Umwelt:* die von der Atomwirtschaft ausgehende U.

ụm|welt|ge|recht ⟨Adj.⟩: *umweltverträglich:* -es Handeln; Giftmüll u. entsorgen.

Ụm|welt|gift, das: *Umweltchemikalie:* ein gefährliches U.

Ụm|welt|ka|ta|stro|phe, die: *Katastrophe, die darin besteht, dass es zu Umweltschäden großen Ausmaßes kommt.*

Ụm|welt|krank|heit, die: *durch die Einwirkung von Umweltgiften auf den menschlichen Organismus verursachte Erkrankung.*

Ụm|welt|kri|mi|na|li|tät, die: *in Umweltdelikten bestehende Kriminalität.*

Ụm|welt|mi|nis|te|ri|um, das: *Ministerium für Umweltfragen.*

Ụm|welt|öko|no|mie, die: *Teilgebiet der Wirtschaftswissenschaft, das sich um die Einbeziehung der Umweltqualität in die ökonomischen Unternehmungen bemüht.*

Ụm|welt|pa|pier, das: *umweltfreundlich hergestelltes Papier.*

Ụm|welt|par|tei, die: *politische Partei, die sich hauptsächlich für den Umweltschutz engagiert.*

Ụm|welt|po|li|tik, die: *Umweltfragen betreffende, dem Umweltschutz dienende Politik.*

ụm|welt|po|li|tisch ⟨Adj.⟩: *die Umweltpolitik betreffend, zu ihr gehörend.*

Ụm|welt|qua|li|tät, die: *[vom Grad der Schädigung bestimmte] Beschaffenheit der natürlichen Umwelt.*

Ụm|welt|reiz, der: *von der Umwelt* (a) *ausgehender, auf ein Lebewesen wirkender Reiz.*

Ụm|welt|schä|den ⟨Pl.⟩: *durch übermäßige Belastungen der natürlichen Umwelt verursachte Schäden.*

ụm|welt|schäd|lich ⟨Adj.⟩: *sich auf die natürliche Umwelt schädlich auswirkend.*

ụm|welt|scho|nend ⟨Adj.⟩: *die Umwelt schonend, nicht übermäßig belastend:* -e Verfahren, Produkte; der Betrieb arbeitet u.

Ụm|welt|schutz, der [viell. nach engl. environmental protection]: *Schutz der natürlichen Umwelt:* sich für den U. einsetzen, engagieren; jeder von uns kann etwas zum U. beitragen.

Ụm|welt|schüt|zer, der: *[organisierter] Anhänger des Umweltschutzes:* die U. fordern den Verzicht auf den sechsspurigen Ausbau der Autobahn; acht Prozent der Wähler gaben den -n *(der Umweltpartei)* ihre Stimme; trotz massiver Proteste der U. ist das Kernkraftwerk ans Netz gegangen.

Ụm|welt|schüt|ze|rin, die: w. Form zu ↑Umweltschützer.

Ụm|welt|schutz|ge|setz, das: *den Umweltschutz betreffendes, ihm dienendes Gesetz.*

Ụm|welt|schutz|pa|pier, das: *Umweltpapier.*

Ụm|welt|skan|dal, der: *Skandal, der darin besteht, dass jmd. schuldhaft beträchtliche Umweltschäden verursacht hat:* einen U. aufdecken; in einen U. verwickelt sein.

Ụm|welt|steu|er, die: *vom Staat aus umweltpolitischen Gründen erhobene Steuer.*

Ụm|welt|sün|der, der (ugs.): *jmd., der absichtlich die Umwelt verschmutzt, den Umweltschutz bewusst missachtet.*

Ụm|welt|sün|de|rin, die; -, -nen: w. Form zu ↑Umweltsünder.

Ụm|welt|tech|nik, die ⟨o. Pl.⟩: *Gesamtheit der Bereiche der Technik, die der Erhaltung der Umwelt, dem Umweltschutz dienen.*

Ụm|welt|ver|schmut|zung, die ⟨Pl. selten⟩: *Belastung, Schädigung der natürlichen Umwelt durch Schmutz, schädliche Stoffe o. Ä.*

ụm|welt|ver|träg|lich ⟨Adj.⟩: *die natürliche Umwelt nicht belastend:* -e Verfahren; eine -e [landwirtschaftliche] Produktion.

Ụm|welt|ver|träg|lich|keit, die: *das Umweltverträglichsein.*

Ụm|welt|zei|chen, das: *Kennzeichnung, Zeichen, mit dem besonders umweltfreundliche u. -verträgliche Produkte versehen werden.*

Ụm|welt|zer|stö|rung, die ⟨Pl. selten⟩: *Zerstörung der natürlichen Umwelt, bes. durch Raubbau u. Verschmutzung.*

ụm|wen|den ⟨unr. V.⟩: **1.** ⟨wendete/wandte um, hat umgewendet/umgewandt⟩ **a)** *auf die andere Seite wenden:* einen Briefbogen u.; den Braten u.; **b)** *in die andere [Fahrt]richtung lenken:* die Pferde, einen Wagen, den Kahn u.; **c)** (selten) *das Innere eines Kleidungsstücks o. Ä. nach außen kehren; umdrehen:* die Strümpfe, die Bluse beim, vor dem Waschen u. **2.** ⟨u. + sich; wendete/wandte um, hat umgewendet/umgewandt⟩ *umdrehen* (1 c): sich kurz, hastig, eilig, schwerfällig u.; sich nach einem Mädchen u. **3.** ⟨wendete um, hat umgewendet⟩ *wenden u. in die andere Richtung fahren:* der Autofahrer, das Auto wendete um.

um|wẹr|ben ⟨st. V.; hat⟩: *sich um jmds. Gunst, bes. um die Liebe einer Frau bemühen:* er umwirbt sie beharrlich; ⟨oft im 2. Part.:⟩ der von den Parteien umworbene Wähler.

ụm|wer|fen ⟨st. V.; hat⟩: **1.** *durch einen heftigen Stoß o. Ä. bewirken, dass jmd., etw. umfällt:* eine Vase, einen Tisch, die Figuren auf dem Schachbrett u.; er wurde von der Brandung umgeworfen. **2.** (veraltet) *umgraben; umpflügen.* **3.** *jmdm., sich rasch, lose umhängen, umlegen:* jmdm., sich eine Decke u.; ich warf [mir] rasch einen Mantel um. **4.** (ugs.) **a)** *jmdn. aus der Fassung bringen:* ihn wirft so leicht nichts um; das wirft selbst den stärksten Mann um!; dieser [eine] Schnaps wird dich nicht [gleich] u. *(betrunken machen);* ⟨häufig im 1. Part.:⟩ ein umwerfendes Erlebnis; etw. ist von umwerfender *(verblüffender)* Komik; der Erfolg der neuen Band war umwerfend *(außergewöhnlich);* der Hauptdarsteller war einfach umwerfend, hat umwerfend gespielt, war umwerfend komisch. **b)** *umstoßen* (2 a): die Beschlüsse werden wieder umgeworfen; **c)** *umstoßen* (2 b).

ụm|wer|ten ⟨sw. V.; hat⟩: *anders bewerten, sodass ein neuer Wert entsteht.*

Ụm|wer|tung, die; -, -en: *das Umwerten.*

ụm|wi|ckeln ⟨sw. V.; hat⟩: **1.** (selten) *neu, anders wickeln:* die Schnur muss umgewickelt werden. **2.** *(um etw., jmdn.) herumwickeln:* jmdm., sich einen Schal u.

um|wị|ckeln ⟨sw. V.; hat⟩: *durch Darumbinden, -wickeln mit etw. versehen:* etw. mit einer Schnur, mit Draht, mit Isolierband u.; der Sanitäter hat ihren Kopf mit einer Binde umwickelt; die Hand war bis zu den Fingern umwickelt.

Ụm|wi|cke|lung, Ụmwicklung, die; -, -en: *das Ụmwickeln.*

Um|wị|cke|lung, Umwịcklung, die; -, -en: **1.** *das Umwịckeln.* **2.** *etw., womit etw. umwịckelt ist.*

Ụm|wick|lung: ↑Ụmwickelung.

Um|wịck|lung: ↑Umwịckelung.

ụm|wid|men ⟨sw. V.; hat⟩ (Amtsspr.): *einer anderen [öffentlichen] Nutzung, Bestimmung zuführen:* eine Fläche in Bauland, Gewerbegebiet u.; Haushaltsmittel u.; eine Professur u.

Ụm|wid|mung, die; -, -en (Amtsspr.): *das Umwidmen; das Umgewidmetwerden.*

ụm|win|den ⟨st. V.; hat⟩: *um jmdn., etw. locker herumwickeln:* sie hatte sich ein Tuch umgewunden.

um|wịn|den ⟨st. V.; hat⟩: **1.** *locker windend umwickeln:* das Tor mit einer Girlande u. **2.** *sich um etw. winden:* von Efeu umwundene Baumstämme.

um|wịt|tern ⟨sw. V.; hat⟩ (geh.): *auf eine geheimnisvolle, undeutliche Weise umgeben, um jmdn., etw. sein:* Geheimnisse, Gefahren umwitterten ihn; ⟨oft im 2. Part.:⟩ ein von Geheimnissen umwittertes Schloss.

um|wo̲|gen ⟨sw. V.; hat⟩: *wogend umgeben:* die sturmgepeitschte See umwogte die Insel; Ü die von der Menge umwogte Rednertribüne.

ụm|woh|nend ⟨Adj.⟩: *in einer bestimmten Gegend, im Umkreis von etw. wohnend.*

um|wọ̈l|ken ⟨sw. V.; hat⟩: **1.** ⟨u. + sich⟩ *sich von allen Seiten bewölken:* der Himmel umwölkte sich; Ü sein Blick umwölkte *(verdüsterte)* sich. **2.** *wolkenartig umzi̲ehen, einhüllen:* Nebelschwaden umwölkten die Berge.

Um|wọ̈l|kung, die; -, -en: *das Umwölken; das Umwölktsein.*

um|wu̲|chern ⟨sw. V.; hat⟩: *wuchernd umgeben:* Efeu umwucherte den Grabstein.

ụm|wüh|len ⟨sw. V.; hat⟩: *wühlend, bes. im Erdreich grabend, das Unterste zuoberst kehren:* die Erde u.

Ụm|wüh|lung, die; -, -en: *das Umwühlen.*

um|zäu̲|nen ⟨sw. V.; hat⟩: *mit einem Zaun umgeben; einzäunen:* ein Grundstück u.; der Park ist umzäunt.

Um|zäu̲|nung, die; -, -en: **1.** *das Umzäunen.* **2.** *Zaun.*

ụm|zeich|nen ⟨sw. V.; hat⟩: *neu, anders zeichnen:* ein Bild, einen Plan, eine [Land]karte u.

ụm|zie|hen ⟨unr. V.⟩ [mhd. umbeziehen = herumziehen; umzingeln, überfallen; belästigen]: **1. a)** *in eine andere Wohnung, Unterkunft ziehen; sein Quartier, seinen Sitz wechseln* ⟨ist⟩: sie ist [in eine größere Wohnung, in ein anderes Hotel, nach München] umgezogen; die Firma, das Institut zieht [in einen Neubau] um; die Regierung zieht in die neue Hauptstadt um; **R** dreimal umgezogen ist so gut wie einmal abgebrannt (*bei jedem Umzug werden Dinge beschädigt od. gehen verloren;* nach engl. »Three removals are as bad as a fire« von Benjamin Franklin [1706–1790]); Ü die Kinder mussten mit ihrem Spielzeug in den Flur u.; **b)** *(im Rahmen eines Umzugs* 1) *irgendwohin transportieren* ⟨hat⟩: Sachen, einen Schrank, das Klavier u; jmdn. u. (Jargon; *[als Spedition o. Ä.] jmds. Umzug durchführen*). **2.** *die Kleidung wechseln* ⟨hat⟩: sich nach der Arbeit, zum Essen, zum Sport u.; ein Kind festlich u.; ich muss mich erst noch u.

um|zie̲|hen ⟨unr. V.; hat⟩: **1.** *sich in die Länge erstreckend, rings umgeben:* ein von Draht umzogener Platz. **2.** (selten) **a)** *überzi̲ehen:* schwarze Wolken umzogen den Himmel; **b)** ⟨u. + sich⟩ *sich bewölken:* der Himmel hat sich umzogen.

um|zị|n|geln ⟨sw. V.; hat⟩: *[in feindlicher Absicht] umstellen, sodass niemand entweichen kann:* der Feind hat die Festung umzingelt; die Polizei umzingelte das Gebäude.

Um|zị̣n|ge|lung, (selten:) **Um|zịng|lung,** die; -, -en: *das Umzingeln; das Umzingeltwerden.*

um|zịr|ken ⟨sw. V.; hat⟩ [zu veraltet Umzirk(el) = Umkreis] (veraltend): *[in einem Kreis] einschließen.*

Ụm|zug, der; -[e]s, Umzüge: **1.** *das Ụmziehen* (1): der U. in eine neue Wohnung; der geplante U. [von Parlament und Regierung] von Bonn nach Berlin; wann ist der U., findet der U. statt?; diese Spedition übernimmt den U.; jmdm. beim U. helfen. **2.** *aus bestimmtem Anlass veranstalteter gemeinsamer Gang, Marsch einer Menschenmenge durch die Straßen:* ein festlicher U. der Trachtenvereine; einen U. machen, veranstalten; politische Umzüge verbieten; bei, in einem U. mitgehen, mitmarschieren.

ụm|zugs|hal|ber ⟨Adv.⟩: *wegen Umzugs.*

Ụm|zugs|kos|ten ⟨Pl.⟩: *durch einen Umzug* (1) *verursachte Kosten:* die U. übernimmt der neue Arbeitgeber.

Ụm|zugs|ter|min, der: *für einen Umzug festgesetzter Termin:* der U. steht noch nicht fest.

um|zụ̈n|geln ⟨sw. V.; hat⟩: *züngelnd umgeben.*

UN [uːˈlɛn] die; - ⟨Pl.⟩ [Abk. für engl. United Nations]: *die Vereinten Nationen.*

un- [mhd., ahd. un-]: verneint in Bildungen mit Adjektiven und Partizipien deren Bedeutung/*nicht:* unaggressiv, unattraktiv, unfest, unverkrampft.

Un-: **1.** drückt in Bildungen mit Substantiven eine Verneinung aus: Unruhe, Unvermögen. **2.** drückt in Bildungen mit Substantiven aus, dass eine Person oder Sache nicht [mehr] jmd., etw. ist, dass man die Person oder Sache nicht [mehr] als jmdn., etw. bezeichnen kann: Unkünstler, Unleben, Untext. **3.** kennzeichnet in Bildungen mit Substantiven etw. als schlecht, schlimm, falsch, verkehrt: Unding, Ungeist. **4.** drückt in Bildungen mit Mengenbezeichnungen eine (häufig emotionale) Verstärkung aus: Unmenge, Unsumme.

un|ab|än|der|lich [auch: '- - - - -] ⟨Adj.⟩: *sich nicht ändern lassend:* -e Tatsachen; seine Entscheidung ist offenbar u.; ⟨subst.:⟩ sich in das Unabänderliche fügen.

Un|ab|än|der|lich|keit [auch: '- - - - - -], die; -, -en: **1.** ⟨o. Pl.⟩ *das Unabänderlichsein.* **2.** *etw. Unabänderliches.*

un|ab|ding|bar [auch: '- - - -] ⟨Adj.⟩: **a)** *als Voraussetzung, Anspruch unerlässlich:* -e Rechte, Forderungen, Voraussetzungen; **b)** (Rechtsspr.) *nicht abdingbar:* -e Vertragsteile.

Un|ab|ding|bar|keit [auch: '- - - - -], die; -, -en: **1.** ⟨o. Pl.⟩ *das Unabdingbarsein.* **2.** *etw. Unabdingbares.*

un|ab|ding|lich [auch: '- - - -] ⟨Adj.⟩: *unabdingbar* (a).

un|ab|hän|gig ⟨Adj.⟩: **1. a)** *(hinsichtlich seiner politischen, sozialen Stellung, seiner Handlungsfreiheit) nicht von jmdm., etw. abhängig* (1 b): eine -e Frau, Kontrollinstanz; -e Richter, Gutachter, Sachverständige, Wissenschaftler; eine -e *(überparteiliche)* Zeitung; finanziell, wirtschaftlich u. sein; vom Geld u. sein; sich von jmdm., etw. u. machen; die Justiz muss u. sein, bleiben; die Atomenergie sollte das Land u. vom Erdöl machen; **b)** *souverän, frei von der Befehlsgewalt eines anderen Staates; autonom:* ein -er Staat; das Land, die ehemalige Kolonie ist erst vor 10 Jahren u. geworden, ist seit 1960 u. **2. a)** *für sich bestehend; von jmdm., etw. losgelöst:* eine vom Motor -e Standheizung; die Tiere leben hier u. vom Menschen; **b)** *nicht von etw. beeinflusst, durch etw. bedingt, bestimmt:* zwei voneinander völlig -e Ereignisse; beide Wissenschaftlerinnen machten diese Entdeckung u. voneinander.

Un|ab|hän|gig|keit, die; -: **1. a)** *Eigenschaft, unabhängig* (1 a) *zu sein:* finanzielle, wirtschaftliche U.; die richterliche U., die U. der Justiz wahren; **b)** *Eigenschaft, unabhängig* (1 b) *zu sein:* die staatliche U.; die amerikanische U., die U. Algeriens; die U. anstreben, verlangen, bekommen, erlangen, haben; seit 1776 feiern die Amerikaner am 4. Juli ihre U.; das Land ist seit der U. Mitglied der UN. **2.** *Eigenschaft, unabhängig* (2) *zu sein.*

Un|ab|hän|gig|keits|er|klä|rung, die: *Erklärung, in der die Bevölkerung eines Gebiets ihre staatliche Abhängigkeit von einem Land löst:* die amerikanische U.

un|ab|kömm|lich [auch: '- - - -] ⟨Adj.⟩: *nicht abkömmlich:* der Mitarbeiter ist zurzeit, im Moment u.

Un|ab|kömm|lich|keit [auch: '- - - - -], die; -: *das Unabkömmlichsein.*

un|ab|läs|sig [auch: - - '- -] ⟨Adj.⟩: *nicht von etw. ablassend; ohne Unterbrechung; unausgesetzt:* eine -e Wiederholung; sie kramte u. in ihrer Tasche; er beobachtete mich, redete u.

un|ab|seh|bar [auch: '- - - -] ⟨Adj.⟩: **1.** *sich in seiner Auswirkung nicht voraussehen lassend:* diese Entwicklung hat -e Folgen; die Konsequenzen wären u. **2.** *sich [in seiner räumlichen Ausdehnung] nicht überblicken lassend:* -e Waldungen.

Un|ab|seh|bar|keit [auch: '- - - - -], die; -, -en: **1.** ⟨o. Pl.⟩ *das Unabsehbarsein.* **2.** *etw., was unabsehbar* (1) *ist.*

un|ab|setz|bar [auch: '- - - -] ⟨Adj.⟩: *nicht absetzbar; nicht aus dem Amt zu entfernen:* der Papst ist u.

Un|ab|setz|bar|keit [auch: '- - - - -], die; -: *das Unabsetzbarsein.*

un|ab|sicht|lich ⟨Adj.⟩: *ohne Absicht geschehend:* eine -e Kränkung; etw. wie u. berühren.

un|ab|weis|bar [auch: '- - - -] ⟨Adj.⟩: **1.** *nicht zu leugnen, von der Hand zu weisen:* -e Bedürfnisse, Notwendigkeiten, Erfordernisse. **2.** (Fachspr.) *(aufgrund bestimmter Zwänge) unumgänglich:* -e Mehrausgaben.

un|ab|weis|lich [auch: '- - - -] ⟨Adj.⟩: *unabweisbar* (1).

un|ab|wend|bar [auch: '- - - -] ⟨Adj.⟩: *sich nicht abwenden lassend; schicksalhaft über jmdn. hereinbrechend:* ein -es Schicksal; ein -es Ereignis (Rechtsspr.; *eine von der Haftung entbindende Unfallursache*); die Katastrophe war u.

Un|ab|wend|bar|keit [auch: '- - - - -], die; -, -en: **1.** ⟨o. Pl.⟩ *das Unabwendbarsein.* **2.** *etw. Unabwendbares.*

un|acht|sam ⟨Adj.⟩: *nicht auf das achtend, worauf man achten sollte:* ein -er Autofahrer; jeder ist mal etwas u.; u. die Straße überqueren.

Un|acht|sam|keit, die; -, -en: **1.** ⟨o. Pl.⟩ *das Unachtsamsein:* er hat den Brief aus U. weggeworfen. **2.** *etw. aus Unachtsamkeit* (1) *Getanes:* eine kleine U. des Fahrers führte zu der Katastrophe.

un|ähn|lich ⟨Adj.⟩: *nicht ähnlich:* er ist seinem Vater nicht u. *(ähnelt ihm).*

Un|ähn|lich|keit, die; -, -en: **1.** ⟨o. Pl.⟩ *das Unähnlichsein.* **2.** *etw. Unähnliches.*

un|an|bring|lich ⟨Adj.⟩ (Postw.): *unzustellbar u. auch nicht zurückzusenden:* -e Sendungen.

un|an|fecht|bar [auch: '- - - -] ⟨Adj.⟩: *nicht anfechtbar:* ein -er Vertrag; das Testament ist u.

Un|an|fecht|bar|keit [auch: '- - - - -], die; -: *das Unanfechtbarsein.*

un|an|ge|bracht ⟨Adj.⟩: *nicht angebracht:* eine -e Bemerkung, Frage; dein Spott, dein Sarkasmus ist u.

un|an|ge|foch|ten ⟨Adj.⟩: *nicht von jmdm. angefochten, bestritten:* eine -e Machtstellung, Spitzenposition; der -e Marktführer; die -e Nummer eins; das Testament blieb u.; er gelangte u. *(unbehindert)* über die Grenze; er blieb u. Sieger *(niemand machte ihm diesen Rang streitig).*

un|an|ge|mel|det ⟨Adj.⟩: **1.** *ohne vorherige Ankündigung, nicht angemeldet:* -e Gäste, Besucher; ein -er Besuch; sie kam u. **2.** *nicht polizeilich, amtlich gemeldet:* irgendwo u. leben, wohnen.

un|an|ge|mes|sen ⟨Adj.⟩: *nicht angemessen:* eine -e Behandlung, Forderung, Reaktion; ein u. hoher Preis.

Un|an|ge|mes|sen|heit, die; -: *das Unangemessensein.*

un|an|ge|nehm ⟨Adj.⟩: **a)** *[als Eindruck, Erscheinung] Unbehagen verursachend:* ein -es Gefühl; sie hat eine -e Stimme; ein -er *(unsympathischer)* Mensch; seine Beflissenheit war mir u.; er ist schon mehrmals u. aufgefallen *(hat mit seinem Betragen Missfallen erregt);* ein u. serviler Typ; **b)** *als Erfahrung unerfreulich:* ein -er Auftrag; -e Erfahrungen mit jmdm. machen; ein -es Erlebnis, Wetter; eine -e Überraschung; ein sehr -er Infekt; in dem Fall wären die Folgen noch -er; das kann noch u. [für uns] werden; es ist mir sehr u. *(peinlich),* dass ich zu spät komme; die Frage war ihm höchst u. *(unbequem, peinlich);* es war u. kalt; etw. u. zu spüren bekommen; **c)** * **u. werden [können]** *(aus Ärger böse werden [können]).*

un|an|ge|passt ⟨Adj.⟩: *nicht angepasst:* -es Verhalten; mit -er Geschwindigkeit (Verkehrsw.; *für die gegebenen Verhältnisse zu schnell*) fahren.

Un|an|ge|passt|heit, die; -: *das Unangepasstsein.*

un|an|ge|se|hen ⟨Präp. mit Gen. od. Akk.⟩ (Amtsspr. veraltet): *ohne Rücksicht auf:* u. der/die Umstände.

un|an|ge|strengt ⟨Adj.⟩: *locker, nicht verkrampft; mit einer bestimmten Leichtigkeit.*

un|an|ge|tas|tet ⟨Adj.⟩: **1.** *nicht angetastet* (2): seine Ersparnisse sollten u. bleiben. **2.** *nicht angetastet* (3): die Privilegien des Adels blieben u.

un|an|greif|bar [auch: '- - - -] ⟨Adj.⟩: *nicht angreifbar:* ein -es Urteil.

Un|an|greif|bar|keit [auch: '- - - - -], die; -: *das Unangreifbarsein.*

una|nim ⟨Adj.⟩ [frz. unanime < lat. unanimus, zu: unus = einer u. animus = Geist] (bildungsspr.): *einhellig, einmütig.*

un|an|nehm|bar [auch: '- - - -] ⟨Adj.⟩: *nicht annehmbar* (a): -e Bedingungen stellen; die Forderungen sind u.

Un|an|nehm|bar|keit [auch: '- - - - -], die; -: *das Unannehmbarsein.*

Un|an|nehm|lich|keit, die; -, -en ⟨meist Pl.⟩: *unangenehme Sache, die jmdn. in Schwierigkeiten bringt, ihm Ärger verursacht:* mit etw. nur -en haben; -en bekommen, auf sich nehmen; jmdm. -en machen, bereiten.

un|an|sehn|lich ⟨Adj.⟩: *nicht ansehnlich* (2): alte, -e Möbel; die Äpfel sind klein und etwas u.

Un|an|sehn|lich|keit, die; -: *das Unansehnlichsein.*

un|an|stän|dig ⟨Adj.⟩: **1.** *nicht anständig* (1 a); *den geltenden Moralbegriffen nicht entsprechend, sittliche Normen verletzend:* ein -es Wort; -e *(obszöne* 1) Witze erzählen; sich u. benehmen, aufführen; ⟨subst.:⟩ an, bei etw. nichts Unanständiges finden [können]. **2.** ⟨intensivierend bei Adjektiven⟩ *überaus; über die Maßen:* u. dick sein; u. viel essen.

Un|an|stän|dig|keit, die; -, -en: **1.** ⟨o. Pl.⟩ *unanständige Art.* **2.** *etw. Unanständiges.*

un|an|stö|ßig ⟨Adj.⟩: *nicht anstößig.*

Un|an|stö|ßig|keit, die; -: *das Unanstößigsein.*

un|an|tast|bar [auch: '- - - -] ⟨Adj.⟩: **1.** *sich [im Rahmen des Zulässigen] nicht antasten* (3) *lassend:* ein -er Begriff; die Würde des Menschen ist u. **2.** *nicht angetastet* (2) *werden dürfend:* der Notgroschen war u.

Un|an|tast|bar|keit [auch: '- - - - -], die; -: *das Unantastbarsein.*

un|an|zwei|fel|bar ⟨Adj.⟩: *sich nicht anzweifeln lassend.*

un|ap|pe|tit|lich ⟨Adj.⟩: **1.** *nicht appetitlich* (a): u. angerichtetes Essen. **2. a)** *das hygienische, ästhetische Empfinden störend:* ein -es Waschbecken; **b)** *mit Widerwillen, Abscheu, Ekel erfüllend:* ein -er Witz; etw. u. finden.

Un|ap|pe|tit|lich|keit, die; -, -en: **1.** ⟨o. Pl.⟩ *das Unappetitlichsein.* **2.** *etw. Unappetitliches.*

Un|art, die; -, -en: **a)** *schlechte Angewohnheit, die sich bes. im Umgang mit anderen unangenehm bemerkbar macht:* eine U. annehmen; diese U. musst du dir abgewöhnen; **b)** *unartiges Benehmen, unartige Handlung eines Kindes.*

un|ar|tig ⟨Adj.⟩ [zu ↑¹Unart]: *nicht artig:* ein -er Junge; die Kinder waren heute sehr u.

Un|ar|tig|keit, die; -, -en: **1.** ⟨o. Pl.⟩ *das Unartigsein.* **2.** *unartige Handlung, Äußerung.*

un|ar|ti|ku|liert ⟨Adj.⟩: **1.** *inartikuliert.* **2.** *in tierhafter Weise laut, wild, schrill:* -e Laute.

Una Sanc|ta, die; - - [lat. = eine heilige (Kirche)]: *die eine heilige katholische u. apostolische Kirche* (Selbstbezeichnung der röm.-kath. Kirche).

un|äs|the|tisch ⟨Adj.⟩: *nicht ästhetisch* (2), *abstoßend:* ein -er Anblick; u. aussehen; etw. u. finden.

un|at|trak|tiv ⟨Adj.⟩: *nicht attraktiv.*

un|auf|dring|lich ⟨Adj.⟩: *nicht aufdringlich; dezent* (b): -e Eleganz; er hat eine angenehm -e Art; das Parfüm hat einen -en Duft, ist u.; er wirkt u.

Un|auf|dring|lich|keit, die; -: *das Unaufdringlichsein.*

un|auf|fäl|lig ⟨Adj.⟩: **a)** *nicht auffällig:* eine -e Kleidung; ein -es Benehmen, Grau; u. aussehen, wirken; **b)** *so geschickt, dass es niemand bemerkt:* u. verschwinden; u. jmdm. etw. zustecken; **c)** (Med.) *nicht auf eine Krankheit, einen Schaden hindeutend:* ein -er Befund.

Un|auf|fäl|lig|keit, die; -: *das Unauffälligsein.*

un|auf|find|bar [auch: '- - - -] ⟨Adj.⟩: *sich nicht auffinden lassend:* ein -es Testament; das Kind, der Schlüssel, das Geld war, blieb u.

un|auf|ge|for|dert ⟨Adj.⟩: *durch keine Aufforderung veranlasst, aus freien Stücken [erfolgend]:* die -e Rückgabe der Bücher; sich u. äußern.

un|auf|ge|klärt ⟨Adj.⟩: **a)** *ungeklärt, nicht aufgeklärt* (1 a): -e Kriminalfälle; das Verbrechen blieb u.; **b)** *nicht aufgeklärt* (2 a).

un|auf|ge|räumt ⟨Adj.⟩: *nicht aufgeräumt, in einem ungeordneten Zustand:* ein -es Zimmer.

un|auf|ge|regt ⟨Adj.⟩: *ruhig, gelassen; ohne Hektik:* ein -er Mensch.

un|auf|halt|bar [auch: '- - - -] ⟨Adj.⟩ (selten): *unaufhaltsam.*

un|auf|halt|sam [auch: '- - - -] ⟨Adj.⟩: *sich nicht aufhalten* (1 a) *lassend:* ein -er Verfall, Niedergang; der -e Fortschritt; die Katastrophe schien u.; das Wasser stieg u.

Un|auf|halt|sam|keit [auch: '– – – – –], die; -: *das Unaufhaltsamsein.*

un|auf|hör|lich [auch: '– – – –] ⟨Adj.⟩: *nicht aufhörend, nicht endend, fortwährend:* in -er Bewegung sein; u. klingelt das Telefon.

un|auf|lös|bar [auch: '– – – –] ⟨Adj.⟩: **1.** *sich nicht auflösen* (1 a) *lassend:* ein -er Stoff. **2.** *sich nicht auflösen* (2 a), *aufknoten lassend:* ein -er Knoten. **3.** *unauflöslich* (1).

Un|auf|lös|bar|keit [auch: '– – – – –], die; -: *das Unauflösbarsein.*

un|auf|lös|lich [auch: '– – – –] ⟨Adj.⟩: **1. a)** *sich nicht auflösen* (4 a) *lassend:* ein -er Widerspruch; **b)** *sich nicht auflösen* (3 a) *lassend:* -e Verträge; eine -e Lebensgemeinschaft. **2.** *unauflösbar* (1). **3.** *unauflösbar* (2).

Un|auf|lös|lich|keit [auch: '– – – – –], die; -: *das Unauflöslichsein.*

un|auf|merk|sam ⟨Adj.⟩: **1.** *nicht aufmerksam* (1): ein -er Schüler, Verkehrsteilnehmer; im Unterricht u. sein. **2.** *nicht aufmerksam* (2), *nicht zuvorkommend:* das war u. von ihm; sich u. gegenüber jmdm. verhalten.

Un|auf|merk|sam|keit, die; -, -en: **1.** ⟨o. Pl.⟩ *das Unaufmerksamsein.* **2. a)** *unaufmerksames* (1) *Verhalten, unaufmerksame* (1) *Handlung;* **b)** *unaufmerksames* (2) *Verhalten:* seine -en mir gegenüber häuften sich.

un|auf|rich|tig ⟨Adj.⟩: *nicht aufrichtig:* ein -er Charakter; eine -e Haltung; er ist u. [gegen seine, gegenüber seinen Eltern].

Un|auf|rich|tig|keit, die; -, -en: **a)** ⟨o. Pl.⟩ *unaufrichtige Art:* jmdm. seine U. vorwerfen; **b)** *unaufrichtige Handlung, Äußerung:* es kam zwischen ihnen immer wieder zu [kleinen] -en.

un|auf|schieb|bar [auch: '– – – –] ⟨Adj.⟩: *sich nicht aufschieben* (2) *lassend:* eine -e Reise; der Besuch war [mittlerweile] u.

Un|auf|schieb|bar|keit [auch: '– – – – –], die; -: *das Unaufschiebbarsein.*

un|aus|bleib|lich [auch: '– – – –] ⟨Adj.⟩: *mit Sicherheit eintretend* (7), *nicht ausbleibend* (a): die -en Folgen seines Leichtsinns; Missverständnisse sind unter solchen Voraussetzungen u.

un|aus|denk|bar [auch: '– – – –] ⟨Adj.⟩: *nicht auszudenken; unvorstellbar:* die Folgen wären u.

un|aus|führ|bar [auch: '– – – –] ⟨Adj.⟩: *nicht ausführbar* (1): ein -er Plan.

Un|aus|führ|bar|keit [auch: '– – – – –], die; -: *das Unausführbarsein.*

un|aus|ge|bil|det ⟨Adj.⟩: *nicht ausgebildet.*

un|aus|ge|füllt ⟨Adj.⟩: **1.** *nicht ausgefüllt* (2): ein -es Formular; einen Fragebogen u. zurückgeben. **2.** *nicht ausgefüllt* (3): ein -er Tag. **3.** *nicht ausgefüllt* (5 a): ein -es Leben; sich u. fühlen.

Un|aus|ge|füllt|sein, das; -s: *unausgefüllter Zustand.*

un|aus|ge|gli|chen ⟨Adj.⟩: **a)** *nicht ausgeglichen* (a): ein -er Mensch; einen -en Eindruck machen; u. sein, wirken; **b)** *nicht ausgeglichen* (b): eine -e Bilanz.

Un|aus|ge|gli|chen|heit, die; -: *das Unausgeglichensein.*

un|aus|ge|go|ren ⟨Adj.⟩ (abwertend): *noch nicht ausgereift u. noch unfertig wirkend:* eine -e Planung.

un|aus|ge|reift ⟨Adj.⟩ (ugs.): *nicht ausgereift* (2).

un|aus|ge|schla|fen ⟨Adj.⟩: *nicht genug geschlafen habend:* u. aussehen; u. zur Schule kommen.

un|aus|ge|setzt ⟨Adj.⟩: *ständig, pausenlos, unaufhörlich:* -e Anfeindungen; u. reden; es ging u. bergauf.

un|aus|ge|spro|chen ⟨Adj.⟩: *nicht ausgesprochen:* ein -es Einverständnis; in ihren Worten lag u. ein Vorwurf.

un|aus|lösch|lich [auch: '– – – –] ⟨Adj.⟩ (geh.): *sich als Eindruck, Tatbestand o. Ä. nicht wegwischen lassend:* -e Erlebnisse, Erinnerungen.

un|aus|rott|bar [auch: '– – – –] ⟨Adj.⟩: *nicht auszurotten:* ein -es Vorurteil.

un|aus|sprech|bar [auch: '– – – –] ⟨Adj.⟩: **a)** *kaum auszusprechen* (1 a): er hat einen -en Namen; **b)** *sich [erlaubterweise] nicht aussprechen lassend.*

un|aus|sprech|lich [auch: '– – – –] ⟨Adj.⟩: **a)** *sich nicht aussprechen* (3 a) *lassend:* ein -es Gefühl; **b)** *unsagbar, unbeschreiblich:* in -em Elend leben; eine -e Freude erfüllte ihn; sein Leid war u.; jmdn. u. lieben.

un|aus|steh|lich [auch: '– – – –] ⟨Adj.⟩: *nicht auszustehen:* das ist [mir] u.

Un|aus|steh|lich|keit [auch: '– – – – –], die; -: *das Unausstehlichsein.*

un|aus|tilg|bar [auch: '– – – –] ⟨Adj.⟩ (geh.): *unauslöschlich.*

un|aus|weich|lich [auch: '– – – –] ⟨Adj.⟩: *kein Ausweichen* (1 c) *zulassend:* eine -e Folge; -e Zwänge; das Problem kam u. auf uns zu.

Un|aus|weich|lich|keit [auch: '– – – – –], die; -, -en: **1.** ⟨o. Pl.⟩ *das Unausweichlichsein.* **2.** *etw. Unausweichliches.*

un|au|to|ri|siert ⟨Adj.⟩: *nicht autorisiert:* die -e Herausgabe eines Buches.

Un|band, der; -[e]s, -e u. ...bände [zu ↑unbändig] (veraltet, noch landsch.): *ungebärdiges, wildes, sich nicht bändigen lassendes Kind.*

un|bän|dig ⟨Adj.⟩ [mhd. unbendec = (von Hunden) durch kein Band gehalten, zu: bendec, ↑bändigen]: **a)** *ungestüm, wild* (5 a): ein -es Kind; er hat ein -es Temperament; u. herumtoben, lärmen; **b)** *(von Gefühlen o. Ä.) durch nichts gedämpft, abgemildert, sich ohne Beschränkung äußernd; nicht zu zügeln; heftig:* -e Wut, Sehnsucht, Neugier, Freude; -er Zorn, Hass, Hunger; ein -es Verlangen; sich u. *(überaus)* freuen; er lachte u. *(laut u. herzlich);* u. *(sehr)* viel Geld haben.

un|bar ⟨Adj.⟩: *bargeldlos:* -e Zahlung.

un|barm|her|zig ⟨Adj.⟩: *nicht barmherzig; mitleidlos, ohne Mitgefühl:* ein -er Mensch; jmdn. u. strafen; Ü ein -es Gesetz; die Uhr lief u. weiter.

Un|barm|her|zig|keit, die; -, -en: **1.** ⟨o. Pl.⟩ *das Unbarmherzigsein.* **2.** *unbarmherzige Handlung, Äußerung.*

un|be|ab|sich|tigt ⟨Adj.⟩: *nicht beabsichtigt.*

un|be|ach|tet ⟨Adj.⟩: *von niemandem beachtet:* ein -es Dasein führen; dieser Punkt blieb u. *(wurde nicht beachtet).*

un|be|acht|lich ⟨Adj.⟩: *nicht beachtlich* (c).

un|be|an|stan|det ⟨Adj.⟩: *nicht beanstandet; ohne Beanstandung:* einen Fehler, eine Sendung, einen Artikel u. lassen; u. die Qualitätskontrolle passieren.

un|be|ant|wort|bar [auch: '– – – – –] ⟨Adj.⟩: *sich nicht beantworten lassend.*

un|be|ant|wor|tet ⟨Adj.⟩: *nicht beantwortet:* -e Fragen; einen Brief u. lassen.

un|be|ar|bei|tet ⟨Adj.⟩: *[noch] nicht bearbeitet* (2, 4).

un|be|auf|sich|tigt ⟨Adj.⟩: *ohne Aufsicht* (1): die Kinder waren u.; du darfst den Hund nicht u. herumlaufen lassen.

un|be|baut ⟨Adj.⟩: *[noch] nicht bebaut.*

un|be|dacht ⟨Adj.⟩: *nicht bedacht* (1): -e Schritte unternehmen; u. daherreden; etw. u. reformieren.

un|be|dach|ter|wei|se ⟨Adv.⟩: *unbedacht, ohne Bedacht:* ich habe es ihm u. erzählt.

Un|be|dacht|heit, die; -, -en: **1.** ⟨o. Pl.⟩ *das Unbedachtsein.* **2.** *unbedachte Handlung, Äußerung:* eine folgenschwere U.

un|be|dacht|sam ⟨Adj.⟩: *nicht bedachtsam.*

Un|be|dacht|sam|keit, die; -, -en: **1.** ⟨o. Pl.⟩ *das Unbedachtsamsein.* **2.** *unbedachtsame Handlung, Äußerung.*

un|be|darft ⟨Adj.⟩ [aus dem Niederd. < mniederd. unbederve, unbedarve = untüchtig, Ggs. von: bederve = bieder, tüchtig, wohl beeinflusst von mniederd. bedarft, 2. Part. von: bedarven, Nebenf. von ↑bedürfen]: *naiv* (b): ein -er Mensch; der -e Bürger, Wähler; sie gibt sich, wirkt u.; er lächelte u.

Un|be|darft|heit, die; -: *das Unbedarftsein.*

un|be|deckt ⟨Adj.⟩: *nicht mit etw. bedeckt.*

un|be|denk|lich ⟨Adj.⟩: **1.** *ohne Bedenken [zu haben]:* sich u. mit etw. sehen lassen können; er erfand u. Geschichten. **2.** *keine Bedenken auslösend:* eine -e Lektüre; ich halte diese Art von Gewaltdarstellung für nicht u.; diese Stoffe gelten als [ökologisch, gesundheitlich] u.

Un|be|denk|lich|keit, die; -: **1.** *das Unbedenklichsein* (1). **2.** *das Unbedenklichsein* (2).

Un|be|denk|lich|keits|be|schei|ni|gung, die: **1.** *Bescheid des Finanzamts über die steuerliche Unbedenklichkeit einer beabsichtigten Eigentumsübertragung (bei Grundstücken).* **2.** *Bescheinigung des Finanzamts über die Erfüllung der Steuerpflicht, die bei der Bewerbung um öffentliche Aufträge vorgelegt werden muss.*

un|be|deu|tend ⟨Adj.⟩: **1. a)** *ohne Bedeutung* (2 b), *Ansehen, Geltung:* ein -es Kunstwerk; als Dramatiker, als Minister war er völlig u.; **b)** *ohne Bedeutung* (2 a); *nicht ins Gewicht fallend:* ein -es *(nebensächliches)* Ereignis; etw. für u. halten. **2.** *gering[fügig]:* eine -e Änderung; die Methode ist nur u. verbessert worden.

Un|be|deu|tend|heit, die; - (selten): *das Unbedeutendsein.*

un|be|dingt [auch: – –'–]: **I.** ⟨Adj.⟩ **a)** *ohne jede Einschränkung, absolut* (2): -e Treue; -e Verschwiegenheit, Loyalität; -er Gehorsam; jmdm. u. vertrauen [können]; **b)** *nicht* [1]*bedingt* (a): -e (Physiol.; *angeborene*) Reflexe; **c)** (österr. u. schweiz. Rechtsspr.) *ohne Bewährungsfrist.* **II.** ⟨Adv.⟩ *unter allen Umständen, auf jeden Fall:* du musst u. zum Arzt gehen; er wollte u. dabei sein; er wollte nicht länger bleiben als u. nötig; er hätte nicht u. so entscheiden müssen; das hat nicht u. *(nicht mit Gewissheit)* etwas mit Bevorzugung zu tun.

Un|be|dingt|heit [auch: – –'– –], die; -: *Absolutheit, Uneingeschränktheit.*

un|be|ein|druckt ⟨Adj.⟩: *nicht von etw. beeindruckt:* das Ergebnis ließ ihn u.

un|be|ein|fluss|bar [auch: '– – – – –] ⟨Adj.⟩: *nicht beeinflussbar.*

Un|be|ein|fluss|bar|keit [auch: '– – – – – –], die; -: *unbeeinflussbare Art.*

un|be|ein|flusst ⟨Adj.⟩: *nicht von jmdm., etw. beeinflusst:* etw. bleibt von jmdm., etw. u.

un|be|fahr|bar [auch: '– – – –] ⟨Adj.⟩: *nicht befahrbar:* die Straße ist zurzeit u.

un|be|fah|ren ⟨Adj.⟩: **1.** *noch nicht von einem Fahrzeug befahren:* eine -e Straße, Meeresbucht. **2.** (Seemannsspr.) *nicht* [2]*befahren* (1): der Matrose ist noch u.

un|be|fan|gen ⟨Adj.⟩: **1.** *nicht* [2]*befangen* (1), *sondern frei u. ungehemmt:* ein -es Kind; u. erscheinen, wirken; u. lachen. **2.** *nicht in etw. befangen; unvoreingenommen:* der -e Leser; ein -er (Rechtsspr.; *unparteiischer*) Zeuge; einem Menschen u. gegenübertreten.

Un|be|fan|gen|heit, die; -: **1.** *unbefangene* (1) *Art:* sie gewann ihre U. zurück. **2.** *unbefangene* (2) *Art:* an jmds. U. zweifeln.

un|be|fleckt ⟨Adj.⟩: **1.** (selten) *fleckenlos.* **2.** (geh.) *sittlich makellos; rein:* seine Ehre u. erhalten.

un|be|frie|di|gend ⟨Adj.⟩: *nicht befriedigend:* ein sehr -es Ergebnis; seine Leistung war ziemlich u.

un|be|frie|digt ⟨Adj.⟩: *nicht befriedigt.*

Un|be|frie|digt|heit, die; -: *das Unbefriedigtsein.*

un|be|fris|tet ⟨Adj.⟩: *nicht befristet:* ein -er Vertrag; etw. u. vermieten.

un|be|fruch|tet ⟨Adj.⟩: *nicht befruchtet:* ein -es Ei.

un|be|fugt ⟨Adj.⟩: **a)** *nicht zu etw. befugt:* -e Personen; ⟨subst.:⟩ Zutritt für Unbefugte verboten; **b)** *ohne Befugnis erfolgend, herbeigeführt:* -er Waffenbesitz; u. einen Raum betreten.

un|be|gabt ⟨Adj.⟩: *nicht begabt.*

Un|be|gabt|heit, die; -: *das Unbegabtsein.*

un|be|geh|bar [auch: '– – – –] ⟨Adj.⟩: *nicht begehbar.*

un|be|glau|bigt ⟨Adj.⟩: *nicht beglaubigt:* eine -e Kopie.

un|be|gli|chen ⟨Adj.⟩: *noch nicht beglichen:* eine -e Rechnung.

un|be|greif|lich [auch: '– – – –] ⟨Adj.⟩: *nicht zu begreifen, zu verstehen:* eine -e Sorglosigkeit;

U

der Schmuck war auf -e Weise verschwunden; [es ist mir] u., wie/dass so etwas passieren konnte; u. lethargisch sein.

ụn|be|greif|li|cher|wei|se ⟨Adv.⟩: *nicht zu begreifen:* u. ist ihm keiner der Umstehenden zu Hilfe gekommen.

Ụn|be|greif|lich|keit [auch: '– – – – –], die; -, -en: 1. ⟨o. Pl.⟩ *das Unbegreiflichsein.* 2. *unbegreifliche Handlung.*

ụn|be|grenzt [auch: – –'–] ⟨Adj.⟩: 1. (selten) *ohne Grenze, nicht abgegrenzt.* 2. *nicht begrenzt, nicht beschränkt:* auf -e Dauer; [nahezu, praktisch] -e Möglichkeiten; auch Konserven sind nicht u. haltbar; ich habe nicht u. Zeit.

Ụn|be|grenzt|heit [auch: – –'– –], die; -: *das Unbegrenztsein.*

ụn|be|gründ|bar ⟨Adj.⟩: *sich nicht begründen lassend.*

ụn|be|grün|det ⟨Adj.⟩: a) *nicht begründet:* -e Anträge werden nicht bearbeitet; b) *jeder Grundlage entbehrend, nicht zu begründen:* ein -er Verdacht.

ụn|be|haart ⟨Adj.⟩: *nicht behaart.*

Ụn|be|ha|gen, das; -s: *jmds. Wohlbehagen störendes, beeinträchtigendes, unangenehmes, Verstimmung, Unruhe, Abneigung, Unwillen hervorrufendes Gefühl:* ein körperliches, leichtes, tiefes, wachsendes U. befiel ihn; U. an der Politik; ein leises U. [ver]spüren, empfinden; etw. mit U. betrachten, verfolgen.

ụn|be|hag|lich ⟨Adj.⟩: a) *Unbehagen auslösend:* eine -e Atmosphäre; es war u. kühl; er, seine Stimme war mir u.; b) *durch Unbehagen gekennzeichnet:* ein -es Gefühl; ihm war u. zumute; dem Jungen war es etwas u. vor der Schule; sich [recht] u. fühlen.

Ụn|be|hag|lich|keit, die; -, -en: 1. ⟨o. Pl.⟩ *das Unbehaglichsein.* 2. *etw. Unbehagliches* (b).

un|be|han|del|bar [auch: '– – – – –] ⟨Adj.⟩: *sich nicht behandeln* (4) *lassend:* ein -es Karzinom.

ụn|be|han|delt ⟨Adj.⟩: 1. *nicht behandelt* (2): -es Obst, Gemüse; Möbel aus -em Holz; rohe, -e *(nicht erhitzte)* Milch. 2. *nicht behandelt* (3): er hat die Entzündung zu lange u. gelassen. 3. *nicht behandelt* (4): der Tagesordnungspunkt blieb u.

ụn|be|hau|en ⟨Adj.⟩: *nicht behauen:* eine Mauer aus -en Steinen.

ụn|be|haust ⟨Adj.⟩ (geh.): *kein Zuhause habend:* ein -er Mensch; ein -es Leben; u. umherziehen.

Ụn|be|haust|heit, die; -: *das Unbehaustsein.*

ụn|be|hel|ligt [auch: '– – – –] ⟨Adj.⟩: *nicht von jmdm., etw. behelligt:* die Schmuggler konnten die Grenze u. passieren.

ụn|be|herrscht ⟨Adj.⟩: *ohne Selbstbeherrschung:* eine -e Art haben; er ist [manchmal etwas] u.; u. brüllen.

Ụn|be|herrscht|heit, die; -, -en: 1. ⟨o. Pl.⟩ *das Unbeherrschtsein.* 2. *unbeherrschte Handlung, Äußerung.*

ụn|be|hin|dert ⟨Adj.⟩: *ohne eine Behinderung.*

ụn|be|hol|fen ⟨Adj.⟩ [mhd. unbeholfen = nicht behilflich]: *aus Mangel an körperlicher od. geistiger Gewandtheit ungeschickt u. sich nicht recht zu helfen wissend:* -e Bewegungen; er ist in Gelddingen sehr u.; ihr Stil wirkt u.; ein etwas u. formulierter Brief.

Ụn|be|hol|fen|heit, die; -: *das Unbeholfensein.*

un|be|irr|bar [auch: '– – – –] ⟨Adj.⟩: *durch nichts zu beirren:* ein -er Glaube; mit -er Sicherheit, Entschlossenheit; u. seinen Weg gehen.

Un|be|irr|bar|keit [auch: '– – – – –], die; -: *das Unbeirrbarsein.*

un|be|irrt [auch: '– – –] ⟨Adj.⟩: *durch nichts beirrt, sich beirren lassend:* u. an einer Anschauung festhalten; u. seine Pflicht tun.

Un|be|irrt|heit [auch: '– – – –], die; -: *das Unbeirrtsein.*

ụn|be|kannt ⟨Adj.⟩: a) *jmdm. nicht, niemandem bekannt* (1 a); *von jmdm. nicht, von niemandem gekannt:* die -en Täter; in -er Umgebung; das Werk eines -en Meisters; mit -em Ziel verreisen; eine -e Größe (bes. Math.; *Unbekannte*); dieses Heilmittel war [den Ärzten] damals noch u.; Empfänger u. (Vermerk auf unzustellbaren Postsendungen); wie sich dieser Vorfall abspielte, blieb weitgehend u.; ich bin hier u. (ugs.; *kenne mich hier nicht aus*); das ist mir nicht u. *(ich weiß es sehr wohl);* Angst ist ihm u. *(er hat nie Angst);* er ist u. verzogen *(ist an einen unbekannten Ort verzogen);* Anzeige gegen u. (Rechtsspr.; *gegen den, die unbekannten Täter*) erstatten; ⟨subst.:⟩ ein Unbekannter sprach ihn unterwegs an; eine Unbekannte (Math.; *eine mathematische Größe, deren Wert man durch Lösen einer od. mehrerer Gleichungen erhält*); b) *nicht bekannt* (1 b), *angesehen, berühmt:* ein völlig -er Journalist; eine nicht ganz -e Autorin; er ist noch eine -e Größe; ⟨subst.:⟩ der Komponist der Weise ist kein Unbekannter.

ụn|be|kann|ter|wei|se ⟨Adv.⟩: *ohne persönlich (mit jmdm.) bekannt zu sein:* grüßen Sie Ihre Frau u. [von mir].

Ụn|be|kannt|heit, die; -: *das Unbekanntsein.*

ụn|be|klei|det ⟨Adj.⟩: *nicht bekleidet* (1 a).

ụn|be|küm|mert [auch: – –'– –] ⟨Adj.⟩: a) *durch nichts bekümmert* (1): ein -er Mensch; u. plaudern; sie lachte u.; b) *sich nicht um etw. kümmernd, keinerlei Bedenken habend:* eine -e Art an sich haben; u. über alle herziehen.

Ụn|be|küm|mert|heit [auch: – –'– – –], die; -, -en: 1. ⟨o. Pl.⟩ a) *unbekümmerte* (a) *Art;* b) *unbekümmerte* (b) *Art.* 2. *etw., was von jmds. unbekümmerter* (b) *Art zeugt.*

ụn|be|las|tet ⟨Adj.⟩: 1. *nicht von etw. belastet* (2 b): er war, fühlte sich u. von Gewissensbissen. 2. *keine Schuld auf sich geladen habend:* -e Parteigenossen; er ist politisch u. 3. (Geldw.) *nicht belastet* (4): das Grundstück ist u.; ein Haus u. übernehmen. 4. *durch keinerlei Schadstoffe belastet:* [weitgehend] -es Gemüse, Trinkwasser.

ụn|be|lebt ⟨Adj.⟩: 1. *nicht belebt* (2); *anorganisch* (1 a): die -e Natur. 2. *in keiner Weise belebt* (1): eine -e Gegend.

ụn|be|leckt ⟨Adj.⟩ (salopp): *keine Erfahrungen, Kenntnisse auf einem bestimmten Gebiet besitzend:* von der Zivilisation relativ -e Völker.

un|be|lehr|bar [auch: '– – – –] ⟨Adj.⟩: *sich nicht belehren* (2) *lassend:* ein -er Mensch; diese Fanatiker sind u.

Un|be|lehr|bar|keit [auch: '– – – – –], die; -: *das Unbelehrbarsein.*

ụn|be|leuch|tet ⟨Adj.⟩: *nicht beleuchtet:* ein -er Hausflur; eine -e Straße; der Wagen stand u. mitten auf der Straße.

ụn|be|lich|tet ⟨Adj.⟩ (Fot.): *nicht belichtet:* [noch] -es Material.

ụn|be|liebt ⟨Adj.⟩: *nicht beliebt* (a): der Lehrer ist [bei den Schülern] ziemlich u.; sich mit etw. [bei jmdm.] u. machen *(durch etw. jmds. Missfallen erregen).*

Ụn|be|liebt|heit, die; -: *das Unbeliebtsein.*

ụn|be|mannt ⟨Adj.⟩: 1. *nicht bemannt* (1): die -e Raumfahrt *(die Raumfahrt mit nicht bemannten Raumflugkörpern);* der Flugkörper, das Raumschiff ist u. 2. (ugs. scherzh.) *nicht bemannt* (2): ist deine Freundin noch immer u.?

ụn|be|merkt ⟨Adj.⟩: *nicht, von niemandem bemerkt* (1 a): u. gelangte er ins Zimmer; das Notsignal blieb u.

ụn|be|mit|telt ⟨Adj.⟩: *nicht bemittelt:* ein -er Flüchtling.

un|be|nom|men [auch: '– – – –] ⟨Adj.⟩ [mhd. unbenommen = nicht versagt; zugestanden]: in der Verbindung **jmdm. u. sein/bleiben** *(jmdm. trotz, angesichts bestimmter Umstände freistehen;* zu ↑benehmen 2): dieses Recht bleibt Ihnen u.; es ist Ihnen u., Widerspruch einzulegen.

un|be|nutz|bar, (regional:) **un|be|nütz|bar** [auch: '– – – –] ⟨Adj.⟩: *nicht benutzbar:* die Toilette ist zurzeit u.

ụn|be|nutzt, (regional:) **ụn|be|nützt** ⟨Adj.⟩: *nicht benutzt* (a): ein -er Raum; das Handtuch ist [noch] u.; das Klavier steht seit Jahren u. herum.

ụn|be|o|bach|tet ⟨Adj.⟩: *von niemandem beobachtet* (1 a): in einem -en Augenblick *(in einem Augenblick, wo es niemand sah)* entfloh er; sich [bei etw.] u. glauben, fühlen.

ụn|be|quem ⟨Adj.⟩: 1. *nicht bequem* (1): eine -e Haltung; der andere Stuhl ist noch -er; auf dem Sofa liegt, sitzt man sehr u. 2. *durch seine Art jmdm. Schwierigkeiten bereitend, ihn in seiner Ruhe od. in einem Vorhaben störend:* ein -er Politiker, Schriftsteller, Zeitgenosse; eine -e Frage; jmdm. -e Wahrheiten sagen; er ist [ihnen] u. geworden.

Ụn|be|quem|lich|keit, die; -, -en: 1. *etw., was jmdm. vorübergehend Mühe verursacht, was Schwierigkeiten mit sich bringt.* 2. ⟨o. Pl.⟩ *unbequeme* (1) *Art.*

un|be|re|chen|bar [auch: '– – – – –] ⟨Adj.⟩: 1. *sich nicht [im Voraus] berechnen lassend:* ein -er Faktor der Wirtschaft. 2. *in seinem Denken u. Empfinden sprunghaft u. dadurch zu unvorhersehbaren Handlungen neigend:* ein -er Mensch; sie ist u.

Un|be|re|chen|bar|keit [auch: '– – – – – –], die; -: *das Unberechenbarsein.*

ụn|be|rech|tigt ⟨Adj.⟩: a) *nicht berechtigt:* eine völlig, nicht ganz -e Kritik; b) *ohne Berechtigung* (a), *unbefugt:* -es Parken.

ụn|be|rech|tig|ter|wei|se ⟨Adv.⟩: *ohne Berechtigung, ohne berechtigt zu sein.*

ụn|be|rück|sich|tigt [auch: '– – – – –] ⟨Adj.⟩: *nicht berücksichtigt:* -e Umstände; etw. u. lassen.

ụn|be|ru|fen [auch: – –'– –] ⟨Adj.⟩: a) *nicht* [2]*berufen;* b) *unbefugt:* der Brief ist in -e Hände gelangt.

un|be|ru|fen [auch: '– – – –] ⟨Interj.⟩: *ohne etw.* [1]*berufen* (4) *zu wollen:* es hat immer noch geklappt, u. [toi, toi, toi]!

Un|be|rühr|ba|re [auch: '– – – – –], der u. die; -n, -n ⟨Dekl. ↑Abgeordnete⟩: *Paria* (1).

ụn|be|rührt ⟨Adj.⟩: 1. a) *nicht berührt* (1) *[u. benutzt, beschädigt]:* das Bett, das Gepäck war u.; das Gebäude war von Bomben u. geblieben; sein Essen u. lassen *(nichts davon zu sich nehmen);* b) *als Landschaft im Naturzustand belassen:* -er Urwald; das ist noch ein Stück -e Natur; c) *jungfräulich* (1): ein -es Mädchen; sie ist noch u. 2. *nicht von etw. berührt* (3): von einem Ereignis, Erlebnis, von allem u. bleiben.

Ụn|be|rührt|heit, die; -: *das Unberührtsein* (1 b, c, 2).

ụn|be|scha|det [auch: – –'– –; eigtl. negiertes 2. Part. zu veraltet beschaden = Schaden bringen, beschädigen]: I. ⟨Präp. mit Gen.⟩ 1. *ohne Rücksicht auf, ungeachtet, trotz:* u. aller Rückschläge sein Ziel verfolgen; u. seiner politischen Einstellung, u. der Tatsache, dass wir seine politische Einstellung ablehnen, sind wir gegen seine Strafversetzung. 2. *ohne Schaden, ohne Nachteil für, im Einklang mit:* u. des Widerspruchrechts/(auch:) des Widerspruchrechts u. ist der Befehl in jedem Falle auszuführen. II. ⟨Adv.⟩ *ohne Schaden zu nehmen:* etw. u. überstehen.

ụn|be|schä|digt ⟨Adj.⟩: a) *nicht beschädigt;* b) *unversehrt.*

ụn|be|schäf|tigt ⟨Adj.⟩: *ohne Beschäftigung* (1).

ụn|be|schei|den ⟨Adj.⟩: *in keiner Weise* [2]*bescheiden* (1): -e Wünsche; man sollte aber auch nicht [zu] u. sein; (als Ausdruck der Höflichkeit:) ich hätte eine -e Frage.

Ụn|be|schei|den|heit, die; -: *unbescheidene Art.*

ụn|be|schol|ten ⟨Adj.⟩ [mhd. unbescholten, eigtl. negiertes adj. 2. Part. zu: beschelten, ahd. bisceltan = schmähend herabsetzen]: *aufgrund eines einwandfreien Lebenswandels frei von öffentlichem, herabsetzendem Tadel; integer* (1): es waren alles gut beleumdete und -e Leute; der bisher -e Angeklagte; ein -es (veraltet; *unberührtes* 1 c *u. daher einen untadeligen Ruf genießendes*) Mädchen.

Ụn|be|schol|ten|heit, die; -: *das Unbescholtensein.*

Ụn|be|schol|ten|heits|zeug|nis, das: *Zeugnis über jmds. Unbescholtenheit.*

ụn|be|schrankt ⟨Adj.⟩: *nicht beschrankt:* ein -er Bahnübergang.

ụn|be|schränkt [auch: – –'–] ⟨Adj.⟩: *nicht be-, eingeschränkt:* -e Kommandogewalt haben.

Ụn|be|schränkt|heit [auch: – –'– –], die; -: *das Unbeschränktsein.*

un|be|schreib|lich [auch: '- - - -] ⟨Adj.⟩: **a)** *nicht zu beschreiben* (2): eine -e Empfindung, Stimmung; **b)** *in seiner Außerordentlichkeit nicht zu beschreiben* (2), *sehr groß, sehr stark:* eine -e Angst erfasste ihn; sie war u. *(überaus)* schön; sich u. *(über die Maßen)* freuen.

Un|be|schreib|lich|keit [auch: '- - - - -], die; -: *das Unbeschreiblichsein.*

un|be|schrie|ben ⟨Adj.⟩: *nicht beschrieben* (1): -e Seiten.

un|be|schützt ⟨Adj.⟩: *ohne Schutz* (1).

un|be|schwert ⟨Adj.⟩: *sich frei von Sorgen fühlend, nicht von Sorgen bedrückt:* ein -es Gewissen; eine -e Kindheit; u. leben.

Un|be|schwert|heit, die; -: *das Unbeschwertsein.*

un|be|seelt ⟨Adj.⟩: *keine Seele besitzend:* ein -es Wesen.

un|be|se|hen [auch: '- - - -] ⟨Adj.⟩: *ohne etw. [genau] angesehen, geprüft zu haben:* die -e Hinnahme einer Entscheidung; das kannst du u. verwenden, kaufen; das glaube ich dir u. *(ohne zu zögern).*

un|be|setzt ⟨Adj.⟩: *[noch] nicht besetzt* (bes. 2, 3, 4).

un|be|sieg|bar [auch: '- - - -] ⟨Adj.⟩: *nicht zu besiegen* (a): eine -e Armee, Mannschaft; der Gegner glaubte sich u.

Un|be|sieg|bar|keit [auch: '- - - - -], die; -: *das Unbesiegbarsein.*

un|be|sieg|lich [auch: '- - - -] ⟨Adj.⟩ (seltener): *unbesiegbar.*

Un|be|sieg|lich|keit [auch: '- - - - -], die; - (seltener): *Unbesiegbarkeit.*

un|be|siegt [auch: '- - -] ⟨Adj.⟩: *nicht besiegt* (a): die noch, bisher -e Mannschaft.

un|be|son|nen ⟨Adj.⟩: *nicht besonnen:* ein -er Entschluss; er war jung und u.

Un|be|son|nen|heit, die; -, -en: **1.** ⟨o. Pl.⟩ *unbesonnene Art:* etw. aus U. tun. **2.** *unbesonnene Handlung, Äußerung.*

un|be|sorgt ⟨Adj.⟩: *sich wegen etw. keine Sorgen zu machen brauchend; ohne Sorge:* seien Sie u.

un|be|spannt ⟨Adj.⟩: *nicht bespannt* (2).

un|be|spiel|bar [auch: '- - - -] ⟨Adj.⟩ (Sport): *nicht bespielbar* (2): der Platz ist in einem -en Zustand; der Rasen ist u.

un|be|spielt ⟨Adj.⟩: *nicht bespielt* (1): eine -e Kassette.

un|be|stän|dig ⟨Adj.⟩: **a)** *in seinem Wesen nicht gleich bleibend, oft seine Absichten, Meinungen ändernd:* ein -er Charakter, Liebhaber; er ist sehr u. [in seinen Gefühlen und Neigungen]; **b)** *wechselhaft:* wir hatten die letzten Wochen sehr -es Wetter; das Glück ist u.

Un|be|stän|dig|keit, die; -: *das Unbeständigsein.*

un|be|stä|tigt [auch: - - '- -] ⟨Adj.⟩: *nicht bestätigt* (1 a); *inoffiziell:* nach [bisher] -en Meldungen; -en Meldungen zufolge.

un|be|stech|lich [auch: '- - - -] ⟨Adj.⟩: **a)** *nicht bestechlich:* ein [absolut] -er Beamter; er erwies sich als, war u.; **b)** *keiner Beeinflussung erliegend; sich durch nichts täuschen lassend:* ein -er Kritiker; eine -e Wahrheitsliebe; sie war [in ihrem Urteil] u.; Ü eine Kamera ist u.

Un|be|stech|lich|keit [auch: '- - - - -], die; -: *das Unbestechlichsein.*

un|be|stimm|bar [auch: '- - - -] ⟨Adj.⟩: *nicht genau zu bestimmen* (3): eine -e Pflanze; eine Frau -en Alters.

Un|be|stimm|bar|keit [auch: '- - - - -], die; -: *das Unbestimmbarsein.*

un|be|stimmt ⟨Adj.⟩: **a)** *nicht bestimmt* (I 1 b): jmdn. mit -em Misstrauen ansehen; die Verlautbarungen waren äußerst u. gehalten; **b)** *sich [noch] nicht bestimmen, festlegen lassend:* in einer -en Zukunft; ein junger Mann -en Alters; es ist noch u., ob wir die Reise antreten; **c)** (Sprachw.) *Unbestimmtheit ausdrückend:* -er Artikel; -es Zahlwort; -es Fürwort *(Indefinitpronomen).*

Un|be|stimmt|heit, die; -, -en: **1.** ⟨o. Pl.⟩ *das Unbestimmtsein* (a, b). **2.** *etw. Unbestimmtes.*

Un|be|stimmt|heits|re|la|ti|on, die; -, -en (Physik): *Unschärferelation.*

un|be|streit|bar [auch: '- - - -] ⟨Adj.⟩: *sich nicht bestreiten* (1 a) *lassend:* eine -e Tatsache; seine Fähigkeiten sind u.; es ist u., dass ...; es zeigte sich u. ein neuer Trend.

un|be|strit|ten [auch: - - '- -] ⟨Adj.⟩: **a)** *nicht von jmdm. bestritten* (1 a): eine -e Tatsache; u. ist, dass ...; er ist u. einer unserer fähigsten Leute; ein u. hochgiftiger Stoff; **b)** *jmdm. von niemandem streitig gemacht:* -e Rechte; **c)** *nicht umstritten.*

un|be|strit|te|ner|ma|ßen ⟨Adv.⟩ (bes. schweiz.): *unbestritten.*

un|be|tei|ligt [auch: - - '- -] ⟨Adj.⟩: **1.** *innerlich nicht beteiligt, desinteressiert:* ein -er Zuschauer; die meisten blieben [merkwürdig] u.; u. dabeistehen. **2.** *sich nicht [als Mittäter] beteiligt habend:* er war an dem Mord u.; ⟨subst.:⟩ man hatte einen Unbeteiligten verhaftet.

Un|be|tei|ligt|heit [auch: - - '- - -], die; -: *das Unbeteiligtsein.*

un|be|tont ⟨Adj.⟩: *nicht betont:* -e Silben.

un|be|trächt|lich [auch: - - '- -] ⟨Adj.⟩: *in keiner Weise beträchtlich:* eine -e Veränderung; seine Schulden waren [nicht] u.

Un|be|trächt|lich|keit [auch: - - '- - -], die; -: *das Unbeträchtlichsein.*

un|be|tret|bar ⟨Adj.⟩: *nicht betretbar.*

un|beug|bar [auch: '- - -] ⟨Adj.⟩ (Sprachw.): *indeklinabel.*

un|beug|sam [auch: - '- -] ⟨Adj.⟩: *sich keinem fremden Willen beugend; sich nicht durch jmdn. in seiner Haltung beeinflussen lassend:* ein -er Verfechter dieser Idee; er war ein Mann von -em Rechtssinn; u. an etw. festhalten.

Un|beug|sam|keit [auch: - '- - -], die; -: *unbeugsame Art.*

un|be|wacht ⟨Adj.⟩: *nicht bewacht:* ein -er Parkplatz, Strand; in einem -en Augenblick *(in einem Augenblick, wo es niemand sah)* nahm er Geld aus der Kasse; sie ließen die Zöglinge u.

un|be|waff|net ⟨Adj.⟩: *nicht bewaffnet:* -e Zivilisten; der Einbrecher war u.; etw. mit -em Auge (veraltend scherzh.; *ohne Fernglas*) erkennen.

un|be|wäl|tigt [auch: - - '- -] ⟨Adj.⟩: *nicht bewältigt:* ein -es Problem; -e Konflikte.

un|be|weg|lich [auch: - - '- -] ⟨Adj.⟩: **1. a)** *sich nicht* [1]*bewegend* (1 b): u. [da]stehen, [da]sitzen; **b)** *sich nicht* [1]*bewegen* (1 a) *lassend:* ein -es [Maschinen]teil; -e Sachen *(Immobilien);* das bei dem Unfall verletzte Gelenk blieb u. **2.** *(vom Gesichtsausdruck o. Ä.) sich nicht verändernd:* sie sahen sich mit -em Blick an. **3.** *nicht beweglich:* er ist [geistig] u. **4.** *(von Feiertagen, Festen) an ein festes Datum gebunden:* Weihnachten gehört zu den -en Festen.

Un|be|weg|lich|keit [auch: - - '- - -], die; -: **1.** *das Unbeweglichsein* (1, 2). **2.** *das Unbeweglichsein* (3).

un|be|wegt ⟨Adj.⟩: **1.** *nicht* [1]*bewegt* (1 a): -es Wasser; u. [da]stehen. **2.** *(vom Gesichtsausdruck o. Ä.) unverändert:* mit -er Miene zusehen.

un|be|wehrt ⟨Adj.⟩: **1.** (veraltend) *nicht bewehrt* (1). **2.** (Bauw., Technik) *nicht bewehrt* (2).

un|be|weis|bar [auch: '- - - -] ⟨Adj.⟩: *nicht beweisbar:* -e Annahmen, Behauptungen, Thesen.

un|be|wie|sen ⟨Adj.⟩: **1.** *nicht bewiesen* (1): eine -e Hypothese; etw. für u. halten. **2.** (selten) *seine Fähigkeiten noch nicht bewiesen habend.*

un|be|wirt|schaf|tet [auch: '- - - - -] ⟨Adj.⟩: *nicht bewirtschaftet.*

un|be|wohn|bar [auch: '- - - -] ⟨Adj.⟩: *nicht bewohnbar.*

un|be|wohnt ⟨Adj.⟩: *nicht bewohnt:* eine -e Insel; das Haus ist seit Monaten u.

un|be|wusst ⟨Adj.⟩ [frühnhd. unbewist, mniederd. unbewus = unbekannt, nicht wissend]: **a)** *nicht bewusst* (1 c): -e seelische Vorgänge; das -e Denken, Handeln; **b)** *nicht in jmds. Bewusstsein tretend, jmdm. nicht bewusst [werdend]:* die -e Sehnsucht nach etw.; er hat u. genau das Richtige getan; **c)** *nicht bewusst* (1 a): ein -er Versprecher.

Un|be|wuss|te, das; -n ⟨Dekl. ↑[2]Junge⟩ (Psych.): *(in der Psychoanalyse) hypothetischer Bereich nicht bewusster* (1 c) *psychischer Prozesse, die bes. aus Verdrängtem bestehen u. das Verhalten beeinflussen können:* Träume gehen vom -n aus; das kollektive U. *(das Unbewusste, das überindividuelle menschliche Erfahrungen enthält;* nach C. G. Jung).

Un|be|wusst|heit, die; -, -en: **1.** ⟨o. Pl.⟩ *das Unbewusstsein.* **2.** *etw. Unbewusstes, etw. dem Bereich des Unbewussten Angehörendes.*

un|be|zahl|bar [auch: '- - - -] ⟨Adj.⟩: **1.** *so teuer, dass man es gar nicht bezahlen* (1 a) *kann:* diese Mieten sind [für die meisten] u. **2. a)** *sehr kostbar u. wertvoll, nicht mit Geld aufzuwiegen:* -e Kunstschätze; ein -er archäologischer Fund; **b)** (ugs. scherzh.) *für jmdn. von unersetzlichem Wert:* er ist [mit seinem Humor] einfach u.!; meine alte Kamera ist u.

Un|be|zahl|bar|keit [auch: '- - - - -], die; -: *das Unbezahlbarsein.*

un|be|zahlt ⟨Adj.⟩: **a)** *nicht bezahlt* (1 a): eine -e Ware; -e Überstunden; -er Urlaub *(zusätzlicher Urlaub, der vom Lohn abgezogen wird);* **b)** *nicht bezahlt* (3): -e Rechnungen.

un|be|zähm|bar [auch: '- - - -] ⟨Adj.⟩: *sich aufgrund seiner Intensität o. Ä. nicht bezähmen lassend:* eine -e Neugier; ein -er Heißhunger.

Un|be|zähm|bar|keit [auch: '- - - - -], die; -: *das Unbezähmbarsein.*

un|be|zwei|fel|bar [auch: '- - - - -] ⟨Adj.⟩: *nicht zu bezweifeln:* eine -e Tatsache; die -e Wahrheit.

un|be|zwing|bar [auch: '- - - -], (häufiger:) **un|be|zwing|lich** [auch: '- - - -] ⟨Adj.⟩: **a)** *sich nicht bezwingen lassend:* die Festung schien u.; **b)** *als Gefühl, Vorgang o. Ä. in jmdm. nicht zu unterdrücken.*

Un|bil|den ⟨Pl.⟩ [älter Ungebild(e) (Sg.) (mhd. unbilde = Unrecht, ahd. unpilide = Unförmigkeit), eigtl. = was nicht zum Vorbild taugt, wohl zu mhd. unbil, ↑Unbill] (geh.): *sehr unangenehme Auswirkungen einer Sache:* die U. des Wetters ertragen müssen.

Un|bil|dung, die; -: *Mangel an Bildung* (1 b): etw. verrät jmds. U.; etw. aus U. sagen; das ist ein Zeichen von U.

Un|bill, die; -, (veraltet, noch österr. auch:) der od. das; -s [urspr. schweiz., subst. aus mhd. unbil = ungemäß; verw. mit ↑billig, ↑Bild] (geh.): *üble Behandlung; Unrecht; etw. Übles, was jmd. zu ertragen hat:* alle U. des Krieges; U. von jmdm., vom Schicksal zu leiden haben.

un|bil|lig ⟨Adj.⟩ [mhd. unbillich = unrecht, unschicklich, gewalttätig]: (Rechtsspr., sonst veraltend) *nicht billig* (3): -e Forderungen.

Un|bil|lig|keit, die; -, -en (Rechtsspr., sonst veraltend): **1.** ⟨o. Pl.⟩ *Eigenschaft, unbillig* (a) *zu sein.* **2.** *etwas, was unbillig* (a) *ist.*

un|blu|tig ⟨Adj.⟩: **1.** *ohne Blutvergießen erfolgend; ohne dass bei einer Auseinandersetzung Blut fließt:* ein -er Putsch; die Säuberung verlief u.; das Geiseldrama endete u. **2.** (Med.) *ohne Schnitt ins Gewebe u. daher ohne Blutverlust:* ein -er Eingriff.

un|bot|mä|ßig ⟨Adj.⟩ (oft scherzh. od. iron.): *aufsässig, sich nicht so verhaltend, wie es [von der Obrigkeit] gefordert wird:* -e Untertanen; eine -e Kritik.

Un|bot|mä|ßig|keit, die; -: *das Unbotmäßigsein.*

un|brauch|bar ⟨Adj.⟩: *nicht brauchbar.*

Un|brauch|bar|keit, die; -: *das Unbrauchbarsein.*

un|brenn|bar [auch: '- - -] ⟨Adj.⟩: *nicht brennbar.*

un|brü|der|lich ⟨Adj.⟩: *nicht brüderlich.*

un|bunt ⟨Adj.⟩: *nicht bunt* (1).

un|bür|ger|lich ⟨Adj.⟩: *nicht bürgerlich* (2 a).

un|bü|ro|kra|tisch ⟨Adj.⟩: *nicht bürokratisch:* -e Hilfe; ein -es Vorgehen; jmdm. u. helfen; jmdm. u. eine Genehmigung erteilen.

un|buß|fer|tig ⟨Adj.⟩ (christl. Rel.): *nicht bußfertig:* ein -er Mensch; u. sterben.

Un|buß|fer|tig|keit, die; -: *das Unbußfertigsein.*

un|cha|rak|te|ris|tisch ⟨Adj.⟩: *nicht charakteristisch.*

un|char|mant ⟨Adj.⟩: *nicht charmant.*

U

un|christ|lich ⟨Adj.⟩: *nicht christlich* (b): -er Hass; sich u. verhalten.
Un|christ|lich|keit, die; -: *das Unchristlichsein.*
Un|cle Sam [ˈʌŋkl̩ ˈsæm; engl., wohl nach der scherzh. Deutung von U. S. (= United States) als Abk. für: Uncle Sam = Onkel Sam(uel)] (scherzh.): *die amerikanische Regierung, der amerikanische Staat.*
un|cool ⟨Adj.⟩ (salopp, bes. Jugendspr.): *nicht cool.*
und ⟨Konj.⟩ [mhd. und(e), ahd. unta, unti, H. u.]: **1. a)** verbindet nebenordnend einzelne Wörter, Satzteile u. Sätze; kennzeichnet eine Aufzählung, Anreihung, Beiordnung od. eine Anknüpfung: du u. ich; gelbe, rote u. grüne Bälle; Äpfel u. Birnen; Männer u. Frauen; sie traf ihren Chef u. dessen Frau; essen u. trinken; von u. nach Berlin; Tag u. Nacht; Damen- u. Herrenfriseur; ihr geht zur Arbeit, u. wir bleiben zu Hause; ich nehme an, dass sie morgen kommen u. dass sie helfen wollen; ⟨mit Inversion⟩ (veraltet:) wir haben uns sehr darüber gefreut, u. danken wir Dir herzlich; in formelhaften Verknüpfungen: u. Ähnliches; u. [viele] andere [mehr]; u. dergleichen; u. so fort/weiter (Abk.: usf./usw.); u., u., u. (ugs. emotional; *und dergleichen mehr*); bei Additionen zwischen zwei Kardinalzahlen: drei u. *(plus)* vier ist sieben; **b)** verbindet Wortpaare, die Unbestimmtheit ausdrücken: aus dem u. dem/jenem Grund; um die u. die Zeit; er sagte, er sei der u. der; **c)** verbindet Wortpaare u. gleiche Wörter u. drückt dadurch eine Steigerung, Verstärkung, Intensivierung, eine stetige Fortdauer aus: sie kletterten hoch u. höher; das Geräusch kam näher u. näher; es regnete u. regnete. **2. a)** verbindet einen Hauptsatz mit einem vorhergehenden; kennzeichnet ein zeitliches Verhältnis, leitet eine erläuternde, kommentierende, bestätigende o. ä. Aussage ein, schließt eine Folgerung od. einen Gegensatz, Widerspruch an: sie rief, u. alle kamen; die Arbeit war zu Ende, u. deshalb freute sie sich sehr; er hielt es für richtig, u. das war es auch; elliptisch, schließt eine Folgerung an: noch ein Wort, u. du fliegst raus!; elliptisch, verknüpft meist ironisch, zweifelnd, abwehrend o. ä. Gegensätzliches, unvereinbar Scheinendes: er u. hilfsbereit!; ich u. singen? – Ich kann nur krächzen; leitet einen ergänzenden, erläuternden o. ä. Satz ein, der durch einen Infinitiv mit »zu«, seltener durch einen mit »dass« eingeleiteten Gliedsatz ersetzt werden kann: sei so gut u. hilf mir; tu mir den Gefallen u. halt den Mund!; **b)** leitet einen Gliedsatz ein, der einräumenden, seltener auch bedingenden Charakter hat: du musst es tun, u. fällt es dir noch so schwer; er fährt, u. will er nicht, so muss man ihn zwingen; **c)** leitet, oft elliptisch, eine Gegenfrage ein, mit der eine ergänzende, erläuternde o. ä. Antwort gefordert od. durch die eine gegensätzliche Meinung kundgetan wird: »Das muss alles noch weggebracht werden.« – »Und warum?«; »Die Frauen wurden gerettet.« – »Und die Kinder?«.
Un|dank, der; -[e]s [mhd. undanc] (geh.): *undankbares, keinerlei Anerkennung zeigendes Verhalten:* das ist empörender, krasser U.; für seine Hilfe hat er nur U. geerntet; **Spr** U. ist der Welt Lohn *(man darf nie mit Dankbarkeit rechnen).*
un|dank|bar ⟨Adj.⟩ [mhd. undancbære]: **1.** *nicht dankbar* (1): ein -er Mensch, Freund; sei nicht so u.!; es wäre u., ihnen jetzt nicht aus beizustehen. **2.** *aufzuwendende Mühe, Kosten o. Ä. nicht rechtfertigend, nicht befriedigend; nicht lohnend:* eine -e Aufgabe, Arbeit; ein -es Geschäft; solche Ehrenämter sind immer u.; ein -er *(viel Mühe erfordernder, aber doch keinen Nutzen, keinen Lohn, keine Befriedigung bringender)* vierter Platz.
Un|dank|bar|keit, die; - [mhd. undancbærkeit]: **1.** *undankbare* (1) *Haltung, Empfindung; das Undankbarsein.* **2.** *undankbare* (2) *Beschaffenheit, Art.*
un|da|tiert ⟨Adj.⟩: *ohne Datierung* (1 b).
un|de|fi|nier|bar [auch: ˈ- - - - -] ⟨Adj.⟩: *sich nicht, nicht genau bestimmen, festlegen lassend; so beschaffen, dass eine genaue Bestimmung, Identifizierung nicht möglich ist:* -e Laute, Geräusche; eine -e Angst; ein -es Gefühl; die Farbe des Stoffes ist u.; der Kaffee war, schmeckte u. (abwertend; *nicht ganz einwandfrei).*
un|de|fi|niert ⟨Adj.⟩: *nicht definiert; nicht erklärt, bestimmt, festgelegt:* -e Begriffe.
un|de|kli|nier|bar [auch: - - - ˈ- -] ⟨Adj.⟩ (Sprachw.): *indeklinabel.*
un|de|mo|kra|tisch [auch: ˈ- - - - -] ⟨Adj.⟩: **1.** *nicht demokratisch* (1): ein -es Land. **2.** *nicht demokratisch* (2): eine -e Haltung, Entscheidung, Methode; u. vorgehen.
un|denk|bar ⟨Adj.⟩: *sich der Vorstellungskraft entziehend; jmds. Denken, Vorstellung von etw. nicht zugänglich:* man hielt es für u., dass so etwas geschehen könnte; so etwas wäre früher u. gewesen.
un|denk|lich ⟨Adj.⟩: in den Fügungen **seit, vor -er Zeit/-en Zeiten** (↑ Zeit 4).
Un|der|co|ver|agent [ˈʌndəkʌvəl...], der; -en, -en [engl. undercover agent, aus: undercover = geheim, Geheim-, eigtl. = unter der Decke, u. agent = (Geheim)agent] (Polizeiw. Jargon): *Polizist, der verdeckt ermittelt, der – mit einer Legende* (4) *versehen – Mitglied einer verdächtigen Organisation, Gruppe o. Ä. wird, um sie zu observieren, auszuforschen.*
Un|der|co|ver|agen|tin, die; -, -nen: w. Form zu ↑ Undercoveragent.
Un|der|dog [ˈʌndədɔɡ], der; -s, -s [engl. underdog, aus: under = unter u. dog = Hund] (bildungsspr.): *[sozial] Benachteiligter, Schwächerer; jmd., der einem anderen unterlegen ist.*
un|der|dressed [ˈandə(r)drɛst] ⟨Adj.⟩ [engl. underdressed, zu: under = unter u. to dress = anziehen] (bildungsspr.): *[für einen bestimmten Anlass] zu schlecht, nachlässig angezogen, gekleidet.*
Un|der|flow [ˈʌndəfloʊ], der; -s, -s [engl. underflow = Unterströmung, eigtl. = das Darunterfließen] (Fachspr.): *(bei einer elektronischen Rechenanlage) das Auftreten eines Zahlenwertes, der kleiner ist als die vom Rechner darzustellende kleinste Zahl ist.*
Un|der|ground [ˈʌndəɡraʊnd], der; -s [engl. underground, aus: under = unter u. ground = Boden, Grund] (bildungsspr.): **1.** *Untergrund* (4 a). **2.** *künstlerische Bewegung, Richtung, die gegen das etablierte Kulturleben gerichtet ist.* **3.** *Undergroundmusik.*
Un|der|ground|mu|sik, die: *dem Underground* (2) *entstammende Musik.*
Un|der|state|ment [ʌndəˈsteɪtmənt], das; -s, -s [engl. understatement, aus: under = unter, unterhalb von u. statement = Behauptung, Aussage, Erklärung] (bildungsspr.): *[bewusste] Untertreibung.*
un|deut|bar ⟨Adj.⟩: *nicht deutbar.*
un|deut|lich ⟨Adj.⟩: **a)** *nicht deutlich* (a); *nicht gut wahrnehmbar, nicht scharf umrissen:* ein -es Foto; eine -e Schrift, Aussprache; etw. nur u. erkennen; **b)** *nicht exakt; ungenau, vage:* eine nur -e Erinnerung, Vorstellung; sich u. ausdrücken.
Un|deut|lich|keit, die; -: *das Undeutlichsein.*
un|deutsch ⟨Adj.⟩: **a)** *nicht typisch deutsch:* eine -e Lässigkeit, Leichtigkeit an den Tag legen; **b)** (bes. nationalsoz.) *einer Vorstellung von Deutschtum* (a) *zuwiderlaufend:* -e Kunst, Literatur.
Un|de|zi|me, die; -, -n [zu lat. undecimus = der elfte, zu: undecim = elf, zu: unus = einer u. decem = zehn] (Musik): **a)** *elfter Ton einer diatonischen Tonleiter* (Oktave plus Quarte); **b)** *Intervall von elf diatonischen Tonstufen.*
un|di|a|lek|tisch ⟨Adj.⟩: **1.** (Philos.) *der Dialektik* (2 a, b) *nicht entsprechend, gemäß:* eine -e philosophische Methode, Denkweise. **2.** (bildungsspr.) *zu einseitig, starr, schematisch [vorgehend]:* -es Denken.
un|dicht ⟨Adj.⟩: *nicht dicht* (1 c): eine -e Leitung; ein -es Dach, Fenster; ein -er Verschluss; das Ventil, der Tank, die Kanne ist u.
Un|dicht|heit, die; -, -en: **1.** ⟨o. Pl.⟩ *das Undichtsein.* **2.** *undichte Stelle.*
Un|dich|tig|keit, die; -, -en: **1.** ⟨o. Pl.⟩ *das Undichtsein.* **2.** *undichte Stelle.*
un|dif|fe|ren|ziert ⟨Adj.⟩ (bildungsspr.): **a)** *nicht differenziert:* eine -e Kritik; sich sehr u. über etw. äußern; **b)** *im Hinblick auf Funktion, Form, Farbe o. Ä. keine Einzelheiten, keine verschiedenartigen Abstufungen o. Ä. aufweisend.*
Un|dif|fe|ren|ziert|heit, die; -: *das Undifferenziertsein.*
Un|di|ne, die; -, -n [H. u.]: *weiblicher Wassergeist.*
Un|ding, das [mhd. undinc = Übel, Unrecht]: **1.** meist in der Wendung **ein U. sein** *(unsinnig, völlig unangebracht, unpassend sein):* es ist ein U., die Kinder so spät noch allein weggehen zu lassen. **2.** (seltener) *[unförmiger, Angst einflößender] Gegenstand.*
un|di|plo|ma|tisch ⟨Adj.⟩: *nicht* [1]*diplomatisch* (2).
un|dis|ku|ta|bel [auch: - - - ˈ- -] ⟨Adj.⟩ (bildungsspr. abwertend): *indiskutabel.*
un|dis|zi|pli|niert ⟨Adj.⟩ (bildungsspr.): **a)** *nicht diszipliniert* (a), *nicht an Disziplin* (1 a) *gewöhnt:* eine -e Klasse; **b)** *nicht diszipliniert* (b); *unbeherrscht:* ein -er Mensch; -es Verhalten; der Libero spielt zu u.
Un|dis|zi|pli|niert|heit, die; -: *das Undiszipliniertsein.*
un|dog|ma|tisch ⟨Adj.⟩ (bildungsspr.): *nicht dogmatisch* (2).
un|dra|ma|tisch ⟨Adj.⟩: **1.** *nicht dem Wesen dramatischer Dichtkunst entsprechend:* ein -es Stück. **2.** *nicht aufregend, ohne besondere Höhepunkte verlaufend:* der -e Verlauf eines Ereignisses; das Finale war, verlief u.
Un|du|la|ti|on, die; -, -en [zu spätlat. undula = kleine Welle, Vkl. von lat. unda = Welle]: **1.** (Physik) *Wellenbewegung, Schwingung.* **2.** (Geol.) *Verformung der Erdkruste bei der Orogenese.*
Un|du|la|ti|ons|the|o|rie, die; - (Physik): *Theorie, nach der das Licht eine Wellenbewegung in einem sehr feinen, elastischen* [1]*Medium* (3) *ist.*
un|du|la|to|risch ⟨Adj.⟩ (Physik): *wellenförmig.*
un|duld|sam ⟨Adj.⟩: *nicht duldsam, andere Haltungen, Meinungen o. Ä. nicht gelten lassend; intolerant:* ein -er Mensch; sich u. zeigen.
Un|duld|sam|keit, die; -: *Intoleranz.*
un|du|lie|ren ⟨sw. V.; hat⟩ [zu ↑ Undulation] (Med., Biol.): *wellenförmig verlaufen, auf- u. absteigen* (z. B. von einer Fieberkurve): undulierende Membran (Biol.; *der Fortbewegung dienendes, wellenförmige Bewegungen ausführendes Organell verschiedener einzelliger Organismen*).
un|durch|dring|bar [auch: ˈ- - - -] ⟨Adj.⟩ (seltener): *undurchdringlich* (1).
un|durch|dring|lich [auch: ˈ- - - -] ⟨Adj.⟩: **1.** *so dicht, fest geschlossen o. ä., dass ein Durchdringen, Eindringen, Durchkommen* (1) *nicht möglich ist:* ein -es Dickicht; eine -e Wildnis; -er *(sehr starker)* Nebel; eine -e *(sehr dunkle)* Nacht; Ü ihr Geheimnis schien u. **2.** *innere Regungen, Absichten o. Ä. nicht erkennen lassend, sehr verschlossen:* eine -e Miene; ihr Gesicht war zu einer -en Maske erstarrt.
Un|durch|dring|lich|keit [auch: ˈ- - - - -], die; -: *das Undurchdringlichsein.*
un|durch|führ|bar [auch: ˈ- - - -] ⟨Adj.⟩: *nicht durchführbar:* -e Pläne; der Plan, das Vorhaben erwies sich als u.
Un|durch|führ|bar|keit [auch: ˈ- - - - -], die; -: *das Undurchführbarsein.*
un|durch|läs|sig ⟨Adj.⟩: *nicht durchlässig:* ein [für Luft und Wasser] -es Gefäß; eine -e *(impermeable)* Membran; die Wandung ist u.
Un|durch|läs|sig|keit, die; -: *das Undurchlässigsein.*
un|durch|schau|bar [auch: ˈ- - - -] ⟨Adj.⟩: **1.** *nicht durchschaubar, sich nicht verstehen, begreifen lassend:* -e Pläne; die Zusammenhänge sind u. **2.** *in seinem eigentlichen Wesen, in seinen verborgenen Absichten nicht zu durchschauen* (a): ein -er Mensch; sie war, blieb u. für ihn.

Un|durch|schau|bar|keit [auch: '– – – – –], die; -: *das Undurchschaubarsein.*
un|durch|sich|tig ⟨Adj.⟩: **1.** *nicht durchsichtig* (a): -es Glas; ein -er Vorhang; eine Bluse aus -em Stoff. **2.** *undurchschaubar* (2) *u. zu Zweifeln, Skepsis Anlass gebend:* ein -er Bursche, Mensch; in -e Dinge, Geschäfte verwickelt sein; er spielte bei der Sache eine -e Rolle.
Un|durch|sich|tig|keit, die; -: *das Undurchsichtigsein.*
Und-Zei|chen, das; -s, -: *Zeichen für das Wort »und«; Et-Zeichen* (&).
un|eben ⟨Adj.⟩: *nicht od. nicht ganz* [1]*eben* (2): -er Boden; der Weg ist u.; * **nicht u.** (ugs.; *nicht übel, recht passabel*): der neue Lehrer, das neue Auto ist nicht u.; ⟨auch attr.:⟩ ein nicht -er Plan.
Un|eben|heit, die; -, -en: **a)** ⟨o. Pl.⟩ *das Unebensein, unebene Beschaffenheit:* die U. des Bodens; **b)** *Stelle, an der etw. uneben ist:* die -en des Geländes.
un|echt ⟨Adj.⟩: **1. a)** *nur nachgemacht, imitiert; künstlich hergestellt; falsch* (1 a): -er Schmuck; -e Pelze, Haare; das Bild war, erwies sich als u.; **b)** *nicht echt* (1 c); *nur vorgetäuscht; nicht wirklich empfunden, gedacht o. Ä.:* -e Freundlichkeit, Liebenswürdigkeit; die -en Töne in ihrer Rede waren nicht zu überhören; seine Freude, sein Mitgefühl war, wirkte u. **2.** (Math.) *einen Zähler aufweisend, der größer ist als der Nenner:* -e Brüche. **3.** (Chemie, Textilw.) *(von Farben) gegenüber bestimmten chemischen u. physikalischen Einflüssen nicht beständig:* -e Farben; das Blau ist u.
Un|echt|heit, die; -: *das Unechtsein.*
un|edel ⟨Adj.⟩: **1.** (geh.) *nicht edel* (2), *nicht nobel* (1); *niedrig* (4): eine unedle Gesinnung, Handlung; u. denken; er hat sehr u. an ihr gehandelt. **2.** *(bes. von Metallen) häufig vorkommend, nicht sehr kostbar [u. gegen chemische Einflüsse bes. des Sauerstoffs nicht sehr widerstandsfähig]:* unedle Metalle, Steine.
un|ehe|lich ⟨Adj.⟩: **a)** *außerhalb einer Ehe geboren, nichtehelich, illegitim* (1 b): ein -es Kind; der erste Sohn war u. [geboren]; **b)** *ein uneheliches* (a) *Kind besitzend:* eine -e Mutter.
Un|ehe|lich|keit, die; -: *das Unehelichsein.*
Un|eh|re, die; - (geh.): *Minderung, Verlust der Ehre* (1 a), *des Ansehens, der Wertschätzung:* etw. macht jmdm. U., gereicht jmdm. zur U.
un|eh|ren|haft ⟨Adj.⟩ (geh.): *nicht ehrenhaft:* -e Absichten, Taten; u. handeln; die beiden Soldaten wurden u. aus der Armee entlassen.
Un|eh|ren|haf|tig|keit, die; -: *das Unehrenhaftsein.*
un|ehr|er|bie|tig ⟨Adj.⟩ (geh.): *ohne Ehrerbietung, respektlos.*
Un|ehr|er|bie|tig|keit, die; - (geh.): *das Unehrerbietigsein.*
un|ehr|lich ⟨Adj.⟩ [mhd. unērlich = schimpflich]: **a)** *nicht ehrlich* (1 a); *nicht offen* (5 a); *unaufrichtig:* ein -er Charakter, Freund; -e Absichten; sie treibt ein -es Spiel mit ihm; **b)** *nicht ehrlich* (1 b); *nicht zuverlässig; betrügerisch:* ein -er Angestellter; sich etw. auf -e Weise aneignen; u. erworbenes Geld.
Un|ehr|lich|keit, die; -: *das Unehrlichsein.*
un|eid|lich ⟨Adj.⟩ (Rechtsspr.): *nicht eidlich:* eine -e Falschaussage.
un|ei|gen|nüt|zig ⟨Adj.⟩: *selbstlos, nicht egoistisch, nicht eigennützig:* eine -e Freundin; -e Hilfe; die jungen Leute wollten u. helfen.
Un|ei|gen|nüt|zig|keit, die; -: *das Uneigennützigsein.*
un|ei|gent|lich: **I.** ⟨Adj.⟩ (selten) *nicht wirklich; nicht tatsächlich.* **II.** ⟨Adv.; im Anschluss an ein vorausgegangenes »eigentlich« (I)⟩ (scherzh.) *wenn man es nicht so genau nimmt:* wir müssten eigentlich gehen, aber u. könnten wir doch noch ein wenig bleiben.
Un|ei|gent|lich|keit, die: *Zustand, der einer Sache od. jmdm. uneigentlich zukommt.*
un|ein|bring|lich [auch: – – '– –] ⟨Adj.⟩ (Rechtsspr., Wirtsch.): *nicht zu erhalten, zu beschaffen, einzutreiben; endgültig verloren:* -e Schulden.
un|ein|ge|la|den ⟨Adj.⟩: *nicht eingeladen:* sie erschien u. auf dem Fest.
un|ein|ge|schränkt [auch: – – – '–] ⟨Adj.⟩: *nicht eingeschränkt, ohne Einschränkung [geltend, wirksam, vorhanden]:* die -e Freiheit; -es Vertrauen, Lob; dieser Aussage stimmen wir u. zu.
un|ein|ge|stan|den [auch: – – – '– –] ⟨Adj.⟩: *vor sich selbst nicht eingestanden:* eine -e Angst; sie fürchtete u., er könnte sie betrügen.
un|ein|ge|weiht ⟨Adj.⟩: *in etw. nicht eingeweiht, eingeführt, mit etw. nicht vertraut gemacht:* für -e Benutzer ist die Handhabung unmöglich.
Un|ein|ge|weih|te, der u. die; -n, -n ⟨Dekl. ↑ Abgeordnete⟩: *jmd., der uneingeweiht ist.*
un|ein|hol|bar [auch: '– – – –] ⟨Adj.⟩: **a)** *einen solchen Vorsprung besitzend, dass ein Einholen* (1 a) *nicht mehr möglich ist:* die ersten Läufer waren u. davongeeilt; **b)** *sich nicht mehr aufholen* (1 a), *ausgleichen, wettmachen lassend:* ein -er Abstand, Vorsprung; der Verein liegt in dieser Saison u. an der Spitze.
un|ei|nig ⟨Adj.⟩: *in seiner Meinung [u. Gesinnung] nicht übereinstimmend; nicht einträchtig:* -e Parteien; in diesem Punkt sind sie [sich] noch u.; ich bin [mir] mit ihm darin nach wie vor u. *(stimme mit ihm nicht überein).*
Un|ei|nig|keit, die; -, -en: *das Uneinigsein; Streit, Streitigkeit.*
un|ein|nehm|bar [auch: '– – – –] ⟨Adj.⟩: *sich nicht einnehmen* (4) *lassend:* eine -e Festung; die Burg lag u. auf einem Berg.
Un|ein|nehm|bar|keit [auch: '– – – – –], die; -: *das Uneinnehmbarsein.*
un|eins ⟨Adj.⟩ (seltener): *uneinig:* die Parteien waren, blieben u., schieden u. voneinander; er war u. mit ihm, wie es weitergehen sollte; sie ist mit sich selbst u. *(ist unentschlossen, schwankend).*
un|ein|sich|tig ⟨Adj.⟩: *nicht einsichtig* (1), *unvernünftig, verstockt:* ein -es Kind; -e Eltern, Lehrer; der Angeklagte war, blieb u.
Un|ein|sich|tig|keit, die; -: *das Uneinsichtigsein.*
un|elas|tisch ⟨Adj.⟩: *nicht elastisch.*
un|ele|gant ⟨Adj.⟩: *nicht elegant.*
un|eman|zi|piert ⟨Adj.⟩: *nicht emanzipiert.*
un|emp|fäng|lich ⟨Adj.⟩: *für etw. nicht empfänglich* (a), *nicht zugänglich:* er ist u. für Schmeicheleien, Lob.
Un|emp|fäng|lich|keit, die; -: *das Unempfänglichsein.*
un|emp|find|lich ⟨Adj.⟩: **1.** *nicht empfindlich* (2 a), *wenig feinfühlig:* er ist u. gegen Beleidigungen. **2.** *nicht empfindlich* (3), *nicht anfällig; widerstandsfähig, immun:* u. gegen Erkältungskrankheiten sein. **3.** *nicht empfindlich* (4): -e Tapeten.
Un|emp|find|lich|keit, die; -: *das Unempfindlichsein.*
un|end|lich ⟨Adj.⟩ [mhd. unendelich = endlos, unvollendet, unnütz, schlecht, ahd. unentilīh = unbegrenzt]: **1. a)** *ein sehr großes, unabsehbares, unbegrenzt scheinendes Ausmaß besitzend; endlos:* die -en Wälder des Nordens; das -e Meer; die -e Weite des Ozeans; das Erlebnis war in -e Ferne gerückt; eine -e Zeit war vergangen; der Weg, die Zeit schien ihr u.; das Objektiv auf »unendlich« (Fot.; *auf eine nicht begrenzte Entfernung*) einstellen; ⟨subst.:⟩ der Weg scheint ins Unendliche zu führen; * **bis ins Unendliche** *(unaufhörlich, endlos so weiter):* sie führten diese Gespräche bis ins Unendliche; **b)** (Math.) *größer als jeder endliche, beliebig große Zahlenwert:* eine -e Zahl, Größe, Reihe; er hat mich -e Mal, -e Male (emotional; *sehr oft*) damit belästigt; von eins bis u.; die Größe ist, wird u.; ⟨subst.:⟩ Parallelen schneiden sich im Unendlichen; Zeichen: ∞. **2.** (emotional) **a)** *überaus groß, ungewöhnlich stark [ausgeprägt]:* -e Liebe, Güte, Geduld; etw. mit -er Behutsamkeit, Sorgfalt behandeln; **b)** ⟨intensivierend bei Adj. u. Verben⟩ *in überaus großem Maße; sehr, außerordentlich:* u. weit, lange, langsam, langweilig, groß, hoch; dieses Volk ist u. liebenswert; sie war u. verliebt in ihn; sich u. freuen.
un|end|li|che Mal: s. unendlich (1 b).
Un|end|lich|keit, die; -: **1.** *das Unendlichsein, unendliches* (1) *Ausmaß, unendliche Beschaffenheit:* die U. des Meeres. **2.** (geh.) *das Ohne-Ende-Sein von Raum u. Zeit; Ewigkeit* (1 a). **3.** (ugs.) *Ewigkeit* (2): es dauerte eine U., bis er zurückkam.
un|end|li|ch|mal ⟨Wiederholungsz., Adv.⟩: **a)** (selten) *unendliche* (1 b) *Male;* **b)** (emotional) *sehr oft, sehr viel:* ich habe ihn u. gewarnt; er weiß u. mehr als du.
un|ent|behr|lich [auch: '– – – –] ⟨Adj.⟩: *auf keinen Fall zu entbehren* (1 b), *unbedingt notwendig:* ein -es Werkzeug; der Apparat ist mir, für mich, für meine Arbeit u.; sie hält sich für u.; * **sich u. machen** *(sich in solch einer Weise in seinem Aufgabenbereich betätigen, dass man unbedingt gebraucht wird).*
Un|ent|behr|lich|keit [auch: '– – – – –], die; -: *das Unentbehrlichsein.*
un|ent|deckt [auch: '– – –] ⟨Adj.⟩: **1.** *noch nicht entdeckt* (1), *noch unbekannt:* ein -er Krankheitserreger. **2.** *von niemandem entdeckt* (2), *bemerkt:* ein -es Talent; der Gesuchte lebte lange u. in einem Dorf.
un|ent|gelt|lich [auch: '– – – –] ⟨Adj.⟩: *ohne Entgelt; ohne Bezahlung:* eine -e Dienstleistung; der Transport ist, erfolgt u.; etw. u. tun, machen; sie arbeitete dort u.
Un|ent|gelt|lich|keit [auch: '– – – – –], die; -: *das Unentgeltlichsein.*
un|ent|rinn|bar [auch: '– – – –] ⟨Adj.⟩ (geh.): *so geartet, dass ein Entrinnen, Umgehen, Vermeiden unmöglich ist; unvermeidlich:* das -e Schicksal.
Un|ent|rinn|bar|keit [auch: '– – – – –], die; - (geh.): *das Unentrinnbarsein.*
un|ent|schie|den ⟨Adj.⟩: **1. a)** *noch nicht entschieden* (1 a): eine -e Frage; die Sache, Angelegenheit ist noch u.; **b)** (Sport) *mit gleicher Punktzahl für die beteiligten Gegner, ohne Sieger u. Verlierer endend:* ein -es Spiel; das Spiel steht u.; sie trennten sich u. **2.** (seltener) *unentschlossen* (b): ein -er Mensch, Charakter; er hob u. die Schultern.
Un|ent|schie|den, das; -s, - (Sport): *unentschiedener* (1 b) *Ausgang eines Spiels, Wettkampfs:* ein U. schaffen, erreichen.
Un|ent|schie|den|heit, die; -: *das Unentschiedensein.*
un|ent|schlos|sen ⟨Adj.⟩: **a)** *noch nicht zu einem Entschluss, einer Entscheidung gekommen:* sein -es Gesicht; sie machte einen -en Eindruck; er war, schien, wirkte u.; **b)** *nicht leicht, schnell Entschlüsse fassend; nicht entschlussfreudig:* ein -er Mensch, Charakter.
Un|ent|schlos|sen|heit, die; -: *das Unentschlossensein.*
un|ent|schuld|bar [auch: '– – – –] ⟨Adj.⟩: *nicht entschuldbar, unverzeihlich:* ein -es Verhalten.
un|ent|schul|digt ⟨Adj.⟩: *ohne Entschuldigung* (1, 2): -es Fernbleiben.
un|ent|wegt [auch: '– – –] ⟨Adj.⟩ [urspr. schweiz., Verneinung von schweiz. entwegt = unruhig, 2. Part. von: entwegen = von der Stelle rücken (mhd. entwegen = auseinander bewegen, scheiden, trennen)]: *stetig, beharrlich, unermüdlich; mit gleichmäßiger Ausdauer bei etw. bleibend, durchhaltend:* ein -er Kämpfer; sein -er Einsatz; u. weiterarbeiten, an etw. festhalten; er sah sie u. *(ohne Unterbrechung)* an; das Telefon läutete u. *(ununterbrochen);* ⟨subst.:⟩ nur ein paar Unentwegte waren geblieben.
un|ent|wirr|bar [auch: '– – – –] ⟨Adj.⟩: **1.** *so verschlungen, durcheinander, dass ein Entwirren* (1) *unmöglich ist:* ein -es Knäuel, Geflecht. **2.** *so verworren, dass ein Entwirren* (2) *unmöglich ist:* eine -e politische Lage.
Un|ent|wirr|bar|keit [auch: '– – – – –], die; -: *das Unentwirrbarsein.*
un|er|ach|tet [auch: '– – – –] ⟨Präp. mit Gen.⟩ (veraltet): *ungeachtet.*
un|er|be|ten ⟨Adj.⟩: *nicht erbeten:* -er Zuspruch.
un|er|bitt|lich [auch: '– – – –] ⟨Adj.⟩ [spätmhd. unerbitlich]: **1.** *sich durch nichts erweichen,*

umstimmen lassend: ein -er Kritiker, Richter, Lehrer; etw. mit -er Stimme, Miene fordern, befehlen; u. sein, vorgehen; u. *(rigoros)* durchgreifen. **2.** *in seinem Fortschreiten, Sichvollziehen, in seiner Härte, Gnadenlosigkeit durch nichts zu verhindern, aufzuhalten:* das -e Schicksal, Gesetz; der Kampf war, tobte u.

Un|er|bitt|lich|keit [auch: '- - - - -], die; -: *das Unerbittlichsein.*

un|er|fah|ren ⟨Adj.⟩: *[noch] nicht* [2]*erfahren; ohne Erfahrung:* ein -er Arzt, Richter; er ist noch u. auf seinem Gebiet; sie war kein -es Mädchen mehr *(hatte Lebenserfahrung).*

Un|er|fah|ren|heit, die; -: *das Unerfahrensein.*

un|er|find|lich [auch: '- - - -] ⟨Adj.⟩ [spätmhd. unervindelich, zu mhd. ervinden, ahd. irfindan = herausfinden, gewahr werden, zu ↑finden] (geh.): *unerklärlich, nicht zu verstehen:* aus -en Gründen; es ist u., warum sie nicht gekommen ist; eine solche Haltung ist mir u.

un|er|forsch|lich [auch: '- - - -] ⟨Adj.⟩ (geh.): *(bes. im religiösen Bereich) unergründlich, mit dem Verstand nicht zu erfassen:* nach Gottes -em Ratschluss.

Un|er|forsch|lich|keit [auch: '- - - - -], die; -: *das Unerforschlichsein.*

un|er|freu|lich ⟨Adj.⟩: *zu Unbehagen, Besorgnis, Ärger o. Ä. Anlass gebend; nicht erfreulich; unangenehm:* eine -e Nachricht, Meldung, Sache; dieser Zwischenfall ist für alle sehr u.; der Abend endete sehr u.

un|er|füll|bar [auch: '- - - -] ⟨Adj.⟩: *nicht erfüllbar:* -e Wünsche, Erwartungen; die Bedingungen sind u.

Un|er|füll|bar|keit [auch: '- - - - -], die; -: *das Unerfüllbarsein.*

un|er|füllt ⟨Adj.⟩: **1.** *keine Erfüllung* (2) *gefunden habend:* -e Wünsche, Sehnsüchte, Hoffnungen; seine Forderungen, seine Bitten blieben u. **2.** *keine Erfüllung* (1) *gefunden habend; ohne inneres Erfülltsein:* ein -es Leben; sie war, fühlte sich u.

Un|er|füllt|heit, die; -: *das Unerfülltsein.*

un|er|gie|big ⟨Adj.⟩: *nicht, nicht sehr ergiebig:* -er Boden; -e Lagerstätten; eine -e Arbeit; das Thema ist ziemlich u.

Un|er|gie|big|keit, die; -: *das Unergiebigsein.*

un|er|gründ|bar [auch: '- - - -] ⟨Adj.⟩: *nicht, nicht leicht ergründbar; unergründlich* (1): die -en Antriebe, Motive zu einer Tat; die Tiefe seiner Gedanken ist fast u.

Un|er|gründ|bar|keit [auch: '- - - - -], die; -: *das Unergründbarsein.*

un|er|gründ|lich [auch: '- - - -] ⟨Adj.⟩: **1.** *sich nicht ergründen lassend; unerklärlich, undurchschaubar [u. daher rätselhaft, geheimnisvoll]:* -e Motive, Zusammenhänge; ein -es Rätsel, Geheimnis; ein -es Lächeln; ein -er Blick; es wird u. bleiben, wie das geschehen konnte. **2.** (veraltend) *so tief, dass ein (fester) Untergrund, Boden nicht erkennbar, spürbar ist:* das -e Meer; sie versanken in einem -en Morast.

Un|er|gründ|lich|keit [auch: '- - - - -], die; -: *das Unergründlichsein.*

un|er|heb|lich ⟨Adj.⟩: *nicht erheblich; geringfügig, bedeutungslos:* -e Unterschiede, Fortschritte; in -en Mengen; es entstand nur -er Schaden; die Verluste waren nicht u. *(waren beträchtlich);* es ist u., ob er kommt oder nicht.

Un|er|heb|lich|keit, die; -: *das Unerheblichsein.*

[1]un|er|hört ⟨Adj.⟩ [spätmhd. unerhört; eigtl. = nie gehört, beispiellos] (geh.): *nicht erhört, unerfüllt* (1): eine -e Bitte; sein Flehen, seine Liebe blieb u.

[2]un|er|hört ⟨Adj.⟩: **1.** (oft emotional übertreibend) **a)** *außerordentlich groß, ungeheuer:* eine -e Summe; ein -es Tempo; eine -e Anstrengung; eine -e Pracht; eine -e Schlamperei; seine Ausdauer ist u.; **b)** ⟨intensivierend bei Adj. u. Verben⟩ *sehr, überaus, erstaunlich:* eine u. interessante, spannende, schwierige Sache; ein u. zäher, fleißiger Mensch; sie hat u. [viel] gearbeitet; er muss u. gelitten haben; sie hat sich u. gefreut. **2.** (abwertend) *unverschämt, schändlich, empörend, skandalös:* ein -es Vorgehen; eine -e Beleidigung; ihr Verhalten war einfach u.; das ist ja wirklich u.!; er hat sich u. benommen. **3.** (geh.) *sich durch seine Besonderheit auszeichnend; ungewöhnlich, einmalig:* ein -es Ereignis, Wunder; eine -e Erfindung.

un|er|kannt ⟨Adj.⟩: *nicht, von niemandem erkannt, identifiziert:* u. bleiben, entkommen.

un|er|kenn|bar [auch: '- - - -] ⟨Adj.⟩: *nicht erkennbar.*

Un|er|kenn|bar|keit [auch: '- - - - -], die; -: *das Unerkennbarsein.*

un|er|klär|bar [auch: '- - - -] ⟨Adj.⟩ (seltener): *unerklärlich.*

Un|er|klär|bar|keit [auch: '- - - - -], die; -: *das Unerklärbarsein.*

un|er|klär|lich [auch: '- - - -] ⟨Adj.⟩: *sich nicht erklären lassend, unergründlich:* ein -es Verhalten; aus -en Gründen; eine -e Angst befiel sie; es ist [mir], bleibt u., wie das geschehen konnte.

Un|er|klär|lich|keit [auch: '- - - - -], die; -: *das Unerklärlichsein.*

un|er|läss|lich [auch: '- - - -] ⟨Adj.⟩: *unbedingt nötig, erforderlich:* eine -e Voraussetzung, Erfordernis, Bedingung; es ist u. für eine objektive Beurteilung, den Fall einer genaueren Untersuchung zu unterziehen; wir halten dies für u.

un|er|laubt ⟨Adj.⟩: *ohne Erlaubnis [erfolgend, getan werdend o. Ä.]; verboten; [rechtlich] nicht erlaubt:* eine -e Handlung; das -e Betreten des Gebäudes; -er Waffenbesitz ist strafbar; er ist dem Unterricht u. ferngeblieben.

un|er|le|digt ⟨Adj.⟩: *noch nicht erledigt* (1 a), *bearbeitet:* -e Post, Arbeit; vieles ist u. geblieben.

un|er|mess|lich [auch: '- - - -] ⟨Adj.⟩ (geh.): **1. a)** *unendlich* (1 a), *unbegrenzt scheinend:* die -e Weite der Wälder, des Meeres; in -er Ferne; ⟨subst.:⟩ das Unermessliche des Raums; **b)** *mengen-, zahlenmäßig nicht mehr überschaubar, von nicht mehr einschätzbarem Umfang:* -e Schätze, Reichtümer, Güter; eine -e Menschenmenge umsäumt den Weg; * **[bis] ins Unermessliche** *(unaufhörlich, endlos so weiter):* seine Ansprüche wuchsen ins Unermessliche. **2.** (emotional) **a)** *unendlich* (2 a), *überaus groß:* -es Elend; -en Schaden anrichten; etw. ist von -er Bedeutung; **b)** ⟨intensivierend bei Adj. u. Verben⟩ *sehr, außerordentlich:* u. hoch, reich; das ist u. traurig.

Un|er|mess|lich|keit [auch: '- - - - -], die; -: *das Unermesslichsein.*

un|er|müd|lich [auch: '- - - -] ⟨Adj.⟩: *große Ausdauer, Beharrlichkeit, keinerlei Ermüdung zeigend:* ein -er Helfer, Kämpfer; mit -er Ausdauer, -em Einsatz; sie ist u. bei ihrer Arbeit, in ihrer Hilfsbereitschaft; u. arbeiten.

Un|er|müd|lich|keit [auch: '- - - - -], die; -: *das Unermüdlichsein.*

un|ernst ⟨Adj.⟩: *Ernsthaftigkeit vermissen lassend:* ein -er Zuhörer; er wirkte u. auf mich.

Un|ernst, der; -[e]s: *unernstes Verhalten.*

un|ero|tisch ⟨Adj.⟩: *in keiner Weise erotisch.*

un|er|probt ⟨Adj.⟩: *nicht erprobt* (a).

un|er|quick|lich ⟨Adj.⟩ (geh.): *unerfreulich:* eine -e Situation; es endete alles sehr u.

Un|er|quick|lich|keit, die; -: *das Unerquicklichsein.*

un|er|reich|bar [auch: '- - - -] ⟨Adj.⟩: *nicht erreichbar; sich nicht erreichen* (1, 2, 3) *lassend:* das Ziel blieb für ihn u.

Un|er|reich|bar|keit [auch: '- - - - -], die; -: *das Unerreichbarsein.*

un|er|reicht [auch: '- - -] ⟨Adj.⟩: *bisher von niemandem erreicht:* eine -e Leistung; der Rekord ist u. geblieben.

un|er|sätt|lich [auch: '- - - -] ⟨Adj.⟩: **1.** (seltener) *einen nicht zu stillenden Hunger habend; nicht satt zu bekommen:* er aß mit der Gier eines -en Tieres. **2.** *sich durch nichts zufrieden stellen, befriedigen, stillen lassend:* ein -es Verlangen, Sehnen; eine -e Neugier; er ist u. in seinem Wissensdurst; ihr Lerneifer ist u.

Un|er|sätt|lich|keit [auch: '- - - - -], die; -: *das Unersättlichsein.*

un|er|schlos|sen ⟨Adj.⟩: **a)** *nicht erschlossen:* ein [für den Tourismus] -es Gebiet; -e Märkte; **b)** *noch nicht nutzbar gemacht:* -e Erdölvorkommen.

un|er|schöpf|lich [auch: '- - - -] ⟨Adj.⟩: **1.** *so umfangreich, dass ein vollständiger Verbrauch nicht möglich ist; sich nicht erschöpfen* (1 a) *lassend:* -e Vorräte, Reserven; ihre finanziellen Mittel schienen u. zu sein; Ü ihre Güte, Geduld war u. *(grenzenlos);* sie war u. im Erfinden von Ausreden. **2.** *sich nicht erschöpfen* (1 b) *lassend:* ein -es Thema; ihr Gesprächsstoff war u.

Un|er|schöpf|lich|keit [auch: '- - - - -], die; -: *das Unerschöpflichsein.*

un|er|schro|cken ⟨Adj.⟩ [mhd. unerschrocken, zu ↑[1]erschrecken]: *sich durch nichts erschrecken, abschrecken lassend:* ein -er Kämpfer für die Freiheit; ihr -es Auftreten war beeindruckend; u. für etw. eintreten.

Un|er|schro|cken|heit, die; -: *das Unerschrockensein.*

un|er|schüt|ter|lich [auch: '- - - - -] ⟨Adj.⟩: *sich durch nichts erschüttern* (1 b), *infrage stellen lassend; von großer, gleich bleibender Festigkeit, Beständigkeit:* ein -er Optimismus, Glaube; -e Liebe; mit -em Gleichmut; sein Vertrauen, sein Wille ist u.; sie ist u. in ihrem Vertrauen; u. an etw. festhalten.

Un|er|schüt|ter|lich|keit [auch: '- - - - - -], die; -: *das Unerschütterlichsein.*

un|er|schwing|lich [auch: '- - - -] ⟨Adj.⟩: *nicht erschwinglich:* -e Preise; dieses Auto ist u.; u. teure Grundstücke.

un|er|setz|bar [auch: '- - - -] ⟨Adj.⟩ (seltener): *unersetzlich.*

un|er|setz|lich [auch: '- - - -] ⟨Adj.⟩: *nicht ersetzbar:* -e Werte, Kunstschätze; ein -er *(durch nichts auszugleichender)* Schaden, Verlust; sie ist eine -e Mitarbeiterin, Kollegin; er hält sich selbst für u.

Un|er|setz|lich|keit [auch: '- - - - -], die; -: *das Unersetzlichsein.*

un|er|sprieß|lich [auch: '- - '- -] ⟨Adj.⟩ (geh.): *keinen Nutzen bringend [u. dabei recht unerfreulich]:* ein -es Gespräch; die Arbeit war sehr u.

un|er|träg|lich [auch: '- - - -] ⟨Adj.⟩: **a)** *kaum zu ertragen:* -e Schmerzen; -er Lärm; eine -e Lage, Situation; er ist ein -er Mensch, Kerl; -e *(empörende, skandalöse)* Zustände; seine Launen sind u.; er ist heute wieder u.; es ist mir u., das mit anzusehen; **b)** ⟨intensivierend bei Adj. u. Verben⟩ *sehr, überaus, in kaum erträglichem Maße:* es ist u. heiß; ein u. albernes Benehmen; seine Hand schmerzte u.

Un|er|träg|lich|keit [auch: '- - - - -], die; -: *das Unerträglichsein.*

un|er|wähnt ⟨Adj.⟩: *nicht erwähnt, genannt:* noch -e Punkte; etw. u. lassen.

un|er|war|tet [auch: '- - '- -] ⟨Adj.⟩: *von niemandem erwartet; unvorhergesehen, überraschend:* eine -e Nachricht; -er Besuch; etw. nimmt eine -e Wende; sein plötzlicher Entschluss war für alle, kam allen u.; etw. völlig u. tun, sagen; sie starb plötzlich und u.; es geschah nicht ganz u. *(man hatte damit gerechnet);* ⟨subst.:⟩ plötzlich geschah etw. völlig Unerwartetes.

un|er|wi|dert ⟨Adj.⟩: **1.** *ohne Antwort, Erwiderung* (1) *bleibend; unbeantwortet:* eine -e Frage; sie ließ seinen Brief u. **2.** *ohne entsprechende, in gleicher Weise erfolgende Reaktion, Erwiderung* (2) *bleibend:* ein -er Besuch; seine Liebe blieb u.

un|er|wünscht ⟨Adj.⟩: *nicht erwünscht, nicht willkommen; niemandem angenehm:* eine -e Unterbrechung, Störung; ein -er Besucher; -e Nebenwirkungen eines Präparats; eine -e *(nicht beabsichtigte u. nicht gewollte)* Schwangerschaft; ich glaube, ich bin hier u.; sein Besuch kam völlig u.

Un|er|wünscht|heit, die; -: *das Unerwünschtsein.*

un|er|zo|gen ⟨Adj.⟩: *keine gute Erziehung besitzend:* ein -er Junge; ihre Kinder sind u.

UNESCO, die; - [Abk. für engl. United Nations Educational, Scientific and Cultural Organization]: Organisation der Vereinten Nationen für Erziehung, Wissenschaft u. Kultur.

un|fach|män|nisch ⟨Adj.⟩: *nicht fachmännisch; laienhaft:* eine u. ausgeführte Arbeit.
un|fä|hig ⟨Adj.⟩: **1.** *den gestellten Aufgaben nicht gewachsen; nicht fähig* (1): ein -er Mitarbeiter; wir können sie nicht brauchen, sie ist völlig u. **2.** * **zu etw. u. sein** *(zu etw. nicht imstande sein):* er ist zu einer solchen Tat/(geh.:) einer solchen Tat u.; er war u., einen klaren Gedanken zu fassen; ⟨auch attr.:⟩ ein zu solchen Aufgaben -er Mann.
Un|fä|hig|keit, die; -: *das Unfähigsein.*
un|fair ⟨Adj.⟩: **a)** *nicht fair* (a): ein -er Kritiker; ein -es Verhalten; es ist u., so etwas hinter meinem Rücken zu tun; **b)** (Sport) *nicht fair* (b): ein -er Spieler, Sportler, Wettkampf; u. boxen.
Un|fair|ness, die; -: *das Unfairsein.*
Un|fall, der; -[e]s, Unfälle [spätmhd. unval = Unglück, Missgeschick, zu ↑¹Fall]: *den normalen Ablauf von etw. plötzlich unterbrechender Vorfall, ungewolltes Ereignis, bei dem Menschen verletzt od. getötet werden od. Sachschaden entsteht:* ein schwerer, leichter, entsetzlicher, tragischer, selbst verschuldeter, bedauerlicher, kleiner U.; einen tödlichen U. erleiden *(bei einem Unfall ums Leben kommen);* ein U. mit Blechschaden, mit tödlichem Ausgang; ein U. im Betrieb, im Straßenverkehr, mit dem Auto; der U. ist glimpflich verlaufen, forderte drei Menschenleben; auf den vereisten Straßen ereigneten sich mehrere Unfälle; einen U. haben, erleiden, verursachen, bauen, herbeiführen; einen U. melden; den U. aufnehmen; Unfälle verhüten; Opfer eines -s werden; bei einem U., durch einen U. ums Leben kommen; in einen U. verwickelt werden.
Un|fall|arzt, der: *Arzt, der bei Unfällen gerufen, aufgesucht wird.*
Un|fall|ärz|tin, die: w. Form zu ↑Unfallarzt.
Un|fall|be|tei|lig|te, der u. die (bes. Versicherungsw.): *jmd., der an einem Unfall beteiligt ist.*
Un|fall|chi|rur|gie, die: *auf die operative Behandlung von Verletzungen bei Unfällen spezialisiertes Teilgebiet der Chirurgie.*
Un|fall|fah|rer, der (bes. Versicherungsw.): *Fahrer eines Kraftfahrzeugs, der einen Verkehrsunfall verursacht hat.*
Un|fall|fah|re|rin, die: w. Form zu ↑Unfallfahrer.
Un|fall|flucht, die (Rechtsspr.): *Fahrerflucht.*
un|fall|flüch|tig ⟨Adj.⟩: *Unfallflucht begangen habend:* ein -er Fahrer.
Un|fall|fol|gen ⟨Pl.⟩: *aus einem Unfall entstehende negative Folgen:* er starb an den U.
un|fall|frei ⟨Adj.⟩: *ohne einen Verkehrsunfall verursacht zu haben:* eine -e Fahrerin; sie fährt schon zwanzig Jahre lang u.
Un|fall|ge|fahr, die: *Gefahr eines Unfalls:* bei diesem Wetter besteht erhöhte U.; -en in Haus und Garten.
Un|fall|geg|ner, der (Versicherungsw.): *Unfallbeteiligter, der Ansprüche gegen einen anderen Beteiligten erhebt od. gegen den von einem anderen Ansprüche erhoben werden.*
Un|fall|geg|ne|rin, die: w. Form zu ↑Unfallgegner.
Un|fall|ge|schä|dig|te, der u. die (Versicherungsw.): *durch einen Unfall Geschädigte[r].*
Un|fall|häu|fig|keit, die: *Häufigkeit des Auftretens von Unfällen.*
Un|fall|her|gang, der: *Hergang eines Unfalls:* den U. schildern.
Un|fall|hil|fe, die: **1.** *Hilfeleistung bei einem Unfall:* eine schnelle U. muss gewährleistet sein. **2.** vgl. Unfallstation.
Un|fall|kran|ken|haus, das: *chirurgisches Krankenhaus für Unfallverletzte.*
Un|fall|op|fer, das: *Opfer* (3) *eines Unfalls.*
Un|fall|ort, der: vgl. Unfallstelle.
Un|fall|quo|te, die: *statistisch ermittelte Anzahl von Unfällen.*
Un|fall|ren|te, die (Versicherungsw.): *Rente aus einer Unfallversicherung* (a).
Un|fall|scha|den, der: *durch einen Unfall entstandener Schaden.*
Un|fall|schock, der: *bei einem Unfall erlittener Schock:* unter U. stehen.
Un|fall|schutz, der: *Gesamtheit der Maßnahmen zur Verhütung von Unfällen (bes. im Rahmen des Arbeitsschutzes).*
un|fall|si|cher ⟨Adj.⟩: *Unfälle weitgehend ausschließend; gegen Unfallgefahr gesichert:* -e Maschinen.
Un|fall|sta|ti|on, die: *medizinische Einrichtung, bes. Station in einem Krankenhaus, für die sofortige Behandlung von Unfallverletzten.*
Un|fall|stel|le, die: *Stelle, an der sich ein Unfall ereignet hat:* die U. wurde sofort abgesperrt.
Un|fall|tod, der: *durch einen Unfall verursachter Tod eines Menschen.*
un|fall|träch|tig ⟨Adj.⟩: *Unfälle begünstigend; die Gefahr von Unfällen in sich bergend; Unfälle erwarten lassend.*
Un|fall|ur|sa|che, die: *Ursache eines Unfalls:* nach der U. suchen.
Un|fall|ver|hü|tung, die: *Verhütung von Unfällen.*
Un|fall|ver|letz|te, der u. die (Versicherungsw.): *infolge eines Unfalls verletzter Mensch.*
Un|fall|ver|si|che|rung, die: **a)** *Versicherung von Personen gegen die Folgen eines Unfalls:* eine U. abschließen; **b)** *Unternehmen, das Unfallversicherungen* (a) *abschließt:* seine U. wollte nicht zahlen.
Un|fall|ver|ur|sa|cher, der: *jmd., der einen Unfall verursacht.*
Un|fall|ver|ur|sa|che|rin, die: w. Form zu ↑Unfallverursacher.
Un|fall|wa|gen, der: **1.** *Auto, das in einen Unfall verwickelt worden ist.* **2.** *besonders ausgerüsteter, bei Unfällen eingesetzter Rettungswagen, Krankenwagen.*
Un|fall|zeit, die: *Zeitpunkt, zu dem ein Unfall geschehen ist.*
Un|fall|zeu|ge, der: *Zeuge eines Unfalls.*
Un|fall|zeu|gin, die: w. Form zu ↑Unfallzeuge.
un|fass|bar [auch: '- - -] ⟨Adj.⟩: **a)** *dem Verstand nicht zugänglich; nicht zu begreifen, zu verstehen:* ein -es Wunder; der Gedanke war ihm u.; es ist u., wie das geschehen konnte; **b)** *das normale Maß übersteigend, sodass man es nicht, kaum wiedergeben kann; unglaublich:* -e Armut, Grausamkeit, Rohheit; das Glück wollte ihr u. scheinen.
un|fass|lich [auch: '- - -] ⟨Adj.⟩: *unfassbar.*
un|fehl|bar [auch: '- - -] ⟨Adj.⟩: **1.** *keinen Fehler begehend; keinem Fehler, Irrtum unterworfen:* es gibt keine -en Menschen; die Kirche hat kein -es Lehramt; einen -en *(untrüglichen)* Instinkt, Geschmack haben; er hält sich für u. **2.** *ganz gewiss, sicher; unweigerlich:* das ist der -e Weg ins Verderben; sie wird u. scheitern.
Un|fehl|bar|keit [auch: '- - - -], die; -: *das Unfehlbarsein.*
Un|fehl|bar|keits|glau|be[n] [auch: '- - - - - -], der (kath. Kirche): *Glaube an die Unfehlbarkeit des Papstes.*
un|fein ⟨Adj.⟩: *nicht fein* (4), *nicht vornehm, gepflegt, elegant; ordinär* (1 a): -e Manieren, ein -es Benehmen haben; lautes Schnäuzen galt als u.
Un|fein|heit, die; -: *das Unfeinsein.*
un|fern ⟨Präp. mit Gen. u. Adv.⟩ (seltener): *unweit.*
un|fer|tig ⟨Adj.⟩: **a)** *noch nicht fertig gestellt, noch nicht im endgültigen Zustand befindlich:* ein -es Manuskript; ein -er Aufsatz, Artikel; der Text war noch u.; **b)** *noch nicht vollkommen, noch nicht ausgereift:* ein junger -er Künstler, Wissenschaftler; er ist, wirkt noch recht u.
Un|fer|tig|keit, die; -: *das Unfertigsein.*
un|fest ⟨Adj.⟩: *nicht fest.*
Un|flat, der; -[e]s [mhd. unvlāt, eigtl. = Unsauberkeit, zu mhd. vlāt, ahd. flāt = Sauberkeit, Schönheit, zu mhd. vlæjen, ahd. flāwen = spülen, waschen, säubern] (geh. veraltend): *widerlicher, ekelhafter Schmutz, Dreck:* ihm schauderte vor dem U. in dem Verlies; Ü (geh. abwertend:) die Presse schüttete U. auf ihn.
un|flä|tig ⟨Adj.⟩ [mhd. unvlætic = schmutzig, unsauber] (geh. abwertend): *in höchst ungebührlicher Weise derb, grob, unanständig:* -e Worte, Reden, Lieder, Beschimpfungen; ein -es Benehmen; ein -er Mensch; u. schimpfen.
Un|flä|tig|keit, die; -, -en [spätmhd. unvlæticheit = Unsauberkeit]: **1.** ⟨o. Pl.⟩ *das Unflätigsein; unflätige Beschaffenheit.* **2.** *unflätige Handlung, Äußerung.*
un|flek|tiert ⟨Adj.⟩ (Sprachw.): *nicht flektiert, ungebeugt.*
un|fle|xi|bel ⟨Adj.; ...bler, -ste⟩: *nicht flexibel* (2): ein unflexibler Mensch; u. sein, reagieren.
un|flott ⟨Adj.⟩: in der Fügung **nicht u.** (ugs.; *beachtenswert gut, schön; nicht übel*): eine nicht -e Person; das ist nicht u. ausgedacht.
un|folg|sam ⟨Adj.⟩: *nicht folgsam:* ein -es Kind.
Un|folg|sam|keit, die; -: *das Unfolgsamsein.*
un|för|mig ⟨Adj.⟩: *keine, nicht die richtige Form aufweisend; keine gefälligen Proportionen habend; plump, ungestalt:* eine -e Gestalt; er hat eine -e Nase, einen -en Kopf; -e Beine; ein -er Klumpen; u. dick werden; der Fuß war u. angeschwollen.
Un|för|mig|keit, die; -: *das Unförmigsein.*
un|förm|lich ⟨Adj.⟩: **1.** *nicht förmlich* (2), *nicht steif u. konventionell:* ein -es Verhalten; eine ganz -e Begrüßung; es ging ganz u. zu; etw. u. tun, sagen. **2.** (veraltet) *unförmig.*
un|fran|kiert ⟨Adj.⟩: *nicht frankiert:* der Brief ist noch u.
un|frei ⟨Adj.⟩: **1.** *nicht im Zustand der Freiheit* (1) *lebend; gesellschaftlich, politisch, wirtschaftlich od. in ähnlicher Hinsicht unterdrückt, abhängig:* ein -es Volk; ein -es Leben; sie lebte, fühlte sich als -er Mensch; die -en (hist.; *hörigen, leibeigenen*) Bauern; in seinen Entscheidungen u. *(abhängig, gebunden)* sein. **2.** *an [moralische] Normen allzu stark gebunden, von [sittlichen] Vorurteilen abhängig; innerlich, persönlich nicht frei* (1 c): seine -e Art, Haltung, Sprache irritierte sie; sie fühlte sich in diesem Kreise u. 3. (Postw.) *nicht frankiert:* eine -e Sendung; das Paket u. schicken.
Un|freie, der u. die (hist.): *Person aus dem Stande derer, die keine Rechtsfähigkeit u. keine politischen Rechte besitzen u. in der Verfügungsgewalt eines Herrn stehen.*
Un|frei|heit, die; -: *das Unfreisein.*
un|frei|wil|lig ⟨Adj.⟩: **1.** *nicht freiwillig; gegen den eigenen Willen; gezwungen:* ein -er Aufenthalt; sie mussten das Land u. verlassen. **2.** *nicht beabsichtigt; aus Versehen geschehend:* -e Komik; ein -er Witz, Scherz; sie hat u. ein Bad genommen (scherzh.; *sie ist ins Wasser gefallen*).
un|freund|lich ⟨Adj.⟩: **1.** *nicht freundlich* (a), *nicht liebenswürdig, nicht entgegenkommend; ungefällig:* ein -er Mensch; -es Personal; ein -es Gesicht machen; eine -e Antwort; ein -er Akt, eine -e Handlung (Dipl., Völkerr.; *Handlung eines Staates, durch die ein anderer Staat gekränkt, verletzt wird*); eine -e Übernahme (Wirtsch.; *ein Kauf od. Teilerwerb eines Unternehmens, dessen Management dies ablehnt, sich dagegen ausspricht;* nach engl. unfriendly take-over); sei doch nicht so u. zu ihm/(seltener auch:) gegen ihn; jmdn. sehr u. ansehen, behandeln. **2.** *nicht freundlich* (b), *nicht ansprechend, unangenehm wirkend:* ein -es Wetter, Klima; eine -e Gegend; der Sommer war u. und verregnet.
Un|freund|lich|keit, die; -, -en: **1.** ⟨o. Pl.⟩ *das Unfreundlichsein.* **2.** *unfreundliche* (1) *Handlung, Äußerung.*
Un|frie|de, der; -ns, (seltener:) **Un|frie|den,** der; -s: *Zustand der Spannung, Uneinigkeit, Gereiztheit, der durch Unstimmigkeiten, Zerwürfnisse, Streitigkeiten hervorgerufen wird:* in diesem Hause, unter/zwischen ihnen herrscht U.; sie lebten in Unfrieden, gingen in Unfrieden auseinander.
un|fri|siert ⟨Adj.⟩: **1.** *nicht frisiert* (1), *gekämmt:* ein -er Kopf; er war u., lief u. herum. **2.** (ugs.) **a)** *nicht frisiert* (2 a): eine -e Bilanz; der Bericht war u.; **b)** (Kfz-T.) *nicht frisiert* (2 b): ein -es Mofa.
un|froh ⟨Adj.⟩: *nicht froh; missgestimmt.*

un|frucht|bar ⟨Adj.⟩: 1. *nicht [sehr] fruchtbar* (1 a), *nicht ertragreich:* -er Boden; das Land ist u. 2. (Biol., Med.) *unfähig zur Zeugung, zur Fortpflanzung; steril* (2): eine -e Frau, ein -er Mann; die -en Tage der Frau *(Tage, an denen eine Empfängnis nicht möglich ist);* die Stute ist u. 3. *nicht fruchtbar* (2), *keinen Nutzen bringend; zu keinen positiven Ergebnissen führend; unnütz:* eine -e Diskussion; -e Gedanken.

Un|frucht|bar|keit, die; -: *das Unfruchtbarsein.*

Un|fug, der; -[e]s [mhd. unvuoc, zu ↑fügen]: 1. *ungehöriges, andere belästigendes, störendes Benehmen, Treiben, durch das oft auch ein Schaden entsteht:* ein dummer U.; grober U. (Rechtsspr.; ↑grob 3 a); was soll dieser U.!, lass diesen U.!; allerlei U. (*Allotria, Possen* 1) anstellen. 2. *unsinniges, dummes Zeug; Unsinn:* das ist doch alles U.!

Ung. = Unguentum.

un|gang|bar [auch: -ˈ- -] ⟨Adj.⟩ (seltener): *nicht begehbar:* ein -er Weg.

un|gar ⟨Adj.⟩: 1. *nicht* [1]*gar* (1). 2. (Landw.) *mangelnde Bodengare aufweisend.*

Un|gar, der; -n, -n: Ew. zu ↑Ungarn.

Un|ga|rin, die; -, -nen: w. Form zu ↑Ungar.

un|ga|risch ⟨Adj.⟩: a) *Ungarn, die Ungarn betreffend; von den Ungarn stammend, zu ihnen gehörend;* b) *in der Sprache der Ungarn.*

Un|ga|risch, das; -[s] u. ⟨nur mit best. Art.:⟩ **Un|ga|ri|sche,** das; -n: *die ungarische Sprache.*

Un|garn; -s: Staat im südöstlichen Mitteleuropa.

un|gast|lich ⟨Adj.⟩: 1. *nicht gastlich, nicht gastfreundlich:* ein -es Haus; sich u. benehmen. 2. *zum Verweilen wenig verlockend, wenig einladend:* ein kahler, -er Raum.

Un|gast|lich|keit, die; -: *das Ungastlichsein.*

un|ge|ach|tet [auch: - -ˈ- -]: I. ⟨Präp. mit Gen.⟩ (geh.) *ohne Rücksicht auf, trotz:* u. wiederholter Mahnungen/(auch:) wiederholter Mahnungen u. unternahm er nichts; u. ihrer Verdienste wurde sie entlassen; u. der Tatsache/dessen, dass sie damals geholfen hatte; dessen/(auch:) des/(veraltet:) dem u. *(dennoch, trotzdem)* ging sie durch den dunklen Park. II. ⟨Konj.⟩ (veraltend) *obwohl.*

un|ge|ahn|det ⟨Adj.⟩: *nicht geahndet.*

un|ge|ahnt [auch: - -ˈ-] ⟨Adj.⟩: *in seiner Größe, Bedeutsamkeit, Wirksamkeit o. Ä. sich nicht voraussehen lassend, die Erwartungen weit übersteigend:* -e Möglichkeiten, Schwierigkeiten, -e Kräfte; das Museum birgt -e Kostbarkeiten.

un|ge|bär|dig ⟨Adj.⟩ [zu mhd. ungebærde = übles Benehmen] (geh.): *sich nicht, kaum zügeln lassend; widersetzlich [u. wild]:* ein -es Kind, Pferd; er ist, verhält sich sehr u.

Un|ge|bär|dig|keit, die; -: *das Ungebärdigsein.*

un|ge|be|ten ⟨Adj.⟩: *nicht aufgefordert, unerwartet u. auch nicht erwünscht, nicht gern gesehen:* -e Gäste, Besucher; er hat sich u. dazugesellt, eingemischt.

un|ge|beugt ⟨Adj.⟩: 1. *nicht gebeugt, nicht gekrümmt:* der -e Rücken. 2. *durch Schicksalsschläge, Bedrängnisse, Unannehmlichkeiten o. Ä. nicht entmutigt; unbeirrt, unerschütterlich:* sie blieb trotz aller Schicksalsschläge u. 3. (Sprachw.) *unflektiert.*

un|ge|bil|det ⟨Adj.⟩ (oft abwertend): *keinerlei Bildung* (1) *habend, erkennen lassend:* -e Menschen; sie hielten ihn für schrecklich u.

Un|ge|bil|det|heit, die; -: *das Ungebildetsein.*

un|ge|bleicht ⟨Adj.⟩: *nicht gebleicht:* -e Haare; diese Stoffe sind u. (*ekrü* a).

un|ge|bo|ren ⟨Adj.⟩: *[noch] nicht geboren:* ein -es Kind; -es Leben schützen wollen.

un|ge|brannt ⟨Adj.⟩: a) *[noch] nicht gebrannt, gehärtet:* -e Ziegel; -er Ton; b) *[noch] nicht gebrannt, geröstet:* -er Kaffee.

un|ge|bräuch|lich ⟨Adj.⟩: *nicht, nicht sehr gebräuchlich, nicht üblich:* ein -es Wort; eine -e Methode; dieses Verfahren ist ziemlich u.

un|ge|braucht ⟨Adj.⟩: *noch nicht gebraucht, unbenutzt:* -e Schneeketten; ein -es *(frisches, sauberes)* Taschentuch; Kinderwagen, völlig u. *(neuwertig),* zu verkaufen.

un|ge|bremst ⟨Adj.⟩: *ungehindert, uneingeschränkt, nicht gedrosselt:* -er Optimismus.

un|ge|bro|chen ⟨Adj.⟩: 1. a) *gerade weiterverlaufend, nicht abgelenkt, nicht gebrochen:* ein -er Lichtstrahl; eine -e Linie; b) *nicht getrübt, nicht abgeschwächt; leuchtkräftig:* -e Farben; ein -es Blau. 2. *nicht geschwächt, abgeschwächt; anhaltend:* mit -em Mut, -er Energie weiterarbeiten; ein -er *(trotz Schicksalsschlägen, Krankheiten zuversichtlicher)* Mann; ihre Kraft ist u.; der Besucheransturm auf die Ausstellung hält schon seit Wochen u. an.

Un|ge|bühr, die; - (geh.): *ungebührliches Verhalten; Ungehörigkeit:* sie schämte sich seiner U.; er wurde wegen U. vor Gericht (Rechtsspr.; *Missachtung des Gerichts*) bestraft;

un|ge|büh|rend ⟨Adj.⟩ (veraltend): *ungebührlich.*

un|ge|bühr|lich [auch: - -ˈ- -] ⟨Adj.⟩ (geh.): a) *den gebührenden Anstand nicht wahrend; ungehörig:* ein -es Benehmen; ein -er Ton; sich u. benehmen; b) *über ein zu rechtfertigendes, angemessenes Maß hinausgehend:* eine -e Forderung; ein u. hoher Preis; wir mussten u. lange warten.

Un|ge|bühr|lich|keit, die; -, -en: 1. ⟨o. Pl.⟩ *das Ungebührlichsein.* 2. *ungebührliche Handlung, Äußerung.*

un|ge|bun|den ⟨Adj.⟩: 1. a) *nicht mit einem [festen] Einband versehen:* -e Bücher; b) *nicht geknüpft, geschlungen:* ein -er Schal; c) (Kochk.) *nicht sämig gemacht:* -e Suppen, Soßen; d) (Musik) *voneinander abgesetzt, nicht legato gespielt, gesungen:* Akkorde u. spielen; e) (Literaturw.) *nicht gebunden* (5 c), *in Prosa:* in -er Rede. 2. *durch keinerlei verpflichtende Bindungen* (1 a) *festgelegt; frei von Verpflichtungen:* ein freies, -es Leben; politisch u. sein;

Un|ge|bun|den|heit, die; -: *das Ungebundensein, das Freisein von Verpflichtungen.*

un|ge|deckt ⟨Adj.⟩: 1. a) *[noch] nicht mit etw. Bedeckendem, einer Deckung* (1) *versehen:* ein noch -es Dach; b) *[noch] nicht für eine Mahlzeit gedeckt, hergerichtet:* -e Tische. 2. a) *nicht geschützt, abgeschirmt, ohne Deckung* (2 a, b), *ohne Schutz:* in der vordersten, -en Linie kämpfen; b) (Ballspiele) *nicht gedeckt, abgeschirmt, ohne Deckung* (6 a), *Bewachung:* ein -er Spieler. 3. (Bankw.) *nicht durch einen entsprechenden Geldbetrag auf einem Konto gesichert:* ein -er Scheck.

un|ge|dient ⟨Adj.⟩: *nicht gedient; keinen Wehrdienst geleistet habend:* -e Wehrpflichtige.

Un|ge|dien|te, der; -n, -n ⟨Dekl. ↑Abgeordnete⟩: *ungedienter Mann.*

un|ge|druckt ⟨Adj.⟩: *[noch] nicht gedruckt, veröffentlicht:* -e Texte.

Un|ge|duld, die; -: *Unfähigkeit, sich zu gedulden, etw. ruhig, gelassen abzuwarten, zu ertragen, durchzuführen; Mangel an Geduld:* eine große, wachsende, innere U.; U. befiel, ergriff sie; seine U. zügeln, bezähmen; in großer U., mit U., voller U. auf jmdn. warten; von U. erfüllt sein.

un|ge|dul|dig ⟨Adj.⟩: *von Ungeduld erfüllt, voller Ungeduld; keine Geduld habend, zeigend, ohne Geduld:* ein -er Mensch; -e Fragen; sei nicht so u.!; er lief u. hin und her.

un|ge|eig|net ⟨Adj.⟩: *einem bestimmten Zweck, bestimmten Anforderungen nicht genügend; sich für etw. nicht eignend:* ein für diesen Zweck, zu diesem Zweck -es Mittel; er kam im -sten *(unpassendsten)* Augenblick; ein -er Bewerber; das Buch ist als Geschenk für ihn u.

un|ge|fähr [auch: - -ˈ-; älter: ohngefähr, frühnhd. ongefer, mhd. āne gevære = ohne Betrug(sabsicht); urspr. in der alten Rechtsspr. formelhafte Erklärung, dass bei der Angabe von Maßen u. Zahlen eine eventuelle Ungenauigkeit »ohne böse Absicht« geschehen sei; später Umdeutung der Präposition »ohne« zum Präfix »un...« durch mundartl. Kürzung des langen ā in āne zu kurzem u od. o u. durch Anlehnung an das un- von gleichbed. mhd. ungeværliche]: I. ⟨Adv.⟩ *nicht genau [gerechnet]; soweit es sich erkennen, schätzen, angeben lässt; etwas mehr od. etwas weniger als; schätzungsweise; etwa; circa:* u. drei Stunden, zehn Kilometer; u. in drei Wochen/in u. drei Wochen/in drei Wochen u. komme ich zurück; so u./u. so können wir es machen; wann u. will er kommen?; u. um acht Uhr; u. *(im Großen u. Ganzen)* Bescheid wissen; als floskelhafte Antwort in Verbindung mit »so«: »Ist das ein Erbstück?« – »So u. *(so könnte man sagen)*«; * **[wie] von u.** *([scheinbar] ganz zufällig; mit einer gewissen Beiläufigkeit):* etw. [wie] von u. sagen, erwähnen; **nicht von u.** *(aus gutem Grund, nicht ohne Ursache, nicht zufällig):* er ist nicht von u. entlassen worden. II. ⟨Adj.⟩ *mehr od. weniger genau; nicht genau bestimmt, anzugeben:* eine -e Darstellung.

Un|ge|fähr [auch: - -ˈ-], das; -s (geh. veraltend): *Schicksal, Geschick, Zufall:* etw. nicht dem U. überlassen.

un|ge|fähr|det [auch: - -ˈ- -] ⟨Adj.⟩: *nicht gefährdet:* die Kinder können dort u. spielen.

un|ge|fähr|lich ⟨Adj.⟩: *nicht gefährlich* (a), *nicht mit Gefahr verbunden:* ein völlig -es Unternehmen; es ist nicht ganz u. *(ist ziemlich gefährlich),* in diesem Fluss zu baden.

Un|ge|fähr|lich|keit, die; -: *das Ungefährlichsein.*

un|ge|fäl|lig ⟨Adj.⟩: *nicht gefällig* (1), *zu keiner Gefälligkeit bereit:* ein -er Mensch.

Un|ge|fäl|lig|keit, die; -: *das Ungefälligsein.*

un|ge|färbt ⟨Adj.⟩: *nicht gefärbt:* -e Wolle; Ü die -e *(nicht beschönigte)* Wahrheit nicht ertragen können.

un|ge|fes|tigt ⟨Adj.⟩: *[noch] nicht gefestigt* (b); *labil:* ein -er Charakter.

un|ge|fil|tert ⟨Adj.⟩: *nicht gefiltert, nicht durch einen Filter* (1–3) *gegangen.*

un|ge|flü|gelt ⟨Adj.⟩ (bes. Biol.): *nicht geflügelt* (1): -e Insekten; -er Samen.

un|ge|formt ⟨Adj.⟩: *nicht geformt, keine bestimmte Form* (1 a) *aufweisend.*

un|ge|fragt ⟨Adj.⟩: *ohne gefragt worden zu sein, ganz von sich aus:* u. dazwischenreden.

un|ge|früh|stückt ⟨Adj.⟩ (ugs. scherzh.): *ohne gefrühstückt zu haben:* wir mussten u. aufbrechen.

un|ge|fü|ge ⟨Adj.⟩ [mhd. ungevüege, ungevuoge = unartig, plump, ahd. ungafōgi = ungünstig; beschwerlich, riesig, ↑gefügig] (geh.): a) *unförmig, ungestalt, klobig, plump:* ein -r Klotz, Tisch; ein -r Bursche; b) *plump u. unbeholfen wirkend; schwerfällig:* eine u. Sprechweise.

un|ge|glie|dert ⟨Adj.⟩: *nicht, nur wenig gegliedert.*

un|ge|hal|ten ⟨Adj.⟩ [zu ↑gehalten (2)] (geh.): *ärgerlich* (1), *aufgebracht, verärgert:* er war sehr, sichtlich u. über diese Störung; u. auf etw. reagieren.

Un|ge|hal|ten|heit, die; - (geh.): *das Ungehaltensein.*

un|ge|hei|ßen ⟨Adj.⟩ (geh.): *ohne geheißen worden zu sein, unaufgefordert:* etw. u. tun.

un|ge|heizt ⟨Adj.⟩: *nicht geheizt:* -e Räume.

un|ge|hemmt ⟨Adj.⟩: 1. *durch nichts gehemmt:* eine -e Bewegung; etw. kann sich u. entwickeln; Ü -e *(zügellose)* Leidenschaft, Wut. 2. *frei von inneren Hemmungen:* sie hat ganz u. darüber gesprochen.

un|ge|heu|er [auch: - -ˈ- -] ⟨Adj.; ungeheurer, -ste⟩ [mhd. ungehiure, ahd. un(gi)hiuri = unheimlich, grauenhaft, schrecklich, zu ↑geheuer]: a) *außerordentlich groß, stark, umfangreich, intensiv, enorm; riesig, gewaltig:* eine ungeheure Menge, Höhe, Entfernung; ungeheure Verluste; ungeheure Kraft; eine ungeheure Leistung; sie hat ungeheure Schmerzen; ein ungeheures Wissen; der Druck war u.; b) ⟨intensivierend bei Adj. u. Verben⟩ (oft emotional übertreibend) *außergewöhnlich, außerordentlich, überaus, sehr, im höchsten Grad, Maß:* u. groß, hoch, weit, wichtig; er ist u. stark; du kommst dir wohl u. klug vor!; das ist u. übertrieben; sich u. freuen; * **ins Ungeheure** *(sehr, überaus, außerordentlich stark):* die Kosten stiegen ins Ungeheure.

Ụn|ge|heu|er, das; -s, - [mhd. ungehiure]: **1.** *großes, scheußliches, Furcht erregendes Fabeltier:* ein siebenköpfiges, drachenartiges U.; Ü er ist ein wahres, richtiges U. *(Scheusal).* **2.** (emotional) *Monstrum* (2), *Ungetüm:* sie hatte ein U. von einem Hut auf dem Kopf.

ụn|ge|heu|er|lich [auch: – –'– – –] ⟨Adj.⟩ [mhd. ungehiurlich = schrecklich, groß, seltsam]: **1.** (seltener) **a)** *ungeheuer* (a): eine -e Menge, Anstrengung; **b)** ⟨intensivierend bei Adj. u. Verben⟩ *ungeheuer* (b): u. groß, laut; sich u. freuen. **2.** (abwertend) [2]*unerhört* (2), *empörend, skandalös:* eine -e Behauptung; das ist ja u.!

Ụn|ge|heu|er|lich|keit [auch: – –'– – – –], die; -, -en (abwertend): **1.** ⟨o. Pl.⟩ *das Ungeheuerlichsein.* **2.** *ungeheuerliche Handlung, Äußerung.*

ụn|ge|hin|dert ⟨Adj.⟩: *durch nichts behindert, aufgehalten, gestört:* -e Bewegungen; wir konnten u. passieren.

ụn|ge|ho|belt [auch: – –'– –] ⟨Adj.⟩: **1.** *nicht mit einem Hobel bearbeitet, geglättet:* -e Bretter. **2. a)** *schwerfällig, unbeholfen:* eine -e Ausdrucksweise; er war ein bisschen linkisch und u.; **b)** (abwertend) *grob* (4 a), *rüde, unhöflich:* ein -er Kerl, Klotz; ein -es Benehmen.

ụn|ge|hö|rig ⟨Adj.⟩: *nicht den Regeln des Anstands, der guten Sitte entsprechend; die geltenden Umgangsformen verletzend:* ein -es Benehmen; eine -e *(freche, vorlaute)* Antwort geben; sich u. aufführen.

Ụn|ge|hö|rig|keit, die; -, -en: **1.** ⟨o. Pl.⟩ *das Ungehörigsein.* **2.** *ungehörige Handlung, Äußerung.*

ụn|ge|hor|sam ⟨Adj.⟩: *nicht gehorsam* (b): -e Kinder, Schüler; sei nicht so u.!

Ụn|ge|hor|sam, der; -s: *das Ungehorsamsein; Mangel an Gehorsam.*

ụn|ge|hört ⟨Adj.⟩: *von niemandem gehört:* sein Ruf blieb, verhallte u.

Ụn|geist, der; -[e]s (geh. abwertend): *zerstörerisch, zersetzend wirkende, einer positiven Entwicklung schädliche Gesinnung, Ideologie:* der U. des Militarismus, des Faschismus.

ụn|ge|kämmt ⟨Adj.⟩: *nicht gekämmt:* -e Haare; sie lief immer u. herum.

ụn|ge|klärt ⟨Adj.⟩: **1.** *nicht geklärt* (1 a), *unklar:* eine -e Frage; ein -er Fall; die Ursachen blieben u. **2.** *nicht geklärt* (2 a): -e Abwässer.

ụn|ge|kocht ⟨Adj.⟩: *nicht gekocht:* -es Wasser sollte man hier nicht trinken.

ụn|ge|krönt ⟨Adj.⟩: *[noch] nicht gekrönt, als Herrscher eingesetzt:* gekrönte und -e Vertreter der Aristokratie; Ü der -e König *(der beste, erfolgreichste)* der Artisten;

ụn|ge|kün|digt ⟨Adj.⟩: *nicht gekündigt* (c): ein -es Arbeitsverhältnis; in -er Stellung.

ụn|ge|küns|telt ⟨Adj.⟩: *nicht gekünstelt; sehr natürlich, echt [wirkend]:* ein -es Wesen; sich u. benehmen.

ụn|ge|kürzt ⟨Adj.⟩: *nicht gekürzt:* die -e Fassung eines Films; eine Rede u. abdrucken.

ụn|ge|la|den ⟨Adj.⟩: *nicht eingeladen:* -e Gäste.

Ụn|geld, das; -[e]s, -er [mhd. ungelt, eigtl. = zusätzliche Geldausgabe]: *(im MA.) Abgabe, Steuer auf Waren.*

ụn|ge|le|gen ⟨Adj.⟩: *nicht gelegen* (2), *in jmds. Pläne, zu jmds. Absichten gar nicht passend:* -er Besuch; er kam zu recht -er Stunde; die Einladung ist, kommt mir u.; komme ich ụ.? *(störe ich?).*

Ụn|ge|le|gen|heit, die; -, -en (meist Pl.): *Unannehmlichkeit; Mühe, Schwierigkeiten bereitender Umstand:* jmdm. große -en machen; das bereitet uns nur -en; in -en *(Schwierigkeiten)* kommen, geraten.

ụn|ge|leh|rig ⟨Adj.⟩: *nicht gelehrig, nicht geschickt.*

ụn|ge|lehrt ⟨Adj.⟩ (veraltend): *nicht gelehrt* (a): ein -er Mann.

ụn|ge|lenk ⟨Adj.⟩ (geh.): *steif u. unbeholfen, ungeschickt (bes. in den Bewegungen); ungewandt:* ein -er Mensch; eine -e Schrift; sich u. bewegen, ausdrücken.

ụn|ge|len|kig ⟨Adj.⟩: *nicht gelenkig* (a).

Ụn|ge|len|kig|keit, die; -: *das Ungelenkigsein.*

ụn|ge|lernt ⟨Adj.⟩: *für ein bestimmtes Handwerk, einen bestimmten Beruf nicht ausgebildet:* -e Arbeiter.

Ụn|ge|lern|te, der u. die ⟨Dekl. ↑Abgeordnete⟩: *ungelernte Arbeitskraft.*

ụn|ge|liebt ⟨Adj.⟩: **1.** *nicht geliebt:* sie hat den -en Mann verlassen. **2.** *von jmdm. nicht gemocht:* den -en Beruf aufgeben.

ụn|ge|lo|gen ⟨Adv.⟩ (ugs.): *tatsächlich, wirklich, ohne Übertreibung:* u., so hat es sich zugetragen.

ụn|ge|löscht ⟨Adj.⟩ [zu ↑[1]löschen (1 d)]: *nach dem Brennen nicht mit Wasser übergossen:* -er Kalk.

ụn|ge|löst ⟨Adj.⟩: *nicht gelöst* (3 a, 5 a).

ụn|ge|lüf|tet ⟨Adj.⟩: *nicht gelüftet:* -e Räume.

Ụn|ge|mach, das; -[e]s [mhd. ungemach, ahd. ungamah, vgl. Gemach] (geh.): *Unannehmlichkeit, Widerwärtigkeit, Ärger* (2), *Übel:* großes, schweres, bitteres U. erleiden, erfahren; jmdm. U. bereiten.

ụn|ge|macht ⟨Adj.⟩: *(von Betten) nicht gemacht, hergerichtet.*

ụn|ge|mäß ⟨Adj.⟩: in der Verbindung **jmdm., einer Sache u. sein** *(jmdm., einer Sache nicht gemäß II sein).*

ụn|ge|mein [auch: – –'–] ⟨Adj.⟩: **a)** *außerordentlich groß, enorm; das gewöhnliche Maß, den gewöhnlichen Grad beträchtlich übersteigend:* ein -es Vergnügen; er genießt -e Popularität; sie hat -e Fortschritte gemacht; **b)** ⟨intensivierend bei Adj. u. Verben⟩ *sehr, äußerst, ganz besonders:* u. schwierig, wertvoll, wichtig; sie ist u. klug, schön, fleißig; das freut mich u.

ụn|ge|min|dert ⟨Adj.⟩: *nicht gemindert:* der Sturm tobte mit -er Stärke.

ụn|ge|mischt ⟨Adj.⟩: *nicht gemischt.*

ụn|ge|müt|lich ⟨Adj.⟩: **1. a)** *nicht gemütlich* (a), *behaglich:* eine -e Wohnung; die Kneipe ist furchtbar u.; dort ist es mir zu u.; **b)** *nicht gemütlich* (b), *gesellig:* eine -e Atmosphäre, Stimmung; er fand es auf dem Fest ziemlich u. **2.** (ugs.) *unerfreulich, unangenehm, misslich:* in eine -e Lage geraten; ***u. werden** (ugs.; *sehr unfreundlich, grob werden; unwirsch, verärgert auf etw. reagieren).*

Ụn|ge|müt|lich|keit, die; -: *das Ungemütlichsein.*

ụn|ge|nannt ⟨Adj.⟩: *nicht namentlich genannt; anonym:* ein -er Helfer; die Spenderin blieb u.

ụn|ge|nau ⟨Adj.⟩: **a)** *nicht genau* (I a); *dem tatsächlichen Sachverhalt nur ungefähr entsprechend:* -e Messungen; eine -e Formulierung; **b)** *nicht genau* (I b): er arbeitet zu u.

Ụn|ge|nau|ig|keit, die; -, -en: **1.** ⟨o. Pl.⟩ *das Ungenausein.* **2.** *etw., was nicht genau* (I a) *dem Erwarteten, Angestrebten entspricht:* ihm sind ein paar -en unterlaufen.

ụn|ge|niert [auch: – –'–] ⟨Adj.⟩ [zu ↑genieren]: *sich frei, ungehemmt benehmend, keine Hemmungen zeigend:* -es Benehmen; etw. u. aussprechen.

Ụn|ge|niert|heit [auch: – –'– –], die; -, -en: **1.** ⟨o. Pl.⟩ *ungeniertes Wesen, Benehmen.* **2.** (selten) *Handlung, Äußerung, an der sich jmds. Ungeniertheit* (1) *zeigt.*

ụn|ge|nieß|bar [auch: – –'– –] ⟨Adj.⟩: **1.** *nicht genießbar:* -e Beeren, Pilze; der Wein ist u. geworden; das Essen dort ist u. *(schmeckt sehr schlecht).* **2.** (ugs., oft scherzh.) *unausstehlich:* der Chef ist heute u.

Ụn|ge|nieß|bar|keit [auch: – –'– – –], die; -: *das Ungenießbarsein.*

Ụn|ge|nü|gen, das; -s (geh.): **1.** *ungenügende Beschaffenheit, Leistung; Unzulänglichkeit:* er war ärgerlich über sein eigenes U. **2.** (selten) *Unbehagen, Unzufriedenheit.*

ụn|ge|nü|gend ⟨Adj.⟩: *deutliche Mängel aufweisend, nicht zureichend [u. daher den Erwartungen nicht entsprechend]:* eine -e Planung, Vorsorge, Ernährung; die Treppe war u. beleuchtet; eine Klassenarbeit mit der Note »ungenügend« zensieren.

ụn|ge|nutzt, (auch:) **ụn|ge|nützt** ⟨Adj.⟩: *nicht genutzt* (2): -er Raum; eine gute Gelegenheit u. [verstreichen] lassen.

ụn|ge|ord|net ⟨Adj.⟩: *nicht geordnet.*

Ụn|ge|ord|net|heit, die; -: *das Ungeordnetsein.*

ụn|ge|pflegt ⟨Adj.⟩: *nicht gepflegt; vernachlässigt [u. daher unangenehm wirkend]:* ein -er Garten; ein -es Äußeres haben; er wirkt u.

Ụn|ge|pflegt|heit, die; -: *das Ungepflegtsein; ungepflegter Zustand.*

ụn|ge|prüft ⟨Adj.⟩: *nicht geprüft.*

ụn|ge|rächt ⟨Adj.⟩ (geh.): *nicht gerächt.*

ụn|ge|ra|de ⟨Adj.⟩ (Math.): *(von Zahlen) nicht ohne Rest durch zwei teilbar:* u. Zahlen; die -n Hausnummern.

ụn|ge|ra|ten ⟨Adj.⟩: *(im Hinblick auf die Entwicklung eines Kindes) nicht so, wie es erwartet wurde; ungezogen:* -e Kinder.

ụn|ge|rech|net: I. ⟨Adj.⟩ *nicht mitgerechnet, [mit]berücksichtigt:* der Preis beträgt 100 DM, das Porto u. **II.** ⟨Präp. mit Gen.⟩ *nicht mitgerechnet; abgesehen von:* u. der zusätzlichen Unkosten.

ụn|ge|recht ⟨Adj.⟩: *nicht gerecht, das Gerechtigkeitsgefühl verletzend; dem allgemeinen Empfinden von Gerechtigkeit nicht entsprechend:* ein -er Richter; eine -e Bevorzugung, Zensur; das Urteil, die Strafe ist u. *(unangemessen);* er war u. gegen seine Kinder, gegenüber seinen Kindern; es war u. von ihr, die Jungen so zu strafen; jmdn. u. behandeln.

ụn|ge|rech|ter|wei|se ⟨Adv.⟩: *in unangemessener, ungerechter Weise:* jmdn. u. bestrafen.

ụn|ge|recht|fer|tigt ⟨Adj.⟩: *nicht zu Recht bestehend; ohne Berechtigung:* eine -e Maßnahme; sein Verdacht erwies sich als u.

Ụn|ge|rech|tig|keit, die; -, -en: **1.** ⟨o. Pl.⟩ *das Ungerechtsein; ungerechtes Wesen, ungerechte Beschaffenheit; Unrecht:* so eine himmelschreiende U.!; die U. der sozialen Verhältnisse. **2.** *ungerechte Handlung, Äußerung.*

ụn|ge|re|gelt ⟨Adj.⟩: *nicht einer bestimmten [zeitlichen] Ordnung unterworfen; unregelmäßig:* ein -es Leben führen.

ụn|ge|reimt ⟨Adj.⟩: **1.** *keinen* [1]*Reim (a) bildend:* -e Verse. **2.** *keinen rechten Sinn ergebend, verworren:* -es Gerede.

Ụn|ge|reimt|heit, die; -, -en: **1.** ⟨o. Pl.⟩ *ungereimte* (2) *Beschaffenheit:* die U. ihrer Vorschläge. **2.** *ungereimte* (2) *Äußerung, nicht stimmiger Zusammenhang; ungereimter [Wesens]zug; nicht stimmige Eigentümlichkeit:* sein Bericht strotzte von -en.

ụn|gern ⟨Adv.⟩: *nicht gern* (1); *widerwillig:* er tat es höchst u.

ụn|ge|ro|chen ⟨Adj.⟩ (veraltet, noch scherzh.): *ungerächt:* das darf nicht u. bleiben.

ụn|ge|rührt ⟨Adj.⟩: *keine innere Beteiligung zeigend; gleichgültig:* mit -er Miene; völlig u. aß er weiter.

Ụn|ge|rührt|heit, die; -: *das Ungerührtsein; ungerührtes Wesen.*

ụn|ge|rupft ⟨Adj.⟩: meist in der Wendung **u. davonkommen** (ugs.; *etw. ohne Schaden überstehen).*

ụn|ge|sagt ⟨Adj.⟩: *nicht gesagt; unausgesprochen:* etw. u. lassen.

ụn|ge|sal|zen ⟨Adj.⟩: *nicht gesalzen:* eine -e Speise.

ụn|ge|sat|telt ⟨Adj.⟩: *nicht gesattelt:* ein -es Pferd.

ụn|ge|sät|tigt ⟨Adj.⟩: **1.** (geh.) *nicht gesättigt* (1); *noch hungrig:* u. das Lokal verlassen. **2.** (Chemie) *(von Lösungen u. Ä.) nicht gesättigt* (3): -e Verbindungen *(chemische Verbindungen, deren Moleküle das Bestreben haben, weitere Atome od. Atomgruppen anzulagern).*

ụn|ge|säu|ert ⟨Adj.⟩: *ohne Sauerteig hergestellt:* -es Brot.

[1]ụn|ge|säumt [auch: – –'–] ⟨Adj.⟩ [zu ↑[2]säumen] (veraltend): *unverzüglich.*

[2]ụn|ge|säumt ⟨Adj.⟩: *nicht mit einem Saum* (1) *versehen.*

ụn|ge|schält ⟨Adj.⟩: *nicht geschält* (1 a); *[noch] nicht von der Schale, Rinde o. Ä. befreit:* -er Reis.

ụn|ge|sche|hen ⟨Adj.⟩: in der Wendung **etw. u. machen** *(etw. Geschehenes rückgängig machen).*

ụn|ge|scheut [auch: – –ˈ–] ⟨Adj.⟩ (geh.): *ohne Scheu:* jmdm. u. seine Meinung sagen.

Ụn|ge|schick, das; -[e]s: *Ungeschicklichkeit:* das ist durch mein U. passiert.

ụn|ge|schick|lich ⟨Adj.⟩ (seltener): *ungeschickt.*

Ụn|ge|schick|lich|keit, die; -, -en: 1. ⟨o. Pl.⟩ *Mangel an Geschicklichkeit:* der Schaden ist durch seine U. entstanden. 2. *ungeschickte Handlung, ungeschicktes Verhalten:* sich für eine U. entschuldigen.

ụn|ge|schickt ⟨Adj.⟩: 1. a) *nicht geschickt* (1 a); *linkisch, unbeholfen:* ein -es Mädchen; er hat -e Hände; sich u. anstellen; b) *nicht, wenig gewandt:* eine -e Formulierung; sich u. ausdrücken. 2. (landsch., bes. südd.) a) (seltener) *unpraktisch, wenig handlich:* eine -e Zange; b) *zu einem unpassenden Zeitpunkt, ungelegen:* sein Besuch kam [ihr] sehr u.

Ụn|ge|schickt|heit, die; -: *das Ungeschicktsein.*

ụn|ge|schlacht ⟨Adj.⟩ [mhd. ungeslaht = von anderem, niedrigem Geschlecht; böse; roh, ahd. ungislaht = entartet, Verneinung von mhd. geslaht, ahd. gislaht = wohl geartet, fein, schön, zu mhd. slahte, ahd. slahta = Art, Geschlecht, Herkunft, zu mhd. slahen, slā(he)n, ahd. slahan (↑schlagen) in der Bed. »arten«] (abwertend): 1. a) *von sehr großem, massigem, plumpem u. unförmigem [Körper]bau:* ein -er Mann, Kerl; -e Hände; seine Bewegungen waren u.; b) *von wuchtiger, unförmiger Größe; klobig:* ein -er Bau; etw. wirkt u. 2. *grob u. unhöflich:* ein -es Benehmen.

Ụn|ge|schlacht|heit, die; -, -en: *das Ungeschlachtsein.*

ụn|ge|schla|gen ⟨Adj.⟩: *in keinem [sportlichen] Wettkampf besiegt:* die Mannschaft blieb u.

ụn|ge|schlecht|lich ⟨Adj.⟩ (Biol.): *ohne Vereinigung von Geschlechtszellen, durch Zellteilung erfolgend:* -e Vermehrung.

ụn|ge|schlif|fen ⟨Adj.⟩: 1. *nicht geschliffen:* ein -er Edelstein. 2. (abwertend) *ohne gute Manieren, das rechte Taktgefühl im Umgang mit anderen vermissen lassend:* ein -er Kerl; ein -es Benehmen.

Ụn|ge|schlif|fen|heit, die; -, -en: *das Ungeschliffensein.*

ụn|ge|schmä|lert [auch: – –ˈ– –] ⟨Adj.⟩ (geh.): *in vollem Umfang; uneingeschränkt:* mein -er Dank gilt allen Helfern.

ụn|ge|schmei|dig ⟨Adj.⟩ (bes. Technik): *nicht geschmeidig.*

ụn|ge|schminkt ⟨Adj.⟩: 1. *nicht geschminkt:* ein -es Gesicht. 2. *unverblümt, ohne Beschönigung:* jmdm. die -e Wahrheit, u. die Wahrheit sagen.

ụn|ge|scho|ren ⟨Adj.⟩: 1. *nicht geschoren:* ein -es Lammfell. 2. *von etw. Unangenehmem nicht betroffen, unbehelligt:* u. bleiben, davonkommen.

ụn|ge|schrie|ben ⟨Adj.⟩: *nicht geschrieben; nicht schriftlich niedergelegt, fixiert:* dieser Artikel wäre besser u. geblieben; -es Recht *(nicht schriftlich, nur mündlich überliefertes Recht).*

ụn|ge|schult ⟨Adj.⟩: *nicht ausgebildet:* -es Personal.

ụn|ge|schützt ⟨Adj.⟩: 1. *nicht geschützt, ohne entsprechenden Schutz:* -er *(ohne Verwendung von Kondomen ausgeübter)* Geschlechtsverkehr; sich u. in die Sonne legen. 2. *ohne sich [vorher] abgesichert zu haben:* etw. u. sagen, aussprechen.

ụn|ge|se|hen ⟨Adj.⟩: *von niemandem gesehen, ohne gesehen zu werden:* u. ins Haus gelangen.

ụn|ge|sel|lig ⟨Adj.⟩: a) *nicht gesellig* (1 a): ein -er Mensch; er ist ausgesprochen u.; b) (Biol.) *nicht gesellig* (1 b): -e Arten, Vögel.

Ụn|ge|sel|lig|keit, die; -: *das Ungeselligsein; ungeselliges Wesen.*

ụn|ge|setz|lich ⟨Adj.⟩: *vom Gesetz nicht erlaubt, gesetzwidrig; illegal:* eine -e Handlung; er hat sich auf -e Weise bereichert.

Ụn|ge|setz|lich|keit, die; -, -en: 1. ⟨o. Pl.⟩ *das Ungesetzlichsein.* 2. *ungesetzliche Handlung:* es sind -en vorgekommen.

ụn|ge|setzt ⟨Adj.⟩ (Sport): *nicht gesetzt; nicht in der Liste der gesetzten Spieler aufgeführt:* zwei -e Spieler erreichten das Viertelfinale.

ụn|ge|sit|tet ⟨Adj.⟩: *nicht gesittet, nicht dem Anstand entsprechend:* ein -es Benehmen; sich u. verhalten.

ụn|ge|spritzt ⟨Adj.⟩: *nicht mit Pflanzenschutzmittel o. Ä. besprüht:* -es Obst.

ụn|ge|stalt ⟨Adj.⟩ [mhd. ungestalt, ahd. ungistalt, zu mhd. gestalt, ahd. gistalt, ↑Gestalt] (geh.): 1. *gestaltlos, formlos:* eine -e Masse. 2. *plump u. sehr hässlich:* ein -er Mensch.

Ụn|ge|stalt, die; -, -en [mhd. ungestalt] (geh.): *plumpe, hässliche Gestalt.*

ụn|ge|stal|tet ⟨Adj.⟩: *nicht von Menschenhand gestaltet:* -e Wildnis.

ụn|ge|stem|pelt ⟨Adj.⟩: *nicht gestempelt; ohne Stempel:* eine -e Sondermarke;

ụn|ge|stielt ⟨Adj.⟩: *keinen Stiel* (2) *habend.*

ụn|ge|stillt ⟨Adj.⟩ (geh.): *nicht (durch Erlangen des Ersehnten, Erwünschten) befriedigt:* -e Neugier, Sehnsucht.

ụn|ge|stört ⟨Adj.⟩: *durch nichts, niemanden gestört; ohne Unterbrechung:* eine -e Entwicklung; hier war er u.; dort kann man u. arbeiten.

Ụn|ge|stört|heit, die; -: *das Ungestörtsein.*

ụn|ge|straft ⟨Adj.⟩: *ohne Strafe; ohne einen Nachteil zu erleiden:* u. davonkommen.

ụn|ge|stüm ⟨Adj.⟩ [mhd. ungestüeme, ahd. ungistuomi, Verneinung von mhd. gestüeme = sanft, still, ruhig, zu: (ge)stemen = Einhalt tun, besänftigen, zu ↑stemmen] (geh.): 1. *seinem Temperament, seiner Erregung ohne jede Zurückhaltung Ausdruck gebend; stürmisch, wild:* ein -er junger Mann; eine -e Umarmung; sei nicht so u.!; jmdn. u. begrüßen. 2. (seltener) *wild, heftig, unbändig:* ein -er Wind; das u. tosende Meer.

Ụn|ge|stüm, das; -[e]s [mhd. ungestüeme = Ungestüm, Sturm, ahd. ungistuomi = Ausgelassenheit, Getöse] (geh.): *das Ungestümsein* (1); *ungestümes* (1) *Wesen, Verhalten:* jugendliches U.

ụn|ge|sühnt ⟨Adj.⟩ (geh.): *nicht gesühnt:* ein -er Mord; das darf nicht u. bleiben.

ụn|ge|sund ⟨Adj.; ungesünder/(seltener:) -er, ungesündeste/(seltener:) -este⟩: 1. *auf Krankheit hinweisend; kränklich:* sein Gesicht hat eine -e Farbe; u. aussehen. 2. *der Gesundheit abträglich:* eine -e Lebensweise, Ernährung; ein -es Klima; er lebt, ernährt sich sehr u. 3. *nicht gesund* (3): einen -en Ehrgeiz haben; diese Entwicklung der Wirtschaft ist u.

ụn|ge|süßt ⟨Adj.⟩: *nicht gesüßt:* -e Fruchtsäfte; den Tee u. trinken.

ụn|ge|tan ⟨Adj.⟩: *nicht getan, durch-, ausgeführt:* -e Arbeiten; etw. u. lassen.

ụn|ge|tauft ⟨Adj.⟩: *nicht getauft; ohne Taufe:* -e Kinder.

ụn|ge|teilt ⟨Adj.⟩: 1. *nicht in Teile getrennt, als Ganzes bestehend:* -er Besitz; das Grundstück ging u. in seinen Besitz über. 2. *durch nichts beeinträchtigt:* mit -er Freude; der Vortrag fand -e Aufmerksamkeit.

ụn|ge|treu ⟨Adj.⟩ (geh.): *nicht getreu* (1): ein -er Freund.

ụn|ge|trübt ⟨Adj.⟩: *durch nichts beeinträchtigt:* -es Glück; ihre Freude blieb nicht lange u.

Ụn|ge|trübt|heit, die; -: *das Ungetrübtsein.*

Ụn|ge|tüm, das; -[e]s, -e [verw. mit mhd., ahd. tuom = Macht, Herrschaft, Würde; (Zu)stand, Art, also eigtl. = was nicht in der richtigen Art ist, nicht seine rechte Stelle hat]: a) *etw., was jmdm. ungeheuer groß u. [auf abstoßende, unheimliche o. ä. Weise] unförmig vorkommt; Monstrum* (2): dieser Schrank ist ein [richtiges] U.; sie trug ein U. von einem Hut; b) (veraltend) *sehr großes, Furcht erregendes Tier; Monster.*

ụn|ge|übt ⟨Adj.⟩: *durch mangelnde Übung eine bestimmte Fertigkeit nicht besitzend:* -e Hände; ein -er Läufer; er ist im Turnen u.

Ụn|ge|übt|heit, die; -: *das Ungeübtsein.*

ụn|ge|wandt ⟨Adj.⟩: *nicht gewandt* (2): ein -er Redner.

Ụn|ge|wandt|heit, die; -: *das Ungewandtsein.*

ụn|ge|wa|schen ⟨Adj.⟩: *nicht gewaschen:* -es Obst; er erschien u. zum Frühstück.

ụn|ge|wiss ⟨Adj.⟩: 1. *fraglich, nicht feststehend; offen* (4 a): eine -e Zukunft erwartete sie; der Ausgang des Spiels ist noch u.; es ist noch u., ob sie wirklich kommen kann; ⟨subst.:⟩ er ließ seine Absichten im Ungewissen *(äußerte nichts Genaues darüber);* eine Fahrt ins Ungewisse. 2. *unentschieden, noch keine Klarheit gewonnen habend:* ich bin mir darüber noch u.; ⟨subst.:⟩ ich bin mir im Ungewissen, was ich tun soll. 3. (geh.) *so [beschaffen], dass nichts Deutliches zu erkennen, wahrzunehmen ist; unbestimmbar:* ein -es Licht; Augen von -er Farbe; sie lächelte u.

Ụn|ge|wiss|heit, die; -, -en: *das Ungewisssein; Zustand, in dem etw. nicht feststeht:* eine lähmende, quälende U.; sie konnte die U. nicht ertragen; in U. sein.

Ụn|ge|wit|ter, das; -s, - [mhd. ungewit(t)er, ahd. ungawitiri]: 1. (veraltet) *Unwetter:* ein U. zog auf. 2. *Donnerwetter* (2).

ụn|ge|wöhn|lich ⟨Adj.⟩: 1. *vom Üblichen, Gewohnten, Erwarteten abweichend; selten vorkommend:* ein -er Vorfall; er ist ein -er Mensch; diese Methode ist nicht u.; ⟨subst.:⟩ daran ist nichts Ungewöhnliches. 2. a) *das gewohnte Maß übersteigend, enorm:* -e Leistungen, Erfolge; sie hat eine -e Begabung; ein Mädchen von -er Schönheit; b) ⟨intensivierend bei Adj. u. Verben⟩ *sehr, überaus, über alle Maßen:* eine u. schöne Frau; sie ist u. vielseitig.

Ụn|ge|wöhn|lich|keit, die; -: *das Ungewöhnlichsein.*

ụn|ge|wohnt ⟨Adj.⟩: *nicht gewohnt:* ein -er Anblick; er kam zu -er Stunde heim; die Arbeit, Umgebung ist ihr, ist für sie noch u.

ụn|ge|wollt ⟨Adj.⟩: *nicht gewollt, nicht beabsichtigt; unerwünscht:* eine -e Schwangerschaft; jmdn. u. kränken.

ụn|ge|würzt ⟨Adj.⟩: *nicht gewürzt; nicht mit Gewürzen abgeschmeckt:* -e Speisen.

ụn|ge|zählt ⟨Adj.⟩: 1. (seltener) *unzählig:* ich habe es ihm schon -e Male versichert; wegen -er, schwerer Verstöße. 2. *nicht nachgezählt; ohne nachgezählt zu haben:* er steckte das Geld u. ein.

ụn|ge|zähmt ⟨Adj.⟩: *[noch] nicht gezähmt:* ein -es Pferd; Ü -e Leidenschaften.

ụn|ge|zeich|net ⟨Adj.⟩: *nicht namentlich gekennzeichnet:* -e Flugblätter, Artikel.

Ụn|ge|zie|fer, das; -s [mhd. ungezibere, zu ahd. zebar = Opfertier, H. u., eigtl. = zum Opfern ungeeignetes Tier]: *[schmarotzende] tierische Schädlinge (wie Läuse, Wanzen, Milben, auch Ratten u. Mäuse):* U. vernichten; das Haus war voller U.; ein Mittel gegen U.

Ụn|ge|zie|fer|be|kämp|fung, die: *Bekämpfung von Ungeziefer.*

ụn|ge|zie|mend ⟨Adj.⟩ (geh.): *ungehörig:* ein -es Verhalten.

ụn|ge|zo|gen ⟨Adj.⟩ [mhd. ungezogen, ahd. ungazogan]: *(meist von Kindern) sich in ungehorsamer Weise nicht so verhaltend wie von den Erwachsenen gewünscht, erwartet:* so ein -er Bengel!; eine -e *(freche, patzige)* Antwort; die Kinder sind sehr u.; das ist u. von dir; sich u. benehmen.

Ụn|ge|zo|gen|heit, die; -, -en: 1. ⟨o. Pl.⟩ *ungezogene Art, ungezogenes Wesen.* 2. *ungezogene Handlung, Äußerung.*

ụn|ge|zu|ckert ⟨Adj.⟩: *nicht gezuckert:* -es Kompott.

ụn|ge|zü|gelt ⟨Adj.⟩: *jede Selbstbeherrschung vermissen lassend:* -er Hass; ein -es Temperament haben.

ụn|ge|zwun|gen ⟨Adj.⟩: *(in seinem Verhalten) frei, natürlich u. ohne Hemmungen, nicht steif u. gekünstelt:* ein -es Benehmen; eine -e Unterhaltung; sie plauderte, lachte frei und u.

Ụn|ge|zwun|gen|heit, die; -: *das Ungezwungensein.*

un|ghe|re|se [ʊŋge...] ⟨Adv.⟩ (Musik): *ungarisch.*

ụn|gif|tig ⟨Adj.⟩: *nicht giftig* (1).

Ụn|gif|tig|keit, die; -: *das Ungiftigsein.*
Ụn|glau|be, der; -ns, (seltener auch:) **Ụn|glau|ben,** der; -s: 1. *Zweifel an der Richtigkeit einer Behauptung, einer Einschätzung o. Ä.:* jmds. Unglauben spüren; der Forscher stieß mit seinen Ergebnissen auf Unglauben. 2. *Zweifel an der Existenz, am Wirken Gottes, an der Lehre der [christlichen] Kirche:* der U. stellt eine Herausforderung für die Kirche dar.
ụn|glaub|haft ⟨Adj.⟩: *nicht glaubhaft:* eine -e Geschichte; seine Aussage war, klang, wirkte u.
ụn|gläu|big ⟨Adj.⟩: 1. *Zweifel [an der Richtigkeit von etw.] erkennen lassend:* ein -es Gesicht machen; er betrachtete sie mit -em Staunen; u. lächeln. 2. *nicht an Gott, an die kirchliche Lehre glaubend:* -e Menschen bekehren wollen.
Ụn|gläu|bi|ge, der u. die: *ungläubiger* (2) *Mensch.*
Ụn|gläu|big|keit, die; -: *das Ungläubigsein.*
un|glaub|lich [auch: ˈ– – –] ⟨Adj.⟩: 1. a) *unwahrscheinlich u. daher nicht, kaum glaubhaft:* eine -e Geschichte; sie hat die -sten Dinge erlebt; b) *besonders empörend, unerhört:* eine -e Zumutung; die Zustände hier sind u.; es ist u., was er sich erlaubt. 2. (ugs.) a) *außerordentlich groß, enorm:* eine -e Menge; ein -es Tempo; b) ⟨intensivierend bei Adj. u. Verben⟩ *sehr, überaus, über alle Maßen:* u. groß, schwer sein; es dauerte u. lange; sie hat sich u. darüber gefreut.
Un|glaub|lich|keit [auch: ˈ– – – –], die; -: *das Unglaublichsein.*
ụn|glaub|wür|dig ⟨Adj.⟩: *nicht glaubwürdig:* eine -e Geschichte; dieser Zeuge ist u.; seine Beteuerungen klingen u.
Ụn|glaub|wür|dig|keit, die; -: *das Unglaubwürdigsein.*
ụn|gleich: I. ⟨Adj.⟩ 1. *miteinander od. mit einem Vergleichsobjekt [in bestimmten Merkmalen] nicht übereinstimmend; unterschiedlich, verschieden, verschiedenartig:* -er Lohn; Schränke von -er Größe; sie sind ein -es Paar; ein -er *(zum Vorteil einer Partei von unterschiedlichen Voraussetzungen ausgehender)* Kampf; -e Gegner; u. groß sein. 2. ⟨verstärkend vor dem Komparativ⟩ *viel, weitaus:* eine u. schwerere Aufgabe; die neue Straße ist u. besser als die alte. II. ⟨Präp. mit Dativ⟩ (geh.): *im Unterschied zu einer anderen Person od. Sache:* er war, u. seinem Bruder, bei allen beliebt.
ụn|gleich|ar|tig ⟨Adj.⟩: *von ungleicher* (1) *Art; unterschiedlich.*
Ụn|gleich|ar|tig|keit, die; -: *das Ungleichartigsein.*
Ụn|gleich|be|hand|lung, die: *ungleiche* (1) *Behandlung:* eine steuerliche U. von Einkünften.
ụn|gleich|er|big ⟨Adj.⟩ (Biol.): *heterozygot.*
ụn|gleich|för|mig ⟨Adj.⟩: *nicht gleichförmig.*
Ụn|gleich|för|mig|keit, die; -: *das Ungleichförmigsein.*
ụn|gleich|ge|schlech|tig ⟨Adj.⟩ (bes. Biol.): *verschiedenes Geschlecht habend:* -e Zwillinge.
ụn|gleich|ge|schlecht|lich ⟨Adj.⟩: 1. *heterosexuell.* 2. *ungleichgeschlechtig.*
Ụn|gleich|ge|wicht, das; -[e]s, -e: *Fehlen der Ausgewogenheit, Stabilität:* ein U. in der Handelsbilanz; ein U. zwischen Produktion und Verbrauch.
ụn|gleich|ge|wich|tig ⟨Adj.⟩: *ein Ungleichgewicht ergebend, darstellend:* eine zu -e Verteilung der Lasten.
Ụn|gleich|heit, die; -, -en: 1. ⟨o. Pl.⟩ *das Ungleichsein:* die U. der Geschwister. 2. *etw. Ungleiches; Unterschied:* -en beseitigen.
Ụn|gleich|heits|zei|chen, das (Math.): *Symbol für die Ungleichheit der Werte auf beiden Seiten [einer Gleichung];* (Zeichen: ≠).
ụn|gleich|mä|ßig ⟨Adj.⟩: 1. *nicht regelmäßig:* -e Atemzüge; der Puls schlägt u. 2. *nicht gleichmäßig, nicht zu gleichen Teilen:* der Besitz ist u. verteilt.
Ụn|gleich|mä|ßig|keit, die; -, -en: 1. ⟨o. Pl.⟩ *das Ungleichmäßigsein.* 2. *etw. Ungleichmäßiges; ungleichmäßige Stelle o. Ä.*
ụn|gleich|na|mig ⟨Adj.⟩ (Math., Physik): *nicht gleichnamig* (b, c).
Ụn|gleich|na|mig|keit, die; -: *das Ungleichnamigsein.*
ụn|gleich|sei|tig ⟨Adj.⟩ (Math.): *(von Flächen u. Körpern) ungleich lange Seiten aufweisend:* ein -es Dreieck.
Ụn|gleich|sei|tig|keit, die; - (Math.): *das Ungleichseitigsein.*
Ụn|glei|chung, die; -, -en (Math.): *[1]Ausdruck* (5), *in dem zwei ungleiche mathematische Größen zueinander in ein Verhältnis gesetzt werden.*
ụn|gleich|zei|tig ⟨Adj.⟩: *nicht gleichzeitig [stattfindend].*
Ụn|gleich|zei|tig|keit, die; -: *das Ungleichzeitigsein.*
Ụn|glimpf, der; -[e]s [mhd. ungelimpf, ahd. ungelimfe, zu ↑[2]Glimpf] (veraltet): *Schmach, Unrecht:* jmdm. U. zufügen.
ụn|glimpf|lich ⟨Adj.⟩ (veraltet): *ungerecht, kränkend.*
Ụn|glück, das; -[e]s, -e [mhd. ung(e)lück(e)]: 1. *plötzlich hereinbrechendes [1]Geschick, verhängnisvolles Ereignis, das einen od. viele Menschen trifft:* ein schweres U. ist geschehen, hat sich ereignet; die beiden -e haben fünf Todesopfer gefordert; lass nur, das ist kein U. *(ist nicht so schlimm)*!; ein U. verursachen, gerade noch verhüten können; bei dem U. gab es viele Verletzte. 2. ⟨o. Pl.⟩ a) *Zustand des Geschädigtseins durch ein schlimmes, unheilvolles Ereignis; Elend, Verderben:* der Krieg brachte U. über das Land; * **jmdn. ins U. bringen/stoßen/stürzen** (geh.; *jmdn. in eine schlimme Lage bringen, ihm großen Schaden zufügen*); **in sein U. rennen** (ugs.; *sich in eine schlimme Lage bringen, ohne es selbst zu merken*); b) *Pech, Missgeschick:* geschäftliches, finanzielles U. haben; U. im Beruf, in der Liebe; der Familie widerfuhr, die Familie traf ein U. *(Schicksalsschlag)*; das bringt U.; ein U. bringendes Zeichen; sie hatte das U., den Termin zu versäumen; R ein U. kommt selten allein; U. im Spiel, Glück in der Liebe; * **zu allem U.** *(um die Sache noch schlimmer zu machen, obendrein)*: zu allem U. wurde er auch noch krank.
Ụn|glück brin|gend: s. Unglück (2 b).
ụn|glück|lich ⟨Adj.⟩: 1. *nicht glücklich* (I 2); *traurig u. deprimiert, niedergeschlagen:* -e Menschen; einen -en Eindruck, ein -es Gesicht machen; ganz u. sein; jmdn. sehr u. machen; u. aussehen, dreinschauen. 2. *nicht vom Glück begünstigt; ungünstig, widrig:* ein -er Zufall; ein -er Zeitpunkt; eine -e *(nicht erwiderte)* Liebe; die Sache nahm einen -en Verlauf, endete u.; ⟨subst.:⟩ die Unglückliche hat aber auch immer Pech. 3. *ungeschickt [u. daher böse Folgen habend]:* sie machte eine -e Bewegung, und alles fiel zu Boden; er hat eine -e Hand in der Auswahl seiner Freunde *(zeigt nicht viel Menschenkenntnis)*; er stürzte so u., dass er sich das Bein brach.
ụn|glück|li|cher|wei|se ⟨Adv.⟩: *zu allem Unglück:* u. wurde ich noch krank.
Ụn|glücks|bo|te, der: *jmd., der eine schlechte Nachricht bringt.*
Ụn|glücks|bo|tin, die: w. Form zu ↑Unglücksbote.
Ụn|glücks|bot|schaft, die: *[sehr] schlimme Botschaft.*
ụn|glück|se|lig ⟨Adj.⟩: 1. *vom Unglück verfolgt u. daher bedauernswert:* die -e Frau wusste sich keinen Rat mehr. 2. *unglücklich* (2) *[verlaufend]; verhängnisvoll:* ein -er Zufall; eine -e Verquickung von privaten und öffentlichen Interessen.
ụn|glück|se|li|ger|wei|se ⟨Adv.⟩: *zu allem Unglück.*
Ụn|glücks|fah|rer, der: *[Auto]fahrer, der einen Unfall verursacht hat.*
Ụn|glücks|fah|re|rin, die: w. Form zu ↑Unglücksfahrer.
Ụn|glücks|fall, der ⟨Pl. ...fälle⟩: a) *[schwerer] Unfall:* bei einem U. ums Leben kommen; b) *unglückliche* (2) *Begebenheit.*
Ụn|glücks|ma|schi|ne, die: *Flugzeug, das einen Unfall gehabt hat, abgestürzt ist.*
Ụn|glücks|mensch, der (ugs.): *jmd., der vom Pech verfolgt ist, dem alles misslingt.*
Ụn|glücks|nach|richt, die: vgl. Unglücksbotschaft.
Ụn|glücks|ort, der ⟨Pl. -e⟩: *Ort, an dem ein Unglück geschehen ist.*
Ụn|glücks|ra|be, der (ugs.): *Unglücksmensch.*
ụn|glücks|schwan|ger ⟨Adj.⟩ (geh.): *den Anlass zu einem Unglück in sich bergend:* eine -e Situation.
Ụn|glücks|se|rie, die: *Folge von mehreren Unglücken:* bei einer U. in den Alpen gab es zahlreiche Tote.
Ụn|glücks|stät|te, die (geh.): vgl. Unglücksort.
Ụn|glücks|stel|le, die: vgl. Unglücksort.
Ụn|glücks|sträh|ne, die: vgl. Unglücksserie.
Ụn|glücks|tag, der: a) *Tag, an dem ein Unglück geschehen ist;* b) *Tag, der für jmdn. unglücklich verlaufen ist.*
Ụn|glücks|vo|gel, der (ugs.): *Unglücksmensch.*
Ụn|glücks|wa|gen, der: vgl. Unglücksmaschine.
Ụn|glücks|wurm, der (ugs.): *Unglücksmensch.*
Ụn|glücks|zahl, die: *Zahl, von der geglaubt wird, dass sie Unglück bringt.*
Ụn|glücks|zei|chen, das: *etw., von dem geglaubt wird, dass es ein Unglück ankündigt.*
Ụn|gna|de [mhd. ung(e)nāde, ahd. unginâda]: in den Wendungen **[bei jmdm.] in U. fallen** (oft spött.; *sich jmds. Unwillen zuziehen*); **[bei jmdm.] in U. sein** (oft spött.; *jmds. Gunst verloren haben u. [bei ihm] nicht gut angesehen sein*); **sich** ⟨Dat.⟩ **jmds. U. zuziehen** (oft spött.; *jmds. Gunst verlieren*).
ụn|gnä|dig ⟨Adj.⟩: 1. *seiner schlechten Laune durch Gereiztheit Luft machend; gereizt u. unfreundlich:* jmdm. einen -en Blick zuwerfen; der Chef ist heute sehr u.; etw. u. aufnehmen. 2. (geh.) *erbarmungslos, verhängnisvoll:* ein -es Schicksal ereilte ihn.
Ụn|gnä|dig|keit, die; -: *das Ungnädigsein* (1).
ụn|grad (landsch.), **ụn|gra|de:** ↑ungerade.
ụn|gram|ma|tisch ⟨Adj.⟩ (Sprachw.): *nicht grammatisch* (2); *nicht den Regeln der Grammatik entsprechend [gebildet]:* -e Ausdrücke; dieser Satz ist u.
ụn|gra|zi|ös ⟨Adj.⟩: *nicht graziös:* eine -e Bewegung, Haltung.
Ungt. = Unguentum.
Un|gu|en|tum, das; -s, ...ta [lat. unguentum, zu: ung(u)ere = salben, bestreichen]: *(auf Rezepten) Salbe* (Abk.: Ug., Ungt.).
Ụn|gu|lat, der; -en, -en ⟨meist Pl.⟩ [zu lat. ungulatus = mit Hufen versehen, zu: ungula = Huf] (Zool.): *Huftier.*
ụn|gül|tig ⟨Adj.⟩: *nicht gültig* (a); *verfallen:* -e Ausweispapiere; der Fahrschein ist u.; bei der Wahl gab es viele -e Stimmen; eine Ehe für u. erklären *(annullieren).*
Ụn|gül|tig|keit, die; -: *das Ungültigsein.*
Ụn|gül|tig|keits|er|klä|rung, die: *Erklärung* (2) *der Ungültigkeit.*
Ụn|gunst, die; -: 1. (geh.) *Unwillen:* er hatte sich die U. des Beamten zugezogen; Ü die U. *(das Ungünstigsein)* des Augenblicks. 2. * **zu jmds. -en** *(zu jmds. Nachteil)*: sich zu jmds. -en verrechnen.
ụn|güns|tig ⟨Adj.⟩: a) *nicht günstig* (a): -es Wetter; ein -er Zeitpunkt; -e Umstände; im -sten Falle; etw. ist für jmdn. u.; b) (geh.) *von Ungunst* (1) *erfüllt, nicht wohlwollend:* jmdm. u. gesinnt sein.
Ụn|güns|tig|keit, die; -: *das Ungünstigsein.*
ụn|gus|ti|ös ⟨Adj.⟩ (österr.): *unappetitlich.*
ụn|gut ⟨Adj.⟩: 1. a) *[von vagen Befürchtungen begleitet u. daher] unbehaglich:* sie hatte bei der Sache ein -es Gefühl; -e Eindrücke, Erwartungen; b) *ungünstig; schlecht; negativ:* ein -es Verhältnis; das ist ein -es Omen; c) *unangenehm:* ein etwas -er Beigeschmack. 2. * **nichts für u.** *(es ist nicht böse gemeint).*
ụn|halt|bar [auch: –ˈ– –] ⟨Adj.⟩: 1. a) *in seiner derzeitigen Form, Beschaffenheit nicht mehr einleuchtend, gültig, gerechtfertigt:* eine -e Theorie, Einstellung; b) *seiner Mängel wegen dringend der Änderung, Abschaffung bedürfend; uner-*

U

träglich: -e Zustände; der Mann ist für uns u. *(völlig untauglich u. daher nicht länger tragbar).* **2. a)** (Milit.) *nicht haltbar* (2 b): eine -e Festung; **b)** (Ballspiele) *nicht haltbar* (2 d): ein -er Treffer; der Stürmer schoss u. ins lange Eck.

Un|halt|bar|keit [auch: -ˈ- - -], die; -: *das Unhaltbarsein.*

un|hand|lich ⟨Adj.⟩: *(aufgrund von Größe, Form, Gewicht o. Ä.) nicht leicht, nicht bequem zu handhaben; unpraktisch:* ein -er Staubsauger.

Un|hand|lich|keit, die; -: *unhandliche Beschaffenheit.*

un|har|mo|nisch ⟨Adj.⟩: **a)** *nicht harmonisch* (2): die Ehe ist sehr u.; **b)** *in Farbe, Form o. Ä. nicht zusammenstimmend.*

Un|heil, das; -s [mhd. unheil, ahd. unheili] (geh.): *etw. (bes. ein schlimmes, verhängnisvolles Geschehen), was einem od. vielen Menschen großes Leid, großen Schaden zufügt; Unglück:* ein großes, schreckliches U.; jmdm. droht U.; das U. brach herein; dir soll kein U. geschehen; der Krieg brachte U. über das Land; U. anrichten, stiften, abwenden, verhindern; U. abwehrende Zaubersprüche; U. bringende Veränderungen; ein U. [ver]kündendes Zeichen.

Un|heil ab|weh|rend: s. Unheil.

un|heil|bar [auch: ˈ- - -] ⟨Adj.⟩: *nicht heilbar:* ein -es Leiden; u. krank sein.

Un|heil|bar|keit [auch: ˈ- - - -], die; -: *das Unheilbarsein.*

Un|heil brin|gend: s. Unheil.

un|heil|dro|hend ⟨Adj.⟩ (geh.): *sehr bedrohlich:* die u. ansteigende Flut.

un|hei|lig ⟨Adj.⟩ (veraltend): *nicht heilig* (1 c); *nicht gerade fromm, christlich:* ein -es Leben führen; (scherzh.:) eine -e *(unglückselige)* Allianz.

Un|heil kün|dend: s. Unheil.

Un|heil|stif|ter, der (geh.): *jmd., der Unheil stiftet.*

Un|heil|stif|te|rin, die: w. Form zu ↑ Unheilstifter.

un|heil|ver|kün|dend ⟨Adj.⟩ (geh.): *Unheil ankündigend:* sie erkannte sofort die so -e Stimme des Alten.

un|heil|voll ⟨Adj.⟩ (geh.): *Unheil mit sich bringend:* eine -e Botschaft.

un|heim|lich [auch: -ˈ- -] ⟨Adj.⟩ [mhd. unheim(e)lich = nicht vertraut]: **1.** *ein unbestimmtes Gefühl der Angst, des Grauens hervorrufend:* eine -e Gestalt, Geschichte; in seiner Nähe habe ich ein -es *(äußerst unbehagliches)* Gefühl; im Dunkeln wurde [es] ihm u.; uns allen war [es] u. zumute; sein neuer Nachbar war ihm u. **2.** (ugs.) **a)** *sehr groß, sehr viel:* eine -e Summe; eine -e Angst, -en Hunger haben; **b)** ⟨intensivierend bei Adj. u. Verben⟩ *in außerordentlichem Maße; überaus, sehr:* etw. ist u. groß, breit; sie ist u. nett; sie hat sich u. gefreut.

Un|heim|lich|keit [auch: -ˈ- - -], die; -: *das Unheimlichsein.*

un|his|to|risch ⟨Adj.⟩: *die historische Bedingtheit einer Sache außer Acht lassend:* eine -e Sehweise.

un|höf|lich ⟨Adj.⟩: *nicht höflich:* ein -er Kerl; jmdm. eine -e Antwort geben; dein Verhalten war sehr u.

Un|höf|lich|keit, die; -, -en: **1.** (o. Pl.) *das Unhöflichsein.* **2.** *unhöfliche Handlung, Äußerung.*

un|hold ⟨Adj.⟩ [mhd. unholt]: (dichter. veraltend) *böse, feindselig:* bes. in der Verbindung **jmdm., einer Sache u. sein** (↑ abhold).

Un|hold, der; -[e]s, -e [mhd. unholde = Teufel, ahd. unholdo = böser Geist, zu ↑ hold]: **1.** *(bes. im Märchen, im Volksaberglauben) böser Geist, Furcht erregendes Wesen, Ungeheuer:* der U. entführte die Prinzessin. **2.** (abwertend) **a)** *bösartiger Mensch; jmd., der Böses tut:* der Kommandant des Lagers war ein U.; **b)** *Sittlichkeitsverbrecher:* bereits drei Frauen hatte der U. überfallen.

Un|hol|din, die; -, -nen: w. Form zu ↑ Unhold (1, 2 a).

un|hör|bar [auch: ˈ- - -] ⟨Adj.⟩: *nicht, kaum hörbar:* ein -es Flüstern; etw. mit -er Stimme sagen; u. seufzen.

Un|hör|bar|keit [auch: ˈ- - - -], die; -: *das Unhörbarsein.*

un|hy|gi|e|nisch ⟨Adj.⟩: *nicht hygienisch* (2).

uni [ˈʏni, yˈniː] ⟨indekl. Adj.⟩ [frz. uni, eigtl. = einfach; eben, adj. 2. Part. von: unir = ebnen, vereinfachen; vereinigen < (kirchen)lat. unire, ↑ unieren]: *einfarbig, nicht gemustert:* eine u. Krawatte; der Stoff ist u.; u. gefärbte Stoffe.

[1]Uni, [ˈʏni, yˈniː] das; -s, -s: *das Unisein; einheitlicher Farbton:* Blusen, Jacken in verschiedenen -s.

[2]Uni, die; -, -s (Jargon): Kurzf. von ↑ Universität: auf der U. sein.

uni-, Uni- [zu lat. unus = einer, ein Einziger] ⟨Best. in Zus. mit der Bed.⟩: *einzig, nur einmal vorhanden, einheitlich,* z. B. unilateral, Uniform.

UNICEF, die; - [Abk. für engl. United Nations International Children's Emergency Fund]: Weltkinderhilfswerk der UNO.

unie|ren ⟨sw. V.; hat⟩ [lat. unire, zu: unus = einer, ein Einziger]: *(bes. in Bezug auf Religionsgemeinschaften) vereinigen:* unierte Kirchen (1. *mit der röm.-kath. Kirche wieder vereinigte orthodoxe [griechisch-katholische] u. morgenländische Kirchen mit eigenem Ritus u. eigener Kirchensprache.* 2. *protestantische Unionskirchen).*

uniert ⟨Adj.⟩: *eine unierte Kirche betreffend, einer unierten Kirche angehörend.*

uni|far|ben ⟨Adj.⟩: *uni.*

Uni|fi|ka|ti|on, die; -, -en (bes. Fachspr.): *Unifizierung.*

uni|fi|zie|ren ⟨sw. V.; hat⟩ [spätlat. unificare] (bes. Fachspr.): *vereinheitlichen; zu einer Einheit, Gesamtheit verschmelzen:* Arbeitsgänge u.; Staatsschulden, Anleihen u. (Wirtsch.; *durch Konsolidation 2 b zusammenlegen).*

Uni|fi|zie|rung, die; -, -en (bes. Fachspr.): *das Unifizieren; Vereinheitlichung.*

uni|form ⟨Adj.⟩ [frz. uniforme < lat. uniformis = ein-, gleichförmig, zu: unus = einer, ein Einziger u. forma = Form] (bildungsspr.): *ein-, gleichförmig:* -e Anstalts-, Schulkleidung; die Häuser haben ein -es (abwertend; *durch ihre Gleichförmigkeit monotones)* Aussehen.

Uni|form [auch: ˈʊnifɔrm], die; -, -en [frz. uniforme, subst. Adj. uniforme, ↑ uniform]: *(bes. beim Militär u. bei der Polizei) im Dienst getragene, in Material, Form u. Farbe einheitlich gestaltete Kleidung:* die grüne U. der Polizei; die U. an-, ablegen; in U. sein, gehen.

Uni|form|hemd, das: vgl. Uniformjacke.

Uni|form|ho|se, die: vgl. Uniformjacke.

uni|for|mie|ren ⟨sw. V.; hat⟩: **1.** *in eine Uniform kleiden:* Rekruten u.; ⟨meist im 2. Part.:⟩ uniformierte *(Uniform tragende)* Männer. **2.** (bildungsspr., oft abwertend) *eintönig, gleichförmig machen, gestalten:* man versuchte dort die Menschen geistig zu u.

Uni|for|mier|te, der u. die; -n, -n ⟨Dekl. ↑ Abgeordnete⟩: *jmd., der eine Uniform trägt.*

Uni|for|mie|rung, die; -, -en: *das Uniformieren; das Uniformiertsein.*

Uni|for|mis|mus, der; - (bildungsspr., oft abwertend): *das Streben nach gleichförmiger, einheitlicher Gestaltung.*

Uni|for|mi|tät, die; - [(frz. uniformité <) spätlat. uniformitas, zu lat. uniformis, ↑ uniform] (bildungsspr., oft abwertend): *Einheitlichkeit, Gleichförmigkeit.*

Uni|form|ja|cke, die: *zu einer Uniform gehörende Jacke.*

Uni|form|rock, der: *zu einer Uniform gehörender* [1]*Rock* (2).

Uni|form|trä|ger, der: *jmd., der eine Uniform trägt.*

Uni|form|trä|ge|rin, die: w. Form zu ↑ Uniformträger.

Uni|form|ver|bot, das: *Verbot, (bei bestimmten Anlässen) die Uniform zu tragen.*

Uni|form|zwang, der ⟨o. Pl.⟩: *Verpflichtung, (bei bestimmten Anlässen) die Uniform zu tragen.*

uni ge|färbt: s. uni.

uni|kal [nlat., zu lat. unice = einzig, nur, zu: unus = eins] ⟨Adj.⟩ (Fachspr.): *nur einmal vorhanden, vorkommend:* -e Versteigerungsobjekte.

Uni|kat, das; -[e]s, -e [zu lat. unicus (↑ Unikum), geb. nach Duplikat]: **1.** *etw., was nur einmal vorhanden ist, was es nur [noch] in einem Exemplar gibt:* jedes Schmuckstück ist ein U. **2.** *einzige Ausfertigung eines Schriftstücks.*

Uni|kum, das; -s, ...ka (österr. nur so) u. -s [lat. unicum, Neutr. von: unicus = der Einzige; einzigartig, zu: unus = einer, ein Einziger]: **1.** ⟨Pl. ...ka⟩ (Fachspr.) *Unikat* (1): botanische Unika. **2. a)** ⟨Pl. -s⟩ (ugs.) *merkwürdiger, ein wenig kauziger Mensch, der auf andere belustigend wirkt:* der Alte ist ein richtiges U.; **b)** *etw. sehr Ausgefallenes, Merkwürdiges, Einzigartiges:* dieses Dach ist ein bauliches U.

uni|la|te|ral ⟨Adj.⟩ [zu ↑ uni-, Uni- u. ↑ lateral] (bes. Politik): *einseitig, nur eine Seite betreffend, von dieser ausgehend:* -e Absichtserklärungen.

un|in|for|miert ⟨Adj.⟩: *nicht informiert:* ein -es Publikum.

Un|in|for|miert|heit, die; -: *das Uninformiertsein.*

un|in|tel|li|gent ⟨Adj.⟩: *nicht intelligent; unklug.*

un|in|te|res|sant ⟨Adj.⟩: **1.** *nicht interessant* (1): ein -es Buch; ein gänzlich -er Mensch; für mich ist es völlig u. *(gleichgültig),* ob er kommt. **2.** (meist Kaufmannsspr.) *nicht interessant* (2): ein -es Angebot; etw. ist preislich u.

un|in|te|res|siert ⟨Adj.⟩: *nicht interessiert; desinteressiert:* er ist, tut völlig u.

Un|in|te|res|siert|heit, die; -: *das Uninteressiertsein.*

Unio mys|ti|ca, die; - - [kirchenlat., zu: unio (↑ Union) u. lat. mysticus, ↑ Mystik] (Theol.): *geheimnisvolle Vereinigung der Seele mit Gott in der Mystik.*

Uni|on, die; -, -en [kirchenlat. unio = Einheit, Vereinigung, zu lat. unus = einer, ein Einziger]: *Bund, Vereinigung, Zusammenschluss (bes. von Staaten u. von Kirchen mit verwandten Bekenntnissen):* einer U. beitreten, angehören; die Staaten schlossen sich zu einer U. zusammen; die Junge U. *(gemeinsame Jugendorganisation der CDU u. der CSU).*

uni|o|nis|tisch ⟨Adj.⟩: *eine Union betreffend, ihr angehörend.*

Uni|on Jack [ˈjuːnjən ˈdʒæk], der; - -s, - -s [engl. Union Jack, aus: union = Union (als Bez. für das Vereinigte Königreich Großbritannien) u. jack = kleinere (Schiffs)flagge]: *Flagge Großbritanniens.*

Uni|ons|kir|che, die; -, -n: *durch den Zusammenschluss mehrerer protestantischer Kirchen mit verwandten Bekenntnissen gebildete Kirche.*

Uni|ons|par|tei, die ⟨meist Pl.⟩: *eine der beiden Parteien CDU u. CSU.*

Uni|ons|re|pu|blik, die (früher): *Sowjetrepublik.*

uni|pe|tal ⟨Adj.⟩ [zu lat. unus = einer u. griech. pétalon = Blatt] (Bot.): *einblättrig.*

uni|po|lar ⟨Adj.⟩ [zu lat. unus = einer u. ↑ polar] (Physik, Elektrot.): *einpolig.*

un|ir|disch ⟨Adj.⟩: *nicht irdisch* (1).

Uni|sex, der; -[es] [engl. unisex, aus: uni- < lat. unus = einer, ein Einziger u. sex, ↑ Sex] (Fachspr., bildungsspr.): *optische Annäherung der Geschlechter durch Auflösung typisch weiblicher oder männlicher Attribute in der Mode.*

uni|so|no ⟨Adv.⟩ [ital. unisono < spätlat. unisonus = eintönig, -förmig, zu lat. unus (↑ Unisex) u. sonus = Ton, Klang] (Musik): *im Einklang* (1) *[zu spielen]:* u. *(einstimmig)* singen; die Geigen spielten u.; Ü sie haben u. *(in voller Übereinstimmung)* widersprochen.

Uni|so|no, das; -s, -s u. ...ni (Musik): *Einklang* (1).

Uni|ta|ri|er, der; -s, -: *Vertreter einer nachreformatorischen kirchlichen Richtung, die die Einheit Gottes betont u. die Lehre von der Trinität teilweise od. ganz verwirft.*

uni|ta|risch ⟨Adj.⟩: **1.** (bildungsspr.) *Einigung bezweckend od. erstrebend.* **2.** *die Lehre der Unitarier betreffend.*

Uni|ta|ris|mus, der; -: **1.** *Bestreben innerhalb eines Staatenverbandes od. Bundesstaates, die Zen-*

tralmacht zu stärken. **2.** *theologische Lehre der Unitarier.*

Uni|ta|rịst, der; -en, -en: *Vertreter, Anhänger des Unitarismus.*

Uni|ta|rịs|tin, die; -, -nen: w. Form zu ↑Unitarist.

uni|ta|rịs|tisch ⟨Adj.⟩: *den Unitarismus betreffend, auf ihm beruhend.*

Uni|tät, die; -, -en [lat. unitas, zu: unus = einer, ein Einziger]: **1.** (bildungsspr.) **a)** *Einheit, Übereinstimmung;* **b)** *Einzig[artig]keit.* **2.** (scherzh.) kurz für ↑Universität.

uni|ver|sal ⟨Adj.⟩ [spätlat. universalis = zur Gesamtheit gehörig, allgemein, zu lat. universus, ↑Universum] (bildungsspr.): **1.** *umfassend; die verschiedensten Bereiche einschließend:* ein -es Wissen. **2.** *die ganze Welt umfassend, weltweit:* der -e Machtanspruch der Kirche.

Uni|ver|sal|bil|dung, die: *universale Bildung.*

Uni|ver|sal|er|be, der: *Erbe des gesamten Nachlasses; Allein-, Gesamterbe.*

Uni|ver|sal|er|bin, die: w. Form zu ↑Universalerbe.

Uni|ver|sal|ge|nie, das: **a)** *auf vielen Gebieten zu genialen Leistungen befähigter Mensch;* **b)** (scherzh.) *Alleskönner[in].*

Uni|ver|sal|ge|schich|te, die: *Weltgeschichte.*

Uni|ver|sa|lie, die; -, -n [1: mlat. universale, zu spätlat. universalis, ↑universal]: **1.** ⟨Pl.⟩ (Philos.) *Allgemeinbegriff, allgemein gültige Aussage.* **2.** (Sprachw.) *Eigenschaft, die alle natürlichen Sprachen aufweisen.*

Uni|ver|sa|lịs|mus, der; -: **1.** (Philos., Politik, Wirtsch.) *Denkart, Lehre, die den Vorrang des Allgemeinen, des Ganzen gegenüber dem Besonderen u. Einzelnen betont.* **2.** (Theol.) *Lehre, nach der der Heilswille Gottes die ganze Menschheit umfasst.*

uni|ver|sa|lịs|tisch ⟨Adj.⟩: *den Universalismus betreffend, auf ihm beruhend.*

Uni|ver|sa|li|tät, die; - [spätlat. universalitas, zu: universalis, ↑universal] (bildungsspr.): **1.** *umfassender Charakter von etw.:* die U. der Menschenrechte. **2.** *umfassende Bildung; [schöpferische] Vielseitigkeit:* eine Persönlichkeit von schöpferischer U.

Uni|ver|sal|le|xi|kon, das: *enzyklopädisches Lexikon.*

Uni|ver|sal|mit|tel, das: *[Arznei]mittel gegen alle möglichen Beschwerden.*

uni|ver|sẹll ⟨Adj.⟩ [frz. universel < spätlat. universalis, ↑universal]: **1.** *alle Bereiche umfassend; allgemein:* eine Frage von -er Bedeutung. **2.** *vielseitig:* ein -es, u. verwendbares Gerät; ein u. begabter Mensch.

Uni|ver|si|a|de, die; -, -n [zu ↑Universität u. ↑Olympiade]: *alle zwei Jahre stattfindender internationaler sportlicher Wettkampf von Studenten u. Studentinnen.*

uni|ver|si|tär ⟨Adj.⟩: *die Universität betreffend, zu ihr gehörend:* -e Einrichtungen.

Uni|ver|si|tät, die; -, -en [mhd. universitēt = Gesamtheit, Verband (der Lehrenden und Lernenden) < lat. universitas = (gesellschaftliche) Gesamtheit, Kollegium, zu: universus, ↑Universum]: **1.** *in mehrere Fakultäten gegliederte [die Gesamtheit der Wissenschaften umfassende] Anstalt für wissenschaftliche Ausbildung u. Forschung; Hochschule:* eine altehrwürdige U.; die U. [in] Mainz; die U. besuchen; an der U. immatrikuliert sein, studieren; Dozent an der U. sein; auf die, zur U. gehen *(studieren).* **2.** ⟨o. Pl.⟩ *Gesamtheit der Dozenten, Dozentinnen u. Studierenden einer Universität* (1): die ganze U. versammelte sich in der Aula. **3.** *Gebäude[komplex], in dem sich eine Universität* (1) *befindet:* die U. liegt außerhalb der Stadt.

Uni|ver|si|täts|aus|bil|dung, die: *an einer Universität erworbene Ausbildung.*

Uni|ver|si|täts|bi|bli|o|thek, die: *zentrale wissenschaftliche Bibliothek einer Universität.*

Uni|ver|si|täts|buch|hand|lung, die: *wissenschaftliche Buchhandlung in einer Universitätsstadt, die ihr Sortiment auf die Bedürfnisse der Universität abstimmt.*

Uni|ver|si|täts|ge|län|de, das: *Campus.*

Uni|ver|si|täts|in|sti|tut, das: *Institut* (1) *einer Universität.*

Uni|ver|si|täts|kli|nik, die: *als Forschungsanstalt einer Universität angeschlossene Klinik.*

Uni|ver|si|täts|lauf|bahn, die: *wissenschaftliche Laufbahn als Dozent[in] od. Professor[in] an einer Universität.*

Uni|ver|si|täts|leh|rer, der: *Professor, Dozent an einer Universität.*

Uni|ver|si|täts|leh|re|rin, die: w. Form zu ↑Universitätslehrer.

Uni|ver|si|täts|pro|fes|sor, der: *Professor an einer Universität.*

Uni|ver|si|täts|pro|fes|so|rin, die: w. Form zu ↑Universitätsprofessor.

Uni|ver|si|täts|stadt, die: *Stadt, in der sich eine Universität befindet.*

Uni|ver|si|täts|stu|di|um, das: *Studium an einer Universität.*

Uni|ver|si|täts|we|sen, das ⟨o. Pl.⟩: *Gesamtheit der universitären Einrichtungen u. Angelegenheiten.*

Uni|vẹr|sum, das; -s, ...sen [lat. universum, subst. Neutr. von: universus = ganz, sämtlich; allgemein; umfassend, eigtl. = in eins gekehrt, zu: unus = einer, ein Einziger u. versus = gewendet, ↑Vers]: *Weltall, Kosmos:* das weite, unendliche U.; das U. erforschen; Ü ein U. *(eine unendliche Vielfalt)* an Formen und Farben.

ụn|kal|ku|lier|bar [auch: – – –'– –] ⟨Adj.⟩: *nicht kalkulierbar:* ein -es Risiko.

ụn|ka|me|rad|schaft|lich ⟨Adj.⟩: *nicht kameradschaftlich:* -es Verhalten.

Ụn|ka|me|rad|schaft|lich|keit, die; -: *das Unkameradschaftlichsein.*

Ụn|ke, die; -, -n [vermengt aus frühnhd. eutze = Kröte, mhd. ūche, ahd. ūcha = Kröte u. mhd., ahd. unc = Schlange]: **1.** *Kröte mit plumpem, flachem Körper, schwarzgrauem bis olivgrünem, manchmal geflecktem, warzigem Rücken u. grauem bis schwarzem Bauch mit gelber bis roter Fleckung; Feuerkröte.* **2.** (ugs.) *jmd., der [ständig] unkt; Schwarzseher:* er ist eine alte U.

ụn|ken ⟨sw. V.; hat⟩: *aufgrund seiner pessimistischen Haltung od. Einstellung Unheil, Schlimmes voraussagen:* er muss dauernd u.

ụn|kennt|lich ⟨Adj.⟩: *so verändert, entstellt, dass jmd. od. etw. nicht mehr zu erkennen ist:* er hatte sich durch Bart und Brille u. gemacht; die Eintragungen waren u. geworden.

Ụn|kennt|lich|keit, die; -: *das Unkenntlichsein:* meist in der Fügung **bis zur U.** *(unkenntlich geworden, in nicht mehr zu erkennender Weise):* die Tote war bis zur U. entstellt.

Ụn|kennt|nis, die; -: *das Nichtwissen; mangelnde Kenntnis [von etw.]:* seine U. auf einem Gebiet zu verbergen suchen; etw. aus U. falsch machen; in U. *(im Unklaren)* [über etw.] sein.

Ụn|ken|ruf, der; -[e]s, -e: **1.** *dumpfer Ruf einer Unke* (1). **2.** *pessimistische Äußerung:* er tat es allen -en zum Trotz.

Un|ke|rei, die; -, -en: *[dauerndes] Unken.*

ụn|keusch ⟨Adj.⟩: **1.** (geh. veraltend) *nicht keusch.* **2.** (ugs., oft scherzh.) *zwielichtig, unsauber* (3), *nicht ganz legal:* was sind denn das für -e Angebote!

Ụn|keusch|heit, die; - (geh. veraltend): *das Unkeuschsein.*

ụn|kind|lich ⟨Adj.⟩: *nicht kindlich:* ein -es Verhalten.

Ụn|kind|lich|keit, die; -: *unkindliches Wesen, unkindliche Art.*

ụn|kirch|lich ⟨Adj.⟩: *nicht fromm (im Sinne der Kirche); nicht kirchlich* (2): eine -e Haltung.

ụn|klar ⟨Adj.⟩: **1. a)** *(mit dem Auge) nicht klar zu erkennen; verschwommen:* ein -es Bild; die Umrisse sind u.; etw. ist in der Ferne nur u. zu erkennen; **b)** *nicht deutlich, unbestimmt, vage:* -e Empfindungen, Erinnerungen. **2.** *nicht verständlich:* ein -er Satz, Text; es ist mir u./mir ist u., wie das geschehen konnte; sich u. ausdrücken. **3.** *nicht geklärt, ungewiss, fraglich:* der Ausgang dieses Unternehmens ist noch völlig u.; ⟨subst.:⟩ jmdn. über etw. im Unklaren *(Ungewissen)* lassen; sich über etw. im Unklaren *(nicht im Klaren)* sein.

Ụn|klar|heit, die; -, -en: *das Unklarsein.*

ụn|klug ⟨Adj.; unklüger, unklügste⟩: *taktisch, psychologisch nicht geschickt:* ein -es Vorgehen; es war u. von dir, ihm zu folgen.

Ụn|klug|heit, die; -, -en: **1.** ⟨o. Pl.⟩ *das Unklugsein.* **2.** *unkluge Handlung, Äußerung.*

ụn|kol|le|gi|al ⟨Adj.⟩: *nicht kollegial* (1): ein -es Verhalten; sie benimmt sich u.

ụn|kom|men|tiert ⟨Adj.⟩: **a)** *nicht mit einem [wissenschaftlichen] Kommentar* (1) *versehen:* ein -er Text; **b)** *ohne Kommentar* (2, 3), *ohne Stellungnahme:* etw. u. lassen.

ụn|kom|pli|ziert ⟨Adj.⟩: *nicht kompliziert:* ein -er Mensch; -e Apparate; ein -er Bruch.

ụn|kon|trol|lier|bar [auch: – – –'– –] ⟨Adj.⟩: *nicht kontrollierbar:* ein -er Vorgang.

Un|kon|trol|lier|bar|keit [auch: – – –'– – –], die; -: *das Unkontrollierbarsein.*

ụn|kon|trol|liert ⟨Adj.⟩: *nicht kontrolliert* (4): ein -er Wutausbruch.

ụn|kon|ven|ti|o|nell ⟨Adj.⟩ (bildungsspr.): **a)** *vom Konventionellen abweichend; ungewöhnlich:* eine -e Meinung; -e Methoden, Ideen, Entscheidungen; sie sind u. eingerichtet; **b)** *wenig förmlich, ungezwungen:* hier geht es u. zu.

ụn|kon|zen|triert ⟨Adj.⟩: *ohne innere Konzentration* (3): er wirkte während des ganzen Spiels fahrig und u.

Ụn|kon|zen|triert|heit, die; -, -en: **1.** ⟨o. Pl.⟩ *das Unkonzentriertsein.* **2.** *unkonzentrierte Handlung, Verhaltensweise o. Ä.*

ụn|kör|per|lich ⟨Adj.⟩: **1.** *nicht körperlich; nicht eins mit dem Körper* (1 a), *von ihm getrennt:* eine ganz -e, rein platonische Beziehung. **2.** (Sport seltener) *körperlos* (b).

ụn|kor|rekt ⟨Adj.⟩: **a)** *nicht korrekt* (a), *unrichtig* (2): -es Deutsch; der Satz ist grammatisch u.; **b)** *nicht korrekt* (b): ein -es Verhalten; jmdn. u. behandeln.

Ụn|kor|rekt|heit, die; -, -en: **1.** ⟨o. Pl.⟩ *das Unkorrektsein.* **2.** *unkorrekte* (b) *Handlung, Äußerung.*

Ụn|kos|ten ⟨Pl.⟩ [eigtl. = unangenehme, vermeidbare Kosten]: **a)** *[unvorhergesehene] Kosten, die neben den normalen, eingeplanten Ausgaben entstehen:* die U. belaufen sich auf 500 Mark; mir sind sehr hohe, gar keine U. entstanden; die U. [für etw.] tragen, bestreiten; das Fest war mit großen U. verbunden; * **sich in U. stürzen** *([hohe] Ausgaben auf sich nehmen);* **sich in geistige U. stürzen** (scherzh.; *sich geistig anstrengen, intellektuellen Aufwand treiben*); **b)** (ugs.) *Ausgaben:* die Einnahmen deckten nicht einmal die U.

Ụn|kos|ten|bei|trag, der: *Betrag, den jmd. anteilig zur Deckung der bei etw. entstehenden Unkosten zahlt.*

Ụn|kraut, das; -[e]s, Unkräuter [mhd., ahd. unkrūt]: **1.** ⟨o. Pl.⟩ *Pflanzen, die zwischen angebauten Pflanzen wild wachsen [u. deren Entwicklung behindern]:* das U. wuchert; U. jäten, ausreißen, [aus]rupfen, [aus]ziehen, hacken, unterpflügen, vertilgen, verbrennen; Spr U. vergeht nicht (scherzh.; *einem Menschen wie mir/ihm/ihr passiert nichts*). **2.** *einzelne Art von Unkraut* (1): die verschiedenen Unkräuter; was ist das für ein U.?

Ụn|kraut|be|kämp|fung, die: *Bekämpfung von Unkraut.*

Ụn|kraut|be|kämp|fungs|mit|tel, das: *Mittel* (2 b) *zur Bekämpfung von Unkraut.*

Ụn|kraut|pflan|ze, die: *einzelne Pflanze eines Unkrauts.*

ụn|kri|tisch ⟨Adj.⟩: **1.** *nicht kritisch* (1 a): er ist sich selbst gegenüber u.; eine Meinung u. übernehmen. **2.** (seltener) *nicht kritisch* (2 b): es war eine doch eher -e Situation.

ụn|kul|ti|viert ⟨Adj.⟩ (abwertend): *nicht kultiviert* (b): ein -er Mensch, Kerl; sich u. benehmen.

Ụn|kul|ti|viert|heit, die; - (abwertend): *unkultivierte Art.*

Ụn|kul|tur, die; - (abwertend): *Mangel an Kultur* (2).

un|künd|bar [auch: -ˈ- -] ⟨Adj.⟩: **a)** *nicht kündbar* (a): ein -er Vertrag; **b)** *nicht kündbar* (b): als Beamter ist er u.

Ụn|künd|bar|keit [auch: -ˈ- - -], die; -: *das Unkündbarsein.*

ụn|kun|dig ⟨Adj.⟩: *nicht kundig:* ein -er Laie; * **einer Sache u. sein** (geh.; *etw. nicht [gut] können, mit etw. nicht vertraut sein*).

ụn|längst ⟨Adv.⟩: *vor noch gar nicht langer Zeit, [erst] kürzlich.*

ụn|lau|ter ⟨Adj.⟩ (geh.): **a)** *nicht lauter, nicht ehrlich:* -e Absichten, Motive; **b)** *nicht fair, nicht legitim:* -er Wettbewerb.

ụn|le|ben|dig ⟨Adj.⟩: *nicht lebendig* (2): ein -er Stil.

ụn|lei|dig ⟨Adj.⟩ (veraltet): *unleidlich.*

ụn|leid|lich ⟨Adj.⟩: **1.** *übel gelaunt u. daher schwer zu ertragen:* ein -er Mensch; er ist heute ganz u. **2.** *unerträglich, untragbar:* -e Verhältnisse.

Ụn|leid|lich|keit, die; -, -en: **1.** ⟨o. Pl.⟩ *das Unleidlichsein.* **2.** *etw. Unleidliches.*

ụn|les|bar [auch: -ˈ- -] ⟨Adj.⟩: *nicht lesbar:* eine -e Handschrift, Unterschrift.

Ụn|les|bar|keit [auch: -ˈ- - -], die; -: *das Unlesbarsein.*

ụn|le|ser|lich [auch: -ˈ- - -] ⟨Adj.⟩: *nicht leserlich:* u. schreiben.

Ụn|le|ser|lich|keit [auch: -ˈ- - - -], die; -: *das Unleserlichsein.*

ụn|leug|bar [auch: -ˈ- -] ⟨Adj.⟩: *nicht zu leugnen:* eine -e Tatsache.

ụn|lieb ⟨Adj.⟩: meist in der Wendung **jmdm. nicht u. sein** (*jmdm. ganz gelegen kommen, willkommen sein*): es war mir gar nicht so u., dass er den Termin abgesagt hat.

ụn|lie|bens|wür|dig ⟨Adj.⟩: *nicht liebenswürdig:* er war sehr u. [zu mir].

ụn|lieb|sam ⟨Adj.⟩: *ziemlich unangenehm, lästig:* -e Folgen; er ist u. aufgefallen.

ụn|li|mi|tiert ⟨Adj.⟩ (bes. Fachspr.): *nicht limitiert:* eine -e Auflage.

ụn|li|niert (österr. nur so), **ụn|li|ni|iert** ⟨Adj.⟩: *nicht liniert.*

Ụn|lo|gik, die; -: *das Unlogischsein.*

ụn|lo|gisch ⟨Adj.⟩: *nicht logisch, nicht folgerichtig:* eine -e Folgerung; u. denken, handeln.

un|lös|bar [auch: ˈ- - -] ⟨Adj.⟩: **1.** *nicht auflösbar, nicht trennbar:* ein -er Zusammenhang; eine -e Verankerung. **2.** *nicht zu lösen, nicht lösbar:* eine -e Aufgabe; ein -er Konflikt.

Un|lös|bar|keit [auch: ˈ- - - -], die; -: *das Unlösbarsein.*

un|lös|lich [auch: ˈ- - -] ⟨Adj.⟩: **1.** *nicht löslich.* **2.** *unlösbar* (1).

Ụn|lust, die; -: *Mangel an Lust, an innerem Antrieb; Widerwille:* große U. verspüren; etw. mit U. tun.

Ụn|lust|ge|fühl, das: *Gefühl der Unlust.*

ụn|lus|tig ⟨Adj.⟩: *Unlust empfindend, erkennen lassend:* u. sein, arbeiten.

ụn|ma|nier|lich ⟨Adj.⟩: *schlechte Manieren habend; ungesittet:* u. essen.

ụn|männ|lich ⟨Adj.⟩ (oft abwertend): *nicht männlich* (3), *nicht zu einem Mann passend:* -e Gesichtszüge.

Ụn|maß, das; -es (geh.): **1.** *allzu hohes Maß, Übermaß:* ein U. an/von Arbeit. **2.** (selten) *Unmäßigkeit.*

Ụn|mas|se, die; -, -n (ugs. emotional verstärkend): *Unmenge.*

ụn|maß|geb|lich [auch: - -ˈ- -] ⟨Adj.⟩: *nicht maßgeblich; unwichtig:* was er sagt, ist [für mich] völlig u.; nach meiner -en Meinung (Floskel, die bescheidene Zurückhaltung ausdrücken soll).

ụn|mä|ßig ⟨Adj.⟩: **1.** *nicht mäßig, maßlos:* ein -er Alkoholkonsum; u. essen. **2. a)** *jedes normale Maß weit überschreitend:* ein -es Verlangen; **b)** ⟨intensivierend bei Adj.⟩ *überaus, über alle Maßen:* er ist u. dick.

Ụn|mä|ßig|keit, die; -: *das Unmäßigsein; Maßlosigkeit.*

ụn|me|lo|disch ⟨Adj.⟩: *nicht melodisch:* -er Gesang.

Ụn|men|ge, die; -, -n (emotional verstärkend): *übergroße, sehr große Menge:* eine U. an Bildern, von Bildern lagert/(seltener auch:) lagern hier; er trinkt -n [von] Tee; eine U. *(sehr vieles)* gelernt haben; Beispiele in -n.

Ụn|mensch, der; -en, -en [mhd. unmensch, rückgeb. aus ↑unmenschlich] (abwertend): *jmd., der unmenschlich* (1 a) *ist:* * **kein U. sein** (ugs.; *mit sich reden lassen, nicht unnachgiebig, hartherzig o. ä. sein*): du kannst ihn ruhig fragen, er ist schließlich kein U.

ụn|mensch|lich [auch: -ˈ- -] ⟨Adj.⟩ [mhd. unmenschlich]: **1. a)** *grausam gegen Menschen od. Tiere, ohne (bei einem Menschen zu erwartendes) Mitgefühl [vorgehend]:* ein -er Tyrann; -e Grausamkeit; **b)** *menschenfeindlich durch Unterdrückung:* ein -es Gesellschaftssystem; **c)** *menschenunwürdig, inhuman:* unter -en Verhältnissen leben. **2. a)** *ein sehr hohes, unerträgliches Maß habend:* eine -e Hitze; -es Leid; ⟨subst.:⟩ Unmenschliches *(menschliche Kräfte fast Übersteigendes)* leisten; **b)** ⟨intensivierend bei Adj. u. Verben⟩ (ugs.; oft emotional übertreibend) *sehr, überaus:* wir haben u. [viel] zu tun; es ist u. kalt hier.

Ụn|mensch|lich|keit [auch: -ˈ- - -], die; -, -en: **1.** ⟨o. Pl.⟩ *das Unmenschlichsein.* **2.** *unmenschliche* (1) *Handlungsweise.*

un|merk|bar [auch: ˈ- - -] ⟨Adj.⟩ (seltener): *unmerklich.*

un|merk|lich [auch: ˈ- - -] ⟨Adj.⟩: *nicht, kaum merklich vor sich gehend, kaum spürbar, merkbar, wahrnehmbar:* eine -e Veränderung.

ụn|miss|ver|ständ|lich [auch: - - -ˈ- -] ⟨Adj.⟩: **a)** *(in Bedeutung, Inhalt, Sinn) völlig klar u. eindeutig:* eine -e Formulierung; **b)** *sehr deutlich, nachdrücklich, entschieden; in nicht misszuverstehender Deutlichkeit:* eine -e Absage, Zurückweisung; jmdm. u. die Meinung sagen.

ụn|mit|tel|bar ⟨Adj.⟩: **a)** *nicht mittelbar, nicht durch etw. Drittes, durch einen Dritten vermittelt; direkt:* sein -er Nachkomme; eine -e Folge von etw.; es bestand -e *(akute)* Lebensgefahr; ein u. [vom Volk] gewähltes Parlament; **b)** *durch keinen od. kaum einen räumlichen od. zeitlichen Abstand getrennt:* in -er Nähe; ein -er Nachbar; die Entscheidung steht u. bevor; **c)** *direkt; geradewegs [durchgehend]:* eine -e Zugverbindung; die Straße führt u. zum Rathaus.

Ụn|mit|tel|bar|keit, die; -: *das Unmittelbarsein; Direktheit.*

ụn|mö|bliert ⟨Adj.⟩: *nicht möbliert:* -e Räume; ein Zimmer u. vermieten.

ụn|mo|dern ⟨Adj.⟩: **1.** *nicht mehr* [2]*modern* (1): -e Möbel, Kleider, Formen; sich u. kleiden. **2. a)** *nicht* [2]*modern* (2 a): eine -e *(überholte)* Konstruktion; **b)** *nicht* [2]*modern* (2 b): -e Ansichten.

ụn|mög|lich [auch: -ˈ- -]: **I.** ⟨Adj.⟩ **1. a)** *nicht zu bewerkstelligen, nicht durchführbar, nicht zu verwirklichen:* ein -es Unterfangen; das ist technisch u.; dieser Umstand macht es mir u., daran teilzunehmen; ⟨subst.:⟩ ich verlange nichts Unmögliches [von dir]; **b)** *nicht denkbar, nicht in Betracht kommend, ausgeschlossen:* ich halte es für ganz u., dass er der Täter ist; es ist absolut u., ihm jetzt die Hilfe zu versagen. **2.** (ugs., meist abwertend) *in als unangenehm empfundener Weise von der erwarteten Norm abweichend, sehr unpassend, nicht akzeptabel, nicht tragbar:* ein -es Benehmen; sie hat -e, die -sten Ideen; du bist, benimmst dich u.; dieser Hut ist u.; * **jmdn., sich u. machen** *(jmdn., sich bloßstellen, in Misskredit bringen):* du machst uns alle u. **II.** ⟨Adv.⟩ (ugs.) **a)** *(weil es unmöglich* I 1 a *ist) nicht:* mehr ist u. zu erreichen; **b)** *(weil es nicht rechtens, nicht zulässig, nicht anständig, nicht vertretbar wäre) nicht:* ich kann ihn jetzt u. im Stich lassen.

Ụn|mög|lich|keit [auch: -ˈ- - -], die; -, -en: *das Unmöglichsein.*

Ụn|mo|ral, die; -: *das Unmoralischsein, unmoralisches Verhalten:* man wirft ihm U. vor.

ụn|mo|ra|lisch ⟨Adj.⟩: *gegen Sitte u. Moral verstoßend:* ein -er Lebenswandel; es ist u., mit der Not anderer Geschäfte zu machen.

Ụn|mo|ra|li|tät, die; -: *Amoralität.*

ụn|mo|ti|viert ⟨Adj.⟩: **1. a)** *keinen [erkennbaren] Grund habend; grundlos:* ein -er Wutanfall; u. lachen; **b)** *nicht motiviert, keine Motivation* (1) *besitzend:* -e Schüler. **2.** (Sprachw.) *nicht motiviert* (2).

ụn|mün|dig ⟨Adj.⟩: **a)** *nicht mündig* (a): -e Kinder; noch u. sein; jmdn. für u. erklären *(entmündigen);* **b)** *nicht mündig* (b): -e Wähler.

Ụn|mün|dig|keit, die; -: *das Unmündigsein.*

ụn|mu|si|ka|lisch ⟨Adj.⟩: *nicht musikalisch, nicht musikbegabt.*

ụn|mu|sisch ⟨Adj.⟩: *nicht musisch [begabt, aufgeschlossen].*

Ụn|mut, der; -[e]s (geh.): *durch das Verhalten anderer ausgelöstes [starkes] Gefühl der Unzufriedenheit, des Missfallens, des Verdrusses:* U. stieg in ihr auf; er machte seinem U. Luft.

ụn|mu|tig ⟨Adj.⟩ (geh.): *von Unmut erfüllt, Unmut empfindend od. ausdrückend:* u. blicken.

ụn|muts|voll ⟨Adj.⟩ (geh.): *unmutig.*

un|nach|ahm|lich [auch: - -ˈ- -] ⟨Adj.⟩: *in einer Art u. Weise, die als einzigartig, unvergleichlich empfunden wird:* ihre Art, sich zu bewegen, zu kleiden, ist u.

ụn|nach|gie|big ⟨Adj.⟩: *zu keinem Zugeständnis bereit:* eine -e Haltung.

Ụn|nach|gie|big|keit, die; -: *unnachgiebige Art, Haltung.*

ụn|nach|sich|tig ⟨Adj.⟩: *keine Nachsicht übend, erkennen lassend:* jmdn. u. bestrafen.

Ụn|nach|sich|tig|keit, die; -: *unnachsichtige Art, Haltung.*

un|nah|bar [auch: ˈ- - -] ⟨Adj.⟩: *sehr auf Distanz bedacht, jeden Versuch einer Annäherung mit kühler Zurückhaltung beantwortend; abweisend:* sie ist, zeigt sich u.

Un|nah|bar|keit [auch: ˈ- - - -], die; -: *unnahbare Art, Haltung.*

Ụn|na|tur, die; - (geh.): *etw. Unnatürliches; Unnatürlichkeit, unnatürlicher Charakter.*

ụn|na|tür|lich ⟨Adj.⟩: **1. a)** *in der Natur* (1) *[in gleicher Form, in gleicher Weise] nicht vorkommend, nicht von der Natur ausgehend, hervorgebracht:* Neonlampen geben ein -es Licht; ein -er *(gewaltsamer)* Tod; **b)** *der Natur* (3 a) *nicht gemäß, nicht angemessen:* eine -e Lebensweise; es ist doch u., immer solchen Durst zu haben. **2.** *gekünstelt, nicht natürlich; affektiert:* ein -es Lachen.

Ụn|na|tür|lich|keit, die; -: *das Unnatürlichsein.*

un|nenn|bar [auch: ˈ- - -] ⟨Adj.⟩ (geh.): **1.** *unsagbar* (a). **2.** *nicht benennbar.*

Un|nenn|bar|keit [auch: ˈ- - - -], die; -: *das Unnennbarsein.*

ụn|nor|mal ⟨Adj.⟩: **1.** *nicht normal* (1 a, b): sein Herz schlägt u. schnell. **2.** *nicht normal* (2).

ụn|no|tiert ⟨Adj.⟩ (Börsenw.): *ohne amtliche Notierung:* -e Wertpapiere.

ụn|nö|tig ⟨Adj.⟩: **a)** *nicht nötig, entbehrlich, verzichtbar:* eine -e Maßnahme; u. viel, u. großen Aufwand treiben; **b)** *keinerlei Sinn habend, keinerlei Nutzen od. Vorteil bringend; überflüssig:* -e Kosten; sich u. in Gefahr bringen.

ụn|nö|ti|ger|wei|se ⟨Adv.⟩: *obwohl es unnötig ist, gewesen wäre.*

ụn|nütz ⟨Adj.⟩ [mhd. unnütze, ahd. unnuzze]: **a)** *nutzlos, zu nichts nütze:* -e Anstrengungen; er ist nur ein -er (abwertend; *nichts einbringender*) Esser; es ist u. *(sinn-, zwecklos, müßig),* darüber zu streiten; **b)** (abwertend) *nichtsnutzig:* so ein -er Kerl!; **c)** *unnötig* (b): du machst dir zu viel -e Gedanken.

ụn|nüt|zer|wei|se ⟨Adv.⟩: **a)** *ohne jeden Nutzen, Zweck;* **b)** *unnötigerweise.*

ỤNO, die; - [Kurzwort für United Nations Organization]: *Vereinte Nationen.*

ụn|or|dent|lich ⟨Adj.⟩: **a)** *nicht ordentlich* (1 a): ein -er Mensch; u. *(nachlässig)* arbeiten; **b)** *nicht ordentlich* (1 b), *nicht in Ordnung gehalten, in keinem geordneten Zustand befindlich:* ein -es Zimmer; u. herumliegende Kleider; Ü ein -es *(den geltenden bürgerlichen Normen nicht entsprechendes, ungeregeltes)* Leben führen.

Ụn|or|dent|lich|keit, die; -: *das Unordentlichsein.*

Ụn|ord|nung, die; -: *durch das Fehlen von Ordnung* (1) *gekennzeichneter Zustand:* im ganzen Haus herrschte eine große U.; etw. in U. bringen; Ü ihr seelisches Gleichgewicht war in U. geraten.

ụn|or|ga|nisch ⟨Adj.⟩: 1. (bildungsspr.) *nicht organisch* (4): -e Formen. 2. (Fachspr.) **a)** *anorganisch* (2); **b)** (selten) *anorganisch* (1).

ụn|or|tho|dox ⟨Adj.⟩ (bildungsspr.): *ungewöhnlich, unkonventionell, eigenwillig:* -e Methoden; er spielt sehr u.

U̲NO-Sol|dat, der: *Soldat der aus verschiedenen Mitgliedsländern der UNO zusammengesetzten Truppe.*

ụn|paar ⟨Adj.⟩ (Biol.): *nicht* ^{2}*paar.*

Ụn|paar|hu|fer, der; -s, - (Zool.): *Huftier, bei dem die mittlere Zehe stark ausgebildet ist [u. die übrigen fehlen].*

ụn|paa|rig ⟨Adj.⟩ (bes. Biol., Anat.): *nicht paarig.*

Ụn|paa|rig|keit, die; - (bes. Biol., Anat.): *das Unpaarigsein.*

Ụn|paar|ze|her, der; -s, - (Zool.): *Unpaarhufer.*

ụn|pä|da|go|gisch ⟨Adj.⟩: *nicht pädagogisch:* ein -es Vorgehen; u. handeln.

ụn|par|tei|isch ⟨Adj.⟩: *nicht parteiisch:* ein -er Dritter; u. urteilen; ⟨subst.:⟩ ein Unparteiischer soll entscheiden.

Ụn|par|tei|i|sche, der u. die; -n, -n ⟨Dekl. ↑Abgeordnete⟩ (Sport Jargon): *Schiedsrichter[in].*

ụn|par|tei|lich ⟨Adj.⟩: 1. *nicht parteilich.* 2. *unparteiisch.*

Ụn|par|tei|lich|keit, die; -: *das Unparteilichsein.*

ụn|pass ⟨Adj.⟩ [zu ↑passen]: 1. * **jmdm. u. kommen** (landsch.; *jmdm. ungelegen kommen*). 2. (veraltend) *unpässlich.*

ụn|pas|send ⟨Adj.⟩: **a)** *nicht passend, ungelegen, ungünstig:* sie kam in einem sehr -en Augenblick; **b)** *(in Anstoß od. Missfallen erregender Weise) unangebracht, unangemessen; unschicklich, deplatziert:* eine -e Bemerkung.

ụn|pas|sier|bar [auch: - -'- -] ⟨Adj.⟩: *nicht passierbar:* die Brücke war u.

ụn|päss|lich ⟨Adj.⟩ [zu ↑passen]: *(vorübergehend) nicht ganz gesund, leicht erkrankt, unwohl:* u. sein; sich u. fühlen.

Ụn|päss|lich|keit, die; -, -en: *Zustand des Unpässlichseins.*

ụn|pa|the|tisch ⟨Adj.⟩: *nicht pathetisch; ohne Pathos:* eine -e Rede.

Ụn|per|son, die; -, -en [LÜ von engl. unperson, geprägt von Orwell] (Jargon): *Persönlichkeit des öffentlichen Lebens, die von Parteien, von den Massenmedien o. Ä. bewusst ignoriert wird:* jmdn. zur U. erklären.

ụn|per|sön|lich ⟨Adj.⟩: 1. **a)** *keine individuellen, persönlichen Züge, kein individuelles, persönliches Gepräge aufweisend:* in einem -en Stil schreiben; dieses Geschenk finde ich zu u.; **b)** *(im zwischenmenschlichen Bereich) alles Persönliche, Menschliche vermeidend, unterdrückend; nichts Persönliches, Menschliches aufkommen lassend:* das Gespräch verlief sehr u. 2. **a)** (bes. Philos., Rel.) *nicht persönlich* (1 b): ein -er Gott; **b)** (Sprachw.) *kein persönliches Subjekt enthaltend, bei sich habend:* u. gebrauchte Verben.

Ụn|per|sön|lich|keit, die; -: *das Unpersönlichsein.*

ụn|pfänd|bar [auch: -'- -] ⟨Adj.⟩ (Rechtsspr.): *nicht pfändbar:* -e Gegenstände.

ụn|pla|ciert [...siːɐ̯t, auch: ...tsiːɐ̯t]: ↑unplatziert.

ụn|plat|ziert, unplaciert ⟨Adj.⟩: *ungenau, schlecht gezielt:* ein -er Schuss; u. werfen.

un|plugged ['ʌnplʌgd] ⟨indekl. Adj.⟩ [zu engl. to unplug = den Stecker herausziehen, den Stöpsel aus etw. ziehen, aus: un- = un- u. plug = Stecker, Stöpsel] (Jargon): *(in der Popmusik) ohne [die sonst übliche] elektronische Verstärkung:* u. spielen.

un po|co [ital.] (Musik): *ein wenig, etwas.*

ụn|po|li|tisch ⟨Adj.⟩: *nicht politisch; apolitisch; ohne politisches Engagement:* ein -er Mensch.

ụn|po|pu|lär ⟨Adj.⟩: **a)** *nicht populär, von einer Mehrheit ungern gesehen; keinen Beifall, keine Zustimmung findend:* -e Maßnahmen; **b)** *nicht sehr beliebt, bekannt, volkstümlich:* ein -er Politiker.

ụn|prak|tisch ⟨Adj.⟩: 1. *nicht praktisch* (2): ein -es Gerät. 2. *nicht praktisch* (3): er ist u.

ụn|prä|ten|ti|ös ⟨Adj.⟩ (bildungsspr.): *bescheiden; nicht prätentiös:* ein Künstler.

ụn|prä|zis (österr. nur so), **ụn|prä|zi|se** (bildungsspr.): *nicht präzise [genug]:* unpräzise Angaben.

ụn|pro|ble|ma|tisch ⟨Adj.⟩: *nicht problematisch, keinerlei Schwierigkeiten bereitend:* unsere Beziehung ist völlig u.; diese Entscheidung ist nicht ganz u. *(hat Mängel).*

ụn|pro|duk|tiv ⟨Adj.⟩: **a)** (Wirtsch.) *keine, nur wenige Produkte, Güter hervorbringend; keine, nur geringe Werte schaffend:* eine -e Tätigkeit; **b)** *nichts erbringend; unergiebig:* ein -es Gespräch.

ụn|pro|por|ti|o|niert ⟨Adj.⟩: *schlecht proportioniert:* eine -e Figur.

Ụn|pro|por|ti|o|niert|heit, die; -: *das Unproportioniertsein.*

ụn|pünkt|lich ⟨Adj.⟩: **a)** *dazu neigend, nicht pünktlich* (1) *zu sein:* ein -er Mensch; **b)** *verspätet:* -e Zahlung; der Zug kam u.

Ụn|pünkt|lich|keit, die; -: *das Unpünktlichsein.*

ụn|qua|li|fi|ziert ⟨Adj.⟩: 1. **a)** *keine [besondere] Qualifikation* (2 a) *besitzend:* ein -er Hilfsarbeiter; **b)** *nicht qualifiziert* (2 a): -e Arbeit. 2. (abwertend) *von einem Mangel an Sachkenntnis, an Urteilsvermögen u. [geistigem] Niveau zeugend:* -e Bemerkungen.

ụn|ra|siert ⟨Adj.⟩: *nicht frisch rasiert:* sein -es Kinn; u. sein.

Ụn|rast, die; - [mhd. unraste] (geh.): *innere Unruhe, inneres Getriebenwerden; Rastlosigkeit, Ruhelosigkeit:* er war voller [innerer] U.

Ụn|rat, der; -[e]s [mhd. unrāt = schlechter Rat, Schaden; nichtige Dinge; Unkraut, ahd. unrāt = schlechter Rat, urspr. = Mangel an (lebens)notwendigen Dingen, Hilflosigkeit; Nachteil, Schaden; Unheil, dann = Wertloses; vgl. Rat] (geh.): *etw., was aus Abfällen, Weggeworfenem besteht:* stinkender, faulender U.; * **U. wittern** *(Schlimmes ahnen, befürchten).*

ụn|ra|ti|o|nell ⟨Adj.⟩: *nicht rationell:* eine -e Produktionsweise.

ụn|re|a|lis|tisch ⟨Adj.⟩: *nicht realistisch* (1): eine -e Einschätzung der Lage.

ụn|recht ⟨Adj.⟩ [mhd., ahd. unreht]: 1. (geh.) *nicht recht* (1 c); *nicht richtig; falsch; verwerflich:* eine -e Tat; es ist u., so etwas zu tun; * **u. daran tun** *(in Bezug auf etw. Bestimmtes unrecht handeln, sich falsch verhalten):* du tust u. daran, alles infrage zu stellen; **jmdm. u. tun** *(jmdn. ungerecht beurteilen, eine nicht gerechtfertigte schlechte Meinung von jmdm. haben, äußern):* mit diesem Vorwurf tust du ihm u. 2. **a)** *unpassend, nicht recht* (1 a): das ist der -e Ort für diese Angelegenheit; **b)** *falsch, verkehrt:* auf dem -en Weg sein; * **an den Unrechten/die Unrechte geraten** (ugs.; ↑falsch 2 a).

Ụn|recht, das; -[e]s [mhd., ahd. unreht]: 1. **a)** *dem Recht, der Gerechtigkeit entgegengesetztes, das Recht, die Gerechtigkeit verneinendes Prinzip:* da ist er aber im U. *(hat er Unrecht);* * **jmdn., sich ins U. setzen** *(bewirken, dass jmd., man selbst im Unrecht ist);* **zu U.** *(fälschlich, irrtümlich; ohne Berechtigung):* jmdn. zu U. verdächtigen; **b)** *als unrecht* (1) *empfundene Verhaltensweise, Handlung, Tat:* ihm ist [ein] U., [viel, großes, schweres] U. widerfahren, geschehen; U. erleiden; jmdm. ein U. antun, zufügen; **c)** *als Störung der rechtlichen od. sittlichen Ordnung empfundener Zustand, Sachverhalt.* 2. ⟨in best. Wendungen:⟩ **U. bekommen** *(nicht Recht bekommen);* **jmdm. U. geben** *(jmds. Auffassung als falsch bezeichnen);* **U. haben** *(nicht Recht haben).*

ụn|recht|mä|ßig ⟨Adj.⟩: *nicht rechtmäßig:* sich etw. u., auf -e Weise aneignen.

ụn|recht|mä|ßi|ger|wei|se ⟨Adv.⟩: *in nicht rechtmäßiger, nicht gesetzlicher Weise:* sich etw. u. aneignen.

Ụn|recht|mä|ßig|keit, die; -, -en: 1. ⟨o. Pl.⟩ *das Unrechtmäßigsein.* 2. *unrechtmäßige Handlung.*

Ụn|rechts|be|wusst|sein, das ⟨o. Pl.⟩: *Bewusstsein davon, dass mit einer bestimmten Handlung etw. Unrechtes, Rechtswidriges getan wird.*

Ụn|rechts|staat, der [abwertende Gegenbildung zu ↑Rechtsstaat]: *Staat, in dem sich die Machthaber willkürlich über das Recht hinwegsetzen, in dem die Bürger staatlichen Übergriffen schutzlos preisgegeben sind.*

ụn|red|lich ⟨Adj.⟩ (geh.): *nicht redlich, nicht ehrlich.*

Ụn|red|lich|keit, die; -, -en: 1. ⟨o. Pl.⟩ *das Unredlichsein.* 2. *unredliche Handlung.*

ụn|re|ell ⟨Adj.⟩: *nicht reell, nicht ehrlich.*

ụn|re|flek|tiert ⟨Adj.⟩ (bildungsspr.): *nicht reflektiert:* -e Glaube an den Fortschritt.

ụn|re|gel|mä|ßig ⟨Adj.⟩: **a)** *nicht regelmäßig* (a); *nicht ebenmäßig [geformt]:* -e Zähne; ein -es Vieleck (Math.; *ein Vieleck, dessen Winkel u. Seitenlängen nicht alle gleich sind*); u. aufgetragener Lack; **b)** *nicht regelmäßig* (b); *in ungleichen Abständen angeordnet, erfolgend:* ein -er Pulsschlag; -e/u. flektierte *(von dem sonst anwendbaren Schema abweichend flektierte)* Verben.

Ụn|re|gel|mä|ßig|keit, die; -, -en: 1. ⟨o. Pl.⟩ *das Unregelmäßigsein.* 2. **a)** *Abweichung von der Regel, vom Normalen;* **b)** ⟨oft Pl.⟩ *Verstoß, Übertretung, bes. [kleinerer] Betrug, Unterschlagung o. Ä.*

ụn|re|gier|bar [auch: - -'- -] ⟨Adj.⟩: *nicht regierbar:* ein -es Land.

ụn|reif ⟨Adj.⟩: 1. *nicht reif* (1): -es Obst. 2. **a)** *nicht reif* (2 a), *einen Mangel an Reife* (2 a) *aufweisend, erkennen lassend:* er ist, wirkt noch sehr u.; **b)** *nicht reif* (2 b), *unausgereift:* -e Ideen.

Ụn|rei|fe, die; -: *das Unreifsein.*

ụn|rein ⟨Adj.⟩: 1. *nicht rein, nicht frei von Verunreinigungen, von andersartigen Bestandteilen, Komponenten:* -er Alkohol; der Chor sang u. *(technisch u. musikalisch nicht einwandfrei).* 2. *nicht rein, nicht makellos sauber; verunreinigt:* ein -er Kragen; -e *(Pickel, Mitesser o. Ä. aufweisende)* Haut; * **etw. ins Unreine schreiben** *(etw. in vorläufiger, noch nicht ausgearbeiteter Form niederschreiben);* **ins Unreine sprechen, reden** (ugs. scherzh.; *einen noch nicht ganz durchdachten Gedankengang vortragen).* 3. (Rel.) *zu einer Kategorie von Dingen, Erscheinungen, Lebewesen gehörend, die der Mensch aus religiösen, kultischen Gründen als etw. Sündiges zu meiden hat:* das Fleisch -er Tiere.

Ụn|rein|heit, die; -, -en: 1. ⟨o. Pl.⟩ *das Unreinsein.* 2. **a)** *Verunreinigung; etw., was die Unreinheit* (1) *von etw. ausmacht;* **b)** *etw., was die Haut unrein* (2) *macht:* ein Mittel gegen -en der Haut.

ụn|rein|lich ⟨Adj.⟩: *nicht reinlich* (1).

Ụn|rein|lich|keit, die; -: *das Unreinlichsein.*

ụn|ren|ta|bel ⟨Adj.⟩: *nicht rentabel:* ein unrentables Geschäft.

Ụn|ren|ta|bi|li|tät, die; -: *das Unrentabelsein.*

un|rett|bar [auch: '- - -] ⟨Adj.⟩: *nicht zu retten:* die Schiffbrüchigen waren u. verloren.

ụn|rich|tig ⟨Adj.⟩: 1. *unzutreffend:* -e Angaben. 2. *fehlerhaft, falsch, inkorrekt:* eine -e Schreibung. 3. (selten) *unrecht* (1).

Ụn|rich|tig|keit, die; -, -en: 1. ⟨o. Pl.⟩ *das Unrichtigsein.* 2. *etw. Unrichtiges, bes. unrichtige* (1) *Angabe, Behauptung.*

ụn|ro|man|tisch ⟨Adj.⟩: *nicht romantisch* (2 a); *nüchtern.*

Ụn|ruh, die; -, -en (Technik): *kleines Schwungrad in einer Uhr, das ihren gleichmäßigen Gang bewirkt.*

Ụn|ru|he, die; -, -n [mhd. unruowe]: 1. ⟨o. Pl.⟩ *Zustand gestörter, fehlender Ruhe* (1): in der Klasse herrscht dauernde U. 2. ⟨o. Pl.⟩ *ständige Bewegung:* seine Finger sind in ständiger U. 3. ⟨o. Pl.⟩ *unter einer größeren Anzahl von Men-*

schen herrschende, durch [zornige] Erregung, Empörung, Unmut, Unzufriedenheit gekennzeichnete Stimmung: die gesamte Belegschaft geriet in U. **4.** ‹o. Pl.› **a)** *das Nicht-zur-Ruhe-Kommen; inneres Getriebenwerden; Ruhelosigkeit, Unrast:* eine nervöse U. war in ihr; **b)** *ängstliche Spannung, Besorgnis, Angstgefühl:* ihre U. wuchs immer mehr, als die Kinder nicht kamen. **5.** ‹Pl.› *meist politisch motivierte, die öffentliche Ruhe, den inneren Frieden störende gewalttätige, in der Öffentlichkeit ausgetragene Auseinandersetzungen; Krawalle, Tumulte:* politische, religiöse -n; es kam zu schweren -n.

Un|ru|he|herd, der: *Gebiet, Bereich o. Ä., von dem [immer wieder] Unruhen (5) ausgehen.*

Un|ru|he|stif|ter, Unruhstifter, der (abwertend): *jmd., der die öffentliche Ruhe, der den Frieden stört, der Unruhe (3) stiftet.*

Un|ru|he|stif|te|rin, die: w. Form zu ↑Unruhestifter.

un|ru|hig ‹Adj.›: **1. a)** *in einem Zustand ständiger, unsteter [die Ruhe störender] Bewegung befindlich:* die Kinder sind schrecklich u.; die See war sehr u.; eine u. flackernde Kerze; Ü das Tapetenmuster ist mir zu u.; **b)** *von die Ruhe störenden Geräuschen, von Lärm erfüllt, laut:* wir wohnen in einer -en Gegend; **c)** *nicht gleichförmig, gleichmäßig, sondern häufig unterbrochen, gestört:* ein -er Schlaf; der Motor läuft sehr u.; Ü er führt ein -es *(unstetes, bewegtes)* Leben. **2. a)** *von Unruhe (4a) erfüllt:* ein -er Geist; **b)** *von Unruhe (4b) erfüllt:* u. werden; sie blickte u. um sich.

un|rühm|lich ‹Adj.›: *ganz u. gar nicht rühmenswert, sondern eher kläglich, bedauernswert:* seine Karriere nahm ein -es Ende.

Un|ruh|stif|ter (seltener): ↑Unruhestifter.

Un|ruh|stif|te|rin, die: w. Form zu ↑Unruhstifter.

un|rund ‹Adj.› (bes. Technik): **a)** *nicht [mehr] exakt rund:* -e Bremstrommeln; **b)** (Jargon) *(in Bezug auf den Lauf eines Motors) ungleichmäßig, unruhig, stotternd:* u. laufen.

uns [mhd., ahd. uns] ‹Dat. u. Akk. Pl.›: **1.** ‹Personalpron.› ↑wir. **2.** ‹Reflexivpron.› wir haben u. ‹Akk.› geirrt; wir haben u. ‹Dat.› damit geschadet. **3.** *einander:* wir helfen u. [gegenseitig].

un|sach|ge|mäß ‹Adj.›: *nicht sachgemäß:* eine -e Behandlung.

un|sach|lich ‹Adj.›: *nicht sachlich* (1): ein -er Einwand.

Un|sach|lich|keit, die; -, -en: **1.** ‹o. Pl.› *das Unsachlichsein.* **2.** *unsachliche Äußerung.*

un|sag|bar [auch: ˈ- - -] ‹Adj.› [mhd. unsagebære, eigtl. = was sich nicht sagen lässt]: **a)** (emotional) *außerordentlich, äußerst groß, stark; unbeschreiblich, unaussprechlich:* -es Leid; die Freude war u.; **b)** ‹intensivierend bei Adj. u. Verben› *in höchstem Maße, sehr; unbeschreiblich:* u. traurig; sich u. freuen.

un|säg|lich [auch: ˈ- - -] ‹Adj.› [mhd. unsegelich, unsagelich, eigtl. = was sich nicht sagen lässt] (geh.): **1. a)** *unsagbar:* -e Schmerzen, Freuden; **b)** ‹intensivierend bei Adj. u. Verben› *unsagbar* (b): es war u. traurig; sich u. freuen. **2.** *sehr schlecht, übel, albern, töricht:* ein -er Witz.

un|sanft ‹Adj.›: *ganz u. gar nicht sanft; heftig:* jmdn. u. wecken.

un|sau|ber ‹Adj.› [mhd. unsūber, ahd. unsūbar]: **1. a)** *nicht [ganz] sauber (1a), [etwas] schmutzig:* -e Bettwäsche; **b)** *nicht reinlich (1a):* -es Küchenpersonal. **2. a)** *nicht sauber (2), gut u. sorgfältig; nachlässig, unordentlich:* eine -e Arbeit; der Riss ist u. verschweißt; **b)** *nicht exakt, nicht präzise:* eine -e Definition; das Instrument klingt u. **3.** *nicht sauber (3), anständig, einwandfrei; schmutzig (2c):* -e Geschäfte, Methoden; ein -er Charakter.

Un|sau|ber|keit, die; -, -en [mhd. unsūberheit, unsūberkeit, ahd. unsūbarheit]: **1.** ‹o. Pl.› *das Unsaubersein.* **2. a)** *unsaubere (1a, 2) Stelle;* **b)** *unsaubere (3) Handlungsweise.*

un|schäd|lich ‹Adj.›: *nicht schädlich; harmlos, ungefährlich [für den menschlichen Organismus]:* -e Stoffe, Insekten; Krankheitserreger u. machen; Ü er wollte die feindlichen Organisationen u. machen.

Un|schäd|lich|keit, die; -: *das Unschädlichsein.*

un|scharf ‹Adj.›: **a)** *nicht scharf (5), keine scharfen Konturen aufweisend, erkennen lassend:* das Foto, der Vordergrund ist u.; **b)** *nicht scharf* (4b): ein -es Fernglas; **c)** *ungenau, nicht präzise:* eine -e Formulierung.

Un|schär|fe, die: **1.** ‹o. Pl.› *das Unscharfsein.* **2.** *unscharfe Stelle* (z. B. auf einem Foto).

Un|schär|fe|be|reich, der (Optik, Fot.): *Bereich, der nur unscharf gesehen od. abgebildet wird.*

Un|schär|fe|re|la|ti|on, die (Physik): *Beziehung zwischen zwei physikalischen Größen, die sich darin auswirkt, dass sich gleichzeitig immer nur eine von beiden Größen genau bestimmen lässt.*

un|schätz|bar [auch: ˈ- - -] ‹Adj.› (emotional): **a)** *(in Bezug auf den Wert, die Bedeutsamkeit, Wichtigkeit einer Sache) außerordentlich groß:* deine Hilfe ist für uns von -em Wert; **b)** *einen unschätzbaren (a) Wert habend:* ein -es literarisches Zeugnis.

un|schein|bar ‹Adj.› [eigtl. = keinen Glanz habend]: *durch nichts Aufmerksamkeit auf sich ziehend u. daher nicht weiter auffallend, in Erscheinung tretend:* graue -e Häuser.

un|schick|lich ‹Adj.› (geh.): *nicht schicklich u. daher unangenehm auffallend:* ein -es Benehmen.

Un|schick|lich|keit, die; -, -en (geh.): **1.** ‹o. Pl.› *das Unschicklichsein.* **2.** *unschickliche Handlung, Äußerung.*

un|schlag|bar [auch: ˈ- - -] ‹Adj.›: **1.** *nicht schlagbar:* ein -er Gegner; u. sein. **2.** (ugs. emotional) *unübertrefflich, einmalig [gut]:* als Schauspieler ist er u.

Un|schlag|bar|keit [auch: ˈ- - - -], die; -: *das Unschlagbarsein.*

Un|schlitt, das; -[e]s, (Arten:) -e [mhd. unslit, ahd. unsliht, urspr. wohl = Eingeweide] (landsch. veraltend): *Talg.*

un|schlüs|sig ‹Adj.›: **1.** *sich über etw. nicht schlüssig seiend, [noch] keinen Entschluss gefasst habend, sich nicht entschließen könnend:* u. stehen bleiben; ich bin mir noch u. [darüber], was ich tun soll. **2.** (seltener) *nicht schlüssig* (1): die Argumentation ist in sich u.

Un|schlüs|sig|keit, die; -: *das Unschlüssigsein.*

un|schmelz|bar [auch: ˈ- - -] ‹Adj.›: *nicht schmelzbar.*

un|schön ‹Adj.›: **1.** *gar nicht schön (1a, b), hässlich (1):* eine -e Farbe, Form; u. klingen. **2. a)** *recht unfreundlich, hässlich (2a):* ein -es Verhalten; **b)** *recht unerfreulich, hässlich (2b):* ein -er Vorfall.

Un|schön|heit, die; -, -en: *etw. Unschönes.*

un|schöp|fe|risch ‹Adj.›: *nicht schöpferisch, nicht kreativ:* ein -er Mensch.

Un|schuld, die; - [mhd. unschulde, ahd. unsculd]: **1.** *das Unschuldigsein (1); das Freisein von Schuld an etw.:* seine U. beteuern; er wurde wegen erwiesener U. freigesprochen. **2. a)** *unschuldiges (2a) Wesen; das Unschuldigsein; Reinheit;* **b)** *(auf einem Mangel an Erfahrung beruhende) Ahnungslosigkeit, Arglosigkeit, Naivität:* etw. in aller U. sagen, tun; ***U. vom Lande** (scherzh., meist spöttisch; *unerfahrenes u. moralisch unverdorbenes, naives, nicht gewandt auftretendes junges Mädchen vom Land).* **3.** *Unberührtheit, Jungfräulichkeit:* die U. verlieren.

un|schul|dig ‹Adj.› [mhd. unschuldic, ahd. unsculdic]: **1.** *nicht schuldig (1), (an etw.) nicht schuld seiend:* er ist an dem Unfall nicht ganz u.; u. im Gefängnis sitzen; u. (Rechtsspr. früher; *als nicht schuldiger Teil)* geschieden sein. **2. a)** *sittlich rein, gut, keiner bösen Tat, keines bösen Gedankens fähig; unverdorben:* u. wie ein neugeborenes Kind; **b)** *ein unschuldiges (2a) Wesen erkennen lassend:* ein -es Gesicht; jmdn. u. ansehen. **3.** *nichts Schlechtes, Böses, Verwerfliches darstellend; harmlos:* ein -es Vergnügen; er hat doch nur ganz u. *(ohne böse, feindliche Absicht, ohne Hintergedanken)* gefragt. **4.** *unberührt, jungfräulich* (1).

Un|schul|di|ge, der u. die; -n, -n ‹Dekl. ↑Abgeordnete›: *jmd., der unschuldig ist.*

Un|schulds|be|teu|e|rung, die: *Beteuerung der eigenen Unschuld* (1).

Un|schulds|en|gel, der (meist iron.), **Un|schulds|lamm,** das (meist iron.): *jmd., den keine Schuld trifft, der zu nichts Bösem fähig ist.*

Un|schulds|mie|ne, die (emotional): *unschuldsvolle Miene:* eine U. aufsetzen.

Un|schulds|ver|mu|tung, die (Rechtsspr.): *Rechtsgrundsatz, wonach ein Angeklagter bis zum rechtskräftigen Beweis seiner Schuld als unschuldig zu gelten hat.*

un|schulds|voll ‹Adj.›: *unschuldig* (2b): jmdn. u. ansehen.

un|schwer ‹Adv.›: *keiner großen Mühe bedürfend; ohne dass große Anstrengungen unternommen werden müssen; leicht:* das lässt sich u. feststellen.

un|selb|stän|dig usw.: ↑unselbstständig usw.

un|selbst|stän|dig, (auch:) unselbständig ‹Adj.›: **a)** *zu sehr auf fremde Hilfe angewiesen, nicht selbstständig* (a): die beiden Kinder sind noch viel zu u.; **b)** *von anderen abhängig, nicht selbstständig* (b): wirtschaftlich noch -e Länder; Einkommen aus -er *(als Arbeitnehmer geleisteter)* Arbeit.

Un|selbst|stän|dig|keit, (auch:) Unselbständigkeit, die; -: *das Unselbstständigsein.*

un|se|lig ‹Adj.› (geh., emotional): **1. a)** *schlimm (2), übel, in höchstem Maße beklagenswert:* ein -es Erbe; **b)** *schlimme (2) Auswirkungen habend, Unheil bringend, verhängnisvoll; unglückselig:* ein -er Gedanke. **2.** (selten) *unglücklich, vom Schicksal hart getroffen.*

un|se|li|ger|wei|se ‹Adv.› (geh.): *unglücklicherweise, bedauerlicherweise, zu allem Unglück.*

Un|se|lig|keit, die; - (geh.): *das Unseligsein.*

un|sen|si|bel (bildungsspr.): *nicht, zu wenig sensibel* (1): ein unsensibler Kritiker; etwas sehr u. handhaben.

Un|sen|si|bi|li|tät, die; - (bildungsspr.): *das Unsensibelsein.*

un|sen|ti|men|tal ‹Adj.› (bildungsspr.): *nicht sentimental:* etw. u. betrachten.

¹un|ser ‹Possessivpron.› [mhd. unser, ahd. unsēr]: bezeichnet die Zugehörigkeit od. Herkunft eines Wesens od. Dinges, einer Handlung od. Eigenschaft zu Personen, von denen in der 1. Pers. Pl. gesprochen wird: **1. a)** ‹vor einem Subst.›: u. Sohn, Haus; -e/unsre Heimat; -e/unsre Angehörigen; u. von mir selbst abgeschickter Brief; als Ausdruck einer Gewohnheit, einer gewohnheitsmäßigen Zugehörigkeit, Regel o. Ä.: wir saßen gerade bei -[e]m/unsrem Dämmerschoppen; als Pluralis Majestatis od. Modestiae in der Funktion von ¹*mein* (1a): Wir, Friedrich, und Unser Kanzler; wir kommen damit zum Hauptteil -er/unsrer Abhandlung; (fam.) in vertraulicher Anrede, bes. gegenüber Kindern u. Patienten (veraltend), in der Funktion von *dein* bzw. *Ihr:* nun wollen wir mal sehen, wie es -[e]m/unsrem Bäuchlein heute geht; **b)** ‹o. Subst.› vgl. ¹mein (1c): das ist nicht euer Verdienst, sondern -es/unsres; als Pluralis Majestatis od. Modestiae in der Funktion von ¹*mein* (1c): Herr Kollege, dies ist nicht Ihre Vorlesung, sondern -e/unsre. **2.** ‹subst.› (geh.) **a)** vgl. ¹mein (2); **b)** als Pluralis Majestatis od. Modestiae in der Funktion von ¹*mein* (2).

²un|ser ‹Gen. des Personalpronomens »wir«›: ↑wir.

un|ser|ei|ne ‹Indefinitpron.› (ugs.): w. Form zu ↑unsereiner.

un|ser|ei|ner ‹Indefinitpron.› [urspr. unser einer = einer von uns] (ugs.): **a)** *jmd. wie ich, wie wir:* u. kann sich so etwas nicht leisten; mit unsereinem können sie's ja machen!; **b)** (seltener) Bezeichnung für die eigene Person des Sprechers.

un|ser|eins ‹indekl. Indefinitpron.› [urspr. unser eins = einer von uns] (ugs.): *unsereiner.*

U

un|se|rer|seits, unsrerseits, (seltener:) unserseits ⟨Adv.⟩: *von uns aus, von unserer Seite aus:* daraufhin haben wir u. Anzeige erstattet.

un|se|res|glei|chen, unsresgleichen, (seltener:) unsersgleichen ⟨indekl. Indefinitpron.⟩: vgl. meinesgleichen: hier sind wir unter u.

un|se|res|teils, unsresteils ⟨Adv.⟩ (selten): *[wir] für unser Teil, was uns betrifft.*

un|se|ret|hal|ben: ↑unserthalben.

un|se|ret|we|gen: ↑unsertwegen.

un|se|ret|wil|len: ↑unsertwillen.

un|se|ri|ös ⟨Adj.⟩ (abwertend): *nicht seriös.*

un|ser|seits: ↑unsererseits.

un|sers|glei|chen: ↑unseresgleichen.

un|sert|hal|ben, unserethalben ⟨Adv.⟩ [gek. aus: von unserthalben] (veraltend): *unsertwegen.*

un|sert|we|gen, unseretwegen ⟨Adv.⟩ [mhd. von unsern wegen]: **1.** *aus Gründen, die uns betreffen:* du brauchst doch u. nicht extra zu warten. **2.** *von uns aus:* u. kannst du das gern tun.

un|sert|wil|len, unseretwillen ⟨Adv.⟩ [älter: umb unsern willen]: nur in der Fügung **um u.** *(mit Rücksicht auf uns, uns zuliebe).*

Un|ser|va|ter, das; -s, - (schweiz., sonst landsch.): *Vaterunser.*

un|si|cher ⟨Adj.⟩: **1. a)** *gefahrvoll, gefährlich, keine Sicherheit bietend:* eine -e Gegend; Einbrecher machen seit Wochen die Gegend u.; * **(einen Ort) u. machen** (ugs. scherzh.; *sich zeitweilig an einem bestimmten Ort aufhalten [um sich dort zu vergnügen o. Ä.]:* Paris u. machen; **b)** *gefährdet, bedroht:* die Arbeitsplätze werden immer -er. **2. a)** *das Risiko eines Misserfolges in sich bergend, keine [ausreichenden] Garantien bietend; nicht verlässlich; zweifelhaft:* eine zu -e Methode; ich weiß es nur aus relativ -er Quelle; **b)** *unzuverlässig:* ein -er Schuldner. **3. a)** *einer bestimmten Situation nicht gewachsen, eine bestimmte Fähigkeit nicht vollkommen, nicht souverän beherrschend:* mit -en Schritten; er ist in seinem Urteil sehr u.; **b)** *nicht selbstsicher:* ein schüchterner und -er Mensch; er wurde zusehends -er; **c)** *(etw. Bestimmtes) nicht genau wissend:* jetzt hast du mich u. gemacht. **4.** *nicht feststehend; ungewiss:* ein Unternehmen mit -em Ausgang; ich bin mir noch u. *(bin noch unentschieden).*

Un|si|cher|heit, die; -, -en: **1.** ⟨o. Pl.⟩ *das Unsichersein.* **2.** *Unwägbarkeit, Unsicherheitsfaktor.*

Un|si|cher|heits|fak|tor, der: *unsicherer* (4) *Faktor* (1).

un|sicht|bar ⟨Adj.⟩: *nicht sichtbar* (a): für das menschliche Auge -e Organismen; statt zu helfen, machte er sich u. (ugs. scherzh.; *verschwand er, zog er sich zurück*).

Un|sicht|bar|keit, die; -: *das Unsichtbarsein.*

un|sich|tig ⟨Adj.⟩ [mhd. unsihtec]: (seltener) *das Sehen stark beeinträchtigend:* -es Wetter; die Luft wird u.

un|sil|bisch ⟨Adj.⟩ (Sprachw.): *nicht silbisch:* ein -er Laut.

un|sink|bar [auch: -'- -] ⟨Adj.⟩: *nicht sinken könnend:* ein -es Kunststoffboot.

Un|sink|bar|keit, die; -: *das Unsinkbarsein.*

Un|sinn, der; -[e]s [mhd. unsin = Unverstand, Torheit, Raserei, rückgeb. aus: unsinnec, ↑unsinnig]: **1.** *Fehlen von Sinn; Unsinnigkeit.* **2.** *etw. Unsinniges, Sinnloses, Törichtes; unsinniger Gedanke, unsinnige Handlung:* das ist doch alles U.; rede doch keinen U.!; da habe ich einen ziemlichen U. gemacht *(etw. angestellt, ganz falsch gemacht).* **3.** *Unfug* (1): lass doch den U.!; U. machen, treiben; er hat nichts als U. im Kopf.

un|sin|nig ⟨Adj.⟩ [mhd. unsinnec, ahd. unsinnig = verrückt, töricht, rasend]: **1.** *keinen Sinn habend, ergebend; sinnlos, töricht, unvernünftig, absurd:* -es Gerede; ein -es Vorhaben, Projekt; es ist völlig u., so etw. zu tun. **2.** (ugs.) **a)** *übermäßig groß, stark, intensiv:* sie hatte -e Angst; **b)** ⟨intensivierend bei Adj. u. Verben⟩ *in übertriebenem, übersteigertem Maße:* u. hohe Mieten; sich u. freuen. **3.** (veraltend) *nicht recht bei Verstand, von Sinnen:* sich wie u. gebärden.

un|sin|ni|ger|wei|se ⟨Adv.⟩: *obgleich es unsinnig, überflüssig, unnötig ist.*

Un|sin|nig|keit, die; -, -en: **1.** ⟨o. Pl.⟩: *das Unsinnigsein.* **2.** *etw. Unsinniges; unsinnige Äußerung, Handlung.*

un|sinn|lich ⟨Adj.⟩: *nicht sinnlich.*

Un|sit|te, die; -, -n [mhd. unsite] (abwertend): *schlechter Brauch; schlechte Gewohnheit, Angewohnheit:* eine gefährliche U. [von ihm].

un|sitt|lich ⟨Adj.⟩ [1: mhd., ahd. unsittlich]: **1. a)** *nicht sittlich* (2), *gegen die Moral verstoßend, unmoralisch:* -e Handlungen; sich u. aufführen; **b)** *sexuell belästigend:* sich jmdm. u. nähern. **2.** (Rechtsspr.) *sittenwidrig.*

Un|sitt|lich|keit, die; -, -en: **1.** ⟨o. Pl.⟩ *das Unsittlichsein.* **2.** *unsittliche Handlung.*

un|sol|da|tisch ⟨Adj.⟩: *einem Soldaten nicht gemäß:* eine -e Haltung.

un|so|lid: ↑unsolide.

un|so|li|da|risch ⟨Adj.⟩ (abwertend): *nicht solidarisch* (1): u. handeln.

un|so|li|de, unsolid ⟨Adj.⟩: **1.** *nicht, zu wenig solide* (1): die Möbel sind mir zu u. [gearbeitet]. **2.** *nicht, zu wenig solide* (3): ein unsolider Mensch; u. leben.

un|sorg|fäl|tig ⟨Adj.⟩: *ohne Sorgfalt:* eine -e Arbeit.

un|so|zi|al ⟨Adj.⟩: *gegen die Interessen sozial Schwächerer gerichtet:* -e Mieten.

un|spek|ta|ku|lär ⟨Adj.⟩: *nicht spektakulär; ganz unauffällig; ohne großen Aufwand:* eine -e Inszenierung.

un|spe|zi|fisch ⟨Adj.⟩ (bildungsspr.): *nicht spezifisch* (a): ein -er Geruch.

un|spiel|bar [auch: '- - -] ⟨Adj.⟩: **1.** *wegen technischer u. ä. Schwierigkeiten nicht spielbar:* diese Musik wurde früher für u. erklärt. **2.** (Sport) *nicht gespielt werden könnend:* der Puck war eingeklemmt und daher u.

Un|spiel|bar|keit [auch: '- - - -], die; -: *das Unspielbarsein.*

un|sport|lich ⟨Adj.⟩: **1.** *nicht sportlich* (2 a): ein -er Typ. **2.** *nicht sportlich* (1 b), *nicht fair:* ein -es Verhalten.

Un|sport|lich|keit, die; -, -en: **1.** ⟨o. Pl.⟩ *das Unsportlichsein.* **2.** *unsportliche* (2) *Handlung.*

uns|re: ↑[1]unser.

uns|rer|seits: ↑unsererseits.

uns|res|glei|chen: ↑unseresgleichen.

uns|res|teils: ↑unseresteils.

uns|ri|ge, der, die, das; -n, -n ⟨Possessivpron.; immer mit Art.⟩ (geh. veraltend): vgl. [1]mein (2).

un|sta|bil ⟨Adj.⟩: *instabil.*

Un|sta|bi|li|tät, die; -, -en: *Instabilität.*

Un|stä|te, die; - [mhd. unstæte, ahd. unstātī, zu ↑unstet] (veraltet): *unstetes Wesen.*

un|statt|haft ⟨Adj.⟩ (geh.): *nicht statthaft.*

un|sterb|lich [auch: '- - -] ⟨Adj.⟩ [mhd. unsterbelich]: **1.** *nicht sterblich* (1): die Götter sind u. **2.** *unvergesslich, unvergänglich:* -e Werke der Literatur; damit hat sie sich u. gemacht. **3.** ⟨intensivierend bei Adj. u. Verben⟩ (ugs.) *über die Maßen, außerordentlich:* sich u. blamieren.

Un|sterb|li|che [auch: '- - - -], der u. die; -n, -n ⟨Dekl. ↑Abgeordnete⟩: *unsterbliches, göttliches Wesen; Gott, Göttin.*

Un|sterb|lich|keit [auch: '- - - -], die; - [mhd. unsterbelīcheit]: **a)** *das Unsterblichsein* (1); **b)** (Rel.) *das Fortleben nach dem Tode:* in die U. eingehen.

Un|sterb|lich|keits|glau|be, der, (seltener:) **Unsterb|lich|keits|glau|ben,** der (Rel.): *Glaube an die Unsterblichkeit der Seele.*

Un|stern, der; -[e]s [für älter Unglücksstern, wohl nach frz. désastre, ↑Desaster] (geh.): *ungünstiges, böses Geschick:* ein U. scheint über diesem Haus zu walten; * **unter einem U. stehen** (geh.; *ungünstig verlaufen, nicht glücken*).

un|stet ⟨Adj.⟩ [mhd. unstæte, ahd. unstāti] (geh.): **a)** *ruhelos, rastlos, nicht zur Ruhe kommend:* ein -er Mensch; ein -er *(innere Unruhe ausdrückender)* Blick; u. umherirren; **b)** *durch häufige Veränderungen geprägt; unbeständig:* er hat ein -es Wesen.

Un|stet|heit, die; - (geh.): *das Unstetsein.*

un|ste|tig ⟨Adj.⟩: **1.** (veraltet) *unstet.* **2.** (Fachspr.) *nicht stetig:* eine -e Funktion, Kurve.

un|still|bar [auch: '- - -] ⟨Adj.⟩: *nicht gestillt* (2, 3) *werden könnend:* ein -es Verlangen.

un|stim|mig ⟨Adj.⟩: *nicht stimmig:* eine [in sich] -e Argumentation.

Un|stim|mig|keit, die; -, -en: **1.** ⟨o. Pl.⟩ *das Unstimmigsein.* **2.** ⟨meist Pl.⟩ *etw., wodurch etw. unstimmig wird; unstimmige Stelle:* in der Abrechnung gab es einige -en. **3.** ⟨meist Pl.⟩ *Meinungsverschiedenheit, Differenz, Dissonanz.*

un|stoff|lich ⟨Adj.⟩: *immateriell.*

un|sträf|lich [auch: -'- -] ⟨Adj.⟩ (veraltend): *untadelig.*

un|strei|tig [auch: -'- -] ⟨Adj.⟩: *unbestreitbar, feststehend:* -e Tatsachen; u. feststehen.

un|strit|tig [auch: -'- -] ⟨Adj.⟩ (selten): **1.** *nicht strittig:* es gibt einige -e Punkte. **2.** *unstreitig.*

Un|strut, die; -: linker Nebenfluss der Saale.

Un|sum|me, die; -, -n (emotional verstärkend): *übergroße, sehr hohe Geldsumme.*

un|sym|me|trisch ⟨Adj.⟩: *nicht symmetrisch; asymmetrisch.*

Un|sym|path, der; -en, -en [rückgeb. aus ↑unsympathisch in Anlehnung an ↑Psychopath u. Ä.] (ugs., oft scherzh.): *unsympathischer Mensch.*

un|sym|pa|thisch ⟨Adj.⟩: **1.** (meist abwertend) *unangenehm wirkend, Antipathie erweckend:* er ist [mir] u., sieht u. aus. **2.** *nicht gefallend; missfallend:* dieser Gedanke ist mir höchst u.

un|sys|te|ma|tisch ⟨Adj.⟩: *nicht systematisch; ohne System.*

un|ta|del|haft [auch: -'- - -] ⟨Adj.⟩ (selten): *untadelig.*

un|ta|de|lig [auch: -'- - -], untadlig ⟨Adj.⟩: *zu keinerlei Tadel Anlass bietend, [moralisch] einwandfrei, makellos:* ein -es Verhalten; u. gekleidet sein.

Un|ta|de|lig|keit [auch: -'- - - -], Untadligkeit, die; -: *das Untadeligsein.*

un|tad|lig [auch: -'- -]: ↑untadelig.

Un|tad|lig|keit [auch: -'- - -]: ↑Untadeligkeit.

un|ta|len|tiert ⟨Adj.⟩ (oft abwertend): *nicht talentiert.*

Un|tat, die; -, -en [mhd., ahd. untāt] (emotional): *böse, grausame, verbrecherische, verwerfliche Tat.*

un|tä|tig ⟨Adj.⟩: *nichts tuend; müßig:* er blieb nicht u. *(unternahm etwas).*

Un|tä|tig|keit, die; -: *das Untätigsein.*

Un|tä|tig|keits|kla|ge, die (Rechtsspr.): *Klage, die gegen eine Behörde erhoben werden kann, wenn diese über einen Antrag o. Ä. nicht innerhalb einer angemessenen Frist entscheidet.*

un|taug|lich ⟨Adj.⟩: **a)** *nicht tauglich; ungeeignet:* ein Versuch am -en Objekt; **b)** *wehrdienstuntauglich:* jmdn. u. schreiben.

Un|taug|lich|keit, die; -: *das Untauglichsein.*

un|teil|bar [auch: '- - -] ⟨Adj.⟩: **a)** *nicht teilbar:* ein -es Ganzes; das Erbe ist u. *(darf nicht geteilt werden);* **b)** (Math.) *(von Zahlen) nur durch sich selbst u. durch eins teilbar.*

Un|teil|bar|keit [auch: '- - - -], die; -: *das Unteilbarsein.*

un|teil|haft (selten), **un|teil|haf|tig** ⟨Adj.⟩: in den Verbindungen **einer Sache ⟨Gen.⟩ u. sein, bleiben, werden** (geh.; *von etw. ausgeschlossen sein, bleiben, werden*).

un|ten ⟨Adv.⟩ [mhd. unden(e), undenen, ahd. undenan, zu ↑unter]: **1. a)** *an einer (absolut od. vom Sprecher aus gesehen) tiefen bzw. tieferen Stelle:* sie steht u. auf der Treppe; die Wäsche liegt u. im Schrank; die Bücher befinden sich rechts u./u. rechts, weiter u. im Regal; nach u. gehen; der Pfeil zeigt nach u. *(ist abwärts gerichtet);* sie winkten von u. *(von der Straße)* herauf; **b)** *am unteren Ende, an der Unterseite von etw.:* etw. u. isolieren; **c)** *auf dem Boden, dem Grund von etw.:* die Sachen liegen ganz u. im Koffer; sie hat alles von u. nach oben gekehrt; **d)** *einer Unterlage o. Ä. zugekehrt:* die matte Seite des Stoffes ist u.; **e)** *am unteren Rand einer beschriebenen od. bedruckten Seite:* das Wort steht u. auf der zweiten Seite/auf der zweiten Seite u. **2.** *(in horizontaler Richtung) am unteren* (4), *hinteren Ende von etw.:* er sitzt [ganz] u. an der Tafel. **3.** *(in einem geschriebenen od. gedruckten Text) weiter hinten, später folgend:* wie u. angeführt; an u. angegebener Stelle; siehe u. (Abk.: s. u.); der u. erwähnte, u. genannte, [weiter] u. stehende Sachverhalt; bitte vergleichen Sie auch u. Genanntes, u. Stehendes, u. Erwähntes. **4.** (ugs.) *im Süden* (orientiert an der aufgehängten Landkarte): er lebt u. in Bayern, da u. **5.** *am unteren Ende einer gesellschaftlichen o. ä. Hierarchie od. Rangordnung:* er hat sich von u. hochgearbeitet.

ụn|ten|an ⟨Adv.⟩ (selten): *am unteren, hinteren Ende von etw.:* u. stehen, sitzen.

ụn|ten|drun|ter ⟨Adv.⟩ (ugs.): *unter etw. anderem:* u. liegen; etw. u. *(unter der Oberbekleidung)* anziehen.

ụn|ten|durch ⟨Adv.⟩: vgl. obendurch.

Ụn|ten|er|wähn|te, das; -n ⟨Dekl. ↑ [2]Junge, das⟩: *das [weiter] unten* (3) *Erwähnte.*

ụn|ten er|wähnt, ụn|ten ge|nannt: s. unten (3).

Ụn|ten|ge|nann|te, das; -n ⟨Dekl. ↑ [2]Junge, das⟩: *das [weiter] unten* (3) *Genannte.*

ụn|ten|her ⟨Adv.⟩: *im unteren Bereich; am unteren Rand o. Ä. von etw.*

ụn|ten|her|um ⟨Adv.⟩ (ugs.): *im unteren Teil eines Ganzen, bes. im Bereich der unteren Körperpartie:* sich u. warm anziehen.

ụn|ten|hin ⟨Adv.⟩ (selten): *nach unten.*

ụn|ten|rum ⟨Adv.⟩ (ugs.): *untenherum.*

ụn|ten ste|hend: s. unten (3).

Ụn|ten|ste|hen|de, das; -n ⟨Dekl. ↑ [2]Junge, das⟩: *das [weiter] unten* (3) *Stehende:* im -n wird dies näher beschrieben.

ụn|ter [mhd. under (Präp., Adv.), ahd. untar (Adv.: undari)]: **I.** ⟨Präp. mit Dativ u. Akk.⟩ **1.** (räumlich) **a)** ⟨mit Dativ⟩ kennzeichnet einen Abstand in vertikaler Richtung u. bezeichnet die tiefere Lage im Verhältnis zu einem anderen Genannten: u. einem Baum sitzen; sie gingen zusammen u. einem Schirm; u. jmdm. wohnen *(ein Stockwerk tiefer wohnen als jmd. anders);* sie schliefen u. freiem Himmel *(draußen im Freien);* etw. u. dem Mikroskop *(mithilfe des Mikroskops)* betrachten; **b)** ⟨mit Akk.⟩ (in Verbindung mit Verben der Bewegung) kennzeichnet eine Bewegung an einen Ort, eine Stelle unterhalb eines anderen Genannten: sich u. die Dusche stellen; **c)** ⟨mit Dativ⟩ kennzeichnet einen Ort, eine Stelle, die von jmdm., etw. unterquert wird: u. einem Zaun durchkriechen; **d)** ⟨mit Dativ⟩ kennzeichnet eine Stelle, Lage, in der jmd., etw. unmittelbar von etw. bedeckt, von etw. darüber Befindlichem unmittelbar berührt wird: u. einer Decke liegen; sie trägt eine Bluse u. dem Pullover; dicht u. *(unterhalb)* der Oberfläche; die Bunker liegen u. der Erde *(befinden sich in der Erde);* **e)** ⟨mit Akk.⟩ kennzeichnet eine Bewegung an einen Ort, eine Stelle, wo jmd., etw. von etw. darüber Befindlichem unmittelbar berührt wird: er kriecht u. die Decke; mit dem Kopf u. Wasser *(unter die Wasseroberfläche)* geraten; **f)** ⟨mit Dativ⟩ kennzeichnet ein Abgesunkensein, bei dem ein bestimmter Wert, Rang o. Ä. unterschritten wird: u. dem Durchschnitt sein; etw. u. Preis verkaufen; die Temperatur liegt u. dem Gefrierpunkt; **g)** ⟨mit Akk.⟩ kennzeichnet ein Absinken, bei dem ein bestimmter Wert, Rang o. Ä. unterschritten wird: u. null sinken; **h)** ⟨mit Dativ⟩ kennzeichnet das Unterschreiten einer bestimmten Zahl; *von weniger als:* in Mengen u. 100 Stück. **2.** (zeitlich) ⟨mit Dativ⟩ **a)** (südd.) kennzeichnet einen Zeitraum, für den etw. gilt, in dem etw. geschieht; *während:* u. der Woche hat sie keine Zeit; u. Mittag *(in der Mittagszeit);* u. Tags *(tagsüber);* *** u. einem** (österr.; *zugleich, gleichzeitig);* **b)** (veraltend) bei Datumsangaben, an die sich eine bestimmte Handlung o. Ä. anknüpft: die Chronik verzeichnet u. dem Datum des 1. Januar 1850 eine große Sturmflut. **3.** (modal) ⟨mit Dativ⟩ **a)** kennzeichnet einen Begleitumstand: u. Tränen, Angst; er arbeitete u. Schmerzen weiter; **b)** kennzeichnet die Art u. Weise, in der etw. geschieht; *mit:* u. Lebensgefahr; u. Vorspiegelung falscher Tatsachen; u. Aufbietung aller Kräfte; **c)** kennzeichnet eine Bedingung o. Ä.: u. der Voraussetzung, Bedingung; er akzeptierte es nur u. Vorbehalt. **4.** ⟨mit Dativ⟩ kennzeichnet die Gleichzeitigkeit eines durch ein Verbalsubst. ausgedrückten Vorgangs: etw. geschieht u. Ausnutzung, Verwendung von etw. anderem. **5.** ⟨mit Dativ u. Akk.⟩ kennzeichnet eine Abhängigkeit, Unterordnung o. Ä.: u. Aufsicht; u. jmds. Leitung; u. ärztlicher Kontrolle; u. jmdm. arbeiten *(jmds. Untergebene[r] sein);* u. jmdm. stehen *(jmdm. unterstellt, untergeordnet sein);* jmdn., etw. u. sich haben *(jmdm., einer Sache übergeordnet sein; für eine Sache verantwortlich sein).* **6. a)** ⟨mit Dativ u. Akk.⟩ kennzeichnet eine Zuordnung: etw. steht u. einem Motto; etw. u. ein Thema stellen; **b)** ⟨mit Dativ⟩ kennzeichnet eine Zugehörigkeit: jmdn. u. einer bestimmten Rufnummer erreichen; u. falschem Namen. **7. a)** ⟨mit Dativ⟩ kennzeichnet ein Vorhanden- bzw. Anwesendsein inmitten von, zwischen anderen Sachen bzw. Personen; *inmitten von; bei; zwischen:* der Brief befand sich u. seinen Papieren; er saß u. lauter Fremden, mitten u. ihnen; hier ist sie eine u. vielen *(hat sie keine besondere Stellung, keinen besonderen Rang o. Ä.);* u. anderem/anderen (Abk.: u. a.); **b)** ⟨mit Akk.⟩ kennzeichnet das Sichhineinbegeben in eine Menge, Gruppe o. Ä.: er mischte sich u. die Gäste; er geht zu wenig u. Menschen *(schließt sich zu sehr ab).* **8.** ⟨mit Dativ⟩ kennzeichnet einen Einzelnen od. eine Anzahl, die sich aus einer Menge, Gruppe in irgendeiner Weise heraushebt o. Ä.; *von:* nur einer u. vierzig Bewerbern wurde schließlich engagiert. **9.** ⟨mit Dativ⟩ kennzeichnet eine Wechselbeziehung; *zwischen:* es gab Streit u. den Erben; sie wollten u. sich *(allein, ungestört)* sein, bleiben; das bleibt aber u. uns *(davon darf niemand etwas erfahren).* **10. a)** ⟨mit Dativ⟩ kennzeichnet einen Zustand, in dem sich etw. befindet: der Kessel steht u. Druck, u. Dampf; **b)** ⟨mit Akk.⟩ kennzeichnet einen Zustand, in den etw. gebracht wird: etw. u. Strom, Dampf, Druck setzen. **11.** (kausal) ⟨mit Dativ⟩ kennzeichnet die Ursache des im Verb Genannten: u. einer Krankheit, u. Gicht leiden; sie stöhnte u. der Hitze. **II.** ⟨Adv.⟩ *weniger als:* die Bewerber waren u. 30 [Jahre alt]; Gemeinden von u. 100 000 Einwohnern.

Ụn|ter, der; -s, -: *dem Buben entsprechende Spielkarte im deutschen Kartenspiel.*

ụn|ter... ⟨Adj.⟩ [mhd. under, ahd. untaro]: **1. a)** *(von zwei od. mehreren Dingen) unter dem, den anderen befindlich, gelegen; [weiter] unten liegend, gelegen:* die untere Reihe; die unteren Zweige des Baumes; sie stand auf der untersten Sprosse der Leiter; in den unteren Luftschichten; *** das Unterste zuoberst kehren** (↑ ober...); **b)** *der Mündung näher gelegen:* die untere Elbe. **2.** *dem Rang nach, in einer Hierarchie o. Ä. unter anderem, anderen stehend:* die unteren, untersten Instanzen; die unteren Lohngruppen. **3.** *der Oberfläche abgekehrt:* die untere Seite von etw. **4.** *unten* (2) *befindlich:* er sitzt am unteren Ende des Tischs.

Ụn|ter|ab|schnitt, der; -[e]s, -e: *kleinerer Abschnitt in einem größeren.*

Ụn|ter|ab|tei|lung, die; -, -en: *kleinere Abteilung in einer größeren.*

Ụn|ter|arm, der; -[e]s, -e: *Teil des Armes zwischen Hand u. Ellenbogen.*

Ụn|ter|arm|ta|sche, die: *flache Damenhandtasche ohne Schulterriemen od. Griff, die unter den Arm geklemmt wird.*

Ụn|ter|art, die; -, -en (Biol. selten): *Population als Unterabteilung einer Art; Rasse, Subspezies.*

Ụn|ter|aus|schuss, der: vgl. Unterabteilung.

Ụn|ter|bau, der; -[e]s, -ten: **1. a)** *unterer, meist stützender Teil von etw., auf dem etw. aufgebaut ist; Fundament* (1 a): einen festen U. für etw. schaffen; **b)** ⟨o. Pl.⟩ *Grundlage, Basis* (1), *Fundament* (2): der theoretische U. **2.** *Sockel, Postament.* **3. a)** (Straßenbau) *Tragschicht;* **b)** (Eisenb.) *Schicht, die den Oberbau trägt.*

Ụn|ter|bauch, der; -[e]s, ...bäuche ⟨Pl. selten⟩: *unterer Teil des Bauches.*

un|ter|bau|en ⟨sw. V.; hat⟩: *mit einem Unterbau versehen, von unten her stützen.*

Un|ter|bau|ung, die; -, -en: *das Unterbauen.*

Ụn|ter|be|griff, der; -[e]s, -e (bes. Logik): *Begriff, der einem Oberbegriff untergeordnet ist.*

Ụn|ter|be|klei|dung, die; -, -en: *Unterwäsche.*

ụn|ter|be|le|gen ⟨sw. V.; hat; nur im Inf. u. 2. Part. gebr.⟩: *(Hotels, Krankenhäuser o. Ä.) mit [wesentlich] weniger Personen belegen, als es von der Kapazität her möglich ist:* die Hotels waren zu 30 Prozent unterbelegt.

Ụn|ter|be|le|gung, die; -, -en: *das Unterbelegtsein.*

ụn|ter|be|lich|ten ⟨sw. V.; hat⟩ (Fot.): *zu wenig belichten* (a): man muss vermeiden, die Filme unterzubelichten; unterbelichtete Bilder; Ü (salopp:) er ist [geistig] wohl etwas unterbelichtet.

Ụn|ter|be|lich|tung, die; -, -en: **1.** *das Unterbelichten.* **2.** *das Unterbelichtetsein.*

ụn|ter|be|schäf|tigt ⟨Adj.⟩: *durch zu wenig Arbeit nicht voll ausgelastet; nicht genügend beschäftigt.*

Ụn|ter|be|schäf|tig|te, der u. die: *jmd., der unterbeschäftigt ist.*

Ụn|ter|be|schäf|ti|gung, die; -, -en (Wirtsch.): *Zustand einer Wirtschaft, bei dem das Angebot an Beschäftigungsmöglichkeiten kleiner ist als die Zahl der Arbeitssuchenden.*

ụn|ter|be|setzt ⟨Adj.⟩: *mit weniger Teilnehmern, [Arbeits]kräften o. Ä. versehen, als erforderlich, notwendig ist.*

Ụn|ter|bett, das; -[e]s, -en: *[dünnes] Federbett, das zum Wärmen zwischen Matratze u. Betttuch gelegt wird.*

ụn|ter|be|wer|ten ⟨sw. V.; hat⟩: *zu gering bewerten:* er unterbewertet die emotionale Seite des Problems.

Ụn|ter|be|wer|tung, die; -, -en: **1.** *das Unterbewerten.* **2.** *das Unterbewertetsein.*

ụn|ter|be|wusst ⟨Adj.⟩ (Psych.): *im Unterbewusstsein [vorhanden]:* etw. u. wahrnehmen.

Ụn|ter|be|wusst|sein, das; -s (Psych.): *die seelisch-geistigen Vorgänge unter der Schwelle des Bewusstseins.*

ụn|ter|be|zah|len ⟨sw. V.; hat⟩: *schlechter bezahlen* (1 b), *als es vergleichsweise üblich ist od. als es der Leistung entspricht:* unterbezahlt werden; (selten:) er unterbezahlt sie alle; eine unterbezahlte Arbeit.

Ụn|ter|be|zah|lung, die; -, -en: **1.** *das Unterbezahlen.* **2.** *das Unterbezahltsein.*

Ụn|ter|be|zirk, der; -[e]s, -e: vgl. Unterabteilung.

un|ter|bie|ten ⟨st. V.; hat⟩: **1.** *einen geringeren Preis fordern, billiger sein als ein anderer:* jmds. Preise beträchtlich, um einiges u.; er hat alle Konkurrenten unterboten; Ü etw. ist [im Niveau] kaum noch zu u. *(so schlecht, dass etw. Schlechteres kaum vorstellbar ist).* **2.** (bes. Sport) *für etw. weniger Zeit brauchen:* einen Rekord u.

Ụn|ter|bi|lanz, die; -, -en (Wirtsch.): *Bilanz, die Verlust aufweist.*

un|ter|bin|den ⟨st. V.; hat⟩ [mhd. underbinden]: **1.** *etw. durch bestimmte Maßnahmen verhindern, nicht weiter geschehen, sich entwickeln, vollziehen lassen:* jede Diskussion, Störung u. **2. a)** (seltener) *in seinem Ablauf aufhalten, unterbrechen;* **b)** (Med.) *abschnüren:* die zuführenden Blutgefäße u.

Un|ter|bin|dung, die; -, -en: *das Unterbinden.*

un|ter|blei|ben ⟨st. V.; ist⟩: *nicht [mehr] geschehen, stattfinden:* das hat [künftig] zu u.

Ụn|ter|bo|den, der; -s, ...böden: **1.** (Bodenk.) *meist rostbraune, eisenhaltige Schicht, die unter der obersten Schicht des Bodens liegt.* **2.** *unter einem Bodenbelag befindlicher Fußboden.* **3.** *Unterseite des Bodens eines Fahrzeugs.*

Ụn|ter|bo|den|schutz, der (Kfz-W.): *Schutzschicht auf dem Unterboden eines Kraftfahrzeugs.*

Ụn|ter|bo|den|ver|sie|ge|lung, die (Kfz-W.): *Unterbodenschutz.*

un|ter|bre̱|chen ⟨st. V.; hat⟩: **1. a)** *eine Tätigkeit o. Ä., die noch nicht zu Ende geführt ist, vorübergehend nicht mehr weiterführen:* seine Arbeit, sein Studium u.; den Urlaub [für mehrere Tage] u.; **b)** *durch Fragen, Bemerkungen o. Ä. bewirken, dass jmd. beim Sprechen innehält:* er unterbrach sie, ihren Redestrom [mit Fragen]; **c)** *in dem gleichmäßigen Ablauf von etw. plötzlich als Störung o. Ä. zu vernehmen sein:* ein Schrei unterbrach das Schweigen. **2.** *(eine bestehende Verbindung) vorübergehend aufheben:* die Stromversorgung, die Bahnstrecke ist unterbrochen. **3.** *(innerhalb einer flächenhaften Ausdehnung von etw.) eingelagert sein u. dadurch die Gleichmäßigkeit der gesamten Fläche aufheben, auflockern:* riesige Flussläufe unterbrechen hier die Waldflächen.

Un|ter|bre̱|cher, der; -s, - (Elektrot.): *Vorrichtung, die einen Stromkreis periodisch unterbricht.*

Un|ter|bre̱|cher|wer|bung, die: *Werbung, meist in Form von Werbeblöcken, die Fernsehsendungen unterbricht.*

Un|ter|bre̱|chung, die; -, -en: **a)** *das Unterbrechen; das Unterbrochenwerden;* **b)** *das Unterbrochensein.*

ụn|ter|brei|ten ⟨sw. V.; hat⟩ (ugs.): *unter jmdm., etw. ausbreiten:* eine Decke u.

un|ter|bre̱i|ten ⟨sw. V.; hat⟩ (geh.): *[mit entsprechenden Erläuterungen, Darlegungen] zur Begutachtung, Entscheidung vorlegen:* jmdm. Vorschläge, einen Plan u.

Un|ter|bre̱i|tung, die; -, -en: *das Unterbreiten.*

un|ter|brin|gen ⟨unr. V.; hat⟩: **1.** *für jmdn., etw. irgendwo [noch] den erforderlichen Platz finden:* die alten Möbel im Keller u.; die Kommandantur war in einer Villa untergebracht *(einquartiert)*; Ü sie wusste nicht, wo sie dieses Gesicht u. sollte *(woher sie die Person kannte).* **2. a)** *jmdm. irgendwo eine Unterkunft verschaffen:* den Besuch bei Verwandten u.; **b)** (ugs.) *jmdm. irgendwo eine Anstellung o. Ä. verschaffen:* jmdn. bei einer Firma u. **3.** (ugs.) *erreichen, dass etw. angenommen wird, Interessenten findet:* sein Manuskript bei einem Verlag u.

Ụn|ter|brin|gung, die; -, -en: **1.** *das Unterbringen:* seine U. in eine/einer Klinik. **2.** (ugs.) *Unterkunft.*

Ụn|ter|bruch, der; -[e]s, ...brüche (schweiz.): *Unterbrechung.*

ụn|ter|bü|geln ⟨sw. V.; hat⟩ (ugs.): *unterbuttern* (1).

ụn|ter|but|tern ⟨sw. V.; hat⟩ (ugs.): **1.** *jmds. Eigenständigkeit unterdrücken, nicht zur Geltung kommen lassen:* sich nicht u. lassen. **2.** *zusätzlich verbrauchen:* das restliche Geld wurde mit untergebuttert.

ụn|ter|chlo|rig ⟨Adj.⟩ (Chemie): *weniger chlorhaltig:* -e Säuren.

Ụn|ter|deck, das; -[e]s, -s: *Deck, das einen Schiffsrumpf nach unten abschließt.*

Ụn|ter|de|ckung, die; -, -en (Kaufmannsspr.): *nicht ausreichende Deckung* (4 a).

un|ter der Hạnd: s. Hand (1).

un|ter|dẹs ⟨Adv.⟩ [mhd. unter des] (seltener): *unterdessen.*

un|ter|dẹs|sen ⟨Adv.⟩: *inzwischen.*

Ụn|ter|do|mi|nan|te, die; -, -n (Musik): *Subdominante.*

Ụn|ter|dorf, das; -[e]s, ...dörfer: vgl. Oberdorf.

Ụn|ter|druck, der; -[e]s, ...drücke: **1.** (Physik, Technik) *Druck, der niedriger als der normale Luftdruck ist.* **2.** (o. Pl.) (Med.) *zu niedriger Blutdruck.*

un|ter|drụ̈|cken ⟨sw. V.; hat⟩: **1.** *etw. (Gefühle o. Ä.), was hervortreten will, zurückhalten, nicht aufkommen lassen:* eine Bemerkung, einen Fluch, seine Aggressionen u.; ein unterdrücktes Schluchzen, Gähnen. **2.** *nicht zulassen, dass etw. Bestimmtes an die Öffentlichkeit kommt, jmdm. bekannt wird:* Informationen, Tatsachen, Nachrichten u. **3.** *(in seiner Existenz, Entfaltung) stark behindern; einzuschränken, niederzuhalten versuchen:* Minderheiten u.; jmdn. psychisch, sexuell u.; einen Aufstand u.; unterdrückte Völker.

Un|ter|drụ̈|cker, der; -s, - (abwertend): *jmd., der andere unterdrückt* (3).

Un|ter|drụ̈|cke|rin, die; -, -nen: w. Form zu ↑Unterdrücker.

un|ter|drụ̈|cke|risch ⟨Adj.⟩ (abwertend): *auf Unterdrückung* (3) *beruhend, von ihr zeugend, durch sie hervorgebracht.*

Ụn|ter|druck|kam|mer, die (Med.): *Klimakammer mit regulierbarem Unterdruck zur Untersuchung der Bedingungen u. Auswirkungen des Höhenflugs.*

Un|ter|drụ̈|ckung, die; -, -en: **a)** *das Unterdrücken:* die U. jeder Gefühlsregung, aller Proteste; **b)** *das Unterdrücktsein* (3): Widerstand gegen politische U.

ụn|ter|du|cken ⟨sw. V.; hat⟩ (landsch.): *untertauchen* (1 b).

ụn|ter|durch|schnitt|lich ⟨Adj.⟩: *unter dem Durchschnitt liegend:* -e Leistungen; u. begabt sein.

un|ter|ei|nạn|der ⟨Adv.⟩ [mhd. under einander]: **1.** *eines unter dem anderen, unter das andere:* die Bilder u. aufhängen; die Karten u. legen; damit alle Teile u. liegen; beide Texte sollen direkt u. stehen. **2.** *miteinander; unter uns, unter euch, unter sich:* das müsst ihr u. ausmachen; sich u. helfen.

un|ter|ei|nạn|der le|gen, un|ter|ei|nạn|der lie|gen, un|ter|ei|nạn|der ste|hen usw.: s. untereinander (1).

Ụn|ter|ein|heit, die; -, -en: vgl. Unterabteilung.

ụn|ter|ent|wi|ckelt ⟨Adj.⟩: **a)** *in der Entwicklung, Ausprägung, Reife, im Wachstum o. Ä. eine bestimmte Norm nicht erreichend:* er ist geistig und körperlich u.; **b)** (Politik) *ökonomisch, bes. im Hinblick auf die Industrialisierung, eine bestimmte Norm nicht erreichend:* -e Länder.

Ụn|ter|ent|wick|lung, die; -, -en: *das Unterentwickeltsein.*

ụn|ter|er|nährt ⟨Adj.⟩: *sehr schlecht, nicht ausreichend ernährt:* -e Kinder.

Ụn|ter|er|näh|rung, die; -: *das Unterernährtsein:* sie starben an U.

un|ter|fa̱h|ren ⟨st. V.; hat⟩: **1. a)** (Bauw.) *einen Tunnel o. Ä. unter einem Gebäude hindurchführen;* **b)** (Bergbau) *einen Grubenbau unter einer Lagerstätte od. einem anderen Grubenbau anlegen, bauen.* **2.** *mit einem Fahrzeug unter etw. fahren, hindurchfahren:* ein Viadukt u.

Ụn|ter|fa|mi|lie, die; -, -n (Biol.): *Kategorie der botanischen u. zoologischen Systematik, die mehrere Gattungen unterhalb der Familie zusammenfasst.*

un|ter|fạn|gen, sich ⟨st. V.; hat⟩ [älter: unterfahen, mhd. undervāhen, ahd. untarfāhan = unterfangen (2); sich mit etw. beschäftigen]: **1.** (geh.) **a)** *es wagen, etw. Schwieriges zu tun:* sich u., ein Meisterwerk der Malerei zu kopieren; **b)** *unverschämterweise für sich in Anspruch nehmen; sich erdreisten:* wie konnte er sich dieser Redeweise u., sich u., dies zu behaupten? **2.** (Bauw.) *(ein Bauteil, Bauwerk) zur Sicherung gegen Absinken o. Ä. mit etw. Stützendem unterlegen.*

Un|ter|fạn|gen, das; -s, -: **1.** *Unternehmen [dessen Erfolg nicht unbedingt gesichert ist, das im Hinblick auf sein Gelingen durchaus gewagt ist]:* ein kühnes, gefährliches, löbliches U. **2.** (Bauw.) *das Unterlegen, Stützen eines Bauteils, Bauwerks zur Sicherung gegen Absinken o. Ä.*

Un|ter|fạn|gung, die; -, -en (Bauw.): *Unterfangen* (2).

ụn|ter|fas|sen ⟨sw. V.; hat⟩ (ugs.): **1.** *einhaken* (2): sie gingen untergefasst. **2.** *von unten her fassen u. stützen:* einen Verwundeten u.

un|ter|fẹr|ti|gen ⟨sw. V.; hat⟩ (Amtsspr.): *unterschreiben:* ein Schriftstück u.

Un|ter|fẹr|ti|ger, der; -s, - (Amtsspr.): *Unterzeichner.*

Un|ter|fẹr|ti|ge|rin, die; -, -nen: w. Form zu ↑Unterfertiger.

Un|ter|fẹr|tig|te, der u. die; -n, -n ⟨Dekl. ↑Abgeordnete⟩ (Amtsspr.): *Unterzeichner[in].*

Un|ter|fẹr|ti|gung, die; -, -en (Amtsspr.): *Unterzeichnung.*

un|ter|flie̱|gen ⟨st. V.; hat⟩: *[mit einem Flugzeug] unter etw. hindurchfliegen:* die Flugabwehr u.

un|ter|flur ⟨Adv.⟩ [zu ↑[1]Flur (2)] (Technik, Bauw.): *(von Maschinen o. Ä.) unter dem Boden.*

Un|ter|flu̱r|hy|drant, der: *unter der Bodenoberfläche eingebauter Hydrant.*

Un|ter|flu̱r|mo|tor, der (Kfz-T.): *Motor (bes. bei Omnibussen u. Lkws), der unter dem Fahrzeugboden eingebaut ist.*

Un|ter|flu̱r|stra|ße, die (Bauw.): *unterirdische Straße.*

un|ter|fọr|dern ⟨sw. V.; hat⟩: *zu geringe Anforderungen an jmdn., etw. stellen:* Schüler u.

Un|ter|fọr|de|rung, die; -: *das Unterfordern; das Unterfordertwerden.*

un|ter|fü̱h|ren ⟨sw. V.; hat⟩: **1.** *eine Straße, einen Tunnel o. Ä. unter etw. hindurchbauen, hindurchführen.* **2.** (Schrift- u. Druckw.) *Wörter, Zahlen, die sich in zwei od. mehr Zeilen untereinander an der gleichen Stelle wiederholen, durch Anführungszeichen ersetzen.*

Ụn|ter|füh|rer, der; -s, -: *Führer einer kleinen militärischen Abteilung.*

Un|ter|fü̱h|rung, die; -, -en: **1.** *Straße o. Ä., die unter einer anderen Straße, einer Eisenbahnlinie o. Ä. hindurchführt.* **2.** (Schrift- u. Druckw.) *das Unterführen* (2).

Un|ter|fü̱h|rungs|zei|chen, das: *Anführungszeichen zum Unterführen* (2) *von Wörtern.*

Ụn|ter|funk|ti|on, die; -, -en (Med.): *mangelhafte Funktion eines Organs:* eine U. der Schilddrüse.

Ụn|ter|fut|ter, das; -s, -: *zusätzliches* [2]*Futter* (1) *zwischen Stoff u. eigentlichem* [2]*Futter* (1).

un|ter|füt|tern ⟨sw. V.; hat⟩: **1.** *mit einem* [2]*Futter* (1) *versehen:* einen Mantel u. **2.** *mit einer Schicht unterlegen:* Schienen mit Dämmmaterial u.

Ụn|ter|gang, der; -[e]s, ...gänge [mhd. underganc]: **1.** *(von einem Gestirn) das Verschwinden unter dem Horizont:* den U. der Sonne beobachten. **2.** *(von Schiffen) das Versinken:* der U. des Ölfrachters. **3.** *das Zugrundegehen:* der U. einer Kultur, eines Volkes; der Alkohol war sein U. *(Verderben, Ruin).*

Ụn|ter|gangs|stim|mung, die: *düstere, vom Gefühl des nahen Untergangs geprägte Stimmung.*

ụn|ter|gä|rig ⟨Adj.⟩: *(von Hefe) bei niedriger Temperatur gärend u. sich nach unten absetzend:* -e Hefe; -es Bier *(mit untergäriger Hefe gebrautes Bier).*

un|ter|ge̱|ben ⟨Adj.⟩ [zu veraltet untergeben = unterordnen, mhd. undergeben, ahd. untargeban]: *in seiner [beruflichen] Stellung o. Ä. einem anderen unterstellt.*

Un|ter|ge|be|ne, der u. die; -n, -n ⟨Dekl. ↑Abgeordnete⟩: *jmd., der einem anderen untergeben ist.*

ụn|ter|ge|hen ⟨unr. V.; ist⟩ [mhd. undergān, undergēn, ahd. untargān, untargēn]: **1.** *hinter dem Horizont verschwinden:* die Sonne ist untergegangen. **2.** *unter der Wasseroberfläche verschwinden u. nicht mehr nach oben gelangen; versinken:* das Schiff ging unter; Ü seine Worte gingen in Bravorufen unter *(wurden nicht mehr verstanden).* **3.** *zugrunde gehen; zerstört, vernichtet werden:* es war, als ob die Welt u. wollte.

un|ter|ge|ord|net: **1.** ↑unterordnen. **2.** ⟨Adj.⟩ *[in seiner Funktion, Bedeutung] weniger wichtig, zweitrangig; nicht so bedeutend, umfassend wie etw. anderes; sekundär:* das spielt eine -e Rolle. **3.** (Sprachw.) *syntaktisch abhängig:* -e Sätze.

Ụn|ter|ge|schoss, das: *Souterrain.*

Ụn|ter|ge|stell, das; -[e]s, -e: **1.** *Fahrgestell (eines Kraftfahrzeugs).* **2.** (salopp scherzh.) *Beine (eines Menschen).*

Ụn|ter|ge|wand, das; -[e]s, ...gewänder: **1.** (südd.,

U

österr.) *Unterkleid, -rock.* **2.** (geh.) *unter dem Obergewand getragenes Gewand*

Ụn|ter|ge|wicht, das; -[e]s: *im Verhältnis zum Normalgewicht zu geringes Gewicht:* U. haben.

ụn|ter|ge|wich|tig ⟨Adj.⟩: *Untergewicht habend.*

Ụn|ter|gla|sur|far|be, die; -, -n (Fachspr.): *keramische Farbe.*

un|ter|glie|dern ⟨sw. V.; hat⟩: **a)** *in einzelne [Unter]abschnitte, [Unter]abteilungen o. Ä. gliedern:* einen Text u.; **b)** ⟨u. + sich⟩ *gegliedert, untergliedert* (a) *sein:* der Bau untergliedert sich in mehrere Räume.

Un|ter|glie|de|rung, die; -, -en: *das Untergliedern.*

Ụn|ter|glie|de|rung, die; -, -en: *kleinerer Abschnitt einer Gliederung.*

ụn|ter|gra|ben ⟨st. V.; hat⟩: *etw. grabend mit der Erde vermengen:* der Dünger wurde untergegraben.

un|ter|gra|ben ⟨st. V.; hat⟩: *nach u. nach an der Vernichtung von etw. arbeiten; etw. kaum merklich, aber zielstrebig, unausbleiblich [von innen heraus] zerstören:* jmds. Ansehen, Ruf u.

Un|ter|gra|bung, die; -: *das Untergraben.*

Ụn|ter|gren|ze, die; -, -n: *untere Grenze* (2): zehn Seiten sollen die U. sein.

Ụn|ter|grund, der; -[e]s, ...gründe [1: schon mniederd. undergrunt; 4: nach engl. underground (movement)]: **1.** *unter der Erdoberfläche, unterhalb der Ackerkrume liegende Bodenschicht:* den U. lockern. **2. a)** *Grundfläche, auf der etw. stattfindet, auf der etw. ruht, bes. Bodenschicht, die die Grundlage für einen Bau bildet:* fester, felsiger, sandiger U.; **b)** *Boden, unterste Fläche:* der U. des Meeres; **c)** (selten) *Grundlage, Fundament* (2). **3.** *unterste Farbschicht von etw.; Fläche eines Gewebes o. Ä. in einer bestimmten Farbe, von der sich andere Farben abheben:* eine schwarze Zeichnung auf rotem U. **4.** ⟨o. Pl.⟩ (bes. Politik) **a)** *gesellschaftlicher Bereich außerhalb der etablierten Gesellschaft, der Legalität:* in den U. gehen; **b)** kurz für ↑Untergrundbewegung: einen U. aufbauen.

Ụn|ter|grund|bahn, die [LÜ von engl. underground railway]: *Schnellbahn, die unterirdisch geführt ist* (Abk.: U-Bahn).

Ụn|ter|grund|be|we|gung, die (Politik): *oppositionelle Bewegung, die im Untergrund* (4 a) *arbeitet.*

Ụn|ter|grund|film, der: *dem Underground* (2) *entstammender Film.*

ụn|ter|grün|dig ⟨Adj.⟩: *etw. Beziehungsreiches enthaltend, was nicht ohne weiteres erkennbar, sichtbar, aber unter der Oberfläche im Untergrund vorhanden ist.*

Ụn|ter|grund|kämp|fer, der: *jmd., der (als Angehöriger einer Untergrundbewegung) im Untergrund* (4 a) *kämpft.*

Ụn|ter|grund|kämp|fe|rin, die: w. Form zu ↑Untergrundkämpfer.

Ụn|ter|grund|li|te|ra|tur, die ⟨o. Pl.⟩: vgl. Untergrundfilm.

Ụn|ter|grund|mu|sik, die ⟨o. Pl.⟩: vgl. Untergrundfilm.

Ụn|ter|grund|or|ga|ni|sa|ti|on, die (Politik): vgl. Untergrundbewegung.

Ụn|ter|grup|pe, die; -, -n: vgl. Unterabteilung.

Ụn|ter|haar, das; -[e]s, -e: *die unteren, kürzeren Haare unter dem Deckhaar* (a).

ụn|ter|ha|ken ⟨sw. V.; hat⟩ (ugs.): *einhaken* (2).

ụn|ter|halb [spätmhd. underhalbe(n), eigtl. = (auf der) untere(n) Seite]: **I.** ⟨Präp. mit Gen.⟩ *in tieferer Lage unter etw. befindlich, unter:* eine Verletzung u. des Knies; u. des Gipfels. **II.** ⟨Adv.⟩ (in Verbindung mit »von«) *unter etw., tiefer als etw. gelegen:* die Altstadt liegt u. vom Schloss.

Ụn|ter|halt, der; -[e]s: **1. a)** *Lebensunterhalt:* zum U. einer Familie beitragen; **b)** *Unterhaltszahlung (für Ehegatten u. Kinder):* er wollte den U. nicht leisten. **2.** *das Instandhalten von etw. u. die damit verbundenen Kosten:* der neue Wagen ist im U. günstiger.

ụn|ter|hal|ten ⟨st. V.; hat⟩ (ugs.): *etw. unter etw. halten:* einen Eimer u.

un|ter|hal|ten ⟨st. V.; hat⟩ [beeinflusst von frz. entretenir, soutenir]: **1.** *für den Lebensunterhalt von jmdm. aufkommen:* er hat eine große Familie zu u. **2. a)** *für den Unterhalt* (2) *von etw. sorgen:* Straßen, Gebäude u.; **b)** *[als Besitzer] etw. halten, einrichten, betreiben u. dafür aufkommen:* eine Pension u. **3. a)** *aufrechterhalten:* das Feuer im Kamin u. *(nicht ausgehen lassen);* **b)** *pflegen* (2 a): gute Kontakte mit, zu jmdm. u.; die beiden Staaten unterhalten diplomatische Beziehungen. **4.** ⟨u. + sich⟩ *[zwanglos, auf angenehme Weise] mit jmdm. über etw. sprechen:* sich angeregt, lebhaft [über etw.] u.; er wollte sich mit ihm unter vier Augen u. *(wollte mit ihm ein Gespräch unter vier Augen führen).* **5.** *jmdn. auf Vergnügen bereitende, entspannende o. ä. Weise [mit etw. Anregendem] beschäftigen, ihm die Zeit vertreiben:* seine Gäste [mit spannenden Erzählungen] u.; ⟨auch u. + sich:⟩ ich habe mich auf der Party bestens u.

Un|ter|hal|ter, der; -s, -: *Unterhaltungskünstler.*

Un|ter|hal|te|rin, die; -, -nen: w. Form zu ↑Unterhalter.

un|ter|halt|sam ⟨Adj.⟩: *unterhaltend, auf angenehme Weise die Zeit vertreibend:* ein -er Abend, Film.

Un|ter|halt|sam|keit, die; -: *das Unterhaltsamsein.*

Ụn|ter|halts|an|spruch, der: *Anspruch auf Unterhaltszahlung:* Ehegatten haben wechselseitigen U.

Ụn|ter|halts|bei|trag, der: *Beitrag zu den Unterhaltskosten.*

ụn|ter|halts|be|rech|tigt ⟨Adj.⟩: *berechtigt, Unterhaltszahlungen zu empfangen:* -e Kinder.

Ụn|ter|halts|kla|ge, die: *gerichtliche Klage auf Zahlung von Unterhaltskosten.*

Ụn|ter|halts|kos|ten ⟨Pl.⟩: *Kosten für den Lebensunterhalt einer unterhaltsberechtigten Person, die eine unterhaltspflichtige Person zu zahlen hat.*

Ụn|ter|halts|pflicht, die: *(gesetzliche) Verpflichtung, Unterhaltskosten zu zahlen.*

ụn|ter|halts|pflich|tig ⟨Adj.⟩: *unterhaltsverpflichtet.*

ụn|ter|halts|ver|pflich|tet ⟨Adj.⟩: *(gesetzlich) verpflichtet, Unterhaltskosten zu zahlen.*

Ụn|ter|halts|zah|lung, die: *Zahlung der Unterhaltskosten.*

Un|ter|hal|tung, die; -, -en: **1.** ⟨o. Pl.⟩ (selten) *das Unterhalten* (1). **2.** ⟨o. Pl.⟩ *das Unterhalten* (2): der Wagen ist in der U. sehr teuer. **3.** ⟨o. Pl.⟩ *das Unterhalten* (3): die U. diplomatischer Beziehungen. **4.** *das Sichunterhalten* (4); *auf angenehme Weise geführtes Gespräch:* eine lebhafte, interessante, anregende U.; die U. stockte; mit jmdm. eine U. führen; sich an der U. nicht beteiligen. **5. a)** *das Unterhalten* (5); *angenehmer Zeitvertreib:* jmdm. gute, angenehme U. wünschen; für U. sorgen; zur U. der Gäste beitragen; **b)** (veraltend) *Geselligkeit; unterhaltsame Veranstaltung.*

Un|ter|hal|tungs|bei|la|ge, die: *sich aus Kurzgeschichten, Kreuzworträtseln u. a. zusammensetzende, unterhaltende Beilage einer Zeitung.*

Un|ter|hal|tungs|elek|tro|nik, die ⟨o. Pl.⟩: *Gesamtheit der elektronischen Geräte, die Musik od. gesprochenes Wort (aus dem Bereich der Unterhaltung) reproduzieren.*

Un|ter|hal|tungs|in|dus|trie, die: *Industriezweig, der bes. Produkte herstellt, die der Unterhaltung* (5 a) *dienen (wie CDs, Filme).*

Un|ter|hal|tungs|kos|ten ⟨Pl.⟩: *Kosten für den Unterhalt von etw.*

Un|ter|hal|tungs|künst|ler, der: *jmd., der andere [berufsmäßig mit einem bestimmten Programm] unterhält* (5).

Un|ter|hal|tungs|künst|le|rin, die: w. Form zu ↑Unterhaltungskünstler.

Un|ter|hal|tungs|li|te|ra|tur, die ⟨o. Pl.⟩: *Literatur, die (meist ohne besonderen literarischen Anspruch) unterhaltend ist.*

Un|ter|hal|tungs|mu|sik, die ⟨o. Pl.⟩: *unkomplizierte, leicht eingängige Musik* (Abk.: U-Musik).

Un|ter|hal|tungs|or|ches|ter, das: *Orchester, das auf Unterhaltungsmusik spezialisiert ist.*

Un|ter|hal|tungs|pro|gramm, das: vgl. Unterhaltungssendung.

Un|ter|hal|tungs|ro|man, der: vgl. Unterhaltungsliteratur.

Un|ter|hal|tungs|sen|dung, die: *Sendung in Rundfunk od. Fernsehen, die der Unterhaltung dient.*

Un|ter|hal|tungs|wert, der: *Grad der Unterhaltsamkeit, die von etw. ausgeht, die einer Sache innewohnt:* der hohe, geringe U. eines Films.

un|ter|han|deln ⟨sw. V.; hat⟩ (bes. Politik): *bes. bei [militärischen] Konflikten zwischen Staaten auf eine vorläufige Einigung hinwirken.*

Ụn|ter|händ|ler, der; -s, - (bes. Politik): *jmd., der im Auftrag eines Staates, einer Interessengruppe o. Ä. unterhandelt.*

Ụn|ter|händ|le|rin, die; -, -nen: w. Form zu ↑Unterhändler.

Un|ter|hand|lung, die; -, -en (bes. Politik): *das Unterhandeln:* mit jmdm. in -en treten.

Ụn|ter|haus, das; -es, ...häuser [b: engl. Lower House]: **a)** *zweite Kammer eines Parlaments, das aus zwei Kammern besteht:* das kanadische, japanische U.; **b)** ⟨o. Pl.⟩ *zweite Kammer des britischen Parlaments.*

Ụn|ter|haut, die; - (Biol., Med.): *im Fettgewebe befindliches Bindegewebe unter der Epidermis.*

un|ter|he|ben ⟨st. V.; hat⟩ (Kochk.): *unterziehen* (3).

Ụn|ter|hemd, das; -[e]s, -en: *Hemd* (1 b).

Ụn|ter|hit|ze, die; -: *von unten kommende Hitze in einem Backofen.*

un|ter|höh|len ⟨sw. V.; hat⟩: **1.** *bewirken, dass etw. unter seiner Oberfläche [nach u. nach] ausgehöhlt wird:* das Wasser hat das Ufer unterhöhlt. **2.** *untergraben.*

Ụn|ter|holz, das; -es: *niedrig (unter den Kronen älterer Bäume) wachsendes Gehölz.*

Ụn|ter|ho|se, die; -, -n ⟨häufig auch im Pl. mit singularischer Bed.⟩: *Hose, die unter der Oberbekleidung unmittelbar auf dem Körper getragen wird:* er trägt eine lange U., lange -n.

ụn|ter|ir|disch ⟨Adj.⟩: *unter dem Erdboden [liegend]:* ein -er Gang; die Leitung verläuft u.

Ụn|ter|ita|li|en; -s: das südliche Italien.

Ụn|ter|ja|cke, die; -, -n (Fachspr.): *Unterhemd [für Männer].*

un|ter|jo|chen ⟨sw. V.; hat⟩ [LÜ von spätlat. subiugare]: *unter seine Herrschaft, Gewalt bringen u. unterdrücken:* andere Völker, Minderheiten u.

Un|ter|jo|chung, die; -, -en: *das Unterjochen; das Unterjochtwerden.*

ụn|ter|ju|beln ⟨sw. V.; hat⟩ (salopp): *[auf unauffällig-geschickte Weise] bewerkstelligen, dass jmd. etw. [zugeschoben] bekommt, dass ihm etw. zugedacht, zugemutet wird [was er nicht gern haben, tun möchte]:* jmdm. einen Fehler, einen Auftrag u.

un|ter|kel|lern ⟨sw. V.; hat⟩: *(ein Gebäude o. Ä.) mit einem Keller versehen.*

Un|ter|kel|le|rung, die; -, -en: **1.** *das Unterkellern.* **2.** (Bauw.) *durch Unterkellerung* (1) *hergestellter Teil eines Gebäudes.*

Ụn|ter|kie|fer, der; -s, -: *unterer Teil des Kiefers:* * **jmdm. fällt/klappt der U. herunter, jmds. U. fällt/klappt herunter** (ugs.; *jmd. ist maßlos erstaunt über etw. [u. macht dabei ein entsprechendes Gesicht]).*

Ụn|ter|kie|fer|kno|chen, der: *Knochen des Unterkiefers.*

Ụn|ter|kir|che, die; -, -n (Archit.): **a)** *Krypta;* **b)** *(von zwei übereinander liegenden Kirchen) untere Kirche.*

Ụn|ter|klas|se, die; -, -n (Biol.): *Kategorie der botanischen u. zoologischen Systematik, die mehrere Ordnungen unterhalb der Klasse zusammenfasst.*

Ụn|ter|kleid, das; -[e]s, -er: **1.** *Unterrock.* **2.** *Kleid [aus Taft, Seide o. Ä.], das unter einem [durchsichtigen] Kleid getragen wird.*

Ụn|ter|klei|dung, die; -, -en ⟨Pl. selten⟩: *Unterwäsche.*

un|ter|kom|men ⟨st. V.; ist⟩ [mhd. under komen = dazwischentreten, verhindern]: **1. a)** *Unterkunft* (1), *Aufnahme finden:* bei Freunden, in einer Pension u.; **b)** (ugs.) *Arbeit, eine Stelle, einen Posten o. Ä. finden:* bei, in einem Verlag u. **2.** (ugs.) *erreichen, dass etw. angenommen wird, einen Interessenten findet:* mit seiner Story woanders u. **3.** (ugs.) *jmdm. vorkommen* (1), *begegnen* (2 b): so etwas ist mir noch nicht untergekommen.

Un|ter|kom|men, das; -s, - ⟨Pl. selten⟩: **1.** *Unterkunft:* kein U. finden. **2.** (veraltend) *Stellung, Posten:* jmdm. ein U. bieten.

Un|ter|kör|per, der; -s, -: **a)** *unterer Teil des menschlichen Körpers von der Taille bis zu den Füßen;* **b)** *unterer Teil des menschlichen Rumpfes.*

un|ter|krie|chen ⟨st. V.; ist⟩ (ugs.): *sich an eine Stelle begeben, dahin zurückziehen, wo Schutz o. Ä. zu finden ist:* er kroch in einer Scheune unter.

un|ter|krie|gen ⟨sw. V.; hat⟩ (ugs.): *bewirken, dass jmd. entmutigt aufgibt:* er ist nicht unterzukriegen; sich nicht u. lassen *(den Mut nicht verlieren).*

un|ter|küh|len ⟨sw. V.; hat⟩: **a)** *die Körpertemperatur unter den normalen Wert senken:* den Patienten künstlich u.; stark unterkühlt sein; **b)** (bes. Technik) *unter den Schmelzpunkt abkühlen.*

un|ter|kühlt ⟨Adj.⟩: *distanziert u. bewusst jegliche Emotionen, subjektive Gesichtspunkte, Äußerungen o. Ä. vermeidend:* einen -en Stil haben; u. wirken.

Un|ter|küh|lung, die; -, -en: **a)** *das Unterkühlen;* **b)** *das Unterkühltsein.*

Un|ter|kunft, die; -, ...künfte: **1.** *Wohnung, Raum o. Ä., wo jmd. als Gast o. Ä. vorübergehend wohnt; Logis:* eine U. suchen, finden, haben; für U. und Frühstück bezahlen. **2.** ⟨Pl. selten⟩ *das Unterkommen* (1 a): für jmds. U. sorgen.

Un|ter|la|ge, die; -, -n [mhd. underlāge]: **1.** *etw. Flächiges aus unterschiedlichem Material, was zu einem bestimmten Zweck, oft zum Schutz unter etw. gelegt wird:* eine weiche, feste, wasserdichte U.; eine U. zum Schreiben; auf einer harten U. schlafen; Ü (ugs.:) vor dem Gelage schaffte er sich durch reichliches Essen eine gute U. **2.** ⟨Pl.⟩ *schriftlich Niedergelegtes, das als Beweis, Beleg, Bestätigung o. Ä. für etw. dient; Dokumente; Urkunden; Akten o. Ä.:* sämtliche -n anfordern, vernichten. **3.** (Bot.) *Pflanzenteil, auf den ein Edelreis gepfropft wird.*

Un|ter|län|ge, die; -, -n (Schriftw.): *Teil eines Buchstabens, der über die untere Grenze bestimmter Kleinbuchstaben hinausragt.*

Un|ter|lass, der: in der Fügung **ohne U.** (emotional; *ohne endlich einmal aufzuhören; ununterbrochen; unaufhörlich;* mhd. āne underlāʒ, ahd. āno untarlāʒ).

un|ter|las|sen ⟨st. V.; hat⟩ [mhd. underlāʒen, ahd. untarlāʒan]: **a)** *etw., was getan werden könnte od. sollte, aus ganz bestimmten Gründen nicht tun:* etw. aus Furcht vor den Folgen u.; **b)** *darauf verzichten, etw. zu tun; von etw. ablassen; mit etw. aufhören:* etw. nicht u. können; unterlass das bitte!

Un|ter|las|sung, die; -, -en: *das Unterlassen.*

Un|ter|las|sungs|de|likt, das (Rechtsspr.): *strafbares Unterlassen einer Handlung, zu der eine rechtliche Verpflichtung besteht.*

Un|ter|las|sungs|kla|ge, die (Rechtsspr.): *Klage auf Unterlassung einer Handlung.*

Un|ter|las|sungs|sün|de, die: **1.** (kath. Kirche) *Sünde, die darin besteht, dass eine gebotene gute Tat nicht getan wird.* **2.** (ugs.) *[bedauerliches] Versäumnis.*

Un|ter|lauf, der; -[e]s, ...läufe: *Abschnitt eines Flusses in der Nähe der Mündung.*

un|ter|lau|fen ⟨st. V.; ist⟩: **1.** (veraltend) *unterlaufen* (1): mir ist ein Fehler untergelaufen. **2.** (ugs.) *unterlaufen* (2): so etwas ist mir noch nicht untergelaufen.

un|ter|lau|fen ⟨st. V.⟩ [mhd. underloufen = hindernd dazwischentreten]: **1.** *bei jmds. Tätigkeit, Ausführungen, Äußerungen, Überlegungen o. Ä. als Versehen o. Ä. vorkommen, auftreten* ⟨ist⟩: manchmal unterläuft ihr ein Fehler; ihm ist ein Irrtum unterlaufen. **2.** (ugs.) *begegnen* (1 b) ⟨ist⟩: so etwas ist mir noch nicht unterlaufen. **3.** ⟨hat⟩ **a)** (bes. Fußball, Handball) *sich so unter einen [hoch gesprungenen] Gegner bewegen, dass er behindert u. zu Fall gebracht wird:* er hat seinen Gegenspieler mehrfach unterlaufen; **b)** *in seiner Funktion, Auswirkung o. Ä. [unmerklich] unwirksam machen:* die Zensur u. **4.** ⟨meist im 2. Part.⟩ *(vom Hautgewebe) sich durch eine Verletzung an einer bestimmten Stelle mit Blut anfüllen u. dadurch rötlich bis bläulich violett verfärben* ⟨ist⟩: [mit Blut, blutig] unterlaufene Striemen.

Un|ter|lau|fung, die; -, -en: *das Unterlaufensein.*

Un|ter|le|der, das; -s, -: *Leder der inneren u. äußeren Sohle eines Schuhs.*

un|ter|le|gen ⟨sw. V.; hat⟩ [mhd. underlegen, ahd. untarleggen]: **1.** *etw. unter jmdn., etw. legen:* [dem Patienten] ein Kissen u. **2.** *Worte, Texte, Äußerungen o. Ä. abweichend von ihrer beabsichtigten Intension* (2) *auslegen:* er hat dem Text einen anderen Sinn untergelegt.

[1]**un|ter|le|gen** ⟨sw. V.; hat⟩: **1.** *die Unterseite von etw. mit etw. aus einem anderen [stabileren] Material versehen:* eine Glasplatte mit Filz u. **2.** *etw., bes. einen Film, mit Musik, mit einem Text versehen:* eine Combo unterlegte die Modenschau mit dezenten Rhythmen.

[2]**un|ter|le|gen** ⟨Adj.⟩: *im Hinblick auf bestimmte Fähigkeiten, Merkmale, Stärke, Zahl schwächer, schlechter als andere:* der körperlich -e Kämpfer; [dem Gegner] an Zahl u. sein; er ist ihr [geistig] u.; die alten Geräte sind den neuen natürlich technisch u.

Un|ter|le|ge|ne, der u. die; -n, -n ⟨Dekl. ↑Abgeordnete⟩: *jmd., der anderen unterlegen ist.*

Un|ter|le|gen|heit, die; -, -en ⟨Pl. selten⟩: *das Unterlegensein.*

Un|ter|leg|keil, der: *Bremsklotz.*

Un|ter|leg|schei|be, die (Technik): *meist runde, in der Mitte durchbohrte Scheibe, die zwischen Schraubenkopf u. Schraubenmutter od. Konstruktionsteil gelegt wird.*

Un|ter|le|gung, die; -, -en: *das Unterlegen* (2).

Un|ter|le|gung, die; -, -en: *das Unterlegen.*

Un|ter|leib, der; -[e]s, -er ⟨Pl. selten⟩ [mhd. underlīp]: **a)** *unterer Teil des Bauches;* **b)** *innere weibliche Geschlechtsorgane.*

Un|ter|leibs|er|kran|kung, die: *Unterleibskrankheit.*

Un|ter|leibs|krank|heit, die: *Erkrankung im Bereich der inneren weiblichen Geschlechtsorgane.*

Un|ter|leibs|krebs, der: vgl. Unterleibskrankheit.

Un|ter|leibs|ope|ra|ti|on, die: *Operation an den inneren weiblichen Geschlechtsorganen.*

Un|ter|lid, das; -[e]s, -er: *unteres Augenlid.*

un|ter|lie|gen ⟨st. V.; hat⟩ (ugs.): *unter jmdm., etw. liegen:* das Papier hat nicht richtig untergelegen.

un|ter|lie|gen ⟨st. V.⟩ [mhd. underligen, ahd. untarligan, eigtl. = als Besiegter unten liegen]: **1.** *besiegt werden* ⟨ist⟩: der Gegenkandidatin [bei der Wahl] u.; [mit] 1 : 2 u.; die unterlegene Mannschaft. **2.** *einer Sache unterworfen sein, von etw. bestimmt werden* ⟨hat⟩: starken Schwankungen u.; der Zensur u.; etw. unterliegt der Schweigepflicht; (verblasst:) einer Täuschung u. *(sich täuschen; getäuscht werden).*

Un|ter|lip|pe, die; -, -n: *untere Lippe* (1 a).

un|term ⟨Präp. + Art.⟩ (ugs.): *unter dem.*

un|ter|ma|len ⟨sw. V.; hat⟩: **1.** *etw. mit Musik, Geräuschen o. Ä. begleiten:* eine Erzählung mit Flötenmusik u. **2.** (bild. Kunst) *(bes. von Tafelmalereien) die erste Farbschicht auf den [grundierten] Malgrund auftragen.*

Un|ter|ma|lung, die; -, -en: **a)** *das Untermalen;* **b)** *das Untermaltsein.*

Un|ter|mann, der ⟨Pl. ...männer⟩ (Kunstkraftsport): *Athlet, der bei einer akrobatischen Übung seinen Partner, die übrigen Mitglieder der Gruppe von unten her stützt, trägt.*

un|ter|mau|ern ⟨sw. V.; hat⟩: **1.** *mit Grundmauern versehen; mit stabilen Mauern von unten her befestigen, stützen:* ein Gebäude, einen Turm u. **2.** *etw. mit überzeugenden Argumenten, beweiskräftigen Fakten, Untersuchungen o. Ä. stützen, absichern:* etw. theoretisch u.

Un|ter|mau|e|rung, die; -, -en ⟨Pl. selten⟩: **1.** *das Untermauern.* **2. a)** *Mauerwerk, mit dem etw. untermauert* (1) *ist;* **b)** *Argumente, Untersuchungen usw., mit denen etw. untermauert* (2) *ist.*

un|ter|mee|risch ⟨Adj.⟩ (Meeresk.): *unterseeisch.*

Un|ter|men|ge, die; -, -n (Math.): *Teilmenge.*

un|ter|men|gen ⟨sw. V.; hat⟩: *unter etw. mengen:* Rosinen [unter den Teig] u.

un|ter|men|gen ⟨sw. V.; hat⟩: *etw. mit etw. vermengen:* Korn mit Hafer u.

Un|ter|mensch, der; -en, -en: **1.** (abwertend) *brutaler, verbrecherischer Mensch:* er trägt Züge eines -en. **2.** (nationalsoz.) *(in der rassistischen Ideologie des Nationalsozialismus) Mensch, der nicht Arier* (2) *ist.*

Un|ter|mie|te, die; -: **a)** *das Mieten eines Zimmers o. Ä. in einer von einem Hauptmieter bereits gemieteten Wohnung o. Ä.:* in, zur U. *(in einem untervermieteten Zimmer)* [bei jmdm.] wohnen; **b)** *das Untervermieten:* jmdn. in, zur U. nehmen *(an jmdn. untervermieten).*

Un|ter|mie|ter, der; -s, -: *jmd., der zur Untermiete wohnt.*

Un|ter|mie|te|rin, die; -, -nen: w. Form zu ↑Untermieter.

un|ter|mi|nie|ren ⟨sw. V.; hat⟩: **1.** *in einem allmählichen Prozess bewirken, dass etw. zerstört, abgebaut o. Ä. wird:* jmds. Autorität, Ansehen u. **2.** (Milit.) *Sprengstoff, bes. Minen legen; verminen:* die feindlichen Stellungen u.

Un|ter|mi|nie|rung, die; -, -en: *das Unterminieren.*

un|ter|mi|schen ⟨sw. V.; hat⟩: *unter etw. mischen:* Gewürze u.

un|ter|mi|schen ⟨sw. V.; hat⟩: *etw. mit etw. vermischen:* Salat mit Mayonnaise u.

un|ter|mo|to|ri|siert ⟨Adj.⟩ (Kfz-T.): *mit einem zu schwachen Motor ausgestattet.*

un|tern ⟨Präp. + Art.⟩ (ugs.): *unter den.*

un|ter|neh|men ⟨st. V.; hat⟩ (ugs.): *unter den Arm nehmen:* er hat das Kind untergenommen.

un|ter|neh|men ⟨st. V.; hat⟩ [mhd. undernemen]: **1. a)** *etw., was bestimmte Handlungen, Aktivitäten o. Ä. erfordert, in die Tat umsetzen, durchführen:* einen Ausflug, eine Fahrt u.; **b)** *sich irgendwohin begeben u. etw. tun, was Spaß, Freude o. Ä. macht:* etwas, viel zusammen u. **2.** *Maßnahmen ergreifen; handelnd eingreifen:* etwas gegen die Missstände u.; den Versuch u., jmdm. zu helfen.

Un|ter|neh|men, das; -s, -: **1.** *etw., was unternommen* (1 a) *wird; Vorhaben:* ein gewagtes, aussichtsloses U.; das U. gelang, scheiterte; ein U. durchführen, aufgeben. **2.** *[aus mehreren Werken, Filialen o. Ä. bestehender] Betrieb (im Hinblick auf seine wirtschaftliche Einheit):* ein mittleres, privates U.; ein U. gründen, aufbauen, liquidieren.

un|ter|neh|mend ⟨Adj.⟩: *unternehmungslustig; aktiv.*

Un|ter|neh|mens|be|ra|ter, der [nach engl. management consultant]: *als Berater in der Unternehmensberatung tätiger Fachmann.*

Un|ter|neh|mens|be|ra|te|rin, die: w. Form zu ↑Unternehmensberater.

Un|ter|neh|mens|be|ra|tung, die [nach engl. management consulting]: *Beratung eines Unternehmens* (2), *bes. durch Ausarbeitung bzw. Auswertung der für die Planung notwendigen statistischen Unterlagen.*

Un|ter|neh|mens|form, die: *Rechtsform eines Unternehmens* (2; z. B. Aktiengesellschaft).

Un|ter|neh|mens|for|schung, die [engl. operations research]: *Forschung, die Pläne, Modelle, Maßnahmen für die optimale Gewinnsteige-*

rung eines Wirtschaftsunternehmens entwickelt; Operationsresearch.
Un|ter|neh|mens|füh|rung, die: *Management; Unternehmensleitung.*
Un|ter|neh|mens|iden|ti|tät, die: *Corporate Identity.*
Un|ter|neh|mens|lei|tung, die: *Leitung* (1) *eines Unternehmens* (2).
Un|ter|neh|mens|pla|nung, die: *Planung der Tätigkeiten eines Unternehmens* (2) *zur Erreichung bestimmter Ziele.*
Un|ter|neh|mens|wert, der: *Wert eines Unternehmens* (2).
Un|ter|neh|mens|zu|sam|men|schluss, der: *Zusammenschluss, Fusion* (1) *zweier od. mehrerer Unternehmen* (2).
Un|ter|neh|mer, der; -s, - [nach frz. entrepreneur, veraltet engl. undertaker]: *Eigentümer eines Unternehmens* (2).
Un|ter|neh|me|rin, die: w. Form zu ↑Unternehmer.
un|ter|neh|me|risch ⟨Adj.⟩: *einen Unternehmer betreffend, ihm gemäß, zu ihm gehörend.*
Un|ter|neh|mer|schaft, die; -, -en ⟨Pl. selten⟩: *Gesamtheit der Unternehmer und Unternehmerinnen.*
Un|ter|neh|mer|tum, das; -s: **a)** *Gesamtheit der Unternehmer;* **b)** *das Unternehmersein.*
Un|ter|neh|mung, die; -, -en: **1.** *Unternehmen* (1). **2.** (Wirtsch. seltener) *Unternehmen* (2).
Un|ter|neh|mungs|geist, der ⟨o. Pl.⟩: *Initiative, etw. zu unternehmen* (1).
Un|ter|neh|mungs|lust, die: *starke Neigung, etw. [zum eigenen Vergnügen] zu unternehmen.*
un|ter|neh|mungs|lus|tig ⟨Adj.⟩: *von Unternehmungslust erfüllt, zeugend; voller Unternehmungslust.*
Un|ter|of|fi|zier, der; -s, -e: **a)** ⟨o. Pl.⟩ *militärische Rangstufe, die die Dienstgrade vom Unteroffizier* (b) *bis zum Oberstabsfeldwebel umfasst:* U. vom Dienst (Abk. UvD, U. v. D.); **b)** ⟨o. Pl.⟩ *unterster Dienstgrad der Rangstufe Unteroffizier* (a); **c)** *jmd., der den Dienstgrad eines Unteroffiziers* (a, b) *trägt:* U. mit Portepee *(Portepeeunteroffizier).*
Un|ter|of|fi|zier|an|wär|ter usw.: militär. meist für ↑Unteroffiziersanwärter usw.
Un|ter|of|fi|ziers|an|wär|ter, der: vgl. Offiziersanwärter (Abk.: UA).
Un|ter|of|fi|ziers|dienst|grad, der: *Dienstgrad eines Unteroffiziers.*
Un|ter|of|fi|ziers|rang, der: *Rang* (1) *eines Unteroffiziers.*
un|ter|ord|nen ⟨sw. V.; hat⟩: **1.** ⟨u. + sich⟩ *sich in eine bestimmte Ordnung einfügen u. sich nach dem Willen, den Anweisungen o. Ä. eines anderen od. den Erfordernissen, Gegebenheiten richten:* sich [anderen] nicht u. können; sie ordnet sich zu sehr seinen Wünschen unter. **2.** *etw. zugunsten einer anderen Sache zurückstellen:* seine eigenen Interessen den Notwendigkeiten u. **3.** ⟨meist im 2. Part.⟩ **a)** *einem Weisungsbefugten, einer weisungsbefugten Institution unterstellen:* jmdm., einem Ministerium untergeordnet sein; **b)** *in ein umfassendes System als weniger umfassende Größe, Kategorie o. Ä. eingliedern; subsumieren:* Nelke, Tulpe, Rose sind dem Begriff »Blume« untergeordnet.
un|ter|ord|nend: **1.** ↑unterordnen. **2.** ⟨Adj.⟩ (Sprachw.) *(von Konjunktionen) einen Gliedsatz einleitend.*
Un|ter|ord|nung, die; -, -en: **1.** *das Unterordnen* (1, 2 a, 3); *das Untergeordnetsein:* die U. unter etw. **2.** (Sprachw.) *Hypotaxe.* **3.** (Biol.) *kleinere Einheit als Untergruppe im Rahmen einer bestimmten Ordnung.*
Un|ter|pfand, das; -[e]s, ...pfänder [mhd. underphant, eigtl. = Pfand, das der Pfandempfänger dem Verpfänder (»unter dem Verpfänder«) belässt]: **a)** (geh.) *Beweis, Pfand* (2) *dafür, dass etw. anderes besteht, Gültigkeit hat;* **b)** (veraltet) *Pfand* (1 a).
Un|ter|pflas|ter|bahn, Un|ter|pflas|ter|stra|ßen|bahn, die: *Straßenbahn, die [teilweise] unterirdisch geführt ist.*
un|ter|pflü|gen ⟨sw. V.; hat⟩: *etw. unter die Erde pflügen:* das Unkraut u.
un|ter|prei|sig ⟨Adj.⟩ (Wirtsch. Jargon): *ein bestimmtes, übliches, Gewinn bringendes o. ä. Preisniveau unterschreitend:* -e Angebote.
Un|ter|pri|ma [auch: ˈ–––], die; -, ...primen (veraltend): *vorletzte Klasse des Gymnasiums.*
un|ter|pri|vi|le|giert ⟨Adj.⟩ [LÜ von engl. underprivileged] (bildungsspr.): *(von bestimmten Menschen, Schichten, Minderheiten, Völkern) nicht od. nur eingeschränkt an bestimmten Rechten, Privilegien, Vorteilen in sozialer od. ökonomischer Hinsicht teilhabend:* -e Schichten.
Un|ter|punkt, der; -[e]s, -e: **1.** *Punkt* (4), *der einem anderen untergeordnet ist.* **2.** *Punkt unter einem Buchstaben o. Ä.*
un|ter|que|ren ⟨sw. V.; hat⟩: *unter etw. hindurchfahren, hindurchgehen, hindurchführen.*
un|ter|re|den, sich ⟨sw. V.; hat⟩ (geh.): *etw. mit jmdm., sich mit jmdm. über etw. bereden; etw. mit jmdm. durchsprechen:* er hat sich lange mit ihr unterredet; die beiden haben sich darüber unterredet.
Un|ter|re|dung, die; -, -en: *wichtiges, meist förmliches, offizielles Gespräch mit einer Person od. einigen wenigen Personen:* mit jmdm. eine U. haben, führen.
un|ter|re|prä|sen|tiert ⟨Adj.⟩: *gemessen an der Gesamtheit einer bestimmten [Bevölkerungs]gruppe, an der Größe eines bestimmten Personenkreises nur schwach vertreten:* eine -e Personengruppe.
Un|ter|richt, der; -[e]s, -e ⟨Pl. selten⟩: *planmäßige, regelmäßige Unterweisung Lernender durch eine[n] Lehrende[n]:* ein lebendiger U.; theoretischer U.; der U. beginnt um 8 Uhr, fällt aus; U. [in etw.] geben, erteilen *(unterrichten* 1 b, c); U. [in etw.] nehmen *(etw. bei einer Lehrperson lernen);* dem U. fernbleiben; am U. teilnehmen.
un|ter|rich|ten ⟨sw. V.; hat⟩ [mhd. underrihten, eigtl. = einrichten, zustande bringen]: **1. a)** *(als Lehrperson) Kenntnisse (auf einem bestimmten Gebiet) vermitteln; als Lehrperson tätig sein; Unterricht halten:* er unterrichtet schon viele Jahre [an einem Gymnasium]; wo unterrichtet sie?; **b)** *ein bestimmtes Fach lehren:* sie unterrichtet Mathematik; ⟨auch mit Präp.-Obj.:⟩ er unterrichtet in Englisch *(in dem Fach Englisch);* **c)** *jmdm. Unterricht geben, erteilen:* er unterrichtet die Oberstufe; sie unterrichtet ihre Kinder im Malen. **2. a)** *von etw. in Kenntnis setzen; benachrichtigen; informieren* (a), *instruieren* (a): jmdn. sofort von den Ereignissen, über die Ereignisse u.; ich bin unterrichtet *(weiß Bescheid);* **b)** ⟨u. + sich⟩ *sich Kenntnisse, Informationen o. Ä. über etw. verschaffen; sich orientieren:* sich an Ort und Stelle über den Stand der Dinge u.; ich werde mich so schnell wie möglich u.
un|ter|richt|lich ⟨Adj.⟩: *den Unterricht betreffend, auf ihm beruhend.*
Un|ter|richts|ein|heit, die (Päd.): **1.** *Zeiteinheit, die für die Behandlung, Vermittlung eines bestimmten Lehrstoffs o. Ä. vorgesehen ist.* **2.** *ein bestimmtes, übergreifendes Thema umfassende Folge von Unterrichtsstunden.*
Un|ter|richts|fach, das: *Lehrfach.*
Un|ter|richts|film, der: *Film, der als Lehr-, Lernmittel eingesetzt wird.*
un|ter|richts|frei ⟨Adj.⟩: *frei von, ohne Unterricht:* ein -er Sonnabend; -e Zeit; u. *(keinen Unterricht)* haben.
Un|ter|richts|ge|gen|stand, der: *etw., was im Unterricht behandelt wird.*
Un|ter|richts|ge|spräch, das (Päd.): *Unterrichtsmethode, bei der der Wissensstoff im Gespräch mit den Schülerinnen u. Schülern erarbeitet wird.*
Un|ter|richts|kun|de, die ⟨o. Pl.⟩: *Didaktik.*
Un|ter|richts|leh|re, die: *Didaktik.*
Un|ter|richts|ma|te|ri|al, das: *Material* (2) *für den Unterricht.*
Un|ter|richts|me|tho|de, die: *Methode des Unterrichtens.*
Un|ter|richts|mit|tel, das ⟨meist Pl.⟩: *Lehrmittel.*
Un|ter|richts|pen|sum, das: *Pensum, das in einem bestimmten Zeitraum im Unterricht zu bewältigen ist; Lektion* (1 a).
Un|ter|richts|pro|gramm, das: **1.** vgl. Lehrplan. **2.** *gedrucktes od. auf Tonband gesprochenes Programm eines mechanischen od. elektronischen Hilfsmittels für den programmierten Unterricht.*
Un|ter|richts|schritt, der (Päd.): *einzelner didaktischer Schritt* (5).
Un|ter|richts|stoff, der: vgl. Lehrstoff.
Un|ter|richts|stun|de, die: *für den Unterricht vorgesehener Zeitabschnitt von in der Regel höchstens einer Stunde.*
Un|ter|richts|ziel, das: *Ergebnis, das mithilfe des Unterrichts erzielt werden soll.*
Un|ter|richts|zweck, der: *auf den Unterricht ausgerichteter, dem Unterricht dienender Zweck.*
Un|ter|rich|tung, die; -, -en: *das Unterrichten* (2); *das Unterrichtetwerden.*
un|ter|rin|geln ⟨sw. V.; hat⟩ (ugs.): *unterschlängeln:* ein Wort u.
Un|ter|rock, der; -[e]s, ...röcke: *einem Trägerkleid od. einem* [1]*Rock ähnliches Wäschestück, das unter einem Kleid od. Rock getragen wird.*
un|ter|rüh|ren ⟨sw. V.; hat⟩: *rührend untermengen.*
un|ters ⟨Präp. + Art.⟩ (ugs.): *unter das.*
un|ter|sa|gen ⟨sw. V.; hat⟩ [mhd. undersagen, ahd. untarsagēn, eigtl. = im Wechselgespräch (mit der Absicht des Verbietens) mitteilen, nach lat. interdicere]: *anordnen, dass etw. zu unterlassen ist:* der Arzt untersagte ihm, Alkohol zu trinken; das Betreten der Bühne ist untersagt.
Un|ter|satz, der; -es, ...sätze [mhd. undersaz]: *etw., was zu einem bestimmten Zweck unter etw. gestellt, gelegt, angebracht wird:* den heißen Topf auf einen U. stellen; *** **fahrbarer U.** (ugs. scherzh.; *Auto, Motorrad o. Ä.).*
un|ter|schät|zen ⟨sw. V.; hat⟩: *zu gering einschätzen:* eine Entfernung [erheblich] u.; eine Gefahr u.; seinen Gegner u.; seine Erfahrungen sind nicht zu u. *(sind sehr beachtlich).*
un|ter|scheid|bar ⟨Adj.⟩: *sich von einer anderen Person od. Sache unterscheiden lassend.*
un|ter|schei|den ⟨st. V.; hat⟩ [mhd. underscheiden = (als nicht in besonderen Merkmalen o. Ä. übereinstimmend) trennen, festsetzen, erklären, ahd. undarsceidan]: **1. a)** *etw. im Hinblick auf seine besonderen Merkmale, Eigenschaften o. Ä. erkennen u. es als etw., was nicht od. nur teilweise mit etw. anderem übereinstimmt, bestimmen:* verschiedene Bedeutungen u.; man kann vier Typen u.; zweierlei ist hier zu u.; ein scharf unterscheidender Verstand; **b)** *einen Unterschied* (2) *machen:* es wird unterschieden zwischen dem alten und dem neuen Mittelstand; **c)** *zwischen zwei od. mehreren Dingen, Erscheinungen o. Ä. einen Unterschied feststellen, wahrnehmen; als etw. Verschiedenes, in seiner Verschiedenheit erkennen:* die Zwillinge sind kaum zu u.; Weizen von Roggen nicht u. können. **2.** ⟨u. + sich⟩ *im Hinblick auf bestimmte Merkmale, Eigenschaften o. Ä. anders sein als eine andere Person od. Sache:* sich deutlich, kaum von jmdm. u.; sich durch eine bestimmte Farbe [voneinander] u.; in diesem Punkt unterscheiden sich die beiden Parteien überhaupt nicht. **3.** *das besondere Merkmal sein, worin jmd., etw. von jmdm., etw. abweicht:* ihre Musikalität unterscheidet sie von ihrer Schwester. **4.** *etw. unter, zwischen etw. anderem, vielem anderen in seinen Einzelheiten optisch od. akustisch wahrnehmen:* er, sein Auge unterschied noch den kleinsten Fleck am Horizont.
Un|ter|schei|dung, die; -, -en: *das Unterscheiden; das Unterschiedenwerden.*
Un|ter|schei|dungs|merk|mal, das: *Merkmal zur Unterscheidung.*
Un|ter|schei|dungs|ver|mö|gen, das ⟨o. Pl.⟩: *Fähigkeit zu unterscheiden.*

Un|ter|schen|kel, der; -s, -: *Teil des Beines zwischen Knie u. Fuß.*

Un|ter|schicht, die; -, -en: **1.** *untere Gesellschaftsschicht.* **2.** *untere Schicht von etw.:* die U. bestand aus Lehm.

un|ter|schie|ben ‹st. V.; hat›: *unter etw., jmdn. schieben:* sie schob dem Kranken ein Kissen unter; Ü ein untergeschobenes Kind, Testament.

un|ter|schie|ben ‹st. V.; hat›: **a)** *in irreführender, unlauterer, betrügerischer o. ä. Weise jmdm. etw. heimlich zuschieben:* jmdm. einen Brief u.; **b)** *in ungerechtfertigter Weise jmdm. etw. zuschreiben, von ihm behaupten, dass er es getan habe; unterstellen:* man hat ihm unlautere Absichten unterschoben.

Un|ter|schied, der; -[e]s, -e [mhd. underschied, underscheit, ahd. untarsceid]: **1.** *etw., worin zwei od. mehrere Dinge nicht übereinstimmen:* ein kleiner, entscheidender, gewaltiger U.; es bestehen erhebliche klimatische -e; -e in der Qualität, in der Farbe; der U. zwischen Tier und Mensch; es ist [schon] ein [großer] U. *(etw. anderes),* ob du es sagst oder er; das macht keinen U. (ugs.; *das ist unerheblich;* nach engl. it makes no difference); *** der kleine U.** (ugs. scherzh.; 1. *Geschlechtsunterschied zwischen Mann u. Frau.* 2. *Geschlechtsmerkmal, bes. Penis als deutliches Kennzeichen des Unterschieds zwischen Mann u. Frau).* **2.** *[bewertende] Unterscheidung, Abgrenzung:* da kennt er keine -e; einen U. machen zwischen ihr und ihm; im U. zu ihm interessiert sie das überhaupt nicht; mit einem einzigen U.; das gilt für alle in gleichem Maß ohne U. der Herkunft, der Religion.

un|ter|schied|lich ‹Adj.›: *Unterschiede aufweisend; nicht gleich:* -e Auffassungen, Charaktere; Veranstaltungen der -sten Art; Gebiete von -er Größe; Schülerinnen und Schüler u. behandeln.

Un|ter|schied|lich|keit, die; -, -en: **1.** ‹o. Pl.› *das Unterschiedlichsein.* **2.** ‹meist Pl.› *etw. Unterschiedliches.*

Un|ter|schieds|be|trag, der: *Differenz[betrag].*

un|ter|schieds|los ‹Adj.›: *ohne Unterschied.*

un|ter|schläch|tig ‹Adj.› [zu ↑schlagen] (Fachspr.): *(von einem Wasserrad) von unten her angetrieben.*

Un|ter|schlag, der; -[e]s, ...schläge: **1.** *Schneidersitz.* **2.** (Druckw.) *Steg* (10) *am unteren Ende einer Seite.*

un|ter|schla|gen ‹st. V.; hat›: *(Beine, Arme) kreuzen* (1).

un|ter|schla|gen ‹st. V.; hat› [mhd. underslahen, eigtl. = etw. unter etw. stecken]: **1.** (bes. Rechtsspr.) *Gelder, Werte o. Ä., die jmdm. anvertraut sind, vorsätzlich nicht für den vom rechtmäßigen Eigentümer gewollten Zweck verwenden, sondern für sich behalten, verwenden:* Geld, Briefe u. **2.** *etw. Wichtiges nicht mitteilen; jmdm. etw. Mitteilens-, Erwähnenswertes vorenthalten, verheimlichen:* eine wichtige Nachricht, entscheidende Tatsachen u.

Un|ter|schla|gung, die; -, -en: **1.** (Rechtsspr.) *das Unterschlagen* (1); *rechtswidrige Aneignung anvertrauter Gelder, Werte o. Ä.:* er hat mehrere -en begangen. **2.** *das Unterschlagen* (2): die U. einer Nachricht.

un|ter|schlän|geln ‹sw. V.; hat›: *zur Hervorhebung, Markierung eine Schlangenlinie unter etw. Geschriebenes, Gedrucktes setzen:* ein Wort u.

Un|ter|schlupf, der; -[e]s, -e ‹Pl. selten›: *Ort, an dem jmd. Schutz findet od. an dem sich jmd. vorübergehend verbirgt:* einen U. suchen, bei jmdm. finden; jmdm. U. gewähren.

un|ter|schlup|fen ‹sw. V.; ist› (südd. ugs.): *unterschlüpfen.*

un|ter|schlüp|fen ‹sw. V.; ist› (ugs.): *Unterschlupf finden:* in einer Scheune, bei Freunden u.

un|ter|schnal|len ‹sw. V.; hat› (ugs.): *darunterlegen u. festschnallen.*

un|ter|schnei|den ‹unr. V.; hat›: **1.** (Bauw.) *ein Bauteil an der Unterseite abschrägen.* **2.** (Tennis, Tischtennis) *mit Unterschnitt schlagen.*

Un|ter|schnitt, der; -[e]s, -e (Tennis, Tischtennis): *Schlag, bei dem der Schläger senkrecht od. leicht nach hinten gekantet u. nach unten geführt wird, sodass der Ball eine Rückwärtsdrehung bekommt.*

un|ter|schrei|ben ‹st. V.; hat›: **a)** *seinen Namen unter etw. setzen; signieren:* mit vollem Namen u.; **b)** *mit seiner Unterschrift den Inhalt eines Schriftstücks bestätigen, sein Einverständnis o. Ä. erklären:* eine Erklärung, Quittung, einen Brief u.; etw. blind *(ohne es zu lesen),* einen Scheck blanko u.; Ü dieses Vorgehen kann ich [nicht] u. (ugs.; *gutheißen*).

un|ter|schrei|ten ‹st. V.; hat›: *unter einer bestimmten angenommenen, festgelegten Grenze als Maß bleiben, liegen:* eine gesetzte Norm u.

Un|ter|schrei|tung, die; -, -en: *das Unterschreiten.*

Un|ter|schrift, die; -, -en: **1.** *zum Zeichen der Bestätigung, des Einverständnisses o. Ä. eigenhändig unter ein Schriftstück, einen Text geschriebener Name:* seine U. unter etw. setzen; eine U. leisten (nachdrücklich; *unterschreiben*); etw. durch seine U. beglaubigen; jmdm. etw. zur U. *(zum Unterschreiben)* vorlegen. **2.** kurz für ↑Bildunterschrift.

Un|ter|schrif|ten|ak|ti|on, die: vgl. Unterschriftenkampagne.

Un|ter|schrif|ten|kam|pa|gne, die: *Kampagne zur Unterschriftensammlung.*

Un|ter|schrif|ten|map|pe, die: *Mappe für Schriftstücke, die von einem Vorgesetzten o. Ä. unterschrieben werden sollen.*

Un|ter|schrif|ten|samm|lung, die: *Sammlung von Unterschriften in Listen für od. gegen jmdn., etw.*

un|ter|schrift|lich ‹Adv.› (Amtsspr.): *mit od. durch Unterschrift:* etw. u. bestätigen.

un|ter|schrifts|be|rech|tigt ‹Adj.›: *berechtigt, Schriftstücke, bes. Geschäftspost, zu unterschreiben.*

Un|ter|schrifts|pro|be, die: *Probe von einer Unterschrift (zur Überprüfung ihrer Echtheit).*

un|ter|schrifts|reif ‹Adj.›: *so beschaffen (aufgesetzt, ausgearbeitet), dass die entsprechenden Unterschriften darunter gesetzt werden können:* -e Verträge.

un|ter|schwef|lig ‹Adj.› (Chemie): vgl. unterchlorig.

un|ter|schwel|lig ‹Adj.›: *(bes. vom Bewusstsein, von Gefühlen) verdeckt, unbewusst vorhanden, wirkend:* -e Ängste.

Un|ter|see|boot, das [nach engl. Bildungen mit under-sea = »unter (der) See« als Best.]: *Schiff, das tauchen u. längere Zeit unter Wasser fahren kann u. bes. für militärische Zwecke eingesetzt wird* (Abk.: U-Boot).

un|ter|see|isch ‹Adj.› (Geol.): *unter der Meeresoberfläche [gelegen].*

Un|ter|sei|te, die: *nach unten gewandte, nicht sichtbare Seite.*

un|ter|seits ‹Adv.›: *an der Unterseite.*

Un|ter|se|kun|da [auch: '– – – – –], die; -, ...sekunden (veraltend): *sechste Klasse des Gymnasiums.*

un|ter|set|zen ‹sw. V.; hat› [mhd. undersetzen]: *unter etw. setzen, stellen.*

un|ter|set|zen ‹sw. V.; hat›: **1.** *etw. mit etw. durchsetzen, mischen:* der Wald ist mit Sträuchern untersetzt. **2. a)** (Kfz-T.) *die Motordrehzahl in einem bestimmten Verhältnis heruntersetzen;* **b)** (Elektrot.) *verlangsamt wiedergeben:* elektronische Signale u.

Un|ter|set|zer, der: *kleinerer flächiger Gegenstand, der als Schmuck, zum Schutz o. Ä. unter etw. gelegt wird.*

un|ter|setzt ‹Adj.› [zu veraltet untersetzen = stützen, festigen, mhd. undersetzen, also eigtl. = gestützt, gefestigt]: *(in Bezug auf den Körperbau) nicht besonders groß, aber stämmig; pyknisch:* ein -er Typ.

Un|ter|setzt|heit, die; -: *das Untersetztsein.*

Un|ter|set|zung, die; -, -en: **a)** (Kfz-T.) *Vorrichtung zum Untersetzen* (2 a): eine U. einbauen; **b)** (Elektrot.) *das Untersetzen* (2 b).

un|ter|sin|ken ‹st. V.; ist›: *nach unten, unter die Oberfläche einer Flüssigkeit sinken.*

Un|ter|span|nung, die (Elektrot.): *zu niedrige Spannung in einem elektrischen Gerät.*

un|ter|spü|len ‹sw. V.; hat›: *(vom Wasser) unterhöhlen* (1): die Flut hat das Ufer unterspült.

Un|ter|spü|lung, die; -, -en: *das Unterspülen.*

un|terst... ‹Adj.; Sup. von unter...›: ↑unter...

Un|ter|stand, der; -[e]s, ...stände [mhd. understant]: **1.** *unter der Erdoberfläche befindlicher Raum zum Schutz gegen Beschuss (im Stellungskrieg).* **2.** *Stelle, wo sich jmd. unterstellen kann.* **3.** (österr.) *Unterkunft, Unterschlupf.*

un|ter|stands|los ‹Adj.› (österr.): *wohnsitzlos.*

Un|ters|te, das; -n: ↑unter...

un|ter|ste|hen ‹unr. V.; hat; südd., österr., schweiz. auch: ist› [mhd. understēn = sich unter etw. stellen]: *unter etw. Schützendem stehen.*

un|ter|ste|hen ‹unr. V.; hat›: **1. a)** *in seinen Befugnissen jmdm., einer Institution o. Ä. unterstellt sein:* niemandem u.; **b)** *unterliegen* (2): ständiger Kontrolle u.; es untersteht keinem Zweifel *(es besteht kein Zweifel),* dass er die Unwahrheit gesagt hat. **2.** ‹u. + sich› *sich herausnehmen, erdreisten, etw. zu tun:* untersteh dich nicht, darüber zu sprechen!; untersteh dich! (als Warnung, Drohung; *unterlass das!*).

un|ter|stel|len ‹sw. V.; hat›: **1. a)** *zur Aufbewahrung abstellen:* das Fahrrad im Keller u.; **b)** ‹u. + sich› *sich unter etw. Schützendes stellen.* **2.** *unter etw. stellen:* ein Eimer u.

un|ter|stel|len ‹sw. V.; hat› [2: nach frz. supposer]: **1. a)** *jmdm., einer Institution, die Weisungen geben kann o. Ä., unterordnen:* die Behörde ist dem Innenministerium unterstellt; **b)** *jmdm. die Leitung von etw. übertragen:* er hat ihm mehrere Abteilungen unterstellt. **2. a)** *annehmen:* ich unterstelle [einmal], dass er die Wahrheit gesagt hat; **b)** *unterschieben* (b): man hat mir die übelsten Absichten unterstellt.

Un|ter|stell|raum, der: *Raum, in dem etw. untergestellt* (1 a) *werden kann.*

Un|ter|stel|lung, die; -: *das Unterstellen* (1).

Un|ter|stel|lung, die; -, -en: **1.** *das Unterstellen* (1); *das Unterstelltwerden, Unterstelltsein:* die U. unter die Militärgerichtsbarkeit. **2.** *falsche Behauptung, mit der jmdm. etw. unterstellt wird:* böswillige -en.

un|ter|steu|ern ‹sw. V.; hat› (Kfz-T.): *bei normalem Ausschlag der Räder nicht entsprechend stark in die Kurve gehen:* der Wagen untersteuert.

Un|ter|stim|me, die; -, -n: *tiefste Stimme eines mehrstimmigen musikalischen Satzes.*

un|ter|strei|chen ‹st. V.; hat›: **1.** *zur Hervorhebung einen Strich unter etw. Geschriebenes, Gedrucktes ziehen:* er hat die Fehler dick, rot, mit Rotstift unterstrichen. **2.** *nachdrücklich betonen, hervorheben:* jmds. Verdienste u.; seine Worte durch Gesten u.

Un|ter|strei|chung, die; -, -en: **1.** *das Unterstreichen.* **2.** *Strich, mit dem etw. unterstrichen ist.*

Un|ter|strö|mung, die; -, -en: *Strömung unter der Wasseroberfläche.*

Un|ter|stu|fe, die; -, -n: *untere Klassen in Realschulen u. Gymnasien.*

un|ter|stüt|zen ‹sw. V.; hat›: *unter etw. stützen:* den Arm [unter das Kinn] u.

un|ter|stüt|zen ‹sw. V.; hat› [mhd. understützen, ahd. untarstuzzen]: **1. a)** *jmdm. [der sich in einer schlechten materiellen Lage befindet] durch Zuwendungen helfen:* er wird von seinen Freunden finanziell unterstützt; **b)** *jmdm. bei etw. behilflich sein:* jmdn. tatkräftig, mit Rat und Tat u. **2.** *sich für jmdn., jmds. Angelegenheiten o. Ä. einsetzen u. dazu beitragen, dass jmd., etw. Fortschritte macht, Erfolg hat:* die Kandidaten einer Partei u.; ein Projekt u. *(fördern);* ein Gesuch u.; das Mittel unterstützt *(begünstigt, fördert)* den Heilungsprozess.

Un|ter|stüt|zung, die; -, -en: **1.** *das Unterstützen,*

U

Helfen, Fördern: bei jmdm. keine U. finden; er ist auf U. durch den Staat angewiesen. **2.** *bestimmter Geldbetrag, mit dem jmd. unterstützt wird:* eine U. beantragen, beziehen; jmdm. U. gewähren.

un|ter|stüt|zungs|be|dürf|tig ⟨Adj.⟩: *(materielle) Unterstützung benötigend.*

Un|ter|stüt|zungs|bei|hil|fe, die: *einem Arbeitnehmer vom Arbeitgeber od. aus öffentlichen Mitteln zur Unterstützung gewährte Beihilfe.*

Un|ter|stüt|zungs|geld, das: *Unterstützung* (2).

un|ter|su|chen ⟨sw. V.; hat⟩ [spätmhd. undersuochen]: **1. a)** *etw. genau beobachten, betrachten u. so in seiner Beschaffenheit, Zusammensetzung, Gesetzmäßigkeit, Auswirkung o. Ä. genau zu erkennen suchen:* etw. gründlich u.; die Beschaffenheit des Bodens, die gesellschaftlichen Verhältnisse u. *(analysieren);* ein Thema, ein Problem [wissenschaftlich] u. *(erforschen, erörtern);* **b)** *(durch Proben, Analysen) die chemischen Bestandteile von etw. zu bestimmen, festzustellen suchen:* den Eiweißgehalt von etw. u. lassen; das Blut auf Zucker u. **2. a)** *(von Ärzten) jmds. Gesundheitszustand festzustellen suchen:* einen Patienten nur flüchtig u.; sich ärztlich u. lassen; jmdn. auf seinen psychischen Zustand [hin] u.; **b)** *den Zustand eines [erkrankten] Organs, [verletzten] Körperteils o. Ä. festzustellen suchen:* den Hals, die Wunde sorgfältig u. **3.** *etw. [juristisch, polizeilich] aufzuklären suchen, einer Sache nachgehen:* einen Fall gerichtlich u.; den Tathergang u. **4.** *durchsuchen* (a): jmdn., jmds. Gepäck u. **5.** *überprüfen:* die Maschine u.; das Auto auf seine Verkehrssicherheit [hin] u.

Un|ter|su|chung, die; -, -en [spätmhd. undersuochunge]: **1. a)** *das Untersuchen* (1): eine mikroskopische U.; wissenschaftliche -en; die U. der Gesteinsschichten; eine U. anfertigen; **b)** *das Untersuchen* (2): eine vorbeugende, ärztliche U.; sich einer gründlichen U. unterziehen. **2.** *das Untersuchen* (3): die polizeiliche U. verlief ergebnislos; eine U. gegen jmdn. beantragen, anordnen, einleiten, durchführen. **3.** *das Untersuchen* (4); *Durchsuchung:* die U. des Gepäcks. **4.** *das Untersuchen* (5); *Überprüfung:* eine genaue U. des Unfallwagens. **5.** *auf Untersuchungen* (1) *basierende wissenschaftliche Arbeit:* eine interessante U. über Umweltschäden; eine U. veröffentlichen.

Un|ter|su|chungs|aus|schuss, der: *Ausschuss* (2), *der mit der Untersuchung* (2) *von etw. betraut ist:* etw. vor den U. bringen.

Un|ter|su|chungs|be|richt, der: *Bericht über eine Untersuchung* (1–4).

Un|ter|su|chungs|er|geb|nis, das: *Ergebnis einer Untersuchung.*

Un|ter|su|chungs|ge|fan|ge|ne, der u. die: *jmd., der sich in Untersuchungshaft befindet.*

Un|ter|su|chungs|ge|fäng|nis, das: *Gefängnis für Untersuchungsgefangene.*

Un|ter|su|chungs|haft, die: *Haft eines Beschuldigten bis zu Beginn u. während eines Prozesses:* in U. sitzen; jmdn. in U. nehmen; Abk.: U-Haft.

Un|ter|su|chungs|häft|ling, der: *jmd., der sich in Untersuchungshaft befindet.*

Un|ter|su|chungs|kom|mis|si|on, die: vgl. Untersuchungsausschuss.

Un|ter|su|chungs|me|tho|de, die: *Methode, nach der eine Untersuchung* (1–4) *durchgeführt wird.*

Un|ter|su|chungs|rich|ter, der: *Richter, der bei Strafverfahren die Voruntersuchung leitet.*

Un|ter|su|chungs|rich|te|rin, die: w. Form zu ↑Untersuchungsrichter.

Un|ter|su|chungs|zim|mer, das: *Raum in einer Arztpraxis o. Ä., in dem die Patienten untersucht werden.*

Un|ter|tag|ar|bei|ter usw.: ↑Untertagearbeiter usw.

Un|ter|ta|ge|ar|bei|ter, der (Bergbau): *Bergarbeiter, der unter Tage arbeitet.*

Un|ter|ta|ge|bau, der (Bergbau): **1.** ⟨o. Pl.⟩ *Abbau unter Tage.* **2.** ⟨Pl. -e⟩ *Grube.*

un|ter|tags ⟨Adv.⟩ (österr., schweiz.): *tagsüber.*

un|ter|tan ⟨Adj.⟩ [mhd. undertān, ahd. untartān = unterjocht, verpflichtet, eigtl. adj. 2. Part. von mhd. undertuon, ahd. untartuon = unterwerfen]: in den Wendungen **sich, einer Sache jmdn., etw. u. machen** (geh.; *jmdn., etw. seinen Zwecken unterwerfen, beherrschen*): sich die Natur u. machen; **jmdm., einer Sache u. sein** (veraltend; *von jmdm., etw. abhängig, jmdm., etw. unterworfen sein*).

Un|ter|tan, der; -s, auch: -en, -en [mhd. undertān(e)]: **a)** (früher) *Bürger einer Monarchie od. eines Fürstentums, der seinem Landesherrn zu Gehorsam u. Dienstbarkeit verpflichtet ist:* die -en des Landgrafen; **b)** (abwertend) *Mensch von untertäniger Gesinnung, von serviler Ergebenheit:* die Schüler zu -en erziehen.

Un|ter|ta|nen|geist, der ⟨o. Pl.⟩ (abwertend): *untertänige Gesinnung, servile Ergebenheit.*

un|ter|tä|nig ⟨Adj.⟩ [mhd. undertænec] (abwertend): *jmds. Haltung zeigend, die erkennen lässt, dass er sehr beflissen den Willen eines Höhergestellten, Mächtigeren als verbindlich anerkennt, sich beeilt ihm nachzukommen.*

Un|ter|tä|nig|keit, die; - [mhd. undertænicheit] (abwertend): *das Untertänigsein.*

Un|ter|ta|nin, die; -, -nen: w. Form zu ↑Untertan.

Un|ter|tas|se, die; -, -n: *kleinerer Teller, in dessen leichte Vertiefung in der Mitte die Tasse gestellt wird:* * **fliegende U.** (ugs.; *tellerförmiges Flugobjekt unbekannter Art u. Herkunft*).

un|ter|tau|chen ⟨sw. V.⟩: **1. a)** *unter die Oberfläche tauchen* ⟨ist⟩: der Schwimmer tauchte unter; **b)** *unter Wasser drücken* ⟨hat⟩: jmdn. u. **2.** ⟨ist⟩ **a)** *verschwinden, nicht mehr zu sehen sein:* in der Menge u.; **b)** *sich an einen unbekannten Ort begeben u. sich so jmds. Zugriff entziehen:* in Südamerika u.

Un|ter|teil, das, auch: der; -[e]s, -e: *unteres Teil von etw.*

un|ter|tei|len ⟨sw. V.; hat⟩: **a)** *eine Fläche, einen Raum o. Ä. aufteilen:* einen Schrank in mehrere Fächer u.; **b)** *einteilen, gliedern:* die Skala ist in 10 Grade unterteilt.

Un|ter|tei|lung, die; -, -en: **1.** *das Unterteilen.* **2.** *das Unterteiltsein.*

Un|ter|tem|pe|ra|tur, die; -, -en: *Temperatur, die unter der normalen Körpertemperatur liegt.*

Un|ter|ter|tia [auch: '- - - -], die; -, ...tertien (veraltend): *vierte Klasse des Gymnasiums.*

Un|ter|ti|tel, der; -s, -: **1.** *Titel, der einen Haupttitel [erläuternd] ergänzt:* wie lautet der U. der Abhandlung? **2.** *in den unteren Teil des Bildes eines in fremder Sprache vorgeführten Films eingeblendeter übersetzter Text:* der Film läuft in der Originalfassung mit deutschen -n.

un|ter|ti|teln [auch: ...'tɪtl̩n] ⟨sw. V.; hat⟩: **1.** *ein Buch, einen Aufsatz o. Ä. mit einem Untertitel* (1) *versehen.* **2. a)** *einen Film mit Untertiteln* (2) *versehen;* **b)** *ein Bild, Foto o. Ä. mit einer Bildunterschrift versehen:* die Fotos sind dreisprachig untertitelt.

Un|ter|ti|te|lung, die; -, -en: **1.** *das Untertiteln.* **2.** *das Untertiteltsein; Gesamtheit der Untertitel* (2) *eines Films.*

Un|ter|ton, der; -[e]s, ...töne: **1.** (Physik, Musik) *als Spiegelung des Obertons mit dem Grundton mitschwingender Ton.* **2.** *leiser, versteckter Beiklang:* in ihrer Stimme lag, war ein banger U.; seine Stimme hatte einen drohenden U.; mit einem U. von Ironie reden.

un|ter|tou|rig [...tu:rɪç] ⟨Adj.⟩ (Technik): *mit zu niedriger Drehzahl laufend:* einen Wagen u. fahren.

un|ter|trei|ben ⟨st. V.; hat⟩: *etw. kleiner, geringer, unbedeutender o. ä. darstellen [lassen], als es in Wirklichkeit ist.*

Un|ter|trei|bung, die; -, -en: **1.** ⟨o. Pl.⟩ *das Untertreiben.* **2.** *untertreibende Äußerung.*

un|ter|tun|neln ⟨sw. V.; hat⟩: *einen Tunnel unter etw. hindurchführen:* einen Fluss u.

Un|ter|tun|ne|lung, die; -, -en: **1.** *das Untertunneln.* **2.** *das Untertunneltsein.*

un|ter|ver|mie|ten ⟨sw. V.; hat⟩: *an einen Untermieter, an eine Untermieterin vermieten.*

Un|ter|ver|mie|tung, die; -, -en: *das Untervermieten.*

un|ter|ver|si|chern ⟨sw. V.; hat⟩: *etw. mit einer Summe versichern, die niedriger ist als der Wert der versicherten Sache.*

Un|ter|ver|si|che|rung, die; -, -en: **1.** *das Unterversichern.* **2.** *das Unterversichertsein.*

un|ter|ver|sor|gen ⟨sw. V.; hat; meist im 2. Part.⟩: *zu gering [mit etw.] versorgen:* der Markt ist unterversorgt; die Durchblutung des unterversorgten Herzens anregen.

Un|ter|ver|sor|gung, die; -, -en: *das Unterversorgtsein.*

Un|ter|wal|den; -s: Kanton der Schweiz: U. nid dem Wald (Nidwalden; Halbkanton); U. ob dem Wald (Obwalden; Halbkanton).

¹Un|ter|wald|ner, der; -s, -: Ew.

²Un|ter|wald|ner ⟨indekl. Adj.⟩: die U. Voralpen.

Un|ter|wald|ne|rin, die; -, -nen: w. Form zu ↑¹Unterwaldner.

un|ter|wald|ne|risch ⟨Adj.⟩: *Unterwalden, die ¹Unterwaldner betreffend.*

un|ter|wan|dern ⟨sw. V.; hat⟩: *nach u. nach u. unmerklich in etw. eindringen, um es zu zersetzen:* der Staatsapparat war von subversiven Elementen unterwandert.

Un|ter|wan|de|rung, die; -, -en: **1.** *das Unterwandern.* **2.** *das Unterwandertsein.*

un|ter|wärts ⟨Adv.⟩ [↑-wärts] (ugs.): **a)** *unten; unterhalb:* bist du u. *(am Unterkörper)* auch warm genug angezogen?; **b)** *abwärts.*

Un|ter|wä|sche, die; -: *unmittelbar auf dem Körper getragene Wäsche.*

Un|ter|was|ser, das; -s: *Grundwasser.*

Un|ter|was|ser|ar|chä|o|lo|gie, die: *Zweig der Archäologie, der sich bes. mit der Erforschung u. Bergung von [antiken] Schiffswracks u. der Untersuchung heute unter Wasser liegender Siedlungen od. Bauwerke beschäftigt.*

Un|ter|was|ser|auf|nah|me, die: *[Film]aufnahme unter der Wasseroberfläche.*

Un|ter|was|ser|be|hand|lung, die: *Unterwassermassage.*

Un|ter|was|ser|fahr|zeug, das: *Fahrzeug zum Transport von Personen u. Gütern unter Wasser.*

Un|ter|was|ser|for|schung, die: *Aquanautik.*

Un|ter|was|ser|jagd, die (Tauchsport): *Jagd auf Fische mit der Harpune.*

Un|ter|was|ser|ka|me|ra, die: *Kamera, mit der unter Wasser gefilmt, fotografiert werden kann.*

Un|ter|was|ser|mas|sa|ge, die: *Massage, die unter Wasser ausgeführt wird.*

Un|ter|was|ser|sta|ti|on, die: *unter der Meeresoberfläche gelegene Beobachtungs-, Forschungsstation.*

un|ter|wegs ⟨Adv.⟩ [mit Adverbendung -s zu mhd., ahd. under wegen]: **a)** *sich auf dem Weg irgendwohin befindend:* er ist bereits u.; er ist den ganzen Tag u. *(wenig zu Hause);* der Brief ist u. *(bereits abgeschickt);* Û bei seiner Frau ist ein Kind, ist etwas, ist etwas Kleines u. (ugs.; *seine Frau ist schwanger*); **b)** *auf, während der Reise:* wir waren vier Wochen u.; **c)** *draußen [auf der Straße]:* die ganze Stadt war u.; wer ist denn um diese Uhrzeit noch u.?

un|ter|weil, un|ter|wei|len ⟨Adv.⟩ (veraltet): **1.** *bisweilen.* **2.** *währenddessen.*

un|ter|wei|sen ⟨st. V.; hat⟩ [mhd. underwīsen] (geh.): *jmdm. Kenntnisse, Fertigkeiten vermitteln; lehren:* jmdn. in einer Sprache, in Geschichte u.

Un|ter|wei|sung, die; -, -en [mhd. underwīsunge] (geh.): *das Unterweisen; Lehre.*

Un|ter|welt, die; -: **1.** (griech. Myth.) *Totenreich; Tartaros.* **2.** *zwielichtiges Milieu von Berufsverbrechern [in Großstädten]:* in der U. verkehren.

Un|ter|welt|ler, der; -s, - (ugs.): *jmd., der zur Unterwelt* (2) *gehört.*

Un|ter|welt|le|rin, die; -, -nen: w. Form zu ↑Unterweltler.

un|ter|welt|lich ⟨Adj.⟩: *zur Unterwelt gehörend, von ihr ausgehend, auf sie bezogen.*

un|ter|wẹr|fen ⟨st. V.; hat⟩ [mhd. underwerfen, ahd. untarwerfan]: **1. a)** *mit [militärischer] Gewalt unter seine Herrschaft bringen, besiegen u. sich untertan machen:* ein Volk, Gebiet u.; **b)** ⟨u. + sich⟩ *sich unter jmds. Herrschaft stellen:* sich [den Eroberern] u. **2.** ⟨u. + sich⟩ *sich jmds. Willen, Anordnungen o. Ä. unterordnen; sich fügen; jmds. Vorstellungen o. Ä. akzeptieren, hinnehmen u. sich entsprechend gefügig verhalten:* sich jmds. Befehl, Willkür u. **3.** (verblasst) jmdn. einem Verhör u. *(jmdn. verhören);* sich einer Prüfung u. *(sich prüfen lassen).* **4. * jmdm., einer Sache unterworfen sein** *(einer Sache ausgesetzt sein, von jmdm., etw. abhängig sein).*

Un|ter|wẹr|fung, die; -, -en: **1.** *das Unterwerfen.* **2.** *das Sichunterwerfen.*

ụn|ter|wer|tig ⟨Adj.⟩ (Fachspr.): *unter dem normalen Wert liegend.*

Ụn|ter|wer|tig|keit, die; - (Fachspr.): *das Unterwertigsein.*

un|ter|wịn|den, sich ⟨st. V.; hat⟩ (veraltet): *sich entschließen, etw. zu übernehmen; sich daran wagen.*

Ụn|ter|wol|le, die (Jägerspr.): *unmittelbar an der Haut sitzende Wolle* (2).

un|ter|wụ̈r|fig [auch: ˈ- - - -] ⟨Adj.⟩ [zu mhd. underwurf = Unterwerfung] (abwertend): *in würdeloser Weise darum bemüht, sich die Meinung eines Höhergestellten o. Ä. zu Eigen zu machen, u. bereit, ihm bedingungslos zu Diensten zu sein:* ein -er Charakter.

Un|ter|wụ̈r|fig|keit [auch: ˈ- - - - -], die; - (abwertend): *unterwürfige [Wesens]art.*

Ụn|ter|zahl, die ⟨o. Pl.⟩ (bes. Sport): *Minderzahl, zahlenmäßige Unterlegenheit (bes. einer Mannschaft gegenüber der anderen in einem Spiel):* die letzten zehn Minuten mussten sie in U. spielen.

un|ter|zeich|nen ⟨sw. V.; hat⟩: **1.** *dienstlich, in amtlichem Auftrag unterschreiben; mit seiner Unterschrift den Inhalt eines Schriftstücks bestätigen; signieren:* ein Protokoll u.; einen Aufruf u. **2.** ⟨u. + sich⟩ (veraltend) *unterschreiben:* er unterzeichnet sich als Regierender Bürgermeister.

Un|ter|zeich|ner, der: -s, -: *jmd., der etw. unterzeichnet hat.*

Un|ter|zeich|ne|rin, die; -, -nen: w. Form zu ↑Unterzeichner.

Un|ter|zeich|ne|te, der u. die; -n, -n ⟨Dekl. ↑Abgeordnete⟩: *Unterzeichner[in].*

Un|ter|zeich|nung, die; -, -en: *das Unterzeichnen.*

Ụn|ter|zeug, das; -[e]s (ugs.): *Unterwäsche.*

ụn|ter|zie|hen ⟨unr. V.; hat⟩: **1.** *unter einem anderen Kleidungsstück anziehen:* noch ein T-Shirt u. **2.** (Bauw.) *einziehen* (1 b): sie haben einen Träger untergezogen. **3.** (Kochk.) *[mit dem Schneebesen] ohne zu rühren vorsichtig vermengen:* den Eischnee u.

un|ter|zie|hen ⟨unr. V.; hat⟩: **1.** ⟨u. + sich⟩ *etw., dessen Erledigung o. Ä. mit gewissen Mühen verbunden ist, auf sich nehmen:* sie unterzog sich dieser Aufgabe. **2.** (verblasst): jmdn., etw. einer Überprüfung u. *(überprüfen);* etw. einer gründlichen Reinigung u. *(gründlich reinigen).*

ụn|tief ⟨Adj.⟩ (selten): *nicht tief; flach, seicht:* -e Stellen in Gewässern.

Ụn|tie|fe, die: **1.** *flache, seichte Stelle in einem Gewässer.* **2.** *große Tiefe:* die -n des Ozeans.

Ụn|tier, das; -[e]s, -e [mhd. untier]: *hässliches u. böses, wildes, gefährliches Tier:* ein U. aus der Sage.

Ụn|to|te, der u. die: *(in Horrorfilmen o. Ä.) wieder belebter Toter; Zombie.*

un|trag|bar [auch: ˈ- - -] ⟨Adj.⟩: **1.** *nicht mehr tragbar* (3 a): wirtschaftlich, finanziell u. sein. **2.** *nicht mehr zu ertragen, zu dulden:* -e *(unerträgliche)* Zustände; er ist für seine Partei u.

Un|trag|bar|keit [auch: ˈ- - - -], die; -: *das Untragbarsein.*

ụn|trai|niert ⟨Adj.⟩: *nicht [genügend] trainiert.*

un|trenn|bar [auch: ˈ- - -] ⟨Adj.⟩: *nicht trennbar:* etw. ist u. mit etw. verknüpft, verbunden.

Un|trenn|bar|keit [auch: ˈ- - - -], die; -: *das Untrennbarsein.*

ụn|treu ⟨Adj.⟩: **a)** (geh.) *[einem] anderen gegenüber nicht beständig, sondern einer Verpflichtung o. Ä. zuwiderhandelnd:* ein -er Freund; du bist uns u. geworden (scherzh.; *kommst nicht mehr*); er ist sich selbst u. geworden *(hat seine Gesinnung, sein innerstes Wesen verleugnet);* Ü seinen Grundsätzen u. werden *(sie verleugnen);* **b)** *nicht treu* (1 b): ein -er Liebhaber; seine Frau ist ihm u. geworden *(betrügt ihn).*

Ụn|treue, die; -: **1.** *das Untreusein.* **2.** (Rechtsspr.) *vorsätzlicher Missbrauch eines zur Verwaltung übertragenen Vermögens.*

un|trö̱st|lich [auch: ˈ- - -] ⟨Adj.⟩: *für keinerlei Trost empfänglich; nicht zu trösten:* die -e Witwe; ich bin u. (übertreibend; *es tut mir sehr Leid*), dass ich das vergessen habe; das Kind war u. *(sehr traurig)* über den Verlust.

un|trü̱g|lich [auch: ˈ- - -] ⟨Adj.⟩: *absolut sicher:* ein -es Zeichen; ein -er Beweis.

ụn|tüch|tig ⟨Adj.⟩: *nicht [besonders] tüchtig* (1).

Ụn|tüch|tig|keit, die; -: *das Untüchtigsein.*

Ụn|tu|gend, die; -, -en: *schlechte Eigenschaft; üble Gewohnheit od. Neigung:* die Ungeduld ist eine seiner -en.

ụn|tun|lich ⟨Adj.⟩: *nicht tunlich* (1).

ụn|ty|pisch ⟨Adj.⟩: *nicht typisch* (1 b): dass er zu spät kommt, ist ganz u. für ihn.

ụn|übel ⟨Adj.⟩: nur in der Fügung **nicht u.** (ugs.; *eigentlich ganz gut, schön*): das schmeckt wirklich nicht u.

un|über|bie̱t|bar [auch: ˈ- - - - -] ⟨Adj.⟩ (oft übertreibend): *nicht überbietbar.*

un|über|brụ̈ck|bar [auch: ˈ- - - - -] ⟨Adj.⟩: *nicht zu überbrücken* (1): -e Gegensätze.

Un|über|brụ̈ck|bar|keit [auch: ˈ- - - - - -], die; -: *das Unüberbrückbarsein.*

un|über|hö̱r|bar [auch: ˈ- - - - -] ⟨Adj.⟩: *nicht zu überhören.*

ụn|über|legt ⟨Adj.⟩: *nicht überlegt:* eine -e Handlungsweise.

Ụn|über|legt|heit, die; -, -en: **1.** ⟨o. Pl.⟩ *das Unüberlegtsein.* **2.** *unüberlegte Handlung, Äußerung.*

un|über|schau|bar [auch: ˈ- - - - -] ⟨Adj.⟩: *nicht überschaubar; unübersehbar* (2).

un|über|se̱h|bar [auch: ˈ- - - - -] ⟨Adj.⟩: **1.** *nicht zu übersehen* (3): -e Materialfehler. **2. a)** *sehr groß (sodass es nicht zu überblicken ist):* eine -e Menge; **b)** ⟨intensivierend bei Adj.⟩ *sehr, ungeheuer:* das Gelände war u. groß.

un|über|sẹtz|bar [auch: ˈ- - - - -] ⟨Adj.⟩: *nicht übersetzbar:* -e Ausdrücke.

un|über|sicht|lich ⟨Adj.⟩: *nicht übersichtlich:* eine -e Kurve.

Ụn|über|sicht|lich|keit, die; -: *unübersichtliche Beschaffenheit.*

un|über|trag|bar [auch: ˈ- - - - -] ⟨Adj.⟩: *nicht übertragbar.*

un|über|trẹff|lich [auch: ˈ- - - - -] ⟨Adj.⟩: *nicht zu übertreffen.*

Un|über|trẹff|lich|keit [auch: ˈ- - - - - -], die; -: *das Unübertrefflichsein.*

un|über|trọf|fen [auch: ˈ- - - - -] ⟨Adj.⟩: *noch nicht übertroffen:* ihr -er Fleiß.

un|über|wịnd|bar [auch: ˈ- - - - -] ⟨Adj.⟩: *unüberwindlich:* u. scheinende Hindernisse.

un|über|wịnd|lich [auch: ˈ- - - - -] ⟨Adj.⟩: *nicht überwindbar:* eine -e Abneigung.

ụn|üb|lich ⟨Adj.⟩: *nicht üblich:* ein -es Vorgehen.

un|um|gạ̈ng|lich [auch: ˈ- - - -] ⟨Adj.⟩: *dringend erforderlich, sodass es nicht unterlassen werden darf; unbedingt erforderlich, notwendig:* -e Maßnahmen.

Un|um|gạ̈ng|lich|keit [auch: ˈ- - - - -], die; -: *das Unumgänglichsein.*

un|um|ke̱hr|bar [auch: ˈ- - - -] ⟨Adj.⟩: *nicht umkehrbar, nicht rückgängig zu machen.*

un|um|schrạ̈nkt [auch: ˈ- - -] ⟨Adj.⟩ [zu veraltet umschränken = mit Schranken umgeben]: *nicht eingeschränkt:* jmdm. -e Vollmacht geben; ein -er *(absoluter, souveräner)* Herrscher.

un|um|stö̱ß|lich [auch: ˈ- - - -] ⟨Adj.⟩: *nicht mehr umzustoßen, abzuändern:* eine -e Tatsache.

Un|um|stö̱ß|lich|keit [auch: ˈ- - - - -], die; -: *das Unumstößlichsein.*

un|um|strịt|ten [auch: ˈ- - - -] ⟨Adj.⟩: *nicht umstritten:* eine -e Tatsache.

un|um|wun|den [auch: - -ˈ- -] ⟨Adj.⟩ [zu ↑umwinden]: *ohne Umschweife, offen u. freiheraus:* etw. u. zugeben.

ụn|un|ter|bro|chen [auch: - - -ˈ- -] ⟨Adj.⟩: *eine längere Zeit ohne eine Unterbrechung andauernd:* sie redet u.; es regnet u.

un|ver|ạ̈n|der|bar [auch: ˈ- - - - -] ⟨Adj.⟩: *nicht veränderbar.*

un|ver|ạ̈n|der|lich [auch: ˈ- - - - -] ⟨Adj.⟩: *nicht veränderlich; gleich bleibend:* die -en Gesetze der Natur.

Un|ver|ạ̈n|der|lich|keit [auch: ˈ- - - - - -], die; -: *das Unveränderlichsein.*

ụn|ver|än|dert [auch: - -ˈ- -] ⟨Adj.⟩: **a)** *ohne jede Veränderung:* in seinem Aussehen war er u.; **b)** *ohne jede Änderung:* ein -er Nachdruck.

un|ver|ạnt|wort|bar [auch: ˈ- - - - -] ⟨Adj.⟩: *unverantwortlich* (1).

un|ver|ạnt|wort|lich [auch: ˈ- - - - -] ⟨Adj.⟩: **1.** *nicht zu verantworten:* ein -er Leichtsinn. **2.** (selten) *ohne jedes Verantwortungsgefühl:* ein -er Autofahrer.

Un|ver|ạnt|wort|lich|keit [auch: ˈ- - - - - -], die; -: *das Unverantwortlichsein.*

ụn|ver|ar|bei|tet [auch: - -ˈ- - -] ⟨Adj.⟩: **1.** *(von Materialien) nicht be- od. verarbeitet.* **2.** *[seelisch-]geistig nicht bewältigt:* -e Erinnerungen.

un|ver|ạ̈u|ßer|lich [auch: ˈ- - - - -] ⟨Adj.⟩: **1.** *nicht zu entäußern:* -e Rechte. **2.** (seltener) *unverkäuflich:* ein -er Besitz.

Un|ver|ạ̈u|ßer|lich|keit [auch: ˈ- - - - - -], die; - (seltener): *das Unveräußerlichsein.*

un|ver|bẹs|ser|lich [auch: ˈ- - - - -] ⟨Adj.⟩: *(seinem Wesen nach) nicht [mehr] zu ändern, zu bessern:* ein -er Mensch.

Un|ver|bẹs|ser|lich|keit [auch: ˈ- - - - - -], die; - (selten): *das Unverbesserlichsein.*

ụn|ver|bil|det ⟨Adj.⟩: *noch ganz natürlich empfindend:* nette, -e Menschen.

ụn|ver|bind|lich [auch: - -ˈ-] ⟨Adj.⟩ [für älter unverbündlich]: **1.** *ohne eine Verpflichtung einzugehen; nicht bindend:* eine -e Auskunft. **2.** *kein besonderes Entgegenkommen zeigend; reserviert.*

Ụn|ver|bind|lich|keit [auch: - -ˈ- - -], die; -, -en: **1.** ⟨o. Pl.⟩ *das Unverbindlichsein.* **2.** *unverbindliche Äußerung.*

ụn|ver|bleit ⟨Adj.⟩: *bleifrei* (3): -es Benzin.

un|ver|blü̱mt [auch: ˈ- - -] ⟨Adj.⟩: *ganz offen; nicht in höflicher, vorsichtiger Umschreibung od. Andeutung:* jmdm. u. seine Meinung sagen.

ụn|ver|braucht ⟨Adj.⟩: *noch frisch, nicht verbraucht:* -e Kräfte; die Luft ist u..

un|ver|brụ̈ch|lich [auch: ˈ- - - -] ⟨Adj.⟩ [mhd. unverbrüchelîchen, unverbruchlich, eigtl. = etwas, was nicht zerbrochen werden kann, zu mhd. verbrechen = zerbrechen] (geh.): *nicht aufzulösen, zu brechen:* -e Treue.

ụn|ver|däch|tig [auch: - -ˈ- -] ⟨Adj.⟩: *nicht verdächtig.*

ụn|ver|dau|lich [auch: - -ˈ- -] ⟨Adj.⟩: *nicht verdaulich:* -e Reste der Nahrung.

Ụn|ver|dau|lich|keit [auch: - -ˈ- - -], die; -: *unverdauliche Beschaffenheit.*

ụn|ver|daut [auch: - -ˈ-] ⟨Adj.⟩: *nicht verdaut:* -e Speisereste; Ü die eigenen -en *(nicht bewältigten)* Probleme.

ụn|ver|dient [auch: - -ˈ-] ⟨Adj.⟩: **a)** *ohne jedes eigene Verdienst:* ein -es Lob; ein nicht -er *(durchaus berechtigter)* Sieg; **b)** *unbegründet:* -e Vorwürfe.

ụn|ver|dien|ter|ma|ßen, ụn|ver|dien|ter|wei|se ⟨Adv.⟩: *ohne es verdient zu haben, ohne dass es gerechtfertigt wäre.*

ụn|ver|dor|ben ⟨Adj.⟩: **1.** *nicht verdorben:* -e Speisen. **2.** *[sittlich] rein, unschuldig, natürlich, unverbildet.*

Ụn|ver|dor|ben|heit, die; -: *das Unverdorbensein.*

U

un|ver|dros|sen ⟨Adj.⟩ [mhd. unverdroȥȥen]: *unentwegt u. ohne eine Mühe zu scheuen, ohne die Lust zu verlieren um etw. bemüht.*
un|ver|dünnt ⟨Adj.⟩: *nicht verdünnt.*
un|ver|ehe|licht ⟨Adj.⟩ (bes. Amtsspr.): *unverheiratet.*
un|ver|ein|bar [auch: '- - - -] ⟨Adj.⟩: *nicht in Einklang zu bringen; nicht zu vereinbaren:* -e Gegensätze.
Un|ver|ein|bar|keit [auch: '- - - - -], die; -, -en: 1. ⟨o. Pl.⟩ *das Unvereinbarsein.* 2. ⟨Pl.⟩ *Dinge o. Ä., die unvereinbar sind.*
un|ver|fälscht [auch: - -'-] ⟨Adj.⟩: *nicht verfälscht.*
Un|ver|fälscht|heit [auch: - -'- -], die; -: *das Unverfälschtsein.*
un|ver|fäng|lich [auch: - -'- -] ⟨Adj.⟩: *nicht verfänglich:* eine ganz -e Situation, Frage.
un|ver|fro|ren [auch: - -'- -] ⟨Adj.⟩ [wahrsch. unter Anlehnung an landsch. verfrieren = durch Frost Schaden erleiden volksetym. umgebildet aus niederd. unverfehrt = unerschrocken <mniederd. unvorvērt, eigtl. verneintes 2. Part. von: (sik) vorvēren = erschrecken, zu: väre = Gefahr, Angst]: *ohne den nötigen Takt u. Respekt u. daher auf eine ungehörige u. rücksichtslose Art freimütig:* jmdn. u. nach etw. fragen.
Un|ver|fro|ren|heit [auch: - -'- - -], die; -, -en: 1. ⟨o. Pl.⟩ *das Unverfrorensein.* 2. *unverfrorene Äußerung.*
un|ver|gäng|lich [auch: - -'- -] ⟨Adj.⟩: *nicht vergänglich.*
Un|ver|gäng|lich|keit [auch: - -'- - -], die; -: *das Unvergänglichsein.*
un|ver|ges|sen ⟨Adj.⟩: *(von jmd., etw. der Vergangenheit Angehörendem) seiner Besonderheit wegen nicht aus dem Gedächtnis geschwunden, schwindend:* das, er wird [uns] u. bleiben.
un|ver|gess|lich [auch: - -'- -] ⟨Adj.⟩: *nicht aus der Erinnerung, dem Gedächtnis zu löschen:* -e Stunden.
un|ver|gleich|bar [auch: '- - - -] ⟨Adj.⟩: *nicht vergleichbar, mit nichts Ähnlichem zu vergleichen.*
un|ver|gleich|lich [auch: '- - - -] ⟨Adj.⟩: 1. (emotional) *in seiner Einzigartigkeit mit nichts Ähnlichem zu vergleichen:* ein -er Mensch. 2. ⟨intensivierend bei Adjektiven⟩ *[sehr] viel, weitaus:* sie ist u. schön[er]. 3. (geh.) *unvergleichbar.*
un|ver|go|ren ⟨Adj.⟩: *nicht vergoren:* -er Saft.
un|ver|hält|nis|mä|ßig [auch: - -'- - - -] ⟨Adj.⟩: *allzu sehr vom normalen Maß abweichend:* es ist u. kalt.
un|ver|hei|ra|tet ⟨Adj.⟩: *nicht verheiratet.*
un|ver|hofft [auch: - -'-] ⟨Adj.⟩: *(von etw., was für ziemlich ausgeschlossen gehalten wurde, was gar nicht zu erhoffen war) plötzlich eintretend; ganz unerwartet:* ein -es Wiedersehen; Spr u. kommt oft.
un|ver|hoh|len [auch: - -'- -] ⟨Adj.⟩: *nicht verborgen, unverhüllt:* mit -er Neugier, Schadenfreude.
un|ver|hüllt ⟨Adj.⟩: *nicht verborgen, ganz offensichtlich:* eine -e Drohung.
un|ver|käuf|lich [auch: - -'- -] ⟨Adj.⟩: *nicht verkäuflich:* ein -es Produkt.
un|ver|kenn|bar [auch: '- - - -] ⟨Adj.⟩: *eindeutig erkennbar:* -e Symptome.
un|ver|krampft ⟨Adj.⟩: *natürlich* (I 5) *u. frei* (1 c), *ganz ungehemmt* (2).
un|ver|langt ⟨Adj.⟩: *nicht verlangt, nicht angefordert.*
un|ver|läss|lich ⟨Adj.⟩: *nicht verlässlich.*
un|ver|letz|bar [auch: '- - - -] ⟨Adj.⟩: *nicht verletzbar:* er schien u. zu sein.
un|ver|letz|lich [auch: '- - - -] ⟨Adj.⟩: *unantastbar:* ein -es Recht, Gesetz.
Un|ver|letz|lich|keit [auch: '- - - - -], die; -: *das Unverletzlichsein.*
un|ver|letzt ⟨Adj.⟩: *keine Verletzung aufweisend.*
un|ver|lier|bar [auch: '- - - -] ⟨Adj.⟩ (geh.): *jmdm. stets erhalten bleibend; von Bestand seiend:* -e Erinnerungen, Werte.
un|ver|lösch|lich [auch: '- - - -] ⟨Adj.⟩ (geh.): 1. *unauslöschbar:* -e Schrift. 2. *unauslöschlich.*
un|ver|mählt ⟨Adj.⟩ (geh.): *nicht vermählt.*
un|ver|meid|bar [auch: '- - - -] ⟨Adj.⟩: *sich nicht vermeiden lassend.*
un|ver|meid|lich [auch: '- - - -] ⟨Adj.⟩: 1. a) *unvermeidbar:* ein -es Übel; ⟨subst.:⟩ sich in das Unvermeidliche fügen; b) *sich aus etw. als sichere, in Kauf zu nehmende Folge ergebend:* -e Härtefälle. 2. (meist spött.) *regelmäßig dazugehörend, nicht wegzudenken, zwangsläufig vorhanden, sich ergebend:* sie trug wieder einen ihrer -en Hüte.
Un|ver|meid|lich|keit [auch: '- - - - -], die; -: *das Unvermeidlichsein.*
un|ver|merkt ⟨Adv.⟩ (geh.): a) *ohne dass es bemerkt wird:* u. hatte es sich eingetrübt; b) *ohne es selbst zu merken:* u. hatten sie sich verirrt.
un|ver|min|dert ⟨Adj.⟩: *gleich bleibend, nicht geringer werdend:* mit -er Stärke fiel der Regen nieder.
un|ver|mischt ⟨Adj.⟩: *nicht vermischt.*
un|ver|mit|tel|bar ⟨Adj.⟩: *sich nicht vermitteln (3, 4) lassend; nicht zu vermitteln.*
un|ver|mit|telt ⟨Adj.⟩: *ohne Übergang [erfolgend]; abrupt:* eine -e Frage; u. stehen bleiben.
Un|ver|mit|telt|heit, die; - (selten): *das Unvermitteltsein.*
Un|ver|mö|gen, das; -s: *das Nicht-vorhanden-Sein einer entsprechenden Fähigkeit:* sein U., sich einer Situation anzupassen.
un|ver|mö|gend ⟨Adj.⟩: *wenig od. kein Vermögen besitzend.*
un|ver|mu|tet ⟨Adj.⟩: *plötzlich, ohne dass aus irgendwelchen Anzeichen darauf zu schließen war, unerwartet, überraschend:* -e Schwierigkeiten; ein -er Besuch.
Un|ver|nunft, die [spätmhd. unvernunft, ahd. unfernumest] (emotional): *Verhaltens-, Handlungsweise, die nicht vernünftig ist (u. sich daher negativ auswirkt):* es ist eine U., bei diesem Sturm auszulaufen.
un|ver|nünf|tig ⟨Adj.⟩ [spätmhd. unvernunftic, ahd. unvernumistig]: *wenig Vernunft zeigend:* wie ein -es Kind; es ist u., das zu tun; u. viel trinken.
Un|ver|nünf|tig|keit, die; -, -en: 1. ⟨o. Pl.⟩ *Unvernunft.* 2. *etw. Unvernünftiges.*
un|ver|öf|fent|licht ⟨Adj.⟩: *nicht veröffentlicht:* ein -es Manuskript.
un|ver|packt ⟨Adj.⟩: *nicht verpackt.*
un|ver|putzt ⟨Adj.⟩: *nicht verputzt.*
un|ver|rich|tet: in den Fügungen **-er Dinge** (↑Ding) (2 b), **-er Sache** (↑Sache) (2 a).
un|ver|rück|bar [auch: '- - - -] ⟨Adj.⟩: 1. *sich nicht verrücken, von der Stelle rücken lassend:* ein -er Fels. 2. *durch nichts zu ändern od. infrage zu stellen:* mein Entschluss ist u.
un|ver|schämt ⟨Adj.⟩ [spätmhd. unverschamet] (emotional): 1. *sich mit aufreizender Respektlosigkeit über die Grenzen des Taktes u. des Anstandes hinwegsetzend (u. die Gefühle anderer verletzend):* eine -e Person; er ist, wurde u. 2. (ugs.) *das übliche Maß stark überschreitend:* er hatte -es Glück; die Mieten sind u. 3. ⟨intensivierend bei Adjektiven⟩ (ugs.) *überaus, sehr:* sie sieht u. gut aus.
Un|ver|schämt|heit, die; -, -en: 1. ⟨o. Pl.⟩ *das Unverschämtsein.* 2. *unverschämte Handlung, Verhaltensweise, Äußerung.*
un|ver|schlei|ert ⟨Adj.⟩: *nicht verschleiert.*
un|ver|schlos|sen [auch: - -'- -] ⟨Adj.⟩: *nicht verschlossen:* ein -es Haus.
un|ver|schlüs|selt ⟨Adj.⟩: *nicht verschlüsselt:* eine -e Nachricht.
un|ver|schul|det [auch: - -'- -] ⟨Adj.⟩: *ohne eigenes Verschulden; ohne schuld zu sein:* ein -er Unfall.
un|ver|schul|de|ter|ma|ßen, un|ver|schul|de|ter|wei|se ⟨Adv.⟩: *unverschuldet:* sie wurden u. in einen Unfall verwickelt.
un|ver|se|hens [auch: - -'- -] ⟨Adv.⟩ [Adv. von veraltet unversehen, mhd. unversehen = ahnungslos]: *plötzlich, ohne dass es vorauszusehen war:* das Gewitter brach u. herein.
un|ver|sehrt ⟨Adj.⟩ [mhd. unversēret]: a) *nicht verletzt, verwundet;* b) *nicht beschädigt:* das Siegel ist u.
Un|ver|sehrt|heit, die; -: *das Unversehrtsein.*
un|ver|sieg|bar [auch: '- - - -] ⟨Adj.⟩: *nicht versiegen könnend:* eine -e Quelle.
un|ver|sieg|lich [auch: '- - - -] ⟨Adj.⟩: *unerschöpflich.*
un|ver|söhn|bar [auch: - -'- -] ⟨Adj.⟩: *unversöhnlich* (1).
un|ver|söhn|lich [auch: - -'- -] ⟨Adj.⟩: 1. *nicht zu versöhnen:* -e Gegner. 2. *unvereinbar, nicht zu überbrücken:* -e Gegensätze.
Un|ver|söhn|lich|keit [auch: - -'- - -], die; -: *das Unversöhnlichsein.*
un|ver|sorgt ⟨Adj.⟩: *nicht versorgt.*
Un|ver|stand, der; -[e]s: *Verhaltensweise, die Mangel an Verstand u. Einsicht zeigt:* blinder U.
un|ver|stan|den ⟨Adj.⟩: *sich mit seinen Ansichten, Problemen o. Ä. von anderen nicht verstanden fühlend.*
un|ver|stän|dig ⟨Adj.⟩: *[noch] nicht den nötigen Verstand für etw. habend:* ein -es Kind.
Un|ver|stän|dig|keit, die; -: *das Unverständigsein.*
un|ver|ständ|lich ⟨Adj.⟩: a) *nicht deutlich zu hören, nicht genau zu verstehen:* er murmelte -e Worte; b) *nicht od. nur sehr schwer zu verstehen, zu begreifen:* es ist mir u., wie so etwas passieren konnte.
Un|ver|ständ|lich|keit, die; -, -en: 1. ⟨o. Pl.⟩ *das Unverständlichsein.* 2. *etw. Unverständliches.*
Un|ver|ständ|nis, das ⟨o. Pl.⟩: *fehlendes Verständnis:* auf U. stoßen.
un|ver|stellt [auch: - -'-] ⟨Adj.⟩: *nicht geheuchelt, aufrichtig:* -e Freude.
un|ver|steu|ert [auch: - -'- -] ⟨Adj.⟩: *nicht versteuert:* -e Zigaretten.
un|ver|sucht [auch: - -'-]: in der Verbindung **nichts u. lassen** *(alles nur Mögliche tun).*
un|ver|träg|lich [auch: - -'- -] ⟨Adj.⟩: 1. *(von Speisen o. Ä.) schwer od. gar nicht verträglich* (1): eine -e Mahlzeit; -e Medikamente. 2. *nicht verträglich* (2), *streitsüchtig, zänkisch:* ein -er Mensch. 3. *nicht harmonierend u. deshalb nicht mit anderem zu vereinbaren:* -e Gegensätze.
Un|ver|träg|lich|keit [auch: - -'- - -], die; -: *das Unverträglichsein.*
un|ver|traut ⟨Adj.⟩: *nicht od. nur wenig vertraut* (b): alles war mir u.
un|ver|tret|bar [auch: - -'- -] ⟨Adj.⟩: *nicht zu vertreten, nicht zu befürworten:* eine -e Methode.
un|ver|wandt ⟨Adj.⟩: *(den Blick) längere Zeit zu jmdm., etw. hingewandt:* er starrte sie u. an.
un|ver|wech|sel|bar [auch: '- - - - -] ⟨Adj.⟩: *ganz eindeutig zu erkennen, mit nichts zu verwechseln:* eine -e Stimme.
Un|ver|wech|sel|bar|keit [auch: '- - - - - -], die; -: *das Unverwechselbarsein.*
un|ver|wehrt [auch: - -'-] ⟨Adj.⟩ (seltener): *ungehindert:* -en Zutritt zu etw. haben.
un|ver|weilt [auch: - -'-] ⟨Adj.⟩ (veraltend): *unverzüglich:* sich u. an die Arbeit machen.
un|ver|wert|bar [auch: '- - - -] ⟨Adj.⟩: *nicht [mehr] zu verwerten.*
un|ver|wes|lich [auch: - -'- -] ⟨Adj.⟩ (veraltend): *der Verwesung nicht unterworfen, unvergänglich:* das Symbol der -en Leiche in Goethes Wahlverwandtschaften.
un|ver|wund|bar [auch: '- - - -] ⟨Adj.⟩: *nicht zu verwunden:* in seinen Träumen war er der -e Held.
Un|ver|wund|bar|keit [auch: '- - - - -], die; -: *das Unverwundbarsein.*
un|ver|wüst|lich [auch: '- - - -] ⟨Adj.⟩: *auch dauernden starken Belastungen standhaltend, dadurch nicht unbrauchbar werdend, nicht entzweigehend:* ein -er Stoff; Ü einen -en Humor haben.
Un|ver|wüst|lich|keit [auch: '- - - - -], die; -: *das Unverwüstlichsein.*
un|ver|zagt ⟨Adj.⟩: *zuversichtlich, beherzt:* u. macht er sich immer wieder an die Arbeit.
Un|ver|zagt|heit, die; -: *das Unverzagtsein.*

U

un|ver|zeih|lich [auch: '- - - -] ⟨Adj.⟩: *sich nicht verzeihen lassend:* ein -er Fehler.
un|ver|zicht|bar [auch: '- - - -] ⟨Adj.⟩: *so wichtig, dass ein Verzicht unmöglich ist:* -e Konsumgüter; diese Rechte sind u.
Un|ver|zicht|bar|keit [auch: '- - - - -], die; -, -en: 1. ⟨o. Pl.⟩ *das Unverzichtbarsein.* 2. *etw. Unverzichtbares.*
un|ver|zins|lich [auch: '- - - -] ⟨Adj.⟩ (Bankw.): *nicht verzinslich:* ein -es Darlehen.
un|ver|zollt ⟨Adj.⟩: *nicht verzollt:* -e Waren.
un|ver|züg|lich [auch: '- - - -] ⟨Adj.⟩ [unter Anlehnung an ↑Verzug zu mhd. unverzogenliche, verneintes adj. 2. Part. von ↑verziehen]: *umgehend u. ohne Zeitverzug [erfolgend]:* -e Hilfsmaßnahmen; er reiste u. ab.
un|voll|en|det [auch: '- - - -] ⟨Adj.⟩: *nicht vollends fertig; nicht abgeschlossen; fragmentarisch:* ein -er Roman.
un|voll|kom|men [auch: - -'- -] ⟨Adj.⟩: 1. *mit Schwächen, Fehlern od. Mängeln behaftet:* der Mensch ist u. 2. *unvollständig:* eine -e Darstellung.
Un|voll|kom|men|heit [auch: - -'- - -], die; -, -en: 1. ⟨o. Pl.⟩ *das Unvollkommensein.* 2. *etw. Unvollkommenes; unvollkommene (1) Beschaffenheit.*
un|voll|stän|dig [auch: - -'- -] ⟨Adj.⟩: *nicht vollständig; nicht alle zu einem Ganzen erforderlichen Teile habend:* diese Aufzählung ist u.
Un|voll|stän|dig|keit [auch: - -'- - -], die; -: *das Unvollständigsein.*
un|vor|be|rei|tet ⟨Adj.⟩: *nicht vorbereitet, ohne Vorbereitung:* ein -er Vortrag; er ging u. in die Prüfung; dieser Brief traf uns völlig u.
un|vor|denk|lich ⟨Adj.⟩ (veraltend): *sehr weit zurückliegend:* in u. fernen Tagen.
un|vor|ein|ge|nom|men ⟨Adj.⟩: *nicht voreingenommen:* ein -er Zeuge.
Un|vor|ein|ge|nom|men|heit, die; -: *das Unvoreingenommensein.*
un|vor|her|ge|se|hen ⟨Adj.⟩: *nicht vorhergesehen; überraschend:* -e Schwierigkeiten.
un|vor|her|seh|bar ⟨Adj.⟩: *sich nicht vorhersehen lassend:* -e Ereignisse.
un|vor|schrifts|mä|ßig ⟨Adj.⟩: *nicht vorschriftsmäßig:* u. parken.
Un|vor|schrifts|mä|ßig|keit, die; -, -en: 1. ⟨o. Pl.⟩ *das Unvorschriftsmäßigsein.* 2. *etw. Unvorschriftsmäßiges, unvorschriftsmäßiges Verhalten.*
un|vor|sich|tig ⟨Adj.⟩: *wenig klug u. zu impulsiv, nicht an die möglichen nachteiligen Folgen denkend:* eine -e Bemerkung.
un|vor|sich|ti|ger|wei|se ⟨Adv.⟩: *aus Unvorsichtigkeit:* er sagte u. seine Meinung.
Un|vor|sich|tig|keit, die; -, -en: 1. ⟨o. Pl.⟩ *das Unvorsichtigsein.* 2. *etw. Unvorsichtiges.*
un|vor|stell|bar [auch: '- - - -] ⟨Adj.⟩ (emotional): 1. *mit Denken od. mit Fantasie nicht zu erfassen, nicht vorstellbar:* ein -er Glücksfall; es ist mir u., dass er uns verraten hat. 2. ⟨intensivierend bei Adj. u. Verben⟩ *überaus, über alle Maßen:* u. leiden; es war u. kalt.
un|vor|teil|haft ⟨Adj.⟩: 1. *der äußeren Erscheinung nicht zum Vorteil gereichend:* er war sehr u. gekleidet. 2. *nicht [sehr] vorteilhaft, keinen, wenig Nutzen, Gewinn bringend:* ein -es Geschäft.
un|wäg|bar [auch: '- - -] ⟨Adj.⟩: *nicht wägbar:* -e Risiken.
Un|wäg|bar|keit [auch: '- - - -], die; -, -en: 1. ⟨o. Pl.⟩ *das Unwägbarsein.* 2. *etw. Unwägbares.*
un|wahr ⟨Adj.⟩ [mhd. unwār]: *nicht der Wahrheit entsprechend:* -e Behauptungen; was du da sagst, ist einfach u.
un|wahr|haf|tig ⟨Adj.⟩ (geh.): *nicht wahrhaftig* (I): -e Äußerungen, Gefühle; ihre Empörung war u.
Un|wahr|haf|tig|keit, die; -, -en: 1. ⟨o. Pl.⟩ *das Unwahrhaftigsein.* 2. *etw. Unwahrhaftiges.*
Un|wahr|heit, die; -, -en: 1. ⟨o. Pl.⟩ *das Unwahrsein.* 2. *etw. Unwahres:* Halbwahrheiten und -en; die U. sagen *(lügen).*
un|wahr|schein|lich ⟨Adj.⟩: 1. a) *aller Wahrscheinlichkeit nach nicht anzunehmen, kaum möglich:* das ist der -ste Fall; es ist u., dass das genehmigt wird; b) *kaum der Wirklichkeit entsprechend; unglaubhaft:* seine Darstellung klingt äußerst u.; er kommt immer mit den -sten Ausreden. 2. (ugs.) a) *sehr groß, sehr viel; riesig* (1): wir hatten [ein] -es Glück; b) ⟨intensivierend bei Adj. u. Verben⟩ *sehr; [in] außerordentlich[em Maße]:* u. dick sein; sich u. freuen.
Un|wahr|schein|lich|keit, die; -, -en: 1. ⟨o. Pl.⟩ *das Unwahrscheinlichsein* (1). 2. *etw. Unwahrscheinliches* (1).
un|wan|del|bar [auch: '- - - -] ⟨Adj.⟩ (geh.): *nicht wandelbar, sich immer gleich bleibend:* -e Liebe, Treue.
Un|wan|del|bar|keit [auch: '- - - - -], die; -: *das Unwandelbarsein.*
un|weg|sam ⟨Adj.⟩ [mhd. unwegesam, ahd. unwegasam]: *nur unter Schwierigkeiten begeh- od. befahrbar:* -es Gelände.
Un|weg|sam|keit, die; -: *das Unwegsamsein.*
un|weib|lich ⟨Adj.⟩ (oft abwertend): *bestimmte, als typisch weiblich (3) geltende Eigenschaften vermissen lassend:* sie ist, wirkt [ziemlich] u.
un|wei|ger|lich [auch: '- - - -] ⟨Adj.⟩ [mhd. unweigerlīche (Adv.), zu ↑weigern]: *sich folgerichtig aus etw. ergebend u. deshalb unvermeidlich:* das geht u. schief.
un|weit [mhd. unwīt (Adj.)]: I. ⟨Präp. mit Gen.⟩ *nicht weit entfernt von:* u. Berlins, des Sees. II. ⟨Adv.⟩ *nicht weit entfernt:* u. von Berlin.
un|wert ⟨Adj.⟩: *nicht würdig zu existieren:* für u. erachtetes Leben.
Un|wert, der; -[e]s (geh.): *Wertlosigkeit:* über den Wert oder U. einer Sache streiten.
Un|we|sen, das; -s [spätmhd. unwesen = das Nichtsein]: a) (geh.) *übler Zustand, Missstand;* b) *verwerfliches Tun; Unfug; Ruhe u. Ordnung störendes Treiben:* sein U. treiben.
un|we|sent|lich ⟨Adj.⟩: 1. *für das Wesen, den Kern einer Sache ohne Bedeutung:* ein paar -e Details. 2. ⟨intensivierend bei Adj. im Komp. u. Verben⟩ *um ein geringes, wenig:* er ist nur u. jünger.
Un|wet|ter, das; -s, - [mhd. unweter, ahd. unwitari]: *sehr schlechtes, stürmisches, meist von starkem Niederschlag [u. Gewitter] begleitetes Wetter, dessen Heftigkeit Schäden verursacht:* ein U. brach los; nach schweren -n sind in Bayern mehrere Bahnstrecken gesperrt.
un|wich|tig ⟨Adj.⟩: *nicht wichtig* (1): völlig -e Dinge; eine nicht ganz -e Kleinigkeit; Geld ist dabei u.
Un|wich|tig|keit, die; -, -en: 1. ⟨o. Pl.⟩ *das Unwichtigsein.* 2. *etw. Unwichtiges.*
un|wi|der|leg|bar [auch: '- - - - -] ⟨Adj.⟩: *nicht zu widerlegen:* -e Aussagen.
Un|wi|der|leg|bar|keit [auch: '- - - - - -], die; -: *das Unwiderlegbarsein.*
un|wi|der|leg|lich [auch: '- - - - -]: *unwiderlegbar.*
Un|wi|der|leg|lich|keit [auch: '- - - - - -], die; -: *das Unwiderleglichsein.*
un|wi|der|ruf|lich [auch: '- - - - -] ⟨Adj.⟩: *nicht zu widerrufen, endgültig feststehend:* meine Entscheidung ist u.
Un|wi|der|ruf|lich|keit [auch: '- - - - - -], die; -: *das Unwiderruflichsein.*
un|wi|der|spro|chen [auch: '- - - - -] ⟨Adj.⟩: *ohne Widersprechen* (1 a): etw. u. hinnehmen; das darf nicht u. bleiben *(man muss dem widersprechen).*
un|wi|der|steh|lich [auch: '- - - - -] ⟨Adj.⟩: 1. *so stark ausgeprägt, so heftig, dass man nicht widerstehen kann:* ein -es Verlangen. 2. *überaus anziehend, bezaubernd [wirkend]:* ihr -er Charme riss ihn hin; er hält sich für u.
Un|wi|der|steh|lich|keit [auch: '- - - - - -], die; -: *das Unwiderstehlichsein.*
un|wie|der|bring|lich [auch: '- - - - -] ⟨Adj.⟩ (geh.): *verloren od. vergangen ohne die Möglichkeit, das Gleiche noch einmal zu haben:* -e Stunden; das ist leider u. dahin.
Un|wie|der|bring|lich|keit [auch: '- - - - - -], die; -: *das Unwiederbringlichsein.*
un|wie|der|hol|bar [auch: '- - - - -] ⟨Adj.⟩: *nicht wiederholbar.*
Un|wil|le, der; -ns, **Un|wil|len,** der; -s [mhd. unwille, ahd. unwill(id)o] (geh.): *lebhaftes Missfallen, das sich in Ungehaltenheit, Gereiztheit, unfreundlicher od. ablehnender Haltung äußert:* jmds. Unwillen erregen, hervorrufen.
un|wil|lent|lich ⟨Adj.⟩: *nicht willentlich:* willentlich oder u.
un|wil|lig ⟨Adj.⟩ [mhd. unwillec, ahd. unwillig]: a) *Unwillen empfindend u. erkennen lassend:* ein -er Blick; jmdn. u. machen; b) *widerwillig:* er tat seine Pflicht u.
un|will|kom|men ⟨Adj.⟩: *nicht gelegen kommend, nicht gern gesehen, nicht willkommen:* -er Besuch; ich bin dort u.
un|will|kür|lich [auch: - -'- -] ⟨Adj.⟩: *nicht willkürlich (2), sondern ganz von selbst geschehend, ohne dass man es will:* eine -e Reaktion, Bewegung; u. lachen müssen.
un|wirk|lich ⟨Adj.⟩ (geh.): *nicht wirklich* (I 1): etw. kommt jmdm. ganz u. vor.
Un|wirk|lich|keit, die; -: *das Unwirklichsein.*
un|wirk|sam ⟨Adj.⟩: *nicht wirksam:* eine -e Methode; die Maßnahme erwies sich als u.
Un|wirk|sam|keit, die; -: *das Unwirksamsein.*
un|wirsch ⟨Adj.⟩ [frühnhd. unwirdsch, mhd. unwirdesch = unwert, verächtlich; unwillig, zornig, zu: unwirde = Unwert]: *mürrisch u. unfreundlich:* -e Antworten; jmdn. u. abfertigen.
un|wirt|lich ⟨Adj.⟩: *zum Aufenthalt nicht einladend, dem Wohlbefinden nicht zuträglich, ungastlich* (2): eine -e Gegend; ein -es Wetter, Klima.
Un|wirt|lich|keit, die; -: *das Unwirtlichsein.*
un|wirt|schaft|lich ⟨Adj.⟩: *nicht wirtschaftlich* (2 b): eine -e Betriebsführung; u. arbeiten, produzieren.
Un|wirt|schaft|lich|keit, die; -: *Mangel an Wirtschaftlichkeit.*
Un|wis|sen, das; -s: *das Nichtwissen.*
un|wis|send ⟨Adj.⟩: *(in bestimmter Hinsicht) kein od. nur geringes Wissen habend:* ein -es Kind.
Un|wis|sen|heit, die; -: a) *fehlende Kenntnis von einer Sache:* er hat es aus U. falsch gemacht; R U. schützt nicht vor Strafe; b) *Mangel an [wissenschaftlicher] Bildung.*
un|wis|sen|schaft|lich ⟨Adj.⟩: *nicht wissenschaftlich.*
Un|wis|sen|schaft|lich|keit, die; -: *das Unwissenschaftlichsein.*
un|wis|sent|lich ⟨Adj.⟩: *nicht wissentlich:* er hat sich – wissentlich oder u. - strafbar gemacht.
un|wohl ⟨Adv.⟩ [mhd. unwol]: a) *nicht wohl* (1 a): sie ist heute etwas u.; mir ist, ich fühle mich seit gestern u.; b) *nicht wohl* (1 b): ich fühle mich in dieser Gesellschaft sehr u.; mir ist u. bei dem Gedanken, dass er dennoch kommt.
Un|wohl|sein, das; -s: *vorübergehende, leichte Störung des körperlichen Wohlbefindens:* ein leichtes U.
Un|wort, das: 1. ⟨Pl. Unwörter⟩ *schlecht, falsch gebildetes, unschönes Wort* (1 a): die Amtssprache hat manche Unwörter hervorgebracht. 2. ⟨Pl. Unwörter od. -e⟩ *schlimmes, unangebrachtes Wort* (1 b): das U. des Jahres.
Un|wucht, die; -, -en (Fachspr.): *unsymmetrische Verteilung der Massen eines rotierenden Körpers:* das Rad hat eine U.
un|wür|dig ⟨Adj.⟩ [mhd. unwirdic, ahd. unwirdig] (emotional): 1. *nicht würdig* (1), *Würde vermissen lassend:* die -e Behandlung der Asylanten; in -en Unterkünften hausen müssen; dem -en Treiben ein Ende machen. 2. *jmds., einer Sache nicht wert, nicht würdig* (2): ein -er Gegner; jmds. Vertrauens u. sein.
Un|wür|dig|keit, die; -: *das Unwürdigsein.*
Un|zahl, die; - (emotional verstärkend): *sehr große Anzahl:* es gab eine U. kritischer Einwände.
un|zähl|bar [auch: '- - -] ⟨Adj.⟩: a) *sich nicht zählen lassend;* b) (emotional) *unzählig:* es gab -e Verletzte; eine -e *(sehr große)* Menge.
un|zäh|lig [auch: '- - -] ⟨Adj.⟩ (emotional): *sehr*

U

viele, zahllos: -e kleine Fehler; eine -e *(sehr große)* Menge von Demonstranten; ich habe es -e Mal[e] versucht und nie geschafft; u. *(sehr)* viele Menschen.

un|zäh|li|ge Mal: s. unzählig.

un|zähm|bar [auch: '– – –] ⟨Adj.⟩: *nicht zähmbar:* -e Tiere.

Un|zähm|bar|keit [auch: '– – – –], die; -: *das Unzähmbarsein.*

Un|ze, die; -, -n [engl. ounce < afrz. once < lat. uncia, zu: unus = einer]: *in verschiedenen englischsprachigen Ländern geltendes Gewichtsmaß (28,35 g).*

Un|zeit, die [mhd., ahd. unzīt]: in der Verbindung zur U. (geh.; *zu einer unpassenden Zeit; zu einem Zeitpunkt, der nicht recht passt*): er kommt immer zur U.

un|zeit|ge|mäß ⟨Adj.⟩: *nicht zeitgemäß:* diese Haltung ist u.

un|zen|siert ⟨Adj.⟩: *nicht zensiert:* -e Filme, Nachrichten; die Diskussion wurde u. ausgestrahlt.

un|zer|brech|lich [auch: '– – – –] ⟨Adj.⟩: *nicht zerbrechlich:* -es Material.

Un|zer|brech|lich|keit [auch: '– – – – –], die; -: *unzerbrechliche Beschaffenheit.*

un|zer|kaut ⟨Adj.⟩: *nicht zerkaut.*

un|zer|stör|bar [auch: '– – – –] ⟨Adj.⟩: *nicht zerstörbar:* -e Fundamente aus Beton; Ü sein Glaube an das Gute im Menschen war u.

Un|zer|stör|bar|keit [auch: '– – – – –], die; -: *das Unzerstörbarsein.*

un|zer|stört ⟨Adj.⟩: *nicht zerstört:* kaum ein Haus blieb u.

un|zer|trenn|lich [auch: '– – – –] ⟨Adj.⟩ (emotional): *eng miteinander verbunden:* -e Freunde; die beiden sind u.

un|ziem|lich ⟨Adj.⟩ [mhd. unzim(e)lich] (geh.): *sich nicht geziemend; gegen das, was sich gehört, verstoßend:* eine -e Anrede; dein Benehmen ist u.

Un|ziem|lich|keit, die; -, -en: **1.** ⟨o. Pl.⟩ *das Unziemlichsein.* **2.** *etw. Unziemliches.*

un|zi|vi|li|siert ⟨Adj.⟩ (abwertend): *nicht zivilisiert* (2 b): ein -er Mensch; er sah ziemlich u. aus.

Un|zucht, die; - [mhd., ahd. unzuht] (veraltend): *gegen die sittliche u. moralische Norm verstoßendes Verhalten zur Befriedigung des Geschlechtstriebs:* widernatürliche U. treiben; gewerbsmäßige U. *(Prostitution).*

un|züch|tig ⟨Adj.⟩ [mhd. unzühtec, ahd. unzuhtig]: *von Unzucht zeugend, unsittlich* (1): -es Verhalten; -e *(pornographische)* Schriften, Filme.

Un|züch|tig|keit, die; -: *das Unzüchtigsein.*

un|zu|frie|den ⟨Adj.⟩: *nicht zufrieden:* ein -es *(Unzufriedenheit ausdrückendes)* Gesicht machen; der Lehrer ist mit den Leistungen u.; dieser Mensch ist ewig u.

Un|zu|frie|den|heit, die; -: *das Unzufriedensein.*

un|zu|gäng|lich ⟨Adj.⟩: **1. a)** *keinen Zugang bietend, nicht betretbar:* -e Räume, Häuser; **b)** *für die Benutzung o. Ä. nicht zur Verfügung stehend:* Medikamente für Kinder u. aufbewahren. **2.** *nicht kontaktfreudig, nicht aufgeschlossen:* ein sehr -er Mensch.

Un|zu|gäng|lich|keit, die; -: *das Unzugänglichsein.*

un|zu|kömm|lich ⟨Adj.⟩: **1.** (österr.) *unzulänglich, nicht ausreichend:* -e Ernährung. **2.** (österr., sonst selten) *jmdm. eigentlich nicht zukommend* (3 a, b); *nicht [ganz] gerechtfertigt, zulässig:* -e Begünstigungen. **3.** (schweiz.) *unzuträglich, unbekömmlich.*

Un|zu|kömm|lich|keit, die; -, -en: **1.** ⟨o. Pl.⟩ *das Unzukömmlichsein.* **2.** ⟨Pl.⟩ (österr., schweiz.) *Unstimmigkeiten; Unzulänglichkeiten.*

un|zu|läng|lich ⟨Adj.⟩ (geh.): *nicht zulänglich:* -e Kenntnisse; unsere Versorgung war u.; man hat unsere Bemühungen nur u. unterstützt.

Un|zu|läng|lich|keit, die; -, -en: **1.** ⟨o. Pl.⟩ *das Unzulänglichsein.* **2.** *etw. Unzulängliches:* menschliche -en.

un|zu|läs|sig ⟨Adj.⟩: *nicht zulässig:* -e Zusatzstoffe, Hilfsmittel; eine -e Einschränkung der Privatsphäre.

Un|zu|läs|sig|keit, die; -: *das Unzulässigsein.*

un|zu|mut|bar ⟨Adj.⟩: *nicht zumutbar:* -e hygienische Verhältnisse; etw. als u. zurückweisen.

Un|zu|mut|bar|keit, die; -, -en: **1.** ⟨o. Pl.⟩ *das Unzumutbarsein.* **2.** *etw. Unzumutbares.*

un|zu|rech|nungs|fä|hig ⟨Adj.⟩: *nicht zurechnungsfähig:* der Mörder ist u.

Un|zu|rech|nungs|fä|hig|keit, die; -: *das Unzurechnungsfähigsein.*

un|zu|rei|chend ⟨Adj.⟩: *für einen bestimmten Zweck nicht ausreichend:* eine -e Versorgung.

un|zu|sam|men|hän|gend ⟨Adj.⟩: *ohne [Sinn]zusammenhang:* -e Worte stammeln.

un|zu|stän|dig ⟨Adj.⟩: *nicht zuständig* (1): sich für u. erklären.

Un|zu|stän|dig|keit, die; -: *das Unzuständigsein.*

un|zu|stell|bar ⟨Adj.⟩ (Postw.): *(von Postsendungen) sich nicht zustellen lassend:* »Falls u., bitte zurück an den Absender« (Vermerk auf Postsendungen).

Un|zu|stell|bar|keit, die; -: (Postw.): *das Unzustellbarsein.*

un|zu|träg|lich ⟨Adj.⟩: in der Verbindung **jmdm., einer Sache u. sein** (geh.; *schädlich, nachteilig für jmdn., etw. sein*): das Klima war ihm u.; ⟨auch attr.:⟩ ein der Natur -es Maß ist erreicht.

Un|zu|träg|lich|keit, die; -, -en: **1.** ⟨o. Pl.⟩ *das Unzuträglichsein.* **2.** *etw. Unzuträgliches.*

un|zu|tref|fend ⟨Adj.⟩: *nicht zutreffend:* diese Behauptung ist u.; ⟨subst.:⟩ »Unzutreffendes bitte streichen!« (Anweisung auf Formularen).

un|zu|ver|läs|sig ⟨Adj.⟩: *nicht zuverlässig:* ein -er Mensch, Zeuge.

Un|zu|ver|läs|sig|keit, die; -: *das Unzuverlässigsein.*

un|zweck|mä|ßig ⟨Adj.⟩: *nicht zweckmäßig:* eine -e Ausrüstung.

Un|zweck|mä|ßig|keit, die; -: *das Unzweckmäßigsein.*

un|zwei|deu|tig ⟨Adj.⟩: *nicht zweideutig* (a); *klar u. unmissverständlich:* eine -e Antwort; dies kam in seinem Schreiben u. zum Ausdruck.

un|zwei|fel|haft [auch: –'– – –] ⟨Adj.⟩: *nicht zu bezweifeln:* ein -er Erfolg; er ist u. *(zweifellos)* begabt.

Up|date ['apdeɪt], das; -s, -s [engl. update, aus: up = nach oben, auf u. date = Datum] (EDV): *aktualisierte [u. verbesserte] Version eines Softwareprogramms, einer Datei o. Ä.:* kostenlose -s; ein U. auf den Markt bringen.

Up|grade ['apgreɪt], das; -s, -s [engl. upgrade = Verbesserung, Aufwertung] (EDV): **1.** *erweiterte, verbesserte neue Version einer Software.* **2.** *Installierung eines Upgrades* (1): ein U. machen.

Up|per|class ['apəkla:s; engl. upper class, aus: upper = ober... u. class = Gesellschaftsschicht, Klasse], die; -: *Oberschicht:* die englische U.

üp|pig ⟨Adj.⟩ [mhd. üppic, ahd. uppīg = überflüssig, unnütz, nichtig; übermütig, H. u., viell. verw. mit ↑über u. eigtl. = über das Maß hinausgehend]: **1. a)** *reichhaltig, in verschwenderischer Fülle [vorhanden]:* -e Vegetation; ein -es Büfett; ü. blühende Wiesen; Ü in -en Farben; sie haben es nicht ü. *(haben nicht viel Geld);* **b)** *rundliche, volle Formen zeigend:* ein -er Busen. **2.** (landsch.) *übermütig, unbescheiden, allzu selbstbewusst:* er wird mir langsam zu ü.

Üp|pig|keit, die; -: *das Üppigsein.*

up to date ['ʌp tə 'deɪt; engl., eigtl. = bis auf den heutigen Tag] (bildungsspr.): *zeitgemäß, auf dem neuesten Stand:* die Frisur, das Lexikon ist nicht mehr ganz up to date.

Ur, der; -[e]s, -e: *Auerochse.*

ur-, Ur- [mhd., ahd. ur-, urspr. = (her)aus]: **1.** (verstärkend) drückt in Bildungen mit Adjektiven eine Verstärkung aus: **a)** *sehr:* uralt, urgemütlich, urgesund; **b)** *von Grund auf, durch und durch:* uramerikanisch, urgesund. **2. a)** kennzeichnet in Bildungen mit Substantiven jmdn. oder etw. als Ausgangspunkt, als weit zurückliegend, am Anfang liegend: Urerlebnis, Urgruppe; **b)** kennzeichnet in Bildungen mit Substantiven etw. als das Erste: Uraufführung, Urdruck. **3.** kennzeichnet in Bildungen mit Verwandtschaftsbezeichnungen die Zugehörigkeit zur jeweils vorherigen Generation: Urenkel, Uroma.

Ur|ab|stim|mung, die; -, -en [eigtl. = unmittelbare, direkte Abstimmung]: *(in der Satzung verschiedener Organisationen vorgesehene) Abstimmung der Mitglieder zur Entscheidung grundsätzlicher Fragen, bes. Abstimmung von gewerkschaftlich organisierten Arbeitnehmern über Einleitung, Durchführung od. Beendigung eines Streiks.*

Ur|adel, der; -s: *alter, nicht durch Adelsbrief o. Ä. erworbener Adel.*

Ur|ahn, der; -[e]s u. -en, -en [mhd. urane, ahd. urano]: *ältester nachweisbarer od. sehr früher Vorfahr.*

[1]Ur|ah|ne, der; -n, -n: Nebenf. von ↑Urahn.

[2]Ur|ah|ne, die; -, -n: w. Form zu ↑Urahn.

Ural, der; -[s]: **1.** als östliche Grenze Europas geltendes Gebirge in Russland u. Kasachstan. **2.** im südlichen Ural (1) entspringender u. ins Kaspische Meer mündender, als Grenze zwischen Europa und Asien geltender Fluss in Russland u. Kasachstan.

ur|alt ⟨Adj.⟩ [mhd., ahd. uralt] (verstärkend): *sehr alt:* ein -er Mann; in -en *(längst vergangenen)* Zeiten; der Trick, der Witz ist u. *(seit langem bekannt).*

Uran, das; -s [nach dem (ebenfalls im 18. Jh. entdeckten) Planeten Uranus] (Chemie): *radioaktives, weiches, silberglänzendes Schwermetall, das als Kernbrennstoff u. zur Herstellung von Kernwaffen verwendet wird (chemisches Element;* Zeichen: U).

Uran|an|rei|che|rung, die (Kerntechnik): *Anreicherung von Uran in Spaltmaterial.*

Uran|berg|werk, das: *Bergwerk, in dem Uran gefördert wird.*

Uran|erz, das: *uranhaltiges Erz.*

Ur|an|fang, der; -[e]s, Uranfänge: *erster Anfang: Ursprung.*

Ur|angst, die; -, Urängste: *ursprüngliche, kreatürliche Angst.*

uran|hal|tig ⟨Adj.⟩: *Uran enthaltend.*

Ura|nia (griech. Myth.): **1.** Muse der Sternkunde. **2.** Beiname der Aphrodite.

Ura|nos: ↑[1]Uranus.

[1]Ura|nus, Uranos (griech. Myth.): Gott als Personifikation des Himmels.

[2]Ura|nus, der; Uranus': (von der Sonne aus gerechnet) siebter Planet unseres Sonnensystems.

Uran|vor|kom|men, das: *Vorkommen* (b) *von Uran.*

ur|auf|füh|ren ⟨sw. V.; hat; meist im Inf. u. 2. Part.⟩: *zum ersten Male aufführen:* ein Stück, eine Oper u.; der Film wird heute uraufgeführt.

Ur|auf|füh|rung, die; -, -en: *erste Aufführung eines neuen Werkes.*

ur|ban ⟨Adj.⟩ [lat. urbanus, eigtl. = zur Stadt gehörend, zu: urbs = Stadt]: **1.** (bildungsspr.) *gebildet u. weltgewandt, weltmännisch:* -e Umgangsformen. **2.** *städtisch, für die Stadt, für städtisches Leben charakteristisch:* -e Lebensbedingungen.

Ur|ba|ni|sa|ti|on, die; -, -en: **1. a)** *städtebauliche Erschließung:* die U. eines neuen Erholungsgebiets; **b)** *durch städtebauliche Erschließung entstandene moderne städtische Siedlung.* **2.** (bildungsspr.) *Verstädterung, kulturelle, zivilisatorische Verfeinerung.*

ur|ba|ni|sie|ren (sw. V.; hat): **1.** *städtebaulich erschließen.* **2.** (bildungsspr.) *kulturell, zivilisatorisch verfeinern; verstädtern.*

Ur|ba|ni|sie|rung, die; -, -en: *das Urbanisieren.*

Ur|ba|nis|tik, die; -: *Wissenschaft vom Städtebau, von der Stadtplanung.*

ur|ba|nis|tisch ⟨Adj.⟩: *die Urbanistik betreffend, städtebaulich.*

Ur|ba|ni|tät, die; - [lat. urbanitas, zu: urbanus, ↑urban] (bildungsspr.): **a)** *Bildung; feine, weltmännische Art;* **b)** *städtische Atmosphäre:* was er hier vermisst, ist die U. der Hauptstadt.

ur|bar [aus dem Niederd., zu mniederd. orbor, orbar = Ertrag, Nutzen, Vorteil (vgl. mhd. urbar = zinstragendes Grundstück), zu mhd. erbern, ahd. urberan = hervorbringen, zu mhd., ahd. ur- in der Grundbed. »aus, von – her«, eigtl. = ertragreich]: in der Wendung **etw. u. machen** (*[Land] durch Rodung, Be- od. Entwässerung o. Ä. zur landwirtschaftlichen Nutzung geeignet machen; kultivieren* 1): ein Moor u. machen.

ur|ba|ri|sie|ren ⟨sw. V.; hat⟩ (schweiz.): *urbar machen.*

Ur|ba|ri|sie|rung, die; -, -en (schweiz.): *Urbarmachung.*

Ur|bar|ma|chung, die; -, -en: *das Urbarmachen.*

Ur|be|ginn, der; -[e]s: *Uranfang:* seit U.

Ur|be|stand|teil, der; -[e]s, -e: *ursprünglicher wesentlicher Bestandteil.*

Ur|be|völ|ke|rung, die; -, -en: *erste, ursprüngliche Bevölkerung eines Gebietes.*

ur|bi et or|bi [lat. = der Stadt (Rom) und dem Erdkreis] (kath. Kirche): Formel für päpstliche Erlasse u. Segenspendungen.

Ur|bild, das [nach griech. archétypon, ↑Archetyp]: **a)** *[lebendes] tatsächliches Vorbild, das einer Wiedergabe, einer künstlerischen Darstellung zugrunde liegt:* die -er der Gestalten Shakespeares; **b)** *ideales, charakteristisches Vorbild, Inbegriff:* er ist ein U. von Kraft und Lebensfreude.

ur|bild|lich ⟨Adj.⟩: *wie ein Urbild [wirkend].*

ur|chig ⟨Adj.⟩ [alemann. Form von ↑urig] (schweiz.): *urwüchsig, echt:* ein -er Mensch; eine -e Beisel.

Ur|chris|ten|tum, das; -s: *Anfang des Christentums in der Zeit des sich allmählich verbreitenden christlichen Glaubens.*

ur|christ|lich ⟨Adj.⟩: *zum Urchristentum gehörend, von dort stammend.*

ur|deutsch ⟨Adj.⟩: *typisch deutsch* (a): eine -e Sitte.

Ur|du, das; -: *(zu den indoarischen Sprachen gehörende) offizielle Sprache Pakistans.*

ur|ei|gen ⟨Adj.⟩ (verstärkend): *jmdm. ganz allein gehörend, ihn in besonderem Maß betreffend, ihm eigen:* ein -es Interesse; ob ich das tue oder nicht, ist meine -ste Sache.

Ur|ein|woh|ner, der; -s, -: *Angehöriger der Urbevölkerung:* die australischen U.

Ur|ein|woh|ne|rin, die; -, -nen: w. Form zu ↑Ureinwohner.

Ur|en|kel, der; -s, - [mhd. ureniklīn]: **a)** *Sohn eines Enkels od. einer Enkelin; Großenkel;* **b)** *später Nachfahr, Nachkomme.*

Ur|en|ke|lin, die; -, -nen: *Tochter eines Enkels od. einer Enkelin; Großenkelin.*

Ur|fas|sung, die; -, -en: *ursprüngliche Fassung eines literarischen, musikalischen Werkes.*

Ur|feh|de, die; -, -n [mhd. urvēhe(de), zu: ur- in der Grundbed. = (her)aus, also eigtl. = das Herausgehen aus der Fehde]: *(bes. im MA.) durch Eid bekräftigter Verzicht auf Rache u. auf weitere Kampfhandlungen:* U. schwören.

Ur|form, die; -, -en: *erste, ursprüngliche Form.*

ur|ge|müt|lich ⟨Adj.⟩ (verstärkend): *überaus gemütlich* (a): eine -e Kneipe.

Ur|genz, die; -, -en [mlat. urgentia]: **1.** (bildungsspr. veraltend) *Dringlichkeit.* **2.** (bes. österr.) *das Drängen, Mahnung, Hinweis auf die Dringlichkeit.*

ur|ger|ma|nisch ⟨Adj.⟩: *zum frühen, ältesten Germanentum gehörend.*

Ur|ge|schich|te, die; - [vgl. Uradel]: **a)** *ältester Abschnitt der Menschheitsgeschichte;* **b)** *Wissenschaft von der Urgeschichte* (a).

ur|ge|schicht|lich ⟨Adj.⟩: *die Urgeschichte betreffend.*

Ur|ge|sell|schaft, die; -: *die menschliche Gesellschaft in ihrer ursprünglichen [vorgestellten u. idealisierten] Form.*

Ur|ge|stein, das; -[e]s, -e: *Gestein [vulkanischen Ursprungs], das ungefähr in seiner ursprünglichen Form erhalten ist:* Granit gehört zu den -en; Ü er ist ein politisches U. *(ein Politiker aus Leidenschaft).*

Ur|ge|walt, die; -, -en (geh.): *sehr große Kraft, [Natur]gewalt:* die U. des Meeres.

ur|gie|ren ⟨sw. V.; hat⟩ [lat. urgere] (bes. österr.): *drängen, nachdrücklich betreiben.*

Ur|groß|el|tern ⟨Pl.⟩: *Eltern des Großvaters od. der Großmutter.*

Ur|groß|mut|ter, die; -, ...mütter: *Mutter einer Großmutter od. eines Großvaters.*

Ur|groß|va|ter, der; -s, ...väter: *Vater eines Großvaters od. einer Großmutter.*

Ur|grund, der; -[e]s, Urgründe: *letzter, tiefster Grund:* der U. alles Seins.

Ur|he|ber, der; -s, - [unter Einfluss von lat. auctor (↑Autor) zu mhd. urhap, ahd. urhab = Anfang, Ursache, Ursprung]: **a)** *derjenige, der etw. bewirkt od. veranlasst hat:* die U. des Staatsstreichs wurden verhaftet; er wurde zum geistigen U. einer neuen Kunstrichtung; **b)** (bes. Rechtsspr.) *Schöpfer eines Werkes der Literatur, Musik od. bildenden Kunst; Autor.*

Ur|he|be|rin, die; -, -nen: w. Form zu ↑Urheber.

Ur|he|ber|recht, das (Rechtsspr.): **a)** *Recht, über die eigenen schöpferischen Leistungen, Kunstwerke o. Ä. allein zu verfügen:* der Autor sieht darin eine Verletzung seines -s; **b)** *Gesamtheit der das Urheberrecht* (a) *betreffenden gesetzlichen Bestimmungen:* eine Reform des -s.

ur|he|ber|recht|lich ⟨Adj.⟩: *das Urheberrecht betreffend, durch das Urheberrecht:* u. geschützt.

Ur|he|ber|rechts|schutz, der (Rechtsspr.): *durch das Urheberrecht* (b) *festgelegter u. gesicherter Schutz, den ein Urheber in Bezug auf sein Werk genießt.*

Ur|he|ber|schaft, die; -: *das Urhebersein.*

Ur|he|ber|schutz, der (Rechtsspr.): *Urheberrechtsschutz.*

Ur|hei|mat, die; -, -en ⟨Pl. selten⟩: *eigentliche, ursprüngliche, älteste erschließbare Heimat, bes. eines Volk[sstamm]es:* die afrikanische U. dieses Volks.

Uri; -s: schweizerischer Kanton.

Uri|as|brief, der; -[e]s, -e [nach dem Brief, mit dem im Alten Testament David den Urias, den Ehemann der Bathseba, in den Tod schickte (2. Sam. 11)]: *Brief, der dem Überbringer Unglück bringt.*

urig ⟨Adj.⟩ [mhd. urich]: **a)** *urwüchsig, urtümlich:* ein -es Volksfest; eine -e, u. eingerichtete Kneipe; **b)** *sonderbar, originell, seltsam:* ein -er Kauz.

Urin, der; -s, -e ⟨Pl. selten⟩ [lat. urina, urspr. = Wasser] (Med.): *[ausgeschiedener] Harn:* ein heller, trüber U.; den U. [auf Zucker] untersuchen lassen; der Kranke kann den U. nicht halten; * **etw. im U. haben/spüren** (salopp; *etw. intuitiv erkennen, etw. ahnen, genau spüren*).

uri|nal ⟨Adj.⟩ [spätlat. urinalis, zu lat. urina, ↑Urin]: *zum Urin gehörend.*

Uri|nal, das; -s, -e: **1.** *in der Krankenpflege gebräuchliches Glasgefäß mit weitem Hals zum Auffangen des Urins bei Männern.* **2.** *an der Wand befestigtes Becken zum Urinieren für Männer.*

uri|nie|ren ⟨sw. V.; hat⟩ [mlat. urinare]: *Urin ausscheiden:* u. müssen; in ein Röhrchen u.

Urin|pro|be, die: *Probe* (2) *von Urin für eine Urinuntersuchung.*

Ur|in|stinkt, der; -[e]s, -e: *ursprünglicher, im Unterbewusstsein erhalten gebliebener Instinkt.*

Urin|un|ter|su|chung, die: *Untersuchung des Urins.*

Ur|kan|ton, der; -s, -e: *Kanton der Urschweiz.*

Ur|kir|che, die; -: *Urchristentum.*

Ur|knall, der; -[e]s, -e [nach engl. big bang, eigtl. = großer Knall]: *das plötzliche Explodieren der zum Zeitpunkt der Entstehung des Weltalls extrem dicht zusammengedrängten Materie (das die heute angenommene Expansion des Weltalls bedingt).*

ur|ko|misch ⟨Adj.⟩ (verstärkend): *sehr, äußerst komisch.*

Ur|kraft, die; -, Urkräfte: *ursprüngliche, natürliche, elementare* (2) *Kraft.*

Ur|kun|de, die; -, -n [mhd. urkunde, -künde, ahd. urchundi, zu ↑erkennen u. eigtl. = Erkenntnis]: *[amtliches] Schriftstück, durch das etw. beglaubigt od. bestätigt wird; Dokument mit Rechtskraft:* eine standesamtliche U.; die U. ist notariell beglaubigt; eine U. ausstellen, unterzeichnen, ausfertigen, hinterlegen.

Ur|kun|den|fäl|schung, die: *Fälschung einer Urkunde od. Gebrauch einer gefälschten Urkunde zum Zweck der Täuschung im Rechtsverkehr.*

Ur|kun|den|samm|lung, die: *Sammlung* (3 a) *von Urkunden.*

ur|kund|lich ⟨Adj.⟩: *durch, mit Urkunden [belegt]; dokumentarisch* (1): ein -er Nachweis; diese Schenkung ist u. [bezeugt].

Ur|kunds|be|am|te, der (Rechtsspr.): *zur Ausstellung von Urkunden befugter Beamter (z. B. Standesbeamter).*

Ur|kunds|be|am|tin, die: w. Form zu ↑Urkundsbeamte.

URL, die; -, -s, (selten:) der; -s, -s [Abk. für engl. Uniform Resource Locator] (EDV): *Standard für die Adressierung einer Website im World Wide Web; Internetadresse.*

Ur|land|schaft, die; -, -en: *ursprüngliche, urtümlich wirkende Landschaft.*

Ur|laub, der; -[e]s, -e [mhd., ahd. urloup = Erlaubnis (wegzugehen), zu ↑erlauben]: *(in Betrieben, Behörden, beim Militär nach Arbeitstagen gezählte) dienst-, arbeitsfreie Zeit, die jmd. [zum Zwecke der Erholung] erhält:* ein kurzer, mehrwöchiger U.; U. an der See, im Gebirge; ein verregneter U.; U. (militär.; *Ausgang*) bis zum Wecken; U. beantragen, bekommen; den, seinen U. antreten; [unbezahlten] U., einen Tag U. nehmen; [irgendwo] auf, in, im U. sein; in U. gehen, fahren; sie hat sich im U. gut erholt, ist noch nicht aus dem, vom U. zurück; Ü U. vom Alltag, von der Familie.

ur|lau|ben ⟨sw. V.; hat⟩ (ugs.): *Urlaub machen, seinen Urlaub verbringen:* sie urlauben immer an der See.

Ur|lau|ber, der; -s, - [urspr. = vom Militärdienst vorübergehend Freigestellter]: **a)** *jmd., der gerade Urlaub macht [u. ihn nicht an seinem Wohnsitz verbringt]:* viele U. zieht es in den sonnigen Süden; **b)** *Soldat auf [Heimat]urlaub.*

Ur|lau|be|rin, die; -, -nen: w. Form zu ↑Urlauber.

Ur|lau|ber|schiff, das: *Schiff für Urlaubsreisen.*

Ur|lau|ber|sied|lung, die: *Siedlung mit Ferienhäuschen od. Bungalows für Urlauber* (a).

Ur|lau|ber|zug, der: **a)** *Sonderzug od. in Ferienzeiten zusätzlich verkehrender Zug für Urlauber* (a); **b)** *für auf Urlaub fahrende Soldaten eingesetzter Zug.*

Ur|laubs|an|schrift, die: *Anschrift während des Urlaubs.*

Ur|laubs|an|spruch, der: *[durch Tarif od. Einzelvertrag festgelegter] Anspruch auf eine bestimmte Zahl von Urlaubstagen im Jahr.*

Ur|laubs|an|tritt, der: *Antritt* (1 a) *eines Urlaubs.*

Ur|laubs|be|kannt|schaft, die: *Person, die jmd. im Urlaub kennen gelernt hat.*

Ur|laubs|dau|er, die ⟨Pl. selten⟩: *Dauer des Urlaubs.*

Ur|laubs|flirt, der: *Flirt* (b), *den jmd. während der Zeit seines Urlaubs hat.*

Ur|laubs|gast, der: *Feriengast.*

Ur|laubs|geld, das: **a)** *zusätzliche Zahlung des Arbeitgebers an die Arbeitnehmer als Zuschuss zur Finanzierung des Urlaubs;* **b)** *für den Urlaub gespartes, zurückgelegtes Geld.*

Ur|laubs|kas|se, die: vgl. Reisekasse.

Ur|laubs|ort, der ⟨Pl. -e⟩: *Ferienort.*

Ur|laubs|plan, der: **1.** *Plan, in dem festgehalten ist, zu welchen Terminen die einzelnen Mitarbeiter eines Betriebs ihren Urlaub nehmen werden.* **2.** ⟨meist Pl.⟩ vgl. Ferienpläne.

ur|laubs|reif ⟨Adj.⟩ (ugs.): *durch viel Arbeit so erschöpft, dass ein Urlaub geboten ist:* ein -er Kollege; u. sein.

U̲r|laubs|rei|se, die: *Reise in den Urlaub, während des Urlaubs.*

U̲r|laubs|rei|sen|de, der u. die: *jmd., der eine Urlaubsreise macht.*

U̲r|laubs|schein, der (bes. Milit.): *Schein (3), auf dem bestätigt wird, dass jmd. für einen bestimmten Zeitraum Urlaub hat.*

U̲r|laubs|sper|re, die: **1.** (bes. Milit.) *Verbot, Urlaub zu nehmen:* es besteht U.; die Werksleitung verhängte eine U. **2.** (bes. österr.) *vorübergehende Schließung eines Geschäftes wegen Betriebsurlaub.*

U̲r|laubs|tag, der: *Tag, an dem jmd. Urlaub hat; Tag der Urlaubszeit* (b).

U̲r|laubs|ver|tre|tung, die: **a)** *stellvertretende Übernahme der Arbeiten u. Dienstgeschäfte von jmdm., der im Urlaub ist;* **b)** *Person für die Urlaubsvertretung* (a).

U̲r|laubs|zeit, die: *Zeit, in der viele Urlaub machen.*

U̲r|laut, der: *urtümlicher, nicht sprachlicher menschlicher Laut:* einen U. ausstoßen.

U̲r|mensch, der; -en, -en: *Mensch der frühesten anthropologischen Entwicklungsstufe, Mensch der Altsteinzeit.*

u̲r|mensch|lich ⟨Adj.⟩: **1.** *die Urmenschen betreffend, von ihnen stammend:* -e Werkzeuge. **2.** *seit Anbeginn zum Wesen des Menschen gehörend, typisch menschlich.*

U̲r|me|ter, das; -s: *ursprüngliches Maß, Norm des Meters (dessen Prototyp in Sèvres bei Paris lagert).*

U̲r|mund, der; -[e]s, Urmünder ⟨Pl. selten⟩ (Biol.): *bei der Gastrulation sich ausbildende, in den Urdarm führende Öffnung, an der das Ektoderm in das Entoderm überleitet.*

U̲r|mut|ter, die; -, Urmütter: *Stammmutter der Menschen.*

Ụr|ne, die; -, -n [lat. urna = (Wasser)krug; Lostopf]: **1.** *krugartiges, bauchiges, meist künstlerisch verziertes Gefäß aus Ton, Bronze o. Ä., in dem die Asche eines Verstorbenen aufbewahrt u. beigesetzt wird u. die früher auch zur Aufnahme von Grabbeigaben diente:* eine U. beisetzen. **2.** *kastenförmiger, geschlossener [Holz]behälter mit einem schmalen Schlitz an der Oberseite zum Einwerfen des Stimmzettels bei Wahlen; Wahlurne:* das Volk wird zu den -n gerufen (geh.; *es werden Wahlen abgehalten*). **3.** *Gefäß, aus dem die Teilnehmer an einer Verlosung ihre Losnummern ziehen.*

Ụr|nen|bei|set|zung, die: *Beisetzung der Urne* (1) *eines eingeäscherten Toten.*

Ụr|nen|feld, das: *vorgeschichtlicher Friedhof mit Urnengräbern.*

Ụr|nen|fried|hof, der: *Friedhof mit Urnengräbern.*

Ụr|nen|gang, der: *Wahl* (2 a).

Ụr|nen|grab, das: *Grab, in dem eine Urne* (1) *beigesetzt ist.*

[1]Ụr|ner, der; -s, -: Ew. zu ↑Uri.

[2]Ụr|ner ⟨indekl. Adj.⟩: die U. Städte.

Ụr|ne|rin, die; -, -nen: w. Form zu ↑[1]Urner.

ụr|ne|risch ⟨Adj.⟩: *Uri, die Urner betreffend; von den Urnern stammend, zu ihnen gehörend.*

uro|ge|ni|ta̲l ⟨Adj.⟩ [↑genital] (Med.): *zu den Harn- u. Geschlechtsorganen gehörend, diese betreffend.*

Uro|ge|ni|ta̲l|sys|tem, das, **Uro|ge|ni|ta̲l|trakt,** der (Med.): *morphologisch-funktionell miteinander verknüpfte Harn- u. Geschlechtsorgane.*

Uro|lo̲|ge, der; -n, -n [↑-loge]: *Facharzt für Urologie* (1).

Uro|lo|gi̲e, die; - [↑-logie]: **1.** *Teilgebiet der Medizin, das sich mit der Funktion u. den Erkrankungen der Harnorgane befasst.* **2.** (Med. Jargon) *urologische Abteilung eines Krankenhauses.*

Uro|lo̲|gin, die; -, -nen: w. Form zu ↑Urologe.

uro|lo̲|gisch ⟨Adj.⟩: *die Urologie betreffend.*

u̲r|plötz|lich ⟨Adj.⟩ (verstärkend): *ganz plötzlich:* ein -er Temperatursturz von zehn Grad.

U̲r|pro|duk|ti|on, die; -, -en (Wirtsch.): *Gewinnung von Produkten unmittelbar aus der Natur (durch Land- u. Forstwirtschaft, Fischerei, Jagd, Bergbau).*

U̲r|quel|le, die; -, -n: *letzter Ursprung.*

U̲r|sa|che, die; -, -n [urspr. = erster, eigentlicher Anlass zu gerichtlichem Vorgehen; vgl. Sache]: *etw. (Sachverhalt, Vorgang, Geschehen), was eine Erscheinung, eine Handlung od. einen Zustand bewirkt, veranlasst; eigentlicher Anlass, Grund:* die unmittelbare, wirkliche U.; innere, äußere -n; die U. des Unfalls/für den Unfall; die U. ermitteln, feststellen, erkennen; keine U.! (formelhafte Antwort auf eine Dankesbezeigung; *bitte! gern geschehen!*); der Wagen ist aus noch ungeklärter U. von der Straße abgekommen; das Gesetz von U. und Wirkung; **R** kleine U., große Wirkung.

U̲r|sa|chen|for|schung, die: **1.** *auf die Ursachen bestimmter Phänomene, Geschehnisse gerichtete Forschung* (2). **2.** *das Forschen (a) nach den Ursachen von etw.:* U. betreiben.

u̲r|säch|lich ⟨Adj.⟩: **a)** *die Ursache betreffend:* der Vorfall bedarf einer -en Klärung; **b)** *die Ursache bildend; kausal:* die Dinge stehen in -em Zusammenhang; u. für etw. sein *(etwas verursachen).*

U̲r|säch|lich|keit, die; -, -en ⟨Pl. selten⟩: *Kausalität.*

U̲r|schlamm, der; -[e]s, **U̲r|schleim,** der; -[e]s: *gallertige Masse als Grundsubstanz allen Lebens.*

U̲r|schrift, die; -, -en: *Original eines Schriftwerkes, einer Urkunde o. Ä.*

u̲r|schrift|lich ⟨Adj.⟩: *in, als Urschrift:* eine -e Ausfertigung; u. zurück (auf Formularen).

U̲r|schweiz, die; -: (die Kantone Uri, Schwyz u. Unterwalden umfassendes) Gebiet der ältesten Eidgenossenschaft.

u̲r|sen|den ⟨sw. V.; hat; nur im Inf. u. 2. Part. gebr.⟩ (Rundf., Ferns.): *zum ersten Mal senden:* ein Hörspiel, Fernsehspiel u.

U̲r|sen|dung, die; -, -en (Rundf., Ferns.): *erstmalige Sendung eines Hör-, Fernsehspiels o. Ä.*

urspr. = ursprünglich.

U̲r|spra|che, die; -, -n: **1.** (Sprachw.) *Grundsprache.* **2.** *Originalsprache.*

U̲r|sprung, der; -[e]s, Ursprünge [mhd. ursprunc, ahd. ursprung, zu mhd. erspringen, ahd. irspringan = entstehen, entspringen u. urspr. = das Hervorspringen (bes. von Wasser), Quelle]: **1.** *Beginn; Material, Ort, Zeitraum, von dem etw. ausgegangen ist, seinen Anfang genommen hat:* der U. der Menschheit; das Gestein ist vulkanischen -s; etw. auf seinen U. zurückführen. **2.** (Math.) *Schnittpunkt der Achsen eines Koordinatensystems.*

u̲r|sprüng|lich [auch: -ˈ- -] ⟨Adj.⟩ [mhd. ursprunclich]: **1.** *anfänglich, zuerst [vorhanden]:* den -en Plan, Gesetzesentwurf ändern; damit weicht die Regierung von ihrer -en Linie ab; wir wollten u. nicht verreisen, fuhren dann aber doch. **2.** *echt, unverfälscht, natürlich, urwüchsig:* -e Sitten; einfach und u. leben.

U̲r|sprüng|lich|keit [auch: -ˈ- - -], die; - [mhd. ursprunclîcheit]: **1.** *ursprüngliche (1) Beschaffenheit.* **2.** *ursprüngliches (2) Wesen, Natürlichkeit.*

U̲r|sprungs|ge|biet, U̲r|sprungs|land, das: *Herkunftsland.*

urst ⟨Adj.⟩ [wohl scherzh. geb. Sup. von ur-] (regional ugs.): *großartig; äußerst, sehr [schön]:* eine -e Pose; der kommt sich u. stark vor.

U̲r|ständ, die [mhd., spätahd. urstende = Auferstehung, zu ahd. erstân = aufstehen, sich erheben; auferstehen]: in der Wendung **[fröhliche] U. feiern** (oft von unerwünschten Dingen; *wieder zum Vorschein kommen*).

U̲r|stoff, der; -[e]s, -e: *Grundstoff, Element.*

U̲r|strom|tal, das; -[e]s, ...täler (Geol.): *von den Schmelzwassern eiszeitlicher Gletscher gebildetes, sehr großes u. breites Tal (mit sandigen u. kiesigen Ablagerungen).*

Ur|su|li̲|ne, die; -, -n, **Ur|su|li̲|ne|rin,** die; -, -nen [nach der hl. Ursula, der Schutzpatronin der Erzieher]: *Angehörige eines katholischen Schwesternordens mit der Verpflichtung zur Erziehung der weiblichen Jugend.*

Ụr|teil, das; -s, -e [mhd. urteil, ahd. urteil(i), zu ↑erteilen u. urspr. = das, was man erteilt, dann: Wahrspruch, den der Richter erteilt]: **1.** (Rechtsspr.) *(im Zivil- od. Strafprozess) richterliche Entscheidung, die einen Rechtsstreit in einer Instanz ganz od. teilweise abschließt:* ein mildes, hartes, gerechtes U.; das U. ergeht morgen, ist [noch nicht] rechtskräftig; das U. lautet auf Freispruch, auf sieben Jahre [Freiheitsstrafe]; ein U. fällen, begründen, anerkennen, bestätigen, vollstrecken, anfechten, aufheben; gegen das U. Berufung einlegen. **2.** *prüfende, kritische Beurteilung [durch einen Sachverständigen], abwägende Stellungnahme:* ein fachmännisches, objektives, parteiisches, vorschnelles U.; ihr U. über den neuen Roman war vernichtend; ein U. abgeben; sich ein U. [über jmdn., etw.] bilden; ich habe darüber kein U.; sie ist sehr sicher in ihrem U.

ụr|tei|len ⟨sw. V.; hat⟩ [mhd. urteilen]: **1. a)** *ein Urteil (2) [über jmdn., etw.] abgeben, seine Meinung äußern:* über jmdn., etw. u.; hart, [un]gerecht, [un]parteiisch, abfällig, vorschnell, fachmännisch u.; **b)** *sich nach etw., auf einen bestimmten Eindruck o. Ä. hin ein Urteil bilden:* nach dem ersten Eindruck u.; die Äpfel sind nach der Farbe zu u. reif. **2.** (Philos.) *einen logischen Schluss ziehen u. formulieren.*

Ụr|teils|be|grün|dung, die: *Teil eines Urteils (1), in dem die Gründe für die Entscheidung im Einzelnen dargelegt werden.*

ụr|teils|fä|hig ⟨Adj.⟩: *[durch Wissen, Erfahrung o. Ä.] fähig, ein Urteil (2) über jmdn., etw. abzugeben.*

Ụr|teils|fä|hig|keit, die ⟨o. Pl.⟩: *Urteilskraft.*

Ụr|teils|fin|dung, die (Rechtsspr.): *das Zustandekommen eines Urteils* (1).

Ụr|teils|kraft, die ⟨o. Pl.⟩: *Fähigkeit, etw. zu beurteilen.*

Ụr|teils|schel|te, die: *öffentliche Kritik an einem Urteil* (1).

Ụr|teils|spruch, der: *die eigentliche Entscheidung enthaltender Teil eines Urteils* (1).

Ụr|teils|ver|kün|dung, die: *Verkündung des Urteils (1) am Ende eines Prozesses.*

Ụr|teils|ver|mö|gen, das ⟨o. Pl.⟩: *Urteilskraft.*

Ụr|teils|voll|stre|ckung, die: *Vollstreckung eines Urteils* (1).

Ụr|teils|voll|zug, der: *Vollzug eines Urteils* (1).

U̲r|text, der; -[e]s, -e: **a)** *Urfassung eines Textes;* **b)** *einer Übersetzung zugrunde liegender Text.*

U̲r|tier, das; -[e]s, -e: **1.** *Urtierchen.* **2.** (oft emotional) *urtümliches, wie urzeitlich wirkendes Tier.*

U̲r|tier|chen, das; -s, - ⟨meist Pl.⟩: *Protozoon.*

U̲r|trieb, der; -[e]s, -e: *naturhafter, angeborener Trieb* (1).

u̲r|tüm|lich ⟨Adj.⟩ [rückgeb. aus ↑Urtümlichkeit]: **a)** *natürlich, unverfälscht, naturhaft-einfach:* eine -e Landschaft; **b)** *wie aus Urzeiten stammend:* -e Tiere.

U̲r|tüm|lich|keit, die; -: *das Urtümlichsein.*

U̲r|typ, der; -s, -en, **U̲r|ty|pus,** der; -, ...pen: *ursprünglicher, urtümlicher Typ (1), Typus* (1).

U̲ru|gu|ay; -s: Staat in Südamerika.

[1]U̲ru|gu|a|yer, der; -s, -: Ew.

[2]U̲ru|gu|a|yer ⟨indekl. Adj.⟩.

U̲ru|gu|a|ye|rin, die; -, -nen: w. Form zu ↑[1]Uruguayer.

u̲ru|gu|a|yisch ⟨Adj.⟩: *Uruguay, die Uruguayer betreffend; von den Uruguayern stammend, zu ihnen gehörend.*

U̲r|ur|en|kel, der: vgl. Urenkel.

U̲r|ur|en|ke|lin, die: w. Form zu ↑Ururenkel.

U̲r|ur|groß|el|tern ⟨Pl.⟩: vgl. Urgroßeltern.

U̲r|ur|groß|mut|ter, die: vgl. Urgroßmutter.

U̲r|ur|groß|va|ter, der: vgl. Urgroßvater.

U̲r|va|ter, der; -s, Urväter: *Stammvater, Ahnherr [eines Geschlechts]:* der U. der Menschheit.

U̲r|ver|trau|en, das; -s (Psych.): *aus der engen Mutter-Kind-Beziehung im Säuglingsalter hervorgegangenes natürliches Vertrauen des Menschen zu seiner Umwelt.*

U

ur|ver|wandt ⟨Adj.⟩: *(bes. von Wörtern u. Sprachen) auf den gleichen Stamm, die gleiche Wurzel zurückzuführen.*

Ur|ver|wandt|schaft, die; -, -en: *das Urverwandtsein.*

Ur|viech, Ur|vieh, das; -[e]s, Urviecher (salopp scherzhaft): *urwüchsiger, drolliger, etwas naiver Mensch; Original* (3).

Ur|vo|gel, der; -s, Urvögel: *(aus Abdrücken in Juraformationen bekannte) tauben- bis hühnergroße Urform eines Vogels, die als Zwischenform zwischen Reptilien u. Vögeln gilt; Archäopteryx.*

Ur|wahl, die; -, -en (Politik): *Wahl, bei der die zu repräsentierenden Personen (z. B. die wahlberechtigten Bürger eines Landes, die Mitglieder einer Partei) selbst wahlberechtigt sind* (z. B. die Wahl eines Wahlmännerausschusses).

Ur|wald, der; -[e]s, Urwälder: *ursprünglicher, von Menschen nicht kultivierter Wald mit reicher Fauna:* ein undurchdringlicher U.

Ur|wald|rie|se, der: *sehr großer, alter Baum eines Urwalds.*

Ur|welt, die; -, -en: *sagenumwobene, nebelhafte Welt der Vorzeit.*

ur|welt|lich ⟨Adj.⟩: *die Urwelt betreffend, zu ihr gehörend, aus ihr stammend.*

ur|wüch|sig ⟨Adj.⟩: **a)** *naturhaft; ursprünglich, unverfälscht:* eine -e Landschaft; **b)** *nicht verbildet, nicht gekünstelt:* eine -e Sprache.

Ur|wüch|sig|keit, die; -: *urwüchsige Art, urwüchsiges Wesen.*

Ur|zeit, die; -, -en: *älteste Zeit [der Erde, der Menschheit]:* * **in, vor, zu -en** *(vor sehr langer Zeit);* **seit -en** *(seit sehr langer Zeit).*

ur|zeit|lich ⟨Adj.⟩: *aus der Urzeit [stammend].*

Ur|zeu|gung, die; -, -en: *Entstehung von Lebewesen, lebenden Zellen aus anorganischen od. organischen Substanzen ohne das Vorhandensein von Eltern.*

Ur|zu|stand, der; -[e]s, Urzustände: *ursprünglicher Zustand.*

USA [u:|ɛsˈɑ] ⟨Pl.⟩ [Abk. für engl. United States of America]: Vereinigte Staaten von Amerika.

Usam|ba|ra|veil|chen, das; -s, - [nach dem Gebirgsstock Usambara in Tansania]: *(in Ostafrika heimische) Pflanze mit in Rosetten stehenden, rundlichen, behaarten Blättern u. veilchenähnlichen Blüten von violettblauer, rosa od. weißer Farbe.*

US-Ame|ri|ka|ner [u:ˈɛs...], der; -s, -: *Amerikaner* (1).

US-Ame|ri|ka|ne|rin, die; -, -nen: w. Form zu ↑US-Amerikaner.

US-ame|ri|ka|nisch ⟨Adj.⟩: *amerikanisch* (1).

Usance [yˈzã:s], die; -, -n [...sn̩; frz. usance, zu: user = gebrauchen, über das Vlat. zu lat. usum, ↑Usus] (bildungsspr., Kaufmannsspr.): *Brauch, Gepflogenheit [im geschäftlichen Verkehr].*

Usanz, die; -, -en (schweiz.): *Usance.*

USB, der; -s, -s [Abk. für engl. Universal Serial Bus] (EDV): *Leitung zur Datenübertragung, die es ermöglicht, dass alle Komponenten eines Computers über einen Anschluss mit dem Computer verbunden werden u. kommunizieren.*

Us|be|ke, der; -n, -n: Angehöriger eines Turkvolkes in Zentralasien.

Us|be|kin, die; -, -nen: w. Form zu ↑Usbeke.

us|be|kisch ⟨Adj.⟩: *Usbekistan, die Usbeken betreffend; von den Usbeken stammend, zu ihnen gehörend.*

Us|be|kis|tan; -s: Staat in Mittelasien.

USD, USN, USS = internationaler Währungscode für: US-Dollar.

US-Dol|lar [u:ˈɛs...], der; -[s], -s ⟨aber: 30 US-Dollar⟩: vgl. Dollar.

Use|dom: Insel in der Ostsee.

User [ˈju:zɐ], der; -s, - [engl. user, eigtl. = Konsument, zu: to use = gebrauchen < (a)frz. user, ↑Usance]: **1.** (Jargon) *jmd., der eine bestimmte Droge [regelmäßig] nimmt.* **2.** *jmd., der einen Computer benutzt.*

Use|rin, die; -, -nen: w. Form zu ↑User.

usf. = und so fort.

USN: ↑USD.

Uso, der; -s [ital. uso < lat. usus, ↑Usus] (Wirtsch.): *[Handels]brauch, Gewohnheit.*

USS: ↑USD.

Usur|pa|ti|on, die; -, -en [lat. usurpatio, zu: usurpare, ↑usurpieren]: *widerrechtliche Inbesitznahme; gesetzwidrige Machtergreifung.*

Usur|pa|tor, der; -s, ...oren [spätlat. usurpator, zu lat. usurpare, ↑usurpieren]: *jmd., der widerrechtlich die [Staats]gewalt an sich reißt, bes. den Thron* (1 b) *usurpiert.*

Usur|pa|to|rin, die; -, -nen: w. Form zu ↑Usurpator.

usur|pie|ren ⟨sw. V.; hat⟩ [lat. usurpare, zusgez. aus: usu rapere = durch Gebrauch rauben (d. h. durch tatsächlichen Gebrauch eine Sache in seinen Besitz bringen)]: *widerrechtlich die Macht, die [Staats]gewalt an sich reißen:* die Macht u.

Usur|pie|rung, die; -, -en: *das Usurpieren.*

Usus, der; - [urspr. Studentenspr., lat. usus = Gebrauch, Übung, Praxis, zu: usum, 2. Part. von: uti = gebrauchen, benutzen, anwenden]: *Brauch, Gewohnheit, Sitte:* das ist hier so U.

usw. = und so weiter.

Utah [ˈju:ta:] -s: Bundesstaat der USA.

Uten|sil, das; -s, -ien ⟨meist Pl.⟩ [lat. utensilia, subst. Neutr. Pl. von: utensilis = brauchbar, zu: uti, ↑Usus]: *etw., was man für einen bestimmten Zweck braucht:* die -ien im Badezimmer; bei diesem Wetter ist der Regenschirm das wichtigste U.

Ute|ri: Pl. von ↑Uterus.

Ute|rus, der; -, ...ri [lat. uterus] (Med.): *Gebärmutter.*

Ut|gard; -s (germ. Myth.): *Reich der Dämonen u. Riesen.*

uti|li|tär ⟨Adj.⟩ [frz. utilitaire < engl. utilitarian, zu: utility < (a)frz. utilité < lat. utilitas = Nützlichkeit]: *rein auf den Nutzen ausgerichtet:* -e Ziele.

Uti|li|ta|ris|mus, der; - [nach engl. utilitarianism] (Philos.): *Lehre, die im Nützlichen die Grundlage des sittlichen Verhaltens sieht u. ideale Werte nur anerkennt, sofern sie dem Einzelnen od. der Gemeinschaft nützen; Nützlichkeitsprinzip.*

Uti|li|ta|rist, der; -en, -en: *Vertreter des Utilitarismus; jmd., der nur auf den praktischen Nutzen bedacht ist.*

Uti|li|ta|ris|tin, die; -, -nen: w. Form zu ↑Utilitarist.

uti|li|ta|ris|tisch ⟨Adj.⟩: *den Utilitarismus betreffend, auf ihm beruhend, zu ihm gehörend:* -e Gesichtspunkte.

Uto|pie, die; -, -n [unter Einfluss von frz. utopie zu »Utopia«, dem Titel eines Werks des engl. Humanisten Th. More (etwa 1478–1535), in dem das Bild eines republikanischen idealen Staates entworfen wird; zu griech. ou = nicht u. tópos = Ort, Stelle, Land, also eigtl. = Nichtland, Nirgendwo]: *undurchführbar erscheinender Plan; Idee ohne reale Grundlage:* eine soziale, politische U.; das ist doch [eine] U.!

uto|pisch ⟨Adj.⟩ [wohl nach frz. utopique]: *nur in der Vorstellung, Fantasie möglich; mit der Wirklichkeit nicht vereinbar, [noch] nicht durchführbar; fantastisch:* -e Hoffnungen, Erwartungen; -er Roman (Literaturw.; 1. *Roman, der eine idealisierte Form von Staat u. Gesellschaft vorführt.* 2. *Science-Fiction-Roman).*

Uto|pis|mus, der; -, ...men: **1.** *utopische Vorstellung.* **2.** ⟨o. Pl.⟩ *Neigung zu utopischen Vorstellungen, Plänen, Zielen.*

Uto|pist, der; -en, -en [wohl nach frz. utopiste]: *jmd., der utopische Pläne u. Vorstellungen hat; Fantast.*

Uto|pis|tin, die; -, -nen: w. Form zu ↑Utopist.

u. U. = unter Umständen.

UV = ultraviolett.

u. v. a. = und viele[s] andere.

u. v. a. m. = und viele[s] andere mehr.

UvD = Unteroffizier vom Dienst.

UV-Fil|ter [uˈfau...], der; Fachspr. meist: das (Fot.): *Filter zur Dämpfung der ultravioletten Strahlen.*

UV-Lam|pe, die: *Höhensonne* (2 a).

UV-Strah|len ⟨Pl.⟩ (Physik): *ultraviolette Strahlen.*

UV-Strah|ler, der: *Gerät, das ultraviolette Strahlen aussendet.*

UV-Strah|lung, die ⟨o. Pl.⟩ (Physik): *Höhenstrahlung.*

uvu|lar ⟨Adj.⟩ (Sprachw.): *(von Lauten) mit dem Zäpfchen gebildet.*

Uvu|lar, der; -s, -e (Sprachw.): *unter Mitwirkung des Zäpfchens gebildeter Laut.*

Ü-Wa|gen, der; -s, -, südd., österr. auch: Ü-Wägen: kurz für ↑Übertragungswagen.

u. Z. = unserer Zeitrechnung.

uzen ⟨sw. V.; hat⟩ (ugs.): *(jmdn. mit etw.) necken, foppen; seinen Scherz mit jmdm. treiben:* mit diesem Versprecher wurde er noch lange geuzt.

Uze|rei, die; -, -en (ugs.): **1.** *[dauerndes] Uzen.* **2.** *neckender, spottender Scherz o. Ä.*

Uz|na|me, der (ugs.): *Spitzname.*

v, V [fau], das; - (ugs.: -s), - (ugs.: -s) [mhd., ahd. v]: *zweiundzwanzigster Buchstabe des Alphabets, ein Konsonant:* ein kleines v, ein großes V schreiben.

v = velocitas (Geschwindigkeit a).

V = Vanadin, Vanadium; Volt; Volumen.

V [entstanden aus der »halbierten« Schreibweise des Zahlzeichens X = 10]: römisches Zahlzeichen für 5.

v. = vom; von; vor; vide; vidi.

VA = Voltampere.

va banque, (auch:) **Va|banque** [vaˈbã:k, auch: vaˈbaŋk; frz., eigtl. = (es) geht (= gilt) die Bank, aus: va, 3. Pers. Sg. von: aller = gehen (< lat. vadere) u. banque = Bank (< ital. banca, ↑[2]Bank)]: in der Wendung **va banque,** (auch:) **Vabanque spielen** (bildungsspr.; *ein sehr hohes Risiko eingehen; alles auf eine Karte setzen).*

Va|banque|spiel, das ⟨o. Pl.⟩ (bildungsspr.): *mit einem hohen Risiko verbundene Vorgehens-, Verhaltensweise, sehr gewagtes Unterfangen.*

Va|che|rin [vaʃəˈrɛ̃:], der; -, -s [frz. vacherin, zu: vache < lat. vacca = Kuh]: *sahniger Weichkäse aus der Schweiz.*

Va|de|me|kum, das; -s, -s [lat. vade mecum = geh mit mir!] (bildungsspr.): *Lehrbuch, Leitfaden; Ratgeber* (2) *in Form eines kleinen Buches.*

Va|duz [faˈdʊts, auch: vaˈdu:ts]: Hauptstadt von Liechtenstein.

vag: ↑vage.

Va|ga|bund, der; -en, -en [unter Einfluss von frz. vagabond zu spätlat. vagabundus = umherschweifend; unstet, zu lat. vagari = umherschweifen, zu: vagus; ↑vage] (veraltend): *Landstreicher, Herumtreiber:* Ü er ist ein [richtiger] V. *(liebt das unstete Leben, hält es nicht lange an einem Ort aus).*

Va|ga|bun|den|le|ben, das ⟨o. Pl.⟩: *ungebundenes, unstetes Leben mit häufigem Wechsel des Aufenthaltsortes u. der Lebensumstände.*

va|ga|bun|die|ren ⟨sw. V.⟩ [frz. vagabonder, zu: vagabond, ↑Vagabund]: **1.** *ohne festen Wohnsitz sein, als Vagabund, Landstreicher leben* ⟨hat⟩: er vagabundiert seit Jahren. **2.** *ohne festes Ziel umherziehen, umherstreifen* ⟨ist⟩: durch die Welt v.

Va|ga|bun|din, die; -, -nen: w. Form zu ↑Vagabund.

Va|gant, der; -en, -en [zu lat. vagans (Gen.: vagantis), 1. Part. von: vagari, ↑Vagabund]: **1.** *(im MA.) umherziehender Sänger, Musikant, Spielmann,* *der bes. als Student unterwegs zu einem Studienorte, nach einem Studium auf der Suche nach einer Anstellung od. aus Gefallen am ungebundenen Leben auf Wanderschaft ist.* **2.** (veraltet) *Vagabund.*

Va|gan|ten|dich|tung, die ⟨o. Pl.⟩ (Literaturw.): *von Vaganten verfasste, meist lateinische weltliche Dichtung des Mittelalters.*

Va|gan|ten|lied, das (Literaturw.): *Lied der Vagantendichtung, bes. Liebes-, Trink-, Tanzlied.*

Va|gan|tin, die; -, -nen: w. Form zu ↑Vagant.

va|ge, (seltener auch:) vag ⟨Adj.⟩ [unter Einfluss von frz. vague < lat. vagus = unstet, umherschweifend]: *nicht genau, nicht klar umrissen; unbestimmt:* vage Versprechungen, Anhaltspunkte, Vermutungen, Andeutungen; ein vager Verdacht; seine Vorstellungen davon sind sehr v.; etw. nur v. andeuten.

Vag|heit, die; -, -en: **a)** ⟨o. Pl.⟩ *das Vagesein;* **b)** (seltener) *vage Aussage o. Ä.*

Va|gi|na, die; -, ...nen [lat. vagina] (Med.): *Scheide* (2).

va|gi|nal ⟨Adj.⟩ (Med.): *die Vagina betreffend, zu ihr gehörend:* -er Orgasmus.

Va|gus, der; - [nlat. Nervus vagus, zu lat. vagus (↑vage), eigtl. = der umherschweifende Nerv (der Nerv erstreckt sich bis zum Magen-Darm-Trakt)] (Anat.): *Hauptnerv des parasympathischen Systems.*

va|kant ⟨Adj.⟩ [zu lat. vacans (Gen.: vacantis), 1. Part. von: vacare = frei, unbesetzt sein, zu: vacuus, ↑Vakuum] (bildungsspr.): *im Augenblick frei, von niemandem besetzt, offen* (4 c): eine -e Stelle; der Posten, der Lehrstuhl wird, ist v.

Va|kanz, die; -, -en [mlat. vacantia = Ruhetage, zu lat. vacans, ↑vakant] (bildungsspr.): **a)** *das Vakantsein;* **b)** *vakante Stelle.*

Va|kua: Pl. von ↑Vakuum.

Va|ku|um, das; -s, ...kua u. ...kuen [lat. vacuum, subst. Neutr. von lat. vacuus = entblößt, frei, leer]: **1.** (bes. Physik) **a)** *fast luftleerer Raum; Raum, in dem ein wesentlich geringerer Druck als der normale herrscht;* **b)** *Zustand des geringen Drucks in einem Vakuum* (1 a). **2.** (bildungsspr.) *das Nichtausgefülltsein; Leere:* ein machtpolitisches, soziales V.

Va|ku|um|ma|trat|ze, die: *mit kleinen Kunststoffkugeln gefüllter, matratzenförmiger Sack, der im Rettungswesen als Transportmittel bei Wirbelsäulenverletzungen, Beckenbrüchen o. Ä. verwendet wird.*

Va|ku|um|pum|pe, die (Technik): *Pumpe zur Erzeugung eines Vakuums.*

Va|ku|um|röh|re, die: *Elektronenröhre.*

Va|ku|um|tech|nik, die: *Geräte u. Verfahren zur Erzeugung, Aufrechterhaltung u. Messung eines Vakuums u. Anwendung des Vakuums für technische Zwecke.*

va|ku|um|ver|packt ⟨Adj.⟩: *mit, in einer Vakuumverpackung:* -e Erdnüsse, Steaks.

Va|ku|um|ver|pa|ckung, die: *Verpackung, in die Waren bei Unterdruck* (1) *eingehüllt u. luftdicht eingeschlossen werden.*

Vak|zin, das; -s, -e (seltener): *Vakzine.*

Vak|zi|ne, die; -, -n [zu lat. vaccinus = von Kühen stammend, zu: vacca = Kuh, da der Impfstoff bes. aus der Lymphe von Kälbern gewonnen wird] (Med.): *Impfstoff aus lebenden od. abgetöteten Krankheitserregern.*

Va|len|tins|tag, der [nach dem hl. Valentin]: *als Tag der Liebenden gefeierter Tag (14. Februar), an dem man kleine Geschenke, Kartengrüße o. Ä. austauscht.*

Va|lenz, die; -, -en [spätlat. valentia = Stärke, Kraft, zu lat. valere = stark, gesund sein; Wert, Geltung haben]: **1.** (Sprachw.) *Fähigkeit eines Wortes, ein anderes semantisch-syntaktisch an sich zu binden, bes. Fähigkeit eines Verbs, zur Bildung eines vollständigen Satzes eine bestimmte Zahl von »Ergänzungen« (z. B. ein Subjekt u. ein Objekt) zu fordern.* **2.** (Chemie) *Wertigkeit* (1).

Va|lenz|elek|tron, das ⟨meist Pl.⟩ (Chemie): *Elektron eines Atoms, das die Wertigkeit bestimmt u. für die chemische Bindung verantwortlich ist.*

Va|lenz|zahl, die (Chemie): *den Atomen od. Ionen in chemischer Verbindung zuzuordnende Wertigkeit.*

Va|let [auch: va'le:t], das; -s, -s [älter: Valete, zu lat. valete = lebt wohl!, 2. Pers. Imp. Pl. von: valere, ↑Valenz] (veraltet, noch scherzh.): *Lebewohl, Abschiedsgruß:* jmdm. ein V. zurufen; * **jmdm., einer Sache V. sagen** (geh.; *jmdn., etw. aufgeben, sich davon lösen).*

va|lid ⟨Adj.⟩ [lat. validus = kräftig, stark, zu: valere, ↑Valenz] (bildungsspr.): *gültig, gesichert:* -e Daten, Zeugenaussagen.

Va|li|da|ti|on, die; -, -en [wohl nach frz. validation] (bildungsspr.): *Validierung.*

va|li|die|ren ⟨sw. V.; hat⟩ [wohl nach frz. valider] (bildungsspr., Fachspr.): *die Wichtigkeit, die Zuverlässigkeit, den Wert von etw. feststellen, bestimmen.*

Va|li|die|rung, die; -, -en (bildungsspr., Fachspr.): *das Validieren.*

Va|li|di|tät, die; - [frz. validité < spätlat. validitas = Stärke, zu lat. validus, ↑valid] (bildungsspr., Wissensch.): *Zuverlässigkeit.*

val|le|ri, val|le|ra [fa..., auch: va...] ⟨Interj.⟩: Fröhlichkeit ausdrückender Ausruf (bes. in Liedern).

Val|let|ta: Hauptstadt von Malta.

Va|lu|ta, die; -, ...ten [ital. valuta, zu: valuto, 2. Part. von: valere = gelten, wert sein < lat. valere, ↑Valenz] (Wirtsch., Bankw.): **1. a)** *ausländische Währung;* **b)** *Geld, Zahlungsmittel ausländischer Währung.* **2.** *Wertstellung.*

Va|lu|ten: Pl. von ↑Valuta.

va|lu|tie|ren ⟨sw. V.; hat⟩ (Wirtsch.): **a)** *eine Wertstellung festsetzen;* **b)** *(einen durch eine Hypothek od. Grundschuld gesicherten Betrag) tatsächlich zur Verfügung stellen und dadurch (aus der Sicht des Schuldners) tatsächlich schulden.*

Va|lu|tie|rung, die; -, -en (Wirtsch.): *das Valutieren.*

Vamp [vɛmp], der; -s, -s [engl. vamp, gek. aus: vampire = Vampir < serbokroat. vampir]: *verführerische, erotisch anziehende, oft kühl berechnende Frau (bes. als Typ des amerikanischen Films):* der Typ des männermordenden -s.

Vam|pir [auch: –'–], der; -s, -e [serbokroat. vampir]: **1.** *(nach dem Volksglauben) Toter, der nachts als unverwester, lebender Leichnam dem Sarg entsteigt, um Lebenden, bes. jungen Mädchen, Blut auszusaugen, indem er ihnen seine langen Eckzähne in den Hals schlägt.* **2.** *Blutsauger* (3), *Wucherer.* **3.** *(in den amerikanischen [Sub]tropen lebende) Fledermaus, die sich vom Blut von Tieren ernährt, indem sie ihnen mit ihren scharfen Zähnen die Haut aufritzt u. das ausfließende Blut aufleckt.*

Vam|pi|rin, die; -, -nen: w. Form zu ↑Vampir.

Vam|pi|ris|mus, der; -: *Glaube an Vampire* (1).

Van [væn], der; -s, -s [engl. van = (Liefer, Kasten)wagen, kurz für: caravan, ↑Caravan]: *Pkw mit besonders großem Innenraum, meist mit Sitzmöglichkeiten für mehr als fünf Personen und mit teilweise herausnehmbaren Sitzen; Großlimousine.*

Va|na|din, Va|na|di|um, das; -s [zu altnord. Vanadis, einem Namen der germ. Göttin der Schönheit, Freyja; wohl nach dem schönen, farbenprächtigen Aussehen mancher Vanadiumverbindungen]: *stahlgraues Metall (chemisches Element;* Zeichen: V).

Va|na|di|um|stahl, der: *Stahl, dessen besondere Härte, Beständigkeit durch geringfügigen Zusatz von Vanadium erreicht wird.*

Van|da|le, Wandale, der; -n, -n ⟨meist Pl.⟩ [nach dem ostgermanischen Volksstamm der Vandalen; vgl. Vandalismus] (abwertend): *zerstörungswütiger Mensch:* diese -n haben alles zerstört.

Van|da|lin, Wandalin, die; -, -nen: w. Form zu ↑Vandale.

Van|da|lis|mus, Wandalismus, der; - [frz. vandalisme, mit Bezug auf die Plünderung Roms durch die Vandalen im Jahre 455 n. Chr.]: *blinde Zerstörungswut:* die Polizei nahm mehrere Fans wegen V. fest.

Va|nil|le, die; - [über frz. vanille < span. vainilla, eigtl. = kleine Scheide; kleine Schote, Vkl. von: vaina = Hülse, Schale; Scheide < lat. vagina, ↑Vagina]: **1.** *(in den Tropen heimische, zu den Orchideen gehörende) wie eine Liane rankende Pflanze mit in Trauben stehenden, oft gelblich weißen, duftenden Blüten u. langen, schotenähnlichen Früchten.* **2.** *aus den Früchten der Vanille* (1) *gewonnenes, aromatisch duftendes Gewürz, das für Süßspeisen verwendet wird.*

Va|nil|le|eis, das: *Speiseeis mit Vanillegeschmack.*

Va|nil|le|ge|schmack, der: *aromatischer, von Vanille* (2) *od. Vanillin stammender Geschmack.*

Va|nil|le|kip|ferl, das (österr.): *süßes, mit Vanillezucker bestreutes Nuss- od. Mandelgebäck in Form eines kleinen Hörnchens.*

Va|nil|le|pud|ding, der: vgl. Vanilleeis.

Va|nil|le|scho|te, die: **1.** *schotenähnliche Frucht der Vanille* (1). **2.** *Vanillestange.*

Va|nil|le|so|ße, die: vgl. Vanilleeis.

Va|nil|le|stan|ge, die: *durch Trocknung u. Fermentation eingeschrumpfte, schwarzbraune, stangenförmige Frucht der Vanille* (1), *die bes. als Gewürz für Süßspeisen verwendet wird.*

Va|nil|le|zu|cker, der: *zum Herstellen bestimmter Backwaren u. Süßspeisen verwendeter, mit Vanille* (2) *gewürzter od. mit Vanillin durchsetzter Zucker.*

Va|nil|lin, das; -s: *bes. in den Früchten bestimmter Arten der Vanille* (1) *vorkommender od. künstlich hergestellter Stoff mit angenehmem Geruch, der bes. als Geruchs- u. Geschmacksstoff verwendet wird.*

Va|nu|a|tu [vænu:'ɑ:tu:]; -s: Inselstaat im Pazifischen Ozean.

va|po|ri|sie|ren ⟨sw. V.; hat⟩ [zu lat. vapor = Dampf] (veraltend): *verdampfen.*

Va|ria ⟨Pl.⟩ [lat. varia, Neutr. Pl. von: varius = verschiedenartig, bunt]: *Verschiedenes, Vermischtes, Allerlei, bes. antike o. ä. Gegenstände unterschiedlicher Art.*

va|ri|a|bel ⟨Adj.; ...bler, -ste⟩ [frz. variable < spätlat. variabilis, zu lat. variare, ↑variieren]: *nicht auf nur eine Möglichkeit beschränkt; veränderbar, [ab]wandelbar:* ein variables Kostüm; eine variable Trennwand; variable Preise, Kosten; eine variable (Math.; *veränderliche)* Größe; v. denken, reagieren.

Va|ri|a|bi|li|tät, die; - [frz. variabilité, zu: variable, ↑variabel] (geh.): *das Variabelsein.*

Va|ri|a|ble, die; -n, -n ⟨Dekl. ↑Abgeordnete⟩ (Math., Physik): *veränderliche Größe:* die V. der Gleichung.

va|ri|ant ⟨Adj.⟩ [frz. variant, adj. 1. Part. von: varier, ↑variieren] (bildungsspr.): *bei bestimmten Vorgängen, unter bestimmten Bedingungen veränderlich.*

Va|ri|an|te, die; -, -n [frz. variante, subst. Fem. von: variant, ↑variant]: **1.** (bildungsspr.) *leicht veränderte Art, Form von etw.; Abwandlung, Abart, Spielart:* eine französische V. des Kochrezepts; eine seltene V. des Erregers; verschiedene -n eines Modells; regionale -n in der Sprache. **2.** (Literaturw.) *abweichende Lesart* (1) *einer Textstelle bei mehreren Fassungen eines Textes.* **3.** (Musik) *Wechsel von Moll nach Dur (u. umgekehrt) durch Veränderung der großen Terz in eine kleine (u. umgekehrt) in der* [1]*Tonika* (c).

va|ri|an|ten|reich ⟨Adj.⟩: *durch vielerlei Varianten* (1) *gekennzeichnet.*

Va|ri|a|ti|on, die; -, -en [unter Einfluss von frz. variation < lat. variatio = Veränderung, zu: variare, ↑variieren]: **1. a)** *das Variieren; Veränderung, Abwandlung:* dieses Prinzip der Baukunst hat einige -en erfahren; **b)** *das Variierte, Abgewandelte:* Hüte, Jacken, Hemden in vielen, modischen -en. **2.** (Musik) *melodische, harmonische od. rhythmische Abwandlung eines Themas:* -en über ein Thema, zu einem Volkslied.

Va|ri|a|ti|ons|brei|te, die: *Gesamtheit von [möglichen] Variationen.*

Va|ri|e|tät, die; -, -en [lat. varietas = Vielfalt, zu: varius, ↑Varia]: **1.** (Biol., Mineral.) *Abart* (a), *Spielart:* eine V. der Kartoffel, des Zuckerrohrs. **2.** (Sprachw.) *sprachliche Variante.*

Va|ri|e|té, (auch:) **Va|ri|e|tee** [varie'te:], das; -s, -s [gek. aus Varietétheater, nach frz. théâtre des variétés, aus: théâtre (↑Theater) u. variété = Abwechslung, bunte Vielfalt < lat. varietas, ↑Varietät]: **1.** *Theater mit bunt wechselndem, unterhaltendem Programm, artistischen, akrobatischen, tänzerischen, musikalischen o. ä. Darbietungen:* er möchte zum V. *(Varietékünstler o. Ä. werden).* **2.** *Vorstellung, Aufführung in einem Varieté* (1).

Va|ri|e|té|kunst, (auch:) **Va|ri|e|tee|kunst,** die: *artistische Darstellungskunst, wie sie in Varieté, Zirkus o. Ä. dargeboten wird.*

Va|ri|e|té|künst|ler, (auch:) **Va|ri|e|tee|künst|ler,** der: *im Varieté* (1) *auftretender Künstler.*

Va|ri|e|té|künst|le|rin, (auch:) **Va|ri|e|tee|künst|le|rin,** die: w. Form zu ↑Varietékünstler.

Va|ri|e|té|the|a|ter, (auch:) **Va|ri|e|tee|the|a|ter,** das: *Varieté* (1).

va|ri|ie|ren ⟨sw. V.; hat⟩ [wohl unter Einfluss von frz. varier < lat. variare = mannigfaltig machen; verändern; wechseln; verschieden sein, zu: varius, ↑Varia]: **a)** *in verschiedenen Abstufungen voneinander abweichen, unterschiedlich sein:* die Beiträge variieren je nach Einkommen; **b)** *leicht abwandeln, teilweise anders machen:* ein Thema v.; ein Volkslied v. (Musik; *in Variationen 2 verarbeiten).*

Va|rix, die; -, Va|ri|zen, **Va|ri|ze,** die; -, -n [lat. varix (Gen.: varicis), zu: varius (↑Varia), nach dem bunten Aussehen] (Med.): *Krampfader.*

Va|ri|zen: Pl. von ↑Varix, Varize.

Va|sall, der; -en, -en [mhd. vassal < afrz. vassal < mlat. vas(s)alus, aus dem Kelt.] (hist.): *(im MA.) [mit einem Lehen bedachter] Freier in der Gefolgschaft* (2 a) *eines Herrn, in dessen Schutz er sich begeben hat; Gefolgsmann:* die -en des Königs.

Va|sal|len|staat, der (abwertend): *Satellitenstaat.*

Va|sal|len|tum, das; -s (hist.): *Gesamtheit aller Dinge, die mit dem Verhältnis zwischen dem Vasallen u. seinem Herrn zusammenhängen.*

Väs|chen, das; -s, -: Vkl. zu ↑Vase.

Va|se, die; -, -n [frz. vase < lat. vas = Gefäß, Geschirr]: **1.** *(aus Glas, Porzellan o. Ä.) oft kunstvoll gearbeitetes offenes Gefäß, in das bes. Schnittblumen gestellt werden; Blumenvase:* eine hohe, bauchige, schlanke, große, kleine, chinesische V.; eine V. mit Rosen; den Strauß in eine V. stellen. **2.** *(in der Antike) verschiedenen Zwecken dienendes, oft mit Malereien versehenes Gefäß [aus Ton]:* altgriechische -n.

Va|se|lin, das; -s, (häufiger:) **Va|se|li|ne,** die; - [Kunstwort aus dt. Wasser u. griech. élaion = Öl]: *(bei der Erdölverarbeitung gewonnene) Masse, die in der pharmazeutischen u. kosmetischen Industrie als Grundlage für Salben, in der Technik als Schmiermittel o. Ä. verwendet wird.*

va|sen|för|mig ⟨Adj.⟩: *die Form einer [bauchigen] Vase aufweisend:* eine -e Urne.

Va|sen|ma|le|rei, die: *Malerei auf antiken Vasen:* die attische V.

vas|ku|lar, vas|ku|lär ⟨Adj.⟩ [zu lat. vasculum, Vkl. von: vas, ↑Vase] (Med., Biol.): *die [Blut]gefäße betreffend.*

vas|ku|lös ⟨Adj.⟩ (Med.): *reich an [Blut]gefäßen.*

Väs|lein, das; -s, -: Vkl. zu ↑Vase.

Va|ter, der; -s, Väter [mhd. vater, ahd. fater, viell. urspr. Lallwort der Kinderspr.]: **1. a)** *Mann, der ein od. mehrere Kinder gezeugt hat:* der leibliche, eigene V.; ein guter, besorgter, treu sorgender, liebevoller, strenger V.; V. und Mutter; er ist V. von drei Kindern; er ist V. geworden *(ein von ihm gezeugtes Kind ist geboren worden);* ein werdender V. (scherzh.; *Mann, der im Begriff ist, Vater zu werden);* er ist ganz der V. *(ist, sieht seinem Vater sehr ähnlich);* er war immer wie ein V. zu mir *(war mir ein väterlicher Freund);* grüßen Sie Ihren [Herrn] -!; sie kommen immer wieder zurück, um sich bei -n (landsch. ugs.; *zu Hause beim Vater)* auszusprechen; das hat er vom V. (ugs.; *diese Eigenschaft hat er von seinem Vater geerbt);* (fam. auch als Eigenname:) V. ist verreist; -s Geburtstag; Ü der [geistige] V. *(Schöpfer, Urheber)* dieser Idee; die Väter des Grundgesetzes; *** V. Staat** (scherzh.; *der Staat, bes. im Zusammenhang mit Finanzen, Steuern o. Ä.);* **V. Rhein** (dichter., emotional, oft scherzh.; *der Fluss Rhein in der Personifizierung eines Vaters);* **Heiliger V.** (kath. Kirche; Ehrentitel u. Anrede des Papstes); **b)** *Mann, der in der Rolle eines Vaters* (1 a) *ein od. mehrere Kinder versorgt, erzieht:* die Kinder haben wieder einen V.; **c)** *Mann, der als Beschützer, Helfer, Sorgender für andere da ist, eintritt:* der V. der Armen, der Hilflosen; **2.** *männliches Tier, das einen od. mehrere Nachkommen gezeugt hat:* die Jungen werden vom V. gefüttert. **3.** (kath. Kirche) **a)** (seltener) *Pater;* **b)** *Ehrentitel u. Anrede eines höheren katholischen Geistlichen.* **4.** ⟨o. Pl.⟩ (Rel.) *Gott, bes. im Hinblick auf seine Allmacht, Weisheit, Güte, Barmherzigkeit u. auf die Gotteskindschaft der Menschen:* der V. im Himmel; Gott V. **5.** ⟨Pl.⟩ (geh. veraltet) *Vorfahren, Ahnen:* das Land seiner Väter.

Va|ter|bild, das (Psych., Soziol.): vgl. Mutterbild.

Va|ter|bin|dung, die (Psych.): vgl. Mutterbindung.

Vä|ter|chen, das; -s, -: **1.** Vkl. zu ↑Vater (1 a). **2.** *** V. Frost** (scherzh.; *große Kälte, Frost in der Personifizierung eines alten Mannes;* LÜ von russ. Ded Moroz).

Va|ter|fi|gur, die: *männliche Person, die für jmdn. ein väterliches Vorbild, eine Persönlichkeit darstellt, die er bewundert, [wie einen Vater] achtet.*

Va|ter|freu|den ⟨Pl.⟩: in der Wendung **V. entgegensehen** (meist scherzh.; *bald Vater* 1 a *werden).*

Vä|ter|ge|ne|ra|ti|on, die: *Generation der Eltern.*

Va|ter|haus, das (geh.): *Elternhaus* (a).

Va|ter|kom|plex, der (Psych.): vgl. Mutterkomplex (1).

Va|ter|land, das ⟨Pl. ...länder⟩ [mhd. vaterlant = Heimat; Himmel, nach gleichbed. lat. patria] (geh., oft emotional): *Land, aus dem man stammt, zu dessen Volk, Nation man gehört, dem man sich zugehörig fühlt; Land als Heimat eines Volkes:* unser V.; das deutsche V.; das V. der Franzosen.

va|ter|län|disch ⟨Adj.⟩ (geh., oft emotional, auch abwertend): *das Vaterland betreffend; das Vaterland liebend, ehrend; patriotisch:* -e Lieder, Parolen; -e Belange; v. gesinnt sein.

Va|ter|lands|lie|be, die (geh., oft emotional): *Liebe, Gefühl der Zugehörigkeit zum eigenen Vaterland; Patriotismus.*

va|ter|lands|lie|bend ⟨Adj.⟩ (geh., oft emotional): *sein Vaterland liebend.*

va|ter|lands|los ⟨Adj.⟩ (geh. abwertend): *sein Vaterland nicht achtend, ehrend, es verratend:* eine -e Gesinnung; -e Gesellen.

Va|ter|lands|ver|rä|ter, der (geh. abwertend): *jmd., der sein Vaterland verrät.*

Va|ter|lands|ver|rä|te|rin, die: w. Form zu ↑Vaterlandsverräter.

vä|ter|lich ⟨Adj.⟩ [mhd. veterlich, ahd. faterlih]: **1.** *dem Vater* (1 a) *gehörend; vom Vater kommend, stammend:* -e Ermahnungen; die Erbfolge folgt der -en Linie; den -en Hof übernehmen. **2.** *(wie ein Vater) fürsorglich u. voller Zuneigung:* ein -er Freund; ein -er Rat; jmdn. v. beraten, ermahnen.

vä|ter|li|cher|seits ⟨Adv.⟩: *(in Bezug auf verwandtschaftliche Beziehungen) vom Vater her:* meine Großeltern v.; v. stammt seine Familie aus Frankreich.

Vä|ter|lich|keit, die; -: *väterliche* (2) *Art.*

Va|ter|lie|be, die: *Liebe eines Vaters zu seinem Kind.*

va|ter|los ⟨Adj.⟩: *keinen Vater [mehr] habend, ohne Vater:* -e Kinder, Familien; v. aufwachsen.

Va|ter|lo|sig|keit, die: *das Vaterlossein.*

Va|ter|mord, der: *Mord am eigenen Vater.*

Va|ter|mör|der, der [2: wohl volksetym. Umdeutung der älteren Bez. frz. parasite (= »Mitesser«, an den langen, nach oben gerichteten Ecken blieben leicht Speisereste hängen) zu: parricide = Vatermörder (1)]: **1.** *jmd., der einen Vatermord begangen hat.* **2.** (scherzh.) *(früher getragener) hoher, steifer Kragen an Herrenhemden mit aufwärts bis an die Wangen ragenden Spitzen.*

Va|ter|mör|de|rin, die: w. Form zu ↑Vatermörder (1).

Va|ter|pflicht, die ⟨meist Pl.⟩: vgl. Mutterpflicht.

Va|ter|schaft, die; -, -en: *das Vatersein (bes. als rechtlicher Tatbestand):* die V. leugnen, anerkennen, nachweisen, feststellen, bestimmen.

Va|ter|schafts|kla|ge, die (Rechtsspr.): *Klage auf Feststellung der Vaterschaft.*

Va|ter|schafts|pro|zess, der: vgl. Vaterschaftsklage.

Va|ter|stadt, die (geh.): *Stadt, aus der jmd. stammt, in der jmd. geboren, aufgewachsen ist.*

Va|ter|stel|le: in der Wendung **bei, an jmdm. V. vertreten** *(wie ein Vater, väterlich für jmdn. sorgen).*

Va|ter|stolz, der: *Stolz des Vaters auf sein Kind.*

Va|ter|tag, der [volkst. geb. zu ↑Muttertag] (scherzh.): *Tag (gewöhnlich der Himmelfahrtstag), der von vielen Männern, bes. Familienvätern, dazu genutzt wird, ohne Frauen u. Kinder [mit reichlich Alkohol] zu feiern, Ausflüge zu machen o. Ä.*

Va|ter|tier, das (Landw.): *männliches Zuchttier.*

Va|ter|un|ser [auch: – –'– –], das; -s, - [mhd. vater unser, ahd. fater unser, nach lat. pater noster, ↑[1]Paternoster]: *in verschiedene Bitten gegliedertes Gebet aller christlichen Konfessionen;* [1]*Paternoster:* ein, das V. beten.

Va|ti, der; -s, -s (fam.): *Vater* (1 a).

Va|ti|kan, der; -s [nach der Lage auf dem mons Vaticanus, einem Hügel in Rom]: **1.** *Residenz des Papstes in Rom.* **2.** *oberste Behörde der römisch-katholischen Kirche:* die Entscheidung des -s.

va|ti|ka|nisch ⟨Adj.⟩: *den Vatikan betreffend, dazu gehörend:* die -e Kongregation.

Va|ti|kan|stadt, die; -: Stadtstaat im Nordwesten von Rom, in dem der Vatikan (1) liegt.

Va|ti|ka|num, das; -s: *eines der beiden (1869/70 u. 1962–1965) in der Peterskirche zu Rom abgehaltenen allgemeinen Konzile der katholischen Kirche; Vatikanisches Konzil:* das zweite V.

Vau|de|ville [vodə'vi:l, frz.: vod'vil], das; -s, -s [frz. vaudeville, angeblich entstellt aus: Vau-de-Vire = Tal in der Normandie, das aus Liedern bekannt war]: **1.** *(um 1700) populäre Liedeinlage in französischen Singspielen.* **2.** *(im frühen 18. Jh.) burleskes od. satirisches, Aktualitäten behandelndes französisches Singspiel.* **3.** *abschließender Rundgesang, zunächst in der französischen Opéra comique, später auch in der Oper u. im deutschen Singspiel.* **4.** *(in den USA) szenische Darbietung kabarettistischen Charakters mit Chansons, Tanz, Akrobatik u. Ä.*

V-Aus|schnitt ['fau...], der; -[e]s, -e: *V-förmiger Ausschnitt eines Pullovers, Kleides o. Ä.*

v. Chr. = vor Christo, vor Christus.

v. Chr. G. = vor Christi Geburt.

v. d. = vor der (bei Ortsnamen, z. B. Bad Homburg v. d. H. [vor der Höhe]).

VDE = Verband Deutscher Elektrotechniker.

VDI = Verein Deutscher Ingenieure.

VdK = Verband der Kriegs- u. Wehrdienstopfer, Behinderten u. Sozialrentner.

VDM = Verbi Divini Minister/Ministra (schweiz.; ordinierte[r] reformierte[r] Theologe/Theologin).

VDS = Verband Deutscher Studentenschaften, (jetzt:) Vereinigte Deutsche Studentenschaften.

v. d. Z. = vor der Zeitrechnung.

VEB = volkseigener Betrieb (in der DDR).

Ve|da: ↑Weda.

Ve|den: Pl. von ↑Veda.

ve|disch: ↑wedisch.

Ve|du|te, die; -n [ital. veduta, zu: vedere < lat. videre = sehen] (bild. Kunst): *naturgetreue Darstellung einer Landschaft, einer Stadt, eines Platzes o. Ä. in Malerei u. Grafik.*

Ve|du|ten|ma|le|rei, die: *das Malen von Veduten.*

ve|gan ⟨Adj.⟩ [engl. vegan, zu: vegetable, ↑Vegetarier]: *den Veganismus betreffend, zu ihm gehörend, ihm folgend.*

Ve|ga|ner, der; -s, -: *Anhänger des Veganismus.*

Ve|ga|ne|rin, die; -, -nen: w. Form zu ↑Veganer.

Ve|ga|nis|mus, der; -: *strenger Vegetarismus, der auf tierische Produkte in jeder Form verzichtet.*

ve|ge|ta|bil ⟨Adj.⟩ (Fachspr.): *vegetabilisch:* -e Abfälle.

Ve|ge|ta|bi|li|en ⟨Pl.⟩ [mlat. vegetabilia (Pl.) = Pflanzen(reich), zu lat. vegetabilis = belebend, zu lat. vegetare, ↑vegetieren]: *pflanzliche Nahrungsmittel.*

ve|ge|ta|bi|lisch ⟨Adj.⟩ (Fachspr.): *pflanzlich:* -e Fette.

Ve|ge|ta|ri|er, der; -s, - [älter: Vegetarianer < engl. vegetarian, zu: vegetable = pflanzlich < lat. vegetabilis, ↑Vegetabilien]: *jmd., der sich [vorwiegend] von pflanzlicher Kost ernährt:* V. sein.

Ve|ge|ta|ri|e|rin, die; -, -nen: w. Form zu ↑Vegetarier.

ve|ge|ta|risch ⟨Adj.⟩: *(in Bezug auf die Ernährungsweise) pflanzlich, Pflanzen...; dem Vegetarismus entsprechend, auf ihm beruhend:* -e Kost, Kochbücher; er kocht, lebt, ernährt sich v.

Ve|ge|ta|ris|mus, der; -: *Lehre, die den Genuss ausschließlich od. überwiegend pflanzlicher Kost anstrebt.*

Ve|ge|ta|ti|on, die; -, (Fachspr.:) -en [mlat. vegetatio = Wachstum < lat. vegetatio = Belebung, belebende Bewegung, zu lat. vegetare, ↑vegetieren]: **a)** *ein bestimmtes Gebiet bedeckende Pflanzen; Pflanzendecke, Bestand an Pflanzen:* die V. der Tropen; **b)** *Wachstum von Pflanzen, Pflanzenwuchs:* eine dichte, üppige V.

Ve|ge|ta|ti|ons|de|cke, die: *Pflanzendecke.*

Ve|ge|ta|ti|ons|gren|ze, die: *Grenze, bis zu der es Vegetation gibt, Vegetation möglich ist.*

ve|ge|ta|ti|ons|los ⟨Adj.⟩: *keine Vegetation* (a) *aufweisend:* -e Gebiete.

Ve|ge|ta|ti|ons|pe|ri|o|de, die: *Zeitraum des allgemeinen Wachstums der Pflanzen innerhalb eines Jahres.*

Ve|ge|ta|ti|ons|stu|fe, die: *Stufe der Vegetation an Berghängen mit jeweils nach Höhenlage unterschiedlicher Pflanzengesellschaft.*

Ve|ge|ta|ti|ons|zeit, die: *Vegetationsperiode.*

Ve|ge|ta|ti|ons|zo|ne, die: *Zone, die eine für die klimatischen Bedingungen charakteristische Pflanzenformation aufweist* (z. B. Regenwald).

ve|ge|ta|tiv ⟨Adj.⟩ [mlat. vegetativus = das Wachstum der Pflanze fördernd]: **1.** (Biol.) *nicht durch geschlechtliche Fortpflanzung erfolgend, ungeschlechtlich:* -e Zellteilung; sich v. vermehren. **2.** (Med., Biol.) *nicht dem Willen unterliegend; unbewusst wirkend, ablaufend:* -e Funktionen; das -e Nervensystem.

ve|ge|tie|ren ⟨sw. V.; hat⟩ [mlat. vegetare = nähren, hegen < lat. vegetare = in Bewegung setzen, beleben, erregen, zu: vegetus = rührig, lebhaft, munter, zu: vegere = lebhaft sein]: **1.** (oft abwertend) *kärglich leben; ein ärmliches, kümmerliches Dasein fristen:* am Rande der Existenz, in Elendsquartieren v. **2.** (Bot.) *(von Pflanzen) nur in der vegetativen* (2) *Phase leben.*

ve|he|ment ⟨Adj.⟩ [zu ↑Vehemenz od. (wohl unter Einfluss von frz. véhément) < lat. vehemens (Gen.: vehementis), wohl urspr. = einherfahrend, auffahrend u. zu: vehere, ↑Vehikel] (bildungsspr.): *ungestüm, heftig:* -e Windstöße; ein -er Protest; der Kampf wurde v. geführt; etw. v. verteidigen.

Ve|he|menz, die; - [lat. vehementia, zu: vehemens, ↑vehement] (bildungsspr.): *Ungestüm, Heftigkeit:* die V. der Sturmböen nahm zu; er stritt es mit V. ab.

Ve|hi|kel, das; -s, - [lat. vehiculum, zu: vehere = fahren]: **1.** (oft abwertend) *[altes, schlechtes] Fahrzeug:* ein altes, vorsintflutliches, klappriges V.; er schwang sich auf sein V. **2.** (bildungsspr.) *etw., was als Mittel dazu dient, etw. anderes deutlich, wirksam werden zu lassen, zu ermöglichen:* die Sprache ist das V. aller geistigen Tätigkeit.

Vei|gerl, das; -s, -n (bayr., österr.): *Veilchen* (1).

Veil|chen, das; -s, - [Vkl. von älter Vei(e)l, mhd. viel, frühmhd. vīol(e), ahd. viola < lat. viola, ↑[1]Viola]: **1.** *im Frühjahr blühende kleine, stark duftende Pflanze mit herzförmigen Blättern u. blauen bis violetten Blüten aus zwei aufwärts u. drei abwärts gerichteten Blütenblättern:* wilde V.; ein Strauß V. **2.** (ugs. scherzh.) *durch einen Schlag, Stoß o. Ä. hervorgerufener blau verfärbter Bluterguss um ein Auge herum.*

veil|chen|blau ⟨Adj.⟩: *das kräftige, dunkle, ins Violett spielende Blau des Veilchens aufweisend.*

Veil|chen|duft, der: *Duft von Veilchen.*

veil|chen|far|ben, veil|chen|far|big ⟨Adj.⟩: *veilchenblau.*

Veil|chen|pas|til|le, die: *dunkelbraune bis schwarze Pastille mit Veilchenduft u. entsprechendem Geschmack.*

Veil|chen|strauß, der: *Strauß Veilchen.*

Veits|tanz, der ⟨o. Pl.⟩ [LÜ von mlat. chorea sancti Viti; der hl. Vitus (= Veit) wurde bei dieser Krankheit angerufen]: *mit Muskelzuckungen o. Ä. verbundene Nervenkrankheit* (a).

Vek|tor, der; -s, ...oren [engl. vector < lat. vector = Träger, Fahrer, zu: vectum, 2. Part. von: vehere = fahren; führen] (Math., Physik): *Größe, die als ein in bestimmter Richtung verlaufender Pfeil dargestellt wird u. die durch verschiedene Angaben (Angriffspunkt, Richtung, Betrag) festgelegt werden kann.*

vek|to|ri|ell ⟨Adj.⟩ (Math.): *den Vektor, die Vektorrechnung betreffend:* ein -es Produkt.

Vek|tor|raum, der (Math.): *Menge mit einer Addition u. Vervielfachung, für die bestimmte Rechengesetze gelten, u. Vektoren als Elemente.*

Vek|tor|rech|ner, der (EDV): *Rechner* (2), *der für die parallele Verarbeitung besonders strukturierter Daten geeignet ist.*

Vek|tor|rech|nung, die: *Teilgebiet der Mathematik, das sich mit den Vektoren u. ihren algebraischen Verknüpfungen befasst.*

Ve|la: Pl. von ↑Velum.

ve|lar ⟨Adj.⟩ [zu ↑Velum] (Sprachw.): *(von Lauten) am Velum* (3) *gebildet.*

Ve|lar, der; -s, -e (Sprachw.): *am Velum* (3) *gebildeter Laut; Gaumensegellaut; Hintergaumenlaut (z. B. k).*

Ve|lo, das; -s, -s [Kurzf. von ↑Veloziped] (schweiz.): *Fahrrad:* V. fahren.

ve|lo|ce [veˈloːtʃə] ⟨Adv.⟩ [ital. veloce < lat. velox] (Musik): *schnell.*

Ve|lo|fah|rer, der (schweiz.): *Radfahrer* (1).

Ve|lo|fah|re|rin, die: w. Form zu ↑Velofahrer.

[1]Ve|lours [vəˈluːɐ̯, auch: ve...], der; - [...ˈluːɐ̯s], [...ˈluːɐ̯s; frz. velours, zu aprovenz. velos < lat. villosus = zottig, haarig, zu: villus = zottiges Tierhaar, zu: vellus = abgeschorene, noch zusammenhängende Schafwolle]: *Gewebe unterschiedlicher Art mit gerauter, weicher, samt- od. plüschartiger Oberfläche:* ein Läufer, dicke Vorhänge aus V.

[2]Ve|lours, das; - [...ˈluːɐ̯s], (Sorten:) - [...ˈluːɐ̯s]: *Leder mit einer durch feines Schleifen aufgerauten samtähnlichen Oberfläche.*

Ve|lours|le|der, das: [2]*Velours.*

Ve|lours|tep|pich, der: *gewebter Teppich.*

Ve|lo|zi|ped, das; -[e]s, -e [frz. vélocipède, zu lat. velox (Gen.: velocis) = schnell u. pes (Gen.: pedis) = Fuß] (veraltet): *Fahrrad.*

Ve|lo|zi|pe|dist, der; -en, -en [frz. vélocipédiste, zu: vélocipède, ↑Veloziped] (veraltet): *Radfahrer.*

Ve|lo|zi|pe|dis|tin, die; -, -nen: w. Form zu ↑Velozipedist.

Velt|li|ner, der; -s [nach der ital. Landschaft Veltlin]: **1. a)** *in Österreich angebaute Rebsorte;* **b)** *aus den Trauben des Veltliners* (1 a) *hergestellter Wein.* **2.** (schweiz.) *Wein aus der italienischen Landschaft Veltlin.*

Ve|lum, das; -s, Vela [lat. velum = Tuch; Segel] (Anat., Sprachw.): *Gaumensegel.*

Ven|det|ta, die; -, ...tten [ital. vendetta < lat. vindicta = Rache, zu: vindicare = bestrafen, rächen]: ital. Bez. für *Blutrache.*

Ve|ne, die; -, -n [lat. vena] (Med.): *Blutader.*

Ve|ne|dig: norditalienische Stadt.

Ve|nen|ent|zün|dung, die: *entzündliche Erkrankung der Gefäßwand von Venen, bes. bei Krampfadern.*

ve|ne|risch ⟨Adj.⟩ [lat. venerius = geschlechtlich, eigtl. = zur Venus gehörend, zu: venus (Gen.: veneris) = Liebreiz; Liebe, personifiziert im Namen der röm. Liebesgöttin Venus] (Med.): *die Geschlechtskrankheiten betreffend, zu ihnen gehörend:* ein -es Leiden; -e Krankheiten *(Geschlechtskrankheiten).*

Ve|ne|zi|a|ner, der; -s, -: Ew. zu ↑Venedig.

Ve|ne|zi|a|ne|rin, die; -, -nen: w. Form zu ↑Venezianer.

ve|ne|zi|a|nisch ⟨Adj.⟩: *Venedig, die Venezianer betreffend; von den Venezianern stammend, zu ihnen gehörend.*

Ve|ne|zo|la|ner, der; -s, -: Ew. zu ↑Venezuela.

Ve|ne|zo|la|ne|rin, die; -, -nen: w. Form zu ↑Venezolaner.

ve|ne|zo|la|nisch, ⟨Adj.⟩: *Venezuela, die Venezolaner betreffend; von den Venezolanern stammend, zu ihnen gehörend.*

Ve|ne|zu|e|la; -s: Staat in Südamerika.

Ve|nia Le|gen|di, die; - - [lat. = Erlaubnis zu [1]lesen (1 c)] (bildungsspr.): *(durch die Habilitation erworbene) Lehrberechtigung für wissenschaftliche Hochschulen.*

Ven|ner, der; -s, - [mhd. vener, ahd. fanāri, zu mhd. vane, ahd. fano = Fahne] (schweiz.): *Fähnrich.*

ve|nös ⟨Adj.⟩ [lat. venosus, zu: vena, ↑Vene] (Med.): *die Venen betreffend, zu einer Vene gehörend:* -es *(in den Venen transportiertes, dunkles)* Blut.

Ven|til, das; -s, -e [mlat. ventile = Wasserschleuse; Windmühle, zu lat. ventus = Wind]: **1.** *Vorrichtung, mit der das Ein-, Aus-, Durchlassen von Flüssigkeiten od. Gasen gesteuert wird:* das V. eines Autoreifens, eines Dampfkessels; das V. ist undicht, schließt nicht, ist verstopft; ein V. öffnen, schließen; ein Motor mit sechzehn -n; Ü er braucht ein V. für seine Aggressionen. **2. a)** *mechanische Vorrichtung an Blechblasinstrumenten, die das Erzeugen aller Töne der chromatischen Tonleiter ermöglicht;* **b)** *Mechanismus an der Orgel, durch den die Zufuhr des Luftstroms reguliert wird.*

Ven|ti|la|ti|on, die; -, -en [frz. ventilation < lat. ventilatio = das Lüften, zu: ventilare, ↑ventilieren]: **1. a)** *Bewegung von Luft (od. Gasen), bes. zur Erneuerung in geschlossenen Räumen, zur Beseitigung verbrauchter, verunreinigter Luft; Belüftung:* für [ausreichende, gute] V. sorgen; **b)** *Lüftung* (2). **2.** (bildungsspr. seltener) *Ventilierung* (2).

Ven|ti|la|tor, der; -s, ...oren [engl. ventilator, zu lat. ventilare, ↑ventilieren]: *meist von einem Elektromotor angetriebene, mit einem rotierenden Flügelrad arbeitende Vorrichtung bes. zur Lüftung von Räumen, zur Kühlung von Motoren; Lüfter:* der V. surrt, dreht sich.

ven|ti|lie|ren ⟨sw. V.; hat⟩ [(2: frz. ventiler <) lat. ventilare = in die Luft schwenken, schwingen; fächeln, lüften; hin u. her besprechen, erörtern, zu: ventus = Wind]: **1.** (seltener) *belüften, mit frischer Luft versorgen, die Luft von etw. erneuern:* einen Raum v. **2.** (bildungsspr.) *sorgfältig überlegen, prüfen; eingehend erörtern:* ein Problem v.

Ven|ti|lie|rung, die; -, -en: **1.** (selten) *das Ventilieren* (1); *Ventilation* (1 a). **2.** (bildungsspr.) *das Ventilieren* (2).

Ven|til|spiel, das (Technik): *Spielraum am Ventil eines Motors.*

ven|tral ⟨Adj.⟩ [spätlat. ventralis, zu lat. venter

(Gen.: ventris) = Bauch, Leib] (Med.): *zum Bauch, zur Bauch-, Vorderseite gehörend; im Bauch lokalisiert, an der Bauchwand auftretend.*
Ven|tri|lo|quist, der; -en, -en (bildungsspr.): *Bauchredner.*
Ven|tri|lo|quis|tin, die; -, -nen: w. Form zu ↑Ventriloquist.
[1]Vẹ|nus (röm. Myth.): Liebesgöttin.
[2]Ve̱|nus, die; Venus': (von der Sonne aus gerechnet) zweiter Planet unseres Sonnensystems.
Ve̱|nus|berg, der [nach nlat. Mons veneris] (Anat.): *weiblicher Schamberg.*
Ve̱|nus|flie|gen|fal|le, die: *auf Mooren Nordamerikas heimische, Fleisch fressende, krautige Pflanze, die auch als Zierpflanze kultiviert wird.*
Ve̱|nus|hü|gel, der: *Venusberg.*
Ve̱|nus|mu|schel, die: *Muschel mit oft lebhaft gefärbten [gerippten] Schalen.*
Ve̱|nus|son|de, die: *Raumsonde zur Erforschung des Planeten Venus.*
ver- [mhd. ver-, ahd. fir-, far-, mniederd. vör-, vor-; entstanden aus mehreren Präfixen mit etwa den Bed. »heraus-«, »vor-, vorbei-« u. »weg-« (zu einem Subst. mit der Bed. »das Hinausführen über ...«)]: **1.** drückt in Bildungen mit Substantiven oder Adjektiven und einer Endung aus, dass sich eine Person oder Sache [im Laufe der Zeit] zu etw. (was im Substantiv od. Adjektiv genannt wird) hin verändert: verarmen, verdorfen, verprovinzialisieren. **2.** drückt in Bildungen mit Substantiven oder Adjektiven und einer Endung aus, dass eine Person oder Sache zu etw. gemacht, in einen bestimmten Zustand versetzt, in etw. umgesetzt wird: vereindeutigen, verfeaturen, vermodernisieren, vertüten; verbeamtet, verkauderwelscht. **3.** drückt in Bildungen mit Substantiven und einer Endung aus, dass eine Person oder Sache mit etw. versehen wird: vercomputerisieren, verschorfen. **4.** drückt in Bildungen mit Verben aus, dass eine Sache durch etw. (ein Tun) beseitigt, verbraucht wird, nicht mehr besteht: verforschen, verfrühstücken, verwarten. **5.** drückt in Bildungen mit Verben aus, dass eine Person mit etw. ihre Zeit verbringt: verschlafen, verschnarchen, verspielen. **6.** drückt in Bildungen mit Verben aus, dass eine Person etw. falsch, verkehrt macht: verbremsen, verinszenieren. **7.** drückt in Bildungen mit Verben aus, dass eine Sache durch etw. beeinträchtigt wird: verwaschen, verwohnen. **8.** hat in Bildungen mit Verben keine eigene Bedeutung: verbringen, vermelden.
ver|ạb|fol|gen ⟨sw. V.; hat⟩ (Papierdt. veraltend): *verabreichen, geben:* jmdm. ein Medikament, eine Spritze v.; (scherzh.:) jmdm. eine Tracht Prügel v.
Ver|ạb|fol|gung, die; -, -en: *das Verabfolgen.*
ver|ạb|re|den ⟨sw. V.; hat⟩: **1.** *mündlich vereinbaren:* ein Erkennungszeichen, ein Treffen v.; ich habe mit ihr verabredet, dass wir uns morgen treffen; auf ein verabredetes Signal hin schlugen sie los; sie trafen sich am verabredeten Ort, zur verabredeten Zeit. **2.** ⟨v. + sich⟩ *(mit jmdm.) eine Zusammenkunft verabreden* (1): sich für den Abend, zum Tennis, auf ein Glas Wein, im Park v.; sie ist heute Abend [mit ihr] verabredet.
Ver|ạb|re|dung, die; -, -en: **1.** ⟨o. Pl.⟩ *das Verabreden* (1): die V. eines Treffpunkts, einer Zusammenkunft. **2. a)** *etw., was man verabredet hat; Vereinbarung* (2): eine V. treffen, nicht einhalten; sich an eine V. halten; bleibt es bei unserer V.?; **b)** *verabredete Zusammenkunft:* eine geschäftliche V.; ich habe morgen eine V. mit ihm; eine V. absagen; zu einer V. gehen.
ver|ạb|re|dungs|ge|mäß ⟨Adj.⟩: *gemäß einer Verabredung; wie verabredet.*
ver|ạb|rei|chen ⟨sw. V.; hat⟩ (Papierdt.): *[in einer bestimmten festgesetzten Menge] zu essen, zu trinken, zum Einnehmen o. Ä. geben:* jmdm. eine Arznei v.
Ver|ạb|rei|chung, die; -, -en: *das Verabreichen.*
ver|ạb|säu|men ⟨sw. V.; hat⟩ (Papierdt.): *(etw., was man eigentlich tun muss, tun soll) unterlassen, versäumen:* er hat es verabsäumt, sie davon zu unterrichten.
ver|ạb|scheu|en ⟨sw. V.; hat⟩: *Abscheu, Widerwille, Ekel (gegen etw., jmdn.) empfinden:* sie verabscheut Knoblauch, ihn.
ver|ạb|scheu|ens|wert, ver|ạb|scheu|ens|wür|dig ⟨Adj.⟩: *Verabscheuung verdienend:* eine -e Tat; ein -es Verbrechen.
Ver|ạb|scheu|ens|wür|dig|keit, die; -: *das Verabscheuenswertsein.*
Ver|ạb|scheu|ung, die; - (geh.): *das Verabscheuen.*
ver|ạb|scheu|ungs|wert, ver|ạb|scheu|ungs|wür|dig ⟨Adj.⟩: *verabscheuenswert:* ein -es Verbrechen.
Ver|ạb|scheu|ungs|wür|dig|keit, die; -: *das Verabscheuungswürdigsein.*
ver|ạb|schie|den ⟨sw. V.; hat⟩: **1.** ⟨v. + sich⟩ *zum Abschied einige [formelhafte] Worte, einen Gruß o. Ä. an jmdn. richten:* sich von jmdm. [mit einem Händedruck, mit einem Kuss] v.; ich möchte mich gerne, muss mich leider v.; Ü wir müssen uns von dieser Vorstellung v. (ugs.; *müssen sie aufgeben*); nach 30 km verabschiedete sich die Lichtmaschine (ugs.; *ging sie kaputt*). **2. a)** *bes. einen Gast, einen Besucher, der aufbricht, zum Abschied grüßen:* der Staatsgast wurde auf dem Flughafen verabschiedet; **b)** *jmdn. aus dem Dienst entlassen [u. in förmlich-feierlicher Weise Worte des Dankes, der Anerkennung o. Ä. an ihn richten]:* jmdn. [in den Ruhestand] v. **3.** *(ein Gesetz o. Ä., nachdem darüber verhandelt worden ist) annehmen, beschließen:* ein Gesetz, eine Richtlinie v.
Ver|ạb|schie|dung, die; -, -en: *das [Sich]verabschieden; das Verabschiedetwerden.*
ver|ạb|schie|dungs|reif ⟨Adj.⟩: *(von einem Gesetz) so lange besprochen, verhandelt, dass es verabschiedet* (3) *werden kann.*
ver|ab|so|lu|tie|ren ⟨sw. V.; hat⟩: *einer Erkenntnis o. Ä. allgemeine, uneingeschränkte Gültigkeit beimessen; zum allein gültigen Maßstab machen.*
Ver|ab|so|lu|tie|rung, die; -, -en: *das Verabsolutieren.*
ver|ạch|ten ⟨sw. V.; hat⟩ [mhd. verahten]: *als schlecht, minderwertig, unwürdig ansehen; auf jmdn., etw. geringschätzig, mit Abscheu herabsehen:* er verachtet ihn [wegen seiner Hinterhältigkeit]; eine Tat, jmds. Gesinnung v.; * **nicht zu v. sein** (ugs. untertreibend; *durchaus schätzenswert sein*).
ver|ạch|tens|wert, ver|ạch|tens|wür|dig ⟨Adj.⟩: *Verachtung verdienend.*
Ver|ạ̈ch|ter, der; -s, -: *jmd., der kein Gefallen, keine Freude an etw. Bestimmtem hat, einer Sache keinen Wert beimisst, sie ablehnt:* ein V. des Karnevals, der Demokratie, populärer Musik.
Ver|ạ̈ch|te|rin, die; -, -nen: w. Form zu ↑Verächter.
ver|ạ̈cht|lich ⟨Adj.⟩: **1.** *Verachtung ausdrückend; mit Verachtung:* ein -er Blick; v. von jmdm. sprechen; v. lachen, die Nase rümpfen. **2.** *verachtenswert:* eine -e Geisteshaltung; jmdn., etw. v. machen *(jmdn., etw. als verachtenswert hinstellen).*
Ver|ạ̈cht|lich|keit, die; -: *das Verächtlichsein.*
Ver|ạ̈cht|lich|ma|chung, die; - (Papierdt.): *das Verächtlichmachen.*
Ver|ạch|tung, die; - [spätmhd. verahtunge]: *das Verachten:* seine tiefe V. alles Bösen; sie hat nur V. für ihn; jmdn. mit V. strafen *(jmdn. wegen eines bestimmten Verhaltens verachten).*
ver|ạch|tungs|voll ⟨Adj.⟩: *voller Verachtung.*
ver|ạch|tungs|wür|dig ⟨Adj.⟩: *verachtenswert.*
ver|ạl|bern ⟨sw. V.; hat⟩: **a)** *zum Besten haben:* du willst mich wohl v.; **b)** *[mit satirischen Mitteln] verspotten, der Lächerlichkeit preisgeben:* er veralbert die Neujahrsansprache des Kanzlers.
Ver|ạl|be|rung, die; -, -en: *das Veralbern; das Veralbertwerden.*
ver|all|ge|mei|ner|bar ⟨Adj.⟩: *sich verallgemeinern lassend.*
ver|all|ge|mei|nern ⟨sw. V.; hat⟩: *etw., was als Erfahrung, Erkenntnis aus einem od. mehreren Fällen gewonnen worden ist, auf andere Fälle ganz allgemein anwenden, übertragen; generalisieren:* eine Beobachtung, Feststellung, Aussage v.; ⟨auch ohne Akk.-Obj.:⟩ er verallgemeinert gern.
Ver|all|ge|mei|ne|rung, die; -, -en: **1.** *das Verallgemeinern.* **2.** *verallgemeinernde Aussage:* eine unzulässige V.
ver|ạl|ten ⟨sw. V.; ist⟩ [mhd. veralten, ahd. firaltēn = (zu) alt werden, zu mhd. alten, ahd. altēn = alt werden]: *von einer Entwicklung überholt werden, unmodern werden:* Computer veralten schnell; ⟨häufig im 2. Part.:⟩ veraltete Wörter, Methoden.
Ve|rạn|da, die; -, ...den [engl. veranda(h) < Hindi varandā od. port. varanda, H. u.]: *überdachter [an drei Seiten verglaster] Vorbau an einem Wohnhaus:* auf, in der V. sitzen.
ver|ạ̈n|der|bar ⟨Adj.⟩: *sich verändern lassend.*
Ver|ạ̈n|der|bar|keit, die; -: *das Veränderbarsein.*
ver|ạ̈n|der|lich ⟨Adj.⟩: **a)** *dazu neigend, sich zu [ver]ändern; sich häufig [ver]ändernd; unbeständig:* ein -es Wesen; das Wetter bleibt v.; **b)** *veränderbar:* in der Form -e Wörter; -e Größen (Math.; *Variablen*).
Ver|ạ̈n|der|li|che, die; -n, -n ⟨Dekl. ↑Abgeordnete⟩ (Math.): *Variable.*
Ver|ạ̈n|der|lich|keit, die; -, -en: *das Veränderlichsein.*
ver|ạ̈n|dern ⟨sw. V.; hat⟩ [mhd. verendern, -andern]: **1.** *(im Wesen od. in der Erscheinung) anders machen, ändern* (1 a), *umgestalten:* sie will die Welt v.; dieses Erlebnis hat ihn, sein Leben [von Grund auf] verändert; der Bart verändert ihn stark *(gibt ihm ein anderes Aussehen).* **2.** ⟨v. + sich⟩ *(im Wesen od. in der Erscheinung) anders werden, sich ändern* (2): seine Miene veränderte sich schlagartig; bei uns hat sich kaum etwas verändert; sich zu seinem Vorteil, Nachteil v.; wir müssen der veränderten Lage Rechnung tragen; du hast dich aber verändert!; krankhaft verändertes Gewebe. **3.** ⟨v. + sich⟩ *seine berufliche Stellung wechseln:* er will sich [beruflich] v.
Ver|ạ̈n|de|rung, die; -, -en: **1.** *das Verändern* (1): an etw. eine V. vornehmen; jede bauliche V., jede V. des Textes muss vorher genehmigt werden. **2.** *das Sichverändern, das Anderswerden:* in ihr geht eine V. vor. **3.** *Ergebnis einer Veränderung* (1, 2): es waren keine -en festzustellen; bei uns ist eine V. eingetreten *(in unseren Verhältnissen hat sich etw. verändert).* **4.** (selten) *das Verändern* (3 a); *Wechsel der beruflichen Stellung.*
ver|ạ̈ngs|ti|gen ⟨sw. V.; hat⟩: *in Angst versetzen:* die Bevölkerung mit Bombenanschlägen v.; ⟨meist im 2. Part.:⟩ ein verängstigtes Tier; das Kind ist völlig verängstigt.
Ver|ạ̈ngs|ti|gung, die; -, -en: *das Verängstigen; das Verängstigtsein.*
ver|ạn|kern ⟨sw. V.; hat⟩: **1.** *mit einem Anker an seinem Platz halten:* ein Floß, Schiff v. **2.** *fest mit einer Unterlage o. Ä. verbinden u. so [unverrückbar] an seinem Platz halten:* etw. im Boden, mit Dübeln in der Wand v.; Ü ein Recht in der Verfassung v.; ⟨oft im 2. Part.:⟩ ein verfassungsmäßig verankertes Recht.
Ver|ạn|ke|rung, die; -, -en: **1. a)** *das Verankern;* **b)** *das Verankertsein.* **2.** *Stelle, Teilstück, wo etw. verankert, befestigt ist:* etw. aus der V. reißen.
ver|ạn|la|gen ⟨sw. V.; hat⟩ [zu veraltet Anlage = Steuer]: **1.** (Steuerw.) *für jmdn. die Summe, die er zu versteuern hat, u. seine sich daraus ergebende Steuerschuld festsetzen:* die Ehegatten werden gemeinsam [zur Einkommensteuer] veranlagt; sie wurde mit 80 000 Mark veranlagt. **2.** (Wirtsch. österr.) *anlegen* (6 a).
ver|ạn|lagt [zu ↑Anlage (6)] ⟨Adj.⟩: *eine bestimmte Veranlagung* (3) *habend:* ein künstlerisch, sportlich, romantisch -er Mensch; praktisch v. sein; so ist er nicht v. (ugs.; *so würde er niemals handeln*).
Ver|ạn|la|gung, die; -, -en: **1.** (Steuerw.) *Steuer-*

veranlagung: die V. zur Einkommensteuer. **2.** (Wirtsch. österr.) *das Veranlagen* (2); *Anlage* (2). **3.** *in der Natur eines Menschen liegende, angeborene Geartetheit, Anlage* (6), *Eigenart* (a), *aus der sich bestimmte besondere Neigungen, Fähigkeiten od. Anfälligkeiten ergeben:* ihre praktische, künstlerische, musikalische, homosexuelle V.; eine V. zur Fettsucht; sie hat eine V. zur Politikerin.

ver|an|las|sen ⟨sw. V.; hat⟩ [mhd. veranlāʒen = (eine Streitsache auf eine Mittelsperson) übertragen, urspr. = etw. (auf etw.) loslassen]: **1.** *dazu bringen, etw. zu tun:* jmdn. v., etw. zu tun; was hat dich zu diesem Schritt, dieser Bemerkung veranlasst?; sie sieht sich veranlasst, Klage zu erheben. **2.** *(durch Beauftragung eines Dritten, durch Anordnung o. Ä.) dafür sorgen, dass etw. Bestimmtes geschieht, getan wird:* eine Untersuchung v.; ich werde dann alles Weitere, das Nötige v.

Ver|an|las|ser, der; -s, -: *jmd., der etw. veranlasst.*

Ver|an|las|se|rin, die; -, -nen: w. Form zu ↑Veranlasser.

Ver|an|las|sung, die; -, -en: **1.** *das Veranlassen* (2): auf wessen V. [hin] ist er verhaftet worden? **2.** *etwas, was jmdn. zu etw. veranlasst* (1); *Anlass, Beweggrund:* dazu besteht, gibt es keine V.; du hast keine V. zu nörgeln.

ver|an|schau|li|chen ⟨sw. V.; hat⟩: *(zum besseren Verständnis) anschaulich machen:* etw. durch eine Zeichnung, grafisch v.; den Gebrauch eines Wortes durch Beispiele v.

Ver|an|schau|li|chung, die; -, -en: *das Veranschaulichen.*

ver|an|schla|gen ⟨sw. V.; hat⟩ [zu ↑Anschlag (8)]: *aufgrund einer Schätzung, einer vorläufigen Berechnung als voraussichtlich sich ergebende Anzahl, Menge, Summe o. Ä. annehmen, ansetzen:* die Kosten, den Schaden mit 2,5 Millionen v.; für die Fahrt veranschlage ich etwa fünf Stunden; Ü die Bedeutung des Werks kann gar nicht hoch genug veranschlagt werden.

Ver|an|schla|gung, die; -, -en: *das Veranschlagen.*

ver|an|stal|ten ⟨sw. V.; hat⟩ [zu ↑Anstalten]: **1.** *als Verantwortlicher u. Organisator stattfinden lassen, durchführen [lassen]:* ein Turnier, ein Fest, ein Konzert, eine Demonstration, eine Umfrage v. **2.** (ugs.) *machen, vollführen:* Lärm v.; veranstalte bloß keinen Zirkus!

Ver|an|stal|ter, der; -s, -: *jmd., der etw. veranstaltet* (1).

Ver|an|stal|te|rin, die; -, -nen: w. Form zu ↑Veranstalter.

Ver|an|stal|tung, die; -, -en: **1.** *das Veranstalten.* **2.** *etw., was veranstaltet* (1) *wird:* eine kulturelle, künstlerische, sportliche, karnevalistische, mehrtägige V; die V. findet im Freien statt.

Ver|an|stal|tungs|ka|len|der, der: *Übersicht in Form eines Kalenders über geplante [kulturelle] Veranstaltungen innerhalb eines Zeitraums mit Angabe der jeweiligen Termine.*

ver|ant|wort|bar ⟨Adj.⟩: *sich verantworten* (1) *lassend; vertretbar.*

ver|ant|wor|ten ⟨sw. V.; hat⟩ [mhd. verantwürten, verantworten = (vor Gericht) rechtfertigen, eigtl. = (be)antworten]: **1.** *es auf sich nehmen, für die eventuell aus etw. sich ergebenden Folgen einzustehen; vertreten:* eine Maßnahme, Entscheidung v., zu v. haben; das ist nicht zu v.; ich kann das [ihr gegenüber, vor Gott, mir selbst, meinem Gewissen] nicht v.; ⟨im 2. Part.:⟩ das Unternehmen haftet voll für die von ihm verantworteten Mängel. **2.** ⟨v. + sich⟩ *sich [als Angeklagter] rechtfertigen, sich gegen einen Vorwurf verteidigen:* du wirst dich für dein Tun [vor Gott, vor Gericht] v. müssen; der Angeklagte hat sich wegen Mordes zu v. *(steht unter Mordanklage).*

ver|ant|wort|lich ⟨Adj.⟩: **1. a)** *für etw., jmdn. die Verantwortung* (1 a) *tragend:* der -e Redakteur, Ingenieur; der für den Einkauf -e Mitarbeiter; die Eltern sind für ihre Kinder v.; sie ist dafür v., dass die Termine eingehalten werden; sich für etw. v. fühlen; ein Manuskript v. *(als Verantwortliche[r])* redigieren; wer zeichnet für diese Sendung v.?; Ü dafür sind bestimmte Hormone v.; **b)** *Rechenschaft schuldend:* er ist nur dem Chef/(auch:) dem Chef gegenüber v.; die Abgeordneten sind dem Volk v.; **c)** *für etw. die Verantwortung* (1 b) *tragend, schuld an etw.:* für den Unfall allein, voll v. sein; du kannst den Arzt nicht für ihren Tod v. machen *(ihm die Schuld daran geben u. ihn dafür zur Rechenschaft ziehen);* wenn dem Kind etwas passiert, mache ich dich v.!; er macht das schlechte Wetter für den Unfall v. *(erklärt es zur Ursache).* **2.** *mit Verantwortung* (1 a) *verbunden:* eine -e Tätigkeit; er sitzt an -er Stelle.

Ver|ant|wort|lich|keit, die; -, -en: **1.** ⟨o. Pl.⟩ *das Verantwortlichsein.* **2.** *etw., wofür jmd. verantwortlich* (1 a) *ist:* das fällt in ihre V. **3.** ⟨o. Pl.⟩ *Verantwortungsbewusstsein, -gefühl.*

Ver|ant|wor|tung, die; -, -en: **1. a)** *[mit einer bestimmten Aufgabe, einer bestimmten Stellung verbundene] Verpflichtung, dafür zu sorgen, dass (innerhalb eines bestimmten Rahmens) alles einen möglichst guten Verlauf nimmt, das jeweils Notwendige u. Richtige getan wird u. möglichst kein Schaden entsteht:* eine schwere, große V.; die Eltern haben, tragen die V. für ihre Kinder; für jmdn., etw. die V. übernehmen; diese V. kann dir niemand abnehmen; aus dieser V. kann dich niemand entlassen; sich seiner V. [für etw.] bewusst sein; ich tue es auf deine V. *(du trägst dabei die Verantwortung);* in der V. stehen *(Verantwortung tragen);* etw. in eigener V. *(selbstständig, auf eigenes Risiko)* durchführen; **b)** ⟨o. Pl.⟩ *Verpflichtung, für etw. Geschehenes einzustehen [u. sich zu verantworten]:* er trägt die volle, die alleinige V. für den Unfall, für die Folgen; sie lehnte jede V. für den Schaden ab; eine rechtsextremistische Gruppe hat die V. für den Anschlag übernommen *(hat sich zu ihm bekannt);* jmdn. [für etw.] zur V. ziehen *(jmdn. als Schuldige[n] [für etw.] zur Rechenschaft ziehen).* **2.** ⟨o. Pl.⟩ *Verantwortungsbewusstsein, -gefühl:* ein Mensch ohne jede V. **3.** (veraltet, noch landsch.) *Rechtfertigung.*

Ver|ant|wor|tungs|be|reich, der: *Bereich, für den jmd. verantwortlich ist.*

Ver|ant|wor|tungs|be|reit|schaft, die: *Bereitschaft, Verantwortung* (1 a) *zu übernehmen:* ein Mangel an V.

ver|ant|wor|tungs|be|wusst ⟨Adj.⟩: *sich seiner Verantwortung* (1 a) *bewusst u. bereit, Verantwortung* (1 a) *zu übernehmen:* ein -er Mensch; v. sein, handeln.

Ver|ant|wor|tungs|be|wusst|sein, das ⟨o. Pl.⟩: *Fähigkeit, Verantwortung* (1 a) *zu übernehmen u. zu tragen.*

Ver|ant|wor|tungs|ge|fühl, das ⟨o. Pl.⟩: *Gefühl, Sinn für Verantwortung* (1 a): kein V. haben; großes V. zeigen, beweisen.

ver|ant|wor|tungs|los ⟨Adj.⟩: *ohne Verantwortungsbewusstsein handelnd; kein Verantwortungsbewusstsein habend:* ein -es Verhalten; es ist v., bei diesem Wetter so schnell zu fahren; v. handeln.

Ver|ant|wor|tungs|lo|sig|keit, die; -: *das Verantwortungslossein; Mangel an Verantwortungsbewusstsein.*

ver|ant|wor|tungs|voll ⟨Adj.⟩: **1.** *mit Verantwortung* (1 a) *verbunden:* eine -e Aufgabe. **2.** *Verantwortungsbewusstsein habend, erkennen lassend:* eine -e Autofahrerin; v. handeln.

ver|äp|peln ⟨sw. V.; hat⟩ [H. u., viell. zu Appel, niederd. Nebenf. von ↑Apfel u. urspr. = mit (faulen) Äpfeln bewerfen] (ugs.): *veralbern:* willst du mich v.?

ver|ar|beit|bar ⟨Adj.⟩: *sich verarbeiten* (1 a) *lassend.*

Ver|ar|beit|bar|keit, die; -: *das Verarbeitbarsein.*

ver|ar|bei|ten ⟨sw. V.; hat⟩ [älter = durch Arbeit beseitigen]: **1. a)** *[bei der Herstellung von etw.] als Material, Ausgangsstoff verwenden:* hochwertige Materialien, feinste Tabake v.; verarbeitende Industrie (Wirtsch.; *Industrie, in der Rohstoffe verarbeitet od. Zwischenprodukte weiterverarbeitet werden*); Ü er hat in seinem Roman viele Motive aus der Mythologie verarbeitet; **b)** *in einem Herstellungsprozess zu etw. machen:* Fleisch zu Wurst, Gold zu Schmuck v.; Ü einen historischen Stoff zu einem Roman v.; **c)** *beim Verarbeiten* (1 a) *verbrauchen:* wir haben drei Säcke Zement verarbeitet; **d)** ⟨v. + sich⟩ *sich in einer bestimmten Weise verarbeiten* (1 a) *lassen:* der Leim verarbeitet sich gut. **2. a)** *verdauen:* mein Magen kann solche schweren Sachen nicht v.; **b)** *geistig, psychisch bewältigen:* sie muss die vielen neuen Eindrücke, diese Enttäuschung, das schreckliche Erlebnis erst einmal v.

ver|ar|bei|tet ⟨Adj.⟩: **1.** *Spuren [langjähriger] schwerer körperlicher Arbeit aufweisend:* -e Hände; sie sieht ganz v. aus. **2.** *in einer bestimmten Weise gefertigt:* ein sehr gut, schlecht -er Anzug.

Ver|ar|bei|tung, die; -, -en: **1.** *das Verarbeiten.* **2.** *Art u. Weise, in der etw. gefertigt ist:* Schuhe in erstklassiger V.

ver|ar|gen ⟨sw. V.; hat⟩ [mhd. verargen = arg werden, zu ↑arg] (geh.): *übel nehmen, verübeln:* das kann man ihr nicht v.

ver|är|gern ⟨sw. V.; hat⟩: *durch Äußerungen od. Benehmen bei jmdm. bewirken, dass er ärgerlich ist:* wir dürfen die Kundschaft nicht v.; mit deiner Unnachgiebigkeit hast du ihn verärgert; ⟨oft im 2. Part.:⟩ verärgert wandte er sich ab.

Ver|är|ge|rung, die; -, -en: **a)** *das Verärgern;* **b)** *das Verärgertsein.*

ver|ar|men ⟨sw. V.; ist⟩ [mhd. verarmen, für älter armen, ahd. armēn = arm werden od. sein]: *arm werden; seinen Reichtum, sein Vermögen verlieren:* der Adel verarmte [immer mehr]; verarmte Provinzen.

Ver|ar|mung, die; -, -en: **a)** *das Verarmen;* **b)** *das Verarmtsein.*

ver|ar|schen ⟨sw. V.; hat⟩ (salopp): **1.** *zum Besten haben, zum Narren halten, veralbern* (1): du willst mich wohl v.? **2.** *verspotten, sich über jmdn., etw. lustig machen.*

Ver|ar|schung, die; -, -en (salopp): **a)** *das Verarschen;* **b)** *das Verarschtwerden, -sein.*

ver|arz|ten ⟨sw. V.; hat⟩ (ugs.): **a)** *sich jmds. annehmen, der verletzt od. krank o. Ä. ist, bes. jmdm. erste Hilfe leisten, jmdn. verbinden o. Ä.:* sie verarztet erst mal den Kleinen, er ist in eine Scherbe getreten; **b)** *([jmdm.] eine Verletzung, einen verletzten Körperteil o. Ä.) verbinden, behandeln:* jmdm. den Fuß v.

Ver|arz|tung, die; -, -en (ugs.): **a)** *das Verarzten;* **b)** *das Verarztetwerden.*

ver|äs|teln, sich ⟨sw. V.; hat⟩: *sich in viele immer dünner werdende Zweige teilen:* der Baum verästelt sich immer weiter; ein stark verästelter Busch; Ü der Fluss verästelt sich.

Ver|äs|te|lung, (seltener:) **Ver|äst|lung,** die; -, -en: **1.** *das Sichverästeln; das Verästeltsein.* **2.** *verästelter Teil von etw.*

ver|ät|zen ⟨sw. V.; hat⟩: *ätzend* (2) *beschädigen, verletzen:* die Säure hat das Blech, hat ihm das Gesicht verätzt; er hat sich verätzt, hat sich die Hand verätzt.

Ver|ät|zung, die; -, -en: **1.** *das Verätzen.* **2.** *durch Ätzen verursachte Beschädigung, Verletzung.*

ver|auk|ti|o|nie|ren ⟨sw. V.; hat⟩: *versteigern.*

ver|aus|ga|ben ⟨sw. V.; hat⟩: **1.** (Papierdt.) *ausgeben* (2 a): riesige Summen [für etw.] v. **2.** (Postw.) *(Briefmarken) herausgeben* (4 a). **3.** ⟨v. + sich⟩ *alle seine Kräfte aufwenden, sich bis zur Erschöpfung anstrengen:* sich mit, bei etw. völlig v.

Ver|aus|ga|bung, die; -, -en: *das [Sich]verausgaben.*

ver|aus|la|gen ⟨sw. V.; hat⟩ (Papierdt.): *auslegen* (3): jmdm., für jmdn. Geld v.

Ver|aus|la|gung, die; -, -en (Papierdt.): *das Verauslagen.*

Ver|äu|ße|rer, der (Rechtsspr.): *jmd., der etw. veräußert.*

Ver|äu|ße|rin, die: w. Form zu ↑Veräußerer.

ver|äu|ßer|lich ⟨Adj.⟩ (bes. Rechtsspr.): *sich veräußern lassend; verkäuflich:* -e Wertpapiere.

ver|äu|ßer|li|chen ⟨sw. V.⟩ (bildungsspr.): **1.** *zu etw. nur noch Äußerlichem machen, werden lassen* ⟨hat⟩: die Konsumgesellschaft veräußerlicht das Leben der Menschen. **2.** *zu etw. nur noch Äußerlichem werden* ⟨ist⟩: das Leben der Menschen veräußerlicht immer mehr; ⟨auch v. + sich; hat:⟩ das Leben veräußerlicht sich immer mehr.

Ver|äu|ßer|li|chung, die; -, -en (bildungsspr.): *das Veräußerlichen.*

ver|äu|ßern ⟨sw. V.; hat⟩ (bes. Rechtsspr.): **1.** *übereignen, verkaufen; (etw., worauf jmd. einen Anspruch hat) an jmd. anderen abtreten:* den Schmuck, die ganze Habe v. **2.** *(ein Recht) auf jmd. anderen übertragen:* der Staat kann die Schürfrechte [an eine Privatperson] v.

Ver|äu|ße|rung, die; -, -en (bes. Rechtsspr.): *das Veräußern.*

Verb, das; -s, -en [lat. verbum = Ausdruck, (Zeit)wort] (Sprachw.): *flektierbares Wort, das eine Tätigkeit, ein Geschehen, einen Vorgang od. einen Zustand bezeichnet; Tätigkeits-, Zeitwort.*

ver|ba|cken ⟨unr. V.; verbäckt/verbackt, verbackte/(veraltend:) verbuk, hat verbacken⟩: **a)** *zum Backen verwenden:* nur beste Zutaten v.; **b)** *backend zu etw. verarbeiten* (1 b): Mehl zu Brot v.; **c)** *beim Backen verbrauchen:* ein Kilo Butter v.; **d)** ⟨v. + sich⟩ *sich in einer bestimmten Weise verbacken (a) lassen:* das Mehl verbäckt sich gut.

ver|bal ⟨Adj.⟩ [spätlat. verbalis, zu lat. verbum, ↑Verb]: **1.** (bildungsspr.) *mit Worten, mithilfe der Sprache [erfolgend]:* ein -er Protest; Gefühle, die sich v. nicht ausdrücken lassen. **2.** (Sprachw.) *als Verb, wie ein Verb [gebraucht], durch ein Verb [ausgedrückt]:* eine -e Ableitung.

Ver|bal|abs|trak|tum, das (Sprachw.): *von einem Verb abgeleitetes Abstraktum* (z. B. »Hilfe« von »helfen«).

Ver|bal|ero|ti|ker, der (Sexualk.): *jmd., der sexuelle Befriedigung daraus zieht, in anschaulich-derber, obszöner Weise über sexuelle Dinge zu sprechen.*

Ver|bal|ero|ti|ke|rin, die: w. Form zu ↑Verbalerotiker.

Ver|bal|in|ju|rie, die (bildungsspr.): *Beleidigung durch Worte.*

ver|ba|li|sie|ren ⟨sw. V.; hat⟩ (bildungsspr.): *in Worte fassen, mit Worten zum Ausdruck bringen:* Gefühle v.

Ver|ba|li|sie|rung, die; -, -en: **1.** *das Verbalisieren.* **2.** *etw. Verbalisiertes.*

ver|bal|lern ⟨sw. V.; hat⟩: **1.** (ugs.) *ballernd* (1 a) *verbrauchen, vergeuden, [sinnlos] verschießen* (1 b): die ganze Munition v.; Silvester werden jedes Jahr Millionen verballert *(für Feuerwerks- u. Knallkörper ausgegeben).* **2.** (ugs.) *verschießen* (2): einen Elfmeter v.

ver|ball|hor|nen ⟨sw. V.; hat⟩ [nach dem Buchdrucker J. Bal(l)horn, der im 16. Jh. eine Ausgabe des lübischen Rechts druckte, die viele Verschlimmbesserungen unbekannter Bearbeiter enthielt]: *(ein Wort, einen Namen, eine Wendung o. Ä.) entstellen.*

Ver|ball|hor|nung, die; -, -en: **1.** *das Verballhornen.* **2.** *etw. durch Verballhornen Verändertes.*

Ver|bal|no|te, die (Dipl.): *nicht unterschriebene vertrauliche diplomatische Note* (4).

Ver|bal|phra|se, die (Sprachw.): *Wortgruppe in einem Satz mit einem Verb als Kernglied.*

Ver|bal|sub|stan|tiv, das (Sprachw.): *zu einem Verb gebildetes Substantiv, das (zum Zeitpunkt der Bildung) eine Geschehensbezeichnung ist; Nomen Actionis* (z. B. »Trennung« zu »trennen«).

Ver|band, der; -[e]s, Verbände [zu ↑verbinden]: **1.** *zum Schutz einer Wunde o. Ä., zur Ruhigstellung (z. B. eines gebrochenen Knochens) dienende, in mehreren Lagen um einen Körperteil gewickelte Binde o. Ä.:* der V. rutscht, ist zu fest; [jmdm.] einen V. anlegen, den V. abnehmen, wechseln; er hatte einen dicken V. um den Kopf. **2.** *von mehreren kleineren Vereinigungen, Vereinen, Klubs o. Ä. od. von vielen einzelnen Personen zur Durchsetzung gemeinsamer Interessen gebildeter größerer Zusammenschluss:* politische, kulturelle, karitative Verbände; einen V. gründen; sich zu einem V. zusammenschließen. **3.** (Milit.) **a)** *größerer Zusammenschluss mehrerer kleinerer Einheiten:* starke motorisierte Verbände; ein feindlicher V.; **b)** *Anzahl von gemeinsam operierenden Fahrzeugen, Flugzeugen:* ein V. von 15 Bombern. **4.** *aus vielen [gleichartigen] Elementen zusammengesetztes Ganzes, aus vielen Individuen [einer Art] bestehende, eine Einheit bildende Gruppe:* der V. der Familie; das einzelne Tier findet im V. der Herde Schutz; *** im V.** *(gemeinsam, als Gruppe [u. in Formation]):* im V. fliegen.

ver|ban|delt [zu ↑¹Band (I 1)]: in der Wendung **v. sein** (landsch.; *eng verbunden sein*): sie ist mit der Familie des Direktors verbandelt.

Ver|band|kas|ten, Verbandskasten, der: *gewöhnlich luft- u. wasserdichter Kasten zur Aufbewahrung von Verbandmaterial, Instrumentarium u. Medikamenten für erste Hilfe.*

Ver|band|kis|sen, Verbandskissen, das: *zum Mitführen im Auto bestimmtes Kissen, in dessen Innerem Verbandszeug u. a. untergebracht werden kann.*

Ver|band|ma|te|ri|al, Verbandsmaterial, das: *zum Anlegen eines Verbands* (1) *dienendes Material (wie Binden, Mullstreifen, Heftpflaster).*

Ver|band|mull, Verbandsmull, der: *als Verbandmaterial dienender Mull.*

Ver|band|päck|chen, Verbandspäckchen, das: *steril verpackte Mullbinde mit einer daran befestigten Kompresse* (2) *zum Verbinden einer Wunde.*

Ver|band|platz, Verbandsplatz, der (Milit.): *Sanitätseinrichtung für erste ärztliche Behandlung von Verwundeten.*

Ver|bands|ge|mein|de, die (Amtsspr.): *aus mehreren zusammengeschlossenen Nachbarorten eines Landkreises bestehende Gebietskörperschaft.*

Ver|bands|kas|ten: ↑Verbandkasten.

Ver|bands|kis|sen: ↑Verbandkissen.

Ver|bands|kla|ge, die (Rechtsspr.): *von einem Verband* (2) *erhobene Klage, mit der dieser keine eigenen Rechte, sondern die Interessen seiner Mitglieder od. der Allgemeinheit geltend macht.*

Ver|bands|li|ga, die (Sport): *(bei bestimmten Sportverbänden) höchste Spielklasse.*

Ver|bands|ma|te|ri|al: ↑Verbandmaterial.

Ver|bands|mull: ↑Verbandmull.

Ver|bands|päck|chen: ↑Verbandpäckchen.

Ver|bands|platz: ↑Verbandplatz.

Ver|bands|stoff, Ver|band|stoff, der: *Verbandmaterial.*

Ver|bands|wat|te: ↑Verbandwatte.

Ver|bands|wech|sel: ↑Verbandwechsel.

Ver|bands|zell|stoff, Verbandzellstoff, der: vgl. Verbandmull.

Ver|bands|zeug: ↑Verbandzeug.

Ver|band|wat|te, Verbandswatte, die: vgl. Verbandmull.

Ver|band|wech|sel, Verbandswechsel, der: *das Wechseln eines Verbandes* (1 a).

Ver|band|zeug, Verbandszeug, das ⟨o. Pl.⟩: *Verbandmaterial.*

ver|ban|nen ⟨sw. V.; hat⟩ [mhd. verbannen = ge-, verbieten; durch Bann verfluchen, ahd. farbannan = den Augen entziehen]: *(als Strafe) aus dem Land weisen u. nicht zurückkehren lassen od. an einen bestimmten entlegenen Ort schicken u. zwingen, dort zu bleiben:* jmdn. [aus seinem Vaterland] v.; er wurde [für zehn Jahre] auf eine Insel verbannt.

Ver|bann|te, der u. die; -n, -n ⟨Dekl. ↑Abgeordnete⟩: *jmd., der verbannt wurde, verbannt ist.*

Ver|ban|nung, die; -, -en: **1.** *das Verbannen; das Verbanntwerden:* die V. politischer Gegner. **2.** *das Verbanntsein, das Leben als Verbannte[r]:* in die V. gehen müssen; jmdn. in die V. schicken.

ver|bar|ri|ka|die|ren ⟨sw. V.; hat⟩ [zu ↑Barrikade]: **1.** *durch einen od. mehrere [schnell herbeigeschaffte] Gegenstände, die als Hindernis dienen sollen, versperren, unpassierbar machen:* den Eingang, die Tür mit einem Schrank v. **2.** ⟨v. + sich⟩ *sich durch Verbarrikadieren* (1) *gegen Eindringlinge, Angreifer o. Ä. schützen:* sie hatten sich in der Baracke verbarrikadiert.

ver|bau|en ⟨sw. V.; hat⟩ [1, 2, 5: mhd. verbūwen]: **1. a)** *durch den Bau* (1) *von etw. versperren:* [jmdm.] die Aussicht v.; Ü jmdm. den Zugang zur Universität, die Zukunft v.; **b)** (abwertend) *in störender, hässlicher Weise bebauen u. dadurch verunstalten:* die Landschaft v. **2. a)** *zum, beim Bauen verwenden:* Zement, Holz v.; **b)** *zum, beim Bauen verbrauchen:* wie viel Geld er wohl schon verbaut hat? **3.** (abwertend) *falsch, unzweckmäßig bauen:* der Architekt hat das Haus völlig verbaut; ⟨oft im 2. Part.:⟩ ein ziemlich verbautes Haus; Ü die Mathearbeit habe ich verbaut. **4.** (Fachspr.) *etw. durch Einbauen von etw. befestigen, gegen Einsturz o. Ä. sichern:* eine Baugrube mit Bohlen v.; einen Wildbach, das Ufer v.; die Hänge [gegen Lawinen] v.

Ver|bau|ung, die; -, -en: *das Verbauen; das Verbautwerden.*

ver|be|am|ten ⟨sw. V.; hat⟩: *zum Beamten, zur Beamtin machen, ins Beamtenverhältnis übernehmen:* jmdn. v.

Ver|be|am|tung, die; -: *das Verbeamten; das Verbeamtetwerden.*

ver|bei|ßen ⟨st. V.; hat⟩ [2–4: mhd. verbīȥen]: **1.** ⟨v. + sich⟩ *sich festbeißen:* die Hunde verbissen sich in ihr Opfer; Ü sie hat sich in ein Schachproblem verbissen. **2.** (bes. Jägerspr.) *beißend beschädigen:* das Wild hat die jungen Bäume verbissen. **3.** *in einem Akt von Selbstbeherrschung unterdrücken:* seinen Schmerz, das Lachen v.; ⟨auch v. + sich:⟩ sich das Lachen v.

ver|bel|len ⟨sw. V.; hat⟩ (Jägerspr.): *durch Bellen auf den Standort eines kranken od. verendeten Stücks Wild aufmerksam machen:* der Jagdhund verbellte den Bock.

ver|ber|gen ⟨st. V.; hat⟩ [mhd. verbergen, ahd. fer-, firbergan]: **1. a)** *den Blicken anderer entziehen; verstecken:* etw. unter dem Mantel, hinter seinem Rücken v.; sich hinter einer Hecke, in einer Gruppe v.; einen Flüchtling bei sich, vor der Polizei v., verborgen halten; das Gesicht in/hinter den Händen v. *(mit den Händen verdecken);* Ü er versuchte seine Unwissenheit hinter leeren Phrasen zu v.; **b)** *nicht sehen lassen, verdecken* (a): ein Schleier verbarg ihr Gesicht; Ü ein Lächeln sollte seine Unsicherheit v. **2. a)** *der Kenntnis, dem Wissen anderer vorenthalten, entziehen; verheimlichen:* seinen Kummer, seine Ängste vor jmdm. v.; jmdm. seine Meinung, die wahren Gründe v. *(verschweigen);* ich habe nichts zu v. *(habe nichts getan, was ich verheimlichen müsste);* er sieht aus, als hätte er etwas zu v.; **b)** ⟨v. + sich⟩ *für Eingeweihte erkennbar sein:* hinter diesem Pseudonym verbirgt sich ein bekannter Theaterkritiker; was verbirgt sich eigentlich hinter dieser Abkürzung?

Ver|ber|gung, die; -, -en: *das Verbergen.*

ver|bes|sern ⟨sw. V.; hat⟩ [mhd. verbeȥȥern]: **1.** *durch Änderungen besser machen, auf einen besseren Stand (4 a, b) bringen:* eine Methode, die Qualität eines Produkts, das Schulwesen, seine Leistung, einen Rekord v.; die fünfte, verbesserte Auflage des Buches. **2. a)** *von Fehlern, Mängeln befreien u. dadurch vollkommener machen:* einen Aufsatz, jmds. Stil v.; **b)** *(einen Fehler o. Ä.) beseitigen; korrigieren* (a): einen Kommafehler, Druckfehler v. **3.** ⟨v. + sich⟩ *besser werden:* die Verhältnisse haben sich entscheidend verbessert; die Schülerin hat sich seit dem letzten Zeugnis, in Mathematik deutlich verbessert. **4.** ⟨v. + sich⟩ *in eine bessere [wirtschaftliche] Lage kommen:* sich finanziell, beruflich v. **5.** *(bei jmdm., sich) eine als fehler-*

haft, unzutreffend o. ä. erkannte Äußerung berichtigen; korrigieren (c): du sollst mich nicht ständig v.; er versprach sich, verbesserte sich aber sofort.

Ver|bẹs|se|rung, (seltener:) Verbessrung, die; -, -en: **1.** *Änderung, durch die etw. verbessert* (1) *wurde.* **2. a)** *das Verbessern* (2); **b)** *verbesserter Text; Berichtigung* (b). **3.** *das Sichverbessern* (3, 4).

ver|bẹs|se|rungs|be|dürf|tig ⟨Adj.⟩: *einer Verbesserung* (1) *[dringend] bedürfend; nicht gut:* -e Verhältnisse, Zustände.

Ver|bẹs|se|rungs|be|dürf|tig|keit, die; -: *das Verbesserungsbedürftigsein.*

ver|bẹs|se|rungs|fä|hig ⟨Adj.⟩: *sich verbessern lassend; eine Verbesserung* (1) *zulassend, ermöglichend.*

Ver|bẹs|se|rungs|fä|hig|keit, die; -: *das Verbesserungsfähigsein.*

Ver|bẹs|se|rungs|vor|schlag, der: *Vorschlag, eine bestimmte Verbesserung* (1) *an etw. vorzunehmen:* einen V. einbringen, einreichen, machen.

Ver|bẹss|rung: ↑Verbesserung.

ver|beu|gen, sich ⟨sw. V.; hat⟩ [älter nhd. nicht von ↑verbiegen unterschieden]: *zur Begrüßung, als Ausdruck der Ehrerbietung, des Dankes o. Ä. Kopf u. Oberkörper nach vorn neigen:* sich leicht, kurz, steif, höflich v.

Ver|beu|gung, die; -, -en: *das Sichverbeugen:* eine V. machen.

ver|beu|len ⟨sw. V.; hat⟩: *durch eine Beule* (2), *durch Beulen die Oberfläche von etw. beschädigen:* du hast die Kanne verbeult; ⟨meist im 2. Part.:⟩ ein verbeulter Kotflügel.

ver|bie|gen ⟨st. V.; hat⟩: **1.** *durch Biegen aus der Form bringen [u. dadurch unbrauchbar, unansehnlich machen]:* wer hat den Draht so verbogen?; verbieg mir nicht meine Stricknadeln!; ein verbogener Nagel; Ü diese Erziehung hat seinen Charakter, ihn [charakterlich] verbogen. **2.** ⟨v. + sich⟩ *durch Sichbiegen aus der Form geraten [u. dadurch unbrauchbar, unansehnlich werden]:* die Lenkstange hat sich bei dem Sturz verbogen; ⟨zur Bez. einer Beschaffenheit auch ohne »sich«:⟩ der Draht, das Blech verbiegt leicht.

Ver|bie|gung, die; -, -en: *das [Sich]verbiegen.*

ver|bies|tern, sich ⟨sw. V.; hat⟩ [aus dem Niederd. < mniederd. vorbīsteren, zu: bīster = umherirrend; gereizt < (m)niederl. bijster]: **1.** (landsch.) *sich verirren:* sich im Wald, im Dunkeln v. **2.** (ugs.) *bei einer Arbeit o. Ä. in eine falsche, nicht zum Ziel führende Richtung geraten:* er hat sich hoffnungslos verbiestert.

ver|bie|ten ⟨st. V.; hat⟩ [mhd. verbieten, ahd. farbiotan]: **1. a)** *etw. für nicht erlaubt erklären; etw. zu unterlassen gebieten; untersagen:* jmdm. etw. [ausdrücklich] v.; ich verbiete dir, ihn zu besuchen; du hast mir gar nichts zu v.!; sie hat ihm das Haus verboten *(hat ihm verboten, es zu betreten);* ein verbotener Weg *(ein Weg, der von Fremden, Unbefugten nicht benutzt werden darf);* ⟨in formelhaften Aufschriften:⟩ Betreten [des Rasens] verboten!; Rauchen [polizeilich] verboten!; Durchfahrt verboten!; [Unbefugten] Zutritt verboten!; Ü das verbietet mir mein Ehrgefühl; **b)** *(eine Sache) durch ein Gesetz o. Ä. für unzulässig erklären:* eine Partei, eine Demonstration, ein Medikament, ein Buch, Kampfhunde v.; so viel Ignoranz müsste verboten werden (scherzh.; *ist kaum noch zu tolerieren*); **c)** ⟨v. + sich⟩ *auf etw. verzichten, von etw. absehen, es sich versagen, nicht zugestehen:* ich verbot es mir, diesem Traum noch länger nachzuhängen. **2.** ⟨v. + sich⟩ *ausgeschlossen, nicht möglich sein:* eine solche Reaktion verbietet sich [von selbst].

ver|bil|den ⟨sw. V.; hat⟩ [spätmhd. verbilden = entstellen]: *durch erzieherisches Einwirken od. entsprechende Einflüsse jmds. Ansichten o. Ä. in einer als unangemessen, falsch, verderblich* (2) *erscheinenden Weise prägen:* junge Menschen v.; er hat einen völlig verbildeten Geschmack.

ver|bild|li|chen ⟨sw. V.; hat⟩ (geh.): *durch einen bildlichen Ausdruck, eine Metapher, eine bildliche Vorstellung sinnfällig machen.*

Ver|bild|li|chung, die; -, -en: *das Verbildlichen.*

Ver|bil|dung, die; -, -en: *das Verbilden; das Verbildetsein.*

ver|bil|li|gen ⟨sw. V.; hat⟩: **1.** *billiger machen:* die Herstellung v.; ⟨häufig im 2. Part.:⟩ verbilligte Butter; verbilligter Eintritt für Kinder; zu verbilligten *(reduzierten)* Preisen. **2.** ⟨v. + sich⟩ *billiger werden:* das Benzin, die Produktion hat sich verbilligt.

Ver|bil|li|gung, die; -, -en: *das [Sich]verbilligen.*

ver|bim|sen ⟨sw. V.; hat⟩ (ugs.): *kräftig verprügeln.*

ver|bịn|den ⟨st. V.; hat⟩ [mhd. verbinden, ahd. farbintan]: **1. a)** *mit einem Verband* (1) *versehen:* [jmdm., sich] eine Wunde v.; jmdm., sich den Fuß v.; mit verbundener Hand; **b)** *(bei jmdm.) einen Verband* (1) *anlegen:* sie verband ihn, sich [mit einem Streifen Stoff]. **2.** *eine [Art] Binde vor, um etw. binden, um auf diese Weise eine Funktion o. Ä. einzuschränken od. unmöglich zu machen:* jmdm. die Augen v.; einem Tier das Maul v.; mit verbundenen Augen. **3.** *etw. bindend* (1 b) *zu etw. verarbeiten:* Tannengrün zu Kränzen v. **4. a)** *[zu einem Ganzen] zusammenfügen:* zwei Bretter [mit Leim, mit Schrauben] miteinander v.; zwei Schnüre durch einen/mit einem Knoten [miteinander] v.; **b)** *zusammenhalten:* die Schraube, der Leim verbindet die beiden Teile [fest miteinander]; **c)** ⟨v. + sich⟩ *(mit etw.) zusammenkommen u. dabei etw. Neues, einen neuen Stoff bilden:* beim Rühren verbindet sich das Mehl mit der Butter; die beiden Elemente verbinden sich nicht miteinander (Chemie; *gehen keine chemische Bindung ein*). **5. a)** *(zwei voneinander entfernte Dinge, Orte o. Ä.) durch Überbrücken des sie trennenden Abstands zusammenbringen, in engere Beziehung zueinander setzen:* zwei Gewässer durch einen Kanal, zwei Orte durch eine Straße, zwei Stadtteile durch eine Brücke, zwei Punkte durch eine Linie [miteinander] v.; **b)** *eine Verbindung* (4 a) *(zu etw.) darstellen:* ein Kabel verbindet das Gerät mit dem Netz; ein Tunnel verbindet beide Flussufer [miteinander]. **6.** *durch Herstellen einer Telefonverbindung in die Lage versetzen, mit jmdm. zu sprechen:* würden Sie mich bitte mit Herrn Meier, mit dem Lohnbüro v.?; ⟨auch o. Akk.-Obj.:⟩ ich verbinde; [Entschuldigung, ich bin] falsch verbunden. **7.** ⟨v. + sich⟩ *mit etw. zusammenkommen, zusammen auftreten [u. dabei zu etw. Neuem werden]:* bei ihm verbanden sich Wagemut und kühle Besonnenheit; damit sind große Probleme verbunden; das dürfte mit einigen Schwierigkeiten verbunden sein; die damit verbundene Mühe. **8.** *etw., was als das eigentlich Wesentliche hervorgehoben wird, mit etw. anderem als günstiger od. korrigierend-ausgleichender Ergänzung verknüpfen:* das Angenehme mit dem Nützlichen v.; der Ausflug ist mit einer Besichtigung der Marienkirche verbunden. **9. a)** *die Grundlage einer Beziehung zu jmdm. sein:* mit ihm verbindet mich/uns verbindet eine enge Freundschaft; mit den beiden verbindet sie nichts [mehr]; ⟨auch o. Akk.-Obj.:⟩ gemeinsame Erlebnisse verbinden; ⟨oft im 2. Part.:⟩ er war ihr, der Familie freundschaftlich verbunden; **b)** (geh. veraltend) *zu Dankbarkeit verpflichten:* ⟨meist in der formelhaften Verbindung:⟩ ich bin Ihnen [dafür, deswegen] sehr verbunden *(ich bin Ihnen [dafür] sehr dankbar).* **10.** ⟨v. + sich⟩ *sich (zu einem Bündnis, einer Partnerschaft o. Ä.) zusammentun:* die beiden Parteien haben sich [zu einer Koalition] verbunden; sich mit jmdm. ehelich v. **11. a)** *in einen [assoziativen] Zusammenhang (mit etw.) bringen:* jeder von ihnen verbindet mit diesem Bild, Wort etwas anderes; **b)** ⟨v. + sich⟩ *mit etw. in einem [assoziativen] Zusammenhang stehen:* mit diesem Namen, dieser Melodie, verbinden sich [für mich] schöne Erinnerungen.

ver|bịnd|lich ⟨Adj.⟩: **1.** *in einer Art, die das Gefühl persönlichen Entgegenkommens verbreitet, freundlich, liebenswürdig:* -e Worte; eine -e Geste; v. lächeln. **2.** *bindend, verpflichtend:* eine -e Zusage, Erklärung, Abmachung; eine allgemein -e Norm.

Ver|bịnd|lich|keit, die; -, -en: **1.** ⟨o. Pl.⟩ **a)** *verbindliches* (1) *Wesen, das Verbindlichsein;* **b)** *verbindlicher* (2) *Charakter, das Verbindlichsein:* diese Regel hat [für mich keine] V. **2. a)** *verbindliche* (1) *Äußerung, Handlung, Redensart o. Ä.:* jmdm. ein paar -en sagen; **b)** ⟨meist Pl.⟩ *Verpflichtung* (3 a): seine -en erfüllen; **c)** ⟨Pl.⟩ (Kaufmannsspr.) *Schulden:* -en [gegen jmdn.] haben; -en eingehen; seine -en abtragen.

Ver|bịn|dung, die; -, -en [spätmhd. verbindunge]: **1. a)** *das Verbinden* (4 a): die V. von Metallteilen durch Schweißen; **b)** *das Sichverbinden* (4 c). **c)** *das Verbinden* (5 a): man hat eine V. der beiden Flüsse durch einen Kanal in Erwägung gezogen; **d)** *das Sichverbinden* (7); *das Verbundensein;* **e)** *das Verbinden* (8): die V. der Dienstreise mit dem Urlaub. **2.** *Zusammenhalt, Zusammenhang:* durch Löten eine V. zwischen zwei Drähten herstellen. **3.** (bes. Chemie) *durch ein Sichverbinden* (4 c) *entstandener Stoff:* Wasser ist eine V. aus Wasserstoff und Sauerstoff; die beiden Stoffe gehen eine [chemische] V. ein. **4. a)** *etw., was zwei voneinander entfernte Dinge, Orte o. Ä. verbindet* (5 a): die kürzeste V. zwischen zwei Punkten; die Brücke ist die einzige V. zwischen beiden Städten; **b)** *etw., was eine Kommunikation zwischen zwei entfernten Orten ermöglicht:* eine telefonische V.; die V. ist unterbrochen, sehr schlecht; ich bekomme keine V. mit ihm, mit Hamburg; wir sollten wenigstens in brieflicher V./brieflich in V. bleiben; **c)** *Möglichkeit, von einem Ort zu einem anderen zu gelangen; Verkehrsverbindung:* gibt es von hier aus eine direkte, eine günstige V. nach Hannover?; die V. zur Außenwelt war unterbrochen. **5.** [1]*Kombination* (1 a): *** in V. [mit]** (1. *zusammen, kombiniert [mit]:* die Karte ist nur in V. mit dem Berechtigungsausweis gültig. 2. *in Zusammenarbeit, gemeinsam [mit]:* nur in V. mit Freunden kann so etwas gelingen). **6.** *Zusammenschluss, Bündnis, Partnerschaft o. Ä.:* eine geschäftliche, eheliche V. [mit jmdm.] eingehen, auflösen. **7. a)** *Beziehung zwischen Menschen, die darin besteht, dass eine Kommunikation, ein [regelmäßiger] Austausch stattfindet; Kontakt* (1): mit jmdm. V. aufnehmen; [keine] V. [mehr] mit jmdm. haben; er hat [persönliche] -en zum Ministerium; wir haben die V. mit ihm verloren; wir sollten in V. bleiben; sich mit jmdm. in V. setzen; den Posten hat er durch persönliche -en *(durch persönliche Beziehungen zu bestimmten Leuten)* bekommen; **b)** *auf gegenseitiger Sympathie o. Ä. beruhende Beziehung zwischen Menschen:* die starke, innige V. wird den beiden auch in schweren Zeiten weiterhelfen. **8.** *Studentenverbindung, Korporation* (2): studentische, Farben tragende, [nicht] schlagende -en; in einer V. sein. **9.** *[sachlicher, gedanklicher] Zusammenhang:* zwischen den gestrigen Vorfällen und meiner Entscheidung besteht keine V.; die Presse hat ihn mit dem Verbrechen in V. gebracht.

Ver|bịn|dungs|bru|der, der: vgl. Korpsbruder.

Ver|bịn|dungs|far|be, die ⟨meist Pl.⟩: *Farbe* (3 a) *einer Verbindung* (8).

Ver|bịn|dungs|frau, die: vgl. Verbindungsmann.

Ver|bịn|dungs|gang, der: vgl. Verbindungsstraße.

Ver|bịn|dungs|glied, das: vgl. Verbindungsstück.

Ver|bịn|dungs|gra|ben, der: **1.** *verbindender Graben* (1). **2.** (Milit.) *zwei Stellungen verbindender Graben* (2 a).

Ver|bịn|dungs|haus, das: *Haus, in dem Mitglieder einer Verbindung* (8) *zusammenkommen u. teilweise wohnen.*

Ver|bịn|dungs|ka|bel, das: *Kabel zum Verbinden zweier Geräte o. Ä.*

Ver|bịn|dungs|leu|te ⟨Pl.⟩: **1.** Pl. v. ↑Verbindungsmann. **2.** *Verbindungsfrauen und Verbindungsmänner.*

Ver|bịn|dungs|li|nie, die: **1.** *Linie, die etw. mit*

etw. anderem verbindet. **2.** (Milit.) *Weg, der im Einsatz befindliche Truppen mit ihrer Basis verbindet.*

Ver|bin|dungs|mann, der (Pl. ...männer u. ...leute): *jmd., der als Mittelsmann o. Ä. Kontakte herstellt od. aufrechterhält.*

Ver|bin|dungs|of|fi|zier, der (Milit.): *Offizier, der als Überbringer von Befehlen, Meldungen o. Ä. die Verbindung zwischen verschiedenen Einheiten aufrechterhält.*

Ver|bin|dungs|rohr, das: *Rohr zum Verbinden zweier Teile (an Apparaten o. Ä.).*

Ver|bin|dungs|schlauch, der: vgl. Verbindungskabel.

Ver|bin|dungs|ste|cker, der: *Gerätestecker.*

Ver|bin|dungs|stel|le, die: *Stelle, an der etw. mit etw. anderem verbunden ist.*

Ver|bin|dungs|stra|ße, die: *zwei Orte, zwei Straßen verbindende Straße.*

Ver|bin|dungs|stück, das: *Teil, Teilstück, Glied o. Ä., das zwei Dinge miteinander verbindet.*

Ver|bin|dungs|stu|dent, der: *Student, der einer Verbindung* (8) *angehört.*

Ver|bin|dungs|stu|den|tin, die: w. Form zu ↑Verbindungsstudent.

Ver|bin|dungs|teil, das: *Verbindungsstück.*

Ver|bin|dungs|tür, die: *zwei Räume verbindende Tür.*

Ver|bin|dungs|weg, der: vgl. Verbindungsstraße.

Ver|bin|dungs|we|sen, das: *Gesamtheit der Verbindungen* (8) *und deren Aktivitäten.*

Ver|biss, der; -es, -e (Jägerspr.): **a)** *das Verbeißen* (2); **b)** *Schaden durch Verbeißen:* Bäume vor V. schützen.

ver|bis|sen (Adj.) [zu ↑verbeißen]: **a)** *[allzu] hartnäckig, zäh, nicht bereit nachzugeben, aufzugeben:* ein -er Gegner; v. schuftete er weiter; **b)** *von starker innerer Angespanntheit zeugend, verkrampft:* ein -es Gesicht; v. dreinschauen, dasitzen; **c)** (ugs.) *engherzig, pedantisch:* man soll nicht alles so v. nehmen.

Ver|bis|sen|heit, die; -: *das Verbissensein.*

ver|bit|ten, sich (st. V.; hat) [urspr. = (höflich) erbitten]: *mit Nachdruck zu unterlassen verlangen:* ich verbitte mir diesen Ton.

ver|bit|tern (sw. V.; hat) [spätmhd. verbittern = bitter werden, machen]: **1.** *vergällen* (2): jmdm. das Leben v. **2.** *mit bleibendem Groll, bes. über das eigene, als allzu hart empfundene Schicksal od. über eine als ungerecht, verletzend o. ä. empfundene Behandlung, erfüllen:* die vielen Enttäuschungen hatten ihn verbittert; (oft im 2. Part.:) eine verbitterte Frau; einen verbitterten *(Verbitterung widerspiegelnden)* Zug um den Mund haben; verbittert sein.

Ver|bit|te|rung, die; -, -en (Pl. selten): **1.** (selten) *das Verbittern.* **2.** *das Verbittertsein.*

[1]ver|bla|sen (st. V.; hat): **1.** (Jägerspr.) *bei einem erlegten Tier ein bestimmtes (die Erlegung des Tieres anzeigendes) Hornsignal blasen:* einen Hirsch v. **2.** (v. + sich) *beim Spielen auf einem Blasinstrument einen Fehler machen:* der Saxer hat sich dauernd verblasen.

[2]ver|bla|sen (Adj.) [vgl. verwaschen (c)] (abwertend): *(bes. im sprachlichen Ausdruck) verschwommen, unklar:* ein -er Stil; -e Ideen.

Ver|bla|sen|heit, die; -, -en: **1.** (o. Pl.) *das Verblasensein.* **2.** *verblasener Ausdruck o. Ä.*

ver|blas|sen (sw. V.; ist): **1. a)** *blass* (1 b) *werden:* die Farben verblassen im Laufe der Zeit immer mehr; ein altes, schon ganz verblasstes Foto; **b)** *blass* (1 c) *werden:* wenn es Tag wird und die Sterne verblassen. **2.** (geh.) *schwächer werden, schwinden:* die Erinnerung daran verblasst allmählich.

ver|blät|tern (sw. V.; hat): **1.** [1]*verschlagen* (4). **2.** (v. + sich) *falsch blättern.*

ver|bläu|en (sw. V.; hat) [mhd. nicht belegt, ahd. farbliuwan] (ugs.): *kräftig verprügeln.*

Ver|bleib, der; -[e]s (geh.): **1.** *(nicht bekannter) Ort, an dem sich eine Person od. Sache befindet, die vermisst, nach der gesucht wird:* er erkundigte sich nach dem V. der Akten; über ihren V. ist nichts bekannt. **2.** *das Verbleiben* (2 a): es geht um den V. des Ministers im Amt.

ver|blei|ben (st. V.; ist) [mhd. ver(b)lîben]: **1.** *sich (auf eine bestimmte Vereinbarung) einigen:* wollen wir so v., dass ich dich morgen anrufe?; wie seid ihr denn nun verblieben? **2.** (geh.) **a)** *bleiben* (1 a): die Durchschrift verbleibt beim Aussteller; die im Kriegsgebiet verbliebenen Zivilisten; **b)** (mit Gleichsetzungsnominativ) *bleiben* (1 c): er verblieb zeit seines Lebens ein Träumer; in Grußformeln am Briefschluss: in Erwartung Ihrer Antwort verbleibe ich Ihr N. N.; ich verbleibe mit freundlichen Grüßen Ihre N. N.; **c)** *bleiben* (1 e), *übrig bleiben:* nach Abzug der Zinsen verbleiben noch 746 Mark; die verbleibenden, verbliebenen 200 Mark; **d)** (mit Inf. mit zu) (selten) *bleiben* (1 f): so verbleibt nur abzuwarten, ob die Sache erfolgreich verläuft.

ver|blei|chen (st. u. sw. V.; verblich/(seltener auch:) verbleichte, ist verblichen/(seltener auch:) verbleicht) [mhd. verblîchen, ahd. farblîchan, zu mhd. blîchen, ahd. blîchan = glänzen, verw. mit ↑bleich]: **1. a)** *seine Farbe verlieren, verblassen* (1 a): die Farbe verbleicht schnell; die Vorhänge verbleichen immer mehr; verblichene Bluejeans; die Schrift war schon verblichen; Ü verblichener Ruhm; **b)** *verblassen* (1 b): die Mondsichel verblich. **2.** (geh. veraltet) *sterben:* ihr verblichener Vater.

ver|blei|en (sw. V.; hat) (Technik): *(Kraftstoffe) mit Bleitetraethyl versetzen:* verbleites Benzin.

ver|blen|den (sw. V.; hat) [1: mhd. verblenden]: **1.** *unfähig zu vernünftigem Überlegen, zur Einsicht, zur richtigen Einschätzung der Lage o. Ä. machen:* sich nicht v. lassen; [von Hass, Neid] verblendete Menschen. **2.** *(mit einem schöneren, wertvolleren Material) verkleiden:* eine Fassade mit Aluminium v. **3.** (Zahnt.) *(eine Krone aus Metall) mit einer der Farbe der Zähne angepassten Kunststoffmasse überziehen:* eine Goldkrone v.

Ver|blend|kro|ne, die (Zahnt.): *verblendete* (3) *Krone* (7 b).

Ver|blend|mau|er|werk, das (Archit.): *Mauerwerk, mit dem etw. verblendet* (2) *ist.*

Ver|blen|dung, die; -, -en: **1.** *das Verblendetsein; Unfähigkeit zu vernünftiger Überlegung, zur Einsicht:* in seiner V. glaubte er, er könne ihn besiegen. **2.** (bes. Archit.) **a)** *das Verblenden* (2); *das Verblendetwerden:* bei der V. der Fassade gab es Probleme; **b)** *etw., womit etw. verblendet* (2) *ist:* eine V. aus Klinker. **3.** (Zahnt.) **a)** *das Verblenden* (3); *das Verblendetwerden:* die V. der Zahnkrone; **b)** *etw., womit etw. verblendet* (3) *ist.*

ver|bli|chen: ↑verbleichen.

Ver|bli|che|ne, der u. die; -n, -n (Dekl. ↑Abgeordnete) (geh.): *jmd., der kürzlich gestorben ist.*

ver|blö|den (sw. V.) [mhd. verblœden = einschüchtern]: **1.** (veraltet) *eine geistige Behinderung erwerben* (ist). **2.** (ugs. emotional) **a)** *blöde* (1 b), *stumpfsinnig werden; verdummen* (b) (ist): in diesem Kaff, bei dieser Arbeit verblödet man allmählich; **b)** *verdummen* (a) (hat): das viele Fernsehen verblödet die Leute.

Ver|blö|dung, die; -: *das Verblöden.*

ver|blüf|fen (sw. V.; hat) [aus dem Niederd. < mniederd. vorbluffen = in Schrecken versetzen, überrumpeln, zu niederd. bluffen = jmdm. einen Schrecken einjagen, wohl lautm.]: *machen, dass jmd. durch etw., womit er nicht gerechnet, was er nicht erwartet hat, überrascht u. voll sprachlosem Erstaunen ist:* sich nicht v. lassen; sie verblüffte ihre Lehrer durch geistreiche Bemerkungen; (auch o. Akk.-Obj.:) seine Offenheit verblüffte; (oft im 2. Part.:) ein ganz verblüfftes Gesicht machen; ich war [über die Antwort] etwas verblüfft.

ver|blüf|fend (Adj.): *Verblüffung auslösend, höchst überraschend, höchst erstaunlich:* ein -es Ergebnis; eine v. einfache Lösung.

Ver|blüfft|heit, die; -: *Verblüffung.*

Ver|blüf|fung, die; -, -en: *das Verblüfftsein:* zu meiner V. weigerte er sich.

ver|blü|hen (sw. V.; ist) [mhd. verblüejen]: *aufhören zu blühen u. zu welken beginnen:* die Rosen verblühen schon, sind verblüht; Ü ihre Schönheit war verblüht.

ver|blümt (Adj.) [eigtl. 2. Part. von älter: verblumen, mhd. verblüemen = beschönigen] (selten): *(etw., was unangenehm zu sagen ist) nur vorsichtig andeutend, umschreibend, verhüllend:* eine kaum -e Anschuldigung.

ver|blu|ten (sw. V.): *anhaltend Blut verlieren u. schließlich daran sterben* (ist): die Verletzte ist am Unfallort verblutet; (auch v. + sich; hat:) er hat sich verblutet.

Ver|blu|tung, die; -, -en: *das Verbluten.*

ver|bo|cken (sw. V.; hat) [zu: einen Bock schießen (↑[1]Bock 1)] (ugs.): *falsch machen, verderben, verpfuschen:* du hast alles verbockt.

ver|bockt (Adj.) [zu ↑bocken (2)]: *ganz u. gar bockig* (a): ein -es Kind.

ver|boh|ren, sich (sw. V.; hat) [urspr. = falsch bohren] (ugs.): **a)** *sich verbissen mit etw. beschäftigen:* sich in die Arbeit v.; **b)** *hartnäckig-verbissen an etw. festhalten, davon nicht loskommen:* sich in eine fixe Idee v.

ver|bohrt (Adj.) (ugs. abwertend): *nicht von seiner Meinung, Absicht abzubringen; uneinsichtig, unbelehrbar, starrköpfig, von einer solchen Haltung zeugend:* ein -er Mensch.

Ver|bohrt|heit, die; - (ugs. abwertend): *das Verbohrtsein.*

[1]ver|bor|gen (sw. V.; hat) [zu ↑borgen]: *verleihen* (1).

[2]ver|bor|gen: 1. ↑verbergen. **2.** (Adj.) **a)** *entlegen, abgelegen, abgeschieden u. daher nicht leicht auffindbar:* wir haben selbst in den -sten Winkeln des Hauses gesucht; **b)** *nicht ohne weiteres als vorhanden, existierend feststellbar, wahrnehmbar:* eine -e Falltür; eine -e Gefahr; -e Talente; es wird ihm nicht v. bleiben *(er wird es bemerken, erfahren);* *** im Verborgenen** (1. *geheim:* seine Affären konnten nicht im Verborgenen bleiben. 2. *von anderen, von der Öffentlichkeit unbemerkt:* sie wirkte im Verborgenen).

Ver|bor|gen|heit, die; -: *das Verborgensein* (2).

Ver|bot, das; -[e]s, -e [mhd. verbot, zu ↑verbieten]: **1.** *Befehl, Anordnung, etw. Bestimmtes zu unterlassen:* ein strenges, polizeiliches, behördliches, ärztliches V.; ein V. aufheben, befolgen, einhalten, beachten, übertreten; sich an ein V. halten; er hat gegen mein ausdrückliches V. geraucht. **2.** *Anordnung, nach der etw. nicht existieren darf:* das gesetzliche V. der Kinderarbeit; das weltweite V. von Atomwaffen.

ver|bo|ten (Adj.) [zu ↑verbieten] (ugs.): *unmöglich* (2 a): eine -e Farbzusammenstellung; v. aussehen.

ver|bo|te|ner|wei|se (Adv.): *trotz eines Verbots.*

Ver|bots|schild, das (Pl. -er): **1.** (Verkehrsw.) *Verkehrsschild mit einem Verbotszeichen.* **2.** *Schild mit einer Aufschrift, die ein Verbot* (1) *enthält.*

ver|bots|wid|rig (Adj.): *gegen ein bestehendes Verbot verstoßend:* -es Handeln; v. parken.

Ver|bots|zei|chen, das (Verkehrsw.): *Verkehrszeichen, das ein Verbot* (1) *anzeigt.*

ver|brä|men (sw. V.; hat) [mhd. verbremen, zu: bremen = verbrämen, zu: brem = Einfassung, Rand, H. u.]: **1.** *am Rand, Saum mit etw. versehen, was zieren, verschönern soll:* einen Mantel mit Pelz v. **2.** *etw., was als negativ, ungünstig empfunden wird, durch etw., was als positiv erscheint, abschwächen od. weniger spürbar, sichtbar werden lassen:* das ist doch alles nur wissenschaftlich verbrämter Unsinn.

Ver|brä|mung, die; -, -en: *das Verbrämen.*

ver|bra|ten (st. V.): **1.** *zu lange, zu stark braten* (b) *u. dadurch an Qualität verlieren od. ungenießbar werden* (ist): die Ente war völlig verbraten. **2.** (hat) **a)** *zum Braten verwenden;* **b)** *bratend zu etw. verarbeiten* (1 b); **c)** *beim Braten verbrauchen.* **3.** (salopp) *leichtfertig o. ä. ausgeben, [für etw.] verbrauchen, aufbrauchen* (hat): einen Lottogewinn v.; er hat seinen ganzen Urlaub auf einmal verbraten. **4.** (salopp) *sich negativ, bos-*

V

haft o. ä. über jmdn., etw. auslassen, äußern ⟨hat⟩: Klatschgeschichten, Unsinn v.

Ver|brauch, der; -[e]s, (Fachspr.:) Verbräuche: a) ⟨o. Pl.⟩ *das Verbrauchen* (1): die Konserve ist zum alsbaldigen V. bestimmt; die Seife ist sparsam im V. *(sie wird nur langsam aufgebraucht)*; b) *verbrauchte Menge, Anzahl o. Ä. von etw.*: der V. an/von etw. nimmt zu; ein gleich bleibender V.; den V. steigern, drosseln; der Motor, Wagen ist sparsam im V. *(verbraucht wenig Kraftstoff)*.

ver|brau|chen ⟨sw. V.; hat⟩ [frühmhd. verbrûchen, dann erst seit dem 15. Jh. wieder bezeugt]: 1. a) *regelmäßig (eine gewisse Menge von etw.) nehmen u. für einen bestimmten Zweck verwenden [bis nichts mehr davon vorhanden ist]:* ich kaufe erst wieder ein, wenn die Vorräte verbraucht sind; wir verbrauchen mehr Kaffee als Tee; wir haben zu viel Strom, Gas verbraucht; er hat im Urlaub eine Menge Geld verbraucht *(ausgegeben)*; Ü alle seine Kräfte, Energien v.; der Kanzler hat in vier Jahren drei Umweltminister verbraucht; b) *einen bestimmten Energiebedarf haben:* der Motor, Wagen verbraucht zu viel [Benzin]; das Gerät verbraucht viel Strom. 2. ⟨v. + sich⟩ *seine Kräfte erschöpfen; sich völlig abarbeiten u. nicht mehr leistungsfähig sein:* ⟨häufig im 2. Part.:⟩ verbrauchte Fabrikarbeiterinnen. 3. *[bis zur Unbrauchbarkeit] abnützen, verschleißen:* ⟨meist im 2. Part.:⟩ er trug einen völlig verbrauchten Mantel; die Luft in den Räumen ist verbraucht *(enthält fast keinen Sauerstoff mehr)*.

Ver|brau|cher, der; -s, - (Wirtsch.:) *jmd., der Waren kauft u. verbraucht; Käufer, Konsument.*

Ver|brau|cher|be|ra|tung, die: 1. *Beratung der Verbraucher [durch eine Verbraucherorganisation].* 2. *Beratungsstelle für Verbraucher.*

Ver|brau|che|rin, die; -, -nen: w. Form zu ↑Verbraucher.

Ver|brau|cher|kre|dit, der: *von Banken, Handelsunternehmen o. Ä. vergebener, ausschließlich für den Konsum bestimmter Kredit.*

Ver|brau|cher|markt, der: *(häufig am Ortsrand gelegenes) großflächiges Einzelhandelsgeschäft mit Selbstbedienung, das Waren preisgünstig anbietet.*

Ver|brau|cher|or|ga|ni|sa|ti|on, die: vgl. Verbraucherverband.

Ver|brau|cher|preis, der: *Preis, den der Verbraucher für eine Ware bezahlen muss.*

Ver|brau|cher|schutz, der: *Gesamtheit der rechtlichen Vorschriften, die die Verbraucher vor Übervorteilung u. a. schützen sollen.*

Ver|brau|cher|ver|band, der: *Verband, dessen satzungsgemäße Aufgabe es ist, durch Information u. Beratung die Interessen der Verbraucher zu vertreten.*

Ver|brau|cher|zen|tra|le, die: *(zentral gelegene) Beratungsstelle für Verbraucher.*

Ver|brauchs|gut, das ⟨meist Pl.⟩: *Konsumgut, das bei seiner Nutzung verbraucht wird (wie Lebensmittel, Kraftstoff).*

Ver|brauchs|gü|ter|in|dus|trie, die: *Verbrauchsgüter produzierende Industrie.*

Ver|brauchs|steu|er, (Steuerw.:) **Ver|brauchsteu|er,** die: *auf bestimmten Verbrauchsgütern ruhende indirekte Steuer:* die Mineralölsteuer ist eine V.

ver|bre|chen ⟨st. V.; hat; meist nur im Perf. u. Plusq. gebr.⟩ [mhd. verbrechen, ahd. farbrechan, eigtl. = zerbrechen, zerstören; in der Rechtsspr. vom Brechen des Friedens, eines Eides od. Gesetzes gebraucht] (ugs. scherzh.): *etw. (was als Dummheit, als etw. Unrechtes o. Ä. angesehen od. mit Spott bedacht wird) tun, machen, anstellen:* was hast du wieder verbrochen?; wer hat denn dieses Gedicht verbrochen *(geschrieben)*?

Ver|bre|chen, das; -s, -: 1. a) *schwere Straftat:* ein brutales, schweres, gemeines, scheußliches V.; ein V. begehen, verüben, planen, ausführen, aufklären; jmdn. eines -s anklagen, beschuldigen, überführen; der Schauplatz eines -s; b) (abwertend) *verabscheuenswürdige Untat; verwerfliche, verantwortungslose Handlung:* die V. der Hitlerzeit, an den Juden; ein V. gegen die Menschlichkeit; Ü es ist doch ein V., so eine Begabung nicht zu fördern; es ist doch kein V., mal ein Glas Bier zu trinken. 2. ⟨o. Pl.⟩ *Kriminalität:* das organisierte V.; der Kampf gegen das V.

Ver|bre|chens|auf|klä|rung, die ⟨o. Pl.⟩: *Aufklärung* (1) *von Verbrechen* (a).

Ver|bre|chens|be|kämp|fung, die ⟨o. Pl.⟩: *Gesamtheit von Maßnahmen, durch die die Kriminalität eingedämmt werden soll.*

Ver|bre|chens|ver|hü|tung, die ⟨o. Pl.⟩: *Verhütung von Verbrechen* (1 a).

Ver|bre|cher, der; -s, - [mhd. verbrecher]: *jmd., der ein Verbrechen* (1 a) *begangen hat:* ein gefährlicher, gemeiner, kaltblütiger, notorischer V.; einen V. festnehmen, verhaften, verurteilen; (auch als Schimpfwort:) du elender V.!

Ver|bre|cher|al|bum, das (früher): *Verbrecherkartei.*

Ver|bre|cher|ban|de, die: *organisierter Zusammenschluss von Verbrechern.*

Ver|bre|che|rin, die; -, -nen: w. Form zu ↑Verbrecher.

ver|bre|che|risch ⟨Adj.⟩: a) *so verwerflich, dass es fast schon ein Verbrechen ist; kriminell* (1 b): -e Umtriebe, Methoden, Mittel; eine -e Vorgehensweise, Politik; es war v., so zu handeln; b) *vor Verbrechen nicht zurückschreckend; skrupellos:* ein -es Regime.

Ver|bre|cher|jagd, die: *Verfolgung eines Verbrechers [durch die Polizei].*

Ver|bre|cher|kar|tei, die: *Kartei (für die Fahndung) mit Fotos u. Fingerabdrücken von Personen, die Verbrechen begangen haben.*

Ver|bre|cher|syn|di|kat, das: *als geschäftliches Unternehmen getarnter Zusammenschluss von Verbrechern; Syndikat* (2).

Ver|bre|cher|tum, das; -s: *Gesamtheit der Verbrecher; Unterwelt.*

ver|brei|ten ⟨sw. V.; hat⟩: 1. a) *dafür sorgen, dass etw. in einem weiten Umkreis bekannt wird:* eine Nachricht [durch den Rundfunk, durch die Presse, über die Medien] v.; ein Gerücht, Lügen v.; sie ließ v., sie wolle von hier wegziehen; jugendgefährdende Schriften v.; b) ⟨v. + sich⟩ *sich ausbreiten, in Umlauf kommen u. vielen bekannt werden:* die Nachricht verbreitete sich schnell, wie ein Lauffeuer, in der ganzen Stadt. 2. a) *in einen weiteren Umkreis gelangen lassen:* einen unangenehmen Geruch v.; der Ofen verbreitete eine angenehme Wärme; diese Tiere verbreiten Krankheiten; der Wind verbreitet den Samen der Bäume; b) ⟨v. + sich⟩ *sich in einem weiteren Umkreis ausbreiten:* ein übler Geruch verbreitete sich im ganzen Haus; diese Krankheit ist weit verbreitet; heute kommt es verbreitet *(in weiten Gebieten)* zu Regen. 3. *in seiner Umgebung, einem bestimmten Umkreis, in jmdm. erregen, erwecken:* die Bande und ihre Gewalttaten verbreiteten überall Entsetzen, Angst und Schrecken; sie verbreitet Ruhe und Heiterkeit [um sich]. 4. ⟨v. + sich⟩ (häufig abwertend) *sich weitschweifig äußern, auslassen:* sich [stundenlang] über ein Thema, eine Frage, ein Problem v.

Ver|brei|ter, der; -s, -: *jmd., der etw. verbreitet* (1 a): der V. dieser Gerüchte.

Ver|brei|te|rin, die; -, -nen: w. Form zu ↑Verbreiter.

ver|brei|tern ⟨sw. V.; hat⟩: a) *breiter* (1 a) *machen:* eine Straße, einen Weg v.; Ü die Basis für etw. v.; b) ⟨v. + sich⟩ *breiter* (1 a) *werden:* die Straße, das Flussbett verbreitert sich dort.

Ver|brei|te|rung, die; -, -en: a) *das Verbreitern;* b) *verbreiterte Stelle.*

Ver|brei|tung, die; -: *das Verbreiten* (1–3).

Ver|brei|tungs|ge|biet, das: *Gebiet, in dem etw. verbreitet ist, häufig vorkommt:* diese Tageszeitung hat ein großes V.

ver|bren|nen ⟨unr. V.⟩ [mhd. verbrennen, ahd. farbrinnan, -brennan]: 1. ⟨ist⟩ a) *vom Feuer verzehrt, durch Feuer vernichtet, zerstört werden:* die Dokumente sind [zu Asche] verbrannt; die Passagiere verbrannten in den Flammen *(kamen in den Flammen um)*; es riecht verbrannt (ugs.; *es herrscht ein Brandgeruch*); b) *durch zu starke Hitzeeinwirkung verderben, unbrauchbar, ungenießbar werden; verkohlen:* der Kuchen ist [im Ofen] verbrannt; das Fleisch schmeckt verbrannt. 2. *unter der sengenden Sonne verdorren, völlig ausdorren* ⟨ist⟩: die Vegetation, das Land ist von der glühenden Hitze völlig verbrannt. 3. ⟨meist im 2. Part. bzw. im Perf. u. Plusq. gebr.⟩ (ugs.) *(von der Sonne) sehr stark bräunen, eine Hautrötung, -entzündung hervorrufen* ⟨hat⟩: sie, ihr Rücken ist total verbrannt; 4. *vom Feuer verzehren, vernichten lassen* ⟨hat⟩: Reisig, Müll v.; einen Toten v. (ugs.; *einäschern*); jmdn. [auf dem Scheiterhaufen] v. (früher; *dem Feuertod auf dem Scheiterhaufen überantworten*); sich selbst v. *(sich durch Selbstverbrennung töten)*. 5. (Chemie) a) *(von bestimmten Stoffen* 2 a) *chemisch umgesetzt werden, sich umwandeln* ⟨ist⟩: Kohlehydrate verbrennen im Körper zu Kohlensäure und Wasser; b) *(von bestimmten Stoffen* 2 a) *chemisch umsetzen* ⟨hat⟩: der Körper verbrennt den Zucker, die Kohlehydrate. 6. *bes. durch Berührung mit einem sehr heißen Gegenstand verletzen* ⟨hat⟩: sich am Bügeleisen v.; ich habe mir die Finger verbrannt; an der heißen Suppe kann man sich die Zunge v. 7. (ugs.) *(durch Brennenlassen) verbrauchen, bes. zum Heizen verwenden* ⟨hat⟩: [zu viel] Licht, Strom v. 8. (Jargon) *die Identität eines Agenten* (1) *aufdecken u. ihn so für weitere Einsätze unbrauchbar machen:* einen V-Mann v.

Ver|bren|nung, die; -, -en: 1. *das Verbrennen, Vernichten durch Feuer.* 2. *durch Einwirkung großer Hitze hervorgerufene Brandwunde:* eine V. ersten, zweiten, dritten Grades; schwere -en erleiden.

Ver|bren|nungs|mo|tor, der: *Motor, der durch Verbrennung eines Brennstoff-Luft-Gemischs Energie erzeugt (z. B. Otto-, Dieselmotor).*

Ver|bren|nungs|pro|dukt, das: *durch Verbrennung hergestelltes, bei der Verbrennung anfallendes Produkt.*

Ver|bren|nungs|pro|zess, der: *Verbrennungsvorgang.*

Ver|bren|nungs|raum, der: *Brennkammer.*

Ver|bren|nungs|vor|gang, der: *Vorgang, Prozess der Verbrennung.*

ver|brie|fen ⟨sw. V.; hat⟩ [mhd. verbrieven] (veraltend): *schriftlich, durch Urkunde o. Ä. feierlich bestätigen, zusichern, garantieren:* jmdm. ein Recht v.; ⟨häufig im 2. Part.:⟩ verbriefte Rechte, Ansprüche haben.

ver|brin|gen ⟨unr. V.; hat⟩ [mhd. verbringen = vollbringen; vertun]: 1. a) *sich (für eine bestimmte Zeitdauer an einem Ort o. Ä.) aufhalten, verweilen:* ein Wochenende mit Freunden, zu Hause v.; den Urlaub an der See, in den Bergen v.; b) *eine bestimmte Zeit (auf bestimmte Weise) zubringen, hinbringen; eine bestimmte Zeit auf etw. verwenden:* den ganzen Tag mit Aufräumen v.; die Kranke hat eine ruhige Nacht verbracht; er hat sein Leben in Armut und Einsamkeit verbracht. 2. (Amtsdt.) *an einen bestimmten Ort bringen, schaffen:* jmdn. in die Justizvollzugsanstalt, sein Vermögen ins Ausland v.

Ver|brin|gung, die; -, -en: *das Verbringen* (2); *das Verbrachtwerden.*

ver|brü|dern, sich ⟨sw. V.; hat⟩: *(mit jmdm.) Brüderschaft schließen, sehr vertraut werden, sich eng (mit jmdm.) verbinden, befreunden:* sich [mit jmdm.] v.

Ver|brü|de|rung, die; -, -en: *das Sichverbrüdern.*

ver|brü|hen ⟨sw. V.; hat⟩ [mhd. verbrüejen]: *mit einer kochenden od. sehr heißen Flüssigkeit verbrennen:* jmdn., sich [mit kochendem Wasser] v.; ich habe mir den Arm verbrüht.

Ver|brü|hung, die; -, -en: 1. *das Verbrühen.* 2. *durch Verbrühen hervorgerufene Brandwunde.*

ver|brut|zeln ⟨sw. V.; ist⟩ (ugs.): *durch zu langes*

Braten zusammenschrumpfen u. schwarz werden: das Fleisch ist völlig verbrutzelt.

ver|bu|chen ⟨sw. V.; hat⟩ (Kaufmannsspr., Bankw.): *in die Geschäftsbücher o. Ä. eintragen; kontieren:* etw. als Verlust, auf einem Konto, im Haben v.; Ü sie konnte einen Erfolg [für sich] v.

Ver|bu|chung, die; -, -en: *das Verbuchen.*

ver|bud|deln ⟨sw. V.; hat⟩ (ugs.): *vergraben:* sie verbuddelten die Kiste im Wald; der Hund hat den Knochen verbuddelt.

ver|bum|meln ⟨sw. V.⟩ (ugs., meist abwertend): **1. a)** *untätig, nutzlos verbringen, verstreichen lassen, vertrödeln* ⟨hat⟩: seine freie Zeit v.; **b)** *bummelnd* (1) *verbringen:* den Abend verbummelten sie auf der Promenade. **2.** *durch Nachlässigkeit, Achtlosigkeit versäumen, vergessen, verlegen, verlieren u. Ä.* ⟨hat⟩: einen Termin v.; seinen Schlüssel v. **3.** *durch eine liederliche Lebensweise herunterkommen* ⟨ist⟩: in der Großstadt v.; ein verbummelter Student.

Ver|bund, der; -[e]s, -e u. Verbünde [mhd. verbunt = Bündnis; in der techn. Sprache des 20. Jh.s wohl neu rückgeb. aus: verbunden, dem 2. Part. von: ↑verbinden]: **1.** (Wirtsch.) *bestimmte Form des Zusammenschlusses bzw. der Zusammenarbeit von Unternehmen:* die Unternehmen beabsichtigen, planen einen V.; die Verkehrsbetriebe arbeiten im V. **2.** (Technik) *feste Verbindung von Teilen, Werkstoffen o. Ä. zu einer Einheit.*

ver|bün|den, sich ⟨sw. V.; hat⟩ [mhd. verbunden = verbinden, einen Bund schließen, spätmhd. (sich) verbunden]: *sich zu einem [bes. militärischen] Bündnis zusammenschließen; sich alliieren:* sich mit jmdm. v.; sich gegen jmdn. v.; die beiden Staaten sind verbündet.

Ver|bun|den|heit, die; -: *[Gefühl der] Zusammengehörigkeit mit jmdm., miteinander:* eine enge, geistige V. mit jmdm. haben; als Grußformel am Briefschluss: in alter V.

Ver|bün|de|te, der u. die; -n, -n ⟨Dekl. ↑Abgeordnete⟩: *Alliierte* (a), *Föderierte:* die USA sind unser wichtigster -r; die -n der USA; Ü er hatte seine Schwester zu seiner -n *(seiner Mitstreiterin)* gemacht.

Ver|bund|glas, das (Technik): [1]*Glas* (1), *das aus mehreren fest verbundenen Schichten besteht u. nicht splittert.*

Ver|bund|kar|te, die: *Karte, die zur Nutzung aller zu einem gemeinsamen Verbund* (1) *zusammengeschlossenen Einrichtungen, Verkehrsmittel o. Ä. berechtigt:* eine V. für alle Museen, alle öffentlichen Verkehrsmittel einer Stadt.

Ver|bund|netz, das: *Netz von Leitungen für die Stromversorgung, das von mehreren Kraftwerken gemeinsam gespeist wird.*

Ver|bund|pflas|ter|stein, der: *Pflasterstein, der so geformt ist, dass sich beim Verlegen die einzelnen Steine fest ineinander fügen.*

Ver|bund|plat|te, die (Bauw.): *aus mehreren verschiedenen Schichten bestehende Bauplatte.*

Ver|bund|stein, der: *Verbundpflasterstein.*

Ver|bund|stoff, Ver|bund|werk|stoff, der (Technik): *Kompositwerkstoff.*

Ver|bund|werk|stoff, der (Technik): *Kompositwerkstoff.*

Ver|bund|wirt|schaft, die ⟨o. Pl.⟩: *auf Verbünde* (1) *gerichtete Wirtschaftsform.*

ver|bür|gen ⟨sw. V.; hat⟩ [mhd. verbürgen]: **1.** ⟨v. + sich⟩ *bereit sein, für jmdn., etw. einzustehen; gutsagen, bürgen* (1 a): ich verbürge mich für ihn, für seine Zuverlässigkeit; sich für die Richtigkeit von etw. v.; die Bank verbürgte sich *(übernahm die Bürgschaft, haftete)* für die Kosten. **2. a)** *etw. garantieren* (b, c), *die Gewähr für etw. geben:* diese Ausbildung verbürgt beruflichen Erfolg; verbürgte Rechte; **b)** ⟨im Perf., Plusq. u. im 2. Part. gebr.⟩ *als richtig bestätigen; authentisieren:* die Nachrichten sind verbürgt; verbürgte Zahlen.

Ver|bür|gung, die; -, -en: *das [Sich]verbürgen.*

ver|bü|ro|kra|ti|sie|ren ⟨sw. V.; ist⟩ (abwertend): *in übersteigertem Maße bürokratisieren* (2), *in der Organisation erstarren:* die Parteien sind total verbürokratisiert.

ver|bü|ßen ⟨sw. V.; hat⟩ [mhd. verbüezen = Buße zahlen] (Rechtsspr.): *abbüßen* (2): eine Haftstrafe v.

Ver|bü|ßung, die; - (Rechtsspr.): *das Verbüßen.*

ver|but|tern ⟨sw. V.; hat⟩: **1.** *zu Butter verarbeiten:* Milch, Rahm v. **2.** (ugs., oft abwertend) *etw. zu großzügig verbrauchen; verschwenden:* Steuergelder v.

ver|char|tern ⟨sw. V.; hat⟩: *(Schiffe, Flugzeuge) vermieten:* etw. [an jmdn.] v.

Ver|char|te|rung, die; -, -en: *das Verchartern.*

ver|chro|men ⟨sw. V.; hat⟩: *mit einer Schicht aus Chrom überziehen:* Armaturen v.; verchromtes Messing; verchromte Stoßstangen.

Ver|chro|mung, die; -, -en: **1.** *das Verchromen.* **2.** *Chromschicht (mit der etw. überzogen ist):* die V. blättert ab.

Ver|dacht, der; -[e]s, -e u. Verdächte [zu ↑verdenken in dessen alter Bed. »Übles von jmdm. denken, jmdn. in Verdacht haben«]: *argwöhnische Vermutung einer bei jmdm. liegenden Schuld, einer jmdn. betreffenden schuldhaften Tat od. Absicht:* ein [un]begründeter, furchtbarer, schwerer V.; ein V. verdichtet sich, bestätigt sich, steigt in jmdm. auf, richtet sich gegen jmdn., fällt auf jmdn.; ihr kam ein schlimmer V.; jmdn. wegen -[s] auf Steuerhinterziehung verhaften; er hatte einen bestimmten, bösen, nicht den leisesten, geringsten V. *(Argwohn);* einen V. hegen, äußern, ausräumen, zerstreuen; V. schöpfen, erregen; den V. auf jmdn. lenken; sie setzte sich dem V. aus, Kassiber zu schmuggeln; jmdn. auf [einen] bloßen V. hin verhaften lassen; jmdn. im/in V. haben *(verdächtigen);* in V. kommen *(verdächtigt werden);* er steht im V. der Spionage; sie ist über jeden V. erhaben (geh.; *sie kann nicht verdächtigt werden*); unter dem dringenden V. stehen, ein Verbrechen begangen zu haben; sich von einem V. befreien; Ü bei der Patientin besteht V. auf Meningitis, Krebs; *** auf V.** (ugs.; *ohne es genau zu wissen; in der Annahme, dass es richtig, sinnvoll o. ä. ist*): auf V. etw. besorgen, sagen.

ver|däch|tig ⟨Adj.⟩ [mhd. verdæhtic = überlegt, vorbedacht, dann: argwöhnisch]: **a)** *zu einem Verdacht Anlass gebend; Verdacht erregend; suspekt:* ein -er Mensch; -e Vorgänge; die Sache ist [mir] v.; jmd. wird jmdm. v., kommt jmdm. v. vor; das klingt sehr v.; er hat sich durch sein Verhalten v. gemacht; er ist dringend der Tat v. *(steht in dem dringenden Verdacht, die Tat begangen zu haben);* **b)** *in einer bestimmten Hinsicht fragwürdig, nicht geheuer; nicht einwandfrei o. Ä.:* ein -er Geruch, Geschmack; die Geräusche waren v.; es war v. still; alles ging v. schnell.

-ver|däch|tig: 1. drückt in Bildungen mit Substantiven aus, dass die beschriebene Person oder Sache gute Aussichten hat, etw. zu werden oder zu bekommen: bestseller-, preis-, rekordverdächtig. **2.** drückt in Bildungen mit Substantiven – selten mit Adverbien – aus, dass bei, von der beschriebenen Person oder Sache etw. vermutet wird oder befürchtet werden muss: plagiat-, putschverdächtig.

Ver|däch|ti|ge, der u. die; -n, -n ⟨Dekl. ↑Abgeordnete⟩: *einer Straftat o. Ä. verdächtige Person:* der V. wurde verhört, verhaftet, abgeführt.

ver|däch|ti|gen ⟨sw. V.; hat⟩: *gegen jmdn. einen bestimmten Verdacht hegen, aussprechen:* jmdn. des Diebstahls, als Dieb v.; man hat ihn verdächtigt, das Geld entwendet zu haben; jmdn. zu Unrecht v.

Ver|däch|ti|gung, die; -, -en: *das Verdächtigen; das Verdächtigtwerden:* infame -en.

Ver|dachts|mo|ment, das ⟨meist Pl.⟩ (bes. Rechtsspr.): *Indiz.*

ver|dam|men ⟨sw. V.; hat⟩ [mhd. verdam(p)nen, ahd. firdamnōn < lat. damnare = büßen lassen, verurteilen, verwerfen, zu: damnum, ↑Damnum]: **a)** *hart kritisieren, vollständig verurteilen, verwerfen:* jmdn. wegen einer Tat in Grund und Boden v.; jmds. Handeln [leichtfertig] v.; die Sünder werden verdammt (christl. Theol.; *fallen der Verdammnis anheim*); in Flüchen: [Gott] verdamm mich!; verdammt [noch mal, noch eins]!; verdammt und zugenäht!; **b)** *zu etw. zwingen, verurteilen:* eine zum Untergang verdammte Welt; Ü etw. ist zum Scheitern verdammt *(muss notwendigerweise scheitern);* sie war zum Nichtstun verdammt *(konnte nichts tun);* sie sind zum Erfolg verdammt *(müssen unbedingt Erfolg haben).*

ver|dam|mens|wert ⟨Adj.⟩: *verwerflich:* ich finde sein Verhalten nicht v.

ver|däm|mern ⟨sw. V.; hat⟩ (geh.): *in einem Dämmerzustand, ohne Anteilnahme* (2) *od. Tätigsein verbringen:* die Zeit, sein Leben v.

Ver|damm|nis, die; - [mhd. verdam(p)nisse] (christl. Theol.): *das Verworfensein (vor Gott); Höllenstrafe:* die ewige V.

ver|dammt ⟨Adj.⟩: **1.** (salopp abwertend) **a)** drückt Wut, Ärger o. Ä. aus u. steigert das im Subst. Ausgedrückte: so ein -er Mist; -e Sauerei!; dieser -e Blödsinn; **b)** drückt (in Bezug auf Personen) eine Verwünschung aus: du -er Idiot!; diese -en Schweine haben mich belogen!; **c)** *(in Bezug auf Sachen) widerwärtig, im höchsten Grade unangenehm:* diese -e Warterei! **2.** (ugs.) **a)** *sehr groß:* eine -e Kälte, Schande; wir hatten [ein] -es Glück; **b)** ⟨intensivierend bei Adj. u. Verben⟩ *sehr, äußerst:* es war v. kalt; das ist v. wenig, v. schwer; sie ist ein v. hübsches Mädchen; ich musste mich v. beherrschen.

Ver|damm|te, der u. die; -n, -n ⟨Dekl. ↑Abgeordnete⟩ (christl. Theol.): *Mensch, der der Verdammnis anheim gefallen ist.*

Ver|dam|mung, die; -, -en [mhd. verdam(p)nunge, ahd. ferdamnunga]: *das Verdammtwerden, -sein.*

ver|dam|mungs|wür|dig ⟨Adj.⟩ (geh.): *verdammenswert:* eine -e Tat.

ver|damp|fen ⟨sw. V.⟩: **a)** *von einem flüssigen in einen gasförmigen Aggregatzustand übergehen; sich (bei Siedetemperatur) in Dampf verwandeln* ⟨ist⟩: das Wasser ist verdampft; **b)** *aus einem flüssigen in einen gasförmigen Zustand überführen* ⟨hat⟩: eine Flüssigkeit v.

Ver|damp|fung, die; -, -en: *das Verdampfen.*

ver|dan|ken ⟨sw. V.; hat⟩ [mhd. verdanken]: **1.** *jmdn., etw. (dankbar) als Urheber, Bewirker o. Ä. von etw. anerkennen; jmdm., einer Sache etw. [mit einem Gefühl der Dankbarkeit] zuschreiben; danken* (2): jmdm. wertvolle Anregungen, sein Leben, seine Rettung v.; er weiß, dass er seinem Lehrer viel zu v. hat; wir verdanken der Sonne alles Leben; etw. jmds. Einfluss, Fürsprache, einem bestimmten Umstand zu v. *(zuzuschreiben)* haben; (auch iron.:) dass wir zu spät gekommen sind, haben wir dir, deinem Trödeln zu v. **2.** ⟨v. + sich⟩ (seltener) *auf etw. beruhen, zurückzuführen sein:* dieses Ergebnis verdankt sich einer sorgfältigen Prüfung des Falles. **3.** (schweiz., österr. [Vorarlberg]) *für etw. danken, Dank abstatten.*

Ver|dan|kung, die; -, -en (schweiz., sonst selten): *Dank, Ausdruck des Dankes.*

ver|darb: ↑verderben.

ver|da|ten ⟨sw. V.; hat⟩: *auf im Computer speicherbare Daten* (2) *reduzieren, in solche Daten umsetzen:* es gibt nichts, was sich nicht irgendwie v. ließe.

ver|dat|tert ⟨Adj.⟩ [zu landsch. verdattern = verwirren, zu: dattern, landsch. Nebenf. von ↑tattern] (ugs.): *für kurze Zeit völlig aus dem Gleichgewicht gebracht, überrascht, verwirrt u. nicht in der Lage, angemessen zu reagieren:* der -e Schüler fand keine Antwort; ein -es Gesicht machen; er war völlig v.

Ver|da|tung, die; -, -en: *das Verdaten, Verdatetwerden.*

ver|dau|en ⟨sw. V.; hat⟩ [mhd. verdöu(we)n, ahd. firdewen, zu gleichbed. mhd. döuwen, douwen, ahd. dewen, wohl zu ↑[2]tauen u. eigtl. = verflüssigen, auflösen]: *(aufgenommene Nahrung) in für den Körper verwertbare Stoffe umwandeln,* *umsetzen:* die Nahrung, das Essen v.; der Magen kann diese Stoffe nicht v.; leicht, schwer, nicht zu v. sein; Ü Eindrücke, Erlebnisse, einen Schicksalsschlag, Schock v. *(geistig, psychisch verarbeiten, bewältigen);* diese Lektüre ist schwer zu v. (ugs.; *ist schwer verständlich);* was ich da gehört habe, muss ich erst einmal v. (ugs.; *damit muss ich erst fertig werden).*

ver|dau|lich ⟨Adj.⟩ [mhd. verde(u)wlich]: *sich verdauen* (1) *lassend:* leicht, schwer -e Kost, Speise; etw. ist gut, leicht v.; Ü sein Stil ist schwer v. *(ist verworren o. ä. u. daher schwer zu lesen).*

Ver|dau|lich|keit, die; -: *das Verdaulichsein.*

Ver|dau|ung, die; - [spätmhd. verdöuwunge]: *Vorgang des Verdauens* (1): jmds. V. ist gestört; eine gute, normale V. haben; an schlechter V. leiden; für bessere V. sorgen.

Ver|dau|ungs|ap|pa|rat, der (Anat.): *Gesamtheit der Organe, die der Verdauung dienen.*

Ver|dau|ungs|be|schwer|den ⟨Pl.⟩: *Beschwerden bei der Verdauung.*

Ver|dau|ungs|en|zym, das ⟨meist Pl.⟩: *in Speichel, Magen- und Darmsaft enthaltenes, für das Verdauen* (1) *wichtiges Enzym.*

ver|dau|ungs|för|dernd ⟨Adj.⟩: *die Verdauung fördernd:* ein -es Mittel.

Ver|dau|ungs|or|gan, das ⟨meist Pl.⟩ (Anat.): *zum Verdauungsapparat gehörendes Körperorgan.*

Ver|dau|ungs|schnaps, der (ugs.): *Schnaps, der (zur Anregung der Verdauung) nach dem Essen getrunken wird.*

Ver|dau|ungs|spa|zier|gang, der (ugs.): *kurzer Spaziergang (zur Anregung der Verdauung) nach einer Mahlzeit.*

Ver|dau|ungs|stö|rung, die: *Störung der normalen Verdauung.*

Ver|dau|ungs|trakt, der (Anat.): *Verdauungsapparat.*

ver|dea|len ⟨sw. V.; hat⟩ (Jargon): *[illegal] verkaufen:* von dem Kilo Shit hat er schon die Hälfte verdealt.

Ver|deck, das; -[e]s, -e [aus dem Niederd. < mniederd. vordecke = Überdecke, Behang, Deckel]: **1.** *oberstes Deck eines Schiffes.* **2.** *meist bewegliches Dach eines Wagens* (1): das V. zurückschlagen, aufmachen, zumachen, abnehmen; mit offenem, geschlossenem V. fahren.

ver|de|cken ⟨sw. V.; hat⟩ [mhd. verdecken]: **a)** *durch sein Vorhandensein den Blicken, der Sicht entziehen:* eine Wolke verdeckt die Sonne; die Krempe des Hutes verdeckte fast völlig sein Gesicht; ein Baum verdeckt uns die Sicht; auf dem Foto ist er fast ganz verdeckt; **b)** *bedecken, zudecken u. dadurch den Blicken entziehen:* er verdeckte sein Gesicht mit den Händen; verdeckte (Schneiderei; *nicht sichtbare*) Knopfleiste; Ü eine verdeckte Preiserhöhung, Steuer.

ver|den|ken ⟨unr. V.; hat⟩ [mhd. verdenken = (zu Ende) denken, erwägen, sich erinnern] (geh.): *übel nehmen:* ⟨meist verneint u. in Verbindung mit »können«⟩: das kann ihr niemand v.

ver|dep|schen ⟨sw. V.; hat⟩ (österr.): *verbeulen, verdrücken:* ein verdepschter Hut.

Ver|derb, der; -[e]s [mhd. verderp]: **1.** *(bes. von Lebensmitteln) das Verderben, Ungenießbarwerden:* Kartoffeln vor dem V. schützen. **2.** (geh. veraltend) *Verderben, Verhängnis:* etw. ist jmds. V.

ver|der|ben ⟨st. V.⟩ [vermischt aus mhd. verderben (st. V.) = zunichte werden, umkommen, sterben u. mhd. verderben (sw. V.) = zu Schaden bringen, zugrunde richten, töten]: **1. a)** *(bes. von Lebensmitteln) durch längeres Aufbewahrtwerden schlecht, unbrauchbar werden* ⟨ist⟩: das Fleisch, die Wurst verdirbt leicht, ist verdorben; ohne ein Konservierungsmittel würde die Hautcreme viel zu schnell v.; sie lässt viel v. *(verbraucht es nicht rechtzeitig);* verdorbene Lebensmittel; ⟨subst.:⟩ Lebensmittel vor dem Verderben schützen; **b)** *(durch falsche Behandlung o. Ä.) unbrauchbar, ungenießbar machen* ⟨hat⟩: den Kuchen, das Essen (mit zu viel Salz) v.; die Reinigung hat das Kleid verdorben; Ü die Firma verdirbt mit Billigangeboten die Preise *(drückt damit die Verkaufspreise herunter).* **2.** *(durch ein Verhalten o. Ä.) zunichte machen, zerstören* ⟨hat⟩: jmdm. die ganze Freude, Lust an etw., die gute Laune, den Appetit, alles v.; die Nachricht hatte ihnen den ganzen Abend, Tag verdorben. **3.** ⟨v. + sich⟩ *sich einen Schaden, eine Schädigung an etw. zuziehen; etw. schädigen* ⟨hat⟩: du wirst dir noch die Augen v.; sich den Magen v. *(sich eine Magenverstimmung zuziehen);* er hat einen verdorbenen Magen. **4.** (geh.) *durch sein schlechtes Vorbild (bes. in sittlich-moralischer Hinsicht) negativ beeinflussen* ⟨hat⟩: die Jugend v.; der schlechte Umgang hat ihn früh verdorben; ein ganz verdorbener *(sittlich verkommener)* Mensch. **5.** (geh. veraltend) *zugrunde gehen; umkommen* ⟨ist⟩: hilflos v. **6.** * **es [sich] mit jmdm. v.** *(sich jmds. Gunst verscherzen, sich bei jmdm. unbeliebt machen):* du verdirbst es dir mit allen; er will es mit niemandem v.

Ver|der|ben, das; -s [mhd. verderben] (geh.): *Unglück, Verhängnis, das über jmdn. kommt:* sie sind offenen Auges ins/in ihr V. gerannt; jmdn., sich ins V. stürzen; der Alkohol war sein V., wurde ihm zum V. *(hat ihn zugrunde gerichtet).*

ver|der|ben|brin|gend ⟨Adj.⟩: *verhängnisvoll:* ein -es Erdbeben.

ver|derb|lich ⟨Adj.⟩: **1.** *(bes. von Lebensmitteln) leicht verderbend* (1 a): leicht -e Lebensmittel, Waren; etw. ist [kaum] v. **2.** *sehr negativ, unheilvoll (bes. in sittlich-moralischer Hinsicht):* die -e Wirkung des Alkohols; eine -e Rolle spielen; sein Einfluss ist v.

Ver|derb|lich|keit, die; - [spätmhd. verderbelicheit]: *das Verderblichsein.*

Ver|derb|nis, die; -, -se [mhd. verderpnisse] (geh. veraltend): *Zustand der Verderbtheit, Verdorbenheit.*

ver|derbt ⟨Adj.⟩ [adj. 2. Part. von mhd. verderben (sw. V.) = zugrunde richten, töten]: **1.** (geh. veraltend) *(in sittlich-moralischer Hinsicht) verdorben, verkommen:* ein -es Individuum. **2.** (Literaturw.) *schwer od. gar nicht mehr zu entziffern:* eine -e Handschrift; die Stelle ist v.

Ver|derbt|heit, die; -: *das Verderbtsein.*

ver|deut|li|chen ⟨sw. V.; hat⟩: *[durch Veranschaulichen] deutlich[er], klarer, besser verständlich machen:* jmdm., sich einen Sachverhalt v.; etw. grafisch, statistisch, durch Beispiele v.

Ver|deut|li|chung, die; -, -en: *das Verdeutlichen.*

ver|deut|schen ⟨sw. V.; hat⟩ [spätmhd. vertütschen, dafür mhd. diutschen = auf Deutsch sagen, erklären]: **1.** (veraltend) *ins Deutsche übersetzen, übertragen:* ein Fremdwort, einen fremdsprachigen Text v.; einen Namen v. *(eindeutschen).* **2.** (ugs.) *jmdm. etw. mit einfacheren Worten erläutern, verständlich machen:* er musste ihm die Anordnung erst einmal v.

Ver|deut|schung, die; -, -en: *das Verdeutschen.*

ver|dicht|bar ⟨Adj.⟩ (Fachspr.): *sich verdichten* (1) *lassend; kompressibel:* -e Erdmassen.

ver|dich|ten ⟨sw. V.; hat⟩: **1.** (Physik, Technik) *durch Verkleinerung des Volumens (mittels Druck) die Dichte* (2) *eines Stoffes erhöhen; komprimieren* (b): Luft, ein Gas, Dampf v.; Ü einen Stoff künstlerisch [zu einem Drama, Film, Roman] v. **2.** *ausbauen, vergrößern u. so einen höheren Grad der Dichte* (1 a) *erreichen:* das Straßennetz, den Fahrplan v. **3.** ⟨v. + sich⟩ *zunehmend dichter* (1 b) *werden:* der Nebel, die Dunkelheit verdichtet sich; Ü ein Verdacht, ein Eindruck, ein Gerücht verdichtet *(verstärkt, konkretisiert)* sich [zur Gewissheit]. **4.** (bes. Bauw., Technik) *in einen Zustand größerer Dichte* (2) *bringen:* Beton, den Boden v. **5.** (Bauw.) *dichter machen: dichter* (1 a) *machen:* die Bebauung v.

Ver|dich|ter, der; -s, - (Technik): *Kompressor.*

Ver|dich|tung, die; -, -en: *das Verdichten, Sichverdichten.*

ver|di|cken ⟨sw. V.; hat⟩: **a)** *dick, dicker machen:* die Wände v.; Obstsäfte v.; **b)** ⟨v. + sich⟩ *dick, dicker werden:* die Hornhaut verdickt sich; verdickter Nasenschleim.

Ver|di|ckung, die; -, -en: **1.** *das [Sich]verdicken.* **2.** *verdickte Stelle.*

Ver|di|ckungs|mit|tel, das: *Substanz, die in Flüssigkeiten aufquillt u. zur Beeinflussung der Konsistenz zahlreicher Produkte (z. B. Klebstoffe) verwendet wird.*

ver|die|nen ⟨sw. V.; hat⟩ [mhd. verdienen, ahd. ferdionōn]: **1. a)** *als Entschädigung für geleistete Arbeit in Form von Lohn, Gehalt, Honorar o. Ä. erwerben:* sich ein Taschengeld v.; sein Geld, sich den Lebensunterhalt [durch, mit Nachhilfestunden] v.; er hat sich sein Studium selbst verdient *(durch eigenen Erwerbstätigkeit finanziert);* Ü er verdient *(bekommt als Lohn)* 21 Mark in der Stunde/pro Stunde/die Stunde; in seiner Familie verdient die Mutter das Geld; sauer, ehrlich verdientes Geld; ⟨auch ohne Akk.-Obj.:⟩ bei ihm verdienen beide Eltern; **b)** *einen bestimmten Verdienst haben:* gut, nicht schlecht, nicht genug, viel, wenig v.; was, wie viel verdienst du?; **c)** *ein Geschäft machen, als Gewinn* (1) *erzielen:* er hat bei, mit seinen Spekulationen ein Vermögen verdient; daran, dabei ist nichts zu v.; an einem Liter Benzin für zwei Mark verdient er nur ein paar Pfennige; der Wirt verdient hauptsächlich am Bier. **2.** *einer bestimmten Reaktion, Einschätzung o. Ä. wert, würdig sein; einer Sache aufgrund seines Verhaltens zu Recht teilhaftig werden:* jmd., etw. verdient Beachtung, Bewunderung, Lob, Anerkennung, Dank; er verdient kein Vertrauen; er verdient [es], erwähnt zu werden; du verdienst [es] eigentlich nicht, dass wir dich mitnehmen; sie hätte ein besseres Schicksal verdient; er hat seine Strafe, den Tadel verdient; er hat nichts Besseres, hat es nicht besser, hat es nicht anders verdient *(es geschieht ihm recht);* das hat sie nicht verdient *(das hättest du ihr nicht antun dürfen);* womit habe ich das verdient? (Ausruf der Verwunderung über etwas Negatives, scherzh. auch Positives, was einem unerwartet zuteil wird); ein verdientes Lob, verdienter Applaus; ein verdienter Sieg; er hat die verdiente Strafe bekommen.

Ver|die|ner, der; -s, -: *jmd., der [als Ernährer einer Familie] Geld verdient:* er ist der [einzige] V. der Familie; Haushalte mit mehreren -n.

Ver|die|ne|rin, die; -, -nen: w. Form zu ↑Verdiener.

[1]Ver|dienst, der; -[e]s, -e: *durch Arbeit erworbenes Geld, Einkommen:* ein guter, schlechter, geringer, ausreichender V.; er sucht einen zusätzlichen V.; ohne V. sein; von seinem [kleinen] V. leben müssen; er hat die Arbeit nicht um des -es willen übernommen.

[2]Ver|dienst, das; -[e]s, -e [spätmhd. verdienst, mniederdt. vordēnst]: *Anerkennung verdienende Tat, Leistung:* ein überragendes, bleibendes, historisches V.; seine -e als Naturforscher wurden mit höchsten Auszeichnungen gewürdigt; die Rettung der Flüchtlinge war ganz allein sein V., bleibt sein persönliches V.; er hat sich große -e um die Stadt erworben *(sich darum verdient gemacht);* sich etw. als V. anrechnen; eine Frau von hohen -en (geh.; *eine sehr verdiente Frau).*

Ver|dienst|aus|fall, der: *Ausfall* (2 b) *des [1]Verdienstes; Erwerbsausfall.*

Ver|dienst|be|schei|ni|gung, die: *Bescheinigung über den [1]Verdienst.*

Ver|dienst|ent|gang, der; -[e]s (österr.): *Verdienstausfall.*

Ver|dienst|kreuz, das: *für bestimmte [2]Verdienste verliehene Auszeichnung in Form eines Kreuzes.*

Ver|dienst|me|dail|le, die: *[untere] Stufe eines Verdienstordens.*

Ver|dienst|mög|lich|keit, die: *Möglichkeit zum Geldverdienen.*

Ver|dienst|or|den, der: *Auszeichnung für besondere [2]Verdienste [um den Staat].*

Ver|dienst|span|ne, die (Wirtsch.): *Gewinnspanne; Marge* (2 a).

V

ver|dienst|voll ⟨Adj.⟩: **a)** *Anerkennung verdienend:* eine -e Tat; es ist sehr v., dass ihr hier eingesprungen seid; **b)** *besondere [2]Verdienste aufweisend; verdient* (1): ein -er Mann.

ver|dient ⟨Adj.⟩: **1.** *besondere [2]Verdienste aufweisend; verdienstvoll* (b): ein sehr -er Mann; -e Bürger, Werktätige; *** sich um etw. v. machen** *(Bedeutendes für etw. die Allgemeinheit Betreffendes leisten).* **2.** (Sport Jargon) *der Leistung gemäß; verdientermaßen:* der -e Sieger; v. gewinnen, in Führung gehen.

ver|dien|ter|ma|ßen ⟨Adv.⟩: *der Leistung* (2 a), *dem [2]Verdienst o. Ä. angemessen:* v. befördert werden; sie hat das Turnier v. gewonnen.

ver|dien|ter|wei|se ⟨Adv.⟩: *verdientermaßen.*

Ver|dikt, das; -[e]s, -e [engl. verdict < mlat. ver(e)dictum = Zeugnis, zu lat. vere dictum, eigtl. = wahrhaft gesprochen] (bildungsspr.): *Verdammungsurteil:* das V. des Rezensenten; ein V. aussprechen.

ver|din|gen ⟨st. u. sw. V.; verdingte/verdang, hat verdingt/verdungen⟩ [mhd. verdingen, ahd. firdingōn, zu ↑dingen]: **1.** ⟨v. + sich⟩ (veraltend) *eine Lohnarbeit, einen Dienst annehmen:* er verdingte sich als Knecht; sich [für ein geringes Entgelt] bei einem Bauern v. **2.** (Amtsspr.) *ausschreiben u. vergeben:* Arbeiten, Aufträge v.

ver|ding|li|chen ⟨sw. V.; hat⟩ [zu ↑[1]Ding] (bildungsspr.): **1.** *zum [bloßen] Ding, Objekt machen:* das System verdinglicht den Menschen; die Sexualität wird verdinglicht und zur Ware gemacht. **2.** ⟨v. + sich⟩ *zum [bloßen] Ding, Objekt werden:* ihre Wünsche verdinglichen sich im Konsumgut.

Ver|ding|li|chung, die; -, -en: *das Verdinglichen.*

Ver|din|gung, die; -, -en (Amtsspr.): *das Verdingen* (2); *Submission* (1 b).

Ver|din|gungs|ord|nung, die: *Regelung für die Vergabe von Verdingungen:* die V. für Bauleistungen.

ver|dirb, ver|dirbst, ver|dirbt: ↑verderben.

ver|dol|met|schen ⟨sw. V.; hat⟩ (ugs.): *jmdm. etw. (mündlich) in seine, eine ihm verständliche Sprache übersetzen:* ein Passant musste ihnen v., was der Polizist gesagt hatte.

Ver|dol|met|schung, die; -, -en (ugs.): *das Verdolmetschen.*

ver|don|nern ⟨sw. V.; hat⟩ (ugs.): **a)** *zu etw. verurteilen:* jmdn. zu 6 Monaten Gefängnis, zu einer Gefängnisstrafe v.; **b)** *jmdm. etw. Unliebsames, Lästiges, Unangenehmes o. Ä. auferlegen, aufbürden:* er war dazu verdonnert, jeden Abend den Mülleimer auszuleeren; zur Geheimhaltung, zum Stillschweigen verdonnert sein.

ver|dop|peln ⟨sw. V.; hat⟩: **a)** *auf die doppelte Anzahl, Menge, Größe o. Ä. bringen:* eine Zahl, den Spieleinsatz, sein Vermögen, den Export, die Geschwindigkeit v.; die Zahl der Sitzplätze, der Angestellten wurde verdoppelt; Ü seine Anstrengungen, seinen Eifer v. *(beträchtlich verstärken);* **b)** ⟨v. + sich⟩ *doppelt so groß werden:* der Wasserverbrauch, die Geburtenrate hat sich verdoppelt.

Ver|dop|pe|lung, Ver|dopp|lung, die; -, -en: *das Verdoppeln.*

ver|dor|ben: ↑verderben.

Ver|dor|ben|heit, die; -: *moralisches Verdorbensein.*

ver|dor|ren ⟨sw. V.; ist⟩ [mhd. verdorren, ahd. fardorrēn]: *durch große Hitze, Trockenheit völlig vertrocknen, dürr werden [u. absterben]:* in dem trockenen Sommer sind die Wiesen, viele Bäume verdorrt; das Gras verdorrte; verdorrte Zweige, Äste, Blumen.

ver|dö|sen ⟨sw. V.; hat⟩ (ugs.): *(Zeit) dösend verbringen:* den ganzen Tag v.

ver|drah|ten ⟨sw. V.; hat⟩: **1.** *mit Maschendraht, Stacheldraht o. Ä. unzugänglich machen, verschließen:* Kellerfenster v. **2.** (Elektrot., Elektronik) *durch Leitungen verbinden:* die Bauelemente müssen nur noch verdrahtet werden.

Ver|drah|tung, die; -, -en: *das Verdrahten.*

ver|drän|gen ⟨sw. V.; hat⟩: **1.** *jmdn. von seinem Platz drängen, wegdrängen, um ihn selbst einzunehmen:* jmdn. [von seinem Platz] v.; sich nicht v. lassen; Ü jmdn. aus seiner Stellung, Position v.; Kunststoffe haben das Holz weitgehend verdrängt. **2.** (Psych.) *bedrängende Erlebnisse, Vorstellungen, Bedürfnisse o. Ä. unbewusst aus dem Bewusstsein verbannen; einen Bewusstseinsinhalt, der sich psychisch nicht verarbeiten lässt, unterdrücken:* einen Gedanken, Wunsch, ein Schuldgefühl v.

Ver|drän|gung, die; -, -en: *das Verdrängen.*

Ver|drän|gungs|me|cha|nis|mus, der: *innerlich ablaufender Mechanismus, durch den etw. verdrängt* (2) *wird.*

Ver|drän|gungs|wett|be|werb, der: *Wettbewerb* (2), *durch den jmd., etw. vom Markt verdrängt* (1) *wird.*

ver|dre|cken ⟨sw. V.⟩ (ugs. abwertend): **1.** *verschmutzen* (1) ⟨hat⟩: sie haben mit ihren Straßenschuhen den ganzen Teppich verdreckt; die Plätze im Abteil waren verdreckt. **2.** *verschmutzen* (2) ⟨ist⟩: das Haus verdreckt immer mehr; wir waren total verschwitzt und verdreckt.

ver|dre|hen ⟨sw. V.; hat⟩ [1: mhd. verdræjen]: **1.** *aus seiner natürlichen, ursprünglichen Stellung zu weit herausdrehen:* die Augen v.; sie verdrehte den Kopf, den Hals, um alles zu sehen; jmdm. das Handgelenk v.; ich habe mir den Fuß verdreht. **2.** (ugs. abwertend) *[bewusst] unrichtig darstellen, entstellt wiedergeben:* den Sachverhalt, den Sinn, die Wahrheit v.; du versuchst mir die Worte zu v. **3.** (ugs.) *für Filmaufnahmen verbrauchen:* für die TV-Serie wurden 120 000 Meter Film verdreht.

ver|dreht ⟨Adj.⟩ (ugs. abwertend): *verrückt; überspannt; verschroben:* so ein -er Kerl; ein ganz -er Einfall; sie ist ganz v.

Ver|dreht|heit, die; -, -en: **1.** ⟨o. Pl.⟩ *das Verdrehtsein.* **2.** *verdrehte Handlung o. Ä.*

Ver|dre|hung, die; -, -en: *das Verdrehen.*

ver|drei|fa|chen ⟨sw. V.; hat⟩: **a)** *[durch Multiplikation] dreimal so groß machen:* eine Zahl, einen Betrag, die Menge v.; **b)** ⟨v. + sich⟩ *dreimal so groß werden:* der Verbrauch hat sich verdreifacht.

Ver|drei|fa|chung, die; -, -en: *das Verdreifachen.*

ver|dre|schen ⟨st. V.; hat⟩ (ugs.): *heftig schlagen, verprügeln:* jmdn., einen Hund v.

ver|drie|ßen ⟨st. V.; hat⟩ [mhd. verdrieʒen = Überdruss, Langeweile hervorrufen, zu mhd. -drieʒen, ahd. -driuʒan (nur in Zus.), urspr. = stoßen, drücken] (geh.): *jmdn. missmutig machen; bei jmdm. Ärger auslösen:* seine Unzuverlässigkeit verdross sie tief, hat sie sehr verdrossen; es verdrießt mich, dass ...; *** es sich nicht v. lassen** (geh.; *sich nicht entmutigen lassen; sich nicht die gute Laune verderben lassen*).

ver|drieß|lich ⟨Adj.⟩ [mhd. verdrieʒlich]: **a)** *durch irgendetwas in eine Missstimmung gebracht u. daher empfindlich, leicht grämlich, missmutig; jmds. entsprechende Gemütsverfassung ausdrückend:* ein -es Gesicht machen; v. sein, aussehen, dreinschauen; **b)** (geh. veraltend) *ärgerlich, lästig, unangenehm u. darum Unwillen, Verdrossenheit erzeugend:* eine -e Sache, Angelegenheit; ich fand es v., dass ich warten musste.

Ver|drieß|lich|keit, die; -, -en [mhd. verdrieʒlīcheit]: **1.** ⟨o. Pl.⟩ *das Verdrießlichsein* (a): seine V. war ansteckend. **2.** (meist Pl.) *verdrießlicher* (b) *Vorgang o. Ä.:* jmdm. -en bereiten.

ver|dril|len ⟨sw. V.; hat⟩: *(Drähte, Fäden o. Ä.) zusammendrehen:* die Drähte, Drahtenden [miteinander] v.

ver|dross, ver|drös|se: ↑verdrießen.

ver|dros|sen [2: mhd. verdroʒʒen]: **1.** ↑verdrießen. **2.** ⟨Adj.⟩ *missmutig u. lustlos:* einen -en Eindruck machen; v. schweigen, antworten.

Ver|dros|sen|heit, die; -: *das Verdrossensein* (2).

ver|dru|cken ⟨sw. V.; hat⟩: **1.** *etw. falsch, fehlerhaft drucken:* einen Buchstaben v.; dieses Wort ist verdruckt. **2.** *druckend verbrauchen:* mehrere Rollen Papier täglich v.

ver|drü|cken ⟨sw. V.; hat⟩ [2: mhd. verdrücken, -drucken, ahd. firdruckjan = zerdrücken]: **1.** (ugs.) *eine große Menge von etw. essen, ohne viel Aufhebens davon zu machen:* sie kann Unmengen v.; er hat vier Stücke Kuchen verdrückt. **2.** (landsch.) *verknautschen:* der Rock ist arg verdrückt. **3.** ⟨v. + sich⟩ (ugs.) *sich unauffällig, heimlich davonmachen, entfernen:* sich heimlich, schnell, unbemerkt v.; er hat sich feige verdrückt; sich ins Nebenzimmer, Gebüsch v.

Ver|drü|ckung, die; -, -en (ugs.): *Bedrängnis.*

Ver|druss, der; -es, -e [mhd. verdruʒ, zu ↑verdrießen]: *Unzufriedenheit; Missmut; Ärger* (2): etw. bringt, bereitet, macht [jmdm.] viel V.; V. über etw. haben, empfinden; zu seinem V. kam sie immer unpünktlich.

ver|duf|ten ⟨sw. V.; ist⟩: **1.** *seinen Duft verlieren, (von Duftstoffen) sich verlieren:* das Parfüm, das Aroma ist verduftet. **2.** (ugs.) *sich schnell u. unauffällig entfernen, um einer unangenehmen od. gefährlichen Situation zu entgehen:* er ist schnellstens [ins Ausland] verduftet; verdufte! *(mach, dass du wegkommst!).*

ver|dum|men ⟨sw. V.⟩ [mhd. vertumben = dumm werden]: **a)** *jmdn. dahin bringen, dass er unkritisch aufnimmt u. glaubt, was jmd. ihm vormacht, was um ihn herum vorgeht* ⟨hat⟩: das Volk, die Massen [mit Parolen] v.; man versucht, uns zu v.; sie ließen sich nicht v.; **b)** *geistig stumpf werden* ⟨ist⟩: bei dieser Tätigkeit verdummt man allmählich.

Ver|dum|mung, die; -: *das Verdummen.*

ver|dun|keln ⟨sw. V.; hat⟩ [mhd. vertunkeln = dunkel, düster machen]: **1. a)** *dunkel machen:* einen Raum für eine Filmvorführung v.; **b)** *gegen nach außen dringendes Licht abdichten:* die Fenster, die Häuser v. **2. a)** *bedecken, verdecken, verhüllen u. dadurch dunkel, dunkler, finster erscheinen lassen:* Regenwolken verdunkeln den Himmel; Ü dieser Vorfall verdunkelte ihr Glück, Leben, seinen Ruhm, Sieg; **b)** ⟨v. + sich⟩ *(durch etw. Bedeckendes) zunehmend dunkler, dunkel, finster werden:* der Himmel verdunkelte sich; Ü ihre Mienen, ihre Gesichter verdunkelten sich. **3.** (bes. Rechtsspr.) *verschleiern:* eine Tat, einen Sachverhalt v.

Ver|dun|ke|lung: ↑Verdunklung.

Ver|dun|ke|lungs|ge|fahr: ↑Verdunklungsgefahr.

Ver|dunk|lung, Verdunkelung, die; -, -en: **1.** *das Verdunkeln* (1). **2.** ⟨o. Pl.⟩ (bes. Rechtsspr.) *Verschleierung.*

Ver|dunk|lungs|ge|fahr, Verdunkelungsgefahr, die ⟨o. Pl.⟩ (Rechtsspr.): *Verdacht der Verdunklung* (2) *eines Tatbestandes durch den Beschuldigten.*

ver|dün|nen ⟨sw. V.; hat⟩: **1.** *(bes. von flüssigen Substanzen) durch Zugabe bes. von Wasser den Grad der Konzentration vermindern; dünnflüssig machen:* Farbe, Lack v.; den Whisky mit Wasser v.; sie verdünnt sich den Kaffee mit viel Milch; stark verdünnte Schwefelsäure; **2.** (seltener) **a)** *nach einem Ende zu dünner werden lassen:* einen Stab an einem Ende v.; **b)** ⟨v. + sich⟩ *sich verjüngen* (2): der Mast, die Säule verdünnt sich nach oben.

Ver|dün|ner, der; -s, -: *Mittel zum Verdünnen konzentrierter Stoffe.*

ver|dün|ni|sie|ren, sich ⟨sw. V.; hat⟩ [scherzh. mit romanisierender Endung zu ↑dünn geb.] (ugs.): *sich unauffällig entfernen, heimlich davonmachen:* er hat sich rechtzeitig verdünnisiert.

Ver|dün|nung, die; -, -en: **1.** *das Verdünnen, Verdünntsein.* **2.** *chemisches Mittel zum Verdünnen bes. von Farben.*

ver|duns|ten ⟨sw. V.⟩: **a)** *allmählich in einen gasförmigen Aggregatzustand, bes. von Wasser in Wasserdampf, übergehen* ⟨ist⟩: das Wasser im Topf ist fast völlig verdunstet; **b)** *(einen flüssigen Stoff) allmählich in einen gasförmigen Zustand überführen* ⟨hat⟩: Wasser, ätherische Öle v.

Ver|duns|ter, der; -s, -: **1.** *Luftbefeuchter.* **2.** *mit einer speziellen Flüssigkeit gefülltes Glasröhrchen an Heizkörpern zur Berechnung der Heizkosten.*

Ver|duns|tung, die; -: *das Verdunsten.*

Ver|duns|tungs|käl|te, die (Physik): *beim Ver-*

dunsten (a) *von Flüssigkeiten sich entwickelnde Abkühlung der Flüssigkeit selbst u. ihrer Umgebung.*

ver|dür|be: ↑verderben.

ver|durs|ten ⟨sw. V.; ist⟩: *aus Mangel an trinkbarer Flüssigkeit zugrunde gehen, sterben:* in der Wüste v.; während der Dürre sind viele Kühe verdurstet; willst du deine Gäste v. lassen (ugs.; *willst du ihnen nichts zu trinken anbieten*)?

ver|düs|tern ⟨sw. V.; hat⟩ [mhd. verdustern]: **1.** *düster* (1 a) *machen, erscheinen lassen:* eine schwarze Wolkenwand verdüsterte den Himmel; Ü (geh.) Sorgen verdüstern ihr Gemüt. **2.** ⟨v. + sich⟩ *düster* (1 a) *werden; sich verdunkeln:* der Himmel verdüsterte sich; Ü (geh.:) seine Miene, sein Gesicht hat sich verdüstert.

Ver|düs|te|rung, die; -, -en: *das Verdüstern.*

ver|dut|zen ⟨sw. V.; hat⟩ [aus dem Niederd. < mniederd. vordutten = verwirren, verw. mit ↑Dunst]: *jmdn. verwundern, irritieren:* seine Reaktion verdutzte mich.

ver|dutzt ⟨Adj.⟩: *überrascht, verblüfft, verwirrt:* ein -es Gesicht machen; v. sein, wirken, gucken.

Ver|dutzt|heit, die; -: *das Verdutztsein.*

ver|eb|ben ⟨sw. V.; ist⟩ (geh.): **a)** *in der Lautstärke abnehmen, leiser werden; abklingen:* der Lärm, Tumult verebbte; der Beifall, das Lachen war verebbt; **b)** *langsam schwächer od. geringer werden (bis zum völligen Aufhören); nachlassen, schwinden:* sein Ärger, seine Erregung, seine Angst, der Protest verebbte allmählich.

ver|edeln ⟨sw. V.; hat⟩: **1.** (geh.) *für das Schöne, Gute empfänglicher machen; in geistig-sittlicher Hinsicht verfeinern, vervollkommnen:* den Menschen, jmds. Persönlichkeit v.; die veredelnde Wirkung der Kunst. **2.** (Fachspr.) *zu einem höherwertigen Produkt verarbeiten, zur Erzeugung eines höherwertigen Produkts verwenden:* Rohstoffe, Naturprodukte v.; veredelte Baumwolle, Steinkohle, veredeltes Metall. **3.** (Gartenbau) *durch Pfropfen, Okulieren verbessern, eine hochwertigere Form erzielen:* Rosen, Obstbäume v.

Ver|ede|lung, Veredlung, die; -, -en: *das Veredeln.*

Ver|ede|lungs|pro|dukt, Veredlungsprodukt, das: *durch Veredelung entstandenes Produkt.*

Ver|ed|lung: ↑Veredelung.

Ver|ed|lungs|pro|dukt: ↑Veredelungsprodukt.

ver|ehe|li|chen ⟨sw. V.; hat⟩ (Amtsspr., sonst veraltend od. scherzh.): **a)** ⟨v. + sich⟩ *sich verheiraten:* sich [mit jmdm.] v.; [mit jmdm.] verehelicht sein; Else Müller, verehelichte (Abk.: verehel.) Meyer *(mit dem durch Heirat erworbenen Namen Meyer);* **b)** (selten) *verheiraten:* jmdn. [mit jmdm.] v.

Ver|ehe|li|chung, die; -, -en (Amtsspr.): *das [Sich]verehelichen; Verheiratung; Heirat.*

ver|eh|ren ⟨sw. V.; hat⟩ [spätmhd. veréren = mit Ehre beschenken]: **1. a)** *als göttliches Wesen ansehen [u. in kultischen Handlungen ehren]:* Heilige v.; die Jungfrau Maria v.; sie verehrten Schlangen als göttliche Wesen; er wurde als Märtyrer verehrt; **b)** (geh.) *jmdn. hoch schätzen, jmdm. [mit Liebe verbundene] Bewunderung entgegenbringen:* einen Künstler, seinen alten Lehrer v.; er hat seine Mutter sehr verehrt; jmdn. hoch, wie einen Vater v.; ⟨im 2. Part. in Höflichkeitsfloskeln, Briefanreden:⟩ verehrte Gäste, Anwesende!; verehrtes Publikum!; liebe, sehr verehrte gnädige Frau; sehr verehrte Frau Müller!; ⟨subst. 2. Part.:⟩ (veraltet, noch iron.) Verehrtester, Verehrteste, so geht es nun wirklich nicht. **c)** (veraltend) *umwerben:* sie wurde von vielen verehrt. **2.** (leicht scherzh.) *als kleineres Geschenk überreichen:* der Gastgeberin einen Blumenstrauß v.; er verehrte ihr eine Freikarte.

Ver|eh|rer, der; -s, -: **1.** (veraltend, noch scherzh.) *Mann, der eine Frau verehrt* (1 c), *sich um sie bemüht [u. von anderen als zu ihr gehörend betrachtet wird]:* sie hat viele, einen neuen V. **2.** *jmd., der jmdn., etw. verehrt* (1 a, b), *bewundert:* ein begeisterter, glühender, großer V. Heines, heinescher Lyrik.

Ver|eh|re|rin, die; -, -nen: w. Form zu ↑Verehrer (2).

Ver|eh|rer|post, die: vgl. Fanpost.

Ver|eh|rung, die; - [spätmhd. verērunge]: **a)** *das Verehren* (1 a): die V. der Götter; **b)** *das Verehren* (1 b): eine hohe V. genießen; aufrichtige, große V. für jmdn. empfinden; jmdm. grenzenlose V. entgegenbringen; in, mit tiefster V. zu jmdm. aufsehen; als veraltete, noch scherzh. verwendete Grußformel: [meine] V.!

ver|eh|rungs|voll ⟨Adj.⟩: *voll Verehrung* (b): v. zu jmdm. aufschauen.

ver|eh|rungs|wür|dig ⟨Adj.⟩: *jmdm. große Verehrung* (b) *abnötigend:* eine -e Persönlichkeit.

Ver|eh|rungs|wür|dig|keit, die; -: *das Verehrungswürdigsein.*

ver|ei|di|gen ⟨sw. V.; hat⟩ [spätmhd. vereidigen]: *jmdn. durch Eid auf, zu etw. verpflichten; jmdm. einen Eid abnehmen:* Rekruten, Soldaten v.; einen Zeugen vor Gericht v.; der Präsident wird auf die Verfassung vereidigt; ein vereidigter Sachverständiger, Dolmetscher.

Ver|ei|di|gung, die; -, -en: *das Vereidigen.*

Ver|ein, der; -[e]s, -e [rückgeb. aus ↑vereinen; frühnhd. vereine = Vereinigung, Übereinkommen]: **1.** *Organisation, in der sich Personen zu einem bestimmten gemeinsamen, durch Satzungen festgelegten Tun, zur Pflege bestimmter gemeinsamer Interessen o. Ä. zusammengeschlossen haben:* V. der Kunstfreunde; der V. Deutscher Ingenieure; ein V. zur Förderung der Denkmalspflege; sie ist Mitglied mehrerer -e; eingetragener V. (↑eintragen 1 c); einen V. gründen; den V. wechseln; einem V. angehören, beitreten; aus einem V. austreten, ausgeschlossen werden; in einen V. gehen, eintreten; in einem V. sein; Ü das ist ja ein lahmer, komischer V.! (ugs. iron.; *eine lahme, komische Gruppe von Leuten*). **2.** * **im V. [mit]** *(im Zusammenwirken, gemeinsam, zusammen [mit], gepaart mit).*

ver|ein|bar ⟨Adj.⟩: *mit etw. zu vereinbaren* (2): das Gesetz ist nicht mit der Verfassung v.

ver|ein|ba|ren ⟨sw. V.; hat⟩ [mhd. vereinbæren, zu: einbæren = vereinigen, zu: einbære = einhellig, einträchtig]: **1.** *abmachen* (2), *verabreden* (1), *in einem gemeinsamen Beschluss festlegen:* ein Treffen, einen Termin [mit jmdm.] v.; einen Preis für etw. v.; es war vereinbart worden, dass ...; er gab das vereinbarte Zeichen; eine vertraglich vereinbarte Verpflichtung. **2.** *in Übereinstimmung, in Einklang bringen* (meist verneint): diese Forderung war mit seinen Vorstellungen nicht zu v.; das kann ich schwerlich mit meinem Gewissen v.; nicht zu vereinbarende Gegensätze.

Ver|ein|bar|keit, die; -, -en ⟨Pl. selten⟩: *das Vereinbarsein.*

Ver|ein|ba|rung, die; -, -en: **1.** ⟨Pl. selten⟩ *das Vereinbaren* (1): die V. eines Treffpunkts; eine V., -en [mit jmdm.] treffen. **2.** *Abmachung, Übereinkommen:* eine schriftliche, mündliche V.; eine V. einhalten, verletzen, aufheben, für ungültig erklären; er hielt sich [nicht] an die V.; Sprechstunde [nur] nach V. *(vorheriger Absprache).*

ver|ein|ba|rungs|ge|mäß ⟨Adj.⟩: *gemäß einer Vereinbarung, Abmachung; wie vereinbart, abgemacht:* die -e Erledigung der Angelegenheit; er hat das Geld v. von meinem Konto abgebucht.

ver|ei|nen ⟨sw. V.; hat⟩ [mhd. vereinen, zu ↑einen] (geh.): **1.** *(zu einer größeren Einheit o. Ä.) zusammenfassen, zusammenführen:* Unternehmen zu einem Konzern, unter einem Dachverband v.; das Schicksal hat sie nach langer Trennung wieder vereint; ein vereintes Europa. **2.** ⟨v. + sich⟩ *sich zu gemeinsamem Tun o. Ä. zusammenfinden, zusammenschließen:* sich zu gemeinsamem Vorgehen v. **3. a)** *mit einer Sache in Einklang bringen:* Gegensätze v.; ihre Auffassungen sind kaum miteinander zu v.; **b)** ⟨v. + sich⟩ *in jmdm., einer Sache zugleich, gemeinsam mit etw. vorhanden sein, gepaart sein:* Schönheit und Zweckmäßigkeit haben sich, sind in diesem Bauwerk vereint; in ihr vereint sich Geist mit Anmut. **4.** *zugleich besitzen, haben:* er vereint alle Kompetenzen, Machtbefugnisse in seiner Hand.

ver|ein|fa|chen ⟨sw. V.; hat⟩: *einfacher machen:* eine Methode v.; sich die Arbeit v.; ein vereinfachtes Verfahren.

Ver|ein|fa|chung, die; -, -en: **1.** *das Vereinfachen.* **2.** *zu stark vereinfachende Darstellung:* das ist eine grobe, eine unzulässige V. des komplizierten Zusammenhangs.

ver|ein|heit|li|chen ⟨sw. V.; hat⟩: *Unterschiedliches [normierend] einheitlich[er] machen:* Formen, Maße, Schreibweisen, Prüfungsanforderungen, Ausbildungsgänge v.

Ver|ein|heit|li|chung, die; -, -en: *das Vereinheitlichen.*

ver|ei|ni|gen ⟨sw. V.; hat⟩ [mhd. vereinigen, zu ↑einigen]: **1.** *zu einer Einheit, einem Ganzen zusammenfassen:* Teile zu einem Ganzen v.; ihr 80. Geburtstag vereinigte nach langer Zeit alle Familienmitglieder; mehrere Unternehmen zu einem Konzern v.; er vereinigt alle Macht in seiner Hand; alle wichtigen Ämter sind in seiner Person vereinigt; der Kandidat konnte die absolute Mehrheit der Stimmen auf sich v. **2.** ⟨v. + sich⟩ **a)** *sich zu einer Einheit, einem Ganzen zusammenschließen:* sich zu einem Zirkel, einer Arbeitsgruppe v.; die beiden Verbände haben sich vereinigt; Proletarier aller Länder, vereinigt euch! (Schlusssatz des »Manifests der Kommunistischen Partei« von Karl Marx u. Friedrich Engels aus dem Jahre 1848); dort vereinigt sich die Fulda mit der Werra, vereinigen sich Fulda und Werra zur Weser; **b)** (geh.) *sich paaren, den Geschlechtsakt vollziehen:* sich geschlechtlich, körperlich v.

Ver|ei|nig|te Ara|bi|sche Emi|ra|te ⟨Pl.⟩: Staat am Persischen Golf.

Ver|ei|nig|tes Kö|nig|reich [Groß|bri|tan|ni|en und Nord|ir|land], das; ...ten -s [- - -]: Staat auf den Britischen Inseln.

Ver|ei|nig|te Staa|ten [von Ame|ri|ka] ⟨Pl.⟩: Staat in Nordamerika; *USA.*

Ver|ei|ni|gung, die; -, -en [spätmhd. vereinigunge]: **1.** *das Vereinigen, Sichvereinigen.* **2.** (Rechtsspr.) *Zusammenschluss, auch lockere Verbindung von [gleich gesinnten] Personen zur Verfolgung eines gemeinsamen Zwecks; zu bestimmtem Zweck gegründete (gegenüber dem Verein rechtlich unverbindliche) Organisation o. Ä.:* eine politische, studentische V.; eine rechtsradikale, kriminelle, terroristische V.; eine V. zum Schutz seltener Tiere.

Ver|ei|ni|gungs|frei|heit, die ⟨o. Pl.⟩ (Rechtsspr.): *Koalitionsfreiheit.*

Ver|ei|ni|gungs|kri|mi|na|li|tät, die ⟨o. Pl.⟩ (Rechtsspr.): *vor und nach der Wiedervereinigung der beiden deutschen Staaten im Jahr 1990 begangene Delikte, bes. Betrügereien bei der Währungsumstellung, Veruntreuung von Vermögenswerten in der DDR o. Ä.*

ver|ein|nah|men ⟨sw. V.; hat⟩ (Kaufmannsspr.): *einnehmen* (1): Geld, Zinsen, Pacht v.; Ü die Kinder haben den Besuch ganz für sich vereinnahmt (scherzh.; *mit Beschlag belegt*).

Ver|ein|nah|mung, die; -, -en: *das Vereinnahmen.*

ver|ein|sa|men ⟨sw. V.; ist⟩: **a)** *(zunehmend) einsam werden lassen* ⟨hat⟩: die fremde Umgebung hatte ihn [zunehmend] vereinsamt; **b)** *(zunehmend) einsam werden* ⟨ist⟩: er ist im Alter völlig vereinsamt.

Ver|ein|sa|mung, die; -: *das Vereinsamen.*

ver|eins|ei|gen ⟨Adj.⟩: *dem jeweiligen Verein (als Eigentum) gehörend:* -e Hütten, Boote, Räume.

ver|ein|sei|ti|gen ⟨sw. V.; hat⟩: *einseitig machen; in einseitiger Form darstellen o. Ä.*

Ver|ein|sei|ti|gung, die; -, -en ⟨Pl. selten⟩: *das Vereinseitigen.*

Ver|eins|fah|ne, die: *Fahne* (1) *mit den Farben, Zeichen eines [Sport]vereins.*

Ver|eins|far|be, die ⟨meist Pl.⟩: *Farbe der Trikots o. Ä., die ein [Sport]verein für sich gewählt hat.*

Ver|eins|haus, das: vgl. Vereinslokal.

Ver|eins|heim, das: vgl. Vereinslokal.
Ver|eins|ka|me|rad, der: *jmd., mit dem jmd. im gleichen [Sport]verein Mitglied ist.*
Ver|eins|ka|me|ra|din, die: w. Form zu ↑Vereinskamerad.
Ver|eins|kas|se, die: *Kasse* (1) *eines Vereins* (1).
Ver|eins|kas|sie|rer, der (südd., österr., schweiz.): *Kassierer* (b) *eines Vereins* (1).
Vereins|kas|sie|re|rin, die: w. Form zu ↑Vereinskassierer.
Ver|eins|le|ben, das ⟨o. Pl.⟩: *Gesamtheit der den Mitgliedern eines Vereins* (1) *angebotenen Aktivitäten:* das V. pflegen; im Mittelpunkt des -s stehen; am V. teilnehmen.
Ver|eins|lo|kal, das: *Lokal, in dem die Mitglieder eines Vereins regelmäßig zusammenkommen.*
Ver|eins|mann|schaft, die: *Mannschaft eines Sportvereins.*
Ver|eins|mei|er, der [vgl. Kraftmeier] (ugs. abwertend): *jmd., der sich in übertriebener Form der Betätigung in einem od. mehreren Vereinen widmet.*
Ver|eins|mei|e|rei, die ⟨o. Pl.⟩ (ugs. abwertend): *übertriebenes Wichtignehmen der Betätigung in einem od. mehreren Vereinen.*
Ver|eins|mit|glied, das: *Mitglied eines Vereins* (1).
Ver|eins|recht, das ⟨o. Pl.⟩ (Rechtsspr.): *für Vereine geltendes Recht.*
Ver|eins|re|gis|ter, das: *Register, in das Vereine eingetragen werden, die als eingetragene Vereine Rechtsfähigkeit erlangen wollen.*
Ver|eins|sat|zung, die: *Satzung eines Vereins* (1).
Ver|eins|sport, der: *in einem Verein* (1) *ausgeübter Sport.*
Ver|eins|vor|sit|zen|de, der u. die: *Vorsitzender bzw. Vorstände eines Vereins* (1).
Ver|eins|wech|sel, der: *das Überwechseln eines Mitglieds (bes. eines Spielers eines Sportvereins) von einem Verein zu einem anderen.*
Ver|eins|we|sen, das ⟨o. Pl.⟩: *Gesamtheit der Vereine u. ihre Aktivitäten.*
ver|ein|zeln ⟨sw. V.; hat⟩: **1.** (Forstw., Landw.) *dicht stehende Jungpflanzen o. Ä. durch Wegnehmen eines entsprechenden Teils so in ihrer Zahl verringern, dass die verbleibenden genügend Platz haben, sich zu entwickeln; ausdünnen* (1 b): junge Bäume v. **2.** (geh.) *voneinander trennen, absondern [u. dadurch isolieren]:* die Weite der Landschaft vereinzelt die Menschen. **3.** ⟨v. + sich⟩ *zunehmend spärlicher, seltener werden.*
ver|ein|zelt ⟨Adj.⟩: *einzeln, nur in sehr geringer Zahl vorkommend; selten; sporadisch:* -e Schüsse waren zu hören; die Werke -er Gelehrter/(selten:) Gelehrten; in -en Fällen kam es zu Streiks; es gab nur noch v. Regenschauer.
Ver|ein|ze|lung, die; -, -en: *das Vereinzeln.*
ver|ei|sen ⟨sw. V.⟩: **1.** ⟨ist⟩ **a)** *sich durch gefrierende Nässe mit einer Eisschicht überziehen:* Straßen, Pisten vereisen; eine vereiste Fahrbahn; **b)** (selten) *sich mit Eis bedecken, zufrieren:* der See ist vereist. **2.** (Med.) *(einen Bereich der Haut o. Ä.) durch Aufsprühen eines bestimmten Mittels für kleinere Eingriffe unempfindlich machen* ⟨hat⟩: das Zahnfleisch, eine Warze v.
Ver|ei|sung, die; -, -en: *das Vereisen.*
ver|ei|teln ⟨sw. V.; hat⟩ [mhd. verītelen = schwinden, kraftlos werden, zu ↑eitel]: *etw., was ein anderer zu tun beabsichtigt, [bewusst] verhindern, zum Scheitern bringen, zunichte machen:* einen Plan v.; jmds. Flucht v.; das Attentat wurde vereitelt.
Ver|ei|te|lung, Vereitlung, die; -: *das Vereiteln.*
ver|ei|tern ⟨sw. V.; ist⟩: *sich eitrig entzünden:* die Wunde ist vereitert; vereiterte Mandeln.
Ver|ei|te|rung, die; -, -en: *das Vereitern.*
Ver|eit|lung: ↑Vereitelung.
ver|ekeln ⟨sw. V.; hat⟩: *jmdm. Ekel, Widerwillen gegen etw. einflößen:* jmdm. die [ganze] Freude v.
Ver|eke|lung, Ver|ek|lung, die; -, -en: *das Verekeln.*
ver|elen|den ⟨sw. V.; ist⟩ [zu ↑Elend] (geh., sonst marx.): *in große materielle Not geraten, verarmen:* die Menschen im Katastrophengebiet verelendeten.
Ver|elen|dung, die; -, -en (geh., sonst marx.): *das Verelenden.*
Ver|elen|dungs|the|o|rie, die (bes. marx.): *Theorie der Verelendung.*
ver|en|den ⟨sw. V.; ist⟩ [mhd. verenden, ahd. firentōn]: **a)** *(im Allg. von größeren Tieren bzw. Haustieren) [langsam, qualvoll] sterben; krepieren* (2): viele Schafe, Kühe, Pferde verendeten durch die Seuche; ein verendendes, verendetes Tier; Ü Tausende von Flüchtlingen verendeten; **b)** (Jägerspr.) *(von Wild) durch eine Schussverletzung zu Tode kommen.*
ver|en|gen ⟨sw. V.; hat⟩: **1.** ⟨v. + sich⟩ *enger werden:* die Straße, die Durchfahrt verengt sich hier; seine Pupillen verengten sich *(zogen sich zusammen, wurden kleiner);* Ü der Spielraum verengte sich *(verringerte sich)* für sie. **2.** *enger machen:* Bauarbeiten verengten die Durchfahrt.
ver|en|gern ⟨sw. V.; hat⟩: **1.** ⟨v. + sich⟩ *enger werden.* **2.** *enger machen:* ein Kleidungsstück v.
Ver|en|ge|rung, die; -, -en: *das Verengern.*
Ver|en|gung, die; -, -en: **1.** *das Verengen, Sichverengen.* **2.** *verengte Stelle o. Ä.*
ver|erb|bar ⟨Adj.⟩: **1.** *vererblich:* -es Eigentum, Vermögen. **2.** (Biol., Med.) *durch Vererbung auf die Nachkommen übertragbar, erblich* (b): eine -e Krankheit.
Ver|erb|bar|keit, die; -: *das Vererbbarsein.*
ver|er|ben ⟨sw. V.; hat⟩ [mhd. vererben]: **1.** *als Erbe hinterlassen; vermachen:* jmdm. sein Vermögen [testamentarisch] v.; ein Grundstück an jmdn. v.; er hat seiner Tochter das Haus vererbt; Ü ich habe meinem Freund das alte Fahrrad vererbt (ugs. scherzh.; *geschenkt, überlassen*). **2.** (Biol., Med.) **a)** *durch Vererbung an seine Nachkommen weitergeben:* eine Anlage, Begabung [seinen Nachkommen, auf seine Nachkommen] v.; eine vererbte Eigenschaft, Neigung; **b)** ⟨v. + sich⟩ *(von Eigenschaften, Anlagen o. Ä.) sich auf die Nachkommen übertragen:* diese Krankheit hat sich [vom Vater auf den Sohn] vererbt.
ver|erb|lich ⟨Adj.⟩: *sich vererben lassend; geeignet, vererbt zu werden.*
Ver|er|bung, die; -, -en ⟨Pl. selten⟩ (Biol., Med.): *Weitergabe von Erbanlagen von einer Generation an die folgende.*
Ver|er|bungs|ge|setz, das ⟨meist Pl.⟩: *Gesetz* (2) *von der Übertragung genetischer Informationen von den Eltern auf die Nachkommen.*
Ver|er|bungs|leh|re, die: *Genetik.*
ver|es|tern ⟨sw. V.; hat⟩ (Chemie): *in Ester umwandeln:* Alkohol v.
Ver|es|te|rung, die; -, -en (Chemie): *das Verestern.*
ver|ewi|gen ⟨sw. V.; hat⟩ [zu ↑ewig]: **1. a)** *unvergesslich, unsterblich machen:* mit, in diesem Werk hat er sich, seinen Namen verewigt; **b)** ⟨v. + sich⟩ (ugs.) *dauerhafte Spuren von sich hinterlassen* (z. B. indem man seinen Namen o. Ä. in etw. einschreibt, einritzt): viele Besucher der Burg hatten sich an den Wänden verewigt; da hat sich wieder ein Hund verewigt (scherzh.; *seine Notdurft verrichtet*). **2.** *machen, dass eine Sache dauerhaften Bestand hat:* die bestehenden Verhältnisse v. wollen.
ver|ewigt ⟨Adj.⟩ (geh.): *verstorben:* mein -er Vater.
Ver|ewig|te, der u. die; -n, -n ⟨Dekl. ↑Abgeordnete⟩: *Verstorbener, Verstorbene.*
Ver|ewi|gung, die; -, -en: *das [Sich]verewigen.*
[1]ver|fah|ren ⟨st. V.⟩ [1 a: aus der niederd. Rechtsspr., mniederd. vorvāren; 2: mhd. vervarn, ahd. firfaran, zu ↑fahren u. urspr. = vorüberziehen, weggehen]: **1.** ⟨ist⟩ **a)** *eine Sache auf bestimmte Weise in Angriff nehmen; nach einer bestimmten Methode vorgehen, handeln:* eigenmächtig, rücksichtslos, nach dem gleichen Schema v.; wir werden folgendermaßen, so v.; **b)** *in einer bestimmten Angelegenheit, Situation mit jmdm. auf bestimmte Weise umgehen; jmdn. auf bestimmte Weise behandeln:* übel mit jmdm./gegen jmdn. v.; er ist mit dem Kind zu streng verfahren. **2.** ⟨hat⟩ **a)** ⟨v. + sich⟩ *vom richtigen Weg abkommen u. in die falsche Richtung fahren* (4 b): er hat sich in der Stadt verfahren; **b)** *durch Fahren verbrauchen:* viel Benzin v.; ich habe heute 80 DM mit dem Taxi verfahren. **3.** (bes. Bergmannsspr.) *(eine Schicht) ableisten* ⟨hat⟩: zusätzliche Schichten v.
[2]ver|fah|ren ⟨Adj.⟩: *falsch behandelt u. daher ausweglos scheinend:* eine -e Situation; die Sache ist völlig v.
Ver|fah|ren, das; -s, -: **1.** *Art u. Weise der Durch-, Ausführung von etw.; Methode* (2): ein vereinfachtes V. [zur Feststellung von ...]; ein V. anwenden, entwickeln, erproben. **2.** (Rechtsspr.) *Folge von Rechtshandlungen, die der Erledigung einer Rechtssache dienen:* ein gerichtliches V.; das V. wurde ausgesetzt; gegen ihn ist ein V. anhängig, läuft ein V.; ein V. einstellen, niederschlagen, abtrennen; ein V. gegen jmdn. einleiten, eröffnen; in ein schwebendes V. eingreifen.
Ver|fah|rens|fra|ge, die ⟨meist Pl.⟩: *Frage, Problem in Bezug auf die Verfahrensweise:* -n müssen erst noch geklärt werden.
ver|fah|rens|mä|ßig ⟨Adj.⟩ (Rechtsspr.): *den formalen Ablauf eines Verfahrens* (2) *betreffend.*
Ver|fah|rens|recht, das ⟨o. Pl.⟩ (Rechtsspr.): *gesetzliche Bestimmungen, die den formellen Ablauf eines Verfahrens* (2) *regeln; Prozessrecht.*
ver|fah|rens|recht|lich ⟨Adj.⟩ (Rechtsspr.): *das Verfahrensrecht betreffend.*
Ver|fah|rens|re|gel, die ⟨meist Pl.⟩: *Regel für den Ablauf eines Verfahrens.*
Ver|fah|rens|tech|nik, die ⟨o. Pl.⟩: *Teilgebiet der Technik, das sich mit den theoretischen u. praktischen Fragen bei der Herstellung formloser Stoffe befasst.*
ver|fah|rens|tech|nisch ⟨Adj.⟩: *die Verfahrenstechnik betreffend, zu ihr gehörend.*
Ver|fah|rens|wei|se, die: *Weise, in der* [1]*verfahren* (1) *wird; Methode; Vorgehensweise.*
Ver|fall, der; -[e]s: **1. a)** *das Verfallen* (1 a), *Baufälligwerden:* der V. des alten Klosters war nicht mehr aufzuhalten; ein Gebäude dem V. preisgeben; **b)** *das Verfallen* (1 b), *das Schwinden der körperlichen u. geistigen Kräfte:* ein schneller körperlicher, geistiger V.; der V. des Körpers, der Kräfte; es war erschütternd, den V. des Kranken mit anzusehen; **c)** *das Verfallen* (1 c); *Niedergang:* ein moralischer, kultureller V.; der V. des Römischen Reiches. **2. a)** *das Verfallen* (2), *Ungültigwerden:* einen Gutschein vor dem V. einlösen; **b)** (Bankw.) *Ende der Frist zur Einlösung eines Wechsels o. Ä.:* der V. eines Wechsels; der Tag des -s. **3.** (Rechtsspr.) *Einziehung von Vermögenswerten, die jmd. durch Begehen einer Straftat in seinen Besitz gebracht hat:* den V. des Vermögens anordnen. **4.** (Bauw.) *Verbindung zwischen zwei unterschiedlich hohen Dachfirsten.*
Ver|fall|da|tum, das: vgl. Verfalltag.
ver|fal|len ⟨st. V.; ist⟩ [1 a, 6: mhd. vervallen, ahd. farfallan]: **1. a)** *baufällig werden u. allmählich zusammenfallen:* das Bauwerk verfällt; er lässt sein Haus v.; ein verfallenes Gemäuer, Schloss; **b)** *seine körperliche [u. geistige] Kraft verlieren:* der Kranke verfällt zusehends; **c)** *eine Epoche des Niedergangs durchmachen; sich auflösen:* die Sitten verfallen; seine Autorität, das Römische Reich verfiel. **2.** *nach einer bestimmten Zeit wertlos od. ungültig werden:* eine Banknote, Briefmarke, ein Wechsel verfällt; die Eintrittskarten sind verfallen; das Medikament, die Konserve ist verfallen *(das Haltbarkeitsdatum ist überschritten).* **3. a)** *in einen bestimmten [negativen] Zustand, eine bestimmte [negative] Verhaltensweise geraten:* in Schweigen, Ratlosigkeit, Wut v.; in tiefen Schlaf, einen leichten Schlummer v.; in den alten Fehler v.; **b)** *in eine andere Art (innerhalb einer Abstufung) übergehen, hineingeraten:* in seinen Dialekt v.; das Pferd verfiel in Trab. **4.** *in einen Zustand der*

V

Abhängigkeit von jmdm., etw. geraten: einer Leidenschaft, dem Alkohol, den Verlockungen der Großstadt v.; er war dem Zauber dieser Landschaft verfallen; sie war diesem Mann verfallen *(war ihm hörig);* er ist dem Tode verfallen (geh.; *wird bald sterben*). **5.** *auf etw. kommen, sich etw. Merkwürdiges, Ungewöhnliches ausdenken:* auf eine abwegige Idee, einen teuflischen Plan v.; wie konntest du nur darauf v., ihn danach zu fragen?; warum seid ihr ausgerechnet auf ihn verfallen? *(habt ihr ihn dazu ausersehen, euch an ihn gewandt?).* **6. a)** *jmdm., einer Institution zufallen:* die Schmuggelware, der Besitz verfällt dem Staat; **b)** (Papierdt. veraltend) *von der Wirksamkeit einer Sache betroffen werden:* einer Strafe v.; der Antrag verfiel der Ablehnung *(wurde abgelehnt).*

ver|fä̲l|len ⟨sw. V.; hat⟩ [eigtl. = jmdn. in eine Strafe fallen lassen] (schweiz. Rechtsspr.): *verurteilen.*

Ver|fạll|er|klä|rung, die (Rechtsspr.): *gerichtliche Anordnung, dass etw. dem Staat verfällt* (6 a).

Ver|fạlls|da|tum, das: **1. a)** *Datum, über das hinaus etw., bes. ein Lebensmittel, nicht mehr genießbar ist;* **b)** vgl. Verfallstag. **2.** vgl. Verfalltag.

Ver|fạlls|er|schei|nung, die: *Erscheinung, die den Verfall* (1 b, c), *die Auflösung, das Schwinden von etw. anzeigt.*

Ver|fạlls|tag, der: *Tag, an dem etw. verfällt* (2).

Ver|fạlls|zeit, die: *Zeit des Verfalls* (1 b, c).

Ver|fạll|tag, der (Bankw.): *Tag, an dem ein Wechsel, Scheck o. Ä. fällig, zahlbar wird.*

Ver|fạll|zeit, die (Bankw.): *Zeit, nach der eine Schuld bezahlt werden muss.*

ver|fạ̈l|schen ⟨sw. V.; hat⟩ [mhd. vervelschen]: **1.** *etw. falsch darstellen:* Tatsachen, die die Geschichte v.; einen Text v. *(bewusst falsch wiedergeben).* **2.** *in seiner Qualität mindern:* Wein, Lebensmittel v. **3.** (Rechtsspr.) *durch Fälschen verändern:* eine Urkunde v.; verfälschte Banknoten.

Ver|fạ̈l|schung, die; -, -en: *das Verfälschen.*

ver|fạn|gen ⟨st. V.; hat⟩ [mhd. (sich) vervāhen = zusammenfassen, sich festfangen]: **1.** ⟨v. + sich⟩ *in einem Netz, einer Schlinge o. Ä. hängen bleiben:* die Angel hatte sich im Schilf verfangen; Ü sich in Widersprüchen v. **2.** *die gewünschte Wirkung, Reaktion [bei jmdm.] hervorrufen* (meist verneint): solche Tricks verfangen bei mir nicht.

ver|fạ̈ng|lich ⟨Adj.⟩ [mhd. vervenclich = tauglich, wirksam]: *sich möglicherweise so auswirkend, dass jmd. dadurch in Schwierigkeiten, Verlegenheit o. Ä. kommt:* eine -e Frage, Situation; dieser Brief könnte v. für dich werden.

Ver|fạ̈ng|lich|keit, die; -, -en: **1.** ⟨o. Pl.⟩ *verfängliche Beschaffenheit:* die V. seiner Fragen. **2.** *verfängliche Situation, Handlung, Äußerung o. Ä.*

ver|fạ̈r|ben ⟨sw. V.; hat⟩: **1. a)** ⟨v. + sich⟩ *eine andere Farbe annehmen:* im Herbst verfärbt sich das Laub; die Wäsche hat sich verfärbt; sein Gesicht verfärbte sich vor Ärger; **b)** *durch Färben* (b) *verderben (in Bezug auf das farbliche Aussehen):* das rote Hemd hat die ganze Wäsche verfärbt; eine verfärbte Bluse. **2.** ⟨v. + sich⟩ (Jägerspr.) *(vom Wild) das Haar* (2 b) *wechseln.*

Ver|fạ̈r|bung, die; -, -en: **1.** *das [Sich]verfärben.* **2.** *verfärbte Stelle.*

ver|fạs|sen ⟨sw. V.; hat⟩ [mhd. vervaʒʒen = in sich aufnehmen; etw. vereinbaren; in der Rechtsspr.: schriftlich niederlegen]: *gedanklich ausarbeiten u. niederschreiben:* einen Brief, ein Schreiben v.; einen Artikel für eine Zeitung v.; ein Drama v.; über eine Sache ein Protokoll, einen Bericht v.

Ver|fạs|ser, der; -s, - [gek. aus: Schriftverfasser]: *jmd., der einen Text verfasst [hat]; Autor:* ein unbekannter, anonymer V.

Ver|fạs|se|rin, die; -, -nen: w. Form zu ↑Verfasser.

Ver|fạs|ser|schaft, die; -: *das Verfassersein.*

ver|fạsst ⟨Adj.⟩: *eine [bestimmte] Verfassung* (1) *habend:* die -e Studentenschaft.

Ver|fạs|sung, die; -, -en [mhd. vervaʒʒunge = schriftliche Darstellung, Vertrag]: **1. a)** *Gesamtheit der Grundsätze, die die Form eines Staates u. die Rechte u. Pflichten seiner Bürger festlegen; Konstitution* (3): eine demokratische, parlamentarische V.; die amerikanische V.; die V. tritt in, außer Kraft; die V. beraten, ändern, außer Kraft setzen; auf die V. schwören, vereidigt werden; **b)** *festgelegte Grundordnung einer Gemeinschaft:* die V. der anglikanischen Kirche. **2.** ⟨o. Pl.⟩ *körperlicher, geistig-seelischer Zustand, in dem sich jmd. [augenblicklich] befindet:* seine körperliche, geistige, gesundheitliche V. lässt das nicht zu; ich war, befand mich in guter, bester, schlechter V.; er war nicht in der Verfassung *(sein Zustand ließ es nicht zu),* Besuch zu empfangen.

ver|fạs|sung|ge|bend ⟨Adj.⟩: *die Verfassung* (1 a) *festlegend:* die -e Versammlung.

Ver|fạs|sungs|än|de|rung, die: *Änderung der Verfassung* (1).

Ver|fạs|sungs|be|schwer|de, die (Rechtsspr.): *Klage gegen verfassungswidrige Eingriffe der Staatsgewalt in die von der Verfassung* (1 a) *geschützten Rechte des Bürgers.*

Ver|fạs|sungs|bruch, der: *ein Bruch der Verfassung* (1 a).

Ver|fạs|sungs|eid, der: *Eid zur Achtung, Wahrung u. Verteidigung der Verfassung* (1 a).

ver|fạs|sungs|feind|lich ⟨Adj.⟩: *gegen die Verfassung* (1 a) *gerichtet:* eine Organisation mit -en Zielen.

ver|fạs|sungs|ge|mäß ⟨Adj.⟩: *der Verfassung* (1) *gemäß:* das Gesetz ist nicht v.

Ver|fạs|sungs|ge|richt, das: *Gericht zur Entscheidung verfassungsrechtlicher Fragen.*

Ver|fạs|sungs|ini|ti|a|ti|ve, die: *(in der Schweiz) Antrag auf Änderung der Verfassung* (1 a).

ver|fạs|sungs|kon|form ⟨Adj.⟩: *verfassungsgemäß:* diese Gesetzesänderung ist [nicht] v.

ver|fạs|sungs|mä|ßig ⟨Adj.⟩: **a)** *konstitutionell* (1): -e Befugnisse; **b)** *der Verfassung* (1) *gemäß; verfassungskonform.*

Ver|fạs|sungs|or|gan, das ⟨oft Pl.⟩: *unmittelbar durch die Verfassung* (1 a) *eingesetztes staatliches Organ* (4): der Bundestag ist ein V.

Ver|fạs|sungs|recht, das: *in der Verfassung* (1 a) *enthaltene Rechtsnormen.*

ver|fạs|sungs|recht|lich ⟨Adj.⟩: *das Verfassungsrecht betreffend.*

Ver|fạs|sungs|rich|ter, der: *Richter* (1) *an einem Verfassungsgericht.*

Ver|fạs|sungs|rich|te|rin, die: w. Form zu ↑Verfassungsrichter.

Ver|fạs|sungs|rit|zung, die (schweiz.): *Verfassungsbruch.*

Ver|fạs|sungs|schutz, der: **1.** *Gesamtheit der Normen, Einrichtungen u. Maßnahmen zum Schutz der in der Verfassung* (1 a) *festgelegten Ordnung.* **2.** (ugs.) kurz für: Bundesamt für Verfassungsschutz.

Ver|fạs|sungs|schüt|zer, der (ugs.): *beim Bundesamt für Verfassungsschutz tätiger Angestellter od. Beamter.*

Ver|fạs|sungs|schüt|ze|rin, die: w. Form zu ↑Verfassungsschützer.

Ver|fạs|sungs|staat, der: *Staat mit einer [politisch wirksamen] Verfassung* (1 a).

ver|fạs|sungs|treu ⟨Adj.⟩: *fest zur Verfassung* (1 a) *stehend; sich getreu der Verfassung* (1 a) *verhaltend:* ein -er Bürger.

Ver|fạs|sungs|treue, die: *das Verfassungstreusein.*

Ver|fạs|sungs|ur|kun|de, die: *Urkunde, die die Verfassung* (1) *enthält.*

ver|fạs|sungs|wid|rig ⟨Adj.⟩: *gegen die Verfassung* (1) *verstoßend:* -e Propaganda.

ver|fau|len ⟨sw. V.; ist⟩ [mhd. vervūlen]: *durch Fäulnis ganz verderben:* die Kartoffeln verfaulen; die Äpfel sind am Baum verfault; verfaultes Obst; ein verfaulter Zahn.

Ver|fau̲|lung, die; -, -en ⟨Pl. selten⟩: *das Verfaulen.*

ver|fẹch|ten ⟨st. V.; hat⟩ [mhd. vervehten = fechtend verteidigen]: *energisch für etw. eintreten, einstehen:* eine Lehre, Theorie v.

Ver|fẹch|ter, der; -s, -: *jmd., der etw. verficht.*

Ver|fẹch|te|rin, die; -, -nen: w. Form zu ↑Verfechter.

Ver|fẹch|tung, die; -: *das Verfechten.*

ver|fe̲h|len ⟨sw. V.; hat⟩ [mhd. vervælen = fehlen (3); sich irren]: **1. a)** *nicht erreichen (weil jmd. zu spät gekommen ist):* den Zug v.; ich wollte ihn abholen, aber ich habe ihn verfehlt; **b)** *(das angestrebte Ziel) nicht erreichen:* die richtige Tür, den Weg v.; Ü der Schüler hat das Thema verfehlt *(es nicht richtig erfasst u. behandelt);* du hast deinen Beruf verfehlt (auch scherzh.: *du hast besondere Fähigkeiten auf einem Gebiet, das außerhalb deines Berufes liegt*); seine Äußerung hatte ihre Wirkung [nicht] verfehlt; ⟨häufig im 2. Part.:⟩ eine verfehlte Politik; es wäre völlig verfehlt *(falsch),* ihn zu bestrafen. **2.** (geh.) *versäumen:* ich möchte [es] nicht v., Ihnen zu danken. **3.** ⟨v. + sich⟩ (veraltend) *eine Verfehlung begehen.*

Ver|fe̲h|lung, die; -, -en: *Verstoß gegen bestimmte Grundsätze, Vorschriften, eine bestimmte Ordnung:* eine moralische V.; dem Minister konnten keine -en im Amt vorgeworfen werden.

ver|fe̲in|den, sich ⟨sw. V.; hat⟩: *jmds. Feind werden; sich völlig zerstreiten:* sich mit jmdm. v.; sie hatten sich wegen einer Kleinigkeit verfeindet; zwei [miteinander] verfeindete Familien.

Ver|fe̲in|dung, die; -, -en: *das Sichverfeinden.*

ver|fe̲i|nern ⟨sw. V.; hat⟩: **a)** *feiner* (3 a), *besser, exakter machen:* die Soße mit Sahne v.; die Methoden sind verfeinert worden; ein verfeinerter Geschmack; **b)** ⟨v. + sich⟩ *feiner* (3 a), *besser, exakter werden:* die Sitten, Umgangsformen verfeinern sich.

Ver|fe̲i|ne|rung, die; -, -en: **1.** *das [Sich]verfeinern; das Verfeinertwerden, -sein.* **2.** *etw. Verfeinertes.*

ver|fe̲|men ⟨sw. V.; hat⟩ [mhd. verveimen, mniederd. vorveimen, zu ↑Feme] (geh.): *ächten:* die Nazis haben diesen Maler verfemt; ein verfemter Künstler.

Ver|fe̲m|te, der u. die; -n, -n ⟨Dekl. ↑Abgeordnete⟩ (geh.): *jmd., der verfemt wird, ist.*

Ver|fe̲|mung, die; -, -en (geh.): *das Verfemen; das Verfemtwerden.*

ver|fẹr|ti|gen ⟨sw. V.; hat⟩ [mhd. ververtigen = ausstellen (3)]: *(mit künstlerischem Geschick o. Ä.) herstellen, anfertigen:* ein Protokoll, ein Gutachten v.; die Kinder hatten hübsche Bastelarbeiten verfertigt.

Ver|fẹr|ti|ger, der; -s, -: *jmd., der etw. verfertigt.*

Ver|fẹr|ti|ge|rin, die; -, -nen: w. Form zu ↑Verfertiger.

Ver|fẹr|ti|gung, die; -, -en: *das Verfertigen.*

ver|fẹs|ti|gen ⟨sw. V.; hat⟩: **a)** *fester machen:* einen Klebstoff, Werkstoff [chemisch] v.; **b)** ⟨v. + sich⟩ *fester werden:* der Lack hatte sich verfestigt; Ü diese Eindrücke verfestigen sich.

Ver|fẹs|ti|gung, die; -, -en: *das [Sich]verfestigen.*

ver|fẹt|ten ⟨sw. V.; ist⟩: *zu viel Fett ansetzen:* bei dem Futter verfetten die Tiere; ein verfettetes Herz haben.

Ver|fẹt|tung, die; -, -en (bes. Med.): *das Verfetten.*

ver|feu̲|ern ⟨sw. V.; hat⟩: **1. a)** *als Brennstoff verwenden:* Holz, Kohle im Ofen v.; **b)** *als Brennstoff völlig aufbrauchen:* alle Briketts waren verfeuert. **2.** *durch Schießen verbrauchen:* die ganze Munition v.

Ver|feu̲|e|rung, die; -, -en: *das Verfeuern.*

ver|fịl|men ⟨sw. V.; hat⟩: **a)** *aus etw. einen Film machen; als Film gestalten:* einen Roman v.; **b)** *auf [Mikro]film aufnehmen:* Zeitungen v.

Ver|fịl|mung, die; -, -en: **a)** *das Verfilmen;* **b)** *durch Verfilmen entstandener Film.*

ver|fịl|zen ⟨sw. V.⟩ [mhd. vervilzen]: **a)** *filzig werden; eine kaum lösbare Verbindung miteinander eingehen* ⟨ist⟩: der Pullover ist beim Waschen verfilzt; verfilzte Wolle, Haare; Ü das ganze System war verfilzt; **b)** ⟨v. + sich⟩ *sich unentwirrbar ineinander verwickeln* ⟨hat⟩.

Ver|fịl|zung, die; -, -en: *das Verfilzen, Verfilztsein.*

ver|fịns|tern ⟨sw. V.; hat⟩ [mhd. vervinstern]: **a)** *finster machen:* dunkle Wolken verfinsterten die Sonne; b) ⟨v. + sich⟩ *finster werden:* der Himmel hatte sich verfinstert; Ü ihr Gesicht verfinsterte sich.

Ver|fins|te|rung, die; -, -en: 1. *das [Sich]verfinstern.* 2. *Finsternis.*

ver|fir|nen ⟨sw. V.; ist⟩: *zu Firn werden.*

Ver|fir|nung, die; -, -en: *das Verfirnen:* die V. des Schnees.

ver|fit|zen ⟨sw. V.; hat⟩ [zu ↑fitzen (1)] (ugs.): a) *machen, dass Fäden o. Ä. in kaum auflösbarer Weise ineinander und miteinander verschlungen sind:* jetzt hat er die Drähte verfitzt; b) ⟨v. + sich⟩ *in einen verfitzten* (a) *Zustand geraten:* ihre Haare haben sich beim Liegen verfitzt.

ver|fla|chen ⟨sw. V.⟩: 1. a) *flach[er] werden* ⟨ist⟩: das Gelände verflacht; ein verflachtes *(seicht gewordenes)* Gewässer; Ü das Gespräch verflachte *(wurde oberflächlich);* ein verflachtes Gefühlsleben; b) ⟨v. + sich⟩ *flach[er] werden* ⟨hat⟩: die Hügel haben sich im Laufe der Zeit verflacht. 2. *flach[er] machen* ⟨hat⟩: der Wind hat die Dünen verflacht.

Ver|fla|chung, die; -, -en: 1. *das [Sich]verflachen.* 2. *verflachte Stelle.*

ver|flech|ten ⟨st. V.; hat⟩: a) *durch Flechten eng verbinden:* Bänder [miteinander] v.; b) ⟨v. + sich⟩ *sich eng verbinden:* Fantasie und Wirklichkeit verflochten sich immer mehr.

Ver|flech|tung, die; -, -en: 1. *das [Sich]verflechten.* 2. *[enger] Zusammenhang:* internationale politische -en.

ver|flie|gen ⟨st. V.⟩: 1. ⟨hat⟩ a) ⟨v. + sich⟩ vgl. [1]verfahren (2 a): der Pilot hat sich im Nebel verflogen; b) *als Flugkosten ausgeben, für das Fliegen mit einer Maschine verbrauchen:* er verfliegt wöchentlich 15 000 Mark. 2. ⟨ist⟩ a) *in der Luft verschwinden:* der Duft, Rauch verfliegt; b) *sich verflüchtigen:* wenn man die Flasche nicht schließt, verfliegt das Parfüm; c) *(schnell) vorübergehen:* die Zeit verfliegt im Nu; die Stunden sind schnell verflogen; ihr Zorn, ihr Interesse verflog bald; ihre Magenverstimmung war verflogen.

ver|flie|sen ⟨sw. V.; hat⟩ (Fachspr.): *fliesen:* ein Badezimmer, eine Küche v.

ver|flie|ßen ⟨st. V.; ist⟩ [mhd. vervliezen]: 1. *verschwimmen:* in ihren Bildern verfließen die Farben; Ü die Grenzen zwischen Novelle und Erzählung v.; die Begriffe beginnen hier zu v. 2. (geh.) *vergehen:* die Tage verfließen.

ver|flixt ⟨Adj.⟩ [entstellt aus ↑verflucht] (ugs.): 1. *unangenehm, ärgerlich:* das ist eine -e Geschichte, Sache. 2. (abwertend) a) *verdammt* (1 a): so eine -e Gemeinheit; b) *verdammt* (1 b): so ein -er Kerl; diese -e Bande; c) *verdammt* (1 c): dieses -e Auto ist schon wieder kaputt; d) ***v. [noch mal]!; v. noch eins!; v. und zugenäht!** (Flüche). 3. a) *verdammt* (2 a): er hat -es Glück gehabt; b) ⟨intensivierend bei Adjektiven u. Verben⟩ *sehr; äußerst:* das ist eine v. schwierige Aufgabe; das sieht v. nach Betrug aus.

Ver|floch|ten|heit, die; -, -en: *das Verflochtensein.*

ver|flos|sen: 1. ↑verfließen. 2. ⟨Adj.⟩ (ugs.) *ehemalig:* seine -e Freundin; ⟨subst.:⟩ ihr Verflossener *(ihr früherer Freund, Ehemann).*

ver|flu|chen ⟨sw. V.; hat⟩ [mhd. vervluochen, ahd. farfluohhōn]: a) *den Zorn Gottes, schlimmes Unheil auf jmdn. herabwünschen:* er verfluchte seinen Sohn; b) *sich heftig über eine Person od. Sache ärgern u. sie verwünschen:* seinen Leichtsinn v.; ich könnte mich selbst v., dass ich nicht darauf gekommen bin; ***verflucht [noch mal]!; verflucht noch eins!; verflucht und zugenäht!** (Flüche).

ver|flucht ⟨Adj.⟩ (salopp): 1. (abwertend) a) *verdammt* (1 a): ein -er Mist; b) *verdammt* (1 b): so ein -er Idiot; c) *verdammt* (1 c): eine -e Situation; dieser -e Regen! 2. a) *verdammt* (2 a): wir hatten -es Glück; b) ⟨intensivierend bei Adjektiven u. Verben⟩ *sehr, äußerst:* es ist v. heiß heute.

ver|flüch|ti|gen ⟨sw. V.; hat⟩ [spätmhd. verfluchtigen = fliehen]: 1. (bes. Chemie) a) *in gasförmigen Zustand überführen:* Salzsäure v.; b) ⟨v. + sich⟩ *in gasförmigen Zustand übergehen:* Alkohol verflüchtigt sich leicht; c) ⟨v. + sich⟩ *sich auflösen, verschwinden:* der Nebel, der Parfümgeruch hatte sich verflüchtigt; Ü seine Heiterkeit verflüchtigte sich rasch; mein Ausweis hat sich verflüchtigt (scherzh.; *ist unauffindbar).* 2. ⟨v. + sich⟩ (ugs. scherzh.) *sich still u. unbemerkt davonmachen:* als sie das hörte, verflüchtigte sie sich sofort.

Ver|flüch|ti|gung, die; -, -en: *das [Sich]verflüchtigen.*

Ver|flu|chung, die; -, -en: 1. *das Verfluchen.* 2. *Fluch* (2).

ver|flüs|si|gen ⟨sw. V.; hat⟩: 1. (bes. Fachspr.) a) *flüssig* (1) *machen, kondensieren* (1 a): Gas, Luft v.; b) ⟨v. + sich⟩ *flüssig* (1) *werden; kondensieren* (1 b). 2. *(Geld, Kapital o. Ä.) flüssig* (3) *machen.*

Ver|flüs|si|gung, die; -, -en (bes. Fachspr.): *das [Sich]verflüssigen.*

Ver|folg ⟨in Verbindung mit »in« od. »im« u. folgendem Gen.⟩ (Papierdt.): *im Verlauf:* im, in V. dieses Prozesses, dieser Entwicklung.

ver|folg|bar ⟨Adj.⟩: 1. (bes. Rechtsspr.) *sich verfolgen* (1 e) *lassend:* strafrechtlich -e Delikte. 2. *sich verfolgen* (3) *lassend:* eine -e Entwicklung.

ver|fol|gen ⟨sw. V.; hat⟩ [mhd. vervolgen]: 1. a) *durch Hinterhergehen, -eilen zu erreichen [u. einzufangen] suchen:* einen Verbrecher v.; Hunde verfolgten das Wild; jmdn. auf Schritt und Tritt v. *(beschatten);* sich verfolgt fühlen; der Filmstar wurde von den Reportern verfolgt; ⟨subst. 2. Part.:⟩ der Verfolgte entwischte durch die Hintertür; Ü er ist vom Pech, vom Unglück verfolgt *(hat viel Pech, Unglück);* der Gedanke daran verfolgte sie *(ließ sie nicht los);* diese Idee, Frage verfolgte sie Tag und Nacht; jmdn. mit Blicken v. *(ständig beobachten);* b) *jmdm. zur Last fallen; jmdn. bedrängen:* jmdn. mit Bitten, Vorwürfen v.; er verfolgte sie mit seinem Hass, seiner Eifersucht; c) *(aus politischen, rassischen, religiösen Gründen) jmds. Freiheit einengen, ihn zu vertreiben, gefangen zu setzen suchen, ihm nach dem Leben trachten:* dieses Regime verfolgt oppositionelle Kräfte erbarmungslos; ⟨subst. 2. Part.:⟩ sie waren Verfolgte des Naziregimes; die politisch Verfolgten baten um Asyl; d) *(einer Spur o. Ä.) nachgehen, folgen* (1 a): eine Spur, einen Hinweis v.; die Polizei hatte nicht die richtige Fährte verfolgt; sie verfolgten den Weg *(blieben auf dem Weg)* bis an den Fluss; e) (bes. Rechtsspr.) *(von Amts wegen) gegen jmdn., etw. vorgehen:* Zuwiderhandlungen werden strafrechtlich, polizeilich verfolgt. 2. *zu erreichen, zu verwirklichen suchen:* ein Ziel, eine Absicht, einen Plan v.; dieses Thema, diese Politik wurde nicht weiter verfolgt; sie verfolgt nur ihre eigenen Interessen. 3. *(die Entwicklung, den Verlauf von etw.) aufmerksam beobachten:* einen Vorgang, Gespräch v.; er hat diese Angelegenheit nicht weiter verfolgt; sie verfolgte die Szene aufmerksam; sie verfolgte den Prozess in der Zeitung, im Fernsehen *(las alle Berichte, sah alle Sendungen darüber).*

Ver|fol|ger, der; -s, - [spätmhd. vervolger]: a) *jmd., der jmdn., etw. verfolgt* (1 a): die V. waren ihm dicht auf den Fersen; seine V. abschütteln, seinen -n entkommen; b) *jmd., der jmdn., etw. verfolgt* (1 c).

Ver|fol|ge|rin, die; -, -nen: w. Form zu ↑Verfolger.

Ver|fol|gung, die; -, -en: 1. a) *das Verfolgen* (1 a): die V. einstellen, [ergebnislos] abbrechen; b) *das Verfolgen* (1 c): die V. ethnischer, religiöser Minderheiten; eine V. aus politischen Gründen; -en erdulden, erleiden; -en ausgesetzt sein; c) *das Verfolgen* (1 e): die polizeiliche, strafrechtliche V. von Zuwiderhandlungen. 2. ⟨Pl. selten⟩ *das Verfolgen* (2): die V. privater Interessen, Ziele.

Ver|fol|gungs|fahrt, die (Radsport): *Verfolgungsrennen.*

Ver|fol|gungs|jagd, die: *längere Zeit dauernde u. über weitere Strecken führende Verfolgung* (1 a): die V. aufnehmen.

Ver|fol|gungs|ren|nen, das (Radsport): *Bahnrennen, bei dem die Teilnehmer in jeweils gleichem Abstand voneinander starten u. sich einzuholen suchen.*

Ver|fol|gungs|wahn, der (Psych.): *krankhafte Vorstellung, von anderen beobachtet, überwacht, bedroht u. verfolgt zu werden:* an V. leiden.

ver|form|bar ⟨Adj.⟩: *sich verformen lassend:* eine -e Masse.

Ver|form|bar|keit, die; -, -en ⟨Pl. selten⟩: *das Verformbarsein; verformbare Beschaffenheit.*

ver|for|men ⟨sw. V.; hat⟩: 1. a) *unbeabsichtigt die Form von etw. verändern:* beim Schweißen einen Werkstoff v.; b) ⟨v. + sich⟩ *in eine andere als die eigentliche Form geraten:* das Holz hat sich durch die Nässe verformt. 2. (Fachspr.) *in eine bestimmte Form bringen:* Stahl v.

Ver|for|mung, die; -, -en: 1. *das [Sich]verformen, Verformtwerden:* V. von Blech. 2. *verformte Stelle (an einem Körper o. Ä.).*

ver|frach|ten ⟨sw. V.; hat⟩: 1. *als Fracht versenden, verladen:* Maschinen, Autos, Säcke v.; Ü er hat seine Tante in den Zug verfrachtet (ugs. scherzh.; *sie in den Zug gebracht).* 2. *weiterbefördern, an einen anderen Ort tragen, bringen, bewegen.*

Ver|frach|ter, der; -s, -: *Frachtführer (bes. von Seefracht).*

Ver|frach|tung, die; -, -en: *das Verfrachten.*

ver|fran|zen, sich ⟨sw. V.; hat⟩ [viell. zu dem m. Vorn. Franz als scherzh. Bez. für den ohne technisches Gerät navigierenden Flugbeobachter in alten, zweisitzigen Flugzeugen]: a) (Fliegerspr.) *sich verfliegen:* die Pilotin hatte sich [im Nebel] verfranzt; b) (ugs.) *sich verirren:* der Autofahrer hatte sich verfranzt ([1]*verfahren* 2 a).

ver|frem|den ⟨sw. V.; hat⟩: *auf ungewohnte, unübliche Weise sprachlich, dramatisch, grafisch darstellen, gestalten (um das Publikum auf das Neue der künstlerischen Darstellung u. der in ihr vermittelten Wirklichkeit aufmerksam zu machen).*

Ver|frem|dung, die; -, -en: 1. *das Verfremden.* 2. *verfremdete Darstellung, Gestaltung.*

Ver|frem|dungs|ef|fekt, der (Literaturw.): *Effekt, der mithilfe bestimmter technischer, das Geschehen auf der Bühne verfremdender Mittel erzielt wird.*

[1]**ver|fres|sen** ⟨st. V.; hat⟩ (salopp): *durch Essen verbrauchen:* er hat seinen ganzen Wochenlohn verfressen.

[2]**ver|fres|sen:** 1. ↑[1]verfressen. 2. ⟨Adj.⟩ (salopp abwertend) *gefräßig:* ein -er Mensch; sei nicht so v.!

Ver|fres|sen|heit, die; - (salopp abwertend): *das Verfressensein.*

ver|fro|ren ⟨Adj.⟩: a) *völlig durchgefroren, kalt u. fast steif:* -e Hände; v. aussehen; b) *sehr leicht, schon bei geringerer Kälte frierend:* sie ist sehr v.

ver|frü|hen, sich ⟨sw. V.; hat⟩: *früher als erwartet kommen:* die Gäste hatten sich verfrüht; ⟨häufig im 2. Part.:⟩ ein verfrühter Besuch, eine verfrühte Meldung *(ein zu früher Besuch, eine zu frühe Meldung);* diese Maßnahme erscheint, halte ich für verfrüht *(zu früh).*

ver|früh|stü|cken ⟨sw. V.; hat⟩ (ugs.): *unüberlegt ausgeben* (2 a): das Geld darf auf keinen Fall für andere Zwecke verfrühstückt werden.

Ver|frü|hung, die; -, -en ⟨Pl. selten⟩: *das Sichverfrühen:* mit V. eintreffen.

ver|füg|bar ⟨Adj.⟩: *[augenblicklich] zur Verfügung stehend; für den sofortigen Gebrauch o. Ä. vorhanden:* alle -en Hilfskräfte, Einsatzwagen; -es (Wirtsch.; *sofort flüssiges, disponibles)* Kapital; das Buch ist zurzeit nicht v.; er will nicht mehr rund um die Uhr v. sein.

Ver|füg|bar|keit, die; -: *das Verfügbarsein.*

ver|fu|gen ⟨sw. V.; hat⟩ (Bauw.): *ausfugen.*

ver|fü|gen ⟨sw. V.; hat⟩ [mhd. vervüegen = passen, anstehen, auch: veranlassen; bestimmen, was geschehen soll; anordnen, eigtl. = einrichten]: 1. *[von Amts wegen] anordnen:* etw. durch Gesetz v.; die Schließung eines Lokals v.; das

Gericht verfügte die Einweisung in eine Anstalt; die Ministerin verfügte, dass ...; er verfügte, was zu tun sei. **2. a)** *bestimmen, was mit jmdm. od. etw. geschehen soll:* über sein Geld, seine Zeit [frei] v. können; man verfügt über mich, als ob ich ein Kind sei; bitte verfügen Sie über mich! (sagt man, wenn man jmdm. seine Hilfe anbieten will); **b)** *etw. besitzen, haben (u. sich dessen uneingeschränkt bedienen, es nach Belieben einsetzen können):* über Kapital v.; über gute Beziehungen, Menschenkenntnis, große Erfahrung v. **3.** ⟨v. + sich⟩ (Papierdt., auch scherzh.) *sich irgendwohin begeben:* er verfügte sich in die Kanzlei.

Ver|fu|gung, die; -, -en (Bauw.): **1.** *das Verfugen.* **2.** *verfugte Ritze o. Ä.*

Ver|fü|gung, die; -, -en: **1.** *[behördliche od. gerichtliche] Anordnung:* eine amtliche, einstweilige V.; eine V. erlassen, aufheben; laut V. **2.** ⟨o. Pl.⟩ *das Verfügenkönnen, -dürfen; Disposition* (1 a): jmdm. die [volle, freie] V. über etw. geben, überlassen; etw. zu seiner, zur V. haben *(über etw. verfügen können);* [jmdm.] etw. zur V. stellen *([jmdm.] etw. zur beliebigen Benutzung bereitstellen);* sein Amt zur V. stellen *(seinen Rücktritt anbieten);* etw. steht jmdm. zur V. *(jmd. kann über etw. frei verfügen);* sich zu jmds., zur V. halten *(sich bereithalten, um [jmdm.] helfen zu können).*

ver|fü|gungs|be|rech|tigt ⟨Adj.⟩: *dazu berechtigt, über etw. zu verfügen.*

Ver|fü|gungs|ge|walt, die ⟨o. Pl.⟩: *Gewalt* (1), *über etw. zu verfügen.*

Ver|fü|gungs|recht, das: vgl. Verfügungsgewalt.

ver|führ|bar ⟨Adj.⟩: *leicht zu verführen.*

Ver|führ|bar|keit, die; -: *das Verführbarsein:* die V. durch Sprache.

ver|füh|ren ⟨sw. V.; hat⟩ [mhd. vervüeren = vollführen, ausüben; weg-, irreführen, ahd. firfuoren = entfernen, wegfahren]: **a)** *jmdn. dazu bringen, etw. Unkluges, Unrechtes, Unerlaubtes gegen seine eigentliche Absicht zu tun; verlocken, verleiten:* jmdn. zum Trinken v.; der niedrige Preis verführte sie zum Kauf; darf ich Sie zu einem Bier v.? (ugs. scherzh.; *einladen?*); **b)** *zum Geschlechtsverkehr verleiten:* er hat das Mädchen verführt.

Ver|füh|rer, der; -s, -: *jmd., der jmdn. [zu etw.] verführt [hat].*

Ver|füh|re|rin, die; -, -nen: w. Form zu ↑Verführer.

ver|füh|re|risch ⟨Adj.⟩: **a)** *geeignet, jmdn. zu etw. zu verführen:* ein -es Angebot; das Essen riecht ja [äußerst] v.; **b)** *äußerst attraktiv, reizvoll:* ein -es Lächeln; sie sieht v. aus.

Ver|füh|rung, die; -, -en: **1.** *das Verführen; das Verführtwerden.* **2.** *Reiz, anziehende Wirkung:* die -en der Werbung.

Ver|füh|rungs|kunst, die: *Kunst* (2) *der Verführung.*

ver|fuhr|wer|ken ⟨sw. V.; hat⟩ (schweiz.): *verpfuschen.*

ver|fül|len ⟨sw. V.; hat⟩ (bes. Bergmannsspr.): **a)** *(mit Abraum o. Ä.) füllen u. dadurch schließen:* einen Bergwerksstollen, Schacht v.; **b)** *bevoll laden:* Karren v.

Ver|fül|lung, die; -, -en: *das Verfüllen.*

ver|fut|tern ⟨sw. V.; hat⟩ (ugs.): *durch Futtern* (1) *verbrauchen:* sein ganzes Taschengeld v.

ver|füt|tern ⟨sw. V.; hat⟩: **a)** *(Tieren) als Futter geben:* Rüben, Hafer v.; **b)** *durch* [1]*Füttern* (1 b) *verbrauchen:* 20 kg Hafer an die Pferde v.

Ver|ga|be, die; -, -n: *das Vergeben* (2): die V. eines Auftrags, Stipendiums, Preises; die V. von Lizenzen, Subventionen.

ver|ga|ben ⟨sw. V.; hat⟩ [eigtl. = als Gabe hingeben] (schweiz.): *schenken; vermachen.*

Ver|ga|bung, die; -, -en (schweiz.): *Schenkung, Vermächtnis.*

ver|gack|ei|ern ⟨sw. V.; hat⟩ [zu mundartl. (md.) Gackei (Kinderspr.) = Ei, auch = Narr] (salopp): *zum Narren halten:* du willst mich wohl v.?

ver|gaf|fen, sich ⟨sw. V.; hat⟩ (salopp): *sich in jmdn., etw. verlieben:* er hat sich auf der Stelle in sie, in ihre Augen vergafft.

ver|gagt [...'gɛkt] ⟨Adj.⟩ (ugs.): *[zu] viele Gags* (a, b) *enthaltend:* ein -er Roman, Film.

ver|gäl|len ⟨sw. V.; hat⟩ [mhd. vergellen, zu ↑[1]Galle u. eigtl. = bitter wie Galle machen]: **1.** (Fachspr.) *etw. denaturieren* (2), *um es ungenießbar zu machen:* Alkohol, Spiritus v. **2.** *(jmdm. die Freude an etw.) verderben:* jmdm. das Leben v.; mit seinem Genörgel hat er mir die Freude an der Reise vergällt; der Tag, das Fest war [mir] vergällt.

Ver|gäl|lung, die; -, -en (Fachspr.): *das Vergällen.*

ver|ga|lop|pie|ren, sich ⟨sw. V.; hat⟩ (ugs.): *etw. zu rasch u. unbedacht sagen od. tun, was sich nachher als Irrtum herausstellt:* sich [beim Kalkulieren] v.

ver|gam|meln ⟨sw. V.⟩ (ugs.): **1. a)** *(von Nahrungsmitteln) durch zu langes Liegen verderben, ungenießbar, unbrauchbar werden* ⟨ist⟩: die Vorräte vergammeln; das Brot, das Fleisch ist völlig vergammelt; **b)** *herunterkommen* (2 a), *verwahrlosen* ⟨ist⟩: im Urlaub, in den Semesterferien völlig v.; der Garten, das Grundstück vergammelt; ⟨oft im 2. Part.:⟩ ein vergammeltes Haus, Geschäft. **2.** *eine bestimmte Zeit müßig zubringen; vertrödeln* ⟨hat⟩: den ganzen Sonntag im Bett v.

ver|gan|den ⟨sw. V.; ist⟩ [zu ↑Gand] (schweiz.): *verwildern* (1) *[von Alpweiden].*

Ver|gan|dung, die; - (schweiz.): *das Verganden.*

ver|gan|gen: ↑vergehen.

Ver|gan|gen|heit, die; -, -en ⟨Pl. selten⟩ [zu ↑vergehen]: **1. a)** ⟨o. Pl.⟩ *der Gegenwart vorangegangene Zeit [u. das in ihr Geschehene]:* V., Gegenwart und Zukunft; die jüngste V. *(soeben erst verstrichene Zeit);* die unbewältigte V. (bes. in Bezug auf die Verbrechen des Nationalsozialismus); die V. lebendig werden lassen, wachrufen; die Historiker erforschen die V.; etw. gehört der V. an *(ist nicht mehr üblich, zweckmäßig usw.);* aus den Fehlern der V. lernen; sie hat mit der V. gebrochen *(will nichts mehr davon wissen);* einen Strich unter die V. ziehen (vgl. Strich 1 a); **b)** *jmds. Leben bis zum gegenwärtigen Zeitpunkt:* seine politische, kriminelle V.; eine zweifelhafte V. haben; sie hat eine bewegte V.; die Stadt ist stolz auf ihre [große] V. *(Geschichte);* eine Frau mit V. *(eine Frau, die schon mehrere Liebschaften hatte);* er schweigt über seine braune *(nationalsozialistische)* V. **2.** (Sprachw.) *Zeitform, die ein vergangenes Geschehen ausdrückt:* die drei Formen der V.; ein Verb in die V. setzen.

Ver|gan|gen|heits|be|wäl|ti|gung, die ⟨o. Pl.⟩: *Auseinandersetzung* (1) *einer Nation mit einem problematischen Abschnitt ihrer jüngeren Geschichte, in Deutschland bes. mit dem Nationalsozialismus.*

ver|gäng|lich ⟨Adj.⟩ [mhd. vergenclich]: *ohne Bestand; nicht von Dauer; vom Vergehen, Verfall, vom Tod bedroht:* leicht -e Stoffe, Substanzen; das Leben, die Jugend, alles Irdische ist v.

Ver|gäng|lich|keit, die; -: *das Vergänglichsein.*

ver|gan|ten ⟨sw. V.; hat⟩ [zu ↑Gant] (schweiz., sonst veraltet): *in Konkurs bringen.*

Ver|gan|tung, die; -, -en (schweiz., sonst veraltet): *Zwangsversteigerung.*

ver|gä|ren ⟨st. u. sw. V.; vergor/(auch:) vergärte, vergoren/(auch:) vergärt⟩: **a)** *gären lassen [u. so zu etw. anderem werden lassen]* ⟨hat⟩: Traubensaft zu Most v.; in diesem Fass wird Futter vergoren/vergärt; **b)** (Fachspr.) *gären* (1 a) ⟨ist⟩.

Ver|gä|rung, die; -, -en: *das Vergären.*

ver|ga|sen ⟨sw. V.; hat⟩: **1.** (Fachspr.) *in Gas umwandeln:* Braunkohle, Koks v. **2. a)** *durch Giftgase töten:* in der Zeit des Nationalsozialismus wurden Millionen von Juden vergast; **b)** *durch Giftgase vertilgen:* Ungeziefer v.

Ver|ga|ser, der; -s, - (Kfz-T.): *Vorrichtung an Ottomotoren, die durch Zerstäuben des Kraftstoffes das zum Betrieb notwendige Gemisch aus Luft u. Kraftstoff herstellt.*

Ver|ga|ser|brand, der (Kfz-T.): *Brand im Vergaser.*

Ver|ga|ser|kraft|stoff, der (Kfz-T.): *für einen Vergasermotor geeigneter Kraftstoff* (z. B. Benzin).

Ver|ga|ser|mo|tor, der (Kfz-T.): *Ottomotor.*

ver|gaß, ver|gä|ße: ↑vergessen.

Ver|ga|sung, die; -, -en: **1.** *das Vergasen; das Vergastwerden.* **2.** *** **bis zur V.** (ugs.; *bis zum Überdruss;* zu ↑vergasen 1, entstammt dem Bereich der Naturwissenschaften u. bezieht sich auf den letzten (gasförmigen) Aggregatzustand, der bei ständiger Erwärmung eines Stoffes erreicht wird; sekundär wurde die Wendung von vielen auf die Massenvernichtung der Juden mit Gas im Dritten Reich bezogen und ihr Gebrauch als inhumane Sprechweise geächtet).

ver|gat|tern ⟨sw. V.; hat⟩ [mhd. vergatern = versammeln, verw. mit ↑Gatte, ↑Gatter u. ↑Gitter]: **1. a)** (Milit. früher) *Soldaten bei Antritt der Wache zur Einhaltung der Vorschriften verpflichten:* die Wache v.; **b)** (ugs.) *beauftragen, [dienstlich] verpflichten:* er wurde zum Abwaschen, zu strengstem Stillschweigen vergattert. **2.** *mit einem Gatter* (1 a) *umgeben:* die Koppel v.

Ver|gat|te|rung, die; -, -en [mhd. vergaterunge = Vereinigung, Versammlung]: *das Vergattern.*

ver|ge|ben ⟨st. V.; hat⟩ [mhd. vergeben, ahd. fargeban; 6: spätmhd. vergeben mit vergift = vergiften, eigtl. = in böser Absicht Gift geben; später meist ohne Obj.]: **1.** (geh.) *verzeihen:* sie hat ihm das Unrecht, die Schuld, seinen Fehler [nicht, längst] vergeben; Schluss damit, die Sache ist vergeben und vergessen; ⟨auch ohne Akk.-Obj.:⟩ vergib mir. **2.** *etw., worüber man als Angebot, Auftrag o. Ä. verfügt, an jmdn. geben, ihm übertragen:* eine Stelle, einen Auftrag v.; die Stiftung hat drei Stipendien zu v.; es sind noch Eintrittskarten zu v.; der Friedensnobelpreis wurde an eine Amerikanerin vergeben; die Bundesgartenschau wurde nach Magdeburg vergeben; ⟨häufig im 2. Part.:⟩ ich bin Samstag schon vergeben *(habe schon etwas vor);* seine Töchter sind alle schon vergeben *(verlobt od. verheiratet);* das ist doch vergebene (seltener; *vergebliche*) Mühe. **3.** *seinem Ansehen, seiner Würde o. Ä. schaden:* fürchtete er, seiner Würde etwas zu v.?; *** **sich** ⟨Dativ⟩ **[et]was, nichts v.** *(seinem Ansehen durch ein Tun [nicht] schaden).* **4.** (Sport) *eine günstige Gelegenheit, ein Tor, einen Punkt o. Ä. zu erzielen, nicht ausnutzen:* auf den letzten Metern vergab die Läuferin die Chance zum Sieg; ein Tor, einen Elfmeter v.; ⟨auch ohne Akk.-Obj.:⟩ Müller erreichte den Ball noch, aber er vergab *(traf nicht ins Tor).* **5.** (Kartenspiel) **a)** ⟨v. + sich⟩ *beim Austeilen der Karten einen Fehler machen:* du hast dich vergeben; **b)** *(die Karten) falsch austeilen:* du hast die Karten vergeben.

ver|ge|bens ⟨Adv.⟩ [spätmhd. vergeben(e)s, für mhd. vergebene = schenkweise, unentgeltlich; umsonst, Adv. zu: vergeben (2. Part.) in der Bed. »geschenkt«]: *umsonst; vergeblich:* ich habe lange gesucht, aber es war v.

Ver|ge|ber, der; -s, - (geh.): *jmd., der vergibt* (1).

Ver|ge|be|rin, die; -, -nen: w. Form zu ↑Vergeber.

ver|geb|lich ⟨Adj.⟩ [spätmhd. (md.) vergebelich, wohl Kürzung aus einer Bildung zum 1. Part., vgl. mhd. vergebenlich]: *erfolglos; ohne die erwartete od. erhoffte Wirkung:* ein -es Opfer; -e Nachforschungen; meine Bemühungen waren, blieben v.; er hat sich bisher v. beworben; sie hat v. auf ihn gewartet, nach ihm gesucht.

Ver|geb|lich|keit, die; -: *das Vergeblichsein:* die V. seiner Bemühungen einsehen.

Ver|ge|bung, die; -, -en [spätmhd. vergebunge]: **1.** (geh.) *Verzeihung:* die V. der Sünden *(kraft göttlicher Vollmacht vollzogene Lossprechung des Sünders nach der Beichte);* um V. bitten; V.! **2.** ⟨Pl. selten⟩ *das Vergeben* (2), *Vergabe.*

ver|ge|gen|ständ|li|chen ⟨sw. V.; hat⟩ (bes. Philos.): **1. a)** *in etw. real werden lassen; hypostasieren:* seine Ideen in einer Skulptur v.; **b)** (abwertend) *zu einem bloßen Gegenstand, Ding machen.* **2.** ⟨v. + sich⟩ *sich in etw. darstellen:* der Mensch vergegenständlicht sich in seiner Arbeit.

Ver|ge|gen|ständ|li|chung, die; -, -en (bes. Philos.): *das [Sich]vergegenständlichen.*

ver|ge|gen|wär|ti|gen [auch: - - -'- - -], sich ⟨sw. V.; hat⟩ [LÜ von spätlat. praesentare, ↑präsentieren]: *sich etw. klar machen, deutlich ins Bewusstsein, in Erinnerung rufen:* du musst dir unsere [damalige] Lage einmal v.

Ver|ge|gen|wär|ti|gung [auch: - - -'- - -], die; -, -en: *das Sichvergegenwärtigen.*

ver|ge|hen ⟨unr. V.⟩ [mhd. vergān, -gēn, ahd. firgān]: **1.** ⟨ist⟩ **a)** *(von einer Zeitspanne o. Ä.) vorbeigehen, verstreichen:* die Tage vergingen [mir] wie im Fluge; die Jahre sind schnell vergangen; darüber, über dieser Arbeit vergingen Wochen; es vergingen zwanzig Minuten, bis sie endlich kam; es vergeht kein Tag, an dem er nicht anruft; wie doch die Zeit vergeht!; es war noch keine Stunde vergangen, als ...; ⟨häufig im 2. Part.:⟩ vergangenes *(letztes)* Jahr; **b)** *(von einer Empfindung o. Ä.) in jmdm. [nachlassen u. schließlich] aufhören, [ver]schwinden:* der Schmerz, die Müdigkeit vergeht wieder; als sie auf den Teller sah, verging ihr der Appetit; die Freude an dem Fest war ihnen vergangen; das Lachen wird ihm noch v.; sie schimpfte ihn aus, dass ihm Hören und Sehen verging; **c)** *sich in nichts auflösen, sich verflüchtigen:* die Wolke, der Nebel, der Geruch verging. **2.** ⟨ist⟩ **a)** (geh.) *als vergängliches Wesen sterben:* der Mensch vergeht; ⟨subst.:⟩ das Werden und Vergehen in der Natur; **b)** *ein bestimmtes übermächtiges Gefühl sehr stark empfinden (sodass man glaubt, die Besinnung verlieren, sterben zu müssen):* vor Liebe, Sehnsucht, Durst, Angst [fast] v.; sie vergingen fast vor Neugier, vor Spannung; sie glaubte, vor Heimweh v. zu müssen; **c)** (seltener) *zergehen.* **3.** ⟨v. + sich; hat⟩ **a)** *gegen ein Gesetz, eine Norm o. Ä. verstoßen:* sich gegen das Gesetz v.; du hast dich gegen die guten Sitten vergangen; **b)** *an etw. eine unerlaubte, strafbare Handlung vornehmen; einer Sache Schaden zufügen:* sich an der Umwelt v.; sich an fremdem Eigentum v. (geh.; *stehlen*); **c)** *an jmdm. ein Sexualverbrechen begehen; jmdm. Gewalt antun:* sich an einer Frau, an einem Kind v.

Ver|ge|hen, das; -s, -: *gegen ein Gesetz, eine Norm o. Ä. verstoßende Handlung:* ein leichtes, schweres V.

Ver|ge|hung, die; -, -en (selten): *Vergehen.*

ver|gei|gen ⟨sw. V.; hat⟩ [eigtl. = schlecht od. falsch geigen] (ugs.): *(durch falsches Vorgehen, eine schlechte Leistung) verderben, zu einem Misserfolg machen:* eine Klassenarbeit, ein Spiel v.; ⟨auch ohne Akk.-Obj.:⟩ unsere Mannschaft hat schon wieder vergeigt *(verloren).*

ver|gei|len ⟨sw. V.; ist⟩ [zu ↑geilen (2)] (Bot.): *(von Pflanzen) durch Lichtmangel verkümmern; etiolieren.*

Ver|gei|lung, die; -, -en (Bot.): *das Vergeilen; Etiolement.*

ver|geis|ti|gen ⟨sw. V.; hat⟩: **1.** *ins Geistige* (1) *(als neue Qualität) überführen, wenden:* das Leiden vergeistigte ihre Schönheit; er sah ganz vergeistigt aus; ein vergeistigter Mensch. **2.** *alkoholisieren* (1).

Ver|geis|ti|gung, die; -, -en: *das Vergeistigen, Vergeistigtsein.*

ver|gel|ten ⟨st. V.; hat⟩ [mhd. vergelten, ahd. fargeltan = zurückzahlen, zurückerstatten, heimzahlen]: *mit einem bestimmten feindlichen od. seltener auch freundlichen Verhalten auf etw. reagieren:* man soll nicht Böses mit Bösem v.; Gleiches mit Gleichem v.; (Dankesformel) vergelts Gott!

Ver|gel|tung, die; -, -en [spätmhd. vergeltunge, ahd. fargeltunga = (Zu)rückzahlung]: **1.** *das Vergelten.* **2.** ⟨Pl. selten⟩ *Rache, Revanche* (1, 2): [blutige] V. für etw. üben; auf V. sinnen.

Ver|gel|tungs|akt, der: *Akt* (1 a) *zur Vergeltung* (2) *von etw.*

Ver|gel|tungs|ak|ti|on, die: *Vergeltungsakt:* eine V. beschließen, planen.

Ver|gel|tungs|maß|nah|me, die: *Maßnahme zur Vergeltung* (2).

Ver|gel|tungs|schlag, der: *besonders harte, schreckliche Vergeltungsmaßnahme:* ein atomarer V.

ver|ge|nau|ern ⟨sw. V.; hat⟩ (schweiz.): *genauer machen.*

Ver|ge|nos|sen|schaft|li|chung, die; -, -en ⟨Pl. selten⟩ (DDR): *Eingliederung landwirtschaftlicher Einzelbetriebe in eine Produktionsgenossenschaft.*

ver|ge|sell|schaf|ten ⟨sw. V.; hat⟩ [urspr. = zu einer Gemeinschaft vereinigen]: **1.** (Wirtsch.) *vom Privateigentum in den Besitz der Gesellschaft überführen; sozialisieren* (1): die Banken, Industrien v.; ein vergesellschafteter Betrieb; die vergesellschaftete Produktion. **2.** (Soziol., Psych., Verhaltensf.) *sozialisieren* (2): vergesellschaftete Individuen. **3.** ⟨v. + sich⟩ (Fachspr., bes. Biol., Med.) *eine Gemeinschaft, Gesellschaft bilden; zusammen mit etw. vorkommen.*

Ver|ge|sell|schaf|tung, die; -, -en: *das Vergesellschaften.*

[1]**ver|ges|sen** ⟨st. V.; hat⟩ [mhd. vergeʒʒen, ahd. firgeʒʒan, zu einem Verb mit der Bed. »fassen, ergreifen« u. eigtl. = aus dem (geistigen) Besitz verlieren]: **1.** *aus dem Gedächtnis verlieren; nicht behalten, sich nicht merken können:* die Hausnummer, das Datum, die Vokabeln v.; ich habe seinen Namen vergessen; ich habe vergessen, was ich sagen wollte; ⟨auch ohne Akk.-Obj.:⟩ ich vergesse sehr leicht *(habe ein schlechtes Gedächtnis).* **2.** *nicht [mehr] an jmdn., etw. denken:* jmdn., etw. sein Leben lang, sein Lebtag nicht v. [können]; seinen Ärger, seine guten Vorsätze v.; er wollte diese Frau, dieses Erlebnis so rasch wie möglich v.; seine Umgebung, sich völlig v. *(völlig versunken sein);* ich habe meinen Schirm im Zug vergessen *(liegen lassen);* seine Schlüssel v. *(nicht daran denken, sie einzustecken, mitzunehmen);* sie wird noch einmal ihren Kopf v. (ugs. scherzh.; *lässt immer Dinge irgendwo liegen*); ich habe ganz, völlig vergessen, dass heute Sonntag ist; (bei Aufzählungen:) gestern kamen Vater, Mutter und Großmutter, nicht zu v. Tante Erna; der Kummer war bald vergessen; Weihnachten war längst vergessen *(lag schon weit zurück);* sie hatten über dem Erzählen ganz die Arbeit vergessen; das vergisst man/das vergisst sich nicht so leicht; vergiss dich selbst nicht! (fam.; *nimm dir auch etwas [zu essen, zu trinken!]*); das kannst du v.! (ugs.; *das ist jetzt nicht mehr aktuell; daraus wird nichts*); den Mantel kannst du v. (ugs.; *er ist nicht mehr brauchbar*); eine vergessene *(heute unbekannte)* Dichterin; ⟨auch ohne Akk.-Obj.:⟩ in einer neuen Umgebung vergisst man leichter; ⟨mit Gen.-Obj.:⟩ vergiss nicht deiner Pflichten! (veraltet, noch geh.; *denke an deine Pflichten!*); ⟨mit Präp.-Obj.:⟩ er vergisst jedes Jahr auf/(seltener:) an ihren Geburtstag (österr., südd.; *denkt nicht daran, zu gratulieren*); sie hatte völlig darauf vergessen (südd., österr.; *nicht daran gedacht*), dass ihr Sohn heute kommen wollte; *** jmdm. etw. nie/nicht v.** *(jmdm. für sein Verhalten in einer bestimmten Situation immer dankbar bzw. böse sein).* **3.** ⟨v. + sich⟩ *die Beherrschung über sich selbst verlieren:* sich im Zorn völlig v.; wie konntest du dich so weit v., ihn zu schlagen?

Ver|ges|sen|heit, die; - [mhd. vergeʒʒenheit]: *das Vergessensein:* etw. der V. entreißen; in V. geraten, kommen.

ver|gess|lich ⟨Adj.⟩ [mhd. vergeʒʒe(n)lich]: *leicht u. immer wieder etw. vergessend:* im Alter v. werden.

Ver|gess|lich|keit, die; -: *das Vergesslichsein.*

ver|geu|den ⟨sw. V.; hat⟩ [mhd. vergiuden, zu: giuden = prahlen, großtun; prassen, wohl im Sinne von »den Mund aufreißen« zu ↑gähnen]: *leichtsinnig u. verschwenderisch mit etw. beim Verbrauch umgehen:* sein Geld, Vermögen, seine Kräfte v.; sie hat ihr Leben vergeudet; damit vergeudest du nur deine Zeit; es ist keine Zeit mehr zu v. *(es ist sehr eilig).*

ver|geu|de|risch ⟨Adj.⟩ (selten): *verschwenderisch.*

Ver|geu|dung, die; -, -en: *das Vergeuden; das Vergeudetwerden.*

ver|ge|wal|ti|gen ⟨sw. V.; hat⟩ [spätmhd. vergewaltigen]: **1.** *jmdn. durch Anwendung, Androhung von Gewalt zum Geschlechtsverkehr zwingen.* **2.** *auf gewaltsame Weise seinen Interessen, Wünschen unterwerfen:* ein Volk [kulturell, wirtschaftlich] v.; das Recht, die Sprache v.

Ver|ge|wal|ti|ger, der; -s, -: *jmd., der jmdn. vergewaltigt [hat].*

Ver|ge|wal|ti|ge|rin, die; -, -nen: w. Form zu ↑Vergewaltiger.

Ver|ge|wal|ti|gung, die; -, -en [spätmhd. vergewaltigunge]: **1.** *das Vergewaltigen; das Vergewaltigtwerden.* **2.** *Akt des Vergewaltigens.*

ver|ge|wis|sern, sich ⟨sw. V.; hat⟩ [zu ↑gewiss]: *nachsehen, prüfen, ob etw. tatsächlich geschehen ist, zutrifft:* bevor er fortging, vergewisserte er sich, dass/ob die Fenster geschlossen waren; sich der Sympathie eines anderen v.; (selten:) sich über jmdn., etw. v.

Ver|ge|wis|se|rung, die; -, -en ⟨Pl. selten⟩: *das Sichvergewissern.*

ver|gie|ßen ⟨st. V.; hat⟩ [mhd. vergieʒen, ahd. fargioʒan]: **1. a)** *versehentlich neben das eigentliche Ziel gießen:* beim Eingießen habe ich etwas Kaffee vergossen; **b)** *verschütten:* das Kind hat seine Milch vergossen; **c)** *hervordringen u. fließen lassen* (in bestimmten Verbindungen): Tränen v. *(heftig weinen);* bei der Arbeit Schweiß v. *(sich dabei sehr anstrengen);* bei dem Staatsstreich wurde viel Blut vergossen *(wurden viele Menschen getötet).* **2.** (Fachspr.) **a)** *(etw. Verflüssigtes) in eine bestimmte Form gießen:* Metall v.; **b)** *durch Vergießen (2a) herstellen.*

ver|gif|ten ⟨sw. V.; hat⟩ [mhd. vergiften, eigtl. = (ver)schenken, ahd. fargiftjan]: **1.** *[durch Vermischung mit Gift] giftig machen:* Speisen v.; das Essen, der Wein war vergiftet; ein vergifteter Pfeil; Ü solche Eindrücke können die Seele eines Kindes v.; eine vergiftete Atmosphäre. **2.** ⟨v. + sich⟩ *sich eine Vergiftung* (2) *zuziehen:* sich durch verdorbenen Fisch v. **3. a)** *durch Gift töten:* Ratten v.; sie hatte ihren Mann vergiftet; er hatte sich [mit Tabletten] vergiftet; **b)** *(durch Schadstoffe) Schaden zufügen, verderben; krank, unbrauchbar, ungenießbar machen:* Abgase vergiften die Luft; durch Abwässer vergiftete Flüsse und Seen.

Ver|gif|tung, die; -, -en: **1.** *das Vergiften; das Vergiftetwerden.* **2.** *durch Eindringen eines Giftstoffes in den Organismus hervorgerufene Erkrankung:* an einer V. sterben.

Ver|gif|tungs|er|schei|nung, die: *Anzeichen einer Vergiftung.*

ver|gil|ben ⟨sw. V.⟩ [mhd. vergilwen = gelb machen od. werden]: **1.** *mit der Zeit seine ursprüngliche Farbe verlieren u. gelb werden* ⟨ist⟩: das Papier, das Laub vergilbt; ⟨häufig im 2. Part.:⟩ vergilbte Briefe, Fotografien, Tapeten. **2.** (selten) *gelb machen* ⟨hat⟩: die Sonne hat die Gardinen vergilbt.

Ver|gil|bung, die; -, -en (selten): *das Vergilben.*

ver|gip|sen ⟨sw. V.; hat⟩: **1. a)** *mit Gips ausfüllen:* Löcher, Risse in der Wand v.; **b)** *mit Gips befestigen; eingipsen* (1). **2.** (seltener) *eingipsen* (2): ein gebrochenes Bein v.

ver|giss, ver|gisst: ↑vergessen.

Ver|giss|mein|nicht, das; -[e]s, -[e] [zusammengesetzt aus der verneinten Befehlsform von ↑vergessen u. ihrem Objekt, dem heute veralteten Gen. Sg. des Personalpronomens der 1. Pers.; die Blume gilt als Symbol der Freundschaft u. Erinnerung]: *kleine, besonders an feuchten Standorten wachsende Pflanze mit schmalen, länglichen, behaarten Blättern u. kleinen hellblauen, seltener rosa od. weißen Blüten.*

ver|giss|mein|nicht|blau ⟨Adj.; Steig. selten⟩: *von intensiv hell-, himmelblauer Farbe.*

ver|git|tern ⟨sw. V.; hat⟩ [spätmhd. vergitern]: *mit einem Gitter versehen, sichern:* die Schaufenster v.; ⟨häufig im 2. Part.:⟩ ein vergitterter Schacht; vergitterte Fenster.

Ver|git|te|rung, die; -, -en: **1.** *das Vergittern; das*

Vergittertwerden. **2.** *zur Sicherung einer Sache angebrachtes Gitter.*

ver|gla|sen ⟨sw. V.⟩: **1.** *mit einer Glasscheibe versehen* ⟨hat⟩: das Fenster neu v.; eine verglaste Veranda; * **du kannst dich v. lassen/lass dich v.!** (landsch., bes. berlin. salopp; ↑einpacken 1). **2.** (selten) *glasig* (1), *starr werden* ⟨ist⟩: ihre Augen verglasten vor Schreck. **3.** (Kerntechnik) *zur Endlagerung bestimmte stark radioaktive Abfälle in Glas einbetten.*

Ver|gla|sung, die; -, -en: **1.** *das Verglasen* (1); *das Verglastwerden.* **2.** *Glasscheibe, mit der etw. verglast* (1) *ist.* **3.** (Kerntechnik) *das Verglasen* (3), *Verglastwerden.*

Ver|gleich, der; -[e]s, -e [rückgeb. aus ↑vergleichen]: **1.** *vergleichende Betrachtung; das [Ergebnis des] Vergleichen[s]* (1): ein [un]passender, treffender, schiefer V.; das ist ein unhaltbarer V.; dieser V. drängt sich einem geradezu auf, ist weit hergeholt, hinkt; ein, der V. der beiden/zwischen den beiden Fassungen des Romans zeigt, dass ...; das ist doch/ja kein V.! *(das ist doch weitaus besser, schlechter usw. als ...!);* einen V. zwischen den beiden Inszenierungen anstellen, ziehen *(sie miteinander vergleichen* 1); in dieser Hinsicht hält er den V. mit seinem Bruder nicht aus *(kommt er ihm nicht gleich);* im V. zu/(auch:) mit *(verglichen mit)* seiner Frau ist er sehr ruhig; etw. zum V. heranziehen. **2.** *sprachlicher Ausdruck, bei dem etw. mit etw. aus einem anderen (gegenständlichen) Bereich im Hinblick auf ein beiden Gemeinsames in Beziehung gesetzt u. dadurch eindringlich veranschaulicht wird (z. B. Haare schwarz wie Ebenholz).* **3.** (Rechtsspr.) *gütlicher Ausgleich, Einigung in einem Streitfall durch gegenseitiges Nachgeben der streitenden Parteien:* einen V. schließen; zwischen beiden Parteien kam es zu einem V. **4.** (Sport) *Vergleichskampf.*

ver|gleich|bar ⟨Adj.⟩: *sich mit etw. anderem vergleichen* (1) *lassend.*

Ver|gleich|bar|keit, die; -, -en ⟨Pl. selten⟩: *das Vergleichbarsein.*

ver|glei|chen ⟨st. V.; hat⟩ [mhd. verg(e)lîchen]: **1. a)** *prüfend nebeneinander halten, gegeneinander abwägen, um Unterschiede od. Übereinstimmungen festzustellen:* eine Kopie mit dem Original v.; Preise v.; die Uhrzeit v.; das ist [doch gar] nicht zu v. [mit ...]! (ugs.; *ist doch weitaus besser, schlechter usw. als ...!*); (Verweis in Texten:) vergleiche Seite 77 (Abk.: vgl.); verglichen mit Hamburg ist diese Stadt doch hinterste Provinz!; vergleichende Sprach-, Literaturwissenschaft; **b)** *durch einen Vergleich* (2) *zu etw. anderem in Beziehung setzen:* der Dichter verglich sie mit einer/(geh.:) verglich sie einer Blume. **2.** ⟨v. + sich⟩ *sich mit jmdm. messen, seine Fähigkeiten, Kräfte o. Ä. erproben:* die Athleten können sich vor der Olympiade noch einmal v.; mit ihm kannst, darfst du dich nicht v. **3.** ⟨v. + sich⟩ (Rechtsspr.) *einen Vergleich* (3) *schließen:* die streitenden Parteien haben sich verglichen.

Ver|gleichs|form, die (Sprachw.): *Form der Komparation; Steigerungsform.*

Ver|gleichs|gläu|bi|ger, der (Rechtsspr.): *an einem Vergleichsverfahren beteiligter Gläubiger.*

Ver|gleichs|gläu|bi|ge|rin, die: w. Form zu ↑Vergleichsgläubiger.

Ver|gleichs|grö|ße, die: *Bestandteil, Komponente eines Vergleichs* (1).

Ver|gleichs|jahr, das (bes. Statistik): *Jahr, das im Hinblick auf etw. Bestimmtes als Vergleich* (1) *dient:* gegenüber dem V. bedeutet dies eine Zunahme von 47 Prozent.

Ver|gleichs|kampf, der (Sport): *Wettkampf zwischen Mannschaften, der aufgrund freier Vereinbarung außerhalb der Titelkämpfe stattfindet.*

Ver|gleichs|maß|stab, der: *Maßstab* (1), *an dem etw. vergleichend gemessen wird.*

Ver|gleichs|mie|te, die: *zur Festsetzung der [Höchst]miete herangezogene Miete vergleichbarer Wohnungen:* die Feststellung der ortsüblichen V.

Ver|gleichs|mög|lich|keit, die: *Möglichkeit, Vergleiche* (1) *zu ziehen:* uns fehlen die -en/wir haben keine V., -en.

Ver|gleichs|mo|nat, der (bes. Statistik): vgl. Vergleichsjahr.

Ver|gleichs|ob|jekt, das: vgl. Vergleichsmaßstab.

Ver|gleichs|par|ti|kel, die (Sprachw.): *beim Vergleich* (1, 2), *bei der Komparation verwendete* [1]*Partikel* (2).

Ver|gleichs|satz, der (Sprachw.): *Gliedsatz, der einen Vergleich enthält.*

Ver|gleichs|schuld|ner, der (Rechtsspr.): vgl. Vergleichsgläubiger.

Ver|gleichs|schuld|ne|rin, die: w. Form zu ↑Vergleichsschuldner.

Ver|gleichs|stu|fe, die (Sprachw.): *eine der drei Stufen der Komparation.*

Ver|gleichs|ver|fah|ren, das (Rechtsspr.): *gerichtliches Verfahren zur Abwendung eines drohenden Konkurses* (1) *durch einen Vergleich* (3).

ver|gleichs|wei|se ⟨Adv.⟩: *im Vergleich* (1) *zu jmd., etw. anderem; relativ* (1 b): gegen sie ist er v. alt.

Ver|gleichs|wert, der (bes. Statistik): vgl. Vergleichsgröße.

Ver|gleichs|zahl, die: vgl. Vergleichsmaßstab.

Ver|gleichs|zeit|raum, der (bes. Statistik): vgl. Vergleichsjahr.

Ver|glei|chung, die; -, -en: *das Vergleichen.*

ver|glet|schern ⟨sw. V.; ist⟩: *zu einem Gletscher werden:* vergletscherte Gebirge.

Ver|glet|sche|rung, die; -, -en: *das Vergletschern.*

ver|glim|men ⟨st. u. sw. V.; verglomm/(auch:) verglimmte, ist verglommen/(auch:) verglimmt⟩: *immer schwächer glimmen u. dann ganz verlöschen:* die Glut, das Feuer verglimmt.

ver|glü|hen ⟨sw. V.; ist⟩: **a)** *immer schwächer glühen* (1 a) *u. dann ganz verlöschen:* die Kohle verglühte zu Asche; verglühende Kerzendochte; **b)** *sich durch große Geschwindigkeit u. Reibung bis zur Weißglut erhitzen u. zerfallen:* die Rakete ist beim Eintritt in die Atmosphäre verglüht.

ver|gnat|zen ⟨sw. V.; hat⟩ [aus dem Niederd., zu ↑gnatzen] (landsch. ugs.): *verärgern:* er war vergnatzt.

ver|gnü|gen ⟨sw. V.; hat⟩ [mhd. vergenüegen, zu: genuoc (↑genug), urspr. = zufrieden stellen, befriedigen, dann: jmdm. eine Freude machen]: **1.** ⟨v. + sich⟩ *sich vergnügt* (a) *die Zeit vertreiben; sich amüsieren* (1): sich auf dem Fest, beim Tanzen v.; sie vergnügte sich mit ihrem Liebhaber auf den Bahamas. **2.** (selten) *belustigen; amüsieren* (3): ihre Betroffenheit schien ihn zu v.

Ver|gnü|gen, das; -s, - [mhd. vergenüegen = Bezahlung; Zufriedenstellung]: **1.** ⟨o. Pl.⟩ *inneres Wohlbehagen, das jmdm. ein Tun, eine Beschäftigung, ein Anblick verschafft; Freude* (1), *Lust* (1 b): es ist ein V., ihm zuzusehen; (Höflichkeitsfloskeln:) es ist, war mir ein V. *(ich tue es sehr gern, habe es sehr gern getan);* es war mir ein V. *(es hat mich sehr gefreut),* Sie kennen zu lernen; das V. ist ganz meinerseits/auf meiner Seite; mit wem habe ich das V.? (veraltend; *mit wem spreche ich?; wie ist bitte der Name?*); bei etw. ein kindliches V. empfinden; an etw. sein V. finden, haben; das Spiel macht, bereitet ihr [großes, ein diebisches] V.; sich ein V. daraus machen *(ein besonderes Vergnügen dabei empfinden),* etw. zu tun; ich wünsche dir [auf der Party] viel V.; (auch ugs. iron.:) [na, dann] viel V.! (ugs. iron.; *bring es gut hinter dich!, lass es dir nicht zu sauer werden! o. Ä.*); mit V. zusehen, etw. lesen; mit [dem größten] V. (Höflichkeitsfloskel als Antwort auf eine Aufforderung: *sehr gern*); vor V. lachen, schreien, in die Höhe springen; etw. aus reinem V./nur zum/zu seinem [eigenen] V. *(nicht zu einem bestimmten Zweck, sondern nur aus Freude an der Sache selbst)* tun. **2.** ⟨Pl. selten⟩ **a)** *etw., woran man Vergnügen* (1) *findet, was einem Vergnügen bereitet; angenehmer Zeitvertreib; Spaß; Amüsement:* mit ihm zu arbeiten ist kein reines V.; es war ein zweifelhaftes V. *(war keineswegs angenehm);* das ist ein teures V. *(kostet viel Geld);* lass, gönn ihr doch das, ihr V.!; nur seinem V. nachgehen; stürzen wir uns also ins V.! *(vergnügen wir uns also!;* auch iron.: *beginnen wir also [mit der Arbeit]!; lassen wir uns also auf die Sache ein!);* **R** immer hinein ins V.! (iron.; *immer weiter so, ohne zu überlegen!*); **b)** (veraltend) *[festliche Tanz]veranstaltung; Vergnügung* (b): ein V. besuchen; auf ein, zu einem V. gehen.

ver|gnü|gens|hal|ber ⟨Adv.⟩: *um des Vergnügens* (1) *willen.*

ver|gnüg|lich ⟨Adj.⟩: **a)** *jmdm. Vergnügen* (1) *bereitend; in netter, lustiger Weise unterhaltsam:* ein -er Abend; es war v., dem Spiel zu folgen; **b)** *vergnügt* (a): eine -e Gesellschaft; v. dreinschauen.

ver|gnügt ⟨Adj.⟩: **a)** *in guter Laune; von einer heiteren u. zufriedenen Stimmung erfüllt, davon zeugend:* eine -e Gesellschaft; ein -es Lächeln; er ist immer [heiter und] v.; sie rieb sich v. die Hände; **b)** *vergnüglich* (a): sich einen -en Tag machen.

Ver|gnügt|heit, die; -, -en ⟨Pl. selten⟩: *das Vergnügtsein* (a).

Ver|gnü|gung, die; -, -en ⟨meist Pl.⟩: **a)** *Vergnügen* (2 a); *angenehmer Zeitvertreib:* seinen -en nachgehen; **b)** *Veranstaltung, Aufführung o. Ä., die man besucht, um sich zu vergnügen.*

Ver|gnü|gungs|be|trieb, der: **1.** ⟨o. Pl.⟩ *Gesamtheit der zum Vergnügen, zur leichten Unterhaltung dienenden Veranstaltungen, Einrichtungen.* **2.** vgl. Vergnügungslokal.

Ver|gnü|gungs|damp|fer, der: *Dampfer für Vergnügungsfahrten.*

Ver|gnü|gungs|fahrt, die: *zum Vergnügen unternommene Fahrt.*

ver|gnü|gungs|hal|ber ⟨Adv.⟩: *vergnügenshalber.*

Ver|gnü|gungs|in|dus|trie, die: *Gesamtheit der der kommerziellen Unterhaltung dienenden Unternehmen.*

Ver|gnü|gungs|lo|kal, das: *Lokal mit der Vergnügung* (b) *dienenden Einrichtungen.*

Ver|gnü|gungs|park, der: *Gelände mit Verkaufsbuden, Karussells o. Ä.*

Ver|gnü|gungs|rei|se, die: *(im Unterschied zur Geschäftsreise o. Ä.) nur dem Vergnügen dienende Reise.*

Ver|gnü|gungs|stät|te, die: vgl. Vergnügungslokal.

Ver|gnü|gungs|steu|er, (Steuerw.:) Vergnügungsteuer, die: *Aufwandssteuer, die von der Gemeinde auf bestimmte Vergnügungen* (b), *z. B. Tanz, Theater, Kino, Zirkus, erhoben wird.*

Ver|gnü|gungs|sucht, die ⟨o. Pl.⟩ (oft abwertend): *Sucht* (2) *nach Vergnügungen.*

ver|gnü|gungs|süch|tig ⟨Adj.⟩: *von Vergnügungssucht erfüllt.*

Ver|gnü|gung|steu|er: ↑Vergnügungssteuer.

Ver|gnü|gungs|vier|tel, das: *Amüsierviertel.*

ver|gol|den ⟨sw. V.; hat⟩ [mhd. vergulden, -gülden]: **1.** *mit einer Schicht Gold überziehen:* Nüsse, einen Bilderrahmen v.; eine vergoldete Kette; **Ü** die Abendsonne vergoldete die Giebel. **2.** (geh.) *verschönen; angenehm, glücklich erscheinen lassen:* die Erinnerung vergoldete die schweren Jahre. **3.** (ugs.) *etw., was jmd. für einen getan hat, bezahlen* (1 a): sie hat sich ihr Schweigen vergolden lassen.

Ver|gol|der, der; -s, -: *Handwerker, der Kunst- u. Gebrauchsgegenstände vergoldet, versilbert, patiniert usw.* (Berufsbez.).

Ver|gol|de|rin, die; -, -nen: w. Form zu ↑Vergolder.

Ver|gol|dung, die; -, -en: **1.** *das Vergolden* (1). **2.** *Goldüberzug.*

ver|gön|nen ⟨sw. V.; hat⟩ [mhd. vergunnen]: **1.** *als Gunst, als etw. Besonderes zuteil werden lassen; gewähren* (1 a): ein freundliches Geschick hatte ihm Zeit genug dafür vergönnt; ⟨meist unpers.:⟩ es war ihm [vom Schicksal] nicht vergönnt, diesen Tag zu erleben; mögen dir noch viele Jahre vergönnt *(beschieden)* sein! **2.** (geh.) **a)** *gönnen* (1): jmdm. sein Glück v.; **b)** *gönnen* (2).

ver|got|ten ⟨sw. V.; hat⟩ [spätmhd. vergoten]: *vergöttlichen.*

ver|göt|tern ⟨sw. V.; hat⟩: *übermäßig, abgöttisch* (2) *lieben, verehren:* eine Frau v.; sie vergöttern ihren Lehrer.

Ver|göt|te|rung, die; -, -en: *das Vergöttern.*

ver|gött|li|chen ⟨sw. V.; hat⟩: *göttlich* (3 a) *machen; als Gott verehren.*

Ver|gött|li|chung, die; -, -en: *das Vergöttlichen; Apotheose* (1 a).

Ver|got|tung, die; -, -en: *das Vergotten.*

ver|göt|zen ⟨sw. V.; hat⟩ (abwertend): *zum Götzen machen.*

Ver|göt|zung, die; -, -en: *das Vergötzen; das Vergötztwerden.*

ver|gra|ben ⟨st. V.; hat⟩ [mhd. vergraben]: **1. a)** *durch Eingraben verstecken, vor anderen verbergen:* Wertsachen, einen Schatz v.; sie vergruben die tote Katze im Garten; **b)** ⟨v. + sich⟩ *sich einen unterirdischen Gang o. Ä. graben u. sich dorthin verkriechen, dort verbergen:* der Maulwurf hat sich in der/die Erde vergraben; Ü sich immer mehr v. *(zurückziehen).* **2. a)** *in etw. verbergen:* sein Gesicht in beide Hände/in beiden Händen v.; **b)** *tief in etw. stecken:* die Hände in die/den Hosentaschen v. **3.** ⟨v. + sich⟩ *sich intensiv mit etw. beschäftigen, sodass man sich von der Umwelt [fast] völlig zurückzieht; sich in etw. versenken:* sich in die/in der Arbeit, in seine/in seinen Büchern v.

ver|grä|men ⟨sw. V.; hat⟩ [spätmhd. vergramen]: **1.** *durch eine Handlung, ein Verhalten missmutig machen, jmds. Unmut erregen:* die Verwandtschaft v.; dieses Gesetz hat alle Bausparer vergrämt. **2.** (Jägerspr.) *wiederholt stören u. dadurch verscheuchen:* das Wild, die Vögel v.

ver|grämt ⟨Adj.⟩: *von Gram erfüllt, verzehrt; diesen seelischen Zustand widerspiegelnd:* eine -e alte Frau; er sieht v. aus.

ver|gra|sen ⟨sw. V.; ist⟩: *mit Gras zuwachsen:* der Garten vergrast; vergraste Wege.

ver|grät|zen ⟨sw. V.; hat⟩ [wohl mniederd. vorgretten = wütend machen, reizen] (landsch. ugs.): *verärgern:* sie hat ihn mit dieser Bemerkung vergrätzt; vergrätzte Steuerzahler.

ver|grau|en ⟨sw. V.; ist⟩: *(bes. von Textilien) einen (unerwünschten) grauen Farbton annehmen:* vergraute Bettwäsche.

ver|grau|len ⟨sw. V.; hat⟩ (ugs.): **1.** *durch unfreundliches Verhalten vertreiben:* seine Freunde, Gäste v. **2.** (seltener) *verleiden.*

Ver|grau|ung, die; -, -en: *das Vergrauen.*

ver|grei|fen, sich ⟨st. V.; hat⟩ [1: mhd. vergrīfen = falsch greifen; einschließen, umfassen]: **1. a)** *danebengreifen:* die Pianistin, der Gitarrist hat sich mehrmals vergriffen *(hat mehrmals falsche Töne gespielt);* **b)** *etw. in seiner Art Falsches, Unpassendes, Unangebrachtes o. Ä. wählen:* sich im Ton, Ausdruck, in der Wahl seiner Mittel v. **2.** *sich etw. aneignen* (1): sich an fremdem Eigentum, Besitz v.; er hat sich an der Kasse vergriffen *(hat widerrechtlich Geld aus ihr entnommen).* **3.** *gegen jmdn. tätlich werden, jmdm. Gewalt antun:* sich an einem Schwächeren v.; er wollte sich an dem Kind v. *(wollte es geschlechtlich missbrauchen);* Ü ich werde mich an der Maschine nicht v. *(werde mich aus Furcht vor unsachgemäßer Behandlung gar nicht damit befassen).*

ver|grei|sen ⟨sw. V.; ist⟩: **1.** *stark altern, greisenhaft, senil werden:* er vergreist immer mehr. **2.** *(von der Bevölkerung) sich zunehmend aus alten Menschen zusammensetzen; überaltert* (1) *sein:* eine vergreisende Gesellschaft.

Ver|grei|sung, die; -: *das Vergreisen.*

ver|grel|len ⟨sw. V.; hat⟩ [mhd. vergrellen, zu: grellen = laut, vor Zorn schreien] (landsch.): *zornig machen:* man hat sie vergrellt.

ver|grif|fen ⟨Adj.⟩ [zu ↑vergreifen in der veralteten Bed. »durch Greifen entfernen«]: *(bes. von Druckerzeugnissen) nicht mehr lieferbar:* ein -es Buch; diese Ausgabe ist [zurzeit] v.

ver|grö|bern ⟨sw. V.; hat⟩: **a)** *gröber* (1 c) *machen:* der Maler hatte ihre Gesichtszüge auf dem Porträt vergröbert; etw. vergröbert darstellen; **b)** ⟨v. + sich⟩ *gröber* (1 c) *werden.*

Ver|grö|be|rung, die; -, -en: *das Vergröbern.*

Ver|grö|ße|rer, der; -s, -: *optisches Gerät zur Herstellung von Vergrößerungen* (2).

ver|grö|ßern ⟨sw. V.; hat⟩: **1. a)** *in seiner Ausdehnung, seinem Umfang größer machen; erweitern:* einen Raum, Garten [um das Doppelte] v.; den Abstand zwischen zwei Pfosten v.; **b)** ⟨v. + sich⟩ (ugs.) *sich in Bezug auf die für Wohnung od. Geschäft zur Verfügung stehende Fläche weiter ausdehnen:* wir sind umgezogen, um uns zu v.; der Betrieb hat sich vergrößert; **c)** ⟨v. + sich⟩ *in Bezug auf seine Ausdehnung, seinen Umfang größer werden:* eine krankhaft vergrößerte Leber, Schilddrüse. **2. a)** *mengen-, zahlen-, gradmäßig größer machen; vermehren:* die Zahl der Mitarbeiter v.; eine Dosis v. *(erhöhen);* die Maßnahme hatte das Übel noch vergrößert *(verschlimmert);* **b)** ⟨v. + sich⟩ *mengen-, zahlen- od. gradmäßig größer werden, zunehmen:* die Zahl der Mitarbeiter hat sich vergrößert; damit vergrößert sich die Wahrscheinlichkeit, dass sie geht. **3.** *von etw. eine größere Reproduktion herstellen:* eine Fotografie v. **4.** *(von optischen Linsen o. Ä.) größer erscheinen lassen:* dieses Glas vergrößert stark.

Ver|grö|ße|rung, die; -, -en: **1.** ⟨Pl. selten⟩ *das Vergrößern, das [Sich]vergrößern.* **2.** *vergrößerte Fotografie:* von einem Negativ -en machen.

Ver|grö|ße|rungs|ap|pa|rat, der: *Vergrößerer.*

Ver|grö|ße|rungs|form, die (Sprachw.): vgl. Verkleinerungsform; *Augmentativ.*

Ver|grö|ße|rungs|ge|rät, das: *Vergrößerungsapparat.*

Ver|grö|ße|rungs|glas, das: *[in eine Halterung mit Griff od. in eine Vorrichtung zum Aufstellen gefasste] optische Linse, die Gegenstände vergrößert* (4); *Lupe:* etw. durch ein, mit einem V. betrachten.

Ver|grö|ße|rungs|sil|be, die (Sprachw.): vgl. Verkleinerungssilbe.

ver|grü|belt ⟨Adj.⟩: *grüblerisch.*

ver|gu|cken, sich ⟨sw. V.; hat⟩ (ugs.): **1.** *jmds. Äußeres so anziehend finden, dass man sich in ihn verliebt:* er hat sich in seine Nachbarin verguckt. **2.** *versehen* (3 a): ich glaube, du hast dich verguckt, das ist er nicht.

Ver|gunst [zu spätmhd. vergunsten = erlauben, zu ↑Gunst]: nur noch in der Fügung **mit V.** (veraltet; *mit Verlaub, mit Ihrer Erlaubnis*).

ver|güns|ti|gen ⟨sw. V.; hat⟩ (veraltet): *günstiger* (a) *gestalten:* vergünstigte Preise.

Ver|güns|ti|gung, die; -, -en: *Vorteil, den jmd. aufgrund bestimmter Voraussetzungen genießt:* soziale, steuerliche -en; -en bieten, gewähren, genießen.

ver|gü|ten ⟨sw. V.; hat⟩ [spätmhd. vergüeten = ersetzen; auf Zinsen anlegen]: **1. a)** *jmdm. für einen finanziellen Nachteil o. Ä. einen entsprechenden Ausgleich zukommen lassen:* jmds. Unkosten, jmdm. seine Auslagen v.; jmdm. einen Verlust, einen Schaden v. *(ersetzen);* **b)** (bes. Amtsspr.) *eine bestimmte [Arbeits]leistung bezahlen:* [jmdm.] eine Arbeit, Tätigkeit v.; die Leistungen werden nach einheitlichen Sätzen vergütet. **2.** (Fachspr.) *in seiner Qualität verbessern:* Metall, Linsen v.

Ver|gü|tung, die; -, -en: **1.** *das Vergüten; das Vergütetwerden.* **2.** *Geldsumme, mit der etw. vergütet wird:* eine V. zahlen, erhalten.

verh. = verheiratet (Zeichen: ⚭).

Ver|ha|ckert, das; -s [zu landsch. verhacken = zerhacken] (österr.): *Speise aus klein gehacktem geräuchertem Schweinefleisch.*

ver|hack|stü|cken ⟨sw. V.; hat⟩ (ugs.): **1.** (abwertend) *bis in die Einzelheiten so negativ beurteilen, dass nichts Gutes mehr übrig bleibt; verreißen:* die Neuerscheinung, Aufführung wurde von der Kritik [völlig, regelrecht] verhackstückt. **2.** (nordd.) *beratend, verhandelnd über etw. sprechen.*

Ver|haft: in den Wendungen **in V. nehmen** (veraltet; ↑[1]Haft 1); **in V. sein** (veraltet; *sich in [1]Haft* 1 *befinden*).

ver|haf|ten ⟨sw. V.; hat⟩ [1: mhd. verheften, eigtl. = festmachen]: **1.** *(aufgrund eines Haftbefehls) festnehmen:* jmdn. [unter dem Verdacht des Mordes] v.; er ließ ihn v.; sie war unschuldig verhaftet worden. **2.** (selten) *einprägen* (2 a): dieser Eindruck hat sich ihm, ihrem Gedächtnis unauslöschlich verhaftet.

ver|haf|tet ⟨Adj.⟩: *[in geistiger Hinsicht] so sehr unter dem Einfluss, der Einwirkung von etw. stehend, dass man sich nicht davon lösen kann, davon bestimmt wird:* eine ihrer Zeit -e Autorin; [in] der Tradition v. sein.

Ver|haf|te|te, der u. die; -n, -n ⟨Dekl. ↑Abgeordnete⟩: *jmd., der verhaftet* (1) *worden ist.*

Ver|haf|tung, die; -, -en: **1.** *das Verhaften* (1): jmds. V. veranlassen, anordnen; er konnte der V. nur knapp entgehen. **2.** (selten) *das Verhaftetsein:* die V. in der Tradition.

Ver|haf|tungs|wel|le, die: *Welle* (2 a) *von Verhaftungen* (1) *in einem kurzen Zeitraum.*

ver|ha|geln ⟨sw. V.; ist⟩: *durch Hagelschlag vernichtet werden:* das Getreide ist verhagelt; Ü er verhagelte *(verdarb)* ihr den Sonntag.

ver|hä|keln ⟨sw. V.; hat⟩: **a)** ⟨v. + sich⟩ *verhaken* (b); **b)** *verflechten* (b), *eng miteinander verbinden.*

ver|ha|ken ⟨sw. V.; hat⟩: **a)** *fest einhaken* (1): zwei Bügel v.; **b)** ⟨v. + sich⟩ *an etw. (Unebenem, Vorstehendem o. Ä.) hängen bleiben, sich festhaken:* sich am Zaun v.; der Reißverschluss hat sich schon wieder verhakt; Ü sich in Details v.; **c)** *etw. in etw. haken* (2): die Finger, Hände [ineinander] v.

ver|hal|len ⟨sw. V.⟩: **1.** *immer schwächer hallen u. schließlich nicht mehr zu hören sein* ⟨ist⟩: die Rufe, Schritte verhallten; Ü ihre Bitten sind ungehört verhallt *(sind unbeachtet geblieben).* **2.** (Technik) *(bei musikalischen Aufnahmen) den Effekt eines Nachhalls erzeugen* ⟨hat⟩.

Ver|halt, der; -[e]s, -e (veraltet): **1.** ⟨o. Pl.⟩ *Verhalten.* **2.** *Sachverhalt.*

[1]ver|hal|ten ⟨st. V.; hat⟩ [mhd. verhalten, ahd. farhaltan = zurückhalten, hemmen]: **1.** ⟨v. + sich⟩ **a)** *in bestimmter Weise auf jmdn., etw. in einer Situation o. Ä. reagieren:* sich ruhig, still, abwartend, vorsichtig v.; sich im Verkehr richtig v.; **b)** *in seinem Handeln [anderen gegenüber] eine bestimmte Haltung, Einstellung zeigen; sich benehmen:* sich jmdm. gegenüber/gegen jmdn./zu jmdm. korrekt, unfair, wie ein Freund v. **2.** ⟨v. + sich⟩ **a)** *in einer bestimmten Weise (beschaffen) sein:* die Sache, Angelegenheit verhält sich nämlich so …, in Wirklichkeit genau umgekehrt; ⟨auch unpers.:⟩ mit der Sache verhielt es sich ganz anders; wie verhält es sich eigentlich mit ihrer Wahrheitsliebe?; **b)** *in Vergleich zu etw. anderem eine bestimmte Beschaffenheit haben, zu etw. in einem bestimmten Verhältnis stehen:* a verhält sich zu b wie x zu y; die beiden Größen verhalten sich zueinander wie 1 : 2. **3.** (geh.) *unter Kontrolle halten, zurückhalten, unterdrücken:* seinen Schmerz, Zorn v.; den Atem, die Luft v. *(anhalten);* den Harn v. **4. a)** (geh.) *den Schritt verzögern; im Gehen innehalten:* den Schritt v.; ⟨auch ohne Akk.-Obj.:⟩ an der Kreuzung verhielt er einen Augenblick *(blieb er stehen);* **b)** (Reiten) *[1]parieren* (2): sein Pferd v. **5.** ⟨v. + sich⟩ (landsch.) *sich mit jmdm. gut stellen:* er hatte Erfolg, also verhielt man sich mit ihm. **6.** (österr., schweiz. bes. Amtsspr.) *verpflichten:* sie ist verhalten *(gehalten),* dich zu ermahnen. **7.** (schweiz., sonst veraltet) *[mit der Hand] verschließen, zuhalten:* jmdm. den Mund, sich die Ohren v.

[2]ver|hal|ten ⟨Adj.⟩: **1. a)** *(von Empfindungen o. Ä.) zurückgehalten, unterdrückt u. daher für andere kaum merklich:* -er Zorn; in ihren Worten, ihrem Ton lag -er Spott; v. lächeln; **b)** *zurückhaltend:* sie ist ein scheues und -es Wesen; eine -e Fahrweise; v. *(vorsichtig u. nicht sonderlich schnell; defensiv)* fahren. **2.** *(von Tönen, Far-*

V

ben o. Ä.) gedämpft, dezent: -e Farbtöne; er sprach mit -er Stimme.

Ver|hal|ten, das; -s, (Fachspr.:) -: *Art u. Weise, wie sich ein Lebewesen, etw.* [1]*verhält* (1): ein tadelloses, seltsames, taktisch kluges, fahrlässiges V.; das V. in Notsituationen; ein arrogantes V. an den Tag legen; sein V. [jmdm. gegenüber, gegen jmdn., zu jmdm.] ändern; jmds. V. [nicht] verstehen, sich nicht erklären können, missbilligen, verurteilen; Tiere mit geselligem V.; **Ü** das V. von Viren, eines Gases untersuchen.

-ver|hal|ten, das; -s: **1.** bezeichnet in Bildungen mit Substantiven oder Verben (Verbstämmen) das Verhalten bei oder während etw.: Brut-, Ess-, Freizeit-, Seitenwindverhalten. **2.** bezeichnet in Bildungen mit Substantiven das Verhalten von jmdm.: Verbraucher-, Wählerverhalten.

Ver|hal|ten|heit, die; - [zu ↑[2]verhalten]: *das Verhaltensein.*

Ver|hal|tens|än|de|rung, die: *Änderung des Verhaltens.*

ver|hal|tens|auf|fäl|lig ⟨Adj.⟩ (Psych., Med.): *in seinem Verhalten vom Normalen, Üblichen in auffälliger Weise abweichend:* -e Jugendliche, Kinder.

Ver|hal|tens|auf|fäl|lig|keit, die (Psych., Med.): *das Verhaltensauffälligsein.*

Ver|hal|tens|for|scher, der: *Wissenschaftler auf dem Gebiet der Verhaltensforschung.*

Ver|hal|tens|for|sche|rin, die: w. Form zu ↑Verhaltensforscher.

Ver|hal|tens|for|schung, die ⟨o. Pl.⟩: *Erforschung der menschlichen u. tierischen Verhaltensweisen (als Teilgebiet der Biologie); Ethologie.*

ver|hal|tens|ge|stört ⟨Adj.⟩ (ugs.): *Verhaltensstörungen aufweisend:* -e Kinder; [schwer] v. sein.

Ver|hal|tens|ko|dex, der: *Kodex* (4).

Ver|hal|tens|maß|re|gel, die ⟨meist Pl.⟩: vgl. Verhaltensregel.

Ver|hal|tens|mus|ter, das: *Komplex von Verhaltensweisen, dessen Komponenten häufig gemeinsam od. in der gleichen Reihenfolge auftreten:* typisch männliche V.

Ver|hal|tens|norm, die: vgl. Verhaltensregel.

Ver|hal|tens|re|gel, die ⟨meist Pl.⟩: *Regel* (1 a) *für das Verhalten in bestimmten Situationen:* die -n bei Eis und Schnee.

Ver|hal|tens|stö|rung, die ⟨meist Pl.⟩ (Med., Psych.): *Störung des [sozialen] Verhaltens.*

ver|hal|tens|the|ra|peu|tisch ⟨Adj.⟩: *die Verhaltenstherapie betreffend, dazu gehörend, darauf beruhend.*

Ver|hal|tens|the|ra|pie, die: *Psychotherapie, die Verhaltensstörungen beeinflussen soll.*

Ver|hal|tens|wei|se, die: *Verhalten.*

Ver|hält|nis, das; -ses, -se [zu ↑[1]verhalten (2)]: **1.** *Beziehung, in der sich etw. mit etw. vergleichen lässt od. in der etw. an etw. anderem gemessen wird; Relation* (1 a): das entspricht einem V. von drei zu eins, 3 : 1; im V. zu früher *(verglichen mit früher)* ist sie jetzt viel toleranter; der Aufwand stand in keinem V. zum Erfolg *(war, gemessen an dem erzielten Erfolg, viel zu groß).* **2.** *Art, wie jmd. zu jmdm., etw. steht; persönliche Beziehung:* sein V. zu seinen Eltern war gestört; es herrscht ein vertrautes V. zwischen uns; ein gutes, freundschaftliches V. zu jmdm. haben; sie hat, findet kein [rechtes] V. zur Musik; zu jmdm. in gespanntem V. stehen. **3. a)** (ugs.) *über eine längere Zeit bestehende intime Beziehung zwischen zwei Menschen; Liebesverhältnis:* ein V. mit jmdm. anfangen, beenden; mit jmdm. ein V. haben; die beiden haben ein V. [miteinander]; er unterhielt mit/zu ihr ein V.; **b)** *jmd., mit dem man ein Verhältnis* (3 a) *hat:* sie ist sein V. **4.** ⟨Pl.⟩ *Umstände, äußere Zustände; für jmdn., etw. bestimmende Gegebenheiten:* bei ihnen herrschen geordnete -se; sie liebt klare -se; meine -se *(finanziellen Möglichkeiten)* erlauben mir solche Ausgaben nicht; wie sind die akustischen -se in diesem Saal?; er ist ein Opfer der politischen -se; in bescheidenen, gesicherten -sen leben; sie kommt/stammt aus kleinen -sen *(aus einfachem, kleinbürgerlichem Milieu);* sie lebt über ihre -se *(gibt mehr Geld aus, als es ihre finanzielle Situation eigentlich erlaubt).*

ver|hält|nis|gleich ⟨Adj.⟩: *im gleichen Verhältnis zueinander stehend; proportional* (1).

Ver|hält|nis|glei|chung, die (Math.): *Proportion* (2 b).

ver|hält|nis|mä|ßig ⟨Adj.⟩: **1.** ⟨attr. bei Adj. u. Adv.⟩ *im Verhältnis* (1) *zu etw. anderem, verglichen mit od. gemessen an etw. anderem, relativ* (1 b): eine v. hohe Besucherzahl; in v. kurzer Zeit; diese Arbeit ist v. leicht. **2.** *einem bestimmten Verhältnis* (1) *angemessen; entsprechend:* Gewinne v. aufteilen.

Ver|hält|nis|mä|ßig|keit, die; -, -en ⟨Pl. selten⟩: *Angemessenheit; Entsprechung* (1): die V. der Mittel.

Ver|hält|nis|wahl, die: *Wahl, bei der die Vergabe der Mandate auf die verschiedenen Parteien nach dem Verhältnis* (1) *der abgegebenen Stimmen erfolgt; Proportionalwahl, Proporzwahl.*

Ver|hält|nis|wahl|recht, das ⟨o. Pl.⟩: vgl. Verhältniswahl.

Ver|hält|nis|wahl|sys|tem, das: *System der Verhältniswahl.*

Ver|hält|nis|wort, das ⟨Pl. ...wörter⟩ (Sprachw.): *Wort, das Wörter zueinander in Beziehung setzt u. ein bestimmtes (räumliches, zeitliches usw.) Verhältnis angibt; Präposition* (z. B. der Ball liegt auf/in/unter dem Schrank).

Ver|hält|nis|zahl, die (Statistik): *Zahl, die keine selbstständige Größe ausdrückt, sondern zwei statistische Kennzahlen in ihrem Verhältnis zueinander (als Quotienten) darstellt.*

Ver|hal|tung, die; -: **1. a)** (geh.) *das Verhalten* (3); **b)** (Med.) *Retention* (1). **2.** (veraltet) *Verhalten* (1).

Ver|hal|tungs|maß|re|gel, die ⟨meist Pl.⟩: *Verhaltensmaßregel.*

Ver|hal|tungs|wei|se, die: *Verhaltensweise.*

ver|han|del|bar ⟨Adj.⟩: *sich verhandeln lassend, verhandlungsfähig* (2): der Preis ist v.

ver|han|deln ⟨sw. V.; hat⟩ [2: mhd. verhandeln]: **1. a)** *etw. eingehend erörtern, besprechen, sich über etw., in einer bestimmten Angelegenheit eingehend beraten, um zu einer Klärung, Einigung zu kommen:* über, (selten:) um etw. v.; er hat über die Beilegung des Streits mit seinem Vertragspartner verhandelt; ⟨auch mit Akk.-Obj.:⟩ eine Sache noch v. müssen; **b)** *vor Gericht, in einem Gerichtsverfahren behandeln [u. entscheiden]:* einen Fall in dritter Instanz v.; gegen ihn wurde wegen Körperverletzung verhandelt; ⟨auch ohne Akk.-Obj.:⟩ das Gericht verhandelt gegen die Terroristen *(führt die Gerichtsverhandlung gegen sie durch).* **2.** (veraltend, oft abwertend) *verkaufen; verschachern.*

Ver|hand|ler, der; -s, - (österr.): *jmd., der Verhandlungen führt; Verhandlungsführer.*

Ver|hand|le|rin, die; -, -nen: w. Form zu ↑Verhandler.

Ver|hand|lung, die; -, -en ⟨oft Pl.⟩ [spätmhd. verhandlung]: **a)** *das Verhandeln* (1): offizielle, geheime -en; die -en zogen sich hin, verliefen ergebnislos; -en aufnehmen; die -en führen, leiten; mit jmdm. in V. stehen *(über etw. verhandeln);* zu -en bereit sein; **b)** *Behandlung [u. Entscheidung] eines Rechtsfalles vor Gericht:* eine öffentliche V.; die V. fand unter Ausschluss der Öffentlichkeit statt; die V. musste unterbrochen werden; die V. wurde vertagt.

Ver|hand|lungs|an|ge|bot, das: *Angebot* (1 b), *zu verhandeln.*

Ver|hand|lungs|ba|sis, die: *Verhandlungsgrundlage.*

ver|hand|lungs|be|reit ⟨Adj.⟩: *bereit zu verhandeln* (1 a).

Ver|hand|lungs|be|reit|schaft, die ⟨o. Pl.⟩: *Bereitschaft* (1), *zu verhandeln:* V. signalisieren.

Ver|hand|lungs|er|geb|nis, das: *Ergebnis* (a) *einer Verhandlung.*

ver|hand|lungs|fä|hig ⟨Adj.⟩: **1.** (Rechtsspr.) *in der Lage, in einer Verhandlung* (b) *seine Interessen wahrzunehmen.* **2.** *so beschaffen, dass darüber verhandelt* (1 b) *werden kann:* dieser Punkt ist nicht v.

Ver|hand|lungs|füh|rer, der: *jmd., der Verhandlungen führt.*

Ver|hand|lungs|füh|re|rin, die: w. Form zu ↑Verhandlungsführer.

Ver|hand|lungs|füh|rung, die: *das Führen* (3 a), *Leiten* (1) *einer Verhandlung* (a, b).

Ver|hand|lungs|ge|gen|stand, der: vgl. Verhandlungspunkt.

Ver|hand|lungs|grund|la|ge, die: *Grundlage, auf der verhandelt* (1 a) *wird.*

Ver|hand|lungs|part|ner, der: vgl. Vertragspartner.

Ver|hand|lungs|part|ne|rin, die: w. Form zu ↑Verhandlungspartner.

Ver|hand|lungs|punkt, der: *Punkt* (4 a) *einer Verhandlung.*

Ver|hand|lungs|sa|che, die: *Sache, über die zu verhandeln* (1 a) *man bereit ist:* der Preis ist V.

Ver|hand|lungs|spiel|raum, der: *Spielraum für Verhandlungen:* viel, wenig V. haben.

Ver|hand|lungs|spra|che, die: *Sprache* (4 a), *in der die Verhandlungen geführt werden.*

Ver|hand|lungs|tisch, der (in bestimmten Verbindungen): sich an den V. setzen *(die Verhandlungen aufnehmen);* an den V. zurückkehren *(die Verhandlungen wieder aufnehmen).*

Ver|hand|lungs|weg, der: in der Fügung auf dem V. *(durch Verhandeln).*

ver|han|gen ⟨Adj.⟩: **1.** *von tief hängenden Wolken bedeckt; in Dunst gehüllt; trübe:* ein -er Himmel, Tag. **2.** *mit etw. verhängt; zugehängt:* -e Fenster.

ver|hän|gen ⟨sw. V.; hat⟩: **1.** *etw. vor od. über etw. hängen u. es dadurch bedecken, verdecken; zuhängen:* die Fenster mit Zeltplanen v.; er verhängte den Spiegel mit einem schwarzen Tuch. **2.** *(bes. als Strafe) anordnen, verfügen:* eine Strafe über jmdn. v.; den Ausnahmezustand v.; der Schiedsrichter verhängte einen Elfmeter.

Ver|häng|nis, das; -ses, -se [älter = Fügung (Gottes), mhd. verhencnisse = Zulassung, Einwilligung, zu: verhengen = hängen lassen od. schießen lassen; nachgeben, geschehen lassen, ergehen lassen, ↑verhängt]: *von einer höheren Macht über jmdn. verhängtes Unglück* (1); *Unheil, dem man nicht entgehen kann:* die Spielleidenschaft war sein V.; das V. brach über sie herein, ließ sich nicht aufhalten, ließ sich abwenden; das V. nahm seinen Lauf; diese Frau wurde ihm zum V.

ver|häng|nis|voll ⟨Adj.⟩: *sich als Verhängnis auswirkend, jmdm. zum Verhängnis werdend; unheilvoll, fatal* (b): ein -er Irrtum; diese Entscheidung war v., erwies sich als v., wirkte sich v. aus.

ver|hängt ⟨Adj.⟩: nur in der Fügung **mit -em Zügel** *(mit locker hängen gelassenem Zügel;* zu mhd. verhengen = die Zügel hängen lassen).

Ver|hän|gung, die; -, -en: *das Verhängen* (2): die V. einer Geldstrafe, des Ausnahmezustandes.

ver|harm|lo|sen ⟨sw. V.; hat⟩: *(etw. Gefährliches, Riskantes, Bedrohliches o. Ä.) harmloser* (1) *hinstellen, als es in Wirklichkeit ist; bagatellisieren:* eine Gefahr v.; die schädliche Wirkung von etw. v.; eine verharmlosende Darstellung.

Ver|harm|lo|sung, die; -, -en: *das Verharmlosen.*

ver|härmt ⟨Adj.⟩ [zu ↑härmen]: *von großem Kummer gezeichnet, verzehrt:* eine -e Frau; ein -es Gesicht; v. aussehen, wirken.

ver|har|ren ⟨sw. V.; hat⟩ [mhd. verharren] (geh.): **a)** *[in einer Bewegung innehaltend] sich für eine Weile nicht von seinem Platz fortbewegen, von der Stelle rühren:* einen Augenblick v.; unschlüssig an der Tür, auf dem Platz v.; **Ü** die Zinsen verharren schon länger auf hohem Niveau; **b)** *[beharrlich] in, bei etw. bleiben:* in Resignation, in Schweigen v.

Ver|har|rung, die; -: *das Verharren.*

ver|har|schen ⟨sw. V.; ist⟩: **a)** *harsch* (1 b), *zu Harsch werden:* der Schnee verharscht, ist verharscht; **b)** *durch Bildung von Schorf zuheilen:* die Wunde verharscht.

V

Ver|har|schung, die; -, -en: 1. *das Verharschen.* 2. *verharschte Stelle.*

ver|här|ten ⟨sw. V.⟩ [mhd. verherten, -harten, ahd. farhartjan]: 1. ⟨hat⟩ **a)** *hart* (1 a) *machen:* das Feuer verhärtet den Ton; **b)** *hart* (3) *machen:* das Leben verhärtete ihn; die Not hat ihr Herz verhärtet. 2. **a)** *hart* (1 a) *werden* ⟨ist⟩: das Gewebe verhärtet; der Boden war durch langen Weidebetrieb verhärtet; **b)** ⟨v. + sich⟩ *hart* (1 a) *werden* ⟨hat⟩: das Gewebe, die Geschwulst hat sich verhärtet; **c)** ⟨v. + sich⟩ *hart* (3), *verbittert werden; sich jmdm., einer Sache gegenüber unzugänglich, abweisend zeigen* ⟨hat⟩: sich gegen seine Mitmenschen v.; in den Tarifverhandlungen haben sich die Fronten verhärtet; ⟨oft im 2. Part.:⟩ sein Herz ist verhärtet.

Ver|här|tung, die; -, -en: 1. *das [Sich]verhärten.* 2. *verhärtete Stelle im Gewebe.*

ver|har|zen ⟨sw. V.; ist⟩: *Harz[e], harzähnliche Stoffe bilden.*

Ver|har|zung, die; -, -en: *das Verharzen.*

ver|hascht ⟨Adj.⟩ (ugs., oft abwertend): *dem Haschisch verfallen; unter Einfluss von Haschisch stehend:* ein -er Typ; v. sein.

ver|has|peln, sich ⟨sw. V.; hat⟩ (ugs.): **a)** *haspelnd* (2 a) *die Worte durcheinander bringen, sich mehrmals versprechen:* sich vor Aufregung v.; sich bei einer Antwort, in einer Rede v.; **b)** *sich irgendwo verwickeln, verfangen:* sie verhaspelte sich in den Stricken.

ver|hasst ⟨Adj.⟩ [adj. 2. Part. von veraltet verhassen = hassen]: *jmdm. äußerst zuwider; jmds. Hass hervorrufend:* ein -es Regime; eine -e Pflicht; überall v. sein; Unaufrichtigkeit ist ihr [in tiefster Seele] v.; sich bei jmdm. v. (*äußerst unbeliebt*) machen.

ver|hät|scheln ⟨sw. V.; hat⟩ (oft abwertend): *jmdm. (bes. einem Kind) übertriebene Fürsorge zuteil werden lassen:* ein Kind v.

Ver|hät|sche|lung, Ver|hätsch|lung, die; -, -en: *das Verhätscheln; das Verhätscheltwerden.*

ver|hatscht ⟨Adj.⟩ [zu ↑hatschen] (österr. ugs.): *(von Schuhen) ausgetreten.*

Ver|hau, der od. das; -[e]s, -e [zu mhd. verhouwen (↑verhauen) in der Bed. »durch Fällen von Bäumen versperren«]: 1. *dichtes, bes. aus Ästen, Strauchwerk od. [Stachel]draht bestehendes Hindernis, das den Weg od. Zugang zu etw. versperrt:* einen V. errichten. 2. (ugs.) *große Unordnung, dichtes Durcheinander:* ist das ein V. hier!

ver|hau|chen ⟨sw. V.⟩ (geh.): 1. *hauchend von sich geben, aushauchen* ⟨hat⟩: die Seele, sein Leben v. (*sterben*). 2. *ganz sacht verlöschen* ⟨ist⟩: das Flämmchen verhauchte.

ver|hau|en ⟨unr. V.; hat⟩ [mhd. verhouwen = zerhauen; verwunden; beschädigen; ab-, niederhauen; ausholzen; durch Fällen von Bäumen versperren, ahd. firhouwan; 5: eigtl. = durch Hauen in eine gewünschte Form bringen] (ugs.): 1. *[kräftig] mehrmals hintereinander schlagen:* die Nachbarskinder haben sich, haben den armen Jungen [gründlich, tüchtig] verhauen; jmdm. den Hintern v.; Ü du siehst [ja ganz, total] verhauen (salopp; *unmöglich*) aus! 2. *etw. schlecht, mangelhaft machen, mit vielen Fehlern schreiben:* einen Aufsatz [gründlich] v. 3. ⟨v. + sich⟩ *sich verrechnen, verkalkulieren:* du hast dich mit deiner Berechnung, in dieser Sache [mächtig] verhauen. 4. *[für sein Vergnügen] leichtfertig ausgeben:* er hat den ganzen Lohn in einer Nacht verhauen.

ver|he|ben, sich ⟨st. V.; hat⟩: *sich beim Heben von etw. zu Schwerem körperlichen Schaden zufügen:* sie hat sich beim Verladen der Kisten verhoben.

ver|hed|dern ⟨sw. V.; hat⟩ [aus dem Niederd., zu ↑Hede] (ugs.): 1. ⟨v. + sich⟩ **a)** *sich irgendwo verfangen; irgendwo hängen bleiben:* sich in den Netzen v.; die Wolle hat sich [beim Aufwickeln] verheddert; Ü die Regierung hat sich in der Steuerpolitik verheddert; **b)** *beim Sprechen, beim Vortragen eines Textes an einer Stelle mehrmals hängen bleiben:* sich mehrmals [in einer Rede] v. 2. *verwickeln, ineinander verschlingen u. sich deshalb nur schwer wieder entwirren lassen:* die Fäden v.

ver|hee|ren ⟨sw. V.; hat⟩ [mhd. verhern, ahd. farheriōn, eigtl. = mit einem Heer überziehen, zu mhd. her(e)n, herjen, ahd. heriōn = verwüsten, raufen, plündern, zu mhd. her(e), ahd. heri, ↑Heer]: *in weiter Ausdehnung verwüsten:* furchtbare Unwetter verheerten das Land; der Krieg hatte weite Gebiete verheert.

ver|hee|rend ⟨Adj.⟩: 1. *furchtbar, entsetzlich, katastrophal:* ein -er Wirbelsturm; -e Folgen haben; die Schäden waren v.; sich v. auswirken. 2. (ugs.) *scheußlich* (1 a): der Teppich sieht ja wirklich v. aus!

Ver|hee|rung, die; -, -en [spätmhd. verherunge]: *das Verheeren; das Verheertwerden; das Verheertsein:* -en anrichten.

ver|heh|len ⟨sw. V.; hat⟩ [mhd. verheln, ahd. farhelan]: 1. (geh.) *jmdm. etw. (bes. Gefühle, Gedanken) verschweigen, es vor ihm verbergen:* jmdm. seine wirkliche Meinung v.; seine Enttäuschung nicht, nur schlecht v. können; ich will [es] dir/(selten:) vor dir nicht v., dass ... 2. (selten) (*Diebesgut o. Ä.) versteckt halten.*

ver|hei|len ⟨sw. V.; ist⟩ [mhd. verheilen, ahd. farheilēn]: *völlig heilen* (2); *zuheilen:* die Wunde verheilt schlecht, nur langsam, mit glatter Narbe.

Ver|hei|lung, die; -, -en: *das Verheilen.*

ver|heim|li|chen ⟨sw. V.; hat⟩: *jmdn. von etw., was man mitzuteilen verpflichtet wäre, bewusst nicht in Kenntnis setzen:* jmdm. einen Fund, eine Entdeckung v.; der wirkliche Sachverhalt ließ sich nicht v.; der Arzt verheimlichte ihr, wie schlecht es um ihren Mann stand; da gibts doch nichts zu v.! (*das können doch ruhig alle wissen!*).

Ver|heim|li|chung, die; -, -en: *das Verheimlichen; das Verheimlichtwerden.*

ver|hei|ra|ten ⟨sw. V.; hat⟩ [2: mhd. verhīraten]: 1. ⟨v. + sich⟩ *eine eheliche Verbindung eingehen:* sich glücklich, zum zweiten Mal v.; sie hat sich mit einem Amerikaner, in Amerika verheiratet; ⟨oft im 2. Part.:⟩ eine verheiratete Frau; jung, glücklich, in zweiter Ehe verheiratet sein; verheiratet (Abk.: verh.; Zeichen: ∞); Ü er ist mit seinem Verein verheiratet (ugs. scherzh.; *geht ganz darin auf, verbringt dort seine ganze Freizeit*); ich bin mit der Firma doch nicht verheiratet (ugs. scherzh.; *ich kann sie jederzeit verlassen, bin nicht an sie gebunden*). 2. (veraltend) *jmdm. zur Ehe geben:* seine Tochter [mit einem/an einen Bankier] v.

Ver|hei|ra|te|te, der u. die; -n, -n (Dekl. ↑Abgeordnete): *jmd., der verheiratet ist.*

Ver|hei|ra|tung, die; -, -en: *das Verheiraten; das Verheiratetwerden.*

ver|hei|ßen ⟨st. V.; hat⟩ [mhd. verheiʒen = versprechen; verloben] (geh.): *nachdrücklich, feierlich in Aussicht stellen:* jmdm. Glück, eine große Zukunft v.; Ü ihre Miene, der Unterton im Klang ihrer Stimme verhieß nichts Gutes (*ließ nichts Gutes erwarten*).

Ver|hei|ßung, die; -, -en (geh.): *das Verheißen.*

ver|hei|ßungs|voll ⟨Adj.⟩: *zu großen Erwartungen, Hoffnungen berechtigend; viel versprechend:* ein -er Anfang; der Duft war v.; seine Worte klangen v.

ver|hei|zen ⟨sw. V.; hat⟩: 1. *zum Heizen* (1) *verwenden:* Holz, Kohle v. 2. (salopp abwertend) *jmdn. ohne Rücksicht auf seine Person einsetzen u. seine Kräfte schließlich ganz erschöpfen:* einen jungen Spieler v.

Ver|hei|zung, die; -, -en: *das Verheizen; das Verheiztwerden.*

ver|hel|fen ⟨st. V.; hat⟩ [zu ↑helfen]: *dafür sorgen, dass jmd. etw., was er zu gewinnen, zu erreichen sucht, auch wirklich erlangt, erhält, dass etw. Angestrebtes verwirklicht wird:* jmdm. zu seinem Recht, zum Erfolg, zu einer Anstellung, zu Geld, zur Flucht v.; Ü einer Sache zum Durchbruch, Sieg v.

ver|herr|li|chen ⟨sw. V.; hat⟩: *als etw. Herrliches preisen u. darstellen:* die Natur v.; jmds. Taten v.; in diesem Film wird die Gewalt, der Krieg verherrlicht.

Ver|herr|li|chung, die; -, -en: *das Verherrlichen; das Verherrlichtwerden.*

ver|het|zen ⟨sw. V.; hat⟩: *durch Hetze* (2) *bewirken, dass jmd. Hass gegen jmdn. empfindet u. kaum in der Lage ist, sich ein objektives Urteil zu bilden:* die Massen [gegen die Regierung] v.

ver|hetzt ⟨Adj.⟩ (veraltend): *abgehetzt* (2).

Ver|het|zung, die; -, -en: *das Verhetzen; das Verhetztwerden.*

ver|heu|ern ⟨sw. V.; hat⟩ (Seemannsspr.): *heuern.*

ver|heult ⟨Adj.⟩ (ugs.): *verweint:* ein verheultes Gesicht; verheulte Augen; das Kind war ganz verheult.

ver|he|xen ⟨sw. V.; hat⟩: *durch Hexerei verwandeln; verzaubern:* die böse Fee hat ihn [in einen Vogel] verhext; ⟨häufig im 2. Part.:⟩ sie starrte ihn wie verhext an; das ist [ja/doch rein] wie verhext! (ugs.; *es will einfach nicht gelingen*).

Ver|he|xung, die; -, -en (seltener): *das Verhexen; das Verhextwerden.*

ver|him|meln ⟨sw. V.; hat⟩ (ugs.): *sehr, überaus schätzen, verehren; überschwänglich loben:* der Schriftsteller verhimmelt in seinem Buch den Stierkampf.

Ver|him|me|lung, die; -, -en: *das Verhimmeln; das Verhimmeltwerden.*

ver|hin|dern ⟨sw. V.; hat⟩ [mhd. verhindern, ahd. farhintarjan, eigtl. = etw. heimlich hinter sich bringen]: *durch entsprechende Maßnahmen o. Ä. bewirken, dass etw. nicht geschehen kann, von jmdm. nicht getan, ausgeführt usw. werden kann:* ein Unglück, ein Attentat v.; den Krieg mit allen Mitteln zu v. suchen; das Schlimmste konnte gerade noch verhindert werden; es ließ sich leider nicht v., dass ...; Ü das Gebüsch verhinderte den Zutritt; dienstlich verhindert sein (*aus dienstlichen Gründen nicht kommen können*); er ist wegen Krankheit verhindert; *** ein verhinderter ... sein** (ugs.; *Neigung und Talent für einen Beruf, eine Karriere o. Ä. erkennen lassen, es aber nicht dahin gebracht haben*): sie ist eine verhinderte Dichterin, Lehrerin.

Ver|hin|de|rung, die; -, -en: *das Verhindern; das Verhindertwerden; das Verhindertsein.*

Ver|hin|de|rungs|fall, der: in der Fügung **im -e** (Amtsdt.; *im Fall des Verhindertseins*).

ver|hoch|deut|schen ⟨sw. V.; hat⟩: *in das Hochdeutsche umsetzen, hochdeutsch* (a) *ausdrücken.*

ver|ho|cken ⟨sw. V.; hat⟩ (veraltend, noch landsch.): 1. *hocken* (3), *sitzend verbringen:* er verhockt die Zeit in Kneipen. 2. ⟨v. + sich⟩ *sich möglichst unauffällig verhalten.*

ver|hockt ⟨Adj.⟩ (schweiz.): *festsitzend; festgefahren, erstarrt:* eine -e Bürokratie.

ver|hof|fen ⟨sw. V.; hat⟩ [mhd. verhoffen = stark hoffen; die Hoffnung aufgeben] (Jägerspr.): *(vom Wild) stehen bleiben, um zu lauschen, zu horchen, Witterung zu nehmen:* der Rehbock verhoffte.

ver|boh|len ⟨Adj.⟩ [eigtl. adj. 2. Part. des ursprünglich st. V. ↑verhehlen]: *nicht offen gezeigt, geäußert:* schlecht -e Neugier, Kritik; mit kaum -em Spott, Hass.

ver|höh|nen ⟨sw. V.; hat⟩ [mhd. verhœnen]: *höhnisch verspotten:* einen Gegner v.

ver|hoh|ne|pi|peln ⟨sw. V.; hat⟩ [unter volksetym. Anlehnung an ↑Hohn entstellt aus obersächs. hohlhippeln = verspotten, schmähen < mhd. holhipen = schelten, schmähen, zu: holhipe = dünnes Gebäck, Waffel u. wohl urspr. = »holhipen« ausrufen und verkaufen] (ugs.): *durch Spott, ironische Übertreibung ins Lächerliche ziehen, lächerlich machen:* jmdn., eine Sache v.

Ver|hoh|ne|pi|pe|lung, die; -, -en: *das Verhohnepipeln.*

Ver|höh|nung, die; -, -en: *das Verhöhnen; das Verhöhntwerden.*

ver|hö|kern ⟨sw. V.; hat⟩ (ugs.): *(einzelne Gegenstände) zum Kauf anbieten u. zu Geld machen:* alte Möbel, Bücher [billig] v.

Ver|hö|ke|rung, die; -, -en: *das Verhökern.*

ver|ho|len ⟨sw. V.; hat⟩ (Seemannsspr.): *mit Schleppern zu einem anderen Liegeplatz ziehen:* ein Schiff [ins Dock] v.

Ver|ho|lung, die; -, -en (Seemannsspr.): *das Verholen.*

ver|hol|zen ⟨sw. V.; ist⟩: *holzig werden:* die Stauden verholzen, sind verholzt; verholzte Äste.

Ver|hol|zung, die; -, -en: *das Verholzen.*

Ver|hör, das; -[e]s, -e [mhd. verhœre = Vernehmung, Befragung]: *eingehende richterliche od. polizeiliche Befragung einer Person zur Klärung eines Sachverhaltes; Vernehmung:* ein strenges V.; polizeiliche -e; ein V. vornehmen, durchführen; mit jmdm. ein V. anstellen *(jmdn. verhören);* jmdn. einem V. unterziehen *(jmdn. verhören);* der Häftling wurde ins V. genommen *(wurde verhört);* Ü die Lehrerin nahm den Übeltäter ins V. *(befragte ihn streng u. eingehend).*

ver|hö|ren ⟨sw. V.; hat⟩ [mhd. verhœren = (an)hören, vernehmen, prüfen; erhören; überhören]: **1.** *(zur Klärung eines Sachverhaltes) gerichtlich od. polizeilich eingehend befragen; vernehmen:* den Angeklagten v. **2.** ⟨v. + sich⟩ *etw. falsch hören:* du musst dich verhört haben, sie hat »Juni«, nicht »Juli« gesagt.

ver|hor|nen ⟨sw. V.; ist⟩: **a)** *zu Horn (2) werden.* **b)** *Hornhaut* (1) *bilden:* verhornte Fußsohlen.

Ver|hor|nung, die; -, -en: *das Verhornen; das Verhorntsein.*

Ver|hör|rich|ter, der (schweiz.): *Untersuchungsrichter.*

Ver|hör|rich|te|rin, die: w. Form zu ↑Verhörrichter.

ver|hu|deln ⟨sw. V.; hat⟩ (landsch. ugs.): *durch Hudeln* (1) *verderben:* er hat die Arbeit verhudelt.

ver|hül|len ⟨sw. V.; hat⟩ [mhd. verhüllen]: **a)** *mit etw. umhüllen, in etw. einhüllen, um jmdn., etw. zu verbergen, den Blicken zu entziehen:* sich mit einem Tuch v.; das Gesicht mit einem Schleier v.; sein Haupt v. (früher; als Zeichen der Trauer, Demut, göttlicher Verehrung); tief verhüllte Frauen; Ü ein verhüllender (Sprachw.; *euphemistischer)* Ausdruck; eine verhüllte *(versteckte)* Drohung; **b)** *durch sein Vorhandensein machen, bewirken, dass etw. verhüllt* (a) *ist:* ein Schleier verhüllte ihr Gesicht; der Umhang verhüllte sie bis zu den Füßen; Wolken verhüllten die Bergspitzen; Ü ein Geheimnis v.

Ver|hül|lung, die; -, -en: *das Verhüllen; das Verhülltwerden.*

ver|hun|dert|fa|chen ⟨sw. V.; hat⟩: **a)** *[durch Multiplikation] hundertmal so groß machen:* eine Zahl, die Druckauflage v.; **b)** ⟨v. + sich⟩ *hundertmal so groß werden:* der Umsatz hat sich verhundertfacht.

ver|hun|gern ⟨sw. V.; ist⟩ [mhd. verhungern]: *aus Mangel an Nahrung sterben:* Gefangene v. lassen; jährlich verhungern immer noch Millionen Kinder in den Entwicklungsländern; ⟨subst.:⟩ in Afrika bedeutet eine Dürrekatastrophe für viele Menschen den Tod durch Verhungern; ich muss auf der Stelle was essen, ich bin am Verhungern (ugs.; *ich habe großen Hunger).*

ver|hun|zen ⟨sw. V.; hat⟩ [zu mundartl. hunzen = wie einen Hund ausschimpfen od. behandeln] (ugs. abwertend): *[durch unsorgfältigen, unsachgemäßen Umgang mit etw.] verunstalten, verderben:* die Landschaft, das Stadtbild v.; das Wetter hat uns den ganzen Urlaub verhunzt; du hast dir mit dieser/durch diese Sache dein ganzes Leben verhunzt; von diesem Film wird immer nur eine verhunzte Version gezeigt.

Ver|hun|zung, die; -, -en (ugs. abwertend): *das Verhunzen.*

ver|hu|ren ⟨sw. V.; hat⟩ [mhd. verhuoren, ahd. farhuorōn] (salopp abwertend): *mit sexuellen Ausschweifungen vergeuden:* sein Geld v.

ver|hurt ⟨Adj.⟩ (salopp abwertend): **1.** *von sexuellen Ausschweifungen gezeichnet:* er sah v. aus. **2.** *Hurerei treibend:* ein -er Bock.

ver|huscht ⟨Adj.⟩ (ugs.): *ohne rechtes Selbstvertrauen, scheu u. zaghaft:* ein etwas -es Mädchen.

ver|hü|ten ⟨sw. V.; hat⟩ [mhd. verhüeten = behüten, bewahren; aufpassen, auflauern]: *etw. Unerwünschtes o. Ä. durch Achtsamkeit verhindern u. jmdn. davor bewahren:* eine Katastrophe, einen Unfall v.; das Schlimmste v. können; v., dass ein Unglück geschieht; das möge Gott v.!; Empfängnis v.; ⟨auch o. Akk.-Obj.:⟩ wir v. *(benutzen empfängnisverhütende Mittel).*

Ver|hü|ter|li, das; -s, -[s] [scherzh. geb. mit schweiz. Verkleinerungssilbe] (salopp scherzh.): *Präservativ.*

ver|hüt|ten ⟨sw. V.; hat⟩: *(Erze o. Ä.) in einem Hüttenwerk zu Metall verarbeiten.*

Ver|hüt|tung, die; -, -en: *das Verhütten.*

Ver|hü|tung, die; -, -en: *das Verhüten.*

Ver|hü|tungs|me|tho|de, die: *Methode zur Empfängnisverhütung.*

Ver|hü|tungs|mit|tel, das: *empfängnisverhütendes Mittel.*

ver|hut|zelt ⟨Adj.⟩ [zu ↑hutzeln] (ugs.): *[vor Alter] zusammengeschrumpft, [eingetrocknet u. daher] voller Falten, Runzeln o. Ä.:* ein -es Gesicht; -e Äpfel.

Ve|ri|fi|ka|ti|on, die; -, -en [mlat. verificatio, zu: verificare, ↑verifizieren]: **1.** (bildungsspr.) *das Verifizieren.* **2.** (Rechtsspr.) *Beglaubigung, Unterzeichnung eines diplomatischen Protokolls durch alle Verhandlungspartner.*

ve|ri|fi|zier|bar ⟨Adj.⟩ (bildungsspr.): *sich verifizieren lassend.*

Ve|ri|fi|zier|bar|keit, die; -: *das Verifizierbarsein.*

ve|ri|fi|zie|ren ⟨sw. V.; hat⟩ [mlat. verificare, zu lat. verus = wahr, richtig u. facere = machen]: **1.** (bildungsspr.) *durch Überprüfen die Richtigkeit einer Sache bestätigen:* eine Hypothese v. **2.** (Rechtsspr.) *beglaubigen.*

Ve|ri|fi|zie|rung, die; -, -en: *das Verifizieren.*

ver|in|ner|li|chen ⟨sw. V.; hat⟩: **1.** *innerlich machen; aus dem Innern heraus erfüllen:* sein Leben v.; ein verinnerlichter Mensch. **2.** (Fachspr.) *internalisieren:* Normen v.

Ver|in|ner|li|chung, die; -, -en: *das Verinnerlichen.*

ver|ir|ren, sich ⟨sw. V.; hat⟩ [mhd. verirren, ahd. farirrōn]: **a)** *vom Weg, der zum angestrebten Ziel führt, abkommen; die Orientierung verlieren u. sich nicht mehr zurechtfinden:* sich im Wald, im Nebel v.; Ü eine verirrte *(von der Schusslinie abgekommene)* Gewehrkugel; ein verirrtes Schaf (bibl.; *ein sündiger Mensch;* vgl. z. B. Matth. 18, 12–13); **b)** *irgendwohin gelangen, wohin jmd. gar nicht gelangen wollte, etw. gar nicht gehört:* sich in den Sperrbereich v.

Ver|ir|rung, die; -, -en: *Abweichung von etw., was als recht, richtig usw. gilt; [moralische] Verfehlung, Irrtum.*

Ve|ris|mo, der; - [ital. verismo, zu: vero < lat. verus, ↑veritabel]: *(unter dem Einfluss des französischen Naturalismus um die Mitte des 19. Jh.s aufgekommene) Stilrichtung der italienischen Literatur, Musik, bildenden u. darstellenden Kunst, die eine schonungslose Darstellung der Wirklichkeit anstrebt.*

Ve|ris|mus, der; - [zu lat. verus, ↑veritabel]: **1.** *Verismo.* **2.** *schonungslose u. sozialkritische künstlerische Darstellung der Wirklichkeit.*

ve|ris|tisch ⟨Adj.⟩: **1.** *den Verismus* (1) *betreffend, darauf beruhend, dazu gehörend:* ein -er Film, Roman. **2.** *in schonungsloser Weise wirklichkeitsgetreu:* -e Details.

ve|ri|ta|bel ⟨Adj.; ...bler, -ste⟩ [frz. véritable, zu: vérité = Wahrheit < lat. veritas, zu: verus = wahr, wirklich] (bildungsspr.): *der wahren Bedeutung der angewandten Bezeichnung genau entsprechend; wahrhaft, echt, wirklich:* eine veritable Leistung.

ver|ja|gen ⟨sw. V.; hat⟩ [mhd. verjagen, ahd. firjagōn]: *fortjagen, gewaltsam vertreiben:* jmdn. von Haus und Hof v.; einen Hund v.; der Wind hat die Wolken verjagt; Ü die bösen Gedanken, die Sorgen v.

Ver|ja|gung, die; -, -en: *das Verjagen.*

ver|jäh|ren ⟨sw. V.; ist⟩ [mhd. verjæren]: *(aufgrund eines Gesetzes) nach einer bestimmten Anzahl von Jahren hinfällig* (2) *werden, gerichtlich nicht mehr verfolgt werden können:* das Verbrechen ist verjährt; die Schulden sind inzwischen verjährt.

ver|jährt ⟨Adj.⟩ (veraltend): *sehr alt [u. für etwas Bestimmtes nicht mehr tauglich].*

Ver|jäh|rung, die; -, -en: *das Verjähren, Verjährtsein:* die V. eines Verbrechens.

Ver|jäh|rungs|frist, die: *gesetzliche Frist einer Verjährung.*

ver|jaz|zen ⟨sw. V.; hat⟩: *mit den Mitteln, durch die Elemente des Jazz verändern:* eine klassische Komposition v.

ver|ju|beln ⟨sw. V.; hat⟩ (ugs.): *unbekümmert-leichtsinnig für irgendwelche Vergnügungen ausgeben:* sein Geld v.

ver|juch|hei|en ⟨sw. V.; hat⟩ (landsch.): *verjubeln:* seinen Lottogewinn v.

ver|jün|gen ⟨sw. V.; hat⟩ [im 16. Jh. für veraltet jüngen, mhd. jungen, ahd. jungan = jung machen]: **1. a)** *jmdm. ein jüngeres Aussehen geben:* regelmäßiger Sport hat sie deutlich verjüngt; diese Creme verjüngt seine Haut; **b)** *jünger machen:* die Liebe hat ihn verjüngt *(vitaler gemacht);* einen Betrieb v. *(jüngere Kräfte einstellen);* die Nationalmannschaft muss verjüngt werden *(ältere Spieler od. Spielerinnen müssen durch jüngere ersetzt werden);* **c)** (Forstwesen) *alte Bäume durch junge ersetzen:* einen Baumbestand v. **2.** ⟨v. + sich⟩ *[nach oben hin] allmählich schmaler, dünner, enger werden:* die Säule verjüngt sich.

Ver|jün|gung, die; -, -en: *das [Sich]verjüngen.*

Ver|jün|gungs|kur, die: *dem Verjüngen* (1) *dienende Kur.*

Ver|jün|gungs|mit|tel, das: *dem Verjüngen* (1) *dienendes Mittel.*

ver|ju|xen ⟨sw. V.; hat⟩ (ugs.): **1.** *verjubeln:* sein ganzes Geld v. **2.** *verulken.*

ver|ka|beln ⟨sw. V.; hat⟩: **a)** *als* ^{1}*Kabel* (1) *verlegen:* eine Stromleitung v.; **b)** *mithilfe von* ^{1}*Kabeln* (1) *an ein Netz* (2 a) *anschließen:* Haushalte v.

Ver|ka|be|lung, die; -, -en: **a)** *das Verkabeln* (a). **b)** *das Verkabeln* (b); *das Verkabeltwerden.*

ver|kack|ei|ern: ↑vergackeiern.

ver|kad|men ⟨sw. V.; hat⟩: *kadmieren.*

ver|kah|len ⟨sw. V.⟩: **a)** *kahl werden, die Blätter verlieren* ⟨ist⟩: verkahlte Äste; **b)** (Forstw.) *durch Kahlschlag kahl, baumlos machen* ⟨hat⟩: ein Gebiet v.

Ver|kah|lung, die; -, -en: *das Verkahlen.*

ver|kal|ben ⟨sw. V.; hat⟩: *(von Kühen) verwerfen* (6).

ver|kal|ken ⟨sw. V.; ist⟩: **1.** (Med.) *durch übermäßige Kalkablagerung* (1) *verhärten:* infolge fettreicher Ernährung verkalken die Arterien. **2.** (ugs.) *(mit zunehmendem Alter) [infolge von Arterienverkalkung] geistig unbeweglich werden:* das Gehirn verkalkt; in diesem Alter beginnt man bereits zu v.; total verkalkt sein. **3.** *durch Einlagerung von Kalk* (1 a) *allmählich seine Funktionstüchtigkeit verlieren:* die Waschmaschine verkalkt; verkalkte Wasserleitungen.

ver|kal|ku|lie|ren, sich ⟨sw. V.; hat⟩: *falsch kalkulieren* (1, 2 a).

Ver|kal|kung, die; -, -en: *das Verkalken; das Verkalktsein.*

ver|ka|mi|so|len ⟨sw. V.; hat⟩ [zu ↑Kamisol] (veraltend): *verprügeln.*

ver|kannt: ↑verkennen.

ver|kan|ten ⟨sw. V.; hat⟩: **1.** *falsch kanten; auf die Kante stellen u. dadurch aus der normalen Lage bringen:* sie verkantete bei der Abfahrt den linken Ski und stürzte; der Grabstein war verkantet. **2.** *sich mit einer Kante* (2) *irgendwo festklemmen, verklemmen:* das Getriebe verkantete, und die Lok blieb stehen; ⟨v. + sich:⟩ die Bremsbeläge können sich v. **3.** (Schießen) *den Lauf* (8) *seitlich verdrehen u. dadurch falsch zielen.*

ver|kap|pen ⟨sw. V.; hat⟩ [eigtl. etwa = unter einem Kapuzenmantel verbergen]: **1.** ⟨v. + sich⟩ *durch geschickte Tarnung, Verstellung das, was jmd. od. etw. in Wirklichkeit ist, für andere unkenntlich zu machen suchen; sich tarnen:*

sich als Biedermann v.; ⟨meist im 2. Part.:⟩ ein verkappter Spion; eine verkappte Enteignung, Annexion. **2.** (Jagdw.) *(einem Beizvogel) die Kappe* (1) *über den Kopf ziehen:* einen Falken v.

ver|kap|seln ⟨sw. V.; hat⟩: **a)** ⟨sich + v.⟩ *sich in einer Hülle, Kapsel abschließen, sich einkapseln:* die Trichinen verkapseln sich in der Muskulatur; eine verkapselte (Med.; *geschlossene*) Tuberkulose; Ü warum verkapselst du dich so?; **b)** (selten) *in einer Hülle, Kapsel abschließen, einkapseln:* die Granatsplitter werden im Gewebe verkapselt.

Ver|kap|se|lung, (seltener:) **Ver|kaps|lung,** die; -, -en: *das [Sich]verkapseln.*

ver|kars|ten ⟨sw. V.; ist⟩: *zu* [2]*Karst werden:* Gebirge verkarsten; verkarstete Hügel, Hänge.

Ver|kars|tung, die; -, -en: *das Verkarsten.*

ver|kar|ten ⟨sw. V.; hat⟩: *für eine Kartei, einen Computer gesondert auf einzelnen [Loch]karten erfassen.*

Ver|kar|tung, die; -, -en: *das Verkarten, Verkartetwerden.*

ver|ka|se|ma|tu|ckeln ⟨sw. V.; hat⟩ [H. u.] (salopp): **1.** *(in kurzer Zeit u. größerer Menge) verkonsumieren:* beim Betriebsfest wurden etliche Liter Bier verkasematuckelt. **2.** *genau u. detailliert auseinander setzen, erklären:* kannst du mir das mal v.?

ver|kä|sen ⟨sw. V.⟩: **1. a)** *zu Käse machen* ⟨hat⟩: Milch v.; **b)** *käsen* (2) ⟨ist⟩: die Milch verkäst. **2.** (Med.) *(von abgestorbenen Gewebsteilen, bes. bei Tuberkulose) zu einer käseartigen Masse werden.*

ver|käs|teln ⟨sw. V.; hat⟩: *einschachteln.*

ver|käs|ten ⟨sw. V.; hat⟩ (Bergmannsspr.): *auszimmern.*

Ver|kä|sung, die; -, -en: *das Verkäsen.*

ver|ka|tert ⟨Adj.⟩ (ugs.): *einen* [2]*Kater habend:* v. aussehen.

Ver|kauf, der; -[e]s, Verkäufe [frühnhd.]: **1.** *das Verkaufen* (1 a): der illegale, verbilligte V. von Produkten [ins Ausland]; der V. von Waren, Eintrittskarten; V. von/(Kaufmannsspr. selten:) in Textilien; ein V. mit Gewinn, Verlust; V. auch außer Haus, über die Straße (Hinweis an Cafés usw.); etw. zum V. anbieten; etw. zum V. bringen (Papierdt.; *etw. verkaufen*); das Grundstück kommt, steht zum V. *(wird zum Kauf angeboten).* **2.** ⟨o. Pl.⟩ (Kaufmannsspr.) *Verkaufsabteilung:* Einkauf und V.; sie arbeitet im V.

ver|kauf|bar ⟨Adj.⟩: *verkäuflich.*

Ver|kauf|bar|keit, die; -: *das Verkaufbarsein.*

ver|kau|fen ⟨sw. V.; hat⟩ [1 a: mhd. verkoufen, ahd. firkoufen]: **1. a)** *jmdm. etw. gegen Zahlung einer bestimmten Summe als Eigentum überlassen:* etw. billig, teuer, für/(veraltend:) um 100 Mark, unter seinem Wert v.; etw. nur gegen bar, Barzahlung v.; Zeitungen, Waren, Liegenschaften, Antiquitäten, Verlagsrechte v.; das Kleid war leider schon verkauft; er hat seinen Wagen einem/an einen Kollegen verkauft; sie mussten ihr Haus v.; der Verein muss zwei Spieler v. *(transferieren);* sie verkauft ihren Körper *(sie geht der Prostitution nach);* ⟨auch o. Akk.-Obj.:⟩ wir haben gut verkauft; ⟨subst.:⟩ freies Produzieren, Kaufen und Verkaufen; **b)** ⟨v. + sich⟩ *in bestimmter Weise verkäuflich* (1) *sein:* diese Ware verkauft sich gut, schlecht, schwer. **2.** ⟨v. + sich⟩ (landsch.) *etw. kaufen, was in seiner Qualität den Ansprüchen nicht genügt, in seiner Art den Vorstellungen nicht entspricht:* ich habe mich mit dem Kleid verkauft. **3.** ⟨v. + sich⟩ *für Geld od. Gewährung anderer Vorteile jmdm. seine Dienste zur Verfügung stellen:* sich dem Feind/an den Feind v.; an der Straße verkaufen sich Frauen *(gehen Frauen der Prostitution nach).* **4.** (ugs.) *dafür sorgen, dass jmd., etw. bei jmdm. auf das gewünschte Interesse stößt, den gewünschten Anklang, Beifall findet:* eine Story den Lesern v.; die Schlagersängerin verkauft sich gut; die Parteien wollen die Reform als große Leistung v.

Ver|käu|fer, der; -s, - [mhd. verkoufære]: **1.** *jmd., der (bes. als Angestellter eines Geschäfts, Kaufhauses od. im Außendienst eines Unternehmens) Waren od. Dienstleistungen verkauft* (Berufsbez.): er ist V., arbeitet als V. in einem Elektrogeschäft. **2.** *jmd., der etw. als Eigentümer verkauft:* der V. des Grundstücks.

Ver|käu|fe|rin, die; -, -nen: w. Form zu ↑Verkäufer.

ver|käu|fe|risch ⟨Adj.⟩: *in Bezug auf die Tätigkeit eines Verkäufers, als Verkäufer:* -e Erfahrung haben.

ver|käuf|lich ⟨Adj.⟩: **1.** *in bestimmter Weise zum Verkauf geeignet, sich absetzen lassend:* das Produkt ist schwer v. **2.** *zum Verkauf bestimmt:* diese Gegenstände sind [nicht] v.; diese Arznei ist frei v. *(nicht rezeptpflichtig).*

Ver|käuf|lich|keit, die; -: *das Verkäuflichsein.*

Ver|kaufs|ab|tei|lung, die: *Abteilung eines Unternehmens, die für den Verkauf* (1) *zuständig ist.*

Ver|kaufs|ar|gu|ment, das: *Argument* (1), *das verkaufsfördernd ist.*

Ver|kaufs|ar|ti|kel, der: *zum Kauf angebotener Artikel.*

Ver|kaufs|aus|stel|lung, die: *Ausstellung, bei der die ausgestellten Gegenstände verkäuflich sind.*

Ver|kaufs|au|to|mat, der: vgl. Automat (1 a).

Ver|kaufs|be|din|gun|gen ⟨Pl.⟩: vgl. Lieferbedingungen.

Ver|kaufs|bu|de, die: *Kiosk.*

Ver|kaufs|er|folg, der: *erfolgreicher Verkauf* (1) *eines Produktes.*

Ver|kaufs|er|lös, der: *Erlös aus einem Verkauf.*

Ver|kaufs|fah|rer, der: *Fahrer* (b), *der eine bestellte Ware zum Kunden fährt u. den Preis kassiert* (Berufsbez.).

Ver|kaufs|fah|re|rin, die: w. Form zu ↑Verkaufsfahrer.

Ver|kaufs|flä|che, die: *Fläche* (1) *eines Geschäftes, Kaufhauses, die für den Verkauf* (1) *genutzt wird.*

ver|kaufs|för|dernd ⟨Adj.⟩: *dem Verkauf förderlich, dienlich.*

Ver|kaufs|ge|spräch, das: *verkaufsförderndes Gespräch mit einem Kunden, potenziellen Käufer.*

Ver|kaufs|hit, der (ugs.): *Ware, die (in einer bestimmten Zeit) besonders häufig verkauft wird:* etw. entwickelt sich zum V.

Ver|kaufs|ki|osk, der: *Kiosk.*

Ver|kaufs|ko|je, die: *Koje* (3 b) *auf Messen o. Ä., in der Verkaufsgespräche stattfinden.*

Ver|kaufs|lei|ter, der: *Leiter einer Verkaufsabteilung; Salesmanager.*

Ver|kaufs|lei|te|rin, die: w. Form zu ↑Verkaufsleiter.

Ver|kaufs|mann|schaft, die: *Mannschaft* (1 d), *die im Verkauf tätig ist:* Verkäuferin zur Unterstützung unserer V. gesucht.

Ver|kaufs|mes|se, die: [2]*Messe* (1), *auf der Warenmuster verkauft werden.*

Ver|kaufs|ob|jekt, das: vgl. Verkaufsartikel.

ver|kaufs|of|fen ⟨Adj.⟩: *ganztags dem Verkauf offen stehend:* der -e Samstag, Sonntag.

Ver|kaufs|or|ga|ni|sa|ti|on, die: *zum Zwecke des Verkaufs gegründete Organisation* (3 b): eine weltweite V. gründen.

Ver|kaufs|pa|vil|lon, der: *Pavillon, in dem etw. verkauft wird.*

Ver|kaufs|per|so|nal, das: *Personal* (a) *im Verkauf, bes. Verkäuferinnen u. Verkäufer.*

Ver|kaufs|preis, der: *Preis, zu dem eine Ware verkauft wird.*

Ver|kaufs|pro|gramm, das: *Gesamtheit der Artikel, die ein Betrieb zum Verkauf anbietet.*

Ver|kaufs|psy|cho|lo|gie, die: *Teilgebiet der Marktforschung, das sich mit der Wirkung von Waren, Verpackungen o. Ä. auf potenzielle Käufer u. der Wechselbeziehung zwischen Verkäufer u. Käufer befasst.*

Ver|kaufs|ren|ner, der (ugs.): *Verkaufshit.*

Ver|kaufs|rück|gang, der: *Rückgang des Verkaufs, der Verkaufszahlen.*

Ver|kaufs|schau, die: vgl. Verkaufsausstellung.

Ver|kaufs|schla|ger, der: *Ware, die sich besonders gut verkauft.*

Ver|kaufs|schluss, der: *Ladenschluss.*

ver|kaufs|schwach ⟨Adj.⟩: *nur geringen Absatz* (3) *aufweisend:* eine -e Saison.

Ver|kaufs|stand, der: *Stand zum Verkauf von Waren.*

ver|kaufs|stark ⟨Adj.⟩: *guten Absatz* (3) *aufweisend:* ein -es Jahr.

Ver|kaufs|stät|te, die: *Verkaufsstelle.*

Ver|kaufs|stel|le, die: *Stelle (Laden, Stand o. Ä.), wo etw. verkauft wird.*

Ver|kaufs|tisch, der: *Tisch, an dem man etw. verkauft, auf dem Waren zum Verkauf angeboten werden.*

Ver|kaufs|zahl, die ⟨meist Pl.⟩: *den Umfang eines Verkaufs* (1) *angebende Zahl; Absatzzahl:* steigende, rückläufige -en.

Ver|kaufs|zeit, die: *Geschäftszeit.*

Ver|kehr, der; -s, selten: -es, (Fachspr.:) -e [urspr. = Handel(sverkehr), Umsatz, Vertrieb von Waren]: **1.** *Beförderung, Bewegung von Fahrzeugen, Personen, Gütern, Nachrichten auf dafür vorgesehenen Wegen:* grenzüberschreitender V.; der V. auf der Autobahn, auf den Flüssen und Kanälen; fließender V. *(Bewegung der Fahrzeuge im Straßenverkehr);* ruhender V. *(das Halten u. Parken der Fahrzeuge auf öffentlichen Straßen u. Plätzen);* es herrscht starker, lebhafter, reger, dichter V.; der V. hat zugenommen, stockt, bricht zusammen, ruht fast gänzlich, kommt zum Erliegen; der V. staut sich an der Kreuzung; den V. lenken, regeln, umleiten, behindern; eine Brücke dem [öffentlichen] V. *(der Öffentlichkeit zur Nutzung)* übergeben; eine Straße für den V. sperren, freigeben; * **etw. aus dem V. ziehen** *(etw. nicht mehr für den Gebrauch zulassen):* das Fahrzeug wurde aus dem V. gezogen; **jmdn. aus dem V. ziehen** (ugs. scherzh.; *jmdn. nicht mehr in einer bestimmten Eigenschaft tätig sein lassen [weil er der Sache schadet]*); **etw. in [den] V. bringen** *(etw. in den Handel, in Umlauf bringen).* **2. a)** *Kontakt, Umgang mit jmdm. im Hinblick auf Gedankenaustausch, wechselseitige Mitteilung, als gesellschaftliche Beziehung:* dienstlicher, brieflicher, mündlicher V.; der diplomatische V. beider Staaten; der V. mit den Behörden; V. mit jmdm. haben, pflegen, unterhalten; den V. mit jmdm. abbrechen, wieder aufnehmen; er ist kein V. für dich *(mit ihm solltest du nicht verkehren 2 a);* **b)** (verhüll.) *Geschlechtsverkehr:* vorehelicher, außerehelicher V.; V. [mit jmdm.] haben.

ver|keh|ren ⟨sw. V.; hat⟩ [3: mhd. verkēren, zu ↑[1]kehren; schon mniederd. vorkēren = unterwegs sein, um Handel zu treiben]: **1.** *als öffentliches Verkehrsmittel regelmäßig auf einer Strecke fahren* ⟨auch: ist⟩: der Omnibus verkehrt alle 15 Minuten; das Schiff verkehrt zwischen Stralsund und Hiddensee; dieser Zug verkehrt nur an Sonn- und Feiertagen. **2. a)** *mit jmdm. Kontakt pflegen; sich regelmäßig mit jmdm. treffen, schreiben usw.:* mit keinem Menschen v.; mit jmdm. brieflich v.; **b)** *bei jmdm., irgendwo regelmäßig zu Gast sein; regelmäßig ein Lokal o. Ä. besuchen:* in einer Familie, in jmds. Haus, in den besten Kreisen v.; in diesem Lokal verkehren viele Künstler; **c)** (verhüll.) *Geschlechtsverkehr mit jmdm. haben:* sie hatte in dieser Zeit mit mehreren Männern verkehrt. **3. a)** *etw. in das Gegenteil verwandeln, es völlig verändern [sodass es gerade in der entgegengesetzten Richtung wirkt]:* jmds. Absicht, den Sinn einer Aussage ins Gegenteil v.; **b)** ⟨v. + sich⟩ *sich ins Gegenteil verwandeln [u. gerade in der entgegengesetzten Richtung wirken]:* seine Gleichgültigkeit verkehrte sich in Mitgefühl; die Vorzüge verkehrten sich in Schwächen.

ver|kehr|lich ⟨Adj.⟩: *den Verkehr* (1) *betreffend:* die -e Erschließung eines Siedlungsgebietes.

Ver|kehrs|ab|lauf, der: *das Ablaufen* (5 c) *des Verkehrs* (1): ein störungsfreier V; Einschränkungen im V.

Ver|kehrs|ach|se, die: *Achse* (5).

Ver|kehrs|ader, die: *wichtige Verkehrsstraße; wichtiger Verkehrsweg.*

Ver|kehrs|am|pel, die: *Ampel* (2).

Ver|kehrs|amt, das: *Verkehrsverein.*

Ver|kehrs|an|bin|dung, die: *Anbindung an ein Verkehrsnetz:* eine ruhige Wohnlage mit guter V.

ver|kehrs|arm ⟨Adj.⟩: *wenig Verkehr* (1) *aufweisend:* eine -e Straße.

Ver|kehrs|auf|kom|men, das: *Zahl der Fahrzeuge in einem bestimmten Bereich des Straßen- u. Schienenverkehrs; Verkehrsdichte:* ein starkes, hohes V.

Ver|kehrs|be|hin|de|rung, die: *Behinderung* (1) *des Verkehrs* (1).

Ver|kehrs|be|las|tung, die: *Belastung* (1) *durch Verkehr* (1): die übergroße V. im Stadtbereich.

ver|kehrs|be|ru|higt ⟨Adj.⟩ (Verkehrsw.): *von allzu starkem Durchgangsverkehr befreit:* ein -es Wohnviertel; die Straße ist v.

Ver|kehrs|be|ru|hi|gung, die (Verkehrsw.): *Befreiung von allzu starkem Durchgangsverkehr.*

Ver|kehrs|be|trieb, der ⟨meist Pl.⟩: *konzessionspflichtiges Unternehmen zur Personenbeförderung im innerstädtischen Bereich od. in einem bestimmten Bezirk.*

Ver|kehrs|cha|os, das (emotional): *das Zusammenbrechen des Verkehrs* (1) *mit anhaltenden Stauungen:* starke Schneefälle führten zu einem V.

Ver|kehrs|de|likt, das: *Verstoß gegen die Verkehrsvorschriften.*

Ver|kehrs|dich|te, die: *Verkehrsaufkommen.*

Ver|kehrs|dis|zi|plin, die ⟨o. Pl.⟩: *diszipliniertes Verhalten im Straßenverkehr.*

Ver|kehrs|er|zie|hung, die: *Anleitung zu richtigem Verhalten im Straßenverkehr.*

Ver|kehrs|flä|che, die: *Fläche für den Straßenverkehr.*

Ver|kehrs|flug|zeug, das: *dem öffentlichen Verkehr dienendes Flugzeug.*

Ver|kehrs|fluss, der ⟨o. Pl.⟩: *störungsfreier Ablauf des Straßenverkehrs.*

ver|kehrs|frei ⟨Adj.⟩: *frei von Fahrzeugverkehr.*

Ver|kehrs|füh|rung, die: *festgelegter Verlauf des Verkehrs* (1).

Ver|kehrs|funk, der: *in regelmäßigen Abständen im Rundfunk ausgestrahlte Verkehrsmeldungen für Autofahrer.*

ver|kehrs|ge|recht ⟨Adj.⟩: *den Erfordernissen der Sicherheit im Straßenverkehr u. beim Transport* (1) *entsprechend:* -er Straßenbau; sich v. verhalten.

ver|kehrs|güns|tig ⟨Adj.⟩: *hinsichtlich der Verkehrsverbindungen günstig gelegen:* eine Wohnung in -er Lage.

Ver|kehrs|hel|fer, der (bes. DDR): vgl. Verkehrslotse.

Ver|kehrs|hel|fe|rin, die: w. Form zu ↑Verkehrshelfer.

Ver|kehrs|hin|der|nis, das: *Hindernis im Straßenverkehr.*

Ver|kehrs|in|farkt, der: *Zusammenbruch, Stillstand des Verkehrs* (1) *bes. in Großstädten u. Ballungsgebieten.*

Ver|kehrs|in|sel, die: *erhöhte Stelle innerhalb der Fahrbahn zum Schutz von Fußgängern od. zur Lenkung des Straßenverkehrs.*

ver|kehrs|in|ten|siv ⟨Adj.⟩ (bes. schweiz.): *verkehrsreich:* eine -e Kreuzung.

Ver|kehrs|kno|ten|punkt, der: *Knotenpunkt* (a).

Ver|kehrs|kon|trol|le, die: *von der Polizei auf einer Verkehrsstraße durchgeführte Kontrolle hinsichtlich der Fahrtüchtigkeit, der mitzuführenden Papiere u. des Fahrzeugs.*

Ver|kehrs|la|ge, die: 1. *Situation im Straßenverkehr:* die V. beobachten. 2. *Lage eines Gebäudes, Ortes o. Ä. hinsichtlich der Verkehrsverbindungen:* Gebäude für Büros in günstiger V. zu verkaufen.

Ver|kehrs|lärm, der: *durch den Straßenverkehr entstehender Lärm.*

Ver|kehrs|leit|sys|tem, das: *System von Verfahren u. Einrichtungen zur Sicherstellung od. Unterstützung eines reibungslosen Ablaufs des Verkehrs* (1).

Ver|kehrs|li|nie, die: 1. *Linie* (6 a). 2. *Verkehrsverbindung.*

Ver|kehrs|lot|se, der: *jmd., der andere, Ortsfremde durch den Straßenverkehr lotst* (1 c).

Ver|kehrs|lot|sin, die: w. Form zu ↑Verkehrslotse.

Ver|kehrs|ma|schi|ne, die: *Verkehrsflugzeug.*

ver|kehrs|mä|ßig ⟨Adj.⟩: *den Verkehr* (1), *die Verkehrsverbindungen betreffend:* der Ort liegt v. günstig.

Ver|kehrs|mel|dung, die: *im Rundfunk durchgegebene Meldung zur Verkehrslage* (1).

Ver|kehrs|mi|nis|ter, der: *Minister für Angelegenheiten des Verkehrs* (1).

Ver|kehrs|mi|nis|te|rin, die: w. Form zu ↑Verkehrsminister.

Ver|kehrs|mit|tel, das: *im [öffentlichen] Verkehr* (1), *bes. zur Beförderung von Personen, eingesetztes Fahrzeug, Flugzeug:* die öffentlichen V. benutzen.

Ver|kehrs|nach|richt, die ⟨meist Pl.⟩: *Verkehrsmeldung.*

Ver|kehrs|netz, das: *in einem bestimmten Raum, Gebiet zur Verfügung stehende, an Verkehrsknotenpunkten miteinander verflochtene Verkehrswege.*

Ver|kehrs|op|fer, das: *Opfer eines Verkehrsunfalls; im Straßenverkehr [tödlich] Verunglückter.*

Ver|kehrs|ord|nung, die ⟨o. Pl.⟩: kurz für ↑Straßenverkehrsordnung.

Ver|kehrs|pla|nung, die: *Planung hinsichtlich Anpassung u. Erweiterung des Verkehrsnetzes entsprechend den Bedürfnissen der Bevölkerung.*

Ver|kehrs|po|li|zei, die: *für die Regelung u. Überwachung des Straßenverkehrs zuständige Polizei.*

Ver|kehrs|po|li|zist, der: *zur Verkehrspolizei gehörender Polizist.*

Ver|kehrs|po|li|zis|tin, die: w. Form zu ↑Verkehrspolizist.

Ver|kehrs|recht, das ⟨o. Pl.⟩: 1. (Rechtsspr. früher) *Recht der Eltern, bes. des [z. B. nach der Scheidung] nicht mehr mit dem Kind lebenden Elternteils, auf persönlichen Umgang mit dem Kind; Umgangsrecht.* 2. kurz für ↑Straßenverkehrsrecht.

Ver|kehrs|re|gel, die ⟨meist Pl.⟩: *gesetzliche Vorschrift zur Regelung des Straßenverkehrs.*

Ver|kehrs|re|ge|lung, (auch:) **Ver|kehrs|reg|lung,** die: *Regelung des Straßenverkehrs.*

ver|kehrs|reich ⟨Adj.⟩: *viel Verkehr* (1) *aufweisend:* ein -er Platz, eine -e Straße.

Ver|kehrs|row|dy, der (abwertend): *jmd., der die Verkehrsvorschriften grob u. rücksichtslos verletzt.*

Ver|kehrs|schild, das ⟨Pl. -er⟩: *Schild mit Verkehrszeichen.*

Ver|kehrs|schrift, die: 1. ⟨o. Pl.⟩ *Kurzschrift mit wenigen Kürzeln.* 2. *Schreibschrift.*

ver|kehrs|si|cher ⟨Adj.⟩: *die Verkehrssicherheit gewährleistend:* sein Fahrzeug in -em Zustand/in einem -en Zustand halten.

Ver|kehrs|si|cher|heit, die ⟨o. Pl.⟩: *Sicherheit im öffentlichen Verkehr* (1).

Ver|kehrs|si|gnal, das: *Lichtsignal zur Regelung des Straßenverkehrs.*

Ver|kehrs|si|tu|a|ti|on, die: *Verkehrslage.*

Ver|kehrs|spit|ze, die: *Spitzenzeit* (1) *im öffentlichen Verkehr.*

Ver|kehrs|spra|che, die: *Sprache, mit deren Hilfe sich Angehörige verschiedener Sprachgemeinschaften verständigen können.*

Ver|kehrs|sta|tis|tik, die ⟨o. Pl.⟩: *Bereich der Statistik, der sich mit der Infrastruktur, den Verkehrsmitteln, den im Personen- u. Güterverkehr erbrachten Leistungen, den Verkehrsunfällen o. Ä. befasst.*

Ver|kehrs|stau, der: *Stau* (1 b).

Ver|kehrs|steu|er, (Steuerw.:) Verkehrsteuer, die: *Steuer auf Vorgänge, Dienstleistungen bes. im Bereich des Verkehrswesens, des Warenumsatzes, des Versicherungswesens u. a.*

Ver|kehrs|sto|ckung, die: *Stockung im Straßenverkehr.*

Ver|kehrs|stö|rung, die: vgl. Verkehrsstockung.

Ver|kehrs|stra|ße, die: *Straße für den öffentlichen Verkehr.*

Ver|kehrs|strei|fe, die: *Polizeistreife.*

Ver|kehrs|sün|der, der (ugs.): *Verkehrsteilnehmer, bes. Kraftfahrer, der ein Verkehrsdelikt begangen hat.*

Ver|kehrs|sün|de|rin, die: w. Form zu ↑Verkehrssünder.

Ver|kehrs|sün|der|kar|tei, die (ugs.): *Verkehrszentralregister.*

Ver|kehrs|taug|lich|keit, die: *Fähigkeit, sich sicher im Straßenverkehr zu bewegen.*

Ver|kehrs|teil|neh|mer, der: *jmd., der am öffentlichen Verkehr* (1) *teilnimmt.*

Ver|kehrs|teil|neh|me|rin, die: w. Form zu ↑Verkehrsteilnehmer.

Ver|kehr|steu|er: ↑Verkehrssteuer.

Ver|kehrs|to|te, der u. die ⟨meist Pl.⟩: *(in statistischen Angaben) jmd., der bei einem Verkehrsunfall ums Leben gekommen ist:* die Zahl der -n steigt, geht zurück.

Ver|kehrs|trä|ger, der: *Einrichtung des [öffentlichen] Verkehrs* (1): die V. Schiene und Straße; die Konkurrenz unter den -n.

ver|kehrs|tüch|tig ⟨Adj.⟩: *verkehrssicher:* ein -es Fahrzeug.

Ver|kehrs|tüch|tig|keit, die: *Verkehrstauglichkeit.*

Ver|kehrs|un|fall, der: *Unfall im Straßenverkehr.*

Ver|kehrs|un|ter|richt, der: *von der Polizei durchgeführter Unterricht über korrektes Verhalten im Straßenverkehr.*

Ver|kehrs|ver|bin|dung, die: *Verbindung von Orten o. Ä. durch Verkehrswege, Verkehrsmittel:* die -en waren in diesem Land, dieser Gegend äußerst schlecht.

Ver|kehrs|ver|bot, das: *Verbot, am öffentlichen Verkehr* (1) *teilzunehmen:* ein V. für bestimmte Fahrzeuge, an Sonntagen.

Ver|kehrs|ver|bund, der ⟨Pl. -e u. ...verbünde⟩: *Verbund* (1) *verschiedener Verkehrsbetriebe:* sich zu einem V. zusammenschließen.

Ver|kehrs|ver|ein, der: *lokale Institution zur Werbung für den Besuch eines Ortes.*

Ver|kehrs|ver|hält|nis|se ⟨Pl.⟩: 1. *Verkehrsverbindungen:* bei den damaligen -n dauerten solche Reisen mehrere Tage. 2. *Verkehrslage* (1).

Ver|kehrs|ver|stoß, der: *Verkehrsdelikt.*

Ver|kehrs|vor|schrift, die ⟨meist Pl.⟩: *Verkehrsregel.*

Ver|kehrs|weg, der: 1. *angelegte Bahn für den öffentlichen Verkehr* (1): ein Land ohne ausreichende -e. 2. ⟨Pl. selten⟩ *(in der betrieblichen Organisation) für die Weitergabe von Anweisungen u. Mitteilungen vorgegebener Weg zwischen über- u. untergeordneten Instanzen.*

Ver|kehrs|wert, der (Wirtsch.): *Wert, den ein Gut* (1), *bes. ein Grundstück, im Geschäftsverkehr unter Berücksichtigung aller Umstände hat.*

Ver|kehrs|we|sen, das ⟨o. Pl.⟩: *Einrichtungen u. Vorgänge im Bereich des öffentlichen Verkehrs* (1).

ver|kehrs|wid|rig ⟨Adj.⟩: *gegen die Verkehrsregeln verstoßend:* ein -es Verhalten.

Ver|kehrs|zäh|lung, die: *auf einer bestimmten Strecke für statistische Zwecke durchgeführte Zählung der Fahrzeuge.*

Ver|kehrs|zei|chen, das: *Zeichen auf einem Schild, Markierung auf der Fahrbahn zur Regelung des Straßenverkehrs.*

Ver|kehrs|zen|tral|re|gis|ter, das (Verkehrsw.): *amtliches Verzeichnis von Verkehrsverstößen; Verkehrssünderkartei.*

ver|kehrt ⟨Adj.⟩ [zu ↑verkehren (3)]: *dem Richtigen, Zutreffenden, Sinngemäßen entgegengesetzt; falsch:* eine -e Erziehung; die -en Schuhe für eine Wanderung angezogen haben; eine Zigarre am -en Ende anzünden; das ist ganz, total v.; das ist gar nicht v. *(das ist ganz richtig);* er hat alles v. gemacht; das Buch steht v. herum *(auf dem Kopf)* im Regal; einen Pullover v. herum *(mit dem Vorderteil nach hinten; mit der Innenseite nach außen)* anziehen; ⟨subst.:⟩ es wäre das Verkehrteste, sich so zu entscheiden; * **v. sein** (salopp; *homosexuell sein*); **an den Verkehrten/die Verkehrte kommen** (ugs.; ↑falsch 2 a).

Ver|kehrt|heit, die; -, -en [spätmhd. verkērtheit = Arglist]: **a)** ⟨o. Pl.⟩ *das Verkehrtsein:* die V. seines Tuns einsehen; **b)** *etw. Verkehrtes:* -en begehen.

Ver|keh|rung, die; -, -en: *das Verkehren* (3): die V. der Dinge.

ver|kei|len ⟨sw. V.; hat⟩ [1: spätmhd. verkīlen]: **1.** *mit einem Keil, mit Keilen fest verschließen, festhalten:* einen Balken v.; ein Fahrzeug v. *(Keile vor seine Räder schieben);* Ü die Eingänge waren verkeilt *(von Menschen verstopft).* **2.** ⟨v. + sich⟩ *sich fest in etw., jmdn. schieben u. nicht od. nur gewaltsam von der anderen Sache, Person zu trennen sein:* der Zug hat sich bei dem Zusammenstoß in die Straßenbahn verkeilt; Demonstranten und Polizisten verkeilten sich ineinander. **3.** (landsch.) *verprügeln.*

ver|ken|nen ⟨unr. V.; hat⟩: *nicht richtig erkennen; falsch beurteilen:* jmds. Wesen, Worte v.; den Ernst der Lage völlig v.; ihre Absicht war nicht zu v.; er wird von allen verkannt; ich will nicht v. *(will zugeben),* dass ...; ein verkanntes Genie.

Ver|ken|nung, die; -, -en: *das Verkennen:* in V. *(Fehleinschätzung)* der Tatsachen.

ver|ket|ten ⟨sw. V.; hat⟩: **1.** *mit einer Kette verschließen:* eine Tür v. **2. a)** *verbinden, fest zusammenfügen:* sie weiß Glück und Verdienst zu v.; durch Reime verkettete Verse; **b)** ⟨v. + sich⟩ *sich verbinden, fest zusammenfügen:* die Moleküle haben sich verkettet; dabei verketteten sich mehrere unglückliche Umstände.

Ver|ket|tung, die; -, -en: **1.** *das Verketten* (1). **2.** *das [Sich]verketten* (2): eine V. unglücklicher Umstände.

ver|ket|zern ⟨sw. V.; hat⟩: *[in der Öffentlichkeit] als ketzerisch hinstellen, verurteilen:* die Opposition v.; Gewinne als »Profit« v.

Ver|ket|ze|rung, die; -, -en: *das Verketzern; das Verketzertwerden:* die V. des Gewinns.

ver|kifft ⟨Adj.⟩ (ugs.; oft abwertend): *dem Haschisch od. Marihuana verfallen; unter dem Einfluss von Haschisch od. Marihuana stehend.*

ver|kit|schen ⟨sw. V.; hat⟩ [1: zu ↑Kitsch; 2: H. u.]: **1.** *kitschig gestalten:* einen Roman in der Verfilmung v. **2.** (landsch. ugs.) *[billig] verkaufen, um zu Geld zu kommen:* seinen Mantel v.

Ver|kit|schung, die; -, -en: *das Verkitschen; das Verkitschtwerden.*

ver|kit|ten ⟨sw. V.; hat⟩: *Fugen o. Ä. mit Kitt ausfüllen; mit Kitt abdichten:* Fensterritzen v.

ver|kla|gen ⟨sw. V.; hat⟩ [mhd. verklagen = zu Ende klagen, vollständig klagen; vergessen; aufhören zu beklagen, verschmerzen; anschuldigen]: **1.** *gegen jmdn. vor Gericht klagen, einen Rechtsanspruch geltend machen:* einen Arzt, die Firma auf Schadenersatz v.; er wurde wegen Körperverletzung verklagt. **2.** (landsch.) *sich über jmdn. bei jmdm. beschweren:* seine Klassenkameraden beim Lehrer v.

ver|klam|mern ⟨sw. V.; hat⟩: **1.** *mit einer od. mehreren Klammern zusammenhalten:* eine Wunde v. **2.** ⟨v. + sich⟩ *sich fest in etw., an jmdn., etw. klammern* (1 a): die Kämpfenden hatten sich verklammert.

Ver|klam|me|rung, die; -, -en: *das [Sich]verklammern.*

ver|klap|pen ⟨sw. V.; hat⟩ [zu Klappschute = Schute (1) mit Klappen im Boden des Rumpfs] (Fachspr.): *(Abfallstoffe) vom Schiff ins Meer versenken:* Dünnsäure in der Deutschen Bucht v.

Ver|klap|pung, die; -, -en (Fachspr.): *das Verklappen; das Verklapptwerden.*

ver|klap|sen ⟨sw. V.; hat⟩ [zu ↑Klaps (2)] (ugs.): *veralbern.*

ver|kla|ren ⟨sw. V.; hat⟩ [mniederd. vorklaren] (nordd. ugs.): *[mühsam] erklären, klar machen:* das muss man ihm erst mal v.

ver|klä|ren ⟨sw. V.; hat⟩ [mhd. verklæren = erhellen, erleuchten, verklären]: **1.** (Rel.) *jmdn., etw. ins Überirdische erhöhen u. seiner Erscheinung ein inneres Leuchten, Strahlen verleihen:* er, sein Leib wurde verklärt. **2. a)** *einen beseligten, glücklichen Ausdruck verleihen:* ein Lächeln verklärte ihr Gesicht; innere Heiterkeit verklärte seinen Blick; **b)** ⟨v. + sich⟩ *einen beseligten, glücklichen Ausdruck erhalten:* sein Gesicht, sein Blick verklärte sich. **3. a)** *etw. schöner, besser erscheinen lassen; schönen:* die Vergangenheit v.; **b)** ⟨v. + sich⟩ *schöner, besser erscheinen:* die Vergangenheit verklärt sich in der Erinnerung.

ver|klärt ⟨Adj.⟩: *beseligt, beglückt (im Ausdruck):* ein -es Gesicht; mit -em Blick; v. lächeln.

Ver|kla|rung, die; -, -en (Seew., Rechtsspr.): *Bericht des Kapitäns über einen (das eigene Schiff betreffenden) Schiffsunfall, Schaden am Schiff; Seeprotest.*

Ver|klä|rung, die; -, -en: **1.** *das Verklären; das Verklärtwerden.* **2.** *das Verklärtsein.*

ver|klat|schen ⟨sw. V.; hat⟩ (landsch.): *verpetzen:* einen Mitschüler [beim Lehrer] v.

ver|klau|su|lie|ren ⟨sw. V.; hat⟩: **1.** *mit (zahlreichen) Klauseln, Vorbehalten, einschränkenden od. erweiternden Bestimmungen o. Ä. versehen:* einen Vertrag v. **2.** *verwickelt u. daher nur schwer verständlich formulieren, ausdrücken:* er versuchte das Eingeständnis seiner Schuld geschickt zu v.; sich verklausuliert ausdrücken.

Ver|klau|su|lie|rung, die; -, -en: **1.** *das Verklausulieren.* **2.** *verklausulierte Formulierung.*

ver|kle|ben ⟨sw. V.⟩: **1. a)** *klebrig werden; von klebriger Masse bedeckt werden u. aneinander kleben, zusammenkleben* ⟨ist⟩: beim Färben verkleben die Wimpern leicht; **b)** *bewirken, dass etw. klebrig wird, aneinander klebt, zusammenklebt* ⟨hat⟩: der Schweiß und der Staub verklebten ihm die Augenlider; verklebte Haare; ein [von Schweiß] verklebtes Hemd; verklebte *(klebrige)* Hände. **2.** *zukleben* ⟨hat⟩: die Wunde mit Heftpflaster v.; ein [mit Papier] verklebtes Schaufenster. **3.** *festkleben* (2): den Fußbodenbelag v. **4.** *durch vielfaches [Auf]kleben verbrauchen:* wir haben alle Tapetenrollen verklebt.

Ver|kle|bung, die; -, -en: *das Verkleben.*

ver|kle|ckern ⟨sw. V.; hat⟩ (ugs.): **1. a)** *mit etw. kleckern* (1 b): Suppe v.; **b)** *bekleckern:* er hat sein Hemd verkleckert. **2.** *mehr od. weniger unkontrolliert in kleinen Beträgen ausgeben, verbrauchen:* sein Geld v.

ver|kleck|sen ⟨sw. V.; hat⟩: **1.** *[überall] beklecksen, durch Kleckse be-, verschmieren:* den Bogen Papier v. **2.** *klecksend herausfließen, heruntertropfen lassen:* Tinte v.

ver|klei|den ⟨sw. V.; hat⟩: **1.** *durch bestimmte Kleidung, Kostümierung jmds., das eigene Äußere sehr, bis zur Unkenntlichkeit verändern:* sich, den Jungen zum Fasching v.; als Schornsteinfeger verkleidet, drang er in fremde Häuser ein. **2.** *mit einer verhüllenden Schicht, Abdeckung o. Ä. versehen; verhüllen; bedecken:* eine Fassade mit Marmor v.; das Kabel ist mit einem Seidengespinst verkleidet; Ü Tatsachen poetisch, mit schönen Worten v. *(beschönigend od. verfremdend umschreiben).*

Ver|klei|dung, die; -, -en: **1. a)** *das Verkleiden* (1): jmdm. bei der V. helfen; **b)** *Verkleidetsein:* in dieser V. wird ihn niemand erkennen. **2. a)** *das Verkleiden* (2); **b)** *Verkleidendes* (2): eine V. aus Holz; die V. [der Maschine] entfernen.

ver|klei|nern ⟨sw. V.; hat⟩: **1. a)** *in seiner Ausdehnung, seinem Umfang kleiner machen:* einen Raum [um die Hälfte] v.; den Abstand zwischen zwei Pfosten v.; einen Betrieb v.; etw. in verkleinertem Maßstab darstellen; **b)** ⟨v. + sich⟩ *an Ausdehnung, Umfang kleiner werden:* die Stellfläche hat sich verkleinert; **c)** ⟨v. + sich⟩ (ugs.) *sich auf weniger Raum (für Wohnung, Arbeit, Betrieb usw.) beschränken:* wir werden uns demnächst v. **2. a)** *mengen-, zahlen-, gradmäßig kleiner machen:* die Anzahl der Teilnehmer an der Exkursion musste verkleinert werden; **b)** ⟨v. + sich⟩ *mengen-, zahlen-, gradmäßig kleiner werden, sich vermindern, verringern:* sein Vermögen verkleinert sich; ihr Freundeskreis hat sich verkleinert. **3.** *(verfälschend) kleiner darstellen:* damit will ich seine Verdienste nicht v. *(schmälern);* jmdn. v. (selten; *herabsetzen).* **4.** *von etw. eine kleinere Reproduktion herstellen:* eine Fotografie v. **5.** *(von optischen Linsen o. Ä.) kleiner erscheinen lassen:* diese Linse verkleinert stark.

Ver|klei|ne|rung, die; -, -en: **1.** ⟨Pl. selten⟩ *das Verkleinern.* **2.** *verkleinerte Fotografie.*

Ver|klei|ne|rungs|form, die (Sprachw.): *meist eine Verkleinerung ausdrückende Ableitung[sform] eines Substantivs; Diminutiv.*

Ver|klei|ne|rungs|sil|be, die (Sprachw.): *Ableitungssilbe, mit der die Verkleinerungsform gebildet wird.*

ver|kleis|tern ⟨sw. V.; hat⟩: **1.** (ugs.) **a)** *(mit Kleister) zukleben:* einen Riss v.; Ü Tatsachen, Widersprüche v. *(verschleiern);* **b)** *verkleben* (1 b). **2.** (Fachspr.) *bewirken, dass etw. zu einer kleisterartigen, klebrigen Masse wird:* die pflanzliche Stärke wird verkleistert.

Ver|kleis|te|rung, die; -, -en ⟨Pl. selten⟩: *das Verkleistern.*

ver|klem|men ⟨sw. V.; hat⟩: **1. a)** ⟨v. + sich⟩ *hängen bleiben u. klemmen* (3), *festklemmen* (1): die Tür hat sich verklemmt; die Brille hat sich im Futteral verklemmt; **b)** (selten) *bewirken, dass sich etw. verklemmt:* du hast das Brett verklemmt. **2.** *zusammenkneifen, zusammenpressen:* ein schmerzlich verklemmter Mund.

ver|klemmt ⟨Adj.⟩: *(in seinem Verhalten) verkrampft, unfrei, gehemmt, nicht ungezwungen u. natürlich:* ein -er Junge, Typ; -e Erotik; [sexuell] v. sein; v. lächeln.

Ver|klemmt|heit, die; -, -en: **1.** ⟨o. Pl.⟩ *das Verklemmtsein.* **2.** *Verklemmtheit* (1) *bezeugende Äußerung, Handlung.*

Ver|klem|mung, die; -, -en: **1. a)** *das [Sich]verklemmen;* **b)** *das Verklemmtsein, Festklemmen:* das Bein aus der V. befreien. **2.** *Verklemmtheit* (1). **3.** (EDV) *gegenseitige Blockierung gleichzeitig, aber unabhängig voneinander ablaufender Prozesse.*

ver|kli|ckern ⟨sw. V.; hat⟩ [H. u.] (ugs.): *[genau] erklären, klar machen:* du musst ihm v., wie er das machen soll.

ver|klin|gen ⟨st. V.; ist⟩: *als klanglicher Eindruck allmählich aufhören:* das Lied, der Beifall verklingt; Ü (geh.:) die Begeisterung verklingt *(lässt nach);* der Sommer verklingt *(geht allmählich zu Ende);* die Festtagsstimmung war verklungen.

ver|klop|pen ⟨sw. V.; hat⟩ [zu ↑kloppen; 2: wohl nach dem Zuschlagen mit dem Hammer bei Auktionen] (ugs.): **1.** *verprügeln, verhauen:* einen Klassenkameraden v. **2.** *[unter dem Wert] verkaufen; zu Geld machen.*

ver|klum|pen ⟨sw. V.; ist⟩: *klumpig werden:* eine verklumpte Soße.

Ver|klum|pung, die; -, -en: **1.** *das Verklumpen:* die V. von Blutkörperchen. **2.** *etw., was verklumpt ist:* die -en des Blutes.

ver|kna|cken ⟨sw. V.; hat⟩ [zu gaunerspr. knacken, ↑Knacki] (ugs.): *gerichtlich (zu einer bestimmten Strafe) verurteilen:* jmdn. wegen Raubüberfalls v.; man hat ihn zu Gefängnis, zu 20 000 Mark Geldstrafe verknackt.

ver|knack|sen, sich ⟨sw. V.; hat⟩ [zu ↑knacksen] (ugs.): *verstauchen:* ich habe mir den Fuß verknackst.

ver|knal|len ⟨sw. V.; hat⟩ [2: nach »sich verschießen«]: **1.** (ugs.) *[sinnlos] verschießen* (1 b): zu Silvester wurden 800 Tonnen Feuerwerkskörper verknallt. **2.** ⟨v. + sich⟩ (salopp) *sich heftig verlieben:* er hat sich unheimlich [in das Mädchen] verknallt; die beiden sind wahnsinnig ineinander verknallt. **3.** (ugs. veraltend) *verurteilen* (1).

ver|knap|pen ⟨sw. V.; hat⟩: **a)** *knapp machen:* Importwaren, den Parkraum in der Innenstadt v.; eine Zinserhöhung würde das Geld v.; das Angebot [künstlich] v.; **b)** ⟨v. + sich⟩ *knapp werden:* die Ressourcen verknappen sich immer weiter; wegen der schlechten Weizenernte verknappt sich das Angebot [an Nudeln]; **c)** *knapp,* *kurz formulieren:* eine Aussage zum Schlagwort v.

Ver|knap|pung, die; -, -en: *das [Sich]verknappen.*

ver|knäu|eln, ver|knäu|len, sich ⟨sw. V.; hat⟩: *knäueln.*

ver|knaut|schen ⟨sw. V.⟩ (ugs.): **a)** [1]*knautschen* (a) ⟨hat⟩: du verknautschst dir dein Kleid; **b)** [1]*knautschen* (b) ⟨ist⟩: der Stoff verknautscht leicht.

ver|knei|fen ⟨st. V.; hat⟩: **1.** ⟨v. + sich⟩ (ugs.) **a)** *sich (eine bestimmte Äußerung) verbieten:* sich eine Bemerkung, einen Kommentar v.; ich konnte mir das Lachen kaum v.; **b)** *sich versagen, sich nicht gönnen:* Gänsebraten muss ich mir wegen meiner Galle v. **2.** (seltener) *zusammenpressen, zusammenkneifen:* die Augenlider, den Mund v.

ver|kne|ten ⟨sw. V.; hat⟩: *knetend verarbeiten, vermischen:* alle Zutaten [schnell] zu einem Teig v.

ver|knif|fen ⟨Adj.⟩ (abwertend): *(in Bezug auf den Gesichtsausdruck) eine aufgrund von Verärgerung, Verbitterung o. Ä. entstandene, mit Anspannung unterdrückte Gefühlsäußerung in einer gewissen sich abzeichnenden Schärfe, Härte erkennen lassend:* ein -es Gesicht; eine -e Miene; sein Mund ist v.; er sieht v. aus; ⟨subst.:⟩ er hat etwas Verkniffenes.

Ver|knif|fen|heit, die; - (abwertend): *das Verkniffensein.*

ver|knip|sen ⟨sw. V.; hat⟩ (ugs.): *durch Knipsen* (3 a) *verbrauchen:* einen Film v.

ver|knit|tern ⟨sw. V.; hat⟩: *zerknittern:* den Rock v.

ver|knö|chern ⟨sw. V.; ist⟩: **1.** *(durch Altern od. Gewöhnung) geistig unbeweglich, starr in seinen Ansichten werden:* er verknöchert immer mehr; ⟨meist im 2. Part.:⟩ ein verknöcherter Beamter; alt und verknöchert sein; Ü eine verknöcherte *(erstarrte)* Gesellschaft. **2.** (Med.) *zu Knochen werden.*

Ver|knö|che|rung, die; -, -en: *das Verknöchern.*

ver|knor|peln ⟨sw. V.; ist⟩ (Med.): *zu Knorpel werden.*

Ver|knor|pe|lung, Ver|knorp|lung, die; -, -en: *das Verknorpeln.*

ver|kno|ten ⟨sw. V.; hat⟩: **a)** *knoten* (a): den Schal um den Hals v.; **b)** *knoten* (b): die beiden Stricke miteinander v.; **c)** ⟨v. + sich⟩ *sich (unbeabsichtigt) zu einem Knoten schlingen:* die Schnürsenkel haben sich verknotet; **d)** *durch Knoten* (a) *festbinden:* die Leine am Gatter v.

Ver|kno|tung, die; -, -en: **a)** *das [Sich]verknoten;* **b)** *das Verknotetsein.*

ver|knül|len ⟨sw. V.; hat⟩ (landsch.): *zerknüllen.*

ver|knüp|fen ⟨sw. V.; hat⟩: **1.** *knoten* (b): die Enden einer Schnur miteinander v. **2. a)** *verbinden:* das Angenehme mit dem Nützlichen v.; sie verknüpfte die Geschäftsreise mit einem Besuch bei Freunden; **b)** *mit jmd. anderem verbinden, die Grundlage für eine Beziehung zu jmdm. sein:* die Erinnerung an jenen Abend verknüpfte sie mit dem Unbekannten. **3. a)** *in einen inneren Zusammenhang bringen; zu etw. in Beziehung setzen:* etw. logisch v.; zwei Gedankengänge miteinander v.; mit dem Vertrag sind folgende Bedingungen verknüpft; sein Name ist eng mit dem Erfolg des Hauses verknüpft; **b)** ⟨v. + sich⟩ *mit etw. in einem inneren Zusammenhang stehen; sich verquicken:* mit diesem Wort verknüpft sich eine Vorstellung von Düsternis. **4.** (Jägerspr.) *(von bestimmten Tieren, z. B. Hund, Fuchs) begatten.*

Ver|knüp|fung, die; -, -en: *das Verknüpfen; das Verknüpftwerden.*

ver|knur|ren ⟨sw. V.; hat⟩ [1: urspr. Studentenspr., eigtl. = in knurrendem Ton etw. sagen] (salopp): **1.** *jmdm. etw. als Strafe auferlegen:* er wurde zu zehn Tagen Arrest verknurrt. **2.** * **verknurrt sein** (1. *[mit jmdm.] entzweit sein:* sie sind [miteinander] verknurrt. 2. *verärgert, ärgerlich sein:* sie ist ganz verknurrt, weil sie nicht Recht bekam).

ver|knu|sen: in der Wendung **jmdn., etw. nicht v. können** (ugs.; *jmdn., etw. nicht leiden können;* aus dem Niederd., eigtl. = etw. nicht verdauen können): ich kann diesen Kerl nicht v.

ver|ko|chen ⟨sw. V.⟩: **1.** ⟨ist⟩ **a)** *[zu lange] kochen u. dabei verdampfen:* das ganze Wasser ist verkocht; **b)** *zu einer breiartigen Masse kochen:* die Äpfel sind [zu Mus] verkocht; das Gemüse, das Fleisch ist total verkocht; verkochte Nudeln; **c)** ⟨v. + sich; hat⟩ *durch Kochen zerfallen u. sich auflösen:* die Zwiebeln haben sich völlig verkocht. **2.** ⟨hat⟩ *kochend [zu etw.] verarbeiten:* Erdbeeren zu Marmelade v.

[1]ver|koh|len ⟨sw. V.⟩: **1.** *durch Verbrennen zu einer kohleähnlichen Substanz werden* ⟨ist⟩: das Holz ist verkohlt; die Opfer des Unfalls waren bis zur Unkenntlichkeit verstümmelt und verkohlt; eine völlig verkohlte Leiche. **2.** *durch schwelendes Verbrennen in Kohle umwandeln* ⟨hat⟩: Holz im Meiler v.

[2]ver|koh|len ⟨sw. V.; hat⟩ [zu ↑ [2]kohlen] (ugs.): *jmdm. aus Spaß etwas Falsches erzählen; jmdn. anführen* (3): glaubt bloß nicht, ihr könntet mich v.; du willst mich wohl v.; sich verkohlt fühlen.

Ver|koh|lung, die; -, -en: **1.** *das* [1]*Verkohlen.* **2.** (Med.) *schwerster Grad der Verbrennung.*

ver|ko|ken ⟨sw. V.; hat⟩: *(Kohle) in Koks umwandeln.*

Ver|ko|kung, die; -, -en: *das Verkoken.*

ver|kom|men ⟨st. V.; ist⟩ [mhd. verkomen = vorübergehen, zu Ende gehen, vergehen]: **1. a)** *[äußerlich verwahrlosend] moralisch, wirtschaftlich, gesellschaftlich immer tiefer sinken:* im Schmutz, im Elend v.; sie ist nach dem Tode der Eltern immer mehr verkommen; er ist zu einem notorischen Säufer verkommen; er ist ein verkommenes Subjekt; **b)** *nicht gepflegt werden u. daher im Laufe der Zeit verfallen; verwahrlosen:* das Haus, der Hof verkommt völlig; es ist schade, dass der Garten so verkommt; der Park ist zu einer Wildnis verkommen; Ü die Demokratie ist dort zur Filzokratie verkommen *(herabgesunken).* **2.** *(von Nahrungsmitteln o. Ä.) allmählich verderben:* die Speisen verkommen; iss, damit nichts verkommt! **3.** (österr.) *bestrebt sein, sich schnell zu entfernen.* **4.** (schweiz.) *übereinkommen:* wir sind verkommen, darüber zu schweigen.

Ver|kom|men|heit, die; -: *das Verkommensein.*

Ver|komm|nis, das; -ses, -se (schweiz. veraltet): *Abkommen; Vertrag.*

ver|kom|pli|zie|ren ⟨sw. V.; hat⟩: *etw. [unnötig] kompliziert machen:* einen Sachverhalt v.

ver|kon|su|mie|ren ⟨sw. V.; hat⟩ (ugs.): *konsumieren.*

ver|kopft ⟨Adj.⟩: *[zu] sehr vom Intellekt beherrscht, beeinflusst:* eine -e Gesellschaft.

ver|kop|peln ⟨sw. V.; hat⟩: *mit etw. koppeln* (1, 2).

Ver|kop|pe|lung, Ver|kopp|lung, die; -, -en: *das Verkoppeln.*

ver|kor|ken ⟨sw. V.⟩: **1.** *mit einem Korken verschließen* ⟨hat⟩: Flaschen v. **2.** *zu Kork werden* ⟨ist⟩: das Pflanzengewebe verkorkt.

ver|kork|sen ⟨sw. V.; hat⟩ [1, 2: wohl übertr. von (3); 3: viell. zu landsch. gork(s)en = gurgelnde o. ä. Laute hervorbringen (wie beim Erbrechen), dann volksetym. angelehnt an verkorken im Sinne von »falsch korken«] (ugs.): **1.** *(durch sein Verhalten) bewirken, dass etw. ärgerlich u. unbefriedigend ausgeht, verfahren ist:* er hat uns mit seiner schlechten Laune den ganzen Abend verkorkst; ⟨oft im 2. Part.:⟩ eine verkorkste Ehe; dieses Kind ist völlig verkorkst *(falsch erzogen).* **2.** *etw. so ungeschickt ausführen, dass es nicht richtig zu gebrauchen ist; verpfuschen:* der Schneider hat das Kostüm völlig verkorkst. **3.** ⟨v. + sich⟩ *(sich den Magen) verderben:* du hast dir mit dem vielen Eis den Magen verkorkst.

ver|kör|pern ⟨sw. V.; hat⟩: **1.** *auf der Bühne, im Film darstellen:* den Titelhelden v. **2. a)** *in seiner Person, mit seinem Wesen ausgeprägt zum Ausdruck bringen:* die höchsten Tugenden v.; er verkörpert noch den Geist Preußens; **b)** ⟨v. + sich⟩ *in jmdm., durch jmdn. verkörpert* (2 a) *werden:* in ihm hat sich ein Stück Geistesgeschichte verkörpert.

Ver|kör|pe|rung, die; -, -en: *das Verkörpern.*

ver|kos|ten ⟨sw. V.; hat⟩: **1.** (bes. österr.) [1]*kosten; probieren:* den Kuchen v. **2.** (Fachspr.) *(eine Probe von etw., bes. Wein) kostend prüfen:* Sekt, Wein v.

Ver|kos|ter, der; -s, - (Fachspr.): *jmd., der etw. verkostet* (2).

Ver|kos|te|rin, die; -, -nen: w. Form zu ↑ Verkoster.

ver|kost|gel|den ⟨sw. V.; hat⟩ (schweiz.): *in Kost geben.*

ver|kös|ti|gen ⟨sw. V.; hat⟩: *beköstigen.*

Ver|kös|ti|gung, die; -, -en: *das Verköstigen; das Verköstigtwerden.*

Ver|kos|tung, die; -, -en: *das Verkosten.*

ver|kra|chen ⟨sw. V.⟩ (ugs.): **1.** ⟨v. + sich⟩ *sich mit jmdm. entzweien* ⟨hat⟩: sich mit seinem Vater v.; die beiden haben sich verkracht; er ist mit seiner Freundin verkracht. **2.** *(in Bezug auf ein Unternehmen o. Ä.) zusammenbrechen* ⟨ist⟩: der Konzern verkrachte; ⟨oft im 2. Part.:⟩ ein verkrachter *(gescheiterter)* Jurist; er ist eine verkrachte Existenz.

ver|kraft|bar ⟨Adj.⟩: *sich verkraften* (1) *lassend.*

ver|kraf|ten ⟨sw. V.; hat⟩: **1.** *mit seinen Kräften, Mitteln in der Lage sein, etw. zu bewältigen:* einen Schock v.; höhere Belastungen, Kosten nicht v. können; sie hat dieses Erlebnis seelisch nie verkraftet; kannst du noch ein Eis v. (scherzh.; *essen*)?; der Saal kann leicht 800 Gäste v. *(aufnehmen).* **2.** (Eisenb.) *auf Kraftfahrzeugverkehr (z. B. mit Bussen) umstellen:* schwach frequentierte Bahnstrecken v. **3.** (veraltet) *elektrifizieren.*

ver|kral|len ⟨sw. V.; hat⟩: **1.** ⟨v. + sich⟩ *sich in, an jmdn., etw. krallen:* sie verkrallte sich mit den Händen in seinen Haaren. **2.** *in etw. krallen:* sie verkrallte ihre Hand in seinen Ärmel.

ver|kra|men ⟨sw. V.; hat⟩ (ugs.): **a)** *(ohne es zu wollen u. ohne es sich zu merken) zwischen andere Dinge geraten lassen u. so verlegen* (1): seinen Schlüssel v.; diese Rechnung habe ich verkramt; **b)** *verstecken, verbergen.*

ver|kramp|fen ⟨sw. V.; hat⟩: **1. a)** ⟨v. + sich⟩ *sich wie im Krampf, krampfartig zusammenziehen:* die Muskeln verkrampften sich; seine Finger hatten sich verkrampft; **b)** *wie im Krampf, krampfartig zusammenziehen:* die Hände zu Fäusten v. **2. a)** *sich wie im Krampf in etw. festkrallen:* ich verkrampfe die Hände in die Sessellehnen; **b)** ⟨v. + sich⟩ *sich wie im Krampf in etw. festkrallen:* ihre Hand verkrampfte sich in seinen Ärmel. **3.** ⟨v. + sich⟩ *durch irgendwelche Einflüsse unfrei u. gehemmt werden u. unnatürlich wirken:* er verkrampft sich immer mehr; ⟨oft im 2. Part.:⟩ ein verkrampftes Verhältnis; er ist völlig verkrampft; sie lächelte verkrampft.

Ver|krampft|heit, die; -: *verkrampftes* (3) *Wesen.*

Ver|kramp|fung, die; -, -en: **1.** *das Verkrampfen.* **2.** *das Verkrampftsein.*

ver|krat|zen ⟨sw. V.; hat⟩: *durch Kratzen beschädigen, mit Kratzern verunzieren:* den Tisch, den Autolack v.

ver|krau|ten ⟨sw. V.; ist⟩: *von wild wachsenden Pflanzen, Unkraut überwuchert werden.*

Ver|krau|tung, die; -, -en: *das Verkrauten.*

ver|krebst ⟨Adj.⟩ (ugs.): *von Krebswucherungen befallen:* -es Gewebe; sie ist total v.

ver|krie|chen, sich ⟨st. V.; hat⟩ [mhd. verkriechen]: *sich möglichst unbemerkt an einen Ort begeben, wo man geschützt, verborgen ist, nicht gestört wird:* der Dachs verkriecht sich in seinen Bau; der Igel hat sich im Gebüsch verkrochen; sich unter die/der Bank, hinter einem Pfeiler v.; ich werde mich jetzt ins Bett v. (ugs.; *ins Bett gehen*); sie verkroch sich unter ihrer Decke; am liebsten hätte ich mich [in den hintersten Winkel] verkrochen, so habe ich mich geschämt; Ü die Sonne verkriecht sich *(verschwindet)* schon wieder [hinter Wolken]; du brauchst dich nicht vor ihm zu v. *(kannst durchaus neben ihm bestehen).*

ver|kröp|fen ⟨sw. V.; hat⟩ (Archit., Bauw.): *kröpfen* (3 a).

ver|krü|meln ⟨sw. V.; hat⟩ [eigtl. = sich in Krümel auflösen, krümelweise verschwinden]: **1.** *in Krü-*

meln verstreuen: Kuchen [über den Tisch] v. 2. ⟨v. + sich⟩ (ugs.) *sich unauffällig u. unbemerkt entfernen:* ich glaube, er hat sich verkrümelt.

ver|krüm|men ⟨sw. V.⟩ [mhd. verkrummen, -krümmen]: **1.** *krumm werden* ⟨ist⟩: ihr Rücken verkrümmte zusehends; ⟨häufig v. + sich; hat:⟩ seine Wirbelsäule hat sich verkrümmt; verkrümmte Zehen. **2.** *krumm machen* ⟨hat⟩: die Gicht hat ihre Finger verkrümmt.

Ver|krüm|mung, die; -, -en: *das [Sich]verkrümmen.*

ver|krum|peln ⟨sw. V.; hat⟩ (landsch.): *[zer]knittern:* ein verkrumpeltes Stück Stoff.

ver|krüp|peln ⟨sw. V.⟩ [zu gleichbed. veraltet krüppeln]: **1.** *krüppelig werden* ⟨ist⟩: die Bäume verkrüppeln und sterben ab; verkrüppelte Kiefern. **2.** *krüppelig machen* ⟨hat⟩: die Krankheit hat ihre Hände verkrüppelt; der Krieg hat ihn verkrüppelt (selten; *zum Krüppel gemacht*).

Ver|krüp|pe|lung, Ver|krüpp|lung, die; -, -en: *das Verkrüppeln.*

ver|krus|ten ⟨sw. V.; ist⟩: *eine Kruste bilden:* der Schlamm verkrustet; eine verkrustete Wunde; verkrustete Töpfe; das Haar ist mit Blut verkrustet; Ü verkrustete Strukturen.

Ver|krus|tung, die; -, -en: *das Verkrusten.*

ver|küh|len, sich ⟨sw. V.; hat⟩ (landsch.): **1.** *sich erkälten* (1): ich habe mich ein bisschen verkühlt. **2.** (selten) *kühl werden; abkühlen.*

Ver|küh|lung, die; -, -en (landsch.): *Erkältung.*

ver|küm|meln ⟨sw. V.; hat⟩ [aus der Gaunerspr., Nebenf. von ↑verkümmern, dann viell. beeinflusst von ↑Kümmel (3), also wohl übertr. = etw. für Schnaps verkaufen] (ugs.): *(einen Gegenstand) zu Geld machen:* seine Uhr v.

ver|küm|mern ⟨sw. V.; ist⟩ [mhd. verkumbern, verkümbern, zu ↑Kummer]: **1.** *sich in seinem Wachstum nicht mehr richtig weiterentwickeln, nicht mehr recht gedeihen u. allmählich in einen schlechten Zustand geraten:* die Pflanzen verkümmern; in der Gefangenschaft verkümmern die Tiere; die Muskeln sind verkümmert *(haben sich zurückgebildet);* ein verkümmerter Baum; Ü seelisch v. **2.** *nicht ausgebildet werden, ungenutzt bleiben u. daher schwinden, verloren gehen:* sein Talent nicht v. lassen; das Rechtsgefühl war verkümmert. **3.** (geh. veraltet) *mindern, im Wert herabsetzen.*

Ver|küm|me|rung, die; -, -en: *das Verkümmern.*

ver|kün|den ⟨sw. V.; hat⟩ [mhd. verkünden] (geh.): **1. a)** *(ein Ergebnis, einen Beschluss o. Ä.) öffentlich [u. feierlich] bekannt machen:* ein Urteil v.; die Menschenrechte v.; **b)** *laut [u. mit Nachdruck] erklären:* freudestrahlend verkündete sie ihre Verlobung; sie verkündete stolz, dass sie gewonnen habe. **2.** (landsch.) *durch den Pfarrer von der Kanzel herab aufbieten* (3). **3.** (selten) *verkündigen* (1): eine Irrlehre v. **4.** *ankündigen, prophezeien:* ein Unheil v.; Ü seine Miene verkündete *(verhieß)* nichts Gutes.

Ver|kün|der, der; -s, - [spätmhd. verkünder] (geh.): *jmd., der etw. verkündet.*

Ver|kün|de|rin, die; -, -nen: w. Form zu ↑Verkünder.

ver|kün|di|gen ⟨sw. V.; hat⟩ (geh.): **1.** *feierlich kundtun; predigen:* das Evangelium, das Wort Gottes v. **2.** *verkünden* (1, 4).

Ver|kün|di|ger, der; -s, - (geh.): *jmd., der etw. verkündigt.*

Ver|kün|di|ge|rin, die; -, -nen: w. Form zu ↑Verkündiger.

Ver|kün|di|gung, die; -, -en: **1.** *das Verkündigen* (1). **2.** *feierlich Verkündigtes; Botschaft.*

Ver|kün|dung, die; -, -en: *das Verkünden.*

ver|kup|fern ⟨sw. V.; hat⟩: *mit einer Schicht Kupfer überziehen:* Bleche, Dachrinnen v. lassen.

Ver|kup|fe|rung, die; -, -en: *das Verkupfern.*

ver|kup|peln ⟨sw. V.; hat⟩: **1.** (selten) *kuppeln* (1 a): Waggons v. **2.** *(im Hinblick auf eine Liebesbeziehung, Ehe) zusammenbringen:* sie will die beiden v.; er hat seine Tochter mit einem/an einen reichen Mann verkuppelt.

Ver|kup|pe|lung, Ver|kupp|lung, die; -, -en: *das Verkuppeln; das Verkuppeltwerden.*

ver|kür|zen ⟨sw. V.; hat⟩ [mhd. verkürzen]: **1. a)** *kürzer machen:* eine Schnur [um 10 cm] v.; die Arbeitszeit [um zwei Stunden pro Woche] v.; diese Linie erscheint auf dem Bild stark verkürzt *(perspektivisch verkleinert);* eine verkürzte Fassung, Namensform; eine Rede verkürzt abdrucken; **b)** ⟨v. + sich⟩ *kürzer werden:* die Schatten hatten sich verkürzt. **2. a)** *vorzeitig, frühzeitig beenden:* den Urlaub v.; die Qualen eines Tiers v.; **b)** *(durch irgendeinen Zeitvertreib) kürzer erscheinen lassen, schneller vorübergehen lassen:* ich verkürzte mir die Wartezeit durch einen Spaziergang; sie verkürzte uns die langen Winterabende mit ihrem Klavierspiel. **3.** (Ballspiele) *den Rückstand verringern:* auf 3 : 2 v. **4.** (selten) *jmdm. einen Teil von etw. nehmen; jmdn. um etw. bringen:* jmds. Ansprüche, Hoffnungen v.

Ver|kür|zung, die; -, -en: *das Verkürzen; das Verkürztwerden.*

ver|küs|sen ⟨sw. V.; hat⟩: (südd.) *oftmals küssen; mit Küssen bedecken:* sie hätte ihren Teddy v. mögen.

ver|la|chen ⟨sw. V.; hat⟩: *auslachen* (1).

Ver|lad, der; -s (schweiz.): *Verladung.*

Ver|la|de|bahn|hof, der: *Bahnhof, auf dem verladen wird.*

Ver|la|de|brü|cke, die: *einer Brücke ähnliche Konstruktion mit Vorrichtungen zum Verladen.*

Ver|la|de|kran, der: *Kran* (1), *der zum Verladen (bes. von schweren od. sperrigen Gegenständen) benutzt wird.*

ver|la|den ⟨st. V.; hat⟩ [mhd. verladen = übermäßig belasten; bedrängen]: **1.** *(eine größere Warenmenge, große Gegenstände, selten auch eine größere Gruppe von Personen) zur Beförderung in, auf ein Transportmittel laden:* Güter, Waren, Vieh v.; die Soldaten wurden verladen. **2.** (ugs.) *betrügen; hinters Licht führen:* die Wähler v.; ich fühle mich regelrecht verladen.

Ver|la|de|platz, der: vgl. Verladebahnhof.

Ver|la|der, der; -s, -: **1.** *jmd., der etw. verlädt.* **2.** (Fachspr.) *jmd., der einem Transportunternehmen Güter zur Beförderung übergibt.*

Ver|la|de|ram|pe, die: *Rampe* (1 a) *zum Verladen.*

Ver|la|de|rin, die; -, -nen: w. Form zu ↑Verlader.

Ver|la|dung, die; -, -en: *das Verladen; das Verladenwerden.*

Ver|lag, der; -[e]s, -e, österr. auch: Verläge [im 16. Jh. = Kosten, Geldauslagen; zu ↑[1]verlegen (7)]: **1.** *Unternehmen, das Manuskripte erzeugt u. erwirbt, daraus Druckerzeugnisse herstellt u. diese über den Buchhandel verkauft:* ein belletristischer, wissenschaftlicher V.; einen V. für seinen Roman suchen; ein Buch in V. geben (veraltend; [1]*verlegen 7 lassen*), in V. nehmen (veraltend; [1]*verlegen* 7); in welchem V. ist das Buch erschienen? **2.** (Kaufmannsspr. veraltend) *Unternehmen des Zwischenhandels:* er betreibt einen V. für Bier. **3.** (schweiz. ugs. abwertend) *das Herumliegen (von Gegenständen); Unordnung; Durcheinander.*

ver|la|gern ⟨sw. V.; hat⟩: **a)** *(bes. das Gewicht, den Schwerpunkt von etw.) von einer Stelle weg an eine andere gelangen lassen:* sie verlagerte das Gewicht auf das andere Bein; Ü die Entwicklungsabteilung wurde von Köln nach Berlin verlagert; den Schwerpunkt der Arbeit auf die Forschung v.; **b)** *an einen anderen Ort bringen u. dort lagern:* die wertvollsten Stücke der Sammlung wurden [aufs Land] verlagert; **c)** ⟨v. + sich⟩ *sich von einer Stelle an eine andere bewegen:* das Hoch verlagert sich nach Norden.

Ver|la|ge|rung, die; -, -en: *das Verlagern; das Verlagertwerden.*

Ver|lags|an|stalt, die: *Verlag* (1).

Ver|lags|buch|han|del, der: *Zweig des Buchhandels, der sich mit Herstellung u. Vertrieb von Büchern befasst.*

Ver|lags|buch|händ|ler, der: *Verleger* (1).

Ver|lags|buch|händ|le|rin, die: w. Form zu ↑Verlagsbuchhändler.

Ver|lags|buch|hand|lung, die (früher): *Verlag* (1), *der zusätzlich zu einer Buchhandlung betrieben wird.*

Ver|lags|haus, das: *Verlag* (1).

Ver|lags|ka|ta|log, der: *Verzeichnis der lieferbaren Produkte eines Verlags* (1).

Ver|lags|kauf|frau, die: vgl. Verlagskaufmann.

Ver|lags|kauf|mann, der: *Kaufmann im Verlagswesen* (Berufsbez.).

Ver|lags|lei|ter, der: [1]*Leiter* (1) *eines Verlags* (1).

Ver|lags|lei|te|rin, die: w. Form zu ↑Verlagsleiter.

Ver|lags|lek|tor, der: *Lektor* (2) *in einem Verlag* (1) (Berufsbez.).

Ver|lags|lek|to|rin, die: w. Form zu ↑Verlagslektor.

Ver|lags|pro|gramm, das: *Produkte, die ein Verlag* (1) *anbietet.*

Ver|lags|pros|pekt, der: *Prospekt* (1) *eines Verlags* (1).

Ver|lags|recht, das (Rechtsspr.): **1.** *Gesamtheit aller rechtlichen Normen, die geschäftliche Beziehungen zwischen einem Verfasser o. Ä. u. einem Verlag* (1) *regeln.* **2.** *ausschließliches Recht zur Vervielfältigung u. Verbreitung eines Werks.*

Ver|lags|re|dak|teur, der: *Redakteur in einem Verlag* (1) (Berufsbez.).

Ver|lags|re|dak|teu|rin, die: w. Form zu ↑Verlagsredakteur.

Ver|lags|ver|tre|ter, der: *Vertreter* (1 d), *der den Sortimentsbuchhandel besucht, Neuerscheinungen der von ihm vertretenen Verlage vorstellt u. Bestellungen für die gesamte Produktion der von ihm vertretenen Verlage entgegennimmt.*

Ver|lags|ver|tre|te|rin, die: w. Form zu ↑Verlagsvertreter.

Ver|lags|we|sen, das: *mit dem* [1]*Verlegen* (7) *von Büchern zusammenhängende Einrichtungen u. Vorgänge.*

ver|lan|den ⟨sw. V.; ist⟩: *allmählich zu Land* (1) *werden:* der Teich droht zu v.

Ver|lan|dung, die; -, -en: *das Verlanden.*

ver|lan|gen ⟨sw. V.; hat⟩ [mhd. verlangen, zu ↑langen, urspr. unpers. gebr., die Bed. »begehren« entwickelte sich aus »(zeitlich) lang dünken«]: **1.** *nachdrücklich fordern, haben wollen:* mehr Lohn, Rechenschaft, eine Erklärung, sein Recht v.; sie verlangt vorgelassen zu werden; sie verlangte ihn zu sprechen; du verlangst Unmögliches von mir; du kannst von ihm nicht gut v., dass er alles bezahlt; mehr kann man wirklich nicht v.; das ist zu viel verlangt; die Rechnung v. *(um die Rechnung bitten);* ⟨unpers.:⟩ es wird von jedem Pünktlichkeit verlangt. **2. a)** *erfordern; unbedingt brauchen; nötig haben:* diese Arbeit verlangt Aufmerksamkeit, den ganzen Menschen; **b)** *(in einer bestimmten Situation) notwendig machen, erfordern, gebieten:* der Anstand verlangt, dass du dich entschuldigst; wir mussten das tun, was die Situation, die Vernunft [von uns] verlangte. **3.** *(als Gegenleistung) haben wollen:* sie verlangte 200 Mark [von ihm]; er hat für die Reparatur nichts verlangt. **4.** *jmdn. auffordern, etw. zu zeigen, vorzulegen:* den Ausweis, das Zeugnis v.; (schweiz.:) jmdm. die Papiere v. **5.** *[am Telefon] zu sprechen wünschen:* du wirst am Telefon verlangt; dein Typ wird verlangt (salopp; *jmd. möchte dich sprechen*). **6.** (geh.) **a)** *wünschen, dass jmd. zu einem kommt:* nach einem Arzt v.; die Sterbende verlangte nach einem Priester; **b)** *etw. zu erhalten wünschen:* nach Brot, einer Zigarette v.; die Kranke verlangte nach einem Glas Wasser; **c)** *sich nach jmdm., etw. sehnen:* er verlangte nach einem Menschen, dem er vertrauen konnte; verlangend die Hände ausstrecken; ⟨unpers.:⟩ es verlangt mich, ihn noch einmal zu sehen.

Ver|lan|gen, das; -s, - (geh.): **1.** *stark ausgeprägter Wunsch; starkes inneres Bedürfnis:* großes, heftiges, leidenschaftliches V.; ein V. nach Nikotin, einer Zigarette, Schokolade, Frieden, Rache, Ruhm, Harmonie, Liebe; sein schier unstillbares V. nach ihr; ein starkes V. nach etw. haben, verspüren, tragen; sie zeigte kein V., ihn wiederzusehen; etw. weckte, erregte sein V.; ein V. erfüllen, stillen, befriedigen. **2.** *ausdrücklicher Wunsch; nachdrücklich geäußerte Bitte, Forderung:* ein unbilliges V.; Tötung auf V.; die Ausweise sind auf V. vorzuzeigen.

ver|lạ̈n|gern ⟨sw. V.; hat⟩: **1. a)** *länger machen:* eine Schnur, ein Rohr v.; die Ärmel [um drei Zentimeter] v.; **b)** ⟨v. + sich⟩ *länger werden:* die Kolonne verlängerte sich. **2. a)** *länger gültig sein lassen als eigentlich vorgesehen:* den Pass v. [lassen]; **b)** ⟨v. + sich⟩ *länger gültig bleiben als eigentlich vorgesehen:* der Vertrag verlängert sich automatisch um ein Jahr; **c)** *länger dauern lassen als eigentlich vorgesehen:* den Urlaub, die Pause v.; die Frist wurde verlängert; ein verlängertes *(durch einen Urlaubs-, Feiertag erweitertes)* Wochenende. **3.** *durch Hinzufügen von etw. verdünnen u. dadurch eine größere Menge bekommen:* die Soße v. **4.** (Ballspiele) *ohne anzunehmen* (12) *weiterspielen:* er verlängerte die Flanke zum Rechtsaußen, mit dem Kopf ins Tor.

Ver|lạ̈n|ge|rung, die; -, -en: **1.** *das Verlängern* (1 a, 2 a, c, 3, 4); *das Verlängertwerden.* **2.** *etw., was der Verlängerung* (1) *dient.* **3.** (Ballspiele) *Verlängerung der Spielzeit über die normale Spieldauer hinaus:* das spielentscheidende Tor fiel erst in der V.

Ver|lạ̈n|ge|rungs|ka|bel, das: *Kabel zum Verlängern* (1 a) *der Leitung eines elektrischen Geräts.*

Ver|lạ̈n|ge|rungs|schnur, die: *Verlängerungskabel.*

Ver|lạ̈n|ge|rungs|stück, das: vgl. Verlängerungskabel.

ver|lạng|sa|men ⟨sw. V.; hat⟩: **a)** *bewirken, dass etw. langsam[er] wird, vor sich geht:* die Fahrt, das Tempo v.; verlangsamte Reaktionen; **b)** ⟨v. + sich⟩ *langsam[er] werden:* das Tempo, das Wachstum, die Entwicklung verlangsamt sich.

Ver|lạng|sa|mung, die; -, -en: *das [Sich]verlangsamen.*

ver|lạ̈p|pern ⟨sw. V.; hat⟩ (ugs.): **1. a)** *für unnütze Dinge nach u. nach ausgeben, vertun:* Geld, seine Zeit v.; **b)** ⟨v. + sich⟩ *für unnütze Dinge nach u. nach ausgegeben, vertan werden:* die Erbschaft verläpperte sich schnell. **2.** *sich in Kleinigkeiten erschöpfen:* ihr Schwung verläpperte zusehends.

Ver|lạss, der; -es [mhd. verlāʒ = Hinterlassenschaft; Untätigkeit]: in der Verbindung **auf jmdn., etw. ist [kein] V.** *(auf jmdn., etw. kann man sich [nicht]* [1]*verlassen):* es ist kein V. auf ihn.

[1]**ver|lạs|sen** ⟨st. V.; hat⟩ [mhd. verlāʒen, ahd. farlāʒan = loslassen; fahren lassen; entlassen; preisgeben; erlassen, verzeihen; anordnen; zulassen; überlassen, übergeben; übrig lassen, hinterlassen; unterlassen]: **1.** ⟨v. + sich⟩ *uneingeschränkt (auf jmdn., etw.) vertrauen:* sich auf seine Freunde v.; auf ihn kann ich mich hundertprozentig v.; man kann sich [nicht] auf ihn v. *(er ist [nicht] zuverlässig);* du solltest dich nicht immer auf andere v. [sondern selbst etwas unternehmen]; sich auf sein Glück v.; du kannst dich auf ihr Urteil v. *(sie hat ein sicheres Urteil);* du kannst dich darauf v., dass sie kommt; ich werde ihm diese Gemeinheit heimzahlen, darauf kannst du dich v./worauf du dich v. kannst! *(da kannst du sicher sein!).* **2.** *weg-, fortgehen von, aus etw., sich von einem Ort entfernen:* die Heimat v.; eine Party früh v.; das Zimmer, das Geschäft v.; er hat das Haus um 7 Uhr verlassen; sie mussten das Hotel Hals über Kopf v.; verlassen Sie sofort meine Wohnung!; die Autobahn v.; sie verließ fluchtartig das Lokal; er hatte die Schule ohne Abschlussprüfung verlassen *(war ohne Abschlussprüfung von der Schule abgegangen);* sie konnte heute erstmals das Bett v. *(aufstehen);* die letzten Cabrios verließen das Werk *(wurden ausgeliefert);* das Haus war verlassen *(stand leer);* ein verlassenes *(herrenlos zurückgelassenes)* Fahrzeug; Ü wir verlassen jetzt dieses Thema. **3.** *sich von jmdm., dem man nahe gestanden hat, mit dem man in gewisser Weise verbunden ist, trennen:* seine Familie, Frau und Kind v.; jmdn., der in Not ist, v.; unser treu sorgender Vater hat uns für immer verlassen (verhüll.; *ist gestorben*); ⟨im 2. Part.:⟩ sie fühlte sich ganz verlassen *(allein u. hilflos);* R und da/dann verließen sie ihn (ugs.; *ich, er weiß nicht mehr weiter*); Ü alle Kräfte verließen sie; der Mut, alle Hoffnung hatte mich verlassen; dann verließ ihn die Besinnung *(wurde er ohnmächtig).*

[2]**ver|lạs|sen** ⟨Adj.⟩: *in unangenehm empfundener Weise ohne jedes Leben, ohne Lebendigkeit u. daher trostlos-öde wirkend:* eine -e Gegend.

Ver|lạs|sen|heit, die; -: *das Verlassensein.*

Ver|lạs|sen|schaft, die; -, -en (österr., schweiz., sonst veraltet): *Nachlass, Erbschaft.*

ver|lạ̈ss|lich ⟨Adj.⟩: *zuverlässig:* ein -er Freund; aus -er Quelle haben wir erfahren, dass sie nun doch kommt; -e Daten, Informationen; die Zeugin gilt als v.

Ver|lạ̈ss|lich|keit, die; -: *das Verlässlichsein.*

ver|lạ̈s|tern ⟨sw. V.; hat⟩: *in bösartiger u. grober Weise verleumden.*

Ver|lạ̈s|te|rung, die; -, -en: **1.** ⟨Pl. selten⟩ *das Verlästern.* **2.** *verlästernde Äußerung.*

ver|lạt|schen ⟨sw. V.; hat⟩ (ugs.): *(Schuhe) durch das Tragen allmählich aus der Form bringen:* seine Schuhe v.

Ver|lau̲b: in der Verbindung **mit V.** (geh.; *wenn Sie gestatten; wenn es erlaubt ist;* zu veraltet verlauben = erlauben; vgl. mniederd. mit vorlöve = mit Erlaubnis, zu: vorlöven = erlauben, genehmigen, Nebenf. von ↑erlauben): das ist mir, mit V. [gesagt, zu sagen], zu langweilig.

Ver|lau̲f, der; -[e]s, Verläufe: **1.** *Richtung, in der etw. verläuft* (1); *Art, in der sich etw. erstreckt:* der V. einer Straße; den V. einer Grenze festlegen. **2.** *das Verlaufen* (2): der V. einer Krankheit; den V. einer Feier, einer Reise schildern; die Ereignisse nahmen einen guten V.; den weiteren V. der Entwicklung abwarten; im V. *(während)* der Diskussion, der Debatte; im V. *(innerhalb)* eines Jahres/von einem Jahr; er ist mit dem V. der Kur zufrieden; nach V. einiger Tage.

ver|lau̲|fen ⟨st. V.⟩ [mhd. verloufen, ahd. farloufan = vorüberlaufen]: **1.** *in eine Richtung führen; sich in eine Richtung erstrecken* ⟨ist⟩: die beiden Linien verlaufen parallel; die Straße verläuft schnurgerade; der Weg verläuft entlang der Grenze, den Bach entlang. **2.** *in bestimmter Weise (bis zum Ende) vonstatten gehen, ablaufen* ⟨ist⟩: die Feier verlief harmonisch; die Nacht verlief ruhig; die Prüfung ist glänzend verlaufen; es verlief alles nach Wunsch, ohne Zwischenfall; es ist alles gut, glatt, glücklich verlaufen; ihre Krankheit verlief tödlich; die Untersuchung ist ergebnislos verlaufen. **3.** *zerlaufen* ⟨ist⟩: die Butter ist verlaufen. **4.** *(in Bezug auf farbige Flüssigkeit) konturlos auseinander fließen* ⟨ist⟩: die Tinte, die Schrift verläuft auf dem schlechten Papier; die Wimperntusche war verlaufen. **5.** *irgendwohin führen u. schließlich nicht mehr zu sehen, zu finden sein, sich in etw. verlieren* ⟨ist⟩: die Spur verlief im Sand; ⟨auch v. + sich; hat:⟩ der Weg verläuft sich im Gestrüpp. **6.** ⟨v. + sich⟩ *zu Fuß irgendwohin gehen u. sich dabei verirren* ⟨hat⟩: die Kinder haben sich [im Wald] verlaufen; der Park war so groß, dass man sich darin v. konnte. **7.** ⟨v. + sich; hat⟩ **a)** *(in Bezug auf eine Menschenansammlung) auseinander gehen:* die Menschenmenge hat sich verlaufen; wegen seiner Krankheit hatte sich ein Teil der Kundschaft verlaufen *(ist nach u. nach weggeblieben);* **b)** *abfließen* (1 b): es dauerte lange, bis sich das Hochwasser verlaufen hatte.

Ver|lau̲fs|form, die (Sprachw.): *(bes. in der englischen Sprache übliche) Form des Verbs, die angibt, dass eine Handlung, ein Geschehen gerade abläuft.*

ver|lau̲|sen ⟨sw. V.⟩: **1.** *von Läusen befallen werden* ⟨ist⟩: ⟨meist im 2. Part.:⟩ er war völlig verlaust; verlauste Pflanzen. **2.** (seltener) *Läuse auf jmdn., etw. übertragen* ⟨hat⟩: eine Baracke v.

Ver|lau̲|sung, die; -, -en: *das Verlausen; das Verlaustsein.*

ver|lau̲t|ba|ren ⟨sw. V.⟩ [mhd. verlūtbæren]: **1.** *[amtlich] bekannt machen, bekannt geben* ⟨hat⟩: er ließ v., dass er ein Fest geben werde; über den Stand der Untersuchungen wurde noch nichts verlautbart. **2.** (geh.) *bekannt werden* ⟨ist⟩: ein Vorkommnis, worüber nichts verlautbarte; ⟨auch unpers.:⟩ es verlautbarte *(hieß, wurde erzählt),* der Staatschef sei erkrankt.

Ver|lau̲t|ba|rung, die; -, -en: **1.** *das Verlautbaren; das Verlautbartwerden.* **2.** *etw. Verlautbartes.*

ver|lau̲|ten ⟨sw. V.⟩ [mhd. verlūten]: **1.** *bekannt geben, äußern* ⟨hat⟩: der Ausschuss hat noch nichts verlautet. **2.** *bekannt werden; an die Öffentlichkeit dringen* ⟨ist⟩: wie verlautet, kam es zu Zwischenfällen; aus amtlicher Quelle verlautet, dass die Umgehungsstraße nun doch gebaut werden soll; ⟨auch unpers.:⟩ es verlautete *(hieß),* dass er verunglückt sei.

ver|lea|sen ⟨sw. V.; hat⟩ [↑leasen]: *(ein [Investitions]gut) vermieten, verpachten:* Autos v.

ver|le̲|ben ⟨sw. V.; hat⟩ [mhd. verleben = überleben; ableben, verwelken]: **1.** *während eines bestimmten Zeitabschnitts irgendwo sein u. dabei die Geschehnisse in bestimmter Weise, Form erleben:* seine Kindheit auf dem Land, bei den Großeltern v.; wir haben viele frohe Stunden [miteinander] verlebt. **2.** (ugs.) *zum Lebensunterhalt verbrauchen:* er hat sein ganzes Erbe verlebt.

ver|le|bẹn|di|gen ⟨sw. V.; hat⟩: **1.** *anschaulich, lebendig machen:* dieser Roman verlebendigt die Zeit nach 1945. **2.** *mit Leben erfüllen:* der Maler verlebendigt die Person in diesem Bild.

Ver|le|bẹn|di|gung, die; -, -en: *das Verlebendigen.*

ver|le̲bt ⟨Adj.⟩: *sichtbare Spuren einer ausschweifenden Lebensweise aufweisend:* ein -es Gesicht; er sieht v. aus.

Ver|le̲bt|heit, die; -: *das Verlebtsein.*

[1]**ver|le̲|gen** ⟨sw. V.; hat⟩ [mhd. verlegen, ahd. ferlegen; 7: urspr. = Geld (für die Druckkosten eines Buches) vorlegen, vorstrecken]: **1.** *an eine andere als die sonst übliche Stelle legen u. dadurch schwer auffindbar machen:* den Schlüssel v.; ich habe meinen Pass verlegt. **2.** *(etw., wofür ein bestimmter Zeitpunkt bereits vorgesehen war) auf einen anderen Zeitpunkt legen:* eine Tagung, einen Termin v.; die Premiere ist [auf nächste Woche] verlegt worden. **3.** *(jmdn., etw.) von einem bisher innegehabten Ort an einen anderen Ort legen:* eine Haltestelle v.; den Wohnsitz aufs Land v.; die Hauptverwaltung wurde in eine andere Stadt verlegt; den Patienten auf eine andere Station v.; sein Darmausgang wurde verlegt; Ü der Dichter verlegt die Handlung nach Mailand, ins 18. Jahrhundert. **4.** (Fachspr.) *legen* (4): Gleise, Rohre, Kabel, Leitungen v.; Linoleum, Teppichboden v. **5.** *versperren* (1 a), *blockieren* (2 a): jmdm. den Weg, den Zugang v.; den Truppen war der Rückzug *(der Weg für den Rückzug)* verlegt. **6.** ⟨v. + sich⟩ *sich legen* (7): sich auf ein bestimmtes Fachgebiet v.; er verlegte sich aufs Bitten, Leugnen. **7.** *(von einem Verlag) veröffentlichen:* einen Roman v.; seine Werke werden bei Faber & Faber verlegt; dieses Haus verlegt Bücher, Musikwerke, Zeitschriften.

[2]**ver|le̲|gen** ⟨Adj.⟩ [mhd. verlegen, eigtl. adj. 2. Part. von: verligen = durch langes Liegen Schaden nehmen od. träge werden; Bedeutungsentwicklung von »untätig« über »unschlüssig, ratlos« zur heutigen Bed.]: **1.** *in einer peinlichen, unangenehmen Situation nicht so recht wissend, wie man sich verhalten soll; Unsicherheit u. eine Art von Hilflosigkeit ausdrückend:* ein -er kleiner Junge; ein -er Blick; es entstand eine -e Pause, ein -es Schweigen; sie war, wurde ganz v.; v. lächeln, dastehen; er räusperte sich v. **2.** * **um etw. v. sein** *(etw. nicht zur Verfügung haben, es benötigen, brauchen):* er ist immer um Geld v.; **nicht/nie um etw. v. sein** *(immer etw. als Entgegnung bereit haben):* sie ist nie um Worte, eine Ausrede, eine Antwort v.

Ver|le|gen|heit, die; -, -en [mhd. verlegenheit = schimpfliche Untätigkeit]: **1.** ⟨o. Pl.⟩ *durch Befangenheit, Verwirrung verursachte Unsicherheit, durch die man nicht weiß, wie man sich verhalten soll:* seine V. verbergen; sie brachte ihn mit ihren Fragen in V.; vor V. rot werden. **2.** *Unannehmlichkeit (als Befindlichkeit); unangenehme, schwierige Lage:* jmdm. -en bereiten; jmdm. aus einer V. helfen; sich mit etw. aus der V. ziehen; in großer finanzieller V. sein; ich kann auch zahlen, falls ich in die V. *(in diese Lage)* komme.

Ver|le|gen|heits|ge|schenk, das: *Geschenk, das jmd. nur ausgesucht hat, weil ihm nichts Besseres eingefallen ist od. er das Geeignete nicht gefunden hat.*

Ver|le|gen|heits|lö|sung, die: *Notlösung.*

Ver|le|ger, der; -s, -: *jmd., der Bücher usw. verlegt* (7).

Ver|le|ge|rin, die; -, -nen: w. Form zu ↑Verleger.

ver|le|ge|risch ⟨Adj.⟩: *den Verleger* (1) *betreffend, zu ihm gehörend:* -e Tätigkeit, Erfolge.

Ver|le|ger|zei|chen, das; -s, -: *Druckerzeichen.*

Ver|le|gung, die; -, -en: *das* [1]*Verlegen* (2).

ver|lei|den ⟨sw. V.; hat⟩ [mhd. verleiden, ahd. farleidōn, zu ↑leid]: *bewirken, dass jmd. an etw. keine Freude mehr hat:* jmdm. den Urlaub v.; seine schlechte Laune hat mir den ganzen Abend verleidet.

Ver|lei|der, der; -s, - (schweiz. mundartl.): *Überdruss:* er hat den V. bekommen *(ist der Sache überdrüssig geworden).*

Ver|lei|dung, die; -: *das Verleiden.*

Ver|leih, der; -[e]s, -e: **1.** ⟨o. Pl.⟩ *das Verleihen* (1): der V. von Fahrrädern. **2.** *Firma o. Ä., die etw. gegen Bezahlung verleiht* (1): ein V. für Kostüme, Strandkörbe.

ver|lei|hen ⟨st. V.; hat⟩ [mhd. verlīhen, ahd. farlīhan]: **1.** *[gegen Gebühr] vorübergehend einem anderen überlassen, zur Verfügung stellen:* Boote, Fahrräder, Videokassetten v.; ich verleihe meine Bücher nicht gerne; die Bank verleiht Geld an ihre Kunden. **2.** *(zur Auszeichnung) überreichen:* jmdm. einen Orden, Titel, Preis v. **3.** (geh.) *geben:* seinen Worten Nachdruck v.; die Wut verlieh ihr neue Kräfte.

Ver|lei|her, der; -s, -: *jmd., der etw. verleiht* (1).

Ver|lei|he|rin, die; -, -nen: w. Form zu ↑Verleiher.

Ver|lei|hung, die; -, -en: **1.** *das Verleihen* (1, 2). **2.** *Akt des Verleihens* (2).

ver|lei|men ⟨sw. V.; hat⟩: *mit Leim zusammenfügen.*

Ver|lei|mung, die; -, -en: **1.** *das Verleimen.* **2.** *verleimte Stelle.*

ver|lei|ten ⟨sw. V.; hat⟩ [mhd. verleiten, ahd. farleitan]: *jmdn. dazu bringen, etw. zu tun, was er für unklug od. unerlaubt hält, was er von sich aus nicht getan hätte:* jmdn. zum Trinken, zum Spiel v.; ich ließ mich zu einer unvorsichtigen Äußerung v.; Ü das schöne Wetter verleitete *(veranlasste)* uns zu einem Spaziergang.

Ver|lei|tung, die; -, -en: *das Verleiten.*

ver|ler|nen ⟨sw. V.; hat⟩ [mhd. verlernen]: *(etw. Erlerntes, Gewusstes, Gekonntes) allmählich immer weniger, schließlich gar nicht mehr beherrschen:* sein Latein v.; Radfahren verlernt man nicht; Ü sie hat das Lachen verlernt *(lacht nicht mehr).*

[1]**ver|le|sen** ⟨st. V.; hat⟩ [mhd. verlesen]: **1.** *etw. Amtliches, was der Öffentlichkeit zur Kenntnis gebracht werden soll, durch Lesen bekannt machen, bekannt geben:* einen Text v.; die Liste der Preisträger wurde verlesen. **2.** ⟨v. + sich⟩ *nicht richtig, nicht so, wie es im Text steht, lesen; falsch lesen:* du musst dich verlesen haben.

[2]**ver|le|sen** ⟨st. V.; hat⟩: [2]*lesen* (b): Spinat, Erbsen v.

Ver|le|sung, die; -, -en: *das* [1]*Verlesen* (1).

ver|letz|bar ⟨Adj.⟩: *leicht zu verletzen* (2), *zu kränken:* er ist ein sehr -er Mensch.

Ver|letz|bar|keit, die; -: *das Verletzbarsein.*

ver|let|zen ⟨sw. V.; hat⟩ [mhd. verletzen, zu ↑letzen]: **1.** *[durch Stoß, Schlag, Fall o. Ä.] eine Stelle am, im Körper beschädigen:* einen Menschen, sich v.; ich habe mich mit der Schere, beim Holzhacken verletzt; bei dem Unfall wurde er lebensgefährlich verletzt; ich habe mich am Kopf verletzt; ich habe mir das Bein verletzt; sie war schwer, leicht verletzt. **2.** *jmdn. durch etw. kränken:* jmdn., jmds. Gefühle v.; seine Bemerkung hat sie tief verletzt; er fühlte sich in seiner Ehre verletzt; ⟨oft im Part.:⟩ verletzende Worte; verletzter Stolz, verletzte Eitelkeit, verletzte Eigenliebe; in seiner Ehre verletzt sein; verletzt schweigen. **3. a)** *gegen etw. verstoßen:* ein Gesetz, das Briefgeheimnis v.; den Anstand v.; dieses Bild verletzt den guten Geschmack; **b)** *illegal überschreiten, in etw. eindringen:* die Grenzen eines Landes, den Luftraum eines Staats v.

ver|letz|lich ⟨Adj.⟩: *sensibel u. daher leicht verletzbar; empfindlich:* ein leicht -er Mensch.

Ver|letz|lich|keit, die; -: *das Verletzlichsein.*

Ver|letz|te, der u. die; -n, -n ⟨Dekl. ↑Abgeordnete⟩: *jmd., der verletzt* (1) *ist:* bei dem Unfall gab es einen Toten und zahlreiche V.

Ver|let|zung, die; -, -en: **1.** *verletzte Stelle am, im Körper:* schwere -en erleiden, davontragen; er hat eine V. am Kopf; sie wurde mit inneren -en ins Krankenhaus gebracht; er ist den schweren -en erlegen. **2.** *das Verletzen* (2, 3).

ver|let|zungs|an|fäl|lig ⟨Adj.⟩: *anfällig für Verletzungen.*

Ver|let|zungs|ge|fahr, die: *Gefahr, eine Verletzung* (1) *davonzutragen.*

ver|leug|nen ⟨sw. V.; hat⟩ [mhd. verlougen(en), ahd. farlougnen]: *sich nicht zu jmdm., etw. bekennen [sondern sich energisch von ihm, davon distanzieren]:* die Wahrheit, seine Ideale v.; er kann seine Herkunft nicht v. *(seine Herkunft ist ihm anzusehen, anzumerken);* er hat seine Freunde verleugnet *(so getan, als ob es nicht seine Freunde seien);* das lässt sich nicht v. *(das ist eine Tatsache);* es lässt sich nicht [länger] v. *(verheimlichen),* dass sie auch beteiligt war; sich [selbst] v. *(aus Rücksicht o. Ä. anders handeln, als es dem eigenen Wesen entspricht);* sich [am Telefon] v. lassen *(jmdn. sagen lassen, man sei nicht anwesend).*

Ver|leug|nung, die; -, -en: *das Verleugnen.*

ver|leum|den ⟨sw. V.; hat⟩ [mhd. verliumden, zu: liumde, Nebenf. von: liumunt, ↑Leumund]: *über jmdn. Unwahres verbreiten mit der Absicht, seinem Ansehen zu schaden; diffamieren:* jmdn. aus Hass, Neid v.; sie ist böswillig [von den Nachbarn] verleumdet worden.

Ver|leum|der, der; -s, -: *jmd., der andere verleumdet.*

Ver|leum|de|rin, die; -, -nen: w. Form zu ↑Verleumder.

ver|leum|de|risch ⟨Adj.⟩: **a)** *einer Verleumdung ähnlich, gleichkommend:* eine -e Behauptung; **b)** *einem Verleumder ähnlich, gleichkommend:* ein -er Mensch.

Ver|leum|dung, die; -, -en: *Äußerung, die jmdn. verleumdet; Diffamie* (2): eine niederträchtige, gemeine V.

Ver|leum|dungs|kam|pa|gne, die (oft emotional): *Kampagne* (1), *bei der Verleumdungen verbreitet werden.*

Ver|leum|dungs|kla|ge, die: *Klage* (3) *gegen eine Verleumdung.*

ver|lie|ben, sich ⟨sw. V.; hat⟩: *von Liebe zu jmdm. ergriffen werden:* er verliebte sich [in sie, in ihre Augen]; ein verliebtes Pärchen; sie ist hoffnungslos, unsterblich, unglücklich, bis über beide Ohren verliebt; jmdm. verliebte Augen machen, verliebte Blicke zuwerfen *(durch Blicke seine Zuneigung zeigen);* ⟨subst.:⟩ zum Verlieben sein, aussehen; Ü in dieses Bild bin ich geradezu verliebt; er ist ganz verliebt in seine Idee.

Ver|lieb|te, der u. die; -n, -n ⟨Dekl. ↑Abgeordnete⟩: *jmd., der verliebt ist.*

Ver|liebt|heit, die; -: *Zustand des Verliebtseins.*

ver|lie|ren ⟨st. V.; hat⟩ [mhd. verliesen, ahd. farliosan, verw. mit ↑los]: **1.** *(etw., was einem gehört, was man hat u. auch behalten will) aus Unachtsamkeit od. aufgrund widriger Umstände unwillentlich aufgeben:* Geld, den Autoschlüssel v.; der Brief ist verloren gegangen; Ü dadurch werde ich viel Zeit, einen ganzen Tag v.; dadurch ging [mir] viel Zeit verloren; * **irgendwo nichts verloren haben** (ugs.; ↑suchen 2 a); **an/bei jmdm. verloren sein** *(als Aufwendung, Mühewaltung o. Ä. für jmdn. umsonst, vergeblich sein):* alle Geduld, die ärztliche Kunst war an ihr, bei ihr verloren. **2. a)** *in einer Menschenmenge, im allgemeinen Treiben von jmdm. getrennt werden, nicht mehr wissen, wo sich der andere befindet:* wir müssen aufpassen, dass wir uns in diesem Gewühl nicht v.; sie kam sich in der riesigen Stadt recht verloren *(verlassen, einsam)* vor; **b)** *durch Trennung, Tod plötzlich nicht mehr haben:* seinen besten Freund v.; sie hat im vergangenen Jahr ihren Mann verloren; er hat im Krieg seine Geschwister verloren. **3. a)** *einbüßen:* bei einer Schlägerei zwei Zähne v.; er hat im Krieg einen Arm verloren; der Gegner verlor mehrere Tausend Soldaten; **b)** *abwerfen; abstoßen:* im Herbst verlieren die Bäume ihre Blätter; die Katze verliert Haare. **4.** *durch ein Leck o. Ä. austreten, ausströmen lassen:* der Reifen verliert Luft; verliert der Motor Öl? **5.** *durch eigenes Verschulden od. ungünstige Umstände etw. Wünschenswertes, Wichtiges nicht halten, bewahren können:* einen Kunden, jmdn. als Kunden v.; sein Amt, den Arbeitsplatz v.; Ü sein Ansehen, jmds. Liebe, Vertrauen v.; die Hoffnung, den Glauben v.; nur nicht [gleich] den Mut v.!; für ihn hat das Leben den Sinn verloren; die Sprache v. *(vor Staunen, Schreck nichts sagen können);* die Lust an etw. v.; * **für jmdn./etw. verloren sein** *(für jmdn./etw. nicht mehr zur Verfügung stehen):* er ist für die Nationalmannschaft verloren; **an jmdm. ist etw. verloren gegangen** (ugs.; *jmd. hätte etw. werden können*): an ihr ist eine Ärztin verloren gegangen. **6. a)** *an Schönheit o. Ä. einbüßen:* durch das Kürzen hat der Mantel verloren; die Schauspielerin hat in letzter Zeit stark verloren; **b)** *(in Bezug auf das, was angestrebt, gewünscht wird) weniger werden:* an Wirkung, an Wert, an Reiz v.; das Flugzeug verlor an Höhe; **c)** *in seiner Stärke, Intensität usw. abnehmen:* die Vorhänge verlieren Farbe; der Tee verliert sein Aroma. **7.** *einen Kampf, einen Wettstreit o. Ä. nicht gewinnen; bei etw. besiegt werden:* ein Spiel, eine Schachpartie, eine Wette, eine Wahl, einen Prozess, einen Krieg, eine Schlacht v.; ein Fußballspiel [mit] 1 : 2 v.; er verlor gegen ihn [mit] 6 : 4; der Krieg ging verloren; es ist noch nicht alles verloren *(es besteht noch eine geringe Chance);* ⟨auch o. Akk.-Obj.:⟩ wir haben haushoch, nach Punkten verloren; * **nichts [mehr] zu v. haben** *(alles riskieren können, da die Lage nicht mehr schlechter werden kann);* **jmdn., etw. verloren geben** *(sich nicht weiter um jmdn., etw. bemühen, da es aussichtslos erscheint).* **8.** *(beim Spiel o. Ä.) einsetzen u. nicht wiederbekommen:* beim Roulette 200 Mark verloren haben. **9.** ⟨v. + sich⟩ **a)** *allmählich immer weniger werden u. schließlich ganz verschwinden:* seine Begeisterung wird sich schnell v.; **b)** *immer weniger u. schließlich gar nicht mehr wahrnehmbar sein:* der Weg verliert sich im Nebel; sie verlor sich in der Menge; die Straße verlor sich in dunstige Ferne; **c)** *sich verirren* (b): in unsere öde Gegend verliert sich selten jemand. **10.** ⟨v. + sich⟩ **a)** *ganz in einer Tätigkeit aufgehen; sich jmdm., einer Sache völlig hingeben:* sich in Hirngespinsten v.; er war ganz in Gedanken verloren; **b)** *vom Wesentlichen abschweifen:* der Autor verliert sich in Detailschilderungen.

Ver|lie|rer, der; -s, -: **1.** *jmd., der etw. verloren hat.* **2.** *jmd., der in einem [Wett]kampf, einer Auseinandersetzung o. Ä. besiegt wird, unterliegt:* ein guter, schlechter V. [sein].

Ver|lie|re|rin, die; -, -nen: w. Form zu ↑Verlierer.

Ver|lie|rer|stra|ße, die: in Wendungen wie **auf der V. sein** (Sport Jargon; *kurz vor einer Niederlage stehen*); **jmdn. auf die V. bringen** (Sport

Jargon; *jmdn. in eine Situation bringen, in der eine Niederlage droht*).

Ver|lies, das; -es, -e [aus dem Niederd., zu ↑verlieren, eigtl. = Raum, der sich verliert od. in dem sich jmd. verlieren kann]: *(bes. in mittelalterlichen Burgen) unterirdischer, dunkler, schwer zugänglicher, als Kerker dienender Raum.*

ver|lo|ben ⟨sw. V.; hat⟩ [mhd. verloben, zu ↑loben]: **1.** ⟨v. + sich⟩ *jmdm. versprechen, ihn zu heiraten; eine Verlobung eingehen:* sich heimlich v.; sie hat sich mit ihm verlobt; ⟨auch im 2. Part.:⟩ sie sind seit Jahren verlobt. **2.** (früher) *jmdm. für eine spätere Ehe versprechen:* er verlobte seine Tochter [mit] dem Sohn seines Freundes.

Ver|löb|nis, das; -ses, -se [mhd. verlobnisse] (geh.): *Verlobung.*

Ver|lob|te, der u. die; -n, -n ⟨Dekl. ↑Abgeordnete⟩: *jmd., der mit jmdm. verlobt ist:* meine [frühere] V.; dein [früherer] -r.

Ver|lo|bung, die; -, -en: **1.** *das Sichverloben:* eine V. [auf]lösen, rückgängig machen; wir geben die V. unserer Tochter [mit Herrn X] bekannt. **2.** *Fest anlässlich einer Verlobung* (1): V. feiern.

Ver|lo|bungs|an|zei|ge, die: *die Namen u. das Verlobungsdatum u. a. enthaltende Briefkarte, mit der ein Verlobungspaar seine Verlobung Verwandten, Freunden u. Bekannten mitteilt.*

Ver|lo|bungs|fei|er, die: *Verlobung* (2).

Ver|lo|bungs|ge|schenk, das: *Geschenk, das ein Verlobungspaar zur Verlobung bekommt.*

Ver|lo|bungs|paar, das: **a)** *verlobtes Paar;* **b)** *Paar am Tag der Verlobung.*

Ver|lo|bungs|ring, der: *Ring als Zeichen der Verlobung* (1).

Ver|lo|bungs|zeit, die: *Brautstand.*

ver|lo|chen ⟨sw. V.; hat⟩ (schweiz.): **1.** *vergraben, verscharren:* Unrat, einen Kadaver v. **2. a)** *unter etw. begraben:* er ist unter einem Berg von Akten verlocht; **b)** *(Geld o. Ä.) verschwenden:* Steuergelder v.

ver|lo|cken ⟨sw. V.; hat⟩ [mhd. verlocken, ahd. farlochōn] (geh.): *auf jmdn. so anziehend wirken, dass er nicht widerstehen kann:* jmdn. zu einem Abenteuer v.; der See verlockt zum Baden; ⟨oft im 1. Part.:⟩ ein verlockendes Angebot; das ist, klingt [nicht] sehr verlockend.

Ver|lo|ckung, die; -, -en: *das Verlocken.*

ver|lo|dern ⟨sw. V.; ist⟩ (geh.): **1.** *aufhören zu lodern.* **2.** *lodernd verbrennen.*

ver|lo|gen ⟨Adj.⟩ [eigtl. adj. 2. Part. von veraltet verlügen, mhd. verliegen = durch Lügen falsch darstellen] (abwertend): **a)** *immer wieder lügend:* er ist durch und durch v.; **b)** *unaufrichtig:* eine -e Romantik; die -e Moral des Spießers.

Ver|lo|gen|heit, die; -, -en: *das Verlogensein.*

ver|loh|nen ⟨sw. V.; hat⟩ (geh.): **a)** ⟨v. + sich⟩ *lohnen* (1 a): dafür verlohnt sich zu leben!; ⟨auch ohne »sich«:⟩ verlohnt das denn?; die Mühe hat verlohnt; **b)** *lohnen* (1 b): das verlohnt die/(veraltend:) der Mühe nicht; es verlohnt nicht, näher darauf einzugehen.

ver|lor, ver|lö|re: ↑verlieren.

ver|lo|ren: 1. ↑verlieren. **2.** ⟨Adj.⟩ *dem Verderben preisgegeben, zum Untergang bestimmt; nicht mehr zu retten:* ein [unrettbar] -es Wesen; die Eingeschlossenen waren alle v.; Ü ohne seine Frau ist er einfach v. *(hilflos).*

ver|lo|ren ge|hen: s. verlieren (1, 5, 7).

Ver|lo|ren|heit, die; -: **1.** *das Sich-verloren-Haben.* **2.** *Einsamkeit, Verlassenheit:* die V. des modernen Menschen.

¹ver|lö|schen ⟨sw. V.; hat⟩ [mhd. verleschen] (selten): *¹löschen* (1 a): die Kerze, Lampe v.

²ver|lö|schen ⟨st. u. sw. V.; verlischt, verlosch/(auch:) verlöschte, ist verloschen/(auch:) verlöscht⟩ [mhd. verleschen]: *erlöschen* (a): das Feuer verlosch; Ü sein Andenken, sein Ruhm wird nicht v.

ver|lo|sen ⟨sw. V.; hat⟩: *durch das Los bestimmen, wer etw. bekommt:* ein Auto v.

Ver|lo|sung, die; -, -en: *das Verlosen.*

ver|lö|ten ⟨sw. V.; hat⟩ [2: zu ↑löten (2)]: **1.** (Technik) **a)** *löten* (1); **b)** *durch Löten* (1) *verschließen:* ein Loch v. **2.** ***einen v.** (salopp scherzh.; *etwas Alkoholisches trinken*).

ver|lot|tern ⟨sw. V.⟩ (abwertend): **1.** *in einen liederlichen, verwahrlosten Zustand geraten* ⟨ist⟩: du wirst noch völlig v.; unter dieser Leitung verlottert die Firma immer mehr; ein verlottertes Haus; er ist total verlottert. **2.** *durch einen liederlichen Lebenswandel verschleudern* ⟨hat⟩: Hab und Gut v.

Ver|lot|te|rung, die; -, -en: *das Verlottern.*

ver|lu|dern ⟨sw. V.⟩ (abwertend): **1.** *verlottern* (1) ⟨ist⟩: er verludert immer mehr; ein verluderter Haushalt. **2.** *verschleudern, verlottern* (2) ⟨hat⟩: sein Erbe v. **3.** (Jägerspr.) *verenden, nicht durch einen Schuss sterben:* ein verluderndes Stück Wild.

ver|lum|pen ⟨sw. V.⟩: **1.** *verwahrlosen, verlottern* (1) ⟨ist⟩: pass auf, dass du nicht verlumpst! **2.** *verschleudern, verlottern* (2) ⟨hat⟩: seinen Lohn v.

Ver|lum|pung, die; -, -en: *das Verlumpen.*

Ver|lust, der; -[e]s, -e [mhd. verlust, ahd. farlust, zu ↑verlieren]: **1.** *das Verlieren* (1): der V. der Brieftasche; bei V. kann kein Ersatz geleistet werden; in V. geraten (Amtsspr.; *verloren gehen*). **2.** *das Verlieren* (2 b): der V. des Vaters schmerzte sie sehr. **3.** *das Verlieren* (3 a); *Einbuße:* der V. des gesamten Vermögens; dem Gegner große -e beibringen; der Gegner hatte, erlitt schwere -e. **4.** *fehlender finanzieller, materieller Ertrag [eines Unternehmens]; Defizit* (1): hohe -e machen; dieses Geschäft brachte 2 000 Mark V.; mit V. arbeiten; etw. mit V. verkaufen.

Ver|lust|an|zei|ge, die: *Anzeige* (1), *mit der bei einer Behörde der Verlust* (1) *von etw. (z. B. wichtigen Dokumenten) gemeldet wird.*

ver|lust|arm ⟨Adj.⟩: *mit geringem Verlust* (3) *verbunden.*

Ver|lust|be|trieb, der: *Betrieb, der mit Verlust* (4) *arbeitet.*

Ver|lust|ge|schäft, das: *mit Verlust* (4) *getätigtes Geschäft* (1 a).

ver|lus|tie|ren, sich ⟨sw. V.; hat⟩ [zu ↑Lust] (scherzh.): *sich vergnügen, amüsieren; Spaß an jmdm., etw. finden:* sich auf einer Party v.; sich mit jmdm. im Bett v.; (iron.:) gestern habe ich mich mit dem Hausputz verlustiert.

ver|lus|tig [mhd. verlustec = Verlust erleidend]: in den Wendungen **einer Sache v. gehen** (Amtsdt.; *etw. einbüßen, verlieren*): er ist seiner Privilegien, seiner Stellung v. gegangen; **jmdn. einer Sache für v. erklären** (Amtsdt. veraltend; *jmdm. etw. absprechen, nehmen*): er wurde der bürgerlichen Ehrenrechte für v. erklärt.

Ver|lust|kon|to, das: in der Wendung **einen Betrag auf das V. buchen** (Buchf.; *nicht bezahlt bekommen*).

Ver|lust|lis|te, die: *(bes. bei kriegerischen Auseinandersetzungen) Liste, auf der die Verluste an Menschen u. Material aufgeführt werden:* einen Namen auf die V. setzen.

Ver|lust|mel|dung, die: *Verlustanzeige.*

Ver|lust|punkt, der: *Minuspunkt* (1).

ver|lust|reich ⟨Adj.⟩: *hohen Verlust* (3, 4) *bringend:* -e Geschäfte.

Ver|lust|zo|ne, die: *Fehlbeträge, Schulden in der Bilanz eines Unternehmens.*

verm. = vermählt.

ver|ma|chen ⟨sw. V.; hat⟩ [mhd. vermachen, eigtl. = bekräftigen, festmachen]: *vererben* (1): er hat seiner zweiten Frau zwei Grundstücke, sein ganzes Vermögen vermacht; Ü ich habe ihm meine Münzsammlung vermacht (ugs.; *geschenkt, überlassen*).

Ver|mächt|nis, das; -ses, -se: **1.** (Rechtsspr.) *Zuwendung einzelner Vermögensgegenstände durch letztwillige Verfügung:* er fordert die Herausgabe seines -ses; Ü das V. der Antike. **2.** *letzter Wille:* jmds. V. erfüllen.

Ver|mächt|nis|neh|mer, der (Rechtsspr.): *jmd., der ein Vermächtnis erhält.*

Ver|mächt|nis|neh|me|rin, die: w. Form zu ↑Vermächtnisnehmer.

ver|mah|len ⟨unr. V.; hat⟩: *zu Mehl mahlen:* Getreide v.; frisch vermahlenes Korn.

ver|mäh|len ⟨sw. V.; hat⟩ [spätmhd. vermehelen, zu mhd. mehelen = versprechen, verloben, vermählen, ahd. mahalen = vermählen, zu mhd. mahel, ahd. mahal, ↑¹Gemahl] (geh.): **1.** ⟨v. + sich⟩ *heiraten* (a): wir haben uns vermählt; sie hat sich [mit] ihm vermählt. **2.** (veraltend) *verheiraten* (2): er konnte seine Tochter mit dem Sohn seines Freundes v.

Ver|mähl|te, der u. die; -n, -n ⟨Dekl. ↑Abgeordnete⟩ (geh.): *Verheiratete.*

Ver|mäh|lung, die; -, -en (geh.): *das Eingehen, Schließen einer Ehe; eheliche Verbindung; Heirat.*

Ver|mäh|lungs|an|zei|ge, die (geh.): *Heiratsanzeige* (1).

ver|mah|nen ⟨sw. V.; hat⟩ [mhd. vermanen, ahd. firmanen] (veraltend): *ernst[haft] ermahnen; zurechtweisen.*

Ver|mah|nung, die; -, -en (veraltend): *das Vermahnen.*

ver|ma|keln ⟨sw. V.; hat⟩ (Wirtsch. Jargon): *(als Makler) vermitteln, verkaufen:* Häuser, Grundstücke v.

ver|ma|le|dei|en ⟨sw. V.; hat⟩ [mhd. vermal(e)dīen, zu ↑maledeien] (veraltend): *verfluchen, verwünschen:* jmdn. v.; ⟨meist im 2. Part.⟩ (ugs.) dieses vermaledeite Auto springt wieder nicht an.

Ver|ma|le|dei|ung, die; -, -en [mhd. vermaledīunge] (veraltet): *das Vermaledeien.*

ver|ma|len ⟨sw. V.; hat⟩: **1.** *durch Malen verbrauchen:* die ganze Farbe v. **2.** *mit Farbe voll schmieren:* vermal doch nicht die Buchseiten!; vermalte Wände.

ver|männ|li|chen ⟨sw. V.; hat⟩: *(eine Frau im Wesen od. Aussehen) dem Mann angleichen.*

Ver|männ|li|chung, die; -, -en: *das Vermännlichen; das Vermännlichtwerden.*

ver|man|schen ⟨sw. V.; hat⟩ (ugs.): *[in nicht harmonisierender Weise] ineinander mengen, miteinander vermengen [u. dadurch verderben]:* das Essen v.; Ü eine vermanschte Figur haben.

ver|mar|ken ⟨sw. V.; hat⟩ [zu ↑²Mark]: *¹vermessen* (1): Land v.

ver|mark|ten ⟨sw. V.; hat⟩: **1.** *[an die Öffentlichkeit bringen u.] ein gutes Geschäft daraus machen:* das Privatleben bekannter Persönlichkeiten v. **2.** (Wirtsch.) *(für den Verbrauch bedarfsgerecht zubereitet) auf den Markt bringen:* ein Produkt, eine Ware v.

Ver|mark|tung, die; -, -en: *das Vermarkten.*

Ver|mark|tungs|struk|tur, die: *für die Vermarktung notwendiger wirtschaftlicher u. organisatorischer Unterbau.*

Ver|mar|kung, die; -, -en: *das Vermarken.*

ver|mas|seln ⟨sw. V.; hat⟩ [wohl zu ↑¹Massel] (salopp): **1.** *etw., was einen anderen betrifft, unabsichtlich od. in böser Absicht zunichte machen; verderben:* jmdm. ein Geschäft, das Konzept v.; er hat mir den ganzen Urlaub vermasselt. **2.** *schlecht, mangelhaft machen, verhauen* (2): die Prüfung v.; er hat die Klassenarbeit vermasselt.

ver|mas|sen ⟨sw. V.⟩ (abwertend): **1.** *zur Massenware machen* ⟨hat⟩. **2.** *in der Masse aufgehen* ⟨ist⟩.

Ver|mas|sung, die; -, -en (abwertend): *das Vermassen.*

ver|mat|ten ⟨sw. V.; ist⟩ (schweiz.): *matt werden.*

ver|mau|ern ⟨sw. V.; hat⟩ [1: mhd. vermūren]: **1.** *durch Zumauern schließen:* einen Eingang v. **2.** *beim Mauern verbrauchen:* Steine, Zement v.

ver|meh|ren ⟨sw. V.; hat⟩ [schon mniederd. vormēren]: **1. a)** *an Menge, Anzahl, Gewicht, Ausdehnung, Intensitätsgrad o. Ä. größer machen:* seinen Besitz v.; vermehrte *(besonders intensive)* Anstrengungen; **b)** ⟨v. + sich⟩ *an Menge, Anzahl, Gewicht, Ausdehnung, Intensitätsgrad o. Ä. größer werden:* die Zahl der Unfälle vermehrt sich jedes Jahr. **2.** ⟨v. + sich⟩ *sich fortpflanzen:* sich geschlechtlich, ungeschlechtlich v.

Ver|meh|rung, die; -, -en: *das [Sich]vermehren.*

V

Ver|meh|rungs|ra|te, die: *Rate* (2) *des Sichvermehrens* (2).

ver|meid|bar ⟨Adj.⟩: *sich vermeiden lassend:* -e Fehler; das wäre v. gewesen.

ver|mei|den ⟨st. V.; hat⟩ [mhd. vermīden, ahd. farmīdan]: *es nicht zu etw. kommen lassen; einer Sache aus dem Wege gehen:* einen Skandal, Fehler, Härten v.; lässt sich ein Zusammentreffen nicht v.?; genau das wollte ich v.; wenn ich es hätte v. können, hätte ich dich damit nicht belästigt; sie vermied es [sorgfältig], irgendjemanden anzublicken; er bemühte sich, jedes Aufsehen zu v.; Müll v.

ver|meid|lich ⟨Adj.⟩: *vermeidbar.*

Ver|mei|dung, die; -, -en: *das Vermeiden.*

ver|mei|nen ⟨sw. V.; hat⟩ [mhd. vermeinen = meinen, denken] (geh.): *meinen* (3), *wähnen* (b): sie vermeinte seine Stimme zu hören.

ver|meint|lich ⟨Adj.⟩: *(irrtümlich, fälschlich) vermutet, angenommen; scheinbar:* der -e Gangster entpuppte sich als harmloser Tourist; eine v. günstige Gelegenheit.

ver|mel|den ⟨sw. V.; hat⟩ [mhd. vermelden, ahd. farmeldōn = melden; verraten] (veraltend, noch scherzh.): *mitteilen, melden* (1): einen Rekord, Erfolg v.; was hast du denn zu v.?

ver|men|gen ⟨sw. V.; hat⟩ [mhd. vermengen]: **1. a)** *mischen* (1 a): Eier und Zucker mit Mehl v.; alle Zutaten müssen gut miteinander vermengt werden; **b)** ⟨v. + sich⟩ *sich mischen* (2 a): die Tränen vermengen sich mit dem Schmutz in ihrem Gesicht. **2.** *mit etw. verwechseln, durcheinander bringen:* zwei völlig verschiedene Begriffe miteinander v.

Ver|men|gung, die; -, -en: *das Vermengen.*

ver|mensch|li|chen ⟨sw. V.; hat⟩: **1.** *menschlich* (1 a) *machen.* **2.** *wie einen Menschen darstellen; personifizieren* (1).

Ver|mensch|li|chung, die; -, -en: *das Vermenschlichen.*

Ver|merk, der; -[e]s, -e: *etw., was schriftlich vermerkt ist:* ein kurzer, handschriftlicher V.

ver|mer|ken ⟨sw. V.; hat⟩ [spätmhd. vermerken, zu ↑merken]: **1.** *durch eine Notiz festhalten, notieren:* einen Termin im Kalender v.; er war nicht betrunken, das sei nur am Rande vermerkt *(gesagt).* **2.** *zur Kenntnis nehmen [u. in bestimmter Weise aufnehmen]:* etw. mit Erstaunen v.; [jmdm.] etw. übel v. *(etw. übel nehmen).*

¹ver|mes|sen ⟨st. V.; hat⟩ [mhd. vermeʒʒen, ahd. farmeʒʒan; 3: eigtl. = das Maß seiner Kraft zu hoch ansetzen]: **1.** *etw. genau in seinen Maßen festlegen:* Land, einen Bauplatz v. **2.** ⟨v. + sich⟩ *falsch messen* (1); *sich beim Messen* (1) *irren:* hast du dich vermessen? **3.** ⟨v. + sich⟩ (geh.) *etw. Unangemessenes [mit Überheblichkeit] tun od. sagen:* er vermaß sich, ihr zu widersprechen.

²ver|mes|sen ⟨Adj.⟩ [mhd. vermeʒʒan, ahd. farmeʒʒan] (geh.): *sich überheblich auf die eigenen Kräfte od. auf das Glück verlassend:* ich habe eine -e Bitte; das wäre zu v.!; eine v. klingende Behauptung.

Ver|mes|sen|heit, die; -, -en [mhd. vermeʒʒenheit, spätahd. fermeʒʒenheit]: *das Vermessensein; Hybris.*

Ver|mes|ser, der; -s, -: *jmd., der etw.* ¹*vermisst* (1).

Ver|mes|se|rin, die; -, -nen: w. Form zu ↑Vermesser.

Ver|mes|sung, die; -, -en: *das* ¹*Vermessen* (1).

Ver|mes|sungs|in|ge|ni|eur, der: *Geodät.*

Ver|mes|sungs|in|ge|ni|eu|rin, die: w. Form zu ↑Vermessungsingenieur.

Ver|mes|sungs|tech|nik, die: *Technik der Instrumente u. Methoden der Geodäsie.*

ver|mieft ⟨Adj.⟩: *miefig.*

ver|mie|sen ⟨sw. V.; hat⟩ (ugs.): *jmdm. etw. verleiden, die Freude an etw. nehmen:* jmdm. den Urlaub, die Laune v.

ver|mie|ten ⟨sw. V.; hat⟩ [mhd. vermieten, ahd. farmietan]: *(den Gebrauch, die Benutzung von etw., bes. Wohnungen) einem anderen für eine bestimmte Zeit gegen ein (vertraglich) festgesetztes Entgelt überlassen:* Autos, Boote, sein Haus v.; Zimmer [mit Frühstück] zu v.!; jmdm., an jmdn. eine Wohnung v.; ⟨auch o. Akk.-Obj.:⟩ sie werden nicht v.

Ver|mie|ter, der; -s, -: **1.** *jmd., der etw. vermietet.* **2.** *Hauswirt* (1).

Ver|mie|te|rin, die; -, -nen: w. Form zu ↑Vermieter.

Ver|mie|tung, die; -, -en: *das Vermieten.*

ver|min|dern ⟨sw. V.; hat⟩ [mhd. verminnern]: **a)** *verringern* (a), *herabsetzen:* das Tempo v.; verminderte Zurechnungsfähigkeit; eine verminderte (Musik; *um einen Halbton verringerte*) Terz, Quart, Quinte; **b)** ⟨v. + sich⟩ *sich verringern* (b): ihr Einfluss vermindert sich.

Ver|min|de|rung, die; -, -en: *das Vermindern.*

ver|mi|nen ⟨sw. V.; hat⟩: *(in einem Gebiet) Minen legen:* ein Gelände v.; verminte Felder.

Verm.-Ing. = Vermessungsingenieur, Vermessungsingenieurin.

Ver|mi|nung, die; -, -en: *das Verminen.*

ver|mi|schen ⟨sw. V.; hat⟩ [mhd. vermischen, ahd. farmiskan]: **1. a)** *gründlich mischen* (1 a): die Zutaten müssen gründlich vermischt werden; Ü Geschäftliches mit Privatem v.; **b)** *mischend beigeben:* mit Soda vermischter Whisky. **2.** ⟨v. + sich⟩ *mischen* (2 a): Wasser vermischt sich nicht mit Öl; Ü ⟨subst. 2. Part.:⟩ diesen Artikel las ich unter der Rubrik »Vermischtes« (bes. Buchw.; *Rubrik mit Artikeln o. Ä. verschiedener Art*).

Ver|mi|schung, die; -, -en: *das [Sich]vermischen.*

ver|mis|sen ⟨sw. V.; hat⟩ [mhd. vermissen, ahd. farmissen]: **1.** *sich mit Bedauern bewusst sein, dass jmd., etw. nicht mehr in der Nähe ist, nicht mehr zur Verfügung steht u. dies als persönlichen Mangel empfinden:* seine Kinder, seine Frau sehr v. **2.** *das Fehlen von etw. bemerken:* ich vermisse meine Handschuhe; Ü man hat dich in der Vorlesung vermisst *(man hat nach dir gefragt);* das war ein vorzügliches Essen, aber ich vermisse den Nachtisch *(Nachtisch hätte ich auch noch gern gehabt);* er ist [seit 1945, im Krieg] vermisst *(verschollen);* er wurde als vermisst gemeldet; vermisste Soldaten. **3.** (selten) *missen* (1).

Ver|miss|te, der u. die; -n, -n ⟨Dekl. ↑Abgeordnete⟩: *jmd., der vermisst* (2) *wird.*

Ver|miss|ten|an|zei|ge, die: *Meldung bei der Polizei darüber, dass jmd. vermisst* (2) *wird.*

ver|mit|teln ⟨sw. V.; hat⟩ [zu ↑mitteln]: **1.** *(zwischen Gegnern) eine Einigung erzielen; intervenieren* (1): in einem Streit, zwischen streitenden Parteien v.; sie hat in die Auseinandersetzung vermittelnd eingegriffen. **2.** *zustande bringen, herbeiführen:* ein Zusammentreffen der Gegner v.; eine Ehe, Bekanntschaft v.; sie vermittelt Aktiengeschäfte. **3. a)** *dafür sorgen, dass jmd. etw., was er anstrebt, bekommt:* jmdm. eine Stelle, einen Posten, einen Auftrag v.; jmdm. eine Wohnung, ein Zimmer v.; **b)** *dafür sorgen, dass jmd., der eine Stelle o. Ä. sucht, mit jmdm. in Verbindung gebracht wird, der eine solche zu vergeben hat:* Schreibkräfte v.; das Arbeitsamt vermittelt die Arbeitskräfte an die Firmen; schwer zu vermittelnde Arbeitslose. **4.** *an jmdn. weitergeben, auf jmdn. übertragen:* er kann sein Wissen nicht v.; ihre Schilderung vermittelt uns ein genaues Bild der damaligen Zeit; der Bericht vermittelt einen ersten Eindruck; das ist den Wählern nicht zu v. *(verständlich zu machen).*

ver|mit|tels, ver|mit|telst ⟨Präp. mit Gen.⟩ (Papierdeutsch): *mittels:* v. eines Fadens.

Ver|mitt|ler, der; -s, -: **1.** *Mittler.* **2.** *jmd., der gegen Bezahlung Geschäfte o. Ä. vermittelt.*

Ver|mitt|le|rin, die; -, -nen: w. Form zu ↑Vermittler.

Ver|mitt|ler|mäk|ler, der (schweiz.): *jmd., der den Abschluss eines Vertrags vermittelt.*

Ver|mitt|ler|mäk|le|rin, die; -, -nen: w. Form zu ↑Vermittlermäkler.

Ver|mitt|ler|rol|le, die: *Rolle* (5 b) *eines Vermittlers* (1).

Ver|mitt|lung, die; -, -en: **1.** *das Vermitteln.* **2. a)** *Telefonzentrale;* **b)** *jmd., der in der Telefonzentrale Dienst tut.*

Ver|mitt|lungs|aus|schuss, der: *Ausschuss, der bei der Gesetzgebung zwischen abweichenden Beschlüssen von Bundestag u. Bundesrat vermittelt.*

Ver|mitt|lungs|stel|le, die: **1.** *[staatliche] Stelle, die zwischen gegnerischen Parteien vermittelt.* **2.** *Geschäftsstelle eines Vermittlers* (2).

Ver|mitt|lungs|ver|such, der: *Versuch zu vermitteln* (1–3).

ver|mö|beln ⟨sw. V.; hat⟩ [urspr. = vergeuden, verschleudern (wohl urspr. von Möbelauktionen, bei denen Möbel für billiges Geld losgeschlagen werden)] (salopp): *verprügeln:* wenn er betrunken ist, vermöbelt er seine Frau.

Ver|mö|be|lung, Ver|möb|lung, die; -, -en (salopp): *das Vermöbeln.*

ver|mo|dern ⟨sw. V.; ist⟩: *modernd zerfallen, verfaulen:* das Laub, der Leichnam vermodert; Ü die Akten vermodern in Archiven.

Ver|mo|de|rung, Ver|mod|rung, die; -, -en: *das Vermodern.*

ver|mö|ge ⟨Präp. mit Gen.⟩ [aus veraltet (nach) Vermöge(n)] (geh.): bezeichnet die in jmdm., etw. liegende Möglichkeit, Eigenschaft od. Fähigkeit, die der Grund dafür ist, dass etw. geschieht od. besteht/*kraft, aufgrund, mithilfe:* v. seiner Beziehungen, ihres politischen Einflusses.

ver|mö|gen ⟨unr. V.; hat⟩ [mhd. vermügen, zu ↑mögen] (geh.): **1.** ⟨mit Inf. mit »zu«⟩ *die nötige Kraft aufbringen, die Fähigkeit haben, imstande sein, etw. zu tun:* er vermag [es] nicht, mich zu überzeugen; nur wenige vermochten sich zu retten; wir werden alles tun, was wir [zu tun] vermögen. **2.** *zustande bringen, ausrichten, erreichen:* sie vermag bei ihm alles, wenig, nichts; Vertrauen vermag viel.

Ver|mö|gen, das; -s, - [spätmhd. vermügen, subst. Inf.]: **1.** ⟨o. Pl.⟩ (geh.) *Kraft, Fähigkeit, etw. zu tun:* ihr V., jemanden zu beeinflussen, ist groß; soviel in meinem V. liegt *(in meiner Macht steht),* will ich mich dafür einsetzen; etw. nach bestem V. *(so gut wie irgend möglich)* regeln. **2.** *gesamter Besitz, der einen materiellen Wert darstellt:* ein großes, beachtliches V.; ein V. erben, erwerben, verspielen; sein V. zusammenhalten, vermehren; jmdm. ein kleines, sein gesamtes V. vererben, hinterlassen; durch Erbschaft zu V. kommen; sie hat V. *(ist reich);* das Bild kostet ja ein V. *(sehr viel Geld),* ist ein V. *(sehr viel)* wert; heute habe ich ein V. *(viel Geld)* ausgegeben; sie haben ein V. *(sehr viel Geld)* für dieses Haus bezahlt.

ver|mö|gend ⟨Adj.⟩: *ein ansehnliches Vermögen* (2) *besitzend:* er hat eine -e Frau geheiratet; sie ist v.

Ver|mö|gens|ab|ga|be, die: *(im Rahmen einer Staatsverschuldung, des Lastenausgleichs o. Ä. zu leistende) Abgabe, die von vermögenden Personen aufzubringen ist.*

Ver|mö|gens|an|la|ge, die: *Anlage* (2) *eines Vermögens* (2): eine krisensichere V.

Ver|mö|gens|an|teil, der: *Anteil an einem Vermögen, der jmdm. zusteht.*

Ver|mö|gens|be|ra|ter, der: *jmd., der in Fragen der Verwaltung von Vermögen* (2) *berät.*

Ver|mö|gens|be|ra|te|rin, die: w. Form zu ↑Vermögensberater.

Ver|mö|gens|bil|dung, die (Fachspr.): *Bildung, Entstehung von Vermögen* (2) *bei Arbeitnehmern durch langfristiges Sparen, das vom Staat u. vom Arbeitgeber gefördert wird.*

Ver|mö|gens|la|ge, die: *das Vermögen* (2) *betreffende Verhältnisse:* jmds. V. kennen; sein Lebensstil lässt nicht unbedingt auf seine V. schließen.

ver|mö|gens|recht|lich ⟨Adj.⟩: *die rechtlichen Bestimmungen für Vermögen* (2) *betreffend.*

Ver|mö|gens|steu|er, (Steuerw.:) **Ver|mö|gen|steu|er,** die: *Steuer, die nach jmds. Vermögen* (2) *bemessen wird u. bei der das Vermögen Gegenstand der Besteuerung ist.*

Ver|mö|gens|ver|hält|nis|se ⟨Pl.⟩: *Vermögenslage:* über ihre V. schweigt sie sich aus.

Ver|mö|gens|wert, der: *Wert eines Vermögens* (2).

ver|mö|gens|wirk|sam ⟨Adj.⟩: *auf Vermögensbildung hinwirkend:* -e Leistungen; -es Sparen.

Ver|mont; -s: Bundesstaat der USA.

ver|mum|meln ⟨sw. V.; hat⟩ (fam.): *vermummen* (1).

ver|mum|men ⟨sw. V.; hat⟩: **1.** *fest in etw. einhüllen:* das frierende Kind, sich in eine Decke v. **2.** ⟨v. + sich⟩ *durch Verkleiden o. Ä. unkenntlich machen:* die Demonstranten hatten sich vermummt.

Ver|mum|mung, die; -, -en: **1.** *das Vermummen.* **2.** *zum Vermummen verwendete Kleidung o. Ä.*

Ver|mum|mungs|ver|bot, das: *Verbot für Demonstranten, sich bei Demonstrationen zu vermummen* (2).

ver|murk|sen ⟨sw. V.; hat⟩ (ugs.): *durch ungeschicktes, unfachmännisches Arbeiten verunstalten od. verderben:* diese Wand hat er völlig vermurkst.

ver|mu|ten ⟨sw. V.; hat⟩ [urspr. unpers.; aus dem Niederd.]: *aufgrund bestimmter Anzeichen der Meinung sein, glauben, dass sich etw. in bestimmter Weise verhält:* Brandstiftung v.; das ist, steht [ernsthaft] zu v., lässt sich nur v.; ich vermute, sie ruft gar nicht erst an; ich vermute ihn in der Küche *(nehme an, dass er in der Küche ist);* sie vermutete in mir *(hielt mich für)* einen Schweizer.

ver|mut|lich: I. ⟨Adj.⟩ *einer Vermutung entsprechend:* das -e Ergebnis der Wahl; der -e Täter konnte gefasst werden. **II.** ⟨Adv.⟩ *wie zu vermuten ist:* sie wird v. erst morgen anrufen.

Ver|mu|tung, die; -, -en: *das Vermuten; Annahme:* eine absurde, abwegige V.; meine V., dass er krank ist, hat sich bestätigt; diese V. traf nicht zu; es liegt die V. nahe, dass sie gar nicht kommen wollte; eine [bestimmte] V. haben, hegen, äußern; auf -en angewiesen sein.

ver|nach|läs|sig|bar ⟨Adj.⟩: *sich vernachlässigen* (3) *lassend:* ein -er Prozentsatz; das Risiko ist v. klein.

ver|nach|läs|si|gen ⟨sw. V.; hat⟩: **1.** *jmdm. nicht genügend Aufmerksamkeit widmen; sich nicht, zu wenig um jmdn. kümmern:* seine Fans, Kinder v.; sie fühlte sich [von ihrem Mann] vernachlässigt. **2.** *für etw. nicht die notwendige, erforderliche Sorgfalt, Pflege aufbringen, unordentlich damit umgehen:* seine Kleidung, den Garten v.; seine Pflichten, die Schule v.; das Haus sah ziemlich vernachlässigt *(ungepflegt, leicht verwahrlost)* aus. **3.** *unberücksichtigt, außer Acht lassen:* die Stellen hinter dem Komma, diese Möglichkeit können wir hier v.

Ver|nach|läs|si|gung, die; -, -en: *das Vernachlässigen.*

ver|na|dern ⟨sw. V.; hat⟩ (österr. ugs. veraltend): *denunzieren, verraten:* jmdn. bei der Polizei v.

ver|na|geln ⟨sw. V.; hat⟩ [mhd. vernagelen]: **1.** *durch Nageln, bes. durch Festnageln von etw., verschließen:* ein Loch mit Pappe v.; die Fenster waren mit Brettern vernagelt. **2.** (Fachspr.) *einem Pferd durch unsachgemäßes Beschlagen den Huf verletzen:* ein Pferd v.

ver|na|gelt ⟨Adj.⟩ (ugs. abwertend): *borniert, beschränkt:* er ist [darin] völlig v.

ver|nä|hen ⟨sw. V.; hat⟩: **1.** *nähend, durch Zusammenfügen der Ränder mit einer Naht verschließen:* den Riss im Ärmel mit ein paar Stichen v.; der Arzt vernähte die Wunde. **2. a)** *nähend verarbeiten u. gleichzeitig befestigen:* den Faden auf der Innenseite gut v.; **b)** *beim Nähen verbrauchen:* für das Kleid hat sie mehrere Rollen Garn vernäht. **3.** *beim Nähen in bestimmter Weise verarbeiten:* der Saum ist schlecht vernäht.

ver|nar|ben ⟨sw. V.; ist⟩: *beim Heilen eine Narbe bilden; mit Narben verheilen:* die Wunde, der Schnitt vernarbte langsam; ein vernarbtes *(mit Narben bedecktes)* Gesicht.

Ver|nar|bung, die; -, -en: *das Vernarben.*

ver|nar|ren, sich ⟨sw. V.; hat⟩ [mhd. vernarren = zum Narr werden]: **a)** *heftige Zuneigung zu jmdm., eine ausgesprochene, übertriebene Vorliebe für jmdn., etw. entwickeln:* die Großeltern vernarrten sich regelrecht in das Kind; sie war in den Ort, in diese Idee vernarrt; **b)** *sich heftig verlieben:* er vernarrte sich in die hübsche Verkäuferin, war heftig in sie vernarrt.

Ver|narrt|heit, die; -, -en: *das Vernarrtsein.*

ver|na|schen ⟨sw. V.; hat⟩: **1. a)** (selten) *naschend verzehren;* **b)** *für Süßigkeiten ausgeben:* sie hat ihr ganzes Taschengeld vernascht. **2.** (salopp) *im Rahmen eines kleinen Abenteuers* (4) *mit jmdm. geschlechtlich verkehren:* jmdn. v.; er wäre gerne von ihr vernascht worden. **3.** (salopp) *jmdn. [mühelos, spielerisch] besiegen, bezwingen:* einen Gegner, seinen Konkurrenten v.

ver|nascht ⟨Adj.⟩: *naschhaft.*

ver|ne|beln ⟨sw. V.; hat⟩: **1.** *mit Nebel, Dunst, Rauch, Qualm o. Ä. erfüllen, gänzlich einnebeln:* Pioniere vernebeln ein Gelände; die rauchenden Schlote vernebeln große Gebiete; Ü der Alkohol hat ihnen die Köpfe, das Gehirn vernebelt *(sie konnten nicht mehr klar denken).* **2.** (Fachspr.) *eine Flüssigkeit in feinster Verteilung versprühen:* ein Pestizid v. **3.** *verschleiern* (2): wichtige Tatbestände, Einzelheiten v.

Ver|ne|be|lung, Ver|neb|lung, die; -, -en: *das Vernebeln.*

ver|nehm|bar ⟨Adj.⟩ (geh.): *sich vernehmen* (1 a) *lassend; hörbar:* ein deutlich -er Laut; die Schritte waren kaum v.

ver|neh|men ⟨st. V.; hat⟩ [mhd. vernemen, ahd. firneman]: **1.** (geh.) **a)** *hören* (1 b), *akustisch wahrnehmen:* Musik deutlich v.; Schritte auf dem Flur, Hilferufe v.; ihre Stimme ließ sich v.; **b)** *hören* (4), [1]*erfahren* (1), *von etw. Kenntnis erhalten:* von jmdm. nichts mehr v.; wir haben mit Erstaunen vernommen, dass er kommen will. **2.** *gerichtlich, polizeilich befragen; verhören:* einen Zeugen, den Angeklagten v.; jmdn. als Zeugen, zur Person, zur Sache v.

Ver|neh|men, das; -s: in Fügungen wie **dem/allem/gutem/sicherem V. nach** *(nach dem, was aus guter, sicherer Quelle zu erfahren ist):* dem V. nach, sicherem V. nach ist er ins Ausland gegangen.

Ver|neh|mer, der; -s, -: *jmd., der jmdn. vernimmt* (2), *verhört.*

Ver|neh|me|rin, die; -, -nen: w. Form zu ↑Vernehmer.

Ver|nehm|las|sung, die; -, -en (schweiz.): *Stellungnahme, Verlautbarung:* in einer gemeinsamen V.

ver|nehm|lich ⟨Adj.⟩ [spätmhd. vornemelich]: *deutlich hörbar:* mit -er Stimme; ein Kratzen wurde v.; laut und v. rufen; sich v. räuspern.

Ver|neh|mung, die; -, -en: *das Vernehmen* (2), *Verhör:* eine polizeiliche, gerichtliche, richterliche V.; die V. eines Zeugen.

ver|neh|mungs|fä|hig ⟨Adj.⟩: *in einem Zustand befindlich, der eine Vernehmung erlaubt; in der Lage, vernommen zu werden:* der Verunglückte ist nicht v.

ver|nei|gen, sich ⟨sw. V.; hat⟩ [mhd. verneigen] (geh.): *sich verbeugen:* sich höflich, tief, leicht, nur kurz [vor jmdm.] v.; ich verneige mich vor Ihnen *(bringe Ihnen meine Hochachtung, Bewunderung entgegen).*

Ver|nei|gung, die; -, -en (geh.): *das Sichverneigen.*

ver|nei|nen ⟨sw. V.; hat⟩ [mhd. verneinen]: **1. a)** *[eine Frage] mit Nein beantworten; auf eine Frage mit Nein antworten:* eine Frage mit großer Bestimmtheit, ohne zu zögern v.; eine verneinende Antwort; sie schüttelte verneinend den Kopf *(verneinte, indem sie den Kopf schüttelte);* **b)** *einer Sache ablehnend gegenüberstehen; mit etw. nicht einverstanden sein; negieren* (1 b): er verneint die Gewalt. **2.** (Sprachw.) *negieren* (2).

Ver|nei|ner, der; -s, -: *jmd., der etw. verneint* (1 b).

Ver|nei|ne|rin, die; -, -nen: w. Form zu ↑Verneiner.

Ver|nei|nung, die; -, -en: **1. a)** *das Verneinen* (1 a): die V. einer Frage; **b)** *das Verneinen* (1 b): die V. der Gewalt. **2.** (Sprachw.) **a)** *das Negieren* (2): die V. eines Satzes; **b)** *Negation* (3 b).

ver|net|zen ⟨sw. V.; hat⟩: **1.** *etw. verbinden, verknüpfen:* zwei Naturschutzgebiete miteinander v.; Ü Themen v.; miteinander vernetzte Informationssysteme. **2.** (Chemie, Technik) *Moleküle zu einem netzartigen Zusammenschluss verknüpfen:* Chemikalien mit Zellulose v.

Ver|net|zung, die; -, -en: *das Vernetzen.*

ver|nich|ten ⟨sw. V.; hat⟩ [mhd. vernihten]: *völlig zerstören, gänzlich zunichte machen:* Briefe, Akten v.; das Feuer vernichtete einen Teil des Gebäudes; das Unwetter hat die Ernte vernichtet; Unkraut, Schädlinge v. *(ausrotten, vertilgen);* eine vernichtende Niederlage erleiden; den Feind vernichtend schlagen; Ü jmds. Hoffnungen v.; eine vernichtende *(absolut negative)* Kritik; ein vernichtender Blick *(ein Blick voller Verachtung, Tadel, Vorwurf)* traf sie.

Ver|nich|tung, die; -, -en: *das Vernichten; das Vernichtetwerden.*

Ver|nich|tungs|krieg, der: *Krieg, dessen Ziel die [völlige] Vernichtung des Gegners ist.*

Ver|nich|tungs|la|ger, das: *(zur Zeit der nationalsozialistischen Herrschaft) ausschließlich zur Ermordung der Gefangenen, bes. Juden, bestimmtes Konzentrationslager.*

ver|ni|ckeln ⟨sw. V.; hat⟩: *mit Nickel überziehen:* Metalle v.

ver|nied|li|chen ⟨sw. V.; hat⟩: *als unbedeutender, geringfügiger, harmloser hinstellen; verharmlosen:* einen Fehler, die Sorgen anderer v.

Ver|nied|li|chung, die; -, -en: *das Verniedlichen.*

ver|nie|ten ⟨sw. V.; hat⟩: *nietend verbinden, verschließen.*

Ver|nie|tung, die; -, -en: **1.** *das Vernieten.* **2.** *vernietete Stelle.*

Ver|nis|sa|ge [...'sa:ʒə], die; -, -n [frz. (jour de) vernissage, zu: vernir = lackieren, firnissen, zu: vernis = Lack, Firnis, eigtl. = Firnistag] (bildungsspr.): *Eröffnung einer Ausstellung, bei der die Werke eines lebenden Künstlers [in kleinerem Rahmen mit geladenen Gästen] vorgestellt werden:* eine V. veranstalten.

Ver|nunft, die; - [mhd. vernunft, ahd. vernumft, zu ↑vernehmen in der veralteten Bed. »erfassen, ergreifen«, urspr. = Erfassung, Wahrnehmung]: *geistiges Vermögen des Menschen, Einsichten zu gewinnen, Zusammenhänge zu erkennen, etw. zu überschauen, sich ein Urteil zu bilden u. sich in seinem Handeln danach zu richten:* die menschliche V.; das gebietet die V.; politische V. walten lassen; sie hat gegen alle Regeln der V., gegen alle V. darauf bestanden; er handelte ohne V. *(ohne nachzudenken, ohne Überlegung);* jeder Mensch von V. *(jeder vernünftige Mensch);* ***V. annehmen/zur Vernunft kommen** (↑Räson); **jmdn. zur V. bringen** (↑Räson).

ver|nunft|be|gabt ⟨Adj.⟩: *Vernunft besitzend:* der Mensch als -es Wesen.

Ver|nunft|ehe, die: *nur aus Vernunft, nicht aus Liebe geschlossene Ehe.*

ver|nünf|teln ⟨sw. V.; hat⟩ (veraltend abwertend): *scheinbar mit Vernunft, scharfsinnig argumentieren, sich über etw. auslassen (aber den eigentlichen, tieferen Sinn von etw. nicht erfassen).*

ver|nunft|ge|mäß ⟨Adj.⟩: *menschlicher Vernunft entsprechend:* -es Handeln.

Ver|nunft|grund, der ⟨meist Pl.⟩: *von der Vernunft bestimmter Grund* (5), *Beweggrund:* etw. nur aus Vernunftgründen tun.

Ver|nunft|hei|rat, die: vgl. Vernunftehe.

ver|nünf|tig ⟨Adj.⟩ [mhd. vernünftic]: **1. a)** *Vernunft besitzend, sich in seinem Handeln davon leiten lassend; voller Vernunft, einsichtig u. besonnen:* ein -er Politiker; sie ist schon sehr v., sonst ganz v.; sei doch v.!; v. denken, reden, handeln; **b)** *von Vernunft zeugend; sinnvoll, einleuchtend, überlegt:* eine -e Rede, Antwort, Ansicht; ein -er Vorschlag, Rat; eine -e Lebensweise; eine -e Lösung finden; mit ihm kann man kein -es Wort reden *(kann man sich nicht vernünftig unterhalten);* ihre Einwände sind sehr v.; eine solche Fahrweise ist einfach nicht v.;

⟨subst.:⟩ es wäre das Vernünftigste gewesen, gleich aufzubrechen. **2.** (ugs.) *der Vorstellung von etw., den Erwartungen entsprechend; ordentlich* (4 a), *richtig* (2 b): ein -er Preis; sie suchen eine -e Wohnung; weißt du ein -es Mittel dagegen?; er soll einen -en Beruf lernen; endlich mal wieder -es Wetter; ein -es Buch lesen; ich möchte gern ein -es *(großes, gut gewachsenes)* Stück Fleisch essen; bei dem Lärm kann man nicht v. arbeiten!; zieh dich mal v. an!; ⟨subst.:⟩ er soll etw. Vernünftiges lernen, essen.

ver|nụ̈nf|ti|ger|wei|se ⟨Adv.⟩: *aus Vernunft, Einsicht; aus Vernunftgründen:* v. nicht rauchen.

Ver|nụnft|mensch, der: *jmd., der sich von der Vernunft, von vernunftgemäßen Überlegungen, nicht von Gefühlen leiten lässt.*

ver|nụnft|wid|rig ⟨Adj.⟩: *menschlicher Vernunft nicht entsprechend.*

ver|nu̱|ten ⟨sw. V.; hat⟩: *durch Nuten verbinden.*

ver|ö̱den ⟨sw. V.⟩ [spätmhd. veroeden, ahd. farödjan = unbewohnt machen]: **1.** ⟨ist⟩ **a)** *öde* (1), *menschenleer werden:* die kleinen Dörfer verödeten; verödete Häuser, Straßen; **b)** *öde* (2), *unfruchtbar werden:* das Land verödet immer mehr. **2.** (Med.) **a)** *(krankhaft erweiterte Gefäße) durch entsprechende Injektionen ausschalten, stilllegen* ⟨hat⟩: Krampfadern v.; **b)** *zu einer Obliteration* (2) *führen* ⟨ist⟩.

Ver|ö̱|dung, die; -, -en: *das Veröden.*

ver|ọ̈f|fent|li|chen ⟨sw. V.; hat⟩: **a)** *der Öffentlichkeit zugänglich machen, bekannt machen, bes. durch Presse, Funk, Fernsehen:* die Nachricht in den Medien, in der Presse v.; der Text wurde im vollen Wortlaut veröffentlicht; **b)** *publizieren:* Aufsätze, ein Buch bei einem Verlag, in zwei Sprachen v.; die Langspielplatte wurde 1983 veröffentlicht; der Roman wird in Fortsetzungen, nur im Internet veröffentlicht.

Ver|ọ̈f|fent|li|chung, die; -, -en: **1.** *das Veröffentlichen; Publikation* (2). **2.** *veröffentlichtes Werk; Publikation* (1).

ver|ö̱|len ⟨sw. V.; ist⟩: *mit Öl verschmutzt werden, ölig werden:* im Laufe der Zeit verölte der Motor; ⟨häufig im 2. Part.:⟩ eine verölte Maschine; am Strand lagen verölte Vögel.

Ve|ro̱|na: Stadt in Italien.

Ve|ro|ne̱|se, der; -n, -n, **[1]Ve|ro|ne̱|ser,** der; -s, -: Ew.

[2]Ve|ro|ne̱|ser ⟨indekl. Adj.⟩: die V. Altstadt.

Ve|ro|ne̱|se|rin, die; -, -nen: w. Form zu ↑ [1]Veroneser.

Ve|ro|ne̱|sin, die; -, -nen: w. Form zu ↑ Veronese.

Ve|ro̱|ni|ka [ve...], die; -, ...ken [nach der heiligen Veronika]: *Ehrenpreis.*

ver|ọrd|nen ⟨sw. V.; hat⟩: **1.** *als Arzt bestimmte Maßnahmen für einen Patienten festlegen; ärztliche Anordnungen treffen:* jmdm. ein Medikament, eine Kur, eine Diät, Bäder, Massagen v.; der Arzt hat mir eine Brille, Bettruhe verordnet. **2.** (selten) *von amtlicher, dienstlicher Seite anordnen, festsetzen; verfügen; dekretieren:* strenge Maßnahmen v.; jmdm. Stillschweigen v.

Ver|ọrd|nung, die; -, -en: **1.** *das Verordnen.* **2.** *[schriftlich] verordnete Maßnahme.*

ver|ọr|ten ⟨sw. V.; hat⟩ (bes. Soziol.): *einen festen Platz in einem bestimmten Bezugssystem zuweisen.*

Ver|ọr|tung, die; -, -en (bes. Soziol.): *das Verorten; das Verortetwerden.*

ver|pạch|ten ⟨sw. V.; hat⟩: *im Rahmen einer Pacht* (1 a) *zur Benutzung überlassen:* ein Grundstück, eine Kneipe v.; die Hallen einem Spediteur, an einen Spediteur v.

Ver|pạ̈ch|ter, der; -s, -: *jmd., der etw. verpachtet.*

Ver|pạ̈ch|te|rin, die; -, -nen: w. Form zu ↑ Verpächter.

Ver|pạch|tung, die; -, -en: *das Verpachten.*

ver|pạ|cken ⟨sw. V.; hat⟩: *fest in etw. packen u. so zum Versenden, Transportieren, zu längerem Aufbewahren herrichten:* Gläser sorgfältig v.; die Waren werden maschinell verpackt; soll ich Ihnen die Vase als Geschenk v.?; alles in eine/(auch:) einer Kiste v.; steril, luftdicht, wasserdicht verpacktes Verbandszeug; Ü sie hatte die Kinder in Wolldecken verpackt; Christo verpackt wieder ein Bauwerk *(verhüllt es kunstvoll in Tücher, Stricke o. Ä.)*; sie verpackt ihre Kritik in Komplimente/(auch:) Komplimenten.

Ver|pạ|ckung, die; -, -en: **1.** ⟨o. Pl.⟩ *das Verpacken, das Verpacktwerden:* der Schaden ist bei der V. passiert. **2.** *Material, Hülle, Umhüllung zum Verpacken:* die V. wegwerfen, sorgfältig entfernen.

Ver|pạ|ckungs|flut, die: *Überfülle, Flut* (2) *von Verpackungsmaterial.*

Ver|pạ|ckungs|ma|te|ri|al, das: *Material zum Verpacken.*

ver|pạs|sen ⟨sw. V.; hat⟩ [1: zu veraltet passen, ↑ aufpassen; 2: vgl. abpassen (2)]: **1. a)** *nicht rechtzeitig da sein, kommen u. deshalb nicht erreichen, nicht antreffen:* den Zug, den Anschluss v.; sie hat den letzten Bus verpasst; er hat seine Frau verpasst; wir haben uns um einige Minuten verpasst; der Sänger hat den Einsatz verpasst *(hat nicht rechtzeitig eingesetzt)*; **b)** *ungenutzt vorübergehen lassen, sich entgehen lassen:* eine Chance, günstige Gelegenheit v.; er hat immer Angst, er könnte etwas v.; ein Film, den man nicht v. sollte *(den man sich ansehen sollte, solange noch Gelegenheit dazu ist)*; er verpasste den Rekord, Titel *(es gelang ihm nicht, den Rekord zu brechen, den Titel zu gewinnen)*. **2.** (ugs.) *jmdm., ohne seine Wünsche zu berücksichtigen, gegen seinen Willen (etw. meist Unangenehmes) geben:* jmdm. eine Uniform v.; der Arzt verpasste ihr eine Spritze; wer hat dir denn diesen Haarschnitt verpasst?; jmdm. eine Kugel, einen Schuss v.; jmdm. Hausarrest, einen Denkzettel, einen Strafzettel, eine Ohrfeige, einen Tritt, eine Tracht Prügel v.; jmdm. einen Rüffel v. *(jmdn. tadeln)*; * **jmdm. eins/eine v.** (ugs.; *jmdm. einen Schlag versetzen*).

ver|pạt|zen ⟨sw. V.; hat⟩ (ugs.): *durch Patzen* (1) *verderben:* sie hat die ganze Aufführung verpatzt; der Eiskunstläufer verpatzte seine Kür; du hast mir alles, den ganzen Abend verpatzt; ein verpatztes Leben; eine verpatzte Chance.

ver|pẹn|nen ⟨sw. V.; hat⟩ (salopp): **1.** [1]*verschlafen* (1): verpennt haben. **2. a)** [1]*verschlafen* (2 a): den Tag [im Bett] v.; **b)** [1]*verschlafen* (2 b): einen Termin, den Aufbruch v.; sie hat den Zug, das Schiff verpennt; Ü eine Entwicklung, Chance v. *(nicht bemerken)*.

ver|pẹnnt ⟨Adj.⟩ (salopp): [2]*verschlafen:* -e Gesichter; total v. aussehen.

ver|pẹs|ten ⟨sw. V.; hat⟩ (abwertend): *mit üblen Gerüchen erfüllen, mit schädlichen, übel riechenden Stoffen verderben:* Abgase verpesten die Luft, Umwelt; Ü die politische Atmosphäre v.

Ver|pẹs|tung, die; -, -en ⟨Pl. selten⟩: *das Verpesten.*

ver|pẹt|zen ⟨sw. V.; hat⟩ (bes. Schülerspr. abwertend): *(jmdn., bes. bei Lehrern, Eltern) angeben* (2): sie hat ihn [beim Lehrer] verpetzt.

ver|pfạ̈n|den ⟨sw. V.; hat⟩ [mhd. verphenden]: *als Pfand* (1 a) *geben, beleihen lassen:* sein Haus, seinen gesamten Besitz v.; Ü sein Wort, seine Ehre für etw. v. (geh.; *etw. ganz fest, feierlich versprechen*).

Ver|pfạ̈n|dung, die; -, -en: *das Verpfänden.*

ver|pfei|fen ⟨st. V.; hat⟩ [zu ↑ pfeifen (9)] (ugs. abwertend): **1.** *anzeigen, denunzieren* (1), *verraten:* Mithäftlinge, seine früheren Kumpane [bei der Polizei] v. **2.** ⟨sich + v.⟩ *sich davonmachen, verschwinden:* verpfeift euch endlich!

ver|pflạn|zen ⟨sw. V.; hat⟩: **1.** *an eine andere Stelle pflanzen* (1): einen Baum, Strauch v.; Ü alte Menschen lassen sich ungern v. **2.** *transplantieren:* [jmdm.] eine Niere v.

Ver|pflạn|zung, die; -, -en: *das Verpflanzen.*

ver|pfle̱|gen ⟨sw. V.; hat⟩ [mhd. verpflegen]: *mit Nahrung versorgen:* sich selbst v. müssen; nur kalt verpflegt werden *(nur kalte Verpflegung bekommen)*.

Ver|pfle̱|gung, die; -, -en: **1.** ⟨o. Pl.⟩ *das Verpflegen; das Verpflegtwerden.* **2.** ⟨Pl. selten⟩ *Essen, Nahrungsmittel zum Verpflegen:* warme, kalte V.

Ver|pfle̱|gungs|kos|ten, ⟨Pl.⟩: *Kosten für Verpflegung.*

ver|pflịch|ten ⟨sw. V.; hat⟩ [mhd. verphlichten]: **1. a)** *durch eine bindende Zusage auf etw. festlegen; versprechen lassen, etw. zu tun:* jmdn. feierlich, durch Eid v.; Beamte auf die Verfassung v.; jmdn. zu Stillschweigen v.; sie hat ihn dazu/(selten:) darauf verpflichtet, die Aufsicht zu übernehmen; **b)** ⟨v. + sich⟩ *etw. ganz fest zusagen; versprechen, etw. zu tun:* sich vertraglich v., die Arbeit zu übernehmen; er hat sich, er ist zu dieser Zahlung verpflichtet. **2. a)** *für eine bestimmte, bes. eine künstlerische Tätigkeit einstellen, unter Vertrag nehmen; engagieren* (2 a): die Sängerin ans Stadttheater, nach Berlin v.; er wurde auf drei Jahre für dieses Amt, als Trainer verpflichtet; **b)** ⟨v. + sich⟩ *sich für eine bestimmte, bes. eine künstlerische Tätigkeit vertraglich binden:* er hat sich auf, für drei Jahre verpflichtet. **3.** *jmdm. als Pflicht auferlegen; ein bestimmtes Verhalten, eine bestimmte Handlungsweise erforderlich machen, von jmdm. verlangen:* sein Eid verpflichtet ihn zum Gehorsam; der Kauf des ersten Bandes verpflichtet zur Abnahme des gesamten Werks; er fühlte sich verpflichtet, ihr zu helfen; gesetzlich, moralisch, vertraglich zu etw. verpflichtet sein; das verpflichtet dich zu nichts; ich bin Ihnen zu Dank verpflichtet *(bin Ihnen Dank schuldig)*; ich bin, fühle mich ihr verpflichtet *(ich bin ihr etwas schuldig)*; verpflichtende Grundsätze; ein den humanistischen Traditionen verpflichteter Präsident.

Ver|pflịch|tung, die; -, -en: **1.** *das Verpflichten* (1 a); *das Verpflichtetwerden:* die V. der Beamten auf den Staat. **2.** *das Verpflichten* (2 a), *Engagieren* (2 a): die V. neuer Künstler ans Stadttheater. **3. a)** *das Verpflichtetsein zu etw.; Tätigkeit, zu der jmd. verpflichtet ist:* dienstliche, familiäre, gesellschaftliche -en; eine V., -en eingehen, übernehmen, auf sich nehmen, einhalten, erfüllen; keine anderweitigen -en haben; etw. erlegt jmdm. eine moralische V., hohe, schwere -en auf; ich habe die V., ihr zu helfen; sie waren dieser V. enthoben; **b)** ⟨meist Pl.⟩ *Schulden:* [finanzielle] -en haben; die Firma konnte ihren -en [gegenüber der Bank] nicht mehr nachkommen.

ver|pfu̱|schen ⟨sw. V.; hat⟩ (ugs.): *durch Nachlässigkeit, Unachtsamkeit, liederliches Arbeiten verderben, zunichte machen, zerstören:* sie hat die Zeichnung, das Kleid völlig verpfuscht; ein verpfuschtes Foto; Ü sein Leben, seine Karriere v.; eine verpfuschte Kindheit.

ver|pịs|sen ⟨sw. V.; hat⟩ [2: eigtl. = sich entfernen, um zu pissen]: **1.** (derb) *mit Urin verunreinigen:* die Betten v. **2.** ⟨v. + sich⟩ (salopp) *sich [heimlich] entfernen, [unbemerkt] davongehen; sich davonmachen:* wir sollten uns schleunigst v.!; verpiss dich! *(mach, dass du wegkommst!)*.

ver|pla̱|nen ⟨sw. V.; hat⟩: **1.** *fehlerhaft planen* (a): ein Projekt v. **2.** *für bestimmte Pläne, Vorhaben vorsehen:* sein Geld, seine Freizeit verplant haben; auf Monate hinaus verplant sein *(keinen freien Termin haben)*.

Ver|pla̱|nung, die; -, -en: *das Verplanen.*

ver|plạp|pern, sich ⟨sw. V.; hat⟩ (ugs.): *aus Versehen etw., was geheim bleiben sollte, aussprechen, ausplaudern:* sie hatte sich leider verplappert.

ver|plau̱|dern ⟨sw. V.; hat⟩: **1. a)** *plaudernd verbringen:* den Abend v.; **b)** ⟨v. + sich⟩ *zu lange Zeit mit Plaudern, Erzählen verbringen:* jetzt habe ich mich, haben wir uns doch ganz schön verplaudert. **2.** (selten) *ausplaudern* (1): ein Geheimnis v.

ver|plẹm|pern ⟨sw. V.; hat⟩ [1, 2: übertr. von 3; 3: zu ↑ plempern]: **1.** (ugs.) *vergeuden,* [2]*verzetteln* (1 a): sein Geld, viel Zeit v. **2.** (ugs.) ⟨v. + sich⟩ *seine Zeit, die Möglichkeiten zu sinnvoller Betätigung sinnlos vertun:* sich als Künstler, an

Kleinkram, mit Nichtigkeiten v. **3.** (landsch.) *verschütten, versehentlich vergießen:* Soße v.

ver|plom|ben ⟨sw. V.; hat⟩: *plombieren* (1): einen Wagen, ein Zimmer v.

Ver|plom|bung, die; -, -en: **1.** *das Verplomben.* **2.** *Plombe* (1).

ver|pö|nen ⟨sw. V.; hat⟩ [mhd. verpēnen = mit einer (Geld)strafe bedrohen, bei Strafe verbieten; missbilligen, zu: pēn(e) = Strafe < lat. poena, ↑Pein] (veraltend): *für schlecht, übel, schädlich halten u. daher meiden, missbilligen, ablehnen, verachten:* den Genuss von Alkohol v.; ⟨meist im 2. Part.:⟩ (geh.) ein verpönter Dichter; solche Beschuldigungen sind streng verpönt.

ver|pras|sen ⟨sw. V.; hat⟩: *prassend vergeuden:* sein ganzes Geld v.

ver|prel|len ⟨sw. V.; hat⟩: **1.** *durch sein Verhalten, Handeln irritieren, verärgern:* die Mitarbeiter, Kunden, Wähler v. **2.** (Jägerspr.) *durch ungeschicktes Verhalten verscheuchen:* das Wild v.

ver|pro|vi|an|tie|ren ⟨sw. V.; hat⟩: *mit Proviant versorgen:* die Truppen, ein Schiff v.; ich verproviantierte mich für die Reise.

Ver|pro|vi|an|tie|rung, die; -: *das Verproviantieren.*

ver|prü|geln ⟨sw. V.; hat⟩: *heftig schlagen, durch Prügeln misshandeln:* ein Kind, seinen Hund v.; die beiden haben sich ordentlich verprügelt.

ver|puf|fen ⟨sw. V.; ist⟩: **1.** *mit einem dumpfen Knall schwach explodieren:* das Gasgemisch, die Flamme ist plötzlich verpufft. **2.** *ohne die vorgesehene, erhoffte Wirkung bleiben; wirkungslos, ohne Nachwirkung vorübergehen:* die ganze Aktion, ihr Elan, die Pointe war verpufft.

Ver|puf|fung, die; -, -en: *das Verpuffen* (1).

ver|pul|vern ⟨sw. V.; hat⟩ [eigtl. = wie Schießpulver verpuffen lassen] (ugs.): *leichtfertig, nutzlos, sinnlos ausgeben, vergeuden:* sein ganzes Geld v.

ver|pup|pen, sich ⟨sw. V.; hat⟩ (Zool.): *(von der Larve) sich zur Puppe* (3) *umwandeln.*

Ver|pup|pung, die; -, -en (Zool.): *das Verpuppen.*

Ver|putz, der; -es: *Putz* (1): der V. bröckelt; den alten V. abklopfen.

ver|put|zen ⟨sw. V.; hat⟩ [2: eigtl. = reinigen, sauber machen]: **1.** *mit Putz, Mörtel versehen:* die Fassade muss neu verputzt werden; ein frisch verputztes Gebäude. **2.** (ugs.) *in kurzer Zeit, ohne große Mühe essen, aufessen:* riesige Mengen Kuchen v. **3.** (ugs.) *vergeuden, verschwenden:* das ganze Geld, die Erbschaft v. **4.** (Sport Jargon) *mühelos besiegen:* einen Gegner v.

Ver|put|zer, der; -s, -: *jmd., der etw. verputzt, mit Stuck arbeitet o. Ä.*

Ver|put|ze|rin, die; -, -nen: w. Form zu ↑Verputzer.

ver|qual|men ⟨sw. V.; hat⟩: **1.** *(bes. von Zigaretten) qualmend verglimmen, verbrennen:* die Zigarette verqualmt im Aschenbecher. **2.** (ugs. abwertend) *bes. durch Rauchen* (2) *mit Qualm, Rauch erfüllen:* das ganze Zimmer v.; ein verqualmtes Lokal; verqualmte Luft. **3.** (ugs. abwertend) *verrauchen* (2).

ver|quält ⟨Adj.⟩: *sehr gequält:* ein -es Gesicht machen.

ver|quas|seln ⟨sw. V.; hat⟩ (ugs., oft abwertend): **1.** *verplaudern* (1 a). **2.** ⟨v. + sich⟩ *sich verplappern:* pass auf, dass du dich nicht verquasselst!

ver|quast ⟨Adj.⟩ [Nebenf. von niederd. verdwars = verquer] (landsch.): *verworren, verquer:* -e Ideologien; das Stück ist total v.; v. daherreden.

ver|quat|schen ⟨sw. V.; hat⟩ (ugs.): **1.** *verplaudern* (1). **2.** ⟨v. + sich⟩ *sich verplappern.* **3.** *zerreden.*

Ver|quat|schung, die; -: *das Verquatschen.*

ver|quel|len ⟨st. V.; ist⟩: *stark aufquellen* (1), *anschwellen:* das Holz verquillt in der Feuchtigkeit; ⟨häufig im 2. Part.:⟩ verquollene Fenster; ihre Augen sind verquollen.

ver|quer ⟨Adj.⟩: **1.** *schräg, schief, quer u. nicht richtig, nicht wie es sein sollte:* eine -e Lage, Stellung; der Tisch stand etwas v. im Raum. **2.** *in etwas seltsamer Weise vom Üblichen abweichend, absonderlich, merkwürdig:* -e Vorstellungen, Ideen; sie hat sich ganz v. aufgeführt; *** jmdm. geht etw./alles v.** *(jmdm. misslingt etw., alles; bei jmdm. verläuft etw., alles anders als gewünscht):* heute geht mir aber auch alles v.; **jmdm. v. kommen** *(jmdm. ungelegen kommen, jmdm. nicht passen).*

ver|qui|cken ⟨sw. V.; hat⟩ [eigtl. = Metalle mit ↑Quecksilber legieren]: *in enge Verbindung, in einen festen Zusammenhang bringen:* die Frage mit einer Drohung v.; man sollte die beiden Probleme nicht [miteinander] v.; Glück und Unglück waren eng verquickt.

Ver|qui|ckung, die; -, -en: *das Verquicken.*

ver|quir|len ⟨sw. V.; hat⟩: *mit einem Quirl o. Ä. verrühren:* Senf, Brühe und Gewürze v.; Ü bestimmte Ereignisse zu einer Story v.

ver|quol|len: ↑verquellen.

ver|ram|meln, (auch:) verrammen ⟨sw. V.; hat⟩ (ugs.): *fest u. sicher, oft mithilfe von großen, schweren Gegenständen versperren:* das Tor, den Eingang v.; alle Fenster waren verrammelt.

Ver|ram|me|lung, Verrammlung, die; -, -en: *das Verrammeln.*

ver|ram|men: ↑verrammeln.

Ver|ramm|lung: ↑Verrammelung.

Ver|ram|mung, die; -, -en: *das Verrammen.*

ver|ram|schen ⟨sw. V.; hat⟩ (ugs.): *sehr billig, unter seinem Wert verkaufen:* Bücher v.

ver|rannt: ↑verrennen.

Ver|rat, der; -[e]s [zu ↑verraten]: **1.** *das Verraten* (1 a): wegen des -s von militärischen Geheimnissen angeklagt sein. **2.** *Bruch eines Vertrauensverhältnisses, Zerstörung des Vertrauens durch eine Handlungsweise, mit der jmd. hintergangen, getäuscht, betrogen o. Ä. wird, durch Preisgabe einer Person od. Sache:* ein schändlicher, gemeiner V.; V. an seinen Freunden, an der gemeinsamen Sache begehen; V. üben, treiben.

ver|ra|ten ⟨st. V.; hat⟩ [mhd. verrāten, ahd. farrātan, zu ↑raten, eigtl. = durch falschen Rat irreleiten]: **1. a)** *etw., was geheim bleiben sollte, wovon nicht gesprochen werden sollte, weitersagen, preisgeben:* ein Geheimnis, einen Plan, eine Absicht v.; wer hat dir das Versteck verraten?; **b)** ⟨v. + sich⟩ *durch eine Äußerung od. Handlung etw., was man geheim halten, für sich behalten wollte, ungewollt preisgeben, mitteilen:* durch dieses eine Wort, mit dieser Geste hat sie sich verraten; **c)** (ugs., oft scherzh. od. iron.) *mitteilen, sagen, über etw. aufklären, in Kenntnis setzen:* er hat mir den Grund dafür nicht verraten; können Sie mir v., wie ich das machen soll?; wenn Sie mir jetzt noch Ihren Namen, Ihre Adresse verraten, kann ich die Bestellung ausfüllen. **2.** *Verrat* (2) *an jmdm., etw. begehen:* das Vaterland [schnöde] v.; seine Überzeugungen, Ideale v. *(aufgeben, preisgeben, ihnen untreu werden);* *** verraten und verkauft sein/sich verraten und verkauft fühlen** *(hilflos ausgeliefert, preisgegeben, im Stich gelassen sein, sich fühlen).* **3. a)** *deutlich werden lassen, erkennen lassen, zeigen:* seine wahren Gefühle nicht v.; ihr Gesicht, Blick verriet Erstaunen, Misstrauen; ihre Zeichnung verrät eine große Begabung, den Einfluss von Picasso; **b)** ⟨v. + sich⟩ *erkennbar, deutlich werden, sich zeigen:* in ihren Worten verrät sich Respektlosigkeit. **4. a)** *als jmd. Bestimmten zu erkennen geben, erweisen:* er ist Schweizer, seine Sprache verrät ihn; **b)** ⟨v. + sich⟩ *sich als jmd. Bestimmten zu erkennen geben, erweisen:* du verrätst dich schon durch deinen Dialekt.

Ver|rä|ter, der; -s, - [mhd. verrāter, verræter]: **1.** *jmd., der etw. verraten* (1 a), *ausgeplaudert hat.* **2.** *jmd., der einen Verrat* (2) *begangen hat:* ein V. an der gemeinsamen Sache.

Ver|rä|te|rin, die; -, -nen [mhd. verræterinne]: w. Form zu ↑Verräter.

ver|rä|te|risch ⟨Adj.⟩ [spätmhd. verræterisch]: **1.** *einen Verrat* (1, 2) *darstellend; auf Verrat zielend, mit einem Verrat verbunden:* -e Pläne, Absichten; -e Beziehungen zum Gegner. **2.** *etw. [ungewollt] verraten* (3 a), *erkennen, deutlich werden lassend:* eine -e Geste; die Röte in ihrem Gesicht war v.; um ihre Mundwinkel zuckte es v.

ver|rät|seln ⟨sw. V.; hat⟩: *verschlüsseln, verschleiern:* Klarheiten v.

ver|ratzt ⟨Adj.⟩ [H. u.]: in der Verbindung **v. sein** (ugs.; *in einer schwierigen, aussichtslosen Lage, verloren sein*): wenn ich in der nächsten Klassenarbeit keine Drei schreibe, bin ich v.

ver|rau|chen ⟨sw. V.⟩: **1.** *(von Rauch, Dampf o. Ä.) sich allmählich auflösen, vergehen* ⟨ist⟩: der Qualm verrauchte nur langsam; Ü ihr Zorn, Ärger war verraucht. **2.** *durch Rauchen* (2), *als Raucher verbrauchen* ⟨hat⟩: viel Geld, zwei Schachteln Zigaretten pro Tag v. **3.** *mit Rauch erfüllen* ⟨hat⟩: ein verrauchtes Lokal, Zimmer.

ver|räu|chern ⟨sw. V.; hat⟩: *mit Rauch, Qualm erfüllen, durch Rauch schwärzen:* du verräucherst mir mit deinen Zigarren die ganze Wohnung; eine verräucherte Gaststätte.

ver|raucht ⟨Adj.⟩: *rauchig* (4).

ver|rau|schen ⟨sw. V.; ist⟩ [mhd. verrūschen]: *(von einem rauschenden o. ä. Geräusch) allmählich aufhören, nachlassen:* der Beifall verrauschte; Ü die Feierlichkeiten sind verrauscht.

ver|rech|nen ⟨sw. V.; hat⟩ [mhd. verreche(ne)n]: **1.** *durch Rechnen, bei einer Abrechnung berücksichtigen, in die Rechnung einbeziehen:* würden Sie bitte den Gutschein mit v.; einen Scheck v. *(einem anderen Konto gutschreiben).* **2.** ⟨v. + sich⟩ **a)** *beim Rechnen einen Fehler machen, falsch rechnen:* du hast dich bei dieser Aufgabe verrechnet; sie hat sich um 5 Mark verrechnet; **b)** *sich täuschen, irren; jmdn., etw. falsch einschätzen:* sich in einem Menschen v.; da hast du dich aber gewaltig verrechnet!

Ver|rech|nung, die; -, -en: *das Verrechnen, bes. zum Ausgleich von Forderungen:* die V. der Überstunden; nur zur V. (Bankw.; Aufschrift auf einem Verrechnungsscheck).

Ver|rech|nungs|ein|heit, die (Wirtsch.): *im internationalen u. im innerdeutschen Handel vereinbarte Einheit, nach der zu leistende Zahlungen abgerechnet werden* (Abk.: VE).

Ver|rech|nungs|scheck, der (Wirtsch., Bankw.): *Scheck, der nur einem anderen Konto gutgeschrieben, nicht bar ausgezahlt werden darf.*

ver|re|cken ⟨sw. V.; ist⟩ [mhd. verrecken = die Glieder starr ausstreckend sterben, zu ↑recken] (salopp, oft emotional): *eingehen* (5 a), *elend sterben; krepieren* (2): alle Hühner verreckten; (derb auch vom Menschen:) Tausende sind im Krieg verreckt; Ü die Sicherung ist verreckt (salopp abwertend; *kaputtgegangen*); *** ums Verrecken** (salopp; verstärkend bei Verneinungen; *überhaupt, ganz u. gar*): er wollte ums Verrecken nicht mitmachen.

ver|reg|nen ⟨sw. V.; ist⟩: *durch zu lange andauernden Regen verdorben werden:* der Urlaub ist uns verregnet; eine verregnete Ernte; ein verregneter Sommer, Sonntag, Vormittag.

ver|rei|ben ⟨st. V.; hat⟩: *reibend irgendwo, über eine Fläche verteilen:* eine Creme im Gesicht v.

ver|rei|sen ⟨sw. V.; ist⟩: *eine [längere] Reise unternehmen, auf Reisen gehen:* geschäftlich, dienstlich v.; die Nachbarn sind für einige Zeit verreist.

ver|rei|ßen ⟨st. V.; hat⟩ [mhd. verrīʒen]: **1.** (landsch.) *zerreißen.* **2.** *sehr harte Kritik üben, vernichtend kritisieren:* ein Buch v.; der Film, der Schauspieler wurde in allen Zeitungen verrissen. **3.** (ugs.) *plötzlich, ruckartig in eine andere, nicht vorgesehene Richtung bringen, lenken:* den Wagen, das Steuer, die Lenkung v. **4.** (Ballspiele) *stark, heftig verziehen* (7): den Ball, den Schuss v.

ver|ren|ken ⟨sw. V.; hat⟩ [mhd. verrenken]: **1.** *durch eine übermäßige od. unglückliche Bewegung aus der normalen Lage im Gelenk bringen, drehen [u. dadurch das Gelenk verletzen]:* er hat mir beim Ringen den Arm verrenkt; ich habe mir die Hand verrenkt. **2.** *durch starke Drehungen, Biegungen in eine unnatürlich wirkende Stellung bringen:* die Arme und Beine v.; ich verrenkte mir den Hals nach ihr; die Tänzer verrenken sich.

Ver|ren|kung, die; -, -en: **1.** *Verletzung durch Ver-*

V

renken (1); Luxation. **2.** *starke Drehung, Biegung des Körpers, der Gliedmaßen:* um dort hinzugelangen, muss man schon einige -en machen.

ver|ren|nen, sich ⟨unr. V.; hat⟩ [mhd. verrennen]: **a)** *in seinen Gedanken, Äußerungen, Handlungen in eine falsche Richtung geraten:* sich immer mehr v.; ein völlig verrannter Mensch; **b)** *an etw. hartnäckig festhalten, von etw. nicht mehr loskommen:* sich in eine Idee, einen Gedanken, ein Problem v.

ver|ren|ten ⟨sw. V.; hat⟩ (Amtsspr.): *jmdn. in den Ruhestand versetzen, aus dem Arbeitsverhältnis entlassen u. ihm eine Rente* (a) *zahlen:* man hat ihn vorzeitig verrentet.

Ver|ren|tung, die; -, -en (Amtsspr.): *das Verrenten; das Verrentetwerden.*

ver|rich|ten ⟨sw. V.; hat⟩ [mhd. verrihten]: *[ordnungsgemäß] erledigen, ausführen, tun:* seine Arbeit, einen Dienst v.; seine Notdurft v.; sie verrichtete still ein Gebet.

Ver|rich|tung, die; -, -en: **a)** ⟨o. Pl.⟩ *das Verrichten, Erledigen von etw.;* **b)** *zu erledigende Arbeit, Angelegenheit:* seinen täglichen -en nachgehen.

ver|rie|geln ⟨sw. V.; hat⟩ [mhd. verrigelen]: *mit einem Riegel verschließen:* die Fenster v.; die Tür war von innen verriegelt; sich in seinem Zimmer v.

Ver|rie|ge|lung, Ver|rieg|lung, die; -, -en: **1.** *das Verriegeln.* **2.** *Vorrichtung zum Verriegeln.*

ver|rin|gern ⟨sw. V.; hat⟩: **a)** *kleiner, geringer werden lassen; reduzieren* (1): die Anzahl, die Menge, die Kosten, den Preis von etw. v.; die Geschwindigkeit, das Tempo, den Abstand v.; **b)** ⟨v. + sich⟩ *kleiner, geringer werden:* die Kosten, die Aussichten auf Besserung haben sich verringert.

Ver|rin|ge|rung, die; -: *das [Sich]verringern.*

ver|rin|nen ⟨st. V.; ist⟩ [mhd. verrinnen]: **1.** *sich fließend, rinnend dahinbewegen u. verschwinden, versickern:* das Wasser verrinnt im Boden, im Sand. **2.** (geh.) *vergehen, dahingehen, verstreichen:* die Stunden, Tage, Minuten verrannen langsam, im Nu; schon ist wieder ein Jahr verronnen.

Ver|riss, der; -es, -e [zu ↑verreißen (2)]: *sehr harte, vernichtende Kritik* (2 a): einen V. über ein Buch, einen Film, einen Schauspieler schreiben.

ver|rö|cheln ⟨sw. V.; ist⟩ (geh.): *röchelnd sterben.*

ver|ro|hen ⟨sw. V.⟩: **a)** *roh, brutal machen* ⟨hat⟩: der Krieg hat ihn total verroht; **b)** *roh, brutal werden* ⟨ist⟩: er ist in der Haft völlig verroht; Ü ihre Empfindungen waren verroht.

Ver|ro|hung, die; -, -en: *das Verrohen.*

ver|rol|len ⟨sw. V.⟩: **1.** *(von einem dumpfen, rollenden Geräusch) verklingen* ⟨ist⟩: der Donner verrollte in der Ferne. **2.** ⟨v. + sich⟩ (ugs.) *ins Bett gehen, schlafen gehen* ⟨hat⟩: ich verrolle mich jetzt. **3.** (ugs.) *verprügeln* ⟨hat⟩: die beiden haben das Nachbarskind verrollt.

ver|ros|ten ⟨sw. V.; ist⟩ [mhd. verrosten]: *rostig werden, sich mit Rost überziehen, Rost ansetzen:* die Maschinen verrosten im Regen; ein verrosteter Nagel; mein Wagen ist ganz verrostet (ugs.; *weist viele Roststellen auf*).

ver|rot|ten ⟨sw. V.; ist⟩ [aus dem Niederd. < mniederd. vorrotten = verfaulen, zu ↑[2]rotten]: **1.** *faulen, modern u. sich zersetzen:* das Laub, das Holz verrottet; Ü meine Aufzeichnungen verrotten in der Schublade; ihre Sitten verrotteten; eine verrottete Gesellschaft. **2.** *(bes. unter dem Einfluss der Witterung) verderben, zerfallen u. unbrauchbar werden:* die Maschinen verrotten im Freien; allmählich verrotteten die Gebäude, Fassaden; verrottete Leitungen, Banknoten.

Ver|rot|tung, die; -: *das Verrotten.*

ver|rucht ⟨Adj.⟩ [mhd. verruochet, eigtl. = achtsorglos, adj. 2. Part. von: verruochen = sich nicht kümmern, vergessen, zu: ruochen = sich kümmern, Sorge tragen]: **1.** (geh. veraltend) *gemein, schändlich; ruchlos:* eine -e Tat; -e Lügen; ein -er Kerl, Mörder. **2.** (oft scherzh.) *lasterhaft, sündig, verworfen:* ein -es Lokal, Viertel; -e Blicke; sie wollte v. aussehen.

Ver|rucht|heit, die; -, -en: **1.** ⟨o. Pl.⟩ *das Verruchtsein:* ihre V. war nur gespielt. **2.** *verruchte Handlungsweise.*

ver|rü|cken ⟨sw. V.; hat⟩ [mhd. verrücken = von der Stelle rücken; aus der Fassung bringen, verwirren]: *an eine andere Stelle, einen andern Ort rücken; durch Rücken die Lage, den Standort von etw. ändern:* eine Lampe, einen Stuhl, Tisch, Schrank v.; Ü die Grenzen dürfen nicht verrückt werden.

ver|rückt ⟨Adj.⟩ [eigtl. 2. Part. von ↑verrücken]: **1.** (salopp) *krankhaft wirr im Denken u. Handeln; geistesgestört:* in der Anstalt ist sie nur von -en Menschen umgeben; sie hatte Angst, v. zu werden; er führte sich auf wie v., als wäre er v.; wenn ich das mache, wird man mich für v. erklären; (oft übertreibend:) bei dem Lärm kann man ja v. werden *(der Lärm ist unerträglich);* du machst mich noch v. *(bringst mich völlig durcheinander)* mit deiner Fragerei; ich mache mich doch deswegen nicht v.; R ich werde v.! *(das ist aber überraschend, erstaunlich, verwunderlich!);* bist du v. [geworden]? *(weißt du überhaupt, was du da sagst, tust?);* *** wie v.** (ugs.; *außerordentlich viel, gut, stark, schnell*): es hat die ganze Nacht wie v. geregnet; das Ekzem juckt wie v.; **v. spielen** (ugs.; 1. *nicht die üblichen, gewohnten Verhaltensweisen zeigen, die Beherrschung verlieren u. sich ungewöhnlich benehmen:* der Chef spielt heute mal wieder v. 2. *nicht mehr richtig funktionieren, nicht so sein, ablaufen wie üblich:* meine Uhr, das Wetter spielt v.). **2.** (ugs.) *auf absonderliche, auffällige Weise ungewöhnlich, ausgefallen, überspannt, närrisch:* -e Ideen, Einfälle; eine ganz -e Mode; -e Streiche spielen; ein -er Kerl; sie ist ein -es Huhn; das war ein -er Tag; sie kleidet sich -er als alle andern; ⟨subst.:⟩ er hat wieder etwas ganz Verrücktes angestellt; *** auf, nach etw. v. sein** (ugs.; *auf etw. versessen sein, etw. unbedingt haben wollen*): sie ist ganz v. auf Süßigkeiten; **auf jmdn., nach jmdm. v. sein** (ugs.; *sehr verliebt in jmdn. sein, mit jmdm. geschlechtlich verkehren wollen*): er ist ganz v. auf dieses, nach diesem Mädchen. **3.** ⟨intensivierend bei Adj.⟩ (ugs.) *über die Maßen, außerordentlich, sehr:* das Kleid ist v. bunt.

Ver|rück|te, der u. die; -n, -n ⟨Dekl. ↑Abgeordnete⟩: *jmd., der verrückt* (1, 2) *ist.*

Ver|rückt|heit, die; -, -en: **1.** ⟨o. Pl.⟩ *das Verrücktsein.* **2.** *verrückter* (2) *Einfall; Überspanntheit.*

Ver|rückt|wer|den, das; -s: bes. in der Fügung **das/es ist [ja] zum V.** (ugs.; *das, es ist [ja] zum Verzweifeln*).

Ver|ruf, der [zu ↑verrufen]: meist in den Wendungen **in V. kommen/geraten** *(einen schlechten, üblen, zweifelhaften Ruf bekommen, als etw. ins Gerede kommen);* **jmdn. in V. bringen** *(bewirken, dass jmd., etw. einen schlechten, üblen, zweifelhaften Ruf bekommt, als etw. ins Gerede kommt).*

ver|ru|fen ⟨Adj.⟩ [eigtl. 2. Part. von veraltet verrufen = in schlechten Ruf bringen]: *in einem schlechten, zweifelhaften Ruf stehend, übel beleumundet, berüchtigt:* eine -e Gegend; ein -es Viertel, Lokal; als Geschäftsmann ist er ziemlich v.

ver|rüh|ren ⟨sw. V.; hat⟩: *durch Rühren vermischen, vermengen:* Sahne in der Soße, Soße mit Sahne v.

ver|run|zelt ⟨Adj.⟩: *sehr runzelig, voller Runzeln:* ein -es Gesicht; -e Hände.

ver|ru|ßen ⟨sw. V.⟩: **1.** *rußig werden, von Ruß bedeckt, durch Ruß verstopft o. Ä. werden* ⟨ist⟩: die Gebäude verrußen hier sehr schnell; der Bahnhof war von Kohlenstaub verrußt; verrußte Zündkerzen. **2.** (seltener) *rußig machen, werden lassen; mit Ruß bedecken* ⟨hat⟩: die Fabrik hat die ganze Gegend verrußt.

Ver|ru|ßung, die; -, -en: *das Verrußen.*

ver|rut|schen ⟨sw. V.; ist⟩: *sich durch Rutschen verschieben:* die Pakete verrutschten; der Rock war ihr verrutscht; verrutschte Strümpfe; Ü die Maßstäbe sind verrutscht.

Vers [fers], der; -es, -e [mhd., ahd. vers < lat. versus, eigtl. = das Umwenden, zu: versum, 2. Part. von: vertere = kehren, wenden, drehen]: **1.** *durch Metrum, Rhythmus, Zäsuren gegliederte, eine bestimmte Anzahl von Silben, oft einen Reim aufweisende Zeile einer Dichtung in gebundener Rede wie Gedicht, Drama, Epos:* gereimte, reimlose, jambische -e; holprige, schlechte, gedrechselte, kunstvolle, lustige, obszöne -e; -e dichten, niederschreiben, deklamieren, vortragen; die Strophen dieses Gedichtes haben vier -e; etw. in -e setzen, in -en abfassen, schreiben; sie zitierte V. 3–6/die -e 3–6; *** sich** ⟨Dativ⟩ **einen V. auf etw./aus etw. machen [können]** *(etw. verstehen, begreifen, sich etw. erklären [können]):* mit der Zeit konnte er sich auf ihr Verhalten/aus ihrem Verhalten einen V. machen. **2. a)** *Strophe eines Gedichtes, Liedes, bes. eines Kirchenliedes:* die Gemeinde sang die -e eins und fünf; **b)** *kleinster Abschnitt des Textes der Bibel:* sie predigte über Lukas 2, V. 1–20.

ver|sach|li|chen ⟨sw. V.; hat⟩: *in eine sachliche* (1) *Form bringen; in sachlicher, objektiver, nüchterner Form darstellen:* sie war bemüht, die Diskussion stärker zu v.

Ver|sach|li|chung, die; -: *das Versachlichen.*

ver|sa|cken ⟨sw. V.; ist⟩ [zu ↑[2]sacken] (ugs.): **1. a)** *versinken, untergehen:* der Kahn versackte; Ü die Diskussion versackte; **b)** *in etw. einsinken:* die Räder versackten im Schlamm, im Schnee; Ü in Arbeit v. **2.** *sich senken:* die Fundamente versackten. **3.** (ugs.) *absaufen* (2): der Motor versackte. **4.** *eine liederliche, unsolide Lebensweise annehmen; allmählich verkommen:* in der Großstadt v.; gestern Abend sind wir ganz schön versackt *(haben wir lange gefeiert u. viel getrunken).*

ver|sa|gen ⟨sw. V.; hat⟩ [mhd. versagen, ahd. farsagēn]: **1. a)** *das Geforderte, Erwartete nicht tun, leisten können, nicht erreichen; an etw. scheitern:* bei einer Aufgabe, im Examen, im Leben völlig v.; die Schule, das Elternhaus, die Regierung hat kläglich, total versagt; hier versagte die ärztliche Kunst; ⟨subst.:⟩ das Versagen der Mannschaft nicht erklären können; das Unglück ist auf menschliches Versagen *(menschliches Fehlverhalten)* zurückzuführen; **b)** *plötzlich aufhören zu funktionieren, nicht mehr seine Funktion erfüllen:* der Motor, der Revolver versagte; in der Kurve versagten die Bremsen; seine Muskeln versagten ihren Dienst; ihre Beine, Füße versagen *(sie kann ihre Beine, Füße nicht mehr bewegen);* sein Herz droht zu v.; vor Aufregung versagte ihre Stimme *(konnte sie nicht mehr sprechen);* ⟨subst.:⟩ technisches Versagen war schuld am Unfall. **2.** (geh.) **a)** *verweigern, nicht gewähren:* jmdm. seine Hilfe, Unterstützung, seine Anerkennung, Zustimmung, den Gehorsam, eine Bitte, einen Wunsch v.; Kinder blieben uns versagt *(konnten wir nicht bekommen);* ⟨auch unpers.:⟩ es war uns versagt *(nicht gestattet),* diesen Raum zu betreten; **b)** ⟨v. + sich⟩ *auf etw. verzichten, es sich nicht gönnen, zugestehen:* ich musste mir vieles, manchen Wunsch v.; **c)** ⟨v. + sich⟩ *sich für jmdn., etw. nicht zur Verfügung stellen, sich nicht zu etw. bereit finden:* die Bischöfe versagten sich der Reformation; sie versagte sich ihm *(gab sich ihm nicht hin).*

Ver|sa|gens|angst, die: *Angst zu versagen* (1 a): an Versagensängsten leiden.

Ver|sa|ger, der; -s, -: **a)** *jmd., der [immer wieder] versagt, der das Erwartete nicht leisten kann:* beruflich, in der Liebe ist er ein glatter V.; **b)** *etw., was nicht den erwarteten Erfolg hat, nicht seine Funktion erfüllt:* das Buch, Theaterstück war ein V.; **c)** *bei etw. plötzlich auftretender Mangel, Fehler; Ausfall:* mehrere V. bei der Kür haben.

Ver|sa|ge|rin, die; -, -nen: w. Form zu ↑Versager (a).

Ver|sa|gung, die; -, -en: *das Versagen* (2 a, b).

Ver|sal, der; -s, ...lien [zu lat. versus (↑Vers), eigtl. = großer Buchstabe am Anfang eines Verses] (Druckw.): *Großbuchstabe.*

V

Ver|sal|buch|sta|be, der (Druckw.): *Versal.*
Ver|sal|schrift, die (Druckw.): *Schriftart, die nur aus Versalien, Ziffern u. Interpunktionszeichen besteht.*
ver|sal|zen ⟨unr. V.⟩ [1: mhd. versalzen]: **1.** ⟨hat versalzen/(selten auch:) versalzt⟩ *zu stark salzen; durch Zufügen von zu viel Salz verderben:* ich habe das Essen versalzen; die Suppe ist total versalzen. **2.** ⟨hat versalzen⟩ (ugs.) *verderben; zunichte machen:* sie hat mir die ganze Freude, das Vergnügen versalzen; jmdm. seine Pläne v. *(jmds. Pläne durchkreuzen).* **3.** ⟨ist versalzt⟩ (Fachspr.) *von Salzen durchzogen, durchsetzt werden; sich mit Salz bedecken:* der See versalzt immer mehr; der Boden ist versalzt.
Ver|sal|zung, die; -, -en: *das Versalzen* (3).
ver|sam|meln ⟨sw. V.; hat⟩ [1: mhd. versamenen]: **1. a)** *zusammenkommen lassen, zusammenrufen, zu einer Zusammenkunft veranlassen:* die Gemeinde in der Kirche v.; eine andächtige Runde um sich v.; **b)** ⟨v. + sich⟩ *sich zu mehreren, in größerer Anzahl zusammenfinden, treffen; zusammenkommen:* sich in der Kantine, zu einer Andacht v.; wir versammelten uns um den Esstisch; sie kam, als alle bereits versammelt waren; eine Erklärung vor versammelter Mannschaft abgeben; Ü die Werke lateinamerikanischer Autoren sind in dieser Bibliothek versammelt. **2.** (Reiten) *ein Pferd bei gleichzeitigem* [1]*Verhalten* (4 b) *mit dem Zügel vermehrt treiben, sodass es mehr Gewicht auf die Hinterbeine aufnimmt:* vor dem Hindernis versammelte sie ihren Schimmel; versammelter Galopp.
Ver|samm|lung, die; -, -en [1: im 15. Jh. versamblung]: **1. a)** ⟨o. Pl.⟩ *das Versammeln, Sichversammeln, Zusammenkommen;* **b)** *Zusammenkunft, Beisammensein mehrerer, meist einer größeren Anzahl von Personen zu einem bestimmten Zweck:* eine öffentliche, politische V.; die V. ist gut, schlecht besucht, hat heute stattgefunden; eine V. einberufen, abhalten, leiten, verbieten, auflösen, stören, besuchen; die V. sprengen; ich erkläre hiermit die V. für eröffnet, geschlossen; auf einer V. sprechen; zu einer V. gehen; **c)** *mehrere, meist eine größere Anzahl von Personen, die sich zu einem bestimmten Zweck versammelt haben:* eine große, vielköpfige V.; die gesetzgebende V. **2.** ⟨o. Pl.⟩ (Reiten) **a)** *das Versammeln* (2) *eines Pferdes;* **b)** *versammelte* (2) *Haltung eines Pferdes.*
Ver|samm|lungs|frei|heit, die ⟨o. Pl.⟩: *Recht der Bürger eines Staates, sich zu versammeln, Versammlungen abzuhalten.*
Ver|samm|lungs|ort, der ⟨Pl. -e⟩: *Ort, an dem eine Versammlung stattfindet.*
Ver|samm|lungs|raum, der: *Raum, in dem eine Versammlung stattfindet.*
Ver|sand, der; -[e]s: **1.** *das Versenden von Gegenständen, bes. von Waren:* das Saatgut zum V. fertig machen. **2.** *für den Versand* (1) *zuständige Abteilung in einem Betrieb:* sie arbeitet im V. **3.** kurz für ↑Versandhaus: seine Kleidung beim V. bestellen.
Ver|sand|ab|tei|lung, die: *Versand* (2).
Ver|sand|buch|han|del, der: *Versandhandel mit Büchern.*
ver|san|den ⟨sw. V.; ist⟩: **1.** *sich allmählich mit Sand füllen; von Sand bedeckt, zugedeckt, verschüttet werden:* der Hafen versandete immer mehr; die Spuren der Räder waren schon versandet. **2.** *immer schwächer werden, nachlassen u. allmählich ganz aufhören:* Beziehungen v. lassen; die Unterhaltung versandete; die Verhandlungen sind versandet.
ver|sand|fer|tig ⟨Adj.⟩: *für den Versand* (1) *vorbereitet, fertig gemacht:* -e Waren.
Ver|sand|gut, das: *Waren, die durch Versand* (1) *befördert werden.*
Ver|sand|han|del, der: *Handel mit Waren, bei dem das Angebot u. der Verkauf nicht in Läden erfolgen, sondern durch Anbieten in Katalogen, Prospekten, Anzeigen u. durch Versenden der Waren an den Käufer.*
Ver|sand|haus, das: *Unternehmen, das den Verkauf von Waren durch Versandhandel betreibt.*
Ver|sand|haus|ka|ta|log, der: *Katalog* (1) *eines Versandhauses.*
ver|sandt: ↑versenden.
Ver|san|dung, die; -, -en: *das Versanden.*
Vers|an|fang, der: *Anfang eines Verses.*
Ver|satz|amt, das (südd., österr.): *Leihhaus.*
Ver|satz|stück, das: **1.** *leicht bewegliches, beliebig zu versetzendes Teil der Bühnendekoration:* Ü inhaltliche -e einer Theorie aus den Fünfzigerjahren. **2.** (österr.) *Pfand* (1 a).
ver|säu|bern ⟨sw. V.; hat⟩: **1.** (Schneiderei) *mit Stichen einfassen, sodass der Stoff nicht ausfransen kann.* **2.** (bes. schweiz.) *(von Hunden, Katzen) die Notdurft verrichten.*
ver|sau|beu|teln ⟨sw. V.; hat⟩ [weitergebildet aus ↑versauen] (ugs.): **1.** *durch unreinliche, unachtsame Behandlung verderben; beschmutzen:* sein Kleid v. **2.** *durch Unachtsamkeit verlieren, verlegen:* ich habe meine Schlüssel versaubeutelt.
ver|sau|en ⟨sw. V.; hat⟩ (salopp): **1.** *sehr schmutzig machen, stark beschmutzen:* seine Kleidung, das Bad v. **2. a)** *völlig verderben* (2), *zunichte machen:* eine Klassenarbeit v.; jmdm. den ganzen Abend v.; ihre Karriere war versaut; **b)** *verderben* (4): Jugendliche v.; versautes Miststück!
ver|sau|ern ⟨sw. V.⟩ [mhd. versūren = ganz sauer werden]: **1. a)** *sauer werden, an Säure gewinnen* ⟨ist⟩: der Wein versauert; die Wiesen sind versauert; **b)** *sauer machen, mit Säure durchsetzen* ⟨hat⟩: dieses Phosphat versauert die Böden. **2.** (ugs.) **a)** *aus Mangel an geistigen, kulturellen o. ä. Angeboten geistig verkümmern* ⟨ist⟩: auf dem Land v.; **b)** *jmdm. etw. verleiden, die Freude an etw. nehmen* ⟨hat⟩: jmdm. das Leben, den Urlaub v.
Ver|sau|e|rung, Ver|säu|e|rung, die; -, -en: *das Versauern* (1); *das Versauertwerden.*
ver|sau|fen ⟨st. V.⟩ [mhd. versūfen = versinken; ertränken]: **1.** (salopp) *vertrinken* (a) ⟨hat⟩: den ganzen Lohn v.; Ü er hat seinen Verstand versoffen *(durch Trinken verloren).* **2.** (landsch. salopp) *ertrinken* ⟨ist⟩: er ist im See versoffen. **3.** (Bergmannsspr.) *ersaufen* (2 a) ⟨ist⟩.
ver|säu|men ⟨sw. V.; hat⟩ [mhd. versūmen, ahd. firsūmen, zu ↑[2]säumen]: **1. a)** *verpassen* (1 a): den Zug, die Bahn v.; sie hat den richtigen Zeitpunkt versäumt; **b)** *nicht wahrnehmen, nicht besuchen, nicht dabei sein:* einen wichtigen Termin, eine Verabredung v.; er hat ziemlich lange den Unterricht versäumt; **c)** *unterlassen; nicht erfüllen, nicht tun:* seine Pflicht, seine Aufgaben v.; sie versäumte nicht, die Verdienste ihres Vorgängers zu würdigen; ⟨subst. 2. Part.:⟩ Versäumtes nachholen; **d)** *ungenutzt vorübergehen lassen; verpassen* (1 b): eine gute Gelegenheit, sein Glück v.; wir haben viel Zeit versäumt; er will nichts v.; du hast nichts versäumt *(nichts Wichtiges ist geschehen);* sie hat Angst, etwas zu v.; gestern hast du was versäumt *(hast du dir etwas Wichtiges entgehen lassen);* die schönsten Jahre seines Lebens v.; nach dem 1 : 0 versäumte es die Mannschaft, ihren Vorsprung auszubauen. **2.** ⟨v. + sich⟩ (landsch.) *sich zu lange mit etw. aufhalten, bei etw. verweilen:* sie hat sich bei der Arbeit versäumt.
Ver|säum|nis, das; -ses, -se, veraltet: die; -, -se: *etw., was jmd. nicht hätte versäumen* (1 c), *unterlassen dürfen; Unterlassung:* ein verhängnisvolles V.; die -se der Eltern gegenüber ihren Kindern.
Ver|säu|mung, die; -, -en: *das Versäumen; das Versäumtwerden.*
Vers|bau, der ⟨o. Pl.⟩: *Aufbau eines Verses.*
ver|scha|chern ⟨sw. V.; hat⟩ (abwertend): *schachernd, feilschend verkaufen:* die goldene Uhr v.
ver|schach|telt ⟨Adj.⟩: *wie ineinander gefügt, ineinander geschoben wirkend [u. dadurch verwirrend, unübersichtlich]:* eine -e Altstadt; -e Straßen, Gassen; Ü ein -er Satz, Bericht; der Konzern ist sehr v.; v. schreiben.
Ver|schach|te|lung, (selten:) **Ver|schacht|lung,** die; -, -en: *das Verschachteltsein.*
ver|schaf|fen ⟨sw. V.; hat⟩ [mhd. verschaffen = weg-, abschaffen; vermachen]: **a)** *beschaffen, besorgen:* jmdm., sich Geld, Arbeit, eine Stelle, einen Ausweis v.; jmdm., sich eine Unterkunft, ein Alibi v.; wie hat sie sich nur diese Informationen verschafft?; **b)** *dafür sorgen, dass jmdm. etw. zuteil wird, jmd. etw. bekommt:* du musst dir Achtung, Respekt, Geltung, dein Recht v.; sich Vorteile, Zutritt v.; ich wollte mir erst Gewissheit v.; dieser Umstand verschaffte mir die Möglichkeit *(ermöglichte es mir),* unauffällig wegzugehen; was verschafft mir die Ehre, das Vergnügen Ihres Besuches?
ver|scha|len ⟨sw. V.; hat⟩: **1.** *mit Brettern, Holzplatten o. Ä. bedecken, verkleiden, auskleiden:* die Wände eines Raums, einen Raum v.; ein mit Brettern verschaltes Erdloch. **2.** *schalen.*
ver|schal|len ⟨st. u. sw. V., verschallte/(auch:) verscholl, ist verschallt⟩: *aufhören zu schallen, zu klingen; verklingen:* ihre Schritte verschallen in der Ferne.
ver|schal|ten ⟨sw. V.; hat⟩: **1.** ⟨v. + sich⟩ *falsch schalten* (2 a). **2.** *durch Schalten* (1 a, 3, 4) *miteinander verbinden.*
Ver|scha|lung, die; -, -en: **1.** *das Verschalen.* **2.** *aus Brettern, Holzplatten o. Ä. bestehendes Gefüge, mit dem etw. verschalt ist.*
ver|schämt ⟨Adj.⟩ [mhd. verschamt, verschemt, 2. Part. von: (sich) verschamen = in Scham versinken]: *sich ein wenig schämend; etwas Scham empfindend u. ein wenig verlegen; schüchtern u. zaghaft:* ein -es Lächeln; sie sah ihn v. an; er nannte v. den Preis.
Ver|schämt|heit, die; -: *das Verschämtsein.*
ver|schan|deln ⟨sw. V.; hat⟩ [zu ↑Schande] (ugs.): *verunstalten, verunzieren:* ein Stadtbild v.; der Bau verschandelt die Landschaft; eine durch Schmierereien verschandelte Wand.
Ver|schan|de|lung, Ver|schand|lung, die; -, -en: **1.** ⟨o. Pl.⟩ *das Verschandeln; das Verschandeltwerden.* **2.** *etw. Verschandelndes, Verschandeltes.*
ver|schan|zen ⟨sw. V.; hat⟩ [zu ↑[1]Schanze]: **1.** (Milit. früher) **a)** *durch Schanzen, Einrichtung von Befestigungen o. Ä. sichern, befestigen:* ein Lager v.; **b)** ⟨v. + sich⟩ *sich durch eine befestigte Stellung, hinter einer* [1]*Schanze o. Ä. gegen einen Feind schützen:* die Truppen verschanzten sich hinter dem Damm, in der Fabrikhalle; Ü sie verschanzte sich *(verbarg sich)* hinter einer Zeitung, in ihrem Arbeitszimmer. **2.** ⟨v. + sich⟩ *etw. als Ausrede, Ausflucht benutzen, etw. zum Vorwand nehmen:* sich hinter Ausflüchten, faulen Ausreden v.
Ver|schan|zung, die; -, -en: *das [Sich]verschanzen.*
ver|schär|fen ⟨sw. V.; hat⟩: **a)** *schärfer* (9), *heftiger spürbar machen; stärker, massiver, strenger, rigoroser werden lassen; steigern, verstärken:* die Kontrolle, Zensur, Strafe v.; Gegensätze v.; das Tempo v. *(beschleunigen);* etw. verschärft *(erhöht)* jmds. Aufmerksamkeit; dieser Umstand hat die Lage, Krise erheblich verschärft *(verschlimmert, zugespitzt);* die Automatisierung verschärft die Arbeitslosigkeit; verschärftes *(strengeres, härteres)* Training; **b)** ⟨v. + sich⟩ *schärfer* (9), *heftiger, größer, stärker werden; sich steigern, verstärken:* die politischen Spannungen verschärfen sich immer mehr; die Lage hat sich verschärft *(ist schwieriger geworden, hat sich zugespitzt).*
Ver|schär|fung, die; -, -en: *das [Sich]verschärfen.*
ver|schar|ren ⟨sw. V.; hat⟩: **a)** *scharrend mit Erde bedecken, oberflächlich vergraben:* der Hund verscharrt einen Knochen; er hat den Revolver im Wald verscharrt; **b)** (oft abwertend) *achtlos, oft heimlich irgendwo begraben:* sie verscharrten den Toten am Wegrand.
ver|schat|ten ⟨sw. V.; hat⟩ (geh.): *durch Schatten, mattes Licht dunkler erscheinen lassen; Schatten auf etw. werfen:* die Zweige verschatten ihr Gesicht; ein von Buchen verschatteter Friedhof; Ü jmds. Glück v.
Ver|schat|tung, die; -, -en: **1.** (geh.) *das Verschat-*

ten; das Verschattetwerden. 2. (Med.) *sich abhebender dunkler Bezirk auf Röntgenaufnahmen, der auf krankhafte Gewebsveränderungen u. Infiltrate hindeutet.*

ver|schät|zen ⟨sw. V.; hat⟩: a) (seltener) *falsch einschätzen:* eine Entfernung v.; b) ⟨v. + sich⟩ *sich beim Schätzen, Einschätzen, Beurteilen von etw. täuschen:* sich in der Größe v.; du hast dich bei ihrem Alter um fünf Jahre verschätzt.

ver|schau|en, sich ⟨sw. V.; hat⟩ (österr.): *sich verlieben.*

ver|schau|keln ⟨sw. V.; hat⟩ (ugs.): *irreführen, täuschen u. dabei betrügen, hintergehen, als Konkurrenten o. Ä. ausschalten:* sich nicht v. lassen; von der Werbung mächtig verschaukelt werden; sich verschaukelt fühlen.

Ver|schau|ke|lung, (seltener:) **Ver|schauk|lung,** die; -, -en (ugs.): *das Verschaukeln; das Verschaukeltwerden.*

ver|schei|den ⟨st. V.; ist⟩ [mhd. verscheiden = weggehen, verschwinden; sterben] (geh.): *sterben:* nach langer Krankheit v.; sie verschied im Alter von 93 Jahren.

ver|schei|ßen ⟨st. V.; hat⟩ (derb): *mit Kot verunreinigen:* der Kleine hat sich, hat wieder alles verschissen; verschissene Unterhosen; * **[es] bei/ mit jmdm. verschissen haben** (salopp; *es mit jmdm. verdorben haben*): du hast bei mir verschissen!

ver|schei|ßern ⟨sw. V.; hat⟩ (salopp): *veralbern, zum Narren halten:* von dir lasse ich mich nicht v.

ver|schen|ken ⟨sw. V.; hat⟩: 1. *schenkend weggeben, austeilen; als Geschenk überreichen:* seine Bücher, Platten v.; Rosen an die Damen v.; Ü ein Lächeln v. *(jmdm. zuteil werden lassen).* 2. ⟨v. + sich⟩ (geh.) *sich jmdm. hingeben* (2 b): sie wollte sich nicht an ihn v. 3. *ungewollt, unnötigerweise abgeben, vergeben, nicht nutzen:* der Weitspringer hat durch ungenauen Absprung einige Zentimeter verschenkt; den Sieg v. *(die gute Gelegenheit dazu nicht nutzen);* die Mannschaft hat keine Punkte zu v. *(braucht dringend jeden Punkt).*

ver|scher|beln ⟨sw. V.; hat⟩ [H. u., viell. zu spätmhd. scher(p)f, ↑Scherflein] (ugs.): *billig veräußern:* seinen Schmuck v.

ver|scher|zen, sich ⟨sw. V.; hat⟩ [mhd. verscherzen]: *durch leichtfertiges, unbedachtes, rücksichtsloses o. ä. Verhalten verlieren, einbüßen:* sich jmds. Gunst, Freundschaft, Zuneigung v.

ver|scheu|chen ⟨sw. V.; hat⟩: *scheuchen* (1), *vertreiben, fortjagen:* die Fliegen v.; der Lärm hat die Hasen verscheucht; Ü vergebens versuchte sie ihre Müdigkeit, Angst, diesen Gedanken zu v.

ver|scheu|ern ⟨sw. V.; hat⟩ [H. u., viell. umgeformt aus niederd. verschutern = tauschen] (ugs.): *billig veräußern.*

ver|schi|cken ⟨sw. V.; hat⟩ [1: mhd. verschicken]: 1. *versenden:* Einladungen v. 2. *zur Erholung, in eine Kur o. Ä. schicken, reisen lassen:* Erholungsbedürftige [zur Kur] v.; die Kinder wurden an die See, aufs Land verschickt.

Ver|schi|ckung, die; -, -en: *das Verschicken; das Verschicktwerden.*

ver|schieb|bar ⟨Adj.⟩: *sich verschieben* (1 a, 2 a) *lassend; geeignet, verschoben zu werden.*

Ver|schie|be|bahn|hof, der; -[e]s, ...höfe: *Rangierbahnhof:* Ü das Ministerium ist zum V. für abgehalfterte Politiker geworden.

ver|schie|ben ⟨st. V.; hat⟩ [mhd. verschieben]: 1. a) *an eine andere Stelle, einen anderen Ort schieben; durch Schieben die Lage, den Standort von etw. ändern:* den Schrank um einige Zentimeter v.; Ü das verschiebt *(verändert)* die Perspektive; b) ⟨v. + sich⟩ *an eine andere Stelle, einen anderen Standort, in eine andere Lage geschoben werden, geraten:* der Teppich verschiebt sich immer wieder; ihr Kopftuch hatte sich verschoben *(war verrutscht).* 2. a) *auf einen späteren Zeitpunkt verlegen, für etw. einen späteren Zeitpunkt bestimmen:* eine Reise, einen Termin, die Auszahlung der Gehälter v.; die Operation muss verschoben werden; eine Arbeit auf später v.; Spr verschiebe nicht auf morgen, was du heute kannst besorgen; b) ⟨v. + sich⟩ *auf einen späteren Zeitpunkt verlegt werden, zu einem späteren Zeitpunkt stattfinden:* die Abreise hat sich verschoben; der Beginn der Vorstellung verschiebt sich um einige Minuten. 3. (ugs.) *in unerlaubter, gesetzwidriger Weise verkaufen, Handel mit etw. treiben:* Schnaps v.

Ver|schie|bung, die; -, -en: *das Verschieben; das Verschobenwerden.*

ver|schie|den ⟨Adj.⟩ [eigtl. = sich getrennt habend, adj. 2. Part. von ↑verscheiden]: 1. *voneinander abweichend, Unterschiede aufweisend, sich voneinander unterscheidend:* -er Meinung, Ansicht, Auffassung sein; -e, die -sten *(sehr viele verschiedene)* Interessen haben; zwei ganz -e Stoffe, Qualitäten; Kleider in -er Ausführung; die beiden sind sehr v., sind v. wie Tag und Nacht; die Gläser sind in/nach Form, Farbe, Größe v.; das ist von Fall zu Fall v.; die beiden Pakete sind v. schwer; darüber kann man v. denken. 2. ⟨dem Indefinitpron. u. unbest. Zahlwort nahe stehend⟩ a) ⟨Pl.; attr. u. allein stehend⟩ *mehrere, einige, manche:* -e gewichtige Gründe sprechen dafür; -e Zuschauer klatschten; er hat sich -e Mal[e] nach ihr erkundigt; durch den Einspruch -er Delegierter/(auch:) Delegierten; ⟨subst.:⟩ Verschiedene äußerten sich unzufrieden; b) ⟨Sg.; allein stehend, subst.⟩ *einiges, manches, dieses u. jenes:* Verschiedenes war mir unklar; das behandeln wir unter dem Tagesordnungspunkt Verschiedenes *(Punkt, der Themen verschiedener Art umfasst).*

ver|schie|den|ar|tig ⟨Adj.⟩: *Inhalte, Merkmale unterschiedlicher Art aufweisend; verschieden* (1) *beschaffen:* -e Aufgaben; -e Mittel anwenden; die Materialien sind sehr v.; v. zubereitete Mahlzeiten.

Ver|schie|den|ar|tig|keit, die; -: *das Verschiedenartigsein.*

ver|schie|de|ne Mal[e]: s. verschieden (2 a).

ver|schie|de|ner|lei ⟨unbest. Gattungsz.; indekl.⟩ [↑-lei]: *verschiedene voneinander abweichende Dinge, Arten, Eigenschaften o. Ä. umfassend:* etw. hat v. Ursachen; es gab v. Käse; ⟨allein stehend:⟩ auf v. verzichten müssen.

ver|schie|den|far|big ⟨Adj.⟩: *unterschiedlich gefärbt; mehrere verschiedene Farben aufweisend, mehrfarbig:* drei -e Kunststoffe.

ver|schie|den|ge|schlecht|lich ⟨Adj.⟩: *unterschiedliches Geschlecht aufweisend.*

ver|schie|den|ge|stal|tig ⟨Adj.⟩: *von verschiedenerlei Gestalt; unterschiedliche Gestalt aufweisend.*

Ver|schie|den|heit, die; -, -en: *verschiedene* (1) *Art; unterschiedliche Beschaffenheit:* bei aller V. der Merkmale.

ver|schie|dent|lich ⟨Adv.⟩: *verschiedene Mal, mehrmals, öfter:* etw. v. erwähnen; sie hat schon v. darauf hingewiesen.

ver|schie|ßen ⟨st. V.⟩ [mhd. verschieȝen]: 1. ⟨hat⟩ a) *als Munition, Geschoss beim Schießen verwenden:* nur bestimmte Munition v. können; b) *durch Schießen verbrauchen:* er hat die Hälfte der Munition, alle Patronen verschossen. 2. (Fußball) *durch ungenaues, unplatziertes Schießen nicht zu einem Tor nutzen* ⟨hat⟩: einen Elfmeter v. 3. ⟨v. + sich⟩ (ugs.) *sich heftig verlieben* ⟨hat⟩: er hat sich, ist unheimlich in sie verschossen. 4. *an Farbe, farblicher Intensität verlieren u. blasser, heller werden; verblassen* ⟨ist⟩: diese Farbe verschießt schnell in der Sonne; verschossene Gardinen. 5. *verknipsen* ⟨hat⟩: ich habe drei Filme verschossen.

ver|schif|fen ⟨sw. V.; hat⟩: 1. *mit einem Schiff transportieren:* Kohlen v.; die Truppen wurden in den Pazifik verschifft. 2. (salopp) a) *mit Urin verunreinigen:* das Bettzeug v.; verschiffte Unterhosen; b) ⟨v. + sich⟩ *[unbemerkt] davongehen, verschwinden:* verschifft euch!

Ver|schif|fung, die; -, -en: *das Verschiffen* (1): die V. von Giftmüll.

ver|schil|fen ⟨sw. V.; ist⟩: *mit Schilf zuwachsen:* der Teich verschilft.

ver|schim|meln ⟨sw. V.; ist⟩: *schimmelig werden:* das Brot verschimmelte; verschimmelter Quark; Ü meine Bücher verschimmeln *(bleiben liegen, werden nicht benutzt, nicht gelesen);* wenn es nach dir ginge, würde ich hier v.

Ver|schiss [aus der Studentenspr.]: in den Wendungen **in V. geraten/kommen** (salopp; *sein Ansehen, seinen guten Ruf verlieren, in Ungnade fallen*): er ist bei seinem Chef total in V. geraten; **jmdn. in V. tun** (salopp; *dafür sorgen, dass jmd. sein Ansehen, seinen guten Ruf verliert*).

ver|schla|cken ⟨sw. V.; ist⟩: 1. *sich mit [sich ablagernder] Schlacke* (1, 2) *füllen:* der Ofen verschlackt. 2. (Geol.) *zu Schlacke* (3) *werden:* die Lava ist verschlackt.

[1]ver|schla|fen ⟨st. V.; hat⟩ [mhd. verslāfen, ahd. farslāfan]: 1. *nicht pünktlich aufwachen u. so den zum Aufstehen festgesetzten Zeitpunkt versäumen:* ich bin zu spät gekommen, weil ich verschlafen habe; ⟨landsch. auch v. + sich:⟩ ich habe mich gestern verschlafen. 2. a) *schlafend verbringen:* den ganzen Vormittag, sein halbes Leben v.; Ü nach der verschlafenen ersten Halbzeit; b) (ugs.) *an etw., was zeitlich festgelegt ist, nicht denken, es vergessen:* einen Termin, eine Verabredung v.; Ü die Revolution, eine neue Technologie v. *(nicht bemerken).* 3. *durch Schlaf überwinden; so lange schlafen, bis etw. (bes. etw. Unangenehmes) vorbei ist:* seinen Kummer, Groll v.

[2]ver|schla|fen ⟨Adj.⟩: *noch vom Schlaf benommen, schlaftrunken:* ein -es Gesicht; sie war noch ganz v.; Ü ein -es *(ruhig-langweiliges)* Dorf, Städtchen.

Ver|schla|fen|heit, die; -: *das Verschlafensein.*

Ver|schlag, der; -[e]s, Verschläge [zu ↑[1]verschlagen (1)]: 1. *einfacher, kleinerer Raum, dessen Wände aus Brettern bestehen.* 2. (Tiermed.) *Rehe.*

[1]ver|schla|gen ⟨st. V.; hat⟩ [mhd. verslahen, ahd. farslahan]: 1. a) *(mit angenagelten Brettern o. Ä.) absperren, verschließen:* die Kiste mit Latten v.; b) *(Latten, Bretter o. Ä.) durch Nageln verbinden.* 2. (landsch.) *[heftig] verprügeln:* den Bruder v. 3. (Kochk.) *durch kräftiges Rühren, durch Schlagen mit einem Küchengerät vermischen:* Öl, Salz und Pfeffer gut v. 4. *beim Herum- od. Weiterblättern in einem Buch eine zum Lesen o. Ä. bereits aufgeschlagene Seite nicht aufgeschlagen lassen:* jetzt hast du [mir] die Seite verschlagen! 5. (Ballspiele) *so schlagen, dass der Ball nicht in die gewünschte Richtung fliegt od. rollt, nicht ins Ziel trifft:* einen Matchball v. 6. *(eine Fähigkeit, ein Gefühl o. Ä.) eine Zeit lang [be]nehmen, rauben:* der Anblick verschlug ihr den Appetit; der Gestank verschlägt einem den Atem; ⟨unpers.:⟩ als sie das hörte, verschlug es ihr die Sprache; hat es dir die Stimme verschlagen? 7. *durch besondere Umstände, durch Zufall ungewollt irgendwohin gelangen lassen:* der Sturm hatte das Schiff an eine unbekannte Küste verschlagen; der Krieg hatte sie nach Amerika verschlagen; ⟨unpers.:⟩ es hat sie aufs Land, von Schwaben nach Berlin verschlagen.

[2]ver|schla|gen ⟨Adj.⟩ [durch Anlehnung an ↑[1]verschlagen (2) eigtl. = durch Prügel klug geworden] (abwertend): *auf hinterhältige Weise schlau:* ein -er Blick; v. grinsen.

Ver|schla|gen|heit, die; -: *das Verschlagensein.*

ver|schlam|men ⟨sw. V.; ist⟩: *schlammig werden:* die Wege verschlammen in der Regenzeit.

ver|schläm|men ⟨sw. V.; hat⟩: *mit Schlamm füllen, verstopfen:* die Abfälle haben das Rohr verschlämmt.

ver|schlam|pen ⟨sw. V.⟩ (ugs. abwertend): 1. ⟨hat⟩ a) *verlieren, verlegen:* die Fahrkarten v.; b) *vergessen:* Termine v.; ich habe [es] verschlampt, dich anzurufen. 2. *verwahrlosen; herunterkommen u. ungepflegt werden* ⟨ist⟩: sie verschlampte allmählich; die verschlampte Kneipe.

V

ver|schlan|ken ⟨sw. V.; hat⟩ [zu ↑schlank] (Jargon): *verkleinern, reduzieren:* die Produktion v.; wir sind gezwungen, unser Personal zu v. (verhüll.; *Leute aus unserem Personal zu entlassen*).
Ver|schlan|kung, die; -, -en (Jargon): *das Verschlanken; das Verschlanktwerden.*
ver|schlech|tern ⟨sw. V.; hat⟩: **1.** *[etw., was schon schlecht ist, noch] schlechter machen:* durch Schmollen verschlechterst du deine Lage nur. **2.** ⟨v. + sich⟩ *[noch] schlechter werden:* die Lage, das Klima, ihr Gesundheitszustand hat sich plötzlich verschlechtert; beim Wechsel ihrer Stellung hat sie sich verschlechtert *(sie verdient jetzt weniger).*
Ver|schlech|te|rung, die; -, -en: *das [Sich]verschlechtern.*
ver|schlei|ern ⟨sw. V.; hat⟩: **1.** *mit einem Schleier verhüllen:* ich verschleiere [mir] das Gesicht; die Witwe ging tief verschleiert; Ü der Himmel verschleierte *(bedeckte)* sich; ihr Blick verschleierte sich *(wurde verschwommen);* von Tränen verschleierte Augen; eine verschleierte *(belegte)* Stimme. **2.** *durch Irreführung nicht genau erkennen lassen; verbergen:* Missstände, seine wahren Absichten, einen Skandal v.
Ver|schlei|e|rung, die; -, -en: *das Verschleiern.*
Ver|schlei|e|rungs|tak|tik, die: vgl. Verschleierungsversuch.
Ver|schlei|e|rungs|ver|such, der: *Versuch, etw. zu verschleiern* (2).
ver|schlei|fen ⟨st. V.; hat⟩ [mhd. verslīfen = (weg-, ab)schleifen] (Fachspr.): *(etw. Unebenes o. Ä.) durch* [1]*Schleifen* (1 a) *glätten:* Unebenheiten v.; Ü das mittelhochdeutsche Wort »wint-brâ« ist zu »Wimper« verschliffen worden.
Ver|schlei|fung, die; -, -en: *das Verschleifen; das Verschliffensein.*
ver|schlei|men ⟨sw. V.; hat⟩: *bewirken, dass sich etw. (bes. die Atemorgane) mit Schleim* (1) *anfüllt:* diese Dämpfe verschleimen die Lungen; ⟨meist im 2. Part.:⟩ verschleimte Bronchien.
Ver|schlei|mung, die; -, -en: *das Verschleimen; das Verschleimtsein.*
Ver|schleiß, der; -es, -e ⟨Pl. selten⟩ [1: zu ↑verschleißen (1); 2: zu ↑verschleißen (3)]: **1. a)** *durch langen, häufigen o. ä. Gebrauch verursachte starke Abnutzung, die den Gebrauchswert von etw. mindert, durch die etw. verbraucht wird:* der menschliche Körper unterliegt einem starken, natürlichen V.; **b)** *[starker] Verbrauch:* V. an Sprühdosen; Ü der Verein hat einen enormen V. an Trainern. **2.** (österr. Amtsspr.) *Verkauf im Kleinen; Vertrieb.*
ver|schleiß|arm ⟨Adj.⟩: *nur in äußerst geringem Umfang Verschleiß hervorrufend:* -e Motoren.
ver|schlei|ßen ⟨st. u. sw. V.⟩ [1, 2: mhd. verslīʒen, ahd. farslīʒan, zu ↑schleißen; 3: eigtl. = etw. in kleine Teile spalten u. verkaufen]: **1.** ⟨verschliss, hat verschlissen⟩ **a)** *durch langen, häufigen o. ä. Gebrauch [vorzeitig] stark abnutzen:* bei dieser Fahrweise verschleißt man die Reifen; **b)** *[vorzeitig] verbrauchen:* der Junge verschleißt alle drei Monate eine Hose; sie verschleißt sich, ihre Nerven in ihrem Beruf; Ü der Verein hat bereits fünf Vorsitzende verschlissen. **2.** ⟨verschliss, ist verschlissen⟩ *sich durch langen, häufigen o. ä. Gebrauch [vorzeitig] stark abnutzen:* diese Maschinen verschleißen schnell; eine verschlissene Treppe; Ü die Regierung war verschlissen. **3.** ⟨verschliss/(auch:) verschleißte, hat verschlissen/(auch:) verschleißt⟩ (österr. Amtsspr.): *(im Kleinhandel) verkaufen.*
Ver|schlei|ßer, der; -s, - (österr. Amtsspr.): *Kaufmann im Kleinhandel.*
Ver|schlei|ße|rin, die; -, -nen: w. Form zu ↑Verschleißer.
Ver|schleiß|er|schei|nung, die: *durch Verschleiß entstandener Schaden, Mangel o. Ä.:* -en traten bei ihr schon bald auf; Ü die Partei zeigt -en.
Ver|schleiß|fes|tig|keit, die: *das Verschleißfestsein.*
ver|schleiß|frei ⟨Adj.⟩: *keinem Verschleiß unterworfen.*
Ver|schleiß|stel|le, die (österr. Amtsspr.): *Verkaufsstelle.*
ver|schlep|pen ⟨sw. V.; hat⟩: **1.** *gewaltsam irgendwohin bringen:* Dissidenten in Lager v.; die Dorfbewohner wurden im Krieg verschleppt; Ü sie hat mich zu einem Glas Wein verschleppt. **2.** *(bes. Krankheiten) weiterverbreiten:* die Ratten verschleppten die Seuche. **3. a)** *immer wieder hinauszögern; hinausziehen:* einen Prozess v.; **b)** *(eine Krankheit) nicht rechtzeitig behandeln u. so verschlimmern:* eine Krankheit v.; eine verschleppte Grippe.
Ver|schlep|pung, die; -, -en: *das Verschleppen; das Verschlepptwerden.*
Ver|schlep|pungs|tak|tik, die: *Taktik, durch die etw. verschleppt* (3 a) *werden soll.*
ver|schleu|dern ⟨sw. V.; hat⟩: **1.** *(eine Ware) unter dem Wert, zu billig verkaufen:* die Bauern mussten das Obst v. **2.** (abwertend) *leichtfertig in großen Mengen ausgeben:* Steuergelder v.; Ü seine Zeit, Energie v. *(vergeuden).*
Ver|schleu|de|rung, die; -, -en: *das Verschleudern; das Verschleudertwerden.*
ver|schließ|bar ⟨Adj.⟩: *sich verschließen* (1 a, b) *lassend.*
ver|schlie|ßen ⟨st. V.; hat⟩ [mhd. verslieʒen]: **1. a)** *durch Zuschließen unzugänglich machen:* den Koffer v.; sie verschloss das Haus; die Tür war [mit einem Riegel] fest verschlossen; der Besuch stand vor verschlossener Tür *(niemand machte dem Besuch auf);* Ü viele Möglichkeiten blieben ihr verschlossen; **b)** *machen, dass etw. nach außen hin fest zu ist:* eine Flasche mit einem Korken v.; **c)** *wegschließen, [in etw.] einschließen:* sein Geld, den Schmuck v.; die Vorräte im Küchenschrank/in den Küchenschrank v.; Ü seine Gedanken, Gefühle in sich, seinem Herzen v. *(für sich behalten).* **2.** ⟨v. + sich⟩ **a)** *sich, sein Wesen, seine Gefühle o. Ä. verdeckt halten, nicht öffnen:* ein Land, das sich dem Fremden verschließt; ihr Charakter blieb mir verschlossen; **b)** *sich jmdm., einer Sache gegenüber nicht zugänglich zeigen:* sich jmds. Wünschen, den Tatsachen v.; sie konnte sich diesen Argumenten, Überlegungen nicht v. *(musste ihre Richtigkeit anerkennen).*
ver|schlimm|bes|sern ⟨sw. V.; hat⟩: *etw. in der Absicht, es zu verbessern, nur schlechter machen.*
Ver|schlimm|bes|se|rung, die; -, -en: **1.** *das Verschlimmbessern.* **2.** *Ergebnis einer Verschlimmbesserung* (1).
ver|schlim|mern ⟨sw. V.; hat⟩: **1.** *[etw., was schon schlimm ist, noch] schlimmer machen:* eine Erkältung verschlimmerte ihre Krankheit. **2.** ⟨v. + sich⟩ *[noch] schlimmer werden:* ihr Zustand, das Übel, meine Lage verschlimmerte sich.
Ver|schlim|me|rung, die; -, -en: **1.** *das Verschlimmern, das Sichverschlimmern.* **2.** *etw., was verschlimmert wurde, was sich verschlimmert hat.*
[1]**ver|schlin|gen** ⟨st. V.; hat⟩ [zu ↑[1]schlingen]: *etw., sich umeinander, ineinander schlingen, winden:* die Fäden zu einem Knoten v.; sie verschlang ihre Arme; verschlungene *(sich windende)* Wege; Ü eine verschlungene Interessengemeinschaft aus Politik und Wirtschaft.
[2]**ver|schlin|gen** ⟨st. V.; hat⟩ [vgl. [2]schlingen]: *[hastig, gierig, mit großem Hunger] in großen Bissen u. ohne viel zu kauen essen, fressen:* der Hund verschlang das Fleisch; voller Heißhunger verschlangen sie einen Berg Spaghetti; Ü jmdn., etw. mit Blicken v.; ich habe den Roman verschlungen *(habe ihn voller Spannung schnell durchgelesen);* der Bau hat Unsummen verschlungen *(gekostet).*
Ver|schlin|gung, die; -, -en: **1.** *das* [1]*Verschlingen; das Verschlungenwerden.* **2.** *Schlinge, Knoten.*
ver|schlos|sen: **1.** ↑verschließen. **2.** ⟨Adj.⟩ *sehr zurückhaltend, in sich gekehrt; wortkarg:* ein -er Mensch; ernst und v. sein.
Ver|schlos|sen|heit, die; -: *das Verschlossensein.*
ver|schlu|cken ⟨sw. V.; hat⟩: **1. a)** *durch Schlucken in den Magen gelangen lassen; hinunterschlucken* (1): [aus Versehen] einen Kern v.; Ü ich verstehe sie schlecht, weil sie halbe Sätze verschluckt *(nicht [deutlich] ausspricht);* die Teppiche verschluckten seine Schritte *(machten sie unhörbar);* **b)** *unterdrücken, nicht äußern:* Kritik, seinen Ärger v. **2.** ⟨v. + sich⟩ *etw. beim Schlucken in die Luftröhre bekommen:* sich an der Suppe, beim Lachen v.
ver|schlu|dern ⟨sw. V.; hat⟩ [zu ↑schludern] (ugs. abwertend): **1.** *verlieren:* sie hat wichtige Akten verschludert. **2.** *durch falsche, nachlässige Behandlung verderben:* schreib ordentlich, du verschluderst ja das ganze Heft. **3.** *vernachlässigen; verkommen lassen:* sein Talent v.
Ver|schluss, der; -es, Verschlüsse: **1.** *Vorrichtung, Gegenstand zum Verschließen, Zumachen von etw.:* der V. der Perlenkette; den V. der Flasche auf-, zudrehen. **2.** *[Zustand der] Verwahrung:* etw. hinter, unter V. halten, aufbewahren; Ferien vom V. (Jargon; *Gefängnis*). **3.** (Med.) *zugewachsene, verstopfte Stelle in einem Organ o. Ä.:* ein V. des Darms. **4.** *Vorrichtung an Kameras zur Regulierung der Belichtungszeit:* der V. der Kamera klickte.
Ver|schluss|de|ckel, der: *Deckel zum Verschließen von etw.*
ver|schlüs|seln ⟨sw. V.; hat⟩: **a)** *(einen Text) nach einem bestimmten Schlüssel* (3 a) *umwandeln, unkenntlich machen; chiffrieren:* eine Meldung v.; eine verschlüsselte Nachricht; Daten v. (Informationst.; *in einen bestimmten Code* 1 *übertragen*); Ü der Autor hat seine Aussagen verschlüsselt *(verschleiert, symbolisch dargestellt);* **b)** (Fernsehtechnik) *(das Fernsehbild) unkenntlich machen u. nur für Berechtigte sichtbar werden lassen:* eine Sendung v.; die Übertragung des Boxkampfes wird nur verschlüsselt gesendet, läuft nur verschlüsselt im Fernsehen.
Ver|schlüs|se|lung, (selten:) Verschlüsslung, die; -, -en ⟨Pl. selten⟩: *das Verschlüsseln; das Verschlüsseltwerden.*
Ver|schluss|kap|pe, die: vgl. Verschlussdeckel.
Ver|schluss|laut, der (Sprachw.): *Explosivlaut.*
Ver|schlüss|lung: ↑Verschlüsselung.
Ver|schluss|sa|che, die: *etw., was unter Verschluss aufbewahrt wird; geheime Sache.*
Ver|schluss|zeit, die: *Belichtungszeit.*
ver|schmach|ten ⟨sw. V.; ist⟩ [mhd. versmahten] (geh.): *Entbehrung (bes. Durst, Hunger) leiden u. daran zugrunde gehen:* in der Hitze, vor Durst [fast] v.
ver|schmä|hen ⟨sw. V.; hat⟩ [mhd. versmæhen, ahd. farsmāhjan] (geh.): *aus Geringschätzung, Verachtung ablehnen, zurückweisen:* jmds. Hilfe, Liebe v.; auch die Suppe verschmähten wir nicht; verschmähte *(nicht erwiderte)* Liebe.
Ver|schmä|hung, die; -: *das Verschmähen; das Verschmähtwerden.*
ver|schmä|lern ⟨sw. V.; hat⟩: **1.** *schmaler machen:* die Straße musste verschmälert werden. **2.** ⟨v. + sich⟩ *schmaler werden:* der Weg verschmälerte sich.
Ver|schmä|le|rung, die; -, -en: **1.** *das Verschmälern; das Verschmälertwerden.* **2.** *Stelle, an der sich etw. verschmälert.*
ver|schmau|sen ⟨sw. V.; hat⟩ (fam.): *mit Genuss aufessen.*
ver|schmel|zen ⟨st. V.⟩ [2: mhd. versmelzen, ahd. farsmelzan]: **1.** *durch Schmelzen u. Zusammenfließenlassen miteinander verbinden* ⟨hat⟩: Kupfer und Zink zu Messing v.; Ü zwei Dinge zu einer Einheit v. **2.** *durch Schmelzen u. Zusammenfließen zu einer Einheit werden* ⟨ist⟩: Wachs und Honig verschmelzen [miteinander]; Ü die beiden Parteien verschmolzen 1922; Musik und Bewegung verschmolzen zu einem Ganzen.
Ver|schmel|zung, die -, -en: **1.** *das Verschmelzen; das Verschmolzenwerden.* **2.** *verschmolzene Substanz.*
ver|schmer|zen ⟨sw. V.; hat⟩: *sich mit etw. Unangenehmem abfinden, darüber hinwegkommen:* eine Niederlage, Enttäuschung v.; der Verlust ist [leicht] zu v.
ver|schmie|ren ⟨sw. V.⟩ [spätmhd. versmirwen]:

1. *(einen Hohlraum) mit etw. ausfüllen u. die Oberfläche glätten* ⟨hat⟩: die Fugen in der Wand mit Gips v. 2. (ugs.) *etw., was zum Bestreichen, Schmieren dient, verbrauchen* ⟨hat⟩: jetzt habe ich die letzte Butter verschmiert. 3. a) *ganz u. gar, an vielen Stellen beschmieren* (2) ⟨hat⟩: die Fensterscheibe, die Tischdecke v.; sie verschmierte mir die Brille; b) *durch Verschmieren* (3 a) *verschmutzen* (2) ⟨ist⟩: das Laken ist verschmiert. 4. *durch unordentliches Schreiben, Malen ein unsauberes Aussehen geben* ⟨hat⟩: du verschmierst ja die ganze Seite! 5. a) *so über etw. streichen, dass es sich auflöst, ausbreitet, verteilt, dass die Umrisse verschwimmen* ⟨hat⟩: pass auf, dass du die Tinte nicht verschmierst; b) *sich schmierend auflösen, ausbreiten, verteilen* ⟨ist⟩: die Wimperntusche verschmiert; ihr Lippenstift war verschmiert.

ver|schmitzt ⟨Adj.⟩ [eigtl. 2. Part. von älter verschmitzen = mit Ruten schlagen]: *auf lustige Weise listig u. pfiffig:* ein -er kleiner Kerl; ein -er Blick; v. lächeln.

Ver|schmitzt|heit, die; -: *verschmitztes Wesen, verschmitzte Art.*

ver|schmockt ⟨Adj.⟩ [zu ↑Schmock] (Jargon): *auf die vordergründige Wirkung, den Effekt, Gag hin angelegt u. ohne wirklichen Gehalt:* eine -e Mode.

ver|schmo|ren ⟨sw. V.; ist⟩: a) *durch allzu langes Schmoren verderben:* der Braten ist verschmort; b) *durchschmoren:* verschmorte Kabel.

ver|schmust ⟨Adj.⟩ (ugs.): *gern schmusend* (1): die Kleine ist heute sehr v.

ver|schmut|zen ⟨sw. V.⟩: 1. *ganz schmutzig machen* ⟨hat⟩: sie hat mit ihren Straßenschuhen den Teppich verschmutzt; den Rhein v. *(verunreinigen);* Unfall auf verschmutzter Fahrbahn. 2. *schmutzig werden* ⟨ist⟩: dieser Stoff verschmutzt leicht.

Ver|schmut|zung, die; -, -en: *das Verschmutzen; das Verschmutztsein.*

ver|schna|bu|lie|ren ⟨sw. V.; hat⟩ (fam.): *mit Genuss aufessen.*

ver|schnar|chen ⟨sw. V.; hat⟩ (selten): *schnarchend verbringen;* [1]*verschlafen* (2 a).

ver|schnarcht ⟨Adj.⟩ (ugs.): [2]*verschlafen, langweilig, unlebendig:* eine -e Stadt.

ver|schnau|fen ⟨sw. V.; hat⟩: *eine kleine Pause bei etw. einlegen, um Atem zu holen, Luft zu schöpfen:* sie setzte sich, um ein wenig zu v.; ⟨auch v. + sich:⟩ warte, ich muss mich kurz v.

Ver|schnauf|pau|se, die: *kurze Pause zum Verschnaufen:* eine V. einlegen; Ü die Liga macht eine kurze V.

ver|schnei|den ⟨unr. V.; hat⟩ [mhd. versnîden, ahd. farsnîdan]: 1. *zurecht-, beschneiden:* die Hecke, die Büsche v. 2. a) *falsch zu-, abschneiden:* die Haare v.; b) ⟨v. + sich⟩ *falsch schneiden; beim Schneiden einen Fehler machen:* bei dem Haarschnitt habe ich mich etwas verschnitten. 3. *aus zurechtgeschnittenen Teilen zusammenfügen:* Text und Bilder zu Collagen v. 4. *kastrieren:* einen Bullen v. 5. *(zur Verbesserung des Geschmacks od. zur Herstellung preiswerter Sorten) mit anderem Alkohol vermischen:* Rum, Weinbrand v.; Ü Heroin v. *(strecken).*

Ver|schnei|dung, die; -, -en: *das Verschneiden; das Verschnittenwerden.*

ver|schnei|en ⟨sw. V.; ist⟩ [mhd. versnîen, -snîwen]: *ganz u. gar von Schnee bedeckt werden:* die Wege verschneiten; ⟨meist im 2. Part.:⟩ verschneite Wälder.

Ver|schnitt, der; -[e]s, -e: 1. a) *das Verschneiden* (5): der V. von Branntwein; b) *durch Verschneiden* (5) *hergestelltes alkoholisches Getränk:* V. aus Weinbrand; Ü ein V. aus Romantik und Hightech. 2. *beim Zu-, Zurechtschneiden von Materialien anfallende Reste:* an dieser Ecke gibt es viel V.

-ver|schnitt, der; -[e]s, -e (abwertend): drückt in Bildungen mit Substantiven (meist Namen) aus, dass eine Person oder Sache jmdm., etw. ähnlich zu sein versucht, jmdn., etw. nachahmt, an das Vorbild jedoch [bei weitem] nicht heranreicht, sondern nur einen Abklatsch darstellt: James-Bond-, Monroe-Verschnitt; Operettenverschnitt.

Ver|schnit|te|ne, der; -n, -n ⟨Dekl. ↑Abgeordnete⟩: *Kastrat* (1).

ver|schnör|keln ⟨sw. V.; hat⟩: *mit [vielen] Schnörkeln versehen:* die Fassaden zu sehr v.; ⟨meist im 2. Part.:⟩ eine verschnörkelte Schrift.

Ver|schnör|ke|lung, Ver|schnörk|lung, die; -, -en: *schnörkelige Verzierung.*

ver|schnup|fen ⟨sw. V.; hat⟩ [eigtl. = bei jmdm. einen Schnupfen hervorrufen] (ugs.): *verärgern:* jmdn. mit einer Bemerkung v.; ⟨meist im 2. Part.:⟩ der Chef ist ganz schön verschnupft; Ü die Börse reagierte verschnupft.

ver|schnupft ⟨Adj.⟩: *einen Schnupfen habend:* ich habe mich erkältet und bin ganz v.

Ver|schnup|fung, die; -, -en: *das Verschnupftsein.*

ver|schnü|ren ⟨sw. V.; hat⟩ [spätmhd. versnüeren]: *mit Schnur fest zu[sammen]binden:* ein Bündel alter Zeitungen v.; ein fest verschnürtes Paket.

Ver|schnü|rung, die; -, -en: 1. *das Verschnüren; das Verschnürtwerden.* 2. *zum Verschnüren von etw. verwendete Schnur:* die V. lösen.

ver|schol|len ⟨Adj.⟩ [eigtl. veraltetes 2. Part. von ↑verschallen, also eigtl. = verhallt, verklungen]: *seit längerer Zeit mit unbekanntem Verbleib abwesend, für tot gehalten; unauffindbar, für verloren gehalten:* -e Angehörige; eine bisher -e antike Handschrift; ein -es Werk; ihr Vater ist im Krieg v.; manchmal blieb sie tagelang v. *(unauffindbar);* meine Stiefel waren einfach v. *(nicht aufzufinden).*

Ver|schol|len|heit, die; -: *das Verschollensein.*

ver|scho|nen ⟨sw. V.; hat⟩: a) *keinen Schaden zufügen, nichts Übles tun:* der Sturm hat kaum ein Haus verschont; eine Entwicklung, die kein Land v. *(schont, auslässt);* sie waren von der Seuche verschont worden; b) *mit etw. Lästigem, Unangenehmem nicht behelligen:* verschone mich mit deinen Fragen, deinem Besuch.

ver|schö|nen ⟨sw. V.; hat⟩ [mhd. verschœnen]: a) *[noch] schöner* (1 b), *ansprechender machen:* den Boden mit Teppichen v.; b) *schöner* (1 d), *angenehmer machen:* ich habe mir den Abend mit einem Glas Sekt verschönt.

ver|schö|nern ⟨sw. V.; hat⟩: a) *verschönen* (a): ein Zimmer mit einer neuen Tapete v.; b) *verschönen* (b): Orgelmusik verschönert die Andacht.

Ver|schö|ne|rung, die; -, -en: 1. *das Verschönern; das Verschönertwerden.* 2. *etw., was etw. verschönert.*

Ver|schö|ne|rungs|ar|bei|ten ⟨Pl.⟩: *Arbeiten, die der Verschönerung von etw. dienen.*

Ver|scho|nung, die; -, -en: *das Verschonen; das Verschontwerden.*

Ver|schö|nung, die; -, -en: *das Verschönen; das Verschöntwerden.*

ver|schor|fen ⟨sw. V.; ist⟩: *sich mit Schorf* (1) *überziehen:* die Wunde ist verschorft.

Ver|schor|fung, die; -, -en: 1. *das Verschorfen.* 2. *Schicht von Schorf.*

ver|schram|men ⟨sw. V.⟩ [mhd. verschramen]: 1. *durch eine od. mehrere Schrammen verletzen, beschädigen* ⟨hat⟩: beim Einparken den Kotflügel v.; du hast dir das Knie verschrammt. 2. (selten) *Schrammen bekommen* ⟨ist⟩: Gläser aus Kunststoff verschrammen leicht.

ver|schrän|ken ⟨sw. V.; hat⟩ [mhd. verschrenken, ahd. forscrenchan = mit einer Schranke umgeben, einschließen]: *(Gliedmaßen) über Kreuz legen:* sie verschränkte die Hände hinterm Kopf, die Arme auf der Brust, vor der Brust.

Ver|schrän|kung, die; -, -en: 1. *das Verschränken; das Verschränktwerden:* Ü eine V. (Sprachw.; *Vermischung*) des Infinitivs mit dem Hauptsatz. 2. (Musik) *das Ineinandergreifen zweier musikalischer Phrasen* (3), *wobei der Schluss der ersten zugleich der Anfang einer neuen Phrase* (3) *ist.*

ver|schrau|ben ⟨sw. V.; hat⟩: *mit einer od. mehreren Schrauben befestigen:* etw. fest v.; die Teile werden [miteinander] verschraubt; Ü verschraubte (abwertend; *gespreizte*) Sätze.

Ver|schrau|bung, die; -, -en: 1. *das Verschrauben.* 2. *aus Schrauben bestehende, von Schrauben gehaltene Befestigung.*

ver|schre|cken ⟨sw. V.; hat⟩ [mhd. verschrecken]: *durch etw. verstören,* [2]*erschrecken:* Zuhörer v.; einen verschreckten Eindruck machen; Ü die Börse reagierte verschreckt.

ver|schrei|ben ⟨st. V.; hat⟩ [mhd. verschrîben = aufschreiben, schriftlich festsetzen, zuweisen, vermachen]: 1. ⟨v. + sich⟩ *beim Schreiben einen Fehler machen.* 2. *durch Schreiben verbrauchen:* zwei Bleistifte, einen Block v. 3. *schriftlich, durch Ausstellen eines Rezepts verordnen* (1): sich etwas für den Kreislauf, gegen Rheuma v. lassen; der Arzt verschrieb ihr die Pille. 4. ⟨v. + sich⟩ *sich einer Sache ganz, mit Leidenschaft widmen:* sich [mit Leib und Seele] der Forschung v.; unser Staat hat sich der Demokratie verschrieben. 5. *jmdm. den Besitz einer Sache urkundlich zusichern:* den Hof seinem Sohn v.; Faust verschrieb seine Seele dem Teufel.

Ver|schrei|bung, die; -, -en: 1. *das Verschreiben* (5); *Verschriebenwerden.* 2. *Rezept* (1).

ver|schrei|bungs|pflich|tig ⟨Adj.⟩: *nur gegen ärztliche Verschreibung erhältlich:* ein -es Medikament.

ver|schrei|en ⟨st. V.; hat⟩ [mhd. verschrîen, verschreien = sich überschreien; öffentlich verklagen]: *jmdm., einer Sache Schlechtes nachsagen:* eine Aktion voreilig v.; sie wurde als Hexe verschrien; ⟨meist im 2. Part.:⟩ die Gegend ist wegen zahlreicher Überfälle verschrien *(verrufen);* er war bei ihnen als Geizhals verschrien.

Ver|schrieb, der; -s, -e (schweiz.): *Schreibfehler.*

ver|schrif|ten ⟨sw. V.; hat⟩ (Sprachw.): *durch Übertragen in die geschriebene Form festlegen:* die Sprache v.

Ver|schrif|tung, die; -, -en (Sprachw.): *das Verschriften.*

ver|schro|ben ⟨Adj.⟩ [eigtl. mundartl. stark gebeugtes 2. Part. von veraltet verschrauben = verkehrt schrauben] (abwertend): *(in Wesen, Aussehen od. Verhalten) absonderlich anmutend:* ein -er Kauz; -e Ansichten; ein wenig v. sein.

Ver|schro|ben|heit, die; -, -en: 1. *das Verschrobensein.* 2. *verschrobene Handlung, Äußerung.*

ver|schro|ten ⟨sw. V.; hat⟩: *zu Schrot* (1) *verarbeiten.*

ver|schrot|ten ⟨sw. V.; hat⟩: *zu Schrott verarbeiten; Schrott aus etw. machen:* Maschinen, Schiffe v.; ich musste mein Auto v. lassen.

Ver|schrot|tung, die; -, -en: *das Verschrotten; das Verschrottetwerden.*

ver|schrum|peln ⟨sw. V.; ist⟩ (ugs.): *schrumplig werden:* die Äpfel verschrumpeln; eine alte Frau mit verschrumpeltem Gesicht.

ver|schüch|tern ⟨sw. V.; hat⟩: *schüchtern machen:* jmdn. mit Drohungen v.; ⟨meist im 2. Part.:⟩ ein verschüchtertes Kind; völlig verschüchtert sein.

Ver|schüch|te|rung, die; -, -en: *das Verschüchtern; das Verschüchtertsein.*

ver|schul|den ⟨sw. V.⟩ [mhd. verschulden, ahd. farskuldan]: 1. *die Schuld für etw. tragen* ⟨hat⟩: einen Unfall, den Tod der Ehefrau v.; sie hat ihr Unglück selbst verschuldet; (Sport:) einen Freistoß v.; ⟨subst.:⟩ das ist durch [mein] eigenes, ohne mein Verschulden passiert; sie trifft kein V. 2. a) *in Schulden geraten* ⟨ist⟩: durch einen aufwendigen Lebensstil v.; ⟨meist im 2. Part.:⟩ eine völlig, bis über die Ohren verschuldete Firma; an jmdn., bei einer Bank verschuldet sein; b) ⟨v. + sich⟩ *Schulden machen* ⟨hat⟩: sich für den Bau eines Hauses v.; sich langfristig zu ungünstigen Zinsen v. müssen.

Ver|schul|dung, die; -, -en: *das Verschulden, Sichverschulden; das Verschuldetsein.*

ver|schu|len ⟨sw. V.; hat⟩ (oft abwertend): *der Schule, dem Schulunterricht ähnlich gestalten:* das Studium wird immer mehr verschult.

Ver|schu|lung, die; -, -en: *das Verschulen; das Verschultwerden.*

ver|schus|seln ⟨sw. V.; hat⟩ [zu ↑Schussel] (ugs.): a) *(aus Unachtsamkeit) verlieren,* [1]*verlegen:* die Schlüssel v.; b) *vergessen:* einen Termin v.

ver|schütt [zu gaunerspr. Verschütt = Haft]: meist in der Wendung **v. gehen** (1. ugs.; *verloren gehen, abhanden kommen; spurlos verschwinden:* mein Regenschirm ist [mir] v. gegangen. 2. salopp; *umkommen:* zwei Männer sind bei dem Spähtrupp v. gegangen. 3. salopp; *unter die Räder kommen; versacken:* bei einer Sauftour v. gehen. 4. Gaunerspr.; *verhaftet werden:* bei einer Razzia v. gehen).

ver|schüt|ten ⟨sw. V.; hat⟩ [mhd. verschütten]: **1.** *versehentlich irgendwohin schütten; vergießen:* Salz, Bier v.; sie schenkte ein, ohne einen Tropfen zu v. **2. a)** *ganz bedecken, [unter sich] begraben:* bei dem Unglück sind mehrere Bergleute verschüttet worden; der Vesuv hatte mehrere Städte verschüttet; Ü eine Tradition, die in Deutschland durch den Nationalsozialismus verschüttet wurde; ihre Begabung blieb verschüttet; * **es bei jmdm. verschüttet haben** (landsch.; *jmds. Wohlwollen verloren haben*); **b)** *zuschütten, [mit etw.] auffüllen:* einen Brunnen, Graben [mit Kies] v.

Ver|schüt|tung, die; -, -en: *das Verschütten; das Verschüttetwerden.*

ver|schwä|gern, sich ⟨sw. V.; hat⟩ [zu ↑Schwager]: *durch Heirat mit jmdm. verwandt werden:* weder verwandt noch verschwägert sein.

ver|schwei|gen ⟨st. V.; hat⟩ [mhd. verswīgen]: **1.** *bewusst nicht sagen; verheimlichen:* jmdm. eine Neuigkeit, die Wahrheit v.; er hat uns seine Krankheit verschwiegen/hat uns verschwiegen, dass er krank ist; es lässt sich nicht v. *(man muss deutlich sagen),* dass das Niveau relativ niedrig ist. **2.** ⟨v. + sich⟩ (selten) *sich über etw. nicht äußern.*

ver|schwei|ßen ⟨sw. V.; hat⟩: *durch Schweißen verbinden:* zwei Drähte v.; Ü die Partei zu einer Einheit v.

ver|schwen|den ⟨sw. V.; hat⟩ [mhd., ahd. verswenden = verschwinden machen, vernichten]: *leichtfertig in überreichlichem Maße u. ohne entsprechenden Nutzen verbrauchen, anwenden:* Energie, Geld, seine Kraft, Zeit v.; viel Mühe an, für, mit etw. v.; sie verschwendete keinen Blick, keinen Gedanken an ihn *(blickte ihn nicht an, dachte nicht an ihn);* du verschwendest deine Worte *(das, was du sagst, wird ohne Wirkung bleiben).*

Ver|schwen|der, der; -s, - (leicht abwertend): *verschwenderischer Mensch.*

Ver|schwen|de|rin, die; -, -nen: w. Form zu ↑Verschwender.

ver|schwen|de|risch ⟨Adj.⟩: **1.** *leichtfertig u. allzu großzügig im Verbrauchen von Geld u. Sachen:* ein -er Mensch; sie geht v. mit ihrem Geld um; er führt ein -es *(luxuriöses)* Leben. **2.** *überaus reichhaltig, üppig:* eine -e Pracht; v. ausgestattet sein.

Ver|schwen|dung, die; -, -en (leicht abwertend): *das Verschwenden; das Verschwendetwerden:* das ist ja die reinste V.!; die V. von Steuergeldern.

Ver|schwen|dungs|sucht, die ⟨o. Pl.⟩ (oft abwertend): *starke Neigung, etw. (bes. Geld) zu verschwenden.*

ver|schwen|dungs|süch|tig ⟨Adj.⟩ (oft abwertend): *die Neigung habend, etw. zu verschwenden:* sie ist sehr v.

ver|schwie|gen [mhd. verswigen]: **1.** ↑verschweigen. **2.** ⟨Adj.⟩ **a)** *zuverlässig im Bewahren eines Geheimnisses; nicht geschwätzig:* -e Mitarbeiter; eine in privaten Dingen -e Kollegin; **b)** *still u. einsam, nur von wenigen Menschen aufgesucht:* eine -e Bucht; einen -en Ort (ugs. verhüll.; *die Toilette*) aufsuchen.

Ver|schwie|gen|heit, die; -: *das Verschwiegensein; Schweigen; Diskretion* (a): strengste V. bewahren; zur V. verpflichtet.

ver|schwim|men ⟨st. V.; ist⟩: *undeutlich werden, keine fest umrissenen Konturen mehr haben [u. ineinander übergehen]:* die Berge verschwimmen im Dunst; mir verschwammen die Zeilen vor den Augen; die Farben verschwimmen ineinander; das Foto ist verschwommen; Ü die Übergänge zwischen Frühling und Sommer verschwammen; diese Formulierung ist reichlich verschwommen *(unklar).*

ver|schwin|den ⟨st. V.; ist⟩ [mhd. verswinden, ahd. farsuindan]: **a)** *sich aus jmds. Blickfeld entfernen u. dann nicht mehr sichtbar sein:* die Sonne verschwindet hinter den Wolken; der Zauberer ließ allerlei Gegenstände v.; sie ließ den Schlüssel in ihrer Handtasche v. *(steckte ihn ein);* die Kassette war spurlos verschwunden *(war nirgends aufzufinden);* sie ist aus seinem Leben verschwunden; ich muss mal v. (ugs. verhüll.; *ich muss auf die Toilette*); ich bin müde und verschwinde jetzt *(gehe jetzt schlafen);* er verschwand im/ins Haus (ugs.; *ging ins Haus*); sie verschwand im Gewühl; er ist gleich nach dem Essen verschwunden (ugs.; *gegangen*); verschwinde! (ugs.; *geh weg!*); das Grinsen war aus ihrem Gesicht verschwunden; ⟨subst.:⟩ sein Verschwinden wurde nicht bemerkt; Ü ihr Gesicht verschwand unter einem großen Hut *(war kaum noch zu sehen);* der chemische Film wird irgendwann v.; ein verschwindend geringer *(sehr kleiner)* Teil; eine verschwindende *(ganz geringe)* Minderheit; **b)** *gestohlen werden:* in unserem Betrieb verschwindet immer wieder Geld; er hat Geld v. lassen *(unterschlagen).*

ver|schwis|tern ⟨sw. V.; hat⟩ [2: mhd. verswistern]: **1.** *eng miteinander verbinden:* zwei Reedereien v.; der ideelle war stark mit dem finanziellen Aufwand verschwistert. **2.** ⟨v. + sich⟩ *sich als, wie Geschwister miteinander verbinden.* **3.** * **[miteinander] verschwistert sein** *(Geschwister sein).*

ver|schwit|zen ⟨sw. V.; hat⟩ [mhd. verswitzen; 2: eigtl. = wie durch Schwitzen, beim Schwitzen verlieren]: **1.** *durch-, nass schwitzen:* sein Hemd v.; ⟨meist im 2. Part.:⟩ ein verschwitztes Gesicht; die Kleidung ist verschwitzt; verschwitzt aus dem Zug steigen. **2.** (ugs.) *(ein Vorhaben o. Ä.) vergessen, versäumen:* einen Termin v.; ich habe deinen Geburtstag verschwitzt; ich habe [es] total verschwitzt, sie anzurufen.

ver|schwol|len ⟨Adj.⟩ [adj. 2. Part. von veraltet verschwellen = aufquellen lassen]: *stark angeschwollen:* vom Weinen -e Augen haben; das Gesicht des Boxers war v.

ver|schwom|men: ↑verschwimmen.

Ver|schwom|men|heit, die; -, -en ⟨Pl. selten⟩: *das Verschwommensein.*

ver|schwö|ren ⟨st. V.; hat⟩ [mhd. verswern, ahd. farswerian, urspr. verstärkend für »schwören«]: **1.** ⟨v. + sich⟩ **a)** *sich heimlich mit jmdm. verbinden:* sich [mit anderen] gegen die Regierung v.; ein verschworener Haufen; eine verschworene Gemeinschaft; Ü alles hat sich gegen uns verschworen *(nichts verläuft wie erhofft);* **b)** (veraltet) *sich durch einen Eid zu etw. verpflichten:* er verschwor sich, dem Bündnis die Treue zu halten. **2.** ⟨v. + sich⟩ *sich mit ganzer Kraft für etw. einsetzen:* er hat sich der Freiheit, seinem Beruf verschworen.

Ver|schwo|re|ne, der u. die; -n, -n ⟨Dekl. ↑Abgeordnete⟩: **1.** *Verschwörer bzw. Verschwörerin.* **2.** *jmd., der sich einer Sache verschworen hat.*

Ver|schwö|rer, der; -s, -: *jmd., der sich mit jmdm. verschworen* (1 a) *hat.*

Ver|schwö|re|rin, die; -, -nen: w. Form zu ↑Verschwörer.

ver|schwö|re|risch ⟨Adj.⟩: *in der Art eines Verschwörers; einen Verschwörer kennzeichnend:* ein -es Augenzwinkern.

Ver|schwö|rer|mie|ne, die (iron.): *Miene, die jmd. aufsetzt, um heimliche Verbundenheit, stillschweigendes Einverständnis auszudrücken:* eine V. aufsetzen; mit V. steckte sie ihr das Geld zu.

Ver|schwö|rung, die; -, -en: *gemeinsame Planung eines Unternehmens gegen jmdn. od. etw. (bes. gegen die staatliche Ordnung):* eine V. anzetteln, aufdecken.

Ver|schwö|rungs|the|o|rie, die: *Vorstellung, Annahme, dass eine Verschwörung, eine verschwörerische Unternehmung in Gang sei, dass etw. aufgrund einer Verschwörung geschehe.*

Vers|dra|ma, das (Literaturw.): *in Versen abgefasstes Drama.*

ver|se|hen ⟨st. V.; hat⟩ [mhd. versehen, ahd. farsehan]: **1. a)** *dafür sorgen, dass jmd. etw. bekommt, hat; versorgen:* jmdn., sich für die Reise mit Proviant, mit Geld v.; mit allem Nötigen wohl versehen sein; sie starb, versehen mit den Sterbesakramenten; **b)** *dafür sorgen, dass etw. irgendwo vorhanden ist; ausstatten:* einen Text mit Anmerkungen v.; sie versah die Torte mit Verzierungen; **c)** (kath. Kirche) *jmdm. die Sterbesakramente spenden:* der Pfarrer kam, um den Kranken zu v. **2.** *(eine Aufgabe, einen Dienst) erfüllen, ausüben:* seinen Dienst, seine Pflichten gewissenhaft v.; sie versieht *(besorgt)* beim Pfarrer den Haushalt. **3. a)** ⟨v. + sich⟩ *sich beim [Hin]sehen irren:* ich habe mich in der Größe versehen; **b)** *etw. zu tun versäumen:* die Mutter hatte nichts an ihrem Kind versehen; hierbei ist manches versehen worden; **c)** ⟨v. + sich⟩ *einen Fehler machen:* sich beim Ausfüllen eines Formulars v. **4.** ⟨v. + sich⟩ (veraltend) *sich auf etw. gefasst machen, einer Sache gewärtig sein:* bei dieser Person muss man sich jedes Verbrechens v.; R ehe man sichs versieht *(schneller, als man erwartet).*

Ver|se|hen, das; -s, -: *etw., was aus Unachtsamkeit falsch gemacht wurde; Fehler, Irrtum:* ihr ist ein V. unterlaufen, passiert; entschuldigen Sie, das war nur ein V. [von mir], das geschah aus V. *(unabsichtlich, nicht gewollt).*

ver|se|hent|lich: **I.** ⟨Adv.⟩ *aus Versehen:* v. fremde Post öffnen. **II.** ⟨Adj.⟩ *aus Versehen zustande gekommen, geschehen:* eine -e Falschmeldung.

ver|seh|ren ⟨sw. V.; hat⟩ [mhd. versēren, zu ↑sehren u. eigtl. = Schmerz verursachen] (geh.): *verletzen, beschädigen:* jmdn. v.; versehrte Körperteile.

Ver|sehr|te, der u. die; -n, -n ⟨Dekl. ↑Abgeordnete⟩: *jmd., der (bes. durch einen Unfall od. eine Kriegsverletzung) körperbehindert ist.*

Ver|sehr|ten|sport, der: *von Versehrten betriebener Sport.*

Ver|sehrt|heit, die; -: *das Versehrtsein.*

Ver|seh|rung, die; -, -en (geh.): **1.** *das Versehren, Versehrtwerden.* **2.** *Verletzung, Behinderung:* körperliche -en.

ver|selb|stän|di|gen usw.: ↑verselbstständigen usw.

ver|selbst|stän|di|gen, (auch:) verselbständigen ⟨sw. V.; hat⟩: **a)** *aus einer Einheit lösen u. selbstständig machen:* eine Behörde v.; **b)** ⟨v. + sich⟩ *aus einer Einheit gelöst u. selbstständig werden:* dieses Gebiet hat sich zu einer eigenen Disziplin verselbstständigt; bestimmte Dinge haben sich verselbständigt *(sind außer Kontrolle geraten).*

Ver|selbst|stän|di|gung, (auch:) Verselbständigung, die; -, -en: *das Verselbstständigen, Sichverselbstständigen.*

Ver|se|ma|cher, der (meist abwertend): *jmd., der [mit mehr od. weniger Geschick] Verse dichtet.*

Ver|se|ma|che|rin, die: w. Form zu ↑Versemacher.

Vers|en|de, das: *Ende eines Verses.*

ver|sen|den ⟨unr. V.; versandte/(seltener:) versendete, hat versandt/(seltener:) versendet⟩ [mhd. versenden, ahd. farsentan]: *an einen größeren Kreis von Personen senden:* Warenproben v.

Ver|sen|dung, die; -, -en: *das Versenden.*

ver|sen|gen ⟨sw. V.; hat⟩ [mhd. versengen]: *durch leichtes Anbrennen bes. der Oberfläche beschädigen:* sein Hemd mit der Zigarette v.; ich habe mir die Haare an der Kerze versengt; die Sonne hat die Felder versengt *(ausgedörrt).*

ver|senk|bar ⟨Adj.⟩: *sich versenken* (1 b) *lassend:* eine -e Nähmaschine.

ver|sen|ken ⟨sw. V.; hat⟩ [mhd. versenken, ahd. far-, firsenken]: **1. a)** *bewirken, dass etw. (bes. ein Schiff) im Wasser versinkt:* feindliche Schiffe v.; **b)** *bewirken, dass etw. in etw., unter der Oberfläche von etw. verschwindet:* der Tank wird in die Erde versenkt; die Nähmaschine lässt sich v.; die Hände in die Taschen v. *(ste-*

cken). **2.** ⟨v. + sich⟩ *sich ganz auf etw. konzentrieren; sich vertiefen:* sich ins Gebet, in ein Buch, ins Internet v.; sie hatte sich in sich selbst versenkt.

Ver|sen|kung, die; -, -en: **1.** *das Versenken* (1). **2.** *das Sichversenken; ausschließliche Konzentration auf etw. Bestimmtes.* **3.** (Theater) *Teil des Bodens der Bühne, der sich mithilfe eines Aufzugs hinablassen u. wieder anheben lässt:* *** in der V. verschwinden** (ugs.; *aus der Öffentlichkeit verschwinden*); **aus der V. auftauchen** (ugs.; *unerwartet wieder in Erscheinung treten*).

Vers|epos, das: vgl. Versdrama.

Ver|se|schmied, der (scherzh., auch abwertend): *Versemacher.*

Ver|se|schmie|din, die: w. Form zu ↑Verseschmied.

ver|ses|sen [2: zu veraltet sich versitzen = hartnäckig auf etw. bestehen]: **1.** ↑versitzen. **2.** *** auf jmdn., etw. v. sein** *(jmdn., etw. sehr gern haben, etw. unbedingt haben wollen):* er ist v. auf die Kinder, auf Süßigkeiten; sie ist darauf v., bald wieder Rennen zu fahren.

Ver|ses|sen|heit, die; -, -en: *das Versessensein (auf jmdn., etw.).*

ver|set|zen ⟨sw. V.; hat⟩ [mhd. versetzen, ahd. firsezzen]: **1. a)** *an eine andere Stelle o. Ä. setzen, bringen:* eine Wand, einen Grenzstein v.; die Knöpfe an einem Mantel v.; bei diesem Mosaik sind die Steine versetzt *(bei jeder neuen Reihe um einen Stein verschoben)* angeordnet; sich ins vorige Jahrhundert versetzt fühlen; Ü jmdn. in den Adelsstand v. *(erheben);* in den Ruhestand versetzt werden; **b)** *an eine andere Dienststelle o. Ä. beordern:* jmdn. in eine andere Behörde, nach Köln v.; sie will sich v. lassen; **c)** *(einen Schüler) in die nächste Klasse aufnehmen:* wegen mangelhafter Leistungen nicht versetzt werden. **2. a)** *in einen anderen Zustand, in eine neue Lage bringen:* eine Maschine in Bewegung v.; die Polizei ist in höchste Alarmbereitschaft versetzt worden; ihre Mitteilung versetzte uns in Erstaunen; ein Stipendium versetzte ihn in die Lage zu studieren; **b)** ⟨v. + sich⟩ *sich in jmdn., in etw. hineindenken:* sich in einen anderen, an jmds. Stelle v.; versetzen Sie sich einmal in meine Lage! **3.** *unversehens geben, beibringen* (3): jmdm. einen Hieb, Stoß, Tritt v.; Ü jmdm. einen Schock v.; *** jmdm. eine/eins v.** (ugs.; ↑verpassen 2). **4. a)** *verpfänden:* seine Uhr v. müssen; **b)** *zu Geld machen:* die Beute v. **5.** (ugs.) *vergeblich warten lassen; eine Verabredung mit jmdm. nicht einhalten:* sie hat mich gestern Abend versetzt. **6.** *(energisch, mit einer gewissen Entschlossenheit) antworten:* »Ich bin anderer Ansicht«, versetzte sie. **7.** *vermischen [u. dadurch in der Qualität mindern]:* Wasser und Wein, mit Wein v.; mit Kohlensäure versetztes Wasser.

Ver|set|zung, die; -, -en: *das Versetzen; das Versetztwerden (1 a–c, 4, 7).*

ver|set|zungs|ge|fähr|det ⟨Adj.⟩: *in Gefahr seiend, nicht versetzt* (1 c) *zu werden.*

Ver|set|zungs|zei|chen, das (Musik): *Zeichen in der Notenschrift, das die Erhöhung od. Erniedrigung um einen od. zwei Halbtöne bzw. deren Aufhebung anzeigt.*

ver|seu|chen ⟨sw. V.; hat⟩: *mit Krankheitserregern, gesundheitsschädlichen Stoffen durchsetzen:* das Grundwasser v.; eine verseuchte Umwelt; radioaktiv verseuchte Milch.

Ver|seu|chung, die; -, -en: *das Verseuchen; das Verseuchtwerden, Verseuchtsein.*

Vers|fuß, der (Verslehre): *kleinste rhythmische Einheit eines Verses, die sich aus einer charakteristischen Reihung von langen u. kurzen od. betonten u. unbetonten Silben ergibt.*

Ver|si|che|rer, der; -s, -: *Versicherungsgeber.*

Ver|si|che|rin, die; -, -nen: w. Form zu ↑Versicherer.

ver|si|chern ⟨sw. V.; hat⟩ [mhd. versichern = sicher machen; erproben; versprechen]: **1.** *als sicher, gewiss hinstellen; als die reine Wahrheit, als den Tatsachen entsprechend bezeichnen:* etw. hoch und heilig, eidesstattlich v.; das kann ich dir v.; »Ich mach das schon«, versicherte er. **2.** (geh.) **a)** *jmdm. zusagen, dass er mit Sicherheit auf etw. zählen kann; jmdm. Gewissheit über etw. geben:* jmdn. seiner Freundschaft, seines Vertrauens v.; seien Sie dessen versichert!; Sie können versichert sein, dass wir das ändern werden; **b)** ⟨v. + sich⟩ *sich Gewissheit über jmdn., etw. verschaffen; prüfen, ob fest auf jmdn., etw. zu zählen ist:* ich habe mich seines Schutzes versichert; er versicherte sich ihrer neu; **c)** (geh. veraltend) *sich jmds., einer Sache bemächtigen:* er versicherte sich der beiden Leuchter und flüchtete. **3. a)** *für jmdn., sich, etw. eine Versicherung* (2 a) *abschließen:* sich, seine Familie [gegen Krankheit] v.; sie hat ihr Haus gegen Feuer versichert; **b)** *jmdm. Versicherungsschutz geben:* unsere Gesellschaft versichert Sie gegen Feuer.

Ver|si|cher|te, der u. die; -n, -n ⟨Dekl. ↑Abgeordnete⟩: *Versicherungsnehmer.*

Ver|si|cher|ten|kar|te, die: *Krankenversichertenkarte.*

Ver|si|che|rung, die; -, -en [mhd. versicherunge = Sicherstellung, Sicherheit]: **1.** *das Versichern* (1); *Erklärung, dass etw. sicher, gewiss, richtig sei:* eine eidesstattliche V.; jmdm. die V. geben, dass nichts geschehen werde. **2. a)** *Vertrag mit einer Versicherungsgesellschaft, nach dem diese gegen regelmäßige Zahlung eines Beitrags bestimmte Schäden bzw. Kosten ersetzt od. bei Tod des Versicherten den Angehörigen einen bestimmten Geldbetrag auszahlt:* eine V. über 100 000 Mark gegen Feuer; eine V. abschließen, kündigen; die V. ist ausgelaufen, läuft weiter; **b)** kurz für ↑Versicherungsbeitrag: die V. beträgt 20 Mark im Monat; **c)** kurz für ↑Versicherungsgesellschaft: in diesem Fall zahlt die V. nicht; **d)** *das Versichern* (3 a): die V. des Wagens kostet 1 500 Mark im Jahr.

Ver|si|che|rungs|agent, der: *Versicherungsvertreter.*

Ver|si|che|rungs|agen|tin, die: w. Form zu ↑Versicherungsagent.

Ver|si|che|rungs|bei|trag, der: *Betrag, den ein Versicherungsnehmer für einen bestimmten Versicherungsschutz zu zahlen hat; Prämie* (3).

Ver|si|che|rungs|be|stä|ti|gungs|kar|te, die (Amtsspr.): *bei Zulassung eines Kraftfahrzeugs vorzulegender Nachweis über den Antrag auf eine Haftpflichtversicherung; Deckungskarte.*

Ver|si|che|rungs|be|trug, der: *Betrug durch Vortäuschen eines Versicherungsfalls, durch den eine Versicherungsgesellschaft geschädigt wird.*

Ver|si|che|rungs|fall, der: *Fall, bei dessen Eintreten die Versicherung haftet.*

Ver|si|che|rungs|ge|ber, der (Fachspr.): *Versicherungsgesellschaft.*

Ver|si|che|rungs|ge|sell|schaft, die: *Unternehmen, bei dem jmd. eine Versicherung* (2 a) *abschließen kann.*

Ver|si|che|rungs|kar|te, die: **1.** *Bescheinigung über die vom Versicherten in der sozialen Rentenversicherung zurückgelegten Berufsjahre, die bezahlten Beiträge usw.* **2.** *grüne Karte* (↑Karte 1).

Ver|si|che|rungs|kauf|frau, die: *für das Versicherungswesen ausgebildete Kauffrau* (Berufsbez.).

Ver|si|che|rungs|kauf|mann, der: *für das Versicherungswesen ausgebildeter Kaufmann* (Berufsbez.).

Ver|si|che|rungs|leis|tung, die: *von der Versicherungsgesellschaft im Versicherungsfall erbrachte Leistung.*

Ver|si|che|rungs|ma|the|ma|tik, die: *Teilgebiet der angewandten Mathematik, das mithilfe der mathematischen Statistik u. der Wahrscheinlichkeitsrechnung die Grundlage für die Prämienberechnung liefert.*

Ver|si|che|rungs|neh|mer, der (Fachspr.): *jmd., der sich bei einer Versicherungsgesellschaft gegen etw. versichert hat.*

Ver|si|che|rungs|neh|me|rin, die: w. Form zu ↑Versicherungsnehmer.

Ver|si|che|rungs|num|mer, die: *Nummer, unter der ein Versicherter bei einer Versicherung geführt wird.*

Ver|si|che|rungs|pflicht, die: *gesetzlich verankerte Pflicht, in bestimmten Fällen eine Versicherung* (2 a) *abzuschließen.*

Ver|si|che|rungs|po|li|ce, die: *Police.*

Ver|si|che|rungs|schein, der: *Police.*

Ver|si|che|rungs|schutz, der: *durch Abschließen einer Versicherung* (2 a) *erlangter Schutz in bestimmten Schadensfällen.*

Ver|si|che|rungs|sum|me, die: *im Versicherungsfall von der Versicherungsgesellschaft zu zahlende Summe.*

Ver|si|che|rungs|trä|ger, der (Fachspr.): *öffentliche Einrichtung, bei der Arbeitnehmer sozialversichert sind.*

Ver|si|che|rungs|ver|trag, der: *Versicherung* (2 a).

Ver|si|che|rungs|ver|tre|ter, der: *für eine Versicherungsgesellschaft tätiger Vertreter.*

Ver|si|che|rungs|ver|tre|te|rin, die: w. Form zu ↑Versicherungsvertreter.

Ver|si|che|rungs|we|sen, das ⟨o. Pl.⟩: *Gesamtheit der mit Versicherungsverträgen zusammenhängenden Einrichtungen, Vorschriften u. Vorgänge.*

Ver|si|che|rungs|zeit, die ⟨meist Pl.⟩: *(in der gesetzlichen Sozialversicherung) Zeit, in der Beiträge gezahlt wurden u. nach denen sich der Rentenanspruch des Versicherten bemisst.*

ver|si|ckern ⟨sw. V.; ist⟩: *sickernd im Untergrund (bes. in der Erde) verschwinden:* ins Grundwasser v.; der Regen versickert; Ü das Gespräch versickerte; das Geld ist irgendwo versickert.

ver|sie|ben ⟨sw. V.; hat⟩ [zu ↑Sieb] (ugs.): **1.** *aus Unachtsamkeit verlieren,* [1]*verlegen:* seine Schlüssel v. **2. a)** *aus Dummheit, Unachtsamkeit verderben, zunichte machen:* ein Ding v.; **b)** (Sport) *vergeben* (4): einen Elfmeter v.

ver|sie|geln ⟨sw. V.; hat⟩ [mhd. versigelen]: **1.** *mit einem Siegel verschließen:* die Polizei hatte das Zimmer versiegelt; ein versiegelter Umschlag. **2.** *durch Auftragen einer Schutzschicht widerstandsfähiger, haltbarer machen:* das Parkett v.

Ver|sie|ge|lung, (seltener:) Versieglung, die; -, -en: **1.** *das Versiegeln; das Versiegeltsein.* **2.** *versiegelnde Schutzschicht.*

ver|sie|gen ⟨sw. V.; ist⟩ [zu frühnhd. versiegen, 2. Part. von: verseihen, verseigen = vertrocknen, zu ↑seihen] (geh.): *zu fließen aufhören:* die Quelle versiegt; ihre Tränen sind versiegt; Ü ihre Geldquelle ist versiegt; seine Kräfte versiegten; das Gespräch versiegte *(verstummte allmählich);* ein nie versiegender Humor.

Ver|sieg|lung: ↑Versiegelung.

ver|siert ⟨Adj.⟩ [nach gleichbed. frz. versé, eigtl. 2. Part. von veraltet versieren = sich mit etw. beschäftigen]: *auf einem bestimmten Gebiet durch längere Erfahrung gut Bescheid wissend u. daher gewandt, geschickt:* ein -er Taktiker; sie ist auf diesem Gebiet, in Detailfragen sehr v.

Ver|siert|heit, die; -: *das Versiertsein.*

ver|sifft ⟨Adj.⟩ [zu ↑Syph, der Kurzform von Syphilis] (salopp): *verschmutzt, verdreckt:* eine -e Decke; das T-Shirt war völlig v.

ver|sil|bern ⟨sw. V.; hat⟩ [spätmhd. versilbern = (für Geld) verkaufen]: **1.** *mit einer Silberschicht überziehen:* Bestecke v. **2.** (ugs.) *(schnell) zu Geld machen:* seine Uhr v.

Ver|sil|be|rung, die; -, -en: **1.** *das Versilbern.* **2.** *Silberschicht, mit der etw. überzogen ist.*

ver|sim|peln ⟨sw. V.⟩: **1.** *allzu sehr vereinfachen, sodass es simpel, banal wird* ⟨hat⟩: Charaktere in einem Stück v. **2.** *simpel, anspruchslos werden* ⟨ist⟩.

Ver|sim|pe|lung, (selten:) **Ver|simp|lung,** die; -, -en: *das Versimpeln.* (1)

ver|sin|geln ⟨sw. V.; ist⟩ [zu ↑[3]Single] (Jargon): *zum Single werden; mehr u. mehr die Lebensform der* [3]*Singles annehmen:* die Gesellschaft versingelt.

Ver|sin|ge|lung, die; -, -en (Jargon): *das Versingeln.*

ver|sin|ken ⟨st. V.; ist⟩ [mhd. versinken]: **1. a)** *unter* *die Oberfläche von etw. geraten u. [allmählich] darin verschwinden:* das Schiff ist in den Wellen versunken; die Sonne versank hinter dem/den Horizont *(verschwand hinter dem Horizont);* vor Scham wäre sie am liebsten im/in den Erdboden versunken; Ü in Dunkelheit v.; eine versunkene *(längst vergangene)* Kultur; **b)** *(bis zu einer bestimmten Tiefe) einsinken:* sie ist bis zu den Knöcheln im Schlamm versunken; sie sah ihn aus versunkenen (geh.; *eingesunkenen)* Augen an. **2.** *(nichts anderes mehr bemerkend) sich einer Sache ganz hingeben:* in Stillschweigen, Trauer, Schwermut v.; in Gleichgültigkeit v. *(gleichgültig werden);* er war ganz in seine Arbeit, in ihren Anblick versunken; in Gedanken versunken, nickte sie.

ver|sinn|bild|li|chen ⟨sw. V.; hat⟩: *sinnbildlich, symbolisch darstellen; symbolisieren:* die fünf Ringe versinnbildlichen die Kontinente.

Ver|sinn|bild|li|chung, die; -, -en: **1.** *das Versinnbildlichen.* **2.** *etw., was etw. versinnbildlicht.*

Ver|si|on, die; -, -en [frz. version, zu lat. versum, ↑Vers]: **1. a)** *eine von mehreren möglichen Darstellungen, Fassungen, Gestaltungsformen:* die deutsche V. eines Hits, eines Films; Menschenraub neuerer V. *(Art)*; **b)** *Übersetzung:* eine englische V. des Romans. **2.** *eine von mehreren möglichen Arten, einen bestimmten Sachverhalt auszulegen u. darzustellen:* die amtliche V. lautet ...; über den Hergang gibt es verschiedene -en; eine neue V. des Vorfalls tauchte auf. **3.** *Ausführung, die in einigen Punkten vom ursprünglichen Typ, Modell o. Ä. abweicht:* die neue V. eines Fernsehgeräts; eine verbesserte V. des Kampfflugzeuges.

ver|sip|pen, sich ⟨sw. V.; hat⟩ [zu ↑Sippe]: *durch Heirat mit einer Familie verwandt werden:* ⟨meist im 2. Part.:⟩ mit dem Kaiserhaus versippt sein.

ver|sit|zen ⟨unr. V.; hat⟩ [mhd. versitzen] (ugs.): **1.** *(irgendwo nutzlos herumsitzend) Zeit vertun:* die Nacht in Bars v. **2. a)** *(Kleidungsstücke) sitzend verknittern, verdrücken:* seinen Rock v.; **b)** *(das Polster eines Stuhles o. Ä.) durch Sitzen abnutzen:* der Sessel ist schon ganz versessen.

ver|skla|ven [...ˈsklaːvn̩, auch: ...aːfn̩] ⟨sw. V.; hat⟩: *zu Sklaven (1) machen:* die Ureinwohner wurden von den Eroberern versklavt.

Ver|skla|vung, die; -, -en: *das Versklaven; das Versklavtwerden.*

Vers|leh|re, die: *Metrik* (1).

ver|slu|men [...ˈslamən] ⟨sw. V.; ist⟩: *zum Slum werden; herunterkommen:* das ganze Stadtviertel droht zu v.

Ver|slu|mung, die; -, -en: *das Verslumen.*

Vers|maß, das: *Metrum* (1).

ver|sno|ben ⟨sw. V.; ist⟩ (abwertend): *zu einem Snob werden, snobistische Züge annehmen:* ⟨meist im 2. Part.:⟩ versnobte Banker.

Vers|no|vel|le, die (Literaturw.): vgl. Versdrama.

ver|sof|fen: 1. ↑versaufen. **2.** ⟨Adj.⟩ (salopp abwertend) **a)** *gewohnheitsmäßig Alkohol trinkend:* ein -er Kerl; **b)** *von gewohnheitsmäßigem Alkoholgenuss zeugend:* -e Augen; seine Stimme klingt v.

ver|soh|len ⟨sw. V.; hat⟩ [eigtl. = (mit festen Schlägen) einen Schuh besohlen] (ugs.): *verhauen* (1): jmdm. den Hintern v.

ver|söh|nen ⟨sw. V.; hat⟩ [älter: versühnen, mhd. versüenen, versuonen, zu ↑sühnen]: **1.** ⟨v. + sich⟩ *mit jmdm. nach einem Streit wieder Frieden schließen, sich vertragen:* sich mit seiner Frau v.; habt ihr euch versöhnt?; Ü sich mit seinem Schicksal v. **2. a)** *(zwei miteinander im Streit liegende Personen, Parteien) veranlassen, sich zu vertragen, Frieden zu schließen:* die Streitenden wieder v.; er hat sie mit ihrer Mutter versöhnt; Ü dieser Gedanke versöhnte ihn mit der Welt; Tourismus und Natur v. *(miteinander in Einklang bringen);* sie sprach das versöhnende Wort; **b)** *veranlassen, nicht länger zu grollen, zu hadern; besänftigen:* das Tor konnte [das Publikum] nicht mehr v. *(versöhnlich stimmen).*

Ver|söh|ner, der; -s, -: *jmd., der jmdn. versöhnt:* Christus als V.

Ver|söh|ne|rin, die; -, -nen: w. Form zu ↑Versöhner.

Ver|söhn|ler, der; -s, - (bes. DDR abwertend): *jmd., der aus opportunistischen Beweggründen Abweichungen von der Parteilinie o. Ä. nicht entschieden bekämpft.*

Ver|söhn|le|rin, die; -, -nen: w. Form zu ↑Versöhnler.

ver|söhn|le|risch ⟨Adj.⟩ (bes. DDR abwertend): *einem Versöhnler entsprechend, in der Art eines Versöhnlers:* ein -er Genosse; -e Tendenzen.

ver|söhn|lich ⟨Adj.⟩ [spätmhd. versüenlich]: **a)** *zur Versöhnung* (1) *bereit, Bereitschaft zur Versöhnung zeigend, erkennen lassend:* in -em Ton sprechen; ihr Weinen stimmte ihn v.; **b)** *als etw. Erfreuliches, Tröstliches, Hoffnungsvolles o. Ä. erscheinend:* das Buch hat einen -en Schluss.

Ver|söh|nung, die; -, -en [mhd. versüenunge]: **1.** *das Sichversöhnen:* sie reichten sich die Hand zur V. **2.** *das Versöhnen* (2); *das Versöhntwerden.*

Ver|söh|nungs|fest, das (jüd. Rel.): *Jom Kippur.*

Ver|söh|nungs|tag, der (jüd. Rel.): *Tag, an dem das Versöhnungsfest gefeiert wird.*

ver|son|nen ⟨Adj.⟩ [eigtl. = 2. Part. von veraltet sich versinnen = sich in Gedanken verlieren]: *seinen Gedanken nachhängend (u. dabei seine Umgebung vergessend); träumerisch:* v. lächeln.

Ver|son|nen|heit, die; -: *das Versonnensein.*

ver|sor|gen ⟨sw. V.; hat⟩ [mhd. versorgen]: **1. a)** *jmdm. etw., was er [dringend] braucht, woran es ihm fehlt, geben, zukommen lassen:* jmdn. mit Geld, Medikamenten, Informationen v.; ich muss mich noch mit Lesestoff v. *(muss ihn mir besorgen);* eine Stadt mit Strom, Gas v.; die Gemeinde versorgt sich mit Wasser aus dem See; Berlin musste während der Blockade aus der Luft, auf dem Luftwege versorgt werden; ich bin noch versorgt *(ich habe noch genug davon;* als Entgegnung auf ein Angebot); die Pferde v. *(ihnen zu fressen u. zu trinken geben);* Ü das Gehirn ist nicht ausreichend mit Blut versorgt; **b)** *für jmds. Unterhalt sorgen; ernähren* (2 a): er hat eine Familie zu v.; unsere Kinder sind alle versorgt *(haben ihr Auskommen);* **c)** *jmdm. den Haushalt führen:* eine Haushälterin versorgt ihn; **d)** *jmdm., einer Sache die erforderliche Behandlung zuteil werden lassen, medizinische Hilfe zukommen lassen:* Kranke, Verwundete, eine Wunde v. **2.** *sich [als Verantwortlicher] um etw. kümmern, sich einer Sache annehmen:* der Hausmeister versorgt die Heizung, den Aufzug; sie versorgt [ihm] den Haushalt. **3.** (schweiz., sonst veraltend) **a)** *verwahren, verstauen, unterbringen:* seine Brille in der Tasche v.; **b)** *(in einer Anstalt) unterbringen, einsperren.*

Ver|sor|ger, der; -s, -: **1.** *Ernährer.* **2.** *Versorgungsschiff.* **3.** *jmd., der im Bereich der Wasserwirtschaft die Müllentsorgung versorgt* (2) (Berufsbez.).

Ver|sor|ge|rin, die; -, -nen: w. Form zu ↑Versorger (1, 3).

Ver|sor|gung, die; -: **1. a)** *das Versorgen* (1 a) *mit etw., Bereitstellen von etw.; das Versorgtwerden:* die V. der Bevölkerung mit Lebensmitteln; Ü Körperzellen durch mangelnde V. schädigen; **b)** *das Sorgen für den [Lebens]unterhalt, Bereitstellen des [Lebens]unterhaltes:* die V. der Beamten ist gesetzlich geregelt; **c)** *das Versorgen* (1 d); *Behandlung* (3): die ambulante V. **2.** *das Sorgen für etw., Sichkümmern um etw.:* die V. des eigenen Haushalts. **3.** (schweiz., sonst veraltend) **a)** *das Versorgen* (3 a), *Verstauen;* **b)** *Unterbringung (in einer Anstalt).*

Ver|sor|gungs|amt, das: *für die Durchführung der Kriegsopferversorgung zuständige Behörde.*

Ver|sor|gungs|an|spruch, der: *Anspruch auf Versorgung.*

Ver|sor|gungs|aus|gleich, der ⟨o. Pl.⟩ (Rechtsspr.): *Ausgleich zwischen den Anwartschaften der Ehegatten auf Versorgung nach der Ehescheidung.*

ver|sor|gungs|be|rech|tigt ⟨Adj.⟩: *Anspruch auf Versorgung habend.*

Ver|sor|gungs|be|rech|tig|te, der u. die; -n, -n ⟨Dekl. ↑Abgeordnete⟩: *jmd., der versorgungsberechtigt ist.*

Ver|sor|gungs|be|trieb, der: *Unternehmen, das die Bevölkerung u. die Wirtschaft mit Wasser, Energie versorgt, den öffentlichen Nahverkehr betreibt u. a.*

Ver|sor|gungs|be|zü|ge ⟨Pl.⟩ (Amtsspr.): *der Versorgung* (1 b) *dienende Bezüge aus früheren Dienstleistungen* (z. B. Ruhegeld, Witwen- u. Waisenrente).

Ver|sor|gungs|ein|heit, die (Milit.): *für die Versorgung der Truppe zuständige Einheit* (3).

Ver|sor|gungs|ein|rich|tung, die: **1.** *der Versorgung* (1 a) *mit wichtigen Gütern dienende Einrichtung.* **2.** *der Versorgung* (1 b) *von Beamten, Angestellten u. Arbeitern des öffentlichen Dienstes dienende Einrichtung.*

Ver|sor|gungs|eng|pass, der: vgl. Versorgungsschwierigkeiten.

Ver|sor|gungs|haus, das (österr. veraltet): *Altenheim.*

Ver|sor|gungs|kri|se, die: vgl. Versorgungsschwierigkeiten.

Ver|sor|gungs|la|ge, die: *die Versorgung [einer Bevölkerung] betreffende Lage* (3 a): wie ist die V. der Bevölkerung?

Ver|sor|gungs|lei|tung, die: *Leitung* (3), *die der Versorgung mit etw. dient.*

Ver|sor|gungs|netz, das: *Netz von Transportwegen für die Versorgung.*

Ver|sor|gungs|schiff, das: *Schiff, das andere Schiffe, Bohrinseln, Forschungsstationen o. Ä. mit Brennstoff, Proviant, Wasser usw. versorgt.*

Ver|sor|gungs|schwie|rig|kei|ten ⟨Pl.⟩: *Schwierigkeiten bei der Versorgung [einer Bevölkerung] mit [lebensnotwendigen] Gütern.*

Ver|sor|gungs|un|ter|neh|men, das: *Versorgungsbetrieb.*

ver|spach|teln ⟨sw. V.; hat⟩: **1.** *mithilfe eines Spachtels ausfüllen [u. glätten]:* alle Löcher sorgfältig v. **2.** (ugs.) *aufessen, verzehren:* im Nu hatte sie den ganzen Kuchen verspachtelt.

ver|span|nen ⟨sw. V.; hat⟩: **1. a)** *durch Spannen von Seilen, Drähten o. Ä. befestigen, festen Halt geben:* der Mast wurde mit Seilen verspannt; **b)** *(einen Teppichboden) als Spannteppich verlegen.* **2.** ⟨v. + sich⟩ *sich verkrampfen:* die Muskeln verspannen sich; einen verspannten Rücken haben.

Ver|span|nung, die; -, -en: **1. a)** *das Verspannen* (1); *das Verspanntwerden;* **b)** *Gesamtheit von Seilen o. Ä., mit denen etw. verspannt* (1 a) *ist.* **2.** *Verkrampfung.*

ver|spa|ren ⟨sw. V.; hat⟩ [mhd. versparn] (schweiz., sonst veraltet): *aufsparen, zurückhalten.*

ver|spä|ten, sich ⟨sw. V.; hat⟩ [mhd. verspæten]: *zu spät, später als geplant, als vorgesehen eintreffen:* ich habe mich leider [etwas] verspätet; der Zug hat sich [um] zehn Minuten verspätet; verspätete Glückwünsche; verspätet ankommen, eintreffen.

Ver|spä|tung, die; -, -en: *verspätetes Kommen, verspätetes Sichereignen:* entschuldige bitte meine V.; der Zug hatte [zehn Minuten] V. *(traf [um zehn Minuten] verspätet ein),* hat die V. *(den zeitlichen Rückstand)* wieder aufgeholt.

ver|spei|sen ⟨sw., schweiz. auch st. V.; hat⟩ (geh.): *mit Behagen verzehren, essen:* sie verspeisten mit Genuss einen Muffin.

ver|spe|ku|lie|ren ⟨sw. V.; hat⟩: **1.** *durch Spekulationen* (2) *verlieren:* sein Vermögen v. **2.** ⟨v. + sich⟩ **a)** *so spekulieren* (2), *dass der angestrebte Erfolg ausbleibt:* der Makler hat sich verspekuliert; **b)** (ugs.) *auf etw. spekulieren* (1), *was dann nicht eintrifft; sich verrechnen:* wenn du Gnade erwartest, hast du dich verspekuliert.

ver|sper|ren ⟨sw. V.; hat⟩ [mhd. versperren]: **1. a)** *mithilfe bestimmter Gegenstände unpassierbar od. unzugänglich machen:* einen Durchgang [mit Kisten] v.; jmdm. den Weg v. *(sich*

V

jmdm. in den Weg stellen u. ihn aufhalten); Ü dem Kommunismus den Weg v.; **b)** *durch Im-Wege-Stehen, -Sein unpassierbar od. unzugänglich machen:* ein parkendes Auto versperrte die Einfahrt; ein umgestürzter Baum versperrte die Straße; der Neubau versperrt *(nimmt)* die Sicht. **2.** (österr., sonst landsch.) **a)** *verschließen:* die Haustür v.; **b)** *einschließen, (in etw.) schließen.* **3.** ⟨v. + sich⟩ (geh.) *sich verschließen* (2b).

Ver|sper|rung, die; -, -en ⟨Pl. selten⟩: *das Versperren* (1); *das Versperrtsein.*

ver|spie|geln ⟨sw. V.; hat⟩: **a)** *mit Spiegeln versehen:* eine Wand v.; verspiegelte Räume; **b)** (Fachspr.) *mit einer spiegelnden Beschichtung versehen:* eine Glühlampe v.; verspiegelte Sturzhelme.

ver|spie|len ⟨sw. V.; hat⟩ [mhd. verspiln]: **1. a)** *beim Spiel* (1c) *verlieren:* große Summen v.; **b)** *durch eigenes Verschulden, durch Leichtfertigkeit verlieren:* seine Glaubwürdigkeit, sein Glück v.; die Möglichkeit zum Aufstieg v.; ⟨auch o. Akk.-Obj.:⟩ die Faschisten hatten verspielt; ***bei jmdm. verspielt haben** (ugs.; *jmds. Wohlwollen verloren, verscherzt haben*): die hat bei mir schon lange verspielt. **2.** *als Einsatz beim Spiel* (1c) *verwenden:* sie verspielte [beim Lotto] jede Woche zehn Mark. **3.** *spielend verbringen:* die Kinder haben den ganzen Tag verspielt. **4.** ⟨v. + sich⟩ *versehentlich falsch spielen:* sich dauernd v.

ver|spielt ⟨Adj.⟩: **1.** *immer nur zum Spielen aufgelegt; gern spielend:* ein -es Kätzchen. **2.** *heiter, unbeschwert wirkend, durch das Fehlen von Strenge u. Ernsthaftigkeit gekennzeichnet:* eine -e Melodie; der Garten ist, wirkt etwas zu v.

Ver|spielt|heit, die; -: *das Verspieltsein.*

ver|spie|ßern ⟨sw. V.; ist⟩ (abwertend): *zum Spießer werden, spießige Anschauungen, Gewohnheiten u. a. annehmen:* mit zunehmendem Alter verspießert sie.

Ver|spie|ße|rung, die; -: *das Verspießern.*

ver|spin|nen ⟨st. V.; hat⟩: **1. a)** *spinnend verarbeiten* (1a): die Wolle wird von Hand versponnen; **b)** *spinnend zu etw. verarbeiten* (1b): Wolle zu Garn v.; **c)** *beim Spinnen verbrauchen:* die ganze Wolle v. **2.** ⟨v. + sich⟩ *sich allzu intensiv [u. in einer für andere unverständlichen Weise] gedanklich mit etw. Bestimmtem beschäftigen:* sich in eine Idee v.; sie war ganz in sich selbst versponnen.

ver|spon|nen [2: zu ↑verspinnen (2)]: **1.** ↑verspinnen. **2.** ⟨Adj.⟩ *wunderlich, wunderliche Gedanken habend, zum Spinnen* (3a) *neigend:* ein -er Utopist; sie ist etwas v.

Ver|spon|nen|heit, die; -: *das Versponnensein.*

ver|spot|ten ⟨sw. V.; hat⟩ [mhd. verspotten]: *über jmdn., etw. spotten, ihn bzw. es zum Gegenstand des Spottes machen:* sie verspottete ihn wegen seiner Naivität; Ü das Gedicht verspottet die Eitelkeit der Menschen.

Ver|spot|tung, die; -, -en: *das Verspotten; das Verspottetwerden.*

ver|spre|chen ⟨st. V.; hat⟩ [mhd. versprechen, ahd. farsprehhan]: **1.** ⟨v. + sich⟩ *beim Sprechen versehentlich etw. anderes sagen od. aussprechen als beabsichtigt:* der nervöse Redner versprach sich häufig. **2. a)** *verbindlich erklären, zusichern, etw. Bestimmtes zu tun:* jmdm. etw. [mit Handschlag, in die Hand] v.; sie hat [mir] fest, hoch und heilig versprochen, pünktlich zu sein; versprich [mir], dass du vorsichtig fährst; Ü der Film hält nicht, was die Werbung verspricht; **b)** *verbindlich erklären, zusichern jmdm. etw. Bestimmtes zu geben, zuteil werden zu lassen:* ich verspreche dir meine Unterstützung, eine Belohnung; er hat ihr die Ehe versprochen; sich jmdm. v. (veraltet; *jmdm. die Ehe versprechen*); hier hast du das versprochene Geld; **c)** (veraltet) *verloben* (2): beide Töchter an einem Tag [mit] jmdm. v. **3. a)** ⟨in Verbindung mit Inf. + zu⟩ *Veranlassung zu einer bestimmten Hoffnung, Erwartung geben:* das Wetter verspricht schön zu werden; das Unternehmen verspricht zu gedeihen; das Buch verspricht ein Bestseller zu werden; **b)** *erwarten lassen:* das Barometer verspricht gutes Wetter; die Blüte verspricht eine gute Ernte; seine Miene versprach nichts Gutes. **4.** ⟨v. + sich⟩ *[sich] erhoffen:* was versprichst du dir von diesem Abend?; sie versprach sich viel davon; ich hatte mir von dem neuen Mitarbeiter eigentlich mehr versprochen.

Ver|spre|chen, das; -s, -: *(ausdrückliche persönliche) Erklärung, durch die etw. fest versprochen* (2) *wird:* ein V. [ein]halten, einlösen, erfüllen; dieses V. hat sie mir auf dem Sterbebett abgenommen; ich habe ihr das V. gegeben auszuziehen; jmdn. an ein V. erinnern.

Ver|spre|cher, der; -s, -: *Fehler beim Sprechen; Lapsus Linguae:* dem Redner sind etliche V. unterlaufen.

Ver|spre|chung, die; -, -en ⟨meist Pl.⟩ [spätmhd. versprechunge]: *(großartig gegebene) Zusicherung, etw. Bestimmtes einzuhalten, eine bestimmte Erwartung zu erfüllen:* das sind leere -en; große -en machen; die -en nicht erfüllen können.

ver|spren|gen ⟨sw. V.; hat⟩: **1.** (bes. Milit.) *in verschiedene Richtungen in die Flucht treiben, auseinander treiben:* feindliche Verbände v.; der Wolf versprengte die Herde; versprengte Soldaten; ⟨subst. 2. Part.:⟩ Versprengte aufnehmen. **2.** *sprengend* (2) *verteilen:* Wasser v.

ver|sprit|zen ⟨sw. V.; hat⟩: **1. a)** *spritzend verteilen; versprühen:* Wasser v.; sie hatte Unmengen Parfüm verspritzt; **b)** *spritzend* (6c) *verarbeiten:* die Farbe lässt sich gut v. **2.** *durch Bespritzen verschmutzen:* der Lastwagen hat mir die Scheibe völlig verspritzt.

ver|spro|che|ner|ma|ßen, ver|sproch|ner|ma|ßen ⟨Adv.⟩ (selten): *wie [es] versprochen [worden ist]:* ich habe ihr das Geld v. gestern überwiesen.

ver|spru|deln ⟨sw. V.; hat⟩ (österr.): *verquirlen.*

ver|sprü|hen ⟨sw. V.⟩: **1.** *sprühend, in feinsten Tropfen, Teilchen verteilen* ⟨hat⟩: Wasser v.; die Lokomotive versprüht Funken; Ü sie versprühte Charme, Geist, Optimismus. **2.** (geh.) *sich in feinsten Tropfen, Teilchen verteilen u. verlieren* ⟨ist⟩: die Funken versprühten.

ver|spü|ren ⟨sw. V.; hat⟩: **a)** *durch die Sinne, körperlich wahrnehmen; empfinden, fühlen:* Schmerz, Durst v.; ich verspürte nicht die geringste Müdigkeit; sie verspürte einen heftigen Brechreiz; **b)** *(eine innere, seelische, gefühlsmäßige Regung) haben; (einen inneren Antrieb) empfinden:* Reue, Angst, [keine] Lust zu etw., [kein] Verlangen nach etw. v.; **c)** *erkennen, feststellen, wahrnehmen:* der Einfluss Goethes ist hier deutlich zu v.

ver|staat|li|chen ⟨sw. V.; hat⟩: *in Staatseigentum überführen:* die Banken, das Gesundheitswesen v.

Ver|staat|li|chung, die; -, -en: *das Verstaatlichen; das Verstaatlichtsein.*

ver|städ|tern [auch: ...ˈʃtɛtɐn] ⟨sw. V.⟩: **1.** ⟨ist⟩ **a)** *zu einem seinem Wesen nach weitgehend städtischen Lebensraum werden:* das Land verstädtert immer mehr; **b)** *städtische Lebensformen annehmen:* die Bevölkerung verstädtert zunehmend. **2.** ⟨hat⟩ (selten) **a)** *verstädtern* (1a) *lassen:* die Industrialisierung verstädtert das Land; **b)** *verstädtern* (1b) *lassen.*

Ver|städ|te|rung [auch: ...ˈʃtɛt...], die; -, -en: *das Verstädtern; das Verstädtertsein.*

Vers|takt, der: *Takt* (2b).

Ver|stand, der; -[e]s [mhd. verstant, ahd. firstand = Verständigung, Verständnis, zu: firstantan, ↑verstehen]: **1.** *Fähigkeit, zu verstehen, Begriffe zu bilden, Schlüsse zu ziehen, zu urteilen, zu denken:* ein scharfer, kluger, klarer, nüchterner, stets wacher V.; der menschliche V.; das zu begreifen, reicht mein V. nicht aus; den V. schärfen, ausbilden; wenig, keinen V., kein Fünkchen V. haben; seinen V. nutzen; ich hätte ihr mehr V. zugetraut; nimm doch V. an! *(sei doch vernünftig!)*; sie musste all ihren V. zusammennehmen *(scharf nachdenken, genau überlegen)*; seinen V. versaufen (salopp übertreibend; *ziemlich viel trinken* 3a); sie hat mehr V. im kleinen Finger als ein anderer im Kopf (ugs.; *sie ist außerordentlich intelligent*); manchmal zweifle ich an seinem V. (Äußerung, wenn jemand etw. Unvernünftiges gemacht hat); bei klarem V. *(klarer Überlegung)*; du bist wohl nicht ganz bei V. (ugs.; *bist wohl verrückt*); sie macht alles mit dem V. (ugs.; *ist ein reiner Verstandesmensch*); das geht über meinen V. (ugs.; *das begreife ich nicht*); der Schmerz hat sie um den V. gebracht *(hat sie wahnsinnig werden lassen)*; der Bruder brachte sie ein wenig zu V. (geh.; *zur Vernunft*); ***jmdm. steht der V. still/bleibt der V. stehen** (ugs.; *jmd. findet etw. unbegreiflich*); **den V. verlieren** *(verrückt werden)*; **nicht bei V. sein** *(nicht normal, nicht vernünftig sein)*: wer so etwas in Erwägung zieht, kann nicht bei V. sein; du bist wohl nicht recht, nicht ganz bei V., mich so anzuschreien!; **etw. mit V. essen, trinken, rauchen** o. Ä. *(etw., weil es etwas besonders Gutes ist, ganz bewusst genießen)*. **2.** (geh.) *Art, wie etw. verstanden wird, gemeint ist; Sinn:* eine Aussage im engsten wie im weitesten V. deuten.

Ver|stan|des|be|griff, der (Philos.): *(bei Kant) dem Verstand* (1) *entspringender Begriff, der die Erkenntnis u. Erfassung von Objekten* (1b) *erst ermöglicht.*

Ver|stan|des|kraft, die: *Kraft* (1) *des Verstandes.*

ver|stan|des|mä|ßig ⟨Adj.⟩: **1.** *auf dem Verstand beruhend, vom Verstand bestimmt:* etw. v. als sinnvoll erachten. **2.** *den Verstand betreffend; intellektuell* (a): seine offenkundige -e Unterlegenheit.

Ver|stan|des|mensch, der: *im Verhalten hauptsächlich vom Verstand bestimmter Mensch.*

Ver|stan|des|schär|fe, die ⟨o. Pl.⟩: *Schärfe* (6) *des Verstandes:* eine Frau von ungeheurer V.

ver|stän|dig ⟨Adj.⟩ [mhd. verstendic]: *mit Verstand begabt, von Verstand zeugend; klug, einsichtig:* ein -er Lehrer; -e Worte; das Kind ist schon sehr v.

ver|stän|di|gen ⟨sw. V.; hat⟩: **1.** *von etw. in Kenntnis setzen, unterrichten, benachrichtigen, (jmdm.) etw. mitteilen:* ich verständige die Feuerwehr, die Polizei; du hättest mich [von dem, über den Vorfall] sofort v. sollen. **2.** ⟨v. + sich⟩ *sich verständlich machen; bewirken, dass eine Mitteilung zu einem anderen gelangt u. (akustisch, inhaltlich) verstanden wird:* sich über Dolmetscher v.; ich konnte mich [mit ihr] nur durch Zeichen v.; wir konnten uns nur auf Englisch v. *(unterhalten)*. **3.** ⟨v. + sich⟩ *sich über etw. einigen, zu einer Einigung kommen; gemeinsam eine Lösung finden, die von allen akzeptiert werden kann:* die beiden Staaten haben sich darauf verständigt, eine Kommission einzusetzen.

Ver|stän|dig|keit, die; -: *das Verständigsein.*

Ver|stän|di|gung, die; -, -en ⟨Pl. selten⟩: **1.** *das Verständigen* (1): ich übernehme die V. der Angehörigen, der Polizei. **2.** *das Sichverständigen* (2): die V. [am Telefon, mit der Französin] war sehr schwierig. **3.** *das Sichverständigen* (3): über diesen Punkt kam es zu keiner V., konnte keine V. erreicht, erzielt werden.

ver|stän|di|gungs|be|reit ⟨Adj.⟩: *bereit, sich zu verständigen* (3).

Ver|stän|di|gungs|be|reit|schaft, die ⟨o. Pl.⟩: *das Verständigungsbereitsein.*

Ver|stän|di|gungs|mit|tel, das: *Mittel zur Verständigung.* (2)

Ver|stän|di|gungs|schwie|rig|keit, die ⟨meist Pl.⟩: *Schwierigkeit bei der Verständigung* (2): hattet ihr keine -en?

ver|ständ|lich ⟨Adj.⟩ [mhd. verstentlich, ahd. firstantlîh, zu: firstantan, ↑verstehen]: **1.** *sich [gut] verstehen* (1), *hören lassend; deutlich:* eine -e Aussprache; sie murmelte einige kaum, nur schwer -e Worte; er spricht klar und v.; ich musste schreien, um mich v. zu machen *(damit man mich hörte, verstand)*. **2.** *sich [gut] verstehen* (2a), *erfassen, begreifen lassend; leicht fassbar* (b): sie erklärte es in -en Worten, in sehr -er Weise; sich v. ausdrücken; ein Problem v. darstellen; der Franzose versuchte sich mit Gesten v. zu machen *(zu verständigen* 2); sie hat mir v. gemacht *(mir verdeutlicht)*, dass sie aus Italien kommt. 3. *sich [ohne weiteres] verstehen* (3b), *einsehen lassend; begreiflich:* eine -e Reaktion, Sorge; ein -es Bedürfnis; diese Erklärung war v. *(plausibel);* ihre Handlungsweise, Verärgerung ist [mir] durchaus v.

ver|ständ|li|cher|wei|se ⟨Adv.⟩: *was [nur zu] verständlich* (3) *ist; begreiflicherweise:* darüber ist sie v. böse.

Ver|ständ|lich|keit, die; -: *das Verständlichsein.*

Ver|ständ|nis, das; -ses, -se ⟨Pl. selten⟩ [mhd. verstentnisse, ahd. firstantnissi, zu: firstantan, ↑verstehen]: 1. *das Verstehen* (2a): dem Leser das V. [des Textes] erleichtern; diese Tatsache ist für das V. der weiteren Entwicklung äußerst wichtig; im juristischen V. *(juristisch gesehen)* ist er kein Kind mehr. 2. ⟨o. Pl.⟩ *Fähigkeit, sich in jmdn., etw. hineinzuversetzen, jmdn., etw. zu verstehen* (3a); *innere Beziehung zu etw.; Einfühlungsvermögen:* ihr geht jedes V. für Kunst ab; dafür fehlt mir jedes V.; bei jmdm. V. finden; kein V. für die Jugend haben, aufbringen; ich habe [durchaus] volles, [absolut] kein V. dafür *(verstehe durchaus, absolut nicht),* dass er sich so rigoros verhält; die Lehrerin bringt ihren Schülern viel V. entgegen; er zeigte großes V. für ihre Sorgen; für die durch den Umbau bedingten Unannehmlichkeiten bitten wir um [Ihr] V. 3. (veraltet) *Einvernehmen:* jmdn. ins V. ziehen.

ver|ständ|nis|in|nig ⟨Adj.⟩ (geh.): *gegenseitiges Verständnis ausdrückend:* ein -es Lächeln; v. nicken.

ver|ständ|nis|los ⟨Adj.⟩: 1. *nichts verstehend:* ein -es Staunen; »Was meinst du damit?«, fragte sie v. 2. *ohne Verständnis* (2): Jugendlichen steht sie völlig v. gegenüber.

Ver|ständ|nis|lo|sig|keit, die; -: *das Verständnislossein.*

Ver|ständ|nis|schwie|rig|keit, die ⟨meist Pl.⟩: *Schwierigkeit, etw. zu verstehen, geistig zu erfassen:* bei dem Vortrag hatte ich doch erhebliche -en.

ver|ständ|nis|voll ⟨Adj.⟩: *voller Verständnis:* ein -er Blick; sie hat einen sehr -en Chef; v. nicken, lächeln, urteilen.

ver|stän|kern ⟨sw. V.; hat⟩ (ugs.): *mit unangenehmem Geruch erfüllen:* du verstänkerst mir mit deiner Qualmerei die ganze Bude.

ver|stär|ken ⟨sw. V.; hat⟩: 1. *stärker* (2a), *stabiler machen:* eine Mauer, einen Deich v.; die Socken sind an den Fersen verstärkt. 2. *zahlenmäßig erweitern, die Stärke* (3) *von etw. vergrößern:* die Truppen [um 500 Mann, auf 1 500 Mann] v.; für die Sinfonie wurde das Orchester verstärkt; ⟨auch v. + sich:⟩ unser Team hat sich verstärkt. 3. a) *stärker* (7) *machen, intensivieren:* den Druck, elektrischen Strom, eine Spannung v.; die Stimmen werden durch eine Lautsprecheranlage verstärkt; seine Bemühungen v.; der Alkohol verstärkt die Wirkung der Tabletten; eine elektrisch verstärkte Gitarre; wir müssen verstärkte *(größere)* Anstrengungen machen; b) ⟨v. + sich⟩ *stärker* (7), *intensiver werden:* der Druck verstärkt sich, wenn man das Ventil schließt; der Lärm, der Sturm hat sich verstärkt; ihr Einfluss verstärkt sich; meine Zweifel, die Schmerzen haben sich erheblich verstärkt; verstärkte Nachfrage; ich werde mich in verstärktem Maße darum kümmern; diese Tendenz besteht verstärkt seit 1990. 4. (bes. Sport) *stärker* (6a), *leistungsfähiger machen:* ein Team durch einen neuen Mann v.; der neue Libero trug wesentlich dazu bei, die Abwehr zu v.

Ver|stär|ker, der; -s, -: 1. (Elektrot., Elektronik) *Gerät zum Verstärken von Strömen, Spannungen, Leistungen.* 2. (Technik) *Gerät zum Verstärken einer Kraft, einer Leistung.*

Ver|stär|ker|an|la|ge, die (Elektrot.): *aus Mikrofon[en], Verstärker[n]* (1), *Lautsprecher[n] bestehende Anlage zur Wiedergabe bes. von Musik.*

Ver|stär|kung, die; -, -en ⟨Pl. selten⟩: 1. *das Verstärken* (1): die V. der Deiche. 2. *Personen, durch die etw. verstärkt wird:* polizeiliche V.; wo bleibt die angeforderte V.?; V. rufen, holen, heranziehen; um V. bitten. 3. *etw., was zur Verstärkung* (1) *dient.* 4. *das Verstärken* (3): ein Gerät zur V. elektroakustischer Signale. 5. *das Intensivieren, Verstärken* (3a), *Sichverstärken:* die V. des Reiseverkehrs, der Zusammenarbeit. 6. (bes. Sport) *das Verstärken* (4); *Erhöhen der Leistung:* zwei neue Spieler zur V. der Mannschaft einkaufen. 7. *das Verstärken* (2); *zahlenmäßige Erweiterung, Vergrößerung:* eine V. der Streitkräfte ist nicht geplant.

ver|stä|ten ⟨sw. V.; hat⟩ [zu ↑stät] (schweiz.): *(bes. beim Nähen o. Ä. das Ende eines Fadens) befestigen.*

ver|stau|ben ⟨sw. V.; ist⟩: *von Staub ganz bedeckt werden:* die Ordner verstauben im Keller; die Bücher sind ganz verstaubt; Ü seine Romane verstauben in den Bibliotheken *(werden nicht gelesen).*

ver|staubt ⟨Adj.⟩ (oft abwertend): *veraltet, altmodisch, überholt:* -e Ansichten, Ehrbegriffe; das Dichterwort ist hoffnungslos v.

ver|stau|chen ⟨sw. V.; hat⟩ [niederd. verstüken, zu ↑stauchen]: *sich durch eine übermäßige od. unglückliche Bewegung (bes. bei einem Stoß od. Aufprall) das Gelenk verletzen:* ich habe mir die Hand verstaucht.

Ver|stau|chung, die; -, -en: *durch eine Zerrung od. einen Riss der Bänder hervorgerufene Verletzung eines Gelenks.*

ver|stau|en ⟨sw. V.; hat⟩ [zu ↑stauen (3)]: *(zum Transport od. zur Aufbewahrung) [auf relativ engem Raum mit anderem zusammen] unterbringen:* Bücher, Geschirr in Kisten v.; seine Sachen im/(seltener:) in den Rucksack v.; habt ihr das Gepäck schon verstaut?; (scherzh.:) sie verstaute die Kinder im Auto.

Ver|stau|ung, die; -, -en: *das Verstauen.*

Ver|steck, das; -[e]s, -e [aus dem Niederd. < mniederd. vorstecke = Heimlichkeit, Hintergedanke]: *Ort, an dem jmd., etw. versteckt ist, an dem sich jmd. versteckt hält; Ort, der sich zum Verstecken, Sichverstecken eignet:* ich weiß ein gutes V.; wir holten das Heft aus unserem V.; er blieb in seinem V.; * **V. spielen** *(Verstecken spielen):* die Kinder spielten im Garten V.; **V. [mit, vor jmdm.] spielen** *(seine wahren Gedanken, Gefühle, Absichten [vor jmdm.] verbergen).*

ver|ste|cken ⟨sw. V.; hat⟩: *in, unter, hinter etw. anderem verbergen:* die Beute [im Gebüsch, unter Steinen] v.; jmdm. die Brille v.; Ostereier v.; sie versteckte das Geld in ihrem/(selten:) ihren Schreibtisch; sich vor jmdm. v.; die Mutter versteckt die Schokolade vor den Kindern; sich [vor jmdm.] versteckt halten; er versteckte seine Hände auf dem Rücken; Ü der Brief hatte sich in einem Buch versteckt *(war dort hingeraten);* hoch oben versteckt sich *(befindet sich kaum sichtbar)* ein Baumhaus; sie versteckte ihre Verlegenheit hinter einem Lächeln; er versteckte sich hinter seinen Vorschriften *(schob sie vor, benutzte sie als Vorwand);* * **sich vor/**(seltener:) **neben jmdm. v. müssen, können** (ugs.; *in seiner Leistung, seinen Qualitäten jmdm. weit unterlegen sein*); **sich vor/neben jmdm. nicht zu v. brauchen** (ugs.; *jmdm. ebenbürtig sein*).

Ver|ste|cken, das; -s: *Kinderspiel, bei dem jeweils ein Kind die übrigen Kinder, die sich möglichst gut verstecken, suchen muss:* V. [mit jmdm.] spielen; Ü er spielt V. mit ihr (ugs.; *verbirgt ihr etwas*).

Ver|ste|ckerl|spiel, das (österr.): *Versteckspiel.*

Ver|steck|spiel, das: *Verstecken:* Ü wir sollten mit dem albernen V. aufhören *(wir sollten aufhören, uns gegenseitig etwas vorzumachen).*

ver|steckt: 1. ↑verstecken. 2. ⟨Adj.⟩ a) ²*verborgen* (2b): -e Fette, Mängel; b) *nicht offen, nicht direkt [ausgesprochen]:* -e Drohungen; ein -er Vorwurf; c) *heimlich:* ein -es Foul; ein -es *(verstohlenes)* Lächeln.

ver|ste|hen ⟨unr. V.; hat⟩ [mhd. verstēn, verstān, ahd. firstān, zu ↑stehen]: 1. *(Gesprochenes) deutlich hören:* ich konnte alles, jedes Wort, keine Silbe v.; der Redner war auch hinten gut zu v.; ich konnte sie bei dem Lärm nicht v. 2. a) *den Sinn von etw. erfassen; etw. begreifen:* einen Gedankengang, Zusammenhang v.; eine Frage nicht v.; das verstehst du noch nicht; das verstehe [nun] einer!; sie hat nicht verstanden, worum es geht; das versteht doch kein Mensch!; Krankheiten, die man v. *(erkennen)* und heilen will; ⟨auch o. Akk.-Obj.:⟩ ja, ich verstehe!; sie verstand nicht gleich; du bleibst hier, verstehst du/[hast du] verstanden! (als barsche Aufforderung); * **jmdm. etw. zu v. geben** *(jmdm. gegenüber etw. aus bestimmten Gründen nicht direkt sagen, sondern nur andeuten):* ich habe ihr deutlich zu v. gegeben, dass ich dies ablehne; **sich [von selbst] v.** *(keiner ausdrücklichen Erwähnung bedürfen; selbstverständlich sein):* dass ich dir helfe, versteht sich von selbst; b) *in bestimmter Weise auslegen, deuten, auffassen:* jmds. Verhalten nicht v.; sie hat deine Worte falsch verstanden; das ist als Drohung, als Aufforderung, als Kritik zu v. *(gemeint);* das ist in einem andern Sinne zu v. *(gemeint);* was versteht man unter *(was bedeutet)* Regression?; unter Freiheit versteht jeder etwas anderes *(jeder legt den Begriff anders aus);* wie soll ich das v.? *(wie ist das gemeint?);* versteh mich bitte richtig, nicht falsch!; damit wir uns verstehen: Punkt acht Uhr ist der letzte Termin!; ⟨auch o. Akk.-Obj.:⟩ wenn ich recht verstehe, willst du ablehnen; c) ⟨v. + sich⟩ *ein bestimmtes Bild von sich haben; sich in bestimmter Weise, als jmd. Bestimmtes sehen:* er versteht sich als Mittler; diese Staaten verstehen sich als blockfrei; d) ⟨v. + sich⟩ (Kaufmannsspr.) *(von Preisen) in bestimmter Weise gemeint sein:* der Preis versteht sich ab Werk, einschließlich Mehrwertsteuer. 3. a) *sich in jmdn., in jmds. Lage hineinversetzen können; Verständnis für jmdn. haben, zeigen:* keiner versteht mich!; sie ist die Einzige, die mich versteht; sie fühlt sich von ihm nicht verstanden; b) *(jmds. Verhaltensweise, Haltung, Reaktion, Gefühl von dessen Standpunkt gesehen) natürlich, konsequent, richtig, normal finden:* ich verstehe deine Reaktion, deinen Ärger sehr gut; ich kann bei Ihnen keine Ausnahme machen, das müssen Sie [schon] v. *(einsehen);* verstehen Sie Spaß *(haben Sie Humor)*? 4. ⟨v. + sich⟩ *mit jmdm. gut auskommen, ein gutes Verhältnis haben:* sich glänzend, prächtig, überhaupt nicht v.; wie verstehst du dich mit deiner Schwiegermutter?; die beiden verstehen sich nicht besonders. 5. a) *gut können, beherrschen:* sein Handwerk, seine Sache v.; sie versteht es [meisterhaft], andere zu überzeugen; sie versteht *(hat die Gabe)* zu genießen; sie versteht nicht zu wirtschaften; sie versteht es nicht besser (ugs.; *sie tut das nur aus Unbeholfenheit*); b) *(in etw.) besondere Kenntnisse haben, sich (mit etw., auf einem bestimmten Gebiet) auskennen [u. daher ein Urteil haben]:* sie versteht etwas, nichts von Musik; was verstehst du von Frauen? c) ⟨v. + sich⟩ *zu etw. befähigt, in der Lage sein:* er versteht sich aufs Kochen; d) ⟨v. + sich⟩ *mit etw. Bescheid wissen, etw. gut kennen u. damit gut umzugehen wissen:* sie versteht sich auf Pferde. 6. ⟨v. + sich⟩ (veraltend) *sich mit Überwindung zu etw. doch bereit finden:* sich zu einer Entschuldigung, zu Schadenersatz v.

ver|stei|fen ⟨sw. V.⟩ [schon mniederd. vorstīven = steif machen, werden]: 1. *steif* (1) *machen* ⟨hat⟩: einen Kragen [mit einer Einlage] v. 2. a) *steif* (2) *werden* ⟨ist⟩: seine Glieder versteifen zusehends; b) ⟨v. + sich⟩ *steif* (1) *werden* ⟨hat⟩: das Silikon versteift sich dabei; Ü die Fronten versteifen *(verhärten)* sich; c) ⟨v. + sich⟩ *steif* (2) *werden* ⟨hat⟩: bei der Umarmung versteifte sie sich; d) ⟨v. + sich⟩ *steif* (3) *werden* ⟨hat⟩: sein Glied versteifte sich. 3. *mit Balken, Streben o. Ä. abstützen; mit Balken, Streben o. Ä. gegen Einsturz sichern* ⟨hat⟩: eine Mauer v.; einen Zaun mit/durch Latten v. 4. ⟨v. + sich⟩ *hartnäckig an etw. festhalten, auf etw. beharren, sich von etw. nicht* *abbringen lassen* ⟨hat⟩: sich auf sein Recht v.; sie versteifte sich darauf, in ihm nur das Schlechte zu sehen.

Ver|stei|fung, die; -, -en: **1.** *das Versteifen, Sichversteifen; das Versteiftwerden.* **2.** *etw., was dazu dient, etw. zu versteifen* (3): -en aus Holz.

ver|stei|gen, sich ⟨st. V.; hat⟩: **1.** *sich beim Bergsteigen, beim Klettern in den Bergen o. Ä. verirren.* **2.** (geh.) *die Vermessenheit, Kühnheit, Dreistigkeit haben, etw. zu tun od. zu denken, was über das normale Maß hinausgeht; sich etw. zu tun od. zu denken erlauben* (3 a), *was kühn, gewagt, unerwartet ist:* einmal hat er sich sogar zu einem gotteslästerlichen Fluch verstiegen.

Ver|stei|ge|rer, der; -s, -: *jmd., der etw. versteigert; Auktionator.*

Ver|stei|ge|rin, die; -, -nen: w. Form zu ↑Versteigerer.

ver|stei|gern ⟨sw. V.; hat⟩: *[öffentlich] anbieten u. an den meistbietenden Interessenten verkaufen:* Fundsachen [öffentlich] v.; Gemälde [meistbietend] v.; ***amerikanisch v.** *(in einer amerikanischen Versteigerung anbieten).*

Ver|stei|ge|rung, die; -, -en: **1.** *das Versteigern; das Versteigertwerden:* kostbare Uhren kamen zur V. *(wurden versteigert);* ***amerikanische V.** *(Art der Versteigerung, bei der der Erste, der ein Gebot macht, den gebotenen Betrag sofort zahlt u. die nach ihm Bietenden jeweils nur die Differenz zwischen ihrem eigenen u. dem vorhergehenden Gebot zahlen).* **2.** *Veranstaltung, bei der etw. versteigert wird; Auktion.*

ver|stei|nern ⟨sw. V.⟩: **1.** (Paläont.) *(von Organismen) zu Stein werden* ⟨ist⟩: die Pflanzen sind versteinert; versteinertes *(petrifiziertes)* Holz; Ü ihre Miene versteinerte; ***wie versteinert [da]stehen, [da]sitzen, sein** o. Ä. *(starr vor Schreck, Entsetzen, Erstaunen [da]stehen, [da]sitzen, sein o. Ä.).* **2.** ⟨v. + sich⟩ (geh.) *starr, unbewegt werden* ⟨hat⟩: ihre Miene versteinerte sich. **3.** (geh.) *zu Stein, steinern werden lassen* ⟨hat⟩.

Ver|stei|ne|rung, die; -, -en: **1.** *das Versteinern.* **2.** *etw. Versteinertes, versteinertes Objekt:* -en und andere Fossilien.

ver|stell|bar ⟨Adj.⟩: *sich verstellen* (2 a) *lassend:* [in der Höhe] -e Kopfstützen; die Lehne, der Gurt ist v.

Ver|stell|bar|keit, die; -: *das Verstellbarsein.*

ver|stel|len ⟨sw. V.; hat⟩ [3, 4: mhd. (sich) verstellen]: **1.** *[von seinem Platz wegnehmen u. später] an einen falschen Platz stellen:* das Buch muss jemand verstellt haben. **2. a)** *die Stellung, Einstellung von etw. verändern [sodass es danach falsch gestellt, eingestellt ist]:* wer hat meinen Wecker, den Rückspiegel verstellt?; der Sitz lässt sich [in der Höhe] v.; **b)** ⟨v. + sich⟩ *in eine andere [falsche] Stellung gelangen, eine andere [falsche] Einstellung bekommen:* die Zündung hat sich verstellt. **3. a)** *durch Aufstellen von Gegenständen unzugänglich, unpassierbar machen, versperren* (1 a): der Durchgang war mit Fahrrädern verstellt; jmdm. den Weg v. *(jmdm. in den Weg treten u. ihn aufhalten);* **b)** *durch Im-Wege-Stehen unpassierbar od. unzugänglich machen, versperren* (1 b): der Wagen verstellt die Ausfahrt; ein Haus verstellt *(nimmt)* den Blick auf die Wiese; Ü falsches Mitleid verstellt den Blick für die Probleme; **c)** (schweiz.) *weg-, beiseite stellen:* die alten verstellten Möbel; Ü wir sollten diese Frage zunächst v. *(beiseite lassen).* **4. a)** *in der Absicht, jmdn. zu täuschen, verändern:* seine Stimme, Handschrift v.; **b)** ⟨v. + sich⟩ *sich anders stellen* (6), *geben, als man ist:* sie hatte sich die ganze Zeit nur verstellt.

Ver|stel|lung, die; -, -en: **1.** (selten) *das Verstellen* (1–3, 4 a), *Sichverstellen; das Verstelltwerden.* **2.** ⟨o. Pl.⟩ *das Sichverstellen* (4 b): ihre scheinbare Trauer ist nur V.

ver|step|pen ⟨sw. V.; ist⟩: *(von Gebieten mit reicherer Vegetation) zu Steppe werden.*

Ver|step|pung, die; -, -en: *das Versteppen.*

ver|ster|ben ⟨st. V.; ist; Präs. u. Futur selten⟩ [mhd. versterben] (geh.): *sterben:* sie ist vor einem Jahr verstorben; meine verstorbene Tante.

ver|steu|ern ⟨sw. V.; hat⟩ [spätmhd. verstiuren]: *(für etw.) Steuern zahlen:* sein Einkommen v.; das Urlaubsgeld muss versteuert werden.

Ver|steu|e|rung, die; -, -en: *das Versteuern; das Versteuertwerden.*

ver|stie|gen [2: zu ↑versteigen (2)]: **1.** ↑versteigen. **2.** ⟨Adj.⟩ *überspannt, übertrieben, abwegig, wirklichkeitsfern:* ein -er Idealist; -e Ideen; ihre Pläne sind recht v.

Ver|stie|gen|heit, die; -, -en: **1.** ⟨o. Pl.⟩ *das Verstiegensein.* **2.** *verstiegene Idee, Vorstellung; von Verstiegenheit* (1) *zeugende Äußerung:* ihre -en nimmt niemand ernst.

ver|stim|men ⟨sw. V.⟩: **1.** *(bei einem Musikinstrument) bewirken, dass es nicht mehr richtig gestimmt ist* ⟨hat⟩: so verstimmst du die Geige! **2. a)** ⟨v. + sich⟩ *aufhören, richtig gestimmt zu sein* ⟨hat⟩: das Klavier hat sich verstimmt; der Flügel ist verstimmt; eine verstimmte Geige; **b)** (selten) *aufhören, richtig gestimmt zu sein* ⟨ist⟩: das Klavier verstimmt bei Feuchtigkeit leicht. **3.** *[leicht] verärgern, jmds. Unmut erregen* ⟨hat⟩: jmdn. mit einer Bemerkung v.; sie war über die Absage verstimmt; verstimmt verließ ich die Versammlung; Ü einen verstimmten *(leicht verdorbenen)* Magen haben; die Börse ist verstimmt (Börsenw. Jargon; *reagiert negativ auf ein bestimmtes Ereignis).*

Ver|stimmt|heit, die; -: *das Verstimmtsein.*

Ver|stim|mung, die; -, -en: **1. a)** *das Verstimmen, Sichverstimmen;* **b)** *verstimmter Zustand.* **2.** *durch einen enttäuschenden Vorfall o. Ä. hervorgerufene ärgerliche Stimmung:* eine V. hervorrufen, auslösen.

ver|stin|ken ⟨st. V.; hat⟩ (ugs. abwertend): *verstänkern.*

ver|stockt ⟨Adj.⟩ (abwertend): *starrsinnig, in hohem Grade uneinsichtig, zu keinem Nachgeben bereit:* ein -er Reaktionär; v. dastehen; der Angeklagte zeigte sich v.

Ver|stockt|heit, die; -: *das Verstocktsein.*

ver|stoh|len ⟨Adj.⟩ [mhd. verstoln, eigtl. 2. Part. von: versteln = (heimlich) stehlen]: *darauf bedacht, dass etw. nicht bemerkt wird; unauffällig, heimlich:* ein -es Lächeln; -e Blicke; jmdn. v. mustern.

Ver|stoh|len|heit, die; -: *das Verstohlensein.*

ver|stol|pern ⟨sw. V.; hat⟩ (Sport Jargon): *durch Stolpern verpassen, vertun, nicht nutzen können:* eine Torchance, den Ball v.

ver|stop|fen ⟨sw. V.⟩ [mhd. verstopfen, ahd. verstopfōn]: **1.** ⟨hat⟩ **a)** *durch Hineinstopfen eines geeigneten Gegenstandes od. Materials verschließen:* Ritzen v.; ich musste mir die Ohren mit Watte v.; **b)** *durch Im-Wege-Sein undurchlässig, unpassierbar machen:* Kaffeesatz hatte den Ausguss verstopft; ⟨oft im 2. Part.:⟩ eine verstopfte Düse; die Toilette ist durch Abfälle/von, mit Abfällen verstopft; die Nase ist verstopft *(voller Nasenschleim);* ich bin verstopft (ugs.; *habe keinen Stuhlgang, leide an Verstopfung* 2); Ü alle Kreuzungen waren [von Fahrzeugen] verstopft. **2.** *undurchlässig, unpassierbar werden* ⟨ist⟩: wirf den Abfall nicht in die Toilette, sie verstopft sonst; Ü die Straßen verstopfen immer mehr.

Ver|stop|fung, die; -, -en: **1.** *das Verstopfen* (1); *das Verstopftwerden, -sein.* **2.** *Stuhlverstopfung:* sie leidet an [chronischer] V.; ein Mittel gegen V.

ver|stöp|seln ⟨sw. V.; hat⟩: *zustöpseln.*

Ver|stor|ben: ↑versterben.

Ver|stor|be|ne, der u. die ⟨Dekl. ↑Abgeordnete⟩: *jmd., der verstorben ist.*

ver|stö|ren ⟨sw. V.; hat⟩ [mhd. verstœren]: *aus der Fassung, dem seelischen Gleichgewicht bringen; sehr verwirren:* der Anblick verstörte sie; du verstörst sie nur mit deiner Fragerei; ⟨oft im 2. Part.:⟩ ein verstörtes Kind; einen verstörten Eindruck machen; die Flüchtlinge waren völlig verstört.

Ver|stört|heit, die; -: *das Verstörtsein.*

Ver|stö|rung, die; -, -en ⟨Pl. selten⟩: *Verstörtheit.*

Ver|stoß, der; -es, Verstöße: *das Verstoßen* (1) *gegen etw.; Verletzung von Bestimmungen, Anordnungen, Vorschriften:* ein schwerer, leichter, grober V.; ein V. gegen den Anstand, gegen grammatische Regeln; auch der kleinste V. wurde geahndet.

ver|sto|ßen ⟨st. V.; hat⟩ [mhd. verstōʒen, ahd. firstōʒan]: **1.** *gegen etw. (eine Regel, ein Prinzip, eine Vorschrift o. Ä.) handeln, sich darüber hinwegsetzen, eine Bestimmung, Anordnung, Vorschrift verletzen:* gegen ein Tabu, den guten Geschmack, die Disziplin, die guten Sitten v.; er hat gegen die Straßenverkehrsordnung verstoßen. **2.** *aus einer Gemeinschaft ausschließen, ausstoßen:* die Tochter [aus dem Elternhaus], seine Frau v.; ein verstoßenes Kind.

Ver|sto|ßung, die; -, -en: *das Verstoßen* (2); *das Verstoßenwerden.*

ver|strah|len ⟨sw. V.; hat⟩: **1.** *ausstrahlen* (1 a): der Ofen verstrahlt eine angenehme Wärme; Ü natürlichen Charme v. **2.** *durch Radioaktivität verseuchen:* die Arbeiter wurden verstrahlt; verstrahltes Gemüse.

Ver|strah|lung, die; -, -en: **1.** *das Verstrahlen* (1). **2.** *das Verstrahlen* (2); *das Verstrahltsein.*

ver|stre|ben ⟨sw. V.; hat⟩: *mit (stützenden, [zusätzlichen] Halt gebenden) Streben versehen:* ein Gerüst v.; ⟨meist im 2. Part.:⟩ ein mit Eisenstangen verstrebtes Gewölbe.

Ver|stre|bung, die; -, -en: **1.** *das Verstreben.* **2.** *einzelne Strebe bzw. Gesamtheit von zusammengehörenden Streben.*

ver|strei|chen ⟨st. V.⟩ [mhd. verstrīchen = überstreichen; vergehen, ahd. farstrīchan = tilgen]: **1.** ⟨hat⟩ **a)** *streichend verteilen:* die Butter auf dem Brot v.; die Farbe mit einem Pinsel v.; **b)** *beim Streichen* (2 c) *verbrauchen:* wir haben acht Kilo Farbe verstrichen; **c)** *zustreichen:* Fugen sorgfältig mit Gips v. **2.** (geh.) *vergehen* (1 a) ⟨ist⟩: zwei Jahre sind seitdem verstrichen; wir dürfen die Frist nicht v. lassen; sie ließ eine Weile v., ehe sie antwortete. **3.** (Jägerspr.) *(von Federwild) das Revier verlassen* ⟨ist⟩: die Fasanen sind verstrichen.

ver|streu|en ⟨sw. V.; hat⟩: **1. a)** *streuend verteilen:* Asche auf dem Fußweg v.; **b)** *versehentlich ausstreuen, verschütten:* Zucker, Mehl auf dem Boden v. **2.** *beim Streuen* (1 a) *verbrauchen:* wir verstreuen jeden Winter ein paar Zentner Vogelfutter. **3.** *(ohne eine [erkennbare] Ordnung) da und dort verteilen:* das Kind hat seine Spielsachen im ganzen Haus verstreut; ⟨oft im 2. Part.:⟩ ihre Kleider lagen im ganzen Zimmer verstreut *(unachtsam, unordentlich an verschiedenen Stellen abgelegt);* Ü verstreute *(vereinzelte, weit auseinander liegende)* Höfe; in verschiedenen Zeitschriften verstreute Aufsätze; über die ganze Welt verstreute jüdische Gemeinschaften.

Ver|streu|ung, die; -, -en: *das Verstreuen; das Verstreutwerden, Verstreutsein.*

ver|stri|cken ⟨sw. V.; hat⟩ [mhd. verstricken = mit Stricken umschnüren, verflechten]: **1. a)** ⟨v. + sich⟩ *beim Stricken einen Fehler machen:* sich immer wieder v.; **b)** *beim Stricken verbrauchen:* ich habe schon 500 Gramm Wolle verstrickt; wir verstricken *(verwenden)* nur reine Wolle; auch dieses Material wird zu Pullovern verstrickt. **c)** ⟨v. + sich⟩ *sich in einer bestimmten Weise verstricken* (1 b) *lassen:* die Wolle verstrickt sich gut. **2.** (geh.) **a)** *jmdn. in etw. für ihn Unangenehmes hineinziehen* (5): in ein militärisches Engagement verstrickt werden; sie versuchte, ihn in ein Gespräch zu v.; **b)** ⟨v. + sich⟩ *sich durch sein eigenes Verhalten in eine schwierige, missliche od. ausweglose, verzweifelte Lage bringen:* sich in ein Lügennetz, in Widersprüchen v.

Ver|stri|ckung, die; -, -en: *das Verstricktsein.*

ver|strö|men ⟨sw. V.; hat⟩: *ausströmen* (a): einen üblen Geruch v.; ihr Körper verströmte Wärme; Ü sie verströmt Optimismus.

ver|strub|beln ⟨sw. V.; hat⟩ (ugs.): *strubbelig machen:* jmdm., sich die Haare v.; mit verstrubbeltem Kopf.

ver|stüm|meln ⟨sw. V.; hat⟩ [mhd. (md.) verstumeln]: *(durch Abtrennen einzelner Körperteile) schwer verletzen u. entstellen:* bei dem Unfall wurden mehrere Personen bis zur Unkenntlichkeit verstümmelt; Ü einen Text, jmds. Namen v. *(in entstellender Weise verkürzen).*

Ver|stüm|me|lung, Verstümmlung, die; -, -en: 1. *das Verstümmeln; das Verstümmeltwerden.* 2. *das Verstümmeltsein; das Fehlen eines Gliedes, eines Körperteils.*

ver|stum|men ⟨sw. V.; ist⟩ [mhd. verstummen] (geh.): **a)** *aufhören zu sprechen, zu singen usw.:* vor Schreck [jäh] v.; Ü das Maschinengewehr, der Lautsprecher verstummte plötzlich; die Dichterin ist verstummt *(hat aufgehört zu schreiben),* ist für immer verstummt *(ist gestorben);* **b)** *(von Lauten, Geräuschen, von Hörbarem) aufhören, enden:* das Gespräch, das Lachen, die Musik verstummte.

Ver|stümm|lung: ↑Verstümmelung.

Ver|such, der; -[e]s, -e [mhd. versuoch]: 1. **a)** *Handlung, mit der etw. versucht wird:* ein kühner, aussichtsloser, verzweifelter, missglückter, erfolgreicher, geglückter V.; ein erster V. einer Fusion; der V. ist gescheitert, fehlgeschlagen; ein V. lohnt; einen ernsten V. wagen, machen; ich will noch einen letzten V. mit ihr machen *(ihr noch eine letzte Chance geben, sich zu bewähren);* es käme auf einen V. an *(man müsste es versuchen);* **b)** *literarisches Produkt, Kunstwerk, durch das etw. versucht wird:* seine ersten lyrischen -e; (oft in Titeln:) »V. über das absurde Theater«. 2. **a)** (bes. Sport) *(einmaliges) Ausführen einer Übung in einem Wettkampf o. Ä.:* beim Weitsprung hat jeder Teilnehmer sechs -e; du hast noch einen V. frei; **b)** (Rugby) *das Niederlegen des Balles im gegnerischen Malfeld:* einen V. erzielen, legen. 3. *das Schaffen von Bedingungen, unter denen sich bestimmte Vorgänge, die Gegenstand des wissenschaftlichen Interesses sind, beobachten u. untersuchen lassen; Experiment* (1), *Test:* ein chemischer, physikalischer V.; einen V. anstellen, abbrechen, auswerten; er macht -e an Tieren.

ver|su|chen ⟨sw. V.; hat⟩ [mhd. versuochen, eigtl. = zu erfahren suchen]: 1. **a)** *(etw. Schwieriges, etw., wovon jmd. nicht sicher sein kann, ob es gelingen wird) zu tun beginnen u. so weit wie möglich ausführen:* zu fliehen v.; er versuchte vergeblich, sie zu trösten; sie hat versucht, über den Kanal zu schwimmen; er versuchte ein Lächeln, die Flucht; das Unmögliche v.; wir haben alles versucht; ich will es gern v., aber ich glaube, sie ist nicht da; wenn das nicht hilft, versuch es doch mit Kamillentee, mit gutem Zureden; er wurde wegen versuchten Mordes verurteilt; die Chefin will es noch einmal mit ihm v. *(will ihm die Gelegenheit geben, sich zu bewähren);* wir wollen es noch einmal miteinander v. *(wollen noch einmal versuchen, miteinander auszukommen);* er versuchte es bei ihrer Schwester *(er versuchte, mit ihrer Schwester zu flirten, mit ihr anzubändeln);* **b)** *durch Ausprobieren feststellen; probieren* (1): lass mich mal v., ob der Schlüssel passt; ich möchte mal v., wie schnell das Auto fährt. 2. *probieren* (3): hast du den Kuchen, den Wein schon versucht?; (auch o. Akk.-Obj.:) willst du mal [davon] v.? 3. **a)** ⟨v. + sich⟩ *sich auf einem [bestimmten] Gebiet, auf dem man [noch] unerfahren, ungeübt ist, betätigen:* sie versuchte sich an einem Roman, als Model, auf der Flöte, in der Malerei; **b)** (geh.) *erproben:* eine bestimmte Methode, seinen Sarkasmus an jmdm. v. 4. (bibl.) *auf die Probe stellen:* die Kinder mit einer Frage v.; * **versucht sein/sich versucht fühlen, etw. zu tun** *(die starke Neigung verspüren, etw. zu tun).*

Ver|su|cher, der; -s, - [mhd. versuocher] (bibl.): *jmd., der jmdn. versucht* (4): er kam als V.; Jesus und der V. (christl. Rel.; *der Teufel als Versucher*).

Ver|su|che|rin, die; -, -nen: w. Form zu ↑Versucher.

Ver|suchs|an|la|ge, die: **a)** *Anlage, mit deren Hilfe Versuche durchgeführt werden;* **b)** *neuartige, noch in der Erprobung befindliche Anlage* (z. B. Produktionsanlage).

Ver|suchs|an|ord|nung, die: *Gesamtheit der für einen wissenschaftlichen Versuch geschaffenen Bedingungen.*

Ver|suchs|an|stalt, die: *Forschungsanstalt, die sich mit der Durchführung wissenschaftlicher Versuche beschäftigt:* eine biologische, landwirtschaftliche V.

Ver|suchs|bal|lon, der (Met.): *als Sonde dienender Ballon zur Untersuchung der Atmosphäre:* Ü das neue Modell ist in erster Linie als V. gedacht *(soll Aufschlüsse über die Situation auf dem Markt, über das Verhalten, die Wünsche der Konsumenten erbringen);* einen V. starten *(einen Vorstoß unternehmen, um die Reaktionen anderer zu testen).*

Ver|suchs|ge|län|de, das: *für die Durchführung von Versuchen, von Tests benutztes Gelände.*

Ver|suchs|grup|pe, die (bes. Med., Psych.): *Gruppe von Versuchspersonen, -tieren.*

Ver|suchs|ka|nin|chen, das: 1. (selten) vgl. Versuchstier. 2. (ugs. abwertend) *Versuchsperson; jmd., an dem etw. ausprobiert werden soll.*

Ver|suchs|lei|ter, der (bes. Psych.): *jmd., unter dessen Leitung ein Versuch durchgeführt wird.*

Ver|suchs|lei|te|rin, die: w. Form zu ↑Versuchsleiter.

Ver|suchs|ob|jekt, das: vgl. Versuchsperson.

Ver|suchs|per|son, die (bes. Med., Psych.): *Person, an der, mit der ein Versuch durchgeführt wird.*

Ver|suchs|rei|he, die: *Serie von Versuchen im Rahmen einer größeren Untersuchung.*

Ver|suchs|sta|di|um, das: *Stadium, in dem noch Versuche angestellt werden, experimentiert wird, um die beste Form, Gestaltung einer Sache zu erreichen.*

Ver|suchs|stre|cke, die: *Strecke, auf der ein neu entwickeltes Fahrzeug, ein neuer Fahrbahnbelag o. Ä. erprobt wird.*

Ver|suchs|tier, das: *Tier, an dem, mit dem ein Versuch durchgeführt wird.*

ver|suchs|wei|se ⟨Adv.⟩: *als Versuch:* v. ein neues Modell einführen; ⟨mit Verbalsubstantiven auch attr.:⟩ die v. Aufhebung der Beschränkung.

Ver|suchs|zweck, der ⟨meist Pl.⟩: *in der Durchführung von Versuchen* (3) *bestehender Zweck:* die Tiere werden zu -en gehalten.

Ver|su|chung, die; -, -en [mhd. versuochunge]: 1. (bibl.) *das Versuchen* (4); *das Versuchtwerden:* die V. Jesu in der Wüste; jmdn. in V. führen *(jmdn. zu etw. Unrechtem verlocken).* 2. *das Versuchtsein (etw. Bestimmtes zu tun):* die V., diese Situation auszunutzen, war [für ihn] groß; einer V. nachgeben; sie erlag, widerstand der V., das Geld zu behalten; jmdn. in [die] V. bringen, etw. zu tun; in [die] V. kommen, geraten, etw. zu tun; sie ist die reine V. *(jmd., der andere in Versuchung führt).*

ver|sump|fen ⟨sw. V.; ist⟩: 1. *sumpfig, zu Sumpf werden:* der See ist versumpft; Ü sie wollten in dem Kaff nicht v. *(geistig verkümmern).* 2. (ugs.) *moralisch verwahrlosen:* in der Großstadt v.; wir sind letzte Nacht völlig versumpft *(haben lange gefeiert u. viel getrunken).*

Ver|sump|fung, die; -, -en: *das Versumpfen* (1).

ver|sün|di|gen, sich ⟨sw. V.; hat⟩ [mhd. (sich) versündigen] (geh.): *[an etw., jmdm.] unrecht handeln, schuldig werden:* sich an einem Mitmenschen, an der Natur v.; versündige dich nicht!

Ver|sün|di|gung, die; -, -en (geh.): *das Sichversündigen.*

Ver|sun|ken|heit, die; - (geh.): *Zustand des Versunkenseins:* selige V.; ein Geräusch riss sie aus ihrer V.

ver|sus ⟨Präp. mit Akk.⟩ [lat.] (bildungsspr.): *gegen[über]; im Gegensatz zu:* Geisteswissenschaften v. Naturwissenschaften; Abk.: vs.

ver|sü|ßen ⟨sw. V.; hat⟩ [mhd. versüeȥen]: 1. *(selten) süß machen.* 2. *angenehmer machen, erleichtern:* sich das Leben v.; man wollte ihr mit dieser Abfindung ihre Entlassung v.

ver|tä|feln ⟨sw. V.; hat⟩: *mit einer Täfelung verkleiden:* eine Wand v.

Ver|tä|fe|lung, (seltener:) **Ver|täf|lung,** die; -, -en: 1. *das Vertäfeln; das Vertäfeltwerden.* 2. *etw., womit etw. vertäfelt ist.*

ver|ta|gen ⟨sw. V.; hat⟩ [mhd. vertagen]: 1. *auf einen späteren Tag verschieben; aufschieben:* eine Sitzung, Verhandlung v.; die Entscheidung wurde [auf unbestimmte Zeit, auf später, bis auf weiteres] vertagt. 2. ⟨v. + sich⟩ *eine Sitzung o. Ä. ergebnislos abbrechen u. eine weitere Sitzung zu einem späteren Zeitpunkt ansetzen:* das Gericht vertagte sich [auf nächsten Freitag].

Ver|ta|gung, die; -, -en: *das Vertagen, Sichvertagen; das Vertagtwerden.*

ver|tän|deln ⟨sw. V.; hat⟩ (veraltend): *(Zeit) tändelnd, nutzlos verbringen:* seine Zeit v.

ver|täu|en ⟨sw. V.; hat⟩ [unter Anlehnung an ↑[2]Tau zu mniederd. vortoien = ein Schiff vor zwei Anker legen] (Seemannsspr.): *mit Tauen festbinden:* ein Boot an der Mole v.

ver|tau|schen ⟨sw. V.; hat⟩ [mhd. vertüschen = umtauschen]: 1. **a)** *etw., was einem anderen gehört, [versehentlich] [weg]nehmen u. dafür etw. anderes Gleichartiges zurücklassen:* unsere Mäntel wurden vertauscht; **b)** *austauschen* (b), *auswechseln:* die Uniform gegen einen, mit einem Straßenanzug v. 2. *eine Tätigkeit o. Ä. aufgeben u. dafür etw. anderes tun, an die Stelle setzen:* sie vertauschte die Kanzel mit dem Ministersessel; eine Auseinandersetzung mit vertauschten Rollen.

Ver|tau|schung, die; -, -en: *das Vertauschen.*

ver|tau|send|fa|chen ⟨sw. V.; hat⟩: vgl. verhundertfachen.

Ver|täu|ung, die; -, -en (Seemannsspr.): 1. *das Vertäuen; das Vertäutwerden, Vertäutsein.* 2. *Gesamtheit der Taue, mit denen etw. vertäut ist.*

ver|te|bral ⟨Adj.⟩ [zu lat. vertebra = Wirbel] (Anat., Med.): *zu einem od. mehreren Wirbeln, zur Wirbelsäule gehörend; die Wirbel, die Wirbelsäule betreffend; aus Wirbeln bestehend.*

ver|tei|di|gen ⟨sw. V.; hat⟩ [mhd. verteidingen, vertagedingen = vor Gericht verhandeln, zu: teidinc, älter: tagedinc, ahd. tagading = Verhandlung (an einem bestimmten Tage), zu ↑[1]Tag u. ↑[1]Ding]: 1. *gegen Angriffe schützen; Angriffe von jmdm., etw. abzuwehren versuchen:* sein Land, eine Stadt, die Festung v.; seine Freiheit, die Demokratie v.; sein Leben v.; sie verteidigte sich gegen die Angreifer mit bloßen Fäusten; das Tor, den Strafraum v.; ⟨auch o. Akk.-Obj.:⟩ (Sport:) wer verteidigt *(spielt als Verteidiger)* im Spiel gegen England? 2. *für eine Person, Sache, die irgendwelcher Kritik ausgesetzt ist, eintreten, sprechen, argumentieren:* jmdn., jmds. Meinung gegen Angriffe aus dem Publikum v.; »Ich habe nur meine Pflicht getan«, verteidigte sie sich *(sagte sie sich verteidigend).* 3. *(einen Angeklagten in einem Strafverfahren) vor Gericht vertreten; als Verteidiger für die Rechte des Beschuldigten eintreten u. die für diesen sprechenden Gesichtspunkte geltend machen:* er wird von Rechtsanwältin Kruse verteidigt. 4. (Sport) **a)** *(einen Spielstand) zu halten sich bemühen:* die Mannschaft konnte den Vorsprung, das 1 : 0 bis zum Schlusspfiff v.; **b)** *(einen errungenen Titel o. Ä.) zu behalten, erneut zu erringen sich bemühen:* die Tabellenführung v.; er wird seinen Titel gegen den Herausforderer v.

Ver|tei|di|ger, der; -s, -: 1. *jmd., der etw., sich, jmdn. verteidigt* (1, 2, 4 b). 2. (Sport) *Spieler, dessen Hauptfunktion es ist, gegnerische Tore zu verhindern:* der linke V. 3. *jmd., der jmdn. verteidigt* (3); *Strafverteidiger.*

Ver|tei|di|ge|rin, die; -, -nen: w. Form zu ↑Verteidiger.

Ver|tei|di|gung, die; -, -en: 1. *das Verteidigen* (1), *Sichverteidigen; das Verteidigtwerden.* 2. ⟨o. Pl.⟩ *Militärwesen:* der Minister für V. 3. (Sport)

V

Gesamtheit der Spieler einer Mannschaft, die als Verteidiger spielen: eine starke V. **4.** *das Verteidigen* (2), *Sichverteidigen:* was hast du zu deiner V. vorzubringen? **5.** *das Verteidigen* (3): das Recht auf V. **6.** *der bzw. die Verteidiger (in einem Strafverfahren):* die V. zieht ihren Antrag zurück. **7.** (Sport) *das Verteidigen* (4).

Ver|tei|di|gungs|an|la|ge, die: *der Verteidigung* (1) *dienende Anlage* (3).

Ver|tei|di|gungs|aus|ga|be, die ⟨meist Pl.⟩: *Ausgabe für die Verteidigung* (2): eine Reduzierung der -en.

Ver|tei|di|gungs|be|reit|schaft, die ⟨o. Pl.⟩: *das Bereitsein, Gerüstetsein zur Verteidigung.*

Ver|tei|di|gungs|bünd|nis, das: *Militärbündnis zur gemeinsamen Verteidigung.*

Ver|tei|di|gungs|drit|tel, das (Eishockey): *Drittel des Spielfeldes, in dem das eigene Tor steht.*

Ver|tei|di|gungs|etat, der: *die Verteidigungsausgaben betreffender Etat; Verteidigungshaushalt.*

Ver|tei|di|gungs|gür|tel, der (Milit.): *um ein zu verteidigendes Objekt od. Gebiet verlaufender Streifen Land, in dem die Verteidiger* (1) *operieren.*

Ver|tei|di|gungs|haus|halt, der: *die Verteidigungsausgaben betreffender Haushalt* (3): eine Kürzung des -s.

Ver|tei|di|gungs|kraft, die: **1.** ⟨o. Pl.⟩ *Vermögen, Kraft* (1), *etw. zu verteidigen* (1): die V. des Landes erhöhen. **2.** ⟨meist Pl.⟩ *Gesamtheit der Organe eines Landes, die der Verteidigung dienen:* die Verteidigungskräfte stehen bereit.

Ver|tei|di|gungs|krieg, der: *Krieg, in dem sich ein angegriffenes Land gegen ein anderes verteidigt; Defensivkrieg.*

Ver|tei|di|gungs|li|nie, die (Milit.): vgl. Verteidigungsgürtel.

Ver|tei|di|gungs|mi|nis|ter, der: *Minister für Verteidigung* (2).

Ver|tei|di|gungs|mi|nis|te|rin, die: w. Form zu ↑Verteidigungsminister.

Ver|tei|di|gungs|mi|nis|te|ri|um, das: *Ministerium für Verteidigung* (2).

Ver|tei|di|gungs|pakt, der: vgl. Verteidigungsbündnis.

Ver|tei|di|gungs|po|li|tik, die: *auf die Landesverteidigung ausgerichtete Politik.*

ver|tei|di|gungs|po|li|tisch ⟨Adj.⟩: *die Verteidigungspolitik betreffend.*

Ver|tei|di|gungs|re|de, die: **a)** *Plädoyer eines Verteidigers* (3); **b)** *Rede, in der jmd. etw., jmdn., sich verteidigt* (2); *Apologie* (b).

Ver|tei|di|gungs|ring, der (Milit.): vgl. Verteidigungsgürtel.

Ver|tei|di|gungs|schrift, die: vgl. Verteidigungsrede (b).

Ver|tei|di|gungs|waf|fe, die: *Waffe, die speziell der Verteidigung dient.*

ver|tei|len ⟨sw. V.; hat⟩ [mhd. verteilen = einen Urteilsspruch fällen, ahd. farteilen = des Anteils berauben, verurteilen]: **1.** *[aufteilen u. in einzelnen Anteilen, Portionen o. Ä.] an mehrere Personen vergeben, austeilen:* Flugblätter [an Passanten] v.; sie verteilte das Geld an die Armen, unter die Armen; der Spielleiter verteilt die Rollen; die Schülerinnen lasen mit verteilten Rollen *(der Text wurde laut von mehreren Schülerinnen gelesen, wobei jede eine od. auch mehrere Rollen übernahm);* Ü Lob und Tadel v. **2.** *aufteilen u. in gleicher Menge od. Anzahl an verschiedene Stellen bringen, legen, stellen usw., irgendwo unterbringen:* das Gewicht der Ladung möglichst gleichmäßig auf beide Achsen v.; die Salbe gleichmäßig auf der/(auch:) auf die Wunde v.; die Flüchtlinge wurden auf drei Lager verteilt; die Vorkommen sind über die ganze Welt verteilt; Ü die Verantwortung auf mehrere v.; bei verteiltem *(ausgeglichenem)* Spiel. **3.** ⟨v. + sich⟩ **a)** *auseinander gehen u. sich an verschiedene Plätze begeben:* die Polizei verteilte sich über den ganzen Platz; **b)** *sich ausbreiten; sich verbreiten:* gut rühren, damit sich der Farbstoff in der gesamten Masse verteilt. **4.** ⟨v. + sich⟩ *sich an verschiedenen, auseinander liegenden Orten befinden, gleichmäßig verteilt* (2) *sein:* 73 % der Bevölkerung leben auf dem Land, der Rest verteilt sich auf drei Großstädte.

Ver|tei|ler, der; -s, -: **1.** *jmd., der etw. verteilt* (1): die V. des Flugblattes wurden festgenommen. **2.** *(im Versandhandel) jmd., der für einen Kreis von Kunden Sammelbestellungen tätigt.* **3.** (Wirtsch.) *jmd., der als [Einzel]händler Waren vertreibt:* Hersteller und V. **4.** (Energiewirtschaft) *Betrieb, der Elektrizität od. Gas an die Verbraucher leitet.* **5.** (Bürow.) *Vermerk über die Empfänger auf einem Schriftstück, das in mehrfacher Ausfertigung hergestellt wird u. von dem die aufgeführten Empfänger eine Ausfertigung erhalten.* **6.** (Technik) *Zündverteiler.* **7.** (Elektrot.) *Verteilertafel, -kasten, -dose.*

Ver|tei|ler|do|se, die (Elektrot.): *Abzweigdose.*

Ver|tei|le|rin, die; -, -nen: w. Form zu ↑Verteiler (1, 2, 3).

Ver|tei|ler|kap|pe, die (Technik): *Kappe eines Zündverteilers, von der die zu den Zündkerzen führenden Kabel ausgehen.*

Ver|tei|ler|kas|ten, der (Elektrot.): vgl. Verteilertafel.

Ver|tei|ler|ta|fel, die (Elektrot.): *Schalttafel, von der aus Elektrizität in verschiedene Leitungen geleitet wird.*

Ver|tei|lung, die; -, -en: **1. a)** *das Verteilen* (1); *das Verteiltwerden:* etw. zur V. bringen (nachdrücklich; *verteilen*); zur V. gelangen, kommen (nachdrücklich; *verteilt werden*); **b)** *das Verteilen* (2); *das Verteiltwerden:* die V. der Flüchtlinge; Ü die V. der Aufgaben; **c)** (Sozialwissenschaften) *die Lebensqualität maßgeblich bestimmende Aufteilung materieller Größen (z. B. Lohn, Gewinn) u. immaterieller Größen (z. B. Freiheit, Sicherheit) auf die Mitglieder einer Gesellschaft:* eine gerechte V.; eine V. nach Leistung. **2.** (Wirtsch.) *Vertrieb* (1). **3.** *Art u. Weise, in der etw. vorhanden ist, sich verteilt* (4): die V. von Land und Wasser auf der Erdkugel. **4.** *Art u. Weise, in der etw. verteilt* (3 b) *ist:* Ruß in feinster V.

Ver|tei|lungs|kampf, der (Jargon): *Kampf um eine möglichst günstige Verteilung* (1 c).

ver|te|le|fo|nie|ren ⟨sw. V.; hat⟩ (ugs.): *für Telefonieren aufwenden, aufbrauchen:* sie vertelefoniert monatlich etwa 300 Einheiten, 200 Mark; die halbe Arbeitszeit v.

ver|teu|ern ⟨sw. V.; hat⟩ [mhd. vertiuren = (zu) teuer machen]: **1.** *teurer machen, werden lassen:* der sinkende Euro verteuert die Waren. **2.** ⟨v. + sich⟩ *teurer werden:* die Lebensmittel haben sich [weiter, um durchschnittlich 3 %] verteuert; das Leben verteuert sich.

Ver|teu|e|rung, die; -, -en: *das [Sich]verteuern.*

ver|teu|feln ⟨sw. V.; hat⟩ [mhd. vertiuvelen = zum Teufel, teuflisch werden] (abwertend): *als böse, schlimm, schlecht, gefährlich usw. hinstellen:* den politischen Gegner v.; sie verteufeln Golf als Sport für die Reichen.

ver|teu|felt ⟨Adj.⟩ (ugs. emotional): **1. a)** *schwierig u. unangenehm; vertrackt, verzwickt:* eine -e Angelegenheit, Situation; **b)** *überaus groß, stark, intensiv:* ich habe einen ganz -en Durst; **c)** ⟨intensivierend bei Adj. u. Verben⟩ *über die Maßen:* hier zieht es v.; v. schwer sein; sie spielt v. gut; das ist v. weit, wenig. **2.** *verwegen, toll:* ein -er Bursche.

Ver|teu|fe|lung, (seltener:) **Ver|teuf|lung,** die; -, -en: *das Verteufeln:* die V. des Sozialismus.

ver|ti|cken ⟨sw. V.; hat⟩ (ugs.): *verkaufen* (1 a).

ver|tie|fen ⟨sw. V.; hat⟩: **1. a)** *tiefer machen:* der Graben wurde [um 20 cm] vertieft; eine vertiefte Stelle; **b)** ⟨v. + sich⟩ *tiefer werden:* die Falten im Gesicht haben sich vertieft; Ü die Kluft zwischen ihnen vertiefte sich immer mehr. **2. a)** *bewirken, dass etw. größer, stärker wird, zunimmt:* sein Wissen v.; die Freundschaft zwischen zwei Völkern v.; vertiefte Kenntnisse; **b)** ⟨v. + sich⟩ *stärker, intensiver werden:* sein Hass vertieft sich; die Spannungen vertieften sich; **c)** *intensiver, detaillierter behandeln, ausführen:* das will ich jetzt nicht weiter v.; den Lehrstoff, das bereits Gelernte noch v. *(sich eine tiefere Einsicht verschaffen).* **3.** (Musik) *tiefer* (7 b) *machen:* einen Ton v.; ⟨meist im 2. Part.:⟩ ein [um einen Halbton] vertieftes C. **4.** ⟨v. + sich⟩ *sich auf etw. konzentrieren; sich mit etw. intensiv beschäftigen:* sich in seine Zeitung, in ein Buch v.; ganz in Gedanken, in einen Anblick vertieft sein; sie waren ins Gespräch vertieft.

Ver|tie|fung, die; -, -en: **1.** *das Vertiefen, Sichvertiefen; das Vertieftwerden.* **2.** *Teil einer Fläche, der tiefer gelegen ist als seine Umgebung; Einbuchtung, Einkerbung, Senke, Mulde:* längliche, rundliche -en.

ver|ti|kal ⟨Adj.⟩ [spätlat. verticalis, eigtl. = scheitellinig, zu lat. vertex (Gen.: verticis) = Wirbel, Scheitel, eigtl. = etw., was sich dreht od. gedreht wird, zu: vertere, ↑Vers]: *senkrecht, lotrecht:* auf -er Ebene; Ü -e hierarchische Strukturen.

Ver|ti|ka|le, die; -, -n ⟨aber: zwei -[n]⟩: *senkrechte Gerade; Senkrechte.*

Ver|ti|kal|ebe|ne, die (Fachspr.): *in Bezug auf eine andere Ebene senkrecht stehende Ebene.*

Ver|ti|kal|schnitt, der (Geom.): *senkrechter Schnitt* (9).

Ver|ti|kal|ver|schie|bung, die (Geol.): vgl. Horizontalverschiebung.

Ver|ti|ko [ˈvɛ...], das, selten: der; -s, -s [angeblich nach dem ersten Verfertiger, dem Berliner Tischler Vertikow]: *kleiner Schrank mit zwei Türen, der oben mit einer Schublade u. einem Aufsatz abschließt.*

ver|ti|ku|lie|ren usw.: ↑vertikutieren usw.

ver|ti|ku|tie|ren ⟨sw. V.; hat⟩ [wohl zu spätlat. verticalis (↑vertikal) u. frz. couteau = Messer, coutre = Pflugschar] (Gartenbau): *(mit einem dafür vorgesehenen Gerät) die Grasnarbe eines Rasens aufreißen, um den Boden zu lockern.*

Ver|ti|ku|tie|rer, der; -s, - (Gartenbau): *Gerät zum Vertikutieren.*

Ver|ti|ku|tier|ge|rät, das, **Ver|ti|ku|tier|re|chen,** der (landsch.): *Vertikutierer.*

ver|til|gen ⟨sw. V.; hat⟩ [1: mhd. vertīligen, vertilgen, ahd. fertīligōn]: **1.** *(Ungeziefer, Unkraut o. Ä.) durch gezielte Maßnahmen gänzlich zum Verschwinden bringen; ausrotten, vernichten:* Ungeziefer, Unkraut mit einem Sprühmittel v.; Ü Spuren v. *(tilgen).* **2.** (ugs. scherzh.) *(eine große Menge von etw.) aufessen, trinken:* die Kinder haben die Torte restlos vertilgt; Ü Mikroben vertilgen das Altöl.

Ver|til|gung, die; -, -en ⟨Pl. selten⟩: *das Vertilgen; das Vertilgtwerden.*

Ver|til|gungs|mit|tel, das: *Mittel zum Vertilgen von Ungeziefer, Unkraut o. Ä.*

ver|tip|pen ⟨sw. V.; hat⟩ (ugs.): **a)** *(auf einer Tastatur) durch Fehlgreifen falsch tippen:* ein Wort, einen Buchstaben v.; **b)** ⟨v. + sich⟩ *auf einer Tastatur eine falsche Zahl o. Ä. eintippen, sich darauf verschreiben:* sie vertippt sich dauernd.

ver|to|bak|ken ⟨sw. V.; hat⟩ [H. u.] (ugs. veraltend): *heftig verprügeln.*

ver|to|nen ⟨sw. V.; hat⟩: **1.** *(einen Text) in Musik setzen; (einem Text) eine Musik unterlegen:* Gedichte, ein Libretto v. **2.** *(einen Schmalfilm o. Ä.) mit untermalender Musik u. gesprochenem Kommentar versehen:* einen Film v.

ver|tö|nen ⟨sw. V.; ist⟩ (selten): *verhallen.*

Ver|to|nung, die; -, -en: **1.** *das Vertonen:* die V. eines Librettos. **2.** *musikalische Umsetzung eines Textes; in Musik umgesetzter Text:* die -en von Goethes Erlkönig.

ver|tor|fen ⟨sw. V.; ist⟩: *zu Torf werden.*

Ver|tor|fung, die; -, -en: *das Vertorfen.*

ver|trackt ⟨Adj.⟩ [urspr. 2. Part. von mhd. vertrecken = verziehen, verzerren, verwirren, zu ↑trecken] (ugs.): **a)** *schwierig, verworren, kompliziert u. nicht leicht zu bewältigen, zu lösen:* eine -e Geschichte, Situation, Lage; **b)** *ein Ärgernis darstellend:* das -e Schloss geht immer so schwer auf.

Ver|trackt|heit, die; -, -en ⟨Pl. selten⟩ (ugs.): *das Vertracktsein.*

Ver|trag, der; -[e]s, Verträge [spätmhd. (md.) vertraht, rückgeb. aus mhd. vertragen = übereinkommen]: a) *[schriftliche] rechtsgültige Abmachung zwischen zwei od. mehreren Partnern; Kontrakt:* ein langfristiger, befristeter, fester V.; ein V. auf drei Jahre, über Arbeitsbedingungen, zwischen mehreren Partnern; die Verträge treten, sind in Kraft; ihr V. läuft aus; einen V. mit jmdm. [ab]schließen, machen; einen V. brechen, lösen, erfüllen, verlängern; laut V.; jmdn. aus seinem V. entlassen; einen Künstler unter V. nehmen (Jargon; *mit ihm einen Arbeits-, Produktionsvertrag o. Ä. schließen*); einen Schauspieler unter V. haben (Jargon; *ihn vertraglich an sich gebunden haben*); die Sängerin steht, ist bei einer Plattenfirma unter V. (Jargon; *hat einen Vertrag mit einer Plattenfirma*); von einem V. zurücktreten; **b)** *Schriftstück, in dem ein Vertrag* (a) *niedergelegt ist:* einen V. aufsetzen; einen V. unterzeichnen, unterschreiben, ratifizieren.

ver|tra|gen ⟨st. V.; hat⟩ [mhd. vertragen, ahd. fartragan = ertragen]: **1. a)** *widerstandsfähig genug sein, um bestimmte äußere Einflüsse, Einwirkungen o. Ä. physisch, psychisch zu ertragen, auszuhalten, ohne Schaden zu nehmen:* die Pflanze verträgt keinen Zug, kann [keine] Sonne v.; das Klima [nicht] gut v.; Rauch, Lärm, Aufregungen schlecht v.; **b)** *jmdm. bekommen; jmdm., bes. jmds. Magen, Herz o. Ä., zuträglich sein:* keinen Kaffee, Alkohol v.; er kann eine Menge v. (ugs.; *viel Alkohol trinken, ohne dass er betrunken wird*); das Essen, fette Sachen v. *(unbeschadet essen können)*; ein Medikament gut, schlecht v.; ihr Magen verträgt alles *(ist unempfindlich)*; Ü ich könnte jetzt einen Schnaps v. (ugs.; *hätte ihn nötig, würde ihn gern trinken*); **c)** (ugs.) *leiden können; ohne Verärgerung, Kränkung, Widerspruch ertragen, hinnehmen:* [keine] Kritik, [keinen] Spaß v.; Ü die Sache verträgt keinen Aufschub (geh.; *darf nicht aufgeschoben werden*). **2.** ⟨v. + sich⟩ *ohne Streit, in Eintracht mit jmdm. leben; mit jmdm. auskommen:* sich [miteinander] v.; ich vertrage mich gut mit ihr; die beiden vertragen sich wieder (ugs.; *sind wieder einig*); Ü die beiden Farben vertragen sich nicht (ugs.; *passen nicht zusammen*); sein Verhalten verträgt sich nicht mit seiner gesellschaftlichen Stellung *(ist nicht damit vereinbar)*. **3.** (landsch.) *abtragen* (3): ein Kleidungsstück schnell v. **4.** (schweiz.) *(Zeitungen o. Ä.) austragen:* Zeitungen v.

ver|trag|lich ⟨Adj.⟩: *durch Vertrag; in einem Vertrag (festgelegt, geregelt):* eine -e Vereinbarung; etw. v. regeln, festlegen, zusichern; v. zu etw. verpflichtet sein.

ver|träg|lich ⟨Adj.⟩ [mhd. vertregelich = erträglich]: **1. a)** *sich vertragen* (1 a) *lassend:* biologisch -e Materialien; **b)** *sich gut vertragen* (1 b) *lassend; bekömmlich:* -e Speisen; das Medikament ist gut v. *(belastet den Magen nicht)*; **c)** *sich vertragen* (1 c) *lassend; hinnehmbar.* **2.** *sich mit anderen Menschen gut vertragend* (2): ein -er Mensch; sie ist sehr v. **3.** *vereinbar:* ein Projekt, das mit der Natur v. ist.

-ver|träg|lich: drückt in Bildungen mit Substantiven aus, dass die beschriebene Sache mit etw. in Einklang, Übereinstimmung gebracht ist, mit etw. harmoniert, unschädlich, ungefährlich für etw. ist: körper-, naturverträglich.

Ver|träg|lich|keit, die; -, -en ⟨Pl. selten⟩: *das Verträglichsein.*

Ver|trags|ab|schluss, der: *Abschluss eines Vertrages:* es kam zu keinem V.

Ver|trags|bruch, der: *das Nichterfüllen, Nichteinhalten eines Vertrages.*

ver|trags|brü|chig ⟨Adj.⟩: *einen Vertrag nicht erfüllend, nicht einhaltend:* v. werden, sein.

ver|trag|schlie|ßend ⟨Adj.⟩: *einen Vertrag schließend:* die -en Parteien.

Ver|trags|ent|wurf, der: *Entwurf eines Vertrages:* der vorgelegte V. wurde abgelehnt.

ver|trags|ge|mäß ⟨Adj.⟩: *dem jeweiligen Vertrag entsprechend:* eine -e Lieferung der Waren.

Ver|trags|händ|ler, der: *selbstständiger Groß- od. Einzelhändler, der Waren eines Herstellers im eigenen Namen für eigene Rechnung verkauft:* die V. von BMW.

Ver|trags|händ|le|rin, die: w. Form zu ↑Vertragshändler.

Ver|trags|par|tei, die: *Person, Gruppe o. Ä., die mit [einer] anderen einen Vertrag schließt od. geschlossen hat.*

Ver|trags|part|ner, der: *Vertragspartei; Kontrahent* (2).

Ver|trags|part|ne|rin, die: w. Form zu ↑Vertragspartner.

Ver|trags|schluss, der: *das Schließen eines Vertrages.*

Ver|trags|text, der: *Text, Wortlaut eines Vertrages.*

Ver|trags|ver|let|zung, die: *Verstoß gegen vertraglich festgelegte Bestimmungen o. Ä.*

Ver|trags|werk, das: *umfangreicher Vertrag.*

ver|trags|wid|rig ⟨Adj.⟩: *einem Vertrag zuwiderlaufend; nicht vertragsgemäß.*

ver|trau|en ⟨sw. V.; hat⟩ [mhd. vertrūwen, ahd. fertrūēn]: **1.** *in jmdn., etw. sein Vertrauen setzen; auf jmdn., etw. bauen* (6); *sicher sein, dass man sich auf jmdn., etw. verlassen kann:* jmdm. voll, blind, blindlings, fest v.; jmds. Worten, Zusagen v.; seinem Gefühl, dem Zufall v.; auf Gott, auf sein Glück v. **2.** (geh. veraltend) **a)** *anvertrauen* (2 a). **b)** ⟨v. + sich⟩ *anvertrauen* (2 b).

Ver|trau|en, das; -s [mhd. vertrūwen]: *festes Überzeugtsein von der Verlässlichkeit, Zuverlässigkeit einer Person, Sache:* volles, gegenseitiges, unbegrenztes, unerschütterliches, blindes V.; mangelndes V. in das politische System; V. zu jmdm. haben; jmds. V. genießen, besitzen *(von jmdm. als vertrauenswürdig angesehen werden)*; jmds. V. gewinnen; sein V. einbüßen; jmdm. V. einflößen; einen V. erweckenden, einflößenden Eindruck machen; jmdm. V. schenken, entgegenbringen, beweisen *(jmdm. vertrauen)*; jmds. V. enttäuschen, erschüttern; das V. zu jmdm., einer Sache verlieren; Sie haben mein vollstes V.; er hat wenig V. zu sich selbst; dem Kanzler, der Regierung das V. entziehen, aussprechen (Parl.; *ein Misstrauens- bzw. Vertrauensvotum abgeben*); sie ist eine Frau seines -s *(der er voll vertraut)*; V. auf Gott; sein V. auf/in jmdn., etw. setzen *(jmdm., einer Sache vertrauen)*; wir danken Ihnen für das in uns gesetzte V.; jmdm. etw. im V. sagen *(vertraulich mitteilen)*; im V. gesagt, ich halte nicht viel davon; jmdn. ins V. ziehen; R V. gegen V.; V. ist gut, Kontrolle ist besser.

ver|trau|en|er|we|ckend ⟨Adj.⟩: *schnell Vertrauen gewinnend; Vertrauen einflößend:* einen sehr -en Eindruck machen; nicht sehr v. wirken.

Ver|trau|ens|an|walt, der: *Wahlverteidiger.*

Ver|trau|ens|an|wäl|tin, die: w. Form zu ↑Vertrauensanwalt.

Ver|trau|ens|arzt, der: **1.** *Arzt, der im Auftrag der gesetzlichen Kranken- u. Rentenversicherung Krankheitsfälle von Versicherten bes. im Hinblick auf Arbeitsunfähigkeit, Berufs- od. Erwerbsunfähigkeit zu begutachten hat.* **2.** *Arzt, der als Berater einer privaten Krankenversicherung tätig ist.*

Ver|trau|ens|ärz|tin, die: w. Form zu ↑Vertrauensarzt.

ver|trau|ens|ärzt|lich ⟨Adj.⟩: *durch den Vertrauensarzt vorgenommen usw.:* eine -e Untersuchung.

Ver|trau|ens|ba|sis, die ⟨o. Pl.⟩: *Vertrauensverhältnis (als Voraussetzung für eine Kommunikation, Zusammenarbeit o. Ä.).*

ver|trau|ens|bil|dend ⟨Adj.⟩ (bes. Politik): *zur Bildung gegenseitigen Vertrauens beitragend:* -e Maßnahmen.

Ver|trau|ens|bruch, der: [1]*Bruch* (3 a), *schwer wiegende Verletzung des Vertrauens:* einen V. begehen.

Ver|trau|ens|fra|ge, die: **1.** ⟨Pl. selten⟩ *Sache, Angelegenheit, bei der jmds. Vertrauen zu [einem] anderen ausschlaggebend ist:* es ist eine V., ob man ihr diese Arbeit anvertraut oder nicht. **2.** (Parl.) *von der Regierung bzw. dem Regierungschef an das Parlament gerichteter Antrag, durch Mehrheitsbeschluss dem Antragsteller das Vertrauen auszusprechen:* der Kanzler wird die V. stellen.

Ver|trau|ens|frau, die: vgl. Vertrauensmann.

Ver|trau|ens|leh|rer, der (Schulw.): *Lehrer, der das Amt hat, bei Problemen, Schwierigkeiten zwischen Schülern u. Lehrern bzw. Schülern u. Schule zu vermitteln.*

Ver|trau|ens|leh|re|rin, die: w. Form zu ↑Vertrauenslehrer.

Ver|trau|ens|leu|te: **1.** Pl. von ↑Vertrauensmann (1). **2.** *Gesamtheit der Vertrauensfrauen u. Vertrauensmänner.*

Ver|trau|ens|leu|te|kör|per, der: *gewähltes gewerkschaftliches Gremium innerhalb eines Unternehmens.*

Ver|trau|ens|mann, der: **1.** ⟨Pl. ...leute⟩ *Angehöriger des Vertrauensleutekörpers einer Gewerkschaft.* **2.** ⟨Pl. ...männer, ...leute⟩ *Einzelperson, die die Interessen einer Gruppe gegenüber übergeordneten Stellen vertritt:* der V. der Schwerbeschädigten. **3.** ⟨Pl. ...männer⟩ *jmd., der als vertrauenswürdige Persönlichkeit bei schwierigen od. geheimen Geschäften vertrauliche Verhandlungen für einen anderen führt.* **4.** (Rechtsspr.) *V-Mann.*

Ver|trau|ens|per|son, die: *jmd., der großes Vertrauen genießt, der als zuverlässig gilt.*

Ver|trau|ens|sa|che, die: **1.** ⟨Pl. selten⟩ *Angelegenheit, Sache des Vertrauens; Vertrauensfrage* (1). **2.** *Sache, Angelegenheit, die vertraulich behandelt werden muss:* eine geheime V.

Ver|trau|ens|schwund, der: *Schwund, Abnahme des Vertrauens.*

ver|trau|ens|se|lig ⟨Adj.⟩: *allzu schnell od. leicht bereit, anderen zu vertrauen; allzu arglos sich anderen anvertrauend usw.:* der Alkohol machte sie v.

Ver|trau|ens|se|lig|keit, die ⟨o. Pl.⟩: *das Vertrauensseligsein.*

Ver|trau|ens|stel|lung, die: *Stellung* (3, 4), *die große Zuverlässigkeit u. Vertrauenswürdigkeit voraussetzt:* eine V. haben.

Ver|trau|ens|ver|hält|nis, das: *auf gegenseitiges Vertrauen gegründetes Verhältnis von Personen o. Ä. zueinander:* ein V. haben; ein V. zwischen den Parteien herstellen.

ver|trau|ens|voll ⟨Adj.⟩: **a)** *voller Vertrauen:* -e Beziehungen; v. in die Zukunft blicken; **b)** *in gegenseitigem Vertrauen stattfindend:* eine -e Zusammenarbeit; wenden Sie sich v. (ugs.; *ohne Scheu*) an meinen Vertreter.

Ver|trau|ens|vo|tum, das: *Beschluss, Erklärung, mit der jmd. jmdm. sein Vertrauen ausspricht.*

ver|trau|ens|wür|dig ⟨Adj.⟩: *Vertrauen verdienend; als zuverlässig erscheinend:* einen -en Eindruck machen; sie ist, wirkt [nicht, wenig] v.

Ver|trau|ens|wür|dig|keit, die; -: *das Vertrauenswürdigsein.*

ver|trau|lich ⟨Adj.⟩ [zu ↑vertrauen]: **1.** *nicht für die Öffentlichkeit bestimmt; mit Diskretion zu behandeln; geheim* (a): eine -e Unterredung, Information; ein -er Bericht; ein Brief mit -em Inhalt; etw. ist streng v.; etw. auf Wunsch v. behandeln; jmdm. etw. v. sagen, mitteilen. **2.** *freundschaftlich, persönlich, vertraut* (a): in -em Ton miteinander sprechen; sie wird sehr schnell [allzu] v.

Ver|trau|lich|keit, die; -, -en: **1.** ⟨o. Pl.⟩ **a)** *das Vertraulichsein* (1); *Diskretion:* wir können Ihnen V. zusichern; **b)** *das Vertraulichsein* (2); *Vertrautheit.* **2.** ⟨häufig Pl.⟩ *[allzu] undistanziertes Verhalten; Zudringlichkeit:* sich -en erlauben.

ver|träu|men ⟨sw. V.; hat⟩: *untätig, mit Träumereien verbringen, zubringen:* den Sonntag im Liegestuhl v.

ver|träumt ⟨Adj.⟩: **1.** *in seinen Träumen* (2 a), *Fantasien lebend (u. dadurch der Wirklichkeit entrückt):* ein -es Kind; v. lächeln. **2.** *fern, abseits vom lauten Getriebe; idyllisch:* ein -es Dörfchen; der Ort ist noch ganz v., liegt v. in einem Tal.

Ver|träumt|heit, die; -: *das Verträumtsein.*

ver|traut ⟨Adj.⟩: **a)** *in naher Beziehung zu jmdm.*

stehend; eng verbunden; intim (1): -e Freunde; sie haben -en Umgang; **b)** *wohl bekannt, gewohnt, nicht fremd:* ein -es Gesicht; eine -e Erscheinung; die Umgebung ist ihr wenig v.; etw. kommt jmdm. [seltsam] v. vor; sie ist mit der Materie gut v. *(kennt sie gut);* sich mit den Regeln v. machen [müssen] *(sie erlernen, sich einprägen [müssen]);* sich mit einem Gedanken v. machen *(sich daran gewöhnen).*

Ver|trau|te, der u. die; -n, -n ⟨Dekl. ↑Abgeordnete⟩: *jmd., in den jmd. sein Vertrauen gesetzt hat, dem jmd. sich guten Gewissens anvertrauen kann; intimer Freund, intime Freundin.*

Ver|traut|heit, die; -, -en ⟨Pl. selten⟩: **1.** ⟨o. Pl.⟩ *das Vertrautsein:* meine V. mit diesem Land. **2.** *Form, Ausdruck eines vertrauten Umgangs.*

ver|trei|ben ⟨st. V.; hat⟩ [mhd. vertrīben, ahd. fartrīban]: **1. a)** *zum Verlassen eines Ortes zwingen:* Menschen aus ihren Häusern, aus ihrer Heimat, von Haus und Hof v.; durch Pogrome vertriebene Juden; ich wollte sie nicht von ihrem Platz v. (scherzh.; *wollte sie nicht veranlassen wegzugehen, aufzustehen*); hoffentlich habe ich Sie nicht vertrieben *(gehen Sie nicht meinetwegen fort)*?; Ü sie hat mit ihren Launen die Kunden vertrieben; **b)** *(bes. [lästige] Tiere) verscheuchen, verjagen:* Mücken v.; die Hühner aus dem Garten v.; Ü der Wind vertreibt die Wolken *(treibt sie weg);* der Kaffee wird deine Müdigkeit, die Tablette deine Kopfschmerzen v. **2.** *(bestimmte Waren) [im Großen] verkaufen, damit handeln:* Düngemittel v.; er vertreibt die Bücher auf Messen, im Buchhandel; dieses Produkt wird nur vom Fachhandel vertrieben. **3.** (Fachspr.) *(beim Malen) Farben verwischen, um Abstufungen zu erzielen.*

Ver|trei|ber, der: *jmd., der etw. vertreibt* (2): Hersteller und V. von Pkws.

Ver|trei|be|rin, die; -, -nen: w. Form zu ↑Vertreiber.

Ver|trei|bung, die; -, -en: **1.** *das Vertreiben* (1 a): die V. der Hugenotten aus Frankreich. **2.** (Kaufmannsspr. selten) *Vertrieb* (1).

ver|tret|bar ⟨Adj.⟩: *sich vertreten* (3), *als berechtigt ansehen lassend:* -e Kosten; ein -er Standpunkt; eine Sanierung ist, erscheint aus Kostengründen nicht v.

Ver|tret|bar|keit, die; -: *das Vertretbarsein.*

ver|tre|ten ⟨st. V.; hat⟩ [mhd. vertreten = niedertreten, zertreten; an jmds. Stelle treten, ahd. fartretan = niedertreten, zertreten]: **1. a)** *vorübergehend jmds. Stelle einnehmen u. seine Aufgaben übernehmen:* einen erkrankten Kollegen v.; jmdn. bei einem Empfang, in seinem Amt, während seines Urlaubs v.; Ü ein Pappkarton vertritt bei ihr den Koffer *(dient ihr als Koffer);* **b)** *(als jmds. Vertreter, Beauftragter o. Ä.) jmds. Interessen, Rechte wahrnehmen:* die Interessen der Arbeiter v.; der Abgeordnete vertritt seinen Wahlkreis im Parlament; der Beschuldigte lässt sich [in einem Prozess, vor Gericht] durch eine Anwältin v.; **c)** *als Repräsentant o. Ä., in jmds. Auftrag tätig sein, eine bestimmte Tätigkeit ausüben:* eine Institution, ein Unternehmen, eine Firma v.; er vertritt sein Land als Diplomat bei der UNO; die Sportlerin vertritt ihr Land bei den Olympischen Spielen *(tritt als Vertreterin ihres Landes auf);* Ü Professorin Maier vertritt *(lehrt)* an der Universität das Fach Informatik; **d)** *als Handelsvertreter für eine Firma tätig sein:* er vertritt mehrere Verlage im süddeutschen Raum. **2.** ⟨nur in einer zusammengesetzten Zeitform in Verbindung mit sein⟩ **a)** *(neben anderen) anwesend, zugegen sein:* bei der Preisverleihung waren auch Fotografen vertreten; **b)** *(neben anderen) vorhanden sein, vorkommen:* etw. ist [zahlenmäßig] stark, schwach vertreten. **3.** *etw. bes. als Überzeugung, als Standpunkt o. Ä. haben u. dafür einstehen; sich zu etw. bekennen u. es verteidigen:* eine These, eine Meinung, einen Grundsatz v.; unsere Partei vertritt liberale Positionen; wer hat diese Anordnung zu v.? *(wer ist dafür verantwortlich?).* **4.** ⟨v. + sich⟩ *sich durch ungeschicktes Auftreten, Stolpern o. Ä. eine Zerrung od. Verstauchung am Fuß zuziehen:* ich habe mir den Fuß vertreten. **5.** (landsch.) *durch Begehen abnutzen:* Stufen v.; ein vertretener Läufer. **6.** (landsch.) *austreten* (2 c) *u. in einen unansehnlichen, unbrauchbaren Zustand bringen:* seine Schuhe schnell v.

Ver|tre|ter, der; -s, - [mhd. vertreter]: **1. a)** *jmd., der vorübergehend jmdn. vertritt* (1 a); **b)** *jmd., der einen anderen, eine Gruppe vertritt* (1 b): die Abgeordneten als gewählte V. des Volkes; der Staatsanwalt fungiert als V. der Anklage; **c)** *jmd., der im Auftrag eines anderen tätig ist, der jmdn. vertritt* (1 c); *Repräsentant:* die V. des Staates, der Kirche; sie sprach mit führenden -n der Wirtschaft; die diplomatischen V. *(Diplomaten);* **d)** *Handelsvertreter:* er ist V. einer Textilfirma; ein V. für Staubsauger. **2.** *jmd., der in seiner Person etw. Bestimmtes repräsentiert, verkörpert:* ein führender V. des Behaviorismus. **3.** *Anhänger, Verfechter:* die V. dieser Ideen sind überall zu finden. **4.** (ugs. häufig abwertend): *Mann mit bestimmten charakteristischen Eigenschaften:* ein übler, sauberer V.!; was ist das für ein komischer V.?

Ver|tre|te|rin, die; -, -nen: w. Form zu ↑Vertreter (1–3).

Ver|tre|tung, die; -, -en: **1.** *das Vertreten* (1): die V. eines erkrankten Kollegen übernehmen; in V. *(als Vertreter)* des Ministers; abgekürzt in Geschäftsbriefen o. Ä.: i. V., I. V. Hans Mayer; jmdn. mit der V. eines anderen beauftragen, betrauen. **2.** *Person, die jmdn. vorübergehend vertritt* (1 a): der Arzt hat zurzeit eine V.; sie ist die V. für, von Frau Mayer. **3. a)** *Person od. Gruppe von Personen, Delegation, deren Aufgabe es ist, jmdn., etw. zu vertreten* (1 c): die gewählte V. der Arbeitnehmer; **b)** *Sitz einer Vertretung* (3 a): eine diplomatische, konsularische V. eröffnen. **4.** (Sport) *delegierte Mannschaft, Riege o. Ä.:* die deutsche V. siegte 1 : 0. **5. a)** *Vermittlung des Verkaufs für ein Unternehmen; Handelsvertretung:* sie hat die V. für Schuhe der Firma X; **b)** *Niederlassung eines Unternehmens, Repräsentanz:* eine V. in China eröffnen.

Ver|tre|tungs|stun|de, die: *Unterrichtsstunde, die ein Lehrer in Vertretung eines Kollegen hält:* eine V. haben.

ver|tre|tungs|wei|se ⟨Adv.⟩: *in Vertretung* (1); *stellvertretend:* sie arbeitet nur v. in dieser Firma.

Ver|trieb, der; -[e]s, -e ⟨Pl. selten⟩: **1.** ⟨o. Pl.⟩ *Vorbereitung u. Durchführung betrieblicher Arbeiten u. Maßnahmen, die darauf abzielen, dass die gefertigten Produkte (od. auch Dienstleistungen) auf den entsprechenden Markt gelangen, dort angeboten werden können:* der V. dieser Fachzeitschriften kann noch verbessert werden; die Kosten für den V. berechnen. **2.** kurz für ↑Vertriebsabteilung: im V. arbeiten.

Ver|trie|be|ne, der u. die; -n, -n ⟨Dekl. ↑Abgeordnete⟩: *jmd., der aus seiner Heimat vertrieben* (1 a), *ausgewiesen wurde.*

Ver|triebs|ab|tei|lung, die: *Abteilung eines Unternehmens, die den Vertrieb* (1) *der Produkte abwickelt.*

Ver|triebs|ge|sell|schaft, die: *Gesellschaft, die den Vertrieb* (1) *der Produkte eines od. mehrerer Unternehmen vornimmt:* eine [gemeinsame] V. gründen.

Ver|triebs|kos|ten ⟨Pl.⟩: *Kosten des Vertriebs* (1).

Ver|triebs|lei|ter, der: *jmd., der einen Vertrieb* (2) *leitet.*

Ver|triebs|lei|te|rin, die: w. Form zu ↑Vertriebsleiter.

Ver|triebs|netz, das: *vielfältig verflochtenes System von Vertriebswegen:* ein ausgebautes V.

Ver|triebs|stel|le, die: *Ort, Stelle, von der aus etw. vertrieben* (2) *wird.*

Ver|triebs|weg, der: *Weg* (4) *für den Vertrieb* (1); *Art und Weise, in der ein Produkt vertrieben* (2) *wird:* die -e ausweiten.

ver|trim|men ⟨sw. V.; hat⟩ (ugs.): *heftig verprügeln.*

ver|trin|ken ⟨st. V.; hat⟩ [mhd. vertrinken]: *(Geld, seinen Besitz) durch Trinken* (3 d) *verbrauchen, aufzehren:* sein Geld, ganzes Vermögen v.; Ü er vertrank seinen Kummer (landsch.; *versuchte ihn durch Trinken* 3 d *zu vergessen).*

ver|trock|nen ⟨sw. V.; ist⟩ [spätmhd. vertruckenen]: **a)** *(von etw., was normalerweise einen bestimmten Feuchtigkeitsgehalt hat) völlig trocken [u. dabei dürr, hart, spröde usw.] werden:* bei der Hitze sind die Pflanzen vertrocknet; vertrocknete Brotscheiben, Blumen; vertrocknetes *(verdorrtes)* Gras; Ü ein völlig vertrockneter *(unlebendig, starr wirkender)* Mensch; **b)** *völlig austrocknen, kein Wasser mehr enthalten, führen:* der Brunnen, das Flussbett ist vertrocknet.

ver|trö|deln ⟨sw. V.; hat⟩: (ugs. abwertend) *(Zeit) trödelnd verbringen, vergeuden:* die Zeit v.; er vertrödelte zu viel Zeit.

ver|tröp|feln ⟨sw. V.; ist⟩: *tröpfelnd zu Ende gehen, ausgehen* (8); Ü jeder Beifall vertröpfelt einmal.

ver|trop|fen ⟨sw. V.⟩: **1.** ⟨hat⟩ **a)** *in Tropfen, tropfenweise verschütten:* Wachs v.; **b)** *mit Tropfen beschmutzen:* sie hat die ganze Tischdecke vertropft; ein vertropfter Herd. **2.** *tropfend zu Ende gehen, ausgehen* (8) ⟨ist⟩: das Rinnsal vertropft.

ver|trös|ten ⟨sw. V.; hat⟩ [mhd. (sich) vertrœsten, ahd. fertrōsten = Bürgschaft leisten]: *(im Hinblick auf etw., was man jmdm. nicht [sofort] gewähren, geben usw. kann od. will) Versprechungen, Hoffnung auf einen späteren Zeitpunkt machen:* jmdn. auf eine spätere Zeit, von einem Tag auf den anderen v.

ver|trot|teln ⟨sw. V.; ist⟩ (ugs.): *trottelig, zum Trottel werden:* er vertrottelt zusehends, immer mehr; ⟨oft im 2. Part.:⟩ ein völlig vertrottelter alter Mann.

ver|trus|ten [fɛɐ̯ˈtrastn̩] ⟨sw. V.; hat⟩ (Wirtsch.): *(Unternehmen) zu einem Trust vereinigen.*

Ver|trus|tung, die; -, -en: *das Vertrusten; das Vertrustetwerden.*

ver|tü|dern, sich ⟨sw. V.; hat⟩ [zu ↑tüdern] (nordd. ugs.): *sich verwirren* (2 b); *durcheinander kommen.*

ver|tun ⟨unr. V.; hat⟩ [1: mhd. vertuon, ahd. fertuon]: **1.** *etw. (Wertvolles, Unwiderbringliches o. Ä.) nutzlos, mit nichtigen Dingen verschwenden, vergeuden:* Zeit, Geld nutzlos v.; eine Chance v.; all ihre Mühe war vertan *(vergeblich);* eine vertane *(nicht genutzte)* Gelegenheit. **2.** ⟨v. + sich⟩ (ugs.) *sich (bei etw.) irren, einen Fehler machen:* sich beim Rechnen, Eintippen v.; ⟨subst.:⟩ Da gibts kein Vertun (landsch.; *das ist unbezweifelbar, ist wirklich so).*

ver|tu|schen ⟨sw. V.; hat⟩ [mhd. vertuschen, H. u.; fälschlich an ↑Tusche angelehnt]: *etw., wovon man nicht möchte, dass es bekannt wird, verheimlichen, geheim halten, geflissentlich verbergen:* einen Skandal v.; der Betrug ließ sich nicht v.

Ver|tu|schung, die; -, -en: *das Vertuschen.*

ver|übeln ⟨sw. V.; hat⟩: *etw., was ein anderer tut, mit Verärgerung aufnehmen, empfindlich darauf reagieren; übel nehmen:* man hat ihr sehr verübelt, dass sie so eigensüchtig gehandelt hat.

ver|üben ⟨sw. V.; hat⟩: *(ein Verbrechen, eine Übeltat o. Ä.) ausführen, begehen:* ein Attentat, Verbrechen, einen Anschlag v.; Selbstmord v.

ver|ul|ken ⟨sw. V.; hat⟩: *sich über jmdn., etw. spottend lustig machen.*

ver|um|la|gen ⟨sw. V.; hat⟩ (österr. Amtsspr.): *(Kosten o. Ä.) umlegen* (6).

ver|um|ständ|li|chen ⟨sw. V.; hat⟩ (bes. schweiz.): *umständlich[er] machen, komplizieren.*

ver|un|ech|ten ⟨sw. V.; hat⟩ (Fachspr.): *(historische Quellen o. Ä.) fälschen.*

ver|un|eh|ren ⟨sw. V.; hat⟩ (veraltet): *das Ansehen einer Person, Institution schädigen.*

ver|un|fal|len ⟨sw. V.; ist⟩ (Amtsspr., bes. schweiz.): *einen Unfall erleiden; verunglücken* (1): mit dem Auto, am Arbeitsplatz v.; ein verunfalltes *(bei einem Unfall beschädigtes)* Fahrzeug.

Ver|un|fall|te, der u. die; -n, -n ⟨Dekl. ↑Abgeordnete⟩ (Amtsspr., bes. schweiz.): *jmd., der einen Unfall gehabt hat.*

ver|un|glimp|fen ⟨sw. V.; hat⟩ (geh.): *schmähen, beleidigen; mit Worten herabsetzen; diffamieren, verächtlich machen:* jmdn., jmds. Ehre v.; den politischen Gegner v.

Ver|un|glimp|fung, die; -, -en: *das Verunglimpfen.*

ver|un|glü|cken ⟨sw. V.; ist⟩: **1.** *einen Unfall erleiden:* tödlich v.; er ist [mit dem Auto] verunglückt. **2.** (scherzh.) *missglücken; misslingen:* der Kuchen ist verunglückt *(nicht geraten);* ein etwas verunglücktes *(schlechtes)* Bild; eine verunglückte Rede.

Ver|un|glück|te, der u. die; -n, -n ⟨Dekl. ↑Abgeordnete⟩: *jmd., der verunglückt ist.*

ver|un|kla|ren, (bes. schweiz.:) **ver|un|klä|ren** ⟨sw. V.; hat⟩: *(einen Sachverhalt) unklar machen, erscheinen lassen.*

ver|un|krau|ten ⟨sw. V.; ist⟩: *von Unkraut überwuchert werden.*

ver|un|mög|li|chen [auch: – –ˈ– – –] ⟨sw. V.; hat⟩ (bes. schweiz.): *unmöglich machen; hindern.*

ver|un|rei|ni|gen ⟨sw. V.; hat⟩ [mhd. verunreinigen]: **a)** (geh.) *beschmutzen, besudeln:* den Fußboden, seine Kleider v.; **b)** *(mit unerwünschten Stoffen) verschmutzen, unrein machen:* die Fabriken verunreinigen mit ihren Emissionen die Luft; verunreinigte Flüsse.

Ver|un|rei|ni|gung, die; -, -en: **1.** *das Verunreinigen:* die V. der Luft. **2.** *verunreinigender Stoff:* eine V. beseitigen.

ver|un|si|chern ⟨sw. V.; hat⟩: *(im Hinblick auf den Standpunkt, die Überzeugung o. Ä.) unsicher machen:* die Bevölkerung v.; sie ist, wirkt ganz verunsichert.

Ver|un|si|che|rung, die; -, -en: *das Verunsichern; das Verunsichertwerden, Verunsichertsein.*

ver|un|stal|ten ⟨sw. V.; hat⟩ [zu ↑ungestalt]: *sehr unschön, sehr hässlich erscheinen lassen; sehr entstellen* (1): du verunstaltest dich mit dieser Frisur; diese Fabrik verunstaltet das Landschaftsbild.

Ver|un|stal|tung, die; -, -en: **1.** *das Verunstalten.* **2.** *etw. Verunstaltendes.*

ver|un|treu|en ⟨sw. V.; hat⟩ [mhd. veruntriuwen = gegen jmdn. treulos sein] (Rechtsspr.): *unterschlagen* (a): Gelder v.

Ver|un|treu|er, der; -s, - (Rechtsspr.): *jmd., der etw. veruntreut.*

Ver|un|treu|e|rin, die; -, -nen: w. Form zu ↑Veruntreuer.

Ver|un|treu|ung, die; -, -en (Rechtsspr.): *das Veruntreuen.*

ver|un|zie|ren ⟨sw. V.; hat⟩: *unschön erscheinen lassen; den Anblick bes. einer Sache verderben:* Flecke verunzierten den Teppich.

Ver|un|zie|rung, die; -, -en: **1.** *das Verunzieren.* **2.** *etw. Verunzierendes.*

ver|ur|kun|den ⟨sw. V.; hat⟩ (schweiz.): *(bes. einen Grundstücksverkauf) notariell beurkunden* (1).

ver|ur|sa|chen ⟨sw. V.; hat⟩: *die Ursache, der Urheber von etw. (Unerwünschtem o. Ä.) sein; hervorrufen, bewirken:* Mühe, Arbeit, Umstände v.; Ärger, Missmut v.; durch Unachtsamkeit einen Unfall v.; Kosten v.; einen Strafstoß, Foulelfmeter v.

Ver|ur|sa|cher, der; -s, - (bes. Amtsspr.): *Person, auch Sache, die etw. verursacht hat; jmd., der an etw. die Schuld trägt.*

Ver|ur|sa|che|rin, die; -, -nen: w. Form zu ↑Verursacher.

Ver|ur|sa|cher|prin|zip, das ⟨o. Pl.⟩ (bes. Rechtsspr.): *Grundsatz, nach dem derjenige, der durch sein Verhalten, Vorgehen o. Ä. Kosten verursacht, diese auch zu tragen hat.*

Ver|ur|sa|chung, die; -: *das Verursachen.*

ver|ur|tei|len ⟨sw. V.; hat⟩ [mhd. verurteilen]: **1.** *durch Gerichtsbeschluss mit einer bestimmten Strafe belegen:* jmdn. zu einer Haftstrafe, zu Gefängnis, zu 4 Monaten [Gefängnis] v.; sie wurde zum Tode verurteilt; ⟨auch o. Präp.-Obj.:⟩ die Angeklagte ist rechtskräftig verurteilt worden; Ü er war zum Schweigen verurteilt *(musste schweigen);* etw. ist zur Bedeutungslosigkeit verurteilt *(kann sich nicht entfalten).* **2.** *jmdn., etw. sehr kritisch beurteilen, vollständig ablehnen:* ein Verhalten, eine Tat aufs Schärfste v.

Ver|ur|teil|te, der u. die; -n, -n ⟨Dekl. ↑Abgeordnete⟩: *jmd., der verurteilt worden ist.*

Ver|ur|tei|lung, die; -, -en: **1.** *das Verurteilen.* **2.** *das Verurteiltsein.*

ver|uzen ⟨sw. V.; hat⟩ (ugs.): *veralbern.*

Ver|ve [ˈvɛrvə], die; - [frz. verve, älter = Einfall, Laune, viell. über das Vlat. < lat. verba, Pl. von: verbum = Wort, Ausspruch] (geh.): *Begeisterung, Schwung (bei einer Tätigkeit):* sie sprach mit viel V.

ver|viel|fa|chen ⟨sw. V.; hat⟩: **1. a)** *stark, um ein Vielfaches vermehren:* das Angebot, die Produktionsmenge v.; **b)** ⟨v. + sich⟩ *sich um ein Vielfaches vermehren, vergrößern; stark zunehmen:* die Zahl der Bewerberinnen hat sich vervielfacht. **2.** (Math.) *multiplizieren:* eine Zahl mit einer anderen v.

Ver|viel|fa|chung, die; -, -en: *das Vervielfachen; das Sichvervielfachen.*

ver|viel|fäl|ti|gen ⟨sw. V.; hat⟩ [für älter vielfältigen]: **1.** *von einer Vorlage o. Ä. eine größere Zahl von gleichen Exemplaren, von Kopien herstellen:* einen Text, ein Dokument, ein Flugblatt, einen Brief v. **2.** (geh.) *etw. vermehren, verstärken:* seine Bemühungen, Anstrengungen v. **3.** ⟨v. + sich⟩ *sich vermehren, zahlenmäßig vergrößern; zunehmen:* die Anforderungen hatten sich vervielfältigt.

Ver|viel|fäl|ti|gung, die; -, -en: **1.** *das Vervielfältigen.* **2.** *Kopie* (1).

Ver|viel|fäl|ti|gungs|ap|pa|rat, der: *Kopiergerät.*

Ver|viel|fäl|ti|gungs|recht, das: *ausschließlich dem Urheber vorbehaltenes Recht, Vervielfältigungen* (2) *seines Werkes herzustellen.*

Ver|viel|fäl|ti|gungs|zahl|wort, das (Sprachw.): *Multiplikativum.*

ver|vier|fa|chen ⟨sw. V.; hat⟩: vgl. verdreifachen.

ver|voll|komm|nen ⟨sw. V.; hat⟩: **a)** *vollkommen, perfekt machen; perfektionieren:* eine Technik, ein Verfahren v.; **b)** ⟨v. + sich⟩ *vollkommen werden, sich zur Vollkommenheit weiterentwickeln:* die Methode hat sich mit der Zeit vervollkommnet; sie hat sich in Französisch vervollkommnet.

Ver|voll|komm|nung, die; -, -en: **1.** *das Vervollkommnen; das Vervollkommnetwerden, Vervollkommnetsein.* **2.** *etw., was eine Verbesserung, eine Vervollkommnung* (1) *darstellt:* eine technische V.

ver|voll|komm|nungs|fä|hig ⟨Adj.⟩: *sich vervollkommnen könnend, lassend.*

ver|voll|stän|di|gen ⟨sw. V.; hat⟩: **1.** *ergänzen, vollständig[er] machen; komplettieren:* seine Bibliothek, eine Sammlung v.; diese Aussage vervollständigt das Bild von den Vorgängen *(rundet es ab).* **2.** ⟨v. + sich⟩ *vollständig[er] werden:* die Bibliothek hat sich vervollständigt.

Ver|voll|stän|di|gung, die; -, -en: *das [Sich]vervollständigen; das Vervollständigtwerden.*

verw. = verwitwet.

[1]ver|wach|sen ⟨st. V.⟩ [mhd. verwahsen]: **1. a)** *(von Wunden, Narben o. Ä.) [wieder zusammenwachsen u.] zunehmend unsichtbar werden, verschwinden* ⟨ist⟩: die Wunde ist verwachsen; eine völlig verwachsene Narbe; ⟨auch v. + sich; hat:⟩ die Narbe hat sich völlig verwachsen; **b)** ⟨v. + sich⟩ (ugs.) *sich beim Wachstum von selbst regulieren, normalisieren; sich auswachsen* (3 a) ⟨hat⟩: die Fehlstellung der Gliedmaße kann sich noch v.; **c)** *mit etw. zu einer Einheit zusammenwachsen* ⟨ist⟩: ein Organ ist mit einem anderen verwachsen; Ü sie ist mit ihrer Arbeit, ihrer Familie sehr verwachsen; zu einer Gemeinschaft v.; **d)** *mit wuchernden Pflanzen zuwachsen* ⟨ist⟩: die Wege verwachsen immer mehr; ein völlig verwachsenes Grundstück. **2.** (landsch.) *aus etw. herauswachsen* (2) ⟨hat⟩: die Kinder haben ihre Kleider schon wieder verwachsen.

[2]ver|wach|sen ⟨Adj.⟩: *schief gewachsen; verkrüppelt:* ein -es Männlein.

[3]ver|wach|sen, sich ⟨sw. V.; hat⟩ (Ski): *das falsche Wachs auftragen:* sie haben sich verwachst; ⟨auch o. »sich«:⟩ er hat verwachst.

Ver|wach|sung, die; -, -en: **1.** *das* [1]*Verwachsen[sein].* **2.** (Med.) *(nach einer Entzündung od. Operation in Brust- od. Bauchraum) das Miteinanderverkleben von Hautflächen bzw. Organen; Adhäsion* (2). **3.** (Mineral.) *fester Verband mehrerer Kristalle bzw. mineralischer Bestandteile (bei Eisen u. Gesteinen).*

ver|wa|ckeln ⟨sw. V.⟩ (ugs.): **1.** *(beim Fotografieren) durch eine Bewegung, durch Wackeln eine Aufnahme unscharf werden lassen* ⟨hat⟩: eine Aufnahme, ein Bild v. **2.** *(beim Fotografieren) durch eine Bewegung, durch Wackeln der Kamera unscharf werden* ⟨ist⟩: leider verwackelten ihm die meisten Aufnahmen.

ver|wäh|len, sich ⟨sw. V.; hat⟩ (ugs.): *(beim Telefonieren) versehentlich eine falsche Nummer wählen:* entschuldigen Sie bitte, ich habe mich verwählt.

Ver|wahr, der; -s (veraltet): *Verwahrung* (1, 2).

ver|wah|ren ⟨sw. V.; hat⟩ [spätmhd. verwarn]: **1. a)** *sicher, sorgfältig aufbewahren:* etw. im Schreibtisch, in der Brieftasche, hinter Glas v.; Schmuck in den Tresorschließfächern v.; die Dokumente müssen sorgfältig verwahrt werden; **b)** (landsch.) *etw. für eine Weile, für einen späteren Zeitpunkt aufheben:* sie wollte die Schokolade für den Nachmittag v.; ich habe dir den Pudding verwahrt; **c)** (veraltet) *jmdn. gefangen halten;* **d)** (geh. veraltet) *sichern* (1 a). **2.** ⟨v. + sich⟩ *mit Nachdruck gegen etw. protestieren; etw. energisch zurückweisen:* sich gegen eine Anschuldigung, Verdächtigung, ein Ansinnen v.

Ver|wah|rer, der; -s, -: *jmd., der etw. verwahrt* (1 a); *Depositar.*

Ver|wah|re|rin, die; -, -nen: w. Form zu ↑Verwahrer.

ver|wahr|lo|sen ⟨sw. V.; ist⟩ [mhd. verwarlōsen = unachtsam behandeln od. betreiben, zu: warlōs = unbewusst, ahd. waralōs = achtlos]: *durch Mangel an Pflege, Vernachlässigung o. Ä. in einen unordentlichen, schlechten Zustand, in einen Zustand zunehmenden Verfalls geraten; herunterkommen:* sittlich v.; verwahrloste Jugendliche; sie wurde in völlig verwahrlostem Zustand aufgegriffen; ein Haus v. lassen; ihre Wohnung, ihre Kleidung ist total verwahrlost.

Ver|wahr|los|te, der u. die; -n, -n ⟨Dekl. ↑Abgeordnete⟩: *jmd., der in einem verwahrlosten Zustand ist.*

Ver|wahr|lo|sung, die; -: **1.** *das Verwahrlosen.* **2.** *verwahrloster Zustand; das Verwahrlostsein.*

Ver|wah|rung, die; -: **1.** *das Verwahren* (1): etw. in V. nehmen, haben. **2.** (Rechtsspr.) *zwangsweise Unterbringung einer Person an einem bestimmten Ort, wo sie unter Kontrolle ist.* **3.** *das Sichverwahren* (2); *Einspruch, Protest:* V. [gegen etw.] einlegen.

ver|wai|sen ⟨sw. V.; ist⟩ [mhd. verweisen]: *die Eltern durch Tod verlieren; Waise werden:* die Kinder waren früh verwaist; Ü sich verwaist (geh.; *einsam*) fühlen, vorkommen; die Ferienorte sind im Winter verwaist *(menschenleer);* der Lehrstuhl ist schon lange verwaist *(nicht besetzt).*

ver|wal|ken ⟨sw. V.; hat⟩ [zu ↑walken] (ugs.): *kräftig verprügeln.*

ver|wal|ten ⟨sw. V.; hat⟩ [a: mhd. verwalten]: **a)** *[im Auftrag od. anstelle des eigentlichen Besitzers] betreuen, in seiner Obhut haben, in Ordnung halten:* einen Besitz, ein Vermögen, die Kasse, einen Nachlass, ein Haus v.; etw. gut, schlecht, treulich v.; **b)** *etw. verantwortlich leiten, führen:* eine Gemeinde, ein Gut v.; die Jugendlichen möchten ihr Jugendzentrum selbst v.; **c)** *(ein Amt o. Ä.) innehaben, bekleiden:* ein Amt v.; er verwaltet *(versieht)* hier die Geschäfte.

Ver|wal|ter, der; -s, -: *jmd., der etw. verwaltet.*

Ver|wal|te|rin, die; -, -nen: w. Form zu ↑Verwalter.

Ver|wal|tung, die; -, -en: 1. ⟨Pl. selten⟩ *das Verwalten, Administration; Regie* (2): in eigener, staatlicher V. sein; mit der V. von etw. betraut sein; unter staatlicher V. stehen. 2. a) *verwaltende Stelle (eines Unternehmens o. Ä.); Verwaltungsbehörde:* sie arbeitet in der V. der Firma; b) *Räumlichkeiten, Gebäude der Verwaltung* (2 a): die V. befindet sich im Seitenflügel des Gebäudes. 3. *der Verwaltungsapparat in seiner Gesamtheit:* die öffentliche, staatliche V.

Ver|wal|tungs|akt, der: *von einer staatlichen Verwaltung vorgenommene Handlung.*

Ver|wal|tungs|an|ge|stell|te, der u. die: *jmd., der als Angestellte[r] in einer Verwaltung* (2 a) *arbeitet.*

Ver|wal|tungs|ap|pa|rat, der: *Gesamtheit der Personen u. Hilfsmittel, die zur Verwaltung* (1) *von etw. benötigt werden:* ein aufgeblähter V.

Ver|wal|tungs|auf|ga|ben ⟨Pl.⟩: *Obliegenheiten einer Verwaltung* (2 a).

Ver|wal|tungs|aus|schuss, der: *mit der Verwaltung* (1) *von etw. beschäftigter Ausschuss.*

Ver|wal|tungs|be|am|te, der: *jmd., der als Beamter in einer Verwaltung* (2 a) *arbeitet.*

Ver|wal|tungs|be|am|tin, die: w. Form zu ↑Verwaltungsbeamte.

Ver|wal|tungs|be|hör|de, die: a) *Verwaltungsorgan;* b) *Sitz der Verwaltungsbehörde* (a).

Ver|wal|tungs|be|zirk, der: *einer behördlichen Verwaltung* (1) *unterstellter Bezirk* (1 a).

Ver|wal|tungs|dienst, der ⟨o. Pl.⟩: a) *Dienst* (1 b) *bei der Verwaltung* (2 a): im V. tätig sein; b) *Dienst* (1 c) *der Verwaltung* (3).

Ver|wal|tungs|ein|heit, die: *Grundbestandteil der Verwaltung* (3).

Ver|wal|tungs|ge|bäu|de, das: *Gebäude, in dem eine Verwaltung* (2 a) *untergebracht ist.*

Ver|wal|tungs|ge|richt, das: *Gericht, das über alle Streitigkeiten im Bereich des öffentlichen Rechts zu entscheiden hat.*

Ver|wal|tungs|ge|richts|bar|keit, die ⟨o. Pl.⟩: *Gerichtsbarkeit in Streitfällen, die das Verwaltungsrecht betreffen.*

Ver|wal|tungs|ge|richts|hof, der: *Oberverwaltungsgericht (in Baden-Württemberg, Bayern u. Hessen).*

ver|wal|tungs|in|tern ⟨Adj.⟩: *innerhalb der Verwaltung* (3) *sich vollziehend, handelnd usw.:* eine -e Arbeitsgruppe.

Ver|wal|tungs|kos|ten ⟨Pl.⟩: *Kosten, die die Verwaltung* (1) *von etw. verursacht:* minimale V.; die V. senken.

ver|wal|tungs|mä|ßig ⟨Adj.⟩: *die Verwaltung* (1) *betreffend.*

Ver|wal|tungs|or|gan, das: *offizielle Einrichtung (auch offiziell beauftragte Person) mit einer bestimmten Funktion als Teil der Verwaltung* (3).

Ver|wal|tungs|rat, der: *Gremium, das mit der Überwachung der Tätigkeit einer Körperschaft, Anstalt od. Stiftung des öffentlichen Rechts betraut ist.*

Ver|wal|tungs|recht, das ⟨o. Pl.⟩: *Gesamtheit der rechtlichen Normen, die die Tätigkeit der öffentlichen Verwaltung regeln.*

Ver|wal|tungs|re|form, die: *reformierende Maßnahmen im Bereich der öffentlichen Verwaltung.*

Ver|wal|tungs|sitz, der: a) *Sitz* (3) *eines Unternehmens, von wo aus es gesteuert wird;* b) *Sitz einer Verwaltung* (3).

ver|wal|tungs|tech|nisch ⟨Adj.⟩: *die Verwaltung* (1) *betreffend:* -e Gründe.

Ver|wal|tungs|vor|schrift, die ⟨meist Pl.⟩: *Anordnung einer vorgesetzten Behörde für die nachgeordnete Instanz.*

Ver|wal|tungs|weg, der: *für die Abwicklung verwaltungstechnischer Angelegenheiten vorgeschriebener Weg:* etw. auf dem, im V. regeln.

ver|wam|sen ⟨sw. V.; hat⟩ (ugs.): *verprügeln.*

ver|wan|del|bar ⟨Adj.⟩: *sich verwandeln, verändern lassend.*

ver|wan|deln ⟨sw. V.; hat⟩ [mhd. verwandeln, ahd. farwantalōn]: 1. a) *(in Wesen od. Erscheinung) sehr stark, völlig verändern, anders werden lassen:* das Erlebnis verwandelte sie; sie ist völlig verwandelt, wie verwandelt, seit der Druck von ihr genommen ist; die Tapete hat den Raum verwandelt; b) *zu jmd., etw. anderem werden lassen:* ein Zauber hatte den Prinzen im Märchen in einen Frosch verwandelt; c) ⟨v. + sich⟩ *zu jmd., etw. anderem werden:* das kleine Mädchen hat sich inzwischen in eine junge Dame verwandelt; während der Regenzeit verwandeln sich die Bäche zu reißenden Strömen. 2. *umwandeln* (a); *umgestalten:* Energie in Bewegung, Wasser in Dampf v.; er hat die Niederlage in einen Sieg verwandelt. 3. (Ballspiele) *(etw. [eine Chance]) zu einem Erfolg, Sieg, Tor nutzen:* einen Eckball direkt v.; ⟨auch o. Akk.-Obj.:⟩ der Spieler verwandelte zum 2 : 0.

Ver|wand|ler, der; -s, -: *jmd., der etw. verwandelt.*

Ver|wand|le|rin, die; -, -nen: w. Form zu ↑Verwandler.

Ver|wand|lung, die; -, -en [mhd. verwandelunge]: *das [Sich]verwandeln, Umformen; Umwandeln.*

Ver|wand|lungs|künst|ler, der: *(bes. im Varieté auftretender) Künstler, der in kürzester Zeit in die verschiedenartigsten Rollen schlüpft.*

Ver|wand|lungs|künst|le|rin, die: w. Form zu ↑Verwandlungskünstler.

[1]**ver|wandt:** ↑verwenden.

[2]**ver|wandt** ⟨Adj.⟩ [spätmhd. verwant = zugewandt, zugehörig, verwandt, eigtl. 2. Part. von: verwenden = hinwenden]: 1. a) *zur gleichen Familie gehörend; gleicher Herkunft, Abstammung:* mit jmdm. nahe, entfernt, weitläufig, durch Heirat, im zweiten Grad, um mehrere, um drei Ecken (ugs.; *weitläufig*) v. sein; die beiden sind nicht [miteinander] v.; mit jmdm. weder v. noch verschwägert sein; jmdm. v. (schweiz.; *mit jmdm. verwandt*) sein; b) *(von Pflanzen, Tieren, Gesteinen, chemischen Stoffen o. Ä.) der gleichen Gattung, Familie, Ordnung o. Ä. angehörend:* -e Tiere, Pflanzen; c) *auf einen gemeinsamen Ursprung zurückgehend:* -e Völker; -e *(der gleichen Sprachfamilie angehörende)* Sprachen; die Wörter sind etymologisch v. 2. *von ähnlicher Beschaffenheit, Art; ähnliche Eigenschaften, Züge, Merkmale aufweisend:* -e Anschauungen, Vorstellungen, Formen; -e Seelen; sie sind sich geistig, wesensmäßig sehr v.; ⟨subst.:⟩ sie haben viel Verwandtes.

Ver|wand|te, der u. die; -n, -n ⟨Dekl. ↑Abgeordnete⟩: a) *Person, die mit einer anderen verwandt ist:* er ist ein naher, entfernter -r von mir; Freunde und V. einladen; die -n besuchen; b) *Pflanze, Tier o. Ä. der gleichen Gattung, Familie, Ordnung o. Ä.;* c) *jmd., der den gleichen Ursprung hat.*

Ver|wand|ten|be|such, der: a) *Besuch bei Verwandten:* einen V. machen; b) *Verwandte als Besuch* (2): wir erwarten V.

Ver|wandt|schaft, die; -, -en: 1. *das* [2]*Verwandtsein* (1). 2. *Gesamtheit der Verwandten, Angehörigen, die jmd. hat:* eine große V. haben; die, seine ganze V. war gekommen; die [ganze] V. einladen; zur V. gehören; * **die bucklige V.** (ugs.; *die als lästig empfundene Verwandschaft*). 3. *Ähnlichkeit, Gleichartigkeit:* zwischen den beiden Plänen, Problemen besteht eine gewisse V.

ver|wandt|schaft|lich ⟨Adj.⟩: *auf Verwandtschaft,* [2]*Verwandtsein* (1 a) *gegründet:* -e Bande, Verhältnisse; v. miteinander verbunden sein.

Ver|wandt|schafts|grad, der: *Grad* (1 a) *der Verwandtschaft zwischen Personen.*

Ver|wandt|schafts|ver|hält|nis, das: *Verwandtschaft* (1): in einer Erbschaftsangelegenheit die -se klären; in einem V. zu jmdm. stehen *(mit jmdm. verwandt sein).*

ver|wan|zen ⟨sw. V.⟩: 1. *von Wanzen befallen werden* ⟨ist⟩. 2. (Jargon) *mit Abhörwanzen versehen* ⟨hat⟩.

ver|war|nen ⟨sw. V.; hat⟩: *jmdn., dessen Tun man missbilligt, scharf tadeln u. ihm (für den Wiederholungsfall) Konsequenzen androhen:* jmdn. [wegen etw.] wiederholt v.; sie wurde polizeilich, gebührenpflichtig verwarnt; der Spieler wurde vom Schiedsrichter wegen eines Fouls verwarnt (Fußball; *mit der gelben Karte oder einem Platzverweis bedroht*).

Ver|war|nung, die; -, -en [mhd. verwarnunge]: *das Verwarnen:* eine gebührenpflichtige V.; -en halfen nichts; jmdm. eine V. erteilen *(jmdn. verwarnen).*

Ver|war|nungs|geld, das (Amtsspr.): *Gebühr für eine polizeiliche Verwarnung.*

ver|wa|schen ⟨Adj.⟩: a) *durch vieles Waschen ausgeblichen [u. unansehnlich geworden]:* -e Jeans; die Sachen sind ganz v.; b) *durch den Einfluss des Regenwassers verwischt, verblasst:* eine -e Inschrift; c) *(bes. von Farben) blass, unausgeprägt:* ein -es Blau; die Linien, Konturen sind v.; Ü eine -e *(unklare)* Vorstellung, Formulierung.

ver|wäs|sern ⟨sw. V.⟩: 1. a) *mit zu viel Wasser versetzen, verdünnen; wässrig machen* ⟨hat⟩: den Wein v.; die schmelzenden Eiswürfel verwässern den Whisky nur; die Milch ist, schmeckt verwässert; b) *einen zu hohen Wassergehalt bekommen, wässrig werden* ⟨ist⟩. 2. *die Wirkung, die Aussagekraft, den ursprünglichen Gehalt von etw. abschwächen* ⟨hat⟩: einen Text, ein Gefühl v.; eine verwässerte Interpretation.

Ver|wäs|se|rung, Ver|wäss|rung, die; -, -en: *das Verwässern; das Verwässertsein.*

ver|we|ben ⟨sw. u. st. V.; hat⟩ [2: mhd. verweben]: 1. ⟨sw. V.⟩ *beim Weben verwenden, verbrauchen:* sie hat nur Wolle verwebt. 2. a) ⟨sw. u. st. V.⟩ *webend verbinden, zusammenweben, ineinander weben, webend in etw. einfügen:* die Fäden [miteinander] v.; blaues Garn ist in die rote Fläche verwebt/(seltener:) verwoben; Ü eng miteinander verwobene Vorstellungen, Probleme; b) ⟨v. + sich; st. V.⟩ (geh.) *sich (wie ein Gewebe) eng miteinander verbinden, zu einem Ganzen zusammenfügen:* Ü Realität und Traum haben sich in seiner Dichtung verwoben.

ver|wech|sel|bar ⟨Adj.⟩: *eine Verwechslung leicht ermöglichend; leicht zu verwechseln.*

ver|wech|seln ⟨sw. V.; hat⟩ [mhd. verwehseln, ahd. farwehsalōn]: a) *Personen nicht unterscheiden, auseinander halten können u. daher eine Person für eine andere halten:* sie hat mich mit meinem Bruder verwechselt, das Salzfass mit dem Zuckerstreuer verwechselt; ⟨subst.:⟩ die beiden sind sich zum Verwechseln ähnlich; b) *irrtümlich anstelle von etw. anderem gebrauchen, durcheinander bringen; vertauschen:* die Namen v.; »mir und mich« v.; die Telefonnummer v.; das müssen Sie verwechselt haben; er hat die Mäntel verwechselt *(irrtümlich den falschen an sich genommen);* er verwechselt häufig »mein« und »dein« *(geht großzügig mit dem Eigentum anderer um, verleibt sich das Eigentum anderer gern ein);* die beiden kann man doch gar nicht v.

Ver|wech|se|lung (selten), **Ver|wechs|lung,** die; -, -en: *das Verwechseln:* da muss eine V. vorliegen.

ver|we|gen ⟨Adj.⟩ [mhd. verwegen = frisch entschlossen, eigtl. 2. Part. von: sich verwegen = sich frisch zu etw. entschließen, zu: wegen, ↑wägen]: *forsch u. draufgängerisch; Gefahren nicht achtend:* ein -er Bursche; ein -er *(tollkühner)* Gedanke; Ü ein -er (spött.; *sehr auffälliger, ungewöhnlicher*) Hut.

Ver|we|gen|heit, die; -, -en: 1. ⟨o. Pl.⟩ *das Verwegensein, verwegene Art.* 2. *verwegene Handlungsweise, Tat.*

ver|we|hen ⟨sw. V.⟩ [mhd. verwæjen, ahd. firwāen]: 1. *wehend zudecken, unkenntlich machen; zuwehen* ⟨hat⟩: der Wind hat die Spur im Sand verweht; vom/mit Schnee verwehte Wege. 2. *wehend auseinander treiben; wegwehen* ⟨hat⟩: der Wind verwehte die Blätter, den Rauch; R [das ist] vom Winde verweht! *([das ist] vergessen).* 3. (dichter.) ⟨ist⟩ a) *vergehen* (1 c); b) *sich verlieren:* die Klänge, Rufe verwehten im

V

Wind; Ü ihr Zorn, ihre Trauer verwehte *(ging vorüber).*

ver|weh|ren ⟨sw. V.; hat⟩ [mhd. verwern, ahd. firwerian]: *jmdm. etw. nicht zu tun erlauben; verweigern:* jmdm. den Zutritt [zu etw.], die Benutzung von etw. v.; man verwehrte ihm, das Haus zu betreten; Ü ein hoher Baum verwehrt uns den Ausblick, die Sicht *(behindert den Ausblick, die Sicht).*

Ver|weh|rung, die; -: *das Verwehren; das Verwehrtwerden.*

Ver|we|hung, die; -, -en: **1.** *das Verwehen; das Verwehtwerden.* **2.** *Schneeverwehung.*

ver|weib|li|chen ⟨sw. V.⟩: **1.** *weiblich werden, weibliche Geschlechtsmerkmale entwickeln; feminieren* ⟨ist⟩. **2.** (Fachspr.) *bestimmte weibliche Geschlechtsmerkmale entwickeln lassen* ⟨hat⟩: die Hormongaben haben ihn verweiblicht.

Ver|weib|li|chung, die; -: *das Verweiblichen.*

ver|weich|li|chen ⟨sw. V.⟩: **a)** *seine körperliche Widerstandskraft verlieren* ⟨ist⟩: durch seine Lebensweise verweichlicht er immer mehr; **b)** *die körperliche Widerstandskraft schwächen* ⟨hat⟩: die dicke Kleidung, ihre Lebensweise hat sie verweichlicht.

Ver|weich|li|chung, die; -: *das Verweichlichen; das Verweichlichtwerden.*

Ver|wei|ge|rer, der; -s, -: *jmd. (bes. Jugendlicher), der sich den Forderungen, Erwartungen o. Ä. der Gesellschaft verweigert.*

Ver|wei|ge|rin, die; -, -nen: w. Form zu ↑Verweigerer.

ver|wei|gern ⟨sw. V.; hat⟩: **1. a)** *(etw. von jmdm. Gefordertes, Erwartetes o. Ä.) nicht gewähren, geben, ausführen; ablehnen* (5): jmdm. die Erlaubnis, die Einreise, eine Hilfeleistung v.; jmdm. ein Visum v.; man hat ihm verweigert, das Haus zu betreten; Annahme verweigert *(Vermerk auf zurückgehenden Postsendungen);* der Patient verweigert die Nahrung[saufnahme]; den Gehorsam v.; den Befehl v. *([von Soldaten] sich einem Befehl widersetzen);* er hat den Wehrdienst verweigert; **b)** ⟨v. + sich⟩ *sich verschließen* (2 b), *unzugänglich zeigen für etw.:* Jugendliche rebellieren, indem sie sich verweigern *(die Forderungen, Erwartungen o. Ä. der Gesellschaft mit voller Absicht nicht erfüllen, sich ihnen verschließen).* **2.** (Reiten) *(von Pferden) vor einem Hindernis scheuen u. es nicht nehmen:* ihr Pferd verweigerte mehrmals, verweigerte am Wassergraben.

Ver|wei|ge|rung, die; -, -en: **a)** *das Verweigern:* die V. der Zustimmung; **b)** *das Sichverweigern.*

Ver|wei|ge|rungs|fall, der (Rechtsspr.): meist in der Fügung **im V.** *(für den Fall der Verweigerung von etw.).*

Ver|wei|ge|rungs|hal|tung, die: *[demonstratives] Sichverweigern als Ausdruck der Ablehnung o. Ä.*

Ver|weil|dau|er, die (bes. Fachspr.): *Zeitdauer des Verweilens, Verbleibens an einem bestimmten Ort:* die V. der Speisen im Magen, der Patienten im Krankenhaus.

ver|wei|len ⟨sw. V.; hat⟩ [spätmhd. verwīlen] (geh.): *sich an einem bestimmten Ort für eine Weile aufhalten, für eine kürzere Zeit bleiben:* an jmds. Krankenbett v.; bei jmdm. v.; sie verweilten lange vor dem Gemälde *(blieben schauend davor stehen);* ⟨auch v. + sich:⟩ sie verweilten sich ein paar Tage bei den Freunden; ⟨subst.:⟩ jmdn. zum Verweilen *(Bleiben)* auffordern; Ü bei einem Thema, Gedanken v. *(sich eine Weile damit beschäftigen);* ihre Augen, Blicke verweilten auf seinem Gesicht.

ver|wei|nen ⟨sw. V.; hat⟩ [mhd. verweinen]: **a)** (geh.) *weinend zubringen:* sie hatte viele Stunden, Nächte verweint; **b)** *durch Weinen rot werden, verschwollen erscheinen lassen:* er hatte seine Augen verweint; mit verweinten Augen.

Ver|weis, der; -es, -e [1: spätmhd. verwīʒ, rückgeb. aus ↑verweisen (1); 2: rückgeb. aus ↑verweisen (2)]: **1.** *Rüge, Tadel* (1): ein strenger, scharfer V.; jmdm. einen V. erteilen; einen V. erhalten, bekommen; ihre Äußerung hat ihr einen V. eingetragen. **2.** *(in einem Buch, Text o. Ä.) Hinweis auf eine andere Textstelle o. Ä., die im vorliegenden Zusammenhang nachzulesen, zu vergleichen empfohlen wird:* zahlreiche -e anbringen.

ver|wei|sen ⟨st. V.; hat⟩ [1: mhd. verwīʒen, ahd. farwīʒan, zu mhd. wīʒen, ahd. wīʒan = strafen, peinigen, verw. mit ↑wissen u. eigtl. = eine Schuld wahrnehmen, ein Vergehen bemerken; 2–6: mhd. verwīsen, zu: wīsen, ↑weisen; die beiden Verben sind seit dem 15. Jh. formal zusammengefallen]: **1.** (geh.) **a)** *zum Vorwurf machen; vorhalten:* die Mutter verwies der Tochter die vorlauten Worte; **b)** *verbieten:* jmdm. seine Verhaltensweise v.; **c)** *tadeln:* jmdn. mild v.; sie verweist die Kinder, wenn sie nicht hören; ein verweisender Blick. **2.** *auf etw. hinweisen, aufmerksam machen:* jmdn. auf die gesetzlichen Bestimmungen, auf die Vorschriften v.; ein Hinweisschild verweist auf die Einfahrt. **3. a)** *veranlassen, sich an eine bestimmte andere Person od. Stelle zu wenden:* jmdn. an die Sekretärin v.; der Kunde wurde an den Geschäftsführer verwiesen; **b)** (Rechtsspr.) *übergeben, überweisen:* einen Rechtsfall an die zuständige Instanz v. **4. a)** *jmdm. den weiteren Aufenthalt, das Verbleiben an einem bestimmten Ort verbieten; hinausweisen* (1): jmdn. des Landes v.; er wurde aus dem Saal, von der Schule verwiesen; der Spieler wurde nach einer Tätlichkeit des Platzes/vom Platz verwiesen (Ballspiele; *bekam einen Platzverweis);* **b)** *auffordern, anweisen, sich an einen bestimmten Ort zu begeben:* einen Schüler in die Ecke v. **5.** (Sport) *(in einem Wettkampf) es schaffen, dass ein Konkurrent auf einem zweiten, dritten o. ä. Platz hinter einem selbst platziert wird:* sie hat ihre Konkurrentin auf den zweiten Platz verwiesen. **6.** (veraltend) *zu einem bestimmten Verhalten auffordern:* jmdn. zur Ruhe, zur Ordnung v.

Ver|wei|sung, die; -, -en: *das Verweisen; das Verwiesenwerden.*

ver|wel|ken ⟨sw. V.; ist⟩ [mhd. verwelken]: **a)** *(aus Mangel an Wasser, Bewässerung) völlig welk werden:* die Blumen verwelken schnell, sind schon verwelkt; verwelkte Blätter; Ü verwelkter Ruhm; **b)** *welk, schlaff u. faltig werden:* ein verwelktes Gesicht.

ver|welt|li|chen ⟨sw. V.⟩: **1.** *säkularisieren* (1) ⟨hat⟩: der kirchliche Besitz wurde verweltlicht. **2.** (geh.) *weltzugewandt werden* ⟨ist⟩: ihre Lebensformen verweltlichten; die verweltlichte Kirche.

Ver|welt|li|chung, die; -: **1.** *Säkularisation* (1). **2.** (geh.) *das Verweltlichen; das Verweltlichtwerden.*

ver|wend|bar ⟨Adj.⟩: *sich [in bestimmter Weise] verwenden lassend:* etw. ist nicht mehr, ist mehrfach, vielseitig v.

Ver|wend|bar|keit, die; -: *das Verwendbarsein.*

ver|wen|den ⟨unr. V.⟩ [mhd. verwenden = abwenden, umwenden]: **1.** ⟨verwandte/verwendete, hat verwandt/verwendet⟩ **a)** *(für einen bestimmten Zweck, zur Herstellung, Ausführung o. Ä. von etw.) benutzen, anwenden:* zum Kochen nur Butter v.; im Unterricht ein bestimmtes Lehrbuch, eine bestimmte Methode v.; sie hat in ihrem Text zu viele Fremdwörter verwendet; etw. noch einmal, nicht mehr, mehrmals v. können; **b)** *für etw. aufwenden; ge-, verbrauchen:* Zeit, Mühe, Sorgfalt auf etw. v. *(daran wenden);* sein Geld für/zu etw. v. *(ausgeben);* **c)** *jmdn. für eine bestimmte Arbeit o. Ä. einsetzen:* sie ist so ungeschickt, man kann sie zu nichts v.; **d)** *(Kenntnisse, Fertigkeiten) nutzen, verwerten:* hier kann sie ihr Englisch gut v. **2.** ⟨verwendete/(seltener:) verwendete, hat verwandt/(seltener:) verwendet⟩ ⟨v. + sich⟩ (geh.) *seine Verbindungen, seinen Einfluss o. Ä. für jmdn., etw. geltend machen; sich in bestimmter Hinsicht für jmdn., etw. einsetzen:* sich [bei jmdm.] für einen Freund v. **3.** ⟨verwandte/(seltener:) verwendete, hat verwandt/(seltener:) verwendet⟩ (geh. veraltet) *von jmdm. ab-, wegwenden:* er verwandte kein Auge, keinen Blick von ihr.

Ver|wen|der, der; -s, -: *jmd., der etw. verwendet.*

Ver|wen|de|rin, die; -, -nen: w. Form zu ↑Verwender.

Ver|wen|dung, die; -, -en: **1.** *das Verwenden:* keine V. für etw., jmdn. haben *(etw., jmdn. nicht gebrauchen können);* V. finden *(verwendet werden);* in V. stehen (österr.; *in Gebrauch sein*); in V. nehmen (österr.; *in Gebrauch nehmen).* **2.** ⟨o. Pl.⟩ (geh.) *das Sichverwenden* (2) *für jmdn., etw.*

Ver|wen|dungs|be|reich, der: *Bereich, in dem etw., jmd. verwendet* (1) *wird.*

ver|wen|dungs|fä|hig ⟨Adj.⟩: *verwendbar; zu verwenden* (1).

Ver|wen|dungs|mög|lich|keit, die: *Möglichkeit zur Verwendung.*

Ver|wen|dungs|wei|se, die: *Art u. Weise, in der etw. verwendet* (1) *wird.*

Ver|wen|dungs|zweck, der: *Zweck, für den etw. verwendet wird, werden soll.*

ver|wer|fen ⟨st. V.; hat⟩ [mhd. verwerfen, ahd. farwerfan]: **1.** *(nach vorausgegangener Überlegung) als unbrauchbar, untauglich, unrealisierbar aufgeben, nicht weiter verfolgen:* einen Gedanken, Plan, eine Theorie, einen Vorschlag v.; eine Formulierung v. **2.** (Rechtsspr.) *als unberechtigt ablehnen:* eine Klage, Berufung, einen Antrag v. **3.** (geh.) *für verwerflich, böse, unsittlich usw. erklären:* eine Handlungsweise v. **4.** (bes. bibl.) *verstoßen:* Gott verwirft die Frommen nicht. **5.** ⟨v. + sich⟩ *sich verziehen* (2 b); *sich werfen* (3 b): die Tür, der Rahmen hat sich verworfen. **6.** *(von Säugetieren) eine Fehlgeburt haben:* die Kuh, Katze, Hündin hat verworfen. **7.** ⟨v. + sich⟩ (Geol.) *(von Gesteinsschichten) sich gegeneinander verschieben.* **8.** ⟨v. + sich⟩ (Kartenspiel) **a)** *eine Karte falsch ausgeben;* **b)** *irrtümlich falsch bedienen.* **9.** (schweiz.) *mit den Händen gestikulieren, sie über dem Kopf zusammenschlagen:* die Hände, die Arme v.

ver|werf|lich ⟨Adj.⟩ (geh.): *schlecht, unmoralisch u. daher tadelnswert:* eine -e Tat.

Ver|werf|lich|keit, die; -: *das Verwerflichsein.*

Ver|wer|fung, die; -, -en [1: mhd. verwerfunge = das Durcheinanderwerfen]: **1.** *das Verwerfen* (1–3, 6), *Verworfenwerden* (1–3); *Sichverwerfen* (5). **2.** (Geol.) *Verschiebung von Gesteinsschollen längs einer in vertikaler bzw. in horizontaler Richtung verlaufenden Spalte;* [1]*Bruch* (6); *Sprung* (7).

Ver|wer|fungs|li|nie, die (Geol.): *Linie, an der Erdoberfläche u. bewegte Gesteinsscholle zusammentreffen.*

ver|wert|bar ⟨Adj.⟩: *sich verwerten lassend:* -es Material; etw. ist [noch, nicht mehr] v.

Ver|wert|bar|keit, die; -: *das Verwertbarsein.*

ver|wer|ten ⟨sw. V.; hat⟩: *(etw., was brachliegt, was nicht mehr od. noch nicht genutzt wird) verwenden, etw. daraus machen:* Reste, Abfälle [noch zu etw.] v.; etw. ist noch zu v., lässt sich nicht mehr v.; eine Erfindung kommerziell, praktisch v.; Anregungen, Ideen, Erfahrungen v.; Ü der Körper verwertet die zugeführte Nahrung *(gewinnt aus ihr die für ihn nötigen Nährstoffe).*

Ver|wer|ter, der; -s, -: *jmd., der etw. verwertet.*

Ver|wer|te|rin, die; -, -nen: w. Form zu ↑Verwerter.

Ver|wer|tung, die; -, -en: *das Verwerten.*

Ver|wer|tungs|ge|sell|schaft, die: **1.** *Gesellschaft* (4 b), *die die Wiederverwertung von Müll o. Ä. betreibt.* **2.** (Rechtsspr.) *Gesellschaft von Verlegern, Urhebern u. a. zum Zwecke der Wahrnehmung von Verwertungsrechten u. a. Schutzrechten.*

Ver|wer|tungs|recht, das (Rechtsspr.): *Recht des Urhebers* (b), *sein Werk vermögensrechtlich zu nutzen.*

[1]**ver|we|sen** ⟨sw. V.; ist⟩ [mhd. verwesen, ahd. firwesenen (sw. V.) = verfallen, vergehen u. firwesan (st. V.) = aufbrauchen, verzehren, eigtl. = verschmausen]: *sich (an der Luft) zersetzen; durch Fäulnis vergehen:* die Leichen, die toten

Pferde begannen zu v., waren schon stark verwest; ein verwesender Leichnam.

[2]ver|we|sen ⟨sw. V.; hat⟩ [mhd. verwesen, ahd. firwesan = jmds. Stelle vertreten, zu mhd. wesen, ahd. wesan, ↑Wesen] (veraltet): *(als Verweser) verwalten.*

Ver|we|ser, der; -s, - [mhd. verweser]: **a)** (histor.) *jmd., der ein Amt, ein Gebiet [als Stellvertreter] verwaltet;* **b)** (schweiz.) *befristet (als Aushilfe) angestellter Lehrer od. reformierter Pfarrer.*

Ver|we|se|rin, die; -, -nen: w. Form zu ↑Verweser.

ver|wes|lich ⟨Adj.⟩: *[1]verwesen könnend; der Verwesung ausgesetzt:* -e Materie.

ver|west|li|chen ⟨sw. V.; ist⟩: *sich an dem Vorbild, der Lebensform o. Ä. der westlichen Welt orientieren.*

Ver|west|li|chung, die; -, -en: *das Verwestlichen; das Verwestlichtwerden.*

Ver|we|sung, die; - [spätmhd. verwesunge]: *das [1]Verwesen:* in V. übergehen *(zu [1]verwesen beginnen).*

Ver|we|sungs|ge|ruch, der: *von etw. [1]Verwesendem herrührender Geruch.*

ver|wet|ten ⟨sw. V.; hat⟩ [a: mhd. verwetten]: **a)** *bei einer Wette, beim Wetten einsetzen:* er verwettet eine Menge Geld; Ü seinen Kopf für etw. v. (ugs.; *von etw. fest überzeugt sein*); **b)** *(bei einer Wette, beim Wetten) verlieren:* er hat sein Vermögen verwettet.

ver|wi|chen ⟨Adj.⟩ [zu veraltet verweichen = weichen] (veraltend): *vergangen, vorig; verflossen:* im -en Jahr.

ver|wich|sen ⟨sw. V.; hat⟩ (ugs.): **1.** *kräftig verprügeln:* er wollte ihn v. **2.** *(Geld) vergeuden, durchbringen.*

ver|wi|ckeln ⟨sw. V.; hat⟩ [spätmhd. verwickeln]: **1. a)** ⟨v. + sich⟩ *sich derart ineinander schlingen, durcheinander geraten, dass die Fäden, Schnüre o. Ä. nur mit Mühe zu entwirren sind:* die Wolle, die Schnur, die Kordel hat sich verwickelt; **b)** ⟨v. + sich⟩ *in etw. hineingeraten, worin es sich verhakt u. hängen bleibt:* das Seil des Ballons hatte sich im Geäst, in die Hochspannungsleitungen verwickelt *(in ihm, ihnen verfangen);* Ü sie hat sich in Widersprüche verwickelt *(hat Widersprüchliches gesagt);* **c)** (selten) *ineinander schlingen:* ich habe die Enden der Fäden verwickelt. **2.** (landsch.) *mit etw. umwickeln:* dem Verletzten das Bein v.; sie hatte eine verwickelte *(mit einem Verband versehene)* Hand. **3.** *jmdn. in eine unangenehme Sache hineinziehen, ihn daran beteiligen:* jmdn. in eine Affäre, einen Fall, eine Schlägerei v.; er ist in einen Skandal, einen Prozess verwickelt; die Truppen waren in schwere Kämpfe verwickelt; jmdn. in ein Gespräch v. *(ein Gespräch mit jmdm. anknüpfen).*

ver|wi|ckelt ⟨Adj.⟩: *kompliziert, nicht leicht zu übersehen od. zu durchschauen:* eine -e Angelegenheit, Situation; der Fall ist sehr v.

Ver|wi|cke|lung (selten), **Ver|wick|lung,** die; -, -en: **1.** *das [Sich]verwickeln.* **2.** ⟨meist Pl.⟩ *Schwierigkeit, Problem, Komplikation* (1): diplomatische -en.

ver|wie|gen ⟨st. V.; hat⟩: **1.** ⟨v. + sich⟩ *sich beim Wiegen, Abwiegen von etw. irren; falsch wiegen:* du hast dich verwogen, das Paket ist schwerer. **2.** (Fachspr., Amtsspr.) *[1]wiegen* (2 a).

Ver|wie|ger, der; -s, -: *jmd., der mit Verwiegen* (2) *beschäftigt ist* (Berufsbez.).

Ver|wie|ge|rin, die; -, -nen: w. Form zu ↑Verwieger.

Ver|wie|gung, die; -, -en (Fachspr.): *das Verwiegen* (2).

ver|wil|dern ⟨sw. V.; ist⟩: **1.** *durch mangelnde Pflege von Unkraut überwuchert, zur Wildnis werden:* der Garten verwildert; ein verwilderter Park. **2. a)** *(von bestimmten Haustieren) wieder als Wildtier in der freien Natur leben:* Katzen, Hunde verwildern leicht; ein verwildertes Haustier; **b)** *(von Kulturpflanzen) sich (wieder) wild wachsend verbreiten.* **3.** (geh.) *in einen Zustand von Ungesittetheit, Unkultiviertheit zurückfallen:* die jungen Burschen verwilderten immer mehr; verwilderte Sitten.

Ver|wil|de|rung, die; -: *das Verwildern.*

[1]ver|win|den ⟨st. V.; hat⟩ [mhd. verwinden, verwinnen; vgl. überwinden] (geh.): *über etw. hinwegkommen* (b), *etw. seelisch verarbeiten u. sich dadurch davon befreien; überwinden:* einen Schmerz, Verlust, eine Kränkung v.

[2]ver|win|den ⟨st. V.; hat⟩ (Technik): *verdrehen* (1 a).

Ver|win|dung, die; -, -en (Technik): *Torsion* (1).

ver|win|dungs|fest ⟨Adj.⟩: *Torsionsfestigkeit aufweisend.*

ver|win|kelt ⟨Adj.⟩: *eng u. mit vielen Ecken, ohne geraden Verlauf o. Ä.:* ein -es Gässchen; ein -er Flur.

Ver|win|ke|lung, Ver|wink|lung, die; -, -en: **1.** *das Verwinkeltsein.* **2.** ⟨meist Pl.⟩ *verwinkelte Stelle.*

ver|wir|beln ⟨sw. V.; hat⟩: *in eine wirbelnde Bewegung bringen:* eine Schraube verwirbelt die Luft, das Wasser.

ver|wir|ken ⟨sw. V.; hat⟩ [mhd. verwirken = einfassen, verlieren, ahd. firwirken = verlieren]: (geh.) *durch eigene Schuld einbüßen, sich verscherzen:* jmds. Vertrauen, Gunst, Sympathie v.; das Recht zu, den Anspruch auf etw. v.; sie hat ihr Leben verwirkt *(muss eine Schuld durch den Tod sühnen).*

ver|wirk|li|chen ⟨sw. V.; hat⟩: **1. a)** *realisieren* (1 a): eine Idee, seinen Traum vom eigenen Haus v.; das Projekt lässt sich nicht v.; **b)** ⟨v. + sich⟩ *realisieren* (1 b): ihre Träume, Hoffnungen haben sich nie verwirklicht. **2.** ⟨v. + sich⟩ *sich, seine Fähigkeiten unbehindert entfalten:* jeder sollte die Möglichkeit haben, sich [selbst] zu v.; sich in seiner Arbeit v. *(Befriedigung darin finden).*

Ver|wirk|li|chung, die; -, -en: *das [Sich]verwirklichen.*

Ver|wir|kung, die; - (Rechtsspr.): *das Verwirken eines Rechtes.*

ver|wir|ren ⟨sw. V.; hat⟩ [mhd. verwirren, verwerren, ahd. farwerran, zu ↑wirren]: **1. a)** *durch Ineinanderverschlingen o. Ä. in Unordnung bringen:* Garn, die Fäden v.; der Wind verwirrte ihre Locken; verwirrtes Haar; **b)** ⟨v. + sich⟩ *durch Ineinanderverschlingen o. Ä. in Unordnung geraten:* sein Haar, das Garn hatte sich verwirrt. **2. a)** *unsicher machen; aus der Fassung bringen; durcheinander bringen:* die Frage, das Ereignis hat ihn verwirrt; seine Gegenwart verwirrt sie; die schrecklichen Erlebnisse haben seinen Geist, ihm die Sinne verwirrt (geh.; *haben ihn verstört, in einen verwirrten Geisteszustand gebracht*); eine verwirrende Fülle von Eindrücken; jmdn. verwirrt *(verstört, konsterniert)* ansehen; **b)** ⟨v. + sich⟩ *in einen Zustand der Unordnung, Verstörtheit o. Ä. geraten:* seine Sinne hatten sich verwirrt.

Ver|wirr|spiel, das: *absichtlich gestiftete Verwirrung (durch die Unsicherheit bei anderen verursacht werden soll):* Klarheit in das V. bringen.

Ver|wirrt|heit, die; -: *Zustand geistiger od. seelischer Verstörung.*

Ver|wir|rung, die; -, -en: *das [Sich]verwirren* (2): es herrschte allgemeine, große V. *(großes Durcheinander, große Aufregung);* ein Zustand geistiger V. *(Verstörtheit);* jmdn. in V. bringen *(verstören, unsicher machen);* in V. geraten *(verwirrt werden).*

ver|wirt|schaf|ten ⟨sw. V.; hat⟩: *durch schlechtes Wirtschaften aufbrauchen, durchbringen:* ein Vermögen v.

Ver|wirt|schaf|tung, die; -: *das Verwirtschaften.*

ver|wi|schen ⟨sw. V.; hat⟩ [3: mhd. verwischen]: **1.** *über etw. wischen, sodass die Umrisse verschwommen, unscharf werden:* eine verwischte Unterschrift. **2.** ⟨v. + sich⟩ *undeutlich, unklar werden; verschwimmen:* die Konturen verwischten sich; Ü die sozialen Unterschiede haben sich verwischt. **3.** *beseitigen, tilgen:* der Mörder hat versucht, alle Spuren zu v.

Ver|wi|schung, die; -, -en: *das Verwischen; das Verwischtwerden.*

ver|wis|sen|schaft|li|chen ⟨sw. V.; hat⟩: **1.** *[zu] viel an Wissenschaft, wissenschaftlichen Gesichtspunkten o. Ä. in etw. hineinbringen [wo eigentlich anderes vorherrschen sollte]:* die Berufspraxis v. **2.** *auf ein wissenschaftliches Niveau heben:* die Sprachpflege v.

Ver|wis|sen|schaft|li|chung, die; -, -en: *das Verwissenschaftlichen.*

ver|wit|tern ⟨sw. V.; ist⟩ [aus der Bergmannsspr., zu ↑Witterung in der alten bergmannsspr. Bed. »Dämpfe, die sich über Erzgänge lagern«, urspr. nur auf den Verfall von Mineralien bezogen]: **1.** *durch Witterungseinflüsse o. Ä. in seiner Substanz angegriffen werden u. langsam zerfallen:* das Gestein, der Turm verwittert; Ü das verwitterte Gesicht des alten Seemanns. **2.** (Jägerspr.) *den einem Gegenstand od. Ort anhaftenden Geruch überdecken, um Wildtiere anzulocken bzw. abzuschrecken.*

Ver|wit|te|rung, die; -, -en: *das Verwittern.*

ver|wit|wet ⟨Adj.⟩: *im Witwen-, Witwerstand lebend:* die -e Frau Schulz; er, sie ist seit zwei Jahren v.; Frau Meier, -e Schmidt *(die in der früheren Ehe mit Herrn Schmidt Witwe geworden ist;* Abk.: verw.).

Ver|wit|we|te, der u. die; -n, -n ⟨Dekl. ↑Abgeordnete⟩: *jmd., der verwitwet ist.*

ver|wo|ben: ↑verweben (2).

Ver|wo|ben|heit, die; - (geh.): *das Verwobensein; Verflechtung.*

ver|woh|nen ⟨sw. V.; hat⟩: *durch längeres Bewohnen in einen schlechten, unansehnlichen Zustand bringen:* eine Wohnung [völlig] v.; das Zimmer sieht verwohnt aus.

ver|wöh|nen ⟨sw. V.; hat⟩ [mhd. verwenen, zu: wenen (↑gewöhnen), urspr. = zu schlechten Gewohnheiten veranlassen]: **a)** *jmdn. durch zu große Fürsorge u. Nachgiebigkeit in einer für ihn nachteiligen Weise daran gewöhnen, dass ihm jeder Wunsch erfüllt wird:* sie hat ihre Tochter verwöhnt; sein Sohn ist maßlos verwöhnt; **b)** *durch besondere Aufmerksamkeit, Zuwendung dafür sorgen, dass sich jmd. wohl fühlt:* seine Braut [mit Geschenken] v.; er lässt sich gern von seiner Frau v.; Ü das Schicksal, das Glück hat ihn nicht gerade verwöhnt.

ver|wöhnt ⟨Adj.⟩ [mhd. verwenet = verwöhnt, bevorzugt, köstlich]: *hohe Ansprüche stellend; anspruchsvoll, wählerisch:* ein -er Gaumen, Geschmack; die Zigarre für den -en Raucher; ich bin im Essen nicht sehr v.

Ver|wöhnt|heit, die; -: *das Verwöhntsein.*

Ver|wöh|nung, die; -: *das Verwöhnen; das Verwöhntwerden.*

ver|wor|fen: **1.** ↑verwerfen. **2.** ⟨Adj.⟩ [mhd. verworfen, ahd. ferworfen = armselig] (geh.): *in hohem Maße schlecht, lasterhaft, charakterlich verkommen:* ein -er Mensch.

Ver|wor|fen|heit, die; -: *das Verworfensein.*

ver|wor|ren ⟨Adj.⟩ [mhd., ahd. verworren, 2. Part. des ehem. st. V. ↑verwirren]: *wirr, in hohem Grade unklar, unübersichtlich; konfus* (a): -e Aussagen; die Lage war v.; das hört sich ziemlich v. *(abstrus)* an.

Ver|wor|ren|heit, die; -: *das Verworrensein.*

ver|wüh|len ⟨sw. V.; hat⟩: *durch Wühlen in Unordnung bringen:* ein Kissen v.

ver|wund|bar ⟨Adj.⟩: **1.** *leicht zu verwunden:* Achilles war an der Ferse v. **2.** *leicht zu kränken; verletzlich.*

Ver|wund|bar|keit, die; -: *das Verwundbarsein.*

ver|wun|den ⟨sw. V.; hat⟩ [mhd. verwunden, zu: wunden, ahd. wuntōn = verletzen]: *(bes. im Krieg durch Waffen o. Ä.) jmdm. eine Wunde, Wunden beibringen:* an der Front [tödlich] verwundet werden; der Granatsplitter verwundete sie leicht, schwer am Arm; ein Tier v.; verwundete Soldaten; Ü jmds. Gefühle, Herz v.

ver|wun|der|lich ⟨Adj.⟩: *Verwunderung auslösend:* was ist daran v.?; es wäre nicht [weiter] v., wenn er wieder nicht zum Treffen käme.

ver|wun|dern ⟨sw. V.; hat⟩ [mhd. (sich) verwundern]: **a)** *bewirken, dass jmd. über etw. erstaunt ist, weil er etw. nicht erwartet hat:* das verwundert mich gar nicht, nicht im Geringsten; es ist [nicht] zu v. *(ist [nicht] verwunderlich),* dass er darüber enttäuscht war; ⟨oft im 2. Part.:⟩ eine verwunderte Frage; verwundert den Kopf schütteln; jmdn. verwundert ansehen; b) ⟨v. + sich⟩ *in Erstaunen über etw. Unerwartetes geraten:* wir haben uns über seine Entscheidung, sein Verhalten sehr verwundert.

Ver|wun|de|rung, die; -: *das [Sich]verwundern; Erstaunen:* bei jmdn. V. erregen; jmdn. in V. setzen; etw. mit, nicht ohne V. feststellen; zu meiner großen V. haben sie sich getrennt.

Ver|wun|de|te, der u. die; -n, -n ⟨Dekl. ↑Abgeordnete⟩: *jmd., der verwundet worden ist.*

Ver|wun|de|ten|trans|port, der: *Transport von Verwundeten.*

Ver|wun|dung, die; -, -en: **a)** *das Verwundetwerden;* **b)** *im Krieg erlittene Verletzung.*

ver|wun|schen ⟨Adj.⟩ [eigtl. alte, stark gebeugte Nebenf. des 2. Part. von ↑verwünschen]: *unter der Wirkung eines Zaubers stehend; verzaubert:* ein -er Prinz, Wald.

ver|wün|schen ⟨sw. V.; hat⟩: **1.** *(aus heftigem Unwillen gegenüber einer Person od. Sache) auf sie schimpfen, ihr etw. Böses wünschen, sie mit einem Fluch belegen:* jmdn., sein Geschick v.; als Ausruf des Unwillens: verwünscht! **2.** (veraltet) *verzaubern* (1).

ver|wünscht ⟨Adj.⟩ (emotional): *in höchstem Maße unerfreulich, unangenehm; vermaledeit:* eine -e Geschichte!; dieser -e Motor springt doch schon wieder nicht an!

Ver|wün|schung, die; -, -en: **1. a)** *das Verwünschen* (1); **b)** *Äußerung, mit der man jmdn., etw. verwünscht* (1); *Fluch:* laute -en ausstoßen. **2.** (veraltet) *Verzauberung.*

Ver|wurf, der; -[e]s, Verwürfe (Geol.): *Verwerfung* (2).

ver|wursch|teln, ver|wurs|teln ⟨sw. V.; hat⟩ (ugs.): **a)** *aus seiner richtigen Lage, Form o. Ä. u. dadurch ganz in Unordnung bringen; verdrehen:* du hast dein Halstuch ganz verwurschtelt; **b)** ⟨v. + sich⟩ *verdreht werden u. dadurch in Unordnung geraten:* die Telefonstrippe hat sich ganz verwurschtelt; das Laken ist verwurstelt.

ver|wurs|ten ⟨sw. V.; hat⟩: *zu Wurst verarbeiten.*

ver|wur|zeln ⟨sw. V.; ist⟩: *Wurzeln schlagen:* die neuen Bäume sind gut verwurzelt; Ü sie ist in ihrer Heimat, in der Tradition verwurzelt.

Ver|wur|ze|lung, (selten:) **Ver|wurz|lung,** die; -, -en: *das Verwurzeln; das Verwurzeltsein.*

ver|wu|scheln ⟨sw. V.; hat⟩ (ugs.): *wuschelig machen, leicht zerzausen:* verwuscheltes Haar.

ver|wüs|ten ⟨sw. V.; hat⟩ [mhd. verwüesten]: *(etw.) so zerstören, dass es anschließend einem Chaos gleicht, sich in einem wüsten Zustand befindet; verheeren:* der Sturm, das Erdbeben, die Überschwemmung hat weite Teile des Landes verwüstet; der Feind, der Krieg hat das Land verwüstet.

Ver|wüs|tung, die; -, -en: *das Verwüsten; das Verwüstetwerden, das Verwüstetsein:* eine grauenhafte V. anrichten.

ver|za|gen ⟨sw. V.; ist/(seltener:) hat⟩ [mhd. verzagen] (geh.): *den Mut, das Selbstvertrauen verlieren; in einer schwierigen Situation kleinmütig werden:* man darf nicht immer gleich v.; sie war ganz verzagt.

Ver|zagt|heit, die; -: *das Verzagtsein; Mutlosigkeit.*

[1]**ver|zäh|len,** sich ⟨sw. V.; hat⟩: *beim Zählen einen Fehler machen; falsch zählen:* sich mehrmals v.

[2]**ver|zäh|len** ⟨sw. V.; hat⟩ [mhd. verzeln] (landsch.): *erzählen.*

ver|zah|nen ⟨sw. V.; hat⟩: **1.** *miteinander verbinden, indem man die zahnartigen Einkerbungen der Teile ineinander greifen lässt:* Balken, Maschinenteile [miteinander] v. **2.** *mit Zähnen zum Eingreifen* (2) *in etw. versehen:* Räder v.

Ver|zah|nung, die; -, -en: *das Verzahnen; das Verzahntwerden.*

ver|zan|ken, sich ⟨sw. V.; hat⟩ (ugs.): *sich zanken, sich im Zank entzweien:* sich wegen einer Lappalie v.; sie haben sich verzankt.

ver|zap|fen ⟨sw. V.; hat⟩: **1.** (landsch.) *direkt vom Fass ausschenken* (a): Bier, Whisky v. **2.** (Fachspr.) *durch Zapfen* (3 a) *verbinden:* Balken, Bretter v. **3.** (ugs. abwertend) *etw. Dummes, Unsinniges reden, tun:* Unsinn, Blödsinn, Mist v.

Ver|zap|fung, die; -, -en (Fachspr.): *das Verzapfen* (2); *das Verzapftwerden.*

ver|zär|teln ⟨sw. V.; hat⟩ [16. Jh., für gleichbed. mhd. verzerten] (abwertend): *mit übertrieben zärtlicher Fürsorge umhegen u. dadurch verweichlichen:* sie verzärtelt ihren Jüngsten.

Ver|zär|te|lung, die; -: *das Verzärteln; das Verzärteltwerden.*

ver|zau|bern ⟨sw. V.; hat⟩ [mhd. verzoubern, ahd. firzaubirōn]: **1.** *durch Zauberei verwandeln:* die Hexe verzauberte die Kinder [in Raben]; ein verzauberter Prinz. **2.** *durch seinen Zauber* (2 a), *Reiz ganz gefangen nehmen:* der Anblick, ihr Gesang hat uns alle verzaubert.

Ver|zau|be|rung, die; -, -en: *das Verzaubern; das Verzaubertwerden, das Verzaubertsein.*

ver|zäu|nen ⟨sw. V.; hat⟩: *mit einem Zaun versehen, umgrenzen:* einen Weg, ein Stück Land v.

Ver|zäu|nung, die; -, -en: **1.** *das Verzäunen.* **2.** *Zaun; Einfriedung.*

ver|ze|chen ⟨sw. V.; hat⟩: **1.** *mit Zechen durchbringen:* er hat sein ganzes Geld verzecht. **2.** *mit Zechen verbringen; durchzechen:* sie haben die Nacht verzecht.

ver|zehn|fa|chen ⟨sw. V.; hat⟩: **a)** *[durch Multiplikation] zehnmal so groß machen:* eine Zahl, eine Summe, eine Menge v.; **b)** ⟨v. + sich⟩ *zehnmal so groß werden:* der Ertrag hat sich verzehnfacht.

ver|zehn|ten ⟨sw. V.; hat⟩ (früher): *den Zehnten von etw. entrichten:* den Acker v.

Ver|zehr, der; -[e]s [rückgeb. aus ↑verzehren]: **1.** *das Verzehren* (1): zum [als]baldigen V. *(Verbrauch)* bestimmt! (Aufschrift auf bestimmten abgepackten, verderblichen Lebensmitteln). **2.** ⟨landsch. auch: das⟩ *etw., was man verzehrt hat:* das Eintrittsgeld wird auf den V. angerechnet.

Ver|zehr|bon, der: *Bon für Speisen u. Getränke.*

ver|zeh|ren ⟨sw. V.; hat⟩ [mhd. verzern; vgl. ahd. firzeran = zerreißen, vernichten]: **1.** (geh. od. Fachspr.) *essen* (2) *[u. trinken], bis nichts mehr von etw. übrig ist:* seine Brote, sein Mittagessen v.; der Gast hat nichts, viel verzehrt. **2.** (veraltend) *für den Lebensunterhalt aufbrauchen, von etw. leben:* sein Erbe v. **3.** (geh.) **a)** *bis zur völligen körperlichen u. seelischen Erschöpfung an jmdm. zehren:* der Gram verzehrt sie; die Krankheit hat ihre Kräfte verzehrt; ein verzehrendes Fieber; **b)** ⟨v. + sich⟩ *nach jmdm., etw. so heftig verlangen, etw. so stark empfinden, dass man innerlich [fast] krank daran ist:* sich in Liebe zu jmdm., vor Sehnsucht nach jmdm. v.

Ver|zeh|rer, der; -s, -: *jmd., der etw. verzehrt, aufzehrt.*

Ver|zeh|re|rin, die; -, -nen: w. Form zu ↑Verzehrer.

Ver|zehr|zwang, der ⟨o. Pl.⟩: *Verpflichtung, als Gast in einem Restaurant etw. zu verzehren.*

ver|zeich|nen ⟨sw. V.; hat⟩: **1. a)** *[in der Art eines Verzeichnisses] schriftlich festhalten, aufführen:* das Inventar, die Preise v.; die Namen sind in der Liste verzeichnet; **b)** *aufweisen, erzielen; registrieren* (2 b): Fortschritte v.; sie verzeichnen immer mehr Urlauber; er verzeichnet jedes Jahr Einbußen von einigen hundert Mark. **2.** *falsch zeichnen, zeichnend abbilden:* auf diesem Bild ist die Hand verzeichnet; Ü in diesem Roman sind die sozialen Verhältnisse verzeichnet.

Ver|zeich|nis, das; -ses, -se: *nach einem bestimmten System geordnete schriftliche Aufstellung mehrerer unter einem bestimmten Gesichtspunkt zusammengehörender Dinge o. Ä.; listenmäßige Zusammenstellung von etw.:* ein alphabetisches, vollständiges, amtliches V.; etw. in ein V. eintragen, aufnehmen; in einem V. enthalten sein.

Ver|zeich|nung, die; -, -en: **1.** *das Verzeichnen.* **2.** *das Verzeichnetsein; falsche, entstellende Wiedergabe.*

ver|zei|gen ⟨sw. V.; hat⟩ (schweiz.): *anzeigen* (1).

Ver|zei|gung, die; -, -en (schweiz.): *Anzeige* (1).

ver|zei|hen ⟨st. V.; hat⟩ [mhd. verzīhen = versagen, abschlagen, sich lossagen, ahd. farzīhan = versagen, verweigern]: *erlittenes Unrecht o. Ä. den Urheber nicht entgelten lassen, nicht grollend, strafend usw. darauf reagieren; vergeben* (1): jmdm. eine Kränkung v.; das habe ich dir schon längst verziehen!; so etwas ist nicht zu v.; (Höflichkeitsformeln:) verzeihen Sie bitte! *(ich bitte um Entschuldigung);* verzeihen *(entschuldigen)* Sie bitte die Störung; verzeihen Sie, können Sie mir sagen, wie spät es ist?

ver|zeih|lich ⟨Adj.⟩: *Verständnis verdienend, mit Nachsicht zu beurteilen:* eine -e Schwäche; dieser Irrtum ist v.

Ver|zei|hung, die; -: *das Verzeihen:* jmdn. um V. bitten; V.! (Höflichkeitsformel zur Entschuldigung).

ver|zer|ren ⟨sw. V.; hat⟩ [mhd. verzerren = auseinander zerren]: **1. a)** *in entstellender Weise verziehen* (1 a): das Gesicht, den Mund [vor Schmerz, Anstrengung, Wut] v.; **b)** *bewirken, dass sich jmds. Gesicht o. Ä. verzerrt* (1 a): Schmerz, Entsetzen verzerrte sein Gesicht; **c)** ⟨v. + sich⟩ *sich in entstellender Weise verziehen* (1 b): sein Gesicht verzerrte sich vor Wut zur grässlichen Fratze. **2.** *zu stark dehnen u. dadurch verletzen:* sich eine Sehne, einen Muskel v. **3. a)** *(Optisches) so wiedergeben, dass es nach Länge, Breite überdehnt erscheint u. dadurch fast unkenntlich wird:* dieser Spiegel verzerrt die Gestalt; das Bild auf dem Fernsehschirm war verzerrt; **b)** *(Akustisches) auf dem Übertragungsweg durch Dehnen in unangenehmer Weise, oft bis zur Unkenntlichkeit, verändern:* die in Morsezeichen übermittelte Nachricht wurde aus Gründen der Geheimhaltung verzerrt; der Empfänger gibt die Musik verzerrt wieder; **c)** *entstellen* (2): die tatsächlichen Verhältnisse völlig v.; eine verzerrte Darstellung.

Ver|zer|rung, die; -, -en: **1.** *das Verzerren; das Verzerrtwerden.* **2.** *etw. Verzerrtes.*

ver|zer|rungs|frei ⟨Adj.⟩ (Fachspr.): **a)** *nicht verzerrend, keine Verzerrung* (3 a) *bewirkend;* **b)** *nicht verzerrt* (3 b): die Wiedergabe ist v.

[1]**ver|zet|teln** ⟨sw. V.; hat⟩ [im 15. Jh. = eine schriftliche Abmachung ausfertigen, für gleichbed. mhd. zedelen, zu ↑[2]Zettel]: *für eine [Zettel]kartei gesondert auf einzelne Zettel, Karten schreiben.*

[2]**ver|zet|teln** ⟨sw. V.; hat⟩ [Iterativbildung zu mhd. verzetten = aus-, verstreuen, verlieren, zu: zetten = (ver-, aus)streuen, vereinzelt fallen lassen, ahd. zetten = ausbreiten; vgl. [1]Zettel]: **1. a)** *planlos u. unnütz für vielerlei Kleinigkeiten verbrauchen, mit vielerlei Unwichtigem verbringen:* seine Kraft, Zeit [an, mit etw.] v.; sein Geld v.; **b)** ⟨v. + sich⟩ *sich mit zu vielem [Nebensächlichem] beschäftigen, aufhalten u. dadurch nichts richtig, ganz tun od. nicht zu dem eigentlich Wichtigen kommen:* du verzettelst dich zu sehr; sich in/mit seinen Liebhabereien v. **2.** (südd., schweiz.) *zum Trocknen ausbreiten, ausstreuen:* Heu, Stroh v.

[1]**Ver|zet|te|lung,** Verzettlung, die; -, -en: *das* [1]*Verzetteln.*

[2]**Ver|zet|te|lung,** Verzettlung, die; -, -en: *das* [2]*Verzetteln; das Sichverzetteln.*

[1]**Ver|zett|lung:** ↑[1]Verzettelung.

[2]**Ver|zett|lung:** ↑[2]Verzettelung.

Ver|zicht, der; -[e]s, -e [mhd. verziht, zu verzeihen in der veralteten rechtsspr. Bed. »versagen, verzichten« (mhd. verzīhen, ↑verzeihen)]: *das Verzichten:* ein freiwilliger V.; einen V. fordern; seinen V. auf etw. erklären; V. leisten, üben *(verzichten).*

ver|zicht|bar ⟨Adj.⟩: *von der Art, dass darauf verzichtet werden kann.*

ver|zich|ten ⟨sw. V.; hat⟩ [zu ↑Verzicht]: *den Anspruch auf etw. nicht [länger] geltend machen, aufgeben; auf [der Verwirklichung, Erfüllung von] etw. nicht länger bestehen:* auf sein Recht, seinen Anteil, einen Anspruch, eine Vergünstigung v.; zu jmds. Gunsten, schweren Herzens, freiwillig v.; ich verzichte auf deine Hilfe, deine Begleitung (*brauche, möchte sie* *nicht;* als Ausdruck der Ablehnung); auf die Anwendung von Gewalt v. *(Gewalt nicht anwenden wollen);* sie verzichtete auf eine Stellungnahme *(gab sie nicht);* auf jmds. Mitarbeit, Unterstützung nicht v. können; auf seine Gesellschaft müssen wir heute leider v. *(wir müssen sie heute entbehren).*

Ver|zicht|er|klä|rung, Verzichtserklärung, die: *[schriftliche] Erklärung, durch die man seine Bereitschaft zum Verzicht auf etw. Bestimmtes kundgibt.*

Ver|zicht|leis|tung, die: *Verzicht.*

Ver|zichts|er|klä|rung: ↑Verzichterklärung.

Ver|zichts|ur|teil, das (Rechtsspr.): *auf Antrag des Beklagten ergehendes, die Klage abweisendes Urteil, das voraussetzt, dass der Kläger bei der mündlichen Verhandlung auf den geltend gemachten Anspruch verzichtet hat.*

ver|zie|hen ⟨unr. V.⟩ [mhd. verziehen = auseinander ziehen; verstreuen; hinziehen, verzögern; wegziehen; entfernen; wegnehmen, entziehen; verweigern, ahd. farziohan = wegnehmen; falsch erziehen]: **1.** ⟨hat⟩ **a)** *aus seiner normalen, üblichen Form bringen; verzerren* (1 a): den Mund schmerzlich, angewidert, zu einem spöttischen Lächeln v.; sie verzog das Gesicht vor Schmerz, zu einer Grimasse; ohne eine Miene zu v.; keine Miene v. *(sich eine Gefühlsregung nicht anmerken lassen, sie nicht zeigen);* **b)** ⟨v. + sich⟩ *seine normale, übliche Form in bestimmter Weise verändern:* sein Gesicht verzog sich schmerzlich, zu einer Grimasse. **2.** ⟨hat⟩ **a)** (selten) *bewirken, dass sich etw. verzieht* (2 b): feuchtwarme Luft verzieht das Holz; **b)** ⟨v. + sich⟩ *die Form, Fasson geringfügig ändern; sich werfen* (3 b): die Türen, Fensterrahmen haben sich verzogen; Kunststoffgehäuse können sich v.; **c)** ⟨v. + sich⟩ *die ursprüngliche Form verlieren; länger, weiter usw. werden:* der Pullover hat sich beim Waschen verzogen. **3.** *an einen anderen Wohnort, in eine andere Wohnung ziehen; umziehen* ⟨nur im Perfekt gebr.; ist⟩: in eine andere Stadt, nach Würzburg verzogen sein; sie sind schon vor drei Jahren verzogen; Empfänger, Adressat verzogen [neuer Wohnsitz unbekannt] *(Vermerk auf unzustellbaren Postsendungen).* **4.** ⟨v. + sich; hat⟩ **a)** *allmählich weiterziehen u. verschwinden:* die Regenwolken verziehen sich; das Gewitter, der Nebel hat sich verzogen; der Schmerz hat sich verzogen *(ist abgeklungen);* **b)** (ugs.) *sich [unauffällig] entfernen, zurückziehen:* sie verzogen sich in eine stille Ecke und plauderten; verzieh dich! (salopp; *verschwinde!*). **5.** *(ein Kind) durch übertriebene Nachsicht nicht in der richtigen Weise erziehen* ⟨hat⟩: sie haben ihre Kinder verzogen; er ist ein verzogener Bengel. **6.** (Landw.) *vereinzeln* ⟨hat⟩: junge Pflanzen v. **7.** (Ballspiele) *den Ball so treffen, dass er nicht in die beabsichtigte Richtung fliegt* ⟨hat⟩: der Spieler verzog den Ball, Schuss. **8.** ⟨hat⟩ (veraltet) **a)** *sich verzögern, auf sich warten lassen;* **b)** *säumen, zögern, etw. zu tun:* mit seiner Hilfe v.; sie verzog zu kommen; **c)** *verweilen.*

ver|zie|ren ⟨sw. V.; hat⟩ [zu ↑zieren]: *mit etw. Schmückendem, mit Zierrat versehen:* eine Decke mit Stickereien, einen Schrank mit Schnitzereien v.; eine Torte v.

Ver|zie|rung, die; -, -en: **a)** *das Verzieren; das Verziertwerden;* **b)** *etw., womit etw. verziert wird, ist; Ornament:* -en anbringen; die -en eines gotischen Kapitells; R brich dir [nur/bloß] keine V. ab! (ugs.; *zier dich nicht so!*).

ver|zim|mern ⟨sw. V.; hat⟩ [mhd. verzimbern, -zimmern, ahd. farzimbaran = ver-, zubauen] (Bauw.): *mit Balken, Bohlen u. Brettern abstützen.*

Ver|zim|me|rung, die; -, -en: **1.** *das Verzimmern; das Verzimmertsein.* **2.** *Balken, Bohlen, Bretter, die dem Verzimmern dienen.*

[1]ver|zin|ken ⟨sw. V.; hat⟩: *mit Zink überziehen.*

[2]ver|zin|ken ⟨sw. V.; hat⟩ [zu ↑[1]zinken (2)] (ugs.): *verraten.*

Ver|zin|kung, die; -, -en: **1.** *das [1]Verzinken.* **2.** *Überzug aus Zink.*

ver|zin|nen ⟨sw. V.; hat⟩ [mhd. verzinen]: *mit Zinn überziehen:* Bleche, Kupfergeräte v.

Ver|zin|nung, die; -, -en: **1.** *das Verzinnen.* **2.** *Überzug aus Zinn.*

ver|zins|bar ⟨Adj.⟩: *verzinslich.*

ver|zin|sen ⟨sw. V.; hat⟩ [mhd. verzinsen = Zins bezahlen; seit dem 16. Jh. auf die Kapitalzinsen bezogen, refl. = Zinsen bringen]: **a)** *Zinsen in bestimmter Höhe für etw. zahlen:* die Bank verzinst das Kapital mit 6 Prozent; **b)** ⟨v. + sich⟩ *Zinsen [in bestimmter Höhe] bringen:* das Kapital verzinst sich gut, mit 6 Prozent.

ver|zins|lich ⟨Adj.⟩: *von, in der Art, dass es sich verzinst:* ein -es Darlehen; die Wertpapiere sind mit/zu 5 Prozent v.; Kapital v. anlegen.

Ver|zins|lich|keit, die; -: *das Verzinslichsein.*

Ver|zin|sung, die; -, -en: *das [Sich]verzinsen.*

ver|zo|cken ⟨sw. V.; hat⟩ (ugs.): *durch Zocken verlieren.*

ver|zö|gern ⟨sw. V.; hat⟩: **1. a)** *hinauszögern:* die Ausgabe der Lebensmittel, die Unterrichtung der Presse v.; der strenge Winter hat die Baumblüte [um drei Wochen] verzögert *(hat bewirkt, dass sie [drei Wochen] später als erwartet od. üblich eintritt);* **b)** ⟨v. + sich⟩ *später eintreten, geschehen als erwartet od. vorgesehen:* die Fertigstellung des Manuskriptes verzögerte sich; seine Ankunft hat sich [um zwei Stunden] verzögert. **2.** *verlangsamen; in seinem Ablauf, seinem Fortgang hemmen:* den Schritt v.; die Mannschaft versuchte, das Spiel zu v. **3.** ⟨v. + sich⟩ *sich bei etw. länger aufhalten, als man eigentlich wollte, geplant hatte.*

Ver|zö|ge|rung, die; -, -en: *das [Sich]verzögern.*

Ver|zö|ge|rungs|ma|nö|ver, das: vgl. Verzögerungstaktik.

Ver|zö|ge|rungs|tak|tik, die: *Taktik, durch die man zu seinem Vorteil etw. zu verzögern* (1 a, 2) *sucht.*

Ver|zö|ge|rungs|zin|sen ⟨Pl.⟩: *Verzugszinsen.*

ver|zol|len ⟨sw. V.; hat⟩ [mhd. verzollen]: *für etw. Zoll bezahlen:* Waren v.

Ver|zol|lung, die; -, -en: *das Verzollen.*

ver|zopft ⟨Adj.⟩: *zopfig.*

ver|zot|teln ⟨sw. V.; hat⟩ (ugs.): **1.** *zottelig machen:* der Sturm hat sein Haar verzottelt. **2.** (landsch.) *[1]verlegen* (1).

ver|zü|cken ⟨sw. V.; hat⟩ [mhd. verzücken]: *in einen Zustand höchster Begeisterung, in Ekstase versetzen:* die Musik verzückte sie; ⟨meist im 2. Part.:⟩ verzückt einer Melodie lauschen.

ver|zu|ckern ⟨sw. V.; hat⟩: **1.** *mit Zuckerguss, einer Zuckerlösung überziehen; mit Zucker bestreuen:* Mandeln v.; verzuckerte *(kandierte)* Früchte. **2.** (Biochemie) *in einfache Zucker spalten:* Stärke, Zellulose v.

Ver|zu|cke|rung, die; -, -en (Biochemie): *das Verzuckern* (2).

Ver|zückt|heit, die; -: *Zustand des Verzücktseins.*

Ver|zü|ckung, die; -, -en: **a)** *das Verzücken;* **b)** *Verzücktheit; Ekstase.*

Ver|zug, der; -[e]s [mhd. verzuc, verzoc, ↑verziehen (8)]: **1.** *Verzögerung, Rückstand* (3 a) *in der Ausführung, Durchführung von etw., in der Erfüllung einer Verpflichtung:* die Sache duldet keinen V.; bei V. der Zahlung werden Zinsen berechnet; sie ist mit der Arbeit, der Ratenzahlung im V., ist in V. geraten, gekommen; das wird ohne V. *(sofort)* erledigt. **2.** (landsch. veraltend) *Kind, das von jmdm. vorgezogen u. mit besonderer Nachsicht, zärtlicher Fürsorge behandelt wird; Liebling* (1): der Jüngste ist ihr kleiner V. **3.** (Bergbau) *Verschalung der Räume zwischen Stollen o. Ä. mit Blechen, Brettern, Hölzern od. Drahtgewebe, um ein Hereinbrechen loser Steine zu verhindern.*

Ver|zugs|zin|sen ⟨Pl.⟩: *Zinsen, die ein Schuldner bei verspäteter Zahlung zu entrichten hat.*

ver|zun|dern ⟨sw. V.; hat⟩ (Technik): *Zunder* (2) *bilden.*

Ver|zun|de|rung, die; -, -en: *das Verzundern.*

ver|zur|ren ⟨sw. V.; hat⟩: *festzurren:* eine Plane v.

ver|zwackt ⟨Adj.⟩ (ugs.): *verzwickt.*

ver|zwat|zeln ⟨sw. V.; ist⟩ [H. u.] (landsch. ugs.): *(in einer bestimmten Situation) sehr ungeduldig u. nervös sein, fast verzweifeln.*

ver|zwei|feln ⟨sw. V.; ist/(veraltet auch:) hat⟩ [mhd. verzwîveln]: *angesichts eines keine Aussicht auf Besserung gewährenden Sachverhalts in den Zustand völliger Hoffnungslosigkeit geraten; allen Glauben, alles Vertrauen, alle Hoffnung verlieren:* am Leben, an den Menschen, an einer Arbeit v.; man könnte über so viel Unverstand v.!; nur nicht v.; es besteht kein Grund zu v.; ⟨subst.:⟩ es ist [reineweg, schier, wirklich] zum Verzweifeln [mit dir, mit deiner Faulheit]! (Ausdruck des Verdrusses, des Unwillens, der erschöpften Geduld); ⟨häufig im 2. Part.:⟩ sie war ganz verzweifelt; sie machte ein verzweifeltes Gesicht; ein verzweifelter Blick; sie hatten einen verzweifelten *(von Verzweiflung zeugenden)* Plan gemacht.

ver|zwei|felt ⟨Adj.⟩: **1.** *hoffnungslos, ausweglos; desperat:* eine -e Situation, Lage. **2. a)** *(wegen drohender Gefahr) unter Aufbietung aller Kräfte durchgeführt, von äußerstem Einsatz zeugend:* -e Anstrengungen; es war ein -er Kampf ums Überleben; **b)** ⟨intensivierend bei Adjektiven u. Verben⟩ *sehr, überaus:* sich v. anstrengen; die Situation ist v. ernst.

Ver|zweif|lung, die; -, -en: *das Verzweifeltsein; Zustand völliger Hoffnungslosigkeit:* eine tiefe V. überkam, packte sie; etw. aus, in, vor V. tun; [über jmdn., etw.] in V. geraten; das Problem bringt mich, du bringst mich [mit deiner ewigen Nörgelei] noch zur V.!

Ver|zweif|lungs|tat, die: *aus Verzweiflung begangene Tat.*

ver|zweif|lungs|voll ⟨Adj.⟩: *voller Verzweiflung:* an einem -en Nachmittag.

ver|zwei|gen, sich ⟨sw. V.; hat⟩: *sich in Zweige teilen u. nach verschiedenen Richtungen hin ausbreiten:* der Ast, die Pflanze verzweigt sich; die Baumkrone ist weit, reich verzweigt; Ü ein verzweigtes System von Kanälen; eine [weit] verzweigte Verwandschaft; ein verzweigtes Unternehmen *(ein Unternehmen mit vielen Abteilungen, Filialen o. Ä.).*

Ver|zwei|gung, die; -, -en: **1. a)** *das Sichverzweigen;* **b)** *verzweigter Teil von etw.; verzweigtes Geäst.* **2.** (schweiz.) *Kreuzung* (1).

ver|zwer|gen ⟨sw. V.⟩: **a)** *bewirken, dass etw. [im Verhältnis zu etw. anderem] sehr klein, nahezu zwergenhaft erscheint* ⟨hat⟩: der Fernsehturm verzwergt den Kirchturm; **b)** *[im Vergleich zu etw. anderem] sehr klein, nahezu zwergenhaft [u. unbedeutend] erscheinen* ⟨ist⟩.

ver|zwickt ⟨Adj.⟩ [eigtl. 2. Part. von veraltet verzwicken, mhd. verzwicken = mit Zwecken befestigen; beeinflusst von »verwickelt«] (ugs.): *schwer zu durchschauen od. zu lösen; sehr schwierig, kompliziert:* eine -e Angelegenheit; die Umstände waren v.

Ver|zwickt|heit, die; - (ugs.): *das Verzwicktsein.*

ver|zwir|nen ⟨sw. V.; hat⟩: *(Fäden o. Ä.) zusammendrehen.*

Ve|si|ca, die; -, ...cae [...tse; lat. vesica] (Med.): *[Harn]blase.*

ve|si|kal ⟨Adj.⟩ (Med.): *zur Harnblase gehörend, sie betreffend.*

Ve|si|kans, das; -, ...kantia u. ...kanzien, **Ve|si|ka|to|ri|um,** das; -s, ...ien (Med.): **a)** *Blasen ziehendes Einreibemittel;* **b)** *Zugpflaster.*

Ves|per ['fe...], die; -, -n [1: mhd. vesper, ahd. vespera < (kirchen)lat. vespera = Abend(zeit); die Zeit von 6 Uhr abends]: **1. a)** (kath. Kirche) *vorletzte, abendliche Gebetsstunde der Gebetszeiten des Stundengebets;* **b)** *(christlicher) Gottesdienst am frühen Abend:* V. halten; in die, zur V. gehen. **2.** ⟨südd. auch: das; -s, -⟩ (bes. südd.) *kleinere Zwischenmahlzeit (bes. am Nachmittag):* V. machen; seine V. essen; etw. zur/zum V. essen; eine Viertelstunde V. *(Frühstückspause).*

Ves|per|bild, das (Kunstwiss.): *Pieta.*

Ves|per|brot, das (bes. südd.): **a)** ⟨o. Pl.⟩ *Vesper* (2); **b)** *Brot* (1 b) *für die Vesper* (2): sie verzehrten ihre -e.

V

Ves|per|läu|ten, das; -s: *Einläuten des Feierabends; Geläut zu Beginn der Vesper* (1).

ves|pern ⟨sw. V.; hat⟩ (bes. südd.): 1. *die Vesper* (2) *einnehmen.* 2. *zur Vesper essen.*

Ves|per|pau|se, die (bes. südd.): *Pause, in der gevespert* (1) *wird.*

Ves|per|zeit, die ⟨Pl. selten⟩ (bes. südd.): *Zeit, in der gevespert* (1) *wird.*

Ves|ta (röm. Myth.): Göttin des Herdfeuers.

Ves|ta|lin, die; -, -nen [lat. Vestalis, eigtl. = der Vesta (geweiht)]: *Priesterin der Vesta.*

Ves|te [ˈfɛstə]: ↑Feste (1 a).

Ves|ti|bül, das; -s, -e [frz. vestibule < lat. vestibulum, ↑Vestibulum] (bildungsspr.): *Vorhalle, Eingangshalle (z. B. in einem Theater, Hotel).*

Ves|ti|bu|lum, das; -s, ...la [1: lat. vestibulum = Vorhof, Vorplatz; Eingang]: 1. *Vorhalle des altrömischen Hauses.* 2. (Anat.) *den Eingang zu einem Organ bildende Erweiterung.*

Ves|ti|tur, die; -, -en [spätlat. vestitura = Bekleidung, zu lat. vestire = (be)kleiden, zu: vestis = Kleid]: *Investitur.*

Ves|ton [vɛsˈtõ:], der; -s, -s [frz. veston, zu: veste, ↑Weste] (schweiz.): *[sportliches] Herrenjackett.*

Ve|suv, der; -s: Vulkan bei Neapel.

Ve|su|vi|an, das; -s, -e [nach dem Vorkommen in Auswürflingen des Vesuvs]: *dem Granat ähnliches, olivgrünes bzw. bräunliches Mineral.*

ve|su|visch ⟨Adj.⟩: *vom Vesuv herstammend, zu ihm gehörend.*

Ve|te|ran, der; -en, -en [lat. veteranus, zu: vetus = alt]: 1. *jmd., der (bes. beim Militär) altgedient ist, sich in langer Dienstzeit o. Ä. bewährt hat:* ein V., -en des Ersten Weltkrieges; Ü ein V. der Partei. 2. *Oldtimer* (1 a).

Ve|te|ra|nen|ren|nen, das (Motorsport): *Rennen von Oldtimern* (1 a).

Ve|te|ra|nen|tref|fen, das: *Treffen von Veteranen* (1).

Ve|te|ra|nin, die; -, -nen: 1. w. Form zu ↑Veteran (1). 2. (selten) w. Form zu ↑Veteran (2): die Isetta ist eine berühmte V.

ve|te|ri|när ⟨Adj.⟩ [frz. vétérinaire, ↑Veterinär] (Fachspr.): *tierärztlich.*

Ve|te|ri|när, der; -s, -e [frz. vétérinaire < lat. veterinarius, zu: veterinae = Zugvieh] (Fachspr.): *Tierarzt.*

ve|te|ri|när|ärzt|lich ⟨Adj.⟩: *tierärztlich.*

Ve|te|ri|nä|rin, die; -, -nen: w. Form zu ↑Veterinär.

Ve|te|ri|när|me|di|zin, die ⟨o. Pl.⟩: *Tiermedizin.*

ve|te|ri|när|me|di|zi|nisch ⟨Adj.⟩: *tiermedizinisch:* ein -es Gutachten; ein -er Befund.

Ve|to, das; -s, -s [frz. veto < lat. veto = ich verbiete, zu: vetare = verbieten] (bildungsspr.): a) *(bes. in der Politik) offizieller Einspruch, durch den das Zustandekommen od. die Durchführung von etw. verhindert od. verzögert wird:* ein/sein V. gegen eine Entscheidung, einen Beschluss einlegen; sein V. zurückziehen; b) *Recht, gegen etw. ein Veto* (a) *einzulegen:* ein absolutes, aufschiebendes V.; auf sein V. verzichten; von seinem V. Gebrauch machen.

Ve|to|recht, das: *Veto* (b): von seinem V. Gebrauch machen.

Vet|tel [ˈfɛtl̩], die; -, -n [spätmhd. vetel < lat. vetula, zu: vetulus = ältlich, hässlich, Vkl. von: vetus = alt] (abwertend): *ungepflegte, schlampige o. ä. ältere Frau.*

Vet|ter, der; -s, -n [mhd. veter(e), ahd. fetiro, zu ↑Vater u. urspr. = Vatersbruder]: 1. *Cousin.* 2. (veraltet) *entfernterer Verwandter.*

Vet|te|rin, die; -, -nen: w. Form zu ↑Vetter (2).

Vet|ter|les|wirt|schaft, die ⟨o. Pl.⟩ (landsch.): *Vetternwirtschaft.*

Vet|ter|li|wirt|schaft, die ⟨o. Pl.⟩ (schweiz.): *Vetternwirtschaft.*

Vet|tern|schaft, (auch:) Vetterschaft, die; -: 1. *Gesamtheit der Vettern* (1) *einer Person.* 2. (veraltet) *Verwandtschaft.*

Vet|tern|wirt|schaft, die ⟨o. Pl.⟩ (abwertend): *Bevorzugung von Verwandten u. Freunden bei der Besetzung von Stellen, bei der Vergabe von Aufträgen o. Ä. ohne Rücksicht auf die fachliche Qualifikation, Eignung usw.; Nepotismus.*

Vet|ter|schaft: ↑Vetternschaft.

Ve|tus La|ti|na, die; - - [zu lat. vetus = alt u. Latinus, ↑Latein]: *der Vulgata vorausgehende lateinische Bibelübersetzung.*

Ve|xier|bild, das: a) *Bild, auf dem eine od. mehrere versteckt eingezeichnete Figuren zu suchen sind; Suchbild; Bilderrätsel* (2); b) *bildliche Darstellung eines Gegenstandes, dessen seitliche Konturen bei genauerer Betrachtung die Umrisse zweier spiegelbildlich gesehener Figuren ergeben.*

ve|xie|ren ⟨sw. V.; hat⟩ [lat. vexare = stark bewegen, schütteln, plagen, quälen] (bildungsspr. veraltet): *necken; ärgern; quälen.*

Ve|xier|glas, das ⟨Pl. ...gläser⟩: *merkwürdig geformtes Glas, aus dem nur mit besonderer Geschicklichkeit getrunken werden kann.*

Ve|xier|rät|sel, das: *Scherzrätsel.*

Ve|xier|spie|gel, der: *Spiegel, in dem das Spiegelbild verzerrt erscheint.*

Ve|xil|lo|lo|gie, die; - [zu ↑Vexillum u. ↑-logie]: *Lehre von der Bedeutung von Fahnen, Flaggen.*

Ve|xil|lum, das; -s, ...lla u. ...llen [1: lat. vexillum, Vkl. von: velum, ↑Velum]: 1. *altrömische Fahne.* 2. (Zool.) *Fahne* (5). 3. (Bot.) *Fahne* (6).

Ve|zier [veˈzi:ɐ̯] usw.: ↑Wesir usw.

v-för|mig, (auch:) **V-för|mig** [ˈfau̯...] ⟨Adj.⟩: *die Form eines V aufweisend:* ein -er Ausschnitt.

V-Frau [ˈfau̯...], die: vgl. V-Mann.

V-Ge|spräch [ˈfau̯...], das [V = Voranmeldung] (Fernspr. veraltet): *P-Gespräch.*

vgl. = vergleiche!

v. g. u. = vorgelesen, genehmigt, unterschrieben.

v. H. = vom Hundert.

VHS = Verhandlungssache; Volkshochschule; Video-Home-System (ein Aufzeichnungsverfahren der Videotechnik).

via ⟨Präp. mit Akk.; gew. nur in Verbindung mit Namen od. allein stehenden Subst. im Sg.⟩ [lat. via, Ablativ von: via = Weg, Straße]: a) *(auf dem Weg, auf der Strecke) über:* v. Berlin nach Warschau fliegen, reisen; b) *durch* (I 2 a): sie forderten ihn v. Verwaltungsgericht zu sofortiger Zahlung auf.

Vi|a|dukt, der, auch: das; -[e]s, -e [zu lat. via = Straße, Weg u. ductum, 2. Part. von: ducere = führen]: *über ein Tal, eine Schlucht führende Brücke, deren Tragwerk meist aus mehreren Bogen besteht; Überführung* (3).

[1]Vi|a|gra®, das; -s [engl. viagra, Kunstwort aus lat. vigor = Stärke u. Niagara (wohl in Anlehnung an die Größe u. die unaufhörlich strömende Kraft dieser Wasserfälle)]: *Medikament zur Behandlung von Potenzstörungen.*

[2]Vi|a|gra®, die; -, -s: *Pille des Medikaments [1]Viagra:* er nahm zunächst nur eine halbe V.

Vi|a|ti|kum, das; -s, ...ka u. ...ken [(kirchen)lat. viaticum, eigtl. = Reise-, Zehrgeld, zu lat. via, ↑via]: (kath. Kirche) *dem Sterbenden gereichte letzte Kommunion.*

Vi|bra|fon usw.: ↑Vibraphon usw.

Vi|brant, der; -en, -en [zu ↑vibrieren]: 1. (Sprachw.) *Laut, bei dessen Artikulation die Zunge od. das Zäpfchen in eine schwingende, zitternde Bewegung versetzt wird* (z. B. r). 2. (Musik) *schwingender, zitternder Ton.*

Vi|bra|phon, (auch:) Vibrafon, das; -s, -e [engl. vibraphone, zu lat. vibrare (↑vibrieren) u. ↑-phon]: *(bes. für Tanz- u. Unterhaltungsmusik verwendetes) dem Xylophon ähnliches Schlaginstrument, mit dem vibrierende Töne hervorgebracht werden können.*

Vi|bra|pho|nist, (auch:) Vibrafonist, der; -en, -en: *jmd., der [berufsmäßig] Vibraphon spielt.*

Vi|bra|pho|nis|tin, (auch:) Vibrafonistin, die; -, -nen: w. Form zu ↑Vibraphonist.

Vi|bra|ti: Pl. von ↑Vibrato.

Vi|bra|ti|on, die; -, -en [spätlat. vibratio, zu lat. vibrare, ↑vibrieren]: *das Vibrieren; Schwingung.*

vi|bra|ti|ons|arm ⟨Adj.⟩ (Technik): *arm an Vibrationen; nur in äußerst geringem Grad Vibrationen hervorrufend:* die neuen Motoren laufen v.

vi|bra|ti|ons|frei ⟨Adj.⟩ (Technik): *frei von Vibrationen; keine Vibrationen hervorrufend.*

Vi|bra|ti|ons|ge|rät, das: *Vibrator.*

Vi|bra|ti|ons|mas|sa|ge, die: *der Lockerung von Verkrampfungen dienende Massage mit der Hand od. mithilfe eines Vibrators.*

vi|bra|to ⟨Adv.⟩ [ital. vibrato, zu: vibrare < lat. vibrare, ↑vibrieren] (Musik): *leicht zitternd, bebend.*

Vi|bra|to, das; -s, -s u. ...ti (Musik): *leichtes Zittern, Beben des Tons beim Singen od. beim Spielen.*

Vi|bra|tor, der; -s, ...oren: 1. *Gerät zur Erzeugung mechanischer Schwingungen.* 2. *Massagestab.*

vi|brie|ren ⟨sw. V.; hat⟩ [lat. vibrare = schwingen, zittern]: *in leise schwingender [akustisch wahrnehmbarer] Bewegung sein:* der Fußboden, die Wand vibrierte durch den, von dem Lärm; die Stimmgabel, die Saite vibrierte; seine Stimme vibrierte *(zitterte)* leicht; die Luft vibrierte *(flimmerte).*

Vi|bro|mas|sa|ge, die; -, -n: *Vibrationsmassage.*

vi|ce ver|sa ⟨Adv.⟩ [lat., eigtl. = im umgekehrten Wechsel; ↑Vikar] (bildungsspr.): *umgekehrt genauso, in der gleichen Weise zutreffend (in Bezug auf einen Sachverhalt, ein Verhältnis);* Abk.: v. v.

Vi|chy [viˈʃi], der; - [nach der frz. Stadt Vichy]: *karierter Baumwollstoff in Leinwandbindung.*

Vi|comte [viˈkõ:t], der; -s, -s [frz. vicomte < mlat. vicecomes, zu lat. vice = anstelle u. comes, ↑Comes]: a) ⟨o. Pl.⟩ *französischer Adelstitel im Rang zwischen Graf u. Baron;* b) *Träger des Adelstitels Vicomte* (a).

Vi|com|tesse [vikõˈtɛs], die; -, -n [...sn̩; frz. vicomtesse, zu: vicomte, ↑Vicomte]: w. Form zu ↑Vicomte.

Vic|ti|mo|lo|gie: ↑Viktimologie.

Vic|to|ria: Hauptstadt der Seychellen.

Vic|to|ry|zei|chen [ˈvɪktərɪ...], das ⟨o. Pl.⟩ [nach engl. victory sign, aus: victory = Sieg u. sign = Zeichen]: *Handzeichen* (1 a), *bei dem Zeige- und Mittelfinger zum V (für victory = Sieg) gespreizt werden.*

vi|de ⟨Interj.⟩ [lat. = sieh!, Imperativ Sg. von: videre = sehen] (veraltet): *schlage (die angegebene Seite, Stelle o. Ä.) nach* (als Verweis in Texten; Abk.: v.; vid.).

vi|de|a|tur [lat.; 3. Pers. Konj. Präs. Passiv von: videre = sehen] (veraltet): *vide* (Abk.: v.; vid.).

Vi|deo, das; -s, -s [engl. video (in Zus.), eigtl. = Fernseh-, zu lat. video = ich sehe, 1. Pers. Sg. Präs. von: videre = sehen]: 1. ⟨o. Pl.⟩ a) Kurzf. von ↑Videotechnik; b) *Video* (1 a) *als Einrichtung der Freizeitindustrie:* der Spaß an V. und Fernsehen. 2. Kurzf. von ↑Videoband, ↑Videoclip, ↑Videofilm.

vi|deo-, Vi|deo- [engl. video-, zu lat. videre = sehen] ⟨Best. in Zus. mit der Bed.⟩: *die Übertragung od. den Empfang des Fernsehbildes, die magnetische Aufzeichnung einer Fernsehsendung o. Ä. od. deren Wiedergabe auf dem Bildschirm eines Fernsehgeräts betreffend, dazu dienend.*

Vi|deo|band, das ⟨Pl. ...bänder⟩: *Magnetband zur Aufzeichnung von Fernsehsendungen, Filmen o. Ä. u. zu deren Wiedergabe auf dem Bildschirm eines Fernsehgerätes.*

Vi|deo|clip, der [engl. video clip, zu: clip = (Film)streifen]: *kurzer Videofilm zu einem Titel* (2 b) *der Popmusik od. über eine Person od. Sache.*

Vi|deo|film, der: a) *mit einer Videokamera aufgenommener Film;* b) *Kinofilm auf Videokassette.*

Vi|deo|game [...ge:m], das; -s, -s: *Videospiel.*

Vi|deo|ge|rät, das: a) *Gerät der Videotechnik;* b) *Videorekorder.*

Vi|deo|graf usw.: ↑Videograph usw.

Vi|deo|graph, (auch:) Videograf, der; -en, -en [zu griech. gráphein = schreiben]: *eingeblendeter Text in einer Fernsehsendung, der eine [von der Sendung unabhängige] Information enthält.*

vi|deo|gra|phie|ren, (auch) videografieren ⟨sw. V.; hat⟩: a) *Videofilme herstellen;* b) *in Videofilmen festhalten, durch Videofilme dokumentieren.*

Vi|deo|jo|ckey, der: *jmd., der Videoclips präsentiert.*
Vi|deo|ka|me|ra, die: *Kamera zur Aufnahme von Filmen auf Videobändern.*
Vi|deo|kas|set|te, die: *auswechselbare Kassette* (3), *die ein Videoband enthält.*
Vi|deo|kas|set|ten|re|kor|der, der (seltener): *Videorekorder.*
Vi|deo|kon|fe|renz, die: *Konferenz, bei der die Teilnehmer sich an verschiedenen Orten befinden, mithilfe der Videotechnik aber optisch u. akustisch miteinander verbunden sind.*
Vi|deo-on-De|mand [...dɪˈma:nd], das; -[s] [engl., eigtl. = Video auf Wunsch]: *Form des Fernsehens, bei der der Zuschauer einen gewünschten Film aus einem Archiv abrufen u. ihn – gegen ein Entgelt – mithilfe der Telefonleitung u. des angeschlossenen Fernsehgerätes empfangen kann.*
Vi|deo|pi|ra|te|rie, die: *das Herstellen u. Vertreiben von Raubkopien von [Video]filmen.*
Vi|deo|pro|gramm|sys|tem, das: *System zur automatischen Steuerung von Videorekordern zur Aufzeichnung von Fernsehsendungen* (Abk.: VPS).
Vi|deo|re|kor|der, der: *Rekorder zur Aufzeichnung von Fernsehsendungen und zum Abspielen von Videokassetten.*
Vi|deo|spiel, das: *elektronisches Spiel, das über einen Monitor läuft u. in das der Spieler über eine Tastatur, einen Joystick od. mithilfe einer Maus* (5) *eingreift.*
Vi|deo|tech|nik, die ⟨o. Pl.⟩: **a)** *Gesamtheit der technischen Anlagen, Geräte, Vorrichtungen, die zur magnetischen Aufzeichnung einer Fernsehsendung o. Ä. u. zu deren Wiedergabe über ein Fernsehgerät dienen;* **b)** *Gesamtheit aller Maßnahmen, Verfahren o. Ä. im Bereich der magnetischen Aufzeichnung und deren Wiedergabe über ein Fernsehgerät.*
Vi|deo|text, der: *Informationen (z. B. programmbezogene Mitteilungen, Nachrichten), die von Fernsehgeräten mit eingebauten Zusatzgeräten auf Abruf über den Fernsehbildschirm vermittelt werden können.*
Vi|deo|thek, die; -, -en [↑-thek]: **1.** *Sammlung von Filmen u. Fernsehsendungen, die auf Videobändern aufgezeichnet sind.* **2.** *Laden zum Verleihen von Videofilmen* (b).
Vi|deo|über|wa|chung, die: *Überwachung von Räumen, Hauseingängen o. Ä. mittels Videogeräten.*
vi|di [lat., 1. Pers. Sg. Perfekt Aktiv von: videre = sehen] (bildungsspr. veraltet): *ich habe gesehen, zur Kenntnis genommen* (Abk.: v.).
Vi|di, das; -[s], -[s] (bildungsspr. veraltet): *[auf einem Schriftstück vermerktes] Zeichen der Kenntnisnahme u. des Einverständnisses.*
vi|die|ren ⟨sw. V.; hat⟩ [zu ↑vidi] (österr., sonst veraltet): *beglaubigen, unterschreiben.*
Vi|di|ma|ti|on, die; -, -en [zu ↑vidimieren] (bildungsspr. veraltet): *Beglaubigung.*
vi|di|mie|ren ⟨sw. V.; hat⟩ [zu ↑vidi] (bildungsspr. veraltet): *mit dem Vidi versehen, beglaubigen; für druckreif erklären.*
vi|dit [lat., 3. Pers. Sg. Perfekt Aktiv von: videre = sehen] (bildungsspr. veraltet): *gesehen, zur Kenntnis genommen* (Abk.: vdt.).
Viech, das; -[e]s, -er [mhd. vich]: **1.** (ugs., oft abwertend): *Tier* (1). **2.** (derb abwertend) *roher, brutaler Mensch.*
Vie|che|rei, die; -, -en (ugs.): **1.** *etw., was übermäßige Anstrengung erfordert; große Strapaze:* die Moderation einer zweistündigen Sendung ist eine V.; es ist schon eine V., bei 35° zu arbeiten. **2.** (abwertend) *Gemeinheit* (b), *niederträchtige Handlung:* er ist zu jeder V. fähig; wer hat sich diese V. *(diesen derben Spaß)* ausgedacht?
Vieh, das; -[e]s [mhd. vihe, ahd. fihu = Vieh, eigtl. = Rupftier, Wolltier (= Schaf)]: **1. a)** *Gesamtheit der Nutztiere, die in einem landwirtschaftlichen Betrieb gehalten werden:* das V. füttern, versorgen, schlachten; wie das liebe V.! (iron.; *nicht so, wie es einem Menschen eigentlich entspräche*); jmdn. wie ein Stück V. *(rücksichtslos, roh)* behandeln; **b)** *Rindvieh* (1): das V. auf die Weide treiben, zur Tränke führen. **2. a)** (ugs.) *Tier* (1): das arme, kleine V. sieht ja halb verhungert aus!; **b)** (derb abwertend) *roher, brutaler Mensch.*
Vieh|ab|trieb, der: *Abtrieb.*
Vieh|auf|trieb, der: *Auftrieb* (3 b).
Vieh|be|stand, der: *Besitz, Bestand an Vieh* (1).
Vieh|fut|ter, das: *Futter für das Vieh* (1).
Vieh|ha|be, die (schweiz.): *Viehbestand.*
Vieh|hal|ter, der: *jmd., der Vieh* (1) *hält.*
Vieh|hal|te|rin, die: w. Form zu ↑Viehhalter.
Vieh|hal|tung, die: *das Halten von Vieh* (1).
Vieh|han|del, der: *[1]Handel mit Vieh* (1).
Vieh|händ|ler, der: *jmd., der Viehhandel betreibt.*
Vieh|händ|le|rin, die: w. Form zu ↑Viehhändler.
Vieh|her|de, die: *Herde von Vieh* (1 b).
Vieh|hü|ter, der: *jmd., der Vieh* (1 b) *hütet.*
Vieh|hü|te|rin, die: w. Form zu ↑Viehhüter.
vie|hisch ⟨Adj.⟩ [mhd. vihisch]: **1.** (abwertend) *wie das Vieh u. deshalb menschenunwürdig:* so ein Leben ist v. **2.** (abwertend) *von roher Triebhaftigkeit zeugend; brutal, bestialisch* (1): ein -es Verbrechen; jmdn. v. quälen. **3.** (emotional verstärkend) *überaus stark, groß; maßlos:* -e Schmerzen; v. betrunken sein.
Vieh|markt, der: *Markt, auf dem Vieh* (1) *zum Verkauf angeboten wird.*
Vieh|salz, das ⟨o. Pl.⟩: *wenig gereinigtes [durch Zusatz von Eisenoxid rötlich gefärbtes] Salz* (1), *das dem Vieh* (1) *u. Wild zum Lecken gegeben u. zum Auftauen von Schnee, Eis auf Straßen verwendet wird.*
Vieh|stall, der: *Stall für das Vieh* (1).
Vieh|stand, der (schweiz.): *Viehbestand.*
Vieh|trans|port, der: *Transport von Vieh* (1).
Vieh|trei|ber, der: *jmd., der [beruflich] das Vieh* (1 b) *auf die Weide o. Ä. treibt.*
Vieh|trei|be|rin, die: w. Form zu ↑Viehtreiber.
Vieh|wirt|schaft, die ⟨o. Pl.⟩: *Viehhaltung u. -zucht betreffender Zweig der Landwirtschaft.*
Vieh|zeug, das (ugs.): **a)** *Vieh* (1), *bes. Kleinvieh;* **b)** (abwertend) *Tiere (die jmd. als lästig empfindet).*
Vieh|zucht, die ⟨o. Pl.⟩: *planmäßige Aufzucht von Vieh* (1) *unter wirtschaftlichem Aspekt.*
Vieh|züch|ter, der: *jmd., der Viehzucht betreibt.*
Vieh|züch|te|rin, die: w. Form zu ↑Viehzüchter.
viel [mhd. vil, ahd. filu, urspr. subst. Neutr. eines alten Adj.]: **I.** ⟨Indefinitpron. u. unbest. Zahlw.; mehr, meist...⟩: **1.** vieler, viele, vieles ⟨Sg.⟩ **a)** bezeichnet eine Vielzahl von Einzelgliedern, aus der sich eine Menge von etw. zusammensetzt; *vielerlei:* ⟨attr.:⟩ -es Erfreuliche stand in dem Brief; in -er Beziehung, Hinsicht hat er Recht; ⟨allein stehend:⟩ er weiß -es *(hat von vielerlei Dingen Kenntnis),* was du nicht weißt; er kann -es *(vielerlei Speisen, Getränke)* nicht vertragen; in -em *(in vielerlei Punkten)* hat er Recht, ist sie mit mir einverstanden; sie ist um -es *(viele Jahre)* jünger als er; **b)** ⟨oft unflekt.⟩ bezeichnet eine als Einheit gedachte Gesamtmenge; *eine beträchtliche Menge von etw., ein beträchtliches Maß an etw.:* ⟨attr.:⟩ der -e Regen hat der Ernte geschadet; das -e, sein -es Geld macht ihn auch nicht glücklich; [haben Sie] -en Dank!; jmdm. v. Vergnügen, v. Glück, v. Spaß wünschen; v. Arbeit, Geld, Geduld haben; das kostet v. Zeit, Mühe; v. Wein trinken; jmdm. mit v. Verständnis, v. Liebe begegnen; mit v. gutem Willen schaffst du es; ⟨allein stehend:⟩ das ist nicht, recht, ziemlich, sehr, unendlich v.; er trinkt, raucht, isst v.; ihr Blick sagte v.; ein v. sagendes Lächeln; sie weiß v. *(hat ein fundiertes Wissen);* ein v. versprechender, verheißender *(zu berechtigten Hoffnungen Anlass gebender)* junger Sänger; er kann nicht v. vertragen *(wird schnell betrunken);* er hat v. von seinem Vater *(ähnelt ihm sehr);* er ist nicht v. über *(ist kaum älter als)* fünfzig [Jahre]; das ist ein bisschen v. [auf einmal]! (untertreibend in Bezug auf die Häufung von unangenehmen Dingen; *zu viel*); ach, ich weiß v. (landsch. ugs.; *habe keine Ahnung*), was sie will; was kann dabei schon v. passieren? (ugs.; *dabei kann doch eigentlich gar nichts passieren!*). **2.** viele, ⟨unflekt.:⟩ viel ⟨Pl.⟩ *eine große Anzahl von Personen od. artgleichen Sachen; zahlreich:* ⟨attr.:⟩ die -en fremden Gesichter verwirrten sie; -e Menschen hatten sich versammelt; v./-e nützliche Hinweise; mein Gott, wie -e/(selten:) welch -e, welche -e Probleme!; -e Abgeordnete; mach nicht so v./-e Worte!; das Ergebnis -er geheimer/(selten:) geheimen Verhandlungen; die Angaben -er Befragter/(auch:) Befragten waren ungenau; in -en Fällen wusste er Rat; der Saal war mit -en hundert Blumen geschmückt; ⟨allein stehend:⟩ -e können das nicht verstehen; -e der Bücher; -e von uns; (geh.:) es waren ihrer -e; die Interessen -er/von -en vertreten; einer unter -en sein. **3.** ⟨mit vorangestelltem, betontem Gradadverb⟩ viele, ⟨unflekt.:⟩ viel; bezeichnet eine erst durch eine bekannte Bezugsgröße näher bestimmte Anzahl, Menge: ⟨attr.:⟩ sie haben gleich v./-e Dienstjahre; sie hat ebenso, genauso -e Aufgaben richtig gelöst; ich weiß nicht, wie -e Gäste erwartet werden; ⟨allein stehend:⟩ sie verdienen gleich v.; so v. *(eins)* ist sicher, gewiss, weiß ich; alle Ermahnungen haben nicht v. (ugs.; *gar nichts*) genützt. **II.** ⟨Adv.; mehr, am meisten⟩ **1. a)** drückt aus, dass etw. in vielfacher Wiederholung erfolgt, einen beträchtlichen Teil der zur Verfügung stehenden Zeit einnimmt: v. an der frischen Luft sein; v. ins Theater gehen; v. schlafen, wandern; man redet v. vom Fortschritt; eine v. befahrene Straße; eine v. gebrauchte Redensart; ein v. besprochenes, diskutiertes, gelesenes, gekauftes, genanntes, zitiertes Buch; eine v. besuchte, besungene Burg; eine v. gereiste alte Dame; **b)** *sehr:* eine v. erfahrene Hebamme; ein v. geliebtes Kind; ein v. gelobter, gerühmter, geschmähter, gescholtener Autor; ein v. gefragter, umworbener Star; eine v. umjubelte Aufführung; eine v. umstrittene Theorie. **2.** verstärkend vor Komp., bei verneintem »anders« u. vor dem Gradadverb »zu« + Adj.; *wesentlich, bedeutend, weitaus:* sie weiß v. mehr, weniger als ich; es geht ihm jetzt [sehr] v. besser; seine jetzige Freundin ist v., v. netter; hier ist es auch nicht v. anders; die Schuhe sind mir v. zu klein.
viel|ar|mig ⟨Adj.⟩: *viele Arme* (1, 2) *aufweisend; mit vielen Armen.*
viel|bän|dig ⟨Adj.⟩: *viele Bände umfassend.*
viel be|fah|ren: s. viel (II 1 a).
viel be|schäf|tigt: s. viel (II 1 b).
viel be|spro|chen, viel be|sucht, viel be|sungen: s. viel (II 1 a).
viel|blät|te|rig, viel|blätt|rig ⟨Adj.⟩: vgl. vielblütig.
viel|blü|tig ⟨Adj.⟩: *viele Blüten* (1) *aufweisend, bildend:* eine -e Staude.
viel|deu|tig ⟨Adj.⟩: **a)** *viele Ausdeutungen zulassend:* ein -er Begriff; **b)** *viel sagend.*
Viel|deu|tig|keit, die; -: *das Vieldeutigsein.*
viel dis|ku|tiert: s. viel (II 1 a).
Viel|eck, das: *geometrische Figur mit drei od. mehr Ecken; Polygon.*
viel|eckig ⟨Adj.⟩: *drei od. mehr Ecken aufweisend; polygonal.*
Viel|ehe, die: *Polygamie* (1 a).
vie|len|orts: ↑vielerorts.
vie|ler|lei ⟨unbest. Gattungsz.; indekl.⟩ [↑-lei]: **a)** ⟨attr.⟩ *in großer Anzahl u. von verschiedener Art, Beschaffenheit; viele verschiedene:* v. Sorten Brot; es gibt v. Gründe; das hat sich in v. Hinsicht geändert; **b)** ⟨allein stehend⟩ *viele verschiedene Dinge, Sachen:* v. zu erzählen haben; er hat v. erfahren.
Vie|ler|lei, das; -s, -s: *Vielzahl von in sich Verschiedenartigem.*
vie|ler|or|ten (veraltet), **vie|ler|orts,** (bes. schweiz.:) vielenorts ⟨Adv.⟩: *an vielen Orten:* der Dauerregen verursachte v. Überschwemmungen.
viel|fach ⟨Adj.⟩: **1. a)** *viele Male so groß (wie eine Bezugsmenge):* die -e Menge von etw.; ⟨subst.:⟩ das Vielfache, ein Vielfaches an Unkosten

haben; b) *nicht nur einmal; sich in gleicher Form, Art viele Male wiederholend:* ein -er Millionär; eine Veranstaltung auf -en *(vielseitigen)* Wunsch wiederholen; ein v. gefaltetes Papier. 2. *vielfältig, von vielerlei Art, auf vielerlei Weise:* -e Wandlungen. 3. (ugs.) *gar nicht so selten; recht oft:* man kann dieser Meinung v. begegnen; die Gefahr ist größer, als v. angenommen wird.

Viel|fach|ge|rät, das: 1. *fahrbares landwirtschaftliches Gerät, an dem unterschiedliche Arbeitswerkzeuge zur Pflege bestimmter Nutzpflanzen angebracht werden können.* 2. *Vielfachmessgerät.*

Viel|fach|mess|ge|rät, das: *elektrisches Gerät, mit dem nicht nur Ströme, sondern auch Spannungen derselben Stromart in vielen Messbereichen gemessen werden können.*

Viel|falt, die; -: *Fülle von verschiedenen Arten, Formen o. Ä., in denen etw. Bestimmtes vorhanden ist, vorkommt, sich manifestiert; große Mannigfaltigkeit:* eine erstaunliche, bunte, verwirrende V. aufweisen.

viel|fäl|tig ⟨Adj.⟩: *durch Vielfalt gekennzeichnet; mannigfaltig:* ein -es Freizeitangebot; -e Anregungen.

Viel|fäl|tig|keit, die; -: *vielfältige Art, Beschaffenheit.*

viel|far|big, (österr.:) **viel|fär|big** ⟨Adj.⟩: *in vielen Farben; viele Farben aufweisend.*

Viel|far|big|keit, (österr.:) **Viel|fär|big|keit,** die: *das Vielfarbigsein; vielfarbige Beschaffenheit.*

Viel|flach, das; -[e]s, -e: *Polyeder.*

viel|flä|chig ⟨Adj.⟩: *polyedrisch.*

Viel|fläch|ner, der; -s, -: *Polyeder.*

Viel|flie|ger, der (ugs.): *jmd., der viel fliegt* (4).

Viel|flie|ge|rin, die: w. Form zu ↑Vielflieger.

Viel|fraß, der [1: mniederd. vilvrāȝ; mhd. nicht belegt, ahd. vilifrāȝ, zu ahd. frāȝ = Fresser; 2: aus dem Niederd. < mniederd. velevras, vēlvratze, unter fälschlicher Anlehnung an (1) umgebildet aus älter norw. fjeldfross = Bergkater]: 1. (ugs.) *jmd., der unmäßig viel isst.* 2. *(zu den Mardern gehörendes, bes. im Norden Europas, Asiens u. Amerikas lebendes) kleines, plumpes, einem Bären ähnliches Raubtier.*

viel|fü|ßig ⟨Adj.⟩: vgl. vielarmig.

viel ge|braucht: s. viel (II 1 a).

viel ge|fragt: s. viel (II 1 b).

viel ge|kauft, viel ge|le|sen: s. viel (II 1 a).

viel ge|liebt, viel ge|lobt: s. viel (II 1 b).

viel ge|nannt, viel ge|reist: s. viel (II 1 a).

Viel|ge|reis|te, der u. die; -n, -n (Dekl. ↑Abgeordnete): *jmd., der viele Reisen gemacht hat, in der Welt herumgekommen ist.*

viel ge|rühmt, viel ge|schmäht, viel ge|schol|ten: s. viel (II 1 b).

viel|ge|stal|tig ⟨Adj.⟩: *von vielerlei Gestalt* (4), *Art:* -e Versteinerungen.

Viel|ge|stal|tig|keit, die; -: *das Vielgestaltigsein.*

viel|glied|rig ⟨Adj.⟩: vgl. vielarmig.

Viel|glied|rig|keit, die; -: *das Vielgliedrigsein.*

Viel|göt|te|rei, die; -: *Polytheismus.*

Viel|heit, die; -: *in sich nicht einheitliche Vielzahl von Personen od. Sachen.*

viel|hun|dert|mal ⟨Adv.⟩: (geh.) *unzählige Male:* ich grüße dich v.

viel|köp|fig ⟨Adj.⟩: 1. *mit vielen Köpfen versehen:* die -e Hydra. 2. *aus einer größeren Anzahl von Personen bestehend:* eine -e Familie.

viel|leicht [fi...] [spätmhd. villīhte, zusger. aus mhd. vil līhte = sehr leicht, vermutlich, möglicherweise]: I. ⟨Adv.⟩ 1. relativiert die Gewissheit einer Aussage, gibt an, dass etw. ungewiss ist; *es ist denkbar, möglicherweise, unter Umständen:* v. kommt er morgen; du hast dich v. geirrt; es wäre v. besser, wenn er nicht käme; v., dass alles nur ein Missverständnis war; »Bist du zum Essen zurück?« – »Vielleicht!«. 2. relativiert die Genauigkeit der folgenden Maß- od. Mengenangabe; *ungefähr, schätzungsweise:* eine Frau von v. fünfzig Jahren. II. ⟨Partikel; unbetont⟩ a) dient im Ausrufesatz der emotionalen Nachdrücklichkeit u. weist auf das hohe Maß hin, in dem der genannte Sachverhalt zutrifft; *wirklich, in der Tat:* ich war v. aufgeregt!; b) dient am Anfang eines Aufforderungssatzes der Nachdrücklichkeit u. verleiht der Aufforderung einen unwilligen bis drohenden Unterton: v. wartest du, bis du an der Reihe bist!; v. benimmst du dich mal!; c) drückt in einer [an sich selbst gerichteten] Entscheidungsfrage aus, dass der Fragende eine negative Antwort bereits voraussetzt od. vom Gefragten eine solche erwartet; *etwa* (II 1): ist das v. eine Lösung?; ist das v. dein Ernst?

Viel|lieb|chen, das (veraltet): a) *zwei zusammengewachsene Früchte, bes. eine Mandel mit zwei Kernen;* b) (seltener) *etw., worum jmd. mit einem andern beim gemeinsamen Essen eines Vielliebchens (a) gewettet hat.*

viel|mal ⟨Adv.⟩ (veraltet): *vielmals.*

viel|ma|lig ⟨Adj.⟩ (selten): *viele Male vorkommend, geschehend.*

viel|mals ⟨Adv.⟩: 1. zur Kennzeichnung eines hohen Grades in Verbindung mit Verben des Grüßens, Dankens od. Entschuldigens; *ganz besonders [herzlich]; sehr:* jmdm. v. danken; er bittet v. um Entschuldigung; sie lässt v. grüßen; danke v.! (meist ugs. iron. als Ausdruck nachdrücklicher Ablehnung). 2. (selten) *viele Male, zu vielen Malen.*

Viel|män|ne|rei, die; -: *Polyandrie.*

viel|mehr [auch: –ˈ–; mhd. vil mer, ahd. filo mer]: I. ⟨Adv.⟩ drückt aus, dass eine Aussage einer vorausgegangenen [verneinten] Aussage entgegengesetzt wird, diese berichtigt od. präzisiert: *im Gegenteil; genauer, richtiger gesagt:* er verehrt sie, v. er liebt sie; er ist dick, v. korpulent; ⟨oft verstärkend nach der Konj. »sondern«:⟩ das ist kein Spaß, sondern v. bitterer Ernst. II. ⟨Konj.⟩ *sondern.*

viel|sa|gend ⟨Adj.⟩: *so, dass Einverständnis, Kritik, Verachtung o. Ä. ausgedrückt wird, ohne dass es direkt gesagt wird:* ein besonders -er Blick; sie nickten sich v. zu.

viel|schich|tig ⟨Adj.⟩: 1. *aus vielen Schichten* (1) *bestehend.* 2. *aus vielem Verschiedenem zusammengesetzt; vielfältig; kompliziert, heterogen:* -e Probleme, Äußerungen.

Viel|schich|tig|keit, die; -: *das Vielschichtigsein.*

Viel|schrei|ber, der (abwertend): *jmd., der sehr viel [aber qualitativ wenig anspruchsvoll] schreibt, publiziert; Skribent.*

Viel|schrei|be|rin, die: w. Form zu ↑Vielschreiber.

viel|sei|tig ⟨Adj.⟩: 1. a) *an vielen Dingen interessiert, viele Dinge beherrschend, verschiedene Fähigkeiten besitzend:* eine -e Künstlerin, Wissenschaftlerin; wir suchen eine tüchtige und -e Sekretärin; er ist nicht sehr v.; b) *viele Gebiete betreffend, umfassend:* eine -e Ausbildung, Verwendungsmöglichkeit; -e Freizeitangebote; das Programm ist sehr v.; dieses Gerät lässt sich v. verwenden. 2. *von vielen Personen (geäußert, kundgetan):* auf -en Wunsch wird die Aufführung wiederholt; die -e Zustimmung ermutigte ihn. 3. a) *viele Seiten* (1 a) *aufweisend:* eine -e Figur; b) *viele Seiten* (6 b) *umfassend:* ein -er Anhang.

Viel|sei|tig|keit, die; -: *das Vielseitigsein.*

Viel|sei|tig|keits|prü|fung, die (Reiten): *in verschiedenen Disziplinen durchgeführte Prüfung [im Turniersport]; Military.*

viel|spra|chig ⟨Adj.⟩: a) *in vielen Sprachen abgefasst:* eine -e Anleitung, Gebrauchsanweisung; b) *viele Sprachen beherrschend, sprechend.*

Viel|staa|te|rei, die; -: 1. *Aufspaltung in viele kleine, selbstständige Staaten.* 2. *Partikularismus.*

viel|stim|mig ⟨Adj.⟩: a) *von vielen Stimmen* (2 a) *hervorgebracht; sich aus vielen Stimmen zusammensetzend:* ein -er Gesang; b) *in mehreren Stimm-, Tonlagen:* das -e *(polyphone)* Geläut.

viel|stro|phig ⟨Adj.⟩: *(von Liedern, Gedichten) viele Strophen aufweisend.*

viel|tau|send|mal ⟨Adv.⟩ (geh.): *unzählige Male:* ich grüße dich v.

viel um|ju|belt, viel um|strit|ten, viel um|wor|ben: s. viel (II 1 b).

viel|ver|hei|ßend ⟨Adj.⟩ (geh.): *vielversprechend:* das klingt ja v.

viel|ver|spre|chend ⟨Adj.⟩: *zu berechtigten Hoffnungen Anlass gebend; so geartet, dass mit einem Erfolg gerechnet werden kann:* das klingt ja v.

Viel|völ|ker|staat, der: *Nationalitätenstaat, Mehrvölkerstaat.*

Viel|wei|be|rei, die; - [nach gleichbed. griech. polygamía]: *Polygynie.*

Viel|zahl, die ⟨o. Pl.⟩: *große Anzahl von Personen od. Sachen:* eine V. seltener Pflanzen; eine V. von Personen, von Veranstaltungen.

Viel|zel|ler, der; -s, - (Biol.): *vielzelliges niederes Tier.*

viel|zel|lig ⟨Adj.⟩ (Biol.): *aus vielen Zellen bestehend.*

viel zi|tiert: s. viel (II 1 a).

Vi|en|ti|ane [vjɛnˈtjan]: Hauptstadt von Laos.

vier ⟨Kardinalz.⟩ [mhd. vier, ahd. fior, gemeingerm. Zahlwort] (als Ziffer: 4): vgl. acht: ⟨subst.:⟩ Gespräche der großen Vier *(der vier Großmächte USA, UdSSR, England, Frankreich;* nach dem Zweiten Weltkrieg); * **alle -e von sich strecken** (ugs.; *sich ausstrecken und entspannen*); auf allen -en (ugs.; *auf Händen u. Füßen, statt zu gehen*).

Vier, die; -, -en: a) *Ziffer 4;* b) *Spielkarte mit vier Zeichen;* c) *Anzahl von vier Augen beim Würfeln;* d) *Zeugnis-, Bewertungsnote 4:* eine V. schreiben; e) (ugs.) *Wagen, Zug der Linie 4:* wo hält die V.?; vgl. [1]Acht.

Vier|ach|ser, der; -s, -: vgl. Dreiachser.

vier|ach|sig ⟨Adj.⟩ (Technik): vgl. dreiachsig.

Vier|ach|tel|takt, der: vgl. Dreiachteltakt.

Vier|ak|ter, der; -s, -: vgl. Dreiakter.

vier|ar|mig ⟨Adj.⟩: vgl. achtarmig.

Vier|au|gen|ge|spräch, das (ugs.): *Gespräch zu zweit, ohne weitere Zeugen.*

vier|bän|dig ⟨Adj.⟩: vgl. achtbändig.

Vier|bei|ner, der; -s, -: *vierbeiniges Tier, bes. Hund.*

vier|bei|nig ⟨Adj.⟩: vgl. dreibeinig.

vier|blät|te|rig, vier|blätt|rig ⟨Adj.⟩ (Bot.): *vier Blätter aufweisend:* ein -es Kleeblatt finden.

vier|di|men|si|o|nal ⟨Adj.⟩ (Physik): *vier Dimensionen aufweisend; durch die Koordinaten des Raumes u. der Zeit beschreibbar.*

Vier-drei-drei-Sys|tem, das ⟨o. Pl.⟩ (mit Ziffern: 4-3-3-System) (Fußball): *Spielsystem, bei dem die Mannschaft mit vier Abwehrspielern, drei Mittelfeldspielern u. drei Stürmern spielt.*

Vier|eck, das [im 16. Jh. subst. aus mhd. viereck e, ahd. fiorecki = viereckig, LÜ von lat. quadrangulus]: a) vgl. Dreieck (1); b) *Quadrat* (1 a); *Rechteck.*

vier|eckig ⟨Adj.⟩ [mhd. viereckeht]: a) vgl. dreieckig; b) *quadratisch* (a); *rechteckig.*

vier|ein|halb ⟨Bruchz.⟩ (in Ziffern: $4\frac{1}{2}$): vgl. achteinhalb.

Vie|rer, der; -s, -: 1. a) (Rudern) *Rennboot für vier Ruderer:* der V. mit, ohne Steuermann; b) (Sport) *aus vier Mitgliedern bestehende Mannschaft, die zusammen eine Übung, ein Spiel, ein Rennen bestreiten.* 2. (ugs.) *vier Zahlen, auf die ein Gewinn fällt:* ein V. im Lotto. 3. (landsch.) *Zeugnis-, Bewertungsnote 4:* einen V. schreiben. 4. (Golf) *Spiel, bei dem zwei Parteien mit je zwei Spielern gegeneinander spielen.* 5. (Jargon) *Geschlechtsverkehr zu viert.*

Vie|rer|ban|de, die (abwertend): *Gruppe von vier chinesischen Spitzenpolitikern im Machtkampf nach dem Tod von Mao Tse-tung.*

Vie|rer|bob, der: *Bob für vier Personen.*

vie|rer|lei ⟨best. Gattungsz.; indekl.⟩ [↑-lei]: vgl. achterlei.

Vie|rer|rei|he, die: vgl. Achterreihe.

Vie|rer|zug, der: *Viergespann.*

vier|fach ⟨Vervielfältigungsz.⟩ (mit Ziffer: 4fach): vgl. achtfach.

Vier|fa|che, das; -n ⟨Dekl. ↑[2]Junge, das⟩ (mit Ziffer: 4fache): vgl. Achtfache.

Vier|far|ben|druck, der: a) ⟨o. Pl.⟩ *Verfahren, bei dem zur Erzielung einer farbigen Wiedergabe die Farben Gelb, Rot, Blaugrün u. Schwarz übereinander gedruckt werden;* b) *einzelner Druck des Vierfarbendrucks* (a).
Vier|far|ben|ku|gel|schrei|ber, Vier|farb|ku|gel|schrei|ber, der: *Kugelschreiber mit vier verschiedenfarbigen Minen.*
Vier|flach, das; -, -[e]s, -e, **Vier|fläch|ner,** der; -s, -: *Tetraeder.*
Vier|fü|ßer, der (Zool.): *vierfüßiges Wirbeltier.*
vier|fü|ßig ⟨Adj.⟩: **1.** vgl. dreifüßig. **2.** (Verslehre) vgl. fünffüßig.
Vier|gang|ge|trie|be, das: vgl. Fünfganggetriebe.
vier|ge|schos|sig ⟨Adj.⟩ (mit Ziffer: 4-geschossig): *vier Geschosse* (2) *aufweisend:* ein -es Haus.
Vier|ge|spann, das: *Gespann mit vier Zugtieren, bes. Pferden.*
vier|hän|dig ⟨Adj.⟩ (Musik): *mit vier Händen, zu zweit:* v. spielen.
vier|hun|dert ⟨Kardinalz.⟩ (in Ziffern: 400): vgl. hundert.
Vier|jah|res|plan, der: *für vier Jahre aufgestellter Volkswirtschaftsplan in einer [sozialistischen] Planwirtschaft.*
vier|jäh|rig ⟨Adj.⟩ (mit Ziffer: 4-jährig): vgl. achtjährig.
vier|jähr|lich ⟨Adj.⟩: vgl. achtjährlich.
vier|kant ⟨Adv.⟩ (Seemannsspr.): *waagerecht; rechtwinklig zur Senkrechten.*
Vier|kant, das od. der, -[e]s, -e: **1.** *Vierkantschlüssel.* **2.** *Vierkanteisen.*
Vier|kant|ei|sen, das: *Eisen mit vierkantigem Profil.*
Vier|kant|holz, das: *Kantholz.*
vier|kan|tig ⟨Adj.⟩: vgl. achtkantig.
Vier|kant|schlüs|sel, der: *Gegenstand mit einer vierkantigen Vertiefung am vorderen Ende, der auf den entsprechend großen, vierkantigen Zapfen einer Schließvorrichtung aufgesetzt wird, um diese mit einer Drehbewegung zu öffnen od. zu schließen.*
Vier|ling, der; -s, -e: vgl. Fünfling.
Vier|mäch|te|ab|kom|men, das ⟨o. Pl.⟩: *Abkommen von 1972 zwischen den Vertretern Großbritanniens, Frankreichs, der USA u. der UdSSR über Berlin.*
vier|mal ⟨Wiederholungsz.; Adv.⟩: vgl. achtmal.
vier|ma|lig ⟨Adj.⟩ (mit Ziffer: 4-malig): vgl. achtmalig.
Vier|mas|ter, der; -s, -: vgl. Dreimaster (1).
Vier|mast|zelt, das: *[Zirkus]zelt mit vier Masten.*
vier|mo|to|rig ⟨Adj.⟩: *mit vier Motoren [konstruiert].*
Vier|pass, der: vgl. Dreipass.
Vier|pfün|der, der; -s, - (mit Ziffer: 4-Pfünder): vgl. Achtpfünder.
vier|pfün|dig ⟨Adj.⟩ (mit Ziffer: 4-pfündig): vgl. achtpfündig.
Vier|plät|zer, der; -s, - (schweiz.): *Viersitzer.*
vier|plät|zig ⟨Adj.⟩ (schweiz.): *viersitzig.*
Vier|rad|an|trieb, der (Kfz-T.): *Allradantrieb.*
Vier|rad|brem|se, die (Kfz-T.): *Bremse, die gleichzeitig auf alle vier Räder wirkt.*
vier|rä|de|rig, vier|räd|rig: vgl. dreirädrig.
Vier|raum|woh|nung, die (mit Ziffer: 4-Raum-Wohnung) (regional): *Vierzimmerwohnung.*
vier|sai|tig ⟨Adj.⟩: vgl. fünfsaitig.
vier|sät|zig ⟨Adj.⟩ (Musik): *aus vier Sätzen* (4 b) *bestehend.*
Vier|schan|zen|tour|nee, die (Skisport): *aus vier Einzelwettbewerben auf vier verschiedenen Schanzen (in Oberstdorf, Garmisch-Partenkirchen, Innsbruck und Bischofshofen) bestehender jährlicher Wettbewerb im Skispringen.*
vier|schrö|tig ⟨Adj.⟩ [mhd. vierschrœtic, zu: vierschrœte = viereckig zugehauen, ahd. fiorscrôti; zu ↑Schrot in der Bed. »Ecke, Kante«]: *(bes. von Männern) von breiter, kräftiger, gedrungener Gestalt [u. dabei derb-ungehobelt wirkend].*
vier|sei|tig ⟨Adj.⟩ (mit Ziffer: 4-seitig): **1.** vgl. achtseitig. **2.** *zwischen vier Vertragspartnern o. Ä.*
Vier|sit|zer, der; -s, -: *Fahrzeug, bes. Auto, mit vier Sitzen.*
vier|sit|zig ⟨Adj.⟩: *vier Sitze aufweisend.*
Vier|spän|ner, der; -s, -: *Wagen für vier Pferde.*
vier|spän|nig ⟨Adj.⟩: *mit vier Pferden bespannt:* ein -er Wagen; v. *(in einem Vierspänner)* fahren.
vier|spu|rig ⟨Adj.⟩: vgl. sechsspurig: die Straße ist v. befahrbar.
vier|stel|lig ⟨Adj.⟩ (mit Ziffer: 4-stellig): vgl. achtstellig.
Vier|ster|ne|ge|ne|ral, der (Jargon): *ranghöchster General.*
Vier|ster|ne|ge|ne|ra|lin, die: w. Form zu ↑Viersternegeneral.
Vier|ster|ne|ho|tel, das: *Hotel der Luxusklasse mit besonderem Komfort.*
vier|stim|mig ⟨Adj.⟩: vgl. dreistimmig.
vier|stö|ckig ⟨Adj.⟩ (mit Ziffer: 4-stöckig): *viergeschossig.*
vier|stün|dig ⟨Adj.⟩ (mit Ziffer: 4-stündig): vgl. achtstündig.
vier|stünd|lich ⟨Adj.⟩ (mit Ziffer: 4-stündlich): vgl. achtstündlich.
viert: in der Fügung **zu v.** *(als Gruppe von vier Personen):* zu v. spielen.
viert... ⟨Ordinalz. zu ↑vier⟩ [mhd. vierde, ahd. fiordo] (als Ziffer: 4.): vgl. acht...
vier|tä|gig ⟨Adj.⟩ (mit Ziffer: 4-tägig): vgl. achttägig.
vier|täg|lich ⟨Adj.⟩ (mit Ziffer: 4-täglich): vgl. achttäglich.
Vier|tak|ter, der; -s, -: kurz für ↑Viertaktmotor.
Vier|takt|mo|tor, der (Kfz-T.): *Verbrennungsmotor mit den vier Arbeitsgängen Ansaugen, Verdichten, Verbrennen u. Auspuffen des Benzin-Luft-Gemisches.*
vier|tau|send ⟨Kardinalz.⟩ (in Ziffern: 4 000): vgl. tausend.
Vier|tau|sen|der, der: vgl. Achttausender.
vier|tei|len ⟨sw. V.; hat⟩ [mhd. vierteilen]: **1.** ⟨2. Part.: gevierteilt⟩ *(bes. im MA.) jmdn. hinrichten, indem er in vier Teile zerteilt od. von Pferden zerrissen wird:* der Mörder wurde gevierteilt. **2.** ⟨2. Part.: viergeteilt⟩ (selten) *in vier Teile teilen; vierteln:* ein Stück Papier v.
vier|tei|lig ⟨Adj.⟩ (mit Ziffer: 4-teilig): *aus vier Teilen bestehend:* eine -e Serie; ein -er Hymnus.
vier|tel ['fɪrtl̩] ⟨Bruchz.⟩ (als Ziffer: $\frac{1}{4}$): vgl. achtel: eine v. Million; wir treffen uns in drei v. Stunden; wir treffen uns um v. acht, um drei v. acht (landsch.; *um Viertel nach sieben, um Viertel vor acht*); die Uhr hat v. geschlagen *(hat das 1. Viertel einer Stunde angezeigt);* es hat v. zwei (landsch.; *ein Viertel nach eins*) geschlagen.
[1]**Vier|tel** ['fɪrtl̩], das, schweiz. meist: der; -s, - [mhd. viertel, ahd. fiorteil]: **1.** vgl. Achtel (a): drei V. des Ganzen, der Bevölkerung; das akademische V. *(Viertelstunde, um die eine akademische Veranstaltung später als angegeben beginnt);* ein V. *(Viertelpfund)* Leberwurst; es ist ein V. vor, nach eins *(15 Minuten vor, nach ein Uhr);* es ist fünf Minuten vor drei V.; er hatte schon einige V. *(Viertelliter Wein)* getrunken; im zweiten V. des 12. Jahrhunderts; der Mond steht im ersten V. *(es ist zunehmender Mond),* im letzten V. *(es ist abnehmender Mond).* **2.** a) *Stadtteil; Gegend einer Stadt:* ein verrufenes V.; sie wohnen in einem ruhigen V.; b) ⟨o. Pl.⟩ *Gesamtheit der Bewohner eines Viertels* (2 a). **3.** (landsch.) *Quadrat* (1 b).
[2]**Vier|tel** ['fɪrtl̩], die; -, - (Musik): *Viertelnote.*
Vier|tel|dre|hung, die: *Drehung um 90°.*
Vier|tel|e, das; -s, - (schwäb.): *[Glas mit einem] Viertelliter Wein.*
Vier|tel|fi|na|le, das (Sport): *Runde innerhalb einer Qualifikation, an der noch acht Mannschaften, Spieler beteiligt sind.*
Vier|tel|ge|viert, das (Druckerspr.): *nicht druckendes Stück Blei in der Größe des Viertels eines Gevierts.*
Vier|tel|jahr, das: *vierter Teil eines Jahres; drei Monate; Quartal.*
Vier|tel|jah|res|schrift, Vierteljahrsschrift, die: *vierteljährlich erscheinende Zeitschrift.*
Vier|tel|jahr|hun|dert, das: *vierter Teil eines Jahrhunderts; 25 Jahre.*
vier|tel|jäh|rig ⟨Adj.⟩: vgl. halbjährig.
vier|tel|jähr|lich ⟨Adj.⟩: vgl. halbjährlich.
Vier|tel|jahrs|schrift: ↑Vierteljahresschrift.
Vier|tel|kreis, der: **1.** *Quadrant* (1 a, b). **2.** (Fußball) *um die Eckfahne innerhalb des Spielfelds gezogener Teilkreis von 1 m Halbmesser.*
Vier|tel|li|ter, der (schweiz. nur so), auch: das: *vierter Teil eines Liters.*
vier|teln ['fɪrtl̩n] ⟨sw. V.; hat⟩: *in vier gleiche Teile zerteilen, schneiden:* Äpfel, Tomaten v.
Vier|tel|no|te, die: vgl. Achtelnote.
Vier|tel|pau|se, die: vgl. Achtelpause.
Vier|tel|pfund [auch: 'fɪrtl̩...], das: *vierter Teil eines Pfundes; 125 g.*
Vier|tel|stab, der: *dreikantige Leiste mit dem Profil eines Viertelkreises* (1).
Vier|tel|stun|de, die: *vierter Teil einer Stunde; 15 Minuten.*
vier|tel|stün|dig ['fɪrtl̩..., auch: - -'- -] ⟨Adj.⟩: vgl. halbstündig.
vier|tel|stünd|lich ['fɪrtl̩..., auch: - -'- -] ⟨Adj.⟩: vgl. halbstündlich.
Vier|tel|ton, der ⟨Pl. ...töne⟩ (Musik): *halbierter chromatischer Halbton* (1).
Vier|tel|ton|mu|sik, die ⟨o. Pl.⟩: *durch Verwendung von Vierteltönen charakterisierte Musik, die auf einem durch Halbierung der 12 Halbtöne der Oktave gewonnenen, 24-stufigen Tonsystem beruht.*
Vier|tel|zent|ner, der: *vierter Teil eines Zentners; 25 Pfund.*
vier|tens ⟨Adv.⟩ (als Ziffer: 4.): vgl. achtens.
vier|tü|rig ⟨Adj.⟩: *mit vier Türen ausgestattet:* ein -es Auto.
vier|und|ein|halb ⟨Bruchz.⟩: vgl. achtundeinhalb.
vier|und|zwan|zig ⟨Kardinalz.⟩ (in Ziffern: 24): vgl. acht.
Vier|und|zwan|zig|flach, das; -[e]s, -e, **Vier|und|zwan|zig|fläch|ner,** der; -s, -: vgl. Achtflach usw.
Vie|rung, die; -; -en (Archit.): *[im Grundriss quadratischer] Teil des Kirchenraumes, in dem sich Lang- u. Querhaus durchdringen.*
Vie|rungs|kup|pel, die (Archit.): *Kuppel über der Vierung.*
Vie|rungs|pfei|ler, der (Archit.): *zur architektonischen Hervorhebung der Vierung verstärkter Pfeiler an den Schnittpunkten von Lang- u. Querhaus.*
Vier|vier|tel|takt [...'fɪrtl̩...], der: vgl. Dreivierteltakt.
Vier|wald|stät|ter See, der; - -s, (schweiz.:) **Vier|wald|stät|ter|see,** der; -s: See in der Schweiz.
vier|wer|tig ⟨Adj.⟩: vgl. dreiwertig.
vier|wö|chent|lich ⟨Adj.⟩ (mit Ziffer: 4-wöchentlich): vgl. achtwöchentlich.
vier|wö|chig ⟨Adj.⟩ (mit Ziffer: 4-wöchig): vgl. achtwöchig.
vier|zehn ['fɪr...] ⟨Kardinalz.⟩ [mhd. vierzehen, ahd. fiorzehan] (in Ziffern: 14): vgl. acht: v. Tage *(zwei Wochen).*
vier|zehn|hun|dert ['fɪrtse:n'h...] ⟨Kardinalz.⟩ (in Ziffern: 1 400): *eintausendvierhundert.*
vier|zehn|jäh|rig ['fɪr...] ⟨Adj.⟩ (mit Ziffern: 14-jährig): vgl. achtzehnjährig.
vier|zehn|tä|gig ['fɪr...] ⟨Adj.⟩ (mit Ziffern: 14-tägig): *zwei Wochen dauernd.*
vier|zehn|täg|lich [fɪr...] ⟨Adj.⟩ (mit Ziffern: 14-täglich): *sich alle zwei Wochen wiederholend.*
Vier|zei|ler, der; -s, -: *Strophe, Gedicht aus vier Versen.*
vier|zig ['fɪrtsɪç] ⟨Kardinalz.⟩ [mhd. vierzec, ahd. fiorzug] (in Ziffern: 40): vgl. achtzig.
Vier|zig ['fɪr...], die; -, -: vgl. Achtzig.
vier|zi|ger ['fɪr...] ⟨indekl. Adj.⟩ (mit Ziffern: 40er): vgl. achtziger.
Vier|zi|ger ['fɪr...], der; -s, -: vgl. [1]Achtziger.
Vier|zi|ge|rin ['fɪr...], die; -, -nen: vgl. Achtzigerin.
Vier|zi|ger|jah|re ['fɪr..., auch: '- - -'- -] ⟨Pl.⟩: vgl. Achtzigerjahre.
vier|zig|jäh|rig ['fɪr...] ⟨Adj.⟩: vgl. dreißigjährig.
vier|zigst... ['fɪr...] ⟨Ordinalz. zu ↑vierzig⟩ (in Ziffern: 40.): vgl. viert...
Vier|zig|stun|den|wo|che, die (mit Ziffern:

40-Stunden-Woche): *Arbeitszeit von 40 Stunden in der Woche.*

Vier|zim|mer|woh|nung, die: vgl. Dreizimmerwohnung.

Vier-zwei-vier-Sys|tem, das ⟨o. Pl.⟩ (mit Ziffern: 4-2-4-System) (Fußball): *Spielsystem, bei dem die Mannschaft mit vier Abwehrspielern, zwei Mittelfeldspielern u. vier Stürmern spielt.*

Vier|zy|lin|der, der: vgl. Achtzylinder.

Vier|zy|lin|der|mo|tor, der: vgl. Achtzylindermotor.

vier|zy|lin|drig ⟨Adj.⟩ (mit Ziffer: 4-zylindrig): vgl. achtzylindrig.

Vi|et|cong [viɛ...; auch: ˈ– –], der; -s, -[s] [Kurzwort aus vietnamesisch Việt Nam Công San = Kommunisten von Vietnam]: **1.** ⟨o. Pl.⟩ *(bis 1975) südvietnamesische Guerillabewegung.* **2.** *Mitglied des Vietcongs* (1).

Vi|et|nam [viɛ...; auch: ˈ– –]; -s: Staat in Südostasien.

Vi|et|na|me|se, der; -n, -n: Ew.

Vi|et|na|me|sin, die; -, -nen: w. Form zu ↑Vietnamese.

vi|et|na|me|sisch ⟨Adj.⟩: *Vietnam, die Vietnamesen betreffend, von den Vietnamesen stammend, zu ihnen gehörend.*

vif ⟨Adj.⟩ [frz. vif < lat. vivus = lebendig] (schweiz., sonst veraltend): *aufgeweckt, wendig, rührig:* eine -e Geschäftsführerin; seine Freundin ist sehr v.

vi|gil ⟨Adj.⟩ [lat. vigil, zu: vigere = frisch u. kräftig, voller Lebenskraft sein] (Med.): *wachend, schlaflos.*

Vi|gil, die; -, -ien [lat. vigilia = das Wachen; Nachtwache, zu: vigil = wach] (kath. Kirche): **1.** *nächtliches Gebet der mönchischen Gebetsordnung.* **2.** *[liturgische Feier am] Vortag eines kirchlichen Festes.*

vi|gi|lant ⟨Adj.⟩ [zu lat. vigilans (Gen.: vigilantis) = wachsam, 1. Part. von: vigilare = wachsam sein] (veraltet): *schlau, pfiffig u. dabei wachsam.*

Vi|gi|lanz, die; -: **1.** (bildungsspr. veraltend) *vigilante Art.* **2.** (Psych.) *Zustand erhöhter Reaktionsbereitschaft, Aufmerksamkeit.*

Vi|gi|lie, die; -, -n [lat. vigilia, ↑Vigil]: **1.** *(im altrömischen Heer) Nachtwache.* **2.** *Vigil* (2).

vi|gi|lie|ren ⟨sw. V.; hat⟩ [zu lat. vigilare, ↑vigilant] (bildungsspr. veraltet): *wachsam sein; fahnden; aufpassen.*

Vi|gnet|te [vɪnˈjɛtə], die; -, -n [frz. vignette, urspr. = Weinrankenornament, Vkl. von: vigne = Weinrebe < lat. vinea]: **1.** (Buchw.) *ornamentale bildliche Darstellung auf dem Titelblatt, am Beginn od. Ende eines Kapitels od. am Schluss eines Buches.* **2.** (Fot.) **a)** *Maske* (5 a) *mit bestimmten Ausschnitten (z. B. Schlüsselloch) im Vorsatz vor dem Objektiv einer Filmkamera;* **b)** *Maske* (5 a) *zur Verdeckung bestimmter Stellen eines Negativs vor dem Kopieren.* **3.** *Gebührenmarke für die Autobahnbenutzung.* **4.** (Philat.) *nicht amtliche Marke (oft mit Wertangabe, aber ohne postalische Gültigkeit), die zur Finanzierung einer Veranstaltung, Unterstützung einer wohltätigen Organisation o. Ä. ausgegeben wird.*

Vi|gnet|tie|rung, die; -, -en (Fot.): *(durch das Hereinragen von Filtern, Blenden o. Ä. vor das Objektiv bewirkte) Unterbelichtung der Ränder u. Ecken einer Fotografie.*

Vi|go|gne [viˈgɔnjə], die; -, -n, **Vi|go|gne|wol|le,** die [frz. vigogne, älter: vicugne < span. vicuña, ↑Vikunja]: *Garn aus [Reiß]wolle u. Baum- bzw. Zellwolle.*

vi|go|ro|so ⟨Adv.⟩ [ital. vigoroso, zu: vigore = Stärke, Kraft < lat. vigor] (Musik): *kraftvoll.*

Vi|kar, der; -s, -e [mhd. vicār(i) < lat. vicarius = stellvertretend; Stellvertreter; Statthalter, zu: vicis (Gen.) = Wechsel, Platz, Stelle (im Sinne von »anstelle«)]: **1.** (kath. Kirche) *ständiger od. zeitweiliger Vertreter einer geistlichen Amtsperson.* **2.** (ev. Kirche) **a)** *Pfarrvikar* (b); **b)** *in ein Praktikum übernommener Theologe mit Universitätsausbildung.* **3.** (schweiz.) *Stellvertreter eines Lehrers.*

Vi|ka|ri|at, das; -[e]s, -e: *Amt eines Vikars.*

vi|ka|ri|ie|ren ⟨sw. V.; hat⟩: **1.** *das Amt eines Vikars versehen.* **2.** (bildungsspr. veraltet) *jmds. Stelle vertreten.*

Vi|ka|rin, die; -, -nen: w. Form zu ↑Vikar (2, 3).

Vik|ti|mo|lo|gie, die; - [nach engl. victimology; ↑-logie]: *Teilgebiet der Kriminologie, das die Beziehungen zwischen Opfer u. Tat bzw. Täter untersucht.*

[1]Vik|to|ria, die; -, -s u. ...ien [lat. Victoria, eigtl. = Sieg, zu: vincere = siegen]: *(in der römischen Antike) Frauengestalt mit Flügeln als Personifikation eines errungenen Sieges.*

[2]Vik|to|ria, das; -s, -s ⟨meist o. Art.⟩: *Sieg (als Ausruf):* V. brüllen.

vik|to|ri|a|nisch ⟨Adj.⟩: *dem Geist der Regierungszeit der englischen Königin Victoria (1819 bis 1901) entsprechend:* -e Strenge, Prüderie.

Vik|tu|a|li|en ⟨Pl.⟩ [spätlat. victualia, zu: victualis = zum Lebensunterhalt gehörig, zu lat. victus = Leben(sunterhalt), zu: victum, 2. Part. von: vivere = leben] (veraltend): *Lebensmittel, bes. für den täglichen Bedarf, den unmittelbaren Verzehr.*

Vik|tu|a|li|en|brü|der: ↑Vitalienbrüder.

Vik|tu|a|li|en|hand|lung, die (veraltet): *Lebensmittelgeschäft.*

Vik|tu|a|li|en|markt, der (veraltet): vgl. Viktualienhandlung.

Vi|kun|ja, das; -s, -s od. die; -, ...jen [span. vicuña < Ketschua (südamerik. Indianerspr.) huikˈuña]: *höckerloses südamerikanisches Kamel, aus dessen dichtem, braungelbem Fell sehr feine Wolle gewonnen wird.*

Vi|kun|ja|wol|le, die: *Wolle des Vikunjas.*

Vi|la: Hauptstadt von Vanuatu.

Vil|la, die; -, Villen [ital. villa < lat. villa = Landhaus, Landgut]: **a)** *größeres, vornehmes, in einem Garten od. Park [am Stadtrand] liegendes Einfamilienhaus:* eine V. aus dem 19. Jh.; **b)** *großes, herrschaftliches Landhaus.*

Vil|la|nell, das; -s, -e, **Vil|la|nel|la, Vil|la|nel|le,** die; -, ...llen [ital. villanella, zu: villano = derb, bäurisch < spätlat. villanus]: *einfach gesetztes, meist dreistimmiges italienisches Bauern-, Hirtenlied des 16./17. Jh.s.*

Vil|len: Pl. von ↑Villa.

vil|len|ar|tig ⟨Adj.⟩: *im Stil, in der Art einer Villa.*

Vil|len|ge|gend, die: *städtische Wohngegend, deren Bild von Villen bestimmt wird.*

Vil|len|vier|tel, das: vgl. Villengegend.

Vi|nai|gret|te [vinɛˈgrɛt(ə)], die; -, -n [...tn; frz. vinaigrette, zu: vinaigre = (Wein)essig]: *aus Essig, Öl, Senf u. verschiedenen Gewürzen bereitete Soße.*

Vin de Pays [vɛ̃dpeˈi], der; - - -, -s - - [vɛ̃dpeˈi; frz. vin de pays = Landwein]: *französischer Landwein (als Bezeichnung einer unteren Qualitätsstufe).*

Vin|di|ka|ti|on, die; -, -en [lat. vindicatio, zu: vindicare, ↑vindizieren] (Rechtsspr.): *Anspruch des Eigentümers gegen den Besitzer einer Sache auf deren Herausgabe.*

vin|di|zie|ren ⟨sw. V.; hat⟩ [lat. vindicare] (Rechtsspr.): *als Eigentümer einer Sache ihre Herausgabe vom Besitzer verlangen.*

Vingt-et-un [vɛ̃teˈœ̃], **Vingt-un** [vɛ̃ˈtœ̃], das; - [frz., eigtl. = 21]: *Variante des Kartenspiels »Siebzehnundvier«.*

Vin|ku|la|ti|on, die; -, -en [zu lat. vinculum = [1]Band] (Bankw.): *Bindung des Rechtes der Übertragung eines Wertpapiers an die Genehmigung des Emittenten.*

vin|ku|lie|ren ⟨sw. V.; hat⟩ [spätlat. vinculare = binden, zu lat. vinculum, ↑Vinkulation] (Bankw.): *das Recht der Übertragung eines Wertpapiers an die Genehmigung des Emittenten binden:* vinkulierte Namensaktien.

Vin|ku|lie|rung, die; -, -en: *Vinkulation.*

Vi|no|thek, die; -, -en [zu lat. vinum = Wein u. ↑-thek]: **1.** *Sammlung kostbarer Weine.* **2.** *Weinkeller mit Weinausschank.*

Vi|nyl, das; -s [zu lat. vinum = Wein u. griech. hýlē = Holz; vgl. Methylen]: **a)** (Chemie) *vom Ethylen abgeleiteter ungesättigter Kohlenwasserstoffrest;* **b)** (ugs.) *auf Vinyl (a) beruhender Kunststoff (bes. zur Herstellung von Schallplatten):* auf V. gepresst sein.

Vi|nyl|chlo|rid, das (Chemie): *bes. zur Herstellung von Polyvinylchlorid verwendete, farblose, gasförmige, sehr reaktionsfähige Substanz.*

Vi|nyl|grup|pe, die: *in vielen organischen Verbindungen enthaltene, einwertige, ungesättigte Gruppe mit zwei Kohlenstoffatomen.*

Vin|zen|ti|ner, der; -s, - [nach dem Gründer, dem hl. Vinzenz v. Paul (1581–1660)]: *Lazarist.*

Vin|zen|ti|ne|rin, die; -, -nen: *Angehörige einer karitativen, laizistischen weiblichen Kongregation.*

[1]Vi|o|la, die; -, Violen [lat. viola] (Bot.): *Veilchen.*

[2]Vi|o|la, die; -, ...len [ital. viola, wohl < aprovenz. viola, viula, H. u.]: *Bratsche.*

Vi|o|la da Brac|cio [- da ˈbratʃo], die; - - -, ...le - - [ital. viola da braccio = Armgeige]: *in Armhaltung gespieltes Streichinstrument, bes. Bratsche.*

Vi|o|la da Gam|ba, die; - - -, ...le - - [ital. viola da gamba = Beingeige]: *Gambe.*

Vi|o|la d'Amo|re, die; - -, ...le - [ital. viola d'amore, eigtl. = Liebesgeige]: *der Bratsche ähnliches Streichinstrument (bes. der Barockmusik) in Altlage, mit meist sieben Saiten in variabler Stimmung u. sieben im Einklang od. in der Oktave mitklingenden Saiten unter dem Griffbrett.*

Vi|o|la pom|po|sa, die; - -, ...le ...se [ital. viola pomposa, eigtl. = prächtige Geige]: *große, fünfsaitige Bratsche, die auf dem Arm gehalten u. zusätzlich mit einem Band befestigt wird.*

Vi|o|la|ti|on, die; -, -en [lat. violatio, zu: violare = gewalttätig behandeln, verletzen, zu: vis = Kraft, Stärke, Gewalt] (bildungsspr.): *Verletzung; Schändung, Vergewaltigung.*

Vi|o|le, die; -, -n (bildungsspr.): *Veilchen,* [1]*Viola.*

Vi|o|len: Pl. von ↑[1,2]Viola.

vi|o|lent ⟨Adj.⟩ [lat. violentus, zu: vis, ↑Violation] (bildungsspr.): *heftig, gewaltsam.*

Vi|o|lenz, die; - [lat. violentia, zu: violentus, ↑violent] (bildungsspr.): *Heftigkeit, Gewaltsamkeit.*

vi|o|lett ⟨Adj.⟩ [spätmhd. fiolet < frz. violet, zu: violette = Veilchen, Vkl. von afrz. viole < lat. viola, ↑[1]Viola]: *in der Färbung zwischen Blau u. Rot liegend; veilchenfarben:* ein -er Schal; eine -e Bluse.

Vi|o|lett, das; -s, - (ugs.: -s): *violette Farbe, Färbung.*

Vi|o|li|ne, die; -, -n [ital. violino, Vkl. von: viola, ↑[2]Viola] (oft Fachspr.): *Geige.*

Vi|o|li|nist, der; -en, -en [ital. violinista, zu: violino, ↑Violine] (selten): *Geiger, Geigenvirtuose.*

Vi|o|li|nis|tin, die; -, -nen: w. Form zu ↑Violinist.

Vi|o|lin|kon|zert, das: *Konzert für Violine u. Orchester.*

Vi|o|lin|schlüs|sel, der: *Notenschlüssel, mit dem im Liniensystem die Lage des eingestrichenen g (heute auf der 2. Notenlinie) festgelegt wird; G-Schlüssel.*

Vi|o|lin|so|na|te, die: *Sonate für Violine [u. Begleitinstrument].*

Vi|o|lin|spiel, das: *Geigenspiel.*

Vi|o|lon|cel|lo [...nˈtʃɛlo], das; -s, ...celli, ugs.: -s [ital. violoncello, Vkl. von: violone, ↑Violone]: *viersaitiges, eine Oktave tiefer als die Bratsche gestimmtes Tenor-Bass-Instrument, das beim Spielen, auf einen Stachel gestützt, zwischen den Knien gehalten wird; Cello.*

Vi|o|lo|ne, der; -s, ...ni, ugs.: -s [ital. violone, eigtl. = große Viola]: *Kontrabass.*

VIP [vɪp], **V. I. P.** [vi:aɪˈpi:], der; -[s], -s u. die; -, -s [Abk. für engl. very important person = sehr wichtige Person]: *wichtige Persönlichkeit [mit Privilegien].*

Vi|per, die; -, -n [1: mhd. viper(e), vipper < lat. vipera, viell. eigtl. = die Lebendgebärende; 2 b: nach engl. viper]: **1.** *gefährliche, meist lebend gebärende Giftschlange;* [2]*Otter.* **2.** (Jargon) **a)** *jmd., der nicht mehr rauschgiftsüchtig ist;*

b) *jmd., der Marihuana raucht.* **3.** (Jargon) *V-Mann.*

VIP-Lounge, die: *Lounge für wichtige Persönlichkeiten.*

Vi|ra|gi|ni|tät, die; - [zu lat. virago, ↑Virago] (Med.): *[krankhaftes] männliches sexuelles Empfinden der Frau.*

Vi|ra|go, die; -, -s u. ...gines [...e:s; lat. virago (Gen.: viraginis) = mannhafte Jungfrau, zu: virgo = Jungfrau] (Med.): *Frau, die zur Viraginität neigt.*

vi|ral ⟨Adj.⟩ [zu ↑Virus] (Med.): *durch ein Virus verursacht:* eine -e Infektion.

Vi|re|ment [virəˈmã:], das; -s, -s [frz. virement, zu: virer = sich drehen; umbuchen] (Wirtsch.): *(im Staatshaushalt) Übertragung von Mitteln von einem Titel* (4) *auf einen anderen, von einem Haushaltsjahr auf das andere.*

Vi|ren: Pl. von ↑Virus.

Vir|gel [ˈvɪrgl̩], die; -, -n [spätlat. virgula = Betonungszeichen, eigtl. = kleiner Zweig]: *Schrägstrich (zwischen zwei Wörtern od. Zahlen)* (z. B. Männer und/oder Frauen).

[1]**Vir|gi|nia** [auch: vɪrˈdʒi:ni̯a]; -s: Bundesstaat der USA.

[2]**Vir|gi|nia,** die; -, -s: *lange, dünne, schwere Zigarre mit einem Mundstück aus Stroh.*

[3]**Vir|gi|nia,** der; -[s], -: *Virginiatabak.*

Vir|gi|nia|ta|bak, der: *(ursprünglich in* [1]*Virginia angebaute) qualitätvolle, oft schwere Tabaksorte.*

Vir|gi|ni|er, der; -s, -: Ew. zu ↑[1]Virginia.

Vir|gi|ni|e|rin, die; -, -nen: w. Form zu ↑Virginier.

vir|gi|nisch ⟨Adj.⟩: [1]*Virginia, die Virginier betreffend.*

Vir|gi|ni|tät, die; - [lat. virginitas, zu: virgo = Jungfrau] (Fachspr., bildungsspr.): *Jungfräulichkeit.*

vi|ri|bus uni|tis [lat.] (bildungsspr.): *mit vereinten Kräften.*

vi|ril ⟨Adj.⟩ [lat. virilis, zu: vir = Mann]: *[in Bezug auf das Erscheinungsbild] in charakteristischer Weise männlich.*

Vi|ri|lis|mus, der; - (Med.): **1.** *Vermännlichung (bei Frauen).* **2.** *vorzeitige Geschlechtsreife (bei Knaben).*

Vi|ri|li|tät, die; - [lat. virilitas, zu: virilis, ↑viril]: **a)** (Med.) *männliche Zeugungskraft, Manneskraft;* **b)** *das Virilsein; Männlichkeit.*

Vi|ril|stim|me, die; - [zu lat. virilis (↑viril) in der Bed. »auf eine Person, auf den Mann kommend«]: *(bis ins 19. Jh.) Einzelstimme in verfassungsrechtlichen Kollegien.*

Vi|ro|lo|ge, der; -n, -n [↑-loge]: *Wissenschaftler auf dem Gebiet der Virologie.*

Vi|ro|lo|gie, die; - [zu ↑Virus u. ↑-logie]: *Wissenschaft u. Lehre von den Viren.*

Vi|ro|lo|gin, die; -, -nen: w. Form zu ↑Virologe.

vi|ro|lo|gisch ⟨Adj.⟩: *die Virologie betreffend.*

Vi|ro|se, die; -, -n (Med.): *Viruserkrankung.*

Vir|tu|a|li|tät, die; -, -en [frz. virtualité, zu: virtuel, ↑virtuell] (bildungsspr.): *innewohnende Kraft od. Möglichkeit.*

vir|tu|a|li|ter ⟨Adv.⟩ [mlat. virtualiter] (bildungsspr.): *als Möglichkeit.*

vir|tu|ell ⟨Adj.⟩ [frz. virtuel < mlat. virtualis, zu lat. virtus = Tüchtigkeit; Mannhaftigkeit; Tugend, zu: vir, ↑viril; b: nach engl. virtual]: **a)** (bildungsspr.) *entsprechend seiner Anlage als Möglichkeit vorhanden, die Möglichkeit zu etw. in sich begreifend:* ein -er Gegensatz der Interessen; **b)** *nicht echt, nicht in Wirklichkeit vorhanden, aber echt erscheinend, dem Auge, den Sinnen vortäuschend:* -er (EDV; *scheinbarer, nur logisch vorhandener*) Speicher; -e Realität (*vom Computer simulierte Wirklichkeit, künstliche Welt, in die sich jmd. mithilfe der entsprechenden technischen Ausrüstung scheinbar hineinversetzen kann;* nach engl. virtual reality).

vir|tu|os ⟨Adj.⟩ [ital. virtuoso, ↑Virtuose]: *eine souveräne, vollendete Beherrschung einer Sache, [künstlerischen] Fähigkeit erkennen lassend; meisterlich:* eine -e Pianistin; eine -e Leistung, Darstellung, Zeichnung; mit -em Können; sein Spiel ist v.; etw. v. meistern.

Vir|tu|o|se, der; -n, -n [ital. virtuoso, subst. Adj. zu: virtuoso = tugendhaft, tüchtig, gut, zu: virtù < lat. virtus (↑virtuell), also eigtl. = tugendhafter, tüchtiger Mensch]: *jmd., der eine [künstlerische] Technik mit vollkommener Meisterschaft beherrscht; virtuoser Instrumentalsolist:* er ist ein V. auf der Geige; Ü ein V. in der Küche.

Vir|tu|o|sin, die; -, -nen: w. Form zu ↑Virtuose.

Vir|tu|o|si|tät, die; -: *meisterhaft vollendete Beherrschung einer [künstlerischen] Technik.*

Vir|tus, die; - [lat. virtus, ↑virtuell] (Ethik): *Tüchtigkeit; Tapferkeit; Tugend.*

vi|ru|lent ⟨Adj.⟩ [lat. virulentus = giftig, zu: virus, ↑Virus]: **1.** (Med.) *(von Krankheitserregern) aktiv, ansteckend:* -e Tuberkelbazillen. **2.** (bildungsspr.) *sich gefahrvoll auswirkend:* -e Vorurteile; ein Problem wird v.

Vi|ru|lenz, die; -: **1.** (Med.) *schädliche Aktivität; Ansteckungsfähigkeit, Giftigkeit.* **2.** (bildungsspr.) *das Virulentsein, virulente* (2) *Art.*

Vi|rus, das, außerhalb der Fachspr. auch: der; -, Viren [wohl über gleichbed. frz., engl. virus < lat. virus = Schleim, Saft, Gift]: **1.** *kleinstes [krankheitserregendes] Partikel, das nur auf lebendem Gewebe gedeiht.* **2.** (EDV) *Computervirus.*

Vi|rus|er|kran|kung, die: *durch Viren* (1) *hervorgerufene Erkrankung.*

Vi|rus|grip|pe, die: vgl. Viruserkrankung.

Vi|rus|in|fek|ti|on, die: vgl. Viruserkrankung.

Vi|rus|krank|heit, die: vgl. Viruserkrankung.

Vis: Pl. von ↑Visum.

Vi|sa|ge [viˈza:ʒə], die; -, -n [frz. visage, zu afrz. vis < lat. visus = Gesicht(ssinn), Anblick, Erscheinung, zu: visum, 2. Part. von: videre = sehen]: **a)** (salopp abwertend) *Gesicht:* eine fiese, glatte V.; jmdm. in die V. schlagen; **b)** (salopp) *Miene, Gesichtsausdruck:* eine enttäuschte V. machen.

Vi|sa|gist [...ˈʒɪst], der; -en, -en [frz. visagiste, zu: visage, ↑Visage]: *Spezialist für die vorteilhafte Gestaltung des Gesichts mit den Mitteln der dekorativen Kosmetik.*

Vi|sa|gis|tin, die; -, -nen: w. Form zu ↑Visagist.

vis-a-vis, (auch:) **vis-à-vis** [vizaˈvi:; frz., eigtl. = Gesicht zu Gesicht]: **I.** ⟨Präp. mit Dativ⟩ *gegenüber* (I 1): v. dem Rathaus ist ein Park; sie saßen v. dem Büfett. **II.** ⟨Adv.⟩ *gegenüber* (II): sie saßen im Abteil v.; sie wohnt gleich v. *(auf der anderen Straßenseite);* das ist das Mädchen von v. *(drüben).*

Vi|sa|vis [...ˈvi:], das; - [...ˈvi:(s)], - [...ˈvi:s; frz. vis-à-vis]: *Gegenüber.*

Vis|con|te, der; -, ...ti [ital. visconte < provenz. vesconte < mlat. vicecomes, ↑Vicomte]: *dem Vicomte entsprechender italienischer Adelstitel.*

Vis|con|tes|sa, die; -, ...tesse [ital. viscontessa, zu: visconte, ↑Visconte]: w. Form zu ↑Visconte.

Vis|count [ˈvaɪkaunt], der; -s, -s [engl. viscount < mengl. viscounte < mfrz. viscomte, vicomte < mlat. vicecomes, ↑Vicomte]: *dem Vicomte entsprechender britischer Adelstitel.*

Vis|coun|tess [ˈvaɪkauntɪs], die; -, -es [...tɪsɪz; engl. viscountess, zu: viscount, ↑Viscount]: w. Form zu ↑Viscount.

Vi|sen: Pl. von ↑Visum.

vi|si|bel ⟨Adj.⟩ [(frz. visible <) (spät)lat. visibilis = sichtbar, zu lat. visum, ↑Visage] (Fachspr.): *sichtbar (im Sichtbarkeitsbereich etwa des Lichtmikroskops).*

Vi|sier, das; -s, -e [1: spätmhd. visier(e) < (m)frz. visière = Helmgitter, eigtl. etwa = Gesichtseinfassung, Gesichtsschutz, zu afrz. vis, ↑Visage; 2: frz. visière, zu: viser, ↑visieren]: **1. a)** *beweglicher, das Gesicht bedeckender, mit Sehschlitzen versehener Teil des* [1]*Helms* (1): das V. herunterlassen, öffnen; mit geschlossenem, offenem V. kämpfen; * **das V. herunterlassen** (bildungsspr.; *sich zu bestimmten Fragen nicht äußern, sich jmds. Fragen, Anliegen, Wünschen o. Ä. verschließen*); **mit offenem V. kämpfen** (bildungsspr.; *seine Absichten als Gegner klar zu erkennen geben*); **b)** *visierähnlicher Teil des Schutzhelms für Rennfahrer u. Fahrer von Zweirädern.* **2.** *Vorrichtung zum Zielen an Feuerwaffen u. anderen Geräten:* der Jäger bekam einen Bock ins V., hatte einen Bock im V.; * **etw. ins V. fassen** *(seinen Blick genau auf etw. richten);* **jmdn., etw. ins V. nehmen** (1. *sein Augenmerk auf jmdn., etw. richten.* 2. *jmdn., etw. kritisieren*).

Vi|sier|ein|rich|tung, die: *dem genauen Anvisieren des Ziels dienende Einrichtung an [Hand]feuerwaffen.*

vi|sie|ren ⟨sw. V.; hat⟩ [frz. viser = aufmerksam beobachten; zielen, über das Vlat. zu lat. visum, ↑Visage; 3: zu ↑Visum]: **1.** *etw. als Ziel ins Auge fassen, auf etw. zielen:* die Pistole in Augenhöhe halten u. v.; er visierte auf seinen Kopf; ⟨auch mit Akk.-Obj.:⟩ die Mitte der Scheibe, den Gegner v.; Ü einen Staatsstreich, ein neues Betätigungsfeld v. *(ins Auge fassen);* sie visierte das Ausstellungsobjekt *(richtete ihren Blick darauf).* **2.** (selten) *eichen, ausmessen.*

Vi|sier|li|nie, die (Optik): *Verbindungslinie zweier sich für einen Beobachter deckender Punkte.*

Vi|si|on, die; -, -en [mhd. vision, visiun = Traumgesicht; Erscheinung < lat. visio (Gen.: visionis) = das Sehen; Anblick; Erscheinung, zu: visum, ↑Visage]: **a)** *übernatürliche Erscheinung als religiöse Erfahrung:* die -en der Apokalypse; **b)** *optische Halluzination:* sie hat öfter -en; **c)** *in jmds. Vorstellung bes. in Bezug auf Zukünftiges entworfenes Bild:* die V. eines geeinten Europas, vom Übermenschen; sie wollte ihre künstlerische, politische V. verwirklichen; -en für das 21. Jahrhundert.

vi|si|o|när ⟨Adj.⟩ [frz. visionnaire, zu: vision < lat. visio, ↑Vision] (bildungsspr.): **a)** *zu einer Vision gehörend, dafür charakteristisch; in der Art einer Vision:* eine -e Erscheinung; **b)** *sich in einer Vision, in Visionen ausdrückend; seherisch:* ein -er Maler; etw. mit -er Kraft gestalten; v. veranlagt sein.

Vi|si|o|när, der; -s, -e [frz. visionnaire, zu: vision, ↑visionär] (bildungsspr.): *visionär begabter Mensch, bes. Künstler.*

Vi|si|o|nä|rin, die; -, -nen: w. Form zu ↑Visionär.

Vi|si|ons|ra|di|us, der (Optik): *Sehachse* (1).

Vi|si|ta|ti|on, die; -, -en [afrz. visitation bzw. mlat. visitatio < lat. visitatio = Besichtigung, zu: visitare, ↑visitieren]: **1.** *Durchsuchung:* eine V. des Gepäcks vornehmen. **2. a)** *Kirchenvisitation;* **b)** (veraltend) *Besuch des Schulrats zur Überprüfung des Unterrichts.*

Vi|si|ta|tor, der; -s, ...oren: *jmd., der eine Visitation* (2) *vornimmt.*

Vi|si|ta|to|rin, die; -, -nen: w. Form zu ↑Visitator.

Vi|si|te, die; -, -n [frz. visite, zu: visiter < lat. visitare, ↑visitieren]: **1. a)** *regelmäßiger Besuch des Arztes an den Krankenbetten einer Station [in Begleitung der Assistenzärzte u. der Stationsschwester]:* die morgendliche, wöchentliche V.; um 10 Uhr ist V.; die Ärztin macht gerade V.; **b)** *Visite* (1 a) *machender Arzt mit Assistenzärzten u. Stationsschwester:* in einer halben Stunde kommt die V. **2.** (bildungsspr. veraltend) *[Höflichkeits]besuch:* bei jmdm. V. machen.

Vi|si|ten|kar|te, die: *kleine Karte mit aufgedrucktem Namen u. aufgedruckter Adresse:* jmdm. seine V. geben, überreichen; Ü diese Autobahnraststätte ist keine V. (*kein Aushängeschild* 2); * **seine V. hinterlassen** (verhüll. spött.; *irgendwo Spuren von Unsauberkeit, Kritzeleien o. Ä. hinterlassen*).

vi|si|tie|ren ⟨sw. V.; hat⟩ [frz. visiter = besichtigen; besuchen < lat. visitare = besichtigen, zu: visum, ↑Visage]: **1.** *aufgrund eines bestimmten Verdachts jmdn., jmds. Kleidung, Gepäck, Wohnung durchsuchen:* die Reisenden wurden bis aufs Hemd visitiert. **2.** *zur Überprüfung besichtigen, besuchen:* die Pässe, eine Diözese v.

Vi|sit|kar|te, die; -, -n (österr.): *Visitenkarte.*

vis|kos, (selten:) **vis|kös** ⟨Adj.⟩ [spätlat. viscosus = klebrig, zu lat. viscum = Vogelleim] (bes. Chemie): *zähflüssig, leimartig.*

Vis|ko|se, die; - (Chemie): *glänzende Chemiefaser aus Zellulose.*

Vis|ko|si|me|ter, das; -s, - [↑-meter (1)] (Fachspr.): *Messgerät zur Bestimmung der Viskosität von Flüssigkeiten u. Gasen.*

Vis|ko|si|me|trie, die; - [↑-metrie] (Chemie, Technik): *Lehre von der Viskosität u. ihrer Messung.*

Vis|ko|si|tät, die; - (Chemie, Technik): *Zähflüssigkeit; Zähigkeit von Flüssigkeiten u. Gasen.*

Vis ma|jor, die; - - [lat.] (Rechtsspr.): *höhere Gewalt* (↑Gewalt 3).

Vis|ta, die; - [ital. vista = Sicht, zu: visto, 2. Part. von: vedere < lat. videre = sehen] (Bankw.): *das Vorzeigen eines Wechsels.*

Vis|ta|wech|sel, der (Bankw.): *Sichtwechsel.*

vi|su|a|li|sie|ren ⟨sw. V.; hat⟩ [engl. to visualize, zu: visual < spätlat. visualis, ↑visuell] (Werbespr.): *optisch darstellen, veranschaulichen:* eine Werbeaussage, Idee v.

Vi|su|a|li|sie|rung, die; -, -en (Werbespr.): *das Visualisieren; das Visualisiertwerden.*

vi|su|ell ⟨Adj.⟩ [frz. visuel < spätlat. visualis = zum Sehen gehörend, zu lat. visus, ↑Visage] (bildungsspr.): *den Gesichtssinn betreffend, ansprechend, dadurch vermittelt; auf dem Weg über das Sehen:* eine -e Erfahrung, Information, Methode; ein -er Typ *(Menschentyp, der Gesehenes besser behält als Gehörtes).*

Vi|sum, das; -s, Visa u. Visen [zu lat. visum, ↑Visage]: **a)** *Urkunde [in Form eines Vermerks im Pass] über die Genehmigung des Grenzübertritts; Sichtvermerk:* das V. ist abgelaufen; ein V. beantragen, erteilen, verweigern; für dieses Land benötigen Sie kein V. mehr; **b)** (schweiz.) *Namenszeichen; Unterschrift, mit der ein Schriftstück abgezeichnet wird.*

Vi|sum|an|trag, der: *Antrag auf ein Visum.*

vi|sum|frei ⟨Adj.⟩: *kein Visum erfordernd; ohne Visum; sichtvermerkfrei:* -e Ein- und Ausreise.

vis|ze|ral ⟨Adj.⟩ [spätlat. visceralis = innerlich, zu lat. viscus = Eingeweide] (Med.): *die Eingeweide betreffend.*

Vi|ta, die; -, Viten u. Vitae [lat. vita]: 1. **a)** (Fachspr.) *Lebensbeschreibung [antiker u. mittelalterlicher Persönlichkeiten u. Heiliger]:* die V. des heiligen Benedikt; **b)** (bildungsspr.) *Leben, Lebenslauf, Lebensgeschichte eines Menschen:* seine V. schreiben; er verschwieg Fakten aus seiner V. **2.** (Med.) *Lebensfunktion, Lebenskraft.*

Vi|ta ac|ti|va, die; - - [lat., zu: activus, ↑aktiv] (Philos.): *tätiges Leben.*

Vi|ta con|tem|pla|ti|va, die; - - [lat., zu: contemplativus, ↑kontemplativ] (Philos.): *kontemplatives Leben.*

vi|tal ⟨Adj.⟩ [wohl unter Einfluss von frz. vital < lat. vitalis = zum Leben gehörig; Leben enthaltend, Lebenskraft habend, zu: vita, ↑Vita; nach engl. vital]: **1.** *voller Lebenskraft, im Besitz seiner vollen Leistungskraft:* ein -er Mensch; v. sein. **2.** *von entscheidender Wichtigkeit, großer Bedeutung; lebenswichtig:* jmds. -e Interessen, Bedürfnisse.

Vi|tal|funk|ti|on, die (Med.): *lebenswichtige Körperfunktion* (z. B. Atmung, Herztätigkeit).

Vi|ta|li|en|brü|der, Viktualienbrüder ⟨Pl.⟩ [eigtl. = Lebensmittelbrüder (da sie das belagerte Stockholm mit Lebensmitteln versorgten), wohl zu mniederd. vit(t)alien = Lebensmittel < spätlat. victualia, ↑Viktualien] (hist.): *Freibeuter, Seeräuber in der Ost- u. Nordsee im 14./15. Jh.*

vi|ta|li|sie|ren ⟨sw. V.; hat⟩ [vgl. frz. vitaliser, engl. to vitalize] (bildungsspr.): *beleben, anregen:* dieses Mittel vitalisiert Körper und Geist.

Vi|ta|lis|mus, der; -: *naturphilosophische Richtung, die im Unterschied zum Mechanismus* (3) *ein immaterielles Prinzip od. einen eigenen substanziellen Träger alles Lebendigen annimmt.*

Vi|ta|list, der; -en, -en: *Vertreter des Vitalismus.*

Vi|ta|lis|tin, die; -, -nen: w. Form zu ↑Vitalist.

vi|ta|lis|tisch ⟨Adj.⟩: *den Vitalismus betreffend, dazu gehörend, darauf beruhend.*

Vi|ta|li|tät, die; - [wohl unter Einfluss von frz. vitalité < lat. vitalitas, zu: vitalis, ↑vital]: *das Vitalsein; Lebenskraft, -freude:* V. besitzen.

Vi|ta|min, das; -s, -e [engl. vitamin, geb. von dem amerik. Biochemiker Casimir Funk (1884–1967) aus lat. vita (↑Vita) u. engl. amin(e) = Amin]: *die biologischen Vorgänge im Organismus regulierender, lebenswichtiger, vorwiegend in Pflanzen gebildeter Wirkstoff, der mit der Nahrung zugeführt wird:* Vitamin A, C; Gemüse enthält -e; * **Vitamin B** (ugs. scherzh.; *Beziehungen* 1; scherzh. Anlehnung an den Anfangsbuchstaben von »Beziehungen«).

vi|ta|min|arm ⟨Adj.⟩: *wenig Vitamine enthaltend:* -e Kost; sich zu v. ernähren.

Vi|ta|min-B-hal|tig [...'be:...] ⟨Adj.⟩: *Vitamin B enthaltend.*

Vi|ta|min-B-Man|gel [...'be:...], der ⟨o. Pl.⟩: [1]*Mangel an Vitamin B.*

Vi|ta|min|ge|halt, der: [1]*Gehalt* (2) *an Vitaminen.*

vi|ta|mi|nie|ren ⟨sw. V.; hat⟩: *(Nahrungsmittel) mit Vitaminen anreichern.*

vi|ta|mi|ni|sie|ren ⟨sw. V.; hat⟩ (selten): *vitaminieren.*

Vi|ta|min|man|gel, der ⟨o. Pl.⟩: [1]*Mangel (im menschlichen Körper), der auf unzureichender Versorgung mit bestimmten Vitaminen beruht.*

Vi|ta|min|prä|pa|rat, das: *Arzneimittel, das ein od. mehrere Vitamine in konzentrierter Form enthält.*

vi|ta|min|reich ⟨Adj.⟩: *viele Vitamine enthaltend.*

Vi|ta|min|ta|blet|te, die: vgl. Vitaminpräparat.

vite [vi:t], **vi|te|ment** [...mã:] ⟨Adv.⟩ [frz. vite, vitement] (Musik): *schnell, rasch.*

Vi|ten: Pl. von ↑Vita.

Vi|tia: Pl. von ↑Vitium.

Vi|ti|um, das; -s, Vitia [lat. vitium = Fehler, Schaden] (Med.): *organischer Fehler od. Defekt.*

Vi|tri|ne, die; -, -n [frz. vitrine, unter Einfluss von: vitre = Glas-, Fensterscheibe, umgebildet aus: verrine = Glaskasten, zu spätlat. vitrinus = gläsern, zu lat. vitrum = Glas]: **a)** *Schaukasten:* die -n eines Museums, eines Lichtspieltheaters; antike Funde in -n ausstellen; **b)** *Glasschrank:* schöne Gläser in der V. aufbewahren.

Vi|tri|ol, das; -s, -e [mlat. vitriolum, zu lat. vitrum = Glas; nach der Ähnlichkeit kristallisierten Eisensulfats mit (grünem) Glas] (Chemie veraltet): *Kristallwasser enthaltendes Sulfat eines zweiwertigen Metalls.*

Vitz|li|putz|li [vı...], der; -[s] [entstellt aus dem Namen des aztekischen Gottes Huitzilopochtli] (landsch.): **1.** *Schreckgestalt, Kinderschreck.* **2.** (veraltet verhüll.) *Teufel.*

vi|va|ce [...tʃə] ⟨Adv.⟩ [ital.] (Musik): *lebhaft, schnell.*

Vi|va|ce, das; -, - (Musik): *lebhaftes, schnelles Tempo.*

vi|va|cis|si|mo [...tʃ...] ⟨Adv.⟩ [ital., Sup. von: vivace, ↑vivace] (Musik): *sehr lebhaft.*

vi|vant [lat., 3. Pers. Pl. Präs. Konj. von: vivere, ↑vivace] (bildungsspr. veraltend): *sie sollen leben!*

Vi|va|ri|um, das; -s, ...ien [lat. vivarium, subst. Neutr. von: vivarius = zu lebenden Tieren gehörig, zu: vivus = lebendig, zu: vivere, ↑vivace]: **1.** *Behälter, in dem kleinere Tiere gehalten werden.* **2.** *Gebäude [in einem zoologischen Garten], in dem Vivarien* (1) *untergebracht sind.*

vi|vat [lat., 3. Pers. Sg. Präs. Konj. von: vivere, ↑vivace] (bildungsspr. veraltend): *er, sie, es lebe!*

Vi|vat, das; -s, -s (bildungsspr. veraltend): *Hochruf.*

Vi|vi|a|nit [auch: ...'nıt], der; -s, -e [nach dem brit. Mineralogen J. G. Vivian (19. Jh.)]: *Blaueisenerz.*

vi|vi|par ⟨Adj.⟩ [1: spätlat. viviparus, zu lat. vivus (↑Vivarium) u. parere = gebären]: **1.** (Biol.) *lebende, nicht mehr im Ei, in der Eihülle befindliche Junge gebärend.* **2.** (Bot.) *(von Pflanzensamen) auf der Mutterpflanze auskeimend.*

Vi|vi|sek|ti|on, die; -, -en (Fachspr.): *Eingriff am lebenden Tier zu Forschungszwecken.*

vi|vi|se|zie|ren ⟨sw. V.; hat⟩ (Fachspr.): *eine Vivisektion vornehmen:* ein Tier v.

vi|vo ⟨Adv.⟩ [ital. vivo < lat. vivus, ↑Vivarium] (Musik): *lebhaft.*

Vi|ze ['fi:tsə, seltener: 'vi:tsə], der; -[s], -s [Kurzwort anstelle einer Zus. mit Vize-; lat. vice = anstelle von, zum Adv. erstarrter Ablativ von: vicis, ↑Vikar] (ugs.): *Stellvertreter.*

Vi|ze|ad|mi|ral, der: **a)** ⟨o. Pl.⟩ *zweithöchster Offiziersdienstgrad der Marine;* **b)** *Offizier mit dem Dienstgrad des Vizeadmirals* (a).

Vi|ze|ad|mi|ra|lin, die: w. Form zu ↑Vizeadmiral (b).

Vi|ze|kanz|ler, der: *Stellvertreter des Kanzlers.*

Vi|ze|kanz|le|rin, die: w. Form zu ↑Vizekanzler.

Vi|ze|kö|nig, der (früher): *Generalgouverneur od. Statthalter als Vertreter des Monarchen.*

Vi|ze|kö|ni|gin, die: w. Form zu ↑Vizekönig.

Vi|ze|meis|ter, der: *jmd., der nach dem Meister in einem sportlichen Wettkampf Zweiter geworden ist.*

Vi|ze|meis|te|rin, die: w. Form zu ↑Vizemeister.

Vi|ze|prä|si|dent, der: *Stellvertreter des Präsidenten.*

Vi|ze|prä|si|den|tin, die: w. Form zu ↑Vizepräsident.

Vi|zin, die: w. Form zu ↑Vize.

Viz|tum ['fıtstu:m, auch: 'vi:ts...], der; -s, -e [mhd. viztuom < mlat. vicedominus, zu lat. vice (↑Vize) u. ↑Dominus]: *(im MA.) Vermögensverwalter geistlicher, seltener auch weltlicher Herrschaften* (3).

VJ ['vi:dʒe:], der; -[s], -s: kurz für ↑Videojockey.

v. J. = vorigen Jahres.

V-Leu|te ['fau...]: Pl. von ↑V-Mann.

Vlies, das; -es, -e [niederl. vlies; schon mhd. vlius, vlus = Schaffell, verw. mit ↑Flausch, urspr. = ausgerupfte Wolle od. Feder]: **1.** *zusammenhängende Wolle eines Schafes:* ein dichtes, weiches Vlies; das Goldene Vlies (griech. Myth.; *Fell des von Phrixos für seine Errettung geopferten Widders, das die Argonauten rauben*). **2.** *breite Lage, Schicht aus aneinander haftenden Fasern, die u. a. als Einlage* (2) *verwendet wird.*

Vlie|se|li|ne®, die; - [Kunstwort]: *anstelle von Steifleinen verwendeter Vliesstoff [der aufgebügelt wird].*

Vlies|stoff, der: *durch Verkleben von Vliesen* (2) *hergestellter Stoff für Einlagen* (2) *u. a.*

v. M. = vorigen Monats.

V-Mann ['fau...], der ⟨Pl. V-Leute u. V-Männer⟩ [kurz für ↑Verbindungs-, Vertrauensmann (4)]: *geheimer Informant* (1); *jmd., der der Polizei o. Ä. Hinweise zur Verhinderung od. Aufklärung von Straftaten gibt.*

VN = Vereinte Nationen.

v. o. = von oben.

Vo|gel, der; -s, Vögel [mhd. vogel, ahd. fogal, H. u., viell. zu ↑fliegen]: **1.** *zweibeiniges Wirbeltier mit einem Schnabel, zwei Flügeln und einem mit Federn bedeckten Körper, das im Allgemeinen fliegen kann:* ein kleiner, großer, bunter, zahmer, exotischer V.; der V. Strauß (verdeutlichend; *der Strauß*); der V. fliegt, flattert, hüpft, singt, zwitschert, wird flügge, nistet, brütet, mausert sich, schwingt sich in die Lüfte; jmdm. ist ein V. zugeflogen; die Vögel ziehen im Herbst nach dem Süden; einen V. fangen; Vögel füttern; der V. (ugs. scherzh.; *die Gans, Ente o. Ä.*) brutzelt schon im Ofen; R friss, V., oder stirb! (ugs.; *es bleibt keine andere Wahl;* damit ein Vogel zahm wurde, erhielt er nur eine Sorte Futter, die er fressen musste, um nicht zu verhungern); der V. ist ausgeflogen (ugs.; *jmd. hat sich davongemacht, ist dort, wo er gesucht wird, nicht anzutreffen*); * **[mit etw.] den V. abschießen** (ugs.; *alles, was sonst noch von andern geboten, vorgewiesen wird, übertreffen;* mit Bezug auf das Vogelschießen); [die beiden folgenden Wendungen gehen wahrsch. auf den alten Volksglauben zurück, dass Psychosen durch Tiere (Vögel) verursacht werden, die im Gehirn des Menschen nisten:] **einen V. haben** (salopp; *nicht recht bei Verstand sein; seltsame Ideen haben*); **jmdm. den/einen V. zeigen** *(sich an die Stirn tippen u. damit jmdm. zu verstehen geben, dass er nicht recht bei Verstand sei).* **2.** (salopp, oft scherzh.) *durch seine Art auffallender Mensch:* ein lustiger, lockerer, komischer, seltsamer, schräger, linker V.; ein seltener V. (*ein seltsamer, eigentümli-*

V

cher Mensch; nach lat. rara avis). 3. (Fliegerspr.) *Flugzeug:* der V. hebt ab, setzt auf, schmiert ab; der Pilot riss den V. wieder hoch.

Vo|gel|art, die: *Art* (4 b) *von Vögeln:* heimische -en.

Vo|gel|bau|er, das, auch: der [mhd. vogelbūr, zu ↑[2]Bauer]: *Vogelkäfig.*

Vo|gel|beer|baum, der: *Eberesche.*

Vo|gel|bee|re, die [die Frucht wurde als Köder beim Vogelfang verwendet]: *Frucht der Eberesche.*

Vö|gel|chen, das; -s, -: Vkl. zu ↑Vogel (1).

Vo|gel|dreck, der (ugs.): *Kot von Vögeln.*

Vö|gel|ei, das: *Ei eines Vogels.*

Vö|gel|lei, die; -, -en (salopp): *[häufigeres] Koitieren.*

Vo|gel|fang, der ⟨o. Pl.⟩: *das Fangen von Vögeln.*

Vo|gel|fän|ger, der: *jmd., der Vögel fängt.*

Vo|gel|fän|ge|rin, die: w. Form zu ↑Vogelfänger.

Vo|gel|fe|der, die: *Feder eines Vogels.*

Vo|gel|flug, der: *Art des Fluges von Vögeln:* aus dem V. weissagen.

Vo|gel|fraß, der: *Fraß* (2) *von Vögeln:* durch V. vernichtet werden.

vo|gel|frei ⟨Adj.⟩ [eigtl. = den Vögeln (zum Fraß) freigegeben wie ein Gehenkter] (früher): *im Zustand völliger Rechts- u. Schutzlosigkeit; rechtlos u. geächtet:* jmdn. für v. erklären.

Vo|gel|fut|ter, das: *[1]Futter für Vögel.*

Vo|gel|ge|sang, der ⟨o. Pl.⟩: *Gesang* (1 b) *von Vögeln.*

Vo|gel|ge|zwit|scher, das: vgl. Vogelgesang.

Vo|gel|haus, das: vgl. Affenhaus.

Vo|gel|häus|chen, das: *Futterhäuschen.*

Vo|gel|kä|fig, der: *Käfig* (b).

Vo|gel|kir|sche, die: *Kirsche einer Wildform mit kleinen, schwarzen, bittersüß schmeckenden Früchten.*

Vo|gel|kun|de, die ⟨o. Pl.⟩: *Teilgebiet der Zoologie, das sich mit den verschiedenen Vogelarten befasst; Ornithologie.*

Vo|gel|kund|ler, der; -s, -: *Wissenschaftler auf dem Gebiet der Vogelkunde; Ornithologe.*

Vo|gel|kund|le|rin, die; -, -nen: w. Form zu ↑Vogelkundler.

vo|gel|kund|lich ⟨Adj.⟩: *die Vogelkunde betreffend; ornithologisch.*

Vo|gel|leim, der: *Leim, mit dem Leimruten für den Vogelfang bestrichen werden.*

Vo|gel|mie|re, die: *(zu den Sternmieren gehörende) kleine, kriechende Pflanze mit eiförmigen Blättern u. kleinen, weißen Blüten.*

Vo|gel|mist, der: *Kot von Vögeln.*

vö|geln ⟨sw. V.; hat⟩ [mhd. vogelen = begatten (vom Vogel); Vögel fangen, ahd. fogalōn = Vögel fangen] (salopp): **a)** *koitieren* (a); **b)** *koitieren* (b).

Vo|gel|nest, das: *Nest eines Vogels.*

Vo|gel|per|spek|ti|ve, die [nach frz. à vue d'oiseau = aus der Sicht eines Vogels]: *Sicht von einem sehr hoch gelegenen Punkt aus, von hoch oben, die einen Überblick gewährt.*

Vo|gel|reu|se, die: vgl. Fischreuse.

Vo|gel|schar, die: *Schar von Vögeln.*

Vo|gel|schau, die: **1.** *Vogelperspektive.* **2.** (Rel.) *Deutung der Zukunft aus der Art des Vogelflugs.*

Vo|gel|scheu|che, die: *mit alten Kleidern behängtes Gestell, das durch seine Ähnlichkeit mit einer menschlichen Gestalt auf Feldern u. in Gärten die Vögel fern halten soll:* auf den Feldern waren überall -n aufgestellt; sie sieht [in dem Aufzug] aus wie eine V.; **Ü** er ist eine wandelnde V. *(eine dürre, hässliche, nachlässig od. geschmacklos gekleidete Person).*

Vo|gel|schie|ßen, das: *Schützenfest, bei dem nach einem hölzernen Vogel auf einer hohen Stange geschossen wird.*

Vo|gel|schlag, der: *heftiger Aufprall eines Vogels auf ein fliegendes Flugzeug.*

Vo|gel|schutz, der: *(gesetzlich festgelegte) Maßnahmen zum Schutz, zur Erhaltung der Vogelwelt.*

Vo|gel|schutz|ge|biet, das: vgl. Tierschutzgebiet.

Vo|gel|schutz|war|te, die: *Einrichtung für Vogelschutz u. Vogelkunde.*

Vo|gel|schwarm, der: vgl. Vogelschar.

Vo|gel|stel|ler, der (veraltet): *Vogelfänger.*

Vo|gel|stel|le|rin, die: w. Form zu ↑Vogelsteller.

Vo|gel|stim|me, die: *Stimme* (2 a) *eines Vogels:* -n nachahmen.

Vo|gel-Strauß-Po|li|tik, die ⟨o. Pl.⟩ [nach der angeblichen Gewohnheit des [2]Straußes, den Kopf in den Sand zu stecken, wenn ihm Gefahr droht]: *Art des Verhaltens, bei der jmd. eine Gefahr o. Ä. nicht sehen will.*

Vo|gel|war|te, die: *Einrichtung, Institut für Vogelkunde.*

Vo|gel|welt, die ⟨o. Pl.⟩: vgl. Tierwelt: unsere heimische V.

Vo|gel|zug, der: *jahreszeitlich bedingtes Fortziehen u. Zurückkehren bestimmter Vogelarten.*

Vo|gerl|sa|lat, der (österr.): *Feldsalat.*

Vo|ge|sen [vo...] ⟨Pl.⟩: südwestliches Randgebirge der Oberrheinischen Tiefebene.

Vög|lein, das; -s, -: Vkl. zu ↑Vogel (1).

Vog|ler, der; -s, - [mhd. vogelære, ahd. fogalāri] (veraltet): *Vogelfänger, Vogelsteller:* Heinrich der V.

Vog|le|rin, die; -, -nen: w. Form zu ↑Vogler.

Vogt, der; -[e]s, Vögte [mhd. vog(e)t, ahd. fogat < mlat. vocatus < lat. advocatus, ↑Advokat] (früher): *landesherrlicher Verwaltungsbeamter.*

Vog|tei, die; -, -en [mhd. vogetīe]: **a)** *Amt eines Vogts;* **b)** *Amtssitz eines Vogts.*

Vög|tin, die; -, -nen: w. Form zu ↑Vogt.

Vogt|land, das; -[e]s: Bergland zwischen Frankenwald, Fichtelgebirge u. Erzgebirge.

Voice|mail [ˈvɔɪsmeɪl], die; -, -s [engl. voicemail, aus: voice = Stimme u. mail = Post(sendung), also eigtl. = mündliche Nachricht]: *in eine Telefonanlage eingebaute elektronische Einrichtung mit der um einige zusätzliche Möglichkeiten der Telekommunikation erweiterten Funktion eines Anrufbeantworters.*

voi|là [voaˈla; frz. voilà, zu: voir = sehen u. là = da, dort] ⟨Interj.⟩ (bildungsspr.): *sieh da; da haben wir es!*

Voile [vo̯aːl], der; -, -s [frz. voile, eigtl. = Schleier < lat. velum, ↑Velum]: *feinfädiges, in Leinwandbindung gewebtes poröses Gewebe.*

Voile|kleid, das: *Kleid aus Voile.*

Voix mixte [vo̯aˈmɪkst], die; - - [frz., eigtl. = gemischte Stimme] (Musik): *Register* (3 b) *im Übergang von der Brust- zur Kopfstimme mit Ausgleich zwischen beiden Resonanzbereichen.*

Vo|ka|bel, die; -, -n, österr. auch: das; -s, - [lat. vocabulum = Benennung, Bezeichnung; Nomen, Substantiv, zu: vocare = rufen, nennen, zu: vox, ↑Vokal]: **a)** *einzelnes Wort einer [anderen, fremden] Sprache:* lateinische -n lernen; jmdn. die -n abfragen; **b)** *Bezeichnung, Ausdruck; Begriff, wie er sich in einem Wort manifestiert:* die großen -n der Politik.

Vo|ka|bel|heft, das: *[kleinformatiges] Schreibheft, in das beim Erlernen einer fremden Sprache die Vokabeln mit ihren Bedeutungen eingetragen werden.*

Vo|ka|bu|lar, das; -s, -e [mlat. vocabularium, zu lat. vocabulum, ↑Vokabel]: **1.** (bildungsspr.) *Wortschatz, dessen sich jmd. bedient od. der zu einem bestimmten [Fach]bereich gehört:* das soziologische V.; das V. der Intellektuellen, der Linken; er hat ein rüdes V. *(drückt sich auf eine grobe, ungehobelte Art aus).* **2.** *Wörterverzeichnis.*

vo|kal ⟨Adj.⟩ [lat. vocalis = tönend, stimmreich, zu: vox, ↑Vokal] (Musik): *von einer od. mehreren Singstimmen ausgeführt; durch die Singstimme hervorgebracht, für sie charakteristisch:* -er Klang; -e Klangfülle.

Vo|kal, der; -s, -e [lat. vocalis (littera) = stimmreich(er), tönend(er Buchstabe), zu: vox (Gen.: vocis) = Laut, Ton, Schall; Stimme; Wort, Rede] (Sprachw.): *deutlich erklingender Laut, bei dessen Artikulation die Atemluft verhältnismäßig ungehindert ausströmt; Selbstlaut.*

Vo|kal|har|mo|nie, die ⟨o. Pl.⟩ (Sprachw.): *Beeinflussung eines Vokals durch einen benachbarten anderen Vokal:* das Türkische ist durch V. gekennzeichnet.

Vo|ka|li|sa|ti|on, die; -, -en: **1.** (Musik) *Bildung u. Aussprache der Vokale beim Singen.* **2.** (Sprachw.) *vokalische Aussprache eines Konsonanten.* **3.** *Feststellung der Aussprache des (vokallosen) hebräischen Textes des Alten Testaments durch Striche od. Punkte.*

vo|ka|lisch ⟨Adj.⟩ (Sprachw.): *den Vokal betreffend, damit gebildet; selbstlautend:* ein Wort mit -em Anlaut.

vo|ka|li|sie|ren ⟨sw. V.; hat⟩: **1.** (Musik) *beim Singen die Vokale bilden u. aussprechen.* **2.** (Sprachw.) *einen Konsonanten wie einen Vokal sprechen* (z. B. *r* in *Kurt* [kʊrt] wie ɐ̯ [kʊɐ̯t]).

Vo|ka|li|sie|rung, die; -, -en: *das Vokalisieren.*

Vo|ka|lis|mus, der; - (Sprachw.): *System, Funktion der Vokale.*

Vo|ka|list, der; -en, -en: *Sänger (im Unterschied zum Instrumentalisten).*

Vo|ka|lis|tin, die; -, -nen: w. Form zu ↑Vokalist.

Vo|kal|kom|po|si|ti|on, die: vgl. Vokalmusik.

Vo|kal|mu|sik, die: *von einer od. mehreren Singstimmen mit od. ohne Instrumentalbegleitung ausgeführte Musik.*

Vo|kal|so|list, der: *Gesangssolist.*

Vo|kal|so|lis|tin, die: w. Form zu ↑Vokalsolist.

Vo|kal|stück, das: vgl. Vokalmusik.

Vo|kal|werk, das: vgl. Vokalmusik.

Vo|ka|ti|on, die; -, -en [lat. vocatio, zu: vocare, ↑Vokabel] (bildungsspr.): *Berufung in ein Amt.*

Vo|ka|tiv, der; -s, -e [lat. (casus) vocativus, eigtl. = zum Rufen, Anreden dienender Fall, zu: vocare, ↑Vokabel] (Sprachw.): *Kasus der Anrede.*

[1]Vo|ku|hi|la, die; -, -s, **Vo|ku|hi|la|fri|sur,** die (Kurzw. aus »vorn kurz, hinten lang«] (ugs. scherzh.): *Frisur, bei der die Haare vorn ziemlich kurz u. im Nacken deutlich länger getragen werden.*

[2]Vo|ku|hi|la, der; -[s], -s (ugs. scherzh.): *jmd., der eine [1]Vokuhila trägt.*

vol. = Volumen (Schriftrolle, Band).

Vol.-% = Volumprozent.

Vo|lant [voˈlãː], der, schweiz. meist: das; -s, -s [frz. volant, 1. Part. von: voler < lat. volare = fliegen, also eigtl. = fliegend; beweglich]: **1.** *(bei bestimmten Kleidungsstücken) als Besatz aufod. angesetzter, angekrauster Stoffstreifen.* **2.** ⟨österr. auch: das⟩ (veraltend, noch im Automobilsport) *Steuerrad eines Kraftwagens.*

Vo|la|pük, das; -s [Kunstwort aus »vol« von engl. world = Welt u. »pük« von engl. speak = Sprache]: *(im 19. Jh. geschaffene) Welthilfssprache.*

Vo|la|ti|li|tät, die; -, -en: **1.** (Bankw., Börsenw.) *Ausmaß der Schwankung von Preisen, Aktien- u. Devisenkursen, Zinssätzen od. auch ganzen Märkten innerhalb einer kurzen Zeitspanne.* **2.** (veraltet) *Flüchtigkeit.*

Vol-au-vent [voloˈvãː], der; -, -s [frz., eigtl. = Flug im Wind] (Kochk.): *hohle Pastete aus Blätterteig, die mit Ragout gefüllt wird.*

Vo|li|e|re [voˈli̯eːrə], die; -, -n [frz. volière, zu: voler, ↑Volant]: *großer Vogelkäfig, in dem die Vögel fliegen können.*

Volk, das; -[e]s, Völker [mhd. volc = Leute, Volk; Kriegsschar, ahd. folc = Haufe, Kriegsschar; Volk, H. u., wahrsch. eigtl. = viele]: **1.** *durch gemeinsame Kultur u. Geschichte [u. Sprache] verbundene große Gemeinschaft von Menschen:* ein freies, unterdrücktes V.; die Völker Afrikas; das V. Israel (*Israel* 1); er ist ein großer Sohn seines -es; *** **das auserwählte V.** (jüd. Rel.; *die Juden, das Volk Israel;* nach Ps. 105, 43); **das V. der Dichter und Denker** (meist scherzh. od. spött.; *das deutsche Volk, die Deutschen*). **2.** ⟨o. Pl.⟩ *Masse der Angehörigen einer Gesellschaft, der Bevölkerung eines Landes, eines Staates:* das arbeitende, werktätige, unwissende V.; das V. befragen; das V. aufwiegeln, aufhetzen; die Abgeordneten sind die gewählten Vertreter des -es; im V. begann es zu gären; die Staatsgewalt geht vom -e aus; zum V. sprechen; **R** jedes V. hat die Regierung, die es verdient. **3.** ⟨o. Pl.⟩

die [mittlere u.] untere Schicht der Bevölkerung: ein Mann aus dem -e; * **dem V. aufs Maul schauen** (*beobachten, wie sich die einfachen Leute ausdrücken u. von ihnen lernen;* nach M. Luthers [1483–1546] »Sendbrief vom Dolmetschen«). **4.** ⟨o. Pl.⟩ **a)** (ugs.) *Menschenmenge; Menschen, Leute:* das V., alles V., viel V., viel junges V. drängte sich auf dem Festplatz; das junge V. (scherzh.; *die jungen Leute, die Jugend*); das kleine V. stürmte (scherzh.; *die Kinder stürmten*) herein; sich unters V. mischen; etw. unters V. bringen *(verbreiten, bekannt machen);* * **fahrendes V.** (veraltet; *Artisten, Schausteller*); **b)** *Gruppe, Sorte von Menschen:* dieses liederliche V. hat natürlich nicht aufgeräumt; die Künstler waren ein lustiges V.; Ü die Spatzen sind ein freches V. **5. a)** (Fachspr.) *größere, in Form einer Gemeinschaft lebende Gruppe bestimmter Insekten:* drei Völker Bienen; **b)** (Jägerspr.) *Kette, Familie von Rebhühnern.*

Vọ̈lk|chen, das; -s, -: Vkl. zu ↑Volk (4 b).

Vọ̈l|ker|ball, der ⟨o. Pl.⟩: *von zwei in getrennten Spielfeldhälften stehenden Mannschaften gespieltes Ballspiel, bei dem die gegnerischen Spieler einander abzuwerfen suchen.*

Vọ̈l|ker|bund, der ⟨o. Pl.⟩: *(1920–1946) internationale Organisation zur Sicherung des Weltfriedens.*

Vọ̈l|ker|fa|mi|lie, die ⟨o. Pl.⟩ (geh.): *Gemeinschaft der Völker.*

Vọ̈l|ker|freund|schaft, die ⟨o. Pl.⟩ (bes. DDR): *freundschaftliches Verhältnis zwischen den Völkern.*

Vọ̈l|ker|ge|misch, das (wird oft als abwertend empfunden): *das Zusammenleben von Angehörigen verschiedener Völker.*

Vọ̈l|ker|kun|de, die ⟨o. Pl.⟩: *Wissenschaft von den Kultur- u. Lebensformen der [Natur]völker.*

Vọ̈l|ker|kund|ler, der; -s, -: *Wissenschaftler auf dem Gebiet der Völkerkunde; Ethnologe.*

Vọ̈l|ker|kund|le|rin, die; -, -nen: w. Form zu ↑Völkerkundler.

vọ̈l|ker|kund|lich ⟨Adj.⟩: *die Völkerkunde betreffend; ethnologisch.*

Vọ̈l|ker|mord, der: *Verbrechen der Vernichtung einer ethnischen Gruppe, einer Volksgruppe, eines Volksstammes o. Ä.; Genozid.*

Vọ̈l|ker|na|me, der: *Name eines Volkes.*

Vọ̈l|ker|recht, das ⟨o. Pl.⟩: *international verbindliches, bes. zwischenstaatliches Recht.*

Vọ̈l|ker|recht|ler, der; -s, -: *Jurist, der auf Völkerrecht spezialisiert ist.*

Vọ̈l|ker|recht|le|rin, die; -, -nen: w. Form zu ↑Völkerrechtler.

vọ̈l|ker|recht|lich ⟨Adj.⟩: *das Völkerrecht betreffend.*

Vọ̈l|ker|schaft, die; -, -en: *kleines Volk; Volksgruppe, -stamm.*

Vọ̈l|ker|schar, die: *Schar von Völkern:* die V. Asiens; Ü (ugs.:) ganze -en *(sehr viele Menschen)* strömten zum Einkaufen in die Stadt.

Vọ̈l|ker|stamm, der: *Volksstamm.*

vọ̈l|ker|ver|bin|dend ⟨Adj.⟩: *Völker freundschaftlich miteinander verbindend, einander näher bringend:* der -e Charakter des Sports.

Vọ̈l|ker|ver|stän|di|gung, die: *Verständigung, friedliche Übereinkunft zwischen den Völkern.*

Vọ̈l|ker|wan|de|rung, die [1: LÜ von lat. migratio gentium]: **1.** (Völkerk., Soziol.) vgl. Migration (1 a). **2.** (ugs.) *Wanderung, Bewegung, Zug einer Masse von Menschen;* jedes Jahr setzt eine V. an die Sonnenstrände Spaniens ein.

vọ̈l|kisch ⟨Adj.⟩ [2: älter volckisch für lat. popularis, ↑populär]: **1.** (nationalsoz.) *(in der rassistischen Ideologie des Nationalsozialismus) ein Volk als vermeintliche Rasse betreffend; zum Volk als vermeintliche Rasse gehörend:* -e Gesinnung. **2.** (veraltet) *national* (a): -e Eigentümlichkeiten.

vọlk|lich ⟨Adj.⟩ (selten): *das Volk* (1) *betreffend.*

vọlk|reich ⟨Adj.⟩: *dicht bevölkert; eine große Anzahl von Menschen aufweisend.*

Vọlks|ab|stim|mung, die: *Abstimmung der [wahlberechtigten] Bürger[innen] über eine bestimmte [grundsätzliche] politische Frage; Plebiszit.*

Vọlks|ak|tie, die: *Aktie eines reprivatisierten staatlichen Unternehmens, die zum Zweck einer breiteren Streuung von Eigentum ausgegeben wird.*

Vọlks|ar|mee, die: *Streitkräfte bestimmter Volksdemokratien:* Nationale V. *(Streitkräfte der DDR;* Abk.: NVA).

Vọlks|ar|mist, der; -en, -en: *Angehöriger der Volksarmee.*

Vọlks|ar|mis|tin, die; -, -nen: w. Form zu ↑Volksarmist.

Vọlks|auf|lauf, der: *Auflauf* (1).

Vọlks|auf|stand, der: *Volkserhebung.*

Vọlks|aus|ga|be, die (veraltend): *einfach ausgestattete, preiswerte Buchausgabe.*

Vọlks|bal|la|de, die (Literaturw.): *volkstümliche od. vom Geist u. von der Überlieferung des Volkes zeugende Ballade.*

Vọlks|be|fra|gung, die: *Befragung der Bürger u. Bürgerinnen im Rahmen einer Abstimmung über eine bestimmte [grundsätzliche] politische Frage.*

Vọlks|be|geh|ren, das (Politik): *Antrag auf Herbeiführung einer parlamentarischen Entscheidung od. eines Volksentscheids, der der Zustimmung eines bestimmten Prozentsatzes der stimmberechtigten Bevölkerung bedarf.*

Vọlks|be|we|gung, die: *vom Volk ausgehende Bewegung* (3).

Vọlks|bi|bli|o|thek, die (veraltend): *Volksbücherei.*

Vọlks|bil|dung, die: **1.** (früher) *Erwachsenenbildung.* **2.** (bes. DDR) *organisierte [Aus]bildung der Bevölkerung.*

Vọlks|brauch, der: *vom Volk* (2) *geübter, volkstümlicher Brauch:* weihnachtliche Volksbräuche.

Vọlks|buch, das (Literaturw.): *volkstümliches Buch (bes. des 16. Jh.s), das erzählende Prosa enthält.*

Vọlks|bü|che|rei, die: *der ganzen Bevölkerung zugängliche öffentliche Bücherei.*

Vọlks|cha|rak|ter, der: *spezifische Eigentümlichkeiten eines Volkes, Volksstammes:* der bayerische, chinesische V.

Vọlks|de|mo|kra|tie, die [1: nach russ. narodnaja demokratija]: **1.** *sozialistisches, an die Herrschaft der kommunistischen Partei gebundenes Regierungssystem mit einer von der Partei bestimmten Volksvertretung.* **2.** *Staat mit volksdemokratischem Regierungssystem.*

vọlks|de|mo|kra|tisch ⟨Adj.⟩: *die Volksdemokratie betreffend, zu ihr gehörend, auf ihr beruhend.*

Vọlks|deut|sche, der u. die (bes. nationalsoz.): *außerhalb Deutschlands u. Österreichs lebende Person deutscher Volks- u. fremder Staatszugehörigkeit (bes. in ost- u. südosteuropäischen Ländern bis 1945).*

Vọlks|dich|tung, die (Literaturw.): *vom Geist u. von der Überlieferung des Volkes getragene Dichtung.*

vọlks|ei|gen ⟨Adj.⟩ (DDR): *zum Volkseigentum gehörend; staatlich:* ein -er Betrieb (Abk. als Namenszusatz: VEB).

Vọlks|ei|gen|tum, das (DDR): *sozialistisches Staatseigentum.*

Vọlks|ein|kom|men, das (Wirtsch.): *gesamtes Einkommen aller an einer Volkswirtschaft beteiligten Personen; Nationaleinkommen.*

Vọlks|ent|scheid, der (Politik): *Entscheidung von Fragen der Gesetzgebung durch Volksabstimmung.*

Vọlks|epos, das (Literaturw.): vgl. Volksballade.

Vọlks|er|he|bung, die: *Erhebung, Aufstand des Volkes.*

Vọlks|ety|mo|lo|gie, die (Sprachw.): **1.** *volkstümliche Verdeutlichung eines nicht [mehr] verstandenen Wortes od. Wortteiles durch lautliche Umgestaltung unter (etymologisch falscher) Anlehnung an ein ähnlich klingendes Wort.* **2.** *volkstümliche, etymologisch falsche Zurückführung auf ein nicht verwandtes lautlich gleiches od. ähnliches Wort.*

vọlks|ety|mo|lo|gisch ⟨Adj.⟩: *die Volksetymologie betreffend.*

Vọlks|feind, der (emotional abwertend): *volksfeindlich handelnder Mensch.*

vọlks|feind|lich ⟨Adj.⟩ (emotional abwertend): *gegen die Interessen des Volkes gerichtet.*

Vọlks|fest, das: *(sich oft über mehrere Tage erstreckende) volkstümliche [im Freien stattfindende] Veranstaltung mit verschiedenen Attraktionen.*

Vọlks|front, die (Politik): *Verbindung, Koalition zwischen bürgerlichen Linken, Sozialisten, Sozialdemokraten u. Kommunisten.*

Vọlks|geist, der: *Geist, Bewusstsein des Volkes.*

Vọlks|ge|mein|schaft, die (bes. nationalsoz.): *durch ein starkes Bewusstsein der Zusammengehörigkeit gekennzeichnete Gemeinschaft des Volkes.*

Vọlks|ge|mur|mel, das: **1.** (Theater) *Gemurmel der Volksmenge (als Bühnenanweisung).* **2.** (ugs., oft scherzh.) *Gemurmel einer Menge od. größeren Anzahl von Menschen (als Reaktion auf eine Äußerung od. ein Geschehen):* nach den Worten des Chefs setzte ein lautes, leises, unmutiges V. ein.

Vọlks|ge|nos|se, der (nationalsoz.): *Angehöriger der so genannten deutschen Volksgemeinschaft.*

Vọlks|ge|nos|sin, die: w. Form zu ↑Volksgenosse.

Vọlks|ge|richt, das (früher): **1.** *(nach altdeutschem Recht) Gericht, bei dem im Unterschied zum Gericht des Königs die Rechtsfindung durch das Volk geschieht.* **2.** *Sondergericht zur Verfolgung bestimmter politischer Straftaten.*

Vọlks|ge|richts|hof, der (nationalsoz.): *Sondergericht während des Dritten Reiches (mit Sitz in Berlin) zur Verfolgung aller Handlungen, die während der NS-Zeit als strafwürdig definiert waren.*

Vọlks|glau|be, (selten:) **Vọlks|glau|ben,** der (Volksk.): *im Volk verbreiteter Glaube, Aberglaube.*

Vọlks|grup|pe, die: *durch ethnische o. ä. Merkmale gekennzeichnete Gruppe innerhalb eines Volkes; nationale Minderheit.*

Vọlks|gunst, die: *Gunst, in der jmd. beim Volk steht:* sich in der V. sonnen.

Vọlks|gut, das: **1.** ⟨Pl. selten⟩ vgl. Allgemeingut. **2.** (DDR Landw.) *volkseigenes Gut.*

Vọlks|held, der: *jmd., der von einem Volk als Held verehrt wird.*

Vọlks|hel|din, die: w. Form zu ↑Volksheld.

Vọlks|herr|schaft, die ⟨o. Pl.⟩: *Herrschaft durch das Volk.*

Vọlks|hoch|schu|le, die: *der Weiterbildung dienende Einrichtung bes. der Erwachsenenbildung.*

Vọlks|ini|ti|a|ti|ve, die (schweiz.): *Volksbegehren.*

Vọlks|kam|mer, die ⟨o. Pl.⟩ (DDR): *Parlament der DDR.*

Vọlks|kir|che, die (christl. Kirche): **a)** *Kirche, in der der Einzelne durch Volkszugehörigkeit u. Taufe ohne eigene Entscheidung Mitglied wird;* **b)** *Kirche, die Mitglieder in allen Gruppen der Bevölkerung hat (und dadurch über eine große Gefolgschaft verfügt).*

Vọlks|kom|mis|sar, der [russ. narodnyj komissar]: von 1917–46 in der Sowjetunion Bez. für *Minister.*

Vọlks|kom|mis|sa|ri|at, das [russ. narodnyj komissariat]: von 1917–46 in der Sowjetunion Bez. für *Ministerium.*

Vọlks|kom|mis|sa|rin, die: w. Form zu ↑Volkskommissar.

Vọlks|kom|mu|ne, die: *ländliche Verwaltungseinheit in China, die (bes. landwirtschaftlich) kollektiv organisiert ist.*

Vọlks|kon|trol|le, die ⟨o. Pl.⟩ (DDR): *von Arbeitern u. Angestellten ausgeübte Kontrolle der Wirtschaft in Bezug auf die Durchführung von Beschlüssen der Partei u. der Staatsorgane.*

Vọlks|kor|res|pon|dent, der (DDR): *ehrenamtlicher Mitarbeiter aus der Bevölkerung, der in*

Presse od. Rundfunk aus dem eigenen Berufs- u. Lebensbereich berichtet.

Vọlks|kor|res|pon|den|tin, die: w. Form zu ↑Volkskorrespondent.

Vọlks|krank|heit, die: *Krankheit von dauernder starker Verbreitung u. Auswirkung in der gesamten Bevölkerung:* Karies und Rheuma sind zu -en geworden.

Vọlks|kun|de, die: *Wissenschaft von den Lebens- u. Kulturformen des Volkes; Folklore* (1 b).

Vọlks|kund|ler, der; -s, -: *Wissenschaftler auf dem Gebiet der Volkskunde; Folklorist.*

Vọlks|kund|le|rin, die; -, -nen: w. Form zu ↑Volkskundler.

vọlks|kund|lich ⟨Adj.⟩: *die Volkskunde betreffend; folkloristisch* (2).

Vọlks|kunst, die ⟨o. Pl.⟩: *volkstümliche, vom Geist u. von der Überlieferung des Volkes zeugende Kunst des Volkes.*

Vọlks|lauf, der: *volkstümlicher Laufwettbewerb im Rahmen des Breitensports.*

Vọlks|lied, das [im 18. Jh. wahrsch. nach engl. popular song]: *volkstümliches, im Volk gesungenes, vom Geist u. von der mündlichen Überlieferung des Volkes geprägtes, schlichtes Lied in Strophenform.*

Vọlks|macht, die ⟨o. Pl.⟩ (kommunist.): **1.** *volksdemokratische Herrschaft.* **2.** *Gesamtheit derjenigen, die die Volksmacht* (1) *ausüben u. verwirklichen.*

Vọlks|mär|chen, das: *auf mündlicher Überlieferung berunendes Märchen.*

Vọlks|ma|ri|ne, die ⟨o. Pl.⟩ (früher): *Seestreitkräfte der DDR.*

Vọlks|mas|se, die: **1.** ⟨meist Pl.⟩ *Masse des Volkes:* breiteste -n. **2.** vgl. Volksmenge.

vọlks|mä|ßig ⟨Adj.⟩ (selten): *dem Volk, dem Volksgeist gemäß; das Volk betreffend.*

Vọlks|me|di|zin, die ⟨o. Pl.⟩: *volkstümliche, teils auf im Volk überlieferten Erfahrungen, teils auf dem Volksglauben beruhende Heilkunde.*

Vọlks|mei|nung, die: *Meinung des Durchschnittsbürgers.*

Vọlks|men|ge, die: *versammelte Menge* (3).

Vọlks|mis|si|on, die: *der religiösen Erneuerung dienende missionarische Arbeit, Seelsorge außerhalb der Gottesdienste.*

Vọlks|mund, der ⟨o. Pl.⟩: *volkstümlicher Sprachgebrauch; volkstümliche, im Volk umlaufende Ausdrücke, Redensarten:* der Hase wird im V. auch Mümmelmann genannt.

Vọlks|mu|sik, die: *im Volk überlieferte u. von ihm ausgeübte Musik von nationaler od. landschaftlicher Eigenart.*

vọlks|nah ⟨Adj.⟩: *volksverbunden, in engem Kontakt zur Bevölkerung:* eine -e Politik.

Vọlks|nah|rungs|mit|tel, das: *wichtiges Nahrungsmittel für die ganze Bevölkerung.*

Vọlks|par|tei, die: *Partei, die Mitglieder und vor allem Wähler in allen Gruppen der Bevölkerung hat (und dadurch über eine große Anhängerschaft verfügt).*

Vọlks|po|li|zei, die ⟨o. Pl.⟩: *Polizei der DDR.*

Vọlks|po|li|zist, der: *Angehöriger der Volkspolizei.*

Vọlks|po|li|zis|tin, die: w. Form zu ↑Volkspolizist.

Vọlks|re|de, die (veraltend): *Rede an eine Volksmenge:* * -n/eine V. halten (ugs. abwertend; *weitschweifig u. wichtigtuerisch reden).*

Vọlks|red|ner, der (veraltend): *jmd., der darin geübt ist, zu einer großen Zuhörerschaft zu sprechen u. sie in seinen Bann zu ziehen.*

Vọlks|red|ne|rin, die: w. Form zu ↑Volksredner.

Vọlks|re|pu|blik, die: *volksdemokratisch gesteuerte Republik* (Abk.: VR).

Vọlks|sa|ge, die: vgl. Volksmärchen.

Vọlks|schau|spiel, das: *volkstümliches Stück, das von Laien [verfasst u.] mit einem z. T. großen Aufwand an Personen u. Ausstattung aufgeführt wird.*

Vọlks|schau|spie|ler, der: *bes. in Volksstücken auftretender, Menschen aus dem Volk verkörpernder Schauspieler.*

Vọlks|schau|spie|le|rin, die: w. Form zu ↑Volksschauspieler.

Vọlks|schicht, die ⟨meist Pl.⟩: *Klasse* (2): in den unteren -en.

Vọlks|schul|bil|dung, die ⟨o. Pl.⟩ (veraltend): *durch den Besuch der Volksschule erworbene Bildung.*

Vọlks|schu|le, die [urspr. = Schule für die Kinder der niederen Stände]: **1. a)** (Deutschland u. Schweiz früher) *Grund- u. Hauptschule umfassende) allgemein bildende öffentliche Pflichtschule;* **b)** (österr.) *Grundschule [u. Hauptschule].* **2.** *Gebäude der Volksschule* (1).

Vọlks|schü|ler, der: *Schüler der Volksschule.*

Vọlks|schü|le|rin, die: w. Form zu ↑Volksschüler.

Vọlks|schul|leh|rer, der: *Lehrer an einer Volksschule.*

Vọlks|schul|leh|re|rin, die: w. Form zu ↑Volksschullehrer.

Vọlks|see|le, die ⟨o. Pl.⟩: *Seele, Gemüt, Bewusstsein eines Volkes, des Volkes:* die V. kennen; die V. kocht *(die Bevölkerung ist aufgebracht).*

Vọlks|seu|che, die: *Volkskrankheit.*

Vọlks|sou|ve|rä|ni|tät, die (Politik): *innerstaatliche Souveränität, Selbstbestimmung des Volkes.*

Vọlks|sport, der: *Sport[art], sportliche Betätigung, die von sehr vielen Menschen in ihrer Freizeit betrieben wird.*

Vọlks|spra|che, die: *Sprache des Volkes.*

vọlks|sprach|lich ⟨Adj.⟩: *die Volkssprache betreffend.*

Vọlks|stamm, der: *Stamm* (2).

Vọlks|stim|me, die: *Stimme, geäußerte Meinung des Volkes.*

Vọlks|stück, das (Theater): *[humoristisches] volkstümliches Bühnenstück.*

Vọlks|sturm, der ⟨o. Pl.⟩ (nationalsoz.): *(gegen Ende des Zweiten Weltkriegs geschaffene) Organisation zur Unterstützung der Wehrmacht bei der Heimatverteidigung.*

Vọlks|tanz, der: *volkstümlicher, im Volk überlieferter Tanz von nationaler od. landschaftlicher Eigenart.*

Vọlks|teil, der: vgl. Volksgruppe.

Vọlks|the|a|ter, das: **1.** *Volksschauspiel, Volksstück.* **2.** *Theater, das (im Unterschied zum höfischen od. bürgerlichen Theater) inhaltlich u. finanziell von allen sozialen Schichten getragen wird.*

Vọlks|tracht, die: *Tracht* (1) *des Volkes, bes. einer bestimmten Landschaft.*

Vọlks|trau|er|tag, der: *(in Deutschland) nationaler Trauertag (am vorletzten Sonntag vor dem 1. Advent) zum Gedenken an die Gefallenen beider Weltkriege u. die Opfer des Nationalsozialismus.*

Vọlks|tri|bun, der [LÜ von lat. tribunus plebis]: *(im Rom der Antike) hoher Beamter zur Wahrung der Interessen der Plebejer; Tribun* (1).

Vọlks|tum, das; -s: *Wesen, Eigenart des Volkes, wie es sich in seinem Leben, seiner Kultur ausprägt.*

Vọlks|tü|me|lei, die; -, -en (abwertend): *das Volkstümeln.*

vọlks|tü|meln ⟨sw. V.; hat⟩ (abwertend): *bewusst Volkstümlichkeit zeigen, sich volkstümlich geben:* der Autor versucht zu v.

vọlks|tüm|lich ⟨Adj.⟩: **1. a)** *in seiner Art dem Denken u. Fühlen des Volkes* (2) *entsprechend, entgegenkommend [u. allgemein beliebt]:* -e Lieder, Bücher; ein -er Schauspieler; -e *(annehmbare)* Preise; **b)** *dem Volk* (2) *eigen, dem Volkstum entsprechend:* ein -er Brauch; -e Pflanzennamen *(Trivialnamen).* **2.** *populär, gemeinverständlich:* ein -er Vortrag.

Vọlks|tüm|lich|keit, die; -: *volkstümliche* (1 a, 2) *Art.*

vọlks|ver|bun|den ⟨Adj.⟩: *mit dem Volk [eng] verbunden.*

Vọlks|ver|dum|mung, die (ugs. abwertend): *irreführende Äußerungen, Maßnahmen o. Ä., die das Volk* (2) *etw. glauben machen sollen:* diese Parolen sind doch reine V.

Vọlks|ver|füh|rer, der (abwertend): *jmd., der das Volk irreführen will, es verleiten will, gegen die eigenen Interessen zu handeln; Demagoge.*

Vọlks|ver|füh|re|rin, die: w. Form zu ↑Volksverführer.

Vọlks|ver|mö|gen, das (Wirtsch.): *Gesamtvermögen der an einer Volkswirtschaft Beteiligten.*

Vọlks|ver|samm|lung, die: **1. a)** *[politische] Versammlung, zu der eine große Menschenmenge zusammenkommt [um über etw. abzustimmen];* **b)** *Gesamtheit der Teilnehmer an einer Volksversammlung* (1 a). **2.** *oberste Volksvertretung, Parlament (bestimmter Staaten).*

Vọlks|ver|tre|ter, der: *Mitglied einer Volksvertretung.*

Vọlks|ver|tre|te|rin, die: w. Form zu ↑Volksvertreter.

Vọlks|ver|tre|tung, die: *Organ, das die Interessen des Volkes (gegenüber der Regierung) vertritt [u. dessen Mitglieder vom Volk gewählt worden sind]; Parlament.*

Vọlks|wahl, die (Politik): **1.** *Wahl unmittelbar durch das Volk.* **2.** ⟨Pl.⟩ (DDR) *Wahlen zur Volkskammer.*

Vọlks|wan|der|tag, der: *Tag, an dem eine Volkswanderung stattfindet.*

Vọlks|wan|de|rung, die: *einzelne Veranstaltung des Volkswanderns:* eine V. über 5, 10 Kilometer.

Vọlks|wei|se, die: *Melodie eines Volksliedes; volkstümliche Weise.*

Vọlks|weis|heit, die: *allgemeine Erfahrung ausdrückende, im Volk überlieferte alte Weisheit.*

Vọlks|wil|le, (seltener:) **Vọlks|wil|len,** der (Politik): *politische Willensäußerung der Bürger.*

Vọlks|wirt, der: *jmd. mit abgeschlossener wissenschaftlicher Ausbildung auf dem Gebiet der Volkswirtschaftslehre.*

Vọlks|wir|tin, die: w. Form zu ↑Volkswirt.

Vọlks|wirt|schaft, die [für engl. national economy]: **1.** *Gesamtwirtschaft innerhalb eines Volkes.* **2.** kurz für ↑Volkswirtschaftslehre.

Vọlks|wirt|schaft|ler, der: *Fachmann, Wissenschaftler auf dem Gebiet der Volkswirtschaftslehre.*

Vọlks|wirt|schaft|le|rin, die: w. Form zu ↑Volkswirtschaftler.

vọlks|wirt|schaft|lich ⟨Adj.⟩: *die Volkswirtschaft betreffend.*

Vọlks|wirt|schafts|leh|re, die: *Wissenschaft, Lehre von der Volkswirtschaft* (Abk.: VWL).

Vọlks|wirt|schafts|plan, der (DDR): [2]*Plan* (1 c).

Vọlks|wohl, das: *das Wohl des Volkes* (2), *der Menschen.*

Vọlks|zäh|lung, die: *Gewinnung statistischer Daten über die Bevölkerung durch amtliche Erhebung.*

Vọlks|zorn, der: *[sich in bestimmten Aktionen äußernder] Zorn der Menge* (3): der V. richtet sich gegen diesen Beschluss der Regierung; den V. fürchten; jmdn. vor dem V. schützen.

Vọlks|zu|ge|hö|rig|keit, die: *Zugehörigkeit zu einem Volk.*

vọll ⟨Adj.⟩ [mhd. vol, ahd. fol, urspr. altes Partizip u. eigtl. = gefüllt]: **1. a)** *in einem solchen Zustand, dass nichts, niemand mehr od. kaum noch etw., jmd. hineingeht, -passt, darin, darauf Platz hat; ganz gefüllt, bedeckt, besetzt o. Ä.:* ein -er Eimer, Sack; ein -es Bücherregal; ein -er *(reich gedeckter)* Tisch; ein -er Bus, Saal; der Koffer ist nur halb v.; der Saal ist brechend, gestopft, gerammelt v.; es war sehr v. in den Geschäften; den Mund gerade v. haben; beide Hände v. haben *(in beiden Händen etw. halten, tragen);* ich bin v. [bis oben hin] (fam. scherzh.; *[völlig] satt);* etw. v. laden, packen, füllen, machen, stopfen, pumpen; das Dutzend v. machen; er hat den ganzen Raum mit alten Möbeln v. gestellt, gepfropft, v. geschlagen (ugs.; *gefüllt, zugestellt);* ein v. besetzter Bus; den großen Korb wirst du mit Pilzen wohl nicht ganz v. kriegen (ugs.; *füllen können);* ein Gefäß v. gießen, schenken, schütten; du musst v. tanken; lass die Wanne ganz v. laufen; die Wanne läuft v.; der Schwamm saugt sich v.; das Boot ist in einem Nu v. geschlagen *(hat sich mit Wasser* *gefüllt);* die Tafel v. schreiben, malen, kritzeln, schmieren; die ganze Zeit hat er mich, hat er mir den Kopf v. gelabert, gequatscht (ugs. abwertend; *hat er ständig, unaufhörlich auf mich eingeredet*); du hast ihn, sein Hemd mit Kaffee v. gegossen, geschüttet, gekleckert, gespritzt; sich [mit etw.] v. essen, fressen; die Tiere sollten sich nicht zu v. fressen; bei jedem Fest muss er sich [mit Bier] v. trinken, saufen, schütten, tanken; er hat uns die ganze Bude v. gequalmt; die ganze Kabine v. kotzen, sauen; ⟨mit einem Subst. o. Attr. u. o. Art., das unflektiert bleibt od. im Dativ steht:⟩ ein Gesicht v. Pickel; der Saal war v. Menschen; sie hatte die Augen v. Tränen; die Straßen lagen v. Schnee; der Baum hängt v. Früchte[n]; ⟨oft in Verbindung mit Maßangaben o. Ä.:⟩ einen Teller v. [Suppe] essen; jeder bekam einen Korb v.; ⟨attr. mit Gen., seltener mit Dativ od. »mit«:⟩ ein Korb v. frischer Eier; ein Korb v. [mit] frischen Eiern; eine Tafel v. leckerster/(geh.:) der leckersten Speisen; ⟨präd. mit »von«, »mit« od. Gen.:⟩ das Zimmer war v. von/mit schönen antiken Möbeln, v. schönster antiker/(geh.:) v. der schönsten antiken Möbel; diese Arbeit ist v. von groben Fehlern/v. grober Fehler; er war v. des süßen Weines/des süßen Weines v. (geh. scherzh.; *hatte viel Wein getrunken, war davon betrunken;* nach Apg. 2, 13); * **aus dem Vollen schöpfen** *(von dem reichlich Verfügbaren großzügig Gebrauch machen);* **sich v. laufen lassen** (salopp; *sich betrinken*); **sich ⟨Dativ⟩ den Bauch/Magen/Ranzen** o. Ä. **v. schlagen** (salopp; *sich im Übermaß satt essen, sich den Magen füllen*); **aus dem Vollen leben, wirtschaften** *(aufgrund des reichlich Verfügbaren großzügig leben, wirtschaften);* **im Vollen leben** *(im Luxus leben);* **ins Volle greifen** *(von dem reichlich Verfügbaren uneingeschränkt nehmen);* **v. und bei** (Segeln; *mit vollen Segeln u. so hart am Wind wie möglich*); **b)** *erfüllt, durchdrungen von:* ein -es *(von Gefühlen volles)* Herz; ein Herz v./-er Liebe; ein Leben v./-er Arbeit; sie warteten -er Spannung auf das Ergebnis; sie ist v. Tatkraft, v. [von] [tiefer] Dankbarkeit; v. des Lobes/des Lobes v. [über jmdn., über etw.] sein (geh.; *jmdn., etw. überaus loben*); den Kopf v. [mit seinen eigenen Sorgen] haben (ugs.; *an vieles zu denken haben*); v. Spannung zuhören; **c)** (salopp) *völlig betrunken:* Mensch, ist der v.!; v. nach Hause kommen. **2. a)** *füllig, rundlich:* ein -es Gesicht; ein -er Busen; -e Lippen; er ist -er geworden; **b)** *dicht:* -es Haar; **c)** *in kräftiger, reicher Entfaltung:* -e Töne, Farben; eine -e Stimme haben; der -e Geschmack dieses Kaffees; v. tönen. **3. a)** *völlig, vollständig, ganz, uneingeschränkt:* die -e Summe; einen -en Tag, Monat warten müssen; die Uhr schlägt die -en Stunden; bei -em Lohnausgleich; er erhob sich zu seiner -en Größe; mit -em Namen unterschreiben; die frische Luft in -en Zügen einatmen; die Bäume stehen in -er Blüte; die v. entwickelten Blüten der Obstbäume; in -er Fahrt bremsen; die Maschine läuft auf -en Touren; die Ernte ist in -em Gange; die -e Wahrheit sagen; für etw. die -e Verantwortung übernehmen; ich sage das in -em, in -stem Ernst; das war ein -er Erfolg; das Dutzend ist gleich v.; der Mond ist v. *(es ist Vollmond);* eine Maschine v. auslasten; das Resultat ist v. befriedigend; für eine Tat v. [und ganz] verantwortlich sein; etw. v. billigen, unterstützen; v. da sein (ugs.; *geistig rege, leistungsfähig sein*); der Abfahrtsläufer ist nicht v. (ugs., bes. Sport; *nicht mit vollem Einsatz*) gefahren; die Stürmerin hat v. durchgezogen (Sport Jargon; *mit voller Wucht geschossen*); v. *(den vollen Fahrpreis)* bezahlen müssen; das Geld v. *(ohne Abzüge)* ausbezahlt bekommen; jmdn. v. ansehen *(ihm gerade ins Gesicht sehen);* ⟨als adv. Bestimmung, bes. bei Adj., meist salopp verstärkend:⟩ das ist v. gut, v. stark, v. doof, v. die Härte; ⟨subst.:⟩ ein Wurf in die Vollen (Kegeln; *Wurf auf alle neun Kegel*); * **jmdn. für v. ansehen, nehmen** *(jmdn. ernst nehmen, als vollwertig ansehen);* **in die Vollen gehen** (ugs.; *die verfügbaren Mittel verschwenderisch anwenden, die verfügbaren Kräfte, z. B. eines Motors, voll einsetzen;* eigtl. = [beim Kegeln] in die Vollen [= auf alle neun Kegel] werfen); **b)** (ugs.) bezeichnet bei der Uhrzeit die volle Stunde: die Uhr schlägt, es schlägt gleich v.; der Bus fährt immer 5 nach v.

vọll-, Vọll-: 1. drückt in Bildungen mit Adjektiven aus, dass die beschriebene Person oder Sache etw. ganz und gar, vollständig, in vollem Umfang ist: vollautomatisch, -reif. **2.** drückt in Bildungen mit Substantiven aus, dass eine Person oder Sache den höchsten Stand von etw. erreicht hat: Vollakademiker, -automatik, -glatze.

-voll: 1. drückt in Bildungen mit Substantiven aus, dass die beschriebene Person oder Sache [viel von] etw. hat, von etw. [stark] durchdrungen ist, dass [viel von] etw. vorhanden ist: gefahr-, geist-, schuldvoll. **2.** drückt in Bildungen mit Substantiven aus, dass die beschriebene Sache voll von jmdm., etw. ist, mit jmdm., etw. gefüllt ist: früchte-, menschen-, schätzevoll.

Vọll|aka|de|mi|ker, der: *Akademiker mit abgeschlossenem Universitätsstudium.*

Vọll|aka|de|mi|ke|rin, die: w. Form zu ↑Vollakademiker.

Vọll|alarm, der: *Alarm bei unmittelbarer Gefahr* (höchste Alarmstufe).

vọll|auf [auch: -ˈ-] ⟨Adv.⟩: *in reichlichem Maße, ganz u. gar:* v. zufrieden sein; er hat damit v. zu tun; ein v. verdienter Sieg.

Vọll|au|to|mat, der (Technik): *vollautomatische Maschine, Vorrichtung.*

vọll|au|to|ma|tisch ⟨Adj.⟩: *in allen Teilen automatisch* (1 a) *[funktionierend, arbeitend]:* eine -e Anlage, Produktion; unser Haushalt ist v. eingerichtet.

vọll|au|to|ma|ti|siert ⟨Adj.⟩: *vollständig automatisch arbeitend.*

Vọll|bad, das: *Bad für den ganzen Körper.*

Vọll|bart, der: *dichter Bart, der die Hälfte des Gesichtes bedeckt.*

vọll|bär|tig ⟨Adj.⟩: *einen Vollbart aufweisend.*

vọll|be|rech|tigt ⟨Adj.⟩: *alle Rechte aufweisend, innehabend:* ein -es Mitglied.

vọll|be|schäf|tigt ⟨Adj.⟩: *ganztägig beschäftigt; voll berufstätig.*

Vọll|be|schäf|ti|gung, die ⟨o. Pl.⟩ (Wirtsch.): *Zustand der Wirtschaft, in dem [fast] alle Arbeitssuchenden eine Beschäftigung haben.*

voll be|setzt: s. voll (1 a).

Vọll|be|sitz, der: *uneingeschränktes Verfügen über etw.:* im V. seiner geistigen und körperlichen Kräfte, seiner Sinne sein.

Vọll|bier, das (Fachspr.): *Bier mit einem Stammwürzegehalt von 11–14 %.*

Vọll|bild, das: **1.** (Druckw.) *ganzseitiges Bild.* **2.** (Med.) *typisches, genau dem Lehrbuch entsprechendes Krankheitsbild:* Patienten mit dem V. des Leidens; die Krankheit zeigt sich bereits im V. *(in voller Ausprägung).*

Vọll|blut, das [1: LÜ von engl. full blood]: **1.** *reinrassiges Pferd (bes. Reit-, Rennpferd), das von Tieren aus arabischer od. englischer Zucht abstammt.* **2.** (Med.) *sämtliche Bestandteile enthaltendes Blut.*

Vọll|blut- (emotional): kennzeichnet in Bildungen mit Substantiven eine Person, die ganz von ihrer Tätigkeit erfüllt ist: Vollblutjournalist, -politikerin.

Vọll|blü|ter, der; -s, -: *Vollblut* (1).

vọll|blü|tig ⟨Adj.⟩: **1.** *aus rassereiner Zucht [stammend]:* ein -er Hengst. **2.** *voller Lebenskraft, vital.*

Vọll|blü|tig|keit, die; -: *das Vollblütigsein.*

Vọll|blut|pferd, das: *Vollblut* (1).

Vọll|blut|weib, das (ugs. emotional): *vitale, attraktive Frau.*

Vọll|brem|sung, die: *Bremsung, bei der die Bremse bis zum Stillstand des Fahrzeugs betätigt wird.*

voll|brin|gen ⟨unr. V.; hat⟩ (geh.): *(bes. etw. Außergewöhnliches) ausführen, zustande bringen, zur Vollendung bringen:* ein Meisterstück, ein gutes Werk v.

Voll|brin|gung, die; -, -en (geh.): *das Vollbringen.*

vọll|bu|sig ⟨Adj.⟩: *mit vollem, üppigem Busen.*

Vọll|dampf, der ⟨o. Pl.⟩ (bes. Seemannsspr.): *volle Maschinenkraft:* meist in der Verbindung: mit V.; mit V. fahren; [mit] V. voraus! (Kommando); * **V. hinter etw. machen** (ugs.; *etw. mit Nachdruck betreiben*); * **mit V.** (ugs.; *mit höchstem Tempo, höchster Eile [u. Anstrengung]*): mit V. arbeiten.

Vọll|dün|ger, der (Landw.): *Kunstdünger, der alle wichtigen Nährstoffe enthält.*

Vö̤l|le, die; - (seltener): *drückendes Vollsein [des Magens]; übermäßiges Sattsein:* ein Gefühl der V. [im Magen] haben.

Vö̤l|le|ge|fühl, das ⟨o. Pl.⟩: *Gefühl der Völle.*

vọll|elas|tisch ⟨Adj.⟩: *vollkommen elastisch:* -es Material.

vọll|elek|tro|nisch ⟨Adj.⟩ (Elektrot.): vgl. vollautomatisch.

voll|en|den ⟨sw. V.; hat⟩ [mhd. volenden, eigtl. = zu vollem Ende bringen]: **1.** *(etw. Begonnenes) beenden, zu Ende bringen, führen, zum Abschluss bringen:* ein Werk, einen Bau v.; einen Brief, einen Gedankengang v.; (Rechtsspr.:) vollendeter Mord, Landesverrat; (Sprachw.:) vollendete Gegenwart *(Vorgegenwart, Perfekt),* vollendete Vergangenheit *(Vorvergangenheit, Plusquamperfekt);* Ü er vollendet sein dreißigstes Lebensjahr; sein Leben v. (geh. verhüll.; *sterben*). **2.** ⟨v. + sich⟩ (geh.) *seinen Abschluss [u. seine letzte Erfüllung] finden:* in diesem Werk vollendet sich das Schaffen, das Leben der Künstlerin.

Voll|en|der, der; -s, -: *jmd., der ein Werk vollendet.*

Voll|en|de|rin, die; -, -nen: w. Form zu ↑Vollender.

voll|en|det ⟨Adj.⟩: *damit ausgestattet, etw. [Hervorragendes] in vollem Maße zu sein; vollkommen, makellos, unübertrefflich:* ein -er Gastgeber; eine -e Tänzerin; von -er Schönheit; sie hat das Konzert [technisch] v. *(virtuos)* gespielt.

vọll|lends ⟨Adv.⟩ [älter vollend, unter Anlehnung an ↑vollenden mit adverbialem s zu mhd. vollen ⟨Adv.⟩ = völlig]: *(im Hinblick auf einen Rest, etw. noch Verbliebenes) völlig; ganz u. gar:* etw. v. zerstören; der Saal hatte sich v. geleert; v. zufrieden sein.

Voll|ẹn|dung, die; -, -en [spätmhd. vollendunge]: **1.** *das Vollenden; das Vollendetsein:* das Werk geht der V. entgegen, steht kurz vor der V.; Ü mit, nach V. des 65. Lebensjahrs. **2.** (geh.) *das Sichvollenden* (2); *Abschluss u. Erfüllung; Krönung:* dieses Werk ist, bedeutet die V. seines Schaffens. **3.** ⟨o. Pl.⟩ *Vollkommenheit; Perfektion:* sein Stil ist von höchster V.

voll ent|wi̤|ckelt: s. voll (3 a).

vọl|ler ⟨indekl. Adj.; ein folgendes Subst. ohne Attr. bleibt unflektiert, mit Attr. steht es im Gen., seltener im Dativ⟩ [erstarrter, gebeugter Nom. von ↑voll] (intensivierend): **1.** *voll* (1 a), *bedeckt mit:* ein Korb v. Früchte; ein Gesicht v. Pickel; das Kleid ist v. weißer Flecken. **2.** *voll* (1 b), *ganz erfüllt, durchdrungen von:* ein Herz v. Liebe; ein Leben v. [ständiger/(seltener:) ständigen] Sorgen; er ist/steckt v. Widersprüche; v. Spannung zuhören.

Vö̤l|le|rei, die; -, -en [unter Anlehnung an ↑voll für älter Füllerei] (abwertend): *üppiges u. unmäßiges Essen u. Trinken:* eine maßlose V.; zur V. neigen.

voll es|sen: s. voll (1 a).

vol|ley [ˈvɔli] ⟨Adv.⟩ [zu engl. volley, ↑Volley] (Ballsport, bes. Fußball, Tennis): *aus der Luft [geschlagen], ohne dass der Ball aufspringt:* den Ball v. nehmen, schlagen.

Vol|ley, der; -s, -s [engl. volley, eigtl. = Flugbahn < frz. volée, zu: voler < lat. volare = fliegen] (bes. Tennis): *volley geschlagener Ball.*

Vọl|ley|ball, der [engl. volleyball]: **1.** ⟨o. Pl.⟩ *Spiel zwischen zwei Mannschaften, bei dem die eine Mannschaft versucht, einen Ball mit den Händen so über das Netz in der Spielfeldmitte zu* *schlagen, dass ihn die andere nicht erreichen od. regelrecht zurückschlagen kann.* **2.** *Ball für Volleyball* (1). **3.** *Volley.*

Vọll|far|be, die (Fachspr.): *in höchstem Grad satte u. leuchtende Farbe ohne Beimischung von Schwarz, Weiß od. Grau.*

vọll|fett ⟨Adj.⟩: *(von Käse) mehr als 45 % Fett in der Trockenmasse enthaltend.*

vọll fres|sen: s. voll (1 a).

vọll|fruch|tig ⟨Adj.⟩ (Fachspr.): *(vom Wein) besonders fruchtig:* ein Wein von -em Aroma.

voll|fụ̈h|ren ⟨sw. V.; hat⟩: *ausführen, vollziehen, erledigen u. sehen bzw. hören lassen:* große Taten, ein Kunststück v.; einen Höllenlärm v.

Voll|fụ̈h|rung, die ⟨o. Pl.⟩: *das Vollführen.*

vọll fül|len: s. voll (1 a).

Vọll|gas, das ⟨o. Pl.⟩: *größtmögliche Zufuhr an Gas* (3 a): V. geben *(das Fahrzeug aufs Höchste beschleunigen);* oft mit V. fahren; ***mit V.** (ugs.; ↑Volldampf).

vọll|ge|fres|sen ⟨Adj.⟩ (derb abwertend): *sehr dick, beleibt:* ein -er Funktionär.

Vọll|ge|fühl, das: in der Verbindung ***im V. einer Sache** *(im uneingeschränkten Gefühl* (2), *Bewusstsein einer Sache):* er tat es im V. seiner Macht.

vọll gie|ßen: s. voll (1 a).

Vọll|glat|ze, die: *Glatze über den ganzen Kopf.*

vọll|gül|tig ⟨Adj.⟩: **a)** *uneingeschränkt gültig, geltend:* ein -er Beweis; **b)** *allgemein anerkannt, vollwertig:* Radfahrer als -e Verkehrsteilnehmer ansehen.

Vọll|gum|mi, der, auch: das ⟨o. Pl.⟩: *massiver Gummi:* mit V. bereifte Räder.

Vọll|gum|mi|rei|fen, der: *Reifen, der ganz aus Gummi besteht.*

Vọll|haf|ter, der; -s, - (Wirtsch., Rechtsspr.): *persönlich haftender Gesellschafter einer Personengesellschaft.*

Vọll|haf|te|rin, die; -, -nen: w. Form zu ↑Vollhafter.

Vọll|idi|ot, der (salopp abwertend): *vollkommener Trottel, Idiot* (2).

Vọll|idi|o|tin, die: w. Form zu ↑Vollidiot.

vol|lie|ren [vɔ...] ⟨sw. V.; hat⟩ (bes. Tennis): *den Ball volley schlagen:* am Netz v.

vọ̈l|lig ⟨Adj.⟩ [mhd. vollic, zu ↑voll]: *so beschaffen, dass nichts Erforderliches fehlt bzw. alle Bedingungen erfüllt sind; ohne Einschränkung vorhanden; ganz* (1 a): -e Gleichberechtigung; -e Unkenntnis, Finsternis; ein -es Durcheinander; v. betrunken, durchnässt, sprachlos sein; das ist v. gleichgültig; etw. v. verstehen, verkennen.

voll|in|halt|lich ⟨Adj.⟩: *den vollen, ganzen Inhalt* (2 a) *betreffend:* eine -e Übereinstimmung.

vọll|jäh|rig ⟨Adj.⟩ (Rechtsspr.): *so alt, wie es für die Mündigkeit erforderlich ist; mündig* (a): v. werden, sein.

Vọll|jäh|rig|keit, die; -: *das Volljährigsein:* vor, nach Erreichung der V.

Vọll|jäh|rig|keits|er|klä|rung, die (Rechtsspr. früher): *Erklärung der Volljährigkeit bei 18-Jährigen durch das Vormundschaftsgericht.*

Vọll|ju|rist, der: *Jurist, der nach einer Referendarzeit durch Ablegen des zweiten Staatsexamens die Befähigung zum Richteramt erworben hat.*

Vọll|ju|ris|tin, die: w. Form zu ↑Volljurist.

Vọll|kas|ko, die; - (ugs.): kurz für ↑Vollkaskoversicherung.

vọll|kas|ko|ver|si|chern ⟨sw. V.; hat; meist im Inf. u. 2. Part. gebr.⟩: *ein Kraftfahrzeug gegen sämtliche Schäden versichern.*

Vọll|kas|ko|ver|si|che|rung, die: *Kraftfahrzeugversicherung, durch die ein Fahrzeug vollkaskoversichert ist.*

Vọll|kauf|frau, die (Wirtsch.): *(im Handelsregister einzutragende) Kauffrau mit Gewerbebetrieb.*

Vọll|kauf|mann, der (Wirtsch.): vgl. Vollkauffrau.

vọll kle|ckern: s. voll (1 a).

vọll|kli|ma|ti|siert ⟨Adj.⟩: *vollständig klimatisiert:* -e Büros; ein -er Reisebus.

voll|kom|men ⟨Adj.⟩ [mhd. volkomen, eigtl. adj. 2. Part. von: volkomen = zu Ende führen, vollendet werden]: **1.** [-ˈ- -, auch: ˈ- - -] *seinem Wesen entsprechend voll ausgebildet u. ohne Fehler, unübertrefflich:* ein -es Kunstwerk; eine -e *(klassische)* Schönheit; kein Mensch ist v.; damit war das [Un]glück v. *(hatte es den Gipfel erreicht).* **2.** [ˈ- - -] *vollständig, völlig, gänzlich:* -e Übereinstimmung erzielen; -e *(absolute* 5) Ruhe; ich bin v. deiner Meinung; etw. v. verstehen; jmdm. die Freude v. verderben.

Voll|kọm|men|heit [auch: ˈ- - - -], die; -: *das Vollkommensein* (1).

Vọll|korn, das ⟨o. Pl.⟩: in Wendungen wie **V. nehmen** (bes. Milit., Schießsport; *so hoch zielen, dass das Korn über die Kimme hinausragt).*

Vọll|korn|brot, das: *dunkles, aus Vollkornmehl hergestelltes Brot.*

Vọll|korn|mehl, das: *Mehl, das noch die Randschichten u. den Keimling des Korns mit Vitaminen u. anderen Wirkstoffen enthält.*

vọll kot|zen: s. voll (1 a).

Vọll|kraft, die ⟨o. Pl.⟩: *voll entfaltete Lebenskraft:* er stand in der V. seiner Jugend.

vọll krie|gen, vọll krit|zeln, vọll la|den: s. voll (1 a).

Vọll|last, die (Technik): *höchste Belastung.*

vọll lau|fen, vọll ma|chen: s. voll (1 a).

Vọll|macht, die; -, -en [spätmhd. volmacht, LÜ von lat. plenipotentia]: **1.** *jmdm. von einem anderen erteilte Ermächtigung, in seinem Namen zu handeln, etw. an seiner Stelle zu tun:* jmdm. [die] V. für/zu etw. geben, erteilen, übertragen; [die] V. haben [etw. zu tun]; eine V. widerrufen; jmdm. die V. entziehen; seine Vollmacht[en] überschreiten, missbrauchen; in V., In V. (in Briefen vor der Unterschrift des unterzeichnungsberechtigten Stellvertreters; in der Regel als Abk.: i. V., [nach abgeschlossenem Text od. allein vor einer Unterschrift:] I. V.). **2.** *Schriftstück, schriftliche Erklärung, wodurch jmdm. eine Vollmacht* (1) *erteilt wird:* eine V. unterschreiben, vorlegen; jmdm. eine V. ausstellen.

Vọll|macht|ge|ber, der (Rechtsspr.): *jmd., der eine Vollmacht erteilt.*

Vọll|macht|ge|be|rin, die: w. Form zu ↑Vollmachtgeber.

vọll ma|len: s. voll (1 a).

vọll|mast ⟨Adv.⟩ (Seemannsspr.): *(von Fahnen) bis zur vollen Höhe des Mastes hinaufgezogen:* v. flaggen; die Flagge auf v. setzen.

Vọll|ma|tro|se, der: *voll ausgebildeter Matrose.*

Vọll|milch, die: *Milch mit dem vollen Fettgehalt.*

Vọll|milch|scho|ko|la|de, die: *mit Vollmilch hergestellte Schokolade.*

Vọll|mit|glied, das: *Mitglied mit allen Rechten u. Pflichten.*

Vọll|mit|glied|schaft, die: *das Vollmitgliedsein; die Angehörigkeit als Vollmitglied.*

Vọll|mond, der: **1. a)** ⟨o. Pl.⟩ *Mond, der als runde Scheibe leuchtet:* ***strahlen wie ein V.** (ugs. scherzh.; *zufrieden, glücklich lächeln);* **b)** ⟨Pl. selten⟩ *Phase des voll, als runde Scheibe leuchtenden Mondes:* es ist V.; wir haben V.; bei V. **2.** (salopp scherzh.) *Glatzkopf.*

Vọll|mond|ge|sicht, das (scherzh.): **1.** *rundes, volles Gesicht.* **2.** *Person mit rundem, vollem Gesicht.*

vọll|mun|dig ⟨Adj.⟩: *(bes. von Wein, Bier) voll im Geschmack:* ein -er Wein; Ü etw. v. *(großspurig)* ankündigen.

Vọll|nar|ko|se, die (Med.): *tiefe Narkose.*

vọll pa|cken: s. voll (1 a).

Vọll|pen|si|on, die ⟨meist o. Art.; o. Pl.⟩: *Unterkunft mit Frühstück u. zwei warmen Mahlzeiten.*

vọll pfrop|fen: s. voll (1 a).

Vọll|plas|tik, die (bild. Kunst): *rundum als Plastik gestaltetes Kunstwerk.*

vọll pum|pen, vọll qual|men, vọll quat|schen: s. voll (1 a).

Vọll|rausch, der: *schwerer Alkoholrausch:* er hat die Tat im V. begangen.

vọll|reif ⟨Adj.⟩: *völlig ausgereift, ganz reif:* -e Pfirsiche.

Vọll|rei|fe, die: *vollständige Reife* (1).

Vọll|rei|fen, der: *Vollgummireifen.*

Vọll|ren|te, die: **1.** *Unfallrente bei vollständiger Erwerbsunfähigkeit.* **2.** *höchstmögliche Rente, die jmd. nach Erreichen der Altersgrenze bezieht.*

Vọll|salz, das (Fachspr.): *jodiertes Speisesalz.*

vọll sau|en, vọll sau|fen, vọll schen|ken usw.: s. voll (1 a).

vọll|schlank ⟨Adj.⟩ (verhüll.): *(bes. von Frauen) füllig, rundlich:* eine -e Frau, Figur.

vọll schmie|ren, vọll schrei|ben, vọll schüt|ten: s. voll (1 a).

Vọll|sper|rung, die (Verkehrsw.): *völlige Sperrung:* die V. der Autobahn zwischen Koblenz und Bonn.

vọll sprit|zen: s. voll (1 a).

Vọll|spur, die ⟨o. Pl.⟩ (Eisenb.): *breite Spur, bes. Normalspur (im Unterschied zur Schmalspur).*

vọll|spu|rig ⟨Adj.⟩ (Eisenb.): *mit Vollspur [versehen].*

vọll|stän|dig ⟨Adj.⟩ [zu mhd. volstān = bis zu Ende stehen, ausharren, dann im Sinne von »vollen Stand, d. h. alle nötigen Teile habend«]: **1.** *alles Dazugehörende umfassend, alle Teile aufweisend; lückenlos, komplett:* ein -es Verzeichnis; den -en Text von etw. abdrucken; die Angaben sind nicht v. **2.** *völlig, gänzlich:* eine -e Finsternis; etw. v. zerstören.

Vọll|stän|dig|keit, die; -: *das Vorhandensein alles Dazugehörenden; vollständige* (1) *Beschaffenheit:* auf V. verzichten; etw. der V. halber anführen.

vọll stel|len, vọll stop|fen: s. voll (1 a).

voll|strẹck|bar ⟨Adj.⟩ (Rechtsspr.): *Vollstreckung zulassend:* das Urteil ist noch nicht v.

Voll|strẹck|bar|keit, die; - (Rechtsspr.): *das Vollstreckbarsein.*

voll|strẹ|cken ⟨sw. V.; hat⟩ [eigtl. = bis zu Ende strecken, dann: (zeitlich) verlängern, ausdehnen]: **1. a)** (Rechtsspr.) *(einen Rechtsanspruch, eine gerichtliche Entscheidung o. Ä.) verwirklichen, vollziehen:* [an jmdm.] ein Urteil, eine Strafe v.; ein Testament v.; die vollstreckende Gewalt *(Exekutive);* **b)** ⟨v. + sich⟩ (selten) *sich vollziehen.* **2.** (Sport Jargon) *ausführen u. dabei ein Tor erzielen, mit einem Tor abschließen:* einen Strafstoß v.; ⟨auch o. Akk.-Obj.:⟩ er vollstreckte blitzschnell.

Voll|strẹ|cker, der; -s, -: **1.** *jmd., der eine Vollstreckung vornimmt.* **2.** (Sport Jargon) *jmd., der in der Lage ist zu vollstrecken* (2).

Voll|strẹ|cke|rin, die: w. Form zu ↑Vollstrecker.

Voll|strẹ|ckung, die (Rechtsspr.): *das Vollstrecken* (1): die V. eines Urteils [anordnen, aussetzen].

Voll|strẹ|ckungs|be|am|te, der: *Beamter der Vollstreckungsbehörde.*

Voll|strẹ|ckungs|be|am|tin, die: w. Form zu ↑Vollstreckungsbeamte.

Voll|strẹ|ckungs|be|fehl, der (Rechtsspr.): *für vorläufig vollstreckbar erklärter Mahnbescheid.*

Voll|strẹ|ckungs|be|hör|de, die: *mit der Zwangsvollstreckung befasste Behörde.*

vọll|syn|the|tisch ⟨Adj.⟩: *vollständig synthetisch:* -e Öle, Gewebe.

vọll tan|ken: s. voll (1 a).

Vọll|text|re|cher|che, die (EDV): *Suche nach einem bestimmten Wort, einer bestimmten Zeichenfolge in einem bestimmten Datenbestand.*

Vọll|text|su|che, die (EDV): *Programm* (4), *das einen Text vollständig nach einem bestimmten Wort, einer bestimmten Zeichenfolge durchsucht.*

vọll|tö|nend ⟨Adj.⟩: *mit vollem, kräftigem Ton, Klang; sonor* (1): mit -er Stimme.

vọll|tran|sis|to|riert, vọll|tran|sis|to|ri|siert ⟨Adj.⟩ (Elektrot.): *vollständig mit Transistoren ausgerüstet.*

Vọll|tref|fer, der: *Treffer mitten ins Ziel; Schuss, Schlag, Wurf o. Ä., der voll getroffen hat:* das Schiff erhielt, bekam einen V.; der Boxer konnte einen V. landen; Ü diese Schallplatte wurde ein V.

voll|trin|ken: s. voll (1 a, b).
voll|trun|ken ⟨Adj.⟩: *völlig betrunken:* er hat die Tat in -em Zustand begangen.
Voll|trun|ken|heit, die: *das Volltrunkensein.*
Voll|verb, das (Sprachw.): *Verb, das allein das Prädikat bilden kann (nicht Hilfs-, Modalverb o. Ä. ist).*
Voll|ver|pfle|gung, die: *volle Verpflegung mit drei Mahlzeiten pro Tag:* Hotelunterkunft mit V.
Voll|ver|samm|lung, die: *Versammlung, an der alle Mitglieder teilnehmen; Plenarversammlung; Plenum:* die V. der Vereinten Nationen.
Voll|wai|se, die: *Waise, die beide Eltern durch Tod verloren hat.*
Voll|wasch|mit|tel, das: *Waschmittel, das zum Kochen der Wäsche u. zum Waschen bei niedrigeren Temperaturen geeignet ist.*
Voll|wert|er|näh|rung, die ⟨o. Pl.⟩: *aus Vollwertkost bestehende Ernährung.*
voll|wer|tig ⟨Adj.⟩: **a)** *den vollen Wert, alle erwarteten Eigenschaften besitzend:* ein -es Material; ein -er *(gleichwertiger)* Ersatz; **b)** *(von Nahrungsmitteln) naturbelassen, unverarbeitet und frei von chemischen Stoffen:* wir kochen fast nur noch v.
Voll|wer|tig|keit, die ⟨o. Pl.⟩: *das Vollwertigsein* (a).
Voll|wert|kost, die ⟨o. Pl.⟩: *vollwertige* (b) *Nahrungsmittel:* sie isst nur V.
voll|wich|tig ⟨Adj.⟩ (Münzk.): *das volle vorgeschriebene Gewicht habend.*
voll|wür|zig ⟨Adj.⟩: *die volle Würze habend:* ein -er Wein.
voll|zäh|lig ⟨Adj.⟩: *die volle [An]zahl aufweisend, in voller [An]zahl:* ein -er Satz Briefmarken; wir sind noch nicht v.; v. erscheinen, teilnehmen.
Voll|zäh|lig|keit, die; -: *das Vollzähligsein.*
Voll|zeit, die ⟨o. Pl.⟩: kurz für ↑Vollzeitbeschäftigung: immer mehr Mütter wollen [in] V. *(als Vollzeitbeschäftigte)* arbeiten.
Voll|zeit|be|schäf|tig|te, der u. die: *jmd., der einen Arbeitsvertrag über die einem Arbeitstag üblicherweise entsprechende Zeit hat:* in unserem Betrieb arbeiten fast nur V.
Voll|zeit|be|schäf|ti|gung, die: *Beschäftigungsverhältnis über die einem Arbeitstag üblicherweise entsprechende Zeit.*
Voll|zeit|schu|le, die (Schulw.): *Schule, die mit Unterricht bzw. Hausaufgaben die einem Arbeitstag entsprechende Zeit in Anspruch nimmt.*
voll|zieh|bar ⟨Adj.⟩: *Vollziehung, Vollzug zulassend.*
Voll|zieh|bar|keit, die; -: *das Vollziehbarsein.*
voll|zie|hen ⟨unr. V.; hat⟩ [mhd. vollziehen, ahd. follaziohan]: **1. a)** *verwirklichen, in die Tat umsetzen, ausführen:* eine [Amts]handlung v.; eine Trennung v.; die Unterschrift v. *(leisten);* mit der standesamtlichen Trauung ist die Ehe rechtlich vollzogen *(ist sie rechtsgültig);* **b)** *die Anweisungen, Erfordernisse o. Ä., die den Inhalt von etw. ausmachen, erfüllen, verwirklichen:* einen Auftrag, Befehl v.; [an jmdm.] ein Urteil v. (Rechtsspr.; *vollstrecken);* die vollziehende Gewalt *(Exekutive).* **2.** ⟨v. + sich⟩ *ablaufen, nach u. nach geschehen, vor sich gehen:* ein Vorgang, der sich gesetzmäßig vollzieht; in ihr vollzog sich ein Wandel.
Voll|zie|hung, die: *das Vollziehen* (1).
Voll|zug, der ⟨Pl. selten⟩ [1: mhd. volzuc]: **1.** *das Vollziehen, die Vollziehung.* **2. a)** kurz für ↑Strafvollzug; **b)** (Jargon) *Vollzugsanstalt:* das Leben im V.
Voll|zugs|an|stalt, die: kurz für ↑Justizvollzugsanstalt.
Voll|zugs|be|am|te, der: kurz für ↑Strafvollzugsbeamte.
Voll|zugs|be|am|tin, die: w. Form zu ↑Vollzugsbeamte.
Voll|zugs|mel|dung, die: *Meldung über den Vollzug* (1) *von etw.*
Voll|zugs|po|li|zei, die: *Polizei, die für den Vollzug* (1) *aller Maßnahmen zur Wahrung u. Wiederherstellung der öffentlichen Sicherheit zuständig ist.*
Voll|zugs|we|sen, das ⟨o. Pl.⟩: *alles, was mit dem Strafvollzug zusammenhängt.*
Vo|lon|tär, der; -s, -e [urspr. = Freiwilliger ohne Sold < frz. volontaire = freiwillig; Freiwilliger < lat. voluntarius = freiwillig, zu: voluntas = Wille]: *jmd., der zur Vorbereitung auf seine künftige berufliche (bes. journalistische od. kaufmännische) Tätigkeit [gegen geringe Bezahlung] bei einer Redaktion, in einem kaufmännischen Betrieb o. Ä. arbeitet.*
Vo|lon|ta|ri|at, das; -[e]s, -e: **1.** *Ausbildungszeit, in der jmd. Volontär[in] ist.* **2.** *Stelle eines Volontärs, einer Volontärin.*
Vo|lon|tä|rin, die; -, -nen: w. Form zu ↑Volontär.
vo|lon|tie|ren ⟨sw. V.; hat⟩: *als Volontär[in] arbeiten.*
Volt, das; - u. -[e]s, - [nach dem ital. Physiker A. Volta (1745–1827)] (Physik, Elektrot.): *Einheit der elektrischen Spannung* (Zeichen: V).
Vol|ta, die; -, Volten [ital. volta, ↑Volte]: *schneller, ausgelassener Tanz des 16. u. 17. Jh.s im Dreier- od. $^6/_8$-Takt.*
Vol|ta|ele|ment, das [zu: Volta, ↑Volt] (Physik): *galvanisches Element aus einer Kupfer- u. einer Zinkelektrode in verdünnter Schwefelsäure.*
Vol|tai|ri|a|ner [...tɛ...], der; -s, -: *Anhänger der Philosophie Voltaires (1694–1778).*
Vol|tai|ri|a|ne|rin [...tɛ...], die; -, -nen: w. Form zu ↑Voltairianer.
Vol|ta|me|ter, das; -s, - [zu: Volta, ↑Volt u. ↑-meter (1)] (Physik): *elektrolytisches Instrument zur Messung von Elektrizitätsmengen.*
Volt|am|pere, das (Physik, Elektrot.): *Einheit der elektrischen Leistung* (Zeichen: VA).
Vol|te, die; -, -n [(frz. volte <) ital. volta, eigtl. = Drehung, zu: voltare = drehen, über das Vlat. zu lat. volvere, ↑Volumen]: **1.** (bildungsspr.) *Kunstgriff beim Kartenspiel, durch den beim Mischen eine Karte an die gewünschte Stelle gelangt:* die, eine V. schlagen; ***die/eine V. schlagen** *(einen geschickten Schachzug, Kniff anwenden).* **2.** (Reiten) *das Reiten eines Kreises von kleinem Durchmesser:* eine V. reiten. **3.** (Fechten) *seitliches Ausweichen.*
vol|tie|ren ⟨sw. V.; hat⟩ [frz. volter < ital. voltare, ↑Volte]: *voltigieren.*
Vol|ti|ge [vɔlˈtiːʒə], die; -, -n [frz. voltige, zu: voltiger, ↑voltigieren]: *Sprung eines Kunstreiters, einer Kunstreiterin auf das [trabende od. galoppierende] Pferd.*
vol|ti|gie|ren ⟨sw. V.; hat⟩ [frz. voltiger < ital. volteggiare, zu: voltare, ↑Volte]: **1.** (Reiten) *eine Volte* (2) *ausführen.* **2.** (Fechten) *eine Volte* (3) *ausführen.* **3.** *Luft-, Kunstsprünge o. Ä. am trabenden od. galoppierenden Pferd ausführen.*
Vol|ti|gie|rer, der; -s, -: *jmd., der voltigiert* (3, 4).
Vol|ti|gie|re|rin, die; -, -nen: w. Form zu ↑Voltigierer.
Volt|me|ter, das; -s, - [zu ↑Volt u. ↑-meter (1)] (Elektrot.): *Spannungsmesser.*
Volt|se|kun|de, die (Physik, Elektrot.): *Einheit des magnetischen Flusses* (Zeichen: Vs).
Vo|lum|ein|heit, die: *Maßeinheit des Volumens.*
Vo|lu|men, das; -s, - u. ...mina [1: unter Einfluss von frz. volume < lat. volumen = etw., was gerollt, gewickelt od. gewunden wird; (Schrift)rolle, Buch, Band, zu: volvere = rollen, wälzen; drehen, wirbeln; 3: lat. volumen]: **1.** ⟨Pl. -⟩ *räumliche Ausdehnung; Rauminhalt:* das V. einer Kugel, einer Luftschicht berechnen; der Ballon hat ein V. von 1 000 m³; der Schnitt gibt dem Haar V. *(Fülle);* Zeichen: V; Ü der Tenor hat eine Stimme von großem V. *(mit großem Ton).* **2.** ⟨Pl. -⟩ *Umfang, Gesamtmenge von etw. (innerhalb eines bestimmten Zeitraums):* das V. des Außenhandels ist angestiegen. **3.** ⟨Pl. ...mina⟩ (Buchw.) *Band (eines Werkes,* nur in der Abk.: vol., Vol.). **4.** ⟨Pl. -⟩ (Fachspr.) *Stromstärke einer Fernsprech- od. Rundfunkübertragung.*
Vo|lu|men|ge|wicht: ↑Volumgewicht.
Vo|lu|men|pro|zent: ↑Volumprozent.
Vo|lu|me|trie, die; - [↑-metrie]: *Maßanalyse.*
vo|lu|me|trisch ⟨Adj.⟩: *die Volumetrie betreffend.*
Vo|lum|ge|wicht, Volumengewicht, das: *Gewicht der Volumeinheit; spezifisches Gewicht.*
Vo|lu|mi|na: Pl. von ↑Volumen.
vo|lu|mi|nös ⟨Adj.⟩ [frz. volumineux < lat. voluminosus = voll Krümmungen, Kreise, zu: volumen, ↑Volumen] (bildungsspr.): *von beträchtlichem Umfang:* ein -es Buch; er ist sehr v. (scherzh.; *korpulent).*
Vo|lum|pro|zent, Volumenprozent, das: *Anteil eines Stoffes, der in 100 cm³ einer Lösung enthalten ist* (Abk.: Vol.-%).
Vo|lun|ta|ris|mus, der; - [zu spätlat. voluntarius, ↑Volontär]: *philosophische Lehre, die den Willen als Grundprinzip des Seins ansieht.*
vo|lun|ta|ris|tisch ⟨Adj.⟩: *den Voluntarismus betreffend.*
vo|lun|ta|tiv ⟨Adj.⟩ [1: spätlat. voluntativus]: **1.** (Philos.) *den Willen betreffend.* **2.** (Sprachw.) *den Modus* (2) *des Wunsches ausdrückend.*
vo|lup|tu|ös ⟨Adj.⟩ [frz. voluptueux < lat. voluptuosus, zu: voluptas = Vergnügen, Genuss] (bildungsspr.): *wollüstig.*
Vo|lu|te, die; -, -n [lat. voluta, zu: volutum, 2. Part. von: volvere, ↑Volumen] (Kunstwiss.): *spiralförmige Einrollung am Kapitell ionischer Säulen od. als Ornament in der Renaissance; Schnecke* (6 a).
Vo|lu|ten|ka|pi|tell, das (Kunstwiss.): *mit Voluten versehenes Kapitell der ionischen Säule.*
vol|vie|ren ⟨sw. V.; hat⟩ [lat. volvere, ↑Volumen] (veraltend): **1.** *wälzen, rollen, wickeln.* **2.** *genau ansehen; überlegen, durchdenken.*
Vol|vu|lus, der; -, ...li [zu lat. volvere, ↑Volumen] (Med.): *Darmverschlingung.*
vom ⟨Präp. + Art.⟩: *von dem;* meist nicht auflösbar in vielen Verbindungen: v. Lande sein; Schnee fiel v. Himmel; der Weg v. Bahnhof zur Stadt; v. Morgen bis zum Abend; v. 10. Oktober an; v. Jahre 1995 bis heute; nicht auflösbar in bestimmten Wendungen, z. B.: v. Bau sein; v. Fleisch fallen; in Verbindung mit einem subst. Inf. zur Angabe der Ursache: müde v. Laufen, heiser v. Sprechen.
Vom|hun|dert|satz, der: *Prozentsatz.*
vo|mie|ren ⟨sw. V.; hat⟩ [lat. vomere] (Med.): *erbrechen.*
Vom|tau|send|satz, der: *Promillesatz.*
von [mhd. von, ahd. fon, H. u.]: **I.** ⟨Präp. mit Dativ; vgl. vom⟩ **1.** gibt einen räumlichen Ausgangspunkt an: v. vorn, v. hinten; v. rechts, v. fern[e], v. Norden; der Zug kommt v. Berlin; es tropft v. den Bäumen; v. woher stammst du?; in bestimmten Korrelationen: v. hier an ist die Strecke eingleisig; v. einem Bein auf das andere treten; v. hier bis zum Bahnhof; v. unten her; v. Ast zu Ast; in der Verbindung v. ... aus: v. Mannheim aus fährt man über die B 38; v. diesem Fenster aus hat man einen tollen Blick; Ü v. ihrem Standpunkt aus betrachtet, stellt sich die Sache anders dar; ***v. mir aus** (ugs.; *meinetwegen).* **2.** gibt den Vorgang od. Zustand der Loslösung, Trennung an: die Wäsche v. der Leine nehmen; sich den Schweiß v. der Stirn wischen; sich v. jmdm., v. zu Hause lösen; ⟨mit Betonung auf »von«:⟩ sie hat das Essen wieder v. sich gegeben *(erbrochen);* keinen Ton mehr v. sich geben; allen Ballast v. sich werfen; ein lieber Freund ist v. uns gegangen (verhüll.; *gestorben).* **3.** gibt einen zeitlichen Ausgangspunkt an: das Brot ist v. gestern *(gestern gebacken);* ich kenne ihn v. früher; meist in bestimmten Korrelationen: v. nun an; v. morgen an/ab; das ist er v. Jugend an/auf gewöhnt; v. heute ab soll es besser werden; die Nacht v. Samstag auf/zu Sonntag; v. Montag bis Donnerstag; v. Jahr zu Jahr. **4. a)** nennt die Menge, das Ganze, von dem der genannte Teil stammt: einer v. euch; keins v. diesen Bildern gefällt mir; acht v. hundert/vom Hundert *(8 %);* **b)** gibt anstelle eines Gleichsetzungssatzes das für das genannte Einzelstück od. die genannte Person Typische an: ein Teufel v. einem Vorgesetzten; dieses Wunderwerk v. Brücke. **5. a)** meist durch einen Genitiv ersetzbar od.

anstelle eines Genitivs: der König v. Schweden; der Vertrag v. Locarno; in der Umgebung v. München; die Belagerung v. Paris; gegen den Protest v. Tausenden wurde das Kernkraftwerk gebaut; sie ist Mutter v. vier Söhnen; **b)** gibt den Bereich an, für den das Gesagte gilt; *hinsichtlich, in Bezug auf:* er ist Lehrer v. Beruf; jung v. (veraltend; *an)* Jahren; er ist schwer v. Begriff; v. Natur aus ist er gutmütig; **c)** (ugs.) nennt als Ersatz für ein Genitivattribut od. ein Possessivpron. den Besitzer einer Sache: der Hut v. [meiner] Mutter; die Stimme v. Caruso; ist das Taschentuch v. dir? *(ist es dein Taschentuch?);* **d)** in Verbindung mit bestimmten Adverbien o. Ä.: unterhalb v. unserem Haus; anstelle v. langen Reden; angesichts v. so viel Elend. **6. a)** gibt den Urheber od. das Mittel, die Ursache an: Post v. einem Freund; v. der Sonne gebräunt sein; müde v. der Arbeit; sie war befriedigt v. dem Ergebnis; etw. von seinem Taschengeld kaufen; das Kleid ist v. Hand *(nicht mit der Maschine)* gestrickt; v. selbst (↑selbst I); * **v. sich aus** *(aus eigenem Antrieb):* die Kinder haben v. sich aus aufgeräumt; **b)** nennt beim Passiv das eigentliche Subjekt des Handelns: sie wurde v. ihrem Vater gelobt; v. einem Auto angefahren werden; das Buch wurde ihm v. seinem Freund geschenkt. **7. a)** (veraltend) gibt das Material, die Teile an, woraus etw. besteht; *aus:* ein Ring v. Gold; ein Strauß v. Rosen; **b)** gibt Art od. Eigenschaft an: ein Mann v. Charakter; ein Mädchen v. großer Schönheit; eine Sache v. Wichtigkeit; **c)** gibt Maße, Entfernungen, Größenordnungen an: ein Abstand v. fünf Metern; eine Fahrt v. drei Stunden; Preise v. 100 Mark und höher; zwei Kinder [im Alter] v. vier und sieben Jahren; Städte v. über 100 000 Einwohnern; eine Gans v. ungefähr vier Kilo. **8.** bei Namen als Adelsprädikat: die Dichtungen Johann Wolfgang v. Goethes. **9.** oft in [festen] Verbindungen: v. etw. sprechen; er berichtete v. seinen Erlebnissen; infolge v.; * **sich v. schreiben können** (ugs.; *[mit gutem Grund] froh über etwas Erreichtes od ein unerwartetes positives Ereignis sein).* **II.** ⟨Adv.⟩ (ugs., bes. nordd.) als abgetrennter Teil von den Adverbien »davon, wovon«: wo haben wir gerade v. gesprochen?; da haben Sie wohl nichts v. gewusst.

von|ei|nan|der ⟨Adv.⟩: **a)** *einer vom anderen:* sie sind v. abhängig; wir haben lange nichts v. gehört; **b)** kennzeichnet einen bestimmten Abstand: sie standen weit weg v.

von|nö|ten ⟨Adj.⟩ [älter: von nöten (Dativ Pl. von ↑Not), mhd. von not]: in der Verbindung **v. sein** *(nötig, dringend erforderlich sein):* Eile, größere Sorgfalt ist v.

von|sei|ten, (auch: von Seiten) ⟨Präp. mit Gen.⟩: *seitens, von jmds. Seite* (9 c): v. der Arbeitnehmerschaft bestehen keine Bedenken mehr.

von|stat|ten ⟨Adv.⟩ [urspr. = von der Stelle, zu mhd. state = Stelle, Ort]: in der Verbindung **v. gehen** (1. *stattfinden:* wann soll das Fest v. gehen? 2. *vorangehen* 2; *sich entwickeln:* ihre Genesung ging nur langsam v.).

Voo|doo [vu'du:]: ↑Wodu.

[1]Vo|po, der; -s, -s (ugs.): kurz für ↑Volkspolizist.

[2]Vo|po, die; - (ugs.): kurz für ↑Volkspolizei.

vor [mhd. vor, ahd. fora, urspr. = über etw. hinaus]: **I.** ⟨Präp. mit Dativ u. Akk.⟩ **1.** (räumlich) **a)** ⟨mit Dativ⟩ *auf der Vorderseite, auf der dem Betrachter od. dem Bezugspunkt zugewandten Seite einer Person, Sache:* v. dem Haus ist ein kleiner Garten; warte v. dem Eingang, v. dem Kino auf mich!; eine Binde v. den Augen tragen; v. »dass« steht immer ein Komma; der Friedhof liegt etwa einen Kilometer v. *(außerhalb)* der Stadt; ⟨mit Betonung auf »vor«:⟩ er hat das Buch v. sich liegen; sie ging zwei Schritte v. ihm, saß zwei Reihen v. ihm; Ü v. Gericht, v. dem Richter stehen (geh.; *angeklagt sein);* **b)** ⟨mit Akk.⟩ *auf die Vorderseite, auf die dem Betrachter od. dem Bezugspunkt zugewandte Seite einer Person, Sache:* v. das Haus treten; sich v. den Spiegel stellen; Blumen v. das Fenster stellen; sie warf sich in ihrer Verzweiflung v. den Zug; v. das »aber« musst du ein Komma setzen; ⟨mit Betonung auf »vor«:⟩ setz dich bitte v. mich!; Ü sich v. jmdn. stellen *(jmdn. in Schutz nehmen);* jmdn. v. ein Ultimatum stellen; * **v. sich hin** *(ganz für sich u. in gleichmäßiger Fortdauer):* v. sich hin schimpfen, reden, weinen. **2.** ⟨mit Dativ⟩ (zeitlich) **a)** drückt aus, dass etw. dem genannten Zeitpunkt od. Vorgang [unmittelbar] vorausgeht; *früher als; bevor das Genannte erreicht ist:* v. wenigen Augenblicken; v. Ablauf der Frist; die Verhältnisse v. 1990, v. der Krise; v. der Wiedervereinigung; das war schon v. Jahren, v. meiner Zeit; heute v. [genau] vierzig Jahren …; im Jahre 33 v. Christi Geburt, v. Christus; v. den Nazis *(bevor die Nazis an der Macht waren);* v. der Schule *(bevor die Schule anfängt);* es ist fünf [Minuten] v. zehn, v. Mitternacht; **b)** ⟨mit Betonung auf »vor«:⟩ weist auf eine kommende, zu durchlebende Zeit, auf zu bewältigende Aufgaben o. Ä. hin: etw. v. sich haben; die Prüfung liegt wie ein Albdruck v. ihr. **3.** ⟨mit Dativ⟩ gibt eine Reihenfolge od. Rangordnung an: v. jmdm. durchs Ziel gehen; bin ich v. dir an der Reihe?; sie ist tüchtig v. (geh.; *am tüchtigsten von)* uns allen. **4.** ⟨mit Dativ⟩ weist auf die Beziehung zu einem Gegenüber hin; *in jmds. Gegenwart, Beisein:* v. vielen Zuschauern; etw. v. Zeugen erklären; sie spielte v. geladenen Gästen, v. Freunden. **5.** ⟨mit Dativ, o. Art.⟩ *aufgrund von etw., durch etw. bewirkt,* nur in festen Verbindungen: v. Kälte zittern, v. Neugier platzen, v. Schmerz schreien; glänzend v. Sauberkeit, schwitzend v. Anstrengung; gelb v. Neid, starr v. Schreck. **6.** oft in [festen] Verbindungen: Angst v. jmdm. haben; sich v. jmdm. schämen; v. etw. davonlaufen; sich v. etw. schützen; jmdn. v. etw. warnen. **II.** ⟨Adv.⟩ **1.** ⟨eigtl. als Präfix eines weggelassenen Verbs der Bewegung⟩ *voran, vorwärts:* Freiwillige v.! *(vortreten!);* drei Schritt[e] v. und zwei zurück. **2.** ⟨als abgetrennter Teil von den Adverbien »davor, wovor«⟩ (ugs., bes. nordd.): da habe ich mich v. gedrückt; da sei Gott v.! (Ausruf der Abwehr; *davor möge uns Gott bewahren!);* wo hast du denn jetzt noch Angst v.?

vor-, Vor-: 1. drückt in Bildungen mit Substantiven od. Verben ein räumliches Verhältnis aus: Vorraum; vorfahren, -gucken. **2.** drückt in Bildungen mit Substantiven, Adjektiven od. Verben ein zeitliches Verhältnis aus: Vorabend; vorgeburtlich; vorfeiern. **3.** kennzeichnet in Bildungen mit Substantiven od. Verben etw. als vorbereitend, vorausgehend: Vorgespräch, -wäsche; vorverhandeln. **4. a)** drückt in Bildungen mit Verben aus, dass etw. anderen gezeigt, vorgeführt wird: vordeklamieren, -essen; **b)** drückt in Bildungen mit Substantiven od. Verben aus, dass jmd. od. etw. (ein Tun) als Beispiel dient: Vorturner; vorexerzieren.

vor|ab ⟨Adv.⟩ [mhd. vorabe]: *zunächst einmal; im Voraus; zuerst:* die Presse wurde v. informiert; die Miete v. zahlen.

Vor|ab|druck, der; -[e]s, -e: **1.** *das Abdrucken [eines Teils] eines literarischen Werkes in einer Zeitung o. Ä. vor der Veröffentlichung als Buch.* **2.** *das vorweg Abgedruckte.*

vor|ab|dru|cken ⟨sw. V.; hat⟩: *ein literarisches Werk od. einen Teil davon vor der Veröffentlichung als Buch in einer Zeitung o. Ä. abdrucken:* das Magazin will ihre Memoiren v.

Vor|abend, der; -s, -e: *Abend vor einem bestimmten [Fest]tag:* am V. [der Hochzeit]; da steht noch das Geschirr vom V.; Ü am V. großer Ereignisse *(kurz vor großen Ereignissen).*

Vor|ab|in|for|ma|ti|on, die: *Information, die vorab gegeben wird.*

vor|ah|nen ⟨sw. V.; hat⟩: *vorausahnen:* das böse Ende v.

Vor|ah|nung, die; -, -en: *unbestimmtes Gefühl, Ahnung* (1) *von etw. [Unheilvollem]:* -en haben.

Vor|al|pen ⟨Pl.⟩: Vorgebirge der Alpen.

vo|ran ⟨Adv.⟩: **a)** *vorn, an der Spitze [gehend]:* v. der Vater, die Kinder hinterher; **b)** *vorwärts:* immer langsam v.!; ⟨subst.:⟩ die Straße war blockiert, es gab kein Voran.

vo|ran|brin|gen ⟨unr. V.; hat⟩: *weiterbringen, fördern:* die Entwicklung v.

vo|ran|ge|hen ⟨unr. V.; ist⟩: **1.** *vorne, an der Spitze gehen:* jmdn. v. lassen; Ü mit ihrem Fleiß ging sie allen Mitarbeitern voran. **2.** *Fortschritte machen:* die Arbeit geht gut voran; ⟨auch unpers.:⟩ mit der Arbeit geht es gut voran. **3.** *(einer Sache) vorausgehen; zeitlich vor etw. liegen:* dem Beschluss gingen lange Diskussionen voran; ⟨häufig im 1. od. 2. Part:⟩ in den vorangegangenen Wochen; das Vorangehende *(oben Gesagte);* auf den vorangehenden *(vorigen)* Seiten.

vo|ran|kom|men ⟨st. V.; ist⟩: **1.** *sich auf einer Strecke nach vorn bewegen:* das Boot kam gut voran. **2.** *Fortschritte machen, Erfolg haben:* die Arbeit kam nicht voran; im Leben v.; ⟨subst.:⟩ etw. für sein berufliches Vorankommen tun.

Vor|an|kün|di|gung, die; -, -en: *vorherige Ankündigung:* ohne V. kam der Gerichtsbeschluss; die V. des Konzerts wurde in der Zeitung abgedruckt.

vo|ran|ma|chen ⟨sw. V.; hat⟩ (ugs.): *sich beeilen:* mach voran!

Vor|an|mel|dung, die; -, -en: *vorherige Anmeldung, Vormerkung:* für die Veranstaltung gibt es schon viele -en.

Vor|an|schlag, der; -[e]s, …schläge (Wirtsch. seltener): *Vorausberechnung der zu erwartenden Einnahmen u. Ausgaben, bes. der Kosten für ein Vorhaben; Kalkulation* (1).

vo|ran|schrei|ten ⟨st. V.; ist⟩ (geh.): *vorangehen* (1, 2).

vo|ran|stel|len ⟨sw. V.; hat⟩: *an den Anfang [einer Aussage o. Ä.] stellen:* dem Buch ein Vorwort v.

vo|ran|trei|ben ⟨st. V.; hat⟩: *in Schwung bringen, beschleunigen; forcieren:* eine Entwicklung v.; Verhandlungen v.

Vor|an|zei|ge, die; -, -n: *vorherige Ankündigung eines Buches, Films, Theaterstücks o. Ä. mit kleinen Ausschnitten od. einer kurzen Charakteristik.*

Vor|ar|beit, die; -, -en: *Arbeit, die der Vorbereitung weiterer Arbeiten dient:* wissenschaftliche -en; er hat gründliche V. für seinen Chef geleistet.

vor|ar|bei|ten ⟨sw. V.; hat⟩: **1.** *durch vermehrte, verlängerte Arbeit[szeit] die Möglichkeit bekommen, zu einem späteren Termin mehr freie Zeit zu haben:* sie will für die Weihnachtszeit einen Tag v. **2.** ⟨v. + sich⟩ **a)** *durch Anstrengung, durch harte Arbeit vorankommen* (1): die Rettungsmannschaft hat sich in das Katastrophengebiet vorgearbeitet; **b)** *durch Anstrengung, harte Arbeit eine bessere Position erreichen:* sich bis zum zweiten, sich vom fünften auf den zweiten Platz v. **3.** *[für jmdn., etw.] Vorarbeit leisten:* er hat [mir] gut vorgearbeitet.

Vor|ar|bei|ter, der; -s, -: *Leiter einer Gruppe von Arbeitern.*

Vor|ar|bei|te|rin, die; -, -nen: w. Form zu ↑Vorarbeiter.

Vor|arl|berg [auch: 'fo:ɐ̯…]; -s: österreichisches Bundesland.

vor|ato|mar ⟨Adj.⟩: *zu einer Stufe gehörend, die vor der Entwicklung, Nutzung der Kernenergie liegt:* im -en Zeitalter.

vo|rauf ⟨Adv.⟩: **a)** *voran:* ein stattlicher Festzug, v. die Musik; **b)** (selten) *vorwärts;* **c)** (selten) *vorher:* kurz v. hatte sie ihn noch gesehen; **d)** (selten) *vorn:* v. sah sie bereits das Haus.

vor|auf|füh|ren ⟨sw. V.; hat; meist im Inf. u. 2. Part.⟩: *(bes. einen Film) vor der öffentlichen Uraufführung schon einmal zeigen.*

Vor|auf|füh|rung, die; -, -en: *das Voraufführen.*

vor|auf|klä|re|risch ⟨Adj.⟩: *den Stand der Aufklärung* (3) *noch nicht erreicht habend.*

vo|raus ⟨Adv.⟩ [mhd. vorūʒ]: **1.** [fo'raus] **a)** *vor den andern, an der Spitze:* weit v.; Ü im Rechnen ist sie ihm v. *(ist sie besser als er);* diese Leute sind ihrer Zeit weit v.; **b)** (selten) *vorn:* v. auf dem Meer. **2.** [fo'raus] (Seemannsspr.) *voran, vor-*

wärts: mit halber Kraft v.! (seem. Kommando). **3.** (selten) *vorher, zuvor:* so viel v. *(Folgendes sei vorausgeschickt).*

Vo|raus, der; -: **1.** (Rechtsspr.): *Vermächtnis, das einem überlebenden Ehegatten im Voraus vor dem gesetzlichen Erbteil zusteht.* **2.** [ˈfo:raus] (in der Fügung) **im /**(bes. schweiz.:) **zum V.** *(schon vorher):* besten Dank im V.; die Miete im V. bezahlen.

vo|raus|ah|nen ⟨sw. V.; hat⟩: *ahnend vorhersehen, ein Vorgefühl von etw. haben:* sie hatte den Unfall vorausgeahnt.

vo|raus|be|re|chen|bar ⟨Adj.⟩: *sich vorausberechnen lassend.*

vo|raus|be|rech|nen ⟨sw. V.; hat⟩: *im Voraus berechnen:* einen Zeitpunkt, eine Flugbahn v.

Vo|raus|be|rech|nung, die: *das Vorausberechnen.*

vo|raus|be|stim|men ⟨sw. V.; hat⟩: *im Voraus bestimmen:* der Inhalt der Kapitel muss vorausbestimmt werden.

vo|raus|be|zah|len ⟨sw. V.; hat⟩: *im Voraus bezahlen.*

Vo|raus|be|zah|lung, die: *Bezahlung im Voraus.*

Vo|raus|blick, der (selten): *das Vorausblicken, Vorausschau:* ein V. auf das drohende Unheil.

vo|raus|bli|cken ⟨sw. V.; hat⟩: *vorausschauen.*

vo|raus|da|tie|ren ⟨sw. V.; hat⟩: *mit einem späteren Datum versehen:* einen Scheck v.

vo|raus|den|ken ⟨unr. V.; hat⟩: *an Zukünftiges denken [und es in seine Planung einbeziehen]:* als Unternehmer muss man v.

vo|raus|ei|len ⟨sw. V.; ist⟩: *eilig vorausgehen* (1); *vorauslaufen:* jmdm. v.; **Ü** meine Gedanken eilten schon voraus; in vorauseilendem Gehorsam (abwertend; *ohne [bislang] eine entsprechende Weisung erhalten zu haben).*

Vo|raus|exem|plar, das: *Exemplar eines Buches, einer Zeitung usw., das schon vor Auslieferung der Auflage abgegeben wird.*

vo|raus|fah|ren ⟨st. V.; ist⟩: vgl. vorausgehen (1).

vo|raus|flie|gen ⟨st. V.; ist⟩: vgl. vorausgehen (1).

vo|raus|ge|hen ⟨unr. V.; ist⟩: **1.** *schon vorher, früher als ein anderer od. vor [einem] andern her irgendwohin gehen:* er ging voraus, um zu öffnen und Licht zu machen. **2.** *sich vorher ereignen, früher [als etw. anderes] geschehen, da sein:* dem Streit ging eine längere Missstimmung voraus; in vorausgegangenen *(früheren)* Zeiten; ⟨subst. 1. Part.:⟩ im Vorausgehenden *(weiter oben).*

vo|raus|ge|setzt: ↑voraussetzen.

vo|raus|ha|ben ⟨unr. V.; hat⟩: in der Wendung **jmdm./vor jmdm. etw. v.** *(im Unterschied zu jmdm., der nicht darüber verfügt, etw. Bestimmtes haben):* sein gutes Schulsystem hat uns dieses Land voraus.

Vo|raus|kas|se, die ⟨o. Pl.⟩ (Kaufmannsspr.): *vorherige Bezahlung:* wir liefern nur gegen V.

Vo|raus|kom|man|do, das (Milit.): *Kommando* (3 a), *das bes. für die nachfolgende Truppe Quartier beschafft.*

vo|raus|lau|fen ⟨st. V.; ist⟩: vgl. vorausgehen (1).

vo|raus|pla|nen ⟨sw. V.; hat⟩: *vorher, im Voraus planen:* für den Fall einer Krise sollte man unbedingt v.

Vo|raus|pla|nung, die: *das Vorausplanen:* gerade in dieser schnelllebigen Zeit ist V. wichtig.

vo|raus|rei|ten ⟨st. V.; ist⟩: vgl. vorausgehen (1).

vo|raus|sag|bar ⟨Adj.⟩: *sich voraussagen lassend:* diese Entwicklung war nicht v.

Vo|raus|sa|ge, die: *(aufgrund bestimmter Kenntnisse u. Einsichten gemachte) Aussage über die Zukunft, über Kommendes:* die V. ist eingetroffen, war richtig; die V. machen, dass ein Unwetter kommen wird.

vo|raus|sa|gen ⟨sw. V.; hat⟩: *eine Voraussage machen; vorhersagen; prophezeien:* das habe ich vorausgesagt.

Vo|raus|sa|gung, die; -, -en: *Voraussage.*

Vo|raus|schau, die: *Einsicht in Bezug auf kommende Entwicklungen:* in kluger V.

vo|raus|schau|en ⟨sw. V.; hat⟩: *kommende Entwicklungen einschätzen u. die eigenen Planungen danach einrichten:* wir müssen v.; ⟨meist im 1. Part.:⟩ eine [weit] vorausschauende Politik.

Vo|raus|schei|dung, die; -, -en (bes. Sport): *vor der eigentlichen Ausscheidung stattfindender Wettkampf:* bei der V. konnte sie sich für den Wettkampf qualifizieren.

vo|raus|schi|cken ⟨sw. V.; hat⟩: **1.** *als Erstes, vorher schicken:* einen Boten v. **2.** *vorher, vor der eigentlichen Aussage erklären.*

vo|raus|seh|bar ⟨Adj.⟩: *vorauszusehend:* eine -e Entwicklung.

vo|raus|se|hen ⟨st. V.; hat⟩: *etw., bes. den Ausgang eines Geschehens im Voraus ahnen od. erwarten:* eine Entwicklung, Komplikationen v.; es ist [leicht] vorauszusehen, dass das passieren wird.

vo|raus|set|zen ⟨sw. V.; hat⟩: **a)** *als selbstverständlich, als vorhanden annehmen:* diese Tatsache darf man wohl als bekannt v.; **b)** *als notwendige Vorbedingung für etw. haben, verlangen:* diese Arbeit setzt große Fingerfertigkeit voraus; vorausgesetzt *(unter der Bedingung),* dass das Wetter schön bleibt.

Vo|raus|set|zung, die; -, -en: **a)** *das Voraussetzen* (a): die stillschweigende V. seines Einverständnisses; **b)** *Annahme, feste Vorstellung, von der man sich bei seinen Überlegungen u. Entschlüssen leiten lässt:* dieser Schluss beruht auf der irrigen V., dass Geschwindigkeitsbegrenzungen eingehalten werden; er ist von falschen -en ausgegangen; **c)** *etw., was vorhanden sein muss, um etw. anderes zu ermöglichen; Vorbedingung:* das ist eine selbstverständliche, unabdingbare V.; die [wichtigste] V. für etw. sein; die -en fehlen, sind nicht gegeben; die -en für etwas schaffen, mitbringen, erfüllen; unter der V., dass du mitmachst, stimme ich zu; er machte zur V., dass sie den Abwasch allein erledigen konnte.

vo|raus|set|zungs|los ⟨Adj.⟩: *ohne Voraussetzungen* (b) *[zu machen].*

Vo|raus|sicht, die ⟨o. Pl.⟩: *auf Erfahrung od. Kenntnis der Zusammenhänge beruhende Vermutung im Hinblick auf Künftiges:* kluge V.; * **aller V. nach, nach menschlicher V.** *(höchstwahrscheinlich);* **in weiser V.** (scherzh.; *in dem Gefühl, dass die Entwicklung es nötig machen werde):* ich hatte in weiser V. einen Regenschirm mitgenommen.

vo|raus|sicht|lich ⟨Adj.⟩: *soweit man aufgrund bestimmter Anhaltspunkte vermuten, voraussehen kann:* -e Ankunft 11^{15} Uhr; wir fahren v. am 20. Mai.

Vor|aus|wahl, die; -, -en: *erste, vorläufige Auswahl:* eine V. treffen.

vo|raus|wei|sen ⟨st. V.; hat⟩: *in die Zukunft weisen.*

vo|raus|wer|fen ⟨st. V.; hat⟩: nur in der Wendung **seine Schatten v.** (↑Schatten 1 a).

vo|raus|wis|sen ⟨unr. V.; hat⟩: *im Voraus wissen:* die Zukunft v.

vo|raus|zah|len ⟨sw. V.; hat⟩: *im Voraus, noch vor der Lieferung od. Leistung bezahlen:* er musste [die Miete, die Übernachtung] v.

Vo|raus|zah|lung, die: *Zahlung im Voraus.*

Vor|bau, der; -[e]s, -ten [mhd. vorbū]: *vorspringender, angebauter Teil eines Gebäudes:* ein überdachter V.; **Ü** sie hat einen großen V. (ugs. abwertend; *Busen).*

vor|bau|en ⟨sw. V.; hat⟩ [2: urspr. = vor etw. zur Abwehr einen schützenden Bau errichten]: **1.** *einen Vorbau* (1) *errichten:* [dem Haus] eine Veranda v.; ein Hotel mit vorgebauter Terrasse. **2. a)** *Vorsorge treffen:* sie haben für das Alter [gut] vorgebaut; **Spr** der kluge Mann baut vor (nach Schiller, Tell I, 2); **b)** (selten) *vorbeugen:* um Missverständnissen vorzubauen, möchte ich vorausschicken, dass ich das Haus nicht verlassen habe. **3.** *als Muster, zur Demonstration bauen:* ich habe dem Kleinen das Haus, das Schiffsmodell vorgebaut.

vor|be|dacht: ↑vorbedenken.

Vor|be|dacht, der: in den Fügungen **aus/mit/voll V.** *(nach genauer Überlegung u. in bestimmter Absicht):* mit Vorbedacht jmdn. ermorden; **ohne V.** *(ohne Überlegung).*

vor|be|den|ken ⟨unr. V.; hat⟩: *vorher genau überlegen, bedenken:* alle Möglichkeiten v.; vorbedacht *(überlegt)* handeln.

Vor|be|deu|tung, die; -, -en: *geheimnisvolle Bedeutung, die einer Sache, einem Geschehen im Hinblick auf die Zukunft innezuwohnen scheint.*

Vor|be|din|gung, die; -, -en: *Bedingung, die erfüllt werden muss, bevor etw. angefangen werden kann:* die Freilassung der Gefangenen war eine V. für die Verhandlungen.

Vor|be|halt, der; -[e]s, -e [zu ↑vorbehalten]: *Einschränkung; geltend gemachtes Bedenken gegen eine Sache [der man sonst im Ganzen zustimmt]:* ein stiller, innerer V.; es bestehen große -e gegen eine Koalition; -e gegen etw. haben, anmelden; mit einigen -en; etw. ohne V. bejahen, anerkennen; ich stimme zu unter dem V., dass keine Überstunden nötig werden.

vor|be|hal|ten ⟨st. V.; hat⟩: **1.** ⟨v. + sich⟩ *sich die Möglichkeit für bestimmte Schritte od. für eine andere Entscheidung offen lassen:* sich das Recht v., etw. zu tun; sich gerichtliche Schritte v. **2.** * **jmdm., einer Sache vorbehalten sein/bleiben** *(ausschließlich für jmdn., etw. bestimmt, ausersehen sein):* die Nutzung dieses Gebäudes war der Parteileitung vorbehalten. **3.** (veraltet) *bereithalten, reservieren:* das Schicksal behielt ihm eine wichtige Begegnung vor.

vor|be|halt|lich, (schweiz.:) **vor|be|hält|lich:** I. ⟨Präp. mit Gen.⟩ (Papierdt.) *unter dem Vorbehalt:* der Gewinn vorbehaltlich einiger Abzüge. II. ⟨Adj.⟩ *mit Vorbehalt [gegeben]:* eine -e Genehmigung.

vor|be|halt|los ⟨Adj.⟩: *ohne jeden Vorbehalt [gegeben]:* -e Unterstützung, Zustimmung, Solidarität.

Vor|be|halt|lo|sig|keit, die; -: *vorbehaltlose Art; Freiheit von Vorbehalten.*

Vor|be|halts|klau|sel, die (Rechtsspr.): *Klausel in einem Vertrag, durch die ein Partner sich bestimmte Einwendungen u. Rücktrittsmöglichkeiten vorbehält.*

vor|be|han|deln ⟨sw. V.; hat⟩: *vorher in geeigneter Weise behandeln, damit die eigentliche Prozedur besser u. sicherer vor sich gehen kann:* stark verschmutzte Wäsche sollte vor dem Waschen mit einem Fleckenmittel vorbehandelt werden.

Vor|be|hand|lung, die; -, -en: *das Vorbehandeln.*

vor|bei ⟨Adv.⟩ [verdeutlichende Zus. mit mhd. (md.) vor = vorbei]: **1.** *von weiter hinten kommend in [etwas] schnellerer Bewegung ein Stück neben jmdm., etw. her u. weiter nach vorn; vorüber:* wenn der Zug v. ist, gehen die Schranken wieder hoch; sind wir schon an Karlsruhe v.? **2.** *vergangen, zu Ende:* der Sommer, die Pause, der Krieg, der Spuk ist v.; diese Zeit, Mode ist v. *(nicht mehr aktuell, veraltet);* es ist acht Uhr v., Mitternacht v.; **Ü** mit uns ist es v. (ugs.; *unsere Freundschaft ist zu Ende);* **R** [es ist] aus und v. *(unwiderruflich zu Ende);* v. ist v. *(man soll sich mit etw. abfinden u. nicht Vergangenem nachtrauern).*

vor|bei|be|neh|men, sich ⟨st. V.; hat⟩ (ugs.): *sich unpassend, ungehörig benehmen:* er hat sich mal wieder schwer vorbeibenommen.

vor|bei|be|we|gen, sich ⟨sw. V.; hat⟩: vgl. vorbeigehen (1).

vor|bei|bli|cken ⟨sw. V.; hat⟩: *den Blick in eine solche Richtung lenken, dass er jmdn., etw. nicht trifft:* sie blickte gleichgültig an ihnen vorbei.

vor|bei|brau|sen ⟨sw. V.; ist⟩: **1.** *sich brausend* (1) *vorbeibewegen:* der Wind brauste an dem Haus vorbei. **2.** *sich brausend* (3) *vorbeibewegen:* die großen Autos brausen an ihr vorbei.

vor|bei|brin|gen ⟨unr. V.; hat⟩ (ugs.): *[bei passender, günstiger Gelegenheit] zu jmdm. hinbringen:* jmdm. etw. v.

vor|bei|drän|geln, sich ⟨sw. V.; hat⟩ (ugs.): vgl. vorbeidrücken: sich an jmdm., etw. v.

vor|bei|drü|cken, sich ⟨sw. V.; hat⟩ (ugs.): **1.** *heimlich vorbeigehen:* sich am Pförtner v.; **Ü** du willst dich nur an dem Problem v. **2.** *sich an einer engen Stelle an jmdm., etw. vorbeibewegen:* sich an jmdm. v.

vor|bei|dür|fen ⟨unr. V.; hat⟩ (ugs.): *vorbeigehen, -fahren (2) dürfen:* hier darfst du nicht vorbei; dürfte ich bitte mal vorbei?

vor|bei|ei|len ⟨sw. V.; ist⟩: *eilig an jmdm., etw. vorbeigehen od. -fahren (2).*

vor|bei|fah|ren ⟨st. V.; ist⟩: **1.** *auf jmdn., etw. zu-, ein Stück nebenher- u. dann in gleicher Richtung weiterfahren, sich fahrend entfernen:* der Bus ist [an der Haltestelle] vorbeigefahren *(hat nicht gehalten).* **2.** (ugs.) *jmdn., etw. kurz aufsuchen, wobei man seine Fahrt für kurze Zeit unterbricht:* wir müssen noch bei der Apotheke v.

vor|bei|flie|gen ⟨st. V.; ist⟩: vgl. vorbeifahren (1).

vor|bei|flie|ßen ⟨st. V.; ist⟩: *in der Nähe von jmdm., etw., an seiner Seite fließen:* der Bach fließt [östlich] an dem Dorf vorbei.

vor|bei|füh|ren ⟨sw. V.; hat⟩: **1.** vgl. entlangführen (1): der Fremdenführer führte die Gruppe an der Kirche vorbei. **2.** *neben etw. verlaufen, entlangführen* (2): der Weg führt an einer Ruine vorbei; **R** daran führt kein Weg vorbei *(dem kann man nicht ausweichen).*

vor|bei|ge|hen ⟨unr. V.; ist⟩: **1. a)** *auf jmdn., etw. zu-, ein Stück nebenher- u. dann in gleicher Richtung weitergehen, sich gehend entfernen:* an jmdm. v., ohne ihn zu erkennen; unter jmds. Fenster v.; ich habe jemanden v. sehen; du gehst an der Post vorbei und biegst dann rechts ab; der Schuss, Schlag ist [am Ziel] vorbeigegangen *(hat nicht getroffen);* er ging an den Schönheiten der Natur [achtlos] vorbei *(beachtete sie nicht);* ⟨subst.:⟩ beim/im Vorbeigehen grüßen; Ü am Kern der Sache v.; **b)** (Sport) *einholen u. hinter sich lassen; überholen:* an jmdm. v.; **c)** *vorbeiführen* (2): die Straße geht an der Schule vorbei. **2.** (ugs.) *jmdn., etw. kurz aufsuchen [um etw. zu erledigen]:* beim Arzt, zu Hause v. **3.** *zu Ende gehen, vorüber-, vergehen:* die Schmerzen werden wieder v.; Ü keine Gelegenheit ungenutzt v. lassen.

vor|bei|glei|ten ⟨st. V.; ist⟩: vgl. vorbeifahren (1): die Boote glitten am Ufer vorbei.

vor|bei|has|ten ⟨sw. V.; ist⟩: vgl. vorbeieilen: ein paar Fußgänger hasteten vorbei.

vor|bei|kom|men ⟨st. V.; ist⟩: **1.** *unterwegs an eine Stelle gelangen u. weitergehen od. -fahren:* an vielen Gärten v.; kommen wir da vorbei? *(liegt das auf unserem Weg?).* **2.** *imstande sein, ein Hindernis o. Ä. zu passieren; vorbeigehen od. -fahren können:* [unbehelligt, unbemerkt] an einem Posten v.; an einem Hindernis [nicht] v.; Ü an dieser Tatsache kommt man nicht vorbei. **3.** (ugs.) *einen kurzen, zwanglosen Besuch machen:* willst du nicht mal wieder [bei mir] v.?

vor|bei|kön|nen ⟨unr. V.; hat⟩ (ugs.): **1.** *vorbeigehen, vorbeifahren (2) können:* an der Kontrolle nicht v.; Ü das ist ein Angebot, an dem die Konkurrenz nicht vorbeikann *(das die Konkurrenz nicht unberücksichtigt lassen kann).* **2.** *vorbeidürfen:* hier kannst du nicht vorbei.

vor|bei|las|sen ⟨st. V.; hat⟩ (ugs.): **1.** *vorbeigehen, -fahren lassen:* ein schnelleres Fahrzeug v. *(überholen lassen).* **2.** *vergehen, verstreichen lassen:* eine Chance ungenutzt v.

vor|bei|lau|fen ⟨st. V.; ist⟩: vgl. vorbeigehen (1, 2): an jmdm., etw. v.

vor|bei|le|ben ⟨sw. V.; ist⟩: *leben, indem man etw. Bestimmtem nicht die ihm eigentlich zukommende Bedeutung beimisst:* am Leben v.; die Ehepartner leben inzwischen aneinander vorbei.

Vor|bei|marsch, der: *das Vorbeimarschieren (an einer Ehrentribüne, Ehrengästen o. Ä.):* der V. der Fahnenträger; ***jmdm. ein innerer V. sein** (salopp veraltend; *jmdm. eine tiefe innere Befriedigung, Genugtuung bereiten;* nach den bei festlichen Anlässen veranstalteten Aufmärschen der Nationalsozialisten).

vor|bei|mar|schie|ren ⟨sw. V.; ist⟩: *in einer Kolonne im Marschschritt [feierlich] vorbeiziehen:* die Truppen werden gleich [an der Ehrentribüne] v.

vor|bei|mo|geln ⟨sw. V.; hat⟩: **1.** ⟨v. + sich⟩ *auf unerlaubte, unredliche Art vorbeikommen* (2): sich am Pförtner v.; Ü die Regierenden können sich an der Realität nicht v. **2.** *auf unerlaubte, unredliche Art an jmdm., etw. vorbei an einen anderen Ort bringen:* Waren an der Kasse v.

vor|bei|müs|sen ⟨unr. V.; hat⟩ (ugs.): vgl. vorbeidürfen: an jmdm., etw. v.

vor|bei|pla|nen ⟨sw. V.; hat⟩: *beim Planen nicht berücksichtigen:* am Bedarf, an den Bedürfnissen v.

vor|bei|pro|du|zie|ren ⟨sw. V.; hat⟩: vgl. vorbeiplanen: am Bedarf, am Markt v.

vor|bei|ra|sen ⟨sw. V.; ist⟩ (ugs.): vgl. vorbeifahren (1): an jmdm., etw. v.

vor|bei|re|den ⟨sw. V.; hat⟩: *über etw. reden, ohne auf das eigentlich Wichtige, den Kern der Sache zu kommen:* am Thema, am eigentlichen Problem v.; * **aneinander v.** *(miteinander [über etw.] sprechen, wobei jeder etw. anderes meint u. keiner den andern versteht).*

vor|bei|ren|nen ⟨unr. V.; ist⟩: vgl. vorbeigehen (1 a).

vor|bei|schau|en ⟨sw. V.; hat⟩: **1.** *vorbeikommen* (3): der Arzt will später noch einmal v. **2.** vgl. vorbeiblicken: an jmdm., etw. v.

vor|bei|schi|cken ⟨sw. V.; hat⟩ (ugs.): *vorbeigehen (2) heißen:* jmdn. bei jmdm. v.

vor|bei|schie|ben, sich ⟨st. V.; hat⟩: vgl. vorbeidrücken (2).

vor|bei|schie|ßen ⟨st. V.⟩: **1.** *schießend das Ziel verfehlen, nicht treffen* ⟨hat⟩: er hat dreimal [am Ziel] vorbeigeschossen. **2.** *schnell an jmdm., etw. vorbeifahren, -laufen, -fliegen* ⟨ist⟩: eine Schwalbe schoss am Fenster vorbei.

vor|bei|schla|gen ⟨st. V.; hat⟩: *schlagend das Ziel verfehlen, nicht treffen.*

vor|bei|schlän|geln, sich ⟨sw. V.; hat⟩: *geschickt [heimlich] an jmdm., etw. vorbeigehen* (1 a): sie versuchte, sich an den Wartenden vorbeizuschlängeln.

vor|bei|schlei|chen ⟨st. V.⟩: **a)** *schleichend (a) vorbeigehen* ⟨ist⟩: er schlich an den schlafenden Eltern vorbei; **b)** ⟨v. + sich⟩ vgl. vorbeischlängeln; ⟨hat⟩: sich an einem Posten v.; **c)** *schleichend (c) vorbeigehen* ⟨ist⟩.

vor|bei|schlen|dern ⟨sw. V.; ist⟩: *schlendernd vorbeigehen:* an den Schaufenstern v.

vor|bei|schmug|geln ⟨sw. V.; hat⟩: **1.** ⟨v. + sich⟩ vgl. vorbeimogeln (1): sich am Posten v. **2.** vgl. vorbeimogeln (2): Zigaretten am Wärter v.

vor|bei|schram|men ⟨sw. V.; ist⟩ (ugs.): *etw. Unangenehmes gerade noch vermeiden, einem Übel gerade noch entgehen:* wir sind an einer Katastrophe vorbeigeschrammt.

vor|bei|se|hen ⟨st. V.; hat⟩: **1.** vgl. vorbeiblicken. **2.** *vorbeischauen* (1): bei jmdm. v.

vor|bei|sol|len ⟨unr. V.; hat⟩ (ugs.): vgl. vorbeidürfen.

vor|bei|strei|chen ⟨st. V.; ist⟩: vgl. vorbeigehen (1).

vor|bei|tref|fen ⟨st. V.; hat⟩: *nicht treffen* (1 b): er hat knapp [am Ziel] vorbeigetroffen.

vor|bei|trei|ben ⟨st. V.⟩: **1.** vgl. vorbeiführen (1) ⟨hat⟩: ein Hirte trieb seine Herde [an uns, an dem Dorf] vorbei. **2.** *sich treibend vorbeibewegen* ⟨ist⟩: eine Wasserleiche trieb [an uns, am Anleger] vorbei.

vor|bei|zie|hen ⟨unr. V.; ist⟩: **a)** *auf jmdn., etw. zu-, ein Stück nebenher- u. dann in gleicher Richtung weiterziehen:* das Gewitter zog vorbei; Ü die Ereignisse in der Erinnerung v. lassen; **b)** (Sport) *einholen u. hinter sich lassen; überholen:* in der letzten Minute zog der Konkurrent an ihm vorbei.

vor|be|las|tet ⟨Adj.⟩: *von Anfang an mit einer bestimmten [negativen] Anlage od. Eigenschaft belastet:* ein ideologisch -er Wissenschaftler; erblich v. sein.

Vor|be|las|tung, die; -, -en: **1.** *das Vorbelastetsein.* **2.** (Fachspr.) *schon vor einem zu einer weiteren Belastung führenden Ereignis gegebene Belastung (mit Schadstoffen o. Ä.):* Bemühungen zur Verminderung der V. des Flusses.

Vor|be|mer|kung, die; -, -en: *einleitende erläuternde Bemerkung:* ein paar -en machen; gestatten Sie mir eine kleine, kurze V.

vor|be|ra|ten ⟨st. V.; hat⟩ (bes. schweiz. Politik): *vor der eigentlichen Beratung beraten:* einen Entwurf v.

vor|be|rei|ten ⟨sw. V.; hat⟩: **a)** *auf etw. einstellen, für etw. leistungsfähig, geeignet machen:* sich auf/für ein Examen v.; jmdn. auf einen Wettkampf v.; sich seelisch auf etw. v.; die Patientin für eine Operation v.; ein Manuskript für den Satz v.; der Saal wird für ein Fest vorbereitet; der Prüfling hat sich, ist nicht vorbereitet *(hat für die Prüfung nicht gelernt);* **b)** *die notwendigen Arbeiten für etw. im Voraus erledigen:* ein Fest, eine Reise, eine Operation, einen Krieg, einen Putsch v.; der Lehrer bereitet seinen Unterricht, eine Stunde vor; er hatte seine Rede gut vorbereitet; vorbereitende Maßnahmen treffen; Ü in der Aufklärung wurde Gedankengut dieser Art bereits vorbereitet; **c)** ⟨v. + sich⟩ *entstehen, sich entwickeln, aus bestimmten Vorzeichen erkennbar werden:* diese Entwicklung bereitete sich schon im letzten Jahrhundert vor.

Vor|be|rei|tung, die; -, -en: **a)** *das Vorbereiten (a), Sichvorbereiten; Maßnahme, durch die jmd., etw. auf, für etw. vorbereitet wird:* die V. auf/für die Prüfung; -en für etw. treffen; etw. nach gründlicher V. durchführen; **b)** *das Vorbereiten* (b): das Buch ist in V. *(wird vorbereitet u. kommt demnächst heraus);* sie ist mit der V. des Essens beschäftigt.

Vor|be|rei|tungs|dienst, der: *Zeit der berufsbezogenen praktischen Ausbildung eines Referendars; Referendariat.*

Vor|be|rei|tungs|kurs, Vor|be|rei|tungs|kur|sus, der: *vorbereitender Kurs, Lehrgang.*

Vor|be|rei|tungs|zeit, die: *der Vorbereitung dienende Zeit.*

Vor|be|scheid, der; -[e]s, -e: *erster, vorläufiger Bescheid.*

Vor|be|sit|zer, der; -s, -: *früherer Besitzer (z. B. eines Autos):* der V. hat den Wagen gut gepflegt.

Vor|be|sit|ze|rin, die; -, -nen: w. Form zu ↑Vorbesitzer.

Vor|be|spre|chung, die; -, -en: **a)** *vorbereitende Besprechung;* **b)** *der eigentlichen Besprechung vorausgehende kurze Besprechung, Ankündigung eines neuen Buches o. Ä.*

vor|be|stel|len ⟨sw. V.; hat⟩: *im Voraus bestellen, reservieren lassen:* Kinokarten [telefonisch] v.

Vor|be|stel|lung, die; -, -en: *Bestellung im Voraus; Reservierung.*

vor|be|stim|men ⟨sw. V.; hat⟩: *vorherbestimmen:* einen Ort, Treffpunkt v.

Vor|be|stim|mung, die; -, -en: *Vorherbestimmung, Prädestination.*

vor|be|straft ⟨Adj.⟩ (Amtsspr.): *bereits früher gerichtlich verurteilt:* ein mehrfach -er Angeklagter.

Vor|be|straf|te, der u. die; -n, -n ⟨Dekl. ↑Abgeordnete⟩: *jmd., der vorbestraft ist.*

vor|be|ten ⟨sw. V.; hat⟩: **1.** *ein Gebet vorsprechen:* [jmdm.] das Vaterunser v. **2.** (ugs.) *[langatmig, umständlich] hersagen:* er betete ihr sämtliche Bücher vor, die er gelesen hatte.

Vor|be|ter, der; -s, -: *jmd., der ein Gebet vorspricht (1) od. einen Gebetstext im Wechsel mit der Gemeinde spricht.*

Vor|be|te|rin, die; -, -nen: w. Form zu ↑Vorbeter.

Vor|beu|ge|haft, die (Amtsspr.): *Inhaftierung eines Verdächtigen, wenn die Gefahr besteht, dass er weitere gefährliche Straftaten begeht.*

vor|beu|gen ⟨sw. V.; hat⟩ [2: urspr. militär. = den Weg versperren; vgl. vorbauen (2)]: **1.** *(einen Körperteil, sich) nach vorn beugen:* den Kopf v. **2.** *etw. durch bestimmtes Verhalten od. bestimmte Maßnahmen zu verhindern suchen:* einer Gefahr, Krankheit v.; ich sage dies, um Missverständnissen vorzubeugen; eine vorbeugende Behandlung, Maßnahme; ein -es Mittel [gegen etw.]; **Spr** v. ist besser als heilen.

Vor|beu|gung, die; -, -en: *Maßnahmen zur Verhütung von etw. Drohendem; Prophylaxe:* V. gegen Krankheiten; etw. zur V. tun.

vor|be|wusst ⟨Adj.⟩ (Psych.): *dem Vorbewussten zugehörig:* -e Triebkräfte.

Vor|be|wuss|te, das; -n ⟨Dekl. ↑²Junge, das⟩ (Psych.): *Bereich zwischen dem Unbewussten u. Bewussten.*

vor|be|zah|len ⟨sw. V.; hat⟩: *im Voraus bezahlen.*

Vor|bild, das; -[e]s, -er [mhd. vorbilde, ahd. forebilde]: *Person od. Sache, die als [idealisiertes] Muster, als Beispiel angesehen wird, nach dem man sich richtet:* ein leuchtendes, bewundertes, gutes, schlechtes V.; dieser Künstler ist ihm [ein] V.; jmdm. ein V. geben; einem V. folgen, nacheifern; das Kathedrale wurde zum V. für die neue Bauweise; das ist ohne V. *(einzigartig, noch nie da gewesen).*

vor|bil|den ⟨sw. V.; hat⟩: **1. a)** *vorbereitend gestalten:* dieses Gedankengut war schon vorgebildet in der Philosophie der Aufklärung; **b)** ⟨v. + sich⟩ *entstehen, sich bilden:* sich im Keim v. **2.** *jmdm. für etw. das geistige Rüstzeug geben, Grundkenntnisse vermitteln:* fachlich vorgebildete Angestellte.

Vor|bild|funk|ti|on, die: *Funktion, Vorbild zu sein:* etw., jmd. hat V.

vor|bild|haft ⟨Adj.⟩ (seltener): *vorbildlich.*

vor|bild|lich ⟨Adj.⟩: *hervorragend u. deshalb jederzeit als Vorbild dienen könnend; moralisch od. in seiner Gestaltung mustergültig:* ein -er Mensch, Autofahrer; -e Ordnung; sein Verhalten ist v.; er sorgt v. für seine Familie.

Vor|bild|lich|keit, die; -: *das Vorbildlichsein.*

Vor|bil|dung, die; -: *bereits erworbene Kenntnisse:* eine gute, keine V. haben; für/zu etwas die nötige V. haben.

vor|bin|den ⟨st. V.; hat⟩: **1.** *vorn umbinden:* dem Kind ein Lätzchen v.; sich eine Schürze v. **2.** (ugs. veraltend) *vorknöpfen, vornehmen* (2 c).

Vor|blick, der; -[e]s, -e: *Vorausblick, Vorschau.*

vor|boh|ren ⟨sw. V.; hat⟩ (Technik): *vor dem eigentlichen Bohren mit einem dünneren Bohrer o. Ä. [an]bohren:* Sprenglöcher v.

Vor|bör|se, die; -, -n (Börsenw.): *Abschlüsse u. Geschäfte vor der offiziellen Börsenzeit.*

vor|börs|lich ⟨Adj.⟩ (Börsenw.): *vor der offiziellen Börsenzeit:* -e Umsätze.

Vor|bo|te, der; -n, -n [mhd. vorbote, ahd. foraboto]: *jmd., der durch sein Erscheinen etw. ankündigt; Vorläufer; erstes, frühes Anzeichen:* ein V. des Untergangs, des Todes; Ü die Schneeglöckchen sind die ersten -n des Frühlings.

vor|brin|gen ⟨unr. V.; hat⟩: **1. a)** *als Wunsch, Meinung od. Einwand äußern, erklären:* ein Anliegen, eine Frage v.; Argumente [für, gegen etw.], Einwände [gegen etw.] v.; dagegen lässt sich manches v.; **b)** *hervorbringen, von sich geben:* Worte, Laute v. **2.** (ugs.) *nach vorn bringen.*

Vor|brin|gung, die; -, -en: *etw. Vorgebrachtes; Anliegen:* ich werde mir seine -en anhören.

vor|christ|lich ⟨Adj.⟩: *vor Christi Geburt:* in -en Zeiten; das dritte -e Jahrhundert.

Vor|dach, das; -[e]s, Vordächer: *(bes. über Eingängen angebrachtes) vorspringendes Dach:* das Fahrrad unter das V. schieben.

vor|da|tie|ren ⟨sw. V.; hat⟩: **1.** *mit einem späteren, in der Zukunft liegenden Datum versehen; vorausdatieren:* einen Brief v.; ein vordatierter Scheck. **2.** (seltener) *zurückdatieren* (2).

Vor|deck, das; -[e]s, -s (Seew.): *Vorderdeck.*

vor|dei|chen ⟨sw. V.; hat⟩: *durch den Bau eines Deichs vor dem Hauptdeich schützen.*

vor|dem [auch: ˈ– –] ⟨Adv.⟩: **a)** (geh.) *vorher:* er fühlt sich so gesund wie v.; wie v. *(weiter vorn, oben)* gesagt; **b)** (veraltend) *vor langer, längerer Zeit, früher, einst:* eine Moral von v.

vor|den|ken ⟨unr. V.; hat⟩: *als Erster denken, was später auch andere denken, durch sein Denken das Denken, die Meinung anderer bestimmen.*

Vor|den|ker, der; -s, - (bes. Politik): *jmd., der vordenkt:* linke V.; der V. der Partei.

Vor|den|ke|rin, die; -, -nen: w. Form zu ↑Vordenker.

vor|der... ⟨Adj.⟩ [mhd. vorder, ahd. fordaro; urspr. Komp. von ↑vor]: *vorn befindlich:* der vordere Eingang; die vorderen Räder des Wagens; im Wettkampf einen vorderen, einen der vorderen Plätze belegen; an der vordersten Front kämpfen; ⟨subst.:⟩ die Vorder[st]en konnten mehr sehen.

Vor|der|ach|se, die: *vordere Achse eines Fahrzeugs.*

Vor|der|an|sicht, die: *vordere Ansicht* (3): das Foto zeigt die V. des Gebäudes.

vor|der|asi|a|tisch ⟨Adj.⟩: *Vorderasien betreffend; aus Vorderasien stammend.*

Vor|der|asi|en; -s: südwestliches Asien.

Vor|der|aus|gang, der: *vorderer Ausgang.*

Vor|der|bein, das: *eines der beiden vorderen Beine bei Tieren.*

Vor|der|büh|ne, die: *vorderer Teil der Bühne.*

Vor|der|deck, das (Seew.): *vorderer Teil des Decks.*

vor|de|re, **¹Vor|de|re**: ↑vorder...

²Vor|de|re ⟨Pl.⟩ (veraltet): *Altvordern.*

Vor|der|ein|gang, der: vgl. Vorderausgang.

Vor|der|feld, das (Sport): *Gesamtheit der vorderen Plätze in einem Klassement.*

Vor|der|flü|gel, der (Zool.): *(bei Insekten) vorderer Flügel.*

Vor|der|front, die: **a)** *vordere Seite eines Gebäudes;* **b)** (salopp) *vordere Seite des menschlichen Körpers.*

Vor|der|fuß, der: *Fuß des Vorderbeins.*

Vor|der|glied, das: **1.** *vorderes Glied einer marschierenden Kolonne.* **2.** (Math.) *hinteres Glied* (z. B. eines Verhältnisses).

Vor|der|glied|ma|ße, die ⟨meist Pl.⟩: *vordere Gliedmaße.*

Vor|der|grund, der: *vorderer, unmittelbar im Blickfeld stehender Bereich (eines Raumes, Bildes o. Ä.):* ein heller, dunkler V.; der V. der Bühne; die Person im V. [des Fotos] ist unscharf; *** im V. stehen** *(Mittelpunkt, sehr wichtig sein):* im V. stehen hier empirische Untersuchungen; **etw. in den V. stellen/rücken/schieben** *(etw. als besonders wichtig herausstellen, hervorheben);* **in den V. treten/rücken** *(auffallen, an Bedeutung gewinnen):* wirtschaftliche Interessen treten in den Vordergrund; **jmdn., sich in den V. spielen/rücken/drängen/schieben** *(jmdn., sich in den Mittelpunkt stellen):* ich mag nicht, wie er sich ständig in der V. spielt.

vor|der|grün|dig ⟨Adj.⟩: **1.** *oberflächlich, leicht durchschaubar u. ohne tiefere Bedeutung:* -e Fragen, Aspekte; etw. v. behandeln; **2.** (selten) *wichtig, wesentlich:* die vordergründigsten Symptome wurden bekämpft.

vor|der|hand [auch: ˈfɔr..., – –ˈ–] ⟨Adv.⟩ (bes. schweiz., sonst veraltend): *einstweilen, zunächst [einmal], vorläufig:* das ist v. genug.

Vor|der|hand, die: **1.** *Vorhand* (2). **2.** *Vorhand* (3): das Pferd ist an der V. verletzt.

Vor|der|huf, der: *Huf des Vorderbeins.*

Vor|der|in|di|en; -s: der indische Subkontinent.

Vor|der|kan|te, die: *vordere Kante.*

Vor|der|la|der, der (Waffent.): *Feuerwaffe, die vom vorderen Ende des Laufs od. Rohres her geladen wird.*

vor|der|las|tig ⟨Adj.⟩: *(von Schiffen, Flugzeugen) vorne stärker belastet als hinten.*

Vor|der|lauf, der (Jägerspr.): *(beim Haarwild, bei Haushund u. Hauskatze) Vorderbein.*

Vor|der|mann, der ⟨Pl. ...männer, seltener auch: ...leute⟩: *jmd., der (in einer Reihe, Gruppe o. Ä.) unmittelbar vor einem andern steht, geht, sitzt, fährt o. Ä.:* bei diesem Spiel gibt jeder das Pfand an seinen V. weiter; *** jmdn. auf V. bringen** (ugs.; *jmdn. dazu bringen, dass er ohne Widerrede sich einordnet u. Anordnungen nachkommt, Disziplin u. Ordnung hält;* urspr. militär. für das Ausrichten Mann hinter Mann in geraden Reihen): der Trainer hat die Mannschaft auf V. gebracht; **etw. auf V. bringen** (ugs.; *wieder in Ordnung bringen; neu herrichten*): die Wohnung, den Haushalt auf V. bringen.

Vor|der|mit|tel|fuß, der: *(bei Pferden) über der Fessel ansetzender Teil des Vorderfußes.*

Vor|dern ⟨Pl.⟩ (veraltet): *Altvordern.*

vor|der|ori|en|ta|lisch ⟨Adj.⟩: *den Vorderen Orient betreffend, zum Vorderen Orient gehörend.*

Vor|der|pfo|te, die: *Pfote des Vorderbeins.*

Vor|der|rad, das: *vorderes Rad; Rad an der Vorderachse eines Fahrzeugs.*

Vor|der|rad|ach|se, die: *Achse des Vorderrads, der Vorderräder; Vorderachse.*

Vor|der|rad|an|trieb, der: *Frontantrieb.*

Vor|der|rad|auf|hän|gung, die: *Aufhängung des Vorderrads, der Vorderräder (bei Kraftfahrzeugen).*

Vor|der|rad|brem|se, die: *auf das Vorderrad, die Vorderräder wirkende Bremse.*

Vor|der|rei|fen, der: *Reifen des Vorderrads.*

Vor|der|schin|ken, der: *Schinken von der Schulter des Schweins.*

Vor|der|sei|te, die: *vordere, dem Betrachter zugewandte Seite:* auf der V.

Vor|der|sitz, der: *vorderer Sitz[platz] eines [Kraft]fahrzeugs.*

Vor|der|spie|ler, der (Faustball): *einer der im vorderen Teil der Spielhälfte stehenden Spieler.*

Vor|der|spie|le|rin, die: w. Form zu ↑Vorderspieler.

vor|derst...: ↑vorder...

Vor|der|ste|ven, der (Seemannsspr.): *vorderer Steven.*

Vor|der|teil, das, auch: der: *vorderer Teil.*

Vor|der|trep|pe, die: *Treppe am Vordereingang.*

Vor|der|tür, die: *vordere [Eingangs]tür (bes. eines Hauses, Gebäudes).*

Vor|der|zahn, der: *Schneidezahn.*

Vor|der|ze|he, die (Zool.): *Zehe an einer Vordergliedmaße.*

vor|drän|geln, sich ⟨sw. V.; hat⟩ (ugs.): *sich drängelnd nach vorn, vor andere schieben:* sich überall v.; sie hat versucht, sich an der Kasse vorzudrängeln.

vor|drän|gen ⟨sw. V.; hat⟩: **1.** ⟨v. + sich⟩ **a)** *sich nach vorn, vor andere drängen:* sie hat sich bis zur Absperrung vorgedrängt; **b)** *sich in den Mittelpunkt schieben, Aufmerksamkeit erregen wollen:* er drängt sich immer vor. **2.** *nach vorn drängen:* die Menge drängte vor.

vor|drin|gen ⟨st. V.; ist⟩: **a)** *[gewaltsam in etw.] eindringen, vorstoßen:* in unbekanntes Gelände, in den Weltraum v.; Ü es gelang ihm, mit seinem Plan bis zum Minister vorzudringen; **b)** *(von Sachen) sich ausbreiten, verbreiten; bekannt werden, Einfluss gewinnen:* die neue Mode dringt rasch vor.

vor|dring|lich ⟨Adj.⟩: *sehr dringend, besonders wichtig, mit Vorrang zu behandeln:* eine -e Aufgabe, Angelegenheit.

Vor|dring|lich|keit, die; -: *das Vordringlichsein.*

Vor|druck, der; -[e]s, -e: *Blatt, [amtliches] Formular zum Ausfüllen, auf das die einzelnen Fragen, zu ergänzenden Punkte u. Ä. bereits gedruckt sind:* einen V. ausfüllen, unterschreiben; wenn Sie den Betrag überweisen möchten, verwenden Sie bitte den beiliegenden V.

vor|dru|cken ⟨sw. V.; hat⟩: *im Voraus drucken, mit einem Vordruck versehen:* Bestellkarten v.; ⟨meist im 2. Part.:⟩ vorgedruckte Glückwünsche.

vor|ehe|lich ⟨Adj.⟩: **a)** *aus der Zeit vor der Eheschließung [stammend]:* -e Ersparnisse; ihre Tochter ist v.; **b)** *vor der Eheschließung [stattfindend]:* -er Geschlechtsverkehr.

vor|ei|lig ⟨Adj.⟩: *zu schnell u. unbedacht, unüberlegt:* eine -e Entscheidung, Antwort, Bemerkung; -e Schlüsse aus etw. ziehen; du bist zu v.

Vor|ei|lig|keit, die; -, -en: **a)** ⟨o. Pl.⟩ *das Voreiligsein:* seine V. hat ihm schon oft geschadet; **b)** *voreilige Handlung:* sich nicht zu -en verleiten lassen.

Vor|ei|lung, die; - (Technik): *das Anzeigen eines höheren anstelle des tatsächlichen Wertes bei einem Messgerät.*

vor|ei|nan|der ⟨Adv.⟩: **a)** *(räumlich) einer vor dem andern:* sich v. hinstellen; v. auf dem Boden sitzen; v. her hinaufklettern; v. herfahren; sie hat alle Karteikarten v. gelegt; die Zettel haben/⟨südd., österr., schweiz.: sind⟩ v. gelegen; die Kinder haben/⟨südd., österr., schweiz.: sind⟩ v.

gesessen; im Chor haben/⟨südd., österr., schweiz.: sind⟩ wir in vier Reihen v. gestanden; zum Fotografieren bitte alle v. stellen!; **b)** *wechselseitig einer dem andern gegenüber, in Bezug auf den andern:* sich v. verneigen; sie hatten Hochachtung, Furcht v.

vor|ei|nan|der her: s. voreinander (a).

vor|ei|nan|der kop|peln, vor|ei|nan|der le|gen, vor|ei|nan|der lie|gen usw.: s. voreinander (a).

vor|ein|ge|nom|men ⟨Adj.⟩: *von einem Vorurteil bestimmt u. deshalb nicht objektiv:* ein -er Kritiker; du bist ihr gegenüber v.

Vor|ein|ge|nom|men|heit, die; -, -en: **1.** ⟨o. Pl.⟩ *das Voreingenommensein; Befangenheit:* jmdm. V. vorwerfen, nachsagen. **2.** (selten) *etw. auf Voreingenommenheit (1) Beruhendes.*

vor|eis|zeit|lich ⟨Adj.⟩: *präglazial.*

vor|ent|hal|ten ⟨st. V.; enthält vor/(selten) vorenthält, enthielt vor/(selten) vorenthielt, hat vorenthalten⟩: *(jmdm. etw.) [worauf er Anspruch hat] nicht geben:* jmdm. sein Erbe, seinen Lohn, einen Brief, eine Nachricht, ein Recht v.; jmdm. die Hintergründe der Tat v. *(verschweigen).*

vor|ent|schei|den ⟨st. V.; hat⟩: *vorher entscheiden.*

Vor|ent|schei|dung, die; -, -en: **a)** *vorbereitender Beschluss, erste [richtungweisende] Entscheidung:* eine V. treffen; **b)** (bes. Sport) *Stand eines Wettkampfes, Zwischenergebnis, mit dem sich die endgültige Entscheidung bereits abzeichnet:* dieses Tor bedeutete bereits eine V.

Vor|ent|wurf, der; -[e]s, Vorentwürfe: vgl. Vorbescheid.

[1]Vor|er|be, der; -n, -n (Rechtsspr.): *jmd., der [durch Testament] zuerst Erbe wird, bis (nach einem bestimmten Zeitpunkt) der Nacherbe in die vollen Rechte eintritt.*

[2]Vor|er|be, das; -s (Rechtsspr.): *dem Vorerben als Erstem zufallendes Erbe.*

Vor|er|bin, die; -, -nen: w. Form zu ↑[1]Vorerbe.

Vor|er|kran|kung, die; -, -en (Versicherungsw.): *frühere, vor Eintritt in die Versicherung durchgemachte Krankheit:* bei Abschluss einer Versicherung müssen die -en lückenlos aufgelistet werden.

vor|erst [auch: –'–] ⟨Adv.⟩: **a)** *zunächst einmal, fürs Erste:* sich v. mit etw. zufrieden geben; v. in Sicherheit sein; **b)** (schweiz.) *erst, zuerst:* v. muss bezahlt werden.

vor|er|zäh|len ⟨sw. V.; hat⟩ (ugs.): *erzählen:* erzähl mir doch nichts vor! *(das kannst du mir nicht weismachen).*

vor|es|sen ⟨unr. V.; hat⟩ (ugs.): in der Wendung **jmdm. etwas v.** *(vor jmdm., der selbst nichts zu essen hat, essen).*

Vor|es|sen, das; -s, - [wohl urspr. als Vorspeise serviert] (schweiz.): *Ragout.*

Vor|exa|men, das; -s, -: *Teilprüfung, die vor dem eigentlichen Examen abgelegt wird.*

vor|exer|zie|ren ⟨sw. V.; hat⟩ (ugs.): *beispielhaft vormachen:* jmdm. alles genau v.

vor|fa|bri|zie|ren ⟨sw. V.; hat⟩: *als Teil für etw. später Zusammenzubauendes fabrikmäßig herstellen:* vorfabrizierte Teile, Bauelemente.

Vor|fahr, der; -en, -en, **Vor|fah|re,** der; -n, -n [mhd. vorvar, 2. Bestandteil mhd. -var, ahd. -faro = Fahrender, urspr. = Vorgänger (z. B. im Amt)]: *Angehöriger einer früheren Generation [der Familie]:* meine Vorfahren mütterlicherseits; der Gründer der Firma war ein V. meiner Frau.

vor|fah|ren ⟨st. V.⟩: **1. a)** *vor ein Haus, vor den Eingang fahren* ⟨ist⟩: mit dem Taxi v.; der Möbelwagen ist vor dem Haus vorgefahren; **b)** *vor ein Haus, vor den Eingang fahren* ⟨hat⟩: er ließ den Chauffeur den Wagen v. **2. a)** *[mit einem Fahrzeug] ein Stück vorrücken* ⟨ist⟩: noch einen Meter weiter v.; **b)** *(ein Fahrzeug) etw. weiter nach vorn fahren* ⟨hat⟩: den Wagen noch ein Stückchen [weiter] v. **3.** (ugs.) *vorausfahren* ⟨ist⟩: wir fahren schon vor. **4.** (Verkehrsw.) *die Vorfahrt haben u. nutzen* ⟨ist; meist im Inf.⟩: Linksabbieger müssen den Gegenverkehr v. lassen. **5.** (schweiz. veraltend) *überholen.*

Vor|fah|rin, die; -, -nen: w. Form zu ↑Vorfahr[e].

Vor|fahrt, die; -: **1.** (selten) *das Vorfahren* (1 a). **2.** (Verkehrsw.) *(durch genaue Bestimmungen geregeltes) Recht, an einer Kreuzung od. Einmündung vor einem anderen herankommenden Fahrzeug durchzufahren:* [die] V. haben, beachten, missachten, verletzen; jmdm. die V. lassen, nehmen.

Vor|fahrts|recht, das (Verkehrsw.): **1.** *Vorfahrt* (2). **2.** *die das Vorfahrtsrecht (1) regelnden Vorschriften.*

Vor|fahrts|schild, das (Verkehrsw.): *die Vorfahrt regelndes Verkehrsschild.*

Vor|fahrts|stra|ße, die (Verkehrsw.): *bevorrechtigte Straße, auf der man an Kreuzungen u. Einmündungen Vorfahrt hat.*

Vor|fall, der; -[e]s, Vorfälle: **1.** *plötzlich eintretendes [für die Beteiligten unangenehmes] Ereignis, Geschehen:* ein merkwürdiger, peinlicher, beunruhigender V.; der V. ereignete sich auf dem Marktplatz; wer hat den V. beobachtet; sie maß dem V. keine Bedeutung bei. **2.** (Med.) *Prolaps.*

vor|fal|len ⟨st. V.; ist⟩: **1.** *plötzlich [als etw. Störendes, Unangenehmes] geschehen, sich zutragen:* irgendetwas muss [zwischen ihnen] vorgefallen sein; ist während meiner Abwesenheit etwas Besonderes vorgefallen? **2. a)** *nach vorn, vor etw. fallen:* eine vorgefallene Haarsträhne; **b)** (Med.) *prolabieren.*

Vor|fei|er, die; -, -n: *Feier vor der eigentlichen Feier.*

Vor|feld, das; -[e]s, -er: **1.** *außerhalb, vor etw. liegendes Gelände:* er lief über das V. zur Maschine; ***im V.** *(vor dem eigentlichen Beginn od. im Anfangsstadium eines Projekts o. Ä.):* politische Aktionen im V. der Wahlen; **2.** (Sprachw.) *Gesamtheit der im Satz vor der finiten Verbform stehenden Satzteile.*

vor|fer|ti|gen ⟨sw. V.; hat⟩: *vorfabrizieren:* vorgefertigte Bauteile; Ü das Urteil des Richters war doch schon vorgefertigt.

Vor|fer|ti|gung, die; -, -en: **a)** *das Vorfertigen;* **b)** *das Vorgefertigte:* etw. aus -en zusammenbauen.

Vor|film, der; -[e]s, -e: *im Kino vor dem Hauptfilm laufender [Kurz]film.*

vor|fi|nan|zie|ren ⟨sw. V.; hat⟩ (Wirtsch.): *vor der eigentlichen Finanzierung einen kurzfristigen Kredit gewähren:* das Land hat die Baukosten vorfinanziert.

Vor|fi|nan|zie|rung, die; -, -en: *das Vorfinanzieren.*

vor|fin|den ⟨st. V.; hat⟩: **a)** *an einem bestimmten Ort [in einem bestimmten Zustand] antreffen, finden:* eine veränderte Lage v.; **b)** ⟨v. + sich⟩ *feststellen, dass man sich an einem bestimmten Ort befindet:* sich an einem unbekannten Ort v.; **c)** ⟨v. + sich⟩ *vorgefunden werden, sich finden:* im Kühlschrank fanden sich noch Lebensmittel vor.

vor|find|lich ⟨Adj.⟩: *sich finden lassend, vorhanden:* die -en Mängel am Fahrzeug.

Vor|flu|ter, der; -s, - (Wasserwirtsch.): *natürlicher od. künstlicher Wasserlauf, der Wasser u. [vorgereinigtes] Abwasser aufnimmt u. weiterleitet.*

Vor|form, die; -, -en: *frühe einfache Form von etw., aus der kompliziertere Formen entwickelt werden od. sich entwickeln:* die V. unserer Gartenrose; die abendländische Kunst in ihren -en.

vor|for|men ⟨sw. V.; hat⟩: *im Voraus formen:* Bauteile v.; vorgeformte Zwischenwände.

vor|for|mu|lie|ren ⟨sw. V.; hat⟩: *im Voraus formulieren, durch vorherige Formulierung im Voraus festlegen:* einen Text v.

Vor|freu|de, die; -, -n: *Freude auf etw. Kommendes, zu Erwartendes:* die V. auf ein Fest; **R** V. ist die schönste Freude.

vor|fris|tig ⟨Adj.⟩: *vor Ablauf der Frist [fertig]:* ein Darlehen v. zurückzahlen.

Vor|früh|ling, der; -s, -e: *erste wärmere Tage vor Beginn des eigentlichen Frühlings.*

vor|früh|lings|haft ⟨Adj.⟩: *wie im Vorfrühling:* -es Wetter.

vor|füh|len ⟨sw. V.; hat⟩: *vorsichtig [bei jmdm.] zu erkunden versuchen:* du solltest wegen der Reise bei deinen Eltern v.

Vor|führ|da|me, die: *Mannequin* (1).

vor|füh|ren ⟨sw. V.; hat⟩: **1.** *(zur Untersuchung, Begutachtung o. Ä.) vor jmdn. bringen:* einen Häftling dem Untersuchungsrichter, dem Haftrichter v.; ein Auto beim TÜV v. **2. a)** *(eine Ware) betrachten lassen; anbietend, erläuternd, den Gebrauch demonstrierend zeigen:* sie führte [dem Kunden] verschiedene Modelle vor; die neue Sommerkollektion v.; **b)** *jmdn. mit jmdm., etw. bekannt machen; [vor]zeigen, vorstellen:* seinen Freunden das neue Haus, Auto v.; **c)** *erklärend, beispielhaft demonstrieren:* die Lehrerin führt einen Versuch, Beweis vor; **d)** *einem Publikum zeigen, darbieten:* [jmdm.] einen Film, Kunststücke, eine Dressurnummer, einen Zaubertrick v. **3.** (ugs.) *bloßstellen, lächerlich machen:* die Gastmannschaft wurde mit 6:0 regelrecht vorgeführt.

vor|führ|fer|tig ⟨Adj.⟩: *fertig, bereit zur Vorführung:* -e Dias; der Film liegt v. bereit.

Vor|führ|ge|rät, das: **a)** *Projektor;* **b)** *einzelnes Gerät einer Serie (z. B. Küchenmaschine), das im Geschäft in seiner Funktion gezeigt u. vorgeführt wird.*

Vor|führ|raum, der: *Raum, Kabine für den Projektor in einem Kino.*

Vor|füh|rung, die; -, -en: **1.** *das Vorführen* (1): die V. eines Häftlings. **2.** *Darbietung, Vorstellung, Demonstration:* die V. eines Geräts, einer Anlage; ein bunter Abend mit allerlei -en.

Vor|füh|rungs|raum, der: *Raum für eine Vorführung* (2).

Vor|führ|wa|gen, der: *Auto einer neuen Serie, das beim Händler zum Probefahren vorgeführt wird.*

Vor|ga|be, die; -, -n [1: mhd. vorgābe, eigtl. = Vorzug; Vorteil]: **1.** (Sport) *Ausgleich durch Zeitvorsprung o. Ä. für schwächere Wettbewerbsteilnehmer:* jmdm. 20 Meter V. geben. **2.** (Golf) *Differenz zwischen den Schlägen, die vorgeschrieben sind, und denen, die der Spieler gebraucht hat.* **3.** (Fachspr.) *etw., was als Kennziffer, Maß, Richtlinie o. Ä. festgelegt ist:* wichtig sind bei der Aufgabenstellung klare -en; sich genau an seine -n halten. **4.** (Wirtsch.) *Vorgabezeit.* **5.** (Bergmannsspr.) *das, was an festem Gestein durch Sprengung gelöst werden soll.*

Vor|ga|be|zeit, die (Wirtsch.): *vorgegebene Zeit, in der eine bestimmte Arbeitsleistung erbracht werden muss:* die -en neu festsetzen.

Vor|gang, der; -[e]s, Vorgänge [mhd. vorganc]: **1.** *etw., was vor sich geht, abläuft, sich entwickelt:* ein natürlicher, technischer, psychischer, chemischer, komplizierter, skandalöser V.; geschichtliche Vorgänge *(Prozesse);* jmdn. über interne Vorgänge unterrichten. **2.** (Amtsspr.) *Gesamtheit der Akten, die über eine bestimmte Person, Sache angelegt sind:* einen V. heraussuchen, anfordern.

Vor|gän|ger, der; -s, - [mhd. vorganger, vorgenger]: *jmd., der vor einem anderen dessen Stelle, Funktion, Amt o. Ä. innehatte:* von seinem V. eingearbeitet werden; Ü dieser Wagen ist komfortabler als sein V.

Vor|gän|ge|rin, die; -, -nen: w. Form zu ↑Vorgänger.

vor|gän|gig: **I.** ⟨Adj.⟩ (schweiz., sonst veraltend) *vorangegangen, vorausgehend, vorherig, vorher vorhanden:* die Missstimmung war eine Auswirkung des -en Streits. **II.** ⟨Adv.⟩ (schweiz.) *zuvor:* er war v. schon einmal dort gewesen. **III.** ⟨Präp. mit Gen. u. Dativ⟩ (schweiz.) *vor* (I 2).

Vor|gangs|pas|siv, das (Sprachw.): *Passivform, mit der ausgedrückt wird, dass mit einem Objekt etw. geschieht, vorgeht* (z. B. die Tür wird geöffnet).

Vor|gangs|wei|se, die (österr.): *Vorgehensweise.*

Vor|garn, das; -[e]s, -e (Textilind.): *bereits gerundete Faser, die dann zu Garn gesponnen wird.*

Vor|gar|ten, der; -s, Vorgärten: *kleinerer, vor einem Haus gelegener Garten:* ein schönes Stadtviertel mit gepflegten Vorgärten.

vor|gau|keln ⟨sw. V.; hat⟩: *jmdm. etw. so schildern, dass er sich falsche Vorstellungen, Hoffnungen macht:* den Leserinnen und Lesern, den Kindern eine heile Welt v.

vor|ge|ben ⟨st. V.; hat⟩: **1.** (ugs.) *nach vorn geben:* die Hefte [der Lehrperson] v. **2.** *etw., was nicht den Tatsachen entspricht, als Grund für etw. angeben:* sie gab vor, krank gewesen zu sein; er gab dringende Geschäfte vor. **3.** (bes. Sport) *jmdm. einen Vorsprung geben:* den Amateuren eine Runde, zehn Punkte v.; jmdm. einen Turm v. (Schach; *von Anfang an mit nur einem Turm gegen jmdn. spielen*). **4.** *etw. ansetzen, festlegen, bestimmen [u. als Richtwert verbindlich machen]:* am Fließband neue Zeiten v.; die vorgegebene Flugbahn erreichen; vorgegeben sei der Schnittpunkt F.

Vor|ge|bir|ge, das; -s, -: *einem Gebirge vorgelagerte Bergkette:* das V. der Alpen; **Ü** sie hat ein mächtiges V. (salopp; *einen großen Busen*).

vor|geb|lich ⟨Adj.⟩: *angeblich:* ein -er Unglücksfall.

vor|ge|burt|lich ⟨Adj.⟩ (Med.): *pränatal:* ein -es Trauma.

vor|ge|fasst ⟨Adj.⟩: **a)** *von vornherein feststehend; auf Vorurteilen beruhend:* eine -e Meinung; **b)** *vorher gefasst* (1): ein -er Plan.

vor|ge|fer|tigt: ↑vorfertigen.

Vor|ge|fühl, das; -s, -e: *gefühlsmäßige Ahnung von etw. Bevorstehendem, Zukünftigem:* ein schlimmes, beklemmendes V. haben.

Vor|ge|gen|wart, die; - (Sprachw.): *Perfekt.*

vor|ge|hen ⟨unr. V.; ist⟩ [mhd. vorgān, vorgēn, ahd. foragān]: **1.** *nach vorn gehen:* an die Tafel, zum Altar v. **2. a)** (ugs.) *vor jmdm. gehen:* jmdn. v. lassen; geh du vor, du kennst dich hier am besten aus; **b)** *früher als eine andere Person gehen [um sie später wieder zu treffen]:* warte nicht auf mich, geh schon mal vor. **3.** *(von Messgeräten o. Ä.) zu viel, zu früh anzeigen, zu schnell gehen:* die Uhr geht ein paar Minuten vor. **4. a)** *(gegen jmdn.) einschreiten, etw. unternehmen:* entschieden, mit aller Schärfe, gerichtlich [gegen die Schuldigen] v.; die Polizei ging gegen die Demonstranten mit Wasserwerfern vor; **b)** *verfahren* (1 a): [bei etw.] systematisch, methodisch, zu plump, vorsichtig, geschickt, brutal, äußerst dreist v.; wie wollen wir v.? **5.** *in einer bestimmten Situation vor sich gehen, sich abspielen, sich zutragen:* was geht da [draußen] eigentlich vor?; sie weiß nicht, was zwischen den beiden, hinter ihrem Rücken vorgeht; mit ihm war eine Veränderung vorgegangen. **6.** *als wichtiger, dringender behandelt, betrachtet werden als etw. anderes; Vorrang haben:* die Gesundheit geht [allem anderen] vor.

Vor|ge|hen, das; -s: *Vorgehensweise:* ein gemeinsames, solidarisches V.; das brutale V. der Saalordner wurde hart kritisiert.

Vor|ge|hens|wei|se, die: *Art u. Weise, wie jmd. vorgeht* (4): über die konkrete V. war nichts bekannt geworden.

vor|ge|la|gert ⟨Adj.⟩: *vor etw. liegend:* die [der Küste] -en Inseln; der Wald ist dem Flughafen v.

vor|ge|nannt ⟨Adj.⟩ (Amtsspr.): *vorher genannt; oben genannt.*

vor|ge|ord|net ⟨Adj.⟩ (veraltet): *übergeordnet* (2): die -e Behörde.

Vor|ge|plän|kel, das; -s, -: *Geplänkel vor einer ernsthafteren Auseinandersetzung:* die Schlacht war nur ein V. gewesen.

Vor|ge|richt, das; -[e]s, -e: *Vorspeise.*

Vor|ge|schich|te, die; -, -n: **1.** ⟨o. Pl.⟩ **a)** *Zeitabschnitt in der Menschheitsgeschichte, der vor dem Beginn der schriftlichen Überlieferung liegt; Prähistorie:* die Funde stammen aus der V.; **b)** *Wissenschaft, die die Vorgeschichte erforscht, Prähistorie:* sie ist Expertin auf dem Gebiet der V. **2.** *das, was einem Fall, Vorfall, Ereignis o. Ä. vorausgegangen u. dafür von Bedeutung ist:* die V. der Krankheit ermitteln; der Skandal hat eine lange V.

vor|ge|schicht|lich ⟨Adj.⟩: *die Vorgeschichte* (1) *betreffend; prähistorisch:* in -er Zeit; -e Gräber.

Vor|ge|schichts|for|schung, die: **a)** *wissenschaftliche Erforschung der Vorgeschichte* (1 a); **b)** ⟨o. Pl.⟩ *Vorgeschichte* (1 b).

Vor|ge|schmack, der; -[e]s: *etw., wodurch man einen gewissen Eindruck von etw. Bevorstehendem bekommt:* die Dias waren ein kleiner V. auf den kommenden Urlaub.

vor|ge|schrit|ten: ↑vorschreiten.

Vor|ge|setz|te, der u. die; -n, -n ⟨Dekl. ↑Abgeordnete⟩: *jmd., der (in einem Betrieb o. Ä.) anderen übergeordnet u. berechtigt ist, Anweisungen zu geben:* jmds. unmittelbare, direkte, nächste V.; V. müssen die Reisekostenabrechnung autorisieren.

Vor|ge|spräch, das; -[e]s, -e: *dem eigentlichen [offiziellen] Gespräch vorangehendes Gespräch:* -e über den Vertrag hatten schon stattgefunden.

vor|ges|tern ⟨Adv.⟩: **1.** *vor zwei Tagen; an dem Tag, der zwei Tage vor dem heutigen Tag liegt:* er ist seit v. verreist; die Zeitung von v. **2.** (ugs., oft abwertend) in der Fügung **von v.** *(rückständig, überholt):* der ist doch von v.!

vor|ges|trig ⟨Adj.⟩: **1.** *vorgestern gewesen, von vorgestern:* die -e Zeitung; am -en Montag. **2.** (ugs., oft abwertend) *rückständig, überholt, altmodisch:* mit -en Methoden arbeiten.

vor|glü|hen ⟨sw. V.; hat; meist im Inf.⟩ (Kfz-T.): *vor dem Anlassen des Dieselmotors als Zündhilfe die Glühkerzen glühen lassen:* du musst lange genug v.

vor|grei|fen ⟨st. V.; hat⟩: **1.** *nach vorn greifen:* mit beiden Händen v.; **Ü** ich habe schon auf mein nächstes Monatsgehalt vorgegriffen. **2. a)** *[schneller] das sagen, tun, was ein anderer [etw. später] hätte selbst sagen, tun wollen:* du darfst ihm bei dieser Entscheidung nicht v.; ich wollte [Ihnen] nicht v., aber …; **b)** *handeln, bevor eine [offizielle] Entscheidung gefallen ist, bevor etw. Erwartetes [dessen Ausgang man hätte abwarten sollen] eintritt:* einer offiziellen Stellungnahme v. **3.** *beim Erzählen, Berichten o. Ä. etw. vorwegnehmen:* ich habe weit vorgegriffen und damit im Grunde das Wesentliche gesagt.

vor|greif|lich ⟨Adj.⟩ (veraltet): *vorgreifend* (2, 3).

Vor|griff, der; -[e]s, -e: *das Vorgreifen.*

Vor|grup|pe, die; -, -n: *im Vorprogramm eines Rockkonzerts o. Ä. auftretende Gruppe:* sie traten als V. der Rolling Stones auf.

vor|gu|cken ⟨sw. V.; hat⟩ (ugs.): **1. a)** *nach vorn sehen;* **b)** *hinter etw. hervorsehen:* hinter der Gardine v. **2.** *länger sein als etw., was darüber liegt, darüber getragen wird:* das Kleid guckt [unter dem Mantel] vor.

vor|ha|ben ⟨unr. V.; hat⟩ [mhd. (md.) vorhaben]: **1.** *die Absicht haben, etw. Bestimmtes zu tun, zu unternehmen, auszuführen:* v., etw. zu tun; eine Reise v.; er hat Großes mit ihm vor; hast du heute Abend schon etwas vor? **2.** (ugs.) *vorgebunden haben:* eine Schürze v. **3.** (ugs.) *mit jmdm. etw. anstellen, jmdm. sehr zusetzen:* wir haben da einen vor, der wehrt sich wie verrückt.

Vor|ha|ben, das; -s, -: *das, was jmd. vorhat* (1); *Plan:* ein gefährliches V.; ein wissenschaftliches, literarisches, verlegerisches V. *(Projekt);* sein V. durchführen, in die Tat umsetzen; jmdn. von seinem V. abbringen.

Vor|ha|fen, der; -s, Vorhäfen: *Reede.*

Vor|hal|le, die; -, -n: **a)** *Vorbau vor dem Eingang eines Gebäudes:* eine portikusartige, offene V.; **b)** *Vestibül.*

Vor|halt, der; -[e]s, -e: **1.** (Musik) *(bes. bei einem Akkord) mit einer Dissonanz verbundene Verzögerung einer Konsonanz durch das Festhalten eines Tons des vorangegangenen Akkords.* **2.** (Fachspr.) *beim Anvisieren zu berücksichtigende Strecke, um die sich ein bewegliches Ziel von der Zeit des Abschusses bis zum Auftreffen des Geschosses weiterbewegt.* **3.** (schweiz., sonst veraltend) *Vorhaltung:* mit Entschiedenheit wies er den V. zurück. **4.** (Rechtsspr.) *mit der Aufforderung, sich dazu zu äußern, verbundene Konfrontation eines Prozessbeteiligten mit einer in den Prozessakten festgehaltenen [Zeugen]aussage o. Ä.:* jmdm. einen V. machen.

vor|hal|ten ⟨st. V.; hat⟩: **1. a)** *vor jmdn., sich, etw. halten:* [sich] beim Husten die Hand, ein Taschentuch v.; jmdn. mit vorgehaltener Pistole bedrohen; **Ü** jmdm. jmdn. als Vorbild, Muster v.; **b)** (selten) *nach vorn halten, vorstrecken:* die Hand v.; **c)** (Fachspr.) *beim Anvisieren eines Ziels einen Vorhalt* (2) *berücksichtigen.* **2.** *jmdm. Vorhaltungen in Bezug auf etw. machen:* jmdm. seine Fehler, sein Verhalten, eine Äußerung v.; sie hielt ihm vor, dass er nicht aufgepasst habe. **3.** (ugs.) **a)** *[gerade] in einer solchen Menge vorhanden sein, dass für einen bestimmten Zeitraum kein Mangel entsteht:* der Vorrat, das Heizöl wird bis zum Frühjahr, noch einen Monat v.; **b)** *anhalten, bestehen bleiben, dauern:* das Gefühl der Erholung hielt nicht lange vor. **4. a)** (Bauw.) *Geräte, Gerüste, Bauteile vorübergehend zur Verfügung stellen;* **b)** (Papierdt.) *bereithalten, zur Verfügung halten:* genügend Wechselgeld v.

Vor|hal|tung, die; -, -en ⟨meist Pl.⟩: **1.** *kritisch-vorwurfsvolle Äußerung jmdm. gegenüber im Hinblick auf dessen Verhalten o. Ä.:* jmdm. [wegen etw.] -en machen. **2.** *das Vorhalten* (4).

Vor|hand, die; -, Vorhände: **1.** (Sport, bes. [Tisch]tennis) **a)** *Seite des Schlägers, mit der der Ball geschlagen wird, wenn die Innenfläche der den Schläger führenden Hand in die Richtung des Schlages zeigt:* einen Ball mit [der] V. spielen; **b)** *Schlag mit der Vorhand;* **c)** *Fähigkeit, Art u. Weise, mit der Vorhand zu schlagen:* er hat keine, eine gute V. **2.** ⟨o. Pl.⟩ (Kartenspiel) **a)** *Position des Spielers, der zuerst ausspielt:* die V. haben; in der V. sein; **Ü** die Firma war der Konkurrenz gegenüber in der V. *(im Vorteil);* **b)** *Spieler, der zuerst ausspielt.* **3.** *Vorderbeine u. vorderer [Körper]teil von größeren Säugetieren, bes. von Pferden.*

vor|han|den ⟨Adj.⟩ [eigtl. = vor den Händen]: *existierend, als existierend feststellbar:* -e Mängel beseitigen; die [noch] -en Vorräte, Lebensmittel; Schlafsäcke, soweit v., bitte mitbringen; die Gefahren sind unleugbar v.; für jmdn. nicht mehr v. sein (ugs.; *von jmdm. nicht mehr beachtet werden*).

Vor|han|den|sein, das; -s: *das Existentsein.*

Vor|hand|schlag, der; -[e]s, -schläge (Sport, bes. [Tisch]tennis): *Schlag mit der Vorhand.*

Vor|hang, der; -[e]s, Vorhänge [mhd. vor-, vürhanc]: **a)** *größere Stoffbahn, die vor etw. (einen Gegenstand, einen Raum) gehängt wird, um es zu verdecken, abzuschließen:* schwere, samtene Vorhänge; den V. aufziehen, zuziehen, zurückschieben, schließen; sich hinter dem V. verstecken; zwischen den Vorhängen durchgucken; **b)** *die Bühne, das Podium (gegen den Zuschauerraum) abschließender großer Vorhang* (a): der V. geht auf, hebt sich, senkt sich, fällt; in zehn Minuten ist V. (Theater Jargon; *ist die Vorstellung zu Ende*); die Schauspieler traten immer wieder vor den V./(Theater Jargon:) bekamen viele Vorhänge; * **der eiserne V.** (Theater; *feuersicherer Abschluss der Bühne gegen den Zuschauerraum;* wohl LÜ von engl. iron curtain); **der Eiserne V.** (Politik früher; *[in Westeuropa] Grenze zum Osten 3 b;* seit 1945/46 weitere Verbreitung bes. durch Reden W. Churchills); **c)** (österr., sonst landsch. veraltend) *Gardine:* durch den V. gucken.

[1]vor|hän|gen ⟨st. V.; hat⟩: **a)** (landsch.) *vorgucken* (2); **b)** (ugs.) *nach vorn hängen.*

[2]vor|hän|gen ⟨sw. V.; hat⟩: *etw. vor etw., jmdn. hängen:* eine Decke v.; die Türkette v.; er hängte dem Pferd den Futterbeutel vor; der Bettler hatte sich ein Schild vorgehängt.

Vor|hän|ge|schloss, das: *Schloss mit einem Bügel, der sich mit einem Schlüssel öffnen u. schließen lässt u. zum Verschließen von etw. in eine Krampe o. Ä. eingehängt wird; [An]hängeschloss.*

Vor|hang|stan|ge, die: vgl. Gardinenstange (a, b).

Vor|hang|stoff, der: *Stoff für Vorhänge.*

Vor|haus, das; -es, Vorhäuser [mhd. vorhūs, ahd. furihūs = Vorbau] (österr., sonst landsch.): *Hausflur, Einfahrt* (2 a): durch das V. in den Aufenthaltsraum gehen.

Vor|haut, die; -, Vorhäute [LÜ von lat. praeputium]: *(bewegliche) Haut, die die Eichel des Penis umhüllt.*

vor|hei|zen ⟨sw. V.; hat⟩: *vor der eigentlichen Benutzung erwärmen, [auf]heizen:* das Auto v.; den Auflauf im vorgeheizten Ofen bei 220 Grad 30 Minuten backen.

vor|her [auch: –ˈ–] ⟨Adv.⟩: *vor einem bestimmten, diesem Zeitpunkt, Ereignis, Geschehen:* natürlich darfst du das, aber v. mach bitte noch deine Hausaufgaben; wollen wir gleich zum Essen gehen oder v. noch einen Aperitif nehmen?; das ist drei Wochen, lange, Tage, kurz v. passiert; am Abend v.; ich hatte sie v. noch nie gesehen; das hättest du dir v. überlegen müssen.

vor|her|be|rech|nen ⟨sw. V.; hat⟩: *etw. im Voraus berechnen.*

vor|her|be|stim|men ⟨sw. V.; hat⟩: *im Voraus bestimmen:* ⟨meist im 2. Part.:⟩ ein vorherbestimmtes Leben.

Vor|her|be|stim|mung, die ⟨o. Pl.⟩ (Theol.): *Prädestination.*

vor|her|ge|hen ⟨unr. V.; ist⟩: *früher als etw. anderes stattfinden, ablaufen; sich vor einem bestimmten Zeitpunkt ereignen:* Ereignisse, die dem Vorfall vorhergingen; die vorhergehende *(obige)* Aussage; ⟨subst.:⟩ das Vorhergehende *(oben Gesagte);* im Vorhergehenden *(weiter oben)* habe ich diese These entwickelt.

vor|he|rig [auch: ˈ– – –] ⟨Adj.⟩: *vorhergehend, vorher erfolgend:* am -en Abend; nach -er Anmeldung, Vereinbarung.

Vor|herr|schaft, die; -: *[wirtschaftliche, politische, militärische] Macht, die so groß ist, dass andere von dieser Macht abhängig, ihr unterworfen sind; Vormachtstellung:* nach V. streben; um die V. kämpfen.

vor|herr|schen ⟨sw. V.; hat⟩: *am stärksten in Erscheinung treten; überwiegen:* die vorherrschende Meinung.

vor|her|sag|bar ⟨Adj.⟩: *sich vorhersagen lassend:* Erdbeben sind schwer, kaum, nur bedingt v.

Vor|her|sa|ge, die: *etw., was jmd. sagt in Bezug auf etw., was sich zukünftig ereignen od. darauf, wie etw. in nächster Zeit verlaufen wird:* langfristige -n; die V. des Wetters, von Gewittern, von Vulkanausbrüchen; ... und nun die V. *(Wettervorhersage)* für morgen, Donnerstag, den 15. Mai: ...; ihre -n haben sich [nicht] bestätigt, erfüllt.

Vor|her|sa|ge|ge|biet, das (Met.): *Gebiet, auf das sich eine Wettervorhersage bezieht:* im ganzen V. wird es regnen.

vor|her|sa|gen ⟨sw. V.; hat⟩: *im Voraus sagen, wie etw. verlaufen, ausgehen wird:* das Wetter, ein Gewitter, ein Erdbeben v.; derartige Naturkatastrophen lassen sich nicht v.; ich kann dir die Folgen v.

vor|her|seh|bar ⟨Adj.⟩: vgl. vorhersagbar: das war [nicht] v.

Vor|her|seh|bar|keit, die; -: *das Vorhersehbarsein:* die V. der kommenden Ereignisse.

vor|her|se|hen ⟨st. V.; hat⟩: *im Voraus erkennen, wissen, wie etw. verlaufen, ausgehen wird:* sie hat die Katastrophe als Einzige vorhergesehen; die Niederlage ließ sich nicht v.

vor|heu|cheln ⟨sw. V.; hat⟩ (ugs. abwertend): *vor jmdm. etwas anderes sagen, als man denkt; vor jmdm. nicht vorhandene Gefühle als vorhanden erscheinen lassen:* jmdm. Mitleid v.; er heuchelt dir doch nur was vor.

vor|heu|len ⟨sw. V.; hat⟩ (ugs.): *vor jmdm. [heftig weinend] laut klagen:* er könne das nicht, heulte er ihr vor.

vor|hin [auch: –ˈ–] ⟨Adv.⟩: *gerade eben; vor wenigen Minuten, Stunden:* wir sprachen [gerade] v. davon.

Vor|hi|nein: in der Fügung **im V.** (bes. österr.; *schon vorher; im Voraus*): zu einem im V. fixierten Preis.

Vor|hof, der; -[e]s, Vorhöfe: **1.** (Med.) **a)** *durch die Herzklappe mit der Herzkammer verbundener Teil des Herzens, in den das Blut zuerst einfließt; Vorkammer:* der linke V.; **b)** *Vestibulum.* **2.** *vor einem Gebäude gelegener Hof:* der V. einer Burg.

Vor|höl|le, die; - (kath. Theol.): *(nach heute umstrittener Lehre) Aufenthaltsort für Menschen, die vor Christi Geburt gelebt haben u. deshalb nicht christlich sein konnten, sowie für ungetauft gestorbene Kinder; Limbus.*

Vor|hut, die; -, -en [zu ↑²Hut] (Milit.): *Teil der Truppe, der vorausgeschickt wird, um den Vormarsch zu sichern:* die V. brach auf; Ü die V. der Arbeiterklasse; die zwölf besten Fahrer bildeten im Rennen die V.

vo|rig ⟨Adj.⟩ [1: spätmhd. voric]: **1.** *dem Genannten unmittelbar vorausgegangen:* -e Woche; -en Dienstag; -e Weihnachten; im -en Jahrhundert; am letzten Tag -en Monats, Jahres (Abk.: v. M., v. J.)/des -en Monats, Jahres; dieser Versuch war erfolgreicher als der -e; ⟨subst.:⟩ das Vorige (Theater, in Bühnenanweisungen; *die vorigen Ausführungen*); die Vorigen (Theater, in Bühnenanweisungen; *die bereits in der vorhergehenden Szene vorkommenden Personen*); wie im Vorigen (veraltend; *weiter oben*) bereits gesagt. **2.** (schweiz.) *übrig:* etw. v. lassen; ich bin v.

vor|in|do|ger|ma|nisch ⟨Adj.⟩: *vor der Zeit der Indogermanen.*

vor|in|dus|tri|ell ⟨Adj.⟩: *vor der Industrialisierung [gegeben, üblich]:* -e Strukturen; in -er Zeit.

Vor|in|for|ma|ti|on, die; -, -en: **1.** ⟨o. Pl.⟩ *vorherige Information* (1): die Broschüre ist nützlich als V. **2.** *Vorwissen, Vorkenntnis[se]:* bei der Tätigkeit wird viel V. vorausgesetzt.

Vor|jahr, das; -[e]s, -e: *voriges, vorhergehendes Jahr:* gegenüber dem V. ist eine Steigerung zu verzeichnen.

Vor|jah|res|sie|ger, der (Sport): *Sieger des Vorjahres.*

Vor|jah|res|sie|ge|rin, die: w. Form zu ↑Vorjahressieger.

vor|jäh|rig ⟨Adj.⟩: *im Vorjahr [stattfindend, sich ereignend], aus dem Vorjahr stammend:* die -e Konferenz.

vor|jam|mern ⟨sw. V.; hat⟩ (ugs.): *jammernd* (1 b) *vortragen, erzählen.*

Vor|kam|mer, die; -, -n: *Vorhof* (1 a).

vor|kämp|fen, sich ⟨sw. V.; hat⟩: *sich nach vorn kämpfen:* die Truppen kämpfen sich weiter nach Süden vor; sich zur Brandstelle v.; Ü die Amateurspielerin kämpfte sich bis ins Finale vor.

Vor|kämp|fer, der; -s, -: *[im Rückblick] jmd., der bereits für die Verwirklichung von etw. kämpft, wofür andere sich erst später einsetzen:* ein V. des Sozialismus, für die Unabhängigkeit.

Vor|kämp|fe|rin, die; -, -nen: w. Form zu ↑Vorkämpfer: eine V. für die Rechte der Frau.

Vor|kas|se, die (Kaufmannsspr.): *Vorauskasse:* Lieferung nur gegen V.

vor|kau|en ⟨sw. V.; hat⟩: **1.** *jmdm., bes. einem Kleinkind, die Nahrung, die er erhalten soll, vorher zerkauen.* **2.** (ugs.) *jmdm. etw. in allen Details darlegen:* man muss ihm alles v.

Vor|kaufs|recht, das (Rechtsspr.): *Recht, etw. Bestimmtes, wenn es zum Verkauf steht, als Erste[r] angeboten zu bekommen.*

Vor|kehr, die; -, -en (schweiz.): *Vorkehrung.*

vor|keh|ren ⟨sw. V.; hat⟩: **1.** (ugs.) *herauskehren:* den Vorgesetzten, den Chef v. **2.** (schweiz.) *Vorkehrungen treffen, vorsorglich anordnen:* geeignete Maßnahmen v.

Vor|keh|rung, die; -, -en ⟨meist Pl.⟩: *Maßnahme zum Schutz, zur Sicherung von etw.:* geeignete, ausreichende -en treffen.

Vor|kennt|nis, die; -, -se: *bereits vorhandenes Wissen:* hierfür sind spezielle -se erforderlich.

vor|kla|gen ⟨sw. V.; hat⟩ (ugs.): vgl. vorjammern.

vor|klap|pen ⟨sw. V.; hat⟩: *nach vorn klappen:* zum Aussteigen die Lehne des Vordersitzes v.

vor|klä|ren ⟨sw. V.; hat⟩: *vorab [teilweise] klären:* sie wird v., ob überhaupt Interesse besteht.

vor|kli|nisch ⟨Adj.⟩ (Med.): **1.** *dem klinischen Studium vorhergehend:* die -en Semester. **2.** *(von Krankheiten) noch keine typischen Symptome aufweisend:* die Heilpraktikerin stellte eine Allergie im -en Stadium fest.

vor|knöp|fen, sich ⟨sw. V.; hat⟩ [wohl eigtl. = jmdn. an den Knöpfen heranziehen u. vor sich hinstellen] (ugs.): **1.** *einem irgendwie Abhängigen gegenüber deutlich seinen Unwillen über dessen Verhalten usw. äußern:* den werde ich mir gleich mal gründlich v. **2.** *sich jmdm., einer Sache zuwenden, um sich mit ihm, damit energisch zu beschäftigen (um sie zu überprüfen, zu bearbeiten, zu zerstören usw.):* sich in der Rede die Opposition v.

vor|ko|chen ⟨sw. V.; hat⟩: **1.** *eine Mahlzeit durch vorheriges Kochen so zubereiten, dass sie bei Bedarf nur noch warm zu machen ist:* ein Essen für den nächsten Tag v. **2.** *ankochen:* man kann die Kartoffeln 20 Minuten v. und dann auf dem Grill backen.

Vor|kom|man|do, das; -s, -s (Milit.): *Kommando* (3 a), *das einer nachfolgenden Truppe vorausgeschickt wird.*

vor|kom|men ⟨st. V.; ist⟩ [mhd. vor-, vürkomen, ahd. furiqueman]: **1. a)** *[überraschend] geschehen, sich ereignen, passieren:* ein Irrtum kommt schon einmal vor; dass [mir] so etwas nicht wieder vorkommt!; **b)** *jmdm. [als etw. Neues] begegnen, von jmdm. erfahren werden:* so eine Frechheit ist mir noch selten vorgekommen. **2.** *vorhanden sein, sich finden:* der Feuersalamander kommt hier häufig, nur noch vereinzelt, kaum noch vor; das Element kommt in der Natur nur in seinen Verbindungen vor; das Wort kommt in dem Text insgesamt fünfmal vor; die Figur kommt in mehreren seiner Romane vor; eine nur noch selten vorkommende Krankheit. **3.** *von jmdm. so wahrgenommen, empfunden werden; erscheinen* (3): die Sache kommt mir seltsam, verdächtig vor; der Mann, die Melodie kommt mir [irgendwie] bekannt vor; es kam mir alles vor wie ein Traum; ich kam mir total überflüssig, wie ein Verräter vor; es kam mir vor *(ich hatte das Gefühl),* als ob ich schwebte; du kommst dir wohl sehr schlau vor *(hältst dich wohl für sehr schlau);* das kommt dir nur so vor *(das ist eine Täuschung).* **4.** *nach vorn kommen:* der Schüler musste [an die Tafel] v. **5.** *hervorkommen, zum Vorschein kommen:* hinter dem Vorhang, unter dem Sofa v.; zwischen den Steinen kommen Pflanzen vor. **6.** (Jägerspr.) *ins Schussfeld kommen.*

Vor|kom|men, das; -s, -: **a)** *an einem Ort vorkommende Anzahl von Pflanzen, Tieren einer Art:* das Vorkommen des Enzians im Gebirge; **b)** *von Natur aus an einem Ort befindliche größere Menge eines Rohstoffs; Lagerstätte:* ergiebige V. von Erdöl entdecken; ein V. erschließen, ausbeuten.

Vor|komm|nis, das; -ses, -se: **1.** *Vorgang, der aus dem gewöhnlichen Ablauf des Geschehens fällt [u. als etw. Ärgerliches, Unangenehmes o. Ä. empfunden wird]:* ein peinliches, skandalöses, bedauerliches V.; der Posten meldet keine besonderen -se. **2.** (selten) *Vorkommen* (b): ein V. von Braunkohle.

Vor|kost, die; - (selten): *Vorspeise.*

vor|kos|ten ⟨sw. V.; hat⟩: **1.** *vorher kosten, probieren:* die Speisen, den Wein v. **2.** (geh.) *schon im Voraus* [1]*kosten* (b): diese Freude möchte ich schon einmal v.

Vor|kos|ter, der; -s, -: *jmd., der die Aufgabe hat, die Speisen eines anderen vorzukosten.*

Vor|kos|te|rin, die; -, -nen: w. Form zu ↑Vorkoster.

vor|kra|gen ⟨sw. V.; hat⟩ [zu ↑Krage] (Archit.): **a)** *herausragen, vorspringen:* das obere Geschoss kragt [ein Stück] vor; **b)** *herausragen, vorspringen lassen:* ein vorgekragtes Dach.

Vor|kriegs|ge|ne|ra|ti|on, die: *Generation der Vorkriegszeit.*

Vor|kriegs|jahr, das: vgl. Vorkriegszeit: in den letzten -en.

Vor|kriegs|zeit, die: *Zeit [kurz] vor Kriegsausbruch:* das Gebäude stammt noch aus der V.

vor|kul|ti|vie|ren ⟨sw. V.; hat⟩ (Landw., Gartenbau): *zunächst im Frühbeet, Treibhaus o. Ä. kultivieren.*

Vor|kurs, der; -es, -e, **Vor|kur|sus,** der; -, ...kurse: *vorbereitender Kurs[us].*

vor|la|den ⟨st. V.; hat⟩ [mhd. vorladen, ahd. furiladōn]: *jmdn. auffordern, zu einem bestimmten Zweck bei einer offiziellen, übergeordneten Stelle, bes. vor Gericht, zu erscheinen:* jmdn. zu einer gerichtlichen Untersuchung v.; er wurde als Zeuge vorgeladen.

Vor|la|dung, die; -, -en: **a)** *das Vorladen:* jmds. V. beantragen; **b)** *Mitteilung, die beinhaltet, dass jmd. vorgeladen ist:* jmdm. eine V. schicken; eine gerichtliche V., eine V. vom Gericht bekommen.

Vor|la|ge, die; -, -n: **1.** ⟨o. Pl.⟩ *das Vorlegen* (1): der Betrag ist zahlbar bei V. [des Schecks]; die Karten werden nur gegen V. eines Ausweises ausgehändigt; eine Bescheinigung zur V. beim Finanzamt. **2.** *(bes. von Gesetzen) Entwurf, der [einer beratenden Körperschaft] zur Beschlussfassung vorgelegt wird:* eine V. für ein neues Gesetz ausarbeiten, einbringen, beraten, ablehnen; die Opposition stimmte der V. zu. **3. a)** *etw., was bei der Anfertigung von etw. als Muster, Grundlage, Modell o. Ä. dient:* eine V. zum Stricken; etw. als V. benutzen; sich genau an die V. halten; nach einer V., ohne V. zeichnen; **b)** (Druckw.) *Original, nach dem die Druckform hergestellt wird.* **4.** (Ballspiele, bes. Fußball) *Pass* (3), *der einen Torschuss einleiten soll:* eine präzise V.; eine V. geben, aufnehmen, verwandeln. **5.** ⟨o. Pl.⟩ **a)** (Rudern) *Auslage* (3 c); **b)** (bes. Ski) *Neigung des Körpers nach vorn; vorgebeugte Haltung des Oberkörpers [bei der Abfahrt]:* mit leichter V. laufen; in die V. gehen. **6.** (Archit.) *Pfeiler, Säule, Bogen o. Ä. zur Verstärkung od. Gliederung einer Mauer, Wand o. Ä.* **7.** (Chemie, Hüttenw.) *Gefäß, das bei einer Destillation das Destillat auffängt.* **8.** (Kaufmannsspr.) *vorgestreckte Geldsumme:* eine V. von 5 000 Mark erbringen; * **etw. in V. bringen** *(etw. vorstrecken);* **in V. treten** *(einen Betrag vorstrecken).* **9.** (landsch.) *Vorleger.*

Vor|land, das; -[e]s: **1.** *Gebiet, Landschaft vor einem Gebirge.* **2.** *Deichvorland.*

vor|las|sen ⟨st. V.; hat⟩: **1.** (ugs.) **a)** *beim Warten damit einverstanden sein, dass jmd., der später gekommen ist, früher als man selbst an die Reihe kommt:* sie hat mich an der Kasse vorgelassen; **b)** *jmdn. passieren, überholen lassen:* einen schnelleren Läufer v. **2.** *jmdm. eine Unterredung o. Ä. gewähren, in einer amtlichen Angelegenheit empfangen:* man ließ sie sofort vor.

Vor|lauf, der; -[e]s, Vorläufe: **1.** (Chemie) *(bei der Destillation) das erste Destillat.* **2.** (Sport, bes. Leichtathletik) *erster Lauf um die Qualifikation für die weitere Teilnahme am Wettbewerb:* den V. gewinnen. **3.** ⟨o. Pl.⟩ (bes. DDR) *zur Orientierung, Vorbereitung usw. einem Projekt, Vorhaben vorausgeschickte, vorausgehende Arbeit, Produktion, Forschung o. Ä.:* einen guten V. haben; einen ausreichenden wissenschaftlichen V. schaffen; er braucht sechs Jahre V. *(Vorlaufzeit).* **4.** (Fachspr.) **a)** *das beschleunigte Vorwärtslaufen eines Tonbands, Films o. Ä.:* das Band im [schnellen] V. umspulen; **b)** *Funktion eines Geräts, das einen Vorlauf* (4 a) *ermöglicht:* der [schnelle] V. ist kaputt. **5.** *ohne Anwendung von mechanischem Druck aus der Kelter ablaufender Most.*

vor|lau|fen ⟨st. V.⟩ (ugs.): **1.** *nach vorn laufen* ⟨ist⟩. **2.** *vorauslaufen* ⟨ist⟩. **3.** *laufend, bes. auf Schlittschuhen, Rollschuhen, vorführen* ⟨hat⟩: jmdm. eine [Eiskunstlauf]figur, eine Kür v.

Vor|läu|fer, der; -s, -: **1.** *jmd., dessen Schaffen, etw., was eine bestimmte, später entwickelte Idee od. Form, ein später auftretendes Ereignis o. Ä. in den Grundzügen bereits erkennen lässt, für eine spätere Entwicklung wegbereitend ist:* er ist ein V. der Expressionisten. **2.** (Ski) *Läufer, der vor dem Wettbewerb die Strecke (zur Kontrolle) läuft, fährt.* **3.** (landsch.) *Zug, der zur Entlastung vor dem fahrplanmäßigen Zug verkehrt.* **4.** (Färberei) *Stoffstreifen am Anfang u. am Ende der Bahn eines Gewebes.*

Vor|läu|fe|rin, die; -, -nen: w. Form zu ↑Vorläufer (1, 2).

vor|läu|fig ⟨Adj.⟩: *nicht endgültig, aber bis auf weiteres so [bestehend, verlaufend]; erst einmal, zunächst, fürs Erste:* eine -e Lösung, Regelung, Genehmigung; das ist nur ein -er Zustand; das -e amtliche Endergebnis der Wahl; v. wird sich daran nichts ändern; das reicht v.; die Polizei nahm einige Personen v. fest.

Vor|läu|fig|keit, die; -, -en: **1.** ⟨o. Pl.⟩ *das Vorläufigsein.* **2.** *etw. Vorläufiges.*

Vor|laufs|zeit, Vor|lauf|zeit, die: *Zeit, die man braucht, um die zur Verwirklichung eines Projekts nötigen Voraussetzungen, einen Vorlauf* (3) *zu schaffen:* wir rechnen für das Projekt mit einer dreijährigen V.

vor|laut ⟨Adj.⟩ [urspr. vom Jagdhund, der zu früh anschlägt, also »vor der Zeit laut« wird, dann vom Jäger, der voreilig das Wild erkennen u. beurteilen will]: *(meist von Kindern) sich ohne Zurückhaltung in einer Weise äußernd, einmischend, dass es als unangemessen, frech empfunden wird:* eine -e Göre; -e Bemerkungen machen.

vor|le|ben ⟨sw. V.; hat⟩: *durch seine Art u. Weise zu leben ein Beispiel für etw. geben:* der Jugend Toleranz v.

Vor|le|ben, das; -s: *jmds. Vergangenheit:* jmds. V. unter die Lupe nehmen.

Vor|le|ge|be|steck, das: *Besteck zum Vorlegen* (3 a) *von Speisen.*

Vor|le|ge|mes|ser, das: *Messer zum Zerteilen von Fleisch o. Ä. vor dem Servieren.*

vor|le|gen ⟨sw. V.; hat⟩: **1.** *etw. vor jmdn. zur Ansicht, Begutachtung, Bearbeitung o. Ä. hinlegen:* seinen Ausweis, Zeugnisse v. müssen; jmdm. einen Brief, Vertrag zur Unterschrift v.; die Verteidigung will [dem Gericht] neues Beweismaterial v.; dem Kunden mehrere Muster, Stoffe v. **2. a)** *etw. schriftlich Ausgearbeitetes unterbreiten, damit darüber Beschluss gefasst wird:* der Minister legt dem Parlament das Budget vor; einen Gesetzesentwurf v.; (verblasst:) jmdm., sich selbst eine Frage v.; **b)** *der Öffentlichkeit zeigen, vorweisen; veröffentlichen:* der Autor, der Verlag hat ein neues Buch vorgelegt. **3. a)** (geh.) *jmdm. die auf Platten, in Schüsseln aufgetragenen Speisen auf den Teller legen:* jmdm., sich Gemüse, ein Stück Braten v.; **b)** *(Tieren) Futter hinlegen:* dem Vieh Heu v. **4.** *etw. zur Sicherung, Befestigung vor etw. legen, anbringen:* einen Bremsklotz v.; eine Kette, einen Riegel v. *(die Tür mit einer Sicherheitskette, einem Riegel verschließen).* **5.** ⟨v. + sich⟩ *den Oberkörper nach vorn neigen, sich vorbeugen* (1): er legte sich weit vor. **6.** (Ballspiele, bes. Fußball) *eine Vorlage* (4) *geben:* ich legte ihm den Puck vor. **7.** (verblasst in Verbindung mit einem Subst., das eine bestimmte Geschwindigkeit ausdrückt:) *eine Leistung in einem Wettkampf, Wettbewerb gleich zu Beginn erzielen, erreichen, die dann als Maßstab dient:* ein scharfes Tempo v.; sie hat eine Zeit von unter 10 Sekunden vorgelegt. **8.** (ugs.) *tüchtig essen, sich eine gute Grundlage bes. für den Genuss von Alkohol verschaffen:* etwas Ordentliches v. **9.** *auslegen, vorläufig für jmdn. bezahlen:* eine Summe v.; kannst du mir 20 Mark v.?

Vor|le|ger, der; -s, -: *Matte, kleiner Teppich, die bzw. der vor etw. gelegt wird.*

Vor|le|gung, die; -, -en: *das Vorlegen* (1, 2).

vor|leh|nen, sich ⟨sw. V.; hat⟩: *sich nach vorn lehnen:* lehn dich nicht zu weit vor, du fällst sonst runter.

Vor|leis|tung, die; -, -en: *Leistung, die im Hinblick auf eine erwartete od. in Aussicht gestellte Gegenleistung im Voraus erbracht wird:* -en erbringen.

vor|le|sen ⟨st. V.; hat⟩: *etw. (Geschriebenes, Gedrucktes) [für jmdn.] laut lesen:* etw. laut v.; jmdm. einen Brief, eine Zeitungsnotiz v.; den Kindern [Geschichten] v.; aus der Bibel, aus eigenen Werken v.; lies mal vor, was auf dem Zettel steht!

Vor|le|se|pult, das: *kleines Pult für den Vorlesenden od. die Vorlesende.*

Vor|le|ser, der; -s, -: *jmd., der vorliest:* der V. hielt inne.

Vor|le|se|rin, die; -, -nen: w. Form zu ↑Vorleser: sie ist eine gute V. *(liest gut vor).*

Vor|le|se|wett|be|werb, der: *(von Schüler[inne]n) Wettbewerb im Vorlesen von Geschichten, Gedichten o. Ä.*

Vor|le|sung, die; -, -en: **1.** *Lehrveranstaltung an einer Universität, Hochschule, bei der ein Dozent, eine Dozentin über ein bestimmtes Thema im Zusammenhang vorträgt:* literaturwissenschaftliche, mathematische -en; -en in Archäologie, Biochemie; eine V. halten, hören, besuchen; die V. bei Professor X; eine V. *(Vorlesungsreihe)* über Lyrik belegen; in die, zur V. gehen. **2.** ⟨o. Pl.⟩ *das Vorlesen:* die V. einer Novelle.

vor|le|sungs|frei ⟨Adj.⟩: vgl. schulfrei: in der -en Zeit *(in dem Zeitraum während eines Semesters, in dem keine Lehrveranstaltungen stattfinden)* müssen Seminararbeiten angefertigt werden.

Vor|le|sungs|rei|he, die: *Reihe von Vorlesungen zu einem bestimmten Themenkomplex.*

Vor|le|sungs|ver|zeich|nis, das: *Verzeichnis der in einem Semester an einer Universität gehaltenen Vorlesungen [u. sonstigen Lehrveranstaltungen].*

vor|letzt... ⟨Adj.⟩: **a)** *in der Reihenfolge nicht ganz am Schluss, sondern unmittelbar davor:* die vorletzte Seite; am vorletzten Tag des Festivals, des Monats; im vorletzten Kapitel [des Buches]; ⟨subst.:⟩ er wurde Vorletzter; **b)** *dem letzten* (5), *vorigen unmittelbar vorausgehend:* vorletzte Woche; vorletzte Ostern; bei meinem vorletzten Besuch; im vorletzten Jahr; **c)** *außer dem letzten als einziges übrig geblieben:* das ist mein vorletztes Exemplar.

vor|lieb [älter fürlieb, eigtl. = lieb, angenehm (mangels einer besseren Möglichkeit)]: in der Verbindung **v. nehmen** *(sich mangels einer besseren Möglichkeit mit dem begnügen, zufrieden geben, was gerade zur Verfügung steht):* mit dem, was da ist, v. nehmen.

Vor|lie|be, die; -, -n: *besonderes Interesse; ausgeprägte Neigung:* eine besondere V. für etw. haben, zeigen.

vor|lie|gen ⟨st. V.; hat; südd., österr., schweiz.: ist⟩: **1. a)** *vorgelegt* (2) *sein; sich (als Material zur Begutachtung) in jmds. Händen befinden:* das Untersuchungsergebnis liegt [uns] vor; dem Gericht liegen alle Unterlagen vor; der Roman liegt jetzt vor *(ist jetzt erschienen);* der vorliegende *(dieser)* Aufsatz, Beitrag; im vorliegenden/in vorliegendem Fall sind außergewöhnliche Faktoren zu berücksichtigen; Vorliegendes prüfen; im Vorliegenden *(hier);* das Vorliegende *(diese Ausführungen, dieser Text);* **b)** *als Faktum für eine entsprechende Beurteilung zu erkennen sein; als zu berücksichtigende Tatsache für etw. bestehen:* hier liegt offenbar ein Irrtum vor; es lagen zwingende Gründe vor. **2.** (ugs.) *vorgelegt* (4) *sein:* der Riegel lag vor.

vor|lings ⟨Adv.⟩ [geb. als Ggs. zu ↑rücklings] (Turnen): *vorwärts, mit der vorderen Seite des Körpers dem Turngerät zugewandt.*

vor|lü|gen ⟨st. V.; hat⟩ (ugs.): *jmdm. etw. erzählen, um ihn glauben zu machen, was nicht den Tatsachen entspricht:* jmdm. etwas, nichts v.; jmdm. v., dass ...

vorm ⟨Präp. + Art.⟩ (ugs.): *vor dem:* v. Fernseher sitzen; v. Frühstück; v. Zu-Bett-Gehen; Angst v. Fliegen.

vorm. = vormals; vormittags.

vor|ma|chen ⟨sw. V.; hat⟩ (ugs.): **1. a)** *jmdm. zeigen, wie etw. gemacht wird, ihn mit einer bestimmten Fertigkeit vertraut machen:* jmdm.

einen Tanzschritt, eine Turnübung v.; soll ich es dir noch mal v.?; darin macht ihm niemand etwas vor *(er beherrscht das sehr gut)*; **b)** *zeigen, vorführen* (2d): Zaubertricks v.; mach [uns] doch mal vor, was du heute gelernt hast! **2.** *einen falschen Eindruck erwecken, um jmdn. dadurch zu täuschen:* sie hat ihm etwas vorgemacht; mir kannst du doch nichts v.!; sie lässt sich nichts v.; wir wollen uns doch nichts v.! *(wir sollten nichts beschönigen, offen zueinander sein!)*. **3.** *vorlegen* (4): den Riegel, die Kette v.

Vor|macht, die; -, Vormächte: **1.** (o. Pl.) *führende Machtstellung:* die V. der Partei, der Kirche; um die politische V. [im Lande, in Europa] kämpfen. **2.** *eine Vormachtstellung innehabende Macht.*

Vor|macht|stel|lung, die (o. Pl.): *Vorherrschaft:* die [politische, wirtschaftliche, militärische] V. eines Landes; eine [soziale] V. innehaben.

vor|ma|lig ⟨Adj.⟩: *ehemalig:* der -e Besitzer; ein -er Offizier; die -e Turnhalle.

vor|mals ⟨Adv.⟩: *einst, früher:* v. war hier ein Garten; das v. sowjetische Kasachstan; Abk.: vorm.

Vor|mann, der; -[e]s, Vormänner: **1. a)** *Vorarbeiter;* **b)** (ugs.) *jmd., der an der Spitze von etw. steht, etw. leitet; herausragendster Vertreter einer Gruppe:* der neue V. wird die Sendung im Mai erstmals moderieren. **2. a)** *Vorgänger;* **b)** (österr. Rechtsspr.) *vorheriger Eigentümer.*

Vor|marsch, der; -[e]s, Vormärsche: *[siegreiches] Vorwärtsmarschieren:* den V. des Feindes aufhalten; auf dem/im V. sein; Ü der V. des Computers; eine neue Mode ist auf dem/im V.

Vor|märz, der; -: *historische Periode in Deutschland von 1815 bis zur Revolution im März 1848.*

Vor|mensch, der; -en, -en (Anthrop.): *Pithekanthropus.*

vor|mer|ken ⟨sw. V.; hat⟩: *jmdn., etw. im Voraus als zu berücksichtigend eintragen:* einen Termin v.; ich habe mir seinen Besuch für 10 Uhr vorgemerkt; [sich] ein Zimmer v. *(reservieren)* lassen; sich [für einen Kursus] v. lassen.

Vor|mer|kung, die; -, -en: **a)** *das Vormerken; das Vorgemerktwerden;* **b)** (Rechtsspr.) *vorläufige Eintragung ins Grundbuch.*

Vor|mie|ter, der; -s, -: *vorheriger Mieter:* die Küche haben wir von den/unseren -n übernommen.

Vor|mie|te|rin, die; -, -nen: w. Form zu ↑Vormieter.

vor|mi|li|tä|risch ⟨Adj.⟩: *den Militärdienst vorbereitend:* -e Ausbildung.

Vor|mit|tag, der; -s, -e [subst. aus älter: vor Mittag(e)]: *Zeit zwischen Morgen und Mittag:* ich habe heute meinen freien V.; jeden V.; er hat den ganzen V. verschlafen; gestern V. war ich einkaufen; ich rufe dich im Laufe des -s an; ich war während des ganzen -s zu Hause; am nächsten, heutigen, späten V.; eines schönen -s *(eines Tages am Vormittag)*; des -s (geh.; *vormittags*).

vor|mit|tä|gig ⟨Adj.⟩: *den ganzen Vormittag dauernd; während des Vormittags:* die -e Geschäftigkeit; die -e Sitzung.

vor|mit|täg|lich ⟨Adj.⟩: *immer in die Vormittagszeit fallend; jeden Vormittag wiederkehrend:* sie machte ihre -en Einkäufe.

vor|mit|tags ⟨Adv.⟩: *am Vormittag; während des Vormittags:* montags v.; v. um zehn; um elf Uhr v.; die Ärztin hat nur v. Sprechstunde.

Vor|mit|tags|dienst, der: *Dienst am Vormittag.*

Vor|mit|tags|pro|gramm, das: vgl. Abendprogramm.

Vor|mit|tags|vor|stel|lung, die: *Vorstellung, Aufführung am Vormittag.*

Vor|mit|tags|zeit, die: *Zeit zwischen Morgen u. Mittag.*

Vor|mo|dell, das; -s, -e: *vorheriges Modell* (3b).

Vor|mo|nat, der; -[e]s, -e: *voriger, vorhergehender Monat:* die Inflationsrate ist gegenüber dem V. um 0,1 Prozent gestiegen; im V.

vor|mon|tie|ren ⟨sw. V.; hat⟩: *vorbereitend montieren:* Bauteile v.

Vor|mund, der; -[e]s, -e u. Vormünder [mhd. vormunde = Beschützer, Fürsprecher, Vormund, ahd. foramundo = Beschützer, Fürsprecher, zu ↑²Mund]: *jmd., der eine[n] Minderjährige[n] od. Entmündigte[n] rechtlich vertritt:* der Onkel wurde als ihr V. eingesetzt; einen V. bestellen, berufen; jmdm. einen V. geben; Ü ich brauche keinen V. *(ich kann für mich selbst sprechen)*.

Vor|mun|din, die; -, -nen: w. Form zu ↑Vormund: sie wurde zur V. bestellt.

Vor|mund|schaft, die; -, -en [mhd. vormundeschaft, ahd. foramuntscaf]: *(amtlich verfügte) Wahrnehmung der rechtlichen Vertretung eines od. einer Minderjährigen, Entmündigten:* die V. über/(seltener:) für jmdn. übernehmen; jmdm. die V. übertragen, entziehen; er wurde unter die V. seiner Tante gestellt.

vor|mund|schaft|lich ⟨Adj.⟩: *die Vormundschaft betreffend.*

Vor|mund|schafts|be|hör|de, die: vgl. Vormundschaftsgericht.

Vor|mund|schafts|ge|richt, das: *Gericht, das sich mit Fragen der Vormundschaft beschäftigt.*

¹vorn, vorne ⟨Adv.⟩ [mhd. vorn(e) = vorn, vorher, ahd. forna = vorn, zu ↑vor]: *auf der zugewandten, vorderen Seite, Vorderseite, im vorderen Teil:* der Eingang ist v.; der Wagen hat den Motor v.; ganz v. in der obersten Schublade; sie wartet v. [am Eingang]; das Kleid wird v. zugeknöpft; v. am Haus ist ein Schild angebracht; v. in der Schlange stehen; bitte v. einsteigen; wir saßen ganz v., ziemlich weit v.; v. im Bild *(im Vordergrund)* sehen Sie ...; schau lieber nach v. *(in Blickrichtung auf das vor dir Liegende)*; nach v. [an die Tafel] gehen, kommen; der Wind, Schlag kam von v. *(aus der Richtung, in die man blickt)*; sie griffen von v. an; [gleich] da v. *(dort, nicht weit von hier)* ist eine Telefonzelle; etwas weiter v. *(ein Stück weiter)* gibt es noch eine Tankstelle; das Inhaltsverzeichnis ist v. [im Buch]; das steht ein paar Seiten weiter v. [im Text]; Ü v. *(an der Spitze)* liegen; der finnische Läufer schob sich, ging nach v. *(an die Spitze)*; den Ball nach v. *(in Richtung auf das gegnerische Tor)* spielen; * **von v.** *(von neuem)*: nach dem Krieg mussten wir wieder von v. anfangen; er wollte noch einmal ganz von v. anfangen *(sein Leben neu aufbauen)*; jetzt geht das Theater schon wieder von v. los!; von v. bis hinten (ugs.; *ganz u. gar; vollständig; ohne Ausnahme*).

²vorn ⟨Präp. + Art.⟩ (ugs.): *vor den:* du kriegst gleich eine v. Latz!

Vor|nah|me, die; -, -n [zum 2. Bestandteil vgl. Abnahme] Papierdt.): *Durchführung.*

Vor|na|me, der; -ns, -n: *von den Eltern bestimmter [u. amtlich eingetragener] Name, der die Individualität einer Person kennzeichnet:* mein V. ist Peter; jmdm. einen -n geben; jmdn. beim -n rufen, mit dem -n anreden; wie heißt du mit -n?

vorn|an [auch: ˈ– –], vornean ⟨Adv.⟩: *an vorderster Stelle, an der Spitze; ganz vorn:* v. marschieren.

vor|ne: ↑¹vorn.

vor|ne|an [auch: ˈ– – –]: ↑vornan.

vor|ne|dran ⟨Adv.⟩ (ugs.): *vornan.*

vor|ne|he|rein [auch: – – –ˈ–]: ↑vornherein.

vor|nehm ⟨Adj.⟩ [mhd. vürnæme = wichtig; hauptsächlich; vorzüglich, eigtl. = (aus weniger Wichtigem od. Wertvollem) hervor-, herauszunehmen, zu ↑nehmen; vgl. genehm]: **1.** *sich durch Zurückhaltung u. Feinheit des Benehmens u. der Denkart auszeichnend:* ein -er Mensch; eine -e Gesinnung. **2. a)** *der Oberschicht angehörend:* aus einer -en Familie kommen; die -en Stände, Grundherren, Patrizier; in -en Kreisen verkehren; sie ist sich wohl zu v., um mit uns zu reden *(sie hält sich wohl für etw. Besseres, sodass sie nicht mit uns zu reden braucht)*; **b)** *der Art, dem Lebensstil der Oberschicht entsprechend:* eine -e [Wohn]gegend; ein -es Internat; -e Kurorte, Seebäder; das Restaurant war ein ganz -er Laden; tu doch nicht so v.!; auf v. machen. **3.** *[in unaufdringlicher Weise] elegant, geschmackvoll u. in der Qualität hochwertig [wirkend]:* ein -er Anzug; eine -e Wohnungseinrichtung; v. gekleidet sein. **4.** ⟨meist im Sup.⟩ (geh.) *sehr wichtig, vorrangig:* das ist unsere -ste Aufgabe.

vor|neh|men ⟨st. V.; hat⟩: **1.** (ugs.) **a)** *nach vorn nehmen, bewegen:* das linke Bein v.; nehmt eure Stühle bitte mit vor; **b)** *vor eine bestimmte Stelle des Körpers [zum Schutz] bringen, halten:* die Hand, ein Taschentuch v. *(vor den Mund halten)*. **2.** ⟨v. + sich⟩ **a)** *den Entschluss fassen, etw. Bestimmtes zu tun:* sie hatte sich [für diesen Tag] einiges, allerhand vorgenommen; ich habe mir [fest] vorgenommen, in Zukunft darauf zu verzichten; **b)** (ugs.) *im Rahmen einer beruflichen Tätigkeit od. um seine Zeit sinnvoll auszufüllen, sich mit etw., jmdm. zu beschäftigen beginnen:* nimm dir doch ein Buch, eine Handarbeit vor; **c)** (ugs.) *vorknöpfen* (1): den Bengel werde ich mir mal [gehörig] v.! **3.** (ugs.) *jmdn. bevorzugt an die Reihe kommen lassen:* Privatpatienten werden nicht vorgenommen. **4.** (meist verblasst) *durchführen:* eine Änderung, Untersuchung v. *(etw. ändern, untersuchen)*; an/bei jmdm. eine Operation, einen Eingriff v. *(jmdn. operieren)*.

Vor|nehm|heit, die; -: **1.** *vornehme* (1) *Art; vornehmes Wesen:* die V. ihrer Gesinnung. **2. a)** *vornehme* (2a) *Art; vornehmes Wesen:* ihre V. beeindruckte ihn; **b)** *vornehme* (2b) *Art; vornehmes Wesen:* die V. dieses Hotels. **3.** *vornehme* (3) *Art.*

vor|nehm|lich: I. ⟨Adv.⟩ *vor allem; insbesondere:* v. geht es ihr um Publicity; das v. junge Publikum war begeistert. **II.** ⟨Adj.⟩ (seltener) *hauptsächlich, vorrangig:* die -e Zielsetzung.

Vor|nehm|tu|e|rei, die; - (abwertend): *affektiertes Benehmen, mit dem man sich den Schein des Vornehmen gibt.*

vor|nei|gen ⟨sw. V.; hat⟩: *nach vorn neigen:* den Kopf, Oberkörper v.

vor|ne|weg [auch: – –ˈ–], vornweg ⟨Adv.⟩: **1. a)** *vorweg* (1a): das muss v. geklärt werden; **b)** (ugs.) *von vornherein.* **2.** *vorweg* (2): er lief v.; v. *(an der Spitze)* marschieren. **3.** *vorweg* (3): alle Pflanzen müssen gegossen werden, v. die Farne.

vorn|he|rein [auch: – –ˈ–], vorneherein: in der Verbindung **von v.** *(von Anfang an)*: etw. von v. wissen.

vorn|hin [auch: –ˈ–] ⟨Adv.⟩: *an den Anfang; an die Spitze.*

Vorn|hi|nein [auch: – –ˈ–]: in der Verbindung **im V.** (landsch.; *von vornherein*).

vorn|über ⟨Adv.⟩: *nach vorn [geneigt]:* er ist v. hinuntergefallen.

vorn|über|beu|gen ⟨sw. V.; hat⟩: *nach vorn beugen:* den Oberkörper, sich v.; er geht etwas vornübergebeugt.

vorn|über|fal|len ⟨st. V.; ist⟩: *vornüber zu Boden, hinunterfallen:* er verlor das Gleichgewicht und fiel vornüber.

vorn|über|kip|pen ⟨sw. V.; ist⟩: vgl. vornüberfallen.

vorn|über|nei|gen ⟨sw. V.; hat⟩: vgl. vornüberbeugen.

vorn|über|sin|ken ⟨sw. V.; ist⟩: vgl. vornüberfallen.

vorn|weg [auch: –ˈ–]: ↑vorneweg.

vor|ord|nen ⟨sw. V.; hat⟩: *etw. in eine vorläufige Ordnung bringen:* Material v.

Vor|ort, der; -[e]s, Vororte [2: urspr. (bis 1848) = Bez. für den jeweils präsidierenden Kanton; zu ↑¹Ort (3)]: **1.** *Ortsteil, kleinerer Ort am Rande einer größeren Stadt:* die Pariser -e; er wohnt in einem V. von Hamburg. **2.** (schweiz.) *Vorstand [einer überregionalen Körperschaft o. Ä.].*

Vor-Ort-Ser|vice, der: *Kundendienst, der (meist gegen einen Aufpreis) die Montage u. Reparatur der gelieferten Ware direkt beim Käufer, an Ort und Stelle, bietet:* V. anbieten; einen Jahresvertrag für einen V. abschließen.

Vor|orts|ver|kehr: ↑Vorortverkehr.

Vor-Ort-Ter|min, der: *unmittelbar für den Ort des Geschehens bzw. als Treffen bei den Betroffenen vereinbarter Termin:* bei einem V. wollte sich das Gericht ein Bild von der dortigen Situation machen.

Vor|ort|ver|kehr, Vorortsverkehr, der: *öffentli-*

cher Nahverkehr zwischen Vororten u. Stadtzentrum.

vor|pla|nen ⟨sw. V.; hat⟩: *vorbereitend planen:* ein Projekt v.

Vor|pla|nung, die; -, -en: *vorbereitende Planung:* die V. des Urlaubs.

Vor|platz, der; -es, Vorplätze: **1.** *freier Platz vor einem Gebäude:* der V. des Opernhauses, Hauptbahnhofs. **2.** (landsch.) *Diele, Flur.*

Vor|pom|mer, der; -n, -n: Ew. zu ↑Vorpommern.

Vor|pom|me|rin, die; -, -nen: w. Form zu ↑Vorpommer.

vor|pom|me|risch ⟨Adj.⟩: *Vorpommern, die Vorpommern betreffend; von den Vorpommern stammend,zu ihnen gehörend.*

Vor|pom|mern; -s: östlicher Teil Mecklenburg-Vorpommerns.

vor|pom|mersch ⟨Adj.⟩: *vorpommerisch.*

Vor|pos|ten, der; -s, - (bes. Milit.): **a)** *Stelle, die einem Vorposten* (b) *zugewiesen wurde:* auf V. stehen, ziehen; **b)** *vorgeschobener Posten* (1 b): der V. eröffnete das Feuer; auf feindliche V. stoßen; Ü Berlin als ehemaliger V. der freien Welt.

vor|prä|gen ⟨sw. V.; hat⟩: *vorher prägen* (2 a): dieses Gedankengut hat die Epoche vorgeprägt.

Vor|pre|mi|e|re, die; -, -n: *noch vor der offiziellen Premiere erfolgende Aufführung, bes. eines Films.*

vor|pre|schen ⟨sw. V.; ist⟩: *nach vorn preschen:* die Soldaten preschten vor; Ü in einer Frage, in den Verhandlungen zu weit v.

vor|pro|du|zie|ren ⟨sw. V.; hat⟩: **a)** (bes. Wirtsch.) *im Hinblick auf einen späteren Bedarf im Voraus produzieren* (1 a); **b)** (bes. Ferns., Rundf.) *für einen späteren Einsatz im Voraus produzieren* (1 b): der Fernsehbeitrag war für einen späteren Sendetermin vorproduziert worden.

Vor|pro|gramm, das; -s, -e: *(bes. von Filmvorstellungen, Rockkonzerten) kürzeres Programm vor dem eigentlichen Programm:* im V. spielt eine Hamburger Band.

vor|pro|gram|mie|ren ⟨sw. V.; hat⟩: **1.** *von vornherein unvermeidlich machen:* große Fensterfronten programmieren höhere Heizkosten bereits vor; ⟨meist im 2. Part.:⟩ der nächste Konflikt, Krach, Ärger ist schon vorprogrammiert. **2.** (EDV) *programmieren* (2): einen Rechner, den Videorecorder v.; ⟨meist im 2. Part.:⟩ das System ist darauf vorprogrammiert. **3.** *vorher programmieren* (1): der weitere Verlauf ihres Lebens war bereits vorprogrammiert.

Vor|prü|fung, die; -, -en: **a)** *Prüfung zur Auswahl der besten Bewerber für die eigentliche Prüfung;* **b)** *Prüfung zur Vorbereitung der eigentlichen Prüfung.*

[1]**vor|quel|len** ⟨st. V.; ist⟩: **1.** *hervorquellen* (2): sie hatte solche Angst, dass ihr die blauen Augen vorquollen. **2.** *hervorquellen* (1).

[2]**vor|quel|len** ⟨sw. V.; hat⟩: *vorher, im Voraus* [2]*quellen* (a).

vor|ra|gen ⟨sw. V.; hat⟩: *hervorragen* (1).

Vor|rang, der; -[e]s: **1.** *im Vergleich zu jmd., etw. anderem wichtigerer Stellenwert, größere Bedeutung:* [den] V. [vor jmdm., etw.] haben; jmdm. den V. geben, gewähren, streitig machen; um den V. streiten. **2.** (bes. österr.) *Vorfahrt:* an Zebrastreifen haben Fußgänger V. [vor dem Fahrzeugverkehr].

vor|ran|gig ⟨Adj.⟩: *den Vorrang habend, gebend:* das -e Ziel unserer Politik; die -e Bearbeitung von etw. fordern; etw. v. behandeln; diese Tiere ernähren sich v. *(hauptsächlich)* von Plankton.

Vor|ran|gig|keit, die; -, -en: **1.** ⟨o. Pl.⟩ *das Vorrangigsein:* die V. dieser Arbeit vor allen anderen Tätigkeiten. **2.** *etw. Vorrangiges.*

Vor|rang|stel|lung, die; -: *Vorrang* (1): eine V. haben, einnehmen.

Vor|rat, der; -[e]s, Vorräte [mhd. vorrāt = Vorrat; Vorbedacht, Überlegung, zu ↑Rat in dessen alter Bed. »(lebens)notwendige Mittel«]: *etw., was in mehr od. weniger großen Mengen zum Verbrauch, Gebrauch vorhanden, angehäuft ist, zur Verfügung steht:* ein großer V. an Lebensmitteln, Trinkwasser, Heizöl, Munition; die Vorräte gehen zur Neige, sind aufgebraucht, reichen noch eine Weile; das Sonderangebot gilt, »solange der V. reicht«; Vorräte anlegen; etw. in V. haben; Ü er hatte einen V. an Witzen auf Lager.

vor|rä|tig ⟨Adj.⟩: *[als Vorrat] verfügbar, vorhanden:* nicht v. sein; etw. v. haben, halten.

Vor|rats|hal|tung, die: *das Halten von Vorräten.*

Vor|rats|haus, das: *Haus zum Lagern von Vorräten.*

Vor|rats|kam|mer, die: vgl. Vorratsraum.

Vor|rats|raum, der: *Raum zum Aufbewahren von Lebensmittelvorräten.*

Vor|rats|schäd|ling, der: *Insekt, Nagetier o. Ä., das meist an vegetabilen Vorräten durch Fraß* (2) *Schäden verursacht.*

Vor|raum, der; -[e]s, Vorräume: *kleiner Raum, der zu den eigentlichen Räumen, zur eigentlichen Wohnung o. Ä. führt.*

vor|rech|nen ⟨sw. V.; hat⟩: *etw. mit den nötigen Erklärungen, Erläuterungen errechnen; eine Rechnung erläutern:* jmdm. eine Aufgabe v.

Vor|recht, das; -[e]s, -e: *besonderes Recht, das jmdm. zugestanden wird; Privileg:* die -e des Adels; -e genießen; mit bestimmten [gesellschaftlichen, politischen] -en ausgestattet sein.

vor|re|cken ⟨sw. V.; hat⟩: *nach vorn recken:* die Arme v.

Vor|re|de, die; -, -n: **a)** (veraltend) *Vorwort, Einleitung;* **b)** *[kurze] einleitende Rede; einleitende Worte:* spar dir deine [langen] -n!; sich nicht lange bei, mit der V. aufhalten.

Vor|red|ner, der; -s, -: *jmd., der vor einem anderen gesprochen, eine Rede gehalten hat:* sich seinem V. anschließen.

Vor|red|ne|rin, die; -, -nen: w. Form zu ↑Vorredner.

vor|rei|ten ⟨st. V.⟩: **1.** ⟨ist⟩ **a)** *nach vorn reiten;* **b)** *vorausreiten.* **2.** *reitend vorführen* ⟨hat⟩: ich muss die Pferde, die wir verkaufen, v.

Vor|rei|ter, der; -s, -: **1.** *jmd., der vorreitet* (2). **2.** (ugs.) *jmd., der etw. praktiziert, bevor andere in ähnlicher Lage daran denken:* ein V. in Sachen Ökologie; den V. machen, spielen.

Vor|rei|te|rin, die; -, -nen: w. Form zu ↑Vorreiter.

Vor|rei|ter|rol|le, die: *Rolle eines Vorreiters* (2): eine V. haben, übernehmen.

vor|ren|nen ⟨unr. V.; ist⟩ (ugs.): **1.** *nach vorn rennen.* **2.** *vorausrennen:* ich rannte vor, um als Erste anzukommen.

vor|re|vo|lu|ti|o|när ⟨Adj.⟩: *einer Revolution vorausgehend; in der Zeit vor der Revolution:* das -e Russland; die -e Ordnung, Gesellschaft.

vor|rich|ten ⟨sw. V.; hat⟩ (landsch.): *vorher, vorbereitend herrichten* (1 a): das Dachgeschoss ist zum Ausbau vorgerichtet.

Vor|rich|tung, die; -, -en: **1.** *etw. für einen bestimmten Zweck, für eine bestimmte Funktion [als Hilfsmittel] Hergestelltes; Mechanik, Apparatur o. Ä.:* eine kleine, einfache, praktische V.; eine V. zum Belüften, Kippen konstruieren, ersinnen. **2.** (landsch.) *das Vorrichten.* **3.** (Bergbau) *das Arbeiten im Anschluss an die Ausrichtung, um die Lagerstätte für den Abbau vorzubereiten.*

vor|rol|len ⟨sw. V.⟩: **a)** *nach vorn rollen* (2) ⟨hat⟩: das Fass ein Stück v.; **b)** *nach vorn rollen* (1 d) ⟨ist⟩.

vor|rü|cken ⟨sw. V.⟩: **1.** ⟨hat⟩ **a)** *nach vorn rücken* (1 a): den Schrank ein Stück v.; Ü der Redaktionsschluss wurde immer weiter vorgerückt *(vorgezogen 4);* **b)** *vor etw. rücken* (1 a). **2.** ⟨ist⟩ **a)** *nach vorn rücken* (2): sie rückte mit dem Stuhl ein Stück vor; mit dem Turm zwei Felder v.; die Zeiger der Uhr rücken vor; unsere Mannschaft ist auf den zweiten Platz vorgerückt; Ü die Zeit rückt vor (1. *es wird immer später.* 2. *die Zeit vergeht*); eine Dame in vorgerücktem Alter (geh.; *eine alte, ältere Dame*); zu vorgerückter Stunde (geh.; *ziemlich spät am Abend*); **b)** (Milit.) *[erfolgreich] gegen den Feind, in Richtung der feindlichen Stellungen marschieren:* langsam v.; gegen die feindlichen Stellungen v.

vor|ru|fen ⟨st. V.; hat⟩ (ugs.): *nach vorn rufen:* der Lehrer rief sie vor.

Vor|ru|he|stand, der: *freiwilliger vorzeitiger Ruhestand:* in den V. gehen; jmdn. in den V. schicken.

Vor|ru|he|ständ|ler, der: *jmd., der im Vorruhestand ist.*

Vor|ru|he|ständ|le|rin, die: w. Form zu ↑Vorruheständler.

Vor|ru|he|stands|geld, das: *Gesamtheit der Bezüge eines Arbeitnehmers im Vorruhestand.*

Vor|ru|he|stands|re|ge|lung, die: *gesetzliche Regelung, die es Arbeitnehmern ermöglicht, vorzeitig in den Ruhestand zu treten.*

Vor|run|de, die; -, -n (Sport): *(von Mannschaftsspielen) erster Ausscheidungskampf, der über die Teilnahme an der Zwischenrunde entscheidet.*

vors ⟨Präp. + Art.⟩ (ugs.): *vor das:* v. Haus gehen.

Vors. = Vorsitzende, Vorsitzender; Vorsitz.

vor|sa|gen ⟨sw. V.; hat⟩: **1. a)** *(bes. von Schülern) einem anderen, der etw. nicht weiß, zuflüstern, was er sagen, schreiben soll:* seinem Banknachbarn die Antwort v.; ⟨auch o. Akk.-Obj.:⟩ nicht v.!; **b)** *jmdm. etw. zum Nachsagen, Aufschreiben vorsprechen.* **2. a)** *[leise] vor sich hin sprechen, bes. um es sich einzuprägen:* sich einen Text v.; ich habe mir die Vokabeln ein paarmal vorgesagt; **b)** *sich etw. einreden:* ich sagte mir vor, dass es vernünftig sei.

Vor|sa|ger, der; -s, -: **1.** (ugs.) *Souffleur.* **2.** (seltener) *jmd., der vorsagt* (1 a).

Vor|sa|ge|rin, die; -, -nen: w. Form zu ↑Vorsager.

Vor|sai|son, die; -, -s, südd., österr. auch: -en: *Zeitabschnitt, der der Hauptsaison vorausgeht.*

Vor|sän|ger, der; -s, -: **a)** *jmd., der im Wechselgesang mit einem Chor od. einer Gemeinde den Text vorsingt;* **b)** *jmd., der in der Kirche statt der Gemeinde singt od. sie durch Vorsingen anleitet.*

Vor|sän|ge|rin, die; -, -nen: w. Form zu ↑Vorsänger.

Vor|satz, der; -es, Vorsätze [mhd. vür-, vorsaz, wohl nach lat. propositum]: **1.** *etw., was sich jmd. bewusst, entschlossen vorgenommen hat; feste Absicht; fester Entschluss:* ein löblicher V.; gute Vorsätze haben; den [festen] V. fassen, nicht mehr zu rauchen; einen V. fallen lassen, vergessen; an seinem V. festhalten; ich bestärkte sie in ihrem V.; der Angeklagte handelte nicht mit V. *(vorsätzlich, bewusst).* **2.** ⟨auch: das⟩ (Buchbinderei) *Doppelblatt, dessen eine Hälfte auf die Innenseite eines Buchdeckels geklebt wird u. dessen andere Hälfte beweglich bleibt.* **3.** *Vorrichtung od. Zusatzgerät für bestimmte Maschinen, Werkzeuge, das das Ausführen zusätzlicher, speziellerer Arbeiten ermöglicht.*

vor|sätz|lich ⟨Adj.⟩: *ganz bewusst u. gewollt:* eine -e Tat; -e Körperverletzung, Tötung; jmdn. v. beleidigen, überfahren.

Vor|sätz|lich|keit, die; -, -en: **1.** ⟨o. Pl.⟩ *das bewusste Gewolltsein.* **2.** *etw. vorsätzlich Getanes.*

Vor|satz|lin|se, die (Fot.): *zusätzliche Linse, die zur Verlängerung od. Verkürzung der Brennweite vor das Objektiv gesetzt wird.*

vor|schä|di|gen ⟨sw. V.; hat⟩ (bes. Fachspr.): *bereits vorher schädigen:* die Abgase haben die Bäume vorgeschädigt; sie hat ein vorgeschädigtes Herz; ⟨subst. 2. Part.:⟩ Risikogruppen wie Kinder, insbesondere Säuglinge und Vorgeschädigte, sind zusätzlich gefährdet.

vor|schal|ten ⟨sw. V.; hat⟩: *vor etw. schalten* (4): einen Widerstand v.; Ü der Beratung wird eine Fragestunde vorgeschaltet *(vorangestellt).*

Vor|schalt|wi|der|stand, der (Elektrot.): *vorgeschalteter Widerstand.*

Vor|schau, die; -, -en: **1.** *Ankündigung von Veranstaltungen, des Programms von Funk u. Fernsehen, Kino, Theater o. Ä. mit kurzem Überblick.* **2.** ⟨o. Pl.⟩ (selten) *das Vorhersehen:* sie besaß die Gabe der V.

Vor|schein, der [zu veraltet vorscheinen = hervorleuchten]: meist in den Wendungen **zum V. bringen** *(zum Vorschein kommen lassen):* sie brachte ihren Fund zum V.; **zum V. kommen** *(aus der Verborgenheit aufgrund von irgendetwas erscheinen, hervorkommen):* beim Aufräumen kamen die Papiere wieder zum V.; plötzlich kam ihr Hass zum V.

vor|schi|cken ⟨sw. V.; hat⟩: **1.** *nach vorn schicken:* soll ich euch noch jemanden [als Verstärkung] v.? **2.** *jmdn. beauftragen, etw. (Unangenehmes) zu erkunden, erledigen:* bei Beschwerden der Kunden schickt er seine Mitarbeiter vor. **3.** *vorausschicken* (1): die Bedienten v.; das Gepäck [schon in den Urlaubsort] v.

vor|schie|ben ⟨st. V.; hat⟩: **1.** *vor etw. schieben:* den Riegel v. **2. a)** *nach vorn schieben:* den Schrank, den Wagen [ein Stück] v.; den Kopf, das Kinn, die Schultern v.; schmollend schob sie die Unterlippe vor; eine Grenze v. *(nach vorn verlegen);* Truppen v. *(nach vorn rücken lassen);* auf vorgeschobenem Posten; **b)** ⟨v. + sich⟩ *sich nach vorn schieben:* sie schob sich in der Menge langsam immer weiter vor; die Kaltfront schiebt sich nach Süden, nach Mitteleuropa vor. **3.** *(eine unangenehme Aufgabe o. Ä.) von jmdm. für sich erledigen lassen u. selbst im Hintergrund bleiben:* einen Strohmann v.; über eine vorgeschobene Firma ist er an dem Unternehmen beteiligt. **4.** *als Vorwand nehmen:* wichtige Geschäfte, Unwohlsein [als Grund] v.

vor|schie|ßen ⟨st. V.⟩ [2: zu veraltet schießen = Geld beisteuern] (ugs.): **1.** ⟨ist⟩ **a)** *nach vorn schießen* (3 a): plötzlich schoss der Kopf der Schlange, die Zunge des Chamäleons vor; **b)** *hervorschießen:* plötzlich kam sie hinter der Hecke vorgeschossen. **2.** *als Teil einer Zahlung im Voraus zahlen; als Darlehen o. Ä. geben, leihen, vorstrecken* (2) ⟨hat⟩: jmdm. Geld, eine Summe v.

Vor|schiff, das; -[e]s, -e: *vorderer Teil des Schiffes.*

vor|schla|fen ⟨st. V.; hat⟩ (ugs.): *im Hinblick darauf, dass in einer bevorstehenden Nacht kein ausreichend langer Schlaf möglich sein wird, vorher kurze Zeit schlafen:* heute Nacht wird es spät, ich werde ein bisschen v.

Vor|schlag, der; -[e]s, Vorschläge [zu ↑vorschlagen; 2: LÜ von ital. appoggiatura; mhd. vürslac = Sperrbefestigung; Voranschlag]: **1.** *etw., was jmd. jmdm. vorschlägt; Empfehlung eines Plans:* ein guter, brauchbarer, vernünftiger, unsinniger V.; der V. ist indiskutabel, nicht praktikabel; ein V. zur Güte (scherzh.; *vorgeschlagene Empfehlung, wie man sich gütlich einigen könnte*); jmdm. einen V. unterbreiten; praktische Vorschläge machen; einen V. annehmen, akzeptieren, aufgreifen, billigen, erwägen, prüfen, ablehnen, befolgen; ich mache dir einen V. *(ich schlage dir Folgendes vor);* sie ging auf seinen V. nicht ein; über einen V. abstimmen. **2.** (Musik) *Verzierung, bei der zwei od. mehrere Töne zwischen zwei Töne der Melodie eingeschoben werden.* **3.** (schweiz.) *(in einer Bilanz ausgewiesener) Gewinn, Überschuss.*

vor|schla|gen ⟨st. V.; hat⟩ [mhd. vürslahen, ahd. furislahan]: **a)** *jmdm. einen Plan empfehlen od. einen Gedanken zu einer bestimmten Handlung an ihn herantragen:* jmdm. einen Spaziergang v.; jmdm. einen Handel, ein Abkommen, einen Kompromiss, Verhandlungen v.; sie schlug mir eine Partie Schach vor; ich schlage vor, würde v., wir gehen zuerst essen/dass wir zuerst essen gehen; ich bin auch für die von dir vorgeschlagene Lösung; **b)** *jmdn. für etw. als infrage kommend benennen, empfehlen:* jmdn. für ein Amt, für ein Stipendium, für den Nobelpreis, als Kandidaten, als Mitglied, zur Aufnahme in den Verein, zur Beförderung v.

Vor|schlag|ham|mer, der; -s, ...hämmer [zu veraltet vorschlagen = als Erster schlagen]: *großer, schwerer Hammer.*

Vor|schlags|recht, das: *Recht, jmdn., etw. vorzuschlagen.*

Vor|schlags|we|sen, das ⟨o. Pl.⟩: *alles, was mit der Regelung von Verbesserungsvorschlägen, die von Betriebsangehörigen eingebracht werden, zusammenhängt.*

Vor|schluss|run|de, die (Sport): *Halbfinale.*

vor|schme|cken ⟨sw. V.; hat⟩: *herausschmecken* (b).

vor|schnei|den ⟨unr. V.; hat⟩: **a)** *in mundgerechte Stücke schneiden:* dem Kind das Würstchen v.; **b)** *(vor dem Servieren) aufschneiden:* den Braten, die Torte v.

vor|schnell ⟨Adj.⟩: *voreilig:* eine -e Verallgemeinerung, Entscheidung; jmdn. v. verdächtigen, beschuldigen, verurteilen.

vor|schnel|len ⟨sw. V.⟩: **a)** *nach vorn schnellen* ⟨ist⟩: der Leopard schnellt vor; **b)** ⟨v. + sich⟩ *sich nach vorn schnellen* ⟨hat⟩: mit einem Satz schnelle ich mich lang vor.

vor|schrei|ben ⟨st. V.; hat⟩ [mhd. vorschrîben]: **1. a)** *als Muster, Vorlage niederschreiben:* dem Kind das Wort deutlich v.; **b)** *als Vorlage für eine spätere Reinschrift schreiben:* einen Aufsatz in einem Schmierheft v. **2.** *durch eine gegebene Anweisung ein bestimmtes Verhalten od. Handeln fordern:* jmdm. die Bedingungen, die Arbeitsmethode, ein Arbeitspensum v.; jmdm. v., wie, wann er etwas zu tun hat; ich lasse mir [von dir] nichts v.; das Gesetz schreibt vor, dass Sicherheitsvorkehrungen getroffen werden müssen; die vorgeschriebene Anzahl, Geschwindigkeit; die zwingend, gesetzlich, im Gesetz vorgeschriebene Zweidrittelmehrheit.

vor|schrei|ten ⟨st. V.; ist⟩ (geh.): *vorangehen* (2): die Bauarbeiten schreiten zügig vor; Ü ⟨meist im 2. Part.:⟩ zu vorgeschrittener Stunde *(spätabends);* in vorgeschrittenem *(hohem)* Alter.

Vor|schrift, die; -, -en: *Anweisung, deren Befolgung erwartet wird u. die ein bestimmtes Verhalten od. Handeln fordert:* strenge, genaue, gesetzliche, religiöse, sittliche -en; etw. ist [die] V. *(etw. ist vorgeschrieben);* ich lasse mir von dir keine -en machen; die dienstlichen -en *(Instruktionen)* beachten, befolgen, verletzen; sich an die -en [des Arztes] halten; gegen die V., die -en verstoßen; die Medizin muss genau nach V. eingenommen werden.

vor|schrifts|ge|mäß, vor|schrifts|mä|ßig ⟨Adj.⟩: *der Vorschrift entsprechend, gemäß:* die -e Durchführung der Arbeiten; sein Vorgehen war nicht ganz v.; v. eingestellte Scheinwerfer.

vor|schrifts|wid|rig ⟨Adj.⟩: *gegen die Vorschrift verstoßend:* eine [grob] -e Vorgehensweise; v. handeln, überholen, abbiegen.

Vor|schub, der; -[e]s, Vorschübe [zu ↑vorschieben]: **1.** (veraltet) *Begünstigung, Förderung, Unterstützung:* ***jmdm., einer Sache V. leisten/** (geh. auch:) **tun** *(die Entwicklung einer Person, Sache begünstigen):* der Umweltzerstörung, dem Verbrechen, dem Radikalismus, der Diktatur V. leisten. **2.** (Technik) *Vorwärtsbewegung eines Werkzeugs od. Werkstücks [während eines Bearbeitungsablaufs u. der dabei zurückgelegte Weg].* **3.** (EDV) *(bei einem an eine Datenverarbeitungsanlage angeschlossenen Drucker) Transport des Papiers bis zu einer bestimmten Stelle, an der das Drucken fortgesetzt werden soll.*

Vor|schul|al|ter, das ⟨o. Pl.⟩: *Altersstufe vom etwa dritten Lebensjahr bis zum Eintritt in die Schule:* Kinder im V.

Vor|schu|le, die; -, -n: **1.** *Gesamtheit der Einrichtungen der Vorschulerziehung.* **2.** (früher) *vorbereitender Unterricht für den Übertritt in eine höhere Schule.*

Vor|schü|ler, der; -s, - (früher): *an der Vorschule* (2) *teilnehmender Schüler.*

Vor|schü|le|rin, die; -, -nen: w. Form zu ↑Vorschüler.

Vor|schul|er|zie|hung, die: *Förderung von Kindern im Vorschulalter bes. durch die Vorschule* (1).

vor|schu|lisch ⟨Adj.⟩: *Vorschulalter u. Vorschule betreffend:* -e Erziehung; Kindergärten und andere -e Einrichtungen.

Vor|schul|kind, das: *Kind im Vorschulalter.*

Vor|schuss, der; -es, ...schüsse [zu ↑vorschießen]: *im Voraus bezahlter Teil des Lohns, Gehalts o. Ä.:* ein V. auf das Gehalt; jmdm. einen V. gewähren, bewilligen; sich [einen] V. geben lassen; ich habe mir tausend Mark V. geholt; sie bat ihren Verleger um einen V.

Vor|schuss|lor|beer, der ⟨meist Pl.⟩: *Lob, das jmd., etw. im Voraus bekommt:* -en erhalten, einheimsen, ernten.

Vor|schuss|zah|lung, die: *Zahlung eines Vorschusses.*

vor|schüt|zen ⟨sw. V.; hat⟩ [eigtl. = eine Schutzwehr errichten]: *als Ausflucht, Ausrede gebrauchen:* eine Krankheit [als Grund für seine Abwesenheit] v.; sie schützt Schwäche vor, nur keine Müdigkeit v.!

vor|schwär|men ⟨sw. V.; hat⟩: *jmdm. schwärmerisch von jmdm., etw. erzählen:* jmdm. viel von etw. v.

vor|schwe|ben ⟨sw. V.; hat⟩: *in jmds. Vorstellung [als Ziel] vorhanden sein:* jmdm. als Ziel, als Ideal v.; mir schwebt eine andere Lösung, etwas völlig Neues vor.

vor|schwin|deln ⟨sw. V.; hat⟩ (ugs.): *jmdm. etw. erzählen, um ihn glauben zu machen, was nicht ganz den Tatsachen entspricht:* schwindel mir ja nichts vor!; ich habe ihr vorgeschwindelt, dass ich keine Zeit habe.

Vor|se|gel, das; -s, -: *vor dem [Groß]mast an einem Stag zu setzendes Segel.*

vor|se|hen ⟨st. V.; hat⟩ [mhd. vürsehen = vorwärts sehen, refl.: Vorsorge tragen]: **1. a)** *(aus einem Versteck o. Ä.) in eine bestimmte Richtung blicken:* hinter der Ecke v.; **b)** *(von etw., was länger ist als das darüber Befindliche) sichtbar sein:* der Unterrock sieht vor. **2. a)** *[zu einer bestimmten Zeit] in der Zukunft durchzuführen beabsichtigen:* für morgen habe ich eine Stadtrundfahrt vorgesehen; es ist vorgesehen, einige Bestimmungen zu ändern; das vorgesehene Gastspiel muss ausfallen; **b)** *zu einem bestimmten Zweck verwenden, einsetzen wollen:* die Steaks hatte ich fürs Abendessen, für heute Abend vorgesehen; wir haben das Geld für Einkäufe vorgesehen; er ist für dieses Amt, als Nachfolger des Präsidenten vorgesehen; etw. an der [dafür] vorgesehenen Stelle befestigen, montieren. **3.** *festsetzen, -legen, bestimmen:* das Gesetz sieht für diese Tat eine hohe Strafe vor; das ist [im Plan, in dem Vertrag] nicht vorgesehen. **4.** ⟨v. + sich⟩ *sich in Acht nehmen, sich hüten:* sich vor etw. v.; vor ihr muss man sich v.; sieh dich vor [dass/damit du nicht hinfällst]! **5.** ⟨v. + sich⟩ (veraltend) *sich mit etw. versehen, Vorsorge tragen:* sich ausreichend mit Vorräten v.

Vor|se|hung, die; - [mhd. vürsehunge = Aufsicht, Schutz]: *über die Welt herrschende Macht, die in nicht beeinflussbarer od. zu berechnender Weise das Leben der Menschen bestimmt u. lenkt:* die göttliche V.; er glaubte durch die V. dazu bestimmt zu sein.

vor|set|zen ⟨sw. V.; hat⟩ [mhd. vürsetzen = vor Augen setzen, voranstellen; sich etw. vornehmen, ahd. furisezzen = vor Augen setzen, voranstellen]: **1.** *nach vorn setzen:* den rechten Fuß v.; wir können den Pfosten, den Busch doch einfach ein Stück v. **2. a)** *jmdm. einen Platz weiter vorn zuweisen:* die Lehrerin hat den Schüler vorgesetzt; **b)** ⟨v. + sich⟩ *sich weiter nach vorn setzen:* nach der Pause haben wir uns [ein paar Reihen] vorgesetzt. **3.** *vor etw. setzen:* eine Blende v.; [einer Note] ein Kreuz v. **4.** *(Speisen od. Getränke) zum Verzehr hinstellen:* den Gästen einen Imbiss, ein Glas Wein v.; Ü es ist eine Zumutung, einem ein solches Programm vorzusetzen. **5.** ⟨v. + sich⟩ (veraltet) *sich etw. vornehmen:* sie hatte sich vorgesetzt, den Roman bis Januar zu beenden.

Vor|sicht, die; - ⟨meist o. Art.⟩ [mhd. vürsiht, ahd. foresiht = Vorsorge, rückgeb. aus ↑vorsichtig]: *aufmerksames, besorgtes Verhalten in Bezug auf die Verhütung eines möglichen Schadens:* V.!; V., Glas/bissiger Hund/Stufe!; V., zerbrechlich/frisch gestrichen!; V. an der Bahnsteigkante/bei [der] Abfahrt des Zuges!; äußerste, große, übertriebene, unnötige V.; hier ist V. geboten, nötig, am Platze; V. üben, walten lassen; alle V. außer Acht lassen; etw. aus V. tun; er, was sie sagt, ist mit V. zu genießen *(ihm, ihrer Äußerung gegenüber ist große Zurückhaltung geboten)*; sie riet [mir] zur V.; ich nehme zur V. *(sicherheitshalber; für alle Fälle)* eine Tablette; **Spr** V. ist die Mutter der Weisheit/(ugs. scherzh.:) der Porzellankiste; V. ist besser als Nachsicht (ugs. scherzh.; *man tut gut daran, mögliche Gefahren rechtzeitig zu bedenken;* Nachsicht steht hier für »Nachsehen«); * **mit V. zu genießen sein** (ugs.; 1. *so geartet sein, dass Vorsicht, Sich-in-Acht-Nehmen, Zurückhaltung nötig ist:* unser neuer Klassenlehrer ist mit V. zu genießen. 2. *nicht sehr zuverlässig, nicht sicher sein; eher fragwürdig, unglaubwürdig sein:* diese Aussage ist mit V. zu genießen).

vor|sich|tig ⟨Adj.⟩ [mhd. vor-, vürsihtic, ahd. foresihtig = voraussehend]: *mit Vorsicht [handelnd, vorgehend]:* ein -er Mensch, Autofahrer; ein -es Vorgehen; mit -en Schritten; -er Optimismus; man kann gar nicht v. genug sein; wegen seiner Gesundheit muss er v. sein mit fettem Essen; der Minister drückte sich sehr v. aus; fahr bitte v.!; sie hoben den Verletzten v. auf eine Bahre.

vor|sich|ti|ger|wei|se ⟨Adv.⟩: *aus Vorsicht, Vorsichtigkeit:* v. hatte sie einen Mundschutz benutzt.

Vor|sich|tig|keit, die; - [mhd. vor-, vürsihticheit = Voraussicht, Vorsicht, Einsicht, Verständigkeit]: *das Vorsichtigsein.*

vor|sichts|hal|ber ⟨Adv.⟩: *zur Vorsicht:* sie hatte v. einen Regenschirm mitgenommen; schreib es dir doch v. lieber auf.

Vor|sichts|maß|nah|me, Vor|sichts|maß|re|gel, die: *zur Vorsicht getroffene Maßnahme, Maßregel:* -n [gegen etw.] ergreifen, treffen, anordnen; das ist bloß eine V.

Vor|sil|be, die; -, -n: *Präfix.*

vor|sin|gen ⟨st. V.; hat⟩ [mhd. vor-, vürsingen, ahd. forasingan]: **1. a)** *etw. für jmdn. singen:* den Kindern ein Schlaflied v.; **b)** *zuerst singen, sodass es jmd. wiederholen kann:* ich singe euch die erste Strophe vor; **c)** *(einen Teil von etw.) [als Solist] singen, bevor andere einfallen* (5): ich singe die Strophen vor, und beim Refrain singt ihr dann alle mit. **2.** *vor jmdm. singen, um seine Fähigkeiten prüfen zu lassen:* sie hat am/beim Theater vorgesungen und sofort ein Engagement bekommen; Ü ⟨subst.:⟩ er wurde zum Vorsingen geladen (Uni-Jargon; *dazu eingeladen, einen Vortrag zu halten, um sich als Anwärter auf einen Lehrstuhl vorzustellen*).

vor|sint|flut|lich ⟨Adj.⟩ (ugs.): *aus vergangener Zeit stammend u. heute längst überholt:* eine -e Schreibmaschine, Kamera, Flinte.

Vor|sitz, der; -es, -e: *Leitung einer Versammlung o. Ä., die etw. berät, beschließt; Rolle, Amt eines Vorsitzenden:* [bei einer Sitzung, in einer Kommission, in einem Gremium] den V. haben; den V. übernehmen, abgeben, niederlegen; jmdm. den V. übertragen; die Verhandlungen fanden unter dem V. von .../des Bürgermeisters statt.

vor|sit|zen ⟨unr. V.; hat; südd., österr., schweiz.: ist⟩: *in einer Versammlung o. Ä. den Vorsitz haben; präsidieren:* einer Kommission, einer Partei, dem Betriebsrat, dem Gericht v.; er sitzt mehreren Aufsichtsräten vor.

Vor|sit|zen|de, der u. die; -n, -n ⟨Dekl. ↑Abgeordnete⟩: *jmd., der in einem Verein, einer Partei o. Ä. die Führung u. Verantwortung hat od. in einer Gruppe Verantwortlicher die leitende Position hat:* die V. des Ausschusses, des Betriebsrats, des Vereins, der Partei; er ist erster, zweiter, stellvertretender -r des Aufsichtsrats; einen neuen -n wählen; jmdn. zum, zur -n wählen.

Vor|sit|zer, der; -s, -: *Vorsitzender.*

Vor|sit|ze|rin, die; -, -nen: w. Form zu ↑Vorsitzer.

Vor|som|mer, der; -s, -: 1. vgl. Vorfrühling: die typischen Gerüche des -s. 2. vgl. Vormonat: die Besucherzahlen sind gegenüber dem V. gestiegen.

vor|som|mer|lich ⟨Adj.⟩: *zum Vorsommer gehörend, für ihn charakteristisch:* es herrschten Sonnenschein und -e Temperaturen.

Vor|sonn|tag, der; -s, -e: *vorhergehender, voriger Sonntag.*

Vor|sor|ge, die; -, -n ⟨Pl. selten⟩: *Maßnahmen, mit denen einer möglichen späteren Entwicklung od. Lage vorgebeugt, durch die eine spätere materielle Notlage od. eine Krankheit nach Möglichkeit vermieden werden soll:* die V. für die Zukunft, fürs Alter, für den Fall der Erwerbsunfähigkeit, gegen Berufskrankheiten; finanzielle, medizinische V.; V. durch Früherkennung; V. [dafür] treffen, dass ...

Vor|sor|ge|auf|wen|dun|gen ⟨Pl.⟩ (Steuerw.): *steuerlich begünstigte, der privaten Vorsorge dienende Aufwendungen* (z. B. Renten-, Arbeitslosen-, Krankenversicherung, Bausparvertrag).

Vor|sor|ge|maß|nah|me, die: *vorsorgliche Maßnahme:* Impfungen und andere [medizinische] -n [gegen etw.] treffen.

Vor|sor|ge|me|di|zin, die: *Präventivmedizin.*

vor|sor|gen ⟨sw. V.; hat⟩: *im Hinblick auf Kommendes im Voraus etw. unternehmen, für etw. sorgen:* für schlechte Zeiten, fürs Alter v.

Vor|sor|ge|un|ter|su|chung, die: *regelmäßig durchzuführende Untersuchung, um Krankheiten (bes. Krebs) im frühestmöglichen Stadium zu erkennen.*

vor|sorg|lich ⟨Adj.⟩: **1.** *zur Vorsorge erfolgend:* -e Maßnahmen ergreifen; sich v. mit etwas eindecken; v. Rechtsbeschwerde einlegen. **2.** *auf Vorsorge bedacht, stets Vorsorge treffend:* er ist sehr v.

vor|sor|tie|ren ⟨sw. V.; hat⟩: vgl. vorordnen: Post, Abfälle v.

Vor|sor|tie|rung, die; -, -en: *das Vorsortieren.*

Vor|spann, der; -[e]s, -e u. Vorspänne: **1. a)** *kurze Einleitung, die dem eigentlichen Text eines Artikels o. Ä. vorausgeht:* im Vorspann dieser Arbeit wird auf die bisherige Forschung hingewiesen; **b)** (Film, Ferns.) *einem Film, einer Fernsehsendung vorausgehende Angaben über die Mitwirkenden, den Autor o. Ä.:* die im V. genannten Mitwirkenden. **2.** *zusätzlich vorgespanntes Fahrzeug, Tier zum Ziehen:* eine zweite Lok wurde als V. angekoppelt.

vor|span|nen ⟨sw. V.; hat⟩: **1.** *(ein Zugtier, eine Zugmaschine) vor ein Gefährt o. Ä. spannen:* dem Schlitten war ein Schimmel vorgespannt; vor der Steigung wurde eine zweite Lok vorgespannt. **2.** (Elektrot.) *eine Vorspannung* (2 a) *anlegen.* **3.** (Technik) *(einen Werkstoff, ein Werkstück) bei der Herstellung mit einer Spannung versehen:* der Beton wird mithilfe von gespannten Stahleinlagen vorgespannt; vorgespanntes Glas.

Vor|spann|pferd, das: *Pferd als Vorspann* (2).

Vor|span|nung, die; -, -en: **1.** *das Vorspannen.* **2. a)** (Elektrot.) *elektrische Gleichspannung, die vor dem Anlegen einer Wechselspannung an das Gitter einer Elektronenröhre angelegt wird;* **b)** (Technik) *durch Vorspannen erzeugte Spannung.*

Vor|spei|se, die; -, -n: *aus einem kleinen Gericht bestehender, dem Hauptgang vorausgehender Gang:* als V. gibt es ...

vor|spie|geln ⟨sw. V.; hat⟩ [eigtl. etwa = ein Scheinbild von etw. geben (wie in einem Spiegel)]: *vortäuschen:* eine Idylle v.

Vor|spie|ge|lung, Vor|spieg|lung, die; -, -en: *das Vorspiegeln; Vortäuschung:* das ist V. falscher Tatsachen.

Vor|spiel, das; -[e]s, -e: **1. a)** *kurze musikalische Einleitung; Präludium* (a); **b)** *einem Bühnenwerk vorangestelltes kleines Spiel, einleitende Szene:* ein Schauspiel in fünf Akten und einem V. **2.** *dem eigentlichen Geschlechtsakt vorausgehender, ihn vorbereitender Austausch von Zärtlichkeiten:* ein langes, intensives V. **3.** (Sport) *Spiel, das vor dem eigentlichen Spiel stattfindet.* **4.** *das Vorspielen* (3).

vor|spie|len ⟨sw. V.; hat⟩: **1. a)** *auf einem Instrument spielen, um andere damit zu unterhalten:* [jmdm.] eine Sonate v.; jmdm. [auf dem Klavier] v.; **b)** *(ein Lied, eine Melodie) zuerst spielen, sodass es jmd. wiederholen kann:* [jmdm.] ein Lied, ein Stück, eine Melodie auf dem Klavier v.; **c)** *(eine Ton-, Bildaufzeichnung) mithilfe geeigneter Geräte wiedergeben:* [jmdm.] eine Schallplatte, ein Video v. **2. a)** *mit darstellerischen Mitteln zur Unterhaltung darbieten:* die Kinder spielten kleine Sketche vor; **b)** *mit darstellerischen Mitteln zeigen, wie etw. darzubieten ist:* der Regisseur spielte [dem Schauspieler] die Rolle, die Partie selbst vor. **3.** *vor jmdm. spielen, um seine Fähigkeiten prüfen zu lassen:* dem Orchesterleiter, einer Jury, bei einem Orchester v. **4.** *auf eine bestimmte Art u. Weise agieren, um jmdn. etw. Unwahres glauben zu machen:* er spielt uns etwas vor; jmdm. Überraschung, einen Anfall v.; sie spielt uns die vornehme Dame vor.

Vor|spra|che, die; -, -n: *das Vorsprechen* (3).

vor|spre|chen ⟨st. V.; hat⟩: **1.** *(ein Wort, einen Satz o. Ä.) zuerst sprechen, sodass es jmd. wiederholen kann:* [jmdm.] ein schwieriges Wort immer wieder, eine Eidesformel v. **2.** *vor jmdm. einen Text sprechen, um seine Fähigkeiten prüfen zu lassen:* die Rede des Antonius v.; er hat am/beim Staatstheater vorgesprochen und sofort ein Engagement bekommen. **3.** *(bei jmdm., irgendwo) einen Besuch machen [um eine Bitte, ein Anliegen vorzubringen, um eine Auskunft einzuholen o. Ä.]:* [wegen etw., in einer Angelegenheit] beim/auf dem Wohnungsamt v.

vor|sprin|gen ⟨st. V.; ist⟩ [mhd. vor-, vürspringen = besser springen, vortanzen]: **1. a)** *aus einer bestimmten Stellung heraus [plötzlich] nach vorn springen:* aus der Deckung, hinter dem Auto v.; **b)** *sich springend weiterbewegen:* der Zeiger der Uhr sprang vor. **2.** *herausragen, vorstehen:* vorspringende Backenknochen.

Vor|spruch, der; -[e]s, Vorsprüche: *Prolog* (a).

Vor|sprung, der; -[e]s, Vorsprünge [2: mhd. vorsprunc]: **1.** *vorspringender* (2) *Teil:* der V. eines Felsens. **2.** *Abstand, um den jmd. jmdm. (räumlich, zeitlich, in einer Wertung) voraus ist:* ein großer, knapper, nicht mehr aufzuholender V.; ein V. von wenigen Metern, Sekunden, Punkten, Zählern; den V. vergrößern, verteidigen, halten, verlieren; seinen V. ausbauen; einen V. [vor jmdm.] haben; einen V. herausfahren, herausholen; jmdm. einen V. geben; sie siegte mit riesigem V.; Ü ein V. an technischer Entwicklung.

vor|spu|ren ⟨sw. V.; hat⟩: *vorher spuren* (3 a): vorgespurte Loipen.

Vor|sta|di|um, das; -s, ...dien: *Vorstufe.*

Vor|stadt, die; -, Vorstädte: **a)** *außerhalb des [alten] Stadtkerns gelegener Teil einer Stadt:* in der [nördlichen] V. wohnen; **b)** *Vorort mit städtischem Charakter.*

vor|städ|tisch ⟨Adj.⟩: *zur Vorstadt gehörend:* die -en Bezirke.

Vor|stadt|ki|no, das: *kleines, in der Vorstadt gelegenes, nicht sehr bedeutendes Kino.*

Vor|stadt|knei|pe, die: *Kneipe in der Vorstadt* (a).

Vor|stadt|vil|la, die: *Villa in der Vorstadt* (a).

Vor|stand, der; -[e]s, Vorstände [zu ↑vorstehen (2)]: **1. a)** *geschäftsführendes u. zur Leitung u. Vertretung berechtigtes Gremium einer Firma, eines Vereins o. Ä., das aus einer od. mehreren Personen besteht:* die Gesellschaft, Firma hat einen dreiköpfigen V.; dem V. angehören; aus dem V. ausscheiden; sie ist in den V. [der Partei] gewählt worden; **b)** *Mitglied des Vorstandes* (1 a): er ist V. geworden. **2.** (bes. österr.) *Vorsteher, bes. Bahnhofsvorsteher.*

Vor|stand|schaft, die, -, -en: *Gesamtheit derer, die an der Spitze einer Organisation, bes. eines Vereins, stehen:* der Verein hat eine neue V. gewählt.

Vor|stands|da|me, die: *weibliches Vorstandsmitglied.*

Vor|stands|eta|ge, die: vgl. Chefetage.

Vor|stands|mit|glied, das: *Mitglied des Vorstandes* (1 a).

Vor|stands|sit|zung, die: *Sitzung des Vorstandes* (1 a).

V

Vo̱r|stands|spre|cher, der: *Sprecher eines Vorstandes* (1 a), *als Sprecher fungierendes Vorstandsmitglied.*
Vo̱r|stands|spre|che|rin, die: w. Form zu ↑Vorstandssprecher.
Vo̱r|stands|vor|sit|zen|de, der u. die: *Vorsitzende[r] des Vorstandes* (1 a).
vo̱r|ste|cken ⟨sw. V.; hat⟩: *nach vorn stecken; an der Vorderseite feststecken:* eine Serviette, sich ein Sträußchen v.
Vo̱r|steck|na|del, die: **1.** *Brosche.* **2.** *Krawattennadel.*
Vo̱r|steck|ring, der: *zum Trauring passender u. (von der Frau) über dem Trauring getragener Ring mit Edelstein[en].*
vo̱r|ste|hen ⟨unr. V.; hat; südd., österr., schweiz. auch: ist⟩ [mhd. vorstēn = bevorstehen; sorgen für, regieren]: **1.** *(durch eine bestimmte Form od. [anormale] Stellung) auffallend weit über eine bestimmte Grenze, Linie nach vorn, nach außen stehen:* das Haus steht etwas weiter vor als die benachbarten; vorstehende Backenknochen, Vorderzähne. **2.** (geh.) *nach außen hin vertreten u. für die Interessen, Verpflichtungen verantwortlich sein:* einem Institut, einem Unternehmen, einer Behörde, einer Organisation, einer Schule v.; er steht seinem Amt gewissenhaft v. *(versieht es gewissenhaft).* **3.** (Jägerspr.) *(vom Hund) in angespannter Haltung verharren.* **4.** (selten) *bevorstehen.*
vo̱r|ste|hend ⟨Adj.⟩ [zu ↑vorstehen in der älteren Bed. »vorne, vor etw. stehen«]: *an früherer Stelle im Text, weiter oben stehend; vorausgehend:* die -en Bemerkungen; wie v. bereits gesagt ...; ⟨subst.:⟩ wie im Vorstehenden bereits gesagt ... wir bitten Vorstehendes zu beachten.
Vo̱r|ste|her, der; -s, -: *jmd., der einer Sache vorsteht* (2): der V. des Internats, der Schule.
Vo̱r|ste|her|drü|se, die: *Prostata.*
Vo̱r|ste|he|rin, die; -, -nen: w. Form zu ↑Vorsteher.
Vo̱r|steh|hund, der: *Jagdhund, der aufgespürtes Wild dem Jäger zeigt, indem er in angespannter Haltung verharrt.*
vo̱r|stell|bar ⟨Adj.⟩: *so beschaffen, dass sich jmd. ein Bild davon machen kann:* das ist schwer, kaum, ohne weiteres, durchaus v.
Vo̱r|stell|bar|keit, die; -: *das Vorstellbarsein.*
vo̱r|stel|len ⟨sw. V.; hat⟩ [älter auch: fürstellen]: **1.** *nach vorn stellen:* den Sessel [ein Stück weiter] v.; das rechte Bein [ein wenig] v. **2.** *vor etw. stellen:* eine spanische Wand v. **3.** *die Zeiger vorwärts drehen:* die Uhr [um] eine Stunde v. **4. a)** *jmdn., den man kennt, anderen, denen er fremd ist, mit Namen o. Ä. nennen:* darf ich Ihnen Herrn ..., meine Schwester v.?; auf dem Empfang stellte sie ihn als ihren Verlobten vor; Ü dem Publikum einen neuen Star v.; der Autokonzern stellt sein neuestes Modell vor *(zeigt es der Öffentlichkeit);* **b)** ⟨v. + sich⟩ *jmdm., den man nicht kennt, seinen Namen o. Ä. nennen:* sich mit vollem Namen v.; er stellte sich [ihm] als Vertreter des Verlages vor; Ü der Kandidat stellte sich den Wählern vor *(zeigte sich ihnen u. machte sich ihnen bekannt);* mit diesem Konzert stellt sich das Orchester in seiner neuen Besetzung vor; sich bei/in einer Firma, beim Personalleiter v. *(wegen einer Anstellung vorsprechen).* **5.** *zur ärztlichen Untersuchung bringen; sich ärztlich untersuchen lassen:* er musste sich noch einmal dem Arzt, in der Klinik v. **6. a)** *(im Bild o. Ä.) wiedergeben, darstellen:* was soll das, die Plastik eigentlich v.?; **b)** *darstellen* (4): er stellt etwas vor *(ist eine beeindruckende Erscheinung, Persönlichkeit).* **7.** ⟨v. + sich⟩ *sich in bestimmter Weise ein Bild von etw. machen:* ich stelle mir vor, dass das gar nicht so einfach ist; stell dir vor, wir würden gewinnen; das kann ich mir lebhaft v.!; ich hatte mir den Ausflug etwas anders vorgestellt; kannst du dir meine Überraschung v.?; ich kann ihn mir gut als Lehrer v.; was haben Sie sich als Preis vorgestellt?; wie stellst du dir das vor?; darunter kann ich mir nichts v. **8.** *jmdm. etw. eindringlich vor Augen halten, zu bedenken geben:* sie stellte ihm vor, dass die veraltete Technik ein Risiko darstellte.
vo̱r|stel|lig [zu ↑vorstellen (8)]: in der Wendung **[irgendwo/bei jmdm./etw.] v. werden** (Papierdt.; *sich in einer bestimmten Angelegenheit meist mündlich an jmdn./etw. wenden*): deswegen wurde er auf dem Amt, im Ministerium, beim Bürgermeister v.
Vo̱r|stel|lung, die; -, -en: **1. a)** *das Vorstellen, Bekanntmachen:* die V. der Kandidaten, eines neuen Mitarbeiters; würden Sie bitte die V. übernehmen?; Ü die V. ihres neuen Romans auf der Messe; **b)** *das Sichvorstellen* (4 b): einen Bewerber zu einer persönlichen V. einladen. **2. a)** *Bild, das sich jmd. in seinen Gedanken von etw. macht, das er gewinnt, indem er sich eine Sache in bestimmter Weise vorstellt* (7): eine schöne, komische, schreckliche, schlimme, abwegige, naive V.; heidnische, christliche, religiöse -en; die bloße V. begeistert mich schon; sich völlig falsche -en von etw. machen; du machst dir keine V. *(du ahnst ja gar nicht),* wie unverschämt er ist; klare, deutliche -en von etw. haben; sich nur eine vage V. von etw. machen können; sein Bericht hat mir eine [ungefähre] V. gegeben, wie die Lage ist; er entspricht genau der landläufigen V. von einem Unternehmer; du musst dich mal von der V. *(dem Glauben)* frei machen, dass ...; **b)** ⟨o. Pl.⟩ *Fantasie, Einbildung:* das existiert nur in deiner V.; das geht über alle V. *(alles Vorstellungsvermögen)* hinaus. **3.** *Aufführung (eines Theaterstücks o. Ä.), Vorführung eines Films o. Ä.:* eine V. für wohltätige Zwecke; die V. dauert [einschließlich Pause] etwa zwei Stunden, ist gerade zu Ende, fällt aus; die letzte V. des Films beginnt schon um 19 Uhr; eine V. besuchen, stören, abbrechen, absagen, beenden; der Zirkus gibt täglich zwei -en; V. haben *(als Schauspieler o. Ä. bei einer Vorstellung auftreten müssen);* Ü die Mannschaft gab eine starke, schwache V. (Sport Jargon; *spielte gut, schlecht*); er hat in unserem Betrieb nur eine kurze V. gegeben (scherzh.; *war nur kurze Zeit hier beschäftigt*). **4.** ⟨meist Pl.⟩ (geh.) *Einwand, Vorhaltung:* der Arzt machte ihm -en, weil er sich nicht an seine Diät gehalten hatte.
Vo̱r|stel|lungs|ga|be, die ⟨o. Pl.⟩: *Gabe, sich etw. [genau] vorstellen* (7) *zu können.*
Vo̱r|stel|lungs|ge|spräch, das: *Gespräch, das der Vorstellung* (1 b) *beim Arbeitgeber dient:* beim V.; jmdn. zu einem V. einladen.
Vo̱r|stel|lungs|kraft, die ⟨o. Pl.⟩: *Fähigkeit, sich etw. (auf sehr fantasievolle Weise) vorstellen* (7) *zu können:* eine große, viel V. haben.
Vo̱r|stel|lungs|ver|mö|gen, das ⟨o. Pl.⟩: vgl. Vorstellungsgabe: das übersteigt unser V. *(können wir uns nicht vorstellen).*
Vo̱r|stel|lungs|welt, die: *Gesamtheit dessen, was sich jmd. vorstellt* (7), *ausmalt, in seinen Gedanken zurechtlegt.*
vo̱r|stem|men ⟨sw. V.; hat⟩: *nach vorn stemmen:* die Arme, Vorderbeine v.
Vo̱r|stop|per, der; -s, - (Fußball): *bes. vor dem Libero postierter Abwehrspieler, der meist den gegnerischen Mittelstürmer deckt.*
Vo̱r|stop|pe|rin, die; -, -nen: w. Form zu ↑Vorstopper.
Vo̱r|stoß, der; -es, Vorstöße: **1. a)** *das Vorstoßen* (2): ein V. in feindliches Gebiet, zum Gipfel; der V. scheiterte, misslang, blieb stecken; den V. abwehren; einen V. starten, unternehmen, machen; Ü einen V. [bei der Geschäftsleitung] unternehmen *(sich energisch für etw. einsetzen);* ein V. kühler Meeresluft auf Nordwesten; **b)** (schweiz. Politik) *(im Parlament) Antrag, Vorschlag o. Ä., bes. Einzelinitiative, Motion, Postulat:* einen V. einreichen, behandeln. **2.** (Mode) *aus einem ein wenig vorstehenden Besatz bestehende Verzierung an der Kante eines Kleidungsstücks:* der Mantel hat am Kragen einen grünen V.
vo̱r|sto|ßen ⟨st. V.⟩ [mhd. nicht belegt, ahd. furistōʒan]: **1.** *mit einem Stoß, mit Stößen nach vorn bewegen* ⟨hat⟩: jmdn., etw. [ein Stück] v. **2.** *unter Überwindung von Hindernissen, Widerstand zielstrebig vorwärts rücken* ⟨ist⟩: in den Weltraum v.; tief ins Landesinnere v.; Ü die Mannschaft ist auf den 3. Platz vorgestoßen.
Vo̱r|stra|fe, die; -, -n (Rechtsspr.): *bereits früher rechtskräftig verhängte Strafe:* der Angeklagte hat keine -n.
Vo̱r|stra|fen|re|gis|ter, das: *Strafregister:* ein langes V. haben.
vo̱r|stre|cken ⟨sw. V.; hat⟩ [1: mhd. vürstrecken, ahd. furistrecchen]: **1. a)** *nach vorn strecken:* den Kopf, den Oberkörper, die Arme [weit] v.; **b)** ⟨v. + sich⟩ *sich nach vorn beugen:* ich musste mich v., um etwas zu sehen. **2.** *(einen Geldbetrag) vorübergehend zur Verfügung stellen; auslegen:* kannst du mir das Geld fürs Kino v.?
vo̱r|strei|chen ⟨st. V.; hat⟩: *vor dem Lackieren mit einem Grundanstrich versehen.*
Vo̱r|stu|die, die; -, -n: *vorbereitende Studie:* eine V. für eine Plastik.
Vo̱r|stu|di|um, das; -s, ...ien ⟨meist Pl.⟩: *vorbereitendes Studium* (2 a).
Vo̱r|stu|fe, die; -, -n: *Stufe in der Entwicklung einer Sache, auf der sich ihre spätere Beschaffenheit o. Ä. bereits in den Grundzügen erkennen lässt; Vorstadium:* die V. einer Krankheit.
vo̱r|stül|pen ⟨sw. V.; hat⟩: *nach vorn stülpen:* vorgestülpte Lippen.
vo̱r|stür|men ⟨sw. V.; ist⟩: *nach vorn stürmen:* mit gesenktem Kopf stürmte der Stier vor.
vo̱r|sünd|flut|lich: ↑vorsintflutlich.
Vo̱r|tag, der; -[e]s, -e: *Tag, der einem [besonderen] Tag, einem bestimmten Ereignis vorangeht, vorangegangen ist:* am V. der Prüfung; die Aktienkurse vom V.
vo̱r|tan|zen ⟨sw. V.; hat⟩: **a)** *zuerst tanzen, sodass es jmd. wiederholen kann; Tanzschritte vormachen:* sie hat uns den Foxtrott vorgetanzt; **b)** *(vor jmdm.) tanzen, um seine Fähigkeiten prüfen zu lassen:* die Ballettschülerinnen mussten v.
Vo̱r|tän|zer, der; -s, -: *jmd., der anderen vortanzt* (a).
Vo̱r|tän|ze|rin, die; -, -nen: w. Form zu ↑Vortänzer.
vo̱r|tas|ten, sich ⟨sw. V.; hat⟩: *sich vorsichtig tastend vorwärts, irgendwohin bewegen:* sich bis zum Lichtschalter v.; Ü er tastete sich langsam vor bis zu jener heiklen Frage.
vo̱r|täu|schen ⟨sw. V.; hat⟩: *(um jmdn. irrezuführen) den Anschein von etw. geben; vorspiegeln:* lebhaftes Interesse, Trauer, Leidenschaft v.; eine Krankheit v. *(simulieren);* er hat ihr nur vorgetäuscht, dass er sie liebe; ⟨subst.:⟩ Vortäuschen einer Straftat (Rechtsspr.; *der Irreführung der Behörden dienende Handlung, durch die der Anschein erweckt werden soll, dass eine rechtswidrige Tat begangen wurde od. dass Landfriedensbruch drohe*).
Vo̱r|täu|schung, die; -, -en: *das Vortäuschen:* die V. eines Unfalls; das ist V. falscher Tatsachen (ugs.; *da wird etwas vorgetäuscht*).
Vo̱r|teig, der; -[e]s, -e: *in kleiner Menge hergestellter, mit Hefe angesetzter Teig, der, nachdem er aufgegangen ist, mit der eigentlichen Teigmasse vermischt wird.*
Vo̱r|teil [auch: ˈfɔr...], der; -[e]s, -e [mhd. vorteil, urspr. = das, was jmd. vor anderen im Voraus bekommt]: **1. a)** *etw. (Umstand, Lage, Eigenschaft o. Ä.), was sich für jmdn. gegenüber anderen günstig auswirkt, ihm Nutzen, Gewinn bringt:* ein großer, entscheidender V.; materielle, finanzielle -e; dieser Umstand ist nicht unbedingt ein V.; diese Sache hat den [einen] V., dass ...; er hat dadurch/davon viele -e; seinen V. aus etw. ziehen, herausschlagen; sich auf unlautere Weise einen V., -e zu verschaffen suchen; diese Methode hat, bietet viele -e; -e und Nachteile einer Sache gegeneinander abwägen; sich von etw. -e versprechen; er ist immer nur auf seinen eigenen V. bedacht; er ist [gegenüber den anderen] im V. *(in einer günstigeren Lage);* von V. *(vorteilhaft)* sein; etw. gereicht jmdm. zum V./gereicht zu jmds. V.; er hat sich zu seinem V.

verändert *(hat sich in positiver Weise, zu seinen Gunsten verändert);* der Schiedsrichter hat V. gelten lassen (Sport; *einer Mannschaft die Möglichkeit gelassen, in eine günstige Position zu kommen, indem er wegen eines Fouls der anderen Mannschaft das Spiel nicht unterbrochen hat);* **b)** (veraltet) *(finanzieller, geschäftlicher) Gewinn.* **2.** (Tennis) *Spielstand, wenn ein Spieler nach dem Einstand einen Punkt erzielt u. zum Gewinn des Spiels nur noch den nächsten Punkt benötigt:* V. Aufschläger.

vor|teil|haft [auch: ˈfɔr...] ⟨Adj.⟩: *einen persönlichen Vorteil, Nutzen bringend; günstig:* ein -es Geschäft, Angebot; eine für beide Seiten -e Lösung; diese Farbe ist v. für dich *(steht dir gut);* sich v. kleiden; etw. wirkt sich v. aus.

Vor|teils|ge|wäh|rung, die (Rechtsspr.): *den Tatbestand der aktiven Bestechung erfüllende, strafbare Gewährung eines [Vermögens]vorteils.*

Vor|trag, der; -[e]s, Vorträge: **1.** *Rede über ein bestimmtes [wissenschaftliches] Thema:* ein V. mit Lichtbildern, über moderne Malerei; der V. findet in der Aula statt; einen V. halten; zu einem V. gehen. **2.** *das Vortragen* (2); *Darbietung:* flüssigen, klaren V. lernen; sein V. des Gedichts war allzu pathetisch; das Eislaufpaar bot einen harmonischen V.; ein Lied zum V. bringen (Papierdt.; *vortragen*). **3.** *das Vortragen* (3): der Minister musste zum V. beim König. **4.** (Kaufmannsspr.) *Übertrag:* der V. auf neue Rechnung, auf neues Konto.

vor|tra|gen ⟨st. V.; hat⟩ [1–3: mhd. vor-, vürtragen, ahd. furitragan]: **1.** (ugs.) *nach vorn tragen:* die Hefte zum Lehrer v.; Ü einen Angriff/eine Attacke v. (Milit.; *angreifen*). **2.** *(eine künstlerische, sportliche Darbietung) vor einem Publikum ausführen:* ein Lied, eine Etüde auf dem Klavier v.; die Turnerin trug ihre Kür vor; ein Gedicht [auswendig] v. *(rezitieren).* **3.** *(bes. einem Vorgesetzten) einen Sachverhalt darlegen:* [jmdm.] seine Wünsche, Forderungen, Beschwerden, Einwände, Bedenken, eine Bitte v.; ich habe ihm die Gründe für meinen Entschluss vorgetragen; sie hat mir ihr Anliegen schriftlich, brieflich, in einem Brief vorgetragen. **4.** (Kaufmannsspr.) *übertragen:* der Verlust[betrag] wird auf ein neues Konto vorgetragen.

Vor|tra|gen|de, der u. die; -n, -n ⟨Dekl. ↑Abgeordnete⟩: *jmd., der etw. vorträgt* (2, 3).

Vor|trags|an|wei|sung, die (Musik): vgl. Vortragsbezeichnung.

Vor|trags|be|zeich|nung, die (Musik): *die Noten ergänzende Hinweise des Komponisten zur Interpretation des Stücks u. zur Technik des Spiels.*

Vor|trags|kunst, die: *Fähigkeit, bes. ein sprachliches Kunstwerk gut vorzutragen.*

Vor|trags|künst|ler, der: *Rezitator.*

Vor|trags|künst|le|rin, die; -, -nen: w. Form zu ↑Vortragskünstler.

Vor|trags|pult, das: *[Steh]pult, das man beim Halten eines Vortrags* (1) *benutzt.*

Vor|trags|rei|he, die: *Reihe von [thematisch zusammenhängenden] Vorträgen* (1): eine V. [über etw., zum Thema ...] veranstalten.

Vor|trags|rei|se, die: *Reise, die jmd. macht, um an verschiedenen Orten Vorträge* (1) *zu halten:* eine [dreiwöchige, ausgedehnte] V. durch die USA; eine V. machen, unternehmen.

Vor|trags|wei|se, die: *Art u. Weise, wie etw. vorgetragen wird.*

vor|träl|lern ⟨sw. V.; hat⟩: *trällernd vorsingen.*

vor|treff|lich ⟨Adj.⟩ [älter: fürtrefflich, zu mhd. vürtreffen = vorzüglicher, mächtiger sein, ahd. furitreffan = sich auszeichnen, übertreffen, hervorragen]: *durch Begabung, Können, Qualität sich auszeichnend; hervorragend, sehr gut:* er ist ein -er Schütze, Reiter, Koch; ein -er Einfall; sich v. auf etw. verstehen; sich v. zu etw. eignen; sie spielt v. Klavier.

Vor|treff|lich|keit, die; -: *vortreffliche Beschaffenheit.*

vor|trei|ben ⟨st. V.; hat⟩: *nach vorn treiben.*

vor|tre|ten ⟨st. V.; ist⟩ [mhd. vor-, vürtreten]: **1. a)** *nach vorn treten:* einen Schritt, ans Geländer v.; **b)** *aus einer Reihe, Gruppe heraus vor die anderen treten:* einzeln [aus dem Glied] v. **2.** (ugs.) *hervortreten* (2b): seine Augen traten vor; ihr Mann hat vortretende Backenknochen. **3.** (selten) *hervortreten* (3b).

Vor|trieb, der; -[e]s, -e: **1. a)** *das Vortreiben (ins Gestein):* der V. des Tunnels, Stollens geht zügig voran; **b)** (Bergbau) *im Bau befindliche Grube, Strecke:* an den rußigen Wänden des -s. **2.** (Physik, Technik) *Schub* (1b): ein starker Motor sorgt für V.

Vor|triebs|ein|rich|tung, die (Physik, Technik): *Einrichtung zur Erzeugung eines Vortriebs* (2).

Vor|tritt, der; -[e]s [mhd. vortrit = das Vortreten]: **1.** *(aus Höflichkeit gewährte) Gelegenheit voranzugehen:* jmdm. den V. lassen; Ü in dieser Angelegenheit lasse ich ihm den V. *(die Gelegenheit, zuerst zu handeln).* **2.** (schweiz.) *Vorfahrt:* das Tram hat V.; er hat ihr den V. genommen; Kein V.! *(Vorfahrt gewähren!).*

Vor|tritts|recht, das (schweiz.): *Vorfahrtsrecht.*

Vor|trupp, der; -s, -s: *kleinerer Trupp, der einer größeren Gruppe vorausgeschickt wird (um etw. zu erkunden o. Ä.):* ein, der V. der Expedition war bereits am Fluss angekommen.

vor|tur|nen ⟨sw. V.; hat⟩: **a)** *Turnübungen vormachen:* [jmdm.] eine Übung v.; der Sportlehrer hat vorgeturnt; **b)** *vor Zuschauern turnen:* eine Kür v.; beim Schulsportfest v.

Vor|tur|ner, der; -s, -: *jmd., der vorturnt.*

Vor|tur|ne|rin, die; -, -nen: w. Form zu ↑Vorturner.

Vor|tur|ner|rie|ge, die: *Gruppe von Vorturnenden* (b).

vo|rü|ber [foˈryːbɐ] ⟨Adv.⟩: **1.** *vorbei* (1): sie huschte an uns v. ins Haus; **2.** *vorbei* (2): der Sommer, der Krieg, die Gefahr ist v.; da war es v. *(der Tod eingetreten).*

vo|rü|ber|brau|sen ⟨sw. V.; ist⟩: **1.** *vorbeibrausen* (1). **2.** *vorbeibrausen* (2): an jmdm., etw. v.

vo|rü|ber|ei|len ⟨sw. V.; ist⟩: *vorbeieilen:* [an jmdm., etw.] v.

vo|rü|ber|fah|ren ⟨st. V.; ist⟩: *vorbeifahren* (1): an jmdm., etw. v.

vo|rü|ber|flie|gen ⟨st. V.; ist⟩: *vorbeifliegen:* an jmdm., etw. v.

vo|rü|ber|füh|ren ⟨st. V.; hat⟩: **1.** *vorbeiführen* (1): die Straße führt an einem Garten vorüber. **2.** *vorbeiführen* (2).

vo|rü|ber|ge|hen ⟨unr. V.; ist⟩: **1.** *vorbeigehen* (1a): an jmdm. grußlos, lächelnd v.; ich habe jemanden v. sehen; ⟨subst.:⟩ etw. im Vorübergehen *(schnell so nebenbei)* erledigen; Ü wir können an diesen Erkenntnissen nicht v.; der Krieg, die Krankheit ist nicht spurlos an ihm vorübergegangen. **2.** *vorbeigehen* (3): die Schmerzen werden v.; keine Sorge, das geht vorüber; die Ferien sind schnell vorübergegangen; Ü ich möchte die Gelegenheit nicht v. lassen.

vo|rü|ber|ge|hend ⟨Adj.⟩: *nur zeitweilig, nur eine gewisse Zeit dauernd; momentan:* eine [nur] -e Wetterbesserung; das Medikament linderte die Schmerzen nur v.

vo|rü|ber|glei|ten ⟨st. V.; ist⟩: *vorbeigleiten:* vom Schiff aus glitt die Landschaft langsam vorüber.

vo|rü|ber|has|ten ⟨sw. V.; ist⟩: *vorbeihasten:* an jmdm., etw. v.; [aneinander] vorüberhastende Menschen.

vo|rü|ber|kom|men ⟨st. V.; ist⟩ (selten): *vorbeikommen* (1).

vo|rü|ber|las|sen ⟨st. V.; hat⟩ (selten): *vorbeilassen:* er wollte den anderen Wagen nicht v.

vo|rü|ber|lau|fen ⟨st. V.; ist⟩: *vorbeilaufen:* an jmdm., etw. v.

Vor|über|le|gung, die; -, -en: *noch unbestimmte, auf etw. Konkreteres hinführende Überlegung:* ich möchte zunächst einige -en anstellen.

vo|rü|ber|schie|ßen ⟨st. V.; ist⟩: *vorbeischießen* (2).

vo|rü|ber|schlei|chen ⟨st. V.⟩: **a)** *vorbeischleichen* (a, c) ⟨ist⟩; **b)** ⟨v. + sich⟩ *vorbeischleichen* (b) ⟨hat⟩.

vo|rü|ber|schlen|dern ⟨sw. V.; ist⟩: *vorbeischlendern.*

vo|rü|ber|strei|chen ⟨st. V.; ist⟩: *vorbeistreichen.*

vo|rü|ber|trei|ben ⟨st. V.; ist⟩: *vorbeitreiben.*

vo|rü|ber|zie|hen ⟨unr. V.; ist⟩: vgl. vorbeiziehen (a): an jmdm., etw. v.; das Gewitter ist vorübergezogen; die in der Ferne vorüberziehenden Schiffe.

Vor|übung, die; -, -en: *vorbereitende Übung.*

Vor|un|ter|su|chung, die; -, -en: **a)** *vorausgehende Untersuchung;* **b)** (Rechtsspr. früher) *vorbereitende Prüfung eines Tatbestandes durch einen Untersuchungsrichter.*

Vor|ur|teil, das; -s, -e [mhd. vorurteil für (m)lat. praeiudicium]: *ohne Prüfung der objektiven Tatsachen voreilig gefasste od. übernommene, meist von feindseligen Gefühlen gegen jmdn. od. etw. geprägte Meinung:* ein altes, weit verbreitetes, unausrottbares V.; -e gegen Ausländer, gegen den Islam; -e hegen, ablegen, abbauen; er hat ein V. gegen die Naturheilkunde; gegen -e angehen, kämpfen; jmdn. in seinem V. bestärken; sich von seinen -en frei machen, befreien.

vor|ur|teils|frei ⟨Adj.⟩: *frei von Vorurteilen:* eine -e Behandlung des Themas.

vor|ur|teils|haft ⟨Adj.⟩: *von Vorurteilen bestimmt.*

vor|ur|teils|los ⟨Adj.⟩: *vorurteilsfrei:* es ist wichtig, v. auf diese Leute zuzugehen.

Vor|ur|teils|lo|sig|keit, die; -: *vorurteilslose Art, Gesinnung.*

Vor|vä|ter ⟨Pl.⟩ (geh.): *[männliche] Vorfahren:* sie war aus Amerika gekommen, um das Land ihrer V. zu sehen.

vor|ver|gan|gen ⟨Adj.⟩ (veraltend): *(in Bezug auf einen Zeitpunkt) vorletzt...* (b): am Freitag -er Woche; seit dem -en Wochenende.

Vor|ver|gan|gen|heit, die (Sprachw.): *Plusquamperfekt.*

vor|ver|han|deln ⟨sw. V.; hat⟩: *(im Hinblick auf spätere, abschließende Verhandlungen) vorbereitend verhandeln:* der Deal ist bereits vorverhandelt.

Vor|ver|hand|lung, die; -, -en: *vorbereitende Verhandlung.*

Vor|ver|kauf, der; -[e]s: *Kartenvorverkauf:* der V. hat bereits begonnen; im V. sind die Karten etwas billiger.

Vor|ver|kaufs|kas|se, die: *Kasse, an der Eintrittskarten im Vorverkauf verkauft werden.*

Vor|ver|kaufs|stel|le, die: vgl. Vorverkaufskasse.

vor|ver|le|gen ⟨sw. V.; hat⟩: **1.** *weiter nach vorn legen:* den Eingang 20 m v. **2.** *auf einen früheren Zeitpunkt verlegen:* die Abfahrt, die Versammlung, den Termin [einen Tag] v.

Vor|ver|le|gung, die; -, -en: *das Vorverlegen.*

vor|ver|öf|fent|li|chen ⟨sw. V.; hat⟩: *(einen Textauszug o. Ä.) vor der eigentlichen Veröffentlichung veröffentlichen.*

vor|ver|schie|ben ⟨st. V.; hat⟩ (bes. schweiz.): *vorverlegen* (2): der Zeitpunkt wurde um einen Tag vorverschoben.

Vor|ver|ständ|nis, das; -ses, -se (bildungsspr.): *von vornherein vorhandene Vorstellung, von vornherein vorhandener Begriff* (2) *von etw.*

Vor|ver|such, der; -[e]s, -e: *vorbereitender Versuch.*

Vor|ver|trag, der; -[e]s, ...träge (Rechtsspr.): *vertragliche Verpflichtung zum Abschluss eines Vertrages.*

vor|ver|ur|tei|len ⟨sw. V.; hat⟩: *im Voraus, vorschnell verurteilen:* die Boulevardblätter haben den Angeklagten vorverurteilt; sie fühlt sich vorverurteilt.

Vor|ver|ur|tei|lung, die; -, -en: *das Vorverurteilen, Vorverurteiltsein.*

Vor|vor|dern ⟨Pl.⟩ (veraltet): *Altvordern:* die Weisheit der V.

vor|vor|ges|tern ⟨Adv.⟩: *vor drei Tagen.*

vor|vo|rig ⟨Adj.⟩ (ugs.): *dem vorigen* (1) *vorausgegangen:* -en Mittwoch war er hier; die vorige und die -e Generation.

vor|vor|letzt... ⟨Adj.⟩ (ugs.): **a)** *(in der Reihenfolge) dem vorletzten* (a) *vorausgehend:* die vorvorletzte Seite des Buchs; das war mein vorvorletzter Versuch; **b)** *dem vorletzten* (b) *unmittelbar vorausgehend:* vorvorletztes Jahr; am vorvorletzten Wochenende, Dienstag; **c)** *als einziges außer dem letzten u. dem vorletzten übrig geblieben:* das ist mein vorvorletztes Exemplar.

vor|wa|gen, sich ⟨sw. V.; hat⟩: *sich weiter nach vorn (zu einem Gefahrenpunkt o. Ä. hin) wagen:* er wagte sich in das Minenfeld vor; weiter wage ich mich nicht vor.

Vor|wahl, die; -, -en: **1.** *Vorauswahl:* eine V. unter den Angeboten treffen. **2.** (bes. Politik) *Wahlgang, bei dem die Kandidaten für eine bestimmte Wahl ermittelt werden.* **3.** (Fernspr.) **a)** *Vorwahlnummer:* die V. von Köln; **b)** *das Wählen der Vorwahl* (3 a).

vor|wäh|len ⟨sw. V.; hat⟩: **a)** *vorher auswählen:* bei der Waschmaschine das gewünschte Waschprogramm, den Sender im Autoradio v.; **b)** (Fernspr.) *eine bestimmte Nummer vor der Nummer des gewünschten Teilnehmers wählen:* [die] 0 v.

Vor|wahl|num|mer, Vor|wähl|num|mer, die (Fernspr.): *Ortsnetzkennzahl.*

vor|wal|ten ⟨sw. V.; hat⟩ (veraltend): **a)** *herrschen, bestehen, obwalten:* dort walten merkwürdige Verhältnisse vor; hier scheint ein Irrtum, ein Missverständnis vorzuwalten; unter den vorwaltenden Umständen; **b)** *überwiegen.*

Vor|wand, der; -[e]s, Vorwände [zu ↑vorwenden, urspr. = etw., was jmd. zu seiner Rechtfertigung vorbringt; Einwand]: *nur vorgegebener, als Ausrede benutzter Grund; Ausflucht:* ein fadenscheiniger, leicht zu durchschauender, willkommener, guter V.; etw. dient [jmdm.] nur als V.; einen V. [für etw.] brauchen, suchen, finden, haben; etw. als V. benutzen, [um] etw. zu tun, tun zu können; er rief unter einem V. bei ihr an, um festzustellen ...

vor|wär|men ⟨sw. V.; hat⟩: *vorher anwärmen:* die Teller v.; der Kraftstoff wird zur Erleichterung des Kaltstarts vorgewärmt; die Ansaugluft ist vorgewärmt; vorgewärmtes Wasser.

vor|war|nen ⟨sw. V.; hat⟩: *warnen, [lange] bevor etw. Befürchtetes eintritt, passiert:* die von der Katastrophe bedrohte Bevölkerung konnte rechtzeitig vorgewarnt werden; wir waren zum Glück schon vorgewarnt; er wird sich deswegen demnächst mit dir in Verbindung setzen – ich wollte dich nur schon v. (ugs.; *vorher davon unterrichten*).

Vor|warn|stu|fe, die (Fachspr.): *einem zu erwartenden, möglichen Smogalarm o. Ä. vorausgehende Alarmstufe.*

Vor|war|nung, die; -, -en: **1.** *das Vorwarnen:* trotz frühzeitiger V. der Bevölkerung forderte das Hochwasser viele Opfer. **2.** *der Vorwarnung* (1) *dienender Hinweis:* V. geben; die Polizei schritt ohne [jede] V. gegen die Demonstranten ein; er hatte ohne V. auf die im Biergarten sitzende Gruppe geschossen.

vor|wärts [auch: ˈfɔr...] ⟨Adv.⟩ [mhd. vor-, vürwart, -wert, ↑-wärts]: **1. a)** *nach vorn, in Richtung des angestrebten Ziels:* ein Blick v.; zwei Schritte v. machen; den Rumpf v. beugen; ein V. drängende Kraft; eine Rolle v. machen; kaum v. kommen; v. marsch! (militär. Kommando); **Ü** nun macht mal ein bisschen v.! (ugs.; *beeilt euch!*); **b)** *mit der Vorderseite [des Körpers] voran:* v. gehen, fahren; die Leiter v. hinaufklettern; [den Wagen] v. einparken. **2. a)** *in Richtung des Endpunktes; von vorne nach hinten:* das Alphabet v. und rückwärts aufsagen; ein Band v. laufen lassen; **b)** *in die Zukunft voran; in Richtung einer bestimmten (positiven) Entwicklung:* das neue Gesetz bedeutet einen großen Schritt v.; jmdn., eine Firma v. bringen; wir müssen das Projekt weiter v. treiben; das, diese geniale Idee hat uns ein gutes Stück v. gebracht; die Technologie wird sich weiter v. entwickeln; (ugs.:) mit dem Projekt geht es gut, rasch, nur langsam v.; die Arbeit kommt nicht [recht] v.; eine [nach] v. orientierte Sicht; die Arbeiten schreiten *(gehen)* zügig v.; v. weisende Ideen, Perspektiven;

Vor|wärts|be|we|gung, die: *vorwärts gerichtete, verlaufende Bewegung.*

vor|wärts brin|gen: s. vorwärts (2 b).

Vor|wärts|drall, der: *vorwärts gerichteter Drall.*

vor|wärts drän|gen: s. vorwärts (1 a).

vor|wärts ent|wi|ckeln, sich: s. vorwärts (2 b).

Vor|wärts|ent|wick|lung, die: *Weiterentwicklung, fortschrittliche Entwicklung.*

Vor|wärts|gang, der (Technik): *Gang* (6 a) *eines Motorfahrzeugs für das Vorwärtsfahren.*

vor|wärts ge|hen: s. vorwärts (2 b).

vor|wärts kom|men: s. vorwärts (2 b).

vor|wärts ma|chen: s. vorwärts (1 a).

vor|wärts schrei|ten: s. vorwärts (2 b).

Vor|wärts|schritt, der: *Schritt nach vorn.*

vor|wärts stre|ben: s. vorwärts (1 a).

vor|wärts trei|ben: s. vorwärts (2 b).

vor|wärts wei|send: s. vorwärts (2 b).

Vor|wä|sche, die; -, -en: *das Vorwaschen (bes. als Teil eines Waschprogramms):* auf die V. verzichten; die Maschine ist noch bei der V.

vor|wa|schen ⟨sw. V.; hat⟩: *zu einer ersten Reinigung kurz [durch]waschen:* nur leicht verschmutzte Wäsche muss man nicht v.

Vor|wasch|gang, der: *das Vorwaschen steuernder Teil des Programms einer Waschmaschine.*

vor|weg ⟨Adv.⟩: **1. a)** *bevor etw. [anderes] geschieht; zuvor:* etw. v. klären; um es gleich v. zu sagen/gleich v. [gesagt]: ...; v. gab es eine Suppe, einen Aperitif; das lässt sich v. *(vorher, im Voraus)* schlecht sagen, beantworten, beurteilen; **b)** (ugs.) *von vornherein:* das war doch v. eine Schnapsidee! **2.** *jmdm., einer Sache ein Stück voraus:* immer ein paar Schritte v. sein; v. *(an der Spitze)* marschieren. **3.** *vor allem, besonders:* alle waren begeistert, v. die Kinder.

Vor|weg, der: nur in der Fügung **im V./-e** *(schon bevor ein möglicher, zu erwartender Fall eintritt; vorsorglich).*

Vor|weg|nah|me, die; -: *das Vorwegnehmen:* die V. eines Gedankens, kommender Freuden.

vor|weg|neh|men ⟨st. V.; hat⟩: *etw., was eigentlich erst später an die Reihe käme, schon sagen, tun:* etw. in Gedanken, gedanklich, in der Fantasie v.; die Pointe v.; **Ü** die Theorie nimmt den späteren Demokratiegedanken praktisch schon vorweg.

vor|weg|sa|gen ⟨sw. V.; hat⟩: *gleich, noch vor etw. anderem sagen:* ich muss v., dass ich nichts davon verstehe.

vor|weg|schi|cken ⟨sw. V.; hat⟩: *vorwegsagen.*

Vor|we|he, die; -, -n ⟨meist Pl.⟩ (Med.): *gegen Ende der Schwangerschaft auftretende Wehe.*

vor|weih|nacht|lich ⟨Adj.⟩: *dem Weihnachtsfest vorausgehend:* -e Stimmung.

Vor|weih|nachts|zeit, die; -: *Zeit vor Weihnachten.*

vor|wei|nen ⟨sw. V.; hat⟩: *vor jmdm. weinen [u. klagen], jmdm. mit Weinen [u. Klagen] zusetzen:* jmdm. etw. v.

vor|wei|sen ⟨st. V.; hat⟩: **a)** *vorzeigen:* seinen Pass, eine Vollmacht v.; [dem Schaffner] seine Fahrkarte v.; der Fahrer konnte keine gültige Fahrerlaubnis v. *(hatte keine gültige Fahrerlaubnis [bei sich]);* * **etw. vorzuweisen haben** *(über etw. verfügen):* sie hat eine gute Ausbildung, hervorragende Englischkenntnisse, als Autorin schon einige Erfolge vorzuweisen; **b)** *aufweisen; haben:* das Haus weist einen großen Garten vor.

Vor|wei|sung, die; -, -en: *das Vorweisen.*

Vor|welt, die; -: *[erd]geschichtlich weit zurückliegende Zeit[en] u. ihre Relikte.*

vor|welt|lich ⟨Adj.⟩: *die Vorwelt betreffend, aus ihr herrührend:* die Wurzeln sahen aus wie -e Tiere.

vor|wen|den ⟨unr. V.; hat⟩ (selten): *als Vorwand gebrauchen.*

vor|werf|bar ⟨Adj.⟩ (Amtsspr., Rechtsspr.): *Anlass zu einem Vorwurf gebend:* eine -e Handlung, Tat; [nicht] v. handeln.

vor|wer|fen ⟨st. V.; hat⟩ [1, 2: mhd. vürwerfen, ahd. furiwerfan]: **1.** *nach vorn werfen:* den Kopf, die Beine v.; den Ball weit v.; neue Truppen v. (Milit.; *ins Kampfgebiet schicken*). **2.** *vor jmdn., etw. (bes. ein Tier) hinwerfen:* den Tieren Futter v.; jmdn., etw. den Löwen [zum Fraß] v. **3.** *jmdm. sein Verhalten, seine Handlungsweise heftig tadelnd vor Augen führen:* jmdm. Unfähigkeit, Unsachlichkeit v.; er warf ihr vor, sie habe ihn betrogen; ich habe mir in dieser Sache nichts vorzuwerfen *(habe mich richtig verhalten);* sie haben sich [gegenseitig]/(geh.:) einander nichts vorzuwerfen *(der eine ist nicht besser als der andere).*

Vor|werk, das; -[e]s, -e: **1.** (veraltend) *zu einem größeren Gut gehörender, kleinerer, abgelegener Bauernhof.* **2.** *einer Festung vorgelagertes, mit ihr verbundenes Werk* (4).

vor|wie|gen ⟨st. V.; hat⟩: **1.** *überwiegen; vorherrschen:* in seinen Romanen wiegen politische Themen vor. **2.** *etw. in jmds. Gegenwart wiegen, damit er es nachprüfen kann:* einem Kunden die Ware v.

vor|wie|gend ⟨Adv.⟩: *hauptsächlich, in erster Linie, ganz besonders; zum größten Teil:* morgen ist es v. heiter; die v. jugendlichen Hörer.

Vor|win|ter, der; -s, -: **1.** vgl. Vorfrühling. **2.** vgl. Vormonat: dieses Jahr lag mehr Schnee als im V.

Vor|wis|sen, das; -s: *etw., was man über eine bestimmte Sache schon weiß, ehe man sich eingehender darüber informiert:* ein V. [über eine Sache] haben; um das zu verstehen, muss man über ein gewisses V. verfügen.

vor|wis|sen|schaft|lich ⟨Adj.⟩ (bildungsspr.): *nicht auf wissenschaftlicher Erforschung, sondern auf allgemeiner Erfahrung beruhend:* ein -es Weltbild, ein -es Verständnis von etw. haben.

Vor|witz, der; -es [mhd. vor-, virwiz, ahd. furewizze, firiwizzi, eigtl. = das über das normale Wissen Hinausgehende; Wunder, zu ↑Witz in dessen alter Bed. »Kenntnis, Wissen« u. einer alten Nebenf. von ↑ver- im Sinne von »hinüber, über etw. hinaus«] (veraltend): **1.** *[leichtsinnige] Neugierde:* der Vorwitz der Jugend gegenüber allem, was neu ist. **2.** *(meist in Bezug auf Kinder) vorlaute, naseweise Art.*

vor|wit|zig ⟨Adj.⟩ [mhd. vor-, vür-, virwitzec, ahd. fir(i)wizic, zu mhd. virwiz, ahd. firiwizi = neugierig]: **1.** *[auf leichtsinnige Art] neugierig:* ein -er Bursche, Blick; sei nicht so v.! **2.** *(meist in Bezug auf Kinder) vorlaut, naseweis:* eine -e Göre; der Junge ist manchmal etwas v.

Vor|wit|zig|keit, die; -, -en: **1.** ⟨o. Pl.⟩ *Vorwitz* (1, 2). **2.** *vorwitzige Handlung, Äußerung.*

Vor|wo|che, die; -, -n: *vorige, vorhergehende Woche:* in der V.

vor|wö|chig ⟨Adj.⟩: *in der Vorwoche [sich ereignet habend o. Ä.]:* auf der -en Pressekonferenz.

vor|wöl|ben ⟨sw. V.; hat⟩: **a)** *nach vorn wölben:* er zog den Bauch ein und wölbte seine Brust vor; **b)** ⟨v. + sich⟩ *sich nach vorn wölben:* seine Stirn wölbt sich vor; stark vorgewölbte Lippen.

Vor|wöl|bung, die; -, -en: **1.** ⟨o. Pl.⟩ *das [Sich]vorwölben.* **2.** *vorgewölbte Stelle, Fläche.*

Vor|wort, das; -[e]s, -e u. Vorwörter: **1.** ⟨Pl. -e⟩ *Einleitung zu einem Buch; Vorrede:* ein V. zu einem Buch schreiben; das Buch mit einem V. versehen; deutsche Erstausgabe, mit einem V. von Thomas Mann. **2.** ⟨Pl. Vorwörter⟩ (österr., sonst veraltet) *Präposition.*

Vor|wurf, der; -[e]s, Vorwürfe [1: zu ↑vorwerfen; 2: mhd. vür-, vorwurf, LÜ von lat. obiectum (↑Objekt), urspr. = das vor die Sinne Geworfene, das den Sinnen, dem Subjekt Gegenüberstehende]: **1.** *Äußerung, mit der jmdm. etw. vorgeworfen, jmds. Handeln, Verhalten gerügt wird:* ein versteckter, offener, leiser, schwerer V.; der V. der Vertragsbrüchigkeit, Untreue; dieser V. trifft mich nicht, ist unberechtigt; sein Blick war ein einziger, ein stummer V.; das soll kein V. sein; einen V. entkräften, [heftig] abwehren, [entschieden] zurückweisen; ernste Vorwürfe gegen jmdn. erheben; ich machte ihr, mir wegen dieser Sache bittere, heftige Vorwürfe; daraus kannst du ihm doch keinen V. machen; diesen V. lasse ich nicht auf mir sitzen; etw. als V. auffassen;

sich gegen einen V. wehren, zur Wehr setzen; man kann ihm sein Verhalten nicht zum V. machen. **2.** (selten) *Vorlage* (3 a): *Thema, Gegenstand künstlerischer Bearbeitung:* das Ereignis diente als V. für eine Novelle, zu seinem Roman.

vor|wurfs|frei ⟨Adj.⟩ (bes. schweiz.): *frei von Vorwürfen* (1).

vor|wurfs|voll ⟨Adj.⟩: *einen Vorwurf* (1) *enthaltend; anklagend:* -e Worte; jmdn. v. ansehen.

vor|zäh|len ⟨sw. V.; hat⟩: **a)** *vor jmdm., in jmds. Gegenwart eine Zahlenfolge nennen, hersagen, damit er sie wiederholen kann:* der Lehrer zählte den Kindern vor; **b)** *in jmds. Gegenwart zum Nachprüfen zählen, aufzählen, den Betrag, die Anzahl von etw. feststellen:* er zählte [mir] das Geld vor.

Vor|zei|chen, das; -s, - [mhd. vorzeichen = Vorzeichen, Sinnbild, ahd. forazeihan = Wunderzeichen, Sinnbild]: **1.** *Anzeichen, das auf etw. Künftiges hindeutet; Omen:* etw. ist ein gutes, günstiges V.; er hielt die Begegnung für ein ungutes, schlimmes, böses, untrügliches V. **2. a)** (Math.) *einer Zahl vorangestelltes Zeichen, das diese als positiv od. negativ ausweist:* eine Zahl mit negativem, positivem V.; es ergibt sich wieder derselbe Wert, nur mit umgekehrtem V.; **b)** (Musik) *Versetzungszeichen.*

vor|zeich|nen ⟨sw. V.; hat⟩: **1.** *als Entwurf, Vorlage* (3 a) *zeichnen:* ein Bild zuerst mit Bleistift v. und dann mit Wasserfarben ausmalen; die Umrisse v.; ein Strickmuster v. **2.** *zum Nachzeichnen vor jmdm. etw. zeichnen:* der Lehrer hat uns das Pferd an der Tafel vorgezeichnet. **3.** *im Voraus festlegen, bestimmen:* eine künftige Entwicklung v.; eine streng, genau vorgezeichnete Karriere, Ausbildung.

Vor|zeich|nung, die; -, -en: **1.** *das Vorzeichnen.* **2.** *Vorgezeichnetes; als Entwurf, Vorstudie o. Ä. angefertigte Zeichnung:* eine V. zu einem Stillleben.

vor|zeig|bar ⟨Adj.⟩ (ugs.): *den Ansprüchen, die gestellt werden, genügend u. daher sich ohne weiteres vorzeigen* (2) *lassend:* ein -es Ergebnis; eine durchaus -e Leistung; -e *(wohlgeratene)* Kinder.

Vor|zeig|bar|keit, die; - (ugs.): *das Vorzeigbarsein.*

Vor|zei|ge- (ugs.): drückt in Bildungen mit Substantiven aus, dass es sich um eine Person od. Sache handelt, mit der jmd. renommieren kann, gern renommiert: Vorzeigeathletin, -literat, -sportler, -liberaler.

vor|zei|gen ⟨sw. V.; hat⟩: **a)** *zeigen u. begutachten, prüfen lassen:* [jmdm.] seinen Ausweis, seine Fahrkarte v.; die Schüler mussten ihre Hefte v.; **b)** *andere sehen lassen, jmdm. zeigen [um Eindruck zu machen, zu renommieren]:* sie hat einen Freund, den man v. kann.

Vor|zei|gung, die; -, -en ⟨Pl. selten⟩ (Papierdt.): *das Vorzeigen.*

Vor|zeit, die; -, -en: **1.** *längst vergangene, vorgeschichtliche [u. geheimnisvoll anmutende] Zeit:* in ferner, mythischer, grauer V. **2.** (selten) *einer bestimmten Zeit, Epoche vorausgehende Zeit:* die V. jener Epoche.

vor|zei|ten ⟨Adv.⟩ (dichter.): *vor langer Zeit; einstmals:* Ich weiß noch genau, als ich v. einmal von der Leiter stürzte.

vor|zei|tig ⟨Adj.⟩: *früher als vorgesehen, erwartet:* seine -e Abreise; der -e Wintereinbruch hat in der Landwirtschaft große Schäden verursacht; sich v. pensionieren lassen; der Strafgefangene ist v. entlassen worden; er ist v. *(allzu früh)* gealtert, gestorben.

Vor|zei|tig|keit, die; -: **1.** (Sprachw.) *Verhältnis verschiedener grammatischer Zeiten in Haupt- u. Gliedsatz, bei dem die Handlung des Gliedsatzes vor der des Hauptsatzes spielt.* **2.** *das Vorzeitigsein; vorzeitiges Eintreten.*

vor|zeit|lich ⟨Adj.⟩: *die Vorzeit betreffend, aus ihr stammend:* -e Säugetiere, Ausgrabungen, Relikte.

Vor|zeit|mensch, der; -en, -en: *Mensch der Vorzeit.*

vor|zie|hen ⟨unr. V.; hat⟩ [mhd. vor-, vürziehen = vorziehen, hervorholen; lieber mögen, bevorzugen, ahd. furiziohan = vorziehen, hervorholen]: **1.** *nach vorn ziehen:* den Schrank [einen Meter] v.; er hat mich am Arm an die, bis zur Brüstung vorgezogen. **2.** *vor etw. ziehen:* den Vorhang, die Gardinen v. **3.** (ugs.) *hervorziehen:* etw. hinter, zwischen etw. v.; er zog ein Heft [aus der Tasche] vor; eine Säge unter dem Gerümpel v. **4.** *etw. für später Vorgesehenes früher ansetzen, beginnen, erledigen:* einen Termin [um eine Stunde] v.; die Betriebsversammlung wurde vorgezogen; die Altersgrenze v.; vorgezogene Wahlen. **5. a)** *eine größere Vorliebe für jmdn., etw. haben als für eine andere Person od. Sache; lieber mögen:* ziehen Sie Kaffee oder Tee vor?; ein gutes Buch ziehe ich jedem Film vor; ich ziehe ihn seinem Bruder vor; **b)** *lieber mögen, besser behandeln als andere (u. diese dadurch zurücksetzen):* das jüngste Kind wird [von den Eltern] oft vorgezogen; keinen Schüler [den anderen] v.; **c)** *jmdn., etw. wählen, sich aussuchen; sich für jmdn., etw. entscheiden:* wir sollten die sicherere Methode [der kostengünstigeren] v.; ich hätte sie [den anderen Bewerberinnen] vorgezogen; er zog es vor zu schweigen. **6.** (Gartenbau) vgl. vorkultivieren: Pflanzen im Topf, im Frühbeet v.

Vor|zie|hung, die; -, -en ⟨Pl. selten⟩: *das Vorziehen.*

Vor|zim|mer, das; -s, -: **a)** *vor dem Zimmer eines Vorgesetzten o. Ä. liegendes Zimmer (in einem Dienstgebäude o. Ä.):* im V. des Chefs, der Kanzlei; **b)** (österr.) *Diele* (2): die Garderobe steht im V.

Vor|zim|mer|da|me, die (ugs.): *Sekretärin, die ihren Arbeitsplatz in jmds. Vorzimmer* (a) *hat.*

Vor|zin|sen ⟨Pl.⟩ (Bankw.): *Diskont* (1).

[1]Vor|zug, der; -[e]s, Vorzüge: **a)** ⟨o. Pl.⟩ *jmdm. od. einer Sache eingeräumter Vorrang:* jmdm., einer Sache gebührt der V.; den V. vor jmdm., etw. erhalten; diese Methode verdient gegenüber anderen den V.; jmdn., etw. mit V. *(bevorzugt)* behandeln; **b)** *Vorrecht, Vergünstigung:* es war ein besonderer V., dass wir eintreten durften; **c)** *gute Eigenschaft, die eine bestimmte Person od. Sache (im Vergleich mit jmdm. od. etw. anderem) auszeichnet, hervorhebt:* angeborene, geistige, charakterliche Vorzüge; der V. liegt darin, dass man sich darauf verlassen kann; das ist ein besonderer V. an ihm, von ihm; immer neue Vorzüge an einer Sache erkennen; ich kenne die Vorzüge dieser Mitarbeiterin; das Verfahren hat den V., dass es sofort einsetzbar ist; diese Kunstfaser hat alle Vorzüge reiner Wolle; **d)** (Schulw. österr.) *Auszeichnung, die jmd. erhält, wenn er sehr gute Noten im Zeugnis erreicht:* mit V. maturieren.

[2]Vor|zug, der; -[e]s, Vorzüge (Eisenb.): *zur Entlastung eines fahrplanmäßigen Zuges vor diesem zusätzlich eingesetzter Zug.*

vor|züg|lich [auch: '- - - -]: **I.** ⟨Adj.⟩ *in seiner Art od. Qualität besonders gut; ausgezeichnet, hervorragend:* ein -er Wein, eine -e Arbeit, ein -er Aufsatz; er ist ein -er Reiter, Kenner der Materie; die Methode hat sich v. bewährt; wir haben ganz v. gespeist. **II.** ⟨Adv.⟩ (veraltend) *hauptsächlich, vor allem, besonders:* ich wünsche dies v., weil …

Vor|züg|lich|keit [auch: '- - - -], die; -, -en: **1.** ⟨o. Pl.⟩ *vorzügliche Beschaffenheit.* **2.** (selten) *etw. Vorzügliches.*

Vor|zugs|ak|tie, die ⟨meist Pl.⟩ (Wirtsch.): *Aktie, die gegenüber den Stammaktien mit bestimmten Vorrechten ausgestattet ist (z. B. Zusicherung einer erhöhten Dividende):* -n ausgeben.

Vor|zugs|milch, die: *unter behördlicher Aufsicht produzierte Milch von bester Qualität.*

Vor|zugs|preis, der: *besonders günstiger Preis:* jmdm. -e gewähren; etw. zu einem V. angeboten bekommen, erwerben können.

Vor|zugs|stel|lung, die: *bevorzugte [mit bestimmten Vorrechten ausgestattete] Stellung* (4): eine V. haben, genießen.

vor|zugs|wei|se ⟨Adv.⟩: *hauptsächlich, in erster Linie, bevorzugt:* zu diesem Essen sollte man v. Weißwein trinken.

Vor|zu|kunft, die; -: *zweites Futur.*

Vo|ta: Pl. von ↑Votum.

Vo|ten: Pl. von ↑Votum.

vo|tie|ren ⟨sw. V.; hat⟩ [zu ↑Votum] (bildungsspr.): **1.** *seine Stimme für od. gegen jmdn., etw. abgeben; sich für od. gegen jmdn., etw. entscheiden; für od. gegen jmdn. stimmen:* für, gegen eine Resolution v.; sie votierten mehrheitlich dagegen. **2.** (bes. schweiz., österr.) *in einer Diskussion im Parlament, in einer Versammlung o. Ä. Stellung nehmen; sich für od. gegen jmdn., etw. aussprechen:* die Gewerkschafter votierten gegen den Vorschlag.

Vo|tiv, das; -s, -e [zu lat. votivus = gelobt, versprochen, zu: votum, ↑Votum]: *Votivgabe:* die -e in dieser Wallfahrtskirche sind Stiftungen von Gläubigen.

Vo|tiv|bild, das (kath. Kirche): *einem Heiligen aufgrund eines Gelübdes geweihtes Bild (das oft den Anlass seiner Entstehung darstellt).*

Vo|tiv|ga|be, die (kath. Kirche): *als Bitte um od. Dank für Hilfe in einer Notlage einem Heiligen dargebrachte Gabe.*

Vo|tiv|ker|ze, die (kath. Kirche): vgl. Votivgabe.

Vo|tiv|mes|se, die (kath. Kirche): [1]*Messe* (1) *als Bitte um od. Dank für Hilfe in einer Notlage.*

Vo|tiv|ta|fel, die (kath. Kirche): *einem Heiligen aufgrund eines Gelübdes geweihte kleine Tafel mit einer Inschrift.*

Vo|tum, das; -s, Voten u. Vota [mlat. votum = Gelübde; Stimme, Stimmrecht < lat. votum = Gelübde, feierliches Versprechen; Wunsch, Verlangen, zu: votum, 2. Part. von: vovere = feierlich versprechen, geloben; wünschen] (bildungsspr.): **1.** *Stimme* (6 a): sein V. [für etw.] abgeben. **2.** *Entscheidung durch Stimmabgabe:* die Wahl war ein V. gegen die Regierung, für die Politik der Regierung. **3.** (bes. schweiz.) *Diskussionsbeitrag im Parlament, in einer Versammlung o. Ä.:* die Voten blieben diszipliniert kurz. **4.** *Urteil, Stellungnahme:* das Bundeskabinett muss ein formelles V. abgeben. **5.** (veraltet) *feierliches Gelübde.*

Vou|cher [engl.: 'vaʊtʃə], das od. der; -s, -[s] [engl. voucher, zu: to vouch = bürgen < afrz. vo(u)cher = herbei-, aufrufen < lat. vocare = rufen] (Touristik): *Gutschein für im Voraus bezahlte Leistungen.*

Vou|dou [vu'du:]: ↑Wodu.

Vo|yeur [voa'jø:ɐ̯], der; -s, -e [frz. voyeur < afrz. veor, véeur = Beobachter, Späher, zu: voir < lat. videre = sehen]: *jmd., der durch [heimliches] Zuschauen bei sexuellen Handlungen anderer Lust empfindet:* er ist ein V.; solche Shows, Filme sind nur etwas für -e.

Vo|yeu|rin [voa'jø:rɪn], die; -, -nen: w. Form zu ↑Voyeur.

Vo|yeu|ris|mus, der; - [frz. voyeurisme, zu: voyeur, ↑Voyeur]: *sexuelles Empfinden u. Verhalten der Voyeure.*

vo|yeu|ris|tisch ⟨Adj.⟩: *den Voyeurismus betreffend:* -e Bedürfnisse; Ü der -e Charakter dieser Dokumentation.

VP = Volkspolizei.

VPS = Videoprogrammsystem.

VR = Volksrepublik.

v. R. w. = von Rechts wegen.

vs. = versus.

V. S. O. P. [Abk. von engl. very special old pale]: *ganz besonders alt u. blass* (Gütekennzeichen für Cognac od. Weinbrand).

V-Sprung ['fau…], der (Skisport): *Sprung im V-Stil.*

V-Stil ['fau…], der (Skisport): *Stil des Skispringens, bei dem die Skier v-förmig gehalten werden.*

v. T. = vom Tausend.

v. u. = von unten.

vul|gär ⟨Adj.⟩ [frz. vulgaire < lat. vulgaris = allgemein; alltäglich, gewöhnlich; gemein, niedrig, zu: vulgus = (gemeines) Volk]: **1.** (bildungsspr.

abwertend) *auf abstoßende Weise derb u. gewöhnlich, ordinär:* ein -es Wort; eine -e Person; v. sein, aussehen; sich v. benehmen. **2.** (bildungsspr.) *zu einfach u. oberflächlich; nicht wissenschaftlich dargestellt, gefasst:* ein -er Positivismus.

vul|ga|ri|sie|ren ⟨sw. V.; hat⟩ [zu ↑vulgär]: **1.** (bildungsspr. abwertend) *in unzulässiger Weise vereinfachen; allzu oberflächlich darstellen.* **2.** (bildungsspr. veraltet) *allgemein bekannt machen; unter das Volk bringen.*

Vul|ga|ri|tät, die; -, -en [wohl unter Einfluss von engl. vulgarity < lat. vulgaritas, zu: vulgaris, ↑vulgär] (bildungsspr.): **1.** ⟨o. Pl.⟩ **a)** *vulgäres* (1) *Wesen, vulgäre Art:* die V. dieser Person ist unerträglich! **b)** *vulgäre* (2) *Beschaffenheit.* **2.** (seltener) *vulgäre* (1) *Äußerung.*

Vul|gär|la|tein, das: *umgangssprachliche Form der lateinischen Sprache (aus der sich die romanischen Sprachen entwickelten).*

Vul|gär|spra|che, die: **1.** (bildungsspr. seltener) *vulgäre* (1) *Sprache.* **2.** (Sprachw.) *(bes. im MA.) von der Masse des Volkes gesprochene Sprache.*

Vul|ga|ta, die; - [(kirchen)lat. (versio) vulgata = allgemein gebräuchliche Fassung]: *(von Hieronymus im 4. Jh. begonnene, später für authentisch erklärte) lateinische Übersetzung der Bibel.*

vul|go ⟨Adv.⟩ [lat.] (bildungsspr.): *gemeinhin, gewöhnlich genannt.*

[1]Vul|kan (röm. Myth.): Gott des Feuers.

[2]Vul|kan, der; -s, -e [zu lat. Vulcanus, ↑[1]Vulkan]: *Berg, aus dessen Innerem Lava u. Gase ausgestoßen werden; Feuer speiender Berg:* ein [noch] tätiger, nicht mehr tätiger, erloschener V.; der V. ist ausgebrochen; wie auf einem V. leben *(sich in ständiger Gefahr befinden).*

Vul|kan|aus|bruch, der: *Ausbruch, Eruption eines [2]Vulkans.*

Vul|kan|fi|ber, die ⟨o. Pl.⟩ [zu ↑vulkanisieren u. ↑Fiber (2)]: *aus zellulosehaltigem Material hergestellter harter bis elastischer Kunststoff, der bes. für Dichtungen, Koffer u. a. verwendet wird.*

Vul|ka|ni|sa|ti|on, die; -, -en [engl. vulcanization, zu: to vulcanize, ↑vulkanisieren]: *das Vulkanisieren.*

vul|ka|nisch ⟨Adj.⟩: *auf Vulkanismus beruhend, durch ihn entstanden:* -es Gestein; eine -e Insel; das Gebirge ist -en Ursprungs.

vul|ka|ni|sie|ren ⟨sw. V.; hat⟩ [engl. to vulcanize, eigtl. = dem Feuer aussetzen (bei dem Verfahren wird Hitze angewendet), zu: Vulcan = [1]Vulkan]: **1.** *Rohkautschuk mithilfe bestimmter Chemikalien zu Gummi verarbeiten.* **2.** (ugs.) *Gegenstände aus Gummi reparieren:* einen Reifen v.

Vul|ka|ni|sie|rung, die; -, -en: *das Vulkanisieren.*

Vul|ka|nis|mus, der; - (Geol.): *Gesamtheit der Vorgänge u. Erscheinungen, die mit dem Austritt von Magma aus dem Erdinnern an die Erdoberfläche zusammenhängen.*

vul|ka|nis|tisch ⟨Adj.⟩: *den Vulkanismus betreffend.*

Vul|ka|nit, der; -s, -e (Geol.): *vulkanisches Gestein; Ergussgestein.*

Vul|ka|no|lo|ge, der; -n, -n [↑-loge]: *Fachmann auf dem Gebiet der Vulkanologie.*

Vul|ka|no|lo|gie, die; - [↑-logie]: *Teilgebiet der Geologie, das sich mit der Erforschung des Vulkanismus befasst.*

Vul|ka|no|lo|gin, die; -, -nen: w. Form zu ↑Vulkanologe.

vul|ka|no|lo|gisch ⟨Adj.⟩: *die Vulkanologie betreffend, zu ihr gehörend.*

Vul|va, die; -, Vulven [lat. vulva, eigtl. = Hülle] (Med.): *äußere weibliche Geschlechtsorgane.*

v. u. Z. = vor unserer Zeitrechnung.

v. v. = vice versa.

VVN = Vereinigung der Verfolgten des Naziregimes.

VWD = Vereinigte Wirtschaftsdienste.

V-Zei|chen ['fau...], das: *Victoryzeichen:* das V. machen.

w, W [ve:], das; - (ugs.: -s), - (ugs.: -s) [mhd. w, ahd. (h)w]: *dreiundzwanzigster Buchstabe des Alphabets; ein Konsonant:* ein kleines w, ein großes W schreiben.

W = Watt; West[en]; Wolfram.

WAA = Wiederaufbereitungsanlage.

Waadt [va(:)t], die; -: schweizerischer Kanton.

Waadt|land, das; -[e]s: *Waadt.*

[1]Waag, die; - [mhd. wāc, ahd. wāg = (bewegtes) Wasser; Fluss, See, verw. mit ↑Woge] (bayr.): *Flut; Wasser.*

[2]Waag, die; -: linker Nebenfluss der Donau in der Slowakei.

Waa|ge, die; -, -n [mhd. wāge, ahd. wāga, eigtl. = das (auf u. ab, hin u. her) Schwingende, verw. mit ↑[2]bewegen]: **1.** *Gerät, mit dem das Gewicht von etw. bestimmt wird:* eine zuverlässige, gute, genaue, exakt anzeigende W.; diese W. wiegt genau; eine W. eichen; etw. auf die W. legen, auf/mit der W. wiegen; sich auf die W. stellen; er bringt 80 kg auf die W. (ugs.; *wiegt 80 kg*); *** sich/(geh.:) einander die W. halten** *(sich im Ausmaß, in der Intensität, in der Bedeutung o. Ä. gleichkommen):* Vor- und Nachteile hielten sich [in etwa] die W. **2.** (Astrol.) **a)** ⟨o. Pl.⟩ *Tierkreiszeichen für die Zeit vom 24. 9. bis 23. 10.;* **b)** *jmd., der im Zeichen Waage* (2 a) *geboren ist:* sie, er ist [eine] W. **3.** ⟨o. Pl.⟩ Sternbild am südlichen Sternenhimmel. **4.** (Turnen, Eis-, Rollkunstlauf) *Figur, Übung, bei der der Körper waagrecht im Gleichgewicht gehalten wird:* eine eingesprungene W.

Waa|ge|bal|ken, der: *gerader, als Hebel wirkender Teil einer Waage, an dem die Waagschalen hängen.*

Waa|ge|meis|ter, (auch:) Waagmeister, der (früher): *jmd., der für das Wiegen von Waren auf einer öffentlichen Waage zuständig ist.*

Waa|ge|meis|te|rin, (auch:) Waagmeisterin, die (früher): w. Form zu ↑Waagemeister.

waa|ge|recht, (auch:) waagrecht ⟨Adj.⟩ [eigtl. = wenn die Waage recht steht, wenn der Waagebalken in der Ausgangsstellung steht]: *in einer geraden Linie rechtwinklig zu einer senkrechten Linie od. Fläche verlaufend; horizontal:* eine -e Linie, Fläche; ein -er Balken; das Brett liegt [genau] w.; ein Seil w. spannen.

Waa|ge|rech|te, (auch:) Waagrechte, die; -n, -n ⟨aber: zwei -[n]⟩: *waagerechte Linie, Ebene, Lage; Horizontale.*

Waag|meis|ter usw.: ↑Waagemeister usw.

waag|recht usw.: ↑waagerecht usw.

Waag|scha|le, die; -, -n: *an beiden Seiten des Waagebalkens einer Waage hängende Schale, in die eine zu wiegende Last od. das Gewicht zum Wiegen gelegt wird:* *** alles, jedes Wort auf die W. legen** (↑Goldwaage); **[nicht] in die W. fallen** (↑[1]Gewicht 3): der späte Zeitpunkt ihrer Bewerbung wird schon in die W. fallen; **etw. in die W. werfen** *(etw. als Mittel zur Erreichung von etw. einsetzen):* er wirft seinen gesamten Einfluss in die W., um den Bau der Straße zu verhindern.

wab|be|lig, wabblig ⟨Adj.⟩ [zu ↑wabbeln] (ugs.): *[unangenehm] weich u. dabei leicht in zitternde Bewegung geratend:* ein -er Pudding, Bauch, Busen, Hintern; er ist dick und w.

wab|beln ⟨sw. V.; hat⟩ [mhd. wabelen = in (emsiger) Bewegung sein] (ugs.): *sich zitternd, in sich wackelnd hin u. her bewegen:* der Pudding wabbelt; er lachte, dass sein Bierbauch wabbelte.

wabb|lig: ↑wabbelig.

Wa|be, die; -, -n [mhd. wabe, ahd. waba, wabo, zu ↑weben u. eigtl. = Gewebe (der Bienen)]: *Gebilde aus vielen gleichgeformten, meist sechseckigen, von Bienen aus körpereigenem Wachs geformten Zellen, die der Aufzucht ihrer Larven dienen u. in denen sie Honig od. Pollen speichern.*

wa|ben|för|mig ⟨Adj.⟩: *wie eine Wabe geformt, aufgebaut:* ein -es Muster; eine -e Bauweise.

Wa|ben|ho|nig, der: *Honig aus frisch gebauten, unbebrüteten Waben.*

wa|bern ⟨sw. V.; hat⟩ [mhd. waberen = sich hin u. her bewegen] (landsch., sonst geh.): *sich in einer mehr od. weniger unruhigen, flackernden, ziellosen Bewegung befinden:* wabernde Nebelschwaden, Flammen.

wach ⟨Adj.⟩ [zu ↑Wache, entstanden aus Sätzen wie »er ist (in) Wache«, d. h., er befindet sich im Zustand des Wachens]: **1.** *nicht schlafend:* in -em Zustand; w. werden, bleiben; [lange, die ganze Nacht] w. liegen; sich [mit Kaffee] w. halten; das Interesse an etw., die Erinnerung an jmdn., etw. w. halten; jmds. Andenken w. halten; der Lärm hat mich w. gemacht *(aufgeweckt);* sie rüttelte ihn w. *(rüttelte ihn, bis er wach wurde);* ich war noch gar nicht richtig w.; bist du noch w. *(munter)* genug, um Auto zu fahren?; **Ü** die Erinnerung an die Verbrechen ist noch w.; die alten Ressentiments wurden wieder w.; die Konkurrenz ist w. geworden. **2.** *geistig sehr rege, von großer Aufmerksamkeit, Aufgeschlossenheit zeugend; aufgeweckt:* ein -er Geist; -e Augen; sehr -e Sinne haben; -en Sinnes, mit -em Verstand an etw. herangehen; etw. w. verfolgen.

Wach|ab|lö|se, die (bes. österr.): *Wachablösung.*

Wach|ab|lö|sung, die: *Ablösung der Wache, eines Wachpostens:* bei der, nach erfolgter W.

Wa|chau, die; -: Tal der Donau in Niederösterreich zwischen Krems u. Melk.

Wach|ba|tail|lon, das: *Bataillon, das Wachdienst hat.*

Wach|boot, das: *für den Wachdienst ausgerüstetes kleineres Kriegsschiff.*

Wach|dienst, der: **1.** ⟨o. Pl.⟩ *Dienst, der in der Bewachung, Sicherung bestimmter Einrichtungen, Anlagen, Örtlichkeiten o. Ä. besteht:* W. haben. **2.** *den Wachdienst* (1) *versehende Gruppe von Personen.*

Wa|che, die; -, -n [mhd. wache, ahd. wacha, zu ↑wachen]: **1.** *Wachdienst* (1): die W. beginnt um 6 Uhr; W. haben, halten; die W. übernehmen; die W. [dem nächsten/an den nächsten] übergeben; auf W. sein (Milit.; *Wachdienst haben*); auf W. ziehen (Milit.; *den Wachdienst antreten*); *** [auf] W. stehen/(ugs., bes. Soldatenspr.:) W. schieben** *(als Wachposten Dienst tun):* ein W. stehender Soldat; **W. gehen** *(patrouillieren).* **2.** *den Wachdienst* (1) *versehende Personen od. Gruppe von Personen; Wachdienst* (2), *Wachposten:* die W. zieht auf; die W. kontrollierte die Ausweise; -n aufstellen; die -n verstärken, ablösen. **3. a)** *Raum, Gebäude für die Wache* (2), *Wachlokal:* er meldete sich bei dem Posten vor der W.; **b)** kurz für ↑Polizeiwache: er wurde auf die W. gebracht; Sie müssen mit zur W. kommen.

Wa|che|be|am|te, der (österr. Amtsspr.): *Polizist.*

Wa|che|be|am|tin, die: w. Form zu ↑Wachebeamte.

wa|chen ⟨sw. V.; hat⟩ [mhd. wachen, ahd. wachēn, zu ↑wecken u. eigtl. = frisch, munter sein]: **1.** (geh.) *wach sein, nicht schlafen:* schläft er oder wacht er?; ⟨subst.:⟩ zwischen Wachen und Schlafen. **2.** *wach bleiben u. auf jmdn., etw. aufpassen, Acht haben:* sie hat an seinem Bett gewacht. **3.** *sehr genau, aufmerksam auf jmdn., etw. achten, aufpassen:* streng, eifersüchtig über etw. w.; sie wachte stets darüber, dass den Kindern nichts geschah.

Wa|che|schie|ben, das; -s (ugs., bes. Soldatenspr.): *Wachestehen.*

Wa|che|ste|hen, das; -s: *das Versehen des Dienstes als Wachposten.*

Wa|che ste|hend: s. Wache (1).
Wach|feu|er, das: *Feuer der Wachen, Wachposten.*
wach|ha|bend ⟨Adj.⟩: *für den Wachdienst* (1) *eingeteilt, ihn versehend:* der -e Offizier.
Wach|ha|ben|de, der u. die; -n, -n ⟨Dekl. ↑Abgeordnete⟩: *wachhabende Person:* sich beim -n melden.
wach hal|ten: s. wach (1).
Wach|heit, die; -: **1.** (seltener) *das Wachsein, Wachzustand.* **2.** *geistige Regsamkeit, Aufmerksamkeit:* seine geistige W.; die W. ihres Blickes.
Wach|hund, der: *Hund, der dazu geeignet, abgerichtet ist, etw. zu bewachen:* ein guter, scharfer W.
Wach|ko|ma, das (Med.): *Koma, bei dem der Patient die Augen geöffnet hat:* im W. liegen.
Wach|kom|pa|nie, die: vgl. Wachbataillon.
Wach|lo|kal, das: *Raum für den Aufenthalt einer Wachmannschaft.*
Wach|ma|cher, der (ugs.): *stimulierende, aufputschende Droge; Weckamin.*
Wach|mann, der ⟨Pl. ...männer u. ...leute⟩: **1.** *jmd., der die Aufgabe hat, bestimmte Einrichtungen, Örtlichkeiten zu bewachen, zu sichern:* ein W. der Wach- und Schließgesellschaft; die Täter schlugen einen W. nieder und nahmen ihm die Waffe ab. **2.** (österr.) *Polizist.*
Wach|mann|schaft, die: *wachhabende militärische Mannschaft.*
Wa|chol|der, der; -s, - [mhd. wecholter, ahd. wechalter, 1. Bestandteil wohl zu ↑wickeln, wohl nach den zum Flechten verwendeten Zweigen, zum 2. Bestandteil -ter vgl. Teer]: **1.** *(zu den Nadelhölzern gehörender) immergrüner Strauch od. kleinerer Baum mit nadelartigen od. schuppenförmigen kleinen, graugrünen Blättern u. blauschwarzen Beerenfrüchten (die bes. als Gewürz u. zur Herstellung von Branntwein verwendet werden).* **2.** kurz für ↑Wacholderbranntwein: einen W., bitte.
Wa|chol|der|baum, der: vgl. Wacholder (1).
Wa|chol|der|bee|re, die: *Beere des Wacholders* (1).
Wa|chol|der|brannt|wein, der: *mit Wacholderbeeren hergestellter Branntwein.*
Wa|chol|der|busch, der: vgl. Wacholder (1).
Wa|chol|der|schnaps, der (ugs.): *Wacholderbranntwein.*
Wa|chol|der|strauch, der: vgl. Wacholder (1).
Wach|per|so|nal, das: vgl. Wachmannschaft.
Wach|pos|ten, (auch:) Wachtposten, der: *Wache haltender militärischer Posten.*
wach|ru|fen ⟨st. V.; hat⟩: *(bei jmdm.) entstehen lassen, hervorrufen; wecken, erregen:* in/bei jmdm. eine Vorstellung, Erinnerungen w.; das Bild ruft die Vergangenheit wach.
wach|rüt|teln ⟨sw. V.; hat⟩: *plötzlich aktiv, rege werden lassen, aufrütteln:* jmds. Gewissen w.
Wachs, das; -es, (Arten:) -e [mhd., ahd. wahs, zu ↑wickeln u. eigtl. = Gewebe (der Bienen)]: *[von Bienen gebildete] meist weiße bis gelbliche, oft leicht durchscheinende Masse, die sich in warmem Zustand leicht kneten lässt, bei höheren Temperaturen schmilzt u. bes. zur Herstellung von Kerzen o. Ä. verwendet wird:* weiches, flüssiges W.; das W. schmilzt; W. gießen, kneten, formen, ziehen; etw. in W. abdrücken; etw. mit W. überziehen, glätten, verkleben, dichten; den Boden mit W. *(Bohnerwachs)* einreiben; er hat seine Skier mit dem falschen W. *(Skiwachs)* behandelt; ihr Gesicht war weiß, gelb wie W. *(sehr bleich, fahl)*; er wurde weich wie W. *(wurde sehr nachgiebig, gefügig)*; sie schmolz dahin wie W. *(gab jeden Widerstand auf)*; * **W. in jmds. Hand/Händen sein** *(jmdm. gegenüber sehr nachgiebig sein).*
W
Wachs|ab|druck, der: *mit Wachs gefertigter plastischer Abdruck.*
wach|sam ⟨Adj.⟩ [eigtl. zu ↑Wache, heute als zu ↑wachen gehörend empfunden]: *vorsichtig, gespannt, mit wachen Sinnen etw. beobachtend, verfolgend; sehr aufmerksam, voller Konzentration:* ein -er Hüter der Demokratie; seinem -en Blick entging nichts; angesichts dieser Gefahr gilt es, w. zu sein; eine Entwicklung w. verfolgen.
Wach|sam|keit, die; -: *das Wachsamsein:* es ist äußerste, erhöhte W. geboten.
wachs|ar|tig ⟨Adj.⟩: *wie Wachs beschaffen:* eine -e Substanz.
Wachs|bild, das: *bildähnliches Relief aus Wachs.*
wachs|bleich ⟨Adj.⟩: *bleich wie Wachs:* er war vor Schreck w.
Wachs|boh|ne, die: *Gartenbohne mit gelblichen Hülsen.*
[1]wach|sen ⟨st. V.; ist⟩ [mhd. wahsen, ahd. wahsan, urspr. = vermehren, zunehmen]: **1. a)** *als lebender Organismus, als Teil eines lebenden Organismus an Größe, Länge, Umfang zunehmen, größer, länger, dicker werden:* schnell, übermäßig, nur langsam w.; der Junge ist [ziemlich, wieder ein ganzes Stück] gewachsen; das Gras wächst üppig; die Haare, Fingernägel sind gewachsen; ich lasse mir einen Bart, die Haare, (ugs.:) lange Haare w.; den männlichen Tieren wächst ein Geweih; Ü der Neubau wächst Meter um Meter *(wird Meter um Meter höher)*; *die* Schatten wuchsen (geh.; *wurden länger*); **b)** *sich entwickeln* (2 a) *[können], gedeihen:* diese Pflanze wächst überall [gut], nur auf sandigen Böden, vor allem an schattigen Standorten; hier wachsen nur Flechten und Moose; in dem Wald wachsen viele Beeren, Pfifferlinge; diese Früchte wachsen an Bäumen; ⟨subst.:⟩ der Baum braucht zum Wachsen ein ganz anderes Klima; **c)** *sich beim Wachsen* (1 a) *in bestimmter Weise entwickeln:* der Baum wächst krumm, schön gerade; der Busch soll nicht zu sehr in die Breite w.; er ist schlank gewachsen *(ist schlank)*; sie ist gut gewachsen *(hat eine gute Figur)*; **d)** *sich beim Wachsen* (1 a) *irgendwo ausbreiten, in eine bestimmte Richtung ausdehnen:* die Kletterpflanze wächst an der Mauer in die Höhe, bis aufs Dach, über den Zaun; der Ast wächst in den Garten des Nachbarn. **2. a)** *an Größe, Ausmaß, Zahl, Menge o. Ä. zunehmen; sich ausbreiten, sich ausdehnen, sich vermehren:* die Stadt, Einwohnerzahl wächst von Jahr zu Jahr; sein Vermögen, Reichtum wächst ständig; sein Vorsprung wächst noch; seine Familie ist inzwischen gewachsen; die Flut, das Hochwasser wächst *(steigt)*; die wachsende Arbeitslosigkeit; wachsende Teilnehmerzahlen; **b)** *an Stärke, Intensität, Bedeutung o. Ä. gewinnen; stärker werden, zunehmen:* seine Erregung, sein Ärger, der Widerstand, sein Zorn, ihr Einfluss wuchs immer mehr; der Lärm, der Schmerz, die Spannung wuchs ins Unerträgliche; sein Selbstbewusstsein wächst mit seinem Erfolg; er ist an seinen/mit seinen Aufgaben gewachsen *(er hat an innerer Größe, Stärke zugenommen)*; ⟨oft im 1. Part.:⟩ der wachsende Wohlstand des Landes; sich wachsender Beliebtheit erfreuen; er hat mit wachsenden Schwierigkeiten zu kämpfen; sie hörte mit wachsendem Interesse, Erstaunen zu; **c)** *sich harmonisch, organisch entwickeln, allmählich entstehen:* die Stadt, die Kultur ist in Jahrtausenden gewachsen; die Gewissheit wächst, dass die Schäden irreparabel sind; ⟨meist im 2. Part.:⟩ gewachsene Traditionen, Strukturen, Ordnungen, Bräuche; gewachsener *(von Natur aus an Ort und Stelle befindlicher)* Fels.
[2]wach|sen ⟨sw. V.; hat⟩ [zu ↑Wachs]: *mit Wachs (bes. mit Bohnerwachs, Skiwachs o. Ä.) einreiben, glätten:* den Boden, die Treppe w. und bohnern; die Skier w.; gewachste Zahnseide, Schnürsenkel; ⟨auch ohne Akk.-Obj.:⟩ er hat falsch gewachst *(das falsche Skiwachs benutzt).*
wäch|sern ⟨Adj.⟩: **1.** *aus Wachs bestehend, gefertigt:* -e Figuren. **2.** (geh.) *wachsbleich:* -e Haut; -e Hände; ihr Gesicht war w.
Wachs|far|be, die: **1.** *Farbstoff zum Färben von Wachs.* **2.** *Malfarbe, bei der der Farbstoff durch Wachs gebunden ist.*
Wachs|fi|gur, die: *Figur aus Wachs.*
Wachs|fi|gu|ren|ka|bi|nett, das: *Museum, in dem meist lebensgroße, aus Wachs geformte Nachbildungen berühmter Persönlichkeiten ausgestellt sind:* das W. der Madame Tussaud in London.
Wachs|ker|ze, die: *Kerze aus Wachs.*
Wachs|koh|le, die: *aus Wachsen u. Harzen gebildete Kohle.*
Wachs|lein|wand, die ⟨o. Pl.⟩ (österr.): *Wachstuch.*
Wachs|licht, das ⟨Pl. -er⟩: vgl. Wachskerze: unter der Teekanne brannte in einem Stövchen ein kleines W.
Wachs|mal|krei|de, die, **Wachs|mal|stift,** der: *aus Wachsfarbe* (2) *hergestellter Stift zum Malen.*
Wach|sol|dat, der: *als Wache, Wachposten eingesetzter Soldat.*
Wach|sol|da|tin, die: w. Form zu ↑Wachsoldat.
Wachs|pa|pier, das: *mit Paraffin imprägniertes, Wasser abstoßendes [Pack]papier.*
Wachs|schicht, die: *aus Wachs bestehende Schicht.*
Wachs|sie|gel, das: *Siegel aus Wachs.*
wächst: ↑[1]wachsen.
Wachs|ta|fel, die: *(in der Antike) Schreibtafel aus Wachs, in das die Schrift eingeritzt wird.*
Wach|sta|ti|on, die: *Intensivstation, auf der schwer kranke Patienten ständig überwacht werden.*
Wach|stu|be, die: vgl. Wachlokal.
Wachs|tuch, das: **1.** ⟨Pl. -e⟩ *einseitig mit einer Art Firnis beschichtetes Gewebe, das wasserabstoßend ist:* eine Tischdecke, Schürze aus W. **2.** ⟨Pl. ...tücher⟩ *Tischdecke aus Wachstuch* (1): auf dem Küchentisch lag ein buntes W.
Wachs|tuch|de|cke, die: *Wachstuchtischdecke.*
Wachs|tuch|tisch|de|cke, die: *Tischdecke aus Wachstuch* (1).
Wachs|tum, das; -s [mhd. wahstuom]: **1. a)** *das Wachsen* (1 a, b): das [körperliche] W. eines Kindes; das W. der Pflanzen fördern, beschleunigen, hemmen, stören, beeinträchtigen; im W. zurückgeblieben sein; **b)** *irgendwo gewachsene, bes. angebaute Pflanzen, Produkte von Pflanzen:* das Gemüse ist eigenes W. *(stammt aus dem eigenen Garten)*; eine Flasche eigenes W. *(Wein aus den eigenen Weinbergen).* **2.** *das Wachsen* (2 a): das rasche W. der Stadt, der Bevölkerung; ein jährliches W. von mehr als 4 Prozent; das W. der Wirtschaft fördern; die Grenzen des wirtschaftlichen -s.
Wachs|tums|be|we|gung, die (Bot.): *durch ungleiches Wachstum der verschiedenen Seiten von Organen hervorgerufene Bewegung festsitzender Pflanzen.*
Wachs|tums|bran|che, die (Wirtsch.): *Branche mit erheblichem wirtschaftlichem Wachstum.*
Wachs|tums|fe|ti|schis|mus, der (abwertend): *das wirtschaftliche Wachstum zum Fetisch erhebende Auffassung.*
wachs|tums|för|dernd ⟨Adj.⟩: **1.** *das pflanzliche, tierische Wachstum fördernd:* -e Hormone. **2.** (Wirtsch.) *das wirtschaftliche Wachstum fördernd:* -e Investitionen, Maßnahmen.
wachs|tums|hem|mend ⟨Adj.⟩: vgl. wachstumsfördernd.
Wachs|tums|hor|mon, das: *das Wachstum förderndes Hormon.*
Wachs|tums|ide|o|lo|gie, die: *Ideologie, durch die die einseitige Orientierung am Wachstum (in der Wirtschaftspolitik) gerechtfertigt werden soll.*
wachs|tums|ori|en|tiert ⟨Adj.⟩: *(in der Wirtschaft[spolitik]) am Wachstum orientiert:* eine [primär] -e Wirtschaftspolitik.
Wachs|tums|po|ten|zi|al, das (Wirtsch.): *Potenzial für wirtschaftliches Wachstum:* die Wirtschaft, die Branche hat noch ein erhebliches W.
Wachs|tums|pro|zess, der: *Prozess des Wachsens, des Wachstums.*
Wachs|tums|ra|te, die (Wirtsch.): *Steigerungsrate des wirtschaftlichen Wachstums eines Landes in einem bestimmten Zeitraum:* eine hohe, zweistellige W. erzielen.
Wachs|tums|schub, der (bes. Med.): *beträchtliches Wachstum innerhalb verhältnismäßig kurzer Zeit.*

Wạchs|tums|stö|rung, die (bes. Med.): *Störung des Wachstums.*
wạchs|we̲ich ⟨Adj.⟩: **1.** *weich wie Wachs:* die Birnen sind w.; ein Ei w. kochen. **2.** (oft abwertend) **a)** *ängstlich u. sehr nachgiebig, gefügig:* bei dieser Drohung wurde er gleich w.; **b)** *keinen fest umrissenen Standpunkt, keine eindeutige, feste Haltung erkennen lassend:* -e Erklärungen.
Wạchs|zie|her, der: vgl. Kerzengießer.
Wạchs|zie|he|rin, die: w. Form zu ↑Wachszieher.
Wạcht, die; -, -en [mhd. wachte, ahd. wahta, zu ↑wachen] (dichter., geh.): *Wache* (1); *Wachdienst* (1): W. halten.
Wặch|te usw.: frühere Schreibung für ↑Wechte usw.
Wạch|tel, die; -, -n [mhd. wahtel(e), ahd. wahtala, lautm. für den Ruf des Vogels]: **1.** *kleiner Hühnervogel mit kurzem Schwanz u. braunem, auf der Oberseite oft gelblich u. schwarz gestreiftem Gefieder:* es gab geschmorte -n; der Schlag der -n. **2.** (Jargon) *Justizvollzugsbeamter, -beamtin.*
Wạch|tel|ei, das: *Ei der Wachtel* (1).
Wạch|tel|ruf, der, **Wạch|tel|schlag,** der: *Laut, den die Wachtel von sich gibt.*
Wặch|ter, der; -s, - [mhd. wahtære, ahd. wahtāri, zu ↑Wacht]: *jmd., der [beruflich] Wachdienst verrichtet, jmdn., etw. bewacht:* der W. eines Fabrikgeländes, in einem Museum; die W. machen ihren Rundgang; er wurde von drei -n *(Leibwächtern)* begleitet; Ü ein W. der Demokratie.
Wặch|ter|amt, das: *Amt eines Wächters.*
Wặch|te|rin, die; -, -nen: w. Form zu ↑Wächter.
Wặch|ter|kon|troll|uhr, die: *mit einem Uhrwerk kombiniertes Gerät, das der Wächter mitführt u. zum Registrieren seiner Rundgänge benutzt.*
Wặch|ter|ruf, der: **1.** (früher) *Ruf des Nachtwächters zu jeder vollen Stunde.* **2.** (veraltet) *Ruf der Wächter bei drohender Gefahr.*
Wạcht|meis|ter, der [spätmhd. wache-, wachtmeister = mit der Einteilung der städtischen Nachtwachen beauftragter Zunftmeister]: **1.** (österr., schweiz., sonst veraltet) **a)** ⟨o. Pl.⟩ *(in bestimmten Truppengattungen) dem Feldwebel* (1b) *entsprechender Dienstgrad;* **b)** *Soldat des Dienstgrades »Wachtmeister«.* **2. a)** ⟨o. Pl.⟩ *unterster Dienstgrad bei der Polizei;* **b)** *Polizist des untersten Dienstgrades:* guten Morgen, Herr W.!
Wạcht|pos|ten, der: *Wachposten.*
Wạch|traum, der (bes. Psych.): *im Wachzustand auftretende traumhafte Vorstellungen; Tagtraum.*
Wạcht|turm, (auch:) **Wạch|turm,** der: *einen weiten Überblick gewährender Turm für Wachposten:* vom W. aus beobachtete er die Gefangenen.
Wạch- und Schlie̲ß|ge|sell|schaft, die: *Dienstleistungsunternehmen, das die Bewachung von Gebäuden, Fabrikanlagen, Parkplätzen o. Ä. übernimmt.*
Wạch|zu|stand, der: *Zustand des Wachseins:* im W.
Wạ|cke, die; -, -n [mhd. wacke, ahd. wacko, H. u.] (landsch., sonst veraltet): *kleinerer [verwitternder] Gesteinsbrocken.*
Wạ|ckel|bild, das: **1.** *verwackelte Fernseh- od. Videoaufnahme.* **2.** *Bild, das sich verändert, wenn man es unter einem anderen Winkel betrachtet.*
wạ|cke|lig, wacklig ⟨Adj.⟩: **1. a)** *wackelnd* (1a): ein -er Tisch, Stuhl; ein -es Bett; ein -er *(nicht mehr fest sitzender)* Zahn; der Schrank steht etwas w.; **b)** *nicht fest gefügt, nicht [mehr] sehr stabil:* in den Keller führt eine -e Stiege. **2.** (ugs.) *kraftlos, schwach, hinfällig:* ein -er Greis; der Patient ist noch sehr w. [auf den Beinen]; Ü das Unternehmen steht auf einer finanziell -en Grundlage. **3.** (ugs.) *nicht sicher, nicht gesichert; gefährdet, bedroht:* -e Arbeitsplätze; eine -e Angelegenheit, Argumentation, Finanzierung; um die Firma steht es recht w. *(sie ist vom Bankrott bedroht);* er steht in der Schule sehr w. *(seine Versetzung ist gefährdet).*
Wạ|ckel|kon|takt, der: *schadhafter elektrischer Kontakt* (3b): Ursache der Störung war ein W.; einen W. suchen, finden, beseitigen.
wạ|ckeln ⟨sw. V.⟩ [mhd. wackeln, Iterativbildung zu: wacken, Intensivbildung zu: wagen, ahd. wagōn = sich hin u. her bewegen, wohl zu mhd. wage, ahd. waga = Bewegung, zu ↑bewegen, demnach eigtl. = sich wiederholt (od. ein wenig) hin u. her bewegen]: **1.** ⟨hat⟩ **a)** *nicht fest auf etw. stehen, nicht fest sitzen [u. sich daher hin u. her bewegen]:* der Tisch, Schrank, Stuhl wackelt; der Zaunpfahl wackelt; ihm wackelt ein Zahn, seine Zähne wackeln; Ü der Thron des Chefs wackelt *(er droht seinen Posten zu verlieren);* **b)** (ugs.) *sich schwankend, zitternd, bebend hin u. her bewegen:* die Gläser auf dem Tisch wackelten. **2.** ⟨hat⟩ (ugs.) **a)** *rütteln:* an der Tür, am Zaun w.; **b)** *mit etw. eine hin u. her gehende Bewegung ausführen, etw. in eine hin u. her gehende Bewegung versetzen:* mit dem Kopf, mit den Ohren, mit den Hüften w. **3.** (ugs.) *sich mit unsicheren Bewegungen, schwankenden Schritten, watschelndem o. ä. Gang irgendwohin bewegen* ⟨ist⟩: der Alte ist über die Straße gewackelt. **4.** (ugs.) *wackelig* (3) *sein* ⟨hat⟩: seine Stellung, sein Arbeitsplatz wackelt; die Firma wackelt *(ist vom Bankrott bedroht).*
Wạ|ckel|pud|ding, der (fam.): *leicht in eine zitternde Bewegung geratender Pudding, bes. Götterspeise* (2).
wạ|cker ⟨Adj.⟩ [mhd. wacker = wach, wachsam, tüchtig, tapfer, ahd. wacchar = wach, wachsam, zu ↑wecken u. eigtl. = frisch, munter] (veraltend): **1.** *rechtschaffen, ehrlich u. anständig; redlich:* -e Bürger; sich w. durchs Leben schlagen. **2.** *tüchtig, tapfer, sich frisch u. kraftvoll einsetzend:* -e Soldaten, Krieger; w. [für, um etw.] kämpfen; (heute meist scherzh., mit wohlwollendem Spott:) er ist ein -er Esser, Zecher; er hat sich w. gehalten.
Wạ|cker|stein, der; -[e]s, -e (landsch.): *Wacke.*
wạck|lig: ↑wackelig.
Wạd, das; -s [engl. wad, H. u.]: *als weiche, lockere, auch schaumige Masse auftretendes Mineral, das braun abfärbt u. sehr leicht ist.*
Wạd|di|ke, die; - [mniederd. waddeke, H. u.] (nordd.): *Molke.*
Wạ|de, die; -, -n [mhd. wade, ahd. wado, wahrsch. verw. mit lat. vatax = krumm-, schiefbeinig u. lat. vatius = einwärts gebogen, krumm(beinig) u. eigtl. wohl = Krümmung, Biegung (am Körper)]: *durch einen großen Muskel gebildete hintere Seite des Unterschenkels beim Menschen:* stramme, kräftige, dünne -n; er hat einen Krampf in der W.
Wạ|den|bein, das (Anat.): *äußerer, schwächerer der beiden vom Fuß bis zum Knie gehenden Knochen des Unterschenkels.*
Wạ|den|krampf, der: *Krampf in der Wade:* ein plötzlicher, nächtlicher W.; einen W. haben.
wạ|den|lang ⟨Adj.⟩: *bis zu den halben Waden hinunterreichend* (2a): ein -er Rock.
Wạ|den|mus|kel, der: *Muskel der Wade.*
Wạ|den|strumpf, der: **1.** (veraltet) *Kniestrumpf.* **2.** *(zu bestimmten Trachten gehörender) das Bein vom Knöchel bis zur Wade bedeckender Strumpf ohne Füßling.*
Wạ|den|wi|ckel, der: *(fiebersenkender) kalter bis lauwarmer Umschlag um die Wade.*
Wạ|di, das; -s, -s [arab. wādī]: *(bes. in Nordafrika u. im Vorderen Orient) Flussbett in der Wüste, das nur nach heftigen Regenfällen Wasser führt.*
Wặd|li, das; -s, - [zu ↑Wade] (schweiz.): *Eisbein.*
Wa|fer [ˈweɪfə], der; -s, -[s] [engl. wafer, eigtl. = Waffel, Oblate] (Elektronik): *dünne Scheibe aus Halbleitermaterial, auf die integrierte Schaltungen aufgebracht werden.*
Wạf|fe, die; -, -n [geb. aus dem älteren, als Pl. od. Fem. Sg. aufgefassten Waffen, mhd. wāfen = Waffe; Schildzeichen, Wappen, ahd. wāf(f)an = Waffe, H. u.]: **1. a)** *Gerät, Instrument, Vorrichtung als Mittel zum Angriff auf einen Gegner, zum Erlegen von Tieren, zur Zerstörung von Bauwerken, technischen Anlagen usw. od. zur Verteidigung:* eine gefährliche, tödliche W.; primitive, veraltete, konventionelle, moderne, halbautomatische, atomare, nukleare, biologische, chemische, leichte, schwere, taktische, strategische -n; die -n ruhen (geh.; *die Kampfhandlungen sind unterbrochen*); eine W. besitzen, [bei sich] haben, mit sich führen; -n tragen, führen, einsetzen; die, seine W. laden, ziehen, entsichern, sichern, auf jmdn. richten; den Umgang mit einer W. lernen; jmdn., sich, etw. mit der W. verteidigen; mit -n handeln; der Dienst mit der W. *(als Soldat in den Streitkräften);* jmdn., etw. nach -n durchsuchen; von seiner W. Gebrauch machen; die -n niederlegen, schweigen lassen (geh.; *die Kampfhandlungen beenden*); sie starrten von -n (geh.; *waren schwer bewaffnet*); zu den -n greifen *(zu kämpfen beginnen);* Ü eine scharfe politische, publizistische, juristische W.; eine wirksame W. im Kampf gegen die Seuche; seine Schlagfertigkeit ist seine beste, stärkste W.; mit einem politischen Gegner die -n kreuzen (geh.; *sich mit ihm auseinander setzen*); jmdn. mit seinen eigenen -n schlagen (geh.; *mit dessen eigenen Argumenten widerlegen*); mit geistigen -n, mit -n des Geistes (geh.; *mit Argumenten, Überzeugungskraft*) kämpfen; *** die -n strecken** (geh.; 1. *sich dem Feind ergeben.* 2. *sich geschlagen geben, aufgeben*); **unter [den] -n sein/stehen** (geh.; *zur kriegerischen Auseinandersetzung bereit sein*): es sind/stehen 80 000 Mann unter -n; **jmdn. unter -n halten** *(in kampfbereitem Zustand halten):* 80 000 Mann unter -n halten; **jmdn. zu den -n rufen** (geh. veraltend; *zum Militärdienst einziehen*); **b)** ⟨o. Pl.⟩ (veraltet) kurz für ↑Waffengattung. **2. a)** ⟨Pl.⟩ (Jägerspr.) *Gewaff (des Keilers);* **b)** *Klauen (der Wildkatze u. des Luchses);* **c)** *Krallen (der Greifvögel).*
Wạf|fel, die; -, -n [niederl. wafel < mniederl. wāfel, bezeichnete sowohl das Gebäck als auch die Eisenplatte, mit der es gebacken wurde, verw. mit ↑weben, also urspr. = Gewebe, Geflecht, dann: Wabe, Wabenförmiges]: *süßes, flaches Gebäck, das auf beiden Seiten mit einem wabenförmigen Muster versehen ist:* -n backen; drei Kugeln Eis in einer W. *(Eistüte);* *** einen an der W. haben** (ugs.; *nicht recht bei Verstand sein*).
Wạf|fel|ei|sen, das: *[elektrisch beheizbare] Form zum Backen von Waffeln.*
Wạf|fel|ge|we|be, das: *Gewebe mit Waffelmuster.*
Wạf|fel|mus|ter, das: *wabenförmiges Muster wie bei Waffeln.*
Wạf|fel|tü|te, die: *trockene, keksartige Waffel in der Form einer Tüte, in der (bes. im Straßenverkauf) kleinere Portionen Speiseeis verkauft werden; Eistüte.*
Wạf|fen|ar|se|nal, das: *größere Sammlung, Lager von Waffen, Bestand an Waffen.*
Wạf|fen|be|sitz, der: *Besitz von Waffen* (1 a): er wurde wegen unerlaubten -es bestraft.
Wạf|fen|be|sitz|kar|te, die (Amtsspr.): *behördliche Genehmigung für den Erwerb u. den Gebrauch von Schusswaffen.*
Wạf|fen|bru|der, der (geh.): *Kampfgefährte in einer militärischen Auseinandersetzung:* sie waren in jenem Krieg Waffenbrüder.
Wạf|fen|brü|der|schaft, die (geh.): *militärisches Verbündetsein; Kampfbündnis, -gemeinschaft.*
Wạf|fen|dienst, der ⟨o. Pl.⟩ (veraltend): *Militärdienst, Wehrdienst.*
Wạf|fen|em|bar|go, das: *Embargo* (2) *für Waffen, bes. Kriegswaffen.*
Wạf|fen|ex|port, der: *Export von Waffen, bes. Kriegswaffen.*
Wạf|fen|ex|por|teur, der: *Exporteur von Waffen, bes. Kriegswaffen.*
Wạf|fen|ex|por|teu|rin, die: w. Form zu ↑Waffenexporteur.
wạf|fen|fä|hig ⟨Adj.⟩: **1.** (veraltend) *wehrfähig:* alle -en Männer des Landes. **2.** (Kerntechnik) *waffentauglich:* -es Plutonium, Material.
Wạf|fen|gang, der (veraltend): *Kampf innerhalb einer kriegerischen Auseinandersetzung:* die Gegner bereiten sich auf einen weiteren W. vor.

Wạf|fen|gat|tung, die (Milit. veraltend): *Truppengattung.*
Wạf|fen|ge|brauch, der (bes. Polizeiw.): *Gebrauch einer Waffe, bes. einer Schusswaffe.*
Wạf|fen|ge|walt, die ⟨o. Pl.⟩: *Gewaltanwendung unter Einsatz von Waffen:* etw. mit W. erzwingen.
Wạf|fen|han|del, der: [1]*Handel* (2 a) *mit Waffen.*
Wạf|fen|händ|ler, der: *jmd., der mit Waffen handelt.*
Wạf|fen|händ|le|rin, die: w. Form zu ↑Waffenhändler.
Wạf|fen|kam|mer, die (Milit.): *Raum, Aufbewahrungsort für Waffen.*
Wạf|fen|kun|de, die: *Lehre von den Waffen, bes. in ihrer historischen, kulturgeschichtlichen, technischen Entwicklung.*
Wạf|fen|la|ger, das: *Lager mit Waffen:* die Polizei hob ein W. aus.
Wạf|fen|lie|fe|rung, die: *Lieferung von Waffen, bes. Kriegswaffen:* -en in Krisengebiete sind verboten.
wạf|fen|los ⟨Adj.⟩: *ohne Waffen; unbewaffnet:* -er [Militär]dienst; -e Selbstverteidigung.
Wạf|fen|meis|ter, der (früher): *Unteroffizier od. Feldwebel (mit Spezialausbildung), der für die Instandhaltung von Waffen u. Geräten bei der Truppe verantwortlich ist.*
Wạf|fen|platz, der (schweiz.): *Truppenübungsplatz.*
Wạf|fen|rock, der (veraltet): *Uniformjacke.*
Wạf|fen|ru|he, die: *vorübergehende Einstellung von Kampfhandlungen.*
Wạf|fen|schein, der: *behördliche Genehmigung zum Führen von Schusswaffen:* für so eine Pistole braucht man einen W.; haben Sie einen W.?; Ü (ugs. scherzh.:) für die Stöckelabsätze braucht sie eigentlich einen W.
wạf|fen|schein|frei ⟨Adj.⟩: *keinen Waffenschein erfordernd:* -e Waffen; solche Pistolen gibt es dort w.
Wạf|fen|schie|be|rei, die (abwertend): *illegaler Waffenhandel.*
Wạf|fen|schmied, der (früher): *Schmied, der (bes. kunstvoll gearbeitete) Waffen herstellt.*
Wạf|fen|schmie|de, die: *Werk, Betrieb, in dem Waffen produziert werden.*
Wạf|fen-SS, die (nationalsoz.): *bewaffnete Formationen der SS.*
wạf|fen|star|rend ⟨Adj.⟩ (geh.): *überaus stark, in bedrohlichem Maße mit Waffen ausgerüstet:* eine -e Festung.
Wạf|fen|still|stand, der: *Vereinbarung von Kriegsparteien, die Kampfhandlungen einzustellen (mit dem Ziel, den Krieg endgültig zu beenden):* der W. hat nicht lange gehalten; einen W. [ab]schließen, unterzeichnen; den W. einhalten, brechen.
Wạf|fen|still|stands|ab|kom|men, das: *Abkommen, durch das ein Waffenstillstand abgeschlossen wird.*
Wạf|fen|stu|dent, der: *Student einer schlagenden Verbindung.*
Wạf|fen|sys|tem, das (Milit.): *aus der eigentlichen Waffe u. den zu ihrem Einsatz erforderlichen Ausrüstungen bestehendes militärisches Kampfmittel:* ein modernes, veraltetes W.; ein neues W. in Dienst stellen.
Wạf|fen|tanz, der: *(bes. bei Naturvölkern) von bewaffneten Männern ausgeführter Tanz.*
wạf|fen|taug|lich ⟨Adj.⟩ (Kerntechnik): *zur Herstellung von Atomwaffen geeignet:* -es Uran, Plutonium, Material.
Wạf|fen|tech|nik, die: *Bereich der Technik, der sich mit der Entwicklung u. Bereitstellung von Waffen o. Ä. befasst.*
wạf|fen|tech|nisch ⟨Adj.⟩: *zur Waffentechnik gehörend, sie betreffend.*
Wạf|fen|trä|ger, der (Milit.): *mit Waffen ausgerüstetes Fahrzeug, Flugzeug, Schiff od. mit Waffen bestückter Flugkörper.*
wạff|nen ⟨sw. V.; hat⟩ [mhd. wāfenen, ahd. wāffanen = Waffen anlegen] (veraltet): **1.** *mit Waffen ausrüsten.* **2.** ⟨w. + sich⟩ *sich wappnen.*
wä̲g ⟨Adj.⟩ [mhd. wæge, eigtl. = das Übergewicht habend, zu: wāge, ↑Waage] (schweiz. geh., sonst veraltet): *gut, tüchtig.*
wä̲g|bar ⟨Adj.⟩ (selten): *sich wägen* (2), *abschätzen lassend:* ein kaum -es Risiko.
Wä̲g|bar|keit, die; -, -en: **1.** ⟨o. Pl.⟩ *das Wägbarsein.* **2.** (selten) *etw. Wägbares.*
Wa̲|ge|hals, der; -es, ...hälse [15. Jh., subst. aus: (ich) wage (den) Hals (= das Leben)] (veraltend): *waghalsiger Mensch.*
wa̲|ge|hal|sig usw.: ↑waghalsig usw.
Wä̲|gel|chen, das; -s, -: Vkl. zu ↑Wagen (1, 3).
Wa̲|ge|mut, der; -[e]s: *kühne, unerschrockene Art; Mut zum Risiko.*
wa̲|ge|mu|tig ⟨Adj.⟩: *kühn, unerschrocken, verwegen; Mut zum Risiko besitzend:* ein -er Mensch; eine -e Tat.
wa̲|gen ⟨sw. V.; hat⟩ [mhd. wāgen, zu: wāge (↑Waage) u. eigtl. = etw. auf die Waage legen, ohne zu wissen, wie sie ausschlägt]: **1.** *ohne die Gefahr, das Risiko zu scheuen, etw. tun, dessen Ausgang ungewiss ist; um jmds., einer Sache willen ein hohes Risiko eingehen:* viel, alles, manches, einen hohen Einsatz, sein Leben, seine Ehre, seinen guten Ruf w. **2. a)** *trotz der Möglichkeit eines Fehlschlags, eines Nachteils o. Ä., des Heraufbeschwörens einer Gefahr den Mut zu etw. haben; sich nicht scheuen, etw. zu tun:* einen Versuch, ein Experiment, ein Spiel, eine Wette, eine Operation, einen Staatsstreich, die Flucht w.; keinen Blick w.; kann, soll man das w.?; keiner wagte [es] *(traute sich),* ihr zu widersprechen; ich wage nicht zu behaupten *(bin durchaus nicht sicher),* dass dies alles richtig ist; **Spr** wer nicht wagt, der nicht gewinnt; frisch gewagt ist halb gewonnen (nach Horaz, Episteln I, 2, 40); **b)** ⟨w. + sich⟩ *den Mut haben, sich nicht scheuen, irgendwohin zu gehen:* sie wagt sich nicht mehr auf die Straße, aus dem Haus, unter Menschen; Ü sich an ein heikles Thema, eine schwierige Aufgabe w.
Wa̲|gen, der; -s, -, südd., österr. auch: Wägen [mhd. wagen, ahd. wagan, verw. mit ↑[1]bewegen, eigtl. = das Sichbewegende, Fahrende]: **1. a)** *dem Transport von Personen od. Sachen dienendes, auf Rädern rollendes Fahrzeug, das mit einer Deichsel versehen ist u. von Zugtieren (bes. Pferden) gezogen wird:* ein kleiner, großer, leichter, schwerer, zwei-, vierrädriger, geschlossener, offener, von zwei Pferden gezogener W.; der W. rollt über die Straße, holpert durch die Schlaglöcher; den W. lenken, fahren, mit Pferden bespannen; die Pferde an den, vor den W. spannen; auf dem W., im W. sitzen; ***der Große W., der Kleine W.** *(der Große Bär, der Kleine Bär);* **abwarten/sehen o. Ä., wie der W. läuft** (ugs.; *abwarten, wie sich die Sache entwickelt, was aus der Sache wird);* **jmdm. an den W. fahren/**(salopp:) **pinkeln/**(derb:) **pissen** (↑[1]Karre 1 a); **sich nicht vor jmds. W. spannen lassen** (↑[1]Karre 1 b); **b)** kurz für ↑Handwagen: sie zog einen kleinen vierrädrigen W. hinter sich her; soll ich den W. mal schieben?; **c)** kurz für ↑Kinderwagen: das Baby in den W. legen; **d)** kurz für ↑Servierwagen; **e)** kurz für ↑Einkaufswagen: bitte bringen Sie Ihren W. an die Sammelstelle zurück. **2.** *dem Transport von Personen od. Gütern dienendes Schienenfahrzeug der Eisenbahn, Straßenbahn, U-Bahn o. Ä. (mit od. ohne eigenen Antrieb):* ein vierachsiger W.; der letzte W. [des Zuges] ist entgleist; die Wagen der ersten, zweiten Klasse befinden sich am Ende des Zuges; ein W. der Linie 8; einen W. ankuppeln, anhängen, abkuppeln, abhängen; ein Zug mit 20 W. **3.** *Auto od. sonstiges zweispuriges Kraftfahrzeug:* ein sportlicher, offener, geschlossener, komfortabler, eleganter, großer, geräumiger, teurer, schnittiger, sicherer W.; der W. ist sehr sparsam, ist ziemlich schnell, beschleunigt gut, hat 50 kW, läuft ruhig, liegt gut auf der Straße, muss zur Inspektion; ihr W. geriet ins Schleudern, überschlug sich; er parkte, wendete den W.; was für einen W. fahren Sie?; schicken Sie bitte einen W. *(ein Taxi)* zum »Goldenen Pflug«; der Fahrer des -s mit dem Kennzeichen ... wird gebeten, sofort zu seinem Fahrzeug zu kommen; aus dem W., in den W. steigen; jmdn. im W. mitnehmen; die meisten Teilnehmer reisen im eigenen W. an; sie ist viel mit dem W. unterwegs; der Fahrer des Pkws, Lkws, Busses, Kombis, Vans verlor die Kontrolle über seinen W. **4.** (Technik) *Schlitten* (4): der W. der Schreibmaschine.
wä̲|gen ⟨st., seltener auch: sw. V.; hat⟩ [mhd. wegen = Gewicht, Wert haben; [1]wiegen (1), ahd. wegan = [1]wiegen, eigtl. = (sich) bewegen; Schreibung seit dem 16. Jh. unter Einfluss von ↑Waage]: **1.** (Fachspr., sonst veraltet) *das Gewicht von etw. mit einer Waage bestimmen;* [1]*wiegen:* die Rückstände genau w. **2.** (geh.) *genau prüfend bedenken; genau überlegend u. vergleichend prüfen, abschätzen, abwägen:* jmds. Worte genau w.; **Spr** erst w., dann wagen! *(man soll zuerst überlegen u. dann handeln).*
Wa̲|gen|burg, die (früher): *Anordnung, Kreis von ringförmig aufgestellten [Plan]wagen u. Karren zur Verteidigung gegen einen angreifenden Feind.*
Wa̲|gen|dach, das: *durch eine meist horizontale Fläche gebildeter oberer Abschluss eines Wagens* (1 a, 2, 3).
Wa̲|gen|fol|ge, die: *Reihenfolge von Wagen (bes. eines Eisenbahnzuges).*
Wa̲|gen|füh|rer, der: *jmd., der den Triebwagen einer Bahn, bes. einer Straßenbahn, führt* (8 a).
Wa̲|gen|füh|re|rin, die: w. Form zu ↑Wagenführer.
Wa̲|gen|he|ber, der: *Gerät, hydraulisch betriebene Vorrichtung zum Anheben eines Kraftfahrzeugs:* ein hydraulischer W.
Wa̲|gen|kas|ten, der: *Kasten* (7).
Wa̲|gen|klas|se, die: **1.** *bes. durch die Art der Polsterung gekennzeichnete Klasse* (7 a) *bei Eisenbahnwagen:* ein Abteil der ersten, der zweiten W. **2.** *Klasse* (5 a).
Wa̲|gen|ko|lon|ne, die: *durch Kraftfahrzeuge gebildete Kolonne.*
Wa̲|gen|la|dung, die: [1]vgl. Ladung (1).
Wa̲|gen|ma|cher, der: *Stellmacher.*
Wa̲|gen|ma|che|rin, die: w. Form zu ↑Wagenmacher.
Wa̲|gen|mit|te, die: *Mitte eines Straßenbahn-, Eisenbahnwagens:* bitte in die/zur W. durchgehen.
Wa̲|gen|pa|pie|re ⟨Pl.⟩ (ugs.): *(zu einem bestimmten Fahrzeug gehörender) Kraftfahrzeugschein u. Kraftfahrzeugbrief.*
Wa̲|gen|park, der: *Gesamtheit der Wagen eines Unternehmens o. Ä.*
Wa̲|gen|pferd, das: *Pferd, das als Zugtier vor einen Wagen gespannt wird.*
Wa̲|gen|pfle|ge, die: *Pflege* (1 b) *bes. eines Personenwagens.*
Wa̲|gen|pla|ne, die: *Plane über dem Laderaum eines [Last]wagens.*
Wa̲|gen|rad, das: *Rad eines [Pferde]wagens.*
Wa̲|gen|ren|nen, das: *(in der Antike) bes. bei Festspielen ausgetragenes Rennen auf leichten, zweirädrigen, von Pferden gezogenen Wagen.*
Wa̲|gen|schlag, der (veraltend): *Schlag* (12): [jmdm.] den W. öffnen.
Wa̲|gen|schmie|re, die: *Schmiere für die Räder eines Pferdewagens.*
Wa̲|gen|stands|an|zei|ger, der (Eisenb.): *auf dem Bahnsteig ausgehängte grafische Darstellung der Reihenfolge der einzelnen Wagen eines Zuges, aus der die Reisenden ersehen können, an welchem Abschnitt des Bahnsteigs ein bestimmter Wagen zu stehen kommt.*
Wa̲|gen|tür, die: *Tür eines Autos o. Ä.:* [jmdm.] die W. aufhalten, öffnen; die W. zuwerfen, zuschlagen.
Wa̲|gen|typ, der: *Typ eines Wagens, Autos.*
Wa̲|gen|wä|sche, die: *Wäsche eines Wagens, Autos:* eine gründliche W.
Wa̲|ge|stück, das; -[e]s, -e (geh.): *großes Wagnis; wagemutiges, kühnes Unternehmen.*
Wag|gon [va'gõ:, va'gɔŋ, auch: va'go:n], der; -s, -s,

österr. auch: ...one [va'go:nə; engl. wag(g)on (später mit frz. Aussprache analog zu anderen Fremdwörtern auf -on) < niederl. wagen = ↑Wagen]: *Wagen der Eisenbahn, bes. Güterwagen:* einen W. beladen, ankuppeln, anhängen; drei -s *(die Ladungen dreier Waggons)* Kohle.

wag|gon|wei|se ⟨Adv.⟩: *in mehreren, in vielen Waggons; Waggon für Waggon:* etw. w. kaufen, anliefern.

wag|hal|sig, (älter auch:) wagehalsig ⟨Adj.⟩: **a)** *Gefahren, Risiken nicht scheuend, sie oft in leichtsinniger Weise zu wenig beachtend; tollkühn, verwegen:* ein -er Mensch; sie ist, fährt sehr w.; **b)** *große Gefahren, Risiken in sich bergend; sehr risikoreich, gefährlich:* ein -es Unternehmen, Abenteuer; -e Spekulationen.

Wag|hal|sig|keit, (auch:) Wagehalsigkeit, die: **1.** ⟨o. Pl.⟩ *das Waghalsigsein.* **2.** *waghalsige Handlung.*

Wag|ner, der; -s, - [mhd. wagener, ahd. waginari, zu ↑Wagen] (südd., österr., schweiz.): *Stellmacher.*

Wag|ne|rin, die; -, -nen: w. Form zu ↑Wagner.

Wag|nis, das; -ses, -se [zu ↑wagen]: **a)** *gewagtes, riskantes Vorhaben:* ein kühnes, großes, gefährliches W.; ein W. unternehmen, versuchen; **b)** *Gefahr, Möglichkeit des Verlustes, des Schadens, die mit einem Vorhaben verbunden ist:* ein großes W. auf sich nehmen, eingehen.

Wä|gung, die; -, -en: **1.** (Fachspr., sonst veraltet) *das Wägen* (1). **2.** (geh.) *das Wägen* (2).

Wä|he, die; -, -n [H. u.] (südd., schweiz. regional): *flacher Kuchen mit süßem od. salzigem Belag.*

Wahl, die; -, -en [mhd. wal(e), ahd. wala, zu ↑wählen]: **1.** ⟨Pl. selten⟩ *Möglichkeit der Entscheidung; das Sichentscheiden zwischen zwei od. mehreren Möglichkeiten:* die freie W. des Wohnorts, Arztes, Berufs; die W. fiel ihr schwer; die W. steht dir frei; mir bleibt/es gibt/ ich habe keine [andere] W. *(ich bin dazu gezwungen, ich muss so entscheiden);* das war keine leichte, eine schwierige, eine schwere W.; die richtige, eine gute, kluge, schlechte W. treffen; endlich hat sie ihre W. getroffen *(hat sie sich entschieden);* er hat mir die W. gelassen; du hast die W.; sie ist frei, recht geschickt, nicht zimperlich in der W. ihrer Mittel; dieses Kleid, dieser Bewerber kam in die engere W., wurde in die engere W. gezogen *(kam nach einer ersten Auswahl noch infrage);* Sie können eine Reise nach Ihrer, nach eigener W. *(eine Reise, die Sie aussuchen können)* gewinnen; sie stand vor der W. *(Entscheidung, Alternative),* mitzufahren oder zu Hause zu arbeiten; es stehen drei Dinge zur W. *(unter drei Dingen kann ausgewählt werden);* **Spr** wer die W. hat, hat die Qual; ***erste/zweite/dritte W.** (bes. Kaufmannsspr.; *erste, zweite, dritte Güteklasse*): die Socken, Tassen sind zweite W.; sie kauft nur erste W. **2. a)** *Abstimmung über die Berufung bestimmter Personen in bestimmte Ämter, Funktionen, über die Zusammensetzung bestimmter Gremien, Vertretungen, Körperschaften durch Stimmabgabe:* eine demokratische, geheime, direkte, indirekte W.; allgemeine, gleiche, freie -en; eine W. durch Stimmzettel, durch Handaufheben, durch Akklamation, durch Zuruf; die W. eines neuen Präsidenten, des Papstes, der Abgeordneten, des Parlaments; die -en zum neuen Landtag; die -en verliefen ruhig; die W. anfechten, für ungültig erklären; die W., die -en gewinnen, verlieren; -en ausschreiben, vornehmen; eine W. durchführen; der Ausgang, das Ergebnis der W.; sich an, bei einer W. beteiligen; zur W. berechtigt sein; er geht nicht zur W. *(er wählt nicht);* wir schreiten jetzt zur W. (geh.; *wir führen die Wahl jetzt durch*); **b)** ⟨o. Pl.⟩ *das Gewähltwerden, Berufung einer Person durch Abstimmung in ein bestimmtes Amt, zu einer bestimmten Funktion:* seine W. gilt als sicher; die W. ist auf eine Frau gefallen *(eine Frau wurde gewählt);* die W. [zum Vertrauensmann] ablehnen, annehmen; jmdm. zu seiner W. gratulieren; jmdn. zur W. vorschlagen; sich zur W. stellen, aufstellen lassen.

Wahl-: drückt in Bildungen mit Einwohnerbezeichnungen aus, dass es sich bei dem jeweiligen Ort od. Land o. Ä. um jmds. Wahlheimat handelt: Wahlrügener, -monegassin.

Wahl|akt, der: *Vorgang einer Wahl* (2 a).

Wahl|al|ter, das: *Lebensalter, mit dessen Erreichen die Bürger eines Staats das Wahlrecht* (1) *bekommen.*

Wahl|an|zei|ge, die: *im Zusammenhang mit einer Wahl* (2 a) *stehende, die Vorzüge eines Kandidaten, einer Partei hervorhebende Anzeige.*

Wahl|auf|ruf, der: *Aufruf, sich an einer Wahl* (2 a) *zu beteiligen [u. in einer bestimmten Weise abzustimmen].*

Wahl|aus|gang, der: *Ausgang* (3 b) *einer Wahl* (2 a): der W. ist völlig offen; auf den W. gespannt sein.

Wahl|aus|schuss, der: *für den Ablauf einer Wahl* (2 a), *das Auszählen der abgegebenen Stimmen o. Ä. zuständiger Ausschuss.*

wähl|bar ⟨Adj.⟩: **1.** *berechtigt, bei einer Wahl* (2 a) *gewählt zu werden:* jeder Staatsbürger ist von einem bestimmten Lebensalter an w. **2.** (selten) *zur Auswahl stehend; ausgewählt werden könnend:* mir gefiel keine der -en Farben. **3.** *(aus einer bestimmten politischen Sicht) als Wahlmöglichkeit, als Kandidat akzeptabel:* die Partei ist [für mich] nicht [mehr] w.

Wähl|bar|keit, die; -: *das Wählbarsein.*

Wahl|be|ein|flus|sung, die: *(unlautere) Beeinflussung der Wähler bei einer Wahl* (2 a).

Wahl|be|nach|rich|ti|gung, die (Amtsspr.): *Benachrichtigung des Wählers über Wahltermin u. -lokal.*

wahl|be|rech|tigt ⟨Adj.⟩: *die Wahlberechtigung besitzend:* -e Bürger.

Wahl|be|rech|tig|te, der u. die; -n, -n ⟨Dekl. ↑Abgeordnete⟩: *wahlberechtigte Person.*

Wahl|be|rech|ti|gung, die: *Berechtigung, an einer Wahl* (2 a) *teilzunehmen.*

Wahl|be|tei|li|gung, die: *Beteiligung der wahlberechtigten Bürger an einer Wahl* (2 a): eine hohe, geringe W.; die W. betrug 87 %.

Wahl|be|zirk, der: *Bezirk eines Wahlkreises.*

Wahl|bünd|nis, das: *Bündnis zwischen Parteien zur gegenseitigen Unterstützung ihrer Kandidaten bei Parlamentswahlen.*

Wahl|el|tern ⟨Pl.⟩ (österr.): *Adoptiveltern.*

wäh|len ⟨sw. V.; hat⟩ [mhd. weln, ahd. wellan, verw. mit ↑²wollen]: **1. a)** *sich unter zwei od. mehreren Möglichkeiten für jmdn., etw. entscheiden:* als Geschenk ein Buch w.; die gehobene Beamtenlaufbahn w.; für die Vorhänge einen hellen Stoff w.; welche Farbe, welchen Wein, welches Gericht, welches Dessert hast du gewählt?; ich habe mir ihn zum Vorbild gewählt; mit diesem Knopf wählt man den Sender, die Frequenz, den Wellenbereich, das Waschprogramm; sie wählte den schnellsten Weg, die einfachste Methode, das kleinere Übel; den günstigsten Zeitpunkt für etw. w. *(etw. zum günstigsten Zeitpunkt tun);* er pflegt seine Worte genau zu w. *(pflegt genau zu überlegen, was er sagt);* er hat den Freitod gewählt (geh.; *hat sich das Leben genommen*); er konnte w., ob er heute oder erst morgen fahren wollte; ⟨auch ohne Akk.-Obj.:⟩ es sollte sich herausstellen, dass wir gut, klug gewählt hatten; **b)** *unter zwei od. mehreren Möglichkeiten der Entscheidung für jmdn., etw. prüfend, abwägend, vergleichend suchen:* sorgfältig w.; er konnte unter mehreren, nur zwischen zwei Möglichkeiten w. **2.** *beim Telefon durch Drücken der Tasten bzw. durch Drehen der Wählscheibe mit den entsprechenden Ziffern die Telefonnummer eines anderen Teilnehmers zusammensetzen, um eine Verbindung herzustellen:* eine Nummer, den Notruf w.; du musst erst mal eine/die Null w.; ⟨auch ohne Akk.-Obj.:⟩ erst w., wenn das Zeichen ertönt. **3. a)** *sich durch Abgeben seiner Stimme bei einer Wahl* (2 a) *für jmdn., etw. entscheiden; durch Wahl* (2 a) *bestimmen:* einen Präsidenten, ein neues Parlament, den Landtag w.; die Verfassungsrichter werden für/auf acht Jahre, auf Zeit gewählt; jmdn. in den Stadtrat, in einen Ausschuss, zur Vorsitzenden, zum Klassensprecher w.; wen, welche Partei, was hast du gewählt *(wem, welcher Partei hast du deine Stimme gegeben)?;* sie wählten sich einen neuen Anführer; gewählt ist, wer die Mehrheit der abgegebenen Stimmen auf sich vereinigt; eine demokratisch frei gewählte Volksvertretung; **b)** *bei einer Wahl* (2 a) *seine Stimme abgeben:* w. gehen; noch nicht w. dürfen; hast du schon gewählt?; in Frankreich wird gewählt *(finden Wahlen statt);* Hessen hat gewählt *(die Wahlen in Hessen sind abgeschlossen);* er wählt konservativ *(gibt seine Stimme für eine konservative Partei ab).*

Wäh|ler, der; -s, - [mhd. welære]: **1.** *Wahlberechtigter:* die W. haben entschieden; die W. für sich gewinnen; die Mehrheit der W.; um die Gunst der W. kämpfen, werben. **2.** *jmd., der bei einer Wahl* (2 a) *eine bestimmte Partei, einen bestimmten Kandidaten o. Ä. wählt:* die W. dieser Partei; sie bedankte sich bei ihren -n für das Vertrauen.

Wäh|ler|auf|trag, der: **1. a)** *durch das Wahlergebnis bes. einer Partei signalisierter Auftrag, die [neue] Regierung zu stellen;* **b)** *Auftrag der Wähler an die gewählte Partei, im Falle eines Wahlsieges das Wahlprogramm umzusetzen.* **2.** (DDR) *Mandat* (1 b).

Wäh|ler|be|we|gung, die (Fachspr.): vgl. Wählerstrom.

Wahl|er|folg, der: *Erfolg bei einer Wahl* (2 a).

Wahl|er|geb|nis, das: *Ergebnis einer Wahl* (2 a): ein gutes, zufrieden stellendes, schlechtes, überraschendes W.; das W. voraussagen, fälschen, manipulieren, bekannt geben.

Wäh|ler|grup|pe, die: *Gruppierung innerhalb einer Wählerschaft.*

Wäh|ler|gunst, die: *Gunst der Wählerinnen u. Wähler:* in der W. ganz vorn liegen.

Wäh|le|rin, die; -, -nen: w. Form zu ↑Wähler.

Wäh|ler|ini|ti|a|ti|ve, die: **1.** *Initiative (einer Wählergruppe), mit der bestimmte parteipolitische Ziele, bes. die Beeinflussung des Ausgangs einer Wahl* (2 a), *verfolgt werden:* etw. geschieht auf W. hin. **2.** *Wählergruppe, die eine Wählerinitiative* (1) *entwickelt:* es haben sich mehrere -n gebildet; eine W. gründen.

wäh|le|risch ⟨Adj.⟩: *besondere Ansprüche stellend, nicht leicht zufrieden zu stellen; anspruchsvoll:* -e Kunden, Gäste; ein sehr -es Theaterpublikum; er ist in allem, im Essen sehr w.; er ist in seinem Umgang nicht sehr w. *(legt bei seinen Bekannten keinen Wert auf hohes Niveau);* er war in seiner Ausdrucksweise nicht gerade w. *(hat sich ziemlich derb, kräftig ausgedrückt).*

Wäh|ler|po|ten|zi|al, das: *Potenzial an (für eine bestimmte Partei, einen bestimmten Kandidaten o. Ä. mobilisierbaren) Wählern:* das linke, liberale W.

Wäh|ler|schaft, die; -, -en: **1.** *Gesamtheit der Wählerinnen u. Wähler, der Wahlberechtigten.* **2.** *Gesamtheit der Wahlberechtigten, die eine bestimmte Partei, einen bestimmten Kandidaten o. Ä. wählen:* seine W., die W. der Partei besteht zu 70 Prozent aus Frauen.

Wäh|ler|stim|me, die: *Stimme* (6 a): solche Versprechungen bringen -n.

Wäh|ler|strom, der (Fachspr.): *(beim Vergleich der Ergebnisse aufeinander folgender Wahlen erkennbare) Erscheinung, dass Wähler, die ihre Stimme bei einer Wahl einer bestimmten Partei gegeben haben, bei der nächsten Wahl eine bestimmte andere Partei gewählt haben.*

Wäh|ler|ver|ei|ni|gung, die: *Vereinigung von Wahlberechtigten, die bei einer Wahl* (2 a) *Kandidaten aufstellt, aber nicht an eine Partei gebunden ist:* eine freie W.

Wäh|ler|ver|hal|ten, das: *Verhalten der Wähler bei der Wahl* (2 a); *Art, wie die Wähler mit ihrem Wahlrecht umgehen:* ein überraschendes W.; das W. analysieren, voraussagen.

Wäh|ler|ver|zeich|nis, das (Amtsspr.): *Verzeich-*

nis der Wahlberechtigten in einem Wahlbezirk, das von der Gemeinde angelegt wird.

Wäh|ler|wan|de|rung, die (Fachspr.): vgl. Wählerstrom.

Wäh|ler|wil|le, der: *Wille der Wählerschaft:* den -n respektieren, missachten.

Wahl|es|sen, das: *(in einer Kantine o. Ä.) zur Auswahl stehendes Essen:* die Mensa bietet drei W. an.

Wahl|fach, das: *Fach, das ein Schüler, Studierender frei wählen u. an dem er freiwillig teilnehmen kann.*

Wahl|for|schung, die: *wissenschaftliche Beschreibung u. Erklärung vergangenen u. Voraussage künftigen Wählerverhaltens:* empirische, historische W.

wahl|frei ⟨Adj.⟩: *der eigenen Entscheidung u. Wahl für die Teilnahme anheim gestellt:* -e Fächer; -er Unterricht; Französisch und Geographie sind w.

Wahl|frei|heit, die ⟨o. Pl.⟩: *das Freisein in der Wahl (bes. eines Unterrichtsfaches).*

Wahl|gang, der: *Abstimmung, Stimmabgabe bei der Wahl* (2 a): bei der Wahl des Präsidenten waren drei Wahlgänge nötig; sie wurde gleich im ersten W. gewählt.

Wahl|ge|heim|nis, das ⟨o. Pl.⟩: *rechtlicher Grundsatz, der einem Wähler garantiert, dass seine Stimmabgabe bei einer Wahl* (2 a) *geheim bleibt.*

Wahl|ge|schenk, das: *Zugeständnis eines Politikers, einer Partei an die Wähler vor einer Wahl* (2 a): -e machen.

Wahl|hei|mat, die: *Land, Ort, in dem sich jmd. niedergelassen hat u. sich zu Hause fühlt, ohne dort geboren od. aufgewachsen zu sein:* in ihrer W. Monaco; Japan, Rom ist zu seiner W. geworden.

Wahl|hel|fer, der: **1.** *jmd., der sich als Helfer im Wahlkampf für eine Partei, einen Politiker einsetzt.* **2.** *jmd., der bei der Durchführung einer Wahl die Tätigkeit eines Helfers ausübt.*

Wahl|hel|fe|rin, die: w. Form zu ↑Wahlhelfer.

Wahl|hil|fe, die: *einer Partei, einem Politiker im Wahlkampf geleistete Hilfe:* jmdm., einer Partei W. leisten.

wäh|lig ⟨Adj.⟩ [mniederd. welich = wählig, asächs. welag = wohlhabend] (landsch.): **1.** *gut bei Kräften, gesund:* ein -er Junge. **2.** *munter, ausgelassen, übermütig.*

Wahl|jahr, das: *Jahr, in dem (in einem Gemeinwesen) eine Wahl* (2 a) *stattfindet.*

Wahl|ka|bi|ne, die: *abgeteilter kleiner Raum in einem Wahllokal, in dem jeder Wähler einzeln seinen Stimmzettel unbeobachtet ausfüllen kann.*

Wahl|kampf, der: *politische Auseinandersetzung von Parteien vor einer Wahl* (2 a), *die vor allem der Werbung um die Stimmen der Wähler dient:* der W. hat begonnen, tritt in seine heiße Phase; den W. eröffnen; einen fairen, erfolgreichen W. führen; jmds. W. finanzieren; W. machen; sich am W. beteiligen; im W.

Wahl|kampf|mu|ni|ti|on, die: *etw., womit man dem Gegner in einem Wahlkampf schaden kann:* etw. als W. benutzen; jmdm. W. liefern.

Wahl|kampf|the|ma, das: *Thema, das in einem Wahlkampf eine Rolle spielt:* diese Frage ist kein geeignetes W.; etw. zum W. machen.

Wahl|kind, das (österr.): *Adoptivkind.*

Wahl|kreis, der: *(in Wahlbezirke gegliederter) Teil eines größeren Gebietes, in dem die Wahl* (2 a) *eines Parlaments stattfindet u. dessen Wahlberechtigte jeweils eine bestimmte Zahl von Abgeordneten wählen:* in einem W. ein Direktmandat erringen.

Wahl|lei|ter, der: *jmd., der als Vorsitzender eines Wahlausschusses die Durchführung einer Wahl* (2 a) *leitet u. für deren ordnungsgemäßen Ablauf verantwortlich ist.*

Wahl|lei|te|rin, die: w. Form zu ↑Wahlleiter.

Wahl|lis|te, die: *Verzeichnis der Kandidaten, die für eine Wahl* (2 a) *aufgestellt sind.*

Wahl|lo|kal, das: *Raum, in dem die Wahlberechtigten [eines Wahlbezirks] ihre Stimme abgeben können.*

wahl|los ⟨Adj.⟩: *in oft gedankenloser, unüberlegter Weise ohne bestimmte Ordnung, Reihenfolge, Auswahl o. Ä. verfahrend, nicht nach einem durchdachten Prinzip vorgehend:* er trank alles w. durcheinander; etw. w. herausgreifen;

Wahl|lo|sig|keit, die; -: *das Wahllossein.*

Wahl|mann, der ⟨Pl. ...männer; meist Pl.⟩: *jmd., der von Wahlberechtigten in ein Gremium gewählt wurde, das seinerseits den od. die Kandidaten für ein bestimmtes politisches Amt wählt.*

Wahl|mo|dus, der: *Modus* (1 a), *nach dem eine Wahl* (2 a) *durchgeführt wird.*

Wahl|mög|lich|keit, die: *Möglichkeit der Wahl, Auswahl.*

Wahl|mo|nar|chie, die: *Monarchie, bei der der Monarch durch eine Wahl* (2 a) *bestimmt wird.*

Wahl|nie|der|la|ge, die: *Niederlage bei einer Wahl* (2 a): eine schwere W. erleiden.

Wahl|pa|ro|le, die: *auf eine bevorstehende Wahl* (2 a) *zielende, im Wahlkampf benutzte Parole einer Partei, eines Kandidaten.*

Wahl|par|ty, die: *Feier von Mitgliedern, Freunden u. Wahlhelfern einer Partei am Abend des Wahltages während od. nach der Auszählung der Stimmen:* eine W. veranstalten; jmdn. zu einer W. einladen.

Wahl|pe|ri|o|de, die: *Zeitraum, für den ein Gremium, eine Körperschaft, eine Person in ein Amt gewählt wird.*

Wahl|pflicht, die: *gesetzlich festgelegte Pflicht zur Teilnahme an bestimmten Wahlen* (2 a).

Wahl|pla|kat, das: vgl. Wahlanzeige.

Wahl|pro|gramm, das: *Programm* (3) *einer Partei für eine Wahl* (2 a).

Wahl|pro|pa|gan|da, die: vgl. Wahlparole: W. für eine Partei machen.

Wahl|recht, das ⟨o. Pl.⟩: **1.** *gesetzlich festgelegtes Recht einer Person zur Teilnahme an einer Wahl:* Frauen hatten dort kein W.; aktives W. *(Recht, bei einer Wahl 2 a zu wählen);* passives W. *(Recht, sich bei einer Wahl 2 a wählen zu lassen);* sein W. ausüben, nutzen; von seinem W. Gebrauch machen. **2.** *Gesamtheit aller rechtlichen Vorschriften zur Durchführung einer Wahl* (2 a): das W. reformieren.

Wahl|re|de, die: *im Wahlkampf gehaltene Rede.*

Wähl|schei|be, die: *über kreisförmig angeordneten Zahlen des Telefonapparates angebrachte drehbare, runde Scheibe mit Löchern, mit deren Hilfe die Telefonnummer eines Teilnehmers gewählt wird.*

Wahl|schein, der (Amtsspr.): *zur Teilnahme an einer Wahl* (2 a) *berechtigende amtliche Bescheinigung, die bes. für eine Briefwahl ausgestellt wird.*

Wahl|schlacht, die (emotional): vgl. Wahlkampf.

Wahl|schlap|pe, die: *Wahlniederlage:* eine schwere, schlimme W. erleiden.

Wahl|schu|le, die: *Schule, die eine über die gesetzliche Schulpflicht hinausgehende Ausbildung ermöglicht* (z. B. Gymnasium, Realschule, Fachschule).

Wahl|sieg, der: *Sieg bei einer Wahl* (2 a): ein überraschender, hoher, deutlicher W.; einen W. erringen; sie feiern ihren W.; im Falle eines -s der Konservativen wird sie Außenministerin.

Wahl|slo|gan, der: vgl. Wahlparole.

Wahl|spruch, der: *prägnant formulierter, einprägsamer Ausspruch, Satz, von dem sich jmd. leiten lässt; Motto* (a), *Devise:* »Das Leben lieben« war sein W.

Wahl|stu|dio, das: *Fernsehstudio, aus dem am Wahltag über den Verlauf und die Ergebnisse der Wahl berichtet wird.*

Wahl|sys|tem, das: vgl. Wahlmodus: ein möglichst gerechtes W. schaffen; nach welchem W. wird das Parlament gewählt?

Wahl|tag, der: *Tag einer Wahl* (2 a).

Wahl|tak|tik, die: *Taktik, die jmd. in einem Wahlkampf verwendet.*

wahl|tak|tisch ⟨Adj.⟩: *die beim Wahlkampf befolgte Taktik betreffend:* -e Überlegungen, Erwägungen.

Wähl|ton, der ⟨Pl. selten⟩ (Nachrichtent.): *Ton, der beim Abheben des Telefonhörers zu hören ist.*

Wahl|ur|ne, die: *Urne* (2).

Wahl|ver|an|stal|tung, die: *Veranstaltung im Wahlkampf:* eine W. der Regierungspartei besuchen; auf/bei einer W. sprechen.

Wahl|ver|fah|ren, das: vgl. Wahlmodus.

Wahl|ver|hal|ten, das: **1.** *Wählerverhalten.* **2.** (Soziol.) *Verhalten in einer Situation, die eine Entscheidung (bes. in einer Konfliktsituation) erfordert.*

Wahl|ver|spre|chen, das: vgl. Wahlgeschenk: seine W. einlösen, halten, widerrufen.

Wahl|ver|tei|di|ger, der (Rechtsspr.): *Verteidiger, den sich ein Angeklagter in einem Strafverfahren selbst wählt (im Unterschied zu einem Pflichtverteidiger); Vertrauensanwalt.*

Wahl|ver|tei|di|ge|rin, die (Rechtsspr.): w. Form zu ↑Wahlverteidiger.

wahl|ver|wandt ⟨Adj.⟩ (bildungsspr.): *eine Wahlverwandtschaft aufweisend, davon zeugend:* -e Menschen, Seelen; sich [jmdm., einander] w. fühlen.

Wahl|ver|wandt|schaft, die (bildungsspr.): *das Sich-verbunden-, Sich-angezogen-Fühlen aufgrund geistig-seelischer Übereinstimmung, ähnlicher Wesensart.*

Wahl|volk, das: *Wählerschaft* (1).

Wahl|vor|schlag, der: *Vorschlag, jmdn. als Kandidaten für eine Wahl* (2 a) *aufzustellen.*

Wahl|vor|stand, der: *Wahlausschuss in einem Wahlbezirk.*

wahl|wei|se ⟨Adv.⟩: *nach eigener Wahl, eigenem Wunsch:* das Regal gibt es w. in Eiche oder Kiefer; das Gerät kann w. am Netz oder mit Batterien betrieben werden.

Wahl|wer|ber, der (österr.): *für eine Wahl* (2 a) *aufgestellter Kandidat.*

Wahl|wer|be|rin, die: w. Form zu ↑Wahlwerber.

Wahl|wer|be|spot, der: *im Rahmen eines Wahlkampfes ausgestrahlter Werbespot, mit dem eine Partei um Wählerstimmen wirbt:* für den Inhalt der -s sind die Parteien verantwortlich.

Wahl|wer|bung, die: *Werbung einer Partei im Rahmen eines Wahlkampfes, Wahlpropaganda:* das Fernsehen muss kostenlos Sendezeit für W. zur Verfügung stellen.

Wahl|zet|tel, der: *Stimmzettel.*

Wahn, der; -[e]s, -e [mhd., ahd. wān = Meinung; Hoffnung; Verdacht, verw. mit ↑gewinnen]: **1.** (geh.) *Einbildung, irrige Annahme; falsche Vorstellung, die sich bei jmdm. festgesetzt hat:* ein kurzer, schöner, eitler W.; er ist in dem W. befangen, lebt in dem W., er sei zu Außergewöhnlichem bestimmt; sie ließ ihn in diesem W. **2.** (bes. Med.) *krankhafte, in der realen Umwelt nicht zu begründende zwanghafte Einbildung:* W. tritt bei verschiedenen Psychosen auf; der Verfolgungswahn ist eine häufige Form des -s.

-wahn, der; -[e]s (abwertend): drückt in Bildungen mit Substantiven aus, dass etw. irrigerweise als vorhanden, gegeben angenommen wird od. dass einer Sache eine zu große, ihr nicht zukommende Bedeutung beigemessen wird: Gespenster-, Machbarkeitswahn.

Wahn|bild, das: *wahnhaftes Trugbild.*

wäh|nen ⟨sw. V.; hat⟩ [mhd. wænen, ahd. wān(n)en, zu↑Wahn] (geh.): **a)** *irrigerweise annehmen:* er wähnte, die Sache sei längst erledigt; **b)** *irrigerweise annehmen, dass es sich mit jmdm., einer Sache in bestimmter Weise verhält:* ich wähnte dich auf Reisen, in Rom.

wahn|haft ⟨Adj.⟩: *nicht der Wirklichkeit entsprechend; auf einem Wahn* (2) *beruhend; paranoid:* -e Vorstellungen; etw. hat -e Züge.

Wahn|idee, die: vgl. Wahnvorstellung.

wahn|schaf|fen ⟨Adj.⟩ [zu veraltet wahn = mangelhaft] (landsch.): *missgestaltet, hässlich.*

Wahn|sinn, der ⟨o. Pl.⟩ [rückgeb. aus ↑wahnsinnig]: **1.** (ugs.) *psychische Störung, die von Wahn* (2) *(u. Halluzinationen) begleitet wird:* er verfiel dem W., verfiel in W.; R es ist zwar W., doch es hat Methode *(es ist zwar absurd [wird aber ernsthaft u. einer scheinbaren Logik folgend betrieben]);* * **des -s fette/kesse Beute sein; vom W. umzingelt sein** (ugs., meist scherzh.; *völlig verrückt sein*). **2.** (ugs.) *großer Unsinn* (2), *sehr unvernünftiges, unsinniges Denken, Verhalten, Handeln; grenzenlose Unvernunft:* es ist doch heller, reiner, purer W., so etwas zu tun; das ist ja W.!; [so] ein W.!; einen solchen W. mache ich nicht mit; R W.! (ugs., bes. Jugendspr.; Ausruf der Begeisterung).

wahn|sin|nig ⟨Adj.⟩ [Analogiebildung zu ↑wahnwitzig]: **1.** (ugs.) *an Wahnsinn* (1) *leidend; von Wahnsinn zeugend, in seinen geistig-seelischen Funktionen gestört:* ein -er Mensch, Blick; -e Taten; ein -es Lachen; sie ist w. geworden; er gebärdete sich wie w.; (oft übertreibend:) du bist ja w. (ugs.; *nicht recht bei Verstand*); bei diesem Lärm kann man ja w. werden (ugs.; *der Lärm ist unerträglich*); du machst mich noch w. (ugs.; *bringst mich noch um den Verstand*); ich werde w.! *(das ist ja höchst erstaunlich, verwunderlich!);* * **wie w.** (ugs.; ↑verrückt 1). **2.** (ugs.) *ganz unsinnig, unvernünftig:* ein -es Unterfangen; dieser Plan ist doch w.; ⟨subst.:⟩ so etwas Wahnsinniges! **3.** (ugs.) **a)** *übermäßig groß, stark, heftig, intensiv:* -e Schmerzen; eine -e Menge, Summe; ein -er Verkehr; sie hatte -e Angst, bekam einen -en Schreck; es war eine -e Mühe; ich habe einen -en Hunger, Durst; in einem -en Tempo; **b)** ⟨intensivierend bei Adj. u. Verben⟩ *sehr, überaus, in höchstem Maße:* w. laut, teuer, gern, oft; w. reich, jung, nett sein; ein w. interessantes, spannendes Buch; w. gut schmecken; eine w. hohe Summe; ich habe w. viel zu tun; sich w. ärgern, freuen; jmdn. w. lieben. **4.** (ugs., bes. Jugendspr.) *in begeisternder Weise schön, gut; großartig, toll:* eine -e Stimme; das Konzert, die Sängerin war w.

Wahn|sin|ni|ge, der u. die; -n, -n ⟨Dekl. ↑Abgeordnete⟩: *jmd., der wahnsinnig ist:* sie hat sich aufgeführt wie eine W.; das ist die Tat eines -n.

Wahn|sin|nig|wer|den, das; -s: bes. in der Wendung **das/es ist [ja] zum W.** (ugs.; ↑Verrücktwerden).

Wahn|sinns-: **1.** (ugs., bes. Jugendspr.) drückt in Bildungen mit Substantiven aus, dass jmd. od. etw. Begeisterung auslöst, großartig gefunden wird: Wahnsinnsfrau, -stimme, -musik, -show. **2.** (ugs. emotional abwertend) drückt in Bildungen mit Substantiven aus, dass etw. als in hohem Maße unvernünftig, unangemessen u. deshalb ganz und gar unakzeptabel angesehen wird: Wahnsinnsbefehl, -idee, -preis.

Wahn|sinns|an|fall, der: *Anfall von Wahnsinn* (1).

Wahn|sinns|ar|beit, die (ugs. emotional verstärkend): *unsinnig schwere, schwierige, langwierige Arbeit; Unmenge Arbeit:* das ist eine W.

Wahn|sinns|hit|ze, die (ugs. emotional verstärkend): *unerträgliche Hitze.*

Wahn|sinns|käl|te, die (ugs. emotional verstärkend): *unerträgliche Kälte.*

Wahn|sinns|tat, die: *im Wahnsinn* (1), *in einem Wahnsinnsanfall begangene Tat:* dieser Mord war eine W.; wer kann diese W. begangen haben?

Wahn|vor|stel|lung, die: *krankhafte, in der realen Umwelt nicht zu begründende zwanghafte Vorstellung, Idee:* eine hysterische W.; -en haben; an/unter -en leiden.

Wahn|witz, der ⟨o. Pl.⟩ [zu mhd. wanwiz, ahd. wanawizzi = wahnwitzig, aus mhd., ahd. wan = mangelhaft, leer u. ↑Witz, also eigtl. = des Verstandes mangelnd, keinen Verstand aufweisend]: *völliger Unsinn; abwegiges, unvernünftiges, oft auch gefährliches Verhalten, Handeln; Wahnsinn* (2); *Irrwitz.*

wahn|wit|zig ⟨Adj.⟩: **1.** *völlig unsinnig, in höchstem Maße unvernünftig [u. gefährlich]; irrwitzig:* ein -es Unternehmen. **2.** (ugs. seltener) *wahnsinnig* (3).

Wahn|wit|zig|keit, die; -, -en: **1.** ⟨o. Pl.⟩ *wahnwitzige Art, Wahnwitz.* **2.** *etw., was wahnwitzig* (1) *ist.*

wahr ⟨Adj.⟩ [mhd., ahd. wār, zu einem Wort mit der Bed. »Gunst, Freundlichkeit (erweisen)«, eigtl. = vertrauenswert]: **1. a)** *der Wahrheit, Wirklichkeit, den Tatsachen entsprechend; wirklich geschehen, nicht erdichtet, erfunden o. Ä.:* eine -e Begebenheit, Geschichte; ein -er Satz; die Legende, Geschichte hat einen -en Kern; ihre Worte sind w.; das ist [gar] nicht w.; was er sagt, kann gar nicht w. sein; das ist nur zu w. *(leider ist es wirklich so)*!; das ist auch wieder w. *(trifft andererseits auch zu);* davon ist kein Wort w. *(es stimmt alles nicht);* etw. für w. halten; ihr Traum, ihre Ahnung ist w. geworden; er hat seine Drohung, sein Versprechen w. gemacht *(in die Tat umgesetzt);* wie w.!, sehr w.!, wohl w.!, wirklich w.! (bekräftigende Ausrufe); ..., nicht w.?/nicht w., ...? (bekräftigende Frageformel); das kann, darf [doch] nicht w. sein! (Ausruf des höchsten Erstaunens, des Entsetzens, der Entrüstung); so w. ich hier sitze, stehe!, so w. ich lebe! (*ganz bestimmt;* formelhafte Bekräftigungen); so w. mir Gott helfe (Eidesformel); ⟨subst.:⟩ daran ist etwas Wahres/(ugs.:) da ist was Wahres dran; R was w. ist, muss w. bleiben; das ist schon gar nicht mehr w. (ugs.; *ist schon sehr lange her*); **b)** *tatsächlich, wirklich:* der -e Sachverhalt; der -e Täter ist unbekannt; das ist der -e Grund, das -e Motiv; seine -en Gefühle, sein -es Ich, seinen -en Charakter nicht erkennen lassen. **2. a)** (geh.) *echt, aufrichtig; die Bezeichnung verdienend:* -e Liebe, Solidarität; -er Glaube; ein -er Freund, Demokrat; **b)** *richtig, nicht nur dem Schein nach:* das ist -e Kunst, Kultur; ⟨subst.:⟩ das ist das einzig Wahre, nicht das Wahre (ugs.; *das einzig Richtige, nicht das Richtige*). **3.** (bekräftigt das im Subst. Genannte) *regelrecht; ordentlich; sehr groß:* ein -es Wunder, Genie; es war eine -e Wonne, Lust, Pracht; es setzte ein -er Sturm auf die Geschäfte ein.

wah|ren ⟨sw. V.; hat⟩ [mhd. war(e)n, ahd. in: biwarōn, zu veraltet Wahr (mhd. war, ahd. wara) = Aufmerksamkeit, Acht, Obhut, Aufsicht, also eigtl. = beachten, in Obhut nehmen] (geh.): **a)** *etw., bes. einen bestimmten Zustand, ein bestimmtes Verhalten o. Ä., aufrechterhalten, nicht verändern; bewahren:* Distanz, einen gewissen Abstand w.; die Neutralität w.; Disziplin w.; sein Inkognito w.; sie wahrte ihre Würde; Stillschweigen w. *(nicht über etw. sprechen);* die Form w. *(nicht gegen die Umgangsformen verstoßen);* ein Geheimnis w. *(nicht preisgeben);* das Briefgeheimnis w. *(respektieren, nicht verletzen);* **b)** *nicht antasten lassen; schützen, verteidigen:* seine Interessen, seine Rechte, seinen Vorteil, seine Unabhängigkeit w.

wäh|ren ⟨sw. V.; hat⟩ [mhd. wern, ahd. werēn, zu mhd. wesen, ahd. wesan (↑Wesen), eigtl. = dauernd sein] (geh.): *über eine gewisse Zeit bestehen, andauern, dauern; anhalten:* das Fest währte drei Tage, bis tief in die Nacht; nichts währt ewig; ein Jahrhunderte, lange währender Prozess; ⟨auch unpers.:⟩ es währte nicht lange, da erschien sie wieder; Spr ehrlich währt am längsten; was lange währt, wird endlich gut.

wäh|rend [urspr. 1. Part. von ↑währen]: **I.** ⟨Konj.⟩ **1.** (zeitlich) leitet einen Gliedsatz ein, der die Gleichzeitigkeit mit dem im Hauptsatz beschriebenen Vorgang bezeichnet: *in der Zeit als:* w. sie verreist waren, hat man bei ihnen eingebrochen. **2.** (adversativ) drückt die Gegensätzlichkeit zweier Vorgänge aus: *indes; wohingegen:* w. die einen sich freuten, waren die anderen eher enttäuscht. **II.** ⟨Präp. mit Gen.⟩ bezeichnet eine Zeitdauer, in deren Verlauf etwas stattfindet o. Ä.: *im [Verlauf von]:* es hat w. des ganzen Urlaubs geregnet; w. des Krieges lebten sie im Ausland; w. zweier Tage *(an zwei Tagen)* geführte Verhandlungen; ⟨ugs. auch mit Dativ:⟩ w. dem Essen darfst du nicht sprechen; ⟨nur schweiz. in Verbindung mit »dauern«:⟩ die Veranstaltung dauert nur w. einiger Stunden *(einige Stunden lang);* ⟨mit Dativ, wenn bei einem stark gebeugten Subst. im Pl. der Gen. formal nicht zu erkennen ist od. wenn ein weiteres stark gebeugtes Subst. (Genitivattr.) zwischen »während« u. das von ihm abhängende Subst. tritt:⟩ w. Ausflügen in die Umgebung; w. fünf Jahren, Monaten *(fünf Jahre, Monate lang);* w. des Ministers aufschlussreichem Vortrag;

wäh|rend|dem (ugs. veraltend): **I.** ⟨Adv.⟩ *währenddessen* (I). **II.** ⟨Konj.⟩ *während* (I 1).

wäh|rend|des (seltener), **wäh|rend|des|sen:** **I.** ⟨Adv.⟩ *während dieser Zeit; unterdessen.* **II.** ⟨Konj.⟩ (ugs. veraltend) *während* (I 1).

Wah|rer, der; -s, - (geh.): *jmd., der etw. wahrt* (b), *für die Erhaltung, den Bestand von etw. Sorge trägt:* ein zuverlässiger W. unserer Interessen.

Wah|re|rin, die; -, -nen (geh.): w. Form zu ↑Wahrer.

wahr|ha|ben: in der Wendung **etw. [nicht] w. wollen** *(sich etw. [nicht] eingestehen, vor sich selbst od. vor anderen [nicht] zugeben können):* eine Tatsache [einfach] nicht w. wollen; er wollte [es] nicht w., dass er sich getäuscht hatte.

wahr|haft ⟨Adj.⟩ [mhd., ahd. wārhaft, zu ↑wahr] (geh.): *echt, wirklich:* ein -er Freund; -e Bescheidenheit, Tugend; ein w. gebildeter, gläubiger, ehrenwerter, glücklicher Mensch.

wahr|haf|tig [mhd. wārhaftic]: **I.** ⟨Adj.⟩ **1.** (geh.) *wahr, von einem Streben nach Wahrheit erfüllt, gekennzeichnet:* ein -er Mensch; w. sein; Gott ist w., ist ein -er Gott (bibl.; *ist die Wahrheit selbst*); -er Gott! (Ausruf des Erstaunens, des Entsetzens o. Ä.). **2.** *wirklich, richtig, regelrecht, echt.* **II.** ⟨Adv.⟩ bekräftigt eine Aussage: *in der Tat; wirklich* (II); *tatsächlich:* das ist w. ein Unterschied; sie hat es w. *(entgegen allen Zweifeln, die daran bestanden)* geschafft; er dachte doch w. *(allen Ernstes),* er könne das so machen; ich habe es wirklich und w. *(ganz bestimmt)* nicht getan.

Wahr|haf|tig|keit, die; - (geh.): *das Wahrhaftigsein.*

Wahr|heit, die; -, -en [mhd., ahd. wārheit]: **1. a)** ⟨o. Pl.⟩ *das Wahrsein; die Übereinstimmung einer Aussage mit der Sache, über die sie gemacht wird; Richtigkeit:* die W. einer Aussage, einer Behauptung anzweifeln; **b)** *wirklicher, wahrer Sachverhalt, Tatbestand:* die halbe, ganze, volle, reine, lautere W.; das ist die nackte *(unverhüllte)* W. (LÜ von lat. nuda veritas); eine traurige, bittere, unangenehme W.; es ist eine alte W. *(eine bekannte Tatsache),* dass ...; was er gesagt hat, ist die W. *(ist wahr);* an der Sache ist ein Körnchen W. (geh.; *sie hat einen wahren Kern*); die W. verschleiern, verschweigen; jmdm. unverblümt die W. sagen *(ungeschminkt sagen, was man denkt);* die W. sagen/sprechen *(nicht lügen);* der W. zum Sieg verhelfen; seine Behauptung entspricht nicht der W. *(ist nicht wahr);* du musst bei der W. bleiben *(darfst nicht lügen);* R die W. liegt in der Mitte *(zwischen den extremen Standpunkten, Urteilen o. Ä.);* * **in W.** *(tatsächlich):* in W. verhielt es sich aber ganz anders. **2.** (bes. Philos.) *Erkenntnis (als Spiegelbild der Wirklichkeit), Lehre des Wahren* (1 a).

Wahr|heits|be|weis, der (bes. Rechtsspr.): *Beweis der Wahrheit (einer Aussage o. Ä.):* den W. antreten, führen.

Wahr|heits|fa|na|ti|ker, der (abwertend): *jmd., der um der Wahrheit willen alles andere hintansetzt.*

Wahr|heits|fa|na|ti|ke|rin, die; -, -nen: w. Form zu ↑Wahrheitsfanatiker.

Wahr|heits|fin|dung, die (bes. Rechtsspr.): *das Herausfinden der Wahrheit, Erkenntnis der wahren Vorgänge, Tatbestände o. Ä.:* etw. dient der W.; zur W. beitragen.

Wahr|heits|ge|halt, der ⟨o. Pl.⟩: *was an einer Behauptung o. Ä. der Wahrheit entspricht:* den W. einer Aussage prüfen.

wahr|heits|ge|mäß ⟨Adj.⟩: *der Wahrheit* (1 b) *entsprechend:* eine -e Auskunft; etw. w. beantworten.

wahr|heits|ge|treu ⟨Adj.⟩: *sich an die Wahrheit*

haltend: eine -e Berichterstattung; etw. w. darstellen.

Wahr|heits|lie|be, die ⟨o. Pl.⟩: *Liebe zur Wahrheit; Wahrhaftigkeit:* mit seiner W. ist es nicht weit her.

wahr|heits|lie|bend ⟨Adj.⟩: *die Wahrheit liebend; wahrhaftig:* ein -er Mensch.

Wahr|heits|sinn, der ⟨o. Pl.⟩: vgl. Wahrheitsliebe.

wahr|heits|wid|rig ⟨Adj.⟩: *nicht wahrheitsgemäß:* eine -e Aussage.

wahr|lich ⟨Adv.⟩ [mhd. wærlich, ahd. wārlīh] (geh. veraltend): bekräftigt eine Aussage: *in der Tat; wirklich* (II): die Sache ist w. nicht einfach; w., ich sage dir ... (bibl.; bekräftigende Einleitung).

Wahr|nah|me, die; -, -n (selten): *Wahrnehmung* (2).

wahr|nehm|bar ⟨Adj.⟩: *sich wahrnehmen lassend:* ein deutlich, kaum -es Geräusch.

Wahr|nehm|bar|keit, die; -: *das Wahrnehmbarsein.*

wahr|neh|men ⟨st. V.; hat⟩ [mhd. war nemen, ahd. wara neman, zu veraltet Wahr (↑wahren), eigtl. = einer Sache Aufmerksamkeit schenken, etw. in Aufmerksamkeit nehmen]: **1.** *(als Sinneseindruck) aufnehmen; bemerken, gewahren:* ein Geräusch, einen Geruch, einen Lichtschein w.; seine Umwelt in einer bestimmten Weise w.; ich habe es, sie gar nicht bewusst wahrgenommen; er hat so fest geschlafen, dass er [von dem Gewitter] überhaupt nichts wahrgenommen hat; sie nimmt jede noch so kleine Bewegung, Veränderung sofort wahr; etw. an jmdm. w. **2. a)** *etw., was sich (als Möglichkeit o. Ä.) anbietet, nutzen, ausnutzen:* eine Gelegenheit, seinen Vorteil, eine Chance w.; **b)** (bes. Amtsdt.) *sich [stellvertretend] um etw. kümmern [was einen anderen betrifft]:* jmds. Angelegenheiten, Interessen w.; einen Termin w. (bes. Rechtsspr.; *zu einem Termin erscheinen*); eine Frist w. *(einhalten);* eine Aufgabe w. *(übernehmen).*

Wahr|neh|mung, die; -, -en: **1.** *das Wahrnehmen* (1): die W. eines Geräuschs, von Gerüchen; die menschliche W.; die sinnliche W. *(Wahrnehmung mit den Sinnen);* optische, akustische -en; es ist eine häufige W. *(man nimmt häufig wahr),* dass ...; die W. machen *(wahrnehmen),* dass ...; die Psychologie der W. **2.** *das Wahrnehmen* (2): die W. eines Termins, einer Aufgabe, einer Chance, eines Angebots; in W. seiner Interessen (Amtsdt.; *indem man seine Interessen wahrnimmt*); jmdn. mit der W. seiner Geschäfte betrauen.

wahr|neh|mungs|fä|hig ⟨Adj.⟩: *ein Wahrnehmungsvermögen besitzend.*

Wahr|neh|mungs|fä|hig|keit, die: vgl. Wahrnehmungsvermögen.

Wahr|neh|mungs|in|halt, der: vgl. Denkinhalt.

Wahr|neh|mungs|ver|mö|gen, das ⟨o. Pl.⟩: *Fähigkeit der Wahrnehmung* (1).

Wahr|sa|ge|kunst, die: *Mantik.*

wahr|sa|gen ⟨sw. V.; wahrsagte/sagte wahr, hat gewahrsagt/wahrgesagt⟩ [mhd. wārsagen]: *über verborgene od. zukünftige Dinge mithilfe bestimmter Praktiken Vorhersagen machen:* aus den Karten, dem Kaffeesatz w.; sich von jmdm. [aus den Handlinien] w. lassen; ⟨mit Akk.-Obj.:⟩ etw. w.; jmdm. die Zukunft w.

Wahr|sa|ger, der; -s, - [für mhd. wārsage = Wahrsager]: *jmd., der wahrsagt:* ich bin doch kein W. (*Prophet* 1)!

Wahr|sa|ge|rei, die; -, -en (abwertend): **1.** ⟨o. Pl.⟩ *das Wahrsagen.* **2.** *wahrsagende Äußerung.*

Wahr|sa|ge|rin, die; -, -nen: w. Form zu ↑Wahrsager: zu einer W. gehen.

wahr|sa|ge|risch ⟨Adj.⟩: *zum Wahrsagen gehörend, prophetisch.*

Wahr|sa|gung, die; -, -en: **1.** ⟨o. Pl.⟩ *das Wahrsagen.* **2.** *das Vorhergesagte, Prophezeite:* ihre W. ist wirklich eingetroffen.

währ|schaft ⟨Adj.⟩ [zu ↑Währschaft, eigtl. = was als gut verbürgt werden kann] (schweiz.): **a)** *solide* (1): ein -er Stoff; -e Schuhe; **b)** *tüchtig, zuverlässig:* ein -er Bursche; **c)** *gut, ordentlich, reell* (1 a); **d)** *(von Essen) kräftig u. nahrhaft, sättigend.*

Währ|schaft, die; -, -en [mhd. werschaft, zu: wern, ↑Währung] (schweiz.): *Bürgschaft.*

Wahr|schau [aus dem Niederd., eigtl. = Aufmerksamkeits-, Warnzeichen] (seemännischer Warnruf): *Vorsicht!*

wahr|schau|en ⟨sw. V.; wahrschaute, hat gewahrschaut⟩ [mniederd. warschouwen, zu asächs., ahd. wara, ↑wahren] (Seemannsspr.): *auf eine Gefahr aufmerksam machen.*

wahr|schein|lich [selten: '- - - -; wohl nach niederl. waarschijnlijk, zu: waar = wahr; wohl Lehnübertragung von lat. verisimilis (zu: verus = wahr u. similis = ähnlich)]: **I.** ⟨Adj.⟩ *mit ziemlicher Sicherheit anzunehmen, in Betracht kommend:* der -e Täter; die -e Folge ist, dass ...; die -e Todesursache; es ist nicht [sehr] w., dass er es war. **II.** ⟨Adv.⟩ *mit ziemlicher Sicherheit:* er wird w. erst morgen reisen; der Name ist w. keltischen Ursprungs; es war w. Selbstmord; »Kommst du morgen?« – »Wahrscheinlich [ja, nicht].«; sie hat sehr w. *(mit großer Sicherheit)* Recht.

Wahr|schein|lich|keit, die; -, -en: **1.** ⟨Pl. selten⟩ *das Wahrscheinlichsein:* etw. hat eine hohe, geringe W.; etw. wird mit hoher, großer W. eintreffen; * **aller W. nach** *(sehr wahrscheinlich).* **2.** (Fachspr.): *Grad* (1 a) *der Möglichkeit des Eintretens bzw. der Voraussagbarkeit eines Ereignisses.*

Wahr|schein|lich|keits|grad, der: *Grad der Wahrscheinlichkeit.*

Wahr|schein|lich|keits|rech|nung, die: *Teilgebiet der Mathematik, das sich mit der Untersuchung der Gesetzmäßigkeiten zufälliger Ereignisse befasst.*

Wahr|schein|lich|keits|the|o|rie, die: *philosophisch-mathematische Theorie der Wahrscheinlichkeitsrechnung.*

Wahr|spruch, der (österr. Rechtsspr., sonst veraltet): *Verdikt* (1): ein richterlicher W.

Wahr|traum, der (Parapsych.): *Traum, dessen Inhalt auf Zukünftiges weist.*

Wah|rung, die; - [mhd. warunge]: **a)** *das Wahren* (a); **b)** *das Wahren* (b): zur W. des Allgemeinguts verpflichtet sein.

Wäh|rung, die; -, -en [mhd. werunge, urspr. = Gewährleistung (eines Rechts, einer Qualität, eines Maßes, eines Münzgehalts), zu: wern, ↑gewähren]: **1.** *gesetzliches Zahlungsmittel eines Landes od. der Länder einer Währungsunion:* eine freie, frei konvertierbare W.; in- und ausländische -en; manipulierte W. *(staatlich gesteuerte Währung ohne Deckung durch Gold, Silber o. Ä.);* harte *(stabile, überall frei konvertierbare),* weiche W.; die W. Italiens ist die Lira; eine neue, eine europäische W. schaffen; die europäische Währung heißt Euro; die Touristen hatten nur deutsche W. *(deutsches Geld)* bei sich; in fremder W. *(ausländischem Geld)* bezahlen. **2.** *Währungssystem:* die W. stabil halten.

Wäh|rungs|aus|gleich, der: **1.** *im Rahmen des Lastenausgleichs gezahlte Entschädigung für Sparguthaben.* **2.** *Ausgleich der Unterschiede bei den nationalen Agrarpreisen zwischen den Mitgliedsländern der EU.*

Wäh|rungs|aus|gleichs|fonds, der: *Fonds, mit dessen Hilfe Schwankungen der Wechselkurse (im Interesse der Exportmöglichkeiten des Landes) beeinflusst werden können.*

Wäh|rungs|block, der ⟨Pl. ...blöcke, selten: -s⟩: *Zusammenschluss mehrerer Länder, die eine gemeinsame Währungspolitik verfolgen* (z. B. Sterlingblock).

Wäh|rungs|ein|heit, die: *Einheit für das Geld einer bestimmten Währung* (1) (z. B. Mark, Franc): die italienische W. heißt Lira; die kleine W. ist der Rappen.

Wäh|rungs|fonds, der: *Währungsausgleichsfonds.*

Wäh|rungs|ge|biet, das: *Bereich, in dem eine bestimmte Währung* (1) *Zahlungsmittel ist.*

Wäh|rungs|kri|se, die: *Krise innerhalb eines Währungssystems.*

Wäh|rungs|kurs, der: vgl. Kurs (4).

Wäh|rungs|pa|ri|tät, die: *Parität* (2).

Wäh|rungs|po|li|tik, die: *Gesamtheit aller staatlichen Maßnahmen, die die Währung eines Landes betreffen.*

Wäh|rungs|re|form, die: *Neuordnung eines (in eine Krise geratenen) Währungssystems:* vor, nach der W.

Wäh|rungs|re|ser|ve, die ⟨meist Pl.⟩: *Bestand eines Landes an Gold u. Devisen; Devisenreserve.*

Wäh|rungs|schlan|ge, die (Wirtsch. Jargon früher): *Verbund der Währungen der EG-Länder hinsichtlich der Bandbreite, innerhalb deren die Wechselkurse schwanken dürfen.*

Wäh|rungs|sta|bi|li|tät, die: *Stabilität einer Währung.*

Wäh|rungs|sys|tem, das: **1.** *System des Geldwesens eines Landes:* das japanische W. **2.** *von dem Verhältnis mehrerer Währungen zueinander gebildetes System:* das internationale, europäische W.

Wäh|rungs|uni|on, die: *Union, die darin besteht, dass in einem bestimmten Gebiet eine einheitliche Währung gilt od. eine einheitliche Geld- u. Währungspolitik betrieben wird:* der politischen Vereinigung ging eine W. voraus; der Vertrag sieht eine europäische W. vor.

Wahr|zei|chen, das [mhd. warzeichen, zu veraltet Wahr (↑wahren), also eigtl. = Zeichen, das auf etw. aufmerksam macht]: *etw., was als Erkennungszeichen, als Sinnbild für etw. steht, bes. Kennzeichen einer Stadt, einer Landschaft:* der Kreml ist das W. Moskaus.

Waid|ge|nos|se usw.: ↑Weidgenosse usw.

waid|ge|recht usw.: weidgerecht usw.

Wai|se, die; -, -n [mhd. weise, ahd. weiso, verw. mit mhd. entwīsen = verlassen von, leer von, ahd. wīsan = meiden, wohl zu einem Verb mit der Bed. »trennen«]: **1.** *Kind, das einen Elternteil od. beide Eltern verloren hat:* W. sein, werden. **2.** (Verslehre) *reimlose Zeile innerhalb einer gereimten Strophe.*

Wai|sen|geld, das: *monatlicher Betrag, den eine Waise vom Staat zur Sicherung des Lebensunterhalts erhält.*

Wai|sen|ge|richt, das (früher): *Gericht, das die Angelegenheit der Waisen regelt.*

Wai|sen|haus, das (früher): *Heim für elternlose Kinder.*

Wai|sen|kind, das (fam. veraltend): *elternloses Kind; Waise [die in einem Heim lebt]:* * **gegen jmdn. ein W. sein** *(jmdm. bes. im Hinblick auf bestimmte negative Eigenschaften bei weitem nicht gleichkommen).*

Wai|sen|kna|be, der (geh. veraltend): *männliche Waise:* * **gegen jmdn. ein, ein reiner, der reine, der reinste W. sein** *(jmdm. bes. im Hinblick auf bestimmte negative Eigenschaften bei weitem nicht gleichkommen);* **in etw. ein, ein reiner, der reine, der reinste W. sein** *(von etw. [einer Fertigkeit o. Ä.] sehr wenig verstehen).*

Wai|sen|ren|te, die: *von der gesetzlichen Sozialversicherung an eine Waise zu zahlende Rente* (a).

Wa|ke, die; -, -n [mniederd. wake] (nordd.): *nicht od. nur oberflächlich zugefrorene Stelle in der Eisdecke eines Flusses od. Sees.*

Wake|board [weikbɔ:d], das; -s, -s [engl. wakeboard, aus: wake = Kielwasser u. board = Brett, geb. nach: surfboard, ↑Surfboard]: *Brett zum Wasserskifahren, auf dem man (im Unterschied zum klassischen Wasserskifahren) mit beiden Beinen steht.*

Wal, der; -[e]s, -e [mhd., ahd. wal, H. u., viell. verw. mit altpreußisch kalis = Wels u. lat. squalus = Meersau (= ein größerer, plump aussehender Mittelmeerfisch)]: *sehr großes Meeressäugetier mit massigem Körper, zu Flossen umgebildeten Vordergliedmaßen u. waagrecht stehender Schwanzflosse:* ein riesiger, weißer, gestrandeter W.; Delphine und -e; eine Schule -e; der W. bläst;

-e jagen, fangen; einen W. harpunieren; die -e schützen, vor der Ausrottung bewahren.

Wa|la|chei, die; -: 1. rumänische Landschaft. 2. (ugs.) *abgelegene Gegend, abgelegener Ort:* mitten in der W. ist uns der Sprit ausgegangen.

Wald, der; -[e]s, Wälder [1: mhd., ahd. walt, urspr. = nicht bebautes Land, viell. verw. mit lat. vellere = rupfen, zupfen, raufen, also eigtl. = gerupftes Laub; 2: LÜ von lat. silvae (Pl.)]: **1.** *größere, dicht mit Bäumen bestandene Fläche:* ein lichter, tiefer, dunkler, verschneiter, winterlicher W.; ein naturnaher W.; endlose, undurchdringliche Wälder; für den Bau der Straße müssen 30 Hektar W. abgeholzt werden; einen W. roden, anpflanzen, forstlich nutzen; die Wälder durchstreifen; dort gibt es viel, kaum noch W.; durch W. und Feld, W. und Flur streifen; die Tiere des -es; in der Kühle des -es; sich im W. verirren; **R** wie man in den W. hineinruft, so schallt es heraus *(wie man andere behandelt o. Ä., so werden sie einen selbst auch behandeln o. Ä.);* ich denk, ich steh im W. (ugs.; Ausdruck der Verwunderung, Entrüstung); * **ein W. von .../**(seltener:) **aus ...** (im Allg. bezogen auf eine größere Menge dicht nebeneinander stehender emporragender Dinge: *eine große Menge von ...*); **den W. vor [lauter] Bäumen nicht sehen** (scherzh.; *über zu vielen Einzelheiten das größere Ganze nicht erfassen;* nach Chr. M. Wieland [1733–1813], Musarion, Buch 2); **einen ganzen W. absägen** (ugs. scherzh.; *sehr laut schnarchen*); **nicht für einen W. voll Affen** (ugs.; *unter keinen Umständen, auf keinen Fall;* nach W. Shakespeare, Der Kaufmann von Venedig III, 1); **einen vom W. erzählen** (ugs.; *etw. Unwahres erzählen*). **2.** ⟨Pl.⟩ (Literaturw. veraltet) *Sammlung von Schriften, Dichtungen o. Ä.:* Poetische, Kritische Wälder.

Wald|amei|se, die: *in Nadelwäldern lebende Ameise.*

Wald|ar|bei|ter, der: *forstwirtschaftlicher Arbeiter.*

Wald|ar|bei|te|rin, die: w. Form zu ↑Waldarbeiter.

Wald|bad, das: *im Wald gelegenes Freibad.*

Wald|bau, der ⟨o. Pl.⟩ (Forstw.): *Lehre von der Anlage u. Pflege des Waldes.*

Wald|bee|re, die ⟨meist Pl.⟩: **a)** *im Wald wachsende Beere;* **b)** (landsch.) *Heidelbeere.*

Wald|be|stand, der: *Bestand an Wald.*

Wald|bo|den, der: *Erdreich im Bereich des Waldes.*

Wald|brand, der: *Brand in einem Wald:* verheerende Waldbrände; verhütet Waldbrände!

Wäld|chen, das; -s, -: Vkl. zu ↑Wald (1).

wald|ein ⟨Adv.⟩: *in den Wald hinein.*

Wald|ein|sam|keit, die (dichter.): *Abgeschiedenheit des Waldes.*

Wal|den|ser, der; -s, - [mlat. Waldenses, nach dem Begründer, dem Lyoner Kaufmann Petrus Waldes (12./13. Jh.)]: *Angehöriger einer Laienbewegung, die das Evangelium verkündet u. ein urchristliches Gemeinschaftsleben in Armut anstrebt.*

Wal|den|se|rin, die; -, -nen: w. Form zu ↑Waldenser.

Wäl|der: Pl. von ↑Wald.

Wald|erd|bee|re, die: *bes. in Wäldern wachsende kleine, sehr aromatische Erdbeere.*

Wal|des|dun|kel, das (dichter.): *Dunkel des Waldes.*

Wal|des|rand, der (dichter.): *Rand des Waldes.*

Wal|des|rau|schen, das; -s (dichter.): *Rauschen des Waldes.*

Wald|fach|ar|bei|ter, der: *jmd., der mit der Begrünung, Erschließung u. Nutzung des Waldes betraut ist* (Berufsbez.).

Wald|fach|ar|bei|te|rin, die: w. Form zu ↑Waldfacharbeiter.

Wald|farn, der: *Frauenfarn.*

Wald|fee, die: in dem Ausruf **husch, husch, die W.!** (ugs.; 1. Aufforderung, sich zu entfernen. 2. Kommentar, mit dem man das schnelle Vorbeihuschen einer Person begleitet).

Wald|flä|che, die: *von Wald eingenommene Landfläche:* die gesamte W. des Landes hat um 16 Prozent abgenommen; es werden immer neue -n gerodet.

Wald|fre|vel, der: *Forstfrevel.*

Wald|ge|biet, das: *mit Wald bestandenes, bewaldetes Gebiet:* das größte zusammenhängende W. Europas.

Wald|ge|bir|ge, das: *bewaldetes Gebirge:* ein unwegsames W.

Wald|geist, der ⟨Pl. -er⟩: *in Märchen u. Mythen auftretender, im Wald hausender Geist.*

Wald|ge|nos|sen|schaft, die (Forstw.): *Zusammenschluss von Personen, die Nutzungsrechte an einem Wald haben.*

Wald|gott, der (Myth.): *Gott des Waldes u. der Pflanzen u. Tiere des Waldes.*

Wald|göt|tin, die: w. Form zu ↑Waldgott.

Wald|gren|ze, die: vgl. Baumgrenze.

Wald|horn, das ⟨Pl. ...hörner⟩: *Blechblasinstrument mit kreisförmig gewundenem Rohr, trichterförmigem Mundstück, ausladender Stütze u. drei Ventilen.*

Wald|huhn, das (Jägerspr.): *Auer-, Birk-, Hasel- od. Schneehuhn* (Sammelbezeichnung).

Wald|hü|ter, der (veraltend): vgl. Feldhüter.

wal|dig ⟨Adj.⟩: *mit Wald bestanden; bewaldet:* eine -e Gegend.

Wald|in|ne|re, das: *Inneres des Waldes.*

Wald|kan|te, die (Holzverarb.): *durch den natürlichen Wuchs bedingte abgerundete [noch von Rinde bedeckte] Kante an Schnittholz.*

Wald|kauz, der: *(in Wäldern u. Parkanlagen lebender) Kauz mit auffallend großem, rundem Kopf und gelbbraunem bis grauem Gefieder mit dunklen Flecken od. Längsstreifen.*

Wald|land, das ⟨o. Pl.⟩: *von Wald bedecktes Land:* 10 Prozent der Fläche der Insel sind W.

Wald|lauf, der: *Dauerlauf auf Waldwegen:* einen halbstündigen W. machen.

Wald|lich|tung, die: *Lichtung im Wald.*

Wald|man|tel, der (Forstw.): *Randzone eines Waldes; Trauf.*

Wald|meis|ter, der; -s [viell. nach der »meisterlichen« Heilkraft]: *in Laubwäldern wachsende Pflanze mit kleinen weißen Blüten, die zum Aromatisieren von Bowlen verwendet wird.*

Wald|meis|ter|bow|le, die: *mit Waldmeister gewürzte Bowle.*

Wald|nym|phe, die: vgl. Waldgeist.

Wald|ohr|eu|le, die: *(bes. in Wäldern lebende) Eule mit gelben Augen u. Federohren.*

Wal|dorf|pä|da|go|gik, die; -: vgl. Waldorfschule.

Wal|dorf|sa|lat, der; -[e]s, -e [nach dem Hotel Waldorf-Astoria in New York] (Kochk.): *Salat aus rohem, geraspeltem Sellerie, Äpfeln, Walnüssen u. Mayonnaise.*

Wal|dorf|schu|le, die; -, -n [die erste, 1919 in Stuttgart gegründete Waldorfschule wurde von ihrem Begründer, dem Leiter der Waldorf-Astoria-Zigarettenfabrik, so benannt]: *nach den Prinzipien anthroposophischer Pädagogik unterrichtende Privatschule, die auf die Entfaltung der kreativen Fähigkeiten der Schüler besonderes Gewicht legt.*

Wald|rand, der: *Rand des Waldes:* das Zelt stand auf einer Wiese direkt am W.; die Pflanze wächst vor allem an Waldrändern.

Wald|re|be, die: *Klematis.*

wald|reich ⟨Adj.⟩: *reich an Wald:* ein -es Land.

Wald|saum, der (geh.): *Waldrand.*

Wald|scha|den, der ⟨meist Pl.⟩: *Schaden an den Bäumen des Waldes, am Ökosystem Wald.*

Wald|schnei|se, die: *Schneise im Wald.*

Wald|schrat, Wald|schratt, der: *Schrat.*

Wald|städ|te ⟨Pl.⟩: zusammenfassende Bez. für die am Hochrhein gelegenen Städte Laufenburg u. Rheinfelden (in der Schweiz) sowie Säckingen u. Waldshut (in Baden-Württemberg).

Wald|statt, die; -, ...stätte ⟨meist Pl.⟩ (schweiz. geh.): Bez. für einen der am Vierwaldstätter See gelegenen Kantone Uri, Schwyz, Unterwalden, Luzern, auch für Einsiedeln: die drei Waldstätte *(Uri, Schwyz u. Unterwalden);* die W. Einsiedeln.

Wald|step|pe, die (Geogr.): *Bereich, Zone, in der die Steppe in ein geschlossenes Waldgebiet übergeht.*

Wald|ster|ben, das; -s: *verstärkt auftretendes Absterben von Bäumen in Waldgebieten [infolge hoher Luftverschmutzung].*

Wald|storch, der: *vor allem in Wäldern, Auen u. Sümpfen lebender Storch mit oberseits bräunlich schwarzem, an der Unterseite weißem Gefieder; Schwarzstorch.*

Wald|streu, die: *aus Laub u. Tannennadeln u. Ä. bestehende Streu.*

Wald|stück, das: **a)** *kleinerer Wald;* **b)** *Teil eines Waldes.*

Wald|tau|be, die: *Ringeltaube.*

Wald|tier, das: *im Wald lebendes Tier.*

Wald-und-Wie|sen- (ugs. leicht abwertend): ↑Feld-Wald-und-Wiesen-: Wald-und-Wiesen-Arzt.

Wal|dung, die; -, -en: *größerer Wald; Waldgebiet.*

Wald|vier|tel, das; -s: niederösterreichische Landschaft.

Wald|vo|gel, der: *im Wald lebender Vogel.*

Wald|vö|ge|lein, das: *(in lichten Buchenwäldern wachsende) Orchidee mit länglich-eiförmigen Blättern u. weißlichen od. violetten Blüten.*

wald|wärts ⟨Adv.⟩ [↑-wärts]: *in Richtung zum Wald:* w. gehen.

Wald|weg, der: *Weg im Wald:* ein unbefestigter, asphaltierter W.

Wald|wie|se, die: *inmitten eines Waldes gelegene Wiese.*

Wald|wirt|schaft, die: *Forstwirtschaft.*

Wales [weɪlz]; Wales': Teil von Großbritannien.

Wal|fang, der ⟨o. Pl.⟩: *Fang von Walen:* W. treibende Nationen; auf W. gehen.

Wal|fän|ger, der: **1.** *jmd., der Walfang treibt.* **2.** *kleineres Walfangschiff.*

Wal|fang|flot|te, die: *Flotte für den Walfang.*

Wal|fang|schiff, das: *Schiff für den Walfang.*

Wal|fisch, der (volkst.): *Wal.*

Wal|hall [auch: –ˈ–], das; -s ⟨meist o. Art.⟩ [nach aisl. valholl; zum 1. Bestandteil vgl. Walstatt, 2. Bestandteil zu ↑Halle, also eigtl. = Halle der auf dem Kampfplatz Gefallenen] (germ. Myth.): *Aufenthaltsort der in der Schlacht Gefallenen.*

Wal|hal|la, das; -[s] od. die; - ⟨meist o. Art.⟩: *Walhall.*

Wa|li|ser, der; -s, -: Ew. zu ↑Wales.

Wa|li|se|rin, die; -, -nen: w. Form zu ↑Waliser.

wa|li|sisch ⟨Adj.⟩: *Wales, die Waliser betreffend; von den Walisern stammend, zu ihnen gehörend.*

Wal|ke, die; -, -n (Fachspr.): **1.** ⟨o. Pl.⟩ *das Walken.* **2.** *Maschine, mit der Filze hergestellt werden.*

wal|ken ⟨sw. V.; hat⟩ [mhd. walken = walken, prügeln, ahd. walchan = kneten, zu ↑¹wallen]: 1. (Textilind.) *(Gewebe) durch bestimmte Bearbeitung zum Verfilzen bringen.* **2.** *(in der Lederherstellung) Häute durch mechanisch knetende u. ä. Bearbeitung geschmeidig machen.* **3.** (Hüttenw.) *Feinbleche zum Glätten über hintereinander angeordnete Walzen laufen lassen.* **4.** (landsch.) **a)** *(Gegenstände aus Leder, bes. Schuhe) durch kräftiges Einreiben mit Lederfett u. anschließendes Kneten o. Ä. weich, geschmeidig machen;* **b)** *(Teig) kräftig durchkneten:* den Teig kräftig w.; **c)** *kräftig massieren;* **d)** *(Wäsche beim Waschen mit der Hand) kräftig reibend, knetend bearbeiten.*

Wal|ker, der; -s, -: **1.** *jmd., der die Arbeit des Walkens* (1, 2) *ausführt* (Berufsbez.). **2.** (landsch.) kurz für ↑Nudelwalker. **3.** *dem Maikäfer ähnlicher brauner Käfer mit unregelmäßigen gelblich weißen Flecken, der bes. auf sandigen Böden u. auf Dünen vorkommt.*

Wal|ke|rin, die; -, -nen: w. Form zu ↑Walker (1).

Wal|kie-Tal|kie [ˈwɔːkɪˈtɔːkɪ], das; -[s], -s [engl. walkie-talkie, zu: to walk = gehen u. to talk = sprechen]: *tragbares Funksprechgerät.*

Wal|king [ˈwɔːkɪŋ], das; -[s][engl. walking = das Gehen, zu: to walk = gehen]: *intensives Gehen [als sportliche Betätigung].*

Walk|man® [ˈwɔːkmən], der; -s, ...men [...mən; zu

engl. to walk = gehen u. man = Mann]: *kleiner tragbarer Kassettenrekorder mit Kopfhörern.*

Walk|müh|le, die (früher): *Anlage zum Walken* (1).

Wal|kü|re [auch: '– – –], die; -, -n [nach aisl. valkyria; zum 1. Bestandteil vgl. Walstatt, 2. Bestandteil zu ↑Kür, also eigtl. = Wählerin der Toten auf dem Kampfplatz] (germ. Myth.): **1.** *eine der Botinnen Wodans, die die Gefallenen vom Schlachtfeld nach Walhall geleiten.* **2.** (scherzh.) *große, stattliche [blondhaarige] Frau:* die Frau des Ministers ist eine W.

[1]Wall, der; -[e]s, -e (aber: 2 Wall) [aus dem Niederd. < älter schwed. val < altschwedisch val = Stange, Stock, eigtl. wohl = Anzahl von Fischen, die auf einem Stock aufgespießt werden können] (veraltet): *(bes. von Fischen) Anzahl von 80 Stück:* drei W. Heringe.

[2]Wall, der; -[e]s, Wälle [mhd. wal, ahd. in: erdēwal < lat. vallum = Pfahlwerk auf dem Schanzwall, zu: vallus = (Schanz)pfahl]: *mehr od. weniger hohe Aufschüttung aus Erde, Steinen o. Ä., mit der ein Bereich schützend umgeben od. abgeschirmt wird:* einen W. errichten, aufschütten, abtragen; eine von einem hohen W., von W. und Graben umgebene Burg; Ü ein W. von Schnee umgab das Haus.

Wal|la|by ['wɔləbɪ], das; -s, -s [engl. wallaby, aus einer Spr. der austral. Ureinwohner]: **1.** *mittelgroßes Känguru.* **2.** *Fell verschiedener Känguruarten.*

Wal|lach, der; -[e]s, -e, österr. meist: -en, -en [urspr. = das aus der Walachei eingeführte kastrierte Pferd]: *kastriertes männliches Pferd.*

Wäl|le: Pl. von ↑[2]Wall.

[1]wal|len ⟨sw. V.⟩ [mhd. wallen, ahd. wallan, eigtl. = drehen, winden, wälzen]: **1. a)** *(von Flüssigkeiten, bes. von Wasser im Zustand des Kochens) in sich in heftiger Bewegung sein, die an der Oberfläche in einer beständigen Wellenbildung sichtbar wird* ⟨hat⟩: das Wasser, die Milch wallt [im Topf]; die Soße kurze Zeit w. lassen; ⟨subst.:⟩ die Suppe zum Wallen bringen; Ü jmds. Blut zum W. bringen (geh.; *jmdn. heftig erregen, zornig machen*); **b)** (geh.) *(bes. von stehenden Gewässern) von Grund auf bewegt u. aufgewühlt sein u. sich an der Oberfläche in wilden Wellen bewegen; wogen* ⟨hat⟩: die See schäumte und wallte; das Schiff versank in den wallenden Fluten. **2.** (geh.) **a)** *sich in Schwaden hin u. her bewegen* ⟨hat⟩; **b)** *wallend* (2 a) *in eine bestimmte Richtung ziehen o. Ä.* ⟨ist⟩: Nebel wallte in Schwaden über die Felder. **3.** (geh.) *wogend, in großer Fülle herabfallen, sich bewegen* ⟨ist⟩: blonde Locken wallten [ihr] über die Schultern; ein wallender Bart; wallende Gewänder *(Gewänder mit reichem Faltenwurf).*

[2]wal|len ⟨sw. V.; ist⟩ [mhd. wallen, ahd. wallōn, eigtl. = (umher)schweifen, unstet sein, wohl verw. mit ↑Wedel]: **a)** (geh. od. spött.) *feierlich, gemessen einherschreiten;* **b)** (veraltet) *wallfahren.*

wäl|len ⟨sw. V.; hat⟩ (landsch.): [1]*wallen* (1 a) *lassen; kochen [lassen]:* Fleisch w.

[1]Wal|ler, der; -s, - [Nebenf. von älter: Waler, mhd. walre = Wels] (landsch.): *Wels.*

[2]Wal|ler, der; -s, - [zu ↑[2]wallen] (veraltet): *Wallfahrer.*

Wal|le|rin, die; -, -nen: w. Form zu ↑[2]Waller.

wall|fah|ren ⟨sw. V.; ist⟩ [im 16. Jh. bei Luther]: *eine Wallfahrt machen; pilgern:* sie ist nach Santiago de Compostela gewallfahrt.

Wall|fah|rer, der: *jmd., der eine Wallfahrt macht, an einer Wallfahrt teilnimmt.*

Wall|fah|re|rin, die: w. Form zu ↑Wallfahrer.

Wall|fahrt, die [mhd. wallevart]: *aus verschiedenen religiösen Motiven (z. B. Buße, Suche nach Heilung) unternommene Fahrt, Wanderung zu einem Wallfahrtsort, einer heiligen Stätte.*

Wall|fahrts|ort, der: *Ort mit einer durch ein Gnadenbild, eine Reliquie o. Ä. berühmten Kirche od. einer anderen heiligen Stätte, die Ziel von Wallfahrten ist.*

Wall|gra|ben, der (früher): *parallel zu einem eine Burg o. Ä. umgebenden* [2]*Wall verlaufender Graben.*

Wall|holz, das; -es, Wallhölzer [zu mundartl. walen = (sich) wälzen] (schweiz.): *Nudelholz.*

Wal|lis, das; -: Schweizer Kanton.

[1]Wal|li|ser, der; -s, -: Ew.

[2]Wal|li|ser ⟨indekl. Adj.⟩.

Wal|li|se|rin, die; -, -nen: w. Form zu ↑[1]Walliser.

wal|li|se|risch ⟨Adj.⟩: *das Wallis, die Walliser betreffend; von den Wallisern stammend, zu ihnen gehörend.*

Wal|lo|ne, der; -n, -n: Angehöriger der französische Mundarten sprechenden Bevölkerung Belgiens.

Wal|lo|ni|en: Gebiet in Belgien, in dem Wallonisch gesprochen wird.

Wal|lo|nin, die; -, -nen: w. Form zu ↑Wallone.

wal|lo|nisch ⟨Adj.⟩: *Wallonien, die Wallonen betreffend; von den Wallonen stammend, zu ihnen gehörend.*

Wal|lo|nisch, das; -[s] u. ⟨nur mit best. Art.:⟩ **Wal|lo|ni|sche,** das; -n: *von den Wallonen gesprochenes Französisch.*

Wall Street ['wɔ:l stri:t], die; - -: Geschäftsstraße in New York; Geld- u. Kapitalmarkt, Finanzzentrum der USA.

Wal|lung, die; -, -en: **1.** *das* [1]*Wallen* (1); *heftige Bewegung [an der Oberfläche]:* das Wasser im Topf kommt in W.; der Sturm brachte den See in W.; Ü er, sein Gemüt, sein Blut geriet in W. *(er geriet in heftige Erregung);* etw. hatte sie in W. gebracht *(zornig gemacht);* eine heftige W. des Zorns, der Eifersucht. **2.** (Med.) **a)** *Blutwallung:* etw. macht, verursacht -en; an -en leiden; **b)** *Hitzewallung, fliegende Hitze:* -en haben, kriegen.

[1]Walm, der; -[e]s [spätmhd., ahd. walm, zu ↑[1]wallen (1 b)] (landsch.): [1]*Wallen* (1 b) *des Wassers.*

[2]Walm, der; -[e]s, -e [mhd. walbe, ahd. walbo = Gewölbe, gewölbtes Dach, zu ↑wölben] (Bauw.): *dreieckige Dachfläche an den beiden Giebelseiten eines Walmdachs.*

Walm|dach, das: *Dach mit je zwei schrägen einander gegenüberliegenden kongruenten trapezförmigen u. dreieckigen Flächen, von denen die trapezförmigen oben aneinander stoßen u. einen First bilden.*

Wal|nuss, die; -, Walnüsse [aus dem Niederd. < mniederd. walnut; 1. Bestandteil zu ↑welsch, also eigtl. = welsche Nuss (nach der Herkunft aus Italien)]: **1.** *Nuss des Walnussbaums.* **2.** *Walnussbaum.*

Wal|nuss|baum, der: *Baum mit großen, gefiederten Blättern u. kugeliger Steinfrucht mit grüner äußerer u. hellbrauner, holziger innerer Schale u. einem essbaren, fettreichen Samen.*

wal|nuss|groß ⟨Adj.⟩: *die Größe einer Walnuss* (1) *aufweisend:* eine -e Geschwulst.

Wal|per|tin|ger: ↑Wolpertinger.

Wal|platz [auch: 'val...], der; -es, Walplätze (veraltet): vgl. Walstatt.

Wal|pur|gis|nacht, die; -, ...nächte [zu älter Walpurgis = Tag der hl. Walpurga (= 1. Mai)]: *die Nacht zum 1. Mai, in der sich (nach dem Volksglauben) die Hexen auf dem Bocksberg treffen u. ihr Unwesen treiben.*

Wal|rat, der od. das; -[e]s [aus dem Niederd. < mniederd. walrāt, unter Einfluss von ↑Rat umgedeutet aus spätmhd. walrām (zu mhd. rām = Schmutz), umgedeutet aus älter dän., norw. hvalrav, zu spätanord. raf = Amber (a)]: *aus dem Schädel des Pottwals gewonnene, in der pharmazeutischen u. kosmetischen Industrie verwendete weißliche, wachsartige Masse; Spermazet.*

Wal|ross, das; -es, -e [niederl. walrus, Umstellung u. Vermischung von aisl. hrosshvalr = eine Art Wal u. aisl. rosmhvalr = Walross, 2. Bestandteil der beiden aisl. Wörter zu ↑Wal, 1. Bestandteil von hrosshvalr zu ↑Ross, 1. Bestandteil von rosmhvalr verw. mit ↑Rost, also eigtl. Mischung von »Rosswal« u. »Ro(s)twal«]: **1.** *große, gelbbraune bis braune, in Herden in nördlichen Meeren lebende Robbe mit langen, als Hauer ausgebildeten Eckzähnen.* **2.** (ugs.) *schwerfälliger [dummer] Mensch:* so ein W.!

Wal|ser|tal, das; -[e]s: Tal in Vorarlberg: das Kleine, Große W.

Wal|statt [auch: 'val...], die; -, Walstätten [mhd. walstat, aus mhd., ahd. wal = Kampfplatz u. ↑Statt] (veraltet): *Kampfplatz; Schlachtfeld;* * **auf der W. bleiben** (veraltet; *im Kampf fallen*).

wal|ten ⟨sw. V.; hat⟩ [mhd. walten, ahd. waltan, eigtl. = stark sein, beherrschen] (geh.): **a)** (veraltend) *gebieten, zu bestimmen haben, das Regiment führen:* ein König waltet über das Land; im Haus waltete die Mutter; **b)** *als wirkende Kraft o. Ä. vorhanden sein, herrschen:* in diesem Haus waltet ein guter Geist, Frieden, Harmonie; über dieser Sache waltet ein Unstern; hier haben rohe Kräfte gewaltet *(sind rohe Kräfte am Werk gewesen);* Gnade, Milde, Vernunft, Vorsicht w. lassen *(seinem Handeln zugrunde legen);* ⟨subst.:⟩ sie spürten das Walten *(Wirken)* einer höheren Macht.

Wal|tier, das ⟨meist Pl.⟩: *(in vielen Arten vorkommendes) im Wasser, bes. im Meer lebendes Säugetier mit fischartiger Körperform, das vollkommen an das Leben im Wasser angepasst u. an Land nicht lebensfähig ist* (z. B. Blauwal, Schwertwal, Tümmler).

Walz, die; - (bes. früher): *Walze* (8).

Walz|blech, das: *im Walzwerk* (2) *hergestelltes Blech.*

Wal|ze, die; -, -n [spätmhd. walze = Seilrolle, ahd. walza = Falle, Schlinge, zu ↑walzen u. eigtl. = Gedrehtes; 8: zu ↑walzen (3)]: **1.** (Geom.) *zylindrischer Körper mit kreisförmigem Querschnitt.* **2.** *walzenförmiger Teil an Geräten u. Maschinen verschiedener Art mit der Funktion des Transportierens, Glättens o. Ä.* **3.** kurz für ↑Straßenwalze. **4.** kurz für ↑Ackerwalze. **5.** (ugs., auch Fachspr.) *Walzwerk* (2). **6.** *Teil eines mechanischen Musikinstruments, auf dem die Musik aufgezeichnet ist.* **7.** *(bei der Orgel) mit den Füßen zu bedienende Vorrichtung, mit der ein Anwachsen bzw. Schwächerwerden der Tonstärke bewirkt werden kann.* **8.** (o. Pl.) (bes. früher) *Wanderschaft eines Handwerksburschen:* auf der W. sein, auf die W. gehen; ein Handwerksbursche auf der W.

wal|zen ⟨sw. V.⟩ [mhd. walzen = (sich) rollen, drehen, spätahd. walzan = rollen; erwägen, zu ↑[1]wallen; 1, 2: zu ↑Walze (3, 4); 3: eigtl. = müßig hin u. her schlendern; 4: eigtl. = mit drehenden Füßen auf dem Boden schleifen, tanzen]: **1.** *im Walzwerk bearbeiten u. in eine bestimmte Form bringen* ⟨hat⟩: Metall, Stahl w. **2.** ⟨hat⟩ **a)** *mit einer Walze* (3, 4) *bearbeiten u. glätten:* den Asphalt, den Schotter, die Straße, den Acker w.; der Tennisplatz muss regelmäßig gewalzt werden; **b)** *durch Niederwalzen von etw. entstehen lassen.* **3.** (veraltend, noch scherzh.) *wandern, auf Wanderschaft sein* ⟨ist⟩. **4.** (veraltend, noch scherzh.) *[Walzer] tanzen* ⟨ist/hat⟩.

wäl|zen ⟨sw. V.; hat⟩ [mhd., ahd. welzen]: **1. a)** *(meist schwere, plumpe Gegenstände [mit abgerundeten Formen]) langsam rollend auf dem Boden fortbewegen, an eine bestimmte Stelle schaffen:* einen Felsbrocken zur Seite w.; einen Verletzten auf den Bauch, auf die Seite w. *(auf den Bauch, auf die Seite drehen);* Ü die Schuld, Verantwortung, Arbeit auf einen anderen w. *(einem anderen aufbürden);* **b)** ⟨w. + sich⟩ *sich [auf dem Boden o. Ä. liegend] mit einer Drehung des Körpers, mit einer Abfolge von Drehungen um die eigene Achse fortbewegen od. in eine andere Lage bringen:* sich über den Boden w.; sich hin und her, auf die Seite, aufs Gesicht w.; sich aus dem Bett w.; Ü eine Lawine wälzt sich zu Tal; eine große Menschenmenge wälzte sich *(schob sich langsam)* durch die Straßen. **2. a)** ⟨w. + sich⟩ *sich (auf dem Boden o. Ä. liegend) hin u. her drehen, hin u. her werfen:* sich schlaflos im Bett w.; sich im Schlamm, im Dreck, im Schnee w.; sich in seinem Blut w. *(sich stark blutend am Boden wälzen);* Ü sie wälzten sich vor Lachen (ugs.; *muss-*

ten sehr lachen); **b)** *(bei der Zubereitung) etw. in etw. hin u. her wenden, drehen, damit sich seine Oberfläche damit bedeckt:* etw. in Eigelb, in Öl, in Puderzucker, in gehackten Kräutern w.; das Fleisch in Paniermehl w. **3.** (ugs.) *(bei der Suche nach etw. Bestimmtem an verschiedenen Stellen lesend) eifrig, über längere Zeit durchblättern; studieren:* Lexika, Kursbücher, Kataloge w. **4.** (ugs.) *sich mit etw. im Geist beschäftigen, um Klarheit darüber zu gewinnen:* Pläne, ein Problem, Gedanken w.

wal|zen|för|mig ⟨Adj.⟩: *von der Form einer Walze* (1); *zylindrisch.*

Wal|zen|la|ger, das (Technik): *Wälzlager.*

Wal|zen|stra|ße, die (Technik): *Walzstraße.*

Wal|zer, der; -s, - [1, 2: zu ↑walzen (4); 3: zu ↑walzen (1)]: **1.** *Tanz im* $^3/_4$*-Takt, bei dem sich die Paare im Walzerschritt (sich rechtsherum um sich selbst drehend) bewegen:* ein langsamer W.; Wiener W.; W. linksherum; W., einen W. tanzen; **2.** *Instrumentalstück in der Art eines Walzers* (1): die Kapelle spielte einen W.; er pfiff einen W. **3.** *Walzwerker.*

Wäl|zer, der; -s, - [eigtl. = Ding, das so schwer ist, dass man es nur durch Wälzen fortbewegen kann; wahrsch. scherzh. LÜ von lat. volumen, ↑Volumen] (ugs.): *großes, schweres Buch:* ein dicker W.; ein W. von über 1 200 Seiten.

Wal|ze|rin, die; -, -nen: w. Form zu ↑Walzer (3).

Wal|zer|me|lo|die, die: *Melodie eines Walzers.*

Wal|zer|mu|sik, die: *Tanzmusik, nach der Walzer zu tanzen ist.*

Wal|zer|schritt, der: *zum Walzer gehörender Tanzschritt.*

Wal|zer|takt, der: *dem Walzer eigentümlicher Takt.*

Walz|gut, das (Fachspr.): *zu walzendes Material.*

wal|zig ⟨Adj.⟩: *walzenförmig.*

Wälz|la|ger, das (Technik): *Lager* (6 a), *bei dem die Reibung durch das Rollen eingebauter Walzen o. Ä. erfolgt.*

Wälz|sprung, der (Leichtathletik): *Art des Hochsprungs, bei der sich der Körper beim Überqueren der Latte so dreht, dass die Brust nach unten zeigt; Straddle.*

Walz|stahl, der: *gewalzter Stahl.*

Walz|stra|ße, die: *technische Anlage, bestehend aus hintereinander angeordneten Walzen, über bzw. durch die das zu bearbeitende Walzgut läuft.*

Walz|werk, das: **1.** *mit Walzen* (2) *ausgestattete Maschine, die der Zerkleinerung von sprödem Material dient.* **2.** *Betrieb, Anlage, in der Metall, bes. Stahl, auf Walzstraßen bearbeitet wird.*

Walz|wer|ker, der; -s, -: *Arbeiter in einem Walzwerk* (2).

Walz|wer|ke|rin, die: w. Form zu ↑Walzwerker.

Wam|me, die; -, -n [mhd. wamme, wambe, wampe, ahd. wamba, H. u.]: **1.** *von der Kehle bis zur Brust reichende Hautfalte an der Unterseite des Halses (z. B. bei Rindern).* **2.** (Kürschnerei) *Bauchseite der Felle.* **3.** (landsch.) *Wampe.*

Wam|pe, die; -, -n [mhd. wampe, ↑Wamme] (ugs. abwertend): **a)** *dicker Bauch (bes. bei Männern):* eine fette, dicke W.; eine W. haben, kriegen; er hat sich eine ganz schöne W. angefressen; **b)** *Magen:* sich die W. voll schlagen.

wam|pert ⟨Adj.⟩ (südd., österr. abwertend): *dickbäuchig; beleibt:* sie ist ein bisserl w.

Wams, das; -es, Wämser [mhd. wams < afrz. wambais < mlat. wambasium, zu griech. pámbax, ↑Bombast]: **1.** *unter dem Panzer, der Rüstung getragenes Untergewand der Ritter.* **2.** (veraltet, noch landsch.) *(bes. bei bestimmten Trachten) den Oberkörper bedeckendes, meist hochgeschlossenes, eng anliegendes, bis zur Taille reichendes Kleidungsstück für Männer.*

wam|sen ⟨sw. V.; hat⟩ [eigtl. = das Wams ausklopfen] (landsch.): *verprügeln.*

wand: ↑[1]winden.

Wand, die; -, Wände [mhd., ahd. want, zu ↑[1]winden, also eigtl. = das Gewundene, Geflochtene (Wände wurden urspr. geflochten)]: **1. a)** *im Allgemeinen senkrecht aufgeführter Bauteil als seitliche Begrenzung eines Raumes, Gebäudes o. Ä.:* eine dünne, massive, gemauerte, [nicht] tragende, gekachelte, unverputzte, gekalkte W.; die Wände sind sehr hellhörig; sie war, wurde weiß wie die W., wie eine W. *(sehr bleich);* eine W. hochziehen, aufmauern, einziehen, tapezieren, isolieren; eine W. einreißen; er starrte die W. an; du nimmst ja die ganze W. mit (ugs.; *du beschmutzt dich, indem du die Wand streifst, mit der Kalkfarbe der Wand*); [mit jmdm.] W. an W. *(unmittelbar nebeneinander)* wohnen; etw. an die W. werfen; etw., sich an die W. lehnen; Bilder an die W. hängen; gegen die W. schlagen, rennen; einen Nagel in die W. schlagen; ein Zimmer mit schrägen Wänden; der Schläfer drehte sich zur W. *(zur Wandseite);* R da wackelt die W.! (ugs.; *da geht es hoch her, da wird tüchtig gefeiert*); die Wände haben Ohren *(hier gibt es Lauscher);* wenn die Wände reden könnten! *(in diesem Haus, dieser Wohnung haben sich sicherlich wechselvolle Schicksale o. Ä. abgespielt);* scheiß die W. an! (derb; Ausdruck der Enttäuschung, der Verärgerung); das/es ist, um die Wände/an den Wänden hochzugehen; da kann man die Wände/an den Wänden hochgehen! (ugs.; *das ist doch unglaublich, empörend!*); *** spanische W.** (veraltet; *Wandschirm;* H. u.); **die [eigenen] vier Wände** (ugs.; *jmds. Wohnung od. Haus, jmds. Zuhause, in das er sich zurückziehen kann*); **... dass die Wände wackeln** (ugs.; ↑[2]Heide 1); **jmdn. an die W. drücken** (ugs.; *einen Konkurrenten o. Ä. rücksichtslos beiseite, in den Hintergrund drängen*); **jmdn. an die W. spielen** (1. *jmdn. durch größeres Können [bes. als Schauspieler, Sportler] überflügeln.* 2. *jmdn. durch geschickte Manöver ausschalten*); **jmdn. an die W. stellen** (*jmdn. [standrechtlich] erschießen;* standrechtliche Erschießungen wurden gewöhnlich vor einer Wand od. Mauer vorgenommen): die Deserteure wurden an die W. gestellt; **gegen eine W. reden** *(vergebens etw. durch Reden zu erreichen suchen; vergeblich jmdn. von etw. zu überzeugen suchen);* **b)** *frei stehend aufgerichtete wandähnliche Platte o. Ä.:* eine W. zum Ankleben von Plakaten; zwischen den beiden benachbarten Terrassen steht als Sichtschutz eine mannshohe W. aus Kunststoff; Ü er sah sich einer W. von Schweigen, Misstrauen gegenüber. **2. a)** *Seiten- bzw. rückwärtiges Teil von Schränken o. Ä.:* die seitliche, hintere W. des Schranks, der Kiste, des Schubfachs; **b)** *[innerer] umschließender Teil eines Hohlkörpers, Hohlorgans o. Ä.:* die W. des Magens, des Darms, der Herzkammer; die Wände der Venen, Gefäße; die W. des Rohrs ist drei Millimeter stark; die Kalkablagerungen an den Wänden der Rohre. **3. a)** (bes. Bergsteigen) *nur kletternd zu überwindende, steil aufragende Felswand (bes. im Gebirge):* eine zerklüftete, fast senkrechte W.; eine W. bezwingen, erklettern; in eine W. einsteigen, gehen; in der W. hängen; **b)** (Bergbau) *[größeres] abgetrenntes Gesteinsstück;* **c)** kurz für ↑Wolkenwand, ↑Gewitterwand: das Flugzeug fliegt in eine W.

Wan|da|le usw.: ↑Vandale usw.

Wand|arm, der: *an der Wand angebrachter, armförmiger Halter, Leuchter.*

Wand|be|hang, der: vgl. Wandteppich.

Wand|be|wurf, der: *Bewurf.*

Wand|bord, das: *an der Wand angebrachtes* [1]*Bord.*

Wand|brett, das: *Wandbord.*

wän|de: ↑[1]winden.

Wän|de: Pl. von ↑Wand.

Wan|del, der; -s [mhd. wandel, ahd. wandil, zu ↑wandeln]: **1.** *das Sichwandeln; Wandlung:* ein allmählicher, rascher, plötzlicher, radikaler, tief greifender W.; ein W. der Ansichten, im Bewusstsein; politischer, sozialer, technologischer W.; ein W. vollzieht sich, tritt ein; hier muss W. geschaffen werden *(muss etwas geändert werden);* einen W. herbeiführen; einen W. erfahren (geh.; *sich wandeln*); die Mode ist dem W. *(der ständigen Veränderung)* unterworfen; etw. befindet sich im W.; im W. *(im Verlauf)* der Zeiten. **2.** (veraltet) *Lebenswandel:* einen reinen, tugendhaften W. führen.

Wan|del|al|tar, der: *Flügelaltar, der mehrere Flügel hat.*

Wan|del|an|lei|he, die (Bankw.): *Wandelschuldverschreibung.*

wan|del|bar ⟨Adj.⟩ [mhd. wandelbære] (geh.): *dem Wandel unterworfen; veränderlich; nicht beständig:* das -e Glück.

Wan|del|bar|keit, die; -: *das Wandelbarsein.*

Wan|del|gang, der: vgl. Wandelhalle.

Wan|del|ge|schäft, das (Börsenw.): *Termingeschäft, bei dem sich der Käufer od. Verkäufer ein Recht auf vorzeitige Lieferung vorbehält.*

Wan|del|hal|le, die: *[offene] Halle, Vorraum (z. B. in Kurhäusern o. Ä.) zum Promenieren.*

Wan|del|mo|nat, Wan|del|mond, der (veraltet): *April.*

wan|deln ⟨sw. V.⟩ [mhd. wandeln, ahd. wantalōn, Iterativbildung zu ahd. wantōn = wenden, zu ↑[1]winden, also eigtl. = wiederholt wenden] (geh.): **1.** ⟨w. + sich; hat⟩ **a)** *sich [grundlegend] verändern; eine andere Form, Gestalt o. Ä. bekommen; in seinem Wesen, Verhalten o. Ä. anders werden:* du hast dich, dein Leben hat sich gewandelt; die Verhältnisse haben sich seitdem sehr gewandelt; die Zeit, das Bewusstsein der Menschen, die Mode hat sich gewandelt; Meinungen, Anschauungen, Ideale wandeln sich im Laufe der Zeit; die Bedeutung des Wortes hat sich im Laufe der Sprachgeschichte gewandelt; den gewandelten Bedürfnissen gerecht werden; **b)** *zu etw. anderem werden; sich verwandeln:* seine Angst hatte sich in Zuversicht gewandelt. **2.** ⟨hat⟩ **a)** *anders werden lassen, verändern:* die Erlebnisse haben ihn gewandelt; er ist ein gewandelter Mensch; **b)** *zu etw. anderem werden lassen, verwandeln:* das Chaos in Ordnung w.; **c)** (Rechtsspr.) *(einen Kauf- od. Werkvertrag als Käufer od. Besteller) durch einseitige Erklärung rückgängig machen.* **3.** *langsam, mit gemessenen Schritten, meist ohne einem Ziel zuzusteuern, gehen, sich fortbewegen* ⟨ist⟩: in einem Park w.; auf und ab w.; *** ein wandelnder, eine wandelnde ...** (ugs. scherzh.; *eine Verkörperung eines, einer ...*): er ist ein wandelnder Vorwurf. **4.** (bibl.) *in einer bestimmten Weise leben, seinen Lebenswandel führen* ⟨hat⟩: jene, die nicht nach dem Fleisch wandeln, sondern nach dem Geist; wir haben in der Gnade Gottes gewandelt.

Wan|del|obli|ga|ti|on, die (Bankw.): *Wandelschuldverschreibung.*

Wan|del|schuld|ver|schrei|bung, die (Bankw.): *Schuldverschreibung einer Aktiengesellschaft, die neben der festen Verzinsung das Recht auf Umtausch in Aktien verbrieft.*

Wan|del|stern, der (veraltet): *Planet.*

Wan|de|lung: ↑Wandlung.

Wan|der|amei|se, die: *räuberische Ameise im tropischen Südamerika u. Afrika, die in langen Kolonnen durch Wald, Busch u. Grasland zieht.*

Wan|der|ar|bei|ter, der: *[Saison]arbeiter, der seinen Arbeitsplatz weit entfernt von seinem Wohnort aufsuchen muss.*

Wan|der|ar|bei|te|rin, die: w. Form zu ↑Wanderarbeiter.

Wan|der|aus|stel|lung, die: *Ausstellung, die in verschiedenen Städten gezeigt wird.*

Wan|der|bü|che|rei, die (Bibliotheksw.): *Buchbestand von bestimmter Menge, der von einer Zentralstelle an kleinere od. ländliche Büchereien für eine bestimmte Zeit ausgeliehen wird.*

Wan|der|büh|ne, die: *Theatergruppe, die im Allgemeinen kein eigenes Haus besitzt u. an verschiedenen Orten Vorstellungen gibt.*

Wan|der|bur|sche, der (bes. früher): *Handwerksgeselle auf Wanderschaft.*

Wan|der|dü|ne, die: *sich verlagernde Düne.*

Wan|de|rer, (seltener:) Wandrer, der; -s, -: *jmd., der [gern, häufig] wandert* (1): ein einsamer, müder W.; sie sind eifrige, leidenschaftliche W.

Wan|der|fah|ne, die (DDR): *Fahne, die als Aus-*

zeichnung den jeweils Besten in einem sozialistischen Wettbewerb übergeben wird.

Wạn|der|fahrt, die (veraltend): *Fahrt* (2b).

Wạn|der|fal|ke, der: *Falke mit oberseits schiefergrauem, auf der Bauchseite weißlichem, dunkel gebändertem Gefieder.*

Wạn|der|fisch, der: *Fisch, der zum Laichen, aus Gründen der Nahrungssuche o. Ä. weite Strecken zu geeigneten Plätzen zurücklegt.*

Wạn|der|ge|sel|le, der (bes. früher): *Wanderbursche.*

Wạn|der|ge|sel|lin, die: w. Form zu ↑Wandergeselle.

Wạn|der|ge|wer|be, das: *ambulantes Gewerbe.*

Wạn|der|grup|pe, die: *Gruppe, die sich zum Wandern zusammengefunden hat.*

Wạn|der|heu|schre|cke, die: *(in tropischen Gebieten vorkommende) Heuschrecke, die oft in großen Schwärmen über die Felder herfällt u. alles Grün vernichtet.*

Wạn|de|rin, die; -, -nen: w. Form zu ↑Wanderer.

Wạn|der|jahr, das ⟨meist Pl.⟩ (bes. früher): *auf Wanderschaft zugebrachtes Jahr bes. eines Handwerksgesellen.*

Wạn|der|kar|te, die: *Landkarte, in der Wanderwege u. andere für Wanderer wichtige Eintragungen enthalten sind.*

Wạn|der|klei|dung, die: *für Wanderungen* (1) *geeignete Kleidung.*

Wạn|der|le|ben, das ⟨o. Pl.⟩: *unstetes Leben mit häufigem Ortswechsel:* ein W. führen.

Wạn|der|le|ber, die (Med.): *Senkung der Leber od. abnorm bewegliche Leber.*

Wạn|der|lied, das: *beim Wandern zu singendes Volkslied.*

Wạn|der|lust, die ⟨o. Pl.⟩: *Lust, Freude am Wandern.*

Wạn|der|mu|schel, die [die Muschel wanderte in Flüsse Eurasiens ein]: *fest sitzende, dreikantige, im Süßwasser lebende Muschel.*

wạn|dern ⟨sw. V.; ist⟩ [mhd. wanderen, Iterativbildung zu ahd. wantōn (↑wandeln), eigtl. = wiederholt wenden, dann: hin u. her gehen]: **1.** *eine Wanderung* (1), *Wanderungen machen:* gern, oft, viel w.; einen ganzen Tag [in den Bergen] w.; am Wochenende wollen, gehen, waren wir w.; dort kann man gut, schön w.; sie ist [durch den ganzen Odenwald] nach Heidelberg gewandert; diese Route bin ich noch nicht gewandert; mit dem Kajak w. *(eine Wasserwanderung machen);* mit dem Fahrrad w. *(eine Radwanderung machen);* ⟨subst.:⟩ zum Wandern in die Alpen fahren. **2.** *ohne ein Ziel anzusteuern, [gemächlich] gehen; sich irgendwo ergehen:* [ziellos] durch die Stadt, die Straßen w.; im Zimmer auf und ab w.; schlaflos wanderte er durch die Wohnung; Ü die Wolken wandern [am Himmel] (dichter.; *ziehen [am Himmel] dahin*); er ließ seinen Blick [von einem zum anderen] w. **3.** *(nicht sesshaft, ohne festen Aufenthaltsort) umher-, von Ort zu Ort, zu einem entfernten Ziel ziehen:* sie wandern [als Nomaden] durchs Land; die Lachse wandern Tausende von Kilometern [weit], zum Laichen in die Flüsse; wandernde Handwerksburschen, Artisten, Mönche, Scherenschleifer; Ü der Brief war von Hand zu Hand gewandert *(war von einem zum andern weitergegeben worden);* eine wandernde Düne *(Wanderdüne).* **4.** (ugs.) *(zu einem bestimmten Zweck) an einen bestimmten Ort geschafft, gebracht werden:* etw. wandert in/auf den Müll, in den Papierkorb; für dieses Delikt wandert er ins Gefängnis *(wird er mit Gefängnis bestraft).*

Wạn|der|nie|re, die (Med.): *Senkung der Niere.*

Wạn|der|po|kal, der: *Wanderpreis in Gestalt eines Pokals.*

Wạn|der|pre|di|ger, der: *Prediger, der an verschiedenen Orten (missionierend) auftritt.*

W

Wạn|der|pre|di|ge|rin, die: w. Form zu ↑Wanderprediger.

Wạn|der|preis, der: *bei bestimmten [sportlichen] Wettbewerben vergebener Preis, der an den nächsten Sieger weitergegeben wird.*

Wạn|der|rat|te, die: *große, bes. am Wasser od. in der Kanalisation lebende Ratte mit braungrauem Fell.*

Wạn|der|rou|te, die: **1.** *von Wanderern benutzte Route:* eine beliebte W.; in dem Buch werden 20 -n ausführlich beschrieben. **2.** *Route, der Tiere bei ihren Wanderungen folgen:* die -n der Karibus, der Lachse, der Zugvögel.

Wạn|der|schaft, die; -, -en ⟨Pl. selten⟩: *das Wandern* (3), *Umherziehen od. -reisen; das Nichtsesshaft-Sein:* die Zeit der W. ist für ihn vorüber; als Geselle ging er auf [die] W.; sich auf die W. machen; auf [der] W. sein; von der W. zurückkehren; den ganzen Sommer über sind die Tiere der Steppen auf W. *(ziehen sie auf Nahrungssuche umher);* Ü sie war den ganzen Vormittag auf W. (ugs.; *unterwegs*).

Wạn|der|schuh, der: *für Wanderungen geeigneter Schuh.*

Wạn|ders|mann, der ⟨Pl. ...leute⟩: **1.** (früher) *jmd., der sich auf Wanderschaft befindet.* **2.** (scherzh.) *Wanderer.*

Wạn|der|stock, der: *Stock des Wanderers.*

Wạn|der|tag, der: *Tag, an dem eine [Schul]wanderung unternommen wird.*

Wạn|der|trieb, der ⟨o. Pl.⟩: **1.** (Zool.) *instinkthaftes Verhalten, das bestimmte Tierarten dazu veranlasst, zu bestimmten Zeiten ihren Aufenthaltsort zu wechseln.* **2.** (Med.) *zwanghaftes, krankhaftes Bedürfnis umherzuziehen, sein Zuhause zu verlassen:* Ü er ist vom W. befallen (scherzh.; *hat große Lust zu reisen o. Ä.*).

Wạn|de|rung, die; -, -en [spätmhd. wanderunge]: **1.** *längerer Weg durch die Natur, der zu Fuß zurückgelegt wird:* eine lange, weite, ganztägige W.; eine W. von vier Stunden; eine W. durch den Wald, durch das Watt, über einen Gletscher; eine W. machen, unternehmen. **2.** *das Wandern* (3): die -en, die W. der Nomaden, der Lachse, der Zugvögel, der Karibus, der Kröten. **3. a)** *das Wandern* (2): auf seinen abendlichen -en durch die Altstadt; **b)** *Fußmarsch, Gang.*

Wạn|de|rungs|be|we|gung, die (Soziol.): *Migration.*

Wạn|der|vo|gel, der: **1.** (veraltet) *Zugvogel:* Ü er ist ein W. (veraltet scherzh.; *er wandert gerne*). **2. a)** ⟨o. Pl.⟩ *(um 1900 in Berlin gegründete) Vereinigung von Gymnasiasten, die bes. das Wandern* (1) *pflegt u. zum Ausgangspunkt der deutschen Jugendbewegung zu Anfang des 20. Jh.s wird:* im W. sein; sie kennen sich vom W.; **b)** *Angehöriger des Wandervogels* (2a).

Wạn|der|weg, der: *Weg zum Wandern.*

Wạn|der|zir|kus, der: *Zirkus ohne festen Standort.*

Wạnd|fach, das: *in einer Wand untergebrachtes Fach* (1).

Wạnd|flä|che, die: *Fläche einer Wand.*

Wạnd|fries, der: vgl. Wandgemälde.

Wạnd|ge|mäl|de, das: *unmittelbar auf die Wand eines Raumes gemaltes Bild.*

Wạnd|ha|ken, der: *an der Wand anzubringender Haken.*

wạnd|hän|gend ⟨Adj.⟩ (Fachspr.): *an der Wand aufgehängt:* -e WC-Anlagen.

-wan|dig: in Zusb., z. B. dickwandig.

Wạnd|ka|chel, die: vgl. Wandplatte.

Wạnd|ka|len|der, der: *aufzuhängender [Abreiß]kalender.*

Wạnd|kar|te, die: *an der Wand aufzuhängende Landkarte.*

Wạnd|klapp|bett, das: *an einer Wand aufzustellendes Klappbett.*

Wạnd|lam|pe, die: *Wandleuchte.*

Wạnd|ler, der; -s, - (Technik): *Gerät, Vorrichtung, die eine [physikalische] Größe in ihrem Wert verändert od. in eine andere Größe umwandelt:* ein Lautsprecher, Mikrofon ist ein elektroakustischer W.

Wạnd|leuch|te, die: *an der Wand anzubringende Leuchte.*

Wạnd|lung, die; -, -en [mhd. wandelunge, ahd. wantalunga]: **1.** *das Sichwandeln; das Gewandeltwerden:* gesellschaftliche -en; eine W. vollzieht sich; eine äußere, innere W. durchmachen, erfahren; in der W. begriffen sein. **2.** (kath. Rel.) *Transsubstantiation.* **3.** (Rechtsspr.) *das Wandeln* (2c).

wạnd|lungs|fä|hig ⟨Adj.⟩: **a)** *fähig, sich zu wandeln:* er ist nicht mehr w.; **b)** *fähig, in verschiedene Rollen zu schlüpfen:* ein -er Schauspieler.

Wạnd|lungs|fä|hig|keit, die ⟨o. Pl.⟩: *das Wandlungsfähigsein.*

Wạnd|lungs|pro|zess, der: *Prozess der Wandlung:* ein tief greifender W.; einen W. durchmachen; sich in einem W. befinden.

Wạnd|ma|le|rei, die: vgl. Deckenmalerei.

Wạnd|pfei|ler, der: *Pilaster.*

Wạnd|plat|te, die: *[keramische] Platte, Fliese für Wandverkleidungen.*

Wạnd|rer: ↑Wanderer.

Wạn|dre|rin, die; -, -nen: w. Form zu ↑Wandrer.

Wạnd|schirm, der: *aus mit Scharnieren verbundenen Holzplatten bzw. aus mit Stoff o. Ä. bespannten Rahmen bestehendes Gestell, das (in Räumen) gegen Zugluft od. als Sichtschutz aufgestellt wird; Paravent.*

Wạnd|schrank, der: *in eine Wand* (1a) *eingebauter Schrank.*

Wạnd|schränk|chen, das: *an die Wand zu hängendes Schränkchen.*

Wạnd|so|ckel, der: *unten an der Wand eines Zimmers entlanglaufender schmaler Sockel.*

Wạnd|spie|gel, der: *an der Wand zu befestigender Spiegel.*

Wạnd|ta|fel, die: *(in Unterrichtsräumen) an der Wand angebrachte große Tafel zum Anschreiben o. Ä. von Unterrichtsstoff.*

wạnd|te: ↑wenden.

Wạnd|tel|ler, der: *als Schmuck an die Wand zu hängender Teller.*

Wạnd|tep|pich, der: *als Schmuck an der Wand eines Raumes aufgehängter Teppich od. Behang.*

Wạnd|uhr, die: *an die Wand zu hängende Uhr.*

Wạn|dung, die; -, -en: *Wand* (2b).

Wạnd|ver|klei|dung, die: *Verkleidung der Innen- bzw. Außenwände eines Gebäudes:* eine W. aus Holz, Marmor.

Wạnd|zei|tung, die [a: LÜ von russ. stengazeta]: **a)** *Gesamtheit von (bes. in Schulen, Betrieben, auch auf der Straße) an einer Wand angeschlagenen Mitteilungen, aktuellen Informationen o. Ä.:* eine W. gestalten, herstellen; **b)** *Wandbrett, an dem eine Wandzeitung* (a) *angeschlagen ist:* etw. an der W. bekannt machen.

Wa̲|ne, der; -n, -n ⟨meist Pl.⟩ [anord. vanr (Pl. vanir)] (germ. Myth.): *Angehöriger eines Göttergeschlechts.*

Wa̲n|ge, die; -, -n [mhd. wange, ahd. wanga, wahrsch. eigtl. = Biegung, Krümmung]: **1.** (geh.) [1]*Backe* (1): volle, feiste, fleischige, hagere, hohle, eingefallene, schlaffe, rote, gerötete, tränennasse -n; ein Kuss auf die W.; eine dicke Träne lief ihr über die W. **2.** (Fachspr.) **a)** *paariges, eine seitliche Begrenzung von etw. bildendes Teil; Seitenteil, -wand:* die -n einer Treppe, eines Regals; **b)** (Archit.) *auf einem* [2]*Kämpfer* (1a) *ruhender seitlicher Teil eines Gewölbes;* **c)** *seitliche Fläche des Blattes einer Axt o. Ä.*

Wa̲n|gen|bein, das (Anat., Zool.): *Jochbein.*

Wa̲n|gen|kno|chen, der (geh.): *Jochbein.*

Wa̲n|gen|rot, das (selten): *Rouge zum Schminken der Backen.*

Wa̲n|gen|rö|te, die (geh.): *Röte der Backen.*

Wạnk [mhd., ahd. wanc = Schwanken, Zweifel, verw. mit ↑winken]: in den Wendungen **ohne/sonder W.** (veraltet; *ohne zu schwanken, fest, sicher*): ohne W. auf dem Hochseil stehen; **keinen W. tun** (schweiz.; 1. *sich nicht rühren.* 2. *keine Anstalten machen, etw. zu tun*); **einen W. tun** (schweiz.; *etw. unternehmen, tun*).

Wạn|kel|mo|tor, der; -s, -e[n] [nach dem dt. Ingenieur F. Wankel (1902–1988)]: *Rotationskolbenmotor.*

Wạn|kel|mut, der; -[e]s [mhd. wankelmuot, zu mhd. wankel, ahd. wanchal = schwankend, unbeständig, zu ↑Wank] (geh. abwertend): *wankelmütiges Wesen.*

wan|kel|mü|tig ⟨Adj.⟩ (geh. abwertend): *seinen Willen, seine Entschlüsse immer wieder ändernd; unbeständig, schwankend in der Gesinnung, in der Haltung:* ein -er Mensch; ihr Mann wurde, zeigte sich w.

Wan|kel|mü|tig|keit, die; - (geh. abwertend): *Wankelmut.*

wan|ken ⟨sw. V.⟩ [mhd. wanken, ahd. wankōn, wohl zu ↑Wank]: **1.** *sich schwankend bewegen u. umzufallen, zu stürzen, einzustürzen drohen* ⟨hat⟩: der Turm wankte bedenklich; er wankte unter der Last und brach zusammen; der Boden unter ihren Füßen wankte *(bebte);* *** nicht w. und [nicht] weichen** (geh.; *nicht von der Stelle weichen*). **2.** *auf unsicheren Beinen, schwankenden Schrittes irgendwohin gehen* ⟨ist⟩: benommen wankte er zur Tür. **3.** (geh.) *unsicher, erschüttert sein* ⟨hat⟩: die Monarchie, seine Stellung begann zu w.; in seinem Glauben, seinen Entschlüssen w., wankend werden; der Vorfall machte ihn wankend (*ließ ihn schwanken* 3); ⟨subst.:⟩ das brachte seinen Mut, seinen Entschluss ins Wanken.

wann [mhd. wanne, wenne, ahd. hwanne, hwenne, zu ↑wer, was; vgl. wenn]: **I.** ⟨Adv.⟩ **1.** (temporal) **a)** (interrogativ) *zu welchem Zeitpunkt, zu welcher Zeit?:* w. kommt er?; w. bist du geboren?; w. bist du denn endlich so weit?; bis w. wirst du bleiben?; seit w. weißt du es?; von w. an bist du dort zu erreichen?; seit w. bin ich dein Laufbursche? (ugs.; *ich bin doch nicht dein Laufbursche!*); (mit besonderem Nachdruck auch in Fragesätzen ohne Inversion; der Personalform des Verbs nachgestellt:) du bist w. mit ihm verabredet?; du bist w. morgen in Rom?; (in indirekten Fragesätzen:) frag ihn doch, w. es ihm passt; es findet statt, ich weiß nur noch nicht, w.; (in Ausrufesätzen:) w. dir so was immer einfällt! *(das passt mir aber jetzt gar nicht!);* komm doch morgen oder w. immer *(irgendwann sonst);* **b)** leitet einen Relativsatz ein, durch den ein Zeitpunkt näher bestimmt od. angegeben wird: den Termin, w. die Wahlen stattfinden sollen, festlegen; du kannst kommen, w. du Lust hast, w. immer du willst *(jederzeit);* du bist mir jederzeit willkommen, w. [immer] es auch sei; bei ihr kannst du anrufen, w. du willst, sie ist nie zu Hause; wir werden helfen, wo und w. immer es nötig ist. **2.** (konditional) *unter welchen Bedingungen:* w. ist der Tatbestand des Mordes erfüllt?; ich weiß nie genau, w. man rechts überholen darf [und w. nicht]. **II.** ⟨Konj.⟩ **1.** (temporal) (landsch., sonst veraltet) **a)** *wenn:* w. ich fertig bin, rufe ich dich gleich an; **b)** *als* (I 1 b). **2.** (konditional) (österr., sonst landsch.) *wenn:* ja, w. ich das gewusst hätt!

Wänn|chen, das; -s, -: Vkl. zu ↑Wanne.

Wan|ne, die; -, -n [mhd. wanne = Wanne; Getreide-, Futterschwinge, ahd. wanna = Getreide-, Futterschwinge < lat. vannus]: **1. a)** *größeres, tieferes, längliches, offenes Gefäß, bes. zum Baden:* eine W. aus Plastik, Zink; eine flache, tiefe W.; die W. reinigen; sie ließ heißes Wasser in die W. laufen; er sitzt in der, steigt in die W. *(Badewanne);* Fotos in einer W. wässern; **b)** *etw. was die Form einer Wanne* (1 a) *hat; einer Wanne* (1 a) *ähnliches Gefäß:* Viehfutter in die W. schütten; bei stehendem Motor sammelt sich das Öl in der W. *(Ölwanne);* einen verletzten Skiläufer in einer W. ins Tal bringen; **c)** *wannenartige Vertiefung, Mulde.* **2.** (landsch.) *wannenartige Kabine für einen Pförtner o. Ä.* **3.** (Jargon) *Einsatzwagen der Polizei.*

Wan|ne-Ei|ckel: Stadt im Ruhrgebiet.

wan|nen ⟨Adv.⟩ [mhd. wannen, ahd. (h)wanan, zu mhd. wanne, ahd. wanna = woher]: in der Fügung **von w.** (veraltet; *woher*).

wan|nen|ar|tig ⟨Adj.⟩: *einer Wanne* (1 a) *ähnlich:* ein -es Gefäß.

Wan|nen|bad, das: **1.** *Bad in einer Badewanne:* ein W. nehmen. **2.** *öffentliches Bad, wo jmd. Wannenbäder* (1) *nehmen kann:* ins W. gehen.

Wanst, der; -[e]s, Wänste [mhd. wanst, ahd. wanast, eigtl. = (Fettablagerung am) Tierbauch] (salopp abwertend): **a)** *[dicker] Bauch (bes. eines Mannes):* sich den W. voll schlagen; **b)** *dicker Mann, Fettbauch* (2).

Wänst|chen, das; -s, -: Vkl. zu ↑Wanst.

Want, die; -, -en, auch: das; -s, -en ⟨meist Pl.⟩ [viell. eigtl. = Gewundenes, vgl. Wand] (Schiffbau): *Seil od. Stange zur seitlichen Verspannung eines Masts:* in die -en klettern.

Wan|ze, die; -, -n [mhd. wanze, Kurzf. von mhd., ahd. wantlūs, eigtl. = Wandlaus; 3, 4: wohl nach der kleinen Form]: **1. a)** (Zool.) *(in vielen Arten vorkommendes) als Schädling lebendes Insekt mit meist abgeflachtem Körper;* **b)** *Blut saugende, auch den Menschen als Parasit befallende Wanze* (1 a); *Bettwanze:* wir waren von -n zerstochen. **2.** (abwertend) *widerlicher, ekelhafter Mensch.* **3.** (Jargon) *Abhörwanze:* eine W. einbauen, entdecken; er ließ sein Büro nach -n absuchen. **4.** (landsch. ugs.) *Reißzwecke.*

WAP [auch: wɔp], das; -s [Kurzwort für engl. wireless application protocol]: *Verfahren, mit dem über das Handy Informationen aus dem Internet abgerufen werden können.*

WAP-Han|dy, das: *Mobiltelefon, über das Informationen aus dem Internet abgerufen werden können.*

Wa|pi|ti, der; -[s], -s [engl. wapiti < Algonkin (nordamerik. Indianerspr.) wipit]: *bes. in Nordamerika vorkommender Rothirsch.*

Wap|pen, das; -s, - [mhd. wāpen = Waffe, Wappen (eigtl. = Zeichen auf der Waffe) < mniederl. wāpen, urspr. Nebenf. von ↑Waffe, erst im 16. Jh. Scheidung zwischen »Waffe« als Kampfgerät u. »Wappen« als (Schild)zeichen]: *in stilisierender Darstellung u. meist mehrfarbig gestaltetes, meist schildförmiges Zeichen, das symbolisch für eine Person, eine Familie, eine Dynastie, eine Körperschaft u. a. steht:* das W. der Habsburger, der Stadt Berlin, der Republik Österreich; ein gemeißeltes W.; ein W. führen; die Familie hat, führt einen Adler im W.

Wap|pen|bild, das: *Darstellung von etw. (z. B. eines Tieres) in einem Wappen.*

Wap|pen|brief, der: *Urkunde, in der die Verleihung od. Registrierung eines Wappens bescheinigt wird.*

Wap|pen|feld, das (Heraldik): *einzelnes Feld, das zusammen mit anderen Feldern die Gesamtfläche bestimmter Wappen bildet.*

Wap|pen|kun|de, die ⟨o. Pl.⟩: *Lehre von Geschichte, Gestaltung, Bedeutung usw. der Wappen; Heraldik.*

Wap|pen|man|tel, der (Heraldik): *mantelartige Drapierung um den Wappenschild.*

Wap|pen|schild, der, auch: das (Heraldik): *schildförmiger, zentraler Teil eines Wappens.*

Wap|pen|spruch, der: *Sinnspruch auf einem Wappen.*

Wap|pen|tier, das: *als Wappenbild verwendetes Tier:* der Löwe ist ein beliebtes, häufig gewähltes W.; der Falke ist das W. der Familie.

Wap|perl, das; -s, -[n] [mundartl. Vkl. von ↑Wappen] (bayr., österr.): *Etikett.*

wapp|nen ⟨sw. V.; hat⟩ [mhd. wāpenen, nach der alten Bed. »Waffe« von Wappen, ↑Wappen] (geh.): **1.** ⟨w. + sich⟩ **a)** *sich auf etw. Unangenehmes o. Ä., was einem möglicherweise bevorsteht, vorbereiten, einstellen:* sich gegen eine Gefahr, gegen Ränke w.; dagegen musst du dich w.; sich für eine bevorstehende Auseinandersetzung w.; ich bin [für alle Eventualitäten] gewappnet; **b)** *etw. aufbieten, um eine schwierige, gefährliche o. ä. Situation bestehen zu können:* er wappnete sich mit Geduld, mit neuem Mut. **2.** *jmdm. etw. geben, was er voraussichtlich brauchen wird, um eine schwierige, gefährliche o. ä. Situation bestehen zu können:* Gott möge ihn [mit Kraft] für das Amt w.

war: ↑[1]sein.

Wa|ran, der; -s, -e [arab. waran]: *größere Echse mit massigem Körper, kräftigen Beinen u. langem Schwanz.*

warb: ↑werben.

ward: ↑werden.

wä|re: ↑[1]sein.

Wa|re, die; -, -n [mhd. war(e), H. u., viell. zu veraltet Wahr (↑wahren), also eigtl. = in Verwahrung Genommenes]: **1.** *etw., was gehandelt, verkauft od. getauscht wird; Handelsgut:* eine hochwertige, teure, leicht verderbliche W.; die W. verkauft sich gut, wird morgen geliefert; reduzierte W. ist vom Umtausch ausgeschlossen; seine W., -n anbieten, feilbieten, anpreisen; -n produzieren, exportieren; neue W. bestellen, bekommen; im Kapitalismus wird die menschliche Arbeitskraft zur W.; R erst die W., dann das Geld *(bezahlt wird erst, wenn die Ware im Besitz des Käufers ist);* Spr jeder Krämer lobt seine W.; gute W. lobt sich selbst; *** heiße W.** (Jargon; *illegale Ware*). **2.** (Fachspr.) *Erzeugnis [von einer bestimmten Beschaffenheit, mit bestimmten Eigenschaften]:* eine schwere, leichte, strapazierfähige, synthetische W.

Wa|ren|ab|kom|men, das: *internationales Abkommen über Warenhandel, -austausch.*

Wa|ren|ab|satz, der: *Absatz von Waren.*

Wa|ren|an|ge|bot, das: *Angebot* (2); *Sortiment* (1).

Wa|ren|an|nah|me, die: **1.** *Annahme* (1 a) *von Waren.* **2.** *Annahme* (2) *für Waren.*

Wa|ren|art, die: *Art von Waren.*

Wa|ren|aus|fuhr, die: *Ausfuhr von Waren.*

Wa|ren|aus|ga|be, die: vgl. Warenannahme.

Wa|ren|aus|tausch, der: *Austausch von Waren:* der zwischenstaatliche, internationale, bilaterale W.

Wa|ren|au|to|mat, der: *Automat* (1 a) *zum Verkauf von Waren.*

Wa|ren|be|gleit|schein, der (Zollw.): *Begleitschein.*

Wa|ren|be|lei|hung, die: *Beleihung von Waren.*

Wa|ren|be|stand, der: *Bestand an Waren.*

Wa|ren|bör|se, die: **1.** *Produktenbörse.* **2.** (DDR) *Veranstaltung des Großhandels für den Verkauf bestimmter, schwer absetzbarer Waren.*

Wa|ren|cha|rak|ter, der: *Eigenschaft, Ware zu sein:* der W. der menschlichen Arbeitskraft.

Wa|ren|ein|fuhr, die: *Einfuhr von Waren.*

Wa|ren|ex|port, der: *Export von Waren.*

Wa|ren|fonds, der (DDR): *Gesamtheit der in der Zeit eines [2]Planes* (1 c) *für die Versorgung der Bevölkerung zur Verfügung stehenden Waren.*

Wa|ren|ge|sell|schaft, die (abwertend): *Gesellschaft, in der die Tendenz besteht, alles zur bloßen Ware zu reduzieren.*

Wa|ren|han|del, der: *Handel mit Waren:* der grenzüberschreitende W.

Wa|ren|haus, das: *Kaufhaus:* ein großes, elegantes, billiges W.; im W. einkaufen.

Wa|ren|im|port, der: *Import von Waren.*

Wa|ren|korb, der: *Gesamtheit derjenigen Waren, die der Berechnung des Preisindexes zugrunde gelegt werden.*

Wa|ren|kre|dit|brief, der (Bankw.): *Urkunde, die eine Kreditbank einem Kunden zum Kauf von Waren ausstellt u. die dieser in bestimmten Geschäften wie einen Scheck in Zahlung geben kann.*

Wa|ren|kun|de, die ⟨o. Pl.⟩: *Lehre von Herkunft, Herstellung, Beschaffenheit usw. von Waren.*

Wa|ren|la|ger, das: *Lager für Waren.*

Wa|ren|lie|fe|rung, die: *Lieferung von Waren.*

Wa|ren|mus|ter, das: *Warenprobe* (1).

Wa|ren|pro|be, die: **1.** *Probe, Muster einer Ware.* **2.** (Postw. früher) *zu ermäßigter Gebühr beförderte) Postsendung mit einer Warenprobe* (1).

Wa|ren|pro|duk|ti|on, die: *Produktion von Waren, Produktion für einen Markt.*

Wa|ren|re|gal, das: *Regal zur Unterbringung von Waren.*

Wa|ren|rück|ver|gü|tung, die: *anteilige Auszahlung des Gewinnes einer Genossenschaft an die Mitglieder.*

Wa|ren|sen|dung, die: **1.** vgl. Sendung (1 b). **2.** (Postw. früher) *(zu ermäßigter Gebühr beförderte) Postsendung bes. zur Versendung von Warenproben o. Ä.*

Wa|ren|sor|ti|ment, das: *Warenangebot; Gesamtheit von Waren, die [in einem Geschäft] zur Verfügung stehen.*
Wa|ren|test, der: *Test einer Ware.*
Wa|ren|um|satz, der: *Umsatz (1) von Waren.*
Wa|ren|um|satz|steu|er, die: *(in der Schweiz) auf den Warenumsatz erhobene Steuer.*
Wa|ren|um|schlag, der: **1.** *Umschlag (5 a) von Waren.* **2.** *Einkauf u. Weiterverkauf einer Ware (durch einen Händler).*
Wa|ren|um|schlie|ßung, die (Fachspr.): **a)** *Verpackung einer Ware;* **b)** *Gewicht einer Warenumschließung* (a).
Wa|ren|ver|kehr, der: vgl. Güterverkehr.
Wa|ren|vor|rat, der: *Vorrat an Waren.*
Wa|ren|welt, die: vgl. Warengesellschaft.
Wa|ren|zei|chen, das: *Markenzeichen:* ein eingetragenes W.
Wa|ren|zoll, der: *auf Waren erhobener Zoll.*
warf: ↑werfen.
[1]Warf, der od. das; -[e]s, -e [mhd., ahd. warf, zu ↑werfen, nach dem Hin- u. Herwerfen des Schiffchens (4)] (Weberei): *Gesamtheit der Kettfäden.*
[2]Warf, die; -, -en [mniederd. warf, urspr. = Platz, wo man sich hin u. her bewegt, dann: aufgeworfener Hügel, zur Grundbed. von ↑werben],
Warft, die; -,-en [mit sekundärem t zu ↑[2]Warf] (nordd.): *Wurt.*
warm ⟨Adj.; wärmer, wärmste⟩ [mhd., ahd. warm, wohl zu einem Wort mit der Bed. »(ver)brennen, schwärzen«, also eigtl. = verbrannt]: **1. a)** *eine verhältnismäßig hohe Temperatur habend:* -e Luft; [angenehm] -es Wasser; [widerlich] -es Bier; ein -er Wind; ein -es Meer, Klima; -es Wetter; ein [verhältnismäßig] -er Winter; ein -er Sommerabend; -e Füße haben; in der -en Jahreszeit *(im Sommer);* die -en Länder des Mittelmeerraumes; bleib lieber im -en Bett liegen; im -en *(geheizten)* Zimmer; ein -es Essen *(etw. Gekochtes);* -e *(heiße)* Würstchen; am -en *(Wärme ausstrahlenden)* Ofen; -e Miete (ugs.; *Warmmiete*); eine -e (Jägerspr.; *frische*) Fährte; der Kaffee, die Leiche war noch w.; der Heizkörper ist w., fühlt sich w. an; hier, heute ist es sehr w.; das Wasser ist 26 Grad w.; der Motor ist noch nicht [richtig] w., sollte nach einem Kaltstart sofort w. gefahren werden, muss [sich] erst w. laufen; den Motor [im Leerlauf, im Stand] w. laufen lassen; das Essen w. halten, stellen; die Suppe w. machen *(heiß machen, erhitzen);* ein Werkstück [mit dem Schweißbrenner] w. machen (Fachspr.; *stark erhitzen*); die Heizung auf »warm« stellen; heute Abend esse ich w. *(nehme ich ein warmes Essen zu mir);* so ein Grog macht [schön] w. *(wärmt einen auf);* die Sonne scheint w.; w. *(mit warmem Wasser)* duschen; die Athleten müssen sich vor dem Wettkampf w. laufen *(durch Laufen erwärmen);* ich schlafe gern w. *(in einem geheizten Raum);* ihr habt es schön w.; hast du w.? (landsch.; *ist dir warm?*); bei der Arbeit wird [es] einem ganz schön w.; du musst dich w. halten *(deinen Körper vor Kälte schützen);* das Zimmer kostet w. (ugs.; *einschließlich der Heizkosten*) 300 Mark [Miete]; ⟨subst.:⟩ etw. Warmes trinken; im Warmen sitzen; **R** mach dir doch ein paar -e Gedanken (salopp scherzh.; Erwiderung auf die Feststellung eines anderen, ihm sei kalt); **Ü** mir wurde ganz w. ums Herz *(ich empfand ein tiefes Gefühl der Rührung, des Glücks o. Ä.);* ein -es *(angenehm-gedämpft u. ruhig wirkendes)* Licht, Rot; das Instrument hat einen sehr -en Klang; der Raum wirkt hell und w. *(behaglich);* **b)** *den Körper warm haltend, vor Kälte schützend:* -e Kleidung; eine -e Decke; sich w. anziehen, zudecken; ⟨subst.:⟩ sich etw. Warmes anziehen; *** sich w. anziehen** (ugs.; *sich auf eine schwere Auseinandersetzung, eine unangenehme Erfahrung einstellen*): du willst den Konzern verklagen? Na, dann zieh dich bloß w. an! **2. a)** *eifrig, lebhaft, nachdrücklich:* -e Zustimmung; *** weder w. noch kalt/nicht w. und nicht kalt sein** (ugs.; *gleichgültig, uninteressiert sein*); **b)** *herzlich* (1 b), *tief empfunden, von Herzen kommend:* -e Anteilnahme, Herzlichkeit; -e Dankesworte; **c)** *herzlich* (1 a), *freundlich:* jmdm. einen -en Empfang bereiten; er bedankte sich mit einem -en Händedruck; *** sich jmdn. w. halten** (ugs.; *sich jmds. Gunst, Wohlwollen erhalten*); **[mit jmdm.] w. werden** (ugs.; *[zu jmdm.] eine Beziehung finden, [mit jmdm.] vertraut werden*): die beiden müssen erst mal etwas w. werden [miteinander]; **mit etw., irgendwo w. werden** (ugs.; *Gefallen an etw. finden; sich irgendwo einleben, wohl zu fühlen beginnen*): als Norddeutsche ist sie im Schwäbischen nie richtig w. geworden; allmählich werde ich mit der neuen Arbeit, der Umgebung, dieser Stadt w. **3.** (ugs., oft abwertend) *schwul* (1): er ist w.
Warm|ba|de|tag, der: *[Wochen]tag, an dem das Wasser im Becken eines Schwimmbads [regelmäßig] wärmer ist als an den übrigen Tagen:* donnerstags ist immer W.
Warm|bier, das: *aus erwärmtem Bier u. verschiedenen Zutaten bereitetes Getränk.*
Warm|blut, das: *durch Kreuzung von Vollblut- u. Kaltblutpferden gezüchtetes Rassepferd.*
Warm|blü|ter, der; -s, - (Zool.): *Tier, dessen Körpertemperatur weitgehend konstant bleibt:* Säugetiere sind W.
warm|blü|tig ⟨Adj.⟩: **1.** (Zool.) *in der Körpertemperatur weitgehend konstant bleibend:* -e Tiere. **2.** (selten) *ein Warmblut seiend:* ein -es Pferd.
Warm|blüt|ler, der; -s, - (selten): **1.** *Warmblüter.* **2.** *Warmblut.*
Warm|blut|pferd, das: *Warmblut.*
Warm|du|scher, der; -s, - (ugs. abwertend): *Weichling.*
War|me, der; -n, -n ⟨Dekl. ↑Abgeordnete⟩ (salopp abwertend): *Homosexueller.*
Wär|me, die; - [mhd. werme, ahd. warmī]: **1. a)** *Zustand des Warmseins:* es herrschte eine angenehme, feuchte, sommerliche W.; ist das heute eine W.!; das Tier, die Pflanze, der Kranke braucht viel W.; wir haben 3 Grad W. *(über dem Gefrierpunkt);* der Ofen strahlt eine angenehme W. aus; sie spürte die W. seines Körpers; bei/in der W. verdirbt das Essen schnell; **Ü** die W. seiner Stimme, des Klanges; **b)** (Physik) *Wärmeenergie:* durch Reibung entsteht W.; mechanische Energie in W. umwandeln. **2.** *Herzens-, Gefühlswärme, Warmherzigkeit, Herzlichkeit:* W. ausstrahlen; ihm fehlt menschliche W.
Wär|me|aus|deh|nung, die (Physik): *durch Erhöhung der Temperatur erfolgende Ausdehnung eines Körpers.*
Wär|me|aus|tausch, der (Fachspr.): *Übertragung, Übergang von Wärme von einem Medium auf ein anderes.*
Wär|me|aus|tau|scher, der (Technik): *Wärmetauscher.*
Wär|me|be|darf, der: *Bedarf an Wärme:* den W. eines Hauses berechnen.
wär|me|be|dürf|tig ⟨Adj.⟩: *viel Wärme benötigend:* -e Tiere, Pflanzen, Organismen; der Kranke ist sehr w.
Wär|me|be|hand|lung, die: 1. (Metallbearb.) *Erwärmung von Metall, metallenen Werkstücken zur Verbesserung der Eigenschaften des Werkstoffes.* **2.** (Med.) *therapeutische Anwendung von Wärme.* **3.** *Erhitzung von Lebensmitteln, bes. Milch, Milchprodukten, zur Haltbarmachung.*
Wär|me|be|las|tung, die: **1.** (Ökologie) *Umweltbelastung durch Abwärme:* die W. eines Flusses im Bereich von Kraftwerken. **2.** *Beanspruchung durch Wärme:* eine Zündkerze ist enormen -en ausgesetzt.
wär|me|be|stän|dig ⟨Adj.⟩ (Fachspr.): vgl. hitzebeständig.
Wär|me|be|stän|dig|keit, die: *das Wärmebeständigsein.*
Wär|me|bi|lanz, die (Fachspr.): *Gegenüberstellung von zu- u. abgeführten od. von erzeugten u. verbrauchten Wärmemengen.*
wär|me|däm|mend ⟨Adj.⟩: *Wärmedämmung bewirkend, zur Wärmedämmung geeignet.*
Wär|me|däm|mung, die: *Einschränkung der Ausbreitung der Wärme.*
Wär|me|deh|nung, die (Physik): *Wärmeausdehnung.*
Wär|me|ein|heit, die: *Einheit* (2) *der Wärme:* die W. Kalorie.
Wär|me|ein|wir|kung, die: *Einwirkung von Wärme:* das Material dehnt sich unter W. aus.
Wär|me|ener|gie, die: *als Wärme* (1 a) *wahrnehmbare, auf der Bewegung der Atome bzw. Moleküle der Stoffe beruhende Energie:* W. in elektrische Energie umwandeln.
Wär|me|ent|wick|lung, die: *Entstehung von Wärme:* die W. in einem Verbrennungsmotor.
Wär|me|er|zeu|gung, die: vgl. Wärmeentwicklung.
Wär|me|fla|sche, die (österr.): *Wärmflasche.*
Wär|me|ge|wit|ter, das (Met.): *durch starke Erwärmung bodennaher Luftschichten bei gleichzeitiger hoher Luftfeuchtigkeit entstehendes Gewitter.*
Wär|me|haus|halt, der (Physiol.): vgl. Wasserhaushalt (1): der W. des Körpers.
Wär|me|iso|la|ti|on, die: **1.** *Schutz gegen Wärme od. gegen Wärmeverluste.* **2.** *etw., was zur Wärmeisolation (1) dient.*
wär|me|iso|lie|rend ⟨Adj.⟩: *eine geringe Wärmeleitfähigkeit besitzend:* -e Stoffe.
Wär|me|iso|lie|rung, die: *Wärmeisolation.*
Wär|me|ka|pa|zi|tät, die (Physik): *für ein bestimmtes Material geltende feste Größe, die durch das Verhältnis der einem Körper zugeführten Wärmemenge zu der durch sie bewirkten Veränderung der Temperatur ausgedrückt wird.*
Wär|me|kraft|werk, das: *Kraftwerk, in dem auf dem Wege über die Verbrennung bestimmter Stoffe Elektrizität erzeugt wird.*
Wär|me|leh|re, die (Physik): *Teilgebiet der Physik, das sich mit der Energieform Wärme befasst; Kalorik.*
Wär|me|lei|ter, der (Physik): *Stoff, der die Wärme in bestimmter Weise leitet:* Kupfer ist ein guter W.
Wär|me|leit|fä|hig|keit, die (Physik): *Fähigkeit (eines Stoffes), Wärme zu leiten.*
Wär|me|leit|zahl, die (Physik): *den Grad der Wärmeleitfähigkeit (eines Stoffes) angebende Zahl.*
Wär|me|men|ge, die: *Menge von Wärme* (1 b).
wär|men ⟨sw. V.; hat⟩ [mhd., ahd. wermen]: **1. a)** *warm machen, erwärmen:* sich die Hände, Füße [am Ofen] w.; sich [am Feuer] w.; er nahm sie in die Arme, um sie zu w.; **b)** *warm machen, erhitzen, heiß machen, aufwärmen, anwärmen:* sie wärmt dem Baby die Milch, die Flasche; die Suppe muss nur noch gewärmt werden. **2. a)** *[in bestimmter Weise, in bestimmtem Maße] Wärme abgeben, entstehen lassen:* der Ofen wärmt gut; die Wintersonne wärmt kaum; so ein Whisky wärmt schön; ein wärmendes Feuerchen; **b)** *[in bestimmter Weise, in bestimmtem Grad] warm halten:* der Mantel, die Wolldecke, der Schlafsack wärmt [gut]; Wolle wärmt besser als Baumwolle.
Wär|me|pe|ri|o|de, die: *längerer Zeitraum mit warmem Wetter.*
Wär|me|pum|pe, die (Technik): *Anlage, mit deren Hilfe einem relativ kühlen Wärmespeicher (z. B. dem Grundwasser) Wärmeenergie entzogen u. als Heizenergie nutzbar gemacht werden kann.*
wär|mer: ↑warm.
Wär|me|reg|ler, der: vgl. Temperaturregler.
Wär|me|rück|ge|win|nung, die: *Rückgewinnung (2) von Abwärme:* ein System, eine Anlage zur W.
Wär|me|schutz, der: *Wärmeisolation.*
Wär|me|spei|cher, der (Fachspr.): *Anlage zur Speicherung von Wärmeenergie.*
Wär|me|stau, der: **1.** (Med.) *das Sichstauen von hoher Temperatur im Körper (z. B. bei Fieber od. Hitzschlag).* **2.** *Wärmestauung.*
Wär|me|stau|ung, die: *übermäßiges Ansteigen der Temperatur (z. B. in einer Maschine).*
Wär|me|strahl, der ⟨meist Pl.⟩: *Strahl aus Wär-*

meenergie: die -en werden von dunklen Körpern stärker absorbiert als von hellen.

Wär|me|strah|lung, die (Physik, Met.): *Abgabe von Wärme in Form von Strahlen:* die von der Sonne ausgehende W.

Wär|me|stu|be, die: *geheizter Raum, in dem sich im Winter Bedürftige, bes. Wohnsitzlose, zeitweise aufhalten können.*

Wär|me|tau|scher, der (Technik): *Gerät zur Übertragung von Wärme von einem Medium auf ein anderes.*

Wär|me|tech|nik, die (Technik): *Bereich der Technik, der sich mit der Erzeugung u. Anwendung von Wärme befasst.*

wär|me|tech|nisch ⟨Adj.⟩ (Technik): *die Wärmetechnik betreffend.*

Wär|me|trä|ger, der (Fachspr.): *Stoff, mit dessen Hilfe sich Wärme gut übertragen lässt:* als W. verwendet man Wasser.

Wär|me|ver|lust, der: *Verlust von Wärme:* schlecht schließende Fenster führen zu erheblichen -en.

Wär|me|wert, der (Technik): *Zahl, die angibt, wie groß die thermische Belastbarkeit einer Zündkerze ist.*

Wär|me|zäh|ler, der (Technik): *Gerät zur Messung von [zum Heizen verwendeten] Wärmemengen:* der Wärmeverbrauch wird mit an den Heizkörpern angebrachten -n gemessen.

Wär|me|zu|fuhr, die: *Zufuhr von Wärme.*

Wärm|fla|sche, die: *meist aus Gummi o. Ä. bestehender flacher, beutelartiger, mit heißem Wasser zu füllender Behälter, der zur Wärmebehandlung* (2), *zum Anwärmen von Betten o. Ä. benutzt wird:* jmdm., sich eine W. machen; sich mit einer W. ins Bett legen.

Warm|hal|te|fla|sche, die: *flaschenähnliches Gefäß zum Warmhalten von Getränken.*

warm|hal|ten, sich (st. V.; hat) (ugs.): *sich jmds. Gunst, Wohlwollen erhalten.*

Warm|hal|te|plat|te, die: *[erhitzbare] [Metall]platte zum Warmhalten von Speisen, Getränken.*

warm|her|zig ⟨Adj.⟩: **a)** *zu starken menschlichen Gefühlen fähig, neigend; voller Herzenswärme;* **b)** *von großer Herzenswärme zeugend.*

Warm|her|zig|keit, die; -: *warmherziges Wesen; Gefühlswärme.*

warm|lau|fen ⟨st. V.⟩: **1. a)** *durch Laufen warm werden* ⟨ist⟩: den Motor [im Leerlauf, im Stand] w. lassen; **b)** ⟨w. + sich⟩ *durch Laufen warm werden* ⟨hat⟩: der Motor muss sich erst w., hat sich warmgelaufen; **2.** ⟨w. + sich⟩ *sich durch Laufen erwärmen* ⟨hat⟩: die Athleten laufen sich vor dem Wettkampf warm.

Warm|luft, die (bes. Technik, Met.): *warme Luft.*

Warm|luft|ge|rät, das (Technik): *Gerät zur Erzeugung von Warmluft* (z. B. Haartrockner).

Warm|luft|hei|zung, die (Technik): *Zentralheizung, bei der die Luft unmittelbar erwärmt wird u. in dem zu heizenden Gebäude zirkuliert.*

Warm|mie|te, die: *Miete einschließlich Heizkosten.*

Warm|start, der: **1.** (Kfz-W.) *Start mit warmem Motor.* **2.** (EDV) *erneutes Starten eines Computers nach einer Unterbrechung des laufenden Programms* (4), *das durch entsprechende vorherige Befehlseingabe ohne nochmaliges Booten erfolgt.*

wärms|te: ↑warm.

wärms|tens ⟨Adv.⟩: *ausdrücklich, sehr:* ich kann es nur w. empfehlen.

Warm-up [ˈwɔːmlʌp], das; -s, -s [engl. warm-up, zu: to warm up = warm werden, warm laufen]: **1.** (bes. Sport) **a)** *das Aufwärmen* (3); **b)** (Motorsport) *das Warmlaufenlassen der Motoren (vor dem Start eines Rennens).* **2.** (Ferns.) *Einstimmung des Studiopublikums vor Beginn einer Fernsehsendung.*

Warm|was|ser, das ⟨o. Pl.⟩: *warmes, heißes Wasser:* das Zimmer hat [fließend] W.

Warm|was|ser|be|rei|ter, der; -s, - (Technik): *Heißwasserbereiter.*

Warm|was|ser|hei|zung, die (Technik): *[Zentral]heizung, bei der die Wärme von zirkulierendem Wasser transportiert wird.*

Warm|was|ser|ver|sor|gung, die: *Versorgung mit Warmwasser.*

Warm|zeit, die (Geol.): *Interglazial.*

warm|zeit|lich ⟨Adj.⟩ (Geol.): *interglazial.*

Warn|an|la|ge, die: *Anlage, die durch Signale vor Gefahren warnt.*

Warn|blink|an|la|ge, die (Kfz-W.): *Anlage, die es ermöglicht, die linken u. rechten Blinkleuchten gleichzeitig blinken zu lassen.*

Warn|blin|ker, der (ugs.): *Warnblinkanlage.*

Warn|blink|leuch|te, die (Kfz-W.): *zur Warnung vor einer Gefahr dienende, Signale aussendende Lampe.*

Warn|drei|eck, das (Kfz-W.): *(im Falle einer Panne od. eines Unfalls auf der Straße aufzustellendes) Warnzeichen in Form eines weißen Dreiecks mit rotem Rand.*

war|nen ⟨sw. V.; hat⟩ [mhd. warnen, ahd. warnōn, eigtl. = (sich) vorsehen, verw. mit ↑wahren]: **1.** *auf eine Gefahr hinweisen:* jmdn. vor einer Gefahr, vor einem Attentat, vor einem Betrüger w.; die Unfallstelle sichern und den nachfolgenden Verkehr w.; eine innere Stimme, ein Gefühl warnte mich; ⟨auch o. Akk.-Obj.:⟩ die Polizei warnt vor Trickbetrügern, vor Glatteis; auf dem Schild stand: »Vor Taschendieben wird gewarnt«; ich bin jetzt gewarnt; ein warnender Zuruf. **2.** *jmdm. nachdrücklich, dringend [u. unter Drohungen, unter Hinweis auf mögliche unangenehme Folgen] von etw. abraten:* ich habe ihn nachdrücklich, ausdrücklich davor gewarnt [es zu tun]; ich warne dich, du machst einen Fehler; ich warne dich! Lass sie in Ruhe!; der Kanzler warnte in seiner Rede vor zu großem Optimismus; ein warnendes *(abschreckendes)* Beispiel.

Warn|fär|bung, die (Zool.): *(bes. bei Insekten) auffällige Färbung u. Zeichnung des Körpers, durch die Feinde abgeschreckt werden sollen.*

Warn|glo|cke, die: vgl. Warnsirene.

Warn|kreuz, das (Verkehrsw.): *Andreaskreuz* (2).

Warn|lam|pe, die: *Glühlampe, die durch [automatisches] Aufleuchten vor etw. warnt, auf eine Gefahr hinweist.*

Warn|laut, der (Zool.): *Laut, durch den ein Tier seine Artgenossen od. auch andere Tiere vor einer drohenden Gefahr warnt.*

Warn|licht, das ⟨Pl. -er⟩: vgl. Warnsignal.

Warn|ruf, der: **1.** *warnender Zuruf.* **2.** (Zool.) *Warnlaut.*

Warn|schild, das ⟨Pl. -er⟩: **1.** *Schild mit einer Warnung.* **2.** (Verkehrsw.) *auf eine Gefahr hinweisendes Verkehrsschild.*

Warn|schuss, der: *in die Luft abgegebener Schuss, durch den einer Aufforderung, einer Drohung Nachdruck verliehen werden soll.*

Warn|si|gnal, das: *auf eine Gefahr hinweisendes Signal.*

Warn|si|re|ne, die: *Sirene zum Erzeugen akustischer Warnsignale.*

Warn|streik, der: *kurz befristete Arbeitsniederlegung, durch die einer Forderung Nachdruck verliehen, Kampfbereitschaft demonstriert od. gegen etw. protestiert werden soll:* ein eintägiger W.; es kam in vielen Städten zu -s.

War|nung, die; -, -en [mhd. warnunge, ahd. warnunga]: **1.** *das Warnen; das Gewarntwerden:* dank der rechtzeitigen W. der Bevölkerung gab es keine Todesopfer. **2. a)** *Hinweis auf eine Gefahr:* eine W. vor Glatteis, Sturm; auf dem Schild stand: »W. vor dem Hunde«; W.: Rauchen gefährdet die Gesundheit; er beachtete die -en nicht; **b)** *etw., wodurch jmd. vor etw. gewarnt* (2) *wird, werden soll:* lass dir das eine W. sein *(nimm das als Warnung);* das ist meine letzte W. *(wenn du jetzt nicht auf mich hörst, werde ich meine Drohung wahr machen);* sie hat die W. nicht gleich verstanden; er hörte nicht auf ihre -en.

Warn|zei|chen, das: **1.** vgl. Warnsignal. **2.** (Verkehrsw.) vgl. Warnschild (2). **3.** *vor einem Unheil warnende Erscheinung.*

¹Warp, der od. das; -s, -e [engl. warp = Kette (3), zu: to warp = sich wellen, sich werfen] (Textilw.): **1.** *fest gedrehtes Kettgarn.* **2.** *billiger, bunt gewebter Baumwollstoff für Schürzen o. Ä.*

²Warp, der; -[e]s, -e [mniederd. warp, zu: werpen = werfen] (Seemannsspr.): *kleinerer Anker zum Verholen eines Schiffes.*

Warp|an|ker, der (Seemannsspr.): ²*Warp.*

war|pen ⟨sw. V.⟩ (Seemannsspr.): **1.** *mithilfe eines Warpankers, mithilfe von Tauen fortbewegen* ⟨hat⟩. **2.** *sich durch Warpen* (1 a) *fortbewegen* ⟨ist⟩.

Warp|schiff|fahrt, die (Seemannsspr.): *Schifffahrt mit Schiffen, die durch Warpen* (1) *bewegt werden.*

War|rant [vaˈrant, ˈvɔrənt, engl.: ˈwɔrənt], der; -s, -s [engl. warrant < a(nord)frz. warant, ↑Garant] (Wirtsch.): **1.** *ausgestellte Bescheinigung über den Empfang von eingelagerten Waren (die im Falle einer Beleihung der Waren verpfändet werden kann).* **2.** *Optionsschein.*

War|schau: Hauptstadt von Polen.

War|sza|wa [varˈʃava]: polnische Form von ↑Warschau.

Wart, der; -[e]s, -e [mhd., ahd. wart, zu ↑wahren] (veraltet, sonst nur als Grundwort in Zus.): *jmd., der für etw. Bestimmtes verantwortlich ist, der die Aufsicht über etw. Bestimmtes führt* (z. B. Torwart).

Wart|burg, die; -: Burg südwestlich von Eisenach.

War|te, die; -, -n [mhd. warte, ahd. warta, zu ↑wahren]: **1.** (geh.) *hoch gelegener Platz, von dem aus die Umgebung gut zu überblicken ist:* von der hohen W. des Hügels konnten wir alles gut überblicken; Ü von meiner W. *(von meinem Standpunkt)* aus [betrachtet]. **2.** *(im Mittelalter) [zu einer Burg, einer Befestigungsanlage gehörender] befestigter Turm zur Beobachtung des umliegenden Geländes u. als Zufluchtsstätte.*

War|te|frau, die: **1.** (veraltet) *Frau, die jmdn. wartet* (2 a), *bes. Kinderfrau, Pflegerin.* **2.** (veraltend) *Frau, deren Aufgabe es ist, etw. zu beaufsichtigen u. in Ordnung zu halten (z. B. öffentliche Toiletten).*

War|te|hal|le, die: vgl. Wartesaal.

War|te|häus|chen, das: *[offene] häuschenähnliche größere Kabine* (2 b) *an einer Haltestelle, in der Fahrgäste auf den Bus, die Straßenbahn o. Ä. warten können:* das W. an der Bushaltestelle.

War|te|lis|te, die: *Liste mit den Namen von Personen, die darauf warten, etw. geliefert, zugeteilt, bewilligt o. Ä. zu bekommen:* sich auf die W. setzen lassen; auf der W. stehen.

war|ten ⟨sw. V.; hat⟩ [mhd. warten, ahd. wartēn = ausschauen, aufpassen, erwarten, zu ↑Warte, also eigtl. = Ausschau halten; 2: aus der mhd. Bed. »auf etw. Acht haben«]: **1. a)** *dem Eintreffen einer Person, einer Sache, eines Ereignisses entgegensehen, wobei einem oft die Zeit besonders langsam zu vergehen scheint:* geduldig, sehnsüchtig, vergeblich auf etw. w.; ich warte schon seit sechs Wochen auf Post von ihr, auf ihre Rückkehr; es war nicht nett, sie so lange auf eine Antwort w. zu lassen; auf einen Studienplatz w.; er wartet nur auf eine Gelegenheit, sich zu rächen; auf diese Ankündigung habe ich schon lange gewartet *(ich habe sie vorausgesehen, geahnt);* der Erfolg lässt noch auf sich w. *(ist bislang nicht erreicht worden);* die Katastrophe ließ nicht lange auf sich w. *(es kam bald zur Katastrophe);* auf Typen wie dich haben wir hier gerade gewartet! (salopp iron.; *dich brauchen wir hier gar nicht);* worauf wartest du noch? *(warum handelst du nicht?);* worauf warten wir noch? *(lass[t] uns handeln!);* sie warten nur noch auf ihren Tod *(erwarten nichts mehr vom Leben);* ⟨auch o. Präp.-Obj.:⟩ der soll ruhig/kann w. (ugs.; *ihn können wir ruhig warten lassen);* da kannst du lange w./wirst du vergebens w. (ugs.; *das, worauf du wartest, wird nicht eintreffen);* na, warte! (ugs.; *du kannst dich auf etwas gefasst machen);* ⟨veraltet mit Gen.:⟩ einer Antwort w.; ⟨subst.:⟩ zermürbendes Warten; Ü das Essen kann w. *(damit ist es nicht so eilig);*

W

b) *sich, auf jmdn., etw. wartend (1 a), an einem Ort aufhalten u. diesen nicht verlassen:* am Hintereingang, im Foyer [auf jmdn.] w.; warte hier, ich bin gleich zurück; auf den Bus w.; [an der Ampel stehen und] auf Grün w.; ich werde mich in das Café setzen und dort w., bis du wiederkommst; beeilt euch, der Zug wartet nicht!; die Reifen können wir sofort montieren, Sie können gleich [darauf] w.; warten Sie, bis Sie aufgerufen werden!; er stieg in das wartende Taxi; warte mal *(einen Augenblick Geduld bitte!),* es fällt mir gleich ein; Ü zu Hause wartete eine Überraschung auf uns *(erlebten wir, als wir eintrafen, eine Überraschung);* das Buch wartet darauf, dass du es abholst *(liegt für dich zur Abholung bereit);* ⟨veraltend mit Gen.:⟩ dort wartete ihrer eine neue Überraschung; **c)** *etw. hinausschieben, zunächst noch nicht tun:* sie wollen mit der Heirat noch [ein paar Monate, bis nach seinem Examen] w.; sie wird so lange w. *(zögern),* bis es zu spät ist; wir wollen mit dem Essen w., bis alle da sind. **2. a)** (veraltend) *sich um jmdn., etw. kümmern, für jmdn., etw. sorgen; pflegen, betreuen:* Kranke, Kinder, Pflanzen w.; **b)** (Technik) *(an etw.) Arbeiten ausführen, die zur Erhaltung der Funktionsfähigkeit von Zeit zu Zeit notwendig sind:* die Maschine, das Gerät, das Auto muss regelmäßig gewartet werden; wann ist die Batterie zuletzt gewartet worden?; **c)** (selten) *(eine Maschine, eine technische Anlage) bedienen:* die ganze Anlage kann von einem einzigen Mann gewartet werden.

War|te|pflicht, die: **1.** (Verkehrsw.) *Verpflichtung zu warten [um Vorfahrt zu gewähren].* **2.** (Rechtsspr.) *Verpflichtung, etw. nicht vor Ablauf einer bestimmten Frist zu tun.*

war|te|pflich|tig ⟨Adj.⟩ (Verkehrsw., Rechtsspr.): *einer Wartepflicht unterliegend.*

Wär|ter, der; -s, - [mhd. werter, ahd. wartari]: *jmd., der jmdn. betreut, auf jmdn., etw. aufpasst:* der W. brachte den Gefangenen wieder in seine Zelle; der W. füttert die Affen.

War|te|raum, der: **1.** *Wartezimmer.* **2.** (Flugw.) *Luftraum in der Nähe eines Flugplatzes, in dem auf Landeerlaubnis wartende Flugzeuge kreisen müssen.*

War|te|rei, die; -, -en (ugs., meist abwertend): *[dauerndes] Warten (1):* diese endlose W. kann einen ganz schön fertig machen; ich hab die W. satt.

Wär|ter|haus, das: vgl. Wärterhäuschen.

Wär|ter|häus|chen, das: *Häuschen, in dem sich ein Wärter während seines Dienstes aufhält.*

Wär|te|rin, die; -, -nen: w. Form zu ↑Wärter.

War|te|saal, (schweiz.:) Wartsaal, der: *größerer, oft mit einer Gaststätte verbundener Raum, in dem sich Reisende auf Bahnhöfen aufhalten können.*

War|te|schlan|ge, die: *Schlange (3 a):* an der Kasse, an der Parkhauseinfahrt hatte sich eine [lange] W. gebildet.

War|te|schlei|fe, die: **1.** (Flugw.) *Schleife (2), die ein Flugzeug zieht, während es auf eine Landeerlaubnis warten muss.* **2.** (Fernspr.) *Anzahl von Fernsprechteilnehmern, die alle mit einem bestimmten Anschluss verbunden werden möchten u. darauf warten, an die Reihe zu kommen.*

War|te|stand, der ⟨o. Pl.⟩ (früher): *einstweiliger Ruhestand (eines Beamten, Offiziers).*

War|te|zeit, die: **1.** *Zeit des Wartens:* sich die W. mit etw. verkürzen; um lange -en zu vermeiden, vereinbaren Sie bitte einen Termin; an den Grenzübergängen kann es wegen hohen Verkehrsaufkommens zu längeren -en kommen. **2.** (bes. Versicherungsw.) *festgesetzte Frist, vor deren Ablauf etw. nicht möglich, nicht zulässig ist.*

War|te|zim|mer, das: *Zimmer (z. B. in einer Arztpraxis), in dem sich Wartende aufhalten können:* als ich um halb neun zu seiner Praxis kam, war das W. schon voll; stundenlang im W. herumsitzen; nehmen Sie bitte [noch einen Moment] im W. Platz.

-wär|tig [mhd. -wertec, ahd. -wertig, zu mhd., ahd. -wert, ↑-wärts]: drückt in Bildungen mit Substantiven aus, dass es sich um eine bestimmte Richtung handelt: land-, seewärtig.

-wärts [mhd., ahd. -wertes, adv. Gen. von mhd., ahd. -wert, eigtl. = auf etw. hin gewendet od. gerichtet, verw. mit ↑werden]: drückt in Bildungen mit Substantiven aus, dass es sich um eine bestimmte Richtung handelt: küsten-, meer-, pol-, sternen-, süd-, waldwärts.

Wart|saal: ↑Wartesaal.

War|tung, die; -, -en: **a)** (veraltend) *das Warten (2 a); das Gewartetwerden;* **b)** *das Warten (2 b); das Gewartetwerden:* regelmäßige, sorgfältige, fachmännische, mangelhafte W.; den Wagen zur W. bringen, zur W. in die Werkstatt bringen; **c)** (selten) *das Warten (2 c); das Gewartetwerden.*

War|tungs|ar|beit, die ⟨meist Pl.⟩: *im Warten (2 b) bestehende Arbeit:* kleinere Reparaturen und -en macht er an seinem Auto selbst.

war|tungs|arm ⟨Adj.⟩: *wenig Wartung erfordernd:* die Anlage ist robust und w.

war|tungs|frei ⟨Adj.⟩: *keiner Wartung bedürfend:* das Lager, die Batterie, die Federung ist [weitgehend] w.; die Anlage läuft, arbeitet [fast, praktisch] w.

War|tungs|frei|heit, die ⟨o. Pl.⟩: *das Wartungsfreisein.*

war|tungs|freund|lich ⟨Adj.⟩: *die Wartung erleichternd:* eine -e Konstruktion.

War|tungs|ver|trag, der: *Vertrag, in dem sich jmd., eine Firma dazu verpflichtet, die regelmäßige Wartung von etw. zu übernehmen.*

wa|rum [(mit bes. Nachdruck:) 'va:rʊm] ⟨Adv.⟩ [mhd. warumbe, spätahd. wār umbe, aus: wār (↑wo) u. umbe, ↑um]: **1.** ⟨interrogativ⟩ *aus welchem Grund?; weshalb?:* w. tust du das?; w. antwortest du nicht?; »Ich werde meine Reise verschieben.« – »Warum [das denn]?«; »Machst du da mit?« – »Ja, w. nicht?« *(ja, es spricht doch nichts dagegen);* w. nicht gleich [so]? (ugs.; *das hätte man doch gleich so machen können*); w. sie das wohl gesagt hat? *(ich frage mich, warum sie das gesagt hat);* (mit besonderem Nachdruck auch in Fragesätzen ohne Inversion; der Personalform des Verbs nachgestellt:) er kam w. noch einmal zurück?; du verreist w.?; ⟨in indirekten Fragesätzen:⟩ ich frage mich, ich weiß nicht, ich begreife nicht, w. er das getan hat; kannst du mir erklären, w. das so ist?; ich weiß nicht, w., aber er hat abgesagt; ⟨subst.:⟩ er fragt nicht nach dem Warum und Weshalb. **2.** (relativisch) *aus welchem Grund; weshalb:* der Grund, w. er es getan hat, ist uns allen unbekannt.

Wärz|chen, das; -s, -: Vkl. zu ↑Warze.

War|ze, die; -, -n [mhd. warze, ahd. warza, eigtl. = erhöhte Stelle]: **1.** *kleine rundliche Wucherung der Haut mit oft stark verhornter, zerklüfteter Oberfläche:* eine W. am Finger haben; sich eine W. entfernen, wegätzen, wegmachen lassen. **2.** kurz für ↑Brustwarze.

war|zen|för|mig ⟨Adj.⟩: *einer Warze ähnelnd.*

War|zen|hof, der: *die Brustwarze umgebender, durch seine dunklere Färbung von der umgebenden Haut sich abhebender runder Fleck.*

War|zen|kak|tus, der: *(in vielen Arten bes. in Mexiko vorkommender) meist kugeliger Kaktus mit warzenartigen, mit Dornen besetzten Höckern.*

War|zen|schwein, das: *(in der Savanne lebendes) großes Schwein mit warzenartigen Erhebungen an der Vorderseite des Kopfes.*

war|zig ⟨Adj.⟩: *Warzen (1) aufweisend:* -e Hände.

was [mhd. waȥ, ahd. (h)waȥ]: **I.** ⟨Interrogativpron.; Neutr. (Nom. u. Akk., gelegtl. auch Dativ)⟩ fragt nach etw., dessen Nennung od. Bezeichnung erwartet od. gefordert wird: w. ist das?; w. ist [alles, außerdem, noch] gestohlen worden?; w. sind Bakterien, die Dardanellen?; w. ist ein Modul?; w. heißt, w. bedeutet, w. meinst du mit »Realismus«?; »Was ist das denn?« – »Ein Transistor«; »Was ist in dem Koffer?« – »Kleider«; w. ist sie [von Beruf]?; wisst ihr, w. ihr seid? Feiglinge [seid ihr]!; als w. hatte er sich verkleidet?; »Hier gibt es keine Zeitungen.« – »Und w. ist das?« (ugs.; *hier sind doch welche!*); w. ist schon dabei?; w. geht hier vor?; w. führt dich zu mir?; w. ist [los]?; w. ist [nun], kommst du mit? (ugs.; *hast du dich nun entschieden mitzukommen?*) und w. dann? (ugs.; *wie geht es dann weiter?*); w. weiter? (ugs.; *was geschah dann?*); hältst du mich für bekloppt oder w.? (ugs.; *oder was denkst du dir dabei?*); w. ist nun mit morgen Abend? (ugs.; *was soll nun morgen Abend geschehen?*); aber w. (ugs.; *was machen wir aber*), wenn er ablehnt?; w. denn? (ugs.; *was ist denn los?; was willst du denn?*); w. [denn] (ugs.; *ist das denn die Möglichkeit*), du weißt das nicht?; w. (ugs.; *ist das wirklich wahr*), du hast gewonnen?; w.? (salopp; *[wie] bitte?*); das gefällt dir, w.? (ugs.; *nicht wahr?*); w. ist die Uhr? (landsch.; *wie spät ist es?*); w. tust du da?; w. willst du?; w. gibt es Neues?; er fragte, w. sie vorhabe; ich weiß nicht, w. er gesagt hat; w. glaubst du, wie viel das kostet?; w. haben wir noch an Wein? *(was für Wein u. wie viel haben wir noch?)*; w. *(wie viel)* ist sieben minus drei?; w. *(welche Summe Geldes)* kostet das, verdienst du?; w. kann ich dafür?; w. geht dich das an?; w. gibts? (ugs.; *was möchtest du von mir?*); (mit besonderem Nachdruck auch in Fragesätzen ohne Inversion; der Personalform des Verbs nachgestellt:) er hat w. gesagt?; er kaufte sich w.?; ⟨Gen.:⟩ wessen rühmt er sich?; weißt du, wessen man ihn beschuldigt?; ⟨ugs. in Verbindung mit Präp.:⟩ an w. *(woran)* glaubst du?; auf w. *(worauf)* sitzt er?; aus w. *(woraus)* besteht das?; bei w. *(wobei)* ist das denn passiert?; durch w. *(wodurch)* ist der Schaden entstanden?; für w. *(wofür)* ist das gut?; um w. *(worum)* geht es?; zu w. *(wozu)* kann man das gebrauchen?; ⟨in Ausrufesätzen:⟩ w. hier wieder los ist!; w. es [nicht] alles gibt!; w. der alles weiß!; w. glaubst du [wohl], wie das wehtut! (ugs.; *das tut doch schließlich sehr weh!*); ⟨w. + »immer«, »auch«, »auch immer«:⟩ w. du auch [immer] tust *(gleichgültig, was du tust),* denk an dein Versprechen!; *** ach w.!** (salopp; *keineswegs!; Unsinn!*): »Bist du beleidigt?« – »Ach w.! Wie kommst du darauf?«; **w. für [ein] …** (↑für II); **w. ein …** (ugs.; *was für ein …, welch ein …*): du weißt doch selbst, w. ein Aufwand das ist; w. 'n fieser Kerl!; w. 'n Glück!; **und w. nicht alles** (ugs.; *und alles Mögliche*). **II.** ⟨Relativpron.; Neutr. (Nom. u. Akk., gelegtl. auch Dativ)⟩ **1.** bezeichnet in Relativsätzen dasjenige, worüber im Relativsatz etw. ausgesagt ist: sie haben [alles] mitgenommen, w. nicht niet- und nagelfest war; ich glaube an das, w. in der Bibel steht; das ist etwas, w. ich gar nicht mag; vieles von dem, w. er gesagt hat, kann ich bestätigen; w. mich betrifft, so bin ich ganz zufrieden; ⟨weiterführend:⟩ sie hat alles abgestritten, w. ja ihr gutes Recht ist; er will sich auf nichts einlassen, w. ich übrigens gut verstehen kann; ⟨Gen.:⟩ [das,] wessen er sich rühmt, ist kein besonderes Verdienst; ⟨ugs. in Verbindung mit Präp.:⟩ das ist das Einzige, zu w. *(wozu)* er taugt; ⟨w. + »auch«, »immer«, »auch immer«:⟩ w. er auch [immer] *(alles, was er)* anfing, wurde ein Erfolg. **2. a)** *wer:* w. ein richtiger Kerl ist, [der] wehrt sich; **b)** (landsch. salopp) *der, die, das:* die Frieda, w. unsere Jüngste ist; **c)** (landsch. salopp) *derjenige, der; diejenige, die:* w. unsere Mutter ist, die klagt immer über Rückenschmerzen. **III.** ⟨Indefinitpron. (Nom. u. Akk., gelegtl. auch Dativ)⟩ **1.** (ugs.) *[irgend]etwas:* w. zum Lesen; das ist ja ganz w. anderes!; ist schon w. [Näheres] bekannt?; passt dir w. nicht?; es ist kaum noch w. übrig; das ist doch wenigstens w.; ist w.? *(ist etwas geschehen?)*; es soll ein bisschen w. *(etwas, ein wenig)* Ausgefallenes sein; ich weiß w.; du kannst w. erleben; erzähl doch ein bisschen w. *(ein wenig);* von mir aus kannst du sonst w. (salopp; *irgendetwas Beliebiges*) tun, mir ist es egal; da haben wir uns w. [Schönes] eingebrockt; soll ich dir mal w. sagen?; sie kann w.; taugt das w.?; tu doch w.!; weißt du w.? Ich lade dich ein!; eine Flasche mit, ohne w. drin; das sieht doch nach w. aus; das geht niemanden w. an; * **so w.** (ugs.; 1. *so etwas:* so w. Dummes!; so w. von blöd!; so w. von Frechheit!; na so w.! 2. abwertend; *so jmd.:* so w. schimpft sich Experte!); **[so] w. wie ...** (ugs.; *[so] etwas wie ...*): er ist so w. wie ein Dichter; gibt es hier [so] w. wie 'n Klo? **2.** (landsch.) *etwas* (2), *ein wenig:* hast du noch w. Geld?; ich werde noch w. schlafen. **IV.** ⟨Adv.⟩ (ugs.) **1.** ⟨interrogativ⟩ *warum* (1): w. regst du dich so auf?; w. stehst du hier herum?; ⟨in Ausrufesätzen:⟩ w. musstest du ihn auch so provozieren! **2. a)** *wie [sehr]:* wenn du wüsstest, w. das wehtut!; lauf, w. *(so schnell wie)* du kannst!; ⟨meist in Ausrufesätzen:⟩ w. hast du dich verändert!; w. hat er sich gefreut!; **b)** ⟨interrogativ⟩ *inwiefern:* w. stört dich das?; w. interessiert das ihn?

wasch|ak|tiv ⟨Adj.⟩: *schmutzlösend, reinigend:* -e Substanzen.

Wasch|an|la|ge, die: **a)** *Anlage zum maschinellen Waschen* (3 a) *von Autos:* den Wagen durch die, in die W. fahren; **b)** (Technik) *Wäsche* (4); **c)** (Jargon) *Geldwaschanlage:* etw. als W. für schmutziges Geld benutzen.

Wasch|an|lei|tung, die: vgl. Waschanweisung.

Wasch|an|wei|sung, die (Textilind.): *Anzahl von Hinweisen für die Behandlung von Textilien beim Waschen.*

Wasch|au|to|mat, der (Fachspr.): *Waschmaschine* (1).

wasch|bar ⟨Adj.⟩: *sich ohne Schaden waschen* (1 a) *lassend:* -es Leder; -e Bezüge; der Stoff, die Jacke ist [bei 60°] w.

Wasch|bär, der: *(besonders in Nordamerika vorkommender) kleiner, grauer bis schwärzlicher Bär mit kurzer Schnauze u. langem, buschigem Schwanz, der seine Nahrung ins Wasser taucht u. mit waschenden Bewegungen zwischen den Vorderpfoten reibt.*

Wasch|be|cken, das: **1.** *[an der Wand befestigtes] Becken* (1) *zum Waschen der Hände, des Körpers:* sich am W. waschen; den Pullover wasche ich mit der Hand im W. **2.** (selten) *Waschschüssel.*

Wasch|ben|zin, das: *Benzin zum Reinigen von Textilien, zum Entfernen von Flecken u. Ä.*

Wasch|be|ton, der (Bauw.): *Beton, aus dessen Oberfläche durch Abwaschen der obersten Schicht Kieselsteine o. Ä. hervortreten:* eine Fassade aus W.

Wasch|blau, das (früher): *bei der Wäsche* (3 a) *dem Spülwasser zugesetzter blauer Farbstoff, der vergilbten Stoff aufzuhellen vermag.*

Wasch|bot|tich, der: *Bottich zum Wäschewaschen.*

Wasch|brett, das: **a)** *in einen Holzrahmen gespanntes, gewelltes Blech, auf dem beim Waschen die Wäsche kräftig gerieben wird:* die Wäsche auf dem W. rubbeln; **b)** *als Rhythmusinstrument im Jazz benutztes Waschbrett* (a): W. spielen.

Wasch|brett|bauch, der: *muskulöser, athletisch geformter, flacher Bauch (bei Männern).*

Wä|sche, die; -, -n [1: mhd. wesche; 3: mhd. wesche, ahd. wesca; zu ↑waschen]: **1.** ⟨o. Pl.⟩ *Gesamtheit von aus Textilien bestehenden Dingen (bes. Kleidungsstücke, Bett- u. Tischwäsche, Handtücher), die gewaschen werden:* die W. ist noch nicht ganz trocken; die W. in die Maschine stecken; die W. einweichen, waschen, schleudern, aufhängen, abnehmen, bleichen, trocknen; sie macht ihm die W. (ugs.; *wäscht [u. bügelt] ihm seine Wäsche*); ein Beutel für schmutzige W.; das Handtuch tue ich in die/zur W. *(zur schmutzigen Wäsche);* * **[seine] schmutzige W. [vor anderen Leuten o. Ä.] waschen** (abwertend; *unerfreuliche private od. interne Angelegenheiten vor nicht davon betroffenen Dritten ausbreiten*). **2.** ⟨o. Pl.⟩ *Gesamtheit der Kleidungsstücke, die jmd. unmittelbar auf dem Körper trägt, bes. Unterwäsche:* feine, duftige, seidene W.; frische W. anziehen; die W. wechseln; * **dumm, blöd** usw. **aus der W. gucken** (salopp; *völlig verdutzt gucken*); **jmdm. an die W. gehen, wollen** (ugs.; 1. *jmdn. tätlich angreifen, anfassen bzw. angreifen, anfassen wollen.* 2. *sich jmdm. nähern bzw. nähern wollen, um Geschlechtsverkehr mit ihm zu haben*). **3. a)** *das Waschen* (1 a) *von Wäsche:* bei uns ist heute große W. *(bei uns wird heute eine große Menge Wäsche gewaschen);* die kleine W. *(das Waschen einzelner, kleinerer Wäschestücke)* erledigt sie selbst; die Hose ist bei/in der W. eingelaufen; etw. in die, zur W. geben *(waschen lassen, in die Wäscherei geben);* die Bluse ist [gerade] in der W. *(wird gerade gewaschen);* **b)** *das Waschen* (2 a): er war gerade bei der morgendlichen W. *(dem morgendlichen Sichwaschen);* **c)** *das Waschen* (3 a): das Auto unmittelbar nach der W. einwachsen. **4.** (Technik) *Anlage, Einrichtung zum Waschen* (3 a) *von Erz, Kohle od. dgl.*

Wä|sche|berg, der (ugs.): *Berg* (3) *von Wäsche.*

Wä|sche|beu|tel, der: *größerer Beutel für schmutzige Wäsche.*

wasch|echt ⟨Adj.⟩: **1.** (Textilind.) *sich beim Waschen* (1 a) *nicht verändernd:* -e Stoffe, Farben, Kleidungsstücke. **2. a)** *alle typischen Merkmale aufweisend; richtig, echt:* eine -e Berlinerin; **b)** *der Abstammung nach echt, rein:* sie ist eine -e Gräfin.

Wä|sche|ge|schäft, das: *Fachgeschäft für Wäsche* (2), *Bettwäsche u. Ä.*

Wä|sche|ge|stell, das: *Trockengestell für Wäsche.*

Wä|sche|klam|mer, die: *Klammer zum Befestigen nasser Wäsche* (1) *an einer Wäscheleine.*

Wä|sche|knopf, der: *(bes. für Bettwäsche verwendeter) mit Stoff überzogener Knopf.*

Wä|sche|korb, der: *großer Korb o. Ä. zum Aufbewahren od. Transportieren von Wäsche.*

Wä|sche|lei|ne, die: *Leine, an der nasse Wäsche aufgehängt wird:* eine W. spannen; etw. an/auf die W. hängen.

Wä|sche|man|gel, die: [2]*Mangel.*

wa|schen ⟨st. V.; hat⟩ [mhd. waschen, weschen, ahd. wascan, wahrsch. verw. mit ↑Wasser u. eigtl. = benetzen, befeuchten; fließen]: **1. a)** *unter Verwendung von Seife od. eines Waschmittels durch häufiges [maschinelles] Bewegen in Wasser [u. durch Reiben, Drücken, Walken] von Schmutz befreien:* Wäsche, Hemden w.; den Pullover wasche ich mit der Hand; eine frisch gewaschene Bluse; ⟨auch o. Akk.-Obj.:⟩ heute muss ich w.; **b)** *durch Waschen* (2) *in einen bestimmten Zustand bringen:* etw. sauber, weiß w.; **c)** *durch Waschen* (1 a) *entfernen:* einen Fleck aus der Bluse, aus dem Tischtuch w. **2. a)** *mit Wasser u. Seife o. Ä. von anhaftendem Schmutz befreien, reinigen:* sich [mit Wasser und Seife] w.; sich die Hände, die Füße, das Gesicht, die Haare w.; jmdm. den Rücken, den Kopf w.; **b)** *durch Waschen* (2 a) *entfernen:* sich den Schmutz aus den Ohren w.; wasch dir erst einmal den Dreck von den Knien! **3. a)** *mit Wasser [u. einem Reinigungsmittel] von anhaftendem Schmutz od. unerwünschten Beimengungen befreien, säubern* (1): das Gemüse putzen und w.; er wusch das Auto, das Fenster, die Scheiben; Geschirr w. (landsch.; *abwaschen* 2); Erz, Kohle w. (Fachspr.; *durch Ausschwemmen bestimmter unerwünschter Beimengungen aufbereiten*); ein Gas w. (Fachspr.; *durch Hindurchleiten durch eine geeignete Lösung von Verunreinigungen befreien*); * **sich gewaschen haben** (ugs.; *von äußerst beeindruckender [u. unangenehmer] Art sein*): die Klassenarbeit hatte sich gewaschen; eine Ohrfeige, Strafe, die sich gewaschen hat; **b)** *durch Waschen* (3 a) *abscheiden u. so gewinnen:* Gold w. **4.** *spülen* (1 b): die Insektizide werden [vom Regen] in den Boden, ins Grundwasser gewaschen. **5.** *durch Auswaschen* (2) *zum Verschwinden bringen.* **6.** (Jargon) *auf illegale Weise erworbenes Geld durch [komplizierte] finanzielle Transaktionen wieder in den wirtschaftlichen Kreislauf einschleusen u. dadurch legalisieren* (2). **7.** (landsch.) *(jmdm.) zum Spaß, um ihn zu ärgern, Schnee ins Gesicht reiben; einseifen:* jetzt wird er gewaschen. **8. a)** *(vom Wasser der See, von Wellen) schlagen* (2 b); **b)** *spülen* (3 a): er wurde von einer See über Bord gewaschen.

Wa|scher, der; -s, - (Technik): *Gaswascher.*

Wä|scher, der; -s, -: *jmd., der [beruflich] Wäsche* (1) *wäscht.*

Wa|sche|rei, die; - (ugs. abwertend): *[dauerndes, häufiges] Waschen.*

Wä|sche|rei, die; -, -en: *Dienstleistungsbetrieb, in dem Wäsche gewaschen wird.*

Wä|sche|rin, die; -, -nen [mhd. wescherinne]: w. Form zu ↑Wäscher.

Wä|sche|rol|le, die (landsch., österr.): *Wäschemangel.*

Wä|sche|schleu|der, die: *(nach dem Prinzip einer Zentrifuge funktionierendes) Gerät, mit dessen Hilfe aus tropfnasser Wäsche* (1) *ein großer Teil des in ihr enthaltenen Wassers herausgeschleudert wird.*

Wä|sche|schrank, der: *Schrank zur Aufbewahrung von Wäsche* (2).

Wä|sche|spei|cher, der (bes. westmd., südd.): *Trockenboden.*

Wä|sche|spin|ne, die: *zusammenklappbares, aus einem Pfahl u. mehreren strahlenförmig davon abgehenden Streben bestehendes Trockengestell zum Trocknen von Wäsche* (1).

Wä|sche|spren|ger, der: *Gefäß für Wasser mit einem mit vielen kleinen Löchern versehenen Deckel zum Einsprengen von Wäsche* (1) *vor dem Bügeln od. Mangeln.*

Wä|sche|stän|der, der: *Ständer* (1) *zum Trocknen von Wäsche* (1).

Wä|sche|stär|ke, die: *Stärke* (8) *zum Stärken von Wäsche* (1).

Wä|sche|stoff, der: *Stoff, aus dem bes. Unter-, Nacht-, Bettwäsche gefertigt wird.*

Wä|sche|stück, das: *einzelnes Teil der Wäsche* (1, 2).

Wä|sche|tin|te, die: *tintenartige Flüssigkeit zum Kennzeichnen von Wäschestücken.*

Wä|sche|trock|ner, der: **1.** *Maschine zum Trocknen von Wäsche* (1) *mit Heißluft.* **2.** *Trockengestell.*

Wä|sche|wa|schen, das; -s: *das Waschen* (1) *von Wäsche:* er ist beim W.

Wä|sche|zei|chen, das: *angenähtes, gesticktes od. mit Wäschetinte angebrachtes Kennzeichen (z. B. die Initialen des Besitzers) an einem Wäschestück.*

wasch|fest ⟨Adj.⟩ (selten): *waschecht* (1).

Wasch|frau, die: *Frau, die gegen Bezahlung für andere Wäsche wäscht.*

Wasch|gang, der: *einzelne Phase des Waschprogramms einer Waschmaschine.*

Wasch|ge|le|gen|heit, die: *etw. (ein Waschbecken, ein Waschtisch o. Ä.), was die Möglichkeit bietet, sich zu waschen.*

Wasch|ge|schirr, das: *Waschschüssel mit einem dazugehörenden Krug für Wasser.*

Wasch|hand|schuh, der: *Waschlappen, der wie ein Handschuh über die Hand gezogen werden kann.*

Wasch|haus, das: **1.** *Gebäude, Gebäudeteil, in dem Wäsche* (1) *gewaschen wird.* **2.** vgl. Waschraum.

Wasch|korb, der: *Wäschekorb.*

Wasch|kraft, die (Werbespr.): *Wirksamkeit als Waschmittel:* unser neues Waschmittel hat noch mehr W.

Wasch|kü|che, die: **1.** *zum Wäschewaschen bestimmter, eingerichteter Raum:* die W. ist im Keller. **2.** (ugs.) *dichter Nebel:* die W. hat sich aufgelöst.

Wasch|lap|pen, der: **1.** *Lappen [aus Frotteestoff] zum Waschen* (2 a) *des Körpers.* **2.** (ugs. abwertend) *Feigling, Schwächling.*

Wasch|lau|ge, die: *Wasser mit darin gelöstem Waschmittel zum Wäschewaschen.*

Wasch|le|der, das: *waschbares Leder.*

Wasch|ma|schi|ne, die: **1.** *Maschine zum automatischen Wäschewaschen:* eine vollautomatische

W.; das kann man in/mit der W. waschen. 2. (Technik, bes. Hüttenw.) *Maschine zur Flotation von Gesteinen od. Mineralien.*

wasch|ma|schi|nen|fest ⟨Adj.⟩: *beim Waschen* (3a) *in der Waschmaschine keinen Schaden nehmend:* -e Wollpullover.

Wasch|mit|tel, das: *meist aus synthetischen Substanzen bestehendes, pulverförmiges od. flüssiges Mittel, das, in Wasser gelöst, eine reinigende Wirkung entwickelt u. bes. zum Wäschewaschen gebraucht wird.*

Wasch|mu|schel, die (österr.): *Waschbecken.*

Wasch|pro|gramm, das: *beim Waschen von Wäsche in einer Waschmaschine ablaufendes Programm* (1 d): das W. für Buntwäsche; das W. wählen.

Wasch|pul|ver, das: *pulverförmiges Waschmittel.*

Wasch|raum, der: *Raum mit mehreren Waschgelegenheiten.*

Wasch|rum|pel, die (österr., südd.): *Waschbrett.*

Wasch|sa|lon, der: *Gewerbebetrieb, der durch Münzeinwurf in Betrieb zu setzende Maschinen zur Verfügung stellt, mit denen jmd. als Kunde selbst Wäsche waschen u. trocknen kann.*

Wasch|samt, der: *waschbarer Samt.*

Wasch|schüs|sel, die: *größere Schüssel zum Sichwaschen.*

Wasch|sei|de, die: *waschbare Halbseide.*

wäschst: ↑waschen.

Wasch|stoff, der: *waschbarer, bedruckter einfacher Baumwollstoff.*

Wasch|stra|ße, die (Kfz-W.): *Waschanlage* (a), *durch die die zu waschenden Wagen mithilfe eines besonderen Mechanismus langsam hindurchgerollt werden.*

wäscht: ↑waschen.

Wasch|tag, der: *Tag, an dem jmd. große Wäsche macht:* morgen habe ich W., ist bei mir W.

Wasch|tisch, der: **a)** *tischartiges Möbelstück mit einer [in die Platte eingelassenen u. herausnehmbaren] Waschschüssel zum Waschen, Sichwaschen;* **b)** (Fachspr.) *mit integrierten Ablageflächen für Seife o. Ä. versehenes Waschbecken.*

Wa|schung, die; -, -en: **a)** (geh.) *das Waschen* (2a) *des Körpers od. einzelner Körperteile:* rituelle -en; **b)** (Med.) *Abwaschung:* kalte -en machen, verordnen.

Wasch|voll|au|to|mat, der: *Maschine zum vollautomatischen Wäschewaschen.*

Wasch|vor|gang, der: *Vorgang des Waschens* (3a): den W. unterbrechen.

Wasch|was|ser, das ⟨o. Pl.⟩: *Wasser, das zum Waschen verwendet wird, worden ist:* dem W. Essig beigeben.

Wasch|weib, das: **1.** (veraltet) *Wäscherin.* **2.** (salopp abwertend) *geschwätziger, klatschsüchtiger Mensch.*

Wasch|zet|tel, der [urspr. = Liste der in die Wäscherei gegebenen Wäschestücke, dann allgemein: Verzeichnis, Zusammenstellung]: **1.** (Buchw.) *als separater Zettel od. als Klappentext einem Buch vom Verlag beigegebene kurze, Werbezwecken dienende Ausführung zum Inhalt eines Buches.* **2.** (Zeitungsw.) *kurze schriftliche Presseinformation* (a).

Wasch|zeug, das: *Utensilien für die Körperpflege, bes. zum Sichwaschen.*

Wasch|zu|ber, der: *Waschbottich.*

Wasch|zwang, der (Psych.): *zwanghafter Drang, sich übermäßig häufig zu waschen.*

Wa|sen, der; -s, - [mniederd. wasem] (nordd.): *Wrasen.*

wash and wear [ˈwɔʃ ənd ˈwɛə; engl., eigtl. = waschen und tragen] (Textilind.): *waschbar u. ohne Bügeln wieder zu tragen* (als Hinweis für den Käufer).

[1]Wa|shing|ton [ˈwɔʃɪŋtən]: Hauptstadt der USA.

[2]Wa|shing|ton; -s: Bundesstaat der USA.

Was|ser, das; -s, - u. Wässer [mhd. waʒʒer, ahd. waʒʒar, eigtl. = das Feuchte, Fließende]: **1. a)** ⟨Pl. Wässer⟩ *(aus einer Wasserstoff-Sauerstoff-Verbindung bestehende) durchsichtige, weitgehend farb-, geruch- u. geschmacklose Flüssigkeit, die bei 0°C gefriert u. bei 100°C siedet:* klares, sauberes, frisches, abgestandenes, kaltes, lauwarmes, schmutziges, gechlortes, trübes, kalkhaltiges, hartes, weiches, enthärtetes W.; geweihtes W.; W. zum Waschen; ein Glas, ein Eimer W.; ein Tropfen, ein Liter W.; ein Zimmer mit fließendem W.; W. mit Geschmack (landsch.; *Limonade*); stilles W. *(Mineralwasser ohne, mit wenig Kohlensäure);* schweres W. (Chemie; *Wasser, das statt des gewöhnlichen Wasserstoffs schweren Wasserstoff, Deuterium, enthält*); W. verdunstet, verdampft, gefriert; das W. kocht, siedet; das W. tropft, rinnt, fließt, sprudelt, spritzt [aus dem Hahn]; W. holen, schöpfen, filtern, aufbereiten, destillieren; W. [für den Kaffee] aufsetzen; W. in die Badewanne einlaufen lassen; W. trinken; er hat beim Schwimmen W. geschluckt; eine W. abweisende, abstoßende Imprägnierung; eine W. führende Schicht; das [heiße, kalte] W. *(den Hahn für [heißes, kaltes] Wasser)* aufdrehen, abdrehen; die Blumen ins W. *(in eine Vase mit Wasser)* stellen; der Keller steht unter W. *(im Keller steht Wasser);* etw. unter W. setzen *(überschwemmen, -fluten);* **R** das wäscht kein W. ab *(diese Schande o. Ä. ist durch nichts zu tilgen);* da wird auch nur mit W. gekocht, da kochen sie auch nur mit W. *(sie vollbringen auch nichts Überdurchschnittliches;* urspr. bezogen auf die [wirtschaftlichen] Verhältnisse ärmerer Leute, bei denen mit Wasser statt mit Wein, Fleischbrühe o. Ä. gekocht wurde); W. marsch! (Kommando zum Inbetriebsetzen einer Feuerspritze, einer Wasserkanone o. Ä.); **W. in ein Sieb/mit einem Sieb schöpfen** *(sich mit etw. von vornherein Aussichtslosem, mit etw. Unmöglichem abmühen);* **[jmdm.] W. in den Wein gießen/schütten** *([bei jmdm.] die Begeisterung dämpfen);* **jmdm. nicht das W. reichen können** *(jmdm. an Fähigkeiten, Leistungen nicht annähernd gleichkommen;* im MA. wurde vor den Mahlzeiten Wasser zur Reinigung der Hände herumgereicht; die Wendung meinte urspr., dass jmd. es nicht einmal wert sei, diese niedrige Tätigkeit auszuüben); **reinsten -s/von reinstem W.** (1. *von besonders klarem Glanz, besonderer Leuchtkraft:* ein Diamant von reinstem W.; in der Fachsprache der Diamantenschleifer wird mit »erstes, zweites, drittes usw. Wasser« der Reinheitsgrad der Diamanten bezeichnet. 2. *von besonderer Ausprägung:* ein Egoist reinsten -s); **bei W. und Brot sitzen** (veraltend; *im Gefängnis sein*); **zu W. werden** *(sich nicht verwirklichen lassen u. sich in nichts auflösen);* **b)** ⟨Pl. -⟩ *Wasser* (1 a) *eines Gewässers; ein Gewässer bildendes Wasser* (1 a): auflaufendes, ablaufendes W.; das W. ist sehr tief; das W. steht, strömt, rauscht, plätschert, steigt, tritt über die Ufer, überschwemmt das Land; das W. des Bachs treibt eine Mühle; das W. trägt [nicht]; im Sommer führt der Fluss wenig W.; das Haus steht direkt am W. *(steht am Ufer, am Strand);* etw. schwimmt, treibt auf dem W.; der Transport auf dem W. *(mit Schiffen);* ins W. fallen; diese Tiere leben im W.; die Kinder planschten im W.; bist du heute schon im W. gewesen? *(hast du schon gebadet, geschwommen?);* er konnte sich kaum über W. halten *(drohte unterzugehen);* der Taucher blieb lange unter W.; die Boote wurden zu W. gelassen; man kann diesen Ort zu W. oder zu Land *(auf dem Wasser od. auf dem Land fahrend)* erreichen; **R** bis dahin fließt noch viel W. den Berg, den Bach, den Rhein o. Ä. hinunter *(bis das eintritt, wird noch viel Zeit vergehen);* **Spr** W. hat keine/(selten:) keinen Balken *(im Wasser kann man leicht umkommen);* * **das W. steht jmdm. bis zum Hals/bis zur Kehle/bis an die Kehle** *(jmd. steckt in Schulden, ist in großen Schwierigkeiten);* **W. auf meine, seine usw. Mühlen sein** *(etw. sein, was jmds. Argumentation entgegenkommt, seine Ansicht unterstützt);* **W. treten** (1. *sich durch schnelles Treten über Wasser halten.* 2. *in knöcheltiefem, kaltem Wasser umhergehen [als Heilverfahren]*); **jmdm. das W. abgraben** *(jmds. Existenzgrundlage gefährden, jmdn. seiner Wirkungsmöglichkeiten berauben;* wahrsch. urspr. auf den Betrieb der Wassermühle bezogen; wer den Wasserzulauf verändert – z. B. durch das Graben eines neuen Bachbettes –, sodass das Mühlrad nicht mehr od. mit weniger Kraft angetrieben wird, kann die Mühle stillegen); **nah[e] am/ans W. gebaut haben** (ugs.; *leicht in Tränen ausbrechen;* drückt aus, dass jmd. den Tränen so nahe ist wie ein am Ufer gebautes Haus dem Wasser); **wie aus dem W. gezogen sein** (ugs.; *völlig nass geschwitzt sein*); **ins W. fallen** *(nicht stattfinden, nicht durchgeführt werden können):* unsere Reise ist durch seine Krankheit leider ins W. gefallen; **ins W. gehen** (verhüll.; *sich ertränken*); **ins kalte W. springen, geworfen werden** (ugs.; *es wagen, sich gezwungen sehen, eine Tätigkeit aufzunehmen, die einem völlig neu, unvertraut ist*); **mit allen -n gewaschen sein** (ugs.; *aufgrund bestimmter praktischer Erfahrungen sich nicht so leicht überrumpeln, überraschen lassen, sondern diese Erfahrungen schlau für seine Ziele ausnutzen;* urspr. in Bezug auf Seeleute, die schon mit dem Wasser verschiedener Ozeane in Berührung gekommen waren, also weit gereist u. daher sehr erfahren waren); **sich,** (seltener:) **jmdn. über W. halten** *(durch etw. mühsam seine, jmds. Existenzgrundlage sichern):* sich mit Gelegenheitsjobs über W. halten. **2.** ⟨Pl. -⟩ *Gewässer:* ein tiefes, [langsam, schnell] fließendes W.; **Spr** stille W. sind/gründen tief *(hinter stillen, ihre Gefühle u. Ansichten nicht äußernden Menschen verbirgt sich mehr, als man denkt);* * **ein stilles W. sein** *(still, zurückhaltend in der Äußerung seiner Gefühle u. Ansichten [u. schwer zu durchschauen] sein).* **3.** ⟨Pl. Wässer⟩ *[alkoholische] wässrige Flüssigkeit:* wohlriechende, duftende Wässer; kölnisch[es] W. **4.** ⟨o. Pl.⟩ **a)** *wässrige Flüssigkeit, die sich im Körper bildet:* W. *(eine krankhafte Ansammlung von Gewebsflüssigkeit)* [in den Beinen] haben; * **jmdm. läuft das W. im Mund zusammen** (ugs.; *jmd. bekommt bei verlockend zubereitetem Essen sogleich Appetit*); **b)** (ugs.) *Schweiß:* das W. lief ihm von der Stirn; **c)** (verhüll.) *Urin:* das W. nicht halten können; W. lassen (verhüll.; *urinieren*); * **sein W./sich das W. abschlagen** (salopp; *[von Männern] urinieren*); **d)** *Tränenflüssigkeit.*

was|ser|ab|sto|ßend ⟨Adj.⟩: *kein Wasser aufnehmend, eindringen lassend:* durch die Imprägnierung ist das Gewebe w.

was|ser|ab|wei|send ⟨Adj.⟩: *wasserabstoßend:* das Material wirkt w.

Was|ser|ader, die: *kleiner, unterirdischer Wasserlauf:* eine W. suchen, anbohren; auf eine W. stoßen.

Was|ser|an|samm|lung, die: *Ansammlung von Wasser:* eine W. im Körper; auf der Fahrbahn hatten sich gefährliche -en gebildet.

Was|ser|an|schluss, der: *Anschluss an eine Wasserleitung.*

was|ser|arm ⟨Adj.⟩: *arm an Wasser, Feuchtigkeit:* eine -e Gegend.

Was|ser|arm, der: *Arm* (2) *eines Gewässers, bes. eines Flusses.*

Was|ser|auf|be|rei|tung, die: *Aufbereitung von Wasser (z. B. zur Verwendung als Trinkwasser).*

Was|ser|bad, das: **1.** (Kochk.) *in einem großen Topf o. Ä. befindliches Wasser, in das ein kleineres Gefäß, in dem sich die zuzubereitende Speise befindet, hineingestellt wird:* ein lauwarmes, kaltes W.; eine im W. abgeschlagene Zabaione. **2.** (Fot.) *Becken mit fließendem Wasser zum Wässern von Abzügen.* **3.** (veraltet) *Bad in Wasser.*

Was|ser|ball, der: **1.** *großer aufblasbarer Ball zum Spielen im Wasser.* **2.** *Lederball, mit dem Wasserball (3) gespielt wird.* **3.** ⟨o. Pl.⟩ *zwischen zwei Mannschaften im Wasser ausgetragenes Ballspiel, bei dem die Spieler kraulend den Ball führen u. mit der Hand ins Tor zu werfen versuchen.*

Wạs|ser|bas|sin, das: *Wasserbecken.*
Wạs|ser|bau, der ⟨o. Pl.⟩: *Bau von Anlagen zur Nutzung des Wassers; Hydrotechnik.*
Wạs|ser|be|cken, das: *künstlich angelegte, ausgemauerte Vertiefung für Wasser.*
Wạs|ser|be|darf, der: *Bedarf an Wasser:* diese Pflanzen haben einen hohen W.
Wạs|ser|be|häl|ter, der: *Behälter für Wasser.*
Wạs|ser|be|hand|lung, die: *Hydrotherapie* (2).
Wạs|ser|bett, das: **a)** *Bett, dessen Matratze mit Wasser gefüllt ist;* **b)** *mit Wasser gefüllte, elektrisch beheizbare Matratze [zur Lagerung von Kranken].*
Wạs|ser|bla|se, die: *mit Wasser gefüllte Blase* (1 b).
wạs|ser|blau ⟨Adj.⟩: *von einem Blau, das durchsichtig klar wie Wasser ist:* -e Augen.
Wạs|ser|bom|be, die (Milit.): *von Flugzeugen od. Schiffen abgeworfene, unter Wasser explodierende Bombe.*
Wạs|ser|büf|fel, der: *(in sumpfigen Gebieten Süd[ost]asiens lebender) Büffel mit großen, sichelförmigen, flach nach hinten geschwungenen Hörnern.*
Wạs|ser|burg, die: *(zum Zweck der Abwehr) von Wasser[gräben] umgebene Burg in einer Niederung.*
Wạ̈s|ser|chen, das; -s, -: **1. a)** Vkl. zu ↑Wasser (2); **b)** Vkl. zu ↑Wasser (3). **2.** * **kein W. trüben können** (ugs.; *harmlos, ungefährlich sein; nichts Böses tun können;* nach der äsopischen Fabel vom Wolf u. dem Lamm, in der der Wolf das Lamm mit der Begründung frisst, es habe sein Trinkwasser verunreinigt; in Wahrheit war das ausgeschlossen, da das Lamm weiter unten am Bach getrunken hatte als der Wolf).
Wạs|ser|dampf, der: *Dampf* (1).
wạs|ser|dicht ⟨Adj.⟩: **1.** *undurchlässig für Wasser:* ein -er Regenmantel; die Uhr ist nicht w.; etw. w. verschließen. **2.** (ugs.) *unanfechtbar; hieb- und stichfest:* ein -es Alibi; einen Vertrag [rechtlich] w. machen.
Wạs|ser|druck, der ⟨Pl. ...drücke, seltener: -e⟩: *[1]Druck* (1) *des Wassers.*
wạs|ser|durch|läs|sig ⟨Adj.⟩: *durchlässig für Wasser* (1 a).
Wạs|ser|ei|mer, der: *Eimer für Wasser.*
Wạs|ser|ein|bruch, der: *Einbruch von Wasser.*
Wạs|ser|ent|här|tung, die: *Enthärtung von Wasser.*
Wạs|ser|fahr|zeug, das: *Fahrzeug, das sich auf dem od. im Wasser fortbewegt.*
Wạs|ser|fall, der [spätmhd. waʒʒerval]: *über eine od. mehrere Stufen senkrecht abstürzendes Wasser eines Flusses:* * **wie ein W. reden** o. Ä. (ugs.; *ununterbrochen u. hastig reden*).
Wạs|ser|far|be, die: *durchscheinender, wasserlöslicher, mit Bindemitteln vermischter Farbstoff, der vor dem Auftragen mit Wasser angerührt wird:* mit -n malen.
Wạs|ser|far|ben|kas|ten, Wạs|ser|farb|kas|ten, der: *Malkasten mit Wasserfarben in kleinen Näpfchen.*
wạs|ser|fest ⟨Adj.⟩: *Wasser nicht einwirken lassend, seiner Einwirkung gegenüber beständig:* eine -e Tapete, Sonnenmilch; ein -er Anstrich; die Kamera ist bis drei Meter Tiefe w.
Wạs|ser|flä|che, die: *große, von Wasser bedeckte, eingenommene Fläche:* eine gleißende, spiegelnde W.
Wạs|ser|fla|sche, die: **a)** *Flasche zum Mitführen von Trinkwasser (z. B. beim Wandern, Radfahren);* **b)** *Flasche für, mit Mineralwasser:* die -n kosten 30 Pfennig Pfand.
Wạs|ser|fleck, Wạs|ser|fle|cken, der: *von verdunstetem Wasser hinterlassener Fleck:* auf dem Foto, der Tischplatte, der Tapete ist ein W.
Wạs|ser|floh, der: *kleines, vorwiegend im Wasser lebendes Krebstier.*
Wạs|ser|flug|ha|fen, der: *Flughafen für Wasserflugzeuge.*
Wạs|ser|flug|zeug, das: *Flugzeug mit Schwimmern* (3 a) *od. einem Boot ähnlichem Rumpf, das auf dem Wasser starten u. landen kann.*
Wạs|ser|flut, die (oft emotional): *strömende Wassermasse.*
wạs|ser|frei ⟨Adj.⟩: *frei von Wasser:* -er Gips.
Wạs|ser|frosch, der: *(in Tümpeln u. Teichen lebender) Frosch von graugrüner bis bräunlicher Färbung mit dunklen Flecken.*
wạs|ser|füh|rend ⟨Adj.⟩ (Fachspr.): *mit Wasser angefüllt, gesättigt:* periodisch -e Flüsse.
Wạs|ser|füh|rung, die (Fachspr.): *das Vorhandensein von Wasser in einem Wasserlauf, im Untergrund, im Erdboden.*
Wạs|ser|ge|halt, der: *Gehalt an Wasser:* Obst mit hohem W.
Wạs|ser|geist, der ⟨Pl. -er⟩ (Myth.): *Geist, der im Wasser lebt.*
wạs|ser|ge|kühlt ⟨Adj.⟩: *mit Wasser gekühlt:* ein -er Motor.
Wạs|ser|glas, das: **1.** *becherartiges [1]Glas* (2 a). **2.** (Chemie) *durch Schmelzen von Soda od. Pottasche mit Quarzsand hergestellte sirupartige Flüssigkeit, die zur Herstellung von Kitt u. zur Konservierung verwendet wird.*
Wạs|ser|glät|te, die: *(durch starken Regen od. Überflutung entstehender) Zustand einer Fahrbahn, Rollbahn o. Ä., bei dem es leicht zum Aquaplaning kommen kann.*
Wạs|ser|gra|ben, der: **1.** *mit Wasser angefüllter [Wasser ableitender] Graben.* **2. a)** (Reiten) *Hindernis in Form eines Wassergrabens* (1); **b)** (Leichtathletik) *Hindernis in Form eines Wassergrabens* (1) *mit einer Hürde (beim Hindernislauf).*
Wạs|ser|grund|stück, das: *am Wasser gelegenes Grundstück.*
Wạs|ser|gü|te, die: *Güte des Wassers:* die W. in dem Fluss, dem See ist wieder gestiegen.
Wạs|ser|hahn, der: *Hahn* (3) *an einer Wasserleitung:* der W. tropft; den W. auf-, zu-, an-, abdrehen.
wạs|ser|hal|tig ⟨Adj.⟩: *Wasser enthaltend.*
Wạs|ser|här|te, die: *Härte* (1 c).
Wạs|ser|haus|halt, der: **1.** (Biol., Med.) *physiologisch gesteuerte Wasseraufnahme u. -abgabe in einem Organismus:* der W. einer Pflanze, des menschlichen Körpers; Ü der W. des Bodens. **2.** *haushälterische Bewirtschaftung des in der Natur vorhandenen Wassers.*
Wạs|ser|heil|kun|de, die ⟨o. Pl.⟩: *Hydropathie.*
Wạs|ser|heil|ver|fah|ren, das: *hydropathisches Heilverfahren* (a).
wạs|ser|hell ⟨Adj.⟩: *hell, klar wie Wasser:* ein -er Edelstein, Kristall.
Wạs|ser|ho|se, die (Met.): *Wirbelwind über einer Wasserfläche, der Wasser nach oben saugt.*
Wạs|ser|huhn, das: *Blässhuhn.*
Wạs|ser|hül|le, die ⟨o. Pl.⟩ (Geol.): *die Erde umgebendes Wasser; Hydrosphäre.*
wạ̈s|se|rig usw.: ↑wässrig usw.
Wạs|ser|jung|fer, die: *Libelle* (1).
Wạs|ser|ka|nis|ter, der: vgl. Wassereimer.
Wạs|ser|ka|no|ne, die: vgl. Wasserwerfer (a): die W. in Tätigkeit setzen, in Stellung bringen; ein Feuerlöschboot mit zwei -n.
Wạs|ser|kan|te, die ⟨o. Pl.⟩ (selten): hochd. für ↑Waterkant.
Wạs|ser|ka|raf|fe, die: vgl. Wassereimer.
Wạs|ser|kas|ten, der: **1.** *kastenförmiger Behälter für die Wasserspülung eines Wasserklosetts.* **2.** (ugs.) *Kasten* (2) *mit Wasserflaschen* (b).
Wạs|ser|kes|sel, der: *bauchiges Metallgefäß mit Deckel zum Wasserkochen (für Tee, Kaffee o. Ä.):* der W. summt, pfeift.
wạs|ser|klar ⟨Adj.⟩: *klar wie Wasser:* -er Quarz; ein -er Schnaps.
Wạs|ser|klo|sett, das: *Klosett mit Wasserspülung* (Abk.: WC).
Wạs|ser|kopf, der (Med.): *Hydrozephalus:* Ü der Verwaltungsapparat als W. des Staates.
Wạs|ser|kraft, die: *in fließendem od. gespeichertem Wasser enthaltene Energie:* die W. nutzen; Elektrizität aus W.; eine mit W. angetriebene Turbine.
Wạs|ser|kraft|werk, das (Technik): *Anlage zur Umwandlung der Energie fließenden od. stürzenden Wassers in elektrische Energie.*
Wạs|ser|kreis|lauf, der ⟨o. Pl.⟩ (Met.): *Kreislauf des Wassers zwischen Meer, Wasserdampf der Atmosphäre u. Niederschlägen.*
Wạs|ser|krug, der: vgl. Wassereimer.
Wạs|ser|kunst, die: *(bes. in barocken Schlossparks) Bauwerk für künstliche Kaskaden, Springbrunnen, Wasserspiele.*
Wạs|ser|kur, die: *Heilkur durch Wasserbehandlung.*
Wạs|ser|la|che, die: *[2]Lache von Wasser.*
Wạs|ser|las|sen, das; -s: *Harnentleerung.*
Wạs|ser|lauf, der: *[kleines] fließendes Gewässer.*
Wạs|ser|läu|fer, der: **1.** *(am Wasser u. in Sümpfen lebender) zu den Schnepfen gehörender Watvogel mit schlankem Körper u. langem, geradem Schnabel.* **2.** *Insekt, das sich mit seinen langen, dünnen Beinen über die Wasseroberfläche zu bewegen vermag.*
wạs|ser|le|bend ⟨Adj.⟩ (Zool.): *im, am, auf dem Wasser lebend:* -e Säugetiere.
Wạs|ser|lei|che, die (ugs.): *Leiche eines Ertrunkenen [die eine gewisse Zeit im Wasser gelegen hat u. aufgedunsen ist]:* wie eine W. aussehen.
Wạs|ser|lei|tung, die: *[Rohr]leitung für Wasser:* eine oberirdisch geführte antike W.; die W. ist eingefroren.
Wạs|ser|li|nie, die (Seew.): *Linie, in der der Wasserspiegel den Schiffsrumpf berührt.*
Wạs|ser|lin|se, die [nach der Form]: *auf ruhigen Gewässern schwimmende kleine Wasserpflanze mit blattartigem Spross.*
Wạs|ser|loch, das: *Erdloch, in dem sich Wasser angesammelt hat.*
wạs|ser|lös|lich ⟨Adj.⟩: *in Wasser löslich:* -e Stoffe; die Farbe, Schminke ist w.
Wạs|ser|man|gel, der: *Mangel an Wasser:* unter W. leiden.
Wạs|ser|mann, der ⟨Pl. ...männer⟩ [mhd. waʒʒerman = Schiffer; Wasserungetüm, ahd. waʒʒirman = Wasserträger]: **1.** (Myth.) *männlicher Wassergeist [der den Menschen feindlich gesinnt ist].* **2.** (Astrol.) **a)** ⟨o. Pl.⟩ *Tierkreiszeichen für die Zeit vom 20. 1. bis 18. 2.;* **b)** *jmd., der im Zeichen Wassermann* (2 a) *geboren ist:* sie ist [ein] W. **3.** ⟨o. Pl.⟩ Sternbild beiderseits des Himmelsäquators.
Wạs|ser|mas|se, die ⟨meist Pl.⟩: *große Menge Wasser:* gewaltige -n; die in das Schiff, den Stollen einbrechenden -n.
Wạs|ser|me|lo|ne, die: **a)** *Melone* (1 a) *mit großen, dunkelgrünen, glatten Früchten mit hellrotem, süß schmeckendem, sehr wasserhaltigem Fruchtfleisch u. braunschwarzen Kernen;* **b)** *Frucht der Wassermelone* (a).
Wạs|ser|men|ge, die: *Menge Wasser.*
Wạs|ser|müh|le, die: *mit Wasserkraft betriebene Mühle.*
wạs|sern ⟨sw. V.; hat/ist⟩: *(von Vögeln, Flugzeugen o. Ä.) auf dem Wasser niedergehen:* die Raumkapsel wird im Atlantik w.
wạ̈s|sern ⟨sw. V.; hat⟩ [mhd. weʒʒeren]: **1.** *längere Zeit in Wasser legen, um bestimmte Stoffe herauszulösen o. Ä.:* Salzheringe w.; die Kalbsniere vor der Zubereitung [zwei Stunden] w.; die Fotos sind nicht lange genug gewässert worden. **2.** *Pflanzen im Boden, dem Boden Wasser zuführen:* die Bäume, den Garten, die Stauden, den Rasen w.; ⟨auch o. Akk.-Obj.:⟩ in diesem Sommer mussten wir sehr viel, oft w. **3.** (geh.) *eine wässrige Flüssigkeit absondern:* ihm wässerte der Mund *(sein Mund sonderte Speichel ab).*
Wạs|ser|nä|he, die: *Nähe des Wassers, eines Gewässers.*
Wạs|ser|ni|xe, die: *Nixe.*
Wạs|ser|not, die: *bedrohlicher Wassermangel:* es herrschte große W.
Wạs|ser|nym|phe, die: *Quellnymphe.*
Wạs|ser|ober|flä|che, die: *Oberfläche des Wassers.*
Wạs|ser|per|le, die: *kleiner Wassertropfen auf einer Oberfläche o. Ä.*

Wạs|ser|pest, die [bei massenhaftem Vorkommen konnte die Pflanze für die Schifffahrt hinderlich sein]: *(in stehenden od. langsam fließenden Gewässern unter der Wasseroberfläche wachsende) meterlange Sprosse bildende Pflanze mit quirligen od. gegenständigen Blättern; Elodea.*

Wạs|ser|pfei|fe, die: *orientalische Tabakspfeife [mit mehreren Mundstücken], bei der der Rauch zur Kühlung u. Filterung durch ein Gefäß mit Wasser geleitet wird.*

Wạs|ser|pflan|ze, die: *im Wasser wachsende Pflanze.*

Wạs|ser|pfüt|ze, die: *Pfütze.*

Wạs|ser|pis|to|le, die: *Spielzeug in Form einer Pistole zum Verspritzen von Wasser.*

Wạs|ser|po|li|zei, die (ugs.): kurz für ↑Wasserschutzpolizei.

Wạs|ser|pum|pe, die: a) *Pumpe* (1 a); b) (bes. Kfz-T.) *Pumpe* (1 b) *zum Umwälzen des Wassers im Kühlsystem eines Verbrennungsmotors:* die W. wird über den Keilriemen vom Motor angetrieben.

Wạs|ser|qua|li|tät, die: *Wassergüte.*

Wạs|ser|quel|le, die: **1.** *für die Wasserversorgung nutzbare Wasserreserve.* **2.** (selten) *Quelle* (1).

Wạs|ser|rad, das: *mit Schaufeln od. Zellen besetztes Rad, das unter Ausnutzung der Energie strömenden Wassers bes. zum Antrieb von Mühlen dient.*

Wạs|ser|rat|te, die: **1.** *Schermaus* (1). **2.** (ugs. scherzh.) *jmd., der viel, oft schwimmt od. badet, der viel, oft im Wasser ist.*

Wạs|ser|recht, das ⟨o. Pl.⟩: *gesetzliche Bestimmungen bes. über Schutz u. Benutzung von Gewässern.*

wạs|ser|reich ⟨Adj.⟩: *reich an Wasser, Feuchtigkeit.*

Wạs|ser|reis, der: *bes. an See- u. Flussufern in Nordamerika u. Ostasien wachsendes, zu den Süßgräsern gehörendes Gras, dessen längliche, dunkle, essbare, nussartig schmeckende Früchte als Wildreis in den Handel kommen.*

Wạs|ser|re|ser|ve, die: *Reserve an Wasser.*

Wạs|ser|re|ser|voir, das: **1.** *Reservoir für Wasser.* **2.** *Wasservorrat.*

Wạs|ser|ret|tungs|dienst, der: *Rettungsdienst für im Wasser (bes. beim Schwimmen, beim Wassersport) in Not Geratene.*

Wạs|ser|rohr, das: *Leitungsrohr für Wasser.*

Wạs|ser|ro|se, die: *Seerose* (1).

Wạs|ser|säu|le, die (Physik): *in der Form einer senkrecht stehenden Säule auf einer waagerechten Grundfläche ruhendes Wasser (etwa als Inhalt eines zylindrischen Gefäßes), dessen Höhe früher als Maß für den* [1]*Druck* (1) *verwendet wurde.*

Wạs|ser|scha|den, der: *durch eindringendes Wasser entstandener Schaden.*

Wạs|ser|schei|de, die (Geogr.): *Grenzlinie zwischen zwei Einzugsgebieten von Wasserläufen.*

wạs|ser|scheu ⟨Adj.⟩: *sich scheuend, ins Wasser zu gehen, mit Wasser in Berührung zu kommen:* das Kind ist furchtbar w.

Wạs|ser|scheu, die: *Scheu, mit Wasser in Berührung zu kommen:* seine W. überwinden; aus W. nicht schwimmen gehen.

Wạs|ser|schi usw.: ↑Wasserski usw.

Wạs|ser|schicht, die: *(durch bestimmte Eigenschaften gekennzeichnete) Schicht des Wassers eines Gewässers:* eine relativ sauerstoffarme, warme W.

Wạs|ser|schlan|ge, die: **1.** *im Wasser lebende Schlange.* **2.** ⟨o. Pl.⟩ Sternbild beiderseits des Himmelsäquators.

Wạs|ser|schlauch, der: **1.** *Schlauch* (1 a, c) *für Wasser.* **2.** *Wasserpflanze mit dem Insektenfang dienenden Blasen an den Blättern od. Seitensprossen.*

Wạs|ser|schutz|ge|biet, das: *zum Schutzgebiet erklärtes Gebiet mit seinen Gewässern.*

Wạs|ser|schutz|po|li|zei, die: *Polizei zur Überwachung des Verkehrs auf den Wasserstraßen.*

Wạs|ser|schwall, der: *Schwall von Wasser.*

[1]**Wạs|ser|ski,** der: *breiter Ski für* [2]*Wasserski.*

[2]**Wạs|ser|ski,** das ⟨o. Pl.⟩: *Sportart, bei der man auf* [1]*Wasserskiern im Schlepp eines Motorbootes über das Wasser gleitet.*

Wạs|ser|ski|läu|fer, der: *jmd., der Wasserski läuft.*

Wạs|ser|ski|läu|fe|rin, die: w. Form zu ↑Wasserskiläufer.

Wạs|ser|ski|sport, der: [2]*Wasserski.*

Wạs|sers|not, die (veraltet): *Überschwemmung.*

Wạs|ser|spei|er, der; -s, - (Archit.): *über die Mauer vorspringendes Regenrohr aus Blech od. Stein, das (bes. in der Gotik) künstlerisch mit Darstellungen von Fabelwesen, Tieren, Menschenköpfen gestaltet ist.*

Wạs|ser|spie|gel, der: a) *Wasseroberfläche;* b) *Wasserstand:* der W. hat sich gesenkt.

Wạs|ser|spiel, das ⟨meist Pl.⟩: *durch eine Wasserkunst od. eine entsprechende Anlage bewirkte Bewegung von Fontänen unterschiedlicher Höhe in bestimmten Abständen [entsprechend dem Rhythmus der Musik].*

Wạs|ser|sport, der: *im od. auf dem Wasser ausgeübter Sport.*

Wạs|ser|sport|ler, der: *Sportler, der Wassersport treibt.*

Wạs|ser|sport|le|rin, die: w. Form zu ↑Wassersportler.

Wạs|ser|sprin|gen, das ⟨o. Pl.⟩: *Disziplin des Schwimmsports, in der Sprünge von Sprungbrettern od. Plattformen eines Sprungturms ausgeführt werden.*

Wạs|ser|spü|lung, die: *Vorrichtung zum [Aus]spülen [des Toilettenbeckens] mit Wasser:* die W. betätigen.

Wạs|ser|stand, der: *(für die Schifffahrt wichtige) mit dem Pegel* (1 a) *gemessene Höhe der Wasseroberfläche:* ein hoher, niedriger W.; der W. ist gesunken, gestiegen, gefallen.

Wạs|ser|stands|an|zei|ger, der (Technik): *Messgerät, das den Wasserstand anzeigt; Pegel* (1 a).

Wạs|ser|stands|mel|dung, die ⟨meist Pl.⟩: *[über den Rundfunk verbreitete] Meldung über den Wasserstand.*

Wạs|ser|stein, der ⟨o. Pl.⟩: *Kesselstein.*

Wạs|ser|stel|le, die: *Stelle (z. B. Quelle), an der in einem wasserarmen Gebiet Wasser zu finden ist:* die nächste W. war noch weit.

Wạs|ser|stoff, der ⟨o. Pl.⟩ [nach frz. hydrogène, ↑Hydrogen]: *farb-, geruchloses u. geschmackfreies Gas, das in der Verbindung mit Sauerstoff als Wasser vorkommt u. bes. zur Synthese von Ammoniak, Benzin, Salzsäure u. a., zum Schweißen, als Heizgas u. Treibstoff für Raketen verwendet wird (chemisches Element);* Zeichen: H (↑Hydrogen[ium]): schwerer W. *(Deuterium);* überschwerer W. *(Tritium).*

Wạs|ser|stoff|atom, das: *Atom des Wasserstoffs.*

wạs|ser|stoff|blond ⟨Adj.⟩ (ugs.): *mit Wasserstoffperoxid blondiert:* -es Haar.

Wạs|ser|stoff|bom|be, die: *Bombe, deren Sprengkraft hauptsächlich auf der Fusion der Atomkerne von Deuterium u. Tritium beruht;* Kurzwort: H-Bombe.

Wạs|ser|stoff|per|oxid, das (Chemie): *farblose, explosive Flüssigkeit (Wasserstoff-Sauerstoff-Verbindung), die stark oxidierend wirkt u. bes. als Bleichmittel verwendet wird.*

Wạs|ser|stoff|su|per|oxid, das (Chemie veraltet): *Wasserstoffperoxid.*

Wạs|ser|strahl, der: vgl. Wasserschwall: ein breiter, armdicker W.

Wạs|ser|stra|ße, die: *von Schiffen befahrbares Gewässer als Verkehrsweg.*

Wạs|ser|sucht, die ⟨o. Pl.⟩ [mhd. waȥȥersucht, ahd. waȥȥarsuht, für lat. hydrops = Wassersucht < griech. hýdrōps]: *Hydrops.*

wạs|ser|süch|tig ⟨Adj.⟩: *von Wassersucht befallen.*

Wạs|ser|sup|pe, die (abwertend): *wässrige Suppe, die kaum Nährwert hat.*

Wạs|ser|tank, der: *Tank für Wasser.*

Wạs|ser|tem|pe|ra|tur, die: *Temperatur des Wassers.*

Wạs|ser|tie|fe, die: *Tiefe des Wassers.*

Wạs|ser|tier, das: *im, am od. auf dem Wasser lebendes Tier.*

Wạs|ser|trä|ger, der: **1.** (bes. früher) *jmd., der [berufsmäßig] Wasser für die Trinkwasserversorgung herbeiträgt.* **2.** (bes. Politik, Sport Jargon) *jmd., der sich einem anderen bereitwillig unterordnet u. für ihn Hilfsdienste verrichtet:* er hat sich vom W. des Parteiführers zum Spitzenkandidaten hochgedient; er ist W. (Radsport; *Domestik* 2) im Team des Tour-de-France-Siegers.

Wạs|ser|trä|ge|rin, die: w. Form zu ↑Wasserträger.

Wạs|ser|tre|ten, das; -s: *(bes. im Rahmen einer Kneippkur angewandte) Heilbehandlung, die darin besteht, in kaltem, möglichst strömendem, etwas mehr als knöcheltiefem Wasser umherzugehen, wobei die Knie stark gehoben werden.*

Wạs|ser|trog, der: vgl. Wasserbehälter.

Wạs|ser|trop|fen, der: *einzelner Tropfen* (1 a) *von Wasser.*

Wạs|ser|tur|bi|ne, die (Technik): *die potenzielle u. die kinetische Energie des Wassers ausnutzende Turbine, die zum Antrieb von Generatoren dient.*

Wạs|ser|turm, der: *Turm eines Wasserwerks, in dessen oben eingebautem Behälter das aufbereitete Wasser gespeichert wird, der Schwankungen im Verbrauch ausgleicht u. für den konstanten Wasserdruck in den Leitungen sorgt.*

Wạs|ser|uhr, die: **1.** (volkst.) *Wasserzähler.* **2.** *antikes Zeitmessgerät, bei dem die durch eine kleine Öffnung aus einem Gefäß in ein anderes abfließende Menge als Maß für die verstrichene Zeit dient.*

wạs|ser|un|durch|läs|sig ⟨Adj.⟩: *undurchlässig für Wasser* (1 a).

Wạs|se|rung, die; -, -en: *das Wassern.*

Wạ̈s|se|rung, die; -, -en: *das Wässern.*

wạs|ser|un|lös|lich ⟨Adj.⟩: *in Wasser nicht löslich:* -e Stoffe; die Farbe ist w.

Wạs|ser|ver|brauch, der: *Verbrauch an Wasser.*

Wạs|ser|ver|drän|gung, die: *Wassermenge (in Tonnen), die ein Schiff mit dem unter der Oberfläche liegenden Teil verdrängt u. die der Masse des gesamten Schiffs entspricht.*

Wạs|ser|ver|schmut|zung, die: **a)** *das Verunreinigen des Wassers durch Fremdstoffe;* **b)** *Zustand der Verunreinigung, Verschmutzung des Wassers.*

Wạs|ser|ver|sor|gung, die: *Versorgung von Bevölkerung u. Industrie mit Wasser.*

Wạs|ser|vo|gel, der: *auf dem od. am Wasser lebender Vogel.*

Wạs|ser|vor|kom|men, das: *von Natur aus an einem Ort befindliche größere Menge [Süß]wasser, das sich für die Wasserversorgung nutzen lässt:* unterirdische W. erschließen.

Wạs|ser|vor|rat, der: *Vorrat an Wasser; Wasserreservoir* (2).

Wạs|ser|waa|ge, die (Bauw., Technik): *Messinstrument mit eingesetzter Libelle* (2) *zur Prüfung der waagerechten, senkrechten, geneigten Lage; Richt-, Setzwaage.*

Wạs|ser|wan|dern, das; -s: *Wandern* (1) *mit dem Boot.*

Wạs|ser|wan|de|rung, die: *Wanderfahrt mit dem Boot.*

Wạs|ser|weg, der: *Weg über das Wasser, über eine Wasserstraße [im Binnenland]:* etw. auf dem W. transportieren.

Wạs|ser|wel|le, die: *künstliche Wellung des Haars, das hierfür noch feucht auf Lockenwickler gewickelt u. anschließend getrocknet wird.*

Wạs|ser|wer|fer, der: a) *[auf einem Fahrzeug, z. B. einem Einsatzfahrzeug der Polizei installierte] Vorrichtung, aus der, z. B. zur Vertreibung von Demonstranten, zum Löschen eines Brandes, ein gezielter, scharfer Wasserstrahl abgegeben werden kann;* b) *Polizeifahrzeug mit einem Wasserwerfer* (a).

Wạs|ser|werk, das: *[städtische] Anlage zur Was-*

W

serversorgung, in der das Wasser gefördert, aufbereitet u. in das Versorgungsnetz geleitet wird.

Was|ser|wir|bel, der: *Strudel* (1).

Was|ser|wirt|schaft, die ⟨o. Pl.⟩: *Maßnahmen zur Wasserversorgung u. zur Regulierung des Wasserhaushalts.*

Was|ser|wüs|te, die (emotional): *[jmdn. überall umgebende] unermesslich große Wasserfläche.*

Was|ser|zäh|ler, der: *Gerät zur Ermittlung der durch eine Rohrleitung fließenden, verbrauchten Wassermenge.*

Was|ser|zei|chen, das: *(als Markenzeichen einer Papiermühle, als Echtheitsnachweis bei Banknoten u. Wertpapieren) beim* [2]*Schöpfen* (5) *angebrachtes Muster, das sich hell abhebt, wenn das Papier gegen das Licht gehalten wird.*

Was|ser|zu|fuhr, die: *Zufuhr von Wasser:* die W. unterbrechen, stoppen.

wäss|rig, wässerig ⟨Adj.⟩ [mhd. weʒʒeric, ahd. waʒʒirig]: **1.** *reichlich Wasser enthaltend [u. entsprechend fade schmeckend]:* eine -e Suppe; -er Schnee; eine -e *(Wasser als Hauptbestandteil enthaltende)* Flüssigkeit; eine -e *(Wasser als Lösungsmittel enthaltende)* Lösung; das Eis war w. und viel zu süß; die Erdbeeren sind, schmecken w. **2.** *hell u. farblos; von blasser Farbe:* w. blau. **3.** *wässernd* (3): er bekam -e Augen.

Wäss|rig|keit, Wässerigkeit, die; -: *das Wässrigsein; wässrige Beschaffenheit, Art.*

wa|ten ⟨sw. V.; ist⟩ [mhd. waten, ahd. watan = gehen, verw. mit lat. vadere = gehen, schreiten u. vadum = Furt]: *auf nachgebendem Untergrund gehen, wobei man ein wenig einsinkt u. deshalb die Beine beim Weitergehen anheben muss:* ans Ufer w.; im Schlamm w.; durch das Wasser, einen Fluss, den Schnee, den Schlick, den Dünensand w.

Wa|ter|kant, die; - [niederd. = Wasserkante] (scherzh.): *norddeutsches Küstengebiet; Nordseeküste.*

Wa|ter|loo, das; -, -s [nach der Schlacht bei Waterloo (18. 6. 1815), in der Napoleon I. vernichtend geschlagen wurde] (bildungsspr.): *vernichtende Niederlage:* ein, sein W. erleben.

wa|ter|proof [ˈwɔːtəpruːf] ⟨indekl. Adj.⟩ [engl. waterproof, aus: water = Wasser u. proof = dicht, undurchlässig] (Fachspr.): *wasserdicht* (Hinweis in Geweben u. auf Uhren).

Wa|ter|proof, der; -s, -s [engl. waterproof, zu: waterproof, ↑waterproof]: **1.** *wasserdichter Stoff.* **2.** *wasserdichter Regenmantel.*

wa|terre|sis|tant [wɔːtəriˈzɪstənt] ⟨indekl. Adj.⟩ [engl. water-resistant, aus: water = Wasser u. resistant = widerstandsfähig]: *wasserdicht* (Hinweis auf Uhren als Qualitätsmerkmal, oft in Verbindung mit Angabe der Wassertiefe, bis zu der dies gilt).

Wat|sche, die; -, -n [wohl lautm.] (bayr., österr. ugs.): *Ohrfeige:* jmdm. eine W. geben.

wat|sche|lig [auch: ˈvaː...], watschlig ⟨Adj.⟩: *(in Bezug auf den Gang) watschelnd:* w. gehen.

wat|scheln [auch: ˈvaː...] ⟨sw. V.; ist⟩ [Vkl. von spätmhd. wakzen = hin u. her bewegen, Intensivbildung zu: wacken (↑wackeln), eigtl. = sich ein wenig hin u. her bewegen]: *sich schwerfällig fortbewegen, sodass sich das Gewicht sichtbar von einem Bein auf das andere verlagert:* die Ente watschelt über den Hof; seine Frau watschelt wie eine Ente; einen watschelnden Gang haben.

wat|schen ⟨sw. V.; hat⟩ [zu ↑Watsche] (bayr., österr. ugs.): *ohrfeigen:* jmdn. w.

Wat|schen, die; -, - (bayr., österr. ugs.): *Watsche.*

watsch|lig [auch: ˈvaː...]: ↑watschelig.

Watschn, die; -, - (bayr., österr. ugs.): *Watsche.*

[1]**Watt,** das; -[e]s, -en [aus dem Niederd. < mniederd. wat (vgl. ahd. wat = Furt), eigtl. = Stelle, die sich durchwaten lässt, zu ↑waten]: *seichter, von Prielen durchzogener Küstenstreifen, dessen Meeresboden aus Sand u. Schlick bei Ebbe nicht überflutet ist:* das W. fällt bei Ebbe trocken; die Tiere des -s; der Hauptort der Insel liegt am W. *(am Wattenmeer);* ans W. fahren; eine Wanderung durchs W.; im W. nach Sandwürmern graben; in den -en der ostfriesischen Küste.

[2]**Watt,** das; -s, - [nach dem engl. Ingenieur J. Watt (1736–1819)] (Physik, Technik): *Maßeinheit der [elektrischen] Leistung:* die Glühbirne hat 60 W.; die Stereoanlage bringt, leistet zweimal hundert W. (Zeichen: W).

Wat|te, die; -, (Sorten:) -n [niederl. watten (Pl.) < mlat. wadda, H. u.]: *lose zusammenhängende Masse aus weichen, aufgelösten Baumwoll- od. Zellwollfasern, die bes. für Verbandszwecke, zur Polsterung o. Ä. dient:* weiche, sterilisierte W.; sich W. in die Ohren stopfen; etw. mit W. polstern, füttern; etw. in W. verpacken; die Wunde mit W. abtupfen; * **W. in den Ohren haben** (ugs.; *nicht hören wollen*); **jmdn. in W. packen** (ugs.; *jmdn. äußerst behutsam behandeln*); **sich in W. packen lassen können, sollen** (ugs.; *allzu empfindlich sein*).

Wat|te|bausch, der: *Bausch* (2 a) *Watte; Tampon* (1 a).

Wat|ten|küs|te, die: *flache Küste mit einem* [1]*Watt.*

Wat|ten|meer, das: *flaches Meer, das das* [1]*Watt bei Flut bedeckt:* das W. zwischen den Inseln und dem Festland; ein kleiner Ort am W.

wat|tie|ren ⟨sw. V.; hat⟩: *(von Kleidungsstücken) mit Watte o. Ä. polstern, füttern:* die Schultern [einer Jacke] w.; ein wattierter Morgenrock, Anorak.

Wat|tie|rung, die; -, -en: **1.** ⟨Pl. selten⟩ *das Wattieren.* **2.** *Polster, Futter aus Watte o. Ä.*

wat|tig ⟨Adj.⟩: *weich [u. weiß] wie Watte:* -er Schnee.

Watt|me|ter, das [zu ↑[2]Watt u. ↑-meter (1)] (Physik, Technik): *Gerät zur Messung elektrischer Leistungen.*

Watt|pflan|ze, die: *im* [1]*Watt wachsende Pflanze.*

Watt|se|kun|de, die (Physik, bes. Elektrot.): *Energiemenge, die bei einem* [2]*Watt Leistung in einer Sekunde verbraucht wird (Einheit der Energie bzw. der Arbeit;* Zeichen: Ws).

Watt|wan|de|rung, die: *Wanderung durchs* [1]*Watt.*

Watt|wurm, der: *Köderwurm.*

Wat|vo|gel, der: *hochbeiniger Vogel, der im flachen Wasser watet bzw. in Sümpfen o. Ä. lebt.*

wau, wau ⟨Interj.⟩ (Kinderspr.): lautm. für das Bellen des Hundes: w., w. machen.

Wau, der; -[e]s, -e [niederl. wouw, wohl eigtl. = (Aus)gerupfter]: *Reseda.*

Wau|wau [auch: –ˈ–], der; -s, -s (Kinderspr.): *Hund.*

WC [veːˈtseː], das; -[s], -[s] [Abk. für engl. water-closet = Wasserklosett, ↑Klosett]: *Toilette* (2).

WC-Be|cken, das: *Toilettenbecken.*

WDR = Westdeutscher Rundfunk.

Web|ar|beit, die: vgl. Näharbeit.

We|be, die; -, -n (österr.): *Leinwand* (1 a), *Leinzeug, Riet[blatt].*

We|be|blatt, das (Weberei): *kammartiges Teil eines Webstuhls, das den jeweils letzten Schussfaden fest an das bereits Gewebte heranschiebt.*

We|be|feh|ler, der: **1.** *Webfehler* (1). **2.** (ugs.) *Webfehler* (2).

We|be|kan|te, die: *Webkante.*

We|be|lei|ne, die [zu veraltet weben = knüpfen] (Seemannsspr.): *Tau, das wie die Sprosse einer Leiter quer über den Wanten befestigt wird.*

we|ben ⟨sw. u. st. V.; hat⟩ [mhd. weben, ahd. weban, eigtl. = sich hin u. her bewegen, wimmeln]: **1.** ⟨sw. u. st. V.⟩ **a)** *Längs- u. Querfäden zu einem Gewebe kreuzweise verbinden:* sie webt [an einem Teppich]; **b)** *durch Weben* (a) *herstellen:* Leinen, Tuche, Spitze, Teppiche w.; der Stoff wurde auf, mit der Maschine gewebt; ein Muster [in einen Stoff] w. **2.** ⟨st. V.⟩ (geh.) **a)** *[als geheimnisvolle Kraft] wirksam, am Werk sein:* Sagen woben um seine Gestalt; **b)** ⟨w. + sich⟩ *auf geheimnisvolle Weise allmählich entstehen:* um das Schloss webt sich manche Sage.

We|ber, der; -s, - [mhd. webære, ahd. weberi]: *jmd. der webt, der eine Webmaschine bedient.*

We|be|rei, die; -, -en: **1.** ⟨o. Pl.⟩ *das Weben* (1). **2.** *Betrieb, in dem gewebt* (1) *wird.* **3.** (selten) *Webarbeit; etw. Gewebtes.*

We|be|rin, die; -, -nen: w. Form zu ↑Weber.

We|ber|kamm, der: *Webeblatt.*

We|ber|knecht, der [vgl. Schneider (8 b)]: *Spinnentier mit extrem langen, dünnen Beinen; Schneider* (8 b).

We|ber|kno|ten, der: *Kreuzknoten.*

We|ber|schiff|chen, das (Weberei): *Schiffchen* (4).

We|ber|vo|gel, der: *Singvogel, der oft kunstvoll gewebte beutel- od. kugelförmige Nester baut.*

Web|feh|ler, der: **1.** *falsch gewebte Stelle in einer Webarbeit; Fehler im Gewebe:* ein Teppich mit kleinen -n. **2.** (ugs.) *von vornherein vorhandener, nicht zu behebender Fehler, mit dem jmd., etw. behaftet ist.*

Web|garn, das: *Garn zum Weben.*

Web|kan|te, die: *beim Weben durch den Richtungswechsel des Schussfadens entstehender fester Rand eines Gewebes.*

Web|ma|schi|ne, die: *Maschine zum Weben.*

Web|mus|ter, das: *beim Weben hervorgebrachtes Muster.*

Web|pelz, der: *gewebte Pelzimitation.*

Web|schiff|chen, das: *Weberschiffchen.*

Web|sei|te, die: *Bestandteil einer Website.*

Web|site [ˈwɛbˈsaɪt], die; -, -s [engl. web site, aus: web (kurz für ↑World Wide Web) u. site = Platz, Stelle]: *Gesamtheit der hinter einer Adresse stehenden Seiten* (11) *im World Wide Web.*

Web|stuhl, der: *(für die Handweberei stuhlartiges) Gestell od. Maschine zum Weben:* ein mechanischer, automatischer W.

Wech|sel, der; -s, - [mhd. wehsel, ahd. wehsal, verw. mit ↑[2]weichen, eigtl. = das Weichen, Platzmachen; 2: gek. aus ↑Wechselbrief]: **1.** ⟨Pl. selten⟩ **a)** *[(nach gewissen Gesetzen) öfter od. immer wieder vor sich gehende] Veränderung in bestimmten Erscheinungen, Dingen, Geschehnissen o. Ä.:* ein rascher, dauernder W.; der W. der Ereignisse, der Gezeiten, der Jahreszeiten, des Tempos, der Szene, des Wetters, von Tag und Nacht, von Hell und Dunkel; es trat ein entscheidender W. ein; den W. *(die Abwechslung)* lieben; alles ist dem W. unterworfen; etw. vollzieht sich in schnellem W.; die Darbietungen folgten einander in buntem/(seltener:) im bunten W. *(in bunter Aufeinanderfolge);* **b)** *das Wechseln:* der W. der Reifen, der Filmspule, der Wäsche, des Motoröls; der W. des Arbeitsplatzes, der Schule, der Konfession, des Wohnsitzes, der Fahrspur; der W. von einem Betrieb zum andern, [aus der Opposition] in die Regierung; seit seinem W. [von Ulm] nach Erfurt; **c)** (bes. Ballspiele) *das Auswechseln:* der W. eines od. mehrerer Spieler; der W. der Pferde; fliegender W. (Eishockey, Handball; *Wechsel der Spieler, während das Spiel weiterläuft*); einen W. *(Austausch)* im Regierungskabinett vornehmen; **d)** (bes. Staffellauf) *Stabwechsel;* **e)** (Literaturw.) *(im Minnesang) Kombination von Strophen, in denen je eine männliche u. eine weibliche Person im Wechsel übereinander sprechen.* **2.** (Bankw.) *Papier (schuldrechtliches Wertpapier), in dem der Aussteller sich selbst od. einen Dritten zur Zahlung einer bestimmten Summe in einem bestimmten Zeitraum verpflichtet:* ein ungedeckter W.; ein gezogener *(auf einen Dritten ausgestellter)* W.; der W. ist fällig, verfällt; der W. ist geplatzt, ging zu Protest; einen W. ausstellen, unterschreiben, akzeptieren, diskontieren, präsentieren, prolongieren, protestieren, querschreiben, auf jmdn. ziehen; etw. auf W. kaufen; mit [einem] W. bezahlen. **3.** kurz für ↑Wildwechsel.

Wech|sel|bad, das: *kurzes Bad der Unterarme od. Unterschenkel in kaltem u. warmem Wasser im Wechsel:* bei kalten Füßen Wechselbäder machen; Ü jmdn. einem W. aussetzen *(ihn mal so, mal so behandeln).*

Wech|sel|balg, der [mhd. wehselbalc]: *(nach früherem Volksglauben einer Wöchnerin von bösen Geistern od. Zwergen untergeschobenes) hässliches, missgestaltetes Kind.*

Wẹch|sel|bank, die ⟨Pl. -en⟩ (Bankw.): *Bank, die bes. das Diskontgeschäft betreibt.*
Wẹch|sel|be|zie|hung, die: *wechselseitige Beziehung:* diese Themen stehen in enger W. [miteinander, zueinander].
Wẹch|sel|be|zug, der: vgl. Wechselbeziehung.
wẹch|sel|be|züg|lich ⟨Adj.⟩: *wechselseitig bezüglich; reziprok.*
Wẹch|sel|be|züg|lich|keit, die: *Reziprozität.*
Wẹch|sel|brief, der [spätmhd. wehselbrief; die Urkunde ermöglicht den Wechsel zu barem Geld] (veraltet): *Wechsel* (2 a).
Wẹch|sel|bürg|schaft, die (Bankw.): *Bürgschaft für einen Wechsel* (2 a).
Wẹch|sel|fäl|le ⟨Pl.⟩: *Situationen, in die man durch Veränderungen in seinem Leben geraten kann:* die W. des Lebens.
wẹch|sel|feucht ⟨Adj.⟩ (Geogr.): *(von den äußeren Tropen) durch ein Überwiegen der Trockenzeiten gegenüber den Regenzeiten gekennzeichnet.*
Wẹch|sel|fie|ber, das ⟨o. Pl.⟩ [das Fieber tritt periodisch auf]: *Malaria.*
Wẹch|sel|geld, das: **a)** ⟨Pl. selten⟩ *Geld, das man zurückerhält, wenn man mit einem größeren Geldschein, einer größeren Münze bezahlt, als es der Preis erfordert:* das W. nachzählen; **b)** ⟨o. Pl.⟩ *[Klein]geld zum Wechseln* (2 a).
Wẹch|sel|ge|sang, der: *Gesang im Wechsel zwischen Vorsänger od. Solisten u. Chor, zwischen Chören o. Ä.*
Wẹch|sel|guss, der (Med.): *kalter u. warmer Guss im Wechsel zur Förderung der Durchblutung.*
wẹch|sel|haft ⟨Adj.⟩: *öfter wechselnd; durch einen häufigen Wechsel gekennzeichnet:* -es Wetter; das Spiel hatte einen sehr -en Verlauf; in seinen Leistungen, Anschauungen w. sein.
Wẹch|sel|haf|tig|keit, die; -: *das Wechselhaftsein.*
Wẹch|sel|jah|re ⟨Pl.⟩: **a)** *Zeitspanne etwa zwischen dem 45. u. 55. Lebensjahr der Frau, in der die Menstruation u. die Empfängnisfähigkeit allmählich aufhören; Klimakterium:* sie ist in den -n, kommt in die W.; **b)** *Zeitspanne etwa zwischen dem 45. u. 60. Lebensjahr des Mannes, die durch eine Minderung der körperlichen, sexuellen Funktion u. der geistigen Spannkraft, durch nervöse Spannung [u. Depressionen] gekennzeichnet ist:* die W. des Mannes; ein Mann in den -n.
Wẹch|sel|kas|se, die: *Kasse, an der man Geld wechseln kann* (z. B. in einer Spielhalle o. Ä.).
Wẹch|sel|kre|dit, der (Bankw.): *durch einen Wechsel gesicherter, kurzfristiger Kredit; Akzeptkredit.*
Wẹch|sel|kurs, der (Bankw.): *Preis einer (ausländischen) Währung, ausgedrückt in einer anderen (inländischen) Währung:* feste, flexible -e; die Freigabe des -es.
wẹch|seln ⟨sw. V.⟩ [mhd. wehseln, ahd. wehsalōn, zu ↑Wechsel]: **1.** ⟨hat⟩ **a)** *bewusst etw. durch etw. anderes derselben Art ersetzen; eine Sache aufgeben u. eine entsprechende neue wählen:* den Platz, die Straßenseite, die Fahrspur, die Schule, den Wohnsitz, die Adresse, die Stellung, den Beruf, die Branche, das politische Lager, den Verein, den Partner, den Namen, den Arzt, die Zigarettenmarke w.; den Ton, das Tempo, das Thema, seine Ansichten, seine Gesinnung, die Konfession w.; bei einem Auto die Reifen, das Öl w.; die Handtücher, die Wäsche, die Kleidung, die Socken, den Verband w.; die Pferde w.; das Standbein w.; die Mannschaften wechseln jetzt die Seiten; den Besitzer w. *(in den Besitz eines andern übergehen);* ⟨subst.:⟩ ein Hemd, ein Paar Strümpfe zum Wechseln; **b)** *jmdm. etw. zukommen lassen u. von ihm etw. derselben Art erhalten:* mit jmdm. Briefe, Blicke, Komplimente, einen Händedruck w.; mit jmdm. den Platz w.; wir wechselten nur wenige Worte *(sprachen nur kurz miteinander).* **2.** ⟨hat⟩ **a)** *in eine entsprechende Anzahl Scheine od. Münzen von geringerem Wert umtauschen:* kannst du mir einen Hundertmarkschein [in zwei Fünfziger, in Münzen] w.?; ⟨auch o. Akk.-Obj.:⟩ ich kann leider nicht w. *(habe kein passendes Geld zum Herausgeben);* **b)** *in eine andere Währung umtauschen:* an der Grenze Geld w.; Mark gegen Dollar w. **3.** *sich [immer wieder in seinem Erscheinungsbild] verändern* ⟨hat⟩: seine Stimmung, seine Miene konnte sehr schnell w.; der Mond wechselt; die Ampel wechselte von Grün auf Gelb; das Wetter wechselt [zwischen Regen und Schnee]; Regen und Sonne wechselten *(lösten einander ab);* die Mitarbeiter wechseln häufig *(lösen einander häufig ab)* in dieser Firma; der Himmel ist wechselnd *(zeitweilig)* bewölkt. **4.** *sich von seinem Ort, Platz an einen anderen begeben* ⟨ist⟩: von einer Veranstaltung zur anderen w.; der Justizminister soll ins Auswärtige Amt w.; über die Grenze w. *(heimlich ins Ausland gehen);* das Wild, der Hirsch ist gewechselt (Jägerspr.; *hat seinen Standort, sein Revier verlassen);* der Bock ist über den Weg gewechselt (Jägerspr.; *hat ihn überquert).*
Wẹch|sel|ob|jek|tiv, das (Fot.): *auswechselbares Objektiv.*
Wẹch|sel|rah|men, der: *Bilderrahmen, bei dem das Bild zwischen eine Glasscheibe u. eine Rückenplatte gelegt wird u. leicht ausgewechselt werden kann.*
Wẹch|sel|re|de, die: *Dialog* (a).
Wẹch|sel|re|gress, der (Geldw.): *Anspruch des Inhabers eines Wechsels* (2 a) *gegenüber sämtlichen Verpflichteten, wenn der Wechsel bis zum fälligen Termin nicht bezahlt od. angenommen worden ist.*
Wẹch|sel|reim, der (Verslehre): *Kreuzreim.*
Wẹch|sel|rei|te|rei, die (Geldw.): *Austausch, Verkauf von Wechseln* (2 a) *[in betrügerischer Absicht] zur Kreditbeschaffung od. Verdeckung der Zahlungsunfähigkeit.*
Wẹch|sel|rich|ter, der (Elektrot.): *Gerät zur Umwandlung von Gleichstrom in Wechselstrom.*
Wẹch|sel|schal|ter, der (Elektrot.): *Schalter, der wechselweise mit einem od. mehreren anderen dasselbe Gerät o. Ä. ein- od. ausschalten kann.*
Wẹch|sel|schicht, die: *wechselnde Schichtarbeit.*
Wẹch|sel|schritt, der: *auf halber Länge unterbrochener Schritt mit dem hinteren Bein, durch den man beim Gehen in den Gleichschritt, beim Tanzen mit Beginn des neuen Taktes jeweils auf den anderen Fuß überwechselt:* einen W. machen.
Wẹch|sel|schuld, die (Geldw.): *Geldschuld aufgrund eines Wechsels* (2 a).
wẹch|sel|sei|tig ⟨Adj.⟩: *von der einen u. der anderen Seite in gleicher Weise aufeinander bezogen; gegenseitig:* eine -e Abhängigkeit; die -en Beziehungen zwischen den Staaten Europas; sich w. bedingen.
Wẹch|sel|sei|tig|keit, die; -: *Gegenseitigkeit.*
Wẹch|sel|span|nung, die (Elektrot.): *elektrische Spannung, deren Stärke sich periodisch ändert.*
Wẹch|sel|spiel, das: *mannigfaltiger Wechsel einer Sache:* das W. der Farben, von Licht und Schatten.
wẹch|sel|stän|dig ⟨Adj.⟩ (Bot.): *(von Laubblättern) in einem bestimmten Winkel gegeneinander versetzt:* die Blätter sind w. [angeordnet].
Wẹch|sel|stel|le, die: vgl. Wechselstube.
Wẹch|sel|steu|er, die (Finanzw.): *Steuer auf im Inland umlaufende Wechsel* (2 a).
Wẹch|sel|strom, der (Elektrot.): *elektrischer Strom, dessen Stärke u. Richtung sich periodisch ändern u. der sich im Unterschied zum Gleichstrom leichter transformieren u. mit geringerem Verlust fortleiten lässt.*
Wẹch|sel|strom|kreis, der (Elektrot.): *von Wechselstrom durchflossener Stromkreis.*
Wẹch|sel|strom|wi|der|stand, der (Elektrot.): *in einem Wechselstromkreis auftretender elektrischer Widerstand.*
Wẹch|sel|stu|be, die: *Stelle, meist als Filiale einer Bank [an Bahnhöfen u. Grenzübergängen], wo Geld einer Währung in Geld einer anderen Währung umgetauscht werden kann.*
Wẹch|sel|sum|me, die (Geldw.): *aufgrund eines Wechsels* (2 a) *zu zahlende Geldsumme.*
Wẹch|sel|tier|chen, das; -s, - (Biol.): *Amöbe.*
Wẹch|se|lung: ↑Wechslung.
Wẹch|sel|ver|hält|nis, das: *auf Wechselwirkung beruhendes Verhältnis.*
Wẹch|sel|ver|kehr, der (Verkehrsw.): *Verkehr in einer u. der anderen Richtung im Wechsel.*
wẹch|sel|voll ⟨Adj.⟩: *(bes. von Prozessen, Entwicklungen) durch häufigen Wechsel* (1 a) *gekennzeichnet:* ein -es Schicksal, Leben.
Wẹch|sel|wäh|ler, der [Lehnübertragung von engl. floating voter]: *Wähler, der nicht für immer auf eine bestimmte Partei festgelegt ist.*
Wẹch|sel|wäh|le|rin, die: w. Form zu ↑Wechselwähler.
wẹch|sel|warm ⟨Adj.⟩ (Zool.): *kaltblütig* (2).
wẹch|sel|wei|se ⟨Adv.⟩: **1.** *im Wechsel, abwechselnd:* der Preis wurde w. an Schriftsteller und bildende Künstler verliehen. **2.** (veraltend) *wechselseitig* (a), *gegenseitig.*
Wẹch|sel|wild, das (Jägerspr.): *Schalenwild, das das Revier wechselt, nur zeitweise in einem bestimmten Revier erscheint.*
Wẹch|sel|wir|kung, die: **a)** *[Zusammenhang durch] wechselseitige Beeinflussung:* -en zwischen Staat und Gesellschaft; diese Probleme stehen miteinander in W.; **b)** (Physik) *gegenseitige Beeinflussung physikalischer Objekte (Austausch von Elementarteilchen od. Quanten).*
Wẹchs|ler, der; -s, - [mhd. wehselære, ahd. wehselari]: *jmd., der beruflich [in einer Wechselstube] Geld wechselt.*
Wẹchs|le|rin, die; -, -nen: w. Form zu ↑Wechsler.
Wẹchs|lung, die; -, -en (selten): *das Wechseln.*
Wẹch|te, die; -, -n [urspr. schweiz., zu ↑wehen, eigtl. = (An)gewehtes]: *bes. am Rand von Steilhängen, Graten durch den Wind angewehte, überhängende Schneemasse:* sie wurde von einer herabstürzenden W. verschüttet.
Wẹck, der; -s, -e (bes. südd.): *Brötchen.*
We|cka|min, das [Kunstwort aus ↑wecken u. ↑Amin]: *Müdigkeit u. körperlich-geistiger Abspannung entgegenwirkendes, stimulierendes* [1]*Mittel* (2 a).
Wẹck|ap|pa|rat, der [↑einwecken]: *Apparat zum Einwecken.*
Wẹck|auf|trag, der: *[einer Telefongesellschaft erteilter] Auftrag, gemäß dem jmd. telefonisch geweckt wird:* einen W. erteilen.
Wẹck|dienst, der: *Einrichtung einer Telefongesellschaft, durch die sich jmd. wecken lassen kann.*
Wẹ|cke, die; -, -n (bes. südd., österr.): [2]*Wecken.*
wẹ|cken ⟨sw. V.; hat⟩ [mhd. wecken, ahd. wecchen, eigtl. = frisch, munter machen]: **1.** *wach machen, zum Erwachen bringen:* jmdn. vorsichtig, rechtzeitig, zu spät, um sechs Uhr, aus tiefem Schlaf, aus seinen Träumen, mitten in der Nacht, mit Musik w.; sich [telefonisch] w. lassen; mit deinem/durch dein Geschrei hast du die Kinder geweckt; er wurde durch den Lärm geweckt; Ü der Kaffee weckte seine Lebensgeister. **2.** *etw. [in jmdm.] entstehen lassen:* jmds. Interesse, Neugier, Appetit, Verständnis w.; neue Bedürfnisse w.; [bei jmdm.] Erwartungen, Hoffnungen w.; in jmdm. einen Wunsch, Unbehagen w.; diese Begegnung weckte alte Erinnerungen [in ihm].
[1]**Wẹ|cken,** das; -s: *morgendliches Wecken* (1) *einer größeren Gemeinschaft:* um 5 Uhr früh war W.; (Milit.:) Urlaub bis zum W.
[2]**Wẹ|cken,** der; -s, - [mhd. wecke, ahd. wecki = Keil; keilförmiges Gebäck, viell. urverw. mit lit. vägis = hölzerner Haken, nach der keilartigen Form] (österr.): **a)** *längliches Weizenbrötchen;* **b)** *längliches Weizenbrot.*
Wẹ|cker, der; -s, -: *Uhr zum Wecken* (1), *die zu einer vorher eingestellten Zeit klingelt o. Ä.:* ein elektrischer W.; der W. klingelt, rasselt, schrillt, geht; den W. aufziehen, [auf sechs] stellen, abstellen; sich einen W. stellen; er hat den W. nicht gehört; sich einen neuen W. (ugs. scherzh.; *eine neue [Armband]uhr)* kaufen müssen; was hast du da für einen W. (ugs. scherzh.; *eine [auffallend große] Armbanduhr)*?; * **jmdm. auf den W. gehen/fallen** (ugs.; *jmdm. äußerst lästig*

werden): die Musik geht mir langsam auf den W.; er kann einem ganz schön auf den W. gehen mit seiner ewigen Meckerei.

We|ckerl, das; -s, -n (bayr., österr.): [2]*Wecken* (a).

Weck|glas®, das ⟨Pl. ...gläser⟩: *Einweckglas.*

Weck|ruf, der: **1.** *Ruf, mit dem jmd. geweckt werden soll.* **2.** *[durch einen Weckauftrag veranlasster] Telefonanruf, durch den jmd. geweckt werden soll.*

Weck|uhr, die: *Wecker.*

We|da, der; -[s], Weden u. -s [sanskr. veda = Wissen]: *die heiligen Schriften der altindischen Religion.*

We|del, der; -s, - [mhd. wedel, ahd. wadil, verw. mit ↑wehen u. wohl eigtl. = (Hin- und her)schwingendes]: **1.** *Gegenstand mit einem [Feder]büschel zum Wischen o. Ä.; Staubwedel.* **2.** *großes, gefiedertes, fächerförmiges Blatt von Palmen, Farnen.* **3.** (Jägerspr.) *(beim Schalenwild mit Ausnahme des Schwarzwilds) Schwanz.*

we|deln ⟨sw. V.⟩ [mhd. wedelen, zu ↑Wedel]: **1.** ⟨hat⟩ **a)** *etw. Leichtes rasch hin u. her bewegen:* mit der Hand, einem Tuch, einem Bündel Geldscheinen w.; der Hund wedelt mit dem Schwanz; **b)** *etw. durch Wedeln* (1 a) *von irgendwo entfernen, irgendwohin befördern:* er wedelte mit einer Zeitung die Krümel vom Tisch, auf den Boden; **c)** *jmdm., sich etw. durch Wedeln* (1 a) *verschaffen:* sich, jmdm. mit einer Zeitung Kühlung w. **2.** *(von etw. Leichtem) sich rasch hin u. her bewegen* ⟨hat⟩: der Schwanz des Hundes wedelte. **3.** (Ski) **a)** *die parallel geführten Skier in kurzen Schwüngen von einer Seite zur anderen bewegen* ⟨hat/ist⟩: schön w. können; **b)** *sich wedelnd* (3 a) *irgendwohin bewegen* ⟨ist⟩: sie wedelte zu Tal.

We|den: Pl. von ↑Weda.

we|der ⟨Konj.⟩ [mhd. neweder (enweder) – noh, ahd. nihwedar – noch, eigtl. = keinen von beiden; mhd. weder, ahd. hwedar = welcher von beiden]: nur in der Verbindung **w. ... noch** *(nicht ... u. auch nicht):* dafür habe ich w. Zeit noch Geld [noch Lust]; w. er noch sie wusste/(auch:) wussten Rat; es waren w. ein Hinweis noch Bestätigungen zu finden; er war zur fraglichen Zeit w. am Tatort, noch hat er ein Motiv.

Wedge [vɛdʒ], der; -[s], -s [engl. wedge, eigtl. = Keil, nach der Form der Schlagfläche] (Golf): *Schläger mit bes. breiter Schlagfläche für bestimmte Schläge.*

Wedg|wood [ˈwɛdʒwʊd], das; -[s] [nach dem engl. Töpfer Wedgwood (1730–1795)]: *feines, verziertes Steingut.*

we|disch ⟨Adj.⟩: *die Weden betreffend, darauf beruhend:* die -e Religion.

Week|end [ˈwiːk|ɛnd], das; -[s], -s [engl. weekend, aus: week = Woche u. end = Ende]: *Wochenende:* über das W. nach Hause, aufs Land fahren.

weg [aus mhd. enwec, in wec = auf den Weg; urspr. identisch mit ↑Weg]: **I.** ⟨Adv.⟩ **1.** (ugs.) **a)** bezeichnet ein [Sich]entfernen von einem bestimmten Ort, Platz, einer bestimmten Stelle; *von diesem an einen anderen Ort, Platz, von dieser an eine andere Stelle; fort:* w. da!; w. mit euch, damit!; schnell, nichts wie w.!; Hände, Finger w. [von den Möbeln]!; ⟨als Verstärkung der Präp. »von«:⟩ von ... w. (ugs.; *gleich, unmittelbar, direkt [von einer bestimmten Stelle]*); er wurde von der Schule w. eingezogen; **b)** bezeichnet das Ergebnis des [Sich]entfernens; *an einem bestimmten Ort, Platz, einer bestimmten Stelle nicht mehr anwesend, vorhanden, zu finden; fort:* zur Tür hinaus und w. war sie; die Schmerzen, die Flecken, meine Schlüssel sind w.; wir waren die ganzen Ferien über w. *(verreist);* *** w. sein** (ugs.; 1. *in einem Zustand sein, in dem von dem, was um einen herum vorgeht, nichts mehr wahrgenommen wird:* nach dem Sturz, dem fünften Glas Wein war sie [eine Zeit lang, völlig] w. 2. *überaus begeistert sein:* wir waren alle ganz w. [von der Aufführung, von dem Mann]); **über etw. w. sein** (ugs.; *über etw. hinweggekommen sein*); **c)** bezeichnet [in Bezug auf den Standpunkt des Sprechers] eine bestimmte räumliche Entfernung von etw.; *entfernt* (1): der Hof liegt weit, 500 Meter w. [von der Straße]; das Gewitter ist noch ziemlich weit w. **2.** *** in einem w.** (ugs.; ↑fort 2). **II.** ⟨Konj.⟩ (landsch. veraltend) als Ausdruck der Subtraktion; *minus:* drei w. zwei ist eins.

Weg, der; -[e]s, -e [mhd., ahd. wec, verw. mit ↑[1]bewegen]: **1.** *etw., was wie eine Art Streifen – im Unterschied zur Straße oft nicht befestigt – durch ein Gebiet, Gelände führt u. zum Begehen [u. Befahren] dient:* ein unbefestigter, geteerter, geschotterter, schlechter, steiniger, steiler, holpriger, aufgeweichter, schattiger, stiller W.; (auf Schildern:) privater W., verbotener W.; der W. zum Strand; der W. gabelt sich, führt am Fluss entlang, schlängelt sich durch Wiesen; einen W. mit Kies bestreuen, asphaltieren, verbreitern; zwischen den Beeten einen W. anlegen, treten; er bahnte sich einen W. *(Durchgang)* durch das Gestrüpp; er saß am Weg[e] *(am Wegrand)* und ruhte sich aus; **Spr** der gerade W. ist [immer] der beste *(am besten wird ein Ziel mit Offenheit, Aufrichtigkeit verfolgt);* **Ü** unsere -e *(Lebenswege)* haben sich mehrmals gekreuzt; hier trennen sich unsere -e *(hier gehen unsere Ansichten, Anschauungen so weit auseinander, dass unsere Zusammenarbeit o. Ä. aufhört);* daran führt kein W. vorbei *(das ist unvermeidlich);* das ist der einzig gangbare W. *(die einzige Methode, die im gegebenen Fall zum gewünschten Ergebnis, Ziel führt);* den geraden W. gehen, verfolgen *(sich nicht beirren lassen);* krumme -e gehen *(etw. Unrechtmäßiges tun);* *** W. und Steg** (geh. veraltend; *das ganze Gelände, die ganze Gegend*): W. und Steg waren verschneit; sie kennt dort W. und Steg; **weder W. noch Steg** (geh. veraltend; *kein Weg*): es gab dort weder W. noch Steg; **auf W. und Steg** (veraltend; *überall*); **jmdm., einer Sache den W./die -e ebnen** *(die für jmds. Vorhaben, Vorankommen, für die erfolgreiche Entwicklung einer Sache bestehenden Hindernisse beseitigen; jmdn., etw. fördern).* **2. a)** *Richtung, die einzuschlagen ist, um an ein bestimmtes Ziel zu kommen:* jmdm. den W. [zum Bahnhof] zeigen; den [rechten] W. verfehlen, verlieren; ich habe denselben W.; wohin, woher des -[e]s? (veraltet, noch scherzh.; *wo gehst du gerade hin, kommst du gerade her?*); jmdn. nach dem W. fragen; [im Nebel] vom W. abkommen; **Ü** das ist der schnellste, sicherste W. zum Erfolg; neue -e einschlagen, gehen *(neue Methoden entwickeln, anwenden);* jmdn. auf den rechten/richtigen W. [zurück]bringen (geh.; *jmdn. dazu anleiten, das Rechte zu tun, ihn vor [weiteren] Fehlern, Verfehlungen bewahren*); auf dem falschen, richtigen W. sein *(das Falsche, Richtige tun);* er ist, befindet sich auf dem W. der Besserung *(er erholt sich allmählich von seiner Krankheit);* jmdm. einen W. aus einem Dilemma zeigen; *** den W. allen/(auch:) alles Fleisches gehen** (geh.; *sterblich sein, sterben;* wohl nach 1. Mos. 6, 12 f.); **den W. alles Irdischen gehen** (scherzh.; *sich abnutzen, defekt u. unbrauchbar werden; entzweigehen*); **seinen [eigenen] W./seine eigenen -e gehen** *(unbeirrt nach seiner eigenen Überzeugung entscheiden, handeln, leben);* **seines -es/seiner -e gehen** (geh.; *weitergehen, fortgehen [ohne sich um das, was um einen herum geschieht, zu kümmern]*); **lange -e gehen** (Sport; *im Spiel viel laufen*); **b)** *Strecke, die zurückzulegen ist, um an ein bestimmtes Ziel zu kommen:* der nächste, kürzeste W. zum Flughafen; bis zum nächsten Ort ist es ein W. von zwei Stunden/sind es zwei Stunden W.; wir haben noch einen W. von fünf Kilometern/noch fünf Kilometer W. vor uns; einen weiten, langen, kurzen W. zur Schule haben; einen W. abkürzen, abschneiden; jmdm. den W. vertreten, verlegen *(sich so vor jmdn. stellen, dass er nicht vorbeigehen, nicht weitergehen kann),* freigeben *(zur Seite treten, um ihn vorbeizulassen);* jmdm. den W. abschneiden *(jmdn. überholen; jmdm. zuvorkommen, indem ein kürzerer Weg genommen wird);* ein gutes Stück W./(geh.:) -[e]s haben wir schon zurückgelegt; des/seines -[e]s kommen (geh.; *daherkommen*); das liegt an/auf meinem W. *(ich komme daran vorbei);* auf halbem W. umkehren; wir kamen uns auf halbem W. entgegen; du bist/stehst mir im W.! *(hinderst mich am Weitergehen, nimmst mir den Platz, den ich zum Hantieren o. Ä. brauche);* er stellte sich, trat mir in *(vertrat mir)* den W.; **R** bis dahin ist [es] noch ein weiter W. *(bis zur Verwirklichung dessen muss noch viel geschehen, dauert es noch lange);* damit hat es/das hat noch gute -e (veraltend; *noch Zeit*); viele -e führen nach Rom *(es gibt vielerlei Methoden, um ein bestimmtes Ziel zu erreichen;* H. u., wohl nach der Vorstellung, dass Rom der [geistige] Mittelpunkt der Welt ist); **Spr** alle -e führen nach Rom *(münden in die katholische Kirche);* *** seinen W. machen** *(im Leben vorwärts kommen);* **den W. des geringsten Widerstandes gehen** *(allen Schwierigkeiten möglichst ausweichen);* **den W. zwischen die Beine nehmen** (veraltet; *sich beeilen*); **auf dem besten Weg[e] [zu etw.] sein** (oft iron.: *durch sein Verhalten einen bestimmten [nicht wünschenswerten] Zustand bald erreicht haben*): er ist auf dem besten W., sich zu ruinieren; **sich auf halbem Weg[e] treffen** *(einen Kompromiss schließen);* **jmdm. auf halbem Weg[e] entgegenkommen** *(jmds. Forderungen o. Ä. teilweise nachgeben);* **auf halbem Weg[e] stehen bleiben/umkehren** *(etw. in Angriff Genommenes mittendrin abbrechen);* **etw. auf den W. bringen** *(dafür sorgen, dass etw. stattfindet, entsteht, verwirklicht wird):* eine Reform, ein Gesetz auf den W. bringen; **jmdm., einer Sache aus dem Weg[e] gehen** *(jmdn., etw. als unangenehm Empfundenes meiden):* sie gehen sich [gegenseitig] aus dem W.; **etw. aus dem Weg[e] räumen** *(etw., was einem bei der Verwirklichung eines angestrebten Zieles o. Ä. hinderlich ist, durch entsprechende Maßnahmen beseitigen):* alle Hindernisse, Schwierigkeiten, Probleme aus dem W. räumen; **jmdn. aus dem Weg[e] räumen** (salopp; *jmdn., der einem bei der Verwirklichung eines Vorhabens o. Ä. hinderlich ist, ausschalten, umbringen*); **jmdm., einer Sache nichts in den W. legen** *(jmdn., etw. nicht behindern; jmdm., einer Sache keine Schwierigkeiten machen);* **jmdm. in den W. treten/sich jmdm. in den W. stellen** *(jmdm. Widerstand leisten, sich jmdm. entgegenstellen);* **etw. in die -e leiten** *(etw. vorbereiten u. in Gang bringen);* **jmdm. im Weg[e] stehen/sein** *(jmdn. [durch seine bloße Existenz] an der Verwirklichung seiner Pläne o. Ä. hindern);* **sich selbst im Weg[e] stehen** *(sich selbst behindern):* mit seinem Drang nach Perfektion steht er sich manchmal selbst im -e; **einer Sache im Weg[e] stehen** *(bewirken, dass etw. nicht durchführbar ist; etw. verhindern):* seiner Teilnahme an dem Seminar steht nichts im -e; **jmdm. nicht über den W. trauen** *(jmdm. in keiner Weise vertrauen);* **jmdm., sich über/(auch:) in den W. laufen** *(jmdm., sich begegnen).* **3. a)** ⟨o. Pl.⟩ [1]*Gang* (2), *Fahrt* (2 a) *mit einem bestimmten Ziel:* mein erster W. führte mich zu ihm; einen schweren, unangenehmen W. vor sich haben; seinen W. fortsetzen *(nach einer Unterbrechung weitergehen, -fahren);* sich auf den W. machen *(aufbrechen);* einen Brief auf den W. schicken *(abschicken);* er ist, befindet sich auf dem W. nach Berlin; ich traf sie auf dem W. zur Schule; **Ü** jmdm. gute Lehren, Ratschläge mit auf den W. *(für sein weiteres Leben)* geben; jmdn. auf seinem letzten W. begleiten (geh. verhüll.; *an jmds. Beerdigung teilnehmen*); **b)** (ugs.) [1]*Gang* (2) *irgendwohin, um etw. zu besorgen, zu erledigen:* ich muss noch einen W., einige -e machen, erledigen; jmdm. einen W. abnehmen. **4.** *Art u. Weise, in der jmd. vorgeht, um ein bestimmtes Ziel zu erreichen; Möglichkeit, Methode zur Lösung von etw.:* dieser W. steht dir noch offen, scheidet für mich aus; einen anderen, besseren W. suchen, finden; ich sehe nur diesen einen, keinen anderen W.; etw. auf schriftlichem, diplomatischem Weg[e] regeln; einen Streit auf friedlichem Weg[e] beilegen; sich auf gütlichem Weg[e] einigen; das muss auf schnellstem Weg[e] *(so schnell wie möglich)* erledigt werden; auf diesem Weg[e] danken wir allen, die uns geholfen haben; etw. auf dem Weg[e] eines Vergleichs *(durch einen Vergleich* 3) entscheiden; etw. im -e von *(durch)* Verhandlungen regeln; *** auf kaltem Weg[e]** (ugs.; *sich über die übliche Vorgehensweise ohne Skrupel hinwegsetzend*): etw. auf kaltem W. erledigen.

wẹg|an|geln ⟨sw. V.; hat⟩ (ugs.): *in listiger Weise an sich bringen, für sich gewinnen u. dadurch einem anderen entziehen:* er hat ihm die Freundin weggeangelt; die Konkurrenz war schneller und hat ihr den Auftrag vor der Nase weggeangelt.

wẹg|ar|bei|ten ⟨sw. V.; hat⟩ (ugs.): *durch [zügiges] Arbeiten erledigen:* sie hat alles in zwei Stunden weggearbeitet.

wẹg|ät|zen ⟨sw. V.; hat⟩: *durch Ätzen* (1) *entfernen:* Warzen w.

wẹg|be|ge|ben, sich ⟨st. V.; hat⟩ (geh.): *sich fortbegeben.*

wẹg|be|kom|men ⟨st. V.; hat⟩: **1. a)** *wegbringen* (3 a): einen Fleck nicht w.; **b)** *wegbringen* (3 b): die Kinder nicht vom Fernseher w. **2.** *fortbringen* (2): die Kiste nicht w. **3.** *sich etw. (Unangenehmes, Schlimmes) zuziehen; abbekommen* (2): einen Schlag w.

Wẹg|be|rei|ter, der; -s, -: *jmd., der durch sein Denken, Handeln o. Ä. die Voraussetzungen für etw. schafft:* ein W. des Impressionismus, des Faschismus.

Wẹg|be|rei|te|rin, die; -, -nen: w. Form zu ↑Wegbereiter.

wẹg|be|we|gen ⟨sw. V.; hat⟩: *fortbewegen* (a), *entfernen:* etw., sich [von etw.] w.

Wẹg|bie|gung, die: vgl. Biegung (1).

wẹg|bla|sen ⟨st. V.; hat⟩: *fortblasen:* etw. von etw. w.; die Kopfschmerzen waren wie weggeblasen *(hatten plötzlich aufgehört).*

wẹg|blei|ben ⟨st. V.; ist⟩ (ugs.): **1.** *an einen bestimmten Ort o. Ä. [wo jmd. erwartet wird] nicht [mehr] kommen, dort nicht [mehr] erscheinen; fort-, fernbleiben:* von da an blieb er [von zu Hause] weg; wenn wir zu teuer sind, bleiben [uns] die Kunden weg. **2.** *plötzlich aussetzen* (4 a): der Motor, Strom blieb weg; jmdm. bleibt die Luft weg *(jmdm. stockt der Atem).* **3.** *[in einem größeren Ganzen] unberücksichtigt bleiben, fortgelassen werden:* dieser Absatz kann w.

wẹg|bli|cken ⟨sw. V.; hat⟩: *wegsehen* (1).

wẹg|bre|chen ⟨st. V.; ist⟩: *abbrechen* (3).

wẹg|brin|gen ⟨unr. V.; hat⟩: **1.** *fortbringen* (1): den Müll w. **2.** *fortbringen* (2). **3.** (ugs.) **a)** *dafür sorgen, dass etw. (Störendes, Unangenehmes o. Ä.) verschwindet, nicht mehr vorhanden ist:* ich bringe die Flecken nicht [ganz] weg; **b)** *dafür sorgen, dass jmd. sich von irgendwo entfernt:* die Kinder waren von dem Affenkäfig kaum wegzubringen. **4.** (ugs.) *abbringen* (1).

wẹg|den|ken ⟨unr. V.; hat⟩: *sich jmdn., etw. als nicht vorhanden vorstellen:* wenn man sich die Hochhäuser wegdenkt, ist das Stadtbild recht hübsch; er ist aus unserem Team nicht [mehr] wegzudenken.

wẹg|dis|ku|tie|ren ⟨sw. V.; hat⟩: *etw. durch Diskutieren [gleichsam] nicht mehr vorhanden sein lassen:* das ist eine Tatsache, die sich nun einmal nicht w. lässt.

wẹg|drän|gen ⟨sw. V.; hat⟩: **1.** *von einer Stelle drängen* (2 a): er drängte sie [von der Tür] weg. **2.** *den Drang haben, sich von jmdm., einem Ort zu entfernen.*

wẹg|dre|hen ⟨sw. V.; hat⟩: *drehend, mit einer Drehbewegung wegwenden:* den Kopf, das Gesicht w.; kann ich die Lampe ein bisschen w.?

wẹg|drü|cken ⟨sw. V.; hat⟩: vgl. wegdrängen (1): jmdn., etw. [von etw.] w.

wẹg|dür|fen ⟨unr. V.; hat⟩ (ugs.): **1.** *weggehen* (1), *-fahren* (a) *dürfen:* ich darf [hier] nicht weg, ich muss auf die Kinder aufpassen. **2.** vgl. wegmüssen (3).

We̲|ge|bau, der ⟨o. Pl.⟩: *Anlegen, Befestigen von öffentlichen Wegen* (1); *Straßenbau.*

We̲|ge|geld, Weggeld, das: **1.** *Geldbetrag, der jmdm. für den zur Arbeitsstätte od. im Rahmen einer Dienstleistung zurückgelegten Weg* (2 b) *erstattet, gezahlt wird.* **2.** (veraltet) *Straßenzoll.*

wẹg|ekeln ⟨sw. V.; hat⟩ (ugs.): vgl. hinausekeln.

We̲|ge|la|ge|re̲i, die; - (abwertend): *das Wegelagern.*

We̲|ge|la|ge|rer, der; -s, - (abwertend): *jmd., der anderen am Weg, auf dem Weg auflauert, um sie zu überfallen u. zu berauben.*

We̲|ge|la|ge|rin, die; -, -nen: w. Form zu ↑Wegelagerer.

We̲|ge|mar|kie|rung: ↑Wegmarkierung.

we̲|gen ⟨Präp. mit Gen.; bei allein stehendem st. Subst. im Sg. auch mit unflekt. Form bzw. im Pl. mit Dativ; sonst nicht standardspr. mit Dativ⟩ [mhd. (von -) wegen = vonseiten, eigtl. Dativ Pl. von ↑Weg]: **a)** stellt ein ursächliches Verhältnis her; *aufgrund von, infolge:* w. des schlechten Wetters/(geh.:) des schlechten Wetters w.; w. Umbau[s] geschlossen; w. Geschäften war er drei Tage verreist; w. meines Bruders neuem Auto/w. des neuen Autos meines Bruders; er wurde w. Diebstahl[s] angezeigt, angeklagt, zu einer Geldstrafe verurteilt; (ugs. auch mit vorangestelltem »von«:) er muss von w. seiner Leber ins Krankenhaus; w. ihm (ugs.; *seinetwegen* b) haben wir den Zug verpasst; *** von ... w.** *(aufgrund od. Veranlassung, Anordnung von etw. Bestimmtem; von ... aus[gehend]):* etw. von Berufs w. tun; **b)** drückt einen Bezug aus; *bezüglich:* w. dieser Angelegenheit müssen Sie sich an den Vorstand wenden; (ugs. auch mit vorangestelltem »von«:) ich rufe dich von w. der Sache an; wegen ihm (ugs.; *seinetwegen* c) mache ich mir keine Sorgen; w. mir (ugs.; *von mir aus, meinetwegen* 2) kann er mitkommen; *** von w. ...!** (ugs.; als Ausdruck des Widerspruchs, der Ablehnung, Zurückweisung; *[dem ist] keineswegs [so, wie du sagst, denkst o. Ä.]*): von w. lauwarm! Eiskalt ist das Wasser!; **c)** bezeichnet den beabsichtigten Zweck eines bestimmten Tuns, den Beweggrund für ein bestimmtes Tun; *um ... willen:* er hat es w. des Geldes/(geh.:) des Geldes w. getan; w. (ugs.:) mir/(veraltet, noch landsch.:) meiner *(meinetwegen* 1) brauchst du nicht zu lügen.

We̲|ge|netz, (schweiz.:) Wegnetz, das: vgl. Straßennetz: das W. ausbauen.

We̲|gen|ge, die: *Engpass* (1).

We̲|ger, der; -s, - [niederl. weger] (Schiffbau): *Schiffsplanke.*

We̲|ge|recht, das ⟨o. Pl.⟩: *Gesamtheit der Rechtsvorschriften, die sich auf den Bau, die Benutzung u. Unterhaltung öffentlicher Straßen u. Wege beziehen.*

We̲|ge|rich, der; -s, -e [mhd. wegerich, ahd. wegarīh, zu ↑Weg; vgl. Knöterich]: *(an Wegen, auf Wiesen o. Ä. wachsende) Pflanze mit meist unmittelbar über dem Boden rosettenförmig angeordneten Blättern, die längere Stängel hervortreibt, an deren Ende sehr kleine weiße Blüten sitzen.*

we̲|gern ⟨sw. V.; hat⟩ [zu ↑Weger] (Schiffbau): *die Innenseite der Spanten mit Wegern versehen.*

We̲|ges|rand, der (geh.): *Wegrand.*

wẹg|es|sen ⟨unr. V.; hat⟩: **1.** *so viel essen, dass für andere nichts übrig bleibt:* jmdm. etw. w. **2.** (ugs.) *aufessen:* die Pralinen waren im Nu weggegessen.

We̲|ge|war|te: ↑Wegwarte.

We̲|ge|zei|chen: ↑Wegzeichen.

wẹg|fah|ren ⟨st. V.⟩: **a)** *fortfahren* (1 a) ⟨ist⟩: von jmdm., einem Ort w.; sie ist hier vor einer Stunde weggefahren; fahrt ihr in den Ferien weg?; jmdm. w. *(für jmdn. zu schnell fahren, als dass er mithalten könnte);* **b)** *fortfahren* (1 b) ⟨hat⟩: den Schutt [mit einer Schubkarre] w.; er wurde in einem Krankenwagen weggefahren.

Wẹg|fahr|sper|re, die (Kfz-T.): *Vorrichtung an einem Kraftfahrzeug, die ein unbefugtes Wegfahren verhindern soll:* eine elektronische W.

Wẹg|fahrt, die (bes. schweiz.): *das Wegfahren, Losfahren.*

Wẹg|fall, der ⟨o. Pl.⟩: *Fortfall.*

wẹg|fal|len ⟨st. V.; ist⟩ [b: eigtl. = durch Fallen weniger werden]: *fortfallen.*

wẹg|fan|gen ⟨st. V.; hat⟩ (ugs.): **1.** *durch Fangen* (1 a) *entfernen, beseitigen:* eine Fliege w. **2.** *wegschnappen.*

wẹg|fe|gen ⟨sw. V.⟩: **1.** (bes. nordd.) *durch Fegen* (1) *entfernen* ⟨hat⟩: den Schnee [vorm Haus] w. **2. a)** *kraftvoll wegschleudern, wegfliegen lassen* ⟨hat⟩: der Orkan fegte das Dach weg; **b)** *hinwegfegen* (2) ⟨hat⟩: ein Regime w. **3.** (ugs.) *hinwegfegen* (1) ⟨ist⟩: das Flugzeug fegte über uns weg.

wẹg|flat|tern ⟨sw. V.; ist⟩: *flatternd wegfliegen.*

wẹg|flie|gen ⟨st. V.; ist⟩: **1. a)** *sich fliegend* (1) *entfernen:* die Zugvögel sind schon alle weggeflogen; ihr ist ein Kanarienvogel weggeflogen; **b)** *weggeworfen, -geschleudert werden.* **2.** (ugs.) *hinwegfliegen.*

wẹg|flie|ßen ⟨st. V.; ist⟩: *sich fließend entfernen.*

wẹg|fres|sen ⟨st. V.; hat⟩: **1.** vgl. wegessen (1): die Tauben fressen den anderen Vögeln alles weg; (derb, meist abwertend von Menschen:) ein Kind, das den Gästen alle Erdnüsse wegfrisst. **2.** *auffressen* (1): der Hund hatte das Fleisch im Nu weggefressen; (derb, meist abwertend von Menschen:) Peter frisst den ganzen Kuchen weg.

wẹg|füh|ren ⟨sw. V.; hat⟩: **1.** *fortführen* (2): der Gefangene wurde wieder weggeführt. **2.** *sich in seinem Verlauf, seiner Richtung von einem bestimmten Ort entfernen:* der Weg führt von der Siedlung weg; Ü die Ausführungen führen zu weit vom Thema weg.

Wẹg|ga|bel, Wẹg|ga|be|lung, Wẹg|gab|lung, Wegegablung, die: *Gabelung eines Weges.*

Wẹg|gang, der ⟨o. Pl.⟩: *Fortgang* (1): seit ihrem W. aus Berlin.

wẹg|ge|ben ⟨st. V.; hat⟩: **1.** *fortgeben:* den Wagen zur Reparatur w. **2.** (österr.) *wegnehmen.*

Wẹg|ge|fähr|te, der: *jmd., der mit einem eine längere Wegstrecke gemeinsam zurücklegt:* Ü er war sein politischer W.

Wẹg|ge|fähr|tin, die: w. Form zu ↑Weggefährte.

wẹg|ge|hen ⟨unr. V.; ist⟩: **1.** *fortgehen* (1): geh mal weg [da], du stehst mir im Licht; er ging ein Stück [vom Weg, von den andern] weg; sie ist [hier] vor zehn Minuten weggegangen; er ist aus Berlin weggegangen *(weggezogen);* selten w. *(ausgehen* 1); R geh mir [bloß, ja] weg damit! (ugs.; als Ausruf des Unwillens; *verschone mich damit!*). **2.** (ugs.) **a)** *verschwinden:* die Warze, das Fieber ist von selbst weggegangen; von den Tabletten gehen die Kopfschmerzen schnell weg; **b)** *sich entfernen, beseitigen lassen:* der Fleck geht leicht, nur schwer, nicht mehr weg. **3.** (ugs.) *hinweggehen* (2): die Welle ging über das Boot weg. **4.** (ugs.) *hinweggehen* (1): über jmdn., jmds. unpassende Bemerkung w. **5.** (ugs.) **a)** *verkauft werden:* die Ware ging reißend weg; für den Preis geht der Wagen sofort weg; **b)** *verbraucht werden:* ein Drittel des Gehalts geht für die Miete weg.

Wẹg|geld: ↑Wegegeld.

Wẹg|gen, der; -s, - [mhd. wegge, Nebenf. von: wecke, ↑Weck] (schweiz.): ²*Wecken* (a).

wẹg|ge|tre|ten ⟨Adj.⟩ (ugs.): *geistesabwesend, geistig verwirrt, benommen, besinnungslos:* geistig w. sein; er war total w. in seinem Suff; sie guckte ziemlich w. aus der Wäsche.

wẹg|gie|ßen ⟨st. V.; hat⟩: *etw., was man nicht mehr braucht, in den Ausguss o. Ä. gießen:* den kalten Kaffee w.

Wẹgg|li, das; -s, - [↑Weggen] (schweiz.): *Brötchen.*

wẹg|gu|cken ⟨sw. V.; hat⟩ (ugs.): *wegsehen* (1): *** jmdm. nichts w.** (fam.; bes. bei Kindern, die sich in Gegenwart anderer ausziehen sollen u. sich genieren): ich guck dir nichts weg!

wẹg|ha|ben ⟨unr. V.; hat⟩ (ugs.): **1.** *entfernt, beseitigt haben:* es dauerte einige Zeit, bis sie den Fleck, Schmutz weghatte; der Nachbar will den Baum am liebsten w.; sie wollten ihn w. *(wollten*

W

sich seiner entledigen). **2.** *(bes. etw. Unangenehmes) bekommen, erhalten haben:* bei so einem Wetter hat man schnell eine Erkältung weg; sie hat ihre Strafe weg; ehe sie sichs versah, hatte sie eine Ohrfeige weg; seit diesem Erlebnis hat er einen Knacks weg; * **einen w.** (ugs.; 1. *[leicht] betrunken sein.* 2. *nicht recht bei Verstand sein).* **3. a)** *geistig erfasst, verstanden haben:* sie hatte sofort weg, wie es gemacht werden muss; **b)** *in Bezug auf etw. über beachtliche Kenntnisse verfügen; sich auf etw. verstehen:* auf diesem Gebiet, in Literatur hat er was weg.

wẹg|hal|ten ⟨st. V.; hat⟩ (ugs.): *[in Händen Gehaltenes] von jmdm., sich, etw. entfernt halten.*

wẹg|hän|gen ⟨sw. V.; hat⟩: *von einer Stelle wegnehmen* (1) *u. an eine andere [dafür vorgesehene] Stelle hängen:* die Kleider, den Besen w.

wẹg|hel|fen ⟨st. V.; hat⟩ (ugs.): *hinweghelfen:* jmdm. über ein Hindernis w.; Ü jmdm. über eine Krise w.

wẹg|ho|len ⟨sw. V.; hat⟩: **1.** *eine Person od. Sache von dem Ort, wo sie sich befindet, [ab]holen u. mitnehmen:* die heruntergefallenen Äpfel kannst du dir meinetwegen alle w.; hol mich hier bitte weg! **2.** ⟨w. + sich⟩ (ugs.) *holen* (4): sich eine Grippe w.; pass auf, dass du dir da nichts wegholst *(dass du dich dort nicht mit einer Krankheit ansteckst).*

wẹg|hö|ren ⟨sw. V.; hat⟩: *absichtlich nicht hin-, zuhören.*

wẹg|ja|gen ⟨sw. V.; hat⟩: *fortjagen* (1): jmdn., ein Tier [von etw.] w.

wẹg|kau|fen ⟨sw. V.; hat⟩: *kaufen u. so für andere unerreichbar machen:* die Touristen kaufen den Einheimischen alles weg; am zweiten Tag des Schlussverkaufs waren die besten Sachen schon weggekauft.

[1]wẹg|keh|ren ⟨sw. V.; hat⟩: vgl. wegdrehen.

[2]wẹg|keh|ren ⟨sw. V.; hat⟩ (bes. südd.): *wegfegen* (1).

wẹg|kip|pen ⟨sw. V.⟩: **1.** ⟨hat⟩ **a)** *weggießen:* das abgestandene Bier w.; **b)** (ugs.) *trinken, austrinken.* **2.** (salopp) *ohnmächtig werden* ⟨ist⟩: er ist plötzlich weggekippt.

wẹg|klap|pen ⟨sw. V.; hat⟩: vgl. wegschieben: die Armlehne [nach hinten] w.

wẹg|kni|cken ⟨sw. V.; ist⟩ (ugs.): *(von den Beinen) mit einknickenden Knien erschlaffen u. den Dienst versagen:* vor Erschöpfung knickten ihm die Beine weg.

wẹg|kom|men ⟨st. V.; ist⟩ (ugs.): **1. a)** *fortkommen* (1 a): wir müssen versuchen, hier wegzukommen; es ist so viel zu tun, dass ich heute sicher nicht vor sechs [vom Büro] wegkomme; mach, dass du [hier] wegkommst!; **b)** *sich (von jmdm., etw.) befreien, lösen; loskommen:* vom Öl als Energiequelle w.; von einem Vorurteil w.; vom Rauchen, vom Alkohol, von den Drogen w.; **c)** *fortkommen* (1 b): die alten Zeitungen kommen weg. **2.** *(bes. durch Diebstahl) abhanden kommen:* mir ist im Betrieb noch nie etwas weggekommen. **3. a)** *hinwegkommen* (a): über eine schwere Zeit, eine Durststrecke w.; **b)** *hinwegkommen* (b): über einen Schicksalsschlag, Verlust w. **4. a)** *bei etw. in bestimmter Weise behandelt, berücksichtigt werden, in bestimmter Weise abschneiden:* er ist bei dem Geschäft gut weggekommen; der Kleinste ist [bei der Verteilung] am schlechtesten weggekommen; **b)** *davonkommen:* glimpflich, nicht ungeschoren w.; er kam [noch einmal, gerade noch] mit einem Bußgeld weg.

wẹg|kön|nen ⟨unr. V.; hat⟩ (ugs.): **1.** *weggehen* (1), *-fahren* (a) *können.* **2.** *entfernt, beseitigt werden können, dürfen:* die Zeitungen können weg.

wẹg|krat|zen ⟨sw. V.; hat⟩: *durch Kratzen entfernen.*

Wẹg|kreuz, das: *am Weg stehendes Kreuz* (4 a), *Kruzifix.*

Wẹg|kreu|zung, die: vgl. Straßenkreuzung.

wẹg|krie|chen ⟨st. V.; ist⟩: *fortkriechen.*

wẹg|krie|gen ⟨sw. V.; hat⟩ (ugs.): **1. a)** *wegbringen* (3 a): einen Fleck w.; ich habe die Erkältung mit Hausmitteln weggekriegt; **b)** *wegbringen* (3 b). **2.** *fortbringen* (2): den Schrank, einen Stein nicht w. **3.** *sich etw. (Unangenehmes, Schlimmes) zuziehen; abkriegen* (2). **4.** *begreifen, erfassen:* sie hatte schnell weggekriegt, was die beiden vorhatten.

wẹg|kun|dig ⟨Adj.⟩: *die Wege (eines bestimmten Gebiets) genau kennend:* ein -er Begleiter.

wẹg|lass|bar ⟨Adj.⟩: *sich weglassen* (2) *lassend.*

wẹg|las|sen ⟨st. V.; hat⟩: **1.** *fortlassen* (1): seine Frau ließ ihn nicht [von zu Hause] weg. **2.** (ugs.) *fortlassen* (2): die Anrede, den Vornamen, den Titel, ein Komma w.; können wir diesen Abschnitt w.?; den Nachtisch, die Schlagsahne w.; den Weichspüler, den Vorwaschgang w. **3.** *mit etw. Bestimmtem nicht in Berührung bringen:* kannst du nicht mal den Fuß von der Kupplung w.?; du sollst die Finger [von dem Apparat] w.

Wẹg|lass|pro|be, die (Sprachw.): *Verfahren, bei dem durch Wegstreichen aller für den Sinn des Satzes entbehrlichen Satzglieder der Satz auf einen notwendigen, das Satzgerüst bildenden Restbestand an Gliedern reduziert wird.*

wẹg|lau|fen ⟨st. V.; ist⟩: **1. a)** *sich laufend entfernen; davonlaufen* (1a): erschrocken w.; die Kinder liefen vor dem Hund weg; Ü du kannst doch nicht immer vor allen Problemen w.; * **jmdm. nicht w.** (ugs.; *auch später noch erledigt werden können, nicht eilen*): die Arbeit, das Essen, der Abwasch läuft uns nicht weg; **b)** (ugs.) *seine gewohnte Umgebung, jmdn. von einem Augenblick auf den anderen u. ohne sich zu verabschieden, verlassen:* der Junge ist [schon zweimal] von zu Hause weggelaufen; ihm ist die Freundin, seine Frau weggelaufen. **2.** *wegfließen:* pass auf mit dem Pfirsich, dass [dir] nicht der ganze Saft wegläuft.

wẹg|le|gen ⟨sw. V.; hat⟩: **a)** *von einer Stelle an eine andere legen:* den Teppich ein bisschen mehr vom Kamin w.; könntest du das Werkzeug bitte gleich wieder w. *(wegräumen)*?; **b)** *aus der Hand legen:* die Zeitung, das Messer w.

Wẹg|lei|ter, der (schweiz.): *Wegweiser.*

Wẹg|lei|tung, die (schweiz., österr.): *Anleitung.*

wẹg|leug|nen ⟨sw. V.; hat⟩ (ugs.): *durch Leugnen aus der Welt schaffen:* diese Tatsache kann man nicht w.

wẹg|lo|ben ⟨sw. V.; hat⟩: *den Weggang eines weniger erwünschten Mitarbeiters aus einer Stellung bei sich bietender Gelegenheit durch Empfehlungen, lobende Äußerungen o. Ä. begünstigen; fortloben.*

wẹg|lo|cken ⟨sw. V.; hat⟩: *fortlocken:* jmdn., ein Tier [von jmdm., etw.] w.

wẹg|los ⟨Adj.⟩: *ohne Wege:* -es Gelände.

wẹg|ma|chen ⟨sw. V.⟩: **1.** (ugs.) *entfernen* (1 a) ⟨hat⟩: einen Fleck, den Schmutz w.; [sich] ein Kind w. (salopp; *abtreiben*) lassen. **2.** ⟨w. + sich⟩ (ugs.) *[schnell, unauffällig] einen Ort verlassen* ⟨hat⟩: sie hat sich von zu Hause weggemacht; mach dich weg!; ⟨landsch. auch ohne »sich«; ist:⟩ wann sind sie weggemacht? **3.** (derb) *sexuell befriedigen:* * **einen w.** (derb; *koitieren*).

wẹg|mä|hen ⟨sw. V.; hat⟩ (salopp): *niedermähen.*

Wẹg|mar|ke, die: *Wegzeichen.*

Wẹg|mar|kie|rung, Wegemarkierung, die: *Markierung* (a, b) *eines Wegs* (1).

wẹg|mar|schie|ren ⟨sw. V.; ist⟩: *fortmarschieren.*

wẹg|müs|sen ⟨unr. V.; hat⟩ (ugs.): **1.** *weggehen* (1), *-fahren* (a) *müssen:* ich muss gleich [wieder] weg. **2.** *weggebracht* (1) *werden müssen:* der Brief muss heute noch weg. **3.** *entfernt, beseitigt werden müssen:* das Brot muss weg, es ist schimmelig; das Gesetz, die Steuer, das Regime, der Diktator muss weg.

Wẹg|nah|me, die; -, -n [zum 2. Bestandteil vgl. Abnahme]: **1.** (Papierdt.) *das Wegnehmen.* **2.** (schweiz.) *das Abholen, Mitnehmen (einer Ware durch einen Käufer).*

wẹg|neh|men ⟨st. V.; hat⟩: **1.** *fortnehmen* (1): das Glas, die Zeitung [vom Tisch] w.; würden Sie bitte Ihre Sachen hier w.; wie viele bleiben übrig, wenn man davon 12 wegnimmt?; [das] Gas w. *(aufhören, Gas zu geben).* **2.** *fortnehmen* (2): jmdm. [heimlich] sein Geld w.; einem Tier die Jungen, die Eier w.; die Kinder nehmen sich gegenseitig die Spielsachen weg; Ü er hat ihm die Frau weggenommen; den andern die Arbeitsplätze w. **3.** *(durch sein Vorhandensein) bewirken, dass etw. nicht mehr vorhanden, verfügbar ist:* der Schrank nimmt viel Platz weg; die Ulme vor dem Fenster nimmt viel Licht weg *(hält es ab).*

Wẹg|netz: ↑Wegenetz.

wẹg|ope|rie|ren ⟨sw. V.; hat⟩ (ugs.): *operativ entfernen:* [jmdm.] ein Überbein w.

wẹg|pa|cken ⟨sw. V.; hat⟩: **1.** *von einer Stelle wegnehmen* (1) *u. an eine andere [dafür vorgesehene] Stelle packen* (1 b): sein Werkzeug w. **2.** ⟨w. + sich⟩ (ugs.) *sich fortpacken.*

wẹg|pus|ten ⟨sw. V.; hat⟩: **1.** (ugs.) *fortblasen:* etw. [von etw.] w. **2.** (salopp) *erschießen:* jmdn. w.

wẹg|put|schen ⟨sw. V.; hat⟩ (ugs.): *durch einen Putsch stürzen.*

wẹg|put|zen ⟨sw. V.; hat⟩: **1.** *durch Putzen* (1 a) *von etw. entfernen:* etw. [von etw.] w.; er putzte den Dreck mit einem Schwamm weg; diese Flecken an den Zähnen lassen sich nicht w. **2.** (ugs.) *restlos aufessen:* sie putzten alles weg. **3.** (ugs.) *(in einem sportlichen Wettkampf o. Ä.) überlegen besiegen.*

wẹg|ra|die|ren ⟨sw. V.; hat⟩: *durch Radieren entfernen:* ein Wort, ein Komma w.; einen Flecken an der Tapete w.

wẹg|raf|fen ⟨sw. V.; hat⟩: *hinwegraffen.*

Wẹg|rain, der: *Grasstreifen am Wegrand.*

Wẹg|rand, der: *Rand eines Weges.*

wẹg|ra|sie|ren ⟨sw. V.; hat⟩: *abrasieren.*

wẹg|ra|ti|o|na|li|sie|ren ⟨sw. V.; hat⟩: *durch Rationalisieren* (1 b) *[zwangsläufig] bewirken, dass etw. nicht mehr vorhanden ist:* Arbeitsplätze, Personal, eine Abteilung, eine Buslinie w.

wẹg|räu|men ⟨sw. V.; hat⟩: *beiseite, aus dem Wege, an seinen Platz räumen:* das Geschirr, das Werkzeug w.; die Trümmer, den Schnee, die Barrikaden, einen umgestürzten Baum [von der Straße] w.; Ü Stolpersteine w.

Wẹg|recht, das (schweiz. Rechtsspr.): *Recht, den Weg über ein Nachbargrundstück zu benutzen.*

wẹg|rei|ßen ⟨st. V.; hat⟩: *fortreißen:* er hat ihr die Handtasche einfach weggerissen.

wẹg|rei|ten ⟨st. V.; ist⟩: *fortreiten.*

wẹg|ren|nen ⟨unr. V.; ist⟩: *fortrennen:* von einem Ort w.; vor jmdm., etw. w.; der Hund kniff den Schwanz ein und rannte weg.

wẹg|re|tu|schie|ren ⟨sw. V.; hat⟩: *durch Retuschieren zum Verschwinden bringen.*

wẹg|rol|len ⟨sw. V.⟩: **1.** ⟨ist⟩ **a)** *fortrollen* (2): der Ball ist [ihm] weggerollt; **b)** *sich rollend über etw. hinwegbewegen:* über etw. w. **2.** *fortrollen* (1) ⟨hat⟩: die Fässer [von der Straße] w.

wẹg|ros|ten ⟨sw. V.; ist⟩: *von Rost völlig zerfressen werden.*

wẹg|rü|cken ⟨sw. V.⟩: **1.** *fortrücken* (1) ⟨hat⟩: den Schrank [von der Wand] w. **2.** *fortrücken* (2) ⟨ist⟩: sie rückte von ihm weg.

wẹg|rüh|ren, sich ⟨sw. V.; hat⟩: *sich fortrühren* (meist verneint): er hat sich die ganze Zeit nicht von seinem Platz weggerührt.

wẹg|rut|schen ⟨sw. V.; ist⟩: **1.** *von einer Stelle rutschen:* das Auto rutschte in der Kurve [hinten, mit den Hinterrädern] weg; pass auf, dass der Schlitten dir nicht wegrutscht. **2.** (ugs.) *wegrücken:* sie rutschte [ein Stück] von ihm weg.

wẹg|sa|cken ⟨sw. V.; ist⟩ (ugs.): **a)** *sackend [im Wasser] verschwinden:* die Tonne lief voll Wasser und sackte weg; **b)** *[2]absacken* (1 c): die Maschine sackte weg.

wẹg|sa|nie|ren ⟨sw. V.; hat⟩ (meist abwertend): *im Zuge einer Sanierung beseitigen:* Baudenkmäler, preiswerte Wohnungen w.

wẹg|sau|fen ⟨st. V.; hat⟩ (derb): vgl. wegfressen.

wẹg|schaf|fen ⟨sw. V.; hat⟩: *fortschaffen, beseitigen:* den Müll, belastendes Material, die Leiche w.

wẹg|schau|en ⟨sw. V.; hat⟩ (landsch.): *wegsehen* (1).

weg|schau|feln ⟨sw. V.; hat⟩: vgl. wegfegen (1): den Schnee [vom Weg] w.
Weg|scheid, der; -[e]s, -e, österr.: die; -, -en (österr., sonst veraltend): *Wegscheide.*
Weg|schei|de, die (geh.): *Weggabelung.*
weg|schen|ken ⟨sw. V.; hat⟩ (ugs.): *verschenken.*
weg|sche|ren, sich ⟨sw. V.; hat⟩ (ugs.): *sich fortscheren:* scher dich [hier] weg!
weg|scheu|chen ⟨sw. V.; hat⟩: *fortscheuchen:* die Fliegen [von dem Essen] w.
weg|schi|cken ⟨sw. V.; hat⟩: *fortschicken.*
weg|schie|ben ⟨st. V.; hat⟩: *von einer Stelle an eine andere schieben; beiseite schieben:* den Sessel [vom Tisch] w.; hilf mir mal schnell das Auto [hier] w.; Ü den Gedanken daran schob er möglichst weit weg.
weg|schie|ßen ⟨st. V.; hat⟩ (ugs.): **1.** vgl. wegwerfen. **2.** *durch einen Schuss von etw. entfernen od. abtrennen.* **3.** *durch Abschuss (2) beseitigen.*
weg|schla|gen ⟨st. V.; hat⟩ (ugs.): *durch einen Schlag, durch Schläge wegbefördern:* der Verteidiger konnte den Ball gerade noch w.
weg|schlei|chen ⟨st. V.⟩: **a)** *davonschleichen* (a) ⟨ist⟩; **b)** ⟨w. + sich⟩ *sich davonschleichen* (b) ⟨hat⟩.
[1]**weg|schlei|fen** ⟨st. V.; hat⟩: *abschleifen* (1 a): den Rost, überschüssige Spachtelmasse w.
[2]**weg|schlei|fen** ⟨sw. V.; hat⟩: *an einen anderen Platz [2]schleifen (1); schleifend wegschaffen.*
weg|schlep|pen ⟨sw. V.; hat⟩ (ugs.): **1.** *fortschleppen* (1): eine schwere Kiste w.; die Einbrecher haben alles weggeschleppt was nicht niet- und nagelfest war. **2.** ⟨w. + sich⟩ *sich fortschleppen* (2).
weg|schleu|dern ⟨sw. V.; hat⟩: *fortschleudern.*
weg|schlie|ßen ⟨st. V.; hat⟩: *einschließen* (1 a), *damit jmd. anderes nicht darankommen kann:* das Geld, den Schmuck, die Pistole, den Schnaps w.
weg|schmei|ßen ⟨st. V.; hat⟩ (ugs.): **1. a)** *wegwerfen* (1 a): er zündete den Kracher an und schmiss ihn weg; **b)** *wegwerfen* (1 b): alte Briefe w.; das verschimmelte Brot müssen wir w.; die Waschmaschine kann man nur noch w.; eine achtlos weggeschmissene Zigarettenkippe hat den Brand verursacht. **2.** ⟨w. + sich⟩ (abwertend): *wegwerfen* (2).
weg|schmel|zen ⟨st. V.⟩: **1.** *schmelzend (1) wegfließen, allmählich verschwinden* ⟨ist⟩: das Eis ist weggeschmolzen. **2.** *durch Schmelzen (2) schwinden machen, entfernen* ⟨hat⟩: die Sonne hat den Schnee [von den Bergen] weggeschmolzen.
weg|schnap|pen ⟨sw. V.; hat⟩ (ugs.): *schnell an sich bringen, für sich gewinnen u. dadurch einem anderen entziehen:* jmdm. einen Posten, einen lukrativen Auftrag, die Kunden, eine Wohnung [vor der Nase] w.
weg|schnei|den ⟨unr. V.; hat⟩: *mit einer Schere, einem Messer entfernen, abschneiden:* störende Zweige w.; das Fett [von dem Fleisch] w.; sich eine Geschwulst w. *(operativ entfernen)* lassen.
weg|schnip|pen ⟨sw. V.; hat⟩: *von sich, beiseite schnippen:* eine Kippe [mit dem Finger] w.
weg|schub|sen ⟨sw. V.; hat⟩ (ugs.): vgl. wegstoßen: jmdn. [von etw.] w.
weg|schüt|ten ⟨sw. V.; hat⟩: vgl. weggießen: die verdorbene Milch w.
weg|schwem|men ⟨sw. V.; hat⟩: *fortschwemmen:* der Regen schwemmt den Mutterboden [von den Hängen] weg.
weg|schwim|men ⟨st. V.; ist⟩: **a)** *fortschwimmen* (a): der Frosch schwamm schnell [vom Ufer] weg; der Fisch schwamm vor dem Otter weg; **b)** *fortschwimmen* (b): der Wasserball ist [mir] weggeschwommen.
weg|se|hen ⟨st. V.; hat⟩: **1.** *den Blick abwenden:* verlegen w. **2.** (ugs.) *hinwegsehen.*
weg|set|zen ⟨sw. V.⟩: **1.** ⟨hat⟩ **a)** ⟨w. + sich⟩ *sich von einer Stelle an eine andere setzen:* er hat sich [von mir, vom Fenster] weggesetzt; **b)** *von einer Stelle an eine andere [dafür vorgesehene] Stelle setzen:* den Strauch [ein Stück von der Mauer] w.; wenn du immer schwatzt, muss ich dich [von ihm] w. **2.** (ugs.) *sich hinwegsetzen* (1) ⟨ist, auch: hat⟩. **3.** ⟨w. + sich⟩ (ugs.) *sich hinwegsetzen* (2) ⟨hat⟩.
weg|si|ckern ⟨sw. V.; ist⟩: *sickernd verschwinden:* das Wasser ist weggesickert.
Weg|skiz|ze, die: *Skizze eines Wegs* (2 b).
weg|sol|len ⟨unr. V.; hat⟩ (ugs.): vgl. wegmüssen.
weg|sper|ren ⟨sw. V.; hat⟩: **1.** (landsch.) *wegschließen.* **2.** *durch Einsperren von jmdm., etw. fern halten:* den Hund w.
Weg|spin|ne, die (bes. Verkehrsw.): vgl. Spinne (3).
weg|sprin|gen ⟨st. V.; ist⟩: *zur Seite springen:* der Floh, der Frosch ist [mir] weggesprungen; ich konnte gerade noch [vor dem Auto] w.
weg|spü|len ⟨sw. V.; hat⟩: **a)** *fortspülen* (a): bei der nächsten Flut wurde die Strandburg [von der Brandung] weggespült; **b)** *fortspülen* (b): den Schlamm mit dem Gartenschlauch w.; etw. in die Toilette werfen und w.
weg|ste|cken ⟨sw. V.; hat⟩ (ugs.): **1.** *an eine andere Stelle stecken (1 a) u. so vor jmdm. verbergen:* steck dein Portemonnaie, dein Geld mal wieder weg, heute bezahle ich. **2.** *etw. Unangenehmes, Nachteiliges hinnehmen u. verkraften:* einen Schlag, einen Verlust, eine Niederlage w.; er kann eine Menge w.
weg|steh|len, sich ⟨st. V.; hat⟩: *sich fortstehlen.*
weg|stel|len ⟨sw. V.; hat⟩: *von einer Stelle wegnehmen (1) u. an eine andere [dafür vorgesehene] Stelle stellen:* das Geschirr w.; die Bücher, den Besen wieder w.
weg|ster|ben ⟨st. V.; ist⟩ (ugs.): *[in größerer Anzahl einer nach dem anderen] plötzlich, unerwartet sterben:* sie starben einer nach dem andern weg; ihr ist gerade der Mann weggestorben; sie ist dem Arzt unter der Hand weggestorben.
weg|steu|ern ⟨sw. V.; hat⟩: **1.** *einen Kurs steuern, der von etw. wegführt:* von den Klippen w. **2.** (Jargon) *durch die Erhebung von Steuern wegnehmen:* davon wird mir über die Hälfte weggesteuert.
weg|sto|ßen ⟨st. V.; hat⟩: *durch einen Stoß entfernen, beiseite stoßen:* jmdn., etw. [von etw., von sich] w.
weg|stre|ben ⟨sw. V.; hat/ist⟩: *fortstreben.*
Weg|stre|cke, die: *Abschnitt eines zurückzulegenden Wegs:* wir hatten noch eine W. von fünf Kilometern zurückzulegen, vor uns.
weg|strei|chen ⟨st. V.⟩: **1.** *mit einer streichenden Bewegung entfernen* ⟨hat⟩: etw. mit der flachen Hand [von etw.] w. **2.** *streichen* (3), *ausstreichen* ⟨hat⟩: ein Wort w.
Weg|stun|de, die: *Weg von einer Stunde:* die Schule ist eine halbe W. entfernt.
weg|stür|zen ⟨sw. V.; ist⟩ (ugs.): *fortstürzen.*
weg|tau|chen ⟨sw. V.; ist⟩: **1. a)** *tauchend verschwinden:* der Seehund, das U-Boot tauchte weg; **b)** (ugs.) *sich zurückziehen, sich nicht mehr sehen lassen, nichts mehr von sich hören lassen [um sich einer unangenehmen, schwierigen Situation zu entziehen].* **2.** *sich tauchend unter etw. hinwegbewegen:* unter einem Ponton w.
weg|tau|en ⟨sw. V.; ist/hat⟩: vgl. wegschmelzen.
weg|tra|gen ⟨st. V.; hat⟩: *forttragen:* jmdn., etw. [von einem Ort] w.
weg|trans|por|tie|ren ⟨sw. V.; hat⟩: vgl. wegbefördern: jmdn., etw. [von einem Ort] w.
weg|trei|ben ⟨st. V.⟩: **1.** *vertreiben, forttreiben* (1) ⟨hat⟩: jmdn., ein Tier [von etw.] w. **2.** *forttreiben* (2 b) ⟨ist⟩: das Boot ist [vom Ufer] weggetrieben.
weg|tre|ten ⟨st. V.⟩: **1.** *von sich treten* (3 a) ⟨hat⟩: den Ball [von der Torlinie] w. **2.** ⟨ist⟩ **a)** (bes. Milit.) *abtreten* (1): er ließ die Kompanie w.; weg[ge]treten! (Kommando); **b)** *an eine andere Stelle treten, zurücktreten, beiseite treten:* bitte vom Gleis w.!
weg|trin|ken ⟨st. V.; hat⟩: **1.** *so viel trinken, dass für andere nichts übrig bleibt:* jmdm. etw. w. **2.** (ugs.) vgl. wegessen (2): der Sekt war im Nu weggetrunken.
weg|trock|nen ⟨sw. V.; ist⟩: *verdunsten:* das Kondenswasser ist wieder weggetrocknet.
weg|tun ⟨unr. V.; hat⟩: **1.** *von einer Stelle wegnehmen (1) u. an eine andere Stelle tun, beiseite tun:* tu doch bitte deine Spielsachen [hier] weg! **2.** *wegwerfen* (1 b).
Weg|wahl, die (schweiz.): *das Wegwählen.*
weg|wäh|len ⟨sw. V.; hat⟩ (schweiz.): *abwählen* (1).
weg|wäl|zen ⟨sw. V.; hat⟩: *fortwälzen* (1): etw. [von etw.] w.
Weg|war|te, Wegewarte, die: *(zu den Korbblütlern gehörende) Pflanze mit dunkelgrünen, lanzettförmigen Blättern u. zarten, strahlenförmigen, meist hellblauen Blüten.*
weg|wa|schen ⟨st. V.; hat⟩: **a)** *durch Waschen entfernen:* den Schmutz, das Blut, den Flecken w.; **b)** *wegspülen, wegschwemmen:* der Regen hat die Farbe weggewaschen.
weg|we|hen ⟨sw. V.⟩: **1.** *wehend (1 a) entfernen; von einem Ort fortblasen* ⟨hat⟩: der Wind hat den Hut weggeweht. **2.** *vom Wind weggetragen werden; an eine andere Stelle wehen (1 c)* ⟨ist⟩: das Tuch ist weggeweht.
weg|wei|send ⟨Adj.⟩: *richtungweisend:* eine -e Tat; er war w. für die Medizin.
Weg|wei|ser, der [mhd. wegewîser]: *[pfeilförmiges] Schild, das angibt, welcher Weg, welche Straße zu einem bestimmten Ziel führt.*
[1]**Weg|wei|sung,** die: *Ausschilderung mit Wegweisern:* die W. verbessern.
[2]**Weg|wei|sung,** die (schweiz.): *Ausweisung.*
weg|wen|den ⟨unr. V.; wandte/wendete weg, hat weggewandt/weggewendet⟩: *in eine andere Richtung, nach der anderen Seite wenden; abwenden* (1): den Blick, sich [von jmdm., etw.] w.
Weg|werf- (emotional abwertend): drückt in Bildungen mit Substantiven aus, dass man sich einer Sache od. Person unter Missachtung ihrer Würde, ihres Werts einfach entledigt, sobald man sie nicht mehr braucht: Wegwerfbeziehung, Wegwerftier.
Weg|werf|ar|ti|kel, der: *Artikel, der nach einmaligem Gebrauch, nach kurzer Zeit weggeworfen wird.*
weg|wer|fen ⟨st. V.; hat⟩: **1. a)** *von sich werfen, beiseite werfen:* wenn die Zündschnur brennt, musst du den Kracher sofort [möglichst weit] w.; **b)** *etw., was nicht mehr benötigt, gebraucht wird, was jmd. nicht mehr haben möchte, irgendwohin werfen, zum Abfall tun:* die Quittung habe ich längst weggeworfen; das alte Sofa kann man nur noch w.; der Brand wurde durch einen weggeworfenen Zigarettenstummel verursacht; Ü sein Leben w. *(Selbstmord begehen);* das ist doch weggeworfenes *(unnütz ausgegebenes)* Geld. **2.** ⟨w. + sich⟩ (abwertend) *sich einer Person, Sache, die dessen nicht wert ist, ganz widmen, hingeben u. sich dadurch erniedrigen, entwürdigen:* wie kann man sich nur so, an solch eine Person w.!
weg|wer|fend ⟨Adj.⟩: *Geringschätzung, Verachtung ausdrückend:* eine -e Geste, Handbewegung.
Weg|werf|feu|er|zeug, das: *Feuerzeug, das, wenn es leer ist, nicht nachgefüllt, sondern weggeworfen wird.*
Weg|werf|fla|sche, die: *Flasche, die nicht wieder verwendet, sondern nach einmaligem Gebrauch weggeworfen wird.*
Weg|werf|ge|sell|schaft, die (abwertend): *Wohlstandsgesellschaft, in der Dinge, die wieder verwendet, [nach einer Überholung, einer Reparatur o. Ä.] weiterverwendet werden könnten, aus Überfluss, aus Bequemlichkeit o. Ä. weggeworfen (1 b) werden:* wir leben in einer W.
Weg|werf|men|ta|li|tät, die ⟨o. Pl.⟩ (abwertend): vgl. Wegwerfgesellschaft.
Weg|werf|ver|pa|ckung, die: vgl. Wegwerfflasche.
Weg|werf|win|del, die: *Windel* (2).
weg|wit|schen ⟨sw. V.; ist⟩ (ugs.): *sich witschend wegbewegen:* die Katze witschte weg; der Fisch ist [mir] weggewitscht.
weg|wol|len ⟨unr. V.; hat⟩ (ugs.): *fortwollen* (a): ich

will hier, aus dieser Stadt weg; sie hat früh geheiratet, weil sie von zu Hause wegwollte; wann wollt ihr weg *(wann wollt ihr aufbrechen)?*

we̲g|wün|schen ⟨sw. V.; hat⟩: **a)** ⟨w. + sich⟩ *fortwünschen* (a): ich wünschte mich [weit] weg [von dort]; **b)** *durch Wünschen beseitigen, aus der Welt schaffen.*

we̲g|zäh|len ⟨sw. V.; hat⟩ (österr.): *subtrahieren.*

we̲g|zau|bern ⟨sw. V.; hat⟩: *fortzaubern:* jetzt zaubert er das Kaninchen wieder weg; ich wollte, ich könnte [dir] die Kopfschmerzen w.

We̲g|zeh|rung, die: **1.** (geh.) *auf eine Wanderung, Reise mitgenommener Vorrat an Nahrungsmitteln:* [eine kleine] W. mitnehmen. **2.** (kath. Kirche) *Viatikum.*

We̲g|zei|chen, Wegezeichen, das: *Zeichen, das einen [Wander]weg markiert.*

we̲g|zer|ren ⟨sw. V.; hat⟩: vgl. wegziehen (1).

we̲g|zie|hen ⟨unr. V.⟩: **1.** *ziehend von einer Stelle entfernen, beiseite ziehen; fortziehen* (1) ⟨hat⟩: den Karren von der Einfahrt w.; jmdm. die Bettdecke w.; er zog mir den Stuhl [unterm Hintern] weg. **2.** ⟨ist⟩ **a)** *fortziehen* (2): er ist letztes Jahr [aus Hamburg, von hier] weggezogen; **b)** *von einem Ort an einen anderen ziehen* (8): die Zugvögel ziehen im Herbst wieder weg.

We̲g|zug, der: **a)** *das Wegziehen* (2 a): seit seinem W. [aus Hamburg]; **b)** *das Wegziehen* (2 b).

[1]**weh:** ↑wehe.

[2]**we̲h** ⟨Adj.⟩ [mhd., ahd. wē (Adv.), zu ↑wehe]: **1.** (ugs.) *schmerzend:* -e Füße, einen -en Finger, einen -en Zahn haben; vgl. wehtun. **2.** (geh.) *von Weh* (1) *erfüllt, geprägt; schmerzlich:* ein -es Gefühl; ein -es Lächeln; jmdm. ist [so, ganz] w. zumute, ums Herz.

We̲h, das; -[e]s, -e ⟨Pl. selten⟩ [mhd. wē, ahd. wē(wo)] (geh.): *seelischer Schmerz; Leid:* [ein] tiefes W. erfüllte sie, ihr Herz; *** mit/unter W. und Ach** (ugs.; *mit vielem Klagen, Stöhnen; höchst ungern*).

we̲|he, weh ⟨Interj.⟩ [mhd., ahd. wē]: **a)** als Ausruf der Klage, Bestürzung o. Ä.: w.! w.!; o weh! Wie konnte das nur geschehen?; **b)** als Ausruf, mit dem man etw. Schlimmes, Unheilvolles o. Ä. ankündigt od. androht: w. [dir], wenn du das kaputtmachst!

[1]**We̲|he,** das; -s (veraltet): *Weh.*

[2]**We̲|he,** die; -, -n ⟨meist Pl.⟩ [mhd. wēwe = Schmerz, Leid; Geburtswehe]: *Zusammenziehung der Muskulatur der Gebärmutter bei der Geburt* (1 a): die -n setzen ein, kommen, haben begonnen; [starke, schwache] -n haben; in den -n liegen *(beim Gebären sein).*

[3]**We̲|he,** die; -, -n [zu ↑wehen]: *vom Wind Zusammengewehtes, durch den Wind entstandene haufenartige Ansammlung bes. von Schnee, Sand.*

we̲|hen ⟨sw. V.⟩ [mhd. wæjen, ahd. wāen]: **1. a)** *(von der Luft) in spürbarer Bewegung sein* ⟨hat⟩: der Wind weht kühl, kalt, aus Norden, vom Wasser her; es weht ein laues Lüftchen; eine kräftige Brise wehte ihm ins Gesicht; ⟨auch unpers.:⟩ draußen weht es heute tüchtig *(ist es sehr windig);* **b)** *wehend* (1 a) *von etw. entfernen, in eine bestimmte Richtung, an eine bestimmte Stelle treiben* ⟨hat⟩: ein Luftzug wehte die Zettel vom Schreibtisch; **c)** *von der Luft, dem Wind irgendwohin getragen werden* ⟨ist⟩: Schneeflocken wehten durch das geöffnete Fenster, uns ins Gesicht; Blütenduft wehte ins Zimmer. **2.** *durch Luftströmung bewegt werden* ⟨hat⟩: ihre Haare wehten im Wind; auf/von dem Gebäude wehte eine Fahne; die Flagge wehte auf Halbmast; mit wehenden Rockschößen lief er hinaus.

we̲|hen|ar|tig ⟨Adj.⟩: *einer* [2]*Wehe ähnlich.*

we̲|hen|för|dernd ⟨Adj.⟩ (Med.): *das Einsetzen von* [2]*Wehen fördernd:* das Mittel wirkt w.

we̲|hen|hem|mend ⟨Adj.⟩ (Med.): *das Einsetzen von* [2]*Wehen hemmend:* das Mittel wirkt w.

We̲|hen|mit|tel, das (Med.): *Wehen förderndes Mittel, das v. a. als Hilfsmittel zur Einleitung einer Geburt verwendet wird.*

We̲h|ge|schrei, das: *lautes Klagen, Jammern:* da erhob sich ein [lautes] W.

We̲h|kla|ge, die (geh.): *laute Klage* (1) *(über einen großen Verlust, ein großes Unglück o. Ä.).*

we̲h|kla|gen ⟨sw. V.; hat⟩ (geh.): *einen seelischen Schmerz in Wehklagen äußern; klagen* (1 a): er wehklagte laut.

We̲h|laut, der (geh.): *Klagelaut, Schmerzenslaut.*

we̲h|lei|dig ⟨Adj.⟩ [wohl zusammengebildet aus der früher geläufigen Fügung »Weh und Leid«] (abwertend): **a)** *überempfindlich u. deshalb schon beim geringsten Schmerz klagend, jammernd:* ein -er Patient; das Kind ist sehr w.; sei nicht so w.!; **b)** *eine wehleidige* (a) *Wesensart erkennen lassend:* mit -er Stimme.

We̲h|lei|dig|keit, die; -: *das Wehleidigsein.*

We̲h|mut, die; - [spätmhd. wēmuot < mniederd. wēmōd, rückgeb. aus: wēmōdich, ↑wehmütig] (geh.): *verhaltene Trauer, stiller Schmerz bei der Erinnerung an etw. Vergangenes, Unwiederbringliches:* eine leise W. erfasste, befiel ihn; W. empfinden; mit W. an etw. zurückdenken.

we̲h|mü|tig ⟨Adj.⟩ [aus dem Niederd. < mniederd. wēmōdich]: **a)** *Wehmut empfindend:* w. an etw. denken; **b)** *Wehmut zum Ausdruck bringend, von Wehmut geprägt:* -e Gedanken; ein -es Lied; w. lächeln.

We̲h|mü|tig|keit, die; - [spätmhd. wēmüetecheit = Zorn]: *das Wehmütigsein.*

we̲h|muts|voll ⟨Adj.⟩ (geh.): *voller Wehmut.*

[1]**We̲hr,** die; -, -en [mhd. wer(e), ahd. werī, warī = Befestigung, Verteidigung, Schutzwaffe, zu ↑wehren]: **1.** in der Wendung **sich zur W. setzen** *(sich wehren, verteidigen):* sie setzte sich energisch, nachdrücklich, auf das Heftigste, erfolgreich dagegen, gegen ihn zur W. **2.** kurz für ↑Feuerwehr (1). **3.** (veraltend) *Kampftruppe, Streitmacht, Armee.*

[2]**We̲hr,** das; -[e]s, -e [mhd. wer, viell. mit ↑[1]Wehr identisch u. dann eigtl. = Befestigung gegen das Wasser od. im Sinne von »Flechtwerk, Geflecht« zu ↑wehren u. urspr. = Fischwehr]: *Stauanlage zur Hebung des Wasserstands eines Flusses, zur Änderung des Gefälles, Regelung des Abflusses o. Ä.; Stauwehr:* das W. öffnen.

We̲hr|bau, der ⟨Pl. -ten⟩: *durch Mauern, Bastionen o. Ä. geschützter Bau.*

We̲hr|be|auf|trag|te, der u. die: *jmd., der vom Bundestag beauftragt ist, die Wahrung der Grundrechte in der Bundeswehr zu überwachen.*

We̲hr|be|reich, der: *Verwaltungsbezirk der Bundeswehr.*

We̲hr|be|reichs|kom|man|do, das: *Behörde eines Wehrbereichs.*

We̲hr|be|zirk, der: *militärischer Verwaltungsbezirk.*

We̲hr|be|zirks|kom|man|do, das: vgl. Wehrbereichskommando.

We̲hr|dienst, der ⟨o. Pl.⟩: *Dienst, der aufgrund der Wehrpflicht beim Militär abgeleistet werden muss:* W. leisten; seinen W. ableisten; aus dem W. entlassen, vom W. freigestellt, zum W. einberufen/eingezogen werden.

We̲hr|dienst|leis|ten|de, der; -n, -n: *jmd., der Wehrdienst leistet.*

we̲hr|dienst|pflich|tig ⟨Adj.⟩: *wehrpflichtig.*

we̲hr|dienst|taug|lich ⟨Adj.⟩: *für den Wehrdienst tauglich* (a).

We̲hr|dienst|taug|lich|keit, die: *Tauglichkeit zum Wehrdienst.*

we̲hr|dienst|un|taug|lich ⟨Adj.⟩: *für den Wehrdienst untauglich.*

We̲hr|dienst|un|taug|lich|keit, die: *Untauglichkeit zum Wehrdienst.*

We̲hr|dienst|ver|wei|ge|rer, der: *Kriegsdienstverweigerer.*

We̲hr|dienst|ver|wei|ge|rung, die: *Kriegsdienstverweigerung.*

we̲h|ren ⟨sw. V.; hat⟩ [mhd. wern, ahd. werian, eigtl. = mit einem Flechtwerk, Schutz(wall) umgeben, verschließen, bedecken, schützen]: **1.** ⟨w. + sich⟩ **a)** *zu seiner Verteidigung jmdm. körperlich Widerstand leisten:* sich tapfer, heftig, erbittert, mit aller Kraft, verzweifelt [gegen einen Angreifer, einen Angriff] w.; du musst dich w., wenn sie dich verprügeln; sie weiß sich zu w.; **b)** *etw. nicht einfach hinnehmen, sondern dagegen angehen, sich dagegen verwahren:* sich gegen eine Unterstellung, eine Anschuldigung, gegen Verdächtigungen, Vorwürfe [heftig, mit aller Macht] w.; **c)** *sich widersetzen, sich gegen etw. sträuben:* er wehrte sich [dagegen], diese Arbeit zu übernehmen. **2.** (geh.) *jmdm., einer Sache entgegenwirken, dagegen angehen, einschreiten:* dem Bösen, feindlichen Umtrieben, einer Gefahr, einem Unheil w.; **R** wehret den Anfängen! **3.** (geh. veraltend) *verwehren, untersagen:* jmdm. den Zutritt w.; ich will, kann es dir nicht w.

We̲hr|er|fas|sung, die: *der Einberufung zum Wehrdienst vorausgehende Erfassung der Wehrpflichtigen durch die Wehrersatzbehörde.*

We̲hr|er|satz|be|hör|de, die: *Behörde der Bundeswehrverwaltung, die für die Heranziehung der Wehrpflichtigen zum Wehrdienst zuständig ist.*

We̲hr|er|satz|dienst, der: *Ersatzdienst.*

We̲hr|er|satz|we|sen, das ⟨o. Pl.⟩: *Gesamtheit der Dienststellen u. Maßnahmen zur Erfassung, Einberufung u. Überwachung der Wehrpflichtigen.*

We̲hr|er|tüch|ti|gung, die: vgl. Wehrsport.

We̲hr|etat, der: *Etat für militärische Zwecke.*

We̲hr|ex|per|te, der: *militärischer Sachverständiger, Experte.*

We̲hr|ex|per|tin, die: w. Form zu ↑Wehrexperte.

we̲hr|fä|hig ⟨Adj.⟩: *in der Lage, Wehr-, Kriegsdienst zu leisten:* -e Männer; im -en Alter.

We̲hr|fä|hig|keit, die: *das Wehrfähigsein.*

We̲hr|frau, die: *Feuerwehrfrau.*

We̲hr|füh|rer, der: *an der Spitze einer Feuerwehr stehender Feuerwehrmann.*

We̲hr|füh|re|rin, die: w. Form zu ↑Wehrführer.

We̲hr|gang, der ⟨Pl. ...gänge⟩ (früher): *zur Verteidigung dienender, mit Schießscharten o. Ä. versehener [überdachter] Gang, der oben an der Innen- od. Außenseite einer Burg- od. Stadtmauer entlangführt.*

We̲hr|ge|rech|tig|keit, die ⟨o. Pl.⟩: *Gleichbehandlung aller Wehrpflichtigen nach den Grundsätzen des Grundgesetzes.*

we̲hr|haft ⟨Adj.⟩ [mhd. wer(e)haft]: **1.** *fähig, in der Lage, sich zu wehren, zu verteidigen:* ein -es Volk, Tier; **Ü** die -e Demokratie. **2.** *zu Zwecken der Verteidigung ausgebaut; befestigt:* eine -e Stadt.

We̲hr|haf|tig|keit, die; -: *das Wehrhaftsein.*

We̲hr|kir|che, die: *(im MA.) befestigte Kirche, die in Kriegszeiten als Zuflucht für die Gemeinde dient.*

We̲hr|kleid, das (schweiz. geh.): *Uniform des Soldaten.*

We̲hr|kraft, die ⟨o. Pl.⟩: *(auf dem Vorhandensein und Einsatz von Streitkräften beruhende) militärische Kraft, Stärke.*

We̲hr|kraft|zer|set|zung, die ⟨o. Pl.⟩: *Zersetzung der Wehrkraft (durch geeignete Propaganda o. Ä.):* jmdn. wegen W. anklagen, verurteilen, hinrichten.

We̲hr|kreis, der: vgl. Wehrbezirk.

We̲hr|kreis|kom|man|do, das: vgl. Wehrbereichskommando.

We̲hr|kun|de, die ⟨o. Pl.⟩: *Militärwissenschaft.*

We̲hr|kun|de|un|ter|richt, der: *Unterricht in Wehrkunde.*

we̲hr|los ⟨Adj.⟩ [mhd. werlōs]: *nicht fähig, nicht in der Lage, sich zu wehren, zu verteidigen:* ein -es Opfer, Kind, Tier; gegen jmds. Vorwürfe, Verleumdungen völlig w. sein; jmdm. w. ausgeliefert sein.

We̲hr|lo|sig|keit, die; -: *das Wehrlossein.*

We̲hr|macht, die ⟨o. Pl.⟩: *Gesamtheit der Streitkräfte eines Staates (bes. in Bezug auf das Deutsche Reich von 1921 bis 1945);* [1]*Militär* (1).

We̲hr|mann, der: **1.** ⟨Pl. ...männer u. ...leute⟩ *Feuerwehrmann.* **2.** ⟨Pl. ...männer⟩ (schweiz.) *Soldat.*

We̲hr|mau|er, die: *(im MA.) mit einem Wehrgang versehene Burg-, Stadtmauer.*

Wehr|pass, der: *Dokument, das Eintragungen über die erfolgte Musterung u. den abgeleisteten Wehrdienst eines Wehrpflichtigen enthält.*
Wehr|pflicht, die ⟨o. Pl.⟩: *Pflicht, Wehrdienst zu leisten:* die allgemeine W. einführen, abschaffen.
wehr|pflich|tig ⟨Adj.⟩: *unter die Wehrpflicht fallend.*
Wehr|pflich|ti|ge, der u. die; -n, -n ⟨Dekl. ↑Abgeordnete⟩: *jmd., der wehrpflichtig ist.*
Wehr|po|li|tik, die: *Politik auf militärischem Gebiet, im Bereich des Wehrwesens.*
wehr|po|li|tisch ⟨Adj.⟩: *die Wehrpolitik betreffend.*
Wehr|sold, der: *Sold* (2).
Wehr|sport, der: *Sport, der der Stärkung der Verteidigungsbereitschaft, der militärischen Ausbildung dient.*
Wehr|sport|grup|pe, die: *meist rechtsextremistisch ausgerichtete Gruppe, deren Mitglieder sich in ihrer Freizeit zu gemeinsamen wehrsportlichen Übungen o. Ä. treffen.*
wehr|sport|lich ⟨Adj.⟩: *zum Wehrsport gehörend, ihn betreffend.*
Wehr|stein, der (schweiz.): *Prellstein.*
Wehr|tech|nik, die: *Bereich der Technik, der sich mit der Entwicklung u. Bereitstellung von Waffen u. anderem Kriegsmaterial befasst.*
wehr|tech|nisch ⟨Adj.⟩: *zur Wehrtechnik gehörend, sie betreffend.*
Wehr|turm, der: *(im MA.) befestigter Turm.*
Wehr|übung, die: *zur weiteren militärischen Ausbildung dienende Übung für Wehrpflichtige nach Ableistung des Grundwehrdienstes.*
Weh|ruf, der (geh.): *Klageruf, Schmerzensruf:* einen W. ausstoßen.
Wehr|we|sen, das ⟨o. Pl.⟩: vgl. Militärwesen.
Wehr|wis|sen|schaft, die ⟨o. Pl.⟩: vgl. Militärwissenschaft.
weh|tun ⟨unr. V.; hat⟩: **1.** *Ausgangspunkt von Schmerzen sein:* mein/der Kopf, Bauch tut [mir] w.; die Wunde tut verdammt weh; wo tut es [dir] denn w.?; mir tat alles weh. **2.** *Schmerzen zufügen, verursachen:* hör auf, du tust mir ja weh!; pass auf, dass du dir [mit dem Messer, an der scharfen Kante] nicht wehtust; ich habe mir [am Kopf] wehgetan; es, die Spritze hat überhaupt nicht wehgetan; das grelle Licht tut den Augen weh; Ü ein Bußgeld von 100 Mark tut ihm doch nicht weh *(macht ihm doch nichts aus);* ich wollte dir [mit dieser Bemerkung] nicht w. *(dich [damit] nicht verletzen).*
Weh|weh [auch: –ˈ–], das; -s, -s (Kinderspr.): *schmerzende Stelle; kleine Verletzung, Wunde:* ein W. haben.
Weh|weh|chen, das; -s, - (ugs.): *nicht allzu ernst zu nehmendes Leiden:* er hat immer irgendein W.; sie geht mit/bei jedem W. gleich zum Arzt.
Weib, das; -[e]s, -er [mhd. wīp, ahd. wīb, H. u., viell. eigtl. = die umhüllte Braut od. die sich hin u. her bewegende, geschäftige (Haus)frau]: **1. a)** (veraltend) *Frau* (1) *als Geschlechtswesen im Unterschied zum Mann:* ein schönes, prächtiges, stolzes, böses, tugendhaftes, zartes, schwaches W.; zum W. erwachen, heranwachsen; **b)** (ugs.) *[junge] Frau* (1) *als Gegenstand sexueller Begierde, als [potenzielle] Geschlechtspartnerin:* ein rassiges, tolles, scharfes, geiles, nacktes W.; er hat nichts als -er im Kopf; hinter den -ern her sein; **c)** (abwertend) *unangenehme weibliche Person, Frau:* ein versoffenes, schlampiges, aufgedonnertes, intrigantes, hysterisches, tratschsüchtiges W.; ich kann dieses W. nicht mehr sehen, ertragen; (als Schimpfwort:) blödes W.! **2.** (veraltet) *Ehefrau:* mein geliebtes W.; er begehrte, nahm sie zum Weib[e]; *** W. und Kind** (scherzh.; *Ehefrau u. Kind[er]):* er hat für W. und Kind zu sorgen.
Weib|chen, das; -s, -: **1.** *weibliches Tier:* das W. legt die Eier. **2. a)** *Frauchen* (1). **b)** (oft abwertend) *Frau im Hinblick auf ihre typisch weiblichen Eigenschaften u. Fähigkeiten bes. im Bereich des Erotischen u. Sexuellen:* er hält sich ein W. **3.** (veraltet, noch scherzh.) *Ehefrau:* mein W.
Wei|bel, der; -s, - [↑Feldweibel] (schweiz.): *untergeordneter Angestellter in einem Amt, bei Gericht.*
Wei|ber|fas[t]|nacht, die (landsch.): *Altweiberfas[t]nacht.*
Wei|ber|feind, der: *Frauenfeind* (a).
Wei|ber|ge|schich|te, die ⟨meist Pl.⟩ (salopp, oft abwertend): *erotisches Abenteuer mit einer Frau, mit Frauen:* seine -n interessieren mich nicht; er hat immer -n; mit seinen -n angeben.
Wei|ber|ge|schwätz, das (abwertend): *für Weiber* (1 c) *typisches Geschwätz.*
Wei|ber|held, der (oft abwertend): *Frauenheld.*
Wei|ber|rock, der (veraltend): *Frauenrock.*
Wei|ber|volk, das ⟨o. Pl.⟩ (veraltend, meist abwertend): *Frauen.*
Wei|ber|wirt|schaft, die ⟨o. Pl.⟩ (abwertend): *unüblicherweise nur od. vorwiegend von Frauen ausgeführte Tätigkeiten.*
wei|bisch ⟨Adj.⟩ [spätmhd. wībisch] (abwertend): *nicht die für einen Mann als charakteristisch erachteten Eigenschaften habend, nicht männlich; feminin* (1 c): ein -er Schönling; seine Bewegungen wirkten w.
Weib|lein, das; -s, -: **1.** *kleine, alte Frau:* ein verhutzeltes, altes W. **2.** (ugs. scherzh., in Verbindung mit Männlein) *Frau;* vgl. Männlein (2).
weib|lich ⟨Adj.⟩ [mhd. wīplich, ahd. wīblīh]: **1.** *dem gebärenden Geschlecht* (1 a) *angehörend:* eine -e Person; -e Lehrlinge, Angestellte, Mitglieder; das -e Geschlecht *(die Frauen);* ein Kind -en Geschlechts; -e Wesen, Tiere; ein -er *(eine Frau darstellender)* Akt; -e (Bot.; *die Frucht hervorbringende)* Blüten; -e Erbfolge *(Erbfolge, bei der auch weibliche Nachkommen berücksichtigt werden).* **2.** *zur Frau als Geschlechtswesen gehörend:* die -en Geschlechtsorgane; -e [Körper]formen; die -e Brust; -e Vornamen; eine -e Singstimme; eine -e Stimme *(Frauenstimme)* meldete sich am Telefon. **3.** *von der Art, wie es (in einer Gesellschaft) für die Frau, das weibliche Geschlecht als typisch, charakteristisch gilt; feminin* (1 a, b): eine typisch -e Eigenschaft; sie ist sehr w.; die Damenmode ist in dieser Saison wieder sehr w. **4. a)** (Sprachw.) *dem grammatischen Geschlecht Femininum zugehörend; im Deutschen mit dem Artikel »die« verbunden; feminin* (2): -e Substantive, Endungen, Formen; der -e Artikel »la«; die Abstrakta auf -keit haben -es Geschlecht, sind w.; **b)** (Verslehre) *mit einer Senkung* (5) *endend; klingend.*
Weib|lich|keit, die; -, -en: **1.** ⟨o. Pl.⟩ *weibliches Geschlecht, weibliches Wesen, weibliche Art.* **2.** ⟨o. Pl.⟩ (scherzh.) *Gesamtheit der [anwesenden] Frauen:* ich trinke auf das Wohl der holden W.
Weib|lich|keits|wahn, der ⟨o. Pl.⟩: *übertriebener Kult mit der Weiblichkeit.*
Weibs|bild, das [mhd. wībes bilde, urspr. = Gestalt einer Frau]: **1.** (ugs., bes. südd., österr.) *Frau:* ein strammes, schmuckes W. **2.** (salopp abwertend) *Weib* (2 b): dieses verfluchte W. ist an allem schuld; (als Schimpfwort:) blödes W.!
Weib|sen, das; -s, - ⟨meist Pl.⟩ (ugs. scherzh.): *Frau.*
Weibs|per|son, die (ugs. veraltend): *Frau, weibliche Person.*
Weibs|stück, das (salopp abwertend): *verachtenswerte weibliche Person:* ein verkommenes W.
weich ⟨Adj.⟩ [mhd. weich, ahd. weih, eigtl. = nachgebend, verw. mit ↑²weichen]: **1. a)** *nicht hart od. fest, sondern einem Druck leicht nachgebend; so beschaffen, dass ein Verändern der Form leicht, mit geringem Kraftaufwand möglich ist:* -e Kissen, Polster; ein -er Kunststoff; ein relativ -er Stein, Stahl; ein -er Bleistift *(Bleistift mit weicher Mine);* das Bett ist mir zu w.; die Butter ist ganz w. geworden; das Fleisch w. kochen, klopfen; w. gesottenes, gekochtes Fleisch; das Gemüse ist noch nicht w.; w. gedünstetes Gemüse; etw. ist w. wie Wachs, wie Butter; w. gekochte Eier; der Wagen ist zu w. gefedert; hier sitzt, liegt man w. *(auf einer weichen Unterlage);* ein w. gepolsterter Stuhl; Ü sich w. betten *(sich das Leben bequem machen);* **b)** *nicht hart od. rau, sondern geschmeidig, sich schmiegsam, zart, seidig, wollig o. ä. anfühlend:* ein -er Pullover, Pelz; eine -e Zahnbürste; ein -es Fell; -e Federn, Daunen; ihre Haut ist w.; der Stoff, die Wolle, das Leder ist schön w.; etw. ist w. wie Seide, wie Samt; Ü der Cognac ist wunderbar w.; **c)** *(von Wasser) kalkarm:* -es Wasser; **d)** (selten) *(von Geld o. Ä.) nicht stabil:* eine -e Währung; -e Preise; **e)** *(von Drogen) keine physische Abhängigkeit auslösend:* -e Drogen; **f)** *ohne Wucht erfolgend; nicht abrupt, sondern behutsam; sanft:* eine -e Landung; weich landen; möglichst w. abbremsen; Ü -e *(umweltschonende)* Techniken, Energien. **2. a)** *nicht entschlossen, nicht energisch, sondern leicht zu beeindrucken, zu bewegen; empfindsam u. voller Mitgefühl; nachgiebig:* ein -es Gemüt, Herz haben; er ist ein sehr -er Mensch; für dieses Geschäft ist er viel zu w.; die Bitten der Kinder stimmten sie w.; ihm wurde w. ums Herz *(er war gerührt);* jmdn. w. machen, kochen *(zum Nachgeben bewegen);* *** w. werden** (ugs.; *seinen Widerstand, Einspruch aufgeben*): die Kinder bettelten, bis die Mutter w. wurde; **b)** *(von jmds. Äußerem) nicht scharf u. streng, sondern Milde, Empfindsamkeit ausstrahlend:* -e Züge; sie hat ein -es Gesicht; **c)** *durch das Fehlen von scharfen Konturen, Kontrasten, von Spitzen, Ecken, Kanten gekennzeichnet:* -e Linien, Übergänge; -e, verschwimmende Umrisse; -e, weibliche Körperformen. **3. a)** *nicht schrill, sondern angenehm warm, gedämpft klingend:* er hat einen -en Tenor; die Geige hat einen -en Klang; eine -e Stimme; -e *(stimmhafte)* Konsonanten; w. klingen; **b)** *nicht grell, vom Auge als angenehm, warm o. ä. empfunden:* -e Brauntöne; -es Licht.
Weich|bild, das; -[e]s, -er ⟨Pl. selten⟩ [mhd. wīchbilde, 1. Bestandteil mhd. wīch- (in Zus.), ahd. wīh = Wohnstätte, Siedlung < lat. vicus = Dorf, Gehöft, 2. Bestandteil im Sinne von »Recht«, viell. verw. mit mhd. unbil (↑Unbill), also eigtl. = Ortsrecht]: *Stadtgebiet (bes. einer größeren Stadt):* wir nähern uns dem W. von Köln.
Weich|blei, das: *unlegiertes Blei.*
¹Wei|che, die; -, -n [1: mhd. weiche, ahd. weihhī; 2: frühnhd. eigtl. = weicher Körperteil]: **1.** ⟨o. Pl.⟩ (selten) *Weichheit.* **2.** *Flanke* (1): dem Pferd die Sporen in die -n drücken.
²Wei|che, die; -, -n [urspr. = Ausweichstelle in der Flussschifffahrt, viell. zu (m)niederd. wīk = Bucht od. zu ↑²weichen]: *Konstruktion miteinander verbundener Gleise, mit deren Hilfe Schienenfahrzeugen der Übergang von einem Gleis auf ein anderes ohne Unterbrechung der Fahrt ermöglicht wird:* die -n stellen; die W. war falsch, richtig gestellt; *** die -n [für etw.] stellen** *(die Entwicklung [auf etw. hin] im Voraus festlegen):* mit diesem Beschluss hat das Kabinett die -n für die Steuerreform gestellt.
Weich|ei, das (ugs. abwertend): *Weichling, Schwächling.*
¹wei|chen ⟨sw. V.⟩ [mhd., ahd. weichen]: **1.** *[durch Liegen in Flüssigkeit o. Ä.] weich werden* ⟨ist⟩: die Wäsche, die Bohnen einige Stunden w. lassen. **2.** (seltener) *weich machen* ⟨hat⟩.
²wei|chen ⟨st. V.; ist⟩ [mhd. wīchen, ahd. wīchan, eigtl. = ausbiegen, nachgeben, verw. mit ↑¹Weide]: **1.** *sich von jmdm., etw. entfernen; weggehen:* jmdm. nicht von der Seite/nicht von jmds. Seite w.; er wich nicht von ihrem [Kranken]bett; sie wichen keinen Schritt von ihrem Weg. **2.** *(bes. einer Übermacht o. Ä.) Platz machen, das Feld überlassen:* der Gewalt, dem Feind w.; Ü die alten Bäume mussten einem Neubau w. **3.** (geh.) *allmählich nachlassen, seine Wirkung verlieren, schwinden, verschwinden:* die Beklommenheit, die Befangenheit, alle Unruhe war [von ihm] gewichen.
Wei|chen|stel|ler, der (früher): *Bahnarbeiter, der die Weichen bedient.*

Wei|chen|stel|le|rin, die: w. Form zu ↑Weichensteller.

Wei|chen|stel|lung, die: *Maßnahme, Entscheidung, durch die eine zukünftige Entwicklung vorherbestimmt wird:* wichtige politische -en vornehmen.

Weich|fa|ser, die: *weiche, biegsame Faser.*

Weich|fut|ter, das (bes. Viehzucht): *weiches, bes. eiweißhaltiges Tierfutter.*

weich ge|düns|tet, weich ge|kocht usw.: s. weich (1 a).

Weich|glas, das ⟨o. Pl.⟩: *Glas, das die Eigenschaft relativ großer Wärmeausdehnung aufweist.*

Weich|heit, die; -, -en ⟨Pl. selten⟩ [mhd. weichheit]: *das Weichsein, weiche Beschaffenheit.*

weich|her|zig ⟨Adj.⟩: *mitfühlend, vom Leid anderer schnell berührt:* ein -er Mensch; sie ist viel zu w.

Weich|her|zig|keit, die; -, -en ⟨Pl. selten⟩: *weichherzige Art.*

Weich|holz, das: **a)** *weiches Holz;* **b)** *Splint* (2).

Weich|kä|fer, der: *in zahlreichen Arten vorkommender Käfer mit weichen Flügeldecken; Kantharide.*

Weich|kä|se, der: *relativ viel Feuchtigkeit enthaltender, weicher Käse (z. B. Camembert).*

weich ko|chen: s. weich (1 a, 2 a).

weich|lich ⟨Adj.⟩ [mhd. weichlich] (abwertend): **1.** *ein wenig weich; nicht ganz hart:* das Eis war schon w. **2. a)** *(bes. von Männern) keiner [körperlichen] Anstrengung gewachsen; verzärtelt:* ein -er Mensch; **b)** *allzu nachgiebig u. schwankend; ohne [innere] Festigkeit:* ein -er Charakter; eine -e Haltung, Art.

Weich|lich|keit, die; -: *weichliche Art.*

Weich|ling, der; -s, -e [mhd. weichelinc] (abwertend): *weichlicher Mann; Schwächling.*

Weich|lot, das (Technik): *beim Weichlöten verwendetes Lot.*

weich|lö|ten ⟨sw. V.; hat; Zusschr. nur im Inf. u. 2. Part.⟩ (Technik): *mit bei verhältnismäßig niedrigen Temperaturen schmelzendem Lot löten.*

weich ma|chen: s. weich (2 a).

Weich|ma|cher, der (Chemie, Technik): *Substanz, die Kunststoffen od. Kautschuk zugesetzt wird, um sie elastischer zu machen.*

weich|mäu|lig ⟨Adj.⟩: *(von Pferden) am Maul empfindlich, die Zügel leicht spürend u. daher leicht zu lenken.*

weich|mü|tig ⟨Adj.⟩ (geh. veraltend): *weichherzig.*

Weich|mü|tig|keit, die; - (geh. veraltend): *Weichherzigkeit.*

weich|scha|lig ⟨Adj.⟩: *eine weiche Schale* (1) *besitzend.*

[1]Weich|sel, die; -: Fluss in Polen.

[2]Weich|sel, die; -, -n [mhd. wīhsel, ahd. wīhsela, verw. mit russ. višnja = Kirsche u. griech. ixós = Vogelleim, lat. viscum = Vogelleim (Kirschbaumharz diente als Vogelleim)] (landsch.): kurz für ↑Weichselkirsche.

Weich|sel|kir|sche, die (landsch.): *Sauerkirsche.*

Weich|spü|ler, der, **Weich|spül|mit|tel,** das: *Spülmittel* (2), *das dazu dient, Wäsche weicher zu machen.*

Weich|tei|le ⟨Pl.⟩: **a)** (Anat.) *Gesamtheit der knochenlosen Teile des Körpers* (z. B. Muskeln, Eingeweide); **b)** (ugs.) *[männliche] Genitalien.*

Weich|tier, das ⟨meist Pl.⟩ [für frz. mollusque, zu lat. molluscus, ↑Molluske]: *wirbelloses Tier mit wenig gegliedertem Körper; Molluske.*

Weich|zeich|ner, der (Fot.): *Objektiv od. Filter, das dazu dient, die Konturen der abgebildeten Objekte, die Abgrenzung von Licht u. Schatten weniger scharf erscheinen zu lassen:* einen W. verwenden; etw. mit einem W. aufnehmen.

[1]Wei|de, die; -, -n [mhd. wīde, ahd. wīda, eigtl. = die Biegsame, nach den biegsamen, zum Flechten dienenden Zweigen]: *(auf feuchtem Boden, am Wasser) als Strauch od. Baum wachsende Pflanze mit elliptischen od. lanzettförmigen Blättern an biegsamen Zweigen u. zweihäusigen Blüten in Kätzchen.*

[2]Wei|de, die; -, -n [mhd. weide, ahd. weida, eigtl. = Nahrungssuche, Jagd]: *grasbewachsenes Stück Land, auf dem das Vieh weiden kann, das zum Weiden genutzt wird:* eine grüne, fette, magere W.; die Kühe, die Schafe auf die/zur W. treiben; das Vieh grast auf der W., bleibt das ganze Jahr auf der W.

Wei|de|flä|che, die: vgl. Weideland.

Wei|de|grund, der: [2]*Weide.*

Wei|de|land, das: *zum Weiden des Viehs genutztes, sich dazu eignendes Grünland.*

Wei|de|mo|nat, Wei|de|mond, der (veraltet): *Mai.*

wei|den ⟨sw. V.; hat⟩ [mhd. weide(ne)n, ahd. weid(an)ōn = jagen, Futter suchen; weiden]: **1.** *(von Pflanzen fressenden Tieren, bes. Haustieren) sich im Freien, auf einer* [2]*Weide pflanzliche Nahrung suchen u. fressen; grasen:* die Schafe, Pferde weiden; das Vieh w. lassen. **2.** *weiden* (1) *lassen:* Kühe, Ziegen w. **3.** ⟨w. + sich⟩ **a)** (geh.) *sich an etw., bes. einem schönen Anblick, erfreuen, ergötzen:* sich an der schönen Natur w.; ihre Blicke weideten sich an dem herrlichen Anblick; **b)** (abwertend) *sich in hämischer od. sadistischer Weise an etw. ergötzen, was für einen andern unangenehm ist, worunter ein anderer leidet:* sich an jmds. Angst, Verzweiflung, Not, Pein, Qualen w.

Wei|den|ger|te, die: *dünner, vom Laub befreiter Zweig der Weide.*

Wei|den|kätz|chen, das: *Kätzchen* (4) *der Weide.*

Wei|den|korb, der: *aus Weidenruten geflochtener Korb.*

Wei|den|ru|te, die: *Weidengerte.*

Wei|de|platz, der: *zum Weiden* (1) *geeignete Stelle.*

Wei|de|rind, das: vgl. Weidevieh.

Wei|de|vieh, das: *auf der Weide gehaltenes Vieh.*

Wei|de|wirt|schaft, die: *in der Haltung von Weidevieh bestehende Landwirtschaft.*

weid|ge|recht ⟨Adj.⟩ (Jägerspr.): *der Jagd u. dem jagdlichen Brauchtum gemäß [handelnd]:* ein -er Jäger; ein Tier w. erlegen, aufbrechen.

Weid|ge|rech|tig|keit, die (Jägerspr.): *das Weidgerechtsein.*

weid|lich ⟨Adv.⟩ [mhd. weide(n)lich, wahrsch. zu: weide(ne)n, ahd. weid(an)ōn (↑weiden), demnach eigtl. = weidgerecht, dann = sehr, gehörig] (veraltend): *in kaum zu übertreffendem Maße; sehr, gehörig:* eine Gelegenheit w. ausnutzen; sich w. über jmdn., etw. lustig machen.

Weid|ling, der; -s, -e [1: mhd. weidlinc, zu ↑[2]Weide in der Bedeutung »Fischfang«]: **1.** (landsch., bes. süd(west)d. u. schweiz.) *[Fischer]boot, kleines Schiff.* **2.** (südd., österr.) *Weitling.*

Weid|mann, der ⟨Pl. ...männer⟩ [mhd. weideman = Jäger; Fischer] (Jägerspr.): *[weidgerechter] Jäger.*

weid|män|nisch ⟨Adj.⟩ (Jägerspr.): *in der Art eines [rechten] Weidmannes.*

Weid|manns|dank (Jägerspr.): Antwort auf den Gruß »Weidmannsheil!« (wenn jmd. ein Tier erlegt hat).

Weid|manns|heil (Jägerspr.): Gruß der Jäger untereinander, Wunsch für guten Erfolg bei der Jagd u. Glückwunsch für Jagdglück.

Weid|werk, das [mhd. weidewerc = Jägerei; die zur Jagd gehörigen Tiere] (Jägerspr.): *Jagdwesen; Handwerk des (weidgerechten) Jägers.*

weid|wund ⟨Adj.⟩ [eigtl. wohl = an den Eingeweiden verwundet, urspr. vom Menschen gebr.] (Jägerspr.): *in die Eingeweide geschossen u. daher sehr schwer verletzt [u. dem Tode nahe]:* ein -es Tier; ein Reh w. schießen.

wei|gern, sich, ⟨sw. V.; hat⟩ [mhd. weigeren, ahd. weigarōn, zu mhd. weiger, ahd. weigar = widerstrebend, tollkühn, zu mhd. wīgen, ahd. wīgan = kämpfen, streiten]: *es ablehnen, etw. Bestimmtes zu tun:* sich beharrlich, standhaft, eisern, entschieden w., einen Befehl auszuführen; ich weigere mich einfach, das zu glauben; ⟨auch ohne Inf.:⟩ du kannst dich nicht länger w.; er hat sich doch glatt geweigert.

Wei|ge|rung, die; -, -en [mhd. weigerunge]: *das [Sich]weigern:* wegen seiner hartnäckigen W., die Namen der Komplizen preiszugeben.

Wei|ge|rungs|fall: in der Fügung **im W./im -e** (Papierdt.; *für den Fall, dass jmd. sich weigert, etw. Bestimmtes zu tun*): im W. müssen Sie mit einer Geldbuße rechnen.

Weih, der; -[e]s, -e: [2]*Weihe.*

Weih|bi|schof, der (kath. Kirche): *Titularbischof, der den residierenden Bischof bei bestimmten Amtshandlungen vertritt od. unterstützt.*

[1]Wei|he, die; -, -n [mhd. wīhe, ahd. wīhī = Heiligkeit, zu mhd. wīch, ahd. wīh, ↑weihen]: **1.** (Rel.) **a)** *rituelle Handlung, durch die jmd. od. etw. in besonderer Weise geheiligt od. in den Dienst Gottes gestellt wird; Konsekration* (1): die W. einer Kirche, der Glocken; **b)** *Sakrament der katholischen Kirche, durch das jmdm. die Befähigung zum Priesteramt erteilt wird; rituelle Handlung, durch die jmd. in das Bischofsamt eingeführt wird:* die W. zum Priester empfangen, erteilen. **2.** (geh.) *Erhabenheit, Würde; heiliger Ernst:* seine Anwesenheit verlieh der Feier [die rechte] W.

[2]Wei|he, die; -, -n [mhd. wīe, ahd. wīo, H. u., viell. zu ↑[2]Weide, dann eigtl. = Jäger, Fänger]: *schlanker, mittelgroßer Greifvogel mit langen, schmalen Flügeln u. langem Schwanz, der seine Beutetiere aus dem Flug erjagt.*

Wei|he|hand|lung, die: *rituelle Handlung, mit der etw., jmd. geweiht wird.*

wei|hen ⟨sw. V.; hat⟩ [mhd., ahd. wīhen, zu mhd. wīch, ahd. wīh = heilig, also eigtl. = heilig machen]: **1.** (christl., bes. kath. Kirche) **a)** *durch* [1]*Weihe* (1 a) *heiligen, zu gottesdienstlichen Zwecken bestimmen:* einen Altar, Kerzen, Glocken, einen Friedhof w.; die Kirche wurde im Jahre 1140 geweiht; eine geweihte Stätte; **b)** *jmdm. durch Erteilen der* [1]*Weihe[n]* (1 b) *ein geistliches Amt übertragen:* jmdn. zum Diakon, Priester, Bischof w. **2. a)** (Rel.) *(bes. ein Gebäude) in einer rituellen Handlung nach einem Heiligen, einem Gott o. Ä. benennen, um ihn zu ehren:* die Kirche ist dem heiligen Ludwig geweiht; ein Zeus geweihter Tempel; **b)** (geh.) *widmen* (2): sich, seine ganze Kraft der Wissenschaft w.; er hat sein Leben Gott, der Kunst, dem Dienst an seinen Mitmenschen geweiht; **c)** (geh.) *widmen* (1), *zueignen:* das Denkmal ist den Gefallenen des Krieges geweiht. **3.** (geh.) *preisgeben* (1): etw. dem Untergang w.; sich dem Tode w.; ⟨meist im 2. Part.:⟩ sie waren dem Tod geweiht.

Wei|her, der; -s, - [mhd. wī(w)ære, ahd. wī(w)āri < lat. vivarium, ↑Vivarium] (bes. südd.): *kleiner, flacher See:* ein verschilfter W.

Wei|he|re|de, die: *bei der Einweihung von etw. gehaltene Rede.*

Wei|he|stät|te, die (geh.): *geheiligter, in Ehren gehaltener Ort.*

Wei|he|stun|de, die (geh.): *weihevolle Stunde.*

wei|he|voll ⟨Adj.⟩ (geh.): *sehr feierlich:* -e Worte.

Weih|ga|be, die, **Weih|ge|schenk,** das (bes. kath. Kirche): *Votivgabe; Exvoto.*

Weih|ling, der; -s, -e: **a)** (christl., bes. kath. Kirche) *jmd., der die* [1]*Weihe[n]* (1 b) *empfängt;* **b)** *Jugendlicher, der an der Jugendweihe teilnimmt.*

Weih|nacht, die; - [mhd. wīhenaht, zu: wīch, ↑weihen] (geh.): *Weihnachten:* ich wünsche dir eine gesegnete W.

weih|nach|ten ⟨sw. V.; hat; unpers.⟩: *auf Weihnachten zugehen [u. eine weihnachtliche Atmosphäre verbreiten]:* es weihnachtet bereits.

Weih|nach|ten, das; -, - ⟨meist o. Art.; bes. südd., österr. u. schweiz. u. in bestimmten Wunschformeln u. Fügungen auch als Pl.⟩ [mhd. wīhenahten, aus: ze wīhen nahten = in den heiligen Nächten (= die heiligen Mittwinternächte)]: **1.** *(am 25. Dezember begangenes) Fest der christlichen Kirche, mit dem die Geburt Christi gefeiert wird:* W. steht vor der Tür; es ist bald W.; vorige, letzte W. waren wir zu Hause; schöne, frohe, fröhliche, gesegnete W.!; grüne, weiße W. *(Weihnachten ohne, mit Schnee);* W. feiern; [nächstes Jahr] W./(bes. nordd.:) zu W./(bes. südd.:) an W. wollen sie verreisen; kurz vor, nach W.; jmdm. etw. zu W. schenken. 2. (landsch.) *Weihnachtsgeschenk:* ein reiches W.; etw. als W. bekommen.

weih|nacht|lich, (schweiz. auch:) **weih|nächt|lich** ⟨Adj.⟩: *Weihnachten, das Weihnachtsfest betreffend, zu ihm gehörend:* -er Tannenschmuck; -e Motive; es herrschte -e Stimmung; das Zimmer war w. geschmückt.

Weih|nachts|abend, der: *Vorabend des Weihnachtsfests; Heiliger Abend.*

Weih|nachts|bä|cke|rei, die: **a)** ⟨o. Pl.⟩ *das Backen zu Weihnachten:* sie fängt immer schon im November mit der W. an; **b)** (österr., sonst landsch.) *Weihnachtsgebäck.*

Weih|nachts|ba|sar, der: *in der Weihnachtszeit abgehaltener Basar (2), bei dem bes. Geschenkartikel, Schmuck für den Weihnachtsbaum, Süßigkeiten o. Ä. verkauft werden.*

Weih|nachts|baum, der: **1.** *[kleine] Tanne, Fichte, Kiefer, die man zu Weihnachten [ins Zimmer stellt u.] mit Kerzen, Kugeln, Lametta o. Ä. schmückt:* ein W. mit elektrischen, echten Kerzen; den W. schmücken, plündern; jmdm. etw. unter den W. legen *(zu Weihnachten schenken).* **2.** (ugs.) *Christbaum* (2).

Weih|nachts|baum|schmuck, der: *Christbaumschmuck.*

Weih|nachts|be|sche|rung, die: *Bescherung* (1).

Weih|nachts|ein|kauf, der ⟨meist Pl.⟩: *Einkauf für Weihnachten.*

Weih|nachts|en|gel, der: *Engel aus buntem Papier, Stroh o. Ä., bes. als Schmuck des Weihnachtsbaums.*

Weih|nachts|fei|er, die: *anlässlich des [bevorstehenden] Weihnachtsfests veranstaltete Feier.*

Weih|nachts|fei|er|tag, der: *Weihnachtstag:* der erste, zweite W.

Weih|nachts|fe|ri|en ⟨Pl.⟩: *Schulferien in der Weihnachtszeit.*

Weih|nachts|fest, das: *Weihnachten* (1): ein gesegnetes, frohes W.!

Weih|nachts|ga|be, die (selten): *Weihnachtsgeschenk.*

Weih|nachts|gans, die: *gebratene Gans, die Weihnachten gegessen wird:* *** **jmdn. ausnehmen wie eine W.** (ugs.; *sich in schamloser Weise an jmdm. bereichern, jmdn. schamlos ausbeuten, ausnutzen*).

Weih|nachts|ge|bäck, das: *zu Weihnachten hergestelltes Gebäck.*

Weih|nachts|geld, das: *zu Weihnachten zusätzlich zu Lohn od. Gehalt gezahltes Geld:* jmdm. das W. kürzen, streichen.

Weih|nachts|ge|schäft, das: *besonders rege Geschäftstätigkeit aufgrund verstärkter Nachfrage in der Weihnachtszeit:* der Einzelhandel ist mit dem diesjährigen W. sehr zufrieden.

Weih|nachts|ge|schenk, das: *Geschenk zu Weihnachten:* -e besorgen; etw. ist ein schönes W. [für jmdn.].

Weih|nachts|ge|schich|te, die ⟨o. Pl.⟩: *(im Neuen Testament überlieferte) Geschichte von der Geburt Christi.*

Weih|nachts|gra|ti|fi|ka|ti|on, die: *Sonderzuwendung, die der Arbeitnehmer vom Arbeitgeber zu Weihnachten erhält.*

Weih|nachts|kak|tus, der: *(als Zimmerpflanze gehaltener) um die Weihnachtszeit blühender Gliederkaktus.*

Weih|nachts|kar|te, die: *Glückwunschkarte mit Weihnachtsgrüßen u. -wünschen.*

Weih|nachts|ker|ze, die: **a)** (landsch.) *Christbaumkerze;* **b)** *[mit weihnachtlichen Motiven verzierte] Kerze, die zu Weihnachten aufgestellt wird.*

Weih|nachts|krip|pe, die: *Krippe* (2).

Weih|nachts|ku|gel, die (landsch.): *[glänzend farbige, goldene, silberne o. ä.] Kugel als Schmuck des Weihnachtsbaums.*

Weih|nachts|lied, das: *Lied, das traditionsgemäß zur Weihnachtszeit gesungen wird (u. dessen Text sich auf Weihnachten bezieht).*

Weih|nachts|mann, der ⟨Pl. ...männer⟩: **1.** (bes. in Norddeutschland) *volkstümliche, im Aussehen dem Nikolaus (1) ähnliche Gestalt, die nach einem alten Brauch den Kindern zu Weihnachten Geschenke bringt:* morgen kommt der W.; was hat der W. dir denn gebracht?; sich als W. verkleiden. **2.** (ugs., bes. Schimpfwort) *trotteliger, einfältiger, dummer Mensch:* so ein W.!

Weih|nachts|markt, der: *in der Weihnachtszeit abgehaltener Markt mit Buden u. Ständen, an denen Geschenkartikel, Schmuck für den Weihnachtsbaum, Süßigkeiten o. Ä. verkauft werden.*

Weih|nachts|pa|pier, das: *mit weihnachtlichen Motiven bedrucktes Geschenkpapier.*

Weih|nachts|py|ra|mi|de, die: *pyramidenförmiges [Holz]gestell aus mehreren übereinander angebrachten Scheiben o. Ä. mit Figuren, die sich, von der Wärme auf der untersten Etage stehender Kerzen angetrieben, drehen.*

Weih|nachts|schmuck, der ⟨o. Pl.⟩: *weihnachtlicher Schmuck* (1 b).

Weih|nachts|spiel, das: *(bes. von Laienschauspielern zur Weihnachtszeit aufgeführtes) Spiel (6) mit weihnachtlichem Inhalt.*

Weih|nachts|stern, der: **1.** *Stern aus buntem Papier, Stroh o. Ä., bes. als Schmuck des Weihnachtsbaums.* **2.** *(als Zimmerpflanze gehaltenes) Wolfsmilchgewächs mit sternförmig ausgebreiteten, meist roten Hochblättern um einen unscheinbaren Blütenstand, der zur Weihnachtszeit blüht; Adventsstern.*

Weih|nachts|stim|mung, die: *weihnachtliche Stimmung.*

Weih|nachts|stol|le, die, **Weih|nachts|stol|len,** der: *[Christ]stolle[n].*

Weih|nachts|tag, der: *Feiertag des Weihnachtsfestes:* der erste, zweite W.

Weih|nachts|tel|ler, der: *zu Weihnachten [für jedes Familienmitglied] aufgestellter [Papp]teller mit Süßigkeiten, Nüssen o. Ä.*

Weih|nachts|tisch, der: *Tisch, auf dem die Weihnachtsgeschenke liegen.*

Weih|nachts|ver|kehr, der: *[starker] Verkehr, bes. Straßenverkehr, zur Weihnachtszeit.*

Weih|nachts|vor|be|rei|tun|gen ⟨Pl.⟩: *Vorbereitungen für das Weihnachtsfest.*

Weih|nachts|zeit, die ⟨o. Pl.⟩: *Zeit vom ersten Advent bis zum Jahresende, bes. der Heilige Abend u. die Weihnachtsfeiertage.*

Weih|nachts|zu|wen|dung, die: *Weihnachtsgratifikation.*

Weih|rauch, der; -[e]s, -e [mhd. wī(h)rouch, ahd. wīhrouch, zu mhd. wīch, ahd. wīh (↑weihen), also eigtl. = heiliger Rauch]: **a)** *körniges Harz in Arabien u. Indien wachsender Sträucher, das beim Verbrennen einen aromatisch duftenden Rauch entwickelt u. in verschiedenen Religionen bei Kulthandlungen verwendet wird:* sie brachten dem Kind Gold, W. und Myrrhe; **b)** *Rauch, der sich beim Verbrennen von Weihrauch (a) entwickelt:* von dem Altar stieg W. auf.

Weih|rauch|fass, das: *oft reich verziertes liturgisches Räuchergefäß, in dem Weihrauch verbrannt wird.*

Wei|hung, die; -, -en: *das [Sich]weihen.*

Weih|was|ser, das ⟨o. Pl.⟩ [mhd. wī(c)hwazzer] (kath. Kirche): *geweihtes Wasser, das in der Liturgie verwendet wird u. in das die Gläubigen beim Betreten u. beim Verlassen der Kirche die Finger tauchen, bevor sie sich bekreuzigen:* jmdn., etw. mit W. besprengen.

Weih|was|ser|be|cken, das (kath. Kirche): *Becken für Weihwasser.*

Weih|was|ser|kes|sel, der (kath. Kirche): *Kessel für Weihwasser.*

Weih|was|ser|we|del, der, **Weih|we|del,** der (kath. Kirche): **a)** *[Palm]wedel zum Versprengen von Weihwasser;* **b)** *mit Löchern versehene Kugel mit Handgriff, in der sich ein mit Weihwasser getränkter Schwamm befindet u. die zum Versprengen von Weihwasser verwendet wird.*

weil ⟨Konj.⟩ [spätmhd. wīle = während, eigtl. Akk. Sg. von ↑Weile, aus mhd. die wīle, ahd. dia wīla (so) = in der Zeitspanne (als)]: **a)** leitet kausale, begründende Gliedsätze ein, deren Inhalt neu od. bes. gewichtig ist u. nachdrücklich hervorgehoben werden soll: sie ist [deshalb, daher] so traurig, w. ihr Vater gestorben ist; w. er eine Panne hatte, kam er zu spät; ⟨auch vor verkürzten Gliedsätzen, begründenden Attributen o. Ä.:⟩ er ist, w. Fachmann, auf diesem Gebiet versiert; eine schlechte, w. lückenhafte Darstellung; ⟨standardspr. nicht korrekt auch mit Voranstellung des finiten Verbs:⟩ ich komme nicht mit, w. ich habe keine Zeit; **b)** leitet begründende od. erläuternde Gliedsätze ein, auf denen kein besonderer Nachdruck liegt; *da:* er hat gute Zensuren, w. er fleißig ist; ich konnte nicht kommen, w. ja gestern meine Prüfung war; ⟨mit temporalem Nebensinn:⟩ w. *(da, wo)* wir gerade davon sprechen, möchte ich auch meinen Standpunkt erläutern; **c)** leitet die Antwort auf eine direkte Frage nach dem Grund von etw. ein: »Warum kommst du jetzt erst?« – »Weil der Bus Verspätung hatte.«; »Warum tust du das?« – »Weil!« (als Verweigerung einer Begründung: *»Darum!«*).

weil. = weiland.

wei|land ⟨Adv.⟩ [mhd. wīlen(t), ahd. wīlōn, eigtl. Dat. Pl. von ↑Weile] (veraltet, noch altertümelnd): *einst, früher:* wie w. üblich; sein Urgroßvater, w. General in der kaiserlichen Armee.

Weil|chen, das; -s: Vkl. zu ↑Weile.

Wei|le, die; - [mhd. wīl(e), ahd. (h)wīla, eigtl. = Ruhe, Rast, Pause]: *[kürzere] Zeitspanne von unbestimmter Dauer:* eine kurze, kleine, lange W.; es dauerte eine [gute] W., bis sie antwortete; eine W. schlafen, warten; nach einer W. ging sie; er ist schon vor einer [ganzen] W. gekommen; damit hat es noch gute W. (geh.; *das dauert noch einige Zeit*); aus langer W. *(aus Langeweile).*

wei|len ⟨sw. V.; hat⟩ [mhd. wīlen, ahd. wīlōn] (geh.): *sich irgendwo aufhalten, irgendwo anwesend sein:* in der Hauptstadt, zur Erholung auf dem Lande, als Gast auf dem Schloss w.; nicht mehr unter den Lebenden w. (verhüll.; *schon gestorben sein*).

Wei|ler, der; -s, - [mhd. wīler, ahd. -wīlāri (in Zus.) < mlat. villare = Gehöft, zu lat. villa, ↑Villa]: *aus wenigen Gehöften bestehende, keine eigene Gemeinde bildende Ansiedlung:* ein kleiner, verlassener W.

Wei|ma|rer Re|pu|blik, die; - - [nach dem ersten Tagungsort der verfassunggebenden Nationalversammlung]: Bez. für die von 1919 bis 1933 dauernde Epoche der deutschen Geschichte, in der im Deutschen Reich eine republikanische Verfassung in Kraft war, bzw. für den deutschen Staat in dieser Epoche.

Wein, der; -[e]s, -e [mhd., ahd. wīn < lat. vinum]: **1.** ⟨o. Pl.⟩ **a)** *Weinreben* (1): der W. blüht; W. bauen, anbauen, anpflanzen; wilder W. *(rankender Strauch mit fünffach gegliederten, sich im Herbst rot färbenden Blättern u. in Trauben wachsenden, blauschwarzen Beeren);* **b)** *Weintrauben:* W. ernten, lesen. **2. a)** *aus dem gegorenen Saft der Weintrauben hergestelltes alkoholisches Getränk:* [ein] weißer, roter, süßer, lieblicher, trockener, herber, spritziger, süffiger, schwerer, leichter, junger, edler, teurer, schlechter, guter W.; eine Flasche, ein Glas, ein Schoppen W.; W. vom Fass; offener W.; der W. funkelt im Glas, ist sauer, ist zu warm, moussiert, steigt [mir] in den Kopf/zu Kopf; in- und ausländische -e; neuer W. (landsch.; *Federweißer*); dort wächst ein guter W. *(dort reifen Trauben, aus denen ein guter Wein hergestellt wird);* W. keltern, ausbauen, abfüllen, auf Flaschen ziehen, panschen, trinken; ich bestellte mir einen W. *(ein Glas Wein);* gemütlich bei einem Glas W. zusammensitzen; **Spr** im W. ist/liegt Wahrheit (↑in vino veritas); *** **jmdm. reinen/klaren W. einschenken** *(jmdm. die volle Wahrheit sagen, auch wenn sie unangenehm ist);* **b)** *gegorener Saft von Beeren-, Kern- od. Steinobst; Obstwein.*

Wein|an|bau, der ⟨o. Pl.⟩: *Anbau von Wein.*

Wein|bau, der ⟨o. Pl.⟩: *Weinanbau.*

Wein|bau|er, der; -n, -n: *Winzer.*

Wein|bäu|e|rin, die: w. Form zu ↑Weinbauer.
Wein|bau|ge|biet, das: *Gebiet, in dem Weinbau getrieben wird.*
Wein|bee|re, die: **a)** *Weintraube;* **b)** (südd., österr., schweiz.) *Rosine.*
Wein|bei|ßer, der [1: der Lebkuchen wird gern zum Wein gegessen; 2: der Weinkenner u. -genießer behält den Wein länger im Mund u. macht dabei eventuell Kaubewegungen, um den Geschmack voll auszukosten] (österr.): **1.** *mit weißer Glasur überzogener Lebkuchen in Form eines Löffelbiskuits.* **2.** *anspruchsvoller, den Wein bewusst genießender Weintrinker u. -kenner:* ein passionierter W.
Wein|bei|ße|rin, die (österr.): w. Form zu ↑Weinbeißer (2).
Wein|berg, der [mhd. winberc]: *[meist in Terrassen] ansteigendes, mit Weinreben bepflanztes Land:* -e in bester Südlage; in den W. gehen.
Wein|berg|schne|cke, die: *große, hellbraune Schnecke mit kugeligem, bräunlichem Gehäuse, die als Delikatesse geschätzt wird.*
Wein|brand, der: *aus Wein destillierter Branntwein.*
Wein|brand|boh|ne, die: *mit Weinbrand gefüllte Praline von länglicher Form.*
Wein|chen, das (fam.): *Wein* (2 a): ein feines W.; ich bestelle mir ein W. *(ein Glas Wein).*
Wein|de|gus|ta|ti|on, die (bes. schweiz.): *das Prüfen, Probieren, Kosten von Wein in Bezug auf Geruch u. Geschmack.*
wei|nen ⟨sw. V.; hat⟩ [mhd. weinen, ahd. weinōn, zu ↑¹weh u. eigtl. = weh rufen]: **a)** *(als Ausdruck von Schmerz, von starker innerer Erregung) Tränen vergießen [u. dabei in kurzen, hörbaren Zügen einatmen u. klagende Laute von sich geben]:* heftig, bitterlich, lautlos, wie ein Kind w.; um jmdn. w.; vor Wut, Freude, Glück, Angst, Erschöpfung w.; da brauchst du doch nicht zu w.; nun hör auf zu w.!; warum weinst du denn?; musst du beim Zwiebelnschneiden nicht w. (ugs.; *tränen dir dabei nicht die Augen*)?; er wusste nicht, ob er lachen oder w. sollte *(war von zwiespältigen Gefühlen erfüllt);* ⟨subst.:⟩ er war dem Weinen nahe; es ist zum W. *(es ist eine Schande);* ***leise weinend** (ugs.; *recht kleinlaut*): er hat den Tadel leise weinend eingesteckt; **b)** *(sich od. etw.) durch Weinen* (a) *in einen bestimmten Zustand bringen:* sich die Augen rot w.; das Kind hat sich müde, in den Schlaf geweint; **c)** *weinend hervorbringen:* heiße, dicke, bittere Tränen w.; Freudentränen, Krokodilstränen w.
Wei|ne|rei, die; -, -en (ugs., meist abwertend): *[dauerndes] Weinen:* die W. der Kinder macht einen ganz fertig.
wei|ner|lich ⟨Adj.⟩ [für mhd. wein(e)lich, wohl geb. nach dem Muster von »jämmerlich«]: *kläglich* (1) *u. dem Weinen nahe:* ein übermüdetes, -es Kind; ein -es Gesicht machen; etw. mit -er Stimme sagen; seine Stimme klang w.
Wei|ner|lich|keit, die; -: *das Weinerlichsein; weinerliche Art.*
Wein|ern|te, die: **1.** *das Ernten des Weins; Weinlese:* bei der W. helfen. **2.** *Gesamtheit des geernteten, zu erntenden Weins:* die W. war gut; die Unwetter haben nahezu die gesamte W. vernichtet.
Wein|es|sig, der: *aus Wein hergestellter Essig.*
Wein|fass, das: *Fass für Transport u. Aufbewahrung von Wein.*
Wein|fla|sche, die: vgl. Weinfass.
Wein|freund, der: *jmd., der gern Wein trinkt.*
Wein|freun|din, die: w. Form zu ↑Weinfreund.
Wein|gar|ten, der: *ebene, mit Weinreben bepflanzte Fläche.*
Wein|gärt|ner, der: *Weinbauer.*
Wein|gärt|ne|rin, die: w. Form zu ↑Weingärtner.
Wein|ge|gend, die: *Gegend, in der viel Wein wächst.*
Wein|geist, der ⟨o. Pl.⟩: *Alkohol* (2 a).
Wein|ge|setz, das: *die Herstellung u. den Vertrieb von Wein betreffendes Gesetz.*

Wein|glas, das ⟨Pl. ...gläser⟩: *Glas, aus dem Wein getrunken wird.*
Wein|gott, der (Myth.): *Gott des Weins.*
Wein|gum|mi, der od. das: *mit Essenzen aus Wein hergestellter Gummibonbon:* eine Tüte -s.
Wein|gut, das: *auf den Weinbau spezialisierter landwirtschaftlicher Betrieb.*
Wein|hand|lung, die: *Geschäft, das Wein verkauft.*
Wein|hau|er, der (österr.): *Winzer.*
Wein|hau|e|rin, die; -, -nen: w. Form zu ↑Weinhauer.
Wein|haus, das: *Weinhandlung.*
Wein|he|fe, die: *auf bestimmten Weintrauben lebender, zur Gärung des Traubensafts verwendeter Hefepilz.*
wei|nig ⟨Adj.⟩: **a)** *nach Wein schmeckend:* eine -e Soße, Creme; der Apfel schmeckt w.; **b)** *(von Weinen) in Geschmack u. Duft sehr ausgeprägt:* dieser Jahrgang schmeckt sehr w.
Wein|jahr, das: *Jahr hinsichtlich der Erträge im Weinbau:* ein gutes, schlechtes W.
Wein|kar|te, die: *Verzeichnis der in einer Gaststätte erhältlichen Weine.*
Wein|kel|ler, der: *Keller zum Aufbewahren von Wein:* das Restaurant hat einen gut sortierten W. *(bietet eine gute Auswahl an Weinen an).*
Wein|kel|le|rei, die: *Betrieb, Weingut mit großen Lagerkellern, in denen Wein behandelt u. gelagert wird.*
Wein|kel|ter, die: *Presse zur Gewinnung von Saft aus Weintrauben.*
Wein|ken|ner, der: *jmd., der die Eigenarten der verschiedenen Weinsorten u. -jahre gut kennt.*
Wein|ken|ne|rin, die: w. Form zu ↑Weinkenner.
Wein|kö|ni|gin, die: *jüngere Frau, die für die Dauer eines Jahres eine bestimmte Weingegend (bes. auf Festen) repräsentiert:* jmdn. zur W. wählen.
Wein|krampf, der: *krampfhaftes, heftiges Weinen (das jmdn. wie ein Anfall packt):* einen W. kriegen, haben; von Weinkrämpfen, einem W. geschüttelt werden.
Wein|kü|fer, der: *Handwerker, der die zur Erzeugung u. Lagerung von Wein benutzten Maschinen, Geräte u. Behälter instand hält sowie den Vorgang der Gärung überwacht* (Berufsbez.).
Wein|kü|fe|rin, die: w. Form zu ↑Weinküfer.
Wein|küh|ler, der: *Vorrichtung, Gefäß zum Kühlhalten von Wein.*
Wein|la|ge, die (bes. Fachspr.): *für den Weinbau geeignetes Areal.*
Wein|land, das: *Land, in dem viel Wein wächst, produziert wird:* das wichtigste W. Europas.
Wein|laub, das: *Laub der Weinreben* (1).
Wein|lau|be, die: *von [wildem] Wein überwachsene Laube.*
Wein|lau|ne, die ⟨o. Pl.⟩ (scherzh.): *durch den Genuss von Wein hervorgerufene beschwingte, übermütige Stimmung, in der sich jmd. leicht zu etw. hinreißen lässt, was ihm hinterher unverständlich vorkommt.*
Wein|le|se, die: *Ernte von Wein* (1 b): die W. hat begonnen; zur Zeit der, während der W.
Wein|lieb|ha|ber, der: *Weinfreund.*
Wein|lieb|ha|be|rin, die: w. Form zu ↑Weinliebhaber.
Wein|lied, das: *volkstümliches Lied, dessen Text den Genuss, die Wirkung des Weins zum Inhalt hat [u. das in geselliger Runde beim Weintrinken gesungen wird].*
Wein|lo|kal, das: *Lokal, das eine reichhaltige Auswahl an Weinen anbietet u. in dem vor allem Wein ausgeschenkt wird.*
Wein|mo|nat, Wein|mond, der (veraltet): *Oktober.*
Wein|pan|scher, der: *jmd., der Wein panscht* (1).
Wein|pan|sche|rin, die: w. Form zu ↑Weinpanscher.
Wein|pres|se, die: *Weinkelter.*
Wein|prin|zes|sin, die: *Weinkönigin.*
Wein|pro|be, die: *das Probieren verschiedener Weine [eines Erzeugers]:* eine W. veranstalten; zu einer W. auf ein Weingut kommen.

Wein|rausch, der: *Rausch* (1) *durch übermäßigen Genuss von Wein.*
Wein|re|be, die: *rankende Pflanze mit gelappten od. gefiederten Blättern, in Rispen stehenden Blüten u. in Trauben wachsenden Beerenfrüchten (aus deren Saft Wein hergestellt wird).*
wein|rot ⟨Adj.⟩: *von dunklem, leicht ins Bläuliche spielendem Rot.*
Wein|säu|re, die (bes. Chemie): *in vielen Pflanzen, bes. in den Blättern u. Früchten der Weinrebe vorkommende Säure.*
Wein|schaum, der (Kochk.): *aus Eigelb, Zucker u. Weißwein hergestellte, schaumig geschlagene Süßspeise.*
Wein|schaum|creme, die: *aus Eigelb, Zucker u. Weißwein hergestellte, schaumig geschlagene Creme* (2 a).
Wein|schaum|so|ße, die: *aus Eigelb, Zucker u. Weißwein hergestellte, schaumig geschlagene Soße* (1).
Wein|schor|le, die: *Getränk aus mit Mineralwasser gemischtem Wein.*
wein|se|lig ⟨Adj.⟩: *(nach dem Genuss von Wein) rauschhaft glücklich, beschwingt:* -e Zecher.
Wein|sor|te, die: *Sorte Wein* (2 a).
Wein|stein, der: *in vielen Früchten, bes. in Weintrauben, enthaltene kristalline Substanz (die in Form farbloser harter Krusten od. Kristalle aus dem Wein ausflockt).*
Wein|stein|säu|re, die: *Weinsäure.*
Wein|steu|er, die: *auf Wein erhobene Steuer.*
Wein|stock, der: *[zur Erzeugung von Weintrauben veredelte] Weinrebe* (1).
Wein|stra|ße, die: *(als touristische Route besonders gekennzeichnete) Landstraße, die durch eine Weingegend führt* (gew. in Namen): ein Dorf an der [Deutschen] W.
Wein|stu|be, die: *kleines Weinlokal.*
Wein|trau|be, die: *Beerenfrucht der Weinrebe.*
Wein|trin|ker, der: *jmd., der [regelmäßig] Wein trinkt.*
Wein|trin|ke|rin, die: w. Form zu ↑Weintrinker.
wei|se ⟨Adj.⟩ [mhd., ahd. wīs, zu ↑wissen u. eigtl. = wissend]: **a)** *Weisheit besitzend:* eine w. alte Frau; ein -r Richter; der w. König Salomon; die drei Weisen aus dem Morgenland *(die Heiligen Drei Könige);* **b)** *auf Weisheit beruhend, von Weisheit zeugend:* eine w. Antwort, Entscheidung; ein -r Richterspruch; er übte w. Zurückhaltung; sie lächelte, handelte w.
Wei|se, die; -, -n [mhd. wīs(e), ahd. wīsa, eigtl. = Aussehen, Erscheinungsform, zu ↑wissen; 2: schon ahd., wohl nach lat. modulatio, ↑Modulation]: **1.** *Art, Form, wie etw. verläuft, geschieht, getan wird:* auf jede, dieselbe, [eine] andere, [eine] fatale, irgendeine, verschiedene, vielerlei W.; das erledige ich auf meine W.; die Sachen sind auf geheimnisvolle W. verschwunden; in gleicher, derselben, ähnlicher/einer ähnlichen, anderer/einer anderen, gewohnter/der gewohnten W.; das geschieht in der W., dass ...; das ist in keiner W. gerechtfertigt; da kann ich dir in keinster W. (ugs. scherzh.; *überhaupt nicht*) zustimmen; häufig in intensivierender Verbindung mit »Art« (↑Art 2). **2.** *kurze, einfache Melodie [eines Liedes]:* eine bekannte, geistliche, volkstümliche, schlichte W.; Text und W. des Liedes sind von Martin Luther; das Kirchenlied wird nach einer alten weltlichen W. gesungen.
-wei|se: **1.** wird mit Adjektiven oder Partizipien und dem Fugenzeichen -er- zur Bildung von Adverbien verwendet/ *was ... ist, wie es ... ist:* höflicher-, realistischerweise. **2.** wird mit Substantiven zur Bildung von Adverbien verwendet/ *in Form von ..., als ...:* besuchs-, vorwandweise. **3.** drückt in Bildungen mit ersten Partizipien und dem Fugenzeichen -er- aus, dass etw. (ein Tun) das Mittel oder der Begleitumstand ist/ *durch ..., bei ..., mit ...:* lesender-, Rad fahrenderweise. **4.** wird mit Verben (Verbstämmen) zur Bildung von Adverbien verwendet/ *in Form von ..., zum ...:* klecker-, miet-, leihweise. **5.** wird mit Substantiven zur Bildung von Adverbien

verwendet, die dann eine Maß- od. Mengeneinheit ausdrücken/ *in [jeweils] ..., nach ...:* familien-, löffel-, zentimeterweise.

wei|sen ⟨st. V.; hat⟩ [mhd., ahd. wīsen, zu ↑weise, eigtl. = wissend machen]: **1.** (meist geh.) **a)** *zeigen* (2 a): jmdm. den Weg, die Richtung w.; **b)** *in eine bestimmte Richtung, auf etw. zeigen, deuten:* mit der Hand, dem Kopf, dem Finger zur Tür w.; die Magnetnadel, der Pfeil weist nach Norden. **2.** *schicken, verweisen* (4): jmdn. aus dem Zimmer, vom Hof, aus dem Land w.; einen Schüler von der Schule w. *(ihm den weiteren Besuch der Schule verbieten);* **Ü** sie hat ihn wieder auf den rechten Weg gewiesen; er hat diesen Gedanken, diese Vermutung weit von sich gewiesen *(aufs Heftigste zurückgewiesen).* **3.** (schweiz.) *zeigen, erweisen:* das wird die Zukunft w.; ⟨meist w. + sich:⟩ das wird, muss sich [erst noch] w. **4.** (schweiz.) *(beim Jass) zu Spielbeginn bestimmte Kartenkombinationen, die man in der Hand hat, melden u. sich dafür Punkte gutschreiben lassen:* er konnte hundertfünfzig [Punkte] w.

Weis|heit, die; -, -en [mhd., ahd. wīsheit]: **1.** ⟨o. Pl.⟩ *auf Lebenserfahrung, Reife [Gelehrsamkeit] u. Distanz gegenüber den Dingen beruhende, einsichtsvolle Klugheit:* göttliche W.; die W. des Alters; das Buch der W./die W. Salomos (Buch des A. T.); * **die W. [auch nicht] mit Löffeln gefressen/gegessen haben** (vgl. Löffel 1 a); **der W. letzter Schluss** (1. *die höchste Weisheit, Erkenntnis:* dieses Weltbild hält er für der W. letzten Schluss. 2. ugs.; *die ideale Lösung, die Lösung aller Probleme:* das Sonnenhaus ist auch nicht der W. letzter Schluss; nach Goethe, Faust II, 11 574); **mit seiner W. am Ende sein** *(nicht mehr weiterwissen).* **2.** *(durch Weisheit* (1) *gewonnene) Erkenntnis, Lehre; weiser Rat, Spruch:* eine alte chinesische W.; das Buch enthält viele -en.

Weis|heits|zahn, der [eigtl. = Zahn, der in einem Alter wächst, in dem der Mensch klug, verständig geworden ist]: *hinterster Backenzahn des Menschen (der erst im Erwachsenenalter durchbricht).*

weis|lich ⟨Adv.⟩ [mhd. wīslīche(n), ahd. wīslīhho] (veraltend): *wohlweislich:* das habe ich ihm w. verschwiegen.

weis|ma|chen ⟨sw. V.; hat⟩ [mhd. wīs machen = klug machen, belehren, kundtun] (ugs.): *jmdn. etw. Unzutreffendes glauben machen:* das kannst du mir nicht w./machst du mir nicht weis.

[1]**weiß:** ↑wissen.

[2]**weiß** ⟨Adj.⟩ [mhd. wīʒ, ahd. (h)wīʒ, eigtl. = leuchtend, glänzend]: **1.** *von der hellsten Farbe; alle sichtbaren Farben, die meisten Lichtstrahlen reflektierend:* -e Lilien, Wolken; -e Gardinen; ein -es Kleid; -e Haare; ein -er Hai, Hirsch; die Schachfiguren so aufstellen, dass die -e Dame auf einem -en Feld steht; w. wie Schnee; -e Wäsche; sein Gesicht war w. von Kalk; w. *(in Weiß)* gekleidet sein; der Rock war rot und w. gestreift; der Tisch ist w. *(mit einem weißen Tischtuch)* gedeckt; strahlend, blendend -e Zähne; w. lackierte Möbel; die Wand w. kalken/tünchen; eine w. gekalkte/getünchte Wand; w. glühendes *(stark erhitztes u. dabei weiß leuchtendes)* Eisen; die Wäsche w. waschen; -es *(unbeschriebenes)* Papier; er ist w. geworden *(hat weiße Haare bekommen);* der -e Sport *(Tennis);* -e Blutkörperchen (Med.; *Leukozyten*); -es *(das ganze sichtbare Spektrum umfassendes)* Licht; der -e Tod *(Lawinentod);* ⟨subst.:⟩ das Weiße im Ei/des Eis; Weiß *(der Spieler, der die weißen Figuren hat)* eröffnet das Spiel. **2. a)** *sehr hell aussehend:* -er Pfeffer; -e Bohnen, Johannisbeeren; -es Mehl; -es Brot *(Weißbrot);* -es Fleisch; -er Wein *(Weißwein);* ⟨subst.:⟩ ein Glas von dem Weißen (ugs.; *dem Weißwein*); **b)** *dem Menschentypus der* [2]*Weißen, der Europiden angehörend:* die -en Amerikaner; die -e Minderheit; Menschen -er Hautfarbe; der -e Mann *(die* [2]*Weißen);* der Vater ist w.

Weiß, das; -[es], -: **1.** *weiße Farbe, weißes Aussehen:* ein strahlendes W.; die Braut trug W. *(ein weißes Hochzeitskleid);* das W. ihrer Augen; in W. heiraten; **2.** ⟨o. Pl.⟩ *etw. Weißes:* alles lag unter winterlichem W.

weis|sa|gen ⟨sw. V.; hat⟩ [mhd. wīssagen, unter volksetym. Anlehnung an ahd. wīs (↑weise) u. sagēn (↑sagen), umgedeutet aus ahd. wīʒagōn, zu: wīʒago = Prophet, zu: wīʒ(ʒ)ag = merkend, sehend, wissend, zu: wiʒʒan (↑wissen), also eigtl. = als Prophet wirken]: **a)** *etw. Künftiges vorhersagen; prophezeien:* etw. w.; falsch w.; **b)** *ahnen lassen:* seine Miene weissagte [mir] nichts Gutes.

Weis|sa|ger, der; -s, -: *jmd., der etw. weissagt* (a).

Weis|sa|ge|rin, die; -, -nen: w. Form zu ↑Weissager.

Weis|sa|gung, die; -, -en [mhd. wīssagunge, ahd. wīʒagunga]: *Prophezeiung* (1), *Orakel* (b): eine alte W.; die -en des Nostradamus; ihre W. hat sich nicht erfüllt; -en machen.

weiß|bär|tig ⟨Adj.⟩: *einen weißen Bart habend.*

Weiß|bier, das: *Weizenbier.*

Weiß|bin|der, der (landsch.): **a)** *Böttcher;* **b)** *Anstreicher.*

Weiß|bin|de|rin, die (landsch.): w. Form zu ↑Weißbinder.

Weiß|blech, das: *verzinntes Eisenblech.*

weiß|blond ⟨Adj.⟩: **a)** *ein fast weißes Blond aufweisend:* -es Haar; **b)** *weißblondes* (a) *Haar habend:* er ist w.

weiß|blu|ten, sich ⟨sw. V.; nur im Inf. gebr.⟩ [eigtl. = bis zum Erblassen bluten] (ugs.): *sich [finanziell] völlig verausgaben:* für sein neues Haus musste er sich völlig w.; ⟨subst.:⟩ * **bis zum Weißbluten** (ugs.; *ganz u. gar*).

Weiß|brot, das: **a)** *Brot* (1 a) *aus sehr fein ausgemahlenem Weizenmehl:* ein Stück, eine Scheibe W.; iss nicht zu viel W.; **b)** *Laib Weißbrot* (a); **c)** *Scheibe Weißbrot.*

Weiß|buch, das [1: nach dem Vorbild der engl. ↑Blaubücher]: **1.** (Dipl.) *mit weißem Einband od. Umschlag versehenes (deutsches) Farbbuch.* **2.** (Politik) *zur Information der Öffentlichkeit von einer staatlichen Stelle erarbeitete Zusammenstellung von Dokumenten, Statistiken o. Ä. zu einem bestimmten Bereich.*

Weiß|bu|che, die [nach dem hellen Holz]: *Hainbuche.*

Weiß|bur|gun|der, der: **a)** ⟨o. Pl.⟩ *Rebsorte mit ovalen, in dichten Trauben wachsenden grünen Beeren;* **b)** *aus den Trauben des Weißburgunders* (a) *hergestellter Weißwein mit vollmundigem Bukett.*

Weiß|dorn, der ⟨Pl. -e⟩: *als Strauch od. kleiner Baum wachsende Pflanze mit dornigen Zweigen, gesägten od. gelappten Blättern u. weißen bis rosafarbenen, in Doldenrispen stehenden Blüten; Hagedorn.*

[1]**Wei|ße,** die; -, -n [mhd. wīʒe, ahd. (h)wīʒī]: **1.** ⟨o. Pl.⟩ *das Weißsein; weiße Farbe, weißes Aussehen:* die W. ihrer Haut. **2.** (volkst.) *Weißbier:* eine Berliner W. [mit Schuss] *(ein Glas Weißbier [mit Himbeersaft]).*

[2]**Wei|ße,** der u. die; -n, -n ⟨Dekl. ↑Abgeordnete⟩: *Mensch mit heller Hautfarbe; Europide.*

Wei|ße-Kra|gen-Kri|mi|na|li|tät, die: *White-Collar-Kriminalität.*

wei|ßeln ⟨sw. V.; hat⟩ (süd[west]d., österr., schweiz.): *weißen.*

wei|ßen ⟨sw. V.; hat⟩ [mhd. wīʒen, ahd. (h)wīʒan]: *mit weißer Tünche anstreichen:* ein Haus w.; frisch geweißte Wände.

Weiß|fisch, der: *in mehreren Arten vorkommender, silbrig glänzender kleiner Karpfenfisch* (z. B. Elritze, Ukelei).

Weiß|gar|dist, der (hist.): *jmd., der im russischen Bürgerkrieg nach der Oktoberrevolution aufseiten der »Weißen« gegen die Bolschewiki (»die Roten«) kämpfte.*

Weiß|gar|dis|tin, die: w. Form zu ↑Weißgardist.

weiß ge|deckt; weiß ge|kalkt, (landsch.:) **weiß ge|kälkt; weiß ge|klei|det:** s. [2]weiß (1).

weiß|gelb ⟨Adj.⟩: *hell-, blassgelb.*

weiß ge|tüncht: s. [2]weiß (1).

Weiß|glas, das: *farbloses Glas.*

weiß|glü|hend ⟨Adj.⟩ (Fachspr.): *(bes. von Metallen) stark erhitzt u. dabei weiß leuchtend:* -es Eisen.

Weiß|glut, die ⟨o. Pl.⟩ (Metallbearb.): *Stadium des Weißglühens:* * **jmdn. [bis] zur W. bringen/reizen/treiben** (ugs.; *jmdn. in äußerste Wut versetzen*).

Weiß|gold, das: *mit Silber od. Platin legiertes, silbrig glänzendes Gold.*

weiß|grau ⟨Adj.⟩: *sehr hellgrau.*

weiß|grun|dig ⟨Adj.⟩: *einen weißen Grund* (4) *habend.*

weiß|haa|rig ⟨Adj.⟩: *weißes Haar habend:* eine -e alte Dame.

weiß|häu|tig ⟨Adj.⟩: *eine weiße Haut habend.*

Weiß|herbst, der [der Wein wird wie Weißwein vergoren; vgl. Herbst (2)] (südd.): *aus Trauben nur einer Rebsorte bereiteter deutscher Roséwein.*

Weiß|ka|bis, der (schweiz.): *Weißkohl.*

Weiß|kä|se, der (landsch.): *Quark.*

Weiß|kit|tel, der (ugs. spött.): **a)** *Person in weißem Arbeitskittel, bes. Arzt;* **b)** *Arzt.*

Weiß|klee, der: *Klee mit weißen od. rötlich weißen Blüten.*

Weiß|kohl, der (bes. nordd.): *Kohl* (1 a) *mit grünlich weißen Blättern, die sich zu einem festen Kopf zusammenschließen.*

Weiß|kraut, das (bes. südd., österr.): *Weißkohl.*

weiß la|ckiert: s. [2]weiß (1).

weiß|lich ⟨Adj.⟩: *sich im Farbton dem Weiß nähernd:* -es Licht; kleine, unscheinbare -e Blüten.

Weiß|rus|se, der; -n, -n: Ew. zu ↑Weißrussland.

Weiß|rus|sin, die; -, -nen: w. Form zu ↑Weißrusse.

weiß|rus|sisch ⟨Adj.⟩: *Weißrussland, die Weißrussen betreffend; von den Weißrussen stammend, zu ihnen gehörend.*

Weiß|russ|land; -s: Staat in Osteuropa.

Weiß|schim|mel|kä|se, der: *mit einer samtigen weißen Schicht aus Schimmel überzogener Edelpilzkäse.*

Weiß|sti|cke|rei, die (Handarb.): *auf weißem Gewebe mit weißem Garn ausgeführte Stickerei.*

Weiß|storch, der: *Storch.*

weißt: ↑wissen.

Weiß|tan|ne, die: *Edeltanne.*

Wei|ßung, die; -, -en: **a)** *das Weißen;* **b)** *Anstrich aus weißer Tünche.*

Weiß|wal, der: *weißer Wal mit rundlichem Kopf, stark gewölbter Stirn u. einem nackenartigen Absatz vor dem Rücken.*

Weiß|wand|rei|fen, der: *Reifen* (2), *der an der äußeren Seite zur Verzierung entlang der Felge einen breiten weißen Streifen hat.*

Weiß|wä|sche, die ⟨o. Pl.⟩: *weiße [Koch]wäsche.*

weiß|wa|schen ⟨st. V.; hat⟩ (ugs.): *von einer Schuld, einem Verdacht, einem Vorwurf befreien:* jmdn., sich, etw. w.

Weiß|wein, der: *[aus hellen Trauben hergestellter] heller, gelblicher Wein.*

Weiß|wurst, die: *aus passiertem Kalbfleisch u. Kräutern hergestellte Brühwurst von weißlicher Farbe.*

Weiß|wurst|äqua|tor, der [südlich dieser Linie ist die Weißwurst ein beliebtes Essen] (scherzh.): *(als nördliche Grenze Bayerns od. Süddeutschlands gedachte) etwa dem Lauf des Mains entsprechende Linie:* nördlich des -s.

Weiß|zeug, das (veraltend): *weiße Textilien, weiße Wäsche aus Leinen, Baumwolle, Halbleinen o. Ä.*

Weiß|zu|cker, der: *sehr reiner, weißer Zucker.*

Wei|sung, die; -, -en [mhd. wīsunge]: **a)** (geh.) *Anordnung, Hinweis, wie etw. zu tun ist, wie man sich verhalten soll:* eine W. erhalten, empfangen, befolgen, missachten; jmdm. W. geben, etw. zu tun; er handelte auf ihre Weisung; **b)** (Amtsspr.) *Befehl, Anweisung; Direktive:* er hat W., niemanden vorzulassen.

Wei|sungs|be|fug|nis, die: *Befugnis, Weisungen zu erteilen.*

wei|sungs|be|fugt ‹Adj.›: *eine Weisungsbefugnis habend.*
wei|sungs|be|rech|tigt ‹Adj.›: *ein Weisungsrecht habend.*
wei|sungs|ge|bun|den ‹Adj.›: *an Weisungen gebunden.*
wei|sungs|ge|mäß ‹Adj.›: *der erhaltenen Weisung gemäß:* etw. w. durchführen.
Wei|sungs|recht, das: *Recht, Weisungen zu erteilen:* von seinem W. Gebrauch machen.
weit ‹Adj.› [mhd., ahd. wīt, eigtl. = auseinander gegangen]: **1. a)** *eine beträchtliche Weite* (3) *habend:* eine -e Öffnung; ein ziemlich -er Schacht; -e Ärmel, Hosen, Röcke; ein -es *(breites)* Tal; dort, wo die Höhle am -esten ist; das Mittel macht die Blutgefäße -er; das Hemd ist zu w., schön w.; eine Hose, einen Ring -er machen; den Mund ganz w. aufmachen; w. geöffnete Fenster; **b)** ‹wird Maßangaben o. Ä. nachgestellt› *eine bestimmte Weite* (3) *habend:* ein drei Zoll -es Rohr; die Tür stand eine Handbreit, einen Spalt w. offen. **2. a)** *(streckenmäßig) ausgedehnt, lang; über eine große Strecke, Entfernung [gehend], sich über eine große, bis zu einer großen Entfernung erstreckend:* eine -e Reise; sie ist eine w. gereiste Forscherin; das war ihr bisher -ester Wurf; mit -en *(großen)* Schritten; in -em *(großem)* Abstand, Bogen; der Weg dahin ist w.; w. hinausschwimmen; sich nicht zu w. hinüberbeugen; sie wohnen nicht w. entfernt/(ugs.:) w. weg [von uns]; wie w. ist es bis dorthin?; wir fuhren immer -er nach Norden; w. hinter der Stadt; von w. her kommen; hast du [es] noch w. (ugs.; *noch weit zu gehen, zu fahren*)?; Ü eine genauere Erklärung würde zu w. führen *(zu lang, zu detailliert werden);* die Meinungen gingen w. auseinander; er war seiner Zeit w. voraus; w. nach Mitternacht; mit Höflichkeit kommt man am -esten; sie, das geht zu w. *(geht über das Zumutbare, Erträgliche hinaus);* es wurden w., -er gehende Maßnahmen gefordert; R so w., so gut *(bis hierhin [ist alles] in Ordnung);* *** von -em** *(aus weiter Entfernung):* von -em sieht es aus wie eine Vogelscheuche; **b)** ‹wird Maßangaben o. Ä. nachgestellt› *eine bestimmte streckenmäßige Ausdehnung, Länge habend; über eine bestimmte Strecke, Entfernung [gehend], sich über eine bestimmte, bis zu einer bestimmten Entfernung erstreckend:* ein paar Schritte w., -er; zwei Meter w.; der Ort liegt nur einen Kilometer w. von hier. **3.** *(über eine große Fläche, einen großen Bereich hin) ausgedehnt, von großer Erstreckung nach allen Seiten:* -e Wälder; die -e Landschaft, Ebene; das -e Meer; in die -e Welt ziehen; in -em Umkreis; eine w. *(weithin)* bekannte Persönlichkeit; ein w., -er blickendes/schauendes *(Weitblick* 1 *habendes, zeigendes)* Unternehmen; ein w. *(in weite Entfernung)*, -er reichendes/tragendes Geschütz; w. [in der Welt] herumgekommen sein; eine w. verbreitete Pflanze; ein w. verzweigtes Eisenbahnnetz; Ü ein -es Betätigungsfeld; -e Kreise, Teile der Bevölkerung; w. gespannte Erwartungen; er besitzt -er reichende Vollmachten als sein Vorgänger; ein w. verbreiteter Irrtum; *** w. und breit** *(in der ganzen Umgebung, ringsum):* w. und breit gibt es hier keine Telefonzelle; **das Weite suchen** *(sich eilig, fluchtartig entfernen).* **4.** *[großen] Spielraum lassend od. ausnutzend:* ein -es Gewissen, Herz haben; ein -er Begriff; eine sehr -e Definition; im weiteren Sinne (Abk.: i. w. S.); eine Vorschrift w. auslegen. **5.** *zeitlich entfernt in der Vergangenheit bzw. Zukunft:* etw. liegt w., -er zurück. **6.** *in der Entwicklung, in seinem Handeln, in seiner Wirkung bis zu einem fortgeschrittenen Maß, Grad, Stadium, Zustand [gelangt]:* wie w. seid ihr [mit eurem Projekt]?; wir sind in Latein schon -er als die Parallelklasse; wir wollen es gar nicht erst so weit *(dazu)* kommen lassen; so w. ist es schon mit dir gekommen *(so schlimm ist es schon mit dir geworden)*? **7.** *weitaus, um ein beträchtliches Maß:* w. größer, besser, mehr; es sind w. über tausend; das ist w. unter seinem Niveau, über dem Durchschnitt; jmdn. w. übertreffen; w. unterlegen sein; *** bei -em** *(weitaus):* das ist bei -em besser; die bei -em billigste Methode; **bei -em nicht** *(nicht einmal annähernd, längst nicht):* das ist bei -em nicht alles.
weit|ab: **I.** ‹Adv.› *weit entfernt:* w. [vom Bahnhof] wohnen. **II.** ‹Präp. mit Gen.› *weit entfernt von:* w. des Zentrums.
weit|aus ‹Adv.; verstärkend bei Komp. od. Sup.›: *mit großem Abstand, Unterschied:* w. älter; der w. schnellste Reiter.
Weit|blick, der ‹o. Pl.›: **1.** *Fähigkeit, vorauszublicken, frühzeitig künftige Entwicklungen u. Erfordernisse zu erkennen u. richtig einzuschätzen:* politischen W. haben. **2.** *Fernblick:* ein Hanggrundstück mit unverbaubarem W.
weit|bli|ckend ‹Adj.›: *Weitblick* (1) *habend, zeigend:* ein -er Staatsmann.
Wei|te, die; -, -n [mhd. wīte, ahd. wītī]: **1. a)** *weiter Raum, weite Fläche:* unermessliche, unendliche -n; die [endlose] W. des Meeres, der Prärie; **b)** ‹o. Pl.› *Ferne* (1 a): in die W. blicken. **2.** (bes. Sport) *(erreichte, durchmessene) Entfernung:* beim Skispringen beachtliche -n erreichen. **3.** *Größe, Umfang eines Körpers, Durchmesser eines Hohlraums, einer Öffnung o. Ä.:* die W. der Röhre beträgt 80 cm; Jeans in allen Längen und -n; in der W. passt der Rock.
wei|ten ‹sw. V.; hat› [mhd., ahd. wīten]: **1.** *(bes. Schuhe) weiter machen:* Schuhe w. lassen; Ü das viele Reisen hat ihm den Horizont geweitet. **2.** ‹w. + sich› *weiter werden, sich dehnen:* die Schuhe weiten sich noch; die Pupillen weiten sich im Dunkeln.
wei|ter ‹Adv.› [eigtl. adv. Komp. von ↑weit, mhd. wīter, ahd. wītōr]: **1.** bezeichnet die Fortsetzung, Fortdauer einer Bewegung, einer Handlung: halt, nicht w.!; w. *(vorwärts, voran)*!; *** und so w.** (nach abgebrochenen Aufzählungen, deren weitere Glieder nicht mehr genannt werden): Rosen, Nelken und so w. **2.** *im weiteren, anschließenden Verlauf; weiterhin; [als Fortsetzung] anschließend:* die Probleme werden w. bestehen; ich werde mich dann w. darum kümmern; w. heißt es, ... **3.** *außerdem (noch), sonst:* w. weiß ich nichts von der Sache/ich weiß nichts w. von der Sache; er wollte w. nichts als sich verabschieden; das ist nichts w. als eine Ausrede; was w.?; die Stadt hat einen Zoo, w. gibt es einen botanischen Garten; das ist nicht w. (ugs.; *eigentlich gar nicht*) schlimm, verwunderlich; R wenn es w. nichts ist! *(das ist ja eine Kleinigkeit!).*
wei|ter... ‹Adj.›: *(anschließend) hinzukommend, hinzutretend; sich als Fortsetzung ergebend; zusätzlich:* haben Sie noch weitere Fragen?; weitere Informationen, Einzelheiten entnehmen Sie bitte unserer Broschüre; sie mussten weitere zwei Jahre warten; jedes weitere Wort ist überflüssig; die weitere Entwicklung abwarten; weiteres Zaudern wäre verderblich; ‹subst.:› Weiteres, alles Weitere erfahren Sie morgen; im Weiteren *(im Folgenden);* *** bis auf weiteres** *(vorerst, vorläufig [solange nichts anderes bestimmt wird]);* **ohne weiteres** *(ohne dass es Schwierigkeiten macht):* das ist [nicht so] ohne weiteres zu erkennen, möglich; das gebe ich ohne weiteres *(ohne zu zögern)* zu; **des Weiteren** (geh.)/(schweiz.:) **im Weiteren** *(darüber hinaus, im Übrigen, außerdem).*
wei|ter|ar|bei|ten ‹sw. V.; hat›: **1.** *fortfahren zu arbeiten:* ich muss w. **2.** ‹w. + sich› *sich weiter vorwärts arbeiten:* sich Schritt für Schritt w.
wei|ter|be|för|dern ‹sw. V.; hat›: *die Beförderung* (1) *(bes. nach einem Wechsel des Beförderungsmittels) fortsetzen:* vom Flughafen werden die Passagiere mit Bussen weiterbefördert; Waren per LKW, auf dem Luftweg an ihre Bestimmungsorte w.
Wei|ter|be|för|de|rung, die ‹o. Pl.›: *das Weiterbefördern.*
Wei|ter|be|hand|lung, die: *weitere, die bisherige Behandlung fortsetzende Behandlung* (2, 3).
Wei|ter|be|stand, der ‹o. Pl.›: *das Weiterbestehen:* den W. des Betriebes sichern.
wei|ter be|ste|hen: s. weiter (2).
wei|ter|be|we|gen ‹sw. V.; hat›: **a)** *weiter fortbewegen* (a): der Stein ließ sich kein Stück mehr w.; **b)** ‹w. + sich› *sich weiter fortbewegen, seine Bewegung fortsetzen:* der Zeiger hat sich [ein Stück] weiterbewegt.
wei|ter|bil|den ‹sw. V.; hat›: **a)** *(nach Abschluss bzw. zur Erweiterung der Ausbildung) weiter ausbilden; fortbilden:* jmdn. w.; **b)** ‹w. + sich› *seine Ausbildung erweitern:* sich beruflich, fachlich w.
Wei|ter|bil|dung, die ‹o. Pl.›: *das [Sich]weiterbilden:* fachliche, berufliche, politische W.
Wei|ter|bil|dungs|kurs, Wei|ter|bil|dungs|kur|sus, der: *Fortbildungskurs.*
wei|ter|boh|ren ‹sw. V.; hat›: **1. a)** *das Bohren* (bes. 1 a, b) *fortsetzen;* **b)** *das Sichbohren fortsetzen.* **2.** (ugs.) *weiter hartnäckig fragen, Fragen stellen:* sie hat so lange weitergebohrt, bis er alles zugegeben hat.
wei|ter|brin|gen ‹unr. V.; hat›: *voran-, vorwärts bringen:* diese Diskussion bringt uns nicht weiter.
wei|ter|den|ken ‹unr. V.; hat›: *einen Gedanken fortsetzen, weiterentwickeln, -verfolgen:* einen Gedanken w.
wei|ter|dür|fen ‹unr. V.; hat› (ugs.): *weitergehen, -fahren usw. dürfen.*
wei|ter|ei|len ‹sw. V.; ist›: *sich in Eile weiterbewegen; eilig weiterlaufen.*
wei|ter|emp|feh|len ‹st. V.; hat›: *weiteren Personen empfehlen:* ein Buch, ein Restaurant, einen Klempner w.
wei|ter|ent|wi|ckeln ‹sw. V.; hat›: **1.** *fortentwickeln:* eine Theorie, ein System, eine Methode, eine Konstruktion, einen Motor w. **2.** ‹w. + sich› *sich fortentwickeln:* er hat sich [musikalisch] weiterentwickelt; das Spezialgebiet hat sich zu einer eigenständigen Disziplin weiterentwickelt.
Wei|ter|ent|wick|lung, die: **1.** *das [Sich]weiterentwickeln.* **2.** *etw. durch Weiterentwicklung Geschaffenes:* der neue Motor ist eine W. der bewährten 90-PS-Maschine.
wei|ter|er|zäh|len ‹sw. V.; hat›: **1.** *[einem] Dritten, anderen erzählen (was einem selbst erzählt worden ist):* erzähl das bloß nicht weiter!; sie hat die Geschichte sofort ihrer Freundin weitererzählt. **2.** *mit dem Erzählen fortfahren:* erzähl doch weiter.
wei|ter|es|sen ‹st. V.; hat›: *mit dem Essen fortfahren.*
wei|ter|exis|tie|ren ‹sw. V.; hat›: *weiterhin existieren.*
wei|ter|fah|ren ‹st. V.›: **1.** *die Fahrt* (2 a) *fortsetzen* ‹ist›: nach kurzem Aufenthalt fuhren wir [nach Hamburg] weiter; in Ordnung, Sie können w.; der Unfallverursacher ist einfach weitergefahren. **2.** (südd., schweiz.) *fortfahren* (2) ‹hat/ist›.
Wei|ter|fahrt, die ‹o. Pl.›: *Fortsetzung der Fahrt* (2 a): »Angenehme W.!«
wei|ter|flie|gen ‹st. V.; ist›: *den Flug* (1, 2) *fortsetzen.*
Wei|ter|flug, der ‹o. Pl.›: vgl. Weiterfahrt.
wei|ter|fres|sen ‹sw. V.; hat›: **1.** *mit dem Fressen fortfahren.* **2.** ‹w. + sich› *sich weiter ausbreiten u. dabei Schaden anrichten:* das Buschfeuer frisst sich unaufhaltsam weiter.
wei|ter|füh|ren ‹sw. V.; hat›: **1. a)** *etw. fortsetzen, indem man es in bestimmter Richtung führt* (7 a): eine Trasse [am Fluss entlang] w.; **b)** *als Fortsetzung in bestimmter Richtung führen, verlaufen, sich fortsetzen:* die Straße führt dann am linken Ufer weiter. **2. a)** *fortsetzen, fortführen:* eine Verhandlung, eine Firma, eine Tradition, seine Aktivitäten w.; **b)** *voran-, vorwärts bringen:* dieser Vorschlag führt uns nicht weiter; **c)** *über etw. Bestimmtes hinausgehen, -führen:* ein weiterführender Gedanke; weiterführende Schulen (Schulw.; *allgemein bildende Schulen, die eine über die allgemeine Schulpflicht hinausführende Ausbildung vermitteln).*

Wei|ter|füh|rung, die ‹o. Pl.›: *das Weiterführen.*
Wei|ter|ga|be, die ‹o. Pl.›: *das Weitergeben.*
wei|ter|ge|ben ‹st. V.; hat›: *etw., was einem gegeben, überreicht usw. worden ist, an einen anderen geben:* ein Buch, einen Umlauf w.; Ü eine Information, sein Wissen, eine Erbanlage, einen Vorschlag, eine Anregung, eine Beschwerde [an jmdn.] w.; ein Rezept von Generation zu Generation w.; eine Kostensenkung an den Verbraucher w.
wei|ter|ge|hen ‹unr. V.; ist›: **1.** *das Gehen fortsetzen, (nach einer Unterbrechung) wieder vorwärts gehen:* lass uns w.! **2. a)** *sich in seinem [Ver]lauf fortsetzen:* der Weg geht nicht [mehr] weiter; wo geht hier die Straße weiter?; ‹unpers.:› plötzlich ging es nicht mehr weiter; **b)** *[nur unterbrochen gewesen, aber] noch nicht zu Ende sein, nicht aufhören, fortgesetzt werden, sich fortsetzen:* die Geschichte geht noch weiter; wie geht das Lied weiter?; die Entwicklung ist inzwischen [ein gutes Stück] weitergegangen; ‹unpers.:› steigt ein, es geht weiter; so kann es nicht w.
wei|ter ge|hend: s. weit (2 a).
wei|ter|hel|fen ‹st. V.; hat›: **1.** *jmdm. behilflich sein u. über Schwierigkeiten hinweghelfen, sodass er mit etw. weiterkommt bzw. seinem Ziel näher kommt:* jmdm. [bei einem Problem] w.; da kann ich Ihnen leider auch nicht w. **2.** *jmdm. nützlich, dienlich sein, ihm über Schwierigkeiten hinweghelfen u. ihn weiterbringen, dem Ziel näher bringen:* dein Hinweis hat mir weitergeholfen.
wei|ter|hin ‹Adv.›: **1.** *immer noch, auch jetzt noch:* er ist w. skeptisch; wir haben ihn trotz allem w. unterstützt. **2.** *(auch) künftig, (auch) in Zukunft:* ich werde mich w. daran beteiligen; [auch] w. alles Gute! **3.** *ferner, außerdem [noch]:* w. ist Folgendes zu bedenken.
wei|ter|kämp|fen ‹sw. V.; hat›: *fortfahren zu kämpfen.*
wei|ter|kom|men ‹st. V.; ist›: **1.** *vorankommen* (1), *vorwärts kommen:* von da aus kommt man nur noch mit dem Taxi weiter; wir müssen zusehen, dass wir w. **2.** *vorankommen* (2): mit einem Problem, mit einer Arbeit [nicht] w.; so kommen wir nicht weiter; die Ermittler sind ein Stück weitergekommen; im Leben, im Beruf w.; die Mannschaft ist [in dem Turnier] eine Runde weitergekommen.
wei|ter|kön|nen ‹unr. V.; hat› (ugs.): vgl. weiterdürfen.
wei|ter|krie|chen ‹st. V.; ist›: *das Kriechen fortsetzen, (nach einer Unterbrechung) wieder vorwärts kriechen.*
wei|ter|lau|fen ‹st. V.; ist›: **1.** *das Laufen fortsetzen, (nach einer Unterbrechung) wieder vorwärts laufen:* er fiel hin, stand aber gleich wieder auf und lief weiter. **2.** *in Gang, in Betrieb bleiben:* eine Maschine, den Motor, das Radio, die Klimaanlage w. lassen; Ü die Fabrik, das Geschäft muss w. **3.** *weiter vor sich gehen, weiter vonstatten gehen, ablaufen:* die Ermittlungen, die Planungen, die Vorbereitungen, die Arbeiten laufen weiter; die Produktion muss w.; Ü die Gehaltszahlungen laufen weiter; der Vertrag läuft weiter *(bleibt weiter in Kraft).*
wei|ter|le|ben ‹sw. V.; hat›: **1. a)** *weiterhin leben, am Leben bleiben:* er wurde wieder gesund und lebte noch viele Jahre weiter; **b)** *sein Leben, seine Existenz (in einer bestimmten Weise) fortsetzen:* einfach w., als wäre nichts geschehen; ich kann so nicht w. **2.** *fortleben* (1): in seinem Werk, seinen Kindern w.
wei|ter|lei|ten ‹sw. V.; hat›: *etw., was man erhalten hat, einer anderen Person, Stelle zuleiten:* eine Anfrage, einen Antrag [an den zuständigen Sachbearbeiter] w.; eine Postsendung w.; (Sport:) eine Vorlage, einen Ball w.
Wei|ter|lei|tung, die ‹o. Pl.›: *das Weiterleiten.*
wei|ter|ma|chen ‹sw. V.; hat› (ugs.): *sein Tun [nach einer Unterbrechung] fortsetzen:* mit etw. w.; der Kanzler will noch bis zum Ende der Legislaturperiode w. *(weiter im Amt bleiben);* mach nur so weiter! (iron.; *so solltest du besser nicht weitermachen*); ‹auch mit Akk.-Obj.:› du solltest das Gymnasium w.
Wei|ter|marsch, der ‹o. Pl.›: *Fortsetzung des* [1]*Marsches* (1).
wei|ter|mar|schie|ren ‹sw. V.; ist›: *das Marschieren fortsetzen, (nach einer Unterbrechung) wieder vorwärts marschieren.*
wei|ter|mel|den ‹sw. V.; hat›: *etw., was einem gemeldet worden ist, was man erfahren hat, einer anderen Person, Stelle melden.*
wei|ter|müs|sen ‹unr. V.; hat› (ugs.): vgl. weiterdürfen: ich muss leider gleich weiter.
wei|ter|qua|li|fi|zie|ren, sich ‹sw. V.; hat›: *seine Qualifikation erweitern; eine zusätzliche Qualifikation erwerben.*
wei|ter|rau|chen ‹sw. V.; hat›: **a)** *das Rauchen einer Zigarette, Pfeife o. Ä. fortsetzen:* von mir aus kannst du [deine Zigarre] ruhig w.; **b)** *das Rauchen nicht aufgeben:* er hat auch nach seinem Infarkt unverdrossen weitergeraucht.
wei|ter|re|den ‹sw. V.; hat›: *sein Reden [nach einer Unterbrechung] fortsetzen.*
wei|ter|rei|chen ‹sw. V.; hat›: vgl. weitergeben: etw. an jmdn. w.; ein Flugblatt lesen und dann w.
wei|ter rei|chend: s. weit (3).
Wei|ter|rei|se, die ‹o. Pl.›: *Fortsetzung der Reise* (1): der Grenzer wünschte uns eine gute W.
wei|ter|rei|sen ‹sw. V.; ist›: *die Reise* (1) *fortsetzen.*
wei|ter|rol|len ‹st. V.; hat/ist›: *[sich] rollend weiterbewegen.*
wei|ter|rü|cken ‹st. V.; hat/ist›: *[sich] rückend weiterbewegen.*
wei|ter|rut|schen ‹st. V.; ist›: *sich rutschend weiterbewegen.*
wei|ters ‹Adv.› (österr.): *weiterhin* (3).
wei|ter|sa|gen ‹sw. V.; hat›: *[einem] Dritten, anderen sagen (was einem selbst gesagt worden ist).*
wei|ter|schen|ken ‹sw. V.; hat›: *[einem] anderen schenken (was einem selbst geschenkt worden ist).*
wei|ter|schi|cken ‹sw. V.; hat›: **1.** *(Zugesandtes) an eine andere Person, Stelle schicken.* **2.** *jmdn. wegschicken, indem man ihn an eine andere Person od. Stelle verweist.*
wei|ter|schie|ben ‹st. V.; hat›: *vorwärts schieben.*
wei|ter|schla|fen ‹st. V.; hat›: *fortfahren zu schlafen.*
wei|ter|schlep|pen ‹sw. V.; hat›: **1.** *fortfahren zu schleppen.* **2.** ‹w. + sich› *fortfahren, sich irgendwohin zu schleppen.*
wei|ter|schrei|ben ‹st. V.; hat›: *mit dem Schreiben fortfahren.*
wei|ter|schrei|ten ‹st. V.; ist›: **1.** *sich schreitend weiterbewegen:* Ü wir sollten auf diesem Wege w. **2.** *fortschreiten.*
wei|ter|se|hen ‹st. V.; hat›: *sehen, entscheiden, was weiter zu tun ist:* dann können wir immer noch w.
wei|ter|sol|len ‹unr. V.; hat›: vgl. weiterdürfen: sollen wir weiter?
wei|ter|spie|len ‹sw. V.; hat›: **1.** *fortfahren zu spielen.* **2.** *abspielen, weitergeben:* den Ball w.
wei|ter|spin|nen ‹st. V.; hat›: **1.** *fortfahren zu spinnen* (1). **2.** *fortfahren, etw. zu verfolgen* (2): den Faden einer Erzählung, einen Gedanken w.
wei|ter|spre|chen ‹st. V.; hat›: *das Sprechen [nach einer Unterbrechung] fortsetzen.*
wei|ter|su|chen ‹sw. V.; hat›: *sein Suchen fortsetzen:* ich werde w., bis ich es gefunden habe.
wei|ter|tra|gen ‹st. V.; hat›: **1.** *fortfahren zu tragen.* **2.** (ugs.) *weitererzählen* (1): ein Gerücht, eine Kunde w.
wei|ter|trei|ben ‹st. V.›: **1.** *fortfahren zu treiben* (1, 5, 7 a, b) ‹hat/ist›. **2.** *fortsetzen, fortführen* (1) ‹hat›. **3.** *vorantreiben, fördern* ‹hat›: eine Entwicklung w.
wei|ter|trin|ken ‹st. V.; hat›: vgl. weiterrauchen.
Wei|te|rung, die; -, -en ‹meist Pl.› [mhd. wīterunge = Erweiterung]: *unerwünschte, unangenehme Folge:* allen -en vorbeugen.
wei|ter|ver|ar|bei|ten ‹sw. V.; hat›: *in einem od. mehreren weiteren Arbeitsgängen verarbeiten, verwerten:* Halbfabrikate [zu etw.] w.; die weiterverarbeitende Industrie.
Wei|ter|ver|ar|bei|tung, die: *das Weiterverarbeiten.*
wei|ter|ver|äu|ßern ‹sw. V.; hat›: *(wiederum) an einen anderen, Dritten veräußern.*
wei|ter|ver|bin|den ‹st. V.; hat›: *jmdn., mit dem man telefoniert, mit einem Dritten verbinden* (7): würden Sie mich bitte w.?
wei|ter|ver|brei|ten ‹sw. V.; hat›: vgl. weitergeben: eine Nachricht, ein Gerücht w.
Wei|ter|ver|brei|tung, die: *das Weiterverbreiten.*
wei|ter|ver|er|ben ‹sw. V.; hat›: **1.** *vererbend weitergeben.* **2.** ‹w. + sich› *weitervererbt werden.*
wei|ter|ver|fol|gen ‹sw. V.; hat›: *fortfahren zu verfolgen.*
Wei|ter|ver|fol|gung, die: *das Weiterverfolgen.*
Wei|ter|ver|kauf, der: *das Weiterverkaufen.*
wei|ter|ver|kau|fen ‹sw. V.; hat›: *(wiederum) an einen anderen, Dritten verkaufen.*
wei|ter|ver|mie|ten ‹sw. V.; hat›: *untervermieten.*
wei|ter|ver|mit|teln ‹sw. V.; hat›: *(wiederum) einem anderen, Dritten vermitteln.*
wei|ter|ver|wen|den ‹unr. V.; hat›: *noch zu anderen, weiteren Zwecken verwenden.*
Wei|ter|ver|wen|dung, die: *das Weiterverwenden.*
wei|ter|wan|dern ‹sw. V.; ist›: *[nach einer Unterbrechung] das Wandern fortsetzen.*
wei|ter|wir|ken ‹sw. V.; ist›: *fortfahren zu wirken, weiterhin wirken.*
wei|ter|wis|sen ‹unr. V.; hat›: *in einer schwierigen Lage (selbst) wissen, was weiter zu tun ist; einen Ausweg wissen:* nicht mehr w.
wei|ter|wol|len ‹unr. V.; hat› (ugs.): *weitergehen, -fahren usw. wollen:* wollt ihr schon weiter?
wei|ter|wursch|teln, wei|ter|wurs|teln ‹sw. V.; hat› (salopp): *sein Tun [wie gewöhnlich] fortsetzen:* willst du so w.?
wei|ter|zie|hen ‹unr. V.›: **1.** *[nach einer Unterbrechung] wieder vorwärts ziehen* ‹ist›: der Zirkus zog weiter; die Nomaden, die Wildgänse sind weitergezogen; das Tief zieht nach Südosten weiter. **2.** (schweiz. Rechtsspr.) *durch Revision vor eine höhere Instanz bringen* ‹hat›: ein Urteil an die nächste Instanz w.
Wei|ter|zug, der: **1.** *das Weiterziehen* (1). **2.** (schweiz. Amtsspr.) *das Weiterziehen* (2).
wei|test|ge|hend ‹Adj.›: *äußerst, denkbar weitgehend:* -e Vollmachten; Pannen konnten w. vermieden werden.
weit|flä|chig ‹Adj.›: *sich über eine große Fläche erstreckend:* -e Überschwemmungen.
weit ge|fä|chert: s. weit (3).
weit|ge|hend ‹Adj.›: **1.** *umfangreich (was Erstreckung, Geltung o. Ä. betrifft):* -e Unterstützung; seine Befugnisse, Möglichkeiten, Vollmachten sind sehr w.; der Vorschlag scheint mir zu w., nicht w. genug. **2.** *nahezu gänzlich, nahezu völlig:* -e Keimfreiheit; ein w. menschenleerer Strand; einen Plan w. verwirklichen.
weit ge|reist: s. weit (2 a).
weit ge|spannt: s. weit (3).
weit|grei|fend ‹Adj.›: *vieles umfassend, umgreifend:* -e Folgen.
weit|her ‹Adj.› (geh.): *von weit her:* der Marmor für den Tempel musste w. geholt werden.
weit|he|rum ‹Adj.› (schweiz.): **a)** *weithin* (1); **b)** *bei vielen Menschen, in weiten Kreisen:* w. bekannt sein.
weit|her|zig ‹Adj.›: *großzügig* (1): ein -er Mensch; Ü eine Regel w. auslegen.
Weit|her|zig|keit, die; -: *Großzügigkeit.*
weit|hin ‹Adv.›: **1.** *weit umher, weit im Umkreis bzw. bis in weite Entfernung:* w. sichtbar, zu hören sein; w. hallen. **2.** *in weitem Umfang, weitgehend:* es ist w. sein Verdienst.
weit|läu|fig ‹Adj.›: **1.** *[weit] ausgebreitet, ausgedehnt u. nach wechselnden Richtungen verlaufend:* -e Baulichkeiten, Grünanlagen; ein w. angelegter Garten. **2.** *ausführlich u. umständlich:* etw. w. schildern. **3.** *(auf den Grad der Ver-*

W

wandtschaft bezogen) entfernt: ein -er Verwandter; w. verwandt sein.
Weit|läu|fig|keit, die; -: *das Weitläufigsein.*
Weit|ling, der; -s, -e (bayr., österr.): *große, sich nach oben stark verbreiternde Schüssel.*
weit|ma|schig ⟨Adj.⟩: *mit weiten Maschen:* ein -es Netz.
weit|mög|lichst ⟨Adj.⟩ (Papierdt.): *so weitgehend wie möglich:* -e Sicherheit; Risiken w. ausschließen.
weit|räu|mig ⟨Adj.⟩: 1. *eine große Fläche einnehmend, einbeziehend, betreffend, über große Entfernungen erfolgend:* ein -es Land; die Unglücksstelle wurde w. abgesperrt; der Verkehr wird w. umgeleitet. 2. *viel Raum bietend, großzügig dimensioniert:* eine -e Halle, Kirche. 3. (Ballspiele) *über große Teile des Spielfeldes hinweg [erfolgend]:* -e Pässe; w. spielen.
Weit|räu|mig|keit, die; -: *weiträumiger Charakter.*
weit|rei|chend ⟨Adj.⟩: 1. *in weite Entfernung reichend:* ein -es Geschütz. 2. *sich auf einen weiten Bereich erstreckend:* -e Konsequenzen; -e Vollmachten.
weit|schau|end ⟨Adj.⟩ (geh.): *weitblickend.*
Weit|schuss, der (Ballspiele): *aus großer Entfernung abgegebener Schuss aufs Tor.*
weit|schwei|fig ⟨Adj.⟩ [mhd. wītsweific, zu ↑schweifen]: *(beim Erzählen, Schildern usw.) breit u. umständlich, viel Nebensächliches, Überflüssiges mit darstellend:* ein -er Vortrag, Roman; er ist *(redet, schreibt)* mir zu w.
Weit|schwei|fig|keit, die; -: *das Weitschweifigsein.*
Weit|sicht, die ⟨o. Pl.⟩: *Weitblick* (1).
weit|sich|tig ⟨Adj.⟩: 1. *an Weitsichtigkeit* (1) *leidend:* bist du w.? 2. *Weitsicht besitzend, zeigend:* ein -er Politiker; es war sehr w. [von ihm], so zu entscheiden.
Weit|sich|tig|keit, die; -: 1. *Fehlsichtigkeit, bei der man Dinge in der Ferne deutlich, Dinge in der Nähe undeutlich od. gar nicht sieht.* 2. (selten) *Weitsicht.*
weit|sprin|gen ⟨st. V.; ist; meist nur im Inf. u. Part.⟩ (Sport): *Weitsprung betreiben.*
Weit|sprin|ger, der: *jmd., der Weitsprung betreibt.*
Weit|sprin|ge|rin, die: w. Form zu ↑Weitspringer.
Weit|sprung, der (Sport): 1. ⟨o. Pl.⟩ *Disziplin der Leichtathletik, bei der es darum geht, möglichst weit zu springen:* der Rekord im W. 2. *Sprung beim Weitsprung* (1).
weit|spu|rig ⟨Adj.⟩ (Eisenb.): *mit großer Spurweite.*
weit|tra|gend ⟨Adj.⟩: 1. *weitreichend* (1). 2. *große Tragweite* (1) *habend:* -e Maßnahmen.
weit|um ⟨Adv.⟩ (landsch., bes. südd.): **a)** *im weiten Umkreis;* **b)** *in weiten Kreisen, bei vielen Menschen:* w. bekannt sein.
Wei|tung, die; -, -en [mhd. wītunge = Weite]: 1. *das [Sich]weiten.* 2. *Stelle, Abschnitt, wo sich etw. weitet.*
weit ver|brei|tet: s. weit (3).
weit ver|zweigt: s. weit (3).
Weit|win|kel, das; -s, - (Fot. Jargon): Kurzf. von ↑Weitwinkelobjektiv.
Weit|win|kel|ob|jek|tiv, das (Fot.): *Objektiv mit weitem Bildwinkel* (2).
¹Wei|zen, der; -s, (Sorten:) - [mhd. weize, ahd. (h)weizi, eigtl. = der Weiße, nach der Farbe des Mehls]: **a)** *Getreideart mit langem Halm [u. Grannen], deren Frucht bes. zu weißem Mehl (für Brot u. feines Backwerk) verarbeitet wird:* W. anbauen; **b)** *Frucht des Weizens* (a): W. importieren.
²Wei|zen, das; -s, -: kurz für ↑Weizenbier: helles, dunkles W.; Herr Ober, bitte noch zwei W.!
Wei|zen|bier, das: *(meist helles) obergäriges Bier, zu dessen Herstellung je zur Hälfte aus Gerste u. aus Weizen gewonnenes Malz verwendet wird; Weißbier.*
wei|zen|blond ⟨Adj.⟩: **a)** *von hellem, gelblichem Blond:* -es Haar; **b)** *mit weizenblondem* (a) *Haar:* sie ist w.
Wei|zen|brot, das: *Brot aus Weizenmehl.*
Wei|zen|ern|te, die: 1. *das Ernten des Weizens.* 2. *Gesamtheit des geernteten Weizens.*
Wei|zen|feld, das: *mit Weizen bebautes Feld.*
Wei|zen|keim, der: *Keim eines Weizenkorns.*
Wei|zen|keim|öl, das: *aus Weizenkeimen gewonnenes Öl.*
Wei|zen|kleie, die: *beim Mahlen von Weizen* (b) *entstehende Kleie.*
Wei|zen|korn, das: *¹Korn* (1) *des ¹Weizens.*
Wei|zen|mehl, das: *aus Weizenkörnern hergestelltes Mehl.*
Wei|zen|schrot, der od. das: *grob gemahlene Weizenkörner.*
welch: ↑welcher.
wel|che: ↑welcher.
wel|cher, welche, welches (welch) [mhd. wel(i)ch, ahd. (h)welīh, zu ↑wer u. dem Suffix ...lich, eigtl. = was für eine Gestalt habend]: **I.** ⟨Interrogativpron.⟩ 1. dient der Frage nach einem Einzelwesen, -ding usw. aus einer Gesamtheit, Gruppe, Gattung o. Ä.: welcher Mantel gehört dir?; auf welche Weise kann man das erreichen?; welcher [der beiden/von den beiden/von beiden] ist besser?; welches/(seltener:) welcher ist dein Hut?; ⟨in abhängigen Sätzen:⟩ er fragte mich, welcher Teilnehmer das gesagt habe; es ist gleichgültig, welcher von beiden es war; ⟨in Verbindung mit »auch [immer]«, »immer«:⟩ welcher Verantwortliche auch [immer] *(gleichgültig, welcher Verantwortliche)* zugestimmt hat, es war ein Fehler. 2. (geh.) drückt in Ausrufen od. abhängigen Sätzen eine besondere Art, einen besonderen Grad, ein besonderes Ausmaß aus; *was für [ein, eine]:* welcher [herrliche] Tag ist das heute!; ich bewunderte, mit welchem Geschick er das machte; ⟨oft unflektiert:⟩ welch ein Unglück!; ich bewunderte, mit welch großem Geschick er das machte. **II.** ⟨Relativpron.⟩ (seltener) *der* (III 1 a), *die, das:* diejenigen, welche die beste Arbeit geleistet hatten; Personen, für welche das gilt; Äpfel und Pfirsiche, welch letztere (Papierdt.; *von denen die letzteren*) besonders schmackhaft waren; ⟨in weiterführenden Relativsätzen o. Ä.:⟩ sie nickte, welches (Papierdt.; *was*) er als Zustimmung auffasste. **III.** ⟨Indefinitpron.⟩ steht bes. stellvertretend für ein vorher genanntes Subst.; bezeichnet eine unbestimmte Menge, Anzahl: wir brauchen Geld, kannst du welches beschaffen?; ich habe keine Zigaretten, hast du welche?; (ugs. auch auf Personen bezogen:) bei dem Unwetter sind sogar welche umgekommen.
wel|cher|art ⟨Adv.⟩: *wie geartet, von welcher Art, wie [auch immer] beschaffen:* w. Leute waren es?; es ist [mir] gleichgültig, w. seine Überlegungen waren.
wel|cher|ge|stalt ⟨Adv.⟩ (Papierdt.): *welcherart.*
wel|cher|lei ⟨Adv.⟩ [↑-lei]: *welche Art von ..., welche [auch immer]:* w. Gründe er auch [immer] gehabt haben mag, er hätte es nicht tun sollen.
wel|ches: ↑welcher.
welk ⟨Adj.⟩ [mhd. welc, ahd. welk, urspr. = feucht, Bedeutungswandel wohl unter Einfluss von ahd. arwelkēn = die Feuchtigkeit verlieren]: *nicht mehr frisch u. daher schlaff, faltig o. ä.:* -es Laub, Gemüse; die Blumen werden schnell w.; der Salat ist schon ganz w.; Ü -e Haut.
wel|ken ⟨sw. V.; ist⟩ [mhd. welken, ahd. welkēn]: *welk werden:* die Rose welkt schon; Ü ihre Schönheit begann zu w.
Welk|heit, die; -: *das Welksein.*
Well|blech, das: *steifes, sehr tragfähiges gewelltes Blech:* ein Dach aus W.
Well|blech|dach, das: *Dach aus Wellblech.*
well|blech|ge|deckt ⟨Adj.⟩: *mit Wellblech gedeckt.*
Well|chen, das; -s, -: Vkl. zu ↑Welle.
Wel|le, die; -, -n [mhd. welle = Reisigbündel; zylindrischer Körper; Wasserwoge, ahd. wella = Wasserwoge, zu mhd. wellen, ahd. wellan = wälzen, zu ↑¹wallen]: 1. *der aus der Wasseroberfläche sich für kurze Zeit hervorwölbende Teil bei bewegtem Wasser:* hohe, schäumende -n; die -n gehen hoch; die -n rollen, schlagen, klatschen ans Ufer, brechen sich an den Klippen, branden gegen die Küste; der Kamm einer W.; das Boot treibt, schaukelt auf den -n; in den -n versinken, ertrinken; sich von den -n tragen lassen; von den -n fortgerissen, verschlungen werden; Ü eine W. der Wut stieg in ihm hoch; die -n [der Begeisterung] gingen hoch *(es herrschte große Begeisterung);* die -n [der Erregung] haben sich wieder geglättet. 2. **a)** *etw., was in großem Ausmaß bzw. in mehr od. weniger dichter Folge in Erscheinung tritt [u. sich ausbreitet, steigert]:* etw. löst eine W. von Protesten aus; Jagdbomber flogen in vier -n Angriffe gegen die Stadt; * **grüne W.** *(zeitlich in der Weise abgestimmte Einstellung der Verkehrsampeln auf einer Strecke, dass ein Autofahrer bei Einhaltung einer bestimmten Geschwindigkeit an den Ampeln nicht zu halten braucht, weil er immer grünes Licht hat):* bei 70 km/h grüne W. haben; **-n reiten** (Sport; *surfen* 1); **-n schlagen** *(Auswirkungen haben; Erregung, Aufsehen verursachen):* **hohe -n schlagen** *(allgemein große Erregung auslösen);* **b)** *etw., was plötzlich u. in größerem Ausmaß aktuell ist:* die neue W. in der Mode betont das Weibliche; die weiche W. (ugs.; *allgemein vorherrschende Nachgiebigkeit, Konzilianz, z. B. in der Politik, im Strafvollzug*). 3. **a)** *wellige Stelle des [Kopf]haars:* sich -n legen lassen; **b)** *flache wellenförmige [Boden]erhebung:* -n im Gelände, im Teppich[boden]. 4. **a)** (Physik) *Schwingung, die sich fortpflanzt:* kurze, lange, elektromagnetische, seismische -n; die -n des Lichts, Schalls; **b)** (Rundf.) *Wellenlänge, Frequenz:* die Station sendet ab morgen auf einer anderen W. 5. (Technik) *stabförmiges Maschinenteil zur Übertragung von Drehbewegungen:* die W. ist gebrochen; das Aggregat wird über eine W. angetrieben. 6. (Turnen) *Umschwung* (2).
-wel|le, die; -, -n: 1. **a)** drückt in Bildungen mit Substantiven – seltener mit Verben (Verbstämmen) – aus, dass etw. sich plötzlich in starkem Maße ausbreitet, dass etw. plötzlich verstärkt in Erscheinung tritt: Ausreise-, Drogen-, Rücktrittswelle; **b)** bezeichnet in Bildungen mit Substantiven eine plötzlich anwachsende Anzahl: Urlauber-, Asylanten-, Flüchtlingswelle. 2. drückt in Bildungen mit Substantiven – seltener mit Verben (Verbstämmen) – aus, dass etw. plötzlich in verstärktem Maße [von vielen] betrieben wird, dass an etw. plötzlich ein großes Interesse besteht (u. es deshalb sehr in Mode ist): Fitness-, Fress-, Gesundheitswelle.
wel|len ⟨sw. V.; hat⟩: 1. *wellig formen:* Blech w.; sich das Haar w. lassen; gewelltes Haar. 2. ⟨w. + sich⟩ **a)** *[unerwünschte] wellenförmige Erhebungen bilden, bekommen, wellige Form annehmen:* das Papier, das Furnier, der Teppich wellt sich; **b)** *wellige Form zeigen:* ihr Haar wellt sich; gewelltes *(welliges)* Gelände.
wel|len|ar|tig ⟨Adj.⟩: *einer Welle* (1) *ähnlich.*
Wel|len|bad, das: *Schwimmbad mit künstlich erzeugtem Wellengang.*
Wel|len|be|reich, der: *Bereich des Spektrums der elektromagnetischen Wellen, bes. der Funkwellen:* ein Radio mit den -en UKW und Mittelwelle.
Wel|len|berg, der: *Welle* (1).
Wel|len|be|we|gung, die: *Bewegung, wie sie eine Welle* (1) *ausführt.*
Wel|len|bil|dung, die: *Bildung von Wellen* (1).
Wel|len|bre|cher, der: 1. *dem Uferschutz dienende Anlage (Damm o. Ä.), die anlaufende Wellen* (1) *brechen soll.* 2. (Schiffbau) *auf dem Vordeck von Schiffen angebrachtes, v-förmig gewinkeltes Stahlblech, das überkommende Wellen* (1) *brechen u. seitlich ablenken soll.*
wel|len|för|mig ⟨Adj.⟩: *wellenartig:* -e Linien, Erhebungen; w. verlaufen.
Wel|len|gang, der ⟨o. Pl.⟩: *das Vorhandensein von Wellen* (1): bei starkem W.
Wel|len|kamm, der: *höchster Teil des Wellenberges.*

Wel|len|län|ge, die (Physik): *räumlicher Abstand zweier aufeinander folgender Orte gleicher Phase, wie er bei einer Welle* (4 a) *gemessen werden kann:* Kurzwellen mit -n zwischen 30 und 50 m; * **dieselbe/die gleiche W. haben, auf derselben/der gleichen W. liegen/sein** (*die gleiche Art haben, zu fühlen u. zu denken, sich gut verstehen;* stammt aus dem Funkverkehr, wo Sender u. Empfänger auf der gleichen Wellenlänge liegen müssen).

Wel|len|li|nie, die: *wellenförmige Linie.*

Wel|len|rei|ten, das; -s (Sport): *Surfing* (1).

Wel|len|rei|ter, der: *Surfer* (1).

Wel|len|rei|te|rin, die: w. Form zu ↑Wellenreiter.

Wel|len|sa|lat, der ⟨o. Pl.⟩ (ugs.): *Durcheinander, Nebeneinander sich gegenseitig störender [Mittelwellen]sender, die auf [fast] gleicher Welle* (4 b) *senden.*

Wel|len|schlag, der: *Rhythmus der Wellenbewegung u. ihrer Geräusche.*

Wel|len|schliff, der: *welliger* [1]*Schliff* (2 b): ein Messer mit W.

Wel|len|sit|tich, der: *(in Australien heimischer) gelbgrüner Sittich mit wellenförmiger dunkler Zeichnung auf der Oberseite, der als Käfigvogel beliebt ist.*

Wel|len|strah|lung, die: *Strahlung, bei der die Energie in Form von Wellen* (4 a) *transportiert wird.*

Wel|len|tal, das: *tiefste Stelle zwischen zwei Wellen:* das Boot verschwand in einem W.

Wel|len|the|o|rie, die ⟨o. Pl.⟩ (Physik): *Undulationstheorie.*

Wel|len|zug, der (Physik): *Linie des wellenförmigen Verlaufs einer Welle* (4 a).

Well|fleisch, das; -[e]s [zu veraltet wellen = (auf)kochen, eigtl. = wallen, kochen machen, Kausativ zu ↑[1]wallen]: *gekochtes Bauchfleisch von frisch geschlachteten Schweinen.*

Well|horn|schne|cke, die: *(im Meer lebende) Schnecke mit gelblich braunem, länglichem, spitzem Gehäuse.*

wel|lig ⟨Adj.⟩ [mhd. wellec, urspr. = rund, zylindrisch]: *in Wellen verlaufend, wellenförmig:* -es Haar, Gelände; die Pappe ist w. geworden.

Wel|lig|keit, die; -: *das Welligsein.*

Wel|ling|ton ['welɪŋtən]: Hauptstadt von Neuseeland.

Well|ness, die; - [engl. wellness, zu: well = gut, wohl, in Ordnung, verw. mit ↑wohl]: *durch [leichte] körperliche Betätigung erzieltes Wohlbefinden.*

Well|pap|pe, die: *Pappe aus gewelltem Papier, das ein- od. beidseitig mit glatter Papierbahn beklebt ist.*

Wel|lung, die; -, -en: **1.** *wellige Form.* **2.** *wellige Stelle.*

Wel|pe, der; -n, -n [aus dem Niederd. < mniederd. welp, zu mhd. welf(e), ahd. welph, wohl eigtl. = winselnder (junger Hund), lautm.]: *(bei Hunden, Wölfen, Füchsen) Junges.*

Wels, der; -es, -e [spätmhd. wels, verw. mit ↑Wal]: *(in Binnengewässern lebender) schuppenloser, Barteln aufweisender, großer Fisch mit dunklem Rücken, hellerem Bauch u. sehr langer Afterflosse, der als Speisefisch sehr geschätzt wird.*

welsch ⟨Adj.⟩ [mhd. welsch, walhisch, ahd. wal(a)hisc = romanisch, urspr. Bez. für den kelt. Stamm der Volcae]: **1.** (schweiz.) *zum Französisch sprechenden Teil der Schweiz gehörend; welschschweizerisch:* die -e Schweiz; die -en Kantone, Zeitungen; die Schweizer -er Zunge; ⟨subst.:⟩ sie stammt aus dem Welschen *(aus der französischsprachigen Schweiz).* **2.** (veraltend abwertend) *fremdländisch, bes. romanisch, südländisch:* -e Sitten.

Wel|sche, der u. die; -n, -n ⟨Dekl. ↑Abgeordnete⟩ (schweiz.): *Schweizer[in] mit Französisch als Muttersprache.*

Welsch|land, das ⟨o. Pl.⟩ (schweiz.): *französischsprachige Schweiz:* im W.

Welsch|schweiz, die (schweiz.): *französischsprachige Schweiz.*

Welsch|schwei|zer, der (schweiz.): *Schweizer mit Französisch als Muttersprache.*

Welsch|schwei|ze|rin, die (schweiz.): w. Form zu ↑Welschschweizer.

welsch|schwei|ze|risch ⟨Adj.⟩ (schweiz.): *die französischsprachige Schweiz betreffend, zu ihr gehörend, aus ihr stammend.*

Welt, die; -, -en [mhd. we(r)lt, ahd. weralt, eigtl. = Menschenalter, -zeit]: **1.** ⟨o. Pl.⟩ *Erde, Lebensraum des Menschen:* die große, weite W.; die [gesamte] damals bekannte W.; Europa und die übrige W.; die W. erobern, beherrschen wollen; die W. *(viel von der Welt)* gesehen haben; diese Briefmarke gibt es nur zweimal auf der W.; allein auf der W. sein *(keine Angehörigen, Freunde haben);* er ist viel in der W. herumgekommen; in der ganzen W. bekannt sein; eine Reise um die W.; nicht um die W. *(um keinen Preis)* gebe ich das her; **R** die W. ist klein/ist ein Dorf (Äußerung, die man tut, wenn man irgendwo an einem entfernten Ort zufällig einen Bekannten trifft od. jmdm. begegnet, mit dem man gemeinsame Bekannte hat); hier, da ist die W. mit Brettern zugenagelt/vernagelt (ugs.; *hier, da kommt man nicht weiter, endet der Weg*); deswegen/davon geht die W. nicht unter (ugs.; *das ist nicht so schlimm*); * **die Alte W.** (*Europa;* eigtl. = die vor der Entdeckung Amerikas bekannte Welt); **die Neue W.** (*Amerika;* eigtl. = die neu entdeckte Welt); **die Dritte W.** (Politik, Wirtsch.; *die Entwicklungsländer*); **die Vierte W.** (Politik, Wirtsch.; *die ärmsten Entwicklungsländer*); **nicht die W. sein** (ugs.; *nicht viel Geld sein, nicht viel ausmachen*); **nicht die W. kosten** (ugs.; *nicht viel kosten*); **auf die W. kommen** *(geboren werden);* **auf der W. sein** *(geboren sein u. leben):* da warst du noch gar nicht auf der W.; **aus aller W.** *(von überall her):* Teilnehmer, Nachrichten, Briefmarken aus aller W.; **nicht aus der W. sein** (ugs.; *leicht erreichbar sein*); **in aller W.** *(überall):* in aller W. bekannt sein; **in alle W.** *(überallhin).* **2.** ⟨o. Pl.⟩ **a)** *Gesamtheit der Menschen:* die [ganze] W. hielt den Atem an; die halbe W. hat (ugs. übertreibend; *sehr viele haben*) nach dir gefragt; vor der W. *(vor der Öffentlichkeit);* **R** die W. ist schlecht; so etwas hat die W. noch nicht gesehen! (ugs.; *so etwas hat es noch nicht gegeben!*); ich könnte [vor Freude] die ganze W. umarmen!; * **alle W.** (ugs.; *jedermann, alle*): alle W. weiß das; sich vor aller W. blamieren; **b)** ⟨mit adj. Attr.⟩ (geh. veraltend) *größere Gruppe von Menschen, Lebewesen, die durch bestimmte Gemeinsamkeiten verbunden sind, bes. gesellschaftliche Schicht, Gruppe:* die gelehrte W.; die vornehme W.; die gefiederte W. *(die Vögel).* **3.** *(gesamtes) Leben, Dasein, (gesamte) Verhältnisse [auf der Erde]:* die reale W.; die antike W.; unsere W.; die W. des Mittelalters; die W. von morgen; die W., in der wir leben; imaginäre -en; die W. verändern; jmdm. eine heile W. vorgaukeln; das ist der Lauf der W.; mit offenen Augen durch die W. gehen; mit sich und der W. zufrieden sein; verkehrte W. *(Verkehrung der normalen Verhältnisse, des normalen Laufs der Dinge);* das Dümmste, Beste in der W. (ugs.; *überhaupt*); um nichts in der W./nicht um alles in der W. *(um keinen Preis, auf keinen Fall)* würde ich das hergeben; * **die W. nicht mehr verstehen** *(nicht verstehen, dass so etwas geschehen bzw. dass es so etwas geben kann;* nach Meister Antons Schlusswort in F. Hebbels »Maria Magdalena«); **etw. aus der W. schaffen** *(etw. bereinigen, endgültig beseitigen);* **jmdn. in die W. setzen** (ugs.; *jmdn. zeugen bzw. gebären*): Kinder in die W. setzen; **etw. in die W. setzen** (ugs.; *etw. in Umlauf bringen*): ein Gerücht in die W. setzen; **um alles in der W.** (ugs.; *Bekräftigungsformel*); **in aller W.** (ugs.; in Fragesätzen zum Ausdruck der Verwunderung, der Beunruhigung, des Unwillens; *... denn überhaupt*): wie in aller W. war das [nur] möglich?; **nicht von dieser W. sein** (*völlig weltfremd sein;* nach Joh. 8, 23); **zur W. kommen** *(geboren werden);* **jmdn. zur W. bringen** *(jmdn. gebären):* ein Kind zur W. bringen. **4.** *in sich geschlossener [Lebens]bereich; Sphäre:* die W. der Religion, der Kunst, des Zirkus, der Arbeit, des Sports, der Mythen, des Märchens, der Erscheinungen, der Ideen; die W. des Kindes, der Erwachsenen; die [religiöse] W. des Islams; die arabische, die zivilisierte, kapitalistische W. *(die arabischen, zivilisierten, kapitalistischen Länder);* die freie W. (Politik; *die Länder mit einem freiheitlichen politischen System*); die westliche W. (Politik; *der Westen* 3); eine völlig neue W. tat, ganz neue -en taten sich ihm auf; Bücher sind seine W. *(sein Lebensinhalt).* **5. a)** ⟨o. Pl.⟩ *Weltall, Universum:* die Entstehung, Erschaffung der W.; **b)** *Stern-, Planetensystem:* Ü zwischen uns liegen -en, uns trennen -en (emotional; *wir haben nichts gemeinsam*).

welt|ab|ge|schie|den ⟨Adj.⟩: *von der Welt u. ihrem Getriebe abgeschieden, weit entfernt:* ein -es Dorf.

Welt|ab|ge|schie|den|heit, die: *das Weltabgeschiedensein.*

welt|ab|ge|wandt ⟨Adj.⟩: *von der Welt, vom Leben abgewandt:* ein -er Gelehrter.

Welt|ab|ge|wandt|heit, die; -: *das Weltabgewandtsein.*

Welt|agen|tur, die: *Agentur* (2), *die Nachrichten mit eigenen Korrespondenten in (nahezu) allen Ländern der Erde sammelt u. in mehreren Sprachen verbreitet.*

Welt|all, das: *der ganze Weltraum u. die Gesamtheit der darin existierenden materiellen Dinge, Systeme; Kosmos, Universum:* das W. erforschen.

Welt|al|ter, das: *Epoche in der Geschichte des Universums; Äon.*

welt|an|schau|lich ⟨Adj.⟩: *auf einer Weltanschauung beruhend:* -e Gründe; eine w. neutrale Schule.

Welt|an|schau|ung, die [18. Jh., urspr. = subjektive Vorstellung von der Welt]: *Gesamtheit von Anschauungen, die die Welt u. die Stellung des Menschen in der Welt betreffen:* eine idealistische, marxistische W.; seine W. verbietet es ihm, Gewalt anzuwenden; Gewaltanwendung ist gegen seine W.

Welt|at|las, der: *Atlas, der alle Teile der Welt umfasst.*

Welt|aus|stel|lung, die: *internationale Ausstellung, die einen Überblick über den Stand von Technik u. Kultur in den Ländern der Welt geben soll.*

Welt|aus|wahl, die (Ballspiele, bes. Fußball): *internationale Auswahl[mannschaft].*

Welt|bank, die ⟨o. Pl.⟩: Internationale Bank für Wiederaufbau und Entwicklung (Sonderorganisation der UN).

Welt|be|darf, der: *weltweiter Bedarf:* der W. an Energie, Rohstoffen, Trinkwasser.

Welt|be|deu|tung, die: *Bedeutung für die gesamte Welt:* etw. hat, erlangt W.

welt|be|kannt ⟨Adj.⟩: *überall in der Welt, weltweit bekannt:* ein -er Künstler, Konzern.

welt|be|rühmt ⟨Adj.⟩: *in der ganzen Welt berühmt:* ein -er Schriftsteller.

Welt|be|rühmt|heit, die: **1.** ⟨o. Pl.⟩ *Berühmtheit in der ganzen Welt.* **2.** *weltberühmte Person.*

welt|best... ⟨Adj.⟩: *am besten in der ganzen Welt (hinsichtlich bestimmter [sportlicher] Leistungen):* die weltbesten Artisten, Akrobaten; ⟨subst.:⟩ die Weltbesten im Maschineschreiben.

Welt|best|leis|tung, die (Sport): *sportliche Leistung, die in der ganzen Welt Bestleistung ist.*

Welt|best|sel|ler, der: *etw., was weltweit ein Bestseller ist.*

Welt|best|zeit, die (Sport): *Zeit* (3 c), *die in der ganzen Welt Bestzeit ist:* W. laufen.

Welt|be|völ|ke|rung, die ⟨o. Pl.⟩: *Bevölkerung der gesamten Erde.*

welt|be|we|gend ⟨Adj.⟩: *für die Welt, die Menschen von Bedeutung:* eine -e Idee; ein -es Ereignis; ⟨subst.:⟩ es ist nichts Weltbewegendes (ugs.; *nichts Besonderes, nichts von Bedeutung*) passiert.

Welt|be|we|gung, die: *über die ganze Welt verbreitete Bewegung* (3): die kommunistische W.
Welt|bild, das: *umfassende Vorstellung von der Welt [aufgrund wissenschaftlicher bzw. philosophischer Erkenntnisse]:* das moderne, das marxistische W.; ein christliches, romantisches, geschlossenes W.; das W. der Antike.
Welt|blatt, das: *weltweit verbreitete Zeitung, Zeitung mit Weltgeltung.*
Welt|brand, der (geh.): *weltweite, durch einen Weltkrieg verursachte Katastrophe.*
Welt|bür|ger, der: *jmd., nach dessen Anschauung alle Menschen gleichwertige u. gleichberechtigte Mitglieder einer die ganze Menschheit umfassenden Gemeinschaft sind u. die Zugehörigkeit zu einer bestimmten Nation von untergeordneter Bedeutung ist; Kosmopolit* (1).
Welt|bür|ge|rin, die: w. Form zu ↑Weltbürger.
welt|bür|ger|lich ⟨Adj.⟩: *kosmopolitisch.*
Welt|bür|ger|tum, das: *das Weltbürgersein; Kosmopolitismus* (1).
Welt|chris|ten|tum, das: *in weiten Teilen der Welt verbreitetes Christentum.*
Welt|cup, der (Sport): *Worldcup.*
Welt|da|me, die: *weltgewandte u. welterfahrene Frau, Dame [die Überlegenheit ausstrahlt].*
Welt|eli|te, die (bes. Sport): *aus den Besten der Welt bestehende Elite:* sie zählt zur W.
Welt|emp|fän|ger, der: *Rundfunkgerät für den Empfang sehr weit entfernter Sender, bes. Kurzwellensender.*
Wel|ten|brand, der: *Weltbrand.*
Wel|ten|bumm|ler, der: *jmd., der (bes. als Tourist) in der Welt herumreist; Globetrotter.*
Wel|ten|bumm|le|rin, die: w. Form zu ↑Weltenbummler.
Welt|en|de, das (bes. Rel., Theol.): *Ende* (1 b) *der Welt.*
welt|ent|rückt ⟨Adj.⟩ (geh.): *(mit seinen Gedanken, mit seinem Bewusstsein) der Welt entrückt:* w. der Musik lauschen.
Wel|ter, das; -s (Sport): kurz für ↑Weltergewicht.
Welt|er|be, das ⟨o. Pl.⟩: *Gesamtheit der besonders erhaltenswerten Kultur- u. Naturdenkmäler der Welt.*
Welt|er|eig|nis, das: *für die gesamte Welt bedeutendes, wichtiges, interessantes Ereignis.*
welt|er|fah|ren ⟨Adj.⟩: *weit in der Welt herumgekommen u. Lebenserfahrung, -klugheit besitzend:* eine -e Frau.
Welt|er|folg, der: *großer Erfolg in der ganzen Welt:* sein Buch wurde ein W.
Wel|ter|ge|wicht, das [engl. welterweight, 1. Bestandteil H. u., 2. Bestandteil engl. weight = Gewicht] (Boxen, Ringen): **1.** ⟨o. Pl.⟩ *Körpergewichtsklasse (z. T. zwischen Mittel- u. Leichtgewicht).* **2.** *Weltergewichtler.*
Wel|ter|ge|wicht|ler, der; -s, -: *Sportler der Körpergewichtsklasse Weltergewicht.*
Welt|er|näh|rung, die: *Versorgung der Weltbevölkerung mit Nahrungsmitteln.*
welt|er|schüt|ternd ⟨Adj.⟩: *die Menschen, die Welt erschütternd, bewegend:* -e Ereignisse; nicht w. sein.
welt|fern ⟨Adj.⟩ (geh.): *weltabgewandt.*
Welt|fir|ma, die: *weltweit operierende [multinationale] Firma.*
Welt|flucht, die ⟨o. Pl.⟩: *Flucht vor der Welt u. ihrem Getriebe; Abkehr, Sichzurückziehen von der Welt.*
welt|fremd ⟨Adj.⟩: *wirklichkeits-, lebensfremd:* ein -er Mensch, Idealist.
Welt|fremd|heit, die ⟨o. Pl.⟩: *das Weltfremdsein.*
Welt|frie|de (älter), **Welt|frie|den,** der: *Frieden zwischen den Völkern der Welt.*
Welt|ge|bäu|de, das ⟨o. Pl.⟩ (geh.): *das Weltall (in seinem Gefüge).*
Welt|ge|gend, die: *Gegend, Teil der Erde:* in den entlegensten -en.
Welt|geist, der ⟨o. Pl.⟩ (Philos.): *die Weltgeschichte steuernder, in ihr waltender Geist.*
Welt|geist|li|che, der (kath. Kirche): *Geistlicher, der nicht Mitglied eines Mönchsordens ist.*
Welt|gel|tung, die: *weltweite Geltung, Bedeutung, Wertschätzung:* W. erlangen; eine Zeitung von W.
Welt|ge|mein|schaft, die: *Gemeinschaft der Völker, der Staaten der Erde.*
Welt|ge|richt, das ⟨o. Pl.⟩ (Rel.): *das Jüngste Gericht.*
Welt|ge|sche|hen, das: *[gesamtes] Geschehen in der Welt.*
Welt|ge|schich|te, die: **1. a)** ⟨o. Pl.⟩ *das Weltgeschehen umfassende Geschichte; Universalgeschichte;* **b)** *Werk, [Lehr]buch über die Weltgeschichte* (1 a). **2.** *** **in der W.** (ugs. scherzh.; *in der Gegend, in der Welt*): in der W. herumreisen, -fliegen.
welt|ge|schicht|lich ⟨Adj.⟩: *die Weltgeschichte betreffend:* -e Ereignisse.
Welt|ge|sell|schaft, die: *von der Weltbevölkerung gebildete Gesellschaft* (1).
welt|ge|wandt ⟨Adj.⟩: *gewandt im Auftreten u. Umgang.*
Welt|ge|wandt|heit, die: *das Weltgewandtsein.*
welt|größt... ⟨Adj.⟩: *größter, größte, größtes der Welt:* der weltgrößte Autokonzern.
Welt|han|del, der ⟨o. Pl.⟩: *Handel zwischen den Ländern der Welt.*
Welt|herr|schaft, die ⟨o. Pl.⟩: *Herrschaft über die Welt:* nach der W. streben.
Welt|hilfs|spra|che, die: *künstlich geschaffene, zum internationalen Gebrauch bestimmte Sprache.*
welt|his|to|risch ⟨Adj.⟩: *weltgeschichtlich:* die -e Entwicklung; ein Vorgang von -er Bedeutung.
Welt|hit, der (ugs.): *weltweiter Hit* (1, 2).
Welt|in|nen|po|li|tik, die (Politik): *Politik auf globaler Ebene, die den gemeinsamen Interessen aller Länder der Erde den Vorrang vor nationalen Belangen einräumt.*
Welt|ju|den|tum, das (bes. nationalsoz.): *(bes. in der rassistischen Ideologie des Nationalsozialismus) gesamte jüdische Bevölkerung der Erde.*
Welt|kar|ri|e|re, die: *mit weltweitem Erfolg einhergehende große Karriere (bes. im Showgeschäft, in der Filmwirtschaft, als Musiker o. Ä.).*
Welt|kar|te, die: *Karte, die alle Teile der Welt abbildet.*
Welt|ka|ta|stro|phe, die: *weltweite, globale Katastrophe.*
Welt|kennt|nis, die ⟨o. Pl.⟩: *Kenntnis der Welt, des Lebens, des Weltgeschehens.*
Welt|klas|se, die (bes. Sport): **1.** *weltweit höchste Klasse, Qualität:* diese Sportler sind W.; dieses Produkt ist W. **2.** *Gesamtheit von Personen, bes. Sportlern, die Weltklasse* (1) *sind:* zur W. gehören.
Welt|klas|se|frau, die (Sport): *Sportlerin, die zur Weltklasse* (2) *gehört.*
Welt|klas|se|läu|fer, der (Sport): *Läufer* (1), *der zur Weltklasse gehört.*
Welt|klas|se|läu|fe|rin, die: w. Form zu ↑Weltklasseläufer.
Welt|klas|se|leu|te ⟨Pl.⟩: **1.** (Sport) Pl. von Weltklassemann. **2.** *Personen, die zur Weltklasse* (2) *gehören.*
Welt|klas|se|mann, der ⟨Pl. ...männer u. ...leute⟩ (Sport): *Sportler, der zur Weltklasse* (2) *gehört.*
Welt|kli|ma, das ⟨o. Pl.⟩: *Klima der gesamten Erde.*
welt|klug ⟨Adj.⟩: *lebensklug u. welterfahren.*
Welt|klug|heit, die ⟨o. Pl.⟩: *das Weltklugsein.*
Welt|kom|mu|nis|mus, der: *Gesamtheit der kommunistischen Kräfte der Welt.*
Welt|kon|fe|renz, die: *Konferenz mit Teilnehmern aus aller Welt.*
Welt|kon|flikt, der: *Konflikt, an dem viele Länder der Welt, bes. die Großmächte beteiligt sind.*
Welt|kon|gress, der: *Kongress mit Teilnehmern aus aller Welt.*
Welt|kon|zern, der: *weltweit operierender [multinationaler] Konzern.*
Welt|kreis, der (geh.): *Erdkreis.*
Welt|krieg, der: *Krieg, an dem viele Länder der Welt, bes. die Großmächte beteiligt sind:* der Erste, Zweite W.; einen [neuen] W. anzetteln; zwischen den [beiden] -en.
Welt|kri|se, die: *weltweite, große Teile der Welt betreffende Krise.*
Welt|ku|gel, die ⟨o. Pl.⟩: *Erdkugel.*
Welt|kul|tur, die: *über die ganze Erde verbreitete Kultur.*
Welt|kul|tur|er|be, das ⟨o. Pl.⟩: *Gesamtheit der Weltkulturgüter.*
Welt|kul|tur|gut, das: *zum Welterbe gehörendes Kulturgut.*
Welt|la|ge, die ⟨o. Pl.⟩: *(bes. politische) Lage in der Welt.*
Welt|lauf, der (selten): *Geschehen, allgemeine Entwicklung in der Welt.*
welt|läu|fig ⟨Adj.⟩ (geh.): *weltgewandt.*
Welt|läu|fig|keit, die: *Weltgewandtheit.*
welt|lich ⟨Adj.⟩ [mhd. wereltlich, ahd. weraltlīh]: **1.** *der (diesseitigen, irdischen) Welt angehörend, eigentümlich; irdisch, sinnlich:* -e Freuden, Genüsse. **2.** *nicht geistlich, nicht kirchlich:* -e Musik, Kunst; -e Lieder; geistliche und -e Fürsten.
Welt|lich|keit, die; -: *das Weltlichsein.*
Welt|li|te|ra|tur, die ⟨o. Pl.⟩: *Gesamtheit der hervorragendsten Werke der Nationalliteraturen aller Völker u. Zeiten:* Werke der W.; zur W. gehören, zählen.
Welt|macht, die: *Großmacht mit weltweitem Einflussbereich:* die W. China; zur W. aufsteigen, werden.
Welt|mann, der ⟨Pl. ...männer⟩ [mhd. werltman = weltlich Gesinnter, ahd. weraltman = irdischer Mensch]: *weltgewandter u. welterfahrener Mann [der Überlegenheit ausstrahlt]:* er ist ein [vollendeter] W.
welt|män|nisch ⟨Adj.⟩: *in der Art eines Weltmannes:* -es Auftreten; -e Manieren; seine -e Art.
Welt|mar|ke, die: *weltweit verbreitete Marke* (2 a).
Welt|markt, der (Wirtsch.): *Markt für Handelsgüter, der sich aus der Wechselwirkung der nationalen Märkte im Rahmen der Weltwirtschaft ergibt:* der W. für Kaffee, Rohöl.
Welt|maß|stab, der ⟨o. Pl.⟩: *Maßstab* (1), *der auf globaler Ebene angelegt wird:* im W. *(auf die ganze Welt bezogen, weltweit).*
Welt|meer, das: **1.** ⟨o. Pl.⟩ *zusammenhängende, die Kontinente umgebende, den größten Teil der Erdoberfläche bedeckende Wassermasse:* das W. **2.** *Ozean:* die W. befahren.
Welt|meis|ter, der: *Sieger in einer Weltmeisterschaft:* er ist W. im Federgewicht; Ü die Franzosen sind W. im Weinkonsum; *** **wie ein W., wie die W.** (ugs.; *sehr häufig, sehr intensiv, mit großem Eifer [bezogen auf eine (gewohnheitsmäßige) Tätigkeit]).*
Welt|meis|te|rin, die: w. Form zu ↑Weltmeister.
Welt|meis|ter|schaft, die: **1.** *periodisch stattfindender Wettkampf, bei dem der weltbeste Sportler, die weltbeste Mannschaft in einer Disziplin ermittelt u. mit dem Titel »Weltmeister« ausgezeichnet wird:* die W. im Fußball austragen, gewinnen. **2.** *Sieg u. Titelgewinn in der Weltmeisterschaft* (1): um die W. spielen, kämpfen.
Welt|meis|ter|ti|tel, der: *Titel eines Weltmeisters.*
Welt|neu|heit, die: *etw. Neues, was es bislang nirgends auf der Welt gegeben hat:* das Gerät ist eine W.
Welt|ni|veau, das: *[Leistungs]niveau, das der internationalen Spitzenqualität, der Stufe der internationalen Spitzenleistungen entspricht:* der Betrieb, die Band hat W.
welt|of|fen ⟨Adj.⟩: *offen, aufgeschlossen für Leben u. Welt:* ein -er Mensch.
Welt|of|fen|heit, die: *das Weltoffensein.*
Welt|öf|fent|lich|keit, die: *die Öffentlichkeit* (1) *der ganzen Welt:* die Regierung hat unter dem Druck der W. eingelenkt; an die W. appellieren.
Welt|ord|nung, die: **1.** (Philos.) *die Welt in ihrem Gang ordnendes Prinzip:* die göttliche W. **2.** (Politik) *politische Ordnung der Welt:* eine neue W. schaffen.
Welt|or|ga|ni|sa|ti|on, die: *viele Länder der Erde umfassende, multinationale Organisation.*
Welt|po|kal, der (Sport): *Worldcup.*
Welt|po|li|tik, die: *Politik im weltweiten Rahmen;*

internationale Politik: W. machen; in die W. eingreifen.

wẹlt|po|li|tisch ⟨Adj.⟩: *die Weltpolitik betreffend:* die -e Entwicklung, Lage; -e Ereignisse, Krisen.

Wẹlt|po|li|zist, der (Politik Jargon): *Staat, der seine militärische Macht dazu benutzt, auf internationaler Ebene dem Recht Geltung zu verschaffen:* sich als W. aufspielen.

Wẹlt|pre|mi|ere, die: *Welturaufführung.*

Wẹlt|pres|se, die ⟨o. Pl.⟩: *internationale Presse* (2).

Wẹlt|pro|duk|ti|on, die: *weltweite Produktion, weltweit produzierte Menge.*

Wẹlt|pro|le|ta|ri|at, das: *Proletariat der Welt.*

Wẹlt|rang, der: *weltweit anerkannter hoher Rang* (2): ein Wissenschaftler, ein Unternehmen, ein Orchester von W.

Wẹlt|rang|lis|te, die (Sport): *Rangliste der besten Sportler einer bestimmten Disziplin.*

Wẹlt|rang|lis|ten|ers|te, der u. die (Sport): *jmd., der in einer Weltrangliste den ersten Platz einnimmt.*

Wẹlt|raum, der ⟨o. Pl.⟩: *Raum des Weltalls:* der erdnahe W.; den W. erforschen, erobern; in den W. vorstoßen.

Wẹlt|raum|bahn|hof, der: *Anlage für den Start von Weltraumraketen [u. die Landung von Raumfähren].*

Wẹlt|raum|be|hör|de, die: *für die Weltraumfahrt zuständige Behörde:* die amerikanische W.

Wẹlt|raum|fahrt, die: *Raumfahrt.*

Wẹlt|raum|flug, der: *Raumflug.*

Wẹlt|raum|for|schung, die: *Raumforschung* (1).

Wẹlt|raum|kap|sel, die: *Raumkapsel.*

Wẹlt|raum|mis|si|on, die: *im Weltraum zu erfüllende Mission* (1).

Wẹlt|raum|müll, der: *Weltraumschrott.*

Wẹlt|raum|ra|ke|te, die: *Rakete, mit der sich etw. in den Weltraum transportieren lässt.*

Wẹlt|raum|schrott, der: *nutzlos im Weltraum umherfliegendes, durch den Menschen dorthin gelangtes Material.*

Wẹlt|raum|sta|ti|on, die: *Raumstation.*

Wẹlt|raum|te|le|skop, das: *auf einer Erdumlaufbahn stationiertes Teleskop.*

Wẹlt|raum|waf|fe, die: *im Weltraum stationierte, im Weltraum wirkende Waffe.*

Wẹlt|reich, das: *große Teile der Welt beherrschendes Reich:* das römische W.; ein W. errichten.

Wẹlt|rei|se, die: *Reise um die Welt:* eine [einjährige] W. machen.

Wẹlt|rei|sen|de, der u. die: *jmd., der eine Weltreise macht.*

Wẹlt|re|kord, der: *offiziell als höchste Leistung der Welt anerkannter Rekord:* den W. [im Weitsprung] halten, brechen; einen neuen W. aufstellen.

Wẹlt|re|kord|hal|ter, der: *jmd., der einen Weltrekord hält.*

Wẹlt|re|kord|hal|te|rin, die: w. Form zu ↑Weltrekordhalter.

Wẹlt|re|kord|in|ha|ber, der: *Weltrekordhalter.*

Wẹlt|re|kord|in|ha|be|rin, die: w. Form zu ↑Weltrekordinhaber.

Wẹlt|re|kord|ler, der; -s, -: *Weltrekordhalter.*

Wẹlt|re|kord|le|rin, die: w. Form zu ↑Weltrekordler.

Wẹlt|re|li|gi|on, die: *in weiten Teilen der Welt verbreitete Religion.*

Wẹlt|re|vo|lu|ti|on, die ⟨o. Pl.⟩ (kommunist.): *revolutionäre Umgestaltung der Welt, die zur Verwirklichung des Sozialismus führt.*

Wẹlt|ruf, der ⟨o. Pl.⟩: *(auf guter Qualität bzw. hervorragenden Leistungen beruhender) guter Ruf in der ganzen Welt:* W. haben; Erzeugnisse von W.

Wẹlt|ruhm, der: *(auf guter Qualität bzw. hervorragenden Leistungen beruhender) Ruhm in der ganzen Welt.*

Wẹlt|schmerz, der ⟨o. Pl.⟩ (bildungsspr.): *die seelische Grundstimmung prägender Schmerz, Traurigkeit, Leiden an der Welt u. ihrer Unzulänglichkeit im Hinblick auf eigene Wünsche, Erwartungen:* W. haben.

Wẹlt|schöp|fer, der ⟨o. Pl.⟩: [1]*Schöpfer* (b) *der Welt.*

Wẹlt|see|le, die ⟨o. Pl.⟩ (Philos.): *Lebens-, Vernunftsprinzip der Welt.*

Wẹlt|sen|sa|ti|on, die: *Sensation für die gesamte Welt.*

Wẹlt|si|cher|heits|rat, der ⟨o. Pl.⟩: Sicherheitsrat der Vereinten Nationen.

Wẹlt|sicht, die: *Sicht* (2), *Auffassung von der Welt.*

Wẹlt|spie|le ⟨Pl.⟩: *World Games.*

Wẹlt|spit|ze, die: *Gruppe der Personen, die in einer [sportlichen] Disziplin, einem Fach* (4 a) *o. Ä. zu den Besten der Welt gehören.*

Wẹlt|spra|che, die: *international bedeutende, im internationalen Verkehr gebrauchte Sprache.*

Wẹlt|stadt, die: *Großstadt, bes. Millionenstadt, mit internationalem Flair.*

wẹlt|städ|tisch ⟨Adj.⟩: *für eine Weltstadt charakteristisch:* ein -es Flair.

Wẹlt|star, der: *weltbekannter* [2]*Star* (1).

Wẹlt|sys|tem, das: *den Aufbau der Welt betreffendes [philosophisches] System:* das geozentrische, ptolemäische W.

Wẹlt|teil, der (seltener): *Erdteil.*

Wẹlt|the|a|ter, das ⟨o. Pl.⟩ (bes. Literaturw.): *die Welt, aufgefasst als ein Theater, auf dem die Menschen [vor Gott] ihre Rolle spielen.*

Wẹlt|tour|nee, die: *Tournee durch weite Teile der Welt.*

wẹlt|um|fas|send ⟨Adj.⟩: *die gesamte Welt umfassend; global.*

Wẹlt|um|se|ge|lung: ↑Weltumseglung.

Wẹlt|um|seg|ler, der: *jmd., der die Welt umsegelt [hat].*

Wẹlt|um|seg|le|rin, die: w. Form zu ↑Weltumsegler.

Wẹlt|um|seg|lung, Weltumsegelung, die: *Umseglung der Welt.*

wẹlt|um|span|nend ⟨Adj.⟩: *die gesamte Welt umspannend; global:* ein -es Computernetz, Spionagenetz; eine -e Stromversorgung.

Wẹlt|un|ter|gang, der: *Untergang, Ende der Welt.*

Wẹlt|un|ter|gangs|stim|mung, die: **1.** *bes. durch den sich verfinsternden Himmel vor einem Gewitter od. Unwetter hervorgerufene düstere Stimmung* (2) *in der Natur:* draußen herrscht eine wahre W. **2.** *seelische Verfassung, die durch Pessimismus, Mutlosigkeit o. Ä. gekennzeichnet ist.*

Wẹlt|ur|auf|füh|rung, die: *weltweit erste Aufführung (eines Dramas, Films usw.).*

Wẹlt|ver|bes|se|rer, der; -s, - (meist spött.): *jmd., der glaubt, nach seinen Vorstellungen könne die Welt bzw. vieles in der Welt verbessert werden.*

Wẹlt|ver|bes|se|rin, die; -, -nen: w. Form zu ↑Weltverbesserer.

wẹlt|ver|ges|sen ⟨Adj.⟩ (geh.): *weltentrückt.*

wẹlt|ver|lo|ren ⟨Adj.⟩: **1.** (geh.) *weltentrückt.* **2.** *weit entfernt vom Getriebe der Welt, einsam [gelegen].*

Wẹlt|ver|ständ|nis, das: *Weltsicht.*

Wẹlt|wäh|rungs|sys|tem, das: vgl. Währungssystem (2).

wẹlt|weit ⟨Adj.⟩: *die ganze Welt umfassend, in der ganzen Welt:* -e Bedeutung haben; w. verbreitet, bekannt, berühmt sein.

Wẹlt|wirt|schaft, die ⟨o. Pl.⟩: *internationale Wirtschaft.*

Wẹlt|wirt|schafts|gip|fel, der (Politik): *Gipfeltreffen zur Erörterung von Fragen der Weltwirtschaft.*

Wẹlt|wirt|schafts|kri|se, die: *weltweite Wirtschaftskrise.*

Wẹlt|wun|der, das [nach lat. mirabilia mundi od. miraculum orbis]: *etw. ganz Außergewöhnliches, das allgemeine Bewunderung erregt:* jmdn., etw. bestaunen wie ein W.; die sieben W. *(sieben außergewöhnliche Bau- u. Kunstwerke des Altertums).*

Wẹlt|zeit, die ⟨o. Pl.⟩: *zum Nullmeridian gehörende (Uhr)zeit, die die Basis der Zonenzeiten bildet* (Abk.: WZ).

Wẹlt|zeit|uhr, die: *Uhr, auf der neben der Ortszeit des Standorts die Uhrzeiten der verschiedenen Zeitzonen abgelesen werden können.*

wẹm: Dativ Sg. von ↑wer.

Wẹm|fall, der (Sprachw.): *Dativ.*

wẹn: Akk. Sg. von ↑wer.

[1]Wẹn|de, die; -, -n [mhd. wende, ahd. wentī, zu ↑wenden]: **1. a)** *einschneidende Veränderung, Wandel in der Richtung eines Geschehens od. einer Entwicklung:* eine radikale, dramatische, schicksalhafte W.; eine historische, weltgeschichtliche, ökologische W.; eine W. zum Guten, Schlecht[er]en; eine W. trat ein, zeichnete sich ab; damals vollzog sich in meinem Leben eine W.; **b)** ⟨mit best. Art.⟩ (hist.) *der große politische u. gesellschaftliche Umbruch des Jahres 1989 in der DDR:* nach, seit, vor der W. **2.** *Übergang von einem bestimmten Zeitabschnitt zum nächsten gleichartigen:* die W. des Jahres, des Jahrhunderts, [vom 15.] zum 16. Jahrhundert, zur Neuzeit; an der W. zu einem neuen Zeitalter, zu einer neuen Zeit stehen; an der, seit der, um die, bis zur W. des Jahrzehnts, Jahrtausends. **3. a)** (Schwimmen) *das Wenden* (2 b): eine gekonnte W.; die W. trainieren; **b)** (Seemannsspr.) *das Wenden* (2 c): klar zur W.! (Kommando beim Segeln); **c)** (Turnen) *Übersprung od. Schwung über das Gerät hinweg od. vom Gerät herunter, bei dem die Beine rückwärts schwingen u. die Brust dem Gerät zugekehrt ist:* eine W. am Pferd; **d)** (Eiskunstlauf) *Figur, bei der ein Bogen auf der gleichen Kante vorwärts u. rückwärts ausgeführt wird.* **4.** (Sport) *Stelle, an der die Richtung um 180° geändert wird:* die Spitzengruppe hat die W. erreicht.

[2]Wẹn|de, der; -n, -n: Angehöriger eines westslawischen Volkes.

Wẹn|de|hals, der: **1.** *kleinerer, auf der Oberseite graubrauner, auf der Unterseite weißlicher u. gelblicher Specht, der drehende und pendelnde Bewegungen mit dem Kopf macht.* **2.** (ugs. abwertend) *jmd., der aus Opportunismus [plötzlich] das politische Lager wechselt.*

Wẹn|de|ham|mer, der [die Draufsicht stellt sich als Hammerstiel mit Hammerkopf dar] (Verkehrsw.): *T-förmiger Wendeplatz am Ende einer Sackgasse.*

Wẹn|de|ja|cke, die (Mode): *Jacke, die man von beiden Seiten tragen kann.*

Wẹn|de|kreis, der [1: LÜ von griech. tropikòs kýklos]: **1.** (Geogr.) *nördlichster bzw. südlichster Breitenkreis, über dem die Sonne zur Zeit der Sonnenwende gerade noch im Zenit steht.* **2.** (Technik) *Kreis, der durch die am weitesten nach außen vorstehenden Teile eines Fahrzeugs beschrieben wird, wenn das Fahrzeug mit größtmöglichem Einschlag des Lenkrads vorwärts rollt, u. dessen Durchmesser ein Maß für die Wendigkeit des Fahrzeugs ist.* **3.** (selten) *runder Wendeplatz.*

Wẹn|del, die; -, -n [zu ↑wenden] (Technik): *schraubenförmig gewundenes Gebilde.*

wẹn|del|för|mig ⟨Adj.⟩ (Fachspr.): *schraubenförmig gewunden.*

Wẹn|del|trep|pe, die: *Treppe mit spiralig um eine Achse laufenden Stufen.*

Wẹn|de|ma|nö|ver, das: *Manöver* (2), *mit dem ein Fahrzeug, Schiff o. Ä. gewendet wird:* ein äußerst gewagtes W.

Wẹn|de|man|tel, der (Mode): *Mantel, den man von beiden Seiten tragen kann.*

Wẹn|de|mar|ke, die (Sport, bes. Segeln): *Markierung, durch die die zum Wenden vorgesehene Stelle gekennzeichnet wird.*

wẹn|den ⟨sw./st. V.; hat⟩ [mhd. wenden, ahd. wenten, Kausativ zu ↑[1]winden u. eigtl. = winden machen]: **1.** ⟨sw. V.⟩ **a)** *auf die andere Seite drehen, herumdrehen, umwenden:* den Braten, die Gans im Ofen, das Omelett in der Pfanne w.; das Heu muss gewendet werden; den Mantel w. *(die bisher innere Seite nach außen nehmen);* die Buchseite w.; ⟨auch o. Akk.-Obj.:⟩ bitte w.! (Aufforderung am Schluss einer beschriebenen od. bedruckten Seite, sie umzudrehen; Abk.: b. w.!);

b) (Kochk.) *wälzen* (2b): die Schnitzel zunächst in Eiweiß, dann in Paniermehl w. **2.** ⟨sw. V.⟩ **a)** *in die entgegengesetzte Richtung bringen:* das Auto w.; **b)** *drehen u. die entgegengesetzte Richtung einschlagen; die Richtung um 180° ändern:* das Auto wendet; hier kann ich nicht w.; der Schwimmer hat gewendet. **3.** ⟨sw. u. st. V.⟩ **a)** *in eine andere Richtung drehen:* den Kopf, sich [zur Seite] w.; keinen Blick von jmdm. w.; sie wandte ihre Blicke hin und her, hierhin und dorthin; er wandte sich, seine Schritte nach links, zum Ausgang; Ü er konnte das Unheil von uns w. *(abwenden);* sich in sein, ins Gegenteil, zum Guten w.; **b)** ⟨w. + sich⟩ *sich (zu etw.) anschicken:* sich zum Gehen, zur Flucht w. **4.** ⟨sw. u. st. V.⟩ **a)** *eine Frage, Bitte an jmdn. richten:* sich vertrauensvoll, Hilfe suchend an jmdn. w.; ich habe mich schriftlich dorthin gewandt; Ü das Buch wendet sich nur an die Fachleute; **b)** *jmdm., einer Sache entgegentreten:* er wendet sich [mit seinem Artikel] gegen die Vorwürfe der Opposition. **5.** ⟨sw. u. st. V.⟩ *(für jmdn., etw.) aufwenden, benötigen, verbrauchen:* viel Kraft, Sorgfalt, Geld, Arbeit auf etw. w.; er hat all seine Ersparnisse an seine Kinder, an ihre Ausbildung gewandt.

Wẹn|de|platz, der: *Platz für das Wenden von Fahrzeugen.*

Wẹn|de|punkt, der: **1.** *Zeitpunkt, zu dem eine Wende* (1) *eintritt:* ein W. der Geschichte; der W. in seinem Leben. **2. a)** (Math.) *Punkt einer Kurve, an dem eine Richtungsänderung eintritt;* **b)** (Astron.) *Solstitialpunkt.*

Wẹn|der, der; -s, -: *Gerät, mit dem man etw. umdreht.*

wẹn|dig ⟨Adj.⟩ [mhd. wendec, ahd. wendīg = rückgängig; abwendig; beendet; gerichtet, hingewandt]: **a)** *sich leicht steuern lassend; aufgrund besonderer Beweglichkeit schnell auf entsprechende Handhabung reagierend:* ein -es Auto, Boot; **b)** *geistig beweglich, schnell erfassend, reagierend u. sich auf etw. einstellend:* ein -er Verkäufer; einen -en Verstand haben.

Wẹn|dig|keit, die; -: *das Wendigsein.*

Wẹn|din, die; -, -nen: w. Form zu ↑[2]Wende.

wẹn|disch ⟨Adj.⟩: *die Wenden betreffend, zu ihnen gehörend, von ihnen stammend.*

Wẹn|dung, die; -, -en: **1.** *das [Sich]wenden; Drehung, Änderung der Richtung:* eine scharfe, rasche W.; eine W. des Kopfes; eine W. nach rechts, um 180°; Ü der Fluss macht hier eine W. [nach Westen]. **2.** [1]*Wende* (1 a): die Ereignisse nahmen eine unerwartete W. **3.** *Redewendung:* eine umgangssprachliche W.; das Wörterbuch enthält 200 000 Stichwörter und -en *(Redewendungen u. sonstige Anwendungsbeispiele).*

Wẹn|fall, der (Sprachw.): *Akkusativ.*

wẹ|nig [mhd. weinic, wēnec = klein, gering, schwach, beklagenswert, ahd. wēnag = beklagenswert, zu ↑weinen u. eigtl. = beweinenswert]: **I.** ⟨Indefinitpron. u. unbest. Zahlw.⟩ **1.** weniger, wenige, weniges ⟨Sg.⟩ **a)** bezeichnet eine geringe Zahl von Einzeldingen, -teilen, aus denen sich eine kleine Menge o. Ä. zusammensetzt: ⟨attr.:⟩ -es erlesenes Silber; er fand -es Gutes in dem Buch; ⟨allein stehend:⟩ der Prüfling konnte -es richtig beantworten; er hat von dem Vortrag nur -es verstanden; seine Punktzahl liegt um -es höher als meine; **b)** ⟨oft unflekt.:⟩ wenig; bezeichnet eine geringe Menge, ein niedriges Maß von etw.; *nicht viel:* ⟨attr.:⟩ es ist [zu] w. Regen gefallen; das -e Geld reicht nicht weit; w. Zeit, Glück haben; w. Gutes; -er Bier trinken; der -e, heftige Regen; ich habe nicht w. Arbeit damit gehabt; auf w. Verständnis stoßen; ⟨allein stehend:⟩ das ist [sehr] w.; das -e, was ich habe; sie wird immer -er (ugs.; *magert ab*); das ist das -ste, was man erwarten kann; dazu kann ich w. sagen; er verdient -er als ich; mit -em zufrieden sein. **2.** wenige, ⟨unflekt.:⟩ wenig ⟨Pl.⟩: *eine geringe Anzahl von Personen od. Sachen; nicht viele, nur Einzelne:* ⟨attr.:⟩ -e Leute; er hatte w./-e Zuhörer; noch [einige] -e Äpfel hingen am Baum; in -en Stunden; mit -en Ausnahmen; etwas mit w./-en Worten erklären; nach -en Augenblicken; ⟨allein stehend:⟩ -e, die -sten haben den Vortrag verstanden; der Reichtum -er. **3.** ⟨mit vorangestelltem, betontem Gradadverb⟩ wenige, ⟨unflekt.:⟩ wenig; bezeichnet eine erst durch eine bekannte Bezugsgröße näher bestimmte kleine Anzahl, Menge: ⟨attr.:⟩ sie haben gleich w. Geld; es waren so w./-e Zuhörer da, dass der Vortrag nicht stattfinden konnte; es waren zu -e Mitarbeiter vorher informiert worden; heute habe ich noch -er Zeit als gestern; ⟨allein stehend:⟩ zu -e wissen, wie schädlich das ist; so w., wie du glaubst, ist es auch wieder nicht; was ihr da gebracht habt, ist zu w. **II.** ⟨Adv.⟩ **1.** ⟨bei Verben⟩ drückt aus, dass etw. nicht häufig, nicht ausdauernd geschieht; *kaum, selten, in geringem Maße:* w. schlafen, fernsehen; die Medizin hilft w.; du hast dich [zu] w. darum gekümmert. **2.** ⟨bei Adjektiven, Adverbien u. Verben⟩ *in geringem Grad, nicht sehr, unwesentlich:* eine w. ergiebige Quelle; das ist -er *(nicht so)* schön/w. schön *(hässlich)*/nichts -er als schön *(sehr hässlich);* er freut sich nicht w. *(sehr);* diese Antwort ist -er dumm als frech; * **ein w.** *(etwas):* es ist ein w. laut hier; ich habe ein w. geschlafen.

wẹ|ni|ger: I. Komp. von ↑wenig. **II.** ⟨Konj.⟩ *minus* (I).

Wẹ|nig|keit, die; -: *etw. ganz Unscheinbares, Wertloses; Kleinigkeit:* das kostet nur eine W.; eine W. an Mühe; * **meine W.** (scherzh., in scheinbarer Bescheidenheit; *meine Person*).

wẹ|nigs|tens ⟨Adv.⟩: **a)** *zumindest, immerhin:* du könntest w. anrufen!; w. regnet es nicht mehr; w. etwas!; jetzt weiß ich w., warum; **b)** ⟨in Verbindung mit Zahlwörtern⟩ *mindestens:* ich habe w. dreimal geklopft; das kostet w. 300 Mark.

wẹnn ⟨Konj.⟩ [mhd. wanne, wenne, ahd. hwanne, hwenne, zu dem ↑wer, was zugrunde liegenden Pronominalstamm; erst seit dem 19. Jh. unterschieden von ↑wann]: **1.** ⟨konditional⟩ *unter der Voraussetzung, Bedingung, dass ...; für den Fall, dass ...; falls:* w. es dir recht ist, komme ich mit; w. das wahr ist, [dann] trete ich sofort zurück; w. er nicht kommt/nicht kommen sollte, [so] müssen wir die Konsequenzen ziehen; was würdest du machen, w. er dich verlassen würde?; wir wären viel früher da gewesen, w. es nicht so geregnet hätte; ich könnte nicht, selbst w. ich wollte; w. nötig, komme ich sofort; wehe [dir], w. du das noch einmal tust! **2.** ⟨temporal⟩ **a)** *sobald:* sag bitte Bescheid, w. du fertig bist!; w. die Ferien anfangen, [dann] werden wir gleich losfahren; **b)** drückt mehrfache [regelmäßige] Wiederholung aus; *sooft:* w. Weihnachten naht, duftet es immer nach Pfefferkuchen; jedes Mal, w. wir kommen. **3.** ⟨konzessiv in Verbindung mit »auch«, »schon« u. a.⟩ *obwohl, obgleich:* w. es auch anstrengend war, Spaß hat es doch gemacht; es war nötig, w. es ihm auch/auch w. es ihm schwer fiel; [und] w. auch! (ugs.; *das ist trotzdem kein Grund, keine ausreichende Entschuldigung*); und w. schon (ugs.; *was macht das schon, was spielt das für eine Rolle*)!; ⟨mit kausalem Nebensinn:⟩ w. er schon *(da er)* nichts weiß, sollte er [wenigstens] den Mund halten. **4.** ⟨in Verbindung mit »doch« od. »nur«⟩ leitet einen Wunschsatz ein: w. er doch endlich käme!; w. ich nur wüsste, ob sie es wirklich war!; ach, w. ich doch aufgepasst hätte. **5.** ⟨in Verbindung mit »als« od. »wie«⟩ leitet eine irreale vergleichende Aussage ein: der Hund schaute ihn an, als w. er alles verstanden hätte.

Wẹnn, das; -s, -, (ugs.:) -s: *Bedingung, Vorbehalt, Einschränkung:* es gibt [noch] viele -s; * **W. und Aber** *(Einwände, Vorbehalte, Zweifel):* dem kann ich ohne W. und Aber zustimmen.

wenn|gleich ⟨Konj.⟩: *obgleich, obwohl, wenn ... auch:* er gab sich große Mühe, w. ihm die Arbeit wenig Freude machte.

wenn|schon ⟨Konj.⟩: **a)** [-ˈ-] (seltener) *wenngleich;* **b)** [ˈ- -] * **[na] w.!** (ugs.; *das macht nichts, stört mich nicht*); **w., dennschon** (ugs.: *wenn man es schon tun will, dann aber auch gründlich*).

wenn|zwar ⟨Konj.⟩ (seltener): *wenngleich.*

Wẹn|zel, der; -s, - [nach dem (böhmischen) Personenn. Wenzel (= Wenzeslaus), Verallgemeinerung der appellativischen Bed. zu »Knecht«]: *Unter.*

wẹr [mhd. wer, ahd. (h)wer, alter idg. Pronominalstamm]: **I.** ⟨Interrogativpron. Mask. u. Fem. (Neutr. ↑was)⟩ **a)** fragt unmittelbar nach einer od. mehreren Personen: ⟨Nom.:⟩ w. war das?; w. kommt mit?; w. hat etwas gesehen?; er fragte, w. das getan habe; w. ist [alles] dabei gewesen?; wer da?; ⟨Gen.:⟩ wessen erinnerst du dich?; wessen Buch ist das?; auf wessen Veranlassung kommt er?; ⟨Dativ:⟩ wem hast du das Buch gegeben und wem gehört es?; mit wem spreche ich?; ⟨Akk.:⟩ wen stört das?; an wen soll ich mich wenden?; **b)** kennzeichnet eine rhetorische Frage, auf die keine Antwort erwartet wird: w. hat das nicht schon einmal erlebt!; das hat w. weiß wie viel Geld gekostet; R wem sagst du das! (ugs.; *das weiß ich selbst [nur zu gut]*). **II.** ⟨Relativpron.⟩ bezeichnet in Relativsätzen, die sich auf Personen beziehen, diejenige Person, über die im Relativsatz etwas ausgesagt ist: ⟨Nom.:⟩ w. das tut, hat die Folgen zu tragen; ⟨Gen.:⟩ wessen man bedurfte, der wurde gerufen; ⟨Dativ:⟩ wem es nicht gefällt, der soll es bleiben lassen; ⟨Akk.:⟩ wen man in seine Wohnung lässt, dem muss man auch vertrauen können; ⟨zur bloßen Hervorhebung eines Satzteils:⟩ wen man vergeblich suchte, [das] war er. **III.** ⟨Indefinitpron.⟩ (ugs.) **a)** *irgendjemand:* ist da w.?; **b)** *jemand Besonderes; jemand, der es zu etwas gebracht hat u. der allgemein geachtet wird:* in seiner Firma ist er w.

Wẹr|be|ab|tei|lung, die: *Abteilung eines Betriebes, die für die Werbung zuständig ist.*

Wẹr|be|agen|tur, die: *Dienstleistungsunternehmen für Werbung.*

Wẹr|be|ak|ti|on, die: *der Werbung dienende Aktion* (1).

Wẹr|be|ant|wort, die (Postw.): *[Aufdruck auf einer] Postkarte o. Ä., die einer Werbung beigefügt ist, die ein Interessent an entsprechenden Informationen unfrankiert an die jeweilig werbende Firma zurücksenden kann.*

Wẹr|be|an|zei|ge, die: *zur Werbung bestimmte Anzeige.*

Wẹr|be|auf|wand, der: *Aufwand an Werbung; Kosten für Werbung.*

Wẹr|be|aus|sa|ge, die: *in einer Werbung gemachte Aussage* (1).

Wẹr|be|be|ra|ter, der: *jmd., der berufsmäßig Firmen in Fragen des Marketing berät u. für sie Werbekampagnen durchführt* (Berufsbez.).

Wẹr|be|be|ra|te|rin, die: w. Form zu ↑Werbeberater.

Wẹr|be|block, der ⟨Pl. ...blöcke⟩: *aus mehreren Werbespots bestehende Einlage* (7) *in einer Fernsehsendung.*

Wẹr|be|brief, der: *an verschiedene Haushalte verschicktes Schreiben, in dem für etw. Werbung gemacht wird.*

Wẹr|be|chef, der: *Leiter einer Werbeabteilung.*

Wẹr|be|che|fin, die: w. Form zu ↑Werbechef.

Wẹr|be|ein|nah|me, die: *Einnahme* (1) *aus Entgelten für das Schalten von Werbeanzeigen, das Ausstrahlen von Werbespots o. Ä.*

Wẹr|be|etat, der: *Etat für Werbekosten.*

Wẹr|be|fach|frau, die: *Expertin auf dem Gebiet der Werbung* (1 a).

Wẹr|be|fach|mann, der: *Fachmann auf dem Gebiet der Werbung* (1 a).

Wẹr|be|feld|zug, der: *Werbekampagne.*

Wẹr|be|fern|se|hen, das: *für bezahlte Werbung vorgesehener Teil des Fernsehprogramms.*

Wẹr|be|film, der: *(im Fernsehen od. als Beiprogramm im Kino gezeigter) kurzer Film, mit dem für etw. Werbung gemacht wird.*

Wẹr|be|fir|ma, die: *Dienstleistungsbetrieb für Werbung.*

Wẹr|be|flä|che, die: *Fläche, die für das Ankleben*

W

von Werbeplakaten od. für Werbemittel anderer Art vorgesehen od. geeignet ist.

Wẹr|be|fo|to, das: *der Werbung dienendes Foto.*

Wẹr|be|fo|to|graf, der: *Fotograf, der sich auf das Anfertigen von Werbefotos spezialisiert hat* (Berufsbez.).

Wẹr|be|fo|to|gra|fin, die: w. Form zu ↑Werbefotograf.

Wẹr|be|funk, der: *für bezahlte Werbung vorgesehener Teil des Rundfunkprogramms.*

Wẹr|be|gag [...gɛk], der: *einzelne Maßnahme der Werbung, die sich durch besonderen Witz auszeichnet.*

Wẹr|be|ge|schenk, das: *Geschenk, das zu Werbezwecken an Kunden u. Geschäftsfreunde verteilt wird.*

Wẹr|be|gra|fik, die: *der Werbung dienende Grafik.*

Wẹr|be|gra|fi|ker, der: *Grafiker, der sich auf das Anfertigen von Werbegrafiken spezialisiert hat* (Berufsbez.).

Wẹr|be|gra|fi|ke|rin, die: w. Form zu ↑Werbegrafiker.

Wẹr|be|kam|pa|gne, die: *der Werbung dienende Kampagne* (1).

Wẹr|be|kauf|frau, die: *im Bereich der Werbung tätige Kauffrau* (2).

Wẹr|be|kauf|mann, der: vgl. Werbekauffrau.

Wẹr|be|kos|ten ⟨Pl.⟩: *Kosten für Werbung* (1 a).

Wẹr|be|lei|ter, der: *Werbechef.*

Wẹr|be|lei|te|rin, die: w. Form zu ↑Werbeleiter.

Wẹr|be|leu|te ⟨Pl.⟩ (ugs.): *Gesamtheit der Experten u. Expertinnen auf dem Gebiet der Werbung.*

Wẹr|be|me|di|um, das: *Werbeträger* (1).

Wẹr|be|me|tho|de, die: *bei der Werbung* (1 a) *angewandte Methode.*

Wẹr|be|mit|tel, das: *der Werbung dienendes Mittel* (1).

wẹr|ben ⟨st. V.; hat⟩ [mhd. werben, ahd. hwerban = sich drehen; sich bewegen; sich umtun, bemühen; 3: eigtl. = sich um jmdn. bewegen]: **1.** *eine bestimmte Zielgruppe für etw. (bes. eine Ware, Dienstleistung) zu interessieren suchen, seine Vorzüge lobend hervorheben; (für etw.) Reklame machen:* für ein Produkt, eine Dienstleistung, eine Firma, eine Partei w.; im Fernsehen, in Zeitungen w.; wir müssen mehr w.; Ü er warb für seine Idee. **2.** *durch Werben* (1) *zu gewinnen suchen:* neue Abonnenten, neue Kunden w.; Freiwillige w. **3.** (geh.) *sich um jmdn., etw. bemühen, um ihn, es [für sich] zu gewinnen:* um jmds. Vertrauen w.; er wirbt schon lange um sie *(sucht sie [zur Frau] zu gewinnen).*

Wẹr|be|pau|se, die: *kürzere Unterbrechung einer Sendung* (3 b) *durch Werbung.*

Wẹr|be|pla|kat, das: *Plakat, mit dem für jmdn., etw. geworben wird.*

Wẹr|be|pros|pekt, der: *Prospekt, mit dem für jmdn., etw. geworben wird.*

Wẹr|be|psy|cho|lo|gie, die: *Teilgebiet der Marktforschung, das sich mit der Wirkung von Werbung auf potenzielle Käufer befasst.*

Wẹr|ber, der; -s, - (ugs.): *Werbefachmann.*

Wẹr|be|rin, die; -, -nen: w. Form zu ↑Werber.

Wẹr|be|rum|mel, der: *in großem Rahmen mit aufwendigen u. aufdringlichen Mitteln organisierte Werbung.*

Wẹr|be|sen|dung, die: *Sendung des Werbefernsehens od. -funks.*

Wẹr|be|slo|gan, der: *der Werbung dienender Slogan.*

Wẹr|be|spot, der: *Spot* (1).

Wẹr|be|spra|che, die ⟨o. Pl.⟩: *für Werbetexte charakteristische Sprache* (3 b).

Wẹr|be|spruch, der: *der Werbung dienender Spruch.*

Wẹr|be|text, der: *Text, der über ein Produkt werbend informieren soll.*

Wẹr|be|tex|ter, der: *jmd., der Werbetexte entwirft u. gestaltet.*

Wẹr|be|tex|te|rin, die: w. Form zu ↑Werbetexter.

Wẹr|be|trä|ger, der: **1.** [1]*Medium* (2 c), *durch das Werbung verbreitet werden kann (wie Litfaßsäule, Zeitung, Rundfunk usw.).* **2.** *jmd., der sich [gegen ein Entgelt] für Werbezwecke zur Verfügung stellt.*

Wẹr|be|trä|ge|rin, die: w. Form zu ↑Werbeträger (2).

Wẹr|be|trei|ben|de, der u. die; -n, -n: *für die eigenen Produkte, [Dienst]leistungen o. Ä. Werbung treibenes Unternehmen o. Ä.*

Wẹr|be|trom|mel, die [urspr. = Trommel des Werbers (1)]: in der Wendung **die W. rühren/schlagen** (ugs.; *für etw., jmdn. kräftig Reklame machen*).

Wẹr|be|ver|trag, der: *Vertrag, durch den bes. ein Schauspieler, ein Sportler o. Ä. sich verpflichtet, für ein bestimmtes Produkt od. eine Firma zu werben.*

wẹr|be|wirk|sam ⟨Adj.⟩: *in der Art der Werbung* (1 a) *wirksam:* ein -er Slogan.

Wẹr|be|wirk|sam|keit, die: *werbewirksame Beschaffenheit.*

Wẹr|be|wirt|schaft, die: *Gesamtheit der Werbung treibenden Einrichtungen u. Unternehmen (bes. Werbeagenturen).*

Wẹr|be|zweck, der ⟨meist Pl.⟩: *werblicher Zweck:* ein Foto zu -en nutzen.

wẹrb|lich ⟨Adj.⟩: *die Werbung betreffend, für die Werbung:* das -e Angebot; -e Initiative.

Wẹr|bung, die; -, -en [mhd. werbunge]: **1.** ⟨o. Pl.⟩ **a)** *das Werben* (1); *Gesamtheit werbender Maßnahmen; Reklame, Propaganda:* geschickte, aufdringliche, störende W.; diese W. kommt [nicht] an; die W. für ein Produkt [im Fernsehen]; die Firma treibt W., macht gute W. für ihr neues Produkt; die Schauspielerin macht jetzt W. für ein Waschmittel (ugs.; *tritt in Werbespots, -sendungen für ein Waschmittel auf*); eine W. treibende Firma; **b)** *Werbeabteilung.* **2.** *das Werben* (2): die W. neuer Kunden, Mitglieder. **3.** (geh.) *das Werben* (3) *um jmdn.; Bemühen, jmds. Gunst, bes. die Liebe einer Frau zu gewinnen:* die W. um ein Mädchen, eine Frau; sie schlug seine W. (veraltet; *seinen Heiratsantrag*) aus, nahm seine W. an.

Wẹr|bungs|kos|ten ⟨Pl.⟩ [1: eigtl. = Erwerbungskosten]: **1.** (Steuerw.) *bestimmte bei der Berufsausübung anfallende Kosten, die bei der Ermittlung des [steuerpflichtigen] Einkommens abgezogen werden können.* **2.** (seltener) *Werbekosten.*

Wẹr|de|gang, der ⟨Pl. selten⟩: **1.** *Vorgang, Ablauf des Werdens, Entstehens von etw.; Entwicklungsprozess:* der W. einer Nation; der W. einer Dichtung. **2.** *Verlauf der geistigen Entwicklung u. beruflichen Ausbildung eines Menschen:* der W. eines Künstlers; seinen beruflichen W. schildern.

wẹr|den ⟨unr. V.; ist⟩ [mhd. werden, ahd. werdan, eigtl. = (sich) drehen, wenden u. verw. mit ↑Wurm; vgl. auch lat. vertere, ↑Vers]: **I.** ⟨2. Part.: geworden⟩ **1. a)** *in einen bestimmten Zustand kommen, eine bestimmte Eigenschaft bekommen:* arm, reich, krank, müde, frech, zornig, böse w.; das Wetter wurde schlechter; sie ist 70 [Jahre alt] geworden; ⟨unpers.:⟩ heute soll, wird es sehr heiß w.; es ist sehr spät geworden; in den letzten Jahren ist es still geworden um ihn; **b)** ⟨unpers.⟩ *als ein bestimmtes Gefühl bei jmdm. auftreten:* jmdm. wird [es] übel, schwindelig, kalt, heiß. **2. a)** ⟨in Verbindung mit einem Gleichsetzungsnominativ⟩ *eine Entwicklung durchmachen:* er will Arzt w.; was willst du w.?; sie wurde seine Frau; Vater w.; etw. wird Mode; ein Traum ist Wirklichkeit geworden; wenn das kein Erfolg wird!; ⟨1. Part.:⟩ eine werdende Mutter *(eine schwangere Frau);* **b)** *sich zu etw. entwickeln:* das Kind ist zum Mann geworden; das wird bei ihm zur fixen Idee; das wurde ihm zum Verhängnis; **c)** *sich aus etw. entwickeln:* aus Liebe wurde Hass; aus diesem Plan wird nichts; was soll bloß aus dir w.!; **d)** ⟨unpers.:⟩ *sich einem bestimmten Zeitpunkt nähern:* in wenigen Minuten wird es 10 Uhr; es wird [höchste] Zeit zur Abreise; morgen wird es ein Jahr seit unserem letzten Treffen. **3. a)** *entstehen:* es werde Licht!; (veraltet, noch dichter.:) es ward *(wurde)* Licht; jeder Tag, den Gott w. lässt; werdendes Leben; große Dinge sind im Werden; R was nicht ist, kann noch w.; **b)** (ugs.) *sich so im Ergebnis zeigen, darstellen, wie es auch beabsichtigt war:* das Haus wird allmählich; sind die Fotos geworden?; wirds bald? (energische Aufforderung, sich zu beeilen); das wird was w.! *(das wird großen Spaß geben);* was soll bloß w. *(wie soll es bloß weitergehen),* wenn ... **4.** (geh.) *jmdm. zuteil werden:* jedem Bürger soll sein Recht w. **II.** ⟨2. Part.: worden⟩ **1.** ⟨w. + Inf.⟩ **a)** zur Bildung des Futurs; drückt Zukünftiges aus: es wird [bald] regnen; wir werden nächste Woche in Urlaub fahren; er wird für diese Arbeit gelobt werden; ⟨2. Futur:⟩ wenn du zurückkommst, werde ich die Arbeit beendet haben; **b)** kennzeichnet ein vermutetes Geschehen: sie werden bei dem schönen Wetter im Garten sein; sie wird schon wissen, was sie tut; ⟨2. Futur:⟩ er wird den Brief inzwischen bekommen haben. **2.** ⟨w. + 2. Part. zur Bildung des Passivs⟩ du wirst gerufen; ⟨unpers., oft statt einer aktivischen Ausdrucksweise mit »man«⟩: es wurde gemunkelt *(man munkelte),* sie hätte in einer Nacht ein Vermögen verspielt; jetzt wird aber geschlafen! (energische Aufforderung; *ihr sollt jetzt schlafen!*). **3.** ⟨Konjunktiv »würde« + Inf.⟩ **a)** zur Umschreibung des Konjunktivs, bes. bei Verben, die keine unterscheidbaren Formen des Konjunktivs bilden können; drückt vor allem konditionale od. irreale Verhältnisse aus: sonst würden wir dort nicht wohnen; ich würde kommen/gekommen sein, wenn das Wetter besser wäre/gewesen wäre; würdest du das bitte erledigen? (höfliche Umschreibung des Imperativs; *bitte erledige es!*); ich würde sagen *(ich bin der Meinung),* hier haben alle versagt; **b)** zur Umschreibung des Futurischen: er sagte, dass er morgen zum Arzt gehen würde.

Wẹr|fall, der (Sprachw.): *Nominativ.*

wẹr|fen ⟨st. V.; hat⟩ [mhd. werfen, ahd. werfan, eigtl. = drehen, winden, dann: mit drehend geschwungenem Arm schleudern]: **1. a)** *etw. mit einer kräftigen, schwungvollen Bewegung des Arms durch die Luft fliegen lassen:* den Ball, einen Stein w.; er hat den Speer, den Diskus sehr weit geworfen; ⟨auch o. Akk.-Obj.:⟩ lass mich auch mal w.!; er kann gut w., wirft fast 90 m weit; **b)** *etw. als Wurfgeschoss benutzen:* mit Steinen, Schneebällen [nach jmdm.] w.; **c)** (Sport) *einen Wurf* (1 b) *ausführen:* hast du schon geworfen?; **d)** (bes. Sport) *durch Werfen* (1 a), *mit einem Wurf* (1 b) *erzielen:* die größte Weite, neuen Weltrekord w.; ein Tor w.; **e)** (Spiel) *mit einem Wurf* (1 d) *erzielen:* eine Sechs w. **2. a)** *mit Schwung irgendwohin befördern:* den Ball in die Höhe, ins Tor, gegen die Wand, über den Zaun w.; jmdn. auf den Boden w.; das Pferd warf ihn aus dem Sattel; Steine ins Wasser w.; wütend die Tür ins Schloss w.; die Kleider von sich w. *(sich hastig ausziehen);* Ü ein Dia an die Wand w. (ugs.; *projizieren*); Truppen an die Front w.; Ware auf den Markt w. *(in den Handel bringen);* eine schwere Grippe warf sie aufs Krankenlager; jmdn. aus dem Zimmer w. (ugs.; *hinausweisen*); einen Blick in die Zeitung w.; eine Frage in die Debatte w. *(in der Debatte aufwerfen);* **b)** ⟨w. + sich⟩ *bes. aus einer starken Gemütserregung o. Ä. heraus sich unvermittelt, ungestüm irgendwohin fallen lassen:* sich jmdm. an die Brust, in die Arme w.; er warf sich *(stürzte sich)* wütend auf seinen Gegner; sich aufs Bett, in einen Sessel w.; der Kranke warf sich schlaflos hin und her; sich vor einen Zug w.; sich jmdm. zu Füßen, vor jmdm. auf die Knie w.; **c)** (Ringen, Budo) *(den Gegner) niederwerfen [sodass er mit beiden Schultern den Boden berührt]:* den Gegner w.; **d)** *einen Körperteil o. Ä. ruckartig, mit Schwung in eine Richtung bewegen:* den Kopf in den Nacken w.; die Tänzer warfen die Beine. **3. a)** *(durch bestimmte natürliche Vorgänge) hervorbringen, bilden:* der Stoff wirft Falten; einen langen Schatten w.; **b)** ⟨w. + sich⟩ *(durch Feuchtigkeit, Kälte o. Ä.) uneben werden, sich* *krümmen, sich verziehen:* der Rahmen wirft sich; das Holz hat sich geworfen. **4.** *(von Säugetieren) Junge zur Welt bringen:* die Katze hat [sechs Junge] geworfen. **5.** (salopp) *ausgeben, spendieren:* eine Runde w.

Wẹr|fer, der; -s, -: **1. a)** (Hand-, Wasser-, Basketball) *Spieler, der den Ball auf das Tor bzw. den Korb wirft;* **b)** (Baseball) *Spieler, der den Ball dem Schläger (2) zuzuwerfen hat;* **c)** (Leichtathletik) kurz für ↑Hammer-, Diskus-, Speerwerfer. **2.** (Milit.) kurz für ↑Granat-, Raketenwerfer.

Wẹr|fe|rin, die; -, -nen: w. Form zu ↑Werfer (1).

Wẹrft, die; -, -en [aus dem Niederd. < niederl. werf, verw. mit ↑werben u. eigtl. wohl = Ort, wo man sich geschäftig bewegt; vgl. Warft]: *industrielle Anlage für Bau u. Reparatur von Schiffen od. Flugzeugen.*

Wẹrft|ar|bei|ter, der: *Arbeiter auf einer Werft.*

Wẹrft|ar|bei|te|rin, die: w. Form zu ↑Werftarbeiter.

Wẹrg, das; -[e]s [mhd. werc, ahd. werich, eigtl. = das, was bei jmdm. durch Werk (= Arbeit) abfällt]: *[bei der Verarbeitung] von Hanf od. Flachs abfallende Fasern.*

Wẹrk, das; -[e]s, -e [mhd. werc, ahd. werc(h), wahrsch. eigtl. = Flechtwerk]: **1.** ⟨o. Pl.⟩ *einer bestimmten [größeren] Aufgabe dienende Arbeit, Tätigkeit; angestrengtes Schaffen, Werken:* mein W. ist vollendet; ein W. beginnen, durchführen; wir sind bereits am W. *(haben damit begonnen);* wir sollten uns jetzt ans W. machen *(sollten damit beginnen);* er lebt von seiner Hände W.; *** etw. ins W. setzen** (geh.; *etw. ausführen, verwirklichen*); **zu -e gehen** (geh.; *verfahren, vorgehen*): vorsichtig, umsichtig, planmäßig, geschickt zu -e gehen. **2.** *Handlung, Tat:* -e der Nächstenliebe, der Barmherzigkeit; diese ganze Unordnung ist dein W. (ugs.; *hast du gemacht, verschuldet*); damit hat er ein großes W. vollbracht. **3. a)** *Produkt [schöpferischer] Arbeit:* ein frühes W. des Meisters; -e der Weltliteratur; Nietzsches gesammelte -e; ein wissenschaftliches W. schreiben; **b)** *Gesamtheit dessen, was jmd. in schöpferischer Arbeit hervorgebracht hat.* **4.** (früher) *mit Wall u. Graben befestigter, in sich geschlossener [äußerer] Teil einer größeren Festung.* **5. a)** *technische Anlage, Fabrik, [größeres] industrielles Unternehmen:* ein W. der Metallindustrie; ein neues W. im Ausland errichten; in diesem W. werden Traktoren hergestellt; **b)** ⟨o. Pl.⟩ *Belegschaft eines Werkes* (5 a). **6.** *Mechanismus, durch den etw. angetrieben wird; Antrieb, Uhrwerk o. Ä.:* das W. der Uhr; die alte Orgel hat ein mechanisches W.

-werk, das; -[e]s: **1.** kennzeichnet in Bildungen mit Substantiven die Gesamtheit von etw.: Blätter-, Karten-, Mauerwerk. **2.** kennzeichnet in Bildungen mit Substantiven ein Werk, das etw. darstellt oder herbeiführt, als groß, umfangreich: Einigungs-, Reform-, Vertragswerk.

Wẹrk|an|ge|hö|ri|ge, Werksangehörige, der u. die: *Angehöriger, Angehörige* (b) *eines Werks* (5 a).

Wẹrk|ar|beit, die: **a)** ⟨o. Pl.⟩ *Werkunterricht;* **b)** *im Werkunterricht hergestellte Arbeit.*

Wẹrk|arzt, Werksarzt, der: *für die gesundheitliche Betreuung der Belegschaft u. für Arbeits- u. Unfallschutz in einem größeren Betrieb eingesetzter Arzt.*

Wẹrk|ärz|tin, die: w. Form zu ↑Werkarzt.

Wẹrk|bank, die ⟨Pl. ...bänke⟩: *stabiler [festmontierter] Arbeitstisch [mit Schraubstock] in einer Werkstatt, Fabrik o. Ä.*

Wẹrk|druck, der ⟨Pl. -e⟩ (Druckw.): *Druck von Büchern u. Broschüren, die keine od. nur wenige Abbildungen enthalten.*

wẹrk|ei|gen, werkseigen ⟨Adj.⟩: *[zu] einem Werk* (5 a) *gehörend:* eine -e Wäscherei; -e Grundstücke.

Wẹr|kel, das; -s, -[n] [eigtl. mundartl. Vkl. von ↑Werk] (österr. ugs.): *Leierkasten, Drehorgel.*

wẹr|keln ⟨sw. V.; hat⟩: *sich [zum Zeitvertreib] mit einer handwerklichen Arbeit beschäftigen:* er werkelt in seinem Hobbyraum, an seinem Auto.

wẹr|ken ⟨sw. V.; hat⟩ [mhd. werken, ahd. werkōn]: *[handwerklich, körperlich] arbeiten; praktisch tätig sein, schaffen.*

Wẹr|ken, das; -s: *Werkunterricht.*

Wẹr|ke|ver|zeich|nis: ↑Werkverzeichnis.

Wẹrk|fe|ri|en, Werksferien ⟨Pl.⟩: *Betriebsferien.*

Wẹrk|feu|er|wehr, Werksfeuerwehr, die: *werkeigene Feuerwehr.*

wẹrk|ge|treu ⟨Adj.⟩: *dem originalen Kunstwerk entsprechend [wiedergegeben]:* die -e Aufführung eines Theaterstücks; der Pianist spielte [die Sonate] sehr w.

Wẹrk|hal|le, Werkshalle, die: *als Produktionsstätte dienende Halle eines Werks* (5 a).

Wẹrk|leh|rer, der: *Fachlehrer für den Werkunterricht* (Berufsbez.).

Wẹrk|leh|re|rin, die: w. Form zu ↑Werklehrer.

Wẹrk|lei|ter, Werksleiter, der: [1]*Leiter* (1) *eines Werks* (5 a).

Wẹrk|lei|te|rin, die: w. Form zu ↑Werkleiter.

Wẹrk|lei|tung, Werksleitung, die: *Leitung* (1) *eines Werks* (5 a).

Wẹrk|meis|ter, der [mhd. wercmeister, ahd. wercmeistar = Handwerker]: *als Leiter einer Arbeitsgruppe od. Werkstatt eingesetzter erfahrener Facharbeiter.*

Wẹrk|meis|te|rin, die: w. Form zu ↑Werkmeister.

Wẹrk|raum, der: *Raum für den Werkunterricht.*

Wẹrks|an|ge|hö|ri|ge (österr. nur so): ↑Werkangehörige.

Wẹrks|arzt (österr. nur so): ↑Werkarzt.

Wẹrks|ärz|tin, die: w. Form zu ↑Werksarzt.

Wẹrk|schau, die: *Veranstaltung, Schau* (1), *Ausstellung* (2), *die einen Überblick über das Gesamtwerk eines Künstlers, einer Künstlerin bietet.*

Wẹrk|schutz, der: **1.** *Betriebsschutz* (1). **2.** *Gesamtheit der mit dem Werkschutz* (1) *befassten Personen.*

wẹrks|ei|gen (österr. nur so): ↑werkeigen.

wẹrk|sei|tig, werksseitig ⟨Adj.⟩: *vonseiten des Werks* (5 a).

Wẹrks|fah|rer der (Motorsport): *für ein Automobilwerk arbeitender Rennfahrer, der die Modelle erprobt u. mit ihnen auf Rennen startet.*

Wẹrks|fah|re|rin, die: w. Form zu ↑Werksfahrer.

Wẹrks|fe|ri|en (österr. nur so): ↑Werkferien.

Wẹrks|feu|er|wehr (österr. nur so): ↑Werkfeuerwehr.

Wẹrks|ga|ran|tie, die: *Garantie, die eine Firma auf ihre Produkte gibt.*

Wẹrks|hal|le (österr. nur so): ↑Werkhalle.

Wẹrks|lei|ter (österr. nur so): ↑Werkleiter.

Wẹrks|lei|te|rin, die: w. Form zu ↑Werksleiter.

Wẹrks|lei|tung (österr. nur so): ↑Werkleitung.

Wẹrk|spi|o|na|ge, Werksspionage, die: *Spionage in Bezug auf Betriebsgeheimnisse.*

wẹrks|sei|tig (österr. nur so): ↑werkseitig.

Wẹrks|spi|o|na|ge (österr. nur so): ↑Werkspionage.

Wẹrk|statt, die; -, ...stätten [spätmhd. wercstat]: *Arbeitsraum eines Handwerkers mit den für seine Arbeit benötigten Geräten:* die W. eines Schreiners, einer Schneiderin; in der W. arbeiten; den Wagen in die W. *(zur Wartung, Reparatur in die Autowerkstatt)* bringen.

Wẹrk|statt|büh|ne, die: *[an größeren Theatern eingerichtete] Experimentierbühne.*

Wẹrk|stät|te, die (geh.): *Werkstatt.*

Wẹrk|statt|ge|spräch, das: *Veranstaltung, bei der in Gesprächen, Diskussionen bestimmte Themen erarbeitet, abgehandelt, bes. bestimmte künstlerische, wissenschaftliche o. ä. Projekte besprochen werden.*

Wẹrk|statt|the|a|ter, das: *Werkstattbühne.*

Wẹrk|stein, der (Bauw.): *bearbeiteter, meist quaderförmig behauener Naturstein.*

Wẹrk|stoff, der: *Substanz, [Roh]material, aus dem etwas hergestellt werden soll.*

Wẹrk|stoff|kun|de, die ⟨o. Pl.⟩: *Teilbereich der Technik, der die speziellen Eigenschaften u. Verhaltensweisen von Werkstoffen untersucht.*

Wẹrk|stoff|prü|fer, der: *jmd., der berufsmäßig Werkstoffprüfungen vornimmt.*

Wẹrk|stoff|prü|fe|rin, die: w. Form zu ↑Werkstoffprüfer.

Wẹrk|stoff|prü|fung, die: *Untersuchung der in Industrie u. Handwerk verwendeten Materialien auf ihre technologischen, physikalischen u. chemischen Eigenschaften.*

Wẹrks|tor (österr. nur so): ↑Werktor.

Wẹrk|stück, das: *Gegenstand, der noch [weiter] handwerklich od. maschinell verarbeitet werden muss.*

Wẹrk|stu|dent, der: *Student, der sich neben seinem Studium od. in den Semesterferien durch Lohnarbeit Geld verdient.*

Wẹrk|stu|den|tin, die: w. Form zu ↑Werkstudent.

Wẹrk|tag, der [mhd. werctac]: *Tag, an dem allgemein gearbeitet wird (im Unterschied zu Sonn- u. Feiertagen); Wochentag.*

wẹrk|täg|lich ⟨Adj.⟩: **1.** *an Werktagen [stattfindend]:* der -e Zugverkehr. **2.** *dem Werktag entsprechend, für den Werktag bestimmt:* w. gekleidet sein.

wẹrk|tags ⟨Adv.⟩: *an Werktagen:* der Zug verkehrt nur w.

wẹrk|tä|tig ⟨Adj.⟩ (bes. DDR): *arbeitend, einen Beruf ausübend:* die -e Bevölkerung.

Wẹrk|tä|ti|ge, der u. die; -n, -n ⟨Dekl. ↑Abgeordnete⟩ (bes. DDR): *jmd., der werktätig ist.*

Wẹrk|tor, Werkstor, das: *Eingangstor zu einem Werk* (5 a).

Wẹrk|treue, die: *werkgetreue Interpretation u. Wiedergabe bes. eines Musikstückes.*

Wẹrk|un|ter|richt, der: *Unterrichtsfach (an allgemein bildenden od. Berufsschulen), durch das die Schüler zu handwerklicher u. künstlerischer Beschäftigung mit verschiedenen Werkstoffen angeleitet werden sollen.*

Wẹrk|ver|kehr, der: *Beförderung von Gütern mit betriebseigenen Fahrzeugen für eigene Zwecke des Unternehmens.*

Wẹrk|ver|trag, der (Rechtsspr.): *Vertrag, durch den sich ein Partner zur Herstellung eines (versprochenen) Werks* (3), *einer Sache, der andere zur Zahlung der vereinbarten Vergütung verpflichtet.*

Wẹrk|ver|zeich|nis, (seltener auch:) Werkeverzeichnis, das (Musik, auch bild. Kunst): *Verzeichnis der Werke eines Künstlers, einer Künstlerin.*

Wẹrk|zeug, das [mhd. werczíug, für älter (ge)ziūc]: **1. a)** *für bestimmte Zwecke geformter Gegenstand, mit dessen Hilfe etwas [handwerklich] bearbeitet od. hergestellt wird:* -e wie Hammer und Zange; Ü er war ein gefügiges W. der Partei; **b)** ⟨o. Pl.⟩ *Gesamtheit von Werkzeugen* (a), *die für eine Arbeit gebraucht werden:* mehr W. habe ich leider nicht. **2.** (Fachspr.) kurz für ↑Werkzeugmaschine.

Wẹrk|zeug|kas|ten, der: *Kasten zur Aufbewahrung von Werkzeug.*

Wẹrk|zeug|kis|te, die: vgl. Werkzeugkasten.

Wẹrk|zeug|ma|cher, der: *Handwerker, Facharbeiter, der Werkzeuge* (2) *herstellt* (Berufsbez.).

Wẹrk|zeug|ma|che|rin, die; -, -nen: w. Form zu ↑Werkzeugmacher.

Wẹrk|zeug|ma|schi|ne, die: *Maschine (wie Drehbank, Hobel-, Schleifmaschine, Presse o. Ä.) zur Formung u. Oberflächenbehandlung von Werkstücken.*

Wẹrk|zeug|schrank, der: *Schrank [aus Metall], in dem Werkzeuge aufbewahrt werden.*

Wẹrk|zeug|stahl, der: *bes. gehärteter, verschleißfester Stahl für Werkzeuge* (1 a).

Wẹrk|zeug|ta|sche, die: *Tasche für kleinere Werkzeuge.*

Wẹr|mut, der; -[e]s, -s [mhd. wermuot, ahd. wer(i)muota, H. u.]: **1.** *aromatisch duftende, ätherische Öle u. Bitterstoffe enthaltende Pflanze mit seidig behaarten, graugrünen gefiederten Blättern u. kleinen gelben, in Rispen stehenden Blüten, die als Gewürz- u. Heilpflanze verwendet wird.* **2.** *mit Wermut* (1) *u. anderen Kräutern aromatisierter Wein; Wermutwein.*

Wẹr|mut|bru|der, der (ugs. abwertend): *reichlich Alkohol trinkender Land-, Stadtstreicher.*

Wer|mut|pflan|ze, die: *Wermut* (1).

Wer|muts|trop|fen, der [wegen der Bitterstoffe im Wermut] (geh.): *etw., was zwischen sonst Schönem doch ein wenig schmerzlich berührt, was den positiven Gesamteindruck von etw. beeinträchtigt.*

Wer|mut|wein, der: *Wermut* (2).

Wer|ra, die; -: Quellfluss der Weser.

wert ⟨Adj.⟩ [mhd. wert, ahd. werd, viell. eigtl. = gegen etw. gewendet, dann: einen Gegenwert habend]: **1.** (veraltend) *jmds. Hochachtung besitzend, teuer* (2): mein -er Freund; wie war noch Ihr -er Name?; -e Frau Meyer (veraltete Anrede im Brief). **2.** * **etwas w. sein** *(einen bestimmten Wert haben):* das ist viel, wenig, nichts w.; der Schmuck ist einige Tausende w.; der Teppich ist nicht das/sein Geld w.; deine Hilfe, dein Urteil ist mir viel w. *(bedeutet viel für mich);* wie viel ist es Ihnen w.? *(was bieten Sie dafür?);* **jmds., einer Sache/**(seltener:) **eine Sache w. sein** *(jmds., einer Sache würdig sein; jmdn., etw. verdienen; eine bestimmte Mühe lohnen):* sie ist dieses Mannes nicht w.; dieses Thema wäre einer näheren Betrachtung w.; das ist der Mühe nicht w.; sie sind [es] nicht w., dass man sie beachtet; Berlin ist immer eine Reise w.

Wert, der; -[e]s, -e [mhd. wert, ahd. werd, subst. Adj.]: **1. a)** *einer Sache innewohnende Qualität, aufgrund deren sie in einem gewissen Maße begehrenswert ist [u. sich verkaufen, vermarkten lässt]:* der W. dieses Schmuckstücks ist hoch, gering; der W. des Geldes schwankt; keinen großen, nur ideellen W. haben; seinen W. behalten, verlieren; den W. von etw. schätzen; Immobilien, Aktien steigen, fallen im W.; Exporte im W. *(Geldwert)* von mehreren Millionen Mark; etw. unter [seinem] W. *(Marktwert)* verkaufen; **b)** (marx.) *in einer Ware vergegenständlichte, als Tauschwert erscheinende gesellschaftliche Arbeit, deren Maß die gesellschaftlich notwendige Arbeitszeit ist.* **2.** ⟨Pl.⟩ *Dinge, Gegenstände von großem Wert, die zum persönlichen od. allgemeinen Besitz gehören:* bleibende, dauernde -e; -e schaffen, erhalten, vernichten; der Krieg hat unersetzbare kulturelle -e zerstört. **3.** *positive Bedeutung, die jmdm., einer Sache zukommt:* der künstlerische W. eines Films; geistige, ideelle, ewige -e; diese Erfindung hat keinen [praktischen] W.; diese Untersuchung ist ohne jeden W. für meine Arbeit; sie ist sich ihres eigenen -es bewusst; das ist eine Umkehrung der -e; das hat doch keinen W.! (ugs.; *das nützt gar nichts*); jmdn. nach seinen inneren -en beurteilen; über W. oder Unwert dieses Vertrages kann man streiten; * **W. auf etw. legen** *(etw. für sehr wichtig halten, einer Sache für sich selbst Bedeutung beimessen):* viel, wenig, großen, gesteigerten, keinen W. auf Kontakte legen. **4.** *in Zahlen od. Zeichen ausgedrücktes Ergebnis einer Messung, Untersuchung o. Ä.; Zahlenwert:* meteorologische, arithmetische, mathematische, technische -e; die mittleren -e des Wasserstandes; der gemessene W. stimmt mit dem errechneten überein; den W. ablesen, eintragen. **5. a)** *zu einem Satz gehörende Briefmarke mit einem bestimmten aufgedruckten Wert:* der Satz umfasst sechs -e; **b)** ⟨Pl.⟩ kurz für ↑ Wertpapiere.

-wert: drückt in Bildungen mit substantivierten Verben aus, dass sich etw. lohnt oder dass die beschriebene Person oder Sache es verdient, dass etw. gemacht wird: anhörens-, bestaunenswert.

Wert|an|ga|be, die (Postw.): *Angabe des (zu versichernden) Wertes bei Wertsendungen.*

Wert|ar|beit, die: *mit größter Könnerschaft u. Sorgfalt durchgeführte Arbeit, die einen hohen Gebrauchswert schafft; Qualitätsarbeit.*

wert|be|stän|dig ⟨Adj.⟩: *immer seinen Wert behaltend.*

Wert|be|stän|dig|keit, die: *wertbeständige Beschaffenheit.*

Wert|brief, der (Postw.): vgl. Wertsendung.

Wer|te|ka|non, der: *Kanon* (2 b) *an Werten* (3) *in einer Gesellschaft, Wirtschaft o. Ä.*

wer|ten ⟨sw. V.; hat⟩ [mhd. werden, ahd. werdōn]: *(jmdm., einer Sache) einen bestimmten [ideellen] Wert zuerkennen; an einem Wertmaßstab messen:* eine Entwicklung kritisch w.; ich werte dies als besonderen Erfolg; (Sport:) der schlechteste Sprung wird nicht gewertet; die Punktrichter werten sehr unterschiedlich.

Wert|er|hal|tung, die: *Erhaltung von Werten (wie Gebäuden, Wohnungen, Maschinen) durch Pflege, Reparatur, Instandhaltung.*

Wer|te|ska|la: ↑ Wertskala.

Wer|te|sys|tem, Wertsystem, das: *Ordnung der Werte* (3) *in einer Gesellschaft, Wirtschaft o. Ä.*

Wer|te|ver|fall, der: *Verfall* (1 c), *Niedergang (moralischer o. ä.) Werte* (3).

Wer|te|wan|del, Wertwandel, der: *auf den Veränderungen der Lebensverhältnisse, der Ausweitung des Wissens, dem Wandel von Weltanschauungen, Ideologien o. Ä. beruhende Veränderung der Vorstellung von Werten* (3), *Wertsystemen, Wertorientierungen.*

wert|frei ⟨Adj.⟩: *nicht wertend, ohne Werturteil:* eine -e Bezeichnung.

Wert|frei|heit, die: *das Wertfreisein.*

Wert|ge|gen|stand, der: *Gegenstand von einigem, nicht geringem Wert:* diese Uhr ist kein W.

wert|hal|ten ⟨st. V.; hat⟩ (veraltend): *hochhalten* (2): das Andenken an jmdn. w.

-wer|tig: in Zusb.: **1.** drückt die Wertigkeit (1, 2) von etw. aus: zweiwertig, mehrwertig, vielwertig. **2.** drückt aus, dass etw. einen bestimmten Wert (1 a, 3) besitzt, darstellt: hochwertig, neuwertig, minderwertig.

Wer|tig|keit, die; -, -en: **1.** (Chemie) *Verhältnis der Mengen, in denen sich ein chemisches Element mit einem anderen zu einer Verbindung umsetzt; Valenz* (2). **2.** (Sprachw.) *Valenz* (1). **3.** *Wert* (3): zwei Geräte etwa gleicher W.

Wert|kar|te, die: *als Zahlungsmittel verwendete [Magnet]karte, auf der bestimmte Geldeinheiten gespeichert sind, die sich bei der Benutzung um den verbrauchten Betrag verringern (z. B. Telefonkarte).*

wert|kon|ser|va|tiv ⟨Adj.⟩: *bestimmte Werte* (3), *Wertvorstellungen bewahrend; konservativ* (1 a) *im Hinblick auf bestimmte Wertvorstellungen, Ideologien.*

Wert|kon|ser|va|ti|ve, der u. die: *jmd., der wertkonservative Anschauungen vertritt.*

wert|los ⟨Adj.⟩: **1.** *ohne Wert* (1 a): -es Geld; die Münzen sind w. geworden. **2.** *ohne Wert* (3): ein künstlerisch -es Buch; diese Angaben sind für mich w. *(nützen mir nichts).*

Wert|lo|sig|keit, die; -: *das Wertlossein.*

Wert|mar|ke, die: *Marke, die einen bestimmten, durch Aufdruck gekennzeichneten Wert repräsentiert:* eine W. in seinen Fahrausweis kleben.

Wert|maß|stab, der: *Maßstab für den tatsächlichen od. ideellen Wert einer Sache.*

Wert|min|de|rung, die: *(durch Gebrauch od. wirtschaftliche Entwertung verursachte) Minderung des Wertes* (1 a).

wert|neu|tral ⟨Adj.⟩: *nicht wertend; wertfrei:* ein -es Wort.

Wert|ob|jekt, das: vgl. Wertgegenstand.

Wert|ord|nung, die: *Wertsystem.*

Wert|pa|ket, das: vgl. Wertsendung.

Wert|pa|pier, das (Wirtsch.): *Urkunde über ein privates, meist mit regelmäßigen Erträgen aus Zinsen od. Dividenden verbundenes [Vermögens]recht.*

Wert|pa|pier|ab|tei|lung usw.: ↑ Effektenabteilung usw.

Wert|sa|che, die ⟨meist Pl.⟩: *Wertgegenstand, bes. Schmuck:* die persönlichen -n; Achtung, keine -n im Auto liegen lassen!

wert|schät|zen ⟨sw. V.; hat⟩ (veraltend): *hoch achten; respektieren, anerkennen:* sie schätzte ihn wert; ich wertschätze sie; eine wertgeschätzte Persönlichkeit.

Wert|schät|zung, die (geh.): *Ansehen, Achtung; Anerkennung; hohe Einschätzung.*

Wert|schöp|fung, die ⟨o. Pl.⟩ (Wirtsch.): *in den einzelnen Wirtschaftszweigen, den einzelnen Unternehmen erbrachte wirtschaftliche Leistung, Summe der in diesen Wirtschaftsbereichen entstandenen Einkommen (die den Beitrag der Wirtschaft zum Volkseinkommen darstellen).*

Wert|schrift, die (schweiz.): *Wertpapier.*

Wert|sen|dung, die (Postw.): *einen Wertgegenstand, Dokumente o. Ä. enthaltende Postsendung in Form eines Briefes od. Pakets, deren in der Aufschrift angegebener Wert bei Beschädigung od. Verlust der Sendung von der Post ersetzt wird.*

Wert|si|che|rungs|klau|sel, die (Wirtsch.): *vertragliche Vereinbarung in Form einer Klausel zum Schutz gegen Geldentwertungen.*

Wert|stei|ge|rung, die: *Steigerung, Erhöhung des materiellen Wertes.*

wert|stel|len ⟨sw. V.; hat⟩ (Bankw.): *eine Wertstellung vornehmen.*

Wert|stel|lung, die (Bankw.): *Festsetzung des Tages, an dem auf einem Konto eine Gutschrift od. Belastung vorgenommen wird; Valuta* (2); *Valutierung.*

Wert|stoff, der: *im Abfall, Müll enthaltener Altstoff, der als Rohstoff erneut verwendet werden kann:* -e recyceln.

Wert|stoff|hof, der: *städtischer, kommunaler Sammelplatz für Wertstoffe.*

Wert|sys|tem: ↑ Wertesystem.

Wer|tung, die; -, -en: **1.** *das Werten, Bewertung:* eine W. vornehmen. **2.** (Sport) *Bewertung* (1) *durch eine Jury.* **3.** (Sport) *Wettbewerb* (1): sie ist noch in der W.

Wer|tungs|rich|ter, der (Sport): *Kampfrichter, der bes. für die Bewertung der sportlichen Leistungen zuständig ist.*

Wer|tungs|rich|te|rin, die: w. Form zu ↑ Wertungsrichter.

Wert|ur|teil, das: *wertendes Urteil* (2): ein W. abgeben.

Wert|ver|lust, der: *Verringerung des materiellen Werts:* der W. des Geldes, eines Autos.

wert|voll ⟨Adj.⟩: **a)** *von hohem [materiellem, künstlerischem od. ideellem] Wert, kostbar:* -er Schmuck; -e Bücher; die Frucht enthält -e Vitamine; der Film ist künstlerisch w.; **b)** *sehr gut zu verwenden, nützlich u. hilfreich:* -e Ratschläge; ein -er Hinweis.

Wert|vor|stel|lung, die ⟨meist Pl.⟩: *Vorstellung* (2 a) *von Wert* (3).

Wert|wan|del: ↑ Wertewandel.

Wert|zei|chen, das: *Wertmarke od. einer Wertmarke entsprechender Aufdruck.*

Wert|zu|wachs, der: *Summe, um die etw. im (materiellen) Wert gestiegen ist.*

wer|wei|ßen ⟨sw. V.; hat⟩ [aus »wer weiß ... (ob, wann, wo ...)«] (schweiz.): *hin und her raten, sich überlegen:* alle haben gewerweißt, was zu tun sei.

Wer|wolf, der [mhd. werwolf, aus: ahd. wer = Mann, Mensch (verw. mit lat. vir = Mann) u. ↑ Wolf, also eigtl. = Mannwolf, Menschenwolf]: *(im alten Volksglauben) Mensch, der sich von Zeit zu Zeit in einen Wolf verwandelt u. andere Menschen bedroht.*

wes [mhd. wes] (veraltet): Gen. von ↑ wer (II); *wessen.*

we|sen ⟨sw. V.; hat⟩ [mhd. wesen, ahd. wesan = sein; sich aufhalten; dauern; geschehen, urspr. = verweilen, wohnen] (veraltet, noch geh.): *[als lebende Kraft] vorhanden sein.*

We|sen, das; -s, - [mhd. wesen, ahd. wesan = Sein; Aufenthalt; Hauswesen; Wesenheit; Ding, Subst. von mhd. wesen, ahd. wesan, ↑ wesen]: **1. a)** ⟨o. Pl.⟩ *das Besondere, Kennzeichnende einer Sache, Erscheinung, wodurch sie sich von anderem unterscheidet:* das ist nicht das W. der Sache; das liegt im W. der Kunst; **b)** (Philos.) *etw., was die Erscheinungsform eines Dinges prägt, ihr zugrunde liegt, sie [als innere allgemeine Gesetzmäßigkeit] bestimmt:* das W. der Dinge, der Natur; W. und Erscheinung eines Dinges. **2.** ⟨o. Pl.⟩ *Summe der geistigen Eigenschaften, die einen Menschen auf bestimmte*

Weise in seinem Verhalten, in seiner Lebensweise, seiner Art, zu denken u. zu fühlen u. sich zu äußern, charakterisieren: ihr W. blieb ihm fremd; sein ganzes W. strahlt Zuversicht aus; ein freundliches, einnehmendes, angenehmes, aufdringliches W. haben; sein wahres W. zeigte er nie; seinem [innersten] W. nach ist er eher scheu und zurückhaltend; von liebenswürdigem W. sein. **3. a)** *etw., was in bestimmter Gestalt, auf bestimmte Art u. Weise (oft nur gedacht, vorgestellt) existiert, in Erscheinung tritt:* fantastische, irdische, körperliche W.; das höchste W. *(Gott);* der Mensch ist ein vernunftbegabtes W.; weit u. breit war kein menschliches W. *(Mensch)* zu sehen; sie glaubten nicht an ein höheres W.; **b)** *Mensch (als Geschöpf, Lebewesen):* sie ist ein freundliches, stilles W.; ein weibliches W.; das arme W. wusste sich nicht zu helfen; das kleine W. wimmerte kläglich. **4.** ⟨o. Pl.⟩ (veraltet) *Tun und Treiben:* das war ein W.!; *** sein W. treiben** *(sich tummeln, herumtreiben; Unfug treiben);* **viel -s/kein W. [aus/um/von etw.] machen** (ugs.; *einer Sache [keine] große Bedeutung beimessen, sie [nicht] sehr wichtig nehmen, [nicht] viel Aufhebens von ihr machen).*

-we|sen, das; -s: bezeichnet in Bildungen mit Substantiven einen Bereich, eine Gesamtheit, die etw. in seiner Vielfalt umfasst: Bildungs-, Gesundheits-, Fernmelde-, Hochschulwesen.

we|sen|haft ⟨Adj.⟩ (geh.): *das Wesen (1) ausmachend; im Wesen begründet:* das ist ein -es Kennzeichen der Poesie, gehört w. zur Poesie.

We|sen|heit, die; -, -en (geh.): **1.** *Wesen* (1). **2.** *Wesen* (3 a). **3.** *reales Vorhandensein, Stofflichkeit.*

we|sen|los ⟨Adj.⟩ (geh.): *unwirklich; nicht von Leben, Stofflichkeit zeugend:* -e Träume, Schatten.

We|sen|lo|sig|keit, die; -: *das Wesenlossein.*

We|sens|art, die: *Wesen* (2); *Charakter* (1): die besondere W. eines Menschen; sie ist von anderer W. als er.

we|sens|fremd ⟨Adj.⟩: *dem Wesen einer Sache, Person fremd.*

We|sens|merk|mal, das: vgl. Wesenszug.

we|sens|ver|wandt ⟨Adj.⟩: *im Wesen, in der Wesensart verwandt, ähnlich.*

We|sens|ver|wandt|schaft, die: *das Wesensverwandtsein.*

We|sens|zug, der: *charakteristisches Merkmal eines Wesens, Bestandteil einer Wesensart:* ein charakteristischer, markanter, hervorstechender W.

we|sent|lich [mhd. wesen(t)lich, ahd. wesentlīho (Adv.)] ⟨Adj.⟩: **1.** *den Kern einer Sache ausmachend u. daher bes. wichtig; von entscheidender Bedeutung; grundlegend:* -er Bestandteil von etw. sein; ein -er Unterschied; -e Mängel aufweisen; etw. ist von -er Bedeutung; das Programm enthielt nichts w. Neues; ⟨subst.:⟩ sich auf das Wesentliche beschränken; *** im Wesentlichen** (1. *aufs Ganze gesehen, ohne ins Einzelne zu gehen:* das ist im Wesentlichen dasselbe. 2. *in erster Linie, in der Hauptsache:* die Probleme sind im Wesentlichen gelöst; dies ist im Wesentlichen ihr zu verdanken). **2.** ⟨intensivierend bei Adjektiven im Komp. u. Verben⟩ *um vieles; in hohem Grade; sehr:* w. schöner, teurer, besser, älter; sich nicht w. unterscheiden.

We|ser, die; -: deutscher Fluss.

We|ser|berg|land, das; -[e]s: Berg- u. Hügelland beiderseits der oberen Weser.

Wes|fall, der; -[e]s, Wesfälle (Sprachw.): *Genitiv.*

wes|halb ⟨Adv.⟩: **1.** ⟨interrogativ⟩ *aus welchem Grund?; warum?:* w. hast du das getan?; ich verstehe nicht, w. sie das getan hat; ich weiß nicht, w., aber er hat es getan; »Ich werde nicht mitkommen.« – »Weshalb [das denn]?«. **2.** ⟨relativisch⟩ *aus welchem Grund; das ist der Grund dafür, dass; weswegen:* das Motiv, w. er so handelte, kannte keiner von uns.

We|sir, der; -s, -e [türk. vezir < arab. wazīr, eigtl. = Helfer]: *Großwesir.*

Wes|pe, die; -, -n [mhd. wespe, wefse, ahd. wefsa, wafsi, zu ↑weben, eigtl. = die Webende, nach dem gewebeartigen Nest]: *einer Biene ähnliches Insekt mit einem schlankeren, nicht behaarten Körper, schwarzgelb gezeichnetem Hinterleib u. auffallend schmalem Teil zwischen Brust u. Hinterleib:* sie wurde von einer W. gestochen.

Wes|pen|nest, das: *Nest der Wespen:* ein W. ausräuchern; *** in ein W. stechen** (ugs.; *große Aufregung durch [unerwartetes] Berühren einer heiklen Angelegenheit auslösen).*

Wes|pen|stich, der: *Stich einer Wespe.*

Wes|pen|tail|le, die: *sehr schlanke Taille:* eine W. haben.

wes|sen: Gen. von ↑wer (I a, II) u. ↑was (I, II 1).

wes|sent|wil|len ⟨Interrogativadv.⟩: in der Wendung **um w.** (veraltend; *um welcher Person willen)*

[1]**Wes|si,** der; -s, -s (ugs.): *männliche Person, die aus den alten Bundesländern stammt; Westdeutscher.*

[2]**Wes|si,** die; -, -s (ugs.): *weibliche Person, die aus den alten Bundesländern stammt; Westdeutsche.*

West, der; -[e]s, -e [spätmhd. west, geb. in Analogie zu Nord, Süd]: **1.** ⟨o. Pl.; unflekt.; o. Art.⟩ **a)** (bes. Seemannsspr., Met.) *Westen* (1) (gewöhnlich in Verbindung mit einer Präp.): der Wind kommt aus/von W.; die Grenze zwischen Ost und W. *(zwischen östlichen und westlichen Gebieten, Landesteilen o. Ä.);* **b)** als nachgestellte nähere Bestimmung bei geographischen Namen o. Ä. zur Bezeichnung des westlichen Teils od. zur Kennzeichnung der westlichen Lage, Richtung: er wohnt in Neustadt (W)/Neustadt-W.; Abk.: W; **c)** (ugs. früher) kurz für ↑Westmark, ↑Westgeld: 10 Mark W. **2.** ⟨Pl. selten⟩ (Seemannsspr., dichter.) *Westwind:* ein frischer W. kam auf.

West|ber|lin: westlicher Teil Berlins.

west|deutsch ⟨Adj.⟩: *Westdeutschland, die Westdeutschen betreffend; von den Westdeutschen stammend, zu ihnen gehörend.*

West|deut|sche, der u. die: Ew.

West|deutsch|land; -s: **a)** *westlicher Teil Deutschlands;* **b)** (früher in nicht offiziellem Sprachgebrauch) *Bundesrepublik Deutschland.*

Wes|te, die; -, -n [frz. veste = ärmelloses Wams < ital. veste < lat. vestis = Kleid, Gewand]: **1.** *bis zur Taille reichendes, ärmelloses, vorne meist [einreihig] durchgeknöpftes Kleidungsstück, das [eng anliegend] über dem Oberhemd, einer Bluse getragen wird:* ein Anzug mit W.; *** eine weiße/reine/saubere W. haben** (ugs.; *nichts getan haben, was rechtlich nicht einwandfrei ist);* **jmdm. etw. unter die W. jubeln** (ugs.; *erreichen, dass jmd. gegen seinen Willen etw. bekommt, hat, machen muss).* **2.** *gestrickte, gewirkte dünnere Jacke aus Wolle bzw. einer Kunstfaser; Strickweste.* **3. a)** *ärmellose Schutzbekleidung für den Oberkörper:* eine kugelsichere, schusssichere W.; **b)** kurz für ↑Schwimmweste.

Wes|ten, der; -s [mhd. westen, ahd. westan, subst. aus mhd. westen(e), ahd. westana = von, nach, im Westen]: **1.** ⟨meist o. Art.⟩ *Himmelsrichtung, in der (bei Tagundnachtgleiche) die Sonne untergeht* (gewöhnlich in Verbindung mit einer Präp.): dort ist W.; im W. zieht ein Gewitter auf; das Zimmer geht nach W.; die Wolken kommen von/vom W. [her] (Abk.: W). **2.** *gegen Westen (1), im Westen gelegener Bereich, Teil (eines Landes, Gebietes, einer Stadt o. Ä.):* der W. des Landes, des Bezirks; im W. Frankfurts; *** der Wilde W.** *(Gebiet im Westen Nordamerikas zur Zeit der Kolonisation im 19. Jh.;* nach engl. Wild West, Bez. des westlichen Teils der Vereinigten Staaten z. Z. der Landnahme u. des Goldrausches, als dort noch Gesetzlosigkeit herrschte). **3.** *Westeuropa u. die USA, bes. im Hinblick auf ihre politische, weltanschauliche o. ä. Gemeinsamkeit:* eine Stellungnahme des -s liegt noch nicht vor. **4.** (früher) von Bewohnern der DDR verwendete Bez. für *Westdeutschland:* Besuch aus dem W.

West|end, das; -s, -s [nach dem vornehmen Londoner Stadtteil West End]: *vornehmer, meist im Westen gelegener Stadtteil einer Großstadt:* sie wohnt im W.

Wes|ten|ta|sche, die: *kleine Tasche in einer Weste* (1): Geld in die W. stecken; *** etw. wie seine W. kennen** (ugs.; *[einen Ort o. Ä.] sehr genau kennen).*

Wes|ten|ta|schen- (spött.): drückt in Bildungen mit Substantiven aus, dass eine Person jmdn. nachahmt, ihm nacheifert, aber nicht dessen Format hat und somit unbedeutend bleibt [und dadurch lächerlich wirkt]: Westentaschenmachiavelli, -playboy.

Wes|ten|ta|schen|for|mat: in der Fügung **im W.** (1. *sehr klein u. handlich:* ein Rechner im W. 2. ugs.; *von lächerlich wirkender Unbedeutendheit:* ein Politiker im W.).

Wes|tern, der; -[s], - [engl. western, zu: western = West-]: *Film, der im Wilden Westen spielt.*

Wes|ter|ner, der; -s, - [engl. westerner = jmd., der im Westen der USA lebt od. geboren ist]: *Held (3) eines Westerns.*

Wes|tern|held, der: *Westerner.*

Wes|tern|mu|sik, die ⟨o. Pl.⟩: *Countrymusic.*

Wes|tern|rei|ten, das; -: *ursprünglich von den nordamerikanischen Cowboys entwickelte, heute als Sport betriebene Art des Reitens.*

Wes|tern|stie|fel, der: *(von Cowboys u. Westernern getragener) Stiefel mit abgeschrägtem Absatz u. hochgebogener Spitze.*

Wes|ter|wald, der; -[e]s: Teil des Rheinischen Schiefergebirges.

West|eu|ro|pa; -s: westlicher Teil Europas.

west|eu|ro|pä|isch ⟨Adj.⟩: *Westeuropa betreffend, aus Westeuropa stammend, zu Westeuropa gehörend.*

West|fa|le, der; -n, -n: Ew. zu ↑Westfalen.

West|fa|len; -s: nordöstl. Teil von Nordrhein-Westfalen.

West|fä|lin, die; -, -nen: w. Form zu ↑Westfale.

west|fä|lisch ⟨Adj.⟩: *Westfalen, die Westfalen betreffend; aus Westfalen stammend.*

West|flan|ke, die: *westliche Seite (bes. eines Hoch-, Tiefdruckgebiets):* an der W. des Hochs strömt kalte Meeresluft ein.

West|flü|gel, der: vgl. Ostflügel (a, b).

West|front, die: *(bes. im Ersten u. Zweiten Weltkrieg) im Westen verlaufende Front* (2).

West|geld, das ⟨o. Pl.⟩ (früher): vgl. Westmark.

West|in|di|en; -s: Gebiet der Westindischen Inseln.

west|in|disch ⟨Adj.⟩: *Westindien betreffend:* die Westindischen Inseln (die Antillen u. die Bahamas).

West|in|te|gra|ti|on, die ⟨o. Pl.⟩: *Integration (2) in den Westen* (3).

West|jor|dan|land, das; -[e]s: westlich des Jordans u. des Toten Meeres gelegenes Gebiet.

West|küs|te, die: vgl. Ostküste.

West|ler, der; -s, - (abwertend): *Bewohner Westdeutschlands, der Bundesrepublik Deutschland.*

West|le|rin, die; -, -nen: w. Form zu ↑Westler.

west|lich: **I.** ⟨Adj.⟩ **1.** *im Westen (1) gelegen:* die -e Grenze; der -ste Teil, Zipfel des Landes; (Geogr.:) 15 Grad -er Länge. **2. a)** *nach Westen (1) gerichtet, dem Westen zugewandt:* in -er Richtung; **b)** *aus Westen (1) kommend:* -e Winde. **3. a)** *den Westen (3) betreffend, zum Westen (3) gehörend, für ihn charakteristisch:* -es Denken; -e Kunst, Tradition; die -e Kultur; **b)** (früher) *den Westen (4) betreffend, zum Westen (4) gehörend; für Westdeutschland (b) charakteristisch:* die -e Dekadenz. **II.** ⟨Präp. mit Gen.⟩ *weiter im, gegen Westen (1) [gelegen] als ...; westlich von ...:* w. der Grenze. **III.** ⟨Adv.⟩ *im Westen:* das Dorf liegt w. von hier, von Köln.

West|mark, die; -, - (früher in nicht offiziellem Sprachgebrauch): *Deutsche* [1]*Mark (im Unterschied zur Mark der Deutschen Demokratischen Republik).*

west|mit|tel|deutsch ⟨Adj.⟩ (Sprachw.): *die*

Mundarten des westlichen Mitteldeutschlands betreffend.

West|mit|tel|deutsch, das u. ⟨nur mit best. Art.:⟩ **West|mit|tel|deut|sche,** das: *westmitteldeutsche Sprache.*

West|nord|west, der: 1. ⟨o. Pl.; unflekt.; o. Art.⟩ (Seemannsspr., Met.) *Westnordwesten* (gewöhnlich in Verbindung mit einer Präp.; Abk.: WNW). 2. ⟨Pl. selten⟩ (Seemannsspr.) *von Westnordwesten wehender Wind.*

West|nord|wes|ten, der ⟨meist o. Art.⟩: *Richtung zwischen Westen u. Nordwesten* (gewöhnlich in Verbindung mit einer Präp.; Abk.: WNW).

west|öst|lich ⟨Adj.⟩: *von Westen nach Osten [verlaufend]:* in -er Richtung.

West|rand, der: vgl. Ostrand.

West|rom; -s: das Weströmische Reich.

west|rö|misch ⟨Adj.⟩: *Westrom betreffend.*

West|sa|moa; -s: Inselstaat im Pazifischen Ozean.

West|sei|te, die: *nach Westen zu gelegene Seite:* die W. des Hauses.

West|sek|tor, der: *westlicher Sektor* (3).

West|spit|ze, die: vgl. Ostspitze.

West|süd|west, der: 1. ⟨o. Pl.; unflekt.; o. Art.⟩ (Seemannsspr., Met.) *Westsüdwesten* (gewöhnlich in Verbindung mit einer Präp.; Abk.: WSW). 2. ⟨Pl. selten⟩ (Seemannsspr.) *von Westsüdwesten wehender Wind.*

West|süd|wes|ten, der ⟨meist o. Art.⟩: *Richtung zwischen Westen u. Südwesten* (gewöhnlich in Verbindung mit einer Präp.; Abk.: WSW).

West|teil, der: vgl. Ostteil.

West Vir|gi|nia; - -s: Bundesstaat der USA.

West|wand, die: vgl. Ostwand.

west|wärts ⟨Adv.⟩ [↑-wärts]: a) *in westliche[r] Richtung, nach Westen:* w. ziehen, blicken; b) (seltener) *im Westen.*

West|wind, der: *von Westen wehender Wind.*

West|zo|ne, die ⟨meist Pl.⟩ (hist.): *(nach dem Zweiten Weltkrieg) britische, französische bzw. amerikanische Besatzungszone.*

wes|we|gen ⟨Adv.⟩: 1. ⟨interrogativ⟩ *weshalb* (1). 2. ⟨relativisch⟩ *weshalb* (2).

Wett|an|nah|me, die: *Stelle (Geschäft, Kiosk o. Ä.), die Wetten* (2), *bes. Rennwetten, annimmt.*

Wett|be|werb, der; -s, -e: 1. *etw., woran mehrere Personen im Rahmen einer ganz bestimmten Aufgabenstellung, Zielsetzung in dem Bestreben teilnehmen, die beste Leistung zu erzielen, Sieger zu werden:* ein internationaler, sportlicher W.; einen W. gewinnen; einen W. für junge Musiker ausschreiben; an einem W. teilnehmen; aus einem W. ausscheiden; in einem W. siegen. 2. ⟨o. Pl.⟩ (Wirtsch.) *Kampf um möglichst gute Marktanteile, hohe Profite, um den Konkurrenten zu überbieten, auszuschalten; Konkurrenz:* unter den Firmen herrscht ein harter, heftiger W.; unlauterer W. (Rechtsspr.; *Wettbewerb mit Methoden, die von der Rechtsprechung für unzulässig erklärt worden sind*); im [freien]/in [freiem] W. miteinander stehen.

Wett|be|wer|ber, der; -s, -: 1. *Wettbewerbsteilnehmer.* 2. (Wirtsch.) *jmd., der mit anderen im Wettbewerb* (2) *steht; Konkurrent:* unser bedeutendster W.; mit in- und ausländischen -n konkurrieren müssen.

Wett|be|wer|be|rin, die; -, -nen: w. Form zu ↑Wettbewerber.

Wett|be|werbs|be|din|gung, die ⟨meist Pl.⟩: *bestimmte, für einen Wettbewerb geltende Bedingung.*

Wett|be|werbs|be|schrän|kung, die (Wirtsch.): *auf Verträgen od. Absprachen zwischen Unternehmen beruhende Beschneidung der Konkurrenz.*

wett|be|werbs|fä|hig ⟨Adj.⟩: *geeignet, fähig, mit andern zu konkurrieren:* sie sind wegen des dortigen hohen Lohnniveaus kaum noch w.

Wett|be|werbs|fä|hig|keit, die ⟨o. Pl.⟩: *Fähigkeit, mit andern zu konkurrieren; das Wettbewerbsfähigsein.*

Wett|be|werbs|teil|neh|mer, der: *Teilnehmer eines Wettbewerbs* (1).

Wett|be|werbs|teil|neh|me|rin, die: w. Form zu ↑Wettbewerbsteilnehmer.

Wett|be|werbs|ver|zer|rung, die (Wirtsch.): *Ungleichmäßigkeit der Wettbewerbsbedingungen.*

wett|be|werbs|wid|rig ⟨Adj.⟩ (Wirtsch.): *gegen die Gesetze des Wettbewerbs* (2) *verstoßend.*

Wett|be|werbs|wirt|schaft, die ⟨o. Pl.⟩: *Wirtschaftsordnung mit freier, uneingeschränkter Marktwirtschaft, Konkurrenz.*

Wett|bü|ro, das: vgl. Wettannahme.

Wet|te, die; -, -n [mhd. wet(t)e = Wette; Pfand, Einsatz, Preis; Bezahlung; Geldbuße, ahd. wet(t)i = Pfand]: 1. *Abmachung zwischen zwei Personen, nach der derjenige, der mit seiner Behauptung Recht behält, vom anderen etw. (z. B. Geld) bekommt:* die W. ging um 100 Mark; was gilt die W.? *(was gibst du mir, wenn ich Recht habe?);* jmdm. eine W. anbieten; eine W. [mit jmdm.] abschließen; die W. annehmen; eine W. gewinnen, verlieren; ich gehe jede W. ein/ich mache jede W. *(ich bin fest davon überzeugt),* dass sie das nicht durchhält; ich könnte, möchte eine W. abschließen (ugs.; *bin überzeugt, [fast] sicher*), dass das nicht stimmt; auf diese, eine solche W. lasse ich mich nicht ein. 2. *(bes. bei Pferderennen) mit dem Einsatz von Geld verbundener Tipp* (2). 3. * **um die W.** (1. *mit der Absicht, schneller, besser als der andere zu sein, sich mit jmdm. in etw. messen:* um die W. fahren, rennen. 2. ugs.; *[in Bezug auf das Ausmaß, die Intensität o. Ä. bei einer Tätigkeit] jeweils einander übertreffend:* sie aßen, arbeiteten, sangen um die W.).

Wett|ei|fer, der: *Bestreben, andere zu übertreffen, zu überbieten:* seinen W. übertreiben; sie hat in ihrem W. alles andere vergessen.

wett|ei|fern ⟨sw. V.; hat⟩: *danach streben, andere zu übertreffen, zu überbieten:* miteinander w.; sie haben gewetteifert, wetteiferten um den besten Platz.

wet|ten ⟨sw. V.; hat⟩ [mhd. wetten, ahd. wettōn]: 1. a) *eine Wette* (1) *abschließen:* mit jmdm. [um etw.] w.; worum/um wie viel wetten wir?; sie wird nicht kommen, [wollen wir] w.? *(davon bin ich überzeugt);* w., dass er dich früher oder später betrügen wird? *(dessen kannst du gewiss sein);* w. [dass]! (ugs.; *das ist ganz sicher so*); ich wette [hundert zu eins] (ugs.; *bin überzeugt*), dass du das nicht kannst; sie wetteten, wer zuerst fertig sein würde; R so haben wir nicht gewettet (ugs.; *das haben wir nicht so abgemacht, so geht es nicht, das kommt nicht infrage*); b) *als Preis für eine Wette* (1) *einsetzen:* 10 Mark, einen Kasten Bier w.; R darauf wette ich meinen Kopf/Hals! (ugs.; *davon bin ich fest überzeugt!*). 2. *einen Tipp* (2) *abgeben,* [2]*tippen* (2 a): auf ein Pferd w.; auf Platz, Sieg w.

[1]**Wet|ter,** der; -s, -: *jmd., der [regelmäßig] wettet* (2).

[2]**Wet|ter,** das; -s, - [mhd. weter, ahd. wetar, eigtl. = Wehen, Wind, Luft]: 1. ⟨o. Pl.⟩ *Zustand der Atmosphäre zu einem bestimmten Zeitpunkt, an einem bestimmten Ort, der in Gestalt von Sonnenschein, Regen, Wind, Wärme, Kälte, Bewölkung o. Ä. in Erscheinung tritt:* es ist, herrscht, wir haben gutes, strahlendes, frühlingshaftes, hochsommerliches, schlechtes, kaltes, regnerisches, nebliges, stürmisches W.; das W. verspricht besser zu werden; das W. schlug um; mildes W. setzte nach und nach ein; das W. ist beständig, hält sich, wird schlechter; falls das W. es zulässt, gehen wir schwimmen; das W. voraussagen; wir bekommen anderes W.; bei klarem Wetter kann man von hier aus die Alpen sehen; er muss bei jedem *(auch bei schlechtem)* W. raus; was haben wir heute für W.?; nach dem W. sehen; vom W. reden; R alles aufessen, den Teller leer essen usw., damit es schönes Wetter gibt, das Wetter schön wird (scherzh.; als Ermahnung); das ist ein W. zum Eierlegen (salopp; *herrliches Wetter*); bei solchem W. jagt man keinen Hund vor die Tür; * **bei jmdm. gut W. machen** (ugs.; *jmdn. günstig, gnädig stimmen*); **um gut[es]/schön[es] W. bitten** (ugs.; *um Wohlwollen, Verständnis bitten*). 2. (emotional) *als bes. schlecht empfundenes* [2]*Wetter* (1) *mit starkem Regen, Wind; Gewitter:* ein W. braut sich, zieht sich zusammen, zieht herauf, bricht los, entlädt sich; das W. tobt, zieht ab, hat sich verzogen; **alle W.!** (ugs.; Ausruf des Erstaunens, der Bewunderung). 3. ⟨Pl.⟩ (Bergbau) *in einer Grube vorhandenes Gasgemisch:* * **schlagende/** (seltener:) **böse/matte W.** *(explosives Gasgemisch als Ursache von Grubenunglücken).*

Wet|ter|amt, das: *Einrichtung zur Beobachtung, Erforschung u. Vorhersage des* [2]*Wetters* (1).

Wet|ter|an|sa|ge, die: vgl. Wetterbericht.

Wet|ter|aus|sicht, die ⟨meist Pl.⟩: *voraussichtliche Entwicklung des* [2]*Wetters* (1).

Wet|ter|aus|tausch, der (Bergbau): *Bewetterung.*

Wet|ter|be|richt, der: *(bes. in Presse, Rundfunk od. Fernsehen veröffentlichter) Bericht des Wetterdienstes über die voraussichtliche Entwicklung des* [2]*Wetters* (1).

Wet|ter|bes|se|rung, die: *Besserung der Wetterlage:* eine W. ist erst zum Wochenende in Sicht.

wet|ter|be|stän|dig ⟨Adj.⟩: *wetterfest.*

wet|ter|be|stim|mend ⟨Adj.⟩: *für das* [2]*Wetter* (1) *bestimmend:* das Hoch, Tief bleibt weiterhin w.

Wet|ter|chen, das; -s ⟨ugs.⟩: *besonders gutes* [2]*Wetter* (1): das ist [vielleicht] ein W. heute!

Wet|ter|dach, das: *Schutzdach gegen Regen o. Ä.*

Wet|ter|dienst, der: *[Gesamtheit der Einrichtungen zur] Beobachtung, Erforschung u. Voraussage des* [2]*Wetters* (1).

wet|ter|emp|find|lich ⟨Adj.⟩: *wetterfühlig.*

Wet|ter|fah|ne, die: *auf Dächern od. Türmen befindlicher metallener Gegenstand in Form einer Fahne, der die Windrichtung anzeigt.*

wet|ter|fest ⟨Adj.⟩: *so beschaffen, hergerichtet, präpariert, dass durch Einwirkungen des* [2]*Wetters* (1) *keine Beeinträchtigung erfolgt; gegen Einwirkungen des* [2]*Wetters* (1) *geschützt:* -e Kleidung.

Wet|ter|front, die: *Front* (4).

Wet|ter|frosch, der: a) (ugs.) *Laubfrosch, der in einem Glas mit einer kleinen Leiter gehalten wird u. der angeblich, wenn er die Leiter hochklettert, damit schönes* [2]*Wetter* (1) *voraussagt;* b) (scherzh.) *Meteorologe.*

wet|ter|füh|lig ⟨Adj.⟩: *auf Wetterumschlag empfindlich (z. B. mit Kopfschmerzen, Müdigkeit, Nervosität) reagierend.*

Wet|ter|füh|lig|keit, die; -: *das Wetterfühligsein.*

Wet|ter|füh|rung, die: a) *natürliche Luftbewegung in einer Höhle;* b) (Bergbau) *Bewetterung.*

wet|ter|ge|bräunt ⟨Adj.⟩: *vom ständigen Aufenthalt im Freien gebräunt:* ein -es Gesicht.

Wet|ter|ge|sche|hen, das: *Verlauf des* [2]*Wetters* (1).

wet|ter|ge|schützt ⟨Adj.⟩: vgl. windgeschützt.

Wet|ter|gott, der (Myth.): *Gott des* [2]*Wetters* (1): Ü wenn der W. (scherzh.; *das* [2]*Wetter* 1) mitspielt, können wir das Fest im Garten feiern.

Wet|ter|hahn, der: vgl. Wetterfahne.

Wet|ter|häus|chen, das: *Modell eines kleinen Häuschens mit nebeneinander liegenden Türen, in denen als Symbol für gutes bzw. schlechtes* [2]*Wetter* (1) *die Figuren einer Frau u. eines Mannes auf einer Achse stehen, die bei Luftfeuchtigkeit schwankt, sodass die Frau od. der Mann vor das Häuschen gedreht wird.*

Wet|te|rin, die; -, -nen: w. Form zu ↑[1]Wetter.

Wet|ter|kar|te, die: *stark vereinfachte Landkarte, auf der die Wetterlage eines bestimmten Gebietes dargestellt ist.*

Wet|ter|kun|de, die ⟨o. Pl.⟩: *Zweig der Meteorologie, der sich mit dem Wettergeschehen, der Wettervorhersage befasst.*

wet|ter|kun|dig ⟨Adj.⟩: *durch Wetterbeobachtung auf die weitere Entwicklung des* [2]*Wetters* (1) *schließen könnend:* ein -er Bauer.

wet|ter|kund|lich ⟨Adj.⟩: *die Wetterkunde betreffend, zu ihr gehörend:* -e Messungen, Untersuchungen.

Wet|ter|la|ge, die (Met.): *über einem größeren Gebiet in einem bestimmten Zeitraum vorherr-*

schender Zustand des [2]Wetters (1): eine ruhige, längere Zeit anhaltende W.

wet|ter|leuch|ten ⟨sw. V.; hat; unpers.⟩: *(als Blitz) in weiter Entfernung hell aufleuchten:* an der Küste wetterleuchtet es, hat es gewetterleuchtet.

Wet|ter|leuch|ten, das; -s [unter Einfluss von ↑leuchten umgedeutet aus mhd. weterleich = Blitz, 2. Bestandteil zu älter: Leich = Tanz, Spiel, also eigtl. = Wettertanz, -spiel]: *Widerschein der Blitze eines fernen Gewitters am Himmel:* ein fahles, fernes W.; Ü W. am politischen Horizont.

Wet|ter|loch, das (ugs.): *Gebiet, in dem häufig schlechtes [2]Wetter* (1) *herrscht.*

Wet|ter|man|tel, der: *Regenmantel.*

wet|ter|mä|ßig ⟨Adj.⟩: *das [2]Wetter* (1) *betreffend:* gute -e Bedingungen, Voraussetzungen.

wet|tern ⟨sw. V.; hat⟩ [zu ↑[2]Wetter (2); mhd. wetern = an der Luft trocknen]: 1. ⟨unpers.⟩ (veraltend) *gewittern.* 2. (ugs.) *laut u. heftig schimpfen:* furchtbar w.; über alles Neue w.

Wet|ter|pro|gno|se, die: *oft auf einen längeren Zeitabschnitt bezogene Wettervoraussage.*

Wet|ter|pro|phet, der: a) *jmd., der das [2]Wetter* (1) *vorhersagt;* b) (scherzh.) *Meteorologe.*

Wet|ter|pro|phe|tin, die: w. Form zu ↑Wetterprophet.

Wet|ter|re|gel, die: vgl. Bauernregel.

Wet|ter|sa|tel|lit, der: *der Beobachtung u. Erforschung des [2]Wetters* (1) *dienender Satellit* (2).

Wet|ter|schacht, der (Bergbau): *Schacht zum Absaugen der verbrauchten Luft aus unterirdischen Grubenbauen.*

Wet|ter|scha|den, der: *durch Unwetter verursachter Schaden.*

Wet|ter|schei|de, die: *Gebiet, bes. Gebirge, Gewässer, das die Grenze zwischen Zonen verschiedenartigen [2]Wetters* (1) *bildet.*

Wet|ter|schiff, das: *für meteorologische u. aerologische Beobachtungen ausgerüstetes Schiff in fester Position auf dem Ozean, von dem aus regelmäßig Meldungen über die Wetterlage abgegeben werden.*

Wet|ter|schutz, der: vgl. Regenschutz.

Wet|ter|sei|te, die: a) *dem Wind zugekehrte Seite (eines Berges, Hauses o. Ä.);* b) *Richtung, aus der schlechtes, stürmisches [2]Wetter* (1) *kommt.*

Wet|ter|sta|ti|on, die: *meteorologische Station.*

Wet|ter|sturz, der: *plötzliches Sinken der Lufttemperatur.*

Wet|ter|um|schlag, der: *plötzliche Veränderung (meist Verschlechterung) des [2]Wetters* (1).

Wet|ter|um|schwung, der: *Wetterumschlag.*

Wet|ter|ver|hält|nis|se ⟨Pl.⟩: *das [2]Wetter* (1) *betreffende Gegebenheiten, Umstände; wetterbedingte Verhältnisse* (4): gute, günstige, schlechte, widrige W.

Wet|ter|vo|raus|sa|ge, die, **Wet|ter|vor|her|sa|ge,** die: *[vom Wetterdienst herausgegebene] Vorhersage der voraussichtlichen Entwicklung des [2]Wetters* (1).

Wet|ter|war|te, die: *Wetterstation, die regelmäßig lokale Wetterberichte an die Wetterämter gibt.*

wet|ter|wen|disch ⟨Adj.⟩ [eigtl. = sich wie das Wetter wendend]: *so veranlagt, dass stets mit plötzlichem Umschwung des Verhaltens zu rechnen ist.*

Wet|ter|wol|ke, die: *Gewitterwolke.*

Wet|ter|zei|chen, das: *atmosphärische Erscheinung, die auf eine Änderung od. auf den Fortbestand der Wetterlage hinweist (z. B. Form der Wolken, fallender od. steigender Luftdruck).*

Wett|fah|rer, der: *jmd., der an einer Wettfahrt teilnimmt.*

Wett|fah|re|rin, die: w. Form zu ↑Wettfahrer.

Wett|fahrt, die: *Fahrt um die Wette.*

Wett|kampf, der (bes. Sport): *Kampf um die beste [sportliche] Leistung:* einen W. veranstalten, durchführen, austragen.

Wett|kämp|fer, der (Sport): *jmd., der an einem Wettkampf teilnimmt.*

Wett|kämp|fe|rin, die: w. Form zu ↑Wettkämpfer.

Wett|kampf|stät|te, die: vgl. Kampfstätte.

Wett|lauf, der: *Lauf um die Wette; im Laufen* (5 a) *ausgetragener Wettkampf:* einen W. machen, gewinnen; Ü der W. mit der Zeit.

wett|lau|fen ⟨st. V.; nur im Inf.⟩: *um die Wette laufen; einen Wettlauf machen, absolvieren:* sie wollen noch einmal w.

Wett|läu|fer, der: *jmd., der an einem Wettlauf teilnimmt.*

Wett|läu|fe|rin, die: w. Form zu ↑Wettläufer.

wett|ma|chen ⟨sw. V.; hat⟩ (ugs.): 1. *einer nachteiligen, negativen Sache, Erscheinung durch etw., was sich günstig, positiv auswirkt, entgegenwirken, sie ausgleichen:* das Versäumte wieder w.; mangelnde Begabung durch Fleiß w.; einen Fehler w. *(wieder gutmachen).* 2. *sich für etw. erkenntlich zeigen.*

wett|ren|nen ⟨unr. V.; nur im Inf.⟩: vgl. wettlaufen.

Wett|ren|nen, das: vgl. Wettlauf.

wett|ru|dern ⟨sw. V.; nur im Inf.⟩: vgl. wettlaufen.

Wett|ru|dern, das; -s: vgl. Wettlauf.

Wett|rüs|ten, das; -s: *wechselseitige Steigerung der Rüstung* (2) *seitens mehrerer Staaten:* atomares W.

wett|schwim|men ⟨st. V.; nur im Inf.⟩: vgl. wettlaufen.

Wett|schwim|men, das; -s: vgl. Wettlauf.

Wett|spiel, das: *unterhaltendes Spiel, das bes. von Kindern als Wettbewerb, Wettkampf gespielt wird:* für die Jüngeren wurden -e organisiert.

Wett|streit, der: *Bemühen, einander in etw. zu übertreffen, einander den Vorrang streitig zu machen:* es entspann sich ein edler W. zwischen ihnen; sich im W. messen; mit jmdm. in W. treten.

wett|strei|ten ⟨st. V.; nur im Inf.⟩: *mit jmdm. in Wettstreit treten.*

Wett|teu|fel, der: vgl. Spielteufel.

wett|tur|nen ⟨sw. V.; nur im Inf.⟩: vgl. wettlaufen.

Wett|tur|nen, das: vgl. Wettlauf.

wet|zen ⟨sw. V.⟩ [mhd. wetzen, ahd. wezzen, zu ahd. hwaz = scharf, eigtl. = scharf machen]: 1. ⟨hat⟩ a) *durch Schleifen an einem harten Gegenstand [wieder] scharf machen, schärfen:* das Messer, die Sense mit einem Stein w.; b) *etw. an, auf etw. reibend hin u. her bewegen:* der Vogel wetzt seinen Schnabel an einem Ast. 2. (ugs.) *rennen* ⟨ist⟩: er wetzte um die Ecke.

Wetz|lar: Stadt an der Lahn.

Wetz|stahl, der: *Stück aufgerauter Stahl zum Wetzen von Messern o. Ä.*

Wetz|stein, der: *Stein zum Wetzen von Messern o. Ä.*

WEU [veːeːˈuː], die; -: Westeuropäische Union (internationale Verteidigungsorganisation).

Wey|mouths|kie|fer [ˈvaimuːts...], die [nach Th. Thynne, 1. Viscount of Weymouth, gest. 1714]: *nordamerikanische Kiefer mit kegelförmiger Krone, langen, weichen blaugrünen Nadeln u. hängenden Zapfen.*

WEZ [veːeːˈtsɛt], die; -: westeuropäische Zeit (die Zonenzeit des Meridians von Greenwich).

WG [veːˈgeː], die; -, -s, selten: - (Jargon): *Wohngemeinschaft.*

Whale|wat|ching [ˈweɪlwɔtʃɪŋ], das; -s [engl. whale watching, aus: whale = Wal u. watching = das Beobachten]: *Beobachtung von Walen in freier Natur.*

Wheat|stone|brü|cke [ˈwiːtstən...], die [nach dem brit. Physiker Sir Ch. Wheatstone (1802–1875)] (Physik): *spezielle Schaltung* (1 b) *zur Messung elektrischer Widerstände, wobei vier Widerstände (einschließlich der zu messenden) zu einem geschlossenen Stromkreis verbunden werden.*

Whig, der; -s, -s [engl. Whig, wahrsch. gek. aus Whiggamer = Bez. für einen schottischen Rebellen des 17. Jh.s]: a) (früher) *Angehöriger einer Gruppe im englischen Parlament, die sich im 19. Jh. zur liberalen Partei entwickelte;* b) *Vertreter der liberalen Politik in England.*

Whirl|pool [ˈwəːlpuːl], (Warenzeichen:) **Whirlpool®**, der; -s, -s [engl. whirlpool, eigtl. = Strudel]: *Bassin mit warmem, durch Düsen in brodelnde Bewegung gebrachtem Wasser, in dem sich der Benutzer sitzend od. liegend aufhalten kann:* wir gönnten uns ein Bad im W.

Whis|key [...ki], der; -s, -s: *irischer od. amerikanischer Whisky, der aus Roggen od. Mais hergestellt ist.*

Whis|ky [...ki], der; -s, -s [engl. whiskey, whisky, gek. aus älter: whiskybae, Nebenf. von: usquebaugh < gäl. uisgebeatha = Lebenswasser]: *aus Gerste od. Malz hergestellter [schottischer] Branntwein mit rauchigem Geschmack:* einen W. pur, mit Eis trinken; bitte drei *(drei Gläser)* W.

Whis|ky|fla|sche, die: vgl. Bierflasche.

Whist, das; -[e]s [engl. whist, älter: whisk, viell. beeinflusst von veraltet, noch mundartl. whist = Stillschweigen]: *Kartenspiel für vier Spieler mit 52 Karten, bei dem jeweils zwei Spieler gegen die beiden anderen spielen.*

Whist|ler [ˈwɪslɐ] ⟨Pl.⟩ [engl. whistler, eigtl. = Pfeifer; beim Wiedererreichen der Erdoberfläche erzeugen die Wellen einen im Lautsprecher hörbaren Pfeifton] (Physik): *von Blitzen ausgesandte elektromagnetische Wellen, die an den magnetischen Feldlinien der Erde entlanglaufen.*

White|coat [ˈwaɪtkoʊt], der; -s, -s [engl. whitecoat, eigtl. = weißer Mantel]: *weißes Fell junger Robben.*

White-Col|lar-Kri|mi|na|li|tät [ˈwaɪtˈkɔlə...], die [nach engl. white-collar crime, eigtl. = Verbrechen (das) im weißen Kragen (ausgeführt wird)]: *weniger offensichtliche strafbare Handlungsweise, wie sie in höheren Gesellschaftsschichten, bes. bei Vertretern der Politik, Wirtschaft u. Industrie, vorkommt* (z. B. Steuerhinterziehung, Bestechung).

Whit|worth|ge|win|de [ˈwɪtwəːθ...], das [nach dem brit. Ingenieur J. Whitworth (1803–1887)]: *genormtes, in Zoll gemessenes Schraubengewinde.*

WHO [veːhaːˈoː], die; - [Abk. für engl. World Health Organization]: Weltgesundheitsorganisation der Vereinten Nationen.

Who's who [ˈhuːz ˈhuː; engl. = Wer ist wer?]: Titel biografischer Lexika.

wib|be|lig ⟨Adj.⟩ [zu: wibbeln, Nebenf. von ↑[1]wiebeln] (landsch.): *zappelig, kribbelig:* jmd. ist, wird w.; dein ständiges Umherlaufen macht mich ganz w.

wich: ↑[2]weichen.

Wichs, der; -es, -e od. (bes. österr.:) die; -, -en [eigtl. = Putz, Staat]: 1. (Verbindungswesen) *Festkleidung von Korporationsstudenten:* in vollem/im vollen W. 2. *kurze Lederhose alpenländischer Männertrachten aus glänzend geriebenem Leder.*

Wichs|bürs|te, die (ugs.): *Bürste zum Wichsen* (1) *(bes. der Schuhe).*

Wich|se, die; -, -n [rückgeb. aus ↑wichsen] (ugs.): 1. *wachsartiges Putzmittel, das etw. glänzend macht (bes. Schuhcreme):* W. auf die Reitstiefel schmieren; * **[alles] eine W.!** *(ein und dasselbe).* 2. ⟨o. Pl.⟩ *Prügel, Schläge:* W. kriegen.

wich|sen ⟨sw. V.; hat⟩ [Nebenf. von mundartl. wächsen = mit Wachs bestreichen]: 1. (ugs.) *etw. mit Wichse* (1) *einreiben, um es dadurch blank, glänzend zu machen:* die Schuhe [auf Hochglanz] w.; die Parkettböden waren blank gewichst. 2. (landsch.) *schlagen, prügeln:* jmdn. kräftig w.; * **jmdm. eine w.** *(jmdm. eine Ohrfeige geben).* 3. (derb) *onanieren.*

Wich|ser, der; -s, -: 1. (derb) *jmd., der onaniert.* 2. (derb abwertend) *männliche Person (deren Verhaltensweise, Meinung abgelehnt wird):* ein bürgerlicher, linker W.

Wicht, der; -[e]s, -e [mhd., ahd. wiht = Kobold, eigtl. = Ding, Sache; Tabuwort]: 1. (fam.) *kleines Kind, bes. kleiner Junge.* 2. (abwertend) *männliche Person (die verachtet wird):* er ist ein jämmerlicher, feiger W. 3. *Wichtelmännchen.*

Wich|te, die; -, -n [vgl. wichtig] (Physik): *spezifisches Gewicht.*

Wich|tel, der; -s, - [mhd. wihtel = kleiner Wicht (3)], **Wich|tel|männ|chen,** das: *Zwerg, Kobold; Heinzelmännchen.*

Wich|te|zahl, die (Physik): *Zahlenwert der Wichte.*

wich|tig ⟨Adj.⟩ [mhd. (md.) wihtec, mniederd. wichtich(t), zu: wicht(e) = Gewicht, urspr. = abgewogen, volles Gewicht besitzend]: **1.** *für jmdn., etw. von wesentlicher Bedeutung [sodass viel davon abhängt]:* eine -e Neuigkeit; -e Entscheidungen, Gründe, Beschlüsse; eine -e Meldung, Mitteilung machen; einen -en Brief schreiben; er ist ein -er Mann; die Anregungen waren sehr, besonders w.; Vitamine sind für die Ernährung überaus w.; etw. für sehr w. halten; es ist mir/für mich w. zu wissen, was du davon hältst; das ist nicht, ist halb so w.; nimm die Sache nicht [so] w.!; Ruhe ist jetzt -er als alles andere; am -sten ist, dass du bald wieder gesund wirst; ⟨subst.:⟩ das Wichtigste ist, dass du bald wieder gesund wirst; hast du nichts Wichtigeres zu tun?; ich habe noch etw. Wichtiges zu erledigen; *** sich w. machen/tun/haben; sich** ⟨Dativ⟩ **w. vorkommen; w. tun** (ugs., oft abwertend; *sich aufspielen*): mach dich nicht so w.!; irgendwelche w. tuenden Leute; **sich [zu] w. nehmen** (ugs.; *sich, seine Probleme, Schwierigkeiten o. Ä. in ihrer Bedeutung überschätzen*). **2.** (spött.) *Bedeutsamkeit erkennen lassend:* ein -es Gesicht machen; sie sprach mit -er Miene.

Wich|tig|keit, die; -, -en: **1.** ⟨o. Pl.⟩ *das Wichtigsein* (1); *Bedeutsamkeit:* einer Angelegenheit besondere W. beimessen, beilegen; diese Aufgabe ist von [höchster] W. **2.** *wichtige, bedeutende Angelegenheit:* er hat ihr bestimmt eine W. zugeflüstert. **3.** (spött. abwertend) *Ausdruck des Wichtigseins* (2): die W. ihrer Gesten reizte zum Lachen.

wich|tig tu|end: s. wichtig (1).

Wich|tig|tu|er, der; -s, - (ugs. oft abwertend): *jmd., der sich wichtig tut.*

Wich|tig|tu|e|rei, die (ugs. oft abwertend): **1.** ⟨o. Pl.⟩ *das Sich-wichtig-Tun:* seine W. war für alle Mitarbeiter höchst unangenehm und peinlich. **2.** *wichtigtuerische Rede, Handlung:* ihre -en imponierten niemandem mehr.

Wich|tig|tu|e|rin, die; -, -nen: w. Form zu ↑Wichtigtuer.

wich|tig|tu|e|risch ⟨Adj.⟩ (ugs. oft abwertend): *sich wichtig tuend, von Wichtigtuerei zeugend:* eine -e Person; -e Reden; w. sein.

Wi|cke, die; -, -n [mhd. wicke, ahd. wicca < lat. vicia]: *(zu den Schmetterlingsblütlern gehörende) rankende Pflanze mit Fiederblättern u. [in Trauben stehenden] blauen, violetten, roten od. weißen Blüten:* *** in die -n gehen** (landsch.; ↑Binse).

Wi|ckel, der; -s, - [mhd., ahd. wickel = Faserbündel, Vkl. von mhd. wicke, ahd. wich(a) = Faserbündel, Docht, eigtl. = Geknüpftes; Gespinst]: **1.** *Umschlag* (2): ein W. um die Brust; der Kranken einen feuchten, warmen, kalten W. machen. **2.** *etw. Gewickeltes, Zusammengerolltes:* der W. *(das Innere, die Einlage)* der Zigarre; ein W. *(Knäuel)* Wolle. **3. a)** *Gegenstand, bes. Rolle, auf die etw. gewickelt wird; Spule;* **b)** kurz für ↑Lockenwickel. **4.** *** jmdn., etw. am/beim W. packen/kriegen/haben/nehmen** (ugs.; 1. *jmdn. packen, ergreifen:* einen der beiden Lausbuben kriegte er am W. 2. *etw. aufgreifen u. ausführlich behandeln:* ein bestimmtes Vorkommnis am W. haben. 3. *jmdn. zur Rede stellen, zur Rechenschaft ziehen:* die Chefin hatte wieder einmal den Stift am W.). **5.** *Blütenstand, der abwechselnd nach links u. rechts verzweigt ist.*

Wi|ckel|blu|se, die: *Bluse, die vorne nicht zugeknöpft, sondern um den Oberkörper gewickelt u. gebunden wird.*

Wi|ckel|ga|ma|sche, die: *zu Kniehosen getragenes u. spiralförmig um die Unterschenkel gewickeltes Stoffband.*

Wi|ckel|kind, das (veraltend): *Kind, das noch gewickelt* (3 b) *wird; Baby.*

Wi|ckel|kleid, das: vgl. Wickelrock.

Wi|ckel|kom|mo|de, die: *Kommode mit einem entsprechenden Aufsatz* (2 a), *auf der Säuglinge gewickelt* (3 b) *werden.*

wi|ckeln ⟨sw. V.; hat⟩ [mhd. wickeln, zu: wickel, ↑Wickel]: **1. a)** *etw. (Schnur, Draht o. Ä.) durch eine drehende Bewegung der Hand so umeinander legen, dass es in eine feste, meist runde Form gebracht wird:* Garn, Wolle [zu einem Knäuel] w.; **b)** *etw., was sich wickeln* (1 a) *lässt, [in mehreren Lagen] um etw. legen, winden, binden:* die Schnur auf eine Rolle w.; ich wickelte mir einen Schal um den Hals; **c)** *durch Wickeln* (1 b) *hervorbringen, machen:* einen Turban w. **2.** *auf Wickler* (1) *aufdrehen.* **3. a)** *etw. als Umhüllung um sich, jmdn., etw. wickeln* (1 b): etw. in Papier w.; sich [fest] in seinen Mantel w.; **b)** *(einem Säugling) eine Windel umlegen:* der Kleine war frisch gewickelt; **c)** *mit einem Verband, einer Bandage versehen:* das Bein muss gewickelt werden. **4. a)** *von der Umhüllung befreien, die um jmdn., etw. gewickelt* (1 b) *war:* sie wickelte das Kind wieder aus dem wärmenden Tuch; **b)** *etw., was um etw. gewickelt* (1 b) *ist, wieder auflösen u. entfernen.* **5.** *** schief/falsch gewickelt sein** (ugs.; *sich gründlich geirrt, getäuscht haben*).

Wi|ckel|rock, der: *um die Taille u. Hüfte gewickelter u. gebundener* [1]*Rock* (1).

Wi|ckel|tisch, der: vgl. Wickelkommode.

Wi|ckel|tuch, das (Pl. ...tücher): **1.** *[dreieckiges] Umschlagtuch.* **2.** (landsch. veraltend) *Windel.*

Wi|cke|lung, Wicklung, die; -, -en: **1.** *das Wickeln.* **2. a)** *etw. Gewickeltes;* **b)** (Fachspr.) *dicht gewickelter Draht.*

Wick|ler, der; -s, -: **1.** kurz für ↑Lockenwickler. **2.** *Schmetterling, oft mit bunten, trapezförmigen Vorderflügeln, dessen Raupen meist in eingerollten Blättern leben.*

Wick|lung: ↑Wickelung.

Wid|der, der; -s, - [mhd. wider, ahd. widar, eigtl. = Jährling]: **1. a)** *Schafbock;* **b)** (Jägerspr.) *männliches Muffelwild.* **2.** (Astrol.) **a)** ⟨o. Pl.⟩ *Tierkreiszeichen für die Zeit vom 21. 3. bis 20. 4.;* **b)** *jmd., der im Zeichen Widder* (2 a) *geboren ist:* er, sie ist [ein] W. **3.** ⟨o. Pl.⟩ Sternbild am nördlichen Sternenhimmel. **4.** *** hydraulischer W.** (Technik; *mit der Energie von strömendem Wasser betriebene Pumpe*).

wi|der ⟨Präp. mit Akk.⟩ [mhd. wider, ahd. widar(i) (Präp., Adv.), eigtl. = mehr auseinander, weiter weg; vgl. wieder]: **1.** (geh.) drückt einen Widerstand, ein Entgegenwirken gegen jmdn., etw. aus; *gegen* (I 2 a): w. die Ordnung, die Gesetze handeln; w. jmdn. Anklage erheben. **2.** (geh.) drückt einen Gegensatz aus; *entgegen:* es geschah w. ihren Willen; w. Erwarten. **3.** (landsch.) *gegen* (1): w. eine Wand laufen.

wi|der|bors|tig ⟨Adj.⟩ [spätmhd. wider borstig, mniederd. wedderborstich, urspr. = (von Tieren) mit borstigen Haaren, struppig]: **a)** *(vom Haar) nicht leicht zu glätten, zu frisieren;* **b)** *sich gegen jmds. Willen, Absicht sträubend, sich durch Nichtbefolgen o. Ä. dem widersetzend:* ein -es Kind; w. sein; sich w. zeigen.

Wi|der|christ: **1.** der; -[s]: *Antichrist* (1). **2.** der; -en, -en (selten): *Antichrist* (2).

Wi|der|druck, der; -[e]s, -e (Druckw.): **a)** *das Bedrucken der Rückseite eines zweiseitigen Druckbogens;* **b)** *bedruckte Rückseite eines zweiseitigen Druckbogens.*

wi|der|ei|nan|der ⟨Adv.⟩ (geh.): *gegeneinander.*

wi|der|fah|ren ⟨st. V.; ist⟩ (geh.): *wie etw. Schicksalhaftes (jmdm.) zuteil werden, von jmdm. erlebt, erfahren werden:* ihr widerfuhr Schlimmes, viel Leid; jmdm. Gerechtigkeit w. *(zuteil werden)* lassen.

wi|der|ge|setz|lich ⟨Adj.⟩ (seltener): *gesetzwidrig, gegen das Gesetz verstoßend:* -e Methoden; er hat sich auf -e Weise bereichert; w. handeln.

Wi|der|ha|ken, der; -s, - [mhd. widerhāke]: *Haken, dessen Ende in der Art einer Speerspitze mit zurücklaufendem Teil gestaltet ist, der das Zurück-, Herausziehen aus etw. unmöglich macht.*

Wi|der|hall, der; -[e]s, -e [spätmhd. widerhal]: *Laut, Ton, Hall, der auf eine Wand o. Ä. aufgetroffen ist u. zurückgeworfen wird; Echo:* der W. des Donners, der Orgelmusik; Ü der W. *(die Resonanz)* auf ihre Schriften kam aus ganz Europa; *** W. finden** *(mit Interesse, Zustimmung aufgenommen werden).*

wi|der|hal|len ⟨sw. V.; hat⟩: **a)** *als Widerhall zurückkommen:* der Schuss hallte laut [von den Bergwänden] wider/(seltener:) widerhallte laut [von den Bergwänden]; **b)** (selten) *echoartig zurückgeben, zurückwerfen:* die Wände hallten die Schritte, den Schuss wider; **c)** *vom Widerhall eines bestimmten Lautes, Schalles o. Ä. erfüllt sein:* die Bahnhofshalle hallte vom Lärm wider.

Wi|der|halt, der; -s: *Widerstand; Gegenkraft.*

Wi|der|hand|lung, die; -, -en (schweiz.): *Zuwiderhandlung.*

Wi|der|kla|ge, die; -, -n (Rechtsspr.): *Gegenklage.*

Wi|der|klä|ger, der; -s, - (Rechtsspr.): *Gegenkläger.*

Wi|der|klä|ge|rin, die: w. Form zu ↑Widerkläger.

Wi|der|klang, der; -[e]s, ...klänge (selten): *Klang, der noch einmal, als Widerhall ertönt.*

wi|der|klin|gen ⟨st. V.; hat⟩ (selten): *als Widerklang ertönen.*

Wi|der|la|ger, das; -s, - (bes. Bauw.): *massive Fläche, massiver Bauteil, auf dem ein Bogen, Gewölbe od. eine Brücke aufliegt.*

wi|der|leg|bar ⟨Adj.⟩: *sich widerlegen lassend:* -e Argumente; etw. ist [nicht] w.

wi|der|le|gen ⟨sw. V.; hat⟩ [mhd. widerlegen = ersetzen, vergelten]: *beweisen, nachweisen, dass etw. (bes. Aussagen, Argumente, Ideen o. Ä.) nicht zutrifft:* eine Hypothese, sich selbst w.; es war nicht schwer, den Zeugen zu w.; sie sah vorerst keine Möglichkeit, ihre Behauptungen zu w.

Wi|der|le|gung, die; -, -en [mhd. widerlegunge = Gegengabe]: **a)** *das Widerlegen;* **b)** *Rede, Text, Theorie, durch die etw. widerlegt wird.*

wi|der|lich ⟨Adj.⟩: **1.** (abwertend) *physischen Widerwillen, Ekel hervorrufend:* ein -er Geschmack, Anblick; w. schmecken; die unsauberen Räume sind mir w. **2.** (abwertend) *in hohem Maße unsympathisch, abstoßend:* ein -er Typ; ihr Verhalten war w. *(unerträglich).* **3.** (abwertend) ⟨intensivierend bei Adjektiven⟩ *in einem als äußerst unangenehm empfundenen hohen Grad, Maß; überaus:* der Kuchen ist w. süß; ein w. feuchtes Klima.

Wi|der|lich|keit, die; -, -en (abwertend): **a)** ⟨o. Pl.⟩ *das Widerlichsein;* **b)** *etw. Widerliches* (1, 2).

Wi|der|ling, der; -[e]s, -e (abwertend): *widerlicher, durch seine unangenehmen Eigenschaften abstoßender Mensch.*

wi|dern ⟨sw. V.; hat⟩ [mhd. wider(e)n, ahd. widarōn = entgegen sein; entgegentreten; sich sträuben] (veraltet): *ekeln* (1 b, c).

wi|der|na|tür|lich ⟨Adj.⟩ (abwertend): *nicht den biologischen Anlagen entsprechend; dem natürlichen Empfinden zuwiderlaufend; gegen die ungeschriebenen Gesetze menschlichen Verhaltens verstoßend.*

Wi|der|na|tür|lich|keit, die; -, -en (abwertend): **a)** ⟨o. Pl.⟩ *das Widernatürlichsein;* **b)** *etw. Widernatürliches.*

Wi|der|part, der; -[e]s, -e [mhd. widerpart(e)] (geh. veraltend): **1.** *Widersacher; Gegner.* **2.** *** jmdm. W. bieten/geben** *(jmdm. Widerstand leisten).*

wi|der|ra|ten ⟨st. V.; hat⟩ (geh.): *(jmdm.) von etw. abraten:* jmdm. eine Geschäftsverbindung w.; ich habe [es] ihm widerraten zu reisen; die Mutter widerriet einer Ehe.

wi|der|recht|lich ⟨Adj.⟩: *gegen das Recht verstoßend.*

Wi|der|recht|lich|keit, die; -, -en: **a)** ⟨o. Pl.⟩ *das Widerrechtlichsein;* **b)** *widerrechtliche Handlung o. Ä.*

Wi|der|re|de, die; -, -n: **1.** *Äußerung, mit der jmdm. widersprochen wird:* [ich dulde] keine W.!; etw. ohne W. tun; ohne [ein Wort der] W. einwilligen. **2.** *Gegenrede* (1): Rede und W.

wi|der|re|den ⟨sw. V.; hat⟩ (selten): *widersprechen* (1 a).
Wi|der|rist, der; -[e]s, -e: *(bes. von Pferden u. Rindern) vorderer, erhöhter Teil des Rückens.*
Wi|der|ruf, der; -[e]s, -e [mhd. widerruof(t) = Widerspruch, Weigerung]: *das Widerrufen; Zurücknahme einer Aussage o. Ä.:* [öffentlich] W. leisten; der Durchgang ist [bis] auf W. *(bis es widerrufen wird)* gestattet.
wi|der|ru|fen ⟨st. V.; hat⟩ [mhd. widerruofen = zurückrufen; für ungültig erklären]: *für nicht mehr geltend, unrichtig erklären; [öffentlich] zurücknehmen:* eine Erklärung, Erlaubnis, Behauptung w.; die Angeklagte hat ihr Geständnis widerrufen.
wi|der|ruf|lich ⟨Adj.⟩: *einen Widerruf zulassend; [bis] auf Widerruf:* etw. ist w. gestattet.
Wi|der|ruf|lich|keit, die; -: *das Widerruflichsein; Möglichkeit, widerrufen zu werden.*
Wi|der|ru|fung, die; -, -en: *das Widerrufen.*
Wi|der|sa|cher, der; -s, - [14. Jh., zu mhd. widersachen = widerstreben, ahd. widarsachan = rückgängig machen, zu mhd. sachen, ahd. sahhan (↑Sache), urspr. = Gegner in einem gerichtlichen Streitfall]: *persönlicher Gegner, der versucht, die Bestrebungen o. Ä. des anderen zu hintertreiben, ihnen zu schaden:* ein gefährlicher, erbitterter W.
Wi|der|sa|che|rin, die; -, -nen: w. Form zu ↑Widersacher.
wi|der|schal|len ⟨sw. V.; hat⟩ (veraltend): *widerhallen.*
Wi|der|schein, der; -[e]s, -e: *Helligkeit, die durch reflektiertes Licht entstanden ist:* der W. des Mondes auf dem Schnee; Ü der W. des Glücks lag auf ihrem Gesicht.
wi|der|schei|nen ⟨st. V.; hat⟩: *als Schein reflektiert werden:* das Licht scheint wider in den Scheiben.
wi|der|set|zen, sich ⟨sw. V.; hat⟩: *jmdm., einer Sache Widerstand entgegensetzen, sich dagegen auflehnen:* sich einer Maßnahme, einem Beschluss [offen] w.; sich jmds. Bitte, Wunsch nicht w. können; er hat sich mir widersetzt.
wi|der|setz|lich [auch: '- - - -] ⟨Adj.⟩: **a)** *sich widersetzend:* ein -es Mädchen; die beiden Gefangenen zeigten sich w.; **b)** *Widersetzlichkeit zum Ausdruck bringend:* ein -es Gesicht machen; er sprach in -em Ton.
Wi|der|setz|lich|keit [auch: '- - - - - -], die; -, -en: **a)** ⟨o. Pl.⟩ *das Widersetzlichsein;* **b)** *Handlung o. Ä., mit der sich jmd. widersetzt:* -en kamen bei uns nicht vor.
Wi|der|sinn, der; -[e]s: *in sich selbst widersprüchlicher, der Vernunft zuwiderlaufender Sinn von etw.:* den W. von etw. aufdecken.
wi|der|sin|nig ⟨Adj.⟩: *der Vernunft zuwiderlaufend; völlig absurd:* -e Behauptungen; das ist doch w.
Wi|der|sin|nig|keit, die; -, -en: **a)** ⟨o. Pl.⟩ *das Widersinnigsein;* **b)** *etw. Widersinniges.*
wi|der|spens|tig ⟨Adj.⟩ [für mhd. widerspæne(c), -spen(n)ic, zu ↑spannen (vgl. mhd. span, spān = Spannung, Streitigkeit, widerspān = Streit, Zank; Härte des Holzes), wurde aber früher vom Sprachgefühl auch mit ↑Span verbunden]: **a)** *sich gegen jmds. Willen, Absicht sträubend, sich jmds. Anweisung [mit trotziger Hartnäckigkeit] widersetzend:* ein -es Kind; das Pferd ist furchtbar w.; sich w. zeigen; Ü -es *(nicht leicht zu glättendes, zu frisierendes)* Haar; **b)** *Widerspenstigkeit ausdrückend, erkennen lassend:* ein -es Verhalten an den Tag legen.
Wi|der|spens|tig|keit, die; -, -en: **a)** ⟨o. Pl.⟩ *das Widerspenstigsein;* **b)** *widerspenstige Handlung.*
wi|der|spie|geln ⟨sw. V.; hat⟩: **1. a)** *das Spiegelbild von jmdm., etw. zurückwerfen:* das Wasser spiegelt die Lichter wider/(seltener:) widerspiegelt die Lichter; **b)** ⟨w. + sich⟩ *als Spiegelbild erscheinen; sich spiegeln* (2 a): der Himmel spiegelt sich in der Lagune wider/(seltener:) widerspiegelt sich in der Lagune. **2. a)** *zum Ausdruck bringen, erkennbar werden lassen:* der Roman spiegelt die Verhältnisse wider/(seltener:) widerspiegelt die Verhältnisse; seine Augen spiegelten seine Freude wider; **b)** ⟨w. + sich⟩ *erkennbar werden:* dieses Erlebnis spiegelt sich in ihrem Werk wider/(seltener:) widerspiegelt sich in ihrem Werk.
Wi|der|spie|ge|lung, Wi|der|spieg|lung, die; -, -en: *das [Sich]widerspiegeln.*
Wi|der|spiel, das; -[e]s: **1.** (geh.) *das Gegeneinanderwirken verschiedener Kräfte:* das W. von Regierung und Opposition. **2.** (veraltet) *Gegenteil:* * **im W. mit** *(im Gegensatz zu).*
wi|der|spre|chen ⟨st. V.; hat⟩ [mhd. widersprechen, ahd. widarsprechan = Einspruch erheben; ablehnen, leugnen; sich lossagen]: **1. a)** *eine Äußerung, Aussage o. Ä. als unzutreffend bezeichnen u. Gegenargumente vorbringen:* jmdm. heftig, energisch, sachlich, vorsichtig, höflich w.; dieser Behauptung muss ich mit Nachdruck w.; »So geht das nicht«, widersprach er *(sagte er widersprechend);* du widersprichst dir ja ständig selbst; **b)** *einer Sache nicht zustimmen, gegen etw. Einspruch erheben:* der Betriebsrat hat der Entlassung widersprochen. **2.** *nicht übereinstimmen [mit etw., jmdm.]; sich ausschließen; im Widerspruch stehen:* dies widerspricht den Tatsachen, allen bisherigen Erfahrungen; die Darstellungen, Zeugenaussagen widersprechen sich/(geh.:) einander; ⟨oft im 1. Part.:⟩ sich widersprechende Aussagen; die widersprechendsten *(gegensätzlichsten)* Nachrichten trafen ein.
Wi|der|spruch, der; -[e]s, ...sprüche [spätmhd. widerspruch]: **1.** ⟨o. Pl.⟩ **a)** *das Widersprechen* (1 a); *Widerrede* (1): sein W. war berechtigt; es erhob sich allgemeiner W.; dieser Vorschlag hat W. vonseiten der Opposition erfahren; keinen, nicht den geringsten W. dulden, vertragen, aufkommen lassen; jeden W. zurückweisen; ihre Äußerungen stießen überall auf W.; etw. reizt zum W.; **b)** (bes. Rechtsspr.) *das Widersprechen* (1 b): W. gegen die einstweilige Verfügung einlegen; der Vorschlag wurde ohne W. angenommen. **2.** *das Sichwidersprechen* (2), *Sichausschließen; fehlende Übereinstimmung zweier od. mehrerer Aussagen, Erscheinungen o. Ä.:* das ist ein nicht zu übersehender W.; worin liegt der W.?; etw. ist ein W. in sich; in W. zu jmdm., etw. geraten; sich in Widersprüche verwickeln *(widersprüchliche Aussagen machen);* seine Taten stehen mit seinen Reden in krassem W. **3.** (Philos.) *Gegensatz zwischen zwei Erscheinungen, Prozessen, Systemen o. Ä., die einander bedingen, sich zugleich aber ausschließen; widerstreitende Einheit der Gegensätze:* ein antagonistischer W.
wi|der|sprüch|lich ⟨Adj.⟩: **a)** *sich widersprechend* (2): -e Aussagen, Meldungen; ihr Bericht war recht w.; **b)** *Widersprüche* (2) *aufweisend:* die Formulierung ist w.; sein Verhalten war w.
Wi|der|sprüch|lich|keit, die; -, -en: **a)** ⟨o. Pl.⟩ *das Widersprüchlichsein:* die W. einer Aussage; **b)** *etw. [in sich] Widersprüchliches.*
wi|der|spruchs|frei ⟨Adj.⟩: *frei von [logischem] Widerspruch* (2): eine -e Theorie.
Wi|der|spruchs|geist, der ⟨Pl. -er⟩: **1.** ⟨o. Pl.⟩ *Neigung zu widersprechen:* in ihr regte sich W.; er reizte, weckte ihren W. **2.** (ugs.) *jmd., der oft u. gern widerspricht.*
Wi|der|spruchs|kla|ge, die (Rechtsspr.): *(bei Zwangsvollstreckungen) Klage, mit der ein Dritter an dem beschlagnahmten Gegenstand ein die Vollstreckung ausschließendes Recht (z. B. Eigentum) geltend macht.*
wi|der|spruchs|los ⟨Adj.⟩: *ohne zu widersprechen* (1 a): w. gehorchen; Kritik w. hinnehmen.
wi|der|spruchs|voll ⟨Adj.⟩: *voller Widersprüche* (2); *Widersprüche beinhaltend.*
Wi|der|stand, der; -[e]s, ...stände [1: spätmhd. widerstant]: **1.** *das Sichwidersetzen, Sichentgegenstellen:* hartnäckiger, zäher, heldenhafter W.; organisierter, antifaschistischer W.; aktiver W. *(Widerstand mit Anwendung von Gewalt);* passiver W. *(Widerstand durch Verweigerung von Befehlen ohne Anwendung von Gewalt);* der W. der Bevölkerung gegen das Regime wächst, erlahmt; der W. der Rebellen erlosch; W. gegen die Staatsgewalt (Rechtsspr.; *das Sichwidersetzen bes. gegen die Festnahme durch die Polizei*); offenen W. leisten *(sich widersetzen, auflehnen);* einige Truppenteile leisteten noch W. *(Gegenwehr);* jmds. W. gegen ein Reformprogramm überwinden; etw. ist an dem W. von jmdm. gescheitert; bei jmdm. [mit etw.] auf W. stoßen; zum bewaffneten W. aufrufen. **2.** ⟨o. Pl.⟩ kurz für ↑Widerstandsbewegung: dem W. angehören; im W. sein. **3. a)** *etw., was jmdm., einer Sache entgegenwirkt, sich als hinderlich erweist:* beim geringsten W. aufgeben; sie schaffte es allen Widerständen zum Trotz; **b)** ⟨o. Pl.⟩ (Mech.) *Druck, Kraft, die der Bewegung eines Körpers entgegenwirkt:* gegen den W. der Strömung kämpfen. **4.** (Elektrot.) **a)** ⟨o. Pl.⟩ *Eigenschaft von bestimmten Stoffen, das Fließen von elektrischem Strom zu hemmen;* **b)** *elektrisches Schaltungselement:* der W. ist überlastet; einen W. einbauen.
Wi|der|stands|be|we|gung, die: *Bewegung* (3 b), *die den Kampf gegen ein unrechtmäßiges, unterdrückerisches usw. Regime führt, den Widerstand* (1) *organisiert:* sich einer W. anschließen; einer W. angehören; zu einer W. gehören.
wi|der|stands|fä|hig ⟨Adj.⟩: *von einer Konstitution, Beschaffenheit o. Ä., die Belastungen standhält:* w. sein [gegen Ansteckungen]; das Material ist sehr w.
Wi|der|stands|fä|hig|keit, die ⟨o. Pl.⟩: *das Widerstandsfähigsein.*
Wi|der|stands|grup|pe, die: vgl. Widerstandsbewegung.
Wi|der|stands|kämp|fer, der: *Angehöriger einer Widerstandsbewegung.*
Wi|der|stands|kämp|fe|rin, die: w. Form zu ↑Widerstandskämpfer.
Wi|der|stands|kraft, die: *Widerstandsfähigkeit.*
wi|der|stands|los ⟨Adj.⟩: **a)** *ohne Widerstand* (1) *zu leisten:* sich w. festnehmen lassen; **b)** *ohne auf Widerstand* (3 a) *zu stoßen:* w. seine Pläne durchsetzen können.
Wi|der|stands|lo|sig|keit, die; -: **a)** *widerstandsloses* (a) *Verhalten;* **b)** (selten) *Fehlen von Widerstand* (3 a).
Wi|der|stands|mes|ser, der (Elektrot.): *Ohmmeter.*
Wi|der|stands|me|tall, das (Elektrot.): *Metall, Legierung mit relativ hohem Widerstand* (4 a).
Wi|der|stands|nest, das: *kleiner militärischer Stützpunkt, der [noch] Widerstand* (1) *leistet.*
Wi|der|stands|or|ga|ni|sa|ti|on, die: vgl. Widerstandsbewegung.
Wi|der|stands|recht, das ⟨o. Pl.⟩: *[moralisches] Recht, [entgegen der herrschenden Gesetzgebung] Widerstand* (1) *zu leisten.*
Wi|der|stands|wil|le, der ⟨o. Pl.⟩: *Wille zum Widerstand* (1).
wi|der|ste|hen ⟨unr. V.; hat⟩ [mhd. widerstēn, ahd. widarstēn]: **1.** *der Neigung, etw. Bestimmtes zu tun, nicht nachgeben:* einer Versuchung, dem Alkohol [nicht] w. [können]; er konnte ihr, ihrem freundlichen Lächeln nicht länger w.; sie verbreitete einen Optimismus, dem niemand w. konnte; wer hätte da w. können? **2. a)** *etw. aushalten können:* das Material widersteht allen Belastungen; **b)** *jmdm., einer Sache erfolgreich Widerstand entgegensetzen:* der Gegnerin, einem feindlichen Angriff w. **3.** *bei jmdm. Widerwillen, Abneigung, Ekel hervorrufen:* das Fett widersteht mir; mir widersteht es zu lügen.
Wi|der|strahl, der; -[e]s, -en: vgl. Widerschein.
wi|der|strah|len ⟨sw. V.; hat⟩: vgl. widerscheinen.
wi|der|stre|ben ⟨sw. V.; hat⟩ [mhd. widerstreben = Widerstand leisten]: **a)** *jmdm. zuwider sein:* es widerstrebt mir, darüber zu reden; ihr widerstrebt jegliche Abhängigkeit; **b)** (geh.) *sich widersetzen:* einem Ansinnen w.; ⟨häufig im 1. Part.:⟩ etw. mit widerstrebenden Gefühlen tun.
Wi|der|stre|ben, das; -s: *entschiedene Abneigung,*

innerliches Sichsträuben gegen etw.: etw. mit W. tun; nach anfänglichem W. stimmten sie zu.

Wi|der|streit, der; -[e]s, -e: *konfliktgeladenes Gegeneinander-gerichtet-Sein; Konflikt* (2): ein W. der Interessen, Meinungen; im W. zwischen Pflicht und Neigung leben.

wi|der|strei|ten ⟨st. V.; hat⟩: **a)** *im Widerspruch stehen:* etw. widerstreitet allen herkömmlichen Begriffen; ⟨häufig im 1. Part.:⟩ widerstreitende Empfindungen; **b)** (veraltet) *sich jmdm., einer Sache widersetzen:* er hat ihm widerstritten.

wi|der|wär|tig ⟨Adj.⟩ [mhd. widerwertec = entgegengesetzt, feindlich; unangenehm, abstoßend, ahd. widarwartig = entgegengesetzt, feindlich, zu mhd. widerwert, ahd. widarwert = entgegen; verkehrt]: **a)** *dem Wollen od. Handeln sehr zuwider, hinderlich:* -e Umstände; **b)** *der Empfindung, Neigung widerstrebend, höchst unangenehm:* eine -e Person; dieser Geruch ist mir w.

Wi|der|wär|tig|keit, die; -, -en [mhd. widerwerticheit = Gegensatz, Unglück]: **a)** ⟨o. Pl.⟩ *das Widerwärtigsein;* **b)** *etw. Widerwärtiges.*

Wi|der|wil|le, der; -ns, (seltener:) **Wi|der|wil|len,** der; -s [mhd. widerwille = Ungemach, Widersetzlichkeit]: *Gefühl des Angewidertseins; heftige Abneigung:* ein physischer W. stieg in ihr auf; Widerwillen [bei etw.] empfinden, gegen jmdn., etw. haben, hegen; seinen Widerwillen unterdrücken; etw. erregt, weckt jmds. Widerwillen; etw. nur mit Widerwillen essen, tun können.

wi|der|wil|lig ⟨Adj.⟩: **a)** *ziemlich widerstrebend; sehr ungern:* etw. nur w. essen; w. ging sie mit, folgte sie ihm; **b)** *Unmut, Widerwillen ausdrückend:* eine -e Gebärde, Antwort; er sagte das recht w.

Wi|der|wil|lig|keit, die; -: *das Widerwilligsein.*

Wi|der|wort, das; -[e]s, -e: *ein gegen etw. gerichtetes Wort; Widerspruch:* keine -e!

wid|men ⟨sw. V.; hat⟩ [mhd. widemen, ahd. widimen, zu mhd. wideme, ahd. widimo (↑ Wittum), eigtl. = mit einer Schenkung ausstatten]: **1.** *jmdm. etw., bes. ein künstlerisches, wissenschaftliches Werk, als Ausdruck der Verbundenheit, Zuneigung, des Dankes o. Ä. symbolisch zum Geschenk machen; jmdm. etw. zueignen:* jmdm. ein Buch, Gedicht, eine Sinfonie w. **2. a)** *ausschließlich für jmdn. od. zu einem gewissen Zweck bestimmen, verwenden:* sein Leben der Kunst w.; sie widmete den ganzen Abend seinen Eltern; einer Sache nicht die richtige Aufmerksamkeit w.; **b)** ⟨w. + sich⟩ *sich intensiv mit jmdm., etw. beschäftigen:* sich wissenschaftlichen Arbeiten w.; heute kann ich mich dir ganz w. **3.** (Amtsspr.) *einer bestimmten öffentlichen Benutzung o. Ä. übergeben.*

Wid|mung, die; -, -en [spätmhd. widemunge = Ausstattung]: **1.** *persönliche, in ein Buch, unter ein Bild o. Ä. geschriebene Worte [durch die kenntlich gemacht wird, dass es sich um ein Geschenk o. Ä. handelt]:* in dem Buch stand eine W. des Verfassers; ein Foto der Künstlerin mit persönlicher W. **2.** *Schenkung:* eine unerwartete W. von 50 000 Mark. **3.** (Amtsspr.) *Verwaltungsakt, durch den etw. zur öffentlichen Benutzung freigegeben u. dem öffentlichen Recht unterstellt wird.*

wid|rig ⟨Adj.⟩ [zu ↑ wider]: **1.** *gegen jmdn., etw. gerichtet u. sich dadurch äußerst ungünstig, behindernd auswirkend:* mit -en Umständen fertig werden müssen. **2.** (abwertend veraltend) *Widerwillen auslösend:* ein -er Geruch.

-wid|rig: drückt in Bildungen mit Substantiven – selten mit Adjektiven – aus, dass die beschriebene Person oder Sache gegen etw. gerichtet ist, verstößt, in Widerspruch zu etw. steht: absprache-, befehls-, rechts-, vernunftwidrig.

wid|ri|gen|falls ⟨Adv.⟩ (bes. Amtsspr.): *wenn dies nicht geschieht; andernfalls:* es wird angeordnet, dass sie vor Gericht erscheint, w. wird sie vorgeführt/w. sie vorgeführt wird.

Wid|rig|keit, die; -, -en: *etw., was jmdn. in einem Tun o. Ä. hemmt, behindert; Schwierigkeit; Unannehmlichkeit:* überall mit -en zu kämpfen haben.

wie [mhd. wie, ahd. (h)wio]: **I.** ⟨Adv.⟩ **1.** ⟨interrogativ⟩ **a)** *auf welche Art u. Weise, auf welchem Wege, mit welchen Mitteln?:* w. funktioniert das?; w. hast du das gemacht?; w. kommt man von hier aus zum Bahnhof?; w. kann ich es am besten erklären?; ich weiß nicht, w. es dazu gekommen ist; ich frage mich, w. er das so schnell fertig gebracht hat; wir müssen es machen, ich frage mich nur noch w.; w. man es auch macht *(gleichgültig, auf welche Weise man es macht),* es ist ihr nie recht; w. kommst du dazu *(was veranlasst dich dazu),* ihn zu schlagen?; w. kommt es *(was sind die Ursachen dafür),* dass heute alle Züge Verspätung haben?; w. *(woher)* soll ich das wissen?; w. *(in welchem Sinne)* ist das zu interpretieren?; w. *(in welcher Form)* kommt Eisen in der Natur vor?; »Er ist zurückgetreten.« – »Wie das?« (ugs.; *was sind die näheren Umstände, die Gründe, die Ursachen o. Ä.?*); wie soll man da nicht lachen! *(da muss man doch lachen!);* w. heißt er? *(welchen Namen hat er?);* w. sagt man dafür *(welchen Ausdruck gibt es dafür)* in der Schweiz?; w. [bitte]? *(was sagtest du?);* w. war das? (ugs.; *würdest du das bitte wiederholen?*); du sagst, ich hätte schneller kommen müssen. Wie denn? Wie konnte ich denn? *(auf welche Weise denn?; das war doch gar nicht möglich);* ⟨in Ausrufesätzen:⟩ w. er das wieder geschafft hat!; **b)** *durch welche Merkmale, Eigenschaften gekennzeichnet?:* w. war das Wetter?; w. ist deine neue Chefin?; w. war es in Spanien?; w. geht es ihm?; w. läuft der neue Wagen?; w. findest du das Bild?; w. gefällt es dir?; w. wärs mit einem Whisky? *(hast du Lust auf einen Whisky?);* [na, und] wie? (landsch.; *wie geht es denn?*); ⟨in Ausrufesätzen:⟩ w. du aussiehst!; **c)** *in welchem Grade?:* w. groß ist das Grundstück?; w. teuer war der Mantel?; w. gut kennst du ihn?; w. spät *(welche Uhrzeit)* ist es?; w. *(wie viel Jahre)* alt bist du?; w. oft habt ihr euch getroffen?; w. sehr liebst du ihn?; w. viel[e] Personen sind wir?; w. viel Geld hast du noch?; w. viel ist *(was ergibt)* acht mal acht?; w. viel Uhr *(wie spät)* ist es?; w. viel *(wie viel Geld)* kostet das?; w. viel *(wie viel Alkohol)* hast du schon getrunken?; w. viel bin ich Ihnen schuldig? *(was muss ich zahlen?);* w. viel jünger ist sie [als du]?; w. viel *(wie viel Kilogramm o. Ä.)* wiegst du?; ich weiß nicht, w. viel Zeit du hast; ⟨steht im Satzinnern od. am Satzende, wenn mit einem gewissen Nachdruck gefragt wird:⟩ er hat w. lange auf uns gewartet, sagtest du?; das Mädchen war damals w. alt?; das hat w. viel gekostet?; ⟨fragt in Verbindung mit »viel« nach einer Nummer; ugs.:⟩ Zeppelinstraße [Nummer] w. viel wohnt er?; Band w. viel soll jetzt erscheinen? ⟨in Verbindung mit »auch«, »immer«, »auch immer«:⟩ w. viel er auch *(gleichgültig, wie viel er)* verdient, er ist nie zufrieden; ⟨gibt in Ausrufesätzen einen hohen Grad, ein hohes Maß an:⟩ w. er sich freut!; w. viel Zeit das wieder kostet!; mit w. viel Liebe sie sich doch dieser Menschen angenommen hat!; w. viel schöner wäre das Leben, wenn dies gelingen würde!; w. *(wie schnell)* sie läuft!; den haben sie reingelegt, aber w. (ugs.; *und zwar ganz schlimm*), kann ich dir sagen!; »Ist es kalt?« – »Und w.!« (ugs.; *ja, und zwar sehr!*); **d)** (ugs.) als bekräftigende, bestätigende Frage nach einer Feststellung; *so ist es doch; nicht wahr?:*das ärgert dich wohl, w.?; du kannst nicht genug bekommen, w.? **2.** ⟨relativisch⟩ **a)** *auf welche Art u. Weise, auf welchem Wege, in welcher Weise; mit welchen Mitteln:* die Art, w. es sich entwickelt hat; mich stört nur [die Art u. Weise], w. sie es macht; **b)** *in welchem Grad, Ausmaß:* die Preise steigen in dem Umfang, w. die Löhne erhöht werden. **II.** ⟨Konj.⟩ **1.** ⟨Vergleichspartikel⟩ **a)** schließt, oft in Korrelation zu »so« u. a., ein Satzglied od. ein Attribut an: [so] weiß w. Schnee; stark w. ein Bär; mit Hüten w. *(so groß wie)* Wagenräder; das riecht w. Benzin; seine Hand streifte w. zufällig ihren Nacken; da geht es dir w. mir; w. durch ein Wunder blieb sie unverletzt; ein Mann w. er; in einer Zeit w. der heutigen; ich fühle mich w. gerädert; er macht es [genauso] w. du; sie ist doppelt, nur halb so alt w. sie; so schnell w. möglich; w. immer; das schreibt man mit »N« w. »Nordpol«; er kann spielen w. keiner, w. selten einer; **R** w. du mir, so ich dir *(was du mir Übles antust, das tue ich dir auch an);* **b)** schließt ein od. mehrere zur Veranschaulichung eines vorher genannten Begriffs angeführte Beispiele an: Entwicklungsländer w. [zum Beispiel, beispielsweise, etwa, meinetwegen] Somalia oder Tansania; Haustiere w. Rind[er], Schwein[e], Pferd[e]; **c)** schließt, oft in Korrelation zu »so« u. a., einen Nebensatz an: sie ist jetzt so alt, w. ich damals war; es kam, w. ich es erwartet hatte; er trinkt den Wein, w. andere Leute Wasser trinken; ich ging so, w. ich war, mit ihr hinaus; raffiniert, w. er ist, hat er mich darüber im Unklaren gelassen; alle, w. sie da sitzen *(ausnahmslos alle, die da sitzen),* haben mit dem Fall zu tun; die Formel lautet[,] w. folgt *(folgendermaßen);* w. verabredet *(wie wir verabredet haben),* sehen wir uns morgen; sie schlief w. gewöhnlich *(wie sie es gewöhnlich tut)* nur eine halbe Stunde; w. schon der Name sagt *(worauf schon das Wort hindeutet);* **d)** in Verbindung mit »wenn«; *als ob:* es sieht aus, w. wenn es regnen wollte; er torkelt, w. wenn er betrunken wäre. **2. a)** (nicht standardsprachlich) steht bei Vergleichen nach dem Komparativ sowie nach »ander...«, »anders« u. Zusammensetzungen mit diesen; *als* (II 1): er ist größer w. du; sie macht es anders w. ich; **b)** (ugs.) steht nach »nichts«; *außer, als* (II 1 b): sie hat nichts w. *(hat nur)* Dummheiten im Kopf; nichts w. hin! *(lass uns schnellstens hinlaufen, -fahren usw.!).* **3.** verknüpft die Glieder einer Aufzählung; *sowie, und [auch, gleichermaßen, ebenso usw.]:* Männer w. Frauen nahmen teil; das Haus ist außen w. innen renoviert. **4.** leitet, gewöhnlich nur bei Gleichzeitigkeit u. in Verbindung mit dem historischen Präsens, einen temporalen Nebensatz ein; *als* (I 1): w. ich an seinem Fenster vorbeigehe, höre ich ihn singen. **5.** leitet nach Verben der Wahrnehmung o. Ä. einen Objektsatz ein: ich hörte, w. die Haustür ging; ich spürte, w. es kälter wurde.

Wie|de|hopf, der; -[e]s, -e [mhd. witehopf(e), ahd. witihopfa, lautm. nach dem Paarungsruf des Vogels]: *mittelgroßer, hellbrauner, an Flügeln u. Schwanz schwarz-weiß gebänderter Vogel mit langem, dünnem Schnabel u. großer Haube:* der W. ist in Deutschland sehr selten geworden; * **stinken wie ein W.** (salopp; *einen sehr unangenehmen u. durchdringenden Geruch an sich haben;* nach dem stark riechenden Kot der Nestlinge).

wie|der ⟨Adv.⟩ [mhd. wider, ahd. widar(i), erst im 17. Jh. orthographisch u. nach der Bed. von ↑ wider unterschieden]: **1. a)** drückt eine Wiederholung aus; *ein weiteres Mal, wie früher schon einmal; erneut:* wir fahren dieses Jahr w. an die See; ob wir je w. Gelegenheit dazu haben werden?; ein Theaterstück, die Arbeit w. aufnehmen; ein Verfahren w. aufnehmen (Rechtsspr.; *ein Wiederaufnahmeverfahren einleiten*); wann siehst du ihn w. *(das nächste Mal)*?; versprich mir, dass du das nie w. tun wirst!; ich will ihn nie w. *(nie mehr)* belügen; nie w. *(nie mehr)* Krieg!; es regnet ja schon w.!; willst du schon w. verreisen?; er war w. nicht zu Hause; wir sollten w. mal/mal w. ins Kino gehen; sie streiten sich wegen nichts und w. nichts *(ohne den geringsten Grund);* er macht immer w. denselben Fehler; ich habe ihn w. und w. (geh.; *immer wieder*) ermahnt; du musst es versuchen und w. versuchen (geh.; *immer wieder versuchen*); ihr Artikel wurde w. abgedruckt; er musste mit seiner Arbeit wegen eines Fehlers w. *(von vorne)* anfangen; sie bückte sich, um den Ball w. aufzuheben; sein neuestes Buch ist w. *(wie schon das vorige)* ein Bestseller; (emotional:) wie du w. aussiehst!; wie er das w. geschafft hat!; was ist denn jetzt schon w. los?; **b)** drückt, in Verbindung mit Ausdrücken wie »anders«, »ander...« usw., aus, dass eine weitere, zusätzliche Unterscheidung gemacht wird; *noch [einmal]:* einige sind dafür, andere dagegen, und w. andere haben keine Meinung; das ist w. etwas anderes. **2.** drückt eine Rückkehr in einen früheren Zustand aus; drückt aus, dass etw. rückgängig gemacht wird: w. gesund sein; nach dem Sturm musste der Mast w. aufgerichtet werden; das U-Boot konnte nicht w. *(an derselben Stelle)* auftauchen; das Buch ist w. aufgetaucht; der Name ist mir endlich w. eingefallen; ein altes Recht w. einführen; Strafentlassene ins normale Berufsleben w. eingliedern; eine suspendierte Beamtin w. einsetzen; der Stein musste w. in die Fassung eingesetzt werden; einen Arbeitslosen w. einstellen; er hat sein Haus w. aufgebaut, hergerichtet; er fiel und stand sofort w. auf; er wurde w. freigelassen; ich habe dich sofort w. erkannt; eine Gegend, Landschaft w. erkennen; nicht w. gutzumachendes *(nicht auszugleichendes)* Unrecht; stell das w. an seinen Platz!; ich bin gleich w. hier; alles ist w. beim Alten; (ugs. auch in pleonastischen Verwendungen wie:) das kann man w. kleben *(durch Kleben wieder in seinen alten Zustand bringen);* gib es ihm w. zurück! *(gib es ihm zurück!);* der Schnee ist w. getaut *(ist getaut und damit verschwunden);* willst du schon w. gehen? *(willst du wirklich jetzt schon gehen?).* **3.** *gleichzeitig, andererseits [aber auch]:* es gefällt mir und gefällt mir [andererseits] w. nicht; da hast du auch w. Recht; so schlimm ist es [nun ja auch] w. nicht. **4.** *wiederum* (3). **5.** (ugs.) drückt aus, dass etw. als Reaktion auf etw. Gleiches od. Gleichartiges hin erfolgt; *auch, ebenso:* wenn er dir eine runterhaut, haust du ihm einfach w. eine runter!; er hat mir eine Rose geschenkt, da habe ich ihm am nächsten Tag w. eine [Rose] geschenkt. **6.** (ugs.) *noch* (III 5): wie heißt sie w.?; wo war das [gleich] w.?

Wie|der|ab|druck, der; -[e]s, -e: **1.** ‹o. Pl.› *erneuter Abdruck (eines Textes).* **2.** *Reprint:* das Buch ist jetzt als W. lieferbar.

Wie|der|an|pfiff, der; -[e]s, -e (Sport): *Anpfiff zur Eröffnung der zweiten Halbzeit.*

Wie|der|an|spiel, das; -[e]s, -e (Sport): *Anspiel zur Eröffnung der zweiten Halbzeit.*

Wie|der|an|stoß, der; -es, ...anstöße (Fußball): *Anstoß zur Eröffnung der zweiten Halbzeit.*

Wie|der|auf|bau, der; -[e]s: *das Wiederaufbauen.*

wie|der|auf|bau|en ‹sw. V.; hat›: *den früheren Zustand von etw. wiederherstellen:* nach dem Krieg die Industrie w.

wie|der|auf|be|rei|ten ‹sw. V.; hat›: *zur Wiederverwendung aufbereiten* (1): Brennelemente w.

Wie|der|auf|be|rei|tung, die; -, -en: *das Wiederaufbereiten:* die W. von Altöl.

Wie|der|auf|be|rei|tungs|an|la|ge, die: *Anlage zur Wiederaufbereitung (bes. von abgebrannten Brennelementen).*

wie|der|auf|füh|ren ‹sw. V.; hat› (Theater): *nach längerer Pause in derselben Inszenierung u. Ausstattung aufführen.*

Wie|der|auf|füh|rung, die; -, -en (Theater): *das Wiederaufführen.*

Wie|der|auf|nah|me, die; -, -en: **1.** *erneute Aufnahme* (1): die W. von diplomatischen Beziehungen, eines Verfahrens, der Arbeit. **2.** *erneute Aufnahme* (3) *in eine Organisation.* **3.** (Theater) *nochmalige Aufnahme (einer Inszenierung) in den Spielplan.*

Wie|der|auf|nah|me|ver|fah|ren, das (Rechtsspr.): *Verfahren, in dem ein bereits rechtskräftig entschiedener Fall neu verhandelt wird.*

wie|der auf|neh|men: s. wieder (1 a).

wie|der|auf|rich|ten ‹sw. V.; hat›: *(nachdrücklich): aufrichten* (3 a): deine Worte haben mich wiederaufgerichtet *(getröstet).*

Wie|der|auf|rich|tung, die; -: *erneutes Aufrichten* (1, 2).

Wie|der|auf|rüs|tung, die; -, -en: *erneutes Aufrüsten.*

Wie|der|auf|stieg, der; -[e]s, -e (Sport): *Rückkehr in eine höhere Spiel-, Leistungsklasse.*

wie|der auf|tau|chen: s. wieder (2).

wie|der|be|geg|nen ‹sw. V.; ist›: *nach längerer Zeit, Abwesenheit, Trennung o. Ä. begegnen* (1): erst nach zwanzig Jahren ist er ihm, sind sie sich/(geh.:) einander wiederbegegnet.

Wie|der|be|geg|nung, die; -, -en: *Begegnung* (1) *nach längerer Zeit, Abwesenheit, Trennung o. Ä.*

Wie|der|be|ginn, der; -[e]s: *erneuter Beginn.*

wie|der|be|kom|men ‹st. V.; hat›: *zurückbekommen* (1).

wie|der|be|le|ben ‹sw. V.; hat›: *jmds. lebensbedrohlich gestörte od. bereits zum Stillstand gekommene Atmung u. Herztätigkeit durch gezielte Maßnahmen wieder in Gang bringen:* man versuchte vergebens, ihn wiederzubeleben.

Wie|der|be|le|bung, die; -, -en: *das Wiederbeleben.*

Wie|der|be|le|bungs|ver|such, der ‹meist Pl.›: *Versuch, jmdn. wiederzubeleben.*

wie|der|be|schaf|fen ‹sw. V.; hat›: *erreichen, dafür sorgen, dass man etw., was man früher schon einmal hatte, besaß, worüber man verfügte, wiederbekommt:* ich werde versuchen, dir deine Arbeitsstelle, dein Fahrrad wiederzubeschaffen.

Wie|der|be|schaf|fung, die; -: *das Wiederbeschaffen.*

Wie|der|be|schaf|fungs|wert, der (Wirtsch.): *Wert eines Wirtschaftsgutes am Tag der Wiederbeschaffung.*

wie|der|be|waff|nen ‹sw. V.; hat›: *remilitarisieren.*

Wie|der|be|waff|nung, die; -, -en: *Remilitarisierung.*

wie|der|brin|gen ‹unr. V.; hat›: *zurückbringen* (1 a): du musst mir das Buch nächste Woche w.

Wie|der|druck, der; -[e]s, -e: *Neudruck.*

wie|der ein|fal|len, wie|der ein|füh|ren: s. wieder (2).

Wie|der|ein|füh|rung, die; -, -en: *das Wiedereinführen:* die Ignoranten verlangten die W. der Todesstrafe.

wie|der ein|glie|dern: s. wieder (2).

Wie|der|ein|glie|de|rung, die; -, -en: *das Wiedereingliedern; das Wiedereingegliedertwerden.*

Wie|der|ein|pflan|zung, die; -, -en (Med.): *erneute Einpflanzung eines (gewaltsam od. zu therapeutischen Zwecken) abgetrennten Körperteils o. Ä.*

wie|der ein|set|zen: s. wieder (2).

Wie|der|ein|set|zung, die; -, -en: *das Wiedereinsetzen; das Wiedereingesetztwerden.*

Wie|der|ein|stei|ger, der; -s, -: *jmd., der (nach einer längeren Pause) wieder in den Beruf einsteigt* (3 b).

Wie|der|ein|stei|ge|rin, die; -, -nen: w. Form zu ↑Wiedereinsteiger.

wie|der ein|stel|len: s. wieder (2).

Wie|der|ein|stel|lung, die; -, -en: *das Wiedereinstellen; das Wiedereingestelltwerden.*

Wie|der|ein|tritt, der; -[e]s, -e: **1.** *erneuter Eintritt (in eine Organisation o. Ä.):* seit ihrem W. in die Partei ist sie für Frauenfragen zuständig. **2.** *Eintreten* (5) *in etw., was vorher verlassen wurde:* beim W. der Raumkapsel in die Atmosphäre.

wie|der|ent|de|cken ‹sw. V.; hat›: *etw., was in Vergessenheit geraten, verschwunden, verborgen war, entdecken.*

Wie|der|ent|de|ckung, die; -, -en: **a)** *das Wiederentdecken;* **b)** *etw. Wiederentdecktes.*

wie|der|er|hal|ten ‹st. V.; hat›: *zurückerhalten.*

wie|der|er|ken|nen ‹unr. V.; hat›: *eine Person od. Sache, die jmd. von früher kennt, als die Betreffende erkennen* (2 a): ich habe dich sofort wiedererkannt; eine Gegend, Landschaft w.; sie war kaum wiederzuerkennen; er hat sich auf dem Foto wiedererkannt.

wie|der|er|lan|gen ‹sw. V.; hat› (geh.): *zurückerlangen:* seine Gesundheit, Freiheit w.

wie|der|er|obern ‹sw. V.; hat›: *zurückerobern.*

Wie|der|er|obe|rung, die; -, -en: **a)** *das Wiedererobern;* **b)** *etw. Wiedererobertes.*

wie|der|er|öff|nen ‹sw. V.; hat›: *nach einer Zeit der Schließung eröffnen* (1): das Lokal wird unter neuer Führung wiedereröffnet.

Wie|der|er|öff|nung, die; -, -en: *das Wiedereröffnen; das Wiedereröffnetwerden.*

wie|der|er|star|ken ‹sw. V.; ist› (geh.): *so stark werden wie früher, die frühere Stärke wiedererlangen:* der Staat ist wirtschaftlich wiedererstarkt.

wie|der|er|stat|ten ‹sw. V.; hat›: *rückerstatten.*

Wie|der|er|stat|tung, die; -, -en: *Rückerstattung.*

wie|der|er|we|cken ‹sw. V.; hat›: *wieder zum Leben erwecken:* Tote kann man nicht w.

Wie|der|er|we|ckung, die; -, -en: *das Wiedererwecken; das Wiedererwecktwerden.*

wie|der|er|zäh|len ‹sw. V.; hat›: **1.** *erzählend wiedergeben:* er wollte den Kindern das Märchen w., aber er hatte die Hälfte vergessen. **2.** (ugs.) *wiedersagen:* du darfst ihr das auf keinen Fall w.

wie|der|fin|den ‹st. V.; hat›: **1. a)** *finden* (1 a) *u. dadurch wiedererlangen:* hast du den Schlüssel wiedergefunden?; sie haben sich nach Jahren wiedergefunden; **Ü** seine Fassung w.; nach dem Zusammenstoß fand sich die Radfahrerin im Straßengraben wieder (scherzh.; *befand sie sich plötzlich zu ihrer eigenen Überraschung im Straßengraben*); **b)** ‹w. + sich› *wiedergefunden* (1 a) *werden:* das Buch hat sich wiedergefunden. **2. a)** *(etw. von irgendwoher Bekanntes) auch anderswo finden, vorfinden:* dieses Stilelement findet man auch in der französischen Architektur wieder; ich habe dich in dem Porträt wiedergefunden; **b)** ‹w. + sich› *wiedergefunden* (4 a) *werden [können].* **3.** ‹w. + sich› *zu seinem inneren Gleichgewicht, seiner inneren Ruhe gelangen; sich wieder fangen; wieder zu sich selbst finden:* erst Jahre nach diesem Schock hat sie sich wiedergefunden.

wie|der|for|dern ‹sw. V.; hat›: *zurückfordern.*

Wie|der|ga|be, die; -, -n: **1.** *Darstellung, Bericht, Schilderung (von etw.):* eine genaue, detaillierte W. der Vorgänge. **2.** *Reproduktion* (2). **3.** *Aufführung, Interpretation (eines musikalischen Werkes):* eine W. des Brandenburgischen Konzerts mit alten Instrumenten. **4.** *das Wiedergeben* (5): eine einwandfreie W. der Musik durch das Tonbandgerät.

Wie|der|gän|ger, der; -s, - (Volksk.): *ruheloser, umgehender Geist eines Verstorbenen; Geist, Gespenst:* der Tote hat als W. sein Grab verlassen.

Wie|der|gän|ge|rin, die; -, -nen: w. Form zu ↑Wiedergänger.

wie|der|ge|ben ‹st. V.; hat›: **1.** *zurückgeben* (1 a): gib ihm das Buch sofort wieder! **2. a)** *berichten, erzählen, schildern:* einen Vorgang [falsch, richtig, wahrheitsgetreu, entstellt] w.; **b)** *ausdrücken* (3 a): das lässt sich mit Worten gar nicht [richtig] w.; eine Partizipialkonstruktion durch einen Nebensatz w.; **c)** *anführen, zitieren:* einen Text, eine Rede wörtlich, in gekürzter Form w. **3.** *darstellen* (1): erstaunlich, wie lebensecht die Malerin die Szene wiedergegeben hat. **4.** *reproduzieren* (2). **5.** *(mit technischen Hilfsmitteln) hörbar, sichtbar machen:* der Fernseher gibt die Farben sehr natürlich wieder; der Lautsprecher gibt die Höhen sehr schlecht wieder.

wie|der|ge|bo|ren ‹Adj.› (selten): *nach dem Tode nochmals geboren.*

Wie|der|ge|burt, die; -, -en: **1.** (Rel.) *das Wiedergeborenwerden des Menschen, der menschlichen Seele.* **2.** ‹o. Pl.› (christl. Rel.) *das Neuwerden des gläubigen Menschen durch die Gnade Gottes.* **3.** (geh.) *Renaissance* (3): diese Mode erlebt gerade eine W.

wie|der|ge|win|nen ‹st. V.; hat›: *zurückgewinnen:* verspieltes Geld w.

Wie|der|ge|win|nung, die; -, -en ‹Pl. selten›: *das Wiedergewinnen.*

wie|der|grü|ßen ‹sw. V.; hat›: *jmds. Gruß erwidern.*

wie|der gut|ma|chen: s. wieder (2).

Wie|der|gut|ma|chung, die; -, -en: 1. *das Wiedergutmachen.* 2. *zur Wiedergutmachung von etw. gezahlte Geldsumme, erbrachte Leistung:* W. zahlen.

Wie|der|gut|ma|chungs|leis|tung, Wie|der|gut|ma|chungs|zah|lung, die: *Wiedergutmachung* (2).

wie|der|ha|ben ⟨unr. V.; hat⟩: *wieder in seinem Besitz haben, wiederbekommen haben:* hast du das [verlorene, verliehene] Buch wieder?; wann kann ich das Geld w. *(zurückbekommen)*?; Ü wir wollen unsere alte Lehrerin w. *(wollen, dass sie wieder unsere Lehrerin ist);* nach langer Trennung haben sie sich wieder *(sind sie wieder zusammen).*

wie|der her|rich|ten: s. wieder (2).

wie|der|her|stel|len ⟨sw. V.; hat⟩: 1. a) *(etw., was es früher schon einmal gab) aufs Neue* (1 a) *herstellen* (2 a): den Kontakt, die Ruhe, das Gleichgewicht w.; jmds. Gesundheit, den Status quo ante w.; b) ⟨w. + sich⟩ *wiederhergestellt werden.* 2. *wieder gesund machen, werden lassen:* die Ärzte haben sie wiederhergestellt; er ist wiederhergestellt. 3. *(etw. Beschädigtes, Zerstörtes) wieder in einen intakten Zustand versetzen; reparieren, restaurieren:* das ausgebrannte Rathaus soll im ursprünglichen Zustand wiederhergestellt werden.

Wie|der|her|stel|lung, die; -, -en: *das Wiederherstellen; das Wiederhergestelltwerden.*

Wie|der|her|stel|lungs|kos|ten ⟨Pl.⟩: *Kosten für die Wiederherstellung eines beschädigten o. ä. Gegenstandes.*

wie|der|hol|bar ⟨Adj.⟩: *sich wiederholen* (1 a) *lassend:* das Experiment ist jederzeit w.

Wie|der|hol|bar|keit, die; -: *das Wiederholbarsein.*

wie|der|ho|len ⟨sw. V.; hat⟩: *zurückholen:* sie hat den Ball vom Nachbargrundstück wiedergeholt; Ü wir werden uns den Weltmeistertitel w.

wie|der|ho|len ⟨sw. V.; hat⟩ [15. Jh.; mhd. nicht bezeugt, ahd. widarholōn = zurückrufen]: 1. a) *nochmals ausführen, durchführen, veranstalten:* ein Experiment w.; das Fußballspiel muss wiederholt werden; der Chorleiter ließ uns die letzte Strophe w. *(noch einmal singen);* b) *nochmals (an etw.) teilnehmen, nochmals absolvieren:* die Schülerin muss die Klasse w.; die Prüfung kann bei Nichtbestehen [zweimal] wiederholt werden; ⟨auch o. Akk.-Obj.:⟩ der Schüler hat schon einmal wiederholt *(eine Klasse zweimal besucht).* 2. a) *nochmals sagen, vorbringen, aussprechen:* eine Frage [noch einmal] w.; er wiederholte seine Forderungen, sein Angebot; ich will ihre Worte hier nicht w.; ich kann nur w. *(noch einmal sagen, betonen),* dass ich nichts darüber weiß; b) ⟨w. + sich⟩ *etw. noch einmal sagen:* der Redner hat sich oft wiederholt; ich will mich nicht ständig w.; du wiederholst dich *(das hast du schon einmal gesagt).* 3. *(Lernstoff o. Ä.) nochmals durchgehen, sich von neuem einprägen; repetieren* (1): ein Kapitel aus der Geschichte, Vokabeln, eine Lektion w. 4. a) ⟨w. + sich⟩ *(in Bezug auf einen Vorgang o. Ä.) ein weiteres Mal geschehen:* das kann sich täglich, jederzeit w.; diese Katastrophe darf sich niemals w.; b) ⟨w. + sich⟩ *in einer Abfolge mehrmals, immer wiederkehren:* die Muster, die Figuren wiederholen sich; c) *an anderer Stelle ebenfalls erscheinen lassen:* das Überholverbotszeichen muss nach jeder Kreuzung wiederholt werden.

wie|der|holt ⟨Adj.⟩: *mehrfach, mehrmalig; nicht erst [jetzt] zum ersten Mal erfolgend:* trotz -er Aufforderungen zahlte sie nicht; darauf habe ich [schon] w. hingewiesen.

Wie|der|ho|lung, die; -, -en: 1. a) *das Wiederholen* (1 a); *das Wiederholtwerden:* eine W. der Wahl ist notwendig geworden; in der W. *(im Wiederholungsspiel)* erreichten sie ein 1 : 0; die Sendung ist eine W. *(ist früher schon einmal ausgestrahlt worden);* b) *das Wiederholen* (1 b); *das Wiederholtwerden:* eine W. der Prüfung ist nicht möglich. 2. a) *das Wiederholen* (2 a): auf eine wörtliche W. ihrer Äußerung verzichte ich; b) *das Sichwiederholen* (2 b): seine Rede war voller -en. 3. *das Wiederholen* (3): bei der W. der unregelmäßigen Verben. 4. a) *das Sichwiederholen* (4 a); b) *das Sichwiederholen* (4 b); c) *das Wiederholen* (4 c): die W. eines Motivs als künstlerisches Stilmittel.

Wie|der|ho|lungs|fall: in der Verbindung **im W.** (bes. Amtsspr.; *für den Fall, dass sich etw. wiederholt, dass jmd. etw. noch einmal tut*): im W. erfolgt Strafanzeige.

Wie|der|ho|lungs|kurs, der: 1. *Kurs, in dem etw. wiederholt* (3) *wird:* ein W. für Examenskandidaten. 2. (Milit. schweiz.) *Reserveübung* (Abk.: WK).

Wie|der|ho|lungs|prü|fung, die: *nochmalige Prüfung, bes. eines Prüflings, der eine Prüfung beim ersten Versuch nicht bestanden hat.*

Wie|der|ho|lungs|spiel, das (Sport): *Spiel, das wiederholt wird [weil im ersten Spiel keine Entscheidung erzielt wurde].*

Wie|der|ho|lungs|tä|ter, der (Rechtsspr.): *jmd., der eine strafbare Handlung bereits zum zweiten, zum wiederholten Male begangen hat.*

Wie|der|ho|lungs|tä|te|rin, die: w. Form zu ↑Wiederholungstäter.

Wie|der|ho|lungs|zahl|wort, das (Sprachw.): *Multiplikativum.*

Wie|der|ho|lungs|zei|chen, das: *Zeichen mit der Bedeutung »Wiederholung«, »zu wiederholen« o. Ä.* (z. B. |: :| in der Notenschrift).

Wie|der|hö|ren, das: in der Fügung **[auf] W.!** (Abschiedsformel beim Telefonieren, im Hörfunk).

Wie|der|imp|fung, die; -, -en: *zweite, weitere Impfung (gegen dieselbe Krankheit).*

Wie|der|in|be|sitz|nah|me, die; -, -n (Papierdt.): *erneute, abermalige Inbesitznahme.*

Wie|der|in|be|trieb|nah|me, die; -, -n (Papierdt.): *erneute, abermalige Inbetriebnahme.*

Wie|der|in|stand|set|zung, die; -, -n (Papierdt.): *[abermalige] Instandsetzung.*

wie|der|käu|en ⟨sw. V.; hat⟩: 1. *(bereits teilweise verdaute, aus dem Magen wieder ins Maul beförderte Nahrung) nochmals kauen:* Kühe käuen ihre Nahrung wieder; ⟨auch o. Akk.-Obj.:⟩ Schafe käuen wieder. 2. (abwertend) *(Gedanken, Äußerungen o. Ä. anderer) noch einmal sagen, ständig wiederholen:* alte Thesen w.

Wie|der|käu|er, der; -s, - (Zool.): *Tier, das seine Nahrung wiederkäut.*

Wie|der|kauf, der; -[e]s, ...käufe (Rechtsspr.): *Kauf einer Sache, die der Käufer dem Verkäufer zu einem früheren Zeitpunkt selbst verkauft hat; Rückkauf.*

wie|der|kau|fen ⟨sw. V.; hat⟩ (Rechtsspr.): *zurückkaufen.*

Wie|der|käu|fer, der; -s, - (Rechtsspr.): *jmd., der etw. zurückkauft.*

Wie|der|käu|fe|rin, die: w. Form zu ↑Wiederkäufer.

Wie|der|kaufs|recht, das (Rechtsspr.): *dem Verkäufer im Kaufvertrag vorbehaltenes Recht, die verkaufte Sache innerhalb einer bestimmten Frist zurückzukaufen.*

Wie|der|kehr, die; - (geh.): 1. *Rückkehr.* 2. *das Wiederkehren* (2).

wie|der|keh|ren ⟨sw. V.; ist⟩ (geh.): 1. a) *wiederkommen* (1 a): aus dem Krieg nicht w.; b) *wiederkommen* (2): die alten Zeiten kehren nicht wieder; eine nie wiederkehrende Gelegenheit. 2. *sich wiederholen; (an anderer Stelle) ebenfalls auftreten:* wiederkehrende Motive.

wie|der|ken|nen ⟨unr. V.; hat⟩ (ugs.): *wiedererkennen:* man kennt sie kaum wieder!

wie|der|kom|men ⟨st. V.; ist⟩: 1. a) *zurückkommen* (1 a): wann kommst du [von der Arbeit] wieder?; Ü die Erinnerung kommt allmählich wieder; die Schmerzen sind seitdem nicht wiedergekommen; wir kommen nach einer kurzen Pause mit den Nachrichten wieder *(melden uns wieder);* b) *noch einmal kommen:* könntest du ein anderes Mal w.? 2. *noch einmal auftreten, sich noch einmal ereignen:* die gute alte Zeit, so eine Gelegenheit kommt nicht wieder.

wie|der|krie|gen ⟨sw. V.; hat⟩ (ugs.): *wiederbekommen:* das Geld kriegst du von der Kasse wieder.

Wie|der|kunft, die; - [zum 2. Bestandteil vgl. ↑Abkunft] (geh.): *Wiederkehr* (1): die W. Christi [auf Erden].

wie|der|lie|ben ⟨sw. V.; hat⟩: *jmds. Liebe erwidern.*

wie|der|sa|gen ⟨sw. V.; hat⟩ (ugs.): *(jmdm. etw., was über ihn gesagt wurde) berichten, mitteilen:* das darfst du ihr aber auf keinen Fall w.!

Wie|der|schau|en, das: in der Fügung **[auf] W.** (landsch.; *auf Wiedersehen!*).

wie|der|schen|ken ⟨sw. V.; hat⟩ (geh.): *wiedergeben* (1): einem Tier die Freiheit w.

wie|der|se|hen ⟨st. V.; hat⟩: *jmdn., etw. nach kürzerer od. längerer Trennung, Abwesenheit wieder treffen, aufsuchen:* einen alten Freund [nach vielen Jahren] w.; ich würde sie gern einmal w.; seine Heimat w.; Ü das Geld, das du ihm geliehen hast, siehst du nicht wieder (ugs.; *bekommst du nicht wieder*).

Wie|der|se|hen, das; -s, -: *das Sichwiedersehen:* ein fröhliches W.; es war ein lang ersehntes W. [mit der Freundin]; das W. feiern, auf ein baldiges W. anstoßen; R W. macht Freude (scherzh.; Äußerung, mit der jmd., der einem anderen etw. leiht, zum Ausdruck bringen will, dass er der andere das Zurückgeben nicht vergessen soll); * **[auf] W.** (Abschiedsformel): jmdm. auf W. sagen; auf W. nächsten Montag.

Wie|der|se|hens|freu|de, die ⟨o. Pl.⟩: *Freude über ein Wiedersehen.*

Wie|der|tau|fe, die; - (Rel.): *nochmalige Taufe eines bereits getauften Christen.*

Wie|der|täu|fer, der; -s, -: *Anhänger einer christlichen theologischen Bewegung (in der Zeit der Reformation), für die nur die Erwachsenentaufe zulässig u. gültig ist.*

wie|der tun: s. wieder (1 a).

wie|de|rum ⟨Adv.⟩: 1. *ein weiteres Mal, erneut; wieder* (1 a): am Abend hatten wir w. eine Aussprache; die Inflationsrate ist w. gestiegen. 2. *wieder* (3), *andererseits:* so weit würde ich w. nicht gehen. 3. *meinerseits, deinerseits, seinerseits usw.:* er hatte von seinem Freund erfahren, was dieser w. von seinem Onkel erfahren hatte.

wie|der|ver|ei|ni|gen ⟨sw. V.; hat⟩: *(etw. Geteiltes, bes. ein geteiltes Land) wieder zu einem Ganzen vereinigen:* unter diesen Bedingungen könnte Korea wiedervereinigt werden; im wiedervereinigten Deutschland.

Wie|der|ver|ei|ni|gung, die; -, -en: *das Wiedervereinigen; das Wiedervereinigtwerden:* eine/die friedliche W. beider Landesteile.

wie|der|ver|hei|ra|ten, sich ⟨sw. V.; hat⟩: *sich nach einer Scheidung od. nach dem Tod der Ehepartnerin, des Ehepartners noch einmal verheiraten:* sie hatten beide schlechte Erfahrungen mit der Ehe gemacht und zögerten deshalb, sich wiederzuverheiraten.

Wie|der|ver|hei|ra|tung, die; -, -en: *das Sichwiederverheiraten.*

Wie|der|ver|kauf, der; -[e]s, ...verkäufe (Wirtsch.): *Weiterverkauf.*

Wie|der|ver|käu|fer, der; -s, - (Wirtsch.): *(Zwischen-, Einzel)händler:* nur W. können hier Waren erwerben.

Wie|der|ver|käu|fe|rin, die; -, -nen: w. Form zu ↑Wiederverkäufer.

Wie|der|ver|kaufs|wert, der (Wirtsch.): *Wert* (1 a), *den eine gebrauchte Sache beim Verkauf noch hat.*

wie|der|ver|wend|bar ⟨Adj.⟩: *zur Wiederverwendung geeignet, sich wieder verwenden lassend:* -e Materialien.

wie|der|ver|wen|den ⟨unr. V.; verwendete/verwandte wieder, hat wiederverwendet/wiederverwandt⟩: *nach Gebrauch [für einen anderen Zweck] weiterhin verwenden:* Altmetall w.

Wie|der|ver|wen|dung, die; -, -en: *das Wiederverwenden; das Wiederverwendetwerden;* * **zur W.** (reaktiviert 1 a werden könnend; Abk.: z. W.).

W

wie|der|ver|wert|bar ⟨Adj.⟩: vgl. wiederverwendbar: -er Kunststoff.
wie|der|ver|wer|ten ⟨sw. V.; hat⟩: vgl. wiederverwenden.
Wie|der|ver|wer|tung, die; -, -en: vgl. Wiederverwendung.
Wie|der|vor|la|ge, die; - (bes. Amtsspr.): *nochmalige Vorlage (eines Schriftstücks):* * **zur W.** (Vermerk auf einem Schriftstück; Abk.: z. Wv.).
Wie|der|wahl, die; -, -en: *das Wiederwählen; das Wiedergewähltwerden:* sich zur W. stellen.
wie|der|wäh|len ⟨sw. V.; hat⟩: *in das bisher ausgeübte Amt, die ausgeübte Funktion o. Ä. für eine weitere Periode wählen:* man wählte sie zur Vorsitzenden wieder, hat sie nicht wiedergewählt.
wie|fern (veraltet): I. ⟨Adv.⟩ *inwiefern.* II. ⟨Konj.⟩ *sofern, wenn.*
Wie|ge, die; -, -n [mhd. wige, wiege, spätahd. wīga, wiega, wahrsch. verw. mit ↑[2]bewegen u. eigtl. = das Sichbewegende, Schwingende]: **1.** *in der Form einem Kasten ähnliches Bettchen für Säuglinge, das auf zwei abgerundeten, parallel zu Kopf- u. Fußende verlaufenden Kufen steht od. in ein Gestell beweglich eingehängt ist, sodass man das Kind darin [2]wiegen (1 a) kann:* ein Kind in die W. legen; in der W. schaukeln; Ü die W. der Menschheit; * **jmds. W. steht/stand irgendwo** (geh.; *jmd. ist irgendwo, an einem bestimmten Ort geboren*): weiß man, wo seine W. steht?; **jmdm. nicht an der W. gesungen worden sein** (*für jmdn. eine nicht zu erwartende berufliche o. ä. Entwicklung darstellen;* wohl darauf bezogen, dass manche Wiegenlieder von der schönen Zukunft des kleinen Kindes handeln): dass er einmal im Gefängnis enden würde, eine solche Karriere ist ihm nicht an der W. gesungen worden; **jmdm. in die W. gelegt worden sein** (*jmdm. angeboren sein*); **von der W. an** (*von Geburt an*); **von der W. bis zur Bahre** (meist scherzh.; *das ganze Leben hindurch*). **2.** (Gymnastik) *Übung, bei der in der Bauchlage Oberkörper u. Beine angehoben werden u. der Körper in eine schaukelnde Bewegung gebracht wird.* **3.** *Wiegestahl.*
Wie|ge|mes|ser, das: **1.** *aus einer od. zwei parallel angeordneten, bogenförmigen Schneiden mit zwei an den Enden befestigten, nach oben stehenden Griffen bestehendes Küchengerät zum Zerkleinern von Kräutern o. Ä.* **2.** *Wiegestahl.*
[1]wie|gen ⟨st. V.; hat⟩ [aus den flektierten Formen »wiegst, wiegt« von ↑wägen]: **1.** *ein bestimmtes Gewicht haben:* das Paket wiegt 5 Kilo, mindestens seine 25 Pfund; er wiegt knapp zwei Zentner; sie wiegt zu viel, zu wenig *(hat Über-, Untergewicht);* er wiegt doppelt so viel wie ich; die Tasche wog schwer, leicht (geh.; *war schwer, leicht*); Ü ihr Wort, Urteil, Rat wiegt [nicht] schwer, viel *(hat [kein] großes Gewicht, [keinen] großen Einfluss).* **2. a)** *mithilfe einer Waage das Gewicht (von etw., jmdm.) feststellen:* ein Paket, Zutaten, einen Säugling w.; die Patienten wurden alle gewogen; sie wiegt sich jeden Tag; ⟨auch o. Akk.-Obj.:⟩ die Verkäuferin hat großzügig gewogen; R gewogen und zu leicht befunden *(geprüft u. für zu schlecht, für ungenügend befunden);* **b)** *etw. in die Hand nehmen u. sein Gewicht schätzen:* er wog den Beutel mit den Nuggets in/auf der Hand.
[2]wie|gen ⟨sw. V.; hat⟩ [zu ↑Wiege]: **1. a)** *(ein kleines Kind, bes. in der Wiege) sanft schwingend hin- u. herbewegen:* ein Kind [in der Wiege, in den Armen] w.; sein Kind in den Schlaf w. *(durch Wiegen zum Schlafen bringen);* **b)** *sanft hin- u. herbewegen, in schwingende, schaukelnde Bewegung bringen:* die Wellen wiegen den Kahn; der Wind wiegt die Ähren [hin u. her]; [zweifelnd] den Kopf w. *(ihn langsam [wiederholt] von einer Seite zur anderen neigen);* **c)** ⟨w. + sich⟩ *sich leicht schwingend hin- u. herbewegen:* sich im Tanz, im Takt, zu den Klängen der Musik w.; das Boot wiegt sich sanft auf den Wellen (*wird von den Wellen gewiegt* 1 b); die Halme wiegen sich im Wind *(werden vom Wind hin- u. hergewiegt);* ⟨seltener auch ohne »sich«:⟩ die Äste wiegen im Wind; einen wiegenden Gang haben; Ü ich wiege mich in der Hoffnung (geh.; *hoffe zuversichtlich*), dass bald eine entscheidende Wende eintreten wird. **2.** *mit einem Wiegemesser zerkleinern:* Petersilie [fein] w.; fein gewiegte Kräuter. **3.** *(beim Kupferstich die Platte) mit einem Wiegestahl aufrauen.*
Wie|gen|druck, der ⟨Pl. -e⟩ (Buchw., Literaturw.): *Inkunabel.*
Wie|gen|fest, das (geh.): *Geburtstag* (1).
Wie|gen|lied, das: *Schlaflied.*
Wie|ge|stahl, der: *Instrument mit bogenförmiger, gezähnter Schneide aus Stahl, mit dem beim Kupferstich die Platte aufgeraut wird.*
wie|hern ⟨sw. V.; hat⟩ [mhd. wiheren, Iterativbildung zu: wihen = wiehern, lautm.]: **1.** *(von bestimmten Tieren, bes. vom Pferd) eine Folge von zusammenhängenden, in der Lautstärke an- u. abschwellenden hellen, durchdringenden Lauten hervorbringen:* das Pferd wieherte; Ü vor Lachen w.; wieherndes (ugs.; *schallendes*) Gelächter. **2.** (ugs.) *schallend lachen.*
Wiek, die; -, -en [mniederd. wik] (nordd.): *(an der Ostsee) [kleine] Bucht.*
Wie|ling, die; -, -e [zu niederd. wiel, mniederd. wēl] (Seemannsspr.): *um das gesamte Boot herumlaufender, ganz oben an der äußeren Bordwand befestigter Fender.*
Wie|men, der; -s, - [mniederd. wime < mniederl. wieme, über das Roman. < lat. vimen = Rute, Flechtwerk] (nordd., westd.): **1.** *Latte[ngerüst] zum Aufhängen von Fleisch o. Ä. zum Räuchern.* **2.** *Sitzstange für Hühner.*
Wien: Hauptstadt von Österreich.
[1]Wie|ner, der; -s, -: Ew.
[2]Wie|ner ⟨Adj.⟩: W. Würstchen.
[3]Wie|ner, die; -, - ⟨meist Pl.⟩ [H. u.]: *kleine, dünne Wurst (aus Schweine- u. Rindfleisch), die in siedendem Wasser heiß gemacht wird; Wiener Würstchen:* ein Paar W.
Wie|ne|rin, die; -, -nen: w. Form zu ↑[1]Wiener.
wie|ne|risch ⟨Adj.⟩: *Wien, die [1]Wiener betreffend; von den [1]Wienern stammend, zu ihnen gehörend.*
Wie|ner|le, das; -s, - (landsch.): [3]*Wiener.*
Wie|ner|li, das; -s, - (schweiz.): [3]*Wiener.*
wie|nern ⟨sw. V.; hat⟩ [aus der Soldatenspr., eigtl. = Metall, Leder mit Wiener Putzkalk reinigen] (ugs.): *intensiv reibend putzen u. so zum Glänzen bringen:* die Fensterscheiben, den Fußboden w.; sie hat die Schuhe blank gewienert.
Wie|ner|stadt, die; - (österr.): volkstümliche Bez. für *Wien.*
Wie|ner|wald, der; -[e]s: nordöstlicher Ausläufer der Alpen.
wies: ↑weisen.
Wies|ba|den: Landeshauptstadt von Hessen.
[1]Wies|ba|de|ner, Wiesbadner, der; -s, -: Ew.
[2]Wies|ba|de|ner, Wiesbadner ⟨Adj.⟩: das W. Kurhaus.
Wies|ba|de|ne|rin, die; -, -nen: w. Form zu ↑[1]Wiesbadener.
wies|ba|densch, wies|ba|disch ⟨Adj.⟩: *Wiesbaden, die [1]Wiesbadener betreffend; aus Wiesbaden stammend.*
[1]Wies|bad|ner: ↑[1]Wiesbadener.
[2]Wies|bad|ner ⟨Adj.⟩: ↑[2]Wiesbadener.
Wies|bad|ne|rin, die; -, -nen: w. Form zu ↑[1]Wiesbadner.
Wies|baum: ↑Wiesebaum.
Wies|chen, das; -s, -: Vkl. zu ↑Wiese.
Wie|se, die; -, -n [mhd. wise, ahd. wisa, H. u.]: *[zur Heugewinnung genutzte] mit Gras bewachsene größere Fläche:* eine grüne, saftige, blühende W.; -n und Wälder; die W. ist feucht, nass; eine W. mähen; auf einer W. liegen, spielen; * **auf der grünen W.** *(in nicht bebautem Gelände, außerhalb der Stadt):* ein Supermarkt auf der grünen W.
Wie|se|baum, Wiesbaum, der: *Heubaum.*
wie|sehr ⟨Konj.⟩ (österr.): *sosehr.*
Wie|sel, das; -s, - [mhd. wisele, ahd. wisula, H. u., viell. eigtl. = Stinker]: *kleines, zu den Mardern gehörendes, kleine Wirbeltiere jagendes Raubtier mit oberseits braunrotem, unterseits weißem Fell:* er ist flink wie ein W. *(sehr flink).*
wie|sel|flink ⟨Adj.⟩: *sehr flink u. wendig, behände [laufend, laufen könnend]:* ein -er Spieler.
wie|seln ⟨sw. V.; ist⟩: *sich mit flinken, behänden Bewegungen schnell fortbewegen:* er wieselte durch den Korridor.
Wie|sen|blu|me, die: *auf Wiesen wachsende Blume.*
Wie|sen|grund, der (geh. veraltend): *mit Wiesen bewachsene Niederung.*
Wie|sen|klee, der: *purpurrot od. rosafarben blühender Klee, der vielfach als Futterpflanze angebaut wird.*
Wie|sen|schna|ke, die: *langbeinige, nicht stechende Schnake.*
Wie|sen|tal, das: *mit Wiesen bewachsenes Tal.*
Wies|land, das (schweiz.): *mit Wiesen bewachsenes Land.*
Wies|lein, das; -s, -: Vkl. zu ↑Wiese.
wie|so ⟨Adv.⟩: **1.** ⟨interrogativ⟩ *warum* (1), *aus welchem Grund?:* w. tut er so etwas?; ich frage mich, w. er nicht nachgibt; »Ärgerst du dich?« – »Nein, w.?« *(wie kommst du darauf?);* »Warum hast du das getan?« – »Wieso ich?« *(wie kommst du darauf, dass ich es war?).* **2.** ⟨relativisch⟩ (selten) *warum* (2): der Grund, w. er es getan hat, wurde nicht genannt.
wie viel: s. wie (1 c).
wie|vie|ler|lei [auch: -'– – –] ⟨Interrogativadv.⟩ [↑-lei]: *wie viel verschiedene?:* w. Sorten Käse gab es?
wie|viel|mal [auch: –'– –] ⟨Interrogativadv.⟩: *wie viele Male, wie oft?:* w. warst du schon in Florenz?
wie|vielt: in der Fügung **zu w.** *(zu wie vielen):* zu w. wart ihr?
wie|vielt... ⟨Adj.⟩ [geb. analog zu den Ordinalzahlen]: beim wievielten Versuch hat es endlich geklappt?; das wievielte Mal bist du jetzt dort gewesen?; ⟨subst.:⟩ der Wievielte *(wievielte Tag des Monats)* ist heute?
wie|weit ⟨Interrogativadv.⟩: leitet einen indirekten Fragesatz ein; *inwieweit* (b): ich weiß nicht, w. ich das tun kann.
wie|wohl ⟨Konj.⟩ (geh.): *obwohl; wenn auch:* seine Aussage ist einleuchtend, w. der Beweis nicht ganz einfach war.
Wig|wam, der; -s, -s [engl. wigwam < Algonkin (nordamerik. Indianerspr.) wikiwam, zu: wig = wohnen]: *kuppelförmiges Zelt, zeltartige Hütte (nordamerikanischer Indianer).*
Wi|king [auch: 'vi...], der; -s, -er, **Wi|kin|ger** [auch: 'vi...], der; -s, -: Angehöriger eines nordgermanischen Volksstammes.
Wi|kin|ge|rin, die; -, -nen: w. Form zu ↑Wikinger.
Wi|kin|ger|sa|ge, die: *Sage aus dem Lebensbereich der Wikinger.*
wi|kin|gisch [auch: 'vi...] ⟨Adj.⟩: *die Wikinger betreffend; von den Wikingern stammend.*
Wi|la|jet, das; -[e]s, -s [türk. vilâyet, zu arab. wilāya[h] = Provinz]: *Verwaltungsbezirk im Osmanischen Reich.*
wild ⟨Adj.⟩ [mhd. wilde, ahd. wildi, H. u., viell. verw. mit ↑Wald u. eigtl. = im Wald wachsend, nicht angebaut]: **1.** *nicht domestiziert; nicht kultiviert, nicht durch Züchtung verändert; wild lebend; wild wachsend:* -e Erdbeeren, Rosen, Pferde; -er Apfel *(Holzapfel);* -e *(nicht veredelte)* Triebe; -er Honig *(Honig von wilden Bienen);* -es Tier *(größeres, gefährlich wirkendes, nicht domestiziertes Tier, bes. größeres Raubtier);* er stürzte sich auf sie wie ein -es Tier *(völlig enthemmt u. nur dem Trieb folgend);* die Himbeeren wachsen hier w.; w. wachsende Pflanzen, Arten; w. lebende Tiere, Pferde. **2. a)** (veraltend, noch abwertend) *nicht zivilisiert; auf niedriger Kulturstufe stehend:* -e Stämme; **b)** (abwertend) *unzivilisiert, nicht gesittet:* ein -er Haufen; -e Gesellen; dort herrschen -e Sitten. **3. a)** *im natürlichen Zustand befindlich, belassen; vom Menschen nicht verändert; urwüchsig:* eine -e Schlucht, Gegend; **b)** *wuchernd, unkontrolliert wachsend:* eine -e Mähne; Männer mit -en Bär-

ten; w. wucherndes Unkraut; -es (Med.; *bei der Wundheilung entstandenes überschüssiges*) Gewebe; **c)** (Bergmannsspr.) *taub* (3): -es Erz, Gestein; **d)** *(von Land) nicht urbar gemacht:* -es Land. **4.** *unkontrolliert, nicht reglementiert [u. oft ordnungswidrig od. gesetzwidrig]; offiziell nicht gestattet:* -e Streiks; -e *(nicht lizenzierte)* Taxis; eine -e *(durch wildes Abladen von Müll entstandene)* Deponie; w. *(an einem nicht dafür vorgesehenen Platz)* baden, parken, zelten. **5. a)** *heftig, stürmisch; ungestüm, ungezügelt; durch nichts gehemmt, abgeschwächt, gemildert:* eine -e Verfolgungsjagd; eine -e Flucht; -e Panik; eine -e Leidenschaft erfüllte sie; in -em Zorn; in -er Entschlossenheit; das w. bewegte Wasser; er stach w. auf ihn ein; alles lag w. durcheinander; w. fluchend lief er durchs Haus; sie ist w. (ugs.; *fest*) entschlossen, den Aufstieg allein zu schaffen; *** w. auf jmdn., etw. sein** (ugs.; *versessen auf jmdn., etw. sein*): w. auf Lakritzen, aufs Skilaufen sein; er ist ganz w. auf sie; **b)** *wütend, rasend, tobend; erregt:* -e Kämpfe, Auseinandersetzungen, Debatten; ein -er, w. gewordener Bulle; wenn du ihm das sagst, wird er w.; mit beiden Fäusten trommelte er w. gegen die Tür; *** wie w.** (ugs.; *mit äußerster Heftigkeit, Intensität o. Ä.*): das Kind schrie wie w.; **c)** *(von Tieren) in ängstliche Erregung versetzt u. scheuend:* das Feuer hat die Pferde w. gemacht; **d)** *äußerst lebhaft, temperamentvoll:* eine -e Rasselbande; ein -es Kind; seid nicht so w.!; **e)** (ugs.) *äußerst bewegt, ereignisreich:* -e Partys feiern. **6.** *das erträgliche Maß überschreitend, maßlos, übermäßig, übertrieben; wüst:* die -esten Spekulationen, Behauptungen, Anschuldigungen, Verwünschungen; er stieß -e Flüche aus; -e *(ausschweifende)* Orgien; *** halb/nicht so w.** (ugs.; *nicht schlimm*): es ist [alles] halb so w.

Wild, das; -[e]s [mhd. wilt, ahd. wild, H. u., viell. Kollektivbildung zu ↑wild]: **1. a)** *jagdbare wild lebende Tiere:* das W. ist sehr scheu, wird im Winter gefüttert, wechselt das Revier; ein Stück W.; **b)** *zum Wild (1 a) gehörendes Tier:* ein gehetztes, scheues W. **2.** *Fleisch von Wild* (1 a): sie isst gern W.

Wịld|bach, der: *nicht regulierter, reißender Gebirgsbach mit starkem Gefälle.*

Wịld|bad, das (veraltet): *Thermalbad.*

Wịld|bahn, die: in der Fügung **freie W.** *(freie Natur):* Tiere in freier W. beobachten.

Wịld|be|stand, der: vgl. Fischbestand.

Wịld|bret [...brɛt], das; -s [mhd. wildbræte, wildbrät, 2. Bestandteil zu ↑Braten]: **1.** (geh., Fachspr.) *Wild* (2). **2.** (veraltet) *Wild* (1 b).

Wild|card [ˈwaildˈkaːd], die; -, -s [engl. wild card, eigtl. = wilde (= beliebig verwendbare) Spielkarte] (Sport, bes. Tennis): *(vom Veranstalter erteilte) Berechtigung, an einem Turnier od. Wettkampf teilzunehmen, ohne die dafür geltende formelle Qualifikation zu erfüllen.*

Wịld|dieb, der: *Wilderer.*

wịld|die|ben ⟨sw. V.; hat⟩: *wildern* (1 a).

Wịld|die|be|r̲ei, die: *Wilderei.*

Wịld|die|bin, die: w. Form zu ↑Wilddieb.

Wịl|de, der u. die; -n, -n ⟨Dekl. ↑Abgeordnete⟩ (veraltend, noch abwertend): *Angehörige[r] eines Naturvolks:* *** wie ein -r/wie eine W./wie die -n** (ugs.; *wie wild*).

wịl|deln ⟨sw. V.; hat⟩ [1: zu ↑Wild; 2: zu ↑wild]: **1.** (landsch.) *Hautgout haben:* das Fleisch wildelt stark. **2.** (österr. ugs.) *sich wild, ausgelassen gebärden:* die Kinder wildeln im Garten.

Wịl|den|te, die: *wild lebende Ente, bes. Stockente.*

Wịl|de|r̲ei, die; -, -en: *das Wildern.*

Wịl|de|rer, der; -s, - [mhd. wilderære = Jäger]: *jmd., der wildert* (1).

Wịl|de|rin, die; -, -nen: w. Form zu ↑Wilderer.

wịl|dern ⟨sw. V.; hat⟩: **1. a)** *(strafbarerweise) ohne Jagderlaubnis Wild schießen, fangen:* er geht w.; **b)** *wildernd* (1 a) *erlegen:* sie hat einen Hasen gewildert. **2.** *(von Hunden, Katzen) herumstreunen u. dabei Wild, wild lebende Tiere töten.* **3.** (veraltet) *ein ungebundenes Leben führen.*

Wịld|esel, der: *wild lebender Esel.*

Wịld|fang, der; -[e]s, Wildfänge [spätmhd. wiltvanc = jmd., der umherirrte u. eingefangen wurde, urspr. = eingefangenes (wildes) Tier]: **1.** *wildes, lebhaftes Kind:* er, sie ist ein W. **2.** *eingefangenes Wildtier.* **3.** (Jägerspr.) *für die Beizjagd eingefangener, ausgewachsener Greifvogel od. Falke.*

Wịld|form, die (Biol.): *wild lebende, wild wachsende Form einer Art, von der es auch eine od. mehrere domestizierte Formen gibt.*

wịld|fr̲emd ⟨Adj.⟩ [zu veraltet wild = fremd, eigtl. tautologisch] (emotional): *(bes. von Personen) jmdm. völlig unbekannt, fremd* (3 a).

Wịld|frucht, die: *essbare Frucht einer wild wachsenden Pflanze.*

Wịld|gans, die: *wild lebende Gans, bes. Graugans.*

Wịld|gat|ter, das: *Gatter zum Schutz (z. B. einer Schonung) vor Wild.*

Wịld|ge|flü|gel, das (Kochk.): *Fleisch von Federwild.*

Wịld|ge|he|ge, das: *Gehege zur Haltung von Wild.*

Wịld|he|ger, der: *Wildhüter.*

Wịld|he|ge|rin, die: w. Form zu ↑Wildheger.

Wịld|heit, die; -, -en: *das Wildsein; wilde Art.*

Wịld|huhn, das: *wild lebender Hühnervogel.*

Wịld|hund, der: *in mehreren Arten vorkommendes wild lebendes, hundeartiges Raubtier* (z. B. Dingo).

Wịld|hü|ter, der: *jmd., dem die Hege des Wildes obliegt.*

Wịld|hü|te|rin, die: w. Form zu ↑Wildhüter.

Wịld|ka|nin|chen, das: *wild lebendes kleines Kaninchen.*

Wịld|kan|zel, die (Jägerspr.): *Hochsitz.*

Wịld|kat|ze, die: *wild lebende, in vielen Unterarten vorkommende Katze.*

Wịld|kraut, das: *wild wachsendes Kraut* (2).

wịld le|bend: s. wild (1).

Wịld|le|der, das: **1.** *Leder aus Häuten wild lebender Tiere (bes. Hirsch, Reh, Antilope).* **2.** *Leder mit rauer Oberfläche, bes. Veloursleder.*

Wịld|le|der|ja|cke, die: *Jacke aus Wildleder* (2).

wịld|le|dern ⟨Adj.⟩: *aus Wildleder* (2) *[bestehend, gefertigt]:* eine -e Jacke.

Wịld|le|der|schuh, der: vgl. Wildlederjacke.

Wịld|ling, der; -s, -e: **1.** *durch Aussaat entstandene Pflanze, die als Unterlage* (3) *für ein Edelreis dient.* **2.** (Fachspr.) *nicht gezähmtes gefangenes Wildtier.* **3.** (Forstw.) *durch natürliche Aussaat entstandener Baum.* **4.** (veraltend) *sich wild gebärdender Mensch, bes. ein Kind.*

Wịld|nis, die; -, -se [mhd. wiltnisse]: *unwegsames, nicht bebautes, besiedeltes Gebiet:* eine unberührte W.; die Tiere der W.

Wịld|park, der: *parkähnliches Areal, eingezäuntes Waldstück, in dem Wild gehalten wird.*

Wịld|pferd, das: **1.** *wild lebendes Pferd (von dem das Hauspferd abstammt).* **2.** *verwildertes od. in freier Natur lebendes Hauspferd* (z. B. Mustang).

Wịld|pflan|ze, die: *wild wachsende Pflanze.*

wịld|reich ⟨Adj.⟩: *einen reichen Wildbestand aufweisend.*

Wịld|reich|tum, der ⟨o. Pl.⟩: *Reichtum an Wild.*

Wịld|reis, der (Kochk.): *Frucht des Wasserreises; längliche schwarzbraune Körner mit nussigem Geschmack, die als Delikatesse gelten.*

Wịld|rind, das: *wild lebendes Rind.*

wịld|ro|man|tisch ⟨Adj.⟩: *wild* (3 a) *u. sehr romantisch* (2 b): eine -e Landschaft.

Wịld|sau, die: **1.** ⟨Pl. -en⟩ *[weibliches] Wildschwein* (a): eine W. mit ihren Frischlingen; er fährt wie eine W. (derb abwertend; *äußerst rücksichtslos, unverantwortlich*). **2.** ⟨Pl. Wildsäue⟩ (derb abwertend, oft als Schimpfwort) *Schwein* (2 a).

Wịld|scha|den, der: **1.** *durch Wild verursachter forst- od. landwirtschaftlicher Schaden.* **2.** (Versicherungsw.) *Sachschaden bei einem durch Wildwechsel verursachten Verkehrsunfall.*

Wịld|schaf, das: *wild lebendes Schaf* (z. B. Mufflon).

Wịld|schütz, der; -en, -en, **Wịld|schüt|ze,** der; -n, -n: **1.** (veraltet) *Jäger.* **2.** (veraltend) *Wilderer.*

Wịld|schüt|zin, die: w. Form zu ↑Wildschütz.

Wịld|schwein, das [mhd. wiltswīn]: **a)** *wild lebendes Schwein* (4) *mit braunschwarzem bis hellgrauem, langhaarigem, borstigem Fell, großem, lang gestrecktem Kopf u. starken (seitlich aus der Schnauze hervorstehenden) Eckzähnen;* **b)** ⟨o. Pl.⟩ *als Speise dienendes od. zubereitetes Fleisch vom Wildschwein* (a).

Wịld|tau|be, die: *wild lebende Taube.*

Wịld|tier, das: *wild lebendes Tier.*

Wịl|dun|gen: ↑Bad Wildungen.

wịld wach|send: s. wild (1).

Wịld|was|ser, das ⟨Pl. -⟩: **1.** *Wildbach.* **2.** ⟨o. Pl.⟩ kurz für ↑Wildwasserrennen.

Wịld|was|ser|bahn, die: *Bahn (in Vergnügungsparks), mit der man in Booten einem Wildwasser nachempfundene Strecken durchfährt.*

Wịld|was|ser|ren|nen, das: *auf Wildwasser ausgetragener Kanusport für Kajaks u. Kanadier.*

Wịld|wech|sel, der: **1.** *vom Wild regelmäßig benutzter Weg, Pfad zum Ort der Nahrungsaufnahme, der Tränke u. a.* **2.** ⟨o. Pl.⟩ *das Überwechseln des Wildes, bes. über einen Verkehrsweg.*

Wịld|wẹst ⟨o. Art.; o. Pl.⟩: *der Wilde Westen:* die Story spielt in W.

Wịld|wẹst|film, der: *Western.*

Wịld|wẹst|ma|nier, die: vgl. Wildwestmethode.

Wịld|wẹst|me|tho|de, die ⟨meist Pl.⟩: *raue, oft ungesetzliche, durchs Faustrecht bestimmte Art des Handelns, wie sie in Wildwestfilmen gezeigt wird:* das sind ja die reinsten -n.

Wịld|wuchs, der: **a)** *vom Menschen nicht beeinflusstes Wachsen (von Pflanzen):* den W. selten gewordener Pflanzen fördern; **b)** *durch Wildwuchs (a) entstandene Pflanzen.*

wịld|wüch|sig ⟨Adj.⟩ (selten): *wild wachsend:* -e Pflanzen.

Wịld|zaun, der: vgl. Wildgatter.

Wịld|zie|ge, die: *wild lebende Ziege* (z. B. Steinbock).

Wil|helm, der; -s, -s [1: nach dem früher häufigen m. Vorn. Wilhelm] (ugs. scherzh.): **1.** *** falscher W.** (1. veraltend; *falscher Zopf.* 2. ugs. scherzh.; *Toupet*). **2.** kurz für ↑Friedrich Wilhelm.

wil|hel|mi|nisch ⟨Adj.⟩: *die Regierungszeit Kaiser Wilhelms II. betreffend, in dieser Zeit üblich, für diese Zeit charakteristisch:* -es Obrigkeitsdenken; -e Prüderie.

Wil|helms|ha|ven: Stadt an der Nordsee.

will: ↑²wollen.

Wịl|le, der; -ns, -n [mhd. wille, ahd. willio, zu ↑²wollen]: *jmds. Handlungen, Verhaltensweise leitendes Streben, Wollen, bes. als Fähigkeit des Menschen, sich bewusst für od. gegen etw. zu entscheiden; durch bewusste geistige Entscheidung gewonnener Entschluss zu etw.; bestimmte feste Absicht:* ein starker, eiserner, entschlossener, unerschütterlicher, schwankender, schwacher W.; unser aller W.; der W. des Volkes zum Frieden; Gottes unerforschlicher W.; dies war der W. des Verstorbenen; es war mein freier W., dies zu tun; es war kein böser W. von mir; der gute W. allein reicht nicht aus; guten, den besten -n zeigen, mitbringen; jmds. -n erfüllen, ausführen, beeinflussen, lähmen; seinen -n durchsetzen; jmdm. seinen -n aufzwingen; es ist sicher nicht gut, wenn man dem Kind immer den/seinen/allen -n tut *(wenn man immer das tut, was das Kind will);* lass ihm seinen -n *(lass ihn das tun, was er unbedingt will, auch wenn es nicht einzusehen ist);* er hat den festen -n *(ist fest entschlossen),* sich zu ändern; sie hat ihren eigenen -n *(weiß, was sie will; ist willensstark);* er hat keinen -n *(ist unentschlossen, willensschwach);* sich einem fremden -n beugen; die Unbeugsamkeit seines -ns; er ist voll guten -ns *(ist sehr bemüht, das zu tun, was erwartet wird);* am guten -n *(an der Bereitschaft, dem Sichbemühen)* hat es bei ihm nicht gefehlt; auf seinem -n beharren; etw. aus freiem -n tun; bei/mit einigem guten -n wäre es gegangen; das geschah gegen/wider meinen -n, ohne [Wissen und] -n seiner Eltern; es steht ganz in deinem -n *(in deinem Ermessen),* dies zu tun; es wird nach dem -n der Mehrheit entschieden; wenn es nach meinem -n gegangen wäre *(wenn es so gemacht worden wäre, wie ich es vorhatte, wie ich wollte),* hätten wir alles längst hinter uns; trotz ihres guten -ns *(ihrer Bereitschaft, ihren großen Bemühungen)* wurde aus der Sache nichts; **Spr** wo ein W. ist, ist auch ein Weg/(scherzh.:) Gebüsch *(wenn man etw. ernsthaft will, findet man auch eine Möglichkeit, es zu erreichen);* * **der letzte W.** (*Testament* 1); **den guten -n für die Tat nehmen** *(annehmen, dass sich jmd. bemüht hat, auch wenn es ohne Erfolg blieb);* **mit -n** (veraltend, noch landsch.; ↑Fleiß 2); **wider -n** *(ungewollt, unbeabsichtigt);* **jmdm. zu -n sein** (1. geh. veraltend; *sich jmdm. unterwerfen; ausführen, tun, was jmd. will, verlangt.* 2. veraltet; *sich jmdm. hingeben* 2 b).

wil|len ⟨Präp. mit Gen.⟩ [eigtl. erstarrter Akk. Sg. von ↑Wille]: in der Fügung **um jmds., einer Sache w.** *(jmdm., einer Sache zuliebe; mit Rücksicht auf jmdn., etw.; im Interesse einer Person, Sache):* er hat es um seines Bruders, seiner selbst, des lieben Friedens w. getan.

Wil|len, der; -s, - (selten): ↑Wille.

wil|len|los ⟨Adj.⟩: *keinen festen Willen zeigend; ohne eigenen Willen:* ein -es Geschöpf; er war völlig w., ließ alles w. über sich ergehen.

Wil|len|lo|sig|keit, die; -: *das Willenlossein.*

wil|lens ⟨Adj.⟩ [aus: des Willens sein]: in der Verbindung **w. sein, etw. zu tun** (geh.; *bereit, entschlossen sein, etw. zu tun*): sie war w., sich zu bessern.

Wil|lens|akt, der: *durch den Willen ausgelöste Tat, Handlung.*

Wil|lens|an|span|nung, die: *Konzentration des Willens zur Erreichung eines Ziels.*

Wil|lens|äu|ße|rung, die: *Äußerung des Willens, eines Entschlusses.*

Wil|lens|bil|dung, die ⟨o. Pl.⟩: *das Sichherausbilden dessen, was jmd., eine Gemeinschaft will.*

Wil|lens|er|klä|rung, die (bes. Rechtsspr.): *Willensäußerung mit dem Ziel, rechtlich etw. zu erreichen.*

Wil|lens|frei|heit, die ⟨o. Pl.⟩ (bes. Philos., Theol.): *Fähigkeit des Menschen, nach eigenem Willen zu handeln, sich frei zu entscheiden.*

Wil|lens|kraft, die ⟨o. Pl.⟩: *Fähigkeit eines Menschen zur Willensanspannung:* seine W. befähigte ihn dazu, diese schwierige Aufgabe zu lösen.

Wil|lens|kund|ge|bung, die: vgl. Willensäußerung.

wil|lens|schwach ⟨Adj.⟩: *einen Mangel an Willenskraft aufweisend:* ein -er Mensch.

Wil|lens|schwä|che, die ⟨o. Pl.⟩: *Mangel an Willenskraft.*

wil|lens|stark ⟨Adj.⟩: *ein hohes Maß an Willenskraft aufweisend:* ein -er Mensch.

Wil|lens|stär|ke, die ⟨o. Pl.⟩: *hohes Maß an Willenskraft.*

wil|lent|lich ⟨Adj.⟩ (geh.): *mit voller Absicht, ganz bewusst:* w. gegen etw. verstoßen.

will|fah|ren [auch: '- - -] ⟨sw. V.; willfahrte, hat willfahrt/(bei Betonung auf der ersten Silbe:) gewillfahrt⟩ [spätmhd. willenvarn, mhd. eines willen varen = auf jmds. Willen achten] (geh.): *jmds. Willen, Wunsch, Bitten, Forderungen entsprechen:* was sie auch verlangte, er willfahrte ihr immer; jmds. Bitte w. *(nachkommen);* er willfahrte ihrem Wunsch.

will|fäh|rig ⟨Adj.⟩ (geh., oft abwertend): *ohne sich Gedanken zu machen, [würdelos] den Absichten anderer dienend:* ein -er Handlanger; er war dem Minister stets w.; seine Frau musste ihm stets w. sein (geh. veraltet; *seinen sexuellen Wünschen nachkommen*).

Will|fäh|rig|keit, die; -, -en ⟨Pl. selten⟩ (geh., oft abwertend): *willfährige Art.*

Wil|li|ams Christ, der; - -, - -: *aus Williams Christbirnen hergestellter Branntwein.*

Wil|li|ams Christ|bir|ne, die; - -, - -n [H. u.]: *große Birne mit gelber, bräunlich gepunkteter Schale u. gelblich weißem, zartem, fein aromatischem Fruchtfleisch.*

wil|lig ⟨Adj.⟩ [mhd. willec, ahd. willig, zu ↑Wille]: *gerne bereit, zu tun, was gefordert, erwartet wird:* ein -er Zuhörer; ein sehr -es Kind; sich w. fügen.

-wil|lig: 1. drückt in Bildungen mit Substantiven – seltener mit Verben (Verbstämmen) – aus, dass die beschriebene Person zu etw. bereit ist, etw. gerne machen will: ausreise-, einsatz-, rückkehr-, verhandlungswillig. 2. drückt in Bildungen mit Substantiven oder Verben (Verbstämmen) aus, dass die beschriebene Person gerne etw. mit sich machen lässt, dazu bereit ist: impf-, therapiewillig.

wil|li|gen ⟨sw. V.; hat⟩ [mhd. willigen = willig machen; bewilligen; einwilligen] (geh.): *sich mit etw. einverstanden erklären; (in etw.) einwilligen:* in eine Scheidung, Reise w.

Will|komm, der; -s, -e [1: mhd. willekom, wohl subst. Begrüßungsruf »willkomm!«]: 1. (seltener) *Willkommen.* 2. (früher) *Pokal für den einem Ehrengast gereichten Willkommenstrunk.*

will|kom|men ⟨Adj.⟩ [mhd. willekomen, spätahd. willechomen, eigtl. = (du bist) nach Willen (= nach Wunsch) gekommen]: *jmdm. sehr passend, angenehm; erwünscht:* eine -e Gelegenheit zum Feiern; eine -e Abwechslung; -e Gäste; das Angebot war [ihr] sehr w.; Sie sind uns jederzeit w. *(wir freuen uns immer, wenn Sie zu uns kommen);* in Formeln zur Begrüßung bei jmds. Empfang: [sei] w.!, herzlich w.!, w. bei uns!; w. in der Heimat!; * **jmdn. w. heißen** *(jmdn. zum Empfang begrüßen):* er hieß seine Gäste w.

Will|kom|men, das, selten auch: der; -s, -: *Begrüßung zum Empfang:* jmdm. ein fröhliches, kühles, ziemlich frostiges W. bereiten, entbieten.

Will|kom|mens|gruß, der: *Gruß zum Empfang:* ein fröhlicher W.

Will|kom|mens|trunk, der (geh.): *Getränk, das jmdm. zur Begrüßung gereicht wird.*

Will|kür, die; - [mhd. wil(le)kür, aus ↑Wille u. ↑Kür, eigtl. = Entschluss, Beschluss des Willens (= freie Wahl od. Entschließung)]: *die allgemein geltenden Maßstäbe, Gesetze, die Rechte, Interessen anderer missachtendes, an den eigenen Interessen ausgerichtetes u. die eigene Macht nutzendes Handeln, Verhalten:* schrankenlose, gesetzlose, absolutistische W.; das ist die reine W.; überall herrschte W.; der W. eines andern preisgegeben sein; von der W. anderer abhängig sein.

Will|kür|akt, der: vgl. Willkürmaßnahme.

Will|kür|herr|schaft, die: *durch Willkür geprägte Herrschaft, unumschränkte Gewaltherrschaft.*

will|kür|lich ⟨Adj.⟩ [spätmhd. willekürlich]: 1. **a)** *auf Willkür beruhend:* -e Anordnungen, Maßnahmen; jmdn. w. benachteiligen; **b)** *nicht nach einem System erfolgend, sondern wie es sich zufällig ergibt:* eine -e Auswahl; etw. ganz w. festlegen. 2. *vom eigenen Willen gesteuert; bewusst erfolgend; gewollt:* -e Bewegungen; bestimmte Muskeln lassen sich nicht w. in Tätigkeit setzen.

Will|kür|maß|nah|me, die: *durch Willkür gekennzeichnete, rücksichtslose Maßnahme.*

willst: ↑²wollen.

wim|meln ⟨sw. V.; hat⟩ [mhd. wimelen, Iterativbildung zu: wimmen = sich schnell hin und her bewegen, H. u.]: **a)** *sich [in großer Menge] rasch, lebhaft durcheinander bewegen, irgendwohin bewegen:* die Fische wimmelten im Netz; sie schaute von oben auf die wimmelnde Menge von Menschen und Fahrzeugen; **b)** *voll, erfüllt sein von einer sich rasch, lebhaft durcheinander bewegenden Menge:* die Straßen wimmeln von Menschen; Ü seine Arbeit wimmelt von Fehlern (emotional; *ist voller Fehler*); Deutschland wimmelt von Vereinen (emotional; *in Deutschland gibt es eine große Menge von Vereinen*).

wim|men ⟨sw. V.; hat⟩ [mhd. wimmen, windemen, ahd. windemōn < lat. vindemiare, zu: vinum = Wein u. demere = herab-, wegnehmen] (schweiz. ugs.): *Trauben lesen.*

¹Wim|mer, der; -s, - (schweiz., sonst landsch.): *Winzer.*

²Wim|mer, die; -, -n (schweiz., sonst landsch.): *Weinlese.*

³Wim|mer, der; -s, - [mhd. wimmer, H. u.]: 1. (veraltend) *harte, knorrige, schwer zu bearbeitende Stelle im Holz.* 2. (landsch., bes. südd.) *Schwiele, kleine Warze.*

wim|me|rig ⟨Adj.⟩: *von, in wimmernder Art.*

Wim|me|rin, die; -, -nen: w. Form zu ↑¹Wimmer.

wim|mern ⟨sw. V.; hat⟩ [zu mhd. wimmer = Gewinsel, lautm.]: *leise, hohe, zitternde, kläglich klingende Laute von sich geben; in zitternden Tönen jammern, unterdrückt weinen:* leise, kläglich, jämmerlich vor sich hin w.; sie wimmerte vor Schmerzen; sie wimmerten *(bettelten wimmernd)* um Gnade; ⟨subst.:⟩ er hörte das klägliche Wimmern eines Kindes; Ü (meist abwertend:) nebenan wimmerte eine Geige; * **zum Wimmern [sein]** (ugs.; ↑piepen).

Wim|pel, der; -s, - [mhd. wimpel = Kopfschutz, -binde, ahd. wimpal = Frauengewand, Schleier, wohl urspr. = Hülle, Binde, H. u.]: 1. *kleine, meist dreieckige od. länglich-trapezförmige Fahne (bes. als Kennzeichen eines Sportvereins, einer Jugendgruppe o. Ä. u. als Signalflagge auf Schiffen):* seidene, bestickte W.; das Festzelt war mit bunten -n geschmückt. 2. *breites, leinenes Brusttuch der Nonnen.*

Wim|per, die; -, -n [mhd. wintbrā(we), ahd. wintbrāwa, zu mhd., ahd. wint- (H. u.) u. Braue]: 1. *kräftiges, relativ kurzes, meist leicht gebogenes Haar, das mit andern zusammen in zwei bis drei Reihen angeordnet am vorderen Rand des Augenlids sitzt:* lange, seidige, dichte, helle, blonde, dunkle -n; künstliche -n; mir ist eine W. ins Auge geraten; sich ⟨Dativ⟩ die -n tuschen, bürsten; die -n senken; mit den -n klimpern (ugs.; *blinzeln*); * **nicht mit der W. zucken** *(sich eine Gefühlsregung nicht anmerken lassen; keine Reaktion zeigen):* als man ihm von dem Unglück berichtete, zuckte er nicht mit der W.; **ohne mit der W. zu zucken** *(ohne sich etwas anmerken zu lassen; ungerührt, kaltblütig):* er ging auf diesen gefährlichen Vorschlag sofort und ohne mit der W. zu zucken ein; **sich** ⟨Dativ⟩ **nicht an den -n klimpern lassen** (salopp; *sich nichts gefallen, nichts nachsagen lassen*). 2. (Biol.) *feiner, kurzer Fortsatz des Protoplasmas, der der Nahrungsaufnahme, der Ausscheidung od. der Fortbewegung dient.*

Wim|perg, der; -[e]s, -e, **Wim|per|ge,** die; -, -n [mhd. wintberge, ahd. wintberga, zu ↑Wind u. ↑bergen] (Archit.): *verzierter, meist durch Maßwerk gegliederter Giebel* (2) *über Fenstern, Portalen o. Ä. gotischer Bauwerke.*

Wim|per|haar, das: *einzelne Wimper.*

Wim|pern|tu|sche, die: *Paste, die mit einem Bürstchen auf die Wimpern aufgetragen wird, um sie dichter u. länger erscheinen zu lassen:* W. auftragen.

Wim|per|tier|chen, das: *einzelliges Lebewesen, das ganz od. teilweise mit Wimpern* (2) *bedeckt ist, die der Fortbewegung u. der Nahrungsaufnahme dienen.*

wind ⟨Adj.⟩ [viell. zu landsch. veraltet Winde, mhd. winde = Schmerz]: in der Fügung **w. und weh** (südwestd., schweiz.; *höchst unbehaglich, elend*).

Wind, der; -[e]s, -e [mhd. wint, ahd. wind, verw. mit ↑wehen u. eigtl. = der Wehende]: 1. *spürbar stärker bewegte Luft im Freien:* ein sanfter, lauer, warmer, frischer, stürmischer, heftiger, starker, böiger, kalter, eisiger W.; günstige, ungünstige, widrige -e; auffrischende -e aus Ost; W. und Wetter; ein leichter W. erhob sich, kam auf, wehte, kam von Osten; der W. bläst, pfeift, braust, weht ums Haus; der W. dreht sich, schlägt um, legt sich, flaut ab; der W. brachte Regen, blähte die Segel, zerrte an ihren Kleidern; beim Gehen den W. im Rücken haben; den W., die Kräfte des -es für etw. nutzen; der Jäger hat schlechten, guten W. (Jägerspr.; *steht so, dass das Wild Witterung, keine Witterung von ihm bekommt*); auf günstigen W. warten; gegen den W. ankämpfen; in der zweiten Halbzeit spielte die Mannschaft mit dem W., hatte die Mannschaft den W. im Rücken *(wehte der Wind in Richtung des Gegners, des gegnerischen Tors);* (Seemannsspr., bes. Segeln:) [hart] am W., gegen den W., mit halbem, vollem W., vor dem W. segeln; R daher weht [also] der W. *(so verhält es sich also unerfreulicherweise);* Spr wer W. sät, wird Sturm ernten (*wer etw. Böses tut, wird durch ein weit größeres Übel bestraft;* nach Hosea 8, 7); Ü seine Erzählungen sind nicht ernst zu nehmen, das ist alles nur W.; * **[schnell] wie der W.** (↑Blitz 1); **irgendwo weht [jetzt] ein anderer, scharfer, schärferer** o. ä. **W.; der W. pfeift [jetzt] aus einem anderen Loch** (ugs.; *irgendwo werden [jetzt] andere, strengere o. ä. Methoden angewandt, Maßstäbe angelegt*): seit der neue Chef da ist, weht in der Firma ein anderer W.; **wissen/erkennen/spüren/merken** o. Ä., **woher der W. weht** (ugs.; *wissen, merken, wie sich etw. unerfreulicherweise wirklich verhält*); [in den beiden folgenden Wendungen steht »Wind« als Bild für das Ungreifbare, Leere:] **W. machen** (ugs.; *sehr übertreiben; angeben*); **viel W. um etw. machen** (ugs.; *viel Aufhebens von etw. machen; etw. sehr aufbauschen*); **W. von etw. bekommen/kriegen/haben** (ugs.; *von etw., was eigentlich unbemerkt bleiben, nicht bekannt werden sollte, auf irgendeine Weise doch Kenntnis erhalten;* aus der Jägerspr., Wind = Witterung); **jmdm. den W. aus den Segeln nehmen** (ugs.; *jmdm. den Grund für sein Vorgehen, die Voraussetzungen für seine Argumente nehmen*); **sich** ⟨Dativ⟩ **den W. um die Nase wehen, um die Ohren wehen/pfeifen lassen** (ugs.; *sich in der Welt umsehen; das Leben kennen lernen*); **bei/in W. und Wetter** *(bei jedem, auch bei schlechtestem Wetter):* er ist bei W. und Wetter draußen bei seinen Tieren; **gegen den W., mit dem W. segeln** *(sich der herrschenden Meinung widersetzen, anschließen; sich [nicht] anpassen);* **etw. in den W. schlagen** *(dem [gut gemeinten] Rat eines andern keine Beachtung schenken):* er hat alle Warnungen, Ratschläge des Freundes in den Wind geschlagen; **in den W. reden/sprechen** *(mit seinen Worten kein Gehör finden);* alle Appelle waren in den W. gesprochen; **etw. in den W. schreiben** (ugs.; ↑Schornstein): das Geld kannst du in den W. schreiben, er hat seine Schulden noch nie bezahlt; **in alle -e** *(überallhin, in alle Himmelsrichtungen):* die Geschwister sind in alle -e zerstreut. **2. a)** *(bei der Orgel) durch ein elektrisches Gebläse od. einen Blasebalg in Bewegung versetzte Luft, die den Pfeifen zugeführt wird;* **b)** (Hüttenw.) *bei bestimmten Prozessen (z. B. der Eisengewinnung im Hochofen) zugeführte, meist vorgewärmte und mit Sauerstoff angereicherte Luft.* **3.** kurz für ↑Darmwind.

Wịnd|ab|wei|ser, der: *Vorrichtung in Form einer Blende aus Plexiglas o. Ä. am Auto, die bei geöffnetem Fenster, Dach den Fahrtwind ableitet.*

Wịnd|bä|cke|rei, die (österr.): *Schaumgebäck.*

Wịnd|be|häl|ter, der: *Windkasten.*

Wịnd|beu|tel, der [1: eigtl. = mit Luft gefüllter Beutel]: **1.** *aus Brandteig hergestelltes, leichtes, mit Sahne gefülltes Gebäckstück.* **2.** (veraltend abwertend) *oberflächlicher, leichtlebiger, unzuverlässiger Mensch.*

Wịnd|beu|te|lei, die; -, -en (veraltend abwertend): *leichtfertiges, wenig verantwortungsvolles Handeln.*

Wịnd|bö, Wịnd|böe, die: *Bö.*

Wịnd|bruch, der: *durch heftigen Wind verursachter Schaden im Wald.*

wịnd|dicht ⟨Adj.⟩: *undurchlässig für Wind:* -e Skikleidung.

Wịn|de, die; -, -n [1: mhd. winde, ahd. in: waʒʒarwinda = Wasserwinde; 2: mhd. winde, ahd. winda, eigtl. = die Sichwindende, zu ↑[1]winden]: **1.** *Vorrichtung zum Heben u. Senken od. zum Heranziehen von Lasten:* die Balken werden mit einer W. nach oben gebracht. **2.** *kletternde Pflanze mit einzel stehenden, trichterförmigen, weißen od. rosa Blüten.*

Wịnd|ei, das [LÜ von lat. ova hypenemia od. zephyria (Pl.), die Eier sollen vom Wind empfangen worden sein]: **1.** *nur von einer Haut umgebenes Ei ohne Schale.* **2.** *unbefruchtetes Ei:* eins der Eier erwies sich nach einiger Zeit als W.; Ü diese Idee war ein W. (abwertend; *war unbrauchbar*). **3.** (Med.) [2]*Mole.*

Wịn|del, die; -, -n [mhd. windel, ahd. windila, eigtl. = Binde zum Winden, Wickeln, zu ↑[1]winden]: **1.** *aus weichem, saugfähigem Material bestehendes Tuch, das um den Unterkörper eines Säuglings geschlungen wird u. das dessen Ausscheidungen aufnimmt:* weiche, trockene, nasse, frische -n; -n waschen, kochen; das Kind in -n wickeln; damals lagst du noch in [den] -n *(warst du noch ganz klein);* * **noch in den -n liegen/stecken/sein** (↑Kinderschuh). **2.** *als Windel (1) verwendete Lage aus Zellstoff (2) o. Ä. mit Kunststofffolie, die, von Klebestreifen zusammengehalten, wie ein Höschen den Unterleib des Säuglings umgibt u. die nach Gebrauch weggeworfen wird.*

Wịn|del|hös|chen, das: *kleine Hose aus wasserundurchlässigem Material, die einem Säugling über die Windeln (1) gezogen wird.*

wịn|deln: *(einem Säugling) eine Windel anlegen:* ein Baby w.

wịn|del|wei̱ch ⟨Adj.⟩ [eigtl. = weich wie eine aus zartem Leinen gefertigte Windel] (ugs.): **1.** (oft abwertend) **a)** *ängstlich u. nachgiebig, gefügig, bereit, alles hinzunehmen o. Ä.:* er redete so lange auf ihn ein, bis er w. war; **b)** *nicht die notwendige, erwartete Festigkeit, Eindeutigkeit, keinen fest umrissenen Standpunkt erkennen lassend:* -e Erklärungen, Argumente. **2.** ⟨nur in Verbindung mit Verben des Schlagens⟩ *sehr heftig u. lang anhaltend:* jmdn. w. prügeln, hauen.

[1]wịn|den ⟨st. V.; hat⟩ [mhd. winden, ahd. wintan, eigtl. = drehen, wenden, flechten; 5: zu ↑Winde (1)]: **1.** (geh.) **a)** *durch Schlingen, Drehen, Flechten o. Ä. an, in etw. befestigen, zu etw. verbinden:* Blumen in einen Kranz w.; sie wand dem Kind Schleifen ins Haar; sie wanden Zweige und Blumen zu Girlanden; **b)** *durch Schlingen, Drehen, Flechten o. Ä. herstellen, anfertigen:* aus Blumen Kränze w.; er wand bunte Girlanden aus Papier; **c)** *um etw. legen, binden, knüpfen, durch Darumlegen, -binden anbringen, befestigen:* sie windet ein Band um das Buch; das Kind wand (selten; *legte, schlang*) seine Arme um den Hals der Mutter; er wand sich, dem Kind ein Tuch um den Kopf; **d)** ⟨w. + sich⟩ *sich um etw. herumschlingen; um etw. gelegt, geschlungen sein:* die Bohnen winden sich um die Stangen; die Zöpfe wanden sich kranzförmig um ihren Kopf. **2.** (geh.) *durch heftige drehende Bewegungen aus den Händen reißen, gewaltsam wegnehmen:* einem Angreifer den Stock, die Waffe aus der Hand w.; sie wanden der weinenden Mutter das Kind aus den Armen. **3.** ⟨w. + sich⟩ **a)** *sich in schlangenartigen Bewegungen, in einer Schlangenlinie gleitend fortbewegen:* die Schlange windet sich im Sand; **b)** *sich krümmen, krampfhafte Bewegungen machen:* sich in Krämpfen w.; sie wand sich vor Schmerzen, vor Weinen und Schluchzen; er wand sich vor Verlegenheit, vor Scham, vor Lachen; Ü eine gewundene *(nach Ausflüchten klingende)* Erklärung abgeben; gewundene *(umständlich gedrechselte, verschlungene)* Sätze; sich sehr gewunden *(umständlich u. gekünstelt)* ausdrücken. **4.** ⟨w. + sich⟩ **a)** *sich durch etw. irgendwohin schlängeln (2):* er versuchte sich durch die Menge zu w.; er wand sich durch die Absperrung nach vorn; **b)** *in einer unregelmäßigen Schlangenlinie, in unregelmäßigen Bogen irgendwo verlaufen; sich schlängeln (1 b):* ein schmaler Pfad windet sich bergaufwärts; eine gewundene Treppe; ein gewundener Flusslauf. **5.** *mit einer Winde (1) irgendwohin befördern:* eine Last aufs Baugerüst, nach oben w.; die Netze aus dem Meer w.

[2]wịn|den ⟨sw. V.; hat⟩ [spätmhd. winden, zu ↑Wind]: **1.** ⟨unpers.⟩ (seltener) *(vom Wind) spürbar, mit einer gewissen Heftigkeit wehen:* hier windet es. **2.** (Jägerspr.) *(vom Wild u. von Hunden) Witterung nehmen; wittern (1 a):* das Reh, der Hund windet mit gehobener Nase.

Wịnd|ener|gie, die ⟨o. Pl.⟩: *durch Nutzung des Windes gewonnene Energie (2).*

Wịnd|ener|gie|park, der: *Gelände mit einer aus mehreren Windkraftwerken bestehenden Anlage.*

Win|der [ˈwaɪndə], der; -s, - [engl. winder, zu: to wind (auf)wickeln] (Fot.): *Vorrichtung in Kleinbildkameras zum automatischen Transport des Films.*

Wịnd|er|hit|zer, der (Hüttenw.): *Vorrichtung am Hochofen in Form eines feuerfest ausgekleideten Turmes, in der die zur Verbrennung eingeblasene Luft erhitzt wird.*

Wịn|des|ei|le: in der Verbindung **in/mit W.** (oft emotional; *sehr schnell, in großer Eile*): das Gerücht hatte sich in/mit W. verbreitet.

Wịnd|fang, der [mhd. wintvanc, ahd. wintvanga; vgl. Rauchfang]: **1.** *vor dem eigentlichen Flur o. Ä. gelegener Raum zwischen Haustür u. Windfangtür, auch kleiner Vorbau an Türen, Fenstern, der das Eindringen kalter Luft vermeiden soll.* **2.** (Jägerspr.) *(beim Schalenwild außer dem Schwarzwild) Nase.*

Wịnd|fang|tür, die: *den Windfang gegen den eigentlichen Flur o. Ä. abschließende [Pendel]tür.*

wịnd|ge|schützt ⟨Adj.⟩: *so gelegen, abgeschirmt, dass der Wind nicht einwirken kann:* ein -er Hang; w. hinter der Glaswand sitzen.

Wịnd|ge|schwin|dig|keit, die: *Geschwindigkeit, mit der sich der Wind fortbewegt:* die W. messen.

Wịnd|hauch, der: *kaum spürbare Luftbewegung:* ein sanfter W.

Wịnd|ho|se, die (Met.): *Wirbelwind über erhitztem Boden, der große Mengen Sand, Staub aufwirbelt, nach oben saugt.*

Wịnd|huk: Hauptstadt von Namibia.

Wịnd|hund, der [verdeutlichende Zus. mit gleichbed. älter: Wind, (mhd., ahd. wint), wohl zu mhd. Winden, ahd. Winida = germ. Bez. der Slawen, also eigtl. = wendischer (= slawischer) Hund]: **1.** *großer Hund mit langem, schmalem Körper, schmalem Kopf, langem, kräftigem Schwanz u. seidigem [langhaarigem] Fell.* **2.** (ugs. abwertend) *leichtsinniger, oberflächlicher, unzuverlässiger Mann.*

wịn|dig ⟨Adj.⟩ [mhd. windic]: **1.** *durch einen stets herrschenden, immer wieder wehenden Wind gekennzeichnet:* -es Wetter; ein -er Tag; eine -e Ecke; es ist w. draußen. **2.** (ugs. abwertend) *keinen soliden Eindruck machend; zweifelhaft:* ein -er Bursche; eine -e Angelegenheit.

Wịnd|ja|cke, die: *sportliche Jacke aus leichtem, meist wasserundurchlässigem Material, die gegen Wind und Regen schützt.*

Wịnd|jam|mer, der; -s, - [engl. windjammer, eigtl. etwa = Windpresser, zu: wind = Wind u. to jam = kräftig pressen] (Seemannsspr.): *großes Segelschiff.*

Wịnd|ka|nal, der: **1.** *Vorrichtung, in der Modelle von Körpern, bes. von Fahrzeugen, einem Luftstrom ausgesetzt werden, um ihre aerodynamischen Eigenschaften zu bestimmen.* **2.** *(bei der Orgel) Röhre aus Holz, durch die der Wind (2 a) vom Gebläse od. Blasebalg zum Windkasten geleitet wird.*

Wịnd|kas|ten, der: *(bei bestimmten Musikinstrumenten, bes. bei der Orgel) luftdichter [kastenförmiger] Behälter, in dem die zum Spielen benötigte Luft gespeichert wird.*

Wịnd|kraft, die ⟨o. Pl.⟩: vgl. Windenergie.

Wịnd|kraft|werk, das: *Anlage zur Gewinnung elektrischer Energie aus der natürlichen Energie der Strömung des Windes mithilfe von Rotoren, Turbinen, Windrädern o. Ä.*

Wịnd|la|de, die: *(bei der Orgel) flacher, rechteckiger, luftdichter Kasten aus Holz, auf dem die Pfeifen stehen u. in dem durch Ventile die*

Zufuhr des Windes (2a) zu den Pfeifen gesteuert wird.

Wind|licht, das: *durch einen Behälter aus Glas geschütztes Wachslicht.*

Wind|ma|schi|ne, die: 1. (Theater) *Gerät, mit dessen Hilfe die Geräusche des Windes nachgeahmt werden.* 2. (Film) *Maschine, mit der künstlich Wind erzeugt wird.*

Wind|mes|ser, der: *Messgerät zur Bestimmung der Geschwindigkeit des Windes; Anemometer.*

Wind|mo|tor, der: *Windrad.*

Wind|müh|le, die: *Mühle* (1a), *die mithilfe großer, an einem Rad befestigter Flügel* (2b) *durch den Wind angetrieben wird:* eine alte, holländische W.; *** gegen -n/mit -n kämpfen** (*einen aussichtslosen, sinnlosen Kampf führen;* nach einem Abenteuer des Don Quichotte).

Wind|müh|len|flü|gel, der: *Flügel* (2b) *einer Windmühle:* *** gegen W./mit -n kämpfen** (↑Windmühle).

Win|dow [ˈwɪndoʊ], das; -[s], -s [engl. window, eigtl. = Fenster (1), < mengl. windoge, windowe, aus dem Anord.] (EDV): *Fenster* (3).

Win|dow|shop|ping, das; -s, -s [engl. window-shopping, zu ↑Shopping]: *Schaufensterbummel:* W. machen.

Wind|po|cken ⟨Pl.⟩: *bes. bei Kleinkindern auftretende Infektionskrankheit mit einem Hautausschlag in Form kleiner, roter Flecken u. Bläschen:* W. haben, bekommen.

Wind|rad, das: *Kraftmaschine zum Antreiben anderer Maschinen, Generatoren o. Ä., die ihrerseits mithilfe verschieden geformter, an einem Rad befestigter Flügel* (2b) *durch den Wind angetrieben wird.*

Wind|räd|chen, das: *Spielzeug für kleine Kinder, bei dem sich ein drehbar an einem Stöckchen befestigtes kleines Rad mit Flügeln* (2b) *aus leichtem, buntem Material im Wind dreht.*

Wind|rich|tung, die: *Richtung, aus der ein Wind weht:* die W. bestimmen.

Wind|rös|chen, das: *Anemone.*

Wind|ro|se, die [die Darstellung erinnert entfernt an eine Rosenblüte]: *(bes. auf einem Kompass) auf einem Kreis, einer runden Scheibe eingezeichnete sternförmige Darstellung der Himmelsrichtungen, die häufig auch mit einer kreisförmig angeordneten Gradeinteilung versehen ist.*

Wind|sack, der: *an einem Mast drehbar angebrachter, leicht konisch geformter, an beiden Seiten offener Sack, der (bes. an Autobahnen u. Flugplätzen) die Windrichtung u. -stärke anzeigt.*

Winds|braut, die; - ⟨nur mit best. Art.⟩ [mhd. windesbrut, ahd. wintes prût, eigtl. = Braut, Geliebte des Windes; im alten Volksglauben wurde der Wirbelwind wohl als weibl. Wesen aufgefasst] (dichter.): *Wirbelwind; heftig brausender Wind.*

Wind|schat|ten, der: *windgeschützte Seite; windgeschützter Bereich:* der W. eines Berges, Waldes; im W. eines Lastwagens fahren.

wind|schief ⟨Adj.⟩ [eigtl. = gewunden schief (auf Bäume mit Drehwuchs bezogen), zu ↑¹winden]: 1. (oft abwertend) *nicht [mehr] richtig gerade, aufrecht, sondern schief verzogen:* eine -e Hütte; die Pfosten stehen ganz w. 2. (Geom.) *(von Geraden im Raum) nicht parallel u. sich nicht schneidend.*

wind|schlüp|fig, wind|schnit|tig ⟨Adj.⟩: *eine Form aufweisend, die dem Wind, einem Luftstrom nur geringen Widerstand bietet:* ein -es Modell; eine w. gebaute Karosserie.

Wind|schutz, der ⟨o. Pl.⟩: **a)** *Schutz vor der Einwirkung des Windes:* die Hütte steht im W. eines Hügels; **b)** *etw., was einen Windschutz* (a) *bietet.*

Wind|schutz|schei|be, die: *vordere Scheibe eines Kraftfahrzeugs; Frontscheibe:* die W. reinigen; er prallte mit dem Kopf gegen die W.

Wind|sei|te, die: *dem Wind zugekehrte Seite:* die W. eines Hauses.

Wind|spiel, das [mhd. wintspil, aus: wint (↑Windhund) u. spil, ↑Spiel]: 1. *Windhund (bes. einer kleineren Rasse).* 2. *Mobile, dessen bewegliche Teile beim Anstoßen Töne erzeugen.*

Wind|stär|ke, die: *(in verschiedene Stufen eingeteilte) Stärke des Windes:* zurzeit herrscht, haben wir W. 4.

wind|still ⟨Adj.⟩: *ohne Luftbewegung, Wind:* ein -er Tag; es war völlig w.

Wind|stil|le, die; -, -n: *das Fehlen jeder Luftbewegung.*

Wind|stoß, der: *plötzlich auftretende, starke Luftbewegung.*

wind|sur|fen ⟨sw. V.; meist im Inf. gebr.⟩: *Windsurfing betreiben, surfen* (2a).

Wind|sur|fer, der: *jmd., der Windsurfing betreibt.*

Wind|sur|fe|rin, die: w. Form zu ↑Windsurfer.

Wind|sur|fing, das: *das Segeln auf einem mit einem Segel ausgerüsteten Surfbrett.*

Win|dung, die; -, -en: 1. **a)** *Bogen des unregelmäßig gekrümmten Verlaufs von etw.:* die -en eines Baches, des Darms; der Weg macht zahlreiche -en, führt in -en *(Serpentinen)* ins Tal; **b)** *kreisförmiger Bogen des spiralförmigen Verlaufs von etw.:* die -en einer Spule; die -en der um die Säulen geschlungenen Girlanden; die Treppe führt in engen -en in den ersten Stock hinauf. 2. (seltener) *schlangenartige Bewegung:* die -en eines Wurmes beobachten.

Wind|ver|hält|nis|se ⟨Pl.⟩: *durch die Art, Stärke, Richtung o. Ä. des Windes gegebene Verhältnisse, davon abhängiger Zustand:* es herrschten günstige, ideale W.

Wind|zug, der ⟨o. Pl.⟩: vgl. Luftzug.

Win|gert, der; -s, -e [mundartl. Form von ↑Weingarten] (westmd., schweiz.): *Weinberg, -garten.*

Wink, der; -[e]s, -e [mhd. wink, ahd. winch, zu ↑winken]: 1. *durch eine Bewegung bes. der Hand, der Augen, des Kopfes gegebenes Zeichen, mit dem jmdm. etw. angedeutet, ein Hinweis o. Ä. gegeben wird:* ein kurzer, kleiner, wortloser, unmissverständlicher, deutlicher, stummer W.; ein W. mit den Augen, mit dem Daumen. 2. *Äußerung, mit der jmd., meist unauffällig, auf etw. hingewiesen, auf etw. aufmerksam gemacht wird; Fingerzeig:* ein wichtiger W.; nützliche -e *(Hinweise, Ratschläge)* für die Hausfrau; jmdm. einen W. geben; von jmdm. einen W. bekommen, erhalten; jmds. W. dankbar aufgreifen, befolgen; Ü ein W. des Schicksals *(ein Ereignis, Vorkommnis o. Ä., das als nützlicher Hinweis, als Warnung aufgefasst wird);* *** ein W. mit dem Zaunpfahl** (scherzh.; *indirekter, aber sehr deutlicher Hinweis; überaus deutliche Anspielung*).

win|ke, win|ke: in der Verbindung **w., w. machen** (Kinderspr.; *mit der Hand winken* 1a): mach schön w., w.!

Win|kel, der; -s, - [mhd. winkel, ahd. winkil, eigtl. = Biegung, Krümmung; Knick, verw. mit ↑winken]: 1. (Math.) *geometrisches Gebilde aus zwei von einem Punkt ausgehenden u. in einer Ebene liegenden Geraden:* ein spitzer, stumpfer, rechter W.; ein gestreckter W.; die beiden Linien bilden einen W. von 45°; einen W. messen, konstruieren, übertragen, verschieben; die Schenkel eines -s; die Geraden, die Straßen treffen sich in einem W. von 75°; die Straße biegt dort in scharfem W. nach Norden ab; *** toter W.** *(Gesichtswinkel a, aus dem heraus etw. Bestimmtes nicht wahrgenommen werden kann):* der Außenspiegel muss so eingestellt sein, dass kein toter W. entsteht. 2. *Ecke, auch Nische eines Raumes:* die Lampe leuchtet alle W. des Raumes gut aus; er suchte in allen -n. 3. *etwas abgelegene, verborgene Gegend:* ein stiller, malerischer W.; er kannte die entlegensten W. des Landes; sie kamen aus den entferntesten -n; Ü im verborgensten W. seines Herzens. 4. kurz für ↑Winkelmaß (2). 5. *militärisches Dienstgradabzeichen von der Form eines spitzen Winkels* (1). 6. (landsch.) *(bes. in Kleidungsstücken) Riss in Form eines rechten Winkels* (1).

Win|kel|ad|vo|kat, der [eigtl. = der im Winkel (= heimlich u. unbefugt) arbeitende Advokat] (abwertend): *Anwalt, der [ohne rechtliche Befugnis] mit fragwürdigen Mitteln [ohne die erforderlichen Kenntnisse] arbeitet.*

Win|kel|ad|vo|ka|tin, die: w. Form zu ↑Winkeladvokat.

Win|kel|ei|sen, das (Technik): 1. *Profilstahl, der im Querschnitt einen Winkel* (1) *aufweist.* 2. *Flacheisen, das in einem Winkel* (1) *gebogen ist u. bes. als Beschlag zum Schutz von Ecken dient.*

win|kel|för|mig ⟨Adj.⟩: *die Form eines Winkels* (1) *aufweisend.*

Win|kel|funk|ti|on, die (Math.): *Funktion* (2) *eines Winkels* (1) *im rechtwinkligen Dreieck, die durch das Verhältnis zweier Seiten dieses Dreiecks ausgedrückt ist.*

Win|kel|ha|ken, der: 1. (Druckw.): *beim Handsatz zum Setzen einzelner Zeilen verwendeter Rahmen aus Metall in Gestalt einer winkelförmigen, die Lettern aufnehmenden Schiene mit einem feststehenden Endstück u. einem verschiebbaren Teil zum Einstellen der Breite einer Zeile.* 2. (landsch.) *Winkel* (6).

Win|kel|hal|bie|ren|de, die; -n, -n ⟨Dekl. ↑Abgeordnete⟩ (Math.): *vom Scheitel* (3a) *eines Winkels* (1) *ausgehender Strahl* (4), *der den Winkel* (1) *in zwei gleiche Teile teilt.*

win|ke|lig, winklig ⟨Adj.⟩ [älter: winklicht]: *viele Winkel* (2) *aufweisend:* ein altes, -es Haus; eine -e Wohnung; ein -es Städtchen.

Win|kel|klam|mer, die: *Klammer* (2a) *von der Form eines spitzen Winkels* (1).

Win|kel|maß, das: 1. *Maßeinheit des Winkels* (1): das W. ist der Grad. 2. *Gerät zum Zeichnen u. Messen von Winkeln* (1) *in Form eines rechtwinkligen Dreiecks aus Holz, Metall o. Ä.*

Win|kel|mes|ser, der: *Gerät zum Messen u. Übertragen von Winkeln* (1), *meist mit einer [halb]kreisförmigen Skala mit Einteilung in Grade* (3a).

Win|kel|mess|ge|rät, das: *Gerät zur Bestimmung, Messung eines Winkels* (1).

Win|kel|mess|in|stru|ment, das: vgl. Winkelmessgerät.

win|keln ⟨sw. V.; hat⟩: *zu einem Winkel* (1) *beugen, biegen:* die Arme, ein Bein w.; mit stark gewinkeltem Handgelenk.

Win|kel|stahl, der (Technik): *Winkeleisen.*

win|kel|treu ⟨Adj.⟩ (Math.): *Winkeltreue aufweisend, auf Winkeltreue beruhend.*

Win|kel|treue, die (Math.): *(bes. bei bestimmten Kartennetzentwürfen) genaue Übereinstimmung der Winkel geometrischer Figuren, Abbildungen.*

Win|kel|zug, der ⟨meist Pl.⟩: *schlaues, nicht leicht zu durchschauendes Vorgehen zur Erreichung eines bestimmten, dem eigenen Interesse dienenden Ziels:* geschickte, undurchsichtige, krumme, juristische Winkelzüge; sie macht gern Winkelzüge; er hat sich durch einen raffinierten W. aus der Affäre gezogen.

win|ken ⟨sw. V.; hat; 2. Part.: gewinkt, standardspr. nicht korrekt: gewunken⟩ [mhd., ahd. winken = schwanken, winken, eigtl. = sich biegen, schwankende Bewegungen machen]: 1. **a)** *durch Bewegungen bes. mit der Hand od. einem darin gehaltenen Gegenstand ein Zeichen geben:* freundlich, mit der Hand, einem Taschentuch, zum Abschied w.; sie winkte schon von weitem zur Begrüßung; Kinder standen am Straßenrand und winkten mit Fähnchen; sie winkte nur leicht [mit dem Kopf, mit den Augen], und sofort verließen sie den Raum; **b)** *jmdn. durch eine Handbewegung auffordern heranzukommen:* dem Kellner w.; sie winkte einem Taxi; **c)** *durch eine od. mehrere Bewegungen mit der Hand od. einem darin gehaltenen Gegenstand veranlassen, sich irgendwohin zu bewegen:* jmdn. zu sich w.; der Polizist winkte den Wagen zur Seite; **d)** *etw. durch eine od. mehrere Bewegungen mit der Hand od. einem darin gehaltenen Gegenstand bedeuten, anzeigen:* jmdm. w., sich still zu verhalten, zu schweigen; der Linienrichter winkte Abseits. 2. *für jmdn. in Aussicht* *stehen, jmdm. geboten werden:* dem Sieger winkt ein wertvoller Preis.

Wịn|ker, der; -s, -: *(früher bei Kraftfahrzeugen) hochklappbarer od. sich auf u. ab bewegender Fahrtrichtungsanzeiger in Form eines kleinen Arms* (2).

Win|ke|rei, die; - (oft abwertend): *[dauerndes] Winken* (1).

Wịn|ker|flag|ge, die (Seew.): *Flagge, mit der bestimmte Signale gegeben werden.*

wink|lig: ↑winkelig.

Win|se|lei, die; -, -en (abwertend): *[dauerndes] Winseln.*

wịn|seln ⟨sw. V.; hat⟩ [mhd. winseln, Intensivbildung zu: winsen, ahd. winsōn, wohl lautm.]: **1.** *(vom Hund) hohe, leise klagende Laute von sich geben:* der Hund winselte vor der Tür. **2.** (abwertend) *in unwürdiger Weise um etw. flehen:* um Gnade w.; die Frau winselte, man solle sie zu ihrem Mann lassen.

Wịn|ter, der; -s, - [mhd. winter, ahd. wintar, H. u.]: *Jahreszeit zwischen Herbst u. Frühling als kälteste Zeit des Jahres, in der die Natur abgestorben ist:* ein langer, kurzer, kalter, harter, strenger, schneereicher, nasser, trockener, milder W.; es ist tiefer W.; der W. kommt, dauert lange; der W. geht langsam zu Ende; er ist W. wie Sommer *(das ganze Jahr über)* mit dem Fahrrad unterwegs; den W. über, den ganzen W. lang waren sie im Süden; den W. in den Bergen verbringen; ich bin schon den dritten W. hier; die Freuden des -s; gut durch den W. kommen; er ist W. für W. *(jedes Jahr im Winter)* hier; es war im W. 1998/99, mitten im W.; im W. verreisen; vor dem nächsten W., vor W. nächsten Jahres, dieses Jahres wird die Brücke nicht fertig; über den W., den W. über, während des -s bleibt er hier.

Wịn|ter|abend, der: *Abend im Winter.*

Wịn|ter|an|fang, der: *Anfang, Beginn des Winters* (zwischen 20. u. 23. Dezember).

Wịn|ter|ap|fel, der: *Apfel, der sich bei entsprechender Lagerung den Winter über hält.*

Wịn|ter|bau, der ⟨o. Pl.⟩: *das Bauen im Winter.*

Wịn|ter|dienst, der: **a)** *Dienst* (2) *zur Gewährleistung eines reibungslosen Ablaufs des Verkehrs auf öffentlichen Straßen bei Schnee u. Eis;* **b)** ⟨o. Pl.⟩ *Gesamtheit der Maßnahmen, die vom Winterdienst* (a) *ergriffen werden.*

Wịn|ter|ein|bruch, der: *plötzlicher Beginn des Winters.*

Wịn|ter|en|di|vie, die: *Endivie mit breiten, nicht gekrausten Blättern.*

Wịn|ter|fahr|plan, der: *während des Winterhalbjahres geltender Fahrplan* (1).

Wịn|ter|fell, das: vgl. Winterkleid (2 a).

wịn|ter|fest ⟨Adj.⟩: **1.** *für winterliches Wetter mit Schnee, Frost o. Ä. geeignet:* -e Kleidung; eine -e Blockhütte. **2.** *winterhart.*

Wịn|ter|frucht, die ⟨o. Pl.⟩: *Wintergetreide.*

Wịn|ter|gar|ten, der: *heller, heizbarer Raum od. Teil eines Raums (wie Erker o. Ä.) mit großen Fenstern od. Glaswänden [für die Haltung von Zimmerpflanzen].*

Wịn|ter|ge|trei|de, das (Landw.): *winterhartes Getreide, das im Herbst gesät u. im Sommer des folgenden Jahres geerntet wird.*

Wịn|ter|grün, das: *als Kraut od. kleiner Halbstrauch wachsende Pflanze mit immergrünen Blättern u. kleinen, einzeln od. in Trauben wachsenden Blüten.*

Wịn|ter|ha|fen, der: *Hafen, der auch im Winter eisfrei, befahrbar ist.*

Wịn|ter|halb|jahr, das: *die Wintermonate einschließende Hälfte des Jahres.*

wịn|ter|hart ⟨Adj.⟩ (Bot.): *(von Pflanzen) winterliche Witterung gut zu überstehen vermögend.*

Wịn|ter|hilfs|werk, das (nationalsoz.): *Hilfswerk zur Beschaffung von Kleidung, Heizmaterial u. Nahrungsmitteln für Bedürftige im Winter.*

Wịn|ter|jas|min, der: *Jasmin* (1).

Wịn|ter|kar|tof|fel, die: *Einkellerungskartoffel.*

Wịn|ter|kleid, das: **1.** *warmes Kleid für den Winter.* **2. a)** *längere, dichtere [andersfarbige] Behaarung vieler Säugetiere im Winter;* **b)** *Gefieder einiger Vogelarten im Winter im Unterschied zum andersfarbigen Gefieder im Sommer (z. B. beim Schneehuhn).*

Wịn|ter|klei|dung, die: vgl. Winterkleid (1).

Wịn|ter|kohl, der: *Grünkohl.*

Wịn|ter|kol|lek|ti|on, die: vgl. Herbstkollektion.

Wịn|ter|kur|ort, der: *Kurort für den Winter, an dem auch Wintersport getrieben werden kann.*

Wịn|ter|land|schaft, die: *winterliche Landschaft; Schneelandschaft.*

wịn|ter|lich ⟨Adj.⟩ [mhd. winterlich, ahd. wintarlih]: **a)** *zur Zeit des Winters üblich, herrschend:* -e Temperaturen, Kälte; eine -e *(mit Schnee bedeckte)* Landschaft; es ist w. [kalt]; **b)** *dem Winter gemäß, dafür angebracht, passend:* -e Kleidung; sich w. anziehen; **c)** *im Winter stattfindend, sich ereignend, vorkommend:* ein -es Gewitter; der -e Verkehr setzt ein.

Wịn|ter|ling, der; -s, -e: *(zu den Hahnenfußgewächsen gehörende) im Winter blühende Pflanze mit handförmig geteilten Blättern u. gelben od. weißen Blüten.*

Wịn|ter|luft, die ⟨o. Pl.⟩: *winterliche Luft:* kalte, klare W.

Wịn|ter|man|tel, der: vgl. Winterkleid.

Wịn|ter|mo|de, die: *Mode für den Winter.*

Wịn|ter|mo|nat, der: **a)** ⟨o. Pl.⟩ (veraltet) *Dezember;* **b)** *einer der ins Winterhalbjahr fallenden Monate, bes. Dezember, Januar, Februar.*

Wịn|ter|mond, der ⟨o. Pl.⟩ (veraltet): *Wintermonat* (a).

Wịn|ter|mor|gen, der: vgl. Winterabend.

wịn|tern ⟨sw. V.; hat; unpers.⟩ [mhd. winteren, ahd. wintaran] (selten): *Winter werden.*

Wịn|ter|nacht, die: vgl. Winterabend.

wịn|ter|of|fen ⟨Adj.⟩: *auch während der Wintermonate für den Verkehr geöffnet:* -e Pässe.

Wịn|ter|olym|pi|a|de, die: *im Winter in den Disziplinen des Wintersports stattfindende Olympiade.*

Wịn|ter|pau|se, die: vgl. Sommerpause.

Wịn|ter|quar|tier, das: **1.** *Standquartier von Truppen während der Wintermonate.* **2.** *Ort, an dem sich bestimmte Tiere während der Wintermonate aufhalten.* **3.** *Quartier, in dem sich ein Zirkus während des Winters aufhält.*

Wịn|ter|rei|fen, der: *den Straßenverhältnissen u. Witterungsbedingungen in den Wintermonaten angepasster Autoreifen mit grobem Profil.*

Wịn|ter|rog|gen, der: vgl. Wintergetreide.

Wịn|ter|ru|he, die (Zool.): *nicht allzu tiefer, zur Nahrungsaufnahme öfter unterbrochener Ruhezustand bei verschiedenen Säugetieren während der Wintermonate.*

wịn|ters ⟨Adv.⟩ [mhd. (des) winters, ahd. winteres]: *im Winter; während des Winters.*

Wịn|ter|saat, die: **1.** *Saatgut von Wintergetreide, das im Herbst gesät wird.* **2.** *aufgegangene Pflanzen der Wintersaat* (1): die W. steht gut, ist ausgefroren.

Wịn|ter|sa|chen ⟨Pl.⟩: *Winterkleidung.*

Wịn|ter|sai|son, die: *Saison* (a) *während der Wintermonate.*

Wịn|ter|schlaf, der (Zool.): *schlafähnlicher Zustand, in dem sich manche Säugetiere im Winter befinden.*

Wịn|ter|schluss|ver|kauf, der: *im Winter stattfindender Schlussverkauf.*

Wịn|ter|se|mes|ter, das: *im Winterhalbjahr liegendes Semester.*

Wịn|ter|son|ne, die: *winterliche* (a) *Sonne:* eine matte, bleiche W.

Wịn|ter|son|nen|wen|de, die: *Zeitpunkt, an dem die Sonne während ihres jährlichen Laufs ihren tiefsten Stand erreicht.*

Wịn|ter|spie|le ⟨Pl.⟩: *im Winter abgehaltene Wettkämpfe der Olympischen Spiele.*

Wịn|ter|sport, der: *auf Eis u. Schnee bes. während der Wintermonate betriebener Sport.*

Wịn|ter|star|re, die (Zool.): *schlafähnlicher, völlig bewegungsloser Zustand, in dem sich wechselwarme Tiere während der Wintermonate befinden.*

wịn|ters|über ⟨Adv.⟩: *den Winter über:* w. wohnen sie in der Stadt.

Wịn|ters|zeit: ↑Winterzeit.

Wịn|ter|tag, der: *Tag im Winter:* ein klarer, grauer, sonniger, kalter W.

wịn|ter|taug|lich ⟨Adj.⟩: *winterfest* (1): eine -e Ausrüstung; -e Reifen.

Wịn|ter|ur|laub, der: *Urlaub im Winter:* den W. im Gebirge verbringen.

Wịn|ter|vor|rat, der: *Vorrat für die Wintermonate.*

Wịn|ter|wei|de, die: *[2]Weide, auf der das Vieh auch während der Wintermonate weiden kann.*

Wịn|ter|wet|ter, das ⟨o. Pl.⟩: *kaltes Wetter, wie es im Winter herrscht.*

Wịn|ter|zeit, Winterszeit, die ⟨o. Pl.⟩: *Zeit, in der es Winter ist.*

Wịn|zer, der; -s, - [spätmhd. winzer, mhd. winzürl, ahd. winzuril < lat. vinitor = Weinleser, zu: vinum = Wein]: *jmd., der Wein anbaut, das aus den Trauben Wein herstellt u. verkauft.*

Wịn|zer|ge|nos|sen|schaft, die: *Genossenschaft, zu der sich Winzer zusammengeschlossen haben.*

Wịn|ze|rin, die; -, -nen: w. Form zu ↑Winzer.

Wịn|zer|mes|ser, das: *[1]Hippe* (1).

wịn|zig ⟨Adj.⟩ [mhd. winzic, intensivierende Bildung zu ↑wenig]: *überaus klein; von erstaunlich geringer Größe:* ein -es Bild, Zimmer; die -en Fäustchen eines Babys; ein w. *(außerordentlich)* kleines Tier; eine -e *(sehr geringe)* Menge; ein -er *(sehr kurzer)* Augenblick; von hier oben sieht alles w. aus.

Wịn|zig|keit, die; -, -en: **1.** ⟨o. Pl.⟩ *das Winzigsein, winzige Beschaffenheit.* **2.** (ugs.) *völlig unbedeutende, unwichtige Sache; winzige Kleinigkeit:* mit solchen -en gibt er sich gar nicht ab.

Winz|ling, der; -s, -e (salopp): *winzige Person od. Sache.*

Wịp|fel, der; -s, - [mhd. wipfel, ahd. wiphil, zu mhd. wipfen (↑wippen), eigtl. = das Hinundherschwingende]: *oberer Teil der Krone, Spitze eines meist hohen Baumes:* die im Winde rauschenden, schwankenden W.

Wịp|pe, die; -, -n [aus dem Niederd., rückgeb. aus ↑wippen]: *(als Spielgerät für Kinder) aus einem in der Mitte auf einem Ständer aufliegenden, kippbar angebrachten Balken, Brett o. Ä. bestehende Schaukel, auf deren beiden Enden sitzend man wippend auf u. ab schwingt:* beide Kinder sind von der W. gefallen.

wịp|pen ⟨sw. V.; hat⟩ [aus dem Niederd. < mniederd. wippen (= mhd. wipfen) = springen, hüpfen]: **a)** *auf einer Wippe, einer federnden Unterlage o. Ä. auf u. ab schwingen:* die Kinder wippten auf dem überstehenden Brett; er ließ das Kind auf seinen Knien w.; **b)** *sich federnd, ruckartig auf u. ab bewegen:* auf den Zehen, in den Knien w.; **c)** *federnd, ruckartig auf u. ab, hin u. her bewegen, schwingen lassen:* mit dem Fuß w.; der Vogel wippt mit dem Schwanz; ⟨selten auch mit Akk.-Obj.:⟩ er begann langsam das Bein zu w.; **d)** *in federnde, ruckartige, auf u. ab, hin u. her schwingende kurze Bewegungen geraten:* ihre Brüste wippten bei jedem Schritt.

Wịpp|schau|kel, die: *Wippe.*

wir ⟨Personalpron.; 1. Pers. Pl. Nom.⟩ [mhd., ahd. wir]: **1.** steht für mehrere Personen, zu denen die eigene gehört, für einen Kreis von Menschen, in den die eigene Person eingeschlossen ist: w. kommen sofort; w. schenken es euch; w. Deutschen/(veraltend:) Deutsche; w. klugen Menschen; w. Erwachsenen; w. beide, drei; w. anderen gehen zu Fuß; ⟨Gen.:⟩ sie erinnerten sich unser; in unser aller Namen; ⟨Dativ:⟩ er hat uns alles gesagt; hier sind w. ganz unter uns; von uns erfährst du nichts; ⟨Akk.:⟩ er hat uns gesehen; für uns gilt dies nicht. **2. a)** *ich* (als Pluralis Modestiae): im nächsten Kapitel werden w. auf diese Frage noch einmal zurückkommen; **b)** *ich* (als Pluralis Majestatis; in Großschreibung): Wir, Kaiser von Österreich. **3.** (fam.) in vertraulicher Anrede, bes. gegenüber Kindern u. Patienten (veraltend) anstelle von *du, ihr, Sie:* das wollen w. doch vermeiden, Kinder; nun, wie fühlen w. uns denn heute?

wirb: ↑werben.

Wir|bel, der; -s, - [mhd. wirbel, ahd. wirbil, zu ↑werben in der alten Bed. »sich drehen«]: **1. a)** *sehr schnell um einen Mittelpunkt kreisende Bewegung von Wasser, Luft o. Ä.:* der Strom hat starke W.; der Rauch steigt in dichten -n auf; Ü sie wollte sich nicht vom W. der Leidenschaften fortreißen lassen; **b)** *sehr schnell ausgeführte Bewegungen, bes. Drehungen:* ein schwindelnder W. beendete den Tanz der Eisläuferin; alles drehte sich in einem W. um ihn. **2. a)** *rasche, verwirrende Aufeinanderfolge; hektisches Durcheinander, Trubel:* der wilde W. von Ereignissen, Zwischenfällen verwirrte ihn völlig; **b)** *großes Aufsehen; Aufregung, die um jmdn., etw. entsteht:* [einen] W. um jmdn., etw. machen; er hat sich ohne großen W. aus der Öffentlichkeit zurückgezogen. **3.** kurz für ↑Haarwirbel. **4.** *einzelner, mit mehreren Fortsätzen versehener, runder, das Rückenmark umschließender Knochen der Wirbelsäule:* sich einen W. verletzen, brechen. **5.** *kleiner, drehbar in einem entsprechenden Loch sitzender Pflock, Stift, um den bei Saiteninstrumenten das eine Ende einer Saite gewickelt ist u. mit dessen Hilfe die entsprechende Saite gespannt u. gestimmt wird:* die W. anziehen, lockern. **6.** *(bei Schlaginstrumenten) schnelle Aneinanderfolge kurzer gleichmäßiger Schläge mit beiden Schlägeln* (3): auf der Trommel, der Pauke einen W. schlagen.

Wir|bel|bo|gen, der (Anat.): *ringförmiger Teil eines Wirbels* (4), *der das Rückenmark nach hinten umgibt.*

wir|be|lig, wirblig ⟨Adj.⟩: **1. a)** *quirlig; äußerst lebhaft u. unruhig:* ein -es Kind; **b)** *durch hektisches Getriebe, großen Trubel gekennzeichnet:* die -e Faschingszeit. **2.** *schwindlig* (1); *wirr; konfus:* vor Freude w. sein.

Wir|bel|kas|ten, der (Musik): *am Ende des Halses* (3b) *bestimmter Saiteninstrumente unterhalb der Schnecke* (5) *befindliche Öffnung, durch die quer die Wirbel* (5) *geführt sind.*

Wir|bel|kno|chen, der (Anat.): *einzelner Knochen der Wirbelsäule; Wirbel* (4).

Wir|bel|kör|per, der (Anat.): *nach vorn liegender kompakter Teil eines Wirbels* (4), *von dem zwei nach hinten gerichtete Teile des Wirbelbogens mit verschiedenen Fortsätzen ausgehen.*

wir|bel|los ⟨Adj.⟩ (Zool.): *keine Wirbel* (4), *keine Wirbelsäule aufweisend; zu den Wirbellosen gehörend:* -e Tiere.

Wir|bel|lo|se ⟨Pl.⟩: *Tiere ohne Wirbel* (4), *ohne Wirbelsäule.*

wir|beln ⟨sw. V.⟩: **1. a)** *sich in Wirbeln* (1a) *bewegen* ⟨ist⟩: an den Pfeilern wirbelt das Wasser; die Schneeflocken wirbelten immer dichter; **b)** *sich schnell, heftig bewegen* ⟨ist⟩: die Absätze der Tänzerin wirbelten; bei der Explosion wirbelten ganze Dächer durch die Luft; **c)** *sich in schnell drehender, kreisender Bewegung befinden* ⟨hat/ist⟩: die Schiffsschraube wirbelte immer schneller; er betrachtete die wirbelnden Räder der Maschine; Ü ihm wirbelte der Kopf *(ihm war schwindlig).* **2.** *sich mit sehr schnellen, hurtigen, lebhaften Bewegungen irgendwohin bewegen* ⟨ist⟩: die Pferde wirbeln über die Steppe; die tanzenden Paare wirbeln durch den Saal. **3.** *in schnelle [kreisende] Bewegung versetzen, in schneller Drehung irgendwohin bewegen* ⟨hat⟩: der Wind wirbelte die Blätter durch die Luft; er wirbelte seine Partnerin über die Tanzfläche. **4.** *einen Wirbel* (6) *ertönen lassen* ⟨hat⟩: die Trommler begannen zu w.

Wir|bel|säu|le, die: *aus gelenkig durch Bänder u. Muskeln miteinander verbundenen Wirbeln* (4) *u. den dazwischen liegenden Bandscheiben gebildete Achse des Skeletts bei Wirbeltieren u. Menschen, die den Schädel trägt u. dem Rumpf als Stütze dient.*

Wir|bel|säu|len|gym|nas|tik, die: *Gymnastik zur Kräftigung, Lockerung o. Ä. der Wirbelsäule.*

Wir|bel|säu|len|ver|krüm|mung, die (Med.): *Verformung der Wirbelsäule entlang ihrer Längsrichtung.*

Wir|bel|strom, der (Elektrot.): *in Wirbeln* (1a) *verlaufender elektrischer Strom im Innern eines elektrischen Leiters (der durch ein Magnetfeld bewegt wird od. sich in einem veränderlichen Magnetfeld befindet).*

Wir|bel|sturm, der: *(bes. in den Tropen auftretender) starker Sturm, der sich um einen Mittelpunkt kreisend fortbewegt:* ein verheerender, tobender, heftiger W.

Wir|bel|tier, das (Zool.): *Tier mit einer Wirbelsäule, das zwei Paar Gliedmaßen besitzt u. dessen Körper in Kopf u. Rumpf [u. Schwanz] gegliedert ist.*

Wir|bel|wind, der: **1.** *heftiger, in Wirbeln* (1a) *wehender Wind:* ein W. riss die Blätter vom Boden und trieb sie vor sich her. **2.** (veraltend, meist scherzh.) *lebhafte, heftig u. ungestüm sich bewegende Person (bes. Kind, Jugendlicher):* sie ist ein richtiger W.

wirb|lig: ↑wirbelig.

wirbst, wirbt: ↑werben.

wird: ↑werden.

wirf, wirfst, wirft: ↑werfen.

Wir|ge|fühl, das: *Gemeinschafts-, Zusammengehörigkeitsgefühl.*

wir|ken ⟨sw. V.; hat⟩ [mhd., ahd. wirken, wahrsch. zu ↑Werk]: **1.** *in seinem Beruf, Bereich an einem Ort mit gewisser Einflussnahme tätig sein:* in einem Land als Missionar, Arzt w.; sie wirkt an dieser Schule schon seit 20 Jahren als Lehrerin; ich habe heute schon ganz schön gewirkt (ugs. scherzh.; *emsig u. ergebnisreich gearbeitet*); ⟨subst.:⟩ er kann auf ein langes Wirken zurückblicken. **2.** (geh.) *durch geistige Tätigkeit etw. vollbringen, zustande bringen:* er hat in seinem Leben viel Gutes gewirkt; ein von dunklen Mächten gewirktes Verhängnis. **3.** *durch eine innewohnende Kraft, aufgrund seiner Beschaffenheit eine bestimmte Wirkung haben, ausüben:* das Medikament wirkt [schmerzstillend, gut, schlecht, nicht]; sein Zuspruch wirkte ermunternd [auf uns]; ihre Heiterkeit wirkte ansteckend; das Getränk wirkte berauschend; der Sturm wirkte verheerend; man muss diese Musik zunächst auf sich w. lassen; diese Ankündigung hatte [bei ihm] schließlich gewirkt *(hatte eine Verhaltensänderung bewirkt).* **4.** *durch seine Erscheinungsweise, Art einen bestimmten Eindruck auf jmdn. machen:* heiter, fröhlich, traurig, unausgeglichen, müde, abgespannt, gehetzt w.; neben jmdm. klein, zierlich w.; dieses Vorgehen wirkte rücksichtslos; ein südländisch, sympathisch wirkender Mann. **5.** *nicht unbeachtet bleiben, sondern eine positive Wirkung erzielen; beeindrucken:* die Bilder wirken in den kleinen Räumen nicht; das Muster wirkt nur aus der Nähe; mit ihrem Charme wirkt sie [auf andere]. **6. a)** *(Textilien) herstellen durch Verschlingen von Fäden zu Maschen mit speziellen Nadeln, wobei im Unterschied zum Stricken eine ganze Maschenreihe auf einmal gebildet wird:* Pullover, Unterwäsche w.; **b)** *einen Teppich (bes. Gobelin) weben, wobei farbige Figuren u. Muster eingearbeitet werden:* ein gewirkter Teppich. **7.** (landsch.) *durchkneten* (a): den Teig w.

Wir|ker, der; -s, -: *jmd., der Textilien wirkt* (6a) (Berufsbez.).

Wir|ke|rei, die; -, -en: **1.** ⟨o. Pl.⟩ *Herstellung von Wirkwaren.* **2.** *Betrieb, in dem Wirkwaren hergestellt werden.*

Wir|ke|rin, die; -, -nen: w. Form zu ↑Wirker.

Wirk|kraft, die: *Wirkungskraft.*

Wirk|leis|tung, die (Elektrot.): *in einem Wechselstromkreis maximal erzielbare Nutzleistung.*

wirk|lich [spätmhd. wirkelich, mhd. würke[n]lich, würklich, eigtl. = tätig; wirksam; wirkend]: **I.** ⟨Adj.⟩ **1.** *in der Wirklichkeit vorhanden; der Wirklichkeit entsprechend:* eine -e Begebenheit; das -e Leben sieht ganz anders aus; der Autor schrieb später unter seinem -en Namen; manchmal ist ein Traum -er *(sagt er mehr über die Wirklichkeit aus)* als die äußerlich greifbaren Dinge; was empfindet, denkt, will er w. *(in Wirklichkeit)*?; die Kinder hörten am liebsten Geschichten, die sich w. zugetragen hatten; sich nicht w., sondern nur zum Schein für etw. interessieren. **2.** *den Vorstellungen, die mit etw. verbunden werden, genau entsprechend; im eigentlichen Sinne:* -e Freunde sind selten; ihr fehlt eine -e Aufgabe; das war für mich eine -e *(spürbare)* Hilfe; er versteht w. etwas von der Sache. **II.** ⟨Adv.⟩ dient zur Bekräftigung, Verstärkung; *in der Tat:* da bin ich w. neugierig; ich weiß w. nicht, wo er ist; w., so ist es!; nein, w.? *(ist es so?)*; darauf kommt es nun w. *(ganz bestimmt)* [nicht] an; er ist es w. *(jetzt erkenne ich ihn).*

Wirk|lich|keit, die; -, -en [spätmhd. wirkelicheit]: *[alles] das, Bereich dessen, was als Gegebenheit, Erscheinung wahrnehmbar, erfahrbar ist:* die raue, harte, heutige, gesellschaftliche, politische W.; die graue W. des Alltags; sein Traum ist W. geworden *(hat sich verwirklicht)*; die W. verfälschen, entstellen, verklären; unsere Erwartungen blieben hinter der W. zurück *(erfüllten sich nicht ganz)*; in W. *(wie sich die Dinge verhalten)* ist alles ganz anders; sich mit der W. auseinander setzen.

wirk|lich|keits|fern ⟨Adj.⟩: *wirklichkeitsfremd.*

Wirk|lich|keits|form, die (Sprachw.): *Indikativ.*

wirk|lich|keits|fremd ⟨Adj.⟩: *nicht an der Wirklichkeit u. ihren [gerade geltenden] Forderungen orientiert:* -e Ideale; als w. gelten.

wirk|lich|keits|ge|treu ⟨Adj.⟩: *der Wirklichkeit genau entsprechend;* eine -e Schilderung, Zeichnung.

Wirk|lich|keits|mensch, der: *Realist* (1).

wirk|lich|keits|nah ⟨Adj.⟩: *der Wirklichkeit nahe kommend, annähernd entsprechend:* eine -e Erzählweise, Darstellung.

Wirk|lich|keits|sinn, der ⟨o. Pl.⟩: *Realitätssinn.*

Wirk|lich|keits|treue, die: *Treue* (2) *gegenüber der Wirklichkeit (in Bezug auf eine Wiedergabe o. Ä.).*

Wirk|ma|schi|ne, die: *Maschine zur Herstellung von Wirkwaren.*

wirk|sam ⟨Adj.⟩: *eine beabsichtigte Wirkung erzielend; mit Erfolg wirkend:* ein -es Mittel; ein -er Schutz, Vertrag; eine -e Unterstützung, Kontrolle, Hilfe; eine latent w. gebliebene Strömung; die neuen Bestimmungen werden mit 1. Juli w. (Amtsspr.; *gelten ab 1. Juli*); jmds. Interessen w. vertreten; jmdm. w. *(rechtsgültig)* kündigen.

-wirk|sam: 1. drückt in Bildungen mit Substantiven aus, dass die beschriebene Sache Wirkung bei jmdm., etw. erzielt, wirkungsvoll ist, etw. beeinflusst: medien-, öffentlichkeits-, wählerwirksam. **2.** drückt in Bildungen mit Substantiven aus, dass etw. gefördert wird, auf etw. hingewirkt wird: beschäftigungs-, erfolgswirksam.

Wirk|sam|keit, die; -: **a)** *das Wirksamsein;* **b)** (seltener) *das Wirken* (1).

Wirk|stoff, der: *körpereigene od. -fremde Substanz, die in biologische Vorgänge eingreift od. als Arzneimittel wirkt:* ein biologischer, chemischer W.

Wirk|tep|pich, der: *[in gobelinähnlicher Technik] handgewebter [orientalischer] Teppich.*

Wir|kung, die; -, -en [spätmhd. wirkunge]: **1.** *durch eine verursachende Kraft bewirkte Veränderung, Beeinflussung, bewirktes Ergebnis:* eine nachhaltige, wohltuende, schnelle W.; die erhoffte W. blieb aus; etw. erzielt [nicht] die gewünschte W.; seine Worte hatten keine W., verfehlten ihre W.; das Medikament tat seine W.; der Boxer zeigte W. (Jargon; *Reaktion in Form von körperlicher, geistiger Beeinträchtigung nach erhaltenem Treffer*); er ist stets auf W. bedacht *(darauf bedacht, auf andere zu wirken 5, andere zu beeindrucken)*; diese Verfügung wird mit W. vom 1. Oktober (Amtsspr.; *wird ab 1. Oktober*) ungültig; etw. bleibt ohne W.; das Mittel kam dadurch verstärkt zur W. *(wirkte dadurch besonders stark).* **2.** (Physik) *physikalische Größe der Dimension Energie mal Zeit.*

Wir|kungs|be|reich, der: *Bereich, in dem jmd. wirkt, tätig ist:* einen kleinen, großen W. haben.
Wir|kungs|feld, das: *Betätigungsfeld, Wirkungsbereich:* ein neues W. finden.
Wir|kungs|ge|schich|te, die (Literaturw.): *literaturgeschichtliche Darstellung der Rezeption* (2) *eines Werkes.*
Wir|kungs|grad, der: **a)** (Physik, Technik) *Verhältnis von aufgewandter zu nutzbarer Energie:* eine Maschine mit einem W. von 90 %; **b)** *Grad einer Wirkung* (1): dieses Verfahren hat einen höheren W.
Wir|kungs|kraft, die: *Wirkung* (1) *ausübende Kraft:* die W. dichterischer Texte, eines Dichters.
Wir|kungs|kreis, der: *Einfluss-, Wirkungsbereich:* seinen W. erweitern.
wir|kungs|los ⟨Adj.⟩: *ohne Wirkung* (1) *[bleibend]:* ein -es Theaterstück; sein Appell verhallte w.
Wir|kungs|lo|sig|keit, die; -: *das Wirkungslossein.*
Wir|kungs|me|cha|nis|mus, der: *Mechanismus* (2 b) *einer Wirkung* (1): der W. des Insulins.
wir|kungs|reich ⟨Adj.⟩: *große Wirkung* (1) *ausübend; einflussreich:* ein -er Autor.
Wir|kungs|stät|te, die (geh.): *Stätte, an der jmd. wirkt* (1).
wir|kungs|voll ⟨Adj.⟩: *große, starke Wirkung* (1) *erzielend:* eine -e Drapierung; einzelne Worte in seinem Vortrag w. herausheben.
Wir|kungs|wei|se, die: *Art u. Weise, in der etw. wirkt* (3), *funktioniert, in der Wirkung* (1) *ausgeübt wird:* die W. eines Medikaments.
Wirk|wa|ren ⟨Pl.⟩: *gewirkte* (6) *Waren.*
wirr ⟨Adj.⟩ [rückgeb. aus ↑wirren]: **a)** *ungeordnet; durcheinander gebracht:* ein -es Geflecht von Baumwurzeln; die Haare hingen ihm w. ins Gesicht; **b)** *unklar, verworren u. nicht leicht zu durchschauen, zu verstehen:* -e Gedanken; sein -es Gekritzel; ein -er Traum; er sprach ziemlich w.; **c)** *[durch etw.] verwirrt:* der Brief machte sie ganz w.; mir war ganz w. im Kopf *(ich war ganz konfus)* von all den Eindrücken.
Wir|re, die; -, -n: **1.** ⟨nur Pl.⟩ *Unruhen; ungeordnete politische, gesellschaftliche Verhältnisse:* das Land war durch innere -n bedroht; in den -n der Nachkriegszeit. **2.** ⟨o. Pl.⟩ (geh. veraltet) *Verworrenheit eines Geschehens o. Ä.*
wir|ren ⟨sw. V.; hat⟩ [mhd. werren, ahd. werran = verwickeln, durcheinander bringen, viell. urspr. = drehen, (ver)wickeln] (geh.): *wirr durcheinander wogen:* die absonderlichsten Gedanken wirrten in meinem Kopf.
Wirr|heit, die; -, -en: *das Wirrsein.*
Wirr|kopf, der (abwertend): *jmd., dessen Denken u. Äußerungen wirr* (b) *erscheinen:* ein politischer W.; wie machen wir das diesen Wirrköpfen klar?
wirr|köp|fig ⟨Adj.⟩ (abwertend): *einem Wirrkopf ähnlich, entsprechend.*
Wirr|köp|fig|keit, die; -: *wirrköpfige Art.*
Wirr|nis, die; -, -se (geh.): **a)** *Verworrenheit, Durcheinander von etw. Geschehendem:* die -se der Revolution; **b)** *Verworrenheit im Denken, Fühlen o. Ä.:* es war eine W. in meinen Gedanken; **c)** *ungeordnete Menge, Masse:* durch die W. uralter Bäume gehen.
Wirr|sal, das; -[e]s, -e od. die; -, -e (geh.): *Wirrnis.*
Wir|rung, die; -, -en (dichter.): *Verwicklung.*
Wirr|warr, der; -s [lautspielerische verdoppelnde Bildung zu ↑wirren]: *wirres Durcheinander:* ein W. von Stimmen, Vorschriften; der W. *(die chaotischen Zustände)* im Ministerium; er empfing uns inmitten eines fürchterlichen -s *(einer fürchterlichen Unordnung).*
wirsch ⟨Adj.⟩ [älter: wirrisch, zu ↑wirr] (landsch.): *ärgerlich; aufgeregt.*
Wir|sing, der; -s, **Wir|sing|kohl,** der; -[e]s [lombard. verza < lat. viridia = grüne Gewächse, zu: viridis = grün]: *Kohl* (1 a) *mit [gelb]grünen, krausen, sich zu einem lockeren Kopf zusammenschließenden Blättern.*
Wirt, der; -[e]s, -e [mhd., ahd. wirt = Ehemann, Gebieter; Gastfreund, -wirt, wohl eigtl. = Gunst, Freundlichkeit (Erweisender)]: **1.** *Gastwirt:* der W. kocht selbst, hat uns persönlich bedient; beim W. bezahlen. **2. a)** *Hauswirt* (1); **b)** *Vermieter von einzelnen Zimmern.* **3.** (veraltet) *Gastgeber.* **4.** (Biol.) *Lebewesen, tierischer od. pflanzlicher Organismus, in od. auf dem ein bestimmter Parasit lebt, der aus diesem Zusammenleben einseitig Nutzen zieht; Wirtsorganismus.*
wir|ten ⟨sw. V.; hat⟩ [mhd. wirten = bewirten] (schweiz., sonst landsch.): *als Gastwirt[in] tätig sein, eine Gastwirtschaft führen.*
Wir|tin, die; -, -nen: w. Form zu ↑Wirt (1–3).
wirt|lich ⟨Adj.⟩ [mhd. wirtlich = einem Wirt angemessen] (veraltend): **a)** *gastlich:* ein -es Haus; **b)** *einladend, freundlich* (b); *lieblich anmutend.*
Wirt|lich|keit, die; - (veraltend): *das Wirtlichsein.*
Wirt|schaft, die; -, -en [mhd. wirtschaft, ahd. wirtscaft, zu ↑Wirt, urspr. = Tätigkeit des Hausherrn u. Wirtes, Bewirtung, dann auch: Gastmahl]: **1.** *Gesamtheit der Einrichtungen u. Maßnahmen, die sich auf Produktion u. Konsum von Wirtschaftsgütern beziehen:* eine hoch entwickelte, florierende, expandierende W.; die kapitalistische, sozialistische W.; die mittelständische W.; die W. eines Landes; die W. liegt danieder; die W. ankurbeln, anheizen, modernisieren; in der freien *(auf freiem Wettbewerb u. privater Aktivität beruhenden)* W. tätig sein. **2.** kurz für ↑Gastwirtschaft: in einer W. einkehren. **3.** kurz für ↑Landwirtschaft (2): eine kleine W. haben. **4.** *Haushalt* (1), *Hauswirtschaft* (1 b): eine eigene W. gründen; jmdm. die W. führen. **5.** ⟨o. Pl.⟩ **a)** *das Wirtschaften* (1 a): extensive, intensive W.; **b)** (ugs. abwertend) *unordentliche Art, Arbeitsweise:* was ist denn das für eine W.!; es wird Zeit, dass diese W. aufhört; * **reine W. machen** (landsch. ugs.; ↑Tisch 1 a); **c)** (veraltend) *Umstände wegen einer Person, Sache:* mach nicht so viel W.! **6.** ⟨o. Pl.⟩ (veraltet) *Bedienung* (1): [hallo] W.!
wirt|schaf|ten ⟨sw. V.; hat⟩ [mhd. wirtschaften, wirtscheften, ahd. wirtskeften = ein Gastmahl ausrichten, abhalten; schmausen]: **1. a)** *in einem bestimmten wirtschaftlichen Bereich die zur Verfügung stehenden Mittel möglichst rationell verwenden:* gut, schlecht, mit Gewinn w.; sie versteht zu w.; wenn weiter so gewirtschaftet wird wie bisher, dann sind wir bald ruiniert; sie muss sehr genau w., um mit dem Geld auszukommen; **b)** *etw. durch [schlechtes] Wirtschaften* (1 a) *in einen bestimmten Zustand bringen:* eine Firma konkursreif, in den Ruin, in die roten Zahlen w.; er hat den Hof zugrunde gewirtschaftet. **2.** *sich im Haushalt, im Haus o. Ä. betätigen, dort mit einer Arbeit beschäftigt sein:* in der Küche, im Keller, auf dem Speicher w.
Wirt|schaf|ter, der; -s, -: **1.** (Wirtsch.) *Unternehmer; leitende Persönlichkeit im Bereich der Wirtschaft.* **2.** *Angestellter, der einen landwirtschaftlichen Betrieb führt* (Berufsbez.). **3.** (Jargon) *männliche Person, die die Aufsicht über die Prostituierten in einem Bordell führt.*
Wirt|schaf|te|rin, die; -, -nen: **1.** *Haushälterin.* **2.** w. Form zu Wirtschafter (2).
Wirt|schaft|ler, der; -s, -: **1.** kurz für ↑Wirtschaftswissenschaftler. **2.** *Wirtschafter* (1).
Wirt|schaft|le|rin, die; -, -nen: w. Form zu ↑Wirtschaftler.
wirt|schaft|lich ⟨Adj.⟩: **1. a)** *die Wirtschaft* (1) *betreffend:* die -en Verhältnisse eines Landes; -e Fragen, Probleme, Erfolge; der -e Aufschwung eines Landes; **b)** *geldlich, finanziell:* sich in einer -en Notlage befinden; w. *(in finanzieller Hinsicht)* von jmdm. abhängig sein; es geht dieser Schicht jetzt w. weitaus besser. **2. a)** *gut wirtschaften könnend; sparsam mit etw. umgehend:* eine -e Hausfrau; die Mittel sind so w. *(ökonomisch)* wie möglich auszugeben; **b)** *dem Prinzip der Wirtschaftlichkeit entsprechend:* ein -es Auto; eine -e Fahrweise.
Wirt|schaft|lich|keit, die; -: *Übereinstimmung mit dem Prinzip, mit den gegebenen Mitteln den größtmöglichen Ertrag zu erwirtschaften od. für einen bestimmten Ertrag die geringstmöglichen Mittel einzusetzen:* die W. eines Betriebes.
Wirt|schafts|ab|kom|men, das: *gegenseitiges staatliches Abkommen über wirtschaftliche Beziehungen.*
Wirt|schafts|asy|lant, der (abwertend): *jmd., dessen Asylantrag als nicht politisch, sondern wirtschaftlich motiviert angesehen wird.*
Wirt|schafts|asy|lan|tin, die: w. Form zu ↑Wirtschaftsasylant.
Wirt|schafts|auf|schwung, der: *wirtschaftlicher* (1) *Aufschwung* (3).
Wirt|schafts|be|ra|ter, der: *Berater in wirtschaftlichen* (1) *Fragen.*
Wirt|schafts|be|ra|te|rin, die: w. Form zu ↑Wirtschaftsberater.
Wirt|schafts|be|zie|hun|gen ⟨Pl.⟩: *wirtschaftliche* (1 a) *Beziehungen [zwischen Staaten].*
Wirt|schafts|blo|cka|de, die: vgl. Wirtschaftsboykott.
Wirt|schafts|boy|kott, der: *über ein Land verhängter wirtschaftlicher Boykott.*
Wirt|schafts|buch, das: *Buch, in das die Einnahmen u. Ausgaben im Zusammenhang mit der Haushaltsführung eingetragen werden.*
Wirt|schafts|de|likt, das: *Wirtschaftsstraftat.*
Wirt|schafts|ein|heit, die: *in sich geschlossenes wirtschaftliches Gebilde in Form von Haushalt, Unternehmen, Körperschaft.*
Wirt|schafts|em|bar|go, das: *die Wirtschaft* (1) *betreffendes Embargo.*
Wirt|schafts|fak|tor, der: *die Wirtschaft* (1) *mitbestimmender maßgeblicher Faktor* (1).
Wirt|schafts|flücht|ling, der (auch abwertend): *Flüchtling, der nicht aus politischen, sondern aus wirtschaftlichen Gründen sein Land verlässt.*
Wirt|schafts|för|de|rung, die ⟨o. Pl.⟩: *Gesamtheit der wirtschaftspolitischen Maßnahmen zur Steigerung der Leistungs- u. Wettbewerbsfähigkeit von Unternehmen.*
Wirt|schafts|form, die: **a)** *Form der Wirtschaft* (1): die kapitalistische, sozialistische W.; **b)** *Form der Wirtschaft* (5 a): die W. der Forstwirtschaft.
Wirt|schafts|fra|gen ⟨Pl.⟩: *wirtschaftliche Fragen* (2).
Wirt|schafts|füh|rer, der: *leitende Persönlichkeit im Bereich der Wirtschaft.*
Wirt|schafts|füh|re|rin, die: w. Form zu ↑Wirtschaftsführer.
Wirt|schafts|füh|rung, die: *Führung* (1 a, c) *der Wirtschaft* (1) *eines Betriebs, Unternehmens, Staates o. Ä.*
Wirt|schafts|ge|bäu|de, das ⟨meist Pl.⟩: *zu einem Kloster, Schloss, Gut gehörendes Gebäude als Küche, Stall, Scheune, Brauhaus, Schmiede o. Ä. (in der Nähe des Wohngebäudes).*
Wirt|schafts|ge|biet, das (Wirtsch.): *Gebiet einer einheitlichen Wirtschaft:* sich zu einem gemeinsamen W. zusammenschließen.
Wirt|schafts|geld, das: *Haushaltsgeld.*
Wirt|schafts|ge|mein|schaft, die (Wirtsch.): *Gemeinschaft, Zusammenschluss von Wirtschaftsgebieten.*
Wirt|schafts|geo|gra|phie, die: *Teilgebiet der Geographie, dessen Forschungsgegenstand die von der Wirtschaft* (1) *gestaltete Erdoberfläche ist.*
Wirt|schafts|ge|schich|te, die: **1.** ⟨o. Pl.⟩ *Geschichte der Wirtschaft als Zweig der Geschichtswissenschaft.* **2.** *Werk, das die Wirtschaftsgeschichte* (1) *zum Thema hat.*
Wirt|schafts|gip|fel, der: *Gipfeltreffen zur Erörterung von Wirtschaftsfragen.*
Wirt|schafts|gut, das ⟨meist Pl.⟩ (Wirtsch.): [1]*Gut, das der Befriedigung menschlicher Bedürfnisse dient.*
Wirt|schafts|gym|na|si|um, das: *Aufbaugymnasium mit volks- u. wirtschaftswissenschaftlichem Schwerpunkt.*
Wirt|schafts|hil|fe, die: *finanzielle Unterstützung (eines Staates), die für wirtschaftliche Zwecke bestimmt ist.*
Wirt|schafts|hoch|schu|le, die: *wissenschaftliche*

Hochschule zur akademischen Ausbildung in kaufmännischen Berufen.

Wịrt|schafts|in|ge|ni|eur, der: *Ingenieur mit abgeschlossenem technischem u. wirtschaftswissenschaftlichem Studium.*

Wịrt|schafts|in|ge|ni|eu|rin, die: w. Form zu ↑Wirtschaftsingenieur.

Wịrt|schafts|jahr, das (Wirtsch.): *Geschäftsjahr.*

Wịrt|schafts|kraft, die ⟨o. Pl.⟩: vgl. Finanzkraft.

Wịrt|schafts|krieg, der: *wirtschaftliche [u. militärische] Kampfmaßnahmen gegen die Wirtschaft eines anderen Staates.*

Wịrt|schafts|kri|mi|na|li|tät, die: *Kriminalität im Wirtschaftsleben.*

Wịrt|schafts|kri|se, die (Wirtsch.): *Umschwung der Hochkonjunktur in eine Phase wirtschaftlicher Zusammenbrüche.*

Wịrt|schafts|la|ge, die: *wirtschaftliche* (1) *Lage:* eine [anhaltend] gute W.

Wịrt|schafts|le|ben, das ⟨o. Pl.⟩: *wirtschaftliches Geschehen in einem bestimmten geographischen Bereich.*

Wịrt|schafts|leh|re, die: *[Grundlagen der] Wirtschaftswissenschaften [als Schulfach].*

Wịrt|schafts|len|kung, die: *staatliche Lenkung der Wirtschaft.*

wịrt|schafts|li|be|ral ⟨Adj.⟩: *eine liberale* (2) *Haltung in Bezug auf die Wirtschaftspolitik vertretend.*

Wịrt|schafts|li|be|ra|lis|mus, der: *wirtschaftsliberale Grundhaltung.*

Wịrt|schafts|ma|ga|zin, das: *Zeitschrift, die wirtschaftliche Themen, Entwicklungen o. Ä. darstellt u. kommentiert.*

Wịrt|schafts|ma|the|ma|tik, die: *mit wirtschaftswissenschaftlicher Ausrichtung betriebene Mathematik.*

Wịrt|schafts|ma|the|ma|ti|ker, der: *Experte auf dem Gebiet der Wirtschaftsmathematik.*

Wịrt|schafts|ma|the|ma|ti|ke|rin, die: w. Form zu ↑Wirtschaftsmathematiker.

Wịrt|schafts|mi|nis|ter, der: *für die allgemeine Wirtschaftspolitik u. Ä. zuständiger Minister.*

Wịrt|schafts|mi|nis|te|rin, die: w. Form zu ↑Wirtschaftsminister.

Wịrt|schafts|ord|nung, die (Wirtsch.): *Art, in der die Wirtschaft eines Landes aufgebaut ist:* eine kapitalistische, sozialistische W.

Wịrt|schafts|plan, der: *für einen bestimmten Zeitraum aufgestellter wirtschaftlicher* (1 a) *Plan.*

Wịrt|schafts|po|li|tik, die: *Gesamtheit der staatlichen Maßnahmen zur Gestaltung der Wirtschaft.*

wịrt|schafts|po|li|tisch ⟨Adj.⟩: *die Wirtschaftspolitik betreffend.*

Wịrt|schafts|pres|se, die ⟨o. Pl.⟩: *wirtschaftliche Fachzeitschriften u. andere Organe im Hinblick auf ihren Wirtschaftsteil.*

Wịrt|schafts|prü|fer, der: *öffentlich bestellter u. vereidigter Prüfer von Jahresabschlüssen wirtschaftlicher Unternehmen* (Berufsbez.).

Wịrt|schafts|prü|fe|rin, die: w. Form zu ↑Wirtschaftsprüfer.

Wịrt|schafts|prü|fung, die (Wirtsch.): *Prüfung des Jahresabschlusses eines wirtschaftlichen Unternehmens.*

Wịrt|schafts|rat, der: *aus Vertretern von Arbeitnehmern u. Arbeitgebern bestehendes Gremium mit beratender Funktion gegenüber dem Parlament, der Regierung.*

Wịrt|schafts|raum, der: **1.** ⟨meist Pl.⟩ vgl. Wirtschaftsgebäude. **2.** *großes Wirtschaftsgebiet.*

Wịrt|schafts|sank|ti|on, die ⟨meist Pl.⟩ (Völkerr.): *wirtschaftliche* (1 a) *Sanktion* (2 a).

Wịrt|schafts|spi|o|na|ge, die: *Spionage im Bereich der Wirtschaft* (1).

Wịrt|schafts|stand|ort, der (Wirtsch.): *Standort* (3) *bes. im Hinblick auf ein Land, einen Staat.*

Wịrt|schafts|straf|tat, die: *Straftat im Bereich der Wirtschaft* (1).

Wịrt|schafts|sys|tem, das (Wirtsch.): *wirtschaftliches System, Form des Wirtschaftslebens in einer Epoche, Kultur.*

Wịrt|schafts|teil, der: *wirtschaftlichen Themen o. Ä. gewidmeter Teil einer Zeitung.*

wịrt|schafts|the|o|re|tisch ⟨Adj.⟩: *die Wirtschaftstheorie betreffend, auf ihr beruhend, zu ihr gehörend.*

Wịrt|schafts|the|o|rie, die: *Theorie der wirtschaftlichen Prozesse.*

Wịrt|schafts|trakt, der: vgl. Wirtschaftsgebäude.

Wịrt|schafts|uni|on, die: *enge Wirtschaftsgemeinschaft.*

Wịrt|schafts|un|ter|neh|men, das: *Unternehmen* (2) *bes. im Hinblick auf seine Rolle als Wirtschaftsfaktor.*

Wịrt|schafts|ver|band, der: *Interessenverband von Unternehmern eines Wirtschaftszweigs.*

Wịrt|schafts|ver|ge|hen, das: *Wirtschaftsstraftat.*

Wịrt|schafts|wachs|tum, das: *als Zunahme des Sozialprodukts messbares wirtschaftliches Wachstum.*

Wịrt|schafts|wei|se, die: *Art u. Weise des Wirtschaftens* (1).

Wịrt|schafts|wis|sen|schaft, die ⟨meist Pl.⟩: *Wissenschaft, die sich (als Betriebs-, Volkswirtschaftslehre, Finanzwissenschaft) mit der Wirtschaft beschäftigt.*

Wịrt|schafts|wis|sen|schaft|ler, der: *Wissenschaftler auf dem Gebiet der Wirtschaftswissenschaft[en].*

Wịrt|schafts|wis|sen|schaft|le|rin, die: w. Form zu ↑Wirtschaftswissenschaftler.

wịrt|schafts|wis|sen|schaft|lich ⟨Adj.⟩: *die Wirtschaftswissenschaft[en] betreffend.*

Wịrt|schafts|wun|der, das (ugs.): *überraschender wirtschaftlicher Aufschwung (bes. nach der Währungsreform von 1948 in Westdeutschland):* das deutsche W.

Wịrt|schafts|zweig, der: *Gesamtheit der Betriebe, die aufgrund ihrer Produktion zu einem bestimmten wirtschaftlichen Bereich gehören.*

Wịrts|haus, das [mhd. wirtshūs]: *Gasthaus [auf dem Lande]:* ein bescheidenes W.

Wịrts|haus|schild, das: *Aushängeschild* (1) *eines Gasthauses.*

Wịrts|leu|te ⟨Pl.⟩ (veraltend): *Ehepaar, das eine Gastwirtschaft führt.*

Wịrts|or|ga|nis|mus, der (Biol.): *Wirt* (4).

Wịrts|pflan|ze, die (Biol.): *Pflanze als Wirt* (4).

Wịrts|stu|be, die: *Gaststube.*

Wịrts|tier, das (Biol.): vgl. Wirtspflanze.

Wịrts|wech|sel, der (Biol.): *nach einem bestimmten Entwicklungsstadium erfolgender Übergang eines Parasiten von einem Wirt* (4) *auf einen anderen.*

Wịrz, der; -es, -e (schweiz.): *Wirsing.*

Wịsch, der; -[e]s, -e [mhd. wisch, ahd. -wisc (in Zus.), urspr. = zusammengedrehtes Bündel; Strohbüschel (mit dem gewischt wird)]: **1.** (salopp abwertend) *[wertloses] Schriftstück:* gib den W. her!; ich habe den W. weggeworfen. **2.** (veraltet) *kleines Bündel [Stroh]:* ein W. Stroh.

Wịsch|arm, der: *Arm* (2), *an dem der Scheibenwischer befestigt ist.*

Wịsch|blatt, das: *Schiene mit Gummieinlage am Scheibenwischer.*

wi|schen ⟨sw. V.⟩ [mhd. wischen = wischen; sich schnell bewegen, ahd. wisken = wischen]: **1.** *eine od. mehrere Bewegungen bes. mit der Hand leicht reibend über eine Oberfläche hin machen* ⟨hat⟩: mit der Hand über den Tisch w.; sich ⟨Dativ⟩ mit dem Ärmel über die Stirn w.; du sollst nicht immer in den Augen w.; * **jmdm. eine w.** (ugs.; *jmdm. eine Ohrfeige geben*); **einen gewischt kriegen** (ugs.; 1. *einen elektrischen Schlag bekommen.* 2. *verwundet werden*). **2.** ⟨hat⟩ **a)** *durch Wischen* (1) *entfernen, von einer Stelle weg an eine andere Stelle bewegen:* den Staub von der Glasplatte w.; jmdm., sich [mit einem Tuch] den Schweiß von der Stirn w.; sich den Schlaf aus den Augen w.; Staub w. *(durch Wischen beseitigen);* **b)** *durch Wischen* (1) *säubern, von etw. Unerwünschtem, Störendem o. Ä. befreien:* jmdm., sich [mit der Serviette] den Mund w.; sich die Stirn w.; sie wischte sich die Augen [um ihre Tränen zu verbergen]; * [**nur**] **zum Wischen sein** (salopp; *nichts wert sein, nichts taugen*); **c)** (bes. nordd.) *mit einem [feuchten] Tuch säubern:* den Fußboden, die Treppe w. **3.** *sich schnell, leise u. unauffällig irgendwohin bewegen* ⟨ist⟩: eine Katze wischte um die Ecke.

Wi|scher, der; -s, -: **1.** kurz für ↑Scheibenwischer: den W. einschalten. **2.** kurz für ↑Tintenwischer. **3.** (Grafik) *an beiden Enden zugespitztes Gerät aus weichem, gerolltem Leder, Zellstoff o. Ä., mit dem Kreide, Rötel o. Ä. verwischt wird, um weiche Töne zu erzielen.* **4. a)** (Soldatenspr. veraltet) *Streifschuss;* **b)** (ugs.) *leichte Verletzung, Schramme.* **5.** (landsch. ugs.) *Tadel, Verweis, Rüffel.*

Wi|scher|blatt, das: *Wischblatt.*

wịsch|fest ⟨Adj.⟩: *sich durch Wischen nicht ohne weiteres entfernen, verwischen lassend:* -e Farbe.

Wi|schi|wạ|schi, das; -s [wohl zu ↑Wisch (1) u. veraltet waschen = schwatzen, vgl. Gewäsch] (salopp abwertend): *unklares, verschwommenes Gerede; unpräzise Äußerung, Darstellung, Ausführung:* politisches, ideologisches W.

Wịsch|lap|pen, der (landsch.): **a)** *Aufwischlappen;* **b)** *Wischtuch* (a).

Wịsch|nu: einer der Hauptgötter des Hinduismus.

Wịsch|tuch, das ⟨Pl. ...tücher⟩: **a)** *Tuch zum [feuchten] Abwischen von Möbeln o. Ä.;* **b)** (landsch.) *Aufwischlappen.*

[1]Wis|con|sin [wɪsˈkɔnsɪn], der; -[s]: linker Nebenfluss des Mississippi.

[2]Wis|con|sin; -s: Bundesstaat der USA.

Wi|sent [...ɛnt], der; -s, -e [mhd. wisent, ahd. wisant, viell. eigtl. = der Stinkende (nach dem eigentümlichen Moschusgeruch während der Brunstzeit)]: *(dem Bison eng verwandtes) großes, dunkelbraunes Rind mit wollig behaartem Kopf u. Vorderkörper und kurzen, nach oben gebogenen Hörnern, das heute fast nur noch in Tiergärten u. Reservaten vorkommt.*

Wis|mar: Hafenstadt an der Ostsee.

[1]Wis|ma|rer, der; -s, -: Ew.

[2]Wis|ma|rer ⟨indekl. Adj.⟩: der W. Hafen.

Wis|ma|re|rin, die; -, nen: w. Form zu ↑[1]Wismarer.

Wis|mut, (chem. Fachspr. auch:) Bismut, das; -[e]s [spätmhd. wismāt, H. u.]: *rötlich weißes, glänzendes Schwermetall (chemisches Element);* Zeichen: Bi (↑Bismutum).

wis|peln ⟨sw. V.; hat⟩ [mhd. wispeln, lautm.] (landsch.): *wispern.*

wis|pern ⟨sw. V.; hat⟩ [lautm.]: **a)** *[hastig] flüstern* (a): die Kinder wisperten [miteinander]; wispernde Stimmen; **b)** *[hastig] flüstern* (b): »Er kommt!« wisperten sie; jmdm. etw. ins Ohr w.

Wiss|be|gier, Wiss|be|gier|de, die ⟨o. Pl.⟩: *Begierde, Verlangen, etw. zu wissen, zu erfahren:* kindliche W.; sie war von W. besessen.

wiss|be|gie|rig ⟨Adj.⟩: *voller Wissbegierde; begierig, etw. zu wissen, zu erfahren:* er war äußerst w. hinsichtlich ihrer Person.

wis|sen ⟨unr. V.; hat⟩ [mhd. wiʒʒen, ahd. wiʒʒan, eigtl. = gesehen haben, urspr. = erblicken, sehen (Bedeutungsentwicklung über »gesehen haben [u. daher wissen]«)]: **1.** *durch eigene Erfahrung od. Mitteilung von außen Kenntnis von etw., jmdm. haben, sodass zuverlässige Aussagen gemacht werden können:* etw. [ganz] genau, sicher, mit Sicherheit, bestimmt, nur ungefähr, im Voraus, in allen Einzelheiten w.; das weiß ich nur zu gut *(das ist mir ein ganz vertrauter Sachverhalt);* den Weg, die Lösung, ein Mittel gegen etw. w.; jmds. Adresse, Namen w.; etw. aus jmds. eigenem Munde, aus zuverlässiger Quelle w.; weißt du schon das Neu[e]ste?; das Schlimmste, (iron.:) Beste, Schönste weißt du noch gar nicht; nichts von einer Sache w.; das hätte ich w. sollen, müssen; wenn ich das gewusst hätte!; woher soll ich das w.?; in diesem/für diesen Beruf muss man viel w.; soviel ich weiß, ist er verreist; er weiß alles, wenig, [rein] gar nichts; wenn ich nur wüsste, ob er kommt; jmdn. etw. w. lassen *(jmdn. von etwas benachrichtigen);* ich weiß ein gutes Lokal *(ich weiß, wo es ein gutes Lokal gibt);* er weiß es nicht anders *(er hat es in seinem Leben nicht anders gelernt)*; was weiß denn der überhaupt? *(er hat doch gar keine Kenntnis von diesen Dingen!)*; ich weiß, was ich weiß *(aufgrund meiner Kenntnis, meiner Erfahrungen bleibe ich bei meinem Standpunkt)*; ich weiß, dass ich nichts weiß (Grundsatz des Sokrates); er weiß immer alles besser (iron.; *er hat immer noch überflüssige Ratschläge zu erteilen*); sie weiß, was sie will *(sie geht mit festem Willen auf ihr Ziel zu)*; ihr wisst [auch] nicht, was ihr wollt *(bald entscheidet ihr euch für dies, bald für jenes)*; du musst w. *(dir im Klaren darüber sein)*, was du zu tun hast; ich weiß nicht *(bin unsicher, unentschlossen hinsichtlich dessen)*, was ich tun soll; ich weiß, wovon ich rede *(ich kann mich bei dem, was ich sage, auf Tatsachen o. Ä. stützen)*; ich wüsste nicht *(mir ist keineswegs bekannt, ich habe nie die Erfahrung gemacht)*, dass er mir je die Unwahrheit gesagt hat; ich möchte nicht w., wie viel Geld das alles gekostet hat *(das war alles sicher sehr teuer u. als Ausgabe kaum zu verantworten)*; vielleicht ist er schon wieder geschieden, was weiß ich (ugs.; *ich weiß es nicht, u. es interessiert mich auch nicht*); weißt du [wạs] *(ich schlage vor)*, wir fahren einfach dorthin; bei dem weiß man nie (ugs.; *man kann nie wissen, voraussagen, wie er reagieren wird, was er vorhat*); er wollte w. *(er wusste angeblich, er sagte)*, dass die Entscheidung bereits gefallen sei; nicht, dass ich [etwas davon] wüsste *(davon ist mir nichts bekannt)*; mit einem wissenden *(gewisse Kenntnis ausdrückenden)* Lächeln, Blick; gewusst, wie! (ugs.; *man muss nur wissen, wie es richtig gemacht werden muss*); **Spr** was ich nicht weiß, macht mich nicht heiß *(wenn man von unangenehmen, unerfreulichen Dingen nichts erfährt, braucht man sich wenigstens nicht darüber aufzuregen)*; * **von jmdm., etw. nichts [mehr] w. wollen** *(an jmdm., etwas kein Interesse [mehr] haben)*; **sich** ⟨Dativ⟩ **mit etw. viel w.** (geh. veraltet; *sich auf etw. etwas einbilden, auf etw. stolz sein*); **es w. wollen** (ugs.; *bei etw. seine Fähigkeiten energisch unter Beweis stellen wollen*). **2.** *über jmdn., etw. unterrichtet sein; sich einer Sache in ihrer Bedeutung, Tragweite, Auswirkung bewusst sein:* um jmds. Nöte, von jmds. Schwierigkeiten w. **3.** (geh.) *davon Kenntnis haben, sicher sein, dass sich jmd., etw. in einem bestimmten Zustand, an einem bestimmten Ort o. Ä. befindet, sich etw. in bestimmter Weise verhält:* jmdn. zu Hause w.; sich in Sicherheit, geborgen w.; seine Kinder bei jmdm. in guten Händen w.; er wollte diese Äußerung ganz anders verstanden w. **4.** ⟨mit Inf. mit »zu«⟩ *in der Lage sein, etw. zu tun:* sich zu benehmen, zu behaupten w.; etw. zu schätzen w.; sich zu helfen w.; nichts mit jmdm. anzufangen w.; sie weiß etwas aus sich zu machen; er wusste manches zu berichten *(konnte manches berichten, berichtete manches)*. **5.** (ugs.) in verstärkenden, floskelhaften Einschüben: so tun, als ob die Angelegenheit wer weiß wie *(als ob sie äußerst)* wichtig sei; dies und noch wer weiß was alles *(u. noch alles Mögliche)* hat er erzählt; dies und ich weiß nicht was noch alles.

Wịs|sen, das; -s [mhd. wiʒʒen]: **a)** *Gesamtheit der Kenntnisse, die jmd. [auf einem bestimmten Gebiet] hat:* ein umfangreiches, umfassendes, gründliches, gesichertes W.; jmds. praktisches, theoretisches W.; das menschliche W.; ein großes W. haben, besitzen; er musste unbedingt sein W. anbringen; **Spr** W. ist Macht (nach dem engl. Philosophen Francis Bacon, 1561–1626); **b)** *Kenntnis, das Wissen* (1) *von etw.:* ein wortloses, untrügliches W.; meines -s *(soviel ich weiß;* Abk.: m. W.) ist er verreist; im W. um diese Dinge; jmdn. mit W. *(während man sich seines Handelns voll bewusst ist)* benachteiligen; etw. nach bestem W. und Gewissen tun; das geschah ohne mein W.; etw. wider besseres/(seltener:) gegen [sein] besseres W. *(obwohl man weiß, dass es falsch ist)* tun.

W

Wịs|sen|schaft, die; -, -en [(früh)nhd. für lat. scientia (zu scire = wissen); mhd. wiʒʒen[t]schaft = (Vor)wissen; Genehmigung]: **1.** *(ein begründetes, geordnetes, für gesichert erachtetes) Wissen hervorbringende forschende Tätigkeit in einem bestimmten Bereich:* reine, angewandte W.; die ärztliche, mathematische, politische W.; die W. der Medizin, von den Fischen; exakte -en (*Wissenschaften, deren Ergebnisse auf mathematischen Beweisen, genauen Messungen beruhen,* z. B. Mathematik, Physik); die W. fördern; der W. dienen; die Akademie der -en; alles atmet den Geist hoher W. *(Wissenschaftlichkeit)*; sie ist in der W. *(im Bereich der Wissenschaft)* tätig; Vertreter von Kunst und W. **2.** *jmds. Wissen in einer bestimmten Angelegenheit o. Ä.:* es dauerte, bis er mit seiner W. herauskam.

Wịs|sen|schaf|ter, der; -s, - (österr., schweiz.): *Wissenschaftler.*

Wịs|sen|schaf|te|rin, die; -, -nen: w. Form zu ↑Wissenschafter.

Wịs|sen|schaft|ler, der; -s, -: *jmd., der über eine abgeschlossene Hochschulbildung verfügt u. im Bereich der Wissenschaft tätig ist:* ein namhafter, bedeutender W.

Wịs|sen|schaft|le|rin, die; -, -nen: w. Form zu ↑Wissenschaftler.

wịs|sen|schaft|lich ⟨Adj.⟩: *die Wissenschaft betreffend, dazu gehörend, darauf beruhend:* eine -e Arbeit, Abhandlung; -e Methoden, Erkenntnisse, Ergebnisse, Bücher; -e Literatur; eine -e *(mit bestimmten wissenschaftlichen Arbeiten beauftragte)* Hilfskraft; ein -er *(aus Wissenschaftler[inne]n bestehender)* [Bei]rat; der Zweck dieses Tests war rein w.; w. arbeiten; diese Theorie ist w. nicht haltbar; das ist w. erwiesen; etw. w. untersuchen.

Wịs|sen|schaft|lich|keit, die; -: *das Wissenschaftlichsein; den Prinzipien der Wissenschaft entsprechende Art:* ohne Anspruch auf W.

Wịs|sen|schafts|be|griff, der: *das, was (unter verschiedensten Aspekten) als »Wissenschaft«* (1) *verstanden wird.*

Wịs|sen|schafts|be|trieb, der ⟨o. Pl.⟩ (ugs.): *Tätigkeiten u. Abläufe in einem wissenschaftlichen Bereich:* der deutsche, medizinische W.

Wịs|sen|schafts|ge|schich|te, die: *Geschichte* (1 a) *der Wissenschaften, ihrer Theorien, Methoden u. Verfahren.*

wịs|sen|schafts|ge|schicht|lich ⟨Adj.⟩: *die Wissenschaftsgeschichte betreffend, auf ihr beruhend, zu ihr gehörend.*

Wịs|sen|schafts|glau|be, der: *[allzu] großes Vertrauen in die Wissenschaft.*

wịs|sen|schafts|gläu|big ⟨Adj.⟩: *[allzu] großes Vertrauen in die Wissenschaft setzend.*

Wịs|sen|schafts|jour|na|lis|mus, der: *Bereich des Journalismus, in dem [natur]wissenschaftliche Themen behandelt, dargestellt werden.*

Wịs|sen|schafts|spra|che, die: *innerhalb der Wissenschaften verwendete [Fach]sprache, die sich vor allem im Wortschatz von der Allgemeinsprache unterscheidet.*

Wịs|sen|schafts|the|o|rie, die ⟨o. Pl.⟩: *Teilgebiet der Philosophie, in dem die Voraussetzungen, Methoden, Strukturen, Ziele u. Auswirkungen von Wissenschaft untersucht werden.*

Wịs|sen|schafts|zweig, der: *Teilgebiet einer Wissenschaft.*

Wịs|sens|drang, der ⟨o. Pl.⟩: *Drang nach Wissen.*

Wịs|sens|durst, der: *Wissensdrang:* seinen W. befriedigen, stillen.

wịs|sens|durs|tig ⟨Adj.⟩: *von Wissensdurst erfüllt.*

Wịs|sens|fra|ge, die: *Frage, deren Beantwortung reines Wissen erfordert.*

Wịs|sens|ge|biet, das: *Gebiet menschlichen Wissens, auf dem wissenschaftliche Erkenntnisse vorliegen.*

Wịs|sens|lü|cke, die: *Lücke* (b) *auf einem Wissensgebiet.*

Wịs|sens|stand, der: *(zu einem bestimmten Zeitpunkt erreichter) Stand des Wissens.*

Wịs|sens|stoff, der ⟨o. Pl.⟩: *zu verarbeitendes Wissen [auf einem Gebiet]:* ein stets ansteigender W. [in den Naturwissenschaften].

Wịs|sens|ver|mitt|lung, die: *das Vermitteln* (4) *von Wissen.*

Wịs|sens|vor|sprung, der ⟨o. Pl.⟩: *größeres Maß an Wissen, Kenntnissen, Informationen in einem bestimmten Zusammenhang:* die Leserinnen und Leser unserer Zeitung haben einen W. gegenüber anderen.

wịs|sens|wert ⟨Adj.⟩: *wert, es zu wissen, zu kennen:* -e Neuigkeiten; ⟨subst.:⟩ das Buch enthält viel Wissenswertes.

wịs|sent|lich ⟨Adj.⟩ [mhd. wiʒʒen(t)lich = bewusst, bekannt, offenkundig]: *in vollem Bewusstsein der negativen Auswirkung [handelnd, geschehend]:* eine -e Kränkung; w. in sein Unglück rennen.

Wịt|frau, die; -, -en (landsch., schweiz., sonst veraltet): *Witwe.*

Wị|tib, (österr.:) Wittib, die; -, -e [spätmhd. wit(t)ib] (veraltet): *Witwe.*

Wịt|mann, der; -[e]s, ...männer (veraltet): *Witwer.*

wịt|schen ⟨sw. V.; ist⟩ [laut- u. bewegungsnachahmend] (ugs.): *schlüpfen* (1 a).

Wịt|ten|berg: Stadt an der mittleren Elbe.

[1]**Wịt|ten|ber|ger,** der; -s, -: Ew.

[2]**Wịt|ten|ber|ger** ⟨indekl. Adj.⟩.

Wịt|ten|ber|ge|rin, die; -, -nen: w. Form zu ↑[1]Wittenberger.

wịt|ten|ber|gisch ⟨Adj.⟩: *Wittenberg, die [1]Wittenberger betreffend; aus Wittenberg stammend.*

wịt|tern ⟨sw. V.; hat⟩ [mhd. witeren = ein bestimmtes Wetter sein od. werden; weidm.: Geruch in die Nase bekommen, zu ↑[2]Wetter]: **1.** (Jägerspr.) **a)** *durch den Geruchssinn etw. aufzuspüren od. wahrzunehmen suchen; einen durch den Luftzug herangetragenen Geruch mit feinem Geruchssinn zu erkennen suchen:* das Reh, der Luchs wittert; **b)** *etw. durch den Luftzug mit dem Geruchssinn wahrnehmen:* der Hund wittert Wild, eine Spur; das Pferd lief schneller, als es den Stall witterte. **2.** *mit feinem Gefühl etw., was einen angeht, ahnen:* überall Böses, Unheil, Verrat, Gefahr w.; ein Geschäft, eine Möglichkeit, eine Sensation w.; in jmdm. einen neue Kundin, einen Feind w.

Wịt|te|rung, die; -, -en: **1.** *Wetter während eines bestimmten Zeitraums:* eine warme, kühle, feuchte, nasskalte, wechselnde W.; der W. ausgesetzt sein; allen Unbilden der W. trotzen; die Aussaat hängt von der W. ab. **2.** (Jägerspr.) **a)** *(von Tieren) Geruchssinn:* das Tier, der Hund hat eine feine W.; **b)** *durch den Luftzug mit dem Geruchssinn wahrgenommener spezieller Geruch:* W. nehmen, die W. aufnehmen; dem Hund W. geben. **3. a)** ⟨Pl. selten⟩ *feiner Spürsinn in Bezug auf etw.:* eine W. für die Zukunft, für Stimmungsumschwünge; eine sichere W. für etw. besitzen; **b)** *das Wittern* (2): die W. naher Gefahr.

wịt|te|rungs|be|dingt ⟨Adj.⟩: *durch die Witterung* (1) *bedingt:* -e Schäden, Krankheiten.

Wịt|te|rungs|be|din|gun|gen ⟨Pl.⟩: vgl. Witterungsverhältnisse.

Wịt|te|rungs|um|schlag, der: *Umschlag der Witterung* (1).

Wịt|te|rungs|ver|hält|nis|se ⟨Pl.⟩: *durch die Witterung* (1) *gegebene Verhältnisse, Bedingungen.*

Wịt|tib: ↑Witib.

Wịt|ti|ber, der; -s, - (bayr., österr.): *Witwer.*

Wịtt|ling, der; -s, -e [aus dem Niederd., zu: wit = weiß, eigtl. = Weißling]: *(im Nordatlantik u. in der westlichen Ostsee vorkommender) mittelgroßer, grünlich silberglänzender, auf dem Rücken bräunlicher Fisch.*

Wịt|tum [ˈvɪtuːm], das; -[e]s, Wittümer [mhd. wideme, ahd. widimo]: **1.** *(im germanischen Recht) Vermögensleistung des Bräutigams an die Braut bei der Eheschließung [zugleich zum Zwecke der Versorgung der Witwe].* **2.** (kath. Kirche landsch.) *mit einem Kirchenamt verbundenes, zum Unterhalt des Amtsinhabers bestimmtes Vermögen.*

Wịt|we, die; -, -n [mhd. witewe, ahd. wituwa, eigtl. wohl = die (ihres Mannes) Beraubte]: *Frau, deren Ehemann gestorben ist:* früh W. werden; * **grüne W.** (ugs. scherzh. veraltend; *sich tagsüber in ihrer Wohnung außerhalb der Stadt allein fühlende Ehefrau*).

Wịt|wen|geld, das: *Geldbetrag, den die Witwe eines Beamten monatlich erhält.*

Wịt|wen|ren|te, die: *Hinterbliebenenrente für Witwen.*

Wịt|wen|schaft, die; -: *Zustand des Witweseins, in den eine Frau durch den Tod ihres Ehemannes versetzt wird.*

Wịt|wen|schlei|er, der (früher): *Trauerschleier einer Witwe.*

Wịt|wen|tum, das; -s [mhd. witewentuom]: *das Witwesein; das Leben als Witwe.*

Wịt|wen|ver|bren|nung, die (früher): *hinduistischer Brauch, nach dem sich eine Witwe zusammen mit der Leiche des verstorbenen Ehemannes verbrennen lässt.*

Wịt|wer, der; -s, - [mhd. witewære, zu: witewe; ↑Witwe]: *Mann, dessen Ehefrau gestorben ist.*

Wịt|wer|ren|te, die: vgl. Witwenrente.

Wịt|wer|schaft, die; -: vgl. Witwenschaft.

Wịt|wer|tum, das; -s: vgl. Witwentum.

Wịtz, der; -es, -e [mhd. witz(e), ahd. wizzī, urspr. = Wissen; 2 a: unter Einfluss von frz. esprit (↑Esprit) u. engl. wit = Geist, Witz]: **1.** *[prägnant formulierte] kurze Geschichte, die mit einer unerwarteten Wendung, einem überraschenden Effekt, einer Pointe am Ende zum Lachen reizt:* ein guter, schlechter, geistreicher, alberner, platter, abgedroschener, zweideutiger, unanständiger W.; politische, faule, dreckige -e; -e über die Bayern; dieser W. ist uralt; und was, wo ist jetzt der W. *(das eigentlich Witzige)* [dabei]?; einen W. zum Besten geben; kennst du schon den neuesten W.?; sie machten ihre -e mit dem alten Lehrer *(amüsierten sich auf seine Kosten)*; über diesen W. kann ich nicht lachen; **Ü** das ist der [ganze] W. [bei der Sache] (ugs.; *darauf allein kommt es dabei an*); das ist [ja] gerade der W. (ugs.; *darauf kommt es gerade an*); das ist doch [wohl nur] ein [schlechter] W., soll wohl ein W. sein *(das kann doch nicht wahr, möglich, dein Ernst sein; das stellt eine Zumutung dar)*; sein Hut war ein W. (ugs.; *ein seltsames Gebilde, das förmlich zum Lachen reizte*); etw. geradezu als einen W. (ugs.; *als paradox*) empfinden; sich einen W. *(Spaß)* aus etw. machen; sich mit jmdm. einen W. *(Scherz)* erlauben; mach keine -e! (ugs.; *was du sagst, möchte man nicht für wahr, möglich halten*); er hat es nur aus W. *(aus Spaß, zum Scherz)* gesagt; * **-e reißen** (ugs.; *[derbe] Witze erzählen*). **2.** ⟨o. Pl.⟩ **a)** *Gabe, sich geistreich, witzig, in Witzen zu äußern:* ihr beißender W.; sein W. *(Spott)* macht vor nichts halt; der Redner hat viel, entschieden W. *(Esprit)*; etw. mit W. und Laune vortragen; **b)** (veraltend) *Klugheit; Findigkeit:* ich war am Ende meines -es, was die Miete betraf.

Wịtz|blatt, das: *Zeitung, Zeitungsbeilage o. Ä. mit Witzen, humoristischen Zeichnungen o. Ä.*

Wịtz|blatt|fi|gur, die: *Figur aus einem Witzblatt:* **Ü** dein Chef ist eine W. (abwertend; *jmd., der nicht ernst zu nehmen ist, über den sich andere lustig machen*).

Wịtz|bold, der; -[e]s, -e [2. Bestandteil das urspr. in m. Vorn. wie Balduin, Theobald verwendete, später zum leeren Wortbildungselement erstarrte »bald«, eigtl. = stolz, kühn (↑bald); vgl. Lügen-, Rauf-, Scherz-, Trunken-, Tugendbold] (ugs.): **a)** *jmd., der es liebt, Witze (1) zu machen:* er gilt bei ihnen als W.; sie ist ein ganz schöner W.; **b)** (abwertend) *jmd., der sich einen Scherz mit einem anderen erlaubt, etw. Dummes, absurd Erscheinendes, für andere Ärgerliches tut:* welcher W. hat denn seinen Wagen direkt vor meiner Einfahrt geparkt!; ein W. hat den Mantel versteckt.

Wit|ze|lei, die; -, -en: **a)** ⟨o. Pl.⟩ *[dauerndes] als lästig empfundenes Witzeln:* seine alberne W. ging ihr allmählich auf die Nerven; **b)** ⟨meist Pl.⟩ *witzige, spöttische Anspielung:* frivole, bösartige -en.

wịt|zeln: **a)** *witzige Anspielungen machen; spötteln:* über jmdn., sich selbst s.; **b)** *witzelnd* (a) *äußern:* »Er steht unter ständigem Mutterschutz«, witzelten die Stammtischbrüder.

Wịtz|fi|gur, die: **a)** *in Witzen auftretende Figur;* **b)** (ugs. abwertend) *jmd., der nicht ernst zu nehmen ist, über den sich andere lustig machen.*

wịt|zig ⟨Adj.⟩ [mhd. witzec, ahd. wizzīg = kundig, verständig, klug]: **1.** *die Gabe besitzend, durch [scherzhafte] treffende, schlagfertige Äußerungen andere zum Lachen zu bringen; diese Gabe erkennen lassend:* ein -er Kabarettist, Moderator, Erzähler; eine -e Bemerkung; -e Einfälle; eine -e Art haben; die Rednerin, ihr Vortrag war recht w.; das ist alles andere als w. *(ist ganz u. gar nicht zum Lachen)*. **2.** (ugs.) *seltsam, merkwürdig:* das ist ja w. **3.** *einfallsreich; Einfallsreichtum erkennen lassend:* ihre Klamotten könnten etwas -er sein.

Wịt|zig|keit, die; -: *das Witzigsein, witzige Art.*

Wịtz|ling, der; -s, -e (ugs.): *Witzbold.*

wịtz|los ⟨Adj.⟩: **1.** *ohne Witz* (2 a): ein -er Bursche; in der Wortwahl ist er recht w. **2.** (ugs.) *sinnlos:* ohne Therapie ist ein Entzug ziemlich w.

Wịtz|sei|te, die: vgl. Witzblatt: die W. einer Zeitung.

Wịtz|wort, das ⟨Pl. -e⟩: *witzige Bemerkung.*

WK = Wiederholungskurs.

w. L. = westlicher Länge.

Wla|di|wos|tọk [auch: ...ˈvɔs...]: Stadt in Russland.

WM = Weltmeisterschaft.

WNW = Westnordwest[en].

wo [mhd. wā, ahd. (h)wār, eigtl. = an was (für einem Ort), zu was (für einem Ort)]: **I.** ⟨Adv.⟩ **1.** ⟨interrogativ⟩ *an welchem Ort, an welcher Stelle?:* wo warst du?; wo wohnt sie?; wo ist er geboren?; wo können wir uns treffen?; wo liegt das Buch?; steht im Satzinnern od. am Satzende, wenn mit einem gewissen Nachdruck gefragt wird: er hat w. auf uns gewartet, sagtest du? **2.** ⟨relativisch⟩ **a)** ⟨räumlich⟩ *an welchem Ort, an welcher Stelle:* die Stelle, wo der Unfall passiert ist; überall, wo Menschen wohnen; bleib, wo du bist!; pass auf, wo sie hingeht! (ugs.; *wohin sie geht!*); wo immer er auch sein mag, ich werde ihn finden; wo ich auch hinblickte (ugs.; *wohin ich auch blickte*), es wimmelte von Ameisen; **b)** ⟨zeitlich⟩ *zu welcher Zeit:* in dem Augenblick, zu dem Zeitpunkt, wo er hier ankam; **c)** ⟨in Bezug auf jmdn., etw.⟩ (landsch. salopp, nicht standardspr.) *der, die, das:* das ist der Mann, wo am Steuer gesessen hat; das war das beste Gerät, wo ich kriegen konnte. **3.** ⟨indefinit⟩ (ugs.) *irgendwo:* wenn ich versprochen habe, zu einem bestimmten Zeitpunkt wo zu sein, dann halte ich das auch ein. **II.** ⟨Konj.⟩ **1.** ⟨konditional⟩ (veraltend) *wenn:* die Konkurrenz wird uns bald einholen, wo nicht übertreffen; er hilft überall, wo möglich, wo immer er kann. **2. a)** ⟨kausal⟩ *zumal da, angesichts der Tatsache, dass ...:* was wollt ihr verreisen, wo ihr es [doch] zu Hause wie im Urlaub habt; warum hast du das gesagt, wo du doch weißt, wie empfindlich er ist; **b)** ⟨konzessiv⟩ *obwohl, während:* sie erklärte sich rundweg außerstande, wo sie [doch] nur keine Lust hatte. **3.** ⟨temporal⟩ (landsch. salopp, nicht standardspr.) **a)** *als* (I 1); **b)** *als* (I 2). **4.** ⟨als Teil eines Pronominaladverbs in getrennter Stellung:⟩ ↑wobei (3), ↑wofür (3), ↑wogegen (3), ↑womit (3), ↑wonach (3), ↑wovon (3), ↑wovor (3), ↑wozu (3).

wo|an|ders ⟨Adv.⟩: *an einem anderen Ort, an einer anderen Stelle:* er wollte es nun w. versuchen; sie wohnen inzwischen w.; sie ist mit ihren Gedanken ganz w. *(überhaupt nicht bei der Sache)*.

wo|an|ders|hin ⟨Adv.⟩: *an einen anderen Ort, an eine andere Stelle:* sie schüttelte den Kopf und blickte w.; ich muss noch w.

wob, wö|be: ↑weben.

wo|bei ⟨Adv.⟩ [spätmhd. wa(r)bei]: **1.** [mit bes. Nachdruck: ˈvo:bai] ⟨interrogativ⟩ *bei welcher Sache:* w. ist die Vase denn entzweigegangen? **2.** ⟨relativisch⟩ *bei welcher (gerade erwähnten) Sache:* es gibt nichts, w. er mehr Spaß hat; ⟨weiterführend:⟩ sie gab mir das Buch, w. sie vermied, mich anzusehen. **3.** (nordd. ugs.) in bestimmten Verwendungen in getrennter Stellung: das ist etwas, wo ich nichts bei finde.

Wọ|che, die; -, -n [mhd. woche, ahd. wohha, wehha, verw. mit ↑weichen u. ↑Wechsel, eigtl. = das Weichen, Platzmachen, Wechseln, dann: Reihenfolge (in der Zeit), regelmäßig wiederkehrender Zeitabschnitt]: **1.** *(ständig wiederkehrende) Folge von 7 Tagen (die als Kalenderwoche mit Montag, in der christlichen Liturgie mit Sonntag beginnt):* diese, die letzte, vergangene, kommende W.; die dritte W. des Monats; die W. vor, nach Pfingsten; die Kieler W. *(die sich über eine Woche erstreckende internationale Kieler Segelregatta)*; die W. ging schnell vorüber, herum; die W. verlief ruhig; -n und Monate vergingen; das Kind ist drei -n alt; nächste, in der nächsten W. bin ich verreist; drei -n lang, vorige W. war sie krank; alle vier -n, jede vierte W. treffen sie sich; im Laufe der W.; Mitte, Anfang, gegen Ende der W.; die Seebäder waren auf -n hinaus ausgebucht; die Arbeit muss noch in dieser W. fertig werden; heute in, vor einer W.; die W. über, während der W. *(von montags bis zum Wochenende)* ist sie nicht zu Hause; unter der W. *(an den Arbeitstagen)*; * **englische W.** (Fußball; *Zeitraum von acht Tagen [von Sonnabend bis Sonnabend], in dem eine Mannschaft drei Punktspiele austragen muss;* nach der viel geübten Praxis der britischen Fußballligen, aus Termingründen drei statt zwei Spiele innerhalb von acht Tagen anzusetzen). **2.** ⟨Pl.⟩ (veraltet) *Wochenbett:* in den -n sein, liegen; in die -n kommen *(niederkommen)*.

Wọ|chen|ar|beits|zeit, die: *(für die Arbeitnehmenden) festgelegte wöchentliche Arbeitszeit:* eine Verkürzung der W. fordern, beschließen.

Wọ|chen|bett, das ⟨Pl. selten⟩: *Zeitraum von 6 bis 8 Wochen nach der Entbindung, in dem es zur Rückbildung der durch Schwangerschaft u. Geburt am weiblichen Körper hervorgerufenen Veränderungen kommt:* seine erste Frau war im W. gestorben.

Wọ|chen|bett|fie|ber, das ⟨o. Pl.⟩: *bei Wöchnerinnen auftretende, meist vom Geschlechtsorgan ausgehende Infektionskrankheit.*

Wọ|chen|blatt, das (veraltend): *wöchentlich erscheinende Zeitschrift, Zeitung.*

Wọ|chen|end|aus|flug, der: *über das Wochenende bzw. an einem Tag des Wochenendes stattfindender Ausflug.*

Wọ|chen|end|aus|ga|be, die: *am Wochenende erscheinende, umfangreichere Ausgabe einer Tageszeitung.*

Wọ|chen|end|bei|la|ge, die: *meist der Wochenendausgabe einer Tageszeitung beiliegender, unterhaltender Teil.*

Wọ|chen|en|de, das: *[Freitagabend,] Samstag u. Sonntag (als arbeitsfreie Tage):* ein langes, verlängertes W. *(ein Wochenende mit zusätzlicher Freizeit, meist Feiertagen)*; sie hat nur alle 14 Tage ein freies W.; nächstes W. hat er die Kinder; am W. gehen wir schwimmen; (Wunschformel:) [ein] schönes W.!

Wọ|chen|end|ehe, die: *Ehe, bei der beide Partner (weil sie an verschiedenen Orten arbeiten) nur am Wochenende zusammenleben.*

Wọ|chen|end|grund|stück, das: vgl. Wochenendhaus.

Wọ|chen|end|haus, das: *vorwiegend für den Aufenthalt am Wochenende genutztes, kleines Haus auf einem Grundstück am Stadtrand od. außerhalb der Stadt.*

Wọ|chen|fluss, der ⟨o. Pl.⟩ (Med.): *Absonderung aus der Gebärmutter während der ersten Tage u. Wochen nach der Entbindung.*

Wọ|chen|ka|len|der, der: *Kalender mit wöchentlichem Kalendarium (2).*

Wọ|chen|kar|te, die: *jeweils für eine Woche gültige Karte (4 a, b).*

wo|chen|lang ⟨Adj.⟩: *viele Wochen andauernd, anhaltend.*
Wo|chen|lohn, der: *wöchentlich gezahlter Lohn.*
Wo|chen|markt, der: *regelmäßig an einem od. mehreren Wochentagen stattfindender Markt (bes. für Gemüse, Obst, Geflügel, Blumen).*
Wo|chen|schau, die (bes. früher): *im Beiprogramm der Filmtheater gezeigte, wöchentlich wechselnde Zusammenstellung kurzer Filme über aktuelle Ereignisse.*
Wo|chen|schrift, die (veraltend): *wöchentlich erscheinende Zeitschrift.*
Wo|chen|spiel|plan, der: *Spielplan für eine bestimmte Woche.*
Wo|chen|stun|de, die: *[in einem Fach] pro Woche erteilte Unterrichtsstunde:* in Religion sind zwei -n vorgesehen; der Lehrer kommt auf 23 -n.
Wo|chen|tag, der: *Tag der Woche außer Sonntag; Werktag.*
wo|chen|tags ⟨Adv.⟩: *an einem Wochentag, an Wochentagen.*
wö|chent|lich ⟨Adj.⟩ [mhd. wochenlich]: *jede Woche geschehend, erfolgend, fällig:* der Hausflur ist w. zu reinigen.
-wö|chent|lich: in Zus., z. B. zweiwöchentlich *(alle zwei Wochen wiederkehrend, stattfindend).*
wo|chen|wei|se ⟨Adv.⟩: *je von Woche zu Woche [geschehend]; jeweils für eine Woche:* der Strom wird w. abgerechnet; ⟨mit Verbalsubstantiven auch attr.:⟩ eine w. Abrechnung.
Wo|chen|zeit|schrift, die: *wöchentlich erscheinende Zeitschrift.*
Wo|chen|zei|tung, die: vgl. Wochenzeitschrift.
-wö|chig: in Zusb., z. B. vierwöchig (mit Ziffer: 4-wöchig; *vier Wochen alt, dauernd).*
Wöch|ne|rin, die; -, -nen [gekürzt aus älterem Sechswöchnerin]: *Frau während des Wochenbetts.*
Wo|dan, Wotan (germ. Myth.): höchster Gott.
Wod|ka, der; -s, -s [russ. vodka, eigtl. = Wässerchen, Vkl. von: voda = Wasser]: *[russischer] Branntwein aus Korn od. Kartoffeln:* eine Flasche, ein Glas W.; zwei W. *(zwei Gläser mit Wodka)* bestellen.
wo|dran [mit bes. Nachdruck: ˈvoːdran], **wo|drauf** [mit bes. Nachdruck: ˈvoːdrau̯f] usw. (ugs.): ↑woran, worauf usw.
Wo|du, Voodoo, Voudou, der; - [kreol. voudou, aus dem Westafrik.]: *aus Westafrika stammender, synkretistischer, mit katholischen Elementen durchsetzter, magisch-religiöser Geheimkult [auf Haiti].*
wo|durch ⟨Adv.⟩: **1.** [mit bes. Nachdruck: ˈvoːdʊrç] ⟨interrogativ⟩ *durch welche Sache:* w. ist das passiert? **2.** ⟨relativisch⟩ *durch welche (gerade erwähnte) Sache:* er vermied alles, w. es zu Missverständnissen hätte kommen können; ⟨weiterführend:⟩ sie schlief sich erst einmal aus, w. es ihr schon besser ging.
wo|fern ⟨Konj.⟩ (veraltend): *sofern.*
wo|für ⟨Adv.⟩: **1.** [mit bes. Nachdruck: ˈvoːfyːɐ̯] ⟨interrogativ⟩ *für welche Sache:* w. interessierst du dich?; w. hältst du mich? *(glaubst du etwa, dass ich das tue?);* er wurde bestraft und wusste nicht, w. **2.** ⟨relativisch⟩ *für welche (gerade erwähnte) Sache:* das ist etwas, w. ich überhaupt kein Verständnis habe; ⟨weiterführend:⟩ sie hatte sich Verdienste erworben, w. sie geehrt wurde. **3.** (nordd. ugs.) in bestimmten Verwendungen in getrennter Stellung: das ist etwas, wo er nichts für kann.
wog: ↑[1]wiegen.
Wo|ge, die; -, -n [aus dem Niederd. < mniederd. wage, eigtl. = bewegtes Wasser] (geh.): *hohe, starke Welle:* schäumende -n; die -n schlugen über ihm zusammen; von den -n hin und her geworfen werden; Ü die -n der Begeisterung, Erregung gingen hoch; sie schwammen auf den -n des Ruhms; * **die -n glätten** *([bei einer Auseinandersetzung o. Ä.] vermittelnd, ausgleichend auf die Kontrahenten einwirken);* **die -n glätten sich** *(die Erregung, Empörung klingt ab, es kehrt wieder Ruhe ein).*
wö|ge: ↑[1]wiegen.
wo|ge|gen: **I.** ⟨Adv.⟩ **1.** [mit bes. Nachdruck: ˈvoːgeːgn̩] ⟨interrogativ⟩ *gegen welche Sache:* w. sollten wir uns wehren? **2.** ⟨relativisch⟩ *gegen welche (gerade erwähnte) Sache:* es gibt nichts, w. ich etwas einzuwenden hätte; ⟨weiterführend:⟩ er bat um Aufschub, w. nichts einzuwenden war. **3.** (nordd. ugs.) in bestimmten Verwendungen in getrennter Stellung: etwas, wo man nichts gegen sagen kann. **II.** ⟨Konj.⟩ *wohingegen.*
wo|gen ⟨sw. V.; hat⟩ [zu ↑Woge] (geh.): *sich in Wogen [gleichmäßig] auf u. nieder bewegen:* das Meer wogt; die wogende See; Ü der Weizen wogt im Wind; die Menge wogte in den Straßen; mit wogendem Busen stürmte sie herein; zurzeit wogt noch ein heftiger Kampf.
wo|her ⟨Adv.⟩: **1.** [mit bes. Nachdruck: ˈvoːheːɐ̯] ⟨interrogativ⟩ **a)** *von welchem Ort, welcher Stelle, aus welcher Richtung o. Ä.?:* w. kommt der Lärm?; w. stammst du?; ⟨subst.:⟩ jmdn. nach dem Woher und Wohin fragen (geh.; *ihn hinsichtlich seiner Vergangenheit u. seiner Pläne für die Zukunft befragen);* * **[aber/ach] w. denn!; ach/w.!; i w.!** (ugs.; verneint mit Nachdruck eine vorangegangene Behauptung od. Frage; *keineswegs; bestimmt nicht):* »Hatten Sie denn Streit?« – »Ach w. denn!«; **b)** *aus welcher Quelle?; von wem, wovon (herrührend o. Ä.)?:* w. bist du so braun?; ich weiß nicht, w. er das hat. **2.** ⟨relativisch⟩ *von welchem [gerade genannten] Ort, von welcher [gerade genannten] Stelle o. Ä.:* geh hin, w. du gekommen bist; der Laden, w. *(aus dem)* die Sachen stammen.
wo|he|rum [mit bes. Nachdruck: ˈvoːhɛrʊm] ⟨Adv.⟩: *an welcher Stelle, in welcher Richtung herum?:* w. muss man gehen, um zum Bahnhof zu kommen?
wo|hin ⟨Adv.⟩: **1.** [mit bes. Nachdruck: ˈvoːhɪn] ⟨interrogativ⟩ *an welchen Ort, in welche Richtung?:* w. gehst du?; er weiß noch nicht, w. er im Urlaub fahren wird; w. so spät?; w. damit? (ugs.; *was soll ich damit machen?; wohin soll ich das stellen, legen o. Ä.?);* er muss noch w. (ugs.; *hat noch irgendeine Besorgung zu machen;* auch ugs. verhüll.: *muss noch zur Toilette).* **2.** ⟨relativisch⟩ *an welchen [gerade genannten] Ort; an welche [gerade genannte] Stelle:* er eilte ins Zimmer, w. ihm die anderen folgten; ihr könnt gehen, w. ihr wollt. **3.** ⟨indefinit⟩ (ugs.) *irgendwohin.*
wo|hi|nauf ⟨Adv.⟩: **1.** [mit bes. Nachdruck: ˈvoːhɪnau̯f] ⟨interrogativ⟩ *an welchen Ort o. Ä. hinauf?:* w. führt der Weg? **2.** ⟨relativisch⟩ *an welchen [gerade genannten] Ort o. Ä. hinauf:* die Burg, w. sie sich begeben hatten.
wo|hi|naus [mit bes. Nachdruck: ˈvoːhɪnau̯s] ⟨Adv.⟩: vgl. wohinauf.
wo|hi|nein [mit bes. Nachdruck: ˈvoːhɪnai̯n] ⟨Adv.⟩: vgl. wohinauf.
wo|hin|ge|gen ⟨Konj.⟩: *im Unterschied wozu; während:* er hat blondes Haar, w. seine Geschwister alle dunkelhaarig sind.
wo|hin|ter [mit bes. Nachdruck: ˈvoːhɪntɐ] ⟨Adv.⟩: vgl. woneben (1, 2 a).
wo|hi|nun|ter [mit bes. Nachdruck: ˈvoːhɪnʊntɐ] ⟨Adv.⟩: vgl. wohinauf.
wohl [mhd. wol(e), ahd. wola, wela, zu ↑wollen u. eigtl. = erwünscht, nach Wunsch]: **I.** ⟨Adv.⟩: **1.** (meist geh.) **a)** *in einem von keinem Unwohlsein, keiner Störung beeinträchtigten, guten körperlichen, seelischen Zustand befindlich:* w. aussehen; sich [nicht] w. fühlen; ist dir jetzt -er?; so ist mir am -sten; **b)** *angenehm; behaglich:* sich in jmds. Gegenwart w. fühlen; sie haben es sich w. sein *(gut gehen)* lassen; mir ist nicht recht w. bei der Sache *(ich habe ein unangenehmes Gefühl dabei);* als Wunschformel: schlaf w.!; w. bekomms!; (veraltet, noch scherzh.:) [ich] wünsche, w. gespeist, geruht zu haben; als Abschiedsgruß: leb w.!; * **w. oder übel** *(ob jmd. will od. nicht);* **c)** ⟨besser, best...⟩ (geh.) *gut, in genügender Weise:* jmdm. w. gefallen; etw. w. *(genau, sorgfältig)* überlegen; ein w. ausgewogenes Programm; eine w. bedachte Handlung; eine w. begründete Meinung; w. behütet, w. erzogen, w. genährt sein; eine w. bekannte, w. geratene Stimme; du bist w. beraten, wenn du sie meidest; eine w. dosierte Mischung; eine w. durchdachte Konzeption; w. geordnete Verhältnisse; eine w. geformte, w. proportionierte Figur; ein w. schmeckendes Essen; ein w. temperierter Wein, Empfang; sie hat vielen w. getan; die Kur hat mir w. getan; etw. w. *(genau, sorgfältig)* überlegen; w. unterrichtete Kreise; sie ist w. versehen mit Vorräten; alte, w. vertraute Lieder; der Schmuck liegt w. verwahrt im Safe; w. vorbereitet ins Examen gehen; du bist hier w. gelitten; er tat es, w. wissend, dass es falsch war. **2.** bekräftigt nachdrücklich etw. [was von anderer Seite in Zweifel gezogen wird]; *durchaus:* das weiß ich [sehr] w.; ich bin mir dessen w. bewusst. **3.** bekräftigt in Verbindung mit »aber« eine Aussage, in der etw. Bestimmtes eingeräumt wird; *jedoch:* hier kommen diese Tiere nicht vor, w. aber in wärmeren Ländern; mir musst du das nicht sagen, w. aber ihr. **4.** bezeichnet ein geschätztes Maß o. Ä. von etw.; *etwa, ungefähr:* es waren w. 100 Menschen da; es wird w. 14 Uhr werden, bis ich zurückkomme. **5.** (geh. veraltend) als Ausruf des Glücklichpreisens; *glücklich der (die, das) ...:* w. dem, der dies überstanden hat; w. dem Haus, das einen solchen Gast beherbergen darf. **6.** einschränkend; meist in Verbindung mit »aber« od. »allein«; *zwar, allerdings:* er sagte w., er wolle kommen, aber wer weiß? **7.** (veraltend) als bejahende Antwort auf eine Bitte, eine Bestellung od. einen Befehl; *gewiss; jawohl:* sehr w., mein Herr! **II.** ⟨Partikel; unbetont⟩ **1.** drückt in Aussage- u. [rhetorischen] Fragesätzen eine Annahme, Vermutung des Sprechers aus; *vermutlich:* das wird w. so sein, wird w. wahr, das Beste sein; die Zeit wird w. kaum reichen; »Gehst du hin?« – »Wohl kaum!«; du hast w. keine Zeit?; du hast w. zu viel Geld?; (ugs.; als Gegenfrage:) »Was will er nur hier?« – »Ja, was w.?«; »Ich möchte wissen, weshalb er zurückgekommen ist.« – »Warum w.?« **2.** drückt in Aussage- u. Aufforderungssätzen eine Bekräftigung, Verstärkung aus: man wird doch w. fragen dürfen; siehst du w.!; willst du w. hören!; das kann man w. sagen; das mag w. sein.
Wohl, das; -[e]s: *das Wohlergehen, Wohlbefinden; Zustand, in dem sich jmd. in seinen persönlichen Verhältnissen wohl fühlt:* das öffentliche, allgemeine W. *(das Wohlergehen der Menschen);* das W. des Staates liegt in der Hand seiner Bürger; auf jmds. W. bedacht sein; für jmds. W. *(Wohlergehen),* für das leibliche W. *(für Essen und Trinken)* der Gäste sorgen; um das eigene W. besorgt sein *(aufpassen, dass man selbst nicht zu kurz kommt);* es geschieht alles nur zu eurem W. *(Besten);* in Trinksprüchen: dein W.!; auf Ihr [ganz spezielles] W.!; [sehr] zum -[e]!; auf jmds. W. das Glas erheben, leeren; auf jmds. W. trinken; * **das W. und Wehe** *(das* [1]*Geschick).*
wohl|an ⟨Adv.⟩ (geh. veraltet): drückt eine Aufforderung aus, allein stehend am Anfang od. Ende einer Aussage; *nun gut, nun denn; frischauf:* w., lasst uns gehen!
wohl|an|stän|dig ⟨Adj.⟩ (geh., oft iron.): *dem schicklichen Benehmen entsprechend; mit feinem Anstand:* die -e Gesellschaft.
Wohl|an|stän|dig|keit, die (geh., oft iron.): *das Wohlanständigsein.*
wohl|auf ⟨Adv.⟩ [zusger. aus ↑wohl u. ↑auf]: **1.** (geh. veraltet) *wohlan.* **2.** (geh.) *bei guter Gesundheit, gesund:* w. sein.
wohl aus|ge|wo|gen, wohl be|dacht: s. wohl (I 1 c).
Wohl|be|fin|den, das: *gutes körperliches, seelisches Befinden:* etw. ist wichtig für jmds. W.; sich nach jmds. W. erkundigen.
wohl be|grün|det: s. wohl (I 1 c).
Wohl|be|ha|gen, das: *großes Behagen:* W. empfinden, schaffen; etw. mit W. genießen.
wohl|be|hal|ten ⟨Adj.⟩: **a)** *ohne Schaden zu nehmen; ohne Unfall; unverletzt:* sie sind w. zurück-

gekehrt; **b)** *unbeschädigt, unversehrt* (b): die Pakete sind w. eingetroffen.

wohl be|hü|tet, wohl be|kannt, wohl be|ra|ten: s. wohl (I 1 c).

wohl|be|stallt ⟨Adj.⟩ (geh. veraltend, noch scherzh.): *eine gute berufliche Position habend:* er ist -er Amtsrat.

wohl do|siert, wohl durch|dacht: s. wohl (I 1 c).

Wohl|er|ge|hen, das; -s: *Zustand, in dem es jmdm. gut geht:* sich nach jmds. W. erkundigen *(sich danach erkundigen, ob es jmdm. gut geht).*

wohl|er|wo|gen ⟨Adj.⟩ (geh.): *wohl bedacht.*

wohl|er|zo|gen ⟨Adj.⟩ (geh.): *sehr gut erzogen:* ein -es Kind.

Wohl|er|zo|gen|heit, die; - (geh.): *das Wohlerzogensein.*

Wohl|fahrt, die ⟨o. Pl.⟩ [unter Einfluss von ↑Hoffart für spätmhd. wolvarn = Wohlergehen]: **1.** (geh. veraltend) *das Wohl, Wohlergehen des Einzelnen, der Gemeinschaft (bes. in materieller Hinsicht):* die W. der Menschen, eines Landes im Auge haben. **2.** (früher) **a)** *öffentliche Fürsorge* (2 a), *Sozialhilfe; Wohlfahrtspflege:* von der W. betreut, unterstützt werden; **b)** (ugs.) *Wohlfahrtsamt.*

Wohl|fahrts|amt, das (früher): *Einrichtung, Amt der Wohlfahrt* (2 a); *Sozialamt.*

Wohl|fahrts|emp|fän|ger, der (früher): *jmd., der durch das Wohlfahrtsamt unterstützt wird; Sozialhilfeempfänger.*

Wohl|fahrts|emp|fän|ge|rin, die: w. Form zu ↑Wohlfahrtsempfänger.

Wohl|fahrts|mar|ke, die (Postw.): *Briefmarke mit erhöhtem Entgelt zugunsten wohltätiger Institutionen.*

Wohl|fahrts|pfle|ge, die ⟨o. Pl.⟩: *alle privaten u. öffentlichen Maßnahmen zur Unterstützung Not leidender u. sozial gefährdeter Menschen; Sozialhilfe.*

Wohl|fahrts|staat, der (Politik, häufig abwertend): *Staat, der mittels Gesetzgebung u. sonstiger Maßnahmen für die soziale Sicherheit, das Wohl seiner Bürger Sorge trägt.*

wohl|feil ⟨Adj.⟩ [mhd. wol veile, wolveil] (veraltend): **1.** *billig, preiswert:* eine -e Ausgabe von Goethes Werken; etw. w. erwerben; Ü eine -e *(sich bietende)* Gelegenheit. **2.** *abgedroschen; platt:* -e Redensarten.

wohl füh|len: s. wohl (I a, b).

wohl|ge|bo|ren ⟨Adj.⟩ (veraltet): vgl. hochwohlgeboren.

Wohl|ge|fal|len, das: *innere Freude u. Befriedigung in Bezug auf jmdn., etw.:* ein, sein W. an jmdm., etw. haben; W. an etw. finden; sie betrachtete ihre Kinder mit W.; *** sich in W. auflösen** (ugs.; 1. *zur allgemeinen Zufriedenheit ausgehen, überwunden werden.* 2. *[von Gegenständen] sich in ihre Bestandteile auflösen; auseinander fallen, entzweigehen:* den Pulli musst du wegwerfen, bevor er sich ganz in W. auflöst. 3. *[von Gegenständen] verschwinden; nicht mehr aufzufinden sein:* der Schlüssel kann sich doch nicht einfach in W. aufgelöst haben).

wohl|ge|fäl|lig ⟨Adj.⟩: **1.** *Wohlgefallen ausdrückend:* ein -er Blick; jmdn. w. betrachten; er lächelte w. *(selbstzufrieden).* **2.** (geh. veraltend) *angenehm; Wohlgefallen erregend:* ein Duft, der ihm w. war.

wohl|ge|formt ⟨Adj.⟩: *von guter, vollkommener Form; ästhetisch ansprechend geformt.*

Wohl|ge|fühl, das ⟨o. Pl.⟩: *angenehmes Gefühl; Gefühl des Behagens:* jmdn. überkommt ein W.

wohl|ge|lit|ten ⟨Adj.⟩ (geh.): *beliebt; gern gesehen:* er ist überall w.

wohl|ge|merkt ⟨Adv.; allein stehend am Anfang od. Ende eines Satzes od. als Einschub⟩: *damit kein Missverständnis entsteht; das sei betont:* w., so war es; er, w., nicht sein Bruder war es; hinter ihrem Rücken, w.

wohl|ge|mut ⟨Adj.⟩ [mhd. wolgemuot] (geh.): *fröhlich u. voll Zuversicht:* sie machte sich w. auf den Weg.

wohl|ge|nährt ⟨Adj.⟩ (meist spött.): *dick [u. rundlich].*

wohl ge|ord|net: s. wohl (I 1 c).

wohl|ge|ra|ten ⟨Adj.⟩ (geh.): **1.** *gut gelungen, geraten, ausgefallen:* das Werk war w. **2.** *(von Kindern) erfreulich gut entwickelt, gut erzogen:* sie haben drei -e Kinder.

Wohl|ge|ruch, der (geh.): *angenehmer Geruch, Duft:* der Raum war von einem W. erfüllt; alle Wohlgerüche Arabiens (scherzh. od. iron.; *alle möglichen Gerüche, Düfte;* nach Shakespeare, Macbeth V, 1; all the perfumes of Arabia).

wohl|ge|setzt ⟨Adj.⟩ (geh.): *formvollendet formuliert:* eine -e Rede.

wohl|ge|sinnt ⟨Adj.⟩: *jmdm. freundlich gesinnt:* jmdm. w. sein.

wohl|ge|stal|tet ⟨Adj.⟩ (geh.): *von schöner Gestalt od. Form:* ein -er Körper.

wohl|ge|tan: in der Verbindung w. sein (veraltend; *gut, richtig gemacht sein*).

wohl|ha|bend ⟨Adj.⟩ [zu mhd. wol haben = sich wohl befinden]: *Vermögen besitzend; begütert:* eine -e Familie; sie sind w.

Wohl|ha|ben|heit, die; -: *das Wohlhabendsein.*

woh|lig ⟨Adj.⟩: *Wohlbehagen bewirkend, ausdrückend:* eine -e Wärme; ein -es Gefühl; sich w. ausstrecken.

Wohl|klang, der (geh.): **1.** *angenehmer, schöner Klang:* liebliche Wohlklänge drangen an sein Ohr. **2.** ⟨o. Pl.⟩ *wohlklingende Art:* der W. eines Instruments, einer Stimme.

wohl|klin|gend ⟨Adj.⟩ (geh.): *schön klingend; Wohlklang habend, melodisch:* eine -e Stimme; einen -en Namen haben.

Wohl|laut, der (geh.): vgl. Wohlklang.

wohl|lau|tend ⟨Adj.⟩ (geh.): vgl. wohlklingend.

Wohl|le|ben, das ⟨o. Pl.⟩ (geh.): *sorgloses Leben im Wohlstand.*

wohl|löb|lich ⟨Adj.⟩ (veraltend, noch spött.): *lobenswert, sehr achtbar:* ein -es Unterfangen.

wohl|mei|nend ⟨Adj.⟩ (geh.): **1.** *wohl gemeint:* ein -er Rat. **2.** *es gut meinend; wohlwollend:* ein -er Mensch hatte uns gewarnt.

wohl|pro|por|ti|o|niert ⟨Adj.⟩ (geh.): vgl. wohlgeformt.

wohl|rie|chend ⟨Adj.⟩: *angenehm duftend.*

wohl|schme|ckend: ⟨Adj.⟩: *sehr gut schmeckend.*

Wohl|sein, das (geh.): *Wohlgefühl:* [zum] W.! *(zum Wohl!).*

Wohl|stand, der ⟨o. Pl.⟩: *Maß an Wohlhabenheit, die jmdm. wirtschaftliche Sicherheit gibt; hoher Lebensstandard:* ein bescheidener W.; im W. leben; R bei dir, euch usw. ist wohl der W. ausgebrochen! (scherzh. od. spött. Kommentar, mit dem eine [bescheidene] Anschaffung o. Ä. zur Kenntnis genommen wird).

Wohl|stands|bür|ger, der (abwertend): *jmd., für den der Wohlstand das einzig Erstrebenswerte in seinem Leben ist.*

Wohl|stands|bür|ge|rin, die: w. Form zu ↑Wohlstandsbürger.

Wohl|stands|den|ken, das; -s (abwertend): *nur auf Erlangung bzw. Vermehrung des Wohlstands ausgerichtetes Denken.*

Wohl|stands|ge|sell|schaft, die: vgl. Wohlstandsbürger.

Wohl|stands|müll, der (abwertend): *Müll einer Wohlstandsgesellschaft.*

Wohl|tat, die [mhd. woltât, ahd. wolatât, LÜ von lat. beneficium]: **1.** *Handlung, durch die jmdm. von anderen selbstlose Hilfe, Unterstützung o. Ä. zuteil wird:* jmdm. eine W. erweisen; -en empfangen, genießen, austeilen; auf die -en anderer angewiesen sein; jmdn. mit -en überhäufen. **2.** ⟨o. Pl.⟩ *etw., was jmdm., einer Sache wohl tut, was jmdm. Erleichterung, Linderung o. Ä. verschafft:* die Ruhe als große W. empfinden.

Wohl|tä|ter, der [mhd. woltæter]: *jmd., der anderen Wohltaten* (1) *erweist:* seinem W. dankbar sein; er war ein W. der Menschheit.

Wohl|tä|te|rin, die: w. Form zu ↑Wohltäter.

wohl|tä|tig ⟨Adj.⟩ [mhd. woltætic = rechtschaffen; milde]: **1.** (veraltend) *karitativ:* eine Sammlung für -e Zwecke. **2.** (geh. veraltend) *wohltuend:* ein -er Schlaf; etw. hat einen -en Einfluss.

Wohl|tä|tig|keit, die ⟨o. Pl.⟩ (veraltend): *das Wohltätigsein* (1).

Wohl|tä|tig|keits|ball, der: *²Ball, dessen Erlös für wohltätige Zwecke verwendet wird.*

Wohl|tä|tig|keits|kon|zert, das: vgl. Wohltätigkeitsball.

Wohl|tä|tig|keits|ver|an|stal|tung, die: vgl. Wohltätigkeitsball.

wohl|tem|pe|riert ⟨Adj.; besser, am besten temperiert⟩: **1.** (geh.) *richtig temperiert* (1): ein -er Raum; der Wein ist w. **2.** (bildungsspr.) *ausgewogen; ohne Überschwang:* jmdm. einen -en Empfang bereiten. **3.** (Musik selten) *eine Temperatur* (3), *temperierte Stimmung aufweisend.*

wohl|tu|end ⟨Adj.⟩: *(in seiner Wirkung) angenehm, erquickend, lindernd:* -e Ruhe, Wärme; etw. als w. empfinden; es ist w. ruhig im Haus.

wohl tun: s. wohl (I 1 c).

wohl über|legt, wohl un|ter|rich|tet: s. wohl (I 1 c).

wohl|ver|dient ⟨Adj.⟩: *jmdm. in hohem Maße zukommend, zustehend:* seine -e Ruhe haben.

Wohl|ver|hal|ten, das: *schickliches, pflichtgemäßes Verhalten.*

Wohl|ver|leih, der: *Arnika.*

wohl ver|se|hen: s. wohl (I 1 c).

wohl|ver|stan|den ⟨Adv.⟩ (geh.): *wohlgemerkt.*

wohl ver|traut, wohl ver|wahrt, wohl vor|be|rei|tet: s. wohl (I 1 c).

wohl|weis|lich [auch: ˈ–ˈ– –] ⟨Adv.⟩: *aus gutem Grund:* etw. w. tun, unterlassen; w. nicht auf etw. eingehen.

Wohl|wol|len, das; -s [LÜ von lat. benevolentia]: *freundliche, wohlwollende Gesinnung:* jmds. W. genießen; sich jmds. W. verscherzen, erwerben.

wohl wol|len: s. wohl (I 1 c).

wohl|wol|lend ⟨Adj.⟩: *Wohlwollen zeigend, erkennen lassend:* eine -e Haltung, Beurteilung; etw. w. prüfen; jmdm., einer Sache w. gegenüberstehen.

Wohn|an|la|ge, die: *Gebäudekomplex mit Wohnungen, umgeben von Grünanlagen u. bestimmten, dem Zusammenleben der Mieter dienenden Einrichtungen.*

Wohn|bau, der ⟨Pl. -ten⟩: *Wohngebäude.*

wohn|be|rech|tigt ⟨Adj.⟩ (Amtsspr.): *berechtigt, die Erlaubnis habend, an einem bestimmten Ort zu wohnen; heimatberechtigt* (a).

Wohn|be|rech|ti|gung, die (Amtsspr.): *das Wohnberechtigtsein.*

Wohn|be|reich, der (Fachspr.): *Teil einer Wohnung, eines Hauses, in dem sich die Wohnräume befinden.*

Wohn|be|völ|ke|rung, die (Statistik): *mit festem Wohnsitz in einem bestimmten Bereich lebende Bevölkerung.*

Wohn|be|zirk, der: vgl. Wohngebiet.

Wohn|block, der ⟨Pl. -s, selten, schweiz.: ...blöcke⟩: vgl. Block (3).

Wohn|con|tai|ner, der: *einem großen Container* (1) *ähnlicher, nicht unterkellerter Behelfsbau mit genormten Abmessungen, der als provisorische Unterkunft zum Wohnen dient.*

Wohn|dich|te, die (Amtsspr.): *Anzahl der Bewohner pro Hektar Bauland.*

Wohn|ebe|ne, die: *auf einem Niveau liegende Wohnfläche:* ein Haus mit mehreren, drei, sieben -n; ein Einfamilienhaus mit versetzten -n *(bei dem die Wohnfläche auf unterschiedlich hohem Niveau verläuft).*

Wohn|ei|gen|tum, das: *Eigentum in Form einer Wohnung, eines Wohnhauses.*

Wohn|ein|heit, die (Archit.): *(in sich abgeschlossene) Wohnung:* ein Neubau mit 40 -en.

woh|nen ⟨sw. V.; hat⟩ [mhd. wonen, ahd. wonēn = sich aufhalten, bleiben, wohnen; gewohnt sein, verw. mit ↑gewinnen u. eigtl. = nach etw. trachten, gern haben, dann: Gefallen finden, zufrieden sein, sich gewöhnen]: **a)** *seine Wohnung, seinen ständigen Aufenthalt haben:* in der Stadt, auf dem Land, im Grünen, in einer vornehmen Gegend, in einem Neubau w.; wo wohnst du?; parterre, zwei Treppen [hoch], im vierten Stock, bei den Eltern, zur Miete, in Untermiete, möbliert w.; er wohnt nur zehn Minuten vom Büro entfernt; Tür an Tür, über/unter jmdm. w.; **b)** *vorübergehend eine Unterkunft haben, untergebracht sein:* er konnte bei Freunden w.; sie wohnen im Hotel.

Wohn|flä|che, die: *dem Wohnen dienende Grundfläche von Wohnungen od. Wohnhäusern.*

Wohn|ge|bäu|de, das: *zum Wohnen genutztes Gebäude.*

Wohn|ge|biet, das: **1.** *Gebiet, das vorzugsweise Wohnbauten aufweist.* **2.** (DDR) *territoriale u. politisch-organisatorische Einheit in größeren Städten.*

Wohn|ge|gend, die: *Gegend zum Wohnen im Hinblick auf ihre Qualität:* Haus in bester W. zu verkaufen.

Wohn|geld, das (Amtsspr.): *vom Staat gewährter Zuschuss bes. zur Wohnungsmiete.*

Wohn|ge|mach, das (geh. veraltend): vgl. Wohnzimmer.

Wohn|ge|mein|schaft, die: *Gruppe von Personen, die als Gemeinschaft [mit gemeinsamem Haushalt] ein Haus od. eine Wohnung bewohnen:* in einer W. leben (Abk. WG).

Wohn|gru|be, die (Archäol., Völkerk.): *wohl überwiegend zum Wohnen genutzte muldenförmige Vertiefung in vorgeschichtlichen Ansiedlungen.*

wohn|haft ⟨Adj.⟩ [mhd. wonhaft = ansässig; bewohnbar] (Amtsspr.): *irgendwo wohnend, seinen Wohnsitz habend:* in Berlin w. sein; Hans Mayer, w. in München.

Wohn|haus, das: vgl. Wohngebäude.

Wohn|heim, das: vgl. Heim (2).

Wohn|kü|che, die: *Küche, die gleichzeitig als Wohn- u. Aufenthaltsraum dient.*

Wohn|kul|tur, die ⟨o. Pl.⟩: *auf den Bereich des Wohnens bezogene Kultur* (2 a).

Wohn|la|ge, die: *Lage* (1 a) *einer Wohnung, eines Hauses o. Ä.:* eine gute, teure W.

Wohn|land|schaft, die: *Ensemble von Polsterelementen für eine großzügige Ausgestaltung von Wohnräumen.*

wohn|lich ⟨Adj.⟩: *durch seine Einrichtung, Ausstattung o. Ä. behaglich, anheimelnd, wohltuend wirkend, sodass ein Aufenthalt als sehr angenehm empfunden wird:* ein -es Zimmer; der Raum ist sehr w. [eingerichtet]; die Holzdecke macht den Raum noch -er.

Wohn|lich|keit, die; -: *das Wohnlichsein.*

Wohn|mo|bil, das; -s, -e: *größeres Automobil, dessen hinterer Teil wie ein Wohnwagen gestaltet ist.*

Wohn|ort, der ⟨Pl. -e⟩: *Ort, an dem jmd. seinen Wohnsitz hat.*

Wohn|raum, der: **1.** *Raum* (1) *zum Wohnen:* die Wohnräume liegen im Erdgeschoss des Hauses. **2.** ⟨o. Pl.⟩ *Wohnungen:* es fehlt an W.

Wohn|recht, das ⟨o. Pl.⟩: *Anrecht darauf, in einer bestimmten Wohnung, einem bestimmten Haus zu wohnen.*

Wohn|schlaf|zim|mer, das: *Zimmer, das gleichzeitig als Wohn- u. Schlafraum dient.*

Wohn|sied|lung, die: *Siedlung* (1 a).

Wohn|sitz, der: *Ort, an dem jmd. seine Wohnung hat:* in seinem Personalausweis war Hamburg als zweiter W. eingetragen; den W. wechseln; seinen W. in Berlin haben, nehmen; er ist ohne festen W.

wohn|sitz|los ⟨Adj.⟩ (bes. Amtsspr.): *ohne festen Wohnsitz.*

Wohn|sitz|lo|se, der u. die; -n, -n ⟨Dekl. ↑Abgeordnete⟩ (bes. Amtsspr.): *jmd., der ohne festen Wohnsitz ist.*

Wohn|stadt, die: *größeres Wohngebiet am Rande einer Großstadt, das vorwiegend aus Siedlungen besteht u. dem die Vielfalt der gewachsenen Stadt fehlt.*

Wohn|stät|te, die (geh.): *Stelle, Platz, wo jmd. seine Wohnung hat; Haus, in dem jmd. wohnt, Wohnung.*

Wohn|stift, das: [2]*Stift* (2 b).

Wohn|stu|be, die (veraltend): vgl. Wohnzimmer.

Wohn|turm, der (Archit.): **1.** *zum Wohnen genutzter mittelalterlicher Turm.* **2.** *turmartiges Hochhaus.*

Woh|nung, die; -, -en [mhd. wonunge = Wohnung, Unterkunft; Gegend; Gewohnheit]: **a)** *meist aus mehreren Räumen bestehender, nach außen abgeschlossener Bereich in einem Wohnhaus, der einem Einzelnen od. mehreren Personen als ständiger Aufenthalt dient:* eine große, helle, schöne, möblierte W.; eine W. mit Bad und Balkon; eine eigene W. haben; eine W. suchen, beziehen, [ver]mieten; die W. wechseln; -en bauen; eine W. kaufen; aus seiner W. ausziehen; **b)** *Unterkunft:* für Nahrung und W. sorgen; freie W. haben; *** W. nehmen** (geh. veraltend; ↑Quartier 1).

Woh|nungs|amt, das: *Amt für Wohnungswesen.*

Woh|nungs|bau, der ⟨o. Pl.⟩: *das Bauen von Wohnungen:* der private, öffentliche W.; der soziale W. (Amtsspr.; *durch öffentliche Mittel geförderter Bau von Sozialwohnungen).*

Woh|nungs|bau|för|de|rung, die ⟨o. Pl.⟩: *staatliche Förderung des Wohnungsbaus durch Gewährung finanzieller Mittel, Hilfen, Prämien o. Ä.*

Woh|nungs|ei|gen|tum, das; -s, -e (Rechtsspr.): *Eigentum an einer Wohnung u. dem zugehörigen Anteil an Gebäude u. Grundstück.*

Woh|nungs|ei|gen|tü|mer, der: *Eigentümer einer Eigentumswohnung.*

Woh|nungs|ei|gen|tü|me|rin, die: w. Form zu ↑Wohnungseigentümer.

Woh|nungs|ein|rich|tung, die: *Einrichtung* (2 a).

Woh|nungs|geld, das: *Zuschuss zur Wohnungsmiete für Beamte.*

Woh|nungs|in|ha|ber, der: *Mieter einer Wohnung.*

Woh|nungs|in|ha|be|rin, die: w. Form zu ↑Wohnungsinhaber.

woh|nungs|los ⟨Adj.⟩: *ohne Wohnung; ohne Obdach.*

Woh|nungs|man|gel, der: *Mangel an verfügbaren Wohnungen.*

Woh|nungs|markt, der: *Markt* (3 a) *für Wohnungen.*

Woh|nungs|mie|te, die: [1]*Miete* (1) *für eine Wohnung.*

Woh|nungs|not, die ⟨o. Pl.⟩: *großer Wohnungsmangel.*

Woh|nungs|schlüs|sel, der: *Schlüssel für eine Wohnung.*

Woh|nungs|su|che, die: *Suche nach einer Wohnung.*

woh|nungs|su|chend ⟨Adj.⟩: *eine Wohnung suchend.*

Woh|nungs|su|chen|de, der u. die; -n, -n ⟨Dekl. ↑Abgeordnete⟩: *jmd., der eine Wohnung sucht.*

Woh|nungs|tür, die: *Tür zu einer Wohnung.*

Woh|nung|su|che usw.: ↑Wohnungssuche usw.

Woh|nungs|wech|sel, der: *das Umziehen in eine andere Wohnung.*

Woh|nungs|we|sen, das ⟨o. Pl.⟩: *Gesamtheit der Einrichtungen u. Vorgänge im Zusammenhang mit dem Bau, der Bewirtschaftung, Finanzierung o. Ä. von Wohnungen.*

Wohn|vier|tel, das: *Stadtteil, in dem sich hauptsächlich Wohnhäuser befinden.*

Wohn|wa|gen, der: **1.** *zum Wohnen auf Campingreisen ausgestatteter Anhänger für einen Pkw.* **2.** *meist von einer Zugmaschine gezogener großer Wagen, in dem Schausteller, Zirkusleute o. Ä. wohnen u. von Ort zu Ort ziehen.* **3.** (Eisenb.) *Eisenbahnwaggon für die Übernachtung von Bautrupps.*

Wohn|zim|mer, das: **a)** *Zimmer einer Wohnung für den Aufenthalt während des Tages;* **b)** *Möbel für ein Wohnzimmer* (a).

Wöhr|de, die; -, -n [Nebenf. von ↑Wurt] (nordd.): *um das Wohnhaus gelegenes Ackerland.*

Woi|lach, der; -s, -e [russ. vojlok = Filz, älter = Satteldecke < turkotat. oilyk = Decke]: *wollene [Pferde]decke.*

Woi|wod, Woi|wo|de, der; ...den, ...den [poln. wojewoda, zu: wojna = Krieg u. wodzić = führen]: **1.** (früher) *Heerführer (in Polen, in der Walachei).* **2.** *oberster Beamter einer polnischen Provinz.*

Woi|wod|schaft, die; -, -en: *Amt, Amtsbezirk eines Woiwoden.*

Wok, der; -, -s [chin. (kantonesisch) wôk]: *(bes. in der chinesischen Küche verwendeter) Kochtopf mit kugelförmig gerundetem Boden u. hochgezogenem Rand, in dem die Speisen durch ständiges Umrühren od. Schütteln gegart werden.*

wöl|ben ⟨sw. V.; hat⟩ [mhd. welben]: **1.** *in einem Bogen [über etw.] spannen; bogenförmig anlegen, machen; mit einem Gewölbe versehen:* eine Decke w.; eine gewölbte Decke. **2.** ⟨w. + sich⟩ *bogenförmig verlaufen, sich erstrecken:* sich nach außen, nach oben, nach vorn w.; eine Brücke wölbte sich über den Fluss; eine gewölbte *(vorgewölbte)* Stirn.

Wöl|bung, die; -, -en: *das Gewölbtsein:* die W. der Decke.

Wolf, der; -[e]s, Wölfe [mhd., ahd. wolf, wahrsch. eigtl. = der Reißer; 2, 3: nach dem reißenden, gierig fressenden Tier]: **1.** *(in Wäldern u. Steppen der nördlichen Halbkugel vorkommendes) einem Schäferhund ähnliches, häufig in Rudeln lebendes Raubtier:* ein Rudel Wölfe; die Wölfe heulen; er war hungrig wie ein W. (ugs.; *hatte großen Hunger*); **R** der W. in der Fabel (↑Lupus in fabula); *** ein W. im Schafspelz/(auch:) Schafsfell/(auch:) Schafskleid sein** *(sich harmlos geben, freundlich tun, aber dabei böse Absichten hegen u. sehr gefährlich sein;* nach Matth. 7, 15); **mit den Wölfen heulen** (ugs.; *sich aus Opportunismus u. wider besseres Wissen dem Reden od. Tun anderer anschließen*); **unter die Wölfe geraten [sein]** *(brutal behandelt, ausgebeutet werden).* **2. a)** (ugs.) kurz für ↑Fleischwolf: etw. durch den W. drehen; sie fühlten sich wie durch den W. gedreht *(ganz zerschlagen, zermürbt);* *** jmdn. durch den W. drehen** (salopp; *jmdm. hart zusetzen*); **b)** (ugs.) kurz für ↑Reißwolf: alte Akten im W. vernichten. **3.** ⟨o. Pl.⟩ (volkst.) kurz für ↑Hautwolf (2): der W. war sehr schmerzhaft, lästig, hinderlich; sich einen W. laufen *(sich durch langes Laufen einen Hautwolf zuziehen);* **Ü** sich einen W. reden (salopp; *lange [vergeblich] auf jmdn. einreden [u. dabei heiser werden]*).

Wölf|chen, das; -s, -: Vkl. zu ↑Wolf (1).

Wöl|fin, die; -, -nen [mhd. wülvinne]: w. Form zu ↑Wolf (1).

wöl|fisch ⟨Adj.⟩: *einem Wolf* (1) *ähnlich, eigen:* eine -e Gier; die -e Natur des Hundes.

Wölf|ling, der; -s, -e [eigtl. wohl = Junges (vom Wolf)]: *der jüngsten Altersgruppe angehörender Pfadfinder.*

Wolf|ram, das; -s [älter = Wolframit, zu ↑Wolf (das Erz hatte als Beimischung zu Zinn im Schmelzofen eine verringernde [= »auffressende«] Wirkung auf das Metall) u. mundartl. Rahm, ↑Eisenrahm]: *weiß glänzendes, säurebeständiges Schwermetall (chemisches Element;* Zeichen: W).

Wolf|ram|fa|den, der (Technik): *in Glühlampen u. Röhren von Radios verwendeter Draht aus Wolfram.*

Wolf|ra|mit [auch: ...'mɪt], das; -s: *dunkelbraunes bis schwarzes, metallisch glänzendes Mineral, das ein wichtiges, Wolfram enthaltendes Erz darstellt.*

Wolfs|an|gel, die: *Fanggerät für Wölfe.*

Wolfs|gru|be, die: *mit Reisig bedeckte Grube zum Fangen von Wölfen.*

Wolfs|hund, der (volkst.): *Schäferhund.*

Wolfs|hun|ger, der (ugs.): *sehr großer Hunger:* die Kinder kamen mit einem W. nach Hause.

Wolfs|kind, das (Myth.): *von Wölfen o. Ä. aufgezogenes Kind.*

Wolfs|mensch, der: *Werwolf.*

Wolfs|milch, die ⟨o. Pl.⟩ [mhd. wolf(s)milch, ahd. wolvesmilih; 1. Bestandteil zur Bez. von etw. Minderwertigem (vgl. Zus. mit Hunds-)]: *Euphorbia.*

Wolfs|milch|ge|wächs, das: *zu einer (überwiegend in den Tropen u. Subtropen vorkommenden) Pflanzenfamilie mit bisweilen giftigem Milchsaft gehörende Pflanze.*

W

Wolfs|ra|chen, der (volkst.): *angeborene, von der Oberlippe zum Gaumenzäpfchen verlaufende Gaumenspalte.*
Wolfs|ru|del, das: *Rudel von Wölfen.*
Wolfs|schlucht, die: *Schlucht, in der Wölfe hausen.*
Wolfs|spin|ne, die: *am Boden lebende, mittelgroße, gelbbraune bis schwarze Spinne, die ihre Beute im Sprung fängt.*
Wolfs|spitz, der: *großer Spitz mit grauem Fell.*
Wol|ga, die; -: Fluss in Russland.
Wol|go|grad: Stadt in Russland.
Wölk|chen, das; -s, -: Vkl. zu ↑Wolke (1): am Himmel schwebten nur einzelne W.; Ü kein W. trübte die, unsere Stimmung.
Wol|ke, die; -, -n [mhd. wolke, ahd. wolka, eigtl. = die Feuchte (d. h. »die Regenhaltige«)]: **1.** *sichtbar in der Atmosphäre schwebende Ansammlung, Verdichtung von Wassertröpfchen od. Eiskristallen (von verschiedenartiger Form u. Farbe):* weiße, schwarze, tief hängende, dicke -n; -n ziehen auf, türmen sich auf, regnen sich ab; die Sonne bricht durch die -n; der Gipfel ist in -n [gehüllt]; der Himmel war mit/von -n bedeckt; das Flugzeug fliegt über den -n; Ü dunkle -n ziehen am Horizont auf (geh.; *unheilvolle Ereignisse bahnen sich an*); *** auf -n/in den -n/über den -n schweben** (geh.; *verträumt, realitätsfern, unrealistisch sein*); **auf W. sieben schweben** (ugs.; *überglücklich, in Hochstimmung sein;* wahrsch. LÜ von engl. »be on cloud seven«); **aus allen -n fallen** (ugs.; *völlig überrascht sein;* eigtl. = aus der Welt der Träume, der Fantasie auf den Boden der Realität gelangen). **2.** *Menge von etw., was – einer Wolke (1) ähnlich – in der Luft schwebt, sich quellend, wirbelnd o. ä. in der Luft od. in einer flüssigen Substanz ausbreitet:* eine W. von Zigarrenrauch; eine W. von Mücken, Möwen; aus dem Schornstein steigen schwarze -n *(Rauchwolken).* **3.** (scherzh.) *(in Bezug auf ein Kleidungsstück) bauschig drapierte Menge Stoff:* sie trug eine W. von Tüll und Spitzen. **4.** (Mineral.) *Ansammlung mikroskopisch kleiner Bläschen od. anderer Einschlüsse (in Edelsteinen).*
wöl|ken ⟨sw. V.; hat⟩ (selten): **a)** *Wolken bilden; in Wolken (2) herausdringen:* der Dampf wölkte aus den Rohren; **b)** ⟨w. + sich⟩ *sich bewölken:* der Himmel wölkt sich.
Wol|ken|band, das ⟨Pl. ...bänder⟩ (bes. Met.): *(häufig bei der Beschreibung einer Wetterlage) große, lang gestreckte, sich wie ein breites Band über weite Gebiete hinziehende Wolkenmasse.*
Wol|ken|bank, die ⟨Pl. ...bänke⟩: *ausgedehnte, sich über dem Horizont in der Waagerechten erstreckende Wolkenmasse.*
wol|ken|be|deckt ⟨Adj.⟩: *bedeckt* (1): ein -er Himmel.
Wol|ken|bil|dung, die: *Bildung* (3) *von Wolken.*
Wol|ken|bruch, der ⟨Pl. ...brüche⟩: *heftiger Regen, bei dem innerhalb kurzer Zeit große Niederschlagsmengen fallen:* ein W. geht nieder; R es klärt sich auf zum W.! (ugs. scherzh.; *es fängt heftig an zu regnen*).
wol|ken|bruch|ar|tig ⟨Adj.⟩: *einem Wolkenbruch ähnlich:* -e Regenfälle.
Wol|ken|de|cke, die ⟨o. Pl.⟩: *den Himmel mehr od. weniger vollständig bedeckende Wolkenmasse:* eine geschlossene W.; die W. reißt auf.
Wol|ken|feld, das ⟨meist Pl.⟩ (Met.): *den Himmel teilweise bedeckende Wolken.*
Wol|ken|krat|zer, der [nach engl. skyscraper, eigtl. = Himmelskratzer]: *sehr hohes Hochhaus.*
Wol|ken|ku|ckucks|heim, das [nach griech. nephelokokkygía = von Vögeln in der Luft gebaute Stadt in der Komödie »Die Vögel« des griech. Dichters Aristophanes (um 445–385 v. Chr.), zu: nephélē = Wolke u. kókkyx = Kuckuck] (geh.): *Fantasiewelt von völliger Realitätsferne, in die sich jmd. eingesponnen hat.*
wol|ken|los ⟨Adj.⟩: *(vom Himmel) ohne Wolken:* ein -er, strahlend blauer Himmel.
Wol|ken|mas|se, die: *Masse von Wolken.*
Wol|ken|schlei|er, der: *leichte Bewölkung.*
Wol|ken|store, der: *geraffter Store.*
wol|ken|ver|han|gen ⟨Adj.⟩: *verhangen* (1).
Wol|ken|wand, die: *Wolkenmasse, die wie eine Wand einen Teil des Himmels bedeckt.*
wol|kig ⟨Adj.⟩: **1.** *zum größeren Teil mit Wolken bedeckt:* ein -er Himmel; morgen soll es heiter bis w. sein. **2.** *Wolken* (2), *Schwaden bildend:* -er Dunst. **3.** *trübe, undeutlich, verwaschen:* -e *(fleckige)* Fotos. **4.** (Mineral.) *Wolken* (4) *aufweisend:* ein -es Mineral. **5.** *verschwommen, unklar; nebulos:* -e Vorstellungen, Ideen von etw. haben; -e Worte, Argumente.
Woll|baum, der: *Kapokbaum.*
Woll|baum|ge|wächs, das (Bot.): *in den Tropen vorkommender Baum mit einem oft dicken, Wasser speichernden Stamm, gefingerten od. ungeteilten Blättern u. zuweilen großen Blüten.*
Woll|de|cke, die: *wollene Decke.*
Wol|le, die; -, (Fachspr.:) -n [mhd. wolle, ahd. wolla, viell. eigtl. = die (Aus)gerupfte od. die Gedrehte, Gekräuselte]: **1. a)** *(bes. von Schafen) durch Scheren o. Ä. des Haars* (1) *gewonnenes natürliches Produkt, das zu Garn versponnen wird:* W. waschen, spinnen; Ü du musst dir mal deine W. scheren (ugs. scherzh.; *dein dichtes, langes, zottiges o. ä. Haar schneiden*) lassen; *** in der W. gefärbt [sein]** (ugs.; *etw. Bestimmtes in besonders ausgeprägter Form [sein]; ein überzeugter Vertreter von etw. [sein];* eigtl. von einem farbigen Stoff, der nicht erst als Tuch, sondern schon als unverarbeitete Wolle gefärbt worden ist); **[warm] in der W. sitzen** (ugs. veraltend; *in gesicherten Verhältnissen leben;* früher stellte Schafwolle einen großen wirtschaftlichen Wert dar); **sich in die W. kriegen** (ugs.; *Streit miteinander bekommen, anfangen*); **sich in der W. haben/liegen** (ugs.; *sich heftig streiten, zanken*); **in die W. kommen/geraten** (ugs.; *wütend werden*); **jmdn. in die W. bringen** (ugs.; *jmdn. ärgern, reizen, wütend machen*); **b)** *aus Wolle (1a) gesponnenes Garn:* feine, dicke, rote, melierte, reine W.; ein Knäuel W.; die W. kratzt; die W. läuft weit, ist ergiebig; ein Pullover, Strümpfe aus W.; **c)** ⟨o. Pl.⟩ *aus Wolle* (1b) *hergestelltes Gewebe o. Ä.:* ein Mantel, Anzug aus W. *(Wollstoff);* der Stoff besteht aus reiner, ist reine W. **2.** (Jägerspr.) **a)** *Haarkleid von Hasen, Kaninchen, Schwarz- u. Haarraubwild;* **b)** *Flaum junger Wasservögel.*
[1]**wol|len** ⟨Adj.⟩ [mhd. wullīn, ahd. wullinen]: *aus Wolle* (1 b, c): -e Strümpfe, Unterwäsche.
[2]**wol|len** ⟨unr. V.; hat⟩ [mhd. wollen, wellen, ahd. wellen]: **1.** ⟨mit Inf. als Modalverb; wollte, hat ... wollen⟩ **a)** *die Absicht, den Wunsch, den Willen haben, etw. Bestimmtes zu tun:* er will uns morgen besuchen; wir wollten gerade gehen; das Buch habe ich schon immer lesen w.; er will ins Ausland gehen; willst *(möchtest)* du mitfahren?; **b)** ⟨Prät.⟩ dient der Umschreibung einer Bitte, eines Wunsches: ich wollte Sie bitten, uns ein Stück zu begleiten; wir wollten Sie fragen, ob Sie uns nicht helfen können; **c)** ⟨Konjunktiv Präs.⟩ (veraltend) drückt einen Wunsch, eine höfliche, aber zugleich bestimmte Aufforderung aus: wenn Sie bitte Platz nehmen wollen; man wolle bitte darauf achten, dass nichts verloren geht; als einem Befehl ähnliche Aufforderung: Sie wollen sich bitte sofort melden; **d)** drückt aus, dass der Sprecher die von ihm wiedergegebene Behauptung eines anderen mit Skepsis betrachtet, für fraglich hält: er will es nicht gewusst, gesehen haben *(behauptet, es nicht gewusst, gesehen zu haben);* **e)** meist verneint; drückt aus, dass etw. [nicht] in der im Verb genannten Weise funktioniert, geschieht, abläuft o. Ä.: die Wunde will [und will] nicht heilen; der Motor wollte nicht anspringen; etw. will nicht gelingen, kein Ende nehmen; es will Abend werden (geh.; *es wird allmählich Abend*); verblasst: das will nichts heißen, will nicht viel sagen *(heißt, bedeutet nicht viel);* das will ich hoffen, meinen; ein nicht enden wollender Beifall; **f)** ⟨in Verbindung mit einem 2. Part. u. »sein« od. »werden«⟩ drückt aus, dass etw. eine bestimmte Bemühung, Anstrengung o. Ä. verlangt; *müssen:* etw. will gekonnt sein; dieser Schritt will gut überlegt werden; **g)** *einen bestimmten Zweck haben; einem bestimmten Zweck dienen:* die Aktion will über die Lage der religiösen Minderheiten in Asien aufklären; das Buch will ein Ratgeber für alle Lebenslagen sein. **2.** ⟨Vollverb; wollte, hat gewollt⟩ **a)** *die Absicht, den Wunsch haben, etw. zu tun:* das habe ich nicht gewollt; sie wollen ans Meer, ins Gebirge (ugs.; *wollen dorthin fahren*); sie will zum Theater (ugs.; *will Schauspielerin werden*); wenn du willst, können wir gleich gehen; ohne [es] zu w. *(ohne dass es seine Absicht gewesen war),* hatte er alles verraten; du musst nur w. *(den festen Willen haben),* dann geht es auch; wollt ihr wohl/gleich/endlich! (ugs.; in gegenüber Kindern gebrauchten Aufforderungen mit leicht drohendem Unterton; *ihr sollt aufhören, anfangen, fortgehen o. Ä.*); [na] dann wollen wir mal! (ugs.; *wollen wir anfangen, beginnen mit etw. Bestimmtem*); das ist, wenn man so will *(man könnte es so einschätzen),* ein einmaliger Vorgang; **b)** *zu haben, zu bekommen wünschen; erstreben:* er hat alles bekommen, was er wollte; er hat für seine Arbeit nichts, kein Geld gewollt (ugs.; *haben wollen, verlangt*); den Fortschritt, sein Recht w.; ich will nur dein Bestes; er will nur seine Ruhe; was willst du [noch] mehr? *(du hast doch erreicht, geschafft, bekommen, was du wolltest!);* er will es [ja] nicht anders, hat es so gewollt; ich will *(wünsche, verlange),* dass du das tust; er will nicht *(ist nicht damit einverstanden),* dass man ihm hilft; nimm dir, so viel du willst *(haben möchtest);* er weiß [nicht], was er will; ich weiß nicht, was du willst (ugs.; *warum du dich aufregst*), es ist doch alles in Ordnung; er wollte etwas von dir (ugs.; *hatte ein Anliegen*); ich mache alles, was du von mir willst *(verlangst);* du kannst es halten, wie du willst *(hast völlig freie Hand);* da ist nichts [mehr] zu w.! (ugs.; *da lässt sich nichts mehr ändern*); nichts zu w.! (ugs.; Ausdruck der Zurückweisung); ob man will oder nicht *(es ist einfach Tatsache, ist einfach so),* eine andere Lösung ist nicht mehr möglich; R wer nicht will, der hat schon; Spr was du nicht willst *(haben willst, wünschst),* dass man dir tu, das füg auch keinem andern zu; Ü der Zufall wollte es *(hat es so gefügt),* dass wir gleichzeitig in Berlin ankamen; **c)** ⟨Konjunktiv Prät.⟩ drückt einen irrealen Wunsch aus: ich wollte *(wünschte),* es wäre alles vorüber; **d)** (ugs.) drückt – meist verneint – aus, dass etw. nicht funktioniert, nicht in der gewünschten Weise abläuft o. Ä.: der Motor will nicht [mehr]; seine Beine wollten nicht mehr *(versagten ihm den Dienst);* **e)** (ugs.) *für sein Gedeihen o. Ä. brauchen, verlangen:* diese Blume will Sonne; Tiere wollen ihre Pflege; **f)** *** jmdm. etw. w.** (ugs.; *etw. Übles gegen jmdn. im Sinne haben, jmdm. etw. anhaben wollen*): was soll er dir schon w.?; er kann uns gar nichts w.
Woll|fa|den, der: *Faden aus Wolle* (1 a).
Woll|ge|we|be, das: *Gewebe* (1) *aus Wolle* (1 b).
Woll|hand|schuh, der: *wollener Handschuh:* dicke, warme -e.
Woll|hau|be, die (österr.): *Wollmütze.*
Woll|hemd, das: *wollenes Hemd.*
Woll|ho|se, die: *Hose aus Wolle.*
wol|lig ⟨Adj.⟩: **a)** *aus Wolle bestehend, mit Wolle bedeckt:* ein -es Fell; **b)** *von flauschig weicher Oberfläche:* ein -es Gewebe; **c)** *(in Bezug auf das Haar des Menschen) dicht u. gekraust:* die -en Haare der Schwarzen; ein -er *(mit wolligen Haaren bedeckter)* Schädel; **d)** *(von der behaarten Oberfläche von Pflanzen[teilen] weich u. dicht behaart:* -e Blätter, Samen.
Woll|ja|cke, die: *wollene Jacke:* eine dicke, warme W.
Woll|kleid, das: *wollenes Kleid.*
Woll|knäu|el, das: *Knäuel Wolle* (1 b).
Woll|laus, die: *Schildlaus, die in kleinen, weißen Klümpchen an Pflanzen sitzt.*

Wọll|man|tel, der: *wollener Mantel.*

Wọll|milch|sau, die: in der Fügung **Eier legende W.** (ugs. scherzh.; *Person od. Sache, die alle Bedürfnisse befriedigt, allen Ansprüchen genügt*).

Wọll|müt|ze, die: *wollene Mütze.*

Wọll|pul|lover, der: *wollener Pullover:* ein selbst gestrickter, dicker, warmer W.

Wọll|rest, der: *übrig gebliebene Wolle* (1 b).

Wọll|rock, der: *wollener Rock.*

Wọll|sa|chen ⟨Pl.⟩: *[gestrickte] Kleidungsstücke aus Wolle.*

Wọll|schal, der: *wollener Schal.*

Wọll|sie|gel, das: *Gütezeichen für Erzeugnisse aus reiner Schurwolle.*

Wọll|so|cke, die: *wollene Socke.*

Wọll|stoff, der: *Stoff aus Wolle* (1 b).

Wọll|strumpf, der: *wollener Strumpf.*

Wọll|tuch, das: **1.** ⟨Pl. ...tücher⟩ *wollenes Tuch.* **2.** ⟨Pl. -e⟩: *Wollstoff.*

Wọl|lust, die; -, Wollüste [mhd. wollust = Wohlgefallen, Freude, Genuss; Wollust, spätahd. wollust = Wohlgefallen, Freude, Genuss, zu ↑wohl u. ↑Lust] (geh.): *sinnliche, sexuelle Begierde, Lust:* W. empfinden; *** mit wahrer W.** *(mit seltsamer, abartiger, böser Lust, mit einem seltsamen Vergnügen an etw.):* mit wahrer W. rächte er sich an dem Wehrlosen.

wọl|lüs|tig ⟨Adj.⟩ [mhd. wollustec = Freude erweckend, reizend] (geh.): *mit Wollust* (a); *von Wollust* (a) *erfüllt; Wollust* (a) *erregend:* -e Körper; w. erschauern.

Wọl|per|tin|ger, (auch:) Walpertinger, der; -s [viell. zu mundartl. Walper = Entstellung von: Walpurgis, ↑Walpurgisnacht] (bayr.): *Fabeltier mit angeblich sehr wertvollem Pelz, das zu fangen Leichtgläubige mit einem Sack u. einer brennenden Kerze ausgeschickt werden.*

Wo|ma|ni|zer [ˈwʊmənaɪzɐ], der; -s, - [engl. womanizer, zu: to womanize = hinter den Frauen her sein, zu: woman = Frau]: *Frauenheld.*

Wo|men's Lib [ˈwɪmɪnz ˈlɪb], die; - - [engl., kurz für: Women's Liberation Movement]: *innerhalb der Bürgerrechtsbewegung der 1960er-Jahre entstandene amerikanische Frauenbewegung.*

wo|mịt ⟨Adv.⟩ [mhd. wōmit]: **1.** [mit besonderem Nachdruck: ˈvo:mɪt] ⟨interrogativ⟩ *mit welcher Sache:* w. hast du den Flecken rausgekriegt?; wenn ich nur wüsste, w. ich dir helfen könnte; w. hab ich das verdient *(was habe ich gemacht, dass man so mit mir verfährt)*? **2.** ⟨relativisch⟩ *mit welcher (gerade erwähnten) Sache:* er tat etwas, w. ich nicht einverstanden war. **3.** (nordd. ugs.) in bestimmten Verwendungen in getrennter Stellung: wo hast du nicht mit gerechnet?; es ist was passiert, wo keiner mit gerechnet hat.

wo|mọ̈g|lich ⟨Adv.⟩: *vielleicht; möglicherweise:* er kommt w. schon heute; war das nicht w. ein Fehler?

wo|nạch ⟨Adv.⟩ [mhd. warnāch]: **1.** [mit besonderem Nachdruck: ˈvo:na:x] ⟨interrogativ⟩ *nach welcher Sache:* w. hat sie dich gefragt?; ich frage mich, w. es hier riecht. **2.** ⟨relativisch⟩ **a)** *nach welcher (gerade erwähnten) Sache:* etwas, w. sie großes Verlangen hatten; es gab nichts, w. sie sich mehr sehnte; **b)** *dem-, derzufolge:* es gibt eine Darstellung, w. sie unschuldig ist. **3.** (nordd. ugs.) in bestimmten Verwendungen in getrennter Stellung: wo soll man sich nach richten?; das ist was, wo ich ihn noch nie nach gefragt habe.

wo|ne|ben ⟨Adv.⟩ (selten): **1.** [mit besonderem Nachdruck: ˈvo:ne:bn̩] ⟨interrogativ⟩ **a)** *neben welche Sache:* w. soll ich den Stuhl stellen?; **b)** *neben welcher Sache:* w. soll der Stuhl stehen? **2.** ⟨relativisch⟩ **a)** *neben welche (gerade erwähnte) Sache:* es war nichts da, w. man es hätte stellen können; **b)** *neben welcher (gerade erwähnten) Sache:* es gab nichts, w. es besser gewirkt hätte.

Wọn|ne, die; -, -n [mhd. wünne, wunne, ahd. wunn(i)a, eigtl. = Genuss, Freude] (geh.): *hoher Grad der Beglückung, des Vergnügens, der Freude:* es war eine W., ihrem Spiel zuzuhören; er spielte, dass es eine W. war; alles war eitel W.; die -n der Liebe, des Glücks; es ist für ihn eine wahre W. (abwertend; *er hat daran seinen Spaß*), andere zu schikanieren; *** mit W.** (ugs.; *mit dem größten Vergnügen*): mit Wonne widersprach sie.

Wọn|ne|ge|fühl, das (geh.): *Gefühl der Beglückung, des Vergnügens, der Freude.*

Wọn|ne|mo|nat, Wọn|ne|mond, der [frühnhd. Erneuerung von ahd. winnimānōd = Weidemonat; ahd. winne = Weide(platz), schon in ahd. Zeit umgedeutet zu wunnia (↑Wonne)] (veraltet, noch scherzh.): *Mai.*

Wọn|ne|prop|pen, der [2. Bestandteil mundartl. Nebenf. von ↑Pfropfen] (ugs. scherzh.): *wohlgenährtes Baby, kleines Kind.*

Wọn|ne|schau|der (geh.), **Wọn|ne|schau|er,** der (geh.): *Schauer hervorrufendes Gefühl der Wonne:* W. auslösen.

wọn|ne|trun|ken ⟨Adj.⟩ (geh.): *trunken* (2) *vor Wonne:* ein -er Verehrer.

wọn|ne|voll ⟨Adj.⟩ (geh.): *voller Wonne, ein Wonnegefühl hervorrufend, lustvoll:* eine -e Massage.

wọn|nig ⟨Adj.⟩ [mhd. (md.) wunnic]: **1.** (fam.) *Entzücken hervorrufend:* ein -es Baby; ist das w. *(schön)*! **2.** (geh.) *von Wonne erfüllt:* in -en Gefühlen schwelgen.

wọn|nig|lich ⟨Adj.⟩ (geh. veraltend): *beseligend; Wonne gewährend:* eine -e Zeit; mit -em Schauder.

Woog, der; -[e]s, -e [mhd. wāc, ahd. wāg = (bewegtes) Wasser, verw. mit ↑Woge] (landsch.): **a)** *kleiner See;* **b)** *tiefe Stelle in einem Fluss.*

wo|rạn ⟨Adv.⟩ [mhd. waran, ahd. wārana]: **1.** [mit besonderem Nachdruck: ˈvo:ran] ⟨interrogativ⟩ **a)** *an welche Sache:* w. hat er sich gelehnt?; ich weiß nicht, w. mich das erinnert; **b)** *an welcher Sache:* w. hast du dich verletzt?; er wusste nicht, w. er sich festhalten sollte; w. ist er gestorben?; w. liegt das?; man weiß nicht, w. man ist. **2.** ⟨relativisch⟩ **a)** *an welche (gerade genannte) Sache:* es gab nichts, w. ich mich hätte lehnen können; er wusste vieles, w. sich sonst niemand mehr erinnerte; **b)** *an welcher (gerade genannten) Sache:* irgendwas, w. er gerade arbeitet.

wo|rauf ⟨Adv.⟩: **1.** [mit besonderem Nachdruck: ˈvo:rauf] ⟨interrogativ⟩ **a)** *auf welche Sache:* w. darf ich mich setzen?; ich weiß nicht, w. sie warten; **b)** *auf welcher Sache:* w. steht das Haus?; sie fragten, w. diese Annahme fuße. **2.** ⟨relativisch⟩ **a)** *auf welche (gerade genannte) Sache:* das, w. ich verzichten soll; er hatte versprochen zu kommen, w. ich mich natürlich verlassen habe; **b)** *auf welcher (gerade genannten) Sache:* etwas, w. man sitzen kann.

wo|rauf|hịn ⟨Adv.⟩: **1.** [mit besonderem Nachdruck: ˈvo:raufhɪn] ⟨interrogativ⟩ *auf welche Sache hin:* w. hat er das getan?; ich weiß nicht, w. er so plötzlich seine Meinung geändert hat. **2.** ⟨relativisch⟩ *auf welchen Vorgang hin:* er spielte vor, w. man ihn sofort engagierte.

wo|raus ⟨Adv.⟩ [spätmhd. woraus]: **1.** [mit besonderem Nachdruck: ˈvo:raus] ⟨interrogativ⟩ *aus welcher Sache:* w. ist das Gewebe [hergestellt]?; w. schließt du das?; er fragte, w. das Präparat bestehe. **2.** ⟨relativisch⟩ *aus welcher Sache:* ich habe nichts im Haus, w. ich einen Teig machen könnte.

Worces|ter|so|ße [ˈvʊstɐ...], die; -, -n [nach der engl. Stadt Worcester] (Kochk.): *pikante Soße zum Würzen.*

wọr|den: ↑werden (II).

wo|rein ⟨Adv.⟩: **1.** [mit besonderem Nachdruck: ˈvo:rain] ⟨interrogativ⟩ *in welche Sache hinein:* w. soll ich es gießen?; ich frage mich, w. ich es tun soll. **2.** ⟨relativisch⟩ *in welche (gerade erwähnte) Sache [hinein]:* nichts, w. viel investiert werden müsste.

wọr|feln ⟨sw. V.; hat⟩ [Iterativbildung zu veraltet gleichbed. worfen, mhd. (md.) worfen, zu ↑Wurf] (Landw. früher): *(das ausgedroschene Getreide) mit einer Schaufel gegen den Wind werfen, um so die leichtere Spreu von den schwereren Körnern zu trennen:* Weizen w.

wo|rịn ⟨Adv.⟩: **1.** [mit besonderem Nachdruck: ˈvo:rɪn] ⟨interrogativ⟩ *in welcher Sache?:* w. besteht der Vorteil?; ich weiß nicht, w. der Unterschied liegt. **2.** ⟨relativisch⟩ *in welcher (gerade erwähnten) Sache:* ich habe nichts, w. ich es sicher aufbewahren könnte.

Wö|ris|ho|fen: ↑Bad Wörishofen.

Wor|ka|ho|lic [wɶ:kəˈhɔlɪk], der; -s, -s [engl. workaholic, zusgez. aus: work = Arbeit u. alcoholic = Alkoholiker] (Psych.): *jmd., der unter dem Zwang steht, ununterbrochen arbeiten zu müssen.*

Work|out [ˈwɶ:kaut] (auch:) **Work-out,** der; -s, -s [engl. workout, zu: to work out = (intensiv) trainieren]: *sportliche Übung zur Steigerung der körperlichen Leistungsfähigkeit; [Fitness]training.*

Work|shop [ˈwɶ:kʃɔp], der; -s, -s [engl. workshop, eigtl. = Werkstatt, zu: shop, ↑Shop]: *Kurs, Veranstaltung o. Ä., in dem bestimmte Themen von den Teilnehmern selbst erarbeitet werden, praktische Übungen durchgeführt werden.*

Work|sta|tion [ˈwɶ:ksteɪʃn], die; -, -s [engl. workstation, eigtl. = Arbeitsstation, zu: station = Station]: *sehr leistungsfähiger, an einem Arbeitsplatz installierter, meist an ein lokales Netz angeschlossener Computer, der bes. beim Einsatz u. bei der Entwicklung umfangreicher Systeme von Programmen benötigt wird.*

World|cup [ˈwɶ:ldkʌp], der; -s, -s [engl. world cup, aus: world = Welt u. cup, ↑Cup] (Sport): **1.** *Pokalwettbewerb mit Teilnehmern aus aller Welt.* **2.** *Siegestrophäe beim Worldcup* (1).

World Games [wɶ:ld geɪmz] ⟨Pl.⟩ [engl., zu game = Spiel]: *sportliche Wettkämpfe in zahlreichen nicht olympischen Sportarten mit Teilnehmern aus aller Welt.*

World Wide Fund for Na|ture [ˈwɶ:ld waɪd fʌnd fɔ: ˈneɪtʃə; engl., aus: world-wide = weltweit, fund = Fonds u. nature = Natur], der; - - -s - -: internationaler Verband zum Schutz wild lebender Tiere u. Pflanzen (Abk.: WWF).

World Wide Web [ˈwɶ:ld ˈwaid ˈwɛb], das; - - -[s] [engl. world wide web, worldwide Web, aus: worldwide = weltweit u. web = Netz (urspr. = Gewobenes u. verwandt mit -webe in ↑Spinnwebe] (EDV): *weltweites Informationssystem im Internet* (Abk.: WWW).

Wọrms: Stadt am Rhein.

Worps|we|de: Ort (Künstlerkolonie) bei Bremen.

Worst Case [ˈwɶ:st keɪs], der; - -s, - -s [engl. worst case, aus: worst = schlechtest..., schlimmst... u. case = Fall] (Fachspr.): *schlimmster Fall* (2 a), *der in Zukunft eintreten kann.*

Wọrt, das; -[e]s, Wörter u. Worte [mhd., ahd. wort, eigtl. = feierlich Gesprochenes]: **1. a)** ⟨Pl. Wörter; gelegtl. auch: Worte⟩ *kleinste selbstständige sprachliche Einheit von Lautung* (2) *u. Inhalt* (2 a) *bzw. Bedeutung:* ein ein-, mehrsilbiges, kurzes, langes, zusammengesetztes, fremdsprachliches, fachsprachliches, veraltetes, umgangssprachliches, schmutziges, vulgäres, mundartliches W.; das deutsche W. für Substitution; dieses W. ist ein Substantiv; ein W. buchstabieren, falsch schreiben, aussprechen, gebrauchen, übersetzen; bestimmte Wörter [im Text] unterstreichen; du musst dir die Wörter merken; diese beiden Wörter kenne ich nicht; einen Text W. für W. abschreiben; das ist im wahrsten Sinne des -es, in des -es wahrster Bedeutung wunderbar; 2 000 Mark, in -en (auf Quittungen, Zahlungsanweisungen o. Ä.; *in Buchstaben ausgeschrieben*): zweitausend; **b)** ⟨Pl. Worte⟩ *Wort* (1 a) *in speziellem Hinblick auf seinen bestimmten Inhalt, Sinn; Ausdruck, Begriff:* Liebe ist ein großes W.; das W. Kultur; nach dem passenden, treffenden W. suchen. **2.** ⟨Pl. Worte⟩ *etw., was jmd. als Ausdruck seiner Gedanken, Gefühle o. Ä. zusammenhängend äußert; Äußerung:* ein W. des Dankes; Worte des Trostes; aufmunternde, beschwichtigende, freundliche, anerkennende, verletzende, scharfe, harte, überflüssige -e; zwischen uns ist kein böses W. gefallen; ihm ist ein unbedachtes

W

W. entschlüpft; das ist das erste W., das ich höre *(das ist mir ganz neu);* bei ihm ist jedes zweite, dritte W. »Geld« *(er spricht sehr häufig über Geld);* daran/davon ist kein W. wahr, daran ist kein wahres W. *(nichts von dem Gesagten stimmt);* darüber ist kein W. gefallen *(das wurde überhaupt nicht erwähnt);* mir fehlen die -e, ich habe/finde keine -e [dafür]! *(ich bin vor Entrüstung o. Ä. sprachlos);* ein W. einwerfen, dagegen sagen; vor Angst kein W. herausbringen; das W. an jmdn. richten *(jmdn. ansprechen, zu jmdm. sprechen);* jmdm. das W. abschneiden *(ihn unterbrechen, am Weitersprechen hindern);* er hat mir kein [einziges] W. *(gar nichts)* davon gesagt; er hat kein W. mit mir gesprochen; davon weiß ich kein W. *(das ist mir ganz neu);* ich verstehe kein W. *(kann deinen, seinen usw. Gedankengängen, Ausführungen nicht folgen);* bei dem Lärm kann man ja sein eigenes W. nicht, kaum verstehen; seine -e sorgsam wählen, abwägen; mit jmdm. ein paar -e wechseln, ein offenes/ernstes W. reden, sprechen; die richtigen, passenden -e für etw. finden; starke -e gebrauchen *(großspurig reden);* [zur Begrüßung] ein paar -e sprechen *(eine kleine Ansprache halten);* die -e gut zu setzen wissen (geh.; *gut reden können*); viel[e] -e machen *(unnötig viel reden);* spar dir deine -e!; er sollte seinen -en Taten folgen lassen; denk an meine -e!; auf ein W.! *(ich möchte Sie/dich kurz sprechen);* auf jmds. W., -e *(Meinung)* [nicht] viel geben; auf jmds. W., -e *(Rat)* hören; der Hund hört, gehorcht [ihm] aufs W. *(befolgt [s]einen Befehl auf der Stelle);* [jmdm.] etw. aufs W. glauben *([jmdm.] das Gesagte ohne Einschränkungen glauben);* ich möchte durch kein/mit keinem W. mehr daran erinnert werden; etw. in -e fassen, kleiden; etw. in/mit wenigen, knappen -en sagen, ausdrücken, erklären, darlegen; eine Sprache in W. und Schrift *(mündlich u. schriftlich)* beherrschen; etw. in W. und Tat *(mit Äußerungen u. Handlungen)* dokumentieren, mit W. und Tat unterstützen; jmdn. mit leeren -en abspeisen; mit kräftigen -en nicht sparen; jmdn., etw. mit keinem W. *(überhaupt nicht)* erwähnen; davon war mit keinem W. die Rede; mit einem W. (als Einleitung einer resümierenden Aussage; *kurz gesagt*), es war skandalös; mit anderen -en (mit Bezug auf eine unmittelbar vorausgegangene Aussage; *anders ausgedrückt, formuliert*); mit diesen -en *(indem, während er das sagte)* verließ er das Zimmer; das lässt sich nicht mit zwei -en sagen *(lässt sich nicht so knapp sagen);* nach -en suchen, ringen; ohne viel -e *(ohne viel darüber zu reden; ohne lange Vorreden)* etw. tun; ein Mensch von wenig -en *(ein wortkarger Mensch);* jmdn. [nicht] zu W. kommen lassen *(jmdm. [keine] Gelegenheit geben, sich zu äußern);* R dein W. in Gottes Ohr/(scherzh.:) Gehörgang! *(möge sich bewahrheiten, was du sagst!);* ein W. gibt/gab das andere *(Rede u. Gegenrede werden/wurden immer heftiger, u. es entsteht/entstand Streit);* hast du -e? (als Ausdruck höchsten Erstaunens o. Ä.; *was soll man dazu sagen?; das ist ja unglaublich*); du sprichst ein großes W. gelassen aus (*so einfach ist das nicht;* nach Goethe, »Iphigenie«, I, 3); * **das letzte/jmds. letztes W.** *(die/jmds. endgültige Entscheidung);* **[immer] das letzte W. haben/behalten wollen, müssen** *([ständig] darauf aus sein, Recht zu behalten, u. deshalb immer noch einmal ein Gegenargument vorbringen);* **das W. haben** *(in einer Versammlung o. Ä. an der Reihe sein, zum Thema zu sprechen);* **das W. ergreifen/nehmen** *(in einer Versammlung o. Ä. in die Diskussion eintreten, zu sprechen beginnen);* **das W. führen** *(in einer Gruppe [von Gesprächspartnern] der Bestimmende, Maßgebende sein; im Namen mehrerer als Sprecher auftreten);* **das große W. haben/führen** *(in einer Runde großsprecherisch reden);* **jmdm. das W. geben/erteilen** *(als Vorsitzender einer Versammlung o. Ä. jmdn. zum Thema sprechen lassen, als [nächsten] Sprecher aufrufen);* **jmdm. das W. entziehen** *(als Vorsitzender einer Versammlung o. Ä. jmdm. untersagen, in seiner Rede fortzufahren);* **jmdm. das W. verbieten** *(jmdm. untersagen, sich zu äußern);* **jmdm., einer Sache das W. reden** (geh.; *sich nachdrücklich für jmdn., etw. aussprechen*); **für jmdn. ein [gutes] W. einlegen** *(für jmdn. als Fürsprecher auftreten);* **jmdm. das W. aus dem Munde/von der Zunge nehmen** *(jmdm. zuvorkommen, indem man sagt, was der auch gerade sagen wollte);* **jmdm. das W. im Munde [her]umdrehen** *(jmds. Aussage absichtlich falsch, gegenteilig auslegen);* **kein W. über etw. verlieren** *(etw. nicht erwähnen, über etw. nicht sprechen);* **jmdm. ins W. fallen** *(jmdn. in seiner Rede unterbrechen);* **um das W. bitten** *(in einer Versammlung o. Ä. um die Erlaubnis bitten, zum Thema sprechen zu dürfen);* **sich zu W. melden** *(sich in einer Versammlung o. Ä. melden, um etw. zu sagen).* **3.** ⟨Pl. Worte⟩ *Ausspruch:* ein wahres, weises, viel zitiertes W.; dieses W. ist, stammt von Goethe; * **geflügeltes W.** *(bekannter, viel zitierter Ausspruch;* LÜ von griech. épea pteróenta [Homer]). **4.** ⟨Pl. Worte⟩ (geh.) *Text, bes. Liedtext:* W. und Weise; man weiß nicht, von wem die -e *(der Text)* stammen, wer die -e *(den Text)* zu dieser Melodie schrieb; etw. in W. und Bild darlegen; Lieder ohne -e *(ohne Text).* **5.** ⟨o. Pl.⟩ *förmliches Versprechen; Versicherung:* jmdm. das W. abnehmen zu schweigen; sein W. einlösen, halten, brechen, zurücknehmen, zurückziehen; ich gebe Ihnen mein W. darauf; auf mein W. *(dafür verbürge ich mich)!;* jmdn. beim W. nehmen *(von jmdm. erwarten, verlangen, das, was er versprochen hat, auch zu tun);* zu seinem W. stehen; * **[bei/gegenüber jmdm.] im W. sein/stehen** *(jmdm. durch ein Versprechen o. Ä. verpflichtet sein).* **6.** ⟨o. Pl.⟩ **a)** (Rel.) *Kanon, Sammlung heiliger Schriften, bes. die darin enthaltene Glaubenslehre:* das W. Gottes *(Gottes Offenbarung im Text der Heiligen Schrift);* **b)** ⟨o. Pl.⟩ (Theol.) *Logos* (4): das W. ward Fleisch (Joh. 1, 14).

Wọrt|art, die (Sprachw.): *Klasse* (3), *der ein Wort* (1 a) *nach grammatischen Gesichtspunkten zugeordnet wird* (z. B. Verb): welcher W. gehört das Wort an?

Wọrt|aus|wahl, die: *Auswahl von Wörtern (z. B. für einen Index, Glossar o. Ä.).*

Wọrt|be|deu|tung, die: *Bedeutung* (1 b).

Wọrt|bil|dung, die (Sprachw.): **a)** ⟨o. Pl.⟩ *Bildung neuer Wörter durch Zusammensetzung od. Ableitung bereits vorhandener Wörter;* **b)** *durch Zusammensetzung od. Ableitung gebildetes neues Wort.*

Wọrt|bruch, der: *Nichterfüllung eines gegebenen Worts* (5).

wọrt|brü|chig ⟨Adj.⟩: *sein gegebenes Wort* (5) *brechend:* gegen jmdn. w. sein; [an jmdm.] w. werden.

Wọ̈rt|chen, das; -s, -: **1.** Vkl. zu ↑Wort (1): das W. »wenn«. **2.** Vkl. zu ↑Wort (2): davon ist kein W. wahr; du hast den ganzen Abend noch nicht ein W. geredet *(noch gar nichts gesagt);* * **noch ein W. mit jmdm. zu reden haben** (ugs.; *mit jmdm. noch etw. zu bereinigen haben, ihm noch die Meinung sagen, ihn noch zur Rede stellen wollen*); **ein W. mitzureden haben** (ugs.; *bei einer Entscheidung mitzubestimmen haben*): der Elternbeirat hat bei dieser Sache ein W. mitzureden.

Wọr|te|ma|cher, der; -s, - (abwertend): *jmd., der viel redet, ohne dass das von Belang wäre od. Folgen hätte.*

Wọr|te|ma|che|rei, die; - (abwertend): *nichts sagendes Reden.*

Wọr|te|ma|che|rin, die: w. Form zu ↑Wortemacher.

Wọ̈r|ter: Pl. von ↑Wort.

Wọ̈r|ter|buch, das: *Nachschlagewerk, in dem die Wörter einer Sprache nach bestimmten Gesichtspunkten verzeichnet [u. erklärt] sind:* ein ein-, zweisprachiges, etymologisches, deutsches W.; ein W. der deutschen Umgangssprache; ein W. konsultieren.

Wọ̈r|ter|ver|zeich|nis, das: *Wortindex, Vokabular* (2).

Wọrt|fa|mi|lie, die (Sprachw.): *Gruppe von Wörtern, die sich aus ein u. derselben etymologischen Wurzel entwickelt haben od. von ein u. demselben Lexem herzuleiten sind.*

Wọrt|feld, das (Sprachw.): *Gruppe von Wörtern, die inhaltlich eng benachbart bzw. sinnverwandt sind.*

Wọrt|fet|zen ⟨Pl.⟩: *einzelne aus dem Zusammenhang einer Rede* (2 a) *gerissene Wörter [die jmd. über eine Entfernung hört]:* einige W. drangen an ihr Ohr.

Wọrt|fol|ge, die (Sprachw.): *Folge von Wörtern.*

Wọrt|form, die (Sprachw.): *Form eines Worts (bes. in Bezug auf die Flexion).*

Wọrt|füh|rer, der: *jmd., der eine Gruppe, eine Richtung, Bewegung o. Ä. öffentlich vertritt, repräsentiert, als ihr Sprecher, führender Vertreter auftritt:* sich zum W. einer Gruppe, Sache machen.

Wọrt|füh|re|rin, die: w. Form zu ↑Wortführer.

Wọrt|ge|brauch, der (Sprachw.): *Gebrauch eines Worts* (1 a).

Wọrt|ge|fecht, das: *mit Worten* (2) *ausgetragener Streit:* ein W. zwischen ihr und mir.

Wọrt|ge|klin|gel, das (abwertend): *schön klingende, aber nichts sagende Worte* (2): leeres W.

Wọrt|ge|plän|kel, das: *Geplänkel* (2).

Wọrt|ge|schich|te, die (Sprachw.): **1.** ⟨o. Pl.⟩ **a)** *geschichtliche Entwicklung des Wortschatzes einer Sprache in seiner Gesamtheit bzw. in seinen einzelnen Wörtern;* **b)** *Wissenschaft von der Wortgeschichte* (1 a) *als Teilgebiet der Sprachgeschichte.* **2.** *Werk, das die Wortgeschichte* (1 a) *einer Sprache zum Thema hat.*

wọrt|ge|treu ⟨Adj.⟩: *dem Wortlaut des Originals getreu* (2): eine -e Übersetzung; einen Text w. wiedergeben.

Wọrt|ge|walt, die ⟨o. Pl.⟩: *Sprachgewalt.*

wọrt|ge|wal|tig ⟨Adj.⟩: *Wortgewalt besitzend, von Wortgewalt zeugend:* ein -er Redner.

wọrt|ge|wandt ⟨Adj.⟩: *redegewandt.*

Wọrt|ge|wandt|heit, die: *Redegewandtheit.*

Wọrt|grup|pe, die (Sprachw.): *Gruppe von Wörtern, die zusammengehören.*

Wọrt|gut, das ⟨o. Pl.⟩: *Gesamtheit von [in einer Sprache existierenden] Wörtern:* fachsprachliches W.

Wọ̈r|ther See, der; - -s, (auch:) **Wọ̈r|ther|see,** der; -s: See in Kärnten.

Wọrt|hül|se, die (abwertend): *seines Inhalts, des eigentlichen Sinngehalts entleertes Wort* (1 b).

Wọrt|in|dex, der: *alphabetisches Verzeichnis der in einer wissenschaftlichen Arbeit untersuchten, erwähnten Wörter, Begriffe.*

wọrt|karg ⟨Adj.⟩: **a)** *mit seinen Worten* (2) *sparsam umgehend; wenig redend:* ein -er Mensch; **b)** *nur wenige Worte enthaltend:* eine -e Antwort; die Aufzeichnungen wurden immer -er.

Wọrt|karg|heit, die: *das Wortkargsein; wortkarge Art.*

Wọrt|klau|ber, der (abwertend): *jmd., der wortklauberisch ist.*

Wort|klau|be|rei, die (abwertend): *pedantisch enge Auslegung der Worte* (1 b, 2), *kleinliches Festhalten an der wortwörtlichen Bedeutung von etw. Gesagtem, Geschriebenem.*

Wọrt|klau|be|rin, die; -, -nen: w. Form zu ↑Wortklauber.

wọrt|klau|be|risch ⟨Adj.⟩ (abwertend): *die Wortklauberei betreffend, ihrer Art entsprechend.*

Wọrt|kör|per, der (Sprachw.): *Lautung* (2) *eines Worts.*

Wọrt|laut, der ⟨o. Pl.⟩: *wörtlicher Text von etw.:* der W. eines Telegramms; eine Rede im [vollen] W. veröffentlichen.

Wọ̈rt|lein, das; -s, - [mhd. wortelīn] (seltener): *Wörtchen.*

wọ̈rt|lich ⟨Adj.⟩ [mhd. wortlich, ahd. wortlīcho (Adv.)]: **1. a)** *dem [Original]text genau entsprechend:* eine -e Übersetzung; die -e Rede; etw. w. wiederholen, anführen, zitieren; carpe diem heißt w. »pflücke den Tag«; das hat sie w.

gesagt; b) *in der eigentlichen Bedeutung des Wortes:* du darfst nicht alles so w. nehmen. 2. (veraltend) *durch Worte* (1) *erfolgend, verbal* (1): eine -e Beleidigung.

Wort|lis|te, die: *Liste* (a), *Verzeichnis von Wörtern* (1 a).

wort|los ⟨Adj.⟩: *ohne Worte; schweigend:* -es Verstehen; sich w. ansehen; w. gingen sie nebeneinander her.

wort|mäch|tig ⟨Adj.⟩ (geh.): *sprachgewaltig.*

Wort|mel|dung, die: *Meldung [durch Handzeichen* 1 a] *in einer Versammlung o. Ä., mit der jmd. zu verstehen gibt, dass er sprechen möchte:* gibt es noch weitere -en?; seine W. zurückziehen.

Wort|paar, das (Sprachw.): *aus zwei [mit einer Konjunktion verbundenen] Wörtern gleicher Wortart bestehende Wortverbindung* (z. B. »frank und frei«).

Wort|prä|gung, die: *Prägung* (3) *eines Wortes.*

wort|reich ⟨Adj.⟩: 1. *mit vielen [überflüssigen] Worten [verbunden]:* eine -e Entschuldigung, Rechtfertigung; w. gegen etwas protestieren. 2. *einen großen Wortschatz aufweisend:* eine -e Sprache.

Wort|reich|tum, der ⟨o. Pl.⟩: *das Wortreichsein.*

Wort|schatz, der ⟨Pl. selten⟩: 1. *Gesamtheit der Wörter einer Sprache:* der englische W.; der W. einer Fachsprache. 2. *Gesamtheit der Wörter, über die ein Einzelner verfügt:* aktiver *(vom Sprecher, Schreiber tatsächlich verwendeter)*, passiver *(vom Hörer, Leser verstandener, aber nicht verwendeter)* W.; seinen W. erweitern; dieses Wort gehört nicht zu meinem W. *(wird von mir nicht benutzt).*

Wort|schöp|fer, der: *jmd., der sich wortschöpferisch betätigt.*

Wort|schöp|fe|rin, die: w. Form zu ↑Wortschöpfer.

wort|schöp|fe|risch ⟨Adj.⟩: *in Bezug auf neue Wortbildungen schöpferisch.*

Wort|schöp|fung, die: *geprägtes, neu gebildetes Wort.*

Wort|schrift, die: vgl. Silbenschrift.

Wort|schwall, der ⟨Pl. selten⟩ (abwertend): *Redeschwall:* ein W. prasselte auf mich nieder.

Wort|sinn, der ⟨o. Pl.⟩: *Sinn, Bedeutung eines Wortes* (1 a): er kennt den eigentlichen W. gar nicht; er ist im doppelten W. der Angeschmierte; das ist im [wahrsten] W. *(das ist wirklich)* eine Glanzleistung.

Wort|spal|te|rei, die (abwertend): *Haarspalterei.*

Wort|spen|de, die (österr.): *Wortmeldung, öffentliche Äußerung:* ein einziger Minister gab eine W. zum Thema ab.

Wort|spiel, das ⟨o. Pl.⟩: *Spiel mit Worten, dessen witziger Effekt bes. auf der Doppeldeutigkeit des gebrauchten Wortes od. auf der gleichen bzw. ähnlichen Lautung zweier aufeinander bezogener Wörter verschiedener Bedeutung beruht:* ein witziges, albernes W.

Wort|stamm, der (Sprachw.): *Stamm* (5).

Wort|stel|lung, die (Sprachw.): *Aufeinanderfolge der Wörter im Satz.*

Wort|tren|nung, die (Sprachw.): *Silbentrennung.*

Wort|un|ge|heu|er, das (emotional): *Wortungetüm:* das W. »Einzelfallgerechtigkeit«.

Wort|un|ge|tüm, das (emotional): *[übermäßig] langes, schwer durchschaubares Wort.*

Wort|ver|bin|dung, die (Sprachw.): *Einheit von mehreren Wörtern, die häufig od. stets zusammen gebraucht werden.*

Wort|ver|dre|her, der (abwertend): *jmd., der jmds. Worte verdreht.*

Wort|ver|dre|he|rin, die: w. Form zu ↑Wortverdreher.

Wort|ver|dre|hung, die (abwertend): *das Verdrehen, Verfälschen von jmds. Worten.*

Wort|wahl, die ⟨o. Pl.⟩: *Wahl der Wörter, die jmd. beim Sprechen, Schreiben trifft.*

Wort|wech|sel, der: a) *Wortgefecht:* es kam zwischen den beiden zu einem heftigen, scharfen W.; b) *Gespräch, Dialog.*

Wort|witz, der: *auf Wortspielen, einem Wortspiel beruhender Witz.*

wort|wört|lich ⟨Adj.⟩: a) *ganz wörtlich* (1 a): eine -e Übereinstimmung beider Texte; b) *ganz wörtlich* (1 b): er hat sie w. aufs Kreuz gelegt.

wo|rü|ber ⟨Adv.⟩: 1. [mit besonderem Nachdruck: ˈvoːryːbɐ] ⟨interrogativ⟩ a) *über welcher Sache:* w. war das Tuch ausgebreitet?; b) *über welche Sache:* w. bist du gestolpert?; w. hast du denn tagelang gebrütet?; w. habt ihr euch unterhalten?; ich frage mich, w. sie so traurig ist. 2. ⟨relativisch⟩ a) *über welcher (gerade genannten) Sache:* etwas Unförmiges, w. ein Tuch hing; b) *über welche (gerade genannte) Sache:* es gab nichts, w. man sich hätte beklagen können.

wo|rum ⟨Adv.⟩ [wohl urspr. identisch mit ↑warum]: 1. [mit besonderem Nachdruck: ˈvoːrʊm] ⟨interrogativ⟩ a) *um welche Sache herum:* w. [herum] gehört diese Hülle?; b) *um welche Sache:* w. handelt es sich?; ich weiß nicht, w. ich mich noch alles kümmern soll. 2. ⟨relativisch⟩ a) *um welche (gerade genannte) Sache herum:* etwas Längliches, w. [herum] etwas gewickelt war; b) *um welche (gerade erwähnte) Sache:* alles, w. er bat, wurde erledigt; das, w. es geht.

wo|run|ter ⟨Adv.⟩: 1. [mit besonderem Nachdruck: ˈvoːrʊntɐ] ⟨interrogativ⟩ a) *unter welcher Sache:* w. hatte er sich versteckt?; ich fragte sie, w. sie zu leiden habe; b) *unter welche Sache:* w. soll ich den Untersatz legen? 2. ⟨relativisch⟩ a) *unter welcher (gerade genannten) Sache:* es gab nichts, w. man sich hätte verstecken können; etwas, w. sie sich gar nichts vorstellen konnte; Briefe, w. etliche Mahnungen waren; b) *unter welche (gerade genannte) Sache:* etwas, w. wir uns stellen können.

wo|selbst ⟨Relativadv.⟩ (geh.): *an welchem (eben genannten) Ort, Platz o. Ä.; wo:* auf dem Markt, w. es laut zuging.

Wo|tan: ↑Wodan.

wo|von ⟨Adv.⟩ [mhd. wor-, warvon]: 1. [mit besonderem Nachdruck: ˈvoːfɔn] ⟨interrogativ⟩ *von welcher Sache:* w. hast du das Schild entfernt?; w. ist die Rede?; w. sollen wir leben?; ich weiß, w. ich rede. 2. ⟨relativisch⟩ *von welcher (gerade genannten) Sache:* etwas, w. man ins Schwitzen kommt; es gibt vieles, w. ich nichts verstehe. 3. (nordd. ugs.) in bestimmten Verwendungen in getrennter Stellung: wo hast du nichts von?; ein Leben, wo ich nur von träume.

wo|vor ⟨Adv.⟩: 1. [mit besonderem Nachdruck: ˈvoːfoːɐ̯] ⟨interrogativ⟩ a) *vor welcher Sache:* w. stand er?; w. scheut sie sich?; b) *vor welche Sache:* w. soll ich den Tisch schieben? 2. ⟨relativisch⟩ a) *vor welcher (gerade genannten) Sache:* es passierte genau das, w. ich ihn gewarnt hatte; das Einzige, w. sie sich fürchtete; b) *vor welche (gerade genannte) Sache:* eine Mauer, w. man den Busch setzen könnte. 3. (nordd. ugs.) in bestimmten Verwendungen in getrennter Stellung: wo soll das vor schützen?; das ist etwas, wo ich Angst vor habe.

wow [vaʊ̯] ⟨Interj.⟩ [engl.]: Ausruf der Anerkennung, des Staunens, der Überraschung, der Freude: w., ist das ein Haus!

wo|zu ⟨Adv.⟩ [mhd., ahd. warzu(o)]: 1. [mit besonderem Nachdruck: ˈvoːt͜suː] ⟨interrogativ⟩ a) *zu welchem Zweck, Ziel?:* w. hat man ihn rufen lassen?; weißt du, w. das gut sein soll?; b) *zu welcher Sache:* w. hat er ihr gratuliert?; alle wissen, w. sie ihm verholfen hat. 2. ⟨relativisch⟩ a) *zu welchem (gerade genannten) Zweck, Ziel:* sie verbrachten die Nacht im Freien, w. sie alles Notwendige mit sich führten; b) *zu welcher (gerade erwähnten) Sache:* das ist etwas, w. ich keine Meinung habe. 3. (nordd. ugs.) in bestimmten Verwendungen in getrennter Stellung: wo soll ich mich zu äußern?; das ist etwas, wo ich dir nur zu raten kann.

wo|zwi|schen ⟨Adv.⟩ (selten): 1. [mit besonderem Nachdruck: ˈvoːt͜svɪʃn̩] ⟨interrogativ⟩ a) *zwischen welchen Sachen:* w. lag der Brief?; b) *zwischen welche Sachen:* w. ist es gerutscht? 2. ⟨relativisch⟩ a) *zwischen welchen (gerade genannten) Sachen:* irgendwas, w. ich die Briefmarken trocknen kann; b) *zwischen welche (gerade genannten) Sachen:* ich habe nichts, w. ich es klemmen könnte.

wrack ⟨Adj.⟩ [aus dem Niederd. < mniederd. wrack]: *(bes. von Schiffen, Flugzeugen) defekt, beschädigt u. deshalb nicht mehr brauchbar, tauglich:* ein -es Schiff, Flugzeug; (Kaufmannsspr. veraltend:) -e Ware; w. werden.

Wrack, das; -[e]s, -s, selten: -e [aus dem Niederd. < mniederd. wrack, eigtl. = herumtreibender Gegenstand]: *mit deutlich sichtbaren Zeichen des Verfalls, der Beschädigung unbrauchbar gewordenes [nur noch als Rest vorhandenes] Schiff, Flugzeug, Auto o. Ä.:* das W. eines Schiffs heben, verschrotten; Ü ein menschliches W. *(jmd., dessen körperliche Kräfte völlig verbraucht sind).*

wrang, wrän|ge: ↑wringen.

Wra|sen, der; -s, - [vgl. Wasen] (nordd.): *Dampf, dichter Dunst:* die Waschküche war von W. erfüllt.

Wrest|ling [ˈreslɪŋ], das; -s [engl. wrestling, zu: to wrestle = ringen]: *in besonderem Maße auf Show ausgerichtetes Catchen.*

wrin|gen ⟨st. V.; hat⟩ [aus dem Niederd. < mniederd. wringen, verw. mit ↑würgen u. ↑renken]: a) *mit beiden Händen in gegenläufiger Bewegung zusammendrehen u. drücken, um das Wasser herauszupressen:* die Wäsche w.; b) *durch Wringen* (a) *herauspressen:* das Wasser aus dem nassen Laken w.

Wroc|ław [ˈvrɔt͜suaf]: polnische Form von ↑Breslau.

Wru|ke, die; -, -n [H. u.] (nordostd.): *Kohlrübe.*

Ws = Wattsekunde.

WSW = Westsüdwest[en].

Wu|cher, der; -s [mhd. wuocher, ahd. wuochar, auch = Frucht, Nachwuchs, (Zins)gewinn, verw. mit ↑[1]wachsen u. eigtl. = Vermehrung, Zunahme] (abwertend): *Praktik, beim Verleihen von Geld, beim Verkauf von Waren o. Ä. einen unverhältnismäßig hohen Gewinn zu erzielen:* W. treiben.

Wu|cher|blu|me, die: *zu den Korbblütlern gehörende, in vielen Arten verbreitete Pflanze, für die ein besonders üppiges Wachstum charakteristisch ist (z. B. Margerite, Chrysantheme).*

Wu|che|rei, die; -, -en (abwertend): *das Wuchern* (2).

Wu|che|rer, der; -s, - [mhd. wuocherære, ahd. wuocherari] (abwertend): *jmd., der Wucher treibt.*

Wu|che|rin, die; -, -nen: w. Form zu ↑Wucherer.

wu|che|risch ⟨Adj.⟩ (abwertend): *nach der Art des Wuchers; auf Wucher beruhend, ausgehend:* -e Preise, Zinsen; diese Mieten halte ich für w. und sittenwidrig.

wu|chern ⟨sw. V.⟩ [mhd. wuochern, ahd. wuocherōn = Gewinn erstreben; Frucht bringen, sich vermehren]: 1. *sich im Wachstum übermäßig stark ausbreiten, vermehren* ⟨ist/hat⟩: das Unkraut wuchert; eine wuchernde Geschwulst; Ü hier wuchert die Prostitution. 2. *mit etw. Wucher treiben* ⟨hat⟩: mit seinem Geld w.; Ü mit seinen Talenten w.

Wu|cher|preis, der (abwertend): *wucherischer Preis für eine Ware o. Ä.:* -e verlangen, zahlen müssen; etwas zu -n verkaufen.

Wu|che|rung, die; -, -en [mhd. (md.) wocherunge, ahd. wuocherunga = das Wuchern]: a) *krankhaft vermehrte Bildung von Gewebe im, am menschlichen, tierischen od. pflanzlichen Körper;* b) *durch Wucherung* (a) *entstandener Auswuchs, entstandene Geschwulst:* eine W. entfernen.

Wu|cher|zins, der ⟨meist Pl.⟩ (abwertend): vgl. Wucherpreis.

wuchs: ↑[1]wachsen.

Wuchs, der; -es, (Fachspr.:) Wüchse [zu ↑[1]wachsen]: 1. ⟨o. Pl.⟩ *das* [1]*Wachsen* (1); *Wachstum:* die Bäume stehen in vollem W.; Pflanzen mit/von üppigem W. 2. ⟨o. Pl.⟩ *Art, Form, wie jmd., etw. gewachsen ist; Gestalt:* sein stattlicher W.; der schlanke, hohe W. der Zypresse; klein von W.

sein; von gedrungenem, kräftigem W. sein. **3.** *gewachsener Bestand von Pflanzen:* ein W. junger Tannen.

wüch|se: ↑[1]wachsen.

wüch|sig ⟨Adj.⟩: *gut, kräftig wachsend; starkes Wachstum aufweisend:* -e Pflanzen.

Wucht, die; -, -en [mundartl. Nebenf. von niederd. wicht = Gewicht]: **1.** ⟨o. Pl.⟩ *durch Gewicht, Kraft, Schwung o. Ä. erzeugte Heftigkeit, mit der sich ein Körper gegen jmdn., etw. bewegt, auf jmdn., etw. auftrifft:* eine ungeheure W. steckte hinter den Schlägen; der Hieb, Stein traf ihn mit voller W. [am Kopf]; Ü die geistige W. *(beeindruckende, zwingende Kraft, Macht)* Nietzsches. **2.** ⟨o. Pl.⟩ (landsch. salopp) *heftige Schläge, Prügel:* eine W. *(Tracht Prügel)* kriegen. **3.** (landsch. salopp) *große Menge, Anzahl von etw.:* eine W. Bretter. **4.** * **eine W. sein** (salopp; *beeindruckend, großartig sein*): das Hotel ist eine W.

Wucht|brum|me, die; -, -n [Brumme = Käfer (2)] (Jugendspr. veraltend): *beeindruckend temperamentvolle, Vitalität ausstrahlende jüngere weibliche Person von kräftiger Statur:* sie ist eine richtige W.; Ü eine W. von Motor.

wuch|ten ⟨sw. V.⟩ [zu ↑Wucht (1)] (ugs.): **1.** ⟨hat⟩ **a)** *mit großem Kraftaufwand von einer bestimmten Stelle wegbewegen, heben, schieben, irgendwohin bringen:* einen Schrank auf den Speicher, schwere Kisten auf den/vom Wagen, Koffer ins Auto w.; **b)** *mit voller Wucht irgendwohin stoßen, schlagen:* den Ball [mit einem Kopfstoß] ins Tor w.; Aufschläge ins Netz w. **2. a)** *wuchtig* (2) *irgendwo stehen, liegen, aufragen* ⟨hat⟩: ein riesiger Bau wuchtet auf dem Platz; **b)** *sich mit voller Wucht irgendwohin bewegen* ⟨ist⟩: eine neue Böe wuchtete durch die Häuserzeilen; **c)** ⟨w. + sich⟩ *sich mit schweren, schwerfälligen Bewegungen irgendwohin begeben* ⟨hat⟩: sich in einen Sessel w. **3.** (selten) *schuften* ⟨hat⟩.

wuch|tig ⟨Adj.⟩: **1.** *mit voller Wucht [ausgeführt], mächtig:* ein -er Schlag; Ü jmdm. w. *(heftig, gewaltig)* widersprechen. **2.** *durch seine Größe, Breite den Eindruck lastenden Gewichts vermittelnd; schwer u. massig:* ein Mann von -er Statur; der Schreibtisch ist, wirkt [für das Zimmer] zu w.

Wuch|tig|keit, die; -: **1.** *wuchtiges* (1) *Wesen, Wucht.* **2.** *wuchtiges* (2) *Wesen, Massigkeit.*

Wu|du: ↑Wodu.

Wühl|ar|beit, die: **1.** *das Wühlen* (1): die W. des Maulwurfs. **2.** ⟨o. Pl.⟩ (abwertend) *im Verborgenen betriebene Tätigkeit, mit der jmd. (bes. in politischer Hinsicht) Feindseligkeit zu erzeugen, jmds. Autorität, Ansehen zu untergraben sucht.*

wüh|len ⟨sw. V.; hat⟩ [mhd. wüelen, ahd. wuol(l)en, eigtl. = (um)wälzen, verw. mit ↑[1]wallen]: **1. a)** *mit etw. (bes. den Händen, Pfoten, der Schnauze) in eine weiche, lockere Masse o. Ä. hineingreifen, eindringen u. sie mit [kräftigen] schaufelnden Bewegungen aufwerfen, umwenden:* sie wühlte im Blumenkasten; Maulwürfe wühlen im Garten; Ü der Schmerz wühlte in seiner Brust; **b)** (ugs.) *nach etw. suchend in einer Menge an-, aufgehäufter einzelner Sachen mit der Hand herumfahren [u. dabei die Sachen durcheinander bringen]:* nach brauchbaren Resten w.; in der Schublade w. **2. a)** *durch Wühlen* (1 a) *entstehen lassen, machen:* ein Loch [in die Erde] w.; **b)** *durch Wühlen* (1) *hervorholen:* den Schlüssel aus der Tasche w. **3. a)** ⟨w. + sich⟩ *sich wühlend* (1 a) *tief in etw. hineinbewegen, in etw. eingraben:* der Maulwurf wühlte sich in die Erde; **b)** (seltener) *tief in eine weiche, lockere Masse o. Ä. drücken, darein vergraben:* den Kopf in das Kissen w.; **c)** ⟨w. + sich⟩ *sich [wühlend* (1 a)*] durcharbeiten* (5): Laster wühlen sich durch den Dreck; Ü er hat sich durch die Aktenstöße gewühlt. **4.** (abwertend) *Wühlarbeit* (2) *betreiben:* gegen die Regierung w. **5.** (ugs.) *rastlos, verbissen, unter Einsatz aller Kräfte arbeiten:* sie wühlt von morgens bis abends.

Wüh|ler, der; -s, -: **1.** *Nagetier, das unter der Erde Gänge wühlt, in denen es lebt u. seine Vorräte sammelt* (z. B. Hamster). **2.** (abwertend) *jmd., der Wühlarbeit* (2) *betreibt.* **3.** (ugs.) *jmd., der wühlt* (5): der neue Kollege ist ein W.

Wüh|le|rei, die; -, -en (oft abwertend): *[dauerndes] Wühlen* (1, 2, 4, 5).

Wüh|le|rin, die; -, -nen: w. Form zu ↑Wühler (2, 3).

wüh|le|risch ⟨Adj.⟩ (abwertend): *in der Art eines Wühlers* (2).

Wühl|maus, die: **1.** *kleines, plumpes, einer Maus ähnliches Nagetier mit stumpfer Schnauze u. kurzem Schwanz, das unter der Erde Gänge wühlt.* **2.** (ugs. scherzh.) *Wühler* (2).

Wühl|tisch, der (ugs.): *(bes. in Kaufhäusern) Verkaufstisch, an dem die Käufer in den zum Sonderpreis ausliegenden Waren (bes. Textilien) zwanglos herumsuchen können.*

Wulst, der; -[e]s, Wülste u. (bes. Fachspr.:) -e, auch: die; -, Wülste [mhd. wulst(e), ahd. wulsta, H. u.]: **a)** *längliche, gerundete Verdickung:* an dem Knochen hatte sich ein W. gebildet; die Wülste seines Nackens; **b)** *dickeres, wurstförmiges Gebilde, das durch Zusammenrollen o. Ä. von weichem Material entsteht:* das Handtuch zu einem W. rollen; **c)** (Archit.) *(an Säulen, Gesimsen, Friesen) der Verzierung dienendes, in der Form eines Viertelkreises gerundetes Bauglied.*

wulst|ar|tig ⟨Adj.⟩: *in der Art eines Wulstes* (a, b), *einem Wulst ähnlich:* eine -e Verdickung.

Wülst|chen, das; -s, -: Vkl. zu ↑Wulst.

wuls|ten ⟨sw. V.; hat⟩: **a)** *wulstig machen, werden lassen;* **b)** ⟨w. + sich⟩ *einen Wulst* (a, b), *Wülste bilden, sich wulstartig wölben.*

wuls|tig ⟨Adj.⟩: *einen Wulst* (a, b), *Wülste bildend, aufweisend:* eine -e Narbe; -e *(dicke, aufgeworfene)* Lippen.

wumm ⟨Interj.⟩: lautm. für einen plötzlichen, dumpfen Laut od. Knall, Aufprall.

wüm|men usw.: ↑wimmen usw.

wum|mern ⟨sw. V.; hat⟩ (ugs.): **1.** *dumpf dröhnen:* die Motoren wummern. **2.** *wummernd* (1) *gegen etw. heftig schlagen:* mit den Fäusten gegen die Tür w.

wund ⟨Adj.⟩ [mhd., ahd. wunt, eigtl. = geschlagen, verletzt]: **1.** *durch Reibung o. Ä. an der Haut verletzt; durch Aufscheuern o. Ä. der Haut entzündet:* -e Füße; ihre Fersen sind ganz w.; sich w. laufen, reiten; ich habe mir den Po, mich am Po w. gelegen; ein w. gelegener Rücken; ich habe mir die Finger w. geschrieben (ugs. übertreibend; *habe sehr viel per Hand geschrieben*), um noch ein Quartier zu bekommen; sich die Finger w. telefonieren (ugs. übertreibend; *überaus viel, anhaltend telefonieren*); Ü mit -em (geh.; *von Weh erfülltem*) Herzen. **2.** (Jägerspr. selten) *krank* (2).

Wund|arzt, der [mhd. wuntarzāt] (früher): *Chirurg.*

Wund|be|hand|lung, die: *medizinische Behandlung einer Wunde:* eine Salbe zur W.

Wund|brand, der ⟨o. Pl.⟩ (Med.): *durch Wundinfektion bedingter feuchter Brand* (5 a): W. haben, kriegen.

Wun|de, die; -, -n [mhd. wunde, ahd. wunta, eigtl. = Schlag, Verletzung]: *durch Verletzung od. Operation entstandene offene Stelle in der Haut [u. im Gewebe]:* eine frische, offene, leichte, tiefe, klaffende, tödliche W.; schlecht vernarbte -n; die W. blutet, eitert, nässt, heilt, verschorft, schließt sich, schmerzt, brennt; eine W. untersuchen, behandeln, reinigen, desinfizieren, verbinden, klammern, nähen; eine W. am Kopf haben; aus einer W. bluten; Ü er hat durch seine Worte alte -n wieder aufgerissen *(hat die Erinnerung an erlittenes Leid wieder wachgerufen);* der Krieg hat dem Land tiefe -n geschlagen (geh.; *schweren Schaden zugefügt);* du hast bei ihm damit an eine alte W. gerührt *(hast etwas berührt, was ihn einmal sehr gekränkt, verletzt hat);* nach der Niederlage müssen sie erst einmal ihre -n lecken *(sich ein wenig selbst bedauern u. zu trösten suchen).*

Wun|der, das; -s, - [mhd. wunder, ahd. wuntar, H. u.]: **1.** *außergewöhnliches, den Naturgesetzen od. aller Erfahrung widersprechendes u. deshalb der unmittelbaren Einwirkung einer göttlichen Macht od. übernatürlichen Kräften zugeschriebenes Geschehen, Ereignis, das Staunen erregt:* ein W. geschieht, ereignet sich; nur ein W. kann sie retten; es war ein wahres W., dass er unverletzt blieb; die Geschichte seiner Rettung klingt wie ein W.; Jesus tat/wirkte W.; an W. glauben; auf ein W. hoffen; wie durch ein W. hat sie überlebt; R o. W.!, W. über W.! (Ausrufe höchster Überraschung; *wer hätte das gedacht!*); * **ein/kein W. [sein]** (ugs.; *[nicht] verwunderlich, erstaunlich sein*): kein W., dass man sich bei solchem Wetter erkältet; **was W.?** *(wen sollte das schon wundern?):* was W., wenn/dass sie erleichtert ist?; **W. wirken/** (auch:) **tun** (ugs.; *erstaunlich gut wirken*): dieses Medikament wirkt W.; ein gutes Wort wirkt manchmal W.; **sein blaues W. erleben** (ugs.; *eine böse Überraschung erleben;* Blau ist in älterem Sprachgebrauch die Farbe der Täuschung, Lüge). **2.** *etw., was in seiner Art, durch sein Maß an Vollkommenheit das Gewohnte, Übliche so weit übertrifft, dass es große Bewunderung, großes Staunen erregt:* die W. der Natur; dieser Apparat ist ein W. an Präzision. **3.** ⟨in Verbindung mit bestimmten Fragewörtern als Substantiv verblasst:⟩ er meint, W. was *(etw. ganz Besonderes)* geleistet zu haben; er bildet sich ein, er sei W. wie *(ganz besonders)* klug/W. wer *(jmd. ganz Besonderes).*

Wun|der- (ugs. emotional verstärkend): drückt in Bildungen mit Substantiven aus, dass etw. in kaum vorstellbarer Weise gut, wirksam o. ä. ist: Wunderdroge, Wunderkur.

wun|der|bar ⟨Adj.⟩ [mhd. wunderbære]: **1.** *wie ein Wunder* (1) *erscheinend:* eine -e Begebenheit, Fügung, Rettung; auf -e Weise; ⟨subst.:⟩ etw. grenzt ans Wunderbare. **2. a)** (emotional) *überaus schön, gut u. deshalb Bewunderung, Entzücken o. Ä. hervorrufend:* ein -er Abend, Tag; eine -e Stimme; er ist ein -er Mensch; das Wetter war einfach w.; das hast du w. gemacht; sie war w. in dieser Rolle; sie kann w. tanzen, singen; **b)** (ugs.) ⟨intensivierend bei Adjektiven⟩ *in beeindruckender, Entzücken o. Ä. hervorrufender Weise:* der Sessel ist w. bequem; die Wäsche ist w. weich geworden.

wun|der|ba|rer|wei|se ⟨Adv.⟩: *wie durch ein Wunder* (1): w. traf fast alles zu.

Wun|der|blu|me, die: **1.** *(bes. in wärmeren Gebieten Amerikas) als Staude wachsende Pflanze mit trichterförmigen, mehrfarbigen, oft nur eine Nacht blühenden Blüten.* **2.** *(im Volksglauben) wunderkräftige Pflanze.*

Wun|der|ding, das ⟨Pl. -e⟩: **a)** ⟨meist Pl.⟩ *etw. Außergewöhnliches, Staunen Erregendes:* von jmdm., von fernen Ländern -e erzählen; **b)** (emotional) *erstaunlicher, wunderbarer* (2 a) *Gegenstand:* dieser Apparat ist ein wahres W.

Wun|der|glau|be, der: *Glaube an Wunder* (1).

wun|der|gläu|big ⟨Adj.⟩: *an Wunder* (1) *glaubend:* -e Massen.

Wun|der|hei|ler, der: *jmd., dem auf Wunderkräften beruhende Heilerfolge zugeschrieben werden:* obskure W.

Wun|der|hei|le|rin, die: w. Form zu ↑Wunderheiler.

Wun|der|hei|lung, die: *durch ein Wunder* (1) *bewirkte Heilung.*

Wun|der|horn, das: *wunderkräftiges Horn.*

wun|der|hübsch ⟨Adj.⟩ (emotional verstärkend): vgl. wunderschön.

Wun|der|ker|ze, die: *Draht, der bis auf das als Griff dienende Ende mit einem Gemisch aus leicht brennbaren Stoffen überzogen ist, das unter Funkensprühen abbrennt.*

Wun|der|kind, das: *Kind, dessen außergewöhnliche geistige, künstlerische Fähigkeiten ein Wunder* (2) *darstellen:* ein mathematisches W.

Wun|der|kna|be, der: vgl. Wunderkind.

Wun|der|kraft, die: *Kraft, Wunder zu bewirken:* über Wunderkräfte verfügen.

wun|der|kräf|tig ⟨Adj.⟩: *Wunderkraft besitzend:* -e Amulette.

Wụn|der|kraut, das: *wunderkräftiges Heilkraut.*

Wụn|der|lam|pe, die: 1. *(im Märchen) wunderkräftige Öllampe:* Aladins W. 2. *Tintenfisch mit Leuchtorganen an Körper u. Armen.*

Wụn|der|land, das: 1. *an Wunderdingen* (a) *reiches Land:* wie Alice im W.; Ü das W. Amerika. 2. *an Wunderdingen* (b) *reiches Land:* das W. der Technik.

wụn|der|lich ⟨Adj.⟩ [mhd. wunderlich, ahd. wuntarlīh = wunderbar]: *vom Üblichen, Gewohnten, Erwarteten in befremdlicher Weise abweichend:* -e Einfälle; ein -er Mensch; man kann schon die -sten Dinge erleben!; er ist ein wenig w. geworden.

Wụn|der|lich|keit, die; -, -en: **a)** ⟨o. Pl.⟩ *das Wunderlichsein; wunderliche [Wesens]art;* **b)** *etw., was wunderlich ist.*

wụn|der|mild ⟨Adj.⟩ (geh. veraltend): *überaus, ungewöhnlich mild, freundlich.*

Wụn|der|mit|tel, das: *Mittel mit einer erstaunlichen, wunderbaren od. ans Wunderbare grenzenden Wirksamkeit:* ein als W. gepriesenes Medikament.

wụn|dern ⟨sw. V.; hat⟩ [mhd. wundern, ahd. wuntarōn]: 1. *ganz anders als gewohnt od. erwartet sein u. deshalb in Erstaunen versetzen:* sein Verhalten wunderte sie sehr, nicht im Geringsten; es wundert mich/mich wundert, dass er nichts von sich hören lässt; es sollte mich w., wenn sie käme *(ich glaube nicht, dass sie kommt).* 2. ⟨w. + sich⟩ *über jmdn., etw. verwundert, erstaunt sein, über etw. nicht Erwartetes in Erstaunen geraten, sich verwundern:* sich über jmds. Verhalten w.; ich wundere mich über gar nichts mehr; sie wunderte sich, dass er erst so spät nach Hause kam; ich muss mich wirklich/doch sehr über dich w. *(hätte dein Verhalten nicht für möglich gehalten).* 3. (bes. schweiz.) **a)** *jmds. Neugier erregen:* es wundert mich/mich wundert, woher er das weiß; **b)** ⟨w. + sich⟩ *sich verwundert od. zweifelnd fragen:* ich wunderte mich, warum alles hier so verändert war.

wụn|der|neh|men ⟨st. V.; hat⟩ (geh.): 1. *in Verwunderung setzen:* es würde mich nicht w., wenn er das täte; wen nimmt es wunder, dass nichts klappte? 2. (schweiz.) *wundern* (3 a): es nimmt mich nur wunder, wie Sie mich hier aufgestöbert haben.

Wụn|der|quel|le, die: vgl. Wunderkraut.

wụn|ders (ugs.): seltener für ↑Wunder (3): die Berliner glauben, dass das Brandenburger Tor w. was wäre.

wụn|der|sam ⟨Adj.⟩ (geh.): *(so wie ein Wunder) seltsam, rätselhaft, geheimnisvoll:* ein -er Traum; eine -e Genesung, Melodie; ihr wurde ganz w. zumute.

wụn|der|schö̱n ⟨Adj.⟩ (emotional verstärkend): *überaus, ungewöhnlich schön und deshalb Bewunderung, Entzücken erregend:* ein -er Strauß, Park, Blick über die Bucht; eine -e Insel, Landschaft, Aussicht, Frau; sie, die Kommode, das Gemälde ist w.

Wụn|der|tat, die: *auf wunderbare Weise vollbrachte, erstaunliche Tat:* die -en des Herakles, der Heiligen; -en vollbringen.

Wụn|der|tä|ter, der: *jmd., der Wunder* (1) *tut, Wundertaten vollbringt.*

Wụn|der|tä|te|rin, die: w. Form zu ↑Wundertäter.

wụn|der|tä|tig ⟨Adj.⟩: *die Fähigkeit besitzend, Wunder zu tun; wunderkräftig:* der -e Sankt Nikolaus; eine -e Ikone, Hostie.

Wụn|der|tier, das: *durch sein ungewöhnliches Aussehen, seine ungewöhnlichen Eigenschaften Staunen erregendes [Fabel]tier:* jmdn. wie ein W. bestaunen.

Wụn|der|tü|te, die: *Tüte, die [neben Süßigkeiten] Überraschungen in Form von kleinen Spielsachen o. Ä. enthält.*

wụn|der|voll ⟨Adj.⟩: **a)** (emotional) *wunderbar* (2 a), *wunderschön:* sie hat -e blaue Augen; sie tanzt w.; ein w. restauriertes Haus; **b)** ⟨intensivierend bei Adjektiven⟩ *wunderbar* (2 b): eine w. weiche Haut.

Wụn|der|welt, die: 1. vgl. Wunderland (1). 2. *Welt* (4), *die voller Wunder* (2) *ist:* die W. der Natur, des Regenwalds, des Cyberspace.

Wụn|der|werk, das: *Werk, das ein Wunder* (2) *darstellt:* ein W. der Baukunst, Technik; diese Uhr ist ein wahres W.

Wụnd|fie|ber, das (Med.): *durch Wundinfektion bedingtes Fieber.*

Wụnd|hei|lung, die: *Heilung* (2) *einer Wunde.*

Wụnd|in|fek|ti|on, die (Med.): *Infektion einer Wunde.*

Wụnd|klam|mer, die (Med.): *zum Zusammenhalten der Wundränder dienende kleine Klammer aus Metall.*

wund lie|gen: ↑wund (1)

Wụnd|mal, das ⟨Pl. -e⟩ (meist geh.): *von einer [geheilten] Verletzung, Wunde herrührendes* [2]*Mal* (1): die -e Christi *(die fünf Wunden des gekreuzigten Christus).*

Wụnd|pflas|ter, das: *Pflaster mit einer Auflage aus Mull* (1 b) *als Schutz für eine Wunde.*

Wụnd|pu|der, der: *als Heil- u. Desinfektionsmittel für Wunden dienender Puder.*

Wụnd|rand, der: [1]*Rand* (1 a) *einer Wunde.*

Wụnd|ro|se, die (Med.): *von einer Wunde ausgehende Infektion, Entzündung der Haut mit Rötung, Schwellung u. hohem Fieber.*

Wụnd|schorf, der: *Schorf* (1).

Wụnd|starr|krampf, der ⟨o. Pl.⟩ (Med.): *Tetanus:* bist du gegen W. geimpft?

Wụnd|ver|band, der: *Verband* (1) *auf einer Wunde.*

Wụnsch, der; -[e]s, Wünsche [mhd. wunsch, ahd. wunsc, verw. mit ↑gewinnen]: 1. *Begehren, das jmd. bei sich hegt od. äußert, dessen Erfüllung mehr erhofft als durch eigene Anstrengungen zu erreichen gesucht wird:* ein großer, bescheidener, unerfüllbarer, brennender, verständlicher, geheimer, heimlicher W.; ihr sehnlichster W. war in Erfüllung gegangen; in ihr regte sich der W. nach Ruhe; es war sein W. und Wille *(er wollte unbedingt),* dass alle dabei sein sollten; einen W. haben, hegen, äußern, unterdrücken; jmds. Wünsche erraten, befriedigen; jmdm. jeden W. von den Augen ablesen; sich einen W. erfüllen, versagen; noch einen W. frei haben *(sich von jmdm. noch etw. wünschen dürfen);* haben Sie sonst noch einen W.? *(darf ich Ihnen außerdem noch etw. servieren, verkaufen?, kann ich sonst noch etwas für Sie tun?);* das Material entsprach [nicht ganz] ihren Wünschen, ließ einige, viele Wünsche offen *(war recht, sehr unvollkommen);* die Vereinbarung ließ keinen W., keine Wünsche offen *(war völlig befriedigend);* er widerstand dem W. zu widersprechen; etw. kommt jmds. Wünschen entgegen; etw. auf jmds. [ausdrücklichen] W. tun; er wurde auf eigenen W. versetzt; es ging, lief alles nach W. *(verlief so, wie man es erhofft, sich vorgestellt hatte);* R Ihr W. sei/ist mir Befehl (scherzh.; *selbstverständlich entspreche ich Ihrer Bitte*); der W. ist/war hier der Vater des Gedankens (scherzh.; *hier handelt es sich um Wunschdenken;* nach Shakespeare, König Heinrich IV., 2. Teil, IV, 4); * **ein frommer W.** *(ein Wunsch nach etw. durchaus Wünschenswertem, aber keinesfalls Erreichbarem;* nach lat. pia desideria = fromme Wünsche, dem Titel einer Schrift des belg. Jesuiten H. Hugo, 1588–1639). 2. ⟨Pl.⟩ *jmdm. aus bestimmtem Anlass wohlmeinend Gewünschtes:* herzliche, beste, alle guten Wünsche zum Geburtstag!; in Briefschlussformeln: mit den besten Wünschen Ihr Peter Schmitt.

Wụnsch-: drückt in Bildungen mit Substantiven aus, dass jmd. oder etw. die gewünschte, erhoffte, ersehnte Person oder Sache ist: Wunschmannschaft, -kandidat, -partner.

wụ̈nsch|bar ⟨Adj.⟩ (bes. schweiz.): *wünschenswert:* eine -e Modernisierung; diese Entwicklung ist nicht w.

Wụ̈nsch|bar|keit, die; -, -en (bes. schweiz.): 1. ⟨o. Pl.⟩ *das Wünschbarsein.* 2. *etw. Wünschbares.*

Wụnsch|bild, das: *von den eigenen Wünschen bestimmte Darstellung, Vorstellung von etw., jmdm.*

Wụnsch|den|ken, das; -s: *Annahme, dass sich etw. in einer bestimmten Weise verhält, was aber nicht der Realität entspricht, sondern nur dem Wunsch, dass es so sein möge.*

Wụ̈n|schel|ru|te, die [mhd. wünschelruote, aus: wünschel- (in Zus.) = Mittel, einen Wunsch zu erfüllen (zu ↑wünschen) u. ↑Rute]: *gegabelter Zweig od. gebogener Draht, der in den Händen eines Wünschelrutengängers über einer Wasser- od. Erzader ausschlagen soll.*

Wụ̈n|schel|ru|ten|gän|ger, der: *jmd., der mit einer Wünschelrute nach Wasser- od. Erzadern sucht:* ein erfahrener W.

Wụ̈n|schel|ru|ten|gän|ge|rin, die: w. Form zu ↑Wünschelrutengänger.

wụ̈n|schen ⟨sw. V.; hat⟩ [mhd. wünschen, ahd. wunsken, wohl zu ↑Wunsch]: 1. *in Bezug auf jmdn., etw. einen bestimmten Wunsch* (1) *hegen; sich sehnlich etw. erhoffen:* etw. aufrichtig, heimlich, von Herzen w.; jmdm. nichts, nur Gutes w.; das würde ich selbst meinem schlimmsten Feind nicht w.; das ist ihr nicht zu w.; sie wünschten sich ein Kind; sich jmdn. als/zum Freund w.; Karl wünschte nichts sehnlicher, als dass er wieder zu Hause wäre; was wünschst du dir zum Geburtstag, von deiner Großmutter [als Geschenk]?; er war so, wie man sich einen Lehrer wünscht; sie hätten sich kein besseres Wetter w. können *(es war das ideale Wetter);* ⟨im Konjunktiv Prät. als Ausdruck eines irrealen Wunsches:⟩ ich wünschte, wir könnten gehen. 2. *von jmdm. mit einem gewissen Anspruch auf Verwirklichung des entsprechenden Wunsches haben wollen:* eine Änderung w.; sich an etw. zu beteiligen w.; wir wünschen [und hoffen], dass der Vertrag unterzeichnet wird; er wünscht eine baldige Antwort; es wünscht Sie jemand zu sprechen; was wünschen Sie [zum Abendbrot]?; ihre Mitwirkung wurde nicht gewünscht; ich wünsche das nicht *(ich verbiete das);* den gewünschten Preis zahlen; die gewünschte Auskunft haben wir erhalten; ⟨auch o. Akk.-Obj.:⟩ wie Sie wünschen; Sie wünschen bitte? *(womit kann ich Ihnen dienen?; was darf ich Ihnen verkaufen?);* es verlief alles wie gewünscht; * **[viel, einiges] zu w. übrig lassen** *(nicht hinreichend sein):* der Komfort lässt zu w. übrig; **nichts zu w. übrig lassen** *(völlig befriedigend sein):* die Kür ließ nichts zu w. übrig. 3. *jmdm. gegenüber zum Ausdruck bringen, dass man sich für ihn wünscht, es möge ihm etw. bestimmtes Gutes zuteil werden:* jmdm. [eine] gute Nacht, angenehme Ruhe, guten Appetit, gute Besserung, alles Gute, Gottes Segen, gutes Gelingen, [eine] gute Reise, [viel] Glück, ein gutes neues Jahr, fröhliche Weihnachten w.; ⟨auch o. Dativ-Obj.:⟩ [ich] wünsche, wohl zu speisen, wohl geruht zu haben. 4. *wünschen* (1), *dass jmd. an einem anderen Ort wäre:* er wünschte ihn an einen weit entfernten Ort; ich wünschte mich auf eine einsame Insel.

wụ̈n|schens|wert ⟨Adj.⟩: *wert, gewünscht zu werden; erstrebenswert:* eine politisch -e Annäherung; wäre ein Wechsel überhaupt w.?

Wụnsch|form, die ⟨Pl. selten⟩ (Sprachw.): *Optativ.*

Wụnsch|geg|ner, der: *jmd., den sich ein anderer aus bestimmten Gründen als Gegner (z. B. in einem Spiel) wünscht.*

Wụnsch|geg|ne|rin, die: w. Form zu ↑Wunschgegner.

wụnsch|ge|mäß ⟨Adv.⟩: *jmds. Wunsch gemäß:* die -e Ausführung eines Auftrags; etw. w. erledigen.

Wụnsch|ka|ta|log, der: *Katalog* (2) *von Wünschen.*

Wụnsch|kind, das: *Kind, das sich die Eltern gewünscht haben:* unsere Tochter war ein W.

Wụnsch|kon|zert, das: *aus Hörerwünschen, Wünschen aus dem Publikum zusammengestelltes Konzert [im Rundfunk].*

Wụnsch|lis|te, die: *Liste mit jmds. Wünschen:* eine W. anlegen, anfertigen; Ü eine Steuersenkung auf die W. setzen.

wụnsch|los ⟨Adj.⟩: *keine Wünsche habend; ohne*

irgendwelche Wünsche: ich bin w. glücklich (scherzh.; *entbehre im Augenblick nichts*).

Wunsch|satz, der (Sprachw.): *Satz, der einen Wunsch ausdrückt* (z. B. »Wäre er doch hier!«).

Wunsch|traum, der: *etw. äußerst Erstrebenswertes, Verlockendes, was sich [bisher] nicht hat verwirklichen lassen:* die Rückkehr blieb für ihn ein W.; sich einen W. erfüllen.

Wunsch|vor|stel|lung, die: *von den eigenen Wünschen geprägte, nicht an der Wirklichkeit orientierte Vorstellung.*

Wunsch|zet|tel, der: vgl. Wunschliste: einen W. [an das Christkind] schreiben.

wupp, wupp|dich, wupps ⟨Interj.⟩ (ugs.): als Ausdruck einer schnellen, schwunghaften Bewegung: w. war er weg!

Wupp|dich: in der Wendung **mit [einem] W.** (ugs.; *schnell u. mit Schwung*): mit einem W. war sie aus dem Bett.

Wup|per: rechter Nebenfluss des Rheins: *** über die W. gehen** (landsch. salopp; 1. *sterben.* 2. *vernichtet werden, zugrunde gehen; entzweigehen:* bei der Fusion sind etliche Jobs über die W. gegangen; wohl Abwandlung zu »über den Jordan gehen«, ↑Jordan).

Wup|per|tal: Stadt an der Wupper.

wupps: ↑wupp.

wür|be: ↑werben.

wur|de, wür|de: ↑werden.

Wür|de, die; -, -n [mhd. wirde, ahd. wirdī, zu ↑wert]: **1.** ⟨o. Pl.⟩ **a)** *Achtung gebietender Wert, der einem Menschen innewohnt u. die ihm deswegen zukommende Bedeutung:* die menschliche, persönliche W.; die W. des Menschen, der Frau; jmds. W. verletzen, antasten, angreifen; **b)** *Bewusstsein des eigenen Werts [u. dadurch bestimmte Haltung]:* eine steife, natürliche W.; W. ausstrahlen; die W. wahren; etw. mit W., voller W. ankündigen; *** unter jmds. W.** *(eine Zumutung für jmdn.):* es war unter, er hielt, fand es für unter seiner W., gegen mich anzutreten; **unter aller W.** *(nicht zumutbar):* eine solche Behausung ist unter aller W.; **c)** *Achtung gebietende Erhabenheit einer Sache, bes. einer Institution:* die nationale W. eines Staates; die W. des Alters, des Gerichts. **2.** *mit Titel, bestimmten Ehren, hohem Ansehen verbundenes Amt, verbundener Rang, verbundene Stellung:* akademische -n erwerben, besitzen; der Stab ist das Zeichen seiner neuen W.; zu hohen -n gelangen, emporsteigen.

wür|de|los ⟨Adj.⟩: *ohne Würde; mit der Würde unvereinbar, sie verletzend:* ein -es Benehmen; es wäre w., ihn anzubetteln.

Wür|de|lo|sig|keit, die; -: *würdelose Art.*

Wür|den|trä|ger, der (oft geh.): *jmd., der ein hohes Amt, eine ehrenvolle Stellung innehat:* hohe geistliche W.; W. der Partei.

Wür|den|trä|ge|rin, die: w. Form zu ↑Würdenträger.

wür|de|voll ⟨Adj.⟩: *Würde ausstrahlend, zum Ausdruck bringend:* einer Feier einen -en Rahmen geben; mit -er *(gravitätischer)* Miene.

wür|dig ⟨Adj.⟩ [mhd. wirdec, ahd. wirdīg]: **1.** *Würde ausstrahlend; dem [feierlichen] Anlass, Zweck angemessen:* ein -er alter Herr; ein -es Aussehen haben; w. einherschreiten; Gedenktage w. begehen. **2.** *jmds., einer Sache wert; die entsprechende Ehre, Auszeichnung o. Ä. verdienend:* einen -en Nachfolger suchen; er war für ihn der einzig -e Gegner; sie ist seines Vertrauens w.; w. sein, für w. befunden werden, etw. zu tun; sie fühlte sich seiner nicht w.; sich der neuen Verantwortung als w. erweisen; die Szene wäre eines Shakespeare w. gewesen *(hätte von einem Dichter wie ihm geschrieben sein können);* jmdn. w. *(wie es sich gebührt)* vertreten.

-wür|dig: drückt in Bildungen mit Substantiven aus, dass die beschriebene Person oder Sache es verdient, dass etw. gemacht wird, dass sie dessen wert, würdig ist, die Voraussetzungen dafür erfüllt: auszeichnungs-, koalitions-, veröffentlichungswürdig.

wür|di|gen ⟨sw. V.; hat⟩ [mhd. wirdigen]: **1.** *jmds. Leistung, Verdienst, den Wert einer Sache erkennen u. in gebührender Weise lobend hervorheben:* solche Leistungen wusste sie zu w.; dieser Dichter ist zu Lebzeiten kaum gewürdigt worden. **2.** *(jmdm., einer Sache) etw. Bestimmtes zuteil werden lassen, dessen er, sie für würdig erachtet wird:* jmdn. keines Grußes w.; sie hat mich sogar einer Antwort gewürdigt; er würdigte sie keines Blickes *(beachtete sie nicht).*

Wür|dig|keit, die; -: **1.** *würdige* (1) *Art.* **2.** *das Würdigsein* (2).

Wür|di|gung, die; -, -en: *das Würdigen* (1); *würdigende Äußerung, Rede o. Ä.:* eine literarische, geschichtliche W.; es erschienen Nachrufe und -en seines Werks; in W. *(Anerkennung)* ihrer Arbeit wurde ihr ein Preis zuerkannt.

Wurf, der; -[e]s, Würfe (als Mengenangabe auch: -) [mhd., ahd. wurf, zu ↑werfen]: **1. a)** *das Werfen:* ein kraftvoller, geschickter W.; der W. ging ins Ziel; zum W. ausholen; **b)** (Leichtathletik) *das Werfen (von Speer, Diskus, Hammer o. Ä.) in möglichst große Weite; Weitwurf:* ein W. von 80 Metern; der W. misslang; beim letzten W. ist er übergetreten; **c)** (Kegeln) *das Werfen u. Rollenlassen der Kugel:* wer hat den ersten W.?; ein W. in die Vollen; es werden Wettbewerbe mit 50 bis 200 W. ausgetragen; **d)** (Spiel) *das Werfen, Rollenlassen eines od. mehrerer Würfel:* schon der erste W. brachte eine Sechs; *** alles auf einen W. setzen** *(mit vollem Risiko alles auf einmal wagen).* **2.** *gelungenes [künstlerisches] Werk, etw. Bedeutendes, Erfolgreiches:* mit dieser Erfindung ist ihm ein [neuer] W. gelungen; das Werk ist kein großer W. **3.** *Faltenwurf.* **4.** *(von bestimmten Säugetieren) Gesamtheit der auf einmal geborenen Jungen eines Muttertiers:* ein W. Katzen.

Wurf|bahn, die: *von einem geworfenen Gegenstand beschriebene Bahn; ballistische Bahn.*

Wurf|dis|zi|plin, die: *sportliche Disziplin, bei der ein Speer, Hammer, Gewicht o. Ä. geworfen wird.*

wür|fe: ↑werfen.

Wurf|ei|sen, das: *kunstvoll geschmiedete Waffe zum Werfen, aus Zentralafrika, mit abgebogenen od. hakenförmigen Klingen.*

Wür|fel, der; -s, - [mhd. würfel, ahd. wurfil, zu ↑werfen, eigtl. = Mittel zum Werfen]: **1.** (Geom.) *von sechs gleich großen Quadraten begrenzter Körper; Kubus* (1): ein W. mit der Kantenlänge a hat einen Rauminhalt von a^3; der Bauklotz hat die Form eines -s. **2.** *kleiner massiver Würfel* (1), *meist aus Holz od. Kunststoff mit abgerundeten Ecken und Kanten für [Glücks]spiele, dessen sechs Seiten in bestimmter Anordnung mit 1 bis 6 Punkten versehen sind:* der W. zeigt eine Sechs; W. spielen; R die W. sind gefallen *(die Entscheidung ist gefallen;* nach lat. ↑alea iacta est). **3.** *annähernd würfelförmiger Gegenstand:* ein W. Butter; Zucker in -n; das Brot in W. schneiden.

Wür|fel|be|cher, der: *Becher [aus Leder], in dem die Würfel* (2) *geschüttelt werden können, bevor sie geworfen werden.*

Wür|fel|brett, das: *Spielbrett für Würfelspiele.*

wür|fel|för|mig ⟨Adj.⟩: *[annähernd] die Form eines Würfels* (1) *aufweisend:* etw. in -e Stücke schneiden.

wür|fe|lig, würflig ⟨Adj.⟩: **a)** *würfelförmig:* w. geschnittener Schinken; **b)** *(bes. von Geweben) gewürfelt, kariert:* ein -es Muster.

Wür|fel|mus|ter, das: *Muster* (3) *aus regelmäßig abwechselnden Vierecken.*

wür|feln ⟨sw. V.; hat⟩: **1. a)** *mit Würfeln* (2) *spielen:* sie saßen am Tresen und würfelten; es wurde gewürfelt *(mit Würfeln geknobelt* 1 a), wer anfangen sollte; um Geld w.; **b)** *(eine bestimmte Augenzahl) mit dem Würfel* (2) *werfen:* eine Sechs w.; wer die höchste Zahl würfelt, darf anfangen. **2.** *in Würfel zerschneiden:* die Zwiebeln fein, grob w.; das Fleisch wird klein gewürfelt und angebraten.

Wür|fel|spiel, das: **a)** *Glücksspiel mit Würfeln;* **b)** *mit Würfeln zu spielendes Brettspiel, bei dem Figuren um so viele Felder vorwärts bewegt werden, wie der od. die Würfel Augen zeigen.*

Wür|fel|zu|cker, der: *Zucker in würfelförmigen Stücken:* ein Kilo, ein Stück W.

Wurf|ge|schoss, das: *geschleuderter od. geworfener Gegenstand, der jmdn. od. etw. treffen soll:* ein gefährliches W.; etw. als W. benutzen.

Wurf|ge|schütz, das: *(in der Antike u. im MA.) geschützartige Vorrichtung zum Schleudern von Wurfgeschossen.*

Wurf|holz, das: *Wurfgeschoss aus Holz* (z. B. Bumerang).

Wurf|kreis, der: **1.** (Leichtathletik) *Wurfring* (1). **2.** (Handball) *von der Torauslinie begrenzter Halbkreis vor dem Tor.*

Wurf|lei|ne, die: *beim Anlegen od. Schleppen von Schiffen verwendete dünne, lange Leine, die an Land od. zu einem anderen Schiff geworfen u. an der dann die Trosse befestigt u. herübergeholt wird.*

würf|lig: ↑würfelig.

Wurf|ma|schi|ne, die: **1.** (früher) *Kriegsmaschine zum Schleudern von schweren Kugeln* (z. B. Katapult 3). **2.** *beim Skeetschießen verwendetes Gerät.*

Wurf|pfeil, der: *(zu einem Spiel gehörender) kurzer Pfeil, der geworfen wird.*

Wurf|ring, der (Leichtathletik): **1.** *eingefasster Kreis, von dem aus der Sportler Diskus, Hammer o. Ä. wirft.* **2. a)** *Gummiring* (b): ein W. zum Ringtennisspielen; **b)** *Ring, der (auf dem Rummelplatz) gezielt auf einen großen, senkrecht nach oben stehenden Nagel od. Stab geworfen wird, an dem er hängen bleiben soll.*

Wurf|schei|be, die: **1.** *Diskus* (1 a). **2.** *Wurftaube.*

Wurf|sen|dung, die: *Postwurfsendung.*

Wurf|stern, der: *aus einer sternförmigen metallenen Scheibe mit scharf geschliffenen Rändern u. Spitzen bestehende Waffe zum Werfen.*

Wurf|tau|be, die (Schießsport): *aus einer asphaltartigen Masse (früher aus Ton) hergestellte tellerartige Scheibe als Ziel beim Wurftaubenschießen.*

Wurf|tau|ben|schie|ßen, das: **1.** *das Schießen nach Wurftauben, die in die Luft geschleudert werden.* **2.** *als Trapschießen od. Skeetschießen durchgeführter Wettbewerb.*

Wür|ge|en|gel: ↑Würgengel.

Wür|ge|griff, der: *Griff, mit dem jmd. gewürgt, jmdm. die Kehle zugedrückt wird:* einen W. ansetzen; Ü im W. des Todes.

Wür|ge|mal, das: *durch Würgen entstandenes* [2]*Mal* (1): -e am Hals.

wür|gen ⟨sw. V.; hat⟩ [mhd. würgen, ahd. wurgen, eigtl. = drehend (zusammen)pressen, schnüren]: **1.** *jmdm. die Kehle zudrücken:* jmdn. am Hals w.; der Mörder hat sein Opfer gewürgt; Ü die Krawatte würgte ihn. **2. a)** *einen starken Brechreiz haben:* ich musste w.; **b)** *bei jmdm. einen heftigen Brechreiz erzeugen:* etw. würgt jmdn. in der Kehle. **3.** *etw. nur mühsam hinunterschlucken können:* an zähem Fleisch w.; das Kind würgt an seinem Essen *(es schmeckt ihm nicht).* **4.** (ugs.) **a)** *mühsam hinein-, hindurchzwängen:* sie würgte die Knöpfe durch die engen Löcher; **b)** *schwer, mühsam arbeiten:* den ganzen Tag w.

Würg|en|gel, Würgeengel, der (bes. christl. Rel.): *(im Alten Testament) zum Töten ausgesandter Engel.*

Wür|ger, der; -s, - [1: spätmhd. würger]: **1.** *jmd., der jmdn. [in mörderischer Absicht] würgt:* der als »W. von Regensburg« bekannte Verurteilte. **2.** *auffallend gefärbter Singvogel mit hakenförmiger Schnabelspitze, der seine Beute an Dornbüschen aufspießt.*

Wür|ge|rin, die; -, -nen: w. Form zu ↑Würger (1).

wur|len ⟨sw. V.; ist/hat⟩ [mundartl. Iterativbildung zu spätmhd. wurren, laut- u. bewegungsnachahmend] (bes. bayr., österr. mundartl.): **1.** *durcheinander laufen, wimmeln.* **2.** *geschäftig arbeiten.*

Wur|lit|zer|or|gel, die; -, -n [nach der nordamerik. Herstellerfirma Wurlitzer]: *Kinoorgel.*

W

[1]**Wurm,** der; -[e]s, Würmer u. Würme [mhd., ahd. wurm = Kriechtier, Schlange, Insekt, eigtl. = der Sichwindende]: **1.** ⟨Pl. Würmer⟩ *wirbelloses Tier mit lang gestrecktem Körper ohne Gliedmaßen, das sich meist unter Windungen durch Zusammenziehen u. Strecken des Körpers voranschiebt:* ein dicker, langer W.; diese Würmer eignen sich gut als Angelköder; die Amsel hat einen fetten W. im Schnabel; in der Kommode sitzt der W. *(sie ist von Holzwürmern 1 befallen);* der Apfel hat einen W. *(es sitzt eine Made darin);* Würmer haben *(von Spulwürmern befallen sein);* der Käse wimmelt von Würmern *(Maden);* **Spr** auch der W. krümmt sich, wenn er getreten wird; *** in etw. ist/sitzt der W. drin** (ugs.; *etw. ist nicht in Ordnung, nicht so, wie es sein sollte;* bezogen auf den Wurm im Obst); **jmdm. die Würmer aus der Nase ziehen** (ugs.; *durch wiederholtes, geschicktes Fragen etw. von jmdm. zu erfahren suchen, jmdn. aushorchen;* nach dem alten Volksglauben von Krankheitsdämonen in Wurmgestalt im menschlichen Körper, die im sog. Wurmsegen beschworen wurden, den Menschen zu verlassen); **den W./Würmer baden** (ugs. scherzh.; *angeln*). **2.** ⟨Pl. Würme⟩ (veraltet) *Lindwurm.*

[2]**Wurm,** das; -[e]s, Würmer (fam.): *kleines, unbeholfen-hilfsbedürftiges [bemitleidenswertes] Kind, Wesen:* ein liebes, niedliches, elendes W.; die armen Würmer, Würmchen haben nichts zu essen.

wurm|ar|tig ⟨Adj.⟩: *einem* [1]*Wurm (1) ähnlich, wie ein Wurm aussehend:* -e Larven, Gebilde.

Wurm|be|fall, der: *Befall mit (als Parasiten od. Schädlinge auftretenden) Würmern.*

Würm|chen, das; -s, -: Vkl. zu ↑[1]Wurm (1), [2]Wurm.

wur|men ⟨sw. V.; hat⟩ [eigtl. = wie ein Wurm im Darm nagen, bohren] (ugs.): *jmdn. innerlich mit Groll, Kummer, Missmut erfüllen:* die Niederlage wurmt sie; es wurmte mich sehr, dass niemand mir helfen wollte.

Wür|mer: Pl. von ↑[1, 2]Wurm.

Wurm|er|kran|kung, die: *Wurmleiden.*

wurm|för|mig ⟨Adj.⟩: *wie ein* [1]*Wurm (1) geformt, an einen Wurm erinnernd:* ein -es Gebilde.

Wurm|fort|satz, der [LÜ von nlat. processus vermiformis] (Med.): *wurmförmiger Fortsatz am Blinddarm; Appendix* (3 a).

Wurm|fraß, der ⟨o. Pl.⟩: *durch Befall von Würmern entstandener Schaden (z. B. im Holz).*

wur|mig ⟨Adj.⟩ [mhd. wurmec]: *(von Obst) wurmstichig:* -es Obst; die Kirschen sind fast alle w.

Wurm|krank|heit, die: *Wurmleiden.*

Wurm|kur, die: *Kur gegen Wurmleiden:* eine W. machen.

Wurm|lei|den, das: *durch einen Bandwurm, Spulwürmer o. Ä. verursachtes Leiden.*

Wurm|loch, das [2: LÜ von engl. wormhole]: **1.** *durch den Befall von Maden od. Holzwürmern verursachtes kleines Loch an der Oberfläche (von Obst, Gemüse o. Ä. bzw. von Holz).* **2.** (Physik, Science-Fiction) *Korridor durch andere Kontinua, durch die jmd. Raum u. Zeit überwinden kann.*

Wurm|mit|tel, das: *Mittel gegen Wurmleiden.*

wurm|sti|chig ⟨Adj.⟩: **a)** *angestochen, von Würmern zerfressen:* der Apfel ist w.; **b)** *vom Holzwurm befallen:* ein -er Schreibtisch.

wurscht: ↑wurst.

Wurscht: ↑Wurst (1).

Wursch|tel usw.: ↑Wurstel usw.

Würsch|tel: ↑Würstel.

wurst ⟨Adj.⟩: in der Wendung **jmdm. w./wurscht sein** (ugs.; *jmdm. gleichgültig, für jmdn. nicht interessant sein;* zum Subst. »Wurst«, H. u.): es war ihr ziemlich w., ob sie gewann oder nicht; dieser Mensch ist mir w.

Wurst, die; -, Würste [mhd., ahd. wurst, H. u.]: **1.** *Nahrungsmittel aus zerkleinertem Fleisch [mit Innereien, Blut] u. Gewürzen, das in [künstliche] Därme (2) gefüllt wird:* frische, geräucherte, grobe, feine, hausgemachte W.; eine Scheibe, ein Stück W.; W. [auf]schneiden, braten; W. am/im Stück kaufen; ein Brötchen mit W. belegen, bestreichen; **R** (scherzh.:) alles [Gute] hat ein Ende, bloß die W. hat zwei; W. wider W. (ugs.; *so wird Gleiches mit Gleichem vergolten;* nach dem früheren Brauch unter Nachbarn, sich beim Schlachtfest gegenseitig jeweils etwas Fleisch u. Wurst abzugeben); es geht um die W. (ugs.; *es geht um die Entscheidung, kommt auf vollen Einsatz an;* bei ländlichen Wettbewerben war früher eine Wurst als Preis ausgesetzt); *** sich nicht die W. vom Brot nehmen lassen** (↑Butter); **jmdm. die W. auf dem Brot nicht gönnen** (↑Butter); **mit der W. nach dem Schinken/nach der Speckseite werfen** (ugs.; *mit kleinem Einsatz, kleinen Geschenken etw. Großes zu erreichen versuchen;* bezieht sich darauf, dass eine Wurst einen geringeren Wert hat als ein Schinken bzw. eine Speckseite): **mit dem Schinken nach der W. werfen** (ugs.; *etw. Größeres für etw. Geringeres wagen*). **2.** *etw., was wie eine Wurst aussieht, die Form einer länglichen Rolle hat:* den Teig zu einer W. formen; eine W. machen (fam.; *Kot ausscheiden*); der Hund hinterließ dicke Würste *(Exkremente)* auf der Straße.

Wurst|blatt, das (salopp abwertend): *Käseblatt.*

Wurst|bra|te|rei, die; -, -en: *Würstchenbude.*

Wurst|brot, das: *mit Wurst belegtes od. bestrichenes Brot* (1 b): sich ein W. machen, schmieren.

Wurst|brü|he, die: *beim Wursten [u. Kochen von Wellfleisch] anfallender Sud (der bes. bei Schlachtfesten als Suppe gegessen wird).*

Würst|chen, das; -s, -: **1.** Vkl. zu ↑Wurst (1): ein heißes W. *(eine Brühwurst);* Wiener W. ([3]*Wiener);* Frankfurter W. ([3]*Frankfurter).* **2.** (ugs., oft abwertend) *armseliger, unbedeutender Mensch:* ich bin ja nur ein kleines W.

Würst|chen|bu|de, die, **Würst|chen|stand,** der: *Verkaufsstand für heiße Würstchen u. Bratwürste.*

Wurs|tel, Wurschtel, der; -s, - (bayr., österr.): *Hanswurst.*

Würs|tel, Würschtel, das; -s, - (bes. österr.): *[Wiener] Würstchen:* W. mit Kren; *** bei etw. gibt es keine W.** (österr. ugs.; *bei etw. können keine Ausnahmen gemacht, keine besonderen Rücksichten genommen werden*).

Würs|tel|bu|de, die (bes. österr.): *Würstchenbude.*

Wurs|te|lei, Wurschtelei, die; -, -en (ugs. abwertend): *[dauerndes] Wursteln.*

wurs|teln, wurschteln ⟨sw. V.; hat⟩ [eigtl. Intensivbildung zu ↑wursten] (ugs.): *in einem gewissen Trott u. ohne rechten Plan vor sich hin arbeiten:* er wurstelt wieder im Garten.

wurs|ten ⟨sw. V.; hat⟩: *Wurst herstellen.*

Wurst|fin|ger, der ⟨meist Pl.⟩ (ugs.): *dicker, plumper Finger:* W. haben.

Wurst|fül|lung, die: *Füllung (2 a) für Wurst.*

Wurst|haut, die: *Haut aus Darm od. Kunststoff, in die die Wurst gefüllt ist.*

wurs|tig, wurschtig ⟨Adj.⟩ (ugs.): *gleichgültig, uninteressiert:* -es Benehmen.

Wurs|tig|keit, Wurschtigkeit, die; -, -en (ugs.): **1.** ⟨o. Pl.⟩ *das Wurstigsein.* **2.** *wurstiges Verhalten.*

Wurst|kü|che, die: *Raum, in dem Wurst hergestellt wird.*

Wurst|plat|te, die (Gastr.): *Platte, auf der verschiedene Sorten Wurst [aufgeschnitten] angerichtet sind.*

Wurst|sa|lat, der: *pikanter Salat aus klein geschnittener Wurst.*

Wurst|schei|be, die: *Scheibe Wurst.*

Wurst|sor|te, die: *Sorte Wurst.*

Wurst|sup|pe, die: *als Suppe gegessene Wurstbrühe.*

Wurst|wa|ren ⟨Pl.⟩: *Würste u. ähnliche Erzeugnisse.*

Wurst|zip|fel, der: *Zipfel einer Wurst.*

Wurt, die; -, -en [mniederd. wurt, asächs. wurth = Boden] (nordd.): *Aufschüttung im Küstengebiet od. in Flussniederungen, auf der ein Einzelhof od. ein ganzes Dorf steht.*

Würt|tem|berg; -s: östlicher Landesteil von Baden-Württemberg.

[1]**Würt|tem|ber|ger,** der; -s, -: Ew.

[2]**Würt|tem|ber|ger** ⟨indekl. Adj.⟩: ein echter W. Wein.

Würt|tem|ber|ge|rin, die; -, -nen: w. Form zu ↑[1]Württemberger.

würt|tem|ber|gisch ⟨Adj.⟩: *Württemberg, die Württemberger betreffend; von den Württembergern stammend, zu ihnen gehörend.*

Wurz, die; -, -en [mhd., ahd. wurz] (veraltet, noch landsch.): *Wurzel.*

Würz|burg: Stadt am Main.

Wür|ze, die; -, -n [mhd. würze, zu ↑Wurz, beeinflusst von mhd. wirz = Bierwürze, H. u.]: **1. a)** *Substanz aus Extrakten von Fleisch, Gewürzen, Gemüse, Hefe o. Ä., mit der der Geschmack einer Speise verstärkt od. verfeinert wird:* eine scharfe, bittere, flüssige, pulverförmige W.; **b)** *würziger, aromatischer Geschmack od. Geruch:* die besondere W. von Wildbret; ein Wein mit W.; **Ü** in der Geschichte ist keine W. *(sie ist langweilig);* die W. des Lebens. **2.** (Fachspr.) *Bierwürze.*

Wur|zel, die; -, -n [mhd. wurzel, ahd. wurzala, 1. Bestandteil zu ↑Wurz, 2. Bestandteil eigtl. = das Gewundene (zu ↑[1]wallen)]: **1. a)** *im Boden befindlicher, oft fein verästelter Teil der Pflanze, mit dem sie Halt findet u. der zugleich Organ der Nahrungsaufnahme ist:* dicke, weit verzweigte, flach sitzende -n; die Pflanzen haben neue -n ausgebildet; *** -n schlagen** (1. *[von Pflanzen] Wurzeln ausbilden u. anwachsen.* 2. *[von Menschen] sich eingewöhnen, einleben*); **b)** kurz für ↑Zahnwurzel: der Zahn hat noch eine gesunde W.; **c)** kurz für ↑Haarwurzel. **2.** *etw., worauf etw. als Ursprung, Ursache zurückzuführen ist:* die geistigen -n; das Übel an der W. packen, mit der W. ausrotten *(von seiner Ursache her energisch angehen, bis aufs Letzte beseitigen).* **3.** (landsch.) *Möhre.* **4.** *Ansatzstelle eines Körperteils od. Gliedes:* die schmale W. der Nase; er packte den Hund an der W. seines Schwanzes. **5.** (Sprachw.) *mehreren verwandten Sprachen gemeinsame Form eines Wortstamms:* eine indogermanische W. **6.** (Math.) **a)** *Zahl, die einer bestimmten Potenz zugrunde liegt:* die vierte W. aus 81 ist 3; **b)** *Quadratwurzel:* die W. ziehen.

wur|zel|ar|tig ⟨Adj.⟩: *einer Wurzel* (1 a) *ähnlich:* -e Gebilde, Organe.

Wur|zel|bal|len, der: *gesamte Wurzel einer Pflanze mit allen Verästelungen u. der daran haftenden Erde.*

Wur|zel|be|hand|lung, die: *Behandlung einer erkrankten Zahnwurzel.*

Würz|zel|chen, das; -s, -: Vkl. zu ↑Wurzel.

Wur|zel|ex|po|nent, der (Math.): *Exponent* (2 b).

Wur|zel|ge|flecht, das: *Gesamtheit der Verästelungen, Geflecht der Wurzeln einer Pflanze.*

Wur|zel|ge|mü|se, das: *Gemüse, bei dem die Wurzeln od. Knollen verwendet werden.*

Wur|zel|haut, die: **1.** (Med.) *die Zahnwurzel umgebende bindegewebige Knochenhaut.* **2.** (Bot.) *Rhizodermis.*

wur|ze|lig: ↑wurzlig.

Wur|zel|knol|le, die (Biol.): *verdickter Seitenspross an der Wurzel (z. B. bei der Dahlie), in dem Reservestoffe gespeichert werden.*

wur|zel|los ⟨Adj.⟩: *keine Wurzeln aufweisend; ohne Wurzeln:* **Ü** ein -er *(von Bindungen freier)* Mensch.

Wur|zel|lo|sig|keit, die; -: *das Wurzellossein.*

wur|zeln ⟨sw. V.; hat⟩ [mhd. wurzeln, ahd. wurzellōn]: **1.** *Wurzeln schlagen, ausbilden; mit den Wurzeln festwachsen:* die Eiche wurzelt tief im Boden; Pappeln wurzeln flach; **Ü** das Misstrauen wurzelt tief in ihr. **2.** *in jmdm., etw. seinen Ursprung, seine Ursache haben:* diese Gedanken wurzeln im demokratischen Sozialismus.

Wur|zel|schöss|ling, der: *Wurzelspross.*

Wur|zel|sepp, der [nach der (bes. in Bayern häufigen) landsch. Kurzf. »Sepp« des m. Vorn. Josef;

urspr. Bez. für den Wurzel- u. Kräutersammler in den bayr. Alpen]: 1. (ugs. scherzh.) *leicht verschroben wirkender, oft knorriger Mensch.* 2. *Figur aus Holz, bes. einer Wurzel, die einen Wurzelsepp* (1) *darstellt.*

Wur|zel|spross, der (Bot.): *Spross, Schössling, der (bei einigen Pflanzen) unmittelbar aus der Wurzel kommt u. der vegetativen Vermehrung dient.*

Wur|zel|stock, der ⟨Pl. ...stöcke⟩: 1. (Bot.) *Rhizom.* 2. *Baumstumpf mit Wurzeln.*

Wur|zel|werk, das ⟨o. Pl.⟩: *Gesamtheit der Wurzeln einer Pflanze.*

Wur|zel|zei|chen, das (Math.): *Zeichen, das angibt, dass von der darunterstehenden Zahl eine Wurzel* (6) *gezogen werden soll* (Zeichen: √).

Wur|zel|zie|hen, das; -s (Math.): *das Radizieren.*

wur|zen ⟨sw. V.; hat⟩ [eigtl. wohl = an der Wurzel abschneiden] (bayr., österr.): *ausnutzen, übervorteilen:* der Kaufmann hat wieder gewurzt.

wür|zen ⟨sw. V.; hat⟩ [mhd. würzen, zu ↑Wurz, schon seit frühnhd. Zeit bezogen auf ↑Würze]: *mit Gewürzen, Kräutern o. Ä. schmackhaft od. wohlriechend machen:* das Gulasch, die Suppe w.; Reis mit Curry w.; die Soße ist pikant gewürzt; Ü er würzte seine Rede mit Zitaten.

wür|zig ⟨Adj.⟩: *kräftig schmeckend od. duftend:* -es Bier; eine -e Suppe; die -e Landluft; ein Parfüm mit einer -en Note.

Wür|zig|keit, die; -: *würzige Beschaffenheit.*

Würz|kraut, das: *Gewürzkraut.*

wurz|lig, wurzelig ⟨Adj.⟩: *viele Wurzeln aufweisend, voller Wurzeln:* -er Boden.

Würz|mi|schung, die: *fertig zusammengestellte Mischung verschiedener Gewürze in flüssiger od. fester Form.*

Würz|mit|tel, das: *würzendes Mittel, würzende Substanz.*

Würz|so|ße, die: *tafelfertige, meist scharfe Soße.*

Würz|stoff, der: *würzende Substanz.*

Wür|zung, die; -, -en: *das Würzen; Art des Würzens.*

Würz|wein, der: *Wein, dem Gewürze zugesetzt sind.*

Würz|wort, das ⟨Pl. ...wörter⟩ (Sprachw.): *[Abtönungs]partikel.*

wusch, wü|sche: ↑waschen.

Wu|schel|haar, das -[e]s, -e [zu veraltet, noch landsch. Wuschel = Haarbüschel, Strähne, rückgeb. aus ↑wuscheln] (ugs.): *stark gelocktes, dichtes Haar:* mit dunklem W.

wu|sche|lig ⟨Adj.⟩ (ugs.): *(von Haar) dicht u. stark gelockt:* -e Haare; der Teddybär ist so schön w.

Wu|schel|kopf, der (ugs.): **a)** *wuscheliger Haarschopf;* **b)** *jmd., der einen Wuschelkopf* (a) *hat.*

wu|schel|köp|fig ⟨Adj.⟩ (ugs.): *einen Wuschelkopf* (a) *habend.*

wu|scheln ⟨sw. V.; hat⟩ [laut- u. bewegungsnachahmend, viell. beeinflusst von ↑wischen] (landsch.): *mit der Hand durch die vollen Haare fahren:* sie wuschelt in seinem Haar.

wu|se|lig ⟨Adj.⟩ (landsch.): *eine wuselnde Art habend:* ein -er Funktionär.

wu|seln ⟨sw. V.⟩ [laut- u. bewegungsnachahmend] (landsch.): **a)** *sich schnell, unruhig u. flink hin u. her bewegen* ⟨ist⟩: Tausende von Reisenden wuseln durch den Bahnhof; **b)** *sich wuselnd betätigen* ⟨hat⟩: er hat im Keller gewuselt.

wuss|te, wüss|te: ↑wissen.

wüst ⟨Adj.⟩ [mhd. wüeste, ahd. wuosti, eigtl. = leer, öde]: 1. *nicht von Menschen bewohnt; ganz verlassen u. unbebaut:* eine -e Gegend; und die Erde war w. und leer (1. Mos. 1, 2). 2. *höchst unordentlich:* -e Haare; eine -e Unordnung; hier sieht es w. aus. 3. (abwertend) **a)** *wild, ungezügelt:* ein -er Kerl; ein -es Treiben; eine -e Schlägerei; -e *(ausschweifende)* Orgien feiern; w. toben; alles ging w. durcheinander; **b)** *rüde, sehr derb; unanständig:* -e Lieder; w. fluchen; **c)** *schlimm, furchtbar:* eine -e Hetze; -e *(sehr heftige, starke)* Schmerzen haben; **d)** *hässlich, abscheulich:* eine -e Narbe; ein -es Wetter; ein -er Wind, Sturm; du siehst ja w. *(stark mitgenommen o. ä.)* aus; er wurde w. beschimpft, zugerichtet.

Wust, der; -[e]s [mhd. wuost, rückgeb. aus ↑wüst u. ↑wüsten, also eigtl. = Wüstes, Verwüstetes] (abwertend): *Durcheinander, ungeordnete Menge, Gewirr:* ein W. von Akten; ich ersticke fast in dem W. von Papieren; Ü ein W. von Vorurteilen.

WUSt, Wust = Warenumsatzsteuer (in der Schweiz).

Wüs|te, die; -, -n [mhd. wüeste, ahd. wuosti]: **a)** *durch Trockenheit, Hitze u. oft gänzlich fehlende Vegetation gekennzeichnetes Gebiet der Erde, das über weite Strecken mit Sand u. Steinen bedeckt ist:* über 60 Prozent des Landes sind W.; mit Kamelen die W. durchqueren; eine Oase in der W.; große Teile der Steppe sind schon zu W. geworden; ***jmdn. in die W. schicken** (ugs.; *jmdn. hinauswerfen, fortschicken, entlassen;* der Wendung liegen alttestamentliche Vorstellungen zugrunde: nach 3. Mos. 16, 21 ff. wurde ein mit den Sünden des jüd. Volkes beladener Bock am großen Versöhnungstag in die Wüste gejagt); **b)** *ödes, verlassenes od. verwüstetes Gebiet:* die Innenstadt war nach dem Luftangriff eine W.; Ü eine soziale W.

wüs|ten ⟨sw. V.; hat⟩ [mhd. wüesten, ahd. wuosten]: *verschwenderisch [mit etw.] umgehen; leichtsinnig verbrauchen, vergeuden:* mit dem Geld, mit seiner Gesundheit w.

Wüs|ten|be|woh|ner, der: *Bewohner der Wüste* (a).

Wüs|ten|be|woh|ne|rin, die: w. Form zu ↑Wüstenbewohner.

Wüs|te|nei, die; -, -en [mhd. wüestenie]: 1. (geh.) *Wüste* (b), *Einöde, wüste, öde, wilde Gegend.* 2. (scherzh.) *große Unordnung:* in ihrem Zimmer herrscht eine schreckliche W.

Wüs|ten|fuchs, der: *Fennek.*

wüs|ten|haft ⟨Adj.⟩: *die Beschaffenheit einer Wüste aufweisend:* eine -e Landschaft.

Wüs|ten|kli|ma, das ⟨o. Pl.⟩: *trockenes Klima der tropischen Wüsten mit großer Hitze am Tag u. kalten Nächten.*

Wüs|ten|kö|nig, der (geh.): *Löwe.*

Wüs|ten|pflan|ze, die: *in der Wüste* (a) *heimische Pflanze.*

Wüs|ten|sand, der: *Sand der Wüste.*

Wüs|ten|schiff, das (scherzh.): *Kamel.*

Wüs|ten|tier, das: *in der Wüste lebendes Tier.*

Wüst|ling, der; -s, -e (abwertend): *zügellos, bes. sexuell ausschweifend lebender Mensch.*

Wut, die; - [mhd., ahd. wuot, zu ahd. wuot = unsinnig]: 1. *heftiger, unbeherrschter, durch Ärger o. Ä. hervorgerufener Gefühlsausbruch, der sich in Miene, Wort u. Tat zeigt:* aufgestaute, dumpfe, sinnlose W.; jmdn. erfasst, packt jähe W.; eine wilde W. stieg in ihr auf, erfüllte sie; die W. des Volkes richtete sich gegen den Diktator; W. auf jmdn. haben; seine W. an jmdm., etw. auslassen, in sich hineinfressen; in W. kommen, geraten; in heller W.; in seiner W. wusste er nicht mehr, was er tat; voller W.; vor W. kochen, schäumen; Ü mit W. *(großem Eifer, Arbeitswut)* machten sie sich ans Werk; ***[eine] W. im Bauch haben** (ugs.; *sehr wütend sein*); **etw. mit W. im Bauch tun** (ugs.; *etw. voller Wut tun*). 2. kurz für ↑Tollwut.

-wut, die; -: bezeichnet in Bildungen mit Substantiven oder Verben (Verbstämmen) einen sehr großen, vehementen, leidenschaftlichen Eifer bei etw., in Hinblick auf etw.: Bau-, Reform-, Tanzwut.

Wut|an|fall, der: *Anfall von Wut:* einen W. bekommen, kriegen, haben.

Wut|aus|bruch, der: *plötzlich ausbrechende, heftige Wut:* mit Wutausbrüchen reagieren.

wü|ten ⟨sw. V.; hat⟩ [mhd. wüeten, ahd. wuoten]: *im Zustand der Wut toben, rasen, zerstören:* sie haben gewütet wie die Berserker; gegen die Obrigkeit w.; Ü der Sturm, das Feuer, das Meer wütet; hier hat der Krieg furchtbar gewütet.

wü|tend ⟨Adj.⟩: **a)** *voller Wut:* mit -er Stimme; jmdn. w. anschreien; w. auf/über jmdn. sein *(sehr ärgerlich, erzürnt sein);* **b)** *außerordentlich groß, heftig:* mit -em Hass, Eifer; sie hatte -e Schmerzen.

wut|ent|brannt ⟨Adj.⟩: *von heftiger Wut ergriffen:* w. rannte sie hinaus.

Wü|te|rei, die; -, -en (abwertend): *[andauerndes] Wüten.*

Wü|te|rich, der; -s, -e [mhd. wüeterich, ahd. wuoterich] (abwertend): *jmd., der wütet.*

Wut|ge|heul, das: *wütendes Heulen* (1 a): in W. ausbrechen.

wü|tig ⟨Adj.⟩ [mhd. wuotic, ahd. wuotac] (veraltend): *voller Wut, wütend:* ein -er Blick; er setzte sich w. zur Wehr.

-wü|tig (emotional verstärkend): drückt in Bildungen mit Substantiven oder Verben (Verbstämmen) aus, dass die beschriebene Person etw. leidenschaftlich und vehement erstrebt od. etw. gern und häufig und fast mit einer Art Versessenheit tut: bildungs-, neuerungs-, kauf-, schießwütig.

wutsch ⟨Interj.⟩ [lautm.]: Ausruf zur Kennzeichnung einer schnellen, plötzlichen Bewegung: w., weg war sie!

wut|schäu|mend ⟨Adj.⟩: *außer sich vor Wut, größte Wut erkennen lassend:* w. verließ er den Raum.

wut|schen ⟨sw. V.; ist⟩ [laut- u. bewegungsnachahmend, wohl beeinflusst von ↑wischen] (ugs.): *sich schnell u. behände bewegen:* aus dem Zimmer, durch die Tür w.

wut|schnau|bend ⟨Adj.⟩: *wutschäumend.*

Wut|schrei, der: *lauter, aus Wut ausgestoßener Schrei.*

wut|ver|zerrt ⟨Adj.⟩: *vor Wut verzerrt:* -e Gesichter.

Wutz, die; -, -en, auch: der; -en, -en [lautm.] (landsch., bes. westmd.): 1. *Schwein* (1 a). 2. **a)** (derb abwertend, oft als Schimpfwort) *Schwein* (2 a): die W. hat mich reingelegt; du alte W.!; **b)** (derb abwertend) *Schwein* (2 b): welche W. hat denn hier ihren Kaugummi hingeklebt?

wut|zen ⟨sw. V.; hat⟩ (landsch., bes. westmd.): *ferkeln* (2).

wu|zeln ⟨sw. V.; hat⟩ [laut- u. bewegungsnachahmend] (bayr., österr. ugs.): **a)** *drehen, wickeln:* sich eine Zigarette w.; **b)** ⟨w. + sich⟩ *sich drängen:* er wuzelt sich durch die Menge.

Wu|zerl, das; -s, -n [mundartl. Vkl. von ↑Butzen] (österr.): 1. *rundliches Kind.* 2. *Fussel (aus Wolle, vom Radieren o. Ä.).*

WWF [veːveːˈɛf], der; -[s]: World Wide Fund for Nature.

WWW [veːveːˈveː], das; -[s]: World Wide Web.

Wy|o|ming [waɪˈoʊmɪŋ]; -s: Bundesstaat der USA.

WZ = Weltzeit.

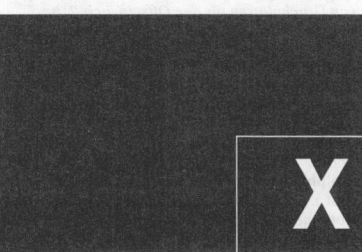

x, X [ɪks], das; -, - [mhd., ahd. x (selten) < lat. x]: I. 1. *vierundzwanzigster Buchstabe des Alphabets; ein Konsonant:* ein kleines x, ein großes X schreiben; ***jmdm. ein X für ein U vormachen** (*jmdn. auf plumpe, grobe Weise täuschen;* im lat. Alphabet steht für U das V, das zugleich Zahlzeichen für »fünf« ist; dieses V ist ein halbes X [das für »zehn« steht]; die Wendung bedeutete also urspr., dass jmdm., z. B. auf der Schuldentafel, doppelt so viel berechnet wurde, wie er eigentlich zu zahlen hatte). 2. (großgeschrieben) für einen unbekannten Namen, eine unbekannte Größe eingesetztes Zeichen: es wird ein Herr X gesucht. II. (kleingeschrieben)

⟨unbest. Zahlwort⟩ **a)** (Math.) einen bestimmte Zahl repräsentierende Unbekannte in einer Gleichung: 3x = 15, also x = 5; die Gleichung muss nach x aufgelöst werden; **b)** (ugs.) Zeichen für eine unbestimmte, aber als ziemlich hoch angesehene Zahl: das Stück hat x Aufführungen erlebt; sie hat x Kleider im Schrank.

X [urspr. nicht identisch mit dem Buchstaben X]: römisches Zahlzeichen für 10

χ, X: ↑Chi.

ξ, Ξ = Xi.

x-Ach|se, die (Math.): *Waagerechte im Koordinatensystem; Abszissenachse.*

Xạn|ten: Stadt am Niederrhein.

Xan|thịp|pe, die; -, -n [nach dem Namen von Sokrates' Ehefrau (griech. Xanthíppē), die als zanksüchtig geschildert wird] (abwertend): *unleidliche, streitsüchtige, zänkische Frau.*

X-Bei|ne ⟨Pl.⟩ (ugs.): *Beine, bei denen die Oberschenkel leicht einwärts u. die Unterschenkel auswärts gekrümmt sind:* X-Beine haben.

x-bei|nig, (auch:) **X-bei|nig** ⟨Adj.⟩ (ugs.): *X-Beine habend:* ein -es Kind.

x-be|lie|big ⟨Adj.⟩ (ugs.): *irgendein; gleichgültig, wer od. was für ein; irgendwie:* ein -es Buch; das kannst du x-beliebig verwenden; ⟨subst.:⟩ kein x-Beliebiger.

X-Chro|mo|som, das [nach der Form] (Biol.): *eines der beiden Chromosomen, durch die das Geschlecht bestimmt wird.*

Xe = Xenon.

X-Ein|heit, die (Physik): *Längeneinheit für Röntgenstrahlen.*

xe|no-, Xe|no- [zu griech. xénos = Gast; Fremder] ⟨Best. in Zus. mit der Bed.⟩: *Gast, Fremder; fremd* (z. B. xenophob, Xenon).

Xe̱|non, das; -s [eigtl. = das Fremde; das Element war bis dahin nicht bekannt]: *bes. zur Füllung von Glühlampen verwendetes farb- u. geruchloses Edelgas (chemisches Element;* Zeichen: Xe).

Xe̱|non|lam|pe, die: *für Flutlichtanlagen, auch für Bühnenscheinwerfer verwendete, mit Xenon gefüllte Lampe.*

xe|no|phi̱l ⟨Adj.⟩ [zu griech. phileĩn = lieben] (bildungsspr.): *allem Fremden, allen Fremden gegenüber positiv eingestellt, aufgeschlossen.*

xe|no|pho̱b ⟨Adj.⟩ [zu griech. phobeĩn = fürchten] (bildungsspr.): *allem Fremden, allen Fremden gegenüber negativ, feindlich eingestellt.*

xer-, Xer- (vor Vokalen), **xe|ro-, Xe|ro-** [griech. xerós] ⟨Best. in Zus. mit der Bed.⟩: *trocken* (z. B. xerophil, Xerokopie).

Xe|ro|gra|phi̱e, die; -, -n [↑-graphie; die Kopien werden ohne Entwicklungsbad, also »trocken«, hergestellt] (Druckw.): **1.** *Verfahren zur Herstellung von Papierkopien sowie zur Beschichtung von Druckplatten für den Offsetdruck.* **2.** *im Verfahren der Xerographie hergestelltes Erzeugnis.*

xe|ro|gra|phie̱|ren ⟨sw. V.; hat⟩: *das Verfahren der Xerographie anwenden.*

xe|ro|gra̱|phisch ⟨Adj.⟩: *die Xerographie betreffend.*

Xe|ro|ko|pi̱e, die; -, -n: *xerographisch hergestellte Kopie.*

xe|ro|phi̱l ⟨Adj.⟩ [zu griech. phileĩn = lieben] (Bot.): *(von bestimmten Pflanzen) Trockenheit, trockene Standorte bevorzugend.*

Xe̱|tra, das; -[s] [Abk. engl. für exchange electronic trading = elektronischer Wertpapierhandel] (Börsenw.): *vollelektronisches Handelssystem für alle an der Frankfurter Wertpapierbörse notierten Wertpapiere des Kassamarktes.*

x-fach ⟨Vervielfältigungsz.⟩ (ugs.): *tausendfach* (b): ein x-fach erprobtes Mittel.

x-fache, das; -n ⟨Dekl. ↑²Junge, das⟩: *x-fache Anzahl.*

x-för|mig, (auch:) **X-för|mig** ⟨Adj.⟩: *in der Form eines x, X.*

X-Ha|ken, der: *einfacher, mit einem Nagel an der Wand befestigter Haken zum Aufhängen von Bildern.*

Xi̱, das; -[s], -s [griech. xĩ]: *vierzehnter Buchstabe des griechischen Alphabets* (Ξ, ξ).

XL = extra large (besonders groß; internationale Kleidergröße).

x-mal ⟨Wiederholungsz., Adv.⟩ (ugs.): *unzählige Male:* das habe ich dir doch schon x-mal gesagt!; wir haben schon x-mal darüber gesprochen.

XS = extra small (besonders klein; internationale Kleidergröße).

X-Strah|len ⟨Pl.⟩ [für W. C. Röntgen (↑röntgen) waren die von ihm entdeckten Strahlen zunächst unbekannt (»x-beliebig«); daher auch engl. X-rays] (Physik): *Röntgenstrahlen.*

x-t... ['ɪkst...] ⟨Ordinalz. zu ↑x (3)⟩: **a)** (Math.) bezeichnet die als Exponent auftretende Unbekannte: die x-te Potenz von ...; **b)** (ugs.) steht anstelle einer nicht näher bekannten, aber als sehr groß angesehenen Zahl: der x-te Versuch; zum x-ten Mal.

XXL = extra extra large (äußerst groß; internationale Kleidergröße).

XXS = extra extra small (äußerst klein; internationale Kleidergröße).

xyl-, Xyl- (vor Vokalen), **xy|lo-, Xy|lo-** [griech. xýlon] ⟨Best. in Zus. mit der Bed.⟩: *Holz-* (z. B. Xylophon).

Xy|lo|pha̱|ge, der; -en, -en [zu griech. phageĩn = essen, fressen] (Zool.): *Pflanzenfresser, der an od. in Holz lebt u. sich davon ernährt* (z. B. Termiten, Borkenkäferlarven).

Xy|lo|pho̱n, das; -s, -e [zu griech. phōnḗ, ↑Phon]: *Musikinstrument aus ein- od. mehrreihig über einem Resonanzkörper angebrachten Holzstäben, die mit Schlägeln* (3) *angeschlagen werden:* X. spielen.

Xy|lo̱|se, die; -: *in vielen Pflanzen enthaltener Zucker (der einen wichtigen Bestandteil der Nahrung Pflanzen fressender Tiere darstellt).*

y, Y ['ʏpsilɔn], das; - (ugs.: -s), - (ugs.: -s) [mhd., ahd. y, urspr. zur Bez. des i-Lauts in best. Fremdwörtern]: **1.** *fünfundzwanzigster Buchstabe des Alphabets; Vokal u. Konsonant:* ein kleines y, ein großes Y schreiben. **2.** (kleingeschrieben; Math.) Zeichen für die zweite Unbekannte in Gleichungen.

υ, Υ: ↑Ypsilon (2).

¥ = Yen.

y. = Yard.

y-Ach|se, die (Math.): *Senkrechte im Koordinatensystem; Ordinatenachse.*

Yạcht: ↑Jacht.

Yạk: ↑Jak.

Ya|ku̱|za [...za], die; -, - [jap., aus: ya = acht, ku = neun u. za = drei, bezogen auf das schlechteste Blatt (4 b) in einem Glücksspiel]: *der organisierten Kriminalität (bes. Erpressung, Zuhälterei, Drogenhandel, Glücksspiel) in Japan angehörende Gruppe, Organisation.*

Yạms|wur|zel: ↑Jamswurzel.

Yạng, das; -[s] [chin. = Penis]: *(zusammen mit Yin die Grundkraft des Lebens bildendes) männliches Prinzip in der chinesischen Philosophie.*

Yan|kee ['jɛŋki], der; -s, -s [engl., urspr. Spitzname für die (niederl.) Bewohner der amerik. Nordstaaten, H. u.] (oft abwertend): *US-Amerikaner.*

Ya̱rd, das; -s, -s ⟨aber: 4 Yard[s]⟩ [engl. yard, eigtl. = Maßstab; Rute]: *Längeneinheit in Großbritannien u. den USA* (= 3 Feet = 91,44 cm; Abk.: y., yd., Pl.: yds.).

Y-Chro|mo|som, das [nach der Form] (Biol.): *eines der beiden Chromosomen, durch die das Geschlecht bestimmt wird.*

yd. = Yard.

yds. = Yards.

Yel|low Press ['jeloʊ 'prɛs], die; - - (auch:) **Yel|low|press,** die; - [engl. yellow press, eigtl. = gelbe Presse] (Jargon): *Regenbogenpresse.*

Yẹn, der; -[s], -[s] ⟨aber: 4 Yen⟩ [jap. yen < chin. yuan = rund, also eigtl. = runde (Münze)]: *Währungseinheit in Japan* (1 Yen = 100 ²Sen).

Ye̱|ti, der; -s, -s [tib.]: *legendäres menschenähnliches Wesen im Himalajagebiet.*

Y-för|mig ⟨Adj.⟩: *die Form eines Y aufweisend.*

Yịn, das; - [chin. = weiblich]: *(zusammen mit Yang die Grundkraft des Lebens bildendes) weibliches Prinzip in der chinesischen Philosophie.*

Yips, der; -, - [engl. yips (Pl.), H. u.] (Golf Jargon): *(wohl mental bedingtes) Zittern, Jucken, das beim Golfen, bes. beim Putten auftritt.*

Ylang-Ylang-Baum ['i:laŋ|'i:laŋ...], der; -[e]s, Ylang-Ylang-Bäume [malaii.]: *(in Süd- u. Südostasien heimischer) Baum od. Strauch mit großen, wohlriechenden Blüten.*

Ylang-Ylang-Öl, das; -s: *fruchtig-blumig riechendes ätherisches Öl des Ylang-Ylang-Baumes, das in der Parfümindustrie verwendet wird.*

YMCA [waɪlemsi:'eɪ], die, auch: der; - [Abk. von engl.: Young Men's Christian Association]: *Christlicher Verein Junger Männer.*

Yo̱|ga, Joga, der od. das; -[s] [aind. yōga-ḥ, eigtl. = Verbindung, Vereinigung, zu: yugá-m = Joch]: **a)** *indische philosophische Lehre, die durch Meditation, Askese u. bestimmte körperliche Übungen den Menschen vom Gebundensein an die Last der Körperlichkeit befreien will;* **b)** *Gesamtheit der Übungen, die aus dem Yoga* (a) *herausgelöst u. zum Zwecke einer gesteigerten Beherrschung des Körpers, der Konzentration u. Entspannung ausgeführt werden:* Y. betreiben.

Yo̱|ga|übung, die: *einzelne Übung des Yoga:* mit einfachen -en beginnen.

Yo̱|ghurt: ↑Joghurt.

Yo̱|gi, Jogi, **Yo̱|gin,** Jogin, der; -s, -s [sanskr. yogi(n)]: *Anhänger des Yoga.*

Yo|ko|ha̱|ma: Stadt in Japan.

York|shire|ter|ri|er ['jɔ:kʃə...], der; -s, - [nach der engl. Grafschaft Yorkshire]: *englischer Zwerghund mit langen, glänzenden, seidigen Haaren von stahlblauer, an Kopf, Brust u. Beinen rotbrauner Färbung, kurzer Schnauze u. schwarzem Nasenspiegel* (2).

Youngs|ter ['jʌŋstə], der; -s, -[s] [engl. youngster, zu: young = jung]: *junger Nachwuchssportler, Neuling in einer Mannschaft erprobter Spieler:* die beiden -s müssen in der Mannschaft erst noch Fuß fassen; Ü die Y. im Parlament.

Yo-Yo: ↑Jo-Jo.

Yp|si|lon, das; -[s], -s [griech. ỹ psilon = bloßes y]: **1.** ↑y, Y (1). **2.** *zwanzigster Buchstabe des griechischen Alphabets* (Υ, υ).

Ytong®, der; -s, -s [Kunstwort, geb. aus den Anfangsbuchstaben des Firmennamens Yxhults stenhuggeri AB u. schwed. gasbetong = Gasbeton] (Bauw.): *Leichtbaustoff, bes. Leichtbausteine aus gehärtetem, feinkörnigem Gasbeton.*

Yu̱|an, der; -[s], -[s] ⟨aber: 5 Yuan⟩ [chin.]: *Währungseinheit der Volksrepublik China.*

Yục|ca, die; -, -s [span. yuca, wahrsch. aus einer zentralamerik. Indianerspr.]: *Palmlilie.*

Yup|pie ['jʊpi, engl.: 'jʌpi], der; -s, -s [engl. yuppie, geb. aus den Anfangsbuchstaben von: young urban professional (people)]: *junger, karrierebewusster, großen Wert auf seine äußere Erscheinung legender Großstadtmensch, Aufsteiger.*

YWCA ['waɪdʌblju:si:'eɪ], die, auch: der; - [Abk. für engl.: Young Women's Christian Association]: *Christlicher Verein Junger Mädchen.*

Z

z, ¹Z [tsɛt], das; - (ugs.: -s), - (ugs.: -s) [mhd., ahd. z (ʒ)]: *sechsundzwanzigster Buchstabe des Alphabets; ein Konsonant:* ein kleines z; zwei große Z.

²Z, das; -, -s (Jargon veraltend): **1.** *Zuchthaus* (1). **2.** ⟨o. Pl.⟩ *Zuchthaus* (2): er hat drei Jahre Z gekriegt.

ζ, Z: ↑Zeta.

Z. = Zahl; Zeile.

Za|ba|gli|o|ne [...bal'jo:nə], **Za|ba|i|o|ne** [...ba'jo:nə], die; -, -s [ital. zaba(gl)ione]: *Weinschaum, Weinschaumcreme.*

Za|big, das, auch: der; -s, -s [mundartl. zusgez. aus: zu Abend (essen)] (schweiz.): *kleinere Zwischenmahlzeit am Nachmittag; Vesper* (2).

z-Ach|se, die (Math.): *(in einem Koordinatensystem im Raum) mit dem Buchstaben z gekennzeichnete dritte Koordinatenachse.*

zack ⟨Interj.⟩ (salopp): drückt aus, dass ein Vorgang, eine Handlung ohne die geringste Verzögerung einsetzt u. in Sekundenschnelle abläuft, beendet ist: z., weg war er; bei ihr muss alles z., z. gehen.

Zack [wohl aus der Soldatenspr.]: in Wendungen wie **auf Z. sein** (ugs.; 1. *sehr aufmerksam sein u. stets bereit, etw. rasch zu erledigen; in der Lage sein, eine Situation sofort zu erkennen u. zu nutzen:* der neue Mitarbeiter ist schwer auf Z. 2. *bestens funktionieren:* seit sie Chefin ist, ist der Laden immer auf Z.); **jmdn. auf Z. bringen** (ugs.; *dafür sorgen, dass jmd. rasch das tut, was von ihm erwartet wird*); **etw. auf Z. bringen** (ugs.; *dafür sorgen, dass etw. bestens funktioniert*).

Zäck|chen, das; -s, -: Vkl. zu ↑Zacke.

Za|cke, die; -, -n [mhd. (md.) zacke, H. u.]: *aus etw. hervorragende Spitze, spitzer Vorsprung:* die -n des Bergkamms; die -n *(Zähne)* eines Sägeblatts; an der Briefmarke fehlen einige -n *(Zähne);* an dem Kamm, der Gabel ist eine Z. *(Zinke)* abgebrochen; eine Krone, ein Stern mit fünf -n.

za|cken ⟨sw. V.; hat⟩: *(am Rand) mit Zacken versehen; so formen, beschneiden o. Ä., dass eine Reihe von Zacken entsteht:* den Rand gleichmäßig z.; ⟨meist im 2. Part.:⟩ die Blätter sind [unregelmäßig] gezackt.

Za|cken, der; -s, - (landsch.): *Zacke:* Ü einen Z. *(um einiges)* intelligenter; *** sich keinen Z. aus der Krone brechen** (ugs.; *sich [bei etw.] nichts vergeben*): du brichst dir keinen Z. aus der Krone, wenn du dich bei ihr entschuldigst; **jmdm. bricht, fällt kein Z. aus der Krone** (ugs.; *jmd. vergibt sich [bei etw.] nichts*); **einen Z. haben, weghaben** (ugs.; *betrunken sein*); **einen [ganz schönen o. ä.] Z. draufhaben** (salopp; *ziemlich schnell fahren*).

za|cken|ar|tig ⟨Adj.⟩: *einer Zacke ähnlich:* ein -er Vorsprung.

za|cken|för|mig ⟨Adj.⟩: *die Form einer Zacke aufweisend.*

Za|cken|li|nie, die: *gezackte Linie.*

za|ckig ⟨Adj.⟩ [1: älter zackicht; 2: aus der Soldatenspr., geht wohl von der Bed. »schroff« aus, wird aber auf die Interjektion »zack, zack« bezogen]: **1.** *[viele] Zacken, Spitzen habend:* ein -er Felsen. **2.** (ugs.) *schneidig* (1): ein -er Bursche; -e Befehle, Bewegungen; -e Musik; z. salutieren.

Za|ckig|keit, die; - (ugs.): *das Zackigsein; zackige* (2) *Art.*

zag, za|ge ⟨Adj.⟩ [mhd. zage = furchtsam, feige] (geh.): *aus Furcht zögernd, zaghaft:* mit zagen Schritten; Ü eine zage Hoffnung; die ersten zagen Blüten.

za|gen ⟨sw. V.; hat⟩ [mhd. zagen = feige, furchtsam sein, ahd. in: erzagēn = furchtsam werden, H. u.] (geh.): *aus Unentschlossenheit, Ängstlichkeit zögern; aufgrund von Bedenken unentschlossen sein:* sie soll nicht z.

zag|haft ⟨Adj.⟩ [mhd. zag(e)haft]: *in ängstlicher, unsicherer Weise zögernd; nur zögernd vorgehend, handelnd:* -e Annäherungsversuche; z. lächeln, an die Tür klopfen; nur z. reagieren; Ü die -e Belebung der Konjunktur.

Zag|haf|tig|keit, die; -: *das Zaghaftsein; zaghaftes Wesen.*

Zag|heit, die; - [mhd. zag(e)heit, ahd. zagaheit] (geh.): *das Zagsein.*

Za|greb ['za:grɛp]: Hauptstadt von Kroatien.

zäh, (selten:) **zä|he** ⟨Adj.; zäher, zäh[e]ste⟩ [mhd. zæhe, ahd. zāhi, H. u.]: **1. a)** *von zwar biegsamweicher, aber in sich fester, kaum dehnbarer Konsistenz:* zähes Leder; der Kunststoff ist extrem z.; das Steak ist ja z. wie Leder!; **b)** *von zähflüssiger, teigiger Beschaffenheit:* ein zäher Hefeteig; eine zähe Konsistenz haben; das Motoröl wird bei solchen Temperaturen z.; z. fließendes Öl; **c)** *nur sehr mühsam, langsam [vorankommend], schleppend:* eine furchtbar zähe Unterhaltung; die Arbeit kommt nur z. voran; z. fließender Verkehr. **2. a)** *von einer Konstitution, die auch stärkere Belastungen u. Beanspruchungen nicht wesentlich zu beeinträchtigen vermögen:* ein zäher Bursche; eine besonders zähe Pferderasse; eine zähe Gesundheit; Katzen haben ein zähes Leben *(sind zählebig);* Frauen sind oft zäher als Männer; **b)** *ausdauernd, beharrlich:* ein zäher Unterhändler; nach zähem Ringen; zäh an seinen Forderungen festhalten.

Zä|heit: frühere Schreibung für ↑Zähheit.

zäh flie|ßend: s. zäh (1 c).

zäh|flüs|sig ⟨Adj.⟩: *zäh* (1 b): -es Öl; Ü -e Verhandlungen.

Zäh|flüs|sig|keit, die ⟨o. Pl.⟩: *zähflüssige Beschaffenheit.*

Zäh|heit, die; -: *das Zähsein.*

Zä|hig|keit, die; -: **1. a)** *zähes* (2 a) *Wesen; große Widerstandsfähigkeit;* **b)** *zähes* (2 b) *Wesen; Ausdauer, Beharrlichkeit:* mit Z. ein Ziel verfolgen. **2.** (selten) *zähe* (1) *Beschaffenheit.*

Zahl, die; -, -en [mhd. zal, ahd. zala = Zahl; Menge; Aufzählung; Bericht, Rede, eigtl. = eingekerbtes (Merkzeichen)]: **1. a)** *auf der Grundeinheit Eins basierender Mengenbegriff:* die Z. Drei, Tausend; die -en von eins bis hundert, von 1 bis 100; eine hohe, große, niedrige, kleine, krumme, runde, magische, heilige Z.; genaue -en *(Zahlenangaben)* liegen uns bislang nicht vor; er sprach von erheblichen Gewinnen, nannte jedoch keine -en *(bezifferte die Gewinne nicht);* * [die folgenden Wendungen beziehen sich auf die kaufmännische Bilanz, in der traditionell die Ziffern eines Defizits mit roten Zahlen geschrieben werden, die Gewinne dagegen in Schwarz stehen:] **rote -en schreiben** *(Verluste machen);* **schwarze -en schreiben** *(Gewinne machen);* **aus den roten -en [heraus]kommen, [heraus] sein** *(aus der Verlustzone herauskommen, heraus sein; Gewinne machen);* **in die roten -en kommen, geraten, rutschen** *(anfangen, Verluste zu machen):* [immer weiter, tiefer] in die roten -en kommen, geraten; **in die schwarzen -en kommen** *(anfangen Gewinne zu machen);* **in den roten -en sein, stecken** *(Verluste machen);* **in den schwarzen -en sein** *(Gewinne machen);* **b)** *für eine Zahl* (1 a) *stehende Ziffer, Folge von Ziffern, Zahlzeichen:* eine vierstellige, mehrstellige Z.; arabische, römische -en; eine Z. aus mehr als drei Ziffern. **2.** (Math.) *durch ein bestimmtes Zeichen od. eine Kombination von Zeichen darstellbarer abstrakter Begriff, mit dessen Hilfe gerechnet werden kann bzw. mathematische Operationen durchgeführt werden können:* eine durch 3 teilbare Z.; algebraische, ganze, gerade, imaginäre, irrationale, komplexe, natürliche, negative, positive, reelle -en; eine gemischte Z.; die Z. π; -en addieren, zusammenzählen, dividieren, teilen, [voneinander] abziehen, subtrahieren; eine Z. mit sich selbst multiplizieren, malnehmen; die Quersumme, das Quadrat einer Z.; die Summe zweier -en; die Wurzel aus einer Z. **3.** ⟨o. Pl.⟩ *Anzahl, Menge:* die Z. der Mitglieder, der Unfälle wächst ständig; eine große Z. Besucher war/(auch:) waren gekommen; eine große Z. hübscher/(seltener:) hübsche Sachen; sie waren, es waren sieben an der Z. *(waren sieben);* solche Bäume wachsen dort in großer Z.; Leiden ohne/(veraltend:) sonder Z. (geh.; *zahllose Leiden*). **4.** (Sprachw.) *Numerus:* Geschlecht und Z. des Hauptwortes.

Zahl|ad|jek|tiv, das (Sprachw.): vgl. Zahlwort.

Zahl|ap|pell, der (Milit.): *Appell* (2), *bei dem die Anzahl der anwesenden Personen festgestellt wird.*

zahl|bar ⟨Adj.⟩ (Kaufmannsspr.): *fällig zu zahlen:* z. bei Erhalt, binnen sieben Tagen, in drei Monatsraten.

zähl|bar ⟨Adj.⟩: **1.** *sich zählen lassend.* **2. a)** *(von Mengen) durch eine bestimmte Stückzahl, Anzahl angebbar;* **b)** (Sprachw.) *(von Substantiven) etw. bezeichnend, wovon zählbare* (2 a) *Mengen denkbar sind.*

Zahl|bar|keit, die; -: *das Zahlbarsein.*

Zähl|bar|keit, die; -: *das Zählbarsein.*

zäh|le|big ⟨Adj.⟩: *sehr widerstandsfähig gegen ungünstige Einflüsse, Verletzungen, Krankheiten o. Ä.:* -e Organismen, Tiere.

Zäh|le|big|keit, die; -: *das Zählebigsein.*

Zah|le|mann: in der Verbindung **Z. und Söhne** (ugs. scherzh.; *es muss [viel] gezahlt werden;* scherzh. Nachahmung von [früher üblichen] Firmennamen): wenn sie dich mit diesem Tempo blitzen, dann [heißt es] aber Z. und Söhne!

zah|len ⟨sw. V.; hat⟩ [mhd. zal(e)n, ahd. zalōn = zählen, (be)rechnen]: **1. a)** *(einen Geldbetrag) als Gegenleistung o. Ä. geben, bezahlen* (2): 50 Mark, eine bestimmte Summe, einen bestimmten Preis für etw. z.; an wen muss ich das Geld z.?; den Betrag zahle ich [in] bar, in Raten, mit einem Scheck, per Überweisung; wie viel, was habe ich zu z.? *(wie viel bin ich schuldig?);* ⟨auch o. Akk.-Obj.:⟩ der Verursacher muss z.; die Versicherung will nicht z.; ich zahle in/mit Dollars, mit [meiner] Kreditkarte; er zahlte für uns mit *(bezahlte unsere Zeche mit);* er kann nicht z. *(ist bankrott, hat kein Geld);* Herr Ober, [ich möchte] bitte z.! *(ich möchte meine Rechnung begleichen);* nur für zahlende Gäste *(Gäste, die für Unterkunft u. Verpflegung zahlen);* du zahlst dich dumm und dämlich (ugs.; *das kostet dich sehr viel Geld*); Ü er zahlte mit seinem Leben; **b)** *eine bestehende Geldschuld tilgen, bes. etw. regelmäßig zu Entrichtendes bezahlen:* Miete, Steuern, Löhne, den Mitgliedsbeitrag z.; [eine] Strafe z.; er muss ihr Unterhalt z. **2.** (ugs.) **a)** *(eine Ware, eine Dienstleistung) bezahlen* (1 a): das Taxi, die Reparatur z.; den Schaden zahlt die Versicherung *(für den Schaden kommt die Versicherung auf);* **b)** *bezahlen* (1 b), *entlohnen:* die Putzfrau z.; ⟨auch o. Akk.-Obj.:⟩ die Firma zahlt miserabel, recht ordentlich.

zäh|len ⟨sw. V.; hat⟩ [mhd. zel(le)n, ahd. zellan = (er-, auf)zählen; rechnen]: **1.** *eine Zahlenfolge [im Geiste] hersagen:* das Kind kann schon [bis hundert] z.; ich zähle bis drei. Wenn du dann noch da bist, gibt es Ärger! **2.** *[zählend* (1) *u. addierend] die Anzahl von etw., den Betrag einer Geldsumme feststellen:* die Anwesenden z.; sein Geld z.; wie viele hast du gezählt *(wie viele sind es nach deiner Zählung)*?; er zählte das Geld auf den Tisch *(legte es in einzelnen Scheinen, Münzen hin u. zählte es dabei);* sie zählt schon die Stunden bis zum Urlaub *(kann den Urlaub kaum mehr erwarten);* ⟨auch o. Akk.-Obj.:⟩ du hast offenbar falsch gezählt. **3.** (geh.) **a)** *eine bestimmte Anzahl von etw.*

haben: die Stadt zählt 530 000 Einwohner; er zählt 40 Jahre *(ist 40 Jahre alt);* man zählte [das Jahr] 1880 (veraltend; *es war das Jahr 1880);* **b)** *in einer bestimmten Anzahl vorhanden sein:* die Opfer der Katastrophe zählten nach Tausenden; eine nach Millionen zählende Gemeinde von Fans. **4. a)** *als einer bestimmten Kategorie zugehörend betrachten; rechnen* (4 a): ich zähle ihn zu meinen Freunden/(seltener:) unter meine Freunde; **b)** *zu etw., zu einer bestimmten Kategorie gehören; rechnen* (4 b): zum Mittelstand z.; die Menschenaffen zählen zu den Primaten; er zählt zu den bedeutendsten Autoren seiner Zeit; diese Tage zählen zu den schönsten seines Lebens; ein Bürgermeister zählte zu *(war unter)* ihren Schülern; die zu Frankreich zählende Insel Réunion; die Pause zählt *(gilt)* nicht als Arbeitszeit. **5. a)** *wert sein:* das Ass zählt 11 [Punkte]; ein Turm zählt mehr als ein Läufer; Ü das Leben eines Menschen zählt dort nicht viel; Größe zählt; **b)** *gewertet werden, gültig sein:* das Tor zählt nicht; es zählt nur der dritte Versuch; **c)** *als gültig ansehen, werten:* das Tor wurde nicht gezählt; **d)** *Bedeutung haben, wichtig sein:* bei ihm/für ihn zählt nur die Leistung; ich zählte nicht. **6.** *sich verlassen* (1): ich zähle auf dich, deine Hilfe, deine Verschwiegenheit; können wir heute Abend auf dich z.? *(wirst du mitmachen, dabei sein?).*

Za̲h|len|an|ga|be, die: *Angabe* (1) *von Zahlen:* genaue -n machen.

Za̲h|len|bei|spiel, das: *Beispiel, in dem etw. mit Zahlen veranschaulicht wird.*

Za̲h|len|fol|ge, die (Math.): *Folge.* (3)

Za̲h|len|ge|dächt|nis, das: *Gedächtnis* (1) *für Zahlen:* sie hat ein gutes Z.

Za̲h|len|kom|bi|na|ti|on, die: [1]*Kombination* (1 a) *aus mehreren Zahlen.*

Za̲h|len|lot|te|rie, die, **Za̲h|len|lot|to,** das: *Lotto* (1): Z. spielen.

za̲h|len|mä|ßig ⟨Adj.⟩: *bezüglich der Anzahl; an Zahl; numerisch:* eine -e Verringerung; der Gegner ist z. weit überlegen.

Za̲h|len|ma|te|ri|al, das ⟨o. Pl.⟩: *vorliegende Zahlen, Zahlenangaben:* das vorliegende Z. reicht aus; das Z. auswerten.

Za̲h|len|mys|tik, die: *Form der Mystik, in der den Zahlen besondere Bedeutung zugeschrieben wird.*

Za̲h|len|rät|sel, das: *Rätsel, bei dem bestimmte Zahlen ermittelt werden müssen.*

Za̲h|len|rei|he, die: *Reihe von [aufeinander folgenden] Zahlen.*

Za̲h|len|schloss, das: *Schloss, das durch Einstellen einer bestimmten Zahlenkombination geöffnet wird.*

Za̲h|len|strahl, der (Math.): *Strahl* (4), *dessen Punkte zur Darstellung der positiven Zahlen dienen.*

Za̲h|len|sys|tem, das: *System von Zahlzeichen u. Regeln für die Darstellung von Zahlen.*

Za̲h|len|wert, der (Physik): *durch eine Zahl ausgedrückter Wert.*

Za̲h|ler, der; -s, -: *jmd., der (in einer bestimmten Weise) seine Rechnungen o. Ä. zahlt:* ein säumiger, schlechter Z.

Zä̲h|ler, der; -s, - [mhd. zel(l)er = Zählender, Rechner; 2: LÜ von mlat. numerator]: **1.** *mit einem Zählwerk arbeitendes, aus einem Zählwerk bestehendes Instrument* (z. B. Strom-, Kilometerzähler): den Z. ablesen. **2.** (Math.) *(bei Brüchen) Zahl, Ausdruck über dem Bruchstrich.* **3.** *jmd., der etw. zählt, der bei einer Zählung mitwirkt.* **4.** (Sport Jargon) **a)** *Treffer;* **b)** *Punkt* (5 a): einen [wichtigen] Z. holen.

Za̲h|le|rin, die; -, -nen: w. Form zu ↑Zahler.

Zä̲h|le|rin, die; -, -nen: w. Form zu ↑Zähler (3).

Zä̲h|ler|stand, der: *Stand* (4 c) *eines Zählers* (1): den Z. ablesen, notieren.

Zä̲hl|kan|di|dat, der (Politik): *Kandidat, der keine Aussicht hat, gewählt zu werden.*

Zä̲hl|kan|di|da|tin, die: w. Form zu ↑Zählkandidat.

Za̲hl|kar|te, die (Postw.): *Formblatt für Einzahlungen auf Postämtern.*

Za̲hl|kell|ner, der: *Kellner, bei dem der Gast bezahlt; Oberkellner.*

Za̲hl|kell|ne|rin, die: w. Form zu ↑Zahlkellner.

za̲hl|los ⟨Adj.⟩ (emotional): *sehr viele:* dafür gibt es -e Beispiele; -e zufriedene Kunden.

Zä̲hl|maß, das: *Mengenmaß, mit dem sich Stückzahlen angeben lassen* (z. B. Dutzend).

Za̲hl|meis|ter, der: *jmd., der in einem bestimmten Bereich für die finanziellen Angelegenheiten, für den Einkauf von Proviant u. a. zuständig ist, der Gelder verwaltet u. im Auftrag [Aus]zahlungen vornimmt:* er war Z. beim Heer, am Hofe des Fürsten; Ü nur Z. *(derjenige, der zahlt und keinerlei Rechte hat)* sein.

Za̲hl|meis|te|rin, die: w. Form zu ↑Zahlmeister.

za̲hl|reich ⟨Adj.⟩: **1.** *sehr viele:* -e schwere Unfälle; -e Beamte; -e Male; solche Fälle sind nicht sehr z. *(häufig);* ich freue mich, dass ihr so z. *(in so großer Zahl)* gekommen seid. **2.** *aus vielen einzelnen Personen od. Dingen bestehend, umfangreich, groß:* ihre -e Nachkommenschaft.

Za̲hl|schal|ter, der: *Schalter für Ein- u. Auszahlungen.*

Za̲hl|stel|le, die: **1.** vgl. Zahlschalter. **2.** (Bankw.) *Domizil* (2).

Za̲hl|sub|stan|tiv, das (Sprachw.): vgl. Zahlwort: das Z. »Million« wird immer großgeschrieben.

Za̲hl|tag, der: *Tag, an dem etw., bes. ein Arbeitsentgelt, [aus]gezahlt wird.*

Za̲h|lung, die; -, -en: **1.** *das Zahlen:* die Z. erfolgte [in] bar; eine Z. leisten; sofortige Z. fordern; die Firma hat die -en eingestellt (verhüll.; *hat Konkurs gemacht);* er wurde zur Z. einer Entschädigung verurteilt; * **etw. in Z. nehmen** (Kaufmannsspr.; 1. *beim Verkauf einer Ware gleichzeitig vom Käufer eine gebrauchte Ware übernehmen u. dafür den Verkaufspreis um einen bestimmten Betrag ermäßigen:* der Händler hat meinen alten Wagen [für 6 000 Mark] in Z. genommen. 2. *etw. als Zahlungsmittel akzeptieren:* Wertmarken in Z. nehmen); **etw. in Z. geben** (Kaufmannsspr.; *etw. hingeben, was der andere in Zahlung nimmt):* das defekte Fernsehgerät in Z. geben; **an -s statt** (veraltet; *anstelle einer Zahlung von Geld*). **2.** *gezahlter Geldbetrag:* die Z. ist auf meinem Konto eingegangen.

Zä̲h|lung, die; -, -en: *das Zählen:* eine Z. durchführen.

Za̲h|lungs|an|wei|sung, die: *Anweisung für eine Zahlung.*

Za̲h|lungs|art, die: *Art, in der eine Zahlung erfolgt.*

Za̲h|lungs|auf|for|de|rung, die: *Aufforderung, eine [schon längst fällige] Zahlung zu leisten.*

Za̲h|lungs|auf|schub, der: *Aufschub einer fälligen Zahlung:* um Z. bitten.

Za̲h|lungs|be|din|gun|gen ⟨Pl.⟩ (Wirtsch.): *Vereinbarungen über die Zahlungsweise.*

Za̲h|lungs|bi|lanz, die (Volkswirtschaft): *zusammengefasste Bilanz über alle zwischen dem In- und Ausland erfolgten Transaktionen.*

Za̲h|lungs|er|in|ne|rung, die (Amtsspr.): *Mahnung* (2 b).

Za̲h|lungs|er|leich|te|rung, die: *Erleichterung* (b) *bei der Zahlung einer Schuld, bes. bei der Bezahlung eines Kaufpreises (z. B. durch die Vereinbarung von Ratenzahlung):* -en vereinbaren.

za̲h|lungs|fä|hig ⟨Adj.⟩: *in der Lage zu zahlen; solvent, liquid* (2).

Za̲h|lungs|fä|hig|keit, die ⟨o. Pl.⟩: *Solvenz, Liquidität* (1).

Za̲h|lungs|frist, die: *Frist, innerhalb deren eine bestimmte Zahlung zu leisten ist.*

za̲h|lungs|kräf|tig ⟨Adj.⟩ (ugs.): *finanziell in der Lage, eine höhere Summe ohne weiteres zu zahlen; sich hohe Ausgaben leisten könnend:* -e Kunden, Touristen.

Za̲h|lungs|mit|tel, das: *etw., womit etw. bezahlt werden kann (z. B. Geld, Scheck):* ein gesetzliches Z.

Za̲h|lungs|mo|da|li|tät, die ⟨meist Pl.⟩ (bildungsspr.): *Art u. Weise, in der eine Zahlung erfolgt.*

Za̲h|lungs|mo|dus, der (bildungsspr.): *Zahlungsart.*

Za̲h|lungs|mo|ral, die: *Verlässlichkeit beim Bezahlen fälliger Beträge:* eine schlechte Z.

Za̲h|lungs|ort, der: *[festgelegter, vereinbarter] Ort, an dem eine Zahlung erfolgt, bes. ein Wechsel ausbezahlt wird.*

za̲h|lungs|pflich|tig ⟨Adj.⟩: *verpflichtet zu zahlen.*

Za̲h|lungs|schwie|rig|kei|ten ⟨Pl.⟩: *Schwierigkeiten bei der Zahlung einer Schuld, beim Bezahlen fälliger Beträge o. Ä.*

Za̲h|lungs|ter|min, der: *Termin, zu dem eine Zahlung geleistet werden muss.*

za̲h|lungs|un|fä|hig ⟨Adj.⟩: *nicht in der Lage zu zahlen; insolvent, illiquid.*

Za̲h|lungs|un|fä|hig|keit, die: *das Zahlungsunfähigsein.*

za̲h|lungs|un|wil|lig ⟨Adj.⟩: *sich weigernd, nicht bereit zu zahlen.*

Za̲h|lungs|ver|kehr, der ⟨o. Pl.⟩: *Geldverkehr:* im bargeldlosen Z.

Za̲h|lungs|ver|pflich|tung, die: *das Verpflichtetsein zu einer Zahlung:* seinen -en [nicht] nachkommen.

Za̲h|lungs|wei|se, die: **a)** *Zahlungsart;* **b)** (Kaufmannsspr.) *die Fälligkeit betreffende Zahlungsmodalitäten:* eine vierteljährliche Z. vereinbaren.

za̲h|lungs|wil|lig ⟨Adj.⟩: *bereit zu zahlen.*

Zä̲hl|werk, das: *[mechanische] Vorrichtung, die automatisch Stückzahlen, Durchflussmengen od. andere Größen ermittelt u. anzeigt; Zähler* (1): ein mechanisches, elektronisches Z.

Za̲hl|wort, das ⟨Pl. ...wörter⟩ [nach lat. nomen numerale] (Sprachw.): *Wort, bes. Adjektiv, das eine Zahl, eine Anzahl, eine Menge o. Ä. bezeichnet; Numerale:* »ein« ist hier nicht Artikel, sondern Z.

Za̲hl|zei|chen, das: *Zeichen, das für eine Zahl steht; Ziffer:* arabische, römische Z.

za̲hm ⟨Adj.⟩ [mhd., ahd. zam, rückgeb. aus mhd. zamen, ahd. zamōn = zähmen od. unmittelbar zu ↑zähmen]: **1. a)** *(von Tieren) an die Nähe von Menschen, an das Leben unter Menschen gewöhnt; keine Scheu vor dem Menschen habend, zutraulich:* eine -e Dohle; ein -es Reh; die Eichhörnchen im Park sind ganz z.; **b)** *(von Tieren) sich nicht wild, nicht angriffslustig zeigend u. deshalb nicht gefährlich:* ich gebe dir das -ste unserer Pferde; der Ziegenbock ist ganz z. **2.** (ugs.) **a)** *gefügig, brav, sich nicht widersetzend:* eine ausgesprochen -e Klasse; jmdn. z. kriegen; **b)** *gemäßigt, milde:* eine sehr -e Kritik; jmdn. nur z. zurechtweisen; Ü eine -e *(verhaltene, gemächliche)* Fahrweise.

zä̲hm|bar ⟨Adj.⟩: *sich zähmen* (1) *lassend:* diese Tiere sind nur schwer z.

Zä̲hm|bar|keit, die; -: *das Zähmbarsein.*

zä̲h|men ⟨sw. V.; hat⟩ [mhd. zem(m)en, ahd. zemmen, wohl eigtl. = ans Haus fesseln]: **1.** *(ein Tier) zahm machen, ihm seine Wildheit nehmen:* ein wildes Tier z.; Ü die Natur z. **2.** (geh.) *bezähmen* (1): seine Neugier z.; er wusste sich kaum noch zu z.

Za̲hm|heit, die; -: *das Zahmsein; zahmes Wesen.*

Zä̲h|mung, die; -, -en ⟨Pl. selten⟩: *das Zähmen; das Gezähmtwerden.*

Za̲hn, der; -[e]s, Zähne [mhd. zan(t), ahd. zan(d), eigtl. = der Kauende; 4: wohl nach dem mit Zähnen (3) versehenen Teil, an dem früher der Handgashebel entlanggeführt wurde]: **1.** *in einem der beiden Kiefer wurzelndes, gewöhnlich in die Mundhöhle ragendes [spitzes, scharfes] knochenähnliches Gebilde, das bes. zur Zerkleinerung der Nahrung dient:* scharfe, strahlend weiße, regelmäßige, gepflegte, gesunde, schlechte, gelbe, kariöse, faule Zähne; ein hohler, lockerer, kranker Z.; die Zähne brechen durch; ein Z. wackelt, schmerzt; mir ist ein Z. abgebrochen; der Z. muss gezogen werden; ihr fallen die Zähne aus; du musst [dir] öfter die

Zähne putzen; der Hund zeigte, fletschte, bleckt die Zähne; einen Z. plombieren, füllen; jmdm. einen Z. ausschlagen; jmdm. die Zähne einschlagen; falsche Zähne haben *(ein Gebiss tragen);* mit den Zähnen knirschen; er murmelte dauernd etwas zwischen den Zähnen *(artikulierte nicht deutlich);* Ü der Z. des Zweifels nagt an ihr (*Zweifel zehrt an ihr*); * **dritte Zähne** *(künstliches Gebiss);* **der Z. der Zeit** (ugs.; *die in Verfall, Abnutzung sich zeigende zerstörende Kraft der Zeit;* wohl LÜ von engl. tooth of time, Shakespeare, Maß für Maß, V, 1): dem Z. der Zeit zum Opfer fallen; der Z. der Zeit nagt auch an diesem Baudenkmal; **jmdm. tut kein Z. mehr weh** (ugs.; *jmd. ist tot*); **jmdm. den Z. ziehen** (ugs.; *jmdm. eine Illusion, Hoffnung nehmen; jmdn. ernüchtern*); **[jmdm.] die Zähne zeigen** (ugs.; *[jmdm. gegenüber] Stärke demonstrieren, [jmdm.] seine Entschlossenheit zeigen zu handeln, sich durchzusetzen;* nach der Drohhaltung von Hunden u. bestimmten Raubtieren); **die Zähne zusammenbeißen** (ugs.; *ein Höchstmaß an Selbstbeherrschung aufbieten, um etw. sehr Unangenehmes, Schmerzhaftes ertragen zu können*); **die Zähne nicht auseinander kriegen** (ugs.; *sich nicht äußern, nichts sagen, schweigen*); **sich** ⟨Dativ⟩ **an etw. die Zähne ausbeißen** (ugs.; *an einer schwierigen Aufgabe trotz größter Anstrengungen scheitern*): an dieser Frage haben sich die Prüflinge die Zähne ausgebissen; **sich** ⟨Dativ⟩ **an jmdm. die Zähne ausbeißen** (ugs.; *mit jmdm. nicht fertig werden; sich vergeblich bemühen, jmdn. zu etw. Bestimmtem zu veranlassen*); **lange Zähne machen/mit langen Zähnen essen** (ugs.; *beim Essen seinen Widerwillen deutlich erkennen lassen*); **jmdm. auf den Z. fühlen** (ugs.; *jmdn. ausforschen, einer sehr kritischen Prüfung unterziehen*): die Kommission fühlte den Bewerbern gründlich auf den Z.; **bis an die Zähne bewaffnet** *(schwer bewaffnet);* **[nur] für einen Zahn/für den hohlen Z. reichen, sein** (salopp; *[von Essbarem] bei weitem nicht ausreichen, allzu wenig sein*): dieses Steak war nur etwas für den hohlen Z.; **etw. mit Zähnen und Klauen verteidigen** (ugs.; *etw. äußerst entschlossen u. mit allen verfügbaren Mitteln verteidigen*): seine Privilegien mit Zähnen und Klauen verteidigen; **etwas, nichts, nichts Ordentliches o. Ä. zwischen die Zähne kriegen** (ugs.; *etwas, nichts, nichts Nahrhaftes o. Ä. zu essen bekommen*). **2.** (Zool.) *einem spitzen Zahn* (1) *gleichendes Gebilde auf der Haut eines Haifisches.* **3.** *zackenartiger Teil, Zacke:* die Zähne einer Säge, eines Kamms, einer Briefmarke, eines Laubblatts. **4.** (ugs.) *hohe Geschwindigkeit:* einen ganz schönen Z. draufhaben; * **einen Z. zulegen** (ugs.; 1. *seine Geschwindigkeit, sein Tempo [deutlich] erhöhen.* 2. *sich in seinen Anstregungen, seinen Bemühungen zur Erreichung eines Ziels [erheblich] steigern*). 5. (Jugendspr. veraltend) *junges Mädchen, junge Frau:* ein heißer, steiler Z.

Zahn|arzt, der: *Arzt für Zahnheilkunde:* zum Z. gehen, müssen.

Zahn|arzt|hel|fer, der: vgl. Zahnarzthelferin.

Zahn|arzt|hel|fe|rin, die: *Angestellte, die einem Zahnarzt in der Praxis hilft, Verwaltungsarbeiten erledigt o. Ä.*

Zahn|arzt|ho|no|rar, das: *für eine zahnärztliche Leistung zu zahlendes Honorar.*

Zahn|ärz|tin, die: w. Form zu ↑Zahnarzt.

Zahn|arzt|kos|ten ⟨Pl.⟩: vgl. Arztkosten.

zahn|ärzt|lich ⟨Adj.⟩: *vom Zahnarzt ausgehend; sich auf den Zahnarzt beziehend:* in -er Behandlung sein.

Zahn|arzt|pra|xis, die: vgl. Arztpraxis.

Zahn|arzt|stuhl, der: *Behandlungsstuhl eines Zahnarztes.*

Zahn|aus|fall, der ⟨o. Pl.⟩ (Zahnmed.): *das Ausfallen von Zähnen.*

Zahn|be|hand|lung, die: *zahnärztliche Behandlung.*

Zahn|bein, das ⟨o. Pl.⟩ (Zahnmed.): *Knochensubstanz, aus der das Innere der Zähne besteht.*

Zahn|be|lag, der (Zahnmed.): *grauweißer Belag auf den Zähnen; Plaque* (2).

Zahn|bett, das (Zahnmed.): *Knochen- u. Bindegewebe, in dem ein Zahn verwurzelt ist.*

Zahn|bürs|te, die: *kleine, langstielige Bürste zum Reinigen der Zähne:* eine weiche, harte, elektrische Z.

Zähn|chen, das: Vkl. zu ↑Zahn (1–3).

Zahn|creme, die: *Zahnpasta.*

Zäh|ne|ble|cken, das; -s: *Aggressionslust erkennen lassendes Zeigen, Blecken* (2) *der Zähne.*

zäh|ne|ble|ckend ⟨Adj.⟩: *die Zähne bleckend* (2): der Hund kam z. auf uns zu.

Zäh|ne|flet|schen, das; -s: vgl. Zähneblecken.

zäh|ne|flet|schend ⟨Adj.⟩: vgl. zähnebleckend.

Zäh|ne|klap|pern, das; -s: *das Klappern* (1 b) *mit den Zähnen.*

zäh|ne|klap|pernd ⟨Adj.⟩: *mit den Zähnen klappernd* (1 b): zitternd und z. stand sie in der Kälte.

Zäh|ne|knir|schen, das; -s: *das Knirschen* (b) *mit den Zähnen.*

zäh|ne|knir|schend ⟨Adj.⟩: **1.** *mit den Zähnen knirschend* (b). **2.** *seinen Unmut, Ärger, Zorn, Widerwillen unterdrückend:* schließlich zahlte sie z.; etw. z. hinnehmen.

zah|nen ⟨sw. V.; hat⟩: *die ersten Zähne bekommen:* das Baby zahnt.

zäh|nen ⟨sw. V.; hat⟩: *mit Zähnen* (3) *versehen:* etw., den Rand von etw. z.; ⟨meist im 2. Part.:⟩ kleine Blätter mit gezähntem Rand.

Zäh|ne|put|zen, das; -s: *das Putzen der Zähne, das Sich-die-Zähne-Putzen:* nach dem Essen das Z. nicht vergessen.

Zahn|er|satz, der: *Ersatz für einen od. mehrere Zähne; künstlicher Zahn.*

Zahn|fäu|le, die: *Karies* (2).

Zahn|fleisch, das [mhd. zan(t)vleisch, spätahd. zandfleisc]: *Teil der Mundschleimhaut, der die Kieferknochen bedeckt u. die Zahnhälse umschließt:* das Z. ist entzündet; * **auf dem Z. gehen/kriechen** (ugs.; *in höchstem Maße erschöpft sein, keine Kraft mehr haben*): ich gehe schon seit Wochen auf dem Z.

Zahn|fleisch|blu|ten, das; -s: *das Bluten im Bereich des Zahnfleischs:* Z. haben; an Z. leiden.

Zahn|fül|lung, die (Zahnmed.): *Füllung* (2 b); *Plombe* (2).

Zahn|gold, das: *für Zahnfüllungen od. -ersatz verwendetes Gold.*

Zahn|hals, der: *Teil des Zahnes zwischen Zahnkrone u. Zahnwurzel.*

Zahn|heil|kun|de, die: *Zahnmedizin.*

-zah|nig, (seltener:) **-zäh|nig:** in Zusb., z. B. fünfzahnig *(fünf Zähne habend);* scharfzahnig *(scharfe Zähne habend).*

Zahn|karp|fen, der [im Gegensatz zu den Karpfenfischen hat dieser Fisch Zähne]: *(in vielen Arten in tropischen u. subtropischen Gewässern vorkommender) meist kleiner, oft prächtig gefärbter Knochenfisch.*

Zahn|klam|mer, die: *Zahnspange.*

Zahn|klemp|ner, der (ugs. scherzh., auch abwertend): *Zahnarzt.*

Zahn|klemp|ne|rin, die: w. Form zu ↑Zahnklempner.

Zahn|kli|nik, die: *zahnmedizinische Klinik.*

Zahn|kranz, der (Technik): *ringförmiger, außen mit Zähnen* (3) *versehener Teil einer Maschine o. Ä.*

Zahn|kro|ne, die (Zahnmed.): *oberer, aus dem Zahnfleisch ragender, mit Schmelz überzogener Teil eines Zahnes.*

Zahn|laut, der (Sprachw.): *Konsonant, der mithilfe der Zungenspitze an den oberen Schneidezähnen od. in ihrer Nähe artikuliert wird; Dental.*

Zähn|lein, das; -s, -: Vkl. zu ↑Zahn (1–3).

zahn|los ⟨Adj.⟩: *keine Zähne habend:* ein -er Greis, Mund; Ü eine -e *(nicht genügend bissige)* Satire.

Zahn|lo|sig|keit, die; -: *das Zahnlossein.*

Zahn|lü|cke, die: *[durch Verlust eines Zahnes entstandene] Lücke in einer Zahnreihe.*

Zahn|mark, das (Zahnmed.): *weiches Gewebe im Innern eines Zahnes; Pulpa* (1 a).

Zahn|me|di|zin, die ⟨o. Pl.⟩: *Teilgebiet der Medizin, das sich mit den Erkrankungen der Zähne, des Mundes u. der Kiefer sowie mit Kiefer- od. Gebissanomalien befasst.*

Zahn|me|di|zi|ner, der: *jmd., der sich, bes. als Wissenschaftler, mit der Zahnmedizin beschäftigt.*

Zahn|me|di|zi|ne|rin, die: w. Form zu ↑Zahnmediziner.

zahn|me|di|zi|nisch ⟨Adj.⟩: *die Zahnmedizin betreffend, auf ihr beruhend.*

Zahn|pas|ta, (seltener:) Zahnpaste, die: *reinigende u. desinfizierende, meist in Tuben abgefüllte Paste* (2) *zur Zahnpflege.*

Zahn|pas|ta|lä|cheln, das; -s (ugs. spött.): *strahlendes, aber ein wenig dümmlich od. gekünstelt wirkendes Lächeln.*

Zahn|pas|ta|tu|be, die: *Tube für Zahnpasta.*

Zahn|pas|te: ↑Zahnpasta.

Zahn|pfle|ge, die: *Pflege der Zähne.*

Zahn|pfle|ge|mit|tel, das: *Mittel zur Reinigung der Zähne.*

Zahn|pro|the|se, die: *herausnehmbarer Zahnersatz.*

Zahn|putz|be|cher, der: *beim Zähneputzen verwendeter Becher.*

Zahn|putz|glas, das: vgl. Zahnputzbecher.

Zahn|putz|mit|tel, das: *Zahnpflegemittel.*

Zahn|rad, das (Technik): *ringsum mit Zähnen* (3) *versehenes* ²*Rad* (2).

Zahn|rad|bahn, die (Technik): *Bergbahn, die durch ein sich drehendes Zahnrad angetrieben wird, das in eine zwischen den beiden Schienen liegende Zahnstange greift.*

Zahn|re|gu|lie|rung, die (Zahnmed.): *Korrektur von Fehlstellungen einzelner oder mehrerer Zähne.*

Zahn|rei|he, die (bes. Zahnmed.): *Reihe von nebeneinander stehenden Zähnen:* eine vollständige Z.; zwei leuchtend weiße -n.

Zahn|schmelz, der: *sehr harte, glänzende Substanz, mit der ein Zahn überzogen ist.*

Zahn|schmerz, der ⟨meist Pl.⟩: *von einem kranken Zahn od. der Umgebung eines Zahns ausgehender Schmerz.*

Zahn|sei|de, die: *feiner Faden, mit dem sich zwischen den Zähnen befindliche Speisereste u. Zahnbeläge entfernen lassen.*

Zahn|span|ge, die: *spangenartige Vorrichtung aus Draht [mit einer Gaumenplatte], die getragen wird, um eine anomale Zahnstellung zu korrigieren:* eine Z. haben, tragen.

Zahn|stan|ge, die (Technik): *als Teil von Maschinen o. Ä. dienende [Metall]stange mit Zähnen* (3).

Zahn|stein, der ⟨o. Pl.⟩: *feste Ablagerungen (bes. aus Kalkverbindungen) an den Zähnen:* sich den Z. entfernen lassen.

Zahn|stel|lung, die: *Stellung der Zähne in einem Gebiss.*

Zahn|sto|cher, der: *spitzes feines [Holz]stäbchen zum Entfernen von Speiseresten zwischen den Zähnen.*

Zahn|stum|mel, der: *Stummel eines Zahns.*

Zahn|stumpf, der: *Stumpf eines Zahns.*

Zahn|tech|nik, die ⟨o. Pl.⟩: *Technik, die sich mit der Anfertigung, Änderung u. Reparatur von Zahnersatz, Zahnspangen u. a. befasst.*

Zahn|tech|ni|ker, der: *jmd., der auf dem Gebiet der Zahntechnik tätig ist* (Berufsbez.).

Zahn|tech|ni|ke|rin, die: w. Form zu ↑Zahntechniker.

zahn|tech|nisch ⟨Adj.⟩: *zur Zahntechnik gehörend, sie betreffend:* ein -es Labor.

Zah|nung, die; -, -en (Technik, Philat.): *Gesamtheit einer größeren Anzahl nebeneinander stehender Zähne* (3): die Z. einer Säge, einer Briefmarke.

Zäh|nung, die; -, -en: **1.** *das Zähnen.* **2.** (bes. Philat.) *Zahnung.*

Zahn|wal, der: *(in zahlreichen Arten vorkommendes) Waltier mit Zähnen.*
Zahn|weh, das ⟨o. Pl.⟩ (ugs.): *Zahnschmerz.*
Zahn|wur|zel, die (Zahnmed.): *in eine od. zwei Spitzen auslaufender, im Kieferknochen steckender unterster Teil eines Zahnes.*
Zahn|wur|zel|be|hand|lung, die (Zahnmed.): *Wurzelbehandlung.*
Zahn|ze|ment, das (Zahnmed.): *harte Substanz, von der die Zahnwurzel überzogen ist.*
Zäh|re, die; -, -n [mhd. zeher, zaher, ahd. zah(h)ar] (dicht. veraltet): *Träne:* bittere -n weinen.
Zain, der; -[e]s, -e [1: mhd., ahd. zein]: 1. (landsch.) *Zweig, [Weiden]gerte.* 2. (Münztechnik früher) *gegossener Metallstreifen, aus dem Münzen gestanzt wurden.*
[1]**Za|i|re** [za'i:r(ə)], der; -[s]: (bes. in [2]Zaire) Name des [1]Kongo.
[2]**Za|i|re;** -s: früherer Name von [2]Kongo.
Za|i|rer, der; -s, -: Ew.
Za|i|re|rin, die; -, -nen: w. Form zu ↑Zairer.
za|i|risch ⟨Adj.⟩: *Zaire, die Zairer betreffend; von den Zairern stammend, zu ihnen gehörend.*
Zam|pa|no, der; -s, -s [nach der gleichnamigen Gestalt in Fellinis Film »La Strada« (1954)]: *Mann, der durch übertriebenes, prahlerisches Gebaren beeindrucken will od. den Eindruck erweckt, Unmögliches möglich machen zu können:* er spielt sich auf wie der große Z.; wir brauchen hier keinen Z., sondern einen soliden Arbeiter.
Zam|perl, das; -s, -[n] [H. u.] (bayr.): *kleinerer Hund.*
Zan|der, der; -s, - [mniederd. sandāt, aus dem Slaw.]: *räuberisch lebender Barsch mit silbrig glänzendem Bauch u. graugrünem, dunkle Bänder aufweisendem Rücken, der auch als Speisefisch geschätzt wird.*
Zan|ge, die; -, -n [mhd. zange, ahd. zanga, eigtl. = die Beißende]: 1. *bes. zum Greifen, Festhalten, Durchtrennen o. Ä. dienendes Werkzeug, das aus zwei durch ein Scharnier verbundenen* [1]*Backen (2), die in Schenkel (3) übergehen, besteht:* eine Z. zu Hilfe nehmen; etw. mit einer Z. fassen, greifen, packen, [fest]halten; einen Nagel mit einer Z. herausziehen; den Draht mit der Z. abkneifen; eine [spezielle] Z. zum Ziehen von Zähnen; eine Z. für den Kandis, das Gebäck, die Eiswürfel; das Kind musste mit der Z. *(Geburtszange)* geholt werden; * [die beiden folgenden Wendungen bezogen sich urspr. auf das Schmieden, bei dem der Schmied das glühende Eisen mit der Zange festhält] **jmdn. in die Z. nehmen** (1. ugs.; *jmdn. hart unter Druck setzen, ihm mit Fragen zusetzen.* 2. Fußball; *einen gegnerischen Spieler von zwei Seiten her so bedrängen, dass er erheblich behindert wird*); **jmdn. in der Z. haben** (ugs.; *Gewalt über jmdn. haben, ihn zu etw. zwingen können*); **jmdn., etw. nicht mit der Z. anfassen mögen** (ugs.; *jmdn., etw. als äußerst abstoßend empfinden*). 2. (ugs.) *zangenartiger Körperteil mancher Tiere:* die -n des Krebses.
Zan|gen|ent|bin|dung, die: *Entbindung mithilfe einer Geburtszange.*
zan|gen|för|mig ⟨Adj.⟩: *die Form einer Zange aufweisend.*
Zan|gen|ge|burt, die: vgl. Zangenentbindung: eine Z. ist mit gewissen Risiken verbunden.
Zan|gen|griff, der: 1. *Griff (2) einer Zange (1).* 2. (Sport) *von beiden Seiten fest umschließender Griff (1 b).*
Zäng|lein, das; -s, -: Vkl. zu ↑Zange.
Zank, der; -[e]s [zu ↑zanken]: *mit gegenseitigen Beschimpfungen, Vorwürfen, Gehässigkeiten ausgetragener Streit (meist aus einem geringfügigen Anlass):* in diesem Haus herrschen ständig Z. und Streit; mit dem Partner in Z. um, über etw. geraten.
Zank|ap|fel, der [nach lat. pomum Eridis = Apfel der Eris, ↑Erisapfel]: *Gegenstand eines Streites, eines Zankes:* Geld war der ewige Z.
zan|ken ⟨sw. V.; hat⟩ [spätmhd. zanken = sich mit jmdm. streiten, H. u.]: 1. ⟨z. + sich⟩ *mit jmdm. einen Zank haben, sich mit jmdm. streiten:* die Geschwister zanken sich um ein Spielzeug; du sollst dich nicht immer mit ihr z.; ⟨auch ohne »sich«:⟩ hört endlich auf zu z.! 2. (landsch.) *(mit jmdm.) schimpfen* (1 b): muss ich schon wieder z.?
Zän|ker, der; -s, - (abwertend): *zänkischer Mensch.*
Zan|ke|rei, die; -, -en (ugs. abwertend): *[dauerndes] Zanken, Sichzanken.*
Zän|ke|rei, die; -, -en ⟨meist Pl.⟩: *kleinerer Zank:* ihre ständigen -en.
Zän|ke|rin, die; -, -nen: w. Form zu ↑Zänker.
zän|kisch ⟨Adj.⟩: *zu häufigem Zanken (1) neigend:* ein -es altes Weib.
Zank|sucht, die ⟨o. Pl.⟩ (abwertend): *stark ausgeprägte Neigung, mit jmdm. einen Zank zu beginnen.*
zank|süch|tig ⟨Adj.⟩ (abwertend): *[ständig] auf Zank aus [seiend]:* beim Tennis ist er rechthaberisch und z.
Zapf, der; -[e]s, Zäpfe (österr. Schülerspr.): *mündliche Prüfung:* heute haben wir in Latein einen Z.
Zäpf|chen, das; -s, -: 1. Vkl. zu ↑Zapfen (1, 2 a, 4). 2. *Medikament in Form eines kleinen Zapfens od. Kegels, das in den After od. in die Scheide eingeführt wird; Suppositorium.* 3. (Anat.) *in der Mitte des hinteren Randes des Gaumens in die Mundhöhle herabhängendes, zapfenartiges Gebilde; Gaumenzäpfchen.*
Zäpf|chen-R, (auch:) **Zäpf|chen-r,** das; - (Sprachw.): *mithilfe des Zäpfchens (3) artikulierter r-Laut.*
zap|fen ⟨sw. V.; hat⟩ [mhd. zapfen, zepfen, zu ↑Zapfen]: 1. *mithilfe eines Hahns (3) o. Ä. aus einem Behälter, einer Leitung herausfließen lassen [u. in einem Gefäß auffangen]:* Benzin z.; kannst du mir mal zwei Pils z.? 2. (österr. Schülerspr.) *mündlich prüfen:* heute wird in Biologie gezapft.
Zap|fen, der; -s, - [mhd. zapfe, ahd. zapho, eigtl. = spitzer Holzpflock, der ein Loch verschließt u. herausgezogen werden kann]: 1. (Bot.) *bes. für Nadelbäume charakteristischer Blüten- bzw. Fruchtstand, der sich aus vielen um eine Längsachse herum angeordneten, verholzenden Schuppen aufbaut, zwischen denen sich die Samen befinden:* Nadelbäume mit stehenden, hängenden Z. 2. a) *länglicher [nach einem Ende hin sich verjüngender], meist aus einem Stück Holz bestehender Stöpsel zum Verschließen eines Fasses o. Ä.:* einen Z. in das Fass schlagen; * **über den Z. hauen/wichsen** (Soldatenspr.; *den Zapfenstreich (2) nicht einhalten*); b) (schweiz.) *Korken.* 3. (Technik) a) (Holzverarb.) *(zur Verbindung zweier Holzteile dienender) vorspringender Teil an einem Kantholz, Brett o. Ä., der in einen entsprechenden Schlitz an einem anderen Kantholz, Brett o. Ä. greift;* b) *[dünneres] Ende einer Welle, Achse, mit dem sie im Lager läuft; Bolzen o. Ä.* 4. *längliches, an einem Ende spitz zulaufendes Gebilde* (z. B. Eiszapfen). 5. (Weinbau) *auf zwei Augen gekürzter Trieb, an dem sich die fruchttragenden Triebe bilden.* 6. (Anat.) *zapfenförmige Sinneszelle in der Netzhaut des Auges.* 7. (landsch.) *[leichter] Rausch:* er hat einen Z. 8. ⟨o. Pl.⟩ (österr. ugs.) *große Kälte:* heute hat es aber einen Z.!
zap|fen|ar|tig ⟨Adj.⟩: vgl. zapfenförmig.
zap|fen|för|mig ⟨Adj.⟩: *von der Form eines lang gestreckten Kegelstumpfes, Kegels, eines Tannenzapfens, Eiszapfens o. Ä.*
Zap|fen|streich, der [eigtl. = Streich (Schlag) auf den Zapfen des Fasses als Zeichen dafür, dass der Ausschank beendet ist, dann: Begleitmusik dazu; vgl. Tattoo] (Milit.): 1. (früher) *musikalisches Signal für das Ende der Ausgehzeit:* den Z. blasen; * **der Große Z.** (1. *Potpourri aus den Zapfenstreichen der verschiedenen Truppengattungen.* 2. *Konzert beim Militär, bei dem u. a. der Große Zapfenstreich gespielt wird*). 2. ⟨o. Pl.⟩ *Ende der Ausgehzeit:* um 24 Uhr ist Z.; kurz vor Z.; Ü in dem Internat ist um 10 Uhr Z. (ugs.; *beginnt um 10 Uhr die Nachtruhe*).
Zap|fen|zie|her, der (südwestd., schweiz.): *Korkenzieher.*
Zapf|hahn, der: *Hahn (3) zum Zapfen (1).*
Zapf|pis|to|le, die: *metallenes Endstück eines Zapfschlauchs, das in Form u. Betätigungsweise an eine Pistole erinnert.*
Zapf|säu|le, die: *dem Zapfen von Kraftstoff dienendes, zu einer Tankstelle gehörendes Gehäuse, meist in Form eines hochgestellten Kastens, mit verschiedenen, hinter einer Glasscheibe sichtbaren Anzeigen für die gezapfte Menge Kraftstoff u. den zu zahlenden Betrag.*
Zapf|schlauch, der: vgl. Zapfhahn.
Zapf|stel|le, die: *Stelle mit einer Einrichtung zum Zapfen.*
Zap|pe|ler: ↑Zappler.
Zap|pe|le|rin, die; -, -nen: w. Form zu ↑Zappeler.
zap|pe|lig, zapplig ⟨Adj.⟩ (ugs.): a) *(bes. von Kindern) sich ständig unruhig [hin u. her] bewegend:* ein -es Kind; was bist du denn so z.?; b) *aufgeregt, innerlich unruhig, nervös:* sie war ganz z. vor Ungeduld.
Zap|pe|lig|keit, Zappligkeit, die; - (ugs.): *das Zappeligsein.*
zap|peln ⟨sw. V.; hat⟩ [landsch. Form von mhd. zabelen, ahd. zabalōn, H. u.]: *(mit den Gliedmaßen, mit dem ganzen Körper) schnelle, kurze, heftige, stoßartige Hin-und-her-Bewegungen ausführen:* ein Fisch zappelte an der Angel, im Netz; hör auf zu z.!; die Kinder zappelten vor Ungeduld; mit den Beinen z.; Ü der Ball zappelt im Netz (Sport Jargon; *ist im Tor*); * **jmdn. z. lassen** (ugs.; *jmdn. absichtlich länger als nötig auf eine ungeduldig erwartete Nachricht, Entscheidung o. Ä. warten lassen, über etw. im Ungewissen lassen*).
Zap|pel|phi|lipp, der; -s, -e u. -s [nach der Geschichte im »Struwwelpeter«] (ugs. abwertend): *zappeliges (a) Kind:* sitz endlich still, du Z.!
zap|pen ['zɛpn̩] ⟨sw. V.; hat⟩ [engl. to zap, zur lautm. Interjektion zap] (ugs.): *(beim Fernsehen) mit der Fernbedienung den Kanal wechseln, auf einen anderen Kanal umschalten:* auf einen anderen Kanal, zu den Nachrichten z.; ständig zwischen zwei Programmen hin und her z.; ⟨auch z. + sich:⟩ sie hat sich durch die Kanäle gezappt.
zap|pen|dus|ter ⟨Adj.⟩ [wohl eigtl. = so dunkel wie nach dem Zapfenstreich] (ugs.): *sehr, völlig dunkel:* plötzlich wurde es z.; Ü mit Jobs ist es z., sieht es z. aus *(ist es ganz schlecht bestellt).*
Zap|ping ['zɛpɪŋ], das; -s [engl. zapping, zu: to zap, ↑zappen] (ugs.): *das Zappen.*
Zapp|ler, Zappeler, der; -s, - (ugs.): *zappeliger (a), unruhiger Mensch.*
Zapp|le|rin, die; -, -nen: w. Form zu ↑Zappler.
Zapp|ler|uhr, die: *Zappler (2).*
zapp|lig: ↑zappelig.
Zapp|lig|keit: ↑Zappeligkeit.
zapp|za|rapp ⟨Interj.⟩ [wohl entstellt aus russ. zabrat' = packen, wegnehmen] (ugs.): bezeichnet eine rasche, unauffällige Bewegung, mit der etw. weggenommen, entwendet wird: * **z. machen** (ugs.; *wegnehmen, entwenden*).
Zar, der; -en, -en [russ. car' < got. kaisar, ↑Kaiser]: a) ⟨o. Pl.⟩ *Titel des Monarchen im vorrevolutionären Russland (zeitweise auch Herrschertitel in Bulgarien u. Serbien);* b) *Träger des Titels Zar:* Z. Peter der Große; das Russland der -en.
-zar, der; -en, -en: kennzeichnet in Bildungen mit Substantiven jmdn. als führend, beherrschend, [wirtschaftlich] sehr mächtig auf einem bestimmten Gebiet: Medienzar, Zigarrenzar.
Za|ren|fa|mi|lie, die: *Familie des Zaren.*
Za|ren|reich, das: *Reich, in dem ein Zar herrscht (bes. das zaristische Russland).*
Za|ren|tum, das; -s: a) *monarchische Staatsform, bei der ein Zar Herrscher ist;* b) *das Zarsein.*
Za|re|witsch, der; -[e]s, -e [russ. carevič]: *Sohn eines russischen Zaren, einer russischen Zarin; russischer Kronprinz.*

Zar|ge, die; -, -n [mhd. zarge, ahd. zarga = Seitenwand] (Fachspr.): **a)** *Einfassung einer Tür-, Fensteröffnung;* **b)** *waagerechter rahmenartiger Teil eines Tisches, Stuhles, einer Bank o. Ä., an dessen Ecken die Beine befestigt sind;* **c)** *die senkrechten Wände bildender Teil einer Schachtel, eines Gehäuses o. Ä.:* die Z. des Plattenspielers ist aus Holz; **d)** *Seitenwand eines Saiteninstruments mit flachem Korpus, einer Trommel.*

Za|rin, die; -, -nen: **1. a)** ⟨o. Pl.⟩ w. Form zu ↑Zar (1 a); **b)** w. Form zu ↑Zar (1 b): Z. Katharina die Große. **2.** *Ehefrau eines Zaren.*

Za|ris|mus, der; -: *Herrschaft der Zaren bzw. Zarinnen; Zarentum* (a).

za|ris|tisch ⟨Adj.⟩: *zum Zarismus gehörig, für ihn charakteristisch, ihn betreffend, von ihm geprägt:* das -e Russland.

zart ⟨Adj.⟩ [mhd., ahd. zart, H. u.]: **1. a)** *[auf anmutige Weise] empfindlich, verletzlich, zerbrechlich [wirkend] u. daher eine besonders behutsame, vorsichtige, schonende, pflegliche Behandlung verlangend:* ein -es Gebilde, Geschöpf; ein -es Kind; -e Knospen, Triebe; eine -e Haut; -es Porzellan; ein -er *(feiner, weicher)* Flaum; -e *(feine)* Spitzen; Ü eine -e *(schwache, labile)* Gesundheit, Konstitution; das Kind starb im -en (geh.; *sehr jungen*) Alter von vier Jahren; **b)** *sehr empfindlich [reagierend], sensibel; mimosenhaft:* ein -es, z. besaitetes Gemüt; z. fühlende Gemüter; ich wusste gar nicht, dass du so z. besaitet bist. **2.** *auf angenehme Weise weich, mürbe od. locker, leicht zu kauen, im Mund zergehend od. zerfallend:* -es Fleisch, Gemüse; -e Vollmilchschokolade; das Steak war sehr schön z. **3.** *durch einen niedrigen Grad von Intensität o. Ä. die Sinne od. das ästhetische Empfinden auf angenehm sanfte, milde, leichte Art u. Weise reizend, ansprechend:* ein -es Blau, Rosa; ein -er *(heller)* Teint; -e Klänge; eine -e Berührung; ein -er Kuss; ein -er Duft; sie zeichnete mit -en *(feinen, weichen)* Strichen; ein -es Aquarell; ihre Stimme ist, klingt weich und z.; z. getöntes Glas. **4. a)** (veraltend) *zärtlich* (1): -e Liebhaber; **b)** *zartfühlend, einfühlsam, rücksichtsvoll:* sie geht nicht gerade z. mit ihm um; **c)** *zurückhaltend, nur angedeutet, nur andeutungsweise, dezent* (a): eine -e Andeutung.

zart|be|sai|tet [urspr. = mit zarten Saiten bespannt] (oft scherzh.): *sehr empfindsam, sensibel, in seinen Gefühlen sehr leicht zu verletzen, leicht zu schockieren:* ein -es Gemüt; ich wusste gar nicht, dass du so z. bist!

zart|bit|ter ⟨Adj.⟩: *(von Schokolade) dunkel u. von leicht bitterem Geschmack:* -e Schokolade.

Zart|bit|ter|scho|ko|la|de, die: *zartbittere Schokolade.*

zart|blau ⟨Adj.⟩: *einen zarten Blauton aufweisend.*

zart|far|big ⟨Adj.⟩ (selten): *einen zarten Farbton aufweisend.*

zart|füh|lend ⟨Adj.⟩: **a)** *Zartgefühl* (a), *Taktgefühl habend:* es war nicht sehr z. von dir, dieses Thema anzuschneiden; **b)** (selten) *empfindlich:* solche brutalen Szenen sind nichts für -e Gemüter.

Zart|ge|fühl, das ⟨o. Pl.⟩: **a)** *ausgeprägtes Einfühlungsvermögen, Taktgefühl:* sie ging mit dem größten Z. zu Werke; **b)** (selten) *Empfindlichkeit.*

zart|gelb ⟨Adj.⟩: vgl. zartblau.

zart|glie|de|rig, zart|glied|rig ⟨Adj.⟩: *von feinem, zartem Gliederbau; grazil:* -e Finger, Hände.

zart|grün ⟨Adj.⟩: vgl. zartblau.

zart|häu|tig ⟨Adj.⟩: *eine zarte Haut habend.*

Zart|heit, die; -, -en [mhd. zartheit]: **1.** ⟨o. Pl.⟩ **a)** *zarte* (1, 4, 5) *Beschaffenheit, zartes Wesen; das Zartsein;* **b)** *zartes* (2, 3) *Wesen; das Zartsein.* **2.** (selten) *etw. Zartes, zart Gesprochenes, Ausgeführtes.*

zärt|lich ⟨Adj.⟩ [mhd. zertlich, zartlich, ahd. zartlich = anmutig, liebevoll, weich]: **1.** *starke Zuneigung ausdrückend, von starker Zuneigung zeugend, liebevoll* (2): ein -er Blick, Kuss; -e Worte; z. zu jmdm. sein; z. [miteinander] werden (verhüll.; *ein Liebesspiel beginnen*); sich z. küssen, streicheln, in die Augen sehen. **2.** (geh.) *fürsorglich, liebevoll* (1 a): eine -e Ehefrau; sie sorgte z. für ihre Mutter.

Zärt|lich|keit, die; -, -en [spätmhd. zertlicheit = Anmut]: **1.** ⟨o. Pl.⟩ *starkes Gefühl der Zuneigung u. damit verbundener Drang, dieser Zuneigung Ausdruck zu geben; das Zärtlichsein:* sie empfand eine große Z. für sie; sich nach [jmds.] Z. sehnen; voller Z. küssten, umarmten sie sich. **2.** ⟨meist Pl.⟩ *zärtliche* (1) *Liebkosung:* -en austauschen; es ist zwischen den beiden auch zu -en gekommen. **3.** ⟨o. Pl.⟩ (geh.) *Fürsorglichkeit:* sie pflegte das Kind mit der größten Z.

Zärt|lich|keits|be|dürf|nis, das: *Bedürfnis nach Zärtlichkeit, nach Zärtlichkeiten.*

zart|li|la ⟨Adj.⟩: vgl. zartblau.

Zart|ma|cher, der (Chemie): *Substanz, die dazu verwendet wird, Fleisch zarter zu machen.*

zart|ro|sa ⟨Adj.⟩: vgl. zartblau.

zart|vi|o|lett ⟨Adj.⟩: vgl. zartblau.

Zar|zu|e|la [sarˈsu̯eːla], die; -, -s [span. zarzuela, zu: zarza = Brombeerstrauch, Dornbusch; 1: wohl nach dem Lustschloss La Zarzuela bei Madrid, wo die Singspiele zuerst aufgeführt wurden]: **1.** (Musik) *spanisches Singspiel.* **2.** *spanische Fischsuppe.*

Zä|si|um: ↑Cäsium.

Zas|ter, der; -s [aus der Gaunerspr. < Zigeunerspr. sáster = Eisen < aind. śastra = Waffe aus Eisen] (salopp): *Geld:* ich brauch dringend Z.; rück den Z. raus!

Zä|sur, die; -, -en [lat. caesura, eigtl. = das Hauen; Hieb; Schnitt, zu: caesum, 2. Part. von: caedere = hauen, schlagen]: **a)** (Verslehre) *metrischer Einschnitt innerhalb eines Verses;* **b)** (Musik) *durch eine Pause od. ein anderes Mittel markierter Einschnitt im Verlauf eines Musikstücks;* **c)** (bildungsspr.) *Einschnitt (bes. in einer geschichtlichen Entwicklung); markanter Punkt:* eine markante, deutlich sichtbare Z.; eine Z. setzen; dieses Werk bildet eine Z. in ihrem Schaffen.

Zau|ber, der; -s, - [mhd. zouber, ahd. zaubar = Zauberhandlung, -spruch, -mittel, H. u.]: **1.** ⟨Pl. selten⟩ **a)** *Handlung des Zauberns* (1 a); *magische Handlung, magisches Mittel:* einen Z. anwenden; Z. treiben; * **fauler Z.** (ugs. abwertend; *Schwindel*): diese Wundermittel sind doch nur fauler Z.; **b)** *Zauberkraft; magische Wirkung:* in dem Amulett steckt ein geheimer Z.; einen Z. *(Zauberspruch)* über jmdn. aussprechen; den Z. *(Zauberbann)* lösen. **2.** ⟨o. Pl.⟩ *auf gleichsam magische Weise anziehende Ausstrahlung, Wirkung; Faszination, Reiz:* der Z. der Landschaft, der Manege; ihr Gesang übt einen großen Z. auf ihn aus; er ist ihrem Z. erlegen. **3.** ⟨o. Pl.⟩ (ugs. abwertend) *etw., was für übertrieben, unnötig, lästig gehalten wird:* einen mächtigen Z. veranstalten; ich mache den Z. nicht mit; was kostet der ganze Z.? *(das Zeug, alles zusammen?).*

Zau|ber|bann, der (geh.): *durch Zauberkraft bewirkter Bann* (2).

Zau|be|rei, die; -, -en [mhd. zouberīe]: **1.** ⟨o. Pl.⟩ *das Zaubern* (1 a); *Magie:* er glaubt an Z.; was sie da macht, grenzt schon an Z. **2.** *Zauberkunststück, Zaubertrick:* er führte allerlei -en vor.

Zau|be|rer, (seltener:) Zaubrer, der, -s, - [mhd. zouberære, ahd. zaubarari]: **1.** *jmd., der Zauberkräfte besitzt; Magier* (a): Ü ein Z. am Pult *(ein begnadeter, genialer Dirigent).* **2.** *jmd., der Zaubertricks ausführt, vorführt.*

Zau|ber|flö|te, die: *Flöte, der Zauberkräfte innewohnen.*

Zau|ber|for|mel, die: **1.** *beim Zaubern* (1 a) *zu sprechende Formel* (z. B. »Abrakadabra«). **2.** *Patentlösung;* [1]*Parole* (1): »Internet« heißt die neue Z.

zau|ber|haft ⟨Adj.⟩: *bezaubernd, entzückend:* ein -es Kleid; es war ein -er Abend; sie sah z. aus.

Zau|ber|hand: in der Fügung **wie von/durch Z.** *(plötzlich u. auf unerklärliche Weise):* die Tür öffnete sich wie von Z.

Zau|be|rin, die; -, -nen [mhd. zouberærinne, ahd. zoubararīn]: w. Form zu ↑Zauberer.

zau|be|risch, (seltener:) zaubrisch ⟨Adj.⟩: **1.** (veraltet) *zauberkräftig:* ein -er Trank. **2.** (geh.) **a)** *traumhaft-unwirklich:* eine -e Szenerie; **b)** *bezaubernd:* ein -es Lächeln.

Zau|ber|kas|ten, der: *Kasten mit Utensilien zur Durchführung von Zaubertricks (bes. als Kinderspielzeug).*

Zau|ber|kraft, die: *übernatürliche Kraft, Wirkung eines Zaubers.*

zau|ber|kräf|tig ⟨Adj.⟩: *Zauberkraft besitzend:* ein -es Wort.

Zau|ber|kunst, die: **1.** ⟨o. Pl.⟩ *Kunst des Zauberns* (1): eine Meisterin der Z. **2.** ⟨meist Pl.⟩ *magische Fähigkeit:* seine Zauberkünste versagten.

Zau|ber|künst|ler, der: *jmd., der Zauberkunststücke vorführt.*

Zau|ber|künst|le|rin, die: w. Form zu ↑Zauberkünstler.

Zau|ber|kunst|stück, das: *Zaubertrick.*

Zau|ber|land, das ⟨Pl. ...länder; Pl. selten⟩: *Land, in dem Zauberkräfte wirksam sind:* die Fee entführte ihn in ein Z.

Zau|ber|lehr|ling, der: *Lehrling eines Zauberers.*

Zau|ber|mit|tel, das: **1.** *Hilfsmittel zum Zaubern* (1) (z. B. Zauberstab). **2.** *Mittel* (2 a), *das durch Zauberkraft wirkt.*

zau|bern ⟨sw. V.; hat⟩ [mhd. zoubern, ahd. zoubarōn, zu ↑Zauber]: **1. a)** *übernatürliche Kräfte einsetzen u. dadurch etw. bewirken:* die alte Hexe kann z.; R ich kann doch nicht z. (ugs.; *so schnell kann ich das nicht; das ist doch ganz unmöglich*); **b)** *Zaubertricks ausführen, vorführen:* er zaubert im Varieté; Ü dann begannen die Brasilianer zu z. (Sport Jargon; *mit Tricks, erstaunlicher Leichtigkeit u. großem Können zu spielen*). **2.** *durch Magie, durch einen Trick hervorbringen, erscheinen, verschwinden lassen:* die Fee sollte ihr einen Bräutigam z.; sie zauberte ihn in eine Flasche; er zauberte eine Taube aus dem Hut; Ü die Aktienkurse auf den Bildschirm z. **3.** *wie durch Zauberkraft od. einen Zaubertrick schaffen, mit großem Können, Geschick od. Leichtigkeit hervorbringen, entstehen lassen:* einen Kuchen, ein Essen z.; sie hat sich aus den Stoffresten ein Kleid gezaubert.

Zau|ber|pries|ter, der (Völkerk.): *Priester, der über magische Fähigkeiten verfügt.*

Zau|ber|pries|te|rin, die: w. Form zu ↑Zauberpriester.

Zau|ber|reich, das: vgl. Zauberland: in Frau Holles Z.; Ü das Z. der Operette, der Träume.

Zau|ber|schlag, der: *plötzlich wirksam werdender Zauber:* Ü mit einem Z. wurde es ihr bewusst.

Zau|ber|schloss, das: *verzaubertes Schloss.*

Zau|ber|spruch, der: *Spruch* (1 a), *der eine bestimmte magische Wirkung hervorbringen soll.*

Zau|ber|stab, der: *von Zauberern, Magiern verwendeter Stab, dem Zauberkraft zugesprochen wird.*

Zau|ber|trank, der: vgl. Zaubermittel (2): der Druide braute einen Z.

Zau|ber|trick, der: *Trick* (c), *durch den der Anschein erweckt wird, der Ausführende bringe mit übernatürlichen Kräften Wirkungen hervor:* einen Z. vorführen.

Zau|ber|welt, die: vgl. Zauberland.

Zau|ber|wort, das ⟨Pl. -e⟩: vgl. Zauberformel (2): sag das Z., wie heißt das Z.? (fam.; Aufforderung an Kinder, »bitte« zu sagen).

Zau|ber|wür|fel, der: *(als eine Art Geschicklichkeitsspiel hergestellter) Würfel, der aus einzelnen, in drei mal drei jeweils gegeneinander verdrehbaren Schichten angeordneten kleineren Würfeln aufgebaut ist u. bei dem, solange nichts verdreht ist, jede der sechs Flächen eine andere (einheitliche) Farbe aufweist:* der rubiksche Z.

Zau|ber|wur|zel, die (Volksk.): *zauberkräftige Wurzel* (z. B. Alraunwurzel).

Zaub|rer: ↑Zauberer.
Zaub|re|rin, die; -, -nen: w. Form zu ↑Zaubrer.
zaub|risch: ↑zauberisch.
Zau|de|rei, die; -, -en (meist abwertend): *[dauerndes] Zaudern.*
Zau|de|rer, (auch:) Zaudrer, der, -s, -: *jmd., der [häufig] zaudert.*
Zau|de|rin, die; -, -nen: w. Form zu ↑Zauderer.
zau|dern ⟨sw. V.; hat⟩ [Iterativbildung zu mhd. (md.) zūwen = (weg)ziehen, sich wegbegeben]: *unentschlossen zögern; unschlüssig sein:* nur kurz, zu lange, nicht länger z.; sie zauderten mit der, vor der Ausführung des Planes; er hielt zaudernd inne; ⟨subst.:⟩ ohne Zaudern einwilligen.
Zaud|rer: ↑Zauderer.
Zaud|re|rin, die; -, -nen: w. Form zu ↑Zaudrer.
Zaum, der; -[e]s, Zäume [mhd. zoum, ahd. zaum = Seil, Riemen; Zügel, zu ↑ziehen]: *aus dem Riemenwerk für den Kopf u. der Trense* (1 a) *bestehende Vorrichtung zum Führen u. Lenken von Reit- od. Zugtieren, bes. Pferden:* einem Pferd den Z. anlegen; * **jmdn., sich, etw. im Z./**(geh.:) **-e/**(auch:) **in Z. halten** *(jmdn., sich, etw. zügeln, mäßigen, unter Kontrolle halten):* sich, seine Gefühle im Z. halten.
zäu|men ⟨sw. V.; hat⟩ [mhd. zöumen, zoumen]: *einem Reit- od. Zugtier den Zaum anlegen:* die Pferde satteln und z.
Zäu|mung, die; -, -en: *Art u. Weise des Zäumens; Art u. Weise des Gezäumtseins.*
Zaum|zeug, das; [e]s, -e: *Zaum.*
Zaun, der; -[e]s, Zäune [mhd., ahd. zūn = Umzäunung, Hecke, Gehege]: *Abgrenzung, Einfriedigung aus (parallel angeordneten, gekreuzten o. ä.) Metall- od. Holzstäben od. aus Drahtgeflecht:* ein hoher, niedriger, elektrischer Z.; ein Z. aus Latten; einen Z. ziehen, errichten, reparieren, erneuern, anstreichen; die Kinder schlüpften durch den Z., kletterten über den Z.; * **ein lebender Z.** *(eine* [1]*Hecke* b); **mit etw. [nicht] hinter dem/hinterm Z. halten** *(etw. Wesentliches [nicht] verschweigen);* **einen Streit/Zwist/Krieg** o. Ä. **vom Z./**(geh.:) **-e brechen** *(heraufbeschwören, plötzlich damit beginnen;* eigtl. = so unvermittelt mit einem Streit beginnen, wie man eine Latte [als Waffe] von der nächsten Umzäunung bricht).
zaun|dürr ⟨Adj.⟩ (österr. ugs.): *sehr dünn, sehr mager:* sie ist eine -e Person.
Zaun|gast, der ⟨Pl. ...gäste⟩: *jmd., der sich nicht als offizieller Besucher, offizielle Besucherin bei etw. aufhält, sondern nur aus einiger Entfernung zusieht (ohne eingeladen zu sein, ohne dafür bezahlt zu haben):* bei der Feier hatten sich viele [ungebetene] Zaungäste eingefunden.
Zaun|kö|nig, der [spätmhd. (md.) czune künnyck für mhd. küniclīn, ahd. kuningilīn, eigtl. = Königlein, LÜ von lat. regulus (↑Regulus); der Name nimmt Bezug auf die schon antike Sage von der Königswahl der Vögel]: *kleiner, in Unterholz, Dickichten, Hecken lebender Singvogel mit bräunlichem, heller gezeichnetem Gefieder.*
Zaun|pfahl, der: *Pfahl eines Zauns:* ein morscher Z.; * **[jmdm.] mit dem Z. winken** *(jmdm. etw. indirekt, aber doch sehr deutlich zu verstehen geben;* vgl. Wink 1; mit »Zaunpfahl« ist in dieser Wendung wohl lediglich etw. Großes, das man nicht übersehen kann, gemeint).
Zau|sel, der; -s, - [eigtl. wohl = Person mit zerzaustem Haar] (landsch., oft abwertend): *unordentlicher Mann:* was will der Z. hier?
zau|sen ⟨sw. V.; hat⟩ [mhd. in: zerzūsen, ahd. in: zerzūsōn]: **a)** *an etw. leicht zerren, reißen, darin wühlen u. dabei in Unordnung bringen, durcheinander machen:* jmds. Haar z.; er zauste ein wenig das Fell, im Fell des Hundes; **b)** *an den Haaren, am Fell zupfen, leicht zerren, darin wühlen:* sie zauste ihn liebevoll; Ü das Schicksal hat sie mächtig gezaust *(hat ihr ziemlich übel mitgespielt).*
zau|sig ⟨Adj.⟩ (österr.): *zerzaust, strubbelig, struppig:* ihre Haare waren ganz z.
Za|zi|ki, Tsatsiki, der u. das; -s, -s [ngriech.]: *dickflüssige kalte Soße aus Joghurt, Salatgurkenstückchen u. Knoblauch.*
z. B. = zum Beispiel.
ZDF [tsɛtdeːˈɛf], das; -[s]: Zweites Deutsches Fernsehen.
Ze|ba|ot (ökum.), **Ze|ba|oth** [kirchenlat. Sabaoth = die himmlischen Heerscharen < spätgriech. Sabaōth < hebr. zĕvạ'ôt]: in der Fügung **der Herr/**(auch:) **Gott Z.** (Name Gottes im Alten Testament).
Ze|bra, das; -s, -s [(viell. über engl. zebra od. frz. zèbre) < span. cebra, urspr. = Wildesel, über das Vlat. < lat. equiferus = Wildpferd (zu: equus = Pferd u. ferus = wild)]: *(in Afrika heimisches) meist in größeren Herden lebendes, dem Pferd ähnliches Tier, dessen Fell quer verlaufende schwarze u. weiße, auch bräunliche Streifen aufweist.*
Ze|bra|strei|fen, der: *durch breite, weiße Streifen auf einer Fahrbahn markierte Stelle, an der die Fußgänger beim Überqueren der Fahrbahn Vorrang gegenüber den Autofahrern haben:* den Z. benutzen; das Auto hielt vor dem, am Z.
Ze|bu, der od. das; -s, -s [frz. zébu, H. u.]: *Buckelrind.*
Zech|bru|der, der (ugs., oft abwertend): **1.** *Trinker:* er ist ein ziemlicher Z. **2.** *Zechgenosse.*
Ze|che, die; -, -n [mhd. zeche = reihum gehende Verrichtung; (An)ordnung, H. u.]: **1.** *Rechnung für genossene Speisen u. Getränke in einer Gaststätte:* eine teure Z.; eine hohe, große Z. machen *(viel verzehren);* seine Z. bezahlen, begleichen; er hat den Wirt um die Z. *(den Betrag der Zeche)* betrogen; * **die Z. prellen** (ugs.; *in einer Gaststätte seine Rechnung nicht bezahlen);* **die Z. [be]zahlen** (ugs.; *die unangenehmen Folgen von etw. tragen; für einen entstandenen Schaden aufkommen).* **2.** *Grube* (3): eine Z. stilllegen; auf einer Z. arbeiten.
ze|chen ⟨sw. V.; hat⟩ [spätmhd. zechen, wohl zu mhd. zeche (↑Zeche) in der Bed. »gemeinsamer Schmaus«] (veraltend, noch scherzh.): *[gemeinsam mit andern] große Mengen Alkohol trinken:* ausgiebig, fröhlich, die Nacht hindurch, bis zum frühen Morgen z.
Ze|chen|ster|ben, das; -s: *Folge, Welle von Zechenstilllegungen.*
Ze|chen|still|le|gung, das ⟨o. Pl.⟩: *Stilllegung einer Zeche* (2).
Ze|cher, der; -s, - (veraltend, noch scherzh.): *jmd., der [gerne u. häufig] zecht:* ein fröhlicher, lustiger, stiller Z.
Ze|che|rei, die; -, -en (veraltend, noch scherzh.): *ausgiebiges Zechen; Trinkgelage.*
Ze|che|rin, die; -, -nen: w. Form zu ↑Zecher.
Zech|ge|nos|se, der (veraltend): *jmd., der mit einem anderen, mit anderen zusammen trinkt.*
Zech|ge|nos|sin, die: w. Form zu ↑Zechgenosse.
Zech|kum|pan, der (ugs., oft abwertend): *Zechgenosse.*
Zech|kum|pa|nin, die: w. Form zu ↑Zechkumpan.
Zech|prel|ler, der: *jmd., der Zechprellerei begeht.*
Zech|prel|le|rei, die: *das Nichtbezahlen der Rechnung für genossene Speisen u. Getränke in einer Gaststätte.*
Zech|prel|le|rin, die: w. Form zu ↑Zechpreller.
Zech|tour, die: *[gemeinsam mit anderen unternommener] Besuch mehrerer Gaststätten, bei dem große Mengen Alkohol getrunken werden.*
Zeck, der; -[e]s, -e (südd., österr. ugs.): *Zecke.*
Ze|cke, die; -, -n [mhd. zecke, ahd. cecho, viell. verw. mit lit. dėgti = stechen u. eigtl. = stechendes, zwickendes Insekt]: *große Milbe, die sich auf der Haut von Tieren u. Menschen festsetzt u. deren Blut saugt.*
Ze|cken|biss, der: *Biss einer Zecke.*
Ze|der, die; -, -n [mhd. zēder, cēder(boum), ahd. cēdar(boum) < lat. cedrus = Zeder(wacholder) < griech. kédros = Wacholder; Zeder]: **1.** *(im Mittelmeerraum heimischer) hoher, immergrüner Nadelbaum mit unregelmäßig ausgebreiteter Krone, steifen, meist dreikantigen Nadeln u. aufrecht stehenden, eiförmigen bis zylindrischen Zapfen.* **2.** ⟨o. Pl.⟩ *fein strukturiertes, hellrötliches bis graubraunes, aromatisch duftendes Holz der Zeder* (1) *(u. einiger anderer nach Zeder duftender Bäume).*
ze|dern ⟨Adj.⟩ [mhd. zēd(e)rīn]: *aus Zedernholz [bestehend]:* ein -er Schrank.
Ze|dern|holz, das: *Zeder* (2).
Zeh, der; -s, -en, **Ze|he,** die; -, -n [mhd. zēhe, ahd. zēha, wohl verw. mit ↑zeihen u. eigtl. = Zeiger, also urspr. Bez. des Fingers]: **1.** *eines der (beim Menschen u. vielen Tieren) beweglichen Glieder am Ende des Fußes:* aus seinem Strumpf schaute eine Zehe, ein Zeh hervor; ich habe mir zwei Zehen, den großen Zeh, die kleine Zehe gebrochen; sie stellte sich auf die Zehen, schlich auf [den] Zehen durchs Zimmer; * **jmdm. auf die Zehen treten** (1. ugs.; *jmdm. zu nahe treten; jmdn. beleidigen.* 2. *jmdn. unter Druck setzen, zur Eile antreiben);* **etw. im kleinen Zeh spüren** (ugs.; *etw. vorausahnen;* geht darauf zurück, dass sich bei Menschen mit rheumatischen o. ä. Beschwerden ein Wetterumschlag durch vermehrte Schmerzen ankündigen kann). **2.** ⟨nur Zehe⟩ *(beim Knoblauch) einzelner kleiner Teil einer Knolle:* eine halbe Z. Knoblauch zerdrücken.
Ze|hen|glied, das: *Glied einer Zehe.*
Ze|hen|na|gel, der: *Fußnagel:* jmdm., sich die Zehennägel schneiden.
Ze|hen|spit|ze, die: *Ende des letzten Gliedes einer Zehe:* sich auf die -n stellen; auf [den] -n *(ganz leise u. nur mit der Fußspitze auftretend)* hinausschleichen.
Ze|hent, der; -en, -en (österr.): *Zehnt.*
zehn ⟨Kardinalz.⟩ [mhd. zehen, ahd. zehan, altes idg. Zahlwort] (in Ziffern: 10): vgl. acht: die z. Finger der Hände.
Zehn, die; -, -en: **a)** *Ziffer 10:* eine Z. an die Tafel schreiben; **b)** *Spielkarte mit zehn Zeichen;* **c)** (ugs.) *Wagen, Zug der Linie 10:* wo hält die Z.?
zehn|bän|dig ⟨Adj.⟩: vgl. achtbändig.
Zehn|eck, das: vgl. Achteck.
zehn|eckig ⟨Adj.⟩: vgl. achteckig.
zehn|ein|halb ⟨Bruchz.⟩ (in Ziffern: $10^{1}/_{2}$): vgl. achteinhalb.
[1]**Zeh|ner,** der; -s, -: **1.** (ugs.) **a)** *Zehnpfennigstück;* **b)** *Zehnmarkschein.* **2.** (Math.) *(im Dezimalsystem) Zehn als zweitkleinste Einheit, deren Anzahl durch die an vorletzter Stelle einer mehrstelligen Zahl stehende Ziffer angegeben wird:* nach den Einern werden die Z. addiert. **3.** (landsch.) *Zehn* (a, c). **4.** vgl. Achtziger (2).
[2]**Zeh|ner,** die; -, - (ugs.): *Zehnpfennigbriefmarke.*
Zeh|ner|kar|te, die: *Fahrkarte, Eintrittskarte o. Ä., die zehnmal zum Fahren, zum Eintritt o. Ä. berechtigt.*
zeh|ner|lei ⟨best. Gattungsz.; indekl.⟩ [↑-lei]: vgl. achterlei.
Zeh|ner|lo|ga|rith|mus, der (Math.): *dekadischer Logarithmus.*
Zeh|ner|pa|ckung, die: *Packung, die zehn Stück von etw. enthält.*
Zeh|ner|po|tenz, die (Math.): *Potenz* (3) *der Zahl Zehn:* eine Zahl als Z. schreiben.
Zeh|ner|rei|he, die: vgl. Achterreihe.
Zehn|eu|ro|schein, der (mit Ziffern: 10-Euro-Schein): *Banknote im Wert von zehn Euro.*
zehn|fach ⟨Vervielfältigungsz.⟩ (mit Ziffern: 10fach): vgl. achtfach.
Zehn|fa|che, das; -n ⟨Dekl. ↑[2]Junge, das⟩ (mit Ziffern: 10fache): vgl. Achtfache.
Zehn|fin|ger-Blind|schrei|be|me|tho|de, Zehn|fin|ger-Blind|schreib|me|tho|de, die, **Zehn|fin|ger|sys|tem,** das ⟨o. Pl.⟩: *Methode, mit allen zehn Fingern auf einer Schreibmaschine od. Computertastatur zu schreiben, ohne dabei auf die Tasten zu sehen.*
Zehn|flach, das (Math.): *Dekaeder.*
zehn|flä|chig ⟨Adj.⟩: *zehn Flächen habend.*
Zehn|fläch|ner, der; -s, - (Math.): *Zehnflach.*
Zehn|fü|ßer, der; -s, -, **Zehn|fuß|krebs,** der: *Krebs mit zehn Beinen, von denen die beiden vordersten meist Scheren tragen* (z. B. Garnele, Krabbe).

zehn|jäh|rig ⟨Adj.⟩ (mit Ziffern: 10-jährig): vgl. achtjährig.
Zehn|jäh|ri|ge, der u. die; -n, -n ⟨Dekl. ↑Abgeordnete⟩ (mit Ziffern 10-Jährige): vgl. Achtjährige.
zehn|jähr|lich ⟨Adj.⟩ (mit Ziffern: 10-jährlich): vgl. achtjährlich.
Zehn|kampf, der (Sport): *Mehrkampf in der Leichtathletik für Männer, der in zehn einzelnen Disziplinen ausgeführt wird.*
Zehn|kämp|fer, der (Sport): *Leichtathlet, der Zehnkämpfe bestreitet.*
zehn|köp|fig ⟨Adj.⟩: *aus zehn Personen bestehend, zusammengesetzt:* eine -e Kommission.
zehn|mal ⟨Wiederholungsz.; Adv.⟩: **a)** vgl. achtmal; **b)** (ugs.) *sehr viel, sehr oft:* das hab ich dir schon z. gesagt!; **c)** (ugs.) *noch so sehr, noch so oft:* und wenn du z. das gesagt hast, es stimmt nicht!
zehn|ma|lig ⟨Adj.⟩: vgl. achtmalig.
Zehn|mark|schein, der (mit Ziffern: 10-Mark-Schein): vgl. Fünfmarkschein.
Zehn|pfen|nig|brief|mar|ke, die (mit Ziffern: 10-Pfennig-Briefmarke): *Briefmarke mit dem Wert von zehn Pfennig.*
Zehn|pfen|nig|stück, das (mit Ziffern: 10-Pfennig-Stück): *Münze im Wert von zehn Pfennig.*
zehn|sei|tig ⟨Adj.⟩ (mit Ziffern: 10-seitig): vgl. achtseitig.
zehn|stel|lig ⟨Adj.⟩ (mit Ziffern: 10-stellig): vgl. achtstellig.
zehn|stö|ckig ⟨Adj.⟩ (mit Ziffern: 10-stöckig): vgl. achtstöckig.
zehnt: in der Fügung **zu z.** *(als Gruppe von zehn Personen):* sie kamen zu z.
Zehnt, der; -en, -en [mhd. zehende, zehent, ahd. zehanto, zu ↑zehnt...]: *(vom MA. bis ins 19. Jh. bes. an die Kirche zu leistende) Abgabe des zehnten Teils vom Ertrag eines Grundstücks.*
zehnt... ⟨Ordinalz. zu ↑zehn⟩ [mhd. zehende, ahd. zehanto] (in Ziffern: 10.): vgl. acht...
zehn|tau|send ⟨Kardinalz.⟩ (in Ziffern: 10 000): vgl. tausend: * **die oberen Zehntausend/**(auch:) **zehntausend** *(die reichste, vornehmste Gesellschaftsschicht).*
Zehn|tau|sen|de ⟨Pl.⟩: vgl. [1]Hundert (2).
Zehn|te, der; -n, -n (hist.): *Zehnt.*
zehn|tei|lig ⟨Adj.⟩ (mit Ziffern: 10-teilig): vgl. achtteilig.
zehn|tel ⟨Bruchz.⟩ (als Ziffer: $\frac{1}{10}$): vgl. achtel.
[1]Zehn|tel, das, schweiz. meist: der; -s, - [mhd. zehenteil]: vgl. Achtel (a).
[2]Zehn|tel, die; - (ugs.): kurz für ↑Zehntelsekunde: Blende 16 bei einer Z.
Zehn|tel|no|te, die: *zehnter Teil einer ganzen Note* (2).
Zehn|tel|se|kun|de, die: *zehnter Teil einer Sekunde.*
zehn|tens ⟨Adv.⟩ (in Ziffern: 10.): vgl. achtens.
Zehn|ton|ner, der; -s, - (mit Ziffern: 10-Tonner): vgl. Achttonner.
zehn|und|ein|halb ⟨Bruchz.⟩ (in Ziffern: $10\frac{1}{2}$): vgl. achtundeinhalb.
zeh|ren ⟨sw. V.; hat⟩ [1: mhd. zern = für Essen u. Trinken aufwenden; sich nähren, zu ahd. zeran = zerreißen; kämpfen]: **1.** *etw. Vorhandenes aufbrauchen, um davon zu leben:* sie zehrten bereits von ihren Ersparnissen, von der Substanz; Ü von schönen Erinnerungen z. *(sich daran nachträglich noch erfreuen);* er zehrt noch von seinem alten Ruhm *(sein alter Ruhm kommt ihm immer noch zugute).* **2. a)** *die körperlichen Kräfte stark angreifen, verbrauchen; schwächen:* Fieber, die Seeluft zehrt; Ü eine zehrende (geh.; *starke, verzehrende*) Leidenschaft; **b)** *jmdm. sehr zusetzen, sich bei jmdm. schädigend auswirken, etw. stark in Mitleidenschaft ziehen:* die Sorge hat sehr an ihr gezehrt; die Krankheit zehrt an seinen Kräften; die ständigen Aufregungen zehrten an ihren Nerven.
Zehr|geld, das (veraltet): *Geld, das auf einer Reise bes. für die Ernährung bestimmt ist.*
Zei|chen, das; -s, - [mhd. zeichen, ahd. zeihhan, verw. mit ↑zeihen]: **1. a)** *etw. Sichtbares, Hörbares (bes. eine Geste, Gebärde, ein Laut o. Ä.), das als Hinweis dient, etw. deutlich macht, mit dem jmd. auf etw. aufmerksam gemacht, zu etw. veranlasst o. Ä. wird:* ein leises, heimliches, unmissverständliches Z.; das Z. zum Aufbruch, Angriff ertönte; jmdm. mit der Taschenlampe ein Z. geben; sie machte [ihm] ein Z., er solle sich entfernen; sich durch Z. miteinander verständigen; zum Z. *(um erkennen zu lassen),* dass er sie verstanden habe, nickte er mit dem Kopf; zum Z./als Z. *(zur Besiegelung, Verdeutlichung)* ihrer Versöhnung umarmten sie sich; **b)** *der Kenntlichmachung von etw., dem Hinweis auf etw. dienende Kennzeichnung, Markierung od. als solche dienender Gegenstand:* ein kreisförmiges Z.; er machte, kerbte, schnitt ein Z. in den Baum; sie brannten den Rindern ihr Z. ein; setzen Sie bitte Ihr Z. *(das Abkürzungszeichen Ihres Namens)* unter das Schriftstück; * **Z., ein Z. setzen** *(Richtungweisendes tun; Anstöße, einen Anstoß geben);* **seines/ihres** usw. **-s** (veraltend, noch scherzh.; *von Beruf; von seiner, ihrer Stellung, Funktion her;* nach den alten Hausmarken od. Zunftzeichen): er war seines -s Schneider/war Schneider seines -s; **c)** *(für etw.) festgelegte, mit einer bestimmten Bedeutung verknüpfte, eine ganz bestimmte Information vermittelnde grafische Einheit; Symbol* (2): mathematische Z.; das Z. des Kreuzes; das Z. für »Paragraph«; das Z. *(Verkehrszeichen)* für Überholverbot; du musst die Z. *(Satzzeichen)* richtig setzen; bei der Klavierübung die Z. *(Versetzungszeichen, Vortragszeichen)* nicht beachten. **2.** *etw. (Sichtbares, Spürbares, bes. eine Verhaltensweise, Erscheinung, ein Geschehen, Vorgang, Ereignis o. Ä.), was jmdm. etw. zeigt, für jmdn. ein Anzeichen, Symptom, Vorzeichen darstellt:* ein sicheres, eindeutiges, untrügliches, klares, deutliches, alarmierendes Z.; das ist kein gutes Z.; die ersten Z. einer Krankheit, des Verfalls; wenn nicht alle Z. trügen; das ist ja wie ein Z. des Himmels; auf ein Z. warten; er hielt es für ein Z. von Schwäche; Ü ein Z. der Zeit *(etwas für diese Zeit Bezeichnendes)* sein; R es geschehen noch Z. und Wunder! (Ausruf des Erstaunens, der Überraschung, bes. über ein nicht mehr erwartetes, für möglich gehaltenes Geschehen); * **die Z. der Zeit** *(die augenblickliche, bestimmte zukünftige Entwicklungen betreffende Lage, Situation;* nach Matth. 16, 3): er hat damals die Z. der Zeit erkannt; **die Z. stehen auf Sturm** *(es deutet alles darauf hin, dass es zu einem offen ausgetragenen Konflikt o. Ä. kommen wird).* **3.** *Tierkreiszeichen, Sternzeichen:* sie ist im Z. des Löwen geboren; * **im/unter dem Z. von etw. stehen, geschehen, leben** o. Ä. (geh.; *von etw. geprägt, entscheidend beeinflusst werden*): die ganze Stadt stand im Z. der Olympiade; **unter einem guten/glücklichen/[un]günstigen** o. ä. **Z. stehen** (geh.; *in Bezug auf Unternehmungen o. Ä. [un]günstige Voraussetzungen haben, einen guten, glücklichen, [un]günstigen Verlauf nehmen*).
Zei|chen|au|to|mat, der: *Plotter* (1).
Zei|chen|block, der ⟨Pl. ...blöcke u. -s⟩: *Block* (5) *mit Zeichenpapier, dessen Bogen oft an mehreren Seiten befestigt sind.*
Zei|chen|brett, das: *als Unterlage beim Zeichnen dienendes großes Brett.*
Zei|chen|er|klä|rung, die: *Legende* (3).
Zei|chen|fe|der, die: *zum Zeichnen (bes. mit Tusche) verwendete Feder* (2 a).
Zei|chen|fol|ge, die: *Folge von Zeichen.*
Zei|chen|ge|bung, die: *das Zeichengeben.*
zei|chen|haft ⟨Adj.⟩ (geh.): *als Sinnbild, wie ein Sinnbild wirkend; in der Weise eines Sinnbildes:* ein -es Geschehen.
Zei|chen|heft, das: vgl. Zeichenblock.
Zei|chen|koh|le, die: *Kohlestift.*
Zei|chen|kunst, die: vgl. Malkunst.
Zei|chen|leh|rer, der: **a)** *Lehrer für Zeichenunterricht* (a); **b)** (veraltend) *Kunsterzieher.*
Zei|chen|leh|re|rin, die: w. Form zu ↑Zeichenlehrer.
Zei|chen|ma|te|ri|al, das: *zum Zeichnen benötigtes Material.*
Zei|chen|pa|pier, das: *zum Zeichnen besonders geeignetes Papier.*
Zei|chen|satz, der (EDV): *Gesamtheit von zusammengehörigen Zeichen, die auf dem Bildschirm u. im Ausdruck dargestellt werden können.*
Zei|chen|schrift, die: *aus einem System von Zeichen bestehende Schrift* (1 a).
Zei|chen|set|zung, die ⟨o. Pl.⟩: *bestimmten Regeln folgende Setzung von Satzzeichen; Interpunktion.*
Zei|chen|spra|che, die: *Verständigung durch leicht deutbare od. durch bestimmte, mit feststehenden Bedeutungen verknüpfte Zeichen* (1 a): die Z. der Gehörlosen; sich mit/in Z. verständigen.
Zei|chen|stift, der: *zum Zeichnen geeignetes bzw. vorgesehenes Schreibgerät.*
Zei|chen|trick|film, der: *Trickfilm aus einer Folge gefilmter Zeichnungen.*
Zei|chen|un|ter|richt, der: **a)** *Unterricht im Zeichnen;* **b)** (Schulw. früher) *Unterricht in Kunsterziehung.*
zeich|nen ⟨sw. V.; hat⟩ [mhd. zeichenen, ahd. zeihhannen, zeihhonōn, zu ↑Zeichen]: **1. a)** *mit einem* [1]*Stift* (2), *einer Feder* (2 a) *in Linien, Strichen [künstlerisch] gestalten; mit zeichnerischen Mitteln herstellen:* ein Bild [mit dem Bleistift, aus/nach dem Gedächtnis, nach der Natur] z.; einen Akt, eine Karikatur z.; die Pläne für einen Neubau z.; etw. auf ein Blatt Papier z.; die Reiseroute in eine Karte z. *(einzeichnen);* **b)** *von jmdm., etw. zeichnend* (1 a) *ein Bild herstellen; mit zeichnerischen Mitteln darstellen, nachbilden:* jmdn. in Kohle, mit Tusche, mit ein paar Strichen z.; eine Landschaft z.; Ü die Figuren des Romans sind sehr realistisch gezeichnet; **c)** *zeichnerisch, als Zeichner[in] tätig sein; Zeichnungen verfertigen:* gern z.; mit Kohle, nach Vorlagen z.; an diesem Plan zeichnet er schon lange; ⟨subst.:⟩ technisches Zeichnen; sie hatte in Zeichnen (Schulw. früher; *Kunsterziehung*) eine Zwei. **2.** *mit einem Zeichen* (1 b), *einer Kennzeichnung, Markierung versehen:* die Wäsche [mit dem Monogramm] z.; ⟨häufig im 2. Part.:⟩ das Fell ist schön gezeichnet *(weist eine schöne Musterung, Zeichnung 2 auf);* ein auffallend gezeichneter Schmetterling; Ü sie war vom Alter, von der Krankheit gezeichnet (geh.; *das Alter, die Krankheit hatte deutliche Spuren bei ihr hinterlassen*); ⟨subst.:⟩ ein vom Tode Gezeichneter (geh.; *jmd., der deutlich erkennbar dem Tod nahe ist*). **3.** (bes. Kaufmannsspr.) **a)** (veraltend) *seine Unterschrift unter ein Schriftstück setzen:* es zeichnet, wir zeichnen hochachtungsvoll ...; sie zeichnet ... *(ihre Unterschrift lautet ...);* ⟨im 2. Part.:⟩ gezeichnet H. Meier (vor dem nicht handschriftlichen Namen unter einem mit Maschine geschriebenen, vervielfältigten Schriftstück: *das Original ist von H. Meier unterzeichnet;* nur als Abk.: gez.); **b)** *durch seine Unterschrift gültig machen, anerkennen, übernehmen, sein Einverständnis für etw. erklären o. Ä.:* einen Scheck, Wechsel z.; neue Aktien z. *(sich zu ihrer Übernahme durch Unterschrift verpflichten);* sie zeichnete einen Betrag von fünfzig Mark *(trug sich mit fünfzig Mark in die Sammelliste ein);* ein gezeichneter *(mit der Angabe des Verfassers versehener)* Beitrag. **4.** (Amtsdt.) *bei etw. der Verantwortliche sein, für etw. die Verantwortung tragen:* für diesen Artikel zeichnet der Chefredakteur; wer zeichnet *(ist)* für diese Sendung verantwortlich? **5.** (Jägerspr.) *(von einem Tier) deutlich die Wirkung eines Schusses zeigen.*
Zeich|ner, der; -s, - [mhd. zeichenære = Wundertäter]: **1. a)** *jmd., der etw. zeichnet, gezeichnet hat;* **b)** *jmd., der berufsmäßig zeichnet* (1 c): er ist technischer Z., Z. in einem Studio für Zeichentrickfilme. **2.** (Kaufmannsspr.) *jmd., der Aktien, Anleihen zeichnet* (3 b).
Zeich|ne|rin, die; -, -nen: w. Form zu ↑Zeichner.
zeich|ne|risch ⟨Adj.⟩: *das Zeichnen, Zeichnungen*

betreffend, dazu gehörend, dafür charakteristisch: ein -es Talent; etw. z. darstellen.

Zeich|nung, die; -, -en [mhd. zeichenunge, ahd. zeichenunga = Be-, Kennzeichnung]: **1. a)** ⟨o. Pl.⟩ *das Zeichnen* (1 a) *als Verfahren der Darstellung, des künstlerischen Ausdrucks, als Kunstform o. Ä.;* **b)** *mit den Mitteln des Zeichnens* (1 a) *verfertigte bildliche Darstellung; etw. Gezeichnetes:* eine saubere, flüchtige, naturgetreue, pornographische, maßstabgetreue Z.; eine Z. anfertigen; eine Mappe mit -en; Ü die lebendige, realistische Z. *(Darstellung)* der Romanfiguren. **2.** *natürliche, in einem bestimmten Muster verteilte Färbung bei Tieren u. Pflanzen:* die farbenfrohe, kräftige Z. einer Blüte; die Schlange hat eine auffallende Z. **3.** (Kaufmannsspr.) *(bes. in Bezug auf neu auszugebende Wertpapiere) das Zeichnen* (3 b): die Z. von Aktien; eine Anleihe zur Z. auflegen.

zeich|nungs|be|rech|tigt ⟨Adj.⟩ (Kaufmannsspr.): *Zeichnungsberechtigung besitzend.*

Zeich|nungs|be|rech|ti|gung, die; -, -en (Kaufmannsspr.): *Berechtigung, etw. zu zeichnen* (3 b).

Zei|ge|fin|ger, (schweiz.:) Zeigfinger, der [zu ↑zeigen]: *zweiter Finger der Hand zwischen Daumen u. Mittelfinger:* der linke Z.; der Z. der rechten Hand; warnend den Z. erheben; mit dem Z. auf etw. deuten; jmdm. mit dem Z. drohen; Ü in seinen Stücken spürt man zu sehr den erhobenen Zeigefinger *(die moralisierende Belehrung).*

zei|gen ⟨sw. V.; hat⟩ [mhd. zeigen, ahd. zeigōn, verw. mit ↑zeihen]: **1.** *mit dem Finger, Arm eine bestimmte Richtung angeben, ihn auf jmdn., etw., auf die Stelle, an der sich jmd., etw. befindet, richten u. damit darauf aufmerksam machen:* mit dem Schirm auf etw. z.; sie zeigte auf den Täter; Ü der Zeiger zeigt auf zwölf; der Wegweiser zeigte nach Süden; der Schreibtisch zeigt zur Wand *(steht so, dass der Benutzer die Wand vor sich hat);* das Thermometer zeigt null Grad *(zeigt null Grad an);* die Uhr zeigte drei. **2. a)** *jmdm. etw. mit Hinweisen, Erläuterungen, Gesten o. Ä. deutlich machen, angeben, erklären:* jmdm. den richtigen Weg, die Richtung z.; jmdm. einen Trick z.; sie ließ sich die Unfallstelle, den Ort auf der Landkarte z.; ich werde dir die Frau z.; sie hat mir genau gezeigt, wie man das Gerät bedient; **b)** *jmdn. etw. ansehen, betrachten lassen; etw. vorführen, vorzeigen:* jmdm. seine Wohnung, die Sehenswürdigkeiten der Stadt, die Stadt z.; ich kann es dir schwarz auf weiß z.; er ließ sich sein Zimmer z. *(ließ sich zu seinem Zimmer führen);* ⟨auch ohne Dativobj.:⟩ zeigen Sie mal Ihren Pass!; er zeigt gern, was er hat, was er kann; das Kino zeigt einen Western *(im Kino wird ein Western gespielt);* Ü sie zeigte ihm den Rücken *(kehrte ihm den Rücken zu);* ⟨auch ohne Dativobj.:⟩ sie, ihr Dekolleté zeigt viel Busen *(lässt viel Busen sehen);* *** es jmdm. z.** (ugs.; 1. *jmdm. gründlich die Meinung sagen, seinen Standpunkt klar machen:* dem habe ich es aber gezeigt! 2. *jmdn. von sich, von seinem wahren Können überzeugen:* sie hat es ihnen allen gezeigt); **c)** ⟨z. + sich⟩ *von andern zu sehen sein, irgendwo gesehen werden, sich sehen lassen:* sich am Fenster, auf dem Balkon, in der Öffentlichkeit z.; die Königin zeigte sich der Menge; in diesem Aufzug kannst du dich unmöglich in der Stadt z. *(kannst du unmöglich in der Stadt umhergehen, auftreten);* er will sich nur z.; Ü die Stadt zeigte *(präsentierte)* sich im Festglanz. **3. a)** (geh.) *sehen lassen, zum Vorschein kommen lassen; sichtbar werden lassen:* die Bäume zeigen das erste Grün; ihr Gesicht zeigt eine bläuliche Färbung; das Bild zeigt eine Landschaft *(stellt sie dar);* Ü die Arbeit zeigt Talent *(lässt Talent erkennen);* sein Verhalten zeigt einen Mangel an Reife *(macht ihn deutlich);* dies hat die Erfahrung gezeigt *(weiß man aus Erfahrung);* das zeigt *(veranschaulicht)* dieser Fall, dieses Beispiel besonders drastisch; ihre Antwort zeigt mir *(macht mir klar),* dass sie nichts begriffen hat; **b)** ⟨z. + sich⟩ *zum Vorschein kommen; sichtbar, erkennbar werden:* am Himmel zeigten sich die ersten Sterne; auf ihrem Gesicht zeigte sich ein schwaches Lächeln; Ü die Folgen zeigen sich später; jetzt zeigt sich, dass die Entscheidung falsch war; ⟨auch unpers.:⟩ es wird sich ja z., wer im Recht ist. **4. a)** *in seinem Verhalten, seinen Äußerungen zum Ausdruck bringen, andere merken, spüren lassen; an den Tag legen:* Verständnis, Interesse für etw. z.; seine Ungeduld, Verärgerung, Freude z.; keine Einsicht, Reue z.; er will seine Gefühle nicht z.; jmdm. seine Zuneigung, seine Liebe, sein Wohlwollen z.; damit will er nur seine Macht, Überlegenheit z. *(demonstrieren);* sie hat Haltung gezeigt (verblasst; *eine gute Haltung bewahrt);* **b)** *einen Beweis von etw. geben; andern vor Augen führen, offenbar machen:* großen Fleiß, Mut z.; nun zeig mal, was du kannst; **c)** ⟨z. + sich⟩ *in bestimmter Weise wirken, einen bestimmten Eindruck machen; sich als etw. erweisen, herausstellen:* sich freundlich, anständig, großzügig z.; sie zeigte sich darüber sehr erfreut, enttäuscht; er zeigte sich ein wenig erstaunt, besorgt, gekränkt; er zeigte sich *(war)* dieser Aufgabe nicht gewachsen; sich von seiner besten Seite z. *(den besten Eindruck machen).*

Zei|ger, der; -s, - [mhd. zeiger = Zeigefinger; An-, Vorzeiger; seit dem 14. Jh. auch: Uhrzeiger, ahd. zeigari = Zeigefinger]: **1.** *beweglicher, schmaler, lang gestreckter, oft spitzer Teil an Messgeräten, bes. an Uhren, der etw. anzeigt:* der große, kleine Z. der Uhr; der Z. stand auf drei; der Z. des Seismographen schlägt [nach links] aus; **R** [da] ist kein Z. dran! (ugs.; unwillige, ablehnende Antwort auf die Aufforderung, einem etw. Bestimmtes zu zeigen). **2.** (EDV) *mithilfe einer Maus* (5) *steuerbare Markierung auf dem Bildschirm.*

Zei|ge|stock, der: *längerer Stock, mit dem auf etw., was auf einer größeren Fläche, einer Tafel o. Ä. dargestellt ist, gezeigt wird.*

Zeig|fin|ger: ↑Zeigefinger.

zei|hen ⟨st. V.; hat⟩ [mhd. zīhen, ahd. zīhan, urspr. = (an)zeigen, kundtun, dann: auf einen Schuldigen hinweisen] (geh.): *bezichtigen, beschuldigen:* jmdn. des Verrats, der Heuchelei, der Feigheit, einer Lüge z.

Zei|le, die; -, -n [mhd. zīle, ahd. zīla, wohl verw. mit ↑Zeit u. eigtl. = abgeteilte Reihe]: **1.** *geschriebene, gedruckte Reihe von nebeneinander stehenden Wörtern eines Textes:* die erste Z., die drei ersten -n eines Gedichtes; der Brief war nur wenige -n lang, hatte nur wenige -n; eine Z. streichen; beim Lesen eine Z. auslassen; jeweils die erste Z. einrücken; eine neue Z. anfangen; jmdm. ein paar -n *(eine kurze schriftliche Mitteilung, einen kurzen Brief o. Ä.)* schreiben; davon habe ich noch nicht eine Z. *(noch gar nichts)* gelesen; sie hat das Buch [von der ersten] bis zur letzten Z. *(ganz)* gelesen; einen Text Z. für Z. durchgehen; etw. auf der Schreibmaschine mit zwei -n Abstand *(mit doppeltem Zeilenabstand)* schreiben; *** zwischen den -n lesen** *(in einem Text auch etw. nicht ausdrücklich Gesagtes, etw. verhüllt Ausgedrücktes erkennen, verstehen);* **zwischen den -n stehen** *(in einem Text auf eine indirekte, nicht jedem Leser ohne weiteres verständliche Weise zum Ausdruck kommen).* **2.** *meist längere Reihe gleichmäßig nebeneinander stehender, nebeneinander angeordneter, gewöhnlich gleichartiger, zusammengehörender Dinge:* mehrere -n kleiner Häuser; die einzelnen -n (Fernsehtechnik; *Reihen von Rasterpunkten)* des Fernsehbildes.

Zei|len|ab|stand, der: *Abstand zwischen den Zeilen eines Textes:* einfacher, doppelter, anderthalbfacher Z.

Zei|len|an|fang, der: *Anfang einer Zeile.*

Zei|len|dorf, das: *lang gestrecktes Dorf, dessen Häuser meist an nur einer Straße liegen.*

Zei|len|en|de, das: *Ende einer Zeile.*

Zei|len|ho|no|rar, das: *Honorar pro Zeile eines Textes (bes. bei einem Beitrag für eine Zeitung, Zeitschrift, ein Nachschlagewerk o. Ä.).*

Zei|len|län|ge, die: *Länge einer Zeile.*

zei|len|wei|se ⟨Adv.⟩: *in, nach Zeilen:* der Text wird z. berechnet; ⟨mit Verbalsubstantiven auch attr.:⟩ ein -s Lesen.

-zei|ler, der; -s, - in Zusb.: z. B. Achtzeiler *(aus acht Zeilen bestehender Text).*

-zei|lig in Zusb.: z. B. achtzeilig *(aus acht Zeilen bestehend).*

Zei|ne, die; -, -n [mhd. zeine, ahd. zein(n)a] (schweiz.): *großer Korb mit zwei Griffen.*

Zeis|chen, das; -s, -: Vkl. zu ↑Zeisig.

Zei|sig, der; -s, -e [spätmhd. zīsic < tschech. čížek, Vkl. von älter: číž, lautm.]: *(zu den Finkenvögeln gehörender) kleinerer, bes. in Nadelwäldern lebender Singvogel, der auf der Oberseite grünlich u. auf der Unterseite gelb u. weiß gefärbt ist:* *** lockerer Z.** (ugs. scherzh.; *leichtlebiger, liederlicher Mensch).*

zeit ⟨Präp. mit Gen.⟩ [erstarrter Akk. Sg.]: nur in der Verbindung **z. meines, deines usw. Lebens** *(mein, dein* usw. *Leben lang; solange ich lebe, du lebst* usw.): das werde ich z. meines Lebens nicht vergessen.

Zeit, die; -, -en [mhd., ahd. zīt, eigtl. = Abgeteiltes, Abschnitt]: **1.** ⟨o. Pl.⟩ *Ablauf, Nacheinander, Aufeinanderfolge der Augenblicke, Stunden, Tage, Wochen, Jahre:* die Z. vergeht [schnell, wie im Fluge], verstreicht, verrinnt, scheint stillzustehen; die Z. anhalten, zurückdrehen wollen; im Laufe der Z.; **Spr** die Z. heilt [alle] Wunden; kommt Z., kommt Rat *(mit der Zeit findet sich eine Lösung);* Ü die Z. arbeitet für jmdn. *(die Entwicklung nimmt mit der Zeit für jmdn. ohne sein Zutun eine günstige Richtung);* *** mit der Z.** *(im Laufe der Zeit, nach u. nach, allmählich):* mit der Z. wird er es schon lernen; **für Z. und Ewigkeit** (geh.; *für immer).* **2. a)** *Zeitpunkt; [eng] begrenzter Zeitraum (in Bezug auf seine Stelle im Zeitablauf):* feste -en; die Z. der Ernte; die Z. für etw. ist gekommen, steht bevor; es ist jetzt nicht die Z., das zu erörtern; ihre Z. (geh. veraltend; *die Zeit ihrer Niederkunft)* ist gekommen; seine Z. war gekommen (geh. verhüll.; *sein Tod stand bevor);* seine Z. *(die für jmdn., für sein Handeln, sein erfolgreiches Wirken günstigste Zeit)* für gekommen halten; eine Z. mit jmdm. vereinbaren; etw. auf unbestimmte Z. vertagen; außerhalb der üblichen Z.; seit der, dieser Z.; um diese Z.; vor der Z. *(vor der festgelegten Zeit);* er ruft immer zu den unmöglichsten -en an; zu jeder Z. *(jederzeit, immer);* zur rechten Z. *(rechtzeitig);* zur selben/zur gleichen/zu gleicher Z. *(gleichzeitig);* zu gegebener Z. *(wenn es zeitlich passt);* nur zu bestimmten -en; zur Z. der Tat; zu der Z., als/(geh.:) da sie ihr Kind bekam; **R** alles zu seiner *(zu passender)* Z. (nach Pred. 3, 11); **Spr** wer nicht kommt zur rechten Z., der muss nehmen/essen/sehen, was übrig bleibt; *** es ist, wird Z.** *(der Zeitpunkt ist gekommen, kommt, etw. zu tun):* es ist Z., wird allmählich Z. [für mich]; **es ist hohe/[die] höchste/allerhöchste Z.** *(es ist dringend [notwendig], es eilt sehr):* es ist [die] höchste Z. [damit anzufangen]; **alle heiligen -en einmal** (österr.; *[bedauerlicherweise] sehr selten;* eigtl. = nur zu den kirchlichen Feiertagen); **es ist an der Z.** *(der Zeitpunkt ist gekommen):* es ist an der Z., dass wir uns einigen; **es an der Z. halten** *(den richtigen Zeitpunkt für gekommen halten);* **von Z. zu Z.** *(ab und zu, manchmal, gelegentlich):* ich treffe sie von Z. zu Z.; **zu/**(selten auch:) **bei nachtschlafender Z.** (ugs.; *nachts, wenn man eigentlich schläft bzw. schlafen möchte, sollte);* **b)** *Uhrzeit:* die Z.: [Es wird] dreizehn Uhr; hast du [die] genaue Z.?; die Z. ansagen; jmdn. nach der Z. fragen; jeden Tag um dieselbe Z.; **c)** *[der jeweiligen Zonenzeit entsprechende] Einheitszeit, Normalzeit:* in Saudi-Arabien gilt Moskauer Z.; die in New York gültige Z. **3. a)** *Zeitraum; Zeitabschnitt, Zeitspanne:* die Z. des Studiums; die schönste Z. des Lebens/im Leben; es verging viel Z., bis sie wie-

Z

der zurückkam; er hat -en, in denen er sehr reizbar ist; eine schöne Z. verbringen, verleben; der Vorfall liegt schon einige Z. zurück; sie sind schon längere Z. verheiratet; er hat die ganze Z. *(ständig, ununterbrochen)* telefoniert; das Auto steht die meiste Z. *(während des größten Teils der Zeit)* in der Garage; eine kurze Z. lang; eine Z. lang schweigen; für einige, längere Z. verreist sein; ich kenne ihn aus meiner Berliner Z. *(aus der Zeit, als ich in Berlin lebte)*; für alle Z./-en *(für immer)*; in der nächsten/in nächster/die nächste Z.; in absehbarer Z.; in der letzten/in letzter/die letzte Z.; nach kurzer Z.; seit, vor langer Z.; während dieser Z.; zu aller Z./allen -en *(allezeit)*; * **die längste Z.** (ugs.; *[lange genug u. daher] künftig nicht mehr*): er war die längste Z. Kommandant; **auf Z.** *(für eine befristete Zeit)*: er ist Soldat auf Z.; **b)** *verfügbarer Teil des Nacheinanders, der Abfolge von Augenblicken, Stunden, Tagen usw.*: uns bleibt noch Z., es ist noch Z. genug, das zu erledigen; dafür ist mir meine Z. zu schade, zu kostbar; jmdm. wird die Z. lang; die Z. drängt *(es ist Eile geboten)*; [keine, wenig, eine Stunde] Z. [für jmdn., für etw.] haben; sie gönnt sich kaum [die] Z. zum Essen; noch nicht die Z. [dazu] gefunden haben, etw. zu tun; seine Z. einteilen, nutzen, hinbringen, mit etw. verbringen; viel Z. [und Mühe] an etw. wenden, auf etw. verwenden; seine Z. vergeuden; ein [viel] Z. sparendes Verfahren; eine Z. raubende Arbeit; etw. braucht, kostet, erfordert Z., dauert seine Z., nimmt Z. in Anspruch; wir dürfen jetzt keine Z. verlieren *(müssen uns beeilen)*; sie verloren keine Z. mit Höflichkeiten *(hielten sich nicht mit Höflichkeiten auf)*; jmdm. die Z. stehlen (ugs.; *jmdn. unnötig lange aufhalten*); **Spr** spare in der Z., so hast du in der Not; Z. ist Geld *(man soll die Zeit nicht ungenutzt lassen; Zeitverlust bedeutet materiellen Verlust*; viell. nach der antiken Vorstellung, wonach Zeit ein kostbares Gut ist od LÜ von engl. »time is money«); * **jmdm., sich die Z. [mit etw.] vertreiben** *(eine bestimmte Zeitspanne durch unterhaltsame, ablenkende o. ä. Beschäftigung überbrücken)*; **die Z. vertreiben** (schweiz.; *sich die Zeit vertreiben*); **die Z. totschlagen** (ugs. abwertend; *seine Zeit nutzlos verbringen*); **Z. gewinnen** *(es erreichen, dass sich das Eintreten bestimmter, bes. ungünstiger Umstände verzögert u. man Zeit für entsprechendes Handeln hat)*; **Z. nehmen [müssen]** (Boxen Jargon; *sich anzählen lassen [müssen]*); **jmdm. Z. lassen** *(jmdm. Gelegenheit lassen, etw. in Ruhe zu tun, zu erwägen)*; **sich** ⟨Dativ⟩ **Z. lassen** *(etw. ohne Überstürzung tun)*; **sich** ⟨Dativ⟩ **[für jmdn., etw.] Z. nehmen** *(sich ohne Übereilung, Überstürzung mit jmdm., etw. beschäftigen)*; **auf Z. spielen** (1. Sport Jargon; *das Spiel verzögern, um ein bestimmtes Ergebnis zu halten*. 2. *darauf setzen, dass man sein Ziel erreichen wird, indem man einfach Zeit verstreichen lässt*); **c)** (Sport) *für eine Leistung, bes. zum Zurücklegen einer Strecke, benötigter Zeitraum*: eine gute Z. laufen, fahren; die Z. stoppen, nehmen; **d)** (Sport) *Dauer eines Spiels, Wettkampfs*: einen Vorsprung über die Z. bringen *(bis zum Ende des Spiels, Wettkampfs halten)*. **4.** *Zeitraum, Zeitabschnitt des Lebens, der Geschichte usw. (einschließlich der herrschenden Verhältnisse)*: eine vergangene, eine neue, die heutige, die wilhelminische, die Weimarer Z.; kommende, künftige -en; die Z. Goethes, des Barocks; die Z., als es noch kein elektrisches Licht gab; das waren böse, finstere -en; das waren [noch] -en! *(das war eine schöne Zeit!)*; die Z. war noch nicht reif dafür *(die Entwicklung war noch nicht genug fortgeschritten)*; sie, der Schrank hat schon bessere -en gesehen *(sie, der Schrank war früher in einem besseren Zustand)*; sie ist ihrer Z. weit voraus; das größte Genie aller -en *(das je gelebt hat)*; das ist ein Zug der Z. *(der gegenwärtigen Zeit)*; der Geist der Z. *(Zeitgeist)*; aus vorgeschichtlicher Z. stammen; eine Sage aus alter Z.; 30 Jahre hinter der Z. zurück sein; in jüngster Z.; in der guten alten Z.; in früheren -en; in seinen besten -en *(als es ihm noch sehr gut ging)*; in -en der Not; in der schlechten *(durch Entbehrungen, Mangel geprägten)* Z. nach dem Krieg; das war nach, vor meiner Z. (ugs.; *damals war ich nicht mehr, noch nicht dabei, dort; damals hatte ich das Amt, die Position o. Ä. nicht mehr, noch nicht inne*); seit ewigen -en (ugs. übertreibend; *schon lange*) nicht mehr; zu jener Z.; zu allen -en *(immer)*; zu keiner Z. *(niemals)*; zur Zeit Goethes; **R** die -en ändern sich *(die Verhältnisse ändern sich)*; * **[ach] du liebe Z.!** (Ausruf der Verwunderung, Bestürzung, des Bedauerns o. Ä.); **mit der Z. gehen** *(sich der Entwicklung, den jeweiligen Verhältnissen anpassen, fortschrittlich sein)*; **seit, vor undenklicher Z./undenklichen -en** *(seit, vor unvorstellbar langer Zeit)*; **vor -en** (geh.; *vor langer Zeit*): **zu jmds. -en, zu -en einer Sache** *(in einer Zeit, als es eine bestimmte Person, Sache noch gab, etw. Bestimmtes noch üblich war)*: zu Cäsars -en, zu -en Cäsars. **5.** (Sprachw.) *Zeitform, Tempus*: in welcher Z. steht das Prädikat?

zeit|ab|hän|gig ⟨Adj.⟩: *von der Zeit abhängig; zeitbedingt.*

Zeit|ab|lauf, der: *zeitlicher Ablauf*: die Arbeit bestimmt seinen Z.

Zeit|ab|schnitt, der: *Abschnitt im Zeitablauf; Periode* (1).

Zeit|ab|stand, der: *Abstand zwischen zwei Zeitpunkten, zeitlicher Abstand*: im Z. von je einer Stunde.

Zeit|al|ter, das: **1.** *größerer Zeitraum in der Geschichte; Ära* (1 b): das technische Z.; das Z. der Raumfahrt. **2.** (Geol.) *Erdzeitalter, Ära* (2).

Zeit|an|ga|be, die: **1.** *Angabe über die Uhrzeit bzw. den Zeitpunkt.* **2.** (Sprachw.) *Adverbialbestimmung der Zeit; temporale Umstandsbestimmung.*

Zeit|an|sa|ge, die: *Ansage der genauen Uhrzeit im Rundfunk, Telefon o. Ä.*

Zeit|ar|beit, die (Wirtsch.): *befristete Arbeit (aufgrund eines entsprechenden [Leih]arbeitsverhältnisses).*

Zeit|ar|beits|fir|ma, die (Wirtsch.): *Unternehmen, das an andere Betriebe Beschäftigte in Zeitarbeit vermittelt.*

Zeit|auf|nah|me, die (Fot.): *Aufnahme* (7 a) *mit langer Belichtungszeit.*

Zeit|auf|wand, der: *Aufwand an Zeit*: etw. ist mit großem Z. verbunden.

zeit|auf|wen|dig, zeit|auf|wän|dig ⟨Adj.⟩: *mit großem Zeitaufwand verbunden, viel Zeit beanspruchend*: ein -es Verfahren; das ist zu z.

zeit|be|dingt ⟨Adj.⟩: *durch die Gegebenheiten der Zeit* (3 b, 4) *bedingt*: -e Schwierigkeiten.

Zeit|be|griff, der: *Begriff, Vorstellung von der Zeit[dauer].*

Zeit|be|stim|mung, die (Sprachw.): *Umstandsangabe der Zeit* (5), *temporale Umstandsangabe.*

Zeit|bild, das: *(literarisches, filmisches o. ä.) Bild, anschauliche Darstellung zeitbedingter Umstände, Verhältnisse.*

Zeit|bom|be, die: *Bombe mit Zeitzünder*: in dem Gebäude war eine Z. versteckt; **Ü** die Z. tickt *(etw. droht sich verhängnisvoll auszuwirken).*

Zeit|dau|er, die: *Zeit, die etw. dauert; Dauer.*

Zeit|do|ku|ment, das: *Dokument* (2) *einer Zeit* (4): fotografische, filmische -e; der Bericht ist ein eindrucksvolles, erschütterndes Z.; die hiesige Zeitung deutete den Film als wertvolles Z.

Zeit|druck, der ⟨o. Pl.⟩: [1]*Druck* (3), *Bedrängtsein, dem sich jmd. durch einzuhaltende bevorstehende Termine ausgesetzt sieht*: in Z. sein, geraten.

Zeit|ein|heit, die: *Einheit* (2) *zur Messung od. Ein-, Unterteilung der Zeit.*

Zeit|ein|tei|lung, die: *Einteilung der verfügbaren Zeit.*

Zeit|emp|fin|den, das: vgl. Zeitgefühl.

Zei|ten|fol|ge, die (Sprachw.): *geregeltes Verhältnis der Zeiten* (5) *von Haupt- u. Gliedsatz in einem zusammengesetzten Satz; Consecutio Temporum.*

Zei|ten|wen|de, die: **1.** *Wende der Zeit* (4), *der Zeiten; Zeitpunkt des Endes einer Epoche, Ära u. des Beginns einer neuen Zeit.* **2.** *Zeitwende* (1).

Zeit|er|fas|sung, die: *Erfassung bestimmter Zeiträume, vor allem der Arbeitszeiten.*

Zeit|er|fas|sungs|ge|rät, das: *[elektronisches] Gerät (wie Stechuhr o. Ä.) zur Zeiterfassung.*

Zeit|er|schei|nung, die: *an die Gegebenheiten einer Zeit* (4) *gebundene, für eine Zeit typische Erscheinung.*

Zeit|er|spar|nis, die: *Ersparnis an Zeit.*

Zeit|fah|ren, das; -s, - (Radsport): *Wettkampf, bei dem die Fahrer in Abständen starten u. bei dem es auf die benötigte Zeit od. die in einer bestimmten Zeit gefahrene Strecke ankommt.*

Zeit|fak|tor, der ⟨o. Pl.⟩: *die Zeit als zu berücksichtigender Faktor.*

Zeit|feh|ler, der (Pferdesport): *Fehler durch Überschreiten der festgelegten Höchstzeit im Springreiten.*

Zeit|fol|ge, die: *zeitliche Folge, zeitliches Nacheinander.*

Zeit|form, die (Sprachw.): *grammatische Form des Verbs, durch die Gegenwart, Vergangenheit od. Zukunft eines Geschehens, eines Sachverhaltes usw. ausgedrückt wird; Zeit* (5); *Tempus.*

Zeit|fra|ge, die: **1.** ⟨o. Pl.⟩ *Frage der Zeit* (3 b): das ist nur eine Z. *(das hängt nur davon ab, wann ich Zeit habe)*. **2.** *zeitbedingte Frage, Problem einer Zeit* (4): zu -n Stellung nehmen.

zeit|ge|bun|den ⟨Adj.⟩: vgl. zeitbedingt.

Zeit|ge|fühl, das: **1.** ⟨o. Pl.⟩ *Gefühl für Zeitablauf u. Zeitdauer, dafür, welche Tages-, Uhrzeit es ist*: das Z. verlieren. **2.** *Gefühl für eine Zeit* (4), *für die in einer bestimmten Zeit herrschenden Verhältnisse, Moden, Empfindungen o. Ä.*

Zeit|geist, der ⟨o. Pl.⟩ [1769 erstmals bei Herder]: *für eine bestimmte geschichtliche Zeit charakteristische allgemeine Gesinnung, geistige Haltung.*

zeit|ge|mäß ⟨Adj.⟩: *einer Zeit* (4) *gemäß, entsprechend; aktuell*: ein -es Thema; dieser Stil ist nicht mehr z.

Zeit|ge|nos|se, der: **1.** *mit jmdm. in der gleichen Zeit* (4) *lebender Mensch*: ein Z. Goethes. **2.** (ugs., oft abwertend) *[Mit]mensch*: ein unangenehmer, sonderbarer, harmloser Z.

Zeit|ge|nos|sin, die: w. Form zu ↑Zeitgenosse.

zeit|ge|nös|sisch ⟨Adj.⟩: **1.** *zu den Zeitgenossen gehörend, ihnen eigentümlich, von ihnen stammend*: -e Dokumente. **2.** *gegenwärtig, heutig, derzeitig*: die -e Musik.

zeit|ge|recht ⟨Adj.⟩: **1.** *den Anforderungen u. Erwartungen der heutigen Zeit angemessen, entsprechend*: -es Wohnen. **2.** (österr., schweiz.) *rechtzeitig.*

Zeit|ge|schäft, das (Börsenw.): *Termingeschäft.*

Zeit|ge|sche|hen, das ⟨o. Pl.⟩: *aktuelles Geschehen der [gegenwärtigen] Zeit* (4): über das Z. berichten.

Zeit|ge|schich|te, die ⟨o. Pl.⟩: **1.** *geschichtliche Gegenwart u. jüngste Vergangenheit*: Persönlichkeiten der Z. **2.** *Geschichte* (1 b) *der gegenwärtigen u. gerade vergangenen Zeit* (4).

zeit|ge|schicht|lich ⟨Adj.⟩: *die Zeitgeschichte betreffend*: -e Dokumente.

Zeit|ge|schmack, der ⟨o. Pl.⟩: *für eine bestimmte geschichtliche Zeit charakteristischer Geschmack.*

Zeit|ge|winn, der: *Zeitersparnis.*

zeit|gleich ⟨Adj.⟩: **1.** *gleichzeitig*: -e Vorgänge. **2.** (Sport) *mit gleicher Zeit* (3 c): z. ins Ziel kommen.

Zeit|grün|de ⟨Pl.⟩: *Gründe, die darin liegen, dass es an Zeit fehlt*: das hatte lediglich Z.; er konnte aus -en leider nicht teilnehmen.

zeit|his|to|risch ⟨Adj.⟩: *zeitgeschichtlich.*

zei|tig ⟨Adj.⟩ [mhd. zītig = zur rechten Zeit geschehend; reif, ahd. zītec = zur rechten Zeit geschehend]: **1.** *zu einem verhältnismäßig frühen Zeitpunkt; früh[zeitig]*: am -en Nachmittag; z. aufstehen; du hättest -er kommen müssen. **2.** (veraltet, noch landsch.) *reif* (1).

zei|ti|gen ⟨sw. V.; hat⟩ [mhd. zītigen = reifen]: 1. (geh.) *(Ergebnisse, Folgen) hervorbringen, nach sich ziehen:* etw. zeitigt reiche Früchte, keine Ergebnisse. 2. (österr.) *reif* (1) *werden.*

Zeit|kar|te, die (Verkehrsw.): *Fahrkarte (wie Wochen-, Monats-, Netzkarte) für beliebig viele Fahrten während eines bestimmten Zeitabschnitts.*

Zeit|ko|lo|rit, das (bildungsspr.): *einer Zeit eigentümliches Kolorit* (3).

Zeit|kri|tik, die ⟨Pl. selten⟩: *Kritik an den Verhältnissen, Erscheinungen u. Ereignissen der Zeit, in der jmd. lebt.*

zeit|kri|tisch ⟨Adj.⟩: *Zeitkritik enthaltend, äußernd, zum Ausdruck bringend:* ein -er Film.

Zeit lang: s. Zeit (3 a).

Zeit|lauf, der; -[e]s, ...läuf[t]e: 1. ⟨Pl.⟩ (geh.) *zeitbedingter Lauf der Ereignisse:* in diesen, in den damaligen unsicheren Zeitläuf[t]en. 2. ⟨o. Pl.⟩ (selten) *[Ab]lauf der Zeit.*

zeit|le|bens ⟨Adv.⟩: *während des ganzen Lebens:* er hat z. schwer gearbeitet.

zeit|lich ⟨Adj.⟩ [mhd. zītlich, ahd. zītlīh]: 1. *die Zeit* (1–4) *betreffend:* der -e Ablauf von etw.; -e Abstimmung; in großem, kurzem -em Abstand; die Erlaubnis ist z. begrenzt. 2. (Rel.) *vergänglich, irdisch:* -e und ewige Werte; * **das Zeitliche segnen** (1. veraltet verhüll.; *sterben.* 2. scherzh.; *entzweigehen:* die Tasche hat das Zeitliche gesegnet; nach der alten Sitte, dass ein Sterbender für alles, was er zurücklässt [= das Zeitliche], Gottes Segen erbittet). 3. (österr. ugs.) *zeitig* (1).

Zeit|lich|keit, die; -: 1. (Philos.) *zeitliches [Da]sein, [Da]sein in der Zeit.* 2. (Rel., sonst veraltet) *die zeitliche* (2), *irdische Welt:* die Z. verlassen.

Zeit|li|mit, das: **a)** (Sport) *(für das Erreichen des Ziels) festgelegte Höchstzeit, bei deren Überschreitung keine Wertung mehr stattfindet;* **b)** *zeitliches Limit* (a).

Zeit|lohn, der (Wirtsch.): *nur für die Arbeitszeit gezahlter Lohn (im Unterschied zum Akkordlohn, Stücklohn usw.).*

zeit|los ⟨Adj.⟩: *(in Stil, Form, Gehalt o. Ä.) nicht zeitgebunden:* eine -e Kunst, Dichtung; -e *(zeitlosen Stil zeigende, nicht der Mode unterworfene)* Mäntel, Formen.

Zeit|lo|se, die; -, -n [↑Herbstzeitlose]: 1. (Bot.) *(zu den Liliengewächsen gehörende) Pflanze mit einzeln stehenden, lilafarbenen, rötlichen od. weißen Blüten auf sehr kurzem Schaft.* 2. (veraltet) *Herbstzeitlose.*

Zeit|lo|sig|keit, die; -: 1. *das Zeitlossein* (1): die Z. der Formen. 2. *das Zeitlossein* (2).

Zeit|lu|pe, die ⟨o. Pl.⟩ (Film): *Verfahren, bei dem die auf einem Film, einem Video aufgenommenen Vorgänge, Szenen bei der Wiedergabe in stark verlangsamtem Tempo erscheinen:* sich eine Szene in Z. ansehen.

Zeit|lu|pen|auf|nah|me, die (Film): *Aufnahme* (7 a) *in Zeitlupe.*

Zeit|lu|pen|tem|po, das ⟨o. Pl.⟩: *sehr langsames, stark verzögertes Tempo:* sich im Z. bewegen; im Z. (scherzh.; *sehr, auffallend langsam*) arbeiten.

Zeit|man|gel, der ⟨o. Pl.⟩: *Mangel an verfügbarer Zeit:* aus Z.; wegen -[s].

Zeit|ma|schi|ne, die: *(fiktive) Maschine, mit deren Hilfe sich jmd. in eine andere Zeit versetzen kann.*

Zeit|maß, das (seltener): 1. *Tempo, das der zeitlichen Aufeinanderfolge von Bewegungen, Vorgängen, Klängen usw. zukommt bzw. gegeben wird.* 2. *Maß für die Zeit[dauer].*

Zeit|mes|ser, der: *Gerät (wie Uhr, Chronometer) zum Messen u. Anzeigen der Uhrzeit.*

Zeit|mes|sung, die: 1. *Registrierung von Uhrzeit, Zeitpunkten, Zeitdauer durch Zeitmesser.* 2. *Chronologie* (1).

zeit|nah, zeit|na|he ⟨Adj.⟩: *gegenwartsnah [u. zeitkritisch]:* ein zeitnahes Bühnenstück.

Zeit|nä|he, die: *das Zeitnahsein.*

Zeit|nah|me, die (Sport): *Messung, Ermittlung der Zeiten* (3 c): automatische, elektrische Z.

Zeit|neh|mer, der; -s, -: (Sport) *jmd. (bes. Offizieller), der die Zeit nimmt, stoppt.*

Zeit|neh|me|rin, die; -, -nen: w. Form zu Zeitnehmer.

Zeit|not, die ⟨o. Pl.⟩: *Bedrängtsein, Notlage durch Zeitmangel:* in Z. geraten.

Zeit|plan, der: *Plan für den zeitlichen Ablauf:* einen Z. aufstellen, einhalten.

Zeit|punkt, der: *kurze Zeitspanne (in Bezug auf ihre Stelle im Zeitablauf); Augenblick, Moment:* ein günstiger Z.; der Z. seines Todes; der Z., in dem/zu dem/(auch:) wo/(veraltend:) da die Prüfung begann; den richtigen Z. [für etw.] abwarten, verpassen; etw. im geeigneten Z. tun; zum jetzigen Z.

Zeit|raf|fer, der ⟨o. Pl.⟩ (Film): *Verfahren, bei dem die auf einem Film, einem Video aufgenommenen Vorgänge, Szenen bei der Wiedergabe in stark beschleunigtem Tempo erscheinen.*

Zeit|raf|fer|auf|nah|me, die (Film): *Aufnahme* (7 a) *in Zeitraffer.*

Zeit|raf|fer|tem|po, das ⟨o. Pl.⟩: *stark beschleunigtes Tempo.*

zeit|rau|bend ⟨Adj.⟩: *übermäßig viel Zeit in Anspruch nehmend:* eine -e Arbeit, Prozedur.

Zeit|raum, der: *mehr od. weniger ausgedehnter, vom Wechsel der Ereignisse u. Eindrücke, vom Verlauf der Geschehnisse erfüllter Teil der Zeit; Zeitabschnitt:* etw. umfasst einen Z. von mehreren Tagen; über einen längeren Z. abwesend sein.

Zeit|rech|nung, die: 1. *für Datumsangaben maßgebende Zählung der Jahre u. Jahrhunderte von einem bestimmten [geschichtlichen] Zeitpunkt an:* in den ersten Jahrhunderten christlicher Z., der christlichen Z., unserer Z. *(der Zeitrechnung nach Christi Geburt);* das Jahr 328 vor unserer Z. (Abk. v. u. Z.). 2. *Berechnung der Zeit, des Zeitablaufs, der Tages-, Uhrzeit [orientiert an astronomischen Gegebenheiten].*

Zeit|rei|se, die: *(mithilfe einer Zeitmaschine erfolgendes) Sichversetzen in eine andere Zeit.*

Zeit|ro|man, der: *die Zeitverhältnisse in den Mittelpunkt stellender Roman.*

zeit|schnell ⟨Adj.⟩ (Sport): *der Zeit* (3 c) *nach (nicht nur im Verhältnis zu den anderen Läufern, Fahrern usw.) schnell:* die -ste Läuferin qualifiziert sich für den Zwischenlauf.

Zeit|schrift, die: 1. *meist regelmäßig (wöchentlich bis mehrmals jährlich) erscheinende, geheftete, broschierte o. ä. Druckschrift mit verschiedenen Beiträgen, Artikeln usw. [über ein bestimmtes Stoffgebiet]:* eine medizinische, satirische Z.; eine Z. für Mode. 2. *Redaktion bzw. Unternehmung, die eine Zeitschrift* (1) *zusammenstellt, gestaltet, herstellt, herausbringt:* sein Vortrag wird von einer Z. gedruckt.

Zeit|schrif|ten|auf|satz, der: *in einer Zeitschrift erschienener Aufsatz.*

Zeit|schrif|ten|map|pe, die: *Lesemappe.*

Zeit|schrif|ten|ver|le|ger, der: *Verleger einer od. mehrerer Zeitschriften.*

Zeit|schrif|ten|ver|le|ge|rin, die: w. Form zu ↑Zeitschriftenverleger.

Zeit|sol|dat, der: *Soldat (bes. bei der Bundeswehr), der sich freiwillig verpflichtet hat, für eine bestimmte Zeit Wehrdienst zu leisten.*

Zeit|sol|da|tin, die: w. Form zu ↑Zeitsoldat.

Zeit|span|ne, die: *Spanne Zeit, [kürzerer] Zeitabschnitt:* in einer Z. von 12 Tagen.

zeit|spa|rend ⟨Adj.⟩: *Zeitersparnis bewirkend:* ein -es Verfahren.

Zeit|sprin|gen, das (Pferdesport): *Springprüfung, bei der ein Fehler in Zeit umgerechnet wird u. die kürzeste Gesamtzeit den Sieg bringt.*

Zeit|stra|fe, die (Sport): *Strafe in Form einer zeitlich begrenzten Hinausstellung.*

Zeit|strö|mung, die: *(geistige, politische o. ä.) Strömung der gegenwärtigen od. einer vergangenen Zeit.*

Zeit|ta|fel, die: *Tafel, Übersicht mit zeitlich geordneten wichtigen Daten eines Zeitraums.*

Zeit|takt, der: 1. (Fernspr.) *festgelegte Dauer der Zeiteinheit, in der für eine Gebühreneinheit telefoniert werden kann.* 2. (bes. Verkehrsw.) *(stets gleiche) Länge des Zeitabstands zwischen regelmäßig sich wiederholenden Vorgängen (z. B. Zugabfahrten).*

zeit|ty|pisch ⟨Adj.⟩: *für eine Zeit* (4) *typisch.*

Zeit|um|stän|de ⟨Pl.⟩: *zeitbedingte Umstände:* das erklärt sich aus den [damaligen] -n.

Zei|tung, die; -, -en [mhd. (westmd.) zīdunge = Nachricht, Botschaft < mniederd., mniederl. tīdinge, zu: tīden = vor sich gehen, vonstatten gehen, sich ereignen, zu mniederd. tīde, ↑Tide]: 1. **a)** *täglich bzw. regelmäßig in kurzen Zeitabständen erscheinende (nicht gebundene, meist nicht geheftete) Druckschrift mit Nachrichten, Berichten u. vielfältigem anderem aktuellem Inhalt:* eine unabhängige, überregionale, wöchentlich erscheinende Z.; die heutige Z.; die Z. von gestern; eine Z. gestalten, herausgeben; [die] Z. lesen; eine Z. abonnieren, halten, beziehen; -en austragen; etw. aus der Z. erfahren; etw. durch die Z. *(durch eine Anzeige in der Zeitung)* finden; eine Anzeige, eine Notiz in die Z. setzen *(in der Zeitung erscheinen lassen);* **b)** *Redaktion bzw. Unternehmung, die eine Zeitung* (1 a) *gestaltet, herstellt:* eine Mitarbeiterin der Z.; bei einer Z. arbeiten; für eine Z. schreiben. 2. (veraltet) *Nachricht von einem Ereignis:* [eine] gute, schlechte Z. bringen.

Zei|tungs|ab|la|ge, die: *Ablage* (2) *für Zeitungen.*

Zei|tungs|abon|ne|ment, das: *Abonnement auf eine Zeitung.*

Zei|tungs|an|non|ce, die: *Zeitungsanzeige:* sie haben sich durch eine Z. kennen gelernt.

Zei|tungs|an|zei|ge, die: *Anzeige* (2 b) *in einer Zeitung:* eine Z. aufgeben.

Zei|tungs|ar|ti|kel, der: *in einer Zeitung veröffentlichter Artikel* (1).

Zei|tungs|aus|schnitt, der: *Ausschnitt* (1 a) *aus einer Zeitung.*

Zei|tungs|aus|trä|ger, der: *Austräger von Zeitungen.*

Zei|tungs|aus|trä|ge|rin, die: w. Form zu ↑Zeitungsausträger.

Zei|tungs|be|richt, der: vgl. Zeitungsartikel.

Zei|tungs|en|te, die (ugs.): *falsche Zeitungsmeldung.*

Zei|tungs|frau, die: *Frau, die Zeitungen austrägt, verkauft.*

Zei|tungs|hal|ter, der: *einfaches stabförmiges Gerät mit Griff, in das der linke Rand einer Zeitung gespannt wird, damit sie (immer wieder) bequem gelesen werden kann.*

Zei|tungs|in|se|rat, das: *Zeitungsanzeige.*

Zei|tungs|jour|na|list, der: *für eine Zeitung arbeitender Journalist.*

Zei|tungs|jour|na|lis|tin, die: w. Form zu ↑Zeitungsjournalist.

Zei|tungs|ki|osk, der: *Kiosk, an dem Zeitungen verkauft werden.*

Zei|tungs|kor|res|pon|dent, der: *Korrespondent* (1).

Zei|tungs|kor|res|pon|den|tin, die: w. Form zu ↑Zeitungskorrespondent.

Zei|tungs|le|ser, der: *Leser* (1 b) *einer Zeitung.*

Zei|tungs|le|se|rin, die: w. Form zu ↑Zeitungsleser.

Zei|tungs|lied, das (Literaturw.): *historisches Lied in Versform, das über aktuelle Ereignisse berichtet.*

Zei|tungs|mel|dung, die: *Meldung* (2) *in der Zeitung.*

Zei|tungs|no|tiz, die: *kurze Zeitungsmeldung.*

Zei|tungs|pa|pier, das: 1. *Papier von Zeitungen:* etw. in Z. einwickeln. 2. *Papier, auf dem Zeitungen gedruckt werden.*

Zei|tungs|re|dak|ti|on, die: *Redaktion einer Zeitung.*

Zei|tungs|ro|man, der: *in einer Zeitung abgedruckter Fortsetzungsroman.*

Zei|tungs|sei|te, die: *Seite einer Zeitung.*

Zei|tungs|stän|der, der: *Ständer* (1) *zum Aufbewahren von Zeitungen.*

Zei|tungs|über|schrift, die: *Überschrift eines Zeitungsartikels.*
Zei|tungs|ver|käu|fer, der: *jmd., der Zeitungen verkauft.*
Zei|tungs|ver|käu|fe|rin, die: w. Form zu ↑Zeitungsverkäufer.
Zei|tungs|ver|lag, der: *Verlag, der eine od. mehrere Zeitungen verlegt.*
Zei|tungs|we|sen, das ⟨o. Pl.⟩: *Gesamtheit dessen, was mit der Tätigkeit der Zeitungsjournalisten, mit der Herstellung u. Verbreitung von Zeitungen zusammenhängt.*
Zei|tungs|wis|sen|schaft, die: *Wissenschaft vom Zeitungs- u. Nachrichtenwesen.*
Zeit|un|ter|schied, der: *Unterschied in der Zeit* (2c, 3c).
Zeit|ver|hält|nis|se ⟨Pl.⟩: vgl. Zeitumstände.
Zeit|ver|lust, der ⟨o. Pl.⟩: *Verlust an verfügbarer Zeit.*
Zeit|ver|schwen|dung, die (emotional): *schlechte Ausnutzung von verfügbarer Zeit.*
zeit|ver|setzt ⟨Adj.⟩: *zeitlich jeweils um eine bestimmte Spanne versetzt:* eine -e Übertragung.
Zeit|ver|trag, der: *zeitlich befristeter Arbeitsvertrag.*
Zeit|ver|treib, der; -[e]s, -e: *etw., womit sich jmd. die Zeit vertreibt:* Lesen ist mein liebster Z./ist mir der liebste Z.; etw. [nur] zum Z. tun.
Zeit|vor|sprung, der: *zeitlicher Vorsprung.*
Zeit|waa|ge, die (Technik): *elektronischer Chronograph.*
Zeit|wahl, die: *Methode der Empfängnisverhütung, bei der die Phasen der natürlichen Unfruchtbarkeit der Frau genutzt werden.*
zeit|wei|lig ⟨Adj.⟩: **1.** *auf eine kürzere Zeit beschränkt, zeitlich begrenzt, vorübergehend; momentan:* -e Schwierigkeiten. **2.** *hin u. wieder für eine kürzere Zeit; gelegentlich* (1b): er ist z. nicht zurechnungsfähig.
zeit|wei|se ⟨Adv.⟩: **1.** *von Zeit zu Zeit, hin u. wieder:* [nur] z. anwesend sein; z. schien auch die Sonne; ⟨mit Verbalsubstantiven auch attr.:⟩ zähfließender Verkehr mit -m Stillstand. **2.** *zeitweilig* (1), *vorübergehend, eine Zeit lang:* z. schien es so, als sei alles wieder in Ordnung.
Zeit|wen|de, die: **1.** *Anfang der christlichen Zeitrechnung:* vor, nach, seit der Z. **2.** *Zeitenwende* (1).
Zeit|wert, der: **1.** *Wert, den ein Gegenstand zur fraglichen, zur jeweiligen Zeit gerade hat:* die Versicherung ersetzt nur den Z. **2.** (Musik) *relative Dauer des durch eine Note dargestellten Tones; die relative Zeitdauer betreffender Notenwert.*
Zeit|wort, das ⟨Pl. ...wörter⟩ (Sprachw.): *Verb:* schwache, starke, unregelmäßige Zeitwörter; die Beugung des -s.
zeit|wört|lich ⟨Adj.⟩ (Sprachw. seltener): *verbal* (2).
Zeit|zei|chen, das (Rundf., Funkw.): **1.** *[Ton, Tonfolge als] Signal, das die genaue Zeit anzeigt:* ein Z. senden. **2.** *etw. für eine bestimmte Zeit Bezeichnendes; Zeichen* (2) *der Zeit* (4): die Z. erkennen.
Zeit|zeu|ge, der: *jmd., der als Zeitgenosse Zeugnis geben kann von bestimmten Vorgängen (von historischer Bedeutsamkeit).*
Zeit|zeu|gin, die: w. Form zu ↑Zeitzeuge.
Zeit|zo|ne, die: *Zone der Erde, in der an allen Orten dieselbe Uhrzeit gilt:* das Land erstreckt sich über drei -en.
Zeit|zün|der, der: *Zünder, der eine Bombe o. Ä. nach bzw. zu einer bestimmten Zeit zur Detonation bringt:* eine mit einem Z. versehene Bombe.
Ze|le|brant, der; -en, -en [zu lat. celebrans (Gen.: celebrantis), 1. Part. von: celebrare, ↑zelebrieren] (kath. Kirche): *Priester, der die* [1]*Messe* (1) *zelebriert.*
Ze|le|bra|ti|on, die; -, -en [lat. celebratio = Feier, zu: celebrare, ↑zelebrieren] (kath. Kirche): *das Zelebrieren der* [1]*Messe* (1).
ze|le|brie|ren ⟨sw. V.; hat⟩ [lat. celebrare = häufig besuchen; festlich begehen; feiern, preisen, zu: celeber = häufig; berühmt, gefeiert]: **1.** (kath. Kirche) *eine kirchliche Zeremonie abhalten, durchführen:* die Messe z. **2.** (bildungsspr., oft scherzh.) *(bewusst) feierlich, weihevoll tun, ausführen:* ein Essen z. **3.** (bildungsspr. selten) *feiern* (1c), *feierlich ehren.*
Ze|le|brie|rung, die; -, -en: *das Zelebrieren.*
Ze|le|bri|tät, die; -, -en [lat. celebritas, zu: celeber, ↑zelebrieren] (bildungsspr.): **1.** *berühmte Person; Berühmtheit.* **2.** (veraltet) *Feierlichkeit, Festlichkeit.*
Zel|la: ↑Cella.
Zell|at|mung, die (Biol.): *biochemische Verwertung des (bei der Atmung) aufgenommenen Sauerstoffs durch die Körperzellen.*
Zell|bil|dung, die (Biol.): *Bildung, das Sichbilden von Zellen* (5).
Zell|di|a|gnos|tik, die: *Zytodiagnostik.*
Zel|le, die; -, -n [1: mhd. zelle = Kammer, Zelle, kleines Kloster, ahd. (in Ortsn.) < kirchenlat. cella = Wohnraum eines Mönches, Klause < lat. cella, ↑Keller]: **1.** *kleiner, nur sehr einfach ausgestatteter Raum innerhalb eines Gebäudes, der für Personen (z. B. Mönche, Strafgefangene) bestimmt ist, die darin abgeschieden od. abgetrennt von anderen leben.* **2.** kurz für ↑Telefonzelle. **3. a)** *abgetrennte Höhlung (unter vielen); durch Abteilung, Abtrennung entstandener Hohlraum:* die -n einer Honigwabe; **b)** (Flugw.) *Gesamtheit aller Teile eines Flugzeugs mit Ausnahme von Ausrüstung u. Triebwerk[en].* **4.** (Elektrot.) *einzelnes Element einer Batterie od. eines Akkumulators.* **5.** *kleinste lebende Einheit in einem pflanzlichen od. tierischen Lebewesen:* lebende, tote -n; die -n teilen sich, sterben ab; *** die [kleinen] grauen -n** (ugs. scherzh.; *die Gehirnzellen, das Gehirn, Denkvermögen;* nach der grauen Substanz der Großhirnrinde). **6.** *geschlossene kleine Gruppe durch gleiche Ziele verbundener [gemeinschaftlich agierender] Personen; kleinste Einheit bestimmter Organisationen, Vereinigungen:* revolutionäre -n; eine Z. bilden, gründen.
zel|lei|gen ⟨Adj.⟩: *zur Zelle* (5) *gehörend.*
Zel|len|bil|dung, die: **1.** (Biol.) *Zellbildung.* **2.** (bes. Politik) *Bildung von Zellen* (6).
Zel|len|ge|wöl|be, das (Archit.): *spätgotische Gewölbeform mit vielen tief eingeschnittenen Abteilungen, Zellen, die durch Grate gegeneinander abgegrenzt sind.*
Zel|len|leh|re, die: *Zytologie.*
Zel|len|schmelz, der: *Cloisonné.*
Zell|for|schung, die: *Zytologie.*
Zell|ge|we|be, das (Biol.): *Gewebe aus gleichartigen Zellen* (5).
Zell|gift, das (Biol., Med.): *chemischer Stoff, der schädigend auf die physiologischen Vorgänge in der Zelle* (5) *einwirkt bzw. die Zelle abtötet.*
zel|lig ⟨Adj.⟩ [zu ↑Zelle] (Biol.): *aus Zellen [bestehend].*
-zel|lig in Zusb.: z. B. mehrzellig *(aus mehreren Zellen bestehend);* kleinzellig *(kleine Zellen habend).*
Zell|kern, der (Biol.): *im Zellplasma eingebettetes [kugeliges] Gebilde, das die Chromosomen enthält; Nukleus* (1); *Zytoblast.*
Zell|klon, der (Biol.): *durch Klonieren entstandene Ansammlung von genetisch einheitlichen Zellen* (5).
Zell|kör|per, die (Biol.): *Zelle* (5) *ohne Kern u. Fortsätze.*
Zell|kul|tur, die (Biol., Med.): *auf geeigneten Nährböden in besonderen Gefäßen gezüchtete [Gewebs]zellen.*
Zell|leh|re, die: *Zytologie.*
Zell|mem|bran, die (Biol.): *Membran, die das Zellplasma außen begrenzt.*
Zel|lo|phan, das; -s [frz. cellophane, Kunstwort aus ↑Zellulose u. griech. diaphanḗs = durchsichtig]: *glasklare Folie.*
zel|lo|pha|nie|ren ⟨sw. V.; hat⟩: *(eine Ware) in Zellophan verpacken.*
Zel|lo|phan|tü|te, die: *Tüte aus Zellophan.*
Zell|plas|ma, das (Biol.): *Zytoplasma.*
Zell|stoff, der: **1.** *(aus Holz od. ähnlichen Materialien durch chemischen Aufschluss gewonnenes, feinfaseriges) weitgehend aus Zellulose bestehendes Produkt, das zur Herstellung von Papier u. Kunstfasern dient.* **2.** *aus Zellstoff* (1) *hergestellter, sehr saugfähiger Stoff, der bes. in der Medizin u. Hygiene verwendet wird.*
Zell|stoff|fa|brik, die: *Fabrik, in der Zellstoff hergestellt wird.*
Zell|stoff|wech|sel, der (Biol.): *Stoffwechsel einer Zelle* (5).
Zell|tei|lung, die (Biol.): *Teilung einer lebenden Zelle* (5) *in zwei neue, selbstständige Zellen bei der Vermehrung der Zellen.*
zel|lu|lar, zel|lu|lär ⟨Adj.⟩ [zu lat. cellula, ↑Zellulose] (Biol.): **1.** *aus Zellen* (5) *gebildet.* **2.** *zu den Zellen* (5) *gehörend, den Zellen eigentümlich, die Zelle[n] betreffend.*
Zel|lu|lar|the|ra|pie, die ⟨o. Pl.⟩ (Med.): *Injektion körperfremder (tierischer) Zellen* (5) *zum Zwecke der Regeneration von Organen u. Geweben.*
Zel|lu|li|tis, die; -, ...itiden (Med.): ↑Cellulite, Cellulitis.
Zel|lu|loid, (chem. Fachspr.:) Celluloid [seltener auch: ...lo'i:t], das; -[e]s [engl. celluloid, zu: cellulose = Zellulose u. griech. -oeidḗs = ähnlich, zu: eĩdos = Aussehen, Form]: **1.** *durchsichtiger, elastischer Kunststoff aus Nitrozellulose [u. Kampfer].* **2.** (Jargon) *Filmstreifen, -material:* etw. auf Z. bannen.
Zel|lu|loid|strei|fen, der: *Filmstreifen.*
Zel|lu|lo|se, (chem. Fachspr.:) Cellulose, die; -, (Arten:) -n [zu lat. cellula = kleine Kammer, kleine Zelle, Vkl. von: cella, ↑Zelle]: *bes. von Pflanzen gebildeter Stoff, der Hauptbestandteil der pflanzlichen Zellwände ist.*
Zell|ver|meh|rung, die (Biol.): *Vermehrung der Zellen durch Zellteilung.*
Zell|wand, die (Biol.): *Wand der pflanzlichen Zelle* (5), *die die Zellmembran in Form einer starren Hülle umgibt.*
Zell|wol|le, die: *aus Zellulose bzw. Viskose hergestellte wolle- od. baumwollähnliche Spinnfaser[n].*
Zell|wu|che|rung, die: *wuchernde Zellvermehrung.*
ze|lo|sa|men|te, ze|lo|so ⟨Adv.⟩ [ital., zu: zelo = Eifer < spätlat. zelus < griech. zẽlos, ↑Zelot] (Musik): *eifrig, feurig, hastig.*
Ze|lot, der; -en, -en [lat. zelotes < griech. zēlōtḗs = Nacheiferer, Bewunderer, zu: zēlóein = (nach)eifern, zu: zẽlos = Eifer(sucht), Neid]: **1.** (bildungsspr.) *Eiferer, [religiöser] Fanatiker.* **2.** *Angehöriger einer radikalen antirömischen altjüdischen Partei.*
Ze|lo|tin, die; -, -nen: w. Form zu ↑Zelot (1).
ze|lo|tisch ⟨Adj.⟩: **1.** (bildungsspr.) *in der Art eines Zeloten* (1). **2.** *die Zeloten* (2) *betreffend, zu ihnen gehörend.*
Ze|lo|tis|mus, der; - (bildungsspr.): *[religiöser] Fanatismus.*
[1]Zelt, das; -[e]s, -e [mhd., ahd. zelt, eigtl. = (ausgebreitete) Decke, Hülle]: *meist sehr einfache hausähnliche Konstruktion aus Stangen, Stoffbahnen, Fellen o. Ä., die relativ leicht auf- u. wieder abgebaut u. mitgenommen werden kann u. zum vorübergehenden Aufenthalt od. als Behausung dient:* ein Z. aufstellen, aufschlagen, [auf]bauen, abbauen, abbrechen; ein Zirkus errichtete sein Z. auf dem Festplatz; **Ü** das himmlische Z. (dichter.; *Himmelszelt*); *** die/seine -e irgendwo aufschlagen** (meist scherzh.; *sich irgendwo niederlassen*); **die/seine -e abbrechen** (meist scherzh.; *den Aufenthaltsort aufgeben, wegziehen*).
[2]Zelt, der; -[e]s [mhd. zelt, H. u.] (veraltet): *Pass[gang].*
Zelt|bahn, die: *Zeltplane.*
Zelt|bla|che, die (schweiz.): *Zeltplane.*
Zelt|blatt, das (österr.): *Zeltplane.*
Zelt|dach, das (Archit.): **1.** *pyramiden-, zeltförmiges Dach.* **2.** *Dach mit einer einem Zelt ähnlichen tragenden Konstruktion.*
zel|ten ⟨sw. V.; hat⟩: *ein Zelt aufschlagen u. darin*

übernachten, wohnen: an einem See z.; im Urlaub z.

[1]**Zel|ter,** der; -s, -: *jmd., der zeltet; Camper.*

[2]**Zel|ter,** der; -s, - [mhd. zelter, ahd. zeltāri, zu ↑[2]Zelt] (früher): *auf Passgang dressiertes Reitpferd [für Damen].*

Zel|te|rin, die; -, -nen: w. Form zu ↑[1]Zelter.

Zelt|la|ger, das ⟨Pl.⟩: 1. *Lager* (1) *mit Zelten:* ein Z. errichten. 2. *Aufenthalt in einem Zeltlager* (1): ein Z. planen, durchführen.

Zelt|lein|wand, die ⟨o. Pl.⟩: *sehr starke, segeltuchartig dichte, Wasser abweisend imprägnierte Leinwand.*

Zelt|ler, der; -s, -: [1]*Zelter.*

Zelt|le|rin, die; -, -nen: w. Form zu ↑Zeltler.

Zelt|mast, der: *tragender Mast im Innern eines Zeltes.*

Zelt|mis|si|on, die: *evangelische Volksmission, die an wechselnden Orten in großen Zelten stattfindet.*

Zelt|pflock, der: *Hering* (3).

Zelt|pla|ne, die: *[als Teil eines Zeltes hergestellte] Plane aus Zeltleinwand o. Ä.; Zeltbahn.*

Zelt|platz, der: *Platz zum Zelten.*

Zelt|stadt, die: *großes Zeltlager* (1).

Zelt|stan|ge, die: vgl. Zeltmast.

Zelt|stock, der: vgl. Zeltmast.

[1]**Ze|ment,** der; -[e]s, (Sorten:) -e [spätmhd. cēment (unter Einfluss von frz. cément), mhd. zīment(e) < afrz. ciment < spätlat. cimentum < lat. caementum = Bruchstein, zu: caedere = (mit dem Meißel) schlagen; Bruchstein wurde, mit Kalkmörtel u. Lehm vermischt, als Bindemasse beim Bauen verwendet]: 1. *aus gebranntem, vermahlenem Kalk, Ton o. Ä. hergestellter, bes. als Bindemittel zur Herstellung von Beton u. Mörtel verwendeter Baustoff, der bei Zugabe von Wasser erhärtet:* schnell bindender Z.; Z. anrühren, mischen. 2. (Zahnmed.) *zementähnliches Pulver zur Herstellung von Zahnfüllungen.*

[2]**Ze|ment,** das; -[e]s, -e (Zahnmed.): *Zahnzement.*

Ze|men|ta|ti|on, die; -, -en [zu »Zement« in der fachspr. Bed. »pulverisierte Masse, die Erzen beim Verhüttungsprozess beigegeben wird«]: 1. (Chemie) *Ausfällung eines Metalls aus der Lösung seines Salzes durch Zusetzen eines unedleren Metalls.* 2. (Metallbearb.) *das Zementieren* (3).

Ze|ment|bahn, die (Sport): *zementierte Radrennbahn.*

Ze|ment|be|ton, der: *Beton mit Zement als Bindemittel.*

Ze|ment|bo|den, der: *zementierter Boden.*

ze|men|ten ⟨Adj.⟩: *aus Zement* (1) *[bestehend]:* -e Röhren.

Ze|ment|fa|brik, die: *Fabrik, in der Zement* (1) *hergestellt wird.*

Ze|ment|far|be, die: *zum Färben von Zement u. Beton dienende Farbe.*

ze|men|tie|ren ⟨sw. V.; hat⟩ [älter auch zimentieren]: 1. *mit* [1]*Zement* (1), *Beton versehen u. dadurch einen festen Untergrund für etw. schaffen:* einen Weg, den Boden z. 2. (bildungsspr.) *(etw. häufig als negativ Betrachtetes) festigen, unverrückbar u. endgültig machen:* die bestehenden [politischen] Verhältnisse, seine Macht z. 3. (Metallbearb.) *durch Glühen unter Zusatz von Kohlenstoff härten; aufkohlen:* Stahl z.

Ze|men|tie|rung, die; -, -en: *das Zementieren.*

Ze|men|tit [auch: ...'tɪt], der; -s [zu ↑[1]Zement, nach der Härte] (Chemie): *in bestimmter Weise kristallisiertes, sehr hartes u. sprödes Eisenkarbid.*

Ze|ment|mör|tel, der: *unter Verwendung von* [1]*Zement* (1) *hergestellter Mörtel.*

Ze|ment|platz, der (Sport): *zementierter [Tennis]platz.*

Ze|ment|sack, der: *Sack für* [1]*Zement* (1).

Ze|ment|werk, das: *Werk, in dem* [1]*Zement* (1) *hergestellt wird.*

Zen [zɛn, auch: tsɛn], das; -[s] [jap. zen < chin. chan < sanskr. dhyāna = Meditation] (Rel.): *japanische Richtung des Buddhismus, die durch Meditation die Erfahrung der Einheit allen Seins u. damit tätige Lebenskraft u. größte Selbstbeherrschung zu erreichen sucht.*

Zen|bud|dhis|mus, der: *Zen.*

Ze|ner|di|o|de, die; -, -n [nach dem amerik. Physiker C. M. Zener, geb. 1905] (Elektrot.): *Diode, die in einer Richtung bei Überschreiten einer bestimmten Spannung einen sehr starken Anstieg des Stromes* (3) *zeigt.*

Ze|nit [auch: ...'nɪt], der; -[e]s [ital. zenit(h) < arab. samt (ar-ra's) = Weg, Richtung (des Kopfes)]: 1. *gedachter höchster Punkt des Himmelsgewölbes senkrecht über dem Standort des Beobachters bzw. über einem bestimmten Bezugspunkt auf der Erde; Scheitel* (2 b), *Scheitelpunkt:* der Stern hat den Z. überschritten, steht im Z. 2. (bildungsspr.) *[Zeit]punkt der höchsten Entfaltung, Wirkung; Höhepunkt:* sie stand im Z. ihres Ruhms.

ze|ni|tal ⟨Adj.⟩: *den Zenit betreffend, auf den Zenit bezogen.*

Ze|ni|tal|re|gen, der (Met.): *(in den Tropen) zur Zeit des höchsten Standes der Sonne auftretender Regen.*

Ze|nit|dis|tanz, die (Astron.): *(auf den Ort der Beobachtung bezogener) in Grad gemessener Abstand eines Sternes vom Zenit.*

Ze|no|taph: ↑Kenotaph.

zen|sie|ren ⟨sw. V.; hat⟩ [lat. censere = begutachten, schätzen, beurteilen]: 1. *mit einer Zensur* (1), *Note bewerten:* einen Aufsatz mit »gut« zensieren; ⟨auch o. Akk.-Obj.:⟩ der Lehrer zensiert streng, milde. 2. *einer Zensur* (2 a) *unterwerfen:* die Tageszeitungen werden in diesem Land scharf zensiert.

Zen|sie|rung, die; -, -en: *das Zensieren; das Zensiertwerden.*

Zen|sor, der; -s, ...oren [2: lat. censor, zu: censere, ↑zensieren]: 1. *jmd., der von Staats, Amts wegen die Zensur ausübt:* dieser Satz ist dem Rotstift des -s zum Opfer gefallen. 2. (früher) *hoher altrömischer Beamter, der u. a. die Aufgabe hat, den Zensus* (3) *durchzuführen u. das staatsbürgerliche u. sittliche Verhalten der Bürger zu überwachen.*

zen|so|risch ⟨Adj.⟩ [lat. censorius, zu: censor, ↑Zensor]: *den Zensor betreffend; auf der Tätigkeit des Zensors beruhend.*

Zen|sur, die; -, -en [lat. censura = Prüfung, Beurteilung, zu: censere, ↑zensieren]: 1. *Benotung (bes. in Schule od. Hochschule):* jmdm. [in einer Prüfung, für eine Klassenarbeit] eine gute Z. geben; eine schlechte Z. in Deutsch bekommen; Ü -en austeilen (abwertend; *in der Rolle einer Autorität Lob u. Tadel austeilen*). 2. ⟨o. Pl.⟩ a) *von zuständiger, bes. staatlicher Stelle vorgenommene Kontrolle, Überprüfung von Briefen, Druckwerken, Filmen o. Ä., bes. auf politische, gesetzliche, sittliche od. religiöse Konformität:* in diesem Staat findet eine Z. nicht statt, gibt es keine Z. der Presse; eine scharfe, strenge Z. ausüben; etw. unterliegt der Z.; b) *Stelle, Behörde, die die Zensur ausübt:* die Z. hat den Film verboten, [für Erwachsene] freigegeben.

zen|su|rie|ren ⟨sw. V.; hat⟩: 1. (österr., schweiz.) *zensieren* (2). 2. (Schulw. schweiz.) *zensieren* (1).

Zen|sus, der; -, - [...u:s; lat. census, zu: censere, ↑zensieren]: 1. (Fachspr.) *Volkszählung.* 2. *(bes. im MA.) Abgabe, Pachtzins, Steuerleistung.* 3. *(im alten Rom) Aufstellung der Liste der Bürger u. Vermögensschätzung durch die Zensoren* (2).

Zent, die; -, -en [mhd. zent, cent < mlat. centa < spätlat. centena = Hundertschaft, zu lat. centenus = hundertmalig, zu: centum = hundert]: 1. *(in fränkischer Zeit) mit eigener Gerichtsbarkeit ausgestatteter territorialer Verband von Hufen [zur Besiedelung von Neuland].* 2. *(im Hoch- u. Spätmittelalter) Unterbezirk einer Grafschaft (in Hessen, Franken u. Lothringen).*

Zen|taur, (auch:) Kentaur, der; -en, -en [lat. Centaurus < griech. Kéntauros] (griech. Myth.): *vierbeiniges Fabelwesen mit Pferdeleib u. menschlichem Oberkörper.*

Zen|te|nar, der; -s, -e [mhd. zentener, ahd. zentenāri < (m)lat. centenarius, ↑Zentner]: 1. (bildungsspr. selten) *Hundertjähriger.* 2. *[gewählter] Vorsteher der Zent* (1) *u. Vorsitzender ihrer Gerichtsbarkeit.*

Zen|te|nar|aus|ga|be, die (bildungsspr.): *Jubiläumsausgabe, die hundert Jahre nach dem ersten Erscheinen eines Werkes herausgegeben worden ist.*

Zen|te|nar|fei|er, die (bildungsspr.): *Zentenarium.*

Zen|te|na|ri|um, das; -s, ...ien [mlat. centenarium = Jahrhundert] (bildungsspr.): *Hundertjahrfeier.*

zen|te|si|mal ⟨Adj.⟩ [zu lat. centesimus = der Hundertste, geb. nach ↑dezimal] (Fachspr.): *auf die Grundzahl 100 bezogen.*

Zen|te|si|mal|po|tenz, die (Med.): *die im Verhältnis 1:100 fortschreitenden Stufen der Verdünnung bei homöopathischen Arzneien.*

Zen|te|si|mal|waa|ge, die: *Waage, bei der die zum Wiegen erforderlichen Gewichte nur ein Hundertstel des Gewichtes der zu wiegenden Sache haben.*

Zen|ti|fo|lie, die [eigtl. = die Hundertblättrige]: *Rose mit beiderseits behaarten Blättern u. gefüllten roten od. weißen Blüten.*

Zen|ti|gramm [auch: '– – –], das: *hundertstel Gramm* (Zeichen: cg).

Zen|ti|li|ter [auch: '– – – –], der (schweiz. nur so), auch: das: *hundertstel Liter* (Zeichen: cl).

Zen|ti|me|ter [auch: '– – – –], der, auch: das [frz. centimètre]: *hundertstel Meter:* ein Z. weiße/(geh.:) weißer Schnur; 20 Z. Stoff reicht/reichen für den Einsatz (Zeichen: cm).

zen|ti|me|ter|ge|nau ⟨Adj.⟩: *auf den Zentimeter genau:* eine -e Messung.

Zen|ti|me|ter-Gramm-Se|kun|den-Sys|tem, das ⟨o. Pl.⟩: *CGS-System.*

Zen|ti|me|ter|maß, das: *Band mit einer Einteilung in Zentimeter [u. Millimeter] zum Messen von Längen.*

Zent|ner, der; -s, - [mhd. zentenære, ahd. centenāri < spätlat. centenarium = Hundertpfundgewicht, zu lat. centenarius = aus hundert bestehend, zu: centum = hundert]: 1. *Maßeinheit von 50 Kilogramm:* ein Z. kanadischer Weizen/(geh.:) kanadischen Weizens; 2 Z. Weizen genügt/genügen; mit einem Z. kanadischem Weizen; ein Schwein von 3 Zentner[n] Lebendgewicht, von 3 -n (Abk.: Ztr.). 2. (österr., schweiz.) *Maßeinheit von 100 Kilogramm* (Zeichen: q).

Zent|ner|ge|wicht, das: 1. ⟨o. Pl.⟩ *Gewicht von einem od. mehreren Zentnern.* 2. *Gewicht* (2), *das (wie z. B. bei der Dezimalwaage) einem Zentner entspricht.*

Zent|ner|last, die: *zentnerschwere Last:* -en heben; Ü jmdm. fällt eine Z. vom Herzen, von der Seele *(jmd. fühlt sich sehr erleichtert).*

zent|ner|schwer ⟨Adj.⟩: *ein Gewicht von einem od. mehreren Zentnern aufweisend:* eine -e Last; Ü etw. liegt, lastet jmdm. z. *(sehr schwer)* auf der Seele.

zent|ner|wei|se ⟨Adv.⟩: *in Zentnern [u. damit in großer Menge]:* es wurden z. Akten abtransportiert; ⟨mit Verbalsubstantiven auch attr.:⟩ die z. Vernichtung von überschüssigem Obst.

zen|tral ⟨Adj.⟩ [lat. centralis = in der Mitte befindlich, zu: centrum, ↑Zentrum]: 1. a) *im Zentrum [gelegen]:* ein -er Ort, Punkt; seine Wohnung ist z. gelegen, liegt [sehr] z.; b) *das Zentrum, den Mittelpunkt (von, für etw.) bildend:* der -e Fluchtpunkt der Perspektive; c) *im Mittelpunkt stehend u. alles andere mitbestimmend, für alles andere von entscheidendem Einfluss, von bestimmender Bedeutung:* ein -es Thema, Problem, Anliegen; etw. ist von -er Bedeutung. 2. *von einer übergeordneten, leitenden, steuernden Stelle ausgehend, die Funktion einer solchen Stelle ausübend:* eine -e Planung; die -en Staatsorgane; das -e Nervensystem (Med.; *Zentralnervensystem*); eine z. geleitete Industrie.

Zen|tral|abi|tur, das (Schulw.): *zentral durchgeführtes Abitur mit einheitlicher Bewertung.*

Zen|tral|afri|ka; -s: mittlerer Teil Afrikas.

zen|tral|afri|ka|nisch ⟨Adj.⟩: *Zentralafrika betreffend, dazu gehörend; aus Zentralafrika stammend.*

Zen|tral|ame|ri|ka; -s: festländischer Teil Mittelamerikas.

zen|tral|ame|ri|ka|nisch ⟨Adj.⟩: *Zentralamerika betreffend, dazu gehörend; aus Zentralamerika stammend.*

zen|tral|asi|a|tisch ⟨Adj.⟩: *Zentralasien betreffend, dazu gehörend; aus Zentralasien stammend.*

Zen|tral|asi|en; -s: Bereich der großen (zumeist zu China u. der Mongolei gehörenden) Hochländer im Innern Asiens.

Zen|tral|bank, die ⟨Pl. -en⟩ (Bankw.): *Notenbank, die zugleich Träger der Währungspolitik eines Landes od. einer Währungsgemeinschaft ist.*

Zen|tral|bau, der ⟨Pl. -ten⟩ (Archit.): *Bauwerk mit annähernd gleichen Hauptachsen bzw. mit Teilräumen, die um einen zentralen Raum gleichmäßig angeordnet sind.*

zen|tral|be|heizt ⟨Adj.⟩: **1.** *durch eine Zentralheizung beheizt.* **2.** *durch Fernheizung beheizt.*

Zen|tral|be|we|gung, die (Physik): *Bewegung eines Körpers unter dem Einfluss einer Zentralkraft.*

Zen|tra|le, die; -, -n: **1. a)** *zentrale Stelle, von der aus etw. organisiert, verwaltet, geleitet, gesteuert wird:* die Z. einer Partei, einer Bank; das Gehirn ist die Z. für das Nervensystem; Ü der Stadtpark wurde zur Z. *(zum Mittelpunkt, Sammelpunkt)* der Aussteiger; **b)** kurz für ↑Telefonzentrale. **2.** (Geom.) *Gerade, die durch die Mittelpunkte zweier Kreise geht.*

Zen|tral|ein|heit, die (EDV): *zentraler Teil eines Datenverarbeitungssystems.*

zen|tral|ge|heizt ⟨Adj.⟩: *zentralbeheizt* (1).

Zen|tral|ge|stirn, das (Astron.): *zentrales Gestirn eines Planetensystems* (z. B. die Sonne).

Zen|tral|ge|walt, die (Politik): *zentrale* (2) *Gewalt (bes. in einem Bundesstaat).*

Zen|tral|hei|zung, die: **1.** *Heizung, bei der die Versorgung der Räume eines Gebäudes mit Wärme zentral von einer Stelle (bes. vom Keller) aus geschieht:* das Haus hat Z. **2.** *Heizkörper der Zentralheizung.*

Zen|tra|li|sa|ti|on, die; -, -en [frz. centralisation, zu: centraliser, ↑zentralisieren]: *das Zentralisieren; das Zentralisiertwerden, das Zentralisiertsein.*

zen|tra|li|sie|ren ⟨sw. V.; hat⟩ [frz. centraliser, zu: central = zentral < lat. centralis, ↑zentral]: *(durch organisatorische Zusammenfassung) einer zentralen Leitung, Verwaltung u. Gestaltung unterwerfen:* die Wirtschaft, den Staat z.

Zen|tra|li|sie|rung, die; -, -en: *Zentralisation.*

Zen|tra|lis|mus, der; -: *das Streben nach Konzentration aller Kompetenzen (im Staat, in Verbänden o. Ä.) bei einer zentralen obersten Instanz.*

zen|tra|lis|tisch ⟨Adj.⟩: *den Zentralismus betreffend, auf ihm beruhend, zu ihm gehörend, ihm eigentümlich:* ein -er Staat; -e Strukturen, Tendenzen.

Zen|tra|li|tät, die; - (Fachspr.): *das Zentralsein; zentrale Beschaffenheit.*

Zen|tral|ka|ta|log, der (Buchw.): *zentraler Katalog, in dem die Bestände mehrerer Bibliotheken erfasst sind.*

Zen|tral|ko|mi|tee, das: *Führungsgremium (bes. einer kommunistischen Partei)* (Abk.: ZK).

Zen|tral|kör|per|chen, das; -s, - (Biol.): *paarig ausgebildetes Körperchen, Organell im Zytoplasma tierischer Zellen, von dem die Kernteilung ausgeht.*

Zen|tral|kraft, die (Physik): *zentrale, auf ein festes Zentrum gerichtete od. von diesem weg gerichtete Kraft.*

Zen|tral|ner|ven|sys|tem, das (Med., Zool.): *übergeordneter Teil des Nervensystems, das gebildet ist durch Zusammenballung von Nervenzellen des Gehirns u. des Rückenmarks.*

Zen|tral|or|gan, das: *offizielles Presseorgan einer politischen Partei od. einer anderen Organisation.*

Zen|tral|pro|blem, das (bildungsspr.): *zentrales Problem.*

Zen|tral|rat, der: *Spitzengremium* (in Namen von Verbänden).

Zen|tral|rech|ner, der (EDV): vgl. Zentraleinheit.

Zen|tral|spei|cher, der (EDV): *Arbeitsspeicher.*

Zen|tral|stel|le, die: *zentrale Stelle; Zentrale.*

Zen|tral|ver|band, der: *Spitzen-, Dachverband.*

Zen|tral|ver|mitt|lungs|stel|le, die (Fernspr.): *zentrale Vermittlungsstelle im Fernsprechnetz* (Abk.: ZVSt).

Zen|tral|ver|rie|ge|lung, die (Kfz-T.): *Einrichtung zur gleichzeitigen Ver- bzw. Entriegelung aller Türen eines Autos durch einfaches Betätigen nur eines Schlosses.*

Zen|tral|ver|schluss, der (Fot.): *Kameraverschluss, der sich von der Mitte her öffnet.*

Zen|tral|ver|wal|tung, die: *zentrale* (2) *Verwaltung.*

zen|trie|ren ⟨sw. V.; hat⟩: **1.** (bildungsspr.) **a)** *um einen Mittelpunkt herum anordnen:* etw. um etw. z.; **b)** ⟨z. + sich⟩ *um einen Mittelpunkt angeordnet, darauf ausgerichtet sein, werden.* **2.** (Technik) *auf das Zentrum, den Mittelpunkt einstellen, ausrichten.*

-zen|triert: drückt in Bildungen mit Substantiven – seltener mit Wörtern anderer Wortarten – aus, dass die beschriebene Person oder Sache ganz speziell auf jmdn., etw. ausgerichtet ist, dass jmd. oder etw. im Mittelpunkt steht: gewalt-, ich-, patientenzentriert.

Zen|trie|rung, die; -, -en: *das Zentrieren; das Sichzentrieren.*

zen|tri|fu|gal ⟨Adj.⟩ [zu ↑Zentrum u. lat. fugere = fliehen, meiden]: **1.** (Physik) *auf der Wirkung der Zentrifugalkraft beruhend:* eine -e Bewegung. **2.** (Biol., Med.) *vom Zentrum zur Peripherie verlaufend (z. B. von den motorischen Nerven).*

Zen|tri|fu|gal|kraft, die (Physik): *bei Drehbewegungen auftretende, nach außen (vom Mittelpunkt weg) gerichtete Kraft; Fliehkraft; Schwungkraft.*

Zen|tri|fu|ge, die; -, -n [frz. centrifuge; vgl. zentrifugal]: *Gerät zur Trennung von Gemischen durch Ausnutzung der bei Drehbewegungen auftretenden Zentrifugalkraft.*

zen|tri|fu|gie|ren ⟨sw. V.; hat⟩ (Fachspr.): *(bes. ein Gemisch, um es zu trennen) in einer Zentrifuge rotieren lassen:* Blut, Milch z.

Zen|tri|fu|gie|rung, die; -, -en (Fachspr.): *das Zentrifugieren.*

Zen|tri|ol, das; -s, -e [nlat. Vkl. zu ↑Zentrum] (Biol.): *Zentralkörperchen.*

zen|tri|pe|tal ⟨Adj.⟩ [zu ↑Zentrum u. lat. petere = nach etw. streben]: **1.** (Physik) *auf der Wirkung der Zentripetalkraft beruhend.* **2.** (Biol., Med.) *von der Peripherie zum Zentrum verlaufend (z. B. von den sensiblen Nerven).*

Zen|tri|pe|tal|kraft, die (Physik): *bei Drehbewegungen auftretende, zum Mittelpunkt der Bewegung hin gerichtete Kraft.*

zen|trisch ⟨Adj.⟩ [zu ↑Zentrum] (Fachspr.): **1.** *einen Mittelpunkt besitzend; auf einen Mittelpunkt bezogen.* **2.** *im Mittelpunkt [befindlich], durch den Mittelpunkt [gehend]:* z. verlaufen.

Zen|tris|mus, der; - (kommunist. abwertend): *vermittelnde linkssozialistische Richtung innerhalb der Arbeiterbewegung.*

Zen|tro|som, das; -s, -en [zu griech. sõma = Körper] (Biol.): *Zentralkörperchen.*

Zen|trum, das; -s, …tren [mhd. zenter < lat. centrum = Mittelpunkt < griech. kéntron, eigtl. = Stachel(stab); ruhender Zirkelschenkel, zu: kenteĩn = (ein)stechen; 4: nach den Plätzen der Partei in der Mitte des Sitzungssaales im Parlament]: **1.** *Mittelpunkt, Mitte:* das Z. eines Kreises, einer Kugel; das Z. eines Erdbebens, eines Gewitters; im Z. *(Stadtzentrum)* wohnen; Ü etw. steht im Z. des öffentlichen Interesses. **2. a)** *zentrale Stelle, die Ausgangs- u. Zielpunkt ist; Bereich, der in bestimmter Beziehung eine Konzentration aufweist u. daher von erstrangiger Bedeutung ist:* das industrielle Z. des Landes; die Stadt ist ein bedeutendes wirtschaftliches, kulturelles, geistiges Z.; die Zentren der Macht; **b)** *einem bestimmten Zweck dienende zentrale Einrichtung; Anlage, wo bestimmte Einrichtungen (für jmdn., etw.) konzentriert sind:* ein Z. für die Jugend.

Zen|tu|rie, die; -, -n [lat. centuria, zu: centum = hundert]: *militärische Einheit von hundert Mann im altrömischen Heer.*

Zen|tu|rio, der; -s, …onen [lat. centurio, zu: centuria, ↑Zenturie]: *Befehlshaber einer Zenturie.*

Ze|o|lith [auch: …ˈlɪt], der; -s u. -en, -e[n] [zu griech. zeĩn = kochen, wallen u. ↑-lith]: *dem Feldspat ähnliches Mineral, das für die Enthärtung von Wasser verwendet wird.*

Ze|phal|hä|ma|tom, das; -s, -e [zu griech. kephalḗ = Kopf u. ↑Hämatom] (Med.): *bei der Geburt entstandener Bluterguss am Kopf eines Neugeborenen.*

Ze|pha|lo|me|trie, die; - [↑-metrie] (Med., Anthrop.): *Bestimmung von Umfang u. Durchmesser des Schädels.*

Ze|pha|lo|po|de, der; -n, -n ⟨meist Pl.⟩ [zu griech. poús (Gen.: podós) = Fuß] (Zool.): *Kopffüßer.*

Ze|phir, Zephyr, der; -s, -e [lat. zephyrus < griech. zéphyros]: **1.** ⟨o. Pl.⟩ (dichter. veraltet) *milder Wind.* **2.** *weiches, meist farbig gestreiftes Baumwollgewebe.*

ze|phi|risch ⟨Adj.⟩ (dichter. veraltet): *(vom Wind) sanft, säuselnd:* ein -er Windhauch.

Ze|phyr usw.: ↑Zephir usw.

Zep|pe|lin, der; -s, -e [nach dem Konstrukteur F. Graf von Zeppelin (1838–1917)]: *Luftschiff mit einem starren inneren Gerüst aus Leichtmetall u. einer [textilen] Außenhaut.*

Zep|ter, das, auch: der; -s, - [mhd. cepter < lat. sceptrum < griech. skẽptron = Stab, Zepter, Stütze, zu: skẽptein = stützen]: *mit besonderen Verzierungen ausgeschmückter Stab als Zeichen der Würde u. Macht eines Herrschers:* das Z. des Kaisers, Königs; Ü unter seinem Z. *(unter seiner Herrschaft)* blühte der Handel; ***das/(auch:) den Z. führen/schwingen** (scherzh.; *die Führung haben, die Herrschaft ausüben*).

zer- [mhd. zer-, ahd. zar-, zur-, wohl Verquickung von ahd. zi-, ze- = entzwei, auseinander (wahrsch. zu ↑zwei) u. ir-, ↑er-]: **1.** drückt in Bildungen mit Substantiven – seltener mit Adjektiven – und einer Endung aus, dass eine Sache etw. oder zu etw. wird: zerfasern, zerkleinern, zerkrümeln. **2.** drückt in Bildungen mit Substantiven und einer Endung oder mit Verben aus, dass eine Sache durch etw. aufgelöst, beschädigt, zerstört wird: zerbeulen, zerbomben, zersägen. **3.** drückt in Bildungen mit Verben aus, dass eine Erfolg versprechende Sache durch etw. verhindert, zunichte gemacht wird: zerdenken, zerfiedeln, zerklatschen.

Ze|rat, das; -[e]s, -e [zu lat. cera = Wachs]: *als Salbengrundlage dienendes, wasserfreies Wachs-Fett-Gemisch.*

zer|bei|ßen ⟨st. V.; hat⟩: **1.** *beißend zerkleinern:* ein Bonbon z. **2.** *durch Bisse, Stiche (von Insekten) o. Ä. verletzen:* Flöhe hatten ihn zerbissen.

zer|bers|ten ⟨st. V.; ist⟩: *berstend aufbrechen od. auseinander brechen:* das Flugzeug, der Tank zerbarst; Mauern und Säulen zerbarsten; sein Kopf schien ihm vor Schmerzen zu z.; Ü er zerbarst fast vor Wut.

Zer|be|rus, der; -, -se [lat. Cerberus < griech. Kérberos = Name des Hundes, der nach der griech. Mythologie den Eingang der Unterwelt bewacht] (scherzh.): **1.** *Hund, der etw., den Zugang zu etw. bewacht.* **2.** *Pförtner, Türhüter o. Ä., der streng od. unfreundlich ist.*

zer|bom|ben ⟨sw. V.; hat⟩: *durch Bomben zerstören:* Industrieanlagen z.; zerbombte Häuser, Städte

zer|bre|chen ⟨st. V.⟩ [mhd. zerbrechen, ahd. zibrehhan]: **1.** *[splitternd] entzweigehen, entzweibrechen* (b) ⟨ist⟩: der Teller fiel auf die Erde und zerbrach; zerbrochenes Spielzeug, Porzellan; Ü das Bündnis, die Freundschaft ist endgültig zerbrochen; sie ist an ihrem Kummer zerbrochen (geh.; *ist daran seelisch zugrunde gegangen*). 2. *etw. entzweibrechen* (a) ⟨hat⟩: sie hat die Tasse, das Spielzeug zerbrochen; voller Wut zerbrach er den Stock.

zer|brech|lich ⟨Adj.⟩: 1. *leicht zerbrechend:* -es Geschirr. 2. (geh.) *von sehr zarter, schmächtiger Gestalt, Figur:* ein -es Persönchen; sie ist, wirkt sehr z.

Zer|brech|lich|keit, die; -: 1. *das Zerbrechlichsein* (1). 2. (geh.) *körperliche Zartheit.*

zer|brö|ckeln ⟨sw. V.⟩: 1. *sich in kleine Stückchen, Bröckchen auflösen, bröckelnd zerfallen* ⟨ist⟩: die Mauer, das Gestein ist nach und nach zerbröckelt; Ü das Reich zerbröckelte *(fiel auseinander).* 2. *etw. mit den Fingern bröckelnd, zu Bröckchen zerkleinern* ⟨hat⟩: Brot z.

Zer|brö|cke|lung, Zer|bröck|lung, die; -: *das Zerbröckeln.*

zer|brö|seln ⟨sw. V.⟩: 1. *sich in Brösel auflösen, zu Bröseln zerfallen* ⟨ist⟩: die Kekse zerbröseln leicht. 2. *zu Bröseln zerreiben* ⟨hat⟩: Brot z.

zer|deh|nen ⟨sw. V.; hat⟩ [mhd. zerdenen, ahd. zidenen(n)en] (selten): 1. a) *übermäßig dehnen* (1 a) *(u. dadurch aus seiner Form bringen):* ein Gewebe z.; b) ⟨z. + sich⟩ *sich im Übermaß dehnen* (2 a) *(u. dadurch seine Form verlieren):* das Gewebe zerdehnt sich leicht. 2. *übermäßig dehnen* (3 a), *in die Länge ziehen:* Vokale z.

zer|dep|pern, zerteppern ⟨sw. V.; hat⟩ [zu mundartl. döppe = Topf, eigtl. = wie Töpfe zerschlagen] (ugs.): *[mutwillig]* [1]*zerschlagen* (1 a): Fensterscheiben z.; zerdeppertes Geschirr.

zer|drü|cken ⟨sw. V.; hat⟩: 1. a) *unter Anwendung von Druck zerkleinern, in eine breiige Masse verwandeln:* die Kartoffeln [mit der Gabel] z.; b) *zusammendrücken, unter Anwendung von Druck zerstören:* die Zigarette im Aschenbecher z.; Ü vor Rührung zerdrückte sie ein paar Tränen *(weinte sie ein wenig).* 2. (ugs.) *zerknittern, zerknautschen, durch Druck aus der Form bringen:* das Kleid, die Bluse z.

Ze|re|a|lie, die; -, -n [lat. cerealia, zu: Cerealis = zu Ceres (römische Göttin des Getreidebaus) gehörig; 2: engl. cereals (Pl.), zu: cereal = Getreide- < lat. Cerealis, ↑Zerealie 1]: 1. ⟨meist Pl.⟩ *Getreidesorte; Feldfrucht.* 2. ⟨nur Pl.⟩ *[Gericht aus] Getreideflocken.*

Ze|re|bel|lum, (med. Fachspr.:) Cerebellum, das; -s, ...bella [lat. cerebellum, Vkl. von: cerebrum = Gehirn] (Anat.): *Kleinhirn.*

ze|re|bral ⟨Adj.⟩: 1. (Fachspr., bes. Med.) *das Großhirn betreffend.* 2. (Sprachw.) *(von Lauten) mit der zurückgebogenen Zungenspitze am Gaumen gebildet.*

Ze|re|bral, der; -s, -e [zu lat. cerebrum (↑Zerebellum) im Sinne von »Spitze, oberes Ende«] (Sprachw.): *mit der zurückgebogenen Zungenspitze am Gaumen gebildeter Laut.*

Ze|re|bral|laut, der (Sprachw.): *Zerebral.*

ze|re|bro|spi|nal ⟨Adj.⟩ (Med.): *Gehirn u. Rückenmark betreffend, dazu gehörend.*

Ze|re|brum, (med. Fachspr.:) Cerebrum, das; -s, ...bra [lat. cerebrum] (Anat.): *Großhirn, Gehirn.*

Ze|re|mo|nie [auch, österr. nur: ...'mo:ni̯ə], die; -, -n [unter Einfluss von frz. cérémonie < mlat. ceremonia, cerimonia < lat. caerimonia = religiöse Handlung, Feierlichkeit]: *in bestimmten festen Formen bzw. nach einem Ritus ablaufende feierliche Handlung:* eine kirchliche, feierliche Z.; die Z. der Taufe, der Amtseinführung; eine Z. vollziehen.

ze|re|mo|ni|ell ⟨Adj.⟩ [frz. cérémonial < spätlat. caerimonialis = zur Gottesverehrung gehörig; feierlich, zu lat. caeremonia, ↑Zeremonie] (bildungsspr.): *in der Art einer Zeremonie, mit einer förmlichen, steifen Feierlichkeit ablaufend:* ein -er Empfang; z. grüßen.

Ze|re|mo|ni|ell, das; -s, -e [frz. cérémonial] (bildungsspr.): *(Gesamtheit der) Regeln u. Verhaltensweisen, Formen, die zu bestimmten feierlichen Handlungen im gesellschaftlichen Verkehr notwendig gehören:* ein feierliches, militärisches, höfisches Z.; der Empfang erfolgt nach einem strengen Z.

Ze|re|mo|ni|en|meis|ter, der: *für das Hofzeremoniell verantwortlicher Beamter an einem Hof.*

Ze|re|mo|ni|en|meis|te|rin, die: w. Form zu ↑Zeremonienmeister.

ze|re|mo|ni|ös ⟨Adj.⟩ [frz. cérémonieux, zu: cérémonie < lat. caerimonia, ↑Zeremonie] (bildungsspr.): *steif, förmlich, gemessen, feierlich:* der -e Abschied des Staatsmannes.

Ze|re|vis, das; -, - [eigtl. in der Studentenspr. Bez. für »Bier« < lat. cerevisia = ein bierähnliches Getränk, dann übertr. auf die bes. bei Trinkabenden getragene Kopfbedeckung]: *gold- od. silberbesticktes rundes Käppchen der Verbindungsstudenten.*

[1]**zer|fah|ren** ⟨st. V.; hat⟩ [1: mhd. zervarn, ahd. zuzifaran = zerfallen]: 1. *durch vieles Befahren völlig ausfahren* (7), *beschädigen, zerstören, verwüsten:* aufgeweichte zerfahrene Wege. 2. (selten) *durch Darüberfahren zerquetschen, zermalmen, töten:* von Autos zerfahrene Tiere.

[2]**zer|fah|ren** ⟨Adj.⟩: *nervös u. unkonzentriert; fahrig* (b): er macht einen -en Eindruck.

Zer|fah|ren|heit, die; -: *das Zerfahrensein.*

Zer|fall, der; -[e]s, (Arten, Fachspr.:) Zerfälle: 1. ⟨o. Pl.⟩ *das Zerfallen* (1); *allmähliche Auflösung, Zerstörung:* der Z. von Baudenkmälern; Ü ein Z. von Moral und Kultur. 2. (Kernphysik) *das Zerfallen* (2); *Vorgang des Zerfallens:* der radioaktive Z. lässt neue Substanzen entstehen; die Zerfälle radioaktiver Teilchen. 3. ⟨o. Pl.⟩ *das Zerfallen* (3): der Z. des Reichs.

zer|fal|len ⟨st. V.; ist⟩ [mhd. zervallen, ahd. zazifallen]: 1. *in einem fortschreitenden Auflösungs-, Zersetzungsprozess begriffen sein; in seine Bestandteile auseinander fallen:* das alte Gemäuer, das Gebäude zerfällt [allmählich]; in Staub, zu Staub z.; in nichts z. *(sich vollständig auflösen);* mit dem Tode zerfällt der Körper; zerfallende Mauern; Ü Moral und Kultur waren zerfallen. 2. (Kernphysik) *sich spontan spalten:* das Plutonium zerfällt in Americium. 3. *seinen inneren Zusammenhalt verlieren u. dadurch nicht länger fortbestehen können; seinen Niedergang erleben; untergehen:* das einst mächtige Reich zerfiel [in viele Kleinstaaten]. 4. *gegliedert sein in (bestimmte Abschnitte, Teile o. Ä.), sich zusammensetzen aus (bestimmten einzelnen Abschnitten, Teilen o. Ä.):* der Ablauf zerfällt in mehrere Abschnitte, Phasen; der Aufsatz zerfällt in die Teile Einleitung, Hauptteil und Schluss. 5. *mit jmdm. uneinig werden, brechen, sich zerstreiten:* er zerfiel mit seiner ganzen Sippe; ⟨meist im 2. Part.:⟩ die mit ihrer Familie zerfallene Tochter; mit sich [und der Welt] z. sein *(mit sich selbst unzufrieden u. unfroh, unglücklich sein).*

Zer|falls|er|schei|nung, die: *den Zerfall anzeigende, begleitende Erscheinung:* die -en einer Ehe.

Zer|falls|pro|dukt, das (Kernphysik): *Produkt eines Zerfalls* (2).

Zer|falls|pro|zess, der: *Prozess des Zerfallens.*

zer|fa|sern ⟨sw. V.⟩: 1. *sich in einzelne Fasern auflösen; ausfransen* ⟨ist⟩: der Stoff, das Papier ist an den Rändern zerfasert. 2. *in Fasern auflösen* ⟨hat⟩: Holz, Lumpen z.

Zer|fa|se|rung, die; -, -en: *das Zerfasern; das Zerfasertwerden.*

zer|fet|zen ⟨sw. V.; hat⟩: 1. *in Fetzen reißen u. damit zerstören:* die Zeitung, einen Brief z.; der Sturm zerfetzte die Fahne; eine Granate hat sein Bein zerfetzt. 2. *verreißen* (2): der Kritiker hat den Roman zerfetzt.

zer|flat|tern ⟨sw. V.; ist⟩: *sich auflösen; sich verlieren; verschwinden.*

zer|fled|dern, zer|fle|dern ⟨sw. V.; hat⟩ [zu mhd. vlederen, ↑Fledermaus]: *bewirken, verursachen, dass etw. (bes. ein Buch o. Ä.) unansehnlich wird, aus dem Leim geht, einreißt, sich einzelne Teile davon lösen:* ein Buch, seine Schulhefte z.; eine völlig zerfled[d]erte Zeitung.

zer|flei|schen ⟨sw. V.; hat⟩ [schon ahd. zufleiscōn]: *mit den Zähnen, dem Schnabel, den Klauen in Stücke reißen, zerreißen:* der Löwe zerfleischt die Gazelle; Ü sie zerfleischt (geh.; *quält*) sich mit Selbstvorwürfen.

Zer|flei|schung, die; -, -en: *das Zerfleischen; das Zerfleischtwerden.*

zer|flie|ßen ⟨st. V.; ist⟩ [mhd. zervliezen, ahd. zafliuzan]: 1. *sich durch den Einfluss von Wärme auflösen; schmelzen, flüssig werden:* die Butter, das Eis zerfließt in der Sonne; Ü das Geld war ihnen unter den Händen zerflossen *(sie hatten das Geld sehr schnell ausgegeben);* sie zerfloss in/vor Großmut, Mitleid *(zeigte sich in einer theatralischen Weise großmütig, mitleidig).* 2. *sich (auf einem besonders saugfähigen Untergrund) über die beabsichtigten Konturen hinaus ausbreiten; auseinander fließen:* die Farbe, Tinte ist zerflossen; Ü zerfließende *(unscharfe)* Konturen.

zer|fran|sen ⟨sw. V.⟩: 1. *völlig ausfransen* (a) ⟨ist⟩: die Decke zerfranst immer mehr. 2. *etw. in Fransen zerlegen, auflösen; fransig machen* ⟨hat⟩: du hast mit deinen Stiefeln den ganzen Teppich zerfranst. 3. ⟨z. + sich⟩ (ugs.) *sich (bei, mit etw.) sehr abmühen.*

zer|fres|sen ⟨st. V.; hat⟩: 1. *durch Fraß beschädigen, zerstören; fressend durchlöchern:* die Motten haben die Wollsachen, den Pelz zerfressen. 2. *zersetzen, zerstören:* die Säure zerfrisst das Metall; Ü Kummer, Gram zerfrisst ihr das Herz *(quält sie sehr).*

zer|fur|chen ⟨sw. V.; hat⟩: 1. *mit Furchen* (1) *durchziehen u. dadurch beschädigen, zerstören:* Panzer zerfurchen die Wege. 2. *mit Furchen* (2 a) *versehen:* düstere Gedanken zerfurchten seine Stirn.

zer|ge|hen ⟨unr. V.; ist⟩ [mhd. zergān, ahd. zazi(r)gān]: *seine feste Konsistenz verlieren; sich auflösen* (1 b); *schmelzen; sich verflüssigen:* Fett in der Pfanne z. lassen; der Braten zergeht einem auf der Zunge (emotional; *ist äußerst zart*).

zer|glie|dern ⟨sw. V.; hat⟩: 1. *etw. (bes. ein organisches Ganzes) in seine Teile zerlegen (um seine Beschaffenheit zu ergründen):* eine Pflanze, ein Tier z. 2. *analysieren:* einen Prozess z.; Sätze z. *(in ihre grammatischen Bestandteile zerlegen).*

Zer|glie|de|rung, die; -, -en: *das Zergliedern.*

zer|grü|beln ⟨sw. V.; hat⟩: 1. *durch dauerndes fruchtloses Grübeln sehr anstrengen:* ich habe mir den Kopf, das Hirn [darüber] zergrübelt *(habe angestrengt [darüber] nachgedacht).* 2. a) ⟨z. + sich⟩ *bis zur Erschöpfung grübeln:* zergrüble dich nicht; b) *(Zeit) grübelnd vertun:* sie hat deswegen Tage und Stunden zergrübelt; zergrübelte Nächte.

zer|ha|cken ⟨sw. V.; hat⟩ [mhd. zerhacken]: *durch Hacken (mit dem Beil o. Ä.) zerteilen, zerkleinern:* Äste [zu Brennholz] z.; die Kräuter, die Mandeln z.

zer|hau|en ⟨unr. V.; zerhieb/zerhaute, hat zerhauen⟩ [mhd. zerhouwen]: *auseinander, in Stücke hauen:* ein Brett z.

zer|kau|en ⟨sw. V.; hat⟩: *durch Kauen zerkleinern; zermahlen:* die Speisen gut z.

zer|klei|nern ⟨sw. V.; hat⟩: *in kleine Stücke zerteilen:* etw. grob, fein, zu einem Granulat z.; Holz mit der Axt z.

Zer|klei|ne|rung, die; -: *das Zerkleinern.*

Zer|klei|ne|rungs|ma|schi|ne, die: *Maschine zum Zerkleinern.*

zer|klir|ren ⟨sw. V.; ist⟩: *klirrend* (1 a) *zerspringen, zerbrechen:* Scheiben zerklirrten.

zer|klüf|tet ⟨Adj.⟩: *von tiefen* [2]*Klüften* (1), *Rissen, Spalten durchzogen:* eine -e Felswand; Ü zerklüftete (Med.; *mit Fissuren behaftete*) Mandeln.

Zer|klüf|tung, die; -, -en: *das Zerklüftetsein.*

zer|kna|cken ⟨sw. V.⟩: 1. *aufknacken; in Stücke knacken* (3 a) ⟨hat⟩: eine Nuss z. 2. a) *knackend* (2) *zerbrechen, in Stücke gehen* ⟨ist⟩: die dürren Äste zerknackten beim Darauftreten; b) *mit knackendem Geräusch auseinander brechen* ⟨hat⟩: er hat die Äste zerknackt.

zer|knäu|eln, zer|knäu|len ⟨sw. V.; hat⟩ (landsch.): *zerknüllen.*

zer|knaut|schen ⟨sw. V.; hat⟩ (ugs.): *zerknittern:* ich habe mir den Mantel zerknautscht; zerknautschte Klamotten; Ü ein etwas zerknautschtes Gesicht.

zer|knirscht ⟨Adj.⟩ [eigtl. adj. 2. Part. von veraltet ↑zerknirschen]: *von Reue erfüllt; sich seiner Schuld bewusst:* ein -es Gesicht machen; völlig z. sein.

Zer|knirscht|heit, die; -: *das Zerknirschtsein; Schuldbewusstsein.*

Zer|knir|schung, die; -: *Zerknirschtheit.*

zer|knit|tern ⟨sw. V.; hat⟩: *durch Zusammendrücken o. Ä. [ganz] knittrig machen:* Papier, Stoff z.; du hast dir den Rock zerknittert; Ü ein zerknittertes Gesicht.

zer|knül|len ⟨sw. V.; hat⟩: *in der Hand (zu einer Kugel o. Ä.) zusammendrücken:* einen Zettel, einen Brief z.

zer|ko|chen ⟨sw. V.⟩: **1.** *durch zu langes Kochen ganz zerfallen, breiig werden* ⟨ist⟩: das Gemüse zerkocht auf dem Herd; die Kartoffeln waren total, zu Brei zerkocht. **2.** *bis zum Zerfallen kochen lassen* ⟨hat⟩: die Pflaumen zu einem dicken Brei z.

zer|kör|nen ⟨sw. V.; hat⟩ (Fachspr.): *granulieren* (1).

zer|krat|zen ⟨sw. V.; hat⟩ [mhd. zerkratzen]: **a)** *durch Kratzen beschädigen; durch Kratzer verunstalten:* die Möbel, einen Spiegel z.; jmdm. [mutwillig] das Auto z.; zerkratzte Brillengläser; **b)** *durch Kratzen verletzen:* Dornen hatten ihre Beine zerkratzt; zerkratzte Hände.

zer|krü|meln ⟨sw. V.⟩: **1.** *mit den Fingern zu Krumen, Krümeln zerkleinern* ⟨hat⟩: Zwieback fein z. **2.** *in Krumen, Krümel zerfallen* ⟨ist⟩: das Gebäck ist beim Versand zerkrümelt.

zer|las|sen ⟨st. V.; hat⟩ [mhd. zerlāȥen, ahd. za(r)-, zilāȥan] (Kochk.): *(Fett, Butter, Schmalz o. Ä.) zergehen, schmelzen, sich auflösen lassen:* Butter in der Pfanne z.

zer|lau|fen ⟨st. V.; ist⟩ [mhd. zerloufen, ahd. zahloufan]: *zerfließen:* das Eis zerläuft innerhalb von Minuten.

zer|leg|bar ⟨Adj.⟩: *sich (in Einzelteile, in seine Bestandteile) zerlegen lassend:* -e Möbel.

zer|le|gen ⟨sw. V.; hat⟩ [mhd. ze(r)legen, ahd. ze(r)leg(g)en]: **1.** *ein zusammengesetztes Ganzes auseinander nehmen, in seine [Einzel]teile auflösen:* eine Uhr, einen Motor [in seine Bestandteile] z.; der Schrank lässt sich z.; Ü ein Prisma zerlegt den Lichtstrahl in die Farben des Spektrums. **2.** *in Teile schneiden; zerteilen:* das geschlachtete Schwein z.; die gebratene Gans z. *(tranchieren).* **3.** *analysieren:* Sätze grammatisch z.

Zer|le|gung, die; -, -en: *das Zerlegen.*

zer|le|sen ⟨st. V.; hat⟩: *durch bestimmte Handhabungen, die zum Lesen gehören, abnutzen, zerfleddern u. unansehnlich werden lassen:* ein Buch z.; ⟨meist im 2. Part.:⟩ zerlesene Illustrierte.

zer|lumpt ⟨Adj.⟩ [2. Part. von veraltet zerlumpen = in Fetzen reißen]: **a)** *sehr abgetragen, zerrissen:* -e Kleider; seine Hosen waren z.; **b)** *in Lumpen (2) gekleidet:* -e Kinder; z. herumlaufen.

zer|mah|len ⟨unr. V.; hat⟩ [mhd. zermaln]: *durch Mahlen zerkleinern:* die Mühle zermahlt das Getreide [zu Mehl]; Kaffeebohnen zu Pulver z.

zer|mal|men ⟨sw. V.; hat⟩: *mit großer Gewalt völlig zerdrücken, zerquetschen:* eine Geröllawine zermalmte die Bergsteiger, die Häuser.

zer|man|schen ⟨sw. V.; hat⟩ (ugs.): *zu einer breiigen Masse zerdrücken:* die Kartoffeln z.

zer|mar|tern ⟨sw. V.; hat⟩: **1.** (geh.) *aufs Äußerste peinigen, quälen:* entsetzliche Schmerzen zermarterten ihn. **2.** *(den Verstand) durch langes, quälendes Nachdenken sehr anstrengen:* das Gehirn z.; du hast dir vergeblich den Kopf zermartert.

zer|mat|schen ⟨sw. V.⟩ (ugs.): *zu einer breiigen Masse zerdrücken, zermanschen* ⟨hat⟩: zermatschtes Obst.

Zer|matt: Kurort im schweizerischen Kanton Wallis.

zer|mür|ben ⟨sw. V.; hat⟩ [spätmhd. zermürfen]: **1.** (selten) *mürbe (2) machen:* zermürbtes Leder. **2.** *völlig mürbe (3) machen, jmds. körperliche, seelische Kräfte, seine Fähigkeit, einer Belastung standzuhalten, brechen:* Sorgen, Kummer zermürbten ihn; die Ungewissheit war zermürbend.

Zer|mür|bung, die; -, -en: *das Zermürben.*

zer|na|gen ⟨sw. V.; hat⟩: *durch Nagen beschädigen, zerstören:* die Mäuse zernagten alles, was sie vorfanden; Ü der Kummer zernagte ihr Herz *(quälte sie sehr).*

zer|narbt ⟨Adj.⟩: *mit [entstellenden] Narben bedeckt:* ein -es Gesicht.

Ze|ro ['ze:ro], die; -, -s od. das; -s, -s [eigtl. = Null, frz. zéro < ital. zero < arab. ṣifr, zu: ṣafira = leer sein; vgl. Ziffer]: **1.** *(im Roulette) Gewinnfeld des Bankhalters.* **2.** (Sprachw.) *Nullmorphem.*

Ze|ro|graph, (auch:) Zerograf, der; -en, -en [zu griech. kērographeĩn = mit Wachs malen, zu: kērós = Wachs u. gráphein = schreiben]: *jmd., der Zerographien (2) anfertigt.*

Ze|ro|gra|phie, (auch:) Zerografie, die; -, -n [griech. kērographía]: **1.** ⟨o. Pl.⟩ *Kunst der Gravierung in Wachs.* **2.** *Produkt der Zerographie* (1).

Ze|ro|gra|phin, (auch:) Zerografin, die; -, -nen: w. Form zu ↑Zerograph.

ze|ro|gra|phisch, (auch:) zerografisch ⟨Adj.⟩: *die Zerographie betreffend.*

Ze|ro|plas|tik, Keroplastik, die; -, -en: **1.** ⟨o. Pl.⟩ *Kunst der Herstellung von* [1]*Plastiken* (1 a) *aus Wachs.* **2.** *Produkt der Zeroplastik* (1).

ze|ro|plas|tisch ⟨Adj.⟩: *die Zeroplastik betreffend.*

zer|pfei|fen ⟨st. V.; hat⟩ (bes. Fußball Jargon): *(als Schiedsrichter) zu häufig, zu kleinlich pfeifen u. damit den Rhythmus des Spiels zerstören:* ein Spiel z.

zer|pflü|cken ⟨sw. V.; hat⟩: **1.** *zupfend, brechend in kleine Stücke reißen, zerteilen:* eine Blüte z.; den Kopfsalat z. und waschen. **2.** *in kleinlicher Weise Punkt für Punkt untersuchen u. schließlich negativ beurteilen:* jmds. Rede, ein neues Theaterstück z.

zer|pflü|gen ⟨sw. V.; hat⟩: *zerfurchen* (1): Panzer zerpflügten die Felder, die Sandwege.

zer|plat|zen ⟨sw. V.; ist⟩: *auseinander platzen, zerspringen, zerbersten:* der Luftballon, die Seifenblase, die Glühbirne ist zerplatzt; Ü vor Wut, Zorn, Neid [schier] z. *(sehr wütend, zornig, neidisch sein).*

zer|quä|len ⟨sw. V.; hat⟩: **a)** *durch seelische Qual aufreiben:* die lange Ungewissheit zerquälte sie; ⟨meist im 2. Part.:⟩ ein zerquältes *(von seelischer Qual gezeichnetes)* Gesicht; **b)** ⟨z. + sich⟩ *sich in seelischer Qual zermürben, aufreiben:* er zerquälte sich in den langen Nächten der Ungewissheit.

zer|quet|schen ⟨sw. V.; hat⟩ [mhd. zerquetschen]: *durch heftig einwirkenden Druck völlig zerdrücken:* Kartoffeln [zu Brei] z.; der umstürzende Wagen zerquetschte ihm das Bein; Ü ⟨subst. 2. Part.:⟩ das Buch kostet 20 Mark und ein paar Zerquetschte (ugs.; *etwas mehr als 20 Mark*).

zer|rau|fen ⟨sw. V.; hat⟩: *(das Haar) völlig zerzausen:* jmdm., sich die Haare z.

Zerr|bild, das [im 18. Jh. für ↑Karikatur]: *Vorstellung, Bild, Darstellung von jmdm., etw., die die Wirklichkeit [bewusst] verzerrt, entstellt wiedergibt:* die Darstellung ist ein Z. der wirklichen Verhältnisse.

zer|re|den ⟨sw. V.; hat⟩: *zu lange, bis zum Überdruss, bis zum Abstumpfen gegenüber dem Gegenstand über etw. reden:* ein Thema, ein Gedicht z.

zer|rei|ben ⟨st. V.; hat⟩ [mhd. zerrīben]: *in kleine, kleinste Teile, zu Pulver reiben:* getrocknete Blätter, Gewürze z.; etw. zwischen den Fingern, zu Pulver z.; Ü die Truppenverbände wurden vom Feind zerrieben *(völlig vernichtet);* sie zerreibt sich, wird von ihrer Arbeit, ihren Sorgen völlig zerrieben *(aufgerieben).*

zer|rei|ßen ⟨st. V.⟩ [mhd. zerrīȥen]: **1.** ⟨hat⟩ **a)** *mit Gewalt in Stücke reißen; auseinander reißen:* einen Brief, einen Fahrschein z.; sie zerriss das Foto in kleine Stücke; sie hat versehentlich den Faden zerrissen; das Raubtier zerreißt seine Beute mit den Zähnen; ich kann mich doch nicht z. (ugs. scherzh.; *kann doch nicht an mehreren Stellen zugleich sein, mich zugleich für Verschiedenes einsetzen o. Ä.*); es hat mich fast zerrissen (ugs.; *ich musste furchtbar lachen*), als ich das erfuhr; Ü ein Knall, ein Schuss, ein Schrei zerriss die Stille; ein zerrissenes Land; **b)** *(durch ein Missgeschick) ein Loch, Löcher in etw. reißen:* ich habe [mir] an den Dornen meine Strümpfe zerrissen; er zerreißt seine Kleider, alle seine Schuhe (ugs.; *nutzt sie beim Tragen schnell ab, macht sie kaputt*). **2.** ⟨ist⟩ **a)** *(einem Zug od. Druck nicht standhaltend) mit einem Ruck in [zwei] Teile) auseinander gehen:* der Faden, das Seil zerriss [in zwei Stücke]; eine zerrissene Saite; Ü der Nebel zerreißt (geh.; *löst sich rasch auf*); meine Nerven waren zum Zerreißen gespannt *(aufs Äußerste gespannt);* **b)** *Löcher, Risse bekommen:* der Stoff, das Papier zerreißt leicht; er läuft mit ganz zerrissenen Kleidern, Schuhen umher.

zer|reiß|fest ⟨Adj.⟩ (Technik): *widerstandsfähig gegenüber der Gefahr des Zerreißens; ein hohes Maß von Zug u. Druck aushaltend.*

Zer|reiß|fes|tig|keit, die; - (Technik): *zerreißfeste Beschaffenheit.*

Zer|reiß|pro|be, die: **1.** (Technik) *Zerreißversuch.* **2.** *sehr große Belastung, der jmd., etw. ausgesetzt wird:* etw. ist eine Z., stellt jmdn. vor eine Z.

Zer|rei|ßung, die; -, -en (bes. Med.): *das Zerreißen; das Zerrissenwerden:* eine Z. an der Muskulatur.

Zer|reiß|ver|such, der (Technik): *an einem Material o. Ä. vorgenommene Prüfung auf Zerreißfestigkeit.*

zer|ren ⟨sw. V.; hat⟩ [mhd., ahd. zerren, verw. mit ↑zehren, eigtl. = (zer)reißen]: **1.** *mühsam od. mit Gewalt, gegen einen Widerstand, meist ruckartig ziehen, ziehend fortbewegen:* jmdn. aus dem Bett, auf die Straße, in ein Auto z.; Ü jmdn. vor Gericht, etw. an die Öffentlichkeit z. **2.** *(aus Widerstreben, Unmut, Ungeduld o. Ä.) heftig reißen, ruckartig ziehen:* er zerrte an der Glocke, der Kordel; der Hund zerrt an der Leine; Ü der Lärm zerrt an meinen Nerven *(ist eine große Belastung für meine Nerven).* **3.** *zu stark dehnen, durch Überdehnen verletzen:* wann hast du dir die Sehne, den Muskel gezerrt?; die Bänder sind bei der Verstauchung glücklicherweise nur leicht gezerrt worden.

Zer|re|rei, die; -, -en (meist abwertend): *[dauerndes] Zerren.*

zer|rin|nen ⟨st. V.; ist⟩ [mhd. zerinnen, ahd. zarinnan] (geh.): *langsam zerfließen* (1), *sich auflösen:* der Schnee zerrinnt [an der Sonne]; Ü die Zeit zerrann; ihre Hoffnungen, Träume, Pläne sind [in nichts] zerronnen.

zer|ris|sen: **1.** ↑zerreißen. **2.** ⟨Adj.⟩: *mit sich selbst zerfallen, uneins:* ein innerlich -er Mensch.

Zer|ris|sen|heit, die; -: *Zustand inneren Zerrissenseins.*

Zerr|spie|gel, der: *Vexierspiegel.*

Zer|rung, die; -, -en: **1.** (Med.) *das Zerren, Überdehnen (von Sehnen, Muskeln, Bändern) mit meist schmerzhaften Verletzungen im Gewebe.* **2.** (Geol.) *durch Druck od. Zug verursachte Dehnung eines Gesteins.*

zer|rup|fen ⟨sw. V.; hat⟩: *in kleine Stücke, Büschel o. Ä. auseinander rupfen:* eine Blume, ein Blatt Papier z.; etw. sieht ganz zerrupft aus

zer|rüt|ten ⟨sw. V.; hat⟩ [mhd. zerrütten, zu: rütten, ↑rütteln]: **1.** *(körperlich od. geistig) völlig erschöpfen* (2): etw. zerrüttet jmdn. seelisch, körperlich; die Aufregungen haben ihre Gesundheit zerrüttet *(untergraben, ruiniert);* sie hat völlig zerrüttete Nerven. **2.** *völlig in Unordnung bringen; das Gefüge, den Zusammenhalt, Bestand von etw. zerstören:* die dauernden Streitigkeiten haben ihre Ehe zerrüttet; zerrüttete Familienverhältnisse.

Zer|rüt|tung, die; -, -en [spätmhd. zerrüttunge]: *das Zerrütten; das Zerrüttetsein.*

zer|sä|gen ⟨sw. V.; hat⟩: *mit der Säge zerteilen, zerkleinern, in Stücke sägen:* einen Baumstamm, einen Knochen z.

zer|schel|len ⟨sw. V.; ist⟩ [mhd. zerschellen (st. V.) = schallend zerspringen]: *bei einem heftigen Aufprall völlig in Trümmer gehen, in Stücke auseinander brechen:* das Schiff ist an einem Riff zerschellt; das Flugzeug zerschellte an einem Berg; Ü an seinem Widerstand zerschellten alle Pläne.

zer|schie|ßen ⟨st. V.; hat⟩: *mit Schüssen durchlöchern; durch Schüsse zerstören:* Fensterscheiben z.; zerschossene Häuser.

[1]zer|schla|gen ⟨st. V.; hat⟩ [mhd. zerslahen, -slān, ahd. zislahan]: **1. a)** *durch Hinwerfen, Fallenlassen o. Ä. zerbrechen* (2): eine Tasse, einen Teller z.; zerschlagenes Geschirr; **b)** *durch Aufprallen, Darauffallen o. Ä. stark beschädigen, zerstören:* ein Stein zerschlug die Windschutzscheibe; das Geschoss zerschlug ihm das Knie; **c)** *mit Gewalt entzweischlagen, durch Schlagen zerstören:* etw. mit dem Beil z.; in ihrer Wut hat sie das ganze Geschirr zerschlagen; er drohte, ihm alle Knochen zu z. (ugs.; *ihn furchtbar zu verprügeln*); Ü den Feind z. *(im Krieg vernichtend schlagen);* **d)** *(eine Einrichtung, Organisation o. Ä.) [gewaltsam, durch Zwangsmaßnahmen] auflösen, beseitigen, abschaffen:* einen Spionagering, ein Verbrechersyndikat z.; die Monarchie, den Staatsapparat z. **2. a)** ⟨z. + sich⟩ *sich nicht erfüllen; nicht zustande kommen:* der Plan, die Sache hat sich leider zerschlagen; **b)** *zunichte machen:* jmds. Hoffnungen z.

[2]zer|schla|gen ⟨Adj.⟩: *körperlich völlig erschöpft, ermattet, kraftlos; gerädert:* nach dem anstrengenden Tag kam er ganz z. nach Hause.

Zer|schla|gen|heit, die; -: *das [2]Zerschlagensein; das Sich-zerschlagen-Fühlen.*

Zer|schla|gung, die; -, -en ⟨Pl. selten⟩: **a)** *das Zerschlagen* (1d): die Z. der Gewerkschaften; **b)** *mit militärischen Mitteln vernichten:* die Z. des Feindes.

zer|schlei|ßen ⟨st. V.⟩: **1.** *verschleißen* (1 a) ⟨hat⟩: bei dieser Fahrweise zerschleißt man die Reifen; ⟨meist im 2. Part.:⟩ ein zerschlissener Mantel, Teppich; ein zerschlissenes Sofa. **2.** (seltener) *verschleißen* (2) ⟨ist⟩: bei dem Jungen zerschleißen die Hosen immer sehr schnell.

zer|schlit|zen ⟨sw. V.; hat⟩: *durch Schlitzen* (b), *Aufschlitzen stark beschädigen, schwer verletzen, zerstören:* sie hatten ihm die Reifen, das Verdeck zerschlitzt.

zer|schmel|zen ⟨st. V.⟩: **1.** *vollständig schmelzen* (1) ⟨ist⟩: die Schokolade zerschmilzt; Ü sie zerschmolz in Mitleid. **2.** (selten) *vollständig schmelzen* (2) ⟨hat⟩: die Sonne zerschmilzt den Schnee.

zer|schmet|tern ⟨sw. V.; hat⟩: *mit großer Wucht zertrümmern:* ein Geschoss hatte sein Bein zerschmettert; Ü sie wollten ihre Feinde z. *(vernichten).*

Zer|schmet|te|rung, die; -, -en: *das Zerschmettern; das Zerschmettertwerden.*

zer|schnei|den ⟨unr. V.; hat⟩ [mhd. zersnīden, ahd. zasnīden]: **1.** *in Stücke schneiden, durch einen Schnitt, durch Schnitte zerteilen:* einen Braten z.; sie zerschnitt die Torte in zwölf Stücke; die Schnur mit der Schere z. *(in zwei Teile trennen);* Ü das Schiff zerschneidet (geh.; *zerfurcht*) die Wellen. **2.** *durch Schnitte, einen Schnitt verletzen, beschädigen, zerstören:* die Scherben zerschnitten seine Fußsohlen; sie haben ihm die Reifen zerschnitten; Ü ein gellender Schrei zerschnitt die Stille.

zer|schnip|peln ⟨sw. V.; hat⟩ (ugs.): *in kleine Stücke zerschneiden:* Papier, Kartoffeln z.

zer|schram|men ⟨sw. V.; hat⟩: *durch Schrammen beschädigen, verletzen, verderben:* die Tischplatte z.; sie hat sich bei ihrem Sturz die Beine zerschrammt; zerschrammte Knie, Schuhe.

zer|schun|den ⟨Adj.⟩ [zu ↑schinden]: *durch Abschürfungen, Schrammen o. Ä. verletzt:* -e Knie, Hände; Ü eine vom Tagebau zerschundene Landschaft.

zer|set|zen ⟨sw. V.; hat⟩: **1. a)** *in verschiedene Bestandteile zerfallen* (1) *lassen, auflösen:* die Säure zersetzt das Metall; die Fäulnis hatte den Körper schon zersetzt; **b)** ⟨z. + sich⟩ *in verschiedene Bestandteile zerfallen, sich auflösen:* die pflanzlichen Abfälle zersetzen sich bei der Kompostierung. **2.** *[durch Agitation o. Ä.] eine zerstörende Wirkung auf etw. ausüben; den Bestand von etw. untergraben:* die Moral, die Widerstandskraft z.; etw. ist, wirkt zersetzend; zersetzende Schriften, Reden.

Zer|set|zung, die; -: **1.** *das Zersetzen* (1 a); *das Sichzersetzen:* der Körper war bereits in Z. geraten. **2.** *das Zersetzen* (2); *das Zersetztwerden:* die Z. der Moral.

Zer|set|zungs|er|schei|nung, die ⟨meist Pl.⟩: *die Zersetzung* (1) *anzeigende, begleitende Erscheinung.*

Zer|set|zungs|pro|dukt, das: *aus einer chemischen Zersetzung hervorgegangener Stoff:* giftige -e.

Zer|set|zungs|pro|zess, der: *Prozess der Zersetzung* (1).

zer|sie|deln ⟨sw. V.; hat⟩: *(in einer das Landschaftsbild schädigenden Weise) mit zahlreichen [einzeln stehenden] Häusern bebauen:* eine Gegend, ein Gebiet, eine Landschaft z.

Zer|sie|de|lung, Zer|sied|lung, die; -, -en: *das Zersiedeln; das Zersiedeltwerden:* die rapide, fortschreitende Z. der Landschaft.

zer|sin|gen ⟨st. V.; hat⟩: **1.** *im Laufe der Zeit in Text u. Melodie verändern, abwandeln:* viele Volkslieder sind vollkommen zersungen. **2.** *durch Hervorbringen eines Tones von bestimmter Schwingung zerspringen lassen:* eine Fensterscheibe, einen Spiegel z.

zer|spal|ten ⟨unr. V.; zerspaltete, hat zerspalten/(auch:) zerspaltet⟩ [mhd. zerspalten, ahd. zispaltan]: *vollständig spalten* (1 a): das zersägte Holz mit dem Beil [in kleine Scheite] z.; Witterungseinflüsse haben das Gestein zerspalten; Ü die Partei hatte sich in zwei Lager zerspalten.

Zer|spal|tung, die; -, -en: *das Zerspalten.*

zer|spa|nen ⟨sw. V.; hat⟩: **1.** *(Holz) in Späne zerschneiden.* **2.** (Technik) *ein Werkstück spanend bearbeiten.*

Zer|spa|nung, die; -, -en: *das Zerspanen.*

zer|spel|len ⟨sw. V.; hat⟩ [zu älter spellen = spalten, aus dem Niederd.] (seltener): *zerspalten.*

zer|split|tern ⟨sw. V.⟩: **1.** *(durch einen Hieb, Stoß, Sturz o. Ä.) in Splitter zerfallen; sich in Splitter auflösen* ⟨ist⟩: bei dem Aufprall zersplitterte die Windschutzscheibe; zersplittertes Holz; Ü das Land war in viele Kleinstaaten zersplittert. **2.** *in Splitter zerschlagen* ⟨hat⟩: der Sturm hatte den Mast zersplittert; Ü sich, seine Kräfte, seine Zeit, seine Mittel z. *(verzetteln).*

Zer|split|te|rung, die; -, -en: *das Zersplittern; das Zersplittertsein.*

zer|sprat|zen ⟨sw. V.; ist⟩ (Geol.): *(von glühender Lava) durch plötzliches Entweichen von Gasen u. Dämpfen zerplatzen.*

zer|spren|gen ⟨sw. V.; hat⟩ [mhd. zersprengen]: **1.** *in Stücke sprengen:* Gesteinsblöcke z. **2.** *gewaltsam auseinander treiben:* die Truppen waren zersprengt worden.

Zer|spren|gung, die; -, -en: *das Zersprengen.*

zer|sprin|gen ⟨st. V.; ist⟩ [mhd. zerspringen, ahd. zispringan]: **a)** *in [viele] Stücke auseinander brechen:* das Glas fiel zu Boden und zersprang [in tausend Stücke, Scherben, Splitter]; der Spiegel ist zersprungen *(hat viele Sprünge bekommen);* Ü der Kopf wollte mir z. vor Schmerzen (geh.; *ich hatte heftigste Kopfschmerzen*); das Herz zersprang ihr beinahe vor Freude (geh.; *sie freute sich sehr*); **b)** (geh.) *zerreißen:* die Saite zersprang.

zer|stamp|fen ⟨sw. V.; hat⟩: **1.** *durch Stampfen* (1 a) *beschädigen od. zerstören:* die Pferde zerstampften die Wiese. **2.** *durch Stampfen* (2 b) *zerkleinern:* Kartoffeln [mit dem Stampfer] z.; Gewürze im Mörser z.

zer|stäu|ben ⟨sw. V.; hat⟩ [mhd. zerstouben = auseinander scheuchen]: **1.** *staubfein in der Luft verteilen, versprühen* ⟨hat⟩: Wasser, Parfüm, ein Mittel gegen Insekten z. **2.** (geh.) *zerstäubt* (1) *werden* ⟨ist⟩: das Wasser zerstäubte [zu Gischt].

Zer|stäu|ber, der; -s, -: *Gerät zum Zerstäuben.*

Zer|stäu|bung, die; -, -en: *das Zerstäuben; das Zerstäubtwerden.*

zer|ste|chen ⟨st. V.; hat⟩ [mhd. zerstechen, ahd. zistehhan]: **1.** *durch Hineinstechen beschädigen, zerstören:* jmdm. die Reifen z.; zerstochene und aufgeschlitzte Polster. **2.** *jmdm. viele Stiche* (2) *beibringen:* die Schnaken haben uns fürchterlich zerstochen.

zer|stie|ben ⟨st. u. sw. V.; zerstob/(auch:) zerstiebte, ist zerstoben/(selten:) zerstiebt⟩ [mhd. zerstieben, ahd. zistioban] (geh.): *auseinander stiebend verschwinden, sich zerstreuen, verlieren:* die Funken zerstieben; die Menschenmenge war zerstoben; die Kameraden von damals waren in alle Winde zerstoben *(hatten sich ganz aus den Augen verloren);* Ü der ganze Spuk, ihre Traurigkeit war zerstoben *(war plötzlich nicht mehr vorhanden).*

zer|stör|bar ⟨Adj.⟩: *sich zerstören lassend.*

zer|stö|ren ⟨sw. V.; hat⟩ [mhd. zerstœren, ahd. zestören]: **1.** *sehr stark beschädigen u. dadurch unbrauchbar, unbenutzbar o. ä. machen:* etw. mutwillig, sinnlos, systematisch z.; ein Gebäude, eine Brücke, technische Anlagen, eine Anpflanzung z.; die Stadt ist durch den Krieg, im Krieg, durch ein Erdbeben, bei einem Erdbeben, durch [ein] Feuer zerstört worden; [von Bomben] zerstörte Städte; die zerstörende Kraft des Feuers; Ü gewachsene gesellschaftliche Strukturen z. **2.** *zunichte machen, zugrunde richten; ruinieren* (a): jmds. Existenz, Ehe z.; Hoffnungen, Träume z.; etw. zerstört jmds. Glück; der Alkohol hat seine Gesundheit zerstört; zerstörte Illusionen.

Zer|stö|rer, der; -s, - [1: spätmhd. zerstœrer]: **1.** (seltener) *jmd., der etw. zerstört [hat].* **2.** *mittelgroßes, schnelles Kriegsschiff, das bes. zur Sicherung von Seeverbindungen u. zum Geleitschutz eingesetzt wird.* **3.** *(im Zweiten Weltkrieg) schweres Jagdflugzeug.*

Zer|stö|re|rin, die; -, -nen: w. Form zu ↑Zerstörer (1).

zer|stö|re|risch ⟨Adj.⟩: *Zerstörung verursachend:* -e Eigenschaften, Einflüsse, Kräfte; z. wirken, sein.

Zer|stö|rung, die; -, -en: **1.** ⟨o. Pl.⟩ *das Zerstören* (1); *das Zerstörtwerden.* **2.** ⟨meist Pl.⟩ *durch das Zerstören* (1) *entstandener Schaden:* die von dem Erdbeben hinterlassenen -en.

Zer|stö|rungs|wut, die: *heftige, unbeherrschte Lust, Drang, etw. zu zerstören:* sie haben in blinder Z. alles zerschlagen.

zer|stö|rungs|wü|tig ⟨Adj.⟩: *von Zerstörungswut erfüllt.*

zer|sto|ßen ⟨st. V.; hat⟩: *mit einem Stößel o. Ä. zerkleinern; zerstampfen* (2): die Körner, Nüsse, Kräuter in einem Mörser z.; grob, fein zerstoßener Pfeffer.

zer|strah|len ⟨sw. V.; ist⟩ (Kernphysik): *eine Zerstrahlung erfahren.*

Zer|strah|lung, die; -, -en (Kernphysik): *beim Zusammentreffen eines Elementarteilchens mit seinem Antiteilchen erfolgende vollständige Umsetzung ihrer Massen in elektromagnetische Strahlungsenergie.*

zer|strei|ten, sich ⟨st. V.; hat⟩: *sich streitend, im Streit entzweien:* sich über eine Frage [mit jmdm.] gründlich z.; sie sind seit langem zerstritten; ein zerstrittenes Ehepaar.

zer|streu|en ⟨sw. V.; hat⟩: [mhd. zeströuwen]: **1.** *verstreuen* (3): der Wind zerstreut das welke Laub über den ganzen Hof; seine Kleider lagen im ganzen Raum zerstreut; die Linse zerstreut das Licht (Optik; *lenkt die Strahlen in verschiedene Richtungen*); Ü zerstreut liegende Gehöfte. **2. a)** *(eine Menge von Personen) auseinander treiben:* die Polizei zerstreute die Menge, die Demonstranten mit Wasserwerfern; **b)** ⟨z. +

sich⟩ auseinander gehen; sich verlaufen (7 a): die Menge hat sich [wieder] zerstreut. **3.** *(durch Argumente, durch Zureden o. Ä.) beseitigen:* Besorgnisse, Befürchtungen, Bedenken z. **4.** *zur Entspannung, Erholung ablenken* (2 b): jmdn. mit etw., durch etw. z.; sich beim Spiel z.; sie ging ins Kino, um sich ein wenig zu z.

zer|streut ⟨Adj.⟩ [unter Einfluss von frz. distrait = abgezogen, abgelenkt]: *mit seinen Gedanken nicht bei der Sache; abwesend* (2) *u. unkonzentriert:* ein -er Mensch; z. zuhören.

Zer|streut|heit, die; -: *das Zerstreutsein; Unaufmerksamkeit.*

Zer|streu|ung, die; -, -en [spätmhd. zerströuwunge]: **1.** ⟨o. Pl.⟩ **a)** *das Zerstreuen* (2 a), *Auseinandertreiben:* die Z. der Demonstranten; **b)** *das Zerstreuen* (3): die Z. eines Verdachts. **2.** *(ablenkende) Unterhaltung; Zeitvertreib:* kleine, angenehme, harmlose -en; Z. suchen, finden.

Zer|streu|ungs|lin|se, die (Optik): *konkave Linse, die Lichtstrahlen zerstreut.*

zer|stü|ckeln ⟨sw. V.; hat⟩: *in kleine Stücke zerteilen:* die Früchte werden von der Maschine zerstückelt.

Zer|stü|cke|lung, Zerstücklung, die; -, -en: *das Zerstückeln; das Zerstückeltwerden.*

zer|stü|cken ⟨sw. V.; hat⟩ (seltener): *zerstückeln.*

Zer|stück|lung: ↑Zerstückelung.

zer|talt ⟨Adj.⟩ (Geogr.): *durch Täler stark gegliedert:* ein -es Gebirge.

zer|tei|len ⟨sw. V.; hat⟩ [mhd. zerteilen, ahd. ziteilen]: **1.** *(durch Brechen, Schneiden, Reißen o. Ä.) in Stücke teilen, aufteilen, zerlegen:* den Braten, ein Stück Stoff z.; Ü ich kann mich doch nicht z. (ugs. scherzh.; *kann doch nicht mehrere Sachen zugleich tun, an verschiedenen Stellen zugleich sein*). **2.** ⟨z. + sich⟩ *auseinander gehen, sich auflösen* (1 b): der Nebel zerteilte sich.

Zer|tei|lung, die; -, -en: *das [Sich]zerteilen.*

zer|tep|pern: ↑zerdeppern.

Zer|ti|fi|kat, das; -[e]s, -e [viell. unter Einfluss von frz. certificat < mlat. certificatum = Beglaubigung, subst. 2. Part. von: certificare = gewiss machen, beglaubigen, zu lat. certus, ↑zertifizieren]: **1.** (veraltend) *[amtliche] Bescheinigung, Beglaubigung.* **2.** *Zeugnis über eine abgelegte Prüfung; Diplom:* ein benotetes Z.; ein Z. bekommen, erwerben, ausstellen. **3.** (Bankw.) *Investmentzertifikat.*

Zer|ti|fi|ka|ti|on, die; -, -en: *das Zertifizieren.*

zer|ti|fi|zie|ren ⟨sw. V.; hat⟩ [spätlat. certificare, zu lat. certus = sicher, gewiss]: *[amtlich] beglaubigen, bescheinigen; mit einem Zertifikat versehen.*

Zer|ti|fi|zie|rung, die; -, -en: *das Zertifizieren.*

zer|tram|peln ⟨sw. V.; hat⟩: *mit Wucht zertreten:* ein Beet [achtlos, mutwillig] z.

zer|tren|nen ⟨sw. V.; hat⟩ [mhd. zertrennen, ahd. zitrennen]: *trennend* (1 b) *zerlegen; auseinander trennen:* das Kleid z.; etw. mit einem Schneidbrenner z.

Zer|tren|nung, die; -: *das Zertrennen; das Zertrenntwerden.*

zer|tre|ten ⟨st. V.; hat⟩ [mhd. zertreten, ahd. zitretan]: *durch heftiges [mutwilliges] Darauftreten, Darüberlaufen zerdrücken, zerstören:* etw. achtlos, mutwillig z.; er zertrat den Käfer, die Zigarettenkippe.

zer|trüm|mern ⟨sw. V.; hat⟩: *mit Gewalt zerschlagen, zerstören [sodass nur Trümmer übrig bleiben]:* Fensterscheiben, das Mobiliar z.; die schweren Brecher hatten das Boot zertrümmert; jmdm. den Schädel z.; einen Stein, ein Konkrement z. (Med.; *[mechanisch od. mithilfe von Stoßwellen] fein zerkleinern*).

Zer|trüm|me|rung, die; -, -en: *das Zertrümmern; das Zertrümmertwerden.*

Zer|ve|lat|wurst [auch: zer...], die; -, ...würste [zu ital. cervellata = Hirnwurst, zu: cervello = Gehirn < lat. cerebellum, ↑Zerebellum]: *Dauerwurst aus Schweinefleisch, Rindfleisch u. Speck; Schlackwurst.*

zer|vi|kal ⟨Adj.⟩ (Anat.): *die Zervix betreffend, zu ihr gehörend.*

Zer|vix, die; -, Zervices [...e:s; lat. cervix = Hals, Nacken] (Anat.): **1.** *Hals, Nacken.* **2.** *halsförmiger Teil eines Organs, z. B. der Gebärmutter.*

zer|wer|fen, sich ⟨st. V.; hat⟩ [mhd. zerwerfen] (selten): *sich mit jmdm. überwerfen, zerstreiten:* sie hat sich mit ihren Eltern zerworfen.

zer|wüh|len ⟨sw. V.; hat⟩ [mhd. zerwüelen]: *stark aufwühlen, wühlend durcheinander bringen:* Wildschweine haben den Boden zerwühlt; ein zerwühltes Bett; zerwühltes Haar.

Zer|würf|nis, das; -ses, -se [zu ↑zerwerfen] (geh.): *durch ernste Auseinandersetzungen, Streitigkeiten verursachter Bruch einer zwischenmenschlichen Beziehung; Entzweiung:* eheliche, häusliche -se; es kam zu einem schweren Z. zwischen den Freunden.

zer|zau|sen ⟨sw. V.; hat⟩ [mhd. zerzūsen, ahd. zerzūsōn]: *zausend* (a) *in Unordnung bringen, wirr machen:* jmdm. die Haare z.; das Fell, das Gefieder war zerzaust; eine zerzauste Frisur.

zer|zup|fen ⟨sw. V.; hat⟩: *zupfend zerteilen, zerstören; in einzelne Teile auseinander zupfen:* eine Blüte z.; Watte z.

zes|si|bel ⟨Adj.⟩ [zu ↑zessieren] (Rechtsspr.): *(von Forderungen o. Ä.) übertragbar, abtretbar.*

Zes|si|bi|li|tät, die; - (Rechtsspr.): *Abtretbarkeit (von Forderungen o. Ä.).*

Zes|si|on, die; -, -en [lat. cessio, zu: cessum, 2. Part. von: cedere, ↑zedieren] (Rechtsspr.): *Übertragung eines Anspruchs [von dem bisherigen Gläubiger auf einen Dritten].*

Ze|ta, das; -[s], -s [griech. zēta]: *sechster Buchstabe des griechischen Alphabets* (Z, ζ).

Ze|ta|zis|mus, der; -, ...men: **1.** (Sprachw.) *Entwicklung von k vor einem hellen Vokal zu z.* **2.** (Med., Sprachw.) *fehlerhaftes Aussprechen des z-Lautes.*

Ze|ter [mhd. zet(t)er = Hilferuf bei Raub, Diebstahl usw., H. u.; viell. aus: ze æhte her = zur Verfolgung her!; mordi(g)ō = Hilferuf bei Mord, zu: mort = Mord]: in der Wendung **Z. und Mord[io] schreien** (ugs.; *[im Verhältnis zum Anlass übermäßig] großes Geschrei erheben, lautstark protestieren*).

Ze|ter|ge|schrei, das (ugs.): *zeterndes Geschrei.*

ze|ter|mor|dio: in der Wendung **z. schreien** (ugs.; ↑Zetermordio).

Ze|ter|mor|dio, das; -s (ugs. veraltend): *Zetergeschrei:* im Nebenraum ging plötzlich ein Z. los; ***Z. schreien** (ugs.; *[im Verhältnis zum Anlass übermäßig] großes Geschrei erheben, lautstark protestieren*).

ze|tern ⟨sw. V.; hat⟩ [zu ↑Zeter] (emotional abwertend): *ärgerlich, unzufrieden, vor Wut, Zorn o. Ä. [mit lauter, schriller Stimme] schimpfen, jammern:* sie zetert den ganzen Tag; Ü die Spatzen zeterten um jeden Brocken.

[1]Zet|tel, der; -s, - [spätmhd. zettel, zu mhd. zetten, ↑[2]verzetteln] (Textilind.): *Kette* (3).

[2]Zet|tel, der; -s, - [mhd. zedel(e) < ital. cedola < mlat. cedula < spätlat. schedula, Vkl. von lat. scheda = Blatt, Papier < spätgriech. schídē]: *kleines, meist rechteckiges Stück Papier, bes. Notizzettel o. Ä.:* ein Z. hing, klebte an der Tür; Z. *(Handzettel)* verteilen; sich etw. auf einem Z. notieren.

Zet|te|lei, die; -, -en: **1.** *[1]Verzettelung.* **2.** (ugs. abwertend) *Zettelwirtschaft.*

Zet|tel|kar|tei, die: *mit Zetteln angelegte Kartei.*

Zet|tel|kas|ten, der: *Kasten für [die] Zettel [einer Kartei].*

zet|teln ⟨sw. V.; hat⟩ [zu ↑[1]Zettel] (Textilind.): *die Kette* (3) *auf den Webstuhl aufspannen.*

Zet|tel|spieß, Zet|tel|spie|ßer, der (Fachspr.): *kleiner [Holz]block, aus dem eine zugespitzte Stange hochragt, die zum Aufspießen von Zetteln, Belegen, Quittungen u. Ä. dient.*

Zet|tel|wirt|schaft, die (ugs. abwertend): *großes Durcheinander an Notizen, Aufzeichnungen auf zahlreichen, unsystematisch angeordneten Zetteln, Karteikarten o. Ä.*

zeuch, zeuchst, zeucht: veraltete Formen von zieh(e), ziehst, zieht.

Zeug, das; -[e]s, -e [mhd. (ge)ziuc, ahd. (gi)ziuch, verw. mit ↑ziehen u. eigtl. = das (Mittel zum) Ziehen]: **1.** ⟨o. Pl.⟩ (ugs., oft abwertend) **a)** *etw., dem kein besonderer Wert beigemessen wird, was für mehr od. weniger unbrauchbar gehalten u. deshalb nicht mit seiner eigentlichen Bezeichnung benannt wird:* das Z. riecht unangenehm, schmeckt gut, ist ziemlich teuer; nimm das Z. da weg!; ein furchtbares Z. zu essen kriegen; der Händler ist sein Z. *(seine Ware)* nicht losgeworden; **b)** *Unsinn, bes. unsinniges Geschwätz:* [das ist doch] dummes Z.!; nur albernes Z. reden; den ganzen Tag dummes Z. treiben. **2. a)** (veraltet) *Tuch, Stoff, Gewebe:* Betttücher aus feinem Z.; **b)** (veraltend) *jmds. Kleidung, Wäsche:* sie tragen der Kälte wegen dickes Z.; sein Z. in Ordnung halten; ***jmdm. etwas am Z./-e flicken** (ugs.; *jmdm. etw. Nachteiliges nachsagen;* eigtl. = sich an jmds. Kleidung zu schaffen machen); **c)** (veraltet) *Arbeitsgerät, Werkzeug:* sein Z. mitbringen; ***in jmdm. steckt das Z. zu etw., jmd. hat/besitzt das Z. zu etw.** (ugs.; *jmd. hat das Talent, die Begabung, die Fähigkeit o. Ä. für etw., etw. Bestimmtes zu werden;* im Sinne von »wer gutes Werkzeug hat, kann gute Arbeit leisten«); **d)** (Seemannsspr.) *Takelage:* mit vollem Z. segeln. **3.** (veraltet) *Geschirr der Zugtiere:* dem Pferd das Z. anlegen; ***was das Z. hält** (ugs.; *kräftig, heftig, intensiv*): sie schreien, was das Z. hält; **sich ins Z. legen** (ugs.; *sich nach Kräften anstrengen, bemühen*); **sich für jmdn., etw. ins Z. legen** (ugs.; *sich für jmdn., etw. einsetzen*).

-zeug, das; -[e]s: **1.** bezeichnet in Bildungen mit Verben (Verbstämmen) die Gesamtheit von Dingen, mit denen etw. Bestimmtes gemacht wird, die zu etw. Bestimmtem gebraucht werden: Rasier-, Schreib-, Strickzeug. **2.** bezeichnet in Bildungen mit Substantiven die Gesamtheit von Dingen, die im Hinblick auf etw. Bestimmtes gebraucht werden: Nacht-, Schulzeug.

Zeug|amt, das (Milit. früher): *Behörde, die die Aufsicht über das Kriegsmaterial hat.*

Zeu|ge, der; -n, -n [mhd. (ge)ziuc, geziuge = Zeugnis, Beweis; Zeuge, verw. mit ↑ziehen u. eigtl. = das Ziehen (vor Gericht), dann: vor Gericht gezogene Person]: **a)** *jmd., der bei einem Ereignis, Vorfall o. Ä. zugegen ist od. war, darüber aus eigener Anschauung od. Erfahrung etw. sagen kann:* Z. eines Einbruchs, Unfalls sein; ich wurde [unfreiwilliger] Z. des Gesprächs; [für etw.] -n haben; etw. im Beisein von -n sagen, tun; das Testament wurde vor -n eröffnet; Ü die Ruinen sind [stumme] -n einer längst vergangenen Zeit; ***jmdn. als -n/zum -n anrufen** *(sich auf jmdn. berufen);* **b)** (Rechtsspr.) *jmd., der vor Gericht geladen wird, um Aussagen über ein von ihm persönlich beobachtetes Geschehen zu machen, das zum Gegenstand der Verhandlung gehört:* ein glaubwürdiger, falscher Z.; (bes. im angloamerikanischen Rechtswesen:) Z. der Anklage, der Verteidigung; als Z. auftreten, erscheinen, [gegen jmdn.] aussagen, [vor]geladen werden; einen -n benennen, beibringen, vernehmen, befragen, vereidigen; jmdn. als -n hören.

[1]zeu|gen ⟨sw. V.; hat⟩ [mhd. ziugen, ahd. geziugōn]: **1.** *als Zeuge aussagen:* vor Gericht [für, gegen jmdn.] z.; Ü das zeugt *(spricht)* für ihre Uneigennützigkeit. **2.** ***von etw. z.** *(aufgrund von Beschaffenheit, Art etw. erkennen lassen, zeigen):* sein Verhalten zeugt nicht gerade von Intelligenz.

[2]zeu|gen ⟨sw. V.; hat⟩ [mhd. (ge)ziugen, ahd. giziugōn, zu ↑Zeug u. urspr. = Zeug (Gerät) anschaffen, besorgen, dann: herstellen, erzeugen]: *(vom Mann, auch von Paaren) [im Geschlechtsakt] durch Befruchtung ein Kind entstehen lassen:* er hat [mit ihr], sie haben [zusammen] ein Kind gezeugt; Ü das zeugt (geh.; *verursacht*) nur Unheil.

Zeu|gen|aus|sa|ge, die: *Aussage eines Zeugen* (b): einander widersprechende -n.

Zeu|gen|bank, die ⟨Pl. ...bänke; Pl. selten⟩: *Sitzge-*

legenheit im Gericht, die für Zeugen (b) *bestimmt ist:* auf der Z. sitzen *(Zeuge b sein).*

Zeu|gen|be|ein|flus|sung, die: *Beeinflussung von Zeugen* (b), *um eine (für sich od. andere) günstige Aussage zu erwirken.*

Zeu|gen|be|fra|gung, die: vgl. Zeugenvernehmung.

Zeu|gen|be|weis, der: *Beweis, der sich auf Zeugenaussagen stützt.*

Zeu|gen|schaft, die; -, -en: **1.** ⟨o. Pl.⟩ *das Zeugesein, das Auftreten als Zeuge* (b). **2.** ⟨Pl. selten⟩ *Gesamtheit der Zeugen* (b) *eines Prozesses.*

Zeu|gen|stand, der ⟨o. Pl.⟩: *Platz, an dem der Zeuge* (b) *[stehend] seine Aussage macht:* in den Z. treten, gerufen werden.

Zeu|gen|ver|neh|mung, die: *Vernehmung von Zeugen* (b) *durch das Gericht, den Staatsanwalt od. die Anwälte.*

Zeug|haus, das (bes. Milit. früher): *Lager für Waffen u. Vorräte.*

Zeu|gin, die; -, -nen: w. Form zu ↑Zeuge.

Zeug|ma, das; -s, -s u. -ta [lat. zeugma < griech. zeũgma] (Sprachw.): *syntaktisch od. semantisch ungleichartige Beziehung eines Satzgliedes, meist des Prädikats, auf zwei (od. mehr) andere Satzglieder* (z. B. nimm dir Zeit und nicht das Leben!; sie reist mit Ehemann und Regenschirm).

Zeug|nis, das; -ses, -se [mhd. (ge)ziugnisse, zu ↑Zeuge]: **1. a)** *urkundliche Bescheinigung, Urkunde, die die meist in Noten ausgedrückte Bewertung der Leistungen von Schülern o. Ä. enthält:* ein gutes, mäßiges, schlechtes Z.; das Z. der Reife (veraltend; *Abiturzeugnis*); am Ende des Schuljahres gibt es -se; **b)** *[abschließende] Beurteilung eines Beschäftigten, Bediensteten o. Ä.; Arbeitszeugnis:* gute, ausgezeichnete -se haben; -se vorlegen, vorweisen müssen; ein Z. verlangen, ausstellen; Ü ich kann meinem Kollegen nur das beste Z. ausstellen *(mich nur sehr positiv über ihn äußern).* **2.** *Gutachten:* nach ärztlichem Z. ist er arbeitsfähig. **3.** (veraltend) *Aussage vor Gericht:* [falsches] Z. [für, gegen jmdn.] ablegen; Ü Z. für seinen Glauben ablegen *(seinen Glauben bekennen).* **4.** (geh.) *etw., was das Vorhandensein von etw. anzeigt, beweist:* diese Entscheidung ist [ein] Z. seines politischen Weitblicks; diese Funde sind -se einer frühen Kulturstufe; *** von etw. Z. ablegen, geben** *(von etw. [1]zeugen 2).*

Zeug|nis|ab|schrift, die: *Abschrift eines Zeugnisses:* eine beglaubigte Z.

Zeug|nis|pflicht, die (Rechtsspr.): *Verpflichtung zur Zeugenaussage.*

Zeug|nis|ver|wei|ge|rung, die (Rechtsspr.): *Weigerung, eine Aussage vor Gericht zu machen:* das Recht der Z., auf Z.

Zeugs, das; - (ugs. abwertend): *Zeug* (1): was soll ich mit dem ganzen Z. da?

Zeu|gung, die; -, -en [mhd. ziugunge = das Machen, Tun]: *das [2]Zeugen.*

Zeu|gungs|akt, der: *Akt der Zeugung.*

zeu|gungs|fä|hig ⟨Adj.⟩: *fähig, Kinder zu zeugen.*

Zeu|gungs|fä|hig|keit, die ⟨o. Pl.⟩: *Fähigkeit, Kinder zu zeugen.*

Zeu|gungs|kraft, die: vgl. Zeugungsfähigkeit.

zeu|gungs|un|fä|hig ⟨Adj.⟩: *nicht zeugungsfähig.*

Zeu|gungs|un|fä|hig|keit, die: *Unfähigkeit, Kinder zu zeugen.*

Zeus (griech. Myth.): höchster Gott.

ZGB = Zivilgesetzbuch (in der Schweiz).

z. H., z. Hd., z. Hdn. = zu Händen, zuhanden.

Zi|be|be, die; -, -n [ital. zibibbo < arab. zibīb = Rosine] (österr., südd.): *große Rosine.*

Zi|bet [...ɛt], der; -s [ital. zibetto < arab. zabād = Zibet(katze), zu: zabad = Schaum]: **a)** *Drüsensekret der Zibetkatze mit starkem, moschusartigem Geruch, das bes. bei der Herstellung von Parfüm verwendet wird;* **b)** *aus Zibet* (a) *hergestellter Duftstoff.*

Zi|bet|kat|ze, die: *in Afrika u. Asien heimische Schleichkatze mit dunkel gezeichnetem Fell u. sehr langem Schwanz, die aus einer Afterdrüse Zibet* (a) *absondert.*

Zi|bo|ri|um, das; -s, ...ien [lat. ciborium < griech. kibṓrion = Trinkbecher]: **1.** (kath. Kirche) *[kostbar verziertes] mit einem Deckel zu verschließendes, kelchförmiges Behältnis, in dem die geweihte Hostie auf dem Altar aufbewahrt wird.* **2.** (Archit.) *kunstvoll verzierter, auf Säulen ruhender, Figuren aufweisender Überbau über einem Altar in Form eines Baldachins.*

Zi|cho|rie, die; -, -n [ital. cicoria < mlat. cichorea < lat. cichorium < griech. kichṓrion = Wegwarte; Endivie]: **1.** *Wegwarte.* **2.** *Kaffee-Ersatz, der aus den getrockneten u. gemahlenen Wurzeln der Zichorie* (1) *gewonnen wird.*

Zi|cho|ri|en|kaf|fee, der: *aus den getrockneten u. gemahlenen Wurzeln der Zichorie* (1) *gewonnener Kaffee-Ersatz.*

Zi|cke, die; -, -n [1: mhd. nicht belegt, ahd. zikkīn = junge Ziege, (junger) Bock, zu ↑Ziege; 3: zu (1), nach den unberechenbaren Sprüngen der Ziege od. zu ↑Zickzack (= sprunghafte Bewegung hin u. her)]: **1.** *weibliche Ziege.* **2.** (ugs. Schimpfwort) *zickige* (a) *weibliche Person:* eine dumme, eingebildete Z. **3.** ⟨Pl.⟩ (ugs.) *Dummheiten:* nur -n im Kopf haben; *** -n machen** *(Unfug, Schwierigkeiten machen):* mach bloß keine -n!

Zi|ckel, das; -s, -[n] [mhd. zickel]: *junge Ziege.*

Zi|ckel|chen, das; -s, -: Vkl. zu ↑Zickel.

zi|ckeln ⟨sw. V.; hat⟩ *(von Ziegen) Junge werfen.*

zi|cken ⟨sw. V.; hat⟩ [zu ↑Zicke (3)] (salopp): *Schwierigkeiten, Zicken* (3) *machen:* er zickt mal wieder.

zi|ckig ⟨Adj.⟩ [zu ↑Zicke (2)] (ugs. abwertend): **a)** *(bes. in Bezug auf Frauen) überspannt, launisch, eigensinnig:* sie ist ihm zu z., wird immer -er; **b)** (seltener) *ziemlich prüde u. verklemmt.*

Zi|ckig|keit, die; -, -en: **a)** ⟨o. Pl.⟩ *das Zickigsein;* **b)** *zickiges Verhalten, zickige Handlung, Äußerung.*

Zick|lein, das; -s, - [mhd. zickelīn]: Vkl. zu ↑Zicke (1).

zick|zack ⟨Adv.⟩: *im Zickzack:* z. den Berg hinunterlaufen.

Zick|zack, der; -[e]s, -e [verdoppelnde Bildung mit Ablaut zu ↑Zack]: *Zickzacklinie:* im Z. gehen, fahren.

zick|za|cken ⟨sw. V.; hat/ist⟩ (seltener): *sich im Zickzack bewegen; im Zickzack laufen, fahren o. Ä.*

zick|zack|för|mig ⟨Adj.⟩: *in Zickzacklinie verlaufend.*

Zick|zack|kurs, der: *im Zickzack verlaufender Kurs* (1): er steuerte das Auto im Z. durch die Straße; Ü der Z. einer Partei.

Zick|zack|li|nie, die: *Linie, die in schnellem Wechsel in spitzen Winkeln verläuft:*

Zick|zack|sche|re, die (Näherei): *Schere, deren Klingen gezähnt sind.*

Zi|der, der; -s [frz. cidre, ↑Cidre]: *Apfelwein.*

Zie|ge, die; -, -n [mhd. zige, ahd. ziga, H. u., viell. verw. mit griech. díza = Ziege u. armen. tik = Schlauch aus Tierfell (wohl urspr. aus Ziegenfell) od. unabhängige Bildung aus einem Lockruf; 3: wohl nach der (wie bei einer Ziege 1) unterseits gebogenen, scharfen Körperlinie]: **1.** *mittelgroßes Säugetier mit [kurzhaarigem] rauem, weißem bis braunschwarzem Fell u. großen, nach hinten gekrümmten Hörnern beim männlichen bzw. kleinen, wenig gekrümmten Hörnern beim weiblichen Tier (das bes. wegen seiner Milch als Haustier gehalten wird):* -n halten, hüten, melken; sie ist mager, neugierig wie eine Z. **2.** (ugs. Schimpfwort) *Zicke* (2): alte Z.! **3.** *(bes. in osteuropäischen Binnengewässern u. der Ostsee vorkommender) dem Hering ähnlicher Karpfenfisch mit unregelmäßig gewellter seitlicher Linie u. auffällig langer Afterflosse.*

Zie|gel, der; -s, - [mhd. ziegel, ahd. ziegal < lat. tegula, zu: tegere = (be)decken]: **a)** *[roter bis bräunlicher] Baustein* (1) *aus gebranntem Ton, Lehm:* Z. brennen; **b)** *roter bis bräunlicher, flacher, mehr od. weniger stark gewellter Stein zum Dachdecken aus gebranntem Ton, Lehm; Dachziegel:* ein Dach mit -n decken.

Zie|gel|bau, der: **1.** ⟨o. Pl.⟩ *das Errichten von Bauten aus Ziegeln* (a). **2.** ⟨Pl. -ten⟩ *Gebäude aus Ziegeln* (a).

Zie|gel|bren|ne|rei, die: *Ziegelei.*

Zie|gel|dach, das: *Dach, das mit Ziegeln* (b) *gedeckt ist.*

Zie|ge|lei, die; -, -en [aus dem Niederd.]: *Industriebetrieb, der Ziegel u. ähnliche Erzeugnisse herstellt.*

zie|gel|far|ben ⟨Adj.⟩: *ziegelrot.*

zie|gel|rot ⟨Adj.⟩: *von warmem, trübem Orangerot.*

Zie|gel|stein, der: *Ziegel* (a).

Zie|gen|bart, der [2: nach der Form]: **1.** *bartähnliche, lang nach unten wachsende Haare unterhalb des Unterkiefers der männlichen Ziege.* **2.** *meist gelblicher bis fahlbrauner, einer Koralle ähnelnder Pilz.*

Zie|gen|bock, der: *männliche Ziege.*

Zie|gen|kä|se, der: *unter Verwendung von Ziegenmilch hergestellter Käse.*

Zie|gen|lamm, das (bes. Fachspr.): *junge Ziege.*

Zie|gen|le|der, das: *aus dem Fell der Hausziege gefertigtes Leder (das bes. zur Herstellung von Schuhen, Taschen u. Handschuhen verwendet wird); Chevreau.*

Zie|gen|lip|pe, die [nach der Form des Hutes]: *olivbrauner Pilz mit breitem, halbkugeligem bis flachem Hut u. leuchtend gelben Röhren.*

Zie|gen|mel|ker, der [der Vogel liest u. a. am Euter von Ziegen Ungeziefer ab]: *in der Dämmerung u. nachts fliegende Schwalbe mit kurzem, breitem Schnabel u. baumrindenartig gefärbtem Gefieder.*

Zie|gen|milch, die: *Milch von der Ziege.*

Zie|gen|pe|ter, der; -s, - [H. u., viell. nach einer ähnlichen Krankheit bei Ziegen, 2. Bestandteil ↑Peter] (ugs.): *Mumps.*

Zie|ger, der; -s, - [mhd., ahd. ziger, H. u.] (österr., südd.): **a)** *Kräuterkäse;* **b)** *Molke, Quark.*

zieh: ↑ziehen.

Zieh|bank, die ⟨Pl. ...bänke⟩ (Technik): *Maschine zum Ziehen von dicken Drähten.*

Zieh|brun|nen, der: *Brunnen* (1) *[mit einer Kurbel], aus dem das Wasser in einem Eimer hochgezogen wird.*

Zieh|el|tern ⟨Pl.⟩ (landsch.): *Pflegeeltern.*

zie|hen ⟨unr. V.⟩ [mhd. ziehen, ahd. ziohan]: **1.** *hinter sich her in der eigenen Bewegungsrichtung in gleichmäßiger Bewegung fortbewegen* ⟨hat⟩: einen Handwagen, die Kutsche z.; sich auf einem Schlitten z. lassen; die Pferde, Ochsen zogen den Pflug; Ü etw. nach sich z. *(etw. zur Folge haben).* **2.** ⟨hat⟩ **a)** *in gleichmäßiger Bewegung [über den Boden od. eine Fläche] zu sich hin bewegen:* z.! (als Aufschrift an Türen); den Stuhl an den Tisch z.; den Verunglückten aus dem Auto z.; **b)** *jmdn. [an der Hand] mit sich fortbewegen; jmdn. anfassen, packen u. bewirken, dass er sich mit an eine andere Stelle bewegt:* die Pferde aus dem Stall z.; sie zog ihn [an der Hand] ins andere Zimmer; er zog sie neben sich aufs Sofa; sie zogen ihn mit Gewalt ins Auto; Ü der Fürst zog Gelehrte und Künstler an seinen Hof; er wurde mit achtzehn [zum Militär] gezogen (ugs.; *einberufen*); **c)** *[mit einer sanften Bewegung] bewirken, dass jmd., etw. irgendwohin gelangt:* er zog sie liebevoll, zärtlich an sich; **d)** *durch Einschlagen des Lenkrades, Betätigen des Steuerknüppels in eine bestimmte Richtung steuern:* er zog den Wagen scharf nach links, in die Kurve; der Pilot zog die Maschine wieder nach oben. **3.** ⟨hat⟩ **a)** *Zug* (3) *auf etw. [was an einem Ende beweglich befestigt ist] ausüben:* an der Klingelschnur z.; der Hund zieht [an der Leine] *(drängt ungestüm vorwärts);* **b)** *etw. anfassen, packen u. daran zerren, reißen:* jmdn. am Ärmel z.; er zog ihn an den Haaren, an den Ohren; **c)** *etw. durch Ziehen* (3 a) *betätigen:* die Notbremse, Wasserspülung, die Orgelregister z.; **d)** *[durch Herausziehen eines Faches o. Ä.] einem Automaten* (1 a) *entnehmen:* Tickets, Süßigkeiten [aus Automaten] z. **4.** *anziehen* (7); *Beschleunigungsvermögen haben* ⟨hat⟩: der Wagen, der Motor zieht ausgezeichnet. **5.** ⟨hat⟩ **a)** *in eine bestimmte Richtung bewegen:* die Rollläden in die Höhe z.; er zog die Knie bis unters Kinn; der Sog zog ihn in die Tiefe; die Ruder kräftig durchs Wasser z.; Ü ⟨unpers.:⟩ es zog ihn in die Ferne; es zieht sie doch immer wieder zu ihm; **b)** *an eine bestimmte Stelle, in eine bestimmte Lage, Stellung bringen:* Perlen auf eine Schnur z.; den Obstwein auf Flaschen z. (ugs.; *in Flaschen abfüllen*); den Faden durchs Nadelöhr z.; den Hut [tief] ins Gesicht z.; eine Decke fest um sich z.; Ü jmdn. ins Gespräch z.; **c)** *über od. unter etw. anziehen:* einen Pullover über die Bluse, ein Hemd unter den Pullover z.; **d)** *(bes. von Spielfiguren) von einer Stelle weg zu einer anderen bewegen, verrücken:* den Springer auf ein anderes Feld z.; ⟨auch o. Akk.-Obj.:⟩ du musst z.!; **e)** *durch Ziehen* (3a) *aus, von etw. entfernen, von einer bestimmten Stelle wegbewegen:* jmdm. einen Zahn z.; er zog ihm den Splitter aus dem Fuß; den Korken aus der Flasche z.; den Ring vom Finger z.; den Hut [zum Gruß] z. *(lüften);* nach der Operation müssen die Fäden gezogen werden. **6.** ⟨hat⟩ **a)** *mit einer ziehenden Bewegung aus etw. herausnehmen, herausholen:* die Brieftasche [aus der Jackentasche] z.; das Schwert z.; die Pistole [aus dem Halfter] z.; ⟨auch o. Akk.-Obj.:⟩ er zog *(zog seine Waffe)* und schoss; Ü die Wurzel aus einer Zahl z. (Math.; *die Grundzahl einer Potenz errechnen*); **b)** *aus einer bestimmten Menge auswählen u. herausholen:* ein Los z.; sie hat einen Gewinn gezogen; (Fachspr.:) Blutproben z. **7.** *seinen [Wohn]sitz irgendwohin verlegen, umziehen* ⟨ist⟩: aufs Land, in eine andere Wohnung, Straße, nach Berlin z.; sie ist zu ihrem Freund gezogen. **8.** *sich stetig fortbewegen, irgendwo[hin] bewegen; irgendwo[hin] unterwegs sein* ⟨ist⟩: durch die Lande z.; jmdn. ungern z. *(fortgehen)* lassen; von dannen, in die Fremde, heimwärts z.; auf Wache, in den Krieg, z.; die Demonstranten zogen [randalierend] durch die Straßen, zum Rathaus; die Aale ziehen flussaufwärts; die Schwalben ziehen nach Süden; Nebel zieht über die Wiesen; die Wolken ziehen [schnell]; die Feuchtigkeit ist in die Wände gezogen *(gedrungen);* Ü die verschiedensten Gedanken zogen durch ihren Kopf; * **einen z. lassen** (↑fahren 12). **9.** ⟨z. + sich; hat⟩ **a)** *sich [auf irgendeine Weise] irgendwohin erstrecken, bis irgendwohin verlaufen:* die Straße zieht sich bis zur Küste; die Grenze zieht sich quer durchs Land; eine rote Narbe zog sich über sein ganzes Gesicht; der Weg zieht sich aber (ugs.; *ist ziemlich lang, länger als erwartet*); **b)** *sich hinziehen* (4b): der Monat zieht sich. **10.** ⟨hat⟩ **a)** *durch entsprechende Behandlung, Bearbeitung in eine längliche Form bringen; [durch Dehnen, Strecken] herstellen:* Draht, Röhren, Kerzen z.; Ü von einem Film, einer Festplatte eine Kopie z.; **b)** *etw. [an beiden Enden] so ziehen* (3a), *dass es entsprechend lang wird; dehnen:* die Betttücher, Wäschestücke [in Form] z.; Kaugummi lässt sich gut z.; **c)** *(meist von etw. Zähflüssigem) entstehen lassen, erzeugen, bilden:* der Leim zieht Fäden; bei der Hitze zog das Pflaster Blasen; **d)** *aufziehen* (3): eine neue Saite auf die Geige z.; das Bild auf Pappe z.; **e)** *beim Singen, Sprechen o. Ä. die Töne, Laute, Silben [unangenehm] breit [hebend u. senkend] dehnen.* **11.** *ausrollen, ausbreiten, irgendwo entlanglaufen lassen u. an bestimmten Punkten befestigen; spannen* ⟨hat⟩: eine [Wäsche]leine, Schnüre z.; Leitungen z. **12.** *[als Ausdruck bestimmter Gefühle, Meinungen o. Ä.] bestimmte Gesichtspartien so verändern, dass sie vom sonst üblichen Aussehen abweichen* ⟨hat⟩: eine Grimasse z.; [nachdenklich] die Stirn in Falten z.; den Mund in die Breite z.; die Augenbrauen nach oben z. **13.** ⟨z. + sich⟩ *verziehen* (2b) ⟨hat⟩: der Rahmen hat sich gezogen. **14.** ⟨hat⟩ **a)** *Anziehungskraft* (1) *haben:* der Magnet zieht nicht mehr; **b)** (ugs.) *die gewünschte Wirkung, Erfolg haben; ankommen* (4): der Film zieht enorm; diese Masche zieht [immer] noch; das zieht bei mir nicht; **c)** *bewirken, dass sich etw. (als Reaktion auf ein bestimmtes Verhalten o. Ä.) auf jmdn., etw. richtet:* alle Blicke auf sich z.; jmds. Unwillen, Zorn auf sich, auf seine Kinder z.; sie versuchte seine Aufmerksamkeit auf einen anderen Fall zu z. **15.** ⟨hat⟩ **a)** *mit einem [tiefen] Atemzug in sich aufnehmen; einatmen:* die frische Luft, den Duft der Blumen in die Nase z.; **b)** *etw. in den Mund nehmen u. Rauch, Flüssigkeit daraus entnehmen, in sich hineinziehen:* an der Pfeife, [hastig, nervös] an der Zigarette z.; an einem Strohhalm z.; lass mich einmal z. *(einen Zug aus deiner Zigarette nehmen).* **16.** ⟨hat⟩ **a)** *(von Pflanzen) bestimmte Stoffe in sich aufnehmen:* Nahrung aus dem Boden z.; der Feigenbaum zieht viel Wasser; **b)** *gewinnen* (5b): Öl aus bestimmten Pflanzen z.; Erz aus Gestein z.; Ü Profit, Nutzen, einen Vorteil aus etw. z. **17.** ⟨hat⟩ **a)** *etw., bes. ein Schreibgerät, von einem bestimmten Punkt ausgehend, ohne abzusetzen, über eine Fläche bewegen u. dadurch (eine Linie) entstehen lassen:* eine Senkrechte, einen Kreis, Bogen z.; Linien [mit dem Lineal] z.; einen Strich unter die Rechnung z.; **b)** *nach einer bestimmten Linie anlegen, bauen, entstehen lassen:* einen Graben, eine Grenze z.; sie zogen eine Mauer [um die Stadt]; sie zog sich einen Scheitel; **c)** *eine bestimmte Linie beschreiben:* seine Bahn z.; mit dem Flugzeug eine Schleife z. **18.** *aufziehen, züchten* ⟨hat⟩: etw. aus Samen, Stecklingen z.; Rosen, Spargel, Kartoffeln z.; Schweine, Gänse z.; Ü den Jungen werde ich mir noch z. (ugs.; *so formen, so erziehen, dass er meinen Vorstellungen entspricht*). **19.** ⟨hat⟩ **a)** *mit kochendem, heißem Wasser o. Ä. übergossen sein u. so lange stehen bleiben, bis die übergossene Substanz ihre Bestandteile, ihren Geschmack u. ihr Aroma an das Wasser abgibt:* den Tee 3 Minuten z. lassen; der Kaffee hat lange genug gezogen; **b)** (Kochk.) *etw. in einer Flüssigkeit knapp unter dem Siedepunkt halten u. langsam garen lassen:* die Klöße z. lassen; der Fisch soll nicht kochen, sondern z. **20.** ⟨unpers.⟩ *als Luftzug in Erscheinung treten, unangenehm zu verspüren sein* ⟨hat⟩: in der Halle zieht es; es zieht vom Fenster her, an die Beine. **21.** *den nötigen* [1]*Zug* (8b) *haben, um entsprechend zu funktionieren* ⟨hat⟩: der Ofen, Schornstein zieht [gut]; die Pfeife zieht nicht mehr. **22.** *einen Schmerz, der sich in einer bestimmten Linie ausbreitet, haben* ⟨hat⟩: es zieht [mir] im Rücken; ziehende Schmerzen in den Beinen haben; ⟨subst.:⟩ sie verspürte ein leichtes, starkes Ziehen im Bauch. **23.** (Geldw.) *auf eine dritte Person, auf einen Wechselnehmer ausstellen* ⟨hat⟩: einen Wechsel auf jmdn. z.; ein gezogener Wechsel. **24.** *mit einem Gegenstand ausholend schlagen* ⟨hat⟩: jmdm. eine Latte über den Kopf z.; er zog ihm eins über die Rübe. **25.** (Waffent.) *mit schraubenlinienartigen Zügen* (15) *versehen* ⟨hat; meist im 2. Part.⟩: ein Gewehr mit gezogenem Lauf. **26.** ⟨verblasst; hat⟩: Lehren aus etw. z. *(aus etw. lernen);* den Schluss aus etw. z. *(aus etw. schließen);* Folgerungen z. *(aus etw. schließen);* Vergleiche z. *(etwas miteinander vergleichen);* jmdn. zur Rechenschaft, zur Verantwortung z. *(für etw. verantwortlich machen).*

Zieh|har|mo|ni|ka, die: *einfachere Handharmonika.*

Zieh|kind, das (landsch.): *Pflegekind.*

Zieh|klin|ge, die (Holzverarb.): *einem Messer ähnliches Stück Stahl mit scharfer Schneide, mit dem Späne abgehobelt werden u. das Holz geglättet wird.*

Zieh|mut|ter, die: **1.** (landsch.) *Pflegemutter.* **2.** (seltener) *Mentorin.*

Zieh|sohn, der: **1.** (landsch.) *Pflegesohn.* **2.** *Protegé.*

Zieh|toch|ter, die: **1.** (landsch.) *Pflegetochter.* **2.** *weiblicher Protegé.*

Zie|hung, die; -, -en: *das Ziehen einzelner Lose zur Ermittlung der Gewinner (bei einer Lotterie):* die Z. der Lottozahlen.

Zie|hungs|recht, das ⟨meist Pl.⟩ [engl. drawing right] (Finanzw.): *den Mitgliedsländern des Internationalen Währungsfonds zustehendes Recht, sich bei Zahlungsbilanzschwierigkeiten benötigte ausländische Währungen beim Internationalen Währungsfond zu beschaffen.*

Zieh|va|ter, der: **1.** (landsch.) *Pflegevater.* **2.** *Mentor* (a): er war ihr journalistischer Z.

Ziel, das; -[e]s, -e [mhd., ahd. zil, viell. verw. mit ↑Zeit u. eigtl. = Eingeteiltes, Abgemessenes]: **1. a)** *Punkt, Ort, bis zu dem jmd. kommen will, den jmd. erreichen will:* das Z. einer Reise; [endlich] am Z. [angelangt] sein; mit unbekanntem Z. abreisen; [kurz] vor dem Z. umkehren; Ü auf diesem Wege kommen wir nie zum Z. *(so erreichen wir nichts, nie etwas);* **b)** (Sport) *Ende einer Wettkampfstrecke (das durch eine Linie, durch Pfosten o. Ä. markiert ist):* [als Erster] das Z. erreichen; als Letzter durchs Z. gehen, ins Z. kommen. **2.** *etw., was beim Schießen, Werfen o. Ä. anvisiert wird, getroffen werden soll:* bewegliche -e; ein Z. treffen, verfehlen; am Z. vorbeischießen; etw. dient als Z.; * **[weit] über das Z. [hinaus]schießen** (ugs.; *die Grenze des Vernünftigen, Zulässigen [weit] überschreiten;* nach dem Bild des Schützen, der das Ziel nicht trifft, weil er den Bogen zu stark gespannt hat [sich zu sehr bemüht hat] u. der Pfeil weit über das Ziel hinausfliegt). **3.** *etw., worauf jmds. Handeln, Tun o. Ä. ganz bewusst gerichtet ist, was jmd. als Sinn u. Zweck, angestrebtes Ergebnis seines Handelns, Tuns zu erreichen sucht:* erklärtes Z. [unserer Bemühungen] ist es, die Besten auf dem Markt zu sein; die politischen -e einer Regierung; ein [klares] Z. vor Augen haben; weit gesteckte, kühne -e verfolgen; sein Z. im Auge behalten; ein bestimmtes Z. ins Auge fassen; sich ein Z. setzen, stecken; jmdn. für seine -e einspannen, missbrauchen; sich etw. zum Z. setzen; diese Aktion führte nicht zum Z. **4.** (Kaufmannsspr. veraltend): *Zahlungsfrist, -ziel; Termin:* das Z. der Zahlung ist 30 Tage.

Ziel-: **1.** drückt in Bildungen mit Substantiven aus, dass etw. der Ort, Punkt ist, den man als letzten erreichen will: Zielflughafen. **2.** kennzeichnet in Bildungen mit Substantiven etw. als das, was erreicht werden soll, was angestrebt wird: Zielwert. **3.** kennzeichnet in Bildungen mit Substantiven jmdn. oder etw. als Person od. Sache, auf die alle Bestrebungen gerichtet sind, die angesprochen werden sollen: Zielpublikum.

Ziel|an|spra|che, die (Milit.): *Ansprache* (2).

Ziel|bahn|hof, der: *Bahnhof, in dem eine Zugverbindung endet.*

Ziel|band, das ⟨Pl. ...bänder⟩ (Leichtathletik): *über der Ziellinie gespanntes [weißes] Band.*

ziel|be|wusst ⟨Adj.⟩: *genau wissend, was erreicht werden soll, u. entsprechend handelnd; entschlossen, unbeirrbar im Verfolgen eines [selbst] gesetzten Zieles:* jmd. ist sehr z.; z. handeln; z. auf etw. zusteuern.

Ziel|be|wusst|heit, die: *zielbewusste Art.*

zie|len ⟨sw. V.; hat⟩ [mhd. zil(e)n, ahd. zilēn, zilōn]: **1.** *(etw., womit jmd. schießen, werfen o. Ä. will) genau auf ein bestimmtes Ziel* (2) *richten:* gut, genau, scharf z.; über Kimme und Korn z.; auf die Scheibe, [mit der Steinschleuder] auf Spatzen z.; [mit dem Revolver] auf, nach jmdm. z.; ein gut gezielter Schuss, Wurf. **2. a)** *sich auf jmdn., etw. beziehen; sich gegen jmdn., etw. richten:* er zielte mit seiner Kritik auf den Minister, auf soziale Missstände; **b)** *etw. Bestimmtes zum Ziel* (3) *haben, einen bestimmten Zweck verfolgen:* der Plan zielt auf eine schnelle Lösung.

zie|lend ⟨Adj.⟩ (Sprachw.): *transitiv:* -e Verben; nicht -e *(intransitive)* Verben.

Ziel|fahn|dung, die (Kriminologie): *gezielte Fahndung, die sich auf eine bestimmte verdächtige Person konzentriert.*

Ziel|fern|rohr, das: *Fernrohr [mit Fadenkreuz] bes. auf dem Lauf von Gewehren, das auch über größere Entfernungen genaues Zielen ermöglicht.*

Ziel|flug|ge|rät, das: *Peilgerät für Flugzeuge.*

Ziel|flug|ha|fen, der: vgl. Zielbahnhof.

Ziel|fo|to, das (Sport): *mit einer im Ziel* (1 b) *installierten Kamera aufgenommenes Foto, auf dem die genaue Reihenfolge der einlaufenden Wettkämpfer festgehalten ist.*

ziel|füh|rend ⟨Adj.⟩ (bes. österr.): *zum Ziel führend; erfolgreich, Erfolg versprechend; sinnvoll:* -e Verhandlungen.

Ziel|ge|biet, das (Milit.): *Gebiet, Fläche als Ziel militärischer Angriffe.*

ziel|ge|nau ⟨Adj.⟩: **a)** *genau, exakt das Ziel treffend:* -e Waffen; **b)** (Werbespr.) *genau, exakt:* eine -e Kfz-Lenkung.

Ziel|ge|ra|de, die (Sport): *gerade Strecke einer Lauf-, Rennbahn kurz vor dem Ziel:* als Erster die Z. erreichen, in die Z. einlaufen.

ziel|ge|rich|tet ⟨Adj.⟩: *an einem klaren Ziel orientiert:* etw z. betreiben.

Ziel|grup|pe, die: *Gruppe von Personen (mit vergleichbaren Merkmalen), die gezielt auf etw. angesprochen, mit etw. erreicht* (3) *werden soll:* -n der Werbung.

Ziel|ha|fen, der: vgl. Zielbahnhof.

Ziel|ka|me|ra, die (Sport): *im Ziel* (1 b) *installierte Kamera, mit der ein Zielfoto aufgenommen wird.*

Ziel|kur|ve, die (Sport): *Kurve, die vor der Zielgeraden liegt.*

Ziel|lan|dung, die: *Landung in einem markierten Feld.*

Ziel|li|nie, die (Sport): *über eine Lauf-, Rennbahn gezogene Linie, die das Ziel* (1 b) *markiert.*

Ziel|loch, das (Golf): *Loch, in das der Ball gebracht, geschlagen werden muss.*

ziel|los ⟨Adj.⟩ [urspr. = endlos]: *ohne festes, erkennbares Ziel; ohne [genau] zu wissen, wohin es gehen soll:* z. durch die Straßen irren.

Ziel|lo|sig|keit, die; -: *das Ziellossein.*

ziel|ori|en|tiert ⟨Adj.⟩: *zielgerichtet:* -es Handeln.

Ziel|punkt, der: *Punkt, Stelle, auf die jmd. zielt.*

Ziel|rich|ter, der (Sport): *Kampfrichter, der (bes. bei Wettbewerben im Laufen) die Reihenfolge der Platzierung im Ziel ermittelt.*

Ziel|rich|te|rin, die: w. Form zu ↑Zielrichter.

Ziel|schei|be, die: *Schießscheibe:* auf eine Z., nach einer Z. schießen; Ü er war Z. des Spottes der Kollegen.

Ziel|set|zung, die: *Festsetzung, Bestimmung dessen, was erreicht werden soll; Plan; Vorhaben; Absicht:* eine klare, realistische Z.

ziel|si|cher ⟨Adj.⟩: **a)** *das Zielen, Treffen sicher beherrschend:* ein -er Schütze; z. sein; **b)** *genau das Ziel vor Augen habend:* mit -en Schritten auf jmdn. zugehen.

Ziel|spra|che, die (Sprachw.): **1.** *Sprache, in die übersetzt wird.* **2.** *Sprache, die einem Ausländer zu vermitteln ist, von ihm zu erlernen ist.*

ziel|stre|big ⟨Adj.⟩: **1.** *unbeirrt seinem Ziel zustrebend:* z. etw. verfolgen. **2.** *immer auf ein festes Ziel hinarbeitend, es nicht aus den Augen verlierend:* ein -er junger Mann.

Ziel|stre|big|keit, die; -: *das Zielstrebigsein.*

Ziel|vor|ga|be, die: *Vorgabe* (3), *die zu erreichen angestrebtes Ziel ist.*

Ziel|vor|rich|tung, die: *Vorrichtung zum Zielen.*

Ziel|vor|stel|lung, die: *Vorstellung* (2 a), *auf die jmds. Handeln, Tun o. Ä. ganz bewusst gerichtet ist, die jmd. in die Tat umzusetzen trachtet; Ziel* (3).

Ziel|was|ser, das [scherzh. Bez. für den Schnaps, der früher beim Preisschießen als Anregungsmittel ausgeschenkt wurde] (scherzh.): *Schnaps, Alkohol (im Hinblick auf ein zu treffendes Ziel):* ***kein Z. getrunken haben** (ugs.; *nicht treffen*): der Mittelstürmer, der Schützenkönig hatte an diesem Tag kein Z. getrunken.

zie|men ⟨sw. V.; hat⟩ [mhd. zemen, ahd. zeman, viell. verw. mit ↑Zimmer u. eigtl. = sich fügen, passen] (geh. veraltend): **1.** ⟨z. + sich⟩ *sich gehören* (5), *sich geziemen* (2): es ziemt sich nicht, den Gesprächen anderer heimlich zu lauschen. **2.** *passend, angemessen sein; geziemen* (1): dieser Platz ziemt dir nicht; es ziemt ihm nicht zu klagen.

Zie|mer, der; -s, - [mhd. zim(b)ere, H. u.]: **1.** (bes. Jägerspr.) *Rückenstück [vom Wild].* **2.** kurz für ↑Ochsenziemer.

ziem|lich [I 2: mhd. zimelich, ahd. zimilīh = schicklich, gebührend, geziemend, angemessen, zu ↑ziemen u. urspr. = was sich ziemt]: **I.** ⟨Adj.⟩ **1.** (ugs.) *(in Ausmaß, Menge o. Ä.) nicht gerade gering; beträchtlich:* eine -e Menge; das ist eine -e Frechheit; etw. mit -er Sicherheit *(so gut wie sicher)* wissen. **2.** (geh. veraltend) *schicklich:* ein -es Benehmen. **II.** ⟨Adv.⟩ **1.** *in verhältnismäßig hohem, großem, reichlichem o. ä. Maße:* es ist z. kalt; ich kenne ihn z. gut; du kommst z. spät. **2.** (ugs.) *annähernd, fast; ungefähr:* ich bin mit der Arbeit z. fertig; alles verlief z. nach Wunsch.

zie|pen ⟨sw. V.; hat⟩ [lautm.] (landsch., bes. nordd.): **1.** *einen hohen, feinen pfeifenden Ton hören lassen:* der Kanarienvogel ziepte aufgeregt. **2. a)** *jmdn. an der Haut, den Haaren ziehen:* er ziepte sie an ihren Locken; **b)** *kurz u. stechend schmerzen:* das Einstechen hat ein bisschen geziept; ⟨auch unpers.:⟩ es ziepte ihr im Kreuz.

Zier, die; - [mhd. ziere, ahd. ziarī = Schönheit, Pracht, Schmuck, zu mhd. ziere, ahd. ziari = glänzend, herrlich, prächtig] (veraltend): *Zierde.*

Zie|rat: frühere Schreibung für ↑Zierrat.

Zier|de, die; -, -n [mhd. zierde, ahd. zierida]: *etw., was etw. ziert, schmückt; Verzierung* (b): zur Z. Blumen auf den Tisch stellen; Ü sie ist die Z. des Turnvereins; der Dom ist eine Z. für die Stadt; seine Bescheidenheit gereicht ihm zur Z.

zie|ren ⟨sw. V.; hat⟩ [mhd. zieren, ahd. ziarōn]: **1. a)** (geh.) *mit etw. schmücken* (a): ein Zimmer mit Bildern, Blumen z.; ihre Hände waren mit Ringen geziert; **b)** *bei jmdm., etw. als Zierde vorhanden sein; schmücken* (b): eine Goldbrosche zierte ihr Kleid. **2.** ⟨z. + sich⟩ (abwertend) *mit gekünstelter Zurückhaltung, Schüchternheit o. Ä. etw. [zunächst] ablehnen, was man eigentlich gern tun, haben möchte:* sich beim Essen z.; zier dich nicht so!; er nannte die Dinge beim Namen, ohne sich zu z. *(ohne Umschweife).*

Zie|re|rei, die; -, -en (abwertend): *[dauerndes] Sichzieren.*

Zier|fisch, der: *in Aquarien u. Teichen bes. wegen seiner Schönheit gehaltener Fisch.*

Zier|gar|ten, der: *Garten, in dem (im Gegensatz zum Nutzgarten) lediglich Zierpflanzen angepflanzt sind.*

Zier|ge|gen|stand, der: *Zierstück.*

Zier|gie|bel, der (Archit.): *bes. dekorativ ausgestalteter Giebel.*

Zier|glas, das ⟨Pl. ...gläser⟩: *bes. schönes, zur Zierde hergestelltes* [1]*Glas* (2).

Zier|gras, das: *als Zierpflanze gezogene Grasart.*

Zier|kir|sche, die: *als Zierpflanze gezogener, schön blühender Kirschbaum.*

Zier|leis|te, die: **1.** *Leiste* (1) *als Verzierung.* **2.** (Druckw.) *dekorativ ausgestaltete Linie, ornamentierter Streifen zur Verzierung einer Buchseite.*

zier|lich ⟨Adj.⟩ [mhd. zierlich = strahlend, prächtig]: *(auf anmutige, ansprechende Weise) klein u. fein [gestaltet]; graziös:* -e Hände; ein -es Sesselchen; eine -e Handschrift; sie ist sehr z.

Zier|lich|keit, die; -, -en ⟨Pl. selten⟩: *das Zierlichsein; zierliche Beschaffenheit.*

Zier|na|del, die: *[längliches] Schmuckstück zum Anstecken.*

Zier|naht, die (Handarb.): *verzierte, als Verzierung dienende Naht.*

Zier|pflan|ze, die: *zur Zierde gezogene od. gehaltene Pflanze.*

Zier|pup|pe, die (veraltend abwertend): *Mädchen, junge Frau, die übertriebenen Wert auf ihr Äußeres legt, immer herausgeputzt aussieht.*

Zier|rat [...a:t], der; -[e]s, -e [mhd. zierōt, zu: ziere (↑Zier) mit dem Suffix -ōt, heute als Zus. mit ↑Rat (vgl. Hausrat) empfunden] (geh.): *Verzierung* (b): die Knöpfe sind bloßer Z.; die Fassaden sind reich an -en.

Zier|schrift, die: *dekorativ ausgestaltete Schrift.*

Zier|stab, der (Archit.): *meist wie ein [halb]runder Wulst hervorspringende Verzierung an der Fassade eines Gebäudes.*

Zier|stich, der (Handarb.): *als Verzierung dienender, z. B. farblich abgesetzter od. dekorativ ausgestalteter Stich.*

Zier|strauch, der: vgl. Zierpflanze.

Zier|strei|fen, der: *Streifen* (1 a, c) *als Verzierung.*

Zier|stück, das (veraltend): *als Schmuck* (1 a), *zur Zierde von etw. dienender Gegenstand.*

Zier|vo|gel, der: *in Volieren od. Käfigen bes. wegen seiner Schönheit gehaltener Vogel.*

Zie|sel, der, österr. meist: das; -s, - [mhd. zisel, wohl aus tschech. sysel]: *(in den Steppen Osteuropas u. Nordamerikas heimisches) in Erdhöhlen lebendes Nagetier mit graubraunem Fell, rundlichem Kopf, kleinen Ohren u. großen Backentaschen.*

Ziest, der; -[e]s, -e [aus dem Slaw., obersorb. čist, eigtl. = Reinigungskraut, nach der blutreinigenden Wirkung]: *Pflanze mit ganzrandigen od. gezähnten Blättern u. kleinen, rötlichen, gelben od. weißen Blüten, die als Heilpflanze verwendet wird.*

Ziff. = Ziffer.

Zif|fer, die; -, -n [spätmhd. zifer = Ziffer; Null < afrz. cifre < mlat. cifra < arab. ṣifr = Null (zu: ṣafira = leer sein), Lehnübertragung von altind. sūnya-m = das Leere; zur Bedeutungsentwicklung: als im Ital. das Wort nulla = Nichts an die Stelle von cifra = Null trat, übernahm cifra die Aufgabe von figura, das bisher »Zahlzeichen« bedeutet hatte; entsprechend verlor im Deutschen das Wort »Ziffer« mit der Übernahme von ital. nulla (↑Null) die Bed. »Null« u. bekam die heute übliche Bed. »Zahlzeichen«]: **1.** *schriftliches Zeichen, das für eine Zahl steht; Zahlzeichen, Chiffre* (1): arabische, römische -n; eine Zahl mit drei -n. **2.** *mit einer Ziffer* (1) *gekennzeichneter Unterabschnitt in einem Gesetzes-, Vertragstext:* Paragraph 8 Z. 4 des Gesetzes.

Zif|fer|blatt, das: *Scheibe (als Teil der Analoguhr), auf der die Stunden [in Ziffern] markiert sind u. auf der sich die Zeiger drehen.*

-zif|fe|rig: ↑ziffrig.

Zif|fer|kas|ten, Zif|fern|kas|ten, der (Druckw. früher): *Setzkasten, in dem sich nur Ziffern* (1) *befinden.*

Zif|fern|schrift, (seltener:) **Zif|fer|schrift,** die: *Geheimschrift, bei der Buchstaben, Silben o. Ä. durch Ziffern wiedergegeben werden.*

-ziff|rig, (seltener:) -zifferig: in Zusb., z. B. vierziffrig *(aus vier Ziffern bestehend).*

zig ⟨unbest. Zahlwort⟩ [mhd. -zec, ahd. -zig, -zug, Endung der Zehnerzahlen von 20 bis 90, zu ↑zehn u. eigtl. = Zehner, Zehnheit] (ugs.): steht anstelle einer nicht genau bekannten, aber als sehr hoch angesehenen Zahl: z. Leute; ich kenne sie schon z. Jahre; mit z. Sachen in die Kurve gehen.

Zi|ga|rett|chen, das; -s, - (fam.): *Zigarette:* lasst uns schnell noch ein Z. rauchen.

Zi|ga|ret|te, die; -, -n [frz. cigarette, eigtl. = kleine Zigarre, Vkl. von: cigare < span. cigarro, ↑Zigarre]: *zum Rauchen* (2 a) *dienende, etwa fingerlange dünne, mit fein geschnittenem Tabak gefüllte Hülse aus dünnem Papier:* selbst gedrehte -n; -n mit, ohne Filter; eine Packung, Schachtel, Stange -n; eine Z. rauchen; sich eine Z. drehen, anstecken, anzünden; an der Z. ziehen.

Zi|ga|ret|ten|an|zün|der, der: *am Armaturenbrett des Autos angebrachte Vorrichtung mit einer kleinen Heizspirale, die auf Knopfdruck zu glühen beginnt u. an der Zigaretten angesteckt werden können.*

Zi|ga|ret|ten|asche, die: *Asche von Zigaretten.*

Zi|ga|ret|ten|au|to|mat, der: *Automat* (1 a), *an dem Zigaretten gezogen werden können.*

Zi|ga|ret|ten|etui, das: *Etui für Zigaretten.*

Zi|ga|ret|ten|fa|brik, die: *Fabrik, in der Zigaretten hergestellt werden.*

Zi|ga|ret|ten|hül|se, die: *aus dünnem Papier bestehende Hülse* (1) *der Zigarette.*
Zi|ga|ret|ten|kip|pe, die: [1]*Kippe.*
Zi|ga|ret|ten|län|ge, die (ugs.): *Zeit, die zum Rauchen einer Zigarette benötigt wird:* sie kam auf eine Z. herüber; er verließ für eine Z. den Raum.
Zi|ga|ret|ten|pa|pier, das: *dünnes Papier, in das der Tabak der Zigaretten gepresst wird.*
Zi|ga|ret|ten|pau|se, die (ugs.): *kurze Pause, in der eine Zigarette geraucht werden kann.*
Zi|ga|ret|ten|rauch, der: *durch das Rauchen von Zigaretten entstehender Rauch.*
Zi|ga|ret|ten|rau|cher, der: *jmd., der vorwiegend, regelmäßig Zigaretten raucht.*
Zi|ga|ret|ten|rau|che|rin, die: w. Form zu ↑Zigarettenraucher.
Zi|ga|ret|ten|schach|tel, die: *Schachtel zum Abpacken u. Aufbewahren von Zigaretten.*
Zi|ga|ret|ten|spit|ze, die: *sich verjüngendes Röhrchen, in dessen breiteres Ende die Zigarette [mit dem Mundstück] zum Rauchen gesteckt wird.*
Zi|ga|ret|ten|stum|mel, der: *Stummel einer gerauchten Zigarette.*
Zi|ga|ril|lo [selten auch: ...'rɪljo], der, auch: das; -s, -s, ugs. auch: die; -, -s [span. cigarrillo, Vkl. von: cigarro, ↑Zigarre]: *kleinere, dünne Zigarre.*
Zi|gar|re, die; -, -n [älter Cigarr < span. cigarro, H. u.; 2: H. u.]: **1.** *zum Rauchen* (2 a) *dienende dickere, an beiden Enden sich leicht verjüngende Rolle aus fest zusammengedrücktem, grob geschnittenem od. gerissenem Tabak, der mit einem entsprechend vorbereiteten Tabakblatt od. einer aus gemahlenem Tabak hergestellten Hülle umschlossen ist:* eine leichte, milde, schwere, starke, dunkle, helle Z.; die Z. zieht nicht; die [Spitze einer] Z. abschneiden, abbeißen. **2.** (ugs.) *grobe Zurechtweisung, Rüffel:* eine Z. bekommen; der Chef hat ihm eine Z. verpasst.
Zi|gar|ren|ab|schnei|der, der: *Gerät zum Abschneiden der Zigarrenspitze.*
Zi|gar|ren|asche, die: vgl. Zigarettenasche.
Zi|gar|ren|fa|brik, die: vgl. Zigarettenfabrik.
Zi|gar|ren|kis|te, die: *kleinerer Kasten aus dünnem Holz zum Verpacken u. Aufbewahren von Zigarren.*
Zi|gar|ren|rauch, der: vgl. Zigarettenrauch.
Zi|gar|ren|rau|cher, der: vgl. Zigarettenraucher.
Zi|gar|ren|rau|che|rin, die: w. Form zu ↑Zigarrenraucher.
Zi|gar|ren|spit|ze, die: **1.** *spitz zulaufendes Mundstück der Zigarre.* **2.** vgl. Zigarettenspitze.
Zi|gar|ren|stum|mel, der: *Stummel einer gerauchten Zigarre.*
Zi|gar|ren|ta|bak, der: *Rauchtabak für Zigarren.*
Zi|geu|ner, der; -s, - [spätmhd. ze-, zigīner, H. u.]: **1.** *Angehöriger eines über viele Länder verstreut lebenden, meist nicht sesshaften u. mit Wohnwagen o. Ä. umherziehenden Volkes* (wird von den Betroffenen selbst oft als abwertend empfunden; vgl. [2]Rom, Sinto). **2.** (ugs., meist abwertend) *jmd., der ein unstetes Leben führt.*
zi|geu|ner|haft ⟨Adj.⟩: **a)** *(in seinem Äußeren, z. B. im Hinblick auf seine schwarze Haarfarbe, bräunliche Haut) einem Zigeuner ähnelnd;* **b)** (meist abwertend) *unstet:* ein -es Leben führen.
Zi|geu|ne|rin, die; -, -nen: w. Form zu ↑Zigeuner.
zi|geu|ne|risch ⟨Adj.⟩: *zigeunerhaft.*
Zi|geu|ner|ka|pel|le, die: *aus Zigeunern* (1) *bestehende [Zigeunermusik spielende] Kapelle.*
Zi|geu|ner|la|ger, das: *aus [Zelten u.] Wohnwagen bestehendes Lager von Zigeunern.*
Zi|geu|ner|le|ben, das (meist abwertend): *unstetes, ungebundenes Wanderleben [der Zigeuner* (1)*].*
Zi|geu|ner|mu|sik, die: *Musik der Zigeuner* (1).
zi|geu|nern ⟨sw. V.⟩: **1.** (abwertend) *unstet umherziehen, vagabundieren* (2) ⟨ist⟩: er ist durch die halbe Welt zigeunert. **2.** (seltener, meist abwertend) *ein Zigeunerleben führen* ⟨hat⟩.
Zi|geu|ner|pri|mas, der: *Primas* (2).
Zi|geu|ner|schnit|zel, das (Kochk.): *unpaniertes Kalbs- od. Schweineschnitzel in einer Soße mit in Streifen geschnittenen Paprikaschoten, Zwiebeln, Tomaten o. Ä.*
Zi|geu|ner|spra|che, die ⟨o. Pl.⟩: *Sprache der Zigeuner* (1); *Romani.*
zig|fach [geb. nach den Vervielfältigungszahlwörtern, zu ↑zig] (ugs.): *vielfach* (1): die -e Menge; etw. z. vergrößern; ⟨subst.:⟩ die Waren haben sich um ein Zigfaches verteuert.
zig|hun|dert ⟨unbest. Zahlwort⟩ (ugs.): *viele hundert:* z. Urlaubsgäste; ⟨subst.:⟩ vor Zighunderten von Jahren.
zig|mal ⟨Adv.⟩ (ugs.): *viele Male, oft:* ich habe ihn schon z. darum gebeten.
zigst... ⟨geb. nach den Ordinalzahlen⟩ (ugs.): steht anstelle einer nicht genau bekannten, aber als sehr hoch angesehenen Zahl: das ist heute schon der zigste Anruf.
zig|tau|send ⟨unbest. Zahlwort⟩ (ugs.): *viele tausend:* z. Jahre liegt das zurück; ⟨subst.:⟩ Zigtausende nahmen an der Friedensdemonstration teil.
Zi|ka|de, die; -, -n [lat. cicada, aus einer Mittelmeerspr.]: *kleines, der Grille ähnliches Insekt, bei dem die männlichen Tiere laute, zirpende Töne hervorbringen.*
zi|li|ar ⟨Adj.⟩ [zu lat. cilium, ↑Zilie] (Med.): *an den Wimpern befindlich, sie betreffend.*
Zi|li|ar|kör|per, der (Med.): *aus feinen Fasern bestehender, die Linse des Auges ringförmig umgebender Abschnitt der gefäßreichen, mittleren Hautschicht des Auges.*
Zi|li|a|te, die; -, -n: *Wimpertierchen.*
Zi|lie, die; -, -n [lat. cilium = Augenlid, Wimper] (Med.): *feines Haar* (z. B. Augenwimper).
Zim|bab|we: engl. u. schweiz. Schreibung für ↑Simbabwe.
Zim|bal, Zymbal, das; -s, -e u. -s [(älter ungar. cimbale, poln. cymbały <) lat. cymbalum, ↑Zimbel]: *bes. in der osteuropäischen Volksmusik gespieltes, auf 4 Füßen stehendes Hackbrett* (2).
Zim|bel, die; -, -n [1: mhd. zimbel; ahd. cymba < lat. cymbalum < griech. kýmbalon, Vkl. von: kýmbos = Hohlgefäß, Schüssel, Becken]: **1.** *kleines Becken* (2 d). **2.** *Orgelregister von heller, silberner Klangfarbe.*
Zim|ber, Kimber, der; -s, -n: Angehöriger eines germanischen Volksstammes.
zim|brisch, kimbrisch ⟨Adj.⟩: *die Zimbern betreffend, zu ihnen gehörend, von ihnen stammend.*
Zi|me|lie, die; -, -n, **Zi|me|li|um,** das; -s, ...ien [1: mlat. cimelium < griech. keimḗlion = Schatz] (bildungsspr. veraltend): *wertvolles Stück, Kleinod (in einer kirchlichen Schatzkammer, in einer Bibliothek).*
Zi|mier, das; -s, -e [mhd. zimier < (a)frz. cimier, zu: cime = Spitze, Gipfel < lat. cyma < griech. kýma = Spross]: *Helmschmuck.*
Zim|mer, das; -s, - [mhd. zimber, ahd. zimbar = Bau(holz), Bedeutungsentwicklung über »(Holz)gebäude«]: **1.** *(für den Aufenthalt von Menschen bestimmter) einzelner Raum* (1) *in einer Wohnung od. in einem Haus:* ein großes, kleines, geräumiges, helles, freundliches Z.; das Z. geht nach vorn, nach hinten *(hat Fenster auf der Vorder-, Rückseite des Hauses);* (in Annoncen o. Ä.:) Z. frei, Z. zu vermieten; ein Z. mit Balkon, mit fließendem Wasser, mit fließend warm[em] und kalt[em] Wasser; ein [möbliertes] Z. mieten; das Z. betreten, verlassen, aufräumen, heizen, lüften; ein Z. *(Hotelzimmer)* bestellen; sich das Frühstück aufs Z. *(Hotelzimmer)* bringen lassen; auf sein Z., in sein Z. gehen. **2.** kurz für ↑Zimmereinrichtung: das neue Z. war sehr teuer.
Zim|mer|an|ten|ne, die: *Antenne, die im Zimmer aufgestellt od. angebracht wird.*
Zim|mer|ara|lie, die: *(in Japan heimische) als Strauch wachsende, immergrüne Pflanze mit ledrigen, gelappten, glänzenden Blättern, in Dolden stehenden weißen Blüten u. schwarzen Beerenfrüchten; Fatsia.*
Zim|mer|ar|beit, die: *von einem Zimmermann, von Zimmerleuten ausgeführte Arbeit.*
Zim|mer|brand, der: *Brand in einem Zimmer.*
Zim|mer|de|cke, die: *Decke* (3) *eines Zimmers* (1).
Zim|mer|ecke, die: *Ecke* (2 a) *eines Zimmers* (1).
Zim|me|rei, die; -, -en: **1.** *Zimmerwerkstatt.* **2.** ⟨o. Pl.⟩ (ugs.) *Zimmerhandwerk.*
Zim|mer|ein|rich|tung, die: *Einrichtung eines Zimmers* (1).
Zim|me|rer, der; -s, -: *Zimmermann.*
Zim|me|rer|ar|beit, die: *Zimmerarbeit.*
Zim|me|rer|hand|werk, das ⟨o. Pl.⟩: *Zimmerhandwerk.*
Zim|me|rer|meis|ter, der: *Zimmermeister.*
Zim|me|rer|meis|te|rin, die: w. Form zu ↑Zimmerermeister.
Zim|me|rer|werk|statt, die: *Zimmerwerkstatt.*
Zim|mer|fens|ter, das: *Fenster eines Zimmers* (1).
Zim|mer|flucht, die ⟨Pl. -en⟩: [2]*Flucht* (2).
Zim|mer|ge|nos|se, der: *Stubenkamerad.*
Zim|mer|ge|nos|sin, die: w. Form zu ↑Zimmergenosse.
Zim|mer|hand|werk, das: *Handwerk des Zimmermanns.*
Zim|mer|herr, der (veraltend): *Untermieter.*
Zim|me|rin, die; -, -nen: w. Form zu ↑Zimmerer.
Zim|mer|kell|ner, der: *Kellner, der im Hotel in den Zimmern* (1) *bedient.*
Zim|mer|kell|ne|rin, die: w. Form zu ↑Zimmerkellner.
Zim|mer|laut|stär|ke, die: *gedämpfte Lautstärke, bei der etw. nicht außerhalb des Zimmers* (1), *der Wohnung gehört werden kann:* das Radiogerät auf Z. einstellen.
Zim|mer|lin|de, die: *(zu den Linden gehörende) Pflanze mit großen, herzförmigen, behaarten Blättern u. weißen, in Dolden stehenden Blüten mit gelbbraunen Staubfäden.*
Zim|mer|mäd|chen, das: *Angestellte in einem Hotel o. Ä., die die Zimmer* (1) *sauber macht u. in Ordnung hält.*
Zim|mer|mann, der ⟨Pl. ...leute⟩ [mhd. zimberman, ahd. zimbarman]: *Handwerker, der bei Bauten die Teile aus Holz (bes. den Dachstuhl) herstellt:* * **jmdm. zeigen, wo der Z. das Loch gelassen hat** (ugs.; *jmdn. auffordern, den Raum zu verlassen*).
Zim|mer|manns|blei|stift, der: *(von Zimmerleuten zum Anzeichnen der Holzteile benutzter) dicker Bleistift mit starker Mine.*
Zim|mer|manns|bock, der: *hellbrauner Bockkäfer mit feiner, grauer Behaarung u. langen Fühlern, dessen Larve unter der Rinde von Kiefern lebt.*
Zim|mer|manns|stift, der: *Zimmermannsbleistift.*
Zim|mer|manns|tracht, die: *Tracht der Zimmerleute aus schwarzem Manchester mit weiten Hosen u. Schlapphut.*
Zim|mer|meis|ter, der: *Meister im Zimmerhandwerk.*
Zim|mer|meis|te|rin, die: w. Form zu ↑Zimmermeister.
zim|mern ⟨sw. V.; hat⟩ [mhd. zimbern, ahd. zimb(e)rōn]: **a)** *aus Holz bauen, herstellen:* einen Tisch z.; eine grob gezimmerte Bank; Ü sich ein neues Leben z.; **b)** *an einer Konstruktion aus Holz arbeiten:* an einem Regal z.
Zim|mer|nach|bar, der: *jmd., der das Zimmer* (1) *nebenan bewohnt, innehat.*
Zim|mer|nach|ba|rin, die: w. Form zu ↑Zimmernachbar.
Zim|mer|num|mer, die: *(bes. in Hotels, Krankenhäusern o. Ä. übliche) Nummer des Zimmers* (1).
Zim|mer|pflan|ze, die: *Zierpflanze, die in Wohnräumen gehalten wird.*
Zim|mer|schlüs|sel, der: *(bes. in Hotels) Schlüssel für ein Zimmer* (1): der Portier übergab ihr den Z.
Zim|mer|ser|vice [...sə:vɪs], der, auch: das: [2]*Service* (1 a) *durch Zimmermädchen, Zimmerkellner.*
Zim|mer|su|che, die: *Suche nach einem Zimmer* (1) *[zur Untermiete].*
Zim|mer|tan|ne, die: *Araukarie, die als Zimmerpflanze gehalten wird.*

Zịm|mer|tem|pe|ra|tur, die: a) *in einem Zimmer* (1) *herrschende Temperatur;* b) *normale, mittlere Temperatur, die gewöhnlich für das Bewohnen eines Zimmers* (1) *als ausreichend empfunden wird:* etw. bei Z. aufbewahren.
Zịm|mer|the|a|ter, das: **1.** *kleines [privates] Theater mit nur wenigen Plätzen.* **2.** *Ensemble eines Zimmertheaters* (1).
Zịm|mer|ther|mo|me|ter, das, österr., schweiz. auch: der: *Thermometer zum Messen der Zimmertemperatur* (a).
Zịm|mer|tür, die: *Tür eines Zimmers* (1).
Zịm|me|rung, die; -, -en: **1.** ⟨Pl. selten⟩ *das Zimmern.* **2.** (Bergbau) *Holzkonstruktion zum Abstützen einer Grube.*
Zịm|mer|werk|statt, die: *Werkstatt eines Zimmermanns.*
Zịm|met, der; -s (veraltet): *Zimt* (1).
zịm|per|lich ⟨Adj.⟩ [zu älter mundartl. gleichbed. zimper, H. u.] (abwertend): **1.** a) *übertrieben empfindlich* (1): ein -es Kind; sei nicht so z., es tut doch gar nicht weh; b) *rücksichtsvoll, feinfühlig, zurückhaltend* ⟨meist verneint⟩: er ist nicht [gerade] z. *(rücksichtsvoll),* wenn es um die Durchsetzung seiner Interessen geht. **2.** *[auf gezierte Weise] prüde, übertrieben schamhaft.*
Zịm|per|lich|keit, die; -, -en ⟨Pl. selten⟩ (abwertend): *das Zimperlichsein.*
Zịmt, der; -[e]s, (Sorten:) -e [spätmhd. zimet, mhd. zinemīn, zinment < lat. cinnamum < griech. kínnamon, kinnámōmon, aus dem Semit.]: **1.** *Gewürz aus der getrockneten Rinde des Zimtbaumes, das zum Würzen von Süßspeisen, Glühwein o. Ä. verwendet wird:* Milchreis mit Z. und Zucker. **2.** (ugs. abwertend) *etw., was für dumm, unsinnig, wertlos gehalten wird, was jmdm. lästig o. ä. ist:* rede nicht solchen Z.!; warum wirfst du den alten Z. nicht weg?
Zịmt|baum, der: *(auf Sri Lanka heimischer) immergrüner Baum, aus dessen Rinde Zimt* (1) *gewonnen wird.*
zịmt|far|ben, zịmt|far|big ⟨Adj.⟩: *von blasser, gelblich rotbrauner Farbe.*
Zịmt|stan|ge, die: *zu einer dünnen Stange gerollte u. als Gewürz verwendete getrocknete Rinde des Zimtbaumes.*
Zịmt|stern, der: *mit Zimt gewürztes, sternförmiges Kleingebäck (das bes. zu Weihnachten gebacken wird).*
Zịmt|zi|cke, Zịmt|zie|ge, die [zu ↑Zimt (2)] (ugs. Schimpfwort): *Zicke* (2).
Zịn|del|taft, der [mhd. zindel, zindāl < mlat. cendalum = dünner Seidenstoff, H. u.]: *Futterstoff aus Leinen od. Baumwolle.*
zin|ga|re|se: ↑alla zingarese.
Zịn|gu|lum, das; -s, -s u. ...la [lat. cingulum = Gürtel, zu: cingere = (um)gürten]: a) *(meist weißes) Band zum Schürzen der* ^{1}*Albe;* b) *breite, von kath. Geistlichen zum Talar od. zur Soutane um die Taille getragene Binde (deren Farbe dem Rang des Trägers entspricht).*
^{1}**Zịnk,** das; -[e]s [zu ↑Zinke; das Destillat des Metalls setzt sich in Form von Zinken (= Zacken) an den Wänden des Schmelzofens ab]: *bläulich weiß glänzendes Metall, das – gewalzt od. gezogen bzw. in Legierungen – als Werk- u. Baustoff vielfach verwendet wird (chemisches Element;* Zeichen: Zn).
^{2}**Zịnk,** der; -[e]s, -en [wohl zu ↑Zinke]: *(vom Mittelalter bis ins 18. Jh. gebräuchliches) meist aus mit Leder überzogenem Holz gefertigtes Blasinstrument in Form eines [geraden] konischen Rohrs mit Grifflöchern u. Mundstück.*
Zịnk|blech, das: *Blech aus* ^{1}*Zink.*
Zịnk|blen|de, die (Mineral.): *metallisch glänzendes, honiggelbes, rotes, grünes od. braunschwarzes Mineral.*
Zịnk|chlo|rid, das: *Verbindung aus* ^{1}*Zink u. Chlor.*
Zịnk|druck, der ⟨Pl. -e⟩: a) ⟨o. Pl.⟩ *Flachdruck* (1), *bei dem eine Platte aus* ^{1}*Zink als Druckform verwendet wird;* b) *durch Zinkdruck* (a) *hergestelltes Erzeugnis.*
Zịn|ke, die; -, -n [1: mhd. zinke, ahd. zinko, wohl zu mhd. zint = Zahn, Zacke, also eigtl. = Zahn]: **1.** *einzelnes spitz hervorstehendes Teil, Zacke einer Gabel, eines Kammes o. Ä.:* einige -n des Kammes waren abgebrochen; er ist in die -n des Rechens getreten. **2.** (Holzverarb.) *(zur Verbindung dienender) trapezförmig vorspringender Teil an einem Brett, Kantholz o. Ä., der in eine entsprechende Ausarbeitung an einem anderen Brett, Kantholz o. Ä. passt.*
^{1}**zịn|ken** ⟨sw. V.; hat⟩ [zu ↑Zinken (1)] (Jargon): **1.** *Spielkarten in betrügerischer Absicht auf der Rückseite unauffällig markieren:* Buben, Asse z.; mit gezinkten Karten spielen. **2.** *etw. verraten* (1 a): die Sache kam heraus, einer hatte gezinkt.
^{2}**zịn|ken** ⟨Adj.⟩: *aus* ^{1}*Zink:* eine -e Wanne.
Zịn|ken, der; -s, - [1: aus der Gaunerspr., wohl urspr. zu ↑Zinke in der Bed. »Zweig (der als Zeichen am Weg aufgesteckt wird)«; 2: zu ↑Zinke, nach der Form]: **1.** (Gaunerspr.) *geheimes [Schrift]zeichen (von Landstreichern o. Ä.):* an der Tür hatten Landstreicher Z. angebracht. **2.** (ugs. scherzh.) *auffallend große, unförmige Nase.*
Zịn|ker, der; -s, - [zu ↑^{1}zinken] (Jargon): **1.** *jmd., der Spielkarten* ^{1}*zinkt* (1). **2.** *jmd., der* ^{1}*zinkt* (2); *Spitzel.*
Zịn|ke|rin, die; -, -nen: w. Form zu ↑Zinker.
-zịn|kig: in Zusb., z. B. dreizinkig *(drei Zinken habend).*
Zịn|kit [auch: ...ˈkɪt], der; -s, -e [zu ↑^{1}Zink] (Mineral.): *rotes, durchscheinendes Mineral.*
Zịnk|leim|ver|band, der (Med.): *mit einer beim Erkalten fest, aber nicht hart werdenden Zinksalbe versteifter Verband.*
Zịn|ko, das; -s, -s: Kurzf. von ↑Zinkographie.
Zịn|ko|gra|phie, (auch:) Zinkografie, die; -, -n [zu ↑^{1}Zink u. ↑-graphie] (Druckw.): *Zinkdruck.*
Zịnk|oxid, (auch:) **Zịnk|oxyd,** das: *Zink-Sauerstoff-Verbindung.*
Zịnk|plat|te, die: *Platte* (1) *aus* ^{1}*Zink.*
Zịnk|sal|be, die (Med.): *Zinkoxid enthaltende, desinfizierende u. adstringierende Salbe.*
Zịnk|salz, das: *durch Verbindung von* ^{1}*Zink mit einer Säure entstandenes Salz.*
Zịnk|sarg, der: *zum Transportieren von Toten verwendetes Behältnis aus Zinkblech.*
Zịnk|spat, der (Mineral.): *Galmei.*
Zịnk|sul|fat, das (Chemie): *Zinksalz der Schwefelsäure.*
Zịnk|wan|ne, die: *Wanne aus Zinkblech.*
Zịnk|weiß, das: *weiße Farbe aus Zinkoxid.*
Zịnn, das; -[e]s [mhd., ahd. zin, H. u., viell. verw. mit ↑Zain (das Metall wurde in Stabform gegossen) u. eigtl. = Stab(förmiges)]: **1.** *sehr weiches, dehnbares, silberweiß glänzendes Schwermetall (chemisches Element);* Zeichen: Sn (↑Stannum). **2.** *Gegenstände, bes. Geschirr aus Zinn* (1): altes Z. sammeln.
Zịnn|be|cher, der: *Becher aus Zinn.*
Zịn|ne, die; -, -n [mhd. zinne, ahd. zinna, verw. mit ↑Zinke, eigtl. = Zahn, Zacke]: **1.** *(im Mittelalter als Deckung für die Verteidiger dienender) in einer Reihe mit anderen auf Wehrmauern sitzender, meist quaderförmig emporragender Teil der Mauerkrone, neben dem sich die Schießscharte befindet:* die -n der Burg. **2.** (schweiz.) *Dachterrasse.*
zịn|nen, zịn|nern ⟨Adj.⟩ [mhd., ahd. zinīn]: *aus Zinn:* -es Geschirr.
Zịnn|fi|gur, die: *aus Zinn gegossene Figur* (2).
Zịnn|ge|schirr, das: vgl. Zinnbecher.
Zịnn|gie|ßer, der: *Handwerker, der erhitztes Zinn in Formen gießt u. nach dem Guss bearbeitet* (Berufsbez.).
Zịnn|gie|ße|rei, die: *Gießerei, in der Zinn gegossen wird.*
Zịnn|gie|ße|rin, die; -, -nen: w. Form zu ↑Zinngießer.
Zịn|nie, die; -, -n [nach dem dt. Arzt u. Botaniker J. G. Zinn (1727–1759)]: *(zu den Korbblütlern gehörende) Pflanze mit breiten, vorn spitz zulaufenden behaarten Blättern, die direkt an dem kräftigen Stängel sitzen, u. meist gefüllten weißen, gelben od. roten bis violetten Blüten.*
Zịnn|kraut, das ⟨o. Pl.⟩ (volkst.): *Ackerschachtelhalm.*
Zịnn|krug, der: vgl. Zinnbecher.
Zịnn|le|gie|rung, die: *Legierung von Zinn mit einem anderen Metall, mit anderen Metallen.*
Zin|no|ber, der; -s, - [mhd. zinober < afrz. cenobre < lat. cinnabari(s) < griech. kinnábari(s); 3: H. u.]: **1.** (Mineral.) *[hell]rotes, schwarzes od. bleigraues, Quecksilber enthaltendes Mineral.* **2.** ⟨österr.: das; -s; o. Pl.⟩ a) *leuchtend gelblich rote Farbe* (2); b) *leuchtend gelblich roter Farbton.* **3.** ⟨o. Pl.⟩ (salopp abwertend) a) *wertloses Zeug:* wirf doch den ganzen Z. weg!; b) *Unsinn, dummes Zeug:* rede nicht solchen Z.
zin|no|ber|rot ⟨Adj.⟩: *von leuchtend gelblich rotem Farbton.*
Zịnn|schal|le, die: vgl. Zinnbecher.
Zịnn|sol|dat, der: *kleine, einen Soldaten darstellende Zinnfigur (als Kinderspielzeug).*
Zịnn|tel|ler, der: vgl. Zinnbecher.
Zịnn|wal|dit [auch: ...ˈdɪt], der; -s [nach dem Ort Zinnwald im Erzgebirge]: *perlmutten glänzendes, violett, grau, gelblich od. braun gefärbtes Mineral.*
Zịns, der; -es, -en u. -e [mhd. zins = Abgabe, Tribut, (Pacht-, Miet)zins; (nach Prozenten berechneter) Betrag für die Überlassung von Kapital, ahd. zins = Abgabe, Tribut, (Pacht-, Miet)zins < lat. census, ↑Zensus]: **1.** ⟨Pl. -en; meist Pl.⟩ *(nach Prozenten berechneter) Betrag, den jmd. von der Bank für seine Einlagen* (8 a) *erhält od. den er für zeitweilig geliehenes Geld bezahlen muss:* hohe, niedrige, 4 % -en; die -en sind gefallen, gestiegen; die Wertpapiere tragen, bringen -en; * **jmdm. etw. mit -en/mit Z. und Zinseszins zurückzahlen** *(sich gehörig an jmdm. rächen).* **2.** ⟨Pl. -e⟩ (landsch., bes. südd., österr., schweiz.) ^{1}*Miete* (1). **3.** ⟨Pl. -e⟩ kurz für ↑Grundzins.
Zịns|ab|schnitt, der (Börsenw.): *einzelner Abschnitt, Coupon des Zinsbogens, gegen dessen Einreichung zu einem bestimmten Termin die fälligen Zinsen ausgezahlt werden.*
Zịns|bau|er, der: *(im MA.) zinspflichtiger Bauer.*
Zịns|bo|gen, der (Börsenw.): *(bei festverzinslichen Wertpapieren u. Aktien) Bogen, der sich aus mehreren Zinsabschnitten zusammensetzt.*
zịn|sen ⟨sw. V.; hat⟩ [mhd., ahd. zinsen] (schweiz., sonst veraltet): *Abgaben, Zins* (3) *zahlen.*
Zịn|sen|dienst, der (Wirtsch. Jargon): *Verpflichtung, Zinsen* (1) *zu zahlen.*
Zịn|sen|last, Zinslast, die: *finanzielle Belastung durch das Zahlen von Zinsen* (1).
zịn|sen|los ⟨Adj.⟩ (bes. österr.): *zinslos.*
Zịns|er|hö|hung, die: *Erhöhung der Zinsen* (1).
Zịn|ses|zins, der; -es, -en ⟨meist Pl.⟩: *Zins von Zinsen* (1), *die – wenn sie fällig werden – nicht ausgezahlt, sondern dem Kapital hinzugefügt werden.*
Zịn|ses|zins|rech|nung, die: *Berechnung des sich bei der Verzinsung eines Kapitals ergebenden Endkapitals unter Berücksichtigung der Zinseszinsen.*
Zịns|fuß, der ⟨Pl. ...füße⟩: *die in Prozent ausgedrückte Höhe der Zinsen.*
Zịns|gro|schen, der: *(im MA.) Grundzins in Form von Geld.*
zịns|güns|tig ⟨Adj.⟩ (Bankw.): a) *(von Darlehen o. Ä.) günstig im Hinblick auf die zu zahlenden Zinsen* (1): ein -er Kredit; b) *(von Sparverträgen, Wertpapieren o. Ä.) günstig im Hinblick auf die Zinsen* (1), *die jmd. erhält:* sie hat ihr Vermögen z. angelegt.
Zịns|haus, das (bes. südd., österr.): *Mietshaus.*
Zịns|herr, der: *Grundherr.*
Zịns|herr|schaft, die ⟨o. Pl.⟩: *Grundherrschaft.*
Zịns|knecht|schaft, die ⟨o. Pl.⟩: *(im MA.) Abhängigkeit des Zinsbauern vom Grundherrn.*
Zịns|last, die: ↑Zinsenlast.
Zịns|leu|te ⟨Pl.⟩: *Zinsbauern.*
zịns|los ⟨Adj.⟩: *nicht verzinslich:* jmdm. ein -es Darlehen gewähren.
Zịns|pflicht, die ⟨o. Pl.⟩: *(im MA.) Pflicht des Zins-*

bauern, an den Zinsherrn Grundzins zu entrichten.

zins|pflich|tig ⟨Adj.⟩: *(im MA.) verpflichtet, an den Zinsherrn Grundzins zu entrichten.*

Zins|po|li|tik, die ⟨o. Pl.⟩: *Gesamtheit der Maßnahmen der Zentralbank zur Beeinflussung des Geldumlaufs u. der Kreditgewährung mithilfe des Zinssatzes.*

Zins|rech|nung, die: *Berechnung der Zinsen* (1).

Zins|satz, der: *Zinsfuß.*

Zins|schein, der (Börsenw.): *(bei festverzinslichen Wertpapieren) Urkunde über den Anspruch auf Zinsen* (1).

Zins|sen|kung, die: *Senkung der Zinsen* (1).

Zins|span|ne, die (Bankw.): *Unterschied zwischen den für Kredite zu zahlenden Zinsen* (1) *u. denen, die jmd. für Einlagen* (8 a) *erhält.*

Zins|ter|min, der (Bankw.): *Termin, zu dem Zinsen* (1) *fällig werden.*

zins|va|ri|a|bel ⟨Adj.⟩ (Bankw.): *(von Anleihen o. Ä.) variabel im Hinblick auf die Zinsen* (1).

zins|ver|bil|ligt ⟨Adj.⟩ (Bankw.): vgl. zinsgünstig (a).

Zins|wu|cher, der: *Forderung eines Zinssatzes, der weit über dem marktüblichen liegt.*

Zins|zahl, die: *nach einer bestimmten Formel berechnete Zahl, mit der die Zinsrechnung erstellt wird* (Abk.: Zz.).

Zi|o|nis|mus der; - [zu Zion, im A. T. einer der Hügel Jerusalems, den David eroberte (2. Sam. 5, 6 ff.)]: **a)** *(Ende des 19. Jh.s entstandene) jüdische Bewegung, die das Ziel hat, einen selbstständigen Nationalstaat für Juden in Palästina zu schaffen;* **b)** *[partei]politische Strömung im heutigen Israel u. innerhalb des Judentums* (1) *in aller Welt, die eine Stärkung u. Vergrößerung des Staates Israel befürwortet u. zu erreichen sucht.*

Zi|o|nist, der; -en, -en: *Vertreter, Anhänger des Zionismus.*

Zi|o|nis|tin, die; -, -nen: w. Form zu ↑Zionist.

zi|o|nis|tisch ⟨Adj.⟩: *den Zionismus betreffend.*

Zi|o|nit, der; -en, -en [zu: Zion, ↑Zionismus]: *Angehöriger einer schwärmerischen christlichen Sekte des 18. Jh.s.*

Zi|o|ni|tin, die; -, -nen: w. Form zu ↑Zionit.

¹Zipf, der; -[e]s [südd., md. Nebenf. von ↑Pips] (landsch.): *Pips.*

²Zipf, der -[e]s, -e [mhd. zipf, verw. mit ↑Zapfen, ↑Zopf]: **1.** (bayr., österr.) *Zipfel.* **2.** (österr. abwertend) *männliche Person, die jmd. langweilig, fade findet.*

Zip|fel, der; -s, - [spätmhd. zipfel, zu mhd. zipf, ↑²Zipf]: **1.** *spitz od. schmal zulaufendes Ende bes. eines Tuchs, eines Kleidungsstücks o. Ä.:* die Z. des Tischtuchs, der Schürze, des Kissens; ein Z. *(kleines Endstück)* von der Wurst ist noch übrig; Ü der Ort liegt am äußersten Z. des Sees. **2.** (fam.) *Penis.*

Zip|fel|chen, das; -s, -: Vkl. zu ↑Zipfel.

zip|fe|lig, zipflig ⟨Adj.⟩: *(in unerwünschter Weise) Zipfel habend:* ein -er Saum; der Mantel ist z. *(hat einen zipfeligen Saum).*

Zip|fel|müt|ze, die: *Wollmütze, die in einen langen, herunterhängenden Zipfel ausläuft.*

zip|feln ⟨sw. V.; hat⟩ (ugs.): *einen zipfeligen Saum haben:* der Rock zipfelt.

zipf|lig: ↑zipfelig.

Zi|pol|le, die; -, -n [mhd. zibolle, ↑Zwiebel] (landsch.): *Zwiebel* (1 c).

Zipp®, der; -s, -s [zu engl. to zip = mit einem Reißverschluss schließen] (österr.): *Reißverschluss.*

Zipp|dros|sel, die [lautm.] (landsch.): *Singdrossel.*

Zip|pen: Pl. von ↑Zippus.

Zip|per|lein, das; -s, - [spätmhd. zipperlîn, zu mhd. zipfen = trippeln, eigtl. spottend für den Gang des Erkrankten] (ugs. scherzh.): **1.** *Gicht.* **2.** *Gebrechen, Wehwehchen:* er hat immer irgendein Z.

Zip|pus, der; -, Zippi u. Zippen [lat. cippus]: *antiker Gedenk-, Grenzstein.*

Zir|be, Zir|bel, die; -, -n [wohl zu mhd. zirben, ahd. zerben = drehen, in Bezug auf die Form des Zapfens]: *Zirbelkiefer.*

Zir|bel|drü|se, die [zu Zirbel = Zapfen der Zirbelkiefer; nach der Form]: *am oberen Abschnitt des Zwischenhirns liegende Drüse; Epiphyse* (1).

Zir|bel|holz, das: *Holz der Zirbelkiefer* (a).

Zir|bel|kie|fer, die: **a)** *(im Hochgebirge wachsende) Kiefer mit essbaren Samen u. wertvollem Holz;* **b)** *Zirbelholz.*

Zir|bel|nuss, die: *essbarer Samen der Zirbelkiefer* (a).

Zir|co|ni|um: ↑Zirkonium.

zir|ka: ↑circa.

Zir|ka|auf|trag, der (Börsenw.): *Auftrag zum Ankauf von Wertpapieren, bei dem der Kommissionär* (a) *vom Kurs um ein Geringes abweichen kann.*

Zir|kel, der; -s, - [mhd. zirkel, ahd. circil < lat. circinus = Zirkel, wohl unter Einfluss von: circulus = Kreis(linie), zu: circus, ↑Zirkus ; 3: wohl unter Einfluss von frz. cercle < gleichbed. lat. circulus]: **1.** *Gerät zum Zeichnen von Kreisen, Abgreifen von Maßen o. Ä., das aus zwei beweglich miteinander verbundenen Schenkeln* (3) *besteht, von denen der eine am unteren Ende eine nadelförmige Spitze, der andere eine Bleistiftmine, eine Reißfeder o. Ä. hat:* mit dem Z. einen Kreis ziehen, schlagen. **2.** (seltener) *Kreis* (2), *Ring:* sie standen in einem Z. um das Feuer. **3.** *miteinander verbundene Gruppe von Personen mit gleichen Interessen od. persönlichen Beziehungen:* ein intellektueller, literarischer Z.; der engste Z. war versammelt. **4.** (Musik) kurz für ↑Quintenzirkel. **5.** (Wissensch.) kurz für ↑Zirkelschluss.

Zir|kel|be|weis, der (Wissensch.): *Zirkelschluss.*

Zir|kel|de|fi|ni|ti|on, die (Wissensch.): *Definition, die den Begriff, der definiert werden soll, in der Erklärung verwendet* (z. B.: Der Rabe gehört zu den Rabenvögeln).

Zir|kel|kas|ten, der: *kleinerer, flacher, mit Filz o. Ä. ausgelegter Kasten zum Aufbewahren des Zirkels* (1).

zir|keln ⟨sw. V.; hat⟩: **1. a)** *genau abmessen* ⟨meist im 2. Part.⟩: gezirkelte Gärten; **b)** (ugs.) *genau ausprobieren; tüfteln:* er musste lange z., bis der Wagen in die Parklücke passte; **c)** (ugs.) *genau an eine bestimmte Stelle bringen, befördern:* der Libero hat den Ball über die Mauer gezirkelt. **2.** (seltener) *kreisen.*

Zir|kel|schluss, der [nach lat. probatio circularis, eigtl. = sich im Kreis drehender Beweis] (Wissensch.): *Beweisführung, in der das zu Beweisende bereits als Voraussetzung enthalten ist; Kreisschluss, Circulus vitiosus* (z. B.: Kaffee regt an, weil er eine anregende Wirkung hat).

Zir|kon, der; -s, -e [H. u.] (Mineral.): *Zirkonium enthaltendes, meist braunes od. braunrotes, durch Brennen blau werdendes Mineral, das als Schmuckstein verwendet wird.*

Zir|ko|ni|um, (chem. Fachspr.:) Zirconium, das; -s [zu ↑Zirkon; das Element wurde darin entdeckt]: *wie Stahl aussehendes, glänzendes, als säurebeständiger Werkstoff verwendetes Metall (chemisches Element;* Zeichen: Zr).

zir|ku|lar, zir|ku|lär ⟨Adj.⟩ [frz. circulaire <spätlat. circularis, zu lat. circulus, ↑Zirkel] (meist Fachspr.): *kreisförmig.*

Zir|ku|lar, das; -s, -e [vgl. frz. lettre circulaire] (seltener): *Rundschreiben.*

Zir|ku|lar|no|te, die (Völkerrecht): *mehreren Staaten gleichzeitig zugestellte Note* (4).

Zir|ku|la|ti|on, die; -, -en [1: lat. circu(m)latio, zu: circumlatum, 2. Part. von: circumferre = im Kreis herumtragen]: **1. a)** *das Zirkulieren; Umlauf:* die Z. des Geldes; die Z. der Luft; **b)** ⟨o. Pl.⟩ (marx.) *den gesamten Prozess des Warenaustauschs umfassender gesellschaftlicher Bereich;* **c)** ⟨o. Pl.⟩ (Med.) *Blutzirkulation, -kreislauf.* **2.** (Fechten) *Umgehung der gegnerischen Klinge mit kreisenden Bewegungen.*

Zir|ku|la|ti|ons|stö|rung, die (Med.): *Störung des Blutkreislaufs, der Zirkulation* (1 c).

zir|ku|lie|ren ⟨sw. V.; ist/(seltener:) hat⟩ [lat. circulare = im Kreis herumgehen, zu: circulus, ↑Zirkel]: **a)** *in einer bestimmten Bahn kreisen:* die Luft zirkuliert im Raum; die im Körper zirkulierende Blut; **b)** *im Umlauf* (3) *sein, kursieren:* über sie zirkulieren allerlei Gerüchte; eine Fachzeitschrift z. lassen.

zir|kum-, Zir|kum- [lat. circum = um ... herum, zu: circus, ↑Zirkus] ⟨Best. in Zus. mit der Bed.⟩: *um ... herum* (z. B. zirkumskript, Zirkumzision).

Zir|kum|fe|renz, die; -, -en [spätlat. circumferentia, zu lat. circumferre = rings herumtragen, aus: circum = ringsum (zu: circus, ↑Zirkus) u. ferre = tragen] (Fachspr.): *Umfang, Ausdehnung.*

Zir|kum|flex, der; -es, -e [spätlat. (accentus) circumflexus, ↑Accent circonflexe] (Sprachw.): *[Dehnungs]zeichen, Akzent* (ˆ od. ˜) *bes. für lange Vokale od. Diphthonge.*

Zir|kum|po|lar|stern, der (Astron.): *Stern, der in der Nachbarschaft des Himmelspols steht u. für Orte bestimmter geographischer Breiten nie unter dem Horizont verschwindet.*

zir|kum|skript ⟨Adj.⟩ [zu lat. circumscriptum, 2. Part. von: circumscribere = mit einem Kreis umschreiben, zu: scribere = schreiben] (Med.): *[scharf] abgegrenzt, umschrieben.*

Zir|kum|zi|si|on, die; -, -en [spätlat. circumcisio = Beschneidung, zu lat. circumcidere = rings um-, ab-, beschneiden, zu: caedere (in Zus. -cidere) = schneiden, stutzen, abhauen, abschlagen] (Med.): **1.** *ringförmige Entfernung der Vorhaut des männlichen Gliedes.* **2.** *Entfernung der am Rand eines kreisförmigen Geschwürs liegenden Teile.*

Zir|kus, der; -, -se [(2: unter Einfluss von engl. circus u. frz. cirque <) lat. circus (maximus) = Arena für Wettkämpfe, Spiele; Rennbahn, eigtl. = Kreis; Ring, < griech. kírkos = Ring]: **1.** *(in der röm. Antike) lang gestreckte, an beiden Schmalseiten halbkreisförmig abgeschlossene, von stufenartig ansteigenden Sitzreihen umgebene Arena für Pferde- u. Wagenrennen, Gladiatorenkämpfe o. Ä.* **2. a)** *Unternehmen, das meist in einem großen Zelt mit Manege Tierdressuren, Artistik, Clownerien u. Ä. darbietet:* der Z. kommt, gastiert in Köln, geht auf Tournee; Artist beim Z. sein; **b)** *Zelt od. Gebäude mit einer Manege u. stufenweise ansteigenden Sitzreihen, in dem Zirkusvorstellungen stattfinden:* der Z. füllte sich rasch; **c)** ⟨o. Pl.⟩ *Zirkusvorstellung:* der Z. beginnt um 20 Uhr; **d)** ⟨o. Pl.⟩ (ugs.) *Publikum einer Zirkusvorstellung:* der ganze Z. klatschte stürmisch Beifall. **3.** ⟨o. Pl.⟩ (ugs. abwertend) *großes Aufheben; Trubel, Wirbel:* das war vielleicht ein Z. heute in der Stadt!; mach nicht so einen Z.!

-zir|kus, der; -, -se: drückt in Bildungen mit Substantiven aus, dass etw. in vielfältiger, bunter, abwechslungsreicher Weise auftritt, vorgeführt wird: Leichtathletik-, Literatur-, Medienzirkus.

Zir|kus|di|rek|tor, der: *Direktor eines Zirkus* (2 a).

Zir|kus|di|rek|to|rin, die: w. Form zu ↑Zirkusdirektor.

Zir|kus|kunst, die ⟨o. Pl.⟩: *im Zirkus* (2 a–c) *dargebotene Kunst* (z. B. Artistik, Akrobatik).

Zir|kus|kup|pel, die: *Kuppel eines Zirkusbaus, -zelts.*

Zir|kus|luft, die: *Atmosphäre in einem Zirkus* (2 a, b).

Zir|kus|num|mer, die: *Nummer* (2 a) *innerhalb einer Zirkusvorstellung.*

Zir|kus|pferd, das: *für Auftritte im Zirkus* (2 a–c) *auf bestimmte Kunststücke dressiertes Pferd:* Ü sie ist ein altes Z. *(jmd., der die Bühne, den Beifall des Publikums braucht, sich dem Publikum verpflichtet fühlt u. sich deswegen keine Ruhe, Pause gönnt, immer weiter auftritt).*

Zir|kus|rei|ter, der: *Reiter, der im Zirkus* (2 a–c) *akrobatische Kunststücke auf Pferden vorführt.*

Zir|kus|rei|te|rin, die: w. Form zu ↑Zirkusreiter.

Zir|kus|vor|stel|lung, die: *Vorstellung eines Zirkus* (2 a).

Zir|kus|zelt, das: *großes Zelt für Zirkusvorstellungen.*

zịr|pen ⟨sw. V.; hat⟩ [lautm.]: *eine Folge von kurzen, feinen, hellen, leicht vibrierenden Tönen von sich geben:* die Grillen, Heimchen zirpen.

Zịr|ren: Pl. von ↑Zirrus.

Zir|rho|se, die; -, -n [frz. cirrhose, zu griech. kirrhós = gelb, orange; nach der Verfärbung der erkrankten Leber] (Med.): *auf eine Wucherung im Bindegewebe eines Organs (z. B. der Leber) folgende narbige Verhärtung u. Schrumpfung.*

Zir|ro|ku|mu|lus, der; -, ...li [zu ↑Zirrus u. ↑Kumulus] (Met.): *meist mit anderen in Feldern auftretende, in Rippen od. Reihen angeordnete, kleine, flockige weiße Wolke in höheren Luftschichten.*

Zịr|rus, der; -, - u. Zirren [lat. cirrus = Haarlocke; Franse] (Met.): *Federwolke in höheren Luftschichten.*

Zịr|rus|wol|ke, die (Met.): *Zirrus.*

zir|zẹn|sisch ⟨Adj.⟩ [lat. circensis = zur Arena gehörig, zu: circus, ↑Zirkus]: *den Zirkus (1, 2) betreffend, in ihm abgehalten:* -e Darbietungen; -e Spiele *(in der röm. Antike im Zirkus 1 abgehaltene Wagenrennen, Faust- u. Ringkämpfe o. Ä.).*

zis|al|pin, zis|al|pi|nisch ⟨Adj.⟩ [aus lat. cis = diesseits u. ↑alpin(isch)]: *(von Rom aus gesehen) diesseits der Alpen; südlich der Alpen.*

Zi|sche|lei, die; -, -en (meist abwertend): *[dauerndes] Zischeln.*

zi|scheln ⟨sw. V.; hat⟩ [zu ↑zischen]: **a)** *[in ärgerlichem Ton] zischend flüstern:* etw. durch die Zähne z.; jmdm. etw. ins Ohr z.; **b)** *heimlich [Gehässiges] über jmdn., etw. reden:* hinter seinem Rücken wurde über ihn gezischelt.

zị|schen ⟨sw. V.⟩ [16. Jh., lautm.]: **1.** ⟨hat⟩ **a)** *einen scharfen Laut hervorbringen, wie er beim Aussprechen eines s, z, sch entsteht:* die Gans, die Schlange zischt; das Wasser zischte auf der heißen Herdplatte; das Publikum zischte *(bekundete durch Zischen sein Missfallen);* **b)** *[ärgerlich] mit unterdrückter Stimme sagen* (*wobei die zischenden 1 a Laute hervortreten*): einen Fluch durch die Zähne z.; »Lass das!«, zischte er. **2.** *sich schnell mit zischendem* (1 a) *Geräusch irgendwohin bewegen* ⟨ist⟩: der Dampf zischt aus dem Kessel; der Federball zischte durch die Luft; Ü sie ist gerade um die Ecke gezischt (ugs.; *eilig um die Ecke gelaufen*). **3.** (salopp) *(bes. ein Bier) [mit zischendem Geräusch] trinken:* ein Pils z.; * **einen z.** (salopp; *ein alkoholisches Getränk, bes. ein Bier, trinken*).

Zịsch|laut, der (Sprachw.): *Sibilant.*

Zi|se|leur [...ˈløːɐ̯], der; -s, -e [frz. ciseleur, zu: ciseler, ↑ziselieren]: *jmd., der Ziselierarbeiten ausführt* (Berufsbez.).

Zi|se|leu|rin [...ˈløːrɪn], die; -, -nen: w. Form zu ↑Ziseleur.

Zi|se|lier|ar|beit, die: **1.** ⟨o. Pl.⟩ *das Ziselieren.* **2.** *mit Ziselierungen* (2) *verzierter Gegenstand.*

zi|se|lie|ren ⟨sw. V.; hat⟩ [frz. ciseler, zu: ciseau = Meißel, über das Vlat. zu lat. caesum (in Zus. -cisum), 2. Part. von: caedere, ↑Zäsur]: *Figuren, Ornamente, Schrift mit Meißel, Punze o. Ä. [kunstvoll] in Metall einarbeiten:* Blumenmotive in Silber z.; ein Messer mit ziselierter Klinge.

Zi|se|lie|rer, der; -s, -: *Ziseleur.*

Zi|se|lie|re|rin, die; -, -nen: w. Form zu ↑Ziselierer.

Zi|se|lie|rung, die; -, -en: **1.** *das Ziselieren.* **2.** *ziselierte Schrift, Verzierung.*

Zis|la|wẹng, Cislaweng [viell. berlin. entstellt aus frz. ainsi cela vint = so ging das zu]: in der Fügung **mit einem Z.** (ugs.; *mit Schwung; mit einem besonderen Kniff, Dreh*).

Zis|tẹr|ne, die; -, -n [mhd. zisterne < lat. cisterna, zu: cista, ↑Kiste]: **1.** *unterirdischer, meist ausgemauerter Hohlraum zum Auffangen u. Speichern von Regenwasser.* **2.** (Anat.) *Hohlraum in Organen od. Zellen.*

Zis|ter|zi|ẹn|ser, der; -s, - [nach dem frz. Kloster Cîteaux, mlat. Cistercium]: *Angehöriger des Zisterzienserordens.*

Zis|ter|zi|ẹn|se|rin, die; -, -nen: *Angehörige des weiblichen Zweiges der Zisterzienser.*

Zis|ter|zi|ẹn|ser|klos|ter, das: *Kloster des Zisterzienserordens.*

Zis|ter|zi|ẹn|ser|or|den, der ⟨o. Pl.⟩: *1098 von reformerischen Benediktinern gegründeter Orden (1).*

zis|ter|zi|ẹn|sisch ⟨Adj.⟩: *die Zisterzienser u. Zisterzienserinnen, den Zisterzienserorden betreffend.*

Zịst|ro|se, die; -, -n [1. Bestandteil lat. cisthos < griech. kíst(h)os = Zistrose]: *(bes. im Mittelmeergebiet verbreitete) immergrüne, als Strauch wachsende Pflanze mit behaarten Zweigen, oft ledrigen Blättern u. großen weißen, rosafarbenen od. roten, der Buschrose ähnlichen Blüten.*

Zi|ta|dẹl|le, die; -, -n [unter Einfluss von frz. citadelle < ital. cittadella, eigtl. = kleine Stadt, Vkl. von aital. cittade = Stadt < lat. civitas, zu: civis = Bürger]: *selbstständiger, in sich geschlossener Teil einer Festung od. befestigten Stadt; Kernstück einer Festung.*

Zi|tat, das; -[e]s, -e [zu lat. citatum = das Angeführte, Erwähnte, subst. 2. Part. von: citare, ↑zitieren]: **a)** *[als Beleg] wörtlich zitierte Textstelle:* ein längeres Z. aus der Rede des Präsidenten; etw. mit einem Z. belegen; **b)** *bekannter Ausspruch, geflügeltes Wort:* das ist ein [bekanntes] Z. aus Goethes »Faust«; klassische -e.

Zi|ta|ten|le|xi|kon, das: *Lexikon, in dem Zitate* (a, b) *gesammelt sind.*

Zi|ta|ten|schatz, der: **1.** *Zitatenlexikon* (bes. als Buchtitel). **2.** *Kenntnis vieler Zitate* (b): einen reichen Z. haben.

Zi|ther, die; -, -n [mhd. nicht belegt (dafür mhd. zítōl < afrz. citole), ahd. zitara < lat. cithara, ↑Kithara]: *Zupfinstrument, bei dem die Saiten über einen flachen, länglichen Resonanzkörper mit einem Schallloch in der Mitte gespannt sind.*

zi|tier|bar ⟨Adj.⟩: *sich zitieren (1) lassend:* ein nicht -er Ausspruch.

zi|tie|ren ⟨sw. V.; hat⟩ [lat. citare = herbeirufen; vorladen; sich auf jmds. Zeugenaussage berufen, eigtl. = in Bewegung setzen od. halten, zu: ciere (2. Part.: citum) = in Bewegung setzen, antreiben; herbeirufen]: **1.** *eine Stelle aus einem gesprochenen od. geschriebenen Text unter Berufung auf die Quelle wörtlich wiedergeben:* etw. falsch, ungenau z.; eine Stelle aus einem Buch z.; ich kann ihre Ausführungen hier nur sinngemäß z.; auswendig z.; aus der Bibel z.; seinen Chef z. *(das anführen, was dieser immer sagt);* ein oft zitierter Satz. **2.** *jmdn. auffordern, irgendwohin zu kommen, um ihn für etw. zur Rechenschaft zu ziehen:* jmdn. zu sich, aufs Rathaus, vor den Ausschuss z.; der Diplomat wurde ins Kanzleramt zitiert.

Zi|tie|rung, die; -, -en: *das Zitieren* (1, 2); *das Zitiertwerden.*

Zi|tro|nat, das; -[e]s, (Sorten:) -e [frz. citronnat < älter ital. citronata, zu: citrone, ↑Zitrone]: *[zum Backen verwendete, in Würfel geschnittene] kandierte Schale der Zitronatzitrone.*

Zi|tro|nat|zi|tro|ne, die: *Zitrusfrucht mit sehr dicker, warzig-runzeliger Schale u. wenig Fruchtfleisch.*

Zi|tro|ne, die; -, -n [älter ital. citrone, zu lat. citrus = Zitronenbaum, Zitronatbaum]: **a)** *gelbe, länglich runde Zitrusfrucht mit saftigem, sauer schmeckendem Fruchtfleisch u. dicker Schale, die reich an Vitamin C ist:* eine Z. auspressen; heiße Z. *(heißes Getränk aus Zitronensaft [Zucker] u. Wasser);* * **mit -n gehandelt haben** (ugs.; *mit einer Unternehmung o. Ä. Pech gehabt, sich verkalkuliert haben;* viell. nach der Vorstellung, dass man beim Essen einer Zitrone wegen deren Säure das Gesicht in ähnlicher Weise verzieht wie bei einem Misserfolg); **jmdn. auspressen/ausquetschen wie eine Z.** (ugs.; 1. *jmdn. in aufdringlicher Weise ausfragen.* 2. *jmdm. viel Geld aus der Tasche ziehen*); **b)** kurz für ↑Zitronenbaum.

Zi|tro|nen|baum, der: *(in warmem Klima wachsender, zu den Zitruspflanzen gehörender) Baum mit großen, rosafarbenen bis weißen Blüten u. Zitronen als Früchten.*

Zi|tro|nen|creme, die: *mit Zitronen[saft] zubereitete Creme* (2 a, b).

Zi|tro|nen|eis, das: *unter Verwendung von Zitronensaft od. entsprechenden Aromen hergestelltes Speiseeis.*

Zi|tro|nen|fal|ter, der: *Schmetterling mit (beim Männchen) leuchtend gelben u. (beim Weibchen) grünlich weißen Flügeln mit orangefarbenen Tupfen in der Mitte.*

zi|tro|nen|gelb ⟨Adj.⟩: *von hellem, leuchtendem Gelb.*

Zi|tro|nen|li|mo|na|de, die: *mit Zitronensaft hergestellte Limonade.*

Zi|tro|nen|öl, das: *aus Zitronenschalen gewonnenes ätherisches Öl.*

Zi|tro|nen|pres|se, die: *zum Auspressen von Zitronen, Orangen o. Ä. verwendetes kleines Haushaltsgerät.*

Zi|tro|nen|rol|le, die: *Biskuitrolle mit einer Füllung aus Zitronencreme.*

Zi|tro|nen|saft, der: *Saft* (2 a) *der Zitrone.*

zi|tro|nen|sau|er ⟨Adj.⟩ (Chemie): *Zitronensäure enthaltend:* zitronensaures Salz.

Zi|tro|nen|säu|re, die (Chemie): *in vielen Früchten enthaltene, in Wasser leicht lösliche, farblose Kristalle bildende Säure.*

Zi|tro|nen|scha|le, die: *Schale der Zitrone.*

Zi|tro|nen|schei|be, die: *einzelne Scheibe einer Zitrone.*

Zi|tro|nen|was|ser, das ⟨o. Pl.⟩: *Getränk aus Zitronensaft, Zucker u. Wasser.*

Zi|trus|frucht, die: *Frucht einer Zitruspflanze mit meist dicker Schale u. sehr saftigem, aromatischem Fruchtfleisch* (z. B. Apfelsine, Zitrone, Pampelmuse).

Zi|trus|pflan|ze, die: *(in warmen Gebieten als Kulturpflanze angebauter) immergrüner Baum od. Strauch mit duftenden weißen od. rosa Blüten in Doldentrauben u. kugeligen bis eiförmigen Früchten.*

Zịt|ter|aal, der: *(in Südamerika heimischer) dem Aal ähnlicher Fisch von brauner Färbung, der an den Schwanzflossen elektrische Organe besitzt u. seine Beute durch Stromstöße tötet.*

Zịt|ter|gras, das: *Gras* (1) *mit kleinen Ähren an sehr dünnen Stielen, die schon bei ganz leichter Luftbewegung in eine zitternde Bewegung geraten.*

zịt|te|rig: ↑zittrig.

Zịt|ter|läh|mung, die (Med.): *Parkinsonkrankheit.*

zịt|tern ⟨sw. V.; hat⟩ [mhd. zit(t)ern, ahd. zitterōn, H. u.]: **1. a)** *unwillkürliche, in ganz kurzen, schnell aufeinander folgenden Rucken erfolgende Hinundherbewegungen machen* ⟨hat⟩: vor Kälte, Wut, Erregung z.; am ganzen Körper z.; ihre Hände zitterten/ihr zitterten die Hände; **b)** *sich in ganz kurzen, schnellen Schwingungen hin u. her bewegen; vibrieren:* bei der Explosion zitterten die Wände; die Nadel des Kompasses zitterte; Ü etw. mit zitternder *(brüchiger, rasch in der Tonhöhe wechselnder)* Stimme sagen. **2. a)** *vor jmdm., etw. große Angst haben:* er zittert vor der Prüfung; ⟨auch o. Präp.-Obj.:⟩ während des Verhörs habe ich ganz schön gezittert; zitternd und bebend *(voller Furcht)* kam er angelaufen; ⟨subst.:⟩ * **mit Zittern und Zagen** *(voller Furcht);* **b)** *sich um jmdn., etw. große Sorgen machen:* um sein Vermögen z.; während ihrer Prüfung habe ich für sie gezittert.

Zịt|ter|pap|pel, die: *zu den Pappeln gehörender hoher Baum mit eiförmigen od. kreisrunden Blättern, gelblich grauem Stamm und kleiner Krone.*

Zịt|ter|par|tie, die: vgl. Zitterspiel.

Zịt|ter|ro|chen, der: *(in tropischen u. subtropischen Meeren heimischer) Rochen mit paarigen elektrischen Organen.*

Zịt|ter|spiel, das (Sport Jargon): *Spiel, dessen Ausgang bis zum Schluss ungewiss ist.*

zịtt|rig, zitterig ⟨Adj.⟩: *[häufig] zitternd* (1 a): -e Finger, Hände; ein -er Greis; eine -e *(mit zittriger Hand geschriebene)* Schrift; sich z. *(schwach,* *unsicher auf den Beinen)* fühlen; etw. mit -er (*zitternder* 1 b) Stimme sagen.

Zit|ze, die; -, -n [mhd. zitze, urspr. Lallwort der Kinderspr.; vgl. Titte]: **a)** *Milch bildendes, paarig angeordnetes Organ bei weiblichen Säugetieren:* die Welpen sogen an den -n der Hündin; **b)** (derb) *[weibliche] Brust[warze].*

Zi|vi, der; -s, -s (Jargon): **1.** *Zivildienstleistender.* **2.** *Polizeibeamter in Zivil* (1).

zi|vil ⟨Adj.⟩ [wohl unter Einfluss von frz. civil < lat. civilis = bürgerlich, zu: civis = Bürger]: **1.** *nicht militärisch; bürgerlich* (1): die -e Luftfahrt; Angriffe auf -e Ziele; im -en Leben ist er Maurer; die -e *(nicht zum Militär gehörende)* Bevölkerung; -er Ersatzdienst (früher; *Zivildienst*); -er Bevölkerungsschutz (*Zivilschutz* a); -e Kleidung *(Zivil)* tragen; die -e Ehe *(Zivilehe);* das -e Recht *(Zivilrecht);* -er Ungehorsam (*gegen eine als ungerecht empfundene Politik bzw. deren Gesetze gerichteter Widerstand, der in zwar gesetzwidrigen, aber gewaltlosen öffentlichen Handlungen besteht;* nach engl. civil disobedience). **2.** *anständig, annehmbar:* -e Bedingungen; das Lokal hat -e *(nicht zu hohe)* Preise; jmdn. z. behandeln; ganz z. aussehen.

Zi|vil, das; -s [nach frz. (tenue) civile]: **1.** *Zivilkleidung:* Z. tragen, anlegen; er kam in, war in Z.; ein Beamter in Z. **2.** (selten) *nicht zum Militär gehörender gesellschaftlicher Bereich, Teil der Bevölkerung:* bei Z. und Militär respektiert. **3.** (schweiz.) *Familienstand:* er musste vor Gericht sein Z. angeben.

Zi|vil|an|ge|stell|te, der u. die: vgl. Zivilbeschäftigte.

Zi|vil|be|ruf, der: *(von Soldaten) Beruf, den jmd. außerhalb seiner Militärzeit ausübt:* der Leutnant ist im Z. Arzt.

Zi|vil|be|schäf|tig|te, der u. die: *jmd., der beruflich bei den Streitkräften beschäftigt ist, aber nicht Mitglied der Streitkräfte ist.*

Zi|vil|be|völ|ke|rung, die: *nicht den Streitkräften angehörender Teil der Bevölkerung.*

Zi|vil|cou|ra|ge, die [gepr. 1864 von Bismarck]: *Mut, den jmd. beweist, indem er seine Meinung offen äußert u. sie ohne Rücksicht auf eventuelle Folgen in der Öffentlichkeit, gegenüber Obrigkeiten, Vorgesetzten o. Ä. vertritt.*

Zi|vil|die|ner, der (österr.): *Zivildienstleistende.*

Zi|vil|dienst, der ⟨o. Pl.⟩: *Dienst, den ein Kriegsdienstverweigerer anstelle des Wehrdienstes leistet.*

Zi|vil|dienst|be|auf|trag|te, der u. die: *Beauftragte[r] des Arbeitsministeriums, der bzw. die für den Zivildienst zuständig ist.*

Zi|vil|dienst|leis|ten|de, der; -n, -n ⟨Dekl. ↑Abgeordnete⟩: *jmd., der Zivildienst leistet* (Abk.: ZDL).

Zi|vil|ehe, die (Rechtsspr.): *standesamtlich geschlossene Ehe.*

Zi|vil|fahn|der, der: *Beamter in Zivil, der polizeiliche Ermittlungen anstellt.*

Zi|vil|fahn|de|rin, die: w. Form zu ↑Zivilfahnder.

Zi|vil|fahn|dung, die: *von Beamten in Zivil angestellte polizeiliche Ermittlungen.*

Zi|vil|flug|zeug, das: *Flugzeug, das nicht militärischen Zwecken dient.*

Zi|vil|ge|fan|ge|ne, der u. die (Völkerrecht): *im Krieg gefangen genommene Zivilperson.*

Zi|vil|ge|richt, das: *für zivilrechtliche Fälle zuständiges Gericht.*

Zi|vil|ge|setz|buch, das (schweiz.): *Gesetzbuch des bürgerlichen Rechts* (Abk.: ZGB).

Zi|vi|li|sa|ti|on, die; -, -en [frz. civilisation, engl. civilization]: **1. a)** *Gesamtheit der durch den technischen u. wissenschaftlichen Fortschritt geschaffenen u. verbesserten sozialen u. materiellen Lebensbedingungen:* dieses Land hat eine hohe, niedrige Z.; die christliche Z. retten wollen; die Segnungen der Z.; die Expedition kehrte glücklich in die Z. *(in besiedeltes Gebiet)* zurück; **b)** *Zivilisierung.* **2.** ⟨o. Pl.⟩ (selten) *durch Erziehung, Bildung erworbene [verfeinerte] Lebensart:* ein gewisses Maß an Z. besitzen.

Zi|vi|li|sa|ti|ons|krank|heit, die ⟨meist Pl.⟩: *durch die mit der Zivilisation* (1 a) *verbundene Lebensweise hervorgerufene Krankheit.*

Zi|vi|li|sa|ti|ons|kri|tik, die ⟨o. Pl.⟩: *Kritik an den Folgeerscheinungen der Zivilisation* (1 a).

zi|vi|li|sa|ti|ons|kri|tisch ⟨Adj.⟩: *die Zivilisationskritik betreffend, auf ihr beruhend.*

zi|vi|li|sa|ti|ons|mü|de ⟨Adj.⟩: *der Zivilisation* (1 a) *u. der mit ihr verbundenen Lebensweise überdrüssig.*

Zi|vi|li|sa|ti|ons|mü|dig|keit, die: *Überdruss an der Zivilisation* (1 a).

Zi|vi|li|sa|ti|ons|scha|den, der: vgl. Zivilisationskrankheit.

Zi|vi|li|sa|ti|ons|stu|fe, die: *Entwicklungsstufe der Zivilisation* (1 a).

zi|vi|li|sa|to|risch ⟨Adj.⟩: *die Zivilisation* (1 a) *betreffend, auf ihr beruhend:* -e Schäden; z. überlegen sein.

zi|vi|li|sie|ren ⟨sw. V.; hat⟩ [frz. civiliser, zu: civil, ↑zivil]: **1.** *(bes. ein auf einer niedrigeren Zivilisationsstufe lebendes Volk) dazu bringen, die moderne [westliche] Zivilisation* (1 a) *anzunehmen:* einen Stamm z. **2.** (selten) *verfeinern, besser ausbilden; jmdm., einer Sache Zivilisation* (2) *verleihen:* Beziehungen z.

zi|vi|li|siert ⟨Adj.⟩ [nach frz. civilisé]: **a)** *moderne [westliche] Zivilisation* (1 a) *habend:* -e Länder; die -e Welt; **b)** *Zivilisation* (2) *habend od. zeigend; gesittet, kultiviert* (b): ein äußerst -er Herr; kein -er (ugs.; *normaler*) Mensch versteht das; sich z. benehmen.

Zi|vi|li|sie|rung, die; -, -en: *das Zivilisieren; das Zivilisiertwerden.*

Zi|vi|list, der; -en, -en: *jmd., der nicht den Streitkräften angehört; Bürger (im Gegensatz zum Soldaten); Zivilperson:* in dem Krieg wurden auch -en gefangen genommen; neben dem General standen zwei -en *(zwei Personen in Zivilkleidern).*

Zi|vi|lis|tin, die; -, -nen: w. Form zu ↑Zivilist.

zi|vi|lis|tisch ⟨Adj.⟩: *nicht militärisch.*

Zi|vil|kam|mer, die (Rechtsspr.): *für Zivilsachen* (1) *zuständige Kammer.*

Zi|vil|kla|ge, die (Rechtsspr.): *Privatklage.*

Zi|vil|kleid, das, **Zi|vil|klei|dung,** die: *Kleid, das, Kleidung die jmd. (im Unterschied zur Uniform) im Privatleben trägt.*

Zi|vil|le|ben, das: *Leben außerhalb des Militärdienstes.*

Zi|vil|luft|fahrt, die: *zivile Luftfahrt.*

Zi|vil|per|son, die: *Zivilist bzw. Zivilistin.*

Zi|vil|pro|zess, der (Rechtsspr.): *Prozess, in dem über eine Zivilsache entschieden wird.*

Zi|vil|pro|zess|ord|nung, die (Rechtsspr.): *die einen Zivilprozess regelnden Rechtsvorschriften* (Abk.: ZPO).

Zi|vil|recht, das ⟨o. Pl.⟩ (Rechtsspr.): *Privatrecht.*

zi|vil|recht|lich ⟨Adj.⟩ (Rechtsspr.): *das Zivilrecht betreffend.*

Zi|vil|re|gie|rung, die: *aus Zivilisten zusammengesetzte Regierung (im Gegensatz zur Militärregierung).*

Zi|vil|sa|che, die: **1.** (Rechtsspr.) *von einem Zivilgericht zu entscheidende Streitfrage.* **2.** ⟨Pl.⟩ *Zivilkleidung.*

Zi|vil|schutz, der: *Maßnahmen zum Schutz der Zivilbevölkerung im Kriegs- od. Katastrophenfall:* den Z. verbessern.

Zi|vil|stand, der (schweiz.): *Familien-, Personenstand.*

Zi|vil|stands|amt, das (schweiz.): *Standesamt.*

zi|vil|stands|amt|lich ⟨Adj.⟩ (schweiz.): *standesamtlich.*

Zi|vil|stands|be|am|te, der (schweiz.): *Standesbeamter.*

Zi|vil|stands|be|am|tin, die: w. Form zu ↑Zivilstandsbeamte.

Zi|vil|ver|fah|ren, das: vgl. Zivilprozess.

Zi|vil|ver|tei|di|gung, die: *Maßnahmen zum Schutz der Bevölkerung u. des Staates im Kriegsfall.*

ZK, das; -[s], -s, selten: - (bes. kommunist.): = Zentralkomitee.

ZK-Mit|glied, das (bes. kommunist.): *Mitglied des ZK.*

Zlo|ty [ˈzlɔti, ˈslɔti], der; -s, -s ⟨aber: 5 Zloty⟩ [poln. złoty, zu: złoto = Gold]: *Währungseinheit in Polen* (1 Zloty = 100 Grosze; Abk.: Zl, Zł).

Zmit|tag [auch: ‒ˈ‒], der od. das; -s [mundartl. zusger. aus: zu Mittag (Gegessenes)] (schweiz.): *Mittagessen.*

Zmor|ge, der od. das; -[s], **Zmor|gen,** der od. das; - [mundartl. zusger. aus: zu Morgen (Gegessenes)] (schweiz.): *Frühstück.*

Zn = Zink.

Znacht, der od. das; -s [mundartl. zusger. aus: zu Nacht (Gegessenes)] (schweiz.): *Abendessen.*

Znü|ni, der od. das; -s [mundartl. zusger. aus: zu neun (Uhr Gegessenes)] (schweiz.): *Imbiss am Vormittag; zweites Frühstück.*

Zo|bel, der; -s, - [mhd. zobel, ahd. zobil, aus dem Slaw., vgl. russ. sobol']: **1.** *(zur Familie der Marder gehörendes) hauptsächlich in Sibirien heimisches, kleines Raubtier mit glänzend weichem u. dichtem, dunklem, an Kehle u. Brust mattorange bis gelblich weißem Fell.* **2. a)** *Fell des Zobels* (1); **b)** *Pelz aus Zobelfellen.*

Zo|bel|fell, das: *Zobel* (2 a).

Zo|bel|pelz, der: *Zobel* (2).

Zoc|co|li ⟨Pl.⟩ [ital. zoccoli, Pl. von: zoccolo = Holzschuh, -sandale, über das Vlat. zu lat soccus, ↑Socke] (schweiz.): *Holzsandalen.*

zo|ckeln ⟨sw. V.; ist⟩ (ugs.): *zuckeln.*

zo|cken ⟨sw. V.; hat⟩ [jidd. z(ch)ocken] (ugs.): *Glücksspiele machen:* Ü um einen bestimmten Posten z.

Zo|cker, der; -s, - [jidd. z(ch)ocker] (ugs.): *Glücksspieler.*

Zo|cke|rin, die; -, -nen: w. Form zu ↑Zocker.

Zöf|chen, das; -s, -: Vkl. zu ↑Zofe.

Zo|fe, die; -, -n [älter: Zoffe, wohl zu md. zoffen = hinterhertrotten] (früher): *weibliche Person, die für die persönliche Bedienung einer vornehmen, meist adligen Dame da war.*

Zoff, der; -s [jidd. (mieser) zoff = (böses) Ende < hebr. sôf] (ugs.): *Streit, Zank u. Unfrieden:* er hatte Z. mit seiner Freundin.

zof|fen, sich ⟨sw. V.; hat⟩ [zu ↑Zoff] (ugs.): *sich streiten, zanken.*

zog, zö|ge: ↑ziehen.

Zö|ge|rer, der; -s, -: *jmd., der zögert, der sich zögerlich, abwartend verhält.*

Zö|ge|rin, die; -, -nen: w. Form zu ↑Zögerer.

zö|ger|lich ⟨Adj.⟩: *nur zögernd [durchgeführt]:* ein -er Beginn; der Aufschwung kommt recht z.; er verhält sich z. *(abwartend).*

Zö|ger|lich|keit, die; -, -en: *das Zögerlichsein; zögerliches Verhalten.*

zö|gern ⟨sw. V.; hat⟩ [Iterativbildung zu frühnhd. zogen = sich von einem Ort zum anderen bewegen, mhd. zogen, ahd. zogōn = gehen, ziehen; (ver)zögern, zu ↑ziehen, also eigtl. = wiederholt hin u. her ziehen]: *mit einer Handlung od. Entscheidung unschlüssig warten, etw. hinausschieben, nicht sofort od. nur langsam beginnen:* einen Augenblick, bis zum letzten Augenblick, zu lange z.; mit der Antwort, mit der Abreise z.; er zögerte, den Hörer abzunehmen; ohne zu z., folgte sie ihm; zögernd einwilligen; ein zögernder Beginn; zögernde Zustimmung; ⟨subst.:⟩ ohne Zögern, nach einigem Zögern stimmte sie zu.

Zög|ling, der; -s, -e [LÜ von frz. élève (↑Eleve), zu: zog, Prät. von ↑ziehen (im Sinne von »erziehen«)] (veraltend): *jmd., der in einem Internat, Heim o. Ä. erzogen wird:* er war als Z. eines vornehmen Internats aufgewachsen; die Lehrer hatten ihre -e *(Schüler)* im Griff; die Eltern konnten ihre -e *(Kinder)* in Empfang nehmen.

Zö|li|bat, das od. (Theol.:) der; -[e]s [spätlat. caelibatus = Ehelosigkeit (des Mannes), zu lat. caelebs = ehelos; die heute übliche ö-Form des Wortes resultiert aus einer irrtümlichen Lesung]: *religiös begründete Standespflicht bes. der katholischen Geistlichen, sexuell enthaltsam zu leben und nicht zu heiraten:* das, den Z. befolgen, brechen; im Z. *(in der Lebensform der* *sexuellen Enthaltsamkeit u. Ehelosigkeit als religiös begründeter Standespflicht)* leben.

zö|li|ba|tär ⟨Adj.⟩: *im Zölibat [lebend]:* -e Priester; z. leben.

Zö|li|ba|tär, der; -s, -e: *jmd., der im Zölibat lebt.*

[1]Zoll, der; -[e]s, Zölle [mhd., ahd. zol < mlat. telonium < griech. telṓnion = Zoll(haus), zu: télos = Ziel; Grenze]: **1. a)** *Abgabe, die für bestimmte Waren beim Transport über die Grenze zu zahlen ist:* der Staat erhebt, verlangt Z.; Z. bezahlen; auf dieser Ware liegt kein, ein hoher Z.; die Zölle senken, abschaffen; **b)** (früher) *Abgabe für die Benutzung bestimmter Straßen, Brücken o. Ä.* **2.** ⟨o. Pl.⟩ *Behörde, die den [1]Zoll (1 a) erhebt:* das Paket liegt beim Z.

[2]Zoll, der; -[e]s, - [mhd. zol = zylindrisches Stück, Klotz, eigtl. = abgeschnittenes Holz]: **a)** *veraltete Längeneinheit unterschiedlicher Größe (2,3 bis 3 cm; Zeichen: "):* zwei Z. starke Bretter; keinen Z. *(kein bisschen)* weichen; **Ü** keinen Z. *(kein bisschen)* nachgeben; * **jeder Z./Z. für Z./in jedem Z.** (geh. veraltend; *ganz u. gar, vollkommen*): jeder Z. ein Gentleman; sie ist Z. für Z. eine Dame; **b)** *Inch.*

Zoll|ab|fer|ti|gung, die: *Abfertigung von Reisenden, Gepäck, Waren durch die Zollbehörde.*

Zoll|amt, das: **a)** *Büro, Dienststelle der Zollbehörde;* **b)** *Gebäude, in dem das Zollamt* (a) *untergebracht ist.*

Zoll|an|ge|le|gen|heit, die: *Angelegenheit des [1]Zolls* (2).

Zoll|be|am|te, der: *Beamter der Zollbehörde.*

Zoll|be|am|tin, die: w. Form zu ↑Zollbeamte.

Zoll|be|hör|de, die: *für den [1]Zoll (1 a), die Erhebung des Zolls zuständige Behörde.*

Zoll|be|stim|mung, die ⟨meist Pl.⟩: *Bestimmung für die Erhebung von [1]Zöllen* (1 a).

zoll|breit ⟨Adj.⟩: *etwa von, in der Breite eines [2]Zolls* (a).

Zoll|breit, der; -, -: vgl. Fingerbreit.

zol|len ⟨sw. V.; hat⟩ [mhd. zollen = Zoll zahlen]: **1.** (geh.) *erweisen, entgegenbringen, zuteil werden lassen:* jmdm. Anerkennung, Dank, den schuldigen Respekt z.; das Publikum zollte dem neuen Stück Applaus. **2.** (altertümelnd) *entrichten, bezahlen.*

Zoll|er|klä|rung, die: *Erklärung über zu verzollende Waren.*

Zoll|fahn|der, der: *Beamter, der in der Zollfahndung tätig ist.*

Zoll|fahn|de|rin, die: w. Form zu ↑Zollfahnder.

Zoll|fahn|dung, die: *[routinemäßige] staatliche Überprüfung der Einhaltung der Zollgesetze.*

zoll|frei ⟨Adj.⟩ [mhd. zollvrî]: *keinem [1]Zoll (1 a) unterliegend:* -e Waren; Alkohol ist z., kann z. mitgenommen werden.

Zoll|ge|biet, das: *Gebiet, das hinsichtlich des [1]Zolls (1 a) eine Einheit bildet.*

Zoll|ge|setz, das: *Gesetz, in dem die Vorschriften u. Bestimmungen für die Erhebung von [1]Zöllen (1 a) innerhalb des Zollgebiets festgelegt sind.*

Zoll|grenz|be|zirk, der: *entlang der Zollgrenze sich erstreckender (von den Zollbeamten überwachter) Bezirk.*

Zoll|gren|ze, die: *ein geschlossenes Zollgebiet allseitig umschließende Grenze.*

zoll|hoch ⟨Adj.⟩: *etwa von, in der Höhe eines [2]Zolls.*

Zoll|in|halts|er|klä|rung, die: *einer Postsendung in ein anderes Land beizugebende Erklärung für den [1]Zoll (2) mit Angaben über den Inhalt der Sendung.*

Zoll|kon|trol|le, die: *von Zollbeamten durchgeführte Kontrolle (von Reisenden) nach zollpflichtigen Waren.*

Zöll|ner, der; -s, - [mhd. zolnære, ahd. zolonāri < mlat. telonarius, zu: telonium, ↑[1]Zoll]: **a)** (früher): *Einnehmer von [1]Zoll (1 b) od. Steuern:* Jesus nahm sich der verachteten Z. an; **b)** (ugs. veraltend) *Zollbeamter.*

Zöll|ne|rin, die; -, -nen: w. Form zu ↑Zöllner (b).

zoll|pflich|tig ⟨Adj.⟩: *der Verzollung unterliegend:* -e Kunstgegenstände.

Zoll|schran|ke, die ⟨meist Pl.⟩: *durch hohen [1]Zoll (1 a) gegen zu starke Einfuhren gerichtete Beschränkung.*

Zoll|stock, der [nach der früheren Einteilung nach Zoll]: *zusammenklappbarer Messstab mit Einteilung nach Zentimetern u. Millimetern.*

Zoll|uni|on, die: *Zusammenschluss mehrerer Staaten zu einem Zollgebiet.*

Zom|bie, der; -[s], -s [engl. zombi(e), westafrik. Wort]: **1.** *(im Wodukult) wieder belebter Toter.* **2.** *(in Horrorfilmen o. Ä.) Toter, der ein willenloses Werkzeug dessen ist, der ihn zum Leben erweckt hat:* **Ü** mit diesen -s (ugs.; *inaktiven, unselbstständigen Menschen*) kann ich nicht arbeiten.

zom|big ⟨Adj.⟩ [H. u.] (Jugendspr.): *stark* (8).

zo|nal, zo|nar ⟨Adj.⟩ [spätlat. zonalis, zu lat. zona, ↑Zone]: *zu einer Zone gehörend, eine Zone betreffend:* ein -er Aufbau.

Zo|ne, die; -, -n [lat. zona = (Erd)gürtel < griech. zṓnē, zu: zōnnýnai = sich gürten]: **1. a)** *nach bestimmten Merkmalen unterschiedenes, abgegrenztes, geographisches Gebiet:* die [sub]tropische, gemäßigte, arktische Z.; die baumlosen -n der Hochgebirge; eine entmilitarisierte Z.; **b)** *festgelegter Bereich (z. B. im Straßenbahn-, Telefonverkehr), für den einheitliche Fahrpreise bzw. Gebühren o. Ä. gelten:* der Bahnhof liegt noch in der ersten Z.; **c)** *bestimmter Bereich:* erogene -n; die Z. zwischen Schulterblatt und Wirbelsäule. **2. a)** *einer der vier militärischen Befehls- u. Einflussbereiche der Siegermächte, in die Deutschland nach dem Zweiten Weltkrieg aufgeteilt war; Besatzungszone:* die französische Z.; **b)** ⟨o. Pl.⟩ (ugs. früher) kurz f. ↑Ostzone.

Zo|nen|gren|ze, die: **1. a)** *Grenze zwischen den Besatzungszonen nach dem Zweiten Weltkrieg;* **b)** (ugs. früher) *Grenze zur DDR.* **2.** (Verkehrsw.) *(bei öffentlichen Nahverkehrsmitteln) Grenze eines bestimmten Bereichs, innerhalb dessen ein bestimmter Fahrpreis gilt.*

Zo|nen|rand|ge|biet, das (früher): *entlang der Grenze zur DDR sich erstreckendes Gebiet.*

Zo|nen|ta|rif, der (Verkehrsw.): *nach Zonen festgelegte Fahrpreise.*

Zo|nen|zeit, die: *die in dem jeweiligen, 15 Breitengrade umfassenden Bereich als Normalzeit gültige Uhrzeit.*

Zoo, der; -s, -s [kurz für: zoologischer Garten]: *großes, meist parkartiges Gelände, in dem viele, bes. tropische Tierarten gehalten u. öffentlich gezeigt werden:* den Z. besuchen; sie gingen oft in den Z.

Zoo|di|rek|tor, der: *Direktor eines Zoos.*

Zoo|di|rek|to|rin, die: w. Form zu ↑Zoodirektor.

Zoo|ge|schäft, das: *Tierhandlung.*

Zoo|hand|lung, die: *Tierhandlung.*

Zo|o|lo|ge, der; -n, -n: *Wissenschaftler auf dem Gebiet der Zoologie.*

Zo|o|lo|gie, die; - [frz. zoologie, zu griech. zō̃on = Lebewesen, Tier (zu: zē̃n, zōein = leben) u. lógos, ↑Logos]: *Lehre u. Wissenschaft von den Tieren als Teilgebiet der Biologie; Tierkunde.*

Zo|o|lo|gin, die; -, -nen: w. Form zu ↑Zoologe.

zo|o|lo|gisch ⟨Adj.⟩: *die Zoologie betreffend, in ihren Bereich gehörend:* -e Untersuchungen; die -e Nomenklatur.

Zoom [zu:m], das; -s, -s [engl. zoom (lens), aus: to zoom = schnell ansteigen lassen (in Bezug auf die Brennweiten) u. lens = Linse (2)]: **1.** kurz für ↑Zoomobjektiv. **2.** (Film) *Vorgang, durch den der Aufnahmegegenstand (im Bild) näher an den Betrachter herangeholt od. weiter von ihm entfernt wird:* -s drehen; Z. auf ihr Gesicht.

zoo|men ['zu:mən] ⟨sw. V.; hat⟩ [engl. to zoom] (Film, Fot.): *den Aufnahmegegenstand (im Bild) mithilfe eines Zoomobjektivs näher heranholen od. weiter wegrücken:* du musst den Vogel z.

Zoom|ob|jek|tiv, das: *Objektiv mit stufenlos verstellbarer Brennweite.*

Zo|o|tech|nik, die; -, -en [nach russ. zootehnika] (DDR): *Technik der Tierhaltung u. Tierzucht.*

Zo|o|tech|ni|ker, der; -s, - (DDR): *Fachmann auf dem Gebiet der Zootechnik* (Berufsbez.).

Zo|o|tech|ni|ke|rin, die; -, -nen: w. Form zu ↑Zootechniker.

zo|o|tech|nisch ⟨Adj.⟩ (DDR): *die Zootechnik betreffend.*

Zoo|tier, das: *in einem Zoo lebendes Tier.*

Zopf, der; -[e]s, Zöpfe [mhd. zopf = Zopf (1, 2); Zipfel, ahd. zoph = Locke, wohl urspr. = Spitze]: **1.** *aus mehreren (meist drei) Strängen geflochtenes [herabhängendes] Haar:* lange, kurze, dicke, schwere, blonde Zöpfe; abstehende Zöpfchen; einen falschen Z. tragen; sich Zöpfe flechten; ich habe mir den Z. abschneiden lassen; * [in den ersten beiden Wendungen steht »Zopf« für Überholtes, nicht mehr Zeitgemäßes; nach der Französischen Revolution wurde die Mode des 18. Jh.s, nach der Männer (Perücken mit) Zopf trugen, nur noch von Konservativen beibehalten:] **ein alter Z.** (ugs.; *eine längst überholte Ansicht; rückständiger, überlebter Brauch*); **den alten Z./die alten Zöpfe abschneiden** (ugs.; *Überholtes abschaffen*); **sich am eigenen Z. aus dem Sumpf ziehen** (↑Sumpf). **2.** *Backwerk (Brot, Kuchen o. Ä.) in der Form eines Zopfes od. mit einem Zopfmuster belegt.* **3.** (landsch.) *leichter Rausch:* sich einen Z. antrinken. **4.** (Forstw.) *dünneres Ende eines Baumstammes od. Langholzes.*

Zopf|band, das ⟨Pl. …bänder⟩: *Band, das den Zopf am unteren Ende zusammenhält.*

Zöpf|chen, das; -s, -: Vkl. zu ↑Zopf (1).

Zopf|hal|ter, der: vgl. Zopfband.

zop|fig ⟨Adj.⟩ (abwertend): *rückständig, überholt:* -e Vorstellungen.

Zopf|mus|ter, das: *Muster, das wie ein Zopf aussieht:* ein Pullover mit Z.

Zopf|pe|rü|cke, die: *Perücke mit Zopf.*

Zopf|stil, der ⟨o. Pl.⟩ (Kunstwiss.): *zeitlich zwischen Rokoko u. Klassizismus liegender, etwas pedantisch-nüchterner Kunststil.*

Zop|pot: polnische Stadt an der Danziger Bucht (dt. Name).

Zo|res, der; - ⟨österr. als Pl.⟩ [jidd. zores (Pl.) = Sorgen, zu hebr. zarā = Kummer] (landsch.): **1.** *Ärger; Gezänk; Wirrwarr:* [jmdm.] Z. machen; mit jmdm. Z. haben. **2.** *Gesindel.*

Zorn, der; -[e]s [mhd., ahd. zorn, H. u.]: *heftiger, leidenschaftlicher Unwille über etw., was jmd. als Unrecht empfindet od. was seinen Wünschen zuwiderläuft:* ein heller, lodernder, flammender, heiliger, ohnmächtiger Z.; jmdn. packt der Z.; ihn traf gerechter Z., der Z. der Götter, des Himmels; in ihr stieg Z. auf; ihr Z. hat sich gelegt, ist abgeklungen, ist verebbt; jmds. Z. erregen; sein Z. richtete sich gegen die Bonzen; [einen] mächtigen Z. auf jmdn. haben; seinen Z. an jmdm. auslassen; in Z. geraten; von Z. [auf, gegen jmdn.] erfüllt sein; vor Z. außer sich sein, kochen.

Zorn|ader: ↑Zornesader.

Zorn|aus|bruch (selten): ↑Zornesausbruch.

zorn|be|bend ⟨Adj.⟩: *bebend vor Zorn.*

Zorn|bin|kel, der (österr. ugs.): *jähzorniger Mensch.*

zorn|ent|brannt ⟨Adj.⟩: vgl. wutentbrannt.

Zor|nes|ader, Zornader: in der Wendung **jmdm. schwillt die Z. [an]** (geh.; *jmd. wird sehr zornig*).

Zor|nes|aus|bruch, Zornausbruch, der: *plötzlicher, sich mit Heftigkeit äußernder Zorn:* zu Zorn[es]ausbrüchen neigen.

Zor|nes|fal|te, die (geh.): *[Zorn ausdrückende, vor Zorn zusammengezogene] senkrechte Falte auf der Stirn.*

Zor|nes|rö|te, Zornröte: in der Wendung **jmdm. die Z. ins Gesicht treiben** (geh.: *jmdn. sehr zornig machen*).

zorn|fun|kelnd ⟨Adj.⟩: *funkelnd vor Zorn:* -e Augen.

zor|nig ⟨Adj.⟩ [mhd. zornec, ahd. zornac]: *voll Zorn; durch Ärger u. Zorn erregt, erzürnt:* -e Blicke, Worte; er ist sehr z. auf mich, über meine Worte; wegen meiner Andeutung wurde sie gleich z.; z. aufstampfen.

zorn|mü|tig ⟨Adj.⟩ (geh.): **a)** *zu Zorn neigend,*

leicht zornig werdend: ein -er Mensch; **b)** *zornig, sehr heftig.*

zorn|rot ⟨Adj.⟩: *rot vor Zorn.*

Zorn|rö|te: ↑Zornesröte.

zorn|schnau|bend ⟨Adj.⟩: *sehr zornig.*

Zos|se, der; -n, -n, **Zos|sen,** der; -, - [jidd. zosse(n), suss < hebr. sûs = Pferd] (landsch., bes. berlin.): *[altes] Pferd.*

Zos|ter, der; -[s] - (Med.): kurz für ↑Herpes Zoster.

Zo|te, die; -, -n [wahrsch. identisch mit ↑Zotte in der Bed. »Schamhaar; Schlampe«] (abwertend): *derber, obszöner Witz, der als gegen den guten Geschmack verstoßend empfunden wird:* -n erzählen; ***-n reißen** (ugs.; *Zoten erzählen).*

zo|ten|haft ⟨Adj.⟩: *zotig.*

Zo|ten|rei|ßer, der (abwertend): *jmd., der Zoten erzählt.*

Zo|ten|rei|ße|rin, die; -, -nen: w. Form zu ↑Zotenreißer.

zo|tig ⟨Adj.⟩ (abwertend): *derb, unanständig, obszön:* -e Ausdrücke.

Zot|te, die; -, -n ⟨meist Pl.⟩ [mhd. zot(t)e, ahd. zota, zata = herabhängendes (Tier)haar, Flausch]: **a)** *[herabhängendes] Haarbüschel (bes. bei Tieren):* der Bär blieb mit seinen dicken -n an den Drähten hängen; **b)** (Anat.) *schleimige Ausstülpung eines Organs od. Organteils.*

Zot|tel, die; -, -n: **1.** (ugs.) **a)** ⟨meist Pl.⟩ *Zotte* (a); **b)** ⟨Pl.⟩ (abwertend) *wirre, unordentliche Haare:* die -n hingen ihr ins Gesicht; er hat sich seine -n abschneiden lassen; **c)** *Quaste* (1 a): ein altes Sofa mit dicken -n. **2.** (landsch.) *Schlampe.*

Zot|tel|bär, der (Kinderspr.): *zottiger Bär.*

Zot|te|lei, die; -, -en (ugs., meist abwertend): *[dauerndes] Zotteln* (1).

Zot|tel|haar, das (ugs.): *zottiges Haar.*

zot|te|lig, zottlig ⟨Adj.⟩: **a)** *aus dichten Haarbüscheln bestehend, zottig:* ein -es Fell; **b)** (abwertend) *wirr, unordentlich:* die Haare hängen ihr z. ins Gesicht.

Zot|tel|kopf, der (ugs.): **a)** *unordentliche, zottelige Frisur;* **b)** *jmd., der unordentliche, zottelige Haare hat.*

zot|teln ⟨sw. V.⟩ [1: zu ↑Zotte, eigtl. = hin u. her baumeln] (ugs.): **1.** *langsam, nachlässig, mit schlenkernden Bewegungen [hinter jmdm. her]gehen* ⟨ist⟩: sie zottelte nach Hause. **2.** *in Zotteln herabhängen* ⟨hat⟩: die Haare zottelten ihm bis über die Augen.

zot|tig ⟨Adj.⟩ [16. Jh., für mhd. zoteht, ahd. zatoht]: **a)** *struppig, dicht u. kraus:* ein -es Fell; **b)** (abwertend) *wirr, strähnig, unordentlich:* ihre Haare sind ungekämmt und z.

zott|lig: ↑zottelig.

ZPO = Zivilprozessordnung.

Zr = Zirkonium.

Z-Sol|dat, der (Jargon): Kurzwort für ↑Zeitsoldat.

z. T. = zum Teil.

Ztr. = Zentner.

zu [mhd. zuo, ze, ahd. zuo, za, zi]: **I.** ⟨Präp. mit Dativ⟩ **1.** (räumlich) **a)** gibt die Richtung (einer Bewegung) auf ein bestimmtes Ziel hin an: das Kind läuft zu seiner Mutter, zu dem nächsten Haus; er kommt morgen zu mir; sie hat ihn zu sich gebeten; sich zu jmdm. beugen, wenden; das Vieh wird zu *(ins)* Tal getrieben; das Blut stieg ihm zu (geh.; *in den*) Kopf; er stürzte zu Boden (geh.; *fiel um*); zu Bett (geh.; *ins Bett*) gehen; sich zu Tisch (geh.; *zum Essen an den Tisch*) setzen; gehst du auch zu diesem Fest *(nimmst du auch daran teil)*?; (auch nachgestellt:) dem Moor zu gelegen; **b)** drückt aus, dass etw. zu etw. anderem hinzukommt, hinzugefügt, -gegeben wird: zu dem Essen gab es einen trockenen Wein; das passt nicht zu Bier; zu dem Kleid kannst du diese Schuhe nicht tragen; **c)** kennzeichnet den Ort, die Lage des Sichbefindens, Sichabspielens von etw.: zu ebener Erde; zu beiden Seiten des Gebäudes; die Tür zu meinem Zimmer; sie saß zu seiner Linken (geh.; *links von ihm, an seiner linken Seite*); sie saßen zu Tisch (geh.; *beim Essen*); sie sind bereits zu Bett (geh.; *haben sich schlafen gelegt*); er ist zu Hause *(in seiner Wohnung);* man erreicht diesen Ort zu Wasser und zu Lande *(auf dem Wasser- und auf dem Landweg);* sie kam zu dieser *(durch diese)* Tür herein; vor Ortsnamen: der Dom zu (veraltet; *in*) Speyer; geboren wurde sie zu (veraltet; *in*) Frankfurt am Main; in Namen von Gaststätten: Gasthaus zu den Drei Eichen; als Teil von Personennamen: Graf zu Mansfeld. **2.** (zeitlich) kennzeichnet den Zeitpunkt einer Handlung, eines Geschehens, die Zeitspanne, in der sich etw. abspielt, ereignet: zu Anfang des Jahres; zu Lebzeiten seiner Mutter; zu gegebener Zeit; zu meiner Zeit war das anders; das Gesetz tritt zum *(am)* 1. Januar in Kraft; zu (regional; *über, die Zeit um*) Ostern verreisen. **3.** (modal) **a)** kennzeichnet die Art u. Weise, in der etw. geschieht, sich abspielt, sich darbietet: er erledigte alles zu meiner Zufriedenheit; du hast dich zu deinem Vorteil verändert; sie verkauft alles zu niedrigsten Preisen; im Souterrain, zu deutsch *(das heißt übersetzt, in deutscher Sprache ausgedrückt)* »im Kellergeschoss«; **b)** kennzeichnet die Art u. Weise einer Fortbewegung: wir gehen zu Fuß; sie kamen zu Pferd; sie wollen zu (geh. veraltend; *mit dem*) Schiff reisen. **4. a)** kennzeichnet, meist in Verbindung mit Mengen- od. Zahlenangaben, die Menge, Anzahl, Häufigkeit o. Ä. von etw.: zu Dutzenden, zu zweien; zu einem großen Teil, zu einem Drittel, zu 50 %; **b)** kennzeichnet ein in Zahlen ausgedrücktes Verhältnis: die Mengen verhalten sich wie drei zu eins; das Spiel endete 2 zu 1 (mit Zeichen: 2 : 1); sie haben schon wieder zu null gespielt (Sport Jargon; *kein Tor hinnehmen müssen*); **c)** steht in Verbindung mit Zahlenangaben, die den Preis von etw. nennen; *für:* das Pfund wurde zu einer Mark angeboten; es gab Stoff zu zwanzig, aber auch zu hundert Mark der Meter; fünf Briefmarken zu fünfzig [Pfennig]; er raucht eine Zigarre zu vier Mark achtzig; **d)** steht in Verbindung mit Zahlenangaben, die ein Maß, Gewicht o. Ä. von etw. nennen; *von:* ein Fass zu zehn Litern; Portionen zu je einem Pfund. **5.** drückt Zweck, Grund, Ziel, Ergebnis einer Handlung, Tätigkeit aus: jmdm. etw. zu Weihnachten schenken; jmdn. zu seinem Geburtstag einladen; zu seinen Ehren, zu deinem Vergnügen; er musste zu einer Behandlung in die Schweiz fahren; er rüstet sich zu einer Reise; es kam zu einem Eklat; zu was (ugs.; *wozu*) willst du das Kleid tragen? **6.** kennzeichnet das Ergebnis eines Vorgangs, einer Handlung, die Folge einer Veränderung, Wandlung, Entwicklung o. Ä.: das Eiweiß zu Schaum schlagen; Obst zu Schnaps verarbeiten; die Kartoffeln zu einem Brei zerstampfen; zu Staub zerfallen; dieses Erlebnis hat ihn zu seinem Freund gemacht. **7.** kennzeichnet in Abhängigkeit von anderen Wörtern verschiedener Wortart eine Beziehung: das war der Auftakt zu dieser Veranstaltung; zu diesem Thema wollte er sich nicht äußern; freundlich zu jmdm. sein; er hat ihm zu einer Stellung verholfen; sie gehört zu ihnen. **II.** ⟨Adv.⟩ **1.** kennzeichnet ein (hohes od. geringes) Maß, das nicht mehr angemessen od. akzeptabel erscheint: das Kleid ist zu groß, zu teuer; du kommst leider zu spät; er ist zu alt, zu jung, zu unerfahren; du bist, arbeitest zu langsam; dafür bin ich mir zu schade; in der Suppe ist zu viel Salz; dazu hat er zu viel Angst; sie weiß zu viel; sie hat sich zu viel zugemutet; ich will euch nicht zu viel verraten, versprechen; er redet mir zu viel; die Arbeit wurde ihr zu viel; Hotel ist zu viel gesagt *(ist übertrieben);* jeder Verkehrstote ist ein Verkehrstoter zu viel; ein Glas, einen zu viel getrunken haben (ugs.; *betrunken sein*); das ist zu viel des Guten/des Guten zu viel (iron.; *das geht über das erträgliche Maß hinaus*); R ich krieg zu viel! (salopp; *das ist schlimm, regt mich auf*); was zu viel ist, ist zu viel *(meine Geduld ist am Ende);* lieber/besser zu viel als zu wenig; zu wenig Geld; er hat noch zu wenig Erfahrung; viel zu wenig Leute; das ist mir [als Beweis] zu wenig; sie isst, verdient zu wenig; ich kenne mich hier zu wenig aus; (betont; zur bloßen Steigerung:) das ist ja zu schön *(überaus schön, wunderschön).* **2.** kennzeichnet die Bewegungsrichtung auf einen bestimmten Punkt, ein Ziel hin: gegen die Grenze zu, zur Grenze zu verschärften sich die Kontrollen; der Balkon geht nach dem Hof zu. **3.** ⟨elliptisch⟩ (ugs.) **a)** drückt als Aufforderung aus, dass etw. geschlossen werden, bleiben soll: Tür zu!; Augen zu!; **b)** drückt aus, dass etw. geschlossen ist: die Flasche stand - noch fest zu - auf dem Tisch; die Tür ist zu; ihre Augen waren zu; das Museum ist bereits zu; meine Nase, der Abfluss ist zu *(verstopft);* Ü im Schuldienst ist alles zu *(besteht ein Einstellungsstopp);* die Autobahn ist in beiden Richtungen zu *(durch Staus blockiert);* ***zu sein** (ugs.; *betrunken sein*). **4.** (ugs.) drückt als Aufforderung aus, dass mit etw. begonnen, etw. weitergeführt werden soll: na, dann zu!; immer zu, wir müssen uns beeilen!; du kannst damit beginnen, nur zu! **5.** ⟨als abgetrennter Teil von den Adverbien »dazu, wozu«⟩ (ugs., bes. nordd.): da hab ich keine Lust zu; wo hast du denn Vertrauen zu? **III.** ⟨Konj.⟩ **1.** in Verbindung mit dem Inf. u. abhängig von Wörtern verschiedener Wortart, bes. von Verben: er bat sie zu helfen; sie lehnte es ab, nach Berlin zu kommen; hilf mir bitte, das Gepäck zu tragen; er ist heute nicht zu sprechen; dort gibt es eine Menge zu sehen; die Möglichkeit, sich zu verändern; sie nahm das Buch, ohne zu fragen; er kam, um sich zu vergewissern. **2.** drückt in Verbindung mit einem 1. Part. eine Möglichkeit, Erwartung, Notwendigkeit, ein Können, Sollen od. Müssen aus: die zu gewinnenden Preise; die zu erledigende Post; der zu erwartende Protest; es gab noch einige zu bewältigende Probleme.

zu|al|ler|al|ler|erst ⟨Adv.⟩ (emotional verstärkend): *zuallererst.*

zu|al|ler|al|ler|letzt ⟨Adv.⟩ (emotional verstärkend): *zuallerletzt.*

zu|al|ler|erst ⟨Adv.⟩ (emotional verstärkend): *ganz zuerst, an allererster Stelle:* z. müssen wir überlegen, ob die Sache überhaupt sinnvoll ist.

zu|al|ler|letzt ⟨Adv.⟩ (emotional verstärkend): vgl. zuallererst.

zu|al|ler|meist ⟨Adv.⟩ (emotional verstärkend): *zumeist, am allermeisten.*

zu|al|ler|oberst ⟨Adv.⟩ (emotional verstärkend): *ganz zuoberst.*

zu|al|ler|un|terst ⟨Adv.⟩ (emotional verstärkend): *ganz zuunterst.*

Zu|ar|beit, die: *Arbeit, die der Vorbereitung, Unterstützung o. Ä. anderer Arbeiten dient:* ohne seine Z. wäre die schnelle Erledigung nicht möglich gewesen.

zu|ar|bei|ten ⟨sw. V.; hat⟩: *für jmdn. Vorarbeiten leisten u. ihm damit bei seiner Arbeit helfen:* er braucht zwei Leute, die ihm zuarbeiten.

Zu|ar|bei|ter, der: *jmd., der einem andern zuarbeitet:* Z. haben.

Zu|ar|bei|te|rin, die: w. Form zu ↑Zuarbeiter.

Zu|bau, der; -[e]s, -ten (österr.): *Anbau* (1 b).

zu|bau|en ⟨sw. V.; hat⟩: *durch Bauen, Errichten von Gebäuden o. Ä. ausfüllen:* dieses freie Gelände wird auch bald zugebaut sein.

Zu|be|hör, das, seltener auch: der; -[e]s, -e, schweiz. auch: -den [wohl aus dem Niederd. < mniederd. tobehöre, zu: (to)behören = zukommen, gebühren, zu ↑hören]: **a)** *zur Ausstattung, Einrichtung o. Ä. von etw. gehörende, etw. vervollständigende Teile, Gegenstände:* das Z. eines Bades, einer Küche, einer Werkstatt; ein Haus mit allem Z.; **b)** *ein Gerät, eine Maschine o. Ä. ergänzende bewegliche Teile, mit deren Hilfe bestimmte Verrichtungen erleichtert od. zusätzlich ermöglicht werden:* das Z. eines Staubsaugers, eines Fotoapparates, einer Bohrmaschine; sie hat ein Fahrrad mit allem Z. geschenkt bekommen.

Zu|be|hör|han|del, der: *Handel mit Zubehörteilen für bestimmte Geräte, Maschinen o. Ä.*

Zu̱|be|hör|teil, das: *einzelnes Teil des Zubehörs von etw.*

zu̱|bei|ßen ⟨st. V.; hat⟩: *mit den Zähnen packen u. beißen, schnell u. kräftig irgendwohin beißen* (2a): der Hund biss plötzlich zu.

zu̱|be|kom|men ⟨st. V.; hat⟩ (ugs.): **1.** *(nur mit Mühe) schließen können:* den Koffer, die Tür nicht z. **2.** (landsch.) *dazubekommen.*

Zu̱|ber, der; -s, - [mhd. zuber, ahd. zubar, zwipar, zu ↑zwei u. ahd. beran = tragen, eigtl. = Gefäß mit zwei Henkeln] (landsch.): *Bottich:* sich im Z. waschen.

zu̱|be|rei|ten ⟨sw. V.; hat⟩: *(von Speisen o. Ä.) vorbereiten, herrichten, fertig machen, zurechtmachen:* das Frühstück, eine Suppe, den Karpfen z.; der Apotheker war gerade dabei, eine Salbe zuzubereiten.

Zu̱|be|rei|tung, die; -, -en ⟨Pl. selten⟩: **1.** *das Zubereiten:* die Art der Z. ist wichtig. **2.** *etw. Zubereitetes:* ich kostete die Z.

zu̱|be|to|nie|ren ⟨sw. V.; hat⟩: **1.** *mit einer Betonschicht bedecken:* die Straße z. **2.** *freie Flächen mit Betonbauten bebauen, völlig bedecken:* eine Landschaft z.; die Bundesrepublik mit Straßen und Autobahnen z.

Zu-Be̱tt-Ge|hen, das; -s: *abendliches Schlafengehen:* vor dem Z. die Zähne putzen!

zu̱|be|we|gen ⟨sw. V.; hat⟩: **a)** *in Richtung auf jmdn., etw. bewegen:* er bewegte seine Hand vorsichtig auf den Falter zu; **b)** ⟨z. + sich⟩ *sich in Richtung auf jmdn., etw. bewegen:* sich auf die Stadt, das Haus, den Wald z.

zu̱|bil|li|gen ⟨sw. V.; hat⟩: *jmdm. etw., bes. ein Recht, einen Vorteil o. Ä. zuteil werden lassen, zugestehen, gewähren:* jmdm. eine Entschädigung, mildernde Umstände z.; den Gemeinden Autonomie z.

Zu̱|bil|li|gung, die; -, -en: *das Zubilligen:* unter Z. mildernder Umstände.

zu̱|bin|den ⟨st. V.; hat⟩: *durch Binden mit einer Schnur o. Ä. verschließen:* ein Bündel, einen Sack z.; du musst dir, dem Kind die Schnürsenkel [fester] z.

Zu̱|biss, der; -es, -e: *das Zubeißen; kräftiger Biss.*

zu̱|blei|ben ⟨st. V.; ist⟩ (ugs.): *geschlossen bleiben:* die Tür, das Fenster, die Kiste bleibt zu.

zu̱|blin|zeln ⟨sw. V.; hat⟩: *jmdm. durch Blinzeln ein Zeichen geben, etw. andeuten:* jmdm. freundlich, aufmunternd, verschmitzt z.

zu̱|brin|gen ⟨unr. V.; hat⟩: **1.** *eine Zeitspanne irgendwo in bestimmter Weise (unter oft ungünstigen Umständen) verbringen, sich für eine bestimmte Zeit irgendwo (unter oft ungünstigen Umständen) aufhalten:* einige Monate auf Reisen, eine Nacht im Freien z.; er musste einige Wochen im Bett z. *(aus Krankheitsgründen im Bett liegen);* er hat längere Zeit im Gefängnis zugebracht. **2.** (ugs.) *(nur mit Mühe) schließen können:* die Tür, den Koffer, den Deckel nicht z. **3.** (seltener) *für jmdn. [zu etw. Vorhandenem] mitbringen, jmdm. [zusätzlich] verschaffen:* bei der Heirat brachte sie ein Haus zu.

Zu̱|brin|ger, der; -s, - (Verkehrsw.): **1.** *Straße, die den Verkehr an eine übergeordnete Straße, bes. an die Autobahn, heranführt od. die Verbindung zwischen einer Stadt u. einem besonderen Ziel, wie Messegelände, Stadion o. Ä., herstellt:* auf dem Z. zur Autobahn. **2.** *Verkehrsmittel, das Passagiere zur Weiterbeförderung an einen bestimmten Ort bringt* (z. B. vom Schiff zum Bahnhof).

Zu̱|brin|ger|bus, der: *als Zubringer* (2) *dienender Bus.*

Zu̱|brin|ger|stra|ße, die: *Zubringer* (1).

Zu̱|brot, das; -[e]s: **1.** (veraltet) *zu Brot od. anderen Speisen gereichte Beilage, zusätzliche Kost.* **2.** (oft scherzh.) *zusätzlicher Verdienst, Nebenverdienst:* sich [durch Heimarbeit, mit Schwarzarbeit] ein Z. verschaffen.

zu̱|brül|len ⟨sw. V.; hat⟩: *jmdm. etw. sehr laut, brüllend* (2b) *zurufen.*

zu̱|but|tern ⟨sw. V.; hat⟩ [urspr. = Speisen mit Butter verbessern] (ugs.): *(meist größere Geldsummen) zu etw. beisteuern, jmdm. zu etw. dazugeben [ohne dass es sich auszahlt]:* solange sie in der Ausbildung ist, buttern die Eltern gehörig zu.

Zuc|chet|to [tsʊˈkɛto], der; -s, ...tti [ital. zucchetto] (schweiz.): *Zucchino.*

Zuc|chi|no [tsʊˈkiːno], der; -s, ...ni ⟨meist Pl.⟩ [ital. zucchino, landsch. Vkl. von: zucca, ↑Sukkade]: *(bes. in Italien gezogene) gurkenähnliche Frucht einer bestimmten Kürbisart, die als Gemüse gekocht wird.*

Zu̱cht, die; -, -en [mhd., ahd. zuht, zu ↑ziehen u. eigtl. = das Ziehen]: **1. a)** ⟨o. Pl.⟩ *das Pflegen, Aufziehen, Züchten (von Tieren od. Pflanzen); Züchtung* (1): sie half ihm bei der Z. seiner Orchideen, von Rosen; er beschäftigt sich mit der Z. von Rauhaardackeln; **b)** *Gesamtheit von Tieren od. Pflanzen, die das Ergebnis des Züchtens, einer Zucht (1 a) darstellt:* eine Z. Windspiele; -en von Bakterien; Rosen aus einer Z., aus verschiedenen -en; **c)** kurz für ↑Zuchtstätte. **2.** ⟨o. Pl.⟩ **a)** (veraltend) *[strenge] Erziehung, Disziplinierung:* eine eiserne Z. ausüben; er ist in strenger Z. aufgewachsen *(hatte eine strenge Erziehung);* er hat den Jungen in strenge Z. genommen *(hat ihn streng erzogen);* **b)** (geh., oft abwertend) *das Gewöhntsein an strenge Ordnung, Disziplin; das Diszipliniertsein, Gehorsamkeit:* eine straffe, eiserne Z.; hier herrscht preußische Z.; in dieser Klasse ist wenig Z.; (iron.:) das ist ja eine schöne Z. hier; jmdn. an Z. [und Ordnung] gewöhnen; *** in Züchten (veraltet, noch scherzh.; *mit Sitte u. Anstand*).

Zu̱cht|buch, das: *Buch, in das alle nötigen Angaben über Zuchttiere bzw. über Pflanzenzüchtungen eingetragen sind.*

Zu̱cht|bul|le, der: vgl. Zuchttier.

zü̱ch|ten ⟨sw. V.; hat⟩ [mhd. zühten, ahd. zuhten = aufziehen, nähren]: **1.** *(Tiere, Pflanzen) aufziehen, bes. mit dem Ziel, durch Auswahl, Kreuzung, Paarung bestimmter Vertreter von Arten od. Rassen mit Vertretern, die andere, besondere, erwünschte Merkmale u. Eigenschaften haben, eine Verbesserung zu erreichen:* Hühner z.; Schweine mit fettarmem Fleisch z.; Rosen, Blumen z.; bestimmte Sorten von Getreide, Äpfeln z.; Bakterien auf Nährböden z. *(heranziehen);* Ü den preußischen Beamtentypus haben die Hohenzollern gezüchtet. **2.** (Zool., Jägerspr.) *sich paaren:* die Wildenten haben gezüchtet.

Zü̱ch|ter, der; -s, - [mhd. zühter = Züchter, ahd. zuhtari = Lehrer, Erzieher]: *jmd., der Tiere, Pflanzen züchtet:* er ist ein hervorragender Z. von Rosen; sie hat den Hund beim Z. gekauft.

Zu̱cht|er|folg, der: *Erfolg bei der Zucht* (1 a) *bestimmter Tiere od. Pflanzen.*

Zü̱ch|te|rin, die; -, -nen: w. Form zu ↑Züchter.

zü̱ch|te|risch ⟨Adj.⟩: *die Zucht* (1 a) *betreffend, darauf beruhend, dazu gehörend:* über -es Können verfügen.

Zu̱cht|form, die (Biol.): *durch Züchtung erreichte spezielle Form einer Tier- od. Pflanzenart.*

Zu̱cht|haus, das (früher, noch schweiz.): **1.** *Gebäude, Anstalt für Häftlinge mit einer schweren Freiheitsstrafe:* aus dem Z. ausbrechen; im Z. sein, sitzen *(eine Zuchthausstrafe verbüßen);* ins Z. kommen *(mit Zuchthaus 2 bestraft werden).* **2.** ⟨o. Pl.⟩ *Zuchthausstrafe:* zu 10 Jahren Z. verurteilt werden; dieses Verbrechen wird mit Z. [nicht unter 5 Jahren] bestraft.

Zu̱cht|häus|ler, der; -s, - (früher, noch schweiz., abwertend): *jmd., der eine Zuchthausstrafe verbüßen muss, verbüßt hat.*

Zu̱cht|häus|le|rin, die; -, -nen: w. Form zu ↑Zuchthäusler.

Zu̱cht|haus|stra|fe, die (früher, noch schweiz.): *im Zuchthaus zu verbüßende Freiheitsstrafe in ihrer schwersten Form.*

Zu̱cht|hengst, der: vgl. Zuchttier.

zü̱ch|tig ⟨Adj.⟩ [mhd. zühtec, ahd. zuhtig = gesittet, wohlerzogen] (veraltet, noch scherzh.): *(von Frauen) sich in den Schranken des Anstands, der Sitte, der Moral haltend; anständig, sittsam, zurückhaltend:* ein -es Mädchen; z. die Augen niederschlagen.

zü̱ch|ti|gen ⟨sw. V.; hat⟩ [mhd. zühtegen, zu ↑Zucht] (geh.): *durch Schlagen hart bestrafen:* Kinder mit einem Stock z.

Zü̱ch|tig|keit, die; - (veraltet, noch scherzh.): *das Züchtigsein; züchtiges Wesen, Verhalten.*

Zü̱ch|ti|gung, die; -, -en (geh.): *das Züchtigen, Gezüchtigtwerden:* körperliche -en mit dem Stock.

zu̱cht|los ⟨Adj.⟩ (veraltend, oft abwertend): *ohne Zucht* (2b), *undiszipliniert:* eine -e Gesellschaft; ein -es Leben führen.

Zu̱cht|lo|sig|keit, die; -, -en (veraltend, oft abwertend): **1.** ⟨o. Pl.⟩ *das Zuchtlossein.* **2.** *zuchtloses Verhalten.*

Zu̱cht|meis|ter, der: (veraltet, noch scherzh.) *strenger Erzieher.*

Zu̱cht|meis|te|rin, die: w. Form zu ↑Zuchtmeister (a).

Zu̱cht|mit|tel, das (Rechtsspr.): *Erziehungsmittel im Jugendstrafrecht* (z. B. Verwarnung).

Zu̱cht|per|le, die: *durch Einsetzen eines Fremdkörpers in eine Muschel entstandene Perle.*

zu̱cht|reif ⟨Adj.⟩ (Tierzucht): *Zuchtreife besitzend:* ein -er Hengst.

Zu̱cht|rei|fe, die (Tierzucht): *Zeitpunkt, von dem an Zuchttiere erstmals zur Zucht herangezogen werden können.*

Zu̱cht|rü|de, der: vgl. Zuchttier.

Zu̱cht|stamm|baum, der: vgl. Zuchtbuch.

Zu̱cht|stät|te, die: *Betrieb, Institut o. Ä., in dem die Zucht bestimmter Tiere od. Pflanzen betrieben wird.*

Zu̱cht|stier, der: vgl. Zuchttier.

Zu̱cht|tier, das: *für das Züchten, die Erzeugung der Nachkommenschaft geeignetes, verwendetes Tier.*

Zü̱ch|tung, die; -, -en: **1.** *das Züchten* (1). **2.** *Ergebnis einer Züchtung* (1), *gezüchtetes Exemplar:* sie zeigte uns im Garten ihre -en.

Zu̱cht|vieh, das: vgl. Zuchttier.

zuck: ↑ruck, zuck.

zu̱|ckeln ⟨sw. V.; ist⟩ [Iterativbildung zu ↑zucken] (ugs.): *sich ohne jede Hast, mit oft etwas träge wirkenden Bewegungen [auf unregelmäßigem Untergrund] langsam, gemächlich irgendwohin bewegen:* der Karren zuckelte über das Feld; sie zuckelten mit müden Schritten zur Jugendherberge.

Zu̱|ckel|trab, der (ugs.): *langsamer, gemächlich wirkender Trab.*

zu̱|cken ⟨sw. V.⟩ [mhd. zucken, ahd. zucchōn, zu ↑ziehen u. eigtl. = heftig od. wiederholt ziehen]: **1.** ⟨hat⟩ **a)** *eine plötzliche, jähe, oft unwillkürliche, schnelle, ruckartige Bewegung machen:* er ertrug den Schmerz, ohne zu z.; ihre Hand zuckte, sie zuckte mit der Hand bei dieser Berührung; der Hund zuckte noch einmal und verendete; seine Lippen, Mundwinkel zuckten [spöttisch]; zuckende Brauen; ⟨auch unpers.:⟩ es zuckte in seinem Gesicht, um ihren Mund; ⟨subst.:⟩ ein Zucken ging durch ihren Körper; Ü es zuckte ihm in den Händen, Fäusten *(er hätte am liebsten zugeschlagen),* als er das sah; bei solchen Klängen zuckte es ihr in den Beinen, Füßen *(hätte sie tanzen mögen);* **b)** *plötzlich u. für kurze Zeit in einer od. mehreren schnellen, kurzen Bewegungen sichtbar sein:* Blitze zuckten; auf der Tapete zuckte schwach der Widerschein des Kaminfeuers; die zuckenden Blitzlichter der Fotografen. **2.** *sich in einer od. mehreren kurzen, schnellen, oft ruckartigen Bewegungen irgendwohin, in eine bestimmte Richtung bewegen* ⟨ist⟩: die Flammen zuckten bereits aus dem Dach; Blitze zuckten über den Himmel; sie war unwillkürlich zur Seite gezuckt; Ü plötzlich zuckte ein Gedanke, eine Erkenntnis durch seinen Kopf.

zü̱|cken ⟨sw. V.; hat⟩ [mhd. zücken, ahd. zucchen, zu ↑ziehen u. eigtl. = heftig ziehen od. reißen]: **1.** (geh.) *zum Kämpfen rasch hervorziehen:* den Dolch, den Degen, ein Messer z.; er ging mit gezückter Waffe auf ihn los. **2.** (scherzh.) *etw.*

aus etw. herausnehmen, hervorholen u. für etw. bereithalten: die Geldbörse, die Brieftasche, das Scheckbuch z.; sie zückte Bleistift und Notizblock.

Zu̲|cker, der; -s, (Sorten:) - [mhd. zuker < ital. zucchero < arab. sukkar < aind. śárkarā = Kieselsteine; gemahlener Zucker]: **1. a)** *aus bestimmten Pflanzen (bes. Zuckerrüben u. Zuckerrohr) gewonnene, süß schmeckende [feinkörnige, lockere, weiß aussehende] Substanz, die ein Nahrungsmittel darstellt:* weißer, brauner, feiner, gestoßener, gemahlener Z.; ein Pfund Z.; ein Esslöffel [voll] Z.; ein Stück Z. *(Würfelzucker);* die Früchte sind süß wie Z.; Z. herstellen, gewinnen, raffinieren; nimmst du Z. in den, zum Kaffee?; etw. mit Z. süßen, zubereiten; den Tee ohne Z. trinken; *** Z. sein** (salopp; *in Begeisterung, Bewunderung hervorrufender Weise schön, gut, wunderbar, herrlich sein*): das Mädchen, deine Idee ist Z.; **jmdm. Z. in den Hintern/Arsch blasen** (derb; *jmdn. [in schmeichlerischer Weise] übermäßig verwöhnen*); **b)** (Chemie) *kristalline, wasserlösliche Verbindung aus Sacchariden.* **2.** ⟨o. Pl.⟩ **a)** (Med. Jargon) kurz für ↑Blutzuckerspiegel: den Z. bestimmen; **b)** (volkst.) kurz für ↑Zuckerkrankheit: sie ist an Z. erkrankt.

Zu̲|cker|bä|cker, der (südd., österr., sonst veraltet): *Konditor.*

Zu̲|cker|bä|cke|rin, die: w. Form zu ↑Zuckerbäcker.

Zu̲|cker|bä|cker|stil, der ⟨o. Pl.⟩ (abwertend): *durch meist überladene, unorganisch u. aufgepfropft wirkende Verzierung gekennzeichneter sowjetischer Baustil der Nachkriegsjahre (bis etwa 1955).*

Zu̲|cker|brot, das: **1.** (veraltet) *feines süßes Gebäck:* Z. backen; *** mit Z. und Peitsche** (oft scherzh.; *in einer oft willkürlich wirkenden Weise zwischen Milde u. Strenge wechselnd*): er trainiert die Mannschaft mit Z. und Peitsche. **2.** (fam.) *mit Zucker bestreutes Butterbrot.*

Zu̲|cker|chen, das; -s, - (fam. veraltend): *Bonbon.*

Zu̲|cker|cou|leur, die ⟨o. Pl.⟩: *durch Erhitzen von Zucker gewonnene, tiefbraune, wasserlösliche Substanz, die bes. zum Färben von Lebensmitteln verwendet wird.*

Zu̲|cker|do|se, die: *Dose für den Zucker, der zu Kaffee, Tee o. Ä. genommen wird.*

Zu̲|cker|erb|se, die: *süß schmeckende Erbse, die (unreif) als Gemüse gegessen wird.*

Zu̲|cker|ge|halt, der: *Gehalt an Zucker.*

Zu̲|cker|ge|win|nung, die: *Gewinnung von Zucker.*

Zu̲|cker|gla|sur, die: *vorwiegend aus Zucker hergestellte Glasur.*

Zu̲|cker|guss, der: *Zuckerglasur:* eine mit Z. überzogene Torte.

zu̲|cker|hal|tig ⟨Adj.⟩: *Zucker enthaltend:* -e Früchte.

[1]Zu̲|cker|hut, der: *zu einer festen Masse gegossener Zucker von der Form eines an der Spitze abgerundeten Kegels* (1).

[2]Zu̲|cker|hut, der; -[e]s [nach der Form]: Berg in Rio de Janeiro.

zu̲|cke|rig, zuckrig ⟨Adj.⟩: **a)** *mit Zucker bestreut, bedeckt; voller Zucker:* ein -er Fastnachtskrapfen; seine Finger waren ganz z.; **b)** *aus Zucker [hergestellt]:* das Gebäck war mit einer -en Masse gefüllt.

zu̲|cker|krank ⟨Adj.⟩: *an Diabetes mellitus leidend:* ein -er Patient.

Zu̲|cker|krank|heit, die: *Diabetes mellitus.*

Zu̲|ckerl, das; -s, -[n] (bayr., österr.): *Bonbon:* ein Z. lutschen; Ü ein echtes Z. (ugs.; *etw. ganz Besonderes*) für Museumsbesucher.

Zu̲|cker|le|cken, das: in der Wendung **kein Z. sein** (ugs.; ↑Honiglecken).

Zu̲|cker|lö|sung, die: *Wasser, in dem Zucker gelöst ist.*

Zu̲|cker|mas|se, die: *vorwiegend aus Zucker bestehende Masse.*

zu̲|ckern ⟨sw. V.; hat⟩: **1.** *mit Zucker süßen:* den Brei z.; Wein z. *(ihm bei der Herstellung Zucker zusetzen).* **2.** *mit Zucker bestreuen:* einen Kuchen z.

Zu̲|cker|pup|pe, die (ugs., fam.): *hübsches, niedliches Mädchen, hübsche, wohlgeformte, junge Frau.*

Zu̲|cker|raf|fi|na|de, die: *Raffinade.*

Zu̲|cker|raf|fi|ne|rie, die: *Betrieb, in dem Zucker raffiniert wird.*

Zu̲|cker|rohr, das: *(in [sub]tropischen Gebieten angebaute, zu den Süßgräsern gehörende) sehr hoch wachsende Pflanze mit dicken Halmen, aus deren weißem Mark Zucker gewonnen wird.*

Zu̲|cker|rohr|plan|ta|ge, die: *Plantage, auf der Zuckerrohr angebaut wird.*

Zu̲|cker|rü|be, die: *(zu den Runkelrüben gehörende) Pflanze, aus deren keilförmiger Wurzel Zucker gewonnen wird.*

Zu̲|cker|rü|ben|si|rup, der: *zähflüssige, braune, viel Zucker enthaltende Masse, die bei der Herstellung von Zucker aus Zuckerrüben entsteht.*

Zu̲|cker|schle|cken, das: vgl. Zuckerlecken.

Zu̲|cker|stan|ge, die: *Süßigkeit in Form einer kleinen Stange aus gefärbter Zuckermasse.*

Zu̲|cker|streu|er, der: *Gefäß mit bestimmter Vorrichtung zum Streuen von Zucker.*

Zu̲|cker|stück, das: *[würfelförmiges] Stück Zucker.*

zu̲|cker|süß ⟨Adj.⟩ (emotional): *sehr süß; süß wie Zucker:* -e Birnen, Trauben; Ü sie war z. (abwertend; *übertrieben liebenswürdig*) zu ihm.

Zu̲|cker|tü|te, die (landsch.): *Schultüte.*

Zu̲|cke|rung, die; -, -en: *(bei der Herstellung von Wein) das Zusetzen von Zucker.*

Zu̲|cker|wa|ren ⟨Pl.⟩: *Süßwaren.*

Zu̲|cker|was|ser, das ⟨o. Pl.⟩: *Wasser, in dem [Trauben]zucker aufgelöst ist.*

Zu̲|cker|wat|te, die: *aus Zucker bestehende Süßigkeit von der Form einer Art feinen Gespinstes, das wie Watte aussieht.*

Zu̲|cker|werk, das ⟨o. Pl.⟩ (veraltend): *Süßigkeiten.*

Zu̲|cker|wür|fel, der: *würfelförmiges Zuckerstück.*

zu̲ck|rig: ↑zuckerig.

Zu̲|ckung, die; -, -en: *zuckende, ruckartige Bewegung:* nervöse, leichte -en.

Zu̲|deck, das; -[e]s, -e, **Zu̲|de|cke,** die; -, -n (landsch.): *Decke zum Zudecken:* er zieht die Zudecke über den Kopf.

zu̲|de|cken ⟨sw. V.; hat⟩: **a)** *(mit etw. Schützendem, Verhüllendem) bedecken:* das Kind, den Kranken [mit einer Decke, einem Mantel] z.; ich deckte mich [bis zum Hals] zu; bist du auch gut, warm zugedeckt?; die Rabatten werden im Winter mit Tannenzweigen zugedeckt; Ü Missstände zuzudecken versuchen; jmdn. mit Fragen, Vorwürfen z. *(überhäufen, überschütten);* **b)** *etw. über etw. [nach oben] Offenes legen [damit nichts durch die Öffnung hineingeraten kann]:* den Topf [mit einem Deckel] z.; eine Grube mit Brettern, Latten, mit einem Rost z.; der Brunnen muss immer zugedeckt sein.

zu|de̲m ⟨Adv.⟩ (geh.): *außerdem, überdies, [noch] dazu:* es war kalt und regnete z. [noch].

zu̲|den|ken ⟨unr. V.; hat; meist im Perf.⟩ (geh.): *(für jmdn.) vorsehen, bestimmen:* jmdm. zugedachte Blumen.

zu̲|die|nen ⟨sw. V.; hat⟩ (schweiz.): **1. a)** *zur Hand gehen:* dem Senn bei der Milchverarbeitung z.; **b)** *zuliefern:* zudienende Handwerksbetriebe. **2.** (veraltet) *zugehören:* Ackerland mit zudienenden Gebäulichkeiten.

Zu̲|drang, der; -[e]s (veraltet): *Andrang, Zulauf.*

zu̲|dre|hen ⟨sw. V.; hat⟩: **1. a)** *durch Drehen schließen:* einen Hahn, die Wasserleitung z.; die Heizung z. *(durch Drehen am Ventil abstellen);* **b)** (ugs.) *durch Zudrehen eines Hahns o. Ä. am weiteren Ausströmen, Ausfließen hindern:* dreh das Wasser zu!; **c)** *(eine [2]Mutter o. Ä.) festdrehen, anziehen:* nicht vergessen, die Muttern fest zuzudrehen. **2.** *in einer Drehbewegung zuwenden:* jmdm. den Rücken z.; sie drehte mir ihren Kopf zu.

zu̲|dring|lich ⟨Adj.⟩ [zu veraltet zudringen, mhd. zuodringen = sich (mit Gewalt) hinzudrängen]: *durch aufdringliches Verhalten lästig fallend; in belästigender Weise sich jmdm. körperlich nähernd:* ein -er Papagallo; ihre -e Art geht ihm auf die Nerven; der Vertreter war sehr z.

Zu̲|dring|lich|keit, die; -, -en: **1.** ⟨o. Pl.⟩ *zudringliches Wesen, zudringliche Art:* seine Z. fällt ihr auf die Nerven. **2.** *Zudringlichkeit* (1) *ausdrückende Handlung:* sie wehrte sich gegen seine -en.

zu̲|dröh|nen, sich ⟨sw. V.; hat⟩ (Jargon): *sich durch Dröhnen* (3 a) *in einen solchen Rauschzustand versetzen, dass man nichts mehr wahrnimmt:* er dröhnt sich jeden Abend mit Alkohol zu.

zu̲|drü|cken ⟨sw. V.; hat⟩: **1.** *durch Drücken schließen [u. geschlossen halten]:* die Tür, einen Druckknopf, ein Vorhängeschloss, einen Deckel z.; dem Toten die Augen z.; er drückte ihr die Gurgel, die Kehle zu *([er]würgte sie).* **2.** *(umschließend) kräftig drücken:* sie drückt ganz schön [fest] zu, wenn sie einem die Hand gibt.

zu̲|eig|nen ⟨sw. V.; hat⟩: **1.** (geh.) *widmen, dedizieren* (1): jmdm. ein Buch z. **2.** (veraltet) *als Geschenk geben.* **3.** ⟨z. + sich⟩ (bes. Rechtsspr.) *sich [fremdes Eigentum widerrechtlich] aneignen:* sich herrenloses Gut z.

Zu̲|eig|nung, die; -, -en: **1.** *das [Sich]zueignen.* **2.** *Widmung.*

zu̲|ei|len ⟨sw. V.; ist⟩: *sich eilig in Richtung auf jmdn., etw. zubewegen* (b).

zu|ei|nan|der ⟨Adv.⟩: *der, die, das eine zum, zur anderen:* sich z. verhalten; z. passen; z. sprechen; ihr Verhältnis z.; seid nett z.!; die beiden haben z. gefunden *(haben sich befreundet, sind sich nahe* 3 a *gekommen);* sie haben in schweren wie in guten Zeiten z. gehalten; sie konnten nicht z. kommen *(sich nicht einander nähern u. zusammenkommen);* sie hatten nicht z. dürfen, können *(zusammenkommen dürfen, können);* sie wollten uns nicht z. lassen *(zusammenkommen lassen);* sich z. legen, setzen, stellen *(sich zusammen an einer Stelle hinlegen, hinsetzen, hinstellen);* die Bündnispartner standen treu z.; dort, wo die beiden Flüsse z. streben.

zu|ei|nan|der dür|fen, zu|ei|nan|der fin|den, zu|ei|nan|der hal|ten usw.: ↑zueinander.

zu̲|er|ken|nen ⟨unr. V.; erkennt zu/(selten auch:) zuerkennt, erkannte zu/(selten auch:) zuerkannte, hat zuerkannt⟩: **a)** *[durch einen (Gerichts)beschluss] zusprechen:* jmdm. eine Entschädigung z.; die Jury erkannte ihm einen Preis zu; die Fakultät hat ihm den Doktortitel zuerkannt; **b)** *beimessen, zuschreiben* (1 b): der Ernährung wird in der Entwicklung eines Kindes eine wichtige Rolle zuerkannt.

Zu̲|er|ken|nung, die; -, -en: *das Zuerkennen.*

zu|e̲rst ⟨Adv.⟩ [mhd. zërist, ahd. zi ērist]: **1. a)** *(in Bezug auf eine Tätigkeit o. Ä.) als Erstes, vor dem Übrigen:* ich war z. am Bahnhof und dann auf der Post; ich muss z. einmal etwas essen; was wollen wir z. machen?; **b)** *als Erster, Erste, Erstes:* wer z. kommt, wird z. bedient; er ist mit dem Kopf z. *(voraus)* ins Wasser gesprungen. **2.** *anfangs; in der ersten Zeit:* z. fand sie ihn ganz sympathisch; z. hatte er Probleme bei der Arbeit. **3.** *erstmals:* parlamentarische Untersuchungsausschüsse wurden im englischen Parlament z. am Ende des 17. Jhs. eingesetzt. **4.** *erst:* daran muss man sich z. gewöhnen.

Zu̲|er|werb, der; -[e]s: *Nebenerwerb:* der Weinbau ist für viele hier nur ein Z.

Zu̲|er|werbs|be|trieb, der (Landw.): *landwirtschaftlicher Betrieb, dessen Besitzer zusätzlich einer Erwerbstätigkeit im nicht landwirtschaftlichen Bereich nachgeht, da sein Betrieb keine ausreichende Existenzgrundlage darstellt.*

zu̲|fä|cheln ⟨sw. V.; hat⟩: *in Richtung auf jmdn., einen Körperteil fächeln* (2); jmdm., sich [mit einer Zeitung] Kühlung z.

zu̲|fah|ren ⟨st. V.⟩: **1.** *sich fahrend* (1 a, 2 a) *zubewegen* (b) ⟨ist⟩: er, der Wagen fuhr auf ihn, auf die Schranke zu. **2.** *zustürzen, zuspringen* (a) ⟨ist⟩: sie fuhr wie ein Wirbelwind auf mich zu. **3.** (selten) *mit einem Fahrzeug bringen* ⟨hat⟩: die Ware wird [den Kunden] frei Haus zugefahren. 4. (ugs.) *nicht länger langsam od. zögernd, sondern schnell[er] (auf das Ziel zu) fahren* ‹ist; bes. im Imperativ gebr.›: fahr doch mal ein bisschen zu!

Zu|fahrt, die; -, -en: 1. ‹o. Pl.› *Möglichkeit des Fahrens bis zu einem bestimmten Ziel:* die Z. [zum Stadion aus östlicher Richtung] erfolgt über die Ebertbrücke. 2. *Fahrweg, auf dem man mit einem Fahrzeug zu einem bestimmten Ort gelangt.*

Zu|fahrts|ram|pe, die: *die Zufahrt zu etw. ermöglichende Rampe.*

Zu|fahrts|stra|ße, die: *die Zufahrt zu etw. ermöglichende Straße:* die Polizei sperrte alle -n.

Zu|fahrts|weg, der: vgl. Zufahrtsrampe: die -e nach Berlin.

Zu|fall, der; -[e]s, Zufälle [zu ↑zufallen, mhd. zuoval = das, was jmdm. zufällt, zuteil wird, zustößt; Abgabe, Einnahme; Beifall, Zustimmung; Anfall; bei den Mystikern des 14. Jh.s wurde es im Anschluss an lat. accidens, accidentia (↑Akzidens, Akzidenz) für »äußerlich Hinzukommendes« gebraucht]: 1. *etw., was man nicht vorausgesehen hat, was nicht beabsichtigt war, was unerwartet geschah:* ein seltsamer, glücklicher, dummer, ärgerlicher, merkwürdiger Z.; etw. ist [reiner] Z.; es ist kein Z. *(ist nicht zufällig, hat seinen Grund),* dass …; der Z. hat uns dorthin geführt; der Z. wollte es, dass … *(es war völlig unerwartet, dass …);* der Z. kam uns zu Hilfe *(die Sache entwickelte sich ohne unser Zutun in der gewünschten Weise);* das verdankt er nur einem Z. *(einem Umstand, der nicht vorauszusehen war);* etw. dem Z. überlassen *(nicht beeinflussen o. Ä., sondern so nehmen, wie es sich von selbst ergibt);* ich habe durch Z. *(zufällig)* davon gehört. 2. ‹meist Pl.› (veraltet) *plötzlich auftretender Anfall* (1).

zu|fal|len ‹st. V.; ist› [2 a: mhd. zuovallen]: 1. *sich [mit einem Schlage] von selbst schließen:* die Tür fiel krachend zu; ihr fallen [vor Müdigkeit] die Augen zu. 2. a) *(ohne eigenes Dazutun, durch glückliche Umstände) zuteil werden, gegeben, geschenkt, vererbt werden:* das Vermögen fällt der Tochter des Verstorbenen, dem Staat zu; der erste Preis ist dem Finnen zugefallen; ihm fällt alles [nur so] zu *(er ist, ohne sich anstrengen zu müssen, stets erfolgreich);* b) *zugeteilt, zugewiesen werden; zukommen:* diese Aufgabe, Rolle ist mir zugefallen; die Entscheidung, die Verantwortung fällt dir zu.

zu|fäl|lig ‹Adj.› [spätmhd. zuovellic]: *auf Zufall beruhend, durch Zufall sich ergeben habend; unvorhergesehen, unbeabsichtigt:* eine -e Begegnung, Bekanntschaft; ein -er Bekannter von mir *(jmd., den ich einmal durch Zufall kennen gelernt habe);* Ähnlichkeiten mit lebenden Personen sind rein z.; jmdn. z. treffen, sehen.

zu|fäl|li|ger|wei|se ‹Adv.›: *durch Zufall:* jmdn. z. treffen.

Zu|fäl|lig|keit, die; -, -en: 1. ‹o. Pl.› *das Zufälligsein:* ich glaube nicht an die Z. dieser Begegnung. 2. *etw., was auf Zufall beruht, zufälliges Ereignis, zufällig gegebene Tatsachen:* das Leben wird oft von -en bestimmt.

Zu|falls|aus|wahl, die (Statistik): *vom Zufall bestimmte Auswahl.*

Zu|falls|be|kannt|schaft, die: 1. *jmd., den jmd. durch Zufall kennen gelernt hat.* 2. ‹Pl. selten› (selten) *auf Zufall beruhende Bekanntschaft* (1): diese Z. stimmte ihn nachdenklich.

Zu|falls|er|geb|nis, das: *auf Zufall beruhendes Ergebnis.*

Zu|falls|ge|ne|ra|tor, der: *Gerät od. Computerprogramm, das etw., bes. Zahlen, mithilfe der Zufallsauswahl auswählt.*

Zu|falls|prin|zip, das ‹o. Pl.›: *Prinzip, das besagt, dass etw. nicht planmäßig geschieht, gemacht wird, sondern auf Zufall beruht:* jmdn. nach dem Z. auswählen.

Zu|falls|tref|fer, der: *durch Zufall erzielter Treffer.*

Zu|falls|va|ri|a|ble, die (Math.): *variable Größe, deren Werte vom Zufall abhängig sind.*

Zu|falls|ver|such, der: *Versuch* (3), *dessen Ausgang vom Zufall abhängt.*

zu|fas|sen ‹sw. V.; hat›: 1. *[in einer raschen Bewegung] nach etw. greifen u. es festhalten:* fest, kräftig, blitzschnell z. 2. (ugs.) *zupacken* (2): alle Beteiligten mussten kräftig z.

zu|fa|xen ‹sw. V.; hat› (ugs.): *jmdm. mithilfe eines Faxgerätes übermitteln, zugehen lassen.*

zu|fei|len ‹sw. V.; hat›: *durch Feilen in eine gewünschte Form bringen:* einen Schlüssel z.; spitz zugefeilte Fingernägel.

zu|feu|ern ‹sw. V.; hat› (salopp): *zuwerfen* (1): sie feuerte die Tür zu.

zu|fleiß ‹Adv.› (bayr., österr. ugs.): *absichtlich, bewusst:* er hat z. übertrieben; *** jmdm. z.** *(um jmdn. zu ärgern):* das hat er mir z. getan.

zu|flie|gen ‹st. V.; ist›: 1. *sich fliegend auf jmdn., etw. zubewegen* (b): das Flugzeug flog genau auf den Berg zu; der Ball kam auf mich zugeflogen. 2. *(zu jmdm.) geflogen kommen:* mir ist ein Kanarienvogel zugeflogen; **Ü** ihm fliegen die Herzen [der Mädchen] zu; die Einfälle fliegen ihm nur so zu *(er hat, ohne angestrengt nachdenken zu müssen, eine Fülle von Einfällen);* ihm fliegt in der Schule alles zu *(er lernt sehr leicht).* 3. (ugs.) *(durch einen [Wind]stoß zufallen* (1): die Tür flog zu.

zu|flie|ßen ‹st. V.; ist›: 1. a) *sich fließend auf etw. zubewegen* (b): der Strom fließt dem Meer zu; b) *(in etw.) hineinfließen:* dem Bassin fließt ständig frisches Wasser zu. 2. *zufallen* (2 a), *zuteil, zugeführt werden:* das Geld fließt der Caritas zu.

Zu|flucht, die; -, -en [mhd. zuovluht = schützender Ort (für lat. refugium)]: *Ort, jmd., den man in der Not aufsucht, um Schutz, Hilfe zu bekommen; Sicherheit (für einen Verfolgten, in Not Geratenen):* du bist meine Z.; er suchte [bei Freunden] Z. vor den Verfolgern; sie fanden in einer Scheune Z. vor dem Unwetter; jmdm. Z. geben, gewähren; *** [seine] Z. zu etw. nehmen** *(in seiner Not von etw. Gebrauch machen, sich einer Sache bedienen):* in seiner Verzweiflung nahm er Z. zum Alkohol.

Zu|fluchts|ort, der: *Zuflucht bietender Ort:* das kleine Baumhaus war in der Kindheit mein Z.

Zu|fluchts|staat, der: vgl. Zufluchtsort.

Zu|fluchts|stät|te, die (geh.): vgl. Zufluchtsort.

Zu|fluss, der; -es, Zuflüsse: 1. ‹o. Pl.› *das Zufließen* (1 b): der ständige Z. frischen Wassers. 2. *in ein anderes Gewässer fließender Bach, Fluss:* dieser Bach ist der einzige Z. des Sees.

zu|flüs|tern ‹sw. V.; hat›: *flüsternd mitteilen:* der Schüler flüsterte seinem Nachbarn die Antwort zu.

zu|fol|ge ‹Präp.; nachgestellt mit Dativ, seltener vorangestellt mit Gen.›: *nach, gemäß,* [2]*laut:* einem Gerücht z. will er heiraten.

zu|frie|den ‹Adj.› [zusger. aus älteren Wendungen wie zu Frieden setzen = zur Ruhe bringen]: *sich mit dem Gegebenen, den gegebenen Umständen, Verhältnissen in Einklang befindend u. daher innerlich ausgeglichen u. keine Veränderung der Umstände wünschend:* ein -er Mensch; ein -es *(Zufriedenheit ausdrückendes)* Gesicht machen; solange sie ihre Arbeit machen kann, ist sie z.; er ist immer fröhlich und z.; wir können z. sein; bist du jetzt [endlich] z.? (ugs.; *ist jetzt alles so, wie du es haben wolltest?*); damit musst du z. sein, dich z. geben *(mehr kannst du nicht bekommen);* damit kann ich mich nicht z. geben *(das kann ich nicht akzeptieren, ist nicht ausreichend);* sie lebten glücklich und z.; z. lächeln; lass mich mit deinem Gejammer z. *(behellige mich nicht damit);* ich bin mit dem neuen Wagen, mit meinem Stellvertreter sehr z. *(habe nichts daran, an ihm auszusetzen);* wenn du die Kleine nicht z. *(in Ruhe, in Frieden)* lässt, kriegst du es mit mir zu tun; seine Kunden z. stellen *(ihre Wünsche, Erwartungen, Ansprüche erfüllen);* z. stellende Leistungen; sein z. stellendes Befinden beruhigte sie etwas; er ist leicht z. zu stellen.

zu|frie|den ge|ben: ↑zufrieden.

Zu|frie|den|heit, die; -: *das Zufriedensein:* er strahlt Z. aus; der Erfolg erfüllte ihn mit tiefer Z.; eine Aufgabe zu jmds. voller Z. erledigen.

zu|frie|den las|sen: ↑zufrieden.

zu|frie|den stel|len: ↑zufrieden.

zu|frie|den|stel|lend ‹Adj.›: *den Erwartungen, Ansprüchen an etw. weitgehend entsprechend:* ein -eres Ergebnis; sein Befinden ist z.

zu|frie|ren ‹st. V.; ist›: *von einer Eisschicht überzogen werden:* der See ist zugefroren.

zu|fü|gen ‹sw. V.; hat›: 1. *mit jmdm. so verfahren, dass ihm geschadet wird, dass er etw. Unangenehmes, Nachteiliges erleiden muss; jmdm. etw. antun:* jmdm. Schaden, [ein] Leid, einen schweren Verlust, [ein] Unrecht z.; jmdm. Schmerzen, Qualen, Pein z.; **Spr** was du nicht willst, dass man dir tu, das füg auch keinem andern zu! 2. *hinzufügen:* sie fügte der Suppe noch einen Schuss Wein zu.

Zu|fü|gung, die; -, -en: *das Zufügen.*

Zu|fuhr, die; -, -en: 1. *das Zuführen* (1 a), *Zugeführtwerden:* die Z. [von Benzin] zum Vergaser; dem Feind die Z. (Milit.; *den Nachschub*) abschneiden; die Z. *(der Zustrom)* feuchter Meeresluft. 2. (selten) *auf einmal zugeführte Menge.*

zu|füh|ren ‹sw. V.; hat›: 1. a) *zu etw. gelangen lassen; zuleiten* (1): einer Maschine Strom, dem Vergaser über die Benzinleitung Kraftstoff z.; der Erlös wird einer karitativen Organisation zugeführt; b) *mit jmdm., etw. zusammenbringen; zu jmdm., etw. bringen, führen:* jmdm., einer Firma Kunden z.; einer Partei Mitglieder z.; die Stute dem Hengst z.; jmdn. seiner gerechten Strafe z. *(gerecht bestrafen [lassen]);* etw. seiner Bestimmung z. *(es für seinen eigentlichen Zweck verwenden [lassen]).* 2. *in Richtung auf etw. hin verlaufen:* der Weg führt auf das Dorf zu.

Zu|füh|rung, die; -, -en: 1. ‹o. Pl.› *das Zuführen; Zugeführtwerden.* 2. *Zuleitung* (2): die Z. ist verstopft.

zu|füt|tern ‹sw. V.; hat›: a) *(einem Baby) neben der Muttermilch noch andere Nahrung (z. B. Brei) zuführen:* die Milch reicht, Sie brauchen nicht zuzufüttern; b) *(einem Tier) neben der Grundnahrung noch anderes Futter zuführen:* im Winter z. müssen.

Zu|füt|te|rung, die; -, -en: *das Zufüttern.*

[1]**Zug,** der; -[e]s, Züge [mhd., ahd. zuc, zu ↑ziehen u. eigtl. = das Ziehen; 1 a: nach gleichbed. engl. train, urspr. = Gefolge, dann über »in einer Reihe sich bewegende Wagen od. Packtiere« Bedeutungsentwicklung zu »Gruppe, Kolonne (von Fahrzeugen od. Personen)« u. »Eisenbahnzug«]: 1. a) *Lokomotive od. Triebwagen mit den zugehörigen (angekoppelten) Wagen (bei der Eisenbahn, Straßenbahn o. Ä.):* ein überfüllter, leerer, fahrplanmäßiger, verspäteter Z.; der Z. nach Frankfurt läuft auf Gleis 2 ein; der Z. hält, fährt gleich ab, kommt voraussichtlich zehn Minuten später an; dieser Z. hat keinen Anschluss *(es fährt kein Anschlusszug in die gewünschte Richtung);* dieser Z. führt nur Wagen erster, hat nur erste Klasse, einen Speisewagen; mein Z. geht in einer Stunde; einen Z. benutzen, verpassen, versäumen, gerade noch erreichen; Vorsicht bei der Abfahrt des -es!; jmdn. an den Z. bringen; auf den fahrenden Z. aufspringen; im Zug sitzen; sich nach den Zügen *(dem Fahrplan der Züge)* erkundigen; jmdn. vom Z. abholen, zum Z. bringen; **R** der Z. ist abgefahren (ugs.; *es ist zu spät, man kann nichts mehr ändern*); *** im falschen Z. sitzen** (ugs.; *sich nicht richtig entschieden haben*); b) *Lastzug;* c) *Feuerlöschzug:* die Feuerwehr war mit drei Zügen ausgerückt; d) *Gespann:* ein Z. Ochsen, Schlittenhunde. 2. a) *sich fortbewegende Gruppe, Schar, Kolonne:* ein langer Z. von Demonstranten, Trauernden; endlose Züge von Flüchtlingen; fröhliche Musikanten schritten

Z

dem Z. voran; sich zu einem Z. formieren; **b)** *das Ziehen, Sichfortbewegen [in einer Gruppe]:* der Z. der Wildgänse nach Norden hat begonnen; den Z. der Wolken beobachten; Ü im -e (Papierdt.; *im Zusammenhang mit*) der neuen Entwicklung. **3.** *das Einwirken auf etw., um es zu sich hin zu bewegen; gegen die Kräfte des Festhaltens od. des inneren Zusammenhalts wirkende Kraft:* ein starker Z. nach unten, nach der Seite; Z. ausüben; Ü das ist der Z. der Zeit; sie hat einen Z. ins Gemeine; dem Z. des Herzens folgen; * **in etw. ist Z.** (ugs.; *in einer Sache ist Schwung*); **gut im -e/im besten -e mit etw. sein** (*gut mit etw. vorankommen; arbeitend weiterkommen;* wohl urspr. bezogen auf das Ziehen der Zugtiere: die Arbeit geht gut voran, wenn das Gespann tüchtig »im Zug« liegt, kräftig zieht). **4. a)** *Vorrichtung (z. B. Band, Hebel, Griff), mit der ein Zug* (3) *ausgeübt wird, um etw. auseinander oder zusammenzuziehen, zu öffnen od. zu schließen o. Ä.:* der Z. am Rollladen, an der Gardine; der Z. *(ausziehbares Mittelteil)* der Posaune; **b)** (landsch.) *ausziehbares Fach, Schubfach:* die Züge im Schreibtisch. **5.** (Brettspiele) *das Bewegen, Weiterrücken einer Figur:* ein kluger, [un]überlegter Z.; wer hat den ersten Z.?; Schwarz ist am Z.; matt in drei Zügen; Ü taktische Züge; jetzt ist die andere Seite am Z. *(muss sie handeln, etw. unternehmen);* etwas Z. um Z. *(eins nach dem andern ohne Unterbrechung)* erledigen; * **zum Z. kommen** *(entscheidend aktiv werden können, die Möglichkeit zum Handeln bekommen):* er ist bei seiner Freundin, bei dieser Sache wieder nicht zum -e gekommen. **6. a)** *Schluck:* einen kräftigen Z. aus der Flasche tun; einen tiefen Z. nehmen; er stürzte das Bier in einem Z. hinunter, leerte das Glas auf einen/in einem Z. *(ohne abzusetzen);* * **einen guten Z. haben** (ugs.; *viel auf einmal trinken, ohne abzusetzen*); **in einem Z.** *(ohne Unterbrechung):* er hat den Roman in einem Z. gelesen; **b)** *das Einziehen von Rauch:* ein gieriger, hastiger Z. an der Zigarette; er tat einige Züge; **c)** *tiefes Atmen, Atemzug:* die Luft in tiefen, vollen Zügen einziehen; * **etw. in vollen Zügen genießen** *(etw. voll u. ganz genießen, auskosten);* **in den letzten Zügen liegen** (ugs.; *im Sterben liegen;* eigtl. = die letzten Atemzüge tun). **7.** *Bewegung des kräftigen Durchziehens beim Schwimmen od. Rudern, Schlag:* in langen Zügen rudern. **8.** ⟨o. Pl.⟩ **a)** *als unangenehm empfundener Luftzug:* hier herrscht [ein] ständiger Z.; keinen Z. vertragen; die Fenster müssen gegen Z. abgedichtet werden; im Z. *(an einer Stelle, an der es zieht)* sitzen; **b)** *nach außen, zum Schornstein führender Luftzug im Ofen:* der Ofen hat [keinen] guten Z.; bei zu viel Z. brennt das Feuer schnell herunter. **9.** *Durchgang, Kanal, Rohr für die Luft im Ofen od. Kamin:* der Z. ist nicht richtig abgedichtet. **10.** *Linie[nführung] einer Schrift od. Zeichnung; Schriftzug:* die Züge der Schrift können etwas über den Charakter des Schreibers aussagen; * **in großen, groben Zügen** *(nur in Umrissen, skizzenhaft, ohne auf Einzelheiten einzugehen):* etw. in großen Zügen darstellen; das ist in groben Zügen die Vorgeschichte. **11.** *typische Linie des Gesichts, Ausdruck:* sympathische, jungenhafte, scharfe, fein geschnittene, brutale Züge; in seinem Gesicht lag ein Z. von Strenge; er hat einen energischen Z. um den Mund; Ü diese Stadt trägt noch dörfliche Züge. **12.** *charakteristische Art, Wesenszug:* ein eigenartiger, charakteristischer Z. an ihm; das war kein schöner Z. von dir *(das war nicht nett);* das Werk hat romantische Züge. **13.** (ugs.) *durch Erziehung erreichte Ordnung, Ausrichtung; Disziplin:* militärischer Z.; der Trainer hat Z. in die Mannschaft gebracht. **14. a)** *unter dem Kommando eines Zugführers stehende kleinste militärische Abteilung:* ein Z. Infanterie; **b)** *durch fachliche Merkmale gekennzeichnete Abteilung, Fachrichtung:* der altsprachliche, neusprachliche, mathematisch-naturwissenschaftliche, musische Z. eines Gymnasiums. **15.** *spiralig gewundene Vertiefung im Innern des Laufs einer Feuerwaffe:* die Züge eines Gewehres, Geschützrohrs. **16.** (selten) *lang gestreckte landschaftliche Formation* (z. B. Gebirgszug, Höhenzug): die Züge des Odenwaldes.

[2]**Zug:** Kanton u. Stadt in der Schweiz.

Zu|ga|be, die; -, -n: **1. a)** *etw. [bei einem Kauf] zusätzlich Gegebenes:* bei einem Einkauf über 300 Mark gibt es ein T-Shirt als Z.; **b)** *bei einer künstlerischen Veranstaltung zusätzlich dargebotenes Musikstück o. Ä.:* der Pianist gab noch eine Z. **2.** ⟨o. Pl.⟩ *das Zugeben* (1): den Teig unter sparsamer Z. von Milch rühren.

Zug|ab|teil, das: *Abteil* (1 a).

Zu|gang, der; -[e]s, Zugänge: **1. a)** *Stelle, Weg, der in einen Raum, Ort hineinführt:* ein unterirdischer Z. zur Burg; die Polizei ließ alle Zugänge sperren, besetzen; der freie Z. nach Berlin war gesichert worden; **b)** *das Betreten; das Hineingehen:* Z. verboten!; Ü zu jmdm., einer Sache keinen Z. haben *(jmdn., etw. nicht verstehen, sich nicht in jmdn., etw. einfühlen können);* sie hat keinen Z. zur Musik. **2. a)** ⟨o. Pl.⟩ *das Hinzukommen:* der Z. an offenen Stellen; der Z. an neuen Büchern in der Bibliothek; das Krankenhaus verzeichnete einen geringen Z. *(Zuwachs)* von Geburten; **b)** *hinzugekommene Person od. Sache:* es gab viele Zugänge im Lazarett; unter den Zugängen der Bibliothek sind wichtige Fachbücher.

zu|gan|ge: in den Verbindungen **mit jmdm., einer Sache z. sein** (ugs.; *sich mit jmdm., etw. befassen, beschäftigt sein*): ich bin mit der Vorbereitung der Rede z.; **irgendwo z. sein** (ugs.; *irgendwo eine bestimmte Tätigkeit o. Ä. ausüben, mit etw. beschäftigt sein*): der Koch war vorher in einem Münchner Feinschmeckerlokal z.

zu|gäng|lich ⟨Adj.⟩: **1. a)** *Zugang bietend; betretbar:* ein schwer -es Bergdorf; die Zimmer sind von der Terrasse her z.; **b)** *für die Benutzung o. Ä. zur Verfügung stehend:* eine ständig -e Datenbank; diese Informationen sollten jedem/für jeden z. sein. **2.** *gegenüber anderen Menschen u. für Eindrücke, Ideen, Vorstellungen aufgeschlossen; kontaktfreudig:* ein -er Mensch; erst ganz allmählich wurde sie -er; für alles Schöne z. sein.

Zu|gäng|lich|keit, die; -: *das Zugänglichsein.*

Zu|gangs|stra|ße, die: *Straße, die als Zugang zu einem Ort, einer Stelle dient.*

Zu|gangs|weg, der: vgl. Zugangsstraße: alle -e waren verschneit.

Zug|an|schluss, der: vgl. Anschluss (2).

Zug|be|glei|ter, der: **1. a)** *jmd., der einen Transport im* [1]*Zug (1 a) begleitet;* **b)** *Angehöriger des Zugpersonals.* **2.** *in einem Fernzug ausliegendes Faltblatt, in dem die einzelnen Stationen mit Ankunfts- u. Abfahrtszeiten sowie die Anschlusszüge verzeichnet sind.*

Zug|be|glei|te|rin, die: w. Form zu ↑Zugbegleiter (1).

Zug|brü|cke, die: *Brücke über einen Graben o. Ä., bes. bei alten Burgen, die vom Endpunkt her [an Ketten] hochgezogen werden kann.*

zu|ge|ben ⟨st. V.; hat⟩ [mhd. zuogeben = jmdm. zusetzen]: **1. a)** *hinzufügen, als Zugabe geben:* ein Probefläschchen Parfüm z.; der Sänger gab noch ein Volkslied zu *(sang es als Zugabe);* **b)** (Kartenspiel) *die geforderte Farbe dazulegen:* er musste eine Drei z. **2. a)** *[nach längerem Zögern] gestehen* (a): der Angeklagte hat die Tat, das Verbrechen, seine Schuld zugegeben; **b)** *als zutreffend anerkennen, zugestehen:* ich gebe zu, dass ich mich geirrt habe; sie gab zu, diese Tatsache verschwiegen zu haben; etw. offen, aufrichtig z.; es war, zugegeben, viel Glück dabei. **3.** *erlauben, (einer Sache) zustimmen* (meist verneint od. fragend): er wollte nicht z., dass er allein reist; glaubst du wirklich, deine Eltern werden es z.?

zu|ge|dacht: ↑zudenken.

zu|ge|ge|be|ner|ma|ßen ⟨Adv.⟩: *wie man zugeben muss:* ich hatte mich z. mit diesem Kauf übernommen.

zu|ge|gen ⟨Adj.⟩: in der Verbindung **z. sein** (geh.; *bei etw. anwesend sein, dabei sein*): er war bei dem Festakt z.

zu|ge|hen ⟨unr. V.; ist⟩: **1.** *in Richtung auf jmdn., etw. gehen; sich nähern:* er ging auf mich, auf das Haus zu; Ü er geht schon auf die achtzig zu *(wird bald achtzig Jahre alt);* es geht auf Weihnachten zu; die Arbeit geht dem Ende zu *(ist bald beendet, fertig);* sie sollten endlich aufeinander z. *(einander zu verstehen suchen)* und den Streit beenden. **2.** (ugs.) *schnell, schneller gehen:* ihr müsst tüchtig z., wenn ihr rechtzeitig dort sein wollt. **3.** (Amtsspr.) *jmdm. zugestellt, geschickt, übermittelt werden:* die Bescheinigung geht Ihnen in Kürze zu; jmdm. etw. z. lassen *(schicken, zusenden).* **4.** *in einer bestimmten Form auslaufen:* der Turm geht spitz/in einer Spitze zu. **5.** ⟨unpers.⟩ *in bestimmter Weise vor sich gehen, geschehen, verlaufen:* hier geht es ruhig, fröhlich, harmonisch, gesellig zu; es müsste seltsam z., wenn ... **6.** (ugs.) *sich schließen:* Türen gingen auf und zu; der Reißverschluss geht so schwer zu *(lässt sich schlecht schließen).*

Zu|ge|he|rin, die; -, -nen, **Zu|geh|frau,** die (bes. südd., westösterr.): *Putzfrau.*

Zu|ge|hör, das; -[e]s, schweiz. auch: die; - (österr. u. schweiz. Rechtsspr., sonst veraltet): *Zubehör.*

zu|ge|hö|ren ⟨sw. V.; hat⟩ (geh.): *(einer Sache) angehören, zu jmdm. od. etw. gehören:* einem Verschwörerkreis, einer Partei z.; die beiden gehörten einander zu.

zu|ge|hö|rig ⟨Adj.⟩: *zu jmdm., etw. gehörend, dazugehörend:* die -en Dinge; einen Wagen mit dem -en Kraftfahrzeugbrief abliefern; sie fühlt sich dieser Region z.

Zu|ge|hö|rig|keit, die; -: *das Dazugehören; Verbundenheit, Mitgliedschaft:* die Z. zur Familie, zu einem Verein, einer Partei.

Zu|ge|hö|rig|keits|ge|fühl, das ⟨o. Pl.⟩: *Gefühl dazuzugehören.*

zu|ge|knöpft ⟨Adj.⟩ (ugs.): *reserviert; von leicht abweisend-unzugänglicher, nicht entgegenkommender Art; abweisend u. auf Gespräche o. Ä. nicht leicht eingehend:* er war, zeigte sich sehr z.

Zu|ge|knöpft|heit, die; - (ugs.): *das Zugeknöpftsein.*

Zü|gel, der; -s, - [mhd. zügel, ahd. zugil, zu ↑ziehen, eigtl. = Mittel zum Ziehen]: *an Trense od. Kandare befestigter Lederriemen zum Lenken od. Führen des Pferdes:* dem Pferd die Z. anlegen; die Z. ergreifen, halten, schleifen lassen; ein Reittier am Z. führen; er fiel dem Pferd in die Z. *(packte es am Zügel u. konnte es zum Stehen bringen);* * **die Z. [fest] in der Hand haben** *(die Führung, Befehlsgewalt innehaben u. dabei für straffe Ordnung sorgen);* **die Z. straffer anziehen** *(energischer auftreten, Gehorsam fordern);* **die Z. schleifen lassen/lockern** *(weniger streng sein, nicht jede Kleinigkeit bestimmen u. regeln);* **jmdm., einer Sache Z. anlegen** *(jmdn. in seinen Aktivitäten einschränken, etw. einer gewissen einschränkenden Ordnung unterwerfen):* er sollte seiner Fantasie Z. anlegen; **[jmdm., einer Sache] die Z. schießen lassen** *(den Dingen freien Lauf lassen);* **jmdn., etw. am langen Z. führen** *(jmdn., etw. vorsichtig leiten, sodass Raum zur freien Entfaltung bleibt).*

Zü|gel|füh|rung, die (Reiten): *Art u. Weise, wie der Reiter die Zügel führt.*

zü|gel|los ⟨Adj.⟩: *alle Schranken der Vernunft u. der Sittlichkeit außer Acht lassend, ohne jedes Maß, hemmungslos:* ein -es Leben führen; er trank z.

Zü|gel|lo|sig|keit, die; -, -en: *das Zügellossein.*

[1]**zü|geln** ⟨sw. V.; hat⟩ [zu ↑Zügel]: **a)** *(ein Reittier) durch das Anziehen, Straffen des Zügels zurückhalten, zur Ruhe bringen:* das scheuende Pferd z.; **b)** *zurückhalten, beherrschen, unter Kontrolle bringen:* seine Wut, Neugier z.; er konnte sich kaum z.

[2]zü|geln ⟨sw. V.⟩ [zu ↑ziehen] (schweiz.): a) *umziehen* ⟨ist⟩: sie sind [in eine andere Wohnung] gezügelt; b) *(bei einem Umzug) irgendwohin transportieren* ⟨hat⟩: das Klavier in den 2. Stock z.

Zü|ge|lung, Züglung, die; -, -en: *das Zügeln.*

Zug|en|de, das: *Ende* (2 a), *letzter Abschnitt eines* [1]*Zuges* (1 a): der Kurswagen nach Rom befindet sich am Z.

[1]Zu|ger, der; -s, -: Ew. zu ↑[2]Zug.

[2]Zu|ger ⟨indekl. Adj.⟩: *zugerisch:* Z. Kirschtorte.

zu|ge|reist ⟨Adj.⟩: *aus einer anderen Gegend zugezogen u. aus der Sicht der Alteingesessenen noch nicht zugehörig.*

Zu|ge|reis|te, der u. die; -n, -n ⟨Dekl. ↑Abgeordnete⟩: *jmd., der zugereist ist:* sie werden nach zwanzig Jahren noch als Z. betrachtet.

Zu|ge|rin, die; -, -nen: w. Form zu ↑[1]Zuger.

zu|ge|risch ⟨Adj.⟩: [2]*Zug, die* [1]*Zuger betreffend; von den* [1]*Zugern stammend, zu ihnen gehörend.*

zu|ge|sel|len ⟨sw. V.; hat⟩: a) ⟨z. + sich⟩ *sich einer Person, Gruppe, Richtung anschließen:* auf der Reise hatte er sich [mir] zugesellt; b) *hinzufügen, -geben:* dem Vogel im Käfig wurde ein Weibchen zugesellt.

zu|ge|stan|de|ner|ma|ßen ⟨Adv.⟩ (Papierdt.): *wie man zugestehen muss:* z. wäre es auch anders gegangen; sie hätte sich z. mehr bemühen können, aber die Aufgabe war auch sehr schwer.

Zu|ge|ständ|nis, das: -ses, -se: *Entgegenkommen in einer bestimmten Angelegenheit unter Berücksichtigung von Wünschen u. Bedürfnissen der anderen Seite:* -se verlangen, anbieten, machen; -se an die Mode machen *(sich nach der jeweils geltenden modischen Strömung richten).*

zu|ge|ste|hen ⟨unr. V.; hat⟩: a) *jmds. berechtigtem Anspruch auf etw. stattgeben; konzedieren:* jmdm. ein Recht, einen Rabatt, eine Provision z.; sie gestand mir zu, noch ein paar Tage zu bleiben; b) *eingestehen, einräumen, zugeben, anerkennen:* dass die Sache nicht billig war, wirst du mir z. müssen.

zu|ge|tan: 1. ↑zutun. 2. ⟨Adj.⟩ in den Verbindungen **jmdm. z. sein** (geh.; *Zuneigung, Sympathie für jmdn. empfinden*): sie ist ihm in Liebe z.; ⟨auch attr.:⟩ ein mir -er Freund; **einer Sache z. sein** (oft spöttisch; *etw. mögen, gern haben*): er war dem Alkohol, den praktischen Dingen des Lebens z.; ⟨auch attr.:⟩ ein dem Familienleben sehr zugetaner Mann.

Zu|ge|winn, der; -[e]s, -e: *etwas zusätzlich Gewonnenes, Erreichtes:* ein Z. an Freiheit, Vermögen; die Partei erzielte bei den Wahlen leichte -e.

Zu|ge|winn|aus|gleich, der (Rechtsspr.): *gleichmäßige Aufteilung der während der Ehe zusätzlich erworbenen Vermögenswerte im Falle der Scheidung.*

zu|ge|win|nen ⟨st. V.; hat⟩: *hinzugewinnen:* wir haben einen hervorragenden Trompeter zu unserer Band zugewonnen.

Zu|ge|winn|ge|mein|schaft, die (Rechtsspr.): *Güterstand, bei dem zwar die beiderseitigen Vermögenswerte während des Bestehens der Ehe getrennt bleiben können, bei einer Auflösung aber dem Zugewinnausgleich unterliegen.*

Zug|fahrt, die: *Fahrt mit dem Zug; Bahnfahrt.*

Zug|fe|der, die (Technik): *Stahlfeder mit eng anliegenden Drähten für Belastung auf Zug.*

Zug|fol|ge, die: *Folge von Zügen, die hintereinander auf derselben Strecke verkehren.*

Zug|füh|rer, der: 1. *Bahnmitarbeiter, der im Zug die Aufsicht führt.* 2. (Milit.) *Führer eines Zuges* (14 a).

Zug|füh|re|rin, die: w. Form zu ↑Zugführer.

Zug|ge|wicht, das: *Zuglast.*

zu|gie|ßen ⟨st. V.; hat⟩: *zu einer Flüssigkeit etwas dazugießen:* weil die Suppe zu fett war, goss sie noch etwas Wasser zu; ⟨auch o. Akk.-Obj.:⟩ darf ich z. *(nachgießen* 1 a)?

zu|gig ⟨Adj.⟩ [zu ↑[1]Zug (8 a)]: *der Zugluft ausgesetzt:* ein -er Bahnsteig; hier ist es mir zu z.

zü|gig ⟨Adj.⟩: 1. *schnell u. stetig, ohne Stockung:* ein -es Tempo; z. fließender Verkehr; die Vorbereitungen gehen z. voran. 2. (schweiz.) *zugkräftig:* ein -es Schlagwort.

Zü|gig|keit, die; -: *das Zügigsein.*

Zug|kon|trol|le, die: 1. *im Zug durchgeführte Kontrolle (Fahrkarten-, Ausweis-, Gepäckkontrolle).* 2. *Personen, die eine Zugkontrolle* (1) *durchführen.*

Zug|kraft, die: 1. (Physik) *Kraft, mit der ein Körper in eine bestimmte Richtung gezogen wird.* 2. ⟨o. Pl.⟩ *Anziehungskraft, die jmd. od. etw. auf viele Menschen ausübt:* die Z. eines Bühnenstücks, eines Filmstars, einer Politikerin.

zug|kräf|tig ⟨Adj.⟩: *Zugkraft* (2) *ausübend; viel Publikum anziehend, anreizend:* ein -er Titel; das Stück, der Film ist nicht sehr z.

Zug|last, die: *zu ziehende Last.*

zu|gleich ⟨Adv.⟩: a) *im selben Augenblick, gleichzeitig* (1): sie griffen beide z. danach; b) *in gleicher Weise; ebenso, auch:* er ist Maler und Dichter z.; sie war erschrocken und z. erleichtert.

Zug|lei|ne, die: a) *Leine, an der man zieht, um etw. mechanisch zu betätigen;* b) (selten) *Zügel.*

Zug|luft, die ⟨o. Pl.⟩: *Luft, die als* [1]*Zug* (8) *spürbar ist:* er verspürte die Z. der offenen Tür in seinem Nacken.

Züg|lung: ↑Zügelung.

Zug|ma|schi|ne, die: *Kraftfahrzeug zum Ziehen von Anhängern o. Ä.*

Zug|mit|tel, das: 1. (Med.) vgl. Zugpflaster. 2. *zugkräftiges Mittel, mit dem jmd. od. etw. angelockt werden soll.*

Zug|netz, das (Fischereiw.): *Schleppnetz.*

Zug|num|mer, die: 1. *besondere Attraktion, zugkräftige Nummer (eines Zirkus-, Varieté-, Theaterprogramms o. Ä.):* die Löwendressur war die besondere Z. des Programms. 2. *im Fahrplan verzeichnete amtliche Nummer eines Eisenbahnzuges.*

Zug|per|so|nal, das: *Begleitpersonal eines Eisenbahnzuges.*

Zug|pferd, das: 1. *als Zugtier dienendes Pferd.* 2. a) *jmd. od. etw. besonders zugkräftig Wirkendes; Magnet* (2): der Schlagerstar ist ein Z.; b) *jmd., der durch seine Aktivität andere mitreißt.*

Zug|pflas|ter, das (Med.): *Pflaster, das die Durchblutung der Haut anregt u. dadurch (z. B. bei einem Furunkel) zusammenziehend wirkt; Vesikatorium* (b).

zu|grei|fen ⟨st. V.; hat⟩: 1. a) *nach etw. greifen u. es festhalten:* nicht richtig z. können; sie hat mit beiden Händen zugegriffen; b) *nach etw. greifen u. es an sich nehmen:* überall lagen Kostbarkeiten, man brauchte nur zuzugreifen; greif tüchtig zu *(iss reichlich)!*; Ü bei diesen Preisen sollte man sofort z. *(kaufen)*; man bot ihr eine Stelle als Pressesprecherin, und sie griff zu *(nahm das Angebot an)*; der Vorteil dieses Programms ist, dass man schnell auf die Daten z. *(die Daten abrufen* 2 a) kann. 2. (landsch.) *tüchtig arbeiten; mithelfen:* sie hat im Haushalt tüchtig zugegriffen.

Zu|griff, der; -[e]s, -e: *das Zugreifen; Griff nach jmdm. od. etw.:* sich dem Z. der Polizei entziehen; der Z. auf/zu etw.; mit diesem System hat man Z. auf alle Daten.

zu|grif|fig ⟨Adj.⟩ (schweiz.): *zugreifend, tatkräftig, wirksam.*

zu|griffs|be|rech|tigt ⟨Adj.⟩: *die Zugriffsberechtigung habend.*

Zu|griffs|be|rech|ti|gung, die: *Berechtigung* (a), *sich etw. zu beschaffen, auf etw., bes. Daten, zuzugreifen.*

Zu|griffs|mög|lich|keit, die: *Möglichkeit, auf etw. zuzugreifen.*

Zu|griffs|zeit, die (EDV): *Zeit zwischen der Ausgabe eines Befehls u. seiner Ausführung.*

zu|grun|de ⟨Adv.⟩: in den Verbindungen **z. gehen** (1. *vernichtet, zerstört werden, untergehen:* ihre Ehe ging daran z.; viele Kulturen sind schon z. gegangen. 2. *sterben, umkommen:* er ist elend zugrunde gegangen); **z. legen** (*[für etw.] als Grundlage nehmen):* er legte seiner Predigt einen Text aus dem Johannesevangelium z.; **z. liegen** (*[einer Sache] als Grundlage dienen, die Grundlage [für etw.] bilden):* das diesem Urteil z. liegende Gesetz; die zugrunde liegenden Erkenntnisse; **z. richten** (*ruinieren, vernichten, ins Verderben stürzen;* eigtl. = dem Grunde [= Erdboden] gleichmachen): der Sohn hat die Firma z. gerichtet; zugrunde gerichtete Existenzen.

Zu|grun|de|le|gung, die; -, -en ⟨Pl. selten⟩: *das Zugrundelegen:* unter/bei Z. dieser Tatsachen.

Zugs|ab|teil, das (österr., schweiz.): *Zugabteil.*

Zug|sal|be, die (Med.): vgl. Zugpflaster.

Zug|schaff|ner, der: *Eisenbahnschaffner.*

Zug|schaff|ne|rin, die: w. Form zu ↑Zugschaffner.

Zug|seil, das (bes. Technik, Bauw.): *[Draht]seil, mit dem eine Last (z. B. Kabine einer Schwebebahn) gezogen wird.*

Zug|si|gnal, das: *Eisenbahnsignal.*

Zug|span|nung, die (Physik, Technik): *durch Spannung hervorgerufene Zugkraft in einem festen Körper.*

[1]Zug|spit|ze, die: *Spitze* (2 a) *eines* [1]*Zuges* (1, 2 a).

[2]Zug|spit|ze, die; -: höchster Berg Deutschlands.

Zug|stan|ge, die: vgl. Zugleine.

Zug|strang, der: *Strang* (1 b).

Zugs|ver|bin|dung, die (österr., schweiz.): *Zugverbindung.*

Zugs|ver|kehr, der (österr., schweiz.): *Zugverkehr.*

Zug|te|le|fon, das: *den Reisenden in einem Schnellzug zur Verfügung stehender Münzfernsprecher.*

Zug|tier, das: *Tier (Pferd, Ochse, Esel), das zum Ziehen von Lasten gebraucht wird.*

zu|gu|cken ⟨sw. V.; hat⟩ (ugs.): *zusehen:* neugierig z.

Zug|un|glück, das: *Eisenbahnunglück.*

zu|guns|ten [zu ↑Gunst]: I. ⟨Präp. mit Gen., seltener auch nachgestellt mit Dativ⟩: *zum Vorteil, Nutzen; für:* eine Sammlung z. der Erdbebenopfer; er hat z. seines Sohnes verzichtet; mir z. verzichtete er auf die Eintrittskarte. II. ⟨Adv.⟩ (in Verbindung mit »von«) *zum Vorteil, Nutzen; für:* z. von Herrn Müller hat er nicht kandidiert.

zu|gut ⟨Adv.⟩: in der Verbindung **z. haben** (schweiz., auch südd.; *zu bekommen haben, guthaben*): du hast [bei mir] noch 10 Mark z.

zu|gu|te ⟨Adv.⟩: in den Wendungen **jmdm. etw. z. halten** (geh.; *etw. zu jmds. Entschuldigung berücksichtigen*): man muss ihm seine Unerfahrenheit z. halten; **sich ⟨Dativ⟩ etw. auf eine Sache z. tun/halten** (geh.; *auf etw. stolz sein; sich etwas auf etw. einbilden*): sie hält sich etwas auf ihre gute Bildung z.; **sich ⟨Dativ⟩ etwas z. tun** *(sich einen Genuss gönnen)*: das Geld ist für dich persönlich bestimmt, damit sollst du dir etwas z. tun; **jmdm., einer Sache z. kommen** *(nützlich für jmdn., etw. sein, sich positiv auswirken)*: seine Erfahrung kommt ihm z.; sein Vermögen einer Stiftung z. kommen lassen.

Zug|ver|bin|dung, die: a) *Verbindung zwischen zwei Orten durch die Eisenbahn; [Eisen]bahnverbindung:* eine schnelle Z. durch den Intercityzug; b) *Verbindung, Anschluss von einem Zug zum andern:* mittags gibt es eine günstige Z. nach Bonn über Köln.

Zug|ver|kehr, der: *Eisenbahnverkehr.*

Zug|vieh, das: vgl. Zugtier.

Zug|vo|gel, der: *Vogel, der vor Einbruch des Winters in wärmere Gegenden zieht u. im Frühjahr zurückkehrt.*

Zug|vor|rich|tung, die: *Vorrichtung zum Ziehen* (z. B. bei einer Gardine).

zug|wei|se ⟨Adv.⟩: 1. *Zug um Zug:* die Kriegsparteien wollen die schweren Waffen z. abziehen; ⟨mit Verbalsubstantiven auch attr.:⟩ die -e Räumung des Gebiets. 2. (Eisenb. Jargon) *nach* [1]*Zügen* (1 a); *als* [1]*Zug* (1 a) *angeordnet.*

Zug|wind, der: *starke Zugluft.*

Zug|zwang, der [urspr. im Schachspiel, zu [1]Zug (5)]: *Notwendigkeit, sich zu einem bestimmten Zeitpunkt [in bestimmter Weise] zu entscheiden, etw. Bestimmtes zu unternehmen od. zu erreichen:* in Z. geraten; unter Z. stehen.

zu|ha|ben ⟨unr. V.; hat⟩ (ugs.): *nicht geöffnet haben:* der Laden hat schon zugehabt.
zu|hal|ten ⟨st. V.; hat⟩: **1. a)** *geschlossen halten; nicht öffnen:* die Tür, das Fenster z.; bei der kalten Luft den Mund z.; **b)** *mit der Hand bedecken:* [sich] die Nase, die Ohren, die Augen z.; **c)** *fest-, zusammenhalten, sodass sich etw. nicht öffnen kann:* die Tür von innen z. **2.** *auf jmdn., etw. zusteuern; Richtung, Kurs auf ein bestimmtes Ziel nehmen:* das Schiff hält auf die Landungsbrücke zu. **3.** (schweiz.) *jmdm. etw. zukommen lassen, verschaffen.*
Zu|häl|ter, der; -s, - [zu spätmhd. zuohalten = geschlossen halten; sich aufhalten; außerehelichen Geschlechtsverkehr mit jmdm. haben, also eigtl. = Geliebter, außerehelicher Geschlechtspartner]: *jmd., der Zuhälterei betreibt.*
Zu|häl|te|rei, die; - (Rechtsspr.): *Ausbeutung von Prostituierten od. Strichjungen meist durch eine männliche Person, die ihre Vermittlung u. ihren Schutz gegen eine Teilhabe an ihren Einkünften übernimmt.*
Zu|häl|te|rin, die; -, -nen: w. Form zu ↑Zuhälter.
zu|häl|te|risch ⟨Adj.⟩: *die Zuhälterei betreffend.*
zu|han|den [eigtl. = zu den Händen]: **I.** ⟨Präp. mit Gen., seltener auch Adv. in Verbindung mit »von«⟩ (schweiz.): **1.** *zur Weiterbehandlung, Beschlussfassung durch:* der Gemeinderat hat einen Antrag z. der nächsten Gemeindeversammlung verabschiedet. **2. a)** *gegenüber:* er wehrte sich z. der Versammlung gegen diesen Vorwurf; **b)** *anlässlich.* **3. a)** *zu Händen* (↑Hand 1): an die Personalabteilung, z. Herrn U.; **b)** *für:* ein großes Lob z. der freiwilligen Helfer. **II.** * **jmdm. z. sein** (selten; *jmdm. verfügbar, erreichbar sein*): fast alles ist uns heute z.
zu|hän|gen ⟨sw. V.; hat⟩: *(durch Darüber-, Davorhängen von etw.) bedecken, sodass es ganz zugedeckt ist; verhängen:* ein Fenster, eine Öffnung, ein Vogelbauer z.
zu|hau|en ⟨unr. V.; haute zu, hat zugehauen⟩ (ugs.): *zuschlagen* (1 a, 2, 3, 5 a).
zu|hauf ⟨Adv.⟩ (geh.): *in großer Menge, Zahl:* z. kommen.
Zu|hau|se, das; -s: *Wohnung, in der jmd. zu Hause ist [und sich wohl fühlt]; Heim, Wohnung:* er hat ein schönes Z.; kein Z. haben *(keine Wohnung, keine Familie haben, in der man geborgen ist).*
zu|hei|len ⟨sw. V.; ist⟩: *sich heilend schließen:* der Schnitt, die Schürfwunde ist zugeheilt.
Zu|hil|fe|nah|me, die; - [↑-nahme]: *Verwendung von etw. als Hilfsmittel:* erst die Z. von elektronischen Geräten brachte einen Erfolg; es ging nicht ohne, nur mit/unter Z. *(mithilfe)* von ...
zu|hin|terst ⟨Adv.⟩: *ganz hinten; an letzter Stelle:* z. stehen, sitzen.
zu|höchst ⟨Adv.⟩: *ganz oben, an oberster Stelle.*
zu|hö|ren ⟨sw. V.; hat⟩: **a)** *(etw. akustisch Wahrnehmbarem) hinhörend folgen, ihm seine Aufmerksamkeit zuwenden:* gut, genau, interessiert, höflich, aufmerksam, nur mit halbem Ohr z.; du hast nicht richtig zugehört; er kann nicht, kann gut z. *(folgt [nicht] dem, was ein anderer ihm sagen, mitteilen möchte);* jetzt hör[e] mal [gut] zu, ... (ugs.; leicht drohend; *ich bitte dich dringend, das Folgende zu beherzigen*); **b)** *etw. anhören; mit Aufmerksamkeit hören; hörend in sich aufnehmen:* dem Gesang der Vögel z.; einer Unterhaltung, einer Verhandlung, einem Gespräch z.
Zu|hö|rer, der; -s, -: *jmd., der jmdm., einer Sache zuhört* (b).
Zu|hö|re|rin, die; -, -nen: w. Form zu ↑Zuhörer.
Zu|hö|rer|schaft, die; -: *Gesamtheit der Zuhörer; Auditorium* (2).
zu|in|nerst ⟨Adv.⟩ (geh.): **a)** *im tiefsten Innern* (2 a); *zutiefst:* z. von etw. überzeugt, getroffen sein; **b)** *im tiefsten Innern* (2 b), *im tiefsten Kern, Wesen:* z. ist er doch ein guter Kerl.
zu|ju|beln ⟨sw. V.; hat⟩: *jmdn. jubelnd begrüßen, feiern:* die Menge jubelte den Stars zu.
Zu|kauf, der; -[e]s, Zukäufe (bes. Börsenw.): *das Ergänzen von etw. durch weiteren Kauf entsprechender Stücke:* ein Z. von Bezugsrechten.
zu|kau|fen ⟨sw. V.; hat⟩ (bes. Börsenw.): *einen Zukauf tätigen; hinzukaufen.*
zu|keh|ren ⟨sw. V.⟩: **1.** *zudrehen* ⟨hat⟩: jmdm. den Rücken z.; die Blätter der Pflanzen kehren sich stets dem Licht zu. **2.** (österr.) ⟨ist⟩: **a)** *einkehren* (1): in einem Gasthaus z.; **b)** *einen kurzen Besuch machen.*
zu|kif|fen, sich ⟨sw. V.; hat⟩ (Jargon): *sich durch Kiffen in einen solchen Rauschzustand versetzen, dass man nichts mehr wahrnimmt:* er saß in der Ecke und war total zugekifft.
zu|klap|pen ⟨sw. V.⟩: **a)** *mit klappendem Geräusch schließen* ⟨hat⟩: den Kofferraum, den Koffer, den Schirm, die Uhr z.; **b)** *sich mit klappendem Geräusch schließen* ⟨ist⟩: der Deckel ist zugeklappt.
zu|kle|ben ⟨sw. V.; hat⟩: **1.** *mit einem [bereits aufgebrachten, nur noch zu befeuchtenden] Klebstoff verschließen:* den Brief, den Umschlag z. **2.** *eine Fläche o. Ä. vollständig mit etw. bekleben:* die Plakatwand ist mit Zigarettenwerbung zugeklebt.
zu|kleis|tern ⟨sw. V.; hat⟩ (salopp): *zukleben* (2).
zu|knal|len ⟨sw. V.⟩ (ugs.): **a)** *mit Wucht zuschlagen, ins Schloss werfen* ⟨hat⟩: sie knallte ihm die Tür vor der Nase zu; **b)** *geräuschvoll ins Schloss fallen; sich schließen* ⟨ist⟩: bei dem Luftzug knallte das Fenster zu.
zu|knei|fen ⟨st. V.; hat⟩: *durch Zusammenkneifen fest schließen:* den Mund z.
zu|knöp|fen ⟨sw. V.; hat⟩: *durch Knöpfen* (a) *schließen:* den Mantel, die Bluse, die Jacke z.; du hast dir noch nicht das Hemd zugeknöpft.
zu|kno|ten ⟨sw. V.; hat⟩: *mit [einem] Knoten verschließen:* einen Sack z.
zu|kom|men ⟨st. V.; ist⟩ [mhd. zuokomen = heran-, herzukommen, ahd. zuoqueman]: **1.** *sich jmdm., einer Sache nähern:* sie kam [freudestrahlend, mit schnellen Schritten] auf uns zu; Ü er ahnte nicht, was noch auf ihn z. sollte *(was ihm noch bevorstand);* auf uns kommen mit der Reparatur hohe Kosten zu; du musst die Sache auf dich z. lassen *(warten, wie sich die Sache entwickelt);* wir werden in der Angelegenheit noch auf Sie z. *(werden uns zu gegebener Zeit an Sie wenden).* **2.** (geh.) **a)** *jmdm., einer Sache zuteil werden:* ihm war eine Erbschaft zugekommen; jmdm. etw. z. lassen *(zuwenden, geben, schenken);* **b)** *zugestellt, übermittelt werden:* es war ihm die Nachricht zugekommen, dass ...; lassen Sie uns Ihre Bewerbungsunterlagen z. **3. a)** *jmdm. gebühren; sich für jmdn. gehören:* ein Urteil kommt dir nicht zu; es kommt ihm nicht zu *(er hat kein Recht dazu),* sich hier einzumischen; **b)** *jmdm. aufgrund seiner Eigenschaften, Fähigkeiten angemessen sein:* ihr kommt eine Führungsrolle zu; **c)** *beizumessen sein:* dieser Entdeckung kommt eine große Bedeutung zu.
zu|kor|ken ⟨sw. V.; hat⟩: *mit einem Korken verschließen:* eine Flasche z.
Zu|kost, die; - (selten): *Beikost.*
zu|krie|chen ⟨st. V.; ist⟩: *sich kriechend auf jmdn., etw. zubewegen.*
zu|ku|cken (nordd. ugs.): ↑zugucken.
Zu|kunft, die; -, (selten:) Zukünfte [mhd. zuokunft, ahd. zuochumft, eigtl. = das auf jmdn. Zukommende, zum 2. Bestandteil -kunft vgl. Abkunft]: **1. a)** *Zeit, die noch bevorsteht, die noch nicht da ist; die erst kommende od. künftige Zeit (u. das in ihr zu Erwartende):* eine unsichere, ungewisse Z.; denkbare Zukünfte; die Z. wird es lehren, ob die Handlungsweise richtig war; die Z. des Landes, der Menschheit; wir wissen nicht, was die Z. bringen wird; auf eine bessere Z. hoffen; auf die Z. bauen, vertrauen; ängstlich in die Z. schauen, blicken; für die Z., für alle Z. *(für alle Zeit);* in naher, nächster, absehbarer Z. *([sehr] bald);* in ferner Z. *(in einer noch weit entfernten Zeit);* er lebt schon ganz in der Z. *(beschäftigt sich im Geist mit der kommenden Zeit);* in eine unbekannte Z. gehen; * **in Z.** *(von jetzt an; künftig);* **[keine] Z. haben** *(eine, keine günstige, aussichtsreiche Entwicklung erwarten lassen):* dieser Beruf hat Z.; **einer Sache gehört die Z.** *(etw. wird eine bedeutende Entwicklung nehmen):* den Mikroprozessoren gehört die Z.; **mit/ohne Z.** *(mit/ohne Zukunftsperspektive):* ein Beruf mit/ohne Z.; **b)** ⟨o. Pl.⟩ *jmds. persönliches, zukünftiges Leben; jmds. noch in der Zukunft* (1 a) *liegender Lebensweg:* die gemeinsame Z. planen; eine gesicherte Z. haben; man prophezeit ihm eine große, eine glänzende Z. *(eine glanzvolle berufliche Laufbahn);* sich seine ganze Z. verbauen; Vorsorge für seine Z. treffen; um deine Z. *(dein Fortkommen)* brauchst du dich nicht zu sorgen. **2.** (Sprachw.) *Zeitform, die ein zukünftiges Geschehen ausdrückt; Futur.*
zu|künf|tig [mhd. zuokünftic]: **I.** ⟨Adj.⟩: *künftig* (I): die -e Entwicklung; -e Zeiten; seine -e Frau *(Frau in spe).* **II.** ⟨Adv.⟩ *künftig* (II): ich bitte dies z. zu unterlassen.
Zu|künf|ti|ge, der u. die; -n, -n ⟨Dekl. ↑Abgeordnete⟩ (ugs.): *jmds. Verlobter, Verlobte.*
Zu|kunfts|angst, die: *Angst vor der Zukunft.*
Zu|kunfts|aus|sich|ten ⟨Pl.⟩: *Aussichten* (2) *für die Zukunft:* etw. eröffnet jmdm. Z.
Zu|kunfts|bild, das: *Bild* (3) *der Zukunft.*
Zu|kunfts|ent|wurf, der: *die Zukunft betreffender Entwurf* (2): ein negativer Z.
Zu|kunfts|er|war|tung, die: *die Zukunft betreffende Erwartung* (2); *Erwartung an die Zukunft:* ihre Z. richtet sich auf eine erfolgreiche Karriere.
zu|kunfts|fä|hig ⟨Adj.⟩: *mit Zukunft; Bestand, Erfolg auch in der Zukunft versprechend, erwarten lassend:* er hält diese Technologie nur bedingt für z.
Zu|kunfts|fä|hig|keit, die ⟨o. Pl.⟩: *das Zukunftsfähigsein.*
Zu|kunfts|for|scher, der: *Futurologe.*
Zu|kunfts|for|sche|rin, die: w. Form zu ↑Zukunftsforscher.
Zu|kunfts|for|schung, die ⟨o. Pl.⟩: *Futurologie.*
zu|kunfts|gläu|big ⟨Adj.⟩: *Vertrauen in die Zukunft setzend.*
Zu|kunfts|hoff|nung, die: *in die Zukunft* (1 a) *gesetzte Hoffnung.*
Zu|kunfts|in|dus|trie, die: *zukunftsorientierte Industrie; Industrie, die Zukunft hat.*
Zu|kunfts|mu|sik, die ⟨o. Pl.⟩ [urspr. polemisch gegen Richard Wagners Musik gerichteter Begriff]: *etw., dessen Realisierung noch in einer fernen Zukunft liegt, was noch als utopisch angesehen werden muss:* dieses Projekt ist einstweilen Z.
zu|kunfts|ori|en|tiert ⟨Adj.⟩: *auf die Zukunft* (1 a) *hin orientiert;* -e Forschung, Politik.
Zu|kunfts|per|spek|ti|ve, die: *Perspektive* (3 a).
Zu|kunfts|ro|man, der (Literaturw.): *utopischer Roman, der in einer erdachten Zukunft spielt; Science-Fiction-Roman.*
Zu|kunfts|si|che|rung, die ⟨o. Pl.⟩: *Absicherung seiner Existenz in Bezug auf die Zukunft.*
Zu|kunfts|tech|nik, die: *zukunftsorientierte Technik; Technik, die Zukunft hat:* die Z. soll Aspekte der Umweltverträglichkeit berücksichtigen.
Zu|kunfts|tech|no|lo|gie, die: vgl. Zukunftstechnik: der Vorsprung der USA und Japans in den -n ist enorm.
zu|kunfts|träch|tig ⟨Adj.⟩: *mit guten Zukunftsaussichten:* eine -e Entwicklung, Branche.
zu|kunfts|wei|send ⟨Adj.⟩: *fortschrittlich; auf die Zukunft bezogen:* -e Technologien.
zu|kunft|wei|send: ↑zukunftsweisend.
zu|lä|cheln ⟨sw. V.; hat⟩: *(jmdm.) etw. durch Ansehen u. Lächeln signalisieren:* jmdm. freundlich, aufmunternd z.; sie lächelten sich/(geh.:) einander zu.
zu|la|chen ⟨sw. V.; hat⟩: *jmdn. lachend ansehen:* dem Publikum z.; er lachte ihr freundlich zu.
zu|la|den ⟨st. V.; hat⟩: *als Ladung* (1 a) *zu etw. anderem, schon Vorhandenem hinzufügen:* weiteres Frachtgut z.
Zu|la|ge, die; -, -n: **a)** *etw., was zusätzlich zu etw. gegeben, gezahlt wird:* -n für Schwerarbeiter; **b)** (landsch.) *zum Fleisch dazugelegte u. mitge-*

wogene Knochen (beim Einkauf im Fleischerladen): Rindfleisch mit, ohne Z.

zu Lan|de: s. Land (1, 5 a).

zu|lan|gen ⟨sw. V.; hat⟩: **1. a)** (ugs.) *(bes. beim Essen) vom Angebotenen reichlich nehmen; sich reichlich bedienen:* die Kinder hatten großen Hunger und langten kräftig zu; Ü bei der Rechnung hat der Handwerker dann kräftig zugelangt; **b)** *(bei der Arbeit) kräftig zupacken:* der Neue kann z.; **c)** *zuschlagen; jmdm. einen Schlag versetzen:* sein Vater hatte öfter mal zugelangt. **2.** (landsch.) *ausreichen:* langt das zu?

zu|läng|lich ⟨Adj.⟩ (geh.): *genügend, ausreichend, hinreichend:* er hat keine -en Kenntnisse, Erfahrungen; etw. z. unterstützen.

Zu|läng|lich|keit, die; -, -en: **1.** ⟨o. Pl.⟩ *das Zulänglichsein.* **2.** *etw., was zulänglich ist.*

zu|las|sen ⟨st. V.; hat⟩ [mhd. zuolāʒen = gestatten, erlauben]: **1.** *nichts unternehmen, um etw. Bestimmtes zu verhindern; geschehen lassen; dulden* (1 a); *tolerieren:* wie konntest du z., dass die Kinder auf der Straße spielen!; so etwas würde sie niemals z. **2.** *jmdm. zu etw. Zugang gewähren; jmdm. zur Ausübung von etw., zu einem bestimmten Zweck, für eine bestimmte Betätigung o. Ä. die amtliche Erlaubnis erteilen:* jmdn. als Prozessbeobachter, für das/zum Studium, zur Teilnahme an etw. z.; einen Arzt, jmdn. als Anwalt z.; der Film ist für Jugendliche nicht zugelassen *(der Besuch ist Jugendlichen nicht gestattet);* ein Kraftfahrzeug [zum Verkehr] z.; die Straße ist nur für Anlieger zugelassen; Aktien an der Börse z. (Bankw.; *ihren Handel an der Börse genehmigen*); das Medikament wurde zugelassen *(erhielt die amtliche Erlaubnis zum Verkauf, zur Ingebrauchnahme).* **3.** *die Möglichkeit zu etw. geben; ermöglichen, gestatten:* etw. lässt mehrere Interpretationen zu; die Vorgänge lassen den Schluss zu, dass ...; etw. lässt keinen Zweifel zu *(ist ganz eindeutig);* die Straßenverhältnisse ließen kein höheres Tempo zu *(machten es nicht möglich).* **4.** (ugs.) *etw. Geschlossenes od. Verschlossenes nicht öffnen* (1 a); *geschlossen lassen:* einen Brief, eine Schublade, das Fenster z.; du musst den Mantel z.

zu|läs|sig ⟨Adj.⟩: *(meist von amtlicher Seite, von einer amtlichen Stelle) zugelassen, erlaubt:* eine -e [Höchst]menge; eine -e Höchstgeschwindigkeit; bestimmte Hilfsmittel, Zusatzstoffe sind [nicht] z.; etw. ist rechtlich [nicht] z.; ein Verfahren für z. erklären *(es genehmigen).*

Zu|läs|sig|keit, die; -: *das Zulässigsein.*

Zu|las|sung, die; -, -en: **1.** ⟨o. Pl.⟩ *das Zulassen* (2). **2.** (ugs.) *Kraftfahrzeugschein.*

zu|las|sungs|pflich|tig ⟨Adj.⟩: *einer amtlichen od. polizeilichen Zulassung bedürftig:* ein -es Fahrzeug.

Zu|las|sungs|schein, der: *Zulassung* (2).

Zu|las|sungs|stel|le, die: *amtliche Stelle, die für Zulassungen bestimmter Art zuständig ist.*

zu|las|ten (auch: zu Lasten) ⟨Präp. mit Gen.⟩: **1.** (Kaufmannsspr.) *auf jmds. Rechnung:* die Kosten gehen z. unseres Hauses. **2.** *zum Schaden, Nachteil:* z. einer Minderheit.

Zu|lauf, der; -[e]s, Zuläufe: **1.** ⟨o. Pl.⟩ *Zuspruch, den jmd., etw. hat, erfährt:* der Arzt, Anwalt, das Lokal hat großen Z. *(viele Leute suchen den Arzt usw. auf);* er kann sich nicht über mangelnden Z. *(über Mangel an Kundschaft, Interessenten o. Ä.)* beklagen. **2.** (seltener) *Zufluss* (2): ein Z. des Bodensees. **3.** (Fachspr.) **a)** *zuströmende Wassermenge:* der Z. muss gedrosselt werden; **b)** *Stelle an, in einer technischen Anlage, an der Wasser zuläuft, einströmt:* der Z. ist verstopft.

zu|lau|fen ⟨st. V.; ist⟩: **1.** *in Richtung auf jmdn., etw. laufen; sich im Laufschritt auf jmdn., etw. zubewegen:* mit Riesenschritten auf das Ziel z.; auf jmdn. zugelaufen kommen; wir laufen *(gehen)* jetzt dem Dorf zu. **2.** (ugs.) *sich (beim Laufen* 1) *beeilen:* lauf zu, sonst ist der Zug weg! **3.** *in einer bestimmten Richtung verlaufen, sich in eine bestimmte Richtung erstrecken:* der Weg läuft auf den Wald zu. **4.** *(von entlaufenen, streunenden Haustieren) sich jmdm. anschließen:* ein Hund ist uns zugelaufen. **5.** *(in Bezug auf eine größere Zahl von Personen) jmdn. in einer bestimmten Erwartung aufsuchen:* Kunden, Patienten, Schüler laufen ihm [in hellen Scharen] zu. **6.** *zu einer vorhandenen Flüssigkeitsmenge zusätzlich in ein Gefäß fließen:* warmes Wasser z. lassen. **7.** *in eine bestimmte Form auslaufen:* ein spitz zulaufendes Dach.

zu|le|gen ⟨sw. V.; hat⟩: **1.** ⟨z. + sich⟩ (ugs.) *sich etw. kaufen, anschaffen:* sich ein Auto, einen Hund z.; Ü er hat sich einen Bauch, einen Bart, eine neue Frisur zugelegt (ugs. scherzh.; *hat einen Bauch bekommen, trägt jetzt einen Bart, eine neue Frisur*); sie hat sich einen Freund zugelegt; sich einen Künstlernamen z. *(annehmen).* **2.** (ugs.) **a)** *(bes. beim Laufen, Fahren, Arbeiten) sein Tempo steigern:* die Läuferinnen hatten tüchtig zugelegt; wenn du pünktlich fertig werden willst, musst du etwas z.; **b)** *an Umfang, Volumen o. Ä. zunehmen; sich vergrößern, wachsen:* die Kreditbranche hat kräftig zugelegt *(ihren Umsatz kräftig gesteigert);* die rechten Parteien haben zugelegt *(Stimmen bei der Wahl gewonnen);* er hat in den letzten Monaten ziemlich zugelegt *(an Gewicht zugenommen).* **3.** (landsch. ugs.) *dazulegen, zu etw. hinzufügen:* legen Sie noch ein Stück, ein paar Scheiben zu!; wenn Sie noch etwas zulegen *(bereit sind, mehr Geld auszugeben),* bekommen Sie einige nützliche Extras; Ü einen Schritt z. *(etwas schneller gehen).*

zu|leid (auch: zu Leid), **zu|lei|de** (auch: zu Leide): in der Verbindung **jmdm. etwas z. tun** *(jmdm. einen Schaden, ein Leid zufügen; jmdn. verletzen, kränken o. Ä.):* sie kann keiner Fliege etwas z. tun; er hat nie jemandem etwas z. getan; hat sie dir etwas z. getan?

zu|lei|ten ⟨sw. V.; hat⟩: **1.** *etw. an eine bestimmte Stelle leiten, gelangen lassen:* der Mühle, dem Kraftwerk Wasser z.; Ü der Erlös der Veranstaltung soll dem Kinderhilfswerk zugeleitet *(übergeben)* werden. **2.** *(etw. Schriftliches) übermitteln, zustellen* (2): jmdm. eine Nachricht, eine Mitteilung, ein Schreiben [auf dem Amtswege] z.

Zu|lei|tung, die; -, -en: **1.** ⟨o. Pl.⟩ **a)** *das Zuleiten* (1): die Z. wurde unterbrochen, blockiert; **b)** *das Zuleiten* (2); *Übermittlung:* die Z. einer Nachricht. **2.** *Leitung* (3 a, b), *die etw. zuleitet* (1): eine Z. verlegen.

zu|letzt ⟨Adv.⟩: **1.** *an letzter Stelle; als Letztes; nach allem Übrigen:* diese Arbeit werde ich z. machen; sie denkt an sich selbst z.; (ugs.:) sich etw. bis/für z. aufheben; er war z. *(am Ende seiner Laufbahn)* Major; daran hätte ich z. gedacht *(darauf wäre ich nicht so leicht gekommen);* * **nicht z.** *(ganz besonders auch):* nicht z. seiner Hilfe ist dies zu verdanken; nicht z. deshalb, darum, weil ... **2.** *als Letzter, Letzte, Letztes:* er kommt immer z.; das z. geborene Kind. **3.** (ugs.) *das letzte Mal:* er war z. vor fünf Jahren hier; wann hast du ihn z. gesehen? **4.** *schließlich* (1 a); *zum Schluss:* wir mussten z. doch umkehren.

zu|lieb (bes. österr.), **zu|lie|be** ⟨Präp. mit vorangestelltem Dativ⟩: *um jmdm. (mit etw.) einen Gefallen zu tun; um jmds., einer Sache willen:* nur dir z. bin ich hier geblieben; der Wahrheit z.

Zu|lie|fe|rant, der; -en, -en: *Zulieferer.*

Zu|lie|fe|ran|tin, die; -, -nen: w. Form zu ↑Zulieferant.

Zu|lie|fer|be|trieb, der, **Zu|lie|fe|rer,** der; -s, -: *Industriebetrieb bzw. Händler, der Unternehmen mit Produkten beliefert, die von diesen weiterverarbeitet werden.*

Zu|lie|fe|rin, die; -, -nen: w. Form zu ↑Zulieferer.

Zu|lie|fer|in|dus|trie, die: *die Zulieferbetriebe umfassender Industriezweig.*

zu|lie|fern ⟨sw. V.; hat⟩: **1. a)** *als Zulieferer arbeiten;* **b)** *Waren liefern; ausliefern* (2): ein Paket an den Empfänger z. **2.** (Rechtsspr.) *jmdn. ausliefern* (1): einen Terroristen z.

zul|len ⟨sw. V.; hat⟩ [lautm.] (landsch., bes. ostmd.): *(bes. von Säuglingen) saugen, lutschen.*

zul|pen ⟨sw. V.; hat⟩ (landsch., bes. ostmd.): *zullen.*

[1]Zu|lu, der; -[s], -[s] u. die; -, -[s]: Angehörige[r] eines Bantustammes in Natal.

[2]Zu|lu, das; -[s]: *die Sprache der Zulus.*

Zu|luft, die; - (Technik): *(in klimatisierten Räumen) Luft, die zugeführt wird.*

zum ⟨Präp. + Art.⟩: *zu dem:* die Tür z. Wohnzimmer; sie lief z. Telefon; nicht auflösbar in festen Verbindungen: z. Schluss; z. Spaß; z. Beispiel; ⟨nicht auflösbar in Verbindung mit einem subst. Inf.:⟩ etw. z. Kochen bringen; etw. z. Liebhaben; sie verlangte etwas z. Essen (südd., österr. ugs.; *zu essen*); (österr.:) er ist Abgeordneter z. Nationalrat.

zu|ma|chen ⟨sw. V.; hat⟩: **1.** (ugs.) *schließen* (1): die Tür, den Koffer, einen Deckel z.; ich habe die ganze Nacht kein Auge zugemacht *(nicht schlafen können).* **2.** (ugs.) *schließen* (7): wann machen die Geschäfte zu? **3.** (landsch.) *sich beeilen:* du musst z., sonst kommst du zu spät; mach zu!

zu|mal: **I.** ⟨Adv.⟩ [mhd. ze māle = zugleich] *besonders* (2 a), *vor allem, namentlich:* alle, z. die Neuen, waren begeistert/alle waren begeistert, z. die Neuen; sie nimmt die Einladung gern an, z. da/wenn sie allein ist. **II.** ⟨Konj.⟩ *besonders da, weil; vor allem da:* sie nimmt die Einladung gern an, z. sie allein ist.

zu|mar|schie|ren ⟨sw. V.; ist⟩: *in Richtung auf jmdn., etw. marschieren; sich marschierend auf jmdn., etw. zubewegen:* sie marschierten auf den Wald zu.

zu|mau|ern ⟨sw. V.; hat⟩: *mauernd, mit Mauerwerk verschließen:* ein Loch, eine Türöffnung z.; zugemauerte Fenster.

zu|meist ⟨Adv.⟩ (selten): *meist, meistens.*

zu|mes|sen ⟨st. V.; hat⟩ (geh.): **1.** *genau abmessend zuteilen* (b): den Häftlingen ihre Essensration, den Tieren [ihr] Futter z.; ein reichlich zugemessenes Taschengeld; Ü jmdm. die Schuld an etw. z. *(anlasten);* es war ihm nur eine kurze Zeit für seine Lebensarbeit zugemessen *(er musste früh sterben).* **2.** *beimessen:* einer Sache, jmds. Worten große Bedeutung z.

zu|min|dest ⟨Adv.⟩: **a)** *zum Mindesten; auf jeden Fall; jedenfalls* (b): es ist keine schwere, z. keine bedrohliche Krise; sie war verloren, so schien es z.; das z. behaupten seine Gegner; **b)** *als Wenigstes; wenigstens:* z. hätte er sich entschuldigen müssen.

zu|mi|schen ⟨sw. V.; hat⟩ (selten): *mischend zusetzen; beimischen:* dem Teig ein Treibmittel z.

zu|mül|len ⟨sw. V.; hat⟩ (ugs.): *mit Müll, Abfall bedecken:* am nächsten Morgen war der ganze Platz mit Pappbechern und Bierdosen zugemüllt; Ü mit Reklame zugemüllt werden *(in großer Menge unerwünschte Werbung zugestellt bekommen);* jmdm. die Mailbox z. *(jmdm. viele unerwünschte E-Mails schicken);* ständig werde ich mit seinen Problemen zugemüllt *(behelligt).*

zu|mut (ugs.): *zumute.*

zu|mut|bar ⟨Adj.⟩: *jmdm. zuzumuten:* eine -e Belastung; das ist für sie nicht z.

Zu|mut|bar|keit, die; -, -en: **1.** ⟨o. Pl.⟩ *das Zumutbarsein.* **2.** (selten) *etw. Zumutbares.*

zu|mu|te: in den Verbindungen **jmdm. z. sein/werden** *(jmdn. in einer bestimmten inneren Verfassung sein lassen; jmdn. als eine bestimmte Gemütsstimmung ergreifen):* jmdm. ist beklommen, ängstlich, komisch, wohlig z.; es war ihm nicht wohl z. bei dieser Sache; **jmdm. z. sein nach jmdm., etw.** *(nach jmdm., etw. verlangen, jmdn., etw. haben, tun wollen):* mir war jetzt nach einer deftigen Mahlzeit z.

zu|mu|ten ⟨sw. V.; hat⟩ [spätmhd. zuomuoten]: **1.** *von jmdm. etw. verlangen, was eigentlich unzumutbar, zu schwer, zu anstrengend ist:* das kannst du ihm nicht z.; ich möchte Ihnen nicht z., dass ...; du hast dir zu viel zugemutet *(dich übernommen, überanstrengt mit etwas).* **2.** (landsch., schweiz.) *zutrauen.*

Zu|mu|tung, die; -, -en: *etw. Unzumutbares:* der Lärm ist eine Z.; es ist doch eine Z. *(Rücksichtslosigkeit, Unverschämtheit),* das Radio so laut zu stellen; sich gegen eine Z. verwahren.

zu|nächst [mhd. ze næhste]: **I.** ⟨Adv.⟩ **a)** *am Beginn von etw.: anfangs, am Anfang, zuerst* (2): es war z. nicht aufgefallen; z. sah es so aus, als ob ...; die Arbeit zeigte z. keinen Erfolg; **b)** *vorerst, einstweilen* (a); *in diesem Augenblick:* daran denke ich z. noch nicht; das wollen wir z. beiseite lassen. **II.** ⟨Präp. mit Dativ⟩ (geh.) *in nächster Nähe (von etw. gelegen o. Ä.):* die Bäume, die der Straße z./z. der Straße stehen.

zu|na|geln ⟨sw. V.; hat⟩: *nagelnd, mithilfe von Nägeln verschließen:* eine Kiste z.; die Türöffnung mit Brettern z.

zu|nä|hen ⟨sw. V.; hat⟩: *durch eine Naht schließen:* eine aufgeplatzte Naht z.; eine Kissenhülle z.

Zu|nah|me, die; -, -n: **1.** *das Zunehmen* (1): eine geringfügige, beträchtliche Z.; die Z. beträgt 5 %; eine Z. um, von 5 %; die Z. an Geburten soll gestoppt werden. **2.** (Handarb.) *das Zunehmen* (3): die Z. von Maschen am Rücken.

Zu|na|me, der; -ns, -n: **1.** *neben dem Vornamen stehender Familienname* (bes. in Formularen o. Ä.): bitte unterschreiben Sie mit Vor- und Zunamen. **2.** (veraltend) *Beiname; Spitzname.*

Zünd|an|la|ge, die (Kfz-T.): *elektrische Anlage, die den zur Entzündung des Kraftstoff-Luft-Gemischs nötigen Zündfunken hervorbringt.*

zünd|bar ⟨Adj.⟩: *sich zünden lassend.*

zün|deln ⟨sw. V.; hat⟩: *unvorsichtig od. brandstifterisch mit Feuer spielen:* die Kinder haben gezündelt; Ü die Supermächte sollten aufhören zu z.

zün|den ⟨sw. V.; hat⟩ [mhd. zünden, ahd. zunden, zu einem untergegangenen Verb mit der Bed. »glühen«]: **1. a)** (Technik) *in Brand setzen, entzünden* (1 a); *den Verbrennungsprozess eines Gasgemischs o. Ä. einleiten; das Explodieren eines Sprengstoffs bewirken:* eine Sprengladung, eine Bombe z.; ein Triebwerk, eine Rakete z. *(ihren Antrieb in Gang setzen);* durch den Zündfunken wird das Kraftstoff-Luft-Gemisch im Motor gezündet; **b)** (veraltet, noch südd.) *anzünden:* Feuer, eine Kerze, ein Zündholz z.; ⟨ohne Akk.-Obj.:⟩ der Blitz hat gezündet *(hat etw. in Brand gesetzt, ein Feuer verursacht).* **2. a)** (Technik) *durch Zündung in Gang kommen, sich in Bewegung setzen:* das Triebwerk, die Rakete hat nicht gezündet; **b)** (veraltend) *zu brennen beginnen:* das Streichholz, das Pulver will nicht z.; Ü sein Witz, sein Gedanke zündete *(inspirierte, weckte Begeisterung);* sie hielt eine zündende Rede *(sie begeisterte, riss die Zuhörenden mit);* * **bei jmdm. hat es gezündet** (ugs. scherzh.; *jmd. hat etw. endlich begriffen).*

Zun|der, der; -s, - [mhd. zunder, ahd. zuntra, zu ↑zünden u. eigtl. = Mittel zum Anzünden]: **1.** (früher) *bes. aus dem getrockneten u. präparierten Fruchtkörper des Zunderschwamms bestehendes, leicht brennbares Material, das zum Feueranzünden verwendet wurde:* etw. brennt, zerbröckelt wie Z. *(brennt, zerbröckelt sehr leicht);* das Holz ist trocken wie Z. *(sehr trocken);* * **jmdm. Z. geben** (ugs.; 1. *jmdn. zu größerer Eile antreiben.* 2. *jmdn. schlagen, prügeln.* 3. *jmdn. beschimpfen; zurechtweisen*); **es gibt Z.** (1. ugs.; als drohende Ankündigung; *es gibt Schläge, Prügel.* 2. Soldatenspr.; *es gibt Beschuss*); **Z. bekommen/kriegen** (1. ugs.; *Schläge, Prügel bekommen.* 2. ugs.; *beschimpft, zurechtgewiesen werden.* 3. Soldatenspr.; *unter Beschuss liegen*). **2.** (Technik) *durch Einwirkung oxidierender Gase auf metallische Werkstoffe entstehende, abblätternde Oxidschicht.*

Zün|der, der; -s, -: **1.** (Waffent.) *Teil eines Sprengkörpers, der den in ihm enthaltenen Sprengstoff entzündet.* **2.** ⟨Pl.⟩ (österr.) *Zündhölzer.*

Zun|der|pilz, der, **Zun|der|schwamm,** der: *als Parasit an Stämmen von Laubbäumen wachsender schwarzbrauner Pilz, aus dessen lockerfilzartigem Fruchtkörper früher Zunder* (1) *hergestellt wurde.*

Zünd|fun|ke, Zünd|fun|ken, der (Kfz-T.): *in der Zündanlage hervorgebrachter Funke, der für die Zündung* (1) *nötig ist.*

Zünd|hil|fe, die (Kfz-T.): *Vorrichtung od. Mittel, das das Zünden erleichtert.*

Zünd|holz, das (Fachspr., sonst südd., österr. u. schweiz.): *Streichholz.*

Zünd|holz|schach|tel, die (südd., österr.): *Streichholzschachtel.*

Zünd|hüt|chen, das: **1.** *Sprengkapsel.* **2.** (ugs. scherzh.) *sehr kleine Kopfbedeckung.*

Zünd|ka|bel, das (Kfz-T.): *Kabel, das eine Verbindung zwischen Zündspule u. Zündkerze herstellt.*

Zünd|ker|ze, die (Kfz-T.): *auswechselbarer Teil der Zündanlage, mit dessen Hilfe das Kraftstoff-Luft-Gemisch elektrisch gezündet wird.*

Zünd|mit|tel, das (Fachspr.): *Vorrichtung, mit deren Hilfe eine Zündung, ein Verbrennungsvorgang herbeigeführt wird.*

Zünd|satz, der (Technik): *Vorrichtung od. Mittel, mit dem ein Sprengsatz gezündet wird.*

Zünd|schloss, das (Kfz-T.): *mit dem Zündschlüssel zu betätigender Schalter, der den Stromkreis der Zündanlage eines Kraftfahrzeugs einschaltet.*

Zünd|schlüs|sel, der (Kfz-T.): *Schlüssel, mit dem das Zündschloss betätigt wird.*

Zünd|schnur, die: *an einem Ende mit einer Sprengladung verbundene Schnur aus leicht brennbarem Material, die, wenn sie angezündet wird u. in ihrer ganzen Länge abgebrannt ist, die Sprengladung zündet.*

Zünd|spu|le, die (Kfz-T.): *Spule, die die für die Zündung der Zündkerze notwendige elektrische Spannung erzeugt.*

Zünd|stein, der: *Feuerstein* (2).

Zünd|stoff, der: *leicht entzündlicher Sprengstoff, der einen schwer entzündlichen zur Explosion bringt; Initialsprengstoff:* Ü das Theaterstück enthält eine Menge Z. *(Konfliktstoff);* die hohe Arbeitslosigkeit in der Region sorgt für sozialen Z.

Zün|dung, die; -, -en (Technik): **1.** *das Zünden:* die Z. einer Sprengladung, des Kraftstoff-Luft-Gemischs im Ottomotor; eine Z. auslösen. **2.** *Zündanlage:* die Z. überprüfen, ein-, ausschalten.

Zünd|ver|tei|ler, der (Kfz-T.): *Vorrichtung, die die Spannung der Zündspule an die Zündkerzen der verschiedenen Zylinder verteilt; Verteiler* (6).

Zünd|vor|rich|tung, die (Technik): *Vorrichtung, die dem Zünden eines explosiven Stoffes dient.*

zu|neh|men ⟨st. V.; hat⟩: **1. a)** *sich vergrößern, sich erhöhen, sich verstärken, sich vermehren; wachsen, steigen:* die Windstärke nimmt zu; die Schmerzen nehmen wieder zu; die Bevölkerung nimmt immer noch zu; seine Erregung nahm immer mehr zu; die Tage nehmen zu *(werden länger);* der Mond nimmt zu *(es geht auf Vollmond zu);* ⟨oft im 1. Part.:⟩ in zunehmendem Maße; mit zunehmendem Alter wurde er immer geiziger; zunehmender Mond; **b)** *von etw. mehr erhalten; gewinnen* (4 b): an Größe, Höhe, Stärke z.; er hat an Erfahrung, Macht, Ansehen zugenommen; der Wind hat an Stärke zugenommen; er hat an Gewicht zugenommen; **c)** *sein Körpergewicht vermehren; schwerer, dicker werden:* sie hat stark, sehr, beträchtlich zugenommen. **2.** (ugs.) *hinzunehmen:* ich werde noch etwas Zucker z. **3.** (Handarb.) *zusätzlich aufnehmen:* Maschen z.; ⟨auch o. Akk.-Obj.:⟩ von der zwanzigsten Reihe an muss man z.

zu|neh|mend ⟨Adv.⟩: *deutlich sichtbar, immer mehr:* sich z. vergrößern, verengen, verschlechtern.

zu|nei|gen ⟨sw. V.; hat⟩ [mhd. zuoneigen]: **1. a)** *einen Hang zu etw., eine Vorliebe für etw. haben, zu etw. neigen:* dem Konservatismus z.; ich neige mehr dieser Ansicht zu *(finde sie besser, richtiger);* **b)** ⟨z. + sich⟩ (geh.) *Sympathie, Zuneigung zu jmdm. fassen, sich von jmdm. angezogen fühlen:* ⟨häufig im 2. Part.:⟩ er ist ihr sehr zugeneigt *(mag sie sehr gern);* der den Künsten zugeneigte Landesherr. **2.** (geh.) **a)** *in Richtung auf jmdn., etw. neigen:* er neigte mir seinen Kopf zu; **b)** ⟨z. + sich⟩ *sich in Richtung auf jmdn., etw. neigen:* sie neigte sich mir zu; die am Ufer stehenden Bäume neigen sich dem Fluss zu; Ü das Jahr neigt sich dem Ende zu *(ist bald zu Ende).*

Zu|nei|gung, die; -, -en: *deutlich empfundenes Gefühl, jmdn., etw. zu mögen, gern zu haben; Sympathie:* ihre Z. wuchs rasch; Z. zu jmdm. empfinden; jmdm. [seine] Z. schenken, beweisen; zu jmdm. Z. haben, hegen, fassen; er erfreute sich ihrer wachsenden Z.

Zunft, die; -, Zünfte [mhd. zunft, ahd. zumft, zu ↑ziemen u. eigtl. = das, was sich fügt, was passt od. sich schickt; Übereinkommen, Ordnung, Vertrag]: *(bes. im MA.) Zusammenschluss von dasselbe Gewerbe treibenden Personen (bes. von selbstständigen Handwerkern u. Kaufleuten) zur gegenseitigen Unterstützung, zur Wahrung gemeinsamer Interessen, zur Regelung der Ausbildung u. a.:* die Z. der Bäcker; Ü (oft scherzh.:) die Z. der Journalisten, der Junggesellen; * **von der Z. sein** *(vom Fach sein).*

Zunft|bru|der, der: *Zunftgenosse.*

Zunft|geist, der ⟨o. Pl.⟩ (abwertend): *gruppenegoistisches Denken innerhalb der Zünfte.*

Zunft|ge|nos|se, der: *Angehöriger einer Zunft.*

zunft|ge|recht ⟨Adj.⟩ (veraltend): *fachgerecht.*

zünf|tig ⟨Adj.⟩ [mhd. zünftic = zur Zunft gehörig, ahd. zumftig = friedlich]: **1.** (veraltend) *fachmännisch, fachgerecht:* eine -e Arbeit. **2.** *ordentlich* (4 a, b), *urig:* eine -e Campingausrüstung, Kluft, Kneipe, Fete, Lederhose; eine -e *(gehörige)* Ohrfeige; er sieht richtig z. aus in seiner Tracht. **3. a)** *zu einer Zunft, den Zünften gehörend;* **b)** *mit dem Zunftwesen zusammenhängend, von ihm geprägt, auf ihm beruhend.*

Zünft|ler, der; -s, -: *Angehöriger einer Zunft.*

Zunft|meis|ter, der: *Vorsteher, Repräsentant einer Zunft.*

Zunft|ord|nung, die: *Satzung einer Zunft.*

Zunft|we|sen, das ⟨o. Pl.⟩: *Gesamtheit dessen, was mit den Zünften, ihren Gesetzen, Gebräuchen o. Ä. zusammenhängt.*

Zunft|zwang, der ⟨o. Pl.⟩: *Zwang, als Gewerbetreibender einer Zunft anzugehören.*

Zun|ge, die; -, -n [mhd. zunge, ahd. zunga, H. u.]: **1.** *bes. dem Schmecken u. der Hervorbringung von Lauten (beim Menschen bes. dem Sprechen) dienendes u. an der Nahrungsaufnahme, am Kauen u. am Schlucken beteiligtes, am Boden der Mundhöhle befindliches, oft sehr bewegliches, mit Schleimhaut bedecktes, muskulöses Organ der meisten Wirbeltiere u. des Menschen:* eine belegte, pelzige Z.; mir klebt [vor Durst] die Z. am Gaumen; jmdm. die Z. herausstrecken; zeig mal deine Z.!; ich habe mir die Z. verbrannt; der Hund lässt die Z. aus dem Maul hängen; das Fleisch zergeht auf der Z. (emotional; *ist äußerst zart*); ich habe mir auf die Z. gebissen; er stößt mit der Z. an (ugs.; *er lispelt*); Ü sie hat eine spitze, scharfe, lose, böse o. ä. Z. *(sie neigt zu spitzen, scharfen usw. Äußerungen, Bemerkungen);* er hat eine falsche Z. (geh.; *ist ein Lügner*); bei dem Namen bricht man sich die Z. ab/verrenkt man sich die Z. (ugs.; *er ist sehr schwer auszusprechen*); sie spricht mit doppelter/gespaltener Z. (geh.; *sie ist unaufrichtig, doppelzüngig*); eine feine, verwöhnte Z. (geh.; *einen feinen, verwöhnten Geschmack*) haben; ihm hing die Z. aus dem Hals (ugs.; *er war sehr durstig*); nach dem Rennen hing mir die Z. aus dem Hals (ugs.; *war ich ganz außer Atem*); nach und nach lösten sich die -n (geh.; *wurde man redseliger*); mit [heraus]hängender Z. (ugs.; *ganz außer Atem*) auf dem Bahnsteig ankommen; sie ließ den Namen auf der Z. zergehen *(sprach ihn genüsslich aus);* * **böse -n** *(boshafte Menschen, Lästerer);* **seine Z. hüten/im Zaum halten/zügeln** *(vorsichtig in seinen Äußerungen sein);* **seine Z. an etw. wetzen** (abwertend; *sich über etw. in gehässiger Weise auslassen*); **sich die Z. verbrennen** (seltener; ↑¹Mund 1 a); **jmdm. die**

Z. lösen *(jmdn. zum Sprechen, Reden bringen):* der Wein hat ihm die Z. gelöst; die Folter wird ihm schon die Z. lösen; **sich eher/lieber die Z. abbeißen [als etw. zu sagen]** *(unter keinen Umständen bereit sein, eine bestimmte Information preiszugeben);* **sich auf die Z. beißen** *(an sich halten, um etw. Bestimmtes nicht zu sagen);* **jmdm. auf der Z. liegen/schweben** (1. *jmdm. beinahe, aber doch nicht wirklich wieder einfallen:* der Name liegt mir auf der Z. 2. *beinahe von jmdm. ausgesprochen, geäußert werden:* ich habe es nicht gesagt, obwohl es mir auch die ganze Zeit auf der Z. lag); **etw. auf der Z. haben** (1. *das Gefühl haben, etw. Bestimmtes müsse einem im nächsten Moment wieder einfallen:* ich habe den Namen auf der Z. 2. *nahe daran sein, etw. Bestimmtes auszusprechen, zu äußern:* ich hatte schon eine entsprechende Bemerkung auf der Z.); **jmdm. auf der Z. brennen** *(jmdn. heftig drängen, etw. zu sagen, zu äußern):* es brannte mir auf der Z., ihm das zu sagen; **jmdm. leicht/glatt, schwer** o. ä. **von der Z. gehen** *(von jmdm. ganz leicht, nur schwer ausgesprochen, geäußert werden können):* es ist immer wieder erstaunlich, wie glatt ihm solche Lügen von der Z. gehen. **2.** (Zool.) *(bei den Mundgliedmaßen der Insekten) paariger Anhang der Unterlippe.* **3.** (Musik) *(bei der Orgel, beim Harmonium, bei bestimmten Blasinstrumenten) dünnes, längliches Plättchen aus Metall, Schilfrohr o. Ä., das in einem Luftstrom schwingt u. dadurch einen Ton erzeugt:* durchschlagende od. freie -n; aufschlagende -n. **4.** *(bei bestimmten Waagen) Zeiger.* **5.** (Technik) *länglicher, keilförmig sich verjüngender, beweglicher Teil einer Weiche.* **6.** *(an Schnürschuhen) zungenförmiger mittlerer Teil des vorderen Oberleders, Obermaterials, über dem die seitlichen Teile durch den Schnürsenkel zusammengezogen werden, Lasche.* **7.** ⟨meist Pl.⟩ (Zool.) *zur Familie der Seezungen gehörender Plattfisch; Seezunge.* **8.** *etw., was in seiner Form an eine Zunge* (1) *erinnert:* die Blütenblätter mancher Pflanzen heißen -n; der Gletscher läuft in einer langen Z. aus. **9.** ⟨Pl. selten⟩ *Fleisch von Zungen* (1) *(bes. vom Kalb od. Rind) als Gericht:* ein Stück gepökelte, geräucherte Z.; Z. in Madeira. **10.** (geh.) *Sprache:* so weit die deutsche Z. klingt *(überall, wo man Deutsch spricht);* *** etw. mit tausend -n predigen** (geh.; *auf etw. nachdrücklich hinweisen).*

zụn|geln ⟨sw. V.; hat⟩: **a)** *(bes. von Schlangen) mit der herausgestreckten Zunge wiederholt unregelmäßige, schnelle Bewegungen ausführen, sie rasch vor- u. zurückschnellen lassen:* die Schlange züngelt; **b)** *in einer Weise in Bewegung sein, die an die Zunge einer züngelnden Schlange erinnert; sich wiederholt schnell u. unruhig bewegen:* züngelnde Flammen; das Wasser züngelt am Bootsrand.

Zụn|gen|bre|cher, der (ugs.): *etw., was sehr schwer auszusprechen ist:* dieser exotische Name ist ein [wahrer] Z.

zụn|gen|bre|che|risch ⟨Adj.⟩ (ugs.): *schwer aussprechbar.*

zụn|gen|fer|tig ⟨Adj.⟩: *sprach-, wort-, redegewandt:* ein -er Abgeordneter, Verteidiger.

Zụn|gen|fer|tig|keit, die ⟨o. Pl.⟩: *Sprach-, Wort-, Redegewandtheit.*

zụn|gen|för|mig ⟨Adj.⟩: *wie eine Zunge* (1) *geformt, an eine Zunge erinnernd:* eine -e Lasche.

Zụn|gen|kuss, der: *Kuss, bei dem die Zunge des einen Partners in den Mund des anderen eindringt.*

Zụn|gen|laut, der (Sprachw.): *Lingual.*

Zụn|gen|pfei|fe, die (Musik): *Lingualpfeife.*

Zụn|gen-R, das; - (Sprachw.): *als Lingual artikulierter r-Laut.*

Zụn|gen|re|den, das; -s (Psych.): *Glossolalie.*

Zụn|gen|re|gis|ter, das (Musik): *aus Lingualpfeifen bestehendes Orgelregister.*

Zụn|gen|rü|cken, der (Anat.): *Oberseite der Zunge.*

Zụn|gen|schlag, der: **1.** *rasche, schlagende o. ä. Bewegung der Zunge* (1). **2.** (Musik) *beim Blasen von Blasinstrumenten übliche Artikulation bestimmter Silben od. Konsonanten.* **3.** (seltener) **a)** *Akzent* (2): sie sprach mit amerikanischem Z.; **b)** *für eine bestimmte Haltung, Einstellung, Gesinnung o. Ä. charakteristische Ausdrucksweise, Redeweise, Sprache:* ein modischer Z.; der Z. der Jugend; *** falscher Z.** *(Äußerung, die nicht dem entspricht, was jmd. wirklich denkt, meint).*

Zụn|gen|spit|ze, die: *vorderster Teil der Zunge* (1).

Zụn|gen|stim|me, die (Musik): *Zungenregister.*

Zụn|gen|wurst, die (Kochk.): *Blutwurst mit großen Stücken Zunge* (9).

Züng|lein, das; -s, -: Vkl. zu ↑Zunge (1, 4, 8): *** das Z. an der Waage** *(Person od. Sache, die bei etw. den Ausschlag gibt;* mit »Zünglein« bezeichnete man eine Art kleinen Zeiger in der Mitte des Waagebalkens, der anzeigt, nach welcher Seite sich die Waage neigt).

zu|nịch|te [mhd. ze nihte, zu: nihte, Substantivierung von: ↑nicht]: in den Verbindungen **etw. z. machen** *(etw. zerstören, vernichten; etw. vereiteln):* seine Krankheit hat all unsere Pläne z. gemacht; **z. werden/sein** *(zerstört, vernichtet werden, sein; vereitelt werden, sein):* seine Hoffnungen waren, wurden z.

zu̱|ni|cken ⟨sw. V.; hat⟩: *(jmdm.) etw. durch Ansehen u. Nicken signalisieren:* jmdm. aufmunternd, freundlich z.; sie nickten sich zu.

zu|nie̱|derst ⟨Adv.⟩ (landsch.): *zuunterst.*

zu|nụt|ze: in der Verbindung **sich** ⟨Dativ⟩ **etw. z. machen** *(etw. für seine Zwecke anwenden; Nutzen, einen Vorteil aus etw. ziehen):* sie macht sich seine Unerfahrenheit z.; seine Technik haben sich viele andere z. gemacht.

zu|o̱berst ⟨Adv.⟩: **a)** *ganz oben auf einem Stapel, in einem Fach, einem Raum o. Ä.:* die Hemden lagen im Koffer z.; **b)** *der oberen Begrenzung am nächsten:* ganz z. [auf dem Briefbogen] steht gewöhnlich die Anschrift des Absenders; **c)** *am Kopf (einer Tafel):* z. [an der Tafel] saß der Vater; **d)** *ganz oben in einer Rangordnung, Hierarchie o. Ä.:* unter allen Problemen, die gelöst werden müssen, steht dieses z.

zu̱|or|den|bar ⟨Adj.⟩ (seltener): *sich zuordnen lassend.*

zu̱|ord|nen ⟨sw. V.; hat⟩: *zu etw., was als zugehörig od. mit etw. als zusammengehörig angesehen wird, stellen; bei, unter etw. einordnen:* die Schnabeltiere werden den Säugetieren zugeordnet; er lässt sich keiner politischen Richtung eindeutig z.

Zu̱|ord|nung, die; -, -en: *das Zuordnen; das Zugeordnetsein; das Zugeordnetwerden.*

zu̱|pa|cken ⟨sw. V.; hat⟩: **1.** *zugreifen; schnell u. fest packen:* schnell, mit beiden Händen z. **2.** *energisch ans Werk gehen; nach Kräften arbeiten, mittun:* bei dieser Arbeit müssen alle kräftig z.; sie kann z.; er hat eine zupackende *(resolute, zielbewusste)* Art. **3.** (ugs.) *mit etw. ganz bedecken:* sie hatte das Kind ordentlich zugepackt.

zu̱|pap|pen ⟨sw. V.; hat⟩ (ugs.): *zukleben.*

zu̱|par|ken ⟨sw. V.; hat⟩: *durch Parken* (1) *versperren:* eine Ausfahrt z.; zugeparkte Bürgersteige.

zu|pass, (seltener:) **zu|pạs|se:** in der Verbindung **jmdm. z. kommen** (geh.; *jmdm. sehr gelegen, gerade recht kommen;* wohl zu veraltet Pass = angemessener Zustand): er, seine Hilfe, das Geld kam mir sehr, gut z.

zu̱|pas|sen ⟨sw. V.; hat⟩ (Ballspiele, bes. Fußball): *mit einem Pass* (3) *zuspielen:* dem mitgelaufenen Mann den Ball z.

zup|fen ⟨sw. V.; hat⟩ [spätmhd. zupfen, H. u., viell. verw. mit ↑Zopf u. eigtl. = Flachs, Hanf raufen]: **1.** *vorsichtig u. mit einem leichten Ruck an etw. ziehen:* an jmds. Bart z.; er zupfte nervös an seiner Krawatte; ⟨auch mit Akk.-Obj.:⟩ sie zupfte ihn am Ärmel. **2.** *lockern u. mit einem leichten Ruck [vorsichtig] herausziehen, von etw. trennen:* Unkraut z.; er zupfte sich ein Haar aus dem Bart; sich die Augenbrauen [mit der Pinzette] z. *(durch Entfernen störender Haare in eine bestimmte Form bringen).* **3.** *bei einem Saiteninstrument mit den Fingerspitzen an den Saiten reißen u. sie so zum Erklingen bringen:* die/an den Saiten z.; die Klampfe z.

Zupf|gei|ge, die (volkst. veraltet): *Gitarre.*

Zupf|in|stru|ment, das: *Saiteninstrument, dessen Saiten durch Zupfen zum Tönen gebracht werden* (z. B. Harfe, Gitarre).

zu̱|pflas|tern ⟨sw. V.; hat⟩: *pflasternd vollständig bedecken, ausfüllen:* den ganzen Platz z.; Ü (abwertend:) man hat die Landschaft mit hässlichen Bauten zugepflastert; das Gesicht mit Schminke z.

zu̱|pfrop|fen ⟨sw. V.; hat⟩: *zukorken.*

zu̱|plin|kern ⟨sw. V.; hat⟩ (nordd.): *zublinzeln.*

zu̱|pres|sen ⟨sw. V.; hat⟩: *pressend zusammendrücken:* die Augen, die Lippen, den Mund z.

zu̱|pros|ten ⟨sw. V.; hat⟩: *prostend zutrinken:* er prostete ihr mit seinem Glas zu.

zur [t̮su:ɐ̯, t̮sʊr] ⟨Präp. + Art.⟩: *zu der:* z. Post gehen; das Gasthaus z. Linde; ⟨nicht auflösbar in festen Verbindungen:⟩ z. Genüge; z. Ruhe kommen; z. Neige gehen.

zu|rạn|de (auch: zu Rande): in den Verbindungen **mit etw. z. kommen** (ugs.; *etw. bewältigen, meistern können;* zu veraltet Rand = Ufer, also urspr. = mit dem Schiff [nicht] ans Ufer gelangen können): die Schüler kommen mit der Aufgabe nicht z.; **mit jmdm. z. kommen** (ugs.; *mit jmdm. gut auskommen, einig werden*): ich bin mit ihr problemlos z. gekommen.

zu̱|ra|sen ⟨sw. V.; ist⟩ (ugs.): *in Richtung auf jmdn., etw. rasen:* der Wagen raste auf den Abgrund zu.

zu|ra̱|te (auch: zu Rate): in den Verbindungen **jmdn. z. ziehen** *(jmdn. um Rat fragen, konsultieren):* sie wollte noch einen anderen Arzt z. ziehen; **etw. z. ziehen** *(etw., ein Buch o. Ä., zu Hilfe nehmen, um eine bestimmte Information zu erhalten):* um mich darüber zu informieren, habe ich ein Lexikon z. gezogen.

zu̱|ra|ten ⟨st. V.; hat⟩: *raten, auf etw. einzugehen, etw. anzunehmen, zu tun o. Ä.:* zu diesem Kauf kann ich dir nur z.; er riet mir zu hinzugehen.

zu̱|rau|nen ⟨sw. V.; hat⟩ (geh.): *raunend, leise etw. zu jmdm. sagen, jmdm. etw. mitteilen:* jmdm. leise eine Neuigkeit z.

[1]Zür|cher (schweiz. nur so), Züricher, der; -s, -: Ew. zu ↑Zürich.

[2]Zür|cher (schweiz. nur so), Züricher ⟨indekl. Adj.⟩: Zür[i]cher Geschnetzeltes.

Zür|che|rin, die; -, -nen: w. Form zu ↑[1]Zürcher.

zür|che|risch (schweiz. nur so), züricherisch ⟨Adj.⟩: *Zürich, die [1]Zürcher betreffend, von den [1]Zürchern stammend, zu ihnen gehörend:* eine alte -e Tradition.

zu̱|rech|nen ⟨sw. V.; hat⟩: **1.** *zuordnen:* dieses Tier wird den Säugetieren zugerechnet. **2.** (seltener) *zur Last legen, zuschreiben, anrechnen* (2): die Folgen hast du dir selbst zuzurechnen. **3.** (seltener) *hinzurechnen, rechnend hinzufügen:* diese Stimmen werden dem Kandidaten zugerechnet.

Zu̱|rech|nung, die; -, -en: *das Zurechnen, Zugerechnetwerden.*

zu̱|rech|nungs|fä|hig ⟨Adj.⟩: **1.** (Rechtsspr. früher) *schuldfähig.* **2.** *geistig normal, bei klarem Verstand seiend:* du bist wohl nicht z.!

Zu̱|rech|nungs|fä|hig|keit, die ⟨o. Pl.⟩ [zu veraltet Zurechnung = (sittliche) Verantwortlichkeit]: **1.** (Rechtsspr. früher) *Schuldfähigkeit.* **2.** *klarer Verstand:* ich zweifle an deiner Z.

zu̱|rech|nungs|un|fä|hig ⟨Adj.⟩ (Rechtsspr. früher): *nicht schuldfähig.*

Zu̱|rech|nungs|un|fä|hig|keit, die ⟨o. Pl.⟩ (Rechtsspr. früher): *Schuldunfähigkeit.*

zu|rẹcht|bie|gen ⟨st. V.; hat⟩: *in die passende Form biegen:* du musst den Draht noch ein wenig z.; Ü er wird die Sache schon wieder z. (ugs.; *in Ordnung bringen*).

zu|rẹcht|brin|gen ⟨unr. V.; hat⟩: *in Ordnung bringen:* sie hat alles wieder zurechtgebracht, was er verdorben hat.

zu|rẹcht|fei|len ⟨sw. V.; hat⟩: vgl. zurechtbiegen.

zu|rẹcht|fin|den, sich ⟨st. V.; hat⟩: *die räumlichen,*

zeitlichen o. ä. Zusammenhänge, die gegebenen Verhältnisse, Umstände erkennen, sie richtig einschätzen, damit vertraut, fertig werden: sich irgendwo schnell, nur langsam, mühsam z.; mit der Zeit fand er sich in der neuen Umgebung zurecht; sich nicht im Leben z.

zu|rẹcht|fli|cken ⟨sw. V.; hat⟩: *durch Flicken wieder brauchbar machen:* jmds. alte Kleider, Schuhe notdürftig z.

zu|rẹcht|kom|men ⟨st. V.; ist⟩: **1.** *für etw. ohne große Schwierigkeiten einen möglichen Weg, die richtige Lösung finden, es bewältigen; mit jmdm., etw. fertig werden:* wie soll man mit einer solchen Maschine z.?; sie kommt mit den Kindern nicht mehr zurecht. **2.** (seltener) *rechtzeitig, zur rechten Zeit kommen:* wir kamen gerade noch zurecht, bevor das Spiel begann.

zu|rẹcht|le|gen ⟨sw. V.; hat⟩: **1.** *bereitlegen:* ich habe [mir] die Unterlagen schon zurechtgelegt. **2.** *sich für einen bestimmten Fall im Voraus etw. überlegen u. sich so dafür rüsten, darauf einstellen:* ich habe mir schon einen Plan für heute Abend zurechtgelegt; sich eine Antwort, Entschuldigung z.

zu|rẹcht|ma|chen ⟨sw. V.; hat⟩ (ugs.): **1.** *für den Gebrauch herrichten, fertig machen:* den Salat, das Essen z.; für jmdn. das Bett, ein Bad z. **2.** *mit kosmetischen Mitteln, Kleidern, Frisuren o. Ä. jmds. od. sein eigenes Äußeres in einen ordentlichen Zustand bringen, verschönen:* das Kind, sich nett, sorgfältig, etwas zu auffällig z.; die Kosmetikerin machte die Kundin geschickt zurecht. **3.** (seltener) *zurechtlegen* (2), *ausdenken:* ich habe mir schon einen Plan, eine Ausrede zurechtgemacht.

zu|rẹcht|rü|cken ⟨sw. V.; hat⟩: *an die passende, an eine für einen bestimmten Zweck geeignete Stelle rücken:* ein Kissen, die Krawatte, den Hut, seine Brille z.; Ü du musst diese Sache wieder z. (ugs.; *in Ordnung bringen*).

zu|rẹcht|schnei|den ⟨unr. V.; hat⟩: *durch Schneiden in die passende, in eine für einen bestimmten Zweck geeignete Form bringen:* sich einen Bogen Geschenkpapier z.

zu|rẹcht|schnei|dern ⟨sw. V.; hat⟩ (ugs., oft abwertend): *(ein Kleidungsstück) dilettantisch nähen, anfertigen:* ein Kleid z.; Ü ein Programm z.

zu|rẹcht|schus|tern ⟨sw. V.; hat⟩ (ugs. abwertend): vgl. zurechtschneidern.

zu|rẹcht|set|zen ⟨sw. V.; hat⟩: **1.** ⟨z. + sich⟩ *sich an die passende Stelle setzen, sich so hinsetzen, wie es für einen bestimmten Zweck am geeignetsten, wie es am angenehmsten ist:* sich bequem z.; alle setzten sich zurecht, um zuzuhören. **2.** vgl. zurechtrücken: den Hut, die Brille z.

zu|rẹcht|stel|len ⟨sw. V.; hat⟩: vgl. zurechtrücken: die Gläser, den Tisch, ein Stativ, eine Staffelei z.; er stellte ihr den Stuhl zurecht.

zu|rẹcht|strei|chen ⟨st. V.; hat⟩: *durch Streichen, Darüberfahren ordnen, glätten:* das Tischtuch z.; streich dir das Haar noch etwas zurecht!

zu|rẹcht|stut|zen ⟨sw. V.; hat⟩: vgl. zurechtschneiden: die Hecke z.; Ü den Text z.

zu|rẹcht|wei|sen ⟨st. V.; hat⟩: *jmdm. gegenüber wegen seiner Verhaltensweise sehr deutlich seine Missbilligung ausdrücken, ihn nachdrücklich tadeln:* jmdn. scharf, barsch, streng z.

Zu|rẹcht|wei|sung, die: **1.** *das Zurechtweisen:* er bedauerte die ungerechtfertigte Z. des Kindes. **2.** *zurechtweisende Äußerung, Tadel:* diese -en kannst du dir sparen.

zu|rẹcht|zim|mern ⟨sw. V.; hat⟩: *dilettantisch zimmern; zimmernd anfertigen:* Ü sich eine passende Ideologie z.

zu̱|re|den ⟨sw. V.; hat⟩: *bei jmdm. mit eindringlichen Worten etw. zu bewirken, eine bestimmte Entscheidung herbeizuführen versuchen; jmdm. durch sein Reden zu etw. raten:* jmdm. gut, eindringlich, lange, mit ernsten Worten z.

zu̱|rei|chen ⟨sw. V.; hat⟩: **1.** *jmdm. etw., was er für einen bestimmten Zweck, seine Arbeit gerade benötigt, nacheinander, eins nach dem andern reichen, hinhalten:* dem Arzt bei der Operation die Instrumente z. **2.** (landsch.): *ausreichen* (1), *genügen:* der Stoff wird gerade z.

zu̱|rei|chend ⟨Adj.⟩ (geh.): *hinreichend, genügend.*

zu̱|rei|ten ⟨st. V.⟩: **1.** *durch Reiten, entsprechende Übungen zum Reitpferd ausbilden* ⟨hat⟩: einen wilden Hengst z.; ein gut, schlecht zugerittenes Pferd. **2.** *sich reitend in Richtung auf jmdn., etw., auf ein Ziel zubewegen* (b) ⟨ist⟩: sie ritten dem Wald/auf den Wald zu.

Zü|rich: Kanton u. Stadt in der Schweiz.

[1]Zü|ri|cher: ↑[1]Zürcher.

[2]Zü|ri|cher: ↑[2]Zürcher.

Zü|ri|che|rin, die; -, -nen: w. Form zu ↑[1]Züricher.

zü|ri|che|risch: ↑zürcherisch.

zu̱|rich|ten ⟨sw. V.; hat⟩: **1.** (landsch., Fachspr.) *für einen bestimmten Zweck aufbereiten, bearbeiten, zurechtmachen; zum Gebrauch, zur Benutzung herrichten:* das Frühstück z.; er war dabei, die Bretter für die Regale zuzurichten. **2. a)** *verletzen; durch Verletzungen in einen üblen Zustand bringen:* sie haben ihn bei der Schlägerei schrecklich zugerichtet; **b)** *stark beschädigen, abnutzen:* die Kinder haben die Möbel schon ziemlich zugerichtet.

Zu̱|rich|tung, die; -, -en: *das Zurichten; fachgerechtes Bearbeiten, Behandeln, Herrichten.*

zu̱|rie|geln ⟨sw. V.; hat⟩: *durch Vorschieben des Riegels verschließen:* das Tor, Fenster z.

zụ̈r|nen ⟨sw. V.; hat⟩ [mhd. zürnen, ahd. zurnen, zu ↑Zorn] (geh.): *zornig, ärgerlich auf jmdn. sein, ihm grollen, böse sein:* tagelang hat sie ihm/(auch:) mit ihm gezürnt; soll ich ihm deswegen z.?

zu̱|rol|len ⟨sw. V.⟩: **1.** *rollend in Richtung auf jmdn., etw. hinbewegen* ⟨hat⟩: sie rollten das schwere Fass langsam auf den Wagen zu. **2.** *sich rollend in Richtung auf jmdn., etw. zubewegen* (b) ⟨ist⟩: der Ball rollte auf das Tor zu.

zụr|ren ⟨sw. V.; hat⟩ [älter: sorren < niederl. sjorren]: **1.** (bes. Seemannsspr.) *zum Befestigen zerren, ziehen [mit einer kräftigen, ruckartigen Bewegung]:* die Matrosen zurrten die Hängematten. **2.** (landsch.) *zerren, schleifen, ziehen:* er zurrte den schweren Sack über die Stufen.

Zur|schau̱|stel|lung, die; -, -en: *das Zur-Schau-Stellen:* diese Sendung basiert auf der Z. menschlichen Unglücks.

zu|rụ̈ck ⟨Adv.⟩ [mhd., ahd. ze rucke = nach dem Rücken, auf den Rücken, im Rücken; schon im Mhd. gelegentlich zusammengeschrieben zerucke mit der Bed. »rückwärts«]: **1. a)** *wieder auf den, zum Ausgangspunkt, -ort, in Richtung auf den Ausgangsort, -punkt:* hin sind wir gelaufen, z. haben wir ein Taxi genommen; die Fahrt [von Paris] z. war etwas strapaziös; eine Stunde hin und eine Stunde z. *(für den Rückweg);* einmal Hamburg hin und z. *(eine Rückfahrkarte nach Hamburg),* bitte!; mit vielem Dank z. *(hiermit gebe ich es zurück u. bedanke mich vielmals);* **b)** *wieder am Ausgangsort, -punkt:* er ist noch nicht [aus dem Urlaub, von der Reise] z.; ich bin in zehn Minuten z. *(wieder da).* **2.** *[weiter] nach hinten, rückwärts:* [einen Schritt, einen Meter] z.!; vor und z. **3.** *[weiter] hinten:* seine Frau folgte etwas weiter z., einen Meter z. **4.** (landsch.) *vorher:* ein Vierteljahr z. war er hier angekommen. **5.** (ugs.) *in der Entwicklung, im Fortschritt zurückgeblieben, im Rückstand:* er ist mit seinem Arbeitspensum ziemlich z.; das Kind ist für sein Alter etwas z.

Zu|rụ̈ck, das; -[s]: *Möglichkeit zur Umkehr, umzukehren:* es gibt [für uns] kein Z. mehr.

zu|rụ̈ck|be|för|dern ⟨sw. V.; hat⟩: *wieder an den, in Richtung auf den Ausgangsort befördern:* etw., jmdn. [irgendwohin] z.

zu|rụ̈ck|be|ge|ben, sich ⟨st. V.; hat⟩: *sich wieder an den Ausgangsort begeben:* ich begab mich sofort [nach Hause] zurück.

zu|rụ̈ck|be|glei|ten ⟨sw. V.; hat⟩: vgl. zurückbefördern.

zu|rụ̈ck|be|hal|ten ⟨st. V.; hat⟩: **1.** *nicht herausgeben, nicht weitergeben, bei sich behalten:* etw. vorläufig, als Pfand z. **2.** *behalten* (2 b): er hat [von dem Unfall] eine Narbe zurückbehalten.

zu|rụ̈ck|be|kom|men ⟨st. V.; hat⟩: **1.** *zurückgegeben* (1 a) *bekommen, wiederbekommen:* hast du dein [gestohlenes, verliehenes] Fahrrad zurückbekommen? **2.** (ugs.) *wieder in die Ausgangslage bekommen:* er bekam den Hebel nicht zurück.

zu|rụ̈ck|be|or|dern ⟨sw. V.; hat⟩: *jmdn. anweisen, ihm befehlen zurückzukommen:* sie wurden in die Garnison zurückbeordert.

zu|rụ̈ck|be|sin|nen, sich ⟨st. V.; hat⟩: **a)** *sich wieder (auf etw.) besinnen* (2 a): er kann, mochte sich nicht z. an jene Zeit; **b)** *sich wieder (auf etw.) besinnen* (2 b): sich auf seine guten Vorsätze z.

zu|rụ̈ck|beu|gen ⟨sw. V.; hat⟩: **1.** *nach hinten beugen:* den Kopf z. **2.** ⟨z. + sich⟩ *sich nach hinten beugen.*

zu|rụ̈ck|be|we|gen ⟨sw. V.; hat⟩: **a)** *wieder an den, in Richtung auf den Ausgangspunkt bewegen:* den Hebel langsam [wieder] z.; **b)** ⟨z. + sich⟩ *sich wieder an den Ausgangspunkt, in Richtung auf die Ausgangslage bewegen:* die Tachonadel bewegt sich [auf null] zurück.

zu|rụ̈ck|be|zah|len ⟨sw. V.; hat⟩: *zurückzahlen* (1).

zu|rụ̈ck|be|zie|hen, sich ⟨unr. V.; hat⟩: *sich auf etw. Vorhergegangenes, Zurückliegendes beziehen, damit gedanklich verknüpfen, in Beziehung setzen:* sich auf die Äußerungen eines Vorredners z.

zu|rụ̈ck|bie|gen ⟨st. V.; hat⟩: vgl. zurückbeugen: das Modell lässt sich leicht in die gewünschte Position z.

zu|rụ̈ck|bil|den, sich ⟨sw. V.; hat⟩: **a)** *wieder an Größe, Umfang abnehmen u. somit allmählich wieder zu einem früheren Zustand zurückkehren:* das Geschwür hat sich [weitgehend, vollständig] zurückgebildet; **b)** *schrumpfen, immer kleiner werden [u. allmählich verschwinden]:* die Hinterbeine haben sich im Laufe von Jahrmillionen [völlig] zurückgebildet.

Zu|rụ̈ck|bil|dung, die: *das Sichzurückbilden, Zurückgebildetsein.*

zu|rụ̈ck|bin|den ⟨st. V.; hat⟩: *nach hinten binden:* sich die Haare zum Zopf z.

zu|rụ̈ck|blät|tern ⟨sw. V.; hat⟩: *durch Blättern in einem Buch o. Ä. zu einer weiter vorn liegenden Seite zu gelangen suchen:* er blätterte noch einmal auf Seite 7 zurück.

zu|rụ̈ck|blei|ben ⟨st. V.; ist⟩: **1. a)** *nicht mitkommen, nicht mitgenommen werden u. an seinem Standort, an seinem Platz bleiben:* das Gepäck muss im Hotel z.; als Wache bei jmdm. z.; alle liefen davon, und ich blieb als Einziger zurück; **b)** *nicht im gleichen Tempo folgen:* ich blieb ein wenig [hinter den anderen] zurück. **2. a)** *als Rest, Rückstand o. Ä. übrig bleiben:* von dem Fleck ist ein hässlicher Rand zurückgeblieben; **b)** *als dauernde Schädigung bleiben:* von dem Unfall ist [bei ihm] nichts, ein Gehörschaden zurückgeblieben. **3.** *nicht näher kommen:* bleiben Sie bitte von der Kaimauer zurück! **4. a)** *sich nicht wie erwartet [weiter]entwickeln, mit einer Entwicklung nicht Schritt halten:* ihre Gehälter blieben weit hinter der allgemeinen Einkommensentwicklung zurück; **b)** *(mit einer Arbeit o. Ä.) nicht wie geplant, wie erwartet vorankommen.*

zu|rụ̈ck|blen|den ⟨sw. V.; hat⟩ (Film): *eine Rückblende (auf etw.) einsetzen, folgen lassen:* nach der Flughafenszene wird zurückgeblendet.

zu|rụ̈ck|bli|cken ⟨sw. V.; hat⟩: **1. a)** *nach hinten, bes. in Richtung auf etw., was man soeben verlassen hat, blicken:* er drehte sich noch einmal um und blickte [auf die Stadt] zurück; **b)** *sich umblicken:* er hat, ohne zurückzublicken, die Spur gewechselt. **2.** *sich Vergangenes, früher Erlebtes noch einmal vergegenwärtigen, vor Augen führen:* wenn ich auf die letzten Wochen zurückblicke, bin ich zufrieden; *** auf etw. z. können** *(etw., was Anerkennung, Bewunderung o. Ä. verdient, hinter sich haben, erlebt haben):* sie kann auf ein reiches Leben z.; der Verein kann auf eine lange Tradition z.

zu|rụ̈ck|brin|gen ⟨unr. V.; hat⟩: **1. a)** *zurück an den Ausgangspunkt, an seinen Platz bringen:* Pfandflaschen z.; ich werde dir das Buch z., sobald ich es gelesen habe; Ü jmdn. ins Leben z. *(wieder beleben);* erst das Klingeln des Telefons brachte sie in die Wirklichkeit zurück; **b)** *zurückführen* (1), *zurückbegleiten:* er brachte die Dame an ihren Platz zurück; der Angeklagte wurde in seine Zelle zurückgebracht. **2.** (ugs.) *zurückwerfen* (4): die lange Krankheit hat ihn [in der Schule] ganz schön zurückgebracht. **3.** (landsch.) *zurückbekommen* (2): ich bringe den Hebel nicht mehr zurück.

zu|rück|da|tie|ren ⟨sw. V.; hat⟩: **1.** *mit einem früheren Datum versehen:* eine Rechnung z. **2.** *für etw., für die Entstehung von etw. einen früheren Zeitpunkt ansetzen:* die Statue wird heute um etwa 200 Jahre zurückdatiert. **3.** *zurückgehen* (6).

zu|rück|den|ken ⟨unr. V.; hat⟩: *an etw. Zurückliegendes, an jmdn. aus früheren Zeiten denken:* an seine Jugend z.; wenn ich so zurückdenke, es war doch eine schlimme Zeit.

zu|rück|drän|gen ⟨sw. V.; hat⟩: **1. a)** *wieder an den, in Richtung auf den Ausgangsort drängen* (2 a): die Demonstranten wurden von Polizisten [hinter die Absperrung] zurückgedrängt; **b)** *nach hinten [weg]drängen:* er drängte ihn [immer weiter, ein Stück] zurück; Ü er versuchte die Angst zurückzudrängen *(zu unterdrücken).* **2.** *wieder an der, in Richtung auf den Ausgangspunkt drängen* (2 b) ⟨auch: ist⟩: die Menge drängte [ins Freie] zurück. **3.** *in seiner Wirksamkeit, Ausbreitung, Verbreitung zunehmend einschränken:* den Drogenmissbrauch z.

Zu|rück|drän|gung, die; -, -en: *das Zurückdrängen; das Zurückgedrängtwerden.*

zu|rück|dre|hen ⟨sw. V.; hat⟩: **1. a)** *wieder in die Ausgangsstellung drehen:* den Knopf auf null z.; **b)** *rückwärts drehen:* beim Stellen der Uhr soll man [die Zeiger] nicht z.; **c)** *durch Zurückdrehen* (1 b) *eines Reglers o. Ä. drosseln:* die Lautstärke [etwas] z. **2.** ⟨z. + sich⟩ *sich rückwärts drehen:* die Räder drehen sich zurück.

zu|rück|drü|cken ⟨sw. V.; hat⟩: **a)** *nach hinten drücken:* er versuchte mich zurückzudrücken; **b)** *wieder in die Ausgangslage, an den Ausgangspunkt, -ort drücken:* den Hebel [in die Nullstellung] z.

zu|rück|dür|fen ⟨unr. V.; hat⟩: **a)** *zurückkommen, -gehen, -kehren dürfen:* er darf nie mehr [in seine Heimat] zurück; **b)** (ugs.) *zurückgelegt, -gebracht o. Ä. werden dürfen:* das aufgetaute Fleisch darf nicht in die Kühltruhe zurück.

zu|rück|ei|len ⟨sw. V.; ist⟩: *sich eilig zurückbegeben:* er eilte [ins Haus] zurück.

zu|rück|ent|wi|ckeln, sich ⟨sw. V.; hat⟩: *sich in einer Weise verändern, dass dadurch eine bereits durchlaufene Entwicklung wieder rückgängig gemacht wird:* seit dem Putsch hat sich das Land wirtschaftlich zurückentwickelt.

zu|rück|er|hal|ten ⟨st. V.; hat⟩: vgl. zurückbekommen (1): das Gepäck werden sie erst in einer Woche z.

zu|rück|er|in|nern, sich ⟨sw. V.; hat⟩: *sich erinnern, etw. ins Gedächtnis zurückrufen; zurückdenken:* sich an eine Begegnung z.; wenn ich mich an damals zurückerinnere, muss ich heute noch lachen.

zu|rück|er|lan|gen ⟨sw. V.; hat⟩ (geh.): vgl. zurückbekommen (1).

zu|rück|er|o|bern ⟨sw. V.; hat⟩: *durch Eroberung zurückerhalten:* ein Gebiet, eine Stadt z.; Ü einen Wahlkreis z.

zu|rück|er|stat|ten ⟨sw. V.; hat⟩: *rückerstatten.*

zu|rück|er|war|ten ⟨sw. V.; hat⟩: *das Zurückkommen einer Person od. Sache erwarten:* ich erwarte ihn zum Abendessen, nächsten Montag zurück.

zu|rück|fah|ren ⟨st. V.⟩: **1.** ⟨ist⟩ **a)** *wieder an den, in Richtung auf den Ausgangspunkt fahren:* mit der Bahn [nach Hause] z.; **b)** *sich fahrend rückwärts, nach hinten bewegen:* fahr doch mal ein Stück zurück! **2.** ⟨hat⟩ **a)** *mit einem Fahrzeug zurückbefördern:* ich kann dich, die Geräte dann [mit dem Auto] z.; **b)** *an den Ausgangspunkt fahren* (4 b): ich muss den Leihwagen heute noch [nach Köln] z. **3.** *sich plötzlich rasch nach hinten bewegen, zurückweichen* ⟨ist⟩: er fuhr entsetzt, mit einem Schrei, erschrocken zurück. **4.** (Technik Jargon) *(eine Produktionsanlage o. Ä.) auf geringere Leistung, auf geringeren Ausstoß einstellen* ⟨hat⟩: ein Kraftwerk z.; Ü die Quote der Hochschulabsolventen solle zurückgefahren werden.

zu|rück|fal|len ⟨st. V.; ist⟩: **1. a)** *wieder an den Ausgangspunkt fallen:* das Pferd lässt sich auf die Vorderbeine z.; **b)** *nach hinten fallen, sinken:* er ließ sich [in den Sitz] z. **2.** (bes. Sport) **a)** *in Rückstand geraten:* der Läufer ist [weit, eine Runde] zurückgefallen; die Verfolger fielen immer weiter zurück; **b)** *auf ein niedrigeres Leistungsniveau o. Ä. sinken:* die Mannschaft ist auf den fünften Platz zurückgefallen. **3.** (Milit.) *zurückweichen, zurückgeschlagen werden:* die Front fiel weiter nach Westen zurück. **4.** *in einen früheren [schlechteren] Zustand, zu einer alten [schlechten] Gewohnheit o. Ä. zurückkehren:* in den alten Trott, in seine alte Lethargie, in die Bedeutungslosigkeit z. **5.** *wieder in jmds. Eigentum, Verfügungsgewalt o. Ä. übergehen:* das Grundstück fällt an den Staat zurück. **6.** *jmdm. angelastet werden; sich ungünstig, nachteilig auf jmdn. auswirken:* sein Auftreten fällt auf die ganze Mannschaft zurück.

zu|rück|fin|den ⟨st. V.; hat⟩: *den Weg zum Ausgangsort finden:* ich finde allein [zum Bahnhof] zurück; ⟨auch mit Akk.-Obj.:⟩ den Weg zur Unterkunft nicht z.; Ü die Hochspringerin hat zu ihrer alten Form zurückgefunden; zu sich selbst z. *(sich wiederfinden* 3).

zu|rück|flie|gen ⟨st. V.⟩: **1.** *wieder an den, in Richtung auf den Ausgangspunkt fliegen* (4) ⟨ist⟩: ich fliege heute noch [nach Paris] zurück. **2.** ⟨hat⟩ **a)** *mit einem Flugzeug zurückbefördern:* Hilfsmannschaften z.; **b)** *an den Ausgangspunkt fliegen* (5 b): der Pilot muss die Maschine nach Rom z. **3.** (ugs.) *zurückgeworfen, -geschleudert werden, zurückprallen, zurückschnellen* ⟨ist⟩: der Ball prallte ab und flog [ins Spielfeld] zurück.

zu|rück|flie|ßen ⟨st. V.; ist⟩: **1.** *wieder an den Ausgangsort fließen:* das Wasser fließt [ins Becken] zurück. **2.** *(bes. von Geld) zurückgelangen:* ein Teil des Geldes fließt [über den Tourismus] in das Land zurück.

zu|rück|for|dern ⟨sw. V.; hat⟩: *die Rückgabe (von etw.) fordern; reklamieren* (2): seine Bücher z.; die Zuschauer forderten ihr Eintrittsgeld zurück.

zu|rück|fra|gen ⟨sw. V.; hat⟩: **1.** *eine Gegenfrage stellen, mit einer Gegenfrage antworten:* »Und was machst du?«, fragte sie zurück. **2.** (seltener) *rückfragen.*

zu|rück|führ|bar ⟨Adj.⟩: *sich zurückführen* (4) *lassend:* diese Formen sind alle auf eine Grundform z.

zu|rück|füh|ren ⟨sw. V.; hat⟩: **1.** *jmdn. an den Ausgangsort führen:* jmdn. [nach Hause] z.; Ü die Kunstwerke wurden wieder in den ägyptischen Besitz zurückgeführt. **2.** *zum Ausgangspunkt führen* (7 b): es führt [von dort] kein anderer Weg zurück; die Linie führt in vielen Windungen zum Anfangspunkt zurück. **3.** *zurückbewegen* (a): den Hebel z. **4.** *etw. von etw. ab-, herleiten:* alle diese Formen kann man auf eine gemeinsame Grundform z. **5.** *als Folge (von etw.) auffassen, erkennen:* das Unglück ist auf menschliches Versagen zurückzuführen; die Bauern führen die schlechte Ernte darauf zurück, dass es im Sommer sehr wenig geregnet hat. **6.** *bewirken, dass sich etw. auf eine frühere Stufe zurückbewegt, einen früheren Zustand wieder erreicht.*

Zu|rück|füh|rung, die; -, -en: *das Zurückführen, Zurückgeführtwerden.*

zu|rück|ge|ben ⟨st. V.; hat⟩: **1. a)** *wieder dem [ursprünglichen] Besitzer o. Ä. übergeben:* jmdm. ein geliehenes Buch z.; etw. freiwillig z.; sein Parteibuch z. *(aus der Partei austreten);* Ü jmdm., einem Tier seine Freiheit z.; dieser Erfolg hat ihm sein Selbstbewusstsein zurückgegeben; **b)** *etw. Gekauftes wieder zurückbringen, um den Kauf rückgängig zu machen:* nicht benutzte Fahrkarten z.; den verschimmelten Käse würde ich z.; **c)** *etw., was einem zuerkannt, verliehen, übertragen wurde, wieder an die verleihende, beauftragende o. ä. Stelle abgeben u. es nicht länger beanspruchen:* sein Mandat [an die Partei], den Vorsitz in einem Gremium z. **2.** (Ballspiele) **a)** *(den Ball, Puck) wieder demjenigen Spieler zuspielen, von dem man angespielt wurde:* der Libero gibt [den Ball] an den Torwart zurück; **b)** *zurückspielen* (b): er gab den Ball zurück. **3. a)** *auf die gleiche Art beantworten* (3): einen Blick z.; **b)** *antworten, erwidern* (1): »Danke gleichfalls!«, gab er zurück.

zu|rück|ge|blie|ben: **1.** ↑zurückbleiben. **2.** ⟨Adj.⟩ *in der geistigen Entwicklung nicht der Norm entsprechend* (wird häufig als abwertend empfunden): ein -es Kind; er ist [geistig] etwas z.

zu|rück|ge|hen ⟨unr. V.; ist⟩: **1. a)** *wieder an den, in Richtung auf den Ausgangsort gehen:* auf seinen Platz z.; **b)** *rückwärts gehen, sich nach hinten bewegen:* geh bitte ein Stück zurück; Ü weit in die Geschichte z. **2.** *sich zurückbewegen* (1 b): der Hebel geht automatisch [in seine Ausgangslage] zurück. **3. a)** (ugs.) *seinen Wohnsitz zurückverlegen in seine Heimat, seine alte Umgebung o. Ä. zurückkehren:* nach dem Examen ging er [wieder] nach München zurück; **b)** *wieder wie früher in einem bestimmten Bereich [beruflich] tätig werden:* er geht in den Staatsdienst, zum Theater zurück; **c)** *die Rückfahrt beginnen:* unser Bus geht um 11 Uhr zurück; **d)** *(von einer Fahrt, Reise o. Ä.) in Richtung auf den Ausgangsort, -punkt erfolgen, angetreten werden:* wann soll die Reise z.?; ⟨unpers.:⟩ anschließend geht es dann [ins Hotel] zurück; **e)** *zurückfallen* (5): der ganze Besitz geht an die Familie zurück. **4. a)** *sich verkleinern [u. schließlich verschwinden]:* die Entzündung, die Schwellung geht allmählich zurück; **b)** *abnehmen, sich verringern:* die Fischbestände gehen immer mehr zurück; das Fieber, das Hochwasser ist etwas zurückgegangen *(gesunken);* die Produktion, der Umsatz geht kontinuierlich zurück. **5.** *[nicht angenommen u.] zurückgeschickt werden:* die beschädigten Bücher an den Verlag z. lassen; die Unterlagen gehen an den Bewerber zurück. **6.** *seinen Ursprung in etw. haben; von jmdm., etw. herstammen:* diese Redensart geht auf Luther zurück.

zu|rück|ge|lan|gen ⟨sw. V.; ist⟩: vgl. zurückkommen (2).

zu|rück|ge|win|nen ⟨st. V.; hat⟩: **1.** *(etw., was verloren wurde) wiedergewinnen, wieder in seinen Besitz bringen:* verspieltes Geld z.; er konnte viele Wählerstimmen z.; Ü sein Selbstvertrauen, seine Freiheit z.; er versucht, seine Jugendliebe zurückzugewinnen. **2.** *durch bestimmte Verfahren, Methoden, Vorgehensweisen etw. bereits in irgendeiner Form Verarbeitetes zur erneuten Nutzung gewinnen, aus etw. herausholen.*

zu|rück|ge|zo|gen: **1.** ↑zurückziehen. **2.** ⟨Adj.⟩ *in Zurückgezogenheit, Abgeschiedenheit [vor sich gehend, lebend]:* ein -es Leben führen.

Zu|rück|ge|zo|gen|heit, die; -: *Zustand des Sich-zurückgezogen-Habens, Abgeschiedenheit, Kontaktlosigkeit:* in [völliger] Z. leben.

zu|rück|glei|ten ⟨st. V.; ist⟩: **a)** *sich gleitend* (1 a) *zurückbewegen:* das Segelflugzeug gleitet zur Erde zurück; sich ins Bassin z. lassen; **b)** *sich gleitend* (1 b) *zurückbewegen:* lautlos glitt der Vorhang zurück.

zu|rück|grei|fen ⟨st. V.; hat⟩: **1.** *beim Erzählen in der Vergangenheit beginnen, auf zeitlich weiter Zurückliegendes zurückgehen:* um das zu erklären, muss ich ein wenig z. **2.** *von etw. für den Bedarfsfall Verfügbarem, einer Art [bisher unangetasteter] Reserve o. Ä. Gebrauch machen:* auf seine Ersparnisse z.; auf ein altes Hausmittel z.

zu|rück|ha|ben ⟨unr. V.; hat⟩ (ugs.): *wiederhaben:* hast du das Buch inzwischen zurück?

zu|rụ̈ck|hal|ten ⟨st. V.; hat⟩: **1.** *daran hindern, sich zu entfernen, wegzugehen, davonzulaufen:* jmdn. am Arm z.; Kriegsgefangene widerrechtlich z.; wer gehen will, den soll man nicht z. **2.** *am Vordringen hindern, (jmdm.) den Weg versperren; aufhalten* (1 a): Demonstranten z.; die Ordner versuchten die Menge zurückzuhalten. **3.** *bei sich behalten, nicht weitergeben, nicht herausgeben:* Nachrichten z.; die Sendung wird noch vom Zoll zurückgehalten; sein Wasser, den Stuhl [künstlich] z. **4.** *an etw. hindern, von etw. abhalten:* du hättest ihn von diesem Schritt z. müssen. **5. a)** *nicht äußern, nicht zum Ausdruck bringen:* seinen Zorn, seine Gefühle nicht länger z. können; er hielt seine Meinung/mit seiner Meinung nicht zurück; **b)** *(mit etw.) warten, zögern:* er hält mit dem Verkauf der Aktien noch zurück. **6.** ⟨z. + sich⟩ **a)** *sich beherrschen; sich dazu zwingen, etw. nicht zu tun:* ich musste mich [gewaltsam] z. [um ihm nichts anzutun]; du sollst dich beim Essen, Trinken etwas z.; **b)** *sich (gegenüber anderen) im Hintergrund halten, sich bei etw. nicht stark beteiligen:* er hielt sich in der Diskussion sehr zurück.

zu|rụ̈ck|hal|tend ⟨Adj.⟩: **a)** *dazu neigend, sich im Hintergrund zu halten, bescheiden, unaufdringlich, still:* ein -er Mensch; seine -e Art; Ü ein -es *(unaufdringliches)* Grün; **b)** *reserviert:* man bereitete dem Staatsgast einen eher -en Empfang; der Beifall des Premierenpublikums war recht z. *(mäßig)*; Ü die derzeit sehr -e *(schwache)* Nachfrage; er ist mit Lob sehr z. *(spricht nur selten ein Lob aus).*

Zu|rụ̈ck|hal|tung, die ⟨o. Pl.⟩: **1.** (selten) *das [Sich]zurückhalten.* **2. a)** *zurückhaltendes* (a) *Wesen, Verhalten, zurückhaltende Art:* seine vornehme Z.; Z. üben, beobachten; **b)** *zurückhaltendes* (b) *Wesen, Verhalten, zurückhaltende Art; Reserve* (3): seine kühle, fast verletzende Z.; die Kritik hat seinen neuen Roman mit Z. aufgenommen; Ü an der Börse herrschte große Z.

zu|rụ̈ck|ho|len ⟨sw. V.; hat⟩: **1.** *holen* (1 b) *u. so wieder zurückbringen.* **2.** vgl. zurückrufen (1, 2).

zu|rụ̈ck|kau|fen ⟨sw. V.; hat⟩: *etw. Verkauftes, Weggegebenes, verloren Gegangenes o. Ä. käuflich erwerben u. so zurückholen:* ich würde das Grundstück gerne z.

zu|rụ̈ck|keh|ren ⟨sw. V.; ist⟩ (geh.): **1.** *zurückkommen* (1 a): von einer Reise, aus dem Urlaub, aus dem Exil, von einem Spaziergang [nach Hause] z.; Ü zum Ausgangspunkt der Diskussion z.; er ist zu ihr zurückgekehrt. **2.** *wieder an den Ausgangspunkt gelangen:* der Zeiger kehrt in die Nullstellung zurück. **3.** *sich wieder einstellen* (5 b): allmählich kehrte das Bewusstsein, die Erinnerung zurück. **4.** *auf etw. zurückgreifen; etw. wieder aufgreifen:* zu klassischen Formen z.

zu|rụ̈ck|kom|men ⟨st. V.; ist⟩: **1. a)** *wieder am Ausgangsort, -punkt ankommen, wiederkommen:* wann kommt ihr [nach Hause] zurück?; der Brief ist [als unzustellbar] zurückgekommen; ihr Mann ist nicht aus dem Krieg zurückgekommen; **b)** *sich wieder einstellen* (5 b): die Schmerzen kommen zurück; allmählich kam [ihm] die Erinnerung zurück; **c)** (ugs.) *zurückgelegt, -gebracht o. Ä. werden:* die Bücher kommen alle in mein Zimmer zurück. **2.** *wieder an den Ausgangspunkt gelangen:* und wie soll ich dann [von da] ohne Auto z.? **3.** *etw. wieder aufgreifen; auf jmdn., etw. wieder Bezug nehmen:* auf ein Thema, eine Frage, einen Punkt z.; ich werde eventuell auf Sie, auf Ihr Angebot z.

zu|rụ̈ck|kön|nen ⟨unr. V.; hat⟩: **1. a)** vgl. zurückdürfen (a); **b)** (ugs.) vgl. zurückdürfen (b). **2.** *eine Entscheidung o. Ä. wieder rückgängig machen können:* wenn du erst mal unterschrieben hast, kannst du nicht mehr zurück.

zu|rụ̈ck|krie|gen ⟨sw. V.; hat⟩ (ugs.): *zurückbekommen.*

zu|rụ̈ck|lä|cheln ⟨sw. V.; hat⟩: *jmdm., der einem zulächelt, ebenfalls zulächeln; jmdn. seinerseits anlächeln:* die Alte lächelte freundlich zurück.

zu|rụ̈ck|la|chen ⟨sw. V.; hat⟩: vgl. zurücklächeln.

zu|rụ̈ck|las|sen ⟨st. V.; hat⟩: **1. a)** *jmdn., etw. an einem Ort lassen u. sich entfernen; nicht mitnehmen:* das Gepäck im Hotel z.; ich lasse dir/für dich eine Nachricht zurück; Ü der tödlich Verunglückte ließ eine Frau und zwei Kinder zurück; **b)** *hinterlassen* (3): eine Spur z.; die Wunde hat eine Narbe zurückgelassen. **2.** *zurückgehen, -fahren, -kehren lassen:* sie wollten ihn nicht [nach Hause, in seine Heimat] z.

zu|rụ̈ck|lau|fen ⟨st. V.; ist⟩: **1.** vgl. zurückgehen (1 a). **2.** *zurückfließen* (1 a): das Wasser läuft [von dort] in den Behälter zurück. **3.** *sich laufend* (7 b) *zurückbewegen:* das Tonband z. lassen.

zu|rụ̈ck|le|gen ⟨sw. V.; hat⟩: **1.** *wieder an seinen [früheren] Platz legen* (3): er legte den Hammer [an seinen Platz] zurück. **2.** *(einen Körperteil) nach hinten beugen:* er legte den Kopf zurück. **3.** ⟨z. + sich⟩ **a)** *sich nach hinten legen, lehnen:* er legte sich [im Sessel] bequem zurück; **b)** *seinen Körper aus der aufrechten Haltung in eine schräg nach hinten geneigte Lage bringen:* beim Wasserskifahren muss man sich [mit dem ganzen Körper] etwas z. **4.** vgl. zurückschieben (3): den Riegel z. **5.** *(Geld) nicht verbrauchen, sondern aufbewahren, sparen:* er verdient so gut, dass er [sich] jeden Monat ein paar hundert Mark z. kann. **6.** *für einen bestimmten Kunden aufbewahren u. nicht anderweitig verkaufen:* können Sie [mir] den Mantel bis morgen z.? **7.** *(eine Wegstrecke) gehend, fahrend usw. hinter sich lassen, bewältigen:* eine Strecke [zu Fuß, im Dauerlauf] z. **8.** (österr.) *(ein Amt o. Ä.) niederlegen:* er hat überraschend seinen Posten zurückgelegt. **9.** (schweiz. Amtsspr.) *(von den Lebensjahren eines Menschen) vollenden:* Bewerberinnen müssen das 18. Lebensjahr zurückgelegt haben.

zu|rụ̈ck|leh|nen ⟨sw. V.; hat⟩: *nach hinten lehnen:* den Kopf z.; er lehnte sich [im Sessel] zurück; Ü nach einem arbeitsreichen Leben kann sie sich jetzt z. *(ausruhen).*

zu|rụ̈ck|lei|ten ⟨sw. V.; hat⟩: *wieder an den Ausgangsort, -punkt leiten.*

zu|rụ̈ck|len|ken ⟨sw. V.; hat⟩: **1.** *wieder an den Ausgangsort, -punkt lenken* (1 a): den Wagen nach Hause z. **2.** *wieder auf etw. lenken* (2 a): das Gespräch auf das eigentliche Thema z.

zu|rụ̈ck|lie|gen ⟨st. V.; hat, südd., österr., schweiz.: ist⟩: **1.** *seit einer bestimmten Zeit der Vergangenheit angehören; her sein* (a): das letzte Erdbeben hatte schon Jahre zurückgelegen; in den zurückliegenden *(letzten)* Jahren. **2.** (bes. Sport) *(in einem Wettbewerb o. Ä.) im Rückstand liegen, weiter hinten liegen:* der Läufer liegt [weit] zurück; die Mannschaft lag [um] fünf Punkte, 0 : 3 zurück. **3.** (selten) *hinter jmdm. liegen:* die Küste liegt jetzt schon fünf Meilen zurück.

zu|rụ̈ck|mel|den ⟨sw. V.; hat⟩: **a)** ⟨z. + sich⟩ *seine Rückkehr, sein Zurückgekehrtsein melden:* sich in der Schreibstube, beim Vorgesetzten z.; Ü die Dichterin meldete sich nach einer Schaffenskrise mit einem Aufsehen erregenden Werk zurück *(zieht die Aufmerksamkeit der Öffentlichkeit nach längerer Zeit wieder auf sich)*; **b)** (selten) *melden, dass jmd. zurück ist:* der Hauptmann meldete seine Leute, seine Kompanie zurück.

zu|rụ̈ck|müs|sen ⟨unr. V.; hat⟩: **a)** vgl. zurückdürfen (a); **b)** (ugs.) vgl. zurückdürfen (b).

Zu|rụ̈ck|nah|me, die; -, -n: *das Zurücknehmen.*

zu|rụ̈ck|neh|men ⟨st. V.; hat⟩: **1.** *etw., was ein Käufer zurückgeben* (1 b) *möchte, wieder annehmen [u. den Kaufpreis zurückerstatten]:* der Händler hat das defekte Gerät anstandslos zurückgenommen. **2. a)** *(eine Behauptung, Äußerung) widerrufen:* er wollte die Beleidigung nicht z.; nimm das sofort zurück!; **b)** *eine selbst getroffene Anordnung o. Ä. für nichtig erklären, eine bestimmte Maßnahme rückgängig machen:* einen Antrag, eine Klage z. *(zurückziehen).* **3. a)** (Milit.) *(Truppen) weiter nach hinten verlegen, zurückziehen:* eine Einheit z.; **b)** (Sport) *(einen Spieler) zur Verstärkung der Verteidigung nach hinten beordern:* nach dem 2 : 0 nahm der Trainer die Mittelfeldstürmer zurück. **4.** (Brettspiele) *(einen Zug) rückgängig machen:* darf ich den Zug [noch einmal] z.? **5. a)** *(einen Körperteil) nach hinten bewegen:* er nahm den Kopf, die Schultern zurück; **b)** *wieder in seine vorherige Lage bewegen:* nimm sofort deinen Fuß zurück! **6.** *auf eine niedrigere Stufe o. Ä. regulieren* (1), *reduzieren, drosseln:* das Gas, die Lautstärke [etwas, ganz] z. **7.** ⟨z. + sich⟩ *Zurückhaltung üben, an sich halten, sich bezähmen, zügeln:* der Lehrer nahm sich bei der darauf folgenden Diskussion zurück.

zu|rụ̈ck|pfei|fen ⟨st. V.; hat⟩: **1.** *durch einen Pfiff, Pfiffe auffordern zurückzukommen:* sie pfiff ihre Hunde zurück. **2.** (salopp) *(jmdm.) befehlen, eine begonnene Aktion abzubrechen, ein Ziel nicht weiterzuverfolgen:* der Polizeipräsident wurde vom Innenminister zurückgepfiffen.

zu|rụ̈ck|pral|len ⟨sw. V.; ist⟩: **1.** *von etw. abprallen u. sich wieder in Richtung auf den Ausgangspunkt bewegen:* der Ball prallte von der Bande zurück. **2.** *auf dem Wege irgendwohin plötzlich, bes. vor Schreck, innehalten u. zurückweichen:* er prallte vor dem entsetzlichen Anblick zurück.

zu|rụ̈ck|rei|chen ⟨sw. V.; hat⟩: **1.** *wieder zurückgeben* (1 a): der Zöllner reichte mir den Pass zurück. **2.** *(zu einem bestimmten Zeitpunkt in der Vergangenheit) angefangen haben, entstanden sein:* die Tradition reicht [bis] ins Mittelalter zurück.

zu|rụ̈ck|rei|sen ⟨sw. V.; ist⟩: *wieder an den, in Richtung auf den Ausgangspunkt reisen:* sie will am Sonntag mit der Bahn z.

zu|rụ̈ck|rei|ßen ⟨st. V.; hat⟩: *nach hinten reißen:* er konnte die Lebensmüde gerade noch [von der Brüstung] z.

zu|rụ̈ck|ren|nen ⟨unr. V.; ist⟩: *sich rennend zurückbewegen:* der Spieler rannte auf seine Position zurück.

zu|rụ̈ck|rol|len ⟨sw. V.⟩: **a)** *wieder an den Ausgangspunkt rollen* ⟨hat⟩: er hat das Fass zurückgerollt; **b)** *nach hinten rollen* ⟨ist⟩: der Ball ist zurückgerollt.

zu|rụ̈ck|ru|fen ⟨st. V.; hat⟩: **1. a)** *rufend auffordern, zurückzukommen:* jmdn. [ins Zimmer, zu sich] z.; Ü jmdn. ins Leben z. *(wiederbeleben)*; **b)** *zurückbeordern:* einen Botschafter z. **2.** *wieder (ins Bewusstsein) bringen:* sich, jmdm. etw. ins Gedächtnis, Bewusstsein, in die Erinnerung z. **3.** *als Antwort rufen:* er hat noch zurückgerufen, er werde auf mich warten. **4.** *bei jmdm., der angerufen hat, seinerseits anrufen:* kann ich später z.?; ⟨Bürow. Jargon, auch mit Akk.-Obj.:⟩ wir rufen Sie zurück.

zu|rụ̈ck|schaf|fen ⟨sw. V.; hat⟩: vgl. zurückbefördern.

zu|rụ̈ck|schal|ten ⟨sw. V.; hat⟩: **1.** *wieder auf etw. schalten, was vorher eingeschaltet war:* schalte doch bitte aufs dritte Programm zurück!; wir schalten zurück (Rundf., Ferns.; *geben die Sendung wieder ab*) nach Köln. **2.** *auf eine niedrigere Stufe, bes. in einen niedrigeren Gang schalten:* er schaltete vor der Steigung [in/(seltener:) auf den 2. Gang] zurück.

zu|rụ̈ck|schau|dern ⟨sw. V.; ist⟩: **1.** *von einem Schauder ergriffen zurückweichen:* er schauderte [bei, vor dem Anblick] zurück; Ü vor einem Gedanken z. **2.** (selten) [2]*zurückschrecken* (1): er schauderte vor der Tat zurück.

zu|rụ̈ck|schau|en ⟨sw. V.; hat⟩ (bes. südd., österr., schweiz.): *zurückblicken.*

zu|rụ̈ck|scheu|chen ⟨sw. V.; hat⟩: vgl. zurücktreiben: sie scheuchte die Hühner in der Stall zurück.

zu|rụ̈ck|scheu|en ⟨sw. V.; ist⟩: **1.** *(aus Angst, Scheu vor etw. Unangenehmem, vor unangenehmen Folgen) vor etw. Abstand nehmen:* nicht vor Mord z.; er scheut vor nichts zurück *(ist zu allem imstande, kennt keine Skrupel).* **2.** (selten) *aus Scheu zurückweichen:* der Junge scheute vor dem Doktor zurück.

zu|rụ̈ck|schi|cken ⟨sw. V.; hat⟩: **1.** *wieder an den*

Z

Ausgangsort, -punkt [1]*schicken* (1): einen Brief [an den Empfänger] z. **2.** *veranlassen, sich zurückzubegeben:* er schickte den Boten mit einer Nachricht [wieder zu ihr] zurück.

zu|rụck|schieb|bar ⟨Adj.⟩: *sich zurückschieben, nach hinten schieben lassend:* ein -es Dach, Verdeck.

zu|rụck|schie|ben ⟨st. V.; hat⟩: **1. a)** *wieder an den Ausgangspunkt, an seinen [früheren] Platz schieben:* den Teller z.; er schob sie ins Zimmer zurück; Ü Flüchtlinge z. *(in die Heimatländer zurückschicken);* **b)** *nach hinten schieben:* den Schrank [ein Stück] z.; er schob seine Mütze zurück. **2.** ⟨z. + sich⟩ *sich nach hinten schieben* (3 c): der Sitz hat sich ein ganzes Stück zurückgeschoben. **3.** *zur Seite schieben:* die Vorhänge, den Riegel z.

zu|rụck|schie|ßen ⟨st. V.⟩: **1.** *seinerseits auf jmdn. schießen* ⟨hat⟩: sie hatten Befehl, sofort zurückzuschießen. **2.** *sich sehr rasch wieder an den Ausgangspunkt bewegen* ⟨ist⟩: er ist blitzschnell ins Haus zurückgeschossen.

zu|rụck|schla|gen ⟨st. V.⟩: **1.** *jmdn. wieder, seinerseits schlagen* ⟨hat⟩: er war sehr aufgebracht, aber er schlug nicht zurück; Ü dem Feind darf keine Zeit bleiben zurückzuschlagen *(einen Vergeltungsschlag zu führen).* **2.** *mit einem Schlag, Tritt zurückbefördern* ⟨hat⟩: er schlug den Ball zum Torwart zurück. **3.** ⟨ist⟩ **a)** *sich in einer schlagenden* (2 a) *Bewegung zurückbewegen* (b): das Pendel schlägt zurück; **b)** *schlagend* (2 a) *zurückprallen:* die Wellen schlugen von den Klippen zurück. **4.** ⟨hat⟩ **a)** *nach hinten schlagen* (5 a), *umschlagen:* er schlug seinen Kragen zurück; **b)** *beiseite schlagen* (5 a): einen Vorhang, die Decke z. **5.** *durch geeignete Gegenwehr zum Rückzug zwingen* ⟨hat⟩: den Feind z. **6.** *sich nachteilig auswirken* ⟨hat⟩: dieser Schritt der Regierung wird mit Sicherheit auf die internationalen Beziehungen z.

zu|rụck|schnei|den ⟨unr. V.; hat⟩ (Gartenbau): *etw., was gewachsen ist, wieder kürzer schneiden:* die Rosen müssen [etwas] zurückgeschnitten werden.

zu|rụck|schnel|len ⟨sw. V.⟩: **1.** *sich schnellend* (1) *zurückbewegen* ⟨ist⟩: der Ast bog sich und schnellte zurück. **2.** *mit Schnellkraft o. Ä. zurückschleudern* ⟨hat⟩: er schnellte die Kuller zurück.

zu|rụck|schrau|ben ⟨sw. V.; hat⟩: *reduzieren, verringern, kürzen:* seine Ansprüche, Erwartungen [auf ein realistisches Maß] z.

[1]**zu|rụck|schre|cken** ⟨sw. V.; hat⟩ (seltener): *von etw. abhalten, vor etw.* [2]*zurückschrecken* (2) *lassen:* seine Drohungen schrecken mich nicht zurück.

[2]**zu|rụck|schre|cken** ⟨st. u. sw. V.; schreckt zurück/ (veraltet:) schrickt zurück, schreckte zurück/ (veraltend:) schrak zurück, ist zurückgeschreckt⟩: **1.** *vor Schreck zurückfahren, -weichen:* sie schreckte zurück, als sie sein entstelltes Gesicht sah. **2.** *zurückscheuen* (1): er schreckt vor nichts zurück; er schreckt nicht davor zurück, die Stadt zu zerstören.

zu|rụck|schrei|ben ⟨st. V.; hat⟩: *auf einen Brief o. Ä. wiederschreiben, jmdm. schriftlich antworten:* jmdm. sofort z.

zu|rụck|se|hen ⟨st. V.; hat⟩: *zurückblicken.*

zu|rụck|seh|nen, sich ⟨sw. V.; hat⟩: *sich danach sehnen, wieder bei jmdm., an einem bestimmten Ort, in einer bestimmten Lage zu sein:* ich sehne mich nach Italien, zu ihr zurück.

zu|rụck|sen|den ⟨unr. V.; sandte/(seltener:) sendete zurück, hat zurückgesandt/(seltener:) zurückgesendet⟩ (geh.): *zurückschicken.*

zu|rụck|set|zen ⟨sw. V.⟩: **1.** ⟨hat⟩ **a)** *wieder an seinen [früheren] Platz setzen:* den Topf auf die Herdplatte z.; sie setzte den Fisch ins Aquarium zurück; **b)** ⟨z. + sich⟩ *sich wieder an den vorherigen Platz setzen:* er setzte sich an den Tisch zurück. **2.** *nach hinten versetzen* ⟨hat⟩: seinen Fuß [ein Stück, einen Schritt] z.; wir könnten die Trennwand ein Stück z. **3.** ⟨hat⟩ **a)** ⟨z. + sich⟩ *sich erheben u. weiter hinten wieder setzen:* ich setze mich [ein paar Reihen] zurück; **b)** *nach hinten setzen:* der Lehrer setzte den Schüler zwei Reihen zurück. **4.** ⟨hat⟩ **a)** *(als Fahrer ein Fahrzeug) nach hinten bewegen:* er setzte den Wagen [zwei Meter] zurück; **b)** *rückwärts fahren:* der Fahrer, der Lkw setzte [fünf Meter] zurück. **5.** *(gegenüber anderen, Gleichberechtigten) in kränkender Weise benachteiligen* ⟨hat⟩: ich kann ihn nicht so z.; er fühlte sich [gegenüber seinen älteren Geschwistern] zurückgesetzt. **6.** (landsch.) *(den Preis einer Ware) herabsetzen* (1) ⟨hat⟩: etw. [im Preis] z.; der Mantel war fast um 100 Mark zurückgesetzt. **7.** (Jägerspr.) *ein kleineres Geweih bekommen als im Vorjahr* ⟨hat⟩: der Hirsch hat zurückgesetzt.

Zu|rụck|set|zung, die: **1.** *das Zurücksetzen, Zurückgesetztwerden.* **2.** *Handlung, durch die jmd. zurückgesetzt* (5) *wird, Kränkung.*

zu|rụck|sin|ken ⟨st. V.; ist⟩: **1.** *nach hinten sinken:* er sank in seinen Sessel zurück. **2.** (geh.) *zurückfallen* (4): in Bewusstlosigkeit z.; er ist wieder in seinen Fatalismus zurückgesunken.

zu|rụck|sol|len ⟨unr. V.; hat⟩: **a)** vgl. zurückdürfen (a); **b)** (ugs.) vgl. zurückdürfen (b).

zu|rụck|spie|len ⟨sw. V.; hat⟩ (Ballspiele): **a)** *zurückgeben* (2 a): den Ball zum Torwart z.; **b)** *nach hinten befördern:* er spielte den Ball zurück.

zu|rụck|sprin|gen ⟨st. V.; ist⟩: **1. a)** *wieder an den Ausgangspunkt springen:* auf Zuruf sprang der Hund sofort zurück ins Haus; **b)** *nach hinten springen:* er musste vor dem heranrasenden Motorrad z. **2. a)** *sich ruckartig zurückbewegen:* der Zeiger sprang plötzlich [auf 25] zurück; **b)** *sich springend* (5 b) *zurückbewegen:* der Ball prallte gegen die Latte und sprang ins Feld zurück. **3.** *nach hinten versetzt sein:* der mittlere, etwas zurückspringende Teil der Fassade.

zu|rụck|spu|len ⟨sw. V.; hat⟩: *spulend zurücklaufen lassen:* das Tonband z.

zu|rụck|stau|en ⟨sw. V.; hat⟩: **a)** *stauen, aufstauen:* durch das Wehr wird das Wasser zurückgestaut; **b)** ⟨z. + sich⟩ *sich stauen:* das Wasser staut sich zurück.

zu|rụck|ste|cken ⟨sw. V.; hat⟩: **1.** *wieder an seinen [früheren] Platz stecken:* er steckte den Kugelschreiber [in seine Tasche, ins Etui] zurück. **2.** *nach hinten stecken, versetzen:* einen Pfosten ein Stück z. **3.** *in seinen Ansprüchen, Zielvorstellungen o. Ä. bescheidener werden, sich mit weniger zufrieden geben:* sie ist [nicht] bereit zurückzustecken.

zu|rụck|ste|hen ⟨unr. V.; hat, südd., österr., schweiz. auch : ist⟩: **1.** *weiter hinten stehen:* das Haus steht [etwas] zurück. **2.** *hinter jmdm., etw. rangieren, geringer, schlechter, weniger wert sein:* keiner wollte da natürlich z.; wir dürfen keinesfalls hinter der Konkurrenz z. **3.** *(anderen) den Vortritt lassen, (zugunsten anderer) Zurückhaltung üben, verzichten:* er war nicht bereit zurückzustehen.

zu|rụck|stel|len ⟨sw. V.; hat⟩: **1.** *wieder an den [früheren] Platz stellen:* stell das Buch [ins Regal] zurück! **2.** *nach hinten stellen:* wir können den Tisch noch einen Meter weiter z. **3.** *kleiner stellen, niedriger einstellen:* ich werde die Heizung [etwas] z.; wir müssen die Uhren eine Stunde z. *(die Zeiger, die Anzeige auf eine Stunde früher einstellen).* **4.** vgl. zurücklegen (6): können Sie mir von dem Wein eine Kiste z.? **5.** *vorläufig von etw. befreien:* sollen wir den Jungen schon einschulen oder lieber noch z. lassen? **6. a)** *zunächst nicht machen, ausführen, behandeln; aufschieben:* der geplante Neubau wird wegen der angespannten Finanzlage zurückgestellt; **b)** *vorerst nicht geltend machen, nicht darauf bestehen, um Wichtigeres, Vordringlicheres nicht zu beeinträchtigen:* seine Bedenken, Wünsche z. **7.** (österr.) *(etw., was sich jmd. geliehen hat, dem Besitzer) zurückgeben, -schicken, -bringen:* hast du [ihm] das Geld, das Buch schon zurückgestellt?

Zu|rụck|stel|lung, die; -, -en: *das Zurückstellen* (3–7); *das Zurückgestelltwerden.*

zu|rụck|sto|ßen ⟨st. V.⟩: **1.** ⟨hat⟩ **a)** *wieder an seinen [früheren] Platz stoßen* (1 d): er stieß ihn [in das Zimmer] zurück; **b)** *nach hinten stoßen* (1 d): sie stößt den Stuhl zurück; **c)** *(eine Person od. Sache) von sich stoßen u. so abwehren:* als er sie küssen wollte, stieß sie ihn zurück; Ü er stieß die Hand, die sie ihm zur Versöhnung reichte, zurück. **2.** (selten) *abstoßen* (5) ⟨hat⟩: seine aalglatte Art stößt mich zurück. **3.** ⟨ist⟩ **a)** *ein Stück rückwärts fahren:* der Busfahrer, der Lkw musste zweimal z.; **b)** (seltener) *(als Fahrer ein Fahrzeug) ein Stück rückwärts fahren.*

zu|rụck|strah|len ⟨sw. V.; hat⟩: **a)** *(Strahlen, Licht, Wärme o. Ä.) zurückwerfen, reflektieren:* die Leinwand strahlt das Licht zurück; **b)** *(von Strahlen, Licht, Wärme o. Ä.) zurückgeworfen, reflektiert werden:* das Licht der Sonne wird reflektiert und strahlt in den Weltraum zurück.

zu|rụck|strei|chen ⟨st. V.; hat⟩: *nach hinten streichen* (1 b): ich strich mir das Haar zurück.

zu|rụck|strei|fen ⟨sw. V.; hat⟩: *nach hinten streifen* (3).

zu|rụck|stu|fen ⟨sw. V.; hat⟩: *wieder in einen niedrigeren Rang, bes. in eine niedrigere Lohn-, Gehaltsgruppe versetzen:* jmdn. [in eine niedrigere Lohngruppe] z.

Zu|rụck|stu|fung, die; -, -en: *das Zurückstufen; das Zurückgestuftwerden.*

zu|rụck|tau|meln ⟨sw. V.; ist⟩: **1.** *sich taumelnd* (a) *auf den Ausgangspunkt hinbewegen:* er taumelte zum Bett zurück. **2.** *nach hinten taumeln* (b): benommen taumelte er zurück und fiel zu Boden.

zu|rụck|tra|gen ⟨st. V.; hat⟩: *zurückbringen:* die Wanderer sollen sämtlichen Abfall zum Parkplatz z.

zu|rụck|trans|por|tie|ren ⟨sw. V.; hat⟩: *zurückbringen.*

zu|rụck|trei|ben ⟨st. V.; hat⟩: *wieder an den [früheren] Platz, an den Ausgangsort treiben:* die Kühe auf die Weide z.

zu|rụck|tre|ten ⟨st. V.⟩: **1.** vgl. zurückschlagen (1) ⟨hat⟩. **2.** *nach hinten treten* ⟨ist⟩: einen Schritt z.; bitte von der Bahnsteigkante z.! **3.** (seltener) *zurückspringen* (3) ⟨ist⟩: das Ufer tritt hier zu einer Bucht zurück. **4.** *weniger wichtig werden, an Bedeutung verlieren, in den Hintergrund treten* ⟨ist⟩: kleine Betriebe treten immer mehr zurück; der Egoismus muss hinter der Solidarität z. **5.** *sein Amt niederlegen, abgeben* ⟨ist⟩: die Regierung, der Kanzler soll z. *(demissionieren);* er ist [als Vorsitzender] zurückgetreten; von einem Amt z. **6.** *(auf ein Recht o. Ä.) verzichten* ⟨ist⟩: ich trete von meinem Kaufrecht zurück. **7.** *(eine Vereinbarung o. Ä.) für ungültig erklären, rückgängig machen* ⟨ist⟩: von dem Vertrag, Kauf kannst du innerhalb einer Woche z.

zu|rụck|tun ⟨unr. V.; hat⟩ (ugs.): *zurücklegen* (1), *zurückstellen* (1), *zurücksetzen* (1 a): tu das sofort [an seinen Platz] zurück!

zu|rụck|ver|fol|gen ⟨sw. V.; hat⟩: *etw. in Richtung auf seinen Ausgangspunkt, seinen Ursprung, in die Vergangenheit verfolgen:* eine Tradition, die sich bis ins Mittelalter z. lässt.

zu|rụck|ver|lan|gen ⟨sw. V.; hat⟩: **1.** *zurückfordern:* die Zuschauer verlangten das Eintrittsgeld zurück. **2.** (geh.) *(jmdn., etw.) wiederhaben wollen:* er verlangte sehnlich nach ihr, nach ihrer Liebe zurück.

zu|rụck|ver|le|gen ⟨sw. V.; hat⟩: **1.** *wieder an seinen [früheren] Standort, Platz* [1]*verlegen* (3): sie haben ihre Zentrale nach Köln zurückverlegt. **2.** *auf einen früheren Zeitpunkt* [1]*verlegen* (2): die Abfahrtszeit ist zurückverlegt worden.

zu|rụck|ver|set|zen ⟨sw. V.; hat⟩: **1.** *wieder an seinen [früheren] Platz, Standort versetzen* (1 b): der Lehrer wurde an seine alte Schule zurückversetzt. **2. a)** *in eine vergangene Zeit, Situation versetzen* (2 a): das Erlebnis versetzte ihn in seine Jugend zurück; sie fühlte sich um Jahre zurückversetzt; **b)** ⟨z. + sich⟩ *sich in eine vergangene Zeit, Situation hineindenken:* du musst dich nur einmal in jene Zeit z.

zu|rụck|ver|wan|deln ⟨sw. V.; hat⟩: *wieder zu dem*

umwandeln, verwandeln, was jmd., etw. früher war: am Ende des Märchens werden alle erlöst, die Vögel verwandeln sich in Kinder zurück.

zu|rück|ver|wei|sen ⟨st. V.; hat⟩: *wieder an eine frühere Stelle verweisen:* eine Gesetzesvorlage an einen Ausschuss z.

zu|rück|wei|chen ⟨st. V.; ist⟩: **1.** *(um Abstand von jmdm., etw. zu gewinnen) einige Schritte zurücktreten, sich von jmdm., etw. wegbewegen:* unwillkürlich, entsetzt, erschrocken [vor dem grausigen Anblick] z.; Ü die Vegetation weicht immer weiter [nach Norden] zurück. **2.** *sich auf etw. nicht einlassen, etw. meiden:* vor einer Schwierigkeit z.

zu|rück|wei|sen ⟨st. V.; hat⟩: **1. a)** *wieder an den Ausgangspunkt, -ort weisen* (2): jmdn. an seinen Platz z.; **b)** *nach hinten weisen* (1 a): er wies mit dem Daumen [auf mich, auf das Haus] zurück. **2.** *von sich weisen, abweisen:* Bittsteller z.; einen Vorschlag, ein Angebot [schroff, entrüstet] z.; eine Klage, einen Antrag z. *(ablehnen).* **3.** *sich (gegen etw.) verwahren, (einer Sache) widersprechen; für falsch, für unwahr erklären:* eine Behauptung, eine Beschuldigung [entschieden] z.

Zu|rück|wei|sung, die; -, -en: *das Zurückweisen, Zurückgewiesenwerden.*

zu|rück|wen|den ⟨unr. V.; wandte/wendete zurück, hat zurückgewandt/zurückgewendet⟩: **a)** *wieder in die vorherige Richtung wenden* (3 a): den Blick z.; er wandte sich ins Zimmer zurück; **b)** *nach hinten wenden* (3 a): er wandte den Kopf, wandte sich in der Tür noch einmal zurück.

zu|rück|wer|fen ⟨st. V.; hat⟩: **1. a)** *an den, in Richtung auf den Ausgangspunkt, -ort werfen:* den Ball z.; Ü die Brandung warf ihn ans Ufer zurück; **b)** *nach hinten werfen:* den Kopf z.; er warf sich [in die Polster] zurück. **2.** *(Strahlen, Wellen, Licht) reflektieren:* der Schall, das Licht, die Strahlen werden von der Wand zurückgeworfen. **3.** (Milit.) *zurückschlagen* (5): sie haben den Feind [weit] zurückgeworfen. **4.** *in Rückstand bringen; in die Lage bringen, an einem früheren Punkt nochmals von neuem beginnen zu müssen:* seine Krankheit hat ihn [beruflich, in der Schule] zurückgeworfen; eine Reifenpanne warf den Europameister auf den fünften Platz zurück.

zu|rück|wir|ken ⟨sw. V.; hat⟩: *auf denjenigen, dasjenige, von dem die ursprüngliche Wirkung ausgeht, seinerseits [ein]wirken:* die Reaktion des Publikums wirkt auf die Schauspieler zurück.

zu|rück|wol|len ⟨unr. V.; hat⟩: **1.** vgl. zurückkönnen (1): er will [nach Italien] zurück. **2.** (ugs.) *zurückhaben wollen:* ich will mein Geld zurück!

zu|rück|wün|schen ⟨sw. V.; hat⟩: **1.** *wünschen, dass etw. Vergangenes, etw., was man nicht mehr hat, zurückkehrt, dass man es wieder hat:* wünschst du [dir] nicht auch manchmal deine Jugend zurück? **2.** ⟨z. + sich⟩ vgl. zurücksehnen: ich wünsche mich manchmal [dorthin, zu ihr] zurück.

zu|rück|zah|len ⟨sw. V.; hat⟩: **1.** *Geld zurückgeben* (1 a): jmdm. eine Summe z.; er hat das Darlehen [an die Bank] zurückgezahlt; er hat seine Schulden immer noch nicht zurückgezahlt. **2.** (ugs.) *heimzahlen* (a): das werde ich ihm z.!

zu|rück|zie|hen ⟨unr. V.⟩: **1.** ⟨hat⟩ **a)** *wieder an den Ausgangspunkt, an seinen [früheren] Platz ziehen:* sie zog mich [auf den Gehsteig, ins Zimmer] zurück; **b)** *nach hinten ziehen:* wir müssen den Schrank [ein Stück] z.; sie zog ihre Hand zurück. **2.** *zur Seite ziehen* ⟨hat⟩: er zog den Riegel, die Gardine zurück. **3.** *ein Grund sein für den Wunsch, den Entschluss, irgendwohin zurückzukehren* ⟨hat⟩: das Klima zieht ihn immer wieder nach Italien zurück; ⟨unpers.:⟩ es zieht mich zu ihr, dorthin zurück. **4.** *zurückbeordern, wieder zum Ausgangspunkt zurückkehren lassen* ⟨hat⟩: der Einsatzleiter zog die Wasserwerfer zurück; einen Botschafter, Truppen [aus einem Land] z. **5.** *für nichtig, für nicht mehr gültig erklären; rückgängig machen, wieder aufheben, widerrufen* ⟨hat⟩: einen Auftrag, einen Antrag, eine Bestellung, eine Klage, Anzeige, eine Kündigung, Wortmeldung z. **6.** *wieder aus dem Verkehr ziehen, einziehen* ⟨hat⟩: der Hersteller hat das neue Medikament wieder zurückgezogen. **7.** ⟨z. + sich; hat⟩ **a)** *sich nach hinten, in einer Rückwärtsbewegung irgendwohin entfernen:* die Schnecke zieht sich in ihr Haus zurück; **b)** (bes. Milit.) *[um sich in Sicherheit zu bringen] eine rückwärtige Position beziehen:* der Feind hat sich [auf sein eigenes Territorium, hinter den Fluss, in die Berge] zurückgezogen; Ü sie zieht sich auf den Standpunkt zurück, sie habe keine andere Wahl gehabt; **c)** *sich irgendwohin begeben, um allein, ungestört zu sein:* ich zog mich [zum Arbeiten] in mein Zimmer zurück; das Gericht zieht sich zur Beratung zurück; Ü sich ins Privatleben z.; **d)** *aufhören (an etw.) teilzunehmen; (etw.) aufgeben:* sich aus der Politik, von der Bühne, von der Lehrtätigkeit z.; **e)** *sich (von jmdm.) absondern, den Kontakt (mit jmdm.) aufgeben:* sich von den Menschen, seinen Freunden z. **8.** *wieder dorthin ziehen, wo man schon einmal gewohnt hat* ⟨ist⟩: er will wieder [nach Köln] z.

zu|rück|zu|cken ⟨sw. V.; ist⟩: *zusammenzucken u. zurückfahren* (3): er zuckte erschrocken zurück.

Zu̱|ruf, der; -[e]s, -e: *an jmdn. (aus einem bestimmten Anlass) gerichteter Ruf:* anfeuernde, höhnische -e; die Hunde gehorchten ihm auf Z.; die Wahl des Vorstands erfolgte durch Z. (*Akklamation* 2).

zur|zeit ⟨Adv.⟩: *im Augenblick; augenblicklich, jetzt, gegenwärtig:* z. haben wir Betriebsferien (Abk.: zz., zzt.).

Zu̱|sa|ge, die; -, -n: **a)** *zustimmender Bescheid auf eine Einladung hin:* seine Z., bei der Eröffnung anwesend zu sein, geben; seine Z. einhalten; **b)** *Zusicherung, sich in einer bestimmten Angelegenheit jmds. Wünschen entsprechend zu verhalten:* die Z. des Ministers, ein Projekt staatlich zu fördern; bindende -n geben.

zu̱|sa|gen ⟨sw. V.; hat⟩ [mhd. zuosagen]: **1. a)** *versichern, einer Einladung folgen zu wollen:* sein Kommen z.; sie hat [ihnen ihre Teilnahme] fest zugesagt; **b)** *jmdm. zusichern, sich in einer bestimmten Angelegenheit seinen Wünschen entsprechend zu verhalten, ihm etw. zuteil werden zu lassen:* jmdm. schnelle Hilfe, einem Staat Kredite z. **2.** *jmds. Vorstellung, Geschmack entsprechen, jmdm. gefallen, ihm angenehm, willkommen sein:* dein Vorschlag sagt mir zu; der Bewerber sagte ihnen [nicht] zu; dieser Wein sagt mir mehr zu.

zu|sạm|men ⟨Adv.⟩ [mhd. zesamen(e), ahd. zasamane, aus ↑zu u. mhd. samen, ahd. saman = gesamt, zusammen, urspr. = eins, in eins zusammen, einheitlich, samt; vgl. ↑sammeln, ↑-sam]: **1.** *nicht [jeder] für sich allein, sondern mit einem od. mehreren anderen; gemeinsam, miteinander:* z. spielen, verreisen; sie bestellten z. eine Flasche Wein; z. sieht das sehr schön aus; wir werden den ganzen Tag z. sein; vier Jahre lang war sie mit ihm z. *(hat sie mit ihm eine Beziehung geführt);* schönen Urlaub z.!; Guten Morgen, hallo z.! **2.** *als Einheit gerechnet, miteinander addiert; als Gesamtheit; insgesamt:* sie besitzen z. ein Vermögen von 50 000 Mark; alles z. kostet 100 Mark; sie weiß mehr als alle andern z.

Zu|sạm|men|ar|beit, die ⟨o. Pl.⟩: *das Zusammenarbeiten:* eine enge, internationale, wirtschaftliche Z.; das Lehrbuch ist in Z. mit verschiedenen Fachleuten entstanden.

zu|sạm|men|ar|bei|ten ⟨sw. V.; hat⟩: *mit jmdm. gemeinsam für bestimmte Ziele arbeiten, zur Bewältigung bestimmter Aufgaben gemeinsame Anstrengungen unternehmen:* in einer Organisation z.; beide Staaten wollen auf diesem Sektor künftig enger z.; er will nicht mehr länger mit ihm z.

zu|sạm|men|bal|len ⟨sw. V.; hat⟩: **a)** *zu einer festen, einheitlichen Masse ballen:* Schnee, Papier z.; die Fäuste z. *(fest schließen, zusammenpressen);* **b)** ⟨z. + sich⟩ *sich zu einer festen, einheitlichen Masse ballen:* dunkle Wolken ballten sich am Himmel zusammen; Ü (geh.:) über seinem Haupt ballen sich drohende Wolken zusammen.

Zu|sạm|men|bal|lung, die: *(sich in bestimmter Weise auswirkende) Anhäufung, Ansammlung von etw.*

zu|sạm|men|bas|teln ⟨sw. V.; hat⟩: *aus einzelnen Teilen basteln* (1 b): sich Lautsprecheranlagen z.

Zu|sạm|men|bau, der ⟨Pl. -e⟩: *das Zusammenbauen; Montage.*

zu|sạm|men|bau|en ⟨sw. V.; hat⟩: *aus den entsprechenden Teilen bauen, zusammensetzen:* ein Radio, Auto z.

zu|sạm|men|bei|ßen ⟨st. V.; hat⟩: *beißend aufeinander pressen:* [vor Schmerz, trotzig] die Zähne, die Lippen z.

zu|sạm|men|be|kom|men ⟨st. V.; hat⟩: **a)** *zusammenbringen* (1 a): die Miete z. müssen; **b)** (ugs.) *zusammenbringen* (1 b): einen Text nicht mehr [ganz] z.

zu|sạm|men|bin|den ⟨st. V.; hat⟩: *durch Binden vereinigen:* sich das Haar [mit einer Schleife] z.; Blumen [zu einem Strauß] z.; sich das Kopftuch im Nacken z. *(seine Enden verknüpfen).*

zu|sạm|men|blei|ben ⟨st. V.; ist⟩: **a)** *[mit jmdm.] gemeinsam irgendwo bleiben u. die Zeit verbringen:* wir sind [mit den Freunden] noch etwas zusammengeblieben; **b)** *[mit jmdm.] in einer privaten Beziehung vereint bleiben, sie nicht abbrechen od. sich auflösen lassen:* die Freunde wollten, das Paar wollte [für immer] z.

zu|sạm|men|brau|en ⟨sw. V.; hat⟩: **1.** (ugs.) *[aus verschiedenen Bestandteilen] ein Getränk zubereiten:* was hast du denn da zusammengebraut? **2.** ⟨z. + sich⟩ *sich als etw. Unangenehmes, Bedrohliches, Gefährliches entwickeln:* etwas, ein Unwetter schien sich zusammenzubrauen.

zu|sạm|men|bre|chen ⟨st. V.; ist⟩: **1.** *einstürzen; in Trümmer gehen:* das Gerüst, die Brücke ist zusammengebrochen; Ü die Lügengebäude der Zeugen brachen zusammen; das ganze Unglück brach über ihr zusammen *(brach über sie herein).* **2.** *einen Schwächeanfall, Kräfteverlust erleiden u. in sich zusammenfallen, sich nicht aufrecht halten können u. niedersinken:* auf dem Marsch, vor Erschöpfung, ohnmächtig, tot z.; der Vater brach bei der Todesnachricht völlig zusammen *(war dadurch völlig gebrochen).* **3.** *sich nicht aufrechterhalten, nicht fortsetzen lassen; zum Erliegen kommen:* die Front, der Verkehr, der Terminplan brach zusammen; jmds. Kreislauf ist zusammengebrochen; an diesem Tag brach für ihn eine Welt zusammen *(sah er sich in seinem Glauben an bestimmte ideelle Werte enttäuscht).*

zu|sạm|men|brin|gen ⟨unr. V.; hat⟩: **1. a)** *etw. Erforderliches, für einen bestimmten Zweck Notwendiges beschaffen:* nicht einmal das Geld für einen neuen Anzug z.; **b)** (ugs.) *es schaffen, einen Text o. Ä. vollständig wiederzugeben, bestimmte Zusammenhänge o. Ä. herzustellen, zu erläutern, sich an etw. vollständig zu erinnern:* die Verse nicht mehr z.; **c)** *es schaffen, dass etw. Zusammengehörendes [wieder] als Einheit vorhanden ist:* ein gut geschulter Schäferhund muss eine versprengte Schafherde wieder z. **2.** *Kontakte zwischen zwei od. mehreren Personen herstellen, ihre Bekanntschaft stiften:* ihr Beruf hatte sie mit vielen Menschen zusammengebracht. **3.** *etw. mit etw. in Verbindung bringen, etw. zu etw. in Beziehung setzen:* zwei verschiedene Dinge z.

Zu|sạm|men|bruch, der: **1.** *das Zusammenbrechen* (2); *schwere gesundheitliche Schädigung:* einen [körperlichen] Z. erleiden; er war dem Z. nahe. **2.** *das Zusammenbrechen* (3): der politische, wirtschaftliche Z. eines Landes; der Z. der Stromversorgung.

zu|sạm|men|drän|gen ⟨sw. V.; hat⟩: **1. a)** *durch Drängen* (2 a) *bewirken, dass eine Menschenmenge sich auf engem Raum schiebt u. drückt:* die Menge wurde von der Polizei zusammengedrängt; **b)** ⟨z. + sich⟩ *[von allen Seiten] zusam-*

Z

menkommen u. sich immer dichter auf engem Raum drängen (1 b): sie drängten sich wie die Schafe zusammen. **2. a)** *etw. in gedrängter Form darstellen, zusammenfassen:* seine Schilderung auf wenige Sätze z.; **b)** ⟨z. + sich⟩ *in einem sehr kurzen Zeitraum dicht aufeinander folgend vor sich gehen.*

zu|sạm|men|dre|hen ⟨sw. V.; hat⟩: *etw. um etw. anderes drehen u. dadurch zu einem Ganzen verbinden:* Fäden, Drähte z.

zu|sạm|men|drück|bar ⟨Adj.⟩ (Physik): *sich zusammendrücken lassend, kompressibel.*

zu|sạm|men|drü|cken ⟨sw. V.; hat⟩: **1.** *von zwei od. mehreren Seiten auf etw. drücken u. es dadurch [flacher u.] kleiner an Volumen machen:* das Boot wurde [wie eine Streichholzschachtel] zusammengedrückt; er drückte ihm den Brustkorb, die Rippen zusammen. **2.** *aneinander drücken* (1): die mit Klebstoff bestrichenen Teile fest z.

zu|sạm|men|fah|ren ⟨st. V.⟩: **1.** (seltener) *im Fahren zusammenstoßen* ⟨ist⟩: das Auto ist mit dem Lkw zusammengefahren. **2.** *vor Schreck zusammenzucken* ⟨ist⟩: bei einem Geräusch, Knall [heftig, erschrocken] z. **3.** (ugs.) *zu Schrott fahren* ⟨hat⟩: ein zusammengefahrenes Auto.

Zu|sạm|men|fall, der ⟨o. Pl.⟩: *das Zusammenfallen* (4 a): der Z. zweier Ereignisse an einem Tag.

zu|sạm|men|fal|len ⟨st. V.; ist⟩: **1. a)** *den Zusammenhalt verlieren u. auf einen Haufen fallen; einstürzen:* das Gebäude fiel wie ein Kartenhaus zusammen; **b)** *zusammensinken* (2 b): er fiel in sich zusammen, als er die Wahrheit hörte. **2.** *an Umfang verlieren, gänzlich in sich einsinken* (2): der Ballon, der Teig ist zusammengefallen; Ü Pläne fallen in sich zusammen *(erweisen sich als unrealisierbar).* **3.** *abmagern, zunehmend schwach, kraftlos werden:* er ist in letzter Zeit sehr zusammengefallen. **4. a)** *gleichzeitig sich ereignen; zu gleicher Zeit geschehen, stattfinden:* sein Geburtstag fällt dieses Jahr mit Ostern zusammen; beide Termine fallen zeitlich zusammen; **b)** *(bes. in Bezug auf geometrische Figuren, Geraden o. Ä.) sich decken* (6 a): Geraden, Flächen fallen zusammen *(sind kongruent).* **5.** (österr.) *hinfallen* (1 a): das Kind ist zusammengefallen.

zu|sạm|men|fal|ten ⟨sw. V.; hat⟩: **1.** *durch [mehrfaches] Falten* (1) *auf ein kleineres Format bringen, zusammenlegen:* einen Brief, die Serviette, Zeitung z.; etw. zweimal z.; eine zusammengefaltete Landkarte. **2.** *falten* (3): die Hände z.

zu|sạm|men|fas|sen ⟨sw. V.; hat⟩: **1.** *in, zu einem größeren Ganzen vereinigen:* die Teilnehmer in Gruppen, zu Gruppen von 10 Personen z.; Vereine in einem Dachverband z.; verschiedene Dinge unter einem Oberbegriff z. *(sie darunter subsumieren).* **2.** *auf eine kurze Form bringen, als Resümee formulieren:* seine Eindrücke kurz, in einem Bericht, in Stichworten z.; etw. in einem/(auch:) in einen Satz z.; zusammenfassend lässt sich feststellen, dass damit keinem so recht gedient ist.

Zu|sạm|men|fas|sung, die: **1.** *das Zusammenfassen* (1); *das Zusammengefasstwerden:* die Z. der einzelnen Gruppen in Dachverbänden. **2.** *kurz zusammengefasste schriftliche od. mündliche Darstellung von etw.:* am Schluss des Buches steht eine Z.; eine Z. der Ereignisse.

zu|sạm|men|fe|gen ⟨sw. V.; hat⟩ (bes. nordd.): *auf einen Haufen fegen:* die Papierschnipsel z.

zu|sạm|men|fin|den ⟨st. V.; hat⟩: **1.** ⟨z. + sich⟩ **a)** *sich vereinigen, zusammenschließen:* sie haben sich zu einer Wohngemeinschaft zusammengefunden; **b)** *an einem bestimmten Ort zu einem bestimmten Tun zusammentreffen:* sie haben sich in der Kneipe um die Ecke zusammengefunden. **2.** (selten) *[wieder]finden u. zusammenfügen:* nicht mehr alle Teile des Spiels z.

zu|sạm|men|fli|cken ⟨sw. V.; hat⟩ (ugs., oft abwertend): **1.** *dilettantisch, notdürftig flicken:* die Schuhe z.; Ü nach seinem Unfall wurde er im Krankenhaus zusammengeflickt. **2.** *aus einzelnen Teilen mühsam, kunstlos zusammenfügen:* einen Artikel z.

zu|sạm|men|flie|ßen ⟨st. V.; ist⟩: *eines ins andere fließen* (1 b, c); *sich fließend (zu einem größeren Ganzen) vereinigen:* zwei Flüsse, Bäche fließen hier zusammen; Ü zusammenfließende Klänge.

Zu|sạm|men|fluss, der: **1.** *das Zusammenfließen:* der Z. von Brigach und Breg zur Donau. **2.** *Stelle, an der zwei Flüsse zusammentreffen:* am Z. der beiden Flüsse.

zu|sạm|men|fü|gen ⟨sw. V.; hat⟩ (geh.): **1.** *(Teile zu einem Ganzen) miteinander verbinden; zusammensetzen:* Werkstücke, die einzelnen Bauteile z.; Steine zu einem Mosaik z. **2.** ⟨z. + sich⟩ *sich zu einer Einheit, einem Ganzen verbinden:* die Bauteile fügen sich nahtlos zusammen.

zu|sạm|men|füh|ren ⟨sw. V.; hat⟩: *zueinander kommen lassen; miteinander, mit jmdm. in Verbindung bringen:* getrennte Familien wieder z.

Zu|sạm|men|füh|rung, die: *das Zusammenführen:* die Z. der einzelnen Konzernteile nach der Fusion.

zu|sạm|men|ge|ben ⟨st. V.; hat⟩ (geh. veraltend): *miteinander verheiraten:* zwei Menschen z.

zu|sạm|men|ge|hen ⟨unr. V.; ist⟩: **1.** *sich vereinen, zusammen handeln:* die beiden Parteien gehen zusammen. **2.** *zueinander passen; sich miteinander vereinbaren lassen:* einerseits sparen und dann einen Sportwagen kaufen, das geht nicht zusammen. **3.** (landsch.) **a)** *an Menge geringer werden, schwinden, abnehmen:* die Vorräte sind zusammengegangen; **b)** *schrumpfen, kleiner werden:* der Pullover ist beim Waschen zusammengegangen *(eingelaufen);* Ü er ist sehr zusammengegangen (ugs.; *körperlich zurückgegangen, schmäler, älter geworden).* **4.** (ugs.) *sich treffen, zusammenlaufen* (2): die Linien gehen an einem entfernten Punkt zusammen. **5.** (ugs.) *(beim Zusammenwirken, -spielen) gelingen:* die beiden spielen zum ersten Mal im Doppel miteinander, da geht noch manches nicht zusammen.

zu|sạm|men|ge|hö|ren ⟨sw. V.; hat⟩ (ugs.): **a)** *zueinander gehören:* die drei gehören zusammen; wir gehören nicht zusammen *(haben nichts miteinander zu tun);* **b)** *eine Einheit bilden:* die Schuhe, Strümpfe gehören [nicht] zusammen.

zu|sạm|men|ge|hö|rig ⟨Adj.⟩: **a)** *zusammengehörend* (a); *eng miteinander verbunden:* sie fühlen sich z.; **b)** *zusammengehörend* (b): -e Teile; etw. ist nicht z.

Zu|sạm|men|ge|hö|rig|keit, die; -: *das Zusammengehören* (a).

Zu|sạm|men|ge|hö|rig|keits|ge|fühl, das ⟨o. Pl.⟩: *das Bewusstsein zusammenzugehören* (a); *Gefühl der Zusammengehörigkeit:* mit der Zeit entwickelten die Mitglieder des Teams ein Z.

zu|sạm|men|ge|ra|ten ⟨st. V.; ist⟩: *aneinander geraten.*

zu|sạm|men|ge|wür|felt: ↑zusammenwürfeln.

zu|sạm|men|glu|cken ⟨sw. V.; hat⟩ (ugs.): *ständig zusammen sein [und sich gegen andere abkapseln]:* die beiden glucken jetzt ständig zusammen.

zu|sạm|men|ha|ben ⟨unr. V.; hat⟩ (ugs.): *zusammengebracht, -bekommen haben; beisammenhaben* (1): das Geld, die Mitspieler z.

Zu|sạm|men|halt, der ⟨o. Pl.⟩: **1.** *das Zusammenhalten* (1), *das Festgefügtsein:* die Teile haben zu wenig Z. **2.** *das Zusammenhalten* (2); *feste innere Bindung:* ein enger, fester Z. der Gruppe, der Familie; der Z. lockert sich, geht verloren.

zu|sạm|men|hal|ten ⟨st. V.; hat⟩: **1.** *(von den Teilen eines Ganzen) fest miteinander verbunden bleiben:* die verleimten Teile halten zusammen. **2.** *fest zueinander stehen; eine (gegen äußere Gefahren o. Ä.) festgefügte Einheit bilden:* die Freunde halten fest, treu zusammen; wie Pech und Schwefel z. **3. a)** *(Teile) miteinander verbinden; in einer festen Verbindung halten:* eine Schnur hält das Bündel zusammen; Ü die Gruppe wird von gemeinsamen Interessen zusammengehalten; **b)** *am Auseinanderstreben hindern:* die Schafherde, eine Gruppe z.; sein Geld z. *(sparen, nicht ausgeben);* Ü ich muss meine Gedanken z. **4.** *vergleichend eins neben das andere halten, nebeneinander halten:* zwei Bilder, Gegenstände vergleichend z.

Zu|sạm|men|hang, der: *zwischen Vorgängen, Sachverhalten o. Ä. bestehende innere Beziehung, Verbindung:* ein direkter, historischer Z.; es besteht ein Z. zwischen beiden Vorgängen; einen Z. herstellen; die größeren Zusammenhänge sehen; das ist aus dem Z. gerissen; die beiden Dinge stehen miteinander in [keinem] Z.; nur noch eins möchte ich in diesem Z. *(zugleich mit dieser Sache)* erwähnen.

zu|sạm|men|hän|gen ⟨st. V.; hat⟩: **1.** *mit etw., miteinander fest verbunden sein:* die Teile hängen miteinander nur lose zusammen; Ü etw. zusammenhängend *(in richtiger Abfolge, im Zusammenhang)* darstellen. **2.** *mit etw. in Beziehung, in Zusammenhang stehen:* ihre ständige Müdigkeit hängt mit ihrer Krankheit zusammen.

zu|sạm|men|hang|los ⟨Adj.⟩: *keinen Zusammenhang erkennen lassend:* -e Reden.

Zu|sạm|men|hang|lo|sig|keit, die; -: *das Zusammenhanglossein.*

zu|sạm|men|hangs|los: ↑zusammenhanglos.

Zu|sạm|men|hangs|lo|sig|keit: ↑Zusammenhanglosigkeit.

zu|sạm|men|hau|en ⟨unr. V.; haute zusammen, hat zusammengehauen⟩ (ugs.): **1.** *etw.* [1]*zerschlagen* (1 c), *zertrümmern:* er hat in betrunkenem Zustand seine ganze Wohnung zusammengehauen. **2.** *zusammenschlagen* (2 a): Rowdys hatten ihn nachts auf der Straße zusammengehauen. **3.** *dilettantisch, kunstlos herstellen:* eine Bank [roh, grob] aus Brettern z.; Ü einen Aufsatz eilig z.

zu|sạm|men|hef|ten ⟨sw. V.; hat⟩: *Teile durch Heften* (1, 3) *zusammenfügen.*

zu|sạm|men|ho|len ⟨sw. V.; hat⟩: *von verschiedenen Orten, Stellen herbeiholen, beschaffen:* Helfer z.

zu|sạm|men|kau|ern, sich ⟨sw. V.; hat⟩: *sich hockend in eine geduckte Haltung bringen:* sie hatten sich in einer Ecke zusammengekauert.

zu|sạm|men|keh|ren ⟨sw. V.; hat⟩ (bes. südd.): *auf einen Haufen kehren:* den Dreck im Hof z.

zu|sạm|men|ket|ten ⟨sw. V.; hat⟩: *aneinander ketten.*

zu|sạm|men|kit|ten ⟨sw. V.; hat⟩: *kitten* (1).

Zu|sạm|men|klang, der ⟨Pl. selten⟩: *das Zusammenklingen.*

zu|sạm|men|klapp|bar ⟨Adj.⟩: *sich zusammenklappen* (1) *lassend:* ein -es Messer; der Kinderwagen ist z.

zu|sạm|men|klap|pen ⟨sw. V.⟩: **1.** *(etw. mit einer Klappvorrichtung, mit Scharnieren o. Ä. Versehenes) durch Einklappen seiner Teile verkleinern* ⟨hat⟩: das Klapprad, Taschenmesser, den Liegestuhl z. **2.** (ugs.) *zusammenschlagen* (1) ⟨hat⟩: die Hacken z. **3.** *zusammenbrechen* (2) ⟨ist⟩: sie war vor Erschöpfung zusammengeklappt.

zu|sạm|men|klau|ben ⟨sw. V.; hat⟩ (landsch., bes. südd., österr.): *klaubend* (2 a) *auflesen, aufsammeln.*

zu|sạm|men|kle|ben ⟨sw. V.⟩: **a)** *aneinander kleben* (2, 3) ⟨ist⟩: die Nudeln dürfen nicht z.; **b)** *aneinander kleben* (6) ⟨hat⟩: sie möchte die Scherben des Krugs wieder z.

zu|sạm|men|kleis|tern ⟨sw. V.; hat⟩ (ugs.): **1.** *zusammenkleben.* **2.** *zusammenkitten:* mühsam die Einheit der Organisation z.

zu|sạm|men|klin|gen ⟨st. V.; hat⟩: *(von mehreren Tönen o. Ä.) gleichzeitig [harmonisch] erklingen:* die Gläser z. lassen; die Stimmen, Glocken klangen zusammen.

zu|sạm|men|knal|len ⟨sw. V.⟩: **1.** *zusammenschlagen* (1) ⟨hat⟩: die Hacken z. **2.** (salopp) *heftig aneinander geraten; einen Zusammenstoß mit jmdm. haben* ⟨ist⟩: er ist mit dem Chef zusammengeknallt.

zu|sạm|men|knei|fen ⟨st. V.; hat⟩: *zusammenpressen:* die Lippen, den Mund z.; sie kniff die

Augen zusammen *(schloss sie bis auf einen kleinen Spalt).*

zu|sam|men|knül|len ⟨sw. V.; hat⟩: *knüllen* (1): den Brief hastig z.

zu|sam|men|kom|men ⟨st. V.; ist⟩: **1. a)** *sich versammeln:* zu einer Kundgebung z.; wir sind hier nicht zusammengekommen, um uns zu amüsieren; **b)** *sich treffen:* die Mitglieder kommen [im Klub] zusammen; R so jung kommen wir nie wieder/nicht noch einmal zusammen. **2. a)** *(meist von etw. Unangenehmem) sich gleichzeitig ereignen:* an diesem Tag ist [aber auch] alles zusammengekommen; **b)** *sich anhäufen, ansammeln:* es ist wieder einiges an Spenden, Geschenken zusammengekommen.

zu|sam|men|kra|chen ⟨sw. V.; ist⟩ (ugs.): **1.** *mit einem Krach zusammenfallend entzweigehen:* der Stuhl, das Gestell, das Dach ist zusammengekracht; Ü das ganze Unternehmen ist zusammengekracht. **2.** *mit lautem Krach zusammenstoßen:* die Fahrzeuge sind auf der Kreuzung zusammengekracht.

zu|sam|men|kramp|fen, sich ⟨sw. V.; hat⟩: *krampfen* (1 a): seine Hände krampften sich vor Angst zusammen.

zu|sam|men|krat|zen ⟨sw. V.; hat⟩ (ugs.): *etw., bes. Geld, von dem kaum [mehr] etw. vorhanden ist, mühsam zusammenbringen:* ich habe mein letztes Geld zusammengekratzt.

zu|sam|men|krie|gen ⟨sw. V.; hat⟩ (ugs.): *zusammenbekommen, zusammenbringen* (1 a, b).

zu|sam|men|krüm|men, sich ⟨sw. V.; hat⟩: *krümmen* (2 a): ihr ganzer Körper krümmte sich vor Schmerzen zusammen.

Zu|sam|men|kunft, die; -, ...künfte [zum 2. Bestandteil -kunft vgl. Abkunft]: *Treffen, Versammlung; Sitzung:* heimliche, gesellige Zusammenkünfte; irgendwo eine Z. haben, halten.

zu|sam|men|läp|pern, sich ⟨sw. V.; hat⟩ (ugs.): *sich aus kleineren Mengen nach u. nach zu einer größeren Menge anhäufen:* die Beträge läppern sich schnell zusammen.

zu|sam|men|las|sen ⟨st. V.; hat⟩: **a)** *nicht trennen:* die Klassenkameraden z.; **b)** *zueinander lassen:* Jungtiere und Eltern z.

zu|sam|men|lau|fen ⟨st. V.; ist⟩: **1. a)** *von verschiedenen Seiten an einen bestimmten Ort laufen, eilen; herbeiströmen:* die Menschen liefen [neugierig, auf dem Platz] zusammen; **b)** *von verschiedenen Seiten zusammen-, ineinander fließen:* an dieser Stelle laufen die Flüsse zusammen; **c)** (ugs.) *(von Farben) ineinander fließen u. sich vermischen.* **2.** *sich an einem bestimmten Punkt vereinigen, treffen:* an diesem Punkt laufen die Linien zusammen. **3.** (landsch.) *(von Milch) gerinnen.* **4.** (ugs.) *eingehen* (4). **5.** (ugs.) *zusammengehen* (5).

zu|sam|men|le|ben ⟨sw. V.; hat⟩: **a)** *gemeinsam (mit einem Partner) leben:* sie lebt seit Jahren mit ihrem Freund z.; **b)** ⟨z. + sich⟩ *sich im Laufe der Zeit, durch längeres Miteinanderleben aneinander gewöhnen:* wir haben uns [mit unserem Vermieter] gut zusammengelebt.

Zu|sam|men|le|ben, das ⟨o. Pl.⟩: *Leben in der Gemeinschaft:* die Erfordernisse menschlichen -s.

zu|sam|men|leg|bar ⟨Adj.⟩: *sich zusammenlegen* (1, 3) *lassend.*

zu|sam|men|le|gen ⟨sw. V.; hat⟩: **1.** *zusammenfalten* (1): die Zeitung, die Kleider ordentlich z. **2.** *verschiedene Gegenstände von irgendwoher zusammentragen u. an eine bestimmte Stelle legen:* alles, was man für die Reise braucht, bereits zusammengelegt haben. **3.** *miteinander verbinden; verschiedene Teile o. Ä. zu einem Ganzen, einer Einheit werden lassen; vereinigen:* Abteilungen, Veranstaltungen z.; vier Klassen wurden zusammengelegt. **4.** *in einem gemeinsamen Raum, Zimmer unterbringen:* die Kranken z. **5.** *gemeinsam die erforderliche Geldsumme aufbringen:* wir legten für ein Geschenk zusammen. **6.** *(von Händen, Armen) übereinander legen:* der Großvater legte die Hände vor dem Bauch zusammen.

Zu|sam|men|le|gung, die; -, -en: *das Zusammenlegen* (3, 4); *das Zusammengelegtwerden.*

zu|sam|men|le|sen ⟨st. V.; hat⟩: [2]*lesen* (a) *u. zu einer größeren Menge vereinigen; sammeln* (1 a): Kartoffeln [in Haufen] z.

zu|sam|men|lie|gen ⟨st. V.; hat, südd., österr., schweiz.: ist⟩: **1.** *sich nebeneinander befinden:* zusammenliegende Zimmer. **2.** *in einem gemeinsamen Raum, Zimmer untergebracht sein.*

zu|sam|men|lü|gen ⟨st. V.; hat⟩ (ugs.): *dreist erdichten, lügen* (b): was lügst du denn da zusammen?; das ist doch alles zusammengelogen!

zu|sam|men|nä|hen ⟨sw. V.; hat⟩: *durch Nähen miteinander verbinden:* mehrere Stoffbahnen z.

zu|sam|men|neh|men ⟨st. V.; hat⟩: **1.** *etw. konzentriert verfügbar machen, einsetzen:* alle seine Kraft, seinen ganzen Verstand, Mut z. **2.** ⟨z. + sich⟩ *sich beherrschen, unter Kontrolle haben, sich angestrengt auf etw. konzentrieren:* sich z., um die Rührung nicht zu zeigen; nimm dich [gefälligst] zusammen! **3.** *insgesamt betrachten, berücksichtigen:* ich denke, dass alle diese Dinge zusammengenommen zum Erfolg führen; alles zusammengenommen *(alles in allem)* macht es 50 Mark.

zu|sam|men|pa|cken ⟨sw. V.; hat⟩: **1. a)** *verschiedene Gegenstände zusammen in etw., was zum Transportieren geeignet ist, legen, verstauen:* seine Sachen, Habseligkeiten z.; **b)** *mehrere Gegenstände zusammen verpacken, zusammen in etw. einwickeln:* kann ich die Hemden z.? **2.** *etw. abschließend [irgendwohin] wegräumen:* ich werde jetzt z. und Feierabend machen.

zu|sam|men|pap|pen ⟨sw. V.; ist/hat⟩: *zusammenkleben.*

zu|sam|men|pas|sen ⟨sw. V.; hat⟩: **1.** *aufeinander abgestimmt sein; miteinander harmonieren:* die beiden Farben passen gut zusammen; Rock und Bluse passen nicht zusammen; ob die beiden zusammenpassen? **2.** *passend zusammensetzen:* er hat die Einzelteile zusammengepasst.

zu|sam|men|pfer|chen ⟨sw. V.; hat⟩: **a)** *zusammen in einen Pferch sperren:* die Schafe z.; **b)** *[durch Zwang] veranlassen, sich zusammen in einen Raum zu begeben, in dem es dabei sehr eng wird:* die Gefangenen wurden in Güterwaggons zusammengepfercht; wir saßen alle zusammengepfercht in einer Zelle.

Zu|sam|men|prall, der: *das Zusammenprallen:* er hat sich bei einem Z. mit dem gegnerischen Torwart verletzt; Ü es gab einen Z. *(eine heftige Auseinandersetzung)* zwischen ihr und ihrem Chef.

zu|sam|men|pral|len ⟨sw. V.; ist⟩: *[mit Wucht] gegeneinander prallen:* wir sind an der Ecke zusammengeprallt.

zu|sam|men|pres|sen ⟨sw. V.; hat⟩: **a)** *fest gegeneinander pressen:* die Lippen, Hände z.; **b)** *kräftig zusammendrücken:* etw. in der Hand z.

zu|sam|men|raf|fen ⟨sw. V.; hat⟩: **1.** *raffen* (1 b): er raffte hastig seine Unterlagen zusammen. **2.** (abwertend) *raffen* (1 a): er hat in kurzer Zeit ein großes Vermögen zusammengerafft. **3.** *raffen* (2): den Mantel, das Kleid z. **4.** ⟨z. + sich⟩ (ugs.) *aufraffen.*

zu|sam|men|rau|fen, sich ⟨sw. V.; hat⟩ (ugs.): *sich nach mehr od. weniger heftigen Auseinandersetzungen nach u. nach verständigen:* sich in der Frage der Mitbestimmung z.; sich mit jmdm. z.; sie mussten sich in der Ehe erst z.

zu|sam|men|rech|nen ⟨sw. V.; hat⟩: *addieren; zusammenzählen.*

zu|sam|men|rei|men ⟨sw. V.; hat⟩ (ugs.): **a)** *[aufgrund von bestimmten Anhaltspunkten, Überlegungen, Erfahrungen o. Ä.] kombinieren* (2), *dass sich etw. in bestimmter Weise verhält:* ich kann mir das nur so z.; sie hat sich die Wahrheit schließlich zusammengereimt; **b)** ⟨z. + sich⟩ *sich erklären* (1 c): wie reimt sich das wohl zusammen?

zu|sam|men|rei|ßen ⟨st. V.; hat⟩ (ugs.): **1.** ⟨z. + sich⟩ *sich [energisch] zusammennehmen* (2): reiß dich zusammen! **2.** (Soldatenspr.) *energisch aneinander-, gegeneinander schlagen:* die Hacken z.; die Glieder, Knochen z. *(strammstehen).*

zu|sam|men|rol|len ⟨sw. V.; hat⟩: **a)** *einrollen* (1 a): den Schlafsack z.; zusammengerollte Landkarten; **b)** ⟨z. + sich⟩ *einrollen* (1 b): der Hund rollte sich vor dem Ofen zusammen.

zu|sam|men|rot|ten, sich ⟨sw. V.; hat⟩: *(von größeren Menschenmengen) sich [in Aufruhr] öffentlich zusammentun, zusammenschließen, um [mit Gewalt] gegen etw. vorzugehen:* die Bürger rotten sich zusammen, um gegen die Festnahme zu protestieren.

Zu|sam|men|rot|tung, die; -, -en: **a)** *das Sichzusammenrotten;* **b)** *Menschenmenge, die sich zusammengerottet hat.*

zu|sam|men|rü|cken ⟨sw. V.⟩: **1.** *durch Rücken [enger] aneinander stellen* ⟨hat⟩: die Stühle, Tische z. **2.** *sich enger nebeneinander setzen* ⟨ist⟩: könnt ihr [noch] ein bisschen z.?; sie rückten noch näher zusammen [auf der Bank]; Ü die Krise ließ die Nachbarstaaten z.

Zu|sam|men|rü|ckung, die; -, -en (Sprachw.): *durch einfache Zusammenschreibung einer Wortgruppe gebildete Zusammensetzung* (3) (z. B. Bösewicht, Gottesmutter).

zu|sam|men|ru|fen ⟨st. V.; hat⟩: **a)** *auffordern, sich an einem bestimmten Ort zu versammeln:* die Schüler, die Abteilung [zu einer kurzen Besprechung] z.; **b)** *einberufen* (1): das Parlament z.

zu|sam|men|sa|cken ⟨sw. V.; ist⟩ (ugs.): **1.** *zusammenbrechen* (1), *zusammenfallen* (1): das notdürftig wiedererrichtete Haus, Dach sackte [in sich] zusammen. **2.** *zusammenbrechen* (2), *zusammensinken* (2 a): unter der Last z. **3.** *zusammensinken* (2 b): er sackte zusammen, als er das Urteil hörte.

zu|sam|men|sam|meln ⟨sw. V.; hat⟩: *auf-, einsammeln:* er sammelt die auf dem Boden liegenden Kleider zusammen.

zu|sam|men|schal|ten ⟨sw. V.; hat⟩: **1.** *durch Schalten miteinander verbinden:* mehrere Rechner, Telefonnetze z.; **2.** ⟨z. + sich⟩ *sich durch Schalten zu einer Einheit, einem Ganzen verbinden:* die Sender haben sich zusammengeschaltet.

zu|sam|men|schar|ren ⟨sw. V.; hat⟩: *durch Scharren an eine bestimmte Stelle, auf einen Haufen bringen:* er scharrte mit den Füßen das übrige Laub zusammen.

Zu|sam|men|schau, die: *zusammenfassender Überblick; Synopse* (2): eine großartige Z. alles Lebendigen.

zu|sam|men|schei|ßen ⟨st. V.; hat⟩ (derb): *jmdn. äußerst hart, scharf [mit groben Worten] maßregeln; abkanzeln:* hat der mich vielleicht zusammengeschissen!

zu|sam|men|schieb|bar ⟨Adj.⟩: *sich [in seinen Teilen] zusammen-, ineinander schieben lassend:* eine -e Tischplatte, Trennwand.

zu|sam|men|schie|ben ⟨st. V.; hat⟩: **a)** *durch Schieben [enger] aneinander stellen, näher zusammenbringen:* die Bänke z.; **b)** ⟨z. + sich⟩ *sich ineinander schieben* (1): der Vorhang schob sich zusammen.

zu|sam|men|schie|ßen ⟨st. V.; hat⟩: **1. a)** *durch Beschuss zerstören:* alles z.; ganze Dörfer wurden damals rücksichtslos zusammengeschossen; **b)** (ugs.) *niederschießen:* sie haben ihn ohne Vorwarnung kaltblütig zusammengeschossen. **2.** *sehr schnell, rasch [an einem bestimmten Ort] zusammenkommen, -laufen, -strömen:* von allen Seiten schoss das Wasser im Tal zusammen.

zu|sam|men|schla|gen ⟨st. V.⟩: **1.** *[kräftig] aneinander, gegeneinander schlagen* ⟨hat⟩: die Absätze, Hacken z. **2.** ⟨hat⟩ (ugs.) **a)** *auf jmdn. so [brutal] einschlagen, dass er [ohne sich wehren zu können] zusammenbricht:* er wurde von drei Männern zusammengeschlagen und beraubt; **b)** *zertrümmern:* in seiner Wut schlug er alles, die halbe Einrichtung zusammen. **3.** *zusammenfalten* (1) ⟨hat⟩: die Zeitung wieder z. **4.** *sich* *über etw., jmdn. hinwegbewegen u. es, ihn auf diese Weise [vorübergehend] unter sich begraben* ⟨ist⟩: die Wellen schlugen über dem Schwimmer, dem sinkenden Boot zusammen.

zu|sạm|men|schlie|ßen ⟨st. V.; hat⟩: **1.** *aneinander schließen:* die Fahrräder z.; die Gefangenen waren mit Handschellen zusammengeschlossen. **2.** ⟨z. + sich⟩ *sich vereinigen:* sich in einem Verein, zu einer Mannschaft z.; die beiden Firmen haben sich zusammengeschlossen.

Zu|sạm|men|schluss, der: *Vereinigung:* übernationale, wirtschaftliche, genossenschaftliche Zusammenschlüsse; der Z. der Landgemeinden.

zu|sạm|men|schmel|zen ⟨st. V.⟩: **1.** ⟨hat⟩ **a)** *verschmelzen* (1): Metalle [zu einer Legierung] z.; **b)** *einschmelzen.* **2.** *durch Schmelzen weniger werden* ⟨ist⟩: der Schnee ist [an der Sonne] zusammengeschmolzen; Ü das Geld, der Vorrat ist bis auf einen kleinen Rest zusammengeschmolzen.

zu|sạm|men|schnei|den ⟨unr. V.; hat⟩ (Film, Rundf., Ferns.): **1.** *durch das Herausschneiden einzelner Teile verkürzen:* einen Film auf 30 Minuten, auf die Hälfte z. **2.** *aus Teilen verschiedener Aufnahmen zusammensetzen:* die Highlights aus den letzten zehn Sendungen z.

Zu|sạm|men|schnitt, der (Film, Rundf., Ferns.): **1.** *durch Herausschneiden einzelner Teile (einer Aufnahme) entstandene kurze Fassung:* der Z. eines Live-Konzerts. **2.** *Zusammenstellung von Teilen verschiedener Aufnahmen:* ein Z. der besten Szenen eines Fußballspiels.

zu|sạm|men|schnü|ren ⟨sw. V.; hat⟩: **1. a)** *schnüren* (1 b): die Zeitungen z.; **b)** *schnüren* (1 c): ein Bündel z. **2.** *so einengen, zusammendrücken, dass es schneidet:* mit dem Korsett die Taille z.; Ü die Angst schnürte mir die Kehle zusammen.

zu|sạm|men|schnur|ren ⟨sw. V.; ist⟩ (ugs.): *rasch, in erheblichem Ausmaß zusammenschrumpfen.*

zu|sạm|men|schrau|ben ⟨sw. V.; hat⟩: *durch Schrauben miteinander verbinden.*

zu|sạm|men|schre|cken ⟨sw. u. st. V.; schreckt/ (veraltend:) schrickt zusammen, schreckte/ schrak zusammen, ist zusammengeschreckt⟩: *vor Schreck zusammenzucken:* bei jedem Geräusch schreckte/schrak sie zusammen.

zu|sạm|men|schrei|ben ⟨st. V.; hat⟩: **1.** *in einem Wort schreiben:* »irgendjemand« schreibt man zusammen. **2.** *etw. (z. B. Thesen, Aussagen) zusammentragen, zusammenstellen u. daraus [in kürzerer Form] eine schriftliche Arbeit anfertigen:* ein Referat, eine Rede z. **3.** (ugs. abwertend) *gedankenlos hinschreiben* (1 b): Unsinn z. **4.** (ugs.) *durch Schreiben erwerben:* sie hat [sich ⟨Dativ⟩] mit ihren Romanen ein Vermögen zusammengeschrieben.

Zu|sạm|men|schrei|bung, die: *das Zusammenschreiben* (1); *das Zusammengeschriebenwerden.*

zu|sạm|men|schrump|fen ⟨sw. V.; ist⟩: *schrumpfen* (2): die täglichen Rationen schrumpften zusammen; ihr Vermögen ist auf die Hälfte zusammengeschrumpft.

zu|sạm|men|schus|tern ⟨sw. V.; hat⟩ (ugs. abwertend): *dilettantisch, notdürftig herstellen, anfertigen:* schnell ein paar Regale z.; eine lieblos zusammengeschusterte Sendung.

zu|sạm|men|schwei|ßen ⟨sw. V.; hat⟩: *durch Schweißen miteinander verbinden:* Rohre z.; Ü der gemeinsame Erfolg schweißte die beiden zusammen.

Zu|sạm|men|sein, das: *das Beisammensein; [zwanglose, gesellige] Zusammenkunft.*

zu|sạm|men sein: s. zusammen (1).

zu|sạm|men|set|zen ⟨sw. V.; hat⟩: **1. a)** *zusammenfügen* (1); **b)** *durch Zusammenfügen herstellen, funktionstüchtig machen:* den Wecker wieder z. **2.** ⟨z. + sich⟩ *als Ganzes aus verschiedenen Bestandteilen, Gliedern, Personen bestehen:* die Kommission setzt sich aus zwölf Mitgliedern zusammen; ein zusammengesetztes *(aus mehreren Wörtern gebildetes)* Wort. **3.** ⟨z. + sich⟩ **a)** *sich an einem gemeinsamen Platz zueinander setzen:* sich z. und ein Glas Wein trinken; **b)** *sich treffen; zusammenkommen [um gemeinsam zu beraten]:* man wird sich bald zu Verhandlungen z.

Zu|sạm|men|set|zung, die: **1.** ⟨o. Pl.⟩ *das Zusammensetzen* (1). **2.** *Art u. Weise, wie etw. als Ganzes zusammengesetzt ist:* die chemische Z. eines Präparates; die Z. der Mannschaft; die soziale, personelle Z. des Ausschusses. **3.** (Sprachw.) *Wort, das aus mehreren Wörtern zusammengesetzt ist; Kompositum* (z. B. Tischbein, friedliebend).

zu|sạm|men|sin|ken ⟨st. V.; ist⟩: **1.** *zusammenbrechen* (1), *zusammenfallen* (1): das Dach sank langsam in sich zusammen. **2. a)** *sich durch Kräfteverlust, infolge eines Schwächeanfalls nicht mehr aufrecht halten können u. zu Boden sinken:* ohnmächtig, tot z.; **b)** *völlig kraft-, energielos werden [u. mit gesenktem Kopf, hängenden Schultern eine schlaffe Haltung einnehmen]:* sie saß ganz in sich zusammengesunken da. **3.** *langsam erlöschen:* die Glut war in sich zusammengesunken.

zu|sạm|men|sit|zen ⟨unr. V.; hat, südd., österr., schweiz.: ist⟩: **a)** *an einem gemeinsamen Platz nebeneinander sitzen:* im Theater z.; **b)** *gemeinsam [gesellig] irgendwo sitzen:* sie haben dort oft zusammengesessen.

zu|sạm|men|span|nen ⟨sw. V.; hat⟩: **1.** *als ein Gespann* (1 a) *einspannen:* vier Pferde z.; Ü einen alten und einen jungen Mann z. **2.** (schweiz.) *sich mit jmdm. zusammentun, zusammenschließen:* sie spannte mit ihrer Nachbarin zusammen.

zu|sạm|men|spa|ren ⟨sw. V.; hat⟩: *durch Sparen zusammenbringen, ansammeln:* das Geld dafür hatte er sich in zwei Jahren zusammengespart.

Zu|sạm|men|spiel, das ⟨o. Pl.⟩: **a)** *das Zusammenspielen:* die Mannschaft bot ein hervorragendes Z.; **b)** *das Zusammenwirken:* das Z. von Nachricht und Kommentar.

zu|sạm|men|spie|len ⟨sw. V.; hat⟩: **1. a)** *gut aufeinander abgestimmt spielen:* die beiden haben gut zusammengespielt; **b)** *zusammenwirken:* merkwürdige Zufälle spielten dabei zusammen; die Justiz spielt wohl mit der Ausländerbehörde zusammen. **2.** (ugs. abwertend) *im Spiel, beim Musizieren, beim Theaterspielen als gänzlich unzulängliche, eine Zumutung darstellende Leistung zustande bringen:* was spielst du bloß [für einen Mist] zusammen! Da bist du doch in zwei Zügen matt; katastrophal, was die Mannschaft heute wieder zusammenspielt!; die Band, der Saxer hat vielleicht einen Schrott zusammengespielt!

zu|sạm|men|stau|chen ⟨sw. V.; hat⟩: **1.** *etw. durch Stauchen zusammendrücken:* der Kühler war völlig zusammengestaucht. **2.** (ugs.) *jmdn. maßregeln:* die Rekruten z.

zu|sạm|men|ste|cken ⟨sw./st. V.⟩: **1.** *steckend, durch Stecken verbinden* ⟨sw. V.; hat⟩: zwei Kabel z.; den Stoff mit Nadeln z. **2.** (ugs.) *[von anderen abgesondert] zusammen sein [u. dabei etw. aushecken]* ⟨sw., im Prät. auch st. V.; hat, südd., österr., schweiz. auch: ist⟩: die beiden steckten/(seltener:) staken immer zusammen.

zu|sạm|men|ste|hen ⟨unr. V.; hat, südd., österr., schweiz. auch : ist⟩: **1.** *gemeinsam irgendwo stehen:* in Gruppen z. **2.** *zusammenhalten* (2); *einander beistehen:* die Familie sollte z.

zu|sạm|men|stel|len ⟨sw. V.; hat⟩: **1.** *[unmittelbar] aneinander, zueinander, nebeneinander stellen:* die Betten z.; stellt euch näher zusammen! **2.** *etw. unter einem bestimmten Aspekt Ausgewähltes so anordnen, gestalten, dass etw. Einheitliches, Zusammenhängendes entsteht:* ein Menü, Programm, eine Liste z.; Fakten, Daten z.; eine Mannschaft z.

Zu|sạm|men|stel|lung, die: **1.** *das Zusammenstellen* (2). **2.** *etw., was zusammengestellt worden ist:* eine historische Z. der Ereignisse.

zu|sạm|men|stim|men ⟨sw. V.; hat⟩: **1.** *miteinander harmonieren:* die Instrumente haben nicht zusammengestimmt. **2.** *miteinander in Einklang stehen:* die Aussagen stimmen nicht zusammen.

zu|sạm|men|stop|peln ⟨sw. V.; hat⟩ (ugs. abwertend): *aus allen möglichen Bestandteilen dilettantisch, notdürftig zusammensetzen, herstellen:* in aller Eile einen Aufsatz, ein Buch z.

Zu|sạm|men|stoß, der: **a)** *(bes. von Fahr-, Flugzeugen) Zusammenprall; Kollision:* bei dem Z. [der Züge] gab es viele Tote; **b)** *heftige Auseinandersetzung:* einen Z. mit seinem Vorgesetzten haben; es kam zu Zusammenstößen zwischen Polizei und Demonstranten.

zu|sạm|men|sto|ßen ⟨st. V.; ist⟩: **1. a)** *(bes. von Fahr-, Flugzeugen) zusammenprallen; kollidieren:* mit einem Lkw z.; mit den Köpfen z.; die zwei Maschinen sind frontal zusammengestoßen; **b)** (seltener) *eine heftige Auseinandersetzung haben:* mit dem Vorarbeiter z. **2.** *aneinander grenzen:* dort, wo die Grundstücke zusammenstoßen.

zu|sạm|men|strei|chen ⟨st. V.; hat⟩ (ugs.): *durch Streichungen stark kürzen:* einen Text z.; Ü der Etat wurde zusammengestrichen.

zu|sạm|men|strö|men ⟨sw. V.; ist⟩: vgl. zusammenlaufen (1 a, b).

zu|sạm|men|stü|ckeln ⟨sw. V.; hat⟩: *aus vielen einzelnen Teilen, Stückchen zusammensetzen, herstellen:* aus den Stoffresten eine Hose z.

zu|sạm|men|stü|cken ⟨sw. V.; hat⟩: *zusammenstückeln.*

Zu|sạm|men|sturz, der: *das Zusammenstürzen.*

zu|sạm|men|stür|zen ⟨sw. V.; ist⟩: *[krachend] in Trümmer gehen; zusammenbrechen* (1): der Bau, die Tribüne ist vor ihren Augen zusammengestürzt; Ü man sieht eine Welt z.

zu|sạm|men|su|chen ⟨sw. V.; hat⟩: *zu einem bestimmten Zweck nach u. nach ausfindig machen u. herbeischaffen, zusammenbringen:* die notwendigen Papiere, Unterlagen z.

zu|sạm|men|tra|gen ⟨st. V.; hat⟩: *von verschiedenen Stellen herbeischaffen u. zu einem bestimmten Zweck sammeln:* Holz [für den Winter] z.; Ü Material für ein Buch z.

zu|sạm|men|tref|fen ⟨st. V.; ist⟩: **1.** *sich begegnen, sich treffen:* ich traf im Theater mit Bekannten zusammen. **2.** *gleichzeitig gegeben sein, geschehen, stattfinden:* hier treffen zwei ungünstige, günstige Umstände zusammen.

Zu|sạm|men|tref|fen, das ⟨o. Pl.⟩: *Begegnung* (1), *Treffen* (1).

zu|sạm|men|trei|ben ⟨st. V.; hat⟩: *alle (aus verschiedenen Richtungen) an denselben Platz treiben:* die Herde, die Kühe z.; die Häftlinge wurden im Hof zusammengetrieben.

zu|sạm|men|tre|ten ⟨st. V.⟩: **1.** (ugs.) *jmdn. so [brutal] treten, dass er [ohne sich wehren zu können] zusammenbricht* ⟨hat⟩: den Gegner z. **2.** *sich (als Mitglieder einer Vereinigung, Organisation, Institution o. Ä.) versammeln* ⟨ist⟩: der neue Bundestag tritt erst Mitte Oktober zusammen; zu Beratungen z.

zu|sạm|men|trom|meln ⟨sw. V.; hat⟩ (ugs.): *zusammenrufen* (1): die Belegschaft z.

zu|sạm|men|tun ⟨unr. V.; hat⟩: **1.** (ugs.) **a)** *an eine gemeinsame Stelle bringen, legen:* Äpfel und Birnen in einer Kiste z.; **b)** *zusammenlegen* (3): die Schulen wurden zusammengetan. **2.** ⟨z. + sich⟩ *sich zu einem bestimmten Zweck mit jmdm. verbinden; sich zusammenschließen:* sich [mit jmdm.] z.

zu|sạm|men|wach|sen ⟨st. V.; ist⟩: *sich wachsend verbinden, vereinigen:* so kann der Knochen [wieder] z.; Ü die beiden Städte wachsen langsam zusammen; zu einer Gemeinschaft z.

zu|sạm|men|wer|fen ⟨st. V.; hat⟩: **1.** *an eine Stelle, auf einen Haufen werfen:* zusammengeworfenes Gerümpel. **2.** *wahllos in einen Zusammenhang bringen, vermengen:* hier werden verschiedene Begriffe zusammengeworfen. **3.** (ugs.) *(Geld) in eine gemeinsame Kasse tun:* die Ersparnisse z.

zu|sạm|men|wi|ckeln ⟨sw. V.; hat⟩: *wickelnd* (1) *zusammenschnüren* (1).

zu|sạm|men|wir|ken ⟨sw. V.; hat⟩: **a)** (geh.) *zusammenarbeiten;* **b)** *gemeinsam, vereint wirken:*

mehrere Umstände wirkten hier glücklich zusammen.

zu|sam|men|wür|feln ⟨sw. V.; hat⟩: *ohne besondere Kriterien, wahllos, zufällig zusammenbringen, zusammensetzen:* unsere Mannschaft wurde aus allen Teilen des Landes zusammengewürfelt; ⟨oft im 2. Part.:⟩ ein bunt zusammengewürfelter Haufen.

zu|sam|men|zäh|len ⟨sw. V.; hat⟩: *eines zum anderen zählen; addieren:* die Zahlen, Beträge, abgegebenen Stimmen z.; schnell im Kopf alles z.

zu|sam|men|zie|hen ⟨unr. V.⟩: **1.** ⟨hat⟩ **a)** *durch Ziehen kleiner, enger werden, schrumpfen lassen:* seine Brauen z.; die Säure zieht den Mund zusammen; eine Schlinge z. *([ein Stück weit] zuziehen);* **b)** ⟨z. + sich⟩ *kleiner, enger werden; schrumpfen:* die Haut zieht sich zusammen. **2.** *an einem bestimmten Ort konzentrieren, sammeln* ⟨hat⟩: Truppen z. **3.** *addieren* ⟨hat⟩: Zahlen z. **4.** ⟨z. + sich⟩ *zusammenballen* (b), *zusammenbrauen* (2) ⟨hat⟩: ein Gewitter zieht sich [über den Bergen] zusammen; Ü ein Unheil zieht sich [über mir] zusammen. **5.** *gemeinsam eine Wohnung beziehen* ⟨ist⟩: mit einem Freund z.; wir wollen z.

Zu|sam|men|zie|hung, die: *das Zusammenziehen* (1–3).

zu|sam|men|zim|mern ⟨sw. V.; hat⟩ (ugs.): *zusammenschustern.*

zu|sam|men|zu|cken ⟨sw. V.; ist⟩: *vor Schreck eine ruckartige Bewegung machen:* bei dem Namen, Wort zuckt er jedesmal zusammen; der Knall ließ sie z.

Zu|sam|men|zug, der (schweiz.): *das Zusammenziehen* (2); *Einberufung.*

Zu|satz, der; -es, Zusätze [spätmhd. zuosaz]: **1.** ⟨o. Pl.⟩ *das Hinzufügen; Beigabe* (1); *Zugabe:* unter Z. von Öl. **2.** *Stoff, Substanz, die etw. anderem zugesetzt wird.* **3.** *etw., was einem Text als Ergänzung, Erweiterung od. Erläuterung seines Inhalts hinzugefügt wird:* ein Z. zu einem Vertrag; einen Text durch Zusätze ergänzen.

Zu|satz|ab|kom|men, das: *Abkommen, das ein bereits bestehendes Abkommen ergänzt, zusätzlich dazu abgeschlossen wird.*

Zu|satz|brems|leuch|te, die (Kfz-T.): *zusätzlich zu den vorgeschriebenen Bremsleuchten vorhandene, weiter oben am Fahrzeugheck od. hinter der Heckscheibe montierte Bremsleuchte.*

Zu|satz|fra|ge, die: *zusätzliche Frage bes. in einer Diskussion, Debatte, Verhandlung o. Ä.:* gestatten Sie eine Z.?

Zu|satz|ge|rät, das: *Gerät, das ein anderes ergänzt:* ein Z. zum Empfang von Pay-TV-Sendern.

zu|sätz|lich ⟨Adj.⟩: *zu etw. bereits Vorhandenem, Gegebenem ergänzend, erweiternd hinzukommend:* -e Kosten, Belastungen, Informationen; ich möchte dich nicht noch z. belasten.

Zu|satz|stoff, der: *Stoff* (2 a), *der einer Sache bei der Herstellung zugesetzt wird; Additiv.*

Zu|satz|zahl, die: *zusätzliche Gewinnzahl beim Lotto, durch die gegebenenfalls der Gewinn erhöht wird.*

zu|schal|ten ⟨sw. V.; hat⟩: *(bei technischen Geräten, Anlagen o. Ä.) durch Schalten* (1 a) *hinzufügen, hinzutreten lassen:* einen Generator z.; die Sendung läuft bereits, wir schalten uns zu (Funk, Ferns.; *stellen eine Verbindung her u. übernehmen das Programm*).

zu|schan|den (auch: zu Schanden) ⟨Adv.; in Verbindung mit bestimmten Verben⟩ [2. Bestandteil eigtl. erstarrter Dativ Pl. von ↑Schande] (geh.): *in einen Zustand des Zerstört-, Zugrunde-gerichtet-Seins:* jmds. Hoffnungen z. machen *(zerstören, vereiteln);* all ihre Pläne gingen z.; er hat seinen Wagen z. gefahren.

zu|schan|zen ⟨sw. V.; hat⟩ [zu frühnhd., mhd. schanzen = Glücksspiel treiben, zu ↑²Schanze] (ugs.): *unter der Hand verschaffen, zukommen lassen; zuschustern:* jmdm. einen guten Posten, einen Auftrag z.

zu|schau|en ⟨sw. V.; hat⟩ (landsch., bes. südd., österr., schweiz.): *zusehen* (1, 2).

Zu|schau|er, der; -s, - [wohl nach lat. spectator]: *jmd., der einem Vorgang, bes. einer Aufführung, Vorführung o. Ä. zusieht:* die Z. rasten vor Begeisterung; er wurde unfreiwilliger Z. *(Augenzeuge)* des Vorfalls.

Zu|schau|er|gunst, die: vgl. Publikumsgunst.

Zu|schau|e|rin, die; -, -nen: w. Form zu ↑Zuschauer.

Zu|schau|er|ku|lis|se, die: *Gesamtheit von Zuschauern, die den Rahmen für etw. abgeben:* eine imposante Z.

Zu|schau|er|raum, der: **a)** *an einen Bühnen-, Orchesterraum o. Ä. sich anschließender Raum mit Sitzreihen für die Zuschauer;* **b)** *Gesamtheit der Zuschauer in einem Zuschauerraum* (a).

Zu|schau|er|zahl, die: *Anzahl der Zuschauer bei einer Veranstaltung o. Ä.:* eine enttäuschende Z.; die -en sind zurückgegangen.

zu|schau|feln ⟨sw. V.; hat⟩: *mithilfe einer Schaufel zuschütten* (1): eine Grube z.

zu|schen|ken ⟨sw. V.; hat⟩ (geh.): *zusätzlich (zu einer schon im Trinkgefäß befindlichen Menge) einschenken:* jmdm. noch etwas [Tee, Wein] z.

zu|schi|cken ⟨sw. V.; hat⟩: *(jmdm.) zustellen lassen, [ins Haus] schicken* (1); *zusenden:* jmdm. Unterlagen z.; den neuen Katalog kriegt sie immer umsonst zugeschickt.

zu|schie|ben ⟨st. V.; hat⟩: **1. a)** *durch Schieben zumachen:* die Schublade z.; **b)** *durch Schieben zuschütten.* **2. a)** *zu jmdm. hinschieben:* sie schob ihm ihr Glas zu; Ü jmdm. einen Job z. *(zukommen lassen);* **b)** *etw. Unangenehmes, Lästiges von sich abwenden u. einem anderen übertragen od. zur Last legen; auf jmd. anders schieben:* jmdm. die Schuld, die Verantwortung, die Dreckarbeit z. **3.** ⟨z. + sich⟩ *sich allmählich (auf jmdn., etw.) zubewegen:* der Pulk schob sich auf Frankfurt zu.

zu|schie|ßen ⟨st. V.⟩: **1.** *(den Ball) in Richtung auf jmdn., etw. schießen* (2) ⟨hat⟩: er schoss den Ball dem Libero zu. **2.** *sich schnell u. geradewegs auf jmdn., etw. zubewegen* ⟨ist⟩: sie schoss auf mich zu, kam auf mich zugeschossen; der Wagen schoss auf den Abgrund zu. **3.** (ugs.) *als Zuschuss beisteuern* ⟨hat⟩: die Stadt hat 2 Millionen zum Kaufpreis zugeschossen.

Zu|schlag, der; -[e]s, Zuschläge: **1. a)** *bestimmter Betrag, um den ein Preis, Gehalt o. Ä. erhöht wird:* etw. mit einem Z. von 10 Mark verkaufen; **b)** *Entgelt, Gebühr, die unter bestimmten Bedingungen zusätzlich zu dem normalen Entgelt, der normalen Gebühr zu zahlen ist:* für Nachtarbeit werden Zuschläge gezahlt; der Intercity-Zug kostet Z. **2.** (Eisenb.) *zusätzliche Fahrkarte für die Benutzung von schnell fahrenden Zügen, die Zuschlag* (1 b) *kostet:* einen Z. lösen. **3. a)** *durch Hammerschlag gegebene Erklärung des Versteigerers, dass er ein Gebot als Höchstgebot annimmt:* an wen erfolgte der Z.?; jmdm. den Z. erteilen; bei dem Bild fand ein Gebot von 2 500 Mark den Z.; das höchste Gebot bekommt den Z.; **b)** *Auftrag, der jmdm. im Rahmen einer Ausschreibung erteilt wird:* jmdm. den Z. für etw. geben, erteilen. **4.** (Bautechnik, Hüttenw.) *bestimmter Stoff, der bei etw. zugeschlagen* (8) *wird.*

zu|schla|gen ⟨st. V.⟩: **1. a)** *mit Schwung, Heftigkeit geräuschvoll schließen* ⟨hat⟩: den Kofferraum z.; jmdm. die Tür vor der Nase zuschlagen; ein Buch z. *(zuklappen);* **b)** *mit einem Schlag* (1 b) *zufallen* ⟨ist⟩: pass auf, dass [dir] die Wohnungstür nicht zuschlägt. **2.** (selten) *durch [Hammer]schläge [mit Nägeln o. Ä.] fest zumachen, verschließen* ⟨hat⟩: eine Kiste z. **3.** *durch Schlagen, Hämmern in eine bestimmte Form bringen* ⟨hat⟩: Steine für eine Mauer [passend] z. **4.** *mit einem Schläger zuspielen* ⟨hat⟩: dem Partner den Ball z. **5.** ⟨hat⟩ **a)** *einen Schlag* (1 a), *mehrere Schläge gegen jmdn. führen:* kräftig, hart, mit der Faust z.; der Täter holte aus und schlug zu; Ü die Polizei schlug zu; das Schicksal, der Tod schlug zu; **b)** *etw. Bestimmtes tun (bes. etw., was jmd. gewohnheitsmäßig tut, was typisch für ihn ist [u. was allgemein gefürchtet ist, nicht gutgeheißen wird]):* der Mörder hat wieder zugeschlagen; **c)** (ugs.) *sich beim Essen, Trinken keinerlei Zurückhaltung auferlegen:* nach der Diät wieder [richtig, voll] z. können; beim Champagner haben sie ganz schön zugeschlagen; Ü die Stadt will jetzt bei den Parkgebühren z. (ugs.; *will sie kräftig erhöhen*); **d)** (ugs.) *ein Angebot, eine gute Gelegenheit o. Ä. wahrnehmen, einen Vorteil nutzen:* bei diesem günstigen Angebot musste ich einfach z. **6.** ⟨hat⟩ **a)** *(bei einer Versteigerung) durch Hammerschlag als Eigentum zuerkennen:* das Buch wurde [einem Schweizer Bieter] mit fünftausend Mark zugeschlagen; **b)** *im Rahmen einer Ausschreibung (als Auftrag) erteilen:* der Auftrag, der Neubau wurde einer belgischen Firma zugeschlagen; **c)** *als weiteren Bestandteil hinzufügen, angliedern o. Ä.:* das Haus wurde dem Erbe des Sohnes zugeschlagen. **7.** *(einen Betrag o. Ä.) auf etw. aufschlagen* ⟨hat⟩: [zu] dem/auf den Preis werden noch 10 % zugeschlagen. **8.** (Bautechnik, Hüttenw.) *einen bestimmten Stoff bei der Herstellung von Mörtel u. Beton od. bei der Verhüttung von Erzen zusetzen* ⟨hat⟩.

zu|schlie|ßen ⟨st. V.; hat⟩: *abschließen* (1 a): die Haustür, den Koffer z.; ⟨auch o. Akk.-Obj.:⟩ vergiss nicht zuzuschließen.

zu|schmei|ßen ⟨st. V.; hat⟩ (ugs.): *zuwerfen.*

zu|schmet|tern ⟨sw. V.; hat⟩: *mit Wucht zuwerfen* (1): die Tür, den Kofferraum z.

zu|schmie|ren ⟨sw. V.; hat⟩: *schmierend* (2 c) *mit etw. ausfüllen, verschließen:* die Löcher [mit Kitt] z.

zu|schnap|pen ⟨sw. V.⟩: **1.** *schnappend* (3) *zufallen, sich schließen* ⟨ist⟩: die Tür, die Falle schnappte zu. **2.** *plötzlich nach jmdm., etw. schnappen* ⟨hat⟩: plötzlich schnappte der Hund zu.

zu|schnei|den ⟨unr. V.; hat⟩: **a)** *durch Schneiden in eine bestimmte, die gewünschte, die zweckentsprechende Form bringen:* Latten, Bretter [passend] für Kisten z.; den Stoff für ein/zu einem Kostüm z.; spitz zugeschnittene Fingernägel; Ü auf die Bedürfnisse des Publikums zugeschnitten sein; **b)** *(etw. aus Stoff) nach bestimmten Maßen so schneiden, dass es anschließend genäht werden kann:* ein Kleid [nach einem Schnittmuster] z.

zu|schnei|en ⟨sw. V.; ist⟩: *von Schnee ausgefüllt, verdeckt, versperrt werden:* der Eingang, der Weg ist [total] zugeschneit.

Zu|schnitt, der; -[e]s, -e: **1. a)** ⟨o. Pl.⟩ *das Zuschneiden;* **b)** *Bereich (bes. innerhalb einer Produktionsstätte), wo der Zuschnitt des Materials erfolgt;* **c)** *zugeschnittenes Stück Material.* **2.** *Art u. Weise, wie etw. zugeschnitten ist.* **3.** *Format* (2), *Rang* (2), *Niveau* (3), *Größenordnung* (1): Persönlichkeiten internationalen -s.

zu|schnü|ren ⟨sw. V.; hat⟩: *mit einer Schnur o. Ä. [die herumgebunden wird] fest zumachen, verschließen:* ein Paket, die Schuhe z.; Ü Angst schnürte ihr den Hals zu.

zu|schrau|ben ⟨sw. V.; hat⟩: *durch Schrauben [eines Schraubverschlusses auf etw.] verschließen:* die Flasche z.

zu|schrei|ben ⟨st. V.; hat⟩ [mhd. zuoschrîben = schriftlich zusichern, melden, ahd. zuoscrîban = hinzu-, zusammenfügen]: **1. a)** *jmdm., etw. für den Urheber, die Ursache von etw. halten, erklären; etw. auf jmdn., etw. zurückführen:* dieses Bild wurde [fälschlich] Botticelli zugeschrieben; die ihr zugeschriebenen Äußerungen; das hast du dir selbst zuzuschreiben *(daran trägst du selbst die Schuld);* **b)** *glauben, der Meinung sein, dass einer Person, Sache etw. Bestimmtes zukommt, eigentümlich ist:* einer Quelle wunderkräftige Wirkung z.; jmdm. bestimmte Fähigkeiten z. **2.** *(auf jmds. Namen, Konto o. Ä.) überschreiben:* jmdm. eine Summe z. **3.** (ugs.) *dazuschreiben.*

Zu|schrei|bung, die; -, -en: *das Zuschreiben.*

zu|schrei|en ⟨st. V.; hat⟩: *schreiend zurufen.*

zu|schrei|ten ⟨st. V.; ist⟩ (geh.): **1.** *schreitend auf* *jmdn., etw. zugehen:* langsam, hoheitsvoll auf jmdn. z. 2. *ausschreiten* (2).

Zu|schrift, die; -, -en: *Schreiben, in dem jmd. als Interessent, Leser, Hörer zu etw. Bestimmtem Stellung nimmt:* der Moderator erhielt nach der Sendung zahlreiche empörte, begeisterte -en.

zu|schul|den (auch: zu Schulden): in der Verbindung **sich ⟨Dativ⟩ etw. z. kommen lassen** (*etw. Unrechtes tun, ein Unrecht begehen, eine Schuld auf sich laden;* 2. Bestandteil eigtl. erstarrter Dativ Pl. von ↑Schuld): sie hat sich nichts z. kommen lassen.

Zu|schuss, der; -es, Zuschüsse: *Betrag, der jmdm. zur Verfügung gestellt wird, um ihm bei der Finanzierung einer Sache zu helfen; finanzielle Hilfe:* staatliche Zuschüsse; einen Z. beantragen, bekommen, bewilligen, gewähren.

Zu|schuss|be|trieb, der: *Betrieb, der sich finanziell nicht selbst erhalten kann, auf Zuschüsse angewiesen ist.*

zu|schus|tern ⟨sw. V.; hat⟩ (ugs.): 1. *unter der Hand verschaffen, zukommen lassen; zuschanzen:* jmdm. einen Posten, Vorteile z. 2. *(Geld) zuschießen, zusetzen:* ihr Vater hat zu dem Auto einiges zugeschustert.

zu|schüt|ten ⟨sw. V.; hat⟩: 1. *durch Hineinschütten von Erde, Sand o. Ä. ausfüllen, zumachen:* eine Grube, einen Teich z. 2. (ugs.) *schüttend zu etw. hinzufügen:* Wasser z.

Zu|schüt|tung, die; -, -en: *das Zuschütten.*

zu|schwal|len ⟨sw. V.; hat⟩ (Jugendspr. abwertend): *unaufhörlich [mit Belanglosem] auf jmdn. einreden [u. ihn nicht mehr zu Wort kommen lassen]:* Mann, der hat mich vielleicht zugeschwallt.

zu|schwei|ßen ⟨sw. V.; hat⟩: *schweißend verschließen:* ein Loch, einen Behälter z.

zu|schwel|len ⟨st. V.; ist⟩: *durch eine Schwellung verschlossen, verengt werden:* das Auge schwillt allmählich zu; der Hals war fast ganz zugeschwollen.

zu|schwim|men ⟨st. V.; ist⟩: 1. *sich schwimmend (auf jmdn., etw.) zubewegen:* sie kam auf mich zugeschwommen. 2. (ugs.) *sich beim Schwimmen* (1) *beeilen:* schwimm zu!

zu|se|hen ⟨st. V.; hat⟩: 1. **a)** *auf etw., was vorgeht, was jmd. tut, betrachtend seinen Blick richten; einen Vorgang o. Ä. mit den Augen verfolgen:* jmdm. [beim Arbeiten] interessiert, gedankenvoll, aufmerksam z.; einem Feuerwerk z.; ⟨subst.:⟩ mir wird schon vom [bloßen] Zusehen ganz schwindlig; **b)** *[genau] hinsehen:* wenn man genau zusieht; ⟨subst.:⟩ bei näherem Zusehen. 2. *etw. (was nicht so ist, wie es eigentlich sein sollte) geschehen lassen, ohne etw. dagegen zu unternehmen:* [einem Unrecht] ruhig, unbeteiligt z.; ohnmächtig, tatenlos z. müssen, wie etw. geschieht. 3. *tun, was erforderlich ist, um etw. Bestimmtes sicherzustellen; für etw. Bestimmtes Sorge tragen:* sieh zu, dass du pünktlich bist!; sieh zu, wo du bleibst! *(sorge selbst für dich!)*; soll er [doch] z., wie er damit fertig wird *(damit fertig zu werden ist sein Problem [u. nicht meins, unsers o. Ä.])*.

Zu|se|hen: in der Fügung **auf Z. hin** (schweiz.; *auf Widerruf, bis auf weiteres*): die Mieter können auf Z. hin bleiben.

zu|se|hends ⟨Adv.⟩: *in so kurzer Zeit, dass die sich vollziehende Veränderung [fast] mit den Augen wahrgenommen werden kann:* z. abnehmen, größer werden; sich z. erholen; ihre Stimmung hob sich z.

Zu|se|her, der; -s, - (bes. österr.): *Zuschauer.*

Zu|se|he|rin, die; -, -nen: w. Form zu ↑Zuseher.

zu sein: s. zu (II 3 b).

zu|sei|ten (auch: zu Seiten) ⟨Präp. mit Gen.⟩ (veraltend): *auf beiden Seiten* (2 a): der Schnurrbart hing ihm z. des Mundes herab.

zu|sen|den ⟨unr. V.; sandte/(seltener:) sendete zu, hat zugesandt/(seltener:) zugesendet⟩: *zuschicken.*

Zu|sen|dung, die; -, -en: **a)** *das Zusenden;* **b)** *etw. Zugesandtes.*

zu|set|zen ⟨sw. V.; hat⟩ [mhd. zuosetzen = auf jmdn. eindringen, ihn verfolgen]: 1. *zu einem Stoff hinzufügen u. damit vermischen, verschmelzen o. Ä.:* [zu] dem Wein Wasser, Zucker z.; dem Silber Kupfer z. 2. *(Geld) für etw. aufwenden u. vom eigenen Kapital verlieren:* viel Geld z.; ⟨auch o. Akk.-Obj.:⟩ immer nur z. müssen; Ü du hast nichts zuzusetzen (ugs.; *hast keine Kraftreserven*). 3. **a)** *jmdn. hartnäckig zu etw. zu bewegen, zu überreden suchen; jmdn. in lästiger Weise bedrängen:* jmdm. hart, mit Bitten, einem Anliegen z.; sie hat ihm so lange zugesetzt, bis er es getan hat; **b)** *auf jmdn. mit Heftigkeit eindringen [u. ihn dabei verletzen]:* jmdm. mit dem Nudelholz z.; **c)** *sich auf jmds. physischen od. psychischen Zustand in unangenehmer, negativer Weise auswirken:* die Krankheit, die Hitze, ihr Tod hat ihm [sehr/ziemlich] zugesetzt. 4. ⟨z. + sich⟩ *durch Schmutz, Ablagerungen o. Ä. verschlossen werden:* die Düse hatte sich zugesetzt.

zu|si|chern ⟨sw. V.; hat⟩: *[offiziell] etw. Gewünschtes od. Gefordertes als sicher zusagen; garantieren* (a): jmdm. etw. [feierlich, vertraglich] z.; jmdm. Diskretion, seine Hilfe, finanzielle Unterstützung, freies Geleit, Straffreiheit z.; Ü die in der Verfassung zugesicherten *(verbrieften)* Rechte.

Zu|si|che|rung, die; -, -en: **a)** *das Zusichern;* **b)** *etw., wodurch etw. zugesichert wird.*

zu|spach|teln ⟨sw. V.; hat⟩: *mit Spachtelmasse zuschmieren:* Löcher, Risse z.

Zu|spät|kom|men|de, der u. die; -, -n ⟨Dekl. ↑Abgeordnete⟩: *jmd., der zu spät kommt:* Z. müssen durch die Hintertür eintreten.

Zu|spei|se, die; -, -n (österr., sonst veraltet): *zu etw. anderem gereichte Speise, Beilage:* Reis als Z.

zu|sper|ren ⟨sw. V.; hat⟩ (südd., österr.): 1. *zu-, abverschließen:* die Tür, das Zimmer z. 2. *schließen* (7).

Zu|spiel, das; -[e]s (Ballspiele): *das Zuspielen:* sein schnelles, genaues Z.

zu|spie|len ⟨sw. V.; hat⟩ [wohl urspr. vom Kartenspiel]: 1. (Ballspiele) *(vom Ball, Puck) an einen Spieler der eigenen Mannschaft weiterleiten, abgeben:* er spielte ihm den Ball zu steil zu; ⟨auch o. Akk.-Obj.:⟩ du musst schneller, genauer z. 2. *wie zufällig zukommen lassen:* einem Sender ein Tonband, Filmmaterial z. 3. *(auf Tonträger Aufgezeichnetes) zusätzlich zu etw. anderem abspielen:* eine Musik z.

Zu|spie|lung, die; -, -en: 1. *das Zuspielen.* 2. *etw. Zugespieltes* (3).

zu|spit|zen ⟨sw. V.; hat⟩: 1. **a)** *spitzen:* einen Pfahl z.; Ü eine Frage z. *(scharf fassen, genau formulieren);* **b)** ⟨z. + sich⟩ (seltener) *sich zu einer Spitze verjüngen, spitz zulaufen, spitz werden:* der Mast spitzt sich [nach oben] zu. 2. **a)** *ernster, schlimmer, schwieriger werden lassen:* diese Drohung hat die Lage noch weiter zugespitzt; **b)** ⟨z. + sich⟩ *ernster, schlimmer, schwieriger werden, sich verschärfen:* die Krise spitzt sich [bedrohlich, gefährlich] zu; die Auseinandersetzungen spitzten sich immer mehr zu.

Zu|spit|zung, die; -, -en: 1. *das Zuspitzen* (1 a); *das Zugespitztwerden.* 2. *das Zuspitzen* (2), *Sichzuspitzen:* an einer [weiteren] Z. des Konflikts ist niemand interessiert.

Zu|spra|che, die; -, -n: 1. *das Zusprechen* (1). 2. (schweiz.) *das Zusprechen* (2 c).

zu|spre|chen ⟨st. V.; hat⟩ [mhd. zuosprechen = zu jmdm. sprechen; anklagen]: 1. **a)** *mit Worten zuteil werden lassen, geben:* sie sprach ihm, sich selbst Hoffnung, Mut zu; **b)** *in bestimmter, auf eine positive Wirkung bedachter Weise zu jmdm. sprechen, mit Worten auf jmdn. einzuwirken suchen:* jmdm. gut, beruhigend, besänftigend, ermutigend, tröstend, freundlich z. 2. **a)** *offiziell als jmdm. gehörend anerkennen; zuerkennen:* das Gericht sprach die Kinder, das Sorgerecht der Mutter zu; **b)** *zuerkennen, zuschreiben:* einer Pflanze Heilkräfte z.; Verdienste, die man ihm z. muss; **c)** (schweiz.) *(als finanzielle Unterstützung o. Ä.) gewähren, bewilligen.* 3. (geh.) *etw. zu sich nehmen, von etw. genießen:* dem Essen reichlich, kräftig, tüchtig, eifrig, fleißig, nur mäßig z.; dem Alkohol z. *(viel Alkohol trinken).*

Zu|spre|chung, die; -, -en: *das Zusprechen* (2).

zu|sprin|gen ⟨st. V.; ist⟩: **a)** *sich springend, schnell laufend, in großen Sprüngen auf jmdn., etw. zubewegen:* der Hund sprang auf mich zu; **b)** (landsch.) *[um einzugreifen, zu helfen o. Ä.] hinzueilen; beispringen* (a): einem Überfallenen beherzt z.

Zu|spruch, der; -[e]s (geh.): 1. *tröstendes, aufmunterndes o. ä. Zureden:* freundlicher, ermutigender, trostreicher, menschlicher Z.; Z. brauchen, suchen. 2. *Besuch, Teilnahme, Zulauf:* bei diesen Konzerten ist der Z. immer sehr groß; das neue Lokal findet, hat [großen, ziemlichen, viel] Z., erfreut sich großen -s. 3. *Zustimmung, Beifall:* das Werk traf auf keinen Z.

Zu|stand, der; -[e]s, Zustände [zu veraltet zustehen = dabeistehen; sich ereignen]: **a)** *augenblickliches Beschaffen-, Geartetsein; Art u. Weise des Vorhandenseins von jmdm., einer Sache in einem bestimmten Augenblick; Verfassung, Beschaffenheit:* ein krankhafter, normaler, ungewohnter Z.; der ursprüngliche, natürliche, momentane, damalige Z.; ihr körperlicher, psychischer, geistiger Z. ist bedenklich, hat sich gebessert, wird immer schlimmer; der feste, flüssige, gasförmige Z. *(Aggregatzustand)* eines Stoffes; das Auto ist alt, aber [noch] in gutem Z.; in betrunkenem Z.; sie befand sich in einem Z. der Panik, der Verzweiflung, im Z. geistiger Verwirrung; die Gebäude sind alle in einem ordentlichen, verwahrlosten, jämmerlichen Z.; in deinem Z. (ugs.; *in diesem fortgeschrittenen Stadium der Schwangerschaft*) willst du noch verreisen?; * **Zustände bekommen/kriegen** (ugs.; *wütend, ärgerlich werden; sich sehr aufregen, ärgern*); **b)** *augenblicklich bestehende Verhältnisse; Lage, Situation:* ein gesetzloser, chaotischer Z.; der derzeitige, gegenwärtige, vorherige Z.; die wirtschaftlichen, sozialen, politischen Zustände in einem Land; hier herrschen unerträgliche, paradiesische Zustände; die Zustände in dem Krankenhaus müssen geändert werden; das ist ein unhaltbarer Z.!; R das ist doch kein Z.! (ugs.; *so kann es nicht bleiben, das muss geändert werden*); [das sind ja] Zustände wie im alten Rom! (ugs.; *das sind ja üble, schlimme, unmögliche Verhältnisse!*).

zu|stan|de (auch: zu Stande) ⟨Adv.⟩: in den Verbindungen **etw. z. bringen** (1. *etw. [trotz Schwierigkeiten, Hindernissen] bewirken, bewerkstelligen, herstellen:* eine Einigung z. bringen. 2. österr. Amtsspr.; *[wieder] beibringen, herbeischaffen:* die gestohlenen Bilder wurden z. gebracht); **z. kommen** *(trotz gewisser Schwierigkeiten bewirkt, bewerkstelligt, hergestellt werden, entstehen, gelingen):* das Geschäft, die Ehe kam nicht, doch noch z.

Zu|stan|de|brin|gen, das; -s: *Bewerkstelligung (trotz auftretender Schwierigkeiten, Hindernisse):* das Z. einer Einigung.

Zu|stan|de|kom|men, das; -s: *das Zustande-gebracht-Werden, das Sichergeben:* das Z. des Vertrages.

zu|stän|dig ⟨Adj.⟩: 1. *zur Bearbeitung, Behandlung, Abwicklung von etw. berechtigt, verpflichtet, dafür verantwortlich; die Kompetenz für etw. besitzend; kompetent:* die -e Behörde, Stelle; das -e Amt, Gericht; die Genehmigung wurde von -er Seite erteilt; dafür sind wir nicht z.; es fühlte sich niemand z. 2. nur in der Verbindung **z. nach** (österr. Amtsspr.; *heimat-, wohnberechtigt in*): sie ist nach Linz z.

zu|stän|di|gen|orts ⟨Adv.⟩ (Papierdt.): *an zuständiger Stelle, von zuständiger Seite.*

Zu|stän|dig|keit, die; -, -en: **a)** *das Zuständigsein; Befugnis, Kompetenz;* **b)** *Zuständigkeitsbereich:* das fällt nicht in unsere Z.

Zu|stän|dig|keits|be|reich, der: *Bereich, für den jmd., eine Behörde o. Ä. zuständig ist:* dies fällt nicht in den Z. des Ministeriums.

zu|stän|dig|keits|hal|ber ⟨Adv.⟩ (Papierdt.): *aus Gründen der Zuständigkeit, der Zuständigkeit wegen.*

Zu|stands|än|de|rung, die (Physik): *Änderung eines thermodynamischen Zustands.*

Zu|stands|grö|ße, die (Physik): *Größe, die den Zustand eines thermodynamischen Systems charakterisiert* (z. B. Druck, Temperatur).

Zu|stands|pas|siv, das (Sprachw.): *Form des Verbs, die angibt, in welchen Zustand das Subjekt geraten ist, das vorher Objekt einer Handlung war* (z. B. die Tür ist geöffnet).

Zu|stands|verb, das (Sprachw.): *Verb, das einen Zustand, ein Beharren bezeichnet* (z. B. liegen, wohnen).

zu|stat|ten [vgl. vonstatten]: in der Verbindung **jmdm., einer Sache z. kommen** (*für jmdn., etw. nützlich, hilfreich, von Vorteil sein*): für diesen Sport, beim Basketballspielen kommt ihm seine Größe sehr z.

zu|ste|chen ⟨st. V.; hat⟩: *mit einem spitzen Gegenstand, einer Stichwaffe zustoßen:* er zog sein Messer und stach zu.

zu|ste|cken ⟨sw. V.; hat⟩: **1.** *durch Stecken, Heften mit Nadeln o. Ä. [notdürftig] schließen, zusammenfügen:* den Riss in der Gardine z. **2.** *heimlich, von andern unbemerkt geben, schenken, unauffällig zukommen lassen:* jmdm. Geld, einen Zettel, eine Waffe, etwas zu essen z.

zu|ste|hen ⟨unr. V.; hat, südd., österr., schweiz. auch: ist⟩: **1.** *etw. sein, worauf jmd. einen [rechtmäßigen] Anspruch hat, was jmd. zu bekommen hat:* dieses Geld steht ihr zu; der Partei stehen 78 Mandate zu; dieses Recht steht jedem zu. **2.** *zukommen* (3): ein Urteil über ihn steht mir nicht zu; es steht dir nicht zu, sie zu verdammen.

zu|stei|gen ⟨st. V.; ist⟩: *als weiterer Mitfahrer (bes. in ein öffentliches Verkehrsmittel) einsteigen:* sie stiegen am Friedhof zu; »Ist noch jemand zugestiegen?«, fragte der Schaffner.

Zu|stell|be|zirk, der: *verwaltungstechnischer Bezirk der Post o. Ä. für die Zustellung von etw.*

zu|stel|len ⟨sw. V.; hat⟩: **1.** *durch Hinstellen, Aufstellen von etw. versperren:* ihr habt den Eingang mit euren Kisten zugestellt; die Gehwege sind [mit Fahrrädern, falsch geparkten Autos] zugestellt. **2.** (Amtsspr.) *(meist durch die Post) zuschicken, überbringen; durch eine Amtsperson förmlich übergeben:* ein Paket durch einen Boten, per Post z.; die Post wird hier täglich zweimal zugestellt; der Gerichtsvollzieher hat ihr die Klage zugestellt.

Zu|stel|ler, der; -s, - (Amtsspr.): *jmd., der (bes. als Angestellter der Post) etw. zustellt.*

Zu|stel|le|rin, die; -, -nen: w. Form zu ↑Zusteller.

Zu|stel|lung, die; -, -en (Amtsspr.): *das Zustellen* (2) *von etw.:* die tägliche Z. der Post; die Z. des Urteils erfolgt durch die Behörde.

zu|steu|ern ⟨sw. V.⟩: **1.** ⟨ist⟩ **a)** *in Richtung auf jmdn., etw. zufahren:* das Schiff steuert dem Hafen/auf den Hafen zu; Ü das Regime steuert dem Abgrund zu; alles steuert auf eine Katastrophe zu *(treibt ihr zu);* **b)** (ugs.) *zielstrebig in Richtung auf jmdn., etw. zugehen:* auf die nächste Kneipe z. **2.** *in Richtung auf jmdn., zu einem Ziel hinlenken* ⟨hat⟩: er steuerte den Wagen direkt auf uns zu. **3.** (ugs.) *beisteuern* ⟨hat⟩: etwas zum Taschengeld z.

zu|stim|men ⟨sw. V.; hat⟩: **a)** *seine Übereinstimmung mit der Meinung eines andern dartun, äußern; die Meinung eines andern teilen:* in diesem Punkt stimme ich Ihnen völlig zu; sie nickte zustimmend; **b)** *mit etw. einverstanden sein; etw. billigen, gutheißen, akzeptieren:* einem Plan, einer These, jmds. Auffassung z.; das Parlament hat dem Gesetzentwurf mit großer Mehrheit zugestimmt.

Zu|stim|mung, die; -, -en: *das Zustimmen; Bejahung, Einverständnis:* jmdm. seine Z. [zu etw.] geben, verweigern, versagen; das findet nicht meine Z.; dafür brauchen wir die Z. der Eltern; jmds. Z. einholen müssen; sein Vorschlag fand lebhafte, allgemeine, einhellige, uneingeschränkte Z. *(fand Beifall, wurde begrüßt);* mit Z. des Parlaments.

zu|stim|mungs|be|dürf|tig ⟨Adj.⟩: *nur mit der Zustimmung einer bestimmten Instanz erlaubt, möglich:* ein -es Gesetz.

zu|stop|fen ⟨sw. V.; hat⟩: **1.** *durch Hineinstopfen von etw. schließen, dicht, undurchlässig machen:* ein Loch mit einem Lappen z.; ich habe mir die Ohren mit Watte zugestopft. **2.** *durch Stopfen* (1) *beseitigen:* das Loch im Strumpf z.

zu|stöp|seln ⟨sw. V.; hat⟩: *mit einem Stöpsel, Korken o. Ä. verschließen:* die Badewanne z.; ein Reagenzglas mit einem Korken z.

zu|sto|ßen ⟨st. V.⟩: **1.** *durch einen Stoß schließen* ⟨hat⟩: die Tür mit dem Fuß z. **2.** *in Richtung auf jmdn., etw. einen raschen, heftigen Stoß ausführen* ⟨hat⟩: plötzlich [mit dem Messer] z.; der Bock stieß mit seinen Hörnern zu. **3.** *(von etwas Schlimmem) jmdm. unerwartet geschehen, passieren* ⟨ist⟩: hoffentlich ist den beiden nichts [Schlimmes], kein Unglück zugestoßen; wenn mir etwas zustößt (verhüll.; *wenn ich sterben sollte*).

zu|stre|ben ⟨sw. V.; ist⟩: *sich eilig, zielstrebig auf jmdn., etw. zubewegen:* die Menge strebte dem Ausgang/auf den Ausgang zu.

Zu|strom, der; -[e]s: **1.** *das Strömen zu einer Stelle, einem Ort hin:* der Z. frischen Wassers; der Z. warmer Meeresluft nach Europa hält an. **2.** *das Herbeiströmen, Kommen an einen Ort:* der Z. von Flüchtlingen [nach Westeuropa] nimmt zu. **3.** *Zulauf* (1).

zu|strö|men ⟨sw. V.; ist⟩: **1.** *zu einer vorhandenen Masse strömen:* die Abwässer strömen ungeklärt dem Meer zu; die von Westen zuströmende Luft. **2.** *sich in großen Mengen, Scharen auf jmdn., etw. zubewegen:* alles strömte den Ausgängen/auf die Ausgänge zu.

Zu|stupf, der; -[e]s, -e u. Zustüpfe [zu südd., schweiz. mundartl. Stupf, spätmhd. stupf(e), ahd. stupf = Stachel, Stich] (schweiz.): **a)** *materielle, bes. finanzielle Unterstützung; Zuschuss;* **b)** *zusätzliche Einnahme.*

zu|stür|men ⟨sw. V.; ist⟩: *sich schnell, in oft wilder Bewegung auf jmdn., etw. zubewegen:* sie stürmte auf ihren Vater zu.

zu|stür|zen ⟨sw. V.; ist⟩: *sich ungestüm, oft unvermittelt auf jmdn., etw. zubewegen.*

zu|ta|ge (auch: zu Tage) ⟨Adv.⟩: in den Verbindungen **z. treten/kommen** (1. *an der [Erd]oberfläche erscheinen:* unter dem Eis tritt der nackte Fels z. 2. *deutlich, offenkundig werden:* die Depression trat bei ihr allmählich z. 3. *auftauchen* 2 b: geheime Dokumente kamen z.); **etw. z. bringen/fördern** (*etw. zum Vorschein bringen, ans Licht befördern, aufzeigen;* urspr. wohl Bergmannsspr.): die Untersuchung brachte viel Belastendes z.; **z. liegen** (*frei liegen, durch nichts be-, verdeckt sein*): nacktes Fleisch lag z.; **[offen/klar o. ä.] z. liegen** (*deutlich erkennbar, offenkundig sein*): der Fehler liegt klar z.

Zu|tat, die; -, -en: **a)** ⟨meist Pl.⟩ *zur Herstellung von etw., bes. einer Speise, benötigter, verwendeter Bestandteil:* erlesene, wertvolle, frische -en; die -en [für den Kuchen] einkaufen; das Mehl mit den übrigen -en verrühren, vermischen; Ü diese Affäre hat alle -en für einen/zu einem Skandal; **b)** *etw. [als Ergänzung, zur Bereicherung] Hinzugefügtes, Beigegebenes:* diese Stelle ist eine Z. des Übersetzers; eine gotische Kirche mit barocken -en.

zu|teil ⟨Adv.⟩: in der Verbindung **z. werden** (geh.; *gewährt, auferlegt werden; [vom Schicksal od. von einer höher gestellten Person] zugeteilt werden*): ihr wurde eine hohe Ehre, ein großes Glück, ein schweres Schicksal z.; den Kindern eine gute Erziehung z. werden lassen; dem Buch wurde wenig Beachtung z.

zu|tei|len ⟨sw. V.; hat⟩: **a)** *(jmdm.) übertragen, zuweisen; (an jmdn.) vergeben:* jmdm. eine Aufgabe, eine Rolle z.; jmdn. einer Abteilung, einer Einheit z.; **b)** *als Anteil, Portion, Ration abgeben, austeilen; jmdm. den ihm zukommenden od. zugebilligten Teil geben:* den Kindern das Essen z.; den Parteien werden die Mandate nach der Zahl der Stimmen zugeteilt; im Krieg wurden die Lebensmittel zugeteilt *(rationiert).*

Zu|tei|lung, die; -, -en: **1.** *das Zuteilen.* **2.** *das Zugeteilte; zugeteilte Menge, Ration.*

zu|tiefst ⟨Adv.⟩ (emotional): *aufs Tiefste, äußerst, sehr:* z. beleidigt, enttäuscht, verunsichert sein; etw. z. bedauern, bereuen; jmdn. z. verachten.

zu|tra|gen ⟨st. V.; hat⟩: **1.** *zu jmdm. hintragen:* das Tier trägt den Jungen Futter zu; der Wind trug uns den Duft der Linden zu; Ü jmdm. Nachrichten, Gerüchte z. *(heimlich mitteilen);* mir ist zugetragen *(hinterbracht)* worden, dass du unzufrieden seist. **2.** ⟨z. + sich⟩ (geh.) *in einer bestimmten Situation [als etw. Besonderes] eintreten u. ablaufen; sich ereignen, begeben:* dieser Vorfall trug sich letztes Jahr zu; die Geschichte hat sich wirklich [so] zugetragen.

Zu|trä|ger, der; -s, - [mhd. zuotrager] (abwertend): *jmd., der jmdm. [in dessen Auftrag] heimlich Nachrichten zuträgt.*

Zu|trä|ge|rin, die; -, -nen: w. Form zu ↑Zuträger.

zu|träg|lich ⟨Adj.⟩ [zu ↑zutragen in der veralteten Bed. »nützen« od. zu veraltet Zutrag = Nutzen]: *günstig, nützlich, hilfreich:* das -e Maß überschreiten; die kalte Luft ist ihr, der Gesundheit nicht z.

Zu|träg|lich|keit, die; -: *das Zuträglichsein.*

zu|trau|en ⟨sw. V.; hat⟩: **a)** *der Meinung sein, glauben, dass jmd. die entsprechenden Fähigkeiten, Eigenschaften für etw. besitzt:* jmdm. Talent, Ausdauer z.; so viel Takt traut man ihm gar nicht zu; traust du dir diese Aufgabe zu?; ich würde es mir schon z., das selbst zu reparieren; **b)** *glauben, dass jemand etw. [Negatives] tun, zustande bringen könnte; etw. von jmdm. erwarten:* jmdm. einen Mord, keine Lüge z.; ihm ist alles zuzutrauen; zuzutrauen wäre es ihr!; das hätte ich ihr nie zugetraut!

Zu|trau|en, das; -s: *Vertrauen in jmds. Fähigkeiten u. Zuverlässigkeit:* festes Z. zu jmdm. haben; sie gewann das Z. ihrer Vorgesetzten; er hat das Z. zu sich selbst verloren.

zu|trau|lich ⟨Adj.⟩: *Zutrauen habend; vertrauend ohne Scheu u. Ängstlichkeit:* ein -er Hund; die Kinder sind sehr z.

Zu|trau|lich|keit, die; -, -en: **1.** ⟨o. Pl.⟩ *zutrauliches Wesen:* kindliche Z. **2.** *zutrauliche Äußerung, Handlungsweise:* solche -en war man von ihr nicht gewohnt.

zu|tref|fen ⟨st. V.; hat⟩: **a)** *stimmen, richtig sein, dem Sachverhalt entsprechen:* die Annahme, die Behauptung, die Feststellung, der Vorwurf trifft nicht im Entferntesten zu; das Gegenteil trifft zu; **b)** *auf jmdn. anwendbar, für jmdn. od. etw. passend sein:* die Beschreibung trifft auf ihn, auf diesen Fall zu; diese Regel trifft hier nicht zu; das Attribut »umweltfreundlich« trifft auf diese Produkte nur bedingt zu.

zu|tref|fend ⟨Adj.⟩: *(in Bezug auf eine Feststellung o. Ä.) richtig:* eine -e Bemerkung; die Diagnose erwies sich als z.; er hat z. geantwortet; ⟨subst.:⟩ Zutreffendes (Amtsdt.; *die für diesen speziellen Fall infrage kommende, richtige unter den vorgedruckten Antworten*) bitte unterstreichen, ankreuzen!

zu|tref|fen|den|falls ⟨Adv.⟩ (Papierdt.): *falls es zutrifft.*

zu|trei|ben ⟨st. V.⟩: **1.** *zu jmdm., etw. hintreiben, in Richtung auf jmdn., etw. treiben* ⟨hat⟩: das Wild den Jägern/auf die Jäger z. **2.** *in Richtung auf jmdn., etw. [durch eine Strömung] treiben* ⟨ist⟩: das Boot treibt auf die Felsen zu; Ü das Land treibt [unaufhaltsam] einer Katastrophe zu.

zu|tre|ten ⟨st. V.⟩: **1.** *in Richtung auf jmdn., etw. treten, einige Schritte machen* ⟨ist⟩: auf jmdn. z. **2.** vgl. zuschlagen (5a) ⟨hat⟩: plötzlich z.

zu|trin|ken ⟨st. V.; hat⟩: *jmdn. mit erhobenem Glas grüßen u. auf sein Wohl trinken:* jmdm. z.; sie tranken sich zu.

Zu|tritt, der; -[e]s [mhd. zuotrit]: **a)** *das Hin[ein]gehen, Eintreten, Betreten:* [Unbefugten ist der] Z. verboten!; Z. nur mit Sonderausweis;

kein Z.; Z. [zu etw.] haben, erhalten *(die Erlaubnis haben, erhalten, etw. zu betreten)*; jmdm. den Z. verwehren, verweigern; **b)** *(von Flüssigkeiten od. Gasen) das Eindringen, Hinzukommen:* Phosphor entzündet sich beim Z. von Luft.

zut|schen ⟨sw. V.; hat⟩ [lautm.] (landsch.): *hörbar saugend trinken; lutschen.*

zu|tu|lich usw.: ↑zutunlich usw.

zu|tun ⟨unr. V.; hat⟩ [mhd., ahd. zuotuon] (ugs.): **1.** *dazutun:* etwas Wasser z. **2. a)** *[ver]schließen:* tu den Mund zu!; ich habe die ganze Nacht kein Auge zugetan *(nicht geschlafen)*; **b)** ⟨z. + sich⟩ *zugehen* (6): die Tür tat sich hinter ihm zu. **3.** ⟨z. + sich⟩ (südwestd.) *sich etw. zulegen, anschaffen.*

Zu|tun, das; -s: *Hilfe, Unterstützung:* meist in der Verbindung **ohne jmds. Z.** *(ohne jmds. Mitwirkung)*: es geschah ganz ohne mein Z.

zu|tun|lich, (auch:) zutulich ⟨Adj.⟩ [zu veraltet: sich jmdm. zutun = sich bei jmdm. beliebt machen] (veraltend): *zutraulich, anschmiegsam:* sie hat ein -es Wesen; das Kind ist sehr z.

zu|un|guns|ten (auch: zu Ungunsten): **I.** ⟨Präp. mit Gen., veraltet auch nachgestellt mit Dativ⟩ *zum Nachteil, Schaden:* das Kräfteverhältnis hat sich z. des Westens verschoben. **II.** ⟨Adv.⟩ (in Verbindung mit »von«) *zum Nachteil, Schaden:* z. von Frau Meyer.

zu|un|terst ⟨Adv.⟩: *unter allem anderen, ganz unten (auf einem Stapel, in einem Fach o. Ä.):* etw. z. in den Koffer packen.

zu|ver|die|nen ⟨sw. V.; hat⟩ (ugs.): *dazu-, hinzuverdienen:* seine Frau verdient [ein paar hundert Mark] zu.

Zu|ver|dienst, der; -[e]s, -e: *zusätzlich verdientes Geld.*

zu|ver|läs|sig ⟨Adj.⟩: **a)** *so, dass man sich auf ihn, darauf verlassen kann:* ein -er Arbeiter, Verbündeter; ein ausgesprochen -es Auto; diese Methode ist mir nicht z. *(sicher)* genug; sie ist politisch z. *(hat mit Sicherheit die richtige politische Einstellung)*; er arbeitet sehr z.; **b)** *mit großer Sicherheit zutreffend, richtig:* -e Informationen; ein -er *(glaubwürdiger)* Zeuge; aus -er Quelle verlautet, dass ...; das kann ich z. *(mit Sicherheit)* bestätigen.

Zu|ver|läs|sig|keit, die; -: *das Zuverlässigsein; zuverlässige Beschaffenheit.*

Zu|ver|läs|sig|keits|prü|fung, die (Fachspr.): *Prüfung auf zuverlässige Beschaffenheit.*

Zu|ver|läs|sig|keits|test, der: vgl. Zuverlässigkeitsprüfung.

Zu|ver|sicht, die; - [mhd. zuoversiht, ahd. zuofirsiht]: *festes Vertrauen auf eine positive Entwicklung in der Zukunft, auf die Erfüllung bestimmter Wünsche u. Hoffnungen:* große Z. erfüllte ihn; seine Z. verlieren; sie strahlt Z. aus; ich teile ihre Z.; voll/voller Z. sein.

zu|ver|sicht|lich ⟨Adj.⟩: *voller Zuversicht, hoffnungsvoll, optimistisch:* eine -e Stimmung; mit -er Miene; da bin ich ganz z.; der Arzt gibt sich z.

Zu|ver|sicht|lich|keit, die; -: *zuversichtliche Haltung; Zuversicht.*

Zu|viel, das; -s: *Übermaß:* ein Z. an Liebe.

zu viel: s. zu (II 1).

zu|vor ⟨Adv.⟩: *zeitlich vorhergehend; davor; erst einmal:* ich komme, aber z. muss ich noch etwas erledigen; sie war glücklicher als je z.; tags, am Abend, kurz z. hatte es geschneit.

zu|vor|derst ⟨Adv.⟩: **1.** *ganz vorne:* z. saßen die Ehrengäste. **2.** *zuerst, in erster Linie, vor allem.*

zu|vör|derst ⟨Adv.⟩ (veraltend): *in erster Linie, zuerst, vor allem.*

zu|vor|kom|men ⟨st. V.; ist⟩: **a)** *etw., was ein anderer auch tun wollte, vor diesem tun u. ihn auf diese Weise daran hindern, es ihm unmöglich machen:* sie wollte bezahlen, aber er ist ihr wieder zuvorgekommen; **b)** *handeln, bevor etw. Erwartetes, Befürchtetes eintritt od. geschieht:* Vorwürfen z.

zu|vor|kom|mend ⟨Adj.⟩ [adj. 1. Part. von älter ↑zuvorkommen, jmdn. an Freundlichkeit, Gefälligkeit o. Ä. übertreffen]: *höflich, liebenswürdig u. hilfsbereit anderen kleine Gefälligkeiten erweisend:* ein -er Mensch, Verkäufer; ein -es Wesen; er hat eine sehr -e Art, ist äußerst z.; in diesem Geschäft wird man sehr z. behandelt.

Zu|vor|kom|men|heit, die; -: *zuvorkommendes Wesen, Verhalten:* jmdn. mit großer Z. behandeln.

zu|vor|tun ⟨unr. V.; hat⟩ (geh.): *auf einem bestimmten Gebiet schneller, tüchtiger sein als jmd. anders; jmdn. in etw. übertreffen* (1 a): es jmdm. [an Geschicklichkeit] z.

Zu|waa|ge, die; -, -n (bayr., österr.): *beim Kauf von Fleisch dazugelegte [u. mitgewogene] Knochen.*

Zu|wachs, der; -es, (Fachspr.:) Zuwächse: *durch Wachstum, ein Anwachsen erfolgende Zunahme, Vermehrung von Personen od. Sachen:* ein Z. an Vermögen; Zuwächse von jeweils nur vier Prozent; die Familie hat Z. bekommen (scherzh.; *es hat sich bei ihr Nachwuchs eingestellt*); * **auf Z.** *(absichtlich etwas zu groß gearbeitet o. ä., weil man damit rechnen muss, dass die größere Form, das größere Modell künftig benötigt wird)*: den Mantel für den Kleinen nähe, kaufe ich auf Z.

zu|wach|sen ⟨st. V.; ist⟩: **1. a)** *sich von den Wundrändern her in einem Heilungsprozess schließen:* die Wunde ist zugewachsen; **b)** *durch Pflanzenwachstum völlig überwuchert, bedeckt, ausgefüllt werden:* der Weg ist zugewachsen; das Fenster war mit Efeu zugewachsen. **2.** *im Lauf der Zeit, aufgrund bestimmter Umstände zufallen, zuteil werden:* ihm sind neue Kräfte, Aufgaben zugewachsen. **3.** *in eine bestimmte Richtung, in Richtung auf etw. wachsen:* die Pflanze wächst auf die Lichtquelle zu.

Zu|wachs|ra|te, die (Fachspr.): *Rate* (2) *eines Zuwachses:* das Unternehmen verzeichnete, hatte, erzielte, erwartet eine Z. von 6 %.

Zu|wahl, die; -, -en: *das Hinzuwählen.*

zu|wäh|len ⟨sw. V.; hat⟩: *zusätzlich wählen.*

Zu|wan|de|rer, Zuwandrer, der; -s, -: *jmd., der zuwandert, zugewandert ist.*

Zu|wan|de|rin, die; -, -nen: w. Form zu ↑Zuwanderer.

zu|wan|dern ⟨sw. V.; ist⟩: *von auswärts, bes. aus einem andern Land, in ein Gebiet, an einen Ort kommen, um dort zu leben:* sie sind aus der Ukraine nach Bayern zugewandert.

Zu|wan|de|rung, die; -, -en: *das Zuwandern.*

Zu|wand|rer: ↑Zuwanderer.

Zu|wand|re|rin: w. Form zu ↑Zuwandrer.

zu|wan|ken ⟨sw. V.; ist⟩: *wankend auf jmdn., etw. zugehen:* er kam auf mich zugewankt.

zu|war|ten ⟨sw. V.; hat⟩: *die Zeit verstreichen lassen, ohne zu handeln; untätig bleiben:* ich werde noch bis Freitag z.

zu|we|ge (auch: zu Wege) ⟨Adv.⟩: in den Verbindungen **etw. z. bringen** *(etw. zustande bringen)*: jmds. Freilassung z. bringen; **mit etw. z. kommen** *(mit etw. fertig werden, zurechtkommen)*; **gut/schlecht** o. ä. **z. sein** (ugs.; *in guter, schlechter o. ä. gesundheitlicher Verfassung sein*): sie ist 95 und noch prima z.; wie bist du heute z.? *(wie geht es dir, wie fühlst du dich heute?)*.

zu|we|hen ⟨sw. V.⟩: **1.** *durch Wehen mit Sand, Schnee völlig bedecken* ⟨hat⟩: die Spuren sind zugeweht. **2.** *in Richtung auf jmdn., etw. wehen* ⟨hat/ist⟩: der Wind weht auf das Land zu. **3.** *durch den Luftzug an jmdn. herangetragen werden* ⟨ist⟩: die Abgase wehten uns direkt zu. **4.** *durch Luftzug zu jmdm. gelangen lassen* ⟨hat⟩: jmdm. [mit dem Fächer] Kühlung z.

zu|wei|len ⟨Adv.⟩ [eigtl. erstarrter Dativ Pl. von ↑Weile] (geh.): **a)** *zu gewissen Zeiten, manchmal* (a): z. scheint es, als sei er etwas verwirrt; **b)** *machmal* (b).

zu|wei|sen ⟨st. V.; hat⟩: *als befugte Instanz [mit einem diesbezüglichen Hinweis] zuteilen:* jmdm. eine Arbeit, eine Wohnung z.; einer Institution Gelder z.; der Staat hat die ihm von der Verfassung zugewiesenen *(seine in der Verfassung festgelegten)* Aufgaben wahrzunehmen; Ü jmdm. Schuld [an etw.] z. *(geben)*.

Zu|wei|sung, die; -, -en: *das Zuweisen, Zugewiesenwerden.*

zu|wen|den ⟨unr. V.⟩: **1.** ⟨wandte/wendete zu, hat zugewandt/zugewendet⟩ *sich, etw. zu jmdm., etw. hinwenden:* sich seinem Nachbarn z.; die Blicke aller wandten sich ihm zu; jmdm. den Rücken z.; das Gesicht der Sonne z. **2.** ⟨wandte/wendete zu, hat zugewandt/zugewendet⟩ *seine Aufmerksamkeit o. Ä. auf etw. richten; sich mit jmdm., etw. befassen, beschäftigen:* sich dem Studium, einer Angelegenheit, wieder seiner Beschäftigung z.; einer Sache sein Interesse, seine Aufmerksamkeit z.; jmdm. seine Liebe, Fürsorge z.; soll er sich den Radikalen z.? *(sich ihnen anschließen?)*; Ü das Glück wandte sich ihr zu; das Interesse hatte sich inzwischen anderen Dingen zugewendet; die Gott zugewandte Seele. **3.** ⟨wendete/(selten:) wandte zu, hat zugewendet/(selten:) zugewandt⟩ *jmdm., einer Institution etw. als Zuwendung zukommen lassen:* jmdm. Geld z.

Zu|wen|dung, die; -, -en: **1.** *Geld, das jmd. jmdm., einer Institution zukommen lässt, schenkt:* eine einmalige Z. in Höhe von 1 000 DM erhalten; jmdm., einem Jugendheim [finanzielle] -en machen *(ihm Geld zukommen lassen, schenken)*. **2.** ⟨o. Pl.⟩ *freundliche, liebevolle Aufmerksamkeit, Beachtung, die jmd. jmdm. zuteil werden lässt:* was ihm vor allem fehlt, ist Z.; Kinder brauchen sehr viel Z.

Zu|we|nig, das; -s: *zu geringes Maß; Mangel:* ein Z. an Geld.

zu we|nig: s. zu (II 1).

zu|wer|fen ⟨st. V.; hat⟩: **1.** *etw. laut u. heftig schließen:* die Tür [hinter sich], den Kofferraumdeckel z. **2.** *Erde o. Ä. in eine Vertiefung werfen, bis sie ausgefüllt ist; zuschütten* (1): eine Grube [mit Sand] z. **3.** *etw. zu jmdm. hinwerfen, damit er es auffängt:* jmdm. die Schlüssel, den Ball z.; Ü jmdm. einen Blick, ein Lächeln, eine Kusshand z.

zu|wi|der: **I.** ⟨Adv.⟩ **1.** *jmds. Wünschen entgegengesetzt, gerade nicht entsprechend u. seine Abneigung in starkem Maße hervorrufend:* er, seine Art, dieser Gedanke, dieses Essen ist mir z.; es ist ihr z., von anderen abhängig zu sein. **2. a)** *entgegenstehend:* die Umstände waren seinen Plänen z.; **b)** *(einer Sache) widersprechend, (mit etw.) unvereinbar.* **II.** ⟨Präp. mit vorangestelltem Dativ⟩ *entgegen:* dem Abkommen, allen Gepflogenheiten z. griff er doch ein.

zu|wi|der|han|deln ⟨sw. V.; hat⟩: *im Widerspruch zu etw. handeln; gegen etw. verstoßen:* dem Gesetz, einer Anordnung, einem Verbot z.

Zu|wi|der|hand|lung, die: *gegen ein Verbot, eine Anordnung gerichtete Handlung.*

zu|wi|der|lau|fen ⟨st. V.; ist⟩: *in der zu etw. anderem konträren Richtung wirken; im Widerspruch zu etw. stehen:* ein solches Verhalten liefe seinen eigenen Interessen zuwider; das läuft den Vorschriften zuwider.

zu|win|ken ⟨sw. V.; hat; 2. Part. standardspr. nicht korrekt: zugewunken⟩: **a)** *in Richtung auf jmdn. winken, um ihn auf diese Weise zu grüßen:* jmdm. beim, zum Abschied z.; sich [gegenseitig]/(geh.:) einander im Vorübergehen z.; **b)** *jmdm. gegenüber durch Winken ausdrücken:* jmdm. einen Gruß z.

zu|zah|len ⟨sw. V.; hat⟩: *eine bestimmte Summe zusätzlich zahlen:* eine Mark z.

zu|zäh|len ⟨sw. V.; hat⟩: **a)** *dazurechnen;* **b)** *einem Bereich, einer Gruppe zuordnen u. entsprechend einschätzen:* jmdn. seinem Freundeskreis z.

Zu|zah|lung, die; -, -en: *das Zuzahlen.*

Zu|zäh|lung, die; -, -en: *das Zuzählen.*

zu|zei|ten ⟨Adv.⟩ [2. Bestandteil erstarrter Dativ Pl. von ↑Zeit]: *zu gewissen Zeiten, eine gewisse Zeit hindurch.*

zu|zeln ⟨sw. V.; hat⟩ [lautm.] (bayr., österr. ugs.): **1.** *lutschen; saugen.* **2.** *lispeln.*

zu|zie|hen ⟨unr. V.⟩ [mhd. zuoziehen = zufügen; verschließen, ahd. zuozihen = anziehen]: **1.** ⟨hat⟩ **a)** *durch Heranziehen schließen, eine Öffnung verschließen:* die Tür [hinter sich] z.;

b) *durch Zusammenziehen eine Öffnung verschließen:* den Vorhang z.; einen Reißverschluss z.; **c)** *(eine Schnur o. Ä.) festziehen, fest zusammenziehen:* einen Knoten, einen Beutel z.; **d)** ⟨z. + sich⟩ *zusammengezogen werden:* je mehr du ziehst, desto fester zieht sich die Schlinge zu. **2.** *hinzuziehen* ⟨hat⟩: einen Gutachter z. **3.** ⟨hat⟩ **a)** *[als Folge eigenen Verhaltens, Verschuldens] bekommen, erleiden:* ich habe mir [dabei] eine Erkältung zugezogen; **b)** *auf sich ziehen* (14 c): sich [mit etw.] jmds. Zorn z. **4.** *von auswärts in einem Ort als Einwohner hinzukommen* ⟨ist⟩: aus der Großstadt z.; er ist [hier] neu zugezogen. **5.** *sich [ziehend] irgendwohin bewegen* ⟨ist⟩: die Aufständischen ziehen auf die Hauptstadt zu. **6.** (seltener) *dazurechnen, addieren.*

Zu|zie|hung, die; -: *das Zuziehen* (2).

Zu|zug, der; -[e]s, Zuzüge: **1.** *das Zuziehen* (4): der Z. aus dem Umland; den Z. von Arbeitskräften fördern. **2.** *Verstärkung durch Hinzukommen:* die Partei hat starken Z. bekommen.

Zu|zü|ger, der; -s, - (schweiz.): **1.** *Zuzügler.* **2.** *jmd., der neu zu einer Gruppe stößt, sich ihr anschließt.*

Zu|zü|ge|rin, die; -, -nen: w. Form zu ↑Zuzüger.

Zu|züg|ler, der; -s, -: *jmd., der zugezogen ist, zuzieht* (4).

Zu|züg|le|rin, die; -, -nen: w. Form zu ↑Zuzügler.

zu|züg|lich ⟨Präp. mit Gen.⟩ [wohl geb. nach ↑abzüglich] (bes. Kaufmannsspr.): *hinzukommend, hinzuzurechnen:* die Wohnung kostet 800 Mark z. der Heizkosten; ⟨ohne Beugung des allein stehenden Subst. im Sg.:⟩ der Katalog kostet 30 DM z. Porto; ⟨im Pl. mit Dativ bei nicht erkennbarem Gen.:⟩ z. Beträgen für Verpackung und Versand.

zu|zwin|kern ⟨sw. V.; hat⟩: *jmdn. zwinkernd ansehen, um ihm auf diese Weise etw. zu verstehen zu geben, mitzuteilen:* jmdm. vertraulich, ermunternd z.; sich [gegenseitig] z.

Zvie|ri, der od. das; -s, - [mundartl. zusger. aus: zu vier (Uhr Gegessenes)] (schweiz.): *Imbiss am Nachmittag; Vesper.*

ZVS = Zentralstelle für die Vergabe von Studienplätzen.

zwa|cken ⟨sw. V.; hat⟩ [mhd. zwacken, ablautend zu ↑zwicken] (ugs.): **1.** *kneifen* (1): die Krabbe hat mir/mich in den Zeh gezwackt; Ü er wird von Neid gezwackt. **2.** *kneifen* (2).

zwang: ↑zwingen.

Zwang, der; -[e]s, Zwänge [mhd. zwanc, dwanc, twanc, ahd. thwanga (Pl.), zu ↑zwingen u. eigtl. = das Zusammenpressen, Drücken]: **a)** *Einwirkung von außen auf jmdn. unter Anwendung od. Androhung von Gewalt:* der Z. der Gesetze; Z. auf jmdn. ausüben; jmdm. Z. auferlegen; seine Kinder mit, ohne Z. erziehen; unter einem fremden Z. handeln, zu leiden haben; **b)** *starker Drang in jmdm.:* ein innerer Z.; **c)** *Beschränkung der eigenen Freiheit u. Ungeniertheit, mit der sich jmd. anderen gegenüber äußert:* sich, seiner Natur Z. auferlegen; tun Sie sich [nur] keinen Z. an *(lassen Sie sich durch nichts zurückhalten);* Ü einem Begriff, Text Z. antun *(ihn den eigenen Ansichten entsprechend deuten, auslegen);* **d)** *starker Einfluss, dem sich jmd. nicht entziehen kann:* jmds. Z. erliegen; **e)** *von gesellschaftlichen Normen ausgeübter Druck auf menschliches Verhalten:* der Z. der Mode; gesellschaftliche Zwänge; es besteht kein Z. *(keine Verpflichtung),* etwas zu kaufen; **f)** *Bestimmung der Situation in einem Bereich durch eine unabänderliche Gegebenheit, Notwendigkeit:* wirtschaftliche, technische Zwänge; der Z. der Verhältnisse; der Z. zur Kürze, Selbstbehauptung; **g)** (Psych.) *das Beherrschtsein von Vorstellungen, Handlungsimpulsen gegen den bewussten Willen:* unter einem Z. leiden.

zwän|ge: ↑zwingen.

zwän|gen ⟨sw. V.; hat⟩ [mhd. zwengen, twengen, ahd. dwengen, Kausativ zu ↑zwingen u. eigtl. = drücken machen]: **1.** *gewaltsam auf engem Raum irgendwohin schieben, bringen o. Ä.:* dicke Bücher in seine Aktentasche z.; sich durch die Sperre, in den überfüllten Bus z.; Ü etw. in ein System z. **2.** (schweiz.) *drängeln* (2).

Zwän|ge|rei, die; -, -en (schweiz. abwertend): **1.** *das Zwängen* (2): hör auf mit der Z.! **2.** *eigensinniges, unnachgiebiges Beharren auf einer Forderung; starrköpfiges Durchsetzen eines Ziels.*

zwang|haft ⟨Adj.⟩: **a)** *[wie] unter einem Zwang geschehend, erfolgend:* ein -es Verhalten; **b)** (selten) *erzwungen, gewaltsam u. daher gekünstelt:* seine Bewegungen wirken z.

zwang|los ⟨Adj.⟩: **a)** *ohne Eingeschränktheit durch Regeln, Förmlichkeit, Konvention:* ein -es Benehmen, Beisammensein; sich ganz z. mit jmdm. unterhalten; es ging dort ziemlich, ganz, allzu z. zu; z. *(natürlich, frei)* über etw. sprechen; **b)** *unregelmäßig hinsichtlich der Anordnung, Aufeinanderfolge o. Ä.:* die Zeitschrift erscheint in -er Folge.

Zwang|lo|sig|keit, die; -: *zwanglose Art.*

zwangs-: drückt in Verbindungen mit Verben aus, dass etw. zwangsweise (a) geschieht, vollzogen o. Ä. wird: zwangsislamisieren, -katholisieren.

Zwangs|an|lei|he, die: *Staatsanleihe, zu deren Aufnahme bestimmte Personen od. Unternehmen gesetzlich verpflichtet sind.*

Zwangs|ar|beit, die ⟨o. Pl.⟩: **1.** *mit schwerer körperlicher Arbeit verbundene Freiheitsstrafe:* zu 25 Jahren Z. verurteilt werden. **2.** *Arbeit, zu der jmd. (widerrechtlich) zwangsverpflichtet, gezwungen wird:* jmdn. zu Z. heranziehen, einsetzen.

Zwangs|ar|bei|ter, der: **1.** *zu Zwangsarbeit* (1) *Verurteilter.* **2.** *jmd., der Zwangsarbeit* (2) *leisten muss.*

Zwangs|ar|bei|te|rin, die: w. Form zu ↑Zwangsarbeiter.

Zwangs|auf|ent|halt, der: *erzwungener, unfreiwilliger Aufenthalt.*

Zwangs|aus|bür|ge|rung, die: *zwangsweise* (a) *Ausbürgerung.*

zwangs|be|glü|cken ⟨sw. V.; hat⟩ (bes. österr., schweiz. iron.): *jmdm. etw. von fragwürdigem Wert zuteil werden lassen u. ihm keine Möglichkeit lassen, sich dem zu entziehen.*

Zwangs|be|glü|ckung, die (bes. österr., schweiz. iron.): *das Zwangsbeglücken.*

zwangs|be|ur|lau|ben ⟨sw. V.; hat⟩ (ugs.): *in Zwangsurlaub schicken.*

Zwangs|ein|wei|sung, die: *zwangsweise* (a) *Einweisung (in eine Heilanstalt o. Ä.).*

Zwangs|ent|lüf|tung, die: *auch bei geschlossenen Fenstern in einem Pkw wirksame Entlüftung.*

Zwangs|ent|zug, der: **a)** *zwangsweise* (a) *Entziehung einer Droge, eines Suchtmittels;* **b)** *Heilanstalt o. Ä., in der der Zwangsentzug* (a) *durchgeführt wird.*

zwangs|er|näh|ren ⟨sw. V.; hat⟩: *jmdn. ohne sein Einverständnis, gegen seinen Willen [künstlich] ernähren.*

Zwangs|er|näh|rung, die: *das Zwangsernähren; das Zwangsernährtwerden.*

zwangs|eva|ku|ie|ren ⟨sw. V.; hat⟩: *unter Anwendung von Zwang evakuieren.*

Zwangs|eva|ku|ie|rung, die: *das Zwangsevakuieren; das Zwangsevakuiertwerden.*

Zwangs|ge|walt, die ⟨o. Pl.⟩ (Rechtsspr.): *Machtbefugnis einer staatlichen Behörde, Zwang auszuüben, Gewalt anzuwenden.*

Zwangs|hand|lung, die (Psych.): *vom bewussten Willen nicht zu beeinflussende unsinnige Handlung aufgrund eines Zwanges* (g): das Stehlen ist bei ihm eine Z.

Zwangs|herr|schaft, die: *auf gewaltsamer Unterwerfung beruhende Herrschaft; Gewaltherrschaft.*

Zwangs|idee, die: *Zwangsvorstellung.*

Zwangs|ja|cke, die: *bei Tobsüchtigen verwendete, hinten zu schließende Jacke aus grobem Leinen, deren überlange, geschlossene Ärmel auf dem Rücken zusammengebunden werden:* jmdn. in eine Z. stecken; Ü chemische Z. (Jargon; *der Ruhigstellung dienende Medikamente, bes. Neuroleptika*).

Zwangs|la|ge, die: *Bedrängnis, in der jmdm. keine andere Wahl zu handeln bleibt; Dilemma:* eine moralische Z.; er ist, befindet sich in einer Z.

zwangs|läu|fig ⟨Adj.⟩: *aufgrund bestimmter Gegebenheiten gar nicht anders möglich; notwendig* (2); *automatisch* (2 a): eine -e Folge; das führt z. dazu, dass ...

Zwangs|läu|fig|keit, die; -, -en: *zwangsläufige Entwicklung, Art.*

zwangs|mä|ßig ⟨Adj.⟩ (selten): *aufgrund eines Zwangs; durch Druck erzwungen.*

Zwangs|maß|nah|me, die: *[staatliche] Maßnahme, durch die ein Verhalten o. Ä. erzwungen werden soll.*

Zwangs|mit|tel, das: *Mittel zur Durchsetzung einer behördlichen Anordnung:* jmdm. Z. androhen.

Zwangs|neu|ro|se, die (Psych.): *durch Symptome des Zwangs* (g), *durch Gewissensangst u. Schuldgefühle gekennzeichnete Neurose.*

Zwangs|pau|se, die: *erzwungene, unfreiwillige Pause.*

zwangs|räu|men ⟨sw. V.; hat⟩: *(eine Wohnung, ein Haus, ein Grundstück) zwangsweise* (a) *räumen:* eine Wohnung z.

Zwangs|räu|mung, die: *das Zwangsräumen.*

Zwangs|spa|ren, das; -s: *Sparen aufgrund gesetzlichen Zwangs.*

Zwangs|ste|ri|li|sa|ti|on, die: *das Zwangssterilisieren; das Zwangssterilisiertwerden.*

zwangs|ste|ri|li|sie|ren ⟨sw. V.; hat⟩: *zwangsweise* (a), *unter Anwendung von Zwang sterilisieren.*

zwangs|um|sie|deln ⟨sw. V.; hat⟩: *zwangsweise* (a), *unter Anwendung von Zwang umsiedeln:* sie wurden nach Kasachstan zwangsumgesiedelt.

Zwangs|um|sie|de|lung: ↑Zwangsumsiedlung.

Zwangs|um|sied|lung, Zwangsumsiedelung, die: *das Zwangsumsiedeln; das Zwangsumgesiedeltwerden.*

Zwangs|um|tausch, der: *Pflichtumtausch.*

Zwangs|ur|laub, der (ugs.): *Unterbrechung der beruflichen Tätigkeit aufgrund einer nicht auf Wunsch des Betroffenen erfolgenden Beurlaubung.*

zwangs|ver|pflich|ten ⟨sw. V.; hat⟩: *zwangsweise* (a) *verpflichten, für eine bestimmte Tätigkeit heranziehen.*

Zwangs|ver|pflich|tung, die: *das Zwangsverpflichten.*

zwangs|ver|schi|cken ⟨sw. V.; hat; nur im Inf. u. im 2. Part. gebr.⟩: *deportieren.*

Zwangs|ver|schi|ckung, die: *Deportation.*

zwangs|ver|set|zen ⟨sw. V.; hat⟩: *ohne das Einverständnis der betroffenen Person od. gegen deren Willen versetzen* (1 b): der Chef der Steuerfahndung wurde zwangsversetzt.

Zwangs|ver|set|zung, die: *das Zwangsversetzen; das Zwangsversetztwerden.*

zwangs|ver|stei|gern ⟨sw. V.; hat; nur im Inf. u. 2. Part. gebr.⟩ (Rechtsspr.): *einer Zwangsversteigerung unterziehen:* ein Haus z.

Zwangs|ver|stei|ge|rung, die (Rechtsspr.): *zwangsweise* (a) *Versteigerung zur Befriedigung von Gläubigern.*

Zwangs|ver|tei|di|ger, der (ugs.): *Pflichtverteidiger.*

Zwangs|ver|tei|di|ge|rin, die: w. Form zu ↑Zwangsverteidiger.

Zwangs|voll|stre|ckung, die (Rechtsspr.): *Verfahren zur Durchsetzung von Ansprüchen durch staatlichen Zwang im Auftrag des Berechtigten.*

zwangs|vor|füh|ren ⟨sw. V.; hat⟩ (Amtsspr.): *unter Anwendung polizeilicher Gewalt einer Behörde o. Ä., bes. einem Gericht, vorführen:* jmdn. dem Amtsarzt z.

Zwangs|vor|füh|rung, die (Amtsspr.): *das Zwangsvorführen; das Zwangsvorgeführtwerden:* es wurde die Z. angeordnet.

Zwangs|vor|stel|lung, die (Psych.): *als Erscheinungsform des Zwangs* (g) *immer wieder auftretende Vorstellung, die willentlich nicht zu* *unterdrücken ist, obwohl sie im Widerspruch zum eigenen logischen Denken steht; fixe Idee:* an -en leiden.

zwangs|wei|se ⟨Adv.⟩: **a)** *durch behördliche Anordnung, behördliche Maßnahmen erzwungen:* einen Beamten z. versetzen; **b)** *zwangsläufig:* z. auftretende Fehler.

Zwangs|wirt|schaft, die ⟨o. Pl.⟩: *Wirtschaftsform, bei der der Staat als Zentrale die gesamte Planung der Wirtschaft übernimmt u. die Ausführung der Pläne überwacht.*

zwan|zig ⟨Kardinalz.⟩ [mhd. zweinzec, zweinzic, ahd. zweinzug, zu ↑zwei u. ↑-zig, eigtl. = zwei Zehner] (in Ziffern: 20): vgl. achtzig.

Zwan|zig, die; -: vgl. Achtzig.

zwan|zi|ger ⟨indekl. Adj.⟩ (mit Ziffern: 20er): vgl. achtziger: die goldenen z. Jahre.

¹Zwan|zi|ger, der; -s, -: vgl. Achtziger, Hunderter (2) usw.

²Zwan|zi|ger, die; -, - (ugs.): *Zwanzigpfennigmarke.*

Zwan|zi|ge|rin, die; -, -nen: w. Form zu ↑¹Zwanziger.

Zwan|zi|ger|jah|re ⟨Pl.⟩: vgl. Achtzigerjahre.

Zwan|zig|eu|ro|schein, der (mit Ziffern: 20-Euro-Schein): *Banknote im Wert von zwanzig Euro.*

zwan|zig|fach ⟨Vervielfältigungsz.⟩ (mit Ziffern: 20fach): vgl. achtfach.

Zwan|zig|fa|che, das; -n ⟨Dekl. ↑²Junge, das⟩: (mit Ziffern: 20fache): vgl. Achtfache.

zwan|zig|jäh|rig ⟨Adj.⟩: (mit Ziffer: 20-jährig): vgl. achtjährig.

Zwan|zig|jäh|ri|ge, der u. die; -n, -n ⟨Dekl. ↑Abgeordnete⟩ (mit Ziffern: 20-Jährige): vgl. Achtjährige.

zwan|zig|jähr|lich ⟨Adj.⟩: vgl. achtjährlich.

zwan|zig|mal ⟨Wiederholungsz.; Adv.⟩: vgl. achtmal.

Zwan|zig|mark|schein, der: (mit Ziffern: 20-Mark-Schein): vgl. Fünfmarkschein.

Zwan|zig|pfen|nig|mar|ke, die (mit Ziffern: 20-Pfennig-Marke): *Briefmarke mit dem Wert von 20 Pfennig.*

zwan|zigst... ⟨Ordinalz. zu ↑zwanzig⟩ (in Ziffern: 20.): vgl. acht...

zwan|zigs|tel ⟨Bruchz.⟩ (als Ziffer: $\frac{1}{20}$): vgl. achtel.

Zwan|zigs|tel, das, schweiz. meist: der; -s, -: vgl. Achtel (a).

zwan|zigs|tens ⟨Adv.⟩ (in Ziffern: 20.): vgl. achtens.

zwar ⟨Adv.⟩ [mhd. z(e)wāre = fürwahr, zusger. aus ↑zu u. ↑wahr]: **1.** in Verbindung mit »aber« od. »[je]doch«; leitet eine Feststellung ein, der eine Einschränkung folgt: *wohl* (6): das ist z. verboten, aber es hält sich keiner daran. **2.** in Verbindung mit voranstehendem »und«; leitet eine Erläuterung zu einer unmittelbar vorher gemachten Äußerung ein: *genauer gesagt:* er soll mich anrufen, und z. sofort; ich lehne das ab, und z. aus folgendem Grund ...

zwat|zeln ⟨sw. V.; hat⟩ [urspr. Kinderspr.; laut- u. bewegungsnachahmend] (landsch.): *unruhig, zappelig sein.*

Zweck, der; -[e]s, -e [mhd., ahd. zwec = Nagel, zu ↑zwei, urspr. = gegabelter Ast, Gabelung; später: Nagel, an dem die Zielscheibe aufgehängt ist, od. Nagel, der in der Mitte der Zielscheibe sitzt; Zielpunkt]: **1.** *etw., was jmd. mit einer Handlung beabsichtigt, zu bewirken, zu erreichen sucht; [Beweggrund u.] Ziel einer Handlung:* der Z. seines Tuns ist, ...; der Z. der Übung (ugs. scherzh.; *das angestrebte Ziel*) war, ...; einen bestimmten Z. haben, verfehlen; einen bestimmten, seinen Z. erfüllen (*für etw. Beabsichtigtes taugen*); etw. seinen -en dienstbar machen (*für seine Ziele nutzen*); einem guten, wohltätigen Z. dienen; etw. für private, für seine -e nutzen; etw. zu bestimmten -en benutzen; etw. dient zu einem bestimmten Z.; R der Z. heiligt die Mittel (*für einen guten Zweck sind alle Mittel erlaubt;* den Jesuiten [fälschlicherweise] als Quintessenz ihrer Moral zugeschrieben). **2.** *in einem Sachverhalt, Vorgang o. Ä. verborgener, erkennbarer Sinn* (5): der Z. des Ganzen ist nicht zu erkennen; es hat wenig Z., keinen Z. [mehr], auf eine Besserung zu hoffen.

Zweck|bau, der ⟨Pl. -ten⟩: *allein nach den Prinzipien der Zweckmäßigkeit errichteter Bau, Nutzbau:* ein nüchterner Z.

Zweck|be|stimmt|heit, die: *Finalität.*

Zweck|bin|dung, die (Finanzw.): *Bindung bestimmter öffentlicher Finanzmittel an einen vorgegebenen Verwendungszweck.*

Zweck|bünd|nis, das: *aus pragmatischen Gründen geschlossenes Bündnis.*

Zweck|den|ken, das: *pragmatisches Denken (das auf bestimmte Zwecke gerichtet ist).*

zweck|dien|lich ⟨Adj.⟩ (Papierdt.): *dem Zweck, für den etw. vorgesehen ist, dienlich, förderlich:* eine -e Vorgehensweise; -e Hinweise nimmt jede Polizeidienststelle entgegen.

Zweck|dien|lich|keit, die; - (Papierdt.): *das Zweckdienlichsein.*

Zwe|cke, die; -, -n [Nebenf. von ↑Zweck]: **1.** (landsch.) *kurzer Nagel mit breitem Kopf, bes. Schuhnagel.* **2.** (veraltend) *Reißzwecke.*

zwe|cken ⟨sw. V.; hat⟩ (landsch.): *anzwecken:* ein Poster an die Wand z.

zweck|ent|frem|den ⟨sw. V.; hat; meist im Inf. u. 2. Part. gebr.⟩: *[missbräuchlich] für einen eigentlich nicht vorgesehenen Zweck verwenden:* Wohnraum [als Lager] z.; zweckentfremdete Gelder.

Zweck|ent|frem|dung, die: *das Zweckentfremden, das Zweckentfremdetwerden.*

zweck|ent|spre|chend ⟨Adj.⟩: *seinem vorgesehenen Zweck entsprechend:* -e Kleidung; etw. z. verwenden.

zweck|frei ⟨Adj.⟩: *nicht einem bestimmten Zweck dienend; nicht auf einen unmittelbaren Nutzen ausgerichtet:* -e Forschung.

Zweck|frei|heit, die ⟨o. Pl.⟩: *das Zweckfreisein.*

zweck|fremd ⟨Adj.⟩: *nicht dem eigentlichen Zweck entsprechend:* die -e Verwendung von Steuermitteln; etw. z. nutzen.

zweck|ge|bun|den ⟨Adj.⟩ (Finanzw.): *einer Zweckbindung unterliegend:* -e Gelder, Zuschüsse.

Zweck|ge|bun|den|heit, die: (Finanzw.): *das Zweckgebundensein.*

zweck|ge|mäß ⟨Adj.⟩: *dem eigentlichen Zweck gemäß, angemessen.*

zweck|ge|rich|tet ⟨Adj.⟩: *auf einen bestimmten Zweck hin ausgerichtet.*

zweck|haft ⟨Adj.⟩: *mit einem Zweck verbunden:* ein -es Handeln.

zweck|los ⟨Adj.⟩: **1.** *ohne Sinn; nutzlos, vergeblich:* eine völlig -e Anstrengung; es ist z., hier um Hilfe zu bitten. **2.** (seltener) *keinen bestimmten Zweck erfüllend; ohne bestimmte Absicht.*

zweck|mä|ßig ⟨Adj.⟩: **a)** *seinen Zweck gut erfüllend:* eine [sehr, wenig] -e Ausrüstung; **b)** *sinnvoll* (1); *im gegebenen Zusammenhang nützlich:* ein -es Verhalten; es ist [nicht], ich halte es [nicht] für z., so zu handeln.

Zweck|mä|ßig|keit, die; -: *das Zweckmäßigsein.*

Zweck|op|ti|mis|mus, der: *auf eine bestimmte Wirkung zielender, demonstrativ zur Schau getragener Optimismus.*

Zweck|pes|si|mis|mus, der: *auf eine bestimmte Wirkung zielender, demonstrativ zur Schau getragener Pessimismus.*

zwecks ⟨Präp. mit Gen.⟩ [erstarrter Gen. von ↑Zweck] (Amtsspr.): *zum Zwecke des ...:* er wurde z. Feststellung der Personalien auf die Wache gebracht.

Zweck|ver|band, der: *der gemeinsamen Erfüllung bestimmter Aufgaben dienender Zusammenschluss von Gemeinden u. Gemeindeverbänden.*

zweck|voll ⟨Adj.⟩: vgl. zweckmäßig.

zweck|wid|rig ⟨Adj.⟩: *seinem eigentlichen Zweck zuwiderlaufend:* etw. z. verwenden.

zween ⟨Kardinalz.⟩ [mhd., ahd. zwēne] (veraltet): *zwei* (männliche Form).

zwei ⟨Kardinalz.⟩ [mhd., ahd. zwei (sächliche Form; vgl. zween, zwo)] (als Ziffer: 2): vgl. acht: z. Personen; z. Mark fünfzig; Nummer, Seite z.; z. von euch; wir z.; sie gehen [je] z. und z. nebeneinander; wir waren zu -en; der Bund -er [mächtiger] Kaiser, -er Liebenden/(seltener:) -er Liebender; innerhalb -er Jahre, dieser z. Jahre; in, nach, vor z. Jahren; das lässt sich nicht mit z., drei (ugs.; *ganz wenigen*) Worten erklären; viele Grüße von uns -en; R dazu gehören immer noch z. (*dazu bedarf es einer weiteren Person, die dabei mitmacht*); das ist so sicher, wie z. mal z. vier ist (ugs.; *das ist ganz gewiss, absolut sicher*); Spr wenn z. dasselbe tun, so ist es nicht dasselbe (*es kommt auch darauf an, wer etw. Bestimmtes tut*); * **für z.** (*über das übliche Maß hinausgehend, wirklich sehr viel, eine Menge;* in Bezug auf ein bestimmtes Tun): er isst für z.

Zwei, die; -, -en: **a)** *Ziffer 2;* **b)** *Spielkarte mit zwei Zeichen;* **c)** *Anzahl von zwei Augen beim Würfeln:* er würfelt dauernd -en; **d)** *Zeugnis-, Bewertungsnote 2; gut* (1 a): sie hat die Prüfung mit [einer, der Note] Z. bestanden; **e)** (ugs.) *Wagen, Zug der Linie 2;* vgl. ¹Acht.

Zwei|ach|ser, der; -s, -: vgl. Dreiachser.

zwei|ach|sig ⟨Adj.⟩: vgl. dreiachsig.

Zwei|ak|ter, der; -s, -: vgl. Dreiakter.

zwei|ak|tig: vgl. einaktig.

zwei|ar|mig ⟨Adj.⟩: vgl. achtarmig.

zwei|bah|nig ⟨Adj.⟩ (Verkehrsw.): **a)** *mit je einer Fahrbahn für beide Verkehrsrichtungen [versehen]:* eine -e Schnellstraße; **b)** (selten) *zweispurig* (1 b): der -e Ausbau der B 9.

zwei|bän|dig ⟨Adj.⟩: vgl. achtbändig.

Zwei|bei|ner, der; -s, - (ugs. scherzh.): *Mensch (als Lebewesen auf zwei Beinen im Unterschied zum Vierbeiner).*

zwei|bei|nig ⟨Adj.⟩: vgl. dreibeinig.

Zwei|bett|zim|mer, das: vgl. Dreibettzimmer.

zwei|blätt|rig ⟨Adj.⟩: vgl. dreiblättrig.

Zwei|de|cker, der: **1.** *Doppeldecker* (1). **2.** (Seew. veraltend) *Schiff mit zwei Decks.*

zwei|deu|tig ⟨Adj.⟩ [LÜ von lat. aequivocus = doppelsinnig, mehrdeutig]: **a)** *unklar, so od. so zu verstehen, doppeldeutig* (a): ein -er Satz; er hat es bewusst z. formuliert; **b)** *harmlos klingend, aber von jedermann als unanständig, schlüpfrig, anstößig zu verstehen; doppeldeutig* (b): -e Witze, Bemerkungen.

Zwei|deu|tig|keit, die; -, -en: **1.** ⟨o. Pl.⟩ *das Zweideutigsein; zweideutiger Charakter.* **2.** *zweideutige Äußerung.*

zwei|di|men|si|o|nal ⟨Adj.⟩: *in zwei Dimensionen angelegt od. wiedergegeben, flächig [erscheinend]:* ein -es Bild.

Zwei|drit|tel|ge|sell|schaft, die (Politik Jargon): *Gesellschaft, in der eine große (etwa ein Drittel umfassende) Minderheit von Armut Betroffener od. Bedrohter ausgegrenzt, von der Teilhabe am Wohlstand ausgeschlossen ist.*

Zwei|drit|tel|mehr|heit, die (Politik): *Mehrheit von zwei Dritteln der abgegebenen Stimmen.*

zwei|ei|ig ⟨Adj.⟩: vgl. eineiig.

zwei|ein|halb ⟨Bruchz.⟩ (in Ziffern: $2^1/_2$): vgl. achteinhalb.

Zwei|er, der; -s, -: **1.** (ugs.) *Zweipfennigstück.* **2.** (Rudern) *Rennboot für zwei Ruderer.* **3.** (landsch.) *Zwei.* **4.** (Golf) *Spiel von zwei Einzelspielern gegeneinander.* **5.** (schweiz.) *Flüssigkeitsmenge von zwei Dezilitern.*

Zwei|er|be|zie|hung, die: *Beziehung zwischen zwei Menschen, die zusammen ein Paar* (1 a) *bilden.*

Zwei|er|bob, der: vgl. Viererbob.

Zwei|er|ka|jak, der, selten: das: vgl. Einerkajak.

zwei|er|lei ⟨best. Gattungsz.; indekl.⟩ [↑-lei]: **a)** *von doppelter, zweifach verschiedener Art:* z. Sorten, Arten; **b)** *zwei verschiedene Dinge, Handlungen:* zu trinken gibt es z.; daraus kann man z. schließen.

Zwei|er|rei|he, die: vgl. Achterreihe.

Zwei|er|spiel, das (Golf): *Zweier* (4).

Zwei|er|sys|tem, das (Math.): *Dualsystem* (1).

Zwei|er|takt, der: vgl. Dreiertakt.

Zwei|er|tisch, der: *Tisch, der dafür vorgesehen ist, dass zwei Personen daran sitzen.*

Zwei|er|zim|mer, das: **a)** *Zweibettzimmer, Dop-*

pelzimmer; **b)** *[Arbeits]zimmer für zwei Personen.*

Zwei|eu|ro|stück, das (mit Ziffer: 2-Euro-Stück): *Münze im Wert von zwei Euro.*

zwei|fach ⟨Vervielfältigungsz.⟩ (mit Ziffer: 2fach): vgl. achtfach; *doppelt:* er wurde wegen -en Mordes verurteilt; in -er *(zweierlei)* Hinsicht.

Zwei|fa|che, das; -n ⟨Dekl. ↑²Junge, das⟩: (mit Ziffer: 2fache): vgl. Achtfache.

Zwei|fa|mi|li|en|haus, das: vgl. Einfamilienhaus.

Zwei|far|ben|druck, der: vgl. Dreifarbendruck.

zwei|far|big, (österr.:) **zwei|fär|big** ⟨Adj.⟩: *zwei Farben aufweisend, in zwei Farben gehalten.*

Zwei|fel, der; -s, - [mhd. zwīvel, ahd. zwīfal, zu ↑zwei u. ↑falten, eigtl. = (Ungewissheit bei) zweifach(er Möglichkeit)]: *Bedenken, schwankende Ungewissheit, ob jmdm., jmds. Äußerung zu glauben ist, ob ein Vorgehen, eine Handlung richtig u. gut ist, ob etw. gelingen kann o. Ä.:* quälender Z.; [un]begründete Z.; bei jmdm. regt sich der Z.; es besteht kein, nicht der geringste Z., dass ...; dein Z. *(deine Skepsis)* ist nicht berechtigt; leiser Z. steigt in ihm auf, regt sich in ihm; es waren ihm Z. [an der Wahrheit dieser Aussage] gekommen, ob ...; ich habe keinen Z. an ihrer Aufrichtigkeit; er ließ keinen Z. daran, dass es ihm ernst war; man hat uns darüber nicht im Z. gelassen; jmd., eine Sache ist über jeden Z. erhaben; von -n *(Skrupeln)* geplagt sein; * **außer [allem] Z. stehen** *(ganz sicher feststehen, nicht bezweifelt werden können);* **Z. in etw. setzen/etw. in Z. ziehen/**(seltener:) **stellen** *(bezweifeln);* **[über etw.] im Z. sein** (1. *etw. nicht ganz genau wissen.* 2. *sich noch nicht entschieden haben [etw. Bestimmtes zu tun]*); **ohne Z.** *(bestimmt, ganz gewiss).*

Zwei|fel|der|wirt|schaft, die: vgl. Dreifelderwirtschaft.

zwei|fel|haft ⟨Adj.⟩ [mhd. zwīvelhaft]: **a)** *mit Zweifeln in Bezug auf die Richtigkeit od. Durchführbarkeit behaftet; fraglich, unsicher; problematisch:* ein Werk von -em Wert; es ist z., ob er das durchhalten kann; **b)** *zu [moralischen] Bedenken Anlass gebend, fragwürdig, bedenklich, anrüchig; dubios:* eine -e Angelegenheit; sein plötzlicher Reichtum erschien der Polizei z.

zwei|fel|los ⟨Adv.⟩ (emotional): *ohne Zweifel, bestimmt:* sie hat z. Recht.

zwei|feln ⟨sw. V.; hat⟩ [mhd. zwīveln, ahd. zwīfalen, zwīfalōn]: *unsicher sein in Bezug auf einen Sachverhalt od. ein [künftiges] Geschehen; infrage stellen, in Zweifel ziehen:* sie sah mich an, als zweifle sie an meinem Verstand; man zweifelte [daran], dass es gelingen würde; daran ist nicht zu z.; sie zweifelt, ob sie der Einladung folgen soll.

Zwei|fels|fall, der: *unklarer, Zweifel erweckender Fall:* im Z. rufen Sie bitte die Auskunft an.

zwei|fels|frei ⟨Adj.⟩: *so beschaffen, dass keine Zweifel bestehen:* ein -er Beweis.

zwei|fels|oh|ne ⟨Adv.⟩ [frühnhd. aus: Zweifels ohne sein] (emotional): *bestimmt, ganz gewiss:* z. war es ein Mord.

Zweif|ler, der; -s, - [mhd. zwīvelære, ahd. zwīfalāri]: *jmd., der zu Zweifeln neigt, Zweifel hat, etw. bezweifelt; Skeptiker.*

Zweif|le|rin, die; -, -nen: w. Form zu ↑Zweifler.

zweif|le|risch ⟨Adj.⟩: *voller Zweifel, Zweifel ausdrückend; skeptisch:* ein -es Lächeln.

zwei|flü|ge|lig, zwei|flüg|lig ⟨Adj.⟩: vgl. einflügelig.

Zwei|fron|ten|krieg, der: *Krieg, bei dem ein Land an zwei Fronten zugleich kämpfen muss.*

zwei|fü|ßig ⟨Adj.⟩: 1. vgl. dreifüßig. 2. (Verslehre) vgl. fünffüßig.

Zweig, der; -[e]s, -e [mhd. zwīc, ahd. zwīg, zu ↑zwei u. eigtl. = der Aus-zwei-Bestehende (= »gegabelter Ast«)]: **1.** *[von einer Gabelung ausgehendes] einzelnes Laub od. Nadeln, Blüten u. Früchte tragendes Teilstück eines Astes an Baum od. Strauch; seitlicher Trieb, verzweigtes Stück:* ein grüner, blühender, dürrer Z.; die -e brechen auf *(setzen Grün od. Blüten an);* -e abbrechen, abschneiden; * **auf keinen/**(auch:) **einen grünen Z. kommen** (ugs.; *keinen/einen Erfolg haben; es zu nichts/zu etwas bringen;* der grüne Zweig steht in dieser Wendung bildlich für das Wachsen der Natur im Frühjahr). **2. a)** *Nebenlinie einer Familie, eines Geschlechtes;* **b)** *[Unter]abteilung, Sparte:* ein Z. der Naturwissenschaften.

Zweig|be|trieb, der: *[auswärtige] Nebenstelle eines größeren Betriebes.*

zwei|ge|lei|sig usw.: ↑zweigleisig usw.

zwei|ge|schlech|tig ⟨Adj.⟩ (Bot.): *männliche u. auch weibliche Geschlechtsorgane aufweisend.*

Zwei|ge|schlech|tig|keit, die; - (Bot.): *das Zweigeschlechtigsein.*

zwei|ge|schlecht|lich ⟨Adj.⟩: vgl. eingeschlechtlich.

zwei|ge|schos|sig ⟨Adj.⟩: vgl. achtgeschossig.

Zwei|ge|spann, das: vgl. Dreigespann.

zwei|ge|stri|chen ⟨Adj.⟩: vgl. dreigestrichen.

zwei|ge|teilt ⟨Adj.⟩: *[von der Mitte her] in zwei Teile geteilt:* eine -e Tür; Ü Berlin als -e Stadt.

Zweig|ge|schäft, das: *Filiale* (1).

zwei|glei|sig, zweigeleisig ⟨Adj.⟩: **a)** *mit zwei Gleisen (je einem für beide Fahrtrichtungen) [ausgestattet]:* eine -e Bahnstrecke; **b)** *zwei Möglichkeiten, Wege verfolgend:* eine -e Erziehung; sie führten -e *(auf zwei Ebenen bestrittene u. daher nicht offene, aufrichtige)* Verhandlungen; z. fahren.

zwei|glied|rig ⟨Adj.⟩: vgl. achtgliedrig.

Zweig|nie|der|las|sung, die: *Filiale* (2).

Zweig|spit|ze, die: *Spitze eines Zweiges* (1).

Zweig|stel|le, die: vgl. Zweigniederlassung: eine Z. der Bank in einem Vorort.

Zweig|werk, das: vgl. Zweigbetrieb.

Zwei|hän|der, der; -s, -: *Schwert, das mit beiden Händen geführt wird* (z. B. Flamberg).

zwei|hän|dig ⟨Adj.⟩: vgl. einhändig.

Zwei|heit, die; -: **a)** *Dualismus* (1, 2); **b)** *Zusammengehörigkeit von zwei Dingen od. Personen.*

zwei|hen|ke|lig, zwei|henk|lig ⟨Adj.⟩: *mit zwei Henkeln [versehen].*

zwei|hö|cke|rig, zwei|höck|rig ⟨Adj.⟩: vgl. einhöckerig: das -e Kamel.

zwei|hun|dert ⟨Kardinalz.⟩ (in Ziffern: 200): vgl. hundert.

Zwei|hun|dert|eu|ro|schein, der (mit Ziffern: 200-Euro-Schein): vgl. Fünfeuroschein.

Zwei|hun|dert|mark|schein, der (mit Ziffern: 200-Mark-Schein): vgl. Fünfmarkschein.

Zwei|jah|res|plan, der: vgl. Fünfjahresplan.

zwei|jäh|rig ⟨Adj.⟩ (mit Ziffer: 2-jährig): vgl. achtjährig.

Zwei|jäh|ri|ge, der u. die; -n, -n ⟨Dekl. ↑Abgeordnete⟩ (mit Ziffer: 2-Jährige): vgl. Achtjährige.

zwei|jähr|lich ⟨Adj.⟩: vgl. achtjährlich.

Zwei|kam|mer|sys|tem, das: *Verfassungssystem, bei dem im Unterschied zum Einkammersystem die gesetzgebende Gewalt von zwei getrennten Kammern od. Parlamenten (z. B. Unterhaus u. Oberhaus, Bundestag u. Bundesrat o. Ä.) ausgeht.*

Zwei|kampf, der [LÜ von lat. duellum, ↑Duell]: **1.** *mit Waffen ausgetragener Kampf zwischen zwei Personen; Duell:* jmdn. zum Z. herausfordern. **2.** (Sport) *Wettkampf zwischen zwei Personen od. Mannschaften:* es entwickelte sich ein dramatischer Z.

Zwei|ka|nal|ton, der (Ferns.): *Möglichkeit der Übertragung von zwei unterschiedlichen, wahlweise einzuschaltenden Tonwiedergaben (z. B. deutsche oder Originalsprache bei einem Fernsehfilm) auf den beiden für den Stereoempfang vorgesehenen Fernsehkanälen.*

Zwei|klas|sen|ge|sell|schaft, die: *Gesellschaftsform, die aus einer Klasse der Wohlhabenden u. einer Klasse der Mittellosen besteht, wobei eine starke Mittelschicht fehlt.*

zwei|köp|fig ⟨Adj.⟩: **1.** *aus zwei Personen bestehend:* ein -es Direktorium. **2.** *mit zwei Köpfen [versehen]:* das Wappen zeigt einen -en Adler.

Zwei|korn, das ⟨o. Pl.⟩: *Emmer.*

Zwei|li|ter|fla|sche, die: *Flasche mit zwei Litern Fassungsvermögen.*

zwei|mal ⟨Wiederholungsz.; Adv.⟩ (mit Ziffer: 2-mal): vgl. achtmal: das lässt sie sich nicht z. sagen *(auf dieses Angebot geht sie sofort ein).*

zwei|ma|lig ⟨Adj.⟩ (mit Ziffer: 2-malig): vgl. achtmalig.

Zwei|mark|stück, das: vgl. Fünfmarkstück.

Zwei|mas|ter, der; -s, -: vgl. Dreimaster (1).

zwei|mo|na|tig ⟨Adj.⟩: vgl. achtmonatig.

zwei|mo|nat|lich ⟨Adj.⟩: vgl. achtmonatlich.

Zwei|mo|nats|schrift, die: *Zeitschrift, die alle zwei Monate erscheint.*

zwei|mo|to|rig ⟨Adj.⟩: vgl. einmotorig.

Zwei|par|tei|en|sys|tem, das: *Staatsform, bei der nur zwei große Parteien (als Regierungs- u. Oppositionspartei) vorkommen.*

Zwei|per|so|nen|stück, das: *Stück* (6 a) *mit nur zwei Personen* (3).

Zwei|pfen|nig|stück, das: *Geldmünze mit dem Wert von zwei Pfennig.*

Zwei|pfund|brot, das: *zwei Pfund wiegendes Brot.*

Zwei|pfün|der, der; -s, -: vgl. Achtpfünder.

zwei|pha|sig ⟨Adj.⟩: vgl. einphasig.

zwei|po|lig ⟨Adj.⟩: vgl. einpolig; *bipolar.*

Zwei|rad, das: *durch Treten von Pedalen od. durch einen Motor angetriebenes Fahrzeug mit zwei in einer Spur hintereinander angebrachten Rädern.*

zwei|rä|de|rig: ↑zweirädrig.

zwei|räd|rig, (seltener:) zweiräderig ⟨Adj.⟩: vgl. dreirädrig.

Zwei|raum|woh|nung, die (mit Ziffer: 2-Raum-Wohnung) (regional): s. Dreiraumwohnung.

Zwei|rei|her, der (Schneiderei): *Herrenanzug, dessen Jackett zwei senkrechte Knopfreihen hat; Doppelreiher.*

zwei|rei|hig ⟨Adj.⟩: vgl. einreihig.

zwei|sai|tig ⟨Adj.⟩: vgl. fünfsaitig.

zwei|sam ⟨Adj.⟩ (selten): *gemeinsam, einträchtig zu zweien.*

Zwei|sam|keit, die; -, -en: *zweisames Leben od. Handeln.*

zwei|schich|tig ⟨Adj.⟩: vgl. einschichtig (2, 3).

zwei|schif|fig ⟨Adj.⟩: vgl. dreischiffig.

zwei|schnei|dig ⟨Adj.⟩ [spätmhd. zweisnīdic]: *mit zwei Schneiden versehen, an beiden Seiten geschliffen:* -es Messer, Schwert; Ü eine -e Angelegenheit *(etw., was zwar Vorteile hat, aber auch ins Gegenteil umschlagen kann).*

zwei|sei|tig ⟨Adj.⟩: **1.** vgl. achtseitig. **2.** *nach zwei Seiten hin, zwischen zwei Parteien o. Ä.:* -e *(bilaterale)* Verträge.

zwei|sil|big ⟨Adj.⟩: vgl. achtsilbig.

Zwei|sit|zer, der; -s, -: vgl. Viersitzer.

zwei|sit|zig ⟨Adj.⟩: vgl. viersitzig.

zwei|spal|tig ⟨Adj.⟩: vgl. dreispaltig.

Zwei|spän|ner, der; -s, -: **1.** vgl. Dreispänner. **2.** (Bauw.) *Wohnhaus mit jeweils zwei an einem Treppenabsatz liegenden Wohnungen.*

zwei|spän|nig ⟨Adj.⟩ [2: übertr. von 1]: vgl. achtspännig.

Zwei|spitz, der: *[zu verschiedenen Uniformen, bes. von Marineoffizieren getragener] Hut mit zweiseitig aufgeschlagener, rechts u. links od. vorn u. hinten spitz zulaufender Krempe.*

zwei|spra|chig ⟨Adj.⟩: **a)** *zwei Sprachen sprechend, verwendend; bilingual:* ein -es Gebiet *(Gebiet, in dem zwei Sprachen gesprochen werden);* das Kind wächst z. auf; **b)** *in zwei Sprachen [abgefasst]:* ein -es Wörterbuch; die Straßenschilder in Südtirol sind z.

Zwei|spra|chig|keit, die; -: *das Zweisprachigsein.*

zwei|spu|rig ⟨Adj.⟩: **1. a)** *zweigleisig* (a): eine -e Bahnstrecke; **b)** *(von Straßen) mit je zwei Fahrspuren für jede Richtung versehen.* **2.** *(von Fahrzeugen) mit je parallel im Abstand der Spurweite nebeneinander herlaufenden Rädern:* ein Pkw ist ein -es Fahrzeug.

Zwei|stär|ken|glas, das: *Bifokalglas.*

zwei|stel|lig ⟨Adj.⟩: vgl. achtstellig.

zwei|stim|mig ⟨Adj.⟩: vgl. dreistimmig.

zwei|stö|ckig ⟨Adj.⟩: vgl. achtstöckig.

zwei|strah|lig ⟨Adj.⟩: vgl. dreistrahlig.

Zwei|strom|land, das; -[e]s: Gebiet zwischen Euphrat u. Tigris; Mesopotamien.

zwei|stu|fig ⟨Adj.⟩: vgl. einstufig.

zwei|stün|dig ⟨Adj.⟩: vgl. achtstündig.

zwei|stünd|lich ⟨Adj.⟩: vgl. achtstündlich.

zweit: in der Fügung **zu z.** *(als Gruppe von zwei Personen):* wir sind zu z.

zweit... ⟨Ordinalz. zu ↑zwei⟩ (als Ziffer: 2.): dieser Ort ist ihre zweite Heimat; ein zweiter Mozart (ugs. übertreibend; *ein hervorragender Musiker*); eine Verbrennung zweiten *(mittleren)* Grades; [die] zweite Stimme singen; es ist heute schon das zweite Mal, dass ich ihn sehe; das wird mir nicht ein zweites Mal *(wird mir nie wieder)* passieren; der Zweite Weltkrieg; ⟨subst.:⟩ am Zweiten des Monats; er ging als Zweiter *(als Zweitplatzierter hinter dem Sieger)* aus dem Rennen hervor; der Zweite von hinten; bitte einmal Zweiter *(eine Fahrkarte zweiter Klasse)* nach München!

zwei|tä|gig ⟨Adj.⟩: vgl. achttägig: ein -er Kongress.

zwei|täg|lich ⟨Adj.⟩: vgl. achttäglich: das Schiff verkehrt z.

Zwei|tak|ter, der; -s, -: kurz für ↑Zweitaktmotor.

Zwei|takt|mo|tor, der (Kfz-T.): *Verbrennungsmotor mit zwei Arbeitsgängen (im ersten Einströmen u. Verdichten des Benzin-Luft-Gemischs, im zweiten Verbrennen u. Auspuffen).*

zweit|äl|test... ⟨Adj.⟩: *hinsichtlich des Alters an zweiter Stelle stehend:* die zweitälteste Einwohnerin.

zwei|tau|send ⟨Kardinalz.⟩ (in Ziffern: 2 000): vgl. tausend.

Zwei|tau|sen|der, der: vgl. Achttausender.

zwei|tau|send|fä|hig, ⟨Adj.⟩ (mit Ziffern: 2000-fähig) (EDV): *die technischen Voraussetzungen für die Umstellung auf die Datumsangabe 2000 erfüllend.*

zwei|tau|send|jäh|rig ⟨Adj.⟩: *2 000 Jahre dauernd, bestehend.*

Zweit|aus|fer|ti|gung, die: *zweite Ausfertigung;* [1]*Doppel* (1), *Duplikat.*

zweit|best... ⟨Adj.⟩: vgl. zweitältest...: der zweitbeste Schüler seiner Klasse.

Zweit|druck, der: vgl. Erstdruck.

zwei|tei|len ⟨sw. V.; hat⟩ (selten): *in zwei Teile teilen:* einen Apfel z.

Zwei|tei|ler, der (ugs.): **1.** *zweiteiliger Badeanzug.* **2.** *zweiteiliges Kleid.* **3.** *zweiteiliges Fernsehspiel o. Ä.*

zwei|tei|lig ⟨Adj.⟩: vgl. achtteilig.

Zwei|tei|lung, die: *Teilung in zwei Hälften, Abschnitte, Gruppen o. Ä.*

Zwei|te-Klas|se-Wa|gen: ↑Zweiter-Klasse-Wagen.

zwei|tens ⟨Adv.⟩ (als Ziffer: 2.): *an zweiter Stelle, als zweiter Punkt.*

Zwei|ter-Klas|se-Wa|gen, Zweite-Klasse-Wagen, der: *Eisenbahnwagen der zweiten Wagenklasse.*

Zweit|ge|rät, das: *zweites Gerät (z. B. Rundfunk-, Fernsehgerät o. Ä.) in einem Haushalt.*

zweit|größt... ⟨Adj.⟩: vgl. zweitältest...: die zweitgrößte Stadt Finnlands.

zweit|höchst... ⟨Adj.⟩: vgl. zweitältest...: der zweithöchste Berg.

Zweit|klass- (schweiz.): vgl. Erstklass-.

Zweit|kläs|ser, der; -s, - (bes. md.): vgl. Erstklässer.

Zweit|kläs|se|rin, die; -, -nen (bes. md.): w. Form zu ↑Zweitklässer.

zweit|klas|sig ⟨Adj.⟩ (abwertend): *von geringerem Ansehen, Ruf; nicht zur ersten Klasse, Garnitur gehörend:* ein -es Lokal.

Zweit|klas|sig|keit, die; - (abwertend): *das Zweitklassigsein.*

Zweit|klass|ler (österr.), **Zweit|kläss|ler** (südd., schweiz.), der: vgl. Erstklassler.

Zweit|klass|le|rin, die; -, -nen (österr.): w. Form zu ↑Zweitklassler.

Zweit|kläss|le|rin, die; -, -nen (südd., schweiz.): w. Form zu ↑Zweitklässler.

zweit|längst... ⟨Adj.⟩: vgl. zweitältest...: der zweitlängste Fluss Europas.

zweit|letzt... ⟨Adj.⟩: *an vorletzter Stelle [stehend].*

Zweit|li|gist, der: vgl. Erstligist.

zwei|tou|rig ⟨Adj.⟩: *jeweils zwei Umdrehungen (für jeden Arbeitsgang) machend:* eine -e Maschine.

Zweit|pla|cier|te (selten), **Zweit|plat|zier|te,** der u. die; -n, -n: vgl. Erstplatzierte.

Zweit|pla|zier|te: frühere Schreibung für Zweitplatzierte.

zweit|ran|gig ⟨Adj.⟩: **a)** *zweiten Ranges, nicht so dringlich, weniger wichtig:* ein -es Problem; eine -e Aufgabe; **b)** (abwertend) *zweitklassig.*

zweit|schlech|test... ⟨Adj.⟩: vgl. zweitältest...

Zweit|schlüs|sel, der: *zweiter Schlüssel zum Gebrauch neben dem Originalschlüssel.*

zweit|schönst... ⟨Adj.⟩: vgl. zweitältest...: der zweitschönste Rassehund.

Zweit|schrift, die: *Zweitausfertigung.*

Zweit|stim|me, die: *Stimme, die der Wähler bei den Wahlen zum Bundestag für die Landesliste einer Partei abgibt.*

Zweit|stu|di|um, das: *zweites Studium nach einem bereits abgeschlossenen Studium.*

zwei|tü|rig ⟨Adj.⟩: vgl. viertürig.

Zweit|wa|gen, der: *zweites, auf denselben Besitzer zugelassenes Auto.*

Zweit|woh|nung, die: *zweite Wohnung [für Wochenenden od. Urlaub].*

zwei|und|ein|halb ⟨Bruchz.⟩: vgl. achtundeinhalb.

Zwei|vier|tel|takt [...'fırt|...], der: vgl. Dreivierteltakt.

zwei|wer|tig: vgl. dreiwertig (1, 2).

zwei|wö|chent|lich ⟨Adj.⟩: vgl. achtwöchentlich.

zwei|wö|chig ⟨Adj.⟩: vgl. achtwöchig.

Zwei|zack, der; -s, -e: vgl. Dreizack.

zwei|za|ckig ⟨Adj.⟩: vgl. dreizackig.

zwei|ze|hig ⟨Adj.⟩: vgl. einzehig.

Zwei|zei|ler, der; -s, -: vgl. Vierzeiler.

zwei|zei|lig ⟨Adj.⟩: **1.** vgl. achtzeilig. **2.** *immer eine Zeile freilassend.*

Zwei|zim|mer|woh|nung, die: vgl. Dreizimmerwohnung.

zwei|zü|gig ⟨Adj.⟩: *zwei Züge* (14 b) *aufweisend, in zwei Abteilungen geteilt:* eine -e Schule.

Zwei|zy|lin|der, der (ugs.): vgl. Achtzylinder.

Zwei|zy|lin|der|mo|tor: vgl. Achtzylindermotor.

zwei|zy|lin|drig ⟨Adj.⟩: vgl. achtzylindrig.

zwerch ⟨Adv.⟩ [mhd. twerch, ahd. twerah, dwerah = schräg, verkehrt, quer, H. u., wahrsch. eigtl. = verdreht u. verw. mit ↑drechseln] (landsch.): *quer.*

Zwerch|fell, das: *aus Muskeln u. Sehnen bestehende Scheidewand zwischen Brust- u. Bauchhöhle (bei Menschen u. Säugetieren); Diaphragma* (1).

Zwerch|fell|at|mung, die ⟨o. Pl.⟩: *Atmung, die durch die Bewegung des Zwerchfells bestimmt wird.*

zwerch|fell|er|schüt|ternd ⟨Adj.⟩: **a)** *(vom Lachen) sehr heftig;* **b)** *zu heftigem Lachen reizend:* -e Komik.

Zwerg, der; -[e]s, -e [mhd., ahd. twerc, germ. Wort, H. u., viell. im Sinne von »Trugwesen«, verw. mit ↑trügen]: **1.** *(in Märchen u. Sagen auftretendes) kleines, meist hilfreiches Wesen in Menschengestalt (das man sich meist als kleines Männchen mit Bart u. [roter] Zipfelmütze vorstellt); Gnom* (a): Schneewittchen und die sieben -e. **2.** *kleinwüchsiger Mensch; Gnom* (b) (wird häufig als abwertend empfunden). **3.** (Astron.) *Zwergstern.*

Zwerg|baum, der (Bot.): *kleinwüchsiger Baum.*

Zwerg|be|trieb, der: *sehr kleiner Betrieb.*

Zwerg|da|ckel, der: *sehr kleiner Dackel.*

Zwer|gen|auf|stand, der (ugs.): *unnötige Aufregung, Empörung:* mach hier doch keinen Z.!

zwer|gen|haft, (seltener:) zwerghaft ⟨Adj.⟩: **1.** *auffallend klein[wüchsig]* (wird häufig als abwertend empfunden). **2.** *wie ein Zwerg* (1) *aussehend.*

Zwerg|form, die: *sehr kleine Spielart von etw. (bes. von Tieren od. Pflanzen).*

zwerg|haft: ↑zwergenhaft.

Zwerg|huhn, das: *sehr kleines, oft schön gefärbtes Haushuhn.*

Zwerg|hund, der: *Hund einer Zwerghundrasse.*

Zwerg|hund|ras|se, die: *Rasse sehr kleiner Hunde.*

Zwer|gin, die; -, -nen [mhd. twerginne, twergīn]: w. Form zu ↑Zwerg (1, 2).

Zwerg|kie|fer, die: *(in mittel- u. südeuropäischen Gebirgen vorkommende) kleinwüchsige, meist in die Breite wachsende Kiefer.*

Zwerg|obst, das: *Formobst* (1).

Zwerg|pin|scher, der: vgl. Zwergdackel.

Zwerg|pu|del, der: vgl. Zwergdackel.

Zwerg|schu|le, die: *Schule (bes. in ländlichen Gebieten), in der aufgrund geringer Schülerzahlen Schüler mehrerer Schuljahre in einem Klassenraum unterrichtet werden.*

Zwerg|staat, der: vgl. Kleinstaat.

Zwerg|stern, der (Astron.): *Fixstern mit geringem Durchmesser u. schwacher Leuchtkraft.*

Zwerg|strauch, der: vgl. Zwergbaum.

Zwerg|volk, das: *kleinwüchsiges Volk.*

Zwerg|wuchs, der: (Biol.) *(bei bestimmten Tier- u. Pflanzenrassen) Längenwachstum, das stark unter dem Durchschnitt liegt.*

zwerg|wüch|sig ⟨Adj.⟩ (veraltet): *kleinwüchsig* (wird häufig als abwertend empfunden).

Zwet|sche, die; -, -n [spätmhd. tzwetzschken, zwetsch(g)en, über das Roman.-Vlat. zu spätlat. damascena (Pl.) = Pflaumen aus Damaskus < griech. Damaskēnā = die damaskische (Frucht), als Heimat der Obstart galt schon in der Antike die Gegend von Damaskus in Syrien]: **1.** *der Pflaume ähnliche, länglich eiförmige, dunkelblaue Frucht des Zwetschenbaums mit gelbem, süß schmeckendem Fruchtfleisch u. länglichem Kern.* **2.** kurz für ↑Zwetschenbaum.

Zwet|schen|baum, der: *Obstbaum mit Zwetschen als Früchten.*

Zwet|schen|kern, der: *Kern* (1 a) *einer Zwetsche.*

Zwet|schen|ku|chen, der: vgl. Pflaumenkuchen.

Zwet|schen|mus, das: *aus Zwetschen hergestelltes Mus.*

Zwet|schen|schnaps, der: vgl. Pflaumenschnaps.

Zwet|schen|was|ser, das ⟨Pl. ...wässer⟩: *Zwetschenschnaps; Quetsch.*

Zwetsch|ge, die; -, -n (südd., schweiz. u. Fachspr.): *Zwetsche* (1, 2): * **seine sieben -n [ein]packen** (ugs.; *seine Habseligkeiten einpacken [u. sich entfernen]*).

Zwetsch|gen|baum usw. (südd., schweiz. u. Fachspr.): ↑Zwetschenbaum usw.

Zwetsch|ke, die; -, -n (österr.): *Zwetsche* (1, 2).

Zwetsch|ken|baum usw. (österr.): ↑Zwetschenbaum usw.

Zwetsch|ken|knö|del, der (österr.): *Knödel aus Kartoffelteig mit einer Zwetsche in der Mitte.*

Zwi|cke, die; -, -n [1: zu ↑zwicken; 2: Nebenf. von ↑Zwecke; 3: H. u.; wohl zu mhd., ahd. zwi- (in Zus.) = zwei-]: **1.** (landsch.) *Beißzange* (1). **2.** (veraltet) *Zwecke.* **3.** (Biol.) *als Zwilling mit einem männlichen Tier geborenes fortpflanzungsunfähiges Kuhkalb od. weibliches Ziegenlamm.*

Zwi|ckel, der; -s, - [1: mhd. zwickel, verw. mit ↑Zweck od. zwicken, eigtl. = keilförmiges Stück; 3: vgl. verzwickt; 4: wohl urspr. gaunerspr., zu mhd., ahd. zwi- (in Zus.) = zwei-]: **1.** *keilförmiger Einsatz an Kleidungsstücken:* eine Strumpfhose mit Z. **2.** (Archit.) **a)** *Teil des Gewölbes, der den Übergang von einem mehreckigen Grundriss zu einer Kuppel bildet* (z. B. Pendentif, Trompe); **b)** *Wandfläche zwischen zwei Bogen einer Arkade.* **3.** (landsch.) *sonderbarer, schrulliger Mensch:* ein komischer Z.

zwi|cken ⟨sw. V.; hat⟩ [mhd., ahd. zwicken, wohl Intensivbildung zu ahd. zwīgōn = ausreißen, rupfen, pflücken, zu: zwīg = Zweig, in mhd. Zeit Anlehnung an mhd. zwec (↑Zweck) u. im Sinne von »mit Nägeln befestigen, einklemmen« gebr.]: **1.** (bes. südd., österr.) *[leicht] kneifen* (1): jmdm./jmdn. in die Wange z. **2.** (bes. südd., österr.) **a)** *[leicht] kneifen* (2 a): die Hose zwickt am Bund; **b)** *[leicht] kneifen* (2 b): sein Ischias zwickt ihn; nun zwickt sein/zwickt ihn der Bauch; als er älter wurde, begann es ihn überall zu z. und zu zwacken *(bekam er alle möglichen kleineren Beschwerden);* Ü ihr Gewissen zwickt sie. **3.** (österr.) *(einen Fahrschein) lochen, entwerten.* **4.** (bes. österr.) *(mit einer Klammer) befestigen:* die Socken auf die Leine z.

Zwi|cker, der; -s, - [2: H. u., heute verstanden als »sehr trockener Wein, der zwickt«]: **1.** (bes. südd., österr.) *Kneifer.* **2.** *elsässischer Weißwein, der ein Verschnitt aus weniger guten Trauben ist.*

Zwick|müh|le, die; -, -n [zu mhd., ahd. zwi- (in Zus.) = zwei-, also eigtl. = Zweimühle, Zwiemühle, nach der Möglichkeit im Mühlespiel, durch den gleichen Zug eine Mühle zu öffnen u. eine zweite zu schließen]: **1.** *Stellung der Steine im Mühlespiel, bei der man durch Hin- u. Herschieben eines Steines jeweils eine neue Mühle hat.* **2.** (ugs.) *schwierige, verzwickte Lage, aus der es keinen Ausweg zu geben scheint:* in einer Z. sein, sitzen, stecken.

Zwie|back, der; -[e]s, ...bäcke u. -e [zu mhd., ahd. zwi- (in Zus.) = zwei-, eigtl. = zweimal Gebackenes, LÜ von ital. biscotto (↑Biskotte) od. frz. biscuit (↑Biskuit)]: *Gebäck in Gestalt einer dickeren Schnitte, das nach dem Backen geröstet wird, wodurch es knusprig hart u. haltbar wird.*

Zwie|bel, die; -, -n [mhd. zwibel, zwibolle, ahd. zwibollo, cipolle, über das Roman. < (spät)lat. cepul(l)a, Vkl. von lat. cepa = Zwiebel]: **1. a)** *knollenförmiger, der Speicherung von Nährstoffen dienender, meist unterirdisch wachsender Spross der Zwiebelpflanzen mit dünner, trockener [schuppiger] Schale, mit aus konzentrisch angeordneten dicken, fleischigen, meist weißen Blättern bestehendem Innerem, Wurzeln an der Unterseite u. dicklichen, oft röhrenförmigen Blättern an der Oberseite:* die -n der Tulpen; **b)** *Zwiebelpflanze, deren Spross die Zwiebel* (1 c) *ist:* ein Beet mit -n; **c)** *(als Gewürz u. Gemüse verwendete) Zwiebel* (1 a) *mit meist hellbrauner, dünner Schale u. aromatisch riechendem, scharf schmeckendem Inneren:* eine Z. in Ringe schneiden. **2.** *Zwiebeldach.* **3.** (ugs. scherzh.) *[Taschen]uhr.* **4.** (ugs. scherzh.) *kleiner, fester Haarknoten.*

Zwie|bel|dach, das: *Dach bes. eines [Kirch]turms, das in der Form einer Zwiebel ähnelt.*

zwie|bel|för|mig ⟨Adj.⟩: *in der Form einer Zwiebel ähnlich.*

Zwie|bel|hau|be, die (Archit.): *zwiebelförmige kleine Kuppel als Abschluss eines [Kirch]turms.*

Zwie|bel|ku|chen, der: *Kuchen aus Hefeteig mit einem Belag aus Zwiebeln, Speck [saurer Sahne u. Eiern].*

Zwie|bel|mus|ter, das: *blaues Dekor auf Porzellan, das stilisierte Pflanzen darstellt.*

zwie|beln ⟨sw. V.; hat⟩ [H. u., viell. nach der Vorstellung, dass man jmdm. wie einer Zwiebel nach u. nach die Häute abzieht od. ihn wie beim Zwiebelschälen zum Weinen bringt] (ugs.): *jmdm. hartnäckig [mit etw.] zusetzen; schikanieren:* der Lehrer zwiebelt die Schüler.

Zwie|bel|pflan|ze, die (Bot.): *Pflanze, die zur Speicherung von Nährstoffen einen knollenförmigen Spross ausbildet.*

Zwie|bel|ring, der: *Ring, der sich beim Querschneiden einer Zwiebel* (1 c) *ergibt.*

Zwie|bel|scha|le, die: *Schale einer Zwiebel.*

Zwie|bel|schei|be, die: vgl. Zwiebelring.

Zwie|bel|sup|pe, die: *aus Fleischbrühe mit Zwiebeln* (1 c) *hergestellte Suppe [die mit Toast u. Käse überbacken serviert wird].*

Zwie|bel|turm, der: *[Kirch]turm mit einer Zwiebelhaube.*

zwie|fach ⟨Vervielfältigungsz.⟩ [mhd. zwivach] (geh. veraltend): *zweifach.*

zwie|fäl|tig ⟨Adj.⟩ [mhd. zwivaltic] (geh. veraltend): *zweifach.*

zwie|ge|schlecht|lich ⟨Adj.⟩: *auf beide Geschlechter gerichtet, beide Geschlechter betreffend.*

Zwie|ge|spräch, das; -[e]s, -e (geh.): *[vertrauliches] Gespräch, Gedankenaustausch zwischen zwei Personen:* sie führten lange -e.

Zwie|laut, der; -[e]s, -e (Sprachw.): *Diphthong.*

Zwie|licht, das; -[e]s [aus dem Niederd. < mniederd. twēlicht, eigtl. = halbes, gespaltenes Licht]: **1. a)** *Dämmerlicht (in dem die Umrisse von etw. Entfernterem nicht mehr genau zu erkennen sind);* **b)** *Licht, das durch Mischung von natürlichem dämmrigem u. künstlichem Licht entsteht:* im, bei Z. zu lesen ist schlecht für die Augen. **2.** * **ins Z. geraten** *(in eine undurchsichtig-fragwürdige Situation geraten);* **jmdn. ins Z. bringen** *(jmdn. in eine undurchsichtig-fragwürdige Situation bringen).*

zwie|lich|tig ⟨Adj.⟩: *undurchsichtig* (2) *u. daher suspekt:* ein -er Geschäftemacher.

Zwie|spalt, der; -[e]s, -e u. ...spälte ⟨Pl. selten⟩ [rückgeb. aus ↑zwiespältig]: **a)** *inneres Uneinssein; Unfähigkeit, sich für eine von zwei Möglichkeiten zu entschließen, ihr den Vorrang zu geben:* der Z. zwischen Gefühl und Vernunft; in einen Z. geraten; er befand sich in einem inneren Z.; **b)** (seltener) *Uneinigkeit:* ein Z. innerhalb der Partei.

zwie|späl|tig ⟨Adj.⟩ [spätmhd. zwispeltic, ahd. zwispaltig, eigtl. = in zwei Teile gespalten]: *in sich uneins; widersprüchlich, kontrovers:* -e Gefühle; er ist ein -er Charakter.

Zwie|spra|che, die; -, -en ⟨Pl. selten⟩ (geh.): *das Sichaussprechen mit einem [imaginären] Partner:* Z. mit dem Toten halten.

Zwie|tracht, die; - [mhd. zwitraht < mniederd. twidracht, zu: twēdrāgen = sich entzweien, Gegenwort zu ↑Eintracht] (geh.): *Zustand der Uneinigkeit, des Unfriedens; Streit; starke Disharmonie:* Z. stiften, säen; unter/zwischen ihnen war, herrschte Z.

Zwilch, der; -[e]s, -e: *Zwillich.*

Zwil|lich, der; -s, (Sorten:) -e [mhd. zwil(i)ch, subst. aus: zwil(i)ch = zweifädig (in Anlehnung an lat. bilix = zweifädig, zu: licium = Faden), ahd. zwilīh = zweifach, zu mhd., ahd. zwi- = zwei-]: *dichtes, strapazierfähiges Gewebe (bes. aus Leinen), das bes. für Arbeitskleidung, Handtücher verwendet wird.*

Zwil|ling, der; -s, -e [mhd. zwillinc, zwinlinc, zwinelinc, ahd. zwiniling, zu ahd. zwinal = doppelt, zu ↑zwei, also eigtl. = Zweiling]: **1.** *eines von zwei gleichzeitig ausgetragenen Kindern:* eineiige, zweieiige -e; sie ist ein Z.; die beiden sind -e; * **siamesische -e** *([meist an der Brust od. am Rücken, auch an den Köpfen] miteinander verwachsene eineiige Zwillinge;* nach den Zwillingsbrüdern Chang u. Eng [1811 bis 1874] aus Siam, heute Thailand). **2.** (Astrol.) **a)** ⟨Pl.⟩ *Tierkreiszeichen für die Zeit vom 21. 5. bis 21. 6.:* im Zeichen -e, der -e geboren sein; **b)** *jmd., der im Zeichen Zwillinge* (2 a) *geboren ist:* sie ist -e, ein Z. **3.** ⟨Pl.⟩ Sternbild am nördlichen Sternenhimmel. **4. a)** *Geschütz mit zwei gekoppelten, gleichzeitig feuernden Rohren;* **b)** *Doppelbüchse; -flinte.*

Zwil|lings|bru|der, der: vgl. Zwillingsgeschwister: die beiden sind Zwillingsbrüder.

Zwil|lings|ge|schwis|ter ⟨Pl.⟩: *Geschwister, die als Zwillinge geboren wurden.*

Zwil|lings|paar, das: *verschiedengeschlechtliche Zwillinge.*

Zwil|lings|schwes|ter, die: vgl. Zwillingsgeschwister.

Zwing|burg, die; -, -en: *große, oft stark befestigte Burg im MA., von der aus das umliegende Land beherrscht, seine Bewohner zur Anerkennung der Herrschaft des Grundherrn gezwungen werden konnten.*

Zwin|ge, die; -, -n (Technik): **1.** *Werkzeug mit verstellbaren* [1]*Backen* (2) *zum Einspannen, Zusammenhalten, Zusammenpressen von Werkstücken o. Ä.* **2.** *ring- od. zylinderförmige Vorrichtung zum Zusammenhalten, Befestigen stark beanspruchter [hölzerner] Teile an etw. (z. B. am Griff eines Werkzeugs, am unteren Ende eines Krückstocks o. Ä.).*

zwin|gen ⟨st. V.; hat⟩ [mhd. zwingen, twingen, dwingen, ahd. twingen, dwingan, eigtl. = zusammendrücken, -pressen, einengen]: **1. a)** *durch Drohung, Anwendung von Gewalt o. Ä. dazu veranlassen, etw. zu tun; zu etw. bringen; nötigen:* jmdn. z., etw. zu tun; jmdn. zu einem Geständnis, zum Rücktritt z.; das Flugzeug wurde zum Landen gezwungen; du musst nicht gehen, es zwingt dich niemand; **b)** ⟨z. + sich⟩ *sich mit großer Selbstüberwindung dazu bringen, etw. zu tun; sich sehr zu etw. überwinden:* du musst dich z., etwas mehr zu essen; er zwang sich zu einem Lächeln, zur Ruhe. **2.** *ein bestimmtes Verhalten, Handeln notwendig, unbedingt erforderlich machen, notwendigerweise herbeiführen:* die Situation zwang uns, rasch zu handeln, zwang uns zur Eile; wir sind gezwungen, das Geschäft aufzugeben; wir sehen uns gezwungen, gerichtlich vorzugehen; ich sehe mich zu diesen Maßnahmen gezwungen; ⟨häufig im 1. Part.:⟩ diese Gründe sind nicht, sind durchaus zwingend *(sehr überzeugend, stichhaltig);* es besteht dazu eine zwingende *(unbedingte, unerlässliche)* Notwendigkeit; eine Aussage von zwingender *(unwiderlegbarer, schlagender, stringenter)* Logik. **3.** (geh.) *mit Gewalt veranlassen, an einen bestimmten Ort zu gehen; gewaltsam bewirken, sich an eine bestimmte Stelle, in eine bestimmte Lage zu begeben:* er zwang den Gefesselten auf einen Stuhl, zu Boden; sie zwangen die Gefangenen in einen engen Raum. **4.** (landsch.) *bewältigen, meistern* (a), *schaffen* (4 a): er wird diese Arbeit schon z.

Zwin|ger, der; -s, - [1: mhd. twingære = Bedränger, Zwingherr; (befestigter) Raum zwischen (Stadt)mauer u. Graben]: **1. a)** kurz für ↑Hundezwinger; **b)** (seltener) *Raubtierkäfig.* **2.** *Betrieb für die Zucht von Rassehunden.*

zwin|ken ⟨sw. V.; hat⟩ (veraltet): *zwinkern.*

zwin|kern ⟨sw. V.; hat⟩ [Iterativbildung zu mhd. zwinken = blinzeln]: *die Augenlider, oft mit einer bestimmten Absicht, um jmdm. ein Zeichen zu geben o. Ä., rasch auf u. ab bewegen, [wiederholt] zusammenkneifen u. wieder öffnen:* nervös, viel sagend, vertraulich [mit den Augen] z.

zwir|beln ⟨sw. V.; hat⟩ [mhd. zwirbeln, Iterativbildung zu: zwirben = (herum)drehen, wirbeln, viell. Vermischung von: zirben = (herum)drehen u. wirbeln, ↑Wirbel]: *mit den Fingerspitzen [schnell] zwischen zwei od. drei Fingern drehen:* einen Faden z.; seinen Schnurrbart z.

Zwirn, der; -[e]s, (Sorten:) -e [mhd. zwirn, eigtl. = Doppelter (= zweifacher Faden), zu ↑zwei]: **1.** *aus unterschiedlichen Fasern, bes. aus Baumwolle od. auch Flachs bestehendes, meist sehr reißfestes Garn, das aus zwei od. mehreren Fäden zusammengedreht ist u. bes. zum Nähen verwendet wird:* weißer, fester Z.; drei Rollen Z. kaufen. **2.** *Gewebe aus Zwirn* (1).

[1]**zwir|nen** ⟨sw. V.; hat⟩ [mhd. zwirnen; ahd. gezwirnōt = gezwirnt]: *durch Zusammendrehen zu Zwirn verarbeiten:* Seide[nfäden] z.; ein Gewebe aus gezwirntem Material.

[2]**zwir|nen** ⟨Adj.⟩: *aus Zwirn, gezwirntem Material bestehend:* ein -es Gewebe.

Zwirns|fa|den, der: *Faden vom Zwirn:* ein langer, weißer Z.; * **an einem Z. hängen** (↑Faden 1).

zwi|schen [mhd. zwischen, verkürzt aus mhd. in zwischen, enzwischen, ahd. in zuisken, ↑inzwischen; eigtl. Dativ Pl. von mhd. zwisc, ahd. zuiski = zweifach, je zwei]: **I.** ⟨Präp. mit Dativ u. Akk.⟩ **1.** (räumlich) ⟨mit Dativ⟩ **a)** kennzeichnet das Vorhandensein von jmdm., einer Sache innerhalb eines durch zwei Begrenzungen markierten Raumes: er steht dort z. seinem Vater und seinem Bruder; sie hält eine Zigarette z. den Fingern; **b)** kennzeichnet eine Erstreckung von etw. innerhalb von zwei begrenzenden Punkten: der Abstand z. den Häusern, den Punkten A und B; **c)** kennzeichnet das Vorhandensein inmitten einer Anzahl, Menge o. Ä.; *mitten in; mitten unter:* der Brief lag z. alten Papieren; er saß z. lauter fremden Leuten. **2.** (räumlich) ⟨mit

Akk.⟩ **a)** kennzeichnet die Hinbewegung auf einen Bereich etwa in der Mitte eines durch zwei Begrenzungen markierten Raumes; *etwa in der Mitte von:* er stellt das Auto z. zwei Straßenbäume; **b)** kennzeichnet die Hinbewegung auf einen Bereich, eine Stelle inmitten einer Anzahl, Menge o. Ä.; *mitten in; mitten unter:* er setzt sich z. seine Gäste; den Brief z. alte Papiere legen. **3.** (zeitlich) ⟨mit Dativ od. Akk.⟩ kennzeichnet einen Zeitpunkt etwa in der Mitte von zwei zeitlichen Begrenzungen: z. dem 1. und 15. Januar; z. acht und neun Uhr; sein Geburtstag fällt z. das Weihnachtsfest und Neujahr. **4.** ⟨mit Dativ⟩ **a)** kennzeichnet eine Wechselbeziehung: eine Diskussion z. *(unter)* den Teilnehmern; die Freundschaft z. zwei Menschen wie dir und mir; es ist aus z. ihnen (ugs.; *ihre Freundschaft, Beziehung ist zerbrochen*); es entstand ein heftiger Streit z. *(unter)* den Parteien; **b)** kennzeichnet eine Beziehung, in die Unterschiedliches zueinander gesetzt wird: das Verhältnis z. Theorie und Praxis; z. Wein und Wein ist ein großer Unterschied (ugs.; *nicht alle Weine sind von gleicher Qualität*); **c)** kennzeichnet eine Mittelstellung od. -stufe (innerhalb einer [Wert]skala o. Ä.): eine Farbe z. Grau und Blau. **II.** ⟨Adv.⟩ **1.** kennzeichnet bei Maß- u. Mengenangaben einen Wert innerhalb der angegebenen Grenzwerte: die Bäume sind z. 15 und 20 Meter hoch; der Preis liegt z. 80 und 100 Mark. **2.** (ugs., bes. nordd.) als abgetrennter Teil von den Adverbien »dazwischen, wozwischen«: das darf da nicht z. sein.

Zwị|schen|ab|rech|nung, die: *vorläufige Abrechnung.*

Zwị|schen|akt, der (früher): *(im Theater) Zeitspanne zwischen zwei Akten einer Aufführung, die mit etw. (z. B. Musik, Ballett) ausgefüllt wurde.*

Zwị|schen|ap|plaus, der: *spontaner Applaus während einer Darbietung od. einer Rede.*

Zwị|schen|auf|ent|halt, der: *kürzerer Aufenthalt* (1) *während einer Reise.*

Zwị|schen|be|mer|kung, die: *Bemerkung, Einwurf, mit dem jmd. die Rede, den Vortrag o. Ä. eines anderen unterbricht od. stört.*

Zwị|schen|be|richt, der: vgl. Zwischenabrechnung.

Zwị|schen|be|scheid, der: vgl. Zwischenabrechnung.

zwị|schen|be|trieb|lich ⟨Adj.⟩: *zwischen einzelnen Betrieben, Unternehmen stattfindend:* -e Vereinbarungen.

Zwị|schen|bi|lanz, die: vgl. Zwischenabrechnung.

Zwị|schen|blu|tung, die: *zwischen zwei Menstruationsblutungen auftretende Blutung.*

Zwị|schen|deck, das: **a)** *zwischen Hauptdeck u. Boden eines großen Schiffes gelegenes Deck;* **b)** (früher) *zum Laderaum gehörender Raum unter Deck als Massenquartier für Auswanderer.*

Zwị|schen|de|cke, die (Bauw.): *[zur Verminderung der Raumhöhe] zusätzlich eingezogene Decke zwischen zwei Stockwerken.*

Zwị|schen|ding, das (ugs.): *Mittelding.*

zwi|schen|drei̱n ⟨Adv.⟩: **a)** (räumlich) *zwischen anderes, andere Genannte; dazwischen* (1 b): auf dem Tisch lag ein Stapel Bücher, er legte seines z.; **b)** (zeitlich) *zwischendurch* (1 a).

zwi|schen|drịn ⟨Adv.⟩: **a)** (räumlich) *zwischen anderem, anderen Genannten; dazwischen* (1 a); **b)** (zeitlich) (ugs.) *(in einer kurzen Pause) während eines anderen Vorgangs; zwischendurch* (1 c): etw. z. erledigen.

zwi|schen|dụrch ⟨Adv.⟩: **1.** (zeitlich) **a)** *in Abständen, von Zeit zu Zeit (während eines gleichzeitigen anderen Vorgangs o. Ä.):* sie las und sah z. nach dem Baby; **b)** *in der Zwischenzeit:* er hatte z. mehrmals die Stellung gewechselt; **c)** *innerhalb von, zwischen zwei zeitlichen Markierungen o. Ä.:* du darfst nicht so viel z. essen. **2.** (räumlich) *vereinzelt hier u. da (zwischen anderem Vorhandenen o. Ä.):* ein Parkplatz voller Autos und z. ein paar Motorräder. **3.** *zwischen etw. hindurch:* z. fallen; z. verlaufen.

Zwị|schen|eis|zeit, die (Geol.): *Zeitraum zwischen zwei Eiszeiten; Interglazial.*

zwị|schen|eis|zeit|lich ⟨Adj.⟩ (Geol.): *zwischen zwei Eiszeiten [liegend, geschehend]; interglazial.*

Zwị|schen|er|geb|nis, das: vgl. Zwischenabrechnung.

Zwị|schen|exa|men, das: vgl. Zwischenprüfung.

Zwị|schen|fall, der: **a)** *unerwartet eintretendes (häufig unangenehm berührendes, peinliches) Vorkommnis, das den Ablauf der Ereignisse unterbricht:* ein peinlicher, bedauerlicher, lustiger Z.; es kam zu einem Z.; die Reise, Veranstaltung verlief ohne Zwischenfälle; **b)** ⟨Pl.⟩ *Unruhen, Tumulte:* es kam zu blutigen, schweren Zwischenfällen.

zwị|schen|fi|nan|zie|ren ⟨sw. V.; hat; meist im Inf. u. Part. gebr.⟩ (Bankw.): *eine Zwischenfinanzierung vornehmen:* einen Bausparvertrag z.

Zwị|schen|fi|nan|zie|rung, die (Bankw.): *kurzfristiges Überbrücken eines zugesagten, aber noch nicht verfügbaren Kredits durch einen kurzfristigen Kredit.*

Zwị|schen|fra|ge, die: vgl. Zwischenbemerkung.

Zwị|schen|fut|ter, das (Schneiderei): *(bei Oberbekleidung) zwischen Stoff u. eigentlichem Futter eingearbeitetes festes Gewebe zur Erhöhung der Formbeständigkeit.*

Zwị|schen|ge|richt, das (Kochk.): *kleineres Gericht, das bei einem großen Menü zwischen zwei Hauptgängen gereicht wird:* Artischocken als Z. servieren.

Zwị|schen|ge|schoss, das: *im Verhältnis zu den übrigen Geschossen eines Hauses niedrigeres Geschoss; Halbgeschoss.*

Zwị|schen|glied, das: vgl. Bindeglied.

Zwị|schen|grö|ße, die: *(in Bezug auf Konfektionskleidung u. Schuhe) zwischen den genormten Größen liegende Größe:* das Geschäft führt auch -en.

Zwị|schen|halt, der (schweiz.): *Zwischenaufenthalt.*

Zwị|schen|han|del, der: *Großhandel, der Halbfabrikate kauft u. verkauft; Transithandel.*

Zwị|schen|händ|ler, der: *Händler für den Zwischenhandel.*

Zwị|schen|händ|le|rin, die: w. Form zu ↑Zwischenhändler.

zwi|schen|hi|nei̱n ⟨Adv.⟩ (schweiz., sonst veraltet): *zwischendurch.*

Zwị|schen|hirn, das (Anat.): *Teil des Gehirns bei Mensch u. Wirbeltier, der Thalamus, Hypophyse u. Zirbeldrüse umfasst.*

Zwị|schen|hoch, das (Met.): *zwischen zwei Tiefdruckgebieten für kurze Zeit wirksam werdendes Hochdruckgebiet.*

Zwị|schen|la|ger, das: *Lager, in dem etw. zwischengelagert wird.*

zwị|schen|la|gern ⟨sw. V.; hat; meist im Inf. u. Part. gebr.⟩: *an einem bestimmten Ort vorübergehend lagern* (3 b): radioaktive Abfälle z.

zwị|schen|lan|den ⟨sw. V.; ist; meist im Inf. u. Part. gebr.⟩: *eine Zwischenlandung vornehmen.*

Zwị|schen|lan|dung, die: *auf dem Flug auf ein Ziel hin als Unterbrechung eingelegte Landung eines Flugzeugs auf einem Flugplatz.*

Zwị|schen|lauf, der (Leichtathletik): *Lauf um die Qualifikation für den Endlauf:* im Z. ausscheiden.

Zwị|schen|lö|sung, die: *Lösung* (1 a) *für etw., die noch nicht als endgültig gelten kann od. soll.*

Zwị|schen|mahl|zeit, die: *kleinere Mahlzeit, Imbiss zwischen den Hauptmahlzeiten.*

zwị|schen|mensch|lich ⟨Adj.⟩: *die Beziehungen zwischen Menschen betreffend:* der -e Bereich; -e Beziehungen.

Zwị|schen|mu|sik, die: *Musik, mit der eine Pause überbrückt od. ausgefüllt wird.*

Zwị|schen|pau|se, die: *kleine Pause.*

Zwị|schen|pro|dukt, das (Wirtsch.): *aus chemischen Rohstoffen gewonnenes Erzeugnis, das zur Herstellung von Fertigprodukten dient.*

Zwị|schen|prü|fung, die: *Prüfung während der Ausbildungszeit, des Studiums.*

Zwị|schen|raum, der: **1.** *freier Raum bes. zwischen zwei Dingen (der Spielraum zwischen etw. bzw. Lücke in einem eigentlich zusammenhängenden Ganzen sein kann):* einen Meter, eine Zeile Z. lassen; Zwischenräume zwischen den Zähnen, zwischen Möbeln; der Z. *(Abstand)* zwischen den beiden Läufern verringert sich immer mehr. **2.** *zeitlicher Abstand, der zwischen Vorgängen, Tätigkeiten o. Ä. liegt:* die Zwischenräume zwischen den Ereignissen; in kurzen Zwischenräumen *(Intervallen).*

Zwị|schen|rech|nung, die: *vorläufige [Hoch]rechnung.*

zwi|schen|rei̱n ⟨Adv.⟩ (ugs.): *zwischendurch.*

Zwị|schen|ruf, der: vgl. Zwischenbemerkung.

Zwị|schen|run|de, die (Sport): *Wettkampf, der zwischen Vorrunde u. Endrunde absolviert wird.*

Zwị|schen|sai|son, die: *zwischen Vor- u. Hauptsaison liegender Zeitraum.*

Zwị|schen|satz, der: **1.** (Sprachw.) *in einen Satz* (1) *eingeschalteter Satz.* **2.** (Musik) *zwischen zwei Sätze* (4 b) *eingeschalteter kleinerer Satz.*

zwị|schen|schal|ten ⟨sw. V.; hat; meist im Inf. u. Part. gebr.⟩: *dazwischenschalten:* einen zusätzlichen Kontrollgang z.

Zwị|schen|schal|tung, die: *das Zwischenschalten.*

Zwị|schen|schein, der (Wirtsch.): *Interimsschein.*

Zwị|schen|schicht, die: *etw., was sich als Schicht* (1) *zwischen etw. anderem befindet.*

Zwị|schen|spiel, das: **1.** (Musik) **a)** *(in einem Musikstück) von einem Hauptteil zum anderen überleitender Abschnitt;* **b)** *instrumentale Überleitung zwischen Strophen eines Liedes, Chorals;* **c)** *in den Zwischenakten dargebotene Bühnenmusik; Entreakt.* **2.** (Literaturw.) *zwischen die Akte eines Dramas eingeschobenes, selbstständiges, kleines Spiel; Episode; Intermezzo.*

Zwị|schen|spurt, der (bes. Leichtathletik): *Steigerung des Tempos über eine kürzere Strecke innerhalb eines Laufwettbewerbs:* einen Z. einlegen; zu einem Z. ansetzen.

zwị|schen|staat|lich ⟨Adj.⟩: *zwischen einzelnen Staaten stattfindend o. Ä.; international:* -e Beziehungen.

Zwị|schen|sta|di|um, das: *Entwicklungsstadium zwischen Anfangs- u. Endstadium.*

Zwị|schen|sta|ti|on, die: **1.** *Zwischenaufenthalt:* irgendwo kurz Z. machen. **2.** *Ort, an dem jmd. Zwischenstation* (1) *macht:* Köln war die erste Z. unserer Reise.

Zwị|schen|stopp, der: *Zwischenaufenthalt.*

Zwị|schen|stück, das: **1.** *Verbindungsstück zwischen Teilen.* **2.** *Zwischenspiel* (2).

Zwị|schen|stu|fe, die: vgl. Zwischenstadium.

Zwị|schen|text, der: *erläuternder Text, der Bilder, Szenen o. Ä. verbindet.*

Zwị|schen|ti|tel, der: **1.** (Film, Ferns.) *zwischen den einzelnen Szenen o. Ä. erscheinender erklärender Text in [Stumm]filmen.* **2.** (Druckw.) *auf einem besonderen Blatt gedruckte Kapitelzahl, -überschrift od. gliedernde Überschrift eines Buchabschnitts.*

Zwị|schen|tür, die: *Tür zwischen einzelnen Räumen o. Ä.*

Zwị|schen|ver|pfle|gung, die (schweiz.): *Vesper* (2).

Zwị|schen|wand, die: *nicht tragende Wand, Trennwand:* eine Z. einziehen.

Zwị|schen|wirt, der (Biol., Med.): *pflanzlicher, tierischer od. menschlicher Organismus, in dem sich ein Parasit für die Dauer einer bestimmten Entwicklungsphase aufhält.*

Zwị|schen|zäh|ler, der: *einem Zähler nachgeordneter Zähler, der nur für einen Teilbereich den Energieverbrauch misst.*

Zwị|schen|zeit, die: **1.** *Zeitraum zwischen zwei zeitlichen Markierungspunkten:* die Z., -en mit anderen Arbeiten ausfüllen; in der Z. *(inzwischen)* ist hier viel geschehen. **2.** (Sport) *für das*

Zurücklegen einer Teilstrecke gemessene Zeit: eine gute Z. haben.

zwi|schen|zeit|lich ⟨Adj.⟩ (bes. Amtsspr.): *in/während der inzwischen abgelaufenen Zeit; unterdessen:* die Sache hat sich z. erledigt.

Zwi|schen|zeug|nis, das: 1. *Schulzeugnis, das es zu einem bestimmten Zeitpunkt während des Schuljahrs gibt.* 2. *Zeugnis, das ein Arbeitnehmer vom Arbeitgeber verlangen kann, wenn er über die Beurteilung seiner Arbeit Kenntnis haben möchte.*

Zwi|schen|ziel, das: *vorläufiges Ziel, das jmd. ansteuert.*

Zwist, der; -[e]s, -e [aus dem Niederd. < mniederd. twist < mniederl. twist, eigtl. = Zweiteilung, Entzweiung; Trennung, verw. mit ↑zwei] (geh.): *durch erhebliche Uneinigkeit hervorgerufener Zustand des Zerwürfnisses, der Feindseligkeit; durch meist langwierige, oft mit Verbissenheit geführte Streitigkeiten charakterisierter Konflikt:* einen Z. mit jmdm. haben, austragen; in der Familie, zwischen den Brüdern hat es nie einen Z. gegeben; einen Z. beilegen, beenden; sie haben den alten Z. endgültig begraben; sie leben im/in Z. miteinander, sind in Z. geraten.

Zwis|tig|keit, die; -, -en ⟨meist Pl.⟩ (geh.): *meist mit Verbissenheit geführte Streitigkeit:* eheliche, familiäre -en; alle -en vergessen, beenden.

zwit|schern ⟨sw. V.; hat⟩ [verstärkende Form von mhd. zwitzern, ahd. zwizzirōn, urspr. lautm.]: a) *(von bestimmten Vögeln) eine Reihe rasch aufeinander folgender, hoher, oft hell schwirrender, aber meist nicht sehr lauter Töne von sich geben:* die Vögel zwitscherten und sangen; b) *zwitschernd* (a) *hören lassen, von sich geben:* ein Vogel zwitschert sein Lied; Ü sie zwitscherte, dass sie ihn liebe; c) * **einen z.** (ugs.; *etwas Alkoholisches trinken;* wohl nach dem Geräusch des Ausschlürfens des Schnapsglases od. des Reibens des Korkens am Flaschenhals als Aufforderung zum Trinken).

Zwit|ter, der; -s, - [mhd., ahd. zwitarn, 1. Bestandteil zu ↑zwei, 2. Bestandteil H. u., wohl eigtl. = zweierlei; zweifach(er Rasse od. Abstammung)]: *Hermaphrodit.*

Zwit|ter|bil|dung, die: *zwittrige, hermaphroditische Bildung.*

zwit|ter|haft ⟨Adj.⟩: *die Art eines Zwitters aufweisend, einem Zwitter ähnlich, wie ein Zwitter:* ein -es Wesen, Gebilde.

zwit|te|rig ⟨Adj.⟩: ↑zwittrig.

Zwit|ter|we|sen, das: 1. ⟨o. Pl.⟩ *Zwittrigkeit.* 2. vgl. Zwitterbildung.

zwitt|rig, zwitterig ⟨Adj.⟩: *die Merkmale eines Zwitters aufweisend; doppelgeschlechtig:* eine -e Pflanze.

Zwitt|rig|keit, die; -: *zwittriges Wesen, zwittrige Art.*

zwo ⟨Kardinalz.⟩ [mhd., ahd. zwō, zwā (w. Form von ↑zwei)] (ugs., häufig auch aus Gründen der Deutlichkeit, um eine akustische Verwechslung mit »drei« zu vermeiden): *zwei.*

zwölf ⟨Kardinalz.⟩ [mhd. zwelf, zwelif, ahd. zwelif, 1. Bestandteil zu ↑zwei, 2. Bestandteil zu einem germ. Wort mit der Bed. »Überbleibsel, Rest«, also = Zahl, die sich ergibt, wenn man zehn gezählt hat u. noch zwei übrig bleiben] (in Ziffern: 12): vgl. acht: die z. Apostel; die z. Monate des Jahres; z. Stück sind ein Dutzend; Ü Maßnahmen sollten nicht erst fünf vor z. *(wenn es fast schon zu spät ist)* ergriffen werden.

Zwölf, die; -, -en: a) *Ziffer 12:* eine Z. schreiben; b) (ugs.) *Wagen, Zug der Linie 12; vgl.* [1]*Acht.*

Zwölf|eck, das: vgl. Achteck.

zwölf|eckig ⟨Adj.⟩: vgl. achteckig.

zwölf|ein|halb ⟨Bruchz.⟩ (in Ziffern: $12^{1}/_{2}$): vgl. achteinhalb.

Zwölf|en|der, der; -s, -: 1. (Jägerspr.) vgl. Achtender. 2. (ugs. scherzh. veraltend): *Soldat mit einer Dienstzeit von zwölf Jahren.*

Zwöl|fer, der; -s, - (landsch.): *Zwölf.*

Zwöl|fer|kar|te, die: vgl. Zehnerkarte.

zwöl|fer|lei ⟨best. Gattungsz.; indekl.⟩ [↑-lei]: vgl. achterlei.

Zwöl|fer|pa|ckung, die: vgl. Zehnerpackung.

zwölf|fach ⟨Vervielfältigungsz.⟩ (mit Ziffern: 12fach): vgl. achtfach.

Zwölf|fa|che, das; -n ⟨Dekl. ↑[2]Junge, das⟩ (mit Ziffern: 12fache): vgl. Achtfache.

Zwölf|fin|ger|darm, der: *an den Magenausgang anschließender, hufeisenförmig gebogener Teil des Dünndarms.*

Zwölf|flach, das, **Zwölf|fläch|ner,** der (Geom.): *Dodekaeder.*

zwölf|hun|dert ⟨Kardinalz.⟩ (in Ziffern: 1 200): *eintausendzweihundert.*

zwölf|jäh|rig ⟨Adj.⟩ (mit Ziffern: 12-jährig): vgl. achtjährig.

Zwölf|jäh|ri|ge, der u. die; -n, -n ⟨Dekl. ↑Abgeordnete⟩ (mit Ziffern: 12-Jährige): vgl. Achtjährige.

zwölf|jähr|lich ⟨Adj.⟩: vgl. achtjährlich.

Zwölf|kampf, der (Sport): *Mehrkampf im Turnen für Männer, bei dem an sechs verschiedenen Geräten je eine Pflicht- u. eine Kürübung ausgeführt werden.*

zwölf|mal ⟨Wiederholungsz.; Adv.⟩ (mit Ziffern: 12-mal): vgl. achtmal.

zwölf|ma|lig ⟨Adj.⟩: vgl. achtmalig.

Zwölf|mei|len|zo|ne, die: *entlang der Küste verlaufender, 12 Seemeilen breiter Meeresstreifen, dessen äußerer Rand das Hoheitsgebiet bestimmter Küstenstaaten begrenzt.*

zwölft: in der Fügung **zu z.** *(mit zwölf Personen):* sie kommen zu z.

zwölft... ⟨Ordinalz. zu ↑zwölf⟩ [mhd. zwelft, ahd. zwelifto] (als Ziffer: 12.): vgl. acht...

zwölf|tel ⟨Bruchz.⟩ (als Ziffer: $\frac{1}{12}$): vgl. achtel.

Zwölf|tel, das, schweiz. meist: der; -s, - [mhd. zwelfteil]: vgl. Achtel (a).

zwölf|tens ⟨Adv.⟩ (als Ziffer: 12.): vgl. achtens.

Zwölf|ton|mu|sik, die ⟨o. Pl.⟩: *in einer Technik komponierte Musik, bei der Grundlage u. Ausgangspunkt eine Reihe ist, die die zwölf Töne des temperierten Systems je einmal enthält, wobei nur die Töne selbst zueinander (unabhängig von ihrer Lage in der Oktave) in Beziehung gesetzt werden.*

Zwölf|ton|ner, der: -s, -: vgl. Achttonner.

Zwölf|zy|lin|der, der (ugs.): vgl. Achtzylinder.

Zwölf|zy|lin|der|mo|tor, der: vgl. Achtzylindermotor.

zwölf|zy|lin|drig ⟨Adj.⟩: vgl. achtzylindrig.

zwot... ⟨Ordinalz. zu ↑zwo⟩ (ugs.): ↑zweit...

zwo|tens ⟨Adv.⟩ (ugs.): ↑zweitens.

z. Wv. = zur Wiedervorlage.

z. w. V. = zur weiteren Veranlassung.

Zy|an, (chem. Fachspr.:) Cyan, das; -s [zu griech. kýanos = Lapislazuli; blaue Farbe] (Chemie): *giftige Kohlenstoff-Stickstoff-Verbindung mit Bittermandelgeruch.*

Zy|a|nid, (chem. Fachspr.:) Cyanid, das; -s, -e (Chemie): *Salz der Blausäure.*

Zy|an|ka|li, (seltener:) **Zy|an|ka|li|um,** das; -s [aus ↑Zyan u. ↑Kalium]: *weißes, in Wasser leicht lösliches Kaliumsalz der Blausäure, das sehr giftig ist.*

Zy|go|te, die; -, -n [zu griech. zygōtós = durch ein Joch verbunden] (Biol.): *(bei der Befruchtung) aus der Verschmelzung der beiden Kerne der männlichen u. weiblichen Keimzelle entstehende [diploide] Zelle, aus der ein Lebewesen entsteht.*

zykl-, Zykl-: ↑zyklo-, Zyklo-.

Zy|kla|den: ↑Kykladen.

Zy|klen: Pl. von ↑Zyklus.

zy|klisch, (chem. fachspr. auch:) cyclisch [auch: ˈtsʏk...] ⟨Adj.⟩ [lat. cyclicus < griech. kyklikós]: 1. *einem Zyklus* (1) *entsprechend, in Zyklen sich vollziehend:* etw. läuft z. ab, verläuft z. 2. *einen Zyklus* (2) *bildend; auf einer bestimmten, sich aus dem Inhalt ergebenden Folge beruhend:* das Werk ist z. angelegt. 3. *kreis-, ringförmig:* -e Verbindungen (Chemie; *organische Verbindungen, in denen die Atome ringförmig geschlossene Gruppen bilden*). 4. *den Zyklus* (5) *betreffend, ihm entsprechend, auf ihm beruhend.*

zy|klo-, Zy|klo-, (vor Vokalen auch:) zykl-, Zykl- [lat. cyclus < griech. kýklos, ↑Zyklus] ⟨Best. in Zus. mit der Bed.⟩: *Kreis; kreisförmig* (z. B. zyklothym, Zykloide).

[1]Zy|klon, der; -s, -e [engl. cyclone, zu griech. kyklós, ↑Zyklus]: 1. (Met.) *heftiger Wirbelsturm in tropischen Gebieten.* 2. (Technik) *Gerät, mit dem durch die Wirkung von Zentrifugalkraft Teilchen fester Stoffe aus Gasen od. Flüssigkeiten abgeschieden werden.*

[2]Zy|klon®, das; -s (Chemie): *Blausäure enthaltendes, gasförmiges Gift.*

Zy|klo|ne, die; -, -n (Met.): *wanderndes Tiefdruckgebiet.*

Zy|klop, der; -en, -en [lat. Cyclops < griech. kýklōps, viell. zu: kýklos (↑Zyklus) u. ōps = Auge, also eigtl. = der Rundäugige] (griech. Myth.): *Riese mit nur einem, mitten auf der Stirn sitzenden Auge.*

zy|klo|pisch ⟨Adj.⟩: *von gewaltiger Größe; gigantisch:* eine -e Mauer.

Zy|klus [auch: ˈtsʏklʊs], der; -, Zyklen [lat. cyclus < griech. kýklos = Kreis(lauf), Ring, Rad; Auge]: 1. *kreisförmig in sich geschlossene Folge zusammengehöriger Vorgänge; Kreislauf regelmäßig wiederkehrender Dinge od. Ereignisse:* der Z. der Jahreszeiten; einem Z. unterliegen. 2. *Reihe, Folge inhaltlich zusammengehörender (literarischer, musikalischer, bildnerischer) Werke derselben Gattung, Folge von Vorträgen o. Ä.:* ein Z. von Geschichten, Liedern, Farblithographien. 3. (Med.) *periodische Regelblutung der Frau mit dem Intervall bis zum Einsetzen der jeweiligen nächsten Menstruation.* 4. (Math.) *Permutation* (2), *die bei zyklischer Vertauschung einer bestimmten Anzahl von Elementen entsteht.* 5. (Wirtsch.) *regelmäßig im Zeitablauf abwechselnd einem Maximum u. einem Minimum zustrebende Periode.*

Zy|lin|der [tsi..., seltener: tsy...], der; -s, - [lat. cylindrus < griech. kýlindros = Walze, Rolle, Zylinder, zu: kylíndein = rollen, wälzen]: 1. (Geom.) *geometrischer Körper, bei dem zwei parallele, ebene, kongruente, meist kreisrunde Grundflächen durch einen Mantel* (7) *miteinander verbunden sind.* 2. (Technik) *(bei Kolbenmaschinen) röhrenförmiger Hohlkörper, in dem sich gleitend ein Kolben bewegt:* einen Z. schleifen, der Motor hat vier Z. 3. *zylindrisches Glas einer Gas-, Petroleumlampe (zum Schutz der Flamme vor Luftzug).* 4. *(bei feierlichen Anlässen od. als Teil der traditionellen Berufskleidung getragener) hoher, steifer [Herren]hut, oft aus schwarzem Seidensamt, mit zylindrischem Kopf u. fester Krempe:* [bei Beerdigungen] einen Z. tragen; er erschien in Frack und Z. 5. (Med.) *walzenförmiger, im Harn auftretender Fremdkörper.* 6. (EDV) *Gesamtheit der Spuren* (4 b) *mit gleichem Radius bei Magnetplatten.*

Zy|lin|der|bü|ro, das: *Sekretär* (4) *mit einer aufrollbaren, einer Jalousie od. einem Rollladen ähnlichen Vorrichtung zum Verschließen.*

Zy|lin|der|glas, das: *zur Behebung des Astigmatismus nur in einer Richtung gekrümmtes Brillenglas.*

Zy|lin|der|hut, der: *Zylinder* (4).

-zy|lin|drig: in Zusb., z. B. zweizylindrig, vierzylindrig (mit Ziffer: 2-zylindrig, 4-zylindrig; *mit zwei, vier Zylindern versehen*).

zy|lin|drisch ⟨Adj.⟩: *die Form eines Zylinders* (1) *aufweisend:* ein -es Glas.

Zy|ma|se, die; - [frz. zymase, zu griech. zýmē, ↑Enzym]: *aus Hefe gewonnenes Gemisch von Enzymen, das die alkoholische Gärung verursacht.*

Zym|bal: ↑Zimbal.

Zy|mo|lo|gie, die; - [zu griech. zýmē (↑Enzym) u. ↑-logie]: *Wissenschaft von der Gärung, von den Enzymen.*

Zy|ni|ker, der; -s, - [zu ↑zynisch]: *zynischer Mensch; bissiger, die Wertgefühle anderer herabsetzender Spötter.*

Zy|ni|ke|rin, die; -, -nen: w. Form zu ↑Zyniker.

zy|nisch ⟨Adj.⟩ [(frz. cynique <) lat. cynicus < griech. kynikós = zur Philosophenschule der ↑Kyniker gehörend, eigtl. = hündisch, zu:

kýōn = Hund]: a) *auf grausame, den Anstand beleidigende Weise spöttisch:* ein -er Mensch, Charakter; eine -e Bemerkung; er wirkt kalt und z.; die Kriegserlebnisse hatten ihn z. gemacht; b) *eine gefühllose, mitleidlose, den Menschen verachtende Haltung zum Ausdruck bringend, die bes. in bestimmten Angelegenheiten, Situationen als konträr, paradox u. als jmds. Gefühle verachtend u. verletzend empfunden wird:* die -e Ausbeutung der Notlage eines andern.

Zy|nis|mus, der; -, ...men [urspr. Bez. für die Lebensphilosophie der ↑Kyniker; spätlat. cynismus < griech. kynismós = kynische Philosophie]: **1.** ⟨o. Pl.⟩ *zynische Art, Haltung:* jmds. Z. unerträglich finden. **2.** ⟨meist Pl.⟩ *zynische Bemerkung:* er ist bekannt für seine Zynismen. **3.** ⟨o. Pl.⟩ *Lebensanschauung der Kyniker.*

Zy|per|gras, das; -es [lat. cyperos < griech. kýpeiros, nach der Insel Zypern]: *(in den Tropen u. Subtropen verbreitetes) Riedgras.*

Zy|per|kat|ze, die; -, -n: *gestreifte Hauskatze.*

Zy|pern; -s: Inselstaat im Mittelmeer.

Zy|per|wein, der; -[e]s, -e: *zyprischer Wein.*

Zy|prer, der; -s, -: Ew.

Zy|pre|rin, die; -, -nen: w. Form zu ↑Zyprer.

Zy|pres|se, die; -, -n [mhd. zipresse(nboum), ahd. cipresenboum < lat. cupressus, cypressus < griech. kypárissos]: *(zu den Nadelgehölzen gehörender in warmen Regionen bes. des Mittelmeerraumes wachsender) Baum mit kleinen, schuppenförmigen Blättern, kleinen kugeligen Zapfen u. meist nach oben strebenden, eine dichte Pyramide bildenden Ästen.*

zy|pres|sen ⟨Adj.⟩ [mhd. zipressîn]: *aus Zypressenholz.*

Zy|pres|sen|holz, das: *Holz der Zypresse.*

Zy|pres|sen|kraut, das: *(im Mittelmeerraum heimische) aromatisch duftende, immergrüne Pflanze mit gefiederten, filzig behaarten Blättern u. gelben Blütenköpfchen.*

Zy|pres|sen|öl, das: *aus Nadeln u. Früchten einer bestimmten Zypressenart gewonnenes ätherisches Öl, das in der Parfümerie u. zum Inhalieren verwendet wird.*

Zy|pri|er, der; -s, -: *Zyprer.*

Zy|pri|e|rin, die; -, -nen: w. Form zu ↑Zyprier.

Zy|pri|ot, der; -en, -en: *Zyprer.*

Zy|pri|o|tin, die; -, -nen: w. Form zu ↑Zypriot.

zy|pri|o|tisch, zy|prisch ⟨Adj.⟩: *Zypern, die Zyprer betreffend; aus Zypern stammend.*

zy|ril|lisch: ↑kyrillisch.

zyst-, Zyst-: ↑zysto-, Zysto-.

Zys|te, die; -, -n [griech. kýstis = (Harn)blase]: **1.** (Med.) *krankhafter, mit Flüssigkeit gefüllter sackartiger Hohlraum im Gewebe:* sie hat -n in der Brust; eine Z. operativ entfernen. **2.** (Biol.) *von zahlreichen niederen Pflanzen u. Tieren gebildete feste Kapsel als Schutzvorrichtung zum Überdauern ungünstiger Lebensbedingungen.*

Zys|ten|lun|ge, die (Med.): *als angeborene Fehlbildung auftretende Lunge mit zahlreichen Hohlräumen.*

zys|tisch ⟨Adj.⟩ (Med.): **1.** *Zysten (1) bildend:* ein -er Tumor. **2.** *die Harnblase betreffend.*

zys|to-, Zys|to-, (vor Vokalen meist:) zyst-, Zyst- [griech. kýstis, ↑Zyste] ⟨Best. von Zus. mit der Bed.⟩: *Harnblase* (z. B. Zystektomie, Zystoskopie).

Zys|to|skop, das; -s, -e [zu griech. skopeîn = betrachten] (Med.): *Blasenspiegel.*

Zys|to|sko|pie, die; -, -n (Med.): *Blasenspiegelung.*

zy|to-, Zy|to- [zu griech. kýtos = Rundung, Wölbung] ⟨Best. in Zus. mit der Bed.⟩: *Zelle* (z. B. zytogen, Zytoplasma).

Zy|to|blast, der; -en, -en [zu griech. blastós = Keim]: (Med., Biol.) *Zellkern.*

Zy|to|de, die; -, -n [zu griech. -ṓdēs = ähnlich] (Biol.): *Zelle, Protoplasma ohne Kern.*

Zy|to|di|a|gnos|tik, die; -, -en (Med.): *mikroskopische Untersuchung von Geweben, Flüssigkeiten, Ausscheidungen des Körpers im Hinblick auf das Vorhandensein anomaler Zellen; Zelldiagnostik (z. B. zur Früherkennung von Krebs).*

Zy|to|ge|ne|tik, die; - (Med., Biol.): *Wissenschaft von den Zusammenhängen zwischen der Vererbung u. dem Bau der Zelle.*

Zy|to|lo|gie, die; - [↑-logie] (Med.): *Wissenschaft von der Zelle, ihrem Aufbau u. ihren Funktionen; Zellforschung; Zellenlehre.*

zy|to|lo|gisch ⟨Adj.⟩ (Med.): *die Zytologie betreffend, auf ihr beruhend, zu ihr gehörend; mit den Mitteln, Methoden der Zytologie.*

Zy|to|plas|ma, das; -s, ...men (Biol.): *Plasma einer Zelle ohne das Kernplasma; Zellplasma.*

Zy|to|sta|ti|kum, das; -s, ...ka [zu griech. statikós, ↑Statik] (Med., Biol.): *Substanz (wie radioaktive Isotope, Hormone), die die Entwicklung u. Vermehrung schnell wachsender Zellen hemmt.*

zy|to|sta|tisch ⟨Adj.⟩ (Med., Biol.): *als Zytostatikum wirkend; die Entwicklung, Vermehrung schnell wachsender Zellen hemmend:* eine -e Substanz; eine -e Behandlung.

Zy|to|to|xin, das; -s, -e (Med., Biol.): *Zellgift.*

zy|to|to|xisch ⟨Adj.⟩ (Med., Biol.): *(von chemischen Substanzen) schädigend, vergiftend auf die Zelle einwirkend:* eine -e Substanz.

zz., zzt. = zurzeit.

Zz. = Zinszahl.

z. Z., z. Zt. = zur Zeit.